Zöller · Zivilprozeßordnung

Zivilprozeßordnung

mit Gerichtsverfassungsgesetz und den Einführungsgesetzen, mit Internationalem Zivilprozeßrecht, Kostenanmerkungen

Begründet von
Dr. Richard Zöller

Bearbeitet von

Dr. Reinhold Geimer
Notar und Honorarprofessor an der Universität München

Kurt Herget
Richter am Amtsgericht, Offenbach

Dr. Reinhard Greger
Professor an der Universität Erlangen, Richter am BGH a.D.

Dr. Peter Philippi
Richter am Oberlandesgericht, Hamburg

Peter Gummer
Vizepräsident des Bayerischen Obersten Landesgerichts, München

Kurt Stöber
Regierungsdirektor a.D., Rothenburg ob der Tauber

Dr. Max Vollkommer
Professor an der Universität Erlangen, vorm. Vorsitzender Richter am LG

20. neubearbeitete Auflage

Verlag
Dr. Otto Schmidt
Köln

Zitierweise: Zöller/Bearbeiter, ZPO, 20. Aufl., § … Rn …

Die Deutsche Bibliothek – CIP-Einheitsaufnahme

Zivilprozessordnung: mit Gerichtsverfassungsgesetz und den Einführungsgesetzen, mit internationalem Zivilprozessrecht, Kostenanmerkungen / begr. von Richard Zöller. Bearb. von Reinhold Geimer … – 20., neubearb. Aufl. – Köln: O. Schmidt, 1997
ISBN 3-504-47009-7
NE: Zöller, Richard [Begr.]; Geimer, Reinhold

Verlag Dr. Otto Schmidt KG
Unter den Ulmen 96–98, 50968 Köln
Tel.: 02 21/9 37 38-01, Fax: 02 21/9 37 38-9 21

Das verwendete Papier ist aus chlorfrei gebleichten Rohstoffen hergestellt, holz- und säurefrei, alterungsbeständig und umweltfreundlich.

Umschlaggestaltung: Jan P. Lichtenford, Mettmann

Gesamtherstellung: Bercker Graphischer Betrieb GmbH, Kevelaer

„Das Verfahrensrecht dient der Herbeiführung gesetzmäßiger und unter diesem Blickpunkt richtiger, aber darüber hinaus auch im Rahmen dieser Richtigkeit gerechter Entscheidungen."

Bundesverfassungsgericht, Beschluß vom 24. 3. 1976, BVerfG 42, 73.

„Der Richter muß im Rahmen des Beibringungsgrundsatzes überhaupt alles tun, um eine in der Sache richtige Entscheidung herbeizuführen; die Parteien wünschen und brauchen eine schnelle Entscheidung, aber mehr noch eine richtige Entscheidung."

Kammergericht, Urteil vom 20. 2. 1975, OLGZ 1977, 481.

Vorwort zur 20. Auflage

Die 20. Auflage dieses Kommentars zur ZPO erscheint in einem Zeitpunkt, in dem die Diskussion über die Entlastung der Zivilgerichte und die Vereinfachung und Beschleunigung der Zivilprozesse einem neuen Höhepunkt zustrebt. Kaum zweieinhalb Jahre nach Inkrafttreten des letzten Rechtspflege-Entlastungsgesetzes hat eine Arbeitsgruppe der Justizministerkonferenz im Oktober 1995 den Vorentwurf einer neuesten Entlastungsnovelle vorgelegt, der auf dem bisherigen Weg der Detailänderungen und Einzelkorrekturen weiter fortschreitet. Inzwischen scheint sich zunehmend die Erkenntnis durchzusetzen, daß eine nachhaltige Abhilfe mit „Jahres"-Entlastungsgesetzen nicht zu erzielen ist, sondern nur im Rahmen einer grundlegenden Reform des Zivilprozesses insgesamt. Einschneidende Veränderungen im bestehenden Rechtsmittelsystem ohne gleichzeitigen Ausbau der Effektivität des erstinstanzlichen Verfahrens wären damit nicht vereinbar. Ob und inwieweit die vorliegenden Reformvorschläge in gesetzgeberische Maßnahmen münden, ist derzeit nicht abzusehen.

Die Vorauflage liegt zwei Jahre zurück. Sie konnte die justizrechtliche Gesetzgebung der zu Ende gehenden 12. Legislaturperiode des Deutschen Bundestags im wesentlichen erfassen. Der **„Gesetzgebungsstand"** der Neuauflage entspricht im allgemeinen mit dem **15. 9. 1996** der Mitte der laufenden 13. Legislaturperiode, teilweise bereits dem 1. 1. 1997. Seit dem Stichtag der Vorauflage, dem 1. 10. 1994, ist die Zivilprozeßordnung durch folgende (nicht schon in der Vorauflage berücksichtigte) **Gesetze geändert** worden: das *Einführungsgesetz zur Insolvenzordnung* vom 5. 10. 1994, das Siebzehnte Gesetz zur Änderung des *Abgeordnetengesetzes* usw. vom 4. 11. 1994 und das *Jahressteuer-Ergänzungsgesetz* 1996 vom 18. 12. 1995. Das Bundesverfassungsgericht hat in seinem Beschluß vom 5. 12. 1995 als Dauerrecht („längstens bis zum 31. Dezember 2004") eine Anpassungsregelung für den erstinstanzlichen Anwaltsprozeß in den neuen Ländern geschaffen. Im Hinblick auf das Inkrafttreten der Insolvenzrechtsreform am 1. 1. 1999 war eine Berücksichtigung der in die ZPO neu eingefügten bzw. neu gefaßten Vorschriften derzeit nicht tunlich; allerdings erschien im Einzelfall ein Hinweis auf das neue Recht angebracht, soweit die neue Rechtslage für Zweifelsfragen unter dem geltenden Recht von Bedeutung ist; so erklärt sich etwa die Aufnahme des allgemeinen Gerichtsstands des Insolvenzverwalters. Aus dem gleichen Grund sind die erst am 1. 1. 2000 bzw. 1. 1. 2005 in Kraft tretenden ZPO-Änderungen des RABerufsRÄndG 1994 für Zweifelsfragen zum Anwaltszwang nach geltendem Recht herangezogen worden; sie lassen eine – veränderte – gesetzgeberische Bewertung des Lokalisierungsgrundsatzes bei der ersten Instanz erkennen, die – im Wege der „Vorwirkung" künftigen Rechts – bei Streitfragen Beachtung verlangt. Das parlamentarisch nicht umstrittene *Gesetz zur Abschaffung der Gerichtsferien,* das am 1. 1. 1997 in Kraft treten soll, war bei der Drucklegung noch nicht verkündet. Es ist nach der Drucksache des Rechtsausschusses des Bundestages im Kommentar voll berücksichtigt, nicht nur in der Kommentierung der geänderten Vorschriften. Im Hinblick auf Altfälle ist auch der bisherige Gesetzestext noch mit abgedruckt. Schließlich sind die ZPO-Änderungen im *Entwurf eines Gesetzes zur Neuordnung des Eheschließungsrechts* bei den „Kosten in Ehesachen" und im Eheverfahrensrecht bereits zusätzlich erläutert. Wieder waren eine Reihe von „mittelbar" für den Zivilprozeß wichtigen Gesetzen einzuarbeiten. Zu nennen sind etwa das *Markengesetz* vom 25. 10. 1994, das *Umwandlungsgesetz* vom 28. 10. 1994 und das Gesetz zur *Reform des Sozialhilferechts* vom 23. 7. 1996; das bereits in der Vorauflage berücksichtigte *Lugano-Übereinkommen* ist am 1. 3. 1995 für Deutschland in Kraft getreten.

Neu kommentiert wurde das AVAG (Anhang II). Im übrigen ist die Neuauflage wieder eine **vollständige Neubearbeitung.** Sie bringt den Kommentar nach gründlicher Überarbeitung und Aktualisierung in allen seinen Teilen auf den neusten Stand. Rechtsprechung und Schrifttum sind bis Ende Juni 1996 ausgewertet, soweit der Stand der fortschreitenden Drucklegung es zuließ, auch noch bis Mitte August. Der Schwerpunkt der Neubearbeitung liegt in der zuverlässigen Erfassung sowie der kritischen und weiterführenden Verarbeitung des in den letzten zwei Jahren von Rechtsprechung und Schrifttum in ungewöhnlichem Umfang zutage geförderten Materials. Hier zeigte sich bei den in den letzten Jahren neu eingefügten oder geänderten Vorschriften – was in der Reformdiskussion meist unbeachtet bleibt –, daß jede Änderung des gesetzlichen Normbestandes neue Auslegungs- und Streitfragen hervorruft, die erst in einem meist mühevollen und langwierigen Klärungsprozeß bereinigt werden können. So sind zu dem in der Vorauflage nur nach dem Gesetzestext kommentierten KostRÄndG 1994 zahlreiche Kontroversen entstanden, die in den Kostenanmerkungen nachgewiesen und erörtert sind. Auch die durch das Rechtspflege-Vereinfachungsgesetz 1991 eingeführten bzw. neu gefaßten Vorschriften über das selbständige Beweisverfahren erweisen sich als äußerst streitanfällig. Unabhängig von einem aktuellen Anlaß sind wieder wesentliche Teile des Kommentares neu überarbeitet oder erweitert und vertieft worden. Zu nennen sind im Recht der Prozeßkostenhilfe die Vergütung des beigeordneten Anwalts, die Bewilligung für parteifähige Gebilde und Vertreter von selbständigen Vermögensmassen, die Wirkungen der Bewilligung, die Kostenerstattung des Gegners und die Beitreibung von Anwaltskosten, im Verfahren erster Instanz die Darstellung der Stufenklage, die Behandlung der Feststellungsklage und der Parteivernehmung, ferner im Rechtsmittelverfahren die Fragen der Zulassung und der Grenzen außerordentlicher Rechtsbehelfe sowie die Frage der Rechtsbehelfsbelehrung im Zivilprozeß.

Aus der Fülle von **Einzelfragen,** zu denen Stellung genommen wurde, sind zu nennen: An der jetzt systematisch richtigen Stelle eingearbeitet wurde der allgemeine Gerichtsstand der Postnachfolgeunternehmen; die Grenzen des Gerichtsstands des Begehungsorts bei Wettbewerbsverstößen sind aufgezeigt. Die Kasuistik der Befangenheitsgründe bei der Richterablehnung ist weiter ausgebaut; abweichend vom bisherigen Standpunkt wird bei Verstoß gegen die Mitteilungspflicht gem. § 48 nunmehr eine Anfechtbarkeit des Urteils befürwortet. Der gelockerte Anwaltszwang im Verfahren erster Instanz in den neuen Ländern ist auf der Grundlage der Entscheidung des Bundesverfassungsgerichts dargestellt. Aufgegriffen ist das neuerdings praktizierte, von der „übereinstimmenden" Erledigungserklärung zu unterscheidende Erledigungs-„Anerkenntnis". Zur Vermeidung der Unbilligkeit der Kostenverteilung nach § 92 bei geringfügigen Teilabweisungen, wenn es in der seit 1. 7. 1994 geltenden Tabelle zu einem Gebührensprung kommt, wird anwaltliche Gegenstrategie empfohlen. Unter dem Eindruck der Rechtsprechung des EuGH zur Ausländersicherheit wird – abweichend vom bisherigen Standpunkt – auch ein ausländisches Kreditinstitut als tauglicher Bürge anerkannt. In die Erläuterungen zum neuen § 227 Abs. 3 einbezogen sind sich bereits abzeichnende Fragen zu dem Anspruch auf Verlegung eines Termins in der Zeit vom 1. Juli bis 31. August. Neu dargestellt ist die Rechtskraftproblematik bei offenen und verdeckten Teilklagen. Zu neu aufgetretenen Präklusionsfragen bei der „Flucht in das Versäumnisurteil" ist Stellung genommen. Neu aufgegriffen ist auch die Kontroverse, ob über die Kosten des selbständigen Beweisverfahrens auch ohne Fristsetzung zur Klageerhebung entschieden werden kann. Kritisch gewürdigt wird die Rechtsprechung zur Individualisierung der Forderung im Mahnantrag, die das Mahnverfahren als Instrument zur Verjährungsunterbrechung entwertet; die Fallgruppenbildung bei der Durchbrechung der Rechtskraft des Vollstreckungsbescheids wurde durch die (nicht notwendig sittenwidrigen) vom Mahnverfahren ausgeschlossenen Ansprüche aus Verbraucherverträgen weiter ausgebaut. Im Vollstreckungsrecht ist die Behandlung von Partnerschaft und Europäischer wirtschaftlicher Interessenvereinigung (EWIV) in der Zwangsvollstreckung erweitert und vertieft. Neu gefaßt sind die Erläuterungen zum Gerichtsvollzieherprotokoll bei ergebnislosem Versteigerungsversuch. Neu dargestellt ist die Pfändung des Kindergeldes nach dem EStG und die Pfändung des Steuererstattungsanspruchs bei Veranlagung auf Antrag. Vertieft und ausgebaut sind die Ausführungen zur Erteilung der vollstreckbaren Ausfertigung durch den Notar und zum Schuldnerschutz-Antrag bei Zwangsräumung. Einzelfragen des Offenbarungsverfahrens sind neu aufgegriffen. Beim einstweiligen Rechtsschutz wurde die Kasuistik der Arrestgründe ausgebaut; für die Anwaltsvertretung bei der Beschwerde gegen die Zurückweisung des Antrags auf Erlaß eines Arrestes oder einer einstweiligen Verfügung wird nunmehr ein vermittelnder Standpunkt vertreten. Im Gerichtsverfassungsrecht wurden die Auswirkungen des Gesetzes zur Regelung offener Vermögensfragen auf die Rechtswegzuständigkeit in die Erläuterungen eingearbeitet.

Die Herstellung eines Werks vom Umfang des „Zöller" in einem knapp bemessenen Zeitraum stellt auch an den Verlag höchste Anforderungen. Es ist den Autoren wiederum ein Bedürfnis, an dieser Stelle dem Verlag in der Person von Frau Dr. *Katherine Knauth* für die bewährte vertrauensvolle und verständnisvolle Zusammenarbeit und die hervorragende Betreuung zu danken.

Nicht versäumen möchten wir auch, wieder allen zu danken, die durch Vorschläge und Hinweise, aber auch durch kritische Äußerungen ihr Interesse am Kommentar bekundet und damit gleichzeitig zur Verbesserung der gegenwärtigen Auflage beigetragen haben. Wie schon früher, sprechen wir an alle Benutzer und Freunde des Kommentars in Rechtspraxis, Rechtslehre und Ausbildung die Bitte aus, uns diese Hilfe auch in Zukunft zu gewähren. Eine Erleichterung dafür will die am Buchende eingebundene Rückantwortkarte bieten.

Erlangen, Hamburg, München, Offenbach, Rothenburg ob der Tauber

15. September 1996 Die Verfasser

Bearbeiter der 20. Auflage

Geimer	Einleitung VIII–XI, Internationales Zivilprozeßrecht, §§ 199, 293, 328, 363, 364, 415–444, 606a, 640a, 722, 723, 791, 946–1048 ZPO, Anhang I GVÜ, Anhang II Anerkennungs- und Vollstreckungsausführungsgesetz, Anhang III Verbürgung der Gegenseitigkeit
Greger	§§ 128–158, 230–292, 294–299a, 348–362, 365–414, 445–484, 578–605a ZPO
Gummer	§§ 511–577a ZPO, EGZPO, GVG, EGGVG
Herget	§§ 2–9, 91, 92–113, 330–347, 485–510b, 707–720, 767–774 ZPO, Kostenanmerkungen
Philippi	§§ 114–127a, 606, 607–640, 640b–687 ZPO
Stöber	§§ 159–198, 200–229, 704–706, 720a, 721, 724–766, 775–789, 792–915h ZPO
Vollkommer	Einleitung I–VII, §§ 1, 10–90, 91a, 300–327, 329, 688–703d, 916–945 ZPO

Aus dem Vorwort zur 15. Auflage (1987)

In die Zeit zwischen der 14. und 15. Auflage des „Zöller“ fällt das Ereignis des 75-jährigen Bestehens des Werkes. Im Jahre 1910 erschien in der Attenkofer'schen Verlagsbuchhandlung Straubing das von dem nachmaligen Justiz- und Kassenrat *Hans Meyer* verfaßte Handbuch mit dem Titel „Zivilprozeßordnung mit Gerichtsverfassungsgesetz“. *Richard Zöller* hat in seinen jungen Richterjahren an der Verbreitung des später als „Meyer-Zöller“ bekanntgewordenen Gemeinschaftswerkes tatkräftig mitgewirkt. Seit der 7. Auflage 1954, mithin seit über dreißig Jahren, führt das Werk nur noch den Namen *„Zöller“*. Auch in der Folge blieb der Kommentar ein Gemeinschaftswerk. Dem ersten Autorenteam des „Zöller“ gehörten außer Oberlandesgerichtsrat Dr. Richard Zöller selbst, der zugleich als Herausgeber fungierte, noch die damaligen Oberstlandesgerichtsräte Dr. *Walter Karch* und *Franz Scherübl* an. Walter Karch, zuletzt Senatspräsident am Bayer. Obersten Landesgericht, hat bis zur 12. Auflage 1979 ein weitgespanntes Bearbeitungsgebiet betreut; es umfaßte zeitweilig das 3. bis 7. Buch der ZPO, die Lohnpfändungsvorschriften des 8. Buches, das GVG und Teile des EGGVG. Bis zur 13. Auflage 1981 war Franz Scherübl, zuletzt Senatspräsident am Bundesverwaltungsgericht, mit geringen Einschränkungen als alleiniger Bearbeiter für die letzten drei Bücher der ZPO und damit nahezu für das gesamte Vollstreckungsrecht zuständig. Nach dem allzu frühen Tod Richard Zöllers im Jahr 1961 hat Prof. Dr. *Max Degenhart*, Senatspräsident am Bayer. Obersten Landesgericht und Honorarprofessor an der Universität München, richtungsweisend die 10. und 11. Auflage des Kommentars mitgestaltet (1968–1974). Sein Bearbeitungsgebiet umfaßte die Einleitung, die Allgemeinen Vorschriften bis § 127 ZPO, die Urteilsvorschriften (§§ 300–329 ZPO) und Teile des EGGVG. Max Degenharts unerwarteter Tod 1974 riß eine schmerzende Lücke in den Kreis der „Zöller“-Autoren. Den heutigen Bearbeitern gibt dieser Rückblick Anlaß, des Neubegründers des Kommentars und eines Autorenteams zu gedenken, das in jahrzehntelanger Arbeit die Fundamente gelegt hat, die sich als tragfähig erwiesen haben nicht nur für den weiteren Ausbau, sondern auch für die veränderte Zielsetzung des Kommentars, an deren Verwirklichung die genannten Gründungs-Autoren selbst entscheidenden Anteil haben.

Inhaltsverzeichnis

Abkürzungsverzeichnis

aA – anderer Ansicht
aaO – am angegebenen Ort
ABGB – österreichisches Allgemeines Bürgerliches Gesetzbuch vom 1. 6. 1811
AbgG – Abgeordnetengesetz idF vom 21. 2. 1996 (BGBl I S. 326)
abl – ablehnend
abw – abweichend
AbzG – Abzahlungsgesetz vom 16. 5. 1894 (RGBl S. 450), außer Kraft gesetzt durch Art 10 des Gesetzes vom 17. 12. 1990 (BGBl I S. 2840)
AcP – Archiv für die civilistische Praxis (Band, Seite)
ADO – Allgemeine Dienstordnung vom 1. 9. 1971 (BayGVBl S. 305/BayRS 200-21-I)
Adoptionsgesetz – Gesetz über die Annahme als Kind und zur Änderung anderer Vorschriften vom 2. 7. 1976 (BGBl I S. 1749)
aE – am Ende
aF – alte Fassung
AFG – Arbeitsförderungsgesetz vom 25. 6. 1969 (BGBl I S. 582), zuletzt geändert durch Gesetz vom 7. 8. 1996 (BGBl I S. 1254)
AfP – Archiv für Presserecht (Jahr, Seite)
AG – Amtsgericht oder Aktiengesellschaft (auch Zeitschrift: Jahr, Seite) oder Ausführungsgesetz
AGB – Allgemeine Geschäftsbedingungen
AGBG – Gesetz zur Regelung des Rechts der Allgemeinen Geschäftsbedingungen vom 9. 12. 1976 (BGBl I S. 3317), zuletzt geändert durch Gesetz vom 19. 7. 1996 (BGBl I S. 1013)
AGBGE – Entscheidungssammlung zum AGBG (Band, §, Nr.)
AgrarR – Agrarrecht (Jahr, Seite)
AHB – Allgemeine Haftpflichtversicherungs-Bedingungen
AK/(Bearbeiter) – Alternativkommentar zur ZPO, 1987
AKB – Allgemeine Bedingungen für die Kraftverkehrsversicherung
AK-BGB – Alternativkommentar zum BGB, 1979–1990
AKostG – Auslandskostengesetz vom 21. 2. 1978 (BGBl I S. 301), zuletzt geändert durch Gesetz vom 11. 12. 1987 (BGBl I S. 2682)
AKostV – Auslandskostenverordnung vom 7. 1. 1980 (BGBl I S. 21), zuletzt geändert am 11. 12. 1987 (BGBl I S. 2682)
AktG – Aktiengesetz vom 6. 9. 1965 (BGBl I S. 1089), zuletzt geändert durch Gesetz vom 2. 8. 1994 (BGBl I S. 1961)
AktO – Aktenordnung (Fassung landesrechtlich, vgl. Nachweise bei Piller-Hermann, Justizverwaltungsvorschriften, Nr. 1)
ALG – Gesetz über die Alterssicherung der Landwirte vom 29. 7. 1994 (BGBl I S. 1890), zuletzt geändert durch Gesetz vom 7. 8. 1996 (BGBl. I S. 1254)
allgM – allgemeine Meinung
AllgMaßgaben – Allgemeine Maßgaben, Anlage I Kap III Sachgebiet A Abschnitt III Nr. 28 (Buchst. a–l) des EinigungsV vom 31. 8. 1990 (BGBl II S. 889)
ALR – Allgemeines Landrecht für die Preußischen Staaten von 1794
Alt – Alternative
amtl – amtlich
AnfG – Gesetz betreffend die Anfechtung von Rechtshandlungen eines Schuldners außerhalb des Konkursverfahrens vom 20. 5. 1898 (RGBl S. 709/BGBl III 311-5), zuletzt geändert durch Gesetz vom 4. 7. 1980 (BGBl I S. 836)
AnpV '81 – Anpassungsverordnung 1981 (vom 10. 8. 1981, BGBl I S. 835)
AnpV '84 – Anpassungsverordnung 1984 (vom 26. 7. 1984, BGBl I S. 1035)
AnwBl – Anwaltsblatt (Jahr, Seite)
AO – Abgabenordnung vom 16. 3. 1976 (BGBl I S. 613, ber. 1977 I S. 269), zuletzt geändert durch Gesetz vom 18. 12. 1995 (BGBl I S. 1959)
AöR – Archiv des öffentlichen Rechts (Band, Seite)
AP – Arbeitsrechtliche Praxis, Nachschlagewerk des BAG (Gesetz, § und Nr. der Entscheidung)
ArbG – Arbeitsgericht
ArbGG – Arbeitsgerichtsgesetz idF der Bek. vom 2. 7. 1979 (BGBl I S. 853, 1036), zuletzt geändert durch Gesetz vom 23. 7. 1996 (BGBl I S. 1088)
ArbuR – Arbeit und Recht (Jahr, Seite)
ArchzPr – s AcP
Arens/Lüke – Zivilprozeßrecht: Erkenntnisverfahren, Zwangsvollstreckung, 6. Aufl 1994
arg – argumentum
ARST – Arbeitsrecht in Stichworten
Art – Artikel
ArzneiMG – Arzneimittelgesetz vom 24. 8. 1976 (BGBl I S. 2425), geändert durch Gesetz vom 28. 4. 1995 (BGBl I S. 852)
Aufl – Auflage
AUG – Auslandsunterhaltsgesetz vom 19. 12. 1986 (BGBl I S. 2563)
AuR – Arbeit und Recht (Jahr, Seite)
ausf – ausführlich
AusfGUNÜ – Ausführungsgesetz zum UN-Übereinkommen vom 10. 6. 1958 über die Anerkennung und Vollstreckung ausländi-

scher Schiedssprüche vom 15. 3. 1961 (BGBl II S. 121)

AVAG – Anerkennungs- und Vollstreckungsausführungsgesetz vom 30. 5. 1988 (BGBl I S. 662)

AVAVG – Gesetz über Arbeitsvermittlung und Arbeitslosenversicherung idF vom 3. 4. 1957 (BGBl I S. 321), teilweise außer Kraft gesetzt durch Gesetz vom 25. 6. 1969 (BGBl I S. 582)

AVBEltV – Verordnung über Allgemeine Bedingungen für die Elektrizitätsversorgung von Tarifkunden vom 21. 6. 1979 (BGBl I S. 684)

AVG – Angestelltenversicherungsgesetz vom 28. 5. 1924 (RGBl I S. 63, BGBl III 8 Nr. 821-1), zuletzt geändert durch Gesetz vom 27. 12. 1993 (BGBl I S. 2378)

AVO – Ausführungsverordnung

AWD – siehe RIW

AWG – Außenwirtschaftsgesetz vom 28. 4. 1961 (BGBl I S. 481/BGBl III Nr. 7400-1), zuletzt geändert durch Gesetz vom 28. 4. 1995 (BGBl I S. 582)

BAföG – Bundesausbildungsförderungsgesetz idF vom 6. 6. 1983 (BGBl I S. 645), zuletzt geändert durch Gesetz vom 23. 7. 1996 (BGBl I S. 1088)

BAG (BArbG) – Bundesarbeitsgericht, auch amtliche Sammlung (Band, Seite)

BAnz – Bundesanzeiger (Jahr, Nr., Seite)

Bassenge/Herbst – FGG/RPflG, 6. Aufl 1992

Bastian – Bastian/Roth-Stielow/Schmeiduch, 1. EheRG, Das neue Ehe- und Scheidungsrecht, 1978

BauFdgG – Gesetz zur Sicherung der Bauforderungen vom 1. 6. 1909 (RGBl 449/BGBl III 2 Nr. 213-2), zuletzt geändert durch Gesetz vom 2. 3. 1974 (BGBl I S. 469)

BauGB – Gesetz über das Baugesetzbuch vom 8. 12. 1986 (BGBl I S. 2253/BGBl III 213-1), zuletzt geändert durch Gesetz vom 8. 4. 1994 (BGBl I S. 766)

Baumgärtel – Handbuch der Beweislast im Privatrecht, Bd 1, 2. Aufl 1991; Bd 3/1987; 4/1988; 5/1993

BauR – „Baurecht", Zeitschrift für das gesamte öffentliche und zivile Baurecht (Jahr, Seite)

Baur/Stürner – Zwangsvollstreckungs-, Konkurs- und Vergleichsrecht, Bd I Einzelvollstreckungsrecht, 12. Aufl. 1995

BayBG – Bayerisches Beamtengesetz idF der Bek vom 11. 5. 1987 (GVBl S. 149, ber. S. 301/BayRS 2030-1-1-F), zuletzt geändert durch Gesetz vom 23. 7. 1993 (GVBl S. 521)

BayBSVJu – Bereinigte Sammlung der bayerischen Justizverwaltungsvorschriften

BayGeschAnwZ – Geschäftsanweisung für die Geschäftsstellen der Gerichte in Zivilsachen, BayJMBl 1980 S. 17

BayKKGH – Bayerischer Kompetenzkonfliktsgerichtshof

BayObLG – Bayerisches Oberstes Landesgericht

BayObLGR – Report BayObLG (Jahr, Seite)

BayObLGZ – Amtliche Sammlung des BayObLG in Zivilsachen (Jahr, Seite)

BayRS – Bayerische Rechtssammlung

BayVBl – Bayerische Verwaltungsblätter (Jahr, Seite)

BayVerfGH – Bayerischer Verfassungsgerichtshof, zugleich Entscheidungssammlung (Band, Seite)

BayVGH – Bayerischer Verwaltungsgerichtshof, zugleich Entscheidungssammlung (Band, Seite)

BayZ – Zeitschrift für Rechtspflege in Bayern (Jahr, Seite)

BB – Der Betriebs-Berater (Jahr, Seite)

BBauG – Bundesbaugesetz, seit 1987 Baugesetzbuch (BauGB), s dort

BBergG – Bundesberggesetz vom 13. 8. 1980 (BGBl I S. 1310), zuletzt geändert durch Gesetz vom 6. 6. 1995 (BGBl I S. 778)

BBG – Bundesbeamtengesetz idF vom 27. 2. 1985 (BGBl I S. 479), zuletzt geändert durch Gesetz vom 24. 6. 1994 (BGBl I S. 1406)

BBiG – Berufsbildungsgesetz vom 14. 8. 1969 (BGBl I S. 1112), zuletzt geändert durch Gesetz vom 27. 7. 1995 (BGBl I S. 946)

BDSG – Bundesdatenschutzgesetz vom 20. 12. 1990 (BGBl I S. 2954), zuletzt geändert durch Gesetz vom 27. 12. 1993 (BGBl I S. 2378)

BEG – Gesetz zur Entschädigung der Opfer der nationalistischen Verfolgung vom 29. 6. 1956 (BGBl I S. 562/BGBl III 2 Nr. 251-1), zuletzt geändert durch Gesetz vom 28. 6. 1990 (BGBl I S. 1223)

begl – beglaubigt

Beil – Beilage

Bek – Bekanntmachung

BeratungshilfeG (BerHG) – Gesetz über Rechtsberatung und Vertretung für Bürger mit geringem Einkommen vom 18. 6. 1980 (BGBl I S. 689), zuletzt geändert durch Gesetz vom 14. 9. 1994 (BGBl I S. 2323)

Bergerfurth – Der Anwaltszwang und seine Ausnahmen, 2. Aufl 1988 mit Nachtrag 1991

Bergerfurth – Der Ehescheidungsprozeß und die anderen Eheverfahren, 10. Aufl 1996

Bergerfurth ZP – Der Zivilprozeß, 6. Aufl 1991

BerHG – s BeratungshilfeG

bestr – bestritten

BetrAVG – Gesetz zur Verbesserung der betrieblichen Altersversorgung vom 19. 12. 1974 (BGBl I S. 3610), zuletzt geändet durch Gesetz vom 21. 7. 1994 (BGBl I S. 1630)

Betrieb – Der Betrieb (Jahr, Seite)

BetrVG – Betriebsverfassungsgesetz idF der Bek vom 23. 12. 1988 (BGBl 89 I S. 1, ber. S. 902, zuletzt geändert durch Gesetz vom 7. 8. 1996 (BGBl I S. 1254)

Bettermann – Die Vollstreckung des Zivilurteils in den Grenzen seiner Rechtskraft, 1948
BeurkÄndG – Gesetz zur Änderung und Ergänzung beurkundungsrechtlicher Vorschriften vom 20. 2. 1980 (BGBl I S. 157)
BeurkG – Beurkundungsgesetz vom 28. 8. 1969 (BGBl I S. 1513), zuletzt geändert durch Gesetz vom 20. 12. 1991 (BGBl I S. 2288)
BezG – Bezirksgericht
BFH – Bundesfinanzhof
BFH-Entlastungsgesetz – vom 8. 7. 1975 (BGBl I S. 1861), zuletzt geändert durch Gesetz vom 20. 10. 1993 (BGBl I S. 2236)
BFH/NV – Sammlung amtlich nicht veröffentlichter Entscheidungen des BFH
BGB – Bürgerliches Gesetzbuch
BGBl – Bundesgesetzblatt (Jahr, Teil, Seite)
BGE – Entscheidungen des schweizerischen Bundesgerichts, Amtliche Sammlung
BGH – Bundesgerichtshof, auch amtliche Sammlung (s. BGHZ)
BGHR – Systematische Sammlung der Entscheidungen des BGH, ab 1987 (§, Kennwort, Nr.; ohne Angabe eines §: die Nr. zum erläuterten §)
BGHZ – Entscheidungssammlung des BGH in Zivilsachen (Band, Seite)
BinnSchG – Gesetz betreffend die privatrechtlichen Verhältnisse der Binnenschiffahrt idF vom 15. 6. 1898 (RGBl I S. 369, 868/BGBl III 4 Nr. 4103-1), zuletzt geändert durch Gesetz vom 13. 8. 1993 (BGBl I S. 1489)
BinnSchVerfG – Gesetz über das gerichtliche Verfahren in Binnenschiffahrtssachen vom 27. 9. 1952 (BGBl I S. 641, Ber. S. 644), zuletzt geändert durch Gesetz vom 26. 6. 1981 (BGBl I S. 316)
BImSchG – Bundes-Immissionenschutzgesetz idF vom 14. 5. 1990 (BGBl I S. 880), zuletzt geändert durch Gesetz vom 19. 7. 1996 (BGBl I S. 1019)
BKGG – Bundeskindergeldgesetz idF der Bek vom 31. 1. 1994 (BGBl I S. 168), zuletzt geändert durch Gesetz vom 18. 12. 1995 (BGBl I S. 1959)
BL/(Bearbeiter) – Baumbach/Lauterbach/Albers/Hartmann, Kommentar zur ZPO, 54. Aufl 1996
BL/A – Baumbach/Lauterbach/Albers
BLG – Bundesleistungsgesetz idF vom 27. 9. 1961 (BGBl I S. 1769), zuletzt geändert durch Gesetz vom 27. 12. 1993 (BGBl I S. 2378)
BlGBW – Blätter für Grundstücks-, Bau- und Wohnungsrecht (Jahr, Seite)
BL/H – Baumbach/Lauterbach/Hartmann
BlnAnwBl – Berliner Anwaltsblatt (Jahr, Seite)
Blomeyer – A. Blomeyer, Zivilprozeßrecht: Erkenntnisverfahren, 2. Aufl 1985
BMdJ – Bundesminister der Justiz
BNotO – Bundesnotarordnung vom 24. 2. 1961 (BGBl I S. 98), zuletzt geändert durch Gesetz vom 2. 9. 1994 (BGBl I S. 2278)
BörsenG – Börsengesetz vom 27. 5. 1908 (RGBl S. 215), idF vom 17. 7. 1996 (BGBl I S. 1030)
Borgmann/Haug – Anwaltshaftung, 3. Aufl 1995
BRAGO – Bundesrechtsanwaltsgebührenordnung vom 26. 7. 1957 (BGBl I S. 907), zuletzt geändert durch Gesetz vom 14. 9. 1994 (BGBl I S. 2323)
BRAO – Bundesrechtsanwaltsordnung vom 1. 8. 1959 (BGBl I S. 565), zuletzt geändert durch Gesetz vom 2. 9. 1994 (BGBl I S. 2278)
Brox/Walker – Zwangsvollstreckungsrecht, 5. Aufl 1996
BRRG – Beamtenrechtsrahmengesetz idF der Bek vom 27. 2. 1985 (BGBl I S. 462/BGBl III 2030-1), zuletzt geändert durch Gesetz vom 24. 7. 1995 (BGBl I S. 962)
Brüggemann – Kommentar zum Gesetz zur vereinfachten Abänderung von Unterhaltsrenten, 1976, mit Nachtrag 1992
BSG – Bundessozialgericht, auch Entscheidungssammlung (Band, Seite)
BSHG – Bundessozialhilfegesetz idF der Bek vom 23. 3. 1994 (BGBl I S. 646), zuletzt geändert durch Gesetz vom 23. 7. 1996 (BGBl I S. 1088)
Bsp – Beispiel/Beispiele
BStBl – Bundessteuerblatt
BT – Bundestag
BtG – Gesetz zur Reform des Rechts der Vormundschaft und Pflegschaft für Volljährige (Betreuungsgesetz) vom 12. 9. 1990 (BGBl I S. 2002)
Buchholz – Sammel- und Nachschlagewerk zur Rspr des BVerwG (Leitzahl, §, Gesetz, Nr.)
Bülow/Böckstiegel – Der internationale Rechtsverkehr (Loseblatt), 3. Aufl, Stand 1. 1. 1994
Bumiller/Winkler – Freiwillige Gerichtsbarkeit, 6. Aufl 1995
BVerfG – Bundesverfassungsgericht, auch Entscheidungssammlung (Band, Seite)
BVerfGG – Bundesverfassungsgerichtsgesetz idF vom 12. 12. 1985 (BGBl I S. 2230), zuletzt geändert durch Gesetz vom 2. 8. 1993 (BGBl I S. 1442)
BVersG – s BVG
BVerwG – Bundesverwaltungsgericht, auch Entscheidungssammlung (Band, Seite)
BVFG – Gesetz über die Angelegenheiten der Vertriebenen und Flüchtlinge idF vom 2. 6. 1993 (BGBl I S. 829), zuletzt geändert durch Gesetz vom 26. 5. 1994 (BGBl I S. 1014)
BVG – Bundesversorgungsgesetz idF vom 22. 1. 1982 (BGBl I S. 21), zuletzt geändert durch Gesetz vom 7. 8. 1996 (BGBl I S. 1254)
BWNotZ – Zeitschrift für das Notariat in Baden-Württemberg (Jahr, Seite)

cc – code civil; codice civile
cic – culpa in contrahendo
CIM – Einheitliche Rechtsvorschriften für den Vertrag über die internationale Eisenbahnbeförderung von Gütern, Anlage B zum Übereinkommen vom 9. 5. 1980 – COTIF – (BGBl 1985 II S. 225)
CISG – Convention on Contracts for the International Sale of Goods vom 11. 4. 1980 (BGBl 1989 II S. 588)
CIV – Einheitliche Rechtsvorschriften für den Vertrag über die internationale Eisenbahnbeförderung von Personen und Gepäck, Anlage A zum Übereinkommen vom 9. 5. 1980 – COTIF – (BGBl 1985 II S 179)
Clunet – Journal du Droit international
CMR – Übereinkommen über den Beförderungsvertrag im internationalen Straßenverkehr vom 19. 5. 1956 (BGBl 1961 II S. 1120), zuletzt geändert am 11. 4. 1980 (BGBl 89 II S. 586)
COTIF – Übereinkommen über den internationalen Eisenbahnverkehr vom 9. 5. 1980 (BGBl 1985 II S. 133), idF des ÄndGes vom 5. 7. 1989 (BGBl II S. 586)
cpc – codice di procedura civile
c. pr. civ. – code de procedure civile
CR – Computer und Recht (Jahr, Seite)

DA – Dienstanweisung
DAR – Deutsches Autorecht (Jahr, Seite)
DAVorm – Der Amtsvormund (Jahr, Seite)
DB – Der Betrieb, Durchführungsbestimmung(en)
DGVZ – Deutsche Gerichtsvollzieherzeitung (Jahr, Seite)
DienstGH – Dienstgerichtshof
DIPR – Deutsches Internationales Privatrecht
Diss – Dissertation
DJ – Deutsche Justiz (Jahr, Seite)
DJR – Das Recht, Monatsbeilage zu Deutsche Justiz
DJZ – Deutsche Juristenzeitung (Jahr, Seite)
DNotI – DNotI-Report, Informationsdienst des Deutschen Notarinstituts (Jahr, Seite)
DNotZ – Deutsche Notar-Zeitschrift (Jahr, Seite)
DÖD – Der öffentliche Dienst (Jahr, Seite)
DÖV – Die öffentliche Verwaltung (Jahr, Seite)
DPA – Deutsches Patentamt
DR – Deutsches Recht (Jahr, Seite)
DRiG – Deutsches Richtergesetz idF vom 19. 4. 1972 (BGBl I S. 713), zuletzt geändert durch Gesetz vom 2. 9. 1994 (BGBl I S. 2278)
Drischler/Oestreich/Heun/Haupt – GKG, Kommentar (Loseblatt), Stand 1991
DRiZ – Deutsche Richterzeitung (Jahr, Seite)
DRpfl – Deutsche Rechtspflege mit Rechtsprechungsbeilage (Jahr, Seite)
Drs (Drucks) – Drucksache
DRZ – Deutsche Rechtszeitschrift (Jahr, Seite)
DtRspr – Deutsche Rechtssprechung, herausgegeben von Feuerhake (Abt., Leitzahl, Blatt)
DtZ – Deutsch-Deutsche Rechts-Zeitschrift (Jahr, Seite)
DV – Deutsche Verwaltung (Jahr, Seite)
DVBl – Deutsches Verwaltungsblatt (Jahr, Seite)
DVO – Durchführungsverordnung
DWW – Deutsche Wohnungswirtschaft (Jahr, Seite)
DZWir – Deutsche Zeitschrift für Wirtschaftsrecht (Jahr, Seite)

EBE – Eildienst Bundesgerichtliche Entscheidungen
EG – Einführungsgesetz, Europäische Gemeinschaft
EGAO – Einführungsgesetz zur AO vom 14. 12. 1976 (BGBl I S. 3341), zuletzt geändert durch Gesetz vom 24. 6. 1994 (BGBl I S. 1395)
EGBGB – Einführungsgesetz zum Bürgerlichen Gesetzbuch idF vom 21. 9. 1994 (BGBl I S. 2494), zuletzt geändert durch Gesetz vom 4. 7. 1995 (BGBl I S. 895)
eGen – eingetragene Genossenschaft
EGGVG – Einführungsgesetz zum Gerichtsverfassungsgesetz vom 27. 1. 1877 (RGBl S. 77/BGBl III 300-1), zuletzt geändert durch Gesetz vom 24. 6. 1994 (BGBl I S. 1374)
EGInsO – Einführungsgesetz zur Insolvenzordnung vom 5. 10. 1994 (BGBl I S. 2911)
EGMR – Europäischer Gerichtshof für Menschenrechte
EGStGB – Einführungsgesetz zum Strafgesetzbuch vom 2. 3. 1974 (BGBl I S. 469), zuletzt geändert durch Gesetz vom 16. 6. 1995 (BGBl I S. 818)
EGV – Vertrag zur Gründung der Europäischen Gemeinschaft (früher EWGV, s dort)
EGZPO – Einführungsgesetz zur Zivilprozeßordnung, zuletzt geändert durch Gesetz vom 3. 12. 1976 (BGBl I S. 3281)
EheG – Ehegesetz vom 20. 2. 1946 (KRABl S. 77, ber. S. 294, BGBl III Nr. 404-1), zuletzt geändert durch Gesetz vom 24. 6. 1994 (BGBl I S. 1325)
1. EheRG – Erstes Gesetz zur Reform des Ehe- und Familienrechts vom 14. 6. 1976 (BGBl I S. 1421)
EhrRiEG – Gesetz über die Entschädigung ehrenamtlicher Richter idF der Bek vom 1. 10. 1969 (BGBl I S. 1753), zuletzt geändert durch Gesetz vom 24. 6. 1994 (BGBl I S. 1325)
v. Eicken/Lappe/Madert – Die Kostenfestsetzung, 17. Aufl 1987 (vormals Willenbücher)

EinigungsV – Vertrag zwischen der Bundesrepublik Deutschland und der Deutschen Demokratischen Republik über die Herstellung der Einheit Deutschlands (Einigungsvertrag) vom 31. 8. 1990 (BGBl II S. 889), zuletzt geändert durch Gesetz vom 21. 8. 1995 (BGBl I S. 1050)
EKG – Einheitliches Gesetz über den internationalen Kauf beweglicher Sachen vom 17. 7. 1973, aufgehoben durch Art 5 des Gesetzes vom 5. 7. 1989 (BGBl II S. 586)
EKMR – Europäische Kommission für Menschenrechte
ENeuOG – Gesetz zur Neuordnung des Eisenbahnwesens (Eisenbahnneuordnungsgesetz) vom 27. 12. 1993 (BGBl I S. 2378)
entspr – entsprechend
ER – Einzelrichter
ErbbauVO – Verordnung über das Erbbaurecht vom 15. 1. 1919 (RGBl S. 72, ber. S. 122), zuletzt geändert durch Gesetz vom 20. 12. 1993 (BGBl I S. 2182)
ErgG – Ergänzungsgesetz
Erl – Erlaß
Erman (Bearbeiter) – Handkommentar zum BGB, 9. Aufl 1993
ErstG – Gesetz über das Verfahren von Fehlbeständen an öffentlichem Vermögen (Erstattungsgesetz) idF vom 24. 1. 1951 (BGBl I S. 87, 109), geändert durch Gesetz vom 2. 3. 1974 (BGBl I S. 469)
EStG – Einkommensteuergesetz idF der Bek vom 27. 8. 1987 (BGBl I S. 657), zuletzt geändert durch Gesetz vom 7. 8. 1996 (BGBl I S. 1254)
EU – Europäische Union
EuG (EG) – Europäische Gemeinschaft
EuGH – Gerichtshof der Europäischen Gemeinschaft
EuGRZ – Europäische Grundrechte-Zeitschrift (Jahr, Seite)
EuGVÜ – Übereinkommen über die gerichtliche Zuständigkeit und die Vollstreckung gerichtlicher Entscheidungen in Zivil- und Handelssachen vom 27. 9. 1968 (BGBl 1972 II S. 774) idF vom 25. 10. 1982 (BGBl 1988 II S. 454)
EuR – Europarecht (Jahr, Seite)
EuZW – Europäische Zeitschrift für Wirtschaftsrecht (Jahr, Seite)
EVO – Eisenbahnverkehrsordnung vom 8. 9. 1938 (BGBl III 934-1), zuletzt geändert durch Gesetz vom 27. 12. 1993 (BGBl I S. 2378)
EWGV – Vertrag zur Gründung der Europäischen Wirtschaftsgemeinschaft vom 25. 3. 1957 (BGBl II S. 766, ber. S. 1678 und BGBl 1958 II S. 64), idF des Vertrages über die Europäische Union (EGV) vom 7. 2. 1992 (BGBl II S. 1255)
EWiR – Entscheidungen zum Wirtschaftsrecht (§, Gesetz, Leitzahl)
EWIV – Europäische wirtschaftliche Interessenvereinigung
EWIV-AG – Gesetz zur Ausführung der EWG-VO über die EWIV vom 14. 4. 1988 (BGBl I S. 514)
EWIV-VO – Verordnung (EWG) Nr. 2137/85 des Rates vom 25. 7. 1985 über die Schaffung einer EWIV (ABl EG Nr. L 199 S. 1)
EWS – Europäisches Wirtschafts- und Steuerrecht (Jahr, Seite)
Eyermann/Fröhler – Kommentar zur VwGO, 9. Aufl 1988
EzFamR – Entscheidungen zum Familienrecht (§, Nr.)
EzA – Entscheidungssammlung zum Arbeitsrecht (Gesetz, §, Nr.)

FamG – Familiengericht
FamRÄndG – Familienrechtsänderungsgesetz vom 11. 8. 1961 (BGBl I S. 1221), zuletzt geändert durch Gesetz vom 24. 6. 1994 (BGBl I S. 1374)
FamRZ – Zeitschrift für das gesamte Familienrecht (Jahr, Seite)
FdgPfdg – Forderungspfändung
FELEG – Gesetz zur Förderung der Einstellung der landwirtschaftlichen Erwerbstätigkeit vom 21. 2. 1989 (BGBl I S. 233), zuletzt geändert durch Gesetz vom 29. 7. 1994 (BGBl I S. 1890)
FernUSG – Fernunterrichtsschutzgesetz vom 24. 8. 1976 (BGBl I S. 2525), zuletzt geändert durch Gesetz vom 30. 4. 1993 (BGBl I S. 509)
FEVS – Fürsorgerechtliche Entscheidungen der Verwaltungs- und Sozialgerichte (Band, Seite)
FGG – Gesetz über die Angelegenheiten der freiwilligen Gerichtsbarkeit idF der Bek vom 20. 5. 1898 (RGBl S. 771/BGBl III S. 315-1), zuletzt geändert durch Gesetz vom 25. 7. 1994 (BGBl I S. 1744)
FGO – Finanzgerichtsordnung vom 6. 10. 1965 (BGBl I S. 1477), zuletzt geändert durch Gesetz vom 24. 6. 1994 (BGBl I S. 1395)
FLF – Finanzierung/Leasing/Factoring (Jahr, Seite)
Fn/Fußn/FN – Fußnote
FRCP – Federal Rules of Civil Procedure
FrEntzG – Gesetz über das gerichtliche Verfahren bei Freiheitsentziehungen vom 29. 6. 1956 (BGBl I S. 599), zuletzt geändert durch Gesetz vom 30. 6. 1993 (BGBl I S. 1062)
FRES – Entscheidungssammlung zum gesamten Bereich von Ehe und Familie, herausgegeben von Uhlig (Band, Seite)
FS – Festschrift
FuR – Familie und Recht (Jahr, Seite)
Furtner – Das Urteil im Zivilprozeß, 5. Aufl 1985

G (Ges) – Gesetz
GA – Goltdammer's Archiv für Strafrecht

GAL – Gesetz über eine Altershilfe für Landwirte idF vom 14. 9. 1965 (BGBl I S. 1448), aufgehoben durch Gesetz vom 29. 7. 1994 (BGBl I S. 1890) – s ALG
GAnwZ(Bay) – Geschäftsanweisung für die Geschäftsstellen der Gerichte in Zivilsachen (BayJMBl 1957, 349)
GB – Grundbuch
GBA – Grundbuchamt
GBMaßnG – Gesetz über Maßnahmen auf dem Gebiete des Grundbuchwesens vom 20. 12. 1963 (BGBl I S. 986), zuletzt geändert durch Gesetz vom 20. 12. 1993 (BGBl I S. 2182)
GBO – Grundbuchordnung idF vom 26. 5. 1994 (BGBl I S. 1114)
GbR – Gesellschaft bürgerlichen Rechts
GBV – Grundbuchverfügung
GebrMG – Gebrauchsmustergesetz idF vom 28. 8. 1986 (BGBl I S. 1456), zuletzt geändert durch Gesetz vom 2. 9. 1994 (BGBl I S. 2278)
gfls (gfs) – gegebenenfalls
Geimer IZPR – Geimer, Internationales Zivilprozeßrecht, 2. Aufl 1993
Geimer/Schütze – Internationale Urteilsanerkennung, I 1 1983, I 2 1984, II 1971
GemS – Gemeinsamer Senat der obersten Gerichtshöfe des Bundes
GenG – Genossenschaftsgesetz idF vom 19. 8. 1994 (BGBl I S. 2203)
Gerichtsstandsnovelle – Gesetz zur Änderung der Zivilprozeßordnung vom 21. 3. 1974 (BGBl I S. 753)
Germelmann/Matthes/Prütting – Arbeitsgerichtsgesetz, 2. Aufl 1995
Gernhuber/Coester-Waltjen – Lehrbuch des Familienrechts, 4. Aufl 1994
Gerold/Schmidt/(Bearbeiter) – BRAGO, 12. Aufl 1995
GerOrgG – Gerichtsorganisationsgesetz (Landesrecht), zB Gesetz vom 25. 4. 1973 (BayGVBl S. 189)
Ges – Gesetz(e)
ges – gesetzlich
GeschmG – Gesetz betreffend das Urheberrecht von Mustern und Modellen vom 11. 1. 1876 (RGBl S. 11/BGBl III 442-1), zuletzt geändert durch Gesetz vom 2. 9. 1994 (BGBl I S. 2278)
GeschSt – Geschäftsstelle
GesO – Gesamtvollstreckungsordnung idF vom 23. 5. 1991 (BGBl I S. 1185), zuletzt geändert durch Gesetz vom 24. 6. 1994 (BGBl I S. 1374)
GewO – Gewerbeordnung idF der Bek vom 1. 1. 1987 (BGBl I S. 425), zuletzt geändert durch Gesetz vom 7. 8. 1996 (BGBl I S. 1246)
GG – Grundgesetz für die Bundesrepublik Deutschland vom 23. 5. 1949 (BGBl S. 1), zuletzt geändert durch Gesetz vom 3. 11. 1995 (BGBl I S. 1492)
ggf – gegebenenfalls
GGZ – Geschäftsgangbestimmungen für die Justizverwaltung
Gießler – Vorläufiger Rechtsschutz in Ehe-, Familien- und Kindschaftssachen, 2. Aufl 1993
GKG – Gerichtskostengesetz idF vom 15. 12. 1975 (BGBl I S. 3047), zuletzt geändert durch Gesetz vom 24. 6. 1994 (BGBl I S. 1325)
Gl – Gläubiger
GleichberG/GlBerG – Gesetz über die Gleichberechtigung von Mann und Frau auf dem Gebiete des bürgerlichen Rechts vom 18. 6. 1957 (BGBl I S. 609)
2. GleichberG/GleiBG – Gesetz zur Gleichberechtigung von Frauen und Männern vom 24. 6. 1994 (BGBl I S. 1406)
GmbHG – Gesetz betreffend die Gesellschaften mit beschränkter Haftung idF der Bek vom 20. 5. 1898 (RGBl S. 846), zuletzt geändert durch Gesetz vom 25. 7. 1994 (BGBl I S. 1682)
GmbHR – GmbH-Rundschau (Jahr, Seite)
GMBl – Gemeinsames Ministerialblatt (Jahr, Seite)
GmS-OGB – Gemeinsamer Senat der obersten Gerichtshöfe des Bundes
Göppinger/Wax/(Bearbeiter) – Unterhaltsrecht, 6. Aufl 1994
Göttlich/Mümmler – Kommentar zur BRAGO, 17. Aufl 1989
GRMG – Geschäftsraummietengesetz vom 25. 6. 1952 (BGBl I S. 338), zuletzt geändert durch Gesetz vom 30. 10. 1972 (BGBl I 2053)
Gruch – Gruchot's Beiträge (Band, Seite)
Grunsky – ArbGG, Kommentar, 7. Aufl 1995
Grunsky – Grundlagen des Verfahrensrechts, 2. Aufl 1974
GRUR – Gewerblicher Rechtsschutz und Urheberrecht (Jahr, Seite)
GrZS – Großer Zivilsenat
GS – Gedächtnisschrift
G/S/(Bearbeiter) s Gerold/Schmidt
GV (GVollz) – Gerichtsvollzieher
GVBl – Gesetz- und Verordnungsblatt
GVG – Gerichtsverfassungsgesetz idF vom 9. 5. 1975 (BGBl I S. 1077), zuletzt geändert durch Gesetz vom 19. 7. 1996 (BGBl I S. 1014)
GVG-Maßgaben – Anlage I Kap. III Sachgebiet A Abschnitt III Nr. 1 (Buchst. a bis y) des EinigungsV vom 31. 8. 1990 (BGBl II S. 889)
GVGA – Geschäftsanweisung für Gerichtsvollzieher; Neufassung 1980, bundeseinheitlich vereinbart
GVKostG – Gesetz über Kosten der Gerichtsvollzieher vom 26. 7. 1957 (BGBl I S. 887, ber. 1959 I S. 155), zuletzt geändert durch Gesetz vom 24. 6. 1994 (BGBl I S. 1325)
GVKostGr – Gerichtsvollzieherkostengrundsätze (bundeseinheitlich), BayJMBl 1976, S. 55; 1980, S. 257; 1984, S. 205

GVO – Gerichtsvollzieherordnung; Neufassung 1980, bundeseinheitlich vereinbart
GVollz – Gerichtsvollzieher
GVÜ – s EuGVÜ
GWB – Gesetz gegen Wettbewerbsbeschränkungen idF der Bek vom 20. 2. 1990 (BGBl I S. 235), zuletzt geändert durch Gesetz vom 2. 9. 1994 (BGBl I S. 2278)

Haegele/Schöner/Stöber – Grundbuchrecht, 10. Aufl 1993
HaftpflG – Haftpflichtgesetz idF vom 4. 1. 1978 (BGBl I S. 145)
Hansens – BRAO, 8. Aufl 1995
HansJVBl – Hanseatisches Justizverwaltungsblatt (Jahr, Seite)
Hartmann/Albers – Kostengesetze, 26. Aufl 1994
HausratsVO – 6. DVO zum Ehegesetz vom 21. 10. 1944 (RGBl I S. 256), zuletzt geändert durch Gesetz vom 24. 6. 1994 (BGBl I S. 1325)
HaustürWG – Gesetz über den Widerruf von Haustürgeschäften und ähnlichen Geschäften vom 16. 1. 1986 (BGBl I S. 122), zuletzt geändert durch Gesetz vom 17. 12. 1990 (BGBl I S. 2840)
HBÜ – Haager Beweisübereinkommen vom 18. 3. 1970 (BGBl 1977 I S. 1472)
Hellwig – System des deutschen Zivilprozeßrechts 1912/19, Nachdruck 1967
Henckel, Parteilehre – Parteilehre und Streitgegenstand im Zivilprozeß, 1961
Henckel, Prozeßrecht – Prozeßrecht und materielles Recht, 1970
HEZ – Höchstrichterliche Entscheidungen in Zivilsachen (Band, Seite)
HFR – Höchstrichterliche Finanzrechtsprechung (Jahr, Seite)
HGB – Handelsgesetzbuch vom 10. 5. 1897 (RGBl S. 219), zuletzt geändert durch Gesetz vom 25. 7. 1994 (BGBl I S. 1682)
Hgb – Herausgeber
Hillach/Rohs – Handbuch des Streitwerts in bürgerlichen Rechtsstreitigkeiten, 8. Aufl 1992
HinterlO (HO) – Hinterlegungsordnung vom 10. 3. 1937 (RGBl I S. 285), zuletzt geändert durch Gesetz vom 20. 8. 1990 (BGBl I S. 1765)
hM – herrschende Meinung
Horber/Demharter – s Demharter
HRR – Höchstrichterliche Rechtsprechung (Jahr, Nr.)
hRspr – herrschende Rechtsprechung
HS (Hs) – Halbsatz
HuW – Haus und Wohnung (Jahr, Seite) von 1946 bis 1957; aufgegangen in: Das Grundeigentum = GrundE
HwVG – Handwerksversicherungsgesetz vom 8. 9. 1960 (BGBl I S. 737), zuletzt geändert durch Gesetz vom 27. 12. 1993 (BGBl I S. 2378)
HZPrAbk – Haager Zivilprozeßabkommen (1905)
HZPÜ – Haager Zivilprozeßübereinkommen vom 1. 3. 1954 (BGBl 1958 II S. 577)
HZÜ – Haager Zustellungsübereinkommen vom 15. 11. 1965 (BGBl 1977 II S. 1453)

ICCVerfO – Verfahrensordnung der International Chamber of Commerce
ICP – International Civil Procedure
idF – in der Fassung
idR – in der Regel
iE – im Ergebnis
ie – im einzelnen
iL – in Liquidation
InsO – Insolvenzordnung vom 5. 10. 1994 (BGBl I S. 2866), zuletzt geändert durch Gesetz vom 19. 7. 1996 (BGBl I S. 1013)
IPBPR – Internationaler Pakt vom 19. 12. 1966 über bürgerliche und politische Rechte, Gesetz vom 15. 11. 1973 (BGBl II S. 1533)
IPG – Gutachten zum internationalen und ausländischen Privatrecht
IPR – Internationales Privatrecht
IPRax – Praxis des Internationalen Privat- und Verfahrensrechts (Jahr, Seite)
IPRG – Gesetz zur Neuregelung des Internationalen Privatrechts vom 25. 7. 1986 (BGBl I S. 1142)
IPRspr – Die deutsche Rechtsprechung auf dem Gebiet des internationalen Privatrechts (Jahr, Nr.)
IRG – Gesetz über die internationale Rechtshilfe in Strafsachen idF der Bek vom 27. 6. 1994 (BGBl I S. 1537)
iS – im Sinne
iü – im übrigen
iVm – in Verbindung mit
IWB – Internationale Wirtschaftsbriefe
IZPR – Internationales Zivilprozeßrecht, systematische Darstellung in diesem Kommentar, S. 23 ff
iZw – im Zweifel

JA – Juristische Arbeitsblätter (Jahr, Seite)
Jaeger – Jaeger-Lent-Weber, Konkursordnung, 8. Aufl 1958–1964; 9. Aufl bearbeitet von Henckel und Weber, 1977 ff
Jansen – FGG, 2. Aufl 1969–1971
Jauernig – Zivilprozeßrecht, 24. Aufl 1993
Jauernig/(Bearbeiter) – BGB, 7. Aufl 1994
Jauernig ZwVR – Zwangsvollstreckungs- und Insolvenzrecht, 20. Aufl. 1996
Jayme/Hausmann – Internationales Privat- und Verfahrensrecht, 6. Aufl 1992
Jb – Jahrbuch
JBeitrO – Justizbeitreibungsordnung vom 11. 3. 1937 (RGBl I S. 298), zuletzt geändert durch Gesetz vom 15. 7. 1994 (BGBl I S. 1566)

JBl – Justizblatt

Jessnitzer/Blumberg – Bundesrechtsanwaltsordnung, Kommentar, 7. Aufl 1995

Jessnitzer/Frieling – Der gerichtliche Sachverständige, 10. Aufl 1992

JFG – Jahrbücher für Rechtsprechung in der freiwilligen Gerichtsbarkeit (Band, Seite)

JH/(Bearbeiter) – Johannsen/Henrich, Eherecht, 2. Aufl 1992

JKMO – Justizkostenmarkenordnung

JMBl – Justizministerialblatt (Jahr, Seite)

JMBlNW – Justizministerialblatt von Nordrhein-Westfalen (Jahr, Seite)

JR – Juristische Rundschau (Jahr, Seite)

JurA – Juristische Analysen (Jahr, Seite)

Jura – Juristische Ausbildung (Jahr, Seite)

JurBüro – Das Juristische Büro (Jahr, Spalte)

JuS – Juristische Schulung (Jahr, Seite)

Justiz – Die Justiz, Amtsblatt des Justizministeriums Baden-Württemberg (Jahr, Seite)

JVBl – Justizverwaltungsblatt (Jahr, Seite)

JVwKostO – Justizverwaltungskostenordnung vom 14. 2. 1940 (RGBl I S. 357/BGBl III Nr. 363-1), zuletzt geändert durch Gesetz vom 12. 9. 1990 (BGBl I S. 2002)

JW – Juristische Wochenschrift (Jahr, Seite)

JWG – Jugendwohlfahrtsgesetz, aufgehoben mit Wirkung vom 1. 1. 1991 durch das Kinder- und Jugendhilfegesetz (KJHG) vom 26. 6. 1990 (BGBl I S. 1163)

JZ – Juristenzeitung (Jahr, Seite)

Kalthoener/Büttner – Prozeßkostenhilfe und Beratungshilfe, 1988

Karlsruher Kommentar zur StPO, 3. Aufl 1993

KE – Kostenerstattungsanspruch

Kegel IPR – Internationales Privatrecht, 6. Aufl 1987

Keidel/(Bearbeiter) – Freiwillige Gerichtsbarkeit (Teil A), 13. Aufl 1992; Beurkundungsgesetz (Teil B), 12. Aufl 1986

KFB – Kostenfestsetzungsbeschluß

KfHS – Kammer für Handelssachen

KG – Kammergericht, Kommanditgesellschaft

KGBl – Blätter für Rechtspflege im Bezirk des Kammergerichts (Jahr, Seite)

KGJ – Jahrbuch für Entscheidungen des Kammergerichts, 1881–1922 (Jahr, Seite)

KGR – Kammergericht-Report Berlin (Jahr, Seite)

Kilger/Schmidt – Konkursordnung, 16. Aufl 1993

Kissel – GVG, 2. Aufl 1994

KJHG – Kinder- und Jugendhilfegesetz = SGB-VIII (Kinder- und Jugendhilfe) idF vom 3. 5. 1993 (BGBl I S. 637)

KKZ – Kommunal-Kassen-Zeitschrift

KMR – Kommentar zur StPO, begründet von Kleinknecht/Müller/Reitberger; 8. Aufl 1990 (bearbeitet von Fezer/Paulus)

KO – Konkursordnung idF vom 20. 5. 1898 (RGBl S. 612), zuletzt geändert durch Gesetz vom 25. 7. 1994 (BGBl I S. 1744)

KommG (KG) – Kommanditgesellschaft

KoRsp – Kostenrechtsprechung, bearbeitet von Lappe, v. Eicken, Noll, Herget (Gesetz, §, Nr.)

KostÄndG – Gesetz zur Änderung und Ergänzung kostenrechtlicher Vorschriften vom 26. 7. 1957 (BGBl I S. 861), zuletzt geändert durch Gesetz vom 18. 8. 1980 (BGBl I S. 1503)

KostO – Kostenordnung idF vom 26. 7. 1957 (BGBl I S. 960), zuletzt geändert durch Gesetz vom 25. 7. 1994 (BGBl I S. 1744)

KostRÄndG 1994 – Gesetz zur Änderung von Kostengesetzen und anderen Gesetzen (Kostenrechtsänderungsgesetz 1994) vom 24. 6. 1994 (BGBl I S. 1325)

KostVfg – Kostenverfügung idF vom 1. 3. 1976 (bundeseinheitlich vereinbart), BayJMBl 1976, 41, zuletzt geändert BayJMBl 1987, 45

KrG – Kreisgericht

Kropholler – Europäisches Zivilprozeßrecht, Komm. zum EuGVÜ und LuganoÜ, 5. Aufl 1996

KRZ – Bestimmungen über das Kassen- und Rechnungswesen der Justizverwaltung

KSchG – Kündigungsschutzgesetz idF vom 25. 8. 1969 (BGBl I S. 1317), zuletzt geändert durch Gesetz vom 20. 7. 1995 (BGBl I S. 946)

KSchVO – VO über den Kündigungsschutz und andere kleingartenrechtlliche Vorschriften idF vom 15. 12. 1944 (RGBl I S. 347), zuletzt geändert durch BVerfGE vom 12. 6. 1979 (BGBl I S. 1998)

KTS – Zeitschrift für Insolvenzrecht – Konkurs/Treuhand/Sanierung; bis 1988: Konkurs-, Treuhand- und Schiedsgerichtswesen (Jahr, Seite)

Kuhn/Uhlenbruck – Konkursordnung, 11. Aufl. 1994

KV – Kostenverzeichnis (Anlage 1 zum GKG) idF des KostRÄndG 1994

KVLG – Gesetz über die Krankenversicherung der Landwirte vom 10. 8. 1972 (BGBl I S. 1433), zuletzt geändert durch Gesetz vom 29. 7. 1994 (BGBl I S. 1890)

KWG – Gesetz über das Kreditwesen idF vom 11. 7. 1985 (BGBl I S. 1472), zuletzt geändert durch Gesetz vom 25. 10. 1993 (BGBl I S. 1770)

LAG – Lastenausgleich idF vom 16. 6. 1993 (BGBl I S. 845), zuletzt geändert durch Gesetz vom 27. 8. 1995 (BGBl I S. 1090); auch Landesarbeitsgericht

LAGE – Entscheidungen der Landesarbeitsgerichte (Gesetz, §, Nr.)

Lappe – Gerichtskostengesetz, Kommentar, 1975 mit Nachtrag 1978; s. auch KoRspr

Lappe – Kosten in Familiensachen, 5. Aufl 1994

Larenz – Lehrbuch des Schuldrechts, Band I: Allgemeiner Teil, 14. Aufl 1987; Band II/1: Besonderer Teil, 13. Aufl 1986; Larenz/Canaris Band II/2, 13. Aufl 1994

LBG – Gesetz über die Landbeschaffung für Aufgaben der Verteidigung vom 23. 2. 1957 (BGBl I S. 134), zuletzt geändert durch Gesetz vom 20. 12. 1991 (BGBl I S. 2317)

LG – Landgericht

LM – Lindenmaier-Möhring, Nachschlagewerk des Bundesgerichtshofs (Gesetz, §, Nr.; § ohne Gesetzesangabe: § der ZPO; ohne Angabe eines §: die Nr. zum erläuterten §)

LöschungsG – Gesetz über die Auflösung und Löschung von Gesellschaften und Genossenschaften vom 9. 10. 1934 (RGBl I S. 914), zuletzt geändert durch Gesetz vom 19. 12. 1985 (BGBl I S. 2355)

LS – Leitsatz

LSG – Landessozialgericht

LuftVG – Luftverkehrsgesetz vom 14. 1. 1981 (BGBl I S. 62), zuletzt geändert durch Gesetz vom 17. 12. 1993 (BGBl I S. 2123)

LVA – Landesversicherungsanstalt

LwVG – Gesetz über das gerichtliche Verfahren in Landwirtschaftssachen vom 21. 7. 1953 (BGBl I S. 667), zuletzt geändert durch Gesetz vom 17. 12. 1990 (BGBl I S. 2847)

LZ – Leipziger Zeitschrift (Jahr, Seite)

MA – Der Markenartikel

MarkenG – Markengesetz vom 25. 10. 1994 (BGBl I S. 3082), zuletzt geändert durch Gesetz vom 19. 7. 1996 (BGBl I S. 1014)

Markl – Kommentar zum GKG, 2. Aufl 1983

Maßgaben – Anlage I zum EinigungsV Kapitel III Geschäftsbereich des BMJ, Sachgebiet A Abschnitt III

Materialiensammlung – Das erste Gesetz zur Reform des Ehe- und Familienrechts vom 14. 7. 1976, Gesetzestext, Materialien und ergänzende Erläuterungen, im Auftrag des BMdJ zusammengestellt und verfaßt von Böhmer u. a.

MB – Mahnbescheid

MDR – Monatsschrift für Deutsches Recht (Jahr, Seite)

Melullis – Handbuch des Wettbewerbsprozesses, 2. Aufl 1995

MHG (MHRG) – Gesetz zur Regelung der Miethöhe vom 18. 12. 1974 (BGBl I S. 3603) zuletzt geändert durch Gesetz vom 15. 12. 1995 (BGBl I S. 1722)

MitbestG – Gesetz über die Mitbestimmung der Arbeitnehmer vom 4. 5. 1976 (BGBl I S. 1153), zuletzt geändert durch Gesetz vom 26. 6. 1990 (BGBl I S. 1208)

Mitt – Mitteilung

MittBayNot – Mitteilungen des Bayerischen Notarvereins, der Notarkasse und der Landesnotarkammer Bayern (Jahr, Seite)

MittDPA – Mitteilungen vom Verband deutscher Patentanwälte

MittRAKKöln – Mitteilungen der Rechtsanwaltskammer Köln (Jahr, Seite)

MittRhNotK – Mitteilungen der Rheinischen Notarkammer (Jahr, Seite)

MiZi – Anordnung über Mitteilungen in Zivilsachen vom 1. 10. 1967 (BAnz Nr. 218), zuletzt geändert am 11. 11. 1985 (BAnz Nr. 219)

MK/(Bearbeiter) – Münchener Kommentar zur ZPO, 3 Bde, 1992

MK-BGB/(Bearbeiter) – Münchener Kommentar zum Bürgerlichen Gesetzbuch, 2. Aufl 1984–1990; 3. Aufl ab 1992 ff.

MRK – Konvention zum Schutz der Menschenrechte und Grundfreiheiten vom 4. 11. 1950 (BGBl 1952 II S. 686, 953), zuletzt geändert durch Prot. Nr. 5 vom 20. 1. 1966 (BGBl 1968 II S. 1120), in Kraft seit 20. 12. 1971 (BGBl 1972 II S. 1), zuletzt geändert durch Bek vom 6. 9. 1988 (BGBl II S. 860)

MSA – Übereinkommen über die Zuständigkeit und das anzuwendende Recht auf dem Gebiet des Schutzes von Minderjährigen vom 5. 10. 1961 (BGBl 1971 II S. 217)

MSchutzG – Mutterschutzgesetz vom 18. 4. 1968 (BGBl I S. 315), zuletzt geändert durch Gesetz vom 6. 6. 1994 (BGBl I S. 1170) – auch Mieterschutzgesetz idF vom 15. 12. 1942 (RGBl I S. 712; BGBl III 4 Nr. 402–12), aufgehoben

MuW – Markenschutz und Wettbewerb (Jahr, Seite)

mwN – mit weiteren Nachweisen

Nagel – Heinrich Nagel, Internationales Zivilprozeßrecht, 3. Aufl 1991

NATO – North Atlantic Treaty Organization (Nordatlantikpakt)

NdsRpfl – Niedersächsische Rechtspflege (Jahr, Seite)

NDV – Nachrichtendienst des Deutschen Vereins für öffentliche u. private Fürsorge (Jahr, Seite)

NedTIR – Nederlands Tijdschrift voor internationaal Recht (Jahr, Seite)

ne – nichtehelich

NEG (NichtehelG) – Gesetz über die rechtliche Stellung der nichtehelichen Kinder vom 19. 8. 1969 (BGBl I S. 1243), zuletzt geändert durch Gesetz vom 17. 7. 1970 (BGBl I S. 1099)

Neuhaus – Die Grundbegriffe des internationalen Privatrechts, 2. Aufl 1976

nF – neue Fassung

NI – Nebenintervenient

NJ – Neue Justiz (Jahr, Seite)

NJW – Neue Juristische Wochenschrift (Jahr, Seite)

NJW CoR – NJW-Computer-Report (Jahr, Seite)

NJW-RR – NJW-Rechtsprechungs-Report Zivilrecht (Jahr, Seite)

NStZ – Neue Zeitschrift für Strafrecht (Jahr, Seite)

NTS – NATO-Truppen-Statut vom 19. 6. 1951 (BGBl 1961 II S. 1190)

NTS-AG – Ausführungsgesetz zum NATO-Truppenstatut vom 18. 8. 1961 (BGBl II S. 1183)

NVwZ – Neue Zeitschrift für Verwaltungsrecht (Jahr, Seite)

NZA – Neue Zeitschrift für Arbeitsrecht (Jahr, Seite)

NZV – Neue Zeitschrift für Verkehrsrecht (Jahr, Seite)

Odersky – Nichtehelichengesetz, 4. Aufl 1978

OEG – Gesetz über die Entschädigung für Opfer von Gewalttaten idF vom 7. 1. 1985 (BGBl I S. 1), zuletzt geändert durch Gesetz vom 7. 8. 1996 (BGBl I S. 1254)

OG – Oberstes Gericht (DDR)

OGH – Oberster Gerichtshof für die britische Zone, auch Entscheidungssammlung (Band, Seite)

OHG – Offene Handelsgesellschaft

OLG – Oberlandesgericht (auch Entscheidungssammlung: Band, Seite; von 1900–1928)

OLGR – OLG-Report (iVm Name des OLG), (Jahr, Seite)

OLG-Rspr – Rechtsprechung der OLG und LG zum Zivilrecht (hrsg. von E. Schneider), (Monat/Jahr/Seite)

OLGZ – Entscheidungen der Oberlandesgerichte in Zivilsachen (Jahr, Seite; ab 1965)

Ölschadengesetz – Gesetz über die Haftung und Entschädigung für Ölverschmutzungsschäden durch Seeschiffe vom 30. 9. 1988 (BGBl I S 1770), zuletzt geändert durch Gesetz vom 25. 7. 1994 (BGBl I S. 1802)

ÖJZ – Österreichische Juristenzeitung (Jahr, Seite)

ÖsterrJurBl – Österreichische Juristische Blätter (Jahr, Seite)

OVG – Oberverwaltungsgericht

OWiG – Gesetz über Ordnungswidrigkeiten idF vom 19. 2. 1987 (BGBl I S. 602), zuletzt geändert durch Gesetz vom 27. 6. 1994 (BGBl I S. 1440)

Palandt/(Bearbeiter) – BGB-Kommentar 55. Aufl. 1996

PAngV – Preisangabenverordnung vom 14. 3. 1985 (BGBl I S. 580), zuletzt geändert am 14. 10. 1992 (BGBl I S. 1765)

PartG – Parteiengesetz idF vom 31. 1. 1994 (BGBl I S. 149), zuletzt geändert durch Gesetz vom 18. 12. 1995 (BGBl I S. 1959)

PartGG – Gesetz über Partnergesellschaften Angehöriger Freier Berufe vom 25. 7. 1994 (BGBl I S. 1744)

PatAnwO – Patentanwaltsordnung vom 7. 9. 1966 (BGBl I S. 557), zuletzt geändert durch Gesetz vom 2. 9. 1994 (BGBl I S. 2278)

PatG – Patentgesetz idF vom 16. 12. 1980 (BGBl 1981 I S. 1), zuletzt geändert durch Gesetz vom 2. 9. 1994 (BGBl I S. 2278)

PfändungsfreigrenzenÄndG – 6. Gesetz zur Änderung der Pfändungsfreigrenzen vom 1. 4. 1992 (BGBl I S. 745)

PflVG – Pflichtversicherungsgesetz vom 5. 4. 1965 (BGBl I S. 213), zuletzt geändert durch Gesetz vom 21. 7. 1994 (BGBl I S. 1630)

Piller-Hermann – Justizverwaltungsvorschriften, Loseblatt (Stand Oktober 1993)

PKH – Prozeßkostenhilfe

PKHG – Gesetz über die Prozeßkostenhilfe vom 13. 6. 1980 (BGBl I S. 677)

PostG – Gesetz über das Postwesen vom 3. 7. 1989 (BGBl I S. 1449), zuletzt geändert durch Art 6 PTNeuOG vom 14. 9. 1994 (BGBl I S. 2368)

PostUmwG – Postumwandlungsgesetz = Art 3 PTNeuOG vom 14. 9. 1994 (BGBl I S. 2239)

PrEnteignG – Preußisches Enteignungsgesetz vom 11. 6. 1874

PrJMBl – Justizministerialblatt für die Preußische Gesetzgebung und Rechtspflege

Prölss – Prölss/R. Schmidt/Frey, Versicherungsaufsichtsgesetz, 10. Aufl 1989 mit Nachtrag 1992

ProdHaftG – Produkthaftungsgesetz vom 15. 12. 1989 (BGBl I S. 2198), zuletzt geändert durch Gesetz vom 27. 4. 1993 (BGBl I S. 512)

ProzBev – Prozeßbevollmächtigter

PStG – Personenstandsgesetz idF vom 8. 8. 1957 (BGBl I S. 1125), zuletzt geändert durch Gesetz vom 16. 12. 1993 (BGBl I S. 2054)

PTNeuOG – Gesetz zur Neuordnung des Postwesens usw vom 14. 9. 1994 (BGBl I S. 2325)

Raape/Sturm – Internationales Privatrecht, 6. Aufl, Bd I, 1977

RabelsZ – Zeitschrift für ausländisches und internationales Privatrecht, begründet von E. Rabel (Jahr, Seite)

RABerufsRNeuOG – Gesetz zur Neuordnung des Berufsrechts der Rechtsanwälte und der Patentanwälte vom 2. 9. 1994 (BGBl I S. 2278)

RADG – Rechtsanwaltsdienstleistungsgesetz vom 16. 8. 1980 (BGBl I S. 1453) idF vom 14. 3. 1990 (BGBl I S. 479), zuletzt geändert durch Gesetz vom 2. 9. 1994 (BGBl I S. 2278)

RAG – Reichsarbeitsgericht, auch Entscheidungssammlung (Band, Seite)

RA-Ges (auch RAG) – Rechtsanwaltsgesetz (DDR) vom 13. 9. 1990 (GBl I S. 1504) idF des RpflAnpG, aufgehoben durch Art. 21 des RABerufsRNeuOG

Rahm/Künkel (Bearbeiter) – Handbuch des Familiengerichtsverfahrens (Loseblatt), Stand: 1994

RBerG – Rechtsberatungsgesetz vom 13. 12. 1935 (RGBl I S. 1478), zuletzt geändert durch Gesetz vom 13. 12. 1989 (BGBl I S. 2135)

RBerV – (Erste) AusfVO zum RBerG vom 13. 12. 1935 (RGBl I S. 1481)

2. RBerV – Zweite AusfVO zum RBerG vom 3. 4. 1936 (RGBl I S. 359)

5. RBerV – Fünfte AusfVO zum RBerG vom 29. 3. 1938 (RGBl I S. 359)

RdA – Recht der Arbeit (Jahr, Seite)

RdE – Recht der Elektrizitätswirtschaft (Jahr, Seite)

RdErl – Runderlaß

RdK – Recht des Kraftfahrers (Jahr, Seite)

RdL – Recht der Landwirtschaft (Jahr, Seite)

Rdnr/RdNr – Randnummer

Recht – Das Recht (Jahr, Nummer)

RechtspflegeEntlG s RpflEntlG

RegBedarfsV – Verordnung zur Neufestsetzung des Regelbedarfs

RegUnterhV – Regelunterhalts-Verordnung vom 27. 6. 1970 (BGBl I S. 1010), zuletzt geändert durch VO vom 19. 3. 1992 (BGBl I S. 535)

RegVBG – Gesetz zur Vereinfachung und Beschleunigung registerrechtlicher und anderer Verfahren (Registerverfahrensbeschleunigungsgesetz) vom 20. 12. 1993 (BGBl I S. 2182)

RG – Reichsgericht, auch Entscheidungssammlung (Band, Seite)

R-Gaul/Schilken – Rosenberg/Gaul/Schilken, Zwangsvollstreckungsrecht, 10. Aufl 1987

RGBl – Reichsgesetzblatt (Jahr, Teil, Seite)

RGRK/(Bearbeiter) – BGB-Kommentar von Reichsgerichtsräten und Bundesrichtern, 12. Aufl ab 1974

RGZ – Entscheidungssammlung des RG in Zivilsachen (Band, Seite)

Riedel/(Bearbeiter) – BRAGO, 7. Aufl 1995

Riezler, IZPR – Internationales Zivilprozeßrecht und prozessuales Fremdenrecht, 1949

RIW/AWD – Recht der Internationalen Wirtschaft, Außenwirtschaftsdienst des Betriebs-Beraters (Jahr, Seite)

RJA – Reichsjustizamt (Entscheidungssammlung der freiwilligen Gerichtsbarkeit und des Grundbuchrechts)

Rn – Randnummer

ROHG – Entscheidungen des Reichsoberhandelsgerichts (Band, Seite)

Rolland/(Bearbeiter) – FamR, Kommentar, 3. Aufl 1995

Rohs-Wedewer – Kostenordnung, Kommentar (Loseblatt)

Rosenberg – Lehrbuch des deutschen Zivilprozeßrechts, 9. Aufl 1961

Roth-Stielow – Der Abstammungsprozeß 2. Aufl 1978

ROW – Recht in Ost und West (Jahr, Seite)

RpflAnpG – Gesetz zur Anpassung der Rechtspflege im Beitrittsgebiet vom 26. 6. 1992 (BGBl I S. 1147), zuletzt geändert durch Gesetz vom 7. 12. 1995 (BGBl I S. 1590)

RpflBl – Rechtspflegerblatt (Jahr, Seite)

RpflEntlG – Gesetz zur Entlastung der Rechtspflege vom 11. 1. 1993 (BGBl I S. 50)

Rpfleger – Der Deutsche Rechtspfleger (Jahr, Seite); auch Rechtspfleger

RPflG – Rechtspflegergesetz vom 5. 11. 1969 (BGBl I S. 2065), zuletzt geändert durch Gesetz vom 25. 7. 1994 (BGBl I S. 1744)

RpflVereinfG – Rechtspflege-Vereinfachungsgesetz vom 17. 12. 1990 (BGBl I S. 2847)

RPS – Recht und Praxis der Schiedsgerichtsbarkeit (Beilage zu BB), ab 1992 (Jahr, Seite)

RSC – Rules of the Supreme Court

R-Schwab – Rosenberg-Schwab, Zivilprozeßrecht, 14. Aufl 1986

R-Schwab/Gottwald – Rosenberg/Schwab/ Gottwald, Zivilprozeßrecht, 15. Aufl 1993

RsprBauZ – Rechtsprechung der Bauausführung

RsprEinhG – Gesetz zur Wahrung der Einheitlichkeit der Rechtsprechung der obersten Gerichtshöfe des Bundes vom 19. 6. 1968 (BGBl I S. 661)

RVO – Reichsversicherungsordnung idF vom 15. 12. 1924 (RGBl I S. 779), zuletzt geändert (teilw Aufhebung) durch Gesetz vom 7. 8. 1996 (BGBl I S. 1254)

RzW – Rechtsprechung zum Wiedergutmachungsrecht (Jahr, Seite)

sa – siehe auch

SA (SeuffA) – Seufferts Archiv (Band, Nr.)

SachenRBerG – Sachenrechtsbereinigungsgesetz (Art 1 des Gesetzes zur Änderung sachenrechtlicher Bestimmungen) vom 21. 9. 1994 (BGBl I S. 2457)

SAE – Sammlung arbeitsrechtlicher Entscheidungen (Jahr, Nr.)

sBV – selbständiges Beweisverfahren

Sch – Schuldner

Schack – Internationales Zivilverfahrensrecht, 1991

Schaub – Arbeitsrechts-Handbuch, 8. Aufl 1996

Schellhammer – Zivilprozeß, 6. Aufl 1994

SchiffsRG – Gesetz über Rechte an eingetragenen Schiffen und Schiffsbauwerken – Schiffsrechtegesetz – vom 15. 11. 1940

(RGBl I S. 1499), zuletzt geändert durch Gesetz vom 28. 8. 1969 (BGBl I S. 1513)
SchlHA – Schleswig-Holsteinische Anzeigen (Jahr, Seite)
SchlHOLG – Schleswig-Holsteinisches OLG
Schlosser – Zivilprozeßrecht I: Erkenntnisverfahren, 2. Aufl 1991; II: Zwangsvollstreckungs- und Insolvenzrecht, 1984
Schneider/Herget – Streitwert-Kommentar für den Zivilprozeß, 11. Aufl 1996
Schönke/Baur – Zwangsvollstreckungs-, Konkurs- und Vergleichsrecht, 10. Aufl 1978; 12. Aufl: s Baur/Stürner
Schönke/Kuchinke – Zivilprozeßrecht, 9. Aufl 1969
Schoreit-Dehn – Beratungshilfegesetz – Prozeßkostenhilfegesetz, 4. Aufl 1993
Schröder – Internationale Zuständigkeit, 1971
Schröder-Kay, Das Kostenwesen der Gerichtsvollzieher, 8. Aufl 1987
Schütze – Internationales Zivilprozeßrecht, 1980
SchuldRAnpG – Schuldrechtsanpassungsgesetz (Art 1 des Gesetzes zur Änderung schuldrechtlicher Bestimmungen im Beitrittsgebiet) vom 21. 9. 1994 (BGBl I S. 2538)
Schuschke – Vollstreckung und vorläufiger Rechtsschutz; Bd I: Zwangsvollstreckung, 1992; Bd II (Schuschke/Walker): Arrest, Einstw Verfügung, 1995
Schuschke/Walker – s Schuschke Bd II
SchutzBerG – Schutzbereichsgesetz vom 7. 12. 1956 (BGBl S. 899), zuletzt geändert durch Gesetz vom 20. 12. 1976 (BGBl I S. 3574)
Schwab/(Bearbeiter) – D. Schwab, Handbuch des Scheidungsrechts, 3. Aufl 1995, bearb von Borth, Hahne, Maurer, Schwab
Schwab, K. H. – Der Streitgegenstand im Zivilprozeß, 1954
Schwab/Walter – Schiedsgerichtsbarkeit, 5. Aufl 1995
SeeVertO – Seerechtliche Verteilungsordnung vom 25. 7. 1986 (BGBl I S. 1130), zuletzt geändert durch Gesetz vom 17. 12. 1990 (BGBl I, S. 2847)
Seuffert-Walsmann – Kommentar zur ZPO, 12. Aufl 1932/33 (2 Bände)
SGb – Die Sozialgerichtsbarkeit (Jahr, Seite)
SGB (SozGB) – Sozialgesetzbuch – 1. Buch (Allg. Teil) vom 11. 12. 1975 (BGBl I S. 3015), zuletzt geändert durch Gesetz vom 7. 8. 1996 (BGBl I S. 1254); 4. Buch (gemeinsame Vorschriften) vom 23. 12. 1976 (BGBl I S. 3845), zuletzt geändert durch Gesetz vom 7. 8. 1996 (BGBl I S. 1254); 5. Buch (Krankenversicherung) vom 20. 12. 1988 (BGBl I S. 2477), zuletzt geändert durch Gesetz vom 7. 8. 1996 (BGBl I S. 1254); 6. Buch vom 18. 12. 1989 (BGBl I S. 2261), zuletzt geändert durch Gesetz vom 7. 8. 1996 (BGBl I S. 1254); 7. Buch vom 7. 8. 1996 (BGBl I S. 1254); 8. Buch (Kinder- und Jugendhilfe) idF vom 15. 3. 1996 (BGBl I S. 477), geändert durch Gesetz vom 23. 7. 1996 (BGBl I S. 1088); 10. Buch (VerwVerf) vom 18. 8. 1980 (BGBl I S. 1469, ber. S. 2218), zuletzt geändert durch Gesetz vom 7. 8. 1996 (BGBl I S. 1254); 11. Buch vom 26. 5. 1994 (BGBl I S. 1014), zuletzt geändert durch Gesetz vom 7. 8. 1996 (BGBl I S. 1254)
2. SGBÄndG – Zweites Gesetz zur Änderung des Sozialgesetzbuches vom 13. 6. 1994 (BGBl I S. 1229)
SGG – Sozialgerichtsgesetz idF vom 23. 9. 1975 (BGBl I S. 2535), zuletzt geändert durch Gesetz vom 7. 8. 1996 (BGBl I S. 1254)
SJZ – Süddeutsche Juristenzeitung (Jahr, Seite)
Soergel/(Bearbeiter) – Kommentar zum BGB, 11. Aufl 1978 ff, 12. Aufl 1987 ff
SorgerechtsÄndG – Gesetz zur Neuregelung des Rechts der elterlichen Sorge vom 18. 7. 1979 (BGBl I S. 1061)
SortSchG – Sortenschutzgesetz vom 11. 12. 1985 (BGBl I S. 2170), zuletzt geändert durch Gesetz vom 2. 9. 1994 (BGBl I S. 2278)
SozG – Sozialgericht
SozialhilfeRG – Gesetz zur Reform des Sozialhilferechts vom 23. 7. 1996 (BGBl I S. 1088)
SpuRt – Sport und Recht (Jahr, Seite)
StAnz – Staatsanzeiger
Staudinger/(Bearbeiter) – Kommentar zum Bürgerlichen Gesetzbuch, 12. Aufl ab 1978, 13. Aufl ab 1993
StAZ – Das Standesamt (Jahr, Seite)
StBerG – Steuerberatungsgesetz vom 4. 11. 1975 (BGBl I S. 2735), zuletzt geändert durch Gesetz vom 18. 12. 1995 (BGBl I S. 1959)
Sternel – Mietrecht, 3. Aufl 1988
StGB – Strafgesetzbuch idF vom 10. 3. 1987 (BGBl I S. 945, ber. S. 1160), zuletzt geändert durch Gesetz vom 21. 8. 1995 (BGBl I S. 1050)
StJ/(Bearbeiter) – Stein/Jonas, Kommentar zur ZPO, 20. Aufl, 1977–1989 (4 Bände), bearbeitet von Grunsky, Leipold, Münzberg, Schlosser, Schumann; hier zitiert StJP (–Pohle), StJGr (–Grunsky), StJL (–Leipold), StJM (–Münzberg), StJSchl (–Schlosser), StJSch (–Schumann); 21. Aufl, ab 1993 (bisher erschienen: Bd 1, 2, 5/1 und 2, 6, 7/1 und 2), bearbeitet von Bork, Brehm, Grunsky, Leipold, Münzberg, Roth, Schlosser und Schumann
Stöber – Forderungspfändung, 11. Aufl 1996
StPO – Strafprozeßordnung idF vom 7. 4. 1987 (BGBl I S. 1074, ber. S. 1319), zuletzt geändert durch Gesetz vom 19. 7. 1996 (BGBl I S. 1014)
str – streitig
StrEG – Gesetz über Maßnahmen über die Entschädigung für Strafverfolgungsmaß-

nahmen vom 8. 3. 1971 (BGBl I S. 157), zuletzt geändert durch Gesetz vom 29. 10. 1992 (BGBl I S. 1814)

stRspr - ständige Rechtsprechung

StrW-Komm - E. Schneider, Streitwert-Kommentar, 10. Aufl 1992

StSen - Strafsenat

StVG - Straßenverkehrsgesetz vom 19. 12. 1952 (BGBl I S. 837), zuletzt geändert durch Gesetz vom 2. 8. 1994 (BGBl I S. 2047)

StVollzG - Strafvollzugsgesetz vom 16. 3. 1976 (BGBl I S. 581), zuletzt geändert durch Gesetz vom 17. 12. 1990 (BGBl I S. 2847)

SV - Die Sozialversicherung

Swolana/Hansens - BRAGO, Kommentar, 7. Aufl 1991

Sydow-Busch - Sydow-Busch-Krantz-Triebel, ZPO, Kommentar, 22. Aufl 1941

teilw - teilweise

TelWegG - Telegraphenwegegesetz idF vom 24. 4. 1991 (BGBl I S. 1053), geändert durch Art 8 PTNeuOG vom 14. 9. 1994 (BGBl I S. 2377)

Teplitzky - Wettbewerbsrechtliche Ansprüche, 6. Aufl 1992

TGI - Tribunal de grande instance

ThP (auch TP) - Thomas/Putzo, ZPO-Kommentar, 19. Aufl 1995

TierRStellungsG - Gesetz zur Verbesserung der Rechtsstellung des Tieres im bürgerlichen Recht vom 20. 8. 1990 (BGBl I S. 1762)

Tschischgale-Satzky - Das Kostenrecht in Arbeitssachen, 3. Aufl 1982

TSG - Transsexuellengesetz vom 10. 9. 1980 (BGBl I S. 1654), zuletzt geändert durch Gesetz vom 12. 9. 1990 (BGBl I S. 2002)

TVG - Tarifvertragsgesetz vom 25. 8. 1969 (BGBl I S. 1323), zuletzt geändert durch Einigungsvertrag vom 31. 8. 1990 (BGBl II S. 889)

UÄndG - Gesetz zur Änderung unterhaltsrechtlicher, verfahrensrechtlicher und anderer Vorschriften vom 20. 2. 1986 (BGBl I S. 301)

Üb (Übers) - Übersicht

Übk (Ü) - Übereinkommen

UdG - Urkundsbeamter der Geschäftsstelle

Ufita - Archiv für Urheber-, Film-, Funk- und Theaterrecht (Jahr, Seite)

UmweltHG - Gesetz über die Umwelthaftung vom 10. 12. 1990 (BGBl I S. 2634)

UmwG - Umwandlungsgesetz vom 28. 10. 1994 (BGBl I S. 3210, ber. 1995 I S. 428)

unstr - unstreitig

UrhG - Urheberrechtsgesetz vom 9. 9. 1965 (BGBl I S. 1273), zuletzt geändert durch Gesetz vom 19. 7. 1996 (BGBl I S. 1014)

UrkB - Urkundsbeamter

uU - unter Umständen

UVÜ - Haager Unterhaltsvollstreckungsübereinkommen vom 2. 10. 1973 (BGBl 1986 II S. 826)

UWG - Gesetz gegen den unlauteren Wettbewerb vom 7. 6. 1909 (RGBl S. 499), zuletzt geändert durch Gesetz vom 2. 9. 1994 (BGBl I S. 2278)

vAw - von Amts wegen

VAG - Versicherungsaufsichtsgesetz idF vom 17. 12. 1992 (BGBl I 1993, S. 2), zuletzt geändert durch Gesetz vom 21. 7. 1994 (BGBl I S. 1630)

VAHRG - Gesetz zur Regelung von Härten im Versorgungsausgleich vom 21. 2. 1983 (BGBl I S. 105), zuletzt geändert durch Gesetz vom 25. 7. 1991 (BGBl I S. 1606)

VAwMG - Gesetz über weitere Maßnahmen auf dem Gebiet des Versorgungsausgleichs vom 8. 12. 1986 (BGBl I S. 2317)

VB - Vollstreckungsbescheid

Vb-Verf - Verfassungsbeschwerdeverfahren

VBlBW - Verwaltungsblatt des Landes Baden-Württemberg

VerbrKrG/ZPOuaÄndG - Gesetz über Verbraucherkredite, zur Änderung der ZPO und anderer Gesetze vom 17. 12. 1990 (BGBl I S. 2840)

Vereinfachungsnovelle - Gesetz vom 3. 12. 1976 (BGBl I S. 3281)

VereinfVerf - Vereinfachtes Verfahren (zur Unterhaltstiteländerung)

VereinhG - Gesetz zur Wiederherstellung der Rechtseinheit usw vom 20. 9. 1950 (BGBl I S. 455), zuletzt geändert durch Gesetz vom 3. 12. 1976 (BGBl I S. 3281)

VerfGH - Verfassungsgerichtshof

VerglO - Vergleichsordnung vom 26. 2. 1935 (RGBl I S. 321, Ber. S. 356), zuletzt geändert durch Gesetz vom 25. 7. 1994 (BGBl I S. 1744)

VerlG - Verlagsgesetz vom 19. 6. 1906 (RGBl S. 217), zuletzt geändert durch das UrhG vom 9. 9. 1965 (BGBl I S. 1273)

VermG - Gesetz zur Regelung offener Vermögensfragen (Vermögensgesetz) idF der Bek. vom 2. 12. 1994 (BGBl I S. 3610), zuletzt geändert durch Gesetz vom 4. 7. 1995 (BGBl I S. 895)

VersAufsG - s VAG

VerschG - Verschollenheitsgesetz vom 15. 1. 1951 (BGBl I S. 63), zuletzt geändert durch Gesetz vom 18. 3. 1994 (BGBl I S. 559)

VersorgAusglHärteG - s VAHRG

VersR - Versicherungsrecht (Jahr, Seite)

Vfg - Verfügung

VGH - Verwaltungsgerichtshof

VHG - Vertragshilfegesetz vom 26. 3. 1952 (BGBl I S. 198)

VIZ - Zeitschrift für Vermögens- und Investitionsrecht (Jahr, Seite; ab 1991)

VMBl – Ministerialblatt des Bundesministeriums der Verteidigung (Jahr, Seite)
VO – Verordnung
vollstr – vollstreckbar(e)
VRS – Verkehrsrechtliche Sammlung (Band, Seite)
VU – Versäumnisurteil
VuR – Verbraucher und Recht (Jahr, Seite)
VVaG – Versicherungsverein auf Gegenseitigkeit
VVDStRL – Veröffentlichungen der Vereinigung der Deutschen Staatsrechtslehrer (Jahr, Seite)
VVG – Versicherungsvertragsgesetz vom 30. 5. 1908 (RGBl S. 263/BGBl III 7632-1), zuletzt geändert durch Gesetz vom 21. 7. 1994 (BGBl I S. 1630)
VwGO – Verwaltungsgerichtsordnung vom 21. 1. 1960 (BGBl I S. 17) idF der Bek. vom 19. 3. 1991 (BGBl I S. 686), zuletzt geändert durch Gesetz vom 24. 6. 1994 (BGBl I S. 1374)
4. VwGOÄndG – Gesetz zur Neuregelung des verwaltungsgerichtlichen Verfahrens (4. Gesetz zur Änderung der VwGO) vom 17. 12. 1990 (BGBl I S. 2809)
VwVfG – Verwaltungsverfahrensgesetz vom 25. 5. 1976 (BGBl I S. 1253), zuletzt geändert durch Gesetz vom 2. 5. 1996 (BGBl I S. 656)
VwVG – Verwaltungs-Vollstreckungsgesetz vom 27. 4. 1953 (BGBl I S. 157), zuletzt geändert durch Gesetz vom 14. 12. 1976 (BGBl I S. 3341)
VwZG – Verwaltungszustellungsgesetz vom 3. 7. 1952 (BGBl I S. 379), zuletzt geändert durch Gesetz vom 12. 9. 1990 (BGBl I S. 2002)
VZOG – Gesetz über die Feststellung der Zuordnung von ehemals volkseigenem Vermögen (Vermögenszuordnungsgesetz) idF der Bek vom 3. 8. 1992 (BGBl I S. 1464), zuletzt geändert durch Gesetz vom 20. 12. 1993 (BGBl I S. 2182)
VZS – Vereinigte Zivilsenate

WA – Warschauer Abkommen vom 12. 10. 1929 (RGBl 1933 II S. 1039); auch Westdeutsche Arbeitsrechtsprechung
WährG – Währungsgesetz vom 20. 6 1948 (WiGBl Beilage Nr. 5 S. 1)
WahrnG – Gesetz über die Wahrnehmung von Urheberrechten und verwandten Schutzrechten vom 9. 9. 1965 (BGBl I S. 1294)
Waldner – Der Anspruch auf rechtliches Gehör, 1989
Walker – Der einstweilige Rechtsschutz im Zivilprozeß und im arbeitsgerichtlichen Verfahren, 1993
Warn (WarnRspr) – Warneyer, Rechtsprechung des (Reichsgerichts oder) Bundesgerichtshofes in Zivilsachen (Jahr, Nummer)
WarnJ – Warneyers Jahrbuch der Entscheidungen auf dem Gebiete des Zivil-, Handels- und Prozeßrechts (Jahr, Nummer)
WBG – Wertpapierbereinigungsgesetz vom 19. 8. 1949 (WiGBl S. 295), zuletzt geändert durch Gesetz vom 14. 12. 1976 (BGBl I S. 3341)
WEG – Wohnungseigentumsgesetz vom 15. 3. 1951 (BGBl I S. 175, ber. S. 209), zuletzt geändert durch Gesetz vom 24. 6. 1994 (BGBl I S. 1325)
WG – Wechselgesetz vom 21. 6. 1933 (RGBl I S. 399), zuletzt geändert durch Gesetz vom 17. 7. 1985 (BGBl I S. 1507)
WiB – Wirtschaftsrechtliche Beratung (Jahr, Seite)
Wieczorek/Schütze/(Bearbeiter) – ZPO und Nebengesetze, Großkommentar, 5 Bde, 3. Aufl ab 1994; erschienen sind Bd I/1 und 2, V
Wieser – Arbeitsgerichtsverfahren, 1994
Willenbücher – s. v. Eicken/Lappe/Madert
1. WiKG – Erstes Gesetz zur Bekämpfung der Wirtschaftskriminalität vom 29. 7. 1976 (BGBl I S. 2034)
2. WiKG – Zweites Gesetz zur Bekämpfung der Wirtschaftskriminalität vom 15. 5. 1986 (BGBl I S. 721)
WM (auch WPM) – Wertpapier-Mitteilungen (Jahr, Seite)
2. WoRKSchG – s MHG
WPg – Die Wirtschaftsprüfung (Jahr, Seite)
WPM – s WM
WRP – Wettbewerb in Recht und Praxis (Jahr, Seite)
WuB – Entscheidungssammlung zum Wirtschafts- und Bankrecht
WÜD – Wiener Übereinkommen über diplomatische Beziehungen vom 18. 4. 1961 (BGBl 1964 II S. 957)
WÜK – Wiener Übereinkommen über konsularische Beziehungen vom 24. 4. 1963 (BGBl 1969 II S. 1585)
WuM – Wohnungswirtschaft und Mietrecht (Jahr, Seite)
WuW – Wirtschaft und Wettbewerb (Jahr, Seite)
WZG – Warenzeichengesetz, aufgehoben durch Gesetz vom 25. 10. 1994 (BGBl I S. 3082); s MarkenG

ZAkDR – Zeitschrift der Akademie für Deutsches Recht (Jahr, Seite)
ZaöR – Zeitschrift für ausländisches öffentliches Recht und Völkerrecht (Jahr, Seite)
ZAP – Zeitschrift für die Anwaltspraxis (Fach, Fach-Seite, Heft-Seite)
ZBlFG – Zentralblatt für die Freiwillige Gerichtsbarkeit (Jahr, Seite)
ZblJugR (auch ZfJ) – Zentralblatt für Jugendrecht und Jugendwohlfahrt (Jahr, Seite)
zB – zum Beispiel

ZBR – Zeitschrift für Beamtenrecht (Jahr, Seite)
Zeller/Stöber – ZVG, 15. Aufl 1996
ZEV – Zeitschrift für Erbrecht und Vermögensnachfolge (Jahr, Seite)
ZfB – Zeitschrift für Binnenschiffahrt (Jahr, Seite)
ZfBR – Zeitschrift für Baurecht (Jahr, Seite)
ZfF – Zeitschrift für das Fürsorgewesen (Jahr, Seite)
ZfJ – s ZblJugR
ZfS – Zeitschrift für Schadensrecht (Jahr, Seite)
ZfV – Zeitschrift für Versicherungswesen (Jahr, Seite)
ZGB – Schweizerisches Zivilgesetzbuch
ZGR – Zeitschrift für Unternehmens- und Gesellschaftsrecht (Jahr, Seite)
ZHR – Zeitschrift für das gesamte Handels- und Wirtschaftsrecht (Band, Seite)
Zimmermann – Zivilprozeßordnung mit GVG usw, Kommentar, 4. Aufl 1995
ZIP – Zeitschrift für Wirtschaftsrecht (Jahr, Seite)
ZIR – Niemeyers Zeitschrift für internationales Recht (Jahr, Seite)
ZivK – Zivilkammer
ZLR – Zeitschrift für Luftrecht (Jahr, Seite)
ZMR – Zeitschrift für Miet- und Raumrecht (Jahr, Seite)
ZPO-Maßgaben – Anlage I Kap. III Sachgebiet A Abschn. III Nr. 5 (Buchst. a bis l) des EinigungsV vom 31. 8. 1990 (BGBl II S. 889)
ZPR – Zivilprozeßrecht
ZRHO – Rechtshilfeordnung in Zivilsachen in der Neufassung 1976
ZRP – Zeitschrift für Rechtspolitik (Jahr, Seite)
ZS – Zivilsenat
ZSW – Zeitschrift für das gesamte Sachverständigenwesen (Jahr, Seite)
ZusAbkNTS – Zusatzabkommen zum Nato-Truppenstatut vom 3. 8. 1959 (BGBl 1961 II S. 1183, 1218), geändert durch Abkommen vom 21. 10. 1971 (BGBl 1973 II S. 1022)
ZuSEG (auch ZSEG) – Gesetz über die Entschädigung von Zeugen und Sachverständigen idF vom 1. 10. 1969 (BGBl I S. 1756), zuletzt geändert durch Gesetz vom 24. 6. 1994 (BGBl I S. 1325)
zust – zustimmend
ZustBev – Zustellungsbevollmächtigter
ZustErgG – Zuständigkeitsergänzungsgesetz vom 7. 8. 1952 (BGBl I S. 407)
zutr – zutreffend
ZVG – Zwangsversteigerungsgesetz idF vom 20. 5. 1898 (RGBl. S. 713), zuletzt geändert durch Gesetz vom 5. 10. 1994 (BGBl I S. 2911)
ZwV – Zwangsvollstreckung
ZwVMaßnG – Gesetz über Maßnahmen auf dem Gebiet der Zwangsvollstreckung vom 20. 8. 1953 (BGBl I S. 952)
ZwVR – Zwangsvollstreckungsrecht
ZwVwVO – VO über die Geschäftsführung und die Vergütung des Zwangsverwalters – ZwangsverwalterVO – vom 16. 2. 1970 (BGBl I S. 185)
ZZP – Zeitschrift für Zivilprozeß (Band, Seite)

Schrifttumsverzeichnis

(Auswahl)

Kommentare:

ZPO

Alternativkommentar zur ZPO, 1987
Baumbach/Lauterbach/Albers/Hartmann, 56. Aufl 1996
Münchener Kommentar zur ZPO, 3 Bände, 1992, hrsg. von *Lüke/Walchshöfer*
Schuschke/Walker, Vollstreckung und Vorläufiger Rechtsschutz, Band I *(Schuschke):* Zwangsvollstreckung, 1992; Band II *(Schuschke/Walker):* Arrest, Einstw Verfügung, 1995
Stein/Jonas (Bearbeiter), 21. Aufl (ab 1993, im Erscheinen); bisher 5 Bände (Bd 1, 2, 5/1 und 2, 6, 7/1 und 2), bearbeitet von *Bork, Brehm, Grunsky, Leipold, Münzberg, Roth, Schlosser, Schumann;* 20. Aufl (1977–1989), 4 Bände, bearbeitet von *Grunsky, Leipold, Münzberg, Schlosser, Schumann*
Thomas/Putzo, 19. Aufl 1995
Wieczorek, 2. Aufl, bearbeitet von *Wieczorek,* fortgeführt von *Rößler* und *Schütze,* 5 Bände, 1975–1988; *Wieczorek/Schütze,* 3. Aufl, ab 1994; erschienen sind Bd I/1 und 2; V
Zimmermann, ZPO mit GVG und Nebengesetzen, 4. Aufl 1995

Angrenzende Rechtsgebiete

Arnold/Meyer-Stolte, RpflG, 4. Aufl 1994
Bassenge/Herbst, FGG/RPflG, 7. Aufl 1995
Bülow/Böckstiegel/Geimer/Schütze, Der internationale Rechtsverkehr in Zivil- und Handelssachen (Loseblatt), Stand: September 1994
Bumiller/Winkler, FGG, 6. Aufl 1995
Dassler/Schiffhauer/Gerhardt/Muth, ZVG, 12. Aufl 1991
Geimer, Internationales Zivilprozeßrecht, 2. Aufl 1993
Germelmann/Matthes/Prütting, ArbGG, 2. Aufl 1995
Gerold/Schmidt/v.Eicken/Madert, BRAGO, 12. Aufl 1995
Grunsky, ArbGG, 7. Aufl 1995
Hartmann/Albers, Kostengesetze, 26. Aufl 1994
Hess, Kommentar zur Konkursordnung, 5. Aufl 1995
Jaeger, KO, 8. Aufl, begründet von *Jaeger,* bearbeitet von *Lent, Klug, Weber, Jahr,* 3 Bände (1958–1977); 9. Aufl, ca 3 Bände bearbeitet von *Henckel* und *Weber,* ab 1977 im Erscheinen; es liegen vor: §§ 1–28
Keidel/Kuntze/Winkler, Freiwillige Gerichtsbarkeit, Teil A: FGG, 13. Aufl 1992
Kilger/Schmidt, Konkursordnung, 16. Aufl 1993
Kissel, GVG, 2. Aufl 1994
Kropholler, Europäisches Zivilprozeßrecht, 5. Aufl 1996
Kuhn/Uhlenbruck, Konkursordnung, 11. Aufl 1994
Riedel, RPflG (Loseblatt), Stand: 1986
Schmidt-Räntsch, DRiG, 4. Aufl 1988
Zeller/Stöber, ZVG, 15. Aufl 1996

Lehrbücher und Grundrisse:

Arens/Lüke, Zivilprozeßrecht – Erkenntnisverfahren, Zwangsvollstreckung –, 6. Aufl 1994
Baumann/Brehm, Zwangsvollstreckung, 2. Aufl 1982
Baur/Grunsky, Zivilprozeßrecht, 8. Aufl 1994
Baur/Stürner, Zwangsvollstreckungs-, Konkurs- und Vergleichsrecht, Bd I: Einzelvollstreckungsrecht, 12. Aufl 1995
Bernhardt, Zivilprozeßrecht, 3. Aufl 1968
Blomeyer, Zivilprozeßrecht, Erkenntnisverfahren, 2. Aufl 1985
Blomeyer, Zivilprozeßrecht, Vollstreckungsverfahren, 1975 mit Nachtrag 1979
Brox/Walker, Zwangsvollstreckungsrecht, 5. Aufl 1996
Bruns, Zivilprozeßrecht, 2. Aufl 1979
Bruns/Peters, Zwangsvollstreckungsrecht, 3. Aufl 1987
Gerhardt, Zwangsvollstreckungsrecht, 2. Aufl 1982
Grunsky, Grundlagen des Verfahrensrechts, 2. Aufl 1974
Grunsky, Grundzüge des Zwangsvollstreckungs- und Konkursrechts, 4. Aufl 1987
Heintzmann, Zivilprozeßrecht I, 1985; II, 1986
Hoche/Haas, Zivilprozeßrecht, 3. Aufl 1980
Jauernig, Zivilprozeßrecht, 24. Aufl 1993
Jauernig, Zwangsvollstreckungs- und Insolvenzrecht, 20. Aufl 1996
Lackmann, Zwangsvollstreckungsrecht, 2. Aufl 1993
Linke, Internationales Zivilprozeßrecht, 2. Aufl 1995
Musielak, Grundkurs ZPO, 3. Aufl 1995
Nikisch, Zivilprozeßrecht, 2. Aufl 1952
Paulus, Zivilprozeßrecht, 1996
Rosenberg/Schwab/Gottwald Zivilprozeßrecht, 15. Aufl 1993
Rosenberg/Gaul/Schilken, Zwangsvollstreckungsrecht, 10. Aufl 1987
Schack, Internationales Zivilverfahrensrecht, 2. Aufl 1996
Schellhammer, Zivilprozeß, 6. Aufl 1994
Schilken, Zivilprozeßrecht, 2. Aufl 1995
Schilken, Gerichtsverfassungsrecht, 2. Aufl 1994
Schlosser, Zivilprozeßrecht, Band I: Erkenntnisverfahren, 2. Aufl 1991; Band II: Zwangsvollstreckungs- und Insolvenzrecht, 1984
Schönke/Kuchinke, Zivilprozeßrecht, 9. Aufl 1969
Wieser, Arbeitsgerichtsverfahren, 1994
Wolf, Gerichtsverfassungsrecht aller Verfahrenszweige, 6. Aufl 1987
Zeiss, Zivilprozeßrecht, 8. Aufl 1993

Handbücher und Formularbücher:

Baumgärtel, Handbuch der Beweislast im Privatrecht, Band 1, 2. Aufl 1991; Bände 3/4 1987/88; Band 5 1993
Baumgärtel, Beweislastpraxis im Privatrecht, 1996
v.Eicken/Lappe/Madert, Die Kostenfestsetzung, 17. Aufl 1987
Geigel, Der Haftpflichtprozeß, 21. Aufl 1993
Haegele/Schöner/Stöber, Grundbuchrecht, 10. Aufl 1993
Melullis, Handbuch des Wettbewerbsprozesses, 2. Aufl 1995
Ostler, Bayerische Justizgesetze, 4. Aufl 1986
Pastor, Der Wettbewerbsprozeß, 3. Aufl 1980
Rahm/Künkel, Handbuch des Familiengerichtsverfahrens (Loseblatt)
Schneider/Herget, Streitwert-Kommentar für den Zivilprozeß, 11. Aufl 1996
Schrader/Steinert, Zivilprozeß, 7. Aufl 1990
Schrader/Steinert, Zwangsvollstreckung in das bewegliche Vermögen, 7. Aufl 1994
Schwab/Walter, Schiedsgerichtsbarkeit, 5. Aufl 1995
Sprau, Justizgesetze in Bayern, 1988
Stöber, Forderungspfändung, 11. Aufl 1996
Stöber, Zwangsvollstreckung in das unbewegliche Vermögen, 6. Aufl 1992
Tempel, Mustertexte zum Zivilprozeß, 2 Bände, 4. Aufl; Bd 1, 1995; Bd 2 1996
Wagner/Zartmann, Das Prozeßformularbuch, 5. Aufl 1981
Werner/Pastor, Der Bauprozeß, 6. Aufl 1990

Hilfsmittel:

Baumann, Grundbegriffe und Verfahrensprinzipien des Zivilprozeßrechts, 2. Aufl 1979
Baumgärtel/Laumen/Prütting, Der Zivilprozeßrechtsfall, 8. Aufl 1995
Baumgärtel, Zivilprozeßrecht – Grundlegende Entscheidungen, 2. Aufl 1977
Baumgärtel/Prütting, Einführung in das Zivilprozeßrecht, JA-Sonderheft 5, 8. Aufl 1994
Becht, Einführung in die Praxis des Zivilprozesses, 1995
Beck'sches Prozeßformularbuch, herausgegeben von *Locher/Mes,* 7. Aufl 1995
Berg, Gutachten und Urteil, 16. Aufl 1994
Bergerfurth, Der Zivilprozeß – Klage/Urteil/Rechtsmittel –, 6. Aufl 1991
Bull, Prozeßkunst, 2. Aufl 1975
Bull/Puls, Prozeßhilfen, 4. Aufl 1981
Fleischmann/Rupp, Zivilprozeßrecht in Praxis und Examen, 1987
Furtner, Das Urteil im Zivilprozeß, 5. Aufl 1985
Gerhardt, Zivilprozeßrecht (Fälle und Lösungen usw.), 5. Aufl 1996
Gilles, Optisches Zivilprozeßrecht, 1977 (Darstellung in 20 Schaubildern)
Grunsky, Taktik im Zivilprozeß, 1990
Heilmann/Schlichting, Verfahrensgestaltung im Zivilprozeß, 1984
Hintzen/Wolf, Die MobiliarZwV in der Praxis, 1994
Huber, Das Zivilurteil, 1995
Kur, Streitwert und Kosten im Verfahren wegen unlauteren Wettbewerbs, 1980
Lippross, Vollstreckungsrecht, JA-Sonderheft 14, 7. Aufl 1994
Lüke, Fälle zum Zivilverfahrensrecht, Bd I 1979, Bd II 1982
Lüke/Prütting (Hrsg), Lexikon des Rechts/Zivilverfahrensrecht, 2. Aufl. 1995
Menne, Der Zivilprozeß, Leitfaden für Praktiker und Beteiligte, 1977 (Nachdruck 1980)
Münzberg/Wagner, Höchstrichterliche Rechtsprechung zum Zivilprozeßrecht, 1994
Oberheim, Zivilprozeßrecht für Referendare, 2. Aufl. 1994
Pukall, Der Zivilprozeß in der gerichtlichen Praxis, 5. Aufl 1992
Rinsche, Prozeßtaktik, 3. Aufl 1993
Sattelmacher/Sirp, Gutachten und Urteil, 32. Aufl 1994
Schellhammer, Die Arbeitsmethode des Zivilrichters, 11. Aufl 1993
Schlichting, Praktikum des Zivilprozeßrechts, 1981
Schneider, Beweis und Beweiswürdigung, 5. Aufl 1994
Schneider, Der Zivilrechtsfall in Prüfung und Praxis, 7. Aufl 1988
Schneider, Die Kostenentscheidung im Zivilurteil, 2. Aufl 1977
Schneider, Richterliche Arbeitstechnik, 3. Aufl 1991
Schneider, Logik für Juristen, 4. Aufl 1995
Schumann, Die Zivilprozeßrechtsklausur, 1981
Schumann, Die Berufung in Zivilsachen, 4. Aufl 1990
Zimmermann, ZPO-Fallrepetitorium, 1992

ZIVILPROZESSORDNUNG

vom 30. Januar 1877

In der Neufassung vom 12. September 1950 (BGBl I S 533)
mit den Änderungen nach dem Stand vom 15. September 1996

EINLEITUNG

I) Entwicklung des geltenden Zivilprozeßrechts

1) Civilprozeßordnung 1877

1 Die **Civilprozeßordnung** vom 30. 1. 1877 (RGBl S 83) ist am 1. 10. 1879 als eines der Reichsjustizgesetze (zusammen mit GVG, StPO und KO) in Kraft getreten. Durch die Justizgesetze wurde erstmals die **Rechtseinheit** auf dem Gebiet des gerichtlichen Verfahrens in Deutschland verwirklicht (vgl dazu MK/Lüke Einl Rn 44). Der neu geschaffene Einheitsprozeß, der eine extreme Verfahrensvielfalt in den deutschen Territorien ablöste (s Vollkommer JZ 87, 105), verwirklichte mit seinen Prinzipien der Mündlichkeit, Unmittelbarkeit und Öffentlichkeit, der freien Beweiswürdigung und der Beseitigung der gemeinrechtlichen Eventualmaxime die justizpolitischen Forderungen der 2. Hälfte des 19. Jahrhunderts (dazu Dahlmanns, Der Strukturwandel des deutschen Zivilprozesses im 19. Jahrhundert, 1971) und stellt auch insoweit eine anerkennenswerte Leistung dar (aus heutiger Sicht etwa Sellert JuS 77, 781, aus früherer Hellweg AcP 61, 78). Die CPO 1877 entspricht den Wertvorstellungen der liberalen Epoche des ausgehenden 19. Jahrhunderts und ist eine „liberale Kodifikation" (Bettermann ZZP 91, 365). Sie war geprägt durch eine weitgetriebene Parteiherrschaft, nicht nur über Prozeßstoff und Verfahrensgegenstand (Verhandlungs- und Dispositionsmaxime), sondern auch über den Verfahrensablauf selbst

(Parteibetrieb); der Richter war in eine „passive" Rolle zurückgedrängt; Vorkehrungen gegen Prozeßverschleppung durch nachlässige oder böswillige Prozeßführung fehlten so gut wie völlig. Der in Abkehr von der „liberalen Prozeßauffassung" gegen Ende des 19. Jahrhunderts zunehmend zur Anerkennung gelangende Gedanke der „sozialen Aufgabe des Prozesses", demzufolge der einzelne Prozeß nicht (reine) Privatangelegenheit der streitenden Parteien ist, sondern eine „soziale Massenerscheinung", für die der Staat eine „staatliche Wohlfahrtseinrichtung" zur Verfügung zu stellen hat (*Franz Klein;* österr ZPO von 1898; hierzu MK/Lüke Einl Rn 12, 45), war der CPO 1877 noch fremd. In der Folge hat die sog soziale Prozeßauffassung, die insbes in der veränderten Bewertung des Verhältnisses von „Richtermacht und Parteifreiheit" zum Ausdruck kommt, in der Novellengesetzgebung starken Einfluß auf die Zivilprozeßordnung gewonnen (Rn 6; eingehend Sprung ZZP 92, 4 insbes 20 ff; krit Bettermann ZZP 91, 365; zusammenfassend mwN StJ/Schumann Einl Rn 77, 520 ff). Das Sozialstaatsprinzip des GG hat in verschiedener Richtung Auswirkungen auf die **Sozialstaatlichkeit** des Verfahrens, ohne den Zivilprozeß in seinen Grundlagen zu ändern. **Lit:** Stürner, FS Baumgärtel, 1990, S 547 ff; Wassermann, Der soziale Zivilprozeß, 1978, insbes S 84 ff mwN; krit (allg) Jauernig § 1 III 2 mwN.

2) Novellengesetzgebung

2 Kennzeichnend ist die allmähliche Zurückdrängung der (ursprünglich zu weit getriebenen) Parteiherrschaft, die zunehmende „Aktivierung" des Richters und die stärkere Betonung der Parteipflichten und die Ethisierung des Prozesses. Im folgenden werden nur die wichtigsten Änderungen genannt (näher StJ/Schumann Einl Rn 113 ff; RSchwab/Gottwald § 5 II; MK/Lüke Einl Rn 46 ff).

3 **a)** Die neuen Kodifikationen von Privat- und Handelsrecht machten eine eingehende Überarbeitung und Anpassung des Zivilprozeßrechts erforderlich; sie erfolgte in der **Novelle von 1898** (sog **BGB-Novelle**). Insgesamt wurden 190 §§ in die CPO eingefügt, eine Gesamtrevision ist jedoch unterblieben. Am 20. 5. 1898 wurde der Gesetzestext der CPO mit neuer §§-Zählung bekanntgemacht (RGBl S 410). Die Neufassung ist gleichzeitig mit dem BGB und HGB am 1. 1. 1900 in Kraft getreten.

4 **b)** Eine erste wesentliche Umgestaltung des amtsgerichtlichen Verfahrens brachte die **Novelle von 1909 (Amtsgerichtsnovelle).** Die amtsgerichtliche Zuständigkeit wurde durch Anhebung der Wertgrenze (von bisher 300 auf 600 M) beträchtlich erweitert, der Amtsbetrieb eingeführt, die Stellung des Richters durch Einführung der Vorbereitungs- und Erörterungspflicht (§§ 501, 502 idF 1909) gestärkt.

5 **c)** Die von Gedanken der sog sozialen Prozeßauffassung (Rn 1) geprägte sog **Emminger-Novelle von 1924,** Teil der sog Emminger'schen Justizreform, führte zu grundlegenden Änderungen und Neuerungen des gesamten Verfahrens: Stärkung der Richtermacht unter entsprechender Einschränkung der Parteiherrschaft, insbesondere Beseitigung der bish Herrschaft der Parteien über Termine; Einführung der Konzentrationsmaxime, Entscheidung nach Lage der Akten; Verfahren vor dem (vorbereitenden) Einzelrichter beim Landgericht; Sühneversuch vor dem Amtsgericht; Einführung des Berufungsbegründungszwangs, ua. 1924 erhielt § 139 seine ggwF, § 502 idF 1909 ging in ihm auf und entfiel.

6 **d)** Durch die **Novelle von 1933** wurde in Übereinstimmung mit den vorliegenden Reformarbeiten (vgl Entwurf einer Zivilprozeßordnung, veröffentlicht durch das RJM, 1931) die Wahrheitspflicht eingeführt, der zugeschobene oder richterliche Eid durch die Parteivernehmung ersetzt und das Armenrecht geändert. Der berühmt gewordene Vorspruch zu dieser Novelle stellt in der Erwägung, daß *„die Rechtspflege nicht nur den Parteien, sondern zugleich und vornehmlich der Rechtssicherheit des Volksganzen dient"*, den noch heute gültigen (vgl MK/Lüke Einl Rn 50) Grundsatz auf: *„Keiner Partei kann gestattet werden, das Gericht durch Unwahrheiten irrezuführen oder seine Arbeitskraft durch böswillige oder nachlässige Prozeßverschleppung zu mißbrauchen. Dem Rechtsschutz, auf den jeder Anrecht hat, entspricht die Pflicht, durch redliche und sorgfältige Prozeßführung dem Richter die Findung des Rechts zu erleichtern."* Sprung sieht darin zurecht die Anerkennung der sozialen Prozeßauffassung (ZZP 92, 25 f).

3) Entwicklung seit 1950

7 **a)** Durch das Gesetz zur Wiederherstellung der Rechtseinheit auf dem Gebiete der Gerichtsverfassung, der bürgerlichen Rechtspflege, des Strafverfahrens und des Kostenrechts (REinhG) vom 12. 9. 1950 (BGBl I, S 455) wurde die nach dem Krieg eingetretene starke Rechtszersplitterung für das Gebiet der Bundesrepublik beseitigt und die ZPO als Bundesrecht (vgl BVerfG 78, 83 mN) neu bekanntgemacht (BGBl I, S 533; **Bekanntmachung 1950**). **Lit:** *Riess,* FS Helmrich, 1994, S 127. Seitdem wurde die ZPO durch eine Vielzahl von Gesetzen geändert. Zur Änderungsgesetzgebung von 1950–1972 vgl die 11. Aufl (Einl I 4). Grundlegend für die neueren ZPO-Reformen (ie Rn 9 ff) waren der *Bericht der Kommission zur Vorbereitung einer Reform der Zivilgerichtsbar-*

keit (herausgegeben vom BJM, 1961) und der *Bericht der Kommission für das Zivilprozeßrecht* (herausgegeben vom BJM, 1977).

Außerhalb des Gesetzestextes der ZPO vollzog sich die als **kleine Justizreform** bezeichnete schrittweise Übertragung von (vormals) richterlichen Aufgaben, die nicht zum Kernbereich der Rechtsprechung iS von Art 92 GG gehören, in den Zuständigkeitsbereich des Rechtspflegers durch die Rechtspflegergesetze von 1957 (BGBl I S 18, 44), 1969, 1970 (BGBl 1969 I S 2065; 1970 I S 911). **Lit:** Kissel Rpfleger 84, 445 ff. Im folgenden werden nur die wichtigsten ZPO-Änderungen seit 1973 genannt; eine ausführliche Darstellung enthält die 19. Aufl (Rn 9–23). 8

b) Das Gesetz zur Änderung der ZPO vom 21. 3. 1974 (BGBl I S 753, sog **Gerichtsstandsnovelle**) bekämpfte Mißstände, die durch die massenhafte und mißbräuchliche Verwendung vorformulierter Gerichtsstandsklauseln in Verbraucherverträgen aufgetreten waren. Der bisherige Grundsatz der Prorogationsfreiheit (§ 38 aF) wurde beseitigt und die Zuständigkeitsvereinbarung idR auf den (vollkaufmännischen) Handelsverkehr beschränkt (§§ 29 II, 38 I nF). 9

c) Die umfangreichsten Änderungen seit ihrem Bestehen hat die ZPO am 1. 7. 1977 durch gleichzeitiges Inkrafttreten des Gesetzes zur Vereinfachung und Beschleunigung gerichtlicher Verfahren **(Vereinfachungsnovelle)** vom 3. 12. 1976 (BGBl I S 3281) und durch das 1. Gesetz zur Reform des Ehe- und Familienrechts **(1. EheRG)** vom 14. 6. 1976 (BGBl I S 1421) erfahren. 10

Kernstück der **Vereinfachungsnovelle** ist eine wesentliche Straffung und Konzentration des Verfahrens in erster und zweiter Instanz und eine wesentliche Verschärfung der Pflichten sowohl des Gerichts zu Prozeßleitung und Aufklärung (§§ 272 f; 278 III) als auch der Parteien zur Prozeßförderung (§ 282). Völlig umgestaltet und wesentlich verschärft sind die Möglichkeiten des Gerichts zur Zurückweisung verspäteten Vorbringens (§§ 296, 296a; 527, 528). Zusammenfassende Darstellung der damaligen Neuerungen: 14. Aufl (Einl Rn 2–14). 11

Im einzelnen brachte die VereinfNov eine wesentliche Verschärfung und Stärkung des Beschleunigungs- und Konzentrationsgrundsatzes (§§ 272 I, 273, 282), in gewissem Umfang, insbes bei den Zulässigkeitsrügen, die Rückkehr zur Eventualmaxime (§§ 282 II, 296 III, 529 I), die Wiederherstellung von Mündlichkeit und Unmittelbarkeit der Verhandlung (§§ 141, 278; Ausnahmen: §§ 128 II, III; 358a) und die Beseitigung der letzten Reste des Parteibetriebs (§§ 270, 317); die aktive Stellung des Richters bei formeller und materieller Prozeßleitung wurde weiter ausgebaut, als „notwendiges Gegengewicht" (vgl BVerfG 75, 191) zur Erweiterung der Richtermacht aber dem Richter auch eine gesteigerte Aufklärungs-, Mitwirkungs-, Belehrungs- und Fürsorgepflicht auferlegt (hierzu näher unten Einl Rn 57a). Auswirkungen auf die Verfahrensdauer: Greger ZZP 100, 377; Rottleuthner DRiZ 87, 139. 12

d) Das **1. Eherechtsreformgesetz (1. EheRG,** vgl Rn 10) gestaltete als Folge der Reform des materiellen Scheidungsrechts das bisherige „Verfahren in Ehesachen" (§§ 606–638 aF) zu einem „Verfahren in Familiensachen" (§§ 606–638 nF) um. **Überblick:** 14. Aufl, Einl Rn 20–29. 13

e) Durch das zum größten Teil am 1. 4. 1991 in Kraft getretene **Rechtspflege-Vereinfachungsgesetz** vom 17. 12. 1990 (BGBl I, S 2847) haben ZPO und GVG eine Vielzahl von Detailänderungen erfahren; insgesamt wurden über 80 ZPO/GVG-§§ geändert. Schwerpunkte der Änderungen, die in ihrer Gesamtheit zu einer (weiteren) Rationalisierung des Verfahrens und damit zur Entlastung der Gerichte beitragen sollen, sind: neue Zuständigkeitsregelungen; deutliche Anhebung des Zuständigkeitsstreitwerts und der Rechtsmittelsummen; Erweiterung des schriftlichen Verfahrens; erleichterte Verweisung; Verbesserungen im Beweisrecht; Einschränkung des Beschwerderechtswegs; Vereinfachungen im Mahnverfahren; Einführung von „Bagatellverfahren"; Förderung außergerichtlicher Streitbeilegung (vollstreckbarer Anwaltsvergleich; Vergleich im selbständigen Beweisverfahren). **Mat.:** BT-Drs 11/3621 (Regierungs-Entw); BT-Drs 11/4155 (Bundesrats-Entw); BT-Drs 11/8283 (Bericht des Rechtsausschusses). **Lit:** *Bergerfurth* NJW 91, 961 („Bagatellverfahren"); *Hansens* NJW 91, 953; *ders,* Rpfleger 91, 133 (Mahnverfahren ua). 14

f) Das **Vierte Gesetz zur Änderung der Verwaltungsgerichtsordnung** vom 17. 12. 1990 (BGBl I, S 2809), in Kraft seit dem 1. 1. 1991, hat die Rechtswegvorschriften verfahrensübergreifend vereinheitlicht und neu gestaltet. **Materialien:** BT-Drs 11/7030. **Lit:** *Kissel* NJW 91, 945; weitere Nachw vor Rn 1 vor § 17 GVG. 15

g) Das **Gesetz zur Entlastung der Rechtspflege** vom 11. 1. 1993 (BGBl I, S 50) brachte eine wesentliche Erweiterung der Zuständigkeit des AG bei gleichzeitiger Erschwerung des Zugangs zur Berufungsinstanz und den verstärkten Einsatz des Einzelrichters beim LG. Wesentliche Änderungen sind: Anhebung des Zuständigkeitsstreitwerts beim AG von zuletzt (1991) 6000 auf 10000 DM und sachliche Zuständigkeit auch für nicht vermögensrechtliche Streitsachen (§ 23 Nr 1 GVG); Anhebung der Berufungssumme von zuletzt (1991) 1200 auf 1500 DM unter Einbeziehung der nichtvermögensrechtlichen Streitsachen (§ 511a I 1); niedrige Bestimmung des Streitwerts bei wiederkehrenden Leistungen (§ 9); Ausgestaltung der Einzelrichterübertragung als Soll-Vorschrift (§ 348 I); Erweiterung des schriftlichen und Bagatellverfahrens (§§ 128 III 1, 495a 16

I 1), Erleichterungen bei der Abfassung von Urteilen (§ 313a I). Nicht Gesetz geworden sind weitergehende Vorschläge des BR-Entw., die zu schwerwiegenden Eingriffen in hergebrachte Grundsätze des Zivilprozesses geführt hätten (obligatorischer Einzelrichter beim LG bis zur Streitwertgrenze von 30000 DM; Zulassungsberufung; nur noch Zulassungsrevision, Beseitigung der Wertrevision in vermögensrechtlichen Streitigkeiten). **Materialien:** BT-Drs 12/1217 (BR-Entw); BT-Drs 12/3832 (Bericht des Rechtsausschusses); BJM (Hrsg), RpflEntlG – Materialien – („recht" Januar 1993). **Lit zum Ges:** *Kissel, Hansens* NJW 93, 489 und 493; *Markwardt* MDR 93, 189; *Thomas* DRiZ 93, 217; **zum Entw:** *Asbrock* ZRP 92, 11; *Bethge* NJW 91, 2391; *Grunsky* AnwBl 91, 545; *Prütting* AnwBl 91, 606; *E. Schneider* BRAK-Mitt 91, 69; MK/*Lüke* Einl Rn 103 f.

17 **h)** Weitere **Änderungen der ZPO** in der 12. Legislaturperiode: §§ 915–915h wurden neu gefaßt bzw neu eingefügt durch das Gesetz zur Änderung von Vorschriften über das **Schuldnerverzeichnis** vom 15. 7. 1994 (BGBl I, S 1566), Inkrafttreten: 1. 1. 1995 (dazu Lappe NJW 95, 1657); §§ 104 II, 699 IV durch das Gesetz zur Änderung von Kostengesetzen und anderen Gesetzen **(KostRÄndG 1994)** vom 24. 6. 1994 (BGBl I, S 1325), in Kraft seit 1. 7. 1994; **Materialien:** Reg-Entw BT-Drs 12/6962; §§ 78, 78c ua durch das Gesetz zur Neuordnung des Berufsrechts der Rechtsanwälte und Patentanwälte vom 2. 9. 1994 (RABerufsRNeuOG 1994, BGBl I, S 2278), Inkrafttreten insoweit am 1. 1. 2000 bzw 1. 1. 2005 (s § 78 Rn 1); **Materialien:** Reg-Entw BT-Drs 12/4993; dazu *Lindner* MDR 93, 605. Änderung der PKH siehe vor § 114 Rn 4.

18 **i) Reformvorhaben:** Landes-JMin-Entw eines Ges zur Entlastung der Zivilgerichte (dazu *Boysen, Bartels* ZRP 96, 291, 297; *E. Schneider* ZAP-Kolumne Nr. 23/1995, S 1209 ff; allg zum DJT/96 s *Gottwald* NJW 96, Beil Nr 23; *Feiber* NJW 96, 2057); Entw eines Ges über Mitteilungen der Justiz von Amts wegen usw (BT-Drs 12/3199; dazu *Prütting* ZZP 106, 463); zur Überarbeitung des ZwV-Rechts s BT-Drs 13/341 und dazu *Markwardt* DRiZ 93, 229; *Bruckmann* ZRP 94, 129; *Schilken* Rpfleger 94, 138; *Schmidt* ZRP 95, 326; zur Neuregelung der privaten Schiedsgerichtsbarkeit s *Kornblum* ZRP 95, 331. **Nicht erledigte frühere Reformvorhaben:** 15. Aufl Einl Rn 32–33.

19–26 Einstweilen frei.

4) Geltung in den neuen Ländern, Übergangs- und Anpassungsrecht

27 **a)** Seit Ende 1993 ist die **Umstellung auf die GVG-Gerichtsverfassung** im wesentlichen abgeschlossen (vgl die Berichte ZRP 94, 94; *Limbach, Bräutigam, Helmrich, Heitmann, Remmers, Jentsch* NJW 93, 2499 ff; unten Einl Rn 21 ff vor § 1 GVG). Von einer Darstellung der **Rechtsgrundlagen** und des **Übergangsrechts** im Zwischenstadium nach dem 3. 10. 1990 wird daher abgesehen (dazu 19. Aufl Rn 26, 27; **Lit:** *Scheugenpflug,* Die Überleitung der DDR-Justiz in rechtsstaatliche Strukturen, 1995); zum Anpassungsrecht sogleich Rn 28; zum intertemporären Prozeßrecht: Rn 105.

28 **b) Anpassungsrecht.** Mit dem **Gesetz zur Anpassung der Rechtspflege im Beitrittsgebiet** vom 26. 6. 1992 (BGBl I, S 1147) sind die bundesrechtlichen Voraussetzungen geschaffen worden, um die nach dem Einigungsvertrag zunächst übernommene Gerichtsorganisation der ehemaligen DDR dem allgemein geltenden Recht anzupassen (s auch § 78 Rn 56; GVG Einl Rn 21 ff). Daneben sieht das RpflAnpG weitere Regelungen zur Verbesserung der Funktionsfähigkeit der Rechtspflege vor. **Lit:** *Kahl/Peller* NJ 92, 441; *Rieß* DtZ 92, 226; AnwBl 92, 151.

29–38 Einstweilen frei.

II) Grundbegriffe

1) Begriff und Aufgabe des Zivilprozesses

Lit: *Stürner,* Prozeßzweck und Verfassung, FS Baumgärtel, 1990, S 545; *Wassermann,* Der soziale Zivilprozeß, 1978.

39 Der **Zivilprozeß** ist ein rechtlich geregeltes Verfahren vor den ordentlichen Gerichten in bürgerlichen Rechtsstreitigkeiten (vgl §§ 12, 13 GVG). Sein **Ziel** ist es, (vornehmlich) bürgerlich-rechtliche Rechte oder Rechtsverhältnisse im Erkenntnis- oder **Urteilsverfahren** festzustellen oder zu gestalten, die festgestellten Ansprüche im **Zwangsvollstreckungsverfahren** zwangsweise zu **verwirklichen,** oder gefährdete Rechte – durch Arrest oder einstweilige Verfügung – einstweilen zu **sichern** (RSchwab/Gottwald § 1 III; StJ/Schumann Einl Rn 7). Indem der Zivilprozeß Rechte und Rechtspositionen der Parteien verwirklicht, dient er zugleich der Bewährung der objektiven Rechtsordnung, der Wiederherstellung des gestörten Rechtsfriedens und damit der Konfliktlösung (RSchwab/Gottwald aaO; MK/Lüke Einl Rn 8; gegen insoweit selbständigen Prozeßzweck auch AK/Schmidt Einl Rn 18 mN zur aA). Neben der Gewährleistung der Streitentscheidung in jedem Fall ermöglicht und fördert der Zivilprozeß die einverständliche Konfliktlösung durch Mitwirkung und Mithilfe des Richters (Gottwald ZZP 95, 255 f; Schellhammer Rn 707 ff). Geht es damit im einzelnen Zivilprozeß auch regelmäßig (nur) um die privaten Interessen der Prozeßparteien, so erfüllt der Zivilprozeß als Institution doch eine **soziale Aufgabe,** die auf das Prozeßrecht

und damit auf das einzelne Verfahren zurückwirkt (eingehend mwN Wassermann aaO S 52 ff, 84 ff; dazu allg Rn 1 mwN). Vom Zivilprozeß zu unterscheiden ist innerhalb der ordentlichen Gerichtsbarkeit das Verfahren der freiwilligen Gerichtsbarkeit (FGG) und der Strafprozeß (StPO; hierzu näher Rn 45), ferner die eigenständige „Rechtswege" bildenden Verfahren vor den Arbeits-(ArbGG), Verwaltungs- (VwGO), Sozial- (SGG) und Finanzgerichten (FGO).

2) Arten des Zivilprozesses

40 Seinen Zielen entsprechend gliedert sich der Zivilprozeß in das Erkenntnisverfahren (§§ 235–510b) und in das Zwangsvollstreckungsverfahren (§§ 704–915h). In jenem wird über den prozessualen Anspruch des Klägers (Rn 60 ff) entschieden, im Zwangsvollstreckungsverfahren wird das Urteil vollstreckt. Leistet der Beklagte freiwillig, entfällt das Vollstreckungsverfahren. Umgekehrt kann es auch zur Zwangsvollstreckung ohne Urteilsverfahren kommen; so wenn der Gläubiger einen anderen vollstreckbaren Schuldtitel (zB eine vollstreckbare Urkunde, § 794 I Nr 5) in der Hand hat.

41 Besonders ausgestaltet ist das Urteils-(Erkenntnis-)verfahren in den sog **Statusverfahren:** Ehesachen (§§ 606–620g; 622–638) und Kindschaftsverfahren (§§ 640–641k). Abgesehen vom **Aufgebotsverfahren** (§§ 946–1024) gehören zu den besonderen Prozeßarten vor allem der **Urkunden-, der Wechsel- und der Scheckprozeß** (§§ 592–605a). Der Sicherung und einstweiligen Regelung von Rechten und Rechtsverhältnissen dienen die (summarischen) Verfahren des vorläufigen Rechtsschutzes (**Arrest und einstweilige Verfügung,** §§ 916–945); der Antragsgegner kann in diesen Verfahren ergangene Entscheidungen im ordentlichen Verfahren überprüfen lassen (§§ 926, 927, 936). Keine gerichtliche Überprüfung des Anspruchs erfolgt im **Mahnverfahren** (§§ 688–703d), das im Fall des Widerspruchs des Antragsgegners gegen den Mahnbescheid nur eine besondere Prozeßeinleitungsform darstellt (vgl §§ 696, 697; vgl auch § 700 III; zum aktuellen Streit um den Fortbestand als „gerichtliches" Verfahren vgl Rn 6a vor § 688 und § 700 Rn 17). §§ 1025–1048 schließlich regeln das **schiedsrichterliche Verfahren** in dem das Schiedsgericht bürgerliche Rechtsstreitigkeiten anstelle des ordentlichen Gerichts, aber unter dessen Überwachung und Mitwirkung, entscheidet.

42 Soweit die Vorschriften für die Sonderverfahren nicht abweichen, gelten auch hier die **Allgemeinen Vorschriften** des 1. Buchs der ZPO (§§ 1–252) sowie die Normen des GVG.

3) Außergerichtliche und nichtstreitige Streitbeilegung

43 **a)** In der umfangreichen Diskussion um die Entlastung der Zivilgerichte haben **„Alternativen zur Ziviljustiz"** mit dem Ziel einer vor- und außerprozessualen Streitbeilegung eine erhebliche Rolle gespielt (**Lit:** *Breidenbach,* Mediation, 1995; *Gottwald/Strempel,* Streitschlichtung (BAnz 1995); s auch 16. Aufl; Erfahrungsbericht: *Bethge* NJW 93, 2728; Überblick über Entwicklungsstand: *Leutheusser-Schnarrenberger* NJW 95, 2444). Diese Bestrebungen hat der Gesetzgeber des RechtspflegeVereinfG in wesentlichen Punkten aufgegriffen (s Begründung des RegEntw BT-Drs 11/3621, S 23; zu jüngsten parlamentarischen Initiativen s ZRP 95, 320).

44 **b)** Durch die Einführung des *selbständigen Beweisverfahrens* (§§ 485 ff) wird eine prozeßvermeidende Sachverhaltsaufklärung und gütliche Streitbeilegung ermöglicht. Der bereits in diesem Verfahren zugelassene **Vergleich** (§ 492 II), ist ausdrücklich als Vollstreckungstitel anerkannt (§ 794 Nr 1). Der vollstreckbare **Anwaltsvergleich** (§§ 794 Nr 4a, 1044b) ermöglicht eine frühzeitige Beendigung von Streitigkeiten ohne Einschaltung des Prozeßgerichts.

44a **c)** Formen der außergerichtlichen Streitbeilegung durch Verfahren von **Schiedsstellen** bestehen in geringfügigen Zivilsachen und in Arbeitssachen in den neuen Bundesländern. Es handelt sich um folgende durch den Einigungsvertrag aufrechterhaltene Vorschriften des DDR-Rechts: Gesetz über die Schiedsstellen in den Gemeinden vom 13. 9. 1990 (GBl I, S. 1527); Gesetz über die Errichtung und das Verfahren der Schiedsstellen für Arbeitsrecht vom 29. 6. 1990 (GBl I, S 505); Anl II Kap III Sachgebiet A Abschn I Nr 3 Kap VIII Sachgebiet A Abschn III Nr 3 des EinigungsV; s dazu näher *Brunner* JuS 91, 360.

4) Die ordentliche streitige Gerichtsbarkeit

45 **a)** Der Begriff **„ordentliche Gerichte"** ist aus der geschichtlichen Entwicklung heraus zu verstehen: Als ZPO und GVG am 1. 10. 1879 in Kraft traten, eröffneten sie den damals allein bestehenden „ordentlichen" Rechtsweg: den vor den ordentlichen Gerichten für Zivil- und Strafsachen. Dementsprechend umfaßt der **ordentliche Rechtsweg** auch heute noch die Zivil- und die Strafgerichtsbarkeit. Erstere gliedert sich in die streitige (ZPO) und in die freiwillige Gerichtsbarkeit, deren Verfahrensordnungen das FGG, daneben aber auch zB GBO, HausratsVO, WEG und LwVG sind. Die **streitige Zivilgerichtsbarkeit** üben die ordentlichen Gerichte (s § 12 GVG), daneben besondere Gerichte gemäß § 14 GVG aus. Die ordentlichen Gerichte sind zugleich die Organe der freiwilligen Gerichtsbarkeit; vgl § 13 GVG Rn 4 und Keidel/Amelung, FG, § 1 Rn 112 ff.

46 **b)** Andere **gleichrangige Rechtswege** (Rn 2 vor § 17 GVG) neben dem ordentlichen Rechtsweg sind: Der Rechtsweg zu den Arbeitsgerichten (§ 13 GVG Rn 3; Rn 10 vor § 17 GVG); der Verwaltungsrechtsweg (Abgrenzung: vgl § 13 GVG, § 40 VwGO); die Rechtswege zu den Sozialgerichten (SGG) und zu den Finanzgerichten (FGO); die Verfassungsgerichtsbarkeit mit ihrer Sonderstellung gegenüber den anderen Rechtswegen (Art 93, 94 GG; BVerfGG); daneben treten die Rechtswege zu den Disziplinar- und zu den Ehrengerichten (zB der Anwälte) sowie der Rechtsweg in Patentsachen an Bedeutung zurück. Das Bundespatentgericht ist ein Sondergericht der ordentlichen Gerichtsbarkeit (vgl Art 96 I GG; §§ 65 ff PatG; § 14 GVG Rn 8).

47 **Art 19 IV GG** meint diesen umfassenden Begriff des Rechtswegs (hierzu näher § 13 GVG Rn 67) und stellt als „formelles Hauptgrundrecht" die zentrale Verbürgung gerichtlichen Rechtsschutzes gegen jedweden Eingriff der öffentlichen Gewalt dar. Art 19 IV 2 GG begründet hilfsweise die Zuständigkeit der ordentlichen Gerichte. Art 19 IV GG gewährleistet auch in Zivilprozessen *effektiven,* dh „wirkungsvollen" Rechtsschutz (BVerfG 40, 274 f; 77, 284, stRspr). „Der Bürger hat einen substantiellen Anspruch auf eine möglichst wirksame gerichtliche Kontrolle" (BVerfG 81, 129 mN). Gesichert wird nur Rechtsschutz *durch* den unabhängigen Richter, nicht gegen ihn (BVerfG 49, 340); vgl MK/Lüke Einl Rn 145 ff; Bethge NJW 91, 2394; Voßkuhle NJW 95, 1383.

48 **c)** Zum Begriff der **bürgerlichen Rechtsstreitigkeiten** siehe § 13 GVG Rn 13 ff.

III) Anspruch auf Rechtsschutz

1) Justizgewährungsanspruch

49 **a) Grundsatz.** Jedermann hat ein Recht darauf, daß die Gerichte ihm auf sein Gesuch (Klage, Antrag, Vollstreckungsauftrag) Rechtsschutz gewähren. Diesem öffentlich-rechtlichen, gegen den Staat gerichteten Anspruch auf Rechtsschutz (**Justizgewährungsanspruch,** auch Justizanspruch genannt) entspricht die Pflicht der Gerichte, als Rechtspflegeorgane tätig zu werden, also alles zur sachgemäßen Erledigung des Rechtsschutzgesuchs Notwendige zu tun (iErg allgM, vgl BGH 37, 121; 67, 187; Bamberg NJW-RR 95, 1030; StJ/Schumann Einl Rn 210; RSchwab/Gottwald § 3 I; Jauernig § 36 I 1). Die Herleitung ist umstr, in Frage kommen namentlich Art 19 IV, 101 I 2, 103 I GG; Art 6 MRK in Verb mit dem allg Rechtsstaatsprinzip des GG (vgl dazu eingehend Bethge NJW 91, 2393 f mwN; Detterbeck AcP 192, 328 ff mwN; sa BVerfG 54, 292; 60, 296 ff; 80, 107; 85, 345). Verweigert das Gericht den Rechtsschutz, so stehen dem Rechtssuchenden außer der Dienstaufsichtsbeschwerde (§ 26 II DRiG) die gesetzlich vorgesehenen Rechtsbehelfe, zB die Beschwerde gem § 567 zur Verfügung (Karlsruhe OLGZ 84, 98 = NJW 84, 985, str). Notfalls (vgl § 90 BVerfGG) kann im Wege der Verfassungsbeschwerde (Art 1 I, 3 I, 103 I GG) das BVerfG angerufen werden, damit es das Gericht anweise, Rechtsschutz zu gewähren. Aus den in § 567 Rn 41 genannten Gründen wird man aber eine vorherige erfolglose Untätigkeitsbeschwerde verlangen müssen (vgl auch § 216 Rn 21 mN; VG Mannheim NJW 84, 993). Daneben können Ansprüche gem § 839 II 2 BGB, Art 34 GG bestehen (zum ganzen Häsemeyer, FS Michaelis, 1972, S 134). Der Justizgewährungsanspruch gewährleistet (gleichen) **Zugang zum Gericht** (Rn 100), **effektiven** (Rn 51a) und **zeitgerechten Rechtsschutz** (Art 6 MRK; EGMR NJW 89, 653; EKMR MDR 95, 1255 und 1256 mit Anm Schulz; BVerfG NJW 95, 2477; BGH (St) NJW 95, 1102; Bethge NJW 91, 2393; Schumann, FS Schwab, 1990, S 452 mN), im Einzelfall auch **Eilrechtsschutz** (BVerfG NJW 95, 2477; s Rn 1 vor § 916).

50 **b) Kein Recht** auf sachliche Bearbeitung und Entscheidung besteht bei Anträgen mit die befaßten Justizorgane grob verunglimpfendem Inhalt (Hamm NJW 76, 978; einschränkend Walchshöfer MDR 75, 12; vgl auch § 42 Rn 6 mwN), desgleichen nicht bei **querulatorischen** und rechtsmißbräuchlichen Eingaben (Köln OLGZ 80, 351; LG Stuttgart NJW 94, 1077; StJ/Schumann Einl Rn 203; BL/Hartmann Einl III Rn 66; Halbach, Die Verweigerung der Terminsbestimmung und der Klagezustellung im Zivilprozeß, Kölner Diss 1980, S 165 ff; s auch § 253 Rn 21a; § 567 Rn 13).

2) Rechtsschutzanspruch

51 Die überwiegende Meinung verneinte bisher das Bedürfnis, neben dem Justizgewährungsanspruch einen diesen überlagernden weitergehenden „Rechtsschutzanspruch" anzunehmen (R-Schwab/Gottwald § 3 II 2; Jauernig § 36 II; zum Meinungsstand Detterbeck AcP 192, 333 mwN). Begrifflich kann dieser – stets von beiden Parteien für sich behauptete – Anspruch immer nur einer zustehen: dem Kläger, wenn die Prozeßvoraussetzungen und die (nach dieser Lehre zu sondernden) Rechtsschutzvoraussetzungen (Klagbarkeit des Anspruchs, Rechtsschutzbedürfnis) vorliegen und wenn die Klage nach der Prozeßlage im Zeitpunkt der Entscheidung auch sachlich begründet erscheint, dem Beklagten, wenn die gegen ihn erhobene Klage unzulässig oder unbegründet ist; dann geht sein Rechtsschutzanspruch auf Abweisung der Klage. Unter dem Einfluß der starken Betonung des Rechtsschutzes durch das GG gewinnt die Lehre vom Rechtsschutzanspruch neuerdings wieder zunehmend Anhänger (namentl Pohle bei StJ/Schu-

mann Einl Rn 216–222; ferner – wenn auch unter Ablehnung der Unterscheidung in Rechtsschutz- und Prozeßvoraussetzungen – Blomeyer § 1 III und FS Bötticher, 1969, 61 ff sowie Mes, Der Rechtsschutzanspruch, 1970). Die Kontroverse ist durch die vom BVerfG aus den prozessualen und materiellen Grundrechten in Verbindung mit dem Rechtsstaatsprinzip entwickelten **Rechtsschutzgrundrechte** (Recht auf Zugang zum Gericht, auf effektiven und zeitgerechten Rechtsschutz, auf faire Verfahrensgestaltung, vgl dazu Rn 47, 49, 51a, 100) weitgehend gegenstandslos geworden (ie Vollkommer, GS Bruns, 1980, S 216 ff; Detterbeck AcP 192, 337 f; Bethge NJW 91, 2393, 2396; weitere Lit Rn 102).

3) Anspruch auf effektiven Rechtsschutz

Diese erst vom BVerfG aus dem Rechtsstaatsprinzip in Verbindung mit materiellen Grundrechten (insbes Art 2 I, auch 14 GG) entwickelte Rechtsschutzgarantie (vgl BVerfG 85, 345; 88, 123; NJW 95, 3173) geht mit ihren substantiell-inhaltlichen Anforderungen (dazu sogleich) über den (formal verstandenen) Justizgewährungsanspruch (Rn 49) hinaus, ist aber mit dem Rechtsschutzanspruch (Rn 51) nicht identisch (ie str, vgl Schilken, Gerichtsverfassungsrecht, Rn 102 mwN). Die Garantie wirkungsvollen Rechtsschutzes verlangt ein auf Richtigkeitsgewähr ausgerichtetes Verfahren mit vollen Mitwirkungs- und Kontrollrechten der Parteien (BVerfG 91, 181). Erforderlich ist grundsätzlich umfassende tatsächliche und rechtliche Prüfung des Streitgegenstandes und eine verbindliche Entscheidung durch den Richter (BVerfG 54, 291; 85, 345; NJW 92, 105; 93, 2165). Den Parteien müssen prozessuale Rechte und Möglichkeiten eingeräumt sein, um Übergriffe von Verfahrensbeteiligten angemessen abzuwehren (BVerfG 38, 111; NJW 92, 359). Die Rechtsschutzgarantie gilt nicht nur für den (ersten) Zugang zum Gericht (Rn 100), sondern auch für die höheren Instanzen (BVerfG 69, 385) und besteht im gesamten Verfahren (BVerfG 81, 129; 88, 125; vgl auch Walker aaO [Lit vor § 916] Rn 45, 47 mwN; Voßkuhle NJW 95, 1381 ff). 51a

IV) Prozeßrechtsverhältnis

1) Lit: *Lüke* ZZP 108, 427. **Allgemeines.** Durch die Erhebung (§ 253 I) der Klage begründet der Kläger das Prozeßrechtsverhältnis, das die Parteien sowohl untereinander iS einer Sonderverbindung (offen BGH 74, 11) als auch mit dem Gericht verknüpft. In ihm entfaltet sich der Anspruch der Parteien auf Rechtsschutz, die Pflicht des Gerichts, Rechtsschutz zu gewähren (ie Rn 49–51). Die Besonderheit des Prozeßrechtsverhältnisses wurde früher überwiegend darin gesehen, daß es für die Parteien grundsätzlich keine echten Pflichten, sondern nur „Lasten" begründe, also Gebote, deren Befolgung lediglich im eigenen Interesse der Partei zur Vermeidung von prozessualen und letztlich materiellen Nachteilen liege (vgl RSchwab/Gottwald § 2 III 1; StJ/Schumann Einl Rn 234; BGH 91, 128). Diese Sicht trifft jedenfalls seit der Prozeßreform durch die Vereinfachungsnovelle in dieser Allgemeinheit nicht mehr zu. Das geltende Zivilprozeßrecht kennt vielmehr eine ganze Reihe von sehr wesentlichen **echten Parteipflichten** (BL/Hartmann Grundz Rn 3, 11 ff vor § 128; Jauernig § 26 II–IV; Baur/Grunsky Rn 43 und 51; auch RSchwab/Gottwald § 2 III 2, IV; Leipold ZZP 93, 240). 52

a) Mitwirkungspflichten. Die Parteien sind verpflichtet, auf Anordnung des Gerichts zu erscheinen (§§ 141, 613), unter bestimmten Voraussetzungen in ihren Händen befindliche Urkunden vorzulegen (§§ 421 ff) und uU bestimmte Untersuchungen zu dulden (§ 372a). Prozessuale Sanktionen: §§ 141 III, 372a II, 426f, 613 II. 53

b) Allgemeine Prozeßförderungspflicht (§ 282 I und dort Rn 1). Die Parteien sind zu sachgemäßer und sorgfältiger Prozeßführung verpflichtet; sie haben das Verfahren durch fördernde Teilnahme voranzutreiben und dürfen es nicht verzögern oder verschleppen. Diese Pflicht besteht bereits vor (§§ 275–277) und außerhalb der mündlichen Verhandlung (§§ 340 III, 697 III, 700 III 2) und namentlich in dieser selbst (§ 282). Ihre Sanktion besteht in der Präklusion von schuldhaft verspätetem Vorbringen (§ 296 I und II) oder bestimmten Kostennachteilen (§ 95; § 34 GKG). 54

c) Wahrheits- und Vollständigkeitspflicht. Die Parteien dürfen nicht bewußt unwahre Tatsachen behaupten und nicht gegnerisches Vorbringen bewußt der Wahrheit zuwider bestreiten (§ 138 I und dort Rn 2, 3); eine allg Aufklärungspflicht obliegt der nicht beweispflichtigen Partei aber nicht (s BGH NJW 90, 3151 = ZZP 103, 203 mit Anm Stürner). Jede Partei muß ihre Erklärungen – auch wenn das ungünstig ist – vollständig abgeben (§ 138 I). Sanktionen: § 138 Rn 7; zur Schadensersatzpflicht vgl KG BB 76, 629. 55

d) Allgemeine Redlichkeitspflicht. Jede *Partei* ist zu redlicher Prozeßführung verpflichtet, die Gebote von Treu und Glauben (§ 242 BGB) gelten auch im Prozeß (allgM, Rn 32 vor § 704; BL/Hartmann Einl III Rn 54; StJ/Schumann Einl Rn 242; RSchwab/Gottwald § 2 IV, § 65 VII; Schellhammer Rn 1271; Weber JuS 92, 635 mN; stRspr des BGH, zB BGH 20, 206; 31, 83; 69, 43; 99, 398; 112, 349; MDR 95, 307; einschr Blomeyer § 30 IX; MK/Lüke Einl Rn 33; ie Baumgärtel ZZP 56

69, 89; 86, 353). Auch für das *Gericht* können Pflichten gegenüber den Parteien bestehen (s dazu Rn 57a).

57 **e) Prozessuales Mißbrauchsverbot.** Prozessuale Befugnisse dürfen nicht für verfahrensfremde Zwecke mißbraucht werden (Frankfurt NJW 79, 1613; OVG Münster NJW 95, 1693; eingehend mN StJ/Schumann Einl Rn 254 ff), Verfahrensmißbrauch findet keinen Rechtsschutz (Zeiss, Die arglistige Prozeßpartei, 1967), durch mißbräuchliches Verhalten kann ein prozessualer Erfolg weder (wirksam) herbeigeführt noch verhindert werden. Beispiele: Mißbräuchliche Zuständigkeitswahl (Hamm OLGZ 87, 338; GRUR 87, 569; § 35 Rn 3); mißbräuchliche Anfechtungsklage (BGH 107, 309; NJW 92, 570; Düsseldorf WM 94, 339; s Teichmann JuS 90, 269); mißbräuchliche Verbandsklage (§ 13 V UWG); mißbräuchliche Wahl des Mahnverfahrens (BGH 101, 388; NJW 93, 3205 [re Sp]; NJW 96, 658; Rn 6a vor § 688); mißbräuchlicher Beweisantrag (vgl BGH NJW 95, 2112); mißbräuchliche Erschleichung öffentlicher Zustellung (BGH 118, 48); Erschleichung von PKH durch mißbräuchliche Zession (§ 114 Rn 10); Erschleichung von Postulationsfähigkeit (§ 157 I 2); Erschleichung von Zuständigkeit (§ 12 Rn 19); Erschleichung der Rechtskraft (Rn 74 vor § 322); „Ausschaltung" eines Zeugen durch mißbräuchliche Klage (Walter JZ 88, 307) oder Widerklage (vgl Karlsruhe BB 92, 97; OLGR Celle 96, 45; Uhlmannsiek MDR 86, 115); mißbräuchliche Berufung auf Rubrumsfehler bei nicht berichtigungsfähigem Titel (Hamburg RIW 87, 873); mißbräuchliche Verweigerung einer an sich erforderlichen Zustimmung (BGH NJW 87, 1947; § 263 Rn 12); mißbräuchliche Verhinderung einer Grundsatzentscheidung in einem Rechtsfortbildungsverfahren (Hergenröder, FS Stahlhacke, 1995, S 157). Das Mißbrauchsverbot gilt auch für das Gericht (BVerfG 75, 190 und 316; 81, 273; BGH 98, 374: Mißbräuchliche Präklusion zur Ersparung der Sachverhaltsaufklärung).

57a **f) Verhältnis Gericht – Parteien.** Kennzeichnend für das Prozeßrechtsverhältnis als *Rechtsverhältnis* ist, daß auch zwischen Gericht und Parteien **Pflichten** bestehen können (Beispiele unten aa; vgl auch Rn 102) und der **Grundsatz des Vertrauensschutzes** gilt (BVerfG 69, 387; 79, 377 f; NJW 93, 1123; BGH 105, 40; BAG NJW 95, 2509; unten bb). **aa)** Dem Gericht kann eine **Pflicht zur Rücksichtnahme** auf die Parteien in ihrer konkreten Situation obliegen (BVerfG 78, 126 mN; NJW 91, 418 und 3140; s Rn 102), eine **Belehrungs-** (BVerfG 60, 100; 78, 127; BGH 86, 224 f; 88, 183 f), **Hinweis-** (BVerfG NJW 93, 1699; NJW-RR 93, 1486; 94, 189), **Aufklärungs-** (BVerfG 84, 190; NJW 94, 849), **Förderungs-** (Bamberg NJW-RR 95, 1030) und eine **Fürsorgepflicht** (BVerfG 75, 188 f und 318; 81, 273; NJW 95, 3175; Düsseldorf Rpfleger 94, 429). Eine allg **Rechtsmittelbelehrungspflicht** besteht jedoch derzeit noch nicht (BVerfG NJW 95, 3173; s aber zum Mahnverfahren LG Darmstadt DGVZ 96, 62); allerdings hat das Gericht außerhalb des Anwaltszwangs über die Anfechtbarkeit seiner Entscheidung Auskunft zu erteilen (BVerfG NJW 95, 3175). **bb)** Sie darf darauf **vertrauen,** daß das Gericht unter den gebotenen Umständen von Maßnahmen gem § 139 Gebrauch macht (BGH VersR 84, 81 [82], etwa eine Antragsumstellung anregt (BVerfG NJW-RR 95, 378 aE); daß eine Frist nicht vor dem in einer Rechtsmittelbelehrung angegebenen Fristende abläuft (BAG NJW 95, 2509 mN); daß es eine gesetzte Frist abwartet (vgl Köln NJW-RR 86, 862 mN), eine bisher geübte Verfahrenspraxis nicht abrupt ändert (BVerfG 78, 126 f) und einem allgemein geübten Gerichtsgebrauch folgt (BVerfG 79, 377 f); daß es ein bisher nicht beanstandetes Vorgehen hinnimmt (BGH NJW 92, 243 [244]); daß das nach der Art der tatsächlich gefällten Entscheidung zulässige Rechtsmittel gegeben ist (Meistbegünstigungsgrundsatz: Rn 29 vor § 511). Damit sind auch im Prozeß das *Verbot des venire contra factum proprium* (BVerfG 78, 126) und der *Grundsatz der Verwirkung* anwendbar (BAG 61, 272). Beispiele: **Verwirkung** von nicht fristgebundener Feststellungsklage (BAG 61, 272 mN, stRspr, str); Verwirkung von nicht fristgebundenen Rechtsbehelfen (vgl § 924 Rn 10). **Abgrenzung:** Nicht der Verwirkung unterliegt die Klagebefugnis bei Leistungsklagen (BGH MDR 90, 814 mN = NJW-RR 90, 887, str; *insoweit* geht die Verwirkung des materiellrechtlichen Anspruchs vor, BGH aaO) und bei im allgemeinen Interesse geschaffenen Unterlassungsklagen (vgl BGH NJW 95, 1488 zu § 13 AGBG).

58 **2) Einheit und Begründung des Prozeßrechtsverhältnisses. a)** Das durch die (auch unzulässige: BGH NJW 92, 2575) Klage einmal begründete Prozeßrechtsverhältnis dauert bis zum Ende des Rechtsstreits fort. Eine Verweisung des Verfahrens an ein anderes Gericht (§ 281), eine Klageänderung (§ 263), ja sogar ein Parteiwechsel (§ 263 Rn 9) berühren seine Identität nicht; **Rechtsnachfolge** in das Prozeßrechtsverhältnis ist möglich (vgl Baur, FS Schiedermair, 1976, S 19).

59 **b)** Die Begründung des Prozeßrechtsverhältnisses kann **nicht** von einer **Bedingung** abhängig gemacht werden (zB § 60 Rn 10; § 253 Rn 1; § 518 Rn 1; eingehend StJ/Leipold Rn 208 vor § 128); der Zulässigkeitsmangel wird allerdings nachträglich **geheilt,** wenn die Bedingung später entfällt (vgl die Fallgestaltung in BAG 73, 31 [39 ff] und dazu § 60 Rn 10).

V) Der Streitgegenstand

Lit: *Georgiades,* Die Anspruchskonkurrenz im Zivilrecht und Zivilprozeßrecht, 1968; *Habscheid,* Der Streitgegenstand im Zivilprozeßrecht und im Streitverfahren der Freiwilligen Gerichtsbarkeit, 1957; *ders,* Die neuere Entwicklung der Lehre vom Streitgegenstand, FS Schwab, 1990, S 181; *Henckel,* Parteilehre und Streitgegenstand im Zivilprozeß 1961; *ders,* Prozeßrecht und materielles Recht, 1970, S 125 ff, 149 ff; *Rimmelspacher,* Materiellrechtlicher Anspruch und Streitgegenstandsprobleme im Zivilprozeß, 1970; *Schwab,* Der Streitgegenstand im Zivilprozeßrecht, 1954.

1) Allgemeines

a) Terminologisches. Der Streitgegenstand ist ein zentraler Begriff des Zivilprozesses, den 60
aber das Gesetz mehrdeutig verwendet, ja den es nicht einmal eindeutig bezeichnet. So spricht es vom „Streitgegenstand" (in §§ 2, 59, 81, 83, 130 Nr 1, 253 III, 794 I Nr 1, 935), dem „Gegenstand des Rechtsstreits" (in §§ 60, 148), vom „erhobenen" (in §§ 253 II Nr 2, 261 II, 313 II, 322 I), vom „geltend gemachten" (in §§ 5, 33 I, 81, 83, 265 I, 306, 307 I), vom „streitigen" (§ 118a III aF) oder schlicht vom „Anspruch" (§§ 260, 261 II, 767 I, 796 III) oder von der „Streitsache" (§ 261 I, III Nr 1), während in den den Begriff klarstellenden §§ 130 Nr 2 und 3, 253 II Nr 2 eine einheitliche Bezeichnung des Streitgegenstandes nicht begegnet. Hiernach versteht die ZPO unter diesem uneinheitlich benannten **Begriff** teils das **Begehren des Klägers nach dem Ausspruch einer Rechtsfolge** (vgl §§ 81, 83, 147, 261 II und III, 322 I, 767 I), teils das **Objekt** des klägerischen Rechtsfolgebegehrens selbst (vgl §§ 2, 23, 130 Nr 1, 265, 264 Nr 3, 325 I, 708 Nr 11, 727 I). Vgl hierzu RSchwab/Gottwald § 95 I; StJ/Schumann Einl Rn 264.

b) Bedeutung. Der Streitgegenstand ist von größter Bedeutung im Zivilprozeß: Sein Wert 61
bestimmt die sachliche (§ 23 Nr 1 GVG), seine materiellrechtliche Grundlage vielfach die örtliche Zuständigkeit (§§ 23 ff). Die objektive Klagenhäufung (§ 260) setzt eine Mehrheit von Streitgegenständen voraus. Vom Streitgegenstand her ist zu prüfen, ob Klageänderung (§§ 263 f) oder Rechtshängigkeit (§ 261) vorliegen; er ist maßgebend für den Umfang der Rechtskraft des begehrten Urteils (§ 322 I). Beim Streitgegenstand geht es demnach um ein **Identitäts-** (Ekelöf ZZP 85, 145) und damit um ein **Abgrenzungsproblem** (Jauernig § 37 I). Bisher hat sich die Lehre bemüht, einen für sämtliche „Prüfsteine" des Streitgegenstandes einheitlichen Begriff aufzustellen (so MK/Lüke Rn 33 vor § 253). In der neuesten Zeit werden zunehmend Zweifel an einem „Einheitsbegriff" laut (sog relative Theorien; dazu Wieczorek/Schütze/Prütting Einl Rn 67 ff, abl Habscheid, FS Schwab, 1990, S 189 ff und unten Rn 82).

c) Abgrenzung. Der Begriff des Streitgegenstandes ist im Schrifttum sehr umstritten. Überein- 62
stimmung besteht darin, daß Streitgegenstand in diesem Sinne **nicht das Objekt des Streits,** zB die herauszugebende, streitbefangene Sache ist, daß er **nicht der** der Klage zugrunde gelegte **materiellrechtliche Anspruch** (vgl § 194 BGB) ist. Denn sonst hätte eine unbegründete oder eine Gestaltungsklage keinen Streitgegenstand, oder eine Klage auf Zahlung von 1 000,– DM Schadensersatz aus Vertragsverletzung, die zugleich eine unerlaubte Handlung darstellt, deren zwei.

2) Die Bestimmung des Streitgegenstandes im allgemeinen

Nach § 253 II Nr 2 muß die Klageschrift die bestimmte Angabe des Gegenstandes und des 63
Grundes des erhobenen Anspruchs sowie einen bestimmten Antrag enthalten. Damit ist der Begriff des Streitgegenstandes umrissen: Der Kläger begehrt den richterlichen Ausspruch einer für sich in Anspruch genommenen Rechtslage, die er aus einem angegebenen Lebensvorgang (Grund des Anspruchs) ableitet. Über die **Berechtigung dieser Rechtsfolgebehauptung** wird im Prozeß gestritten, sie ist der **Streitgegenstand** (so iErg – mit im einzelnen unterschiedlichen Formulierungen [zu diesen näher Rn 67] – StJ/Schumann Einl Rn 288; RSchwab/Gottwald § 95 IV 1; A. Blomeyer § 40 III 1; Habscheid, Streitgegenstand, S 141 ff; weitere Nachw Rn 71, 82).

Die komplexe Frage nach dem Streitgegenstand deckt sich demnach mit der – folgendermaßen 64
gegliederten – Frage, ob aufgrund der erhobenen Klage oder Widerklage (Rn 65) unter den durch sie bestimmten prozessualen Umständen (Rn 66) und aufgrund des durch sie in den Rechtsstreit eingeführten Lebenssachverhalts (Rn 82) dem Klageantrag (Rn 68) entsprochen werden kann.

a) Für den Zivilprozeß gilt der Grundsatz der **Parteiherrschaft** (Rn 9 vor § 128; StJ/Leipold 65
Rn 68 vor § 128; MK/Lüke Einl Rn 167 f) wenigstens insoweit, als der Kläger den Streitgegenstand bestimmt, indem er mit einem bestimmten Antrag **Klage** erhebt (§ 253 II Nr 2). Die Klage bestimmt den Streitgegenstand; die Einwendungen des Beklagten sind dagegen für den Streitgegenstand nur ausnahmsweise von Bedeutung (BL/Hartmann § 2 Rn 5), nämlich dann, wenn sie gegenüber einer **negativen Feststellungsklage** klarstellen, um welches Rechtsverhältnis gestritten wird (vgl auch RG 78, 396; sa Rn 78); der Streitgegenstand der negativen Feststellungsklage entspricht dem einer **positiven Feststellungsklage** mit umgekehrten Parteirollen (vgl auch § 322

Rn 11). Wünscht der Beklagte das Verfahren auf einen zusätzlichen Streitgegenstand auszudehnen, so kann er, falls zulässig, **Widerklage** (§§ 5, 33, 261 II) erheben.

66 b) Der Kläger bestimmt die **prozessualen Umstände** seiner Klage (Parteirollen, angerufenes Gericht, Verhältnis des Streitgegenstandes zu früheren und gleichzeitig anhängigen Verfahren usw), von denen es abhängt, ob alle **Sachurteilsvoraussetzungen** gegeben sind. Nur wenn die Klage danach zulässig und außerdem begründet ist, ergeht das beantragte Urteil.

67 Jeder Prozeß hat nicht etwa so viele Streitgegenstände, wie bei der Zulässigkeits- und der Begründetheitsprüfung Tat- und Rechtsfragen zu entscheiden sind; schon deshalb nicht, weil **Ziel des Prozesses** (nur) der Erlaß eines Sachurteils und dessen streitentscheidende Wirkung ist, die durch § 322 I auf das festgestellte Ergebnis beschränkt wird. Hiervon gilt aber eine Ausnahme insofern, als das Gericht nicht offenlassen darf, ob es einen Klageantrag mangels einer Sachurteilsvoraussetzung als unzulässig oder als unbegründet durch **Sachurteil** abweisen will (allgM, neuerdings bestr; dagegen mit Recht hier Greger Rn 10 vor § 253 mwN; sa § 256 Rn 7). Auch die Rechtskraftwirkung ist eine andere, je nachdem, ob es sich um ein sog **Prozeßurteil** (§ 322 Rn 1) oder um eine Sachabweisung handelt. Daher spricht etwa Blomeyer § 40 III von einem prozessualen und einem sachlichen Streitgegenstand eines jeden Prozesses. Diese Bezeichnung ist wegen des vom Kläger bis zur endgültigen Prozeßabweisung begehrten Sachurteils zwar mißverständlich, jedoch hängt die „Berechtigung" des vom Kläger beantragten Ausspruchs einer Rechtsfolge auch von prozessualen Vorfragen ab. In ähnlichem Sinn unterscheidet auch Habscheid (aaO) zwischen der Verfahrens- und der Rechtsfolgebehauptung des Klägers.

68 c) Der **Klageantrag** (§ 253 II Nr 2), der sich während des Prozesses ändern kann (Klageänderung), bestimmt den Streitgegenstand. Eine Klage kann auch mehrere Klageanträge enthalten (objektive und subjektive Klagenhäufung).

69 Der Zivilprozeß dient dem Schutz subjektiver privater Rechte (Rn 39). Es läge deshalb nahe, als **Streitgegenstand** jeweils dasjenige **subjektive Recht** anzusehen, um dessen Schutz der Kläger nachsucht. Diese vor allem von Lent (ZZP 65, 338) vertretene Ansicht trifft indessen nur bei **Feststellungsklagen** zu, soweit der Kläger, wie § 256 dies zuläßt, Feststellung eines bestimmten materiellen Rechts oder Rechtsverhältnisses beantragt.

70 Hingegen versagt die Definition Lents für den wichtigsten und häufigsten Fall des Zivilprozesses, nämlich für die **Leistungsklage.** Das materielle Recht will möglichst lückenlos alle denkbaren Interessenkonflikte erfassen; es ist daher unvermeidlich, daß oft ein und dieselbe Rechtsfolge ein und desselben Lebenssachverhalts aus mehreren Normen des materiellen Rechts hergeleitet werden kann. Insbesondere schuldrechtliche Ansprüche ergeben sich oft aus mehreren Rechtsgrundlagen: Die zum Schadensersatz verpflichtende Sachbeschädigung erfüllt zugleich den Tatbestand einer unerlaubten Handlung und den einer Vertragsverletzung. Vielfach spricht man hier von **Anspruchskonkurrenz** (vgl Enneccerus/Nipperdey § 228 III 2; Enneccerus/Lehmann § 232, 1 aE; Palandt/Heinrichs § 194 Rn 8). Mit Larenz (Allg Teil, 7. Aufl, § 14 IV; Larenz/Canaris, Schuldrecht II/2, 13. Aufl, § 83 VI) sollte man aber besser von **einem** (einzigen), **mehrfach begründeten Anspruch** (Anspruchsnormen- oder -grundlagenkonkurrenz) sprechen; dem entspricht prozessual ein *alle* konkurrierenden materiell-rechtlichen Ansprüche (Anspruchsgrundlagen) umfassender einheitlicher Streitgegenstand (BGH MDR 84, 120 Nr 15). **Beispiel:** Wurde bei einem Straßenbahnunfall ein Fahrgast verletzt, so kann er – dreifach begründet – Ersatz seines materiellen Schadens aus positiver Vertragsverletzung, aus unerlaubter Handlung und aus dem HaftpflG verlangen (sog *Fahrgastfall*); prozessual liegt nur ein einziger Streitgegenstand vor (vgl RSchwab/Gottwald § 95 III 1; StJ/Schumann Einl Rn 266). Hat der Verkäufer dem Käufer „gekauften" *Wein geliefert,* den der Käufer entgegengenommen und verbraucht hat und ist die erhobene Kaufpreisklage auf die (eine) vertragliche Anspruchsgrundlage gestützt, so hat das Gericht auch nicht vertragliche (zB Bereicherung) zu prüfen, wenn es einen wirksamen Vertrag verneint (Köln MDR 84, 151; sa Rn 84; Rn 41 vor § 322). Ist die Klage auf positive Vertragsverletzung (§ 276 BGB) gestützt, ist sie auch unter dem Gesichtspunkt der Bereicherung (§ 812 BGB) zu prüfen (BGH ZIP 87, 1174). *Anders* ist jedoch zu entscheiden, wenn die materiell-rechtliche Regelung die zusammentreffenden Ansprüche erkennbar unterschiedlich ausgestaltet und dem Gläubiger die Möglichkeit einräumt, sich auf einen von ihnen zu beschränken. **Beispiel:** Verlangt der Kläger die Herausgabe einer Speziessache mit der Begründung, der Beklagte habe sie ihm durch verbotene Eigenmacht entzogen, so sind die Ansprüche aus §§ 861, 1007 BGB und (weil mit dem früheren Besitz auch der Tatbestand der Eigentumsvermutung nach § 1006 BGB behauptet ist) aus § 985 BGB nicht nur rechtliche Gesichtspunkte eines einheitlichen prozessualen Anspruchs, vielmehr bilden die (vorläufigen: §§ 863, 864 BGB) possesorischen und (endgültigen) petitorischen Ansprüche auch eine *Mehrheit von Streitgegenständen* (zutr Georgiades aaO, S 233 ff, 249, 260; StJ/Schumann Einl Rn 296, str; aA Jauernig § 37 III 1 und 2; 14. Aufl mwN); verschieden ausgestaltet sind auch Ansprüche aus Enteignung (enteignungsgleichem Eingriff,

Aufopferung) und aus Amtshaftung (BGH 100, 143; NJW 93, 2173). In gleicher Weise ist beim *Kaufpreis-Wechsel-Fall* zu entscheiden (dazu Rn 73 ff, 75).

3) Der Streitgegenstand bei den einzelnen Klagearten im besonderen

a) Leistungsklagen. aa) Wer Leistungsklagen erhebt, muß die streitige Rechtsfolge bezeichnen, die er durchsetzen will, er braucht dagegen nicht vorzutragen, auf welche materiellen subjektiven Rechte er sich stützt. Vielmehr hat das Gericht unter jedem denkbaren Gesichtspunkt zu prüfen, ob es dem Antrag stattgeben kann (*iura novit curia*). **Beispiel:** Bei einer Klage aus einer (unwirksamen) vertraglichen Entschädigungszusage ist Streitgegenstand auch die Schadensersatzpflicht aus unerlaubter Handlung (BGH NJW 91, 1047 f). **Streitgegenstand** der Leistungsklage ist daher die Frage, ob das Gericht die **im Antrag bezeichnete Rechtsfolge** aussprechen kann. Mit Recht definiert die hL den Streitgegenstand mit Hilfe des Rechtsfolgebegriffs (StJ/Schumann Einl Rn 288; RSchwab/Gottwald § 95 IV 1; Blomeyer § 40 III 2; Nikisch §§ 2 IV, 42 I 4; Habscheid aaO S 141; Henckel, Parteilehre S 278; Schwab, Streitgegenstand, S 199; vgl bereits allg Rn 63). 71

bb) Scheinbar einheitlicher Antrag/Sachverhalt. Soweit der Antrag des Klägers auf eine der **Gattung nach bestimmte Leistung** oder auf eine **Geldschuld** gerichtet ist, genügt sein Inhalt für sich allein noch nicht, um den Streitgegenstand zu individualisieren. Hier bedarf es des **Sachverhalts,** um die eingeklagte von gleichartigen (wirklichen oder behaupteten) Rechtsfolgen zu unterscheiden, die nicht Streitgegenstand sind. 72

Ebenso ist es, wenn der (einheitliche) Antrag nur scheinbar einen Streitgegenstand umreißt, sich in Wahrheit aber aus mehreren zusammensetzt. **Beispiel:** Die aus einem Verkehrsunfall eingeklagte Geldforderung von 15 000,– DM setzt sich zusammen aus Teilbeträgen für Sachschaden, Heilungskosten und Schmerzensgeld (vgl BGH 30, 7 [18] = NJW 59, 1269; BGH NJW 55, 1675; BGH VersR 84, 782 [783]); hier liegen drei (gehäufte, § 260) Streitgegenstände vor, **dagegen** nur *einer* bei mehreren unselbständigen Schadensposten innerhalb der gleichen Schadensart (BGH NJW-RR 91, 1279; vgl dazu auch § 253 Rn 15), bei unterschiedlichen Schadensberechnungsarten (BGH 119, 23) oder bei im Kontokorrent stehenden Forderungen (BGH 124, 167). Weitere **Beispiele:** Im Fall eines Brandschadens bilden Sachschaden und Verdienstausfallschaden mehrere Streitgegenstände (BGH NJW 84, 2346, 2347), bei Rückgabe einer Miet-/Pachtsache der mit Nichtwiederherstellung, Unterlassung der Schönheitsreparaturen und Mietausfall begründete Schaden (vgl BGH 104, 12), beim Gegendarstellungsverlangen mehrere selbständige, klar voneinander abtrennbare Äußerungen (Celle NJW-RR 95, 794). 73

Ähnlich, wenn **ein** Antrag auf mehreren Sachverhalten und Ansprüchen beruht. **Beispiel:** Klage auf 5 000,– DM mit der Begründung, der Beklagte schulde diesen Betrag aus einer von X zedierten und ein zweites Mal aus einer von Y zedierten Forderung, verlangt werde der Betrag nur einmal. Auch hier liegen in Wahrheit zwei Streitgegenstände vor (vgl BGH NJW 92, 2081 = MDR 82, 708; Hamm NJW-RR 92, 1279); zur Art der Klagenhäufung hierbei siehe § 260 Rn 5. Schwab (aaO S 90) läßt hier nur **eventuelle Häufung** zu, während Habscheid (aaO S 257), ihm folgend Henckel (aaO S 291) und ThP § 260 Rn 3, **alternative Häufung** nur des Klagegrundes mit entspr Wahlrecht des Gerichts (offen Hamm aaO), aber nur **einen** bestimmten und daher zulässigen Antrag annehmen. Doch ist Schwab darin zuzustimmen, daß hier nur *scheinbar* ein bestimmter Antrag vorliegt. Fälle dieser Art sind in der Praxis selten. **Beispiel:** Der Kläger stützt sein betragsmäßig bestimmtes Klagebegehren in einem mehrfach gestaffelten Hilfsverhältnis auf verschiedene Sachverhaltskomplexe, zB Darlehensgewährungen; es handelt sich um eine Mehrheit von Streitgegenständen (BGH NJW 84, 371; 92, 2081 = MDR 92, 708). 74

Mehrere Streitgegenstände liegen auch vor, wenn der Käufer dem Verkäufer zur Sicherung der Kaufpreisschuld ein Wechselakzept gab und der Verkäufer nunmehr die Summe einklagt, die Klage aber sowohl auf den **Kaufvertrag,** wie auf den **Wechsel** stützt. Entgegen Schwab (R-Schwab 14. Aufl § 96 II 2), liegt hier kein einheitlicher Streitgegenstand vor, sondern sowohl materiellrechtlich als auch prozessual eine **Mehrheit** von (nur erfüllungsmäßig funktionell miteinander verknüpften) Ansprüchen (zust Schaaf NJW 86, 1030). Hier bewährt sich, wie übrigens auch schon im obigen Beispiel, Henckels Kriterium des einheitlichen materiellrechtlichen Verfügungsobjekts: Der Verkäufer kann unbestreitbar seine Wechselforderung an X, die Kausalforderung an Y übertragen. Klagen beide gegen den Käufer, zeigt sich, daß zwei Streitgegenstände vorliegen (ebenso BGH NJW 92, 117; ThP Einl II Rn 32; Habscheid S 164; Henckel S 289; iErg auch StJ/Schumann Einl Rn 296; aA Düsseldorf MDR 90, 819 mit Anm Vollkommer/Steindl EWiR 90, 753). Auch die Annahme eines eingliedrigen Streitgegenstandes (Antrag!) zwingt nicht zu der abgelehnten Gegenansicht (vgl noch Schwab aaO S 91), da bei Klageanträgen auf einen Geldbetrag der Antrag immer der Individualisierung durch den Sachverhalt, den Klagegrund bedarf. Um mehrere Streitgegenstände handelt es sich auch dann, wenn der Kläger den nämlichen Anspruch zunächst aus eigenem Recht und später aufgrund einer **Abtretung** des Berechtigten oder aufgrund verschiedener Abtretungen geltend macht (BGH NJW 86, 1046 f; vgl Rn 74). 75

76 Eine **zeitlich aufeinander folgende Häufung** nicht nur materieller, sondern auch prozessualer Ansprüche liegt vor, wenn zunächst ehelicher Unterhalt während des Getrenntlebens (§ 1361 BGB) und später nachehelicher Unterhalt (§§ 1569 ff BGB) begehrt wird; die Scheidung begründet den **neuen Sachverhalt** und damit einen selbständigen Streitgegenstand (BGH 78, 130; 93, 335; dazu näher § 323 Rn 21). Bei der Klage auf **Aufnahme** in einen (dem Aufnahmezwang unterliegenden) **Verein** ist Streitgegenstand das Bestehen eines Aufnahmeanspruchs des Bewerbers selbst, nicht die Berechtigung einer förmlichen Vereinsentscheidung über den Aufnahmeantrag (vgl BGH 93, 157 = NJW 85, 1217).

76a Leistungsklage ist auch die **Unterlassungsklage.** Sonderfälle: § 13 AGBG, § 13 UWG. Bestimmtheit und Umfang des Unterlassungsantrags: § 253 Rn 13; § 308 Rn 4. Bei einheitlichem Unterlassungsantrag begründet nicht jeder weitere Verstoß einen selbständigen (iS von Rn 73 f alternativ gehäuften) Streitgegenstand (BGH NJW-RR 92, 1070). Streitgegenstand der auf verschiedene Verstöße gestützten Klage gem § 13 AGBG ist die Wirksamkeit der Klausel, **nicht** der einzelne Unwirksamkeitsgrund (Verstoß gegen Verbotsnorm; zutr BGH NJW 93, 2053 mwN).

77 **b) Feststellungsklagen.** Bei der Feststellungsklage kennzeichnet regelmäßig der **Antrag** den Streitgegenstand: ihn bildet das behauptete (materielle) Recht. Dies gilt jedenfalls dann, wenn es sich hierbei um ein **absolutes Recht** handelt, da ein solches die Möglichkeit ausschließt, „daß dem Rechtssubjekt ein zweites Recht mit demselben Inhalt zustehen könnte" (so zutreffend Henckel S 283; ihm folgend Blomeyer § 40 V 2, S 203; ebenso Schwab S 93 f [beachte wegen der Rechtskraft aber auch S 174 ff und hier § 322 Rn 12]; Zeiss § 44 IV 2b; Jauernig § 37 VIII 3, str; aA Habscheid S 216; Lüke JZ 60, 203). Daher gehören zum Streitgegenstand alle Erwerbsgründe. **Beispiel:** Bei Klage auf Feststellung des Eigentums an einer Sache sowohl rechtsgeschäftlicher Erwerb, wie Ersitzung oder Erbgang (aA Habscheid, FS Schwab, S 191). **Anders,** wenn auf Feststellung des Bestehens eines **relativen** oder eines Gestaltungsrechts geklagt wird (letzteres nicht zu verwechseln mit Gestaltungsklage). **Beispiel:** Sowohl eine Forderung (§§ 194 I, 241 BGB) als auch ein Rücktrittsrecht (zB § 346 ff BGB) bedürfen zu ihrer Individualisierung **stets** der Angabe des Entstehungsgrundes.

78 Streitgegenstand der **negativen Feststellungsklage** ist das Rechtsverhältnis, dessen Nichtbestehen der Kläger gerichtlich festgestellt wissen will (Baltzer, Die negative Feststellungsklage aus § 256 I ZPO, 1980, S 35 und mwN, 89, hM). Da die Beweis-(Behauptungs-)last nicht von den Parteirollen abhängt, genügt es, daß der Kläger den Streitgegenstand nach Zeit, Ort und beteiligten Personen unterscheidbar beschreibt, während es Sache des Beklagten ist, die rechtsbegründenden Tatsachen zu behaupten (Schellhammer Rn 190). **Mehrheit** von Streitgegenständen liegt vor, wenn (bei einheitlichem Antrag) mehrere unterschiedlich ausgestaltete Unterlassungsansprüche geleugnet werden (BGH 119, 248). Verhältnis zur **Leistungsklage:** Ihr Streitgegenstand umfaßt den der Feststellungsklage mit (BGH NJW 89, 2064); Folgen: Leistungsklage hindert negative Feststellungsklage, nicht umgekehrt (s § 256 Rn 16).

79 Streitgegenstand der arbeitsrechtlichen **Kündigungsschutzklage** (§§ 1, 4 KSchG) ist die Frage der Auflösung des Arbeitsverhältnisses durch die angegriffene Kündigung, nicht der Bestand des Arbeitsverhältnisses als solches (sog „punktueller" Streitgegenstandsbegriff; vgl BAG 7, 36; BAG NJW 94, 605 und 2782; 95, 2311, jeweils mwN, str; krit zB Ascheid, FS Stahlhacke, 1995, S 6; ie Germelmann/Matthes/Prütting, ArbGG, 2. Aufl 1995, Einl Rn 162 ff). Ein umfassender („globaler") Streitgegenstand – Fortbestand des Arbeitsverhältnisses bis zu dem im Klageantrag genannten Zeitpunkt, längstens bis zur letzten mündlichen Verhandlung – gilt bei Verbindung des Antrags gem § 4 KSchG mit dem allg Feststellungsantrag gem § 256 (BAG NJW 88, 2691; 91, 518; einschr NJW 94, 2782; Stahlhacke/Preis, Kündigung und Kündigungsschutz, 6. Aufl 1995, Rn 1150 ff mwN; sa Germelmann/Matthes/Prütting aaO Rn 169 f; krit Weißenfels BB 96, 1326); zum Entscheidungsumfang sa § 322 Rn 13.

80 **c) Gestaltungsklagen. Lit:** *Köhler,* Der Streitgegenstand bei Gestaltungsklagen, 1995. Der Umfang des Streitgegenstands von Gestaltungsklagen ist umstritten (vgl dazu Schlosser, Gestaltungsklagen und Gestaltungsurteile, 1966, S 335 ff; Habermeier ZZP 105, 187). Im einzelnen ist zwischen den verschiedenen Gestaltungsklagen zu unterscheiden. **aa) Handelsrechtliche Gestaltungsklagen.** Hier ist ein enger durch den Sachverhalt (Gestaltungsgrund) (mit-)bestimmter Streitgegenstand anzunehmen. **Beispiel:** Der auf Geschäftsübergabe nach § 142 HGB klagende Gesellschafter stützt seine Klage zunächst auf Krankheit des Beklagten, während er die ihm ebenfalls bekannten Veruntreuungen desselben nicht vorträgt. Nimmt man an (Habscheid S 214; ThP Einl II Rn 31), Klagegrund seien hier die umfassend verstandenen Gesellschafterbeziehungen, nicht die Einzellebensvorgänge daraus, so stellt ein Nachschieben des zweiten Grundes (Veruntreuungen) keine Klageänderung dar; die Abweisung der Klage stünde einer neuen, auf den bisher nicht vorgetragenen Gestaltungsgrund gestützten Klage entgegen (vgl Brox JuS 62, 121, 127 für § 133 HGB). Folgerichtig müßte dies auch gelten, wenn die bereits vor Schluß der mündlichen Verhandlung erfolgten Veruntreuungen dem Kläger unbekannt geblieben wären –

falls man nicht den Rechtsgedanken aus §§ 767 III, 616 aF hier entsprechend anwenden wollte (vgl hierzu auch Rn 70 vor § 322). **Richtigerweise** benötigt man hier zur Individualisierung des Antrags auf Rechtsgestaltung – und damit zur Fixierung des Streitgegenstandes – den Lebenssachverhalt, den der Kläger vorgetragen hat, um den Tatbestand des **konkreten Gestaltungsgrundes** auszufüllen (im Beispiel: einerseits Krankheit – andererseits Veruntreuung); vgl in diesem Sinn Brox aaO; Zeiss § 44 IV 3; Jauernig § 37 VII 2 (mit zutr Ausnahme für Verfahren mit Inquisitionsmaxime); Blomeyer § 40 V 3; BGH 45, 329.

bb) Eheauflösungsverfahren. Seit der Reform des Scheidungsrechts (s Rn 12, 15) gibt es nur noch einen einzigen Scheidungsgrund, den des Scheiterns der Ehe (§ 1565 I BGB) (ebenso StJ/Schlosser § 611 Rn 2; hier Philippi § 630 Rn 3; aA ansch Jauernig § 91 II 12). Dem im neuen Eheverfahrensrecht zum Ausdruck kommenden Gedanken der möglichsten Konzentration des Konfliktfalls Ehezerrüttung in einem einzigen Verfahren (vgl §§ 623, 630) dürfte ein globaler Streitgegenstand in Ehesachen am besten gerecht werden (StJ/Schlosser § 611 Rn 2, § 616 Rn 12). 81

cc) Zum Streitgegenstand der sog **prozessualen Gestaltungsklagen** vgl § 322 Rn 13 [d]; § 767 Rn 1; § 771 Rn 4. 81a

d) Stellungnahme zum Streit zwischen „eingliedrigem" und „zweigliedrigem" Streitgegenstandsbegriff. Aus den Darlegungen zu Rn 71–81 geht hervor, daß der **Lebenssachverhalt** (Klagegrund gemäß § 253 II Nr 2), aus dem die begehrte Rechtsfolge abgeleitet wird, den Streitgegenstand sehr oft mitbestimmt, so vor allem bei Leistungsklagen auf Gattungsschulden oder Geld (Rn 72), doch nicht immer, wie bei Klagen auf Feststellung eines absoluten Rechts (Rn 77). Insofern ist der Begriff des Streitgegenstandes kein einheitlicher (in diesem Sinne auch StJ/Schumann Einl Rn 283d und 285; Blomeyer, FS Lent, S 43 ff und Lehrbuch, § 40 II und V; Jauernig § 37 VIII vor 1 und IX; Wieczorek/Schütze/Prütting Einl Rn 69; vgl nunmehr auch RSchwab/Gottwald § 95 III 3). Zur Kritik gegenüber einem Einheitsbegriff vgl bereits oben Rn 61. 82

Auch der **BGH** geht von einem zweigliedrigen Streitgegenstand aus. Das Gericht darf nur über den sich aus dem **Antrag** und dem sich von den Parteien vorgetragenen **Lebenssachverhalt** ergebenden prozessualen Anspruch entscheiden (BGH 79, 248; 94, 33; 117, 5 mN; 123, 140; 124, 166; NJW 93, 2938; 94, 322; 95, 1757). Zum Klagegrund sind alle Tatsachen zu rechnen, die bei einer natürlichen Betrachtungsweise zu dem durch den Vortrag des Klägers zur Entscheidung gestellten Tatsachenkomplex gehören (BGH NJW 92, 1173 mN). Ihre Ergänzung (zB neue Schadensberechnung mit geänderten Schadensfaktoren der gleichen Schadensart) stellt keine Änderung des Streitgegenstands dar (BGH 119, 23; NJW-RR 91, 1279; Rn 73). 83

4) Keine Beschränkung der Rechtsfolgebehauptung

Streitig ist, inwieweit Ausnahmen von den oben Rn 68–70 dargelegten Grundsätzen anzuerkennen sind, inwieweit vor allem der subjektive **(materielle) Anspruch** doch **Einfluß** auf den **prozessualen Streitgegenstand** zu nehmen vermag. **a) Keine Beschränkung des Streitgegenstandes durch den Kläger auf bestimmte rechtliche Gesichtspunkte.** Aus der zwingenden Vorschrift des § 253 II Nr 2 geht hervor, daß die im Antrag der Leistungsklage bezeichnete Rechtsfolge den Streitgegenstand auch dann abgrenzt, wenn der Kläger **ausdrücklich** verlangt, sein Antrag möge nur unter einem **bestimmten rechtlichen Gesichtspunkt** geprüft werden. Ein solcher Wunsch verdient keinen Rechtsschutz und ist daher unzulässig und nicht zu beachten (Köln MDR 84, 151; ThP § 308 Anm 1c; Kion, Eventualverhältnisse im Zivilprozeß, 1971, S 120; Schneider MDR 75, 801; Häsemeyer ZZP 85, 207; Blomeyer § 13 II 4, str; aA MK/Lüke Rn 36 vor § 253 mwN; RG 123, 273; offenlassend BGH ZIP 87, 1174), denn das Institut der Leistungsklage soll dem Kläger lediglich zu einem Titel verhelfen, der die behauptete Rechtsfolge realisiert, falls sie eingetreten ist. Dementsprechend fehlt dem Kläger, der dieselbe Entscheidung mit einer anderen Begründung erstrebt, die Beschwer (vgl BGH 82, 253 = NJW 82, 579). Kann der Kläger jedoch ausnahmsweise (zB in dem oft erörterten Fall des § 393 BGB oder im Hinblick auf § 850 f II) ein Rechtsschutzbedürfnis dahin nachweisen, daß es ihm gerade auf die Feststellung eines bestimmten subjektiven Rechts ankommt, so ist er nicht auf eine (selbständige oder Inzident-)Feststellungsklage zu verweisen (vgl BGH 109, 276 f; Oldenburg NJW-RR 92, 573, beide zu § 850 f II; sa Rn 20a vor § 322; § 850f Rn 9), sondern kann dann bereits ein Leistungsurteil aus einem bestimmten Klagegrund (Anspruchsgrundlage) verlangen (so Smid ZZP 102, 39 ff mwN, str). **Beachte:** Die obigen Ausführungen gelten nicht, wenn es in Wahrheit nicht um bloße „rechtliche Gesichtspunkte", sondern um *eigenständige Klagegründe* (iS eines selbständigen Streitgegenstandes) geht. **Beispiel:** Nichtgeltendmachung von vertraglichen Ansprüchen (BGH 91, 283 f); vgl auch die Beispiele oben Rn 70 (zu §§ 861, 1077, 985 BGB) und 75. 84

b) Keine Beschränkung des Streitgegenstandes durch Zuständigkeits- und Rechtswegnormen. Stützt der Kläger seinen einheitlichen prozessualen Anspruch auf mehrere Klagegründe („rechtliche Gesichtspunkte"), für die das angegangene Gericht nach der Rechtsweg- und Zu- 85 ständigkeitsordnung nicht „umfassend" zuständig ist (Beispiel: Erhebung der umfassend begründeten Schadensersatzklage im *Fahrgastfall* [Rn 70] im Deliktsgerichtsstand gem § 32), stellt sich die Frage, ob der Streitgegenstand – abweichend vom allg Grundsatz – entsprechend der eingeschränkten Kognitionsbefugnis des Gerichts *beschränkt* ist (so Schwab, Streitgegenstand, S 154 f; StJ/Schumann Einl Rn 295) oder nicht (so Henckel, Parteilehre, S 278 ff; Spellenberg ZZP 95, 21; Köln VersR 93, 1366; 16 Aufl). Die Stellungnahme dazu sollte für den Inhalt eines klageabweisenden Urteils (teils als unbegründet, teil als unzulässig), seine Rechtskraft (Zulässigkeit der Klagewiederholung für den nicht geprüften Gesichtspunkt beim zuständigen Gericht) und die (Un-)Zulässigkeit gleichzeitiger Klagen in verschiedenen Gerichtsständen (§ 261 III Nr 1?) von Bedeutung sein (dazu näher 16. Aufl mwN). Mit Schaffung des § 17 II 1 GVG nF und der Anerkennung der umfassenden Entscheidungsbefugnis des zulässigerweise in einem besonderen Gerichtsstand angegangenen Gerichts (ie § 12 Rn 21) hat sich das Problem praktisch erledigt. Eine Beschränkung des Streitgegenstands durch Zuständigkeits- und Rechtswegnormen kommt jedenfalls nach der „veränderten Normsituation" nicht mehr in Frage (so auch MK/Lüke Rn 39 vor § 253; § 261 Rn 59).

5) Keine Beschränkung des Lebenssachverhalts auf den vorgetragenen Prozeßstoff

86 Es fragt sich, ob dem Lebenssachverhalt neben der oben Rn 71–81 bezeichneten, allgemein anerkannten positiven, auch eine negative Funktion zukommt, wenn es gilt, den Streitgegenstand zu bestimmen: Ob nämlich in einem zweiten Prozeß dieselbe Rechtsfolge als anderer Streitgegenstand (also trotz §§ 261, 322) mit der Begründung eingeklagt werden darf, der Kläger habe bewußt (Rn 87) oder unbewußt (Rn 89) diese Tatsache im Erstprozeß nicht vorgebracht. Die Frage ist in vollem Umfange zu verneinen.

87 **a) Keine Beschränkung durch Nichtvortrag von Tatsachen.** Entgegen vereinzelten Äußerungen in der Rspr (vgl die Nachw bei StJ/Schumann Einl Rn 297 und Schwab aaO S 98 ff) ist es grundsätzlich unzulässig und nicht zu beachten, wenn der Kläger verlangt, über seinen Antrag möge entschieden werden, als hätten sich bestimmte in den Rechtsstreit eingeführte Tatsachen nicht ereignet. Aufgabe der Rechtspflege ist es, die wirkliche, nicht eine fiktive Rechtslage zu beurteilen. Die wirkliche Rechtslage entwickelt sich aber aus sämtlichen, tatsächlich eingetretenen Tatsachen. Ein Lebenssachverhalt, aus dem der Kläger einige wirkliche oder behauptete Tatsachen „gestrichen" hat, hat sich – als ganzer gesehen – als wirklicher oder behaupteter nicht ereignet und kann daher nicht Entscheidungsgrundlage sein.

88 Außerdem begehrt ein Kläger, der einzelne Tatsachen ungeprüft lassen will, im Prinzip nichts anderes als ein Kläger, der über einen Antrag nur unter bestimmten rechtlichen Gesichtspunkten entscheiden lassen will (vgl dazu Rn 84 und § 308 Rn 5). Auf Leistungsklage ist nur darüber zu entscheiden, ob die behauptete Rechtsfolge eingetreten ist und ein Titel für sie erteilt werden kann; diese Frage wiederum kann nur aufgrund aller eingetretenen Tatsachen und aller einschlägigen Rechtsnormen beantwortet werden. Eine **Auswahl von Tatsachen** ist daher dem Kläger ebenso zu versagen wie eine Auswahl rechtlicher Gesichtspunkte (vgl dazu Rn 84).

89 **b) Keine Beschränkung durch unbekannte Tatsachen.** Desgleichen kann sich der Kläger in einem Zweitprozeß nicht darauf berufen, seine Klage betreffe trotz Identität der Anträge schon deshalb einen neuen Streitgegenstand, weil er nunmehr auch Tatsachen vortrage, die im Erstprozeß unbewußt, insbesondere infolge Unkenntnis, nicht vorgetragen worden seien. Diese letztere Möglichkeit gehört zum Risiko eines jeden Prozesses, und die Rechtskraft hindert die Parteien daran, später geltend zu machen, es müsse neu entschieden werden, weil der Lebenssachverhalt (Rn 83) nicht vollständig vorgetragen gewesen sei (dazu Rn 70 vor § 322).

90 Einen Sonderfall bilden Tatsachen, die sich erst nach der letzten mündlichen Tatsachenverhandlung eines Prozesses wirklich oder angeblich ereignet haben, aber zu dem im Erstprozeß behandelten Lebenssachverhalt gehören und für den Streitgegenstand des Erstprozesses rechtserheblich sind. Der Schluß der letzten mündlichen Tatsachenverhandlung kann den Ablauf eines Lebenssachverhalts nicht „beenden" oder „unterbrechen"; die auf die neuen Tatsachen gestützte Klage betrifft also zwar wieder denselben Streitgegenstand (vgl dazu Rn 55, 57 vor § 322), ermöglicht aber eine neue Entscheidung über den bereits rechtskräftig beurteilten Streitgegenstand, wobei freilich die Basis der bereits rechtskräftigen Entscheidung nicht verlassen werden darf (dazu Rn 57 ff, 60 vor § 322).

6) Abweichende Lehrmeinungen

91 Diesem **prozessual bestimmten Begriff des Streitgegenstandes** gegenüber wird in der neueren Lehre (Henckel, Rimmelspacher, Georgiades, Larenz ua, vgl dazu Horn JuS 92, 683 mN) der Zusammenhang zwischen dem Rechtsfolgebegehren des Klägers und seinem **materiellen Anspruch,** auf den es sich stützt, stärker betont, um den Gleichlauf zwischen materiellem und Prozeßrecht herzustellen. Teils wird zu diesem Zweck ein rechtlich mehrfach begründeter Anspruch als **ein** materieller Anspruch und zugleich als **ein** Streitgegenstand aufgefaßt (Georgiades;

Larenz), teilweise wird als Kriterium für den Streitgegenstand die **selbständige Abtretbarkeit** eines von mehreren „konkurrierenden Ansprüchen" verstanden (Henckel), teils wird eine Neugliederung des Anspruchs in **Rechtsbehelf und Rechtsposition** befürwortet (Rimmelspacher; danach Identität des Streitgegenstands bei Gleichheit der Rechtsposition). Ob auf diese Weise eine einfachere, geschlossene Lösung der mit dem Streitgegenstand zusammenhängenden Probleme gefunden wurde, bleibt abzuwarten (krit Habscheid, FS Schwab, S 193 ff).

VI) Die Auslegung des Zivilprozeßrechts

1) Allgemeines

Grundsätzlich gelten die allgemeinen Auslegungsgrundsätze (vgl Larenz, Methodenlehre der Rechtswissenschaft, 5. Aufl 1983, S 298 ff, 351 ff) auch im Zivilprozeßrecht (RSchwab/Gottwald § 7 II; StJ/Schumann Einl Rn 40). Besonderheiten ergeben sich aus der Eigenart des Prozeßrechts. Prozeßrecht ist Zweckmäßigkeitsrecht; es dient der **Verwirklichung des materiellen Rechts** (vgl Stürner, FS Baumgärtel, 1990, 545 ff mN). „Der Zivilprozeß hat die Verwirklichung des materiellen Rechts zum Ziele; die für ihn geltenden Vorschriften sind nicht Selbstzweck, sondern Zweckmäßigkeitsnormen, gerichtet auf eine sachliche Entscheidung des Rechtsstreits im Wege eines zweckmäßigen und schnellen Verfahrens" (BGH 10, 359; NJW 92, 439 = MDR 92, 710). „Das Verfahrensrecht dient der Herbeiführung gesetzmäßiger und unter diesem Blickpunkt richtiger, aber darüber hinaus auch im Rahmen dieser Richtigkeit gerechter Entscheidungen" (BVerfG 42, 73; 49, 226; 54, 125; 55, 93 f; 69, 139 f, stRspr). An dem obersten Zweck des Zivilprozesses als der Rechtsverwirklichung hat auch das neue Verfahrensrecht mit seinen **schärferen Präklusionsvorschriften** nichts geändert (so offenbar auch BVerfG 67, 41 mN; BGH 76, 173 [179]; 86, 218 [223]; München OLGZ 79, 233 und 483; KG OLGZ 79, 365; vgl auch Putzo NJW 77, 5; Deubner NJW 77, 925; 85, 1140). Diese wollen nicht Entscheidungen auf unvollständiger Tatsachengrundlage legitimieren (BGH 98, 374), sondern die Parteien zu einem frühzeitigen und vollständigen Vorbringen veranlassen, pflichtwidrige Verfahrensverzögerungen verhindern (BVerfG 75, 191 f und 316; 81, 273 f) und effektiven Rechtsschutz in angemessener Zeit (Rn 49) sichern (Weth, Die Zurückweisung verspäteten Vorbringens, 1988, S 49 ff). Als Normen mit „strengem Ausnahmecharakter" (so BVerfG 75, 312 mN, stRspr) sind die Präklusionsvorschriften einer erweiternden Auslegung nicht zugänglich (vgl allg BGH 93, 188). Die Möglichkeit, eine materiell gerechte Entscheidung zu finden, soll nicht stärker als im Interesse der Verfahrenskonzentration erforderlich eingeschränkt werden (BGH 76, 136 und 178 f; 86, 224; NJW 90, 2390). Diese Zweckbestimmung führt zu einer „allgemeinen Interpretationsmaxime" des Prozeßrechts (vgl Gaul AcP 168, 37), die im Anschluß an Formulierungen in der Rspr als **Grundsatz der materiellrechtsfreundlichen Auslegung** umschrieben werden kann. „Verfahrensrechtliche Regelungen dienen dem Zweck, den Rechtsuchenden die Verfolgung ihrer Rechte zu erleichtern, nicht, sie zu erschweren. Bei ihrer Auslegung haben daher begriffliche Erwägungen hinter dem Gebot zurückzustehen, den Parteien einen raschen und sicheren Weg für die Entscheidung ihres Streits und zur Wiederherstellung des Rechtsfriedens zu eröffnen" (BGH 34, 64). Verfahrensvorschriften „sind nicht Selbstzweck, sondern sollen dazu dienen, eine echte Ordnung der Verhältnisse herbeizuführen" (BGH 19, 191). „Verfahrensvorschriften sind in Zweifelsfällen – wenn irgend vertretbar – so auszulegen, daß sie eine Entscheidung über die materielle Rechtslage ermöglichen und nicht verhindern" (BGH 73, 91; 75, 348; 101, 137; 105, 201; KGR 95, 173; vgl auch Rn 99). Ist bereits eine Sachentscheidung ergangen, soll diese in der höheren Instanz tunlichst nicht aus formalen Gründen aufgehoben werden (BGH NJW 92, 439 = MDR 92, 710). Ein **Verstoß** gegen diese Auslegungsgrundsätze, insbesondere eine Auslegung des Verfahrensrechts, die zu schweren Rechtsverlusten für den Berechtigten führt, kann objektive Willkür darstellen (BVerfG 42, 64, 73 ff; vgl auch BVerfG 46, 334 = NJW 78, 368; zum „Willkürverbot" sa Rn 101 mwN). 92

2) Einzelne Auslegungsrichtlinien

Aus der allgemeinen Interpretationsmaxime (Rn 92) lassen sich eine Reihe von speziellen verfahrensrechtlichen Auslegungsrichtlinien herleiten. **a) Verbot von Wortformalismus.** Bei der Auslegung von Verfahrensnormen ist ein übermäßiges Haften am **Gesetzeswortlaut** unangebracht. Über der bloßen Wortauslegung steht die Auslegung nach dem Sinn und Zweck des Gesetzes („teleologischer" Auslegung, vgl Rn 95), für die der Wortlaut der Vorschrift keine unüberwindliche Schranke darstellt. „Am Wortlaut einer Norm braucht der Richter aber nicht haltzumachen. Seine Bindung an das Gesetz (Art 20 III, Art 97 I GG) bedeutet nicht Bindung an dessen Buchstaben mit dem Zwang zu wörtlicher Auslegung, sondern Gebundensein an Sinn und Zweck des Gesetzes. Die Interpretation ist Methode und Weg, auf dem der Richter den Inhalt einer Gesetzesbestimmung unter Berücksichtigung ihrer Einordnung in die gesamte Rechtsordnung erforscht, ohne durch den formalen Wortlaut des Gesetzes begrenzt zu sein" (BVerfG 35, 279). Die bloße Unzweckmäßigkeit einer Norm rechtfertigt es allerdings nicht, sich über ihren eindeutigen Wortlaut hinwegzusetzen (BGH GSZ 80, 152). Beispiel zur Bedeutung des 93

Wortes „soll“: Der Verstoß gegen eine Sollvorschrift (hier: § 543 II) braucht keinen (relativen oder absoluten) Revisionsgrund darzustellen (BGH 73, 251; im Einzelfall anders BGH ZZP 99, 92: Auslegung als Muß-Vorschrift). Andererseits kann gerade der Schutzzweck der Norm eine streng wörtliche Auslegung gebieten. Beispiel: BVerfG 51, 107 zu § 758 (vgl auch unten Rn 98 ff). Bei der Auslegung älterer Gesetzesbestimmungen, wie bei der ZPO, die im Laufe der Zeit durch eine gefestigte höchstrichterliche Rspr ausgeformt worden sind, ist die Bindung des Richters an den Gesetzeswortlaut im Interesse der Kontinuität der Rspr gelockert (BGH GSZ 85, 64 [66]; BGH 88, 347). Allgemein ist eine Auslegung gegen den Gesetzeswortlaut zulässig im Rahmen gebotener **„verfassungskonformer Auslegung“** (Rn 98) der Norm (Bsp: BVerfG 75, 191 f) sowie innerhalb der Grenzen **richterlicher Rechtsfortbildung** als allg anerkannter Rechtsfindungsmethode (BVerfG 75, 243 f; allg Gottwald ZZP 95, 262 ff mwN). Ausnahmsweise besteht eine Bindung des Richters an eine **stRspr,** wenn eine Abweichung zu einer gleichheitswidrigen Zugangsbeschränkung für die betroffene Partei führen würde (BVerfG 74, 235; 79, 377 f).

94 **b) Verbot übertriebener Form- und Fristenstrenge.** Auch die Muß- und Formvorschriften der ZPO sind einer **freien** und weiten **Auslegung** zu unterziehen (RG 102, 278), denn auch die Formvorschriften sollen dem Schutz des sachlichen Rechts, nicht aber seiner Vereitelung dienen (RG 123, 206; 133, 369; Vollkommer, Formenstrenge und prozessuale Billigkeit, 1973, S 52 mwN). Hängt der Rechtsschutz des Bürgers von formalen Voraussetzungen ab, dürfen diese nicht zu „förmlichen Stolpersteinen“ oder „Fallstricken“ werden (BGH 113, 231 = NJW 91, 1834; NJW-RR 91, 255; BGHSt 13, 391; 29, 179). Die sachlich gebotene Formstrenge darf nicht in Formalismus ausarten (vgl BFH 116, 143; BGH 90, 327 f), „entscheidend ist allein, welcher Grad von Formenstrenge nach den maßgeblichen verfahrensrechtlichen Vorschriften sinnvoll zu fordern ist“ (BVerfG 15, 292; 88, 126 f; BGH 75, 348; BGH 101, 137). Bloßer Formalismus wird vom Gesetz nicht gefordert (BVerfG 88, 127; BGH VersR 86, 1204; sa BGH 105, 201; BGH NJW 96, 1351). Bei Vorschriften, die in bes Maße der Rechtssicherheit dienen (zB Formen der Zustellung), kann eine strenge Auslegung geboten sein (BayObLGZ 85, 24 für § 183).

95 **c) Gebot eines zweckmäßigen und kostengünstigen Verfahrens.** Die **teleologische** Interpretation des Verfahrensrechts verlangt die Berücksichtigung von Sachdienlichkeit, Praktikabilität, Prozeßökonomie (Prozeßwirtschaftlichkeit) des Verfahrens (vgl hierzu Schumann, FS Larenz, 1973, S 271; v. Mettenheim, Der Grundsatz der Prozeßökonomie, 1970; StJ/Schumann Einl Rn 81 f, sämtl mwN; BGH 83, 15 f; NJW 83, 1913 [1914]). Unter verschiedenen nach der ZPO möglichen Verfahrensgestaltungen ist der einfachere, kostengünstigere und schnellere Weg zu wählen; treffend der Entw eines § 1a ZPO von E. Fuchs (1927): „Ist im Gesetz eine Frage nicht oder nicht eindeutig geregelt, so ist von mehreren möglichen Auslegungen oder Gestaltungen die maßgebend, die eine Verletzung des materiellen Rechts am besten vermeidet und das Verfahren am zweckmäßigsten und am wenigsten kostspielig gestaltet“ (vgl Vollkommer, Formenstrenge, S 60; vgl auch Rn 98 f, 101).

96 **Schranken** ergeben sich aus dem Prozeßzweck (Rn 92): Unzulässig ist eine Auslegung, die nur der Einsparung richterlicher Arbeitsbelastung dient (BVerfG 51, 113; NJW 81, 41 f); die Ablehnung eines Beweisantrags als „höchst unökonomisch“ (BVerfG 50, 32), aus angeblichen, mit den Parteien nicht erörterten Erfahrungssätzen (Frankfurt NJW 86, 855), oder sonst aus Gründen, die im Prozeßrecht keine Stütze finden (BVerfG NJW 86, 833).

97 **Lücken** des Gesetzes sind unter Berücksichtigung des Normzweckes und der Gebote der Prozeßökonomie zu schließen (BGH 19, 190 f; NJW-RR 94, 1407 = MDR 94, 1239); sinnloser Formalismus wird durch das Gesetz nicht gedeckt (BGH NJW 78, 1164 = Rpfleger 78, 211). **Analogie** ist auch im Verfahrensrecht grundsätzlich statthaft (BGH 46, 198; NJW-RR 94, 1407 = aaO; StJ/Schumann Einl Rn 93; ThP Einl VI Rn 6), auch bei Ausnahmenormen im Rahmen des ihnen zugrundeliegenden allg Rechtsgedankens (BL/Hartmann Einl III Rn 44; Foerste NJW 96, 348; allg Palandt-Heinrichs, Einl Rn 45). Beispiel für Analogie: Wiedereinsetzung in Wiedereinsetzungsfrist (BVerfG NJW 67, 1267; weitere Fälle: BGH 61, 397); unselbständige Anschlußbeschwerde (vgl BGH 88, 194), für Analogieverbot: Justizkostenrecht (vgl Lappe Rpfleger 84, 337). Im Interesse möglichster Verfahrensvereinheitlichung (dazu allg Vollkommer JZ 87, 105; Bsp: BAG NJW 87, 1356) kommt bei der Schließung von Lücken in der ZPO den in den neuen Verfahrensordnungen (übereinstimmend) enthaltenen Regelungen bes Bedeutung zu (vgl GemS OGB BGH 88, 358 f für Zeitpunkt des Eintritts der formellen Rechtskraft; dazu § 705 Rn 11).

98 **d) Gebot einer verfassungskonformen, insbes grundrechtsfreundlichen Auslegung.** Als einfaches Gesetzesrecht ist die ZPO „im Blick“ auf das GG, inbes auf die Grundrechte auszulegen (BVerfG 35, 360; 40, 88; 41, 323; 42, 369; 60, 297; 74, 224 f und 233 f; NJW 96, 245, stRspr; BGH 73, 91; 89, 125; NJW 90, 2390; Düsseldorf Rpfleger 94, 429; StJ/Schumann Einl Rn 65 mit umfangr Nachw; Schumann ZZP 96, 137; Vollkommer Rpfleger 82, 1; Überblick: Gottwald/Honold JZ 95, 657), dh bei mehreren Auslegungsmöglichkeiten verdient diejenige den Vorzug, die der (Wertordnung der) Verfassung am besten entspricht und bei der die Grundrechte am wirksamsten

durchgesetzt werden (zB BVerfG 35, 362; 46, 184; 47, 191; 49, 157 und 257; 51, 110; 75, 191 f; BGH 84, 28 f; grundlegend: Bettermann, Die verfassungskonforme Auslegung, Grenzen und Gefahren, 1986; Schumann ZZP 96, 137). Einzelne Grundrechte: Rn 101–103.

e) Gebot einer materiellrechtsfreundlichen Auslegung. Vgl. allg oben Rn 92. **Lit:** *Schumann,* 99
FS Larenz 1983, 571. Oberstes Ziel jeder Auslegung muß sein, möglichst dem guten Recht zur Durchsetzung im Prozeß zu verhelfen und zu verhindern, daß der Prozeß zu Rechtsverlusten führt (**„billige“** Auslegung des Prozeßrechts). „Das materielle Recht soll und darf unter der Herrschaft der Prozeßvorschrift nicht oder doch nur möglichst wenig leiden“ (RG 105, 427). „Die Verfahrensbestimmungen der Prozeßordnung sind nur Hilfsmittel für die Verwirklichung oder Wahrung von Rechten; dabei soll die Durchsetzung des materiellen Rechts so wenig wie möglich an Verfahrensfragen scheitern“ (BGH LM Nr 9 zu § 209 BGB; ähnlich BGH 34, 64; 101, 137; vgl ferner: StJ/Schumann Einl Rn 68, 70; Wieczorek/Schütze/Prütting Einl Rn 111; Vollkommer, Formenstrenge, S 37 ff, 50 ff mwN; allg ferner Rn 92 mwN). Die Gebote der prozessualen Billigkeit decken sich weitgehend mit denen einer „fairen Verfahrensführung“ (Rn 100, 102), die es dem Richter nicht gestatten, sehenden Auges eine Verfehlung des Prozeßzwecks (Rechtsverlust) zuzulassen (BVerfG 46, 334). **Einzelausprägungen:** Das Verfahrensrecht darf nicht in einer Weise gehandhabt werden, daß das materielle Recht **nicht mehr durchsetzbar** ist (BVerfG 37, 148; NJW 92, 105; 94, 717; NJW-RR 93, 1485), entwertet wird (BVerfG 63, 143) oder untergeht (BVerfG 46, 335). Verfahrenstricks und Manipulationen der Parteien ist vom Gericht entgegenzutreten (ie Büchmann ZIP 86, 7 ff mN). Durch ein **fehlerhaftes Verfahren** des Gerichts darf die Partei grundsätzlich keine Nachteile in ihren Rechten erleiden (BVerfG 78, 126; RG 110, 138; BGH 72, 187; 90, 3; 98, 365; 113, 231; NJW-RR 95, 380 mN; BAG 41, 71; hier Rn 29 vor § 511). Umstände aus der **„Sphäre“ des Gerichts** dürfen der Partei nicht zum Nachteil gereichen (Rn 102 mwN).

f) Gebot eines berechenbaren und gleichmäßigen Zugangs zum staatlichen Rechtsschutz. Der 100
Zugang zu den Gerichten ist allen Bürgern auf möglichst gleichmäßige Weise zu eröffnen (BVerfG 74, 234). Er darf nicht in unzumutbarer, aus Sachgründen nicht mehr zu rechtfertigender Weise erschwert werden (BVerfG 77, 284; 79, 378; 81, 129 mN; 88, 123, stRspr, zuletzt BVerfG NJW 95, 3174; 96, 309). Die Berechenbarkeit des Zugangs gestattet nicht, daß die Gerichte Meinungsverschiedenheiten über Rechtsmittelformalien zu Lasten des Bürgers austragen; der Rechtsuchende darf insoweit auf eine bestehende höchstrichterliche Rspr vertrauen (BAG MDR 95, 956). Die Handhabung des Gebührenrechts darf nicht über ein unverhältnismäßiges Kostenrisiko zu einer faktischen Rechtswegsperre führen (BVerfG 85, 347 = NJW 92, 1673 = MDR 92, 714). Gesetzlich eingeräumte Fristen darf die Partei bis zu ihrer Grenze ausnutzen (BVerfG 69, 385; 74, 224). Dabei darf sie sich der modernen Nachrichtentechnik bedienen (BVerfG 74, 235); damit verbundene Risiken im Empfangsbereich sind ihr nicht anzulasten (BVerfG 69, 386 f; BGH 105, 43 f; Rn 102). An die Wirksamkeit von verfahrens- oder instanzeinleitenden Prozeßhandlungen dürfen keine übertriebenen Anforderungen gestellt werden (BVerfG 40, 275). Die Grundsätze für die Rechtsmittelformalien müssen sich „durch ein besonderes Maß an Gleichheit, Klarheit und innerer Logik auszeichnen“ (BVerfG 74, 234; NJW 91, 418). Soweit eine Rechtsmittelbelehrung (noch) nicht vorgeschrieben ist, ist das Gericht jedenfalls zur Auskunft verpflichtet (BVerfG NJW 95, 3174); aus einer fehlerhaften Rechtsmittelbelehrung dürfen der Partei keine Nachteile erwachsen (BAG NJW 95, 2509; LG Darmstadt DGVZ 96, 62).

3) Gebot rechtsstaatlicher Verfahrensgestaltung

Vgl zunächst Rn 98. **a)** Für die verfassungskonforme Anwendung und Handhabung von über- 101
ragender Bedeutung sind die verschiedenen **Prozeßgrundrechte,** insbes das **Recht auf Gehör** (Art 103 I GG; dazu näher Rn 3 ff vor § 128; **Lit:** *Waldner,* Der Anspruch auf rechtliches Gehör, 1989), das Recht auf den **gesetzlichen Richter** (Art 101 I 2 GG; dazu BVerfG 67, 95; 76, 96; NJW 95, 2703; BayVerfGH NJW 85, 2894 f; vgl auch Rn 1 vor § 41; § 16 GVG Rn 2) sowie die aus dem Gleichheitssatz (Art 3 I GG) folgenden Grundsätze der **Zugangsgleichheit** (Rn 100), der **Rechtsanwendungsgleichheit** (BVerfG 54, 296; 66, 335; 67, 248; 69, 254; BayVerfGH NJW 82, 1746; Bethge NJW 91, 2397), der **Rechtsschutzgleichheit** (BVerfG 22, 86; 63, 394; 81, 357), der **Waffengleichheit** (BVerfG 52, 144 und 156; 63, 392; 69, 140; 74, 92; NJW-RR 91, 1134; BGH 88, 362; 91, 160; 92, 211; 93, 16; 98, 299; MK/Lüke Einl Rn 143 f; Vollkommer, FS Schwab, 1990, S 503; ie Rn 102 [cc]), des objektiven **Willkürverbots** (BVerfG 42, 64; 54, 125; 62, 192; 67, 94; 69, 254; 70, 97; 83, 84; 87, 279; NJW 95, 2911; BGH 71, 72; krit MK/Lüke Einl Rn 160; Höfling JZ 91, 955) und des **Übermaßverbots** (Art 20 GG; BGH 86, 224; vgl auch Rn 102). Darüber hinaus wirken auch die **materiellen Grundrechte** nachhaltig auf die Verfahrensgestaltung und -handhabung ein (vgl allg BVerfG 52, 407; 53, 65; 63, 143), so namentlich die **Eigentumsgarantie** (Art 14 I 1 GG; grundlegend: BVerfG 37, 132; 46, 325; 49, 220; 51, 150; ferner: Düsseldorf Rpfleger 94, 429), das **Persönlichkeitsrecht** (BVerfG 52, 131; 63, 143) und die **Freiheit der Person** (Art 2 II GG; BVerfG 61, 126, 134: keine Verhaftung bei fortbestehender Leistungsunfähigkeit), das **Leben** (BVerfG NJW 94, 1272 und 1719 zu § 765a) sowie das Recht auf **Unverletzlichkeit der Wohnung** (Art 13 GG: grundlegend

BVerfG 51, 97; 75, 318; 76, 83; vgl näher § 758 Rn 3 und allg zur Einwirkung der Grundrechte auf die Zwangsvollstreckung Gerhardt ZZP 95, 467; Vollkommer Rpfleger 82, 1 jeweils mwN und näher Rn 29 vor § 704).

102 **b) Effektiver Rechtsschutz, faires Verfahren und Waffengleichheit, Verhältnismäßigkeit. Lit:** *Baumgärtel,* FS Matscher, Wien 1993, S 29; *Benda* ZZP 98, 365; *Dörr,* Faires Verfahren, 1984; *Karwacki,* Der Anspruch der Parteien auf einen fairen Zivilprozeß, 1984; *Schilken,* Gerichtsverfassungsrecht, 1990, § 8; *Schlosser* NJW 95, 1404; *Tettinger,* Fairneß und Waffengleichheit, 1984; *Vollkommer,* GS Bruns, 1980, S 212; *ders,* FS Schwab, 1990, S 503; *Wieser,* Der Grundsatz der Verhältnismäßigkeit in der ZwV, 1989. **aa) Effektiver Rechtsschutz.** Vgl Rn 47, 49, 51; 51a, 99, 100. **bb) Faires Verfahren.** Es handelt sich um ein aus prozessualen und materiellen Grundrechten iVm dem Rechtsstaatsprinzip (Art 20 III GG) entwickeltes „allgemeines Prozeßgrundrecht" (BVerfG 78, 126; 91, 181; NJW 91, 3140; 94, 1853; 95, 3175; BGH 46, 197; zu Unrecht bestr von MK/Lüke Einl Rn 140), das der Konkretisierung bedarf. **Ausprägungen** (vgl auch BVerfG NJW-RR 93, 1486; BGH 118, 323): Das Gericht muß berechenbar prozedieren (BVerfG 78, 126; NJW 91, 3140; 93, 720; NJW-RR 94, 189; BGH NJW 92, 243 [244]); von einer bisher geübten Prozeßpraxis darf es nicht ohne Vorankündigung abweichen (BVerfG 78, 126 f; 79, 377 f; zum *Grundsatz des Vertrauensschutzes* vgl auch Rn 57a); es darf sich nicht widersprüchlich verhalten (BVerfG 69, 387; 78, 126); Mißbrauchs- und Schikaneverbot gelten auch für das Gericht (BVerfG 75, 190; 81, 273; NJW 92, 1496; Düsseldorf NJW-RR 92, 699; das Gericht muß sein Verfahren *überprüfbar* gestalten und den Parteien *Mitwirkungs-* und *Kontrollmöglichkeiten* einräumen (BVerfG 91, 181 ff); das Gericht ist zur Rücksichtnahme auf die Parteien in ihrer konkreten prozessualen Situation verpflichtet (BVerfG 78, 126; 79, 378; vgl auch Rn 57a); uU ist die Verkündung einer Entscheidung kurzfristig aufzuschieben (Düsseldorf Rpfleger 94, 429); bei komplizierten Fallgestaltungen ist ausreichende Vorbereitungszeit einzuräumen. Beim unzuständigen Gericht eingereichte Rechtsmittel sind im normalen Geschäftsgang fristgerecht an das zuständige Gericht *weiterzuleiten* (BVerfG NJW 95, 3175). Eigene Fehler und Versäumnisse darf das Gericht nicht den Parteien anlasten (BVerfG 75, 190; 81, 272; NJW 94, 1853; 95, 711; sa Rn 99 aE). Umstände, die ausschließlich in der Sphäre des Gerichts und außerhalb des Einflußbereichs der Partei liegen, dürfen ihr nicht zum Nachteil gereichen (BVerfG 69, 386; 81, 272 ff; BGH 105, 43 f). Bei Übermittlungen an die Parteien hat das Gericht den „sichereren Weg" einzuhalten (BVerfG 81, 130 f; Düsseldorf NJW-RR 92, 699). Sind noch heilbare Fehler und Versehen unterlaufen, ist rechtzeitige *Behebung* (Korrektur, Verbesserung, Ergänzung, Berichtigung, Auslegung, Umdeutung, Neuvornahme, Genehmigung) zu ermöglichen (BVerfG 88, 127 f; NJW 92, 1496; NJW-RR 93, 1486; BGH NJW 92, 439; Vollkommer, Formenstrenge, S 356 ff), soweit nicht Nachsicht in Frage kommt (BVerfG NJW 95, 3175; 91, 3140, zu Unrecht abl Obert NJW 92, 2139). Die Anforderungen an die prozessuale Sorgfalt dürfen *nicht überspannt* werden (BVerfG 84, 190; 86, 144; NJW 95, 249). **cc) Waffengleichheit.** Der Grundsatz (Nachw in Rn 101) gewährleistet nicht nur die formelle Gleichheit der prozessualen Rechtsposition der Parteien, sondern (weitergehend) auch ihre „durch den Richter" zu verwirklichende materielle Gleichwertigkeit iS einer prozessualen Chancengleichheit. Dazu gehört die gleichmäßige Verteilung des Risikos am Verfahrensausgang und der Kostenbelastung (BVerfG 52, 144; 74, 94), die Pflicht des Gerichts zur Gleichbehandlung der Parteien (BVerfG 55, 94; 69, 140) und die Pflicht zur ausgleichenden Verhandlungsführung (BVerfG 52, 156). Bei typischen beweismäßigen Ungleichgewichtslagen können Beweiserleichterungen für die benachteiligte Partei geboten sein (dazu BVerfG 52, 145 ff). Fehlen andere Beweismittel, sind *beide* Parteien gem § 448 zu vernehmen (OLGR München 95, 181; Schlosser NJW 95, 1404 zu EGMR NJW 95, 1413). **dd)** Bei der Ausübung prozessualer Befugnisse, die zu Eingriffen in grundrechtlich geschützte Positionen führen können, ist der **Grundsatz der Verhältnismäßigkeit** zu wahren (BVerfG 61, 134; 75, 318; 80, 107; BGH 98, 372).

103 **c) Innerprozessualer Grundrechtsschutz.** Die prozessualen Vorschriften sind so auszulegen und anzuwenden, daß den Verfahrensgrundrechten (Rn 101, 102) Genüge geschieht; sind gleichwohl Verstöße unterlaufen, sind sie tunlichst im Instanzenzug oder in derselben Instanz durch **Selbstabhilfe** der jeweiligen Fachgerichtsbarkeit ohne Inanspruchnahme des BVerfG zu beheben (BVerfG 47, 190 f mN; 49, 258; 68, 380; 69, 242 f; 73, 327; 77, 282; NJW 91, 417 mN; 96, 245; BGH 71, 73; NJW 95, 403 und 2497; Oldenburg NJW-RR 95, 830; Waldner, Der Anspruch auf rechtliches Gehör, 1989, Rn 520 ff; zur „Verlagerung des Verfassungsrechtsschutzes in die Fachgerichtsbarkeit" s auch Kahlke ZZP 101, 1 ff). Durch extensive Auslegung oder analoge Anwendung von Verfahrensvorschriften (§§ 513 II, 568 II; §§ 33a, 311a StPO) ist bei schwerwiegenden Mängeln (Rn 101) auch eine **Korrektur** von unanfechtbaren (nicht abänderbaren) Entscheidungen im Weg der Selbstkontrolle zu ermöglichen. Erörtert werden folgende Fälle: **aa) Berufung analog § 513 II** gegen streitige Urteile (insbes) ohne mündliche Verhandlung ohne Rücksicht auf die Beschwer (vgl BVerfG 60, 99; 61, 80; NJW 93, 255; Schleswig NJW 88, 67; LG Mainz NJW-RR 93, 128; LG Hannover NJW-RR 94, 1088; LG Berlin WuM 95, 195 gegen – einschr – BGH NJW 90, 839 = MDR 90, 520, str; noch weitergehend AG Wiesbaden NJW-RR 95, 702; hier § 128 Rn 19; § 513

Rn 5); **bb) außerordentliche Beschwerde wegen greifbarer Gesetzwidrigkeit** (vgl BGH 119, 374; 121, 397; Oldenburg, München NJW-RR 95, 829, 830, 957; hier § 567 Rn 18 ff; 568 Rn 16); **cc) Untätigkeitsbeschwerde** (vgl Karlsruhe MDR 95, 635; hier § 127 Rn 11); **dd) Gegenvorstellungen** gegen unanfechtbare Entscheidungen (vgl BGH 130, 97 = NJW 95, 2497; hier § 46 Rn 13; § 318 Rn 9a; § 567 Rn 22 ff); **ee) Willkürliche Verweisungsbeschlüsse** (vgl BAG NJW 96, 413 mwN; KGR 96, 96; § 281 Rn 17; § 17a GVG Rn 13); **willkürliche Trennungsbeschlüsse** (BVerfG v 10. 7. 96 – 2 BvR 65 – 74/95 usw).

VII) Die Geltung des Zivilprozeßrechts in zeitlicher und örtlicher Beziehung

1) Zeitliche Geltung

a) Allgemeines. Lit: *Sieg,* Die Einwirkung von Änderungen zivilprozessualer Normen auf schwebende Verfahren, ZZP 65, 249. In zeitlicher Beziehung gilt beim Prozeßrecht der **Grundsatz,** daß Änderungen des Prozeßrechts auch schwebende Verfahren (nicht aber unter der Geltung des alten Rechts abgeschlossene Prozeßhandlungen und abschließend entstandene Prozeßlagen, zB die Zulässigkeit von *eingelegten* Rechtsmitteln, dazu BVerfG 87, 64 mwN; BGH 76, 310 mN = NJW 80, 1627) ergreifen, die daher, nach altem Recht begonnen, nach neuem Recht zu Ende zu führen sind, soweit nicht das neue Recht durch Übergangsbestimmungen etwas anderes vorschreibt (vgl BVerfG 39, 167 mN; NJW-RR 93, 253; BGH 12, 266; 76, 309 f; 114, 3 f mwN; NJW 92, 2640; RSchwab/Gottwald § 6 I; Jauernig NJW 78, 1272 mN) oder sich aus Sinn und Zweck der einzelnen Vorschrift oder aus dem Zusammenhang mit anderen Grundsätzen des Prozeßrechts nichts Abweichendes ergibt (BGH 114, 4; WM 91, 1395 = NJW 91, 1688 [L]; MK/Lüke Einl Rn 292). 104

b) Überleitungsregelung nach dem EinigungsV. Lit: *Gottwald* FamRZ 90, 1180. Vgl die Darstellung in der 19. Aufl. Zum Anpassungsrecht s auch Rn 28 und § 78 Rn 58. 105

2) Örtliche Geltung

a) Räumlicher Geltungsbereich. Die ursprüngliche, später durch die Novellengesetzgebung fortentwickelte ZPO (Rn 1–6) galt im gesamten Reichsgebiet (vgl. § 1 EGZPO), die Neufassung durch das REinhG 1950 und die folgende Änderungsgesetzgebung (Rn 7 ff) war auf das ursprüngliche Bundesgebiet beschränkt. Zur Entwicklung in der früheren DDR und zunächst in den neuen Ländern s die 19. Aufl. Seit Einführung der GVG-Gerichtsverfassung (Rn 28) besteht – abgesehen von Besonderheiten der Postulationsfähigkeit beim LG (§ 78 Rn 58) – wieder Rechtseinheit auf dem Gebiet des Zivilprozeßrechts. 106

b) Räumlicher Anwendungsbereich. Die ZPO ist grundsätzlich auf alle Verfahren anwendbar, die vor Gerichten der Bundesrepublik durchgeführt werden; unerheblich ist die Staatsangehörigkeit der Parteien und das anzuwendende materielle Recht (Grundsatz der **lex fori;** vgl Grunsky ZZP 89, 141 ff). Eine Anwendung ausländischen Prozeßrechts durch deutsche Gerichte scheidet grundsätzlich aus (BGH 59, 26; 60, 91; einschr MK/Lüke Einl Rn 297 mwN). Die (inländischen) Sonderregeln für Verfahren mit Auslandsberührung bilden das **Internationale Zivilprozeßrecht** (näher unten IZPR). 107

VIII) Verhältnis zur Verfassungsgerichtsbarkeit

Lit: *Schumann* ZZP 96 (1983) 137; *Stürner* JZ 86, 526; *Schenke,* Verfassungsgerichtsbarkeit und Fachgerichtsbarkeit, 1987; *Rennert* NJW 91, 12; *Zuck,* Recht der Vb², 1988, Rn 474 ff; *Dörr,* Vb in der Prozeßpraxis, 1990; *Benda/Klein,* Lb d VerfProzeßR, 1991; *Gusy,* Die Verfassungsbeschwerde, 1988; *Schlaich,* Das Bundesverfassungsgericht³, 1994; *Umbach/Clemens,* BVerfG, Mitarbeiterkommentar u Hb, 1992; *Posser,* Subsidiarität der Verfassungsbeschwerde, 1993. – Zur Bedeutung der Verfassung für das IZPR *Geimer* ZfRV 92, 321, 401 sowie FS Schwind, 1993, 17; *Herbert Roth,* VerfassungsR u InsolvenzR in Rechtsentwicklung unter dem GG, Ringvorlesung JurFak Heidelberg, 1992, 187.

A) Bundesverfassungsgerichtsbarkeit

1) Vorlageverfahren nach Art 100 I, 126 GG: BVerfG FamRZ 85, 1007; NJW 86, 1426. Liegen die Voraussetzungen des Art 100 GG vor, muß das Gericht dem BVerfG vorlegen, selbst dann, wenn wegen derselben Frage bereits eine Verfassungsbeschwerde schwebt; aA Frankfurt NJW 82 = RIW/AWD 82, 440 = IPRax 83, 68. Die Vorlage- bzw Aussetzungspflicht besteht auch im Arrest- und einstweiligen Verfügungsverf, Frankfurt aaO. Zum Normenkontrollverf bei **primärem GemeinschaftsR** Sachs NJW 82, 465. Vorlage nach Art 100 I GG setzt nicht nur (objektive) Entscheidungserheblichkeit voraus. BVerfG DVBl 89, 247 = JuS 90, 140 (Sachs) sowie FamRZ 91, 167 verlangt auch eine eingehende, die Auffassungen in Rspr u Lehre berücksichtigende Begründung durch das vorlegende Gericht; Berkemann JR 89, 183 mwN. Hat ein Gericht nach Art 100 I GG vorgelegt, dann sind andere Gerichte (die eine andere Rechtsmeinung vertreten) zur Aussetzung 108

(§ 148) nicht verpflichtet, BayObLG FamRZ 91, 229. Ebenso nicht, wenn Vb anhängig ist, die das erkennende Gericht für unbegründet hält. Hat es nur Zweifel, muß es eine Endentscheidung treffen. Es darf nicht aussetzen. AA BVerfGE 3, 58, 74/75. – Gelangt ein **Rechtsstreit mit gleicher Fragestellung** während des vor dem BVerfG schwebenden Vorlageverf vor den gleichen Spruchkörper (Kammer, Senat) des (Fach)Gerichts, von dem die Vorlage stammt, so darf dieses nicht seine Meinung wechseln und nun die Verfassungsmäßigkeit der Norm bejahen, die es in dem früheren Rechtsstreit verneint hat und daher nach Art. 100 I GG vorgelegt hat, Geimer RIW 94, 59. Es muß sein Verf aussetzen u die Entscheidung des BVerfG abwarten. Es darf erneut nach Art 100 I GG vorlegen, muß aber nicht, wenn die Fallkonstellation des zweiten Rechtsstreits völlig identisch ist u daher dem BVerfG für seine noch ausstehende Entscheidung durch eine zweite Vorlage kein neues „Anschauungsmaterial" geboten werden kann, das für seine Entscheidung erhebl sein könnte (bestr); Hamburg NJW 94, 1482; ebenso zu Art 177 EGV LG Bonn EuZW 96, 159. AA zB StJ/Roth § 148 Rn 96; Brandenburg OLG-Report 96, 183. – S auch § 148 Rn 3. – Das Fachgericht darf auch kein „Vorbehaltsurteil" fällen (mit Korrekturmöglichkeit – je nach dem, wie das BVerfG entschieden hat – in einem „Nachverfahren"), BVerfGE 34, 323 = NJW 73, 1319.

108a 2) Angesichts der Zunahme der internationalrechtl Fragestellungen immer bedeutsamer – aber von den Gerichten noch nicht genügend „angenommen" – ist das Vorlageverfahren nach Art 100 II GG zur Klärung der Frage, ob eine **Regel des Völkerrechts Bestandteil des BundesR** ist u ob sie unmittelbar Rechte u Pflichten für den Einzelnen erzeugt, Art 25 GG. Hierzu §§ 13 Nr 12, 83 f BVerfGG; Benda/Klein Rn 850 ff, Geimer IZPR Rn 274 ff.

109 3) **Verfassungsbeschwerde gegen Entscheidungen der Zivilgerichte**, hierzu ausführl Rennert NJW 91, 12; Winter FS Merz, 1992, 611: Die Verfassungsbeschwerde (Art 93 I Nr 4a GG, § 90 BVerfGG) ist kein zusätzliches Rechtsmittel, auch keine Wiederaufnahmeklage, sondern ein besonderer Rechtsbehelf (sui generis) zum Schutz der Grundrechte und grundrechtsgleicher Rechte. Das BVerfG ist **keine Superrevisionsinstanz**, BVerfG NJW 76, 1677: In der Vb ist hinreichend deutlich zu machen, welches durch das GG geschützte Recht das angegriffene Urteil beeinträchtigen könnte. – Die Auslegung des einfachen Rechts und seine Anwendung auf den einzelnen Fall sind allein Sache der dafür allgemein zuständigen Gerichte und der Nachprüfung durch das BVerfG entzogen, BVerfGE 18, 92 = NJW 64, 1715; stRspr, zB BVerfG NJW 95, 3377. Daher greift verfassungsgerichtl Kontrolle der Verletzung des Gleichheitssatzes (Art 3 I GG) durch Gerichtsentscheidungen **nicht bei jedem Fehler in der Rechtsanwendung** ein. Hinzu kommen muß vielmehr, daß die fehlerhafte Rechtsanwendung bei verständiger Würdigung der das GG beherrschenden Gedanken nicht mehr verständl ist und sich daher der Schluß aufdrängt, daß sie auf sachfremden Erwägungen beruht, BVerfG NJW 91, 157; BVerfG NJW 93, 2037; MK/Lüke Einl Rn 158; Sangmeister NJW 96, 829. Beispiel für **objektive Willkür** eines Gerichts BVerfG NJW 86, 2101; BVerfG NJW 93, 1909 (Fehlen einer tragfähigen Begründung bei Abweichen vom Wortlaut der Gesetzesnorm); BVerfG NJW 94, 2279 (auf sachwidrigen Erwägungen beruhende Beweiswürdigung); BVerfG NJW 96, 1336 (willkürl Abweichen von Revisionsinstanz). **Bloßes richterl Versehen** ist aber mit Vb nicht angreifbar, BVerfG NJW 96, 1531. Zur objektiven Willkür von Gerichtsentscheidungen auch BayVerfGH NJW 88, 1372; FamRZ 89, 1213. Zur Überprüfung der IPR-Entscheidung (falsche kollisionsrechtl Erwägung) BVerfG IPRax 89, 248 = IPRspr 88/103. – Fehlerhaftigkeit oder Verletzung des **Geschäftsverteilungsplanes** führt nur bei einer auf Willkür zurückzuführenden Auslegung oder Anwendung zur Verletzung des Art 101 I 2 GG (Recht auf gesetzl Richter); BVerfGE 29, 48; BVerwG NJW 88, 1339, BVerfG NJW 88, 1456. S jedoch nunmehr die Anrufung des Plenums des BVerfG durch 1. Senat zur Klärung der Bestimmung des gesetzl Richters bei überbesetzten Senaten, BVerfG NJW 95, 2703. - Nichtbeachtung einer **Vorlagepflicht**, zB nach § 541, die objektiv unter keinem Gesichtspunkt vertretbar und damit objektiv willkürl ist, kann mit Vb wegen Verletzung des Art 101 I 2 GG gerügt werden, BVerfG NJW 88, 1015; BVerfG RIW 89, 823; BVerfG NJW 93, 381; BVerfG NJW 94, 678, 2017; Schiller RIW 88, 452. Zur Verletzung des **Art 177 EGV** BVerfG NJW 94, 2017 = EWiR 94, 671 (Arndt). Zur Verletzung des Art 14 GG (Überblick Dörr NJW 88, 1049) durch zu strenge Anforderungen des Zivilgerichts an Eigenbedarfskündigung BVerfG NJW 88, 1075; BVerfG NJW 94, 717, BVerfG NJW 94, 241, s. aber auch BVerfG NJW 93, 2035. – Zur willkürl Anwendung des VerfahrensR BVerfG NJW 93, 2671; zum ZVVerf BVerfG NJW 93, 1699. – Besondere Prüfungsdichte bei Art 5 GG BVerfG NJW 93, 1845. S aber auch BVerfG NJW 95, 3172. Wieder einschränkend BVerfG NJW 96, 1529 (Seitz 1518) – Auf die Verletzung der EMRK kann eine Vb zwar gestützt werden, BVerfG NStZ 86, 468; BVerfGE 64, 157 = NJW 83, 2662. Der **Verstoß gegen EMRK** ist aber ebenso wie bei sonstigem einfachen Recht nur bei Rüge objektiver Willkür (Art 3 I GG) relevant. Möglicherweise deutet sich aber durch die Pikelli-Entscheidung BVerfG NJW 86, 1425 eine Wende an: Eine dem allgem Völkerrecht widersprechende Entscheidung verletzt Art 2 I GG, Herdegen NJW 88, 594. – Vb kann auch gegen Untätigkeit der Gerichte (verweigerte oder verzögerte Justizgewährung) erhoben werden, Maunz/Schmidt-Bleibtreu/Klein/Ulsamer BVerfGG § 90 Rn 155; Schwab/Gottwald in Habscheid 82. Zur Vb gegen verspätetes Absetzen eines Urteils BVerfG

NJW 94, 719; BayVerfGH, NJW 94, 719. Rechtsmittelbelehrung ist im Zivilprozeß (jedenfalls derzeit) von GG nicht geboten, BVerfG NJW 95, 3173. Zu den verfassungsrechtl Grenzen der **Substantiierungspflicht** BVerfG NJW 94, 848, 1274. Zu den Anforderungen an die anwaltl **Aktenführung u Fristenüberwachung** BVerfG NJW 95, 711: Versehen des Gerichts dürfen bei rechtsstaatl Verfahrensgestaltung nicht über die Begründung besonderer Prüfungspflichten auf den Bürger abgewälzt werden. – Zum **Überraschungsurteil** BVerfG NJW 94, 1274. – Zur Verletzung des Art 103 GG durch fehlerhafte Anwendung von **Präklusionsvorschriften** BVerfG JZ 88, 90 (Leipold); BVerfG NJW 94, 678, 679, 1853. – Befangenheitsanzeige eines Richters muß den Parteien im Hinblick auf Art 103 I GG mitgeteilt werden, BVerfG NJW 93, 2229. – Zur Verletzung des Art 103 GG bei unzureichendem Aktenstudium des Gerichts BVerfG NJW 94, 2683. – Eine Vb ist unzulässig, insoweit der Beschwerdeführer die Anwendung der von ihm nunmehr als verfassungswidrig gerügten Regelung im Instanzenzug selbst angestrebt hat, BVerfG NJW 85, 1282 = FamRZ 85, 463 = IPRax 85, 290 (Beitzke 268). Zur **Ausschöpfung des Instanzenzuges** BVerfG MDR 86, 729; BVerfG FamRZ 94, 1313. Aus § 90 II BVerfGG leitet das BVerfG neben dem Erfordernis der Erschöpfung des Rechtswegs auch den Grundsatz der **Subsidiarität** ab. Dieser gebietet, die Beseitigung des vermeintlich verfassungswidrigen Hoheitsaktes (gerichtl Entscheidung) zunächst mit den anderen, vom Gesetz zur Verfügung gestellten Rechtsbehelfen (erfolglos) zu versuchen; BVerfG NJW 90, 107; BVerfG NJW 93, 255; 93, 10, 60; 93, 2793; Bbg VerfG LKV 96, 65; Hörstel NJW 94, 1048. Zu diesen gehört auch der Antrag auf Wiedereinsetzung in den vorigen Stand, BVerfG NJW 88, 1253; FamRZ 87, 142, nicht jedoch idR die Nichtigkeitsklage nach § 579, BVerfG NJW 93, 51; BayVerfGH NJW 94, 2280. – Zur mißbräuchl Vb (Zahlungsklage über 7 DM) BVerfG NJW 93, 384. – Verbot des Antrags eines Versäumnisurt gegen anwaltlich vertretene Partei (§ 23 RichtlRA) derzeit unwirksam, BVerfG NJW 93, 121. – Zur Beweislastumkehr Reinhardt NJW 94, 93. – Zum Zugang zum BVerfG nach 5. ÄnderungsG Zuck NJW 93, 2641. Zur PKH im verfassungsgerichtl Verf BVerfG NJW 95, 2911. – Ein Prozeßvergleich kann nicht mit der Vb angefochten werden, BayVerfGH NJW 94, 2281.

B) Landesverfassungsgerichtsbarkeit

Lit: *Meder*, Die Verfassung des Freistaates Bayern, Kommentar[4], 1992; *Kunig* NJW 94, 687.

1) Die Verfassungen vieler Bundesländer kennen ähnl **Normenkontrollverfahren** wie Art 100 GG, zB BadWürtt Art 68 I Nr 3; Bayern Art 65, 92; Berlin Art 72 II Nr 3; Brandenburg Art 113 Nr 3; Bremen Art 142; Hamburg Art 64 II, 65 II Nr 4; MecklVorp Art 53 Nr 2; NRW Art 75 Nr 3; Niedersachsen Art 54 Nr 4; RheinlPf Art 130 III; Saarland Art 97 Nr 3; Sachsen Art 81 Nr 3; SachsAnh Art 75 Nr 5; Thüringen Art 80 I Nr 5. Eine **Aussetzungspflicht besteht nicht**, da LandesR nicht in das BundesZPR eingreifen kann. Ausnahme: Fälle des § 3 II EGZPO. Es steht aber im Ermessen des Gerichts des Landes, nach § 148 auszusetzen und das LandesverfG anzurufen. Sind die Voraussetzungen sowohl für die Vorlage an das BVerfG als auch für die Vorlage an das LandesverfG erfüllt, dann darf das Gericht wählen, Schumann FS zum 25jährigen Bestehen des BayVerfGH, 1972, 281; RSchwab/Gottwald § 17 II 2. – Zum Verhältnis der bayer Popularklage (Art 98 S 4 BV, Art 2 Nr 7, 55 VerfGHG) BayVerfGH NJW 93, 1700: Das GG ist kein Prüfungsmaßstab. 110

2) **Verfassungsbeschwerde nach Landesrecht:** Solche kennen bzw ermöglichen zB die Verfassungen von Bayern (Art 66, Art 120), Berlin (Art 72 II Nr 4, zB VerfGH MDR 93, 155), Brandenburg (Art 6 II, 113 Nr 4), Hessen (Art 131 III; § 45 II StGHG), MecklVorp (Art 53 Nr 6), RheinlPf (Art 135 I Nr 6, § 44 VerfGHG), Saarland (Art 97 Nr 4; §§ 55 ff VerfGHG), Sachsen (Art 81 Nr 4), SachsAnh (Art 75 Nr 6), Thüringen (Art 80 I Nr 1). Landesrecht darf auch Verfassungsbeschwerden gegen Entscheidungen, die in einem bundesgesetzl geordneten Verf ergangen sind, zulassen. Das LandesverfG hat auch in diesen Fällen **kassatorische Befugnisse**, BayVerfGHE 27, 135, 109; HessStGH NVwZ 94, 64; RhPfVerfGH NJW 95, 444; **allerdings wird nur Willkür geprüft**, BayVerfGH NVwZ 94, 64 = NJW 94, 1785. – Wird zB in Bayern Vb gegen eine gerichtl Entscheidung eingelegt, so kann diese nur in engen Grenzen überprüft werden, BayVerfGH NJW 93, 518. Auch das jew Landesverfassungsgericht ist – ebenso wie das BVerfG – kein Rechtsmittelgericht. Es ist nicht seine Aufgabe, Entscheidungen der Gerichte allgemein auf die Richtigkeit der tatsächl Feststellungen, der Auslegung des einfachen Rechts und seiner **Anwendung auf den konkreten Fall** zu kontrollieren. Vielmehr ist nur zu prüfen, ob das Gericht gegen die vom Bf bezeichneten subjektiven Rechte der jew Landesverf verstoßen hat. Gegenüber der Anwendung von Bundesrecht, das wegen seines höheren Ranges nicht am Maßstab der Landesverf gemessen werden kann, beschränkt sich die Überprüfung darauf, ob das Gericht willkürl entschieden hat, dh, ob es sich von objektiv sachfremden Erwägungen hat leiten lassen und sich damit außerhalb jeder Rechtsanwendung stellt, also seiner Entscheidung in Wahrheit gar kein Bundesrecht zugrunde gelegt hat. Das Willkürverbot ist durch eine gerichtl Entsch nicht schon dann verletzt, wenn die Rechtsanwendung oder das eingeschlagene Verfahren fehlerhaft ist. Hinzu kommen muß vielmehr, daß die Entsch **bei verständiger Würdigung der die Verfassung beherrschenden Gedanken** 111

nicht mehr verständlich ist und sich der Schluß aufdrängt, sie beruhe auf **sachfremden Erwägungen.** Dies ist der Fall, wenn die angegriffene Entscheidung unter keinem Gesichtspunkt rechtl vertretbar ist; sie muß schlechthin unhaltbar, offensichtl sachwidrig, eindeutig unangemessen sein, BayVerfGHE 40, 132, 137 mwN; FamRZ 89, 1213; NJW 88, 1372; BVerfGE 69, 161, 169; 70, 93, 97; 71, 202, 205. Zur Vb wegen Ablehnung der Wiedereinsetzung BayVerfGH NJW 94, 1857. - Zur Entlastung des BVerfG durch die VerfG der Länder Schneider NJW 96, 1517.

IX) Europäische Menschenrechtsbeschwerde

112 **Lit:** *Bartsch* NJW 94, 1321; *Beys* ZZP 109 (1996), 29; *Frowein* in Isensee/Kirchhof, Hb des StaatsR VII (1992) 731 § 180; *Geimer* BerDGVR 33 (1994), 213; *Frowein/Peukert,* EMRK-Kommentar, 1985; *Gusy* ZfRV 1989, 1; *Habscheid,* Schweizer ZPR², 1990, Rn 825; *Meyer-Ladewig* NJW 95, 2813. Umfassende Nachw bei *Schumann,* Menschenrechtskonvention u Zivilprozeß, FS Schwab, 1990, 449 und *Uerpmann,* Die EMRK u die dt Rspr, 1993. S auch österr BMfJ (Hrg), Grund- und Freiheitsrechte in der gerichtl Praxis (österr Richterwoche 1992), 1993. – Nach Erschöpfung des innerstaatl Rechtsweges (einschließl der Vb; vgl EGMR NJW 82, 497) kann gegen richterl Entscheidungen gemäß Art 25 EMRK Beschwerde zum Gerichtshof für Menschenrechte in Straßburg eingelegt werden mit der (substantiierten) Behauptung, die durch die EMRK geschützten Individualrechte (Menschenrechte) seien verletzt. Eine (bisher vorgeschriebene) Vorprüfung durch die Kommission entfällt nach Inkrafttreten des 11. Protokolls zur EMRK (BGBl 1995 II 578), hierzu Meyer-Ladewig NJW 95, 2813. - Die EMRK gilt nicht für die EU und ihre Gemeinschaften. Die Möglichkeit, daß diese der EMRK beitreten, hat EuGH EuZW 96, 307 verbaut. Zum **Grundrechtsdefizit in der EU** Geimer BerDGVR 33 (1994), 248.

Der Europäische Menschenrechtsgerichtshof (EGMR)hat keine kassatorischen Befugnisse. Bestr, ob Wiederaufnahme des Verfahrens analog § 580 Nr 7b zulässig ist, wenn der Straßburger Gerichtshof die Verletzung der EMRK festgestellt hat, dafür Schumann NJW 64, 753; Schlosser ZZP 1966, 186 ff; StJ/Schumann Einl XIV D Rn 684. Die Verweigerung einer **Wiederaufnahmemöglichkeit** läßt das BVerfG NJW 86, 1425 (leider) unbeanstandet. Zu Art 6 EMRK s EGMR NJW 79, 477; 86, 645; vgl auch Stöcker NJW 82, 1905 und Bartsch NJW 83, 460 sub IV. Zum Verfahren Matscher österr ZöRuVR 31 (1980), 1 u FS Ermacora, 1988, 79; Pernthaler FS Klecatsky, 1990, 221; Bajons, Zivilverf, 1991, Rn 24 mwN; EuGRZ 82, 489, 517. Die Fair-Trial-Garantie des Art 6 EMRK steht im Mittelpunkt der Spruchpraxis des EGMR. Mehr als die Hälfte der bisher verkündeten Urteile betreffen Art 6, Bartsch NJW 86, 1388; Weh EuGRZ 85, 469 (zum Anwendungsbereich des Art 6: Zivile Ansprüche und Verpflichtungen EGMR NJW 89, 2181; zum Teilaspekt der **prozessualen Waffengleichheit** im ZP EGMR NJW 95, 1413 [Schlosser 1404]). Zu Art 8 EMRK (Recht auf Achtung des Familienlebens) Fahrenhorst FamRZ 88, 238. Zu Art 13 EMRK (innerstaatl Beschwerdemöglichkeit) Matscher FS Seidl-Hohenveldern, 1989, 315. – Zur **überlangen Verfahrensdauer** von Zivilprozessen und Art 6 EMRK Matscher FS Fasching, 1988, 351. Zum Einfluß der EMRK auf IPR und IZPR Matscher FS Neumayer, 1986, 459 sowie FS Schwind, 1993, 71. Zum Einfluß der EMRK auf den Zivilprozeß Matscher FS Henckel, 1995, 593. Zu den **Auslegungsmethoden** des EGMR Matscher FS Schwind, 1986, 102. Zur Ausschöpfung des innerstaatl Rechtsweges EKMR EuGRZ 87, 321 = NJW 88, 1441. – Die Menschenrechte der EMRK sind auch bei der Anerkennung ausl Entscheidungen durchzusetzen, insbes Art 6 EMRK, Geimer IPRax 92, 10 Fn 80a, ders ZfRV 92, 405, BerDGVR 33 (1994), 220 sowie in Schlosser, Integritätsprobleme im Umfeld der Justiz, 1994, 158. – Grundsätzl geht der EGMR von der **Sachverhaltsfeststellung** des nationalen Gerichts aus, es sei denn, daß Gesichtspunkte vorliegen, die zwingend gegen die Beweiswürdigung des nationalen Gerichts sprechen, EGMR NJW 94, 1463; vgl § 328 Rn 12. – Zum Verbot der Schuldhaft s Art 1 4. ZPMRK. – Der persönliche Anwendungsbereich der EMRK umfaßt – ohne Rücksicht auf Staatsangehörigkeit – jeden, der als Kläger sich an das Gericht eines Vertragsstaates wendet, und jeden, der als Beklagter in ein solches Verfahren (Zivilprozeß in einem Vertragsstaat) gezogen wird, Schlosser FS Matscher, 1993.

X) UN-Menschenrechtsbeschwerde

113 Nach Art 2 des Fakultativ-Protokolls zum Internationalen Pakt über bürgerl und politische Rechte vom 19. 12. 1966 (BGBl 1973 II 1534; 1976 II 1068) kann der Ausschuß für Menschenrechte (Art 28 ff des genannten Paktes) angerufen werden (von Deutschland nicht ratifiziert). Der Ausschuß hat keine kassatorischen Befugnisse. Hierzu Meißner, Die Menschenrechtsbeschwerde vor den Vereinten Nationen, 1976; Bartsch NJW 77, 474; 78, 449; 79, 450; 80, 489; 81, 488; 82, 478; 83, 473; 86, 1380; 89, 3061. StJ/Schumann Einl XIV D Rn 696; Lauff NJW 81, 2611; Geiger, GG und VölkerR², 1994, § 82 III 4; UN-AMR NJW 82, 2713; Verdross/Simma Universelles VölkerR³ § 1240; Nowak, CCPR-Kommentar, 1989. Deutschland hat – um einer Zweispurigkeit des Menschenrechtsschutzes und Divergenzentscheidungen des EuMRGH in Straßburg vorzubeugen – den Zugang zu dem UN-Menschenrechtsausschuß nicht zugelassen, Ullmann FamRZ 87, 435. – Dem

Art 6 EMRK entspricht Art 14 CCPR; hierzu Nowak Rn 10. – Bedeutsam vor allem auch das Verbot der Schuldhaft in Art 11 CCPR (Nowak Rn 8).

XI) Wege zu einem europäischen Zivilprozeßrecht

Den größten Impuls für ein europäisches ZivilprozeßR gab und gibt das EuGVÜ (unten Anh I) **114**
mit seinem Auslegungsprotokoll 1971, das ein dem Art 177 EGV nachgebildetes Vorlageverfahren vorsieht. Dieses gibt dem EuGH Gelegenheit, zumindest die größten Spannungen zwischen den nationalen Justizsystemen abzubauen.

Das EuGVÜ regelt nicht das Verfahren vor den nationalen Gerichten, sondern – im wesentl – nur die internationale Zuständigkeit (Art 2 ff) und die Anerkennung und Vollstreckbarerklärung der Entscheidungen der Gerichte aus den anderen Vertragsstaaten (Art 25 ff, Art 31 ff) sowie die Pflicht zur Beachtung der Rechtshängigkeit (Art 21 ff) und einen Mindeststandard für die Gewährung rechtlichen Gehörs (Art 20).

Darüber hinaus erzwingen aber der EGV (vor allem Art 6) sowie Art 6 EMRK einen „**Abbau prozessualer Schranken** im europäischen Binnenmarkt", den Wolf in dem Tübinger Symposion zum 80. Geburtstag von Fritz Baur (Wege zu einem europäischen Zivilprozeßrecht, 1992, 35) – eindrucksvoll, aber überspitzt (unten IZPR Rn 3a) – beschrieben hat. Zur Frage, ob Art 59 EGV auch die Justiz als staatl Dienstleistung erfaßt und daher zur Gleichstellung aller Marktbürger zwingt, s Anh Art 4 GVÜ, Rn 4. S auch Grzybek, Prozessuale Grundrechte im Europäischen GemeinschaftsR, 1993 sowie allgemein Notthoff RIW 95, 541.

Die Pflicht zur Leistung einer **Prozeßkostensicherheit** (§ 110 ZPO) verstößt gegen Art 6 EGV (früher: Art 7 EWGV), EuGH Rs C-20/92 NJW 93, 2431 = MDR 93, 795 = JZ 94, 39 (Bork/Schmidt-Parzefall) = RIW 93, 855 (Wolf 797) = IPRax 94, 203 (Kaum 180). Hierzu Schlosser EuZW 93, 659; Bungert EWS 93, 315 und IStR 93, 481. – § 917 II ist ebenfalls mit Art 6 EGV nicht zu vereinbaren, EuGH Rs 398/92 NJW 94, 1271 = RIW 94, 329 = MDR 94, 300 = EuZW 95, 514. Hierzu Mankowski NJW 95, 306 und Thümmel NJW 96, 1934. S auch H. Roth FS Wessels, 1993, 1050. Dagegen ist § 175 I 3 keine mittelbare Diskriminierung, Wiehe 19. AA Schlosser FS Stiefel, 1987, 690, der § 175 I 3 im Hinblick auf Art 6 EGV für „obsolet" hält. Allgemein zur europäischen justiziellen Infrastruktur ohne Diskriminierungen Schlosser ZEuP 95, 250. Sehr kritisch zu starken Eingriffen des EuGH in das nationale ZPR Schack ZZP 107 (1994), 279.

Zu den Grenzen zulässiger **Rechtsfortbildung durch den EuGH** Dänzer-Vanotti RIW 92, 733.

INTERNATIONALES ZIVILPROZESSRECHT

Lit: *Bajons,* (Österr) Zivilverfahren, 1991, Rn 28 ff; *Baumert,* Europäischer ordre public und Sonderanknüpfung zur Durchsetzung von EG-Recht, 1994; *Birk,* Schadensersatz und sonstige Restitutionsformen im IPR, 1969; *Bittighofer,* Der internationale Gerichtsstand des Vermögens, 1994; *Buciek,* Beweislast und Anscheinsbeweis im internationalen Recht, Diss Bonn 1984; *Bungert,* Das Recht ausl Kapitalgesellschaften auf Gleichbehandlung, 1994; *Coester-Waltjen,* Internationales Beweisrecht, 1983; dies, Internat ProzeßR, Ergänzb Lexikon des Rechts, 1985; *von Craushaar,* Die internationalrechtl Anwendbarkeit dt Prozeßnormen, 1961; *Firsching/von Hoffmann,* Einführung in das IPR[4] 1995; *Furtak,* Die Parteifähigkeit in Zivilverf mit Auslandsberührung, 1995; *Gaus,* Gerichtsstands- und Schiedsvereinbarungen in internationalen kaufmännischen Verträgen, WiB 95, 606; *Geimer,* Zur Prüfung der Gerichtsbarkeit und der internationalen Zuständigkeit bei der Anerkennung ausländischer Urteile, 1966; *ders,* Anerkennung ausländischer Entscheidungen in Deutschland, 1995; *ders,* Internationales Zivilprozeßrecht[2], 1993 (= IZPR); *Gilles,* Transnationales Zivilverfahrensrecht, 1995; *Habscheid,* Schweizer Zivilprozess- u GerichtsorganisationsR[2], 1990; *Habscheid/Beys,* Grundfragen des ZPR - die internationale Dimension, 1991; *Hau,* Positive Kompetenzkonflikte im IZPR, 1996; *Haunhorst,* Die wesenseigene (Un-)Zuständigkeit deutscher Gerichte, 1994; *Heldrich,* Internationale Zuständigkeit und anwendbares Recht, 1969; *Heldrich/Kono,* Herausforderungen des IZVR - Japanisch-dt-schweizer Symposion über aktuelle Fragen des IZVR im Verhältnis zu den USA, 1994 (Bespr Bungert ZZP 108 [1995] 413); *Heß,* Staatenimmunität bei Distanzdelikten, 1992; *Jaeckel,* Die Reichweite der lex fori im IZPR, 1995; *Jasper,* Forum shopping in England u Deutschland, 1990; *Keller/Siehr,* Allgem Lehren des IPR, 1986, 557 ff; *Koberg,* Zivilprozessuale Besonderheiten bei Sachverhalten mit Auslandsberührung, 1992; *Kropholler,* Internationale Zuständigkeit, Hdb IZVR I (1982); *ders,* IPR[2], 1993; *Lass,* Der Flüchtling im dt IPR, 1995; *Leipold,* Lex fori, Souveränität, Discovery: Grundfragen des IZPR, 1989; *Linke,* IZPR[2] 1995; *Martiny,* Anerkennung ausl Entscheidungen nach autonomem Recht, Hdb IZVR III/1 (1984) (= Martiny I); *ders,* Anerkennung nach multilateralen Staatsverträgen, Hdb IZVR III/2 (1984) (= Martiny II); *Milleker,* Der negative internationale Kompetenzkonflikt, 1975; *Mitzkus,* Internationale Zuständigkeit im Vormundschafts-, Pflegschafts- und Sorgerecht, 1982; *Karen Ilka Mössle,* Internationale Forderungspfändung, 1991; *Klaus P. Mössle,* Exterritoriale Beweisbeschaffung im internationalen WirtschaftsR, 1990; *Harald Müller,* Die Gerichtspflichtigkeit wegen „doing business", 1992; *Nagel,* IZPR[3], 1991; *Oelkers,* Internationales BetreuungsR, 1996; *Otto,* Der prozessuale Durchgriff. Die Nutzung forumansässiger Tochtergesellschaften in Verfahren gegen ihre auswärtigen Muttergesellschaften im Recht der USA, der EG und der BRepD, 1993; *Pfeiffer,* Internationale Zuständigkeit u prozessuale Gerechtigkeit - Die internationale Zuständigkeit im Zivilprozeß zwischen effektivem Rechtsschutz und nationaler Zuständigkeitspolitik, 1995; *Reiser,* Gerichtsstandsvereinbarungen nach IPR-Gesetz u Lugano-Übereinkommen, 1995; *Reithmann/Martiny,* Internationales VertragsR[5], 1996; *Riezler,* IZPR, 1949; *Schack,* IZVR[2] 1996; *Roloff,* Die Geltendmachung ausl öffentl-rechtl Ansprüche im Inland, 1994; *Schlosser,* Der Justizkonflikt zwischen den USA und Europa, 1985; *Schlosser* (ed.), Materielles Recht und Prozeßrecht und die Auswirkungen der Unterscheidung im Recht der internationalen Zwangsvollstreckung, 1992; *Schröder,* Internationale Zuständigkeit, 1971; *Schütze,* Deutsches Internationales Zivilprozeßrecht, 1985 (= DIZPR); *ders,* Rechtsverfolgung im Ausland, 1986 (= RV); *Schulte-Beckhausen,* Internationale Zuständigkeit durch rügelose Einlassung im Europäischen ZPR, 1994; *Siegrist,* Hoheitsakte auf fremdem Staatsgebiet, 1987; *Spickhoff,* Der ordre public im IPR, 1989; *Stadler,* Der Schutz des Unternehmensgeheimnisses im dt und US-Zivilprozeß und im Rechtshilfeverfahren, 1989; *Stiller,* Das IZPR der Republik Korea, 1989; *Szászy,* International Civil Procedure, 1967; *Walder,* Einführung in das IZPR der Schweiz, 1989; *Walter,* IZPR der Schweiz, 1995; *Ziegenhain,* Extraterritoriale Rechtsanwendung und die Bedeutung des Genuine-Link-Erfordernisses, 1992. Weitere Lit bei §§ 199, 328, 363, 606a.

A) Lex fori-Prinzip oder System der kollisionsrechtlichen Verweisung auch im Prozeßrecht?

I) Standpunkt der hM

1 **1) Überblick:** Im Prozeßrecht gilt grundsätzlich die lex fori, Stadler 263 mwN. Die dt Gerichte haben nach der ZPO zu verfahren, auch dann, wenn sie aufgrund des dt IPR ausländisches Sachrecht anzuwenden haben oder wenn eine oder beide Parteien Ausländer sind. - Dagegen hat ein Schiedsgericht keine lex fori, § 1034 Rn 33a. - Soweit für ausl Gerichte in Deutschland Rechtshilfehandlungen (Zustellungen, Beweisaufnahmen) vorgenommen werden, ist grundsätzl nach der dt lex fori zu verfahren. Ausnahmen: Wenn das ersuchende ausl Gericht „besondere Formen" wünscht, Art 3 II, 14 II HZPÜ, Art 5 I (b) HZÜ, Art 9 II HBÜ.

2 **2) Wie zu qualifizieren ist, bestimmt die lex fori.** Wenn nach anglo-amerik Rechtsvorstellungen die Verjährung ein Institut des Prozeßrechts ist („limitation of action", MK-BGB/Sonnenber-

ger Art 4 EGBGB Rn 29, 32, 47; MK-BGB/Spellenberg Rn 201 vor Art 11; anders nunmehr in GB sec 1 Foreign Limitations Periods Act 1984, Kessel RIW 96, 294 bei Fn 34, u die neueren Uniform Conflict of Laws Limitation Acts, Hay IPRax 89, 199), sind die einschl Normen des engl bzw amerik Rechts als lex causae anzuwenden, RGZ 145, 131; München IPRspr 74/26; Hamburg AWD 74, 562 = IPRspr 73/27; BGH NJW 60, 1721 = IPRspr 60–61/23; IPG 74/2 (Köln); Kegel IPRax 83, 23; vgl Rn 18. Zu Recht qualifiziert AG München IPRax 81, 60 (Jayme 49) = IPRspr 80/57 Art 735 griech ZPO (Grundsätze für die Verteilung der Ehewohnung nach Scheidung) als materiellrechtl Norm.

3) **Anwendung ausländischen Prozeßrechts:** Szászy und Grunsky stellen das lex-fori-Prinzip als solches in Frage. Sie fordern ein **Kollisionsrecht des internationalen Verfahrensrechts**, Nachw Coester-Waltjen Rn 7, 76, 152, 159. Nach Szászy ICP 225 ist jeweils dasjenige Prozeßrecht anzuwenden, das mit dem Prozeßakt bzw dem Prozeßrechtsverhältnis am engsten verbunden ist. Grunsky ZZP 89 (1976), 249 stellt die Frage, „ob nicht im Interesse einer möglichst weitgehenden Verwirklichung des materiellen Rechts das jeweils dazugehörende Verfahrensrecht mitanzuwenden ist". 3

4) Das Diskriminierungsverbot des Art 6 EGV führt nicht zu einer Einschränkung des Anwendungsbereichs der dt lex fori. Es erzwingt nicht eine **Harmonisierung der nationalen Prozeßrechte nach dem Günstigkeitsprinzip**, H. Roth FS Stree/Wessels, 1993, 1045, 1048. AA M. Wolf in Tübinger Symposion Fritz Baur, 1992, 35 (oben Einl Rn 114). Für ausl Partei entfalle Anwaltszwang (§ 78), wenn ihr HeimatprozeßR ihn vice versa nicht kennt. Die Beweisanforderung des § 286 (Wahrheitsüberzeugung des dt Gerichts) gelte nicht für Kläger, deren heimisches ProzeßR überwiegende Wahrscheinlichkeit ausreichen lasse, wie zB das engl. 3a

II) Stellungnahme

Grunsky schießt über das Ziel hinaus; so geht es zB nicht an, den Umfang der Wirkungen deutscher Urteile lege causae zu beurteilen. Andererseits ist die hM zu zaghaft. **Eine allgemeine, aber gleichzeitig präzise und daher für die Praxis verwendbare Abgrenzungsformel wurde noch nicht gefunden.** Dies hängt vor allem damit zusammen, daß die Thematik zu breit angelegt ist. Die Gründe, weshalb eine Verfahrensnorm Sachrechtsverbundenheit aufweist, sind komplex. Es ist notwendig, auf induktivem Wege für einzelne Fallgruppen Abgrenzungsregeln zu entwickeln, Geimer IZPR Rn 333; Böhm FS Fasching, 1988, 107. Dabei muß die Funktion eines Rechtssatzes im Mittelpunkt der Analyse stehen. Sie hat Vorrang vor der systematischen Stellung im materiellen bzw Verfahrensrecht, Coester-Waltjen Rn 258 ff. Im folgenden werden deshalb für die Praxis nur einige wichtige Abgrenzungsfragen punktuell behandelt. 4

1) **Justizgewährung:** Über Art und Umfang der Justizgewährung entscheidet ausschließlich die deutsche lex fori; dies gilt auch für den **vorläufigen Rechtsschutz**. §§ 935, 940 sind immer – ohne Rücksicht auf die lex causae – anzuwenden. AA Grunsky ZZP 89 (1976), 258. Ob und wie ein Anspruch im Wechselprozeß geltend gemacht werden kann, entscheidet die lex fori. BGH IPRax 82, 189 (Firsching 175). Die lex fori befindet auch bei ausl Sachstatut über die **Zulässigkeit des Rechtsweges**, insb darüber, ob eine bestimmte Rechtssache vor das Streitgericht oder vor das Gericht der freiw Gerichtsbarkeit zu bringen ist, § 640a Rn 14, 28, BGHZ 78, 108 = NJW 81, 127 = IPRspr 80/185. Beispiel: Abänderung eines im FG-Verf erlassenen Unterhaltstitels im Streitverf (§ 323), Karlsruhe HRR 41/426 = IPRspr 35-44/628; Geimer IZPR Rn 341; MK-BGB/Siehr Art 18 Anh I Rn 305 betr. Geltendmachung von Unterhalt; anders aber Art 19 Rn 50 für Verf zur Geltendmachung der Nichtehelichkeit. Das gleiche gilt für die Abgrenzung zwischen Zivil- und Verwaltungsgerichten, StJ/Schumann Einl D Rn 637. So ist nach dt Recht zu beurteilen, ob eine öffentl-rechtl Streitigk vorliegt, LAG München IPRax 92, 97 (Däubler 82) = IPRspr 90/62. 5

2) **Unklagbarkeit**: Für lex causae Riezler IZPR 126; Neumann, Der vertragl Ausschluß der Klagbarkeit, 1967, 64 ff mwN. Für lex fori Kralik ZZP 74 (1961) 12. Ist der Anspruch nach dem Schuldstatut klagbar, jedoch nicht nach dt Recht, zB Ansprüche aus Spiel und Wette oder Anspruch auf Vertragsstrafe wegen Bruchs des Verlöbnisses (§ 1297 II BGB, Frankenstein III 45) oder Anspruch auf Eheschließung aus Verlöbnis (Frankenstein I 44), so ist jeweils zu prüfen, ob der dt ordre public (Art 6 EGBGB) eine Verurteilung verbietet (Frage des materiellen Rechts). Im Falle der ordre public-Widrigkeit erfolgt die Abweisung der Klage nicht etwa als unzulässig, sondern als unbegründet. Dagegen entscheidet über die Zulässigkeit einer positiven oder negativen Feststellungsklage bezüglich einer Naturalobligation die dt lex fori, Geimer IZPR Rn 344. 6

3) **Klagesperre auf Grund ausl Konkurses:** § 722 Rn 4 aE. 7

4) **Klage auf künftige Leistung** beurteilt sich nach der dt lex fori, BGH NJW 88, 648 = IPRax 88, 227 (Gottwald 210) = IPRspr 87/1. AA H. Roth FS Stree/Wessels, 1993, 1059. 8

5) **Stufenklagen:** Lex fori. Aktuell im Zusammenhang mit Auskunftsansprüchen. Ob ein solcher besteht, entscheidet die lex causae. Vgl den Fall des AG Wolfratshausen IPRax 82, 23 und des OLG Hamm IPRax 88, 108 (Jayme/Bissias) = IPRspr 87/53. 9

6) **Zulässigkeit des Mahnverfahrens:** Lex fori. § 688 I verstößt nicht gegen Art 6 EGV (Diskriminierungsverbot, EuGHE 1980, 3427 [RS 20/80] Anm v Hoffmann).

10 7) **Feststellungsklagen:** Die Zulässigkeit der Feststellungsklage (§ 256) richtet sich nach dt Recht, KG FamRZ 68, 646 = IPRspr 68–69/78. Läßt die lex causae die Klage auf Feststellung von Tatsachen zu, so ist dies für den dt Richter unbeachtl. Umgekehrt gilt das gleiche: Kennt die lex causae die Feststellungsklage nicht oder nicht in dem Umfang wie das dt Recht, so kann gleichwohl gemäß § 256 eine Feststellung begehrt werden. AA Niederländer RabelsZ 50 (1955), 50; Grunsky ZZP 89 (1976) 258 Fn 58. Nachw bei Birk 177 Fn 30. Ob ein Feststellungsinteresse gegeben ist, beurteilt sich nach der lex fori, Riezler IZPR 133, Schnorr von Carolsfeld, FS Lent, 1956, 252 Fn 33a gE; Müller-Freienfels JZ 1957, 148; kritisch Birk 180 und H. Roth FS Stree/Wessels, 1993, 1058.

11 Das **Feststellungsinteresse** kann nicht mit der Begr verneint werden, die Gerichte eines anderen Staates seien viel besser in der Lage, den Rechtsstreit zu entscheiden, sei es weil sie das anzuwendende Recht besser handhaben könnten oder weil sie den Beweismitteln näher seien oder weil sonstige Umstände dafür sprächen, daß die ausl Richter den Feststellungsprozeß „schneller, besser, gerechter, beweisnäher oder sonstwie vorteilhafter“ entscheiden könnten. Dies zu beurteilen, steht dem inländischen Richter nicht an, Geimer IZPR Rn 985, 1242.

12 8) **Gestaltungsklagen:** Ist nach dt IPR eine ausl Rechtsordnung maßgebl, so ist nach dieser die Frage zu beurteilen, ob die Änderung oder Aufhebung eines Rechtsverhältnisses durch Ausübung eines den Beteiligten zustehenden GestaltungsR (zB Anfechtung, Kündigung, Rücktritt etc) vorzunehmen ist oder ob hierfür eine richterl Gestaltung erforderlich ist. Über die Notwendigkeit einer Gestaltungsklage entscheidet also die lex causae. Beispiele: Geimer IZPR Rn 1987c.

13 Abzulehnen BGHZ 82, 34 = IPRspr 81/192 u FamRZ 90, 607 (§ 328 Rn 327) zum **Scheidungsmonopol der dt Gerichte** bei ausl Scheidungsstatut (Scheidung von Ausländern in Deutschland durch Rechtsgeschäft): § 1564 S 1 BGB habe verfahrensrechtl Gehalt insoweit, als er ein gerichtl Verf vorschreibe. Die dt lex fori bestimme nicht nur, in welcher Form ein eingeleitetes Verf abläuft, sondern auch, ob und welches Verf im Inland zur Verfolgung eines bestimmten rechtl Ziels beschritten werden muß. AA Kegel IPRax 83, 23. Wäre die verfahrensrechtl Qualifikation richtig, könnten dt Eheleute den Scheidungsprozeß durch rechtsgeschäftl Scheidung im Ausland (zB Thailand) ersetzen. Dagegen aber BGH in st Rspr, zB BGH MDR 94, 690 = NJW-RR 94, 642 = LM Art 17 EGBGB 1986 Nr 6 (Geimer) = FamRZ 94, 434.

14–15 Einstweilen frei. 14

16 9) **Unterlassungsklagen:** Hier sind viele Fragen noch ungeklärt: Ist die Klagbarkeit einer vertraglichen Unterlassungsverpflichtung nach der lex causae oder nach der lex fori zu beurteilen? Wie steht es mit der Qualifikation der vorbeugenden Unterlassungsklage zum Schutz absoluter Rechte (allgemeines Persönlichkeitsrecht, Namensrecht, Eigentum, Immaterialgüterrechte etc)? Beurteilt sich der Schutz der nach ausl Recht zu beurteilenden absoluten Rechte nach der lex causae oder der dt lex fori? Für lex causae Birk 184 ff. Vgl auch Schoch, Klagbarkeit, Prozeßanspruch und Beweis im Licht des internationalen Rechts, 1934, 70 ff; Roßbach NJW 88, 592; Hager RabelsZ 53 (1989) 296; MK-BGB/Kreuzer Art 38 Rn 299.

17 10) **Widerklageverbot:** Ein Widerklageverbot der lex causae ist nicht zu beachten. Die Zulässigkeit einer Widerklage richtet sich stets nach dt Recht bzw Art 6 Nr 3 GVÜ. AA Frankfurt IPRspr 81/74 = IPRax 82, 22 (Henrich 9).

18 11) **Prozeßkostenvorschußpflicht:** Bestr, ob § 127a (Unterhaltssachen, insbes § 621 I Nr 4, 5), § 620 S 1 Nr 9 (Ehesachen) und § 621f (andere Familiensachen) eine abschließende, der kollisionsrechtl Verweisung nicht zugängl Regelung bringt (so Köln JMBlNRW 73, 168 = IPRspr 73/149 und Karlsruhe StAZ 76, 19 = IPRspr 75/48; MDR 86, 242 = IPRax 87, 38 = IPRspr 85/163) oder ob diese Vorschrift nur das Verf ordnet. Nach der zweiten Hypothese ist nach den Grundsätzen des dt IPR (Unterhaltsstatut) zu ermitteln, ob die maßgebl lex causae einen Anspruch auf Zahlung eines Prozeßkostenvorschusses gibt, so Düsseldorf FamRZ 75, 42 = IPRspr 74/54; FamRZ 75, 634 = IPRspr 75/44; München FamRZ 80, 448 = IPRspr 80/56; Rumpf IPRax 83, 114 (türk Recht); LAG Frankfurt IPRax 83, 300 = IPRspr 83/300 (jugoslaw Recht). – Vgl auch HessVGH NVwZ-RR 90, 518 = IPRspr 90/99.

19 12) **Parteifähigkeit:** Die für dt Verf maßgebl Partei- und Prozeßfähigkeit bestimmt ausschließl das dt Recht. Insoweit gilt lex fori. Das dt Recht verweist aber auf ausl Recht. Der Streit, ob aus der nach dem Personalstatut ermittelten Rechtsfähigkeit unmittelbar auf die Parteifähigkeit geschlossen werden kann, oder aber, ob das prozessuale Personalstatut (Heimatrecht) über die Parteifähigkeit befindet, ist nicht im Sinne eines entweder-oder, sondern eines sowohl-als auch zu entscheiden, Geimer IZPR Rn 1936, 2203; Furtak 159 ff, 173.

13) Gerichtssprache: Hier gilt immer die dt lex fori; Riezler IZPR 43; für Lockerung Nagel IZPR Rn 313. **Übersetzung des zuzustellenden Schriftstücks** sieht das autonome dt Recht nicht vor, auch nicht bei Zustellung des Urteils nach § 175; ebenso keine Rechtsmittelbelehrung, BGH FamRZ 96, 347, § 199 Rn 38a. **Fehlende Sprachkenntnisse** können jedoch Auswirkungen auf die Handhabung des dt ProzeßR haben; die Rspr ist aber sehr streng und verlangt auch von Ausländern, daß sie sich unverzügl über den Inhalt des in dt Sprache verfaßten Schriftstücks u gegebenenfalls über Rechtsmittel- und Wiedereinsetzungsmöglichkeiten erkundigen, BGH FamRZ 96, 347. 20

Rechtsmittel: Die hM (§ 233 Rn 23 sub Ausländer; § 184 GVG Rn 3) hält eine in fremder Sprache abgefaßte Eingabe für unwirksam und unbeachtl (nicht nur für unzulässig) München HRR 41/46 = IPRspr 35-44/626, KG MDR 86, 156 = IPRspr 85/127. Krit Geimer IZPR Rn 370b sowie StJ/Leipold Rn 149 vor § 128 und Leipold FS Matscher, 1993, 291 im Hinblick auf Art 103 GG. – Ist Fristversäumnis auf Sprachdefizit zurückzuführen, dann ist grundsätzl Wiedereinsetzung in den vorigen Stand zu gewähren. Allerdings muß auch ein der dt Sprache Unkundiger diejenige Sorgfalt in eigener Sache wahren, die nach den Umständen des Einzelfalls von ihm erwartet werden kann. Er muß sich bei Zustellung eines amtl Schriftstücks alsbald Gewißheit über den genauen Inhalt verschaffen, BVerfG NJW 91, 2208; BGH FamRZ 89, 1287 (Hausmann) = IPRspr 89/203; Geimer ZfRV 92, 328; StJ/Roth § 233 Rn 64 sub Ausländer. 21

Zur Erstattungsfähigkeit von Übersetzungskosten Frankfurt RIW 80, 803 = MDR 80, 58. – Das in Art 6 III lit e EMRK gewährleistete **Recht auf unentgeltliche Beiziehung eines Dolmetschers** gilt nicht für den Zivilprozeß, auch wenn Streitgegenstand eine unerlaubte Handlung ist, die den Tatbestand einer strafbaren Handlung oder Ordnungswidrigkeit erfüllt. Der Bekl ist kein Angeklagter iSv Art 6 III EMRK, EGMR NJW 85, 1273. Vgl BVerfG NJW 88, 1462. Maßgebend ist allein § 185 GVG.Die **Beiziehung eines Dolmetschers** liegt im Ermessen des Gerichts, Kissel GVG[2] § 185 Rn 5. Wird vorsorgl ein Dolmetscher zugezogen, stellt sich aber in der mündl Verhandlung heraus, daß dies überstürzt war, weil alle Beteiligten Deutsch sprechen, sind die Kosten niederzuschlagen, § 8 I GKG; LAG Hamm MDR 86, 172. 22

14) Anwaltszwang: Auch hier ist immer nur die dt lex fori zu beachten; Schütze DIZPR 78. 23

15) Prozeßvergleich: Auch bei Maßgeblichkeit ausl SachR richten sich die prozessuale Zulässigkeit und die prozessualen Wirkungen (Prozeßbeendigung; Vollstreckbarkeit) eines Prozeßvergleichs nach der dt lex fori. Die materiellrechtl Voraussetzungen, insbes die Frage, ob der Anspruch verzichtbar ist und damit Gegenstand eines Vergleichs sein kann etc, und die materiellrechtl Wirkungen des Vergleichs sind nach der lex causae zu beurteilen. Vgl Birk ZZP 82 (1969) 68 Fn 72. Vgl auch Geimer/Schütze I § 207 III. Ausführl Geimer IZPR Rn 370d. 24

16) Zuständigkeitsvereinbarungen (Rn 61): Über **Zulässigkeit, Form, Auslegung und Wirkung** einer Gerichtsstandsvereinbarung entscheidet die dt lex fori; Bremen RIW 85, 894. Allein dt Recht (§ 38 II u III) kommt nach dem lex fori-Prinzip auch dann zur Anwendung, wenn in der Sache nach ausl Recht zu entscheiden und nach diesem eine Gerichtsstandsvereinbarung formlos wirksam ist. Dies gilt sowohl für die Prorogation (Begründung der an sich nicht gegebenen internationalen Zuständigkeit Deutschlands) als auch für die Derogation (Ausschluß der an sich gegebenen dt internationalen Zuständigkeit, zB durch Vereinbarung der ausschließl Zuständigkeit eines ausl Gerichts). Denn die **Frage des Zugangs zu den dt Gerichten** kann nicht dem ausl Recht überlassen bleiben. Das dt Recht muß bestimmen, ob die dt Gerichte die internationale Zuständigkeit zu bejahen haben. Die Frage der Justizgewährung im Inland kann nur von der dt lex fori beantwortet werden, Geimer NJW 1972, 1622; Geimer IZPR Rn 1675, 1741, 1757; Schack IPRax 90, 20; Roth ZZP 93 (1980) 164, BAG NJW 84, 1320, Nürnberg RIW 1985, 891. Die Formvorschrift des § 38 II und III gilt nicht für den in § 38 I genannten Personenkreis. Die Gegenansicht (§ 38 Rn 25; Lindacher FS Habscheid, 1989, 169 Fn 13) will – angesichts der bes Bedeutung der internationalen Zuständigkeit – § 38 II und III auf alle vorprozessualen Zuständigkeitsvereinbarungen anwenden. – BGHZ 116, 77 = NJW 93, 1070 = IPRax 92, 377 (Heß 358) = IPRax 91/181 = EWiR 92, 203 (Geimer) = LM Nr 33 zu EuÜbk (Geimer) läßt offen, ob § 126 II BGB anzuwenden ist oder ob die vom EuGH zu Art 17 GVÜ entwickelten Regeln, die Zuständigkeitsvereinbarung auch durch Schriftwechsel zulassen (Anh Art 17 GVÜ Rn 6), auch für § 38 maßgebl sind. So Geimer IZPR Rn 1622. 25

Maßgebliches Statut für das Zustandekommen einer internationalen Zuständigkeitsvereinbarung bestr. Für **lex fori** Saarbrücken NJW-RR 89, 828 = IPRspr 88/162. Für **Schuldstatut des materiell-rechtl Vertrages** BGHZ 49, 384 = AWD 68, 233; BGHZ 59, 23 = BB 72, 764 (Trinkner); BGH NJW 83, 2773 = RIW 872; NJW 86, 1438; BGH RIW 89, 136 = MDR 335 = IPRax 90, 41 (Schack 19) = IPRspr 88/165; Hamburg RIW 86, 462; Frankfurt EWiR 87, 631 = IPRspr 87/15; LG München I RIW 91, 150; MK/Patzina § 38 Rn 12, 27. Für **eigenes Prorogationsstatut** Geimer NJW 72, 391; Geimer IZPR Rn 1677. Die Selbständigkeit des Prorogationsstatuts gegenüber dem Schuldstatut ist mittlerweile anerkannt, wenngleich die meisten im Ergebnis auf das Schuldsta- 26 tut rekurrieren, Firsching/von Hoffmann Rn 76 ff, Roth ZZP 93 (1980), 165; Schack IZVR Rn 444; Stöve 92 ff; Bremen RIW 85, 895. Eine (nachträgl) Rechtswahl ist auch möglich durch das Verhalten der Parteien im Prozeß, Bremen RIW 85, 894.

27 17) **Schiedsgerichtsvereinbarungen** s § 1025 Rn 75, § 1044 Rn 14.

28 18) **Verfahrensgestaltung**: Für die **Abtrennung und Verbindung** (§§ 145 ff), **Übertragung auf den Einzelrichter** (§ 348) **und Unterbrechung** (§§ 239 ff; BGH ZIP 88, 1200; Trunk ZIP 88, 280 Fn 8) gilt immer dt lex fori, nicht lex causae. Die abweichenden Vorschriften des ausl Rechts (vgl zB Koch/Zekoll RIW 1985, 841 zu US-Recht) bleiben außer Betracht. Das gleiche gilt für den Erlaß von **Zwischenurteilen** (§ 280), von **Teil- und Endurteilen** (§§ 303, 304), **Vorbehaltsurteilen** (§ 305). So wird zB ein dt Gericht auch bei Maßgeblichkeit des Rechtes eines US-Bundesstaates keine interim motions erlassen, ebenso keine interrogatories (= vom Gericht vorgelegter Fragenkatalog, den der Zeuge schriftl zu beantworten hat). Ist zB lex causae das Recht eines US-Bundesstaates, so ist gleichwohl nur nach der dt lex fori zu verfahren. – Auch für die Zulässigkeit von **Versäumnisurteilen** gilt stets die dt lex fori, Geimer IZPR Rn 359.

29 19) **Präklusion**: Auch bei ausl lex causae sind die dt Präklusionsvorschriften (§§ 273, 275, 276, 277, 296, 527, 528 etc) anzuwenden, MK-BGB/Spellenberg Rn 202 vor Art 11.

30 20) **Wahrheitspflicht**: Es gilt die dt lex fori. Rechtsvergl Hinw Coester-Waltjen Rn 41. – Umgekehrt ist – aus der Anerkennungsperspektive (§ 328 Rn 175a) – die Wahrheitspflicht ausschließl nach dem Recht des Erststaates zu beurteilen.

31 21) **Rechtskraft**: Die Rechtskraft dt Entscheidungen beurteilt sich nach dt Recht, auch wenn der Streitgegenstand nach ausl Recht zu beurteilen war. Niederländer RabelsZ 20 (1955), 49. Ist zB das Recht eines US-Bundesstaates lex causae, so wirkt ein dt Urteil nie collateral estoppel (issue preclusion). Ist in einem Rechtsstreit dem Beklagten gegenüber der Haftungsgrund festgestellt, so muß der Bekl dies sich in späteren Prozessen nicht auch von anderen Klägern entgegenhalten lassen. Auch bei ausl lex causae sind §§ 640e und h anzuwenden, nicht die Parallelbestimmungen des ausl Rechts, Jayme IPRax 89, 311. AA Grunsky ZZP 89 (1976), 258. S auch Spellenberg IPRax 84, 306 Fn 30.

32 22) **Stare decisis-Bindung an Präjudizien**: Sieht die lex causae die Bindung an Präjudizien vor, so ist diese für den dt Richter qua kollisionsrechtl Verweisung unbeachtl. Denn das dt IPR gibt keine Regeln, wie der Inhalt des ausl Rechts zu ermitteln und auszulegen ist. Es gilt vielmehr die dt lex fori. Diese schreibt allerdings vor, daß der dt Richter das ausl Recht so anzuwenden hat, wie dies der ausl Richter täte (§ 293 Rn 24). Unter dem Blickwinkel des § 293 fragt sich wiederum, ob der dt Richter die Präjudizienwirkung immer zu beachten hat oder ob er – unter den gleichen Voraussetzungen wie der ausl – zum overruling (Aufgabe einer präjudiziellen Entscheidung) berechtigt ist. Dies ist wohl zu bejahen.

33 23) **Gestaltungswirkung**: Ist nach dt IPR eine ausl Rechtsordnung maßgebl für die Rechtsgestaltung, so müssen die nach der lex causae für den Eintritt der Gestaltungswirkung notwendigen (weiteren) Voraussetzungen gegeben sein. ZB Registrierung des Scheidungsurteils durch den Standesbeamten. Darüber hinaus ist der Rechtsstandpunkt der lex causae unerhebl. Es kommt zB nicht darauf an, ob der Staat, dessen Recht (nach dt IPR) maßgeblich ist, das dt Gestaltungsurteil anerkennt; § 328 Rn 45.

34 24) **Abänderungsklage** (§§ 323, 642b, 642c, 643a). Für Maßgeblichkeit der lex causae hM, Siehr FS Bosch, 1976, 927 ff, 961; Nachw bei Geimer IZPR Rn 1570; Staudinger/Kropholler Rn 135 vor Art 18; Henrich IPRax 82, 141; 89, 53; Baumann IPRax 90, 28; Jayme IPRax 84, 102, 163; Nürnberg IPRax 84, 162 = IPRspr 83/179; BGH NJW 83, 1977 = FamRZ 83, 806 = IPRax 84, 320 (Spellenberg 304) = IPRspr 83/95; AG Hamburg IPRax 85, 297 (Henrich); Hamburg DAVorm 85, 509 = IPRspr 85/158; AG Dortmund IPRspr 85/159. Offen gelassen von Nürnberg FamRZ 96, 353. Für kumulative Anwendung des § 323 in allen Fällen KG IPRspr. 93/76; KG NJW-RR 94, 138 = FamRZ 93, 976 = IPRax 94, 455 (Baumann 435) = IPRspr. 93/156; OLG Schleswig SchlHA 93, 173 = IPRspr 93/78; StJ/Leipold § 323 Rn. 17, Leipold FS Nagel, 1987, 189. – Im Sonderfall des § 10 II AUG (BT-Drucks. 10/3662 S. 15, Baumann 170) erfolgt Abänderung der support order stets nach § 323. – S auch Rn 44.

35 25) **Unterwerfung unter die sofortige Zwangsvollstreckung:** Die Unterwerfung gemäß § 794 I Nr 5 ist eine auf das Zustandekommen eines Vollstreckungstitels gerichtete Prozeßhandlung, die ausschließl nach dt lex fori zu beurteilen ist. Außer Betracht bleibt die für den zu titulierenden Anspruch maßgebl Rechtsordnung (Schuldstatut), BGH RIW 81, 194 = MDR 81, 568 = IPRax 82, 116 Nr 33 = IPRspr 80/25; s auch Geimer DNotZ 75, 461.

35a 26) **Vollstreckungsverfahren mit Auslandsberührung** Hierzu ausführl Baur/Stürner I 57.6. § 893 II regelt auch die internationale Zuständigkeit (Annexzuständigkeit zur Aufrechterhaltung des Titels; nicht gesehen von KGR 95, 275). S auch unten Rn 40 sowie § 899 Rn 5a.

B) Gerichtsbarkeit

Gerichtsbarkeit bedeutet **facultas iurisdictionis**, dh die aus der Souveränität fließende Befugnis eines jeden Staates, Recht zu sprechen (Gerichtshoheit). Ihre Grenzen ergeben sich aus dem **Völkerrecht**. Kein Staat darf auf dem Gebiet eines anderen seine Rechtspflegeorgane tätig werden lassen, es sei denn, dieser gestattet es ausdrücklich, vgl. auch § 363 Rn 1; Siegrist, Hoheitsakte auf fremdem Staatsgebiet, 1987 (Bespr Hailbronner JZ 90, 1071). Von den persönl Befreiungen von der Gerichtsbarkeit (Rn 78) abgesehen, ist die Gerichtshoheit eines Staates innerhalb seines Territoriums nahezu unbeschränkt: **Jeder Staat besitzt auf seinem Staatsgebiet, dh mit Wirkung für seine Hoheitssphäre, Gerichtsbarkeit für die Entscheidung eines jeden bürgerl-rechtl Rechtsstreits,** sofern zu den beteiligten Parteien oder zu dem Streitgegenstand eine ausreichende Inlandsbeziehung besteht, Geimer ZfRV 92, 333; Gottwald FS Habscheid, 1989, 119; Remien 304; BVerfGE 63, 343, 369 verlangt ein „Mindestmaß an Einsichtigkeit". Das Völkerrecht verbietet, daß ein Staat für alle Rechtsstreitigkeiten auf dieser Welt die internationale Zuständigkeit beansprucht. Ein **Minimalbezug zum Inland** ist Voraussetzung hierfür, Geimer IZPR Rn 128, 384; Bajons Rn 28; Mark/Ziegenhain NJW 92, 3062; Ziegenhain 219; weiter MK/Patzina § 12 Rn 68. Zum Europäischen Übereinkommen über Staatenimmunität Kareewski RabelsZ 54 (1990), 533. – Vgl auch §§ 18 ff GVG. 36

C) Internationale Zuständigkeit

I) Regelung der internationalen Zuständigkeit in der deutschen ZPO

Ob Deutschland – im Rahmen der ihm vom Völkerrecht gesetzten weiten Grenzen (Rn 36) – den Zugang zu seinen Gerichten durch Eröffnung einer internationalen Zuständigkeit ermöglicht, bestimmt allein der dt Gesetzgeber (zu den verfassungsrechtl Vorgaben Geimer FS Schwind, 1993, 17). Das dt Recht regelt nicht nur, ob ein Forum im Inland zur Verfügung gestellt wird, sondern – ohne Rücksicht auf die lex causae, dh auf das nach dt IPR in der Sache anzuwendende Recht – auch, wie das Vorliegen oder Nichtvorliegen der internationalen Entscheidungszuständigkeit festzustellen ist, sofern sich Deutschland nicht vertragl gebunden hat zB durch Art 19, 20 I GVÜ; hierzu Geimer WM 86, 119. S auch BGH FamRZ 90, 1224 = IPRspr 90/183. 36a

Die dt Gerichtsstandsvorschriften sind grundsätzlich doppelfunktional: Sie bestimmen zum einen den Umfang der dt internationalen Zuständigkeit, zum anderen verteilen sie – sofern die dt internationale Zuständigkeit gegeben ist – die Rechtsprechungsaufgaben nach örtl Gesichtspunkten auf die einzelnen dt Gerichte, Geimer 112; Heldrich 168; Coester-Waltjen IPRax 90, 26 Fn 3; Schack IZVR Rn 236; BGH NJW 85, 2090 = IPRspr 85/137; BGH NJW 91, 2212 = FamRZ 91, 925 = IPRax 92, 101 (Henrich 84) = MDR 91, 1066 = IPRspr 91/106; BGH NJW 92, 974 = FamRZ 92, 426 = IPRspr 91/183; Karlsruhe FamRZ 92, 58 = IPRspr 91/107; KG FamRZ 91, 808 = IPRspr 90/106. Dies gilt auch für **Zuständigkeitsvereinbarungen**: Vereinbaren die Parteien die „örtl Zuständigkeit" eines dt Gerichts, so liegt darin auch die Vereinbarung der internationalen Zuständigkeit Deutschlands; Geimer IZPR Rn 947. Enger für Gerichtsstandsklauseln in **Standardvertragsbedingungen** Reithmann/Martiny/Hausmann Rn 1280; zum umgekehrten Fall (Vereinbarung nur der internationalen Zuständigkeit ohne örtl Zuständigkeit) Rn 75. Ist die ausschließl „örtl" Zuständigkeit eines ausl Gerichts vereinbart, so ist die internationale Zuständigkeit Deutschlands derogiert. AA BGHZ 94, 158 = IPRax 87, 305 (Nicklisch 286). 37

Die gesetzestechnische Konstruktion des positiven dt Rechts darf jedoch nicht den Blick dafür verstellen, daß die **internationale Zuständigkeit** eine von der örtl Zuständigkeit zu unterscheidende **selbständige Prozeßvoraussetzung** ist. Das zeigt sich zB daran, daß § 512a und § 549 II für die Prüfung der internationalen Zuständigkeit nicht zur Anwendung kommen, BGHZ 44, 46. 38

Die Verschiedenheit von internationaler und örtl Zuständigkeit wird deutlich angesichts der **unterschiedl Interessenlage**, die beiden Rechtsinstituten zugrundeliegt. Bei der innerstaatl Verteilung der Rechtsprechungsaufgaben mit Hilfe der Gerichtsstandsvorschriften kann von der Gleichwertigkeit sämtl erstinstanzieller (Zivil-) Gerichte ausgegangen werden. Alle wenden das gleiche Verfahrensrecht und das gleiche materielle Recht an. Wesentl vielschichtiger ist die Interessenlage, die der Gesetzgeber bei der Normierung der internationalen Zuständigkeit vorfindet. Die Zuweisung eines bestimmten Rechtsstreits an ein dt oder ausl Gericht entscheidet über das anzuwendende Prozeßrecht; das ausl Verfahrensrecht kann erhebl Erschwerungen für die Prozeßführung mit sich bringen (fremde Gerichtssprache und Notwendigkeit der Beauftragung eines ausl Anwalts). Hinzu kommt, daß die internationale Zuständigkeit mittelbar über das anzuwendende Kollisionsrecht (IPR) und damit über das anzuwendende materielle Recht entscheidet, Geimer IZPR Rn 79 ff. 39

Für den Bereich des **autonomen dt Rechts** ist weitgehend ungeklärt, wann Deutschland eine **ausschließl internationale Zuständigkeit** in Anspruch nimmt, Eilers 29. **In Ehesachen** wird im unmittelbaren Staatsinteresse keine ausschließl internationale Zuständigkeit beansprucht, arg 40

§ 606a I 2 nF, s § 606a Rn 95. Das gleiche gilt in Kindschaftssachen; s § 640a Rn 19. **Auf dem Gebiet der vermögensrechtl Streitigkeiten** geht es vorwiegend darum, ob und gegebenenfalls inwieweit Deutschland ausschließl internationale Zuständigkeit beansprucht für Klagen betr inländischen Grundbesitz und inländische grundstücksgleiche Rechte (§ 24, bejahend BT-Drucks 10/504, S 89), Mietverhältnisse über inländischen Wohnraum (§ 29a), Ansprüche nach dt KartellR (Stuttgart RIW 91, 333) sowie dt Patente und sonstige von Deutschland verliehene gewerbl Schutzrechte; Nachw Grundmann IPRax 85, 249; MK/Patzina § 12 Rn 92. Auf dem Gebiet des **unlauteren Wettbewerbs** ergibt sich bereits aus dem Gesetzestext des § 24 I 2 UWG, daß die dt Wohnsitz- bzw Aufenthaltszuständigkeit nicht verdrängt wird durch eine ausl gewerbl Niederlassung oder einen ausl Begehungsort. Vgl BGH NJW 68, 1572 = GRUR 68, 587 = IPRspr 68–69/170 (dort wurde die Zuständigkeitsfrage als unproblematisch angesehen und deshalb gar nicht erwähnt). Für die in § 893 erwähnte Klage (**Übergang von Erfüllungsanspruch auf Schadensersatz**) besteht trotz § 802 keine ausschließl internationale Zuständigkeit des Urteilsstaates, § 893 Rn 2. Die dt internationale Zuständigkeit gemäß §§ 12 ff wird also durch § 893 II nicht verdrängt, auch wenn die Verurteilung zur Leistung im Ausland erfolgte. So wohl auch Pagenstecher RabelsZ 11 (1937), 389, 393; Geimer EWiR 85, 586. – **Generell gegen internationale Ausschließlichkeit** Geimer IZPR Rn 878.

40a **Mahnverfahren.** Hierzu BGH RIW 95, 1028; Geimer IZPR Rn 973, 1461, 1983; Wagner RIW 95, 56.

41 Die Doppelfunktionstheorie gilt auch für den Bereich der **Arbeitsgerichtsbarkeit** (§ 46 ArbGG) und der **freiw Gerichtsbarkeit.**

41a Zu den **verfassungsrechtl Vorgaben für Normierung der Regeln über die internationale Zuständigkeit** Geimer FS Schwind, 1993, 17. Zur Frage der „Übertragung" der an sich von deutschen Gerichten zu erledigenden Rechtsprechungsaufgaben auf ausländische, internationale oder supranationale Gerichte MK/Patzina § 12 Rn 56; Geimer NJW 91, 3072; ders ZfRV 92, 341.

41b Ist Deutschland international zuständig, so ist die **Vorfragenkompetenz** der dt Gerichte grundsätzl unbegrenzt. Voraussetzung für die Beachtung der Aufrechnung im dt Prozeß ist jedoch, daß Deutschland für die klageweise Geltendmachung der zur **Aufrechnung** verwendeten Forderung international zuständig wäre, BGH NJW 93, 2753 = IPRax 94, 115 (Geimer 82) = LM EuÜbk Nr 39 (Wolf). S auch Rn 89 und Anh Art 2 GVÜ Rn 21a.

II) Erweiterung der dt internationalen Zuständigkeit über die geschriebenen Regeln hinaus

42 **1) Internationale Not- bzw Ersatzzuständigkeit**: Rechtsschutz kann zum einen verweigert w im Fall des negativen **internationalen Kompetenzkonflikts**, dh wenn sich Deutschland für international unzuständig erklärt, aber auch keiner der aus dt Sicht (§ 328 I Nr 1) konkurrierenden, international zuständigen Staaten die Klage zur sachl Entscheidung annimmt. In all diesen Fällen muß in Deutschland **eine internationale Notzuständigkeit** aufgetan werden, Geimer IZPR Rn 1030; Schack IZVR Rn 397; MK/Patzina § 12 Rn 95. Generell gebietet **Art 6 I EMRK**, dann die internationale Zuständigkeit zu bejahen, wenn die Nichtannahme der Klage einer Justizverweigerung gleichkäme, Geimer 56; ders RIW 75, 83 und BerDGVR 33 (1994), 226. Das gilt auch, wenn die Anrufung des nach dt IZPR an sich international zuständigen ausl Gerichts nicht mögl oder zumutbar ist. – Daß in Deutschland (in vermögensrechtl Streitigkeiten) **Fälle der Notzuständigkeit selten** sind, liegt an dem (bisher) **weiten Anwendungsbereich des Vermögensgerichtsstandes (§ 23).**

43 **2) Internationale Zuständigkeit für Abänderungsklagen nach § 323: a) Abänderung dt Entscheidung**: Die ZPO kennt keinen bes Gerichtsstand der Abänderungsklage. Gleichwohl ist eine konkurrierende internationale Zuständigkeit Deutschlands für die Abänderung der von dt Gerichten erlassenen Entscheidungen zu bejahen, ohne Rücksicht darauf, ob nach §§ 12 ff eine inländische Zuständigkeit gegeben ist; Geimer RIW 75, 84. Örtl zuständig ist das Prozeßgericht 1. Instanz des Erstprozesses analog § 767 I; diese Analogie ist sachgerechter als die §§ 15 I 2, 27 II.

44 **b) Abänderung ausl Entscheidungen**: Eine internationale Zuständigkeit Deutschlands ist dann eröffnet, wenn eine Zuständigkeitsanknüpfung nach §§ 12 ff gegeben ist, BGH FamRZ 83, 806; Baumann IPRax 90, 28. Die Abänderung eines ausl Titels durch ein dt Gericht setzt voraus, daß die ausl Entsch im Inland anzuerkennen ist (andernfalls ist das ausl Urt aus dt Sicht nicht relevant) und daß die lex causae eine Abänderungsmöglichkeit zuläßt, bestr (Rn 34). – Fragl, ob ausl Vollstreckungstitel vorher für vollstreckbar (§ 722) erklärt sein muß. Verneinend Siehr FS Bosch (1976) 941; AG Emmendingen IPRspr 82/54. Nachw Stankewitsch IPRax 94, 103. – § 722 Rn 62.

45 **3) Forum legis – Statuszuständigkeit (Internationale Zuständigkeit Deutschlands auf Grund Maßgeblichkeit deutschen Rechts)**: Ist nach dt IPR der **Streitgegenstand nach dt Recht** zu beurteilen, so erhebt sich die Frage, ob bereits daraus die internationale Zuständigkeit Deutschlands abzuleiten ist ohne Rücksicht darauf, ob ein Gerichtsstand nach §§ 12 ff gegeben ist. Dies ist zu verneinen, § 606a Rn 29, Geimer IZPR Rn 1041, v Bar IPR I Rn 408, Kropholler IPR § 58 II 3, Linke IZPR Rn 134; MK/Patzina § 12 Rn 108; Schack IZVR Rn 216, auch dann, **„wenn die Verwirklichung des materiellen Rechts notwendig die Einschaltung der Gerichte voraussetzt"**, dh für den Bereich der streitigen Zivilgerichtsbarkeit für **Gestaltungsklagen auf der Grundlage deutschen materiellen Rechts** (aA Heldrich 191).

Auch die **Notwendigkeit einer Rechtsgestaltung auf Grund Anwendbarkeit dt Rechts** ist kein Anlaß, eine internationale Zuständigkeit aufzutun. Kann die vom dt Recht vorgeschriebene Rechtsgestaltung von den aus dt Sicht (§ 328 I Nr 1) international zuständigen Gerichten nicht vorgenommen werden, etwa weil diese sich für unzuständig erklären oder die Rechtsgestaltung nach dt Recht als ihrer Rechtsordnung wesensfremd ablehnen, so besteht idR eine deutsche Not- oder Ersatzzuständigkeit, Rn 89. Der innere Grund für diese Kompetenz ist aber **nicht der Gleichlauf zwischen materiellem Recht und Zuständigkeit**, sondern die **Rechtsschutzverweigerung im Ausland**, ein typisch verfahrensrechtl Gesichtspunkt. 46

Durchsetzung international zwingenden Rechts. Die Rspr des BGH (Rn 67) führt zu der Frage, ob – trotz Fehlens einer Zuständigkeitsanknüpfung (§§ 12 ff) – eine internatioale Zuständigkeit dann zu eröffnen ist, wenn feststeht, daß die (nach ihrem Recht ihre internationale Zuständigkeit bejahenden) ausl Gerichte (aus dt Sicht) international zwingende Normen bzw Rechtsgrundsätze (Geimer/Schütze I § 198) nicht anwenden werden und deshalb das zu erwartende ausl Urteil im Inland nicht anerkennungsfähig sein wird. Die Antwort lautet: Nein, weil eine Prognose nicht möglich bzw zu unsicher ist. Lösung: Der Kläger muß zuerst im Ausland ein konkretes Urteil erstreiten. Ist dieses im Inland nicht anerkennungsfähig, so ist nach allgemeinen Grundsätzen (Rn 42 ff) eine Ersatzzuständigkeit im Inland gegeben. 47

III) Fehlen der internationalen Zuständigkeit Deutschlands, obwohl Gerichtsstand im Inland gegeben ist?

1) Fehlende Vollstreckungsmöglichkeit im Inland ist kein Grund, die internationale Zuständigkeit für das Erkenntnisverfahren zu verneinen, Geimer IZPR Rn 976; zustimmend MK/Patzina § 12 Rn 107. 48

2) Bei **Feststellungsprozessen** muß das Feststellungsinteresse nicht in Deutschland lokalisierbar sein. Auch ein **Feststellungsinteresse im Ausland** (ausl Rechtsstreit) führt nicht zur Unzulässigkeit der Feststellungsklage. AA BGHZ 32, 173; BGH WM 82, 619 = IPRax 82, 249; **Ausnahme:** Für die rechtskraftfähige Feststellung der Anerkennungsfähigkeit einer ausl Entscheidung in einem dritten Staat besteht idR kein Feststellungsinteresse, Geimer/Schütze I § 146 III; s auch § 328 Rn 205. 49

3) Viele erachten Deutschland für international unzuständig für **Klagen aus ausländischen Patenten, Marken und ähnlichen gewerbl Schutzrechten**. Nur von den Gerichten des Verleihungsstaates sei ein sachlich richtiges Urteil zu erwarten. Der Grad der Schwierigkeit der Anwendung ausl Patentrechts etc ist aber kein Kriterium des IPR oder IZPR. So richtig RG GRUR 40, 438. Bestr für **schutzrechtl Bestandsvernichtungsverfahren,** Geimer IZPR Rn 1005. Ablehnend MK/Patzina § 12 Rn 104. 50

Für **Verletzungsprozesse** besteht keine Beschränkung der internationalen Zuständigkeit, Düsseldorf OLGZ 67, 61 = GRUR Ausl 68, 100 = IPRspr 66–67/183; Geimer/Schütze I § 90 XVI. 51

4) Keine Beachtung der Beanspruchung der ausschließl internationalen Zuständigkeit durch einen fremden Staat: Die nach den Regeln der §§ 12 ff ermittelte internationale Zuständigkeit Deutschlands wird nicht dadurch beeinträchtigt, daß ein fremder Staat für sich eine ausschließl internationale Zuständigkeit beansprucht mit der Folge, daß das dt Urteil von ihm nicht anerkannt wird, Geimer IZPR Rn 987. Auch die dt **internationale Zuständigkeit zur Abänderung ausl Entscheidungen (§ 323)** hängt nicht davon ab, ob der Erststaat oder sonstige ausl Staaten das dt Abänderungsurteil anerkennen. 52

5) Deutsche internationale Zuständigkeit ohne Rücksicht auf Anerkennung des dt Urteils im Ausland: Die internationale Zuständigkeit Deutschlands ist nicht davon abhängig, ob das Ausland dt Urteile anerkennt, BayObLGZ 1959, 16; BGH WM 80, 410 = IPRspr 80/140. Ausnahme: § 606a I 1 Nr. 4. – Dies gilt vor allem auch für die Begründung der dt internationalen Zuständigkeit durch Zuständigkeitsvereinbarungen, Geimer IZPR Rn 991. 53

6) Deutsche internationale Zuständigkeit zur Durchführung eines Mahnverfahrens: Besteht keine dt internationale Zuständigkeit für das (normale) Erkenntnisverfahren nach §§ 12 ff bzw dem einschlägigen Vertrag (zB GVÜ), so ist sie auch für das Mahnverfahren nicht gegeben, BGH RIW 81, 705 = IPRax 82, 159 (von Hoffmann); Geimer IZPR Rn 973; Wagner RIW 95, 92; Busl IPRax 92, 20; Pfeiffer IPRax 94, 424. **Wohnt der Schuldner (Antragsgegner) nicht im Inland,** ergibt sich die örtl Zuständigkeit aus § 703d, nicht aus § 689 II. 54

IV) Forum non conveniens

55 Im anglo-amerikanischen Rechtsbereich wurde die Lehre vom forum non conveniens entwickelt: Trotz Vorliegens eines Kompetenzgrundes kann der Richter im konkreten Fall das forum für non conveniens erklären, dh die Annahme der Klage und damit eine Sachentscheidung ablehnen, Nachw Erwand, forum non conveniens und EuGVÜ, 1996; Huber RIW 93, 977; Wahl, Die verfehlte internationale Zuständigkeit, 1974, versucht zu beweisen, daß die Lehre vom forum non conveniens übereinstimmt mit der dt Lehre vom (fehlenden) Rechtsschutzbedürfnis. Er plädiert für ein Aufweichen der starren Zuständigkeitsregeln und postuliert als oberstes Prozeßziel ein **„richtiges Sachurteil auf Grund eines gerechten Verfahrens"**.

56 **Stellungnahme** (Geimer IZPR Rn 1075): Die Thesen Wahls gefährden die Rechtssicherheit in unerträgl Maße und öffnen der Willkür Tür und Tor. Über die Frage, ob der Prozeß in einem anderen Staat „gerechter" oder „fairer" entschieden werden könnte, läßt sich endlos streiten. Diese Frage ist schlechthin nicht justiziabel, Rn 78. Wahl leugnet in einer verfassungsrechtl nicht haltbaren Weise die Bindung des Richters an das Gesetz: Nach Wahl hat der Richter das Gesetz zu ignorieren und die im Vorfeld des Gesetzes liegenden (de lege ferenda zu berücksichtigenden) Interessen abzuwägen. Damit fordert er aber den Richter auf, die Arbeit des Gesetzgebers zu tun und dessen Funktion zu übernehmen. Dies ist dem Richter aber im gewaltenteilenden Rechtsstaat verboten. Entschieden zu widersprechen ist auch der These, die Schwierigkeit oder Leichtigkeit der Sachverhaltsaufklärung sei kompetenzrechtl relevant. Zustimmend München IPRax 84, 319 (Jayme 303), Schütze DIZPR 39; Kropholler IPR § 58 II 4; Schack IZVR Rn 502; MK/Patzina § 12 Rn 100. Vgl. auch § 606a Rn 32. – Bei der (einengenden) Auslegung des § 23 legt Stuttgart IPRax 91, 179 (Fricke 159) forum non conveniens-Gesichtspunkte zugrunde, Fischer RIW 90, 796. Ebenso im Ergebnis BGHZ 115, 91 = NJW 91, 3092 = LM § 23 Nr 7 (Pfeiffer) = IPRax 92, 164 (Schlosser 140) = JZ 92, 51 (Schack) = DWiR 91, 245 (Schütze 239) = RIW 91, 856 (Fischer RIW 92, 57). Kritisch Geimer NJW 91, 3072 und Schack FS Nakamura, 1996, 495.

57 Vorstehende Erwägungen gelten sowohl für das **Erkenntnisverfahren** wie für das **Stadium der Vollstreckung:** Wird die Vollstreckbarerklärung eines ausl Titels beantragt, so kann dem nicht entgegengehalten werden, der Gläubiger könne in einem anderen Staat vollstrecken; dort sei die Vollstreckung leichter, ergiebiger oder sonstwie vorteilhafter. **Es gibt keine executio non conveniens**, Geimer NJW 80, 1234. Vgl auch § 328 Rn 119a, § 722 Rn 58.

V) Forum shopping – Wahl des für den Prozeßsieg günstigen Forums

58 Primäres Interesse jeder Partei ist es zu obsiegen. Die Partei strebt deshalb nicht ohne weiteres vor ihre Heimat- oder Wohnsitzgerichte, sondern vor die Gerichte desjenigen Staates, dessen IPR eine Rechtsordnung zur Anwendung beruft, nach der die Klage des Klägers bzw die Rechtsverteidigung des Beklagten Aussicht auf Erfolg hat, Geimer IZPR Rn 1095. Dieses Streben ist verständlich; gleichwohl hat man es mit dem bösen Terminus „forum shopping" belegt. Dieses Schlagwort darf nicht den Blick dafür trüben, daß es sogar die Pflicht des Anwalts ist, dem Kläger zu empfehlen, die Klage in dem Staat zu erheben, vor dessen Gerichten das (berechtigte) Klagebegehren die größten Chancen auf Erfolg hat, sofern nicht fehlende Vollstreckungsmöglichkeiten im Forumstaat und/oder die Verweigerung der Anerkennung in Deutschland den Klageerfolg als Pyrrhussieg erscheinen lassen. Hierfür haftet er seinem Klienten, Geimer EWiR 86, 140. – Zustimmend Kropholler Rn 160; ders IPR § 58 II 4; MK/Patzina § 12 Rn 99; Siehr ZfRV 84, 141, Fn 111; v Bar IPR I Rn 410: „Im übrigen ist zu berücksichtigen, daß das Bild des Klägers, der sich die Gerichtsstände heraussucht wie ein Kind die Rosinen aus dem Teig, für die Vielzahl der Fälle viel zu einfach ist und deshalb die Wirklichkeit verzerrt." Vgl auch Schack IZVR Rn 222.

59 Auf **Unterlassung der Klageerhebung** im nach § 328 I Nr 1 unzuständigen Ausland kann der Beklagte (des Erstprozesses) seinen Kläger in Deutschland wohl nicht verklagen (Rn 102; Geimer IZPR Rn 1119), bei sittenwidriger Schädigung jedoch auf Ersatz des durch den ausl Erstprozeß entstandenen Kostenaufwands und Schadens, Geimer/Schütze I 472, 943; Geimer WM 86, 122; Kropholler Rn 167. Anders Schlosser Justizkonflikt 37, der sich mehr an dem angelsächs Modell (injunctions restraining foreign proceedings, Nachw bei Düsseldorf ZIP 96, 294 = EWiR 96, 321 (Mankowski); v Bar IPR I Rn 392 Fn 379, Rn 409 Fn 446; Martiny I Rn 477 Fn 1442; Smith RIW 93, 802) orientiert. Vgl auch § 363 Rn 123 u Krause-Ablass/Bastuck FS Stiefel (1987) 446. – Zur Frage des Schadensersatzes Nürnberg RIW 93, 412.

60 Das forum shopping ist auf dem Hintergrund des **fehlenden internationalen Entscheidungseinklangs** zu sehen: Solange das IPR von Staat zu Staat verschieden ist, ist die unterschiedl Beurteilung des Klagebegehrens die logische Konsequenz, weil die Verschiedenheit der Kollisionsregeln idR inhaltl verschiedenes Sachrecht zur Anwendung beruft. Nahezu unwiderstehl ist der dadurch erzeugte Anreiz für den Kläger, seine Sache vor die Gerichte desjenigen Staates zu bringen, dessen IPR die für ihn günstigste Rechtsordnung zur Anwendung bringt. Man sollte deshalb weniger den Kläger oder seinen listigen Anwalt schelten, als vielmehr die Staaten dieser

Welt ermuntern, die Kollisionsregeln zu vereinheitlichen oder Einheitsrecht zu schaffen. **Das Wahlrecht des Klägers/Antragstellers** bestätigt ausdrücklich BGH NJW 85, 552 (II 3b).

VI) Internationale Zuständigkeitsvereinbarungen

Lit: Geimer IZPR Rn 1596 ff; Hernández-Breton, Internationale Gerichtsstandsklauseln in AGB, 1993; Arnold Jakobs, Vorprozessuale Vereinbarungen über die dt internat Zuständigkeit, Diss Mannh 1974; Jung, Vereinbarungen über die internat Zuständigkeit nach dem EWG-Gerichtsstands- und Vollstreckungsübereinkommen und nach § 38 Abs 2 ZPO, Diss Bochum 1980; Killias, Gerichtsstandsvereinbarungen nach dem Lugano-Übereinkommen, 1993; Linke IZPR Rn 177; Matscher, Zuständigkeitsvereinbarungen im österreichischen und internat ZPR, 1967; Rahmann, Ausschluß staatl Gerichtszuständigk, 1984; Reiser, Gerichtsstandsvereinbarungen nach dem IPR-Gesetz, Zürich 1989; Reithmann/Martiny/Hausmann Rn 1250; Schütze DIZPR 45. **61**

Zu unterscheiden ist die **Prorogation** der (an sich nicht gegebenen) internationalen Zuständigkeit Deutschlands und die Derogation der (an sich gegebenen) deutschen internationalen Zuständigkeit. – Die Derogation der **nach §§ 12 ff gegebenen internationalen deutschen Zuständigkeit** ist zulässig, Bremen RIW 85, 895. Die dt Gerichte haben die Derogation ohne Wenn und Aber zu beachten, auch wenn sie diese für unzweckmäßig halten. Eine **forum non conveniens**-Prüfung (Rn 55) ist unzulässig, Geimer IZPR Rn 1759; verfehlt LG Kiel RIW 85, 409 = IPRax 85, 35 (Böhner 15). **62**

Die Derogation ist möglich durch **isolierten Derogationsvertrag** oder durch die Vereinbarung der **ausschließl internationalen Zuständigkeit** eines anderen Staates bzw der ausschließlichen Zuständigkeit eines ausländischen Gerichts. **Derogation** ist auch dann **zulässig**, wenn das Urteil des als ausschl international zuständig vereinbarten ausl Gerichts im Inland nicht anerkannt wird. Dies kann zum Verlust jeden Rechtsschutzes führen, wenn der Schuldner sein gesamtes Vermögen in Deutschland hat, Geimer IZPR Rn 1765; Pfeiffer 518; Saarbrücken NJW-RR 89, 828 = IPRspr 88/162. Jedoch muß sorgfältig geprüft w, ob dies die Parteien bedacht u gewollt haben. **63**

Die **Parteien** können die Derogation der dt internationalen Zuständigkeit unter der Bedingung vereinbaren, daß die ausl Gerichte die Prorogation annehmen und daß das ausl Urteil in Deutschland anerkannt und vollstreckt werden kann; Geimer NJW 71, 1525, WM 75, 910 und JZ 79, 648. Andere sprechen von **Wegfall** der **Geschäftsgrundlage oder geben ein Anfechtungsrecht**. Nachw Schütze IPRax 84, 248; Geimer IZPR Rn 1766. Ein solcher Vorbehalt ist im Zweifel anzunehmen für den **Fall des Stillstandes der Rechtspflege im prorogierten Staat**, BAG NJW 79, 1119 = JZ 79, 647 (Geimer) = IPRspr 78/144 sowie LAG Hamburg IPRspr 80/137 A; LAG Frankfurt RIW 82, 524 = IPRspr 81/163; Schütze RIW 82, 775; ders DIZPR 54. Das gleiche gilt für **sonstige Fälle der Nichtannahme (Verweigerung einer Entscheidung in der Sache) durch das forum prorogatum**, Kropholler Rn 552; Rathke RIW 84, 279; Schütze RIW 82, 775; IPRax 84, 247, Bremen RIW 85, 895. – Im Zweifel ist ein solcher Vorbehalt konkludent vereinbart: Wird das vom prorogierten ausl Gericht erlassene Urteil im Inland nicht anerkannt, dann kann erneut in Deutschland geklagt werden (**internationale Ersatzzuständigkeit**, vgl. Geimer WM 75, 911 sowie JZ 79, 648 und oben Rn 42), sofern nicht Ausschluß jegl Rechtsschutzes gewollt war. So ausdrückl Art 31 II CMR. **64**

Haben die Parteien die ausschl Zuständigkeit eines ausl Gerichts vereinbart, so ist diese Abrede idR dahin auszulegen, daß auch die **internationale Zuständigkeit Deutschlands für den einstweiligen Rechtsschutz (Arrest und einstweilige Verfügung**) abbedungen sein soll; Geimer WM 75, 912; aA Eilers 36. – **Exkurs**: Anders ist es bei der **Vereinbarung eines (ausl) Schiedsgerichts**, sofern man mit der hM davon ausgeht, daß das Schiedsgericht einstw Verfügungen und Arreste nicht erlassen kann, § 1034 Rn 53, Schütze DIZPR 189. **65**

Die **dt lex fori** (Rn 25) bestimmt, ob die Vereinbarung über den Ausschluß der internationalen Zuständigkeit zulässig ist, der Schriftform bedarf, diese gewahrt ist und welche prozessualen Wirkungen die Derogationsvereinbarung hat; Geimer IZPR Rn 1675, 1757; Schack IPRax 90, 19; Nürnberg NJW 85, 1296. Daher kommt es nicht darauf an, was das ausl Prozeßrecht zur Formfrage sagt, erst recht nicht auf den Standp der lex causae des Hauptvertrages, BAG RIW 84, 319. **66**

Der BGH NJW 84, 2037 = RIW 85, 78 = IPRax 85, 216 (Roth 198) hält die Derogation der an sich (nach §§ 12 ff gegebenen) internationalen Zuständigkeit Deutschlands für unwirksam, wenn feststeht, daß das vom ausl forum prorogatum (noch) zu erlassende Urteil im Inland deshalb nicht anerkannt werden kann, weil es aus dt Sicht auch gegenüber ausl Urteilen durchzusetzendes, **international zwingendes Recht** (hierzu Geimer/Schütze I § 198) nicht anwenden wird, Geimer IZPR Rn 1057, 1770; Reiser 103 (für Schweiz); Wach/Weberpals AG 89, 194; Welter WuB VII A § 21 ZPO 1.89; s auch § 1025 Rn 12. **67**

Kropholler Rn 543 will für **„reine Inlandsfälle"** eine Derogation generell verbieten. Er beruft sich dabei auf die Schranken der kollisionsrechtl Parteiautonomie in reinen Inlandsfällen und meint damit wohl die Gefahr der „Umgehung" international zwingenden Rechts. **68**

69 **Stellungnahme: Die hM vermengt unzulässig forum und ius.** Welches Recht das ausl Gericht anwenden wird, bleibt bei der Kompetenzprüfung außer Betracht. Im übrigen steht ex ante noch gar nicht fest, ob das ausl Gericht das **aus dt Sicht international zwingende Recht** nicht doch zur Anwendung bringt. Man muß daher den Ausgang des Verf am forum prorogatum abwarten. Die Frage der Anwendung des „richtigen Rechts" ist dann aufzuwerfen, wenn die im forum prorogatum erlassene Sachentscheidung (vielleicht kommt es gar nicht zu einem Urteil, weil sich die Parteien vergleichen etc) zur Anerkennung ansteht: Ist die/der in concreto in Betracht kommende dt Norm/Rechtsgrundsatz tatsächl so elementar, so ist der ausl Entscheidung die Anerkennung zu verweigern, § 328 I Nr 4. Dabei ist zu beachten, daß via § 328 I Nr 4 nicht der gesamte Normenbestand, den der dt Zweitrichter als international zwingend – auch bei ausl Sachstatut kraft Sonderanknüpfung – anwenden würde, wenn er im Erkenntnisverfahren mit der Entscheidung des (tatsächl vom ausl forum prorogatum entschiedenen) Falles befaßt wäre, gegenüber dem ausl Urteil (hier des forum prorogatum) durchgesetzt wird. Geimer/Schütze I § 198. Wird dem ausl im forum prorogatum erlassenen Urteil die Anerkennung verweigert, dann ist der Weg frei für die Klage vor inländischen Gerichten. Ist nach §§ 12 ff kein Gerichtsstand (mehr) gegeben, dann ist – sofern in Drittstaaten keine internationale Zuständigkeit eröffnet ist – **Notzuständigkeit** in Deutschland zu gewähren, Rn 42. Kritisch auch Schütze EWiR 89, 681.

70 Für **deliktische Klagen** besteht ein Derogationsverbot vor Eintritt des Schadens (soweit die deliktischen Ansprüche nicht gleichzeitig eine Vertragsverletzung darstellen, Rn 81), nicht jedoch ein Prorogationsverbot: die Klagemöglichkeiten des Geschädigten dürfen erweitert (Geimer/Schütze I 637), aber nicht eingeschränkt werden, Geimer IZPR Rn 1771. Insofern besteht eine Parallele zu § 276 II BGB. Vgl Vollkommer IPRax 92, 209.

71 Die **Wahl einer ausl Rechtsordnung (lex causae)** bedeutet nicht die (stillschweigende) Derogation der internationalen Zuständigkeit Deutschlands, Geimer IZPR Rn 1674.

72 Wurde die dt internationale Zuständigkeit derogiert, so kann der Streitgegenstand der Zuständigkeitsvereinbarung gleichwohl **Gegenstand einer Streitverkündung** sein, sofern die Parteien nicht auch diese Möglichkeit ausschließen wollten. Die Derogation der internationalen Zuständigkeit Deutschlands umfaßt iZw auch nicht den Ausschluß der internationalen Zuständigkeit zur Durchführung eines **Beweissicherungsverfahrens.**

73 **Zeitschranke**: Nichtkaufleute (§ 38 I) können grundsätzl erst nach Entstehen der Streitigkeit die dt internationale Zuständigkeit derogieren. Ausnahme: Vergleich und Schuldbeitritt, aA BGH NJW 86, 1438 (krit Geimer). – Anders Art 17 GVÜ.

74 Für die Annahme der **Prorogation durch die dt Gerichte** ist nicht Voraussetzung, daß die Entscheidung des dt Gerichts in dem Staat, dessen an sich nach § 328 I Nr 1, §§ 12 ff gegebene internationale Zuständigkeit derogiert wurde, anerkannt wird; der Kompetenzanspruch fremder Staaten ist für den dt Richter unbeachtl, näher Geimer IZPR Rn 1750.

75 Es ist **nicht erforderlich, daß ein bestimmtes dt Gericht prorogiert** wurde. Wurde lediglich die internationale Zuständigkeit Deutschlands vereinbart, ohne ein Gericht zu benennen, das örtl zuständig sein soll, dann sind die Gerichte in Bonn (künftig: Berlin) örtl zuständig analog §§ 15 I 2, 27 II; Geimer IZPR Rn 1753; zustimmend MK/Patzina § 12 Rn 88; anders die hM. – Für Art 17 GVÜ s Geimer/Schütze I 252, 884.

76 Die **Zulässigkeit** der Begründung der internationalen Zuständigkeit Deutschlands **durch Parteivereinbarung** beurteilt sich stets **nach dt Recht**. Ausschließl das dt Prozeßrecht bestimmt, wann dt Gerichte eine internationale Prorogation anzunehmen haben, Geimer IZPR 1675, 1741, 1757. **Den Zugang zu den dt Gerichten regelt allein das dt Recht**. Deshalb kommt es auf den Standpunkt des in der Sache anzuwendenden ausl Rechts nicht an. Über Zulässigkeit, Form, Zustandekommen (Rn 25), Auslegung und Wirkung entscheidet nur die dt lex fori. Deshalb kommt es auch nicht darauf an, ob sich der ausl Staat, dessen internationale Zuständigkeit derogiert wurde, für **ausschließl international zuständig** erachtet; Düsseldorf AWD 73, 401 = IPRspr 72/30.

77 Auch wenn der Rechtsstreit **keinerlei Beziehungen zu Deutschland** aufweist, ist die Vereinbarung der dt internationalen Zuständigkeit zulässig, Geimer IZPR Rn 1745.

78 Zu Unrecht weist LG Hamburg, RIW 76, 228 = IPRspr 75/141, eine Zuständigkeitsvereinbarung zurück mit der Begründung, „mangels ausreichender Inlandsbeziehungen sei das gewählte Gericht in eine ungleich schlechtere Lage versetzt, den Tatbestand zu klären und ein gerechtes Urteil zu sprechen als das reguläre Gericht am Wohnsitz des Beklagten". Woher weiß das LG Hamburg, daß das Wohnsitzgericht eine gerechtere Entscheidung fällen kann? S auch Rn 56. Geimer Rn 1739. Gegen forum non conveniens-Erwägungen auch München IPRax 84, 318 = IPRspr 83/139; Hamburg VersR 83, 1149 = IPRspr 83/138, wo zu Recht das Argument, engl Gerichte könnten am besten engl Klauseln auslegen, zurückgewiesen wird.

Das Vorhandensein einer **Vollstreckungsmöglichkeit im Inland** ist ebenfalls nicht Voraussetzung für die Annahme einer internationalen Prorogation, Geimer NJW 71, 232 und NJW 72, 1622; München IPRax 83, 122 (Jayme 105). 79

Ob eine internationale Prorogation die **ausschließl oder nur die konkurrierende internationale Zuständigkeit** des prorogierten Staates begründet, entscheidet der Wille der Parteien, Geimer EWiR 85, 167, Geimer IZPR Rn 1736; Schack IZVR Rn 458. Dieser ist durch Auslegung zu ermitteln, Hamburg RIW 83, 125 = IPRspr 82/133; BGH NJW 73, 951 (Geimer) = IPRspr 72/144. Eine Vermutung zugunsten der Ausschließlichkeit besteht nicht, München RIW 86, 381; Hamburg RIW 83, 125 = IPRspr 82/133; München IPRax 85/41 (Jayme/Haack 323); Geimer EWiR 85, 167. Vgl. auch Bamberg IPRax 90, 105 (Prinzwig 83) = IPRspr 88/163. 80

Objektive und subjektive Grenzen von Zuständigkeitsvereinbarungen: Hamburg RIW 82, 669; Geimer/Schütze I 926; Schütze DIZPR 58; Geimer NJW 85, 533; Geimer IZPR Rn 1719, 1723. Im Zweifel w (mit den vertragl konkurrierende) deliktische Ansprüche (Rn 70) mitumfaßt, Schütze DIZPR 57/58; Geimer IZPR Rn 1719; Schack IPRax 90, 20 Fn 20. Erfaßt wird i Zw das gesamte Vertragsverhältnis einschließl Nachträgen und Vergleich. S § 1025 Rn 53 sowie Stuttgart RIW 91, 331. – Zu Prorogations- und Derogationsverboten Geimer IZPR Rn 926, 1642, 1769; Reiser 98 ff. 81

Rechtswahl und Gerichtswahl: Die Wahl dt Rechts bedeutet nicht Prorogation der dt internationalen Zuständigkeit. Die Wahl eines dt Gerichtsstandes ist – mangels ausdrückl Rechtswahl – zumindest ein Indiz (aber auch nur ein solches!, von Bar IPR II Rn 469) für die Vereinbarung dt Rechts. **Qui elegit iudicem, elegit ius**, BGH RIW 76, 447, Frankfurt RIW 83, 785 = IPRspr 82/17, MK-BGB/Martiny Art 27 EGBGB Rn 47; Reithmann/Martiny Rn 76. Gottwald FS Firsching (1985) 100. Dies gilt jedoch nicht, wenn mehrere Gerichtsstände vereinbart sind. 82

Rechtsstaatlicher Mindeststandard des forum prorogatum: Die ausschließl Prorogation eines ausl Gerichts bedeutet Verlust des Rechtsschutzes im Inland. Deshalb soll sie unwirksam sein, wenn evident und unzweifelhaft beim forum prorogatum eine sachgerechte, den elementaren rechtsstaatl Garantien entsprechende Entscheidung des Rechtsstreits nicht gewährleistet ist, BGH ZZP 78 (1975), 318 (Walchshöfer), Geimer IZPR Rn 1764. Jedoch ist zu beachten, daß Unterschiede in der Gerichtsverfassung und im Ablauf des Verfahrens normal und daher hinzunehmen sind, § 328 Rn 68, 155, 167. 83

Prorogation und deutscher ordre public: Der BGH RIW 83, 873 = NJW 2772 = IPRspr 128 = IPRax 85, 27 (Trappe) schießt über das Ziel hinaus, wenn er internationale Gerichtswahlklauseln deshalb in Frage stellt, weil das prorogierte ausl Gericht seinem IPR folgt und deshalb uU auf den Streitfall Regeln nicht anwendet, die nach dt materiellen Recht zwingend sind; Rn 69; Mann NJW 84, 2740; Büchner RIW 84, 184; Schack IZVR Rn 453; Schlosser FS Steindorff, 1990, 1380; aA Kohler IPRax 83, 271 Fn 54; Kropholler Rn 540; Gottwald FS Firsching (1985) 101. 84

Behauptungs- und Beweislast für das Zustandekommen einer Zuständigkeitsvereinbarung trifft diejenige Partei, die sich darauf beruft, Geimer IPRax 86, 87. 85

Klage auf Feststellung der Wirksamkeit bzw der Wirkungen einer Zuständigkeitsvereinbarung ist zulässig, näher Geimer/Schütze I § 96 XXXII. Nicht nur bei Dauerrechtsverhältnissen dürfen die Parteien nicht im unklaren darüber gelassen werden, wo sie gerichtspflichtig sind, Geimer WM 86, 122. – **Klage auf Unterlassung der Klageerhebung am forum derogatum** ist unzulässig. Vgl. Geimer/Schütze I 943; Geimer WM 86, 122; Schack IZVR Rn 772. 86

Keine Bindung des forum derogatum an die Entscheidung der Gerichte des forum prorogatum zur Frage der Wirksamkeit der Zuständigkeitsvereinbarung: Der dt Richter beurteilt die Wirksamkeit der Zuständigkeitsvereinbarung nach der für ihn maßgebl Rechtsordnung (Rn 25), der ausl nach seiner lex fori oder evtl nach der von seinem IPR bestimmten lex causae. An der Verschiedenheit des Prüfungsmaßstabes scheitert daher von vornherein eine Bindung. Anders ist es im geschlossenen Zuständigkeits- und Anerkennungssystem des GVÜ. Näher Geimer/Schütze I § 30 und § 96 XXII; Geimer FS Kralik, 1986, 179. 87

Widerklage am forum derogatum (Geimer/Schütze I 923; Geimer IZPR Rn 1776): Die schlichte Vereinbarung eines dt Gerichtsstandes bei einem Lieferungsgeschäft ins Ausland hat im Zweifel nicht die Wirkung, daß damit der **Gerichtsstand der Widerklage** für eine Widerklage des ausl Käufers ausgeschlossen ist, wenn der dt Verkäufer den Käufer vor dessen Heimatgericht verklagt, BGHZ 59, 116 = NJW 72, 1671 (Geimer 2179) = IPRspr 72/160. Maßgebend ist Wille der Parteien. Ergibt Auslegung, daß auch die Widerklagemöglichkeit derogiert sein soll, dann gilt dies aber nur so lange, als sich der Kläger an die Zuständigkeitsvereinbarung hält. Klagt ein Vertragspartner abredewidrig nicht am forum prorogatum und läßt sich der Bekl ein (§ 39), dann lebt die Widerklagemöglichkeit wieder auf, es sei denn, die Parteien haben diesen Fall ausdrücklich anders geregelt. AA BGH NJW 81, 2644 = ZZP 96 (1983), 364 (Pfaff); Kropholler Rn 588; von Falkenhausen RIW 82, 387. Die besten Argumente für die hier vertretene Ansicht finden sich bei BGH NJW 83, 1266 = RIW 83, 375. 88

89 **Aufrechnung am forum derogatum** (Rn 41b; Geimer IZPR Rn 1777; Schack IZVR Rn 460): Die Aufrechnung im dt Erkenntnisverf mit einer Forderung, hinsichtl derer eine ausschließl internationale Zuständigkeit eines ausl Staates vereinbart wurde, ist nach BGHZ 60, 85 = NJW 73, 422 (Geimer 951) = IPRspr 72/143 und BGH NJW 80, 2477 = RIW 79, 713, unzulässig. Ebenso BGH NJW 81, 2644 = RIW 81, 705 = ZZP 96 (1983), 364 (Pfaff 334) = IPRspr 81/165 auch für den Fall, daß eine Partei abredewidrig nicht am forum prorogatum klagt. Der Bekl habe es in der Hand, vor der Einlassung (§ 39; BGH NJW 93, 1399 = IPRax 94, 114 [Geimer 82]) die Aufhebung des Aufrechnungsverbots zu vereinbaren. AA Geimer/Schütze I § 80 IX und § 96 XXI 9; Gottwald IPRax 86, 10; Schütze DIZPR 57; vgl auch (zu CMR) BGH NJW 83, 1266; Hamm MDR 71, 217 = IPRspr 70/26 (zu undifferenziert Hamm NJW 83, 523) und Hamburg, VersR 72, 784 = IPRspr 71/134 = AWD 73, 101. Entgegen der Ansicht des BGH ist unter Berücksichtigung aller Umstände des Einzelfalls durch **Auslegung des Parteiwillens** zu erforschen, ob die Parteien mit der Derogation der dt internationalen Zuständigkeit auch die Geltendmachung der Forderung im Wege der Aufrechnung vor dt Gerichten ausschließen wollten. Ebenso für Art 17 GVÜ EuGH RIW 78, 814 = NJW 79, 1100 und EuGH Rs 48/84 RIW 85, 313 = IPRax 85, 27 (Gottwald 10) = EWiR 85, 781 (Schlosser). Vgl auch Nagel IZPR Rn 131; von Falkenhausen RIW 82, 388; Gäbel, Neuere Probleme der Aufrechnung, Diss München 1983, 215. – Eine Vermutung zugunsten des Ausschlusses der Aufrechnungsmöglichkeit besteht nicht. AA Kropholler Rn 590. Die besten Argumente für die hier vertretene Ansicht finden sich bei BGH NJW 83, 1266.

90 **Arbeitssachen** (Geimer/Schütze I § 96 VIII, Geimer IZPR Rn 1061, 1774): Auch über arbeitsrechtl Streitigkeiten kann eine Zuständigkeitsvereinbarung erfolgen, BAG NJW 79, 1119 = JZ 79, 647 (Geimer) = IPRspr 78/144; BAG IPRax 85, 276 (Lorenz 256).

90a **Seerecht**: Zu Gerichtsstandsklauseln in Konnossementen BGH NJW 91, 1420; Geimer IZPR Rn 1720.

90b **Intertemporales**: Zur Frage, inwieweit eine Gesetzesänderung eine ursprüngl unwirksame Zuständigkeitsvereinbarung heilen kann, Pollinger, Intertemporales ZPR, Diss München 1988, 101.

VII) Verbrauchersachen

§ 26 FernUSG und § 7 HausTWG begründen im Inland einen Klägergerichtsstand (Geimer IZPR Rn 1296), ohne Rücksicht darauf, ob nach dt IPR in der Sache dt Recht zur Anwendung kommt, W-H Roth RIW 94, 275. Der dt Gesetzgeber hält – anders als Art 13 ff GVÜ – seit Streichung des § 6a AbzG nicht viel von kompetenzrechtl Verbraucherschutz, Geimer EuZW 93, 568 u RIW 94, 59.

VIII) Internationale Zuständigkeit zum Erlaß von Arresten und einstweiligen Verfügungen

(hierzu Eilers 5 ff; vgl auch Geimer/Schütze I § 41)

91 Für den **deutschen Arrestprozeß** ist immer dann eine internationale Zuständigkeit gegeben, wenn der mit Arrest zu belegende Gegenstand oder die in ihrer persönl Freiheit zu beschränkende Person sich im Inland befindet, § 919. Deutschland erachtet sich auch dann für international zuständig, wenn für die **Hauptsache** kein dt Gericht international zuständig ist. Ein solcher Fall dürfte aber im Hinblick auf § 23 selten sein, Geimer AWD 75, 85; WM 75, 912; Thümmel NJW 96, 1930; Karlsruhe OLGZ 73, 58 = AWD 73, 272 = IPRspr 72/165. – Zur Derogation Rn 65.

IX) Internationale Zuständigkeit für Beweiserhebungen außerhalb eines Rechtsstreits

92 Die internationale Zuständigkeit für Beweissicherungsverf (§§ 486 II, 164 FGG) ergibt sich aus den Gerichtsstandsvorschriften (Rn 37). – Das GVÜ ist insoweit nicht anwendbar, Geimer/Schütze I 215. Vgl auch Stürner IPRax 84, 299. – Internationale Zuständigkeit wird auch dann bejaht, wenn beauftragter Sachverständiger im Inland wohnt, OVG Schleswig MDR 74, 761, Meilicke NJW 84, 2017.

X) Prüfung der internationalen Zuständigkeit (Geimer IZPR Rn 1813)

93 Die rügelose Einlassung des Beklagten (§ 39) führt – jedenfalls in den Grenzen des § 40 (bestr, Geimer IZPR Rn 1399, 1751, 1773) – zur Begründung der internationalen Zuständigkeit Deutschlands, Geimer WM 77, 67, Basedow IPRax 94, 185. Maßgebl Zeitpunkt: § 282 III. Nur im Verfahren vor dem AG hat der Richter auf internationale Unzuständigkeit hinzuweisen, § 504, § 39 S 2. Geimer WM 86, 118; RIW 88, 221.

94 Außerhalb des Anwendungsbereichs des § 39 ist die internationale Zuständigkeit auch in der Berufungs- und Revisionsinstanz von Amts wegen zu prüfen; zustimmend MK/Patzina § 12 Rn 66. Trotz Verweisung (§ 281) ist internationale Zuständigkeit vom aufnehmenden Gericht zu prüfen. Insoweit keine Bindung, § 281 Rn 16. Karlsruhe NJW-RR 89, 187 = IPRspr 88/160; Köln NJW 88, 2182 = IPRspr 88/157; ArbG Kaiserslautern IPRax 88, 250 = IPRspr 87/35. Das **Nachprüfungsverbot der §§ 512a und 549 II** gilt nicht, da es nur die örtl Zuständigkeit betrifft, BGHZ 44, 46; BGH RIW 79, 58 = JZ 59, 231; BGH RIW 83, 873 = NJW 83, 2772; BGH NJW 82, 1947 = RIW 82,

592. **Einer Verfahrensrüge bedarf es grundsätzl nicht**; eine Ausnahme gilt nur, wenn keine öffentl Interessen auf dem Spiel stehen.

Verneint das Gericht die internationale Zuständigkeit Deutschlands, dann ist die Klage bzw der Antrag (§ 622 III) als unzulässig abzuweisen. Eine Verweisung an ein ausl Gericht findet nicht statt, Geimer IZPR Rn 1850; MK/Patzina § 12 Rn 68. – Zur **res iudicata-Wirkung** Geimer WM 86, 120; Habscheid FS Nakamura, 1996, 203. – Zur Bejahung der internationalen Zuständigkeit durch Zwischenurteil (§ 280) Geimer WM 86, 120. 95

Zuständigkeitsdurchgriff: Personenbezogene Zuständigkeitstatsachen (Geimer IZPR Rn 1156) müssen in der **Person der betreffenden Partei** vorliegen, zB Wohnsitz/Sitz bzw gewöhnl Aufenthalt des Bekl in Deutschland. Ein Zuständigkeitsdurchgriff (Geimer IZPR Rn 187) findet grundsätzl nicht statt; Nachw bei Otto, Der prozessuale Durchgriff durch Nutzung forumansässiger Tochtergesellschaften in Verf gegen ihre auswärtigen Muttergesellschaften, 1993. Es geht jedoch nicht an, daß die auf § 23 basierende internationale Gerichtspflichtigkeit in Deutschland durch **Konzernbildung (Ausgliederung des in Deutschland befindl Vermögens in Tochtergesellschaften)** beliebig unterlaufen werden kann, Geimer EuZW 93, 588. 95a

D) Berücksichtigung der ausl Rechtshängigkeit

Lit: Dohm, Die Einrede ausl Rechtshängigkeit im dt IZPR, 1996. Der Einwand der Rechtshängigkeit eines Prozesses vor einem ausl Gericht ist grundsätzl dann zu beachten, wenn mit der Anerkennung der vom ausl Gericht zu fällenden Entscheidung voraussichtl zu rechnen ist, § 328 Rn 288: § 606a Rn 33: Krause-Ablass/Bastuck FS Stiefel (1987) 446; MK/Patzina § 12 Rn 71; MK/Lüke § 271 Rn 74. Enger Schütze ZZP 104 (1991) 136. Die Beachtung der ausl Rechtshängigkeit steht **nicht im Ermessen des dt Gerichts.** Es ist auch nicht auf die Rüge bzw den Vortrag der Parteien angewiesen. Es hat vielmehr **von Amts wegen** die ausl Litispendenz zu beachten. Auch sind die Präklusionsvorschriften der §§ 282 III S 2, 296 III, 528 III ZPO nicht anzuwenden, aA LG Hamburg IPRspr 77/65. Gleichwohl hat das dt Gericht den Umfang des ausl Streitgegenstandes – zur Prüfung der Identität mit dem inländischen – nicht von Amts wegen aufzuhellen, wenn die Partei des dt Prozesses, die sich auf die Rechtshängigkeit beruft, einen substanziierten Vortrag unterlassen hat, Hamm RIW 86, 383 = IPRax 86, 234 (Geimer 216). Mitunter sehen die Verträge vor, daß die ausl Rechtshängigkeit **nur auf Antrag einer Partei** zu beachten ist, so Art 11 des dt-ital Abk, Art 15 des dt-belg Abk, Art 44 des dt-tunes Vertr, Art 22 des dt-israel Vertr. Gleichwohl ist es nicht vertragswidrig, die ausl Rechtshängigkeit von Amts wegen zu beachten. Geimer NJW 84, 528 Fn 16. 96

Bei der **Anerkennungsprognose** ist **in Ehesachen Art 7 FamRÄndG** zu beachten **(Feststellungsmonopol der Landesjustizverwaltung).** Ist bereits im Ausland ein Urteil ergangen, so darf das Gericht nicht dessen Anerkennungsfähigkeit – auch nicht als Vorfrage – selbständig beurteilen. AA Schumann IPRax 86, 15 Fn 8. Es muß vielmehr das Verfahren aussetzen, bis eine Entscheidung der LJV ergangen ist, § 328 Rn 229. – Zur Beachtlichkeit der „Anhängigkeit" einer Privatscheidung vor Rabbinatsgericht BGH MDR 94, 690 = FamRZ 94, 434 = NJW-RR 94, 642 = LM Art 17 EGBGB 1986 Nr 6 (Geimer). 97

Wird der gleiche Streitgegenstand zum **gleichen** Zeitpunkt sowohl im In- wie auch im Ausland anhängig gemacht, bringt das Prioritätsprinzip keine Lösung. In einem solchen Falle sollte man dem inländischen Verfahren den Vorzug geben. 98

Das Prozeßhindernis der ausl Rechtshängigkeit führt nicht zwingend zur Prozeßabweisung; wegen der Unsicherheiten der Anerkennungsprognose ist analog § 148 auch **Aussetzung** mögl u im Zweifel empfehlenswert, BGH EWiR 85, 1015 (Geimer) = RIW 86, 218; Frankfurt NJW 86, 1443 = IPRax 86, 297 (Löber 283); Schack IZVR Rn 764; MK/Lüke § 261 Rn 77. Die Rechtshängigkeitssperre entfällt, **wenn das ausl Gericht Justizgewährung vereitelt bzw unzumutbar verzögert,** BGH NJW 83, 1269; RIW 86, 218; MK/Patzina § 12 Rn 72. 99

Das **VölkergewohnheitsR** gebietet den Staaten nicht, ausl Rechtshängigkeit nach dem Prioritätsprinzip zu beachten, weder iS einer Klagesperre (Verbot einer Sachentscheidung durch inländische Gerichte) noch iS eines (völkerrechtl) Anerkennungsverbots (§ 328 Rn 7) für (drittstaatl) Entscheidungen (§ 328 I Nr 3 gilt also nicht schon via Art 25 GG!). Anders ist es jedoch, soweit die Staaten sich hierzu durch (völkerrechtl) Vertrag verpflichtet haben, Geimer/Schütze I 292, 1648: zB Art 21 GVÜ, Art 31 II CMR. 100

Es ist „systematisch abwegig" (Habscheid Schweizer ZPR^2 Rn 237), die Frage der Beachtung ausl Rechtshängigkeit im Inland mit der internationalen Zuständigkeit in Verbindung zu bringen. Auch wenn wegen zeitl früherer Rechtshängigkeit im Ausland (derzeit) keine Sachentscheidung in Deutschland ergehen darf, bleibt die – an sich gegebene – internationale Zuständigkeit Deutschlands bestehen. 101

E) Abwehr der Prozeßführung vor ausl Gerichten durch Rechtsschutz im Inland?

102 Es gibt **kein „right not be sued abroad"** (Schröder FS Kegel [1987] 523), das mit (vorbeugender) Unterlassungsklage vor dt Gerichten durchgesetzt werden könnte, Rn 59; Geimer IZPR Rn 1119. Bestr, Nachw bei Hau IPRax 96, 44; Kurth, Inländischer Rechtsschutz gegen Verf vor ausl Gerichten, 1989 (Bespr Coester-Waltjen JZ 90, 964). Umgekehrt ignorieren wir auch ausl Entscheidungen, die die Prozeßführung vor dt Gerichten oder solchen in dritten Staaten verbieten, § 328 Rn 35. Auch verweigern wir dt Rechtshilfe, wenn solche antisuit injunctions in Deutschland zugestellt werden sollen, Düsseldorf RIW 96, 294 = EWiR 96, 96, 321 (Mankowski) = EuZW 96, 351 (Mansel 335) = ZIP 96, 294.

F) Vorrang der völkerrechtlichen Streiterledigung vor dem zivilgerichtlichen Rechtsschutz

103 Jeder Staat hat – auf völkerrechtl Ebene – das Recht, über die privaten Rechte und prozessualen Klagerechte seiner Staatsangehörigen ohne deren Zustimmung zu verfügen, BGH AVR 11 (1963/64), 335; hierzu auch Heß 354. Zur innerstaatl Einordnung dieser „Prozeßbeendigungsbefugnis" der Bundesregierung (Art 32 I GG) Geimer ZfRV 92, 339.

Erstes Buch

ALLGEMEINE VORSCHRIFTEN

Erster Abschnitt

GERICHTE

Erster Titel

SACHLICHE ZUSTÄNDIGKEIT DER GERICHTE UND WERTVORSCHRIFTEN

1 *[Sachliche Zuständigkeit, Hinweis auf GVG]*
Die sachliche Zuständigkeit der Gerichte wird durch das Gesetz über die Gerichtsverfassung bestimmt.

I) Allgemeines

1) Begriff. Zuständigkeit ist die Befugnis des Gerichts, im Einzelfall die ihm zustehende Gerichtsbarkeit auszuüben. Sie setzt im einzelnen voraus, daß das Gericht sowohl sachlich, funktionell, örtlich und international zuständig ist (Rn 5–8); außerdem muß der zulässige Rechtsweg gegeben sein (Rn 3). 1

2) Bedeutung. Die Zuständigkeitsordnung ermöglicht ein **rationelles** und **effektives** (Beklagtenschutz, Sachnähe usw) Gerichtssystem und legt (zusammen mit dem Geschäftsverteilungsplan, vgl Rn 4) den im konkreten Einzelfall zuständigen **gesetzlichen Richter** (Art 101 I 2 GG) im voraus fest (BVerfG 29, 49; 63, 79; BGH 85, 118; vgl hierzu näher § 16 GVG Rn 2). 2

3) Abgrenzung. a) Durch die Vorschriften über die **Zulässigkeit des Rechtswegs** (§ 13 GVG; § 40 VwGO) wird bestimmt, ob die Sache überhaupt vor die ordentlichen Gerichte gehört. Nach hM handelt es sich hierbei um eine von der Zuständigkeit zu trennende, selbständige Zulässigkeitsvoraussetzung, die eigenen Regeln folgt (vgl §§ 17–17b GVG mit Anm); in einem weiteren Sinne kann freilich von **„Rechtswegzuständigkeit"** gesprochen werden (so Baur Rn 57 uö). 3

b) Die **Geschäftsverteilung** (Regelung: §§ 21e–21g GVG) ergibt, wer im Einzelfall das Gericht vertritt: welche Kammer des LG, welcher Amtsrichter oder Rechtspfleger. Sie hat mit der Zuständigkeit nichts zu tun (RSchwab/Gottwald § 30 I 4). Ein Verstoß gegen die Geschäftsverteilung kann uU Rechtsmittel begründen (vgl §§ 551 Nr 1, 579 I Nr 1, II) und bei Willkür die Verfassungsbeschwerde (§ 90 BVerfGG iVm Art 101 I 2 GG; hierzu näher § 16 GVG Rn 3 und § 21e GVG Rn 48 ff). Einen Fall gesetzlich geregelter Geschäftsverteilung betrifft das Verhältnis zwischen Zivilkammer und Kammer für Handelssachen (vgl BGH 97, 84 = NJW 86, 1179; RSchwab/Gottwald § 33 II 1 und § 93 GVG Rn 1; vgl auch Rn 22 ff zu § 36) sowie zwischen allgemeiner Prozeßabteilung des Amtsgerichts und Familiengericht bzw allgemeinem Zivilsenat und Familiensenat (BGH 71, 264 = NJW 78, 1532; 97, 82 = NJW 86, 1178; StJ/Schumann Rn 61 mwN; str; aA Jauernig FamRZ 89, 1 ff: sachliche Zuständigkeit; näher zum ganzen § 621 Rn 70; § 23b GVG Rn 3). 4

II) Arten der Zuständigkeit

1) Die **sachliche Zuständigkeit** (gesetzlicher Begriff, vgl § 1) betrifft die Abgrenzung der Zuständigkeit erster Instanz nach der Art des Streitgegenstandes. Die sachliche Zuständigkeit der **Amtsgerichte** ergibt sich aus §§ 23–23b GVG, die der **Landgerichte** aus § 71 GVG, die der **Arbeitsgerichte** (in bürgerlichen Rechtsstreitigkeiten) aus §§ 2 I Nr 1–3, IV, 3 ArbGG. Die sachliche Zuständigkeit der **Kreisgerichte** umfaßte die der Amtsgerichte und die erstinstanzliche Zuständigkeit der Landgerichte (GVG-Maßgabe c). Ob das ordentliche Gericht (AG, LG) oder das **Arbeitsgericht** zuständig ist, ist seit dem 1. 1. 1991 eine Frage der Zulässigkeit des Rechtswegs (vgl § 48 I ArbGG nF iVm § 17a GVG nF; BAG NZA 92, 954 = AP Nr 7 zu § 48 ArbGG 1979; RSchwab/Gottwald § 13 I; StJ/Schumann Rn 140, 143a; Vollkommer, FS Kissel, 1994, S 1188 mN; hier Rn 10 vor § 17 GVG). 5

2) Die **funktionelle Zuständigkeit** (oder Zuständigkeit nach Geschäften) betrifft die Abgrenzung nach der Art der Tätigkeit (Rechtspflegefunktion), die das Gericht (Rechtspflegeorgan) entfalten soll, zB die Tätigkeit des AG als Familien- (§ 23b GVG; §§ 606 I, 621 I; vgl oben Rn 4 aE; § 281 Rn 5) oder Vollstreckungsgericht (§§ 764, 828); als Rechtshilfegericht (§ 157 GVG); die 6

Zuständigkeiten im Rechtsmittelzug (§§ 72, 119, 133 GVG; Art 21 BayAGGVG); die des Rechtspflegers, des Gerichtsvollziehers. Die ZPO kennt den Ausdruck nicht. § 38 gilt für sie nicht, sie ist stets ausschließlich (vgl dazu Rn 9). Zur Wirkung von Verstößen vgl § 10 Rn 4.

7 3) Die **örtliche Zuständigkeit** (Sprachgebrauch der ZPO: „Gerichtsstand", vgl die amtliche Überschrift vor § 12) betrifft die Abgrenzung der erstinstanziellen Zuständigkeit nach der örtlichen Beziehung der beteiligten Personen oder der Streitsache. Regelung: §§ 12–37. Maßgebend ist der (landesrechtlich geregelte) Gerichtsbezirk. Seine Änderung bedarf eines Gesetzes (BVerfG 2, 307). Die Zuständigkeit der Rechtsmittelgerichte ergibt sich aus der Gerichtsorganisation (Überordnung im Instanzenzug; vgl RG 102, 105).

8 4) Die **internationale Zuständigkeit** betrifft die Abgrenzung der Zuständigkeit der deutschen Gerichte überhaupt gegenüber der der ausländischen Gerichte bei Streitigkeiten mit Auslandsbeziehung. Eine bes Regelung fehlt (vgl aber zB §§ 23a, 606a, 641a); sie ergibt sich indirekt aus den Vorschriften über die örtliche Zuständigkeit; vgl BGH 115, 92 mN; 119, 393; 120, 337 mN; NJW 95, 1226; 96, 1412, stRspr und näher IZPR Rn 37, 94; § 621 Rn 75. Zur **interlokalen Zuständigkeit** s 16. Aufl Einl Rn 107; 15. Aufl IZPR Rn 188 ff.

III) Ausschließliche und nichtausschließliche sachliche Zuständigkeit

9 1) **Bedeutung.** Die **ausschließliche** Zuständigkeit ist **zwingend** (§ 40 II) und geht anderen Zuständigkeiten vor (vgl insbes § 33 II); die **nicht ausschließliche** Zuständigkeit kann unter den Voraussetzungen der §§ 38 ff durch Prorogation abbedungen werden; sie läßt etwa sonst bestehende Zuständigkeiten unberührt. Treffen mehrere ausschließliche Zuständigkeiten zusammen, geht die speziellere vor (Stuttgart NJW 78, 1272).

10 2) **Regelung. a)** In **nichtvermögensrechtlichen Streitigkeiten** ist die Zuständigkeit **stets** ausschließlich (vgl § 40 II). Die früher insoweit gegebene umfassende sachliche Zuständigkeit des LG (vgl §§ 23 Nr 1 aF, 71 I GVG) war bereits bisher durch sehr wesentliche Ausnahmen zugunsten des AG durchbrochen und ist seit dem 1. 3. 1993 beseitigt (§ 23 Nr 1 GVG nF). Das AG ist ausschließlich zuständig in Kindschaftssachen (§ 23a Nr 1 GVG, § 640), ferner – als Familiengericht – für Familiensachen (§ 23b GVG) und damit für die sehr wichtigen Ehesachen (§§ 23a Nr 4, 23b I Nr 1 GVG, § 606 I), ferner in (allen sonstigen) nichtvermögensrechtlichen Streitigkeiten bis zum Streitwert von 10000 DM (§ 23 Nr 1 GVG nF).

11 **b)** In **vermögensrechtlichen Streitigkeiten** ist die Zuständigkeit iZw nicht ausschließlich; ausschließliche Zuständigkeiten bedürfen besonderer gesetzlicher Bestimmung. Das **Landgericht** ist allgemein sachlich ausschließlich zuständig in Amtshaftungssachen (§ 71 II Nr 2 GVG; § 19 III BNotO); ferner in einer Anzahl von Sonderfällen (zB gem § 957; §§ 246 III 1, 249 I, 275 IV AktG; §§ 61, 75 GmbHG; §§ 51, 96 GenG; § 143 I PatG; § 87 GWB; § 38 SortenschutzG; § 13 I 3 StrEG; § 14 I AGBG; §§ 217 ff BauGB usw; Zusammenstellung: RSchwab/Gottwald § 32 III 2b und § 71 GVG Rn 6); das **Amtsgericht** ausschließlich in Wohnraummietsachen (§ 23 Nr 2a GVG nF), Mahnsachen (§ 689 II), ferner als Familiengericht (§ 23b GVG) in Unterhaltssachen aus Ehe und ehelicher Kindschaft (§ 23b I Nr 5, 6 GVG, § 621 I Nr 4, 5; iü ist die Zuständigkeit in Unterhaltssachen nicht ausschließlich, § 23a Nr 2 GVG) und in Güterrechtsstreitigkeiten (§ 23b I Nr 9 GVG, § 621 I Nr 8); das AG oder LG als **Prozeßgericht** in den Fällen der §§ 731, 767, 771 iVm 802.

12 **c)** Die **vermögensrechtliche/nichtvermögensrechtliche** Natur der Streitigkeit ist seit 1. 3. 1993 für die Abgrenzung der wertabhängigen Zuständigkeit von AG und LG nicht mehr von Bedeutung (§§ 23 Nr 1 idF des RechtspflegeEntlG, 71 GVG); die derzeitige Wertgrenze für die AG-Zuständigkeit ist DM 10000. Auf die (nicht-)vermögensrechtliche Natur des geltend gemachten Anspruchs stellen nach wie vor ab: §§ 20, 40 II, 512a, 546; § 64 II ArbGG usw; zur **Abgrenzung** vgl § 546 Rn 2–8.

13–15 Einstweilen frei.

IV) Prozessuale Behandlung der sachlichen Zuständigkeit

16 1) **Rüge und Amtsprüfung der fehlenden Zuständigkeit. a)** Die sachliche Zuständigkeit ist Voraussetzung für die Zulässigkeit der Klage (Prozeßvoraussetzung), ihr Fehlen kann der Beklagte gem §§ 282, 296 III **rügen.**

17 **b)** Das Gericht **prüft** die (nicht ausschließliche) Zuständigkeit **von Amts wegen** nur im Parteiprozeß (Grund: Belehrungspflicht gem § 504), im übrigen greift § 39 S 1 ein. In der höheren Instanz ist in vermögensrechtlichen Streitigkeiten auch die Amtsprüfung der ausschließlichen Zuständigkeit ausgeschlossen (§§ 529 II, 1. Hs, 549 II; §§ 65, 73 II ArbGG) und die Rügemöglichkeit weiter eingeschränkt (§§ 529 II, 2. HS, 566).

18 **c) Grundlage** der Zuständigkeitsprüfung ist die (substantiierte) Behauptung der zuständigkeitsbegründenden Tatsachen, die der Kläger ggf auch zu beweisen hat (vgl RSchwab/Gottwald § 39 I 2; zur Ausnahme bei Zusammenfallen von zuständigkeits- und anspruchsbegründenden Tatsachen vgl § 12 Rn 14). Zur Begründung der Rechtswegzuständigkeit der Arbeitsgerichte (§ 2

I Nr 1–3, IV ArbGG) genügt der einseitige Tatsachenvortrag des Klägers nicht; die zuständigkeitsbegründenden Tatsachen müssen vielmehr feststehen (BAG 19, 359 ff; BAG NJW 75, 1944; 94, 604 und 1173, stRspr; keine Änderung durch § 17 GVG nF: BAG NJW 94, 606; vgl auch Rn 5). Hängt die sachliche Zuständigkeit vom Wert ab, sind die Wertangaben des Klägers (vgl §§ 253 III, 495) für das Gericht **nicht bindend,** auch wenn der Beklagte nichts dagegen einwendet.

d) Folge bei **Fehlen** der sachlichen Zuständigkeit: Prozeßabweisung, uU Verweisung auf Antrag (§§ 281, 506; § 48 I ArbGG, § 17a II GVG) oder Abgabe von Amts wegen (§§ 696 I, 700 III). Vgl § 12 Rn 12 ff, auch zur Prüfungsreihenfolge im Verhältnis zur örtlichen Zuständigkeit (Rn 13 aE). 19

e) Folge von Zuständigkeits- und Unzuständigkeitsentscheidungen des angegangenen Gerichts: §§ 10, 11; § 48 I ArbGG iVm § 17a I, II 3 GVG. 20

2) **Klageermäßigung, Klageerweiterung, Klagezerlegung. a) Ermäßigt** der Kläger im Lauf des Rechtsstreits die Klage unter den Betrag von DM 10000, ist dies für die sachliche Zuständigkeit des LG ohne Bedeutung (§§ 4 I, 261 III Nr 2; § 23 Nr 1 GVG). 21

b) Erweitert der Kläger die beim AG erhobene Klage nachträglich über den Betrag von DM 10000 hinaus, wird das AG sachlich unzuständig und hat auf Antrag einer (jeder) Partei den Rechtsstreit gem § 506 an das zuständige LG zu verweisen. Unterbleibt Verweisungsantrag und Rüge, wird das AG gem § 39 S 1 zuständig. 22

c) Zerlegt der Kläger einen in die Zuständigkeit des LG fallenden Anspruch in mehrere Teile und macht er diese als **mehrere** selbständige **Klagen** geltend (zB drei Klagen zu DM 10000 statt einer zu DM 30000), so ist dies als **Erschleichung der Zuständigkeit** unzulässig, da dem Beklagten der gesetzliche Rechtsmittelzug verkürzt wird (vgl RSchwab/Gottwald § 32 II 1; BL/Hartmann § 2 Rn 7; Hamm OLGZ 87, 337). Behandlung: Verbindung gem § 147 und Verweisung gem § 506 bei Antrag, sonst bei Rüge Abweisung als unzulässig (Rn 16, 19). 23

2 *[Bedeutung des Wertes]*

Kommt es nach den Vorschriften dieses Gesetzes oder des Gerichtsverfassungsgesetzes auf den Wert des Streitgegenstandes, des Beschwerdegegenstandes, der Beschwer oder der Verurteilung an, so gelten die nachfolgenden Vorschriften.

I) 1) Vom Wert des **Streitgegenstandes** hängt die sachl Zuständigkeit des AG oder des LG ab (§§ 23 Nr 1; 71 I GVG – sog Zuständigkeitsstreitwert, s § 1 Rn 12). **Wertangaben** der Parteien, insbesondere des Klägers und des Rechtsmittelführers (§§ 253 III 1, 519 IV, 554 IV), binden das Gericht nicht. 1

2) Der Wert des **Beschwerdegegenstandes** oder der **Beschwer** bestimmt den Rechtsmittelstreitwert (§§ 511a, 546 I 1 [Wertrevision], 567 II). Ausnahme § 511a II. 2

II) Für den **Gebührenstreitwert** gelten die §§ 3–9 nur, soweit die §§ 14–20 GKG nichts Abweichendes vorsehen (§ 12 I GKG). Anderenfalls präjudizieren der Zuständigkeits- und der Rechtsmittelstreitwert den Gebührenstreitwert (§ 24 GKG). Für die **Anwaltsgebühren** richtet sich der Gegenstandswert (§ 7 I BRAGO) nach den für die Gerichtsgebühren geltenden Vorschriften (§§ 8–10 BRAGO). 3

3 *[Wertfestsetzung nach freiem Ermessen]*

Der Wert wird von dem Gericht nach freiem Ermessen festgesetzt; es kann eine beantragte Beweisaufnahme sowie von Amts wegen die Einnahme des Augenscheins und die Begutachtung durch Sachverständige anordnen.

Abänderung
Abänderungsklage
Abänderungssperre
Abfindungsvergleich
Abgesonderte Befriedigung
Ablehnung
Abnahme
Abrechnung
Abstandszahlung
Abstraktes Schuldanerkenntnis
Abtretung
Abwehrklage
Allgemeine Geschäftsbedingungen
Altenteil
Anerkenntnis
Anfechtungsklage
Annahmeverzug
Anwaltsbeiordnung
Arbeitnehmer
Arbeitsgerichtsverfahren
Arrestverfahren
Aufgebotsverfahren
Aufhebung
Auflassung
Auflassungsvormerkung
Auflösung
Aufopferungsanspruch
Aufrechnung
Auseinandersetzung
Ausgleichsanspruch
Auskunft
Ausländische Währung
Ausscheiden eines Kommanditisten
Ausschluß, Ausschlußklage
Aussetzungsbeschluß
Aussonderung
Baubeschränkung
Bauhandwerkersicherungshypothek
Baulandverfahren
Bauverpflichtung
Bedingte Ansprüche
Befreiung
Beleidigung
Berichtigung nach § 319
Berichtigung des Grundbuchs
Berufung
Berufungszurücknahme
Beschwerde
Beseitigungsklage
Besichtigung
Besitzeinräumung
Besitzstörungsklage
Bestimmungsverfahren nach § 36
Betagte Ansprüche
Beweisgebühr
Beweissicherung
Bezugsverpflichtung
Bindung
Bürgschaft
Darlehen
Dienstbarkeiten
Dingliche Sicherung
Drittschuldnerklage
Drittwiderspruchsklage
Duldung
Durchsuchungsanordnung
Ehelichkeitsanfechtung
Ehesachen
Ehre
Eidesstattliche Versicherung
Eigentumsklage
Eigentumsstörung
Eigentumsvorbehalt
Einstweilige Anordnung
Einstweilige Einstellung
Einstweilige Verfügung
Einwilligung
Entmündigungsverfahren
Erbbauzins
Erbrechtliche Ansprüche
Erfüllung
Erledigung der Hauptsache
Ermessen
Erörterungsgebühr
Errichtung eines Vermögensverzeichnisses
Ersatzvornahme gem § 887
Erwerbsverbot
Erzwingung von Unterlassungen
Eventual- und Hauptantrag
Eventualwiderklage
Fälligkeit
Feststellungsklagen
Feststellungswiderklage
Folgesachen
Freistellung
Gebrauchsmusterverletzung
Gegenleistung
Gegenseitiger Vertrag
Gemeinschaft
Genehmigung
Gesamtschuldner
Geschäftsanteil
Gesellschaft
Getrenntleben
Gewährleistung
Gewerblicher Rechtsschutz
Grund des Anspruchs
Grundbuchberichtigung
Grundbucheintragung
Grundschuld
Grundstück
Haftpflichtversicherungsschutz
Handelsregister
Handelsvertreter
Hausrat
Heimfallrecht
Herausgabeklagen
Hilfsantrag
Hilfswiderklage
Hinterlegung
Hypothek
Immissionen
Jagd- und Fischereirecht
Kapitalabfindung
Kartellsachen
Kennzeichenstreitsachen
Kindesherausgabe
Kindschaftssachen
Klage und Widerklage
Klageänderung
Klageerweiterung
Klagenhäufung
Klagerücknahme
Konkursfeststellungsklage
Kostenfestsetzungsverfahren
Kreditschädigende Äußerungen
Lagerkosten
Leasingvertrag
Lebensversicherung
Leistungsklage
Löschung
Mahnverfahren
Mehrere Ansprüche
Mietstreitigkeiten
Miteigentum
Miterben
Nachlaßverzeichnis
Nachverfahren
Nebenforderungen
Nebenintervention
Nichtigkeitsklage
Nichtvermögensrechtliche Streitigkeiten
Nießbrauch
Notweg
Öffentliche Zustellung
Offenbarungsversicherung
Ordnungs- und Zwangsmittelfestsetzung
Organmitglieder
Pachtstreitigkeiten
Pfändungs- und Überweisungsbeschluß
Pfandgläubiger
Pfandrecht
Prozeßhindernde Einreden, Prozeßvoraussetzungen
Prozeßkostenhilfe
Prozeßtrennung, Prozeßverbindung
Räumung
Ratenzahlungskredit
Rechnungslegung
Rechtshängigkeit
Rechtsmittelinstanz
Rechtswegverweisung
Regelunterhalt
Registeranmeldung
Rentenansprüche
Restitutionsklage
Revision
Richterablehnung
Rückauflassung
Rückerstattungsanspruch
Rückstände
Rücktritt
Sachverständigenablehnung
Schadensersatz
Schätzung
Schiedsrichterablehnung
Schiedsrichterliches Verfahren
Schlußurteil
Schmerzensgeld
Schuldanerkenntnis
Schuldbefreiung
Selbständiges Beweisverfahren

Sicherheitsleistung
Sicherungshypothek
Sicherungsübereignung
Streitgenossen
Streithilfe
Streitwertbeschwerde
Stufenklage
Teilklagen
Teilleistungen
Teilungsklagen
Teilungsversteigerung
Teilzahlung
Testament
Testamentsvollstrecker
Titulierungsinteresse
Träger-Bewerber-Vertrag
Trennung
Überbau
Umlegungsverfahren
Unbezifferte Klageanträge
Unlauterer Wettbewerb
Unterhalt
Unterhaltsverzicht
Unterlassung
Unzulässigkeit
Urkunden
Urteilsergänzung
Vaterschafts-anerkenntnis
Veräußerungsverbot
Verbindung
Verbund
Vereine
Vereinfachtes Verfahren zur Abänderung von Unterhaltstiteln
Verfügungs-beschränkung
Vergleich
Verlustigerklärung
Veröffentlichungs-befugnis
Versicherungsschutz
Versorgungsausgleich
Vertagungsantrag
Verteilungsverfahren
Vertragserfüllung
Verwahrung
Verzugszinsen
Vollmacht
Vollstreckbarerklärung eines ausländischen Schuldtitels
Vollstreckungs-abwehrklage
Vollstreckungsklausel
Vollstreckungsschaden
Vollstreckungsschutz
Vorabentscheidung über vorläufige Vollstreckbarkeit
Vorkaufsrecht
Vormerkung
Vornahme von Handlungen
Vorrangseinräumung
Vorrecht im Konkurs
Vorschußzahlungen
Vorzugsweise Befriedigung
Wahlschuld
Wandelungsklage
Werkvertrag
Wertangabe
Wertsicherungsklausel
Wettbewerbsverbot
Widerklage
Widerruf
Widerspruch
Widerspruchsklage nach § 771
Wiederaufnahme des Verfahrens
Wiederkaufsrecht
Wiederkehrende Leistungen
Willenserklärung
Wohnrecht
Wohnungseigentum
Zeugnisverweigerung
Zinsen
Zugewinngemeinschaft
Zug-um-Zug-Leistungen
Zwangsversteigerung
Zwangsvollstreckung
Zwischenfeststellungs-klage
Zwischenstreit

I) **Grundsätze der Wertberechnung.** Zu unterscheiden sind: der Zuständigkeits-, der Rechtsmittel- und der Gebührenstreitwert. 1

1) **Zuständigkeitsstreitwert.** Er wird durch den **Streitgegenstand** bestimmt, der gleich demjenigen ist, was die Partei begehrt und mit ihrem Angriff erreichen will. Diesen Streitgegenstand oder prozessualen Anspruch legen **Klageantrag** und Klagebegründung fest; die Begründung wird dabei aber, wie auch weiteres Parteivorbringen, nur zur Auslegung des Antrags herangezogen. Es entscheidet das Interesse des Klägers. Bei Zahlungsklagen ist der geforderte Betrag maßgebend (BGH KoRsp ZPO § 3 Nr 1174), auch wenn die Realisierbarkeit gering oder aussichtslos erscheint (LAG Hamm MDR 91, 1203). Ohne Einfluß auf den Streitwert ist das Vorbringen des Gegners, sein Interesse an der Abweisung oder eine Parteivereinbarung über die Höhe des Streitwerts. 2

Prüfungsumfang und Entscheidungsgegenstand müssen sich nicht decken. Beispiele: Sind die **Zinsen** einer Darlehensforderung eingeklagt und bestreitet der Beklagte das Darlehen, so ist in den Urteilsgründen zwar auf das ganze Rechtsverhältnis einzugehen; begehrt ist aber nur eine Entscheidung über den Zinsanspruch; nur hiernach ist der Streitwert zu berechnen. Ebenso, wenn der **Miet- oder Pachtzins** für eine bestimmte Zeit eingeklagt wird und der Beklagte das Vorliegen eines Miet- oder Pachtverhältnisses bestreitet. Der Wert des Rechts oder Rechtsverhältnisses kommt in diesen Fällen bei der Berechnung des Streitwerts erst in Betracht, wenn der Kläger durch Klageerweiterung oder der Beklagte durch Widerklage die Feststellung des Bestehens oder Nichtbestehens des Rechts oder Rechtsverhältnisses beantragt (§ 256). Enthält der Klageantrag **zwei Begehren,** von denen das eine die Folge des andern ist (§ 5 Rn 5), so kommt nur **ein** Streitwert in Frage. Mehrere wirtschaftlich selbständige Ansprüche sind dagegen zusammenzurechnen (§ 5 Rn 3 ff). Bei **Teilklagen** entscheidet der eingeklagte Teil. Der Antrag ist auch dann allein maßgebend, wenn entgegen § 308 I mehr zugesprochen wird (BGH MDR 74, 36; Schneider MDR 71, 437) oder RA weisungswidrig übersetzte Anträge stellt (KG Rpfleger 62, 154) oder ein postulationsunfähiger RA tätig wird (Köln JMBlNRW 74, 45). 3

2) Der **Rechtsmittelstreitwert** (Beschwerdewert) richtet sich nach dem Interesse des Rechtsmittelklägers an der Abänderung der angefochtenen Entscheidung (BGHZ 23, 205). Das ist die **formelle Beschwer beim Kläger** (= Differenz zwischen dem, was er wollte, und dem, was er bekam), die **materielle Beschwer** (= Verurteilung) **beim Beklagten** (vgl Rn 8 ff vor § 511). Den Grundsatz, der Wert des Beschwerdegegenstandes könne bei unverändertem Streitgegenstand den Streitwert erster Instanz nicht übersteigen, hat der BGH in zwei neueren Entscheidungen aufgegeben (NJW 94, 735 = LM ZPO § 2 Nr 8 – Grunsky; GrZS JZ 95, 681 mit Anm Roth; ausf Schneider/Herget Rn 3713a). 4

5 3) **Gebührenstreitwert** s § 2 Rn 3 sowie die Einzelfälle bei Rn 16.

6 **II) Verfahren der Wertfestsetzung.** 1) Der **Zuständigkeits-** oder der **Beschwerdewert** wird meist in den Gründen der Entscheidung über die Zulässigkeit der Klage (wenn deren Streitwert die sachl Zuständigkeit bestimmt) oder des Rechtsmittels (wenn diese vom Beschwerdewert abhängt) festgesetzt, vgl § 280, 519b, 554a, 568. Der Beschwerdewert kann auch in den Gründen eines die Zulässigkeit des Rechtsmittels bejahenden Zwischenurteils (§ 303), der Zuständigkeitsstreitwert in den Gründen eines Verweisungsbeschlusses nach § 281 festgesetzt werden. Die Verweisung bindet nur bis zur Zuständigkeitsgrenze (Köln JurBüro 75, 1354; KG MDR 80, 853).

7 **Rechtsbehelfe:** Die Wertfestsetzung in den Gründen eines Urteils ist nur zusammen mit der Hauptsacheentscheidung anfechtbar; in Beschlüssen nach § 281 grundsätzl unanfechtbar (§ 281 II 3; München OLGR 92, 158). War Streitwert nur zur Bestimmung der sachl Zuständigkeit durch gesonderten Beschluß (§ 329) festgesetzt, so kann dieser nicht angefochten werden (Schneider/Herget Rn 4182 ff; Düsseldorf OLGR 94, 275).

8 2) **Für die Gebühren:** Soweit eine Entscheidung nach § 24 S 1 GKG nicht ergeht oder wegen § 24 S 2 GKG nicht bindet, setzt das Gericht ihn durch formlos mitzuteilenden Beschluß (§ 329 II; beachte § 107 II) vAw fest, § 25 II 1 GKG; in den Fällen des § 25 I 1 GKG ist eine vorläufige Festsetzung bei Verfahrenseinleitung vorgeschrieben. Wertabänderungen vAw möglich, § 25 II 2, 3 GKG.

9 a) **Rechtsbehelfe:** Der Wertfeststellungsbeschluß darf erst ergehen, wenn allseits rechtl Gehör gewährt worden ist (Schneider DRiZ 78, 204; Ausnahme: § 25 I 1 GKG). Er ist mit einfacher (bei § 10 I BRAGO befristeter: § 10 III 3 BRAGO) Beschwerde anfechtbar. Beschwerdewert des § 25 III 1 GKG muß erreicht sein (anders bei der vorläufigen Festsetzung: §§ 25 I 1, 6 S 1 GKG). Bei der Parteibeschwerde besteht er in dem Unterschiedsbetrag zwischen den Gebühren des Gerichts und der beiderseitigen Anwälte, der sich bei Berechnung der Gebühren nach dem festgesetzten und dem beantragten Streitwert ergibt, bei der Anwaltsbeschwerde im Unterschiedsbetrag der Gebühren des Beschwerdeführers einschließlich Umsatzsteuer, berechnet nach dem festgesetzten und dem mit der Beschwerde beantragten Streitwert. **Keine weitere** Beschwerde (§§ 25 III 1, 5 II 3 GKG), **ausgenommen für RA** im Falle des § 10 III 5 BRAGO. Festsetzung durch Rechtsmittelgericht (LG) nicht anfechtbar (§ 25 III 2 GKG). **Vorläufige** Festsetzung (§ 25 I 1 GKG) ist beschwerdefähig (§ 25 I 2 GKG).

10 b) **Beschwerdeberechtigt** ist die Staatskasse, jede Prozeßpartei und der Anwalt (§ 9 II BRAGO). Die Partei hat nur ein Interesse an der Herabsetzung, der Anwalt nur an der Erhöhung (anders wenn RA zugleich Partei und damit auch erstattungspflichtig ist, s Schneider Anm KoRsp GKG § 25 Nr 26).

11 c) Das Verfahren der **Wertfestsetzung** ist wie im ersten Rechtszug auch in der **Beschwerdeinstanz gerichtsgebührenfrei** (§ 25 IV 1 GKG). Das bedeutet nicht ohne weiteres „auslagenfrei" (s KV 9000 ff).

12 d) Nach § 25 IV 2 GKG werden **Kosten des Beschwerdeverfahrens** nicht erstattet, so daß auch keine Kostenentscheidung zu treffen ist. Auch wenn der Beschwerdeführer mit seinem Rechtsmittel vollen Erfolg hat, muß er seinen Anwalt (§ 61 I Nr 1 BRAGO) selbst bezahlen.

13 e) Das Beschwerdegericht hat die Entscheidung des Prozeßgerichts in vollem Umfang nachzuprüfen, wobei an die Stelle des **Ermessens** der ersten Instanz dasjenige des Beschwerdegerichts tritt. Wegen der amtswegigen Abänderungsmöglichkeit nach § 25 II 2 GKG gilt auch **kein Verschlechterungsverbot.**

14 **III)** Eine Streitwertänderung durch das Beschwerdegericht kann einer bereits **rechtskräftigen Kostenentscheidung** eines Urteils die Berechnungsgrundlage entziehen. Dadurch wird **keine Änderungssperre** begründet, da ein Fehler des Gerichts im Erkenntnisverfahren kein prozessuales Hindernis dafür ist, im Streitwertbeschwerdeverfahren gesetzmäßig zu entscheiden (sehr str, vgl Schneider/Herget Rn 4158 ff; Düsseldorf NJW-RR 92, 1532; Köln JurBüro 93, 741; § 91 Rn 13 „Berichtigung"). Nach Abschluß eines Gebührenrechtsstreits aufgrund geschätzten Streitwerts ist die nachfolgende Wertfestsetzung in einem anderen Verfahren eine neue Tatsache, die einen Bereicherungsanspruch begründen kann (LG Nürnberg-Fürth KoRsp GKG § 25 Nr 95 m Anm Schneider).

15 **IV) Beweisaufnahme** zur Gebührenwertfestsetzung (Abschätzung durch Sachverständige) ist nach § 26 GKG möglich. Kostenbelastung einer Partei, wenn sie Wertangabe nach § 23 GKG versäumt oder den Wert unrichtig angegeben oder einen richtig angegebenen Wert zu Unrecht bestritten oder mit der Beschwerde angegriffen hat (§ 26 S 2 GKG; VGH Mannheim NVwZ-RR 91, 670; München OLGR 94, 96); auch dem ProzBev können Kosten auferlegt werden). Bei

fehlendem Verschulden trägt die Staatskasse die Kosten (LG Saarbrücken KoRsp GKG § 26 Nr 1; aA VGH Mannheim aaO).

V) Einzelfälle aus Rechtsprechung und Schrifttum (Nachweisstand KoRsp Lfg 210 Sept 1996) **16**

● **Abänderung:** Von der Berichtigung nach § 319 (Hamm MDR 86, 594) abgesehen, strenge Prüfung, wenn nach Instanzende der Sieger Erhöhung oder der unterlegene Angreifer Herabsetzung beantragt (Köln KoRsp GKG § 15 Nr 1 m Anm Schneider u Lappe sowie § 25 Nr 13 m Nachw-Anm Schneider; ausführlich Schneider MDR 77, 177; 80, 265; AnwBl 77, 233). Amtswegige Abänderung gem § 25 II 2 GKG durch höhere Instanz nur zulässig, wenn Vorinstanz bereits selbst festgesetzt hat; deshalb auch keine Erstfestsetzung der höheren für die untere Instanz und für diese entsprechend keine Bindung, wenn höhere Instanz nur für sich festsetzt (KG KoRsp GK § 25 Nr 51 m Anm Schneider). Die höhere Instanz darf auch nach Festsetzung für die erste auf Gegenvorstellung wieder abändern (Frankfurt MDR 82, 589; aA Hamm MDR 90, 63 = KoRsp GKG § 25 Nr 137 mit abl Anm Schneider). Unzulässige Streitwertbeschwerden begründen keine Änderungsbefugnis des Beschwerdegerichts (München KoRsp GKG § 25 Nr 68; Köln KoRsp GKG § 25 Nr 83; OVG Bremen JurBüro 82, 1344), desgleichen nicht die Beschwerde im PKH-Bewilligungsverfahren, wohl aber die gegen einen § 91a-Beschluß (Karlsruhe Justiz 88, 158) und gegen die Kostenfestsetzung (verwechselt von Köln KoRsp GKG § 25 Nr 53 m Anm Schneider). Ob durch eine Abänderung die quotierte Kostenentscheidung unrichtig wird, ist unerheblich (s unten „Streitwertbeschwerde"); hier ist dann Berichtigung möglich (s § 91 Rn 13 „Berichtigung"). Befristung der Abänderungsbefugnis: § 25 II 3; Fristbeginn ab Zugang; Nachfrist für die nicht informierte Partei ein Monat (s Schneider Anm zu LG Düsseldorf KoRsp GKG § 25 Nr 81). Bei pflichtwidrigem Nichtbescheiden einer Gegenforderung hat der Vertrauensschutz Vorrang vor Fristablauf (aA Köln KoRsp GKG § 25 Nr 101 m abl Anm Schneider). Ein als falsch erkannter Streitwert **muß** höherinstanzlich, auch höchstrichterlich vAw korrigiert werden (Schneider MDR 89, 781 mN). Auch wenn das Rechtsmittelgericht nur mit einem Teil der Hauptsache befaßt ist, erstreckt sich seine Änderungsbefugnis auf die gesamte erstinstanzliche Wertfestsetzung (Hess VGH AnwBl 88, 179).

● **Abänderungsklage** (§ 323) Zuständigkeit: § 9. Gebühren: **Bei gesetzl Unterhalt:** § 17 GKG. Streitwert – falls nicht der Gesamtbetrag geringer ist – der Unterschiedsbetrag zwischen dem bisherigen und dem künftig verlangten Jahresbetrag. Wird mit der Abänderungsklage entgegen § 323 Abänderung des Unterhaltsurteils für die Zeit vor Klageerhebung verlangt, so hat das Gericht auch über die vor Klageerhebung fällig gewordenen Beträge durch Klageabweisung zu entscheiden. Erhöhungsklage und Widerklage auf Herabsetzung des titulierten Betrages betreffen verschiedene Streitgegenstände, so daß die Werte zu addieren sind (Hamm KoRsp GKG § 19 Nr 48 m Anm Schneider); jedoch keine Addition, wenn zusätzlich Leistungen nach Klageerhebung zurückverlangt werden (Zweibrücken KoRsp ZPO § 5 Nr 76 m Anm Schneider). Der Betrag der **Rückstände** (siehe dort) für die Zeit vor Klageeinreichung (PKH-Antrag steht gleich: § 17 IV 2 GKG) ist dann für die Streitwertberechnung dem Jahresbetrag des § 17 I GKG zuzurechnen, § 17 IV GKG; da Rückstände immer gezahlt und nur schwer beitreibbar sind (§ 818 III BGB!), ist der Nennwert nur mit einem Bruchteil anzusetzen (Koblenz KoRsp GKG § 17 Nr 75 m Anm Schneider). Der Streitwert für Klagen auf Zu- oder Abschlag gem § 642d I richtet sich nach dem auf der Grundlage des Regelbedarfs (§ 1615f BGB) nach freiem Ermessen zu bemessenden Jahresbetrag (§ 17 I 2 GKG). **Bei vertragl Unterhalt:** der Unterschiedsbetrag gemäß § 9.

● **Abänderungssperre** (§ 25 II 3 GKG) ist Ausschlußfrist (Frankfurt KoRsp GKG § 25 Nr 112 m Anm Schneider = MDR 87, 244) und zugleich Beschwerdesperre. Bei Einlegung der Streitwertbeschwerde innerhalb der Frist darf noch nach Fristablauf darüber entschieden werden; amtswegige Abänderungsbefugnis erlischt jedoch mit Fristablauf endgültig (München JurBüro 87, 564; OVG Bremen KoRsp GKG § 25 Nr 113 m Anm Schneider). Angemessene Verlängerung geboten (BGH MDR 79, 577; Düsseldorf Rpfleger 90, 272: 1 Monat), wenn ein Festsetzungsbeschluß erst nach Fristablauf bekanntgegeben worden ist (Schleswig SchlHA 78, 180). Maßgebender Zeitpunkt ist die Erledigung der Hauptsache selbst, nicht die Beendigung eines Rechtsmittelzuges bei Fortsetzung in der unteren Instanz (BGHZ 70, 367 f = MDR 78, 553). Auch beim **selbständigen Beweisverfahren** ist grds auf die Entscheidung in der Hauptsache abzustellen (Celle MDR 93, 1019); folgt keine, beginnt die Frist spätestens mit der Kostenentscheidung (§ 494a) zu laufen (Schneider/Herget Rn 48).

● **Abfindungsvergleich:** Vereinbarte Kapitalabfindung oder sonstige Leistungen unmaßgebl (Schleswig JurBüro 91, 584); zu bewerten ist nur der verglichene Gegenstand (Düsseldorf JurBüro 92, 51). Bloß sprachl Einbeziehung bereits geregelter Rechtsverhältnisse in den Vergleich wirkt nicht werterhöhend (Schleswig SchlHA 80, 23). Bei Interesse an Titelschaffung für freiwillig gezahlten Unterhalt Schätzung nach § 3 (Zweibrücken KoRsp GKG § 17 Nr 7 m Anm Schneider; s. auch unten „Titulierunginteresse").

● **Abgesonderte Befriedigung** aus einem Pfandrecht (§§ 47 ff KO): § 6. Kein Abzug vorgehender Pfandrechte (RG JW 39, 498; Karlsruhe OLGE 35, 25). Ebenso bei Geltendmachung eines Absonderungsrechts nach § 4 KO (Bremen Rpfleger 57, 274).

● **Ablehnung** eines **Richters** kontrovers. **a)** Streitwert gleich Hauptsache: BGH NJW 68, 796 (einschränkend dahin: Bezieht sich Ablehnung auf bestimmten Einzelanspruch oder bestimmbaren Teilanspruch, dann Wert nur dieser; ebenso zB Hamm MDR 78, 582; München ZSW 81, 97 [m abl Anm Müller], wenn Gutachten „in ausschlaggebendem Maße prozeßentscheidend ist"); Düsseldorf NJW-RR 94, 1086; München AnwBl 95, 572. **b)** Streitwert nicht gleich der Hauptsache, sondern geringer (nach § 3 frei zu schätzen), maßgebend allein Interesse des Antragstellers an Nichtteilnahme des abgelehnten Richters am weiteren Verfahren (zB Frankfurt MDR 80, 145; Zweibrücken ZSW 80, 260; München WRP 72, 541; Koblenz MDR 79, 71; Hamburg MDR 90, 58); Werte dann zwischen $\frac{1}{10}$ u $\frac{1}{3}$ der Hauptsache. Für Regelwert von 10% je abgelehntem Richter Koblenz Rpfleger 88, 507; JurBüro 91, 503. **c)** Zutreffend Köln (MDR 76, 322; ZSW 81, 44 m zust Anm Müller): eine nach § 12 GKG zu bewertende nichtvermögensrechtl Angelegenheit (ebenso Oldenburg OLGR 94, 341; VGH Kassel JurBüro 93, 108; Bamberg MDR 82, 589; Nürnberg KoRsp GKG § 12 Nr 63 m Anm Schneider = MDR 83, 846; Köln KoRsp GKG § 12 Nr 115 m Anm Schneider; Schneider MDR 68, 888; Müller ZSW 81, 44; Lappe NJW 82, 1737). – **Schiedsrichter** (§ 1032). Vergleichbare Rechtslage: Hauptsache (Düsseldorf ZIP 82, 225) oder § 3 (Koblenz MDR 89, 71) oder nichtvermögensrechtlich (Köln Rpfleger 87, 166). – **Sachverständiger:** Ebenso; entweder Hauptsache oder § 3 (Celle OLGR 94, 109: $\frac{1}{3}$ der Hauptsache) oder § 12 GKG (Köln MDR 76, 322; ZSW 81, 44 m zust Anm Müller).

● **Abnahme:** einer gekauften Sache: § 3, Interesse des Klägers an der Abnahme (zB an dem Freiwerden des Lagerraums), nicht Kaufpreis oder Wert der abzunehmenden Sache (BGH KoRsp ZPO § 3 Nr 499), es sei denn, es wird zugleich auf Zahlung des Kaufpreises geklagt (KG Rpfleger 62, 154); dann kann die Abnahme aber neben dem Kaufpreis einen zusätzlichen eigenen Wert haben (Schneider/Herget Rn 96 mN zur aA). Bei Pflicht zur Bierabnahme nicht Gewinneinbuße, sondern Umsatzminderung der Brauerei (Bamberg MDR 77, 935). Zuschlag für das Brauereiinteresse an Umsatzstetigkeit vertretbar (Braunschweig JurBüro 79, 436).

● **Abrechnung:** s unter Auskunft, Rechnungslegung, Stufenklage.

● **Abstandszahlung** (§ 1 AbzG; s Art 9 I Ges über Verbraucherkredite v 12. 12. 1990, BGBl I 2840): Nicht das Erfüllungsinteresse, sondern Betrag der Abstandszahlung maßgebend (LG Münster AnwBl 78, 147).

● **Abstraktes Schuldanerkenntnis:** s unter Schuldanerkenntnis.

● **Abtretung:** Klage auf Abtretung: **a)** einer Forderung, gleichgültig, ob die Abtretung zwecks Erfüllung oder Sicherstellung erfolgt: nach § 6 S 1 der Betrag der Forderung; bei wiederkehrenden Leistungen § 9; **b)** einer Hypothek oder Grundschuld: § 6 S 1 und 2; voller Betrag der Hypothek oder geringerer Grundstückswert; ist die Hypothek dem Kläger bereits verpfändet: § 3 (Kiel OLGE 31, 5); **c)** einer Nachlaßforderung gegen einen sich weigernden Miterben: Abzug eines dem Erbanteil des Beklagten entsprechenden Betrages (BGH MDR 75, 741; näher Schneider JurBüro 77, 433); **d)** von vertragl Unterhaltsleistungen: § 9.

● **Abwehrklage** gegen Eingriffe in das Eigentum des Klägers: § 3, Interesse des Klägers an der Beseitigung. S „Eigentumsstörung".

● **Allgemeine Geschäftsbedingungen:** § 22 AGBG ist aufgehoben durch das KostRÄndG 94. Es gilt jetzt der inhaltsgleiche § 12 I 2 GKG; bei Verbandsklage (§§ 13 ff) auf Unterlassung oberste Streitwertgrenze 500 000 DM; maßgebend das Interesse des Klägers (§ 3), den Anspruch auf Unterlassung durchzusetzen. Regelstreitwerte lassen sich kaum begründen (aA Hamm KoRsp AGBG § 22 Nr 1 m krit Anm Schneider; Frankfurt AnwBl 94, 47 und Naumburg WuM 95, 547: idR 3000–5000 DM je angegriffener Klausel; abl Celle NJW 95, 890); Anlehnung an §§ 12 II, 13 I GKG zu erwägen. S auch Lindacher MDR 94, 231.

● **Altenteil:** Streitwert seiner dingl Sicherung nach § 6 ZPO der Betrag der zu sichernden Forderung. Für Gebührenberechnung gilt nicht § 9, sondern § 17 I GKG, soweit sich der Altenteil im Rahmen der gesetzl Unterhaltspflicht hält. Sonst § 9, weil Leibrente kein gesetzl Unterhalt (LG Freiburg AnwBl 73, 169). Wohnrecht: § 3.

● **Anerkenntnis:** Erklärung nach § 307 verändert den Streitwert noch nicht, desgleichen nicht Verkündung des Anerkenntnisurteils (Düsseldorf KoRsp ZPO § 3 Nr 867 m Anm Schneider). Teilanerkenntnis mindert den Gegenstandswert (mangels Gebührenanfall kein GKG-Streitwert) einer Beweisaufnahme (Köln KoRsp ZPO § 3 Nr 692 m Anm Schneider; Frankfurt AnwBl 81, 155; s dazu Schneider MDR 85, 356).

● **Anfechtungsklage:** § 6, weil es nach § 7 AnfG um die Zurückgabe des anfechtbar erworbenen Gegenstandes geht; maßgebend die Forderung des Anfechtenden einschließlich Zinsen und Kosten oder der Verkehrswert des Gegenstandes, wenn er geringer ist (BGH WPM 82, 435 u 1443); Belastungen sind abzuziehen (RGZ 151, 167). Verfügungsverfahren zur Sicherung eines auf Duldung der Zwangsvollstreckung gerichteten Anfechtungsanspruchs $\frac{1}{4}$ der Hauptsache (LG Bayreuth KoRsp ZPO § 3 Nr 501); – **des Konkursverwalters:** § 3; Streitwert nach dem Wert des zurückzugewährenden Gegenstandes unter Abzug der darauf ruhenden Belastungen (RG 151, 319); wirtschaftl Betrachtungsweise legt Anwendung des § 6 S 2 nahe, so daß der geringere Wert von Anspruch oder Gegenstand maßgebend ist (KG JW 29, 844). Nebenforderungen (§ 4 I) bleiben außer Betracht; – **eines Grundstückskaufvertrages:** § 3; grundsätzl Grundstückswert (Verkehrswert) nach Abzug der Belastungen, die schon bei Verkauf bestanden haben (RGZ 47, 375), aber nicht ohne weiteres Verkäuflichkeitswert, sondern Bemessung danach, in welchem Maße Gläubiger auf Befriedigung rechnen kann (RGZ 151, 167, 169), oder die niedrigere Forderung, § 6 S 2. – **Mietgrundstück:** sein Verkehrswert (= wahrscheinlicher Verkaufserlös) entscheidet. Dabei ist der Ertragswert Rechnungsfaktor, regelmäßig aber nicht gleich dem Verkehrswert (Frankfurt MDR 60, 507); zur Berechnungsmethode s Nürnberg JurBüro 67, 163; – **einer Hypothekeintragung oder Hypothekabtretung:** Wert der Hypothek unter Berücksichtigung des durch die Vorbelastung beeinträchtigten Grundstückswertes (Kiel JVBl 35, 236); – **eines Aktionärs gegen Beschlüsse der Hauptversammlung** einer AG bzw Klage auf Feststellung der **Nichtigkeit** eines Hauptversammlungsbeschlusses: § 3, Festsetzung unter Berücksichtigung der gesamten im Einzelfall gegebenen Verhältnisse und des

Interesses der Gesellschaft an der Aufrechterhaltung oder Gültigkeit des angefochtenen Beschlusses (§§ 247, 254 II AktG; BGH KoRsp AktG § 247 Nr 8 m Anm Schneider; WM 92, 1370; ZIP 94, 1355 = NJW-RR 95, 225: Art und Zahl der Anfechtungsgründe beeinflussen den Streitwert nicht). Möglichkeit gem § 247 II AktG „gespaltenen" Streitwerts (= Herabsetzung auf einen Teil für wirtschaftlich schwache Partei), der nur für die Instanz gilt (BGH MDR 93, 184, Aufgabe der bish Rspr); in diesem Fall ist zunächst der nach § 247 I AktG maßgebl Wert zu ermitteln (Frankfurt JurBüro 76, 347). Mehrere angefochtene Beschlüsse sind gesondert zu bewerten, auch wenn sie innerlich zusammenhängen (Frankfurt WPM 84, 655; Schneider MDR 85, 355); – **von Beschlüssen von GmbH-Gesellschaftsversammlungen:** Wertfestsetzung entspr §§ 3 ZPO, 247 AktG (LG Bayreuth JurBüro 85, 768). Geschäftsanteil des Klägers begrenzt Streitwert der Anfechtungs- oder Nichtigkeitsklage nicht (KG Rpfleger 62, 154).

● **Annahmeverzug.** Feststellung des Schuldnerannahmeverzugs erspart dem Gl den Aufwand, die eigene Leistung anbieten zu müssen. Wert ist daher der Betrag der Kostenersparnis (aA Düsseldorf KoRsp ZPO § 3 Nr 1161 mit abl Anm Herget: Bruchteilsbewertung in Höhe von 1% des zu vollstreckenden Wertes; Frankfurt JurBüro 91, 410 setzt ohne nachvollziehbare Begründung auf 100 DM fest; ThP § 5 Rn 8: kein Wert wegen wirtschaftlicher Identität).

● **Anwaltsbeiordnung** (§§ 78b, 121): Beabsichtigte Hauptsache soll maßgebend sein (Bremen, JurBüro 77, 91; Zweibrücken JurBüro 77, 1001). Dabei wird Parallele zum Ablehnungsverfahren gezogen (s unter „Ablehnung"). Diese Bewertung ist sachwidrig; richtig Schätzung nach § 3.

● **Arbeitnehmer:** Jeder unselbständig Beschäftigte, also auch Geschäftsführer einer GmbH, dessen Beschäftigungsverhältnis auf einem Dienstvertrag beruht (Bamberg JurBüro 75, 65), auch ein freier Mitarbeiter (BGH KoRsp GKG § 17 Nr 78; Köln JurBüro 95, 255; Celle OLGR 94, 298 alle zum Gebührenwert: § 3; für die Zuständigkeit gilt § 9 bei wiederkehrenden Leistungen, im übrigen § 3), nicht aber der selbständige Handelsvertreter (Frankfurt MDR 74, 1208; Schneider BB 76, 1300). Leitende Stellung und hohe Vergütung für sich allein belanglos; kontrovers wird dies für Gehalts- und Pensionsklagen von Mitgliedern des Vertretungsorgans einer Gesellschaft. BGH (MDR 79, 35) berechnete nach § 9, hat diese Rspr jedoch nunmehr aufgegeben (KoRsp GKG § 17 Nr 28 m Anm Schneider) und unterscheidet neuerdings: a) Antrag auf Abberufung des Geschäftsführers oder Streit um seine Bestellung: § 3 ZPO; das Interesse beider Parteien wird berücksichtigt (KoRsp ZPO § 9 Nr 39 m Anm Schneider = NJW-RR 90, 1123; NJW-RR 95, 1502); b) Antrag auf Feststellung des Fortbestehens des Dienstverhältnisses (§ 17 III GKG für den Gebührenwert; § 9 für die Beschwer, BGH GmbHR 94, 244). Richtig ist es, auf den Einzelfall abzustellen und bei arbeitnehmerähnl Stellung mit sozialer Abhängigkeit für den Gebührenwert § 17 III GKG (ggfs über § 3) anzuwenden (Koblenz MDR 80, 319; Schleswig KoRsp GKG § 17 Nr 21 m Anm Schneider; für Insolvenzsicherungsklagen BGH ZIP 80, 780).

● **Arbeitsgerichtsverfahren:** Grundsätzlich ist das allgemeine Streitwertrecht der §§ 3–9 ZPO und §§ 12–26 GKG anwendbar. Vorrangig sind insbesondere die in § 12 VII ArbGG enthaltenen speziellen Bewertungsvorschriften.

● **Arrestverfahren:** Schätzung nach § 3 (§ 20 I GKG). Vollzug nicht höher als Anordnung (KG Rpfleger 91, 126; Köln JurBüro 94, 113; Schneider/Herget Rn 239). Die obere Grenze ist bei Sicherung einer Geldforderung deren Betrag; für Unterhaltsforderungen gilt § 20 II 1 GKG entsprechend (Schneider MDR 89, 389; aA Düsseldorf OLGR 94, 125: § 17 I GKG; näher bei „Einstweilige Verfügung"). In der Regel geringerer Wert als die Hauptsache. Die Bruchteilswerte liegen meist im Bereich von ⅓ (auch beim persönlichen Arrest, KG KGR 93, 144) bis ½. Bei Seeschiffen ¾ der Arrestforderung (Hamburg MDR 91, 1196). Kostenpauschale wirkt nicht streitwerterhöhend; Argument: § 4 (so KG Rpfleger 62, 121; aA Köln MDR 62, 60). Desgleichen sind unbeachtlich die Schwierigkeiten, Vermögensgegenstände des Schuldners für den Vollzug des Arrestes ausfindig zu machen (LG Darmstadt JurBüro 76, 1090).

● **Aufgebotsverfahren** (§§ 946 ff): § 3, Interesse des Antragstellers. Abzustellen ist auf das Aufgebotsobjekt, zB Grundeigentum (§ 977) oder dingliche Rechte (§§ 982–987a): § 6, bei Sparkassenbüchern, Schuldscheinen und anderen Beweisurkunden, Legitimationspapieren oder Grundschuldbriefen: Schätzung nach § 3 auf 10–20% des Nennbetrages (LG Berlin Rpfleger 88, 548).

● **Aufhebung,** Auflösung, Rückgängigmachung oder Nichtigerklärung eines gegenseitigen **Vertrages,** besonders bei **Wandlungsklage:** § 3, Interesse des Klägers an dem Nichtbestehen des Vertrages unter Berücksichtigung der Vor- und Nachteile, die der Kläger einerseits bei Auflösung usw andererseits bei Fortsetzung des Vertrages zu erwarten hätte, nicht der Wert oder Verkaufspreis der Sache, RGZ 52, 427; 66, 330, oder der Wert der beiderseitig zu bewirkenden Rückleistungen: RGZ 46, 422. Bei Klage auf Wandlung und Rückzahlung des Kaufpreises oder Rückgabe der geleisteten Sache (zB Rückauflassung des Grundstücks) ist jedoch Streitwert: der Kaufpreis oder Wert der Sache ohne Abzug der auf ihr ruhenden Schulden und Lasten. In den einschlägigen Fällen kommt es immer entscheidend darauf an, welcher Klageantrag gestellt wird. Insbesondere wenn es um die Vertragsnichtigkeit geht, muß das **Freistellungsinteresse** des Klägers eindeutig herausgearbeitet werden (Saarbrücken KoRsp ZPO § 3 Nr 427 m Anm Schneider; Bremen KoRsp ZPO § 3 Nr 450 m Anm Schneider); – **der Gemeinschaft:** § 3; Interesse des Klägers an der Gemeinschaft, nicht Höhe der Teilungsmasse (Karlsruhe OLGE 15, 51; München KoRsp ZPO § 3 Nr 72 [¹⁄₁₀ des Wertes des Gesamtguts]); die Aufhebung einer Gemeinschaft, auch einer **nichtehelichen Lebensgemeinschaft,** vollzieht sich in Stufen entsprechend den darauf auszurichtenden Klageanträgen, beispielsweise zunächst auf Zustimmung zur Aufhebung der Gemeinschaft an bestimmten Gegenständen, sodann zur Zustimmung zum Verkauf und schließlich zur Zustimmung zur Erlösverteilung. Da diese stufenförmige Klagenhäufung (näher H. Schneider DGVZ 85, 51) auf das einheitliche Ziel der Auskehrung des anteiligen Erlöses gerichtet ist, sind die Werte der Einzelansprüche nicht zu addieren, sondern das Leistungsbegehren als höchstwertiger Anspruch bestimmt den Streitwert (Köln KoRsp ZPO § 5 Nr 55), wobei der unstreitige Anteil des klagenden Miteigentümers abzuziehen ist (wie bei Miterben, s unter „Erbrechtliche Ansprüche"); s auch unter „Auseinandersetzung"; – **der fortgesetzten Gütergemeinschaft** (§ 1495 BGB): § 3; Wert des Anteils des klagenden Abkömmlings am Gesamtgut; jedoch geringer (etwa auf die Hälfte) festzusetzen, weil Klage nur der Vorbereitung der Auseinandersetzung dient (BGH JurBüro 73, 121); – **der Zugewinngemeinschaft** (vorzeitiger Zugewinnausgleich [§§ 1385, 1386 BGB]): § 3; Interesse des Klägers an der Aufhebung; idR auf ¼ des zu erwartenden Zugewinnausgleichs. Kann geringer bewertet werden, wenn bereits ein Scheidungsverfahren anhängig und Auflösung der Ehe in nicht allzu weiter Ferne zu erwarten (BGH MDR 73, 393). Bei Verbindung der Klage auf vorzeitigen Zugewinnausgleich mit Klage auf Ausgleichsforderungszahlung sind die Werte zusammenzurechnen (§ 5 ZPO; KG Rpfleger 65, 354; s auch unten unter „Zugewinngemeinschaft"); – bei **Erbengemeinschaft** vgl „Erbrechtliche Ansprüche"; – Klage auf Aufhebung eines **Schiedsspruchs** (§ 1041): Interesse des Klägers am Freiwerden von den ihm durch Schiedsspruch auferlegten Leistungen ohne Zinsen und Kosten (BGH MDR 57, 95).

● **Auflassung:** Bei Klage auf Erteilung der Auflassung oder Rückauflassung: § 6; Verkehrswert des Grundstückes ohne Schuldenabzug (hM, zB München MDR 81, 501; OLGR 94, 264; Schleswig KoRsp ZPO § 6 Nr 80 m Anm Schneider; Düsseldorf JurBüro 87, 395); dies auch bei Klage auf Herausgabe eines Grundstücks: Braunschweig AnwBl 72, 319; jedoch nach Karlsruhe NJW 68, 110 u LG Köln NJW 77, 255, bei Klage auf Herausgabe und Auflassung abzügl der dingl Belastungen. Bei Klage auf Entgegennahme der Auflassung Schätzung nach § 3 gem dem Interesse des Klägers (Bamberg JurBüro 94, 361: $^{1}/_{10}$ des Kaufpreises; Schneider/Herget Rn 324) unter Berücksichtigung der von dem Kläger noch zu entrichtenden Leistungen (RG JW 05, 24). § 3 auch dann anzuwenden, wenn der Beklagte mit der Klage gezwungen werden soll, dem Hinterlegungsnotar mitzuteilen, daß der Kläger den Kaufpreis gezahlt habe (Karlsruhe KoRsp ZPO § 3 Nr 669 m Anm Schneider) oder verhindert werden soll, daß der Beklagte zum Vollzug des Erwerbs ermächtigt/veranlaßt (Düsseldorf KoRsp ZPO § 3 Nr 1109 m Anm Lappe). Verkehrswert des aufzulassenden Grundbesitzes nach hM auch dann maßgebend, wenn Beklagter die Auflassung nur verweigert, weil er eine geringfügige Gegenforderung geltend macht (zB Nürnberg MDR 95, 966; München OLGR 94, 264; Frankfurt OLGR 95, 238; JurBüro 83, 916; Bamberg JurBüro 89, 1598). Diese Auffassung ignoriert wirtschaftl Gesichtspunkte völlig und kann zu absurden Ergebnissen führen (Frankfurt Rpfleger 70, 357: unstr Hauptleistung 184 000 DM, str Gegenleistung 84 DM!); die hM wird daher zunehmend abgelehnt (Nachw bei Schneider/Herget Rn 341 ff; Frankfurt NJW-RR 96, 636). Wird mit dem Auflassungsantrag Löschung einer bereits eingetragenen Eigentümergrundschuld verlangt, dann ist der Grundstückswert Höchstwert (Köln JurBüro 88, 1388); Auflassungs- und Löschungsantrag werden nicht addiert (Düsseldorf OLGR 93, 266). Wird nur wegen der Gegenleistung ein **Rechtsmittel** eingelegt, dann ist aber ledigl darauf abzustellen (allg M; KG OLGZ 79, 348; Frankfurt KoRsp ZPO § 6 Nr 71). – Klage eines **Miterben** gegen einen anderen Miterben auf Erteilung der Auflassung eines Grundstücks an die Erbengemeinschaft: jetzt ausgetragen, daß der Anteil des beklagten Miterben am Nachlaß nicht berücksichtigt wird, so daß § 3 und nicht § 6 anzuwenden ist (s unter „Erbrechtliche Ansprüche"). – Bei Klage auf Rückauflassung eines inzwischen vom Beklagten bebauten Grundstücks ist Streitwert der Verkehrswert des Grundstücks einschließl des Bauwerks (Frankfurt NJW 61, 2264). Bei Rückauflassung eines ideellen Grundstücksanteils ist der anteilige Verkehrswert des Gesamtgrundstücks ohne Belastungen maßgebend (Schleswig Rpfleger 80, 293).

● **Auflassungsvormerkung:** Klage auf Eintragung: § 6, Verkehrswert des Grundstücks unter Berücksichtigung von Belastungen, die die wirtschaftl Nutzung wesentl beeinträchtigen (Dienstbarkeiten), nicht aber von Hypotheken und Grundschulden (Bamberg JurBüro 76, 1094). Bei einstweiliger Verfügung auf Eintragung und ebenso bei Klage auf Löschung einer Vormerkung ist nach § 3 zu bewerten und maßgebend das Interesse des Klägers an freier Verfügung über sein Grundstück, dessen lastenfreier Wert obere Grenze ist (Neustadt Rpfleger 57, 238). Einzelne Bewertungen: Nürnberg AnwBl 70, 55 (50% des Grundstückswertes wegen grundsätzl Nichtveräußerbarkeit des Grundstücks); Celle Rpfleger 70, 248 ($^{1}/_{10}$ des Kaufpreises wegen des nicht mehr bestehenden Auflassungsanspruchs); München BB 76, 1295 u Celle KoRsp ZPO § 3 Nr 835 (¼ des Grundstückswertes); Bamberg JurBüro 76, 1247 ($^{1}/_{10}$ des Grundstückswertes als untere Schätzungsgrenze); BGH NJW 73, 654/655 unter III (Interesse an der ungehinderten Verwertung des Grundeigentums; Vormerkung durch Versteigerung erloschen; daher nur 5% des Verkaufswertes); Nürnberg NJW 77, 857 (Interesse nur von Fall zu Fall ermittelbar).

● **Auflösung** eines Vertrags s „Aufhebung"; – einer Gesellschaft oder GmbH (§§ 61 ff GmbHG): § 3, persönl Interesse des Klägers (zu den Bewertungsumständen s Köln GmbH-Rdsch 88, 192 u Schneider MDR 89, 303). Feststellung der Auflösung eines Vertrages ist nach dem Interesse des Klägers an der Freistellung von seinen Verpflichtungen zu bewerten, nicht nach dem Wert des Leistungsgegenstandes selbst (Celle AnwBl 84, 448 = KoRsp ZPO § 3 Nr 704 m Anm Schneider; München KoRsp ZPO § 3 Nr 706 m Anm Schneider; AG Bremen-Blumenthal KoRsp ZPO § 3 Nr 675 m Anm Schneider).

● **Aufopferungsanspruch:** Rentenansprüche aus Aufopferung sind nur nach § 17 II GKG mit dem fünffachen Betrag des einjährigen Bezugs zu berechnen, BGHZ 53, 172.

● **Aufrechnung:** Lit: *Lappe* Rpfleger 95, 401; *Sonnenfeld/Steder* Rpfleger 95, 60. **Zuständigkeit** richtet sich nur nach § 5 Hs 2; zur Rechtsmittelbeschwer vgl Rn 24 vor § 511. Der **Gebührenstreitwert** bestimmt sich nach § 19 III GKG. Die Vorschrift ist Ausdruck der materiellen Beschwer und daher auch auf deren

Berechnung anwendbar. Prozessuale Aufrechnungserklärung genügt, wenn und soweit sie im Rechtsstreit vorgetragen wird (Schneider JurBüro 69, 785). Im Werkvertragsrecht Aufrechnung nur bei wirklichen Schadensersatzforderungen, nicht wenn Gewährleistungsrechte (Wandelung, Minderung, Schadensersatz wegen Mängeln) geltend gemacht werden; das ist **Abrechnung** mit der Folge, daß Klageanspruch gfls von vornherein nur in geringerer Höhe entsteht als er eingeklagt worden ist (Köln VersR 93, 460; Köln, Düsseldorf, LG Bayreuth, München KoRsp GKG § 19 Nr 17, 87, 116, 122, je m Anm Schneider, ebenso bei Ansprüchen nach § 635: Bamberg JurBüro 87, 1383 = 1696; teilweise aA Düsseldorf KoRsp GKG § 19 Nr 88 m Anm Schneider; s dazu Schneider MDR 85, 267). Anders, wenn darüber hinausgehende Ansprüche aus positiver Vertragsverletzung hilfsweise zur Aufrechnung gestellt werden: Bamberg JurBüro 87, 1383 = 1696. Die Rechtsverteidigung muß deshalb juristisch genau qualifiziert werden; beispielsweise keine Addition, wenn der Beklagte Herabsetzung des Kaufpreises wegen „Wegfalls der Geschäftsgrundlage" verlangt oder die Anpassung der Gegenleistung auf „positive Vertragsverletzung" stützt und diese Klageabwehr irrig als „Aufrechnung" in den Prozeß einführt (Köln KoRsp GKG § 19 Nr 81; Koblenz KoRsp GKG § 19 Nr 107 m Anm Schneider) oder gegenüber einer Darlehensklage mit einem Anspruch wegen Belastung mit der Rückzahlungspflicht „aufgerechnet" wird (BGH KoRsp GKG § 19 Nr 109) oder nur scheinbar bestritten wird, um sich auf ein vertragliches Aufrechnungsverbot mit „bestrittenen Ansprüchen" berufen zu können (BGH KoRsp GKG § 19 Nr 92 m Anm Schneider u Lappe). § 19 III GKG ist auch dann anwendbar, wenn eine **Vollstreckungsgegenklage** neben anderen Einwendungen mit hilfsweiser Aufrechnung begründet wird (BGH MDR 95, 407; Karlsruhe MDR 95, 643). **Streitigsein** von Klageforderung und Gegenforderung ist Voraussetzung der Addition, da § 19 III GKG die *hilfsweise* Aufrechnung mit *bestrittener* Gegenforderung verlangt; die sog **Primäraufrechnung** (= Aufrechnung gegen **unstreitige** Klageforderung) fällt also nicht darunter (wohl bei mehreren hilfsweise gestaffelten Gegenforderungen, s unten). Nicht genügend, daß Beklagter von der Begründetheit der Klageforderung ausgeht, aber nur Unzuständigkeit oder sonstige Prozeßvoraussetzungen rügt und für den Fall, daß er damit nicht durchdringt, Aufrechnung erklärt (abzulehnen daher Koblenz u Frankfurt KoRsp GKG § 19 Nr 102, 106 m abl Anm Schneider u Lappe). Geht der Beklagte von anfänglicher Eventualaufrechung im Verlaufe des Rechtsstreits zur Primäraufrechung über, ist für den Streitwert bis zum Wechsel zu addieren, sofern nach dem Wechsel über die Aufrechnungsforderung eine der Rechtskraft fähige Entscheidung ergeht (LG Bayreuth JurBüro 92, 761 mwN zum Streitstand). Wird eine Forderung teils unbedingt, teils hilfsweise aufgerechnet, wird zum Betrag der Klage nur der um die unbedingte Aufrechnung reduzierte Wert addiert (Köln JurBüro 94, 495). Bei Klage nur auf Zinsen aus einer bestrittenen Hauptforderung und Aufrechnung gegen die Hauptforderung, um den akzessorischen Zinsanspruch zu Fall zu bringen, handelt es sich um eine zur Wertaddition führende Eventualaufrechnung (KG KoRsp GKG § 19 Nr 110). Wendet **Bürge** gegenüber dem Gläubiger ein, der Hauptschuldner habe aufgerechnet, dann ist § 19 III GKG bei Eventualstellung dieser Verteidigung analog anzuwenden (aA BGH NJW 73, 146). **Entscheidung** in der Instanz nötig (KG KoRsp GKG § 19 Nr 49), auch Rechtsmittelverwerfung (Schneider Anm KoRsp GKG § 19 Nr 16; aA KG MDR 90, 259 = KoRsp GKG § 19 Nr 156 m abl Anm Schneider). Keine Entscheidung, wenn das Gericht die Aufrechnung nicht zuläßt und deshalb nicht darüber entscheidet, zB wegen § 530 II oder § 393 BGB oder wegen § 55 KO (Oldenburg MDR 84, 239); dann darf nicht addiert werden (BGH Warneyer 74 Nr 142; KoRsp GKG § 19 Nr 92 mit Anm Schneider; NJW-RR 91, 127; Schleswig SchlHA 79, 126; Frankfurt JurBüro 71, 311), selbst wenn dem Gericht dabei ein Verfahrensmangel unterlaufen ist (BGH KoRsp ZPO § 3 Nr 936 m Anm Schneider). Diese Prozeßlage ist nicht zu verwechseln mit dem Fall, daß die Gegenforderung wegen fehlender Substantiierung sachlich beschieden und aberkannt wird (BGH MDR 94, 612; s aber Vollkommer unten § 322 Rn 18). Auch keine Addition, wenn der Beklagte sich primär mit einem Zurückbehaltungsrecht, hilfsweise mit Aufrechnung verteidigt, die Zurückbehaltungseinrede aber durchgreift (LG Bayreuth JurBüro 80, 1865). Über die Hilfsaufrechnung wird auch nicht entschieden, wenn **Versäumnisurteil** gegen den Beklagten ergeht (LAG Rheinland-Pfalz KoRsp GKG § 19 Nr 10). **Mehrere Gegenforderungen**, die hilfsweise gestaffelt zur Aufrechnung gestellt und beschieden werden, führen zur mehrfachen Addition (BGHZ 73, 249; Zweibrücken Rpfleger 85, 328), und zwar für jede Forderung bis zur Höhe der Klageforderung (BGH KoRsp GKG § 19 Nr 168; Köln JurBüro 92, 683; VersR 93, 460; Karlsruhe MDR 89, 921; LG Bayreuth JurBüro 78, 894). Bei Aufrechnung gegen unstreitige Klageforderungen mit hilfsweise gestaffelten streitigen Gegenforderungen sind diese unter Abzug des Wertes der Klage zu addieren (LG Hannover JurBüro 82, 423; Frankfurt JurBüro 83, 257; Hamm, Bremen, Schleswig, München KoRsp GKG § 19 Nr 112, 113, 121, 140 m zust Anm Schneider). Die erste Gegenforderung bleibt aber unberücksichtigt, weil sie nicht hilfsweise, sondern unbedingt zur Verteidigung benutzt wird (Zweibrücken KoRsp GKG § 19 Nr 125 m Anm Schneider). Nicht verselbständigte Teilbeträge einer Forderung können nicht gestaffelt zur Aufrechnung gestellt werden (BGH MDR 95, 407 = NJW-RR 95, 508). Die Wertberechnung ist für **jede Instanz selbständig** anzustellen. Es ist also nur erstinstanzlich zu addieren, wenn im ersten Rechtszug über die streitige Gegenforderung mitentschieden worden ist, die höhere Instanz jedoch wegen Berufungsrücknahme nicht entscheidet (Köln MDR 94, 1152; VersR 96, 125; Celle JurBüro 85, 911; KG JurBüro 85, 913; Schleswig JurBüro 86, 1064; Karlsruhe KoRsp GKG § 19 Nr 16 m Anm Schneider) oder nur zweitinstanzlich, wenn erst das Berufungsgericht über die Gegenforderung entscheidet (KG KoRsp GKG § 19 Nr 49; BGH MDR 87, 117 = KoRsp GKG § 19 Nr 188 m abl Anm Lappe; allerdings unvereinbar mit BGH WM 85, 264 = KoRsp GKG § 19 Nr 92 m abl Anm Schneider und zust Anm Lappe, wonach die erstinstanzl Wertaddition rückwirkend entfällt, wenn das Rechtsmittelgericht die Klage bescheidet, ohne auf die Hilfsaufrechnung einzugehen; s Schneider MDR 81, 178; 86, 183; Lappe Rpfleger 95, 401).

Rechtskraftgrenze, § 322 II, gilt nur bei urteilsmäßiger Entscheidung, nicht beim Urkunden- oder Wechselvorbehaltsurteil (Frankfurt KoRsp GKG § 19 Nr 105) und nicht bei **Prozeßvergleich;** bei diesem ist die gesamte verglichene Gegenforderung hinzuzurechnen (Frankfurt MDR 80, 64; Köln JurBüro 79, 566; München JurBüro 78, 1226), sofern die Gegenforderung abschließend geregelt worden ist (LG Bayreuth JurBüro 80, 1219); Abstriche, wenn die Realisierbarkeit der Aufrechnungsansprüche zweifelhaft ist (Frankfurt MDR 81, 57). Ein erhöhter Vergleichswert ist jedoch nie für die Verfahrensgebühren zugrunde zu legen (Köln MDR 79, 412; Frankfurt KoRsp GKG § 19 Nr 30 m Anm Schneider; aA München KoRsp GKG § 19 Nr 14 m abl Anm Lappe, dagegen auch Schneider MDR 89, 302).

● **Auseinandersetzung** einer Gütergemeinschaft richtet sich nach dem Wert des begehrten Anteils (Frankfurt KoRsp ZPO § 3 Nr 444 m Anm Schneider), auch wenn die Parteien sich vergleichen und im Vergleich die Auflassung von Grundstücken erklären (Frankfurt KoRsp ZPO § 3 Nr 445) oder nur um die Art der Teilung streiten (Schleswig SchlHA 79, 57). S auch unter „Aufhebung – der Gemeinschaft".

● **Ausgleichsanspruch** des Handelsvertreters: Klage auf Auskunft = $\frac{1}{5}$ der erwarteten Zahlung (BGH BB 60, 796). Zur Berechnung des Streitwerts des Ausgleichsanspruchs und der Karenzentschädigung s Karlsruhe Justiz 71, 306. Wird bei einem unbezifferten Antrag der Ausgleichsanspruch vom Gericht in einem Versäumnisurteil beziffert, so ist Streitwert der höhere Urteilsbetrag (Köln VersR 73, 1065). Lit: Schneider DB 76, 1298.

● **Auskunft:** § 3; zu bewerten das Interesse des Klägers oder das Abwehrinteresse des unterlegenen Beklagten in der Rechtsmittelinstanz. **Angriffsinteresse des Klägers** nicht identisch mit Hauptsache, sondern nur Teilwert, der nach § 3 zu schätzen ist. Nürnberg (MDR 60, 50), Celle (NdsRpfl 61, 221): $\frac{1}{10}$ bis $\frac{1}{5}$; KG (Rpfleger 62, 120), München (MDR 72, 247), Düsseldorf (FamRZ 88, 1188): $\frac{1}{5}$ bis $\frac{1}{4}$; Bamberg (JurBüro 89, 1307), KG (KGR 94, 251): $\frac{1}{5}$; Bamberg (FamRZ 86, 1144), KG (FamRZ 96, 500): $\frac{1}{10}$ bis $\frac{1}{4}$. Maßgebend ist, in welchem Maß die Durchsetzbarkeit der Ansprüche des Klägers von der Auskunft des Beklagten abhängt; Interesse um so höher zu bewerten, je geringer seine Kenntnisse und sein Wissen über die zur Begründung des Leistungsanspruchs maßgeblichen Tatsachen sind (s BGH KoRsp ZPO § 3 Nr 613 m Anm Schneider). Schätzung nach objektiven Anhaltspunkten der Klagebegründung bei Einreichung (Köln NJW 60, 2295); spätere geringere Bezifferung als zunächst angenommen unerheblich (Frankfurt KoRsp GKG § 18 Nr 18; Karlsruhe Nr 22). Auskunft hat neben Klage auf Feststellung der Schadensersatzpflicht selbständigen Streitwert (Stuttgart NJW 59, 890). Begehrt Kläger zunächst nur Auskunftserteilung und geht er nach im Prozeß erteilter Auskunft zur Schadensersatzklage über, so bildet nur der (höhere) Wert der Schadensersatzklage den Streitwert; ein gesonderter Wert für die zunächst erhobene Auskunftsklage ist nicht hinzuzurechnen (Celle Betrieb 71, 865; Hamm JurBüro 86, 746). **Abwehrinteresse des Beklagten als Berufungskläger** wird in erster Linie durch den voraussichtlichen Aufwand an Zeit und Kosten bestimmt, der für ihn mit der Auskunfterteilung oder Rechnungslegung verbunden ist (BGH GrZS JZ 95, 681 m Anm Roth = NJW 95, 664 = LM ZPO § 3 Nr 88 m Anm Schneider). Es entspricht also nicht dem Interesse des Klägers an der Auskunft oder Versicherung (ausführl Schneider Anm BGH EzFamR ZPO § 3 Nr 2); ebenso für Verurteilung, die Richtigkeit einer bereits erteilten Auskunft eidesstattlich zu versichern (BGH NJW 91, 1833 = KoRsp ZPO § 3 Nr 1030 m Anm Schneider) und die Vollstreckungsabwehrklage gegen einen Auskunftstitel (Hamburg FamRZ 89, 770). Belanglos, ob die Parteien auch über den Grund des Leistungsanspruchs streiten. Daß erforderliche Auskunftskosten später auch aus anderem Grund entstanden wären, bleibt unberücksichtigt (BGH NJW-RR 92, 1474: Steuererklärung). Vorlage einer bestimmten Urkunde ist wie Auskunfts- oder Rechnungslegungsanspruch mit einem Bruchteil des Leistungsbegehrens zu bewerten (Köln MDR 83, 321; $\frac{1}{4}$). Vorlage eines Nachlaßverzeichnisses gemäß § 2215 BGB und auf Auskunfterteilung bezügl des Verbleibs von Erbschaftsgegenständen: § 3, Interesse des Klägers daran, Schwierigkeiten bei der Ermittlung des Bestandes der Erbschaft, die ohne begehrte Auskunft auftreten würden, zu vermeiden (KG JurBüro 73, 151). Klage mit dem Ziel, den Auskunftsanspruch nach § 2314 I 2 BGB durch Einholung eines Gutachtens zu realisieren, nach dem Auskunftsinteresse zu bewerten, nicht nach den Kosten, wie München meint (KoRsp ZPO § 3 Nr 641 m abl Anm Schneider). Kosten für Hilfspersonen des Auskunftspflichtigen sind, wenn deren Zuziehung notwendig war, bei der Wertfestsetzung zu berücksichtigen (BGH FamRZ 91, 317; MDR 94, 507; NJW-RR 93, 1028, 1029).

● **Ausländische Währung.** Für eine Geldschuld, die durch Zahlung in ausländischer Währung zu erfüllen ist, oder bei Vollstreckbarerklärung eines ausländischen Urteils (§§ 722, 723) oder eines ausländischen Schiedsspruchs (§ 1044) oder Schiedsvergleichs (§ 1044a) sind die Geldbeträge in deutsche Währung umzurechnen, wobei als Zeitpunkt für die Umrechnung nach § 4 I die Klageeinreichung oder der Eingang des Antrages bei Gericht maßgebend ist. Soweit die sachl Zuständigkeit erster Instanz von dieser Wertberechnung abhängt, ist der ermittelte Wert endgültig, spätere Veränderungen berühren die Zuständigkeit grundsätzl nicht (§ 261 III Nr 2). Dieser für die Zuständigkeit endgültige Wert gilt auch für die Gebührenberechnung, selbst wenn sich der Umrechnungsbetrag bei Beendigung der Instanz erhöht hat (§ 15 GKG idF des KostRÄndG 1994).

● **Ausscheiden eines Kommanditisten.** Ist es unstreitig und klagt der persönl haftende Gesellschafter auf Verurteilung zur Mitwirkung der Anmeldung zum Handelsregister: § 3 (Leistungsklage auf Abgabe einer Willenserklärung); maßgebl Interesse des Klägers an der Offenlegung des Beteiligungsverhältnisses nach außen (Köln MDR 71, 768).

● **Ausschluß** aus einer Gesellschaft (§ 140 HGB), auch atypischen stillen (Köln JurBüro 70, 427) oder aus einer Genossenschaft: § 3; maßgebend nicht Kapitalanteil des Beklagten, sondern Interesse des Klägers an dem Ausschluß; Ausgangspunkt hierfür Wert der Geschäftsanteile der Kläger (BGHZ 19, 175; Frankfurt JurBüro 85, 1083). Ausschluß aus Gemeinschaft der Wohnungseigentümer: Streitwert nach den Miteigentumsanteilen der Kläger, höchstens nach dem des Beklagten (LG Nürnberg-Fürth JurBüro 64, 830). – **Ausschlußklage** GmbH: § 3, idR nach dem Verkehrswert der Gesellschaftsanteile (Neustadt MDR 64, 605; Rpfleger 67, 1).

- **Aussetzungsbeschluß:** Für Beschwerde gegen Aussetzung ist Streitwert das nach § 3 zu schätzende Interesse der Parteien an der Entscheidung über die Aussetzung (BGHZ 22, 283; Düsseldorf OLGR 93, 110; Frankfurt OLGR 94, 34; Brandenburg FamRZ 96, 496; Schneider/Herget Rn 600: je ⅕ der Hauptsache, wobei besondere Umstände des Einzelfalles zu einer Erhöhung oder Herabsetzung führen können).

- **Aussonderung** im Konkurs: § 6.

- **Baubeschränkung:** § 7.

- **Bauhandwerkersicherungshypothek:** Maßgebend ist das Interesse des Gläubigers bei Antragstellung (LG Frankfurt AnwBl 83, 556). Auszugehen ist vom Wert der zu sichernden Forderung (KG Rpfleger 62, 156) ohne Kosten (LG Tübingen BauR 84, 309). Auch bei Klage auf Einräumung der Sicherungshypothek ist nur die Forderung maßgebend, selbst wenn Werklohn miteingeklagt wird (Köln VersR 74, 673; Frankfurt JurBüro 77, 1136). Streitwert des Verfügungsverfahrens bemißt sich nach § 3 (§ 20 I GKG), § 6 ist nicht Ausgangspunkt (irrig LG Saarbrücken AnwBl 81, 70 m abl Anm Schneider in KoRsp ZPO § 3 Nr 514). Wichtigste Bemessungsfaktoren sind Forderungshöhe, Sicherungsinteresse und Rangwahrung der Vormerkung. Häufiger Wertansatz ¼ bis ⅓ (Frankfurt JurBüro 77, 719; Bremen JurBüro 82, 1052; Celle KoRsp ZPO § 3 Nr 781). Saarbrücken (JurBüro 87, 1218) setzt ½ der zu sichernden Forderung einschließlich Kostenpauschale an, was recht hoch ist.

- **Baulandverfahren:** Wenn Geldentschädigung verlangt wird, ist deren Höhe maßgebend (§ 6). Für Umlegungsverfahren gilt § 3, wobei die Schätzung vom Verkehrswert der beteiligten Grundstücke auszugehen hat; der Streitwert selbst ist jedoch niedriger anzusetzen, zB für das Begehren, den Umlegungsplan aufzuheben, ⅕ der eingeworfenen Fläche (BGH MDR 78, 648; Bamberg JurBüro 83, 1538; München OLGR 93, 187; 93, 240; Celle OLGR 95, 23 setzt ⅕ bis ⅓ an). Abwehr eines Umlegungsplanes mit dem Ziel eines Grundstückstausches, um Bebauung abzuwehren, nicht höher als ⅕ (aA anscheinend Bamberg KoRsp ZPO § 3 Nr 610 mit Anm Schneider). Bei Bekämpfung der Einbeziehung und damit Entziehung eines Grundstückes in die Umlegung kann, wenn totaler Eigentumsverlust ohne Bodenausgleich droht, voller Verkehrswert geboten sein (Düsseldorf KoRsp §§ 161, 168 BBauG Nr 6). Geht es andererseits nur um Vermeidung von Erschwernissen, zB bei der Grundstückszufahrt, dann ist entsprechend gering zu bewerten (Karlsruhe AnwBl 74, 377: ⅒ der in die Umlegung einbezogenen Fläche). Enteignende Belastung eines Grundstücks mit einer beschränkt persönlichen Leitungsdienstbarkeit: Beschwer = Verkehrswertdifferenz mit und ohne Belastung (BGH KoRsp BBauG §§ 161, 162 Nr 27). Vorzeitige Besitzeinweisung: entsprechend § 20 GKG, nach § 3 frei zu schätzen (Hamburg NJW 65, 2404: ⅓ des Flächenwerts; Nürnberg JurBüro 65, 155: ¼; BGH MDR 74, 30: ⅕). Bei Abwehr eines Enteignungsverfahrens: § 6 (BGH Warneyer 67 Nr 208). Unbezifferte Entschädigungsansprüche folgen den allg Bewertungsregeln (Köln JurBüro 70, 606; München Rpfleger 68, 361: der Betrag, der auf der Grundlage des Klagevorbringens als angemessene Entschädigung zu berechnen ist, wobei bezifferte Mindest- oder Höchstbeträge als Grenzwerte beachtet werden müssen).

- **Bauverpflichtung:** Verpflichtung, auf einem städtischen Erbbaugrundstück ein Wohnhaus zu errichten, Festsetzung nach § 3 zu einem Betrag, der sich erheblich unter den Baukosten hält (Frankfurt Rpfleger 57, 390).

- **Bedingte Ansprüche**: Bei einer Zinsforderung mit ungewissem Erfüllungszeitpunkt Schätzung nach § 3 unter Abschätzung der Wahrscheinlichkeit des tatsächlichen Eintritts der Voraussetzungen (BGH MDR 82, 36). Bei bedingten oder betagten Ansprüchen nach RGZ 118, 321 und BGH (KoRsp ZPO § 3 Nr 1178) § 6, also keine Abzinsung; aA Nürnberg Rpfleger 63, 178: § 3; s „Fälligkeit".

- **Befreiung** (s auch „Schuldbefreiung") von einer Bürgschaftsverpflichtung oder von der persönl Haftung für eine Hypothek: idR Betrag der Hauptforderung, nicht der Summe, auf die der Bürge oder persönl haftende Schuldner wahrscheinl oder möglicherweise in Anspruch genommen werden könnte (Karlsruhe AnwBl 73, 168). Ist die Klage auf Befreiung von der persönl Schuld und zugleich von der dingl Haftung gerichtet, so ist der Wert nur einmal anzusetzen; s dazu KG JurBüro 68, 466 (Freistellung von Forderung und der dafür bestellten Hypothek bei Gesamtschuldverhältnis). Bei Klage gegen Dritten auf Befreiung von einer gesetzl Unterhaltspflicht: § 3 (BGH NJW 74, 2128), – von Schadensersatzpflichten: nicht § 3, sondern ziffernmäßige Schadensersatzpflicht des Klägers (BAG MDR 60, 616). Bei Anspruch auf Freistellung von einer unbezifferten Verbindlichkeit macht Frankfurt (KoRsp ZPO § 3 Nr 654 mit Anm Schneider) Abschlag von 20% wie bei Feststellungsbegehren.

- **Beleidigung:** s unter „Ehre".

- **Berichtigung nach § 319:** Hauptsachewert, wenn die Berichtigung die Vollstreckungsfähigkeit des Urteils für immer beseitigen würde (Frankfurt JurBüro 80, 1893), anderenfalls ist das Änderungsinteresse gem § 3 zu schätzen (Zweibrücken KoRsp ZPO § 3 Nr 695), etwa auf ⅕, wenn die Vollstreckung vorübergehend verhindert werden soll (Saarbrücken JurBüro 89, 522).

- **Berichtigung des Grundbuchs:** § 3 (Saarbrücken AnwBl 78, 106); Interesse des Klägers, nicht Wert des Grundstücks. Bei Klage auf Einwilligung in die Berichtigung des Grundbuchs, wenn zugleich Feststellung des Eigentums bezweckt wird: § 6, Grundstückswert ohne Abzug von Lasten (BGH MDR 58, 676;

Köln ZMR 95, 258). Geringerer Wert jedenfalls dann, wenn es nur um formelle Rechtslage geht, zB weil wahre Eigentums- oder Rechtsverhältnisse unstreitig oder rechtskräftig festgestellt sind (Zweibrücken JurBüro 87, 265; Köln KoRsp ZPO § 3 Nr 921; LG Bayreuth JurBüro 79, 1884).

● **Berufung:** Lit: *Mayer/Mayer* JurBüro 93, 325 (Berufung gegen Teilurteil). Es entscheidet das Interesse des Berufungsklägers an der begehrten Abänderung, § 14 I GKG (grundsätzl die während der Begründungsfrist gestellten Anträge, München MDR 74, 590; BGH NJW 74, 1286), bei Streitgenossen Zusammenrechnung der je selbständigen Beschwer (BAG KoRsp ZPO § 5 Nr 59; s unter „Streitgenossen" u § 546 Rn 14), bei erfolgloser Eventualaufrechnung doppelte Beschwer des Bekl (s unter „Aufrechnung"). Bei Berufung gegen ein Zwischenurteil, das Ausländersicherheit anordnet, entspricht die Beschwer der Höhe der Sicherheitsleistung (Karlsruhe MDR 86, 593). Bei Berufung nur wegen der Gegenleistung bestimmt lediglich diese den Wert (BGH MDR 95, 1162 = NJW-RR 95, 1340; Schneider/Herget Rn 3781 ff). Interesse des Rechtsmittelklägers an der Aufrechterhaltung der Verurteilung Zug um Zug erhöht seine Beschwer nicht (BGH KoRsp ZPO § 3 Nr 829). Kommt es nicht mehr zur Antragstellung, so entscheidet die Beschwer des Berufungsführers im ersten Rechtszug (§ 14 I 2 GKG). Der Berufungskläger ist nur beschwert, soweit das Erstgericht seinen Anträgen nicht stattgegeben hat. Nimmt er zurück, nachdem er geringerwertigen Antrag gestellt hatte, ist dies unbeachtl, wenn der Antrag offensichtl nicht auf Durchführung des Rechtsmittels gerichtet war (BGHZ [GSZ] 70, 365 = KoRsp GKG § 14 Nr 3 m Anm Schneider; BGH WPM 78, 438; München JurBüro 92, 252; Hamm OLGR 93, 252; 94, 252 = KoRsp GKG § 14 Nr 42 m Anm Lappe; Schneider NJW 78, 768). Das ist anzunehmen, wenn nachträgl ein Antrag unterhalb der Rechtsmittelbeschwer gestellt wird, wobei dann zweifelhaft ist, ob die volle Beschwer anzusetzen ist (so BGHZ 70, 365; Hamm AnwBl 79, 273; LG Lübeck SchlHA 79, 44 = KoRsp GKG § 14 Nr 5 m krit Anm Schneider) oder die Mindestbeschwer (dafür Schneider JurBüro 78, 802). Die Frage ist nach wie vor umstritten. Gegen BGHZ 70, 365 haben sich ausgesprochen: Hamm MDR 78, 1030 = KoRsp GKG § 14 Nr 4 m Anm Schneider u MDR 79, 571; Celle MDR 79, 1033 = KoRsp GKG § 14 Nr 14 m Anm Schneider; Schleswig SchlHA 88, 172 (s dazu Schneider MDR 89, 301); dafür Hamm AnwBl 79, 273; OLGR 93, 252; 94, 252; Frankfurt JurBüro 91, 107; München JurBüro 92, 252. – Streitwert bei wechselseitig eingelegten Rechtsmitteln: § 19 II GKG. Diese Bestimmung ist aber nicht anwendbar, wenn gegen das Urteil der verurteilte Gesamtschuldner und der Kläger, der gegen den anderen Gesamtschuldner abgewiesen ist, Berufung einlegen; hier ist einfacher Wert anzunehmen (BGHZ 7, 152). Ist teils zugesprochen, teils abgewiesen, so ist der Streitwert beider Rechtsmittel zusammenzurechnen. Wird auf die Berufung gegen ein klagezusprechendes Teilurteil dieses aufgehoben und Klage antragsgemäß ganz abgewiesen, ist Streitwert der Berufungsinstanz der volle Wert der Klage; ohne Belang, ob Antragstellung prozessual zulässig ist oder nicht (KG Rpfleger 62, 154). Ist Berufung wegen Zinsverurteilung eingelegt, sind die bis zur Erfüllung entstehenden Zinsen zu berücksichtigen (Köln NJW-RR 93, 1215). Bei Teilurteil zur Hauptsache und Schlußurteil über die Kosten sind die Berufungen gegen beide zu verbinden (§ 517 S 2); (erst) ab dann ein Streitwert (ohne Kosten, § 22 I GKG); bis zur Verbindung selbständige Werte (Schneider MDR 82, 265; undifferenziert Frankfurt JurBüro 81, 1732).

● **Berufungszurücknahme:** Die Kosten für das Verfahren über Anträge auf Verlustigerklärung des Rechtsmittels und auf Kostenentscheidung nach Zurücknahme des Rechtsmittels sind (so BGHZ 15, 394 u hM) nach einem Streitwert zu berechnen, der dem Betrag der Kosten entspricht, die in der Rechtsmittelinstanz bis zu dem Antrag auf Erlaß der Verlustigerklärung und auf Kostenentscheidung erwachsen sind. Richtiger dürfte es sein, im Anschluß an RGZ 155, 382 u RG JW 38, 1627 in Anwendung des § 3 auf einen oberhalb des Kosteninteresses liegenden Betrag zu schätzen, da immerhin der Rechtsmittelverlust beurkundet wird (so Schneider JurBüro 70, 899). Nur so läßt sich auch der Streitwert sachgerecht bestimmen, wenn lediglich der Antrag auf Erlaß des Verlustigkeitsbeschlusses gestellt wird, für den schwerlich der Kostenstreitwert maßgebend sein kann (Herget Anm zu KoRsp BRAGO § 31 Ziff 1 Nr 81).

● **Beschwerde:** Beschwerdewert nur festzusetzen, wenn eine Wertgebühr anfällt (KV 1906); im übrigen (KV 1905: Festgebühr 50 DM) nicht. Bei Angriff gegen prozeß- oder sachleitende Zwischenentscheidungen ist das Interesse des Beschwerdeführers an der begehrten Entscheidung maßgebend, so auch bei Beschwerde gegen Aussetzungsbeschluß (s. dort). Sachverständiger gegen Androhung von Ordnungsgeld nach § 411 II: ⅕ des zulässigen Höchstbetrages (1 000 DM: Art 6 I EGStGB; München [im Anschluß an Köln Rpfleger 76, 138 für einstweilige Einstellung] ZSW 81, 68 [70] = KoRsp ZPO § 3 Nr 521 m Anm Schneider).

● **Beseitigungsklage:** § 3, Interesse des Klägers an der Beseitigung des Zustandes; KG JurBüro 56, 348 (Entfernung von Reklameanlage). Wird der Bekl verurteilt, kann der Wert des Beschwerdegegenstandes das erstinstanzliche Klägerinteresse übersteigen (BGH NJW 94, 735, Aufg der bish Rspr; ausf Schneider/Herget Rn 3713a). S auch unter „Überbau".

● **Besichtigung** von Mieträumen durch Wohnungssuchende: § 3, idR eine Monatsmiete.

● **Besitzeinräumung:** Verkehrswert, § 6 (LG Bayreuth JurBüro 77, 1116); bei nur vorläufiger Besitzübertragung eines Grundstücks Jahresbetrag der fiktiven Monatsmiete (Schneider MDR 86, 266; übersetzt Düsseldorf KoRsp GKG § 20 Nr 75 m Anm Schneider).

● **Besitzstörungsklage:** § 3, Interesse des Klägers an der Beseitigung. Hoch anzusetzen, wenn Besitz besonders aggressiv und unter Verletzung von Strafgesetzen gestört wird (Köln JMBlNRW 76, 71). Bei Störung des Wohnungsbesitzes Wert der Unterlassungsklage nicht höher als Klage über das Bestehen oder die Dauer des Mietverhältnisses, § 16 I GKG (Neustadt Rpfleger 67, 2). Ebenso, wenn Störung an

Grundstücksflächen – Parkplatz, Garten, Wiese usw – abgewehrt werden soll, die zusammen mit einem Gebäude benutzt werden (Zweibrücken KoRsp ZPO § 6 Nr 100; Schneider MDR 85, 272). S auch unter „Eigentumsstörung".

● **Bestimmungsverfahren nach § 36:** Der Wert ist als Teil des Hauptsacheverfahrens nach §§ 3, 5 zu schätzen (BayObLG JurBüro 92, 700: 1/4; Stuttgart Justiz 93, 143: unterer Bereich der Gebührentabellen).

● **Betagte Ansprüche:** § 3, das gegenwärtige Interesse des Klägers unter Berücksichtigung der größeren oder geringeren Zeitdauer bis zum Fälligkeitstermin (Celle JW 26, 210; LG Bielefeld KoRsp ZPO § 3 Nr 483). S auch unter „Bedingte Ansprüche" u „Fälligkeit".

● **Beweisgebühr:** Nur der Wert des Beweisgegenstandes maßgebend, auch wenn Verfahrensstreitwert höher liegt (Düsseldorf JurBüro 83, 1042; LAG Hamm KoRsp GKG § 21 Nr 3), zB wenn bei Hilfsaufrechnung des Beklagten nur zur Klage Beweis erhoben wird (Schleswig JurBüro 89, 528; München KoRsp GKG § 19 Nr 140 mit Anm Schneider). Klageerweiterung erhöht den Streitwert, wenn die Beweisaufnahme sich darauf bezieht (Frankfurt KoRsp ZPO § 3 Nr 620; anders wenn das Beweisergebnis für den nachträglich erhöhten Streitwert nur ausgewertet wird: Koblenz MDR 94, 629) oder bei Kurswertsteigerungen während der Beweisaufnahme (Schneider/Herget Rn 116). Vaterschaftsklage erstreckt sich auch auf Anspruch auf Regelunterhalt (Hamm KoRsp GKG § 12 Nr 93 m Anm Schneider; Oldenburg JurBüro 92, 190; Karlsruhe JurBüro 94, 736; aA Bamberg JurBüro 90, 93; Lappe NJW 93, 1365, 1368).

● **Beweissicherung:** S „Selbständiges Beweisverfahren".

● **Bezugsverpflichtung:** Klageantrag auf Verurteilung des Beklagten, seinen gesamten Bedarf an einer Ware beim Kläger zu decken, und Antrag auf Verurteilung des Beklagten, anderen Bezug zu unterlassen, haben denselben Gegenstand; maßgebl Interesse des Klägers ergibt sich aus dem Gewinnverlust, der durch die Klage verhindert werden soll (KG Rpfleger 69, 443) und nach dem durchschnittlichen Jahresgewinnausfall zu berechnen ist (Bamberg JurBüro 85, 441). Daneben sind neben Gewinnverlust auch andere Faktoren wie Werbewirkung und Stetigkeit des Umsatzes zu berücksichtigen (Bamberg MDR 77, 935; Schneider MDR 79, 177 u Anm zu LG Bayreuth KoRsp GKG § 20 Nr 23 [Bierbezug]).

● **Bindung** nach § 24 GKG: Voraussetzung eindeutige Zuständigkeitsentscheidung (Köln JurBüro 75, 1354); nicht genügend Erlaß einer Sachentscheidung mit (unterstellter) stillschweigender Zuständigkeitsprüfung, zB Abweisung einer unbezifferten Schmerzensgeldklage, so daß dann Gebührenstreitwert unterhalb der Grenze der §§ 71 I, 23 Nr 1 GVG festgesetzt werden darf (KG MDR 80, 853; München MDR 88, 973; irrig LG Göttingen ZIP 90, 61 = KoRsp GKG § 24 Nr 6 mit abl Anm Schneider). Keine Bindung, wenn (prozessual fehlerhaft) über die Zuständigkeit durch Beschluß statt durch Urteil entschieden wird (Schneider MDR 89, 395 zu VIII).

● **Bürgschaft:** Für Feststellung des Bestehens oder Nichtbestehens gilt § 6. Maßgebend ist die zu sichernde Forderung, nicht der Betrag, bis zu dem sie wahrscheinl einmal in Anspruch genommen wird (Frankfurt AnwBl 80, 460; Stuttgart MDR 80, 678). Bei Feststellung der Unwirksamkeit einer Höchstbetragsbürgschaft für den nicht valutierten Teil ist eine Quote unterhalb der Valuta zu schätzen (Karlsruhe MDR 91, 1197). Bei Klage gegen Hauptschuldner und Bürgen gemeinsam auf Zahlung keine Zusammenrechnung, weil nur eine Leistung gefordert werden kann (LG Kaiserlautern Rpfleger 66, 347). – Wird mit Zahlungsklage gleichzeitig Herausgabe der Bürgschaftsurkunde verlangt, so wird der Herausgabeanspruch nicht bewertet, weil wirtschaftl von der Zahlung gedeckt (Bamberg JurBüro 74, 1437). Wird nur die Urkunde herausverlangt, dann ist gem § 3 nach dem Interesse des Klägers zu schätzen (BGH NJW-RR 94, 758), in der Regel 20–30% der Forderung (Stuttgart MDR 80, 678; LG Köln AnwBl 82, 437; Bamberg JurBüro 90, 1512), evtl voller Forderungsbetrag, wenn die volle Inanspruchnahme des Klägers verhindert werden soll (Frankfurt AnwBl 80, 460); nach Köln (MDR 94, 101) ist im Einzelfall auf das Mißbrauchsrisiko abzustellen. Auch wenn die Bürgschaftsforderung die Klageforderung übersteigt, ist von dieser auszugehen und ein Mehrbetrag-Aufschlag zu schätzen (Stuttgart MDR 80, 678). Gegenansprüche, deretwegen zurückbehalten wird, bleiben unberücksichtigt (Hamm JurBüro 81, 434). Interesse an Verhinderung mißbräuchlicher Benutzung besonders gering, wenn gesicherte Forderung unstreitig erloschen und dies leicht zu belegen ist (Hamm JurBüro 81, 434).

● **Darlehen:** Klage auf Gewährung eines zugesicherten Darlehens oder auf Abschluß eines Darlehensvertrages: Höhe der Darlehenssumme (BGH NJW 59, 1493; Köln JurBüro 60, 305). Für die Beschwer ist die aberkannte Differenz maßgebend (BGH WPM 85, 279). Bei Klage auf Fortbestehen der Verpflichtung aus einem Darlehensvertrag wegen Nichtigkeit eines Ablösungsvertrages ist der bereits empfangene und bei Klageerfolg zurückzuzahlende Ablösungsbetrag wertmindernd zu berücksichtigen (BGH KoRsp ZPO § 3 Nr 745).

● **Dienstbarkeiten:** § 7.

● **Dingliche Sicherung:** § 6.

● **Drittschuldnerklage:** Wertbestimmend ist weder der titulierte Anspruch noch das Pfandrecht, sondern der Anspruch des Schuldners gegen den Drittschuldner (Schneider MDR 90, 20; Köln JurBüro 91, 986).

● **Drittwiderspruchsklage:** s unter „Widerspruchsklage".

● **Duldung** einer Handlung ist gem § 3 nach Klägerinteresse zu schätzen. Wegnahme von Sachen: Verkehrswert, § 6 (BGH NJW-RR 91, 1210). Duldung der ZwV bemißt sich gem § 6 nach der Höhe der

Forderung, deretwegen vollstreckt werden soll (ohne Nebenforderungen: § 22 I GKG iVm § 4 ZPO) oder, falls geringer, Wert des Vollstreckungsobjekts (Bamberg JurBüro 77, 1277; Celle NdsRpfl 92, 142: $\frac{1}{10}$ des Betrages für den Sonderfall, daß mit der Klage nur das Druckmittel der Vollstreckbarkeit geschaffen werden sollte). Belastungen, die die wirtschaftl Nutzung beeinträchtigen (Grunddienstbarkeiten!) sind abzuziehen, vorübergehende Belastungen (Hypotheken, Grundschulden usw) nicht. Ist Duldungsklage mit Zahlungsklage verbunden, keine Zusammenrechnung nach § 5; es entscheidet Streitwert der Zahlungsklage. § 6 gilt auch für Klagen auf Duldung der ZwV nach AnfG (Frankfurt MDR 55, 496). Nicht hierher gehören Fälle, in denen sich Haftungsbeschränkung erst in der ZwV zeigen kann (ZPO §§ 781, 786, BGB § 419). Bei ihnen ist ohne Rücksicht auf den Wert der Haftungsmasse nur der Zahlungsanspruch wertbestimmend (RGZ 54, 411; 137, 50). Duldung des Betretens eines Grundstücks zur Wertermittlung durch Sachverständigen: Verdienstausfall des Duldungspflichtigen (BGH NJW-RR 92, 188).

● **Durchsuchungsanordnung**, § 758. Nur mit einem Bruchteil des Wertes der zu vollstreckenden Forderung oder des Pfandgegenstandes anzusetzen (Köln MDR 88, 329: $\frac{1}{2}$).

● **Ehelichkeitsanfechtung**, § 640 II Nr 2; § 12 II 3 GKG. Regelstreitwert des § 12 II GKG von 4 000 DM ist nach den Umständen des Einzelfalles zu erhöhen oder zu ermäßigen (Zweibrücken JurBüro 84, 1541). Bei Klagenhäufung gegenüber mehreren Kindern sind die Anfechtungsklagen einzeln zu bewerten und die Werte zu addieren (Zweibrücken JurBüro 84, 1541; Karlsruhe Justiz 87, 146; Hamburg JurBüro 87, 882).

● **Ehesachen:** Für die Wertermittlung ist der Zeitpunkt der Einreichung des Scheidungsantrages maßgebend (§§ 12 I, 15 GKG iVm § 4 I ZPO). Bei Einreichung schon erkennbare Einkommensverschlechterung, etwa wegen schon ausgesprochener Kündigung, ist zu berücksichtigen (Düsseldorf KoRsp GKG § 12 Nr 108 u 91 m Anm Schneider); vor Einreichung erzieltes Einkommen ist unerheblich (München OLGR 93, 199). Arbeitslosenhilfe zählt zum Einkommen (Düsseldorf FamRZ 94, 250; KG KGR 93, 130; aA Bremen KoRsp GKG § 12 Nr 149 m zust Anm Schneider); Sozialhilfe nicht (Bremen JurBüro 92, 113; München OLGR 96, 117). Mindestwert immer 4 000 DM (§ 12 II 4 GKG), also auch wenn das dreifache mtl Nettoeinkommen der Eheleute (§ 12 II 3 GKG) darunter liegt. Höherbewertung, wenn Umfang und Bedeutung der Sache sowie Vermögens- und Einkommensverhältnisse dazu Anlaß geben (§ 12 II 1 GKG). Alle Bemessungsfaktoren sind rechtl gleichrangig. **Umfang der Sache** erheblich bei ausgedehnter Beweisaufnahme und langer Dauer des Verfahrens; hier läßt sich – entgegen § 15 GKG – nicht auf den Umfang im Zeitpunkt der Instanzeinleitung abstellen, sondern nur auf den bei Ende der Instanz (Schneider/Herget Rn 1184), denn sonst bliebe dieses Wertkriterium – entgegen § 12 II 1 GKG – immer ohne Einfluß. Vorprozessual aufgewandte Arbeitszeit des RA ist belanglos (Schneider NJW 74, 1691; Bamberg JurBüro 76, 217; Köln JurBüro 76,1538). Anwendung ausl Rechts kann einen Schwierigkeitszuschlag rechtfertigen (Zweibrücken JurBüro 84, 899: 20% bei italienischem Recht). Einverständliche Scheidung rechtfertigt Streitwertermäßigung (zB Düsseldorf AnwBl 86, 250; KoRsp GKG § 12 Nr 121 m Anm Schneider, aber str; aA zB München JurBüro 92, 349; Frankfurt JurBüro 96, 194) wegen des idR geringen Umfangs der Sache (Schneider/Herget Rn 1163 aE). **Nettoeinkommen** berechnet sich nach Abzug eines Betrages für jedes unterhaltsberechtigte Kind, meist 300 DM mit Tendenz zu 500 DM (zB Düsseldorf FamRZ 86, 706; Saarbrücken JurBüro 82, 1378; Hamm AnwBl 84, 504; 85, 255; Nürnberg FamRZ 86, 194; Bamberg JurBüro 87, 1694; Koblenz FamRZ 93, 827 zieht 600 DM ab). Berücksichtigung von **Schulden** umstritten (s Schneider Anm KoRsp GKG § 12 Nr 105; sowie MDR 88, 275; Karlsruhe FamRZ 92, 707: Zahlung auf Darlehensschuld nicht zu berücksichtigen); sachgerecht und am praktischsten volle Anrechnung; Bruchteilsansätze sind wenig praktikabel (s Düsseldorf KoRsp GKG § 12 Nr 107 m abl Anm Schneider). **Bedeutung** der Sache grundsätzl für alle Eheleute gleich und deshalb zieml belanglos; kein „Prominentenstreitwert". Art und Umfang der Folgesachen sind nicht zu berücksichtigen (Zweibrücken JurBüro 79, 1864; Brandenburg OLGR 96, 140; aA Düsseldorf JurBüro 91, 1238; JurBüro 95, 252). **Vermögen** ist nach seinem Ertrag zu berücksichtigen (Düsseldorf JurBüro, 74, 1409), soweit es den vermögenssteuerfreien Betrag übersteigt (Nachw Lappe Anm zu Braunschweig KoRsp GKG § 12 Nr 29). Meist wird Privatvermögen mit 10%, Betriebsvermögen mit 5% streitwerterhöhend berücksichtigt, wobei Freibeträge für Eltern und Kinder zugebilligt werden, die sich an § 6 VermögenssteuerG orientieren (Schneider MDR 85, 354; 86, 265; München JurBüro 92, 349; Düsseldorf FamRZ 94, 249). Nachahmenswert Köln (KoRsp GKG § 12 Nr 110 m zust Anm Schneider; aA Köln – 26 WF – OLGR 96, 121), das ein Familieneigenheim mit dem Betrag der ersparten Kaltmiete von drei Monaten berücksichtigt. **Folgesachen:** Ihr Streitwert wird mit dem der Scheidungssache addiert (§ 19a GKG); zum Aufschlag bei Vorhandensein mehrerer Kinder s die Übersicht bei Schneider Anm zu Köln GKG § 12 Nr 25. Die Einheit der Angelegenheit iS des § 19a GKG bleibt auch nach Abtrennung erhalten (Bamberg JurBüro 80, 1864). **Versorgungsausgleich:** § 17a GKG; 1 000 DM Mindestwert, der auch anzusetzen ist, wenn über die Anwartschaften kein Streit besteht (Düsseldorf FamRZ 79, 170; München JurBüro 92, 349); Bewertung entfällt, wenn gerichtl Anfragen ergeben, daß keiner der Ehegatten Anwartschaften erworben hat (Hamm JurBüro 79, 1336; München JurBüro 79, 1549). **Vergleich in Ehesachen** kann nicht über die Scheidung der Ehe abgeschlossen werden, wohl aber über Folgesachen. Maßgebend ist, worüber die Ehegatten sich vergleichen, nicht, welche Leistungen letztendlich vereinbart werden. Der wechselseitige Unterhaltsverzicht wird heute mit 2 400 bis 3 600 DM bewertet (zB Düsseldorf JurBüro 79, 250; JurBüro 84, 1542). Bewilligung von **Prozeßkostenhilfe** beeinflußt die Streitwerthöhe nicht unmittelbar, zeigt aber an, daß sich die Einkommens- und Vermögensverhältnisse der Parteien im untersten wirtschaftlichen Bereich bewegen und deshalb der Mindeststreitwert von 4 000 DM regelmäßig angemessen ist (Hamm KoRsp GKG § 12 Nr 85 m zust Anm Schneider; Koblenz KoRsp GKG § 12 Nr 90 und Nr 168; KG

KGR 93, 130; Schneider MDR 85, 354; str, aA zB Düsseldorf KoRsp GKG § 12 Nr 91 m Anm Schneider; JurBüro 92, 760; Zweibrücken KoRsp GKG § 12 Nr 73 m Anm Schneider; Hamm JurBüro 84, 733).

● **Ehre:** Da „Nichtvermögensrechtliche Streitigkeit" (s dort), Bewertung nach § 12 II GKG. Als Ausgangswert werden meist 4000 DM angesetzt, die entsprechend den Einzelfallumständen ermäßigt oder erhöht werden. Bei Zusammentreffen mit einem vermögensrechtlichen Anspruch ist nur der höhere Wert maßgebend (§ 12 III GKG).

● **Eidesstattliche Versicherung:** Beschwerdewert richtet sich nach dem Aufwand, den die Abgabe kostet (BGH NJW-RR 94, 898; WM 96, 466). S auch Offenbarungsversicherung.

● **Eigentumsklage:** Klage auf Feststellung des Eigentums oder Erteilung der Auflassung: § 6; bei bloßer Feststellung kann Kläger-Interesse jedoch geringer als bei einem Leistungsurteil sein und Abschlag rechtfertigen (aM KG MDR 70, 152). Soweit nur Miteigentum betroffen ist, ledigl anteiliger Streitwert. Handelt es sich nur um die Ausübung des Eigentumsrechts (Eigentumsstörungsklage), dann gilt § 3 (s oben „Besitzstörungsklage"). Bei der Klage auf Eigentums- u Besitzverschaffung an einem Grundstück: dessen Verkehrswert abzügl der dingl Belastungen (Karlsruhe Justiz 67, 240). Wegen der meist sehr hohen Werte bebauter Grundstücke ist genau zu klären (§ 139), welches Interesse der Kläger verfolgt und ob er dazu auch den richtigen Antrag formuliert hat.

● **Eigentumsstörung:** Der Streitwert der Unterlassungsklage aus § 1004 BGB ist gem § 3 ZPO nach dem Unterlassungsinteresse des Klägers zu schätzen (BGH KoRsp ZPO § 3 Nr 1134). Die dem Beklagten bei Befolgen des Unterlassungsanspruchs entstehenden Nachteile bleiben unberücksichtigt, auch wenn er sich auf ein Notwegerecht beruft (Köln JurBüro 90, 246). Die Beschwer des Bekl ermittelt der BGH aus dessen Interesse, sich gegen die Kosten einer Ersatzvornahme zu wehren, so daß der Wert des Beschwerdegegenstandes höher sein kann als der Streitwert erster Instanz (BGH KoRsp ZPO § 3 Nr 1170 = NJW 94, 735 = WM 94, 810 unter Aufgabe von JurBüro 86, 910 = NJW-RR 86, 737; ebenso beiläufig BGH GrZS JZ 95, 681 m Anm Roth = KoRsp ZPO § 3 Nr 1192; ausf Schneider/Herget Rn 3713a). Die Beseitigung widerrechtlich gelagerten Sondermülls ist nach den Entsorgungskosten zu bewerten (Düsseldorf MDR 91, 353 = KoRsp ZPO § 3 Nr 1023 m Anm Schneider). S auch unter „Besitzstörungsklage".

● **Eigentumsvorbehalt:** Stützt sich Herausgabeklage auf ihn, ist der Sachwert maßgebend; ebenso bei Feststellung der Wirksamkeit des Eigentumsvorbehalts (Hamm MDR 58, 250); Wertminderung durch Gebrauch geht ab, nicht jedoch die bereits geleistete Teilzahlung (Frankfurt NJW 70, 334).

● **Einstweilige Anordnung** im Eheprozeß, § 620: Soweit sich Verfahren auf die **vermögensrechtl Gegenstände** des § 620 S 1 Nr 4, 6 bis 9 ZPO beziehen, berechnen sich die Gerichts- u Anwaltsgebühren nach demselben Streitwert. Bei vorläufiger Regelung des **Unterhalts** gegenüber einem Kind im Verhältnis der Ehegatten zueinander (§ 620 S 1 Nr 4) oder des Unterhalts eines Ehegatten (§ 620 S 1 N 6): Streitwert jeweils der 6-Monatsbezug des vom Gericht festgesetzten Betrages (§ 20 II 1 GKG). Bei Benutzung der **Ehewohnung** (§ 620 S 1 Nr 7): Mietwert (= vertraglich vereinbarter Mietzins nebst übl Nebenleistungen) für 3 Monate (§ 20 II 2 GKG). Benutzung des **Hausrats** (§ 620 S 1 Nr 7): Interesse an Benutzung (idR ¼ des tatsächl Sachwerts), § 20 II 2 GKG. Herausgabe oder Benutzung der zum persönl Gebrauch eines Ehegatten oder Kindes bestimmten Sachen (§ 620 S 1 Nr 8): Streitwert bei Herausgabe ein Bruchteil des Sachwertes, bei Benutzung das Interesse daran (§ 12 I GKG iVm § 3 ZPO). Beim Prozeßkostenvorschuß (§ 620 S 1 Nr 9): der verlangte Betrag. Für EA in **nichtvermögensrechtl Angelegenheiten** des § 620 S 1 Nr 1–3 u 5 ZPO (Regelung der **elterl Sorge,** des persönl **Umgangs** des nichtsorgeberechtigten Elternteils mit dem Kind, der **Kindesherausgabe** an den anderen Elternteil u des **Getrenntlebens**) gibt es im GKG keine Wertvorschriften, weil sie **gerichtsgebührenfrei** sind (Ausnahme: § 620c 1; KV 1900; Schneider/Herget Rn 1274). In jedem dieser Fälle ist für die **Berechnung der Anwaltsgebühren** ein **Ausgangswert** von 1 000 DM maßgebend (§ 8 II 3 BRAGO); bezieht sich die EA auf mehrere Kinder, so ist nur einfache Bewertung zulässig, aber Anhebung mögl. Beim Getrenntleben (§ 620 S 1 Nr 5): 1000 DM in Anlehnung an § 8 II 3 BRAGO (Schneider/Herget Rn 1291). Treffen in einem EA-Verfahren vermögensrechtl und nichtvermögensrechtl Ansprüche zusammen, so ist dies im Hinblick auf die Gerichtsgebührenfreiheit des nichtvermögensrechtl Anspruchs nur bei RA von Bedeutung. Sämtl Ansprüche sind getrennt abweichend von § 12 III GKG zu bewerten und ihre Werte zusammenzurechnen. **Streitwertbeschwerde** auch zulässig, wenn die einstweilige Anordnung nach § 620c S 2 unanfechtbar ist (aA Köln KoRsp GKG § 25 Nr 102 m abl Anm Schneider).

Bei Klage auf Feststellung des **Bestehens der nichtehel Vaterschaft** (§ 641d) Streitwert für EA über einstw Unterhaltszahlung oder entspr Sicherheitsleistung: sechsmonatiger Unterhaltsbezug, § 20 II 1 GKG. Bei **einstweiliger Verfügung nach § 1615o BGB** Bewertung nach § 3 (§ 20 I GKG), wobei in der Regel der geforderte Betrag anzusetzen ist, weil mit Zahlung der Leistungsanspruch praktisch endgültig befriedigt wird. Für EA nach § 127a: geforderter Kostenbetrag.

● **Einstweilige Einstellung der Zwangsvollstreckung:** Das durch Einstellungsanträge gem §§ 707, 719, 779, 771 III, 785, 786 eingeleitete Verfahren ist nur nach dem vollstreckungsfähigen Anspruch ohne Zinsen und Kosten (§ 4) zu bewerten, bei Klageabweisung also nur nach dem Kostenerstattungsanspruch. Es ist jedoch nicht gem § 6 der volle Wert anzusetzen, sondern gem § 3 wegen der lediglich einstweiligen Vollstreckungshinderung ein Bruchteil, idR ⅕ des Hauptsachewertes (BGH NJW 91, 2280 = WPM 91, 1427). Bei der Grundstücksversteigerung ist vom Grundstückswert auszugehen, begrenzt durch die Höhe der Forderung des Gläubigers (Stuttgart Justiz 86, 413).

● **Einstweilige Verfügung:** § 20 I GKG verweist auf § 3. Im allgemeinen Streitwert unter dem der Hauptsache, weil das für Eilverfahren bezügl des Streitwerts maßgebende Interesse des Antragsstellers an der Sicherung (Sicherstellung) im Regelfall das Befriedigungsinteresse nicht erreicht. Das gilt auch für den Vollzug (Köln KoRsp GKG § 20 Nr 79 m zust Anm Schneider; JurBüro 94, 113 = KoRsp GKG § 20 Nr 137 m Anm Lappe; str; s Schneider/Herget Rn 1350, 239). **Bei den meisten einstw Verfügungen** bleibt es darum bei einer **Bruchteilsbewertung** im Rahmen der unteren Hälfte des Hauptsachewertes, am häufigsten wohl bei ⅓ (zB Bamberg JurBüro 91, 1690; Köln ZMR 95, 258; gegen die „Bruchteil-Regel" Köln MDR 95, 1140). Die Rspr neigt dazu, in kritischen Fällen bis zum Hauptsachewert zu gehen, zB bei Herausgabe (Saarbrücken KoRsp GKG § 20 Nr 8), Prozeßkostenvorschuß (Schleswig SchlHA 78, 22), Grundbuch-Widerspruch, wenn Rechtsvereitelung droht (Bamberg JurBüro 78, 1552) oder wenn die Verfügung der Verwirklichung des Hauptsachebegehrens nahe kommt (Frankfurt MDR 91, 354). Bei **Unterhaltsverfügungen** wird manchmal in Anwendung des § 17 I GKG der einjährige Unterhaltsbetrag angesetzt, weil die einstw Verfügung trotz ihrer Vorläufigkeit auf endgültige Befriedigung geht (zB Hamm JurBüro 79, 875; Düsseldorf JurBüro 82, 285; OLGR 94, 125). Indessen handelt es sich auch hier nur um eine einstweilige Regelung; der Antragsteller kann jederzeit zur Hauptklage gezwungen werden. Daher Angleichung an § 20 II 1 GKG und Festsetzung auf sechsmonatigen Betrag (auf hälftigen, wenn Unterhalt für weniger als ein Jahr zugesprochen wurde: Zweibrücken FamRZ 93, 1336) angebracht, zumal die einstw Verfügung nicht länger als für die voraussichtl Dauer des Unterhaltsprozesses gegeben werden sollte (München JurBüro 85, 917; Nürnberg JurBüro 85, 1235; Düsseldorf JurBüro 86, 253; Braunschweig JurBüro 96, 148 = NJW-RR 96, 256; Lappe Anm KoRsp GKG § 20 Nr 19; Schneider MDR 89, 389). S auch „Gewerblicher Rechtsschutz".

Ist Streitgegenstand der Hauptsache ein **nichtvermögensrechtl Anspruch,** so bildet § 12 II 1 GKG die **Berechnungsgrundlage** bei der Anwendung der §§ 20 I GKG, 3 ZPO.

Der Streitwert des **Aufhebungsverfahrens** bemißt sich danach, welchen Wert der aufzuhebende Titel bei Einreichung der Aufhebungsklage (§§ 936, 927) noch hat (Celle Rpfleger 69, 96). Er ist auf einen geringen Betrag festzusetzen, wenn ledigl über den formalen Fortbestand der einstw Verfügung oder nur über die formale Aufhebung zu entscheiden ist (Frankfurt JurBüro 69, 343; Bamberg JurBüro 74, 1150). Wird im Verfügungsverfahren die Hauptsache mitverglichen, sind die Streitwerte zu addieren (Hamburg MDR 59, 401; MDR 91, 904; München JurBüro 93, 673; str). Beschwerdewert gegen Ablehnung einer Fristsetzung nach § 926 I = Verfahrenswert (Frankfurt ZIP 80, 1144).

● **Einwilligung:** Für Klagen auf Einwilligung in die Herausgabe einer hinterlegten Sache § 6 (KG AnwBl 78, 107); s ferner unter „Berichtigung des Grundbuchs".

● **Entmündigungsverfahren:** (§ 12 II GKG). – Durch das BtG ab 1. 1. 92 der fG zugewiesen.

● **Erbbauzins:** Erhöhungsklage wird nicht nach § 16 GKG berechnet, sondern nach § 9, weil Erbbaurechte langfristige Rechtsverhältnisse sind, deren vorzeitige Beendigung die Ausnahme darstellt und der Erbbauzins auch die dingliche Rechtsstellung abgilt (München JurBüro 77, 1002; Frankfurt JurBüro 77, 1132; Braunschweig KoRsp ZPO § 9 Nr 24). Die Feststellungsklage, daß der Erbbaurechtsvertrag wirksam sei, wird nach § 3 bewertet (München WuM 95, 193).

● **Erbrechtliche Ansprüche:** Der BGH hat in mehreren Entscheidungen (zB MDR 75, 741) bei der Bewertung von Miterbenstreitigkeiten maßgebl auf die wirtschaftl Betrachtungsweise abgestellt; dadurch ist ein Großteil der älteren Rspr, auch derjenigen des BGH selbst, überholt (vgl Schneider JurBüro 77, 433). Grundsätzl ist von § 3 auszugehen. Der unstreitige Miteigentumsanteil eines klagenden Erben bleibt immer außer Ansatz, auch soweit nach § 6 zu bewertende Herausgabe- und Eigentumsansprüche geltend gemacht werden. Stehen sich dagegen am Nachlaß **unbeteiligte Dritte** und die Miterben als Parteien gegenüber, dann ist voll zu bewerten. Die Klage eines **Miterben gegen einen Dritten,** der nicht Miterbe ist, nach § 2039 BGB auf Leistung an die Erbengemeinschaft oder auf Grund einer Einzugsermächtigung an ihn selbst: Wert der ganzen eingeklagten Leistung, nicht nur des Anteils des Klägers (vgl Schneider Rpfleger 82, 268 ff; Schleswig JurBüro 94, 26); ebenso bei der Klage eines Miterben und eines Nicht-Miterben als Vermächtnisnehmer gegen die übrigen Miterben auf Grundstücksübereignung (Bamberg KoRsp ZPO § 3 Nr 912 mit Anm Schneider). **Erbunwürdigkeitsklage:** Wert entspricht der Beteiligung des Beklagten am Nachlaß (BGH NJW 70, 197); die Tatsache der Rückwirkung der Erbunwürdigkeitsklage führt nicht dazu, daß der Wert des Nachlasses im Zeitpunkt des Erbfalls maßgebl wäre (§ 4 I 1). **Feststellung der Nichtigkeit eines Testaments** oder einer sich aus einer behaupteten Testamentsauslegung ergebenden Rechtsfolge: Nicht Wert des ganzen Nachlasses, sondern Interesse des Klägers an der begehrten Feststellung (BGH LM § 3 ZPO Nr 9 und 11). Geltendmachung einer nachlaßzugehörigen **Forderung gegen Miterben als Schuldner:** Anteil des Beklagten ist abzuziehen (Köln OLGR 95, 246); und zwar auch dann nur dieser Anteil, wenn nicht alle Miterben klagen (Karlsruhe JurBüro 92, 418); Geltendmachung der Forderung eines Miterben gegen Nachlaß: Anteil des Klägers ist abzuziehen (BGH NJW 67, 443). Herausgabeklage gegen **Erbunwürdigen:** der gesamte Nachlaß ist wertbestimmend. Der Streitwert der **Erbteilungsklage** richtet sich nach dem Interesse des klagenden Miterben auf Zustimmung zum Auseinandersetzungsplan, so daß die Erbquote des Klägers maßgebend ist (BGH NJW 75, 1415 = KoRsp ZPO § 3 Nr 364; Nr 1135). Darüber, wie hierbei im einzelnen zu bewerten ist, vgl Schneider JurBüro 77, 435. Ist bei der Erbauseinandersetzung über den nachlaßzugehörigen Grundbesitz die Verteilung nur hinsichtl einzelner Grundstücke streitig, so bemißt sich der Wert für die Auseinandersetzungsklage nur nach dem Verkehrswert derjenigen Nachlaßgrundstücke, über deren Verteilung Streit besteht, auch wenn der der Klage zugrunde liegende Teilungsplan den gesamten nachlaßzugehörigen Grundbesitz betrifft; Erbquoten der Parteien sind ausnahmsweise nicht zu berücksichtigen (BGH Rpfleger 69, 239). Wird die Erbauseinandersetzung über ein Nachlaßgrundstück in der Weise verlangt, daß das Grundstück an Kläger gg Zahlung einer Abfindung übertragen u aufgelassen wird, so ist das Eigentum an dem Grundstück streitig; Streitwert ist aber gleichwohl nicht der volle Grundstückswert, sondern dieser unter Abzug des Kläger-Miterbenanteils. Bei Klage auf **Zustimmung zum Auseinandersetzungsplan** in einzelnen Beziehungen: § 3 (BGH NJW 75, 1415 mwN: Interesse des Klägers am Auseinandersetzungsplan); bei Klage auf Feststellung der Unwirksamkeit des Teilungsplans des Testamentsvollstreckers: wirtschaftl Interesse des Kl (München OLGR 95, 142). **Auskunft über Nachlaßbestand:** § 3. Bei Klage eines Dritten gegen sich weigernde Miterben auf **Erteilung der Löschungsbewilligung** hinsichtlich einer für Erbengemeinschaft eingetragenen Hypothek oder Auflassung eines nachlaßzugehörigen Grundstücks ist Streitwert entgegen früherer Rspr (BGH NJW 56, 1071) der Anteil des die Löschung verweigernden Miterben (Frankfurt JurBüro 81, 757; Schneider MDR 82, 270 zu V 2). Bei der Miterbenklage auf **Genehmigung** eines notariellen Vertrages zur Erfüllung eines Vermächtnisses ist entsprechend dem Interesse des Klägers, von seiner eigenen Schuld befreit zu werden, nur der Anteil einer Partei, nach § 6 S 2 der höhere, anzusetzen, nicht der Grundstückswert, wie Bamberg meint (KoRsp ZPO § 6 Nr 90 m abl Anm Schneider). Bei Klage eines Miterben gegen einen Dritten auf Feststellung der **Nichtigkeit eines Vertrages der Erbengemeinschaft mit dem Dritten** ist Streitwert der volle Vertragswert (Schneider Jur Büro 77, 440 zu 6; in der abw Entscheidung des BGH JurBüro 54, 231 ist die später, BGH MDR 77, 741, praktizierte wirtschaftl Betrachtungsweise noch nicht berücksichtigt). Klage gegen einen Miterben auf **Mitwirkung bei der Auflassung** eines zum Nachlaß gehörenden Grundstückes an einen Dritten: der Streitwert ist auf die Erbquote des Beklagten zu beschränken (Schneider JurBüro 77, 439 zu 4; BGH NJW 56, 1071 ist überholt). Klagt ein Miterbe gegen einen anderen auf **Berichtigung des Grundbuchs** durch Eintragung der Erbengemeinschaft, so ist der Streitwert ebenfalls der Wert des Grundstücks abzüglich Quotenanteil des bereits eingetragenen verklagten Miterben (BGH MDR 58, 676); ebenso bei Zustimmung zur Löschung (Frankfurt JurBüro 81, 775). Bei Klage eines Miterben gegen einen anderen Miterben auf **Unterlassung der Eigentumsumschreibung** eines nachlaßzugehörigen Grundstücks auf sich allein ist Streitwert der Quotenanteil des Klägers (Köln JurBüro 75, 939). Klagen zwei Miterben gegen den dritten Miterben auf **Auflassung eines Nachlaßgrundstücks** auf einen der Kläger, so Streitwert Quotenanteil des verklagten Miterben (KG HuW 50, 454); ebenso wenn nur ein Miterbe im Einverständnis mit einem weiteren klagt (Hamburg JurBüro 94, 364). Macht ein Miterbe infolge Erblasseranordnung die Auflassung eines Nachlaßgrundstückes gegen einen anderen Miterben geltend, so Streitwert Grundstücksverkehrswert abzügl Erbanteil des klagenden Miterben (BGH NJW 75, 1415). Nach Bamberg JurBüro 73, 768 ist, wenn Kläger Grundstück bebaut, dieser Bauwert abzuziehen. Klage auf Vorlegung eines **Nachlaßverzeichnisses** und **Auskunft** über Nachlaßgegenstände: Interesse des Klägers hieran, nicht Wert des Nachlasses (Köln MDR 59, 223; Schleswig JurBüro 59, 169). Dem Wert der inventarisierten Gegenstände kann aber Bedeutung als Indiz für Streitwert zukommen (KG JurBüro 73, 151). **Erbfeststellungsklage:** Streitwert nach Erbanteil des Klägers (Bamberg JurBüro 75, 1367), jedoch mit Abschlag von 20% wegen bloßer Feststellung (BGH FamRZ 89, 958; Köln KoRsp ZPO § 3 Nr 443 m Anm Schneider; Frankfurt OLGR 94, 66 lehnt den Abschlag bei der negativen Feststellungsklage ab); wegen der schwächeren Stellung des **Vorerben** ist bei diesem höherer Abschlag vorzunehmen (so BGH aaO; 25%).

- **Erfüllung:** s Vertragserfüllung.

- **Erledigung der Hauptsache: Übereinstimmende Erledigungserklärung:** Zur Form s § 91a Rn 10; Eintritt der Wertreduzierung nach Hamm (JurBüro 96, 85) auch bei notw mündl Verhandl schon im Schriftverkehr. Wertbestimmend ist der Betrag der bislang entstandenen Kosten des Rechtsstreits, soweit dieser den Wert der Hauptsache nicht übersteigt. Danach anfallende Kosten bleiben unberücksichtigt. Nach **teilweiser übereinstimmender Erledigungserklärung** ist der Wert des Streitgegenstandes lediglich der Wert des noch str gebliebenen Teils der Hauptsache (BGH LM ZPO § 4 Nr 1; Köln MDR 92, 410; ThP § 91a Rn 58; str; aA BL/Hartmann § 3 Anh Rn 48 mN: restl Hauptforderung nebst den Kosten des erledigten Teils; aA BGHZ 26, 174; BGH NJW-RR 91, 509; KoRsp ZPO § 3 Nr 1074; MDR 94, 720; NJW-RR 95, 1089: restl Hauptforderung und der auf den erledigten Teil entfallende Zinsanspruch, aber keine Kosten; ausf Schneider/Herget Rn 1522 ff).

Einseitige Erledigungserklärung: Diejenige des Beklagten ist unbeachtl, da er nicht den Streitgegenstand bestimmen und nicht darüber verfügen kann. Umstritten ist die Bewertung, wenn der **Kläger** die Hauptsache für erledigt erklärt und der Beklagte weiterhin Klageabweisung beantragt. Die eine Meinung, angeführt vom BGH (zB FamRZ 90, 1225; KoRsp ZPO § 3 Nr 728, 729 m abl Anm Schneider; Rostock MDR 93, 1019; Karlsruhe MDR 94, 217; München NJW-RR 95, 1086; zust Vollkommer unten § 91a Rn 48 mwN), bemißt den Streitwert ab Erledigungserklärung nach den bis dahin entstandenen Gerichts- und Parteikosten. Andere Gerichte votieren für einen Feststellungsabschlag (50%: Köln OLGR 94, 114; Frankfurt MDR 95, 207; München MDR 95, 642; 50%, begrenzt nach unten durch die Höhe der Kosten: Köln JurBüro 91, 832; ⅓: München OLGR 93, 264). Die zutr Gegenmeinung stellt darauf ab, daß der ursprüngliche Streitgegenstand unverändert bleibt, so daß die Hauptsache wertbestimmend bleibt (zB München MDR 89, 73; Düsseldorf JurBüro 94, 114; Köln MDR 95, 103; Röckle AnwBl 93, 317, 320). Im **Säumnisverfahren** setzt sich der Streit fort; nach zutr Ansicht bleibt der Hauptsachewert maßgebend (Köln MDR 95, 103). Zu beachten ist, daß unabhängig von dieser Kontroverse die einseitige Erledigungserklärung (hierzu ausf § 91a Rn 34 ff) erst durch Abgabe in der mdl Verhandlung wirksam wird (BGH MDR 84, 1901; Schneider MDR 89, 304; § 91a Rn 37). Nach **einseitiger Teilerledigungserklärung** bleibt es beim Hauptsachestreitwert (aA BGH WPM 91, 2009: Resthauptsache und Kosten des erledigten Teils; modifiziert NJW-RR 93, 765 = MDR 94, 317). Zur Teilerfüllung während des Mahnverfahrens s „Mahnverfahren".

● **Ermessen:** § 3. Da Beschwerdegericht Tatsacheninstanz ist (§ 570), übt es an Stelle der Vorinstanz eigenes Ermessen aus (ganz hM).

● **Erörterungsgebühr:** § 31 I Nr 4 BRAGO; wertbestimmend der erörterte Streitteil, der nicht immer gleich der Hauptsache sein muß (Stuttgart AnwBl 83, 522). Deshalb genaue Streitwertfestsetzung nötig; uU muß sogar die Wertdifferenz innerhalb eines Termins klargestellt werden, zB wenn umfassender erörtert als verhandelt wird (vgl Schneider JurBüro 80, 176, 177). Anrechnung auf die Verhandlungsgebühr: § 31 II BRAGO.

● **Errichtung eines Vermögensverzeichnisses:** § 3; höchstens der erwartete Leistungsanspruch kann der Streitwert nicht ausfallen. Bei der Verbindung einer Klage auf Vorlage des Vermögensverzeichnisses mit der Klage auf Leistung dessen, was sich nach Vorlage des Verzeichnisses für den Kläger ergibt, ist nur der höhere der verbundenen Ansprüche maßgebend (§ 18 GKG).

● **Ersatzvornahme gem § 887:** § 3. Für Ermächtigung und Vorauszahlungsverurteilung Wert der zu erzwingenden Handlung, regelmäßig gleich der Hauptsache, wobei Kostenbetrag Schätzungsanhalt sein kann. Bei Vollstreckung wegen der bezifferten Kostenvorauszahlung deren Höhe.

● **Erwerbsverbot** (s Schneider JurBüro 78, 1603): Entspricht dem „Veräußerungsverbot" (s dort). Wird praktisch im Liegenschaftsrecht auf Grund einstweiliger Verfügung. Bewertung entsprechend den für diese geltenden Grundsätzen (s „Einstweilige Verfügung"), in der Regel also mit ⅓ des Grundstückswertes.

● **Erzwingung von Unterlassungen:** s unter „Ordnungs- und Zwangsmittelfestsetzung".

● **Eventual- und Hauptantrag:** Für den **Zuständigkeitswert** ist immer auf den höchsten Anspruch abzustellen, der zur Rechtsmittelzulässigkeit führen kann (KG OLGZ 79, 348). Nie findet eine Zusammenrechnung statt. Der **Gebührenstreitwert** richtet sich jetzt (KostRÄndG 1994) nach § 19 I 2 GKG, wodurch die Gleichstellung mit der beschiedenen Hilfsaufrechnung erreicht ist: Zusammenrechnung bei Bescheidung (Ausnahme: § 19 I 3 GKG).

● **Eventualwiderklage:** Führt nur zur Addition, wenn darüber entschieden wurde (Köln JurBüro 90, 246; Schneider MDR 88, 462).

● **Fälligkeit:** Klage auf Feststellung fehlender Fälligkeit macht nur die Leistungszeit streitbefangen, so daß die wirtschaftliche Bedeutung der Verzögerung nach § 3 zu schätzen (BGH KoRsp ZPO § 3 Nr 13; Schleswig SchlHA 83, 142; LAG Düsseldorf KoRsp ZPO § 3 Nr 782), also abzuzinsen ist (KG JurBüro 89, 1599; LAG Köln KoRsp ZPO § 3 Nr 849 mit Anm Schneider = MDR 87, 169 mit Anm Hirte). Ausschlaggebend ist der Zwischenzins zwischen den streitigen Fälligkeitszeitpunkten (Köln KoRsp ZPO § 3 Nr 778). Nur um den Zahlungszeitpunkt geht es auch dann, wenn der Beklagte gegen die Verurteilungsklage lediglich fehlende Fälligkeit einwendet (verkannt von Hamburg MDR 72, 335); ebenso für die Urteilsbeschwer: BGH WPM 95, 2060. Nicht abzuzinsen ist bei einer Klage auf künftige Leistung (BGH KoRsp ZPO § 3 Nr 1178; krit Schneider/Herget Rn 1576 ff).

● **Feststellungsklagen:** Wert des Gegenstandes des Rechts oder Rechtsverhältnisses, dessen Bestehen oder Nichtbestehen festgestellt werden soll, wobei nur Umstände zu berücksichtigen sind, die dem Gericht in der Schlußverhandlung bekannt waren (Bamberg JurBüro 80, 1865; Frankfurt MDR 89, 743). Maßgeblicher Bewertungszeitpunkt ist aber die Instanzeinleitung (§ 4 ZPO; § 15 GKG). Bei **positiver Feststellungsklage** ist ein Abschlag von 20% gegenüber dem Wert einer entsprechenden Leistungsklage zu machen (BGH JurBüro 75, 1598), und zwar auch dann, wenn der Kläger damit rechnen kann, daß sein Gegner (Haftpflichtversicherer, öffentliche Hand) auf ein Feststellungsurteil hin freiwillig zahlen werde (BGH NJW-RR 88, 689; Frankfurt OLGR 92, 228), die Zahlungsbereitschaft ist nur erheblich für die Frage, ob statt möglicher Leistungsklage auf Feststellung geklagt werden darf (Schneider MDR 89, 300 zu I 2). In der Berühmung enthaltene Zinsansprüche bleiben unberücksichtigt (BGH KoRsp ZPO § 4 Nr 61). Der Feststellungsabschlag entfällt bei Miterben-Feststellung, weil die Feststellungswirkung umfassend Rechtskraft wirkt (BGH KoRsp ZPO § 3 Nr 873). Weiter von einem Abschlag abzusehen ist bei Feststellungsklagen, die ohnehin nach privilegierten Vorschriften zu bewerten sind, etwa nach §§ 16, 17 GKG (siehe Schneider ZAP F 13 S 207 mit Nachw). **Zweifelhafte Realisierbarkeit** eines Anspruchs oder **Unwahrscheinlichkeit des Schadenseintritts** können einen höheren Abschlag als 20% rechtfertigen (BGH AnwBl 92, 451). Bei **Verbindung** des uneingeschränkten Feststellungsantrages zum Grund mit einem Leistungsantrag wegen fälliger Rückstände ist zusammenzurechnen, § 5 (BGHZ 2, 74); nicht jedoch, wenn sich Leistungsbegehren und Feststellungsbegehren decken (BGH MDR 70, 127). Bei streitwertmäßig privilegierten Ansprüchen (§ 17 GKG) ist kein Abzug vom privilegierten Gebührenstreitwert vorzunehmen, weil damit keine doppelte Streitwertverkürzung bezweckt wird (s Schneider/Herget Rn 3037). Die **Eigentumsfeststellung** richtet sich nach § 6, so daß es nicht darauf ankommt, welchen Wert das Recht hat, das der Beklagte für sich in Anspruch nimmt (BGH VersR 61, 1094; KG Rpfleger 70, 69); nach München (KoRsp ZPO § 6 Nr 96 m Anm Schneider) jedoch § 3, wenn auf Feststellung des Eigentums ohne Rücksicht auf die Besitzlage geklagt wird (ebenso Celle KoRsp ZPO § 6 Nr. 97 m Anm Schneider), was dann auch zum Abschlag wegen bloß positiver Feststellung führt, der bei Anwendung des § 6 abgelehnt wird (KG Rpfleger 70, 69). Feststellung des Nichtbestehens eines Vertrages (wegen Nichtzustandekommens oder Wandelung): Interesse des Klägers an der Befreiung von seiner

Leistungspflicht, das nach der Verschlechterungsdifferenz zwischen Leistung und Gegenleistung zu schätzen ist (s unter „Wandlungsklage"); das gilt auch für die Klage auf Feststellung der Vertragsnichtigkeit (im einzelnen umstritten, s zB Frankfurt AnwBl 82, 247; Oldenburg MDR 96, 101). Wichtig ist, das Interesse an Hand der Einzelfallumstände herauszuarbeiten und Wertangabe nach § 23 GKG zu verlangen (s Schneider Anm zu Braunschweig KoRsp ZPO § 3 Nr 617). Bei der **negativen (leugnenden) Feststellungsklage** ist wegen der vernichtenden Wirkung eines obsiegenden Urteils der Streitwert so hoch zu bewerten wie der Anspruch, dessen sich der Gegner berühmt (allg M). Irreale Berühmungen sind auf sinnvolle Werte zurückzuführen (Koblenz MDR 96, 103; hierzu Lappe NJW 96, 1185 I 1). Beim Streitwert einer Klage **auf Feststellung der Wirksamkeit oder Unwirksamkeit einer Vaterschaftsanerkennung** (§ 1600b–f BGB) aus § 640 II Nr 1 ZPO ist § 12 II 3 GKG maßgebend, desgleichen für Klagen auf **Feststellung der nichtehelichen Vaterschaft** u bei **Ehelichkeitsanfechtungsklagen** (§ 640 II Nr. 2 ZPO). Feststellung des **Verzugs** zur Vorbereitung der Vollstreckung nach §§ 756, 765 neben dem Leistungsanspruch ist wirtschaftlich geringwertig (BGH KoRsp ZPO § 5 Nr 83 m Anm Schneider; s „Annahmeverzug").

● **Feststellungswiderklage:** Sie betrifft Ansprüche des Klägers, die, ohne Gegenstand der Klage zu sein, zwischen den Parteien streitig sind, deren sich Kläger also in irgendeiner Form berühmt haben muß. Umfang dieser Berühmung für Wert maßgebend.

● **Folgesachen:** § 19a GKG nur für Gebührenstreitwert beachtlich. S dazu Schneider/Herget Rn 1827 ff.

● **Freistellung:** s unter „Befreiung".

● **Gebrauchsmusterverletzung:** Bei Unterlassungsklage wegen Verletzung ist Streitwert nach der befürchteten Umsatzeinbuße für die Schutzdauer zu bemessen (Nürnberg JurBüro 67, 162).

● **Gegenleistung:** Nach hM unbeachtl, insbesondere wenn sie als Zurückbehaltungsrecht dem Anspruch auf Herausgabe entgegengesetzt wird (sehr str; s Nachw bei Schneider/Herget Rn 1890 ff). Weil die Nichtberücksichtigung der Gegenleistung oft dazu führt, daß der Streitwert den wirtschaftlichen Streitgegenstand verfehlt, besteht eine Tendenz zur restriktiven Interpretation des § 6 (s zB Köln KoRsp ZPO § 6 Nr 78 m zust Anm Lappe; Nr 83 m Anm Schneider; München KoRsp ZPO § 6 Nr 96 m Anm Schneider; Celle KoRsp ZPO § 6 Nr 97 m Anm Schneider). Wird nur wegen der Gegenleistung ein **Rechtsmittel** eingelegt, dann bestimmt sich auch nach hM der Rechtsmittelstreitwert lediglich danach (BGH MDR 95, 1162; NJW-RR 95, 706; Celle OLGR 95, 227).

● **Gegenseitiger Vertrag:** Klage auf **Erfüllung** hat den Wert der geforderten Leistung ohne Abzug der Gegenleistung, auch wenn der Kläger Erfüllung Zug um Zug verlangt (s „Gegenleistung" und Schneider/Herget Rn 4881 ff).

● **Gemeinschaft:** Für Klagen auf Aufhebung oder auf Ausschluß ist § 3 anzuwenden. Wertbestimmend ist das Interesse des Klägers, bei Teilungsverlangen also der Betrag, den er erlangen will (Frankfurt JurBüro 79, 1195); bei Streit lediglich über die Art und Weise der Teilung geringe Schätzung geboten (Schleswig SchlHA 79, 57). Auch bei der Klage auf Unzulässigerklärung der Teilungsversteigerung zur Aufhebung einer Gemeinschaft ist § 3 anzuwenden (BGH FamRZ 91, 547).

● **Genehmigung:** Klage auf Einholung einer vormundschaftl Genehmigung nach Frankfurt NJW 59, 680, gleich dem Gegenstandswert des genehmigungsbedürftigen Geschäfts; aA mit Recht Lappe Rpfleger 59, 138: Bewertung durch freie Schätzung nach § 3.

● **Gesamtschuldner:** Keine Zusammenrechnung nach § 5 (BGHZ 23, 339).

● **Geschäftsanteil** GmbH: Streitwert der Verkaufs-, nicht der Nennwert (Frankfurt KoRsp ZPO § 3 Nr 469).

● **Gesellschaft:** Klage eines Gesellschafters gegen den anderen auf Befreiung von Gesellschaftsschulden wegen seines Ausscheidens: Gesamtwert der Schulden (§ 6). Feststellung der Teilhaberschaft: Interesse des Klägers am Gewinn (§ 3). Bei Feststellung des Bestehens, der Fortdauer oder Auflösung des Gesellschaftsvertrages: Zusammenschau aller in Betracht kommenden Bemessungsfaktoren geboten: Wert der Beteiligung des Klägers, Vorsorge gegen drohende Haftung oder Haftungserweiterung, Zugriff auf ein Auseinandersetzungsguthaben usw; unerheblich die Interessen der übrigen Gesellschafter sowie Folgewirkungen der Auflösung (Köln ZIP 82, 1006). Klage eines GmbH-Gesellschafters gegen GmbH auf Offenlegung der Verhältnisse (Einsicht in die Geschäftsbücher, Bilanzen wegen der Umsätze, Auskunft über Vergütung des Aufsichtsrats usw): mindestens der Gewinn, den Kläger erwarten kann, und der nicht höher sein darf als der Kurswert seiner Anteile (Frankfurt KoRsp ZPO § 3 Nr 31). Bei Ausschluß eines Gesellschafters ist maßgebend der Wert der Gesellschaftsanteile der klagenden Gesellschafter (BGHZ 19, 173). Ist Gegenstand des Streites die Vergütung für die Geschäftsführung in einer OHG und ist der Geschäftsführer schon hochbetagt, dann ist der Streitwert nicht nach § 9 mit dem 3,5fachen Jahreswert anzusetzen, sondern nach § 3 frei zu schätzen (BGHZ 19, 173: zu § 9 ZPO aF). Klagt der Gesellschafter einer OHG eine Gesellschaftsforderung gegen Mitgesellschafter ein, dann ist nicht der volle Forderungsbetrag maßgebend, sondern der Anteil des Beklagten abzuziehen, wie bei § 2039 BGB – s oben „Erbrechtliche Ansprüche".

● **Getrenntleben:** Die sog negative Herstellungsklage auf Feststellung des Rechts zum Getrenntleben ist Ehesache iS des § 606 I. Bewertung nach § 12 II GKG entsprechend den Bemessungsgrundsätzen für Scheidung. **Einstweilige Anordnung:** § 620 S 1 Nr 5; mangels einschlägiger Bewertungsvorschrift Analogie zu § 8 II S 3 BRAGO (Bamberg JurBüro 78, 860; Frankfurt Rpfleger 80, 240). Leben die Parteien bereits einverständl getrennt, so ist eine einstw AO weitgehend bedeutungslos und nahe dem Mindestwert anzusetzen (Saarbrücken KoRsp BRAGO § 8 Nr 14).

● **Gewährleistung:** ist Abrechnung; s „Aufrechnung".

● **Gewerblicher Rechtsschutz:** Meist handelt es sich dabei um Unterlassungsansprüche (vgl Borck WRP 78, 435). Dringendes, aber immer noch offenes Bedürfnis der Praxis nach Regelstreitwerten (Koblenz WRP 81, 159 u 333; 89, 815; Oldenburg KoRsp ZPO § 3 Nr 1035; 1128 m Anm Herget; WRP 95, 878 = KoRsp ZPO § 3 Nr 1212 m Anm Herget). Wichtigste Bemessungsfaktoren sind die Größe des Unternehmens des Anspruchsberechtigten einschließl seines Umsatzes, die Marktstellung des Antragsgegners, der Abschreckungsgedanke und die Gefährlichkeit des jeweiligen Wettbewerbsverstoßes (Stuttgart NJW-RR 87, 429). Das Interesse des Beklagten und dessen Umsatz ist unbeachtl; bedeutsam lediglich als Indiz für Umsatzschmälerung beim Kläger (Nürnberg WRP 82, 551), zB kann aus geringem Umsatz des Verletzers auf geringe Gefährlichkeit des Angriffsfaktors und damit geringere Umsatzeinbuße des Angreifers geschlossen werden; insoweit jedoch Zurückhaltung geboten, obwohl dergleichen Überlegungen oft dadurch nötig werden, daß Angreifer seinen Umsatz nicht offenbaren möchte. Für den wichtigen Bemessungsumstand der „Stärke des Angriffsfaktors" und der dadurch bedingten Umsatzeinbuße beim Verletzten ist der Verschuldensgrad des Verletzers erheblich, so daß insbesondere schuldlose Zuwiderhandlungen eine Wertermäßigung rechtfertigen (Frankfurt JurBüro 83, 1249). Nur die Schadenskausalität der Verletzungshandlung des Beklagten darf berücksichtigt werden, nicht auch parallel laufende Verstöße am Verfahren nicht beteiligter Dritter (LG Mosbach BB 83, 2073). **Verbandsklagen** (Unterlassungsbegehren gemeinnütziger Vereine) sind vermögensrechtliche Angelegenheiten; Kostenrisiko bewertungsunerheblich (s BGH NJW-RR 95, 44 = KoRsp § 23a UWG Nr 19 m Anm Herget); maßgebend das Interesse der Allgemeinheit an der Beseitigung des bekämpften Zustandes und der Sauberhaltung des Wettbewerbs. Wird ein Verletzer von mehreren Verletzten auf Unterlassung in Anspruch genommen, dann schwächt dies das Interesse an einem Unterlassungstitel ab, weil zu erwarten ist, daß der Verletzer den bereits vorliegenden Titeln nachkommen wird; der Streitwert ist dann geringer zu bemessen (Frankfurt WRP 83, 523; Koblenz WRP 85, 45; Bamberg KoRsp ZPO § 3 Nr 888 mit Anm Schneider). Zugunsten wirtschaftl Schwacher ist Streitwertherabsetzung - bei Verbandsklagen bezogen auf das einzelne Verfahren (Stuttgart WRP 83, 709; aA Koblenz NJW-RR 89, 1441: Gesamttätigkeit maßgebend) – möglich (§§ 23b UWG, 144 PatG, 26 GebrMG, 142 MarkenG, 247 II, III AktG). Ausführlich zur Wertbemessung in Wettbewerbsachen Schneider/Herget Rn 1970–2239.

● **Grund des Anspruchs:** Die Hauptsache bestimmt den Streitwert.

● **Grundbuchberichtigung:** s unter „Berichtigung des Grundbuchs".

● **Grundbucheintragung:** Bewilligungsklage richtet sich nach dem zugrunde liegenden materiellen Anspruch, zB Grundschuld, Miteigentum usw (§ 6). Geht es nur um die formelle Klärung unstreitiger Rechte, ist nach § 3 (geringer) zu schätzen (Zweibrücken JurBüro 87, 267).

● **Grundschuld:** s unter „Hypothek".

● **Grundstück:** s unter „Auflassung" und „Eigentumsklage". Verkehrswert entscheidend. Das ist nach Köln MDR 59, 223 der Mittelwert zwischen dem Gebäudewert und dem Boden- und Ertragswert (ausf Schneider/Herget Rn 4725 ff); Grundstücksbelastungen werden nach hM nicht wertmindernd berücksichtigt (Bamberg JurBüro 92, 629). Bei notarieller Verpflichtung des Beklagten, einen noch zu vermessenden Teil eines Grundstücks auf Verlangen des Klägers herauszugeben, ist der Streitwert für die Klage auf Verurteilung des Beklagten zur Landvermessung nach § 3 ZPO zu schätzen (Köln JurBüro 71, 719).

● **Haftpflichtversicherungsschutz:** § 6, wenn auf Leistung der Versicherungssumme geklagt wird, dagegen § 3, wenn der Abschluß eines Vertrages gefordert wird. Der Anspruch auf Gewährung von Deckungsschutz ist nach dem Betrag zu bewerten, auf den der Versicherungsnehmer haftbar gemacht wird (Hamm JurBüro 89, 523). Bei einer Feststellungsklage macht die Rspr den üblichen Abschlag von 20% (Düsseldorf VersR 74, 1034; Hamm VersR 84, 257; krit Bamberg JurBüro 81, 433); da der unterliegende Versicherer erfahrungsgemäß ohne erneute Leistungsklage erfüllt, sollte der Abschlag vermindert werden (Schneider MDR 85, 268). Auf die Berechtigung der gegen den Versicherten gerichteten Ansprüche kommt es nicht an (Nürnberg JurBüro 68, 542), es sei denn, daß illusionäre Forderungen gestellt werden (Düsseldorf VersR 74, 1034). Kosten einer Rechtsverteidigung gegenüber Ansprüchen des Verletzten sind Gegenstand des Deckungsprozesses (BGH MDR 76, 649). Bei titulierten Ansprüchen rechnen Kosten und Zinsen zum Streitwert. Entgegen BGH MDR 74, 1006 (ebenso zB Frankfurt KoRsp GKG § 17 Nr 27 m Anm Schneider) ist § 9 nur für Zuständigkeit und Zulässigkeit des Rechtsmittels anzuwenden, für das Gebührenrecht aber § 17 II GKG; Ungereimtheit: der „soziale" Gebührenwert § 17 II GKG liegt jetzt über dem Zuständigkeitswert § 9 (Lappe NJW 94, 1189: das Verhältnis ist „auf den Kopf" gestellt). Auf den Direktanspruch nach § 3 Nr 1 PflichtversicherungsG wendet der BGH (MDR 82, 389) § 17 II 1 GKG an. Beim Deckungsschutz-Feststellungsprozeß in der Kfz-Haftpflicht ist der Streitwert auf 5 000 DM begrenzt (BGHZ 80, 332). Die Selbstbeteiligung des Versicherten ist vom Streitwert abzuziehen (Frankfurt KoRsp ZPO § 3 Nr 634 m Anm Schneider). S auch „Versicherungsschutz".

● **Handelsregister:** Klage auf Mitwirkung der Anmeldung zum HR ist Leistungsklage auf Abgabe einer Willenserklärung; Interesse des Klägers an der Offenlegung der wirkl Beteiligungsverhältnisse ist maßgebend (Köln DB 71, 1055). In der Regel $\frac{1}{10}$ bis $\frac{1}{4}$ des Anteils des klagenden Gesellschafters (Bamberg JurBüro 84, 756); geringer, wenn der Sachverhalt unstreitig ist, höher wenn Gegner auf Gesellschafterstellung beharrt (BGH Rpfleger 79, 194). Eintragung einer bestimmten Person als Gesamtprokurist neben einem persönl haftenden Gesellschafter ist mit Bruchteil des Gesellschaftsanteils des Klägers zu bewerten (Köln MDR 74, 53). Generelle Bewertungsregeln lassen sich kaum aufstellen, weil die einschlägigen Fälle nach Art und Umfang der Beteiligung, Wert des Unternehmens, Umsatz, Gewinn, Auswirkungen persönlicher Tätigkeit usw zu verschieden liegen und eine Zusammenschau der individuellen Bewertungsumstände geboten ist (vgl zB BGH KoRsp ZPO § 3 Nr 410 zur Wiedereintragung eines persönlich haftenden Gesellschafters). S auch „Registeranmeldung".

● **Handelsvertreter:** Feststellung, daß ein HV-Vertrag aufgelöst sei, bemißt sich gem § 3 (§ 17 III GKG unanwendbar: München JurBüro 85, 574) nach dem Interesse des Klägers, das durch Gegenüberstellung der Vor- und Nachteile infolge der Beendigung zu ermitteln ist (München AnwBl 77, 468). Zusätzl Leistungsantrag auf Ausgleich nach § 89b HGB ist hinzuzurechnen (LG Bayreuth JurBüro 77, 1747).

● **Hausrat:** Nach § 21 III 1 HausratsVO ist vom Wert des gesamten Hausrats auszugehen, nicht vom Wert der Anteile der Parteien daran (Frankfurt JurBüro 89, 1563); maßgebend ist der Verkehrswert, nicht der Wiederbeschaffungswert (Saarbrücken AnwBl 84, 372; Düsseldorf JurBüro 92, 53). Einstweilige Anordnungen (§ 620 S 1 Nr 7): § 20 II 2 GKG iVm § 3.

● **Heimfallrecht:** Geltendmachung des Heimfallanspruches (§ 2 Nr 4 ErbbauVO) richtet sich nach dem Wert des Erbbaurechts; § 16 II GKG unanwendbar (Schleswig SchlHA 68, 144). Vereinbarter fester Kaufpreis ist Indiz für Verkehrswert (Nürnberg JurBüro 92, 52). Belastungen bleiben nach hM unberücksichtigt (Bamberg KoRsp ZPO § 3 Nr 785; § 6 Rn 2). Bei der Heimfallfeststellungsklage ist der übliche Feststellungsabschlag zu machen (Schneider MDR 86, 184; aA Frankfurt KoRsp ZPO § 6 Nr 106 m abl Anm Schneider u Lappe).

● **Herausgabeklagen:** S zunächst Erläuterungen zu § 6. Klage auf Herausgabe **von bewegl Sachen oder Grundstücken:** Verkehrswert der Sache bei Klageeinreichung (§ 4 I Hs 1), nicht der Kaufpreis, auch nicht der Restkaufpreis (Frankfurt AnwBl 84, 94). Bei Goldbarren ist der Börsen-Ankaufskurs maßgebend (BGH KoRsp ZPO § 6 Nr 131 m Anm Schneider); Grundstücksbelastungen werden nach hM nicht wertmindernd berücksichtigt (Bamberg JurBüro 92, 629). Rechtsverteidigung mit Zurückbehaltungsrecht unbeachtlich, es sei denn, daß Bekl bei unstreitigem Klageanspruch nur wegen geringfügiger Gegenleistung zurückbehält (aA die hM, s „Gegenleistung"). Grundstücksbelastungen mindern den Wert nicht (hM, BGH NJW 54, 955; Frankfurt JurBüro 79, 1889; aA LG Köln NJW 77, 255 m abl Anm Schönbach S 856); wohl bei Besitzstörungsklagen (Frankfurt JurBüro 81, 759). § 3 ZPO, wenn ein erfüllungsbereiter Schuldner die Übergabe nur verzögert (LG Stuttgart MDR 93, 915). – **Kfz-Brief:** Interesse an der mit der Erlangung verbundenen Verfügungsgewalt, das mit einem Bruchteil des Fahrzeugswertes angesetzt wird, meist $1/10$ bis allenfalls $1/2$ des Vekehrswertes (s LG Bochum AnwBl 84, 202; Saarbrücken JurBüro 90, 1661). – **Kfz-Schlüssel**: Kosten der Ersatzbeschaffung oder Erneuerung der Schließanlage (Düsseldorf OLGR 93, 79). – Zur Verbindung des Herausgabeanspruches mit einem eventuellen Schadensersatzanspruch (**§§ 255, 259, 510b**) s unter „Schadensersatz". – **Urkundenherausgabe:** Entscheidend ist, was mit dem Besitz der Urkunde angestrebt wird, zB Beweisführung: § 3, Verfügungsmöglichkeit über beurkundetes Recht (Wertpapiere!): § 6; volle Wechselsumme, wenn ein fälliger Wechsel noch nicht bezahlt wurde (Düsseldorf AnwBl 94, 47), dagegen bei wirtschaftlich wertlosen Wechseln Schätzwert: § 3 (Köln JurBüro 74, 1438), desgleichen bei Hypotheken- und Grundschuldbriefen, die keine Wertpapiere sind, aber den Wert des verbrieften Rechts erreichen können (RG HRR 33 Nr 1694; Rostock OLGE 37, 82), und bei Sparkassenbüchern; das Herausgabeinteresse des Klägers wird aber bei ihnen idR dem Guthaben entsprechen (München JurBüro 74, 1169), insbes wenn Gefahr besteht, daß der Beklagte über die Einlage verfügt oder auch die Sicherungskarte zum Zweck der Verfügungsgewalt beansprucht wird (KG Rpfleger 70, 96). Ein Grundsatz, daß das Interesse des Klägers dem Betrag des eingetragenen Guthabens gleichzusetzen sei (so KG JurBüro 70, 262 m krit Anm Schneider), besteht nicht. Eine Vollmachturkunde hat keinen eigenen Wert; bestimmend ist das Interesse des Klägers daran, sich gegen Schäden durch Mißbrauch zu schützen (KG Rpfleger 70, 353). Zur Herausgabe einer **Bürgschaftsurkunde** s unter „Bürgschaft". Bei der Klage auf Herausgabe eines Vollstreckungstitels nach Aufrechnung mit einer unstr Gegenforderung ist das Interesse des Klägers maßgebend, eine mißbräuchliche Benutzung des Titels zu verhindern; die Größe dieser Gefahr ist ausschlaggebend (Köln KoRsp ZPO § 3 Nr 453 m Anm Schneider; BGH KoRsp ZPO § 3 Nr 1070). – Herausgabe eines **Kindes** ist nichtvermögensrechtl Angelegenheit, so daß § 12 II anzuwenden ist (LG Bayreuth JurBüro 78, 1360).

● **Hilfsantrag:** s unter „Eventualantrag".

● **Hilfswiderklage:** s unter „Eventualwiderklage".

● **Hinterlegung:** Die Einwilligungsklage geht auf Abgabe einer Willenserklärung (Zustimmung). Maßgebend der Wert der Sache bei Sachhinterlegung u Höhe der hinterlegten Summe bei Klage auf Auszahlungseinwilligung (§ 6 ZPO). Derselbe Streitgegenstand ist gegeben, wenn Klage und Widerklage auf Zustimmung zur Auszahlung eines hinterlegten Betrages erhoben werden. Zinsen der Hinterlegungssumme sind keine Nebenforderungen des Anspruchs auf Abgabe der Willenserklärung und deshalb mitzuberechnen (BGH MDR 67, 280); deshalb auch die Gesamtsumme maßgebend, die das Hinterlegungskonto im Zeitpunkt der Schlußverhandlung aufweist (Köln JurBüro 80, 281; LG Köln ZMR 96, 145 für hinterlegte Mietkaution). Bei beklagten Streitgenossen mit unterschiedl Berühmung auf die hinterlegte Summe sind die Werte verschieden (Frankfurt Rpfleger 70, 353); bei gemeinsamer Berechtigung an einer hinterlegten Sache ist der Mitberechtigungsanteil abzuziehen (KG AnwBl 78, 107).

• **Hypothek:** Klagen auf Eintragung oder Löschung sowie auf Feststellung des Bestehens oder Nichtbestehens: § 6; maßgebend der Betrag der Hypothek oder der geringere Wert des Grundstücks; die Valutierung bleibt unberücksichtigt (hM, zB Celle MDR 77, 935; Frankfurt OLGR 92, 193; richtiger erscheint es, mit Hamburg, MDR 75, 876, auf die Höhe der Valutierung und das Löschungsinteresse des Klägers abzustellen); so jetzt Köln, OLGR 95, 216, für die Löschung einer Grundschuld. Geht es nur um die Beschaffung des Briefes, ist das Interesse am Besitz nach § 3 zu schätzen (Bremen Rpfleger 85, 77 = KoRsp ZPO § 6 Nr 107 m Anm Schneider).

• **Immissionen:** Klage auf Unterlassung (§§ 903, 906, 907, 1004 BGB): § 3, Abschätzung unter Berücksichtigung der Wertminderung des Grundstücks des Klägers bei Zulassung ohne Rücksicht auf die Höhe der Aufwendungen, die der Bekl zur Abwendung der Immissionen erbringen mußte (Schleswig SchlHA 73, 88). Bei gemeinsamer Abwehrklage von Miteigentümern wegen wirtschaftlicher Identität keine Werterhöhung (BGH KoRsp ZPO § 5 Nr 68 mit Anm Schneider = MDR 87, 570).

• **Jagd- und Fischereirecht:** Für Klage auf Feststellung der Ausübung (§ 3), Anhaltspunkt der Jahresertrag des Rechts (RG JW 38, 1841; Hamburg NJW 65, 2406). Bei Streit über Bestehen oder Dauer eines Jagdpachtvertrags für die Zuständigkeit und die Beschwer § 8 (BGH KoRsp ZPO § 8 Nr 7), für die Gebühren § 16 GKG (LG Saarbrücken JurBüro 91, 582 = KoRsp GKG § 16 Nr 70 m Anm Schneider). Bei Besitzstörung begrenzt § 16 I GKG den Streitwert ebenfalls (LG Saarbrücken KoRsp ZPO § 3 Nr 1028 m Anm Schneider). **Nebenkosten** zum Pachtzins sind nach Oldenburg nicht anzusetzen (ZMR 91, 142 = KoRsp GKG § 16 Nr 69 m Anm Schneider; aA BGH KoRsp ZPO § 8 Nr 7 für alle Gegenleistungen, die im Verkehr als Entgelt für die Gebrauchsüberlassung angesehen werden; näher zu dieser Frage unter „Mietstreitigkeiten" – **Mietzins**).

• **Kapitalabfindung:** Beim Prozeßvergleich ist ihre Höhe unmaßgebl, da sich der Vergleichswert nur danach bestimmt, welcher Gegenstand verglichen worden ist, nicht danach, welche Leistungen übernommen werden (Düsseldorf VersR 77, 868; Frankfurt Rpfleger 71, 116; falsch Frankfurt Rpfleger 80, 239 = KoRsp GKG § 17 Nr 24 m abl Anm Lappe).

• **Kartellsachen:** Maßgebend §§ 12 I GKG, 3 ZPO: Interesse des Beschwerdeführers an der Änderung der Entscheidung der Kartellbehörde und die wirtschaftliche Bedeutung des streitigen Rechtsverhältnisses für ihn (Stuttgart BB 60, 576).

• **Kennzeichenstreitsachen:** § 142 MarkenG sieht eine Streitwertbegünstigung vor, die § 23b UWG (s „Gewerblicher Rechtsschutz") nachgebildet ist; die Vorschrift ist inhaltsgleich an die Stelle des aufgehobenen § 31a WZG getreten. Der Streitwert orientiert sich an der Gefährlichkeit der unbefugten Markenbenutzung (Koblenz WRP 96, 40 für ein Eilverfahren).

• **Kindesherausgabe:** s unter „Herausgabeklagen".

• **Kindschaftssachen:** § 640 II ZPO. (Gebühren-)Streitwert: § 12 II 3 GKG (s Schneider MDR 89, 392). Wird die Klage auf Feststellung nichtehelicher Vaterschaft mit der Klage auf Zahlung von Regelunterhalt verbunden, dann ist § 12 III GKG anzuwenden und nur der höhere Betrag maßgebend (Köln JurBüro 72, 1093; München DAVorm 81, 681). Vaterschaftsanerkennung: s unter „Feststellungsklagen".

• **Klage und Widerklage:** Für Zuständigkeit keine Zusammenrechnung (§ 5), aber für die Beschwer (s § 5 Rn 2); für Gebühren §§ 16 III, 19 I 1 GKG. Um denselben Gegenstand handelt es sich, wenn die beiderseitigen Ansprüche einander ausschließen, so daß die Zuerkennung des einen Anspruchs notwendig die Aberkennung des anderen bedingt (BGHZ 43, 31), zB nicht, wenn Feststellungsklage auf Verneinung jeglicher Unterhaltspflicht mit Widerklage auf Zahlung bezifferten Unterhalts zusammentrifft (Schleswig SchlHA 82, 75) oder wenn die Ansprüche auf Rückzahlung einer Teilleistung und Erfüllung wegen des Restes zusammentreffen (Celle NdsRpfl 85, 18) oder bei Herausgabeklage des Eigentümers eines Pkw und Widerklage auf Zahlung des Werklohns (Hamm Rpfleger 90, 40). Nicht notwendig, daß „dasselbe ökonomische oder außerökonomische Interesse" betroffen ist (Schneider MDR 77, 180; Nieder NJW 76, 906: beide gegen Karlsruhe NJW 76, 247).

• **Klageänderung:** Keine Zusammenrechnung, sondern getrennte Festsetzung für die Zeit vor und nach Klageänderung (Schneider JurBüro 65, 592; Frankfurt OLGR 94, 72).

• **Klageerweiterung:** Dadurch bedingte Streitwerterhöhung wirkt ab Einreichung des Antrages und nur für die danach erfüllten Gebührentatbestände, vor allem also keine Erhöhung der Beweisgebühr bei bereits abgeschlossener Beweisaufnahme (Koblenz MDR 94, 629; Bamberg JurBüro 77, 960; KG JurBüro 70, 246 m zust Anm Schneider). Nur einmalige Berechnung der Gebühr nach dem höchsten Wert (§§ 13 II 1 BRAGO, 21 III GKG). Rückwirkende Erhöhung führt zu Rückständen nach § 17 IV GKG (Karlsruhe KoRsp GKG § 17 Nr 74 m zust Anm Schneider; aA Saarbrücken KoRsp GKG § 17 Nr 120 mit abl Anm Schneider).

• **Klagenhäufung:** § 5, jedoch (argumentum § 19 I 3 GKG) nicht Mehrfachbewertung desselben Streitgegenstandes und erst recht nicht bei bloßer Häufung von Klagegründen (materiell-rechtl Anspruchsgrundlagen). Zusammenrechnung auch, wenn vermögensrechtl und nichtvermögensrechtl Ansprüche verbunden werden, sofern nicht der eine aus dem anderen hergeleitet ist (§ 12 III GKG).

• **Klagerücknahme:** Ankündigung eines verminderten Antrages genügt nicht (Schneider MDR 85, 265). Bei Streit darüber, ob Klage wirksam zurückgenommen: Hauptsachewert; ist Klagerücknahme unstreitig, dann Streitwert nur die Kosten. Bei vergleichsweiser Vereinbarung einer Klagerücknahmeverpflichtung ist Streitwert die Hauptsache; Kosten des Hauptprozesses bleiben außer Ansatz, selbst wenn

Parteien im Vergleich eine von der Regelung des § 269 III abweichende Kostenverteilung vereinbaren (Köln JurBüro 70, 803); werden im Prozeßvergleich die Kosten eines Arrestverfahrens mitgeregelt, so sind diese Kosten dem Streitwert hinzuzurechnen (Köln MDR 71, 58).

● **Konkursfeststellungsklage:** § 148 KO; gilt beim unterbrochenen und wieder aufgenommenen Rechtsstreit erst für die Zeit ab Verfahrensaufnahme (BGH ZIP 80, 429; Düsseldorf OLGR 94, 306) und zwar nicht nur für die Aufnahme gemäß § 146 III KO, sondern auch die nach § 146 VI KO (BGH MDR 95, 320 = NJW-RR 94, 1251). Bei Klage auch gegen den widersprechenden Gemeinschuldner: Streitwert voller Forderungsbetrag abzüglich der Konkursdividende (BGH Warneyer 1966, 374), deren voraussichtl Höhe durch Auskunft des Konkursverwalters zu ermitteln sein wird (Köln Rpfleger 74, 22) und in der niedrigsten Gebührenstufe anzusetzen ist, wenn nicht mit einer Konkursquote zu rechnen ist (BGH MDR 93, 287; München OLGR 92, 224; LAG Köln KoRsp KonkO § 148 Nr 34; LG Göttingen ZIP 90, 61; Schneider MDR 74, 101 ff; abwegig Frankfurt, ZIP 86, 1063 = EWiR § 148 KO 1/86 S 919 m abl Anm Schneider, das in diesem Fall 10% der feststellenden Forderung ansetzt; dagegen LG Göttingen aaO). Neben der zu erwartenden Konkursquote ist das geringere wirtschaftliche Interesse des klagenden Gläubigers bedeutungslos (Hamburg ZIP 89, 1345). Eigentumsvorbehalt und Absonderungsrecht bleibt unberücksichtigt, es sei denn, daß die Konkursfeststellungsklage mit der Klage auf Feststellung des Rechts auf abgesonderte Befriedigung verbunden wird: Dann ist der höhere Streitwert maßgebend (Hamm ZIP 84, 1258). Analoge Anwendung des § 148 KO, wenn ein Gläubiger des Gemeinschuldners Masseansprüche nach §§ 57 ff KO geltend macht (BGH NJW-RR 88, 689; Schneider MDR 89, 391). Keine Bindung nach § 24 GKG, wenn das LG der falschen Streitwertangabe des Klägers ungeprüft vertraut und sich später zeigt, daß bei richtiger Bewertung das AG zuständig gewesen wäre (irrig LG Göttingen ZIP 90, 61 = KoRsp GKG § 24 Nr 6 mit abl Anm Schneider = EWiR § 148 KO 1/90, S 85 – Pape).

● **Kostenfestsetzungsverfahren:** Unterschiedsbetrag der begehrten oder vom erstattungspflichtigen Gegner bestrittenen Kosten gegenüber den festgesetzten Kosten.

● **Kreditschädigende Äußerungen:** Ansprüche aus § 824 BGB, meist auf Unterlassung gerichtet, sind vermögensrechtlich; Bewertung nach § 3 ZPO (Köln MDR 57, 238; LG Bayreuth JurBüro 75, 1356).

● **Lagerkosten** sind keine Nebenforderungen iS des § 4 und dem Hauptanspruch hinzuzurechnen.

● **Leasingvertrag:** Ist er als Mietvertrag zu werten, dann § 16 I GKG, sofern es um den Bestand des Vertrages geht (Frankfurt MDR 78, 145). Herausgabe des Gegenstandes: § 6.

● **Lebensversicherung:** Bei Leistungsklage der bezifferte Antrag. Klage auf Feststellung des Bestehens oder auf Abschluß ist nach dem Interesse des Klägers am Vertrag, nicht nach der Höhe der Versicherungssumme zu schätzen (RG Recht 37 Nr 2968; Hamm, AnwBl 94, 45, nimmt für den Gebührenwert das vierjährige Prämienaufkommen); die Beschwer bei abgewiesener Feststellungsklage setzt der BGH auf den Endbetrag abzüglich 20% fest, Überschüsse werden jedoch nur anteilig berücksichtigt (NJW-RR 92, 608). Negative Feststellungsklage des Versicherten ist nach Interesse an der Befreiung von Prämienzahlungen zu bewerten, längstens nach dem möglichen Kündigungszeitraum (München Recht 1910 Nr 3966); beim Versicherer ist es das Interesse, die Versicherungssumme nicht zahlen zu müssen (Bamberg JurBüro 85, 1703).

● **Leistungsklage:** Der formulierte Antrag ist wertbestimmend, auch wenn Gericht entgegen § 308 mehr zugesprochen hat (Schneider MDR 71, 437; BGH MDR 74, 36). Bei Klagen auf **künftige Leistung** (s dazu Schneider ZAP F 13 S 114) ist nach § 3 zu schätzen, wobei Privilegierungen, etwa § 16 GKG, zu berücksichtigen sind.

● **Löschung:** Klage auf Löschung einer Hypothek, Sicherungshypothek oder Grundschuld: der eingetr Nennbetrag (Frankfurt JurBüro 77, 720; Celle MDR 77, 935; OLGR 94, 111; besser Hamburg MDR 75, 846; Köln MDR 80, 1025; JMBl NW 95, 118, die auf Höhe der Valutierung u Löschungsinteresse des Klägers abstellen) oder der geringere Wert des belasteten Grundstücks ohne Abzug vorgehender Pfandrechte. Bei Löschung von Eintragungen, die (wie Widerspruch, Vormerkung, Verfügungsbeschränkung) die Bewegungsfreiheit des Eigentümers hemmen oder beeinträchtigen, Schätzung nach § 3 (allg M, zB Saarbrücken AnwBl 79, 114), wobei die Werte meist im Bereich von $\frac{1}{3}$–$\frac{1}{10}$ des objektiven Grundstückswertes (Verkehrswertes) angesiedelt werden. Ist unstr, daß ein durch Vormerkung gesicherter Auflassungsanspruch nicht mehr besteht, dann hat die Grundbucheintragung nur noch formale Bedeutung (Celle NdsRpfl 70, 167; LG Bayreuth JurBüro 79, 1884: $\frac{1}{10}$).

● **Mahnverfahren:** Forderungsbetrag (§ 6). Bei Hauptsacheerledigung vor Eingang der Akten beim Streitgericht ist der Zeitpunkt des Eingangs maßgebend. Folglich: **volle Erledigung** reduziert den Streitwert auf die Zinsen, die zur Hauptsache geworden sind (also ohne Kosten, Zweibrücken JurBüro 85, 1889; nach Karlsruhe MDR 88, 1066, zuzüglich Kosten); bei **teilweiser Erledigung** ist der Streitwert gleich der restlichen Hauptsacheforderung (Frankfurt NJW-RR 92, 1341; NJW-RR 95, 831; Stuttgart MDR 84, 673 = KoRsp ZPO § 3 Nr 703 m Anm Schneider; LG Bayreuth JurBüro 87, 1692; aA Bamberg JurBüro 92, 762; München OLGR 96, 107: Hauptsachestreitwert bis zur Abgabe übereinstimmender (Teil-)Erledigungserklärungen).

● **Mehrere Ansprüche:** s zu § 5.

● **Mietstreitigkeiten:** Für den **Zuständigkeits-** und **Rechtsmittelstreitwert** gilt § 8, vorbehaltlich der Sonderzuständigkeiten nach § 23 Nr 2a GVG, §§ 51, 52 WEG. Da die Zeiträume des § 8 nicht für Wohnungsmietverhältnisse passen, ist nach § 3 zu schätzen. Seit der Neufassung des § 9 durch das RpflEntlG 1993 greift die Rspr allerdings zunehmend auf diesen zurück für die Berechnung der **Beschwer** in

Mietzinserhöhungsverfahren (Celle OLGR 96, 84; LG Kiel MDR 94, 834; ThP § 9 Rn 2); so jetzt auch das BVerfG (WuM 96, 321 = ZMR 96, 308), womit diese Streitfrage wohl erledigt ist. Unzulässig, die Gebührenprivilegierung des § 16 GKG auf die Berechnung der Rechtsmittelbeschwer zu übertragen (BVerfG, Beschl. v. 15. 1. 96 – 1 BvR 1181/95; LG Stuttgart WuM 92, 24; Schneider MDR 86, 185 zu 4). Zur Unanwendbarkeit des § 5 auf die Rechtsmittelbeschwer s § 5 Rn 2. – Für den **Gebührenstreitwert** gilt § 16 GKG beim Streit über Bestehen (Fortbestehen) oder Dauer eines Miet-(Untermiet-), Pacht-(Unterpacht-) oder ähnl Nutzungsverhältnisses, auch für Nießbrauch (Köln KoRsp GKG § 16 Nr 16) und Leasing (BGH KoRsp GKG § 16 Nr 57; Celle JurBüro 94, 113) sowie analog für die Gebrauchsüberlassungsklage des Mieters (Celle KoRsp GKG § 16 Nr 58 mit Anm Schneider). Anwendbar auch, wenn das **Bestehen** oder die **Dauer** eines Mietverhältnisses streitig ist oder ohne Rücksicht darauf wegen Beendigung des Mietverhältnisses **Räumung** oder **Herausgabe** verlangt wird, es sei denn, daß dies ledigl aus einem nichtmietrechtl Grund geschieht. Das Bestehen oder die Dauer ist auch streitig, wenn sich dies ledigl aus der Einwendung des Beklagten ergibt (BGHZ 48, 177); umgekehrt ist § 16 I GKG unanwendbar, wenn die Parteien über ein bestehendes Mietverhältnis nicht streiten, zB bei Klage aus § 259 wegen Besorgnis der Nichterfüllung in der Zukunft (Frankfurt JurBüro 80, 929; Bamberg JurBüro 85, 589) oder ledigl über den Inhalt des Vertrages Meinungsverschiedenheiten bestehen (dann § 3, Koblenz JurBüro 77, 1132). „Streitig" ist der Mietzins auch dann, wenn der Beklagte schweigt (§ 138 III) oder gem § 331 I 1 Versäumnisurteil gegen sich ergehen läßt (s Schneider MDR 85, 271); der Wert liegt dann unter dem Jahresbetrag, wenn der Kläger eine kürzere streitige Zeit vorträgt (Stuttgart JurBüro 95, 486). Wird Räumung und Herausgabe **nur aus einem anderen Rechtsgrund** als Miete oder Pacht verlangt und wendet der Beklagte diese auch nicht ein, dann gilt § 6. Bei gescheitertem Kauf mit bereits gestatteter Nutzung ist aber das analog § 16 II GKG zu berechnende Nutzungsentgelt maßgebend (Düsseldorf KoRsp GKG § 16 Nr 54 mit Anm Schneider; Köln JurBüro 96, 194; aA Celle OLGR 96, 119). Wertaddition, wenn zugleich Räumung eines vermieteten und eines unstreitig vertraglos genutzten Grundstücks verlangt wird (Bamberg JurBüro 88, 516). Streit über **Fortbestand** ist Streit über Bestehen. **Mietzins** (hierzu Mutter MDR 95, 343) sind die in Geld zu zahlenden Leistungen einschließlich Mehrwertsteuer (LG Duisburg JurBüro 89, 1306), nach bisheriger Auffassung auch einschließl der Sonderleistungen und Nebenkosten wie Baukostenzuschuß, Heizkosten, Stromgeld, Treppenbeleuchtung, Wassergeld usw (zB LG Heilbronn MDR 81, 238; LG Flensburg SchlHA 81, 118; LG Koblenz KoRsp GKG § 16 Nr 49 mit Anm Schneider; LG Köln KoRsp GKG § 16 Nr 54 mit Anm Schneider; LG Kiel WuM 91, 50 = KoRsp GKG § 16 Nr 68 m Anm Schneider), wobei teilweise wieder zwischen nicht verbrauchsabhängigen Kosten, zB Straßenreinigung, Grundsteuer, und verbrauchsabhängigen Kosten, zB Wasser, Heizung, Warmwasser, unterschieden wird (s etwa LG Hagen AnwBl 89, 620; LG Halle MDR 95, 208). Die Tendenz der neueren Rspr geht dahin, nur noch auf den Netto-Mietzins ohne Berücksichtigung vereinbarter Nebenleistungen abzustellen (Oldenburg ZMR 91, 142; Köln WuM 96, 288; Rostock MDR 94, 628; LG Leipzig WuM 96, 234; LG Bochum WuM 95, 548; LG Memmingen WuM 93, 478; LG Frankenthal ZMR 93, 378; LG Kleve JurBüro 85, 423; LG Ulm KoRsp GKG § 16 Nr 9 m Anm Schneider; LG Frankfurt KoRsp GKG § 16 Nr 21 m Anm Schneider; LG Stuttgart Justiz 83, 256; LG Saarbrücken JurBüro 86, 1016; LG Düsseldorf JurBüro 89, 685; LG Mönchengladbach JurBüro 90, 774; s auch Schneider MDR 88, 274; anders LG Heilbronn bei Brutto-Warmmiete, KoRsp GKG § 16 Nr 61 mit abl Anm Schneider; Hamburg MDR 93, 184: Brutto-Kalt-Mietzins; Düsseldorf (MDR 92, 812) und Hamm (ZMR 95, 359) berücksichtigen vereinbarte Nebenkostenpauschale. Mangels Gegenleistung sind **unentgeltliche Wohnrechte** nicht mietähnlich ausgestaltet und deshalb nur nach § 3 zu bewerten (LG Bayreuth JurBüro 79, 895). Wird die Räumungsklage mit der Klage auf Zahlung rückständigen Mietzinses verbunden, dann ist der bezifferte Klageanspruch dem nach § 16 GKG ermittelten Wert hinzuzurechnen (§ 5). Auch die **Feststellungsklage,** daß ein Mietverhältnis nicht mehr bestehe, richtet sich nach § 16 GKG (BGH JurBüro 58, 295; Düsseldorf KoRsp GKG § 16 Nr 53), wobei aber nur der streitige Zeitraum maßgebend ist. Ebenso ist § 16 anzuwenden auf die Feststellungsklage, daß die Kündigung eines Mietverhältnisses erst ab einem zukünftigen Zeitpunkt wirksam erklärt werden kann (Köln KoRsp GKG § 16 Nr 36 m Anm Schneider). Klagen auf **Mietzinserhöhung** sind mit höchstens dem Jahresbetrag der zusätzl Forderung zu bewerten (§ 16 V GKG), ebenso bei Pachtzinserhöhung für Vertrag mit unbestimmter Dauer (Karlsruhe AnwBl 83, 174). Bei Mieterhöhung für Gewerberaum ist § 16 V GKG analog anzuwenden (Schneider/Herget Rn 1942 ff; MDR 91, 499; aA Hamburg MDR 90, 1024; Köln KoRsp ZPO § 9 Nr 41 m abl Anm Schneider = MDR 91, 545; Brandenburg JurBüro 96, 193: § 9). Bei **Modernisierungsklagen** (§ 541b BGB) ist nach § 3 zu schätzen, welche Mieterhöhung der Kläger nach Durchführung der Maßnahmen zu erwarten hat, begrenzt durch den einjährigen Erhöhungsbetrag (LG Berlin WuM 96, 429; LG Hamburg ZMR 93, 570; aA dreijähriger Erhöhungsbetrag: LG Aachen ZMR 95, 161; LG Berlin WuM 95, 547; ebenso LG Detmold, WuM 96, 50 für die **Mängelbeseitigungsklage:** dreijähriger Mietminderungsbetrag; str.; aA LG Hamburg WuM 94, 624: dreieinhalbjähriger Mietminderungsbetrag; LG Kiel WuM 95, 320: Mängelbeseitigungskosten). Bei Klage auf **künftige Leistung** gem § 259 (Schneider ZAP F 13 S 114) ist nach § 3 zu bewerten, wobei § 16 GKG berücksichtigt werden muß (s näher Schneider/Herget Rn 2959 ff). Verbot der **Tierhaltung:** Hunde (LG München I WuM 92, 495: 1 000 DM; Schneider Anm zu LG Darmstadt KoRsp GKG 16 Nr 80: 1/3 des Jahresmietzinses); Katzen (LG Hamburg ZMR 92, 506: 1 500 DM); LG Wiesbaden (WuM 94, 486) und LG Braunschweig (WuM 96, 291) berücksichtigen für die Beschwer auch ein Affektionsinteresse.

● **Miteigentum:** Immer, wenn es um die Mitberechtigung geht, ist der unstreitige Anteil des Klägers abzuziehen (Karlsruhe Justiz 80, 148). Bei Klage eines Mitberechtigten auf Unzulässigkeit der Teilungsversteigerung ist Streitwert das Interesse an der Aufrechterhaltung der Gemeinschaft (Hamm JurBüro 77, 1616).

● **Miterben:** s unter „Erbrechtliche Ansprüche".

● **Nachlaßverzeichnis:** Für Vorlegung oder Auskunft sind die Schwierigkeiten bei der Ermittlung des Erbschaftsbestandes gem § 3 ZPO zu schätzen (KG JurBüro 73, 151).

● **Nachverfahren:** Bei Übergang ins Nachverfahren bleibt der Streitwert wegen der Einheitlichkeit des Rechtsstreits unverändert (München MDR 87, 766). Streitwertverminderung nur, wenn sie bereits im Vorverfahren (Urkunden-, Wechselprozeß) eingetreten ist, etwa durch Teilanerkenntnis mit Teilurteil (Schneider MDR 88, 270).

● **Nebenforderungen:** § 4.

● **Nebenintervention:** Streit über die Zulässigkeit bestimmt sich gem § 3 nach dem Interesse des Nebenintervenienten auf Zulassung, das geringer sein kann als der Streitwert des Hauptprozesses, wobei es gleichgültig ist, ob sich der Streithelfer den Anträgen der Hauptpartei anschließt; die abw Auffassung in BGHZ 31, 144 wird zunehmend abgelehnt (s zB Saarbrücken KoRsp ZPO § 3 Nr 739; München AnwBl 85, 647; Hamburg MDR 77, 1026; Koblenz Rpfleger 77, 175; KG MDR 78, 761; Stuttgart KoRsp ZPO § 3 Nr 450 [Aufgabe der früher abw Rspr] m Anm Schneider u Nr 512; Düsseldorf KoRsp ZPO § 3 Nr 465; Köln MDR 74, 53; MDR 90, 246 m Anm Schneider; JMBl NRW 92, 283 = KoRsp ZPO § 3 Nr 1113 m Anm Herget; aA zB Hamburg AnwBl 85, 263; Düsseldorf u Bamberg KoRsp ZPO § 3 Nr 483, 499). Da die Interventionswirkung des § 68 nicht wie ein Leistungsanspruch tituliert, Abschlag von 20% wie bei Feststellungsklagen gerechtfertigt (Schneider MDR 82, 270), jedoch nicht, wenn schon der Hauptsachewert privilegiert ist (s Schneider ZAP F 13 S 96).

● **Nichtigkeitsklage:** s Restitutionsklage.

● **Nichtvermögensrechtliche Streitigkeiten** (s dazu Schneider Anm EzA § 64 ArbGG Nr 28): § 12 II GKG meint Streitigkeiten, die nicht auf Geld oder Geldeswert gerichtet sind und nicht aus vermögensrechtlichen Verhältnissen entspringen (RGZ 144, 159), zB Unterlassung belästigender Telefonanrufe (BGH VersR 85, 185), Ausschluß aus einem Verein (Köln MDR 84, 153; Koblenz JurBüro 90, 1034 „Porsche-Club"), Anfechtung einer CDU-Delegiertenwahl (KG KoRsp GKG § 12 Nr 88). Abgrenzung kann zweifelhaft werden, zB wenn durch Bildveröffentlichung mit Namensangabe der soziale Geltungsanspruch betroffen, aber auch wirtschaftliche Interessen beeinträchtigt werden (s BGH FamRZ 84, 876). Einseitige Erledigungserklärung verändert die Qualifizierung nicht (BGH KoRsp ZPO § 3 Nr 568 m Anm Schneider). Schmerzensgeldanspruch ist vermögensrechtlich, weil auf Geldzahlung gehend, obwohl der Schaden immateriell ist. Liegen keine besonderen Bemessungsumstände vor, ist entsprechend §§ 13 I 2 GKG, 8 II BRAGO von 8 000 DM auszugehen. Das LG Oldenburg setzt für die ehrenschutzrechtl Unterlassungsklage 6 000 DM, für die Widerrufsklage 9 000 DM an (NdsRpfl 93, 299; JurBüro 95, 369). Die Vermögens- und Einkommensverhältnisse der Parteien werden in Familiensachen berücksichtigt, in Nicht-Familiensachen geht die Praxis darüber hinweg (so ausdrücklich Köln KoRsp GKG § 12 Nr 30 m Anm Schneider). Es wäre auch sinnlos, etwa bei Streit über die Umbettung einer Leiche (RGZ 108, 219) oder der Beisetzung in einer bestimmten Grabstätte (RG HRR 31, 138) Lohn- und Gehaltsbescheinigung u dgl von den Parteien anzufordern.

● **Nießbrauch:** Klage auf Einräumung u Löschung: Interesse des Klägers, also § 3 (jetzt hM, s BGH MDR 88, 403 = Rpfleger 88, 383). § 16 GKG, wenn Nießbrauch, zB durch schuldrechtlichen Bestellungsvertrag, als „ähnliches Nutzungsverhältnis" ausgestaltet ist (Köln KoRsp GKG § 16 Nr 16).

● **Notweg:** Der Streitwert einer Klage auf Einräumung eines Notwegrechts bemißt sich analog den §§ 7, 9 ZPO nach dem gem § 3 ZPO zu schätzenden Interesse des Klägers an der Einräumung des Rechts. Dieses Interesse ist wertmäßig gleich der Summe der Herstellungs- und Unterhaltungskosten des Weges sowie der dreieinhalbfachen jährlichen Notwegrente. Würden die Kosten einer das Notwegrecht überflüssig machenden Ersatzlösung geringer ausfallen als die so errechnete Summe, ist nur der geringe Betrag maßgebend (Schneider/Herget Rn 3440 ff). **Notwegrente:** § 9, höchstens dreieinhalbfacher Jahresbetrag (Köln KoRsp ZPO § 9 Nr 43 m Anm Schneider = JurBüro 91, 1386).

● **Öffentliche Zustellung:** Ablehnung der Bewilligung nicht gleich Hauptsachewert, wie Zweibrücken (KoRsp ZPO § 3 Nr 631 m abl Anm Schneider) meint, sondern Bruchteil der Hauptsache (§ 3), weil nur ein Schritt auf dem Weg zur Titelschaffung.

● **Offenbarungsversicherung** nach § 807: Für den Rechtsanwalt der Betrag der aus dem Vollstreckungstitel noch geschuldeten Forderung, jedoch höchstens 3 000 DM, § 57 II 5 BRAGO. Bei Abgabe der eidesstattl Versicherung nach §§ 259, 260, 2006, 2028, 2057 BGB das Interesse des Klägers, also das Mehr, das er auf Grund der eidesstattl Offenbarungsversicherung zu erlangen hofft (BGH KoRsp ZPO § 3 Nr 113; Bamberg JurBüro 72, 1091). Herausgabe-Offenbarungsversicherung aus §§ 883 ZPO, 125 KO, 69 II VglO: § 6. Abwehrinteresse des verurteilten Beklagten in der Berufungsinstanz ist nicht gleich Klägerinteresse an Abgabe, wie Saarbrücken (JurBüro 85, 1238 = KoRsp ZPO § 3 Nr 768 m abl Anm Schneider) meint, sondern der meist gering zu bewertende Aufwand des Beklagten an Zeit und Kosten (Zweibrücken FamRZ 87, 393; s dazu unter „Auskunft").

● **Ordnungs- und Zwangsmittelfestsetzung** (§§ 888, 890 ZPO): Schätzung (§ 3) des Erzwingungsinteresses mit einem Bruchteil des Hauptsachewertes, meist $\frac{1}{3}$–$\frac{1}{5}$ (zB Bremen JurBüro 79, 1394; Hamburg WRP 82, 592; München MDR 83, 1029; Karlsruhe WRP 92, 198), also nicht Höhe des Zwangs- oder

Ordnungsgeldes (München OLGZ 84, 66; Nürnberg MDR 84, 762 = KoRsp ZPO § 3 Nr 710 m Anm Schneider). Die im Urteil enthaltene Androhung wird streitwertmäßig nicht erfaßt, weil sie nicht den Anspruch selbst betrifft, sondern der Zwangsvollstreckung zurechnet. Auch bei Beschwerde des Schuldners, die erkannte Strafe aufzuheben und den Bestrafungsantrag zurückzuweisen, ist das maßgebende Interesse des Schuldners, die Handlung nicht ausführen zu müssen, nicht ohne weiteres gleich der Höhe der Strafe, die allenfalls Indizwert hat (Düsseldorf MDR 77, 676; Braunschweig JurBüro 77, 1148).

● **Organmitglieder:** s unter „Arbeitnehmer".

● **Pachtstreitigkeiten:** s unter „Jagd- und Fischereirecht" sowie „Mietstreitigkeiten".

● **Pfändungs- und Überweisungsbeschluß:** Wertberechnung im Beschwerdeverfahren nach § 57 II 6 BRAGO, also interessenorientiertes billiges Ermessen. Im Ergebnis läuft dies auf die Beschwer hinaus. Für das Gericht fallen Festgebühren an, KV 1640, 1905. Vollstreckt der Gläubiger in Sozialleistungen des Schuldners, die unpfändbar sind, oder ist das Entstehen angeblicher zukünftiger Forderungen völlig unwahrscheinlich, dann ist die niedrigste Gebührenstufe anzusetzen (Köln KoRsp GKG § 17 Nr 22; ZPO § 3 Nr 839; MDR 87, 61; aA LG Detmold Rpfleger 92, 538). Zinsen und Kosten im Zeitpunkt der Antragseinreichung werden der zu vollstreckenden Forderung hinzugerechnet und sind maßgebend, wenn nicht der Wert des Pfandgegenstandes geringer ist (s dazu Schneider Anm KoRsp ZPO § 3 Nr 775). Bei zukünftig fällig werdendem Arbeitseinkommen kann sich die Vollstreckung über Jahre oder gar Jahrzehnte hinziehen; dann ist der Nennwert herabzuschätzen (AG Freyung MDR 85, 858; Schneider MDR 86, 268 zu 2).

● **Pfandgläubiger:** Bei der Klage auf vorzugsweise Befriedigung (§ 805) sind gem § 6 zu vergleichen die Forderung des Klägers u des Bekl, je ohne Zinsen u Kosten, mit dem Versteigerungserlös einschl der angefallenen Hinterlegungszinsen. Maßgebend ist sodann der geringste Betrag.

● **Pfandrecht:** s Rn 6 zu § 6.

● **Prozeßhindernde Einreden** (§ 296 II) und **Prozeßvoraussetzungen:** Streitwert eines Zwischenstreits nach § 280 ZPO ist gleich dem der Hauptsache (RGZ 40, 417), da Zwischenverfahren bei Fehlen der Prozeßvoraussetzung oder bei Durchgreifen der prozeßhindernden Einrede zur Klageabweisung führen kann (Lappe NJW 94, 1190 I 1). Das gilt nach hM auch für die Rechtsmittelinstanz (BGHZ 37, 264; krit LG Braunschweig NJW 73, 1846). Wert einer Beschwerde gegen beschlußmäßige **Rechtswegverweisung** (s dort) nach Hilfsantrag des Klägers: Ein Drittel des Klageanspruchs (LAG Hamm KoRsp ZPO § 3 Nr 777).

● **Prozeßkostenhilfe:** Gerichtskosten fallen nur bei erfolgloser Beschwerde an (50 DM Festgebühr, KV 1905); Wert für die Anwaltsgebühren: § 51 II BRAGO.

● **Prozeßtrennung, Prozeßverbindung:** Umbewertung erst nach Trennung oder Verbindung. Die nach höherem Wert bereits verdienten Gebühren bleiben erhalten. Keine streitwerterhebliche Verbindung nur zur gemeinsamen Verhandlung (München MDR 90, 345 = KoRsp ZPO § 5 Nr 84 m Anm Schneider). Ermessensfehlerhafte Trennung ist für die Ermittlung der Beschwer unbeachtlich (BGH MDR 96, 269).

● **Räumung:** s unter „Mietstreitigkeiten".

● **Ratenzahlungskredit:** Werden Zinsen und Kreditgebühren mit dem Darlehen in einem Betrag zusammengefaßt eingeklagt, dann sind Zinsen und Kreditgebühren für die Streitwertberechnung nicht herauszurechnen, weil dies mit dem Gebot unvereinbar wäre, die Streitwertermittlung einfach und übersichtlich zu halten (München JurBüro 76, 237; Düsseldorf KoRsp GKG § 22 Nr 17; aA Bamberg JurBüro 76, 343); in Betracht käme allenfalls ein gemäß § 3 geschätzter pauschaler Abschlag.

● **Rechnungslegung:** Maßgebend nach § 3 das Interesse des Kl daran, daß er die rechnerischen Grundlagen für seinen Leistungsanspruch erlangt und diesen leichter verfolgen kann, sich auch den Aufwand spart, selbst nachzuforschen (BGH KoRsp ZPO § 3 Nr 613 m Anm Schneider). Grundsätzl erheblich niedriger als vorzubereitende Leistungsklagen (Nürnberg MDR 60, 507: $\frac{1}{10}$; KG Rpfleger 62, 153: $\frac{1}{2}$–$\frac{1}{5}$; BGH BB 60, 796: $\frac{1}{5}$; Köln VersR 76, 1154: $\frac{1}{4}$). Kann ohne Abrechnung der Leistungsanspruch nicht weiterverfolgt werden, ist Klage hoch zu bewerten, uU nicht erhebl geringer als Leistungsanspruch selbst (BGH MDR 62, 564: $\frac{4}{5}$). Legt Bekl gegen das ihn zur Rechnungslegung verurteilende Urteil Berufung ein, so ist Rechtsmittelstreitwert sein Interesse, die Rechnung nicht legen zu müssen (s unter „Auskunft"). Der Streitwert erhöht sich nicht, weil die Parteien über den Grund des Leistungsanspruchs streiten und die Gründe des Urteils diesen Grund bejaht haben (BGH NJW 64, 2061). Wird kein Leistungsanspruch vorbereitet, bemißt Düsseldorf (OLGR 95, 192) den Streitwert nach dem Rechnungslegungsaufwand.

● **Rechtshängigkeit:** s unter „Prozeßhindernde Einreden".

● **Rechtsmittelinstanz:** S auch unter „Berufung". Gebührenwertberechnung nach § 14 GKG. Die gestellten Rechtsmittelanträge sind maßgebend; unerheblich, ob sie zulässig und wie sie motiviert sind (Karlsruhe NJW 75, 1933). Endet das Rechtsmittelverfahren, ohne daß (fristgerechte) Anträge formuliert werden, dann ist die volle Beschwer maßgebend. Bei nur versehentlich eingelegtem Rechtsmittel, insbesondere wenn es an der Beschwer fehlt, ist der Streitwert auf die geringste Gebührenwertstufe festzusetzen (Schneider MDR 85, 265 I 3 m Nachw; Bamberg KoRsp GKG § 14 Nr 29 m Anm Schneider; aA Frankfurt KoRsp GKG § 14 Nr 22 m abl Anm Schneider u Lappe).

● **Rechtswegverweisung** (§ 17a IV GVG): $\frac{1}{3}$ des Hauptsachewertes (Köln OLGR 93, 294; Frankfurt OLGR 94, 119; aA – voller Hauptsachewert: Köln OLGR 93, 140; LAG Köln MDR 93, 915). Bei Verweisung an das ArbG orientiert sich Karlsruhe (MDR 94, 415) wegen § 12a ArbGG an den geschätzten Anwaltskosten. Es sollten die Werte für nichtvermögensrechtliche Streitigkeiten herangezogen werden (Schneider/Herget Rn 3846a).

- **Regelunterhalt:** § 17 I 2 GKG. Der Jahresbetrag ist nach dem höchsten Regelbedarfssatz (Hamm FamRZ 94, 641 = JurBüro 94, 363) ohne Rücksicht auf absetzbare Beträge zu berechnen (aA Hamm aaO, das die Hälfte des Kindergeldes absetzt; abl Herget Anm zu KoRsp GKG § 17 Nr 144), auch wenn zugleich auf Feststellung der nichtehelichen Vaterschaft geklagt wird (dann § 12 III GKG beachten, Düsseldorf FamRZ 96, 501).

- **Registeranmeldung:** Bei Eintragungen im Handelsregister ist für die Höhe des Streitwerts ausschlaggebend, ob die anzumeldende Tatsache zwischen den Parteien streitig ist oder nicht. Da die Eintragung nicht rechtsbegründend wirkt, ist nur ein Bruchteilswert anzusetzen (BGH KoRsp ZPO § 3 Nr 892). Bloß förml Registerbereinigung hat einen wesentlich geringeren Wert als die gegen den Willen eines Gesellschafters vorzunehmende (BGH Rpfleger 79, 194). S auch unter „Handelsregister".

- **Rentenansprüche:** Bei Tötung u Körperverletzung aus §§ 823 ff BGB für **Zuständigkeit** und **Rechtsmittel** § 9; für **Kosten** § 17 II GKG. Bei schwankenden Bezügen ist von den höchsten Jahresbeträgen auszugehen; bei freiwillig geleisteten Zahlungen mindert sich der Streitwert nicht, solange die Summe der noch ausstehenden Leistungen den maßgebenden Bezug erreicht (Koblenz GKG § 17 Nr 79 m zust Anm Schneider). Auch bei hochbetagten Personen geht BGHZ 3, 360 im allg vom Regelbetrag aus; nachdem dieser jetzt nur noch vom dreieinhalbfachen Jahresbetrag gebildet wird (§ 9 S 1 idF des RpflegeEntlG 1993) wird dies um so mehr gelten, ein Unterschreiten die absolute Ausnahme sein (Herget Anm zu BGH KoRsp ZPO § 9 Nr 47). **Feststellungsklage:** die negative ist voll, die positive mit Abschlag zu bewerten (BGHZ 1, 43; 2, 276 – 20%). Auf den Deckungsprozeß des Haftpflichtversicherten wendet der BGH (NJW 74, 2128) nicht § 17 GKG an, sondern § 9, was indessen abzulehnen ist (s Schneider MDR 73, 181). Analoge Anwendung des § 17 GKG auch auf Berufsunfähigkeitsrente geboten (aA Hamm KoRsp GKG § 17 Nr 84 m krit Anm Schneider). Nicht privilegiert ist die Klage gegen einen Anwalt auf Schadensersatz wegen Verjährenlassens einer Rentenforderung (BGH MDR 79, 302; Köln JurBüro 92, 698) oder der Eltern auf Ersatz von Unterhaltsaufwendungen wegen fehlgeschlagener Sterilisation (BGH WM 94, 182; KoRsp GKG § 17 Nr 29 m Anm Schneider), wohl aber die Insolvenzsicherungsklage eines Organmitgliedes (BGH ZIP 80, 780: § 17 III GKG). Systemwidrig liegt jetzt der „soziale" Gebührenwert § 17 II GKG über dem Zuständigkeitswert § 9 (Lappe NJW 94, 1189).

- **Restitutionsklage:** (§§ 578 ff): Der Streitwert des abgeschlossenen Verfahrens ist maßgebend (BGH AnwBl 78, 260), aber auch nach oben hin begrenzend (LG Verden JurBüro 56, 227). Zinsen und Prozeßkosten bleiben unberücksichtigt (§§ 4 ZPO, 22 GKG).

- **Revision:** S „Berufung" und „Rechtsmittelinstanz".

- **Richterablehnung:** s „Ablehnung".

- **Rückauflassung:** Verkehrswert des Grundstücks ohne Berücksichtigung der Belastungen, § 6. Wird Rückauflassung eines ideellen Grundstücksanteils verlangt, ist nur vom anteiligen Verkehrswert auszugehen (Schleswig Rpfleger 80, 293); ebenso bei Entziehung von Wohnungseigentum (Karlsruhe Rpfleger 80, 308).

- **Rückerstattungsanspruch** nach § 717 II, III: Zinsen und Kosten werden dem Streitwert der Klage nicht zugerechnet, gleichviel, ob sie durch einfachen Inzidentantrag zurückverlangt werden oder durch Widerklage (BGH 38, 237 m Nachw) oder selbständige Klage (vgl Johannsen in Anm zu BGH LM § 717 ZPO Nr 6) geltend gemacht werden. Wird nach § 717 II **Ersatz weiteren Schadens** verlangt, so gelten die allgemeinen Vorschriften.

- **Rückstände:** § 17 IV GKG (Lit: Mayer/Mayer, JurBüro 93, 454), gilt auch für die Vollstreckungsabwehrklagen (BGH KoRsp GKG § 17 Nr 31). Begriff: diejenigen Raten, die am Tag der Klageeinreichung (Hamburg MDR 83, 1032; KG FamRZ 91, 1216) datumsmäßig bereits fällig waren (s Schneider MDR 85, 269). Einreichung eines PKH-Antrags steht gleich, § 17 IV 2 GKG. In Unterhaltssachen zählt der Einreichungsmonat wegen § 1612 III 1 BGB zu den Rückständen (zB Hamm KoRsp GKG § 12 Nr 75 m Anm Schneider; aA Hamm KoRsp GKG § 17 Nr 33 m abl Anm Lappe). Auch bei der Unterhalts-Stufenklage sind die Rückstände nach dem Zeitpunkt der Klageeinreichung zu berechnen, nicht nach dem Eingang des den Zahlungsanspruch beziffernden Schriftsatzes (Düsseldorf JurBüro 84, 1864); die Bezifferung wirkt also auf den Zeitpunkt der Klageeinreichung zurück (Nachw unter „Stufenklage"). Bei Klageerweiterung mit Rückwirkung auf den Zeitpunkt der Klageeinreichung ist die Zeit zwischen Einreichungs- und Erweiterungsmonat streitwerterhöhender Rückstand (Karlsruhe KoRsp GKG § 17 Nr 74 m Anm Schneider), und zwar auch bei Erledigung durch Prozeßvergleich (Schneider MDR 91, 198 gegen Saarbrücken JurBüro 90, 97). Bei außergerichtl Einigung fehlt ein solcher Anknüpfungspunkt; mit LG Stuttgart (AnwBl 78, 234) ist dann auf den Zugang des Anschreibens des Anwalts abzustellen, mit dem erstmals das Rentenbegehren geltend gemacht worden ist; kommt es allerdings doch noch zur Klage, gilt nur § 17 IV GKG. Zu den Rückständen bei **negativer Feststellungsklage** s Schneider MDR 89, 301. Bei Übergang von Verfügungsverfahren zum Hauptsacheverfahren erhöhen die bis Übergang aufgelaufenen Unterhaltsrückstände den Streitwert (Frankfurt KoRsp GKG § 17 Nr 111 m Anm Schneider).

- **Rücktritt:** Wirksamkeit wird meist durch Feststellungsklage geklärt. Bewertung nach § 3 entsprechend dem Interesse des Klägers an der Befreiung von seinen vertraglich übernommenen Verpflichtungen (München JurBüro 84, 1235). Zu berücksichtigen ist der Klagegrund (zB Anfechtung, Wandelung,

Vertragsaufhebung, Widerruf nach § 177 BGB oder § 2253 I BGB oder nach § 7 I VerbrKrG); deshalb kein regelmäßiger prozentualer Abschlag (s Schneider ZAP F 13 S 145).

- **Sachverständigenablehnung:** s unter „Ablehnung".

- **Schadensersatz:** Der bezifferte Betrag ist maßgebend. Unbezifferte Klage auf Feststellung der Schadensersatzpflicht: § 3. Wird Feststellung unter Bezifferung in der Begründung verlangt, so ist vom bezifferten Betrag auszugehen und dieser um den Feststellungsabschlag (s „Feststellungsklagen") zu kürzen. Bei bezifferter Leistung und Zukunftsfeststellung ist jeder Antrag gesondert zu bewerten und dann zu addieren (§ 5). Bei Verbindung von Herausgabeantrag mit Verurteilung zum Schadensersatz nach fruchtlosem Ablauf einer Frist (§§ 255, 259, 510b) ist nur nach dem Hauptanspruch zu bewerten. Der Streitwert ist nicht um einen Bruchteil des Entschädigungsbetrages zu erhöhen (so LG Karlsruhe MDR 87, 60 m abl Anm Schneider).

- **Schätzung:** § 3; fehlen jegl Anhaltspunkte, dann kann analog § 12 II GKG von 4 000 DM ausgegangen werden (Braunschweig NdsRpfl 77, 126; Köln JurBüro 71, 719; LAG Hamm KoRsp GKG § 12 Nr 31 m Anm Schneider); es bieten sich aber auch § 13 I 2 GKG und § 8 II 2 BRAGO an.

- **Schiedsrichterablehnung:** Wert geringer als Hauptsache (s unter „Ablehnung").

- **Schiedsrichterliches Verfahren: Beschlußverfahren** nach § 1045: § 3. **Erlöschen** des Schiedsvertrags (KG NJW 67, 55: Interesse des Antragstellers); **Ernennung** $\frac{1}{10}$: KG Rpfleger 62, 154. **Niederlegung** eines Schiedsspruchs oder schiedsrichterl Vergleichs (§§ 1039, 1044a): Wert des Gegenstandes, über den der Schiedsspruch ergangen oder ein Vergleich zustande gekommen ist. **Vollstreckbarerklärung** (§§ 1042, 1044a): ebenso, ohne Nebenforderungen, nicht der vollstreckungsfähige Teil des Schiedsspruchs, es sei denn, der Antrag beschränkt sich auf diesen Teil (Düsseldorf Rpfleger 75, 257; LG Bonn NJW 76, 1981). **Aufhebungsklage** (§ 1041): Interesse des Klägers am späteren Obsiegen, also die Hauptsacheforderung ohne Zinsen und Kosten des schiedsrichterl Verfahrens (BGH MDR 57, 95; Hamburg Rpfleger 58, 36).

- **Schlußurteil:** Sein Streitgegenstand ist maßgebend. Bei Schlußurteil über die Kosten hat die Kostenurteil-Berufung keinen eigenen Wert (Köln ZZP 69 [1956], 382; Celle NdsRpfl 56, 128). Das gilt aber nicht bei Schlußurteil über das Zinsbegehren, wie Köln (ZZP 70 [1957], 134) meint; bis zur Verbindung (§ 147) ist die Zinsberufung selbständig zu bewerten (BGH KoRsp GKG § 20 Nr 5 [für die Revision]). Bei Teil-Anerkenntnisurteil und Schlußurteil über Hauptsacherest und Kosten bleibt der auf das Anerkenntnis erfallende Kostenanteil unberücksichtigt.

- **Schmerzensgeld:** s unter „Unbezifferte Klageanträge".

- **Schuldanerkenntnis:** Werden Hauptforderung und Zinsen in ein Schuldanerkenntnis zusammengefaßt, bleiben die Zinsen bei deklaratorischem Anerkenntnis außer Ansatz, während bei abstraktem Anerkenntnis (§§ 780, 781 BGB) die Gesamtsumme maßgebend ist (Köln KoRsp GKG § 22 Nr 8 m Anm Schneider).

- **Schuldbefreiung:** Freistellungsinteresse ist nach § 3 zu schätzen (BGH NJW 74, 2128), wobei regelmäßig der volle Schuldbetrag anzusetzen ist (Düsseldorf OLGR 94, 28); kein Feststellungsabschlag (Köln MDR 85, 769), wohl aber Streitwertermäßigung, wenn der Freistellungserfolg zweifelhaft ist (Lappe Anm KoRsp ZPO § 3 Nr 757; Schneider MDR 86, 182). Bei Freistellung von gesetzl Unterhaltspflicht ist § 3, nicht § 17 GKG anwendbar, weil nicht um die Unterhaltsverpflichtung als solche, sondern um einen selbständigen Schuldgrund gestritten wird (BGH NJW 74, 2128). Zinsen sind Nebenforderungen auch des Befreiungsanspruchs und bleiben unberücksichtigt (BGH NJW 60, 2336; Weisbrodt JurBüro 95, 115).

- **Selbständiges Beweisverfahren:** Nach Neufassung der §§ 485 ff als vorgezogener Hauptsachebeweis (§ 493 I) jetzt immer **Hauptsachewert** maßgebend (MK/Lappe Rn 147; ThP Rn 33; BL/Hartmann § 3 Anh Rn 102; Cuypers NJW 94, 1990; Schneider Anm KoRsp ZPO § 3 Nr 1027; zust zB Koblenz MDR 93, 287; Köln NJW-RR 94, 761; JurBüro 96, 31; MDR 94, 734; Frankfurt OLGR 95, 239; Celle NdsRpfl 94, 367; Rostock BauR 93, 367; Oldenburg OLGR 95, 64; Düsseldorf BauR 95, 586; Nürnberg BauR 95, 134; Jena OLGR 96, 12). Die anfängliche Erwartung einer nunmehr einheitlichen Judikatur hat sich nicht erfüllt. Die Bewertung ist mittlerweile wieder ebenso kontrovers wie früher: **Bruchteilsbewertung:** Köln MDR 92, 1190; Schleswig SchlHA 93, 26; MDR 94, 949; Frankfurt OLGR 93, 228; Celle MDR 94, 415; Düsseldorf OLGR 95, 127; Hamm BauR 95, 430. Übersicht: Schneider/Herget Rn 4024a.

- **Sicherheitsleistung:** Bei einem Ergänzungsantrag nach § 716 bestimmt sich der Wert gem § 3 nach der Ausfallgefahr, die droht, wenn sicherheitslos (§ 708) oder ohne Abwendungsbefugnis (§§ 711, 712) vollstreckt werden kann. Zu bewerten ist mit einem Bruchteil der Hauptsache (Celle NJW 66, 2414). Ebenso bei Vorabentscheidung gem § 718. Werterhöhung bis zum vollen Hauptsachewert nur, wenn ohne Sicherheitsleistung wegen Zahlungsunfähigkeit des Gegners Uneinbringlichkeit droht (KG JurBüro 73, 1083). Bei Beschwerde gg die **Art** der Sicherheitsleistung (s § 108 Rn 16) ist das wirtschaftliche Interesse maßgebend (§ 3), das der Zinsdifferenz bei Geldhinterlegung und anderer Sicherheitsform, insbesondere den Avalkosten bei Bürgschaft entspricht.

- **Sicherungshypothek:** Eintragungsinteresse nach § 3 zu schätzen; bei einstweiliger Verfügung geringer als die Forderung (Frankfurt JurBüro 77, 719); bei Löschungsverlangen eines Miterben Klägeranteil abzuziehen (Frankfurt JurBüro 81, 775).

- **Sicherungsübereignung:** § 6; Forderung oder Wert der übereigneten Sache, je nachdem welcher geringer ist (BGH NJW 59, 939).

● **Streitgenossen:** Wird von Gesamtschuldnern nur einmal Leistung gefordert oder von ihnen gemeinsam negativ abgewehrt (Koblenz JurBüro 85, 590), dann ist der einfache Klagebetrag anzusetzen (RGZ 116, 309; Nürnberg Rpfleger 56, 298). Ob der zweite Beklagte erst nachträglich in Anspruch genommen wird, ist unerheblich (Koblenz AnwBl 85, 203). Bei subjektiver Klagenhäufung sind die von einzelnen Streitgenossen selbständig verfolgten Ansprüche gem § 5 zu addieren, auch für die Rechtsmittelbeschwer (BGH KoRsp ZPO § 5 Nr 53 m Anm Schneider; BAG NZA 84, 167). Zur Beschwer bei **Teilabweisung** mit anschließender **Teilberufung** s BGH NJW-RR 91, 186 = KoRsp ZPO § 5 Nr 86 m Anm Schneider u Lappe = ZAP F 24 S 85 m Anm Lappe. Um die wirtschaftl identische und deshalb nur einmal zu bewertende Leistung handelt es sich, wenn ein Streitgenosse zusätzl auf Duldung in Anspruch genommen wird (Frankfurt JurBüro 57, 316) oder dingl und persönl Klage verbunden werden (Bremen Rpfleger 57, 274) oder neben Werklohnzahlung die Einräumung einer Bauwerksicherungshypothek verlangt wird (Köln DB 74, 429).

● **Streithilfe:** s unter „Nebenintervention".

● **Streitwertbeschwerde:** Bei der Herabsetzungsbeschwerde ist maßgebend der Unterschiedsbetrag zwischen den Gerichts- und Anwaltskosten, die den Beschwerdeführer nach dem festgesetzten Streitwert und dem angestrebten treffen. Bei Beschwerde auf Erhöhung (§§ 9 II, 10 III BRAGO) der Unterschiedsbetrag der Gebühren des beschwerdeführenden Anwalts nach dem festgesetzten und dem angestrebten Streitwert, auch wenn das Beschwerdegericht die Gebührenforderung für übersetzt hält (aA Düsseldorf KoRsp GKG § 25 Nr 67 m Anm Schneider). Die Umsatzsteuer ist mitzuberücksichtigen, desgleichen die Auslagenpauschale des § 26 BRAGO (aA LG Stade AnwBl 82, 438 m abl Anm Chemnitz). Bei Teilabhilfe ist die verbleibende Beschwer maßgebend, jedoch Erhöhung des Wertverlangens beachtlich (sehr str, aA Koblenz KoRsp GKG § 25 Nr 99 m Anm Schneider mwN). Die Ablehnung eines Antrags auf Streitwertänderung gem § 25 II 2 GKG ist nicht beschwerdefähig, wohl kann ein Änderungsantrag als Streitwertbeschwerde gedeutet werden (Bamberg JurBüro 80, 1865); einfache Beschwerde nach § 567, wenn die beantragte Streitwertfestsetzung abgelehnt wird (Hamm KoRsp GKG § 25 Nr 100 m Anm Schneider; LG Köln JurBüro 87, 1886); das kann nur noch vorkommen, soweit ein Antragsrecht besteht (§ 9 II 1 BRAGO), denn grds ist vAw festzusetzen (§ 25 II 1 GKG). Bei unzulässiger Streitwertbeschwerde kein Abänderungsrecht des Beschwerdegerichts nach § 25 II 2 GKG (München JurBüro 83, 890; Köln KoRsp GKG § 25 Nr 83; OVG Bremen JurBüro 82, 1344). Soweit die Beschwerde oder die Abänderungsbefugnis reicht, besteht kein Verschlechterungsverbot (Düsseldorf JurBüro 85, 255). Jedoch Beschwerdebefristung und zeitliche Änderungssperre gem § 25 III 3, II 3 GKG, und zwar sechs Monate ab Verfahrenserledigung oder ein Monat bei verspäteter Festsetzung oder unterbliebener Unterrichtung einer Partei (s dazu LG Düsseldorf KoRsp GKG § 25 Nr 81 m Anm Schneider). Wahrung rechtlichen Gehörs unerläßlich (LG Mosbach MDR 85, 593; Schneider MDR 85, 358 m Nachw). Rechtsschutzbedürfnis nur bei erstrebter Beseitigung einer Beschwer gegeben, also nicht für Erhöhungsbeschwerde einer Partei oder Ermäßigungsbeschwerde eines Prozeßbevollmächtigten (Schneider MDR 86, 269). Unerheblich, ob berichtigter Streitwert der Kostenquotierung im rechtskräftigen Urteil die Berechnungsgrundlage entzieht, denn dann ist Berichtigung möglich (sehr str; s „Abänderung"; § 91 Rn 13 „Berichtigung"; Schneider/Herget Rn 4158 ff). Zur Streitwertbeschwerde trotz Unanfechtbarkeit einer einstweiligen Anordnung nach § 620c S 2 vgl Schneider MDR 87, 107; Köln KoRsp GKG § 25 Nr 102 m abl Anm Schneider. Bei der (förmlichen) **vorläufigen Festsetzung** (§ 25 I 1 GKG) werden Einwendungen im Verfahren nach § 6 GKG erhoben (§ 25 I 2 GKG). Eine Mindestbeschwer ist dafür nicht erforderlich (§ 6 S 1 GKG); anders für die (nichtförmliche) vorläufige Festsetzung (s Herget und Lappe Anm zu KoRsp GKG § 25 Nr 189, 190; Lappe NJW 96, 1191 X). Die Festsetzung zur Bestimmung der **sachlichen Zuständigkeit** kann nicht angefochten werden: Schneider/Herget Rn 4182, 4224; Düsseldorf OLGR 94, 275).

● **Stufenklage** (§ 254): Zusammentreffen von Leistungs- und Vorbereitungsansprüchen führt hinsichtlich der Zuständigkeit zur Wertaddition gem § 5 (KG JW 34, 2633; ThP § 5 Rn 4; BL/Hartmann § 5 Rn 8; aA StJ/Roth § 5 Rn 14; MK/Lappe § 5 Rn 21), nicht hingegen für den Gebührenstreitwert (§ 18 GKG), und zwar auch dann nicht, wenn der Unterhaltskläger zunächst nur Auskunft verlangt und nach deren Erteilung zum Leistungsanspruch übergeht (Hamm KoRsp GKG § 18 Nr 24 m zust Anm Schneider). Entschieden wird durch Teilurteile in den Vorbereitungsstufen und Schlußurteil in der Leistungsstufe (s näher Schneider Rpfleger 77, 92). Der Leistungsanspruch ist immer der höchste Anspruch (Nachw Schneider MDR 88, 358), auch wenn es nicht zur Verhandlung darüber kommt (Düsseldorf JurBüro 95, 484; Hamm JurBüro 89, 1004; München MDR 89, 646; Zweibrücken JurBüro 89, 1455; KG KoRsp GKG § 18 Nr 40 m krit Anm Lappe). Die Vorbereitungsansprüche werden mit einem Bruchteil davon beziffert, meist $\frac{1}{4}$ bis $\frac{2}{5}$ (zB Köln VersR 76, 1154; Frankfurt JurBüro 73, 766; Bamberg JurBüro 85, 743). Werden fälschlich schon in der ersten mündlichen Verhandlung sämtliche Anträge verlesen, wird aber nur der Vorbereitungsanspruch durch Teilurteil erledigt, dann entfällt auch die Verhandlungsgebühr nur nach dessen Wert (OLG Hamburg JurBüro 78, 1664; str, vgl Schneider MDR 69, 625). Wird auf den Auskunftsanspruch hin bereits die gesamte Klage als unbegründet abgewiesen, ist der noch unbezifferte Leistungsantrag für die Urteilsgebühr und die Rechtsmittelbeschwer (BGH MDR 92, 1091) sowie für die Prozeßgebühr des ProzBev (Frankfurt OLGR 94, 36) maßgebend und an Hand der Klagebegründung zu bewerten (Köln JurBüro 72, 244; Frankfurt JurBüro 73, 766; LG Bayreuth JurBüro 80, 1869; Düsseldorf FamRZ 92, 1095 = JurBüro 92, 419; unrichtig Stuttgart, FamRZ 90, 652, das nur den Auskunftsanspruch bewertet; dagegen Schneider MDR 91, 199). **Unterhaltsrückstände** (§ 17 IV GKG) berechnen sich ab Eingang der Stufenklage, nicht ab Bezifferung des Leistungsanspruchs (KG AnwBl 84, 612; Hamburg JurBüro 90, 1336; Bamberg JurBüro 91, 108; 85, 743), auch wenn die Klage im Verlaufe des Rechtsstreits erhöht wird (s unter „Rückstände"). Da es für die Bewertung des Leistungsbegehrens nur auf die Vorstellung des Stufenklägers zu Beginn des Rechtsstreits ankommt (Bamberg JurBüro 94, 114; Frankfurt FamRZ 91, 1458; LAG Düsseldorf JurBüro 90, 41), ermäßigt sich der Streitwert durch eine spätere Verringerung der Bezifferung oder Verurteilung nicht (Frankfurt JurBüro 85, 443; KG JurBüro 94, 108).

● **Teilklagen:** Maßgebend ist, was eingeklagt wird. Erfaßt die Widerklage des Gegners den nicht eingeklagten Rest, dann liegen verschiedene Streitgegenstände vor, so daß zu addieren ist (Bamberg JurBüro 79, 252). Wird im höheren Rechtszug ein zusprechendes Teilurteil dahin abgeändert, daß die Klage insgesamt abgewiesen wird, dann ist der volle Klagewert anzusetzen (KG Rpfleger 62, 154), desgleichen wenn in verschiedenen Instanzen anhängende Streitteile gemeinsam verglichen werden.

● **Teilleistungen:** Wird nach im Rechtsstreit erbrachten Teilleistungen beantragt „Zahlung abzüglich geleisteter ... DM", so berechnet sich der Streitwert ab dann nur noch nach dem Differenzbetrag (Celle KoRsp ZPO § 3 Nr 800 m Anm Schneider). Das Gericht muß jedoch den Kläger auffordern, sich zu erklären, was mit dem nicht mehr verlesenen Teilantrag prozessual geschehen ist: Teilrücknahme (§ 269 I) oder Hauptsacheerledigung?

● **Teilungsklagen:** s unter „Aufhebung".

● **Teilungsversteigerung:** § 180 ZVG. Klage auf Unzulässigkeit analog § 771 ist nach § 3 zu bewerten (nach Celle OLGR 94, 96:20% des Verkehrswertes des Klägeranteils); es geht dann nicht um den Grundstückswert, sondern darum, den Bestand der Miteigentumsgemeinschaft am Grundstück (nicht am Erlös!) zu erhalten, wobei häufig auch der Gefahr einer Verschleuderung vorgebeugt werden soll (Hamm JurBüro 77, 1616; München KoRsp ZPO § 3 Nr 899 m Anm Schneider). **Widerspruch gegen Teilungsplan:** Interesse des Klägers an Vorwegbefriedigung (Bamberg JurBüro 91, 1692).

● **Teilzahlung:** Führen sie zur Antragsermäßigung („abzüglich gezahlter ... DM"), dann verändern sie den Gebührenstreitwert und vermindern die Beschwer des anschließend ergehenden Urteils. Zahlungen zwischen den Instanzen verändern den Gebührenstreitwert, jedoch nicht den Rechtsmittelwert (BGH MDR 78, 210). Verbreiteter Fehler, im Prozeß geleistete Zahlungen von der Hauptsumme abzuziehen; dies läuft der Anrechnungsregel des § 367 BGB zuwider (Hamm JurBüro 69, 765) und führt zur Verkürzung der Gebührenansprüche, kann in Grenzfällen sogar ungewollt eine Rechtsmittelzulässigkeit nehmen (s Schneider DRiZ 79, 310). Es müssen immer zuerst die zur Hauptforderung verlangten Zinsen getilgt werden, die für den Streitwert unerheblich sind (§§ 4 ZPO, 22 GKG), es sei denn, die Zahlungen erfolgten zweckbestimmt.

● **Testament:** s unter „Erbrechtliche Ansprüche".

● **Testamentsvollstrecker:** Streit über Beendigung deckt sich nicht mit dem Wert des Erbteils des klagenden Erben, sondern bleibt wesentl dahinter zurück (Frankfurt JurBüro 61, 90).

● **Titulierungsinteresse:** Werden bei der Unterhaltsklage freiwillig gezahlte Leistungen einbezogen, ist nach dem bezifferten Antrag zu bewerten (Bamberg JurBüro 89, 1604; München FamRZ 90, 778; Karlsruhe FamRZ 91, 468; Braunschweig NJW-RR 96, 256; Schneider MDR 89, 389), sofern in diesen die freiwilligen Leistungen nicht ledigl klarstellend aus sprachl Gründen einbezogen sind (Frankfurt AnwBl 82, 198; Bamberg JurBüro 88, 1358; 93, 110); voller Betrag auch dann anzusetzen, wenn nach rechtskräftiger Entscheidung bekannt wird, daß ein Teil des Anspruchs bereits tituliert war (Düsseldorf JurBüro 81, 1048). Rein deklaratorische Erklärungen bleiben unbewertet (Zweibrücken JurBüro 81, 737). Werden unstreitige Unterhaltsleistungen in einen **Prozeßvergleich** einbezogen, dann ist nicht der volle unstreitige Anspruchsteil hinzuzurechnen, sondern der Streitwert um einen nach § 3 zu schätzenden Anteil zu erhöhen, der das Interesse des Berechtigten an der Titulierung ausdrückt (s zB Frankfurt JurBüro 85, 424; Zweibrücken KoRsp GKG § 17 Nr 7 m abl Anm Lappe u zust Anm Schneider; LAG Baden-Württemberg JurBüro 88, 1234). Meist wird $\frac{1}{10}$ angenommen; es kommt aber auf den Einzelfall an (LAG Baden-Württemberg JurBüro 91, 834: $\frac{1}{5}$). Nürnberg (AGS 95, 2) bewertet grds mit 10%, hingegen mit 5%, wenn bereits eine einstweilige Anordnung erlassen wurde.

● **Träger-Bewerber-Vertrag:** Verlangt eine Wohnungsbaugesellschaft nach Rücktritt Räumung und Herausgabe, dann ist § 16 II GKG anzuwenden, auch wenn bis zur Eigentumsübertragung kein Nutzungsentgelt vereinbart war (Köln MDR 74, 323; JurBüro 78, 1054).

● **Trennung:** s unter „Prozeßtrennung".

● **Überbau:** Bewertung nach § 3, sofern es nur um die Beseitigung geht. Geht es bei der Abwehrklage darum, ob der Beklagte durch eine Grunddienstbarkeit zum Überbau oder einer anderen störenden Maßnahme berechtigt ist, dann ist nach § 7 zu bewerten. Es genügt, daß der Beklagte die Berechtigung aus der Grunddienstbarkeit einwendet (Schneider Anm zu KoRsp ZPO § 7 Nr 2). Nach § 3 darf in diesem Fall nur bewertet werden, wenn der Bestand der Grunddienstbarkeit unstreitig ist und lediglich Differenzen über die Ausübungsstörung bestehen. Bei Beseitigungsverlangen deckt sich das Interesse des Klägers mit der Wertminderung, die sein Grundstück durch den Überbau erleidet (LG Bayreuth JurBüro 85, 441). § 9, wenn es um die Überbaurente geht (Celle JR 51, 56).

● **Umlegungsverfahren:** s unter „Baulandverfahren"; 20% des Verkehrswertes (München OLGR 93, 187; 240).

● **Unbezifferte Klageanträge** (Lit: Gerstenberg NJW 88, 1352; Husmann NJW 89, 3126): Der Kläger stellt die Entscheidung über seinen Geldanspruch – meist geht es um Schmerzensgeld – der Höhe nach in das **Ermessen des Gerichts.** Dann ist Streitwert nach § 3 zu schätzen, wobei beim Rentenschmerzensgeld

§ 17 II GKG zu berücksichtigen ist (Zweibrücken JurBüro 78, 1550). Bei der Schätzung ist nach dem Betrag zu beziffern, den das Gericht auf Grund der Darlegungen des Klägers als angemessen erachtet (s zB Hamm AnwBl 84, 202; LG Nürnberg-Fürth AnwBl 84, 448; LG Itzehoe AnwBl 85, 43; Steinle VersR 92, 425). Es ist also eine „Schlüssigkeitsprüfung in der Klägerstation" anzustellen (LG Saarbrücken AnwBl 80, 358), wobei auch ein Mitverschulden (§ 254 BGB) zu berücksichtigen ist (KG MDR 70, 152). Gelingt dem Kläger der volle Beweis, dann stimmen Schätzungsbetrag und Urteilsbetrag überein (Köln AfP 78, 268). Verändern sich die tatsächl Bemessungsumstände im Verlauf des Rechtsstreits, dann können Schätzungsbetrag und Urteilssumme voneinander abweichen. Wird die Klage wegen Beweisfälligkeit voll abgewiesen oder nimmt der Kläger sie zurück oder vergleichen sich die Parteien darüber, dann bleibt der Schätzungsbetrag streitwertbestimmend (Koblenz JurBüro 77, 718; Frankfurt MDR 76, 432). Die Klageabweisung schließt in diesem Fall keine stillschweigende Zuständigkeitsentscheidung ein, so daß keine Bindung nach §§ 24 GKG, 71 I, 23 Nr 1 GVG eintritt (KG MDR 80, 853). Bleibt der Kläger teilweise beweisfällig und wird er deshalb teilweise abgewiesen, so ist das für den auf Grund des Klägervorbringens geschätzten Streitwert ohne Einfluß, führt aber zur Kostenquotierung, § 92 (Köln MDR 69, 317); ebenso bei teilweiser Klagerücknahme (KG JurBüro 69, 1205). Der Kläger ist berechtigt, den Streitwert durch verbindl Angaben in der Klagebegründung nach oben oder unten zu begrenzen (München NJW 68, 1937; Schleswig JurBüro 71, 613), muß dann aber auch die Kostenfolge tragen, wenn sein Mindestbetrag im Urteil nicht erreicht wird (München NJW 68, 1937). Das führt zu folgender Kontroverse: Nach BGH (zB NJW 84, 1807; KoRsp ZPO § 3 Nr 556 m Anm Schneider = MDR 82, 312; s Röttger NJW 94, 368) sind Schmerzensgeldklagen erst dann iS des § 253 II Nr 2 hinreichend bestimmt und damit zulässig, wenn der Kläger die Größenordnung seines Begehrens zum Ausdruck bringt. Diese Konkretisierung wird von einem Teil der Rspr als für den Kläger verbindl Mindestangabe behandelt (zB Bamberg JurBüro 78, 588, 1391; KoRsp ZPO § 3 Nr 819 m abl Anm Schneider; Zweibrücken JZ 78, 109; Celle VersR 77, 59; Karlsruhe KoRsp ZPO § 3 Nr 440 m Anm Schneider). Die Gegenmeinung mißt der Angabe nach § 253 II Nr 2 nur Bedeutung für die Rechtsmittelbeschwer zu, nicht für die Festsetzung des Gebührenstreitwerts (München KoRsp ZPO § 3 Nr 462 m zust Anm Schneider; Oldenburg VersR 79, 675; Bamberg VersR 84, 875; Karlsruhe Justiz 85, 167). Dem ist zuzustimmen. Es läuft auf eine *contradictio in adiecto* hinaus, dem Kläger einen unbezifferten Antrag zu gestatten, ihn aber zugleich zu zwingen, sein Begehren in der Klagebegründung kostenrechtl verbindl zu beziffern; im Ergebnis wird dann der dem Wortlaut nach unbezifferte Antrag aus der Klagebegründung heraus doch wieder in einen bezifferten Antrag umgedeutet, worauf in BGH Warneyer 64 Nr 235 richtig hingewiesen worden ist. Zu welch abwegigen Bewertungen und Kostenbelastungen das führen kann, zeigt München (KoRsp ZPO § 3 Nr 874 m Anm Schneider, s dazu MDR 89, 301), wonach eine in Höhe von 4000 DM schlüssige Klage mit 75000 DM bewertet worden ist. Karlsruhe (Justiz 90, 330) und Düsseldorf (NJW-RR 95, 955) wollen diesen Schwierigkeiten durch eine fiktive Obergrenze der Festsetzung ausweichen, verstoßen damit aber gegen § 308 I 1 (s Schneider MDR 91, 198). Zur **Beschwer** bei unbezifferten Anträgen s Rn 15 vor § 511; BGH MDR 92, 519; 94, 511; Röttger NJW 94, 368.

- **Unlauterer Wettbewerb:** s unter „Gewerblicher Rechtsschutz".

- **Unterhalt:** Sachl Zuständigkeit: § 9; Kostenstreitwert: § 17 Abs 1, 4 GKG; bei einstw Anordnungen § 20 II GKG, jedoch nicht bei Schadensersatz nach Maßgabe des Unterhaltes, zB wenn Anwalt verjähren läßt (BGH MDR 79, 302) oder Arzt wegen fehlgeschlagener Sterilisation in Anspruch genommen wird (BGH KoRsp GKG § 17 Nr 29 m Anm Schneider; Nr 142 = WM 94, 182). Maßgebend ist der Jahresbetrag der wiederkehrenden Leistungen, wenn nicht der Gesamtbetrag der geforderten Leistungen geringer ist, soweit es sich um **gesetzl** Unterhaltsansprüche (Eltern, Verwandte, nichtehel Vater, Beschenkter im Fall des § 528 BGB) handelt (sonst § 9). Abzustellen ist auf den Zeitpunkt der Klageeinreichung, so daß unerheblich ist, wenn letztendlich, aber nicht vorhersehbar, Unterhalt dann doch für weniger als ein Jahr geschuldet wird (Köln JurBüro 93, 164 und Hamm FamRZ 96, 502 für Trennungsunterhalt); Bamberg (FamRZ 96, 502) nimmt dagegen unter Aufg der bish Rspr einen geringeren Wert an, wenn eine überwiegende Wahrscheinlichkeit für unterjährige Dauer spricht. **Freiwillige Leistungen,** die miteingeklagt werden, sind mitzurechnen (Karlsruhe KoRsp GKG § 17 Nr 127 m Anm Schneider = FamRZ 91, 468; Bamberg JurBüro 93, 110). § 17 I GKG auch anwendbar bei Vertragsregelung, durch die nur der gesetzl Unterhaltsanspruch anerkannt und näher geregelt wird; nicht, wenn durch Vertrag die Pflicht zur Unterhaltsleistung ohne Rücksicht auf Unterhaltsbedürftigkeit des Berechtigten geregelt wird, wie bei **Altenteilsverträgen.** Soweit Vertragsansprüche über gesetzl Unterhaltspflicht hinausgehen, Streitwert nach § 9 ZPO, im übrigen nach § 17 I GKG (Stuttgart Rpfleger 64, 131). Werden Trennnungsunterhalt und Nachscheidungsunterhalt geltend gemacht, sind gem § 17 I GKG Einzelstreitwerte zu bilden und sodann zusammenzurechnen (Hamm FamRZ 88, 402). Bei **einstw Verfügungen** auf Unterhalt ist der Streitwert nach §§ 20 I GKG, 3 ZPO frei zu schätzen (s Schneider MDR 89, 389 sowie unter „Einstweilige Verfügung" u „Einstweilige Anordnung"). Zu § 17 IV GKG s unter „Rückstände". Zur Einbeziehung unstreitiger Leistungen s unter „Titulierungsinteresse". Zur Unterhaltsstufenklage s „Stufenklage". Über Unterhaltsabänderung s „Abänderungsklage"; zum „Regelunterhalt" s dort.

- **Unterhaltsverzicht:** Wechselseitiger Verzicht wird zum Ausgleich des Währungsverfalls von Zeit zu Zeit höher bewertet; derzeit meist 3600 DM (Mümmler JurBüro 92, 52 m Nachw).

- **Unterlassung:** Wertbestimmend ist die gem § 3 zu schätzende Beeinträchtigung, die von dem beanstandeten Verhalten des Gegners verständigerweise zu besorgen ist u die mit der jeweils begehrten Maßnahme beseitigt werden soll (München Rpfleger 63, 353; Celle JurBüro 74, 1434). Bei nichtvermögensrechtl Streitigkeiten gilt § 12 II GKG. Treffen vermögensrechtl und nichtvermögensrechtl Unterlassungsansprüche in einer Klage zusammen, ist bei Herleitung des einen aus dem anderen nur der höhere Wert maßgebend (§ 12 III GKG). Anderenfalls ist zusammenzurechnen. Wenn jedoch das vermögensrechtl Interesse neben dem nichtvermögensrechtl völlig zurücktritt oder umgekehrt, ist nur das überwiegende Interesse zu beziffern (München JurBüro 72, 534; Schneider JurBüro 65, 590). Klage aus **§ 826 BGB** auf Unterlassung der Zwangsvollstreckung: Wert = titulierte Forderung ohne Zinsen und Kosten (München BB 88, 1843; Karlsruhe MDR 91, 353; Schneider MDR 89, 395; aA Hamburg MDR 88, 1060: zuzüglich Zinsen).

● **Unzulässigkeit:** Bei Klage aus § 768 das Interesse des Klägers an der einstw Ausschließung der ZwV (§ 3). Klage aus **§ 826 BGB** s „Unterlassung".

● **Urkunden:** s unter „Herausgabe".

● **Urteilsergänzung (§§ 321, 716, 721 I 3):** Interesse des Antragstellers (Celle NJW 66, 2414). Hauptsachewert nach Frankfurt (JurBüro 80, 1893), wenn von der Berichtigung die Vollstreckbarkeit des Titels abhängt.

● **Vaterschaftsanerkenntnis:** s unter „Kindschaftssachen". Klage auf Feststellung wegen Vaterschaftsanerkennung (§ 640 II Nr 1) s „Feststellungsklagen".

● **Veräußerungsverbot:** Es ist gem § 6 vom Verkehrswert des Grundstücks auszugehen; mit dem Verbot erstrebte weitere wirtschaftl Ziele, zB Veräußerungsgewinn, bleiben unberücksichtigt (Köln KoRsp GKG § 20 Nr 36; Koblenz KoRsp ZPO § 3 Nr 1165). S auch unter „Erwerbsverbot".

● **Verbindung:** s unter „Prozeßtrennung, Prozeßverbindung".

● **Verbund:** Ist über Scheidungssachen und Folgesachen einheitl zu verhandeln und zu entscheiden (§ 623 I 1), dann sind die Werte der Gegenstände zu addieren (§ 19a GKG). Folgesachen können aber nur mit Scheidungssachen im Verbund stehen (Koblenz FamRZ 80, 713). Berufung nur gegen den Scheidungsausspruch: Streitwert ist nur die Scheidungssache (Karlsruhe Justiz 87, 379). Anfechtung nur der Folgesachen: Verbund bleibt, auch wenn die Scheidungssache fehlt (Nürnberg KoRsp GKG § 19a Nr 19 m Anm Lappe).

● **Vereine:** Bei Streit über die Mitgliedschaft, wenn **ideelle Zwecke** verfolgt werden, für Zuständigkeit § 3, für die Gebührenberechnung § 12 II GKG. Bei **vermögensrechtl** Angelegenheit durchgehend § 3. Trifft beides zusammen, ist getrennt nach § 3 ZPO und § 12 GKG zu bewerten und nach § 5 zu addieren, sofern nicht der eine Anspruch aus dem anderen folgt (dann § 12 III GKG). § 247 I AktG ist nicht entsprechend anwendbar (BGH MDR 93, 183).

● **Vereinfachtes Verfahren zur Abänderung von Unterhaltstiteln:** §§ 641l–t ZPO, 1612 a BGB iV mit jeweiliger AnpassungsVO. Im Hinblick auf die Festgebühr (KV 1800: 20 DM) für den Abänderungsbeschluß nach § 641p keine Wertvorschrift für Gerichtsgebühren. Daher Streitwert nur für die Berechnung der 5/10 RA-Gebühr (§ 43 a I BRAGO). Dieser ist gleich der Differenz zwischen dem Jahresbetrag der Unterhaltsrente nach dem abzuändernden Titel und dem Jahresbetrag des mit der Abänderung verlangten Unterhalts. Wenn im **Beschwerdeverfahren** verworfen oder zurückgewiesen wird, erfällt die Festgebühr nach KV 1905 (50 DM).

● **Verfügungsbeschränkung:** Praktische Bedeutung haben die Erwerbs- und Veräußerungsverbote, die durch einstw Verfügung erwirkt werden (s dazu Schneider JurBüro 78, 1603). Bei der Bewertung ist vom Gegenstand der Hauptsache auszugehen (Koblenz KoRsp ZPO § 3 Nr 1165) und zusätzlich auf den Grad der Gefährdung abzustellen, die dem Antragsteller droht, wenn zu seinem Nachteil verfügt wird (§ 3). S auch unter „Erwerbsverbot" u „Veräußerungsverbot".

● **Vergleich:** Wert der rechtshängigen und nichtrechtshängigen Ansprüche, die erledigt werden, nicht Wert dessen, was Parteien durch den Vergleich erlangen oder welche Leistungen sie übernehmen (ausführlich Schneider Rpfleger 86, 81 ff), so daß auch ein vereinbarter **Kapitalbetrag** unmaßgeblich ist (Schleswig JurBüro 91, 584; Schneider aaO). Daher muß immer geprüft werden, ob nicht ermäßigende Sondervorschriften für die Gebührenberechnung anwendbar sind, zB §§ 16, 17, 20 GKG. Abstriche, wenn die Realisierbarkeit mitverglichener Forderungen zweifelhaft ist (Frankfurt MDR 81, 57; Bamberg JurBüro 89, 201 = 494; LAG Hamm MDR 80, 613; LAG Hamburg JurBüro 86, 752; LAG Düsseldorf KoRsp ZPO § 3 Nr 911 m Anm Schneider; LG Bayreuth JurBüro 81, 606). Bei Einbeziehung **nicht fälliger** Ansprüche ist auf den Zeitpunkt des Vergleichsabschlusses abzuzinsen (LAG Köln KoRsp ZPO § 3 Nr 849 m Anm Schneider = MDR 87, 169 m Anm Hirte; krit Voormann MDR 87, 722). Zur Einbeziehung unstreitiger Ansprüche s unter „Titulierungsinteresse"; zur vergleichsweisen Erledigung von Forderungen, die hilfsweise zur Aufrechnung gestellt worden sind, s unter „Aufrechnung". Wird ein durch Prozeßvergleich abgeschlossener Rechtsstreit fortgeführt, weil die Anfechtung erklärt worden ist, bleibt gebührenrechtl und streitwertmäßig die Einheit des Verfahrens erhalten (BGH KoRsp ZPO § 3 Nr 119; Stuttgart KoRsp BRAGO § 13 Nr 30 m Anm Schneider); mitverglichene und von einer Partei übernommene Kosten oder Zinsen bleiben als Nebenforderungen unberücksichtigt (Düsseldorf JurBüro 84, 1865; Schneider MDR 84, 265). Sind nicht rechtshängige Ansprüche in einen Prozeßvergleich einbezogen worden, dann ist der höhere Vergleichswert auch für den fortgesetzten Streit über die Wirksamkeit des Vergleichs maßgebend (Köln KoRsp ZPO § 3 Nr 926). Wird im Hauptprozeß ein noch anhängiges Eilverfahren oder in diesem die Hauptsache verglichen, ist Vergleichswert die Summe der Streitwerte beider Verfahren (Hamburg MDR 91, 904; München Rpfleger 93, 463 = KoRsp BRAGO § 23 Nr 70 m abl Anm

Lappe; Schneider MDR 82, 272; aA Frankfurt JurBüro 81, 918; G/S/von Eicken § 23 Rn 55). Zum Vergleich über **Hauptanspruch und Hilfsanspruch** s § 19 I 2, IV GKG.

● **Verlustigerklärung:** s unter „Berufungszurücknahme".

● **Veröffentlichungsbefugnis:** Antrag auf Bewilligung hat auch dann einen eigenen Streitwert, wenn er mit Unterlassungs- oder Schadensklage verbunden wird, da er auf mehr als bloße Unterlassung abzielt (Frankfurt JurBüro 72, 706; Hamburg MDR 77, 142).

● **Versicherungsschutz:** Feststellung des Bestehens einer Krankenversicherung: fünfjähriger Prämienbetrag, München KoRsp ZPO § 3 Nr 988 m Anm Schneider; eines Lebensversicherungsvertrages: vierjähriges Prämienaufkommen, Hamm AnwBl 94, 45. Saarbrücken (JurBüro 93, 738) macht den Wert von der Prognose abhängig, wie lange der Vertrag bestehen werde. S weiter „Haftpflichtversicherungsschutz".

● **Versorgungsausgleich:** § 17a GKG (gilt entsprechend in der Rechtsmittelinstanz: Frankfurt JurBüro 89, 136). Mindestwert 1 000 DM, auch bei Rücknahme des Scheidungsantrages (Hamm MDR 81, 415; Zweibrücken JurBüro 86, 1387) oder bei vergleichsweiser Regelung gem § 1587o BGB (Karlsruhe AnwBl 83, 524). Soweit die Gegenstände der gerichtlichen und anwaltlichen Tätigkeiten nicht übereinstimmen, ist getrennte Wertfestsetzung nötig (Saarbrücken JurBüro 91, 835). Aufklärung nur wegen des Streitwertes nicht erforderlich (Zweibrücken JurBüro 86, 1387); doch darf eine genaue Streitwertfestsetzung nicht unterbleiben, wenn sie unschwer möglich ist (Zweibrücken KoRsp GKG § 17a Nr 19 m Anm Schneider). Erörterung in mündlicher Verhandlung leitet das Verfahren über den Versorgungsausgleich ein (Düsseldorf JurBüro 91, 1239; Karlsruhe FamRZ 93, 458; aA Lappe NJW 93, 1371; Anm zu KoRsp GKG § 17a Nr 24). Die Erörterung des schuldrechtlichen Versorgungsausgleichs (§ 1587 f BGB) erhöht den Streitwert nicht, wenn nur der öffentlich-rechtliche Versorgungsausgleich (§ 1587b BGB) durchgeführt wird (Stuttgart KoRsp GKG § 17a Nr 20 m Anm Schneider).

● **Vertagungsantrag** Wert nach § 3 zu schätzen; er ist geringer als der Hauptsachewert (Düsseldorf AnwBl 90, 324: 1/3; aA Düsseldorf JurBüro 94, 158, wobei der Senat den Einzelfallcharakter seiner Entscheidung herausstellt: Hauptsachewert).

● **Verteilungsverfahren (§§ 872 ff ZPO):** Streitwert für Gerichtskosten: Verteilungsmasse ohne Hinzurechnung von Zinsen, aber auch ohne Abzug von Kosten (§§ 12 I, 22 I GKG iVm §§ 5, 6). Bleibt Rest, so gilt § 6. Für RA-Gebühren: §§ 57 II 4, 60 BRAGO.

● **Vertragserfüllung:** Wert der geforderten Leistung, nach hM ohne Abzug der Gegenleistung, auch wenn der Kläger Erfüllung Zug um Zug verlangt. Bei Grundstücken bleiben Belastungen unberücksichtigt, soweit sie den objektiven Wert der Sache nicht beeinflussen. Lasten, die eine Beschränkung oder Beeinträchtigung des Eigentums bedeuten und deshalb den Verkehrswert vermindern, wie zB Grunddienstbarkeiten, setzen auch den Wert des Streitgegenstandes herab (Einzelheiten str; s unter „Auflassung" u „Gegenleistung"). Bei Streit um Erfüllungsmodalitäten: § 3, Interesse des Klägers (BGH MDR 82, 36).

● **Verwahrung:** Klage auf Rückgabe der in Verwahrung gegebenen Sache ist nach § 6 zu bewerten, die Klage auf vorzeitige Rückgabe hingegen nach § 3: Klägerinteresse an Zeitverschiebung.

● **Verzugszinsen:** Werden sie aus einer fälligen, jedoch nicht anhängigen Forderung eingeklagt, so bestimmt sich der Streitwert nach § 3, nicht nach § 9 (BGHZ 36, 144). Soweit nur um die Fälligkeit selbst gestritten wird, ist das Interesse an der Hinauszögerung maßgebend (LG Bielefeld KoRsp ZPO § 3 Nr 484 m Anm Schneider). Wird die Hauptforderung eingeklagt, dann ist (nur: §§ 4 ZPO, 22 I GKG) deren Betrag maßgebend. Dem kann nicht dadurch ausgewichen werden, daß die Verzugszinsen ausgerechnet und mit der Hauptforderung zu einem einheitlichen Betrag zusammengefaßt werden (Schneider MDR 84, 265 m Nachw).

● **Vollmacht:** Klage auf Herausgabe der widerrufenen Vollmacht richtet sich nach § 3 (Naumburg OLGE 21, 59), desgleichen der Streit, ob Vollmacht (noch) besteht.

● **Vollstreckbarerklärung eines ausländischen Schuldtitels:** Kosten und Zinsen (Frankfurt JurBüro 94, 117) bleiben außer Ansatz; ausgenommen Kosten, die im ausländischen Urteil ziffernmäßig genannt sind (BGH Rpfleger 57, 15; Zweibrücken JurBüro 86, 1404). Bei gesetzlicher Unterhaltspflicht ist § 17 GKG anwendbar, wobei jedoch Rückstände durch den ausländischen Titel bestimmt werden (Zweibrücken JurBüro 86, 1404).

● **Vollstreckungsabwehrklage** (§ 767): Wert des zu vollstreckenden Anspruchs einschließlich der Rückstände (BGH KoRsp GKG § 17 Nr 31) ohne Zinsen und ohne Kosten des Vorprozesses, §§ 22 I GKG, 4 ZPO. Auch erhebliche Zinsrückstände bleiben unberücksichtigt (irrig LG Osnabrück KoRsp ZPO § 4 Nr 69 m abl Anm Schneider), es sei denn, die Abwehrklage wird nur gegen die Nebenforderungen erhoben, die dadurch hier zur Hauptsache werden. Nach ganz hM ist der Nennbetrag des vollstreckbaren Anspruchs ohne Rücksicht auf seine Realisierbarkeit anzusetzen (BGH KoRsp ZPO § 3 Nr 890 m krit Anm Schneider; zweifelhaft insoweit, als bei wirtschaftlicher Betrachtungsweise der Nennbetrag wegen Insolvenz ermäßigt werden sollte, s Schneider MDR 88, 360 f). Erstreckt sich der Antrag nur auf einen Teil des Schuldtitels, ist nur dieser wertbestimmend (BGH NJW 62, 806; Köln Rpfleger 76, 138). Beschränkung kann sich auch aus Parteivorbringen ergeben (Hamm JurBüro 88, 1078; Koblenz JurBüro 89, 133); entscheidend ist immer der Umfang der erstrebten Ausschließung der ZwV (BGH NJW 95, 3318: stattgebendes Urteil erfaßt nicht die Kostenentscheidung des Titels; daher insoweit auch keine Beschwer des Verurteilten). Unbeachtlich jedoch, daß die titulierte Forderung in Wirklichkeit ganz oder teilweise getilgt ist, wenn uneingeschränkte Abwehrklage erhoben wird (Bamberg JurBüro 84, 1398; Hamm Rpfleger 91, 1237). Soll die Vollstreckung nur auf unbestimmte Zeit für unzulässig erklärt oder nur eine vereinbarte Fälligkeitsbestimmung durchgesetzt werden, ist das Abwehrinteresse des Klägers gem § 3 zu schätzen (Schleswig SchlHA 83, 142). Bei Verbindung des Antrages, die ZwV aus einer vollstreckbaren Urkunde nach §§ 767, 795 für unzulässig zu erklären, mit dem auf Rückgewähr einer schon bestellten Sicherheit bleibt deren Wert außer Ansatz (BGH KoRsp ZPO § 3 Nr 789 m Anm Schneider). Bei Abwehr von Unterhaltsansprüchen ist § 17 GKG zu beachten (s München OLGR 94, 23). Für die Vollstreckungsabwehrklage gegen einen **Auskunftstitel** ist der Auskunfts-Streitwert maßgebend (s „Auskunft").

● **Vollstreckungsklausel:** Klage nach § 731: Wert des zu vollstreckenden Anspruchs (Köln Rpfleger 69, 247). Klage aus § 768: Schätzung nach § 3, grundsätzlich unterhalb des titulierten Forderungsbetrags, weil die Vollstreckung nur zeitweilig verhindert wird; voller Wert, wenn mit den Einwendungen zugleich die materiellrechtl Anspruchsberechtigung des Titelgläubigers ausgeräumt werden soll (Köln MDR 80, 852). Das gilt auch für die Klauselerinnerung nach § 732 (LG Aachen JurBüro 85, 264 = KoRsp ZPO § 3 Nr 732 m Anm Schneider). Zinsen und Kosten bleiben immer außer Ansatz, selbst wenn sie durch Festsetzungsbeschluß tituliert sind (Köln Rpfleger 69, 247, 248).

● **Vollstreckungsschaden:** s unter „Rückerstattungsanspruch".

● **Vollstreckungsschutz:** Für die Verfahren nach §§ 765a, 813a fallen bei Gericht nur noch Festgebühren an; es bedarf also keines Wertes (KV 1641, 1642, 1905). Anwaltsgebührenwert: § 57 II 6 BRAGO. Ältere Rspr (noch zu § 3) kann herangezogen werden; idR wird mit einen Bruchteil (⅕) der Hauptsache bewertet (LG München II WuM 94, 220). S auch „Einstweilige Einstellung der ZwV".

● **Vorabentscheidung über vorläufige Vollstreckbarkeit:** Geht es nach § 718 um eine Vorabentscheidung zur Sicherheitshöhe, dann Bruchteil der erstrebten Sicherheitsdifferenz, etwa ⅒ (so BGH KoRsp ZPO § 3 Nr 801 m Anm Schneider).

● **Vorkaufsrecht:** Bei Klage auf Feststellung des Bestehens oder Nichtbestehens oder auf Einwilligung in die Löschung wird häufig gem § 3 der halbe Grundstückswert angenommen (BGH JurBüro 57, 224; Celle JurBüro 67, 598; AG Lahnstein JurBüro 78, 1563). Wird zugleich Auflassung verlangt, dann gilt § 6 (BGH Rpfleger 57, 374).

● **Vormerkung:** Maßgebend ist, auf welches Recht sich die Vormerkung bezieht. Schätzung nach § 3. Höchstwert der des Grundstücks nach Abzug der Belastungen, im allgemeinen aber Bruchteil des Verkehrswerts des Grundstücks, zB ¼ (München KoRsp ZPO § 3 Nr 706 m Anm Schneider). Klage auf Löschung auch dann nach § 3, wenn Sicherungshypothek vorgemerkt (München MDR 65, 145). Bewertungsbeispiele: Bamberg JurBüro 75, 940 mit ⅓ bis zu ¼; Frankfurt JurBüro 75, 512 mit ½ des gesicherten Rechts. § 6 scheidet entgegen LG Saarbrücken (AnwBl 81, 70 m abl Anm Schneider in KoRsp ZPO § 3 Nr 514) als Berechnungsbasis aus. Anwaltsgebühr (§§ 57, 59 BRAGO) für Vollziehung ebenfalls nicht nach der Forderung, sondern nach dem Sicherungsinteresse zu berechnen (Frankfurt KoRsp GKG § 20 Nr 61 m Anm Schneider).

● **Vornahme von Handlungen:** Interesse des Klägers unter Berücksichtigung des Kostenaufwandes (§ 3).

● **Vorrangseinräumung:** § 3, da es nur um die Werterhöhung eines Pfandrechts geht; jedoch ist die Sperrklausel des § 6 S 2 zu beachten. Wird nicht nur Rangverbesserung, sondern zusätzliche Eintragung auf anderen Grundstücken verlangt, gilt nur § 6 (Frankfurt Rpfleger 56, 318). Vorrangseinräumung für eine Reallast (§ 1105 BGB): Schätzung nach § 3 unter Berücksichtigung des § 23 III 1 KostO (Frankfurt MDR 82, 411; dazu Schneider MDR 83, 353 V2).

● **Vorrecht im Konkurs,** § 148 KO: Streitwert ist der Unterschied zwischen dem Wert der Forderung als gewöhnl Konkursforderung und als bevorrechtigter Forderung. Ist außer dem Vorrecht auch die Forderung bestritten: Wert der ganzen Forderung.

● **Vorschußzahlungen:** Werden sie im Verlaufe des Rechtsstreits vorbehaltslos als Teilzahlung erbracht, müssen sie vorweg auf die Zinsen angerechnet werden (§ 387 BGB), da anderenfalls die Streitwert- und die Gebührenberechnung, möglicherweise sogar die der Rechtsmittelwerte fehlerhaft ausfällt (Schneider DRiZ 79, 310).

● **Vorzugsweise Befriedigung** aus dem Erlös: Für die Klage aus § 805 gilt § 6 sinngemäß. Zu vergleichen ist die Forderung des vorzugsberechtigten Klägers mit der Forderung des Bekl (beide ohne Zinsen u Kosten) sowie der Versteigerungserlös einschl der aufgelaufenen Hinterlegungszinsen; maßgebend ist der geringste Betrag.

● **Wahlschuld** (§ 262 BGB): Bei Wahlrecht des Klägers maßgebend der höhere Anspruch; bei Wahl des Beklagten die geringere Leistung (RGZ 55, 81).

● **Wandelungsklage:** Bei Antrag auf Einwilligung in die Wandelung nicht § 6, sondern § 3. Maßgebend ist nur die sich aus dem Klagevorbringen ergebende Vermögensbeeinträchtigung bei Leistung gegen Empfang der Gegenleistung, also weder die Leistung als solche noch die Gegenleistung (Düsseldorf JurBüro 86, 433); erst recht keine Zusammenrechnung. Zur Ermittlung des Differenzinteresses s Schneider Anm KoRsp ZPO § 3 Nr 807.

● **Werkvertrag:** Für Werklohnforderung ist deren Betrag maßgebend (§ 6). Herstellungsklage richtet sich nach dem Wert des Werkes, der in der Regel wirtschaftlich mit dem vereinbarten Preis übereinstimmt. Abnahmeklage des Unternehmers nach § 640 BGB bewirkt nur Fälligkeit und ist deshalb lediglich mit einem Bruchteil (etwa ¼) des Werklohns anzusetzen. Rechtsverteidigung des Beklagten mit Gewährleistungsansprüchen führt zur Abrechnung, nicht zur wertaddierenden Aufrechnung gem § 19 III GKG (s unter „Aufrechnung"). Klage auf Beseitigung eines Mangels: Betrag der hierfür erforderl Aufwendungen.

● **Wertangabe** des Klägers in der Klageschrift hat Bedeutung als Indiz für den Wert (Bamberg JurBüro 80, 1866; Köln MDR 77, 584; KG WRP 89, 725; Bamberg JurBüro 89, 1306) und bleibt im Zweifel maßgebl, bis Irrtum dargetan, auf dem sie beruht (Köln MDR 85, 153; KoRsp GKG § 23 Nr 4).

● **Wertsicherungsklausel:** Anfechtung einer Angleichungsklausel (zB Beamtenbesoldung) ist nach dem Interesse des Klägers an der Aufrechterhaltung dieser Klausel zu bemessen, § 3.

● **Wettbewerbsverbot:** Streit über die Gültigkeit Betrag der höchsten gem §§ 74 II, 74 a I 2 HGB geschuldeten Karenzentschädigung (LAG Hamm AnwBl 81, 106).

● **Widerklage:** § 5, für Gebührenstreitwert § 19 I GKG. Zur **Zusammenrechnung** s Anm zu § 5.

● **Widerruf:** Nichtvermögensrechtlich (§ 12 II 1 GKG), wenn ehrkränkende Äußerungen betreffend, sonst § 3. Wird zugleich Unterlassung verlangt, sind beide Ansprüche getrennt zu bewerten und ist zu addieren (Düsseldorf AnwBl 80, 358). Bei Zusammentreffen von Widerrufs- und Unterlassungsansprüchen betreffend Ehre und geschäftlichen Bereich ist einzeln zu bewerten und nach § 5 zu addieren (str, s Schneider/Herget Rn 5039 ff).

● **Widerspruch:** Bei Grundbuch-Löschungsklage gem § 3 das Interesse des Klägers an der Löschung des Widerspruchs; ebenso für begehrte Eintragung. Hat die Widerspruchslöschung nur formale Bedeutung, ist der Wert sehr gering anzusetzen (LG Bayreuth KoRsp ZPO § 3 Nr 463: $^1/_{10}$ des Grundstückswerts).

● **Widerspruchsklage: nach § 771** – Gemäß § 6 der Betrag der Pfandforderung bei Klageeinreichung ohne Zinsen und Kosten (§ 4 S 1) oder der geringere Wert des Pfandgegenstandes (BGH WPM 83, 246; KoRsp ZPO § 6 Nr. 105). Widerspruchsklage, um die Teilungsversteigerung gem § 180 I ZVG zu verhindern (sog unechte Drittwiderspruchsklage), ist nach § 3 zu schätzen, wobei Klägerinteresse häufig nur ein Bruchteil des Grundstückswertes ausmachen wird (BGH FamRZ 91, 547; Saarbrücken JurBüro 89, 1598; Frankfurt Rpfleger 75, 322). Neben dem Antrag auf Unzulässigerklärung ist ein Einstellungsverfahren selbständig zu bewerten (Schneider MDR 88, 361 gg Celle KoRsp GKG § 16 Nr 52). Bei Widerspruchsklage gegen Anschlußpfändung sind Pfandrechte vorgehender Pfandgläubiger vom Wert der Pfandsache nicht abzuziehen (BGH NJW 52, 1335). Bei einheitl Widerspruchsklage gegen mehrere Gläubiger ist Streitwert der zusammengezählte Wert der Forderungen der pfändenden Gläubiger oder der (einmalige) Wert des gemeinsamen Pfandgegenstandes, wenn dieser geringer ist (LG Essen NJW 56, 1033). Das gilt für die Gerichtskosten ausnahmslos (München JurBüro 89, 848); grundsätzlich auch für die Anwaltskosten, hier jedoch mit der Einschränkung des § 6 III BRAGO, so daß deswegen gesonderte Einzelstreitwerte nach Auftragshöhe (Einzelforderung des Pfändungsgläubigers) festzusetzen sind (Frankfurt JurBüro 73, 152; München JurBüro 73, 737). Ausführlich Schneider/Herget Rn 990 ff. – **Nach § 773:** Anteil des alleinklagenden Miterben (RG HRR 32, 1954). Es liegt hier anders als bei der Klage aus § 2039 BGB, wo der ganze Anspruch vom Miterben als Prozeßstandschafter anhängig gemacht wird (s Schneider Rpfleger 82, 268); nur diesen Fall betrifft RGZ 149, 193.

● **Wiederaufnahme des Verfahrens:** §§ 578 ff; s unter „Restitutionsklage".

● **Wiederkaufsrecht** nach Siedlungsrecht: Interesse des Berechtigten, BGH JurBüro 72, 778.

● **Wiederkehrende Leistungen:** Für **Zuständigkeits-** und **Rechtsmittelwert** § 9; keine wiederkehrenden Leistungen sind einmalige bezifferte Ansprüche, die nach Zeitabschnitten berechnet werden sowie nicht ununterbrochene Nutzungen, für die § 6 oder § 9 gilt (Celle OLGE 13, 72; München OLGE 33, 147) oder unregelmäßige, nur gelegentl wiederkehrende Leistungen, für die § 3 gilt (LG Hamburg JW 29, 2634). Rückstände berechnen sich nach der Forderung, § 6 (RGZ 19, 421; KG Rpfleger 51, 474). Für den **Gebührenwert** sind die §§ 17, 17a, 20 GKG zu beachten. Geltung jedoch nur für die wiederkehrenden Ansprüche selbst, nicht für Schadensansprüche (Köln JurBüro 92, 698).

● **Willenserklärung:** Abzustellen ist darauf, welcher Erfolg mit der Erklärung erstrebt wird. Schätzung nach § 3 (Karlsruhe KoRsp ZPO § 3 Nr 699 m Anm Schneider); zB nach erstrebtem Steuervorteil, wenn Zustimmung zum begrenzten Realsplitting begehrt wird (München OLGR 95, 72; Düsseldorf JurBüro 95, 254).

● **Wohnrecht:** Als unentgeltliches ist es nicht mietähnl ausgestaltet, so daß dann nicht § 16 GKG, sondern § 3 anzuwenden ist (Frankfurt OLGR 95, 132), wobei Anlehnung an §§ 16 GKG, 24 II KostO zulässig ist, und wesentlich ist, ob im Einzelfall der soziale Schutzzweck des § 16 GKG zum Tragen kommen muß. Für das mietähnl Wohnrecht gilt dagegen § 16 I GKG (Frankfurt MDR 63, 937; Köln JMBlNRW 68, 177); nicht aber bei Streit darüber, ob ein Wohnrecht dingl gesichert werden muß (Köln JMBlNRW 68, 177); dann gilt § 3 (Frankfurt MDR 63, 937; KG JurBüro 67, 294; Köln JMBlNRW 68, 177). Beschwer: § 3, wenn es nur um den Umfang eines unstr Wohnrechts geht (BGH NJW-RR 94, 909).

● **Wohnungseigentum:** § 48 II WEG. Räumungs- u Herausgabeklage des Wohnungseigentumsverkäufers gg Käufer: § 6 (BGH Warneyer 1967 Nr 122); der Verkehrswert ist maßgebend (Frankfurt AnwBl 84, 203). Die Entziehungsklage nach § 18 WEG (sog Abmeierungsklage) bestimmt sich nach dem Verkehrswert der Eigentumswohnung ohne Belastungen (Karlsruhe Rpfleger 80, 308; BayObLG WuM 90, 95), nicht nach dem kaum bezifferbaren Interesse der übrigen Miteigentümer an der Trennung von dem Störer (so Celle KoRsp WEG § 18 Nr 1 m abl Anm Schneider; Lappe Anm zu KoRsp WEG § 18 Nr 2) oder der Höhe der Wohngeldrückstände (so LG Hamburg WuM 91, 55).

● **Zeugnisverweigerung:** Der Wert des Beschwerdeverfahrens ist nach Nürnberg (KoRsp ZPO § 3 Nr 103) gleich dem Wert des Beweisgegenstandes, zu dem der Zeuge vernommen werden soll, so daß auch der Hauptsachewert angesetzt werden kann (KG JurBüro 68, 739); nach Karlsruhe (Rpfleger 66, 84) ist der Wert unterhalb des Beweisgegenstandes anzusetzen; richtig ist es, mit Köln (Rpfleger 73, 321) eine nichtvermögensrechtl Angelegenheit zu bejahen und nach § 12 GKG zu bewerten (s auch unter „Ablehnung"). BGH KoRsp ZPO § 3 Nr 1034 m Anm Schneider stellt auf die Bedeutung der Aussage für die Hauptsache ab – wobei unklar bleibt, wie dies auf Grund an sich verbotener Beweisantizipation festgestellt werden soll.

● **Zinsen:** s § 4 Rn 11 und wegen Kreditgebühren unter „Ratenzahlungskredit".

● **Zugewinngemeinschaft:** Klage auf vorzeitigen Ausgleich bemißt sich nach dem Interesse an der vorzeitigen Auflösung, nicht nach der Höhe der erwarteten Forderung (BGH FamRZ 73, 133). In der Regel $\frac{1}{4}$ des erwarteten Betrages (Schleswig SchlHA 79, 180); noch weniger, wenn Scheidungsklage bereits anhängig ist und Eheauflösung kurzfristig ansteht (BGH FamRZ 73, 133). Bei Klage auf Sicherstellung des künftigen Anspruchs regelmäßig die Höhe der geforderten Sicherheitsleistung (München JurBüro 77, 721). Verlangen vorzeitigen Zugewinnausgleichs verbunden mit Verlangen der Zahlung des Ausgleichs begründen mehrere selbständige Streitwerte, die zu addieren sind (KG JurBüro 63, 492); bei einer Stufenklage gilt § 18 GKG (Frankfurt JurBüro 69, 170). Auskunftswiderklage gegenüber dem Zahlungsanspruch des Kl hat keinen eigenen Wert (Zweibrücken KoRsp GKG § 19 Nr 104 m zust Anm Schneider und abl Anm Lappe), bei wechselseitigen Zahlungsansprüchen sind die Werte zu addieren (Köln OLGR 94, 102; Bamberg FamRZ 95, 492; aA Koblenz KoRsp GKG § 19 Nr 98 m abl Anm Lappe; Köln FamRZ 89, 296; MDR 94, 316; Vorauflage). Übertragung bestimmter Vermögensgegenstände unter Anrechnung auf den Zugewinnausgleich gem § 1383 BGB: nicht Wert der Gegenstände, § 6 ZPO (so Frankfurt MDR 90, 58 = KoRsp ZPO § 6 Nr 125 mit Anm Lappe u Schneider) und nicht freie Schätzung nach § 3 (so Schleswig SchlHA 79, 58), sondern bezifferte Höhe des Ausgleichsanspruchs maßgebend (Schneider Rn 1872).

● **Zug-um-Zug-Leistungen:** Lit: *Bachmann* BauR 95, 642. Gegenleistung bleibt nach hM unberücksichtigt (s „Gegenleistung"). **Rechtsmittel:** Bei uneingeschränktem Antrag wird der Kläger durch Verurteilung Zug um Zug beschwert, so daß auf den Wert der noch zu erbringenden Gegenleistung abzustellen ist. Legt der Bekl Rechtsmittel ein, um anstelle einer unbedingten, eine Zug um Zug Verurteilung zu erreichen, kommt es nur auf das von ihm geltend gemachte Gegenrecht an. Ob dabei der Wert des Klageanspruchs die Beschwer noch nach oben begrenzt, ist nach der neueren BGH-Rspr zur Obergrenze der Beschwer eines verurteilten Bekl zweifelhaft (vgl Schneider/Herget Rn 3713a, 3781, 3784 aE).

● **Zwangsversteigerung:** Für Anwaltsgebühren wegen § 68 III BRAGO anderer Wert als für Gerichtsgebühren, § 29 I GKG, KV 5100 bis 5141 idF des KostRÄndG 1994.

● **Zwangsvollstreckung:** S „Einstweilige Einstellung der Zwangsvollstreckung", „Vollstreckungsschutz". Beim Gericht fallen Festgebühren an; daher ist kein Wert festzusetzen (KV 1640–1643). In den Verfahren nach §§ 887 ff kann allerdings eine Beschwerde-Wertgebühr (KV 1906) anfallen: **§ 888:** § 3; entscheidend ist das Interesse des Gl an der Durchführung der ZwV, das regelmäßig unter dem Wert der Hauptsache liegt (Nürnberg MDR 84, 762; Düsseldorf JurBüro 93, 554); **§ 890:** Auch hier ist das Interesse des Gl an der ZwV maßgebend (Celle NdsRpfl 91, 54; KG WRP 92, 176); auf die Höhe des beantragten Ordnungsgeldes kommt es nicht an. Legt der Schuldner Beschwerde ein, gilt dies entsprechend. Anwaltsgebühren: § 57 II BRAGO. Besonders str ist der Gegenstandswert im **Räumungsverfahren.** Nach § 57 II 1 BRAGO ist der Wert der herauszugebenden Sache maßgeblich (Koblenz JurBüro 96, 361; LG München I JurBüro 95, 482; AG Sinzig JurBüro 95, 482; ausf N. Schneider Rpfleger 96, 180 mwN, auch zur aA; krit zB Donnerbauer WuM 94, 597; Winterstein DGVZ 96, 26; Ann VersR 95, 1162; von Eicken/Madert NJW 96, 1651 II 3; Schneider/Herget Rn 5184a). Die unbilligen (Karlsruhe NJW-RR 96, 778) und nicht gewollten (von Eicken/Madert aaO) Folgen können vom Schrifttum und den Gerichten wegen des eindeutigen Wortlauts nicht weginterpretiert werden. Die Rspr ist dennoch überwiegend bemüht, weiterhin die Anwendung von § 16 II GKG zu rechtfertigen (KG JurBüro 96, 364; LG Zweibrücken WuM 96, 288; LG München I WuM 96, 290; LG Köln DGVZ 95, 153; LG Koblenz MDR 96, 535; LG Arnsberg WuM 96, 104; LG Stuttgart Rpfleger 96, 216; AG Koblenz DGVZ 95, 94; AG Soest MDR 96, 537; AG Osnabrück DGVZ 96, 46; ausf Nachweise KoRsp BRAGO §§ 57, 58 Nr 90 Anm).

● **Zwischenfeststellungsklage:** Streitgegenstand nach § 256 II ZPO regelm umfassender als ursprünglicher Streitgegenstand; aber Abschlag wegen Feststellung (vgl Meyer JR 55, 253). Die Widerklage aus § 717 II 2 erhöht den Streitwert nur, wenn weitergehender Schadensersatz verlangt wird (s Schneider MDR 79, 268 zu Ziff 6). Streitwert für Zwischenurteil, durch das **a)** Beitritt des Nebenintervenienten zurückgewiesen wird, bemißt sich nach dem Interesse des Nebenintervenienten an der Zulassung des Beitritts (BGH NJW 53, 745), **b)** Verpflichtung der Klagepartei zur Sicherheitsleistung für Prozeßkosten ausgesprochen wird, Wert der Hauptsache (Hamburg MDR 74, 53).

● **Zwischenstreit** über die Einrede der örtl Unzuständigkeit: Streitwert des mit der Klage geltend gemachten vollen Anspruchs (Düsseldorf Rpfleger 72, 463; Lappe NJW 94, 1190 I 1b), im Berufungsverfahren jedoch geringerer Wert (LG Braunschweig NJW 73, 1846; s auch „Prozeßhindernde Einreden"). Beschwer der Berufung gegen ein Zwischenurteil auf Leistung einer Ausländersicherheit ist gleich der Höhe der angeordneten Sicherheit (Karlsruhe MDR 86, 593).

4 *[Nebenforderungen]*

(1) Für die Wertberechnung ist der Zeitpunkt der Einreichung der Klage, in der Rechtsmittelinstanz der Zeitpunkt der Einlegung des Rechtsmittels, bei der Verurteilung der Zeitpunkt des Schlusses der mündlichen Verhandlung, auf die das Urteil ergeht, entscheidend; Früchte, Nutzungen, Zinsen und Kosten bleiben unberücksichtigt, wenn sie als Nebenforderungen geltend gemacht werden.

(2) Bei Ansprüchen aus Wechseln im Sinne des Wechselgesetzes sind Zinsen, Kosten und Provision, die außer der Wechselsumme gefordert werden, als Nebenforderungen anzusehen.

I) Abs 1 Hs 1. § 4 gilt für die sachliche **Zuständigkeit** erster Instanz u die Rechtsmittelbeschwer (§§ 511a, 546 II, 567 III). 1

1) Im ersten Rechtszug: a) bei Klagen und Verfahren ohne Klage der **Tag des Eingangs** der Klageschrift oder der Antragsschrift **bei Gericht. Steigen oder Sinken** des Wertes bei gleichbleibendem Prozeßgegenstand ist ohne Einfluß auf die durch Rechtshängigkeit (Klagezustellung) begründete Zuständigkeit (§ 261 III Nr 2). 2

b) Für das **Mahnverfahren** ist immer das AG sachl zuständig (§ 689). Eine Wertberechnung kann erst nach Widerspruch gg den Mahnbescheid (§ 694 I) u Überleitung der Sache in das streitige Verfahren erforderl werden. Da sich die Abgrenzung der Zuständigkeit des AG von derjenigen des LG nach dem Wert des Streitgegenstands richtet u erstmals nach Abgabe der Streitsache (§ 696 I 4) eine Prüfung der sachl Zuständigkeit durch das vom Antragsteller nach § 690 I Nr 5 bezeichnete Abgabegericht stattfindet, entspricht der Tag des Akteneingangs bei dem in Empfang nehmenden Gericht dem nach § 4 I maßgebenden Zeitpunkt der „Klageeinreichung" (Frankfurt NJW-RR 92, 1341, 1342; NJW-RR 95, 831). Daher Verweisung vom AG zum LG auf Antrag nach § 281, wenn die Zuständigkeitsprüfung ergibt, daß das AG sachl nicht zuständig ist, und umgekehrt (Frankfurt aaO). Bei alsbaldiger (vgl § 270 III) Abgabe nach Widerspruch gg Mahnbescheid u Antrag auf Durchführung des Streitverfahrens gilt bereits mit der Zustellung des Mahnbescheids (§ 693 I) die Rechtshängigkeit als eingetreten, so daß Wertveränderung bei unverändertem Streitgegenstand ohne Bedeutung ist. Bei teilweiser Hauptsacheerledigung vor Eingang der Akten beim Streitgericht ist nur noch die Resthauptsacheforderung streitwertbestimmend (s § 3 Rn 16 „Mahnverfahren"). 3

2) In der Rechtsmittelinstanz der Tag des Eingangs der Rechtsmittelschrift (BGH EzFamR ZPO § 3 Nr 3; MDR 89, 909 = NJW 89, 2755: Tageskurs börsengängiger Aktien). Enthält erst die Berufungsbegründung die Anträge (§ 519 III Nr 1), so ist als Zeitpunkt der Einlegung der Berufung iSd § 4 der Tag des Eingangs der Begründung anzusehen (Düsseldorf NJW 71, 147/148). 4

3) Beim Urteil Schluß der mündl Verhandlung oder in den Fällen des § 128 II 2 u III 2 der dem Schluß der mündl Verhandlung entsprechende Zeitpunkt. 5

4) Gebührenstreitwert: § 15 GKG idF des KostRÄndG 1994 stellt nur noch auf den Zeitpunkt der die Instanz einleitenden Antragstellung ab. 6

Trennung (§ 145), **Verbindung** (§ 147), **Teilurteil** (§ 301) sind ohne Einfluß auf den Zuständigkeitsstreitwert; den Gebührenstreitwert verändern sie nur für die Zukunft. Soweit es für den Gebührenstreitwert bei **Rechtsmitteln** auf den Wert der Beschwer ankommt (§ 14 I 2 GKG), ergibt sich dieser aus dem Antrag des Rechtsmittelklägers in der Vorinstanz u dem, was ihm die Vorinstanz aberkannt hat (s dazu Celle MDR 75, 767); wenn Rechtsmittelanträge fehlen oder verspätet eingereicht werden, ist der Gebührenstreitwert danach zu bemessen, inwieweit der Rechtsmittelführer in der Vorinstanz unterlegen ist, § 14 I GKG. 7

II) Nebenforderungen (Abs 1 Hs 2) sind von der eingeklagten Hauptsache abhängige, mit ihr in demselben Rechtsstreit von derselben Partei gegen denselben Gegner (BGH KoRsp ZPO § 4 Nr 72 m krit Anm Lappe) verfolgte, wenn auch getrennt von der Hauptsache berechnete Forderungen. Andere als die in § 4 genannten Forderungen sind der Hauptsache **hinzuzurechnen,** insbesondere solche wegen Schadensersatzes (BGH KoRsp ZPO § 4 Nr 30, 74: Zinsen als Schaden; München NJW-RR 94, 1484: Sachverständigenkosten als Schaden). 8

1) Früchte einer Sache sind deren natürl Erzeugnisse oder Ausbeute (§ 99 I BGB), ferner die Erträge, die eine Sache vermöge eines Rechtsverhältnisses, zB eines Mietverhältnisses, gewährt 9

(§ 99 III BGB). Früchte eines Rechts sind die Erträge, die das Recht seiner Bestimmung gemäß gewährt, zB Darlehenszinsen.

10 2) **Nutzungen** sind die Früchte einer Sache oder eines Rechts sowie die Vorteile, die der Gebrauch der Sache oder des Rechts gewährt, § 100 BGB.

11 3) **Zinsen** sind die vom Schuldner zu entrichtende fortlaufende Entschädigung für die Überlassung eines Kapitals. Werden neben einer Hauptforderung Verzugszinsen geltend gemacht, so sind diese bei der Berechnung des Streitwertes nicht besonders zu berücksichtigen, auch nicht, wenn die Verzugszinsen im Klageantrag ausgerechnet sind und mit der Hauptforderung zu einem einheitlichen Forderungsbetrag zusammengefaßt (Schneider MDR 84, 265 m Nachw) oder mit der Hauptsumme auf Grund eines deklaratorischen Schuldanerkenntnisses verlangt (Köln KoRsp GKG § 22 Nr 8, anders bei abstraktem Anerkenntnis, s Schneider Anm zu Köln aaO) oder von einer Partei vergleichsweise übernommen (Düsseldorf JurBüro 84, 1865) oder in eine Wechselforderung aufgenommen werden (irrig Hamm KoRsp ZPO § 4 Nr 53 m abl Anm Schneider = AnwBl 84, 504 m abl Anm Chemnitz); Zinsen aus einem nicht oder nicht mehr in Streit stehendem Teil der Hauptforderung sind nach BGH zu berücksichtigen (BGHZ 26, 174; NJW 94, 1869). Erledigt sich im **Mahnverfahren** die Hauptforderung vor Eingang der Akten beim Streitgericht, dann bestimmt fortan nur der noch offene Zinsanspruch den Streitwert (Zweibrücken KoRsp ZPO § 3 Nr 791). Bei **Zusammenfassung von Darlehen und Kreditgebühren** in einem Betrag werden die Gebühren nicht herausgerechnet (s § 3 Rn 16 unter „Ratenzahlungskredit"). Die Zinsen für die Hauptschuld sind auch dann Nebenforderungen, wenn der Bürge dafür in Anspruch genommen wird (BGH MDR 58, 765). Bei Klage auf **Befreiung** von Schuld sind deren Zinsen auch Nebenforderungen des Befreiungsanspruchs (BGH NJW 60, 2336; MDR 76, 649; ausf Weisbrodt JurBüro 95, 115). Nebenforderung sind auch Steuersäumniszuschläge, wenn sie mit der Steuerhauptforderung eingeklagt werden (BGHZ 66, 91). Zinsen auf die im Streit befindl Hauptforderung bleiben Nebenforderungen, wenn sie erst mit der Anschlußberufung in den Rechtsstreit eingeführt werden (Schleswig SchlHA 76, 14; Köln KoRsp ZPO § 4 Nr 49 m Anm Schneider), desgleichen bei Anfechtung des Teilurteils in der Hauptsache und der Schlußurteils-Kostenentscheidung (Frankfurt JurBüro 81, 1732); anders, wenn der Zinsanspruch durch Klagerücknahme (§ 269 I) oder Verzicht hinsichtlich der Hauptforderung (§ 306) oder durch Beschränkung des Rechtsmittelantrages auf das Zinsbegehren verselbständigt wird (§ 511a Rn 24). **Hinterlegungszinsen** sind streitwertmäßig Teil der hinterlegten Masse und hinzuzurechnen (BGH MDR 67, 280; MDR 95, 196 für Pfandrecht am Sparbuch; LG Köln ZMR 96, 145 für Mietkaution), wobei die Gesamtsumme auf dem Hinterlegungskonto im Zeitpunkt der Schlußverhandlung maßgebend ist (Köln JurBüro 80, 281). Die Beschwer einer Zinsforderung mit ungewissem Erfüllungszeitpunkt ist gem § 3 frei zu schätzen (BGH Rpfleger 81, 396). Teilzahlungen sind nach § 367 BGB vorweg auf die Zinsen zu verrechnen, weil dies für Streitwert und Zulässigkeitswert ausschlaggebend sein kann (s Schneider DRiZ 79, 310).

12 4) **Kosten.** Gemeint sind nur die **vor** Klageerhebung entstandenen (RG JW 31, 1035), sofern sie neben der Hauptleistung gefordert werden, zB Kosten eines Vorprozesses (RGZ 56, 256), Mahnkosten (Bamberg KoRsp ZPO § 4 Nr 54), anläßl einer Unfallfinanzierung erfallene Bearbeitungsgebühren (Köln JMBlNRW 74, 45). Im **Deckungsprozeß** des Versicherers gegen den Haftpflichtversicherer sind die gegen den Geschädigten rechtskräftig festgesetzten Kosten hinzuzurechnen (BGH MDR 76, 649; Weisbrodt JurBüro 95, 115). Bei der **Klage aus § 826 BGB** auf Titelherausgabe und Unterlassung der Vollstreckung bleiben die festgesetzten Kosten außer Ansatz (BGH NJW 68, 1275; zu den Zinsen s § 3 Rn 16 „Unterlassung"). Bei einem bloßen Kosten-Schlußurteil ist der Streitwert für die gegen Teil- und Schlußurteil eingelegten Berufungen nur nach dem Wert der Hauptsache anzusetzen (Frankfurt JurBüro 81, 1732; Köln KoRsp ZPO § 4 Nr 49 m Anm Schneider).

13 **III)** Unter **Abs 2** fallen alle Ansprüche aus Art 45 ScheckG, der Art 48 I WG entspricht. Diskontspesen u die Wechselunkosten, die der Kläger im Regreßweg bezahlt hat u gegen den Bürgen mit der Wechselsumme einklagt, sind Hauptforderung (KG OLGE 21, 63).

14 **IV) Gebührenberechnung:** § 22 GKG. Übersehen wird mitunter, daß Handlungen, die (nur) Nebenforderungen betreffen, besondere Gebühren (mit einem eigenen Streitwert, § 22 Abs. 2 GKG) auslösen können, was bei der Kostenentscheidung entsprechend zu berücksichtigen ist (Herget abl Anm zu KG KoRsp GKG § 22 Nr 21).

5 *[Zusammenrechnung]*

Mehrere in einer Klage geltend gemachte Ansprüche werden zusammengerechnet; dies gilt nicht für den Gegenstand der Klage und der Widerklage.

1 **I) Geltungsbereich: 1) Hs 1** gilt für den Zuständigkeits- und den Rechtsmittelstreitwert, über § 12 I GKG auch für den Gebührenstreitwert, vorbehaltlich kostenrechtlicher Sonderregelungen wie zB §§ 12 III, 16 III, 18, 19 GKG.

2) **Hs** 2 gilt nur für den Zuständigkeitsstreitwert (Schneider MDR 88, 271). Durch das Verbot der Wertaddition soll verhindert werden, daß die sachl Zuständigkeit des LG eintritt u Verweisung nach § 506 beantragt wird. Nur der höhere Wert der Klage oder der Widerklage ist entscheidend. Im Falle der **Widerklage** richtet sich der **Gebührenstreitwert** nach § 19 I GKG. Betreffen Klage u Widerklage **denselben Streitgegenstand,** so berechnen sich die Gebühren nach dem einfachen Wert des Gegenstands, anderenfalls nach der Summe der beiden Werte. Die sog Identitätsformel (RGZ 145, 166; BGHZ 43, 33) zu § 19 I GKG, wonach Wertaddition ausgeschlossen ist, wenn die beiderseitigen Ansprüche einander ausschließen, so daß die Zuerkennung des einen Anspruchs notwendig die Aberkennung des anderen bedingt, paßt nur, wenn es um denselben Streitgegenstand geht, nicht bei Teilidentität (Köln JurBüro 90, 241). § 5 Hs 2, wonach für die Bemessung des Zuständigkeitsstreitwerts die Zusammenrechnung der Klage u Widerklage zu unterbleiben hat, gilt **nicht für die Beschwer** bei Berufung u Revision: Unterliegt eine Partei mit Klage u Widerklage, so sind in Bezug auf die Beschwer bei einem Rechtsmittel beide Werte zusammenzurechnen (ganz hM). Neuerdings gehen Berufungskammern (jetzt sogar OLG Düsseldorf NJW 92, 3246; hierzu OLG Oldenburg NJW-RR 93, 827: abwegig) dazu über, sich durch Anwendung des § 5 auch auf die Beschwer zu entlasten (Gießen NJW 75, 2206; 85, 870; wieder aufgegeben in NJW 92, 2709; Aachen MDR 87, 853; 90, 451; Tübingen NJW-RR 92, 119; Memmingen NJW 92, 2710; Berlin NJW 92, 2710; Siegen MDR 92, 807; zust nur Glaremin NJW 92, 1146 – allerdings „in eigener Sache“, wie sie aaO aE zeigt). Diese Abkehr von hundertjährigem Gewohnheitsrecht (seit RGZ 7, 383 – Urt v 29. 9. 1882) ist nach Begründung und Ergebnis unhaltbar (BGH NJW 94, 3292; Schneider NJW 92, 2680; Oehlers NJW 92, 1167). 2

II) Zusammenrechnung nach § 5 grundsätzl bei objektiver (§ 260) u subjektiver (§§ 59 ff) Klagenhäufung, wenn die Ansprüche verschiedene Streitgegenstände haben (BGH AnwBl 76, 339), und zwar unabhängig von der Verfahrensart, also auch im Mahn-, Arrest- oder Verfügungsverfahren. Das gilt auch im Streitgenossenprozeß (s § 3 Rn 16 unter „Streitgenossen“). Besonders **wichtige Prozeßlagen:** 3

1) **Haupt- u Hilfsanträge:** Nie Addition zur Ermittlung des **Zuständigkeitsstreitwerts;** bewertet wird allein der höhere Anspruch. Den **Gebührenstreitwert** bilden beide Anträge, wenn beide beschieden wurden (§ 19 I 2 GKG) und nicht denselben Gegenstand betreffen. Hilfsbegründungen für denselben Anspruch sind wertmäßig immer unbeachtlich (Bremen JurBüro 79, 731). 4

2) **Klage u Hilfswiderklage:** S § 3 Rn 16 „Eventualwiderklage“. 5

3) **Rechtsmittel:** § 5 gilt für Streitgenossen unabhängig davon, ob alle oder nur einer von ihnen das Rechtsmittel einlegt (s § 3 Rn 16 „Streitgenossen“ u § 511a Rn 17) und ob dies durch getrennte Schriftsätze geschieht (BAG NZA 84, 167). 6

4) **Zusammenrechnung** findet zB statt bei der Stufenklage nach § 254 (str; aA MK/Lappe 21; zum Gebührenwert: § 18 GKG); bei Unterlassungsansprüchen gegen mehrere Unterlassungsschuldner, da diese keine Gesamtschuldner sind (Koblenz WRP 85, 45); ebenso bei Anträgen auf Widerruf gegenüber verschiedenen Adressaten (München MDR 93, 286). Auch vermögensrechtliche und nichtvermögensrechtliche Ansprüche werden addiert, wobei aber für den Gebührenwert die Einschränkung des § 12 III GKG zu beachten ist. 7

5) **Keine Zusammenrechnung:** Wird neben einem Anspruch ein anderer geltend gemacht, der nur aus diesem folgt oder auf dasselbe Interesse ausgerichtet ist oder nur den Zweck verfolgt, ihn zu rechtfertigen oder ihm als Voraussetzung oder Begründung zu dienen, so liegt nur das Begehren einer einheitl Leistung vor. Es greift das sog **Additionsverbot wegen wirtschaftlicher Identität** ein (Oldenburg KoRsp ZPO § 5 Nr 67 m Anm Schneider; ausführl Frank Anspruchsmehrheiten im Streitwertrecht, 1986, S 164 ff, 206). **Beispiele für Klagen:** Zahlungsantrag und Freigabe eines darin enthaltenen Teilbetrages (Frankfurt OLGR 94, 96); Leistung und Duldung (KG AnwBl 79, 229); Hauptschuldner und Bürge (LG Kaiserslautern Rpfleger 66, 347): Feststellung der Erfüllung und Schuldscheinrückgabe oder Löschung der dingl Sicherheit; Rückerstattung der Anzahlung aus einem Kaufvertrag und Feststellung, daß der Beklagte sich in Annahmeverzug befindet (LG Mönchengladbach KoRsp ZPO § 5 Nr 57 m Anm Schneider); Werklohn und Sicherungshypothek oder Rückzahlung eines Kredits und Herausgabe der Sicherungsobjekte (Frankfurt KoRsp ZPO § 5 Nr 43; München MDR 68, 697); Zahlung des Kaufpreises und Abnahme der Ware (hM; einschränkend Schneider/Herget Rn 96); Inanspruchnahme von Gesamtschuldnern oder umgekehrt Klage von Grundstückseigentümern gegen einen Störer auf Lärmunterlassung (BGH Warneyer 1987 Nr 36). Weder Addition noch Werterhöhung tritt ein, wenn ein Herausgabeantrag verbunden wird mit dem Antrag auf Leistung von Schadensersatz nach fruchtlosem Fristablauf, was nach §§ 255, 259, 260, 510b möglich ist (§ 3 Rn 16 „Schadensersatz“). 8

6) **Aufrechnung:** Ebenso wie bei der Widerklage (§ 5 Hs 2 – § 19 I GKG) ist auch bei Aufrechnung zwischen Zuständigkeitswert, Rechtsmittelwert und Gebührenwert zu unterscheiden. Für den **Zuständigkeitsstreitwert** werden Klageforderung u Gegenforderung nicht zusammengerech- 9

net, wohl für den Gebührenstreitwert, wenn und soweit über die Gegenforderung mit Rechtskraftwirkung (§ 322 II) entschieden wird (§ 19 III GKG; s § 3 Rn 16 unter „Aufrechnung"). In der **Rechtsmittelinstanz** verwischen sich diese erstinstanzl Grundsätze, weil dort die sog materielle Beschwer des aufrechnenden Beklagten durchschlägt (s Rn 24 vor § 511), so daß insoweit im Ergebnis die Regelung des § 19 III GKG gilt.

6 *[Besitz, Sicherstellung, Pfandrecht]*
Der Wert wird bestimmt: durch den Wert einer Sache, wenn es auf deren Besitz, und durch den Betrag einer Forderung, wenn es auf deren Sicherstellung oder ein Pfandrecht ankommt. Hat der Gegenstand des Pfandrechts einen geringeren Wert, so ist dieser maßgebend.

1 I) Wertvorschrift für Zuständigkeit und Rechtsmittelzulässigkeit; auf **Gebührenstreitwert** nur **analog** anzuwenden, wobei Verfassungsgrundsatz der Verhältnismäßigkeit verlangt, daß dann der wirkliche wirtschaftliche Streit der Parteien maßgebend ist (Köln KoRsp ZPO § 6 Nr 78 m zust Anm Lappe, Nr 83; ähnlich Frankfurt JurBüro 81, 759; Schneider MDR 84, 266); aA die hM (zB Nürnberg MDR 95, 966; München OLGR 94, 239 und 264; Frankfurt OLGR 95, 238), die § 6 auch gebührenrechtlich rein formal anwendet, wogegen sich jedoch die Rspr zunehmend wendet (vgl zB München KoRsp ZPO § 6 Nr 96 m Anm Schneider; Celle KoRsp ZPO § 6 Nr 97 m Anm Schneider = NdsRpfl 83, 184). München u Celle aaO wenden § 3 statt § 6 an, wenn nicht zugleich um den Besitz gestritten wird.

2 1) **Wert einer Sache** ist maßgebend bei Klagen um **Besitz,** nach hA „erst recht" bei Streit um das **Eigentum** (Rn 1). Zu schätzen (§ 3) ist der **Verkehrswert** bei Einreichung von Klage oder Rechtsmittel. Nach hM bleiben auf dem Grundstück ruhende Grundpfandrechte außer Betracht (BGH ZIP 82, 221; s Schneider/Herget Rn 337 ff). Belastungen, die die wirtschaftl Nutzung des Grundstücks selbst mindern, verringern aber auch nach BGH (JurBüro 58, 387; ebenso Schleswig KoRsp ZPO § 6 Nr 80 m Anm Schneider; Bamberg JurBüro 92, 629) den Streitwert, zB Wegerechte. Außer Betracht bleiben nach hM auch Gegenleistungen, selbst wenn nur sie streitig sind (Nürnberg MDR 95, 966; s § 3 Rn 16 „Auflassung" u „Gegenleistung"). Die Gegenleistung ist maßgebend, wenn nur ihretwegen ein Rechtsmittel eingelegt wird (allg M). § 6 ist entsprechend anzuwenden bei Anfechtung außerhalb des Konkurses (BGH KoRsp ZPO § 6 Nr 82 und Nr 147), nicht dagegen für die Klage aus § 771 auf Ausschluß der Berechtigung zur Teilungsversteigerung nach § 180 I ZVG, für die § 3 gilt (Karlsruhe KoRsp ZPO § 3 Nr 586).

3 2) Der **Besitz einer Sache** ist Gegenstand des Streits, wenn der Klageanspruch auf Erlangung oder Wiedererlangung (§ 861 BGB) gerichtet ist, auch wenn der Anspruch aus einem obligatorischen Rechtsverhältnis hergeleitet wird (zB aus einem Kaufvertrag). Bei Besitzstörung (§ 862 BGB) gilt § 3 (Zweibrücken KoRsp ZPO § 6 Nr 100).

4 a) Man unterscheidet **unmittelbaren, mittelbaren, Eigen- und Fremdbesitz.** § 6 trifft bei allen Besitzklagen zu, gleichgültig, ob das Recht, auf Grund dessen die Sache in Anspruch genommen wird, dingl (zB Eigentum, Dienstbarkeit) oder obligatorisch (Verschaffungsanspruch) ist. Auch wenn nur das **Eigentum** an der Sache strittig ist, ist nach ganz überwiegender Ansicht (Rn 1) § 6 anzuwenden: Klage auf **Feststellung** des Eigentums (KG NJW 70, 334; nach Frankfurt JurBüro 85, 278 = KoRsp ZPO § 6 Nr 106 m Anm Schneider u Lappe auch des Heimfallrechts); auf **Auflassung** (Celle NdsRpfl 62, 111) oder Rückauflassung (Schleswig Rpfleger 80, 239) oder Rükkenteignung (München JurBüro 79, 896), wobei immer auf den Verkehrswert zur Zeit der Klageerhebung abzustellen ist (München JurBüro 79, 896) und bei Auflassung wegen eines ideellen Grundstücksteils nur der entsprechende Teilwert angesetzt wird (Schleswig Rpfleger 80, 239).

5 b) Bei Klagen auf **Herausgabe von Sachen** ist auf den Endzweck des Prozesses Rücksicht zu nehmen, insbesondere auf das zugrunde liegende Rechtsverhältnis und den vom Kläger verfolgten Zweck (München JurBüro 84, 1401; Düsseldorf OLGR 93, 79: Fahrzeugschlüssel = Kosten der Ersatzbeschaffung oder Erneuerung der Schließanlage). Für Herausgabeansprüche aus **Miet- oder Pachtverhältnis** gilt die Sondervorschrift des § 8, gebührenrechtlich die des § 16 GKG, die hin und wieder fälschlich auch für die Berechnung der Rechtsmittelbeschwer herangezogen wird (s zB LG Hannover KoRsp ZPO § 3 Nr 529 m abl Anm Lappe; LG Münster KoRsp ZPO § 3 Nr 679 m abl Anm Schneider); das BVerfG hat diese Praxis für willkürlich erklärt (Beschl v 15. 1. 96 – 1 BvR 1181/95). Bei Klage des Mieters auf Duldung der Wegnahme eingebauter Sachen: § 6 (nach dem idR verminderten Wert dieser Sachen, den sie nach der Trennung von den Mieträumen haben, KG Rpfleger 71, 227). Auch die Klage auf Einwilligung in die Herausgabe einer hinterlegten Sache richtet sich nach § 6, wobei gemeinsame Berechtigung mehrerer Personen zur Empfangnahme den Streitwert anteilig verringern kann (KG AnwBl 78, 107).

6 c) Bei Klagen auf **Herausgabe eines Pfandes** oder eines **sicherungsübereigneten** Gegenstandes bestimmt sich der Streitwert nach der Forderung (ohne Nebenforderungen!), wenn dieser

geringer ist als der Sachwert (ratio des § 6). Diese Regelung ist als **allgemeiner Rechtsgrundsatz** zu verstehen, der wiederum Ausdruck wirtschaftlicher Betrachtungsweise im Streitwertrecht ist. In der Rspr des BGH hat sich die wirtschaftliche Betrachtungsweise zB durchgesetzt in der Neubewertung von Miterbenstreitigkeiten ab BGH MDR 1975, 741 (dazu Schneider JurBüro 77, 433) oder in der Bewertung der Anfechtung außerhalb des Konkurses (BGH WPM 82, 435 u 1443; KoRsp ZPO § 6 Nr 147) und der Drittwiderspruchsklage (BGH WPM 83, 246). Dies ist bei allen Bewertungen nach § 6 zu berücksichtigen.

d) Bei Klagen auf **Herausgabe von Urkunden** usw ist der Zweck der Klage zu ermitteln. 7
Handelt es sich um den Besitz der Urkunde, so fragt es sich, was der Kläger, wenn er in den Besitz gelangt, mit ihr unter gewöhnl Verhältnissen erreichen kann. Der Besitz von Inhaberpapieren und dgl kommt dem Betrag der darin verbrieften Forderung bzw dem Kurswert gleich (RGZ 46, 401; BGH WPM 89, 1004 = NJW 89, 2755; Düsseldorf OLGR 93, 266). Bei Klage auf Herausgabe von Schuldscheinen, Hypotheken- u Grundschuldbriefen und dgl, bei denen die beurkundete Forderung nicht an jeden Inhaber geleistet werden kann, trifft § 3 zu, wenn es sich nur um die Herausgabe, nicht auch um die beurkundete Forderung handelt. Siehe auch § 3 Rn 16 unter „Herausgabeklagen".

II) Betrag einer Forderung: 1) Ist die **Forderung selbst** Streitgegenstand, dann ist vorbehalt- 8
lich der §§ 8, 9 ihr Nennbetrag maßgebend, desgleichen bei ihrer **Sicherstellung.** Auf den Rechtsgrund der verlangten Sicherheit (Vertrag, Gesetz) kommt es ebensowenig an wie auf die Mittel der Sicherstellung, zB Eintragung einer Vormerkung im Grundbuch aus §§ 648, 883 BGB, Sicherungsübereignung, Abtretung einer Forderung, Bürgschaftsleistung.

2) Pfandrecht: S 2 trifft zu bei Streit, ob ein **Pfandrecht** besteht oder nicht, ob es erloschen ist 9
oder aufgehoben werden muß, ferner bei Klage des Eigentümers von bewegl oder unbewegl Sachen oder Rechten an diesen auf Feststellung der Freiheit seines Eigentums von Pfandrechten, bei Klage auf Rangeinräumung, Pfandherausgabe zwecks Verkaufs und bei Klagen, mit denen der Eigentümer der Pfandsache wegen Tilgung der Pfandschuld Quittungsleistung und Löschungsbewilligung fordert. Ob das Pfandrecht auf Vertrag, Gesetz oder auf Pfändung gestützt ist, ist gleichgültig. Solange ein Pfandrecht noch nicht begründet worden ist, sondern nur erstrebt wird, ist allein die Forderung wertbestimmend und § 6 S 2 noch nicht anzuwenden (München Rpfleger 59, 74). Bei Berechnung der gesicherten Forderungen sind **Zinsen und Kosten** nicht zu berücksichtigen (§ 4 I); anders beim Pfandrecht; besteht es an einem Sparguthaben, erstreckt es sich auch auf die angefallenen Zinsen, so daß diese Streitwert und Beschwer entsprechend erhöhen (BGH MDR 95, 196 = NJW-RR 95, 362: Freistellung von einer Verpfändung; LG Köln ZMR 96, 145 für Mietkaution; kein Fall des § 4 I). Zur Klage auf Bewilligung der **Löschung,** auf Feststellung des Erloschenseins **einer Hypothek oder Grundschuld** oder der auf Erteilung einer löschungsfähigen Quittung s § 3 Rn 16 unter „Löschung" u „Hypothek". Für eine Klage auf Abtretung eines wertlosen Grundpfandrechts ist bei Streitwertbemessung nur ein Erinnerungswert anzusetzen (Köln MDR 69, 678).

3) Wird mit der Pfand- oder der Löschungsklage die Klage auf Feststellung des Nichtbeste- 10
hens der Forderung verbunden, so ist Streitwert nur der Betrag der Forderung; § 6 S 2 trifft nicht zu. Beim Streit über den **Vorrang** einer Hypothek ist Streitwert der Betrag des vor- oder zurücktretenden Postens oder der Grundstückswert, je nachdem welcher geringer ist. Klage auf Verschaffung eines Rangvorbehalts: Interesse am Zurückdrängen der eingetragenen vorgehenden Rechte, jedoch höchstens der Grundstückswert, wenn dieser wegen Überlastung geringerwertig ist (Schneider JurBüro 69, 1029).

7

[Grunddienstbarkeiten]

Der Wert einer Grunddienstbarkeit wird durch den Wert, den sie für das herrschende Grundstück hat, und wenn der Betrag, um den sich der Wert des dienenden Grundstücks durch die Dienstbarkeit mindert, größer ist, durch diesen Betrag bestimmt.

I) 1) Grunddienstbarkeiten (§§ 1018 ff BGB) sind Rechte, die dem **jeweiligen** Eigentümer 1
eines (herrschenden) Grundstücks an einem anderen (dienenden) Grundstück zustehen u dahin gehen, **a)** daß der Berechtigte das dienende Grundstück in einzelnen Beziehungen benutzen darf (zB Gehen, Fahren über das Grundstück) oder **b)** daß er die Vornahme gewisser Handlungen auf dem Grundstück verbieten kann (zB gewisse Stellen dürfen nicht mit Fenstern versehen werden) oder **c)** daß die Ausübung gewisser Rechte, die sich von Gesetzes wegen aus dem Eigentum des dienenden Grundstücks gegenüber dem herrschenden Grundstück ergeben, ausgeschlossen wird (zB Verzicht auf lärmintensiven Gewerbebetrieb).

2) § 7 trifft zu bei Klagen auf **Bestellung** einer Grunddienstbarkeit, auf **Feststellung des** 2
Bestehens oder **Nichtbestehens** oder des **Umfanges** (RG JW 08, 277), auf **Unterlassung** der

Beeinträchtigung einer Grunddienstbarkeit gemäß § 1027 BGB, wenn der Umfang der Grunddienstbarkeit streitig ist (KG OLGE 33, 73), sowie bei nachbarrechtl Eigentumsbeschränkungen, zB **Licht-** oder **Fensterrecht** (BGH Rpfleger 59, 112; Schleswig Rpfleger 57, 2) und bei der Klage auf Duldung eines **Notweges** oder **Überbaues** (s § 3 Rn 16 unter „Überbau").

3 Richtet sich die **Abwehrklage aus § 1004 BGB** gegen einen Beklagten, der kein Recht für sich in Anspruch nimmt, so gilt § 3; § 7 nur dann, wenn die Störung in der Ausübung einer (angemaßten) Grunddienstbarkeit besteht.

4 **3)** Die Werte des § 7 sind nach § 3 zu schätzen, wobei es gem § 4 auf den Zeitpunkt der Klageeinreichung bzw Rechtsmitteleinlegung ankommt. Ist auch auf Beseitigung der Anlage geklagt, so sind die hierfür nötigen Kosten zu berücksichtigen. In der **Rechtsmittelinstanz** ist das Interesse des Rechtsmittelklägers an der Abänderung der Entscheidung maßgebend (BGHZ 23, 205). Für die Bemessung der Beschwer ist § 7 nicht anwendbar, da nur das Interesse des Rechtsmittelführers als der unterlegenen Partei maßgebend ist.

5 **II) Nicht § 7, sondern § 3** ist anzuwenden, wenn es sich um **rein schuldrechtl Verpflichtungen** handelt, zB um die Duldung der Durchlegung von Wasserleitungsröhren, um die Unterlassung von Bauten oder die Entnahme von Wasser, **um eine beschränkte persönl Dienstbarkeit** (§ 1090 BGB) oder eine **Reallast** (§ 1105 BGB). Beseitigung eines Überbaus: Grds § 3 (BL/Hartmann Rn 2; BGH KoRsp ZPO § 7 Nr 2 m abl Anm Schneider = MDR 86, 663; aA MK/Lappe Rn 5: immer § 7); anders wenn der Bekl ein Recht zum Überbau aus einer Grunddienstbarkeit herleitet; dann gilt § 7 (Schneider Anm zu KoRsp ZPO § 7 Nr 2; aA BGH aaO, zum Wert des Beschwerdegegenstandes aufgegeben in NJW 94, 735).

8 *[Miete, Pacht]*

Ist das Bestehen oder die Dauer eines Pacht- oder Mietverhältnisses streitig, so ist der Betrag des auf die gesamte streitige Zeit fallenden Zinses und, wenn der fünfundzwanzigfache Betrag des einjährigen Zinses geringer ist, dieser Betrag für die Wertberechnung entscheidend.

1 **I)** Für die **Gebührenrechnung** gilt § 16 GKG (s § 3 Rn 16 unter „Mietstreitigkeiten"). Völlig falsch und willkürlich (BVerfG Beschl v 15. 1. 96 – 1 BvR 1181/95) ist die vereinzelt anzutreffende Praxis, auch die Rechtsmittelbeschwer nach § 16 GKG zu bemessen (s LG Berlin MDR 85, 1034 = KoRsp GKG § 16 Nr 43 m Anm Schneider).

2 **II) 1)** § 8 gilt für die **Zuständigkeit** und – vorbehaltlich der §§ 23 Nr 2a GVG, 29a ZPO – auch für den Rechtsmittelwert (BGH NJW-RR 94, 256).

3 **a)** § 8 gilt für bewegliche (insoweit abweichend von § 16 II GKG) und unbewegliche Sachen. Bei **ähnlichen** Nutzungsverhältnissen, die weder Miete noch Pacht sind, berechnet sich der Zuständigkeitswert nach § 6 (KG OLGE 29, 87), der Gebührenstreitwert nach § 16 GKG.

4 **b)** § 8 gilt **nicht** bei Klagen auf **Zahlung** von Miet- oder Pachtzinsen, Leistung von Reparaturen, ordnungsgemäße Bewirtschaftung, bei Klagen Dritter oder gegen sie bezügl des Mietrechts (BGH LM § 256 ZPO Nr 25); nicht bei Klagen auf Abschluß eines Vertrags und nicht, wenn nur die Folgen der Auflösung des Miet- oder Pachtverhältnisses streitig sind, und bei Klagen des Vermieters auf Räumung bei unbestrittenem Ende der Mietzeit (hierzu §§ 3, 6; RG JW 32, 1058). Bei **Miet-** oder **Pachterhöhungsklagen** ist § 16 V GKG gebührenrechtlich lex specialis. Für gewerbliche Räume ist die Vorschrift analog anzuwenden (äußerst umstr, s Schneider MDR 91, 499 m Nachw; aA Brandenburg JurBüro 96, 193 = KoRsp ZPO § 9 Nr 52 m Anm Herget; Frankfurt MDR 93, 697).

5 **2) „Streitige Zeit"** ist der gesamte Zins, den der Mieter oder Pächter zu bezahlen hat (BGH WPM 91, 1616). Maßgebend sind die Angaben in der Klageschrift (Stuttgart JurBüro 95, 486 zur „streitigen Zeit" in § 16 GKG). Säumnis des Beklagten (§ 331 I 2) oder Geständnisfiktion (§ 138 III) sind unerheblich, weil es auf den Vortrag des Klägers ankommt (LG Passau KoRsp GKG § 16 Nr 28 m Anm Schneider). Die streitige Zeit endet mit dem Tag, an dem der Vertrag unbestritten ablaufen würde, bei Verträgen auf festbestimmte Zeit nach deren Ablauf, bei Verträgen mit Kündigungsfristen oder auf unbestimmte Zeit mit dem Tag, auf den derjenige hätte kündigen können, der die längere Bestehenszeit behauptet (BGH MDR 92, 913). Im **Rechtsmittelverfahren** ist nicht die Einlegung des Rechtsmittels maßgebend, da § 8 auf „die gesamte streitige Zeit" abstellt und insoweit § 4 I verdrängt (BGH MDR 59, 1009). Dies gilt auch beim Streit, ob eine Kündigung ohne Einhaltung einer Frist berechtigt war, oder wenn gem § 257 Klage auf künftige Räumung an einem bestimmten Kalendertag erhoben wird, es sei denn, daß die Zeit nach diesem Tag streitig würde. Kein Abschlag, weil nur Feststellungsklage (BGH NJW 58, 1291). Ausführlich Schneider ZAP F 24 S 174.

3) **„Zins“** ist nicht nur der in Geld zu zahlende oder in Naturalien zu erbringende Miet- oder Pachtbetrag, sondern dazu rechnen auch vertragl Gegenleistungen anderer Art (zB Übernahme von öffentl Abgaben u sonstigen Lasten, Feuerversicherungsprämien, Instandsetzungskosten, Baukostenzuschüsse u dgl), ausgenommen Leistungen, die im Verkehr nicht als Entgelt für die Gebrauchsüberlassung angesehen werden (BGH MDR 56, 349; KoRsp ZPO § 8 Nr 7). Übernahme des Wildschadens bei Jagdpacht bleibt grundsätzl außer Betracht (BGH NJW 62, 446). Bei wechselnden Jahresbeträgen ist vom höchsten Jahresbetrag der strittigen Zeit auszugehen (BGHZ 7, 335). Mittelbare Belastungen (Kosten der Räumung) läßt der BGH (MDR 94, 100; 95, 530; krit Lappe NJW 96, 1185 I 1: § 5) unberücksichtigt. 6

9

[Wiederkehrende Nutzungen und Leistungen]

Der Wert des Rechts auf wiederkehrende Nutzungen oder Leistungen wird nach dem dreieinhalbfachen Wert des einjährigen Bezuges berechnet. Bei bestimmter Dauer des Bezugsrechts ist der Gesamtbetrag der künftigen Bezüge maßgebend, wenn er der geringere ist.

I) 1) § 9 (nach Lappe NJW 93, 2785 II verfassungswidrig; aA Frankfurt JurBüro 94, 738) gilt für den **Zuständigkeits-** und den **Rechtsmittel**streitwert. Für den **Gebühren**streitwert gilt § 9 nur, soweit nicht § 17 GKG eingreift (Rn 2). Auch setzt § 9 voraus, daß das **Stammrecht** selbst **Streitgegenstand** ist und nicht nur einzelne Leistungen eingeklagt werden. Das Stammrecht wird voll geltend gemacht bei der **negativen Feststellungsklage** (BGHZ 2, 277), nicht dagegen bei der positiven Feststellungsklage (BGHZ 1, 43; RGZ 166, 76), bei der der übliche $\frac{1}{5}$-Abschlag zu machen ist (zB BGH VersR 68, 278; Hamm AnwBl 77, 111). Das Stammrecht muß erfahrungsgemäß $3\frac{1}{2}$ Jahre dauern können (BGHZ 36, 144), sonst gilt § 3. Bei **Miet-** oder **Pachterhöhungsklagen** wendet die Rspr seit der Neufassung durch das RpflEntlG 1993 in Abkehr von § 3 den § 9 zunehmend für die Ermittlung des Gebührenwertes – soweit nicht § 16 V GKG einschlägig ist – oder der Beschwer an (Brandenburg JurBüro 96, 193; Celle OLGR 96, 84; LG Kiel MDR 94, 834; für die Beschwer: BVerfG WuM 96, 321 = ZMR 96, 308). 1

2) Wiederkehrend sind Nutzungen und Leistungen, wenn sie sich in regelmäßigen oder unregelmäßigen Zeitabschnitten als einheitl Folgen eines Rechtsverhältnisses ergeben. 2

a) § 9 ist **nicht anwendbar,** wenn es sich um einmalige (zB Lagergeld), ununterbrochen fortdauernde (zB ein Wohnrecht oder ein Nießbrauch, München OLGE 33, 147; Düsseldorf JMBlNRW 51, 117; aA Schleswig Rpfleger 62, 426), nur vorübergehend wiederkehrende oder nicht gleichbleibende Nutzungen oder Leistungen handelt (die Rente ist zB für die ersten Jahre niedriger u erhöht sich im Laufe der Jahre [RGZ 66, 424]). Dann Festsetzung nach § 3; ebenso, wenn auf Entrichtung einer erst in Zukunft beginnenden Rente geklagt wird oder das Recht bedingt ist, die jährl Leistungen erst nach einer Reihe von Jahren beginnen sollen (RGZ 26, 409). § 3 ferner bei Klage gegen Dritte auf Befreiung von der gesetzl Unterhaltspflicht, also nicht entspr Anwendung des § 17 II GKG (vgl BGH Rpfleger 74, 428; dagegen soll § 9 anwendbar sein auf den Schadensersatzanspruch der Eltern wegen fehlgeschlagener Sterilisation, BGH KoRsp GKG § 17 Nr 29 m abl Anm Schneider; WM 94, 182). 3

b) § 9 ist **anwendbar** bei Leibrenten (§§ 759 ff BGB), Reallasten (§ 1105 BGB, Frankfurt OLGR 93, 47) oder Altenteil (Altsitz, Ausgeding, LG Freiburg AnwBl 73, 169), bei Rentenansprüchen aus unerlaubter Handlung (§§ 843, 844 BGB), Klage auf Überbau- oder Notwegrenten (BGB §§ 912, 917), auf die Rente aus §§ 520, 845 BGB (BGH Rpfleger 52, 419), auf Dienst- oder Versorgungsbezüge. 4

3) Einjähriger Bezug. Rückstände bis zur Klageeinreichung sind hinzuzurechnen (RGZ 77, 325; § 17 IV GKG). Auch für die Berechnung der Rechtsmittelbeschwer sind nur die bis zur Klageeinreichung, nicht die bis zur Einlegung des Rechtsmittels fällig gewordenen Rückstände hinzuzurechnen (BGH NJW 60, 1459). In **Unterhaltssachen** ist das Klagebegehren maßgebend ohne Rücksicht darauf, ob der Beklagte in bestimmter Höhe schon freiwillig Zahlungen geleistet hat (s dazu § 3 Rn 16 unter „Titulierungsinteresse“). Beim Übergang von der Feststellungs- zur Leistungsklage sind die bis zur Erhebung der Leistungsklage fällig gewordenen Teilbeträge hinzuzurechnen (BGHZ 7, 335). Bei unterschiedl Beträgen verschiedener Zeitabschnitte sind die Höchstjahresleistungen zugrunde zu legen (BGHZ 7, 335). 5

II) § 9 ist für die Gebührenwertfestsetzung unanwendbar: 1) Bei Ansprüchen auf Erfüllung einer auf **gesetzl** Vorschrift beruhenden **Unterhaltspflicht.** Dann wird der Wert des Rechts auf die wiederkehrenden Leistungen, falls nicht der Gesamtbetrag der geforderten Leistungen geringer ist, auf den Betrag des einjährigen Bezugs einschließlich der Rückstände berechnet (§ 17 I, IV GKG). 6

2) Bei Ansprüchen auf Entrichtung einer **Geldrente** wegen **Tötung** eines Menschen oder der **Verletzung** des **Körpers** oder **der Gesundheit** eines Menschen (§§ 843, 844, 845, 618 III BGB) wird 7 gemäß § 17 II GKG der Wert des Rechts auf die wiederkehrenden Leistungen, falls nicht der Gesamtbetrag der geforderten Leistungen geringer ist, auf den **fünffachen** Betrag des **einjährigen Bezugs** berechnet. Ungereimt ist, daß damit der „soziale" Gebührenwert über dem Zuständigkeitswert liegt (Lappe NJW 94, 1189)! Der dreifache Jahresbetrag ist maßgebend bei wiederkehrenden Leistungen aus dem Arbeitsverhältnis, § 17 III GKG. Ist der Rentenanspruch auf Vertrag gestützt, so ist der Wert nach § 9 zu berechnen (§ 17 II 2 GKG).

8 **3)** Ist in einem Verfahren nach **§ 620 S 1 Nr 4, 6** der Unterhalt eines Ehegatten oder die Unterhaltspflicht gegenüber einem minderjährigen Kind zu regeln, so wird der Wert des Rechts auf Unterhalt nach dem sechsmonatigen Bezug berechnet (§ 20 II 1 GKG). Für das nichtehel Kind im Verfahren nach § 641d ist der Wert der Unterhaltspflicht mit dem sechsmonatigen Bezug anzusetzen (§ 20 II 1 GKG).

10 *[Verstoß gegen sachliche Zuständigkeit]*

Das Urteil eines Landgerichts kann nicht aus dem Grunde angefochten werden, weil die Zuständigkeit des Amtsgerichts begründet gewesen sei.

1 **1) Allgemeines. a) Zweck:** Einschränkung des Zuständigkeitsstreits; Grund: Die höhere Instanz ist der niedrigeren (zumindest) gleichwertig; vgl auch Rn 4.

2 **b) Anwendungsbereich:** § 10 gilt unmittelbar nur für die sachliche Zuständigkeit im Verhältnis AG/LG (Rn 3; § 1 Rn 5), mit Einschränkungen auch für die funktionelle (Rn 4; § 1 Rn 6), **nicht** aber für die örtliche (§ 1 Rn 7; insoweit greifen die §§ 512a, 549 II ein) und die Rechtswegzuständigkeit (Rn 3; § 17a V GVG gilt). Er findet nicht nur auf Urteile (Rn 5), sondern auch auf Beschlüsse (Rn 6) Anwendung.

3 **2) Voraussetzungen. a) Verstoß gegen die sachliche Zuständigkeit** im Verhältnis LG/AG. § 10 bezieht sich auf **jede Art** sachlicher Zuständigkeit, nicht nur auf die streitwertabhängige gem §§ 23 Nr 1, 71 I GVG, sondern auch auf die Fälle der ausschließlichen Zuständigkeit des AG (zB gem § 23 Nr 2a GVG iVm § 29a), sofern nur eine LG-Zuständigkeit in der Sache überhaupt in Frage kommt; andernfalls fehlt das in § 10 vorausgesetzte Über-/Unterordnungsverhältnis (Frankfurt NJW-RR 93, 1343; MK/Lappe Rn 7). § 10 gilt daher **nicht** bei einer Entscheidung des LG insbes in Kindschafts-, Familien- (StJ/Roth Rn 4), Landwirtschafts- (Frankfurt NJW-RR 93, 1342) und Schiffahrtssachen (Celle MDR 62, 223), desgleichen nicht bei Rechtswegverfehlung, zB im Verhältnis zu den **Arbeitsgerichten** (vgl § 1 Rn 5 mN).

4 **b)** Für die **funktionelle Zuständigkeit** gilt § 10 grundsätzlich nicht (Hamm OLGZ 74, 46; München JurBüro 91, 990 mN); doch läßt der Grundgedanke des § 10 – kein Rechtsmittel für den, den die fehlerhafte Verfahrensgestaltung begünstigt – auch hier Ausnahmen zu: so, wenn die **höhere,** statt der **ersten** Instanz entscheidet (StJ/Roth Rn 15), die Kammer des LG **(Kollegium)** anstelle des streitentscheidenden **Einzelrichters** (RSchwab/Gottwald § 39 III 1a; AK/Röhl Rn 2, str; aA ThP Rn 3, hM), auch bei Zuständigkeitsverfehlung zwischen dem Rechtspfleger des LG und dem des AG (KG AnwBl 84, 383 = JurBüro 84, 1571 im Anschluß an Hamm Rpfleger 76, 220), vor allem wenn **Richter statt Rechtspfleger** entscheidet; § 8 I RpflG bestimmt zwar nur die Wirksamkeit der Geschäfte, die der Richter unter Überschreitung seiner funktionellen Zuständigkeit vornimmt; nach hL gilt aber auch § 10 (StJ/Roth Rn 16). Nimmt der **Richter** Geschäfte des **Urkundsbeamten** der Geschäftsstelle vor, so sind diese analog § 8 I RpflG wirksam (Düsseldorf Rpfleger 76, 65; Hamm Rpfleger 76, 259; RSchwab/Gottwald § 26 I 3, str, aA zum FGG RG 110, 313/315; BGH NJW 57, 990 = Rpfleger 57, 346 (zust Keidel); Keidel-Winkler FG § 29 Rdnr 30 sowie zur ZPO Hamm NJW 66, 1519; zum ganzen vgl auch Vollkommer, Formenstrenge und prozessuale Billigkeit, 1973, S 14, 32 f, 243). Nimmt der **Rechtspfleger** ein Geschäft des **UdG** wahr, ist es wirksam (§ 8 V RpflG); im umgekehrten Fall führt der Zuständigkeitsmangel zur Unwirksamkeit (Hamm OLGZ 87, 272).

5 **c) Zuständigkeitsbejahende Entscheidung. aa)** Jedes streitige **Urteil** genügt, nicht dagegen Versäumnisurteile (Rn 7). Ob sich das LG – ausdrücklich oder stillschweigend – in den Gründen des Endurteils oder durch Zwischenurteil nach § 280 II für zuständig erklärt, ist gleichgültig.

6 **bb)** § 10 gilt entsprechend für **Beschlüsse** (hM, MK/Lappe Rn 3). Beispiele: Kostenentscheidung nach § 91a (Köln MDR 59, 1020); Zurückweisung von Verweisungsantrag (vgl Deubner JuS 92, 234); nicht: Verweisungsbeschluß (Grund: § 281 Rn 14).

7 **3)** Die **Rechtsfolge** besteht in der **Unanfechtbarkeit** der positiven Zuständigkeitsentscheidung. Dagegen kann bei Erlaß eines Versäumnisurteils (Rn 5) die Unzuständigkeit noch durch Einspruch (§ 338) gerügt werden.

11

[Bindende Entscheidung über Unzuständigkeit]
Ist die Unzuständigkeit eines Gerichts auf Grund der Vorschriften über die sachliche Zuständigkeit der Gerichte rechtskräftig ausgesprochen, so ist diese Entscheidung für das Gericht bindend, bei dem die Sache später anhängig wird.

1) Allgemeines. a) Zweck: Einschränkung des Zuständigkeitsstreits, Verhinderung von negativen Kompetenzkonflikten. Die Bindungswirkung gem Rn 4 verfolgt ähnliche Ziele wie die von Verweisungs- und Abgabebeschlüssen (Rn 5). 1

b) Anwendungsbereich: § 11 gilt unmittelbar für die **sachliche Zuständigkeit** (§ 1 Rn 5), sinngemäß nach allgemeiner Meinung auch für die **funktionelle Zuständigkeit** (§ 1 Rn 6; München NJW 56, 187; Oldenburg FamRZ 78, 345; StJ/Roth Rn 9; MK/Lappe Rn 8; ThP Rn 1), ferner im Verhältnis zur Verfahrenszuständigkeit der freiwilligen Gerichtsbarkeit (BGH 97, 291) und im Verhältnis der ordentlichen Gerichte zu **anderen besonderen Gerichten** (zB Rheinschiffahrtsgericht, § 14 GVG, str); im Verhältnis der ordentlichen Gerichte zur **Arbeitsgerichtsbarkeit** ist § 11 seit dem 1. 1. 1991 nicht mehr anwendbar (vgl § 48 I ArbGG nF gegenüber der aF; § 1 Rn 5), die Neuregelung (§ 48 I ArbGG nF iVm § 17a II GVG) sieht eine isolierte Unzuständigerklärung nicht mehr vor. § 11 gilt nach hM **nicht** für die **örtliche** Zuständigkeit (aA AK/Röhl Rn 2). 2

2) Voraussetzung ist eine rechtskräftige Verneinung der Zuständigkeit (Rn 2) des angegangenen Gerichts. Entscheidung durch **Urteil** (rechtskräftige Prozeßabweisung, §§ 322, 705) ist nicht unerläßlich, in Frage kommen auch **rechtskräftige Beschlüsse,** zB im Vollstreckungsverfahren (München NJW 56, 187), nicht aber gewöhnliche Beschlüsse. 3

3) Rechtsfolge. Die **Bindungswirkung** an die die Zuständigkeit verneinende Entscheidung besteht auch dann, wenn das zuerst angegangene Gericht in Wirklichkeit, wie zB im Fall des § 893 II, ausschließlich zuständig gewesen wäre (RG 66, 17). Die Rechtskraft der Entscheidung (Rn 3) geht der bindenden Wirkung eines Verweisungsbeschlusses (Rn 5) vor (München NJW 56, 187). Ein Verweisungsbeschluß gem § 281 ist daher für das Gericht, an das verwiesen wird, nicht bindend, wenn dieses Gericht bereits früher durch eine rechtskräftige Entscheidung seine sachliche Unzuständigkeit ausgesprochen hat. 4

4) Verweisung und Abgabe. Zu einer die Zuständigkeit verneinenden Entscheidung (Rn 3) kommt es nicht, wenn die Voraussetzungen für eine Verweisung (§§ 281, 506; § 48 I ArbGG iVm § 17a II GVG) oder Abgabe (§§ 696, 700 III) vorliegen. Die Bindungswirkung eines Verweisungsbeschlusses umfaßt – weitergehend als die der Unzuständigkeitsentscheidung, Rn 4 – auch die Zuständigkeit des Adressatgerichts, § 281 II 5. Zur Verweisung zwischen den verschiedenen Rechtswegen vgl §§ 17–17b GVG mit Anm. 5

Zweiter Titel

GERICHTSSTAND

12

[Allgemeiner Gerichtsstand; Begriff]
Das Gericht, bei dem eine Person ihren allgemeinen Gerichtsstand hat, ist für alle gegen sie zu erhebenden Klagen zuständig, sofern nicht für eine Klage ein ausschließlicher Gerichtsstand begründet ist.

I) Allgemeines

1) Begriff. Gerichtsstand bedeutet in dem (freilich nicht ganz einheitlichen) Sprachgebrauch der ZPO nur die **örtliche Zuständigkeit** (vgl hierzu bereits § 1 Rn 7); in den Fällen der §§ 40 II, 802 umfaßt „Gerichtsstand" auch die sachliche Zuständigkeit (zu dieser § 1 Rn 5, 9–23). 1

2) Zur **Bedeutung** der Zuständigkeitsordnung im allgemeinen vgl § 1 Rn 2. **Grundgedanken** der Regelung der örtlichen Zuständigkeit: In der Zuständigkeitsregelung hat der Gesetzgeber eine allgemeine, an der Natur der Sache und dem Gerechtigkeitsgedanken orientierte prozessuale Lastenverteilung vorgenommen (BayObLG MDR 96, 850). Es handelt sich keineswegs um reine „Zweckmäßigkeitsvorschriften", die so oder auch anders getroffen werden könnten (abzulehnen daher LG München I NJW 73, 1617), sondern um eine Regelung mit ausgesprochenem **Gerechtigkeitsgehalt** (zutr MK/Patzina Rn 2; StJ/Schumann Rn 12 vor § 12), die einen „wesentlichen Grundgedanken des Prozeßrechts" iSv § 9 II Nr 1 AGBG enthält (LG Karlsruhe NJW 96, 1417; AG Köln NJW-RR 95, 185). Bereits aus der Natur der Sache folgt, daß der Angreifer den Angegriffenen an dessen Ort aufzusuchen hat („actor sequitur forum rei"; vgl BGH 115, 92). Dem Vorteil des Klägers, der nicht nur das Ob, sondern auch den Zeitpunkt und die Art des Klageangriffs bestimmt, entspricht die Vergünstigung des Beklagten, den ihm ohne und meist gegen 2

seinen Willen aufgezwungenen Rechtsstreit nicht auch noch unter zusätzlichen Erschwerungen an einem auswärtigen Gericht führen zu müssen („favor defensionis"; vgl BGH 88, 335; NJW 86, 3209; Hamm OLGZ 87, 338 = NJW 87, 138 [„Heimspielvorteil"]; LG Karlsruhe JZ 89, 692 f mwN; NJW 96, 1418). Der Gerechtigkeitsgehalt insbes des allgemeinen Gerichtsstands (§§ 12, 13) zeigt sich namentlich in neueren, zwingend ausgestalteten Teilregelungen (§ 7 HWiG; § 26 FernUSG; auch § 29a) sowie in der starken Beschränkung der Prorogationsfreiheit (s Einl Rn 9). Indem die gesetzliche Zuständigkeitsordnung dafür sorgt, daß jede Sache vor das am günstigsten gelegene Gericht kommt, gewährleistet sie zugleich die sachgerechte Ausübung des **Anspruchs auf rechtliches Gehör** (Art 103 I GG). Aus ihr ergibt sich schließlich der **„gesetzliche Richter"** (Art 101 I 2 GG; vgl hierzu auch Rn 18; § 1 Rn 2).

3 **3) Anknüpfungspunkte der örtlichen Zuständigkeit.** Die gesetzliche Zuständigkeitsordnung knüpft in erster Linie (allgemeiner Gerichtsstand gem § 12) an die örtlichen Verhältnisse des **Beklagten** an (Wohnsitz [Aufenthalt], uU auch früherer, bei natürlichen Personen, §§ 13–16; Sitz bei nichtphysischen Personen, §§ 17–19). Weitere Anknüpfungspunkte sind die **Sachnähe** (Belegenheitsort des Grundstücks, §§ 24, 29b; des Miet- oder Pachtraums, § 29a; des Vermögens und des Streitobjektes, § 23; Erfüllungsort bei Verträgen, § 29; Begehungsort bei unerlaubten Handlungen, § 32), der **Sachzusammenhang** (§§ 25, 33, 34; sa § 17 II 1 GVG) und die **Konzentration** (§§ 22; auch §§ 27, 28, 29b, 32a). **Kein** Anknüpfungspunkt ist idR der Wohnsitz (Sitz) des Klägers (Antragstellers); Ausnahmen: §§ 23a, 606 II 2, 640a I, 641a, 689 II; 797 V; § 371 IV HGB; § 7 I HaustürWG; § 26 I FernUSG (nicht hierher gehört § 22, da er nicht nur für Aktivprozesse der juristischen Personen [Personenvereinigung], sondern auch für Klagen der Mitglieder untereinander gilt). **Kein** Anknüpfungspunkt ist schließlich die Staatsangehörigkeit der Prozeßparteien (Ausnahme: § 606b).

4 **4) Regelung der örtlichen Zuständigkeit.** Der 2. Titel des Ersten Abschnitts regelt den **allgemeinen Gerichtsstand** (§§ 12–18; Rn 6), enthält eine Reihe von praktisch bedeutsamen **besonderen Gerichtsständen** (§§ 20–35; Rn 7) sowie zuständigkeitsrechtliche **Hilfsnormen,** die auch bei Störungen und Lücken der allgemeinen Zuständigkeitsordnung ein im Einzelfall zuständiges Gericht gewährleisten (§§ 36, 37). Die Regelung ist nicht erschöpfend. Weitere Vorschriften über Gerichtsstände finden sich über sämtliche Bücher der ZPO verstreut sowie außerhalb der ZPO in zahlreichen Sondergesetzen (ie Rn 7).

5 Im Anwendungsbereich des **EuGVÜ** (s auch unten Anh I S 2499 ff) wird die innerstaatliche Zuständigkeitsordnung durch die unmittelbar anzuwendenden Zuständigkeitsvorschriften des Übereinkommens (Art 5–18) verdrängt. Das EuGVÜ regelt nicht nur die internationale Zuständigkeit der Vertragsstaaten, sondern – weitgehend – auch die **örtliche Zuständigkeit** für Rechtsstreitigkeiten mit Beziehung zu mehreren Vertragsstaaten. Der Zuständigkeitskatalog des Übereinkommens („europäische Zuständigkeit") ist vom deutschen Richter bereits im Erkenntnisverfahren unmittelbar anzuwenden (vgl hierzu näher unten Anh I S 2499 ff). Auf die „europäischen" Gerichtsstände wird im Zusammenhang mit den entsprechenden ZPO-Vorschriften jeweils hingewiesen.

II) Arten der Gerichtsstände

6 **1) Allgemeiner Gerichtsstand und besondere Gerichtsstände. a)** Der **allgemeine Gerichtsstand** ist für **alle** Klagen gegen eine Person gegeben, sofern nicht im Einzelfall ein ausschließlicher Gerichtsstand (Rn 8) begründet ist (vgl § 12). Erschöpfende Regelung: §§ 12–19. Danach wird der allgemeine Gerichtsstand bestimmt für Beklagte, die **natürliche Personen** sind, in folgender Reihenfolge: (inländischer) Wohnsitz, hilfsweise (inländischer) Aufenthaltsort, hilfsweise (inländischer) letzter Wohnsitz (Einzelheiten: §§ 13–16); für beklagte **juristische Personen** (parteifähige Gebilde) durch den Sitz (§ 17), für den beklagten Staat (Fiskus) durch den Sitz der vertretungsberechtigten Behörde (§§ 18, 19).

7 **b) Besondere Gerichtsstände** sind alle anderen; sie sind immer nur für **bestimmte Arten von Klagen** gegeben. Regelung: §§ 20–34; vgl. ferner innerhalb der ZPO etwa: §§ 64 (Hauptintervention), 486 (Beweissicherung), 603 (Wechselprozeß), 689 II (Mahnverfahren); zahlreiche Gerichtsstände sind enthalten im 6. Buch (Familien- und Kindschaftsverfahren, §§ 606, 621 II, 640a I), im 8. Buch (Zwangsvollstreckung, zB §§ 731, 764, 767, 771, 802; Arrest und einstweilige Verfügung, §§ 919, 937, 942, 943) und im 9. Buch (§§ 946, 978). Auch durch andere Gesetze werden vielfach (besondere) Gerichtsstände begründet; Beispiele: § 26 FernUSG; § 14 AGBG; § 48 VVG; § 6 BinnSchF; Art 31, 39 CMR. Häufig handelt es sich dabei um ausschließliche Gerichtsstände (§ 40 Rn 5 ff). Auch durch Rechtsverordnung kann ein besonderer Gerichtsstand geschaffen werden, zB durch § 17 der VO über die Allgemeinen Beförderungsbedingungen für den Straßenbahn- und Obusverkehr v 27. 2. 1970 (BGBl I S 230); ferner enthalten besondere Gerichtsstände die durch Rechtsverordnung erlassenen Allgemeinen Versorgungsbedingungen für Elektrizität (AVBEltV vom 21. 6. 1979, BGBl I S 684), Gas (AVBGasV vom 21. 6. 1979, BGBl I S 676), Wasser (AVBWas-

serV vom 20. 6. 1980, BGBl I S 750) und Fernwärme (AVBFernwärmeV vom 20. 6. 1980, BGBl I S 742), jeweils § 34 aaO; Text vgl Rn 3 vor § 38.

2) **Ausschließliche und nicht ausschließliche Gerichtsstände. a) Ausschließliche Gerichtsstände** sind nur die, die ausdrücklich so bezeichnet sind; sie gehen allen anderen Gerichtsständen vor (vgl § 12, letzter HS), dh die Klage kann (zulässig) **nur** im ausschließlichen Gerichtsstand erhoben werden; die Begründung einer Zuständigkeit kraft Vereinbarung (§ 38) oder rügeloser Einlassung ist ausgeschlossen (§ 40 II). Fälle ausschließlicher Gerichtsstände: § 40 Rn 8 ff. 8

b) **Nicht ausschließliche Gerichtsstände** unterliegen im Rahmen der §§ 38 ff der Prorogation; sie verdrängen den (nicht ausschließlichen) allgemeinen und etwa sonst bestehende besondere Gerichtsstände nicht. Beispiele: §§ 12, 13; 29; 32. 9

3) **Konkurrenz mehrerer Gerichtsstände. a)** Trifft ein ausschließlicher Gerichtsstand mit einem (mehreren) nicht ausschließlichen zusammen, wird dieser (werden diese) verdrängt (Rn 8). Es ist deshalb **stets** zu prüfen, ob ein ausschließlicher Gerichtsstand gegeben ist. 10

b) Treffen mehrere nicht ausschließliche Gerichtsstände zusammen, hat der Kläger die Wahl (§ 35). Die Wahl wird ausgeübt durch Klageerhebung oder Verweisungsantrag (§ 281); dadurch werden die anderen Gerichte nicht unzuständig (jedoch besteht Sperre gem § 261 III Nr 1). 11

III) Die prozessuale Behandlung der örtlichen Zuständigkeit

1) **Rüge und Amtsprüfung der fehlenden Zuständigkeit.** Insoweit gelten im wesentlichen die gleichen Grundsätze wie bei der sachlichen Zuständigkeit (vgl § 1 Rn 16–20). Es bestehen folgende Besonderheiten: **a) Rüge.** Die örtliche Zuständigkeit ist Zulässigkeitsvoraussetzung für die Klage (Prozeßvoraussetzung), ihr Fehlen kann vom Beklagten gem §§ 282 III, 296 III gerügt werden. Nach Einlassung zur Hauptsache setzt die Rügemöglichkeit voraus, daß der Zuständigkeitsmangel nicht bereits gem § 39 S 1 geheilt ist. Rüge in der höheren Instanz: Rn 16. 12

b) **Amtsprüfung.** Das Vorliegen des Gerichtsstandes ist in erster Instanz (vgl ie Rn 14) **von Amts wegen** zu prüfen (nach rügeloser Verhandlung des Beklagten ist § 39 S 1 zu beachten). Im Parteiprozeß ist der Beklagte vor Verhandlungsbeginn über die Unzuständigkeit und das Rügerecht zu **belehren** (§ 504). Die Zuständigkeitsprüfung hat auch bei **Säumnis** des Beklagten zu erfolgen. Die aus der Klage ersichtlichen Behauptungen über das Vorliegen eines Gerichtsstands gelten vorbehaltlich § 331 I 2 als zugestanden; bei Klagen in den Gerichtsständen der §§ 29, 38 sind daher Zuständigkeits-(Erfüllungsorts-)vereinbarungen nachzuweisen. Will das AG oder LG seine Rechtswegzuständigkeit verneinen und den Rechtsstreit an das ArbG verweisen (§ 17a II GVG), braucht es nicht vorab die örtliche Zuständigkeit zu prüfen (BAG BB 81, 616). 13

c) **Grundlage der Zuständigkeitsprüfung.** Ob das angegangene Gericht örtlich zuständig ist, muß die Klage ergeben. Die den Gerichtsstand begründenden Tatsachen (zB der Wohnsitz oder Aufenthalt des Beklagten beim allgemeinen Gerichtsstand, §§ 12, 13, 16) sind, weil von dem geltend gemachten Anspruch unabhängig, vom Kläger nachzuweisen (RG 29, 373; 49, 72; MK/Patzina Rn 53). Ergibt sich die Zuständigkeit zugleich aus den zur Begründung des erhobenen Anspruchs vorgebrachten Tatsachen (wird zB ein Anspruch aus unerlaubter Handlung oder Vertragserfüllung in den Gerichtsständen gem § 32 bzw § 29 geltend gemacht oder ein Eigentumsanspruch in dem gem § 24), so genügt die *schlüssige Behauptung* der die örtliche Zuständigkeit begründenden Tatsachen (BGH 124, 241 mwN = NJW 94, 1413); eines besonderen Nachweises dieser „doppelrelevanten Tatsachen" bedarf es für die Zuständigkeit nicht (BGH aaO; RSchwab/Gottwald § 39 I 2a; MK/Patzina Rn 54; StJ/Schumann § 1 Rn 20 ff; zur Ausnahme bei Rechtswegzuständigkeit gem § 2 I Nr 1–3 ArbGG vgl § 1 Rn 18). Der Grund hierfür liegt darin, daß sonst im bes Gerichtsstand keine *Sach*entscheidung *gegen* den Kläger ergehen könnte (BGH NJW 94, 1414). 14

d) Maßgeblicher **Zeitpunkt** für das Vorliegen der Zuständigkeitsvoraussetzungen ist der des Verhandlungsschlusses. Nachträglicher Eintritt der Zuständigkeit genügt (RG 52, 136; 95, 268). War jedoch einmal die Zuständigkeit gegeben, besteht sie unabhängig von einer Veränderung der sie begründenden Umstände fort (§ 261 III Nr 2, sog *perpetuatio fori*). 15

e) In der **höheren Instanz** ist die Rügemöglichkeit stark eingeschränkt (Beispiel für Ausnahme: BGH NJW 86, 2437), die Amtsprüfung ausgeschlossen (vgl § 1 Rn 17; wegen §§ 512a, 549 II vgl Rn 18; § 549 Rn 16; 551 Rn 5); das gilt nunmehr auch im arbeitsgerichtlichen Verfahren (§§ 65, 73 II ArbGG idF des 4. VwGOÄndG). 16

2) **Folgen der Unzuständigkeit. a) Entscheidungen über die Zuständigkeit.** Die **Bejahung** der Zuständigkeit erfolgt idR in den Gründen des Endurteils oder einem besonderen Zwischenurteil (§ 303 oder § 280 II). Ist dagegen die vom Beklagten erhobene **Rüge** der örtlichen Unzuständigkeit **begründet** (Rn 12), und stellt der Kläger nicht den erforderlichen Antrag (entfällt bei §§ 696, 700 III) auf Verweisung an das zuständige Gericht (§ 281), so ist die Klage durch **Prozeßurteil** abzuweisen. Nach Rechtskraft des Urteils kann beim zuständigen Gericht neu geklagt werden, 17

die Unterbrechung der **Verjährung** gilt in diesem Fall als nicht erfolgt (§ 212 I BGB, vgl aber auch § 212 II BGB). Bei beschlußmäßiger Verweisung an das zuständige Gericht verbleibt es dagegen bei der Unterbrechung der Verjährung durch die Klageerhebung (§ 209 I BGB; § 212 I gilt nicht). Soll durch die Klage eine gesetzliche **Ausschlußfrist** gewahrt werden, so genügt zur Fristenwahrung, daß die Klage innerhalb der Frist vor einem örtlich oder sachlich unzuständigen Gericht erhoben wird, selbst bei ausschließlicher Zuständigkeit (BGH 34, 230; 35, 374; BGH NJW 62, 2154; Gegenteil wäre nicht zu vertretende Förmelei, vgl Vollkommer, Formenstrenge und prozessuale Billigkeit, 1973, S 31).

18 **b) Anfechtbarkeit.** In vermögensrechtlichen Streitigkeiten (§ 1 Rn 13) kann ein Rechtsmittel nicht darauf gestützt werden, daß die örtliche Zuständigkeit fälschlich bejaht wurde (§§ 512a, 549 II), auch nicht bei Erschleichung (Düsseldorf FamRZ 87, 281). Ein gleichwohl hierauf gestütztes Rechtsmittel ist unstatthaft und als unzulässig zu verwerfen (BAG MDR 83, 874, str; für Zurückweisung als unbegründet StJ/Grunsky § 512a Rn 3 mwN; BGH MDR 80, 203 = ZZP 93, 331 mit Anm Waldner). Die Rechtsmittelbeschränkung gilt jedoch nicht, wenn die **internationale Zuständigkeit** gerügt wird (BGH 44, 46; 115, 91 mwN, stRspr). Durch einen **Verstoß gegen Zuständigkeitsvorschriften,** der auf einer irrtümlichen Verkennung der Rechtslage beruht, wird keine Partei ihrem *gesetzlichen Richter* „entzogen"; anders bei Willkür oder offensichtlicher Unrichtigkeit der Entscheidung (§ 16 GVG Rn 2 mwN) oder Verweisung (§ 281 Rn 14, 17).

19 **c)** Bei **Erschleichung** des Gerichtsstands (Beispielsfall: KGR 96, 95 – erschlichene Verweisung; vgl auch Art 6 Nr 2 aE EuGVÜ) besteht die Einrede der Arglist, die zur Verneinung der Zuständigkeit und zur Klageabweisung führt (RG 51, 176; 102, 222); im Erg das gleiche gilt bei **mißbräuchlicher** Inanspruchnahme eines formal gegebenen Gerichtsstands (Hamm OLGZ 87, 338 ff = NJW 87, 138). Umgekehrt kann ausnahmsweise eine treuwidrig erhobene Zuständigkeitsrüge unbeachtlich sein, so daß dann ein – an sich – unzuständiges Gericht zur Sache verhandeln und sachlich gegen den Beklagten entscheiden kann (ebenso BL/Hartmann Übers Rn 24 vor § 12; StJ/Schumann § 1 Rn 12); jedoch ist zu beachten, daß der Beklagte, der die Unzuständigkeit geltend macht, ohne sachliche Einwendungen gegen den Anspruch zu haben, allein deshalb idR noch nicht arglistig handelt; die sachliche Begründetheit des Anspruchs ist gerade vom **zuständigen** Gericht zu prüfen (so zutr Frankfurt MDR 80, 318 = RIW/AWD 80, 60 für internationale Zuständigkeit; Düsseldorf BB 77, 1523 für Zuständigkeit eines Schiedsgerichts).

20 **3) Teilweise („gespaltene") örtliche Zuständigkeit?** Ist der Klageantrag auf mehrere Klagegründe (materiellrechtliche Anspruchsgrundlagen, zB Vertrag und Delikt) gestützt, so ist nach hM das angegangene Gericht nur für den Klagegrund zuständig, hinsichtlich dessen die Zuständigkeitsvoraussetzungen erfüllt sind (zB nur für Delikt), nicht aber auch für die übrigen **konkurrierenden Klagegründe** (zB aus Vertrag). Greift der Klagegrund, für den das Gericht zuständig ist, nicht durch, so ist die Klage abzuweisen, teils als unbegründet (im Beispiel, soweit Delikt verneint wurde), im übrigen als unzulässig (im Beispiel hinsichtlich des vertraglichen Klagegrundes; BGH NJW 74, 411; 86, 2437; 88, 1467; 96, 1413, stRspr; vgl hierzu Waldner MDR 84, 190 mwN, ferner Einl Rn 85); eine Verweisung des nicht sachlich erledigten Klagegrundes an das hierfür zuständige Gericht soll ausscheiden (so BGH NJW 71, 564 = JZ 71, 337 mit Anm Grunsky; Frankfurt MDR 82, 1023; Lerch DRiZ 86, 18; ThP Rn 8 vor § 12, noch hM). Dieses Ergebnis wird zunehmend als unbefriedigend empfunden (krit zur hM Gravenhorst, Die Aufspaltung der Gerichtszuständigkeit nach Anspruchsgrundlagen, 1972; Hoffmann ZZP 107, 6 ff mwN). Abw Lösungsvorschläge: Anerkennung eines Gerichtsstands des **Sachzusammenhangs** für sämtliche konkurrierenden Klagegründe bei Zuständigkeit für einen von ihnen (so de lega lata Baur, FS F. von Hippel, 1967, 20 f; Rimmelspacher AcP 174, 540; Spellenberg ZZP 95, 26 ff; RSchwab 14. Aufl § 36 VI 2; Schwab, FS Rammos, 1979, S 854 f; Waldner MDR 84, 191; BayObLGZ 95, 304 = MDR 95, 1261; de lege ferenda vgl Holtgrave ZZP 86, 8 zu § 32a Entw; einschränkend AK/Röhl § 1 Rn 31: Zusammenhangsklage nur bei Fehlen einer für alle Klagegründe gegebenen Zuständigkeit, wie zB in Fällen ausschließlicher Zuständigkeit); Zulassung einer im klageabweisenden Endurteil auszusprechenden **Teilverweisung** hinsichtlich des nicht erledigten Klagegrundes, die (abw von § 281 II 1) erst mit Rechtskraft des Endurteils wirksam wird (dafür MK/Patzina Rn 49; Jauernig § 12 II; 16. Aufl).

21 **Stellungnahme:** Die bis zur 16. Aufl geäußerten Bedenken gegen einen *Gerichtsstand des Sachzusammenhangs* werden im Hinblick auf zwischenzeitlich eingetretene Rechtsänderungen nicht mehr aufrechterhalten. Für die „Rechtswegzuständigkeit" (zu diesem Ausdruck: § 1 Rn 3) sieht § 17 II GVG (idF des 4. VwGOÄndG) vor, daß das angegangene Gericht den Rechtsstreit grundsätzlich umfassend („unter allen in Betracht kommenden rechtlichen Gesichtspunkten") entscheidet, sofern der zu ihm beschrittene Rechtsweg für einen Klagegrund zulässig ist (sa Begründung BT-Drs 11/7030, S 37). Eine Teilabweisung oder -verweisung wegen eines „rechtswegfremden" Klagegrundes („rechtlichen Gesichtspunkts") kommt damit seit dem 1. 1. 1991 (s Art 23 4. VwGOÄndG) nicht mehr in Frage. Die Kompetenz des zulässig angegangenen Ge-

richts zur umfassenden Streiterledigung hat auch für „zuständigkeitsfremde" konkurrierende Klagegründe zu gelten. § 17 GVG gilt kraft Verweisung in verschiedenen Verfahrensordnungen „entsprechend" für die Zuständigkeit (§ 48 I ArbGG, § 83 VwGO, § 70 FGO, § 98 SGG, jeweils idF des 4. VwGOÄndG). Daraus muß für den Zivilprozeß die Konsequenz iS einer Aufgabe der „gespaltenen" Zuständigkeit und der Anerkennung umfassender Entscheidungskompetenz des zulässigerweise in einem besonderen Gerichtsstand angegangenen Gerichts gezogen werden. Die Gründe der Neuregelung - Vermeidung von Mehrfachentscheidungen über denselben Streitgegenstand (s Einl Rn 85) durch Verfahrenskonzentration bei *einem* zuständigen Gericht - gelten auch für den Zivilprozeß und entsprechen gerade dem Grundanliegen der Reform (im Erg ebenso BayObLGZ 95, 304 = NJW-RR 96, 508 = MDR 95, 1261; OLGR Frankfurt 96, 118; Hoffmann ZZP 107, 11 ff; Schwab, FS Zeuner, 1994, S 499; RSchwab/Gottwald § 36 VI 2; MK/Lüke Einl Rn 102, Rn 39 vor § 253 und § 261 Rn 59; Wieczorek/Schütze/Hausmann Rn 23 vor § 12, § 29 Rn 31, § 32 Rn 28; Zimmermann § 32 Rn 5; Kissel, GVG, § 17 Rn 36; Wieser, Arbeitsgerichtsverfahren, Rn 325, str; **aA** LG Kassel MDR 95, 204; Würthwein ZZP 106, 76; Hager, FS Kissel, 1994, S 332, 340 Fn 51; Jauernig § 12 II; BL/Hartmann § 32 Rn 14; ThP Rn 8 vor § 12; § 32 Rn 6, für die internationale Zuständigkeit auch BGH NJW 96, 1413). Durch die Verweisung auf den *allgemeinen* Gerichtsstand (so LG Kassel aaO) werden die in diesen Fällen idR sach- und beweisnäheren besonderen Gerichtsstände entscheidend entwertet (zutr Wieczorek/Schütze/Hausmann Rn 18, 23 vor § 12); zugleich erklärt sich die unterschiedliche Behandlung der internationalen Zuständigkeit (BGH aaO; allg zur abw Beurteilung der internationalen Zuständigkeit hier IZPR Rn 39, 94).

13 *[Allgemeiner Gerichtsstand des Wohnsitzes]*

Der allgemeine Gerichtsstand einer Person wird durch den Wohnsitz bestimmt.

I) Allgemeines

1 **1) Bedeutung.** Der allgemeine Gerichtsstand (Begriff: § 12 Rn 6) einer **natürlichen Person** (für juristische Personen gilt § 17) wird durch ihren inländischen (Rn 14, 16 f) Wohnsitz (Rn 3 ff) bestimmt (**Wohnsitzgerichtsstand,** Rn 11 ff). Die Staatsangehörigkeit des Beklagten ist ohne Bedeutung (vgl § 12 Rn 3). Personen mit ausländischem Wohnsitz haben (abgesehen von der Sondervorschrift des § 15) im Inland keinen allgemeinen Gerichtsstand und müssen, sofern nicht ein besonderer Gerichtsstand eingreift, im Ausland verklagt werden. Nur bei wohnsitzlosen Personen wird der allgemeine Gerichtsstand durch den inländischen Aufenthaltsort, hilfsweise durch den früheren inländischen Wohnsitz begründet (§ 16 und dort Rn 4).

2 **2) Abgrenzung.** Die **Konkursmasse** ist nicht rechtsfähig (§ 50 Rn 28a) und hat damit keinen „Sitz" iS von § 17; in massebezogenen Verfahren hat der Konkursverwalter die Stellung einer Partei kraft Amtes (vgl Rn 21 vor § 50). Damit allein steht freilich noch nicht fest, daß es für den *maßgeblichen Ort* entscheidend auf die persönlichen Verhältnisse des Konkursverwalters ankommt (zutr Teske KTS 84, 280 gegen BGH 88, 334 ff); näher Rn 15 und die dortigen Hinw.

II) Wohnsitz

3 1) Der **Begriff** des **Wohnsitzes** ist in der ZPO nicht bestimmt und den §§ 7–11 BGB zu entnehmen (vgl BGH MDR 87, 829 = NJW-RR 88, 387). Trotz dieser (stillschweigenden) Bezugnahme auf materiellrechtliche Normen bleibt für den Wohnsitzgerichtsstand der Begriff des Wohnsitzes ein **prozeßrechtlicher** (wichtig für die Anwendbarkeit der lex fori, dazu Rn 14, 17). Die gesetzliche Regelung unterscheidet zwischen dem **selbständigen** (gewählten; §§ 7, 8 BGB) und dem **abgeleiteten** (gesetzlichen; §§ 9, 11 BGB) Wohnsitz.

4 **2) Selbständiger Wohnsitz. a) Begriff. Wohnsitz** ist (im Gegensatz zum **Aufenthalt,** vgl § 16 Rn 7) der Ort, an dem sich jemand **ständig** niederläßt, in der Absicht, ihn zum Mittelpunkt seiner wirtschaftlichen und gesellschaftlichen Tätigkeit zu machen (vgl § 7 I BGB). Polizeiliche Anmeldung ist (nicht ausreichendes) Indiz (BGH NJW-RR 95, 507; BayObLGZ 94, 348 f mwN). Ist der Ort (politische Gemeinde, vgl BayObLG Rpfleger 90, 73) in mehrere Gerichtsbezirke aufgeteilt (vgl § 19), entscheidet der betreffende Gemeindeteil (BVerfG NJW 80, 1619).

5 **b) Abgrenzung, Begründung und Aufhebung. aa)** Das Bestehen eines Wohnsitzes wird nicht dadurch ausgeschlossen, daß der Inhaber des Wohnsitzes sich meistens an anderen Orten **aufhält.** Durch Untersuchungshaft oder Eintritt in eine Strafanstalt zur Strafverbüßung wird ein Wechsel des Wohnsitzes nicht bewirkt. In der Regel besteht auch kein Wohnsitz am Lehr- oder Studienort, am Arbeits- oder Dienstplatz, insbesondere bei häufigem Platzwechsel (BayObLGZ 49/51, 205, 328), am Ort der Heimunterbringung (Düsseldorf NJW-RR 91, 1411); durch nicht nur vorübergehenden Aufenthalt in einem Frauenhaus kann uU ein Wohnsitz begründet werden (Karlsruhe NJW-RR 95, 1220 = FamRZ 95, 1210; einschr BGH NJW 95, 1224).

6 **bb)** Der Wohnsitz wird **aufgehoben,** wenn die Niederlassung mit dem Willen aufgegeben wird, sie aufzuheben (§ 7 III BGB). Polizeiliche Abmeldung, Anwesensveräußerung, unstete Lebensweise oder häufige Abwesenheit genügen nicht für die Annahme, der Wohnsitz sei aufgehoben.

7 **cc) Minderjährige,** die verheiratet sind oder waren, können einen Wohnsitz selbständig begründen und aufheben (§ 8 II BGB). **Geschäftsunfähige** oder **in der Geschäftsfähigkeit Beschränkte** können ohne den Willen ihres gesetzlichen Vertreters einen Wohnsitz weder begründen noch aufheben (§ 8 I BGB); bestehen Zweifel an der (vollen) Geschäftsfähigkeit, ist Wohnsitzaufgabe idR wirksam (BGH MDR 87, 829 = NJW-RR 88, 387; BayObLG Rpfleger 90, 73; Folge: § 16 Rn 5).

8 **dd) Betreute Volljährige** (§§ 1896 ff BGB) bleiben – vorbehaltlich der §§ 104 Nr 2, 105 BGB – geschäftsfähig und stehen nur ausnahmsweise bei Anordnung eines Einwilligungsvorbehalts im Aufgabenkreis des Betreuers einem beschränkt Geschäftsfähigen gleich (§ 1093 I 2, III BGB); in diesem Fall entscheidet (§ 1902 BGB) der Betreuer allein über den Wohnsitz, bedarf zur Wohnungsaufgabe aber der Genehmigung des Vormundschaftsgerichts (ie § 1907 I BGB).

9 **3) Abgeleiteter Wohnsitz. a)** Ein **minderjähriges Kind** teilt den Wohnsitz seiner Eltern (§ 11 BGB). Haben die sorgeberechtigten Eltern einen gemeinsamen Wohnsitz, so teilt das Kind diesen; haben sie getrennte Wohnsitze (zB nach Scheidung), so hat das Kind einen – abgeleiteten – Doppelwohnsitz (BGH 48, 228; NJW 95, 1224 mwN; NJW-RR 93, 4, stRspr). Auf den Zeitpunkt der Begründung der getrennten Wohnsitze kommt es nicht an (Karlsruhe FamRZ 69, 657; Köln MDR 71, 581). Die Eltern können für das Kind einen vom gesetzlichen Doppelwohnsitz abweichenden gewillkürten Wohnsitz begründen. Die hierfür erforderliche Einigung (§§ 7 III, 8 I, 11 S 3 BGB) ist auch stillschweigend möglich und anzunehmen, wenn sich die Eltern über den dauernden Aufenthalt des Kindes bei einem von ihnen oder einem Dritten (zB Pflegeeltern) einig sind. Dann hat das Kind nur dort seinen Wohnsitz (Düsseldorf OLGZ 68, 122, 124; OLGR Köln 96, 50). Fehlt einem Elternteil das Personensorgerecht, so hat das Kind nur den Wohnsitz des personensorgeberechtigten Elternteils (§ 11 S 1, 2. HS BGB). Für **nichteheliche** und **angenommene** (adoptierte) **Kinder** bestehen keine Sonderregeln. Wird die Ehelichkeit eines Kindes angefochten, gilt für diesen Rechtsstreit § 11 BGB. Das Kind behält den Wohnsitz, bis es ihn rechtsgültig (vgl hierzu § 8 I BGB) aufhebt (§ 11 S 3 BGB).

10 **b) Berufssoldaten** haben ihren Wohnsitz am Standort (§ 9 BGB).

III) Wohnsitzgerichtsstand

11 **1) Anwendungsbereich.** Er ist für alle gegen den Beklagten zu erhebenden Klagen gegeben, soweit kein ausschließlicher Gerichtsstand eingreift (§ 12, letzter Hs, § 12 Rn 6). Er gilt namentlich auch für konkursrechtliche Anfechtungsklagen (Hamburg BB 57, 274; vgl dazu auch § 32 Rn 12 mwN), desgleichen für Klagen auf Aufhebung eines Erbvertrages (Celle MDR 62, 992).

12 **2) Maßgeblicher Zeitpunkt.** Maßgebend ist der Wohnsitz bei Klageerhebung (Stuttgart BB 92, 2386). Es genügt jedoch, wenn der Beklagte seinen Wohnsitz bis zum Schluß der mündlichen Verhandlung in den Bezirk des angerufenen Gerichts verlegt hat (RG 52, 136), nachträglicher Wohnsitzwechsel ist belanglos (§ 261 III Nr 2 und allg § 12 Rn 15).

13 **3)** Bei **mehrfachem Wohnsitz** (§ 7 II BGB) wird an jedem der mehreren Wohnsitze der allgemeine Gerichtsstand begründet (RG 102, 86); der Kläger kann zwischen ihnen wählen (§ 35).

14 **4) Maßgeblicher Ort. a)** Beim Passivprozeß eines **Ausländers** ist der inländische Wohnsitz nach deutschem Recht (Rn 3 ff), nicht nach dem anzuwendenden ausländischen Heimatrecht zu bestimmen (BGH NJW-RR 94, 646, str; vgl MK/Patzina Rn 4); Grund: Rn 3; dies gilt auch für den abgeleiteten Wohnsitz eines minderjährigen Kindes (StJ/Schumann § 13 Rn 1, 6 mwN; wohl auch BGH NJW-RR 92, 579; 94, 646); Sonderregelung für EWG-Bereich: Rn 17.

15 **b)** Bei Passivprozessen betr die **Konkursmasse** ist nach der Rspr des BGH für den allg Gerichtsstand der Wohnsitz des Konkursverwalters maßgebend, *nicht* dagegen der Wohnsitz/Sitz des Gemeinschuldners, der Sitz/Ort der Belegenheit der Masse oder der Sitz der Verwaltung der Masse (BGH 88, 331 = NJW 84, 739 = MDR 84, 201, str; **aA** zB Kuhn/Uhlenbruck, KO, 10. Aufl, § 6 Rn 30b und c; K. Schmidt NJW 84, 1341; MK/Lindacher Rn 39 vor § 50; Wieczorek/Schütze/Hausmann § 13 Rn 41). Dem kann nur für den Konkurs einer natürlichen Person zugestimmt werden, da es insofern an einem anderen geeigneten Anknüpfungsort fehlt (insoweit zutr BGH 88, 334 f); zum Konkurs einer Handelsgesellschaft vgl näher § 17 Rn 6. **Künftig** entscheidet (über den Sitz des Insolvenzgerichts: § 3 InsO) der allgemeine Gerichtsstand des Schuldners (§ 19a, eingefügt durch Art 18 Nr 1 EGInsO).

IV) Internationaler Rechtsstreit

16 **1)** Ein **ausländischer Wohnsitz** scheidet zwar für § 13 aus (vgl Rn 1; Grund: Keine Begründung der Zuständigkeit eines ausländischen Gerichts), ist aber mittelbar insofern für die (örtliche und

internationale) Zuständigkeit der deutschen Gerichte von Bedeutung, als er bestehende inländische Hilfsgerichtsstände ausschließen kann (vgl zB zu § 16 oben Rn 1).

2) Im **Anwendungsbereich des EuGVÜ** (dazu Anhang) bestimmt der Wohnsitz des Beklagten die internationale Zuständigkeit des Vertragsstaats, in dessen Hoheitsgebiet er sich befindet (Art 2 EuGVÜ). Zur „europäischen Zuständigkeitsordnung" näher Anh II, Art 2 GVÜ Rn 19 ff. Die Bestimmung eines im Inland gelegenen Wohnsitzes erfolgt nach inländischem Recht (Art 52 I EuGVÜ), die eines im Ausland gelegenen nach dem Recht des betreffenden Vertragsstaats (Art 52 II EuGVÜ). 17

14 (weggefallen)

15 *[Allgemeiner Gerichtsstand für deutsche öffentliche Bedienstete ohne inländischen Wohnsitz]*

(1) Deutsche, die das Recht der Exterritorialität genießen, sowie die im Ausland beschäftigten deutschen Angehörigen des öffentlichen Dienstes behalten den Gerichtsstand ihres letzten inländischen Wohnsitzes. Wenn sie einen solchen Wohnsitz nicht hatten, haben sie ihren allgemeinen Gerichtsstand am Sitz der Bundesregierung.

(2) Auf Honorarkonsuln ist diese Vorschrift nicht anzuwenden.

1) Allgemeines. a) Bedeutung. Erweiterung des allgemeinen Gerichtsstands (§§ 12, 13) über die Grenzen der §§ 7–11 BGB hinaus (vgl § 13 Rn 2, 3 ff) durch Schaffung eines Hilfsgerichtsstands für bestimmte Personen, die im Inland keinen Wohnsitz haben. Anknüpfungspunkt für den Hilfsgerichtsstand ist unmittelbar der letzte inländische Wohnsitz, hilfsweise der Sitz der Bundesregierung. Die jetzige Fassung vermeidet (im Gegensatz zur aF) die Konstruktion eines **fiktiven inländischen Wohnsitzes.** 1

b) Zweck: Erleichterung der Rechtsverfolgung; ohne § 15 müßte ein inländischer Gerichtsstand jeweils besonders vereinbart werden (§ 38 II). 2

c) Abgrenzung: Etwa bestehende besondere Gerichtsstände (§§ 20–34) werden durch § 15 nicht berührt (allgM, zB BL/H Rn 1). Durch § 29a wird § 15 jedenfalls dann nicht ausgeschlossen, wenn das Grundstück im Ausland liegt (LG Bonn RIW/AWD 75, 49). Der ausschließliche Gerichtsstand in Ehesachen gem § 606 geht jedoch § 15 vor, zumal er selbst eine Ersatzzuständigkeit vorsieht (Düsseldorf FamRZ 68, 467; MK/Patzina Rn 8). 3

2) Persönlicher Anwendungsbereich. § 15 gilt für **a) Exterritoriale Deutsche,** dh Deutsche, die im Ausland nach Völkerrecht exterritorial sind (vgl zum Begriff §§ 18, 19 GVG mit Anm); 4

b) im Ausland dauernd **beschäftigte,** dort nicht exterritoriale **deutsche Angehörige des öffentlichen Dienstes,** also Beamte, Angestellte und Arbeiter des Bundes, eines Landes, einer Körperschaft oder einer Anstalt des öffentlichen Rechts, auch die Berufskonsuln, nicht aber Honorarkonsuln (II; zu deren Rechtsstellung vgl das Konsulargesetz vom 11. 9. 1974, BGBl I S 2317, bes §§ 1, 20 ff: „Honorarkonsularbeamte"). 5

3) Rechtsfolge: Fortbestand des allgemeinen Gerichtsstands des letzten Inlandswohnsitzes trotz der Wohnsitzaufgabe; in Ermangelung eines letzten Inlandswohnsitzes erstmalige Begründung eines allgemeinen Gerichtsstands am Sitz der Bundesregierung. 6

16 *[Allgemeiner Gerichtsstand von Personen ohne Wohnsitz]*

Der allgemeine Gerichtsstand einer Person, die keinen Wohnsitz hat, wird durch den Aufenthaltsort im Inland und, wenn ein solcher nicht bekannt ist, durch den letzten Wohnsitz bestimmt.

1) Allgemeines. a) Bedeutung. Ergänzung von §§ 12, 13 durch Schaffung von zwei allgemeinen Hilfsgerichtsständen für Personen ohne Wohnsitz, nämlich des **Gerichtsstands des Aufenthaltsorts** (Rn 4, 7) und den des **letzten Wohnsitzes** (Rn 5, 8); hierzu allgemein § 13 Rn 1. 1

b) Abgrenzung. Neben § 16 können besondere Gerichtsstände gegeben sein; eine Ausnahme bildet der besondere Gerichtsstand des Aufenthalts gem § 20; Grund: In diesem Fall hat der Beklagte zwar einen Wohnsitz, hält sich aber woanders auf. Sonderregelungen mit ausschließlichen Gerichtsständen des Aufenthaltsorts schließen § 16 aus (zB § 14 I 2 AGBG; § 24 I 2 UWG). 2

3 c) **Anwendungsbereich.** § 16 gilt nur für den Wohnsitzlosen selbst; wegen seiner Ehefrau und Kindern vgl § 13 Rn 8, 9. Im EWG-Rechtsstreit sind die Gerichtsstände des § 16 anwendbar (vgl Art 4 EuGVÜ).

4 2) **Voraussetzungen und Nachweis. a) Gerichtsstand des Aufenthaltsorts.** Gänzliche Wohnsitzlosigkeit des Beklagten ist erforderlich, also Fehlen (nicht bloß: Unbekanntsein, str) eines in- und ausländischen Wohnsitzes (Saarbrücken NJW-RR 93, 191; LG Hamburg NJW-RR 95, 184; LSG Schleswig-Holstein ZIP 88, 1141 mN, auch zur aA). Ausländischer Wohnsitz schließt daher § 16 aus (für EG-Bereich: Art 3 EuGVÜ). Ob ein Wohnsitz im Ausland besteht, richtet sich idR nach ausländischem Recht (MK/Patzina Rn 3, str; für EG-Bereich vgl Art 52 II EuGVÜ; vgl auch § 13 Rn 17). § 16 trifft etwa zu bei Landfahrern, herumziehenden Artisten, politischen Flüchtlingen. Der Kläger muß den Gerichtsstand des § 16 behaupten (§ 331) und beweisen. Zum **Nachweis** der Wohnsitzlosigkeit genügt, daß ein Wohnsitz trotz ernstlich angestellter Ermittlungen (Polizeiauskunft) nicht bekannt ist (vgl BGH NJW-RR 92, 578). Kommt es auf die Wirksamkeit der Aufgabe eines früheren Wohnsitzes an (§§ 7 III, 8 I BGB), ist im Zweifel von voller Geschäftsfähigkeit auszugehen (BGH MDR 87, 829 = NJW-RR 88, 387; § 13 Rn 7). Rügt der Beklagte die örtliche Unzuständigkeit des Gerichts, muß er nachweisen, daß er zur Zeit der Klageerhebung an einem anderen Ort seinen Wohnsitz hatte (OLG 19, 131).

5 b) **Gerichtsstand des letzten Wohnsitzes.** Der inländische Aufenthaltsort des wohnsitzlosen (Rn 4) Beklagten muß **unbekannt** sein. Bekannter ausländischer Aufenthalt schließt § 16 nicht aus. Der Kläger hat zusätzlich zu den Erfordernissen gem Rn 4 noch nachzuweisen, daß der jetzige Aufenthalt des Beklagten unbekannt ist (Anforderungen wie bei § 1911 BGB) und daß der Beklagte seinen letzten Wohnsitz im Bezirk des angerufenen Gerichts hatte. Nachträgliches Bekanntwerden des jetzigen Aufenthalts führt keine Unzuständigkeit des Gerichts herbei (§ 261 III Nr 2; RG 27, 401).

6 3) **Rechtsfolge:** Begründung von allgemeinen Gerichtsständen (Rn 1). Die Zuständigkeit gem § 16 umfaßt grundsätzlich **alle** Klagen (§ 12 Rn 6); § 16 gilt auch in den Fällen, in denen auf den allgemeinen Gerichtsstand verwiesen ist (zB im Aufgebotsverfahren, § 1005). Maßgebend sind folgende Orte:

7 a) **Aufenthaltsort.** Das ist der Ort, an dem sich jemand – wenn auch nur vorübergehend (Durchreise kann uU genügen, KG OLGZ 73, 151) oder unfreiwillig (Justizvollzugsanstalt, BayObLG VersR 85, 742; mehrmonatige Klinikbehandlung, BGH MDR 87, 829) – aufhält; er braucht nur so lange zu dauern, bis die Klage zugestellt ist. Vorübergehende Unterbrechung hebt den für längere Zeit beabsichtigten Aufenthalt nicht auf (vgl BGH MDR 84, 134 zu Art 12 EGBGB).

8 b) **Letzter** (im Gerichtsbezirk gelegener) **Wohnsitz.** Zum Begriff: § 13 Rn 3 ff.

17 *[Allgemeiner Gerichtsstand des Sitzes juristischer Personen]*

(1) Der allgemeine Gerichtsstand der Gemeinden, der Korporationen sowie derjenigen Gesellschaften, Genossenschaften oder anderen Vereine und derjenigen Stiftungen, Anstalten und Vermögensmassen, die als solche verklagt werden können, wird durch ihren Sitz bestimmt. Als Sitz gilt, wenn sich nichts anderes ergibt, der Ort, wo die Verwaltung geführt wird.

(2) Gewerkschaften haben den allgemeinen Gerichtsstand bei dem Gericht, in dessen Bezirk das Bergwerk liegt, Behörden, wenn sie als solche verklagt werden können, bei dem Gericht ihres Amtssitzes.

(3) Neben dem durch die Vorschriften dieses Paragraphen bestimmten Gerichtsstand ist ein durch Statut oder in anderer Weise besonders geregelter Gerichtsstand zulässig.

1 1) **Allgemeines. a) Bedeutung. I 1** begründet für nahezu sämtliche nichtphysischen Personen (Einzelheiten: Rn 2–6) den allgemeinen Gerichtsstand des **Sitzes** (Rn 9, 10) und stellt damit das Gegenstück zum allgemeinen Wohnsitzgerichtsstand der natürlichen Personen dar (§ 13). Der Ort des Sitzes selbst richtet sich nach allgemeinem Recht. Insoweit wird nur durch eine **Ergänzungsnorm** sichergestellt, daß stets ein (feststellbarer) Sitz vorhanden ist (**I 2;** Rn 10). Ein zusätzlicher (nicht ausschließlicher) Gerichtsstand kann für die juristische Person usw durch Begründung eines **Nebensitzes** (**III;** Rn 13) geschaffen werden.

2 b) **Anwendungsbereich.** Unter § 17 fallen alle passiv Parteifähigen, die nicht natürliche Personen sind, ausgenommen Bundes- und Landesfiskus (insoweit Sonderregelung gem §§ 18, 19). Die Aufzählung in **I 1** ist nur beispielhaft und nicht abschließend. Im einzelnen gilt I 1 für

3 aa) alle **juristischen Personen des öffentlichen Rechts** außer dem Fiskus (I 1: „Gemeinden", „Korporationen"); Beispiele: Gebietskörperschaften, öffentlich-rechtliche Körperschaften und Anstalten, Zweckverbände, Träger der Sozialversicherung, Innungen;

bb) alle **juristischen Personen des Privatrechts** (I 1: „Gesellschaften", „Genossenschaften", „andere Vereine", „Stiftungen, Anstalten und Vermögensmassen"); hierher gehören die rechtsfähigen Kapitalgesellschaften (AG, GmbH, eG), ferner die eingetragenen Vereine (§ 21 BGB) und die rechtsfähigen Stiftungen (§ 80 BGB); hierher gehören auch die aus den Teilsondervermögen der Deutschen Bundespost hervorgegangenen Nachfolgeunternehmen (ie Rn 14). 4

cc) alle **passiv parteifähigen Personenvereinigungen ohne eigene Rechtspersönlichkeit;** Beispiele: Personenhandelsgesellschaften (OHG und KG, §§ 124, 161 II HGB), Partnerschaften (§ 7 II PartGG), nichtrechtsfähige Vereine (§ 50 II), namentlich die (arbeitsrechtlichen) Gewerkschaften (vgl auch § 10 ArbGG und BGH 50, 325) und, soweit sie nicht bereits als eingetragene Vereine unter Rn 4 fallen, die politischen Parteien (§ 3 ParteienG; vgl auch § 50 Rn 21). 5

dd) Inwieweit § 17 I einer entsprechenden Anwendung auf **sonstige Vermögensmassen ohne eigene Rechtspersönlichkeit,** insbes die *Konkursmasse,* zugänglich ist, ist umstritten. Eine verbreitete bejahende Ansicht gelangt bei Verfahren, die materiell gegen die Konkursmasse gerichtet sind, zur Bejahung eines allgemeinen Gerichtsstands am *Verwaltungsmittelpunkt (Sitz) der Masse* (so bisher Jaeger/Henckel, KO, 9. Aufl, § 6 Rn 60; Mentzel/Kuhn/Uhlenbruck, KO, 10. Aufl, § 6 Rn 30; Baur/Stürner II Rn 10.28; 14. Aufl Rn 6). Nach der Ablehnung dieser Auffassung durch den BGH (BGH 88, 335 f = NJW 84, 739; weitere Nachw in § 13 Rn 15) wird an ihr nicht mehr uneingeschränkt festgehalten. Beim Konkurs einer natürlichen Person scheidet eine entspr Anwendung von § 17 aus; insoweit führt die Parteistellung des Konkursverwalters zur Anknüpfung an dessen Wohnsitz (§ 13 Rn 15). Auch bei der durch den Konkurs aufgelösten Handelsgesellschaft (§ 131 Nr 3 HGB; § 262 I Nr 3 AktG; § 60 I Nr 4 GmbHG) ist allein der Konkursverwalter Partei (Rn 21 vor § 50), so daß nur eine *entspr* Anwendung von § 17 in Frage kommt. Die allg gegen den Ort der Belegenheit der Masse (Sitz der Verwaltungsführung) geltend gemachten Gründe (vgl BGH 88, 335) greifen gegenüber dem mit Publizität ausgestatteten Gesellschaftssitz (vgl Rn 9) nicht durch; etwaigen Unsicherheiten über die Vermögensbelegenheit der Masse oder den Ort der Verwaltungsführung (vgl BGH 88, 335) kommt keine Bedeutung zu. Andererseits folgt aus der Identität von Konkursmasse und Gesellschaftsvermögen eine Organstellung des Konkursverwalters, so daß die Anknüpfung an den Sitz der (rechtlich noch fortbestehenden) Gesellschaft innerlich gerechtfertigt ist („neue Organtheorie"; in diesem Sinne überzeugend K. Schmidt NJW 84, 1341; 87, 1906 f; iErg übereinstimmend auch die Vertreter eines allg Massegerichtsstands, zB Kuhn/Uhlenbruck, KO, 10. Aufl, § 6 Rn 30b und c; MK/Lindacher Rn 39 vor § 50; aA MK/Patzina Rn 5, 6); **künftig** gilt § 17 als allgemeiner Gerichtsstand über § 29a (vgl § 13 Rn 15). 6

c) Abgrenzung. Der Gerichtsstand gem § 17 ist nicht ausschließlich, daneben kommen besondere Gerichtsstände in Frage (insbes gem § 21, bei Versicherungsgesellschaften ist § 48 VVG zu beachten). Bei den Kapitalgesellschaften ist für die wichtigsten gesellschaftlichen Klagen (insbes Anfechtungs- und Nichtigkeitsklagen) der Gerichtsstand des Gesellschaftssitzes als **ausschließlicher** ausgestaltet (vgl §§ 132, 246, 249, 275 AktG; §§ 61 III, 75 GmbHG; § 51 III GenG). 7

d) EG-Bereich. Im Anwendungsbereich des **EuGVÜ** ist der Sitz von Gesellschaften und juristischen Personen dem Wohnsitz gleichgestellt (Art 2, 3, 53 EuGVÜ). Zur Bedeutung des Wohnsitzes vgl § 13 Rn 1. Für bestimmte wichtige Klagen des Gesellschaftsrechts (insbes Auflösungs- und Nichtigkeitsklagen) begründet der Sitz der Gesellschaft oder juristischen Person die ausschließliche Zuständigkeit (Art 16 Nr 2 EuGVÜ). 8

2) **Allgemeiner Gerichtsstand von juristischen Personen** usw. **a) Sitz:** Maßgebender Ort ist in erster Linie der **Sitz (I 1).** Er ergibt sich aus Gesetz, Verleihung (beides häufig bei juristischen Personen des öffentlichen Rechts) oder aus der **Satzung** (dem **Statut**). Bei den juristischen Personen des Privatrechts (Kapitalgesellschaften, eingetragene Vereine) ist **satzungsmäßige** Festlegung des Sitzes und Registerpublizität vorgeschrieben (vgl §§ 5, 23 III Nr 1, 39, 278 III AktG; §§ 3 I, 10 GmbHG; § 6 Nr 1 GenG; § 57 I, 59 BGB). Auch Personenhandelsgesellschaften haben ihren Sitz zum Handelsregister anzumelden (§§ 106 II Nr 2, 161 II HGB). Keinen Sitz im Rechtssinn hat der nichtrechtsfähige Verein; insoweit gilt I 2 (Wieczorek Anm B I d 2). Bei einem – nur ausnahmsweise zulässigen: BayObLGZ 1985, 111 – **Doppelsitz** gilt § 17 an jedem Ort (LG Berlin WM 94, 1246; einschr Bork ZIP 95, 609). 9

b) Verwaltungsort (I 2). Fehlt ein (satzungsmäßig usw) bestimmter Sitz (Rn 9), greift I 2 ein. Der Ort, wo die Verwaltung geführt wird, ist der Mittelpunkt der gesamten geschäftlichen Oberleitung. Er ist der Tätigkeitsort der Geschäftsführung und der dazu berufenen Vertretungsorgane, mithin bei einem Unternehmen der Ort, wo die grundlegenden Entscheidungen der Unternehmensleitung effektiv in laufende Geschäftsführungsakte umgesetzt werden (BGH 97, 272; BayObLGZ 87, 271). I 2 gilt auch für ausländische Unternehmen (näher MK/Patzina Rn 13). 10

c) Der **Ort der Belegenheit des Bergwerks (II)** ist durch die Umwandlungspflicht der bergrechtlichen Gewerkschaften in AG oder GmbH obsolet geworden (BBergG vom 13. 8. 1980, BGBl I, S 1310). 11

12 **d) Beginn und Ende.** In zeitlicher Beziehung ist der allgemeine Gerichtsstand von der Entstehung der juristischen Person an gegeben und dauert bis zu deren Vollbeendigung. Er besteht namentlich auch nach Auflösung und während der Abwicklung fort (vgl § 49 II BGB; §§ 156, 161 II HGB; §§ 5, 264 II, 278 III AktG; § 69 II GmbHG; §§ 6, 12, 87 II GenG).

13 **3) Gerichtsstand des Nebensitzes (III).** Der allgemeine Gerichtsstand des Sitzes (Rn 9, 10) ist für die juristische Person nicht durch Satzung abdingbar. Jedoch besteht die Möglichkeit, durch einen satzungsmäßigen **Nebensitz** einen weiteren allgemeinen Gerichtsstand zu begründen (BayObLGR 96, 23; für ihn gilt § 35). Besondere (ausschließliche) Gerichtsstände können auch durch **Satzung** begründet werden (vgl § 38 Rn 9a; § 1048 entspr: Bork ZHR 157, 58 ff). Die Bedeutung satzungsmäßiger Gerichtsstandsklauseln liegt in der Begründung der internationalen Zuständigkeit für Klagen des Verbandes gegen ausländische Verbandsmitglieder, soweit § 22 nicht eingreift (wie im Anwendungsbereich des EuGVÜ, s § 22 Rn 4; eingehend Bork ZHR 157, 49 f, 63 f).

14 **4) Allgemeiner Gerichtsstand der Postnachfolgeunternehmen.** Die durch Umwandlung aus dem Sondervermögen der Deutschen Bundespost (s 19. Aufl § 18 Rn 12) hervorgegangenen Unternehmen in privater Rechtsform sind die Deutsche Post AG, die Deutsche Postbank AG und die Deutsche Telekom AG (Rechtsgrundlagen: Gesetz zur Änderung des GG vom 30. 8. 1994, BGBl I, S 2245; Art 143 b GG; PostumwandlungsG = Art 3 des PostneuordnungsG – PTNeuOG – vom 14. 9. 1994, BGBl I, S 2325; Inkrafttreten: 1. 1. 1995, vgl Art 15 I PTNeuOG; **Lit:** *Gramlich,* Von der Postreform zur Postneuordnung, NJW 94, 2785; *Hahn,* Die Postreform II, NWB Nr 8 vom 20. 2. 95 F 28, S 719; *Stöber* Rpfleger 95, 277). Sämtliche drei AG haben ihren Sitz in Bonn (vgl die Satzungen in Anh zu § 11 PostumwG, BGBl 1994 I, S 2343, 2346, 2350). Der allgemeine Gerichtsstand (§ 17) der drei Postnachfolgeunternehmen ist damit seit dem 1. 5. 1995 (Tag der Registereintragung, vgl 41 I 1 AktG) *Bonn.* Daneben kommt als besonderer Gerichtsstand der Ort der Niederlassungen dieser Unternehmen in Frage (s § 21 Rn 8).

18 *[Allgemeiner Gerichtsstand des Fiskus]*

Der allgemeine Gerichtsstand des Fiskus wird durch den Sitz der Behörde bestimmt, die berufen ist, den Fiskus in dem Rechtsstreit zu vertreten.

Lit: *Leiss,* Die Vertretung des Reichs, des Bundes und der Länder vor den ordentlichen Gerichten, 1957 (teilw überholt); Vorschriften über die Vertretung des Staates bei *Piller-Hermann,* Justizverwaltungsvorschriften (Loseblatt, 3. Aufl, Stand: X/1993) unter Nr 5c, speziell zur Drittschuldnervertretung bei *Stöber,* Forderungspfändung, 11. Aufl 1996, Anh 6–22.

I) Allgemeines

1 **a) Begriffe: Fiskus** ist der Staat (Bund, Land, Körperschaft, Anstalt, Stiftung) in seiner Eigenschaft als Privatrechtssubjekt bzw Vermögensrechtsträger. Gegensatz: Hoheitsrechtsträger (vgl. Wieczorek/Schütze/Buchholz/Loeser Rn 250, 290 vor § 50 mwN).

2 **b)** § 18 begründet den **allgemeinen** Gerichtsstand (vgl Rn 5; § 12 Rn 6); daneben etwa bestehende **besondere** Gerichtsstände (zB gem §§ 24, 29) bleiben unberührt (MK/Patzina Rn 42). In diesem Fall besteht bei nicht ausschließlicher Zuständigkeit Wahlrecht gem § 35.

3 **c)** § 18 knüpft an die **gesetzliche Vertretung** an; mit der Passivlegitimation hat das nichts zu tun. **Welche Behörde** vertretungsberechtigt ist, bestimmen die verfassungs- und verwaltungsrechtlichen Organisationsnormen des Bundes- (Rn 5 ff) oder Landesrechts (Rn 16 ff). Die Regelung ist häufig undurchsichtig (krit Wieczorek/Schütze/Buchholz/Loeser Rn 245 vor § 50), die Bestimmung der vertretungsberechtigten Behörde im Einzelfall schwierig (vgl BL/Hartmann Rn 4). Hilfe bieten uU Streitverkündung (vgl Sedemund-Treiber ZRP 70, 126), Gerichtsstandsvereinbarung (§ 38 I, zB bei Bauvertrag, vgl BGH MDR 85, 835 zu § 18 Nr 1 VOB/B) oder Zuständigkeitsbestimmung entspr § 36 Nr 3 (bei mehreren „stationes fisci“, vgl Herz aaO [Lit zu § 36], S 42 mN). Daneben besteht **Auskunftspflicht** der befaßten oder übergeordneten Behörde (MK/Patzina Rn 4; Wieczorek/Schütze/Hausmann Rn 4; wohl auch BayObLGZ 95, 78). Dies ist auch bei einer etwaigen Rechtsmittelbelehrung zu beachten (dazu allg BVerfG NJW 95, 3173; verkannt in BayObLGZ 95, 65). Die **Reform** vermeidet die Anknüpfung an die Vertretungsbefugnis (vgl Bericht der Kommission für das Zivilprozeßrecht, 1977, S 66 f, 273, 274).

4 **d)** Die gesetzliche Vertretung des **ausländischen Fiskus** im Prozeß bestimmt sich nach den Gesetzen des ausländischen Staates (BGH 40, 197). Zur Zuständigkeit gem § 23 s dort Rn 3, 8.

II) Die Vertretung des Fiskus des Bundes

5 **1) Allgemeines.** Es gibt keine einheitliche Vertretungsbehörde (BGH 8, 197), vielmehr vertritt jeder Bundesminister den Bund innerhalb seines Geschäftsbereichs für **alle** Rechtsgründe, aus denen Ansprüche geltend gemacht werden (BGH NJW 67, 1755). Soweit eine Zuordnung zu

einem bestimmten Geschäftsbereich ausscheidet, wird der Bund (hilfsweise) vom Bundesfinanzminister vertreten (allgM; BL/Hartmann Rn 5). Zur Vertretung des Bundes in den einzelnen Geschäftsbereichen vgl Rn 6–15; nur Überblick. Die richtige Bezeichnung der Vertretungsbehörde gehört nicht zu den zwingenden Förmlichkeiten der Klage; eine bestehende Klagefrist ist auch dann gewahrt, wenn in der Klageschrift die Vertretungsbehörde unrichtig angegeben, sie aber noch innerhalb der Frist an die richtige Vertretungsbehörde weitergeleitet wird (Zweibrücken OLGZ 78, 108; eine Weiterleitungs*pflicht* verneinend aber BayObLGZ 95, 77; anders für Rechtsmittelschriften dagegen BVerfG NJW 95, 3175, s Einl Rn 102); Klagefristen sind zu beachten bei Geltendmachung von Enteignungsentschädigung oder Truppenschäden (s dazu Rn 11, 14).

2) **Einzelne Geschäftsbereiche. a) Bundesminister der Finanzen. Rechtsgrundlagen:** Anordnung über die Vertretung der Bundesrepublik Deutschland im Bereich der Bundesfinanzverwaltung vom 18. 8. 1995(BAnz Nr 171 = GMBl S 935); Bestimmungen über das Verfahren nach der Zustellung von Pfändungs- und Überweisungsbeschlüssen oder Pfändungsbenachrichtigungen vom 15. 11. 1972 (BAnz Nr 233) und die dazu ergangene Ausführungsanweisung vom 15. 11. 1972 (BAnz Nr 233). **Vertretungsbehörde** ist grundsätzlich das Bundesministerium der Finanzen, soweit nicht nachgeordnete Behörden vertretungsbefugt sind (zB Bundesoberbehörden der BFV, Oberfinanzdirektionen, Hauptzollämter, Bundesvermögensämter, Zollfahndungsämter, Bundesforstämter); zur Vertretungstätigkeit im Bereich der Bundesvermögensverwaltung vgl Hummel DÖV 70, 368 und im Bereich Verteidigungslasten die Übersicht in BAnz Nr 223 vom 29. 11. 1980; Vertretung bei Stationierungsschäden: Rn 14. Das vom **Bundesamt zur Regelung offener Vermögensfragen** unter der Aufsicht des BMF verwaltete parteifähige Sondervermögen des Bundes (§ 50 Rn 15) hat seinen allg Gerichtsstand in Berlin (§ 29a III 2 VermögensG idF der Bek vom 3. 8. 1992, BGBl I S 1446). 6

b) Bundesminister der Justiz. Rechtsgrundlagen: Anordnung über die Vertretung des Bundes im Geschäftsbereich des Bundesministers der Justiz vom 25. 4. 1958 (BAnz Nr 82) idF der Bek vom 10. 10. 1958 (BAnz Nr 201), vom 8. 6. 1961 (BAnz Nr 113) und vom 4. 2. 1971 (BAnz Nr 29) und Anordnung vom 8. 12. 1971 (BGBl I S 2014). **Vertretungsbehörde** ist iZw der Bundesminister der Justiz, in ihren Geschäftsbereichen die Präsidenten des Bundespatentgerichts und des Deutschen Patentamts und die Leiter der Justizbeitreibungsstellen. Der Generalbundesanwalt ist über seinen Geschäftsbereich hinaus Vertretungsbehörde in gerichtlichen Verfahren, die den Bundesgerichtshof, das Bundesverwaltungsgericht, den Bundesfinanzhof und das Bundesdisziplinargericht betreffen. 7

c) Bundesminister des Innern. Rechtsgrundlagen: Anordnung über die Vertretung der Bundesrepublik Deutschland im Geschäftsbereich des BdI vom 9. 4. 1976 (GMBl S 162) idF der Anordnung vom 17. 6. 1993 (GMBl S 411). **Vertretungsbehörde** ist grundsätzlich der BdI als oberste Dienstbehörde. Er hat seine Befugnisse insoweit auf einige nachgeordnete Behörden übertragen, zB auf das Bundesverwaltungsamt, Statistische Bundesamt, Bundeskriminalamt, Bundesamt für Zivilschutz. Zuständige oberste Vertretungsbehörde bei Ausgleichsansprüchen wegen **Atomschäden** nach § 38 II AtomG ist das Bundesverwaltungsamt in Köln (§ 38 IV AtomG); vgl auch Richtlinie des BdI vom 21. 5. 1986, BAnz Nr 95, S 6417; s ie Schneider/Stoll BB 86, 1237. 8

d) Bundesminister für Verkehr (einschließlich Bundeseisenbahnvermögen und Bundesstraßenverwaltung). aa) Allgemein. Rechtsgrundlage: Bek über die Vertretung der BRD in Rechtsstreitigkeiten im Bereich des Bundesministers für Verkehr vom 14. 1. 1956 (BAnz Nr 10). **Vertretungsbehörde** ist danach der Bundesminister für Verkehr, in ihren Geschäftsbereichen sind es die nachgeordneten Behörden (zB die Wasser- und Schiffahrtsverwaltung). 9

bb) Bundeseisenbahnvermögen. Rechtsgrundlagen: Gesetz zur Neuordnung des Eisenbahnwesens (Eisenbahnneuordnungsgesetz) vom 27. 12. 1993 (BGBl I, S 2378, ber 1994 S 2439), in Kraft ab 1. 1. 1994. Das parteifähige Sondervermögen (§ 50 Rn 15) wird durch den Präsidenten vertreten (Art 1 § 6 III ENeuOG); der allgemeine Gerichtsstand wird durch den Sitz der Vertretungsbehörde bestimmt (Art 1 § 4 II iVm Verwaltungsordnung gem § 6 VI ENeuOG). Bisheriger Rechtszustand: 18. Aufl. 10

cc) Bundesfernstraßenverwaltung. Rechtsgrundlagen: Art 90 II GG; 1. AllgVerwaltungsvorschrift für die Auftragsverwaltung der Bundesfernstraßen (1. AVVFStr) vom 3. 7. 1951 (BAnz Nr 132 mit Änderung vom 11. 2. 1956, BAnz Nr 38) iVm Landesrecht. Im Bereich der Vermögensverwaltung gilt § 7 der 1. AVVFStr. **Vertretungsbefugt** sind die Länder, die den Bund unter der Bezeichnung „Bundesrepublik Deutschland – Bundesstraßenverwaltung –“ gerichtlich und außergerichtlich vertreten (§ 7 I aaO); eine Weiterübertragung der Vertretungsbefugnis auf nachgeordnete Landesbehörden ist möglich (§ 7 II aaO). Für die Vertretungsbehörden gelten die Rn 16 ff (vgl BayObLGZ 95, 68 f). 11

12 **e) Bundesminister für Post und Telekommunikation. Lit:** wie § 17 Rn 14. Für die durch Umwandlung des Postsondervermögens entstandenen Nachfolgeunternehmen bestimmt sich seit 1. 5. 1995 der allgemeine Gerichtsstand nach § 17 (ie dort Rn 14). Die auf dem Gebiet des Postwesens und der Telekommunikation dem Bund verbliebenen hoheitlichen Aufgaben (vgl Art 87 f II GG) gehören zum Geschäftsbereich des Bundesministers für Post und Telekommunikation (vgl Gesetz über die Regulierung der Telekommunikation und des Postwesens = Art 7 PTNeuOG). Das PostVerfG (s 19. Aufl) ist mit dem 31. 12. 1994 außer Kraft getreten (vgl Art 13, 15 PTNeuOG). Nachgeordnete Behörden des BMPT sind weiterhin das Bundesamt für Post und Telekommunikation und das Bundesamt für Zulassungen in der Telekommunikation. Der BMPT führt ferner die Aufsicht über folgende selbständige Einrichtungen: Bundesanstalt für Post und Telekommunikation (Art 1 PTNeuOG), Unfallkasse Post und Telekommunikation (Art 2 PTNeuOG) und die Museumsstiftung Post und Telekommunikation (Art 11 PTNeuOG). Die Bundesanstalt ist eine rechtsfähige Anstalt des öffentlichen Rechts mit Sitz in Bonn (§ 1 II BAPostG und § 3 der Satzung = Anlage zu § 8 S 1); Vertretungsbehörde ist der Vorstand (vgl §§ 4, 8 BAPostG iVm der Satzung). Nicht mehr zu seinem Geschäftsbereich gehört seit dem 1. 7. 1994 die Bundesdruckerei (vgl die Anordnung vom 30. 1. 1995, BAnz Nr 30 S 1360); insoweit gelten §§ 17, 21.

13 **f) Bundesminister der Verteidigung. Rechtsgrundlagen:** Verwaltungsanordnung über die Vertretung des Bundes in Prozessen im Bereich des Bundesministers der Verteidigung vom 21. 3. 1969 (VMBl 185); Allgemeine Anordnung über die Übertragung von Zuständigkeiten im Widerspruchsverfahren und über die Vertretung bei Klagen aus dem Beamten- oder Wehrdienstverhältnis im Bereich des Bundesministers der Verteidigung vom 9. 6. 1976 (BGBl I S 1492) mit Änderungen vom 10. 9. 1980 (BGBl I S 1682) und vom 10. 7. 1985 (BGBl I S 1498); Verwaltungsanordnung über die Vertretung des Bundes in Verfahren des Versorgungsausgleichs nach § 53b FGG im Geschäftsbereich des Bundesministers der Verteidigung vom 27. 2. 1980 (VMBl 162) idF vom 20. 6. 1990 (VMBl 381); **Vertretungsbehörden** sind idR die Wehrbereichsverwaltungen I–VII sowie für seinen besonderen Zuständigkeitsbereich das Bundesamt für Wehrtechnik und Beschaffung und das Bundesamt für Wehrverwaltung, ausnahmsweise der Bundesminister der Verteidigung selbst, aber nur die Wehrbereichsverwaltungen III und V in Verfahren des Versorgungsausgleichs nach § 53b FGG; als Drittschuldner wird der Bund vertreten durch den zuständigen Wirtschaftstruppenteil, je nachdem von welchem Amt die Bezüge ausgezahlt werden, das zuständige Wehrbereichsgebührnisamt bei Pfändung von Bezügen, bei sonstigen Ansprüchen durch die die Auszahlung anordnende Behörde. Einzelheiten sind geregelt in der Verwaltungsanordnung über die Vertretung des Bundes als Drittschuldner im Bereich des Bundesministers der Verteidigung vom 20. 11. 1981 (VMBl 1982, 7 = BAnz Nr 9 vom 15. 1. 1982) idF vom 20. 2. 1984 (VMBl 75). In zivilen Rechtsstreitigkeiten aus Baumaßnahmen für den Geschäftsbereich des BMVg, der NATO- und Gaststreitkräfte ist die jeweils örtlich zuständige Oberfinanzdirektion Vertretungsbehörde (§ 8 VII FinanzverwaltungsG vom 30. 8. 1971, BGBl I S 1426, zuletzt geändert am 7. 7. 1992, BGBl I S 1222, iVm Verwaltungsvereinbarungen mit den Ländern).

14 **g) Zuständige Vertretungsbehörden bei Stationierungsschäden** sind die Behörden der unteren Verwaltungsstufe der Verteidigungslastenverwaltung (Art 8 NTS-AG), soweit von den Landesregierungen nichts Abweichendes bestimmt ist (MinBlFin 1977, 13; 1979, 220). Bei der Geltendmachung von Ansprüchen aus Truppenschäden sind Anmelde- und Klagefristen nach dem NTS-AG zu beachten (ie Geißler NJW 80, 2617 ff; Bsp: BGH NVZ 96, 193; sa Rn 5).

15 **h) Bundesminister für Umwelt, Naturschutz und Reaktorsicherheit. Rechtsgrundlagen:** Vertretungsordnung BMU vom 27. 1. 1987 (GMBl 249), geändert am 29. 12. 1989 (GMBl 1990 S 94), abgedr in: Kloepfer, Umweltschutz (Loseblatt), Nr 4. Vertretungsberechtigte Dienststellen sind ua: Der Bundesminister für Umwelt usw, die Präsidenten des Umweltbundesamtes und des Bundesamts für Strahlenschutz, der Leiter der Bundesforschungsanstalt für Naturschutz und Landschaftsökologie sowie als Drittschuldnervertreter die Leiter der die Zahlung anordnenden Dienststelle.

III) Die Vertretung des Fiskus der Länder

16 **1) Baden-Württemberg. Rechtsgrundlagen:** Art 49 II BWVerf; Anordnung der Landesregierung über die Vertretung des Landes in gerichtlichen Verfahren vom 17. 1. 1955 (GBl 8) idF der Änderungsanordnung vom 19. 6. 1973 (GBl 210); Bek der Ministerien über die Vertretung des Landes in gerichtlichen Verfahren vom 12. 10. 1987 (GBl 464). Neben den Ministerien sind als **allgemeine Vertretungsbehörden** ua die Mittelbehörden, die Präsidenten der obersten Landesgerichte, die Kassen und Bezirksrevisoren, aber auch die Landratsämter zuständig. **Besondere Vertretungsbehörden** sind im Justizbereich die Staatsanwaltschaften, die Gerichtskassen und die Vollzugsanstalten.

17 **2) Bayern. Rechtsgrundlage:** VO über die gerichtliche Vertretung des Freistaats Bayern (VertretungsVO) idF der Bek vom 4. 10. 1995 (GVBl 733), abgedr und erläutert bei Ostler, Bay

Justizgesetze, 4. Aufl, 1986 Nr 3; Sprau, Justizgesetze in Bayern, 1988, S 591 ff. **Allgemeine Vertretungsbehörden** sind (je unter bestimmten Voraussetzungen) das Bay Staatsministerium der Finanzen und die Bezirksfinanzdirektionen (s auch BayObLGZ 95, 69. Daneben sind für bestimmte Sonderfälle **besondere Vertretungsbehörden** zur Vertretung befugt (zB Bezirksrevisoren, Vollstreckungsbehörden, Generalstaatsanwaltschaften, Staatsanwaltschaften, Finanzämter ua); Überblick bei Eder BayVBl 69, 157.

3) Berlin. Vertretungsbehörde Berlins ist außer dem Regierenden Bürgermeister jedes Mitglied des Senats im Rahmen seines Geschäftsbereichs (LG Berlin JR 1954, 181). **Rechtsgrundlagen** sind das AllgZuständigkeitsges (AZG) vom 2. 10. 1958 (GVBl 957, 1020), zuletzt geändert durch Art I des Verwaltungsreformges vom 19. 7. 1994 (GVBl 241) sowie die Verwaltungsvorschriften vom 23. 1. 1990 betreffend die Grundsätze für die Behandlung von Rechtsstreitigkeiten Berlins (ABl 202), für den Bereich der Landesjustizverwaltung die Anordnung über die Vertretung des Landes Berlin im Geschäftsbereich des Senators für Justiz vom 21. 9. 1987 (ABl 1484). 18

4) Brandenburg. Das Land Brandenburg wird für den jeweiligen Geschäftsbereich durch den zuständigen Fachminister vertreten (Art 89 S 2 VerfBrandenbg vom 20. 8. 92, GVBl 298). Eine Delegation der Vertretungsbefugnis auf nachgeordnete Stellen (Vertretungsverordnung) ist bislang (noch) nicht allg erfolgt; zum Geschäftsbereich des Ministers der Justiz usw vgl die AllgVerfügung vom 9. 6. 1992 (JMBl Brandenbg S 78), geändert am 9. 6. 1993 (aaO S 112) und am 12. 11. 1993 (aaO S 217); zu den Geschäftsbereichen der obersten Landesbehörden vgl Bek vom 31. 5. 1995 (GVBl II 454). 19

5) Bremen wird nach Art 118 I 2 BremVerf durch den Senat vertreten. Dabei sind der Präsident des Senats oder sein Stellvertreter ermächtigt, rechtsverbindliche Erklärungen für die Freie Hansestadt abzugeben (Art 118 I 3). Nach Art 120 BremVerf sind die Mitglieder des Senats innerhalb ihres Geschäftsbereichs vertretungsbefugt. Der Senator für Justiz und Verfassung vertritt den Justizfiskus. 20

6) Hamburg. Rechtsgrundlagen: Gesetz über Verwaltungsbehörden vom 30. 7. 1952, mehrfach geändert, zuletzt am 2. 7. 1991 (GVBl 247); Anordnung über die Befugnis zur Vertretung der Freien und Hansestadt Hamburg vom 6. 10. 1987 (AmtlAnz 2077); Gesetz über die Formbedürftigkeit von Verpflichtungserklärungen vom 18. 9. 1973 (GVBl 405); Bezirksverwaltungsgesetz vom 22. 5. 1978 (GVBl 178), zuletzt geändert am 14. 9. 1988 (GVBl 179). **Vertretungsbehörden** sind der Senat und allgemein die Finanzbehörde (zB für Entschädigung nach BauGB, vgl Hamburg Hbg JVBl 80, 151); im übrigen sind **vertretungsbefugt** im Rahmen ihres Geschäftsbereichs die Fachbehörden und die Bezirksämter. 21

7) Hessen wird gem Art 103 HessVerf vom Ministerpräsidenten vertreten. Dieser hat die Vertretungsbefugnis (mit bestimmten Vorbehalten) den Ministern, diese wiederum haben sie nachgeordneten Behörden delegiert. **Rechtsgrundlagen:** Anordnung des Hess Ministerpräsidenten vom 7. 11. 1991 (StAnz S 2598) mit Änderung vom 6. 11. 1995 (StAnz S 3626); (Delegations-)Anordnungen der einzelnen Ministerien (Zusammenstellung: MK/Patzina Rn 29). **Vertretungsbehörden** sind im Bereich der Finanzverwaltung idR die Oberfinanzdirektion Frankfurt (Main), im Bereich der inneren Verwaltung idR das Regierungspräsidium, im Bereich der Justizverwaltung idR der Generalstaatsanwalt, die Leiter der zuständigen Gerichtskasse und die Bezirksrevisoren (vgl. AnO JM vom 12. 1. 1988, StAnz S 373, idF vom 1. 2. 1993, StAnz S 920). 22

8) Mecklenburg-Vorpommern. Rechtsgrundlagen: Art 47 Verf M-V vom 23. 5. 1993 (GVBl M-V 372). Die Vertretung des Landes erfolgt in Rechtsstreitigkeiten durch die Fachminister im Rahmen ihres Geschäftsbereichs; Delegation auf nachgeordnete Behörden ist möglich (Erlaß des Ministerpräsidenten vom 7. 11. 1990, ABl M-V 1991, 38). **Vertretungsbehörden** für den Bereich der Justizverwaltung sind bestimmt durch die Allg Verwaltungsvorschrift des Ministers für Justiz usw. vom 10. 2. 1993 (ABl M-V 709). 23

9) Niedersachsen. Rechtsgrundlagen: Art 28 VorlNdsVerf; Gemeinsamer Runderlaß der Staatskanzlei und sämtlicher Ministerien vom 9. 1. 1995 (NdsMBl S 117). **Vertretungsbehörde** ist jeder Minister in Angelegenheiten seines Geschäftsbereichs; innerhalb der einzelnen Geschäftsbereiche: Die Bezirksregierungen und die Oberfinanzdirektionen in allen Angelegenheiten ihres Aufgabenbereichs und der ihnen unterstellten Behörden; in Angelegenheiten der Justizverwaltung die Generalstaatsanwaltschaften, die obersten Landesgerichte (OLG usw) für ihren Geschäftsbereich, die Bezirksrevisoren in ihrem Zuständigkeitsbereich. 24

10) Nordrhein-Westfalen. Art 39 VerfNRW regelt die Vertretung des Landes durch den Präsidenten des Landtages in Rechtsgeschäften und Rechtsstreitigkeiten der Landtagsverwaltung. Die Landesregierung vertritt das Land nach außen (Art 57 S 1 Verf NRW). Diese Befugnis wurde durch Bek vom 8. 2. 1960 (GVBl 13) auf den Ministerpräsidenten übertragen. Iü sind keine allg Bestimmungen über die fiskalische Vertretung des Landes ergangen. Es ist davon auszugehen, daß das Recht der einzelnen Minister, ihren Geschäftsbereich nach Art 55 II VerfNRW selbstän- 25 dig und unter eigener Verantwortung zu leiten, auch die Befugnis umfaßt, das Land in diesem Rahmen zu vertreten und Vertretungsregelungen zu treffen. Im Bereich der Landesverwaltung ist davon auszugehen, daß den Bezirksregierungen im Rahmen ihrer allg öffentlichen Aufgaben auch eine Annexzuständigkeit als Vertretungsbehörde in zivilrechtlichen Angelegenheiten zukommt. Bei Schadensangelegenheiten im Bereich der Polizei ergibt sich die Vertretung aus dem RErl des Innenministers vom 28. 10. 1994 (SMBl NW 200 20). Im Geschäftsbereich des Finanzministers richtet sich die Vertretung des Landes im übrigen nach dem Runderlaß des Finanzministers vom 1. 3. 1982 (SMBl NW 20010); im Geschäftsbereich des Justizministeriums gelten die VO vom 19. 11. 1982 (GVBl 757), zuletzt geändert durch VO vom 4. 10. 1988 (GV NW S 408) und die Vertretungsordnung vom 17. 3. 1987 (JMBl NW S 89), zuletzt geändert durch AV vom 6. 8. 1992 (JMBl NW S 199). **Vertretungsbehörden** im Justizbereich sind außer dem Justizminister ua die Generalstaatsanwälte, die Leiter der Oberjustizkassen, die Leiter der Gerichtskassen, die Bezirksrevisoren und die Präsidenten der Justizvollzugsämter.

26 **11) Rheinland-Pfalz. Rechtsgrundlagen:** Art 104 VerfRhPf; Verf der Landesregierung vom 11. 9. 1951 (MinBl 684), zuletzt geändert am 31. 3. 1960 (MinBl 409). Für die verschiedenen Geschäftsbereiche bestehen besondere Vertretungsordnungen, so zB vom 10. 5. 1988 (GVBl 106: Justiz), vom 18. 11. 1988 (GVBl 293: Finanzen) und vom 7. 8. 1991 (GVBl 334: Inneres usw). **Allgemeine Vertretungsbehörden** sind in allen Angelegenheiten der Justizverwaltung der MdJ, Generalstaatsanwälte, Bezirksrevisoren, in Angelegenheiten der Finanzverwaltung der MdF, der Oberfinanzpräsident, die Regierungspräsidenten, in Angelegenheiten der inneren Verwaltung der MdI, die Regierungspräsidenten ua.

27 **12) Saarland. Rechtsgrundlagen:** Gesetz vom 15. 11. 1960 (ABl 920); Bek des Justizministeriums vom 24. 7. 1992 (ABl 841); Gemeinsamer Erlaß vom 21. 12. 1978 (ABl 1979 S 33). **Vertretungsbehörden** sind die zuständigen Minister im Rahmen ihres Geschäftsbereichs, hilfsweise der Ministerpräsident. Jeder Minister kann sein Vertretungsrecht auf nachgeordnete Behörden übertragen (§ 4 des Ges vom 15. 11. 60; vgl ie ABl 1961, 177; 1992, 309, 841). Im Bereich der Justizverwaltung sind dies namentlich der Generalstaatsanwalt, die zuständige Strafvollstreckungsbehörde, der Leiter der Gerichtskasse, die Leiter der Justizvollzugsanstalten und die Bezirksrevisoren.

28 **13) Sachsen. Rechtsgrundlagen:** Art 65 I VerfSachsen vom 27. 5. 92 (SächsGVBl 243); Anordnung des Ministerpräsidenten vom 22. 1. 1991 (SächsGVBl 65); Gemeinsame Bekanntmachung der obersten Landesbehörden vom 23. 4. 1991 (SächsGVBl 66). **Vertretungsbehörden** in gerichtlichen Verfahren sind die obersten Landesbehörden, die die Vertretung vor den ordentlichen Gerichten dem Landesamt für Finanzen übertragen haben.

29 **14) Sachsen-Anhalt. Rechtsgrundlagen:** Art 69 I VerfSachsen-Anhalt vom 16. 7. 92 (GVBl LSA S 600); GemRdErl der Staatskanzlei usw vom 17. 5. 1994 (MinBl LSA S 1289), zuletzt geändert durch RdErl vom 15. 2. 1995 (MBl LSA S 343). **Vertretungsbehörden** sind idR die Fachminister für ihren Geschäftsbereich, bestimmte nachgeordnete Behörden in Angelegenheiten ihres Aufgabenbereichs.

30 **15) Schleswig-Holstein. Rechtsgrundlagen:** Erlaß des Ministerpräsidenten über die Vertretung des Landes SchlH vom 30. 10. 1950 (ABl 461), ergänzt durch die Erlasse vom 14. 4. 51 für den Bereich des Oberfinanzpräsidenten (ABl 229), zuletzt geändert durch Erlaß vom 15. 4. 1978 (ABl 176). **Vertretungsbehörden** sind die Fachminister im Rahmen ihres Geschäftskreises. Sie haben die Vertretungsbefugnis auf nachgeordnete Behörden übertragen. Im Bereich der Justizverwaltung sind dies namentlich der Generalstaatsanwalt und die Bezirksrevisoren bei den Landgerichten (Erlaß des Justizministers vom 16. 1. 1967, ABl 30). Zu den Erlassen der jeweiligen Geschäftsbereiche vgl näher MK/Patzina Rn 37.

31 **16) Thüringen. Rechtsgrundlagen:** Art 76, 77 ThürVerf vom 25. 10. 1993 (ThürGVBl 625); Anordnung über die Vertretung des Landes Thüringen vom 18. 12. 1990 (ThürGVBl 1991, 15); § 15 ThürAGGVG idF vom 12. 10. 1993 (ThürGVBl 612); Vertretungsordnung Justiz vom 27. 3. 92 (ThürGVBl 133; Anpassung in Vorbereitung). **Vertretungsbehörden** sind im Geschäftsbereich des Justizministeriums in gerichtlichen Erkenntnisverfahren der Justizminister und der Generalstaatsanwalt, in Vollstreckungsverfahren der vor dem Erlaß des Vollstreckungstitels zuständige Vertreter des Landes.

19 *[Mehrere Gerichtsbezirke am Behördensitz]*

Ist der Ort, an dem eine Behörde ihren Sitz hat, in mehrere Gerichtsbezirke geteilt, so wird der Bezirk, der im Sinne der §§ 17, 18 als Sitz der Behörde gilt, für die Bundesbehörden von dem Bundesminister der Justiz, im übrigen von der Landesjustizverwaltung durch allgemeine Anordnung bestimmt.

Gilt nur für den allgemeinen Gerichtsstand des Fiskus (§ 18 Rn 5 ff, 16 ff), trotz des Zitats von § 17 nicht für sonstige juristische Personen, insbes nicht für die (in mehrere Gerichtsbezirke geteilte) Gemeinde selbst (notfalls ist gem § 36 Nr 2 vorzugehen). Von **Bedeutung** praktisch nur noch für Berlin: Amtsgericht Schöneberg (VOBl 1949 I S 128). Ohne Anordnung entscheidet die Lage des Dienstgebäudes der Behörde. 1

19a *[Allgemeiner Gerichtsstand des Insolvenzverwalters]*

Der allgemeine Gerichtsstand eines Insolvenzverwalters für Klagen, die sich auf die Insolvenzmasse beziehen, wird durch den Sitz des Insolvenzgerichts bestimmt.

Eingefügt durch Art 18 Nr 1 EGInsO, Inkrafttreten: 1. 1. 1999. Insolvenzgericht: §§ 2, 3 InsO.

20 *[Besonderer Gerichtsstand des Aufenthaltsorts]*

Wenn Personen an einem Ort unter Verhältnissen, die ihrer Natur nach auf einen Aufenthalt von längerer Dauer hinweisen, insbesondere als Hausgehilfen, Arbeiter, Gewerbegehilfen, Studierende, Schüler oder Lehrlinge sich aufhalten, so ist das Gericht des Aufenthaltsortes für alle Klagen zuständig, die gegen diese Personen wegen vermögensrechtlicher Ansprüche erhoben werden.

1) Beginn der Regelung der **besonderen Gerichtsstände** (§§ 20–34 und dazu allgemein § 12 Rn 7 mit Überblick über die wichtigsten Fälle). Da die Erhebung der Klage im allgemeinen Gerichtsstand des Beklagten mit Schwierigkeiten verbunden sein kann, läßt das Gesetz besondere Gerichtsstände wegen bestimmter Ansprüche zu. Der Kläger hat in solchen Fällen die **Wahl** zwischen dem allgemeinen und dem besonderen Gerichtsstand (§ 35 und § 12 Rn 10, 11). 1

2) Besonderer Gerichtsstand des Aufenthaltsorts: a) Anwendungsbereich. aa) Person des Beklagten: jede **natürliche** (nicht: juristische) Person, einerlei, ob prozeßfähig oder nicht (arg § 57 II), ob In- oder Ausländer (aber Rn 5 beachten). Sie hat zwar einen Wohnsitz, hält sich aber woanders auf (Abgrenzung zu § 16: dort hat sie keinen Wohnsitz). 2

bb) Klagegegenstand: Vermögensrechtliche Ansprüche (§ 1 Rn 12). Zusammenhang der Klage mit dem Aufenthalt ist nicht erforderlich (Rn 5). 3

cc) Im Anwendungsbereich des **EuGVÜ** ist § 20 nicht anwendbar, wenn der Beklagte in einem (ausländischen) Vertragsstaat seinen Wohnsitz hat (Art 2, 3, 5 ff, 52 EuGVÜ). 4

b) Voraussetzungen. Erforderlich ist **Aufenthalt von längerer Dauer** zwecks Erreichung eines bestimmten Zweckes (RG 30, 326). Die Aufzählung („Haushaltsgehilfen ...") ist nur beispielhaft. § 20 trifft auch zu bei Saisonarbeit, Strafhaft, Heimunterbringung (LG Wuppertal DAVorm 68, 204), Kuraufenthalten, Wochenend- und Ferienaufenthalt in „Zweit-Haus" (Koblenz NJW 79, 1309), Wohnen in Frauenhaus (Saarbrücken FamRZ 90, 1119 zu § 606 I 2), Abwicklung eines größeren Geschäfts durch einen selbständigen Gewerbeunternehmer, Ableistung von (auswärtigem) Vorbereitungsdienst als Beamter und von Wehrdienst als Soldat (LG Verden MDR 64, 766). **Nicht** genügt Aufenthalt an der Arbeitsstätte tagsüber oder **vorübergehender Aufenthalt**, zB eines Geschäftsreisenden (LG Karlsruhe ZZP 38, 426). Nicht nötig ist Entstehung der Schuld während des „Aufenthalts". 5

c) Rechtsfolgen: Zuständigkeitsbegründung mit Wahlrecht des Klägers (Rn 1). 6

21 *[Besonderer Gerichtsstand der gewerblichen Niederlassung]*

(1) Hat jemand zum Betrieb einer Fabrik, einer Handlung oder eines anderen Gewerbes eine Niederlassung, von der aus unmittelbar Geschäfte geschlossen werden, so können gegen ihn alle Klagen, die auf den Geschäftsbetrieb der Niederlassung Bezug haben, bei dem Gericht des Ortes erhoben werden, wo die Niederlassung sich befindet.

(2) Der Gerichtsstand der Niederlassung ist auch für Klagen gegen Personen begründet, die ein mit Wohn- und Wirtschaftsgebäuden versehenes Gut als Eigentümer, Nutznießer oder Pächter bewirtschaften, soweit diese Klagen die auf die Bewirtschaftung des Gutes sich beziehenden Rechtsverhältnisse betreffen.

I) Allgemeines

1) Bedeutung. Erleichterung der Rechtsverfolgung **gegen** Gewerbetreibende (Rn 2) durch Schaffung eines besonderen Gerichtsstands (§ 12 Rn 7) für bestimmte vermögensrechtliche Kla- 1 gen (Rn 10, 11) am Ort der Niederlassung (Rn 6, 7); Ergänzung von §§ 13, 17. **Für** Klagen und Mahnanträge des Inhabers der Niederlassung gilt § 21 **nicht** (vgl BGH NJW 78, 321 Nr 8; § 689 Rn 3). Für Klagen, die sich auf den Geschäftsbetrieb einer inländischen Zweigstelle eines ausländischen **Kreditinstituts** beziehen, ist § 21 **unabdingbar** (§ 53 III KWG; dazu auch § 689 Rn 3).

2 2) **Anwendungsbereich. Kläger:** Jedermann, **Beklagte:** Gewerbetreibende (Rn 5) jeder Art, natürliche und juristische Personen, namentlich Einzelkaufleute (§§ 1, 5 HGB) und Handelsgesellschaften (§ 6 HGB), aber auch Inhaber von freien Berufen (BGH 88, 336; offenlassend BayObLG WM 89, 871) und Landwirte (arg **II;** Rn 12). Die im Gerichtsstand des § 21 erhobene Klage richtet sich gegen den **Inhaber** der Niederlassung, **nicht** gegen diese selbst; die Niederlassung (Rn 6) ist nicht notwendig parteifähig, wenn gem § 59 doch Partei (s § 50 Rn 25 a), gilt *insoweit* § 17. Möglich ist jedoch, daß der Inhaber unter der Firma der Zweigniederlassung verklagt wird (vgl BGH 4, 62). Eine **erweiternde Auslegung** iS von Art 5 Nr 5, 13 EuGVÜ (Rn 4) wird überwiegend verneint (abl BGH NJW 87, 3082), teilweise aber bei konzern- oder verbandsrechtlicher Abhängigkeit befürwortet (so Wieczorek/Schütze/Hausmann Rn 13; Pfister zu LG München I SpuRt 95, 164, 201; **aA** OLGR München 96, 89; Heß ZZPInt 1 (1996), 383 ff). Beispiele: Abhängige Tochtergesellschaft als Zweigniederlassung der „beherrschenden" Muttergesellschaft; Mitgliedsverband als Zweigniederlassung des „beherrschenden" Spitzenverbands.

3 3) **Abgrenzung.** Der Gerichtsstand des § 21 **konkurriert** mit dem allgemeinen Gerichtsstand gem §§ 13, 17 (vgl BGH 88, 336), ferner mit etwa bestehenden besonderen Gerichtsständen, zB gem § 22 (BGH NJW 75, 2142) oder § 32 (zB beim Direktanspruch gem § 3 PflVersG: Rn 10). In den Fällen der § 24 UWG; § 14 AGBG; §§ 71, 238 KO; § 2 VglO ist der Gerichtsstand der Niederlassung ausschließlich (Verdrängung von § 21). Im Fall von § 48 VVG besteht unabdingbarer Agenturengerichtsstand (weite Auslegung: AG Köln NJW-RR 93, 1504).

4 4) **Internationaler Rechtsstreit.** Unternehmen mit Sitz im Ausland sind im Inland am Ort ihrer Niederlassung(en) gerichtspflichtig (§ 1 Rn 8 mN; BGH NJW 87, 3081 = MDR 88, 122; LG Zwickau BB 95, 1664 = Rpfleger 95, 371). Im Anwendungsbereich des **EuGVÜ** begründet der in einem anderen Vertragsstaat als der (Wohn-)Sitz gelegene Ort der Niederlassung oder Agentur die internationale und örtliche Zuständigkeit für Streitigkeiten aus dem Betrieb der Niederlassung (Art 5 Nr 5 EuGVÜ; s Anh Art 5 Rn 20 ff); maßgebend ist der Vertragsschluß, auf den Ort der Vertragsdurchführung kommt es nicht an (EuGH RIW 95, 585). Zweigniederlassung kann auch eine rechtlich selbständige inländische Tochtergesellschaft (Rechtsform: GmbH) sein (EuGH NJW 88, 625; München NJW-RR 93, 703 mit Anm Geimer RIW 94, 59; Düsseldorf WM 95, 1350; vgl näher Art 5 GVÜ Rn 23). Für Klagen gegen Versicherer steht inländische Zweigniederlassung oder Agentur dem Sitz gleich (Art 8 III EuGVÜ); das gleiche gilt für Verbraucherklagen aus dem Betrieb einer inländischen Zweigniederlassung oder Agentur (Art 13 EuGVÜ; dazu BGH NJW 87, 3082 f). Allgemein ist für **ausländische Versicherungsunternehmen** der Gerichtsstand der inländischen Zweigniederlassung unabdingbar (§ 109 VAG); er ist ihr allg Gerichtsstand iS von § 689 II 1 (vgl dort Rn 3); für **ausländische Investmentgesellschaft** ist der Wohnsitz oder Sitz des Repräsentanten unabdingbarer Gerichtsstand (§ 6 II AuslInvestmG); für **ausländisches Kreditinstitut** mit inländischer Zweigniederlassung vgl Rn 1 aE. Im Anwendungsbereich des **Warschauer Abkommens** begründet für **ausländische Fluggesellschaften,** die im Inland keine eigenen Niederlassungen haben, der Sitz der selbständigen Agentur, deren sie sich zum Abschluß von Luftfrachtverträgen bedienen, den Gerichtsstand der Geschäftsstelle gem Art 28 WA (BGH 84, 339 = NJW 83, 518 = MDR 83, 25).

II) Voraussetzungen des Gerichsstands der gewerblichen Niederlassung

5 1) **Gewerbliche Niederlassung. a) Gewerbe** ist jedes auf Erwerb abzielende Unternehmen einer natürlichen oder juristischen Person iwS (vgl Rn 2). Nicht hierher gehören öffentliche Anstalten sowie Privaterziehungsheime und private Lehranstalten (weitergehend MK/Patzina Rn 5).

6 **b) Niederlassung. aa) Begriff:** Jede von dem Inhaber an einem anderen Ort als dem seines (Wohn-)Sitzes für eine gewisse *Dauer* eingerichtete, auf seinen Namen und für seine Rechnung betriebene und (idR) *selbständig, dh aus eigener Entscheidung zum Geschäftsabschluß und Handeln berechtigte* Geschäftsstelle (BGH NJW 87, 3082 = MDR 88, 122; Düsseldorf NJW-RR 89, 433; Köln VersR 93, 1172). Die Niederlassung muß bei Klageerhebung bestehen (BayObLG WM 89, 871). Errichtung durch den Unternehmer ist nicht erforderlich (so aber ohne Begründung BGH NJW 87, 3081; dagegen zutr Pfister SpuRt 95, 202). Anmeldung als Gewerbebetrieb und Eintragung ins Handelsregister sind als solche weder erforderlich noch genügend (BayObLG Rpfleger 80, 486), *rechtliche* Selbständigkeit (Rechtsform als GmbH, eV) steht nicht entgegen, soweit die übrigen Voraussetzungen vorliegen (BGH NJW 93, 2683 [2684/III 2]; vgl auch Rn 2 aE, 4). Bei **mehreren** Niederlassungen gilt § 21 für jede (vgl auch Rn 11 aE).

bb) Arten. Als Niederlassung iS des § 21 kommen sowohl Haupt- als auch Zweigniederlassung(-en) in Frage; die **Hauptniederlassung** insbes dann, wenn sich am Sitz der Gesellschaft (vgl § 17 Rn 9) nicht zugleich der Verwaltungsort (vgl § 17 I 2 und dort Rn 10) befindet; dann begründet der Verwaltungsort den Ort der Niederlassung iS des § 21; eine **Zweigniederlassung** dann, wenn sie sich an einem vom (Wohn-)Sitz des Inhabers (entspricht idR dem Ort der Hauptniederlassung) verschiedenen Ort befindet. 7

c) Die Selbständigkeit der Niederlassung (vgl die Begriffsbestimmung in Rn 6) kann bei Zweigbetrieben fehlen. Entscheidend ist nicht das innere Verhältnis zum Hauptunternehmen, sondern ob nach außen der Anschein einer **selbständigen** Niederlassung erweckt wird (BGH NJW 87, 3081 f; BayObLG MDR 89, 459; Düsseldorf NJW-RR 89, 433; AG Köln NJW-RR 93, 1504, jeweils mwN). Die Eintragung der Zweigniederlassung im Handelsregister (vgl § 13 HGB) ist für § 21 zwar nicht nötig, wirkt aber gegen den Eingetragenen (RG 50, 428; MK/Patzina Rn 8, 11). **Beispiele für** selbständige Niederlassungen: Filiale eines Bankgeschäfts, kontoführende Niederlassung der Postbank AG, Generalagentur oder Filialdirektion einer Versicherungsgesellschaft, Zweigniederlassung einer Maschinenfabrik oder eines Kaufmanns, wenn sie selbständiger Mittelpunkt, wenigstens für einen bestimmten Kreis seiner geschäftlichen Beziehungen ist (OLG 19, 51), uU inländische „Repräsentanz" einer ausländischen Stammfirma (vgl BGH NJW 87, 3081; Düsseldorf NJW-RR 89, 433: Büro einer ausländischen Brokerfirma; vgl auch Rn 4), örtliche Buchungsstelle eines Reiseveranstalters (so für Sonderfall AG Freiburg NJW 77, 2319, zutr einschr Bartl NJW 78, 736; *Abgrenzung:* Reisebüro ist idR Reisevermittler: Rn 9), uU vertraglich bezeichneter Sitz einer „Arbeitsgemeinschaft" von Bauunternehmern (BayObLGZ 85, 317, im Einzelfall verneinend). 8

Dagegen trifft § 21 **nicht zu:** auf einen Lagerplatz, ein Baubüro (vgl aber Rn 8 aE) oder einen Messestand (RG 69, 308); auf Filialen und gewöhnliche Agenturen, die ihre Weisungen vom Hauptgeschäft empfangen und idR Geschäftsabschlüsse nicht selbst tätigen, sondern lediglich Vertragsangebote weiterleiten oder Verträge lediglich vermitteln (BGH NJW 87, 3082 = MDR 88, 122); auf Agenturen auch dann nicht, wenn die Agenten Abschlußvollmacht haben und ein Warenlager halten (str; aA Wieczorek Anm B Ia arg Art 5 I Nr 5 EuGVÜ; Sondervorschrift: § 48 VVG); auf bloße Annahme- und Verkaufsstellen; auf „Geschäftsstellen" von ausländischen Fluggesellschaften (München RIW/AWD 83, 128; aA wohl BGH 84, 339 = NJW 83, 528 für Art 28 WA, selbständige Agentur), bloße „Anlaufstellen", Kontakt- und Vermittlungsbüros (offenlassend BAG NJW 85, 2911, anders aber zurecht für „Anwerbungsbüros" ausländischer Firmen Bendref RIW 86, 186 f mwN); auf die unselbständige „Repräsentanz" (§ 53a KWG) eines ausländischen Kreditinstituts (BGH NJW 87, 3082; ZIP 89, 833); auf Reisen *vermittelnde* (s BGH BB 88, 1070) Reisebüros (vgl BGH 61, 278; LG Konstanz NJW-RR 92, 691); auf das Geschäftslokal des Vermittlungsvertreters einer Bausparkasse (BayObLG MDR 89, 459); auf sonstige selbständige Vermittler (München NJW-RR 93, 704). **Äußerer Anschein** entscheidet: Rn 8 mN. 9

2) Klageanspruch. a) Es muß sich um einen **vermögensrechtlichen Anspruch** (s § 1 Rn 12) handeln (BGH NJW 75, 2142; Jauernig § 9 III 2 b; Pfister SpuRt 95, 203), gleich aus welchem Rechtsgrund, nicht notwendig vertragliche, auch gesetzliche Ansprüche (zB gem § 3 PflVersG, vgl. AG Köln NJW-RR 93, 1504). 10

b) Die Klage muß eine **Beziehung zum Geschäftsbetrieb der Niederlassung** aufweisen (BGH NJW 75, 2142; 95, 1226). Hierfür ist nicht erforderlich, daß der Klageanspruch unmittelbar aus dem Geschäftsbetrieb der Niederlassung hervorgegangen ist; ebensowenig braucht das Geschäft am Ort der Niederlassung selbst oder von ihm aus abgeschlossen zu sein; das Rechtsgeschäft muß nur mit *Rücksicht* auf den Geschäftsbetrieb der Niederlassung abgeschlossen sein oder als dessen Folge erscheinen (RG 23, 424; 30, 326). Der Zusammenhang ist etwa gegeben bei Klagen gegen das Hauptunternehmen aus vertraglichem Verschulden der Zweigstelle (§ 278 BGB); ferner bei Ansprüchen, die sich auf die Begründung oder Aufhebung der ganzen Niederlassung beziehen (StJ/Schumann Rn 15, str; aA Hamm OLGZ 91, 80; LG Hamburg MDR 76, 760 mN); dagegen trifft § 21 nicht zu für einen Anspruch aus Vermögensübernahme (§ 419 BGB) durch das Hauptgeschäft, wenn die Niederlassung das übertragene Vermögen verwaltet (BGH 4, 62). Besteht der erforderliche **Bezug** zu **mehreren Niederlassungen** (Bsp: Köln VersR 93, 1172), gilt § 35 (vgl AG Köln NJW-RR 93, 1504). 11

III) Landwirtschaftliche Niederlassung

Abs II trifft zu, wenn jemand ein „Gut" auf seinen Namen und seine Rechnung durch einen anderen bewirtschaften läßt (RG 44, 350). Er kommt in Frage bei Klagen aus Rechtsgeschäften, die zum Zweck der Gutsbewirtschaftung geschlossen sind, und aus unerlaubter Handlung (einschließlich der Gefährdungshaftung), die der Inhaber des Gutes als solcher zu vertreten hat, **nicht** dagegen bei Klagen, die auf Begründung oder Aufhebung der Gutsbewirtschaftung Bezug haben, weil sie nicht die Bewirtschaftung betreffen (str), und Klagen in bezug auf das Eigentum an den im Gut benützten Sachen sowie bei Klagen gegen den Verpächter oder Verwalter. 12

22 *[Besonderer Gerichtsstand der Mitgliedschaft]*
Das Gericht, bei dem Gemeinden, Korporationen, Gesellschaften, Genossenschaften oder andere Vereine den allgemeinen Gerichtsstand haben, ist für die Klagen zuständig, die von ihnen gegen ihre Mitglieder als solche oder von den Mitgliedern in dieser Eigenschaft gegeneinander erhoben werden.

1 **1) Allgemeines. a)** Der besondere Gerichtsstand der Mitgliedschaft ermöglicht es, das Mitgliedschaftsverhältnis als solches betreffende Rechtsstreitigkeiten (Rn 6) im allgemeinen Gerichtsstand der Personenvereinigung (Rn 2) geltend zu machen. Allgemeiner Gerichtsstand ist der des Sitzes (§ 17 I 1 und dort Rn 9), des Verwaltungsorts (§ 17 I 2) und ein satzungsmäßig bestimmter Gerichtsstand gem § 17 III (dort Rn 13; uU kann auch § 17 II in Frage kommen, vgl Rn 2). Grund: Konzentration der die inneren Rechtsbeziehungen der Personenvereinigung betreffenden Rechtsstreitigkeiten beim Gericht des Sitzes usw (BGH 76, 235 = NJW 80, 1470).

2 **b) Anwendungsbereich.** § 22 gilt für alle unter § 17 fallenden Personenvereinigungen (§ 17 Rn 2). **Nicht** unter § 22 fallen die Gesellschaft des BGB (§ 705 BGB; BayObLG NJW-RR 90, 742 und 1020) und die stille Gesellschaft (§§ 335 ff HGB). Eine neuere Ansicht will aus den Gründen, die zur Beschränkung der Prorogationsfreiheit geführt haben (Sicherung des Wohnsitzgerichtsstands; vgl Rn 8 vor § 38) § 22 bei überregionalen **Massenvereinen** nicht mehr anwenden (vgl LG Frankfurt NJW 77, 538 für arbeitsrechtliche Gewerkschaft; LG Hannover VersR 79, 341 für VVaG, zust StJ/Schumann Rn 1; aA BGH NJW 80, 343; MK/Patzina Rn 4 und hM). Dem ist nicht zuzustimmen, da einerseits Vereine von überörtlicher Bedeutung bereits bei Schaffung des § 22 nicht unbekannt waren (vgl die umfassende Aufzählung in § 22), durch die Gerichtsstandsnovelle andererseits nur dem Mißbrauch der Privatautonomie (§§ 38 ff) entgegengetreten werden sollte, eine Änderung der gesetzlichen Zuständigkeitsordnung aber nicht beabsichtigt war (ebenso BGH aaO). Wohl aber kann im Einzelfall die Berufung auf den Gerichtsstand des § 22 **rechtsmißbräuchlich** sein, wenn der Verein durch irreführende Angaben in den Beitrittsverhandlungen seinen Sitz verschleiert hat (Celle VersR 75, 993; aA LG Hannover VersR 75, 994; LG Karlsruhe VersR 76, 1029; zum „Gerichtsstand der Mitgliedschaft für Großverbände“ zusammenfassend Dütz DB 77, 2217 ff mwN).

3 **c) Abgrenzung.** Der Gerichtsstand gem § 22 gilt sowohl für vermögensrechtliche wie nicht vermögensrechtliche Ansprüche (StJ/Schumann Rn 1). Er ist nicht ausschließlich und konkurriert mit anderen Gerichtsständen (insbes dem allgemeinen Gerichtsstand des beklagten Mitglieds gem §§ 13, 17). Für bestimmte (nicht unter § 22 fallende, Rn 5) Klagen von Mitgliedern gegen die Gesellschaft (juristische Personen) ist der Gerichtsstand des Sitzes ausschließlich (vgl § 17 Rn 7).

4 **d) EWG-Bereich.** Ein besonderer ausschließlicher Gerichtsstand für Gesellschaften und juristische Personen besteht nach dem **EuGVÜ** im Sitzstaat für bestimmte wichtige gesellschaftsrechtliche Rechtsstreitigkeiten (Art 16 Nr 2 EuGVÜ; vgl § 17 Rn 8), jedoch fehlt ein allg Gerichtsstand der Mitgliedschaft entspr § 22 (krit Bork ZHR 157, 49 f); Abhilfe: § 17 Rn 13.

5 **2) Voraussetzungen des Mitgliedschaftsgerichtsstands. a) Parteien.** Die Klage muß sich stets gegen ein **Mitglied** einer Personenvereinigung iS der Rn 2 richten, **nicht** gegen Dritte (zB Klage eines Versicherungsvereins gegen seine Vertreter) oder die Personenvereinigung selbst (dann gilt § 17). Kläger kann die Personenvereinigung (Rn 6) oder ein anderes Mitglied sein (Rn 7). Die Mitgliedschaft braucht im Zeitpunkt der Klageerhebung **nicht mehr** zu bestehen; § 22 gilt auch bei Klagen gegen ausgeschiedene Mitglieder (Celle VersR 75, 993; LG Bochum ZIP 86, 1386) und gegen deren Rechtsnachfolger (RG 54, 207). § 22 greift auch ein, wenn durch die Klage die Mitgliedschaft erst begründet werden soll, zB durch Klage auf Zahlung der Erstprämie; (vgl StJ/Schumann Rn 7; MK/Patzina Rn 6; aA AG Ebersberg MDR 87, 146). § 22 ändert nichts an der **Parteifähigkeit.** Ein unter § 22 fallender nur passiv parteifähiger Verein ist nicht für Klagen gegen Mitglieder aktiv parteifähig (hM, aA Wieczorek/Schütze/Hausmann Rn 7 und § 50 Rn 50). Arbeitsrechtliche **Gewerkschaften** sind trotz ihrer Organisation als nichtrechtsfähige Vereine nicht nur passiv, sondern auch aktiv parteifähig (BGH 50, 325 und § 50 Rn 22) und können daher im Gerichtsstand des § 22 klagen (ThP Rn 1; MK/Patzina Rn 6 mwN, str; vgl auch Rn 2).

6 **b) Klagen: aa) Klagen der Personenvereinigung gegen ihre Mitglieder als solche.** Erforderlich ist, daß die Klage das Rechtsverhältnis der Mitgliedschaft als solches betrifft; nicht genügt, daß aus anderen Gründen (Vertrag, Delikt) gegen ein Mitglied geklagt wird. **Beispiele:** Unter § 22 fallen die Klage der VVaG gegen ihre Mitglieder auf rückständige Prämien (Celle VersR 75, 993; LG Karlsruhe VersR 76, 1029; str; vgl Rn 2) und auf Rückzahlung zu Unrecht empfangener Leistungen (Manthey VersR 72, 327); die Klagen von arbeitsrechtlichen Gewerkschaften gegen Gewerkschaftsmitglieder auf Zahlung rückständiger Beiträge (BGH NJW 80, 343, str; vgl Rn 2 und 5); die Klage des Konkursverwalters einer KG gegen einen Kommanditisten auf Zahlung der Kommanditeinlage (Hamburg WM 92, 1943); die Klage der beherrschten Gesellschaft gegen

einen (früheren) Gesellschafter auf Verlustübernahme (LG Bochum ZIP 86, 1386 mit zust Anm Timm); **nicht** dagegen Klagen aus einer unerlaubten Handlung des Vorstands oder Aufsichtsratsmitglieds, auch wenn diese Personen Gesellschaftsmitglieder sind; **nicht** die Geltendmachung eines Regreßanspruchs (§ 158c VVG) eines VVaG aus einer unerlaubten Handlung des Mitglieds (LG Karlsruhe NJW 65, 1607, str).

bb) Klagen von Mitgliedern als solchen gegeneinander. Rn 6 gilt entsprechend. **Beispiele:** 7
Klage von Gesellschaftern einer OHG gegeneinander aus dem Gesellschaftsverhältnis, zB eine Auflösungs- oder Ausschließungsklage gem §§ 133, 140 HGB, Ausgleichsklage des zahlenden Gesellschafters (BayObLG BB 78, 1685), Klagen aus einer „mittelbaren Beteiligung" eines Kapitalgebers an einer Publikums-KG (Gieseke DB 84, 973), **nicht** dagegen die Klage des Mitglieds eines Vereins gegen ein anderes Mitglied wegen eines Anspruchs privater Natur.

cc) Prospekthaftungsklagen. Mitglieder von Anlagegesellschaften können Ansprüche aus irre- 8
führender Prospektgestaltung gegen den der sog Prospekthaftung (vgl BGH 71, 284; 72, 382; 77, 175 ff; 79, 337; 83, 224; 84, 143; ie Köndgen, Theorie der Prospekthaftung, 1983) unterliegenden Personenkreis auch dann im Gerichtsstand gem §§ 17, 22 geltend machen, wenn die als Beklagte in Anspruch genommenen Personen nicht Mitglieder der Gesellschaft sind, ihr jedoch als Gründer, Initiatoren oder Gestalter nahestehen (BGH 76, 231 = NJW 80, 1470 = MDR 80, 560). Dieser vom BGH in Erweiterung des Wortlauts von § 22 bejahte **Prospekthaftungsgerichtsstand** am Gesellschaftssitz ist zu begrüßen, da im Hinblick auf die Vielzahl gleichartiger Verfahren der Konzentrationszweck (Rn 1) auf ihn voll zutrifft und der als Beklagte in Frage kommende Personenkreis sich wegen seiner „Nähe" zur Gesellschaft auch zuständigkeitsrechtlich wie ein Gesellschafter behandeln lassen muß (zust Wieczorek/Schütze/Hausmann Rn 13).

23 *[Besonderer Gerichtsstand des Vermögens und des Streitobjekts]*

Für Klagen wegen vermögensrechtlicher Ansprüche gegen eine Person, die im Inland keinen Wohnsitz hat, ist das Gericht zuständig, in dessen Bezirk sich Vermögen derselben oder der mit der Klage in Anspruch genommene Gegenstand befindet. Bei Forderungen gilt als der Ort, wo das Vermögen sich befindet, der Wohnsitz des Schuldners und, wenn für die Forderungen eine Sache zur Sicherheit haftet, auch der Ort, wo die Sache sich befindet.

Lit: *Bittighofer,* Der internationale Gerichtsstand des Vermögens, 1994; *Kleinstück,* Due Process-Beschränkungen des Vermögensgerichtsstandes durch hinreichenden Inlandsbezug usw., 1994; *Pfeiffer,* Internationale Zuständigkeit und prozessuale Gerechtigkeit, 1995, S 523–650.

I) Allgemeines

1) Bedeutung. § 23 enthält zwei besondere Gerichtsstände (Rn 6 ff und 14 ff; § 12 Rn 7) für 1
vermögensrechtliche Ansprüche (§ 1 Rn 12) gegen Personen, die im Inland keinen (Wohn-)Sitz haben (Einzelheiten: Rn 2–4; gegenseitiges Verhältnis: Rn 14). **Zweck:** Ermöglichung der Rechtsverfolgung – einschließlich der ZwV – im Inland durch Begründung der **internationalen Zuständigkeit** (vgl BGH 94, 158; 120, 346; NJW 93, 2683 [2684]). Die **Hauptbedeutung** des § 23 liegt bei Klagen gegen Ausländer, deshalb auch Bezeichnung des Gerichtsstands als „Ausländerforum" (ie Schack ZZP 97, 48 ff). Als „exorbitanter Gerichtsstand" ist er international unerwünscht, verstößt aber weder gegen Völker- (BGH NJW 89, 1431 mN; vgl auch Rn 4) noch gegen Verfassungsrecht (offenlassend BVerfG 64, 18 f; aA Pfeiffer aaO S 646); eine **einschränkende Auslegung** ist jedoch geboten (so überzeugend BGH 115, 93 ff mwN auch zur aA = NJW 91, 3093 = MDR 91, 988; München NJW-RR 93, 704; StJ/Schumann Rn 31c, str; **aA** zB BL/Hartmann Rn 16); für die internationale Zuständigkeit gem § 23 ist daher neben der Vermögensbelegenheit (als weiteres ungeschriebenes Merkmal) **hinreichender Inlandsbezug** des Rechtsstreits erforderlich (so nunmehr BGH 115, 94 = aaO; NJW-RR 93, 5 = LM § 323 Nr 66; München WM 92, 2117; Hamburg NJW-RR 96, 203; **zust** Fricke NJW 92, 3066; Schlosser IPRax 92, 140; Kleinstück aaO S 178, 188; Wieczorek/Schütze/Hausmann Rn 48 mwN; **krit** Geimer NJW 91, 3072; Schack JZ 92, 54; Lüke ZZP 105, 321; Fischer RIW 92, 57; Bittighofer aaO S 234 ff, 239, 257; offen Frankfurt NJW-RR 96, 187; dazu Rn 13).

2) Anwendungsbereich. a) Verfahren. § 23 ist nicht nur im **Klage-** (vgl S 1), sondern auch im 2
Arrestverfahren (§ 919; Frankfurt MDR 87, 412 = NJW-RR 88, 572; vgl auch Rn 4) anzuwenden; er trifft ferner zu bei § 722, § 768 und § 828 II.

b) Parteien. Kläger: Jedermann, auch Ausländer (Schack ZZP 97, 65 ff mN, hM; stark ein- 3
schränkend Schumann ZZP 93, 432: Nur Kläger mit inländischem Wohnsitz ohne Rücksicht auf Staatsangehörigkeit; vgl auch Rn 13); **Beklagter:** jede natürliche oder juristische Person oder passiv parteifähige Personenmehrheit (wie § 17 Rn 2–6), die im Inland (und im EWG-Gebiet, dazu Rn 4) keinen **Wohnsitz** (§ 13), **Sitz** (§ 17) oder **wohnsitzlosen allgemeinen Gerichtsstand**

(§§ 15, 16; näher Rn 5) hat, entgegen der hM (Koblenz OLGZ 75, 282; LG Frankfurt NJW 76, 1044 [1046]; 12. Aufl) jedoch nicht der **ausländische Fiskus,** auf den § 23 nach Wortlaut und Sinngehalt nicht zutrifft (Schumann ZZP 93, 433 ff, str; **aA** Schack ZZP 97, 64 mN; Wieczorek/Schütze/Hausmann Rn 7 mwN, aber auch Rn 43; einschr AG, LG Bonn NJW 88, 1394; 89, 1225; sa Rn 8 aE und allg § 20 GVG Rn 3).

4 **c) EG-Bereich.** Im Anwendungsbereich des EuGVÜ scheidet § 23 für Klagen gegenüber Personen, die ihren Wohnsitz (Sitz) in einem Vertragsstaat haben, aus (Art 3 II EuGVÜ; BGH 115, 95 = aaO). Jedoch bleibt auch diesem Personenkreis gegenüber § 23 für reine Sicherungsverfahren (Arrest) anwendbar (Art 24 EuGVÜ; Frankfurt RIW/AWD 83, 290; ie § 919 Rn 2).

5 **3) Abgrenzung.** Ausschließlichen besonderen Gerichtsständen weicht § 23 (zB § 24 UWG bei Wettbewerbsklagen). Auch allgemeine (vgl Rn 3) und besondere Gerichtsstände, die an früheren inländischen Wohnsitz oder den Aufenthalt anknüpfen (§§ 15, 16, 20), schließen den nur **subsidiär** eingreifenden Vermögensgerichtsstand (Rn 6 ff) aus (ebenso StJ/Schumann Rn 8, 10; ThP Rn 3, str; aA Schack ZZP 97, 57); ebenso verdrängt der von einer ausländischen juristischen Person gem § 17 III begründete Gerichtsstand den des § 23 (StJ/Schumann Rn 9 mN gegen hM). Das gleiche hat für den Gerichtsstand der Niederlassung (§ 21) eines ausländischen Versicherungsunternehmens zu gelten, wenn die inländische Zweigniederlassung ihrer Bedeutung nach einem Nebensitz iS von § 17 III entspricht (LG Frankfurt VersR 75, 993). **Subsidiarität** besteht auch gegenüber sonstigen besonderen Gerichtsständen, zB gem §§ 21, 23a, 29, 32. Grund: Konsequenz aus BGH 115, 95 (vgl Vollkommer IPRax 92, 211 f).

5a **4) Abdingbarkeit.** Die aus § 23 folgende internationale Zuständigkeit kann durch zulässige (internationale) Prorogation (vgl § 38 II) abbedungen werden (BGH 94, 158 ff = NJW 85, 2090 = BauR 85, 475). Die Gerichtsstandsvereinbarung gem § 18 Nr 1 VOB/B betrifft jedoch *nur* die örtliche, nicht zugleich die internationale Zuständigkeit (BGH 94, 158 f). Ein Ausschluß von § 23 scheidet aus, soweit durch Art 31 I CMR die inländische internationale Zuständigkeit zwingend begründet ist (vgl Art 41 I CMR; Hamburg VersR 84, 687).

II) Besonderer Gerichtsstand des Vermögens

6 Er **setzt voraus,** daß sich im Zeitpunkt der Klageerhebung (Rn 12) Vermögen (Rn 7–8) des im Inland wohnsitzlosen Beklagten (Rn 3) im Bezirk des Gerichts befindet (Rn 9–12) und der Rechtsstreit hinreichenden Inlandsbezug aufweist (Rn 1, 13). Die Voraussetzungen des § 23 muß idR der **Kläger behaupten** (vgl § 331; LG Bonn NJW 89, 1125) und ggfs **beweisen** (RG 75, 149). Erleichterungen bestehen bei dem (vom Beklagten zu entkräftenden) Inlandsbezug (ie Kleinstück aaO S 188 f). Eine Verneinung setzt umfassende Sachverhaltsaufklärung voraus (vgl Hartwieg JZ 96, 109).

7 **1) Vermögen iS von S 1, 1. Alt. a)** Nach umstrittener, aber **bisher hM** genügte jeder Gegenstand mit einem wenn auch nur geringen Geldwert; nicht erforderlich war, daß das Vermögen pfändbar ist, zur Befriedigung des Klageanspruchs ausreicht oder in einer angemessenen Relation zum Streitwert steht (vgl dazu BGH 115, 93 mN auch zur aA; MK/Patzina Rn 8, 15; 17. Aufl). Im Hinblick auf die gebotene einschränkende Auslegung von § 23 (Rn 1) wird daran **nicht** mehr festgehalten. Zur Begründung der internationalen Zuständigkeit scheiden daher aus: Geringwertige und unpfändbare Vermögensstücke, desgleichen Gegenstände, deren Wert einen Überschuß über die Kosten der Zwangsvollstreckung nicht erwarten läßt; der Wert des Gegenstands darf auch nicht unverhältnismäßig geringer sein als der Wert des Streitgegenstands (ähnlich StJ/Schumann Rn 16 f, 31d; Wieczorek/Schütze/Hausmann Rn 21 f, 52; Kleinstück aaO S 199 ff; Schumann ZZP 93, 432; Schack Rn 328; Geimer JZ 84, 981; Lüke ZZP 105, 325; Hamburg NJW-RR 96, 203; tendenziell auch BGH NJW 93, 2683 [2684] mit insoweit zust Anm Pfeiffer LM Nr 8; **aA** Zimmermann Rn 3).

7a **b) Begriff.** Vermögen sind daher (nur) die dem Vollstreckungszugriff unterliegenden Gegenstände des Beklagten (vollstreckungsrechtlicher Vermögensbegriff). Das im Gerichtsstand gem S 1, 1. Alt ergehende Urteil muß in das zuständigkeitsbegründende Vermögen vollstreckt werden können (BGH NJW 93, 2684 = LM Nr 8 mit Anm Pfeiffer); daran fehlt es, wenn das Vermögen einer vom Beklagten verschiedenen juristischen Person zusteht, mag diese auch vom Beklagten (zB als Einmann) „beherrscht" werden (vgl München NJW-RR 93, 704; Rn 8 aE).

8 **c) Beispiele** für **Bejahung** von Vermögen (bisherige Rspr nur noch mit Vorsicht verwertbar): Eigentumswohnungen (BGH NJW-RR 93, 5); Büroausstattung (BGH NJW-RR 91, 425; Frankfurt NJW-RR 96, 187); Bankguthaben (Hamburg VersR 94, 748); eine von dem Schuldner oder einem Dritten für ihn zur Aufhebung des Arrests hinterlegte Sicherheit (RG 34, 356; ebenso Frankfurt OLGZ 83, 99 [100]), selbst wenn es nicht zu einer Pfändung gekommen ist (Frankfurt aaO); ein Anspruch auf Schuldbefreiung (Hamburg VersR 75, 830); eine Forderung des Beklagten, auch bei späterer Insolvenz des (Dritt-)Schuldners (BGH NJW 88, 967); eine eigene Forderung des Beklagten an den Kläger, soweit sich nicht Tilgung ergibt (BGH 120, 346); bedingte oder betagte

Ansprüche (RG 75, 418); der Anspruch auf Erstattung der Kosten des schwebenden Prozesses (RG 145, 15) oder auf Rückgabe des einem Anwalt gezahlten Prozeßkostenvorschusses. Auch die Forderung aus einem zweiseitigen, von keiner Seite erfüllten Vertrag; bedingte und befristete Rechte, vor allem Anwartschaften; dingliche Verwertungsrechte (BGH NJW 90, 992: Pfändungspfandrecht an Forderung), auch nicht valutierte Grundschuld (BGH NJW 89, 1155). Die Bezahlung einer **gepfändeten** Forderung durch den inländischen Drittschuldner an den ausländischen Gläubiger gilt für § 23 als nicht bewirkt (Karlsruhe Justiz 70, 87). **Kein Vermögen** sind (s bereits Rn 7): Bloße Erwartungen oder künftige Ansprüche; Forderung bei bestehender Aufrechnungslage (str; vgl StJ/Schumann Rn 14 mN); die im Kontokorrent stehende Einzelforderung vor Saldoziehung (Hamburg VersR 94, 748; sa oben); bloße Kontoverbindungen ohne Guthaben (Frankfurt MDR 87, 412 = NJW-RR 88, 572); Beteiligung an ausländischer Muttergesellschaft von inländischer Tochtergesellschaft (BGH NJW 93, 2684); Kostenerstattungsansprüche gegen den Kläger aus unzulässigen Vorprozessen (ie MK/Patzina Rn 4); der Staatenimmunität unterliegendes Vermögen (AG Bonn NJW 88, 1394; Hess, Staatenimmunität bei Distanzdelikten, 1992, S 13; Rn 3).

2) Ort des Vermögens. a) Bei **körperlichen Gegenständen** (§ 90 BGB) entscheidet die Lage der Sache. 9

b) Forderungen sind dort belegen, wo der **(Dritt-)Schuldner** seinen Wohnsitz (Sitz) hat **(S 2, 1. HS),** Bankguthaben also am Sitz (§ 17) der Bank (BGH NJW-RR 88, 172). Befindet sich der Wohnsitz (Sitz) des Drittschuldners im Ausland, greift § 23 nicht ein (Hamburg MDR 77, 759). Bei Forderungen aus **Inhaberpapieren** (zB Aktien), Wechseln oder anderen indossablen Papieren ist der Ort, wo sich das Papier (zB die Aktie) befindet (Frankfurt NJW-RR 96, 187), der Wechsel untergebracht ist (RG 107, 44), nicht der Wohnsitz des Schuldners oder der Sitz der (inländischen) **AG** für den Gerichtsstand des § 23 maßgebend (BGH NJW 93, 2683 [2684] – kein Zuständigkeitsdurchgriff; krit Geimer hier IZPR Rn 95a aE; s auch Kleinstück aaO S 210). Der Geschäftsanteil einer **GmbH** ist sowohl am Sitz der Gesellschaft als auch am Wohnsitz oder Sitz der Gesellschafter belegen (Frankfurt MDR 58, 108; NJW-RR 96, 187). **Gewerbliche Schutzrechte,** zB **Patente** sind in erster Linie am (inländischen) Geschäftssitz, hilfsweise am Wohnsitz des bestellten Inlandsvertreters, hilfsweise beim Sitz des Patentamts belegen (§§ 25 PatG; 20 GebrMG; 35 WZG; dazu LG München I GRUR 62, 165). 10

c) Gesicherte Forderungen (S 2, 2. HS). Haftet für die Forderung eine Sache zur Sicherung (zB kraft Pfand- oder Zurückbehaltungsrechts, Vertrages oder Arrestes), so wird **sowohl** durch die Forderung **als auch** durch die haftende bewegliche oder unbewegliche Sache **selbständig** der Gerichtsstand des § 23 begründet. 11

3) Maßgebender **Zeitpunkt** ist der der Klageerhebung, also der Zustellung der Klageschrift (§ 253 I), nicht der Einreichung der Klage oder des Mahnantrags (Karlsruhe Justiz 70, 87; str); spätere Entfernung des Vermögensgegenstands schadet nicht (§ 261 III Nr 2; Hamburg NJW-RR 96, 203; Kleinstück aaO S 202 f; anders für den Fall der Aufrechnung Schumann, FS Liebman, S 863 gegen hM), doch genügt für § 23, daß die örtliche Beziehung am Schluß der mündlichen Verhandlung besteht (vgl § 12 Rn 15). 12

4) Hinreichender Inlandsbezug (umstr, vgl Rn 1 mwN). Zur Darlegungs- und Beweislast vgl Rn 6. In Frage kommende **Fallgruppen** (vgl BGH 115, 91, 99; München WM 92, 2118; Fischer RIW 92, 59; Mark/Ziegenhain NJW 92, 3064; Schlosser IPRax 92, 142; Bittighofer aaO S 183 ff, 230 ff; Kleinstück aaO S 191 ff, ie str): Inländischer Wohnsitz des Klägers oder dauernder Aufenthalt im Inland (Wieczorek/Schütze/Hausmann Rn 49; aA Kleinstück aaO S 211 f); (frühere) deutsche Staatsangehörigkeit des Beklagten (BGH NJW-RR 93, 5; Hamburg NJW-RR 96, 203) oder Klägers (Frankfurt NJW-RR 93, 306: iVm Inlandswohnsitz); bei Fehlen aA Wieczorek/Schütze/Hausmann Rn 49; Bittighofer aaO S 257); Rechts- und Beweisnähe des Sachverhalts, wie Führung von Vertragsverhandlungen oder Leistungserbringung im Inland; Geschäftsabwicklung vom Inland aus (vgl Frankfurt NJW-RR 93, 307; krit Kleinstück aaO S 213); inländisches haftungsbegründendes Verhalten; schutzwürdige inländische Interessen des Klägers (Bsp: Notzuständigkeit, vgl Kleinstück aaO S 214 f). 13

III) Besonderer Gerichtsstand des Streitobjekts (S 1, 2. Alt)

Der Gerichtsstand ergänzt den gem Rn 6 ff (Frankfurt MDR 81, 322). Er hat selbständige **Bedeutung,** wenn der Klagegegenstand nicht zum Vermögen des Beklagten gehört (sonst greift Rn 7 f ein). Die Voraussetzungen gem Rn 1–13 gelten mit folgenden Besonderheiten: 14

a) Streitobjekte. Der mit der Klage in Anspruch genommene **Gegenstand** kann eine Sache, ein dingliches Recht an einer fremden Sache, eine Forderung (auch die angeblich gegen den Kläger bestehende und von diesem geleugnete, vgl BGH 69, 45 und unten Rn 16), eine Erbschaft, überhaupt ein Vermögensrecht jeder Art sein. Nicht nötig ist, daß sich der Gegenstand im Besitz des Beklagten befindet (RG 51, 255). 15

16 **b) In Anspruch genommen** wird der Gegenstand durch jede Leistungs- oder (auch negative, vgl BGH 69, 45 = NJW 77, 1637) Feststellungsklage. Berühmt sich der ausländische Gläubiger einer Forderung gegen den inländischen Schuldner, ist für die negative Feststellungsklage der Wohnsitzgerichtsstand des Klägers als des Schuldners der angeblichen Forderung gegeben (BGH 69, 45 = NJW 77, 1637; JZ 79, 231 mit abl Anm Maier-Reimer).

23a *[Hilfsgerichtsstand betreffend Unterhaltssachen]*

Für Klagen in Unterhaltssachen gegen eine Person, die im Inland keinen Gerichtsstand hat, ist das Gericht zuständig, bei dem der Kläger im Inland seinen allgemeinen Gerichtsstand hat.

1 **1) Eingefügt** durch § 12 AusfG vom 18. 7. 1961 (BGBl I S 1033) zum Haager Übereinkommen über die Anerkennung und Vollstreckung von Entscheidungen aus dem Gebiet der Unterhaltspflicht gegenüber Kindern vom 15. 4. 1958 (BGBl 1961 II S 1005) und seit 1. 1. 1962 in Kraft.

2 **2) Bedeutung, Anwendungsbereich und Abgrenzung. a)** Der umfassend formulierte *Hilfsgerichtsstand* bezweckt trotz seiner Entstehungsgeschichte (Rn 1) nicht nur den prozessualen Minderjährigenschutz, sondern dient allg zur Erleichterung der Geltendmachung und Durchsetzung von Ansprüchen betreffend Unterhaltssachen (iwS; vgl BGH 106, 302 und 304 = NJW 89, 1356 = MDR 89, 529; ie Rn 4). **b)** Er findet keine Anwendung im Geltungsbereich des **EuGVÜ** (Art 5 Nr 2 EuGVÜ gilt: Schleswig FamRZ 93, 1333). **c)** Soweit die Unterhaltssache Familiensache (§ 23b I Nr 5, 6 GVG, § 621 I Nr 4, 5) und zugleich Scheidungsfolgesache (§ 623 I 1) ist, kann § 23a durch den ausschließlichen Hilfsgerichtsstand gem § 606 II 2 verdrängt werden (vgl § 621 II 1). Wird Abänderung eines Unterhaltstitels verlangt (Rn 3), gehen bestehende ausschließliche Zuständigkeiten vor (vgl §§ 641 1 III; 642b I 4; 643a III).

3 **3) Voraussetzungen. a) Klage** in Unterhaltssachen ist jede Leistungs-, Feststellungs- oder Gestaltungs-(Abänderungs-)klage gem § 323 (BGH NJW-RR 87, 1474; insoweit aber Rn 2 beachten), die eine Unterhaltssache (Rn 4) betrifft. Streitgegenstand (Einl V) braucht der Unterhaltsanspruch nicht zu sein (BGH 106, 302; ie Rn 4). Bei Abänderungsklagen (§ 323) kann auch der Unterhalts*verpflichtete* der Kläger sein (BGH 106, 302; NJW-RR 87, 1474), allg muß der Rechtsstreit nicht zwischen den Parteien des Unterhaltsschuldverhältnisses geführt werden (BGH 106, 302 f; Rn 4). § 23a gilt sinngemäß auch für Arrest- und Verfügungsverfahren (vgl §§ 919, 937), **nicht** jedoch für Statusverfahren (§§ 640 ff).

4 **b) Unterhaltssache** (weite Auslegung) umfaßt gesetzliche oder vertragliche Unterhaltsansprüche von Verwandten (§§ 1601 ff BGB), Ehegatten (§ 1360) oder früheren Ehegatten (§§ 1569 ff BGB); Schadensersatzrenten von Verletzten und Hinterbliebenen von Getöteten (vgl §§ 843, 844 BGB), familienrechtliche Ausgleichs- und Erstattungsansprüche (vgl § 621 Rn 44; § 23b GVG Rn 28), desgl vertragliche Erstattungs- und Freistellungsansprüche (BGH 106, 303 f = NJW 89, 1356 = MDR 89, 529) usw. Durch den Übergang des Anspruchs kraft Gesetzes (§§ 1607 II 2; 1608 BGB) oder seine Überleitung durch eine Behörde (vgl zB §§ 90 f BSHG) ändert sich an seiner Natur als Unterhaltsanspruch nichts (vgl auch Rn 6).

5 **c) Fehlen** eines inländischen Gerichtsstands des Beklagten. Es darf auch nicht der des § 23 gegeben sein.

6 **4) Rechtsfolge.** Der Gerichtsstand des Unterhalts knüpft an an den inländischen allgemeinen Gerichtsstand des **Klägers** (vgl §§ 13, 16); dieser ist nicht notwendig der des Unterhaltsberechtigten (BGH 106, 300). § 23a kommt auch dem klagenden Rechtsnachfolger, dem nach § 323 klagenden Unterhaltsverpflichteten sowie Ausgleichs- und Erstattungsberechtigten zugute (Rn 3, 4).

24 *[Ausschließlicher dinglicher Gerichtsstand]*

(1) Für Klagen, durch die das Eigentum, eine dingliche Belastung oder die Freiheit von einer solchen geltend gemacht wird, für Grenzscheidungs-, Teilungs- und Besitzklagen ist, sofern es sich um unbewegliche Sachen handelt, das Gericht ausschließlich zuständig, in dessen Bezirk die Sache belegen ist.

(2) Bei den eine Grunddienstbarkeit, eine Reallast oder ein Vorkaufsrecht betreffenden Klagen ist die Lage des dienenden oder belasteten Grundstücks entscheidend.

I) Allgemeines

1 **1) Bedeutung.** Die §§ 24–26 regeln den sog dinglichen Gerichtsstand (forum rei sitae); lediglich im Fall des § 24 ist dieser örtlich ausschließlich (Rn 18); § 25 gibt bei Verbindung von dinglichen und persönlichen Klagen unter bestimmten Voraussetzungen einen (nicht ausschließlichen)

Gerichtsstand des Sachzusammenhangs, § 26 für bestimmte selbständig erhobene persönliche Klagen einen weiteren Wahlgerichtsstand (§ 35).

2) **Anwendungsbereich.** § 24 gilt nur für **unbewegliche Gegenstände (I:** „unbewegliche Sachen“). Der Begriff ist nach bürgerlichem Recht zu bestimmen, der des unbeweglichen Vermögens in § 864 ist nicht einschlägig. Unbewegliche Gegenstände sind demnach: 2

a) Grundstücke und ihre wesentlichen **Bestandteile** (§§ 93, 94 BGB: Gebäude, Pflanzen), auch **Rechte,** die (nicht wesentliche) Grundstücksbestandteile sind (vgl § 96 BGB), also die in Abs **II** genannten subjektiv-dinglichen Rechte (Grunddienstbarkeit, § 1018 BGB; Reallast im Fall des § 1105 II BGB; Vorkaufsrecht im Fall des § 1094 II BGB), **nicht** das Zubehör (§§ 97, 98 BGB, § 865 II 2); **nicht** sonstige Rechte an Grundstücken, wie Hypotheken, Grund- und Rentenschulden. 3

b) Grundstücksgleiche Rechte. Es sind dies nach Bundesrecht das **Erbbaurecht** (§ 11 ErbbauVO) und das Bergwerkseigentum (§ 9 I BBergG), ferner bestimmte Rechte nach Landesrecht (vgl Art 68 f, 196 EGBGB) wie Abbau- (EinigungsV Art 9 iVm Anl I Kap V D Abschn III Nr 1 I d, III) und Fischereirechte; zu den (früheren) bayer Apothekenrealrechten vgl 11. Aufl Anm. 4

c) Bruchteile von Grundstücken oder grundstücksgleichen Rechten, insbes Miteigentumsanteile (§ 1008 BGB) und Wohnungseigentum (§§ 1, 2 WEG). Zu besonderen dinglichen Gerichtsständen nach WEG vgl Rn 6. 5

3) **Abgrenzung. Internationaler Rechtsstreit.** Der dingliche Gerichtsstand besteht ferner in den Fällen der §§ 800, 978, 983, 1005 II. Für Streit wegen Entziehung des **Wohnungseigentums** zwischen Wohnungseigentümern und zwischen Eigentümer und Dauerwohnberechtigten ist das Amtsgericht (Streitgericht) des belegenen Grundstücks zuständig, aber nicht ausschließlich (§§ 51, 52 WEG); im übrigen entscheidet das Gericht der FGG (§ 43 WEG). An die Belegenheit des Wohnraums knüpft der ausschließliche Gerichtsstand gem § 29a an, an die des WE-Grundstücks § 29b. 6

Im Anwendungsbereich des **EuGVÜ** begründet der Belegenheitsort der unbeweglichen Sache die ausschließliche internationale Zuständigkeit für dingliche Klagen sowie unbewegliche Sachen betreffende Miet- und Pachtklagen (Art 16 Nr 1 EuGVÜ), einschließlich reiner Miet-(Pacht-)zinsklagen, (derzeit) auch bei nur kurzer Vertragsdauer (EuGH NJW 85, 905 = RIW 85, 238; BGH WM 85, 1246); insoweit ist künftig die Einschränkung gem Nr 1b idF 1988 zu beachten (vgl dazu näher Anh Art 16 GVÜ Rn 2 ff; zur Überlassung einer Ferienwohnung vgl auch § 29a Rn 4).

II) Voraussetzungen

Der dingliche Gerichtsstand ist gegeben, wenn die unbewegliche Sache (Rn 2 ff) Gegenstand einer der in Abs **I** genannten Klagen ist (Rn 8–17). Die Aufzählung dient der Vermeidung von Abgrenzungsschwierigkeiten. Die Klageart (Leistungs-, positive oder negative Feststellungsklage) und die materiell-rechtliche Einordnung des geltend gemachten Anspruchs sind gleichgültig, die Schlüssigkeit der Klagebegründung ist für die Zuständigkeit unerheblich, die *Behauptung* der Zuständigkeitstatsachen genügt (vgl § 12 Rn 14). 7

1) **Eigentumsklagen.** Hierunter fallen **a)** Klagen, die ein **bestehendes Eigentum** (auch Miteigentum) derart zum Gegenstand haben, daß mit Rechtskraftwirkung darüber entschieden wird, nämlich die Klage auf Feststellung des Eigentums, auf Berichtigung des Grundbuchs durch Eintragung des Klägers als wahren Eigentümer (§ 894 BGB); aber auch **b)** Klagen, bei denen das Eigentum nur Anspruchsgrundlage ist, ohne von der Rechtskraft ergriffen zu werden. Beispiele: Klage des Eigentümers einer unbeweglichen Sache gegen den Besitzer auf **Herausgabe** (§ 985 BGB); Klage auf Beseitigung von Beeinträchtigungen nach § 1004 BGB (BayObLGZ 96, 15, auch unter Nachbarn); Klage aus §§ 905, 906 ff BGB (Nachbarrecht), § 1053 BGB (Nießbrauch). 8

Keine Eigentumsklagen sind dagegen: Die Erbschaftsklage (§§ 2018 ff BGB; Grund: Grundstück ist nur Nachlaßbestandteil); die Klage aus der Anwartschaft des Nacherben (§ 2113 BGB); die Klage des persönlichen Gläubigers auf Einräumung des Eigentums (Auflassung), auch bei Vormerkung (vgl aber Rn 10); **nicht** hierher gehören ferner die Wandelungsklage oder die Klage aus Nichtigkeit des obligatorischen Vertrags sowie die Gläubigeranfechtungsklagen, die ein Grundstück betreffen (Celle MDR 86, 1031 mN). 9

2) **Klagen aus dinglicher Belastung. a) Gegenstand** sind die **beschränkten dinglichen Rechte:** Erbbaurecht; Grunddienstbarkeiten; Nießbrauch; beschränkte persönliche Dienstbarkeiten, dingliches Vorkaufsrecht (auch ein gesetzliches, nicht aber das des Miterben nach § 2034 BGB, da dieses den Erbanteil, nicht das Grundstück selbst erfaßt), Reallasten (§ 1105 BGB, nicht Ansprüche aus persönlicher Haftung auf Rückstände, vgl § 1108 BGB und dazu § 25 Rn 6), Hypotheken-, Grund- und Rentenschulden. Ohne große praktische Bedeutung: Die Altrechte nach Art 184 EGBGB und die landesrechtlich vorbehaltenen (vgl Rn 4); öffentlich-rechtliche Lasten (RG 38, 350); **Vormerkung:** nicht, wenn der Vorgemerkte den gesicherten Anspruch gegen 10

den Schuldner, wohl aber, wenn er die Rechtsfolgen aus §§ 883 II, 888 BGB gegen den Dritterwerber geltend macht (Grund: Eigentumsanwartschaftsrecht, dazu BGH 83, 399).

11 **b) Geltendmachung:** Klage auf Feststellung des Rechts; Abwehrklagen aus §§ 1027, 1065, 1090 BGB; Leistungsklagen auf Erfüllung (§§ 1094, 1105 BGB usw), insb auf Duldung der Zwangsvollstreckung bei Grundpfandrechten (Zahlung aus dem Grundstück; vgl § 1147 BGB). Klage auf Grundbuchberichtigung durch Wiedereintragung einer irrtümlich gelöschten dinglichen Belastung (§ 894 BGB; Celle NJW 54, 961), Klage auf Umschreibung einer Hypothek in eine Eigentümergrundschuld und die Klage gegen den Ehegatten auf Duldung der Zwangsvollstreckung in entspr Vermögensrechte (§ 743), aber auch entspr andere Duldungsklagen (§§ 737, 745, 748).

12 **Nicht** unter § 24 fällt die Klage auf Begründung oder Übertragung einer dinglichen Last (BGH 54, 201), die Klage bei Streit, ob ein Pfandrecht an einer Hypothek zu Recht besteht oder nicht (RG 51, 231), wohl aber, wenn – in diesem Fall – der Eigentümer klagt (RG 149, 192).

13 **3) Klagen, die die Freiheit von einer dinglichen Belastung geltend machen. a) Rechte:** wie Rn 10, ferner alle Vormerkungen. **b) Geltendmachung:** Negative Feststellungsklage; Klage des Eigentümers auf Grundbuchberichtigung (§ 894 BGB), Vorlegung und Aushändigung des Briefes sowie sonstiger Urkunden (bei gänzlicher Befriedigung § 1144 BGB), Klage des Eigentümers auf Löschung oder Bewilligung der Umschreibung, auf Löschung einer Hypothekenvormerkung oder eines Teils der Vormerkung (OLG 20, 289), Klage auf Herabsetzung des Zinsfußes oder Änderung der Kündigungsbestimmungen; aber auch (schuldrechtliche!) Klagen auf Befreiung des Grundstücks von Belastung, zB § 1169 BGB, Löschung einer nach KO oder AnfG anfechtbar erworbenen Hypothek (LG Itzehoe MDR 83, 674); § 37 KO; § 7 AnfG (StJ/Schumann Rn 22 Fn 57; BL/Hartmann Rn 9, str; aA AK/Röhl §§ 24–26 Rn 3).

14 **Nicht:** Klage auf Übertragung einer Grundschuld wegen Wegfalls des Sicherungsgrundes (BGH 54, 201), Klage auf Löschung einer Hypothekenpfändung (RG 51, 231), Klage gegen Dritte auf Erfüllung einer persönlichen Verpflichtung, die Löschung zu bewirken (RG 25, 288), Klage des Hypothekengläubigers auf Rückschaffung beweglicher Sachen auf das Grundstück, Klage auf Feststellung der Unwirksamerklärung einer Kündigung (OLG 20, 288).

15 **4) Grenzscheidungsklagen.** Der Grundstückseigentümer verlangt von seinem Nachbarn Errichtung fester Grenzzeichen oder Mitwirkung bei Wiederherstellung verrückter oder unkenntlich gemachter Grenzzeichen (§ 919 BGB) oder eigentliche Grenzscheidung (§ 920 BGB).

16 **5) Teilungsklagen,** wenn es sich um die Teilung einzelner unbeweglicher Sachen handelt; hierher: Klage aus § 749 BGB (Klage eines Teilhabers auf Aufhebung der Gemeinschaft), §§ 1008 ff: Klage der Miteigentümer nach Bruchteilen einer unbeweglichen Sache auf Teilung; **nicht:** Klage betreffend die Auseinandersetzung unter Gesellschaftern oder Miterben, Klage auf Teilung einer Vermögensmasse oder von Erträgnissen.

17 **6) Besitzklagen:** §§ 861 (Wiedereinräumung), 862 (Störungsbeseitigung), 869 (verbotene Eigenmacht), 1029 (Störung in der Ausübung einer Grunddienstbarkeit) BGB; **nicht:** Klage auf Einräumung des Besitzes, zB auf Grund Kaufs oder Miete oder gegen den Erbschaftsbesitzer.

III) Rechtsfolgen

18 **1) Ausschließlicher Gerichtsstand** (vgl allgemein § 12 Rn 8). Ausgeschlossen sind der allgemeine, besondere und vereinbarte Gerichtsstand (§ 40 II), auch der der Widerklage (§ 33 II).

19 **2) Ort. a)** Maßgebend ist, wo das Grundstück **belegen** ist **(I),** einerlei, wer klagt (RG 86, 280). Liegt das Grundstück in mehreren Gerichtsbezirken, ist nach § 36 Nr 4 zu verfahren, belanglos ist der Ort der Störung (RG 86, 278).

20 **b)** Bei **subjektiv-dinglichen** Rechten (Grunddienstbarkeit, Reallast, Vorkaufsrecht) entscheidet die Lage des dienenden (belasteten) Grundstücks **(II).** Grunddienstbarkeit: § 7 Rn 1; Reallast: §§ 1105 ff BGB; Vorkaufsrecht: §§ 1094 ff BGB.

21 **IV) Neue Bundesländer:** In Verfahren zur Sachenrechtsbereinigung (s Anh III) ist das Gericht ausschließlich zuständig, in dessen Bezirk das Grundstück ganz oder zum größten Teil belegen ist (§ 104 I 2 SachenRBerG).

25 *[Dinglicher Gerichtsstand des Sachzusammenhangs]*

In dem dinglichen Gerichtsstand kann mit der Klage aus einer Hypothek, Grundschuld oder Rentenschuld die Schuldklage, mit der Klage auf Umschreibung oder Löschung einer Hypothek, Grundschuld oder Rentenschuld die Klage auf Befreiung von der persönlichen Verbindlichkeit, mit der Klage auf Anerkennung einer Reallast die Klage auf rückständige Leistungen erhoben werden, wenn die verbundenen Klagen gegen denselben Beklagten gerichtet sind.

1) Allgemeines. a) Bedeutung. Erleichterung der Rechtsverfolgung durch Ermöglichung (kein Zwang, vgl Rn 2) der Verbindung (§ 260) von (im Gerichtsstand des § 24 zu erhebender) **dinglicher** und **persönlicher** Klage gegen denselben Beklagten bei materiellrechtlicher Abhängigkeit der zugrundeliegenden Ansprüche. Der Gerichtsstand des Sachzusammenhangs für die persönliche Klage ist dann von Bedeutung, wenn der Beklagte seinen allgemeinen Gerichtsstand nicht im Bezirk des belegenen Grundstücks (§ 24) hat und dort sich auch kein (sonstiger) besonderer Gerichtsstand befindet. Die übrigen Voraussetzungen für die Klagenverbindung müssen vorliegen; insbes muß das Gericht sachlich zuständig sein. Bei Klage gegen **verschiedene Beklagte** treffen §§ 60, 36 Nr 3 zu (aA AK/Röhl §§ 24–26 Rn 7). 1

b) Der Gerichtsstand ist **nicht ausschließlich;** er begründet keine selbständige Zuständigkeit für die genannten persönlichen Klagen (Rn 4–6). Die Unbegründetheit der dinglichen Klage macht das angegangene Gericht für die mit ihr verbundene persönliche Klage nicht unzuständig. 2

c) Im Anwendungsbereich des **EuGVÜ** gilt eine entspr Regelung (Art 6 Nr 4 EuGVÜ idF des 3. BeitrittsÜbK 1989). 2a

2) Voraussetzungen. Das Gericht des dinglichen Gerichtsstands (§ 24) ist für folgende **persönliche Klagen** (Rn 4–6) örtlich zuständig, wenn sie mit der jeweils genannten dinglichen Klage verbunden und gegen den gleichen Beklagten gerichtet sind. 3

a) Schuldklage ist die Klage gegen den **persönlichen Schuldner** auf Leistung oder Feststellung; verbundene dingliche Klage: Klage aus **Hypothek** (§ 1113 BGB), **Grundschuld** (§ 1191 BGB) oder **Rentenschuld** (§ 1199 I BGB) auf Duldung der Zwangsvollstreckung in das Grundstück (Zahlung aus dem Grundstück; vgl § 1147 BGB; Fall des § 24 Rn 11). Bei der Hypothek haftet idR (Ausnahmen wegen §§ 892, 1138 BGB möglich) auch irgendeine Person **(persönlich)** für die durch die Hypothek gesicherte Schuld. Das gleiche wird meist bei Grund- und Rentenschulden der Fall sein, wenn auch das Schuldverhältnis dabei nicht zum Ausdruck gebracht werden darf. § 25 trägt der materiellrechtlichen Verknüpfung von Grundpfandrecht und persönlicher Forderung Rechnung. 4

b) Klage auf Befreiung von der persönlichen Schuld ist auch die negative Feststellungsklage und die auf Anfechtung oder Aufhebung gerichtete Klage; verbundene dingliche Klage: Klage des Eigentümers gegen den Hypothekengläubiger auf **Umschreibung** der kraft Gesetzes zur Eigentümergrundschuld gewordenen Hypothek und auf Löschung einer Hypothek, Grundschuld oder Rentenschuld (vgl §§ 1143, 1163, 1168, 1170 ff, 1173 BGB; Fall von § 24 Rn 13). 5

c) Der Klage auf rückständige Leistungen aus der Reallast liegt idR zugleich die persönliche Verpflichtung des jeweiligen Eigentümers zugrunde (§ 1108 BGB); verbundene dingliche Klage aus der Reallast: § 1105 BGB (Fall von § 24 Rn 10). 6

26 *[Dinglicher Gerichtsstand für persönliche Klagen]*

In dem dinglichen Gerichtsstand können persönliche Klagen, die gegen den Eigentümer oder Besitzer einer unbeweglichen Sache als solche gerichtet werden, sowie Klagen wegen Beschädigung eines Grundstücks oder hinsichtlich der Entschädigung wegen Enteignung eines Grundstücks erhoben werden.

1) Allgemeines. Bedeutung. Ausdehnung des dinglichen Gerichtsstands (§ 24) auf bestimmte persönliche Klagen, an denen Grundstückseigentümer (-besitzer) aktiv oder passiv beteiligt sind. Der **Gerichtsstand** entspricht § 24 Rn 19 f, ist aber nicht ausschließlich („können" – nicht müssen – „erhoben werden"), jedoch (im Gegensatz zu § 25, dort Rn 2) **selbständig.** § 24 geht vor. 1

2) Voraussetzungen. Die erweiterte Zuständigkeit (Rn 1) gilt für folgende Klagen: **a) Persönliche Klagen gegen den Eigentümer oder Besitzer eines Grundstücks als solchen.** Eigentümer oder Besitzer müssen gerade in dieser ihrer Eigenschaft passiv sachbefugt sein. **Beispiele:** Klage auf Gestattung der Besichtigung (§ 809 BGB) oder das Aufsuchen einer Sache (§§ 867, 1005 BGB); auf Vorkehrung zur Abwendung der von einem Gebäude oder einem anderen Werk drohenden Gefahr (§ 908 BGB); auf Entschädigung wegen Überbaues (§ 913 BGB); auf Gestaltung der Benützung einer der in § 921 BGB bezeichneten Einrichtung und auf Ersatz von Unterhaltskosten (§ 922 BGB); die Klage auf Ersatz von Verwendungen, die nach §§ 994, 999 II, 1000 ff BGB der Besitzer und gem § 1049 BGB der Nießbraucher gegen den Eigentümer erheben kann; auch die Klage auf Einräumung einer Bauhandwerkerhypothek durch den Besteller/Eigentümer (Braunschweig OLGZ 74, 211; ThP Rn 1; MK/Patzina Rn 2 aE; StJ/Schumann Rn 4 Fn 6; AK/Röhl §§ 24–26 Rn 8, str; aA BL/Hartmann Rn 4). **Nicht** hierher gehören: Die Klage auf Schadensersatz wegen Einsturz eines Gebäudes, wenn es sich nicht um die Beschädigung des Nachbargrundstücks handelt, und die Klage wegen des persönlichen Anspruchs gegen den Eigentümer aus der Reallast (§ 1008; vgl dazu auch § 25 Rn 6). 2

3 **b) Klagen des Eigentümers oder Besitzers wegen Grundstücksbeschädigung.** Der **Grund** der Grundstücksbeschädigung ist belanglos. Maßgebend ist die Lage des beschädigten Grundstücks. **Beispiele:** Klage aus §§ 823, 826 ff (unerlaubte Handlung), § 904 S 2 (Nothilfe), §§ 836, 837 ff BGB (Ersatz des durch Einsturz eines benachbarten Gebäudes entstandenen Schadens, wenn es sich um Beschädigung des Nachbargrundstücks handelt), §§ 29 ff BJagdG (Wild- und Jagdschaden).

4 **c) Klagen auf Enteignungsentschädigung.** Vgl § 15 Nr 2 EGZPO. Landesrechtlich ist meist der Gerichtsstand der belegenen Sache für ausschließlich zuständig erklärt (vgl zB Art 45 I 2 BayEG vom 11. 11. 74, GVBl 610, ber 814; dazu auch Ostler, BayJustizgesetze, 4. Aufl 1986, Nr 166); § 30 PrEnteignG (dazu BGH 97, 158). Vgl auch § 219 BauGB, § 81 II BLG. § 26 gilt auch bei enteignungsgleichen Eingriffen (ebenso MK/Patzina Rn 5).

27 *[Besonderer Gerichtsstand der Erbschaft]*

(1) Klagen, welche die Feststellung des Erbrechts, Ansprüche des Erben gegen einen Erbschaftsbesitzer, Ansprüche aus Vermächtnissen oder sonstigen Verfügungen von Todes wegen, Pflichtteilsansprüche oder die Teilung der Erbschaft zum Gegenstand haben, können vor dem Gericht erhoben werden, bei dem der Erblasser zur Zeit seines Todes den allgemeinen Gerichtsstand gehabt hat.

(2) Ist der Erblasser ein Deutscher und hatte er zur Zeit seines Todes im Inland keinen allgemeinen Gerichtsstand, so können die im Abs. 1 bezeichneten Klagen vor dem Gericht erhoben werden, in dessen Bezirk der Erblasser seinen letzten inländischen Wohnsitz hatte; wenn er einen solchen Wohnsitz nicht hatte, so gilt die Vorschrift des § 15 Abs. 1 Satz 2 entsprechend.

1 **1) Allgemeines. a) Bedeutung.** § 27 begründet für bestimmte erbrechtliche Streitigkeiten (Rn 3 ff) einen nicht ausschließlichen besonderen Gerichtsstand. **Zweck:** Zusammenfassung der Prozesse über einen Erbfall bei einem sachnahen Gericht. Daß sich Nachlaßgegenstände tatsächlich im Gerichtsbezirk befinden oder befunden haben, ist nicht erforderlich.

2 **b) Gerichtsstand.** Er knüpft an an den **allgemeinen Gerichtsstand** des Erblassers zur Zeit seines Todes (§§ 12–16). Mehrheit von allgemeinen Gerichtsständen des Erblassers hat Mehrheit von Gerichtsständen der Erbschaft zur Folge (RG 35, 418). Es besteht Wahlrecht gem § 35. Für den Fall, daß der Erblasser deutscher Staatsangehöriger war und zur Zeit seines Todes keinen inländischen allgemeinen Gerichtsstand hatte, stellt Abs **II Hilfsgerichtsstände** zur Verfügung (letzter inländischer Wohnsitz, hilfsweise Sitz der Bundesregierung). **Grund.** In allen Fällen, in denen erbrechtliche Verhältnisse nach deutschen Gesetzen zu beurteilen sind (vgl Art 24 EGBGB), muß auch ein inländischer Gerichtsstand gewährleistet sein (Mot; vgl auch Zweibrükken OLGZ 85, 414 für FGG). Für erbrechtliche Streitigkeiten **vor** dem Erbfall gilt § 27 nicht (Celle MDR 62, 992; StJ/Schumann Rn 6), ausgenommen solche aus vorzeitigem Erbausgleich gem § 1934d BGB (LG Hamburg NJW-RR 94, 1098 = FamRZ 94, 403; offen Hamburg NJW-RR 96, 203 mwN).

3 **2) Voraussetzungen.** Gegenstand der folgenden Klagen sind Ansprüche und Rechtsverhältnisse, die durch den Erbfall als solchen entstanden sind. Die Parteirollen der Beteiligten sind gleichgültig. Die **Klagen können erhoben werden** gegen den Erben, den Nachlaßverwalter (RG 26, 380), den Testamentsvollstrecker, den mit einem Vermächtnis Beschwerten oder dessen Rechtsnachfolger. An eine **Zeit** wie in § 28 ist die Klageerhebung nicht gebunden. Zur Begründung der Zuständigkeit genügt, daß die Klage auf einen der in Rn 4–9 genannten Klagegründe (Anspruchsgrundlagen) gestützt ist (s allg § 12 Rn 14); ob diese wirklich vorliegen, ist gleichgültig (dann ggf Abweisung der Klage als unbegründet). Auch auf die Rechtsschutzform (Leistungs-, Feststellungs-, Gestaltungsklage) kommt es grundsätzlich nicht an (Ausnahme: Rn 4). Die zutreffende Antragstellung richtet sich nach dem materiellen Recht und ist für die Zuständigkeitsfrage ohne Belang; zur Erbteilungsklage näher Rn 9.

4 **a) Klagen auf Feststellung des Erbrechts,** dh der durch Gesetz (§§ 1922, 2032 BGB), Testament (§ 2087 BGB) oder Erbvertrag (§ 2278 BGB) sich ergebenden Rechtsnachfolge in einen Nachlaß oder Anteil an demselben. **Erbe** ist auch der Fiskus (§ 1936 BGB) und der Nacherbe (§ 2100 BGB). Das Nachfolgerecht bei fortgesetzter Gütergemeinschaft (§ 1483 I BGB) ist kein Erbrecht. Die Erbrechtsfeststellung erfolgt idR durch Feststellungsklage (§ 256 ZPO), auch durch Klage auf Feststellung der Gültigkeit oder Ungültigkeit einer letztwilligen Verfügung; weitere Beispiele: Geltendmachung von Anfechtung (§§ 2078 ff BGB) und Verzicht (§ 2346 BGB); möglich ist auch Gestaltungsklage (Erbunwürdigkeitsklage gem § 2342 BGB). **Nicht** hierher gehören die Klage des Erbschaftskäufers (§ 2374 BGB, nur schuldrechtlich) und die Klage wegen eines Rechts an einzelnen Nachlaßgegenständen.

b) Ansprüche gegen den Erbschaftsbesitzer. Erbschaftsbesitzer ist, wer auf Grund eines vermeintlichen oder angemaßten Erbrechts Vermögensrechte aus der Erbschaft erlangt hat (§§ 2018–2027, 2029, 2030, 2037, nicht auch § 2028 BGB – Einzelklagen des Erben auf Auskunft, BL/Hartmann Rn 5; aA StJ/Schumann Rn 8; MK/Patzina Rn 7). In der Regel: Klage auf Feststellung des Erbrechts, verbunden mit der Klage auf Herausgabe. Unter § 27 fällt nur die das Gesamterbe betreffende Klage (zB auf Auskunft, eidesstattliche Versicherung und Herausgabe, vgl Nürnberg OLGZ 81, 115), **nicht** auch Einzelklage (§§ 985, 989 f, 2029 BGB), zB gegen einen vermeintlichen Vermächtnisnehmer oder Beauftragten des Erblassers (Köln OLGZ 86, 212), oder die Klage auf Herausgabe eines zu Unrecht ausgestellten Erbscheins oder eines Testamentsvollstreckerzeugnisses. Dem Erbschaftsbesitzer steht dessen Erbe gleich (Nürnberg OLGZ 81, 116 f). 5

c) Ansprüche aus Vermächtnis. Vermächtnis ist eine Anordnung des Erblassers, durch die er einer Person von Todes wegen einen Vermögensvorteil zuwendet, ohne sie zum Erben einzusetzen (§§ 1932, 1939, 1941, 1969, 2150, 2174, 2279, 2299 BGB). Der Vermächtnisnehmer ist, soweit der Erbe beschwert ist, Nachlaßgläubiger (§§ 2174, 1967 BGB). 6

d) Ansprüche aus sonstiger Verfügung von Todes wegen: Auflage (§ 2192 BGB); Schenkung auf den Todesfall (§ 2301 BGB). 7

e) Pflichtteilsansprüche. Klage gegen den Erben auf Zahlung (§§ 2303 ff BGB); Anspruch auf Pflichtteilsergänzung (§ 2329 BGB); Klage gegen den erbunwürdigen Pflichtteilsberechtigten (§ 2345 II BGB). Den Pflichtteilsansprüchen gleich stehen **Erbersatzansprüche** von nichtehelichen Kindern gem § 1934a BGB (zutr LG Hamburg NJW-RR 94, 1098 mwN = FamRZ 94, 403). 8

f) Klage auf Teilung der Erbschaft. Klage der Erben betreffend die Auseinandersetzung (§§ 2042 ff BGB) einschließlich der Ausgleichung gem §§ 2050 ff, 2057a BGB (BGH NJW 92, 364 = MDR 92, 587); § 27 gilt auch bei Fortsetzung der allgemeinen Gütergemeinschaft nach § 1483 II BGB; **nicht** Klage auf Aufhebung oder Auseinandersetzung der fortgesetzten Gütergemeinschaft (§§ 1495 ff BGB), abgesehen von §§ 1482, 1483 II BGB (StJ/Schumann Rn 11). Der Kläger muß (unpraktisch: BGH aaO) einen *Plan für die Auseinandersetzung* vorlegen und auf *Zustimmung* zu einem entsprechenden Auseinandersetzungsvertrag klagen (Palandt/Edenhofer § 2042 Rn 16). Zuständigkeit des Nachlaßgerichts zur Vermittlung der Erbauseinandersetzung: §§ 86 ff FGG. 9

28 *[Erweiterter Gerichtsstand der Erbschaft]*

In dem Gerichtsstand der Erbschaft können auch Klagen wegen anderer Nachlaßverbindlichkeiten erhoben werden, solange sich der Nachlaß noch ganz oder teilweise im Bezirk des Gerichts befindet oder die vorhandenen mehreren Erben noch als Gesamtschuldner haften.

1) Allgemeines. a) Bedeutung. Zeitlich begrenzte (Rn 3, 4) Erweiterung des Erbschaftsgerichtsstands (§ 27) für Nachlaßverbindlichkeiten, die über den Kreis der bereits in § 27 erfaßten Erbfallschulden (vgl Palandt/Edenhofer § 1967 Rn 6; § 27 Rn 6–8) hinausgehen (Einzelheiten: Anm 2). **b) Gerichtsstand:** Nicht ausschließlich (§ 12 Rn 9), wie § 27 (vgl dort Rn 2). 1

2) Voraussetzungen. a) Gegenstände der Klagen. Es muß sich um andere (dh als die in § 27 genannten) **Nachlaßverbindlichkeiten** handeln, also Nachlaßverbindlichkeiten, die vom Erblasser selbst herrühren (§ 1967 BGB) und auch Nachlaßerbenschulden (Palandt/Edenhofer § 1967 Rn 8). Hierher gehören: dingliche Ansprüche, die gegen ihn begründet waren, sowie die den Erben als solchen treffenden Verbindlichkeiten: § 1963 BGB (Anspruch der Mutter des noch nicht geborenen Erben), § 1967 (Zahlungsanspruch des Lebensgefährten gegen die Erben, Saarbrücken FamRZ 79, 796), § 1968 BGB (Beerdigungskosten), § 1969 BGB (30tägiger Unterhalt der Angehörigen des Erblassers), Ansprüche aus Rechtsgeschäften des Testamentsvollstreckers oder Nachlaßpflegers (§§ 2205–2207 BGB), Ansprüche aus einer Geschäftsführung des Beauftragten (§ 672 BGB) oder ohne Auftrag im Interesse der Erbschaft (§§ 683, 684 BGB), **nicht** Ansprüche des Erbschaftskäufers (§§ 2371 ff BGB) und der Erben. 2

b) Zeitliche Begrenzung. aa) Ist nur **ein** Erbe vorhanden, so ist die Klage im Gerichtsstand des § 28 zulässig, solange sich auch nur ein Stück des Nachlasses, sei es auch noch so geringwertig, im Gerichtsbezirk befindet. Bei Forderungen gilt § 23 S 2 entspr (StJ/Schumann Rn 4). 3

bb) Wenn **mehrere** Erben vorhanden sind, besteht der Gerichtsstand, solange diese als **Gesamtschuldner** für die streitige Nachlaßverbindlichkeit gem §§ 2058 ff, 421 ff BGB haften. Ende der Gesamthaftung und damit des besonderen Gerichtsstandes: §§ 2060, 2061 BGB. Daß § 28 vorliegt, muß der Kläger, den Wegfall der Gesamthaftung müssen die Erben beweisen. Daß sich noch ein Stück des Nachlasses im Gerichtsbezirk befindet oder je befunden hat, ist nicht nötig (BayObLG NJW 50, 310). 4

29 *[Besondere Gerichtsstände des gesetzlichen und vereinbarten Erfüllungsorts]*
(1) Für Streitigkeiten aus einem Vertragsverhältnis und über dessen Bestehen ist das Gericht des Ortes zuständig, an dem die streitige Verpflichtung zu erfüllen ist.

(2) Eine Vereinbarung über den Erfüllungsort begründet die Zuständigkeit nur, wenn die Vertragsparteien Kaufleute, die nicht zu den in § 4 des Handelsgesetzbuchs bezeichneten Gewerbetreibenden gehören, juristische Personen des öffentlichen Rechts oder öffentlich-rechtliche Sondervermögen sind.

Lit: *Schack,* Der Erfüllungsort im deutschen, ausländischen und internationalen Privat- und Zivilprozeßrecht, 1985; weitere Lit-Angaben 15. Aufl und bei § 38.

I) Allgemeines

1 **1) Bedeutung.** § 29 enthält keinen einheitlichen Erfüllungsortsgerichtsstand, vielmehr ist zwischen den Gerichtsständen des gesetzlichen (Rn 21 ff) und des vereinbarten Erfüllungsorts (Rn 26 ff) zu unterscheiden. Die praktische Bedeutung des Gerichtsstands des gesetzlichen Erfüllungsorts ist begrenzt; da nach § 269 I BGB im Zweifel der Wohnsitz des Schuldners Erfüllungsort (hierzu näher Rn 24) und der Schuldner im Regelfall Beklagter ist, dürfte der Gerichtsstand gem § 29 I, § 269 I BGB häufig mit dem allgemeinen Gerichtsstand des Beklagten (§§ 12, 13) zusammenfallen. Der Gerichtsstand des vereinbarten Erfüllungsorts ist aber auf den vollkaufmännischen Verkehr beschränkt (§ 29 II). Die bisherige Kennzeichnung des „forum contractus" als „der wichtigste besondere Gerichtsstand des Geschäftsverkehrs" (BL/Hartmann Rn 1) dürfte daher in dieser Allgemeinheit nicht mehr zutreffen.

2 **2) Abgrenzung.** Ein zusätzlicher Gerichtsstand des **Zahlungsorts** besteht bei Wechsel- und Scheckklagen (§§ 603, 605a), eine Sonderregelung im Aufgebotsverfahren (§ 1005). Für Klagen aus einigen sozial bedeutsamen Verträgen – Raummiete/-pacht, Haustürgeschäfte, Fernunterrichtsverträge – wird der Erfüllungsortsgerichtsstand durch eine ausschließliche Zuständigkeit am Ort des schutzbedürftigen Vertragspartners verdrängt (vgl § 29a; § 7 HaustürWG; § 26 FernUSG); für Versicherungsverträge vgl auch § 48 VVG.

3 **3) Internationaler Rechtsstreit.** Die das Schuldverhältnis beherrschenden Sachnormen bestimmen bei einem Rechtsstreit mit Auslandsbeziehungen den Erfüllungsort (BGH 120, 347 mwN = NJW 93, 1075). Im Geltungsbereich des **EuGVÜ** begründet der vertragliche Erfüllungsort die internationale und örtliche Zuständigkeit für das Gericht, in dessen Bezirk er sich befindet (Art 5 Nr 1 EuGVÜ); maßgebend für die Bestimmung des Erfüllungsorts ist diejenige Verpflichtung, die den Gegenstand der Klage bildet (EuGH NJW 77, 490; 87, 1131); das anzuwendende materielle Recht richtet sich nach Art 27 ff EGBGB (vgl EuGH NJW 77, 491; RIW 94, 876) und damit uU nach BGB (zB § 269), AGBG usw (vgl LG München I NJW 96, 402); eine Erfüllungsortvereinbarung bedarf nicht der Prorogationsform gem Art 17 EuGVÜ (EuGH NJW 80, 1218; Karlsruhe RIW 94, 1947); zum ganzen näher Anh Art 5 GVÜ Rn 1 ff.

4 Besonderheiten gelten für den Erfüllungsort bei **Arbeitsverträgen** (Art 5 Nr 1 HS 2 und 3 idF des 3. BeitrittsÜbk 1989); maßgebend ist idR der *gewöhnliche Arbeitsort* (Nr 1 HS 2), uU auch der Ort der *einstellenden Niederlassung* (Nr 1 HS 3). Abweichungen durch Gerichtsstandsvereinbarungen sind nur eingeschränkt oder zugunsten des Arbeitnehmers möglich (Art 17 V EuGVÜ); zum ganzen näher Anh GVÜ Art 5 Rn 4 ff.

II) Anwendungsbereich

5 **1)** Unter § 29 fallen alle **Streitigkeiten** (Rn 16 ff) aus **Vertragsverhältnissen** (Rn 5 ff). **a) Begriff des Vertragsverhältnisses.** Vertragsverhältnisse iS des § 29 sind **alle schuldrechtlichen Verpflichtungsverträge** (BGH NJW 96, 1412), mögen sie auch öffentlich-rechtlicher Natur sein (StJ/Schumann Rn 1; vgl auch §§ 54 ff VwVfG), dann aber besteht idR die Zulässigkeit des ordentlichen Rechtswegs nicht (vgl § 40 II 1 VwGO; BGH 87, 15 f = NJW 83, 2312).

6 Den Verträgen **gleichgestellt** werden bestimmte vertragsähnliche gesetzliche Sonderbeziehungen, nämlich **aa)** das Rechtsverhältnis zwischen der Vertragspartei und dem in Anspruch genommenen **Vertreter ohne Vertretungsmacht** (§ 179 I BGB; der Erfüllungsort des nicht zustandegekommenen Vertrages gilt: Hamburg MDR 75, 227); **bb)** das gesetzliche Schuldverhältnis der **Vertragsverhandlungen** bei Verschulden bei Vertragsschluß (BayObLG VersR 85, 741 [743]; München NJW 80, 1531 mN; Küpper DRiZ 90, 445 ff mN; Wieczorek/Schütze/Hausmann Rn 5, hM; aA LG Kiel NJW 89, 841 mwN; vgl auch die Bsp in Rn 20). Die Anwendung von § 29 auf *culpa in contrahendo* entspricht der materiellrechtlichen Qualifizierung als *vertragsähnlicher* Haftungstatbestand (vgl Jauernig/Vollkommer, BGB, § 276 Anm V 1; vgl auch die Gleichstellung von „Vertragsverletzung" und „Verletzung von Pflichten bei den Vertragsverhandlungen" in § 11 Nr 7 AGBG) und gebietet der *Sachzusammenhang* mit vertraglichen Ansprüchen (Küpper DRiZ 90, 446; allg § 12 Rn 21); zur Bestimmung des Erfüllungsorts s Rn 25 unter „Nebenpflicht"; **cc) organ-**

schaftliche Sonderrechtsbeziehungen (Wieczorek/Schütze/Hausmann Rn 6; BGH NJW-RR 92, 801 = MDR 92, 565 zur Haftung des Geschäftsführers aus § 43 II GmbHG).

In persönlicher Hinsicht findet § 29 Anwendung auf die **Vertragsparteien** einschließlich der Dritten bei Verträgen zugunsten Dritter (§ 328 BGB), auf ihre Sonder- und Gesamtrechtsnachfolger und auf die abgeleitet Haftenden, zB die Gesellschafter der vertragsschließenden Gesellschaft gem §§ 128, 161, 171 HGB, darüber hinaus auch für die nach den Grundsätzen über das Verschulden bei Vertragsschluß persönlich haftenden Dritten („**Sachwalter**"; vgl ie Jauernig/Vollkommer, BGB, § 276 Anm VI 2e), da insofern die Übereinstimmung von vertraglichen und quasivertraglichen Regelungen sicherzustellen ist. 7

b) Abgrenzung. Nicht in den Anwendungsbereich des § 29 fallen dagegen: **aa)** Schuldverhältnisse aus **einseitigen** Willenserklärungen (zB § 657 BGB); 8

bb) alle schuldrechtlichen **Verfügungsverträge** (zB Zession, § 398 BGB); 9

cc) alle **dinglichen Verträge** (zB gem §§ 873, 925, 929 BGB); 10

dd) alle **familienrechtlichen Verträge** (zB das Verlöbnis, §§ 1298, 1301; ebenso BGH NJW 96, 1412 mwN, str; aA zB für Unterhaltsverträge Wieczorek/Schütze/Hausmann Rn 10); 11

ee) alle **erbrechtlichen Verträge** (zB Erbvertrag, §§ 2274 ff BGB); 12

ff) alle **prozeßrechtlichen Verträge** (zB Schiedsvertrag, §§ 1025 ff; BGH 7, 185). 13

gg) Nach hL fallen ferner **nicht** unter § 29 die **gesetzlichen Verpflichtungen** (§§ 368, 371 BGB; vgl RG 28, 434; str; zutr aA Schack aaO, Rn 154) sowie die **gesetzlichen Schuldverhältnisse** (Geschäftsführung ohne Auftrag, §§ 677 ff BGB [BayObLG MDR 81, 233]; (eigenständige) ungerechtfertigte Bereicherung, §§ 812 ff BGB, BGH NJW 96, 1412; vgl aber andererseits Rn 6 aE). § 29 gilt jedoch dann, wenn ein nichtiger oder angefochtener Vertrag über § 812 BGB rückabgewickelt werden soll (so zutr Wieczorek/Schütze/Hausmann Rn 8; aA RG 49, 421; BGH NJW 62, 739; BayObLG BB 90, 2442; zur Unterscheidung nunmehr BGH NJW 96, 1412 [2b aE]). Doch wirkt sich das Gegenseitigkeitsverhältnis des unwirksamen Vertrags nach der herrschenden Saldotheorie auch noch auf die Rückabwicklung aus (vgl von Caemmerer, FS Rabel, S 386; Larenz, Schuldrecht II, 12. Aufl, § 70 III; Palandt/Thomas § 818 Rn 48), so daß die Anwendung des § 29 gerechtfertigt erscheint (ebenso Schack aaO, Rn 155; Mues ZIP 96, 742); auch betreffen Ansprüche aus Leistungskondiktion Streitigkeiten „aus" einem (gescheiterten) „Vertragsverhältnis" iS von Abs **I**; sa Rn 16, 22. 14

hh) Nicht unter § 29 fallen schließlich Ansprüche aus Inhaberpapieren (§ 794 BGB), die Anfechtungsklage aus § 29 KO (RG 30, 402; Karlsruhe MDR 79, 681), die Aussonderungsklage (RG 31, 392) sowie Ruhegeldansprüche gegen den Träger der Insolvenzsicherung gem §§ 7, 9 BetrAVG (vgl LG Stuttgart BB 77, 752). 15

2) Erfaßte Streitigkeiten. § 29 gilt für **alle Klagen** (gleich, welche Klageart und welche Prozeßart), mit denen Rechte aus einem (früheren) Vertragsverhältnis (Rn 5, 6) geltend gemacht werden. Hervorzuheben sind folgende Klagemöglichkeiten: 16

a) Klagen auf **Feststellung** des Bestehens oder Nichtbestehens eines Vertrags oder eines (selbständigen) Vertragsteils (§ 256 ZPO). Beispiel: Für die negative Feststellungsklage des Darlehensnehmers gegen die kreditgewährende Bank ist der Wohnsitz des Darlehensnehmers maßgebend (LG Kassel NJW-RR 89, 106 mwN; vgl auch Rn 25 unter „Darlehensvertrag" sowie allgemein § 256 Rn 20). Ergeben sich – wie idR – aus dem festzustellenden Vertragsverhältnis mehrere Verpflichtungen, so ist für die Zuständigkeit iS von **I** auf den für den Kläger „hauptsächlichen Anspruch" abzustellen (so Frankfurt RIW/AWD 80, 585; zust Wieczorek/Schütze/Hausmann Rn 25 aE). 17

b) Klagen auf **Erfüllung einer Vertragspflicht** in Haupt- und/oder Nebensache (zB Vertragsstrafe, Sicherheitsleistung, sonstige selbständige Nebenpflicht). Hierher gehört auch die Klage auf **Abnahme** der Waren (§ 433 II BGB), auf **Rückgewähr** wegen vertraglich vorbehaltenen Rücktritts (§ 346 BGB), entgegen der hL aber auch im Fall des § 326 BGB, da die Rückgewährsansprüche keine Bereicherungsansprüche sind (zu diesen Rn 14), sondern die Rückabwicklung gesetzlich auf § 346 BGB beruht: § 327 S 2 BGB regelt nur den Umfang der Haftung (vgl Jauernig/Vollkommer, BGB, § 346 Anm 1c; § 347 Anm 3); die Klage gegen den Gesellschafter der OHG wegen einer Schuld der letzteren (§§ 128, 161, 171 HGB), die Klage gegen einen Ehegatten (§ 743) auf Duldung der Zwangsvollstreckung. 18

c) Klagen auf **Aufhebung, Umgestaltung** und **Inhaltsänderung** des Vertrags. Hierher gehört die Klage aus §§ 133, 140 HGB, die Klage auf Bestimmung des Leistungsinhalts (§§ 315, 318, 343 BGB), auf Herabsetzung der Vertragsstrafe (§ 343 BGB), des Mäklerlohnes (§ 655 BGB), des Anwaltshonorars (§ 3 III BRAGO). Weiter zu nennen sind die **Wandlungs-** und die Minderungsklage (ebenso MK/Patzina Rn 5), dagegen nach hM **nicht** die Klage auf **Rückgewähr des Geleisteten** (nach infolge Anfechtung wegen Irrtums usw erfolgter Vertragsauflösung; vgl aber Rn 14), 19 es sei denn, daß sie auf eine besondere Vertragspflicht gestützt wird; auch nicht die Klage auf Quittungsleistung oder Rückgabe des Schuldscheins nach Bereinigung der Schuld (RG 28, 424 und Rn 14).

20 **d)** Klagen auf **Schadensersatz wegen Nicht- oder Schlechterfüllung von Haupt- und Nebenpflichten.** Hierher gehören namentlich die Schadensersatzklagen bei zu vertretenden Leistungsstörungen (§§ 325, 326 BGB) einschließlich **positiver Vertragsverletzung** (vgl BGH NJW 74, 410; BayObLG VersR 85, 741 [743]) und **Verschulden bei Vertragsschluß** (Rn 6 aE; vgl auch Düsseldorf MDR 69, 930); ferner die Klage auf das negative Vertragsinteresse wegen Vereitelung des Zustandekommens des Vertrags (§§ 122, 179 BGB), die Klage auf Rückgabe des zur Sicherung der Erfüllung eines nichtigen Vertrags Gegebenen (OLG 5, 18; vgl auch allg Rn 14).

III) Gerichtsstand des gesetzlichen Erfüllungsorts (Abs I)

21 **1) Gerichtsstand. a) Wirkung.** § 29 begründet eine nicht ausschließliche Zuständigkeit (vgl § 12 Rn 9), die jedoch nur im Rahmen des Abs **II** abbedungen werden kann (hierzu näher Rn 26). Der Gerichtsstand besteht neben dem allgemeinen (häufig aber mit diesem identisch, vgl Rn 2) oder einem anderen besonderen Gerichtsstand; das gilt auch im Verhältnis zum allg Gerichtsstand des Konkursverwalters (zutr und klarstellend LG Köln ZIP 85, 496 zu – insoweit mißverständlich – BGH 88, 331; vgl auch § 13 Rn 15; § 17 Rn 6). Zu ausschließlichen Zuständigkeiten bei bestimmten Verträgen vgl Rn 3. Bei mehreren Erfüllungsorten gilt § 35.

22 **b) Prüfung.** Vgl zunächst § 12 Rn 12–16, zum Zusammenfallen von zuständigkeits- und anspruchsbegründenden Tatsachen noch § 1 Rn 18. Ob § 29 eingreift, ist nach dem Klägervortrag zu beurteilen; falsche rechtliche Qualifizierung begründet keine Zuständigkeit (AG Marbach MDR 88, 1061). Stützt sich der Kläger auf Vertrag, so entfällt § 29 nicht, wenn sich der Vertrag als nichtig erweist (Celle NJW 66, 1975). Ein hilfsweise auf §§ 123, 812 BGB gestützter bereicherungsrechtlicher Anspruch auf Rückgewähr kann bei primärem Wandelungsanspruch vom Gericht des § 29 iVm §§ 467 S 1, 346 ff BGB mitgeprüft werden (Wieczorek/Schütze/Hausmann Rn 8; aA BGH JZ 62, 315 = NJW 62, 739; vgl auch Rn 14 und allg § 12 Rn 20, 21).

23 **2) Bestimmung des gesetzlichen Erfüllungsorts. a)** Maßgebend ist der Ort, wo die (primäre) **streitige Verpflichtung** zu erfüllen war, mag auf ihre Feststellung, Erfüllung, Aufhebung oder auf Schadensersatz wegen ihrer Nichterfüllung geklagt werden. Die streitige Verpflichtung ist im Falle des **Schadensersatzes** damit die Verpflichtung, wegen deren nicht gehöriger Erfüllung Schadensersatz verlangt wird, nicht die Ersatzpflicht (vgl BGHR Gewährleistung 1/Grundstückskauf; Wieczorek/Schütze/Hausmann Rn 23).

24 **b)** Der gesetzliche **Ort der Vertragserfüllung** ergibt sich aus dem bürgerlichen Recht, also in erster Linie aus einer besonderen gesetzlichen Bestimmung (zB §§ 374, 604, 697, 700, 811, 1194 BGB; § 36 VVG), hilfsweise aus § 269 BGB, soweit dort nicht auf Parteivereinbarung verwiesen ist. Er ist also in erster Linie aus den **Umständen,** insbesondere aus der **Natur des Schuldverhältnisses** zu entnehmen; ist dies nicht möglich, so ist er der Ort, an dem der **Schuldner** zur Zeit der Entstehung des Schuldverhältnisses seinen **Wohnsitz** (eine Gesellschaft ihren **Sitz,** § 17) hatte (§ 269 I BGB), bei gewerblichen Verpflichtungen der Ort seiner gewerblichen Niederlassung (§ 269 II BGB). Ein Wechsel des Wohnsitzes oder der gewerblichen Niederlassung nach Vertragsschluß ist daher bedeutungslos (Stuttgart NJW-RR 87, 1076; BayObLG NJW-RR 96, 956). Beim **gegenseitigen Vertrag** (§§ 320 ff BGB) ist der Erfüllungsort für die Verbindlichkeiten beider Vertragsteile idR selbständig zu bestimmen (BGH NJW 95, 1546 mN; Wieczorek/Schütze/ Hausmann Rn 35; Palandt/Heinrichs § 269 Rn 7); es bestehen daher für die Hauptleistungspflichten idR verschiedene Erfüllungsorte, jedoch tendiert die Rspr bei besonderer Ortsgebundenheit der vertragscharakteristischen Werk- oder Dienstleistung zur Annahme eines **gemeinsamen** Erfüllungsorts (vgl Palandt/Heinrichs § 269 Rn 13 mwN und die Beispiele unten Rn 25; dazu krit Hamm, AG Köln NJW-RR 95, 185 und 188; Schmid MDR 93, 410). Bildet das Bestehen oder Nichtbestehen des Vertrags als einheitliches Ganzes den Gegenstand des Streites, so ist sowohl am Erfüllungsort der einen wie auch der anderen Verpflichtung ein Gerichtsstand begründet.

25 **3) Einzelfälle**

- Für Gebührenanspruch des **Anwalts** der Ort seiner Kanzlei (BGH 97, 82 = NJW 86, 1178; NJW 91, 3096 mwN, zust Roth ZZP 104, 460, str), auch wenn Vergütung für die Erstattung eines Rechtsgutachtens verlangt wird (LG Hamburg AnwBl 75, 237; MDR 76, 318); für die beiderseitigen Leistungen aus dem Anwaltsvertrag ist der Ort Erfüllungsort, wo sich die Kanzlei (§ 27 II BRAO) des Anwalts befindet (BayObLG MDR 81, 233; 92, 296); dies gilt auch für Schadensersatzansprüche wegen Schlechterfüllung durch mehrere RAe mit verschiedener Kanzlei (BayObLG MDR 93, 179; 95, 1262 = NJW-RR 96, 52; MDR 96, 850); s auch „Rechtsanwalt".

- **Arbeitsvertrag:** Gemeinsamer Erfüllungsort für die beiderseitigen Leistungspflichten ist der wirtschaftliche und technische Mittelpunkt des Arbeitsverhältnisses (Wieczorek/Schütze/Hausmann Rn 49 mwN; Germelmann/ Matthes/Prütting § 2 Rn 163, „Schwerpunkttheorie"), idR der Ort der Arbeitsstätte (Betriebssitz: BGH ZIP 85, 157; Bengelsdorf DB 92, 1344 mwN), im Bergbau also die Schachtanlage cher Sachen *(Leasing)* ist Erfüllungsort für die Mietzins-*(Leasing-)*raten der Wohnsitz des Mieters (Leasingnehmers) bei Vertragsschluß (BGH NJW 88, 1914 = MDR 88, 838).

● **Nebenpflicht:** Erfüllungsort der Hauptverpflichtung (RG 55, 111; 57, 15; 70, 199; EuGH NJW 87, 1132; Piltz NJW 81, 1877 [EuGVÜ]; einschr BGH NJW 85, 562 für Verträge ohne Hauptleistungspflicht). Bsp: Auskunftspflicht (LG Offenburg ZIP 88, 1563). Bei Verletzung von Hinweis- und Beratungspflichten (Bedienungsanleitung) durch den Verkäufer *(positive Vertragsverletzung)* ist Erfüllungsort für die Schadensersatzpflicht der Ort, wo die Sache abzuliefern ist, beim „Fernkauf" also der Ort des *Käufers* (Celle RIW 85, 575 für EKG-Kauf). Bei einer Freistellungsverpflichtung ist Erfüllungsort der Ort, an dem die (Primär-)Verpflichtung zu erfüllen ist (Oldenburg FamRZ 88, 632).

● **Negative Feststellungsklage:** Erfüllungsort des Klägers ist maßgebend (Rn 17).

● Bei Klage auf das **negative Vertragsinteresse** wegen Betrugs: Ort, wo der Beklagte seine Verpflichtung aus aufgehobenem Vertrag zu erfüllen hatte.

● **Provisionsklage** des Handelsvertreters (Agenten, Kommissionärs) auf Auszahlung der Provision: s „Handelsvertreter-"/„Kommissionsvertrag"; des Maklers: Wohnsitz des Auftraggebers bei Abschluß des Maklervertrages (Stuttgart NJW-RR 87, 1076).

● **Rechtsanwalt:** vgl § 34; sonst beruflicher Wohnsitz: § 27 II BRAGO; s oben „Anwalt".

● **Reisevertrag** (§§ 651a ff BGB): Klage des Reiseveranstalters auf den Reisepreis: Wohnsitz des Reisenden (MünchKommWolter § 651g Rn 28); Klage des Reisenden: uU Zielort der Reise (unpraktisch; vgl MünchKommWolter aaO Rn 33); uU hilft aber § 21 (dort Rn 8) weiter; eine allg Zuständigkeit am Ort des **Reisebüros** (Buchungsort) besteht nicht (s § 21 Rn 9).

● **Schickschuld:** Erfüllungsort ist mit Leistungsort sachgleich, so daß § 29 nicht die Zuständigkeit am Ort des Empfängers begründet (LG Mannheim MDR 61, 598); s auch „Darlehensvertrag".

● **Steuerberater:** Kanzleiort (BayObLG ZIP 92, 1653; MDR 96, 850; vgl auch unter „Anwalt").

● **Tarifvertrag:** Bei Streitigkeiten über die Friedenspflicht der Sitz der beklagten Tarifvertragspartei (LAG München AP Nr 2 = NZA Beil 2/88, 23; LAG Baden-Württemberg NZA Beil 2/88, 22; aA ArbG Hannover NZA Beil 2/88, 39 (Sitz der Bezirksverwaltung); s auch „Unterlassungspflicht".

● **Teilzahlungskauf:** s „Kaufvertrag".

● **Transportverträge:** s „Frachtvertrag".

● **Unterlassungspflicht:** Ort, an dem der Schuldner bei Entstehung des Schuldverhältnisses seinen Wohnsitz hatte (RG 51, 311; BGH NJW 74, 410; LAG München AP Nr 2 mN; Bengelsdorf DB 92, 1342, 1345), außer es kommt von vorne herein eine Zuwiderhandlung nur an einem bestimmten Ort in Betracht (BGH NJW 74, 410; 85, 562; Wieczorek/Schütze/Hausmann Rn 69). Bsp: Erstreckt sich die Unterlassungspflicht auf ein größeres Gebiet (zB Geltungsbereich von Tarifvertrag), führt dies nicht zur „Allzuständigkeit" sämtlicher im Unterlassungsgebiet gelegener Gerichte (s „Tarifvertrag").

● **Unterrichtsvertrag:** s Ausbildungsvertrag, Internatsvertrag.

● **Vertragsstrafe:** Klage auf Zahlung am Erfüllungsort der Hauptverbindlichkeit (RG 69, 12; Bengelsdorf BB 89, 2395 mwN).

● **Verwahrungsvertrag:** Ort, wo sich die Sache befindet (§§ 697, 700 BGB).

● **Werkvertrag:** Für Klage wegen Verpflichtungen des Unternehmers dessen Wohnsitz (OLG 40, 363); bei Klage betreffend die Ausführung eines Baues einschließlich des Sicherungsanspruches aus § 648 BGB der Ort der Ausführung des Baues (s „Bauwerkvertrag"); gleiches gilt für ortsbezogene, der Errichtung eines Bauwerks vergleichbare Werkleistungen (Koblenz NJW-RR 88, 1401); bei **Kfz-Reparatur** ist Erfüllungsort sowohl für die Werkleistung als auch die Zahlungspflicht der Ort der Reparaturvornahme (Sitz der Werkstatt), Düsseldorf MDR 76, 496; Frankfurt DB 78, 2217; aA AK/Röhl Rn 6.

● **Zahlungsanspruch** ist am Schuldnerwohnsitz geltend zu machen (BGH 120, 348 = NJW 93, 1076; NJW 95, 1546 [1547]; Schmid MDR 93, 410); s auch „Geldschuld"; Vereinbarung eines Akkreditivs zwecks Regelung einer Zahlungsverpflichtung begründet keinen Erfüllungsort hinsichtlich der Verpflichtung zur Zahlung (BGH 120, 347 mwN = NJW 93, 1076).

● **Zug-um-Zug-Leistung** als solche führt noch nicht zu einem gemeinsamen Erfüllungsort des Austauschorts (BGH NJW 95, 1546; Hamm NJW-RR 95, 188; Larenz, SchR I, § 14 IVb, hM; aA Stuttgart NJW 82, 529 mwN); dies ist nur ausnahmsweise der Fall, zB bei Laden- und Barzahlungsgeschäften, Werkstattreparaturverträgen, Wandlung usw (vgl allg Rn 24 sowie oben „Kaufvertrag", „Werkvertrag" und näher Vollkommer IPRax 93, 79).

IV) Gerichtsstand des vereinbarten Erfüllungsorts (Abs II)

1) Allgemeines. Erfüllungsortvereinbarungen mit Gerichtsstandsfolge sind nur noch **ausnahmsweise** unter den Voraussetzungen der Rn 27–29 zulässig. Die grundsätzliche Beseitigung des Gerichtsstands des vereinbarten Erfüllungsorts entspricht dem grundsätzlichen Prorogationsverbot (Rn 8 vor § 38), das sonst durch Abschluß von Erfüllungsortvereinbarungen mit Gerichtsstandswirkungen umgangen werden könnte (Nürnberg NJW 85, 1296 [1298]; Schack aaO, Rn 173). Bei der **internationalen Erfüllungsortvereinbarung** (sa Rn 3) gilt die Beschränkung auf den prorogationsbefugten Personenkreis (Rn 27) nicht, wenn die Voraussetzungen gem 26

§ 38 II erfüllt sind (Nürnberg aaO; OLGR Köln 96, 10; aA Wieczorek/Schütze/Hausmann Rn 103, 125). Durch Abs **II** nicht berührt worden ist die Möglichkeit, mit bürgerlichrechtlicher Wirkung weiter Erfüllungsortvereinbarungen abzuschließen (Rn 30).

27 **2) Voraussetzungen. a) Personenkreis.** Erfüllungsortvereinbarungen mit Gerichtsstandswirkung können nur noch Vollkaufleute, juristische Personen des öffentlichen Rechts und öffentlichrechtliche Sondervermögen abschließen. Der Personenkreis des Abs II entspricht dem der gem § 38 I unbeschränkt Prorogationsfähigen (vgl näher § 38 Rn 18).

28 **b) Vereinbarung.** Die Erfüllungsortvereinbarung braucht kein beiderseitiges Handelsgeschäft zu sein (vgl §§ 343 ff HGB). Für ihr Zustandekommen gilt nichts besonderes, formloser Abschluß ist möglich (vgl auch Rn 4). Befindet sich die Vereinbarung in AGB (Erfüllungsortklausel), muß sie wirksam in den Hauptvertrag einbezogen sein (Hamm BB 83, 1814 f; LG München I NJW 96, 402). Ist die Einigung beiderseitiges Handelsgeschäft (idR der Fall), braucht die Formvorschrift des § 2 AGBG nicht eingehalten zu sein (§ 24 S 1 Nr 1 AGBG), auch Einbeziehung durch „stillschweigende Unterwerfung" unter die AGB des anderen Teils ist möglich (BGH NJW 85, 560 = VersR 85, 56 für ADSp). Die Klausel unterliegt aber im Einzelfall der Kontrolle auf ihre inhaltliche Angemessenheit (vgl § 9 iVm § 24 S 2 AGBG).

29 **c) Darlegung und Prüfung von Amts wegen.** Die Voraussetzungen gem Rn 27, 28 sind substantiiert darzulegen (LG München I NJW 73, 59 Nr 20; ie Schack aaO, Rn 177). Im Säumnisverfahren gilt das Vorbringen zur Ausfüllung des Abs II (zB Vollkaufmannseigenschaft des Beklagten) nicht mehr als zugestanden (§ 331 I 2) und ist vom Kläger nachzuweisen (wie § 38 Rn 43; aA MK/Patzina Rn 65). Iü gilt Rn 22.

30 **3) Rechtsfolgen. a) Zuständigkeitsbegründende Wirkung** haben nur Vereinbarungen gem Abs **II** (Rn 21 gilt entspr), nicht aber sonstige Erfüllungsortvereinbarungen, bei denen die Voraussetzungen gem Rn 27, 28 nicht vorliegen. Diese sind jedoch nicht wirkungslos; sie entfalten bei individueller Vereinbarung volle bürgerlichrechtliche Wirkung (Palandt/Heinrichs § 9 AGBG Rn 82), nur die „mittelbare" (indirekte) prozessuale Gerichtsstandsfolge fehlt („wirkungsgeminderte" Erfüllungsortvereinbarung). Beispiel: Der vereinbarte „Sitz" einer BGB-Gesellschaft ist als vereinbarter Leistungsort für die Zuständigkeit bedeutungslos (BayObLG NJW-RR 90, 1020; sa Rn 24). *Fiktive* („abstrakte") Erfüllungsortvereinbarungen, durch die ein materiellrechtlicher Leistungsort (§ 269 I BGB) überhaupt nicht begründet werden soll, sind *auch* im vollkaufmännischen Verkehr unwirksam (zutr Schack aaO, Rn 174); in Frage kommt nur eine Aufrechterhaltung als Gerichtsstandsvereinbarung im Wege der Umdeutung (dafür StJ/Schumann Rn 43 aE, abl Schack aaO). Für eine Unterscheidung zwischen (unwirksamen) „abstrakten" und (wirksamen) „echten" Erfüllungsortvereinbarungen im nichtkaufmännischen Verkehr (so StJ/Schumann Rn 23a, 23b; MK/Patzina Rn 60; AK/Röhl Rn 4, 5) ist damit kein Raum, da Abs II sonst jeden selbständigen Anwendungsbereich verlöre (iErg ebenso Schack aaO, Rn 182; offenlassend Nürnberg NJW 85, 1298).

31 **b) Auswirkungen auf den Gerichtsstand des gesetzlichen Erfüllungsorts.** Kommt auch der „wirkungsgeminderten" Erfüllungsortvereinbarung (Rn 30) keine „positive" Zuständigkeitswirkung zu, so soll sie nach einer im Schrifttum vertretenen Ansicht wenigstens insofern eine mittelbare Auswirkung auf die Zuständigkeit entfalten, als die bürgerlichrechtlich wirksame Änderung des Erfüllungsorts die ohne die Vereinbarung gegebene Zuständigkeit gem § 269 I BGB am gesetzlichen Erfüllungsort (Rn 23 ff) beseitigt („negative" Zuständigkeitsfolge, auch „Sperrwirkung" genannt; in diesem Sinne Brehm/John/Preusche NJW 75, 26 und RdA 75, 295; Merz WPM 75, 114). Die Ansicht ist abzulehnen, da sie nicht unter Abs II fallenden Erfüllungsortvereinbarungen indirekt (negative) Zuständigkeitswirkungen beilegt und damit einer (im Rahmen des § 38) unzulässigen Derogation gleichkommt (zust Schack aaO, Rn 184).

29a *[Ausschließlicher Gerichtsstand der Belegenheit des Miet-/Pachtraums]*

(1) Für Streitigkeiten über Ansprüche aus Miet- oder Pachtverhältnissen über Räume oder über das Bestehen solcher Verhältnisse ist das Gericht ausschließlich zuständig, in dessen Bezirk sich die Räume befinden.

(2) Absatz 1 ist nicht anzuwenden, wenn es sich um Wohnraum der in § 556a Abs. 8 des Bürgerlichen Gesetzbuchs genannten Art handelt.

I) Allgemeines

1 **1) Abs I** wurde **neu gefaßt** durch Art 1 Nr 2 des RpflEntlG vom 11. 1. 1993 (BGBl I, S 50), **in Kraft** seit 1. 3. 1993.

2 **2) Bedeutung. a)** Die **Neufassung** gestaltet den bisherigen § 29a I, eine auf die Wohnungsmiete beschränkte soziale Schutzvorschrift zugunsten des Mieters (zur aF s BGH 89, 281 f), zu einem

allgemeinen Belegenheitsgerichtsstand in Miet- und Pachtsachen über Räume um. Die systemwidrige Verknüpfung mit der *sachlichen* Zuständigkeit ist beseitigt (vgl insoweit den gleichzeitig geänderten § 23 Nr 2a GVG und unten Rn 14). An die Stelle der Kasuistik der vom Sondergerichtsstand umfaßten „Klagen" nach der aF tritt nunmehr eine Generalklausel mit nur allgemein umschriebenen „Streitigkeiten" (ie Rn 8–13). Mit der sprachlichen Neufassung von § 29a I ist zugleich eine Wortlautanpassung an § 511a II (eingefügt durch das RechtspflegeVereinfG 1990) erfolgt (vgl. den Bericht des RAusschusses BT-Drs 12/3832, S 38). Sachlich bringt die nF eine Angleichung an das **EuGVÜ** (s Rn 4). **b) Zweck.** Die Anknüpfung der örtlichen Zuständigkeit an die Belegenheit des Miet-(Pacht-)raums gewährleistet eine Konzentration der mit Miet-(Pacht-) streitigkeiten über Räume zusammenhängenden Verfahren bei einem ortsnahen Gericht, das mit den örtlichen Verhältnissen vertraut, damit zur Beurteilung etwaiger Einwendungen (Mängeleinreden, Minderungsansprüche) besonders in der Lage ist und eine Beweisaufnahme leicht durchführen kann.

3) Abgrenzung. § 29a I verdrängt bei Miet-(Pacht-)streitigkeiten über Räume namentlich den 3
Erfüllungsortgerichtsstand gem § 29, der nicht notwendig mit der Belegenheit des Miet-(Pacht-) raums zusammenfällt (ie § 29 Rn 25 „Mietvertrag"); bei (auch) auf § 985 BGB gestützten Räumungsklagen kann § 29a mit § 24 konkurrieren (ie Rn 13). Ausschließliche *sachliche* Zuständigkeit des AG bei Wohnraumstreitigkeiten: § 23 Nr 2a GVG (dazu auch unten Rn 14).

4) Internationaler Rechtsstreit. § 29a gilt nur für im **Inland** belegenen Miet-(Pacht-)raum 4
(MK/Patzina Rn 19), schließt aber die deutsche internationale Zuständigkeit für Streitigkeiten über im **Ausland** belegene Räume nicht aus, sofern eine sonstige inländische Zuständigkeit (zB gem §§ 12, 13) gegeben ist (Düsseldorf ZMR 90, 144 mwN; Geimer RIW 86, 136). Im Anwendungsbereich des **EuGVÜ** idF des 3. BeitrittsÜbK 1989 (in Kraft seit 1. 12. 1994, vgl dazu Dietze/Schnichels NJW 95, 2274) begründet die Lage der unbeweglichen Sache auch die ausschließliche örtliche und internationale Zuständigkeit für die die unbewegliche Sache betreffenden Miet- und Pachtklagen (Art 16 Nr 1a EuGVÜ). Eine zusätzliche Zuständigkeit am Beklagtenwohnsitz besteht bei kurzfristigen Miet-/Pachtverhältnissen, wenn beide Parteien natürliche Personen sind und in demselben Vertragsstaat ihren Wohnsitz haben (Art 16 Nr 1b EuGVÜ). Die Belegenheitszuständigkeit erstreckt sich auch auf konkurrierende deliktische Anspruchsgrundlagen (OLGR Hamm 95, 69); nicht erfaßt sind Vermittlungs- und Reiseveranstalterverträge (EuGH NJW 92, 1029 mit Anm Huff EuZW 92, 221; fortführend BGH 119, 156 = NJW 92, 3159; dazu Kartzke NJW 94, 823; s auch Anh nach § 29b Rn 3); zum ganzen näher Anh Art 16 GVÜ Rn 1 ff.

II) Anwendungsbereich

Unter § 29a fallen alle Streitigkeiten aus Miet- oder Pachtverhältnissen über Räume oder aus 5
der Anbahnung oder Abwicklung solcher Verhältnisse.

1) Räume sind alle Gebäude und Innenräume von Gebäuden unabhängig von privater, gewerblicher oder gemischter Nutzung, also Wohnräume und andere Räume (vgl § 580 BGB), insbes Geschäftsräume wie zB Läden, Gaststätten, Werkstätten, Lagerräume, Fabrikhallen usw. **Unerheblich** ist, ob der Mieter (Pächter) die Räume in *Besitz* hat (wichtig bei gewerblicher Weitervermietung/-verpachtung, dazu Rn 6). **Keine Räume** sind (auch eingefriedete oder umschlossene) Grundstücksflächen (Hofraum, Garten), Gebäudeflächen, Innenräume von beweglichen Sachen, wie zB Wohnwagen, nur zu vorübergehendem Zweck mit dem Grundstück verbundenes Behelfsheim (vgl § 95 BGB; München MDR 79, 939). Ausdrücklich **ausgenommen** ist der in **Abs II** iVm § 556a VIII BGB genannte **Wohnraum;** das ist **(1)** der nur zum vorübergehenden Gebrauch vermietete Wohnraum (§ 564b VII Nr 1 BGB); Beispiel: Wohnung des eine längere Reise antretenden Wohnungsinhabers (ThP Anm 1a); idR nicht aber Wohnheimplätze (Hamm NJW-RR 86, 810; MDR 86, 676 = ZMR 86, 234); langfristig vermieteter Ferienwohnraum (Hamburg NJW-RR 93, 84 = MDR 93, 43; sa sogleich [3]); **(2)** der möblierte Wohnraum in der vom Vermieter selbst bewohnten Wohnung, der nicht zum dauernden Gebrauch an eine Familie überlassen ist (§ 556b VII Nr 2 BGB); **(3)** Wohnraum in Ferienhäusern und Ferienwohnungen in Ferienhausgebieten (ie § 564b Nr 3 BGB); einschr bei langfristiger Anmietung Hamburg NJW-RR 93, 84 = aaO; vgl auch § 29 Rn 25 „Mietvertrag"; wegen kurzfristigen Miet-/Pachtverhältnissen an in einem Vertragsstaat des EuGVÜ gelegenen (Wohn-)Grundstücken vgl Rn 4; **(4)** der von einer juristischen Person des öffentlichen Rechts in Erfüllung öffentlicher Aufgaben angemietete Wohnraum (ie § 564b VII Nr 5 BGB).

2) Raummiet- oder -pachtverhältnis. § 29a gilt für alle *Miet- oder Pachtverträge über Räume* 6
(§§ 535 ff, 580; 581 ff, 580 BGB; oben Rn 5); dazu gehören namentlich auch die (mit dem Mieter/Pächter geschlossenen) *Untermiet- und Unterpachtverträge* sowie die (mit einem gewerblichen Zwischenvermieter zustandegekommenen) *Zwischenmietverträge* (vgl BGH 114, 96 = NJW 91, 1815; BayObLGZ 95, 256 = MDR 96, 42; dazu sogleich näher). Die Unterscheidung nach der Art der vertraglichen Nutzung des Raums (Wohnzweck, gewerbliche Miete/Pacht zur Selbstnutzung, zur Weitervermietung/-verpachtung) spielt nach der nF keine Rolle mehr. Sind Dritte gem

§ 328 BGB in einen Miet-/Pachtvertrag einbezogen (echte *Miet-/Pachtverträge zugunsten Dritter*), so gilt § 29a auch für sie (wie § 29 Rn 7; Sternel, Mietrecht, 3. Aufl, I Rn 145; nur im Einzelfall abw München Rpfleger 72, 31). § 29a gilt auch für miet-(pacht-)vertraglich Mithaftende (zB gem §§ 414 ff BGB), nicht aber für und gegen **Dritte** (Nichtmieter/-pächter, Nichtvermieter/-verpächter), zB (selbstschuldnerische) Bürgen (Müller, Das Grundeigentum 84, 813 ff), Geschäftsführer der Vermieter-GmbH (Hamburg ZMR 91, 26); **nicht** Dritter ist der sog Endmieter (dazu sogleich näher). Gleichgültig ist, ob der Miet-(Pacht-)vertrag (noch) besteht und überhaupt – wirksam – zustandegekommen ist (**I Alt 2:** Streit über „Bestehen"). Das Bestehen unmittelbarer vertraglicher Beziehungen ist für ein zuständigkeitsbegründendes Streitverhältnis iS von **Abs I** nicht unbedingt erforderlich; so ist bei hintereinandergeschalteten Miet-(Pacht-)verträgen der Räumungsanspruch des Hauptvermieters/-verpächters gegen den Untermieter/-pächter gem § 556 III BGB ein „Anspruch aus einem Miet- oder Pachtverhältnis" iS von **I,** obwohl an sich keine vertraglichen Beziehungen zwischen den Parteien bestehen (vgl BGH 114, 100: „vertragsloser Zustand"). Bei der **gewerblichen Zwischenvermietung** von Wohnraum gilt § 29a nicht nur im Verhältnis zwischen dem Endmieter (Untermieter) und dem Zwischenvermieter (Hauptmieter; vgl Scheffler NJW 92, 477), sondern auch, soweit der Hauptvermieter bei Beendigung der Zwischenmiete in den Mietvertrag eintritt (§ 549a I BGB), auch im Verhältnis zu diesem (so schon für den Rechtszustand vor dem 1. 9. 1993 – Inkrafttreten von § 549a BGB – BVerfG 84, 197 = NJW 91, 2272; dazu Scheffler NJW 92, 477; Langenberg MDR 93, 102). Dabei ist für § 29a nicht zwischen gewerblicher (§ 549a BGB) und **nicht gewerblicher Zwischenvermietung** (dazu BayObLGZ 95, 256 = MDR 96, 42; MDR 96, 40) zu unterscheiden (Abgrenzung bei Arbeitgeber als Zwischenmieter: BayObLG MDR 96, 41); auch soweit im Einzelfall der mietrechtliche Bestandsschutz (§§ 549a, 556a, 564b BGB) dem Hauptvermieter gegenüber nicht durchgreift, handelt es sich beim Räumungsprozeß gem § 556 III, uU neben § 985 BGB, doch um eine Streitigkeit um die Fortsetzung und damit „das Bestehen" eines Miet- oder Pachtverhältnisses. Der prozessuale Schutz des Endmieters geht damit ggf weiter als der materiellrechtliche. Erfolgt die Vermietung als **Werkmietwohnung** (§ 565b BGB), ist § 29a anwendbar, eine Zuständigkeit der Arbeitsgerichte besteht nicht (BAG 64, 75 ff = MDR 90, 656), anders beim Überlassen als **Werkdienstwohnung** (§ 565e BGB; MK/Patzina Rn 8; wohl auch BAG aaO; aA ArbG Wetzlar NZA 89, 233 mN; ArbG Hannover DB 91, 1838). § 29a gilt auch für Streitigkeiten über Bestehen und Kündigung von (Alten-)**Heimverträgen,** soweit der Mietcharakter überwiegt (vgl Staehle NJW 78, 1360); er gilt **nicht** für **Reise-(veranstalter-)verträge** (§ 651a BGB), auch bei (mit-)geschuldeter Raumüberlassung (BGH 119, 156 = NJW 92, 3159 zu Art 16 Nr 1 EuGVÜ); zur isolierten Überlassung von Ferienwohnraum s Rn 5 [3].

III) Streitigkeiten aus Miet- und Pachtverhältnissen über Räume

7 **1) Überblick.** Die nF (Generalklausel statt Kasuistik) ermöglicht eine umfassende Streiterledigung im Belegenheitsgerichtsstand. Die unter der aF aufgetretenen Auslegungsschwierigkeiten (s 17. Aufl) sind iS der bereits bisherigen weiten Auslegung behoben. Die Zuständigkeit besteht für alle „Ansprüche" (Klagen), die in dem Raummiet-(pacht-)vertrag ihre Grundlage haben; ihre Einordnung als („vertragliche" oder „gesetzliche" Ansprüche) ist unerheblich. § 29a gilt sowohl für Leistungs-, Feststellungs- als auch Gestaltungsklagen (zu diesen Rn 10); darüber hinaus auch für Arrest und einstw Verfügung (KG ZMR 83, 380; StJ/Schumann Rn 13c).

8 **2) Einzelne Streitigkeiten.** Für den folgenden Überblick kann auf die bisherige gesetzliche Kasuistik zurückgegriffen werden.

a) Klagen auf Feststellung des Bestehens eines Miet- oder Pachtverhältnisses (I, 2. Alt). Umfaßt sind wie bisher sowohl positive als auch negative Feststellungsklagen (vgl auch § 256 I); der Streit um das „Bestehen" des Miet- oder Pachtverhältnisses schließt auch das Nichtbestehen ein; der ausschließliche Gerichtsstand kann nicht davon abhängen, wer zuerst klagt. Die Klage kann sich auch auf die Feststellung des (Nicht-)Bestehens einzelner Pflichten aus dem Miet-(Pacht-)vertrag beschränken (Karlsruhe ZMR 84, 19; LG Essen ZMR 70, 31). Beispiel: Klage des Mieters auf Feststellung der Mietzinsminderung (vgl § 537 I 1 BGB), gleichgültig, ob der auf die Minderung entfallende Mietzinsteil einbehalten oder bezahlt wurde (BGH WM 85, 1213).

9 **b) Klagen auf Erfüllung, Schadensersatz wegen Nichterfüllung oder nicht gehörige Erfüllung.** Hierher gehören alle Klagen, die sich auf Hauptleistungs-, Neben- oder Abwicklungspflichten aus dem Vertragsverhältnis beziehen, ferner alle sekundären Ansprüche aus Leistungsstörungen bei der Durchführung des Vertrags. Beispiele: Klage auf **rückständigen Miet-(Pacht-)zins** (LG Mannheim NJW 69, 1071) und auf Gebrauchsüberlassung (dazu Rn 13); auf vertragsmäßige Rückgewähr einer Mietkaution, auf Ersatz von auf den Mietraum gemachten Verwendungen (§ 547 BGB; Düsseldorf ZMR 85, 383); auf Rückzahlung eines Vorschusses für Wohnungsausstattung (München NJW 70, 955); **Streit um Rückzahlung** zuviel gezahlten Mietzinses (BAG NZA 90, 539), um Einbehalt von Mietzins (§ 537 BGB, vgl auch Rn 8), um Zurückhaltung der vom Mieter (Pächter) in die Räume eingebrachten Sachen; **Schadensersatzklagen** einer Vertragspartei aus positiver

Anhang nach § 29b

Besondere Gerichtsstände für Streitigkeiten aus Verbraucherverträgen

I) Besondere Verbrauchergerichtsstände. Außerhalb der ZPO geregelte ausschließliche besondere Gerichtsstände bestehen für **Haustürgeschäfte** und ähnliche Geschäfte (§ 7 HaustürWG; dazu BGH 123, 383 = NJW 94, 262), **Fernunterrichtsverträge** (§ 26 FernUSG; Text: Rn 2) und Klagen mit Bezug auf den inländischen Vertrieb **ausländischer Investmentanteile** (§ 6 II AuslInvestmG). Der besondere Gerichtsstand in Abzahlungssachen (§§ 6a, 6b AbzG) wurde durch das VerbrKrG/ZPOuaÄndG vom 17. 12. 1990 (BGBl I S 2840; s Einl Rn 18) mit Wirkung vom 1. 1. 1991 ersatzlos beseitigt (Art 10 I 2 des Ges; dazu krit Mues ZIP 96, 743 ff); auch auf die *vor dem 1. 1. 1991 geschlossenen Abzahlungsgeschäfte* sind die §§ 6a, 6b AbzG nicht mehr anzuwenden (Art 9 I des Ges). Von einem Abdruck (Ausnahme: Rn 2) und einer Kommentierung der verbliebenen besonderen „Verbraucherschutz-Gerichtsstände" wird abgesehen; insoweit wird auf die eingehende Darstellung in der 15. Aufl. (Anhang nach § 29a, S 154–157) verwiesen. **Lit:** *de Bra,* Verbraucherschutz durch Gerichtsstandsregelungen im deutschen und europäischen ZPR, 1992; *Mues,* Die Notwendigkeit verbraucherschützender Gerichtsstandsregelungen usw, ZIP 96, 739; *Scherer,* Gerichtsstände zum Schutze des Verbrauchers in Sondergesetzen, 1991. 1

§ 26 FernUSG (1) Für Streitigkeiten aus einem Fernunterrichtsvertrag oder über das Bestehen eines solchen Vertrages ist das Gericht ausschließlich zuständig, in dessen Bezirk der Teilnehmer seinen allgemeinen Gerichtsstand hat. 2

(2) Eine abweichende Vereinbarung ist nur zulässig, wenn sie ausdrücklich und schriftlich

1. nach dem Entstehen der Streitigkeit oder
2. für den Fall geschlossen wird, daß der Teilnehmer nach Vertragsschluß seinen Wohnsitz oder seinen gewöhnlichen Aufenthaltsort aus dem Geltungsbereich dieses Gesetzes verlegt oder sein Wohnsitz oder gewöhnlicher Aufenthaltsort im Zeitpunkt der Klageerhebung nicht bekannt ist.

II) Internationaler Rechtsstreit. Lit: *Jayme,* Die internationale Zuständigkeit bei Haustürgeschäften usw, FS Nagel, 1987, 123. Einen eigenen Abschnitt *„Zuständigkeit für Verbrauchersachen"* enthält das EuGVÜ (Art 13–15). Die Regelung sichert einen (stets) inländischen Verbrauchergerichtsstand (auch bei Verbraucherklagen: Art 14 I) bei bestimmten Verbrauchersachen. Hierzu gehören: Teilzahlungskaufverträge (Art. 13 I Nr 1), Ratenkredite oder Anschaffungsdarlehen zum Kauf beweglicher Sachen (Art 13 I Nr 2; verneinend LG Darmstadt WM 94, 1565 für Kredite zur Finanzierung von Wertpapiergeschäften), ferner uU gewisse Dienstleistungs- und Lieferverträge (Art 13 I Nr 3), zB Verträge mit gewerblichen Ferienhausanbietern (s Kartzke NJW 94, 823; LG Konstanz NJW-RR 93, 638) oder Vermittlungsverträge über Teilnahme am ausländischen Terminhandel (so Düsseldorf RIW 96, 682 f = OLGR 96, 113 [LS]; nicht entschieden in EuGH MDR 95, 195; BGH NJW 95, 1225 = MDR 95, 519; dazu Brunkow JuS 96, 294); s dazu näher Anh GVÜ Art 13–15 Rn 1. 3

30 *[Besonderer Gerichtsstand des Meß- oder Marktortes]*

Für Klagen aus den auf Messen und Märkten, mit Ausnahme der Jahr- und der Wochenmärkte, geschlossenen Handelsgeschäften (Meß- und Marktsachen) ist das Gericht des Meß- oder Marktortes zuständig, wenn die Klage erhoben wird, während der Beklagte oder sein zur Prozeßführung berechtigter Vertreter sich am Ort oder im Bezirk des Gerichts aufhält.

Hinweis auf Gesetzesänderung: § 30 soll (ab 1. 1. 1997) **aufgehoben** werden (Art 2 Nr 1 des [noch nicht verkündeten] Gesetzes zur Abschaffung der Gerichtsferien. Kommentierung: s 19. Aufl.

31 *[Besonderer Gerichtsstand der Vermögensverwaltung]*

Für Klagen, die aus einer Vermögensverwaltung von dem Geschäftsherrn gegen den Verwalter oder von dem Verwalter gegen den Geschäftsherrn erhoben werden, ist das Gericht des Ortes zuständig, wo die Verwaltung geführt ist.

1) Voraussetzungen. Eine **Vermögensverwaltung** liegt nur vor, wenn die Befugnis zum selbständigen Abschluß von Geschäften und zur Einziehung der Gegenleistung, sowie die Pflicht zur Rechnungsvorlegung besteht. Die Verwaltung kann beruhen: auf Gesetz (elterliche Sorge, Vormundschaft, Testamentsvollstreckung [BayObLG 1958, 453], Nachlaßverwaltung, Wohnungseigentum [BAG NJW 74, 1016]), auf Vertrag (Dienstvertrag, Auftrag, Gesellschaft, Gütergemein- 1 schaft [§§ 1422 ff BGB]) oder auf vertragsähnlichem Verhältnis (Geschäftsführung ohne Auftrag). Nicht unter § 31 fällt die Tätigkeit des einfachen Agenten, auch wenn ihm ein Lager überlassen ist, wohl aber eines Generalagenten einer Versicherungsgesellschaft.

2 2) **Rechtsfolgen.** Besonderer, nicht ausschließlicher (§ 12 Rn 9) Wahlgerichtsstand (§ 35). **Ort:** der der **Führung der Verwaltung,** wo der Verwalter regelmäßig tätig ist, insbes wo sich der Geschäftsraum (Kasse; Buchführung) befindet (RG 50, 410). Der Sitz der Aufsichtsbehörde oder die Lage des Vermögens sind gleichgültig. Der Gerichtsstand dauert nach Beendigung der Verwaltung fort.

32 *[Besonderer Gerichtsstand der unerlaubten Handlungen]*

Für Klagen aus unerlaubten Handlungen ist das Gericht zuständig, in dessen Bezirk die Handlung begangen ist.

I) Allgemeines

1 1) **Bedeutung.** Der besondere Gerichtsstand der unerlaubten Handlung (forum delicti commissi) beruht auf dem Gedanken der **Sachnähe.** Am Begehungs-(Tat-)ort (Rn 16) kann die Sachaufklärung und Beweiserhebung am besten erfolgen (München NJW-RR 93, 703; Kiethe NJW 94, 224). Die in dem Wahlgerichtsstand (Rn 18) liegende Begünstigung des Klägers (Verletzten) rechtfertigt sich aus der geringeren Schutzwürdigkeit des Interesses des Deliktschuldners, an seinem allgemeinen Gerichtsstand (§§ 12, 13) verklagt zu werden.

2 2) **Abgrenzung.** Dem § 32 inhaltlich entsprechende Wahlgerichtsstände enthalten zahlreiche Vorschriften des **Haftpflichtrechts,** so § 14 HaftpflG, § 20 StVG, § 56 LuftVG, § 94a ArzneiMG, § 6 II ÖlschadenG. Für **Wild- und Jagdschaden** bestehen vielfach landesrechtliche Sondervorschriften; vgl die Ausführungsgesetze der Länder zu § 35 BJagdG. Die in **Wettbewerbssachen** früher *allgemein* bestehende (konkurrierende) ausschließliche Zuständigkeit des Gerichts, in dessen Bezirk die wettbewerbswidrige Handlung begangen ist (vgl § 24 II 1 **UWG**), gilt seit 1. 8. 1994 (s Art 2 UWGÄndG vom 25. 7. 1994, BGBl I S 1738) nicht mehr für Konkurrenten-, Verbands-(usw)klagen gegenüber inländischen Beklagten (vgl § 24 II 2 in Verb mit § 13 II Nr 1–4 UWG idF des UWGÄndG); s näher Rn 3, 10, 17.

3 3) **Internationaler Rechtsstreit.** Im Anwendungsbereich des **EuGVÜ** begründet eine unerlaubte Handlung (und ihr gleichgestellte Handlungen) die internationale und örtliche Zuständigkeit am Gericht des Ortes, an dem das schädigende Ereignis eingetreten ist (Art 5 Nr 3 EuGVÜ). Maßgeblich ist danach (zT abw von § 32) der Ort des ursächlichen Geschehens und des Schadenseintritts (EuGH NJW 77, 493; 91, 631; 95, 1882); dies ist neben dem Handlungsort der Ort der tatbestandsmäßigen Deliktsverwirklichung (Ort des Primärschadens), **nicht** aber genügen Orte, an denen (nur) Vermögensfolgeschäden eingetreten sind (sonstige Schadensorte; zur Unterscheidung EuGH JZ 1995, 1107 mit Anm Geimer mwN; Kiethe NJW 94, 225 ff). Beim grenzüberschreitenden Pressedelikt ist die (konkurrierende) Zuständigkeit der Gerichte des Verbreitungsgebiets auf Schäden, die im Staat des angerufenen Gerichts entstanden sind, beschränkt (EuGH NJW 95, 1881). Offen ist, ob auch der Ort der drohenden Erstbegehung einer unerlaubten Handlung eine Zuständigkeit begründet (vgl BGH MDR 95, 282). Vgl zum ganzen näher Anh Art 5 GVÜ Rn 13 ff. Art 5 Nr 3 EuGVÜ gilt auch für **Wettbewerbssachen** (BGH NJW 88, 1467; hier Anh Art 5 GVÜ Rn 14); für Beklagte ohne inländischen Gerichtsstand gem § 24 I UWG (gewerbliche Niederlassung, Wohnsitz, Sitz) und ohne Wohnsitz (Sitz) in einem EU-Mitgliedsstaat begründet § 24 II 1, 2 UWG nF (s Rn 2) die örtliche und internationale Zuständigkeit (vgl KG NJW-RR 95, 877; WRP 95, 632; Borck WRP 94, 726, str; s Schricker EWiR 94, 1232 mwN).

II) Anwendungsbereich

4 1) **Sachlicher Geltungsbereich:** Klagen aus **unerlaubter Handlung. a)** den **Begriff** bestimmt das bürgerliche Recht; er ist im weiteren Sinn zu verstehen (BGH NJW 74, 411; krit AK/Röhl Rn 4) und umfaßt jeden rechtswidrigen Eingriff in fremde Rechtssphäre (vgl BGH NJW 56, 911).

5 **b) Fallgruppen.** Unter § 32 fallen danach: **aa)** die Tatbestände der §§ 823–826, 829, 831, 833–839 BGB, gleichviel also, ob der Täter je nach der Einzelbestimmung für schuldhaftes, vermutet schuldhaftes oder auch nur für nicht vorwerfbares, aber im Rechtssinn ursächliches Handeln (Unterlassen) haftet. Die Verletzung des durch § 823 I BGB geschützten **allgemeinen Persönlichkeitsrechts** kann damit im Gerichtsstand des § 32 geltend gemacht werden (München OLGZ 87, 217 ff). Hierher gehören auch Ansprüche aus **Amtshaftung** (Art 34 GG in Verb mit § 839 BGB; sa zum Beamtenrückgriff Rn 13, zu Enteignung und Aufopferung Rn 12). Wegen der für § 32 in Frage kommenden Rechtsschutzformen s Rn 14.

bb) Ansprüche wegen verbotener Eigenmacht (§§ 858 ff BGB), auf Schadensersatz aus § 992 BGB. 6

cc) aus gesetzlicher **Gefährdungshaftung:** §§ 1, 2, 3, 14 HaftpflG; §§ 7 ff, 20 StVG; § 56 LuftVG § 22 II WasserhaushaltsG (BGH 80, 1 [3]); §§ 25 ff AtomG; § 84 ArzneiMG (o Rn 2); § 1 ProdHaftG (Rn 17). 7

dd) aus **unberechtigter Zwangsvollstreckung:** §§ 302 IV, 600 II, 717 II, 945 ZPO (obwohl hier nicht rechtswidrig gehandelt wurde), wenn in selbständiger Klage geltend gemacht; vgl auch Rn 17 „Sittenwidrige Ausnutzung von Vollstreckungstiteln". 8

ee) aus Verletzung **sonstiger absoluter Rechte,** vor allem gewerblicher Schutzrechte (Urheber-, Patent-, Warenzeichen-, Muster-, Firmen-, Namensrechte); dazu Deutsch, MDR 67, 88. Sondervorschrift: § 17 WahrnG (dazu BGH 52, 110). 9

ff) aus Wettbewerbsverstößen: Insoweit ist die am 1. 8. 1994 in Kraft getretene (**Übergangsrecht:** Zeitpunkt der Rechtshängigkeit entscheidet, zutr Hamburg NJW-RR 95, 1510; Borck WRP 94, 726, str; aA KG WRP 95, 632) **Neuregelung des § 24 UWG** (s Rn 2, 3 und 17) zu beachten. **Lit:** *Borck,* WRP 94, 719; *v. Linstow* WRP 94, 787; *Tilmann* BB 94, 1793; *Vogt* NJW 95, 2824. Die in § 13 II Nr 1 bis 4 UWG genannten Klageberechtigten (nur „abstrakt" betroffene Mitbewerber, Verbände, Kammern) können Unterlassungsansprüche gegen inländische Beklagte nicht (mehr) im Gerichtsstand des Begehungsorts geltend machen (§ 24 II 2 UWG nF; KG NJW-RR 95, 876); diese Möglichkeit besteht aber für den Kreis der *unmittelbar* von der Wettbewerbshandlung *Betroffenen* weiter (so zutr Düsseldorf NJW 95, 60; Hamburg NJW-RR 95, 1449; KG NJW-RR 95, 1131; WRP 95, 722; OLGR München 96, 46; Dieselhorst WRP 95, 1; Tilmann BB 94, 1793; Vogt NJW 95, 2825, str; aA LG Frankenthal NJW-RR 96, 234); dies bedarf der Abgrenzung des unmittelbar Betroffenen von Wettbewerbern gem § 13 II Nr 1 UWG (dazu Hamburg NJW-RR 95, 1449; ie Dieselhorst WRP 95, 1). Durch gewillkürte Prozeßstandschaft können die Schranken der Verbandsklagebefugnis nicht umgangen werden (ie Ulrich WRP 95, 441; Hinz, FS Piper, 1996, 270; sa Rn 60 vor § 50). **Verhältnis zu § 32:** Wird der Anspruch zugleich auf unerlaubte Handlung gestützt, wird neben § 24 II 1 UWG auch § 32 vorliegen; insoweit gelten nunmehr (wieder) die gleichen Grundsätze wie vor der Einfügung von § 24 II UWG (jetzt § 24 II 1) im Jahr 1969 (vgl BGH 15, 355; Köln NJW 70, 476; ebenso Borck WRP 94, 725; überholt Wieczorek/Schütze/Hausmann Rn 13). Das Gericht der unerlaubten Handlung kann auch nach UWG prüfen (BGH NJW 54, 1932) wie umgekehrt (vgl auch § 141 MarkenG und allg § 12 Rn 21). Soweit Verstöße gegen die **ZugabeVO** gem § 32 geltend gemacht werden können (vgl bisher BGH NJW 56, 911), sind bei Verbands-(usw)klagen nunmehr die Schranken gem §§ 24 II 2 in Verb mit 13 II Nr 1–4 UWG zu beachten. 10

gg) aus Verstoß gegen kartellrechtliche Bestimmungen, zB Schadensersatzansprüche (§ 35 GWB) wegen Verhängung einer Liefersperre (BGH NJW 80, 1224, zT bedenklich, vgl Rn 3) oder Belieferungsansprüche (§ 26 II GWB) bei Diskriminierung (Stuttgart BB 79, 390; OLGR München 96, 89; s Rn 16, 17). 11

hh) aus § 82 KO und § 42 VglO **gegen Konkurs-(Vergleichs-)verwalter persönlich** wegen Verletzung von Amtspflichten (Celle WM 88, 133 mwN, hM, Konsequenz aus BGH 93, 278). 11a

c) Abgrenzung. Nicht unter § 32 fallen: Klagen auf Grund nur schuldhafter Verletzung **vertragsmäßiger** Verbindlichkeiten, auch Unterlassungsklagen, die auf Verletzung vertraglicher Unterlassungspflicht gestützt sind (BGH NJW 74, 411); Klagen aus ungerechtfertigter Bereicherung (§§ 812 ff BGB); anders bei § 852 BGB; Ansprüche aus *gesetzlichen* Ausgleichsverhältnissen (zB gem § 840 II BGB), auch wenn unerlaubte Handlungen (§§ 823, 831 BGB) zugrundeliegen; Haftung des Wirtes (§ 701 BGB); Ansprüche aus außerehelichem Beischlaf, insbesondere auf Unterhalt nichtehelicher Kinder; Verlöbnisbruch (§§ 1298, 1300 BGB); Ansprüche aus einem Schuldverhältnis ohne Vorliegen einer unerlaubten Handlung (Beispiel: Vertragsstrafe), wohl aber bei arglistiger Täuschung bei Vertragsschluß (Eingehungsbetrug) und bei Betrug bei Vertragserfüllung; Verletzung vormundschaftlicher Pflichten (§ 1833 BGB); Verletzung der Pflichten des Pflegers und Testamentsvollstreckers (§§ 1915, 2219 BGB; vgl aber Rn 11a); nach §§ 29 ff KO oder § 3 AnfG anfechtbare Rechtshandlungen (BGH NJW 90, 991 mN; StJ/Schumann Rn 24 mwN; Kuhn/Uhlenbruck, KO, 10. Aufl, § 29 Rn 51; aA 9. Aufl und RG 84, 253); Enteignungs- und Aufopferungsansprüche (LG Flensburg SchHA 58, 204); die bloße Berühmung eines Rechts (Pawlowski, BB 65, 849; zu Kostenerstattungsansprüchen aus Schutzrechtsverwarnungen vgl Rn 17 aE). **Nicht gilt § 32** ferner für Ansprüche auf Gegendarstellung nach PresseG (vgl BGH NJW 63, 151; BayObLGZ 1958, 189; Frankfurt NJW 60, 2059; MK/Patzina Rn 13, hM, str; **aA** Stadler JZ 94, 642 ff; Wieczorek/Schütze/Hausmann Rn 18). Zum **Zusammentreffen** der Verletzung einer Vertragspflicht mit einer unerlaubten Handlung vgl näher Rn 20. **Sondervorschrift** für Umwelthaftung: § 32a. 12

13 2) **Persönlicher Geltungsbereich:** Einerlei ist, ob sich die **Klage gegen den Täter, Mittäter** (BGH NJW 95, 1226 mN = MDR 95, 519), Anstifter oder Gehilfen, deren Rechtsnachfolger oder solche Personen richtet, die kraft Gesetzes oder Vertrages für andere haften, wie zB die Vereine nach § 31 BGB, den **Geschäfts- oder Dienstherrn** nach § 831 BGB (BGH ZIP 89, 830), den persönlich haftenden Gesellschafter im Fall der Inanspruchnahme gem §§ 161 II, 128 HGB (BayObLG Rpfleger 80, 156). § 32 gilt weiterhin für den Direktanspruch gegen den **Pflichtversicherer** gem § 3 PflVG (BGH NJW 83, 1799; BayObLG NJW 88, 2184). Bei **mehreren Haftenden** bestimmt sich der Gerichtsstand für jeden selbständig (BayObLGZ 95, 303 mN), jedoch muß sich der Mittäter auch für § 32 die Tatbeiträge der anderen zurechnen lassen (BGH NJW 95, 1226 = aaO, arg § 830 I 1 BGB). Unerheblich ist, *wer klagt* und wer verklagt wird (BGH NJW 90, 1533). § 32 gilt auch für den Rechtsnachfolger des Verletzten (BGH NJW 90, 2316 mN), so beim Rückgriff gem § 158 f VGG (München OLGZ 67, 174 = NJW 67, 55) und gegen Beamte (BL/Hartmann Rn 16).

14 3) **Arten der Klagen.** Gleichgültig ist, welches prozessuale Begehren aus der unerlaubten Handlung hergeleitet wird: also Leistungs- oder die positive, aber auch die negative Feststellungsklage (Hamburg NJW-RR 95, 1510 für § 24 UWG); Klage auf Schadensersatz, auf Beseitigung (Widerruf; BGH 31, 308; NJW 61, 1914). § 32 gilt demnach auch für die vorbeugende Unterlassungsklage (vgl BGH MDR 95, 282); ob für die negatorische Unterlassungsklage (§ 1004 BGB) ist bestritten; für analoge Anwendung mit Recht RSchwab/Gottwald § 36 II 8; StJ/Schumann Rn 26; Wieczorek/Schütze/Hausmann Rn 25, str).

15 Nicht nötig ist, daß die Klage nur auf unerlaubte Handlung gestützt wird; diese muß aber mit den **Klagegrund** bilden (vgl RG HRR 1938 Nr 459 und näher Rn 20).

III) Gerichtsstand des Begehungsorts

16 1) **Begehungsort: a)** Anknüpfungspunkt ist der Ort, an dem die unerlaubte **Handlung begangen ist** („Ort der Begangenschaft", Tatort). Grund: Rn 1. Tatort ist jeder Ort, an dem auch nur eines der wesentlichen Tatbestandsmerkmale verwirklicht worden ist (RG VZS 72, 42, 44). Das ist bei den Begehungsdelikten sowohl der Ort, an dem der Täter gehandelt hat **(Handlungsort)**, als auch der Ort, an dem in das geschützte Rechtsgut eingegriffen wurde (sog **Erfolgsort;** BGH 124, 245 = NJW 94, 1414; NJW 96, 1413; BayObLGZ 95, 303). Bei *Handlungseinheit* liegt der Begehungsort überall dort, wo *eine* der Verletzungshandlungen begangen wurde (Hamburg WRP 92, 805). Der *Schadensort* als solcher ist ohne Belang (BGH 52, 111); denn der Tatort ist nur der Begehens-, nicht auch der Schadensort (Düsseldorf NJW-RR 88, 940; München NJW-RR 93, 703). Nur dann, wenn der Schadenseintritt selbst zum Tatbestand der Rechtsverletzung gehört, ist der Ort des Schadenseintritts Verletzungs- und damit Begehensort (BGH 40, 395; BayObLGZ 95, 303). Bsp: Die Körperverletzung wirkt sich am Wohnort des Verletzten aus (BGH NJW 90, 1533), der Betrug am Belegenheitsort des Klägervermögens (vgl BGH NJW 96, 1413 f), die wettbewerbswidrige Diskriminierung am Sitz des Diskriminierten (vgl BGH NJW 80, 1224; Stuttgart BB 79, 390 und Winkler dort S 402; aA Frankfurt DB 86, 1223; vgl auch Rn 11, 17); ebenso idR die Vermögensbeeinträchtigung im Fall des **§ 826 BGB** (Koblenz WM 89, 622; Kiethe NJW 94, 227; im Einzelfall einschr München NJW-RR 93, 703 f; sa Rn 17 „Sittenwidrige Ausnutzung usw"). Durch bloße Vorbereitungshandlungen wird der Gerichtsstand nicht begründet, wohl aber bei **ernsthaftem Drohen** der Begehung einer unerlaubten Handlung (BGH MDR 95, 282). Für **Unterlassungsklagen** (Rn 14) ist daher (auch) der Ort der Belegenheit des bedrohten Rechtsguts maßgebend (BGH aaO).

17 **b) Einzelfragen: Arbeitskampf:** Zuständig ist das Gericht, in dessen Bezirk der (streik-)bedrohte Betrieb gelegen ist (ArbG Nürnberg NZA 88, 366). – Spesenreiterei (Kontoplünderung) im Zusammenhang mit kommissionsweiser Durchführung von **Börsentermingeschäften** ist (auch) am Ort des Vermögensschadens (arg § 826 BGB; s Rn 16) begangen (dazu BGH NJW 95, 1226). – **Boykottaufruf:** Er ist begangen am Ort der Verlautbarung und am Ort des Zugangs an den Boykottadressaten (Frankfurt OLGZ 86, 495 = NJW-RR 86, 1189), aber auch am Sitz des Boykottierten (BGH NJW 80, 1225; aA Frankfurt aaO; vgl auch Rn 16). – **Briefdelikt:** Enthält ein in Deutschland geschriebener, nach dem Ausland abgesandter und dort geöffneter **Brief** eine unerlaubte Handlung (zB einen Erpressungsversuch, eine Ehrverletzung), so ist Begehungsort sowohl der Ort der Absendung als auch der Ort der Empfangnahme (BGH 40, 391, 394 = NJW 64, 970); entspr ist ein **fernmündliches** Äußerungsdelikt (auch) am Vernehmungsort begangen (München NJW-RR 94, 190 mit bedenkl Einschränkung). – **Distanzdelikt:** Setzt sich der Tatbestand einer unerlaubten Handlung (zB Betrug) aus verschiedenen Handlungen und Vorgängen zusammen, die sich an verschiedenen Orten vollziehen, ist nicht nur das Gericht zuständig, in dessen Bezirk der letzte den Tatbestand vollendende Erfolg (zB beim Betrug der Vermögensschaden) eingetreten ist, sondern jedes Gericht, in dessen Bezirk eine dieser zum Tatbestand gehörigen Handlungen begangen wurde (RG 72, 42, 44). Bei der Widerrufsklage wegen **ehrverletzender unwahrer Behauptungen** liegt der Handlungsort (Rn 16) dort, wo die fraglichen Äußerungen getan wurden, der Erfolgsort beim Sitz des Geschädigten (vgl BGH 89, 201 zu Art 12

EGBGB; sa Rn 3). – **Immissionsdelikt:** Handlungs-/Unterlassungsort ist der Ort der Anlage, Erfolgsort überall dort, wo schädliche Umwelteinwirkungen eintreten (Köln BB 93, 1387 [1388]). – **Ölschäden:** s Rn 2. – **Preisbindungsverstoß:** 15. Aufl. – **Pressedelikt:** Ist die unerlaubte Handlung durch **Verbreitung von Druckschriften,** zB ehrkränkende Presseberichterstattung, erfolgt, so ist der Gerichtsstand des § 32 auch an Orten begründet, an welche die Druckschrift der Bestimmung des Verbreiters gemäß gelangt ist (BGH NJW 77, 1590; Karlsruhe GRUR 85, 556; München OLGZ 87, 217; NJW-RR 94, 190; Frankfurt NJW-RR 89, 491 [zu § 24 II UWG], sog „fliegender Gerichtsstand" der Presse, s Neumann-Duesberg NJW 55, 697; BGH MDR 95, 282; sa Rn 3 [zu Art 5 Nr 3 EuGVÜ]). § 7 II StPO ist nicht entspr anwendbar. Die gleichen Grundsätze gelten bei Ehrverletzungen durch *Fernsehsendungen;* hier ist jedes Gericht zuständig, in dessen Bezirk die Sendung ausgestrahlt wurde (München OLGZ 87, 217); Besonderheiten gelten bei wettbewerbswidrigen Anzeigen in Zeitschriften (s unter „unlauterer Wettbewerb"). – **Produkt-(Produzenten-)haftung:** Zuständig ist das Gericht am Herstellungs- und am Schadens-(Unfall-)ort (OLGR Frankfurt 95, 119); unmaßgeblich ist der Vertriebsort (StJ/Schumann Rn 29) sowie der Ort der Werbung für das Produkt; das gilt auch bei Haftung für sog Instruktionsmängel (Frankfurt aaO). – **Sittenwidrige Ausnutzung von Vollstreckungstiteln** (§ 826 BGB; Rn 72 ff vor § 322): Als Begehungsorte kommen kumulativ (zutr Koblenz NJW-RR 89, 1013, str; aA Köln NJW-RR 87, 941) in Frage: Der Ort der Erwirkung des Titels (Köln NJW-RR 87, 941), der Sitz des Klägers als Vollstreckungsschuldner (Schleswig NJW-RR 92, 239; München NJW-RR 93, 703), der Ort von erfolgten oder drohenden Vollstreckungsmaßnahmen (Koblenz NJW-RR 89, 1013 mwN; Hamm NJW-RR 89, 305; AG Braunschweig NJW-RR 93, 953), im Fall der Lohnpfändung (§ 829 III) oder -abtretung also der Sitz des Arbeitgebers (LG Lübeck NJW 90, 2892). – **Unlauterer Wettbewerb:** s Rn 2, 3, 10. Dem sog „fliegenden Gerichtsstand" bei Wettbewerbsverstößen durch Zeitungsanzeigen, Versenden von Prospekten oder Werbebeilagen oder bei bundesweiter Werbung kommt im Verbands-(usw)prozeß in reinen Inlandsfällen keine Bedeutung mehr zu (vgl § 24 II 2 UWG nF; KG NJW-RR 95, 876), anders (nur noch) bei Klagen des unmittelbar Betroffenen (Hamburg NJW-RR 95, 1449; ie Rn 10) und in Auslandsfällen (Rn 3 aE); insoweit wird auf die Darstellung in der 18. Aufl verwiesen. – Bei **Urheberrechtsverletzungen** (vgl oben Rn 9) ist der Ort der Verletzungshandlung der der Vornahme der Handlung, zB der (unlizenzierten) Musikaufführung, nicht der des Sitzes der Verwertungsgesellschaft (zB der **GEMA**). Daß der Verletzer dort die Lizenz einzuholen gehabt hätte, ist für den Verletzungsort ebenso unerheblich wie ein Schadenseintritt am Gesellschaftssitz (BGH 52, 108 = NJW 69, 1532). – **Verletzung gewerblicher Schutzrechte (Patent, Warenzeichen):** Besteht die Verletzungshandlung im Inverkehrbringen einer (schutzrechtswidrig hergestellten) Ware, ist die Handlung nicht nur am Ort des Verkaufs der Ware begangen, sondern überall, wo wesentliche, auf Warenabsatz gerichtete Teilhandlungen vorgenommen worden sind (LG Mainz BB 71, 143); die Weiterverbringung der Ware durch den Empfänger ist unmaßgeblich (München RIW 95, 1026). – Bei *Warenzeichenverletzungen* ist das Gericht zuständig, in dessen Bezirk die Verletzungshandlung begangen worden ist, nicht das am Sitz des Rechtsinhabers (BGH 52, 111, str). – Nach **Schutzrechtsverwarnungen** kann der Kostenerstattungsanspruch weder im Gerichtsstand des § 24 II UWG noch dem des § 32 geltend gemacht werden (LG Berlin WRP 79, 823; str; aA LG Konstanz WRP 78, 566). – **Zwangsvollstreckung:** s oben „Sittenwidrige Ausnutzung usw".

2) **Zuständigkeit. a) Allgemeines.** § 32 begründet einen nicht ausschließlichen, auf den Klagegrund der unerlaubten Handlung beschränkten (Rn 20) Wahlgerichtsstand (§ 35). Bei mehreren Begehungsorten (Rn 16; häufig) besteht Zuständigkeit an jedem; § 35 gilt auch insoweit. Derogation der Zuständigkeit aus § 32 ist unter den Voraussetzungen der §§ 38 ff möglich, insbesondere, nachdem die unerlaubte Handlung begangen ist (vgl § 38 III Nr 1); dagegen ist zweifelhaft, ob für Klagen aus künftigen unerlaubten Handlungen (insoweit auch § 40 I zu beachten!) anstelle der Zuständigkeit gem § 32 eine andere **vereinbart** werden kann (idR verneinend Stuttgart BB 74, 1270; offen für vorsätzliche unerlaubte Handlung BGH NJW 95, 1226 aE). **18**

b) Zur **Begründung** der Zuständigkeit genügt es, daß der Kläger schlüssig Tatsachen **behauptet,** aus denen sich das Vorliegen einer im Gerichtsbezirk begangenen unerlaubten Handlung ergibt (BGH 124, 241 mwN = NJW 94, 1413; 96, 1413, hM; aA – abzulehnen – Würthwein ZZP 106, 64 ff); andernfalls ist die Klage schon unzulässig (vgl StJ/Schumann Rn 15; aA Würthwein aaO 54 ff, 60: unbegründet). Dies gilt zumindest insoweit, als zuständigkeits- und anspruchsbegründende Tatsachen zusammenfallen (vgl § 12 Rn 14). Werden diese Tatsachen nicht erwiesen, ist die Klage unbegründet, nicht etwa nur unzulässig (StJ/Schumann Rn 16 iVm § 1 Rn 21d); dann muß eine Sachentscheidung aber auch ergehen, wenn sich erst nach Beweisaufnahme herausstellt, daß die unerlaubte Handlung *nicht im Gerichtsbezirk* begangen wurde (arg § 261 III Nr 2; insoweit aA StJ/Schumann Rn 16; § 1 Rn 20k). **19**

c) Bei **Konkurrenz** mehrerer Klagegründe (materiellrechtlicher Anspruchsgrundlagen) ist nach bisher hM die Zuständigkeit für jeden einzelnen gesondert zu prüfen. Trifft etwa die **20**

Verletzung einer Vertragspflicht mit einer unerlaubten Handlung zusammen und ist im Gerichtsstand des § 32 geklagt, so kann danach das Gericht nur über den Deliktanspruch (nicht auch den vertraglichen Anspruch) sachlich entscheiden (vgl BGH NJW 74, 411 mit krit Anm Geimer S 1045; NJW 86, 2437 mwN = MDR 86, 667; NJW 96, 1413); allerdings umfaßt die Prüfung des deliktischen Klagegrundes auch etwaige *vertragliche Vorfragen* (BGH NJW 88, 1466 = MDR 88, 643). Die Klageabweisung im Gerichtsstand gem § 32 hindert aber nicht die Klagewiederholung aus einem anderen Rechtsgrund vor einem anderen Gericht (BGH VersR 78, 59; § 12 Rn 20). Die bisherigen Bedenken gegen den Gerichtsstand des Sachzusammenhangs sind seit 1. 1. 1991 (§ 17 II 1 GVG nF) nicht mehr aufrechtzuerhalten, so daß das zulässigerweise im Gerichtsstand gem § 32 angegangene Gericht den Rechtsstreit *umfassend* entscheidet (BayObLGZ 95, 304 mwN = NJW-RR 96, 508 = MDR 95, 1261; OLGR Frankfurt 96, 118; s näher § 12 Rn 21; Einl Rn 85).

32a *[Ausschließlicher Gerichtsstand der Umwelteinwirkung]*

Für Klagen gegen den Inhaber einer im Anhang 1 des Umwelthaftungsgesetzes genannten Anlage, mit denen der Ersatz eines durch eine Umwelteinwirkung verursachten Schadens geltend gemacht wird, ist das Gericht ausschließlich zuständig, in dessen Bezirk die Umwelteinwirkung von der Anlage ausgegangen ist. Dies gilt nicht, wenn die Anlage im Ausland belegen ist.

Eingefügt durch Art 2 des Ges über Umwelthaftung vom 10. 12. 1990 (BGBl I S 2634), in Kraft seit 1. 1. 1991. *Übergangsregelung:* Ist der Schaden vor dem 1. 1. 1991 verursacht worden, gilt die ZPO in der bisherigen Fassung (Art 3 des Ges).

Lit: *Hager* NJW 91, 134; *Landsberg/Lülling,* Umwelthaftungsrecht, 1991, S 277 ff; *dies.,* DB 90, 2205; Pfeiffer ZZP 106, 159. **Materialien:** BT-Drs 11/7104 (Entw-Begründung), BT-Drs 11/7881 (Ber des Rechtsausschusses), BT-Drs 11/8134 (Vermittlungsausschuß).

1 **1) Allgemeines. a) Bedeutung.** Der besondere *„Gerichtsstand der Umwelteinwirkung"* (Rn 7) ergänzt die mit Wirkung vom 1. 1. 1991 in der Form der „Anlagenhaftung" eingeführte Umweltgefährdungshaftung (§ 1 UmweltHG), setzt aber eine bestimmte materiellrechtliche Einordnung des Klageanspruchs nicht voraus (ie Rn 6, 7), sondern knüpft allein an die Art der Schadensentstehung („Umwelteinwirkung durch Anlage") an. § 32a gilt daher außer bei Schadensersatzansprüchen nach dem UmweltHG auch bei anderen Haftungsgrundlagen (§ 18 I UmweltHG), etwa aus Delikt (§§ 823 ff BGB, wichtig für Schmerzensgeld, § 847 BGB), sonstiger Gefährdungshaftung (WHG; BImSchG; ArzneiMG) oder Eigentum (§ 906 II 2 BGB), **nicht** aber für die Haftung aus Atomschäden (vgl § 18 II UmweltHG).

2 **b) Zweck: Konzentration** von Verfahren bei einem sachkundigen Gericht zu einheitlicher Verhandlung und Entscheidung; Kostenersparnis bei Sachverständigenbeweis. Schadensfälle durch Umwelteinwirkungen treten oft in größerer Entfernung von der schadensstiftenden Anlage auf (Distanzschäden) und betreffen uU eine Vielzahl von Geschädigten (Massenschäden); die Komplexität der Schadensfaktoren macht (trotz gewisser Beweiserleichterungen: § 6 UmweltHG) idR die Einschaltung von Sachverständigen erforderlich. Durch § 32a soll gewährleistet werden, daß verschiedene Geschädigte ihre Ansprüche nicht bei verschiedenen Gerichten geltend machen und sämtliche Verfahren bei einem einzigen Gericht „gebündelt" werden; dies ermöglicht gemeinsame Beweisaufnahme mit einem (einzigen) Sachverständigen (vgl. Landsberg/Lülling DB 90, 2211; Pfeiffer ZZP 106, 160; StJ/Schumann Rn 1).

3 **c) Internationaler Rechtsstreit.** Die (ausschließliche) örtliche Zuständigkeit gem **S 1** besteht nur im Fall der Inlandsbelegenheit der emittierenden Anlage (arg **S 2**). Bei Schadenseintritt im Ausland begründet S 1 auch die internationale Zuständigkeit (Pfeiffer aaO 165 ff; s allg § 1 Rn 8 mN); im Anwendungsbereich des EuGVÜ gehen die Art 2, 5 Nr 3 vor. Ist die Anlage im **Ausland** belegen, greift bei Klagen inländischer Geschädigter die verdrängende Wirkung des S 1 nicht ein **(S 2)**. Die inländische örtliche Zuständigkeit richtet sich nach allg Regeln und besteht beim Sitz (Wohnsitz) des Inhabers der Anlage (§§ 12, 13, 17) und bei dem Ort im Inland, wo der Umweltschaden (iS von § 32 Rn 16) eingetreten ist (so die Begründung BT-Drs 11/8134, S 6), also idR am Klägerwohnsitz.

4 **2) Voraussetzungen.** Unter § 32 fallen nur **Klagen auf Ersatz eines durch eine Umwelteinwirkung verursachten Schadens,** die sich gegen den Inhaber einer im Anhang 1 des UmweltHG genannten Anlage richten. **a) Anlage.** Der Kreis der Anlagen ist im Anhang 1 zu § 1 UmweltHG abschließend aufgeführt (s BGBl I S 2639). Der Anhang umfaßt 96 Anlagetypen aus dem Bereich der Industrie und des Gewerbes (zB Wärmeerzeugung, Bergbau und Energie, Steine und Erden,

Stahl und Eisen, Chemie, Arzneimittel, Mineralöl, Kunststoff, Holz, Abfälle, Reststoffe, Lagerung gefährlicher Stoffe); er knüpft im wesentlichen an das Immissionsschutzrecht an (Anh zur 4. DV zum BImSchG). Der Anlagenbegriff (s näher Landsberg/Lülling DB 90, 2206) ergibt sich aus § 3 II, III UmweltHG; darunter fallen ortsfeste Einrichtungen, aber auch ortsveränderliche technische Einrichtungen (zB Maschinen, Fahrzeuge) und Nebeneinrichtungen, die mit der Anlage (Anlagenteil) in einem räumlichen oder betriebstechnischen Zusammenhang stehen und für das Entstehen von Umwelteinwirkungen von Bedeutung sein können. Anlagen iS des **S 1** sind auch noch nicht und nicht mehr betriebene Anlagen (§ 2 UmweltHG).

b) Die Klage muß sich gegen den **Inhaber** der Anlage richten. Der Begriff ist im UmweltHG nicht bestimmt. Wegen der Nähe zum öffentlich-rechtlichen Inhaberbegriff (vgl zB § 3 V AbfG) ist eine Anlehnung an diese Begriffsbestimmung geboten. Danach sind die Begriffe Inhaber und Betreiber synonym (VGH Kassel NVwZ 87, 816; StJ/Schumann Rn 4); wer Inhaber ist, kann im Einzelfall nicht allein nach formalen rechtlichen Gesichtspunkten beurteilt werden; entscheidend ist, wer die Anlage auf eigene Rechnung benutzt, die Verfügungsgewalt besitzt und die Kosten für den Unterhalt trägt (so Landsberg/Lülling DB 90, 2206; aA BL/Hartmann Rn 1). Allein dieses Auslegungsergebnis entspricht dem Sinn der Anlagenhaftung als Fall der Gefährdungshaftung (s Hager NJW 91, 136) und erklärt die Haftungserleichterungen beim „bestimmungsgemäßen Betrieb" der Anlage (§ 6 II UmweltHG). 5

c) Durch eine **Umwelteinwirkung verursachter Schaden** als Klagegrund. Entscheidend ist, daß der Schadensverlauf seinen Weg über eines der Umweltmedien Boden, Luft oder Wasser genommen hat (vgl § 3 I UmweltHG) und die Umwelteinwirkung von der Anlage (Rn 4) ausgegangen ist (**S 1** aE). Die materiellrechtliche Einordnung des Klageanspruchs ist für die Zuständigkeit ohne Bedeutung (ie Rn 7). Im Anwendungsbereich des UmweltHG unterliegt die Frage, ob der Schaden auf Umwelteinwirkungen aus einer bestimmten Anlage zurückzuführen ist, der Ursachenvermutung nach § 6 I UmweltHG (Ausnahmen: §§ 6 II, 7 UmweltHG; näher Hager NJW 91, 137). 6

d) Klagen: Gleichgültig ist die **Klageform;** § 32a umfaßt auch vorbeugende Unterlassungsklagen (StJ/Schumann Rn 19; aA RSchwab/Gottwald § 36 II 9), ferner (vorbereitende) Auskunftsklagen (zB gem § 8 UmweltHG), denn auch sie sind „Geltendmachung" von Umweltschäden iS von S 1 (StJ/Schumann Rn 10; aA Pfeiffer aaO 161 f). 6a

3) **Rechtsfolgen.** Das Gericht, in dessen Bezirk sich die emittierende Anlage iS von **S 1** befindet, ist örtlich ausschließlich zuständig. Folgen: s § 12 Rn 8. Ist der Ersatzanspruch auf mehrere Klagegründe gestützt (Umwelthaftung, sonstige Gefährungshaftung, zB nach WHG, BImSchG, Delikt iS von §§ 823 ff BGB usw, s oben Rn 1), ist das Gericht zur *umfassenden* Entscheidung des Rechtsstreits „unter allen in Betracht kommenden rechtlichen Gesichtspunkten" zuständig (arg § 17 II 1 GVG entspr; vgl § 12 Rn 21; § 32 Rn 20; im Erg allgM, vgl StJ/Schumann Rn 11; RSchwab/Gottwald § 36 II 9; Pfeiffer aaO 162 ff), insbes also auch für Schmerzensgeldansprüche (§ 847 BGB; nicht umfaßt von § 13 f UmweltHG). Nimmt der Geschädigte *mehrere Inhaber* von Anlagen wegen eines Schadens als Teil- oder Gesamtschuldner in Anspruch, besteht kein einheitlicher Gerichtsstand (vgl BT-Drs 11/7881, S 39); hier wird in entspr Anwendung von § 36 Nr 3 ein gemeinsam zuständiges Gericht bestimmt werden können (so wohl auch BL/Hartmann Rn 5; aA StJ/Schumann Rn 29); bei „bezirksüberschreitender" schadensstiftender Anlage gilt § 36 Nr 4 entspr. Die sachliche Zuständigkeit richtet sich nach allg Grundsätzen. 7

33 *[Besonderer Gerichtsstand der Widerklage]*

(1) Bei dem Gericht der Klage kann eine Widerklage erhoben werden, wenn der Gegenanspruch mit dem in der Klage geltend gemachten Anspruch oder mit den gegen ihn vorgebrachten Verteidigungsmitteln im Zusammenhang steht.

(2) Dies gilt nicht, wenn für eine Klage wegen des Gegenanspruchs die Vereinbarung der Zuständigkeit des Gerichts nach § 40 Abs. 2 unzulässig ist.

I) Allgemeines

1) **Bedeutung:** Die Stellung des § 33 im Abschnitt über den Gerichtsstand, auch § 145 II, vor allem aber der Gesetzeswortlaut ergeben, daß § 33 nur einen zusätzlichen **besonderen Gerichtsstand** des Sachzusammenhangs für die Widerklage schafft, deren Gegenstand mit dem der Klage im Zusammenhang steht (konnex ist), diesen Zusammenhang aber **nicht** als **besondere Prozeßvoraussetzung** für jede Widerklage verlangt; sonst müßte es im § 33 I „nur" heißen; wie hier die überwiegende Ansicht im Schrifttum (vgl StJ/Schumann Rn 6; BL/Hartmann Rn 1; ThP Rn 1; 1

MK/Patzina Rn 2; Jauernig § 46 II, str; aA RSchwab/Gottwald § 98 II 2d; BGH 40, 187; BGH NJW 75, 1228; offen geblieben in BGH 53, 168). **Beispiel:** A in München verklagt B in Bremen. Hat B gegen A einen konnexen Gegenanspruch, gibt § 33 den Gerichtsstand für die Widerklage in Bremen; ist der Gegenanspruch nicht konnex, muß B den A in München verklagen. Wohnen aber Kläger und Beklagter in München, ist die Zuständigkeit für die Widerklage aus §§ 12, 13 gegeben, so daß § 33 nicht eingreift. Nach der hier abgelehnten Gegenmeinung wäre die nicht konnexe Widerklage **deshalb** unzulässig, auch wenn für die Klage und Widerklage München zuständig wäre. Dieser Zulässigkeitsmangel wird freilich als heilbar (§ 295) angesehen (RSchwab/Gottwald § 98 II 2e mN; die hM wendet dagegen § 39 an, vgl Rn 2), so daß der Meinungsstreit keine allzugroße praktische Bedeutung hat (so im Erg auch Prütting ZZP 98, 154).

2 2) Der **besondere Gerichtsstand** beruht auf dem Gedanken des **Sachzusammenhangs** (einheitliche Verhandlung und Entscheidung von Zusammengehörigem; dadurch Vermeidung einer Vervielfältigung und Zersplitterung der Prozesse; BGH NJW 81, 2642 [2643]); die durch ihn begründete **Privilegierung** des Beklagten (Widerklägers) erklärt sich daraus, daß der Kläger als Angreifer aufgetreten ist und als solcher auch die Lasten eines Gegenangriffs tragen soll (vgl R-Schwab § 99 II 4). Die Regel: „Wo der Kläger sein Recht sucht, dort muß er auch Recht nehmen", ist daher keine bloße Zweckmäßigkeitsvorschrift, sondern hat Gerechtigkeitsgehalt (vgl Pfaff ZZP 96, 352; krit Schack Rn 352; vgl auch Rn 30). Der Gerichtsstand des § 33 ist nicht ausschließlich; er kann also im Rahmen der §§ 38 ff ausgeschlossen werden. Umgekehrt wird die fehlende Zuständigkeit nach § 33 (kein Zusammenhang zwischen Klage und Widerklage) gem § 39 S 1 geheilt.

3 Eine Einschränkung des Anwendungsbereichs von Abs I enthält Abs **II: I** gilt nur für vermögensrechtliche (§ 546 Rn 2) Widerklagen (§ 40 II); auch bei solchen ist er ausgeschlossen, wenn für den Gegenanspruch eine ausschließliche Zuständigkeit besteht (zB aus §§ 24, 29a; vgl iü § 40 Rn 8 ff). Zur Widerklage in nichtvermögensrechtlichen Streitigkeiten vgl Rn 24.

4 3) **Internationaler Rechtsstreit.** Aus § 33 kann sich auch die internationale Zuständigkeit ergeben (BGH NJW 81, 2642; MDR 85, 911; NJW-RR 87, 228 mN, stRspr). Im Anwendungsbereich des **EuGVÜ** ist das Gericht der Klage für Widerklagen, die auf denselben Vertrag oder Sachverhalt wie die Klage gestützt sind, international und örtlich zuständig (Art 6 Nr 3 und 14 III EuGVÜ; s Anh Art 6 GVÜ Rn 4). Für die Prozeßaufrechnung gilt Art 6 Nr 3 EuGVÜ nicht (EuGH NJW 96, 42). Zur Zulässigkeit der Derogation der internationalen Widerklagezuständigkeit Rn 30 f; zur Aufrechnungszuständigkeit Rn 8.

5 Einstweilen frei.

II) Die Widerklage als besondere Klageart

6 1) **Begriff. Widerklage** ist die während der Rechtshängigkeit (Rn 17) einer Streitsache von dem Beklagten (dem Widerkläger) gegen den Kläger (den Widerbeklagten) bei demselben Gericht in dem Verfahren über die Vorklage erhobene Gegenklage, mittels welcher ein von dem Anspruch der Vorklage verschiedener Anspruch geltend gemacht wird. Zur Auflockerung der „subjektiven Grenzen" der Widerklage in der neueren Rspr und Lit vgl näher Rn 19 f.

7 2) **Wesen.** Die Widerklage ist **echte Klage besonderer Art,** daher erfordert ihre Zulässigkeit zusätzlich das Vorliegen besonderer Prozeßvoraussetzungen (vgl Rn 11). Ist sie erhoben (Rn 9), ist ein selbständiges Prozeßrechtsverhältnis begründet, das sein eigenes Schicksal hat (vgl Rn 17). Als echte Klage (§ 253; vgl Rn 8 f), muß sie einen selbständigen Streitgegenstand haben (BGH WM 91, 1154; Walter NJW 87, 3140; vgl auch Rn 27a). Beantragt daher der auf Leistung Verklagte festzustellen, daß er den geforderten Betrag nicht schulde, so ist dies als Widerklage unzulässig. Auslegung als Klageabweisungsantrag aber möglich (§ 139). Dagegen geht es über die bloße Verneinung des Klageantrags hinaus, wenn der Beklagte gegenüber der Klage auf Feststellung des Eigentums (Erbrechts usw) des Klägers Widerklage mit dem Antrag auf Feststellung seiner Berechtigung erhebt; Grund: Mit der Abweisung der positiven Feststellungsklage des Klägers steht eine Berechtigung des Beklagten noch nicht fest. Bei einer Teilklage ist eine negative Feststellungswiderklage hinsichtlich der ganzen Forderung zulässig, da insoweit ein selbständiger Streitgegenstand vorliegt (ie Rn 46 ff vor § 322; zu Sonderfällen unten Rn 25 ff).

8 3) **Abgrenzung.** Die Widerklage ist Gegen**angriff,** nicht ein Angriffs- oder Verteidigungsmittel iS der §§ 282, 296, 528 (BGH NJW 81, 1217; 95, 1224 = MDR 95, 408; zu den daraus folgenden Konsequenzen vgl Rn 9). Verschieden von der Widerklage ist die **Aufrechnung.** Sie ist ein Verteidigungsmittel und darauf gerichtet, die Klageforderung als erloschen ansehen zu lassen (§ 389 BGB). Wie der Begriff, so sind auch die Voraussetzungen beider prozessualer Vorgänge völlig verschieden. Die Voraussetzungen der Aufrechnung richten sich, auch wenn sie im Prozeß erklärt wird, nach den Grundsätzen des bürgerlichen Rechts. Der rechtliche Zusammenhang ist für die Aufrechnung sachlich-rechtlich ohne Bedeutung; im Prozeß vgl allerdings §§ 145 III, 302 I; § 33 II

ist nicht entspr auf den Aufrechnungseinwand anwendbar (Schreiber ZZP 90, 408; s zum ganzen auch § 145 Rn 19, 20). Die **internationale Aufrechnungszuständigkeit** folgt aus der Widerklagezuständigkeit (vgl BGH NJW 93, 2754; Schack Rn 353 ff; hier IZPR Rn 41b; § 322 Rn 18).

4) Erhebung und Behandlung der Widerklage. a) Erste Instanz: Die Widerklage kann in der mündlichen Verhandlung bis zu deren Schluß (BGH NJW-RR 92, 1085 = MDR 92, 899; Hamburg MDR 95, 526) erhoben werden (§§ 256 II, 261 II, 297; sa Rn 17) – auch bei Nichterscheinen des Klägers (RG 28, 407) – oder durch Einreichung eines zuzustellenden [Widerklage-]Schriftsatzes (§§ 253, 261 II, 271, 496); dieser muß bei handelsrechtlicher Widerklage zur Zivilkammer, wenn Verweisung insgesamt gem § 98 I GVG beabsichtigt ist, bereits den Antrag gem § 96 I GVG enthalten (ie Gaul JZ 84, 63). Die ausdrückliche Bezeichnung als „Widerklage" ist nicht erforderlich, zur Gewährleistung der richtigen prozessualen Behandlung aber zweckmäßig. Die Widerklage ist auch noch im Nachverfahren nach vorangegangenem Zwischen-, Grund- oder Vorbehaltsurteil (§§ 302, 599) möglich, im schriftlichen Verfahren aber nicht mehr nach dem dem Verhandlungsschluß entsprechenden Zeitpunkt gem § 218 II 2 (vgl oben). Zur Widerklage nach übereinstimmender Erledigungserklärung vgl Rn 17. Eine Zurückweisung der Widerklage selbst oder der zu ihrer Begründung vorgetragenen Tatsachen als *verspätet* gem § 296 ist nicht möglich (§ 296 Rn 4 und 43; vgl auch oben Rn 8); auch durch ein – an sich mögliches – *Teilurteil* über die Klage (vgl § 301 I) darf Vorbringen, das für die Widerklage relevant ist, nicht gem § 296 zurückgewiesen werden (§ 301 Rn 5, 7). Grundsätzliche Kritik an der dadurch eröffneten „Flucht in die Widerklage" üben Prütting/Weth ZZP 98, 131, 150 ff; ihr ist nicht zuzustimmen, da eine unterschiedliche Berücksichtigung von Prozeßstoff bei der Entscheidung über Klage und Widerklage die Gefahr sich widersprechender Entscheidungen erhöht und Mißbräuche bei der Erhebung der Widerklage bisher nicht hervorgetreten sind (im Erg wie hier BGH NJW 95, 1224 = MDR 95, 408 mit Anm Vollkommer WuB VII A. § 296 ZPO 1.95; zum ganzen näher § 301 Rn 6). 9

b) In der **Berufungsinstanz** (die Berufung muß statthaft sein) ist die Widerklage nur zuzulassen, wenn der Kläger zustimmt (rügelose Einlassung genügt) oder das Gericht die Geltendmachung für sachdienlich hält (§ 530 I; dazu BGH NJW-RR 92, 736 mN). Rechtsmißbräuchliche Verweigerung steht der Zustimmung gleich (BGH NJW-RR 90, 1267 zu Rn 22). Anschließung des Beklagten (§ 521) zur Erhebung der Widerklage ist zulässig (BGH 4, 234; § 521 Rn 28), nicht aber zur Parteierweiterung (unten Rn 22). In der **Revisionsinstanz** ist wegen § 561 eine Widerklage grundsätzlich ausgeschlossen (BGH 24, 279); Ausnahmen: Inzidentanträge auf Schadensersatz nach §§ 302 IV, 600 II, 717 II und III, 1042c II; vgl hierzu § 717 Rn 11. 10

c) Rechtliche Behandlung der Widerklage im übrigen. Wertberechnung: Zuständigkeitswert: § 5; Gebührenwert: § 19 I GKG; **Trennung:** § 145 II; **Teilurteil:** § 301 (Beispiele: vgl unten Rn 27a, 29). Bei den Voraussetzungen der Zulässigkeit der Widerklage ist zwischen den **allgemeinen Prozeßvoraussetzungen,** die erfüllt sein müssen (Rn 12 ff), und den **besonderen Prozeßvoraussetzungen der Widerklage** (Rn 17 ff) zu unterscheiden. 11

III) Die allgemeinen Prozeßvoraussetzungen

1) Die **sachliche Zuständigkeit** wird durch § 33 nicht berührt. **Das Gericht,** bei dem die Klage angebracht wurde, **muß für die Widerklage sachlich zuständig** sein. Gehört die Widerklage als Klage vor ein Gericht gleicher Ordnung wie das Gericht der Vorklage, so ist sie zulässig. Würde die Widerklage, wenn sie als Klage erhoben würde, vor ein AG gehören, ist die Klage aber beim LG anhängig, so ist das LG auch für die Widerklage zuständig (arg § 10; im Erg allgM, s Mayer JuS 91, 678). Wird bei einem AG eine Widerklage erhoben, die als Klage vor das LG gehören würde, so kann das AG durch Vereinbarung der Parteien zuständig werden. Beantragt eine Partei vor weiterer Verhandlung zur Hauptsache die Verweisung an das LG, so hat das AG dies durch Beschluß auszusprechen (§ 506; § 5 HS 2 beachten). Wird Verweisungsantrag nicht gestellt und die mangelnde Zuständigkeit auch nicht gemäß § 39 geheilt, so ist die Widerklage wegen Unzuständigkeit abzuweisen. Wird vor der Zivilkammer des LG eine Widerklage erhoben, die vor die KfHS gehört, so ist die Zivilkammer für beide Klagen zuständig (Gaul JZ 84, 62 mN). Wird dagegen vor der KfHS der Klage eine nichthandelsrechtliche Widerklage entgegengesetzt, so sind beide Klagen auf den vor der Verhandlung zur Hauptsache zu stellenden Antrag des Widerklägers an die Zivilkammer zu verweisen (§ 99 GVG; ie Gaul JZ 84, 62). Wird ein solcher Antrag nicht gestellt, so kann die Verweisung an die Zivilkammer auch von Amts wegen erfolgen, solange nicht über diese ein Beschluß verkündet worden ist (§§ 99 II, 97 II GVG). 12

Zulässig ist gegen eine persönliche Klage eine dingliche Widerklage mit ausschließlichem Gerichtsstand (§ 24), wenn für beide Klagen der Gerichtsstand der gleiche ist. Ist für die vor dem LG erhobene Widerklage das **Amtsgericht ausschließlich** zuständig (§ 1 Rn 11), so ist die Widerklage auf Antrag abzutrennen (§ 145 II) und an das AG zu verweisen (§ 281), andernfalls ist sie als unzulässig abzuweisen. Ist für den Gegenanspruch das **Arbeitsgericht** zuständig (§ 2 I Nr 2, 3 ArbGG), ist nach Trennung gem § 17a II, IV GVG zu verfahren (s § 1 Rn 5; Rn 10 vor § 17 GVG). 13

14 2) Die **örtliche Zuständigkeit** muß gewahrt sein. Ist das Gericht der Klage nicht bereits aus einem sonstigen Grunde für die Widerklage örtlich zuständig (vgl Rn 1), kommt es darauf an, ob die Voraussetzungen für den besonderen Gerichtsstand gem § 33 (Rn 2) vorliegen. Dies ist der Fall, wenn der Widerklageanspruch mit dem Klageanspruch oder mit den gegen ihn vorgebrachten Verteidigungsmitteln im Zusammenhang steht. Der besondere Gerichtsstand des § 33 (Rn 2) gilt nur im Verhältnis zum widerbeklagten Kläger, nicht zu einem bisher am Rechtsstreit nicht beteiligten Dritten (BGH NJW 91, 2838; 93, 2120; ie Rn 22, 23).

15 **a) Zusammenhang mit dem Klageanspruch.** Ein solcher ist vorhanden, wenn die geltend gemachten Forderungen auf ein gemeinsames Rechtsverhältnis zurückzuführen sind, beide also aus dem gleichen Rechtsverhältnis hervorgehen, ohne daß gerade die völlige Identität des unmittelbaren Rechtsgrundes vorhanden sein muß. Bei Teilidentität von anspruchsbegründenden Merkmalen sowohl der Klage als auch der Widerklage wird dies idR der Fall sein (vgl ThP Rn 5). Es genügt jedoch nicht, daß die Gegenforderung sich nur auf die Sache bezieht, die Gegenstand der Klage ist; denn es ist nicht ein Zusammenhang mit dem Gegenstand, sondern ein rechtlicher Zusammenhang mit der Forderung und mit deren Grund vorausgesetzt. Beispiele: Zusammenhang besteht zwischen dem Kaufpreisanspruch des Verkäufers und dem Anspruch des Käufers auf Erstattung des Mangelbeseitigungsaufwands (BGH 52, 34); zwischen dem Anspruch auf Unterhalt und (weiterem) Vorschuß und dem Anspruch auf Vorschußrückzahlung und Feststellung des Nichtbestehens einer Vorschußverpflichtung (Frankfurt FamRZ 93, 1466); zwischen dem Recht zum Besitz bzw dem Recht zur Vornahme der störenden Handlung des Besitzstörers und den Besitzschutzansprüchen (§§ 861, 862 BGB) des Besitzers, trotz der Einwendungsbeschränkung des § 863 BGB (BGH 53, 169; 73, 358 und unten Rn 29). Wird auf Zahlung des Mietzinses geklagt, so ist die Widerklage aus Kauf nicht konnex. Widerspruchslose Einlassung auf die Widerklage enthält Vereinbarung der Zuständigkeit, sofern eine solche Vereinbarung zulässig ist (vgl § 40 und oben Rn 2).

16 **b) Zusammenhang mit Verteidigungsmitteln.** Verteidigungsmittel ist alles, was zur Abwehr der Klage vorgebracht wird. Rechnet der Beklagte gegen die Klageforderung mit einer nicht konnexen Gegenforderung auf, so kann er wegen des überschießenden Restes dieser Gegenforderung im Gerichtsstand des § 33 Widerklage erheben, da die hiermit rechtshängig gemachte Forderung mit dem Verteidigungsmittel der Aufrechnung in Zusammenhang steht (zust Prütting/Weth ZZP 98, 153). Doch muß das Verteidigungsmittel prozessual **und** sachlich zulässig sein (was es zB nicht ist in den Fällen der §§ 393 f BGB).

IV) Die besonderen Prozeßvoraussetzungen der Widerklage

17 **1) Rechtshängigkeit.** Die nicht notwendig beim zuständigen Gericht erhobene (abw ThP Rn 19) Klage muß (schon) **rechtshängig** sein (Celle FamRZ 81, 791; deshalb keine Widerklage im Mahnverfahren: AG Lübeck NJW-RR 90, 1152; s Rn 7 vor § 688; § 693 Rn 3), die Rechtshängigkeit muß noch fortdauern und die Verhandlung darf nicht geschlossen sein (Rn 9; näher § 296 a Rn 2; sa Hamburg MDR 95, 526 mwN). Wird die Klage zurückgenommen (§ 269) oder ist sie anderweitig erledigt, so ist eine Widerklage nicht mehr zulässig (Celle NJW 63, 1555). Die zT vertretene Ansicht (vgl Bork JA 81, 387; München OLGZ 65, 40), daß auch noch in der mündlichen Verhandlung über die Kosten des Rechtsstreites, nachdem die Parteien die Klage in der Hauptsache für erledigt erklärt haben, eine Widerklage erhoben werden könne, ist nicht zu billigen. Haben die Parteien den Rechtsstreit in der Hauptsache für erledigt erklärt, so ist eben die Streitsache nicht mehr rechtshängig (§ 91a Rn 9). Daß noch über die Kosten zu entscheiden ist, rechtfertigt in diesem Fall die Möglichkeit zur Erhebung der Widerklage ebensowenig wie bei der Situation nach Klagezurücknahme (s § 269 III 3). Ist dagegen die Widerklage rechtswirksam erhoben, so dauern ihre Rechtshängigkeit und ihr Gerichtsstand fort, auch nach Zurücknahme oder sonstiger (zB durch Zahlung in der Hauptsache bewirkter) Erledigung der Hauptklage, auch nach deren Abweisung wegen Unzuständigkeit (vgl LG München I NJW 78, 953). Scheidet der Kläger nach wirksamer Erhebung der Widerklage infolge Parteiwechsels als Kläger aus, bleibt das Gericht gem § 261 III Nr 2 für die ursprüngliche Widerklage gegen ihn zuständig (Koblenz FamRZ 83, 939).

18 **2) Parteien.** Die Widerklage muß **von dem Beklagten der Vorklage** erhoben und – zumindest **mit – gegen die Personen** gerichtet sein, welche die Klage erhoben haben. Widerkläger oder Widerbeklagter können auch Streitgenossen oder die Hauptintervenienten sein. Unzulässig ist die Widerklage von Nebenintervenienten im eigenen Namen (BGH LM Nr 12), auch im Fall des § 69. In der neueren Rspr und Literatur wird eine **Parteierweiterung mit Hilfe der Widerklage** in gewissen Grenzen zugelassen (Rn 19–23). **Dritte** iS der parteierweiternden Widerklage sind auch Streitverkündete, selbst wenn sie dem Beklagten als Streithelfer beigetreten sind (BGH NJW 96, 196; sa § 66 Rn 6; § 67 Rn 10). Hat der mit der **Drittwiderklage** in den Rechtsstreit gezogene Nichtkläger am Ort der Klage keinen Gerichtsstand, stellt sich zugleich ein Zuständigkeitsproblem (Rn 22, 23). Folgende Fallgruppen sind zu unterscheiden:

a) Der Beklagte erhebt eine mit der Klage in rechtlichem Zusammenhang stehende „Widerklage" gegen den Kläger und **zugleich** gegen einen bisher am Rechtsstreit nicht beteiligten Dritten als Streitgenossen iS von §§ 59, 60 („streitgenössische" Drittwiderklage; Fallgestaltung in BGH 40, 185 = NJW 64, 44 [dazu Putzo S 500] = LM Nr 6 [dazu Johannsen]; s auch Schröder AcP 164, 517; hierher gehören ferner etwa BGH 56, 75; 69, 43; BGH NJW 81, 2642; 87, 3139 mwN; NJW-RR 90, 1267). Eine atypische Fallgestaltung liegt vor, wenn bei passiver Streitgenossenschaft der eine Beklagte Widerklage gegen den Kläger und zugleich gegen den anderen Streitgenossen erhebt (vgl LG Freiburg VersR 91, 1431: Unfallklage und Widerklage bei gemeinsamem Haftpflichtversicherer). 19

b) Der Beklagte erhebt die mit der Klage zusammenhängende „Drittwiderklage" **nur** gegen einen bisher am Rechtsstreit nicht beteiligten Dritten, ohne – Unterschied zu a – den Kläger mitzuverklagen („isolierte" Drittwiderklage; Fallgestaltung in BGH NJW 71, 466; 92, 982; 93, 2120 = MDR 93, 1121; München MDR 84, 498; Zweibrücken VersR 95, 197 mN; LG Hannover NJW 88, 1601; dazu beiläufig auch BGH 65, 268). Hier ist auch der Fall einzuordnen, daß im Wege des *Parteiwechsels anstelle* des zunächst widerbeklagten Klägers (Bsp: Personenhandelsgesellschaft) später einer oder mehrere Dritte (Bsp: die Gesellschafter) „widerverklagt" werden sollen (vgl BGH 91, 132 = NJW 84, 2104). 20

c) Ein Dritter oder ein Streithelfer des Beklagten erhebt eine mit der Klage zusammenhängende „Widerklage" gegen den Kläger **allein** oder gegen den Kläger **und** einen am Rechtsstreit bisher nicht beteiligten Dritten („Widerklage" eines Dritten; Fallgestaltung in BGH LM Nr 12 = MDR 72, 600 = JR 73, 18 [dazu Fenge] = ZZP 86, 67 [dazu Wieser 36 ff]; Karlsruhe ZZP 88, 451 mit Anm Greger; Hamm FamRZ 87, 710 mit Anm Roelen; Schleswig MDR 92, 406). 21

Die Rspr des BGH läßt die Widerklage allgemein nur im Fall a) unter den Voraussetzungen der als **Klageänderung** behandelten Parteierweiterung zu (BGH 40, 189; 56, 75; 69, 44; NJW 96, 196 mwN), also bei Einwilligung des Drittwiderbeklagten (rügelose Einlassung genügt: Düsseldorf MDR 90, 728) oder „bei *Sachdienlichkeit* der subjektiven Klagehäufung" (BGH NJW 91, 2838 mN, in NJW 96, 196 als „gefestigte Rspr des BGH" bezeichnet). Bei Erhebung der parteierweiternden Widerklage in der Berufungsinstanz (s Rn 10) ist stets die Zustimmung des Drittwiderbeklagten erforderlich, außer bei rechtsmißbräuchlicher Verweigerung (BGH NJW-RR 90, 1267; aA Schleswig MDR 92, 406: Sachdienlichkeit genügt). Eine Einbeziehung Dritter im Wege der Anschlußberufung ist nicht möglich (BGH NJW 95, 198). In der Regel nicht zugelassen werden dagegen die isoliert gegen einen Nichtkläger erhobene „Drittwiderklage" (Fall b) und die von einem Dritten erhobene Widerklage (Fall c), doch wird die Möglichkeit einer Prozeßverbindung gem § 147 offengelassen (BGH LM Nr 11 und 12; BGH WM 85, 1510; Hamm FamRZ 87, 711). Soweit die Widerklage zulässig ist (also bei Sachdienlicherklärung gem § 263, uU bei Verbindung gem § 147) bedarf es für die örtliche Zuständigkeit des angerufenen Gerichts einer Gerichtsstandsbestimmung nach § 36 Nr 3, denn die Widerklage begründet für den Dritten keine örtliche Zuständigkeit (BGH NJW 91, 2838; 93, 2120; aA Bornkamm NJW 89, 2717). Ist ausschließlich der Dritte verklagt, ist § 36 Nr 3 nicht anwendbar (BGH NJW 92, 982 = MDR 92, 710). Soweit es an der Zuständigkeit fehlt, ist die Widerklage als unzulässig abzuweisen (BGH NJW 93, 2120; nicht schon bei *anderen* Zulässigkeitsmängeln: Rn 23 aE). Weitergehend wird im Schrifttum die Zulassung der Widerklage von und gegen Dritte befürwortet (so etwa von Schröder und Uhlmannsiek auch für die Fälle b und c, AcP 164, 534; MDR 96, 114, von Fenge im Fall c, JR 73, 19; ebenso Schleswig aaO). In einem Fall besonders enger gesellschaftsrechtlicher Verflechtung der Gruppe b (Rn 20) läßt der BGH die „Widerklage" nunmehr dann zu, wenn der zwischen Klage und „Widerklage" gegen den Dritten bestehende rechtliche Zusammenhang so eng ist, daß „der verklagten Partei der Gegenangriff auch dann zu ermöglichen ist, wenn die widerbeklagte Partei nicht die Klägerin selbst ist" (BGH 91, 135 = NJW 84, 2105; ebenso LG Hannover NJW 88, 1601 für Widerklage gegen die „materielle" Partei [Zedent]; aA Zweibrücken VersR 95, 197; offen geblieben in BGH NJW 93, 2120). 22

Stellungnahme: Auch in einem **anhängigen** Rechtsstreit können sowohl der Kläger als auch der Beklagte durch **gewöhnliche Klage** weitere Personen zu Beteiligten machen (§§ 261 III, 253), Dritte können zusammen mit selbständiger Klageerhebung die Verbindung zu einem anhängigen Verfahren beantragen. Ob es zu einer einheitlichen (aber § 61) Verhandlung und Entscheidung dieser Klagen kommt oder nicht, entscheidet sich nach den Regeln über die Streitgenossenschaft (§§ 59, 60) und die Prozeßverbindung bzw -trennung (§§ 145, 147), abzulehnen ist die „Klageänderungstheorie" (s zum Parteibeitritt § 263 Rn 9). Wegen § 147 muß aber die als Beklagte in den Prozeß hineinzuziehende Partei beim Gericht des Hauptprozesses ihren allgemeinen oder einen besonderen Gerichtsstand haben, sonst bleibt nur der Weg des § 36 Nr 3 (so auch BGH NJW 91, 2838; 93, 2120, neuere Rspr). § 33, der seinen Grund darin hat, daß der Kläger den Beklagten vor dem Gericht des Hauptprozesses **angegriffen** hat (vgl Rn 2), trifft auf den Dritten gerade nicht zu; dieser würde mit der isolierten „Drittwiderklage" regelwidrig in einem Klägergerichtsstand überzogen (so auch BGH NJW 92, 982; 93, 2120 = MDR 93, 1121). Die bloße Sachdienlicherklä- 23 rung (§ 263) der „Widerklage" ersetzt den Gerichtsstand nicht, auch der „Gerichtsstand des Sachzusammenhangs" (§ 17 II 1 GVG entspr; s § 12 Rn 21) wirkt nicht im Verhältnis zu Dritten (iErg ebenso MK/Patzina Rn 30; ThP Rn 13). Nur soweit sich die Rechtskraft eines im Hauptprozeß ergehenden Urteils auf den Dritten erstrecken würde, trifft ihn auch der „Gerichtsstandseffekt" des § 33 (vgl RSchwab/Gottwald § 98 II 4; Nieder ZZP 85, 437; Wieser ZZP 86, 43; Greger ZZP 88, 545; Roelen FamRZ 87, 713). Das gleiche muß auch im umgekehrten Fall der Rechtskraftwirkung im Verhältnis der neuen, in den Prozeß einzubeziehenden Partei zur bisherigen gelten (im Erg daher zutr BGH 91, 132 = NJW 84, 2104, wo das gegen den Mitgesellschafter zu erstreitende Urteil gegen die Gesellschaft - Klägerin - „verbindlich" war, vgl aaO S 134 bzw 2105). Fehlen die Voraussetzungen für eine Prozeßverbindung, so ist die „Widerklage" abzutrennen bzw von Anfang an als selbständiges Verfahren zu führen; für eine Abweisung der „Widerklage" als unzulässig ist kein Raum (iErg zust MK/Patzina Rn 30; ThP Rn 13; Wieczorek/Schütze/Hausmann Rn 53).

24 3) **Gleiche Prozeßart für Klage und Widerklage.** Die Widerklage muß in derselben Prozeßart wie die Hauptklage erhoben und in dieser zulässig sein. Unzulässig ist die Widerklage im Urkunden- und Wechselprozeß (§ 595 I), beschränkt zulässig im Ehe- und Statusverfahren (§§ 610 II, 633 II, 638, 640 S 2); zur Zulässigkeit einer Ehelichkeitsanfechtungswiderklage vgl Bremen OLGZ 1965, 195. Es ist unzulässig, in einer Familiensache eine Widerklage aufgrund eines nicht familienrechtlichen Anspruchs zu erheben (BGH 97, 81 = NJW 86, 1178 = FamRZ 86, 347 mit Anm Bosch; Düsseldorf FamRZ 82, 512). Im Arrest- und einstweiligen Verfügungsverfahren gibt es keine Widerklage; doch ist hier bei Sachzusammenhang eine **Gegenverfügung** zulässig (LG Köln MDR 59, 40; einschr Weber WRP 85, 527 mwN).

V) Sonderfälle

25 1) **Feststellungs-Widerklage** (vgl §§ 256 II, 261 II); sie ist insbes praktisch gegenüber einer **Teil**klage (Rn 7 aE); **Zwischenanträge** gem §§ 717 II und III: vgl dort Rn 13; s auch oben Rn 10. Eine **Leistungs-Wider**klage erledigt die entsprechende *negative Feststellungsklage* (BGH 99, 343; § 91a Rn 58 „Feststellungsklage").

26 2) **Hilfswiderklage:** Zulässig, wenn der Hauptantrag des Beklagten auf Abweisung der Klage und sein Hilfsantrag auf Verurteilung des Klägers nach der Widerklage in einem wirklichen Eventualverhältnis stehen (BGH 21, 13 = NJW 56, 1478; Köln NJW-RR 95, 233), Abhängigkeit der Gegenforderung von einer (beliebigen) innerprozessualen Bedingung soll nicht genügen (so LG Kassel NJW-RR 95, 889, str; aA Wieczorek/Schütze/Hausmann Rn 42). Beispiel: Beklagter rechnet mit Gegenforderung auf und beantragt deshalb Abweisung; für den Fall, daß Aufrechnung nicht zulässig ist, erhebt er Widerklage auf Zahlung der Gegenforderung (BGH NJW 61, 1862 = LM Nr 5; Köln aaO); in diesem Fall darf nicht unentschieden bleiben, ob Aufrechnung zulässig. Seltener Hilfswiderklage für den Fall, daß der primäre Widerklageantrag erfolgreich ist. BGH MDR 65, 292: Widerklage zulässig, mit der der Widerkläger hilfsweise zurückverlangt, was Kläger in der Hauptklage gegen ihn erstritten hat: so Hilfswiderklage gemäß § 259, mit der Käufer aus Wandlung die Beträge zurückverlangt, die er auf Grund Verurteilung auf Kaufpreisklage künftig zahlen müßte (BGH NJW 65, 444); in diesem Fall wird es allerdings bei richtiger Absicht – sog Herstellungstheorie im Gegensatz zur Vertragstheorie (dazu Jauernig/Vollkommer, BGB, § 462 Anm 2a) – nicht zu einer Verurteilung des beklagten Käufers kommen, da der Wandlungseinwand bereits zur Klageabweisung führt (vgl auch BGH 85, 371 und Jauernig/Vollkommer, BGB, § 465 Anm 2b bb).

27 **Unzulässig** ist die (parteierweiternde) **Hilfswiderklage eines (gegen einen) Dritten.** Hierbei handelt es sich nach richtiger Ansicht nicht um eine Widerklage (Rn 6), sondern um eine selbständige Klage, die sich nach den §§ 59, 60 richtet (Rn 20, 21). Eine Einbeziehung eines weiteren Streitgenossen unter einer Bedingung ist aber nicht zulässig, da das gegen ihn begründete Prozeßrechtsverhältnis nicht in der Schwebe gelassen werden darf (vgl BAG 73, 39 mwN; § 60 Rn 10; MK/Patzina Rn 31; s auch Einl Rn 59; § 253 Rn 1).

27a **Unzulässig** ist auch die **Gegenangriff-Widerklage** auf **Unterlassung** der *Behauptung* der klagebegründenden Tatsachen; sie ist kein Fall von § 261 III Nr 1 (so aber Walter NJW 87, 3140), denn der mit der Widerklage geltend gemachte Unterlassungsanspruch ist nicht das kontradiktorische Gegenteil des Klageanspruchs, wohl aber fehlt das **Rechtsschutzbedürfnis** (BGH NJW 87, 3139 f = MDR 87, 999; sa allg § 940 Rn 8 „Prozeßführung"). Über die parteierweiternde Widerklage (Rn 19 ff) **zur Zeugenausschaltung** ist vorab durch Teilurteil (§ 301) zu entscheiden (Karlsruhe BB 92, 97; OLGR Celle 96, 45; zust Uhlmannsiek MDR 96, 116; sa Einl Rn 57).

28 3) **Wider-Widerklage:** Sie ist – auch hilfsweise – zulässig (BGH MDR 59, 571). Dann unterliegt sie nicht den Fesseln des § 263 (Klageänderung), sondern folgt den Regeln der Widerklage (BGH NJW-RR 96, 65).

29 4) Die **petitorische Widerklage** gegenüber der **Besitzschutzklage ist zulässig** (BGH 53, 166 = NJW 70, 707; 73, 355 = NJW 79, 1358; MK/Patzina Rn 26; StJ/Schumann Rn 13; ThP Rn 6 aE, str;

krit Spieß JZ 79, 718; s auch Rn 15). Bedenken wegen einer Beeinträchtigung des Besitzschutzprozesses bestehen (entgegen Spieß aaO) nicht, denn auch die Erhebung der (petitorischen) Widerklage ändert nichts daran, daß Einwendungen aus dem Besitzrecht nicht gegenüber dem Besitzschutzanspruch geltend gemacht werden können (§ 863 BGB). Ist aber die Besitzschutzklage entscheidungsreif, so kann und muß über sie sofort durch Teilurteil entschieden werden, § 301. Auch in dem Ausnahmefall gleichzeitiger Entscheidungsreife von Klage und Widerklage iS ihrer Stattgabe droht kein Konflikt einander widersprechender Verurteilungen, denn die Klage ist in entspr Anwendung von § 864 II BGB abzuweisen und der Widerklage ist stattzugeben (BGH 73, 359; krit Spieß aaO).

5) **Pro-/Derogation der Widerklagezuständigkeit.** § 33 begründet einen besonderen Gerichts- 30
stand für die konnexe Widerklage (Rn 1). Fehlt er, etwa bei mangelndem Zusammenhang oder in den Fällen der „Widerklage" gegenüber Dritten (Rn 19 f), kann das Gericht der Hauptklage durch Prorogation oder rügelose Verhandlung (§ 39) zuständig werden. Andererseits können der nicht ausschließliche (Rn 2) Gerichtsstand des § 33 und damit auch die aus ihm folgende internationale Zuständigkeit (Rn 4–5) durch negative Prorogation (Derogation) abbedungen werden (BGH 52, 30; 59, 116; NJW 81, 2644; MDR 85, 911; NJW-RR 87, 228; Geimer NJW 62, 2181; aA Eisner NJW 70, 2141; von Falkenhausen RIW/AWD 82, 386). Die gleichwohl erhobene Widerklage ist dann wegen fehlender örtlicher Zuständigkeit unzulässig. Da der Gerichtsstand des § 33 jedoch alteingewurzelten Gerechtigkeitsvorstellungen entspricht und zugleich im Gerichtsinteresse liegt (vgl hierzu näher Pfaff ZZP 96, 351 f mwN und Rn 2), sind an die Derogation der Widerklagezuständigkeit strenge Anforderungen zu stellen (vgl zB BGH WM 83, 1018; MK/Patzina Rn 33; Wieczorek/Schütze/Hausmann § 38 Rn 96). Durch Auslegung ist jeweils zu ermitteln, ob die Parteien mit einer positiven Gerichtsstandsvereinbarung zugleich die Widerklagezuständigkeit eines anderen Gerichts ausschließen wollten (bejaht zB in BGH NJW-RR 87, 228 f; vgl auch § 38 Rn 2 und 14). Auch bei Vereinbarung einer „ausschließlichen" Zuständigkeit dürfte bei anschließender prorogationswidriger Klageerhebung die Widerklagezuständigkeit idR nicht ausgeschlossen sein (ie str, vgl Pfaff ZZP 96, 334, 344, 351 ff; Schack Rn 461; hier IZPR Rn 88).

34 *[Besonderer Gerichtsstand des Hauptprozesses]*

Für Klagen der Prozeßbevollmächtigten, der Beistände, der Zustellungsbevollmächtigten und der Gerichtsvollzieher wegen Gebühren und Auslagen ist das Gericht des Hauptprozesses zuständig.

1) **Allgemeines. a) Bedeutung.** § 34 enthält nicht nur einen besonderen (nicht ausschließli- 1
chen) Wahlgerichtsstand (§ 35) für Gebührenklagen (Rn 4) des begünstigten Personenkreises (Rn 3), sondern regelt auch die sachliche Zuständigkeit (Rn 5). **Grund** der Regelung: Sachzusammenhang (BGH 97, 83 = NJW 86, 1178). **Bedeutung** für Rechtsanwälte ist gering, da im Anwendungsbereich des Festsetzungsverfahrens (§ 19 BRAGO; vgl hierzu näher Rn 5) die Gebührenklage ausgeschlossen ist (Rechtsschutzbedürfnis fehlt). Im Anwendungsbereich des **EuGVÜ** begründet § 34 keine internationale Zuständigkeit (Roth ZZP 104, 459 zu BGH NJW 91, 3095).

b) **Anwendungsbereich:** Die Honorarklage kann auch auf einer Vertretung in anderen Rechts- 2
wegen beruhen (Rn 5). Gilt nicht für **Notare;** diese haben ihre Gebühren nach §§ 154, 155 KostO geltend zu machen. Gegenstandslos ist § 34 für **Gerichtsvollzieher;** für diese gelten nun §§ 1 I Nr 7, 8 I JBeitrO; § 9 I GVKostG.

2) **Voraussetzungen. a) Personenkreis. Kläger** der Gebührenklage (Rn 4) können sein: Pro- 3
zeßbevollmächtigte, auch Verkehrsanwälte (RG 58, 110) und Unterbevollmächtigte, Beistände (§ 90) und Zustellungsbevollmächtigte (§ 174); **Beklagte:** Vollmachtgeber und deren Bürgen (OLG 7, 273); ferner die Rechtsnachfolger dieser Personen. § 34 gilt **nicht** für Klagen des **Vollmachtgebers** gegen den Prozeßbevollmächtigten oder für Klagen gegen die kostenpflichtige **Gegenpartei.** Von letzterer zu erstattende Kosten werden in einem besonderen Verfahren festgesetzt, § 104.

b) **Klagegegenstand: Gebühren und Auslagen,** die in dem Rechtsstreit (Prozeß-, Mahn-, Ar- 4
rest-, selbständiges Beweis-, Zwangsvollstreckungs- oder Aufgebotsverfahren) kraft Gesetzes oder Vereinbarung entstanden sind. § 34 trifft nicht zu in Strafsachen (OLG 23, 85) und bei außergerichtlicher Tätigkeit (zB Scheidungsfolgenvereinbarung, vgl BGH 97, 84 = NJW 86, 1179). Bei Rechtsanwälten kommen nur Streitigkeiten in Frage, die außerhalb des Gebührenrechts liegen, also Klagen, die im wesentlichen den Grund des Gebührenanspruchs betreffen, nicht aber den Streit, welche Gebühren angefallen sind und in welcher Höhe; also nicht bei Streit über die richtige Berechnung der Gebühren; hier erfolgt Festsetzung gemäß § 19 BRAGO. Die hM hält § 19 BRAGO für die Festsetzung der Gebühren der Rechtsbeistände nicht für anwendbar.

5 **3) Rechtsfolgen.** Zuständig ist das **Gericht des Hauptprozesses,** das ist das Gericht, das in erster Instanz mit der Sache befaßt war, bei einer FamSache aber die allg Prozeßabteilung des AG (BGH 97, 79 = NJW 86, 1178 = FamRZ 86, 347 mit Anm Bosch = Rpfleger 86, 180 = ZZP 99, 468 mit Anm Sojka; Karlsruhe OLGZ 86, 127, str; aA MK/Patzina Rn 11). Grund: § 34 betrifft nur die örtl und sachl Zuständigkeit, nicht aber die gesetzlich geregelte Geschäftsverteilung (BGH 97, 82, 85 = NJW 86, 1178 f, offenlassend für KfH mwN); iü würde nach der aA, je nachdem, ob das Familiengericht entschieden hat oder nicht (§ 35, vgl oben Rn 1), der Rechtsmittelzug verändert (vgl § 119 I Nr 1 GVG); deshalb ist die Rechtslage bei der KfH – entgegen Walter JZ 86, 589 – *nicht* vergleichbar. Ebenso wird nach einem Arbeitsrechtsstreit durch § 34 nicht die Zuständigkeit des Arbeitsgerichts begründet, sonst hinge der Rechtsweg (§ 13 GVG/§ 2 ArbGG) von der Zuständigkeitswahl (Rn 1) ab (so auch Zweibrücken FamRZ 82, 85; BL/Hartmann Rn 5; Zimmermann Rn 3; aA LAG Hamburg MDR 95, 213; StJ/Schumann Rn 18; MK/Patzina Rn 12). Hat die erstinstanzliche Zuständigkeit infolge einer Verweisung (§ 281) gewechselt, ist das neue Gericht zuständig (Wieczorek/Schütze/Hausmann Rn 14), auch wenn die Verweisung unberechtigt war (AG München AnwBl 74, 27). Beim Gericht des Hauptprozesses sind auch die in der höheren Instanz entstandenen Kosten einzuklagen. Es ist zuständig ohne Rücksicht auf den Wert des Streitgegenstandes, da durch § 34 diesem Gericht auch die sachliche Zuständigkeit für die Kostenklagen übertragen ist (vgl die Nachw oben).

35 *[Wahlrecht des Klägers bei Mehrheit von Gerichtsständen]*

Unter mehreren zuständigen Gerichten hat der Kläger die Wahl.

1 **1) Allgemein** zum Wahlrecht des Klägers bei Konkurrenz mehrerer (nicht ausschließlicher) allgemeiner oder besonderer Gerichtsstände: § 12 Rn 10, 11. Auch bei mehreren ausschließlichen Gerichtsständen greift § 35 ein. In Mahnverfahren mit subjektiver Antragshäufung können die mehreren Antragsteller zwischen den gem § 689 II für sie zuständigen Gerichten wählen; für eine Gerichtsstandsbestimmung ist kein Raum (BGH NJW 78, 321 = MDR 78, 207 = Rpfleger 78, 12; § 689 Rn 3); dies gilt allg bei aktiver Streitgenossenschaft, wenn die Zuständigkeit an den Klägerwohnsitz anknüpft (BGH NJW 91, 2910 mwN = MDR 92, 301). Fälle: § 7 I HWiG; § 26 I FernUSG; § 797 V (vgl BGH aaO und dort Rn 8); § 94a I ArzneiMG; vgl auch § 36 Rn 14.

2 Die **Ausübung der Wahl** (Folge: Wahlrecht erlischt) erfolgt durch Klageerhebung beim zuständigen (zum unzuständigen vgl Rn 3) Gericht (Köln MDR 80, 763, allgM), ebenso durch Mahnantrag (vgl §§ 690 I Nr 5, 692 I 1, 696 I, 700 III; näher § 690 Rn 16; § 696 Rn 9). Überholt ist durch die Neufassung der §§ 690 I Nr 5 usw der frühere Meinungsstreit (vgl mN 16. Aufl), ob der Kläger bei Prozeßeinleitung im Mahnverfahren aufgrund der Abgabeautomatik sich so behandeln lassen müsse, als habe er den allgemeinen Gerichtsstand des Beklagten gewählt oder ob die Wahl (§ 35) noch nach Amtsabgabe durch Verweisungsantrag zuzulassen ist (so auch LG Wiesbaden NJW 92, 1634). Das Wahlrecht erlischt nicht durch Gesuch um Arrest oder einstweilige Verfügung (Karlsruhe NJW 73, 1509). Die **getroffene Wahl** ist unwiderruflich und bindend (BayObLG NJW-RR 91, 188).

3 **2)** Ist die Klage beim **unzuständigen Gericht** erhoben, kann der Kläger noch durch Verweisungsantrag (§ 281 I 2) wählen (BayObLG NJW-RR 91, 188), desgleichen durch neue Klage nach Abweisung der ersten als unzulässig. Durch Rücknahme der erhobenen Klage lebt das Wahlrecht wieder auf und ist dem Kläger anderweitige Wahl möglich (LAG Kiel AP Nr 1 zu § 276 ZPO [aF] mit Anm Pohle). Bei der **Ausübung der Wahl** ist der Kläger frei (Folge der in den besonderen Gerichtsständen zum Ausdruck kommenden Begünstigung des Klägers; vgl § 20 Rn 1); er braucht weder den Gerichtsstand zu wählen, in dem geringere Kosten entstehen (Köln Rpfleger 92, 222 mwN; München JurBüro 94, 477; StJ/Schumann Rn 4, str) noch auf die Belange des Beklagten Rücksicht zu nehmen (Hamm OLGZ 87, 340 = NJW 87, 139). Schranke: **Rechtsmißbrauch** (§ 242 BGB). Bei Ausnutzung eines formal gegebenen Gerichtsstandes aus sachfremden Gründen fehlt das Rechtsschutzbedürfnis (Hamm OLGZ 87, 336 = NJW 87, 138; GRUR 87, 569; sa § 35a Rn 1).

35a *[Besonderer Gerichtsstand der Unterhaltsklage des Kindes]*

Das Kind kann die Klage, durch die beide Eltern auf Erfüllung der Unterhaltspflicht in Anspruch genommen werden, vor dem Gericht erheben, bei dem der Vater oder die Mutter einen Gerichtsstand hat.

1 **1) Allgemeines. a) Bedeutung.** Gem § 1606 III BGB sind beide Eltern nebeneinander dem Kinde unterhaltsverpflichtet. Das Kind hat die Wahl, wen es in Anspruch nehmen will. Da es aber

seit Inkrafttreten des GleichberG den abgeleiteten Wohnsitz der Ehefrau nicht mehr gibt, kann auch während der Ehe die Mutter einen anderen Gerichtsstand haben als der Vater. § 35a stellt sicher, daß das Kind, das beide Eltern auf Unterhalt in Anspruch nehmen will, nicht gleichzeitig an verschiedenen Orten klagen muß. Es handelt sich um einen Fall des sonst fehlenden (vgl § 36 Nr 3 und dort Rn 14) Gerichtsstands der Streitgenossenschaft. Die danach bestehende Gerichtsstandswahl kann uU mißbräuchlich sein (Nürnberg FamRZ 96, 172 – Mitverklagung des zahlungswilligen Elternteils aus Zuständigkeitsgründen; die Ausnutzung unterschiedlicher Gerichtspraxis empfehlen Oelkers/Kreuzfeldt FamRZ 95, 137; s aber Einl Rn 57, § 35 Rn 3).

b) Abgrenzung. Der gesetzliche Unterhaltsanspruch eines ehelichen Kindes ist Familiensache (§ 23b I Nr 5 GVG, § 621 I Nr 4); ist sie zugleich Scheidungsfolgesache (§ 623 I 1), geht die bestehende ausschließliche Zuständigkeit gem § 621 II vor. 2

2) Voraussetzungen. § 35a gilt nur bei gemeinsamer Klage gegen beide Eltern. Wird nur ein Elternteil verklagt, dann ist die Klage bei dessen Gerichtsstand (§§ 12 ff) zu erheben. Ist dagegen die Klage einmal zulässig erhoben, ist es unschädlich, wenn der Elternteil aus dem Rechtsstreit ausscheidet, an dessen Gerichtsstand die Klage erhoben wurde. Dieser neue Gerichtsstand besteht auch nach einer Scheidung der Ehe. Er kann aber nur in Anspruch genommen werden, wenn keiner der Eltern das Kind vertritt, wenn also entweder eine Unterhaltspflegschaft besteht oder das Kind selbst prozeßfähig ist. Sonst §§ 1629 II 1, 1795 I Nr 3 BGB. Hierüber s Donau in MDR 57, 709. § 35a gilt auch für Klagen des nichtehelichen Kindes. 3

36 *[Gerichtliche Bestimmung der Zuständigkeit]*

Das zuständige Gericht wird durch das im Rechtszuge zunächst höhere Gericht bestimmt:

1. **wenn das an sich zuständige Gericht in einem einzelnen Falle an der Ausübung des Richteramtes rechtlich oder tatsächlich verhindert ist;**
2. **wenn es mit Rücksicht auf die Grenzen verschiedener Gerichtsbezirke ungewiß ist, welches Gericht für den Rechtsstreit zuständig sei;**
3. **wenn mehrere Personen, die bei verschiedenen Gerichten ihren allgemeinen Gerichtsstand haben, als Streitgenossen im allgemeinen Gerichtsstand verklagt werden sollen und für den Rechtsstreit ein gemeinschaftlicher besonderer Gerichtsstand nicht begründet ist;**
4. **wenn die Klage in dem dinglichen Gerichtsstand erhoben werden soll und die Sache in den Bezirken verschiedener Gerichte belegen ist;**
5. **wenn in einem Rechtsstreit verschiedene Gerichte sich rechtskräftig für zuständig erklärt haben;**
6. **wenn verschiedene Gerichte, von denen eines für den Rechtsstreit zuständig ist, sich rechtskräftig für unzuständig erklärt haben.**

Lit: *Herz,* Die gerichtliche Zuständigkeitsbestimmung, 1990.

I) Allgemeines

1) Bedeutung. Die §§ 36, 37 ergänzen die **gesetzliche** Zuständigkeitsordnung (§§ 12–35a) durch die Möglichkeit einer **gerichtlichen** Zuständigkeitsbestimmung in den Fällen, in denen aus tatsächlichen oder rechtlichen Gründen ein im Einzelfall zuständiges Gericht nicht (zweifelsfrei) feststellbar ist. Die §§ 36, 37 gewährleisten damit die Lückenlosigkeit des Rechtsschutzes; Zuständigkeitsstreitigkeiten sollen möglichst schnell und einfach beendet werden (BGH 71, 18; BayObLGZ 91, 389). 1

2) Anwendungsbereich: jedes der ZPO unterliegende Verfahren, gleich welcher Prozeßart (RG 139, 351), beim Klageverfahren auch im Fall der Widerklage (BGH NJW 92, 982; Rn 15), ferner etwa im selbständigen Beweisverfahren (BayObLGZ 91, 344 f; Frankfurt MDR 93, 683 mwN, hM); in sog. FGG-Familiensachen (§ 621a I 2; vgl. BGH NJW 88, 1256; § 621a Rn 11); im Vollstreckungsverfahren der §§ 828 ff (vgl BayObLGZ 85, 397; 94, 113; FamRZ 91, 213; § 828 Rn 2); im Verfahren zur Festsetzung von Vollstreckungskosten (BayObLGZ 89, 237 mN); im Verfahren zur Vollstreckbarerklärung eines ausländischen Schuldtitels (BayObLG NJW 88, 2184 Nr 15); im Offenbarungsverfahren (Frankfurt Rpfleger 78, 260), im Prozeßkostenhilfeverfahren (BGH NJW-RR 91, 1342 mN) oder im Mahnverfahren (BGH NJW 93, 2752; 95, 3317; BAG Rpfleger 75, 127; BayObLGZ 85, 315; sa Rn 26); ferner entspr im Verfahren vor den Arbeitsgerichten (§ 46 II ArbGG), im Konkursverfahren (München NJW-RR 87, 382 = MDR 87, 147) und im Verfahren der freiwilligen Gerichtsbarkeit (BGH 104, 365). 2

§ 36 wird **entsprechend** angewandt auf die Bestimmung der sachlichen und funktionellen Zuständigkeit (Rn 14 [vgl BGH 90, 156], 21 und 22), ferner bei Zuständigkeitsstreitigkeiten 3 zwischen Gerichten verschiedener Gerichtszweige (Rn 23 und 32) und in Fällen mit Auslandsbezug (dazu allg Schack Rn 398; hier IZPR Rn 42, speziell zu Nr 3 vgl BGH FamRZ 90, 1224 und dazu Rn 15), **nicht** aber im Fall einer mehrfachen Klagebegründung bei ausschließlicher Spezialzuständigkeit (Grund: Zuständigkeit kraft Sachzusammenhangs entspr § 17 II 1 GVG, vgl § 12 Rn 21; str; vgl dazu MK/Patzina Rn 4). Gesetzlicher Fall entspr Anwendung: § 606 II 4.

4 **3) Bestimmendes und bestimmtes Gericht. a)** Die **Bestimmung der Zuständigkeit** erfolgt durch das zunächst **höhere Gericht;** dieses bestimmt sich nicht nach dem allgemeinen Gerichtsaufbau, sondern nach der Rechtsmittelzuständigkeit in der konkreten Verfahrensart (BGH 104, 366), ist also nicht notwendig das nächste gemeinschaftlich übergeordnete Gericht, sondern etwa bei Beteiligung eines Familiengerichts zumindest das OLG (BGH NJW 79, 2249 mwN = MDR 79, 918 = FamRZ 79, 911, nunmehr stRspr sämtlicher OLG, zB Zweibrücken FamRZ 87, 1275; Frankfurt NJW-RR 88, 773). Die Bestimmung trifft beim BGH und beim OLG der nach dem Geschäftsverteilungsplan allgemein für Kompetenzkonflikte oder nach der Art des Kompetenzkonflikts (zB in Familien-, Kindschaftssachen usw) zuständige Zivilsenat (beim BGH zB der I. oder XII. [früher IVb]-ZS; str; vgl Bornkamm NJW 89, 2713 mN in Fn 5; sa § 621 Rn 10). Für § 36 kommen daher in Frage: LG, OLG, der Bundesgerichtshof (vgl § 9 EGZPO), in Bayern das BayObLG. Bei ausschließlicher Beteiligung **bay Gerichte** ist ohne Rücksicht auf eine Revisionszuständigkeit das BayObLG zuständig, wenn die betreffenden Gerichte verschiedenen bayerischen Oberlandesgerichtsbezirken angehören (BayObLGZ 91, 241 und 281), bei Kompetenzkonflikten zwischen Familiengericht und -senat (BayObLGZ 79, 283) oder bei unter § 36 fallenden Kompetenzkonflikten innerhalb desselben bayerischen OLG, auch bei Beteiligung eines Familiensenats (BGH NJW 79, 2249 = MDR 79, 918; BayObLGZ 85, 220 mN = NJW-RR 86, 7, stRspr) oder eines Gerichts der freiwilligen Gerichtsbarkeit (BayObLGZ 90, 234; NJW-RR 94, 1428). Bei Beteiligung von Gerichten verschiedener Gerichtszweige entscheidet das zuerst angegangene **oberste Bundesgericht** des jeweils beschrittenen Rechtswegs (Prioritätsprinzip, näher Rn 32).

5 **b) Bestimmt werden** kann nur ein dem bestimmenden Gericht nachgeordnetes Gericht seines Bezirks. Ist danach eine Bestimmung nicht möglich, so hat das zunächst höhere Gericht (zB OLG) zu bestimmen. Bei der Bestimmung besteht freie Wahl im Fall der Nr 1; eines der beteiligten Gerichte ist zu bestimmen bei Nrn 2–4; in den Fällen der Nrn 5 und 6 kann uU auch ein am Kompetenzkonflikt nicht beteiligtes „drittes" Gericht zu bestimmen sein (dazu näher Rn 27). Besteht freie Wahl (vgl aber Rn 28), sind für ihre Ausübung Zweckmäßigkeitsgesichtspunkte maßgebend (Effektivität des Rechtsschutzes; Erleichterung der Prozeßführung; Sachzusammenhang; Beweisnähe). Bsp: BGH NJW 83, 1914 = MDR 83, 297; BAG 44, 224; BayObLGZ 91, 347.

6 **c) Nur** ein (das) **Gericht** kann bestimmt werden, **nicht** lediglich geschäftsverteilungsplanmäßig zuständige einzelne (auch auswärtige) Spruchkörper des Gerichts (vgl Fiebig NZA 95, 17; anders aber bei rechtsatzmäßiger Zuständigkeit; dazu § 116 GVG Rn 2; BayObLGZ 94, 121; sa Rn 23, 29).

7 **4) Zuständigkeitsbestimmung. a) Rechtsnatur.** Die gerichtliche Zuständigkeitsbestimmung stellt einen Akt der Rechtsprechung dar (StJ/Schumann Rn 1; einschr Herz aaO S 144: „Rechtspflege"), nicht der Justizverwaltung (Herz aaO S 143); seine Besonderheit besteht darin, daß er außerhalb des Verfahrens ergeht, für das das Gericht bestimmt wird (RSchwab/Gottwald § 38 I; wichtig für Rn 9).

8 **b) Zeitpunkt.** Die Bestimmung kann außer in den Fällen der Nrn 5 und 6 **vor** Klageerhebung erfolgen (vgl BGH NJW 80, 1281 = Rpfleger 80, 219 [220]), aber auch noch **nach Rechtshängigkeit** (allgM, vgl StJSchumann Rn 2), auch in den Fällen der Nrn 3 und 4 (vgl Rn 16), im Fall der Nr 3 auch noch **nach** Erhebung der **Zuständigkeitsrüge** (BGH 88, 333), solange noch **keine Beweisaufnahme** stattgefunden hat (BayObLGZ 87, 389 mN; ie Rn 16); die Bestimmung ist auch im Zeitabschnitt nach **Unterbrechung** gem § 240 vor Aufnahme gem § 246 KO möglich (BayObLGZ 85, 315); **zeitliche Grenze** in den Fällen der Nrn 5 und 6: Bestimmung erst, wenn rechtskräftige Entscheidungen vorliegen (ie Rn 21 und 26).

9 **c) Prüfung.** Das bestimmende Gericht prüft nur die Voraussetzungen des Bestimmungsverfahrens, also namentlich die des in Frage kommenden Tatbestandes, nicht dagegen die Prozeßvoraussetzungen des Folge-(Haupt-)verfahrens (BayObLGZ 74, 459 = MDR 75, 407 = Rpfleger 75, 99 für Parteifähigkeit; BGH NJW-RR 87, 757 = MDR 87, 735 für Prozeßfähigkeit) oder gar die Erfolgsaussicht der Klage (BGH JZ 51, 17; vgl auch Rn 18 und 27; § 37 Rn 3); allerdings muß für den Bestimmungsantrag ein schutzwürdiges Interesse bestehen (BayObLGZ 79, 294; 80, 79).

10 **d)** Zum **Bestimmungsverfahren** im übrigen, insbes dazu, ob stets ein **Antrag** einer Partei (vgl § 37) erforderlich oder auch Bestimmung von Amts wegen zulässig ist und inwieweit eine Aufklärung der für die Zuständigkeit maßgebenden Tatsachen zu erfolgen hat, vgl Rn 18 und 27; § 37 Rn 2.

II) Die einzelnen Fälle der Zuständigkeitsbestimmung

11 **1) Verhinderung des zuständigen Gerichts (Nr 1). a) Rechtliche Verhinderung:** Der einzige bzw sämtliche Richter des Gerichts und die Stellvertreter sind von der Ausübung des Amtes ausgeschlossen (§ 41; RG 44, 394) oder abgelehnt (§ 42). Streit um die Stichhaltigkeit einer Ablehnungsannahme (§ 45 II 2) fällt unter Nr 6 (Rn 29 aE).

12 **b) Tatsächliche Verhinderung:** bei Naturkatastrophen, Kriegseinwirkung (BGH 7, 310), Stillstand der Rechtspflege und dgl. Sonderregelung für Gerichte, an deren Sitz deutsche Gerichtsbarkeit nicht mehr ausgeübt wird: **ZustErgG** (dazu 17. Aufl).

13 **2) Ungewißheit der Zuständigkeit (Nr 2).** Liegt vor, wenn zweifelhaft ist, in welchem Gerichtsbezirk der für die Zuständigkeit maßgebliche Ort liegt, zB Ort der Grenze zweier Grundstücke (§ 24); Ort der unerlaubten Handlung (§ 32). Gilt weiter, wenn die örtliche Grenze der Gerichtsbezirke selbst ungewiß ist, von ihr aber die Zuständigkeit abhängt.

14 **3) Gerichtsstandsbestimmung bei Streitgenossenschaft (Nr 3). a) Anwendungsbereich.** Wegen der in Frage kommenden Verfahren gilt Rn 2, 3. Nr 3 ist zB anwendbar im selbständigen Beweisverfahren (BayObLGZ 91, 344 f mN; sa Rn 2), im Arrestverfahren (RG 36, 347), im Aufgebotsverfahren, im Konkursverfahren (BGH JZ 51, 376; LG Göttingen Rpfleger 95, 309, jeweils zu § 71 KO) und im Zwangsvollstreckungsverfahren (BayObLGZ 1959, 270; ie § 828 Rn 2). Nr 3 bezieht sich nicht nur auf die **örtliche** (insoweit allgM), sondern auch auf die **sachliche** (so jetzt überzeugend BGH 90, 156 ff, bisher str, aA 14. Aufl) und die **funktionelle** Zuständigkeit (Frankfurt OLGZ 92, 463 = NJW 92, 2900), ermöglicht aber **nicht** eine Bestimmung des (fehlenden gemeinsamen) **Rechtswegs** (BGH NJW 94, 2032 = MDR 95, 524; Frankfurt NJW-RR 95, 319; s dazu auch Rn 32). Bei **Wechsel-** und **Scheck**klagen ist für Gerichtsstandsbestimmung nach Nr 3 kein Raum (§ 603 II, 605a). Eine örtlich oder sachlich **ausschließliche** Zuständigkeit hindert die Bestimmung nicht (BGH 90, 159 f; NJW 87, 439 = MDR 87, 209). Nr 3 gilt für **alle Arten der Streitgenossenschaft,** nicht nur die notwendige gem § 62 (insoweit allgM), sondern auch die einfache gem §§ 59, 60 (BGH NJW 92, 981; aA StJ/Schumann Rn 11; zu den Voraussetzungen näher § 60 Rn 4 ff). Für eine entspr Anwendung von § 36 Nr 3 nicht nur für die **passive,** sondern – über seinen Wortlaut hinaus – auch für die **aktive** Streitgenossenschaft besteht kein Bedürfnis, da die mehreren Kläger in den in Frage kommenden Fällen (Vollstreckungsgegenklage gem § 797 V; § 7 I HaustürWG; § 26 I FernUSG) das zuständige Gericht entspr § 35 selbst bestimmen können (BGH NJW 91, 2910 mN; BayObLG NJW-RR 93, 511; sa § 35 Rn 1); das gleiche gilt bei subjektiver Antragshäufung im Mahnverfahren (§ 689 Rn 3). Einen Sonderfall des (iü unbekannten) Gerichtsstands der Streitgenossenschaft enthält **§ 35a** (s dort Rn 1), verneinend aber BGH NJW 95, 3317 für § 703d II. Allgemein besteht im Geltungsbereich des **EuGVÜ** besteht der internationale und örtliche Gerichtsstand der Streitgenossenschaft bei dem Gericht, in dessen Bezirk einer der Beklagten seinen Wohnsitz hat (Art 6 Nr 1 EuGVÜ; vgl dazu näher Anh Art 6 GVÜ Rn 1).

15 **b) Voraussetzungen. aa) Fehlender gemeinsamer Gerichtsstand.** Nr 3 ist nur dann anwendbar, wenn für mehrere als Streitgenossen im allgemeinen Gerichtsstand zu verklagende Personen hinsichtlich sämtlicher Klagegründe **kein gemeinschaftlicher allgemeiner oder besonderer Gerichtsstand** im Inland gegeben ist (BayObLG NJW 50, 310; MDR 81, 233). Dabei ist dem Regelfall der Nr 3, daß sämtliche Streitgenossen im Inland ihren allgemeinen Gerichtsstand haben, die Fallgestaltung gleichzustellen, daß ein Streitgenosse (etwa ein Ausländer), zwar nicht seinen allgemeinen, aber einen **besonderen Gerichtsstand** (zB nach § 32) im Bundesgebiet hat (BGH NJW 88, 646 mN = MDR 87, 735; offen für § 703d II BGH NJW 95, 3317 [3318]; im Geltungsbereich des EuGVÜ ist Art 6 Nr 1 zu beachten, vgl dazu Rn 14 aE). In Fällen mit **Auslandsberührung** setzt Nr 3 voraus, daß gegenüber sämtlichen Streitgenossen die internationale Zuständigkeit gegeben ist (BGH NJW 80, 2646; FamRZ 90, 1225). Eine Bestimmung des zuständigen Gerichts nach § 36 Nr 3 kann nicht erfolgen, wenn für den Rechtsstreit ein **gemeinschaftlicher besonderer Gerichtsstand** besteht (§§ 27, 29, 29b, 32, 35a, 771; BGH NJW 86, 935; Frankfurt MDR 93, 683; ie Bornkamm NJW 89, 2716 f) oder bestanden hat, auch wenn der Kläger zum Zeitpunkt der Klageerhebung keine Kenntnis davon hatte (München Rpfleger 78, 185). Ein gemeinsamer ausländischer Gerichtsstand (zB ausländischer Unfallort) bleibt jedoch außer Betracht (BayObLG NJW 88, 2184 mN; NJW-RR 90, 893). Für eine Gerichtsstandsbestimmung gem Nr 3 ist idR kein Raum, wenn der Kläger mit einem der Streitgenossen eine **Gerichtsstandsvereinbarung** getroffen hat (BGH LM Nr 6 zu § 36 Nr 3); der prorogierte Gerichtsstand kann dem begünstigten Streitgenossen nicht über eine Bestimmung gem Nr 3 entzogen werden (BGH NJW 83, 996 = MDR 83, 466); ausnahmsweise steht jedoch die mit *einem* Streitgenossen geschlossene Gerichtsstandsvereinbarung einer Bestimmung gem Nr 3 nicht entgegen, wenn ein gemeinschaftlicher Gerichtsstand mit den übrigen Streitgenossen nie bestanden hat und das im Verhältnis zu *einem* Streitgenossen prorogierte Gericht auch für die übrigen Streitgenossen gem Nr 3 „bestimmt" werden kann (BGH NJW 88, 646 = MDR 87, 735). Eine Bestimmung scheidet auch aus, wenn ein gemeinschaftlicher vereinbarter Gerichtsstand bestanden hat und dieser verloren gegangen ist,

weil der Kläger nicht an diesem, sondern vor einem anderen Gericht geklagt hat, das gem § 39 für einen Streitgenossen zuständig geworden ist (Düsseldorf MDR 69, 672). Da, von Ausnahmefällen abgesehen (RG GRUR 39, 930), das nach § 32 zuständige Gericht den Sachverhalt auch nach den Vorschriften des UWG zu prüfen hat (§ 32 Rn 10), bedarf es bei Geltendmachung von Ansprüchen aus Handlungen, die auf die Vorschriften des UWG und des BGB gestützt werden, keiner Zuständigkeitsbestimmung nach Nr 3 (BGH NJW 54, 1932). Kein Raum für § 36 Nr 3, wenn von zwei Klagegründen sich einer gegen alle Streitgenossen, der andere nur gegen einen von ihnen richtet und für beide Klagegründe am selben Ort besondere Gerichtsstände begründet sind (BayObLGZ 1962, 297; Bornkamm NJW 89, 2716 Fn 60a). Für die (parteierweiternde) **Widerklage** gilt Nr 3, wenn sie sich zugleich gegen den Kläger richtet (BGH NJW 91, 2838), nicht aber bei isolierter Einbeziehung eines Dritten (BGH NJW 92, 982 = MDR 92, 710); vgl dazu näher § 33 Rn 22, 23.

16 **bb) Zeitpunkt** (vgl allg Rn 7). Der **Wortlaut** („verklagt werden sollen") geht vom Regelfall einer Zuständigkeitsbestimmung **vor** Anhängigkeit (Rechtshängigkeit) des Rechtsstreits aus (vgl BayObLG Rpfleger 80, 436 mN; Konsequenzen für das Mahnverfahren: § 696 Rn 6); er ist, wie allg anerkannt, zu eng. § 36 Nr 3 kann auch **nach Klageerhebung** angewendet werden (BGH NJW 78, 321; BayObLGZ 92, 90 mN; 93, 171), insbes nach Eintritt der Rechtshängigkeit bei vorangegangenem Mahnverfahren (BGH Rpfleger 78, 369; Frankfurt OLGZ 92, 463 mN; Vollkommer in Anm zu LG Duisburg Rpfleger 78, 223), auch wenn im anhängigen Rechtsstreit die **Einrede der örtlichen Unzuständigkeit** schon erhoben ist (BGH 88, 333; BayObLGZ 93, 170, stRspr), auch noch nach einem Prozeßurteil (Vollkommer MDR 87, 804) oder zu dessen Vermeidung mit Hilfe von § 281 (BayObLGZ 93, 172), ebenso nach einem nicht bindenden Verweisungsbeschluß (BGH FamRZ 90, 1225), dagegen nicht mehr, nachdem **bindende Verweisungen** ergangen sind (BayObLGZ 92, 90 mN = aaO, str), ferner idR nicht mehr nach Durchführung einer **Beweisaufnahme** (BayObLGZ 87, 389 mwN; im Einzelfall aA Düsseldorf Rpfleger 80, 299) oder nach Erlaß einer **Sachentscheidung** gegen einen der beiden Beklagten (BGH NJW 78, 321). Das bestimmende Gericht hat idR (Ausnahmefälle: Rn 18 aE) nur die **Auswahl** unter den Gerichten, die für den allgemeinen Gerichtsstand der einzelnen künftigen Beklagten **zuständig** sind (BGH NJW 86, 3209 = MDR 86, 921; NJW 87, 439 = MDR 87, 209; BayObLGZ 91, 347 f).

17 Einstweilen frei.

18 **cc) Prüfungsumfang und zu bestimmendes Gericht** (vgl allg Rn 5, 8; § 37 Rn 3). Geprüft wird nicht Zulässigkeit oder Schlüssigkeit der Klage, sondern nur Zulässigkeit des Gesuchs, also außer dem Rechtsschutzinteresse des Antragstellers (BayObLG Rpfleger 80, 436 mN) vor allem, ob §§ 59, 60 schlüssig vorgetragen sind, dh es ist von den Behauptungen des Antragstellers auszugehen (BayObLGZ 83, 65; 85, 316; 91, 345 f; aA Zweibrücken MDR 83, 495; offenlassend BGH NJW 86, 3209). Eine Amtsermittlung findet nicht statt; (vgl allg BGH NJW 95, 534; NJW-RR 95, 507 mN; BayObLGZ 94, 112); es genügt, daß nach dem Parteivortrag zB ein der Bestimmung entgegenstehender gemeinsamer Gerichtsstand (Rn 15) nicht zuverlässig feststellbar ist (BayObLGZ 85, 317). Die Bestimmung des zuständigen Gerichts erfolgt nach *Zweckmäßigkeitsgesichtspunkten* (vgl BGH 90, 157; NJW 93, 2752 [2753]; BayObLGZ 93, 172; BAG 72, 61 [64]). Beispiel: Bedeutung des Rechtsstreits für die einzelnen Streitgenossen, Konzentration einer Mehrzahl von Verfahren gegen denselben Beklagten (BAG 44, 225) oder von gleichartigen Verfahren (BayObLG NJW-RR 90, 742 und 1020: Prospekthaftungsklagen), räumliches „Schwergewicht" (BayObLGZ 87, 290), Vertretung durch dieselbe Anwaltssozietät (BAG 72, 64), Kanzleisitz des zuerst (von mehreren) beauftragten RA (BayObLG NJW-RR 96, 53 = MDR 95, 1261) und dgl; eine bestehende ausschließliche Zuständigkeit steht einer abw Bestimmung nicht notwendig entgegen (BGH 90, 159 ff). Ist im Verhältnis zu einem Streitgenossen ein Gericht prorogiert (BGH NJW 88, 646 = MDR 87, 735; Rn 15) oder besteht eine ausschließliche Spezialzuständigkeit (BGH NJW 87, 439 = MDR 87, 209), so kann abweichend von der Regel (Rn 16) auch eines dieser Gerichte bestimmt werden; dann braucht keiner der verklagten Streitgenossen im Bezirk des bestimmten Gerichts seinen allgemeinen Gerichtsstand zu haben.

19 **4) Bezirksüberschreitendes Grundstück (Nr 4).** Nr 4 setzt voraus, daß es sich um ein Grundstück oder um mehrere gem § 890 BGB rechtlich zu einer Einheit verbundene Grundstücke handelt, die in verschiedenen Gerichtsbezirken liegen. Nur in diesem Falle kann ein zuständiges Gericht aus den in Frage kommenden Gerichten bestimmt werden (RG 91, 42). Andernfalls (bei nur äußerlich in der Hand desselben Eigentümers vereinigten selbständigen Grundstücken) ist die dingliche Klage in beiden Gerichtsbezirken zu stellen (RG 91, 42). Nr 4 trifft auch bei Gesamthaft anderer Grundstücke (RG 143, 295), so auch bei Kraftloserklärung eines Hypotheken- oder Grundschuldbriefes im Aufgebotsverfahren, wenn die belasteten Grundstücke in verschiedenen Bezirken liegen, zu (RG 45, 389; BGH JZ 51, 151; BayObLG Rpfleger 77, 448). Zu Klagen aus Gesamthypothek vgl Willenberg ZMR 63, 101; RG 85, 132.

Beispiel: E ist Eigentümer eines Grundstücks, das teils im Gerichtsbezirk X, teils im Gerichtsbezirk Y liegt. Will E im dinglichen Gerichtsstand (§ 24) Klage auf Feststellung des Nichtbestehens einer Grunddienstbarkeit erheben (§ 24 Rn 13), muß erst von dem zunächst höheren Gericht das zuständige Gericht (X oder Y) bestimmt werden, mag auch für das Grundstück nur ein Grundbuchblatt angelegt sein (RG 86, 279). 20

5) **Positiver Kompetenzkonflikt (Nr 5).** Erklärung der sachlichen, örtlichen oder funktionellen Zuständigkeit durch rechtskräftiges Zwischen- oder Endurteil (RG 121, 21). Der Kompetenzkonflikt muß – ebenso wie im Fall der Nr 6 (Rn 26) – **nach Rechtshängigkeit** bei beiden Gerichten entstanden sein (BGH NJW 80, 1281 = Rpfleger 80, 219 [220]). Ist aber bereits rechtskräftig sachlich entschieden, so ist für § 36 Nr 5 kein Raum (Bornkamm NJW 89, 2724). 21

6) **Negativer Kompetenzkonflikt (Nr 6). a) Begriff.** Er ist gegeben, wenn sich mehrere Gerichte in einem rechtshängigen Verfahren (Rn 26) durch rechtskräftige (unanfechtbare) Entscheidung (Rn 24, 25) für örtlich, sachlich oder funktionell (Beispiele: Rn 30) unzuständig erklärt haben, eines der beteiligten (s aber Rn 27) Gerichte aber in Wahrheit zuständig ist (BGH NJW 95, 534 = MDR 95, 632; BayObLGZ 88, 306). 22

b) Anwendungsbereich und Abgrenzung. Nr 6 gilt unmittelbar (nur) für Zuständigkeitsstreitigkeiten der ordentlichen Gerichte in sämtlichen Verfahren nach der ZPO, also nicht nur im Erkenntnis-, sondern auch im Einzel- und Gesamtvollstreckungs- (BGH MDR 92, 1179), Aufgebots- (RG 54, 206; 121, 20) und sonstigen Verfahren (vgl Rn 2). Zur **entsprechenden** Anwendung auf Zuständigkeitskonflikte zwischen einzelnen Spruchkörpern desselben Gerichts und Gerichten verschiedener Verfahrensordnungen und Rechtswege vgl die „Fallgruppen" unten Rn 29 f. Nr 6, § 37 gelten **nicht** bei Streit über die gesetzlich nicht geregelte (s aber Rn 29) interne **Geschäftsverteilung;** zuständig ist insoweit das Präsidium gem § 21e I GVG (BFH ZZP 100, 81 mit krit Anm Sangmeister; Oldenburg MDR 89, 649; aA Sangmeister MDR 88, 191 f bei offensichtlich unhaltbarer Präsidiumsentscheidung; s auch § 21e GVG Rn 38). 23

c) Voraussetzungen. aa) Unzuständigkeitserklärung durch die beteiligten Gerichte. Die Unzuständigkeitserklärung kann durch Prozeß- (nie Sach-)urteil oder Beschluß ausgesprochen sein. Als taugliche **Entscheidungen** für das Bestimmungsverfahren nach Nr 6 wurden ferner anerkannt: Nach § 127 II 2 unanfechtbare Entscheidungen im Prozeßkostenhilfeverfahren (BGH NJW 94, 1416; NJW-RR 94, 706); bindende Verweisungsbeschlüsse gem § 281 (BGH NJW 78, 888; NJW-RR 93, 1091; BayObLGZ 85, 398; 91, 242; NJW-RR 91, 188), gem § 102 GVG (vgl Frankfurt Rpfleger 80, 231), gem § 48 I Nr 1 ArbGG, §§ 17a II 3, 17b I GVG (s LAG Nürnberg BB 95, 2432) und der Verweisung gleichstehende bindende Abgabebeschlüsse (BayObLGZ 86, 287; NJW-RR 90, 1432 zu § 46 WEG); aber auch die Ablehnung der Übernahme des Rechtsstreits gegenüber dem verweisenden Gericht durch (unzulässige) Zurück- (BGH 102, 340 mN = NJW 88, 1794 = MDR 88, 470; NJW 90, 54; FamRZ 93, 49) oder Weiterverweisung (BGH NJW 64, 46), **nicht** dagegen gerichtsinterne Vorgänge wie formlose Ab- und Rückgabeverfügungen (BGH NJW-RR 95, 641 mwN = MDR 95, 739; 96, 254, stRspr; BayObLGZ 91, 281), namentlich vor Rechtshängigkeit (BGH NJW 80, 1281; NJW-RR 94, 323 und näher Rn 25), ferner nicht Verweisungsbeschlüsse wegen anderweitiger Rechtshängigkeit mit Rücksicht auf § 261 III Nr 1 (BGH NJW 80, 290) oder Aufhebungen und Zurückverweisungen gem §§ 539 f, 565 (s Rn 30). Der **Streit** der beteiligten Gerichte muß gerade die **Zuständigkeit** und darf nicht andere Fragen (zB die der Anhängigkeit der Sache) betreffen (Düsseldorf FamRZ 86, 821). 24

bb) „Rechtskräftige" Unzuständigerklärung. Die Unzuständigerklärung (Rn 24) muß unanfechtbar und verbindlich sein. Bei einem Urteil (vgl auch Beschluß gem §§ 17a II, IV 3, 17b I GVG) ist Eintritt der Rechtskraft erforderlich. Bei Verweisungs-(Abgabe-)beschlüssen folgt die Bindungswirkung idR aus einer bes gesetzlichen Vorschrift, zB § 281 II 5, § 102 S 2 GVG, § 46 I 3 WEG, § 18 I 3 HausrVO ua. Der Abgabebeschluß gem § 696 I ist aber für das Empfangsgericht nicht bindend (§ 696 V) und damit keine Entscheidung iS der Nr 6. In der **Rechtsmittelinstanz** sind nur durch Urteil unter gleichzeitiger Aufhebung des erstinstanzlichen Urteils erfolgte Abgaben bzw Verweisungen bindend (BGH NJW-RR 88, 1405 mwN = MDR 89, 41). Soweit im **Einzelfall** einem Verweisungsbeschluß ausnahmsweise keine Bindungswirkung zukommt (so bei willkürlicher oder mißbräuchlicher Verweisung und Verweisung unter Verletzung des rechtlichen Gehörs, vgl BVerfG 61, 37 = NJW 82, 2367; BGH 71, 72; 102, 341; NJW 89, 462 mwN = MDR 89, 142; NJW-RR 94, 322 und näher § 281 Rn 17), steht dies einer Bestimmung gem Nr 6 nicht entgegen, vielmehr ist die fehlende Bindungswirkung bei der Bestimmung des zuständigen Gerichts zu beachten (BGH NJW 89, 461 f = aaO; näher Rn 28). Ist die vorherige Anhörung zurecht unterblieben (zB wegen § 834; vgl auch § 37 Rn 3), liegt ein Fall dieser Ausnahme nicht vor (BayObLGZ 85, 400 = NJW-RR 86, 421). Im Rahmen der **entsprechenden Anwendung** der Nr 6 (vgl Rn 23) steht der Zuständigkeitsbestimmung die fehlende Bindungswirkung der Verweisungs(Abgabe-)beschlüsse nicht entgegen; vielmehr genügt die tatsächliche beiderseitige Kompetenzleugnung (BGH 104, 366 mwN = NJW 88, 2739 = MDR 88, 1029; NJW-RR 92, 579 mN; BayObLGZ 91, 388 mN; 94, 380). Erforderlich ist aber 25 zumindest, daß die Entscheidung den Verfahrensbeteiligten **bekannt gemacht** worden ist (BGH FamRZ 84, 37; 88, 1256 f; BayObLGZ 91, 388; 94, 380; Bamberg OLGZ 93, 473; vgl auch Rn 24).

26 **cc) Anhängiger Rechtsstreit.** Die Unzuständigkeitserklärung (Rn 24) muß in einem Rechtsstreit ergangen sein. „Rechtsstreit" setzt **Rechtshängigkeit** der Streitsache (§§ 253 I, 263 I) voraus, bloße Anhängigkeit genügt idR nicht (vgl BGH NJW 80, 1281; NJW-RR 94, 1282; 96, 254; Jauernig NJW 95, 2018 mN), anders aber im Mahnverfahren (BGH NJW 93, 2752; ie § 696 Rn 10). Im Rahmen der **entsprechenden Anwendung** der Nr 6 (vgl Rn 23) muß die Antragsschrift idR der Gegenpartei zugestellt (mitgeteilt) sein (BGH NJW 80, 1281; NJW-RR 91, 1346; 94, 645; 95, 514), ausnahmsweise nur ist die Zustellung entbehrlich (BGH NJW 83, 1062 = MDR 83, 466; BayObLGZ 91, 242 = NJW-RR 92, 569). Abzulehnen ist die Ansicht des BGH (NJW 83, 1062 = MDR 83, 466; zweifelnd Bornkamm NJW 89, 2720; Jauernig NJW 95, 2018), der nunmehr im Interesse der Vermeidung von Zuständigkeitsstreitigkeiten eine (vorläufige) Bestimmung bereits **vor Rechtshängigkeit** zuläßt, da verbindliche Entscheidungen über die Zuständigkeit noch gar nicht vorliegen und die Bestimmung unter Umständen fehlgeht. Zuzustimmen ist aber der Auffassung des BayObLG, das vom Erfordernis der Rechtshängigkeit dann eine Ausnahme zuläßt, wenn sonst eine baldige Beilegung des Zuständigkeitsstreits nicht erwartet werden kann (BayObLGZ 91, 242 = aaO). Soweit eine vorherige Mitteilung überhaupt zu unterbleiben hat (Beispiel: § 834), kann diese auch nicht im Bestimmungsverfahren verlangt werden (BayObLGZ 85, 400; vgl auch § 37 Rn 3). Der Rechtsstreit darf auch zum Zeitpunkt der Einleitung des Bestimmungsverfahrens **noch nicht abgeschlossen** sein, dh es muß noch eine gerichtliche Entscheidung zu treffen sein (BayObLGZ 96, 15); daran fehlt es zB, wenn im Mahnverfahren (dazu Rn 2) nur der erlassene Vollstreckungsbescheid (§§ 699, 700) noch – auch von Amts wegen (§ 699 IV) – zuzustellen ist (BAG NJW 83, 472).

27 **dd) Zuständigkeit** eines beteiligten Gerichts. Nach dem Wortlaut der Nr 6 muß eines der Gerichte, die sich für unzuständig erklärt haben (Rn 24) tatsächlich zuständig sein. Die Rspr läßt von diesem Erfordernis aus Gründen der Prozeßökonomie Ausnahmen zu, wenn ein drittes (am Kompetenzkonflikt nicht beteiligtes) Gericht ausschließlich zuständig ist und der erforderliche Verweisungsantrag bereits im Bestimmungsverfahren gestellt wird (BGH 71, 70 = NJW 78, 1163 = MDR 78, 650; NJW-RR; 93, 701; 94, 1282; vgl auch das weitere Beispiel oben Rn 5), jedoch besteht keine Ermittlungspflicht darüber, ob ein drittes Gericht zuständig ist (BGH NJW 95, 534 = MDR 95, 632; NJW-RR 95, 507; BayObLGZ 94, 112). An der Zuständigkeit eines der beteiligten Gerichte fehlt es nach Verweisung (Abgabe) im Mahnverfahren nach Erlaß des Mahnbescheids (BGH WM 89, 1910: Keine Zuständigkeit zum Erlaß des Vollstreckungsbescheids durch das gem § 689 II zuständige Gericht).

28 **d) Bestimmung des zuständigen Gerichts.** Zu bestimmen ist das wirklich zuständige Gericht (BVerfG 29, 49), wobei allerdings für Zweckmäßigkeitserwägungen Raum ist (BGH NJW 83, 1913 [1914] = MDR 83, 296 f; BayObLGZ 94, 121). Grenze: Art 101 I 2 GG (vgl Waldner MDR 84, 190). Im Bestimmungsverfahren sind aber nicht nur die allg Zuständigkeitsvorschriften, sondern auch verfahrensrechtliche Bindungswirkungen (§ 281 II 5) und Zuständigkeitsverfestigungen (§ 261 III Nr. 2)zu beachten (BayObLGZ 85, 389; 89, 238; 91, 389; 94, 113, stRspr; Bornkamm NJW 89, 2720 f); die Bindungswirkung des ersten Verweisungsbeschlusses wirkt daher im **Bestimmungsverfahren** fort (BGH NJW-RR 93, 1091; 94, 126; 95, 702; BAG 42, 63; NJW 96, 413; BayObLGZ 91, 389; NJW-RR 95, 635, stRspr); desgleichen ist (zB bei nachträglichem Wohnsitzwechsel) der Grundsatz der **perpetuatio fori** (§ 261 III Nr 2) zu beachten (BGH NJW-RR 94, 126; 95, 513; einschr BayObLG NJW-RR 95, 635 [636]). Allerdings geht die Bindungswirkung nicht über den Verweisungsgrund hinaus (vgl BGH NJW 64, 1417; BayObLG MDR 83, 322; NJW-RR 96, 956; § 281 Rn 16). Der **Bindungswille** des verweisenden Gerichts kann **beschränkt** sein (BAG NJW 93, 752 und 1879), zB bei übersehener Spezialzuständigkeit (zB gem § 29a; vgl Oldenburg MDR 89, 1002 Nr 74 mN), Gerichtsstandsvereinbarung (BayObLGZ 85, 390), bei nicht geprüfter örtlicher oder sachlicher Zuständigkeit (BayObLGZ 82, 383; 85, 389 f), zB gem §§ 797 V, 802 (BayObLGZ 82, 381 = MDR 83, 322 Nr 68; sa § 281 Rn 16) oder bei nicht geprüftem Rechtsweg (BAG NJW 93, 1879). **Offenbar gesetzeswidrige** oder **offensichtlich unrichtige Verweisungsbeschlüsse** sind aber im Bestimmungsverfahren nicht zu beachten (BGH 71, 72; BayObLGZ 91, 152; 96, 14; BAG NJW 96, 413; sa oben Rn 25 und § 281 Rn 14), so die Verweisung nach Erlaß einer Sachentscheidung (im Nachverfahren des Urkundenprozesses, vgl BGH NJW 76, 330; BAG NJW 72, 1216) und Verweisungsbeschlüsse, die unter Verletzung des Gebots des rechtlichen Gehörs ergangen sind (BVerfG 61, 37; BGH 71, 69 = NJW 78, 1163 = MDR 78, 650; 102, 341 = NJW 88, 1794; NJW 95, 534), Verweisungsbeschlüsse, die auf einem offensichtlichen Sachverhaltsirrtum (BAG BB 95, 628: Irrtum über die Belegenheit von Wohnsitz in bestimmtem Gerichtsbezirk) oder auf Willkür beruhen (BGH NJW-RR 90, 708; BayObLGZ 86, 287; 96, 16; BAG NJW 96, 413) oder zu Unrecht (vgl § 319) „berichtigt" worden sind (BGH NJW-RR 93, 700); unrichtige Rechtsanwendung allein schließt aber die Bindungswirkung nicht aus (BGH NJW-RR 94, 126; BayObLGZ 85, 391; 91, 389).

Als zuständiges Gericht kann uU auch ein am Kompetenzkonflikt nicht beteiligtes (drittes) ausschließlich zuständiges Gericht zu bestimmen sein (vgl Rn 27).

e) Fallgruppen einzelner Kompetenzkonflikte. Vgl zunächst oben Rn 23. **aa)** Zuständigkeits- 29
konflikte zwischen einzelnen **Spruchkörpern** desselben Gerichts. Nr 6, § 37 gelten entspr, wenn sich ZK und KfHS eines LG untereinander für unzuständig erklärt haben (Braunschweig NJW-RR 95, 1535 mwN; Nürnberg NJW 93, 3208; Gaul JZ 84, 65 mwN; hier § 102 GVG Rn 3); ferner im Verhältnis von Berufungskammer und erstinstanzlicher ZK desselben LG (Oldenburg NJW 73, 810); im Verhältnis von ZK und Kammer für Baulandsachen (Oldenburg MDR 77, 497); beim Amtsgericht im Verhältnis von Familiengericht zur allgemeinen Prozeßabteilung (vgl BGH 71, 270 = NJW 78, 1532 mwN; NJW-RR 90, 1026; Bamberg OLGZ 93, 473) oder zum Vollstreckungsgericht (BayObLG FamRZ 91, 213) oder zum Vormundschaftsgericht (BGH 78, 108; BayObLGZ 94, 92 mwN; Rpfleger 94, 415) oder einem sonstigen Gericht der freiwilligen Gerichtsbarkeit (vgl BGH 104, 365 mwN = NJW 88, 2739 = MDR 88, 1029; NJW 94, 2956; BayObLG NJW-RR 94, 1428) oder zwischen zwei Familiengerichten (Koblenz FamRZ 86, 366), zwischen LG (Zivilkammer) und Familiengericht (BGH NJW 83, 1913 = MDR 83, 296; BayObLGZ 91, 388 = NJW-RR 93, 10), beim Oberlandesgericht im Verhältnis zwischen allgemeinem Zivil- und Familiensenat (BGH 71, 264 = NJW 78, 1531 – grundlegend; NJW-RR 93, 1282; BayObLGZ 85, 100 mN; 85, 220 = NJW-RR 86, 7, stRspr; zur Bestimmungszuständigkeit des BayObLG in Familiensachen, in denen der Rechtszug zum BGH führt, s bereits mN Rn 4); zwischen Spezialsenat des OLG und auswärtigem (s § 116 II GVG) Zivilsenat (BayObLGZ 87, 406; 92, 7; 94, 120); zwischen Prozeß- und Vollstreckungsgericht (BGH NJW 82, 2070; BayObLGZ 89, 237 mN; s zur Zuständigkeitsfrage: § 788 Rn 19); zwischen Konkurs- und Gesamtvollstreckungsgericht (LG Göttingen Rpfleger 95, 309); **nicht** dagegen beim Zuständigkeitsstreit zwischen technischen und juristischen Beschwerdesenaten des **Bundespatentgerichts** (BGH MDR 72, 397); zuständig ist hier das Präsidium; Grund: Frage der Geschäftsverteilung. Ein Kompetenzkonflikt zwischen **einzelnen Richtern** desselben Gerichts (derselben Gerichtsabteilung) kann sich bei Streit über die Stichhaltigkeit einer Ablehnungsannahme im Fall des § 45 II 2 ergeben (Frankfurt FamRZ 89, 519, str).

bb) Streit über die Zuständigkeit im Instanzenzug. Grundsätzlich gelten auch hier die Vor- 30
schriften der Nr 5 und 6 (BGH NJW 79, 719 mwN; 85, 2537; FamRZ 85, 1242; BayObLGZ 79, 284; vgl Rn 22). **Keine** Zuständigkeitsbestimmung dagegen bei bloßen Meinungsverschiedenheiten zwischen Rechtsmittelgericht und Vorinstanz über die bindende Wirkung einer Aufhebung und Zurückverweisung (BGH NJW 94, 2957 = MDR 94, 1144; weiteres Bsp BGH NJW 79, 719 = MDR 79, 212; vgl dazu auch § 318 Rn 14[a]).

cc) Zuständigkeitskonflikte zwischen Gerichten verschiedener Verfahrensordnungen. Nr 6 31
findet entspr Anwendung im Verhältnis der ordentlichen Gerichte der streitigen Gerichtsbarkeit (auch der Familiengerichte) zu denen der **freiwilligen Gerichtsbarkeit** (BGH NJW 81, 126 betr Familiengericht – Vormundschaftsgericht; BayObLGZ 90, 234; 94, 380; sa 91, 151 betr LG – WEG-Gericht; – Konsequenz der beiderseits bindenden Abgabemöglichkeit bei echten Streitsachen, vgl BGH NJW 80, 2467; 84, 740 und Hamm MDR 83, 940 zu § 46 WEG).

dd) Zuständigkeitskonflikte zwischen Gerichten verschiedener Rechtswege. Da insoweit ein 32
gemeinsames höheres Gericht fehlt, ist das zur Entscheidung gem Nr 6 zuständige Gericht das **zuerst** darum angegangene oberste Bundesgericht (**Prioritätsgrundsatz;** stRspr der obersten Bundesgerichte, zB BGH 44, 14; NJW-RR 92, 59 mN; BAG 44, 246; NJW 93, 751 und 1878; 96, 413; BVerwG BB 93, 1246; vgl auch Rn 9 vor § 17 GVG). Seit dem 1. 1. 1991 ist (auch) das Verhältnis zwischen Zivil- und Arbeitsgerichtsbarkeit eines der Zulässigkeit des Rechtswegs (§ 48 I ArbGG iVm §§ 17 ff GVG; vgl dazu § 1 Rn 5; Rn 10 vor § 17 GVG). Zuständig zur Entscheidung von Kompetenzkonflikten zwischen Zivil- und Arbeitsgerichten ist daher sowohl der BGH als auch das BAG (s AP Nr 39). Der BGH kann im Einzelfall ein ArbG (BGH NJW 64, 1417), das BAG zB ein LG als zuständiges Gericht bestimmen. Die „Bestimmung" bindet (nur) hinsichtlich des Rechtswegs (vgl § 17a II 3 GVG und näher § 37 Rn 5; § 17a GVG Rn 12). Für Kompetenzkonflikte zwischen den übrigen Gerichtszweigen gilt entsprechendes, so daß im Verhältnis der Arbeits- zur Verwaltungsgerichtsbarkeit das BAG (BAG 23, 167 = NJW 71, 581; NJW 96, 413) und das BVerwG bzw im Verhältnis von Arbeits- und Sozialgerichtsbarkeit das BAG (BAG 44, 246 = NJW 84, 751) und das BSG iS der Nr 6 zur Bestimmung zuständig sind. **Abgrenzung:** Bei fehlendem *gemeinsamen* Rechtsweg für *Streitgenossen* scheidet eine Bestimmung des *ordentlichen* Rechtswegs aus (BGH NJW 94, 2032; Frankfurt NJW-RR 95, 319; s dazu Rn 14), **nicht** auch die des Arbeitsrechtswegs im Rahmen der Zusammenhangsklage gem § 2 III ArbGG (so BAG 72, 63).

37 *[Bestimmungsverfahren]*
(1) Die Entscheidung über das Gesuch um Bestimmung des zuständigen Gerichts kann ohne mündliche Verhandlung ergehen.

(2) Der Beschluß, der das zuständige Gericht bestimmt, ist nicht anfechtbar.

1 **1) Bestimmungsverfahren.** Vgl allgemein zur gerichtlichen Zuständigkeitsbestimmung § 36 Rn 6 ff. **a) Einleitung. aa)** Regelmäßig durch Antrag **(„Gesuch", I)**, schriftlich oder zu Protokoll der Geschäftstelle; der Antrag unterliegt nicht dem Anwaltszwang (allgM), für die Vollmacht gilt § 88 II. In den Fällen des § 36 Nr 3 und 4 sollte mit dem Gesuch ein Klageentwurf vorgelegt werden (Bornkamm NJW 89, 2715). **Antragsteller** kann sein: stets der Kläger oder ein Nebenintervenient, in den Fällen des § 36 Nr 1, 5 und 6 auch der Beklagte oder sein Streitgehilfe (Düsseldorf MDR 89, 646 zu Nr 6; nicht auch iü, vgl BGH NJW 90, 2751 mN = MDR 90, 987 zu Nr 3).

2 **bb) Von Amts wegen** durch Vorlage eines der am Kompetenzkonflikt beteiligten Gerichte in den Fällen des § 36 Nr 5 und 6 (nunmehr stRspr von BGH, BAG, BayObLG und zahlreichen OLG; so namentlich BGH NJW 79, 1048 mN; 85, 2537; BAG 42, 63; NJW 93, 751 und 1878; BayObLGZ 86, 286; 91, 151 und 242; Frankfurt NJW 93, 2448; Karlsruhe FamRZ 91, 90 mN; ebenso: MK/Patzina Rn 2; StJ/Schumann Rn 1; ThP § 36 Rn 2; Vollkommer Rpfleger 76, 176; 78, 62; aA zB BL/Hartmann § 36 Rn 7 mwN); aus Gründen der Prozeßökonomie gilt dies auch im Fall des § 36 Nr 3 (BayObLGZ 87, 290 mN = MDR 88, 60, str; aA BGH NJW-RR 91, 767 mN; Wieczorek/Schütze/Hausmann Rn 5); folglich besteht im Bestimmungsverfahren auch keine Bindung an den gestellen Antrag (Hamm FamRZ 80, 66, str; aA Bornkamm NJW 89, 2715; zweifelnd BayObLGZ 91, 347). Im Rahmen seines Zuständigkeitsbereichs ist auch der Rechtspfleger zur Vorlage befugt (BayObLGZ 85, 399 = Rpfleger 86, 98; Meyer-Stolte Rpfleger 90, 348 mN).

3 **b) Prüfung und Entscheidung.** Das Gericht prüft unter Anhörung des Gegners (Art 103 I GG; StJ/Schumann Rn 1; MK/Patzina Rn 5, str) bei fakultativer mündlicher Verhandlung und Freibeweis seine Zuständigkeit und das Vorhandensein der Voraussetzungen des § 36. Die allg Ausnahmen vom Grundsatz vorgängigen Gehörs in Vollstreckungs- und Eilsachen (vgl §§ 834, 921) gelten auch im Bestimmungsverfahren (vgl BayObLGZ 85, 400 = NJW-RR 86, 421 = Rpfleger 86, 98; vgl auch § 36 Rn 25, 26). Eine Amtsermittlung findet nicht statt (§ 36 Rn 10, 18, 27), ggf erfolgt eine Rückgabe an das vorlegende Gericht zur weiteren Aufklärung, uU iVm der Aufhebung eines ergangenen Verweisungsbeschlusses (vgl BGH NJW 95, 534 = MDR 95, 632, dazu krit Jauernig NJW 95, 2017). Die **Prozeßvoraussetzungen** und die Schlüssigkeit der zu erhebenden Klagen sind in diesem Verfahren noch nicht zu prüfen (§ 36 Rn 8); bei Zweifeln an der Prozeßfähigkeit des Antragstellers ist diese zu unterstellen (BGH NJW-RR 87, 757 = MDR 87, 558; Bornkamm NJW 89, 2715, jeweils mwN, str; aA 15. Aufl). Der vor Klagezustellung ergangene Beschluß ist dem Antragsteller formlos mitzuteilen (§ 329 II). Wird die Klage zugestellt, ist beglaubigte Beschlußabschrift beizufügen. Erging der Beschluß nach Klageerhebung: Übersendung an beide Parteien. War mündliche Verhandlung angeordnet: Verkündung (§ 329 I 1), keine Zustellung; keine **Kostenentscheidung** bei Bestimmung, da die Kosten des Verfahrens nach § 36 solche der Hauptsache sind (str, vgl Schmidt AnwBl 84, 552); bei Zurückweisung oder Zurücknahme des Gesuchs ergeht dagegen Kostenentscheidung nach § 91 oder § 269 III entspr (BGH NJW-RR 87, 757 = MDR 87, 735).

4 **c) Anfechtung (II) und Nachprüfung.** Gegen die Zurückweisung des Gesuchs durch das LG besteht die einfache Beschwerde (§ 567 I, nicht beim OLG: § 567 III 1). Gegen den bestimmenden Beschluß gibt es keine Beschwerde des Prozeßgegners **(II)**. Wenn der Bestimmungsbeschluß unter Verletzung des rechtlichen Gehörs (Art 103 I GG; Rn 3) ergangen ist, wird man ausnahmsweise seine Anfechtung zulassen müssen (so Waldner, Der Anspruch auf rechtliches Gehör, 1989, Rn 525; MK/Patzina Rn 7, str; vgl auch BGH NJW-RR 94, 1213 = MDR 95, 522 und allg § 567 Rn 18 ff).

5 Das als zuständig bestimmte Gericht (und das ihm übergeordnete [Beschwerde-]Gericht: BayObLG Rpfleger 87, 125) ist an den Beschluß **gebunden** (BGH FamRZ 80, 671; zum – uU beschränkten – Umfang der Bindungswirkung vgl Jauernig NJW 78, 1271 gegen – zu weitgehend – AG Lübeck NJW 78, 649) und auch im Prozeß zur Nachprüfung der Gerichtsstandsbestimmung nicht befugt (RG 86, 404); eine materielle Bindungswirkung besteht nicht (Köln MDR 89, 70). Soweit der **Bindungswille** des bestimmenden Gerichts **beschränkt** ist, ist aber das „bestimmte" Gericht an der – erneuten – Überprüfung seiner Zuständigkeit nicht gehindert (vgl Schimpf AnwBl 85, 500 mN; Beispiel: München NJW-RR 86, 1189; aA Bornkamm NJW 89, 2723); das gleiche gilt, wenn der erhobenen Klage ein anderer Tatbestand oder ein anderes Rechtsverhältnis zugrundegelegt ist als im Gesuch angegeben oder eine andere Klage als die dem bestimmenden Gericht vorgelegt, erhoben ist (München NJW-RR 88, 128 = MDR 87, 851). Der Rechtswegbestimmung (§ 36 Rn 32) kommt keine weitergehende Bindung als einem Verweisungsbeschluß (s § 17a II 3 GVG) zu (BAG MDR 93, 57; NJW 94, 1815 Nr 29; vgl dazu auch § 17a GVG Rn 12, 13);

keine Bindung tritt auch bei einer Überschreitung der Zuweisungskompetenz ein (vgl Fiebig NZA 95, 17; § 36 Rn 6).

2) **Rechtsfolgen a) des Antrags.** Die Einreichung des Gesuchs unterbricht, wenn binnen drei Monaten nach Entscheidung hierüber Klage erhoben wird, Verjährung und Ersitzung, §§ 210, 941 BGB. Das Gesuch steht auch einer Klageerhebung iS des § 215 II BGB mit der sich aus § 210 BGB ergebenden Einschränkung (Klageerhebung binnen drei Monaten nach Gesuchserledigung) gleich (BGH 53, 270). 6

b) **der Entscheidung.** Das bestimmte Gericht wird durch den Beschluß zuständig, entgegenstehende „rechtskräftige" Zuständigkeitsentscheidungen iS von § 36 Rn 25 werden wirkungslos. Die bei einem beteiligten, nicht für zuständig erklärten Gericht bereits eingetretene Rechtshängigkeit (im Fall des § 36 Nr 3 sind die Klagen gegen die – späteren – Streitgenossen bereits erhoben, vgl § 36 Rn 16) geht auf das für zuständig erklärte über (StJ/Schumann § 36 Rn 2; nicht gesehen von Düsseldorf in Rpfleger 77, 142; zutr aber Rpfleger 78, 184). 7

3) **Aktenordnung** § 39 Nr 6. 8

4) **Gebühren: a)** des **Gerichts:** keine; Beschwerde (Rn 4) KV 1906; **b)** des **Anwalts:** § 37 Nr 3 BRAGO; ist er nicht ProzBev: § 56 BRAGO. 9

Dritter Titel

VEREINBARUNG ÜBER DIE ZUSTÄNDIGKEIT DER GERICHTE

Vorbemerkungen

I) Neufassung der §§ 38–40, Anwendungsbereich, Abgrenzung

1) Durch die am 1. 4. 1974 in Kraft getretene sog **Gerichtsstandsnovelle** (Einl Rn 9) sind die §§ 38–40 völlig neu gestaltet und durch weitere „flankierende" Vorschriften (unten Rn 9) abgesichert worden. Die Neuregelung kennt nur noch **vier** im einzelnen genau umschriebene Fälle von noch zugelassenen Gerichtsstandsvereinbarungen (§ 38 Rn 17–38). Einen weiteren – fünften – Fall der zugelassenen Prorogation bildet die Gerichtsstandsvereinbarung in Tarifverträgen (§ 38 Rn 40). Zur individuellen Prorogation in Arbeitssachen s § 38 Rn 41. 1

2) **Anwendungsbereich.** Die §§ 38–40 gelten in jedem der ZPO unterliegenden Verfahren, nicht nur im Urteils-, sondern auch im Beschlußverfahren, etwa betreffend eine einstweilige Verfügung (München NJW 52, 67; ThP Rn 3 vor § 38; Wieczorek/Schütze/Hausmann Rn 1, 102). Im arbeitsgerichtlichen Verfahren sind die §§ 38 ff nur noch von geringer praktischer Bedeutung (vgl § 38 Rn 40, 41). **Sondervorschriften:** § 7 II HaustürWG; § 26 II FernUSG (Anh nach § 29b Rn 3). 2

3) **Abgrenzung.** Die §§ 38–40 gelten nicht für die in **rechtlich normierten Vertragsbedingungen** enthaltenen Gerichtsstandsbestimmungen. Hierher gehören die in den „Allgemeinen Versorgungsbedingungen" (Zusammenstellung: § 12 Rn 7) enthaltenen, nicht der AGB-Kontrolle unterliegenden (BGH 100, 8 mN) besonderen „Gerichtsstände" für zum prorogationsfähigen Personenkreis (vgl § 38 Rn 10) gehörige Kunden als Beklagte; übereinstimmender Wortlaut von je § 34 AVBEltV usw (aaO): 3–7

„(1) Der Gerichtsstand für Kaufleute, die nicht zu den in § 4 des Handelsgesetzbuchs bezeichneten Gewerbetreibenden gehören, juristische Personen des öffentlichen Rechts und öffentlich-rechtliche Sondervermögen ist am Sitz der für den Kunden zuständigen Betriebsstelle des . . .-versorgungsunternehmens.

(2) Das gleiche gilt, 1. wenn der Kunde keinen allgemeinen Gerichtsstand im Inland hat oder 2. wenn der Kunde nach Vertragsschluß seinen Wohnsitz oder gewöhnlichen Aufenthalt aus dem Geltungsbereich dieser Verordnung verlegt oder sein Wohnsitz oder gewöhnlicher Aufenthalt im Zeitpunkt der Klageerhebung nicht bekannt ist."

II) Grundsatz des Prorogationsverbots

1) **Zweck.** Nach den §§ 38–40 aF galt bis zum 31. 3. 1974 (Rn 1) in vermögensrechtlichen Angelegenheiten bei Fehlen eines ausschließlichen Gerichtsstands der Grundsatz der Prorogationsfreiheit. Stark erleichtert wurde der Abschluß von Gerichtsstandsvereinbarungen weiter durch den Grundsatz der Formfreiheit (BGH 59, 29). Unter dem früheren Rechtszustand war es zu schweren Mißständen gekommen, da durch die Aufnahme von Gerichtsstands-(Erfüllungsort-)klauseln in AGB und Formularverträge der gesetzliche Regelgerichtsstand bei nahezu sämtlichen Massengeschäften des täglichen Lebens zum Nachteil des Verbrauchers durch einen dem 8

Unternehmer günstigen (meist seinem Firmensitz entsprechenden) „vereinbarten" Gerichtsstand ersetzt worden ist. Im „vereinbarten" Gerichtsstand endete eine überdurchschnittlich hohe Zahl von Verfahren durch VU, von denen erfahrungsgemäß ein beträchtlicher Teil nicht der materiellen Rechtslage entsprach. Die Gerichtsstandsnovelle (Rn 1) hat den Grundsatz der Prorogationsfreiheit beseitigt; an seine Stelle getreten ist ein **grundsätzliches Prorogationsverbot** (BGH NJW 83, 159 [162]; StJ/Bork Rn 2 vor § 38). Mit ihm erstrebt das Gesetz die Wiederherstellung der – in der Rechtswirklichkeit weitgehend beiseite geschobenen – gesetzlichen Zuständigkeitsordnung. Ebenfalls beseitigt ist der Grundsatz der Formfreiheit. Soweit Gerichtsstandsvereinbarungen überhaupt noch zugelassen sind, gilt grundsätzlich strenger **Formzwang** (§ 38 II und III); lediglich im Rahmen von § 38 I ist noch „stillschweigende" Prorogation möglich.

9 2) **Bedeutung.** Der Grundsatz des Prorogationsverbots ist im Gesetz nicht ausdrücklich ausgesprochen. Er ergibt sich aus der Beseitigung der §§ 38, 39 aF (Rn 8) und der Ausnahmeregelung des § 38 (Rn 1). Das Verbot ist **zwingend** und **unabdingbar;** es hat Gerechtigkeitsgehalt (BGH 101, 275 = NJW 87, 2867 = MDR 88, 33; krit zur Regelung: Bettermann ZZP 91, 392 f; Jauernig § 11 II). Nach allgM können Gerichtsstandsklauseln in AGB im Wege der Unterlassungsklage nach § 13 AGBG einer gerichtlichen Überprüfung zugeführt werden (BGH 101, 271 = aaO). Der Grundsatz gilt für die Vereinbarung der **örtlichen** und **sachlichen** Zuständigkeit (München MDR 75, 494, arg a §§ 39 S 2, 504), die **positive** und die **negative** Prorogation (zu diesen Begriffen vgl § 38 Rn 2). Auch die Vereinbarung der **internationalen** Zuständigkeit ist vielfachen Schranken unterworfen (vgl § 38 Rn 2, 14, 30), so daß es zweifelhaft erscheint, ob insoweit noch von einem Grundsatz der Parteiautonomie gesprochen werden kann (zum Problem: Gottwald, FS Firsching, 1985, S 89, 95 ff). Das grundsätzliche Prorogationsverbot bewirkt eine starke Aufwertung des **allgemeinen Gerichtsstands,** insbesondere der §§ 12, 13. Dieser wird durch eine Reihe von gleichzeitig eingeführten **Schutzvorschriften** gesichert bzw gewährleistet. Durch Abschluß einer Erfüllungsortsvereinbarung können die Wirkungen einer unzulässigen Prorogation nicht erreicht werden (§ 29 II mit Rn 26). Die rügelose Einlassung zur Hauptsache begründet im Parteiprozeß keine Zuständigkeit, wenn die vorgeschriebene Belehrung über die örtliche und sachliche Unzuständigkeit unterblieben war (§§ 39 S 2, 504 Rn 2). Die bloße Behauptung einer Gerichtsstands-(Erfüllungsorts-)vereinbarung reicht im Säumnisverfahren zur Zuständigkeitsbegründung nicht mehr aus (§ 331 I 2, Rn 6). Umgehungen durch (pseudo-)internationale Zuständigkeitsvereinbarungen verhindert die Schranke gem § 38 II 3.

38 *[Die noch zugelassenen Fälle von Gerichtsstandsvereinbarungen]*

(1) Ein an sich unzuständiges Gericht des ersten Rechtszuges wird durch ausdrückliche oder stillschweigende Vereinbarung der Parteien zuständig, wenn die Vertragsparteien Kaufleute, die nicht zu den in § 4 des Handelsgesetzbuchs bezeichneten Gewerbetreibenden gehören, juristische Personen des öffentlichen Rechts oder öffentlich-rechtliche Sondervermögen sind.

(2) Die Zuständigkeit eines Gerichts des ersten Rechtszuges kann ferner vereinbart werden, wenn mindestens eine der Vertragsparteien keinen allgemeinen Gerichtsstand im Inland hat. Die Vereinbarung muß schriftlich abgeschlossen oder, falls sie mündlich getroffen wird, schriftlich bestätigt werden. Hat eine der Parteien einen inländischen allgemeinen Gerichtsstand, so kann für das Inland nur ein Gericht gewählt werden, bei dem diese Partei ihren allgemeinen Gerichtsstand hat oder ein besonderer Gerichtsstand begründet ist.

(3) Im übrigen ist eine Gerichtsstandsvereinbarung nur zulässig, wenn sie ausdrücklich und schriftlich

1. nach dem Entstehen der Streitigkeit oder

2. für den Fall geschlossen wird, daß die im Klageweg in Anspruch zu nehmende Partei nach Vertragsschluß ihren Wohnsitz oder gewöhnlichen Aufenthaltsort aus dem Geltungsbereich dieses Gesetzes verlegt oder ihr Wohnsitz oder gewöhnlicher Aufenthalt im Zeitpunkt der Klageerhebung nicht bekannt ist.

I) Allgemeines

1 1) **Allgemeine Zulässigkeitsvoraussetzungen** für Zuständigkeitsvereinbarungen (Rn 1a) sind: **a) Vermögensrechtliche Streitigkeit** (§ 40 II und dort Rn 2; § 546 Rn 2); **b) bestimmtes Rechtsverhältnis** (§ 40 I und dort Rn 3); **c) bestimmtes (bestimmbares) Gericht** (Rn 13); **d) Fehlen eines ausschließlichen Gerichtsstands** (§ 40 II und dort Rn 5 f) oder eines besonderen **Prorogationsverbots** (Rn 9).

1a 2) **Einzelne Fälle** von zugelassenen Gerichtsstandsvereinbarungen: Rn 17–41.

II) Vereinbarung über die Zuständigkeit der Gerichte (Prorogation)

1) Begriff. Prorogation ist die Vereinbarung (Rn 5 ff) zwischen den Parteien (Rn 10) eines künftigen oder gegenwärtigen Rechtsstreits über die Zuständigkeit (Rn 3) eines erstinstanzlichen Gerichts (Rn 13). 1b

2) Arten. Durch die Prorogation können (fehlende) Gerichtsstände begründet und vorhandene abbedungen werden. Die **positive** Prorogation begründet die Zuständigkeit eines Gerichts, die **negative** schließt sie aus **(Derogation).** Zum Ausschluß der Widerklagezuständigkeit vgl § 33 Rn 30. Kombination von positiver und negativer Prorogation ist zulässig. Wird neben der (positiven) Vereinbarung eines bestimmten Gerichtsstandes die Zuständigkeit aller übrigen (an sich zuständigen) Gerichte ausgeschlossen, ist **ausschließliche Zuständigkeit** vereinbart (Rn 14; § 40 Rn 7); jedoch kann auch nur ein (zusätzlicher) **fakultativer** (kumulativer) **Gerichtsstand** geschaffen werden. Auslegungsfrage, was im Einzelfall als gewollt anzunehmen ist (Rn 14). Der Ausschluß der Zuständigkeit sämtlicher Gerichte, ohne daß noch ein zuständiges Gericht verbliebe, ist unzulässig (vgl StJ/Bork Rn 19b ff; eine Würdigung als Fall des vertraglichen Ausschlusses der Klagbarkeit [vgl dazu StJ/Bork Rn 63] ist idR nicht gewollt; ie unten Rn 30). Die **nationale Prorogation** betrifft nur die Zuständigkeit der (untereinander gleichwertigen) innerstaatlichen Gerichte, unberührt läßt sie die inländische Gerichtsbarkeit. Die **internationale Prorogation** betrifft die internationale Zuständigkeit und damit die Entscheidungskompetenz der innerstaatlichen Gerichte überhaupt („Gerichtsbarkeitsvereinbarung"). Sie ist jetzt abweichend von der nationalen Prorogation geregelt (Rn 23 ff). Bei Vorliegen ihrer Voraussetzungen kann – unter Abdingung an sich gegebener inländischer Gerichtsstände – die Zuständigkeit des ausländischen Gerichts auch als **ausschließliche** vereinbart werden (BGH 49, 124 = NJW 68, 356 = ZZP 82, 302 mit Anm Walchshöfer 304; zusammenfassend zu internationalen Zuständigkeitsvereinbarungen hier IZPR Rn 25, 26; 61–90; zu Einzelfragen sa unten Rn 5, 14, 30. 2

3) Gegenstand der Prorogation kann sein: die **örtliche**, die **sachliche** und die **internationale Zuständigkeit** (dazu näher Rn 14). **Nicht vereinbart** werden kann die Zuständigkeit eines besonderen Gerichts (§ 14 GVG); ferner nicht der Rechtsweg (zB ordentlicher, Verwaltungs- oder Arbeitsrechtsweg), die funktionelle Zuständigkeit (BGH VersR 77, 430), insbesondere der Instanzenzug, die Geschäftsverteilung, insbes ein bestimmter einzelner Spruchkörper des Gerichts (s Lüke FS Baumgärtel, 1990, S 352 mN), die freiwillige, statt der streitigen Gerichtsbarkeit und umgekehrt. – In Patentstreitsachen kann nur ein als Patentgericht bestelltes Landgericht vereinbart werden (BGH 8, 16 = NJW 53, 262); für Binnenschiffahrtssachen: BGH 3, 308; Landwirtschaftssachen: BGH LM § 1 LVO Nr 6. 3

4) Rechtsnatur. Die Prorogation ist **Prozeßvertrag**, denn sie hat ausschließlich prozessuale Wirkungen und ihre Voraussetzungen sind weitgehend durch das Prozeßrecht geregelt (§§ 38–40; auch § 1025 II entspr). Daß dieses in gewissem Umfang durch den verwendeten Begriff der „Vereinbarung" auf das materielle Recht verweist (vgl Rn 5 ff), steht einer prozessualen Qualifizierung nicht entgegen (ebenso: StJ/Bork Rn 44; RSchwab/Gottwald § 37 I 1; Jauernig § 11 IV; ThP Rn 2 vor § 38; Wieczorek/Schütze/Hausmann Rn 11; Geimer NJW 71, 324, Rüßmann VersR 87, 228, str; aA – für die vorprozessuale Prorogation – BGH 49, 384; 57, 75; 59, 27; BGH NJW 71, 323; BL/Hartmann Rn 4; MK/Patzina Rn 10, 12; für internationale Vereinbarungen vermittelnd Gottwald, FS Henckel, 1995, S 295; offenlassend BAG NJW 84, 1320 = AP Nr 12 Internationale Zuständigkeit mit Anm Beitzke; wie hier BGH 99, 147 für § 1025: Prozeßvertrag; sa § 1025 Rn 3). 4

5) Abschluß und Wirksamkeit. Zustandekommen und **Rechtsbeständigkeit** des Prorogationsvertrags richten sich, soweit nicht die zwingenden prozeßrechtlichen Vorschriften eingreifen (vgl Rn 4, aber auch Rn 17 ff), weitgehend nach materiellrechtlichen Vorschriften (BGH NJW 83, 2772 [2773]; §§ 145 ff; 119, 123; 134, 138 BGB, ergänzt durch §§ 2 ff, 9, 24 AGBG). Bei **Auslandsbeziehung** gilt bei *Vereinbarung* der Zuständigkeit eines deutschen Gerichts grundsätzlich die lex fori (BGH 59, 26; NJW 89, 1432; 94, 262), jedoch ist im Rahmen der Verweisung auf das materielle Recht (vgl Rn 4) auch Anwendung ausländischen Rechts als *lex causae* möglich (vgl BGH 49, 387; 59, 27; hierzu näher IZPR Rn 26). Auch ein wirksamer *Ausschluß* der deutschen internationalen Zuständigkeit ist nur bei Wahrung der Prorogationsform (§§ 38 II, III; 40) „beachtlich" (BGH NJW 89, 1431 = MDR 89, 335), die Wirksamkeit der Zuständigkeitsvereinbarung selbst kann sich auch nach ausländischem (materiellem oder Prozeß-) Recht richten (BGH 99, 208 = NJW 87, 1145; NJW 89, 1432 = aaO); die Art 27 IV, 31 I EGBGB sind anwendbar (BGH 99, 210; NJW 89, 1432). Bei AGB-Vereinbarung kann uU das AGBG „zu berücksichtigen" sein (vgl § 12 AGBG; s auch Gottwald, FS Firsching, 1985, S 97). Für die **Fähigkeit** zum vorprozessualen Abschluß gelten §§ 108 f BGB, nicht § 52 (MK/Patzina Rn 10; Gottwald, FS Henckel, 1995, S 306, str). 5

Stellvertretung ist zulässig (§§ 164 ff BGB gelten, nicht § 78, auch bei Vereinbarung für Rechtsstreit im Zuständigkeitsbereich des LG); durch Auslegung zu ermitteln ist, ob die Vollmacht zum Abschluß eines materiellrechtlichen Vertrags auch zum Abschluß einer Gerichtsstandsvereinba- 6

rung ermächtigt (StJ/Bork Rn 47; Wieczorek/Schütze/Hausmann Rn 17, jeweils gegen München NJW 74, 195 mit Anm Vollkommer).

7 **Gesetzliche Vertretung** ist möglich, jedoch dürfte bei Abschluß durch einen Ehegatten die Gerichtsstandsvereinbarung nicht gegen den anderen wirken, da sie nicht zu den Geschäften zur angemessenen Deckung des Lebensbedarfs gehört (vgl § 1357 BGB, str; wie hier AG München MDR 62, 572, aA LG Düsseldorf NJW 66, 553). Gerichtsstandsvereinbarung **zugunsten Dritter** ist möglich (EuGH NJW 84, 2760 zu Art 17 EuGVÜ; allg Geimer NJW 85, 533; zur Schriftform vgl Rn 27).

8 Die Prorogation unterliegt teilweise dem **Formzwang** (Schriftform; schriftliche Bestätigung; Ausdrücklichkeit; vgl Abs **II, III;** § 26 II FernUSG [Anhang nach § 29b]; Art 17 EuGVÜ); greifen die genannten besonderen Formvorschriften nicht ein, ist der Abschluß formfrei möglich (Koblenz BB 83, 1635), auch wenn für den Hauptvertrag eine Form vorgeschrieben ist (RG 140, 149, str). **Mängel:** Aus § 139 BGB folgt, daß eine Gerichtsstandsvereinbarung auch für den Streit über die Nichtigkeit oder das Zustandekommen des Vertrags gilt, dessen Bestandteil sie ist (BGH LM Nr 4; KG BB 83, 213; OLGR München 95, 118, stRspr), dagegen nicht bei Streit gerade über die Wirksamkeit der Gerichtsstandsklausel selbst (ThP Rn 30). Die Gerichtsstandsvereinbarung bedarf grundsätzlich **nicht** der Form des **Hauptvertrags** (vgl BGH 69, 265 f).

9 Ein **Verbot** von den Niederlassungsgerichtsstand gem § 21 ausschließenden Vereinbarungen enthält § 53 III KWG (vgl § 21 Rn 1; weitere Prorogations- und Derogationsschranken: Rn 30; § 32 Rn 18). Gerichtsstandsklauseln in **Allgemeinen Geschäftsbedingungen** sind im nicht kaufmännischen Verkehr gem § 9 AGBG unwirksam. § 38 hat Gerechtigkeitsgehalt und zählt zu den wesentlichen Grundgedanken einer gesetzlichen Regelung iSd § 9 II Nr 1 AGBG (BGH 101, 275 mwN = NJW 87, 2867 = MDR 88, 33; StJ/Bork Rn 56a; Ulmer/Brandner/Hensen, AGBG 7. Aufl, Anh §§ 9–11 Rn 400; Wolf/Horn/Lindacher, AGBG, 3. Aufl, § 9 Rn G 139 ff; Palandt/Heinrichs § 9 AGBG Rn 87; LG Düsseldorf NJW-RR 95, 411). Die Unwirksamkeit kann auch im Wege einer Unterlassungsklage gem § 13 AGBG geltend gemacht werden (Rn 9 vor § 38). Bereits wegen mangelnder Bestimmtheit ist die Klausel „Gerichtsstand ist X, soweit dies gesetzlich zulässig ist" unwirksam (LG München BB 79, 702); zum vollkaufmännischen Verkehr s Rn 22.

9a **Satzungsmäßige** „Vereinbarung" von Gerichtsstandsklauseln ist uU möglich (BGH 123, 349 = NJW 94, 52 = MDR 94, 148 im Anschluß an EuGH NJW 92, 1671 zu Art 17 EuGVÜ; krit Wieczorek/Schütze/Hausmann Rn 89: § 1048 entspr); die Bestimmtheit (§ 40 I) ist bei Beschränkung insbes auf mitgliedschaftsrechtliche Streitigkeiten, die Prorogationsform durch die Satzung gewahrt (ie BGH, EuGH aaO); Bedeutung: § 17 Rn 13.

10 **6) Parteien, Rechtsnachfolger.** Unbeschränkt prorogationsbefugt sind nur Vollkaufleute und diesen Gleichgestellte (Abs **I**). An die Zuständigkeitsvereinbarung gebunden sind außer den vertragsschließenden Parteien auch deren (Gesamt- oder Sonder-)Rechtsnachfolger. Dies gilt auch dann, wenn diese nicht zum Kreis der uneingeschränkt prorogationsfähigen Personen gehören und daher selbst die Vereinbarung nicht hätten abschließen können (Köln NJW-RR 92, 571; StJ/Bork Rn 7a; aA LG Trier NJW 82, 286; MK/Patzina Rn 19); der Grund hierfür liegt darin, daß es für das Vorliegen der subjektiven Voraussetzungen der Vereinbarung (nur) auf den Zeitpunkt ihres Abschlusses ankommt (Rn 19). An die Zuständigkeitsvereinbarung gebunden ist daher der Erbe, Zessionar (BGH NJW 80, 2023), Konkursverwalter und Pfändungsgläubiger; die Prorogation im Vertrag mit der OHG wirkt gegen den persönlich haftenden Gesellschafter (sa BGH MDR 91, 737 zu § 1027), die im Vertrag gem § 328 BGB für den begünstigten Dritten (Rn 7). **Nicht** dagegen **bindet** die Prorogation selbständig akzessorisch Haftende, wie Bürgen (auch im Fall des § 773 Nr 1 BGB). Schuld-(mit-)übernehmer (deshalb Prorogationsform für Beitritt erforderlich: Geimer NJW 86, 1439), Garanten und den gem § 179 I BGB in Anspruch genommenen vollmachtslosen Vertreter, ferner nicht Streitgenossen (vgl BGH 68, 359; MDR 91, 737; § 1025 Rn 51, sämtl zu Schiedsklausel).

11 **7) Zeitpunkt. a) Vorprozessual** uneingeschränkt zulässig ist die Prorogation nur in den Fällen der Abs **I, II** und **III Nr 2;** insoweit ist Abschluß bereits mit dem Hauptvertrag möglich. Im übrigen ist die Zeitschranke gem Abs **III Nr 1** zu beachten (Rn 33).

12 **b) Nach Rechtshängigkeit** ist die Prorogation auf das angegangene oder ein anderes Gericht nur zulässig, solange das angegangene Gericht (noch) nicht zuständig (geworden) ist (BGH NJW 76, 626; BAG BB 74, 1124; Grund: § 261 III Nr 2). Ist dagegen die Klage beim zuständigen Gericht erhoben worden (oder ist es nach § 39 zuständig geworden), so wird es durch die nachträgliche Prorogation eines anderen nicht mehr unzuständig (BGH NJW 53, 1140; 63, 585 = JZ 63, 754 mit zust Anm Zeuner; NJW-RR 94, 126 f; hier § 261 Rn 12, hM, str; **aA** LG Flensburg SchlHA 79, 39; MK/Lüke § 261 Rn 93 mwN; einschr BayObLG NJW-RR 95, 635 [636, vgl Rn 12a]; zweifelnd Jauernig NZA 95, 13 mwN). Aus dem gleichen Grund kann auch die nachträgliche Prorogation die Wirkung der Verweisung (§ 281) nicht beseitigen (München OLGZ 65, 187; MK/Patzina Rn 13; hier § 281 Rn 17; **aA** Düsseldorf NJW 61, 2355; Oldenburg MDR 62, 60; MK/Lüke aaO). Eine

Ausnahme zur Korrektur offensichtlich unrichtiger Verweisungsbeschlüsse (dafür LG Aurich NdsRpfl 79, 147) erübrigt sich wegen deren Unverbindlichkeit (vgl BayObLGZ 91, 152; § 36 Rn 28; § 281 Rn 14). Erläßt das Gericht in der unrichtigen Annahme, die Zuständigkeit könne noch durch eine Gerichtsstandsvereinbarung nach Rechtshängigkeit beseitigt werden, einen Verweisungsbeschluß, ist dieser aber bindend (Düsseldorf OLGZ 76, 475).

c) Die zeitlichen Schranken gem Rn 12 gelten nicht für die Prorogation **nach Anhängigkeit** (s Rn 5 vor § 688) der Sache. Nach Einleitung im Mahnverfahren und **vor** Abgabe der Sache ist noch Prorogation auf ein „anderes" (als das im MB genannte) Gericht durch übereinstimmenden Abgabeantrag möglich (§§ 696 I 1 HS 2; 700 III 1 HS 2); dann ist auch noch **nach Abgabe** trotz §§ 696 III, 261 III Nr 2 noch eine Verweisung möglich (so BayObLG NJW-RR 95, 635 = MDR 95, 312); ist VB ergangen, dürfte trotz §§ 700 II, 261 III Nr 2 gleiches gelten (arg § 700 III 1, Fall 2); sa § 696 Rn 3; § 700 Rn 12. 12a

8) Inhalt und Auslegung. a) Zuständiges Gericht. Die Einigung muß sich auf ein **bestimmtes** oder zumindest **bestimmbares** (StJ/Bork Rn 61 und Fußn 205) erstinstanzliches (Rn 3) Gericht beziehen. Dies ist bei Anknüpfung des Gerichtsstands am Sitz eines Vertragspartners (zB Verfrachter) zu bejahen, mag auch die Person des Vertragspartners aus der Vereinbarung (zB Konossement) allein nicht eindeutig bestimmbar sein (Bremen VersR 85, 987); ausreichend ist auch die Anknüpfung an den Sitz einer Prozeßpartei (LG Frankfurt RIW 86, 543); möglich ist auch eine *alternative ausschließliche Zuständigkeit* von zwei Gerichten je nach der Person des Vertragspartners (BGH NJW-RR 86, 1311). Ob dem Bestimmtheitserfordernis bei Vereinbarung des noch unbestimmten Wohnsitzes eines künftigen Zessionars als Gerichtsstand genügt ist, ist zweifelhaft (bejahend: Hamm NJW 55, 995; Düsseldorf JMBl NRW 58, 130; Frankfurt MDR 65, 582; str; aA LG Kiel NJW 55, 995; LG Nürnberg-Fürth NJW 64, 1138). Das Bestimmtheitsgebot schließt die Vereinbarung von **Wahlgerichtsständen** (zuständig ist das LG X oder das LG Y je nach Wahl einer Partei) nicht aus. Steht das Wahlrecht dem späteren Beklagten zu, so hat ihn der Kläger vor Klageerhebung aufzufordern, dieses Recht in angemessener Frist auszuüben (BGH NJW 83, 996 = BB 83, 278 = MDR 83, 466). Die einseitige (freie) Bestimmung des Gerichtsstands kann dagegen einer Vertragspartei nicht überlassen werden (Karlsruhe OLGZ 1973, 479 = Justiz 73, 389 = Betrieb 74, 184). 13

b) Art der Zuständigkeit: Die Parteien können vereinbaren, daß ein Gericht **ausschließlich oder neben** dem gesetzlich zuständigen Gericht zuständig sein soll (Rn 2). Ausnahme: § 40. Was gewollt ist, ist im Einzelfall durch Auslegung zu ermitteln (Bamberg NJW-RR 89, 371). Nach der Rspr des RG und des BGH spricht eine Vermutung weder für die Ausschließlichkeit der Zuständigkeit des prorogierten Gerichts noch gegen sie (RG 159, 254; BGH 59, 119 = NJW 72, 1671; BGH LM Nr 6; BAG NJW 70, 2180; München RIW 86, 382; StJ/Bork Rn 62; str; aA ThP Rn 32). Auch bei **internationalen** Gerichtsstandsvereinbarungen besteht keine Vermutung zugunsten der Ausschließlichkeit (hier IZPR Rn 80 mwN, str). Ein vereinbarter Klägergerichtsstand schließt aber im Zweifel eine Klage am Sitz im Land des Beklagten nicht aus (Bamberg NJW-RR 89, 371; OLGR Frankfurt 96, 95; im Einzelfall aA Frankfurt RIW 85, 71; vgl auch Art 17 III EuGVÜ). Eine (wirksam) vereinbarte ausschließliche Zuständigkeit ist auch dann zu verneinen, wenn das Urteil des prorogierten Gerichts im Staat des derogierten Forums mangels Verbürgung der Gegenseitigkeit nicht anerkannt wird (München MDR 57, 45; aA BGH 49, 124; Saarbrücken NJW-RR 89, 828). Allgemein darf die **Derogation** der inländischen Zuständigkeit nicht zu einer Rechtsverweigerung führen (instruktiv: BAG NJW 79, 1119; vgl auch Rn 30). Durch Auslegung ist auch der **Umfang** der Prorogation zu ermitteln; zur Einbeziehung konkurrierender deliktischer Ansprüche s § 40 Rn 4. Auslegungsfrage ist ferner, inwieweit sich die Vereinbarung (allein) der Zuständigkeit für die klageweise Geltendmachung einer Forderung auf einen (davon verschiedenen) **Widerklagegerichtsstand** und auf die Zulässigkeit der **Aufrechnung** vor einem anderen Gericht auswirkt (dazu näher Rn 42). 14

c) Konkurrenz von Zuständigkeitsvereinbarung mit Schiedsklausel: BGH 52, 30; sa § 1025 Rn 73. 15–16

III) Gerichtsstandsvereinbarung in Handelssachen („vollkaufmännische" Prorogation), Abs I

Grund der Ausnahme vom Prorogationsverbot (Rn 8 f vor § 38): Mangelnde Schutzwürdigkeit des beteiligten Personenkreises (Köln NJW-RR 92, 571). Zur Anwendbarkeit bei internationaler Prorogation vgl Rn 25. 17

1) Personenkreis. Unbeschränkt prorogationsfähig sind Vollkaufleute, jur Personen des öffentlichen Rechts und öffentlich-rechtliche Sondervermögen (vgl § 50 Rn 15). Vollkaufleute sind Einzelpersonen, die ein Grundhandelsgewerbe iS des § 1 II HGB in kaufmännischer Weise (vgl § 4 HGB) betreiben, ferner die Handelsgesellschaften (OHG, KG, AktG, GmbH, eG; § 6 HGB) und die übrigen Vollkaufleute gem §§ 2, 3 II, 5 HGB. Ausgenommen aus der Regelung des Abs I sind damit die Minderkaufleute, also Gewerbetreibende, deren Betrieb nach Art und Umfang einen in 18 kaufmännischer Weise eingerichteten Geschäftsbetrieb nicht erfordert, § 4 HGB. Nicht unter Abs I fallen ferner die nicht eingetragenen Scheinkaufleute (Vollkommer Rpfleger 75, 34; aA Frankfurt BB 74, 1366 = MDR 75, 232; Lindacher ZZP 96, 486 [504]). Die persönlich haftenden Gesellschafter einer OHG sind auch in eigener Person Vollkaufleute (StJ/Bork Rn 4; MK/Patzina Rn 14), nicht dagegen die Kommanditisten (Baumbach/Duden, HGB, § 161 Anm 2 B mwN). Einzelfragen erörtert Kornblum ZHR 138, 484 ff.

19 Kein gesetzliches Merkmal ist die Eintragung als Kaufmann ins Handelsregister. Auch der nicht eingetragene Vollkaufmann kann daher „kaufmännisch" prorogieren. Zum erforderlichen Nachweis der Kaufmannseigenschaft vgl Rn 43, 45 und § 331 Rn 6. Maßgeblicher **Zeitpunkt** für Vorliegen der Kaufmannseigenschaft: Abschluß der Gerichtsstandsvereinbarung (Köln NJW-RR 92, 571 mwN). Unerheblich ist auch, ob die Gerichtsstandsvereinbarung ein Handelsgeschäft (§§ 343, 344 HGB) betrifft oder nicht (hM, vgl Häuser JZ 80, 761 mwN, str).

20 2) **Vereinbarung.** Sie ist **formfrei** möglich und kann daher ausdrücklich oder stillschweigend, gleichzeitig mit und im Hauptvertrag oder als besondere Abrede getroffen werden. Nicht erforderlich ist, daß die Prorogation für beide Teile ein Handelsgeschäft (Rn 19).

21 Eine **stillschweigende Vereinbarung** ist nur dann anzunehmen, wenn die übereinstimmende Willensmeinung irgendwie (durch schlüssige Handlungen) nach außen erkennbar geworden ist. Beispiele: Schlüssige Bezugnahme auf AGB des Rechtsvorgängers (vgl Koblenz BB 83, 1635); Folgebestellung im Rahmen von laufender Geschäftsbeziehung bei früherer Gerichtsstandsvereinbarung (vgl LG Dortmund NJW-RR 87, 959); vorbehaltslose Leistungsentgegennahme nach durch Gerichtsstandsklausel modifiziertes Angebot iS von § 150 II BGB (LG Rottweil NJW-RR 92, 688); aus ausdrücklicher (positiver) Prorogation folgt – stillschweigende – Derogation an sich gegebener Zuständigkeiten (BGH MDR 85, 911 = WM 85, 1509). Ist überhaupt nicht erkennbar, daß die Zuständigkeitsfrage in den Kreis der Erwägungen getreten ist, so kann man nicht auf eine stillschweigende Vereinbarung schließen (Lindemann DR 39, 453 = Anm zu RG 159, 254). Bei der Auslegung der Willenserklärung können **Handelsbräuche** (§ 157 BGB; § 346 HGB; § 24 S 2, HS 2 AGBG; vgl nunmehr auch Art 17 I 2 nF EuGVÜ) heranzuziehen sein. Beispiel: Nach Handelsbrauch gilt beim waggonweisen Handel mit Importobst im Verhältnis zwischen dem am Großmarkt München ansässigen Verkäufer (Importeur) und einem durch einen Münchener Fruchtagenten vertretenen auswärtigen Käufer München als zuständigkeitsbegründender Ablieferungsort (stRspr der Münchener Gerichte, zB München, Urt v 30. 4. 1969 – 7 U 1428/68). Wo ausnahmsweise **Schweigen** als Willenserklärung gilt, genügt auch dieses. Beispiel: Schweigen auf kaufmännisches Bestätigungsschreiben (BGH NJW 71, 323 mit Anm Geimer; zur Abgrenzung von der „Auftragsbestätigung" vgl LG Rottweil NJW-RR 92, 688; zur „schriftlichen Bestätigung" einer Gerichtsstandsvereinbarung vgl Rn 28).

22 Beim Vertragsschluß unter Verwendung von **Allgemeinen Geschäftsbedingungen** und **Vertragsformularen** ist für den Personenkreis des Abs **I** die beschränkende Formvorschrift des § 2 AGBG nicht anzuwenden, wenn die Gerichtsstandsvereinbarung ein Handelsgeschäft ist (§ 24 S 1 Nr 1 AGBG); für die Einbeziehung gelten die allg Grundsätze (BGH NJW-RR 90, 958). Im Hinblick auf ihre Verbreitung sind Gerichtsstandsklauseln idR nicht überraschend iS von § 3 AGBG (Hamm NJW 95, 2499, im Erg bedenklich; vgl dagegen LG Bielefeld NJW 93, 2691). **Einzelfragen:** Im Verkehr mit einem Spediteur gilt kraft stillschweigender Unterwerfung die Gerichtsstandsklausel gem **ADSp** § 65b (AG Köln RIW 86, 384; allg BGH 96, 138; Abgrenzung zu Abs II: BGH NJW 85, 560). Auch im vollkaufmännischen Verkehr genügen aber bloße *Fakturenvermerke* (Gerichtsstandsklausel auf kaufmännischer Rechnung) nicht (Karlsruhe NJW-RR 93, 567), auch nicht bei ständiger Geschäftsverbindung (Karlsruhe aaO, str). Die Gerichtsstandsvereinbarung in VOB-Bauverträgen gem **VOB/B** § 18 (dazu BGH 94, 158 = NJW 85, 2090 = RIW 85, 649) dürfte auch bei einem vollkaufmännischen Auftraggeber idR unwirksam sein, da Bauunternehmer wegen § 2 HGB idR nicht zum prorogationsfähigen Personenkreis gehören (vgl zB Köln RIW 84, 315). Eine Gerichtsstandsklausel in einem nur schwer zu entziffernden Klauselwerk (Kleinstdruck) wird aber auch gegenüber einem Kaufmann nicht Vertragsinhalt (BGH NJW-RR 86, 1311 mN, gegen Überspannung aber Rüßmann VersR 87, 229). Die wirksam einbezogene (vgl aber §§ 3, 24 AGBG) Gerichtsstandsklausel unterliegt jedoch der **Inhaltskontrolle** (vgl § 24 S 2 HS 1 AGBG), insbes gem § 9 II Nr 1 AGBG iVm §§ 12 ff (BGH NJW 83, 1322 mwN; Köln ZIP 89, 1068; LG Karlsruhe JZ 89, 691 mwN und NJW 96, 1417 mwN; LG Düsseldorf NJW-RR 95, 441). Dies führt jedoch nicht schon im Hinblick auf den Gerechtigkeitsgehalt des allgemeinen Gerichtsstands (§ 12 Rn 2) dazu, daß die im Handelsverkehr seit langem gebräuchlichen AGB-Gerichtsstände am Sitz des Verwenders stets oder doch idR unwirksam wären (so aber im Erg LG Karlsruhe JZ 89, 690 und NJW 96, 1417, dagegen mit Recht die hM, vgl Karlsruhe NJW 96, 2041; Hensen EWiR 96, 5; LG Köln NJW-RR 90, 420). Im Rahmen der Interessenabwägung gem §§ 9, 24 AGBG sind auch die Wertungen in den zahlreichen besonderen Gerichtsständen, die vielfach zu einer Bevorzugung des Klägers führen, zu berücksichtigen (etwa Ort der Vertragsanbahnung,

-durchführung, -abwicklung; Schwerpunkt der vertraglichen Beziehungen der Parteien; Art des geltend gemachten Anspruchs u dgl). Beim gebräuchlichen Gerichtsstand am Sitz des Verkäufers (Lieferanten, Unternehmers; zulässig: Karlsruhe NJW 96, 2041; Schiller NJW 79, 637; Stuhlfauth WM 94, 103; StJ/Bork Rn 10, hM; **aA** LG Karlsruhe JZ 89, 690 und NJW 96, 1417, dagegen zutr Karlsruhe aaO; Ulmer/Brandner/Hensen, AGBG, 7. Aufl, Anh §§ 9–11 Rn 402; Hensen EWiR 96, 5: arg Abwehr-AGB im vollkaufmännischen Verkehr) werden im Klägergerichtsstand idR Vergütungsansprüche für bereits erbrachte Leistungen geltend gemacht, der Kläger ist daher als (idR) vorleistender Teil prozessual schutzwürdig (vgl auch die Wertung aus Art 59 EKG; Art 57 CISG, dazu § 29 Rn 25 „Kaufvertrag" aE). Die Rspr versagt AGB-Gerichtsstandsklauseln die Anerkennung bei Fehlen jeglicher Beziehung zum Prorogationsort oder bei evident unsachlicher Anknüpfung. **Beispiele:** Wahl eines Gerichts, das weder zum Hauptsitz noch zur Niederlassung des Verwenders oder des Kunden in Beziehung steht (LG Konstanz BB 83, 1372; Karlsruhe NJW 82, 1950); Wahl eines entfernten Gerichts, obwohl zwischen den Parteien ein gemeinsamer gesetzlicher Gerichtsstand (Sitz im gleichen LG-Bezirk) besteht (Köln ZIP 89, 1068); beim Leasingvertrag Wahl eines Gerichts, dessen Ort weder der Ort des Herstellers, des Leasingnehmers, der Vertragsanbahnung noch der Lage des Leasingguts ist (AG München NJW-RR 87, 241).

IV) Gerichtsstandsvereinbarung in Auslandssachen („internationale" Prorogation), Abs II

1) Allgemeines. a) Zweck. Der Ausnahmetatbestand des Abs **II** wurde im Interesse der Erleichterung des internationalen Rechtsverkehrs geschaffen. Vorbild der Regelung ist Art 17 EuGVÜ 1968 (nunmehr idF des 3. BeitrittsÜbk 1989). Die zu dieser Vorschrift (aF zu beachten) ergangene Rspr kann daher auch zur Auslegung des Abs II verwertet werden (so BGH 116, 81 = NJW 93, 1071 = MDR 92, 181, zust Bork ZZP 105, 337; näher Rn 27). 23

b) Abgrenzung zur „europäischen" Prorogation nach dem EuGVÜ. Dieses Abkommen (dazu die Kommentierung im Anh) geht den allgemeinen ZPO-Vorschriften – auch dem späteren § 38 II – als **Spezialregelung** vor (allgM, vgl zB BGHZ 82, 114 f; BGH NJW 80, 2023; Saarbrücken NJW 92, 987; Anh Art 17 GVÜ Rn 12). Abs II (und auch Abs I: vgl dazu Rn 25) findet daher im Anwendungsbereich des Art 17 EuGVÜ keine Anwendung (vgl dazu näher Anh Erl zu Art 1, 3, 17 GVÜ). Unanwendbar sind daher insbes die Formerleichterungen für Vollkaufleute nach Abs **I** (Karlsruhe NJW 82, 1950 mwN) sowie die Beschränkung des Abs **II 3** (LG München I NJW 75, 1607). 24

c) Abgrenzung zur vollkaufmännischen Prorogation (Abs I). Nach der im Schrifttum überwiegend vertretenen Ansicht stellt Abs II keine abschließende Sonderregelung für die internationale Zuständigkeitsvereinbarung dar; der unbeschränkt prorogationsfähige Personenkreis (Rn 18) soll vielmehr auch gem Abs I (also stillschweigend und formlos, vgl Rn 20, 21) internationale Zuständigkeitsvereinbarungen treffen können (so Saarbrücken NJW-RR 89, 829; Schack Rn 438; MK/Patzina Rn 23; StJ/Bork Rn 11; Wieczorek/Schütze/Hausmann Rn 43; hier IZPR Rn 25); demgegenüber sieht die Gegenansicht in Abs I mit seiner Anknüpfung an den (ausländischen Rechten vielfach unbekannten) Kaufmannsbegriff eine auf den inländischen Geschäftsverkehr beschränkte Regelung und wendet Abs II auch auf internationale Zuständigkeitsvereinbarungen von Vollkaufleuten an (so AG Berlin-Charlottenburg NJW 75, 502; Wolf/Horn/Lindacher, AGBG, Anh § 2 Rn 98; offen Karlsruhe NJW-RR 93, 568), jedenfalls soweit es um die **Derogation** einer gegebenen inländischen internationalen Zuständigkeit geht (so Nürnberg NJW 85, 1296 f mN, auch zur aA). Im Hinblick auf die besondere Tragweite der internationalen Prorogation und im Interesse einer Harmonisierung der Form der internationalen Prorogation sollten die Formerfordernisse des Abs II als Mindestform der internationalen Zuständigkeitsvereinbarung auch bei einem Abschluß durch Vollkaufleute **entsprechend** angewendet werden (vgl Vollkommer Rpfleger 74, 134; Wolf/Horn/Lindacher, AGB-Gesetz, 3. Aufl, § 2 Anh Rn 119 ff; abl Saarbrücken NJW-RR 89, 829; offen Karlsruhe NJW-RR 93, 568; für Art 17 EuGVÜ s Rn 24). 25

2) Anwendungsbereich und Personenkreis, maßgeblicher Zeitpunkt. Alleiniger Anknüpfungspunkt der Regelung ist der Wohnsitz (Sitz) der vertragschließenden Parteien (Domizilprinzip). Dagegen spielen Staatsangehörigkeit und Kaufmannseigenschaft keine Rolle. Auch Minder- und Nichtkaufleute können in der erleichterten Form des Abs II prorogieren (LG München I NJW 75, 1606 zu Art 17 EuGVÜ). Voraussetzung hierfür ist lediglich, daß mindestens eine der Vertragsparteien bei Vertragsschluß im Inland keinen allgemeinen Gerichtsstand (§§ 12 ff, 17) hat. Hat eine Partei neben einem Auslandswohnsitz zusätzlich *auch* einen inländischen Wohnsitz, ist Abs II nicht anwendbar (BGH NJW 86, 1439). Unerheblich ist, ob besondere inländische Gerichtsstände (§§ 20 ff) bestehen (vgl aber Rn 29). Als Vertragsparteien kommen daher nur in Frage: (Mindestens) eine Partei mit Wohnsitz (Sitz) im Ausland und eine Partei (oder mehrere Parteien) mit Wohnsitz (Sitz) im Inland oder mehrere Parteien, die sämtlich ihren Wohnsitz (Sitz) im Ausland haben. Keine Anwendung findet Abs II auf die internationale Prorogation, wenn sämtliche vertragschließenden Parteien (auch erst bei Rechtshängigkeit) ihren (einen) allgemeinen Gerichtsstand im Inland haben (vgl OLGR Düsseldorf 95, 241; BL/Hartmann Rn 21; aA Wieczorek/Schütze/Hausmann Rn 47; Art 17 EuGVÜ Rn 11). Dann gilt bei Beteiligung von Nicht-(Minder-)kauf- 26 leuten Abs III Nr 1 (so auch BGH aaO). Zur entsprechenden Anwendung von Abs II bei Beteiligung lediglich von Vollkaufleuten vgl Rn 25.

27 **3) Vereinbarung. a) Form:** „Schriftlich" oder „mündlich mit schriftlicher Bestätigung" **(Abs II S 2)**, sog **halbe Schriftlichkeit** genügt. **aa) Schriftform** verlangt nicht unbedingt Einhaltung des § 126 BGB (zutr Bork ZZP 105, 337; MK/Patzina Rn 31, hM; offen BGH 116, 80 mwN = aaO [23]), denn Abs II ist Art 17 EuGVÜ nachgebildet (vgl Rn 23); Schriftwechsel der Parteien (vgl § 127 S 2 BGB) reicht aus (vgl Samtleben NJW 74, 1595 mN; Bork aaO; BGH WM 94, 1090 = RIW 94, 509 zu Art 17 EuGVÜ). Das Formgebot schließt die Verwendung von **AGB**, in denen sich eine Gerichtsstandsklausel befindet, an sich nicht aus (zu den an die drucktechnische Gestaltung zu stellenden Mindestanforderungen vgl BGH NJW 83, 2772). In diesem Fall liegt aber eine „schriftlich abgeschlossene" Zuständigkeitsvereinbarung nur vor, wenn der (von beiden Parteien unterzeichnete) Vertragstext eine **ausdrückliche Bezugnahme** auf die (auf der Rückseite der Vertragsurkunde abgedruckten oder dieser beigefügten) AGB enthält (EuGH NJW 77, 494; BGH MDR 77, 1013; NJW 94, 2700 = aaO; Hamm NJW-RR 95, 188 – sämtl zu Art 17 EuGVÜ; allg Nürnberg NJW 85, 1296; zu eng Düsseldorf NJW 91, 1492; dazu krit Thomsen-Guth IPRax 91, 303 f); eine **stillschweigende Unterwerfung** unter AGB genügt für Abs II niemals (BGH NJW 85, 560 für ADSp). Bei Bezugnahme im Vertragstext auf frühere Angebote, die ihrerseits auf AGB mit Gerichtsstandsklausel verweisen, ist die Schriftlichkeit nur dann gewahrt, wenn der Hinweis ausdrücklich erfolgt ist und die Partei ihm bei Anwendung normaler Sorgfalt nachgehen kann (EuGH NJW 77, 494; BGH RIW/AWD 77, 649). Bei der Zuständigkeitsvereinbarung zugunsten eines Dritten genügt Einhaltung der Schriftform durch die vertragsschließenden Parteien (EuGH NJW 84, 2760; Geimer NJW 85, 533).

28 **bb) Schriftliche Bestätigung** ist eine schriftliche Erklärung, die eine bereits zeitlich früher mündlich getroffene (vgl **II 2**) Zuständigkeitsvereinbarung voraussetzt, auf diese inhaltlich (auch pauschal) Bezug nimmt (BGH 116, 81 = aaO [Rn 23]), die der anderen Partei zugehen muß und der letztere nicht widersprochen haben darf. Die Bestätigung kann von jeder Partei vorgenommen werden, nicht erforderlich ist, daß sie gerade vom späteren Beklagten ausgeht (BGH 116, 82 = aaO; sa Anh Art 17 GVÜ Rn 6). **Nicht** ausreichend ist daher das Schweigen auf eine „Auftragsbestätigung", mit der *erstmals* eine Gerichtsstandsklausel enthaltende AGB eingeführt werden (vgl EuGH NJW 77, 495; BGH NJW 94, 2700 = MDR 95, 29; vgl auch Anh Art 17 Rn 9 f). Dagegen genügt als „Bestätigung" ein Schriftstück iS eines (echten) handelsrechtlichen Bestätigungsschreibens, auf das der Empfänger geschwiegen hat (Kropholler Art 17 Rn 42; Schmidt RIW 92, 177 – jeweils für Art 17 nF, str; vgl BGH WM 95, 859 [862] = [jeweils nur LS] NJW 96, 872 = MDR 95, 519 – Vorlagebeschluß). Im Interesse einer einheitlichen Prorogationsform (Rn 25), sollte auch die Interpretation des Art 17 nF, die im wesentlichen eine Klarstellung bringt (Kropholler/Pfeifer, aaO, S 162) auf den unverändert gebliebenen Abs **II** übertragen werden (abl Wieczorek/Schütze/Hausmann Rn 57).

29 **b) Inhalt:** Grundsätzlich kann der internationale Gerichtsstand frei gewählt werden. Nur wenn eine Partei einen allgemeinen Gerichtsstand im Inland hat und eine inländische Zuständigkeit begründet werden soll, besteht keine Wahlfreiheit; dann muß an das Gericht angeknüpft werden, bei dem die inländische Partei ihren allgemeinen oder einen besonderen Gerichtsstand hat **(Abs II S 3)**. Durch die zum Schutz des inländischen Verbrauchers eingeführte Vorschrift soll verhindert werden, daß das inländische Prorogationsverbot durch Gerichtsstandsvereinbarungen in Scheinauslandsgeschäften mit Briefkastenfirmen umgangen wird. Daneben kommt auch eine **Inhaltskontrolle** gem § 9 AGBG (Rn 22) in Frage (vgl Landfermann RIW/AWD 77, 448; Ulmer/Brandner/Hensen, AGBG, 7. Aufl, Anh §§ 9–11 Rn 401; Karlsruhe NJW 82, 1950; aA hM zu Art 17 EuGVÜ, vgl Kropholler Art 17 Rn 17). Eine Gerichtsstandsvereinbarung des Inhalts, daß jede Partei vor ihrem Wohnsitzgericht zu verklagen ist, ist möglich (BGH NJW 79, 2478).

30 Eine internationale Gerichtsstandsklausel kann uU wegen **Verstoßes gegen die guten Sitten** (§ 138 BGB), wegen **Rechtsmißbrauchs** (§ 242 BGB; § 1025 II entspr) oder **inhaltlicher Unangemessenheit** (§ 9 AGBG) unwirksam sein (vgl BGH NJW 83, 2772 f; Bremen VersR 85, 987 f; Gottwald, FS Firsching, 1985, S 96 f); sie unterliegt insoweit der **Inhaltskontrolle** (vgl Rn 5, 29); dabei ist allerdings Zurückhaltung geboten (insoweit zutr LG Karlsruhe NJW 96, 1418). Beispiele: Derogation des inländischen Gerichtsstands für Ansprüche aus vorsätzlicher sittenwidriger Schädigung (vgl Hamburg RIW/AWD 82, 669); Bestimmung eines Gerichts, das den Rechtsstreit nicht entscheiden will oder kann; Gerichtsstandsvereinbarung zur Umgehung zwingender Schutzvorschriften des inländischen Rechts, zB des Termineinwands der nicht börsentermingeschäftsfähigen Partei (BGH NJW 84, 2037; Frankfurt NJW-RR 93, 306; vgl auch München NJW-RR 93, 701 [zu § 1025]; einschr Kropholler Art 17 Rn 19). Allgemein darf eine internationale Gerichtsstandsvereinbarung, insbes die Derogation der inländischen Zuständigkeit, nicht einem Verlust des Rechtsschutzes gleichkommen (Gottwald, FS Firsching, 1985, S 98; StJ/Bork Rn 13a, 19b ff, 75; BGH AWD 74, 222; BAG NJW 79, 1119; Bremen VersR 85, 988); vgl IZPR Rn 64, 84.

V) Gerichtsstandsvereinbarung nach Streitentstehung („nachträgliche" Prorogation), Abs III Nr 1

1) **Personenkreis.** Unter Abs III Nr 1 fallen alle Personen, die nicht vollkaufmännisch prorogieren können, also zB Privatpersonen, Minderkaufleute, Personengemeinschaften ohne Rechtsfähigkeit (BGB-Gesellschaft, nichtrechtsfähiger Verein) sowie die juristischen Personen des Privatrechts, die nicht bereits kraft ihrer Form Kaufleute sind (vgl § 6 HGB), also namentlich die eingetragenen Idealvereine. Der schutzbedürftige Personenkreis ist im Gesetz allgemein umschrieben, auf Schutzbedürfnis im Einzelfall kommt es nicht an. Nur beschränkt prorogationsfähig ist daher auch ein RA, Wirtschaftsprüfer usw; ie Kornblum ZHR 138, 486 ff. 31

2) **Vereinbarung** (übereinstimmend: § 26 II Nr 1 FernUSG, s Anh § 29b). Durch die Anforderungen an Form, Abschlußzeitpunkt und notwendigen Inhalt soll gewährleistet werden, daß Gerichtsstandsvereinbarungen nur noch in voller Kenntnis ihrer Tragweite und ohne Ausnutzung von wirtschaftlicher, sozialer oder „intellektueller" Überlegenheit durch einen Partner zustande kommen. 32

a) **Zeitschranke:** Abschluß „nach Entstehen der Streitigkeit". Der frühestzulässige Zeitpunkt liegt notwendig **nach** dem des Abschlusses des Hauptvertrags, aber schon **vor** dem der Rechtshängigkeit (bei späterer Vereinbarung ist Rn 12, 12a zu beachten). „Entstanden" ist eine Streitigkeit, sobald die Parteien über einen bestimmten Punkt des Hauptvertrags uneins sind und ein gerichtliches Verfahren unmittelbar oder in Kürze bevorsteht (vgl Vollkommer Rpfleger 74, 132; Wolf ZZP 88, 346; aA MK/Patzina Rn 33: Bestehen konkreter Meinungsverschiedenheiten über Recht oder Rechtsverhältnis; BL/Hartmann Rn 34: irgendeine Unsicherheit genügt; bedenklich). Die Zeitschranke hat zur Folge, daß die Gerichtsstandsvereinbarung nicht zugleich mit dem Hauptvertrag (BGH NJW 86, 1439), sondern nur noch als Sondervereinbarung getroffen werden kann (einschr Geimer NJW 86, 1439 für den Fall eines Vergleichs). Zeitliche Schranken bestehen auch (allg) **nach** Eintritt der Rechtshängigkeit (Erlaß eines VB): Rn 12, 12a. 33

b) **Form:** „Schriftliche" Vereinbarung verlangt Schriftform iS des § 126 BGB (ebenso MK/Patzina Rn 34; aA BL/Hartmann Rn 33 mN; StJ/Bork Rn 32; RSchwab/Gottwald § 37 I 3). Formzwecke sind Warnung und Übereilungsschutz, ferner Sicherung einer Beweisurkunde (vgl § 331 Rn 6). Das Gebot „ausdrücklicher" Vereinbarung erschöpft sich nicht in dem Verbot stillschweigender Prorogation. Ausdrücklichkeit verlangt vielmehr, daß der Inhalt des Prorogationsvertrags (zuständiges Gericht; bestimmtes Rechtsverhältnis) in der Prorogationsurkunde selbst klar und eindeutig niedergelegt ist (Ausdrücklichkeit iSv „Unmißverständlichkeit" – in anderem Zusammenhang BGH 104, 238). Die Urkunde soll auch den Zeitpunkt der Streitentstehung und ihrer Errichtung erkennen lassen (vgl Rn 33). Durch bloße Bezugnahme auf eine in AGB enthaltene Gerichtsstandsklausel kann die Vereinbarung nicht getroffen werden (BGH NJW 83, 1320 [1322]; Rn 9). 34

c) **Stellvertretung.** Bevollmächtigte müssen durch eine Vollmacht ausgewiesen sein, die speziell zum Abschluß der Gerichtsstandsvereinbarung legitimiert (Vollkommer NJW 74, 196 und Rpfleger 74, 133; vgl Rn 6). 35

VI) Hilfsweise Gerichtsstandsvereinbarung („subsidiäre" Prorogation), Abs III Nr 2

1) **Voraussetzungen.** a) **Fälle** (alternativ). (1) Nachträgliche Verlegung des (zZ des Abschlusses des Hauptvertrags im Inland gelegenen) Wohnsitzes (§ 13) oder gewöhnlichen Aufenthaltsorts (§ 16) ins Ausland. Grund: Besondere Schutzwürdigkeit des Klägers, dem bei reinem Inlandsgeschäft die erschwerte Rechtsverfolgung im Ausland nicht zuzumuten ist. Die Regelung ist auf Vertragsabschlüsse mit Gastarbeitern zugeschnitten. (2) Nachträglicher unbekannter Wohnsitz (Aufenthalt). Grund der Zulassung der Prorogation in diesem Fall ist die mangelnde Schutzwürdigkeit des Beklagten. **Sondervorschriften** (sie gelten auch bei ausschließlichem Gerichtsstand): Rn 39. 36

b) Die **Vereinbarung** muß schriftlich und ausdrücklich getroffen werden, die Fälle des Abs III Nr 2 (**„Zukunftsklausel"**) müssen ausdrücklich bezeichnet sein, uneingeschränkte Formulierung genügt nicht (LAG Düsseldorf Rpfleger 84, 360 mwN = BB 85, 340). Verwendung von Formularvordrucken ist zulässig, jedoch müssen die Voraussetzungen gem Rn 34 („schriftlich" usw) erfüllt sein (Stuttgart NJW-RR 87, 1076). 37

2) **Rechtsfolgen:** „Subsidiäre" Zuständigkeit, allgemeiner Gerichtsstand (§§ 13, 16) geht vor. Der vereinbarte **Hilfsgerichtsstand** greift daher nur ein, wenn der zZ des Abschlusses des Hauptvertrags gegebene (inländische) allgemeine Gerichtsstand nachträglich entfallen ist. 38

3) **Sondervorschriften:** § 7 II HaustürWG, § 26 II Nr 2 FernUSG; vgl dazu Anh nach § 29b. 39

VII) Gerichtsstandsvereinbarung in Arbeitssachen

1) **Zuständigkeitsvereinbarungen in Tarifverträgen („kollektive" Prorogation).** § 48 II ArbGG läßt die tarifvertragliche Prorogation eines (an sich örtlich unzuständigen) Arbeitsgerichts für 40

bürgerliche Rechtsstreitigkeiten von tarifgebundenen Parteien aus dem Arbeitsverhältnis zu und ermöglicht damit eine einheitliche Auslegung von Tarifverträgen durch Konzentration aller Rechtsstreitigkeiten bei *einem* Arbeitsgericht. Die Beschränkungen gem § 38 II, III gelten nicht (§ 48 II 3 ArbGG), so daß sich die tarifvertragliche Zuständigkeit auch auf *künftige* Rechtsstreitigkeiten beziehen kann. Einzelheiten: Germelmann/Matthes/Prütting § 48 Rn 30 ff; Grunsky § 48 Rn 14 ff.

41 2) **Zuständigkeitsvereinbarungen in Einzelverträgen („individuelle" Prorogation).** Auch in **Arbeitssachen** ist ferner eine **einzelvertragliche** Vereinbarung über die örtliche und internationale Zuständigkeit gem § 46 ArbGG in Verb mit § 38 II, III möglich (s allg Vollkommer RdA 74, 214). Das EuGVÜ findet auch auf Arbeitsverhältnisse Anwendung (LAG Rheinland-Pfalz NZA 85, 540), so daß Art 17 vorgeht (Rn 24; Anh Art 17 GVÜ Rn 12). Das BAG stellt bei internationalen Zuständigkeitsvereinbarungen (auch im Anwendungsbereich von § 38 II, III) an die Derogation der inländischen Zuständigkeit (auch gem § 23) strenge Anforderungen (vgl BAG NJW 79, 1119 mit Anm Geimer JZ 79, 648; BAG NJW 84, 1320 = AP Nr 12 Internationale Zuständigkeit mit Anm Beitzke; ArbG Hamburg BB 80, 1695; LAG Düsseldorf Rpfleger 84, 360 sowie EuGH RIW/AWD 80, 285).

VIII) Rechtsfolgen der Zuständigkeitsvereinbarung

42 1) a) **Klageforderung.** Die **Zuständigkeit** ist entweder **fakultativ** (tritt neben bestehende Gerichtsstände, § 35 gilt) oder **ausschließlich** (bestehende Zuständigkeiten werden verdrängt; gesetzlicher Fall: Art 17 I EuGVÜ) oder **subsidiär** (inländischer allgemeiner Gerichtsstand geht vor; gesetzlicher Fall: Abs III Nr 2, vgl Rn 38). Was gewollt ist, bestimmt der Prorogationsvertrag und ist ggf durch dessen Auslegung (§§ 133, 157 BGB) zu ermitteln (vgl Rn 14). **b) Gegenforderungen.** In der Vereinbarung eines (ausschließlichen) Gerichtsstands für die klageweise Geltendmachung einer Forderung kann zugleich der Ausschluß eines (davon verschiedenen) **Widerklagegerichtsstands** liegen (Auslegungsfrage: Rn 14; näher Wieczorek/Schütze/Hausmann Rn 96); die gleichwohl erhobene Widerklage ist dann unzulässig (BGH NJW 81, 2644; NJW-RR 87, 228; vgl dazu auch § 33 Rn 30). Die Zuständigkeitsvereinbarung kann auch für die von ihr erfaßte Forderung als **Aufrechnungsverbot** vor dem unzuständigen Gericht auszulegen sein (Rn 14; näher Wieczorek/Schütze/Hausmann Rn 99 mwN; sa § 145 Rn 20). Ist das Heimatgericht eines Vertragspartners als ausschließlich zuständig vereinbart, soll der Einwand der Aufrechnung mit einer Forderung aus dem Vertrag vor einem anderen (inländischen) Gericht idR ausgeschlossen sein (BGH 60, 85 = NJW 73, 421 mit Anm Geimer S 951; aA für inländische Prorogation Schreiber ZZP 90, 409); bei Konnexität von Forderung und Gegenforderung dürfte aber ein Aufrechnungsausschluß idR nicht gewollt sein (Wieczorek/Schütze/Hausmann Rn 100; offen BGH 60, 91). Auch wenn ein Aufrechnungsverbot besteht, wird es durch rügelose Verhandlung des Klägers wirkungslos (so im Erg EuGH NJW 85, 2893 zu Art 17, 18 EuGVÜ; vgl § 39 Rn 4, 7).

43 2) **Amtsprüfung des vereinbarten Gerichtsstands.** Das Vorliegen der vereinbarten Zuständigkeit ist von Amts wegen zu prüfen (bei rügeloser Einlassung aber § 39 beachten). Im **Säumnisverfahren** genügt daher die substantiierte und schlüssige Behauptung einer zugelassenen Gerichtsstandsvereinbarung zur Bejahung der Zuständigkeit nicht (§ 331 I 2), vielmehr ist die Gerichtsstands-(Erfüllungsorts-)vereinbarung **nachzuweisen** (vgl § 335 I Nr 1). Ist die Gerichtsstandsvereinbarung von einem Vertreter geschlossen, muß auch die Vertretungsmacht nachgewiesen sein (Wieczorek Anm C Id 3 aE). Die Darlegungs- und Beweislast für das Vorliegen einer formgerechten Prorogation (Abs II und III) oder die uneingeschränkte Prorogationsfähigkeit der Parteien (Abs I und § 29 II) trifft voll den Kläger (Baumgärtel BB 74, 1174 Fußn 28; dazu näher Rn 45).

44 Der Nachweis der **„nachträglichen" Prorogation** (Abs III Nr 1) erfolgt durch Vorlage der hierfür geschaffenen Prorogationsurkunde (Vollkommer Rpfleger 74, 139 und 252 mit Fn 38, str; aA Reinelt NJW 74, 2313).

45 Bei Geltendmachung **„vollkaufmännischer" Prorogation** bedarf es keines Nachweises der Kaufmannseigenschaft der Parteien, soweit sich diese aus ihrer Rechtsform (OHG, KG, GmbH, AG, KGaA, eG usw; vgl § 6 HGB) ergibt (Baumgärtel BB 74, 1174; Unruh NJW 74, 1112; Kornblum Rpfleger 74, 386; Vollkommer Rpfleger 75, 33). Grund: Die Gefahr, daß aus einem durch ein unzuständiges Gericht erlassenen Vollstreckungstitel gegen einen zum geschützten Personenkreis (Rn 31) gehörenden Schuldner vollstreckt werden könnte, besteht in diesem Fall nicht, selbst wenn die Schuldnerbezeichnung nicht korrekt war (vgl Rn 11 vor § 50; sa § 129 IV HGB; §§ 750, 736). Bei Einzelkaufleuten wird Vollkaufmannseigenschaft idR nur durch die Vorlage eines Handelsregisterauszugs nachgewiesen werden können (Vollkommer Rpfleger 74, 139; MK/Patzina Rn 44; aA Reinelt NJW 74, 2313; zur insoweit noch bedeutsamen Rspr zur vollkaufmännischen Prorogation im Mahnverfahren vgl die Nachw bei Vollkommer Rpfleger 76, 165), wenn auch sonstige Beweismittel nicht schlechthin ausgeschlossen sind (Frankfurt MDR 75, 232 = BB 74, 1366). Der Nachweis, daß Beklagter als nicht eingetragener Scheinkaufmann aufgetreten ist, genügt für § 38 I nicht (Rn 18).

Waren die „zuständigkeitsbegründenden" **Urkunden der Klage nicht beigefügt,** sind sie – uU unter Ablehnung eines Antrags auf Versäumnisurteil (§ 335 Nr 1) – anzufordern (§§ 139 II, 273 II Nr 1). Legt sie der Kläger trotz Aufforderung nicht vor, ist die Klage durch unechtes Versäumnisurteil als unzulässig abzuweisen. 46

39 *[Zuständigkeitsbegründung durch rügelose Einlassung zur Hauptsache]*

Die Zuständigkeit eines Gerichts des ersten Rechtszuges wird ferner dadurch begründet, daß der Beklagte, ohne die Unzuständigkeit geltend zu machen, zur Hauptsache mündlich verhandelt. Dies gilt nicht, wenn die Belehrung nach § 504 unterblieben ist.

1) Allgemeines. Der **Anwendungsbereich** des § 39 idF der Gerichtsstandsnovelle (Rn 1 vor § 38) entspricht dem der Prorogation (§ 38 Rn 3); die Schranken der Prorogation gelten auch für die Zuständigkeitsbegründung gem § 39 (§ 38 Rn 1 zu a, b, d und unten Rn 11). § 39 gilt nicht im Säumnisverfahren gegen den Beklagten; gegen ihn kann Versäumnisurteil nur ergehen, wenn das angegangene Gericht zuständig ist; behauptete Zuständigkeitsvereinbarung gilt nicht als zugestanden (§ 331 I 2; zur Amtsprüfung vgl auch § 38 Rn 43). 1

Kein Fall von § 39 ist die vorangegangene Zuständigkeitswahl im **selbständigen Beweisverfahren** gem § 486 II 2 (s dort Rn 4). Für den Antragsgegner im sBV gilt § 39 nicht (§ 486 Rn 4). 2–3

§ 39 gilt im *inländischen* Rechtsstreit **entsprechend** (str; nach aA unmittelbar, so zB StJ/Bork Rn 2) für die **internationale Zuständigkeit** (BGH 101, 301 = NJW 87, 3182; 120, 337 mwN = NJW 93, 1073 = MDR 93, 473, hM). Wiederholung der im ersten Rechtszug erhobenen Rüge auch in der Berufungsinstanz ist nicht erforderlich (BGH NJW 87, 3081). Rüge der örtlichen Unzuständigkeit kann die internationale mitumfassen (BGH NJW 88, 1466). Die Anwendung von § 39 S 1 auf den *ausländischen* Rechtsstreit im Rahmen von § 328 I Nr 1 (vgl BGH NJW 93, 1272 mwN) setzt voraus, daß das ausländische Gericht ohne die rügelose Einlassung *unzuständig* wäre (BGH 120, 337 ff, 339 = aaO; hier § 328 Rn 101); die Zuständigkeitsbelehrung (S 2, § 504) ist auf das ausländische Verfahren nicht übertragbar (Frankfurt NJW 79, 1787; Prütting MDR 80, 368; Geimer, IZPR, 2. Aufl, Rn 1426; sie gilt bei inländischem Verfahren: Rn 10). **Nicht** entsprechend anwendbar ist § 39 im schiedsgerichtlichen Verfahren bei rügeloser Einlassung in Fällen einer „mängelbehafteten" Schiedsvereinbarung (ie Wackenhuth KTS 85, 429 ff). Im **EG-Bereich** gilt Art 18 EuGVÜ; danach begründet rügelose Einlassung (vorbehaltlich bestehender ausschließlicher Zuständigkeiten gem Art 16) die Zuständigkeit; dies gilt auch bei *Aufrechnung* mit einer Forderung, für die gem Art 17 eine ausschließliche Zuständigkeit bei einem anderen Gericht vereinbart worden war (EuGH NJW 85, 2893; Koblenz RIW 92, 60; hier Anh Art 17 GVÜ Rn 16). 4

2) Voraussetzungen. Die Zuständigkeitsfolge (Rn 11) tritt ein, wenn der ordnungsgemäß belehrte (Rn 10) Beklagte vor dem unzuständigen Gericht rügelos mündlich zur Hauptsache verhandelt (Rn 6 ff). **a) Rügelose Verhandlung zur Hauptsache.** Ausdrückliche Rüge ist idR geboten, jedoch kann uU – Geltendmachung in vorrangig behandelter Parallelsache – auch konkludente Erklärung in Frage kommen (Prütting MDR 80, 369; aA MK/Patzina Rn 5 aE). Der Beklagte darf die Zuständigkeitsrüge (vgl § 282 III) bis zum Beginn der Verhandlung zur Hauptsache (Rn 6 ff) nicht geltend gemacht haben (BGH WM 85, 1509). Da andererseits die Zuständigkeitsrüge mit der Wirkung der Rn 11 stets bis zu diesem Zeitpunkt zulässig ist, verbleibt neben der Sonderregelung des § 39 für die §§ 282 III, 296 III kein Anwendungsbereich (ebenso Frankfurt OLGZ 83, 101 f mwN; Köln NJW 88, 2182 für Art 18 EuGVÜ; MK/Patzina Rn 5; Zimmermann Rn 1; aA LG Frankfurt RIW 93, 933; StJ/Bork Rn 14). Zulässig und geboten (bei Bejahung der Zuständigkeit droht sonst VU) ist *Rüge und vorsorgliches Verhandeln zur Sache* (EuGH RIW/AWD 82, 48 f für Art 18 EuGVÜ), unzulässig ist dagegen *Rüge hilfsweise für den Fall* der Bejahung der Sachlegitimation (offenlassend BGH NJW-RR 88, 172; Grund: Prüfungsreihenfolge, s Rn 9, 10 vor § 253). *Nachweis* der Zuständigkeitsrüge ist zB gem § 314 S 1 möglich, Protokollierung (§ 160 II) ist keine Wirksamkeitsvoraussetzung (Düsseldorf NJW 91, 1493). Vorprozessualer *Verzicht* auf das Rügerecht ist nur in den Formen und Schranken der Prorogation zulässig (ThP Rn 8; MK/Patzina Rn 7; BL/Hartmann Rn 4 mwN). Zuständigkeitsrüge kann uU als widersprüchliches Verhalten (§ 242 BGB) unbeachtlich sein; Beispiel: Rüge des beklagten Verwenders von AGB, wenn die Klage bei dem (unwirksam) vereinbarten formularmäßigen Gerichtsstand erhoben ist (Bülow VersR 76, 417). *Rücknahme* der erhobenen Zuständigkeitsrüge ist möglich (Künzl BB 91, 757). 5

b) Verhandeln zur Hauptsache. aa) Nicht hierunter fällt Verhandeln über Prozeßvoraussetzungen, Prozeßhandlungen, Anträge zum Verfahrensgang, reine Vergleichsverhandlungen (Bamberg MDR 88, 148). 6

bb) Notwendig sind also Erklärungen zum Streitgegenstand (bei objektiver oder subjektiver Häufung – §§ 59, 60, 260 – für jeden einzelnen gesondert zu prüfen). **Beispiele:** Antrag auf Klageabweisung, wenn diese aus sachlichen Gründen begehrt wird; uU die bloße Bitte, sich nach 7

§ 283 äußern zu dürfen (BGH LM Nr 3). In der **Erhebung einer Widerklage** liegt ein Verhandeln zur Hauptsache, wenn nur der Zusammenhang mit der Klage (§ 33) die Zuständigkeit für sie begründet (aA MK/Patzina Rn 6). Dem steht die sachliche Einlassung des *Klägers* auf eine **Widerklage** gleich, wenn für die Widerklageforderung eine (abweichende) vereinbarte ausschließliche Zuständigkeit besteht (so EuGH NJW 85, 2893 zu Art 18 EuGVÜ für Aufrechnung; vgl auch BGH WM 85, 1509 – § 39 im Einzelfall verneinend – und allg § 38 Rn 42). Auch die Erklärung der **Hauptsache** für **erledigt** (§ 91a) fällt darunter.

8 **c) Mündliche Verhandlung** zur Hauptsache. **aa) S 1** setzt grundsätzlich *mündliche Verhandlung* (§ 137 I) voraus (Künzl BB 91, 757). Gleich stehen: Im **schriftlichen Verfahren** (§ 128 II, III) und im Verfahren nach Aktenlage (§§ 251a, 331a) entscheidet rügelose schriftliche Einlassung zur Hauptsache. Doch ist Vorbehalt der Zuständigkeitsrüge bei Beantragung des schriftlichen Verfahrens zulässig (BGH NJW 70, 198). **bb)** In allen *anderen* Verfahren ohne mündliche Verhandlung ist dagegen § 39 nicht anwendbar. Das sind Verfahren mit fakultativer mündlicher Verhandlung ohne Anordnung einer mündlichen Verhandlung mit bloßer Anhörung des Beklagten. **Fälle:** Verweisung wegen örtlicher oder sachlicher Unzuständigkeit (§ 281 II 2); Rechtswegverweisung (§ 17a II 1, IV GVG); arbeitsgerichtliches Güteverfahren (§ 54 I 1 ArbGG; Künzl BB 91, 757). Da bei Verweisung die Gefahr eines Zuständigkeitsverlustes durch Einlassung beim unzuständigen Gericht (s Rn 2) nicht besteht, erübrigt sich im Rahmen der gebotenen (so ausdr § 17 II 1 GVG iVm § 48 I ArbGG; iü Art 103 I GG) Anhörung die Rechtsfolgenbelehrung iS von § 504 aE (nicht die Zuständigkeitsbelehrung überhaupt: Künzl aaO S 758). Um dem Beklagten bei fehlender mündlicher Verhandlung die Möglichkeit einer zuständigkeitsbegründenden Einlassung nicht zu entziehen, kann Belehrung iS von § 38 III Nr 1 geboten sein.

9 **cc)** Im **Säumnisverfahren** greift § 39 ein, wenn der Beklagte gegen den säumigen Kläger Versäumnisurteil beantragt (nicht aber bei Säumnis des Beklagten, vgl Rn 3); da aber der Einspruch des Klägers gem § 342 wirkt, kann der Beklagte noch in der Verhandlung gemäß § 343 die Unzuständigkeit des angerufenen Gerichts rügen; der Beklagte kann sich aber auch darauf beschränken, die Unzuständigkeit des vom Kläger angerufenen Gerichts zu rügen; dann ergeht streitiges Urteil auf Abweisung der Klage als unzulässig.

10 **d) Zuständigkeitsbelehrung vor dem Amtsgericht** (§ 504). Die Belehrung des Beklagten hat vor der Verhandlung zur Hauptsache zu erfolgen und hat sich auf die sachliche, örtliche **und** internationale Unzuständigkeit des AG und auf die Folgen einer rügelosen Einlassung zur Hauptsache zu erstrecken (StJ/Bork Rn 3). Der Beklagte ist auf das Rügerecht gem § 282 III und die Rechtsnachteile bei Unterlassung der Rüge (§ 39 S 1) hinzuweisen. Belehrungspflicht besteht vor dem AG schlechthin, auch wenn der Beklagte durch einen Anwalt vertreten ist (BL/Hartmann Rn 12; Vollkommer Rpfleger 74, 137). S 2 gilt sowohl für die von Anfang an fehlende als auch die erst nachträglich eingetretene Unzuständigkeit, umfaßt also auch die Fälle des § 506 I; diese (ergänzende) Auslegung ist im Interesse der Erreichung des Gesetzeszwecks (Schutz des Beklagten vor nicht gewollter Zuständigkeitsbegründung, vgl Rn 2) geboten (zutr MK/Patzina Rn 10; aA LG Hamburg MDR 78, 940; wie hier § 506 mit Rn).

11 **3) Zuständigkeitsfolge.** Die Zuständigkeit des angegangenen Gerichts ist die gesetzliche Folge der rügelosen Einlassung. Sie tritt unabhängig vom Willen und den Vorstellungen der Parteien und ihrer Vertreter ein. Ist Zuständigkeit gem S 1 begründet, ist für eine spätere Rüge der Unzuständigkeit gem § 296 III kein Raum. Ist dagegen die vorgeschriebene Zuständigkeitsbelehrung unterblieben (S 2), so kann die fehlende Zuständigkeit noch bis zum Schluß der mündlichen Verhandlung erster Instanz gerügt werden (in der höheren nur noch in sehr engen Grenzen, vgl §§ 512a, 529 II, 549 II und dazu § 40 Rn 2 aE mit weiteren Hinw). Bei nichtvermögensrechtlichen Ansprüchen oder Bestehen eines ausschließlichen Gerichtsstands (zB § 29a; § 7 I HaustürWG) begründet rügelose Einlassung – auch bei Belehrung – keine Zuständigkeit (§ 40 II S 2).

40 *[Schranken der Prorogation]*

(1) Die Vereinbarung hat keine rechtliche Wirkung, wenn sie nicht auf ein bestimmtes Rechtsverhältnis und die aus ihm entspringenden Rechtsstreitigkeiten sich bezieht.

(2) Eine Vereinbarung ist unzulässig, wenn der Rechtsstreit andere als vermögensrechtliche Ansprüche betrifft oder wenn für die Klage ein ausschließlicher Gerichtsstand begründet ist. In diesen Fällen wird die Zuständigkeit eines Gerichts auch nicht durch rügeloses Verhandeln zur Hauptsache begründet.

I) Allgemeines

1 **1) Bedeutung. Abs I, II 1** enthalten allgemeine Schranken für jede Art der Prorogation (Vereinbarung der örtlichen, sachlichen oder internationalen Zuständigkeit, für letztere BGH MDR 85,

911 mN = WM 85, 1509, str, vgl auch Rn 6). Auch bei Erfüllung der übrigen Voraussetzungen eines Falles der zugelassenen Gerichtsstandsvereinbarung ist die Zuständigkeitsvereinbarung bei Verstoß gegen die Prorogationsschranken unzulässig und damit unwirksam. Aus **Abs I, II 1** ergeben sich daher durch Umkehrschluß die allgemeinen Zulässigkeits-(Wirksamkeits-)voraussetzungen der Prorogation (vgl § 38 Rn 1). In § 40 geregelt sind: **Bestimmtes Rechtsverhältnis** (Rn 3f), **vermögensrechtlicher Anspruch (II 1;** § 546 Rn 2) und **Fehlen ausschließlicher Zuständigkeit** (Rn 5ff). Die beiden zuletzt genannten Voraussetzungen gelten auch für die Zuständigkeitsbegründung durch rügeloses Verhandeln zur Hauptsache (**II 2** iVm § 39).

2) § 40 ist **zwingend.** Die Unwirksamkeit der Zuständigkeitsvereinbarung und namentlich das Vorliegen eines ausschließlichen Gerichtsstands sind (bis zum Schluß der mündlichen Verhandlung in erster Instanz) **von Amts wegen** zu beachten (§§ 282 III, 296 III gelten nicht, arg II 2); in der höheren Instanz sind Amtsprüfung und Zuständigkeitsrüge stark eingeschränkt (§§ 512a, 529 II, 549 II, 566; vgl dazu § 1 Rn 17; § 12 Rn 12 ff). **Besonderheiten** gelten für die „subsidiäre" Prorogation in bestimmten Fällen ausschließlicher Gerichtsstände des Verbraucherschutzrechts (vgl § 38 Rn 39). 2

II) Bestimmtes Rechtsverhältnis (Abs I)

1) **Allgemeines.** Zum Rechtsverhältnis vgl § 256 Rn 3; Bestimmtheit verlangt hinreichende Individualisierung der konkreten Rechtsbeziehung. Vereinbaren A und B, die beide ein bestimmtes Handelsgewerbe betreiben: „Für alle Streitigkeiten, die sich aus dem zwischen den Vertragsteilen am ... geschlossenen Vertrag ergeben, soll das **AG X** zuständig sein", so ist diese Vereinbarung, da sie sich auf ein bestimmtes Rechtsverhältnis und die daraus entspringenden Rechtsstreitigkeiten bezieht, rechtswirksam. 3

2) Die **Bestimmtheit fehlt** bei Vereinbarung über ganze Kategorien von Klagen (StJ/Bork Rn 1; MK/Patzina Rn 5). Beispiele: A vereinbart mit B: „Für alle Streitigkeiten, die evtl zwischen uns entstehen, soll das AG X zuständig sein". Die Vereinbarung ist ohne rechtliche Wirkung. Unzulässig ist auch die Vereinbarung eines Gerichts für alle aus der bestehenden Geschäftsverbindung entstehenden Streitigkeiten (RG 36, 422; München WM 89, 604; Koblenz ZIP 92, 1235 mN). Ist der Vertrag unter Verwendung von AGB geschlossen, die die Klausel enthalten: „Zuständig für alle Klagen, auch im Urkunden- und Wechselprozeß, ist das Gericht X" und steht im Zeitpunkt des Vertragsschlusses noch nicht fest, auf welche bestimmten Wechsel sich die Abrede bezieht, so dürfte ein Gerichtsstand jedenfalls für **Wechselklagen** nicht wirksam begründet worden sein (so auch Wieczorek/Schütze/Hausmann Rn 2). Eine Zuständigkeitsvereinbarung, wonach bei „allen Rechtsstreitigkeiten" aus einem Vertrag „nur" am Erfüllungsort geklagt werden kann, kann neben **vertraglichen** auch **konkurrierende deliktische** Ansprüche in den Grenzen des Streitgegenstandes (Einl Rn 70) umfassen (so München WM 89, 604 für internationale Prorogation); idR wird jedoch eine Einbeziehung auch **deliktischer Ansprüche** deutlich zum Ausdruck kommen müssen (zutr Stuttgart BB 74, 1270; weitergehend Wieczorek/Schütze/Hausmann Rn 3: auch in AGB möglich; vgl auch § 32 Rn 18). Eine **satzungsmäßige** Gerichtsstandsklausel (§ 38 Rn 9a) für alle Streitigkeiten aus dem Mitgliedschaftsverhältnis ist hinreichend bestimmt (BGH NJW 94, 52). 4

III) Ausschließliche Zuständigkeit (Abs II 1)

1) **Allgemeines. a)** „Gerichtsstand" iS von II 1 meint nicht nur die örtliche, sondern auch die sachliche und internationale Zuständigkeit (vgl Rn 1; § 1 Rn 1); zum **Begriff** der ausschließlichen Zuständigkeit vgl § 12 Rn 8. 5

b) Arten der ausschließlichen Zuständigkeit. Möglich ist ausschließliche **örtliche** Zuständigkeit (Rn 8), ausschließliche **sachliche** Zuständigkeit (Rn 9) und ausschließliche **örtliche und sachliche** Zuständigkeit (Rn 10). Soweit Ausschließlichkeit nur in einer bestimmten Richtung besteht (Rn 8 und 9), ist Prorogation im übrigen zulässig. Im Falle des § 23 Nr 2 GVG ist das AG, in demjenigen des § 71 I GVG das LG nicht ausschließlich sachlich zuständig; es kann daher für eine amtsgerichtliche Sache die Zuständigkeit des LG und umgekehrt vereinbart werden (RG 9, 349). Ein ausschließlicher inländischer Gerichtsstand begründet zugleich die ausschließliche internationale Zuständigkeit (Rn 1, str). Abs II gilt nur für die **Derogation** (Einschränkung) einer bestehenden ausschließlichen internationalen Zuständigkeit, steht aber deren Erweiterung nicht entgegen (Köln OLGZ 86, 210 = MDR 86, 239 = Rpfleger 86, 96). Er schließt weitergehende Schranken für die Derogation einer bestehenden nicht ausschließlichen internationalen Zuständigkeit nicht aus (vgl dazu § 38 Rn 30 mwN). 6

c) Abgrenzung. Keinen ausschließlichen, aber einen zwingenden (unabdingbaren, vgl § 48 II VVG) besonderen Gerichtsstand für **Versicherungssachen** begründet § 48 I VVG; str ist, ob dieser Gerichtsstand auch dem geschädigten Dritten bei der Direktklage gegen den Versicherer gem § 3 Nr 1 PflVG zugutekommt (verneinend LG München VersR 74, 738 mit abl Anm von Schade). Für ausländische Versicherungsunternehmen ist der Gerichtsstand der Zweigniederlassung **unab-** 7

dingbar (§ 109 VAG; vgl § 21 Rn 4). Die **vertragsmäßige** Begründung eines ausschließlichen („alleinigen") Gerichtsstandes (§ 38 Rn 14; oben Rn 6) steht einer anderweitigen Vereinbarung (oder Zuständigkeitsbegründung nach § 39) nicht entgegen (vgl auch BGH 60, 88). In **nichtvermögensrechtlichen** Streitigkeiten ist die Prorogation ausgeschlossen (II 1), unabhängig davon, ob eine ausschließliche Zuständigkeit besteht; dies ist freilich idR der Fall (Rn 10).

8 **2) Fälle von ausschließlichen Zuständigkeiten. a) Ausschließliche örtliche Zuständigkeit:** Dinglicher Gerichtsstand, § 24; Gerichtsstand der Belegenheit des Miet-(Pacht-)raums, § 29a; Gerichtsstand der Umwelteinwirkung, § 32a; Haustürgeschäfte, §§ 1, 7 HaustürWG (BGH NJW 94, 262); Fernunterrichtsverträge, § 26 FernUSG (Anh nach § 29b); Wettbewerbssachen, § 24 UWG (allgM für aF, s 19. Aufl; für nF str, s Borck WRP 94, 725 f; sa § 32 Rn 10); Konkursfeststellungsklage, § 146 II KO; § 6 II AuslInvestmG; Rückgriffshaftung der Eisenbahn nach Art 60 CIV und Art 63 CIM des Übereinkommens über den internationalen Eisenbahnverkehr (COTIF) vom 9. 5. 1980 (BGBl 1985 II S 133); wegen Versicherungsverträgen vgl Rn 7.

9 **b) Ausschließliche sachliche Zuständigkeit** des LG: § 71 II GVG (vgl auch § 1 Rn 11); § 87 I GWB; § 140 MarkenG; § 38 I SortenschutzG; § 13 I 3 StrEG.

10 **c) Ausschließliche sachliche und örtliche Zuständigkeit:** Wohnraummietsachen, § 29a iVm § 23 Nr 2a GVG (s § 29a Rn 14); Mahnverfahren, § 689 II (BGH NJW 85, 322 f); Hauptintervention, § 64; selbständiges Beweisverfahren, § 486 II (Ausnahme: § 486 III); Wiederaufnahmeverfahren, § 584; Ehe- und Familiensachen, §§ 606, 621; Kindschaftssachen, § 641a; Zwangsvollstreckungssachen, §§ 722, 731, 764, 767 ff, 796, 797, 800, 802, 805, 828, 853 ff, 873, 879, 887–890; Aufgebotsverfahren, §§ 957, 1005; Konkursverfahren, §§ 71, 146, 164, 214, 236, 238; gesellschaftsrechtliche Klagen, §§ 246 III, 249, 275, 278 III AktG; § 61 GmbHG; §§ 51, 109, 112 GenG; Verbandsklage gegen AGB-Verwender, § 14 AGBG; Börsensachen, § 49 BörsG.

11 **d)** Vorbehalte für **landesrechtliche** ausschließliche Gerichtsstände: Landesrechtliche Aufgebotsverfahren, § 11 EGZPO; Klagen auf Feststellung der Entschädigungssumme im Zwangsenteignungsverfahren, § 15 Nr 2 EGZPO; vgl aber auch Art 14 III S 4 GG sowie § 26 Rn 4 mit weiteren Hinw.

Vierter Titel

AUSSCHLIESSUNG UND ABLEHNUNG DER GERICHTSPERSONEN

Vorbemerkungen

1 **I) Zweck und Bedeutung.** Ausschließung und Ablehnung (§§ 41–48) dienen der Sicherung der **Unparteilichkeit** der Rechtsprechung im konkreten Rechtsstreit und damit zugleich der Gewährleistung des gesetzlichen Richters (Art 101 I 2 GG; § 16 S 2 GVG; eingehend dazu Riedel, Das Postulat der Unparteilichkeit des Richters, 1980, S 225 ff). Dieses Gebot erschöpft sich nicht in einer – formalen – Vorausbestimmung des zur Entscheidung des einzelnen Rechtsstreits berufenen Richters (vgl § 1 Rn 2), sondern verlangt – inhaltlich – weiter Vorkehrungen dafür, daß im einzelnen Verfahren **Neutralität** und **Distanz** des Richters gegenüber den Parteien als Voraussetzungen für ein **faires Verfahren** gewährleistet sind (BVerfG 21, 146; 42, 78; 89, 36; BGH NJW 95, 1678; Zuck DRiZ 88, 178; s allg Einl Rn 102). Die gebotene Unparteilichkeit des Richters ist jedoch nicht mit Passivität und Gleichgültigkeit gegenüber der Rechtsverwirklichung im Prozeß zu verwechseln; sie steht insbesondere einer aktiven Wahrnehmung der richterlichen Aufklärungs- und Fürsorgepflicht nicht entgegen (vgl § 42 Rn 26). „Die richterliche Unparteilichkeit ist kein wertfreies Prinzip, sondern an den Grundwerten der Verfassung orientiert, insbesondere am Gebot sachgerechter Entscheidung im Rahmen der Gesetze unter dem Blickpunkt materialer Gerechtigkeit" (BVerfG 42, 78 = NJW 76, 1391; näher Riedel aaO S 9 ff, 166 ff, 184 ff mwN).

2 Das Gesetz unterscheidet zwischen Gründen, die dem Richter die Befugnis entziehen, in einem Verfahren sein Amt auszuüben (**Ausschließungsgründe,** § 41 Nr 1–6), und Gründen, die der Partei das Recht geben, ihn **abzulehnen** (§ 42). Die Ausschließung tritt kraft Gesetzes ein (§ 41 Rn 15) und ist vom Gericht in jedem Stadium des Prozesses von Amts wegen zu beachten (§ 48 I HS 2). Die Ablehnung eines Richters wegen Besorgnis der Befangenheit bedarf stets besonderer Geltendmachung durch die Partei (Ablehnungsgesuch, § 44) oder den Richter selbst (Ablehnungsanzeige, § 48 I HS 1) und führt nur bei einer entsprechenden gerichtlichen Entscheidung (Begründeterklärung der Fremd- oder Selbstablehnung, §§ 46 II, 48 I) zum Ausscheiden des Richters aus dem Prozeß (§ 42 Rn 7 mit weiteren Hinw). Ausschließungsgründe sind stets (auch) absolute Ablehnungsgründe (vgl. §§ 42 I, 48).

II) Anwendungsbereich

3 **1)** §§ 41–48 finden **unmittelbar** Anwendung in sämtlichen Verfahrensarten der ZPO auf **jeden** Richter, auch die ehrenamtlichen Richter der KfHS (Handelsrichter, §§ 105 ff GVG, § 45a DRiG). Auf die ZPO-Regelung ist (mit gewissen Modifikationen) verwiesen in §§ 27 VI, 86 PatG, § 11 LwVG, §§ 72 Nr 2, 75 V 1 GWB, §§ 46 II, 49 ArbGG, § 54 VwGO, § 51 FGO, § 60 SGG; sie gilt über § 72 KO mit Einschr auch im Konkursverfahren (BayObLG NJW 89, 44; BVerfG ZIP 88, 174). Die unvollständige Regelung des § 6 FGG wird durch §§ 42 ff ergänzt (BayObLGZ 93, 10 = NJW-RR 93, 1278; FamRZ 94, 1269; vgl auch BVerfG 21, 147). **Entsprechende Anwendung** finden die §§ 41–48 auf den Rechtspfleger (§ 10 RpflG) und den Urkundsbeamten (§ 49). **Sondervorschriften** gelten für den Schiedsrichter (§ 1032, auch § 41 Nr 1, vgl dort Rn 6), den Gerichtsvollzieher (§ 155 GVG), den Sachverständigen (§ 406), den Dolmetscher (§ 191 GVG) und den Notar (§ 3 I Nr 1–5 BeurKG; § 16 II BNotO; näher Hamm NJW-RR 95, 1338). Über die gesetzlich geregelten Fälle hinaus erscheint eine entspr Anwendung auf alle innerhalb eines justizförmigen Verfahrens tätigen Amtsträger und Stellen möglich (so BGH 113, 277: Konkursverwalter; LG Stuttgart AnwBl 89, 675: Einigungsstelle).

4 **2)** Eine **selbständige Regelung** enthalten §§ 22–31 StPO und (teilw) §§ 18, 19 BVerfGG (vgl dazu Schumann JZ 73, 484; Wassermann, FS Martin Hirsch, 1981, 465 und NJW 87, 418).

41

[Ausschließung von der Ausübung des Richteramtes]

Ein Richter ist von der Ausübung des Richteramtes kraft Gesetzes ausgeschlossen:

1. **in Sachen, in denen er selbst Partei ist oder bei denen er zu einer Partei in dem Verhältnis eines Mitberechtigten, Mitverpflichteten oder Regreßpflichtigen steht;**
2. **in Sachen seines Ehegatten, auch wenn die Ehe nicht mehr besteht;**
3. **in Sachen einer Person, mit der er in gerader Linie verwandt oder verschwägert, in der Seitenlinie bis zum dritten Grad verwandt oder bis zum zweiten Grad verschwägert ist oder war;**
4. **in Sachen, in denen er als Prozeßbevollmächtigter oder Beistand einer Partei bestellt oder als gesetzlicher Vertreter einer Partei aufzutreten berechtigt ist oder gewesen ist;**
5. **in Sachen, in denen er als Zeuge oder Sachverständiger vernommen ist;**
6. **in Sachen, in denen er in einem früheren Rechtszuge oder im schiedsrichterlichen Verfahren bei dem Erlaß der angefochtenen Entscheidung mitgewirkt hat, sofern es sich nicht um die Tätigkeit eines beauftragten oder ersuchten Richters handelt.**

I) Allgemeines

1 **1) Begriffe.** Ausschließung ist die kraft Gesetzes eintretende (Rn 15) Unfähigkeit des Richters (Rn 3) zur Ausübung des Richteramts in einem bestimmten Rechtsstreit (Rn 4). Die Aufzählung der Ausschlußgründe in Nr 1–6 (Rn 6 ff) ist erschöpfend (hM, zB BGH NJW 91, 425; BVerwG NJW 80, 2722; MK/Feiber Rn 15), den Ausschlußgründen ähnliche Fallgestaltungen sind jedoch stets als Ablehnungsgrund zu würdigen (vgl § 42 Rn 11 ff).

2 **2) Abgrenzung.** Keine Ausschlußgründe iS von § 41 sind Hinderungsgründe, die der Ausübung richterlicher Tätigkeit überhaupt entgegenstehen, wie fehlende Richteramtsbefähigung (§§ 5 ff DRiG; LSG Essen NJW 57, 1455), bestimmte körperliche und geistige Gebrechen (Geisteskrankheit und -schwäche, vgl StJ/Bork Rn 1 vor § 41; uU Blindheit, vgl BGHSt 35, 168 mN; Schulze MDR 88, 736; 95, 671; s auch BVerfG NJW 92, 2075 = MDR 92, 595), fehlende geschäftsverteilungsplanmäßige Zuständigkeit (vgl München MDR 75, 584). In diesen Fällen ist das Gericht nicht ordnungsgemäß besetzt. Geltendmachung: §§ 539, 551 Nr 1, 579 I Nr 1, uU auch §§ 42, 48 entspr (so StJ/Bork aaO).

II) Voraussetzungen der Ausschließung

3 **1) Allgemeines. a) Richter.** Ausgeschlossen sein kann immer nur ein Richter als eine **natürliche Person,** niemals das Gericht als solches (vgl auch § 42 Rn 3).

4 **b) Sache.** Der Ausschluß bezieht sich immer nur auf ein **einzelnes Verfahren,** bei Verbindung (§§ 59, 60, 147) auch auf die verbundenen Verfahren, solange die Verbindung besteht. Kommt es auf **dieselbe** Sache an, ist nicht Gleichheit des Verfahrens erforderlich; Gleichheit des Streitgegenstandes (Streitpunktes) genügt (RG 152, 10; Frankfurt FamRZ 89, 519; ThP Anm 2d; enger BVerfG 72, 58 f, s Rn 5 aE, 11).

5 **c) Grundgedanken der gesetzlichen Regelung:** Unvereinbar mit der „Distanz“ des Richteramts (Rn 1 vor § 41) iS einer fehlenden eigenen Beteiligung ist die Parteistellung des Richters, seines Ehegatten oder bestimmter naher Verwandter und Verschwägerter (Nr 1–3); unvereinbar

mit seiner „Neutralität“ ist die Stellung als Interessenvertreter einer Partei (Nr 4); aus prozessualen Gründen (§ 286) unvereinbar sind die Funktionen von Richter und Beweismittel (vernommener Zeuge und Sachverständiger: Nr 5), ferner die Funktionen als erkennender und auf Rechtsmittel hin tätig werdender Richter (Nr 6; Garantie des Rechtsmittelzuges durch einen „neuen“ Richter); weitergehend erkennen verschiedene neuere Verfahrensordnungen die Vorbefassung des Richters in einem vorangegangenen Verfahren als Ausschließungsgrund an; Grund: Sicherung der richterlichen Unbefangenheit. Beispiele: § 22 Nr 4 StPO (Tätigkeit ua als Staatsanwalt); § 23 II StPO (Ausschluß des erkennenden Richters im Wiederaufnahmeverfahren); § 86 II Nr 1 PatG, § 72 II MarkenG (Mitwirkung im vorausgegangenen patentamtlichen Verfahren); § 86 II Nr 2 PatG (Mitwirkung im Patenterteilungs- oder Einspruchsverfahren); §§ 54 II VwGO, 51 II FGO (weit auszulegen: BFH BB 78, 1052), 60 II SGG (Mitwirkung bei einem vorausgegangenen Verwaltungsverfahren); § 18 I Nr 2 BVerfGG (Tätigkeit in derselben Sache von Amts oder Berufs wegen; eng auszulegen: BVerfG 47, 107; 72, 58 f). Richter kann auch nicht sein, wer in der Sache zugleich als **Behörde** der Justizaufsicht zuständig ist (BayObLGZ 87, 228: LG-Präsident in Notarkostensachen).

6 **2) Ausschließungsgründe. a) Selbstbeteiligung des Richters (Nr 1).** Das **Verbot des Richters in eigener Sache** gilt als allg Rechtsgrundsatz (BGH 94, 98) auch für private Amtsträger, die in einem justizförmigen Verfahren mit Neutralität tätig werden (BGH 94, 92 = NJW 85, 1903: Schiedsrichter; BGH NJW 91, 985: Konkursverwalter; AG Hildesheim KTS 85, 130: Mitglied von Gläubigerausschuß iS von § 87 KO; vgl auch allg Rn 3 vor § 41). **aa) Partei** ist iwS zu verstehen, sowohl formelle als auch materielle Parteistellung genügt, entscheidend ist der Umfang der Rechtskraftwirkung oder -erstreckung (§§ 265, 325, 727). Partei ist auch der Streitgehilfe (§§ 66 ff) oder Dritte iS der §§ 75 ff. Streitverkündung allein (§§ 72, 73) begründet keine Ausschließung. Kein Fall der Nr 1 ist die Mitgliedschaft bei einem rechtsfähigen Verein, einer Aktiengesellschaft oder Körperschaft (vgl auch unten Rn 7 und § 42 Rn 11).

7 **bb) Mitberechtigung, Mitverpflichtung, Regreßpflicht:** Zugehörigkeit zu einer Gläubiger- oder einer Schuldnermehrheit gemäß §§ 421 ff BGB; einer Gesellschaft, zB einer OHG; Haftung als Bürge. Mitverpflichtet ist zB auch ein Richter, der Mitglied des verklagten nicht rechtsfähigen Vereins ist (RG 57, 90; JW 31, 227); haftet das Mitglied allerdings persönlich nicht über den Anteil am Vereinsvermögen und Beitrag hinaus, so ist der Richter nicht ausgeschlossen, wenn ihn diese Haftung nicht wirtschaftlich belastet, so bei Zugehörigkeit eines ehrenamtlichen Richters am ArbG zu einer Gewerkschaft, die Prozeßpartei ist (BAG NJW 61, 2371 = AP Nr 1; AP Nr 6 zu § 322 ZPO; MK/Feiber Rn 17); nicht genügt ein bloß mittelbares Interesse des Richters am Ausgang des Verfahrens (BGH NJW 91, 425 mN), dann aber uU Ablehnung wegen Besorgnis der Befangenheit (vgl BGH 113, 277; § 42 Rn 11 und 29).

8 **b) Beteiligung des Ehegatten des Richters (Nr 2):** Wie Nr 1, nur ist auf die Verhältnisse des Ehegatten abzustellen; bei Verlöbnis oder nichtiger Ehe gilt § 42 Rn 12, desgl, wenn der Ehegatte des Richters dem Vertretungsorgan einer Partei angehört (sa § 42 Rn 11).

9 **c) Beteiligung von nahen Verwandten und Verschwägerten des Richters (Nr 3):** Wie Nr 1, nur ist auf die Verhältnisse des Verwandten (§ 1589 BGB und Anm zu § 383) oder Verschwägerten (§ 1590 BGB) abzustellen. Verwandtschaft ist auch die nichteheliche (§§ 1600a ff BGB) und die durch Adoption begründete (§§ 1754 ff BGB). Im zweiten Grad in der Seitenlinie Verschwägerte: Die Ehegatten der Geschwister des Richters und die Geschwister seines Ehegatten. Kein Ausschließungsgrund: Verwandtschaft mit dem Prozeßbevollmächtigten, Beistand oder gesetzlichen Vertreter der Partei. Bei Parteien kraft Amtes schließt sowohl die Beziehung zu ihr (zB Konkursverwalter) als auch zu der Person aus, deren Sache sie führt (zB Gemeinschuldner; vgl Köln NJW-RR 88, 254; Vollkommer EWiR 88, 619 zum Konkursverfahren). Bei juristischer Person als Partei kann Durchgriff auf Mehrheitsgesellschafter in Frage kommen (BGH NJW 86, 1049 zu § 31 Nr. 2 KO).

10 **d) Interessenwahrnehmung für eine Partei in der gleichen Sache (Nr 4).** Prozeßbevollmächtigter: § 81; Beistand: § 90; gesetzlicher Vertreter: § 51. Kein Ausschließungsgrund: Bestellung als Zustellungsbevollmächtigter (§ 174) oder Mitwirkung als Urkundsperson (§§ 2231, 2276 BGB) in dem dem Rechtsstreit zugrundeliegenden Geschäft oder als Schiedsrichter (Hamburg BB 57, 378). Tätigwerden in anderer Sache genügt nicht (BGH NJW 79, 2160 zu § 22 Nr 4 StPO), dann aber uU Fall von § 42 (dort Rn 15). Im *sozialgerichtlichen Verfahren* (vgl § 60 I SGG) ist der zur gerichtlichen Vertretung einer kassenzahnärztlichen Vereinigung berechtigte Geschäftsführer Prozeßbevollmächtigter iS der Nr 4 (BSG NJW 93, 2070).

11 **e) Richter als Beweismittel im gleichen Verfahren (Nr 5).** Der Ausschluß beruht auf der Unvereinbarkeit von Richteramt und Zeugenstellung (vgl Lipp, Das private Wissen des Richters, 1995, S 86 ff). Wirkliche Vernehmung als Zeuge (Sachverständiger) ist erforderlich (**„vernommen ist“**), nicht genügend, daß „vernommen werden soll“ (zust Saarbrücken NJW-RR 94, 765). Beweisbeschluß auf eigene Vernehmung ist daher zulässig (RG 44, 394), begründet aber den

Ausschluß (Lipp aaO S 91 mN). Ausgeschlossen ist der Richter auch dann, wenn er in einem *anderen* Verfahren zu *demselben Sachverhalt* als Zeuge vernommen worden ist (Frankfurt FamRZ 89, 519 mN; Lipp aaO S 70 mN, 91; aA MK/Feiber Rn 22; sa Rn 4). Schriftliche Äußerung gem § 377 IV steht Vernehmung gleich (Frankfurt aaO), dienstliche Äußerung zählt nicht (BVerwG MDR 80, 168). Der Richter, der im Kostenfestsetzungsverfahren zur Prüfung des Kostentatbestandes ergänzende Erklärungen über den Verfahrensablauf abgab, ist dadurch nicht gehindert, über die Erinnerungen gegen die Kostenfestsetzung zu entscheiden (München NJW 64, 1377). *Materielle* Zeugenstellung des Richters kann Ablehnungsgrund sein (§ 42 Rn 25).

f) Mitwirkung an der angefochtenen Entscheidung (Nr 6). aa) Grundsatz: Wer in dem Verfah- 12
ren als Richter **entschieden** hat, darf bei dem Urteil im Rechtsmittelverfahren nicht mitwirken; die in Rn 5 genannten Sondervorschriften betr Fälle „ausschließender" Vorbefassung.

bb) Voraussetzungen: Erforderlich ist Mitwirkung beim **Erlaß** (§ 309; nicht Verkündung) der 13
mit einem (ordentlichen) Rechtsmittel (§§ 511 ff; 545 ff; 567 ff) **angefochtenen** Entscheidung. In Erweiterung des Wortlauts der Nr 6 bejaht die neuere Rspr einen Ausschluß auch dann, wenn der Richter an einer dem angefochtenen Urteil **vorausgehenden** und von diesem **bestätigten Entscheidung** mitgewirkt hat (noch weitergehend die Wertung in § 86 II Nr 1 PatG; § 72 II MarkenG; § 54 II VwGO); so für das gem § 343 bestätigte Versäumnisurteil BAG NJW 68, 814; für die auf Widerspruch aufrechterhaltene einstweilige Verfügung München NJW 69, 754, str; aA MK/Feiber Rn 26; Wieczorek/Schütze/Hausmann Rn 13. Die Anfechtung mit einem außerordentlichen Rechtsbehelf (§§ 579, 580) wird – entgegen § 23 II StPO – nicht für ausreichend gehalten (vgl Rn 14).

cc) Einzelfragen (Fälle von Nr 6 verneint). Von der Ausübung seines Amtes ist aber **nicht** 14
ausgeschlossen ein Richter, der lediglich das Urteil verkündet, nach Streitverhandlung einen Beweisbeschluß erlassen oder ausgeführt hat (RG 105, 17); der an einem Vorlagebeschluß an das BVerfG (gem Art 100 GG) oder den EuGH (gem Art 177 II EWGV) mitgewirkt hat (BFH 129, 251); der das Urteil im Urkundenprozeß in erster Instanz (mit-)erlassen und in der zweiten Instanz über das von einem anderen Richter erlassene angefochtene erstinstanzielle Urteil im Nachverfahren zu entscheiden hat (RG 148, 199). Der erkennende Richter des AG kann im Berufungsverfahren beauftragter oder ersuchter Richter sein (Nr 6, letzter HS); andererseits kann ein Richter, der am LG in einer Sache als beauftragter oder ersuchter Richter tätig war, an der Entscheidung des OLG in derselben Sache mitwirken. **Nicht ausgeschlossen** ist ferner der Richter, der nach einer Restitutions- oder Nichtigkeitsklage (BGH 125, 289; BGH NJW 81, 1273 = MDR 81, 481 mN, vgl aber § 42 Rn 18; ausgenommen hiervon Fall des § 580 Nr 5; krit zu Nr 6: AK/Wassermann Rn 7) oder nach Rückverweisung durch das Rechtsmittelgericht (§§ 538 f, 565, 566a) erneut mit der Sache befaßt wird (BVerwG NJW 75, 1241); im Nachverfahren der Richter, der im Urkundenprozeß mitgewirkt hat (RG 148, 200 f); von der Mitwirkung im Betragsverfahren der höheren Instanz ist nicht ausgeschlossen der Richter, der im ersten Rechtszug an der Entscheidung über den Grund (§ 304) mitgewirkt hat (BGH NJW 60, 1762; Karlsruhe FamRZ 92, 1194); von der Entscheidung über Einwendungen gegen die Zulässigkeit der Erteilung der Vollstreckungsklausel ist nicht ausgeschlossen der Richter, der die Klausel erteilt hat (Frankfurt OLGZ 68, 170); desgleichen nicht von der Entscheidung über die Vollstreckungsgegenklage der Richter, der am Verfahren wegen Einwendungen gegen die Zulässigkeit der Vollstreckungsklausel mitgewirkt hat (BGH NJW 76, 2135 = MDR 76, 838). Ein Fall der Ausschließung liegt ferner nicht vor, wenn nach Zurückweisung nunmehr beim unteren Gericht ein Richter tätig wird, der bei dem die Zurückweisung aussprechenden Urteil mitgewirkt hat (Beispiel: Ein Richter am OLG wurde inzwischen als Vorsitzender Richter ans LG versetzt); denn hier liegt kein Fall der „Nachprüfung" einer „angefochtenen Entscheidung" vor (s RG 148, 199; vgl aber auch § 42 Rn 17).

III) Rechtsfolgen der Ausschließung

1) Allgemeines. Liegt einer der in § 41 bezeichneten Fälle vor, so ist der Richter kraft Gesetzes 15
von der Ausübung seines Amtes ausgeschlossen; er muß sich, ohne daß eine Partei einen Antrag stellt, vom Verfahren fernhalten (§ 47 Rn 2; § 48 Rn 7). An die Stelle des ausgeschlossenen Richters tritt der nach dem Geschäftsverteilungsplan bestimmte Vertreter (§§ 21e, 21g GVG). Ist kein Vertreter (mehr) vorhanden, ist nach § 36 Nr 1 vorzugehen. Hat der Richter Zweifel an der Ausschließung, kann er eine Entscheidung von Amts wegen herbeiführen (§ 48 I, letzter HS). Hält der Richter einen Ausschließungsgrund nicht für gegeben, kann ihn jede Partei in Form eines Ablehnungsgesuchs geltend machen (§ 42 I).

2) Verstoß. Hat der ausgeschlossene Richter bei einer Entscheidung mitgewirkt, ist diese nicht 16
nichtig (vgl auch § 7 HS 2 FGG), aber anfechtbar (§§ 551 Nr 2, 579 I Nr 2, 577 II 3). Unschädlich ist Mitwirkung an der Verkündung (Rn 14). Mitwirkung bei anderen Prozeßhandlungen des Gerichts macht diese nicht nichtig (BGH NJW 81, 133 = MDR 81, 64 für strafprozessualen Eröffnungsbeschluß), doch müssen sie während der Instanz in ordnungsmäßiger Besetzung der

Richterbank wiederholt oder zurückgenommen werden (Düsseldorf DRiZ 80, 110 für Strafprozeß). Andernfalls liegt ein wesentlicher Verfahrensmangel (§ 539) vor, der, wenn die Entscheidung auf ihm beruht (vgl § 549 I), zur Aufhebung und idR zur Zurückverweisung führt (Frankfurt NJW 76, 1545). Nichtigkeitsklage (§ 579 Nr 2) ist aber nur dann gegeben, wenn der ausgeschlossene Richter bei der Entscheidung selbst mitgewirkt hat. Eine Ausnahme besteht dann, wenn der Ausschließungsgrund mit für unbegründet erklärter Ablehnung (vgl § 42 I HS 1) geltend gemacht war (vgl § 551 Nr 2 HS 2; § 579 I Nr 2 HS 2); dann scheidet ein absoluter Revisionsgrund (Nichtigkeitsgrund) aus (BGH 95, 305 = MDR 86, 493). Unkenntnis des Richters vom Ausschließungsgrund ist belanglos. Da die Beachtung des § 41 im öffentlichen Interesse liegt (vgl Rn 1 vor § 41), kann § 295 nicht gelten (Frankfurt NJW 76, 1545; StJ/Bork Rn 5; RSchwab/Gottwald § 25 I 3b).

17 **Prozeßhandlungen der Partei** vor dem ausgeschlossenen Richter sind wirksam.

42 *[Ablehnung des Richters]*

(1) Ein Richter kann sowohl in den Fällen, in denen er von der Ausübung des Richteramts kraft Gesetzes ausgeschlossen ist, als auch wegen Besorgnis der Befangenheit abgelehnt werden.

(2) Wegen Besorgnis der Befangenheit findet die Ablehnung statt, wenn ein Grund vorliegt, der geeignet ist, Mißtrauen gegen die Unparteilichkeit eines Richters zu rechtfertigen.

(3) Das Ablehnungsrecht steht in jedem Falle beiden Parteien zu.

Nach dem Sinngehalt des **Abs II** ist in **Zweifelsfällen** im Sinne einer Stattgabe des Ablehnungsgesuchs, nicht seiner Zurückweisung, zu entscheiden (so BayObLGZ 74, 131; Teplitzky MDR 70, 107; ThP Rn 9; Wieczorek/Schütze/Niemann Rn 4, str; aA BL/Hartmann Rn 12; krit zur Fragestellung: AK/Wassermann Rn 6; Zuck DRiZ 88, 175). In Anlehnung an die in den Ausschlußgründen des § 41 zum Ausdruck kommenden vertypten Fälle fehlender „Distanz" und „Neutralität" des Richters (vgl Rn 1 vor § 41) lassen sich auch für die Besorgnis der Befangenheit **Fallgruppen** bilden (Rn 11 ff). Vor deren schematischer Übertragung ist jedoch zu warnen, die Umstände des Einzelfalls sind jeweils zu berücksichtigen. 10

2) **Fallgruppen. a) Mittelbare Beteiligung des Richters am Rechtsstreit und eigenes Interesse am Prozeßausgang.** Zugehörigkeit des Richters zu einer juristischen Person, die Prozeßpartei ist (kein Fall von § 41 Nr 1, vgl dort Rn 6, 7), wird idR Besorgnis der Befangenheit begründen (vgl BGH 113, 277 = NJW 91, 985). Dies gilt insbesondere dann, wenn der Richter einem Vertretungsorgan der juristischen Person angehört (Wertung aus § 54 III VwGO, § 51 III FGO, § 60 III SGG, dazu Rn 1; sa § 49 III E-VwPO: „Besorgnis der Befangenheit ist stets begründet, wenn der Richter ... der Vertretung oder dem Vorstand einer juristischen Person angehört, deren Interessen durch das Verfahren unmittelbar berührt werden." Bsp: Richter ist Kreistagsabgeordneter bei Landkreis als Partei, vgl Celle NdsRpfl 76, 91; anders bei lange zurückliegender früherer Zugehörigkeit: BGH NJW-RR 88, 766); Eigeninteresse des Richters besteht bei Interessenkollision oder wenn echte wirtschaftliche Belange für ihn auf dem Spiel stehen (BGH 113, 227; BL/Hartmann Rn 56), wie bei wirtschaftlichem Wert des Mitgliedschaftsrechts oder wirtschaftlicher Abhängigkeit (Stuttgart NJW-RR 95, 300; dazu Pfeiffer ZIP 94, 771); Bsp: Richter ist Großaktionär im Prozeß der AG (KG NJW 63, 451); anders aber bei bloßer Verbands- (LG Göttingen Rpfleger 76, 55: Sparkassenzweckverband) oder Vereinsmitgliedschaft (offen Karlsruhe NJW-RR 88, 1534 für gemeinsamen Rotary-Club) oder bei Mitgliedschaft in Massenorganisation, zB ADAC (ThP Rn 10) oder Gewerkschaft (Rn 32). Ist eine **politische Partei** Prozeßpartei, kann die im allgemeinen für § 42 belanglose Parteimitgliedschaft (vgl Koblenz NJW 69, 1177; VGH Mannheim NJW 75, 1048) uU eine Ablehnung rechtfertigen (näher zum ganzen Rn 30, 31). In Prozessen gegen den (Justiz- usw) Fiskus als Dienstherrn des Richters kann fehlende volle Unabhängigkeit (zB bei Beteiligung von Proberichtern) die Ablehnung begründen (näher Rn 12a). 11

b) Nahe persönliche Beziehungen zu einer Partei, soweit nicht schon § 41 Nr 2, 3 eingreift. Beispiele: Verlöbnis, auch früheres, mit der Partei; Ehe mit einem Mitglied des Vertretungsorgans einer Partei (vgl VGH Kassel AnwBl 91, 161) oder mit einer bei der Partei oder einem verbundenen Unternehmen tätigen Führungskraft (BGH NJW 95, 1679); enge Freundschaft oder Feindschaft (vgl BayObLG NJW-RR 87, 127; Günther ZZP 105, 27 f); nicht frühere enge Bekanntschaft (LG Bonn NJW 66, 160 mit Anm Rasehorn S 666), nicht Sympathie oder Antipathie (BVerfG 73, 339), nicht das bloße Kollegialitätsverhältnis zwischen Richter und einem Verfahrensbeteiligten (vgl aber Rn 12a). Das Lehrauftragsverhältnis eines Richters begründet keine Besorgnis der Befangenheit im Prozeß der betreffenden Hochschule (OVG Münster NJW 75, 2119); desgleichen sind bloß allgemeine geschäftliche Beziehungen des Richters zu einer Partei kein Befangenheitsgrund (LG Regensburg FamRZ 79, 525). 12

Bei Bestehen eines **Kollegialitätsverhältnisses** (Rn 12) müssen für einen Befangenheitsgrund darüber hinausgehende nähere berufliche oder private Beziehungen des Richters zu seinem Kollegen, der Partei, hinzutreten; die gemeinsame Zugehörigkeit zum gleichen (größeren) Gericht genügt nicht (BGH LM Nr 2 = NJW 57, 1400 [LS]; Celle NdsRpfl 63, 37 und 231; sa § 48 Rn 3), wohl aber die Zugehörigkeit zum gleichen Spruchkörper oder zum gleichen kleineren Gericht (Wieczorek/Schütze/Niemann Rn 16); ist ein Handelsrichter persönlich haftender Gesellschafter einer Partei, können sämtliche Richter seiner KfHS abgelehnt werden (Nürnberg NJW 67, 1864; Hamm MDR 78, 583; aA Schleswig MDR 88, 236; MK/Feiber Rn 12 mit Fußn 27), bei verhältnismäßig großer Zahl von ehrenamtlichen Richtern anders für das Arbeitsgericht LAG Kiel SchlHA 68, 213. In Prozessen gegen ihren **Dienstherrn** (Justizfiskus usw, s Rn 11) können Proberichter abgelehnt werden (ebenso LG Berlin NJW 56, 1402; Wieczorek/Schütze/Niemann Rn 16 mwN, sehr str; aA KG MDR 95, 1164; 19. Aufl); Grund: „Es kann nicht ausgeschlossen werden, daß nicht planmäßige Richter sich bei ihren Entscheidungen von dem Gedanken an die Zustimmung der vorgesetzten Dienststelle beeinflussen lassen" (so BGH NJW 95, 2792 zu § 29 DRiG nF); das rechtfertigt aber nach der maßgeblichen Sicht der Partei (Rn 9) die Befangenheitsbesorgnis (zutr LG Berlin NJW 56, 1402). Auch ein bestehendes **Dienstaufsichtsverhältnis** zu einer Partei kann die Ablehnung begründen (vgl BayObLG MDR 88, 970: Tätigkeit des abgelehnten Richters als Dienstvorgesetzter; zust Wieczorek/Schütze/Niemann Rn 14 aE). 12a

c) Nahe persönliche Beziehungen zum Prozeßvertreter einer Partei, zB nahe Verwandtschaft, nicht schon zu einem nicht sachbearbeitenden Sozietätsmitglied (OLGR Celle 95, 272); Ehe (Wertung aus § 20 I Nr 2, 3 BRAO), Verlöbnis, Freundschaft, Feindschaft: Rn 12 gilt nach hM nur eingeschr (Grund: Rn 2; krit Zuck DRiZ 88, 177, 179). Starke **persönliche Spannungen** zwischen 13 dem Richter und dem Prozeßbevollmächtigten können uU einen Ablehnungsgrund bilden, wenn die ablehnende Einstellung des Richters in dem Verfahren selbst in Erscheinung getreten ist (BayObLGZ 74, 446 = NJW 75, 699; Karlsruhe NJW-RR 87, 127; Köln NJW-RR 88, 694; Nürnberg OLGZ 94, 210; sa BVerfG ZIP 88, 174 betr Konkursverwalter); jedoch genügen (sachliche) Differenzen zwischen Richter und Anwalt über die Korrektheit des Verhaltens des Prozeßbevollmächtigten oder Fragen richterlicher Prozeßleitung und Sitzungspolizei im allg **nicht** (Karlsruhe aaO mwN; Braunschweig NJW 95, 2113; abzulehnen LG Kassel AnwBl 86, 104; sa Rn 22, 23). Beispiel: Verhandlungsausschluß von nicht in Amtstracht auftretenden RA (Braunschweig aaO; § 176 GVG Rn 11). **Lit:** *Günther* ZZP 105, 20, 29 ff.

14 **d) Interessenwahrnehmung für eine Partei** (über die Fälle des § 41 Nr 4 hinaus). Beispiele: Erteilung von Rat und Empfehlung an eine Partei außerhalb des Verfahrens (eingehend: Riedel aaO [Rn 8] S 163), vorprozessuale Rechtsauskunft (BezG Rostock LAGE § 49 ArbGG Nr 5: auch soweit vor dem 3. 10. 90 üblich) oder Privatgutachten durch den Richter (BVerfG 88, 4). Nicht hierher gehören Aufklärung und Belehrung einer Partei im Rahmen der richterlichen Prozeßleitung gem §§ 139, 273, 278 III (vgl dazu Rn 26) und bei Vergleichsverhandlungen, § 279 (für Zurückhaltung insoweit Stürner, FS H.U. Walder, Zürich 1994, S 284 f). Zur sachwidrigen Benachteiligung (Bevorzugung) einer Partei im laufenden Verfahren vgl Rn 20 ff.

15 **e) Vorbefassung.** Die frühere Tätigkeit (Mitwirkung) des Richters in der gleichen oder einer anderen Sache kann zu einer vorzeitigen – uU endgültigen – „Festlegung" des Richters führen, die einer unvoreingenommenen Entscheidung der vorliegenden Sache entgegensteht (Rspr sehr zurückhaltend, vgl Rn 26; **Lit:** *Riedel* aaO [Rn 8] S 115 ff, 152 ff; *Schlichting* NJW 89, 1343; zum Strafprozeß: *Brandt-Janczyk*, Richterliche Befangenheit durch Vorbefassung im Wiederaufnahmeverfahren, 1978, und *Krekeler* NJW 81, 1637). Nach hM genügt die Mitwirkung des Richters an einem früheren Verfahren, auch über den gleichen Sachverhalt, das zu einer der Partei ungünstigen Entscheidung geführt hat, grundsätzlich nicht als Ablehnungsgrund (BAG NJW 93, 879 = MDR 93, 383; Saarbrücken OLGZ 76, 469 mwN; NJW-RR 94, 764 f). Im einzelnen ist zwischen prozeßrechtlich typischer und prozeßrechtlich atypischer Vorbefassung zu unterscheiden (krit dazu MK/Feiber Rn 16 Fußn 29); erstere begründet für sich allein nie ein Ablehnungsrecht (Fälle: Rn 16), wohl aber kann letztere auch ohne das Hinzutreten besonderer Umstände die Ablehnung rechtfertigen (Fälle: Rn 17). Ein Sonderproblem bildet die Mitwirkung in Vor- und Wiederaufnahmeprozeß (Rn 18). Ist der Richter mit mehreren **gleichzeitig** anhängigen Verfahren der Partei befaßt, kann sich der in einem Verfahren gegebene Ablehnungsgrund auch auf die anderen auswirken (Rn 19).

16 **aa) Fälle prozeßrechtlich typischer Vorbefassung** sind gegeben bei Mitwirkung des Richters im Prozeßkostenhilfe- und Klageverfahren (Hamm OLGZ 77, 105 mwN = NJW 76, 1459; allgM); im Arrest-(Verfügungs-)- und Hauptsacheverfahren (Saarbrücken OLGZ 76, 473 mwN; NJW-RR 94, 765); im Urkunden- und Nachverfahren (Schmid NJW 74, 730); an der Einstellung der Zwangsvollstreckung oder anderen Entscheidungen im Vollstreckungsverfahren und in der Hauptsache (Frankfurt Rpfleger 80, 300); bei Entscheidung nach Aufhebung und Zurückverweisung durch denselben Spruchkörper (allgM, vgl Karlsruhe OLGZ 84, 104, arg § 565 I 1; für Strafprozeß vgl mN Holtz MDR 92, 19; aA Stemmler NJW 74, 1545; nur bei Hinzutreten besonderer Umstände: LG Kiel AnwBl 75, 207); bei Mitwirkung im früheren Verfahren und im Verfahren auf Vollstreckungsgegenklage und Abänderungsklage (Schmid aaO); im „Gegenvorstellungsverfahren" und an der angegriffenen Entscheidung (Düsseldorf – StS – Rpfleger 89, 38); in Vor- und im Regreßprozeß (BGH NJW 68, 710; aA Baur, FS Larenz, S 1073; Stemmler NJW 74, 1546); Mitwirkung an Aussetzungsbeschluß im Patentverletzungsprozeß und Nichtigkeitsberufungsverfahren (BGH NJW-RR 86, 738 = MDR 86, 670).

17 **bb) Fälle prozeßrechtlich atypischer Vorbefassung.** Hierher gehören: Die Versetzung des in erster Instanz in der Sache tätigen Richters an das Berufungsgericht und den (später) mit der Entscheidung über die Berufung befaßten Spruchkörper, auch wenn ein Fall des § 41 Nr 6 (Mitwirkung am angefochtenen Urteil) nicht vorliegt (vgl Karlsruhe FamRZ 92, 1194 mN); die Rückkehr des Rechtsmittelrichters zum Tatsachengericht (aA Wieczorek/Schütze/Niemann § 41 Rn 14; vgl auch § 41 Rn 14); die frühere Befassung des Zivilrichters mit dem gleichen Sachverhalt als Anklagevertreter (BGH NJW 67, 155 [156]; LG Würzburg MDR 85, 850; Nürnberg MDR 63, 602; s auch BGH NJW 79, 2160 zu § 26 Nr 4 StPO), als Strafrichter (Koblenz NJW 67, 2213; einschränkend Hamm NJW 70, 568; aA MK/Feiber Rn 16, 17; Wieczorek/Schütze/Niemann Rn 14) oder als Organ der Justizverwaltung (vgl BayObLGZ 1985, 182 unter Hinweis auf § 54 II VwGO).

18 **cc) Mitwirkung in Vorprozeß und Wiederaufnahmeverfahren.** Da eine dem § 23 II StPO (dazu BVerfG 63, 79) entsprechende Vorschrift im Zivilprozeß fehlt, kann die bloße Mitwirkung an der im Wiederaufnahmeverfahren angefochtenen Entscheidung für sich allein keinen Ablehnungsgrund bilden (zutr Hamburg FamRZ 88, 186 mwN; Saarbrücken NJW-RR 94, 765; aA Düsseldorf NJW 71, 1221; Stemmler NJW 74, 1545; offen geblieben in BGH NJW 81, 1273 [1274] = MDR 81,

Akten (BVerfG NJW 94, 1211) und Auskünften (Zweibrücken FamRZ 94, 908 mit krit Anm Gottwald); beharrliches („stures") Festhalten an früherer, im Rechtsmittelzug für unrichtig erklärter Rechtsansicht im Widerspruch zur Rechtsmittelinstanz ohne erkennbaren Grund (Frankfurt MDR 84, 408; 88, 415 mit zust Anm Schneider; LG Frankfurt MDR 88, 1062; BL/Hartmann Rn 23; anders, wenn der Richter unter Aufrechterhaltung seiner Rechtsauffassung im Rechtsstreit die Rechtsmeinung der Rechtsmittelinstanz zugrundelegt, vgl Karlsruhe OLGZ 84, 104); grundlose Mißbilligung des Verhaltens des Prozeßbevollmächtigten als standes-(berufsrechts-)widrig (LG Kassel AnwBl 86, 104; unterscheidend Braunschweig NJW 95, 2114; vgl aber auch Rn 13); das Vertrauensverhältnis zu einer Partei schwer belastende Ungeschicklichkeiten und Mißgriffe des Richters (Frankfurt MDR 78, 409); Erweiterung der teilweise bewilligten Prozeßkostenhilfe erkennbar nur zu dem Zweck, die Zuständigkeit des angerufenen Gerichts herbeizuführen (Hamm AnwBl 73, 109); Bruch der Amtsverschwiegenheit gegenüber interessiertem Dritten (BFH NJW-RR 95, 1534); Sichbewirtenlassen durch eine Partei mit einem gewissen Aufwand anläßlich eines Ortstermins (näher MK/Feiber Rn 34 mN); nicht aber allein die Mitnahme des Richters zum Beweisaufnahmetermin im Kfz des gegnerischen Anwalts (Frankfurt NJW 60, 1622 gegen LG Kassel NJW 56, 1761); einseitige Kontaktaufnahme des Richters zu der Justizverwaltung in Rechtsprechungsangelegenheit (Schleswig OLGZ 93, 479).

3) Abgrenzung. a) Richterliche Aufklärungspflicht und Prozeßleitung. Ein im Rahmen der richterlichen Aufklärungspflicht (§§ 139, 273, 278 III) gebotenes richterliches Verhalten begründet niemals einen Ablehnungsgrund, selbst wenn dadurch die Prozeßchancen einer Partei verringert werden (BVerfG 42, 78 = NJW 76, 1391; BSG MDR 86, 85; Düsseldorf NJW 93, 2542; Köln OLGZ 94, 211 = NJW-RR 93, 1277; KG OLGZ 94, 86; Peters FamRZ 90, 1007 mN; sa Rn 1 vor § 41); dabei ist vom Rechtsstandpunkt des Gerichts auszugehen (Rn 28 mN). Bei der Bestimmung der Grenzen von prozeßrechtlich gebotener Aufklärung und Belehrung einer Partei und Neutralitätspflicht ist zu berücksichtigen, daß die Vereinfachungsnovelle die richterliche Aufklärungs-, Hinweis- und Fürsorgepflicht wesentlich verstärkt hat und das Gericht zu einer umfassenden Erörterung des Rechtsstreits in tatsächlicher und rechtlicher Hinsicht (Führung eines Rechtsgesprächs) verpflichtet ist (vgl BVerfG 75, 188 ff; Köln OLGZ 94, 211 = NJW-RR 93, 1277; Hermisson NJW 85, 2560; Riedel aaO [Rn 8] S 166 mwN; Laumen aaO [Rn 25] S 274 ff; MK/Feiber Rn 23; oben Einl Rn 14, 57a). Herstellung der „materiellen" Waffengleichheit durch richterliche Verhandlungsführung (s Einl Rn 102 [cc]) ist keine Parteilichkeit (sa Hök MDR 95, 778). Die bisher zur Abgrenzung von § 42 II zu § 139 ergangene Rspr ist deshalb nur noch mit Vorbehalt zu verwerten (zutr E. Schneider MDR 77, 972 ff und DRiZ 78, 45 f). **Keinen Ablehnungsgrund bilden daher vorläufige Meinungsäußerungen,** durch die sich der Richter noch nicht abschließend festgelegt hat (BayObLG DRiZ 80, 432; BVerwG NJW 79, 1316; BFH NJW 96, 216). Bsp: Äußerungen zur Erfolgsaussicht eines Antrags (BGH 77, 73; BVerwG NJW 79, 1316; Köln NJW 75, 788 und MDR 59, 396) oder zum – möglichen – Verfahrensausgang (Karlsruhe OLGZ 87, 248) wie überhaupt die Äußerung von Rechtsansichten (Karlsruhe OLGZ 78, 224; Frankfurt Rpfleger 78, 100; KG FamRZ 79, 322; MK/Feiber Rn 23); Ausarbeitungen zur Entscheidungsvorbereitung (BFH NJW 96, 216). IdR **keine Ablehnung** begründen weiter **richterliche Initiativen** im Zusammenhang mit der umfassenden Erörterung des Rechtsstreits, wie die Entschließungsfreiheit nicht beeinträchtigende **Anregungen, Hinweise, Belehrungen, Ratschläge und Empfehlungen** an eine Partei (vgl Düsseldorf NJW 93, 2542; MK/Feiber Rn 32). Bsp: Anregungen zur Formulierung, Stellung oder Rücknahme auch völlig neuer Anträge (Köln OLGZ 94, 210 = NJW-RR 93, 1277; E. Schneider MDR 77, 972 mwN; Vollkommer Rpfleger 76, 394 f, ie str), zur Anschlußberufung (aA Wieczorek/Schütze/Niemann Rn 9 mN), zur Rechtsmittelrücknahme (offen Oldenburg NJW 63, 451), von Erledigungserklärungen (aA VGH Kassel NJW 83, 901), zur Vorlage einer Abtretungserklärung zum Nachweis der Sachlegitimation (aA Frankfurt NJW 70, 1884 mit Anm E. Schneider [abl] und Dittmar NJW 71, 56 [zust]), zur Substantiierung von Vorbringen (Hök MDR 95, 778), zu – weiteren – Beweisantritten (Frankfurt NJW 76, 2025; Köln VersR 92, 380); zu zulässigen und allgemein bekannten Gegenstrategien bei drohender Präklusion (zB „Flucht in die Säumnis": § 296 Rn 40; aA München NJW 94, 60); Vergleichsvorschlag (Karlsruhe DRiZ 82, 33; LG Hamburg MDR 66, 421); Hinweis auf die Schonfrist des Wohnungsmieters gem § 554 II Nr 2 BGB (Hamburg ZMR 88, 225); telefonische Rückfrage im Büro des RA vor Erlaß eines VU (LG Berlin AnwBl 78, 419). 26

Kein Ablehnungsgrund ist auch der Hinweis auf bestehende **Einreden und Gegenrechte,** zB **Verjährung, Aufrechnung, Zurückbehaltungsrecht** (sehr str, insbes die Zulässigkeit eines Hinweises auf die Verjährungseinrede; **aA** die bisher überwiegende M, zB Köln MDR 79, 1027; Bremen NJW 86, 999 mN; Hamburg NJW 84, 2710; LG Berlin NJW 86, 1000; Prütting NJW 80, 364/365 mwN in Fn 55; Stürner, Die richterliche Aufklärung im Zivilprozeß, 1982, Rn 80; Wieczorek/Schütze/Niemann Rn 9; ferner § 139 Rn 11; wie hier **dagegen** Köln NJW-RR 90, 192; LG Frankfurt MDR 80, 145; LG Hamburg NJW 84, 1904; LG Darmstadt MDR 82, 236; E. Schneider MDR 79, 974; 84, 945; NJW 86, 1316; Wacke/Seelig NJW 80, 1170; Riedel aaO [Rn 8] S 170 ff, 184; 27

RSchwab/Gottwald § 25 II 2b; MK/Feiber Rn 33; Zimmermann Rn 13). Der Hinweis auf die (einer Partei ungünstige) materielle Rechtslage ist keine Verletzung der richterlichen Neutralitätspflicht. Keine Partei hat ein schutzwürdiges Interesse an der Aufrechterhaltung eines ihr günstigen Rechtsirrtums des Gegners. Das zeigt sich schon daran, daß (bei Zugrundelegung der abgelehnten Meinung) der „neue" Richter das vor dem abgelehnten (oder später) ausgeübte Einrederecht bei seiner Entscheidung zu beachten hat. Selbst mit einem *unzulässigen* Hinweis folgt der Richter aber einem *vertretbaren* Rechtsstandpunkt, was keine Befangenheit befürchten läßt (vgl Hermisson NJW 85, 2562; MK/Feiber Rn 33; unten Rn 28). Droht umgekehrt einem Anspruch der Klagepartei der Eintritt der Verjährung, hat der Richter gem § 139 geeignete Unterbrechungshandlungen (zB Klageerweiterung, s Rn 26) anzuregen (zutr Arens, FS Schwab, 1990, S 32).

28 **b) Rechtsauffassung des Richters, richterliche Entscheidungstätigkeit.** Einer Partei ungünstige Ausführungen im Rahmen der richterlichen *Begründungspflicht* rechtfertigen keine Befangenheitsbesorgnis, insbes wenn sie eine erst vorläufige Beurteilung darstellen (BGH NJW-RR 86, 738 = MDR 86, 670). Auch **Verfahrensverstöße** im Rahmen der Prozeßleitung oder **fehlerhafte Entscheidungen** sind grundsätzlich kein Ablehnungsgrund (BayObLGZ 86, 253; 87, 217; ZMR 94, 16; BAG NJW 93, 879 = MDR 93, 383; Zweibrücken MDR 82, 940; BFH BB 92, 1992; vgl auch Rn 15), desgl nicht schon ein **Verstoß gegen Denkgesetze** (Hamburg OLGZ 89, 204). Dies gilt auch bei einer **Überschreitung** der richterlichen Befugnisse gem **§ 139** (grundsätzlich verkannt von KG FamRZ 90, 1006; München NJW 94, 60; insoweit zutr Hermisson NJW 85, 2562; Peters FamRZ 90, 1007, vgl Rn 27). Etwas anderes gilt nur dann, wenn Gründe dargetan werden, die dafür sprechen, daß die Fehlerhaftigkeit auf einer unsachlichen Einstellung des Richters gegenüber der ablehnenden Partei (Köln OLGZ 71, 380; Zweibrücken MDR 82, 940; Brandenburg FamRZ 95, 1498) oder auf **Willkür** beruht (BayObLGZ 87, 218; MDR 88, 1063, jeweils mN; BAG NJW 93, 879 = aaO; Saarbrücken NJW-RR 94, 766; vgl dazu auch Rn 20 ff). UU kann sich auch aus dem Zusammenhang ergeben, daß prozeßleitende Entscheidungen, die für sich betrachtet dem Gesetz entsprechen, geeignet sein können, das Mißtrauen einer Partei zu rechtfertigen (Nürnberg BayJMBl 54, 162; Köln NJW-RR 86, 420). Gerade der in Wirklichkeit parteiische Richter wird um ein äußerlich einwandfreies Verfahren bemüht sein (vgl Moll ZRP 85, 244 mit weiterführenden Hinw).

29 **c)** Das **eigene Verhalten der ablehnenden Partei** begründet als solches nie einen Ablehnungsgrund. Durch **Angriffe auf den Richter,** wie Dienstaufsichtsbeschwerden, Strafanzeigen wegen Rechtsbeugung (oder Vorlage entsprechender Rechtsgutachten, vgl das Bsp bei Strecker ZRP 84, 123), Anträge auf Einleitung von Disziplinarmaßnahmen, wiederholte (erfolglose) Ablehnungsgesuche in früheren Prozessen kann eine Partei einen ihr unbequemen Richter nicht ausschalten (zutr München NJW 71, 384; NJW-RR 88, 1535; Saarbrücken NJW-RR 94, 766; auch BVerfG NJW 96, 2022; BAG AP Nr 2 zu § 42 ZPO mit zust Anm Vollkommer; MK/Feiber Rn 18; aA LG Aachen MDR 65, 667; differenzierend Frankfurt Rpfleger 80, 300 = NJW 80, 1805 [L]; Zweibrücken MDR 94, 832; LG Ulm MDR 79, 1028 mN; Günther ZZP 105, 33 ff; sa § 48 Rn 3). Grund: Ablehnung als Manipulationstaktik ist Rechtsmißbrauch (LSG Hess MDR 86, 436; vgl auch Rn 6); der gesetzliche Richter (Art 101 I 2 GG) darf nicht der Manipulation preisgegeben werden (vgl Braunschweig NJW 95, 2113). Dies muß idR auch dann gelten, wenn sich der Richter oder sein Dienstvorgesetzter durch eine Strafanzeige oder einen Strafantrag gegen die Partei zur Wehr gesetzt haben (vgl auch § 194 III StGB; München und BAG, je aaO; einschr BGH [StSen] bei Holtz MDR 92, 634 f; zur Abgrenzung bei Strafanzeigen *ex officio* Rn 22). Auch die Mitwirkung des Richters an einer dienstaufsichtlichen Tätigkeit in bezug auf eine Partei (Anwalt) begründet keine Befangenheitsbesorgnis (LG Bonn NJW 73, 2069). Anders ist aber zu entscheiden, wenn reale Befangenheit des Richters glaubhaft gemacht ist (Günther aaO 34) oder sich der verunglimpfte Richter selbst für befangen erklärt (Zweibrücken MDR 94, 832; FamRZ 94, 1182). Ist der Richter allerdings bereits in drei laufenden Prozessen **erfolgreich** abgelehnt worden, kann er auch im vierten Rechtsstreit von der gleichen Partei abgelehnt werden (Nürnberg MDR 65, 667; vgl auch Rn 19).

30 **d) Gesellschaftlicher Standort und Person des Richters.** Die Ablehnung setzt einen in der Person des zur Entscheidung berufenen Richters liegenden „individuellen" Ablehnungsgrund voraus (vgl Rn 9 ff); dafür genügt eine allgemeine *„Sozialbefangenheit"* des Richters nicht (vgl Wieczorek/Schütze/Niemann Rn 18). Vom Richter wird erwartet (vgl § 38 DRiG), daß er sich bei der Entscheidung des Einzelfalls von sich daraus ergebenden Einflüssen freihält (zutr hohe Pflichtmaßstäbe setzt Saarbrücken NJW-RR 94, 767 [zu § 48]; vgl auch die Wertung in § 18 II BVerfGG). **Keine Ablehnungsgründe** sind daher idR (uU anders bei Hinzukommen bes Umstände, vgl Rn 31) die Mitgliedschaft des Richters in einer **politischen Partei** (BVerfG 11, 3; 43, 128; 88, 23; Koblenz NJW 69, 1177; VGH Mannheim NJW 75, 1048; ie Vollkommer, FS Hubmann, 1985, S 457 mwN; vgl Rn 11 und zur politischen Betätigung vgl Rn 31) oder rechtspolitischen Vereinigung (BVerfG 88, 23 = NJW 93, 2230); die Zugehörigkeit zu bestimmter **Kirche,** Religion oder Weltanschauung (*arg* Art 4 GG; vgl de Wall NJW 94, 843 und JuS 94, 903); die Mitgliedschaft eines *ehrenamtlichen Richters* am ArbG in einer **Gewerkschaft** (BAG NJW 68, 862 = AP Nr 2 zu

§ 41 ZPO mit zust Anm Wieczorek = SAE 69, 134 mit zust Anm Baumgärtel/Mes; BAG BB 78, 100; eingehend Riedel aaO S 98 ff) oder Arbeitgebervereinigung (BL/Hartmann Rn 16; vgl auch § 20 ArbGG); die Mitgliedschaft eines *Berufsrichters,* auch der Arbeitsgerichtsbarkeit, bei einer Gewerkschaft (BVerfG NJW 84, 1874; vgl näher Rn 32); die berufliche Stellung eines ehrenamtlichen Richters (Handelsrichter) zB als AG-Vorstand (Pfeiffer ZIP 94, 769; Stuttgart NJW-RR 95, 300); die Zugehörigkeit eines Richters in den *neuen Ländern* zur Gruppe der vor dem 3. 10. 1990 ins Amt berufenen Richter, auch bei früherer SED-Mitgliedschaft einer Partei (BezG Rostock DtZ 92, 62; sa Rn 35); die Zugehörigkeit des Berufsrichters zum gleichen Gericht oder zur gleichen Justizbehörde wie die Partei oder deren naher Angehöriger (Rn 12a). Das **Geschlecht** des Richters bzw der Richterin als solches bildet auch bei sexualbezogenem Verfahrensgegenstand keinen Ablehnungsgrund (BayObLG DRiZ 80, 432).

e) Politische Betätigung des Richters. Bei der ihm als Staatsbürger freistehenden politischen 31
Betätigung sind dem Richter durch die Pflicht zur Wahrung seiner Unabhängigkeit (§ 39 DRiG) und die Notwendigkeit der Erhaltung einer funktionsfähigen Rechtspflege (BVerfG NJW 83, 2691) Grenzen gezogen (vgl allg MK/Feiber Rn 20, 22 mwN; Wassermann NJW 95, 1653). Ein Verstoß gegen die Grenzen der Meinungsfreiheit eines Richters (vgl BVerwG NJW 88, 1748; Nds DienstGH NJW 90, 1497) begründet allerdings für sich allein noch keinen Ablehnungsgrund (nicht genügend beachtet von VGH Kassel NJW 85, 1105; dagegen zutr Göbel NJW 85, 1057; Moll ZRP 86, 31; Dieterich RdA 86, 6; wohl auch BL/Hartmann Rn 35). Maßgebend für die „individuelle" Befangenheitsbesorgnis (vgl Rn 29) sind stets die Umstände des Einzelfalls (dazu näher Vollkommer, FS Hubmann, 1985, S 458 f). Bei allgemein- und gesellschaftspolitischen Stellungnahmen des Richters (öffentliche Initiative; Unterschriftsaktion; offener Brief; Diskussionsbeitrag in öffentlicher Veranstaltung; Engagement in Bürgerinitiative, rechtspolitischer Vereinigung, Glaubensgemeinschaft) wird sie idR zu verneinen sein, mag im Einzelfall auch die gebotene Mäßigung außer acht gelassen sein und der Prozeßgegenstand eine gewisse „Nähe" zu dem betreffenden Thema aufweisen (VGH Mannheim NJW 86, 2068; de Wall NJW 94, 843); nicht ausreichen dürften idR auch ein gemeinsames umweltpolitisches Engagement von Richter und einer Prozeßpartei (ArbG Frankfurt NJW 84, 142 = EzA § 49 ArbGG 1979 Nr 4 mit zust Anm Vollkommer; aA wohl Rüthers DB 84, 1623 und Schmidt-Jortzig NJW 84, 2057, 2059), *anders* aber ausgeprägte politische Gegnerschaft (RSchwab/Gottwald § 25 II 2a; Moll ZRP 85, 245), Besorgnis der Ausländerfeindlichkeit in Verfahren mit Ausländerbeteiligung (vgl Karlsruhe NJW 95, 2504), desgleichen auch das Bestehen eines *inneren Zusammenhangs* zwischen der öffentlichen Meinungsäußerung des Richters und dem Verfahrensgegenstand (vgl VGH Kassel NJW 85, 1105; MK/Feiber Rn 22; aA Göbel NJW 85, 1058 ff). Ein besonders strenger Befangenheitsmaßstab gilt insoweit nach stRspr des BVerfG im verfassungsgerichtlichen Verfahren (vgl BVerfG 80, 40 mN; ie Zuck MDR 86, 894 mwN).

f) Auch **gewerkschaftliche Betätigung** ist dem Berufsrichter, auch der Arbeitsgerichtsbarkeit, 32
grundsätzlich gestattet (BVerfG NJW 84, 1874; zust zB Dieterich RdA 86, 6; krit etwa Rüthers DB 84, 1622; Hanau ZIP 84, 1165; Dütz JuS 85, 753). Im Hinblick auf die von den Gewerkschaften im Arbeits-(rechts-)leben eingenommene Gegnerschaftsstellung gelten die für die politische Betätigung des Richters gezogenen Grenzen (Rn 31) in gesteigertem Maß für gewerkschaftliches Engagement (ie sehr str; stark einschränkend außer Rüthers, Hanau, Dütz, je aaO, ferner etwa Berglar ZRP 84, 8; weitergehend etwa Schuldt DB 84, 2509; Fangmann/Zachert, Gewerkschaftliche und politische Betätigung von Richtern, 1986; zusammenfassend zum ganzen Vollkommer, FS Ernst Wolf, 1985, S 659 ff). Für eine Ablehnung kommt es wieder auf die Einzelumstände an. Unbedenklich ist im allg die Mitarbeit des Richters in einem gewerkschaftlichen Arbeitskreis „Arbeitsrecht" (BVerfG NJW 84, 1874), anders aber uU je nach Organisation, Teilnehmerkreis und Thematik des Arbeitskreises, insbes bei einseitiger Kontaktaufnahme zwischen Richter und Anwalt eines anhängigen oder bevorstehenden konkreten Rechtsstreits (vgl Rüthers DB 84, 1624 f; Moll ZRP 85, 245 f; Dieterich RdA 86, 6; Wieser, Arbeitsgerichtsverfahren, 1994, Rn 6).

g) Öffentliche Kundgabe von Rechtsansichten. Frühere richterliche Publikationen sind unter 33
dem Gesichtspunkt der „Festlegung" (Rn 25) unbedenklich, da der Richter schon von Berufs wegen gezwungen ist, sich zu Rechtsfragen laufend eine Meinung zu bilden und dabei stets „für neue und bessere Argumente offen zu bleiben" (Sendler NJW 84, 693; BSG NJW 93, 2262 = MDR 93, 574). Die **frühere Kundgabe einer Rechtsansicht,** insbes die *Äußerung einer wissenschaftlichen Meinung zu einer Rechtsfrage* in einer Fachzeitschrift oder Kommentierung, bildet daher keinen Ablehnungsgrund (BSG NJW 93, 2262 = aaO; vgl auch § 18 III Nr 2 BVerfGG und dazu Schumann JZ 73, 486 ff; uU aber anders, wenn die Ansicht im Zusammenhang mit einem anhängigen oder bevorstehenden Verfahren – BVerfG 35, 253; 37, 268; LG Berlin DRiZ 78, 57 [Leserbrief]; BVerfG 73, 337 [„Spiegel"-Gespräch]; BVerfG 82, 38 ff; 88, 4 [Gutachtertätigkeit] – oder als Prozeßparteivertreter – dazu LG Aachen MDR 63, 602 mit Anm Teplitzky – geäußert ist). Die Interpretation einer früheren Entscheidung durch einen mitwirkenden Richter begründet im allg nicht die Besorgnis der Befangenheit in einem ähnlich liegenden Fall (BVerfG 46, 16; dazu

allg Sendler, in: Freiheit und Verantwortung im Verfassungsstaat, 1984, S 428 ff; zum ganzen auch Riedel aaO [Rn 8] S 137 ff mwN); Löffler BB 93, 938 sowie – krit – Lamprecht NJW 93, 2224).

34 h) Kein Ablehnungsgrund ist nach allgM die **fehlende Dienstfähigkeit** des Richters (vgl Riedel aaO S 58 ff; einschr Wieczorek/Schütze/Niemann Rn 12: § 42 entspr), wenngleich nicht zu verkennen ist, daß es insoweit an geeigneten anderen Behelfen im Einzelverfahren (vgl allg §§ 34, 35 DRiG) fehlt (vgl hierzu auch § 41 Rn 2); kein Ablehnungsgrund sind auch zeitweilige Behinderungen durch Schlaf (BVerwG NJW 86, 2721), Übermüdung oder Ablenkung durch Aktenstudium und dgl (vgl Fuchs AnwBl 87, 572); derartige Vorgänge können aber uU Grund zur **Besetzungsrüge** geben (vgl BVerwG NJW 81, 413 und allg § 551 Rn 2). Zum Gewissenskonflikt s § 48 Rn 2. Ein Ablehnungsgesuch gegen einen Richter kann schließlich nicht darauf gestützt werden, eine im **Geschäftsverteilungsplan** getroffene Regelung sei grundgesetzwidrig (Stuttgart Justiz 70, 261) oder der Richter sei wegen Verletzung von § 21g II GVG nicht der **gesetzliche Richter** (offengelassen von München MDR 75, 584).

43 *[Verlust des Ablehnungsrechts]*

Eine Partei kann einen Richter wegen Besorgnis der Befangenheit nicht mehr ablehnen, wenn sie sich bei ihm, ohne den ihr bekannten Ablehnungsgrund geltend zu machen, in eine Verhandlung eingelassen oder Anträge gestellt hat.

I) Allgemeines

1 **1) Bedeutung.** Die **zeitliche Beschränkung** des Ablehnungsrechts dient der schnellen und endgültigen Klärung der weiteren Mitwirkung des Richters am Verfahren nach Bekanntwerden eines Ablehnungsgrundes (Hamm NJW 67, 1864); die Partei, die den Ablehnungsgrund kennt, soll keine Dispositionsbefugnis hinsichtlich des Zeitpunkts der Geltendmachung haben (Koblenz MDR 86, 60). § 43 konkretisiert die allgemeine Prozeßförderungspflicht der Partei (vgl §§ 282 I, 296 II) für das Ablehnungsverfahren. Der Verlust des Ablehnungsrechts (Rn 7) ist Präklusionsfolge für säumiges Verhalten (iErg übereinstimmend KG NJW 75, 1842: Verwirkung).

2 **2) Anwendungsbereich.** § 43 gilt nur für § 42 (dort Rn 8 ff), nicht für § 41; anwendbar sowohl im mündlichen als auch im schriftlichen Verfahren (§ 128 II, III; hier aber Rn 3 beachten), bei Anwaltszwang (§ 78) auch für die **Partei** selbst (*arg* §§ 44 I, 78 III; s Rn 4 aE), in **zeitlicher** Hinsicht bis zur Endentscheidung der Instanz (vgl § 46 Rn 18). Wegen im Laufe des Prozesses entstandener Ablehnungsgründe vgl Rn 7. Entspr anwendbar auf Ablehnung von Sachverständigen (Düsseldorf MDR 94, 620) und in den FGG-Verfahren (BayObLG MDR 88, 1063 mwN, str).

II) Voraussetzungen

3 **1) Bekanntsein des Ablehnungsgrundes.** Kenntnis des Prozeßbevollmächtigten wirkt gegen die Partei (Hamburg MDR 76, 845; Düsseldorf Rpfleger 93, 188), Kennenmüssen (vgl § 122 II BGB) des Ablehnungsgrundes genügt zur Ausschließung der Ablehnung nicht (OLG 37, 204). Kenntnis muß den gesamten Komplex (vgl Rn 8) einschließlich der Person des Richters umfassen; daran kann es im schriftlichen Verfahren (vgl Rn 2) uU fehlen (vgl Köln OLGZ 1974, 422 betr FGG-Verfahren). Jede ablehnungsberechtigte Partei hat das Recht auf Bekanntgabe der Namen der am Verfahren mitwirkenden Richter (BayObLG Rpfleger 78, 17; vgl auch § 24 III 2 StPO).

4 **2) Einlassung in eine Verhandlung.** Die **Verhandlung** kann mündlich oder schriftlich sein, die Hauptsache oder einen prozessualen Streitpunkt betreffen. Als **Einlassen** in eine Verhandlung genügt jedes prozessuale und der Erledigung eines Streitpunkts dienende Handeln der Parteien unter Mitwirkung des Richters (Koblenz MDR 86, 60), zB Abgabe von mündlichen Erklärungen (OVG Bremen NJW 85, 823), Vergleichsverhandlungen und -abschluß (Frankfurt FamRZ 91, 839), Einreichung von Schriftsätzen, wegen der Auslösung der Abhilfeprüfung (§ 571) auch Einlegung der Beschwerde (Koblenz MDR 86, 60) und dgl (Düsseldorf Rpfleger 93, 188: Erinnerung gem § 104 III iVm § 11 I, II 1 RpflG). Handeln eines Vertreters steht dem persönlichen Handeln der Partei gleich; die aktive Teilnahme an einer Beweisaufnahme reicht aus (Köln OLGZ 74, 424); in Ehesachen genügt die Mitwirkung des anwaltlich nicht vertretenen Gegners (Bamberg FamRZ 95, 100).

5 **3) Antragstellung:** mündlich oder schriftlich zur Sache (vgl aber § 297; dazu Saarbrücken NJW-RR 94, 767), Einverständniserklärung mit einer Entscheidung im schriftlichen Verfahren nach § 128 II (München MDR 80, 146), zu prozessualen Fragen, auch Gegenvorstellungen (Düsseldorf MDR 57, 364), nicht aber bloßer Vertagungsantrag (RG 36, 378; MK/Feiber Rn 4; ThP Rn 5; StJ/Bork Rn 5, str; aA Hamburg MDR 61, 152; LG Tübingen MDR 82, 411; offenlassend BGH NJW 92, 984). Vorgänge im Zusammenhang mit der Antragstellung liegen **nicht vor** dieser (Köln OLGZ 74, 424); durch die gegenteilige Auslegung des § 43 würde das Ablehnungsrecht für die Partei in unzumutbarer Weise beschränkt (Köln OLGZ 71, 376).

4) Nichtgeltendmachung des Ablehnungsgrundes. Geltend machen kann ihn die Partei oder in ihrem Namen der Prozeßbevollmächtigte (vgl § 42 III und dort Rn 2). Geltendmachung genügt aber für sich allein zur Erhaltung des Ablehnungsrechts grundsätzlich nicht; vielmehr muß die Partei mit Rücksicht darauf idR Antragstellung und Verhandlung (Rn 4, 5) verweigern, wenn sie ihr Ablehnungsrecht nicht verlieren will (München MDR 54, 552); zu Ausnahmen vgl Rn 8. 6

III) Rechtsfolgen

1) Verlust des Ablehnungsrechts. Präkludiert sind nur Ablehnungsgründe, die **vor** dem maßgebenden Zeitpunkt (Rn 4, 5) liegen, nicht solche, die **später** entstanden oder bekanntgeworden sind (§ 44 IV; vgl Frankfurt OLGZ 79, 453 = MDR 79, 762: Ablehnungsgründe, die während der Verhandlung entstehen, müssen bis zum Schluß der mündlichen Verhandlung geltend gemacht werden). Die Präklusionsfolge ist ferner auf den **anhängigen Rechtsstreit** beschränkt, und hindert die Partei nicht, den Ablehnungsgrund in einem anderen späteren Verfahren geltend zu machen (Karlsruhe NJW-RR 92, 572 mwN = MDR 92, 409; MK/Feiber Rn 8; ThP Rn 1, hM, str; aA Hamm NJW 67, 1864; vermittelnd BFH BB 87, 1661 [L]; E. Schneider MDR 77, 443: „Sachzusammenhang" zwischen den mehreren Verfahren entscheidend; ebenso vom Standpunkt der hM Koblenz MDR 89, 647; 86, 60 für das Verhältnis PKH-Verfahren/Hauptprozeß). 7

2) Ausnahmen: Kein Verlust des Ablehnungsrechts, wenn Verhandlung und Antragstellung (Rn 4, 5) durch ein inkorrektes gerichtliches Verfahren veranlaßt waren; Beispiele: Verhandlung zur Abwendung eines Versäumnisurteils oder einer Aktenlageentscheidung, wenn der abgelehnte Richter entgegen § 47 weiterverhandelt (KG NJW 75, 1842; Köln VersR 93, 1550); Durchführung von Beweisaufnahme und Schlußverhandlung nach erfolgter Ablehnung (Karlsruhe Justiz 93, 54). Wird die Ablehnung auf einen „Gesamttatbestand" gestützt, kommt es für den Zeitpunkt entscheidend auf den letzten „Teilakt" an; Schranke: Umgehung des Verwirkungstatbestands (vgl BPatG GRUR 85, 434; LG Düsseldorf ZIP 85, 632; s auch Rn 1). 8

44 *[Ablehnungsgesuch]*

(1) Das Ablehnungsgesuch ist bei dem Gericht, dem der Richter angehört, anzubringen; es kann vor der Geschäftsstelle zu Protokoll erklärt werden.

(2) Der Ablehnungsgrund ist glaubhaft zu machen; zur Versicherung an Eides Statt darf die Partei nicht zugelassen werden. Zur Glaubhaftmachung kann auf das Zeugnis des abgelehnten Richters Bezug genommen werden.

(3) Der abgelehnte Richter hat sich über den Ablehnungsgrund dienstlich zu äußern.

(4) Wird ein Richter, bei dem die Partei sich in eine Verhandlung eingelassen oder Anträge gestellt hat, wegen Besorgnis der Befangenheit abgelehnt, so ist glaubhaft zu machen, daß der Ablehnungsgrund erst später entstanden oder der Partei bekanntgeworden sei.

I) Ablehnungsgesuch (Abs I)

1) Form: Schriftlich, zu Protokoll der Geschäftsstelle **(I HS 2)** und mündlich: Anbringung auch in der mündlichen Verhandlung vor dem zur Entscheidung zuständigen Gericht. **Kein Anwaltszwang,** § 78 III, auch nicht nach Vorlage gem § 45 II (vgl BVerfG DtZ 92, 184) oder im Revisions- (Rechtsbeschwerde-)verfahren (BGH MDR 95, 520); zum Beschwerdeverfahren s § 46 Rn 16. Bis zur Entscheidung (§ 46 II) ist das Gesuch widerruflich (RSchwab/Gottwald § 25 II 3a). Die **Empfangszuständigkeit** gem **I** ist Zulässigkeitsvoraussetzung (KG FamRZ 86, 1024). 1

2) Inhalt. Individualisierung des Ablehnungsgrundes ist erforderlich (BVerwG MDR 76, 783 mN). Die bloße Erklärung einer Partei, sie lehne den Richter ab, werde die Begründung nachbringen, ist kein Ablehnungsgesuch (Köln MDR 64, 423 mit Anm Teplitzky; BFH NJW-RR 96, 702). Der **Richter** muß **namentlich bezeichnet** oder sonst zweifelsfrei **bestimmbar** sein (Pohle zu BAG AP Nr 3 zu § 49 ZPO; BFH NJW 73, 536; vgl auch § 42 Rn 3 mwN; Auskunftsrecht der Partei: § 43 Rn 3). Aus Gründen der Prozeßökonomie läßt aber die Rechtsprechung **Ausnahmen** zu, wenn der Ablehnungsgrund nur nach Gattungsmerkmalen bestimmt ist (Zugehörigkeit zu einer Gewerkschaft, einem bestimmten Gericht und dgl; vgl BAG NJW 68, 862 = aaO [§ 42 Rn 30]; LAG Kiel SchlHA 68, 213) oder wenn der Ablehnungsgrund aus konkreten, in einer Kollegialentscheidung enthaltenen Anhaltspunkten hergeleitet wird (BVerwG MDR 76, 783; VG Stuttgart JZ 76, 278; Günther NJW 86, 283). 2

II) Glaubhaftmachung (Abs II)

Gegenstand: Die Tatsachen, die den Ablehnungsgrund ergeben. **Mittel:** § 294; Einschränkung: Keine eidesstattliche Versicherung der Partei **(II 1 HS 2).** „Zeugnis des abgelehnten Richters" **(II 2)** ist die dienstliche Äußerung gem Abs III. Stillschweigende Bezugnahme darauf (vgl **II 2**) soll bei anwaltlichem Ablehnungsgesuch nicht ohne weiteres zu unterstellen sein (so Frankfurt 3

OLGZ 77, 24 = NJW 77, 767; dagegen zutr Wieczorek/Schütze/Niemann Rn 15). Glaubhaftmachung entfällt bei Offenkundigkeit (§ 291) und bei Unterstellung der geltend gemachten Tatsachen als wahr (VGH Mannheim NJW 75, 1048). Letzter Zeitpunkt: Bis zur Entscheidung (ThP Rn 2).

III) Dienstliche Äußerung (Abs III)

4 Sie hat idR schriftlich zu erfolgen (BL/Hartmann Rn 4; Grund: Nachprüfbarkeit), jedoch ist mündliche Anhörung des abgelehnten Richters durch das beschließende Gericht (§ 45 Rn 2) möglich (MK/Feiber Rn 8). Beispiel: Anhörung des Amtsrichters durch das LG im Fall des § 45 II 1. Die dienstliche Äußerung ist auch im Verfahren gem § 48 abzugeben (Frankfurt NJW 76, 1545). Sie besteht in der Äußerung zu den Tatsachen des Ablehnungsgesuchs (arg „Zeugnis" in **II**), kann aber auch auf im Ablehnungsgesuch nicht genannte, entscheidungserhebliche Umstände eingehen; da für die Ablehnungsentscheidung auch das eigene Verhalten der ablehnenden Partei oder ihres Vertreters von Bedeutung sein kann (§ 42 Rn 9), darf der abgelehnte Richter auch die zur Ablehnung führenden Vorgänge mit der gebotenen Zurückhaltung wertend beurteilen (vgl BGH 77, 73); Ausführungen zur Zulässigkeit oder Begründetheit des Gesuchs haben jedoch zu unterbleiben (Dresden OLGR Brandenburg usw 96, 56; ThP Rn 3). Überflüssig ist die Erklärung, sich nicht befangen zu fühlen (vgl § 42 Rn 9), vorhandene Befangenheitsgründe sind zu offenbaren (s § 48 Rn 4). Die Äußerung erübrigt sich bei querulatorischen Gesuchen (BVerfG 11, 3; weitergehend MK/Feiber Rn 9). Mängel der Stellungnahme sind uU für § 42 bedeutsam (vgl Dresden aaO und § 42 Rn 24 mwN aus der Rspr). Zum Erfordernis des rechtlichen Gehörs für die ablehnende Partei vgl § 46 Rn 3. Abs **III** ist entspr anwendbar auf den abgelehnten Sachverständigen (Koblenz OLGZ 77, 375 = NJW 77, 395 [L]). Die dienstliche Äußerung ist Teil der richterlichen Tätigkeit iS von § 26 DRiG (BGH 77, 72 = NJW 80, 2530; krit MK/Feiber Rn 10).

IV) Ablehnung nach Einlassung oder Antragstellung (Abs IV)

5 Zum beschränkten Umfang der Präklusionswirkung bei Verhandlung oder Antragstellung vgl § 43 Rn 7 und 8. Zur Glaubhaftmachung bei nachträglicher Entstehung (Kenntnis) des Ablehnungsgrundes gilt § 294 uneingeschränkt; die Beschränkung gem II 1 HS 2 ist für die Tatsachen gem Abs IV nicht anzuwenden (allgM). Zeitpunkt der Geltendmachung: vor der nächsten auf die Entstehung oder das Bekanntwerden des Ablehnungsgrundes folgenden Verhandlung (§ 43 Rn 4) oder Antragstellung (§ 43 Rn 5). Letzte zeitliche Schranke der rechtskräftige Abschluß des Rechtsstreits (§ 42 II 1b; vgl auch § 43 Rn 7 sowie § 46 Rn 18).

45 *[Zuständigkeit zur Entscheidung über das Ablehnungsgesuch]*

(1) Über das Ablehnungsgesuch entscheidet das Gericht, dem der Abgelehnte angehört; wenn dieses Gericht durch Ausscheiden des abgelehnten Mitglieds beschlußunfähig wird, das im Rechtszuge zunächst höhere Gericht.

(2) Wird ein Richter beim Amtsgericht abgelehnt, so entscheidet das Landgericht, in Kindschaftssachen und bei Ablehnung eines Familienrichters das Oberlandesgericht. Einer Entscheidung bedarf es nicht, wenn der Richter beim Amtsgericht das Ablehnungsgesuch für begründet hält.

Abs II idF des UÄndG vom 20. 2. 1986 (BGBl I, S 301), in Kraft seit 1. 4. 1986.

I) Ablehnung beim Kollegialgericht (Abs I)

1 **1) Anwendungsbereich: I** bezieht sich auf sämtliche Kollegialgerichte, also LG, OLG, BayObLG und BGH.

2 **2) Zuständigkeit a)** des Gerichts, dem der **abgelehnte Richter angehört (I HS 1).** Es entscheidet bei Ablehnung eines Mitglieds eines Kollegialgerichts (Rn 1), auch des Einzelrichters im Fall des § 348 (Karlsruhe OLGZ 78, 256), des Vorsitzenden einer KfH (BayObLG MDR 80, 237), jeweils ohne die Mitwirkung des Abgelehnten (allgM; gilt auch für die Entscheidung über die Zulässigkeit des Ablehnungsgesuchs: Hamburg MDR 54, 423; zu den Ausnahmen vgl Rn 4). Das Gericht gem Abs I HS 1 ist – vorbehaltlich einer anderen Regelung im Geschäftsverteilungsplan (hM, aA Wieczorek/Schütze/Niemann Rn 2) – der durch seinen geschäftsplanmäßigen Vertreter ergänzte Spruchkörper (Zivilkammer, KfH, Senat) des Abgelehnten. Beim ArbG entscheidet die vollbesetzte Kammer (§ 49 I ArbGG), gegebenenfalls das LAG (§ 49 II ArbGG); beim BAG der Senat in voller Besetzung (BAG AP Nr 2 zu § 42 ZPO mit Anm Vollkommer).

3 **b) des im Rechtszug zunächst höheren Gerichts (I HS 2).** Werden so viele Mitglieder abgelehnt, daß die Kammer oder der Senat beschlußunfähig wird, und kann die Beschlußfähigkeit auch nicht durch Eintreten von geschäftsplanmäßigen Vertretern hergestellt werden, so ist das Gesuch dem übergeordneten Gericht zur Entscheidung vorzulegen (RG 16, 413).

4 **c)** Abweichend von Rn 2 entscheidet der Spruchkörper ausnahmsweise (Zweibrücken, MDR 80, 1025) in **alter Besetzung unter Mitwirkung des abgelehnten Richters** über unzulässige Ableh-

nungsgesuche in folgenden Fällen: Ablehnung eines ganzen Gerichts als solchen (BGH NJW 74, 55 mwN; BVerwG NJW 88, 722; OLGR Düsseldorf 95, 230, stRspr); offenbar grundloses (Bsp: Manipulation der Richterbank, § 42 Rn 29), nur der Verschleppung dienendes und damit rechtsmißbräuchliches Gesuch (RG 44, 402; BGH NJW 92, 984; BayObLGZ 93, 10 = NJW-RR 93, 1278; Frankfurt NJW-RR 89, 569; KG MDR 92, 997, **stRspr;** Günther NJW 86, 288 ff mwN; MDR 89; 694; § 42 Rn 6; **einschr** Hamburg NJW 92, 1462; Frankfurt FamRZ 93, 1468; MK/Feiber Rn 1); Gesuch mit grob verunglimpfendem Inhalt (Karlsruhe NJW 73, 1658 und NJW 74, 915, str; im Regelfall aA Stuttgart OLGZ 77, 108 mwN); Ablehnung als taktisches Mittel für verfahrensfremde Zwecke (Braunschweig NJW 95, 2114). In solchen Fällen kann das Gesuch auch unberücksichtigt bleiben (BVerfG 11, 5; 72, 59; 74, 100; Hamm NJW 76, 978; BFH BB 72, 865; NJW-RR 96, 702), **§ 47** gilt insoweit nicht (BVerwG NJW 88, 722; KG FamRZ 86, 1022; Vollkommer Anm zu LAG Rheinland-Pfalz EzA § 49 ArbGG 1979 Nr 2; vgl hierzu auch § 42 Rn 6; § 47 Rn 3 sowie Einl Rn 50). **Einzelne Ablehnungsgründe** können nicht durch *Teilentscheidung* als unzulässig verworfen werden (BGH [StSen] NJW 90, 3031 f).

II) Ablehnung beim Amtsgericht (Abs II)

1) Hält der Richter beim AG das Ablehnungsgesuch für **begründet (II 2),** so ließ die bisherige Praxis einen formlosen Aktenvermerk und Abgabe der Akten an den Stellvertreter genügen (s 19. Aufl). Da der Richterwechsel kein gerichtsinterner Vorgang ist (BVerfG 89, 36 ff; Streichung von § 48 II) und Verfahrensgrundrechte berührt (Art 101 I 2, 103 I GG; s näher § 48 Rn 9), ist Anhörung des Gegners und Abgabe einer förmlichen Begründung geboten (so auch MK/Feiber Rn 6; Wieczorek/Schütze/Niemann Rn 7). Vorlegung der Akten an das gem **II 1** zur Entscheidung berufene Gericht ist nicht erforderlich. Der Stellvertreter ist an die Stattgabe der Ablehnung grundsätzlich gebunden (Frankfurt FamRZ 89, 519); Schranke: Willkür, grobe Fehlerhaftigkeit. Nur in den übrigen Fällen kommt es zu einem förmlichen Ablehnungsverfahren (Rn 6, 7). 5

2) In allen gewöhnlichen Zivilprozessen (dh außer den Verfahren gem Rn 7) entscheidet das übergeordnete LG (ZivK, § 72 GVG), in Handelssachen (§ 95 GVG) bei entspr Antrag der ablehnenden Partei (§ 100 GVG in Verb mit § 96 I GVG entspr) aber die KfHS (sa BayObLGZ 87, 216). **II 1** HS 1 gilt auch bei Ablehnung des Erinnerungsrichters (Anm Rpfleger 88, 37). Macht der Richter beim AG von der richterrechtlichen Verwerfungskompetenz mißbräuchlicher Gesuche (vgl § 42 Rn 6) Gebrauch, wird dadurch der Instanzenzug (LG – OLG) nicht berührt (Köln OLGZ 79, 471 = MDR 79, 850; KG FamRZ 85, 729 f mN, auch zur aA; Nürnberg OLGZ 93, 85 = MDR 93, 176; Wieczorek/Schütze/Niemann § 46 Rn 4, str; **aA** BayObLGZ 93, 10 = NJW-RR 93, 1278; Koblenz MDR 85, 850; KG MDR 92, 997). Grund: In den genannten Fällen hat eine (Sach-)Entscheidung „über das Ablehnungsgesuch“ noch nicht stattgefunden; sie trifft erstmals das LG; die aA führt bei *Fehlentscheidungen* zu einer unzulässigen Verkürzung des Rechtsschutzes der ablehnenden Partei (vgl allg Einl Rn 99), wenn das AG zu Unrecht Rechtsmißbräuchlichkeit bejaht hat (vgl dazu das Bsp in Frankfurt FamRZ 93, 1468). Bei Ablehnung eines ersuchten Richters entscheidet das LG, zu dessen Bezirk das ersuchte AG gehört (LG Düsseldorf Rpfleger 80, 114). 6

3) Zur Entscheidung über die Ablehnung eines **Familienrichters** oder des Richters in einer Kindschaftssache ist das OLG zuständig **(II 1),** in einer Familiensache der Familiensenat (KG FamRZ 86, 1022; Bergerfurth FamRZ 87, 28; § 119 GVG Rn 14). Das OLG entscheidet auch, wenn der Familienrichter ein Ablehnungsgesuch als rechtsmißbräuchlich verworfen (unbeachtet gelassen) hat (KG FamRZ 86, 1022; vgl auch Rn 4, 6); dies ist die Folge davon, daß durch die Verwerfung durch den abgelehnten Richter selbst der Instanzenzug AG (Familiengericht) – OLG nicht verändert wird (vgl Rn 6). Durch die Neuregelung (in Kraft seit 1. 4. 1986) wurde die ursprünglich (bis 1977) bestehende Übereinstimmung von Entscheidungszuständigkeit im Ablehnungsverfahren und Rechtsmittelzuständigkeit (§ 119 I Nr 1, 2) wieder hergestellt. Dies erscheint im Hinblick auf den mitunter engen Zusammenhang zwischen dem geltend gemachten Ablehnungsgrund mit dem Hauptsacheverfahren sachgerecht. Die Zuständigkeitsänderung hat allerdings die – bewußt in Kauf genommene – Konsequenz, daß die Zurückweisung des Ablehnungsgesuches wegen § 567 IV 1 nicht mehr mit der sofortigen Beschwerde (§ 46 II) anfechtbar ist (BGH NJW-RR 87, 191 = MDR 87, 130 = FamRZ 86, 1197; sa § 46 Rn 14). Der Wegfall der Rechtsmittelkontrolle macht eine bes eingehende und umfassende Prüfung der Ablehnungsanträge durch die OLG erforderlich; eine entspr Erwartung ist im Gesetzgebungsverfahren ausdrücklich geäußert worden (vgl BGH aaO mN). Da durch Ablehnungsentscheidungen stets der gesetzliche Richter (Art 101 I 2 GG) tangiert ist, verbleibt bei grob fehlerhaften Entscheidungen die Verfassungsbeschwerde (vgl § 46 Rn 21). Im Rahmen der **entspr** Anwendung von **II 1** (s § 11 LwVG) entscheidet über die Ablehnung eines **Landwirtschaftsrichters** gleichfalls das **OLG** (so BayObLGZ 87, 213 mN; aA BGH NJW-RR 89, 825); Grund: konkrete Rechtsmittelzuständigkeit entscheidet (wie bei § 36, dort Rn 4). 7

4) Bei Ablehnung des **Rechtspflegers** entscheidet der Amtsrichter in erster, das LG in 2. Instanz; § 46 II gilt entspr, §§ 10 S 2, 28 RpflG (ie § 49 Rn 5). 8

46 *[Ablehnungsverfahren]*
(1) Die Entscheidung über das Ablehnungsgesuch kann ohne mündliche Verhandlung ergehen.

(2) Gegen den Beschluß, durch den das Gesuch für begründet erklärt wird, findet kein Rechtsmittel, gegen den Beschluß, durch den das Gesuch für unbegründet erklärt wird, findet sofortige Beschwerde statt.

I) Verfahren (Abs I)

1 **1) Allgemeines.** Das Ablehnungsverfahren ist ein *selbständiges Zwischenverfahren,* in dem über Ablehnungsgesuch und -grund abschließend *(bindend)* entschieden wird (BayObLGZ 86, 367; KG MDR 88, 237; Günther MDR 89, 691); durch Erlaß der Hauptsacheentscheidung wird es nicht erledigt (str, Rn 18).

2 **2) Verfahrensgrundsätze** sind: **a) Fakultative** (freigestellte) **Mündlichkeit** (vgl dazu § 128 Rn 5). Mündliche Verhandlung ist idR entbehrlich, aber auch nicht ermessensfehlerhaft (BFH DB 92, 2122). **b)** Grundsatz der **Amtsermittlung** (Frankfurt OLGZ 80, 109; Hamm Rpfleger 74, 404; BL/Hartmann Rn 1; StJ/Bork Rn 1; ThP Rn 1; Wieczorek/Schütze/Niemann Rn 1, allgM).

3 **c) Rechtliches Gehör.** Bei mündlicher Verhandlung wird der Gegner notwendig gehört, iü ist seine Anhörung geboten, soweit das Gesuch nicht offensichtlich unzulässig oder unbegründet ist. Durch BVerfG NJW 93, 2229 überholt ist die Ansicht (vgl Düsseldorf Rpfleger 75, 257 mN), derzufolge der Gegner am Ablehnungsverfahren nicht (formell) beteiligt sein soll (s § 48 Rn 9); aus dem grundsätzlichen Anhörungsgebot (Abs I) folgt gerade die formelle Beteiligung (zutr MK/Feiber Rn 1). Zu der dienstlichen Äußerung (§ 44 III) muß die ablehnende Partei Stellung nehmen können, andernfalls ist sie nicht verwertbar (Art 103 I GG; vgl BVerfG 24, 62 = MDR 68, 820; 89, 37 = NJW 93, 2229 [2230]; Braunschweig NJW 76, 2025; VGH Kassel NJW 83, 901); eine Ausnahme besteht bei nur formelhafter Äußerung des abgelehnten Richters (Köln MDR 73, 57) oder wenn diese keine neuen Angaben zu einem unstreitigen Sachverhalt enthält (Karlsruhe OLGZ 84, 101 [102]). Hat die ablehnende Partei in der Beschwerdeinstanz Gelegenheit zur Stellungnahme gehabt, ist der Verfahrensfehler **geheilt** (Koblenz OLGZ 77, 111; VGH Kassel NJW 83, 901). Soweit der Gegner zum Ablehnungsverfahren zugezogen worden ist (vgl dazu oben), besteht die Mitteilungspflicht auch ihm gegenüber (arg § 42 III).

4 **d) Verbescheidung.** Über jedes – nicht offensichtlich mißbräuchliche (dazu § 42 Rn 6; § 45 Rn 4) – Ablehnungsgesuch **muß** das Gericht entscheiden. Es darf nicht deshalb unbeschieden bleiben, weil sich das Gericht vertagt und im neuen Termin ohne den abgelehnten Richter tätig wird (BAG 14, 48 = MDR 63, 533; Richterablehnung beim LAG: AP Nr 1 zu § 45 ZPO mit Anm Pohle).

5 **e)** Die Verfahrensvorschriften im Rahmen der Richterablehnung sind vom Gericht **zwingend** einzuhalten, da diese das Grundrecht auf den gesetzlichen Richter sichern (BAG 14, 50), für die ablehnende Partei sind sie jedoch **dispositiv,** da sie das Gesuch jederzeit zurücknehmen (Wieczorek/Schütze/Niemann Rn 3 aE) und auf förmliche Entscheidung verzichten kann (BVerwG NJW 92, 1186).

II) Entscheidung (Abs I)

6 **1) Form und Verlautbarung.** Die Entscheidung ergeht stets (auch nach mündlicher Verhandlung; dann gilt § 329 I) durch **Beschluß.** Der stattgebende Beschluß wird, wenn nicht verkündet, beiden Parteien formlos übersandt; der zurückweisende dem Gesuchsteller zugestellt (§ 329 III iVm § 46 Abs II).

7 **2) Inhalt. a) Formel. aa)** Ist das Gesuch unzulässig (zeitlich: § 43; inhaltlich: § 44 ist nicht erfüllt; der Gesuchsteller ist prozeßhandlungsunfähig; es wird trotz Rechtskraft der Ablehnung mit gleichem Inhalt wiederholt; es ist rechtsmißbräuchlich), so wird es **„als unzulässig verworfen"** (vgl Schellhammer Rn 1334); ist es zulässig, aber nicht begründet, so wird es **„als unbegründet zurückgewiesen"** oder für unbegründet erklärt (zB der Ablehnungsgrund ist nicht schlüssig vorgebracht oder nicht glaubhaft gemacht). Andernfalls wird es **„für begründet erklärt"** (vgl auch § 551 Nr. 3).

8 **bb)** Für eine **Kostenentscheidung** ist kein Raum; Grund: Im Ablehnungsverfahren findet als nicht kontradiktorischem Zwischenverfahren eine Kostenerstattung nicht statt (Düsseldorf Rpfleger 75, 257; MK/Feiber Rn 1 aE, str; aA bei Zurückweisung des Gesuchs Nürnberg MDR 80, 1026; StJ/Bork Rn 5; AK/Wassermann Rn 4); zum Beschwerdeverfahren vgl auch Rn 20.

9 **b) Begründungszwang.** Für den **zurückweisenden** Beschluß besteht Begründungszwang nach allgemeinen Grundsätzen (vgl Düsseldorf OLGZ 72, 245 und § 329 Rn 24). Dagegen soll der **stattgebende** Beschluß keiner Begründung bedürfen (vgl Wieczorek 2. Aufl Anm B I [aufgegeben 3. Aufl Rn 3]; Zimmermann Rn 2). Die weitgehend so verfahrende Praxis ist nicht zu billigen (zust Oldenburg NJW-RR 95, 830). Der Begriff der Befangenheit (§ 42 I und II) bedarf stets wertender

Konkretisierung im Einzelfall (§ 42 Rn 9, 10); daß der Ablehnungsgrund offenkundig ist oder sich allein aus dem Ablehnungsgesuch ergibt, dürfte nur selten der Fall sein (stets dann nicht, wenn mehrere Ablehnungsgründe geltend gemacht sind). Ist die Ablehnung auf das Verhalten des Richters, insbes seine Verfahrensweise gestützt (vgl § 42 Rn 20 ff), ist die Begründung bereits nobile officium gegenüber dem ersten Richter. Im übrigen entspricht die Bekanntgabe der Ablehnungsgründe im stattgebenden Beschluß der Schwere des Eingriffs in die normative Vorausbestimmtheit des gesetzlichen Richters (vgl BVerfG 31, 165 und Rn 1 vor § 41) und der Rücksichtnahme auf die Rechtsstellung des Gegners, für den sonst leicht der Eindruck entstehen könnte, ihm werde „grundlos" der gesetzliche Richter entzogen (zust Oldenburg NJW-RR 95, 830; Folgen bei schwerwiegenden Begründungsmängeln: Rn 13).

3) **Wirkungen. a)** Der **stattgebende** Beschluß ist **sofort** wirksam. Seine Wirkungen sind – auch bei übergreifendem Ablehnungsgrund (vgl dazu § 42 Rn 19) – auf das einzelne Verfahren, in dem er ergangen ist, beschränkt (BayObLG Rpfleger 80, 194). Der mit Erfolg abgelehnte Richter steht dem ausgeschlossenen gleich (vgl dazu § 41 Rn 15). Mitwirkung an der Entscheidung ist absoluter Revisions- und Nichtigkeitsgrund (§§ 551 Nr 3; 579 I Nr 3). Entsprechendes gilt bei Stattgabe auf sofortige Beschwerde. 10

b) Der **zurückweisende** Beschluß entfaltet Rechtswirkungen erst mit Eintritt der (formellen) Rechtskraft (**II** iVm § 577; Wieczorek/Schütze/Niemann Rn 3), also mit ungenutztem Ablauf der Notfrist (§ 577 II) oder mit Zurückweisung der sofortigen Beschwerde. Der abgelehnte Richter darf daher nach Zurückweisung des Ablehnungsgesuchs **nicht** sofort wieder tätig werden, insbesondere auch nicht im Zeitabschnitt zwischen der Zurückweisung des Gesuchs und der Einlegung der sofortigen Beschwerde (Konsequenz der Auslegung des Begriffs „Erledigung" in § 47, dort Rn 1); darauf, daß die sofortige Beschwerde gegen den Zurückweisungsbeschluß keine aufschiebende Wirkung hat (vgl die Aufzählung in § 572 I), kommt es wegen § 47 nicht an (vgl dort Rn 3). 11

III) Rechtsmittel und Rechtsbehelfe

1) Der **stattgebende Beschluß** (Rn 10), durch den die Ablehnung für begründet erklärt wird, ist (auch für die Gegenpartei) grundsätzlich **unanfechtbar (II HS 1),** auch wenn er erst im Beschwerdeverfahren ergeht (RG 51, 146; StJ/Bork Rn 2); desgleichen findet eine Nachprüfung in der Revisionsinstanz grundsätzlich nicht statt (BGH NJW 95, 403). Kein Beschwerderecht besteht ferner, wenn der abgelehnte Amtsrichter durch förmlichen Beschluß gem § 45 II 2 der Ablehnung stattgegeben hat; entgegen der früheren Praxis (s 19. Aufl) anders aber bei unterbliebener Beschlußfassung und formlosem Eintritt des Stellvertreters (vgl § 45 Rn 5). 12

Eine **Ausnahme** von **II HS 1** wird beim **LG** für den Fall zugelassen, daß der anfechtenden Gegenpartei kein rechtliches Gehör (Art 103 I GG) gewährt worden ist und mit der sofortigen Beschwerde eine Verfassungsbeschwerde vermieden wird (so Frankfurt OLGZ 79, 468 = MDR 79, 940; zust BL/H Rn 7; MK/Feiber Rn 2; Wieczorek/Schütze/Niemann Rn 4; offen BGH NJW 95, 403 = MDR 95, 409; vgl auch allg Einl Rn 103). Das gleiche muß bei „handgreiflich gesetzwidriger" Stattgabe der Ablehnung gelten (Oldenburg NJW-RR 95, 830: Ablehnungsgrund nicht erkennbar). Hat das **OLG** entschieden, tritt wegen § 564 IV an die Stelle der außerordentlichen Beschwerde die Gegenvorstellung (BGH NJW 95, 403). 13

2) Der **zurückweisende Beschluß** unterliegt der **sofortigen Beschwerde (II HS 2): a) Statthaftigkeit.** Sie besteht gegen den das Gesuch (als unzulässig oder unbegründet) zurückweisenden Beschluß des **LG** (berichtigende Auslegung von **II HS 2,** vgl KG MDR 92, 997; Bremen OLGZ 92, 485 mwN; Frankfurt FamRZ 93, 1467), auch wenn er im Beschwerdeverfahren (dazu § 45 Rn 6) ergangen ist (§ 567 III 2), dagegen **nicht,** wenn das **OLG** entschied (§ 567 IV 1 geht § 46 II vor: BGH NJW-RR 93, 644); deshalb auch keine Nachprüfung der OLG-Entscheidung durch den BGH, weder inzident (BGH 95, 306 = MDR 86, 493; BayObLGZ 85, 312; 86, 367; arg §§ 512, 548) noch als Beschwerdeinstanz (BGH 85, 148; NJW 92, 984 mN), wohl aber im Weg der Selbstkontrolle auf Gegenvorstellungen (BGH NJW 95, 403); der Ausschluß der Inzidentkontrolle auch bei schweren Verfahrensfehlern erscheint bedenklich, wenn der Rechtsstreit ohnehin in die höhere Instanz gelangt (vgl § 48 Rn 11). Diese Grundsätze gelten auch, soweit das OLG, wie zB in Familien- und Kindschaftssachen, gem § 45 II 1 erstinstanzlich über das Ablehnungsgesuch entscheidet (§ 45 Rn 7). Unanfechtbar sind auch die zurückweisenden Beschlüsse des **Bundespatentgerichts** (Nichtzitat von § 46 ZPO in § 86 I PatG; vgl BGH 95, 305; 110, 26 = MDR 90, 544). 14

b) Beschwerdeberechtigt ist stets der Antragsteller, der Streitgehilfe (s § 42 Rn 2), aber auch der Gegner, der nicht auf ein neues Ablehnungsgesuch zu verweisen ist (zutr BL/H Rn 11; Wieczorek/Schütze/Niemann Rn 5); daraus folgt aber formelle Beteiligung des Gegners (aA ansch Hamm Rpfleger 74, 404). 15

c) Einlegung: Stets beim LG oder OLG (§§ 569 I, 577 II 2), nicht beim AG, auch nicht, wenn ein Richter am AG abgelehnt wurde (Düsseldorf OLGR 94, 116). Für die Beschwerde besteht 16 (eingeschränkter) Anwaltszwang nach §§ 569 II, 78 III; also nicht, wenn der Richter (der allg Zivilabteilung) beim AG abgelehnt wurde (Hamburg MDR 63, 140); auch nicht für die Beschwerde gegen den Beschluß, durch den die Ablehnung von Richtern des LG als Berufungsgericht für unbegründet erklärt worden ist, § 569 II 2 (Düsseldorf MDR 61, 61; § 569 Rn 22); wohl aber bei Ablehnung des Einzelrichters des erstinstanziell tätigen LG (Köln MDR 63, 687, hM, str; aA München OLG-Rspr 9/1994, S 6: arg §§ 44 I, 78 III im Hinblick auf § 46 Rn 1). Eine Ablehnungsbeschwerde gegen den Familienrichter scheidet als Folge von § 45 II 1 nF aus (§ 45 Rn 7).

17 **d) Gegenstand** des Verfahrens sind die im Gesuch vorgetragenen Ablehnungsgründe. Deshalb können mit der Beschwerde keine **neuen** Ablehnungsgründe geltend gemacht werden (BayObLGZ 1985, 307 [313 f mwN] = MDR 86, 60; BFH BB 92, 1992; dazu klarstellend OLGR Düsseldorf 96, 105; s auch § 570 Rn 3), soweit sie nicht gerade in einem fehlerhaften Verfahren nach der Ablehnung bestehen (Karlsruhe Justiz 93, 54). Sind diese im übrigen nicht ohnehin bereits präkludiert (§ 43 Rn 7), sind sie mit einem neuen Ablehnungsantrag (§ 44 I) geltend zu machen.

18 **e) Rechtsschutzbedürfnis.** Soweit das Rechtsschutzinteresse für das Ablehnungsgesuch nachträglich entfällt (s § 42 Rn 4), wirkt sich dies auch im Beschwerdeverfahren aus (ie umstr). **aa) Nachträglicher Wegfall:** Der abgelehnte Richter scheidet endgültig ohne Mitwirkung an einer Sachentscheidung aus dem Verfahren aus oder die abschließende Sachentscheidung ergeht ohne seine Mitwirkung (vgl BFH NJW-RR 96, 57). Es fehlt nicht schon bei Ablehnung *nach* abschließender Sachentscheidung (so aber BayObLG FamRZ 94, 1269; dazu näher bb). **bb) Kein nachträglicher Wegfall.** Wurde trotz Beschwerde gegen den das Gesuch zurückweisenden Beschluß entgegen § 47 (dort Rn 3) die Instanz durch Endentscheidung abgeschlossen, bleibt die Beschwerde nicht nur in Ausnahmefällen (so noch 13. Aufl), wenn zB die Instanz nochmal mit der Sache befaßt werden kann, wie bei Tatbestandsberichtigung (BGH LM Nr 4 zu § 42), wie bei Rechtsbehelfen ohne Devolutiveffekt: Einspruch (§ 342), Widerspruch (§ 924), Erinnerung (KG MDR 54, 570; Aufgabe MDR 88, 237), Nachverfahren nach Verkündung eines Vorbehaltsurteils im Urkundenprozeß (Frankfurt OLGZ 79, 453 = MDR 79, 762; OLGZ 85, 377 = NJW 86, 1000 = MDR 85, 1032), Anhängigkeit einer Folgesache iS von § 623 (KG FamRZ 86, 1022), oder wenn die – wegen § 47 möglicherweise fehlerhafte – Entscheidung angefochten werden kann (so StJ/Bork Rn 3a und § 44 Rn 5; BayObLGZ 85, 311 mwN; 86, 251; MDR 93, 471; einschr KG FamRZ 86, 1025), **sondern allgemein zulässig** (KG MDR 88, 237 mwN; Koblenz NJW-RR 92, 1464 mwN auch zur aA; Kahlke ZZP 95, 288 [295 ff mN]; Schneider MDR 83, 188; vgl auch § 579 Rn 4, sehr str; **aA** RG 66, 46; BayObLG NJW 68, 802; FamRZ 94, 1270; Frankfurt OLGZ 85, 377 = aaO; MK/Feiber Rn 5; Günther MDR 89, 698 mwN), also auch dann, wenn (anders als bei aa) zwischenzeitlich **unter Mitwirkung** des (erfolglos) abgelehnten Richters eine nicht rechtsmittelfähige Entscheidung ergangen ist (zur Begründung s § 47 Rn 6 und 7). Zur entsprechenden Problematik bei Ablehnung eines Schiedsrichters vgl § 1045 Rn 3.

19 **f) Kein nachträglicher Wegfall des Beschwerderechts.** Eine Partei, die vor dem erfolglos abgelehnten Richter **weiter verhandelt,** behält gleichwohl das Beschwerderecht (KG JW 31, 1104; entspr für Ablehnungsrecht Köln VersR 93, 1550).

20 **g) Kosten.** Sowohl die Kosten der erfolglosen Beschwerde (Frankfurt NJW-RR 92, 510; Zweibrücken FamRZ 93, 577 mwN; SächsOVG MDR 92, 1006, str; aA Wieczorek/Schütze/Niemann Rn 10: § 97 I gilt) als auch die Kosten der erfolgreichen Beschwerde sind solche des Rechtsstreits (Frankfurt NJW-RR 86, 740; München MDR 94, 627; MK/Feiber Rn 6, str; zum Problem näher § 91 Rn 13 „Richterablehnung").

21 **3) Sonstige Rechtsmittel und Rechtsbehelfe.** Mitwirkung eines erfolgreich abgelehnten Richters an der Entscheidung ist absoluter Revisions- und Nichtigkeitsgrund (§§ 551 Nr 3; 579 I Nr 3; 577 II 3), der mit ordentlichen und außerordentlichen Rechtsmitteln geltend gemacht werden kann (vgl auch § 41 Rn 16); Mitwirkung des abgelehnten Richters vor rechtskräftiger Erledigung (vgl § 47 Rn 1) des Ablehnungsgesuchs bildet einen (uU heilbaren) Verfahrensmangel (hierzu näher § 47 Rn 4 ff), doch kann ein Urteil nicht damit angefochten werden, daß ein mitwirkender Richter wegen Besorgnis der Befangenheit hätte abgelehnt werden können(BGH 120, 145). Die **Verfassungsbeschwerde** – wegen Verstoß gegen Art 101 I 2 GG – ist gegen fehlerhafte Entscheidungen im Ablehnungsverfahren nur gegeben, wenn sie auf willkürlichen Erwägungen beruhen (BVerfG 11, 6; 31, 164; NJW 95, 2913 und 2914; BayVerfGH NJW 82, 1746).

22 **4)** Im **arbeitsgerichtlichen Verfahren** findet gegen Entscheidungen im Ablehnungsverfahren kein Rechtsmittel statt (§ 49 III ArbGG). Die Vorschrift bedarf einschränkender Auslegung für den Fall, daß das Ablehnungsgesuch *unter Mitwirkung des abgelehnten Richters* als rechtsmißbräuchlich verworfen wurde (vgl § 42 Rn 6; § 45 Rn 4). Hier muß aus verfassungsrechtlichen Gründen (Art 101 I 2 GG) eine gerichtliche Überprüfung des Verwerfungsbeschlusses eröffnet sein; der Wortlaut von § 49 III ArbGG steht nicht entgegen, da er offensichtlich nur *sachliche* Entscheidungen „über die Ablehnung" (§ 49 I ArbGG) *ohne Mitwirkung* des abgelehnten Rich-

ters (§ 49 II ArbGG) meint (eingehend Vollkommer Anm EzA § 49 ArbGG 1979 Nr 2; zust LAG Köln LAGE § 49 ArbGG 1979 Nr 6 = BB 92, 2084 [LS] = NZA 93, 142 [LS]).

IV) Gebühren: 1) des **Gerichts:** keine; im Beschwerdeverfahren KV 1906. **2)** des **Anwalts:** § 37 Nr 3 BRAGO; ist er nicht ProzBev: § 56 BRAGO; im Beschwerdeverfahren § 61 BRAGO. 23

47 *[Unaufschiebbare Amtshandlungen]*

Ein abgelehnter Richter hat vor Erledigung des Ablehnungsgesuchs nur solche Handlungen vorzunehmen, die keinen Aufschub gestatten.

1) Anwendungsbereich a) in zeitlicher Hinsicht. Ein Gesuch ist schon dem Wortsinn nach erst erledigt, wenn seine Behandlung **endgültig** abgeschlossen ist, also mit **rechtskräftiger** Entscheidung (so zutreffend BayObLG MDR 88, 500; 93, 471; KG MDR 88, 237; Hamburg NJW 92, 1463; Koblenz NJW-RR 92, 1464 mN; RSchwab/Gottwald § 25 II 6b; StJ/Bork Rn 1; AK/Wassermann Rn 1; Wieczorek/Schütze/Niemann Rn 2; Kahlke ZZP 95, 300 f, hM, str; **aA** RG 66, 47 [arg § 572]; Frankfurt OLGZ 92, 383 = MDR 92, 409; OVG Münster NJW 90, 1749; Günther MDR 89, 695 f; MK/Feiber Rn 4). Diese Auslegung ist zur Sicherung des verfassungsmäßigen Rangs (Art 101 I 2 GG) des Ablehnungsrechts geboten (vgl Rn 1 vor § 41). Daß der Ablehnungsbeschwerde keine aufschiebende Wirkung zukommt (Nichtzitat von § 46 in § 572 I) ist unerheblich, da die Wartepflicht bereits unabhängig und *vor* der Einlegung der Beschwerde besteht. Die Gegenansicht entwertet das auf rasche und kostengünstige Klärung des Ablehnungsstreits gerichtete Zwischenverfahren (§ 46 Rn 1 und 2), beschwört die Gefahr widersprechender Entscheidungen und nötigt zur Einlegung von Rechtsmitteln in der Hauptsache (Rn 6); sie ist auch widersprüchlich, da ein Verstoß gegen § 47 bei späterer Begründeterklärung der Ablehnung bejaht wird (vgl MK/Feiber Rn 5: „Verfahrensfehler"). 1

b) § 47 gilt nur für die **Ablehnung** wegen Befangenheit, ein **ausgeschlossener** Richter darf keinerlei Amtshandlungen vornehmen (vgl § 41 Rn 15). 2

2) Handlungsverbot des abgelehnten Richters. Wenn es sich nicht um ein offensichtlich mißbräuchliches Gesuch handelt (dann gilt § 42 Rn 6 und § 45 Rn 4), darf er **nur** Handlungen vornehmen, die keinen Aufschub dulden. Unaufschiebbar sind nur solche Handlungen, die einer Partei wesentliche Nachteile ersparen oder bei deren Unterlassung Gefahr im Verzug ist (Celle NJW-RR 89, 569). Dazu gehören: Maßnahmen der Sitzungspolizei (§§ 177–180 GVG; LSG Essen NJW 73, 2224); Terminaufhebungen (nicht aber: Terminsbestimmung, vgl Köln NJW-RR 86, 420; Hamburg NJW 92, 1463, uU aber Zuendeführung eines Termins, vgl § 49 Rn 4 für Versteigerungsrechtspfleger); Eilentscheidungen, zB Arrest und einstweilige Verfügung (auch durch Urteil), Beweissicherung, in Ausnahmefällen auch Endurteile (aA MK/Feiber Rn 2; Wieczorek/Schütze/Niemann Rn 3). Der abgelehnte Richter hat namentlich jede Handlung zu unterlassen, durch die die Entscheidung über das Ablehnungsgesuch beeinflußt werden könnte (ThP Rn 1). Die Verpflichtung zur Enthaltung von weiterer Amtstätigkeit **beschränkt** sich auf das Verfahren, in dem der Antrag gestellt ist; schweben mehrere Verfahren, bedarf es entsprechend weiterer Ablehnungsgesuche (BayObLG Rpfleger 80, 193; s auch § 46 Rn 10). 3

3) Rechtsfolgen bei Verletzung der Wartepflicht. Entgegen dem Handlungsverbot (Rn 3) vorgenommene Amtshandlungen sind nicht unwirksam (arg § 579 I Nr 3), leiden aber an einem schweren (aber heilbaren) Verfahrensmangel, der uU einen selbständigen Ablehnungsgrund bilden kann (§ 42 Rn 24). *Vor* Stellung des Ablehnungsantrags vorgenommene Amtshandlungen des *später* mit Erfolg abgelehnten Richters bleiben wirksam (BayObLGZ 86, 367; § 48 Rn 11). 4

a) Wird die Ablehnungsbeschwerde später als unbegründet zurückgewiesen, so wird damit der ursprünglich gegebene Verfahrensfehler nachträglich **geheilt** (München MDR 93, 892 mwN; BayVerfGH NJW 82, 1746; MK/Feiber Rn 5). 5

b) Wird dem Ablehnungsgesuch noch in der Beschwerdeinstanz **stattgegeben,** so leidet das Verfahren und eine Entscheidung, an der der (im Nachhinein mit Erfolg) abgelehnte Richter mitgewirkt hat, an einem für das Rechtsmittelverfahren bindend feststehenden (vgl Karlsruhe Justiz 78, 72) **schweren Mangel** (Verstoß gegen § 47, auch Art 101 I GG), der mit den ordentlichen Rechtsmitteln geltend gemacht werden kann und der zur Aufhebung und Zurückverweisung führt (§§ 539, 564 II ZPO). Ein Fall der §§ 551 Nr 3, 579 I Nr 3 liegt nach dem Wortlaut (für begründet „erklärt war") nicht vor (vgl BGH 120, 144 = NJW 93, 400; Günther MDR 89, 696 f), jedoch erscheint eine entsprechende Anwendung geboten (so BFH GS 134, 531; KG MDR 88, 237; ferner – obiter – BGH NJW 95, 1679 gegen [offenlassend] BGH 120, 144 = aaO; vgl § 48 Rn 11). Waren im Zeitpunkt der Beschwerdeentscheidung die Rechtsmittelfristen bereits abgelaufen, kommt Wiedereinsetzung (§ 233) in Frage (BFH GS 134, 531), ist kein Rechtsmittel statthaft, Nichtigkeitsklage entsprechend § 579 I Nr 3 (Bremen OLGZ 92, 486 mN). 6

7 **c) Unterbleibt eine Entscheidung** über die Ablehnungsbeschwerde aus prozessualen Gründen (s § 46 Rn 18), muß über den Verstoß gegen § 47 selbständig (vgl Rn 6) im Rechtsmittelverfahren entschieden werden (vgl BFH 72, 1543; KG FamRZ 86, 1025; Günther MDR 89, 696 f).

48 *[Selbstablehnung; Amtsprüfung der Ausschließung]*

(1) Das für die Erledigung eines Ablehnungsgesuchs zuständige Gericht hat auch dann zu entscheiden, wenn ein solches Gesuch nicht angebracht ist, ein Richter aber von einem Verhältnis Anzeige macht, das seine Ablehnung rechtfertigen könnte, oder wenn aus anderer Veranlassung Zweifel darüber entstehen, ob ein Richter kraft Gesetzes ausgeschlossen sei.

(2) Die Entscheidung ergeht ohne Gehör der Parteien.

Abs II aufgehoben durch Gesetz v 14. 9. 94, BGBl I 2323, mit Wirkung v 23. 9. 94.

I) Sog Selbstablehnung (Abs I HS 1)

1 **1) Allgemeines.** Die Bezeichnung ist irreführend, da dem Richter ein eigenes Ablehnungsrecht nicht zusteht (zutr Jauernig ZPR § 14 II) und es iü bei § 48 gar nicht entscheidend auf seine Sicht ankommt (Rn 2). Er ist nur verpflichtet, eine Mitteilung („Anzeige"; Rn 3) zu machen, über die entschieden werden muß (Rn 4). Die der Selbstablehnung stattgebende Entscheidung stellt (deklaratorisch) das Vorliegen eines Ausschließungsgrundes fest oder bewirkt bei Bejahung der Besorgnis der Befangenheit (konstitutiv) das Ausscheiden des Richters aus dem Prozeß. Die Regelung gilt entspr in FGG-Verfahren (BayObLG Rpfleger 79, 423; Frankfurt OLGZ 80, 110).

2 **2) Voraussetzungen: a)** Der Richter hält einen Ablehnungsgrund (vgl § 42 I), also entweder einen Ausschließungsgrund (§ 41) oder Umstände, die die Besorgnis der Befangenheit (§ 42 II) begründen können, für vorliegend oder zweifelhaft; es gelten die gleichen Maßstäbe wie bei der Fremdablehnung (BGH NJW 95, 1679 = MDR 95, 816), die (eigene) Sicht des anzeigenden Richters ist nicht maßgebend (OLGR Frankfurt 96, 55);

3 **b)** entsprechende **Anzeige** des Richters. Sie ist Mitteilung von Tatsachen (auch Rechtsverhältnissen), nicht Antrag. **Nicht** genügt, daß dem Richter aus sonstigen Gründen eine Entscheidung in der Sache unangenehm ist (OLGR Frankfurt 96, 55; Beispiel: Kollegialitätsverhältnis zu Partei oder deren nahem Angehörigen; vgl Celle NdsRpfl 63, 231, dort auch S 37: Der Vater einer Partei ist Dienstvorgesetzter der Richter eines LG; vgl auch § 42 Rn 12a), wohl aber **ernstlicher Gewissenskonflikt** (Wieczorek/Schütze/Niemann Rn 1; Lipp, Das private Wissen des Richters, 1995, S 98 f); **nicht** schon gegeben bei Ablehnung der bindenden (§ 565 II) Rechtsauffassung des Rechtsmittelgerichts durch den „aufgehobenen" Erstrichter (LG Frankfurt MDR 88, 150 f und 1062; NJW 88, 78; E. Schneider MDR 88, 109 und 151) oder bei massiver Kritik an früherer Entscheidung des Richters in derselben Sache (Saarbrücken NJW-RR 94, 766 f; abw Zweibrücken MDR 94, 832).

4 **3) Rechtsfolgen:** Die **Wartepflicht** gem § 47 gilt bis zur Entscheidung (Rn 10) entsprechend (StJ/Bork Rn 5). Die **Abgabe der Anzeige** gem Rn 3 ist nicht nur Dienstpflicht des Richters, sondern **echte**, den Parteien gegenüber bestehende **verfahrensrechtliche Pflicht** (BGH NJW 95, 1679 = MDR 95, 816 – Rspr-Änderung). Folge bei Verstoß: Rn 11. Die Pflicht zur Selbstablehnung besteht unabhängig davon, ob ein Ablehnungsrecht der Parteien (noch) besteht oder (zB wegen § 43) verloren ist; die Selbstablehnung hindert die Parteien nicht, ein Ablehnungsgesuch anzubringen. Formloses Ausscheiden des Richters und Tätigwerden seines Vertreters scheidet bei Selbstablehnung auch beim AG aus (kein Fall des § 45 II 2; vgl auch Rn 8), auch dann wenn eine Partei, etwa auf Anregung des Richters, ihn ablehnt und der Amtsrichter der Ablehnung stattgibt (vgl § 45 Rn 5).

II) Amtsprüfung der Ausschließung (Abs I HS 2)

5 **1) Allgemeines.** Das Gericht hat von Amts wegen in jedem Stadium des Verfahrens zu prüfen, ob ein mitwirkender Richter kraft Gesetzes ausgeschlossen ist. Grund: Gesetzlicher Richter (Art 101 I 2 GG; Rn 1 vor § 41), ordnungsgemäße Besetzung, Vermeidung von Nichtigkeitsgründen (§§ 551 Nr 1, 2; 579 I Nr 1, 2).

6 **2) Voraussetzungen:** Es bestehen Zweifel daran, ob in der Person des Richters ein Ausschließungsgrund (§ 41) gegeben ist. Beispiel: Anregungen von anderen Richtern oder Prozeßbeteiligten. **Nicht** genügt, daß Anhaltspunkte für die Befangenheit eines Richters bestehen; lehnt es in diesem Fall der Richter ab, eine Anzeige gem Rn 3 abzugeben, kann nicht von Amts wegen über seine Befangenheit entschieden werden (vgl BVerfG 46, 38); jedoch hat jedes (andere) Mitglied des Gerichts die Möglichkeit, den Parteien die Verdachtsgründe mitzuteilen und ihnen damit

Gelegenheit zu einer Fremdablehnung zu geben (so wohl auch BGH NJW 95, 1678: Vom „BerGer (!) unbeachtet gelassener Ablehnungsgrund"; aA Wieczorek/Schütze/Niemann Rn 2).

3) **Rechtsfolgen.** Ist der Ausschließungsgrund **evident**, erübrigt sich eine Entscheidung (Rn 10); der Richter scheidet ohne weiteres aus dem Verfahren aus und an seine Stelle tritt der geschäftsplanmäßige Vertreter. Ist die Ausschließung des Richters zweifelhaft, ist (deklaratorisch) zu entscheiden. 7

III) Verfahren und Entscheidung

1) **Zuständigkeit:** wie § 45. Über die Anzeige des Amtsrichters hat stets das LG zu entscheiden (StJ/Bork Rn 3, allgM), ein Ausscheiden ohne Entscheidung ist nicht möglich (ie Lipp aaO [Rn 3] S 93 f mwN; s auch Rn 4). 8

2) **Verfahrensgrundsätze:** Es gelten (entgegen dem nunmehr aufgehobenen Abs **II,** dazu sogleich unten) die gleichen Grundsätze wie bei der Fremdablehnung (s § 46 Rn 2, 3). Das Verfahren stellt keinen rein innerdienstlichen Vorgang dar; die **Parteien** sind an ihm beteiligt und haben einen Anspruch auf **rechtliches Gehör** (BVerfG 89, 36 ff = NJW 93, 2229; BGH NJW 95, 403 und 1679; die abw bish Rspr ist überholt; s dazu 19. Aufl und näher Vollkommer NJW 94, 2007). Die Ablehnungsanzeige ist daher beiden Parteien mitzuteilen und sie haben das Recht zur Stellungnahme (BGH aaO; § 44 Rn 4; § 46 Rn 3). Eine förmliche Nichtigerklärung des nachkonstitutionellen (allg zur ZPO idF des REinhG 1950 vgl BVerfG 78, 83) Abs **II** durch das BVerfG ist nicht (mehr) erfolgt, da **Abs II** durch Gesetz v 22. 9. 94, BGBl I 2323, aufgehoben worden ist. 9

3) Die **Entscheidung** ergeht stets durch Beschluß. In ihm wird das (Nicht-)Vorliegen eines Ausschließungsgrundes festgestellt oder die Besorgnis der Befangenheit für (un)begründet erklärt. Beiläufig zur Hauptsache geäußerte Rechtsansichten entfalten keinerlei Bindungswirkung (LG Frankfurt NJW 88, 78). Für eine Kostenentscheidung ist kein Raum. Der Beschluß ist dem Richter auf dem Dienstweg zu eröffnen. Den Parteien ist er mitzuteilen (Konsequenz aus BVerfG 89, 36 ff = NJW 93, 2229; s Rn 9). 10

4) Ein Verstoß gegen § 48 rechtfertigt die **Anfechtung** des Urteils (so BGH NJW 95, 1679 – obiter – unter Berufung auf die veränderte Rspr- und Gesetzeslage; aA die bisher hM, vgl BGH 120, 144 f = NJW 93, 400; dazu krit Vollkommer NJW 94, 2008 und 19. Aufl). Folge: Das in der Sache ergehende Urteil kann mit der Begründung angefochten werden, daß einer der mitwirkenden Richter wegen Besorgnis der Befangenheit hätte abgelehnt werden können und er von dem Sachverhalt, der die Ablehnung rechtfertigte, keine Anzeige gemacht habe (so BGH NJW 95, 1679 – obiter – gegen BGH 120, 145 = NJW 93, 401, str, vgl mwN 19. Aufl; sa allg § 47 Rn 4). Dann muß aber auch die (inzidente) Nachprüfung von fehlerhaften Entscheidungen zu § 48 in der höheren Instanz eröffnet sein (idR aA BGH NJW 95, 403: nur Gegenvorstellung; s dazu § 46 Rn 14). 11

49 *[Ausschließung und Ablehnung des Urkundsbeamten]*

Die Vorschriften dieses Titels sind auf den Urkundsbeamten der Geschäftsstelle entsprechend anzuwenden; die Entscheidung ergeht durch das Gericht, bei dem er angestellt ist.

I) Urkundsbeamter der Geschäftsstelle

§ 49 findet auf den Urkundsbeamten, auch Referendare in ihrer Eigenschaft als (stellvertretende) Urkundsbeamte Anwendung und gilt für jede Tätigkeit, insbes die Aufnahme von Protokollen (§§ 159–165) und Erteilung vollstreckbarer Ausfertigungen (§ 724). § 41 Nr 6 kann zutreffen, wenn der Urkundsbeamte in der Sache früher als Rechtspfleger tätig war, nicht aber bei Erlaß eines VB (§ 700) im vorangegangenen Mahnverfahren; Grund: Wegfall der Schlüssigkeitsprüfung (vgl §§ 690 I Nr 3, 699 I; aA BL/Hartmann Rn 1). Kein Ausschließungsgrund: Verwandtschaft oder sonstiges engeres Verhältnis zwischen Richter und Urkundsbeamten, möglicherweise aber Ablehnungsgrund. Das Ablehnungsgesuch kann vor dem abgelehnten Urkundsbeamten selbst zur Niederschrift erklärt werden. Die Entscheidung trifft das Gericht, dem der UdG angehört (**HS 2**), im Verfahren gem §§ 348 ff der Einzelrichter. Bei Verstoß besteht gegen die Amtshandlung des Urkundsbeamten kein Rechtsbehelf (der Behelf des § 584 II betrifft den Rechtspfleger, vgl § 20 Nr 1 RPflG). Wird ein **Urteil** angefochten, weil ein kraft Gesetzes ausgeschlossener Urkundsbeamter das Protokoll geführt habe und dieses beweisunkräftig sei, so ist das Urteil aufzuheben und die Sache zurückzuverweisen (Dresden OLG 23, 159). 1

II) Rechtspfleger

1) **Allgemeines.** § 49 gilt nicht für den Rechtspfleger; zu dessen (zT richterähnlicher) Rechtsstellung allgemein Habscheid Rpfleger 89, 436 ff mwN (bejahend); Bassenge/Herbst, FGG/RPflG, Vorbem III vor § 1 RPflG mwN (verneinend); offen gelassen in BayVerfGH NJW 82, 1746 mwN). Gem § 10 RPflG sind jedoch für die Ausschließung und Ablehnung des Rechtspflegers die für den 2

Richter geltenden Vorschriften (also §§ 41–48) entsprechend anzuwenden. **Abgrenzung:** Die Vorschriften gelten nicht für den am Festsetzungsverfahren als Vertreter der Staatskasse beteiligten Bezirksrevisor (Koblenz Rpfleger 85, 172). Beispiel für **Ausschluß des Rechtspflegers** (§ 41 Nr 6 entspr): Wer als Kostenbeamter die Kostenrechnung aufgestellt hat, kann nicht in der gleichen Sache als Rechtspfleger den Geschäftswert festsetzen oder über die Erinnerung gegen den Kostenansatz entscheiden (BayObLGZ 74, 329 = Rpfleger 74, 393); über einen *von ihm selbst aufgenommenen* Antrag kann der Rechtspfleger nicht entscheiden (vgl Müller-Engelmann Rpfleger 87, 493).

3 **Besorgnis der Befangenheit** (§ 42 Rn 8 ff) ist etwa gegeben bei unüblicher und ordnungswidriger Sachbehandlung von Eingaben (LG Bayreuth NJW-RR 86, 678; vgl auch § 42 Rn 22, 24); ferner, wenn der Rechtspfleger im Kostenfestsetzungsverfahren dem Vertreter der Staatskasse (Bezirksrevisor) Akten mit Festsetzungsvorschlag und Anfrage, ob Einverständnis bestehe, zuleitet (LG Bamberg Rpfleger 72, 111 [112]); gem § 139 gebotene Hilfestellungen im Konkurs- und Zwangsversteigerungsverfahren, auch für den Antragsteller, begründen keine Besorgnis der Befangenheit des Rechtspflegers (vgl auch LG Göttingen Rpfleger 76, 55 und allg § 42 Rn 26); bei der Teilungsversteigerung ist der Rechtspfleger sogar verpflichtet, vor der Erteilung des Zuschlags die Einstellungsbewilligung oder Antragsrücknahme anzuregen, wenn die Durchführung des Versteigerungsverfahrens zu wesentlichen Vermögensverlusten für den rechtlich unerfahrenen Antragsteller führen würde (BVerfG 42, 65 [76] = Rpfleger 76, 389 mit Anm von Stöber und Vollkommer). Im Konkursverfahren hat der Rechtspfleger jede Beeinträchtigung der Dispositionsfreiheit der Beteiligten zu vermeiden (vgl allg § 42 Rn 25). Beispiel: Einflußnahme auf das Abstimmungsverhalten in der Gläubigerversammlung (LG Düsseldorf ZIP 85, 631). Offensichtlich **mißbräuchliche Ablehnungsgesuche** kann der Rechtspfleger selbst verwerfen (so Celle NJW-RR 89, 569, str; vgl Anm Rpfleger 85, 368 mN; wie § 42 Rn 6).

Erinnerung gegen die Entscheidung des Rechtspflegers (§ 11 I RPflG) ohne Geltendmachung des bekannten Ablehnungsgrundes kann zum **Verlust des Ablehnungsrechts** führen (Düsseldorf Rpfleger 93, 188; ie § 43 Rn 4).

4 Den abgelehnten Rechtspfleger trifft die **Wartepflicht** gem § 47; zu den unaufschiebbaren Amtshandlungen gehört die Durchführung eines Versteigerungstermins ohne Zuschlagsentscheidung (Celle NJW-RR 89, 569 mwN; BL/Hartmann Rn 3, str).

5 2) **Verfahren.** Über die Ablehnung des Rechtspflegers entscheidet der nach § 28 RPflG zuständige Richter, § 10 S 2 RPflG. Gegen den Beschluß des Richters, durch den das Gesuch für unbegründet erklärt wird, findet die sofortige Beschwerde zum LG statt (BayVerfGH NJW 82, 1746; Braunschweig Rpfleger 70, 167 für FGG-Verfahren); eine sofortige weitere Beschwerde findet (auch in ZwV-Sachen) nicht statt, § 793 II ist unanwendbar (Karlsruhe Rpfleger 95, 402). Für das Verfahren gelten die gleichen Grundsätze wie bei der Richter-Ablehnung, so zB der Amtsermittlungsgrundsatz (Frankfurt OLGZ 80, 110 und allg § 46 Rn 1–5). Gegen die Verwerfung eines Ablehnungsgesuchs als mißbräuchlich durch den Rechtspfleger (Rn 3) ist die Erinnerung gegeben, über die der Richter gem § 28 RPflG sachlich entscheidet; gegen die zurückweisende Erinnerungsentscheidung findet die sofortige Beschwerde statt (§ 11 III RPflG iVm § 46 II).

6 **III) Gerichtsvollzieher:** vgl § 155 GVG.

Zweiter Abschnitt

PARTEIEN

Erster Titel

PARTEIFÄHIGKEIT, PROZESSFÄHIGKEIT

Vorbemerkungen

I) Zweiparteienprinzip

1 Der Zivilprozeß hat zur Voraussetzung, daß **zwei Parteien** einander gegenüberstehen, von denen die eine angreift, die andere den Angriff abwehrt. Da, wo das Zweiparteien-Verhältnis sich nicht von selbst ergibt, wird der Parteiengegensatz vom Gesetzgeber künstlich geschaffen, um die Möglichkeit eines prozeßrechtlichen Streitverfahrens und damit einer spruchrichterlichen Entscheidung auch in solchen Fällen zu erlangen (Parteistellung kraft Amtes); denn ohne Parteigegensatz ist kein Prozeß möglich. Deshalb kann nicht die eine fiskalische Stelle eines Staates gegen die andere klagen (keine sog **Insichprozesse**). Allerdings sind Streitigkeiten zwischen Organen und Organmitgliedern juristischer Personen (sog **Organstreitigkeiten**) eingeschränkt möglich (vgl MK/Lindacher Rn 8 mN; im Grundsatz abl BGH 106, 54 mwN; sa § 50 Rn 24a). Ebenso erlischt der Prozeß, wenn etwa **durch Erbgang** die Rechte des Klägers und Beklagten sich in einer Hand vereinigen (zB Zweibrücken FamRZ 95, 100). Doch kann eine Partei zugleich Mitglied der aus einer Personenmehrheit gebildeten Gegenpartei sein (Gesellschafter klagt gegen seine OHG und umgekehrt). Das gleiche gilt, wenn die aus einer Personenmehrheit bestehende Rechtsgemeinschaft (wie die Wohnungseigentümergemeinschaft) als solche nicht parteifähig ist (vgl § 50 Rn 27), aber auf der Klageseite ein Fall notwendiger Streitgenossenschaft (§ 62 I vorliegt; Grund: Die dann *gebotene* gemeinsame Klageerhebung (Rechtsverfolgung) kann nicht zugleich *unzulässig* sein. Beispiel: Einklagung eines der Wohnungseigentümergemeinschaft gegen einen einzelnen Wohnungseigentümer zustehenden Anspruchs (vgl § 62 Rn 13 und 16). Immer nur zwei Personen sind am Prozeß beteiligt. Klagen daher Streitgenossen oder wird gegen Streitgenossen geklagt, so liegen ebensoviele Prozeßrechtsverhältnisse vor. Dritte, die sich am Rechtsstreit beteiligen (Nebenintervenient, § 66), sind nicht Partei. Beachte aber § 794 I Nr 1, wonach Dritte zum Vergleichsabschluß beigezogen werden können.

II) Parteibegriff

Lit: *Henckel*, Parteilehre und Streitgegenstand im Zivilprozeß, 1961.

2 **1) Formeller im Gegensatz zum materiellen Parteibegriff.** Partei ist diejenige (natürliche oder juristische) Person, von welcher oder gegen welche im eigenen Namen staatlicher Rechtsschutz begehrt wird (vgl RSchwab/Gottwald § 40 I 1).

3 Der Parteibegriff der ZPO ist also (im Gegensatz zum Beteiligten der FGG) **rein formell** (BGH 86, 164). Das bedeutet: Er ist unabhängig vom sachlichen Recht. Beispiel: Der Kläger klagt auf Herausgabe einer Sache nach § 985 BGB; durch die Behauptung dieses Rechts und durch dessen Geltendmachung im Wege der Klage wird er Partei, auch wenn in Wahrheit ein Dritter Eigentümer ist. Steht ihm der behauptete Anspruch nicht zu, ist seine Klage unbegründet. Umgekehrt wird der Beklagte dadurch Partei, daß der Kläger gegen ihn Rechtsschutz begehrt (Klagezustellung), auch wenn er in Wahrheit nicht Besitzer der Sache ist; dann ist er nicht der **richtige** Beklagte; die Klage gegen ihn ist unbegründet. Auch daß das behauptete sachliche Rechtsverhältnis (zB bei Feststellungsklage) überhaupt nicht besteht, ändert nichts an der formellen Parteirolle von Kläger und Beklagtem.

4 **2) Abgrenzung.** Partei ist nicht der **Bevollmächtigte,** da nicht in seinem Namen prozessiert wird; ebensowenig der **gesetzliche Vertreter;** wohl aber die Partei kraft Amtes; auch der Staatsanwalt im Fall des § 632; in Sonderfällen bestimmte Behörden: vgl hierzu § 50 Rn 24 und StJ/Bork § 50 Rn 11.

5 **3) Bedeutung der Parteistellung.** Da die Partei Trägerin des Prozeßrechtsverhältnisses ist, kann sie in dessen Rahmen nicht Nebenintervenientin oder Zeugin sein. Wohl aber kann der Streitgenosse jeder Partei des Prozeßrechtsverhältnisses beitreten und in diesem auch – beschränkt – Zeuge sein (ie § 61 Rn 4). Die Parteieigenschaft entscheidet für Gerichtsstand, Prozeßkostenhilfe, Rechtshängigkeit, Rechtskraft und ZwV. Sie ist daher ein Zentralbegriff des Zivilprozesses.

III) Bestimmung der Partei

6 **1) Parteibezeichnung. a)** Wichtig ist **genaue** Parteibezeichnung: vgl §§ 130 Nr 1, 253 II Nr 1, IV; 690 I Nr 1; 313 I Nr 1; 750 I. Die Parteien eines Prozeßrechtsverhältnisses bestimmen grundsätzlich, wer das Verfahren in Gang setzt. Der Kläger, der Antragsteller (im Mahn-, Arrest-, Zwangsvollstreckungsverfahren) bestimmt in der Klage (bzw im entspr Antrag) den Beklagten (Antragsgegner, Schuldner). Die Bezeichnung ist **auslegungsfähig** (BGH 4, 328; BGH NJW 87, 1947 mN; 88, 1587 mN; Hamm NJW-RR 91, 188); hierzu können neben der Angabe des Klagegrundes und der zutr Bezeichnung des Vertreters oder persönlich haftenden Gesellschafters (vgl BGH Rpfleger 78, 439) auch spätere Prozeßvorgänge dienen (BGH aaO; Nürnberg OLGZ 87, 483; RSchwab/Gottwald § 41 II 1). Bei Klage gegen eine **Firma** (dazu näher § 50 Rn 25) ist deren Inhaber bei Begründung der Rechtshängigkeit Partei (Frankfurt BB 85, 1219 = MDR 85, 676). Ist ein Kaufmann unter seiner Firma verklagt (§ 17 HGB), bleibt er Partei, auch wenn die Firma nach Rechtshängigkeit den Inhaber wechselt (München NJW 71, 1615 mwN; Frankfurt aaO).

7 **b) Ungenaue** oder **unrichtige Parteibezeichnungen** sind unschädlich und können jederzeit von Amts wegen **berichtigt** werden, wenn die **Identität** der Partei trotz Berichtigung **gewahrt** bleibt (LAG München MDR 85, 170; LG Köln MDR 88, 150; vgl § 319 Rn 14; nach Frankfurt OLGZ 77, 361 Fall des § 264 Nr 1). Das Gericht hat die **Amtspflicht** (§ 139), auf die Berichtigung hinzuwirken (Hamm JurBüro 77, 1420). Bei unrichtiger (mehrdeutiger) äußerer Parteibezeichnung ist grundsätzlich die Person als Partei anzusehen, die **erkennbar** durch die Parteibezeichnung betroffen sein soll (BGH NJW 87, 1947; 88, 1587 mN; NJW-RR 95, 764 mwN = MDR 95, 1163 = Rpfleger 95, 422), bei betriebsbezogenem Handeln also im Zweifel der hinter der Falschbezeichnung stehende wahre Rechtsträger (BGH 91, 152), bei Hypothekenklage der namensgleiche Grundstückseigentümer. Weitere **Beispiele** für mögliche Parteiidentifizierung: Deckname statt wahrer Name; OHG statt KG; GmbH statt GmbH & Co KG (BFH BB 87, 398); GmbH (KG) statt BGB-Gesellschafter (Frankfurt, Koblenz NJW-RR 90, 767; 91, 488); Einzelfirma statt Gesellschaftsfirma; nicht eingetragene Firma statt Unternehmensinhaber (BGH MDR 84, 47); „GmbH i.G." statt Vorgründungsgesellschaft (BGH 91, 152; sa § 50 Rn 39); *anderes* im Konzern verbundenes Unternehmen statt des erkennbar gemeinten (Hamm, LG Marburg aaO, s Rn 13); „Gutsherrschaft" statt des Eigentümers (BayObLGZ 52, 347); Wohnungseigentümergemeinschaft statt der einzelnen Wohnungseigentümer (vgl § 10 I WEG und BGH NJW 77, 1686; näher § 50 Rn 27); RA-Sozietät statt der einzelnen RAe (OLGR München 95, 107); Zweigniederlassung oder als Firmeninhaber Auftretender statt der Firma (München OLGZ 81, 89); Behörde statt des Fiskus; Vertreter statt des Vertretenen (Frankfurt OLGZ 77, 363); Konkursmasse oder Nachlaß statt entsprechender Partei kraft Amtes oder der unbekannten Erben (nicht bei Gemeinschuldner statt Konkursverwalter, vgl Rn 8, 9). Berichtigung auch bei falscher juristischer Bezeichnung, zB bei Klage wegen Enteignungsentschädigung gegen Präsidenten eines Verwaltungsbezirks, der grundsätzlich das Land vertritt, statt gegen die Bundesrepublik (BGH WM 72, 1128).

8 2) **Falsche Partei.** Hier ist zu unterscheiden: **a)** Die Klage ist gegen den richtigen Beklagten gezielt, sie wird aber **versehentlich einem Dritten** zugestellt (vgl die Fallgestaltung in BGH 127, 157 = NJW 94, 3232 = MDR 95, 687; Düsseldorf MDR 86, 504; Hamm MDR 91, 1201). Da die Zustellung nicht die Aufgabe hat, die Partei zu bestimmen, (RSchwab/Gottwald § 41 II 1), ist der Dritte nicht Partei geworden (BGH 127, 163 = aaO; NJW-RR 95, 765 mwN); er ist ein außerhalb des Prozeßrechtsverhältnisses stehender **Scheinbeklagter** (s Habscheid, FS Günther Küchenhoff, 1987, S 367). Dieser kann aber diejenigen Prozeßhandlungen (ohne Anwaltszwang, str; zust MK/Lindacher Rn 18, aA StJ/Bork Rn 11 aE vor § 50; RSchwab/Gottwald § 41 II 1) vornehmen, die notwendig sind: Also beantragen, daß er – durch Beschluß – aus dem Rechtsstreit entlassen werde und der Kläger bei Veranlassung der falschen Zustellung die ihm bisher entstandenen **Kosten zu erstatten** habe (BGH NJW-RR 95, 765 mwN = aaO [Rn 7]; Brandenburg MDR 96, 317 mwN; Abgrenzung zur vom Kläger *nicht* veranlaßten fehlgegangenen Zustellung: Düsseldorf MDR 86, 504), aber auch **Rechtsmittel** bzw **Einspruch** einlegen, wenn gegen ihn schon ein Urteil (VB) ergangen ist (BGH 4, 328; NJW-RR 95, 765; vgl auch BGH 24, 91; MDR 78, 307; München Rpfleger 85, 326; vgl auch § 319 Rn 21; § 511 Rn 3). Durch seine Einlassung auf die Klage wird der Scheinbeklagte nicht zur Partei; hierfür ist eine entsprechende Erklärung des *Klägers* erforderlich (vgl BGH 127, 164 = aaO); durch eine rügelose Einlassung des (vom Kläger gemeinten) „Sollbeklagten" wird der Zustellungsmangel gem § 295 geheilt (BGH aaO; dazu auch K. Schmidt NJW 95, 911).

9 **b)** Die Klage ist irrtümlich gegen den **falschen Beklagten** gerichtet. Dieser wird Partei, da der Willensakt des Klägers entscheidet (BGH NJW 87, 1947). Der „falsche Beklagte" ist zwar *„richtig* verklagt, jedoch fehlt bei ihm die Passivlegitimation" (Habscheid aaO [Rn 8]); die Klage gegen ihn muß daher als unbegründet abgewiesen werden (Ausnahme bei treuwidriger Geltendmachung: BGH MDR 90, 616); doch kann hier gewillkürter Parteiwechsel helfen (s Rn 13 und § 263 Rn 23 ff), uU Erledigungserklärung (vgl aber BGH 127, 163 = aaO [Rn 8]) **nicht** aber eventuelle subjektive Klagenhäufung (vgl § 60 Rn 10 aE).

10 **c)** Die im Prozeß als Partei auftretende Person ist mit der wahren Partei **nicht identisch.** Dies ist im Parteiprozeß stets von Amts wegen, im Anwaltsprozeß aber nur auf Rüge zu beachten (vgl Nürnberg OLGZ 87, 485 mN; aA MK/Lindacher Rn 23; s auch § 88 II). Sind sich die Beteiligten darüber einig, daß der Handelnde nicht mit der wahren Partei identisch ist, so sind die von ihm vorgenommenen Prozeßhandlungen unbeachtlich (Hamm MDR 91, 1201); der Rechtsstreit wird mit der wahren Partei fortgesetzt; aus Gründen der Prozeßklarheit wird die falsche Partei entspr § 56 durch (klarstellenden) Beschluß auf ihren Antrag aus dem Rechtsstreit zu entlassen sein (weitergehend BL/Hartmann Grundz Rn 18: stets). Entsteht über die Frage der Identität aber Streit, so ist dieser Zwischenstreit entspr § 71 durch unechtes Zwischenurteil zu entscheiden, das mit sofortiger Beschwerde anfechtbar ist (MK/Lindacher Rn 25; RSchwab/Gottwald § 41 IV); ergibt sich jedoch, daß der Handelnde doch mit der wahren Partei identisch ist, wird der Rechtsstreit mit ihm fortgesetzt; dann kann die Identität durch (echtes) Zwischenurteil (§ 303) festgestellt werden. Prozeßhandlungen der falschen Partei wirken nicht für oder gegen die wahre

Partei, können allerdings von dieser genehmigt werden. Ein auf das Handeln der falschen Partei auf den Namen der wahren ergangenes Urteil wirkt aber nach formeller Rechtskraft für und gegen die letztere, wobei ein solches Urteil nach allgemeinen Regeln formell rechtskräftig wird (Zustellung an die falsche Partei, Rechtsmittelverzicht durch diese, StJ/Bork Rn 13 vor § 50 und RSchwab/Gottwald § 41 IV 2). Hilfe für die wahre Partei: ZPO §§ 551 Nr 5; 579 I Nr 4 (Nürnberg OLGZ 87, 486 mN; MK/Lindacher Rn 24).

d) Die nichtexistente Partei: Existiert die Partei nicht, in deren Namen geklagt oder die verklagt wird, so ist die Klage als unzulässig auf Kosten dessen abzuweisen, der das Verfahren in Gang gebracht hat (BGH NJW-RR 95, 1237 f). Die Kostenentscheidung *gegen den Dritten* kann von der – insoweit als existent geltenden (§ 50 Rn 8; § 56 Rn 13) – Partei mit dem Ziel angefochten werden, eine Kostenbelastung des Prozeßgegners zu erreichen (vgl BGH NJW 93, 2944 mN = MDR 94, 511); § 99 steht nicht entgegen (BGH NJW 59, 291; sa § 91 Rn 2). Existiert eine Partei nicht, so ist ein Urteil wirkungslos, was nicht nur durch Einwendungen gegen die Erteilung der Vollstreckungsklausel oder Erinnerungen gegen die ZwV (§§ 732, 766), sondern auch durch ordentliche oder außerordentliche Rechtsmittel (vgl § 551 Nr 5, 579 I Nr 4) geltend gemacht werden kann (BGH MDR 59, 121; Hamburg MDR 76, 845; RSchwab/Gottwald § 41 V; StJ/Bork § 50 Rn 42; MK/Lindacher Rn 26). Häufig wird in diesen Fällen aber nur eine falsche Parteibezeichnung zu berichtigen sein. Beispiel: BFH BB 87, 398; vgl auch § 50 Rn 4, 4b; Rn 17 vor § 300. 11

Der Fall der nichtexistenten Partei liegt auch vor, wenn die Klage gegen einen schon **Verstorbenen** erhoben wird (keine Umdeutung in Klage gegen die Erben möglich: MünchKomm/Feldmann BGB § 209 Rn 12 mN). Tod einer Partei während Rechtshängigkeit: §§ 239, 246. Tod des Klägers nach Klagevollmacht: § 86; die Klage ist also tatsächlich für den Erben erhoben, somit genügt bloße Parteiberichtigung (Fallgestaltung in Hamm NJW-RR 86, 739; München MDR 91, 672; Abgrenzung zur Klageerhebung für einen Verstorbenen iü: § 319 Rn 14). 12

3) **Abgrenzung** der Parteiberichtigung (Rn 7 ff) zur **Parteiänderung** (§ 263 Rn 3–4); Bsp: BGH NJW 83, 2448 f = MDR 84, 47; Frankfurt NJW-RR 90, 1471 = MDR 90, 930; Hamm NJW-RR 91, 188; 94, 1509; LG Marburg VersR 93, 1424; **Lit:** *Baumgärtel,* FS Schnorr v. Carolsfeld, 1972, S 19 = JurBüro 73, 169; *Schreiber* Jura 90, 172. 13

IV) Eigenschaften der Partei und ihre Bedeutung

1) Eigenschaften: a) Parteifähig ist, wer im Rechtsstreit Partei sein kann, also jeder Rechtsfähige – siehe § 50 Rn 1 und § 56 Rn 1; 14

b) prozeßfähig ist, wer – selbst oder durch einen selbst bestellten Vertreter – Prozeßhandlungen vornehmen oder entgegennehmen kann; s § 52 Rn 1 und § 56 Rn 1; 15

c) postulationsfähig ist, wer in eigener Person rechtswirksam prozessual handeln kann; das ist grundsätzlich jeder Prozeßfähige (vgl § 79), im Anwaltsprozeß aber nur der bei dem Prozeßgericht zugelassene Rechtsanwalt (§ 78 I); zum Arbeitsgerichtsprozeß näher § 78 Rn 53; § 79 Rn 4. 16

2) Bedeutung. Die Eigenschaften a, b und c sind **Prozeßhandlungsvoraussetzungen:** fehlen sie einer Partei, ist die von ihr oder ihr gegenüber vorgenommene Prozeßhandlung unwirksam; die Eigenschaften a und b sind darüber hinaus **Prozeßvoraussetzungen** („Voraussetzungen der Zulässigkeit der Klage“, vgl § 282 III): fehlen sie, so ist das ganze Verfahren unzulässig und die Klage deshalb abzuweisen (BGH NJW 62, 1510). S auch § 50 Rn 5, 6, § 52 Rn 1 und 11 ff, § 56 Rn 10 ff; § 78 Rn 3. Mangel der Prozeßfähigkeit ist Nichtigkeitsgrund iS von § 579 I Nr 4 (sa § 52 Rn 1). 17

V) Gesetzliche Prozeßstandschaft

1) Prozeßführungsbefugnis. a) Verhältnis zu Sachbefugnis und Verfügungsbefugnis. Sachbefugnis ist ein Begriff des materiellen Rechts. Der Gläubiger einer Forderung ist aktiv-, ihr Schuldner passivlegitimiert (sachbefugt). Steht die eingeklagte Forderung nicht dem Kläger, sondern einem Dritten zu, wird die Klage wegen mangelnder Aktivlegitimation des Klägers als unbegründet abgewiesen; ist nicht der Beklagte, sondern ein Dritter Schuldner der Forderung, wird die Klage wegen mangelnder Passivlegitimation des Beklagten ebenfalls als unbegründet abgewiesen. Grundsätzlich ist der Inhaber eines Rechts befugt, es in eigenem Namen einzuklagen; das Gegenstück hierzu ist, daß jemand prozeßführungsbefugt ist, ohne Inhaber des Rechts zu sein. Tritt der Kläger die rechtshängige Forderung ab, so ist nun nicht mehr er, sondern der Zessionar aktivlegitimiert; § 265 beläßt aber dem Kläger die Prozeßführungsbefugnis, die also dem Neugläubiger nicht zusteht, obwohl er Inhaber des Rechts geworden ist. Im Prozeß entspringt die Prozeßführungsbefugnis der **behaupteten** Inhaberschaft des geltend gemachten Rechts. Freilich kann eine Partei im Prozeß auch fremde Rechte im eigenen Namen geltend machen (Konsequenz des formellen Parteibegriffs, vgl Rn 2, 3); dann ist die Prozeßführungsbefugnis – das prozessuale Seitenstück zur materiellrechtlichen **Verfügungsbefugnis** – besonders festzustellen (ie Rn 21 ff). **Prozeßführungsbefugnis** ist das Recht, über das behauptete (streitige) Recht einen Prozeß als die *richtige* Partei im eigenen Namen zu führen, ohne daß eine (eigene) materiellrechtliche Beziehung zum Streitgegenstand vorzuliegen (behauptet zu werden) braucht. 18

19 **b) Bedeutung.** Die Prozeßführungsbefugnis ist **Prozeßvoraussetzung** (Voraussetzung der Zulässigkeit der Klage, § 282 III; BGH 99, 347; NJW 95, 3186; 96, 391). Sie ist von Amts wegen zu prüfen (ie Rn 47a). Es genügt, wenn sie am Schluß der letzten mündlichen Verhandlung vorliegt. Ihr Fehlen führt zur Abweisung der Klage als unzulässig (BGH 31, 280; 36, 191; 100, 219 mwN; NJW-RR 87, 58; BVerfG NJW 83, 1133). Klagt im obigen Beispiel der Kläger eine Forderung ein, die nach seinem Vortrag nicht ihm, sondern einem Dritten zusteht, so muß er seine Prozeßführungsbefugnis dartun und sie notfalls beweisen. Sie ist nicht Prozeßhandlungsvoraussetzung; allerdings wirken die von oder gegenüber der nicht prozeßführungsbefugten Partei vorgenommenen Prozeßhandlungen nicht gegenüber der in Wahrheit prozeßführungsbefugten. Daher auch nur Rechtskrafterstreckung unter bestimmten Voraussetzungen (hierzu näher Rn 42–46). Soweit es auf die Eigenschaften der Partei ankommt (Rn 5), ist grundsätzlich auf die Person des Prozeßstandschafters abzustellen (Rn 33).

20 **c) Arten der Prozeßstandschaft.** Ist jemand befugt, ein fremdes Recht in eigenem Namen einzuklagen, spricht man von Prozeßstandschaft. Man unterscheidet gesetzliche (Rn 21 ff) und gewillkürte Prozeßstandschaft (Rn 42 ff). Hauptfallgruppen der gesetzlichen Prozeßstandschaft sind die Prozeßführung kraft Amtes (Rn 21) und kraft gesetzlicher Ermächtigung, wobei sich die gesetzliche Ermächtigung aus dem Prozeßrecht oder aus dem materiellen Recht ergeben kann (Rn 22 und 23 ff); wichtiger Sonderfall der gewillkürten Prozeßstandschaft (Rn 42 ff) ist die Einziehungsermächtigung (Rn 51).

21 **2) Fälle der gesetzlichen Prozeßstandschaft: a) Prozeßführung kraft Amtes.** Hierher gehören: Der Konkursverwalter, § 6 KO (BGH 88, 334 mwN = NJW 84, 739; NJW 92, 2895; näher § 51 Rn 7), der Zwangsverwalter, § 152 ZVG (BGH NJW 92, 2487; NJW-RR 93, 442; § 51 Rn 7); der Nachlaßverwalter, §§ 1985 I, 1984 I 3 BGB; der Testamentsvollstrecker, §§ 2212, 2213 I 1 BGB (BGH NJW-RR 87, 1091); der Nießbrauchsverwalter, § 1052 BGB; s § 51 Rn 7. Diesen Fällen ist gemeinsam, daß die Partei kraft Amtes (Prozeßgeschäftsführung kraft Amtes, s Lüke ZZP 76, 6 ff) das Vermögen oder eine bestimmte Vermögensmasse des materiellen Rechtsträgers an dessen Stelle – auch gegen seinen Willen – allein verwaltet und darüber verfügt (vgl BGH ZIP 84, 83 für Konkursverwalter). Dem Rechtsträger selbst ist hinsichtlich des der Verwaltung unterliegenden Vermögens die Prozeßführungsbefugnis entzogen (BGH 79, 248 = NJW 81, 1097; verfassungsrechtlich unbedenklich: BVerfG 51, 408 zu § 6 I KO; einschr Berkemann JuS 80, 876). S auch unten Rn 22 aE. **Nicht** hierher gehört der gem § 1960 II BGB bestellte Nachlaßpfleger (vgl BGH NJW 89, 2134) und der gem § 106 KO bestellte Sequester (vgl BGH Rpfleger 88, 37). Die (frühere) **Treuhandanstalt** (nunmehr: Bundesanstalt für vereinigungsbedingte Sonderaufgaben [BVS]) hat hinsichtlich des unter Treuhandverwaltung stehenden Vermögens die Stellung einer Partei kraft Amtes (so BGH WM 95, 2135 = DtZ 96, 20; KGR 96, 56 mwN; Rostock DtZ 94, 409; LAG Berlin BB 95, 1962, hM, str; aA zB Eich MDR 94, 967 mwN).

22 **b) Prozeßführung kraft gesetzlicher Ermächtigung des Prozeßrechts.** Hauptfall: **§ 265 ZPO.** Der Kläger tritt die eingeklagte Forderung während des Rechtsstreits ab. Er führt den Rechtsstreit trotz Verlustes der Aktivlegitimation in Prozeßführungsbefugnis für den Zessionar fort, wobei er allerdings – um nicht sachlich zu unterliegen! – den Antrag auf Leistung an diesen umstellen muß (vgl § 265 Rn 6); fällt er in Konkurs, führt der Konkursverwalter den die Masse berührenden Prozeß in doppelter Prozeßstandschaft (BGH NJW 86, 3206 = MDR 86, 750). Hierher gehören auch die Fälle, in denen der streitbefangene Gegenstand **während des Rechtsstreits** verpfändet, mit einem Nießbrauch belastet, in denen weiter die rechtshängige Forderung für einen Gläubiger des Klägers gepfändet und diesem überwiesen wird (§§ 1074, 1077, 1281, 1282 BGB; §§ 829, 835 ZPO). Mit Recht werden diese Fälle in **Anwendung des § 265** gelöst: Soweit hier die Belastung die volle Sachbefugnis des Verpfänders usw einschränkt, gleichzeitig diesen Teil auf den Pfandgläubiger usw überträgt, führt der bisherige Vollrechtsinhaber also den Rechtsstreit in Prozeßstandschaft für seinen Gläubiger fort, muß jedoch Leistung an diesen beantragen (BGH NJW 86, 3206 = aaO). § 325 I gilt dann aber auch hier (BGH 86, 339 = NJW 83, 887; Blomeyer § 92 III; vgl auch Heintzmann aaO [Rn 33] S 13 ff; zum Fall der Überweisung der gepfändeten Forderung vgl Rn 30). Weitere Beispiele bilden die Fälle des gesetzlichen Übergangs von Unterhaltsforderungen nach § 91 I BSHG nF nach Rechtshängigkeit (vgl BGH NJW-RR 95, 1219; Nürnberg NJW-RR 95, 262; Schleswig FamRZ 96, 40; s dazu auch Rn 49). **Kein Fall** des § 265 ist aber Wechsel oder Beendigung der Prozeßführungsbefugnis, etwa einer Partei kraft Amtes (so zutr BGH NJW 93, 3073 mN; MK/Lüke § 265 Rn 62 f; RSchwab/Gottwald § 46 IV 3; aA Grunsky, Die Veräußerung der streitbefangenen Sache, 1969, S 95 ff; StJ/Schumann § 265 Rn 20) oder das Ausscheiden des Gesellschafters im Fall der actio pro socio (Karlsruhe NJW 95, 1296, str; krit Hörstel NJW 95, 1271). In diesen Zusammenhang gehört auch die Prozeßführungsbefugnis des Zedenten im Fall des § 407 II BGB (hierzu näher Schwab, Gedächtnisschrift für Bruns, 1980, S 184; Brehm KTS 85, 9).

c) **Prozeßführung kraft gesetzlicher Ermächtigung des materiellen Rechts: aa) Prozeßführung Teilberechtigter für Gesamthandsgemeinschaften.** Fälle: §§ 1422, 1428, 1429 S 2; 1487 I; 2039 BGB. Hierzu zählt auch die beschränkt zulässige Einzelklagebefugnis eines Gesellschafters einer Personengesellschaft (GbR, OHG, KG) aus dem Gesellschaftsverhältnis auf Leistung an die Gesellschaft (**actio pro socio;** vgl BGH 25, 49; NJW 73, 2199; 85, 2830; 92, 1892; MK/Lindacher Rn 50; Höfler JuS 92, 391; Hörstel NJW 95, 1271; zur GmbH s Berger ZHR 149 [1985], 604 ff mwN; zur Beendigung der Klagebefugnis s Rn 22 aE). Das sind also die Fälle, wo die Befugnis zur Prozeßführung umfassender ist als die Sachbefugnis; der materielle Anspruch steht der Gesamthand zu; **ein** Gesamthänder ist befugt, ihn im eigenen Namen einzuklagen (vgl zu § 2039 BGB Blomeyer AcP 159, 385; aber auch Baur FamRZ 62, 508). Die Prozeßführungsbefugnis eines Gesamthänders schließt weder die der Gesamthand noch die anderer Gesamthänder aus. Die Ausübung der Einzelklagebefugnis darf nicht **mißbräuchlich** sein (BGH 44, 372; Höfler JuS 92, 390). Für **Gestaltungsklagen** gilt § 2039 BGB nicht (s Palandt/Edenhofer § 2039 Rn 4; einschr Habermeier ZZP 105, 182). – Bei der **Bruchteilsgemeinschaft** (§§ 741 ff BGB) ist der einzelne Mitberechtigte hinsichtlich des gemeinsamen Gegenstandes (zB gemeinsame Forderung) als Prozeßstandschafter prozeßführungsbefugt, soweit die Klageerhebung eine notwendige Verwaltungsmaßnahme iS des **§ 744 II BGB** darstellt (BGH 94, 120 f = NJW 85, 1826; 110, 224 = NJW 90, 1106; MünchKomm/K. Schmidt §§ 744, 745 Rn 36, 39; Heintzmann aaO [Rn 33] S 18 ff). Wegen §§ **432** I 2, **1011** S 2 BGB s unten Rn 27. Unter **Wohnungseigentümern** ist die Einzelklagebefugnis eingeschränkt; s unter Rn 27, 49. 23

bb) Das Prozeßführungsrecht des **Ehegatten** geht in den Fällen der **§§ 1368, 1369 I, III BGB** über seine jeweilige Sachbefugnis hinaus (hL; vgl Eickmann Rpfleger 81, 214 mN; Jauernig/Schlechtriem § 1368 Anm 3a mwN). Bsp: Grundbuchberichtigungsanspruch des (anderen) Ehegatten gem § 894 BGB gegen den Erwerber (BGH 106, 255 f). Den Fall einer Prozeßstandschaft des (vertretungsberechtigten) **Elternteils** gegenüber dem (minderjährigen) Kind begründet während des Getrenntlebens oder der Anhängigkeit einer Ehesache **§ 1629 III BGB** (BGH NJW 83, 2084; Frankfurt FamRZ 94, 1041) für die Geltendmachung von Unterhaltsansprüchen, und zwar sowohl im (BGH FamRZ 85, 471) als außerhalb des Verbundverfahrens (München FamRZ 87, 169; Rogner NJW 94, 3326). Die Prozeßstandschaft endet spätestens mit der Volljährigkeit des Kindes (ie Rogner aaO 3325 ff; sa § 323 Rn 30; § 767 Rn 12 „Prozeßführungsbefugnis"). 24

cc) Streitig ist, ob hierher auch die Fälle der §§ 1074, 1077, 1281, 1282 BGB gehören, wenn nämlich der **Pfandgläubiger** oder **Nießbraucher** seine Rechtsstellung bereits vor Rechtshängigkeit (sonst Fall der Rn 22) des belasteten Gegenstandes erworben hatte. Entgegen RSchwab/Gottwald § 46 II 2f, g beruht hier die Prozeßführungsbefugnis der beschränkt dinglich Berechtigten auf ihrem materiellen Recht, mit dem sie sich deckt und dessen Bestehen daher nicht Prozeßvoraussetzung, sondern Frage der Sachbefugnis ist (ebenso MK/Lindacher Rn 49; zum Pfändungsgläubiger s Rn 30). 25

dd) Sonstige **Einzelfälle** gesetzlicher Prozeßstandschaft: Prozeßführung des **Verwalters einer Wohnungseigentümergemeinschaft** im Rahmen seiner gesetzlichen Befugnisse dem § 27 WEG (BayObLGZ 1991, 167; insoweit auch KG ZMR 92, 204; wegen weitergehender Ermächtigung vgl Rn 49); ähnlich die Verfahrensgeschäftsführung der FGG-Verfahren nach § 43 I 1 WEG (BayObLGZ 1965, 193); die Klage der obersten Landesbehörde auf Nachzahlung an den Heimarbeiter (§ 25 HArbG); die Schutzklage des Verlegers anonymer Werke für den Urheber (§ 10 II 2 UrhG); die Ersatzklage der Gemeinde wegen Beschädigung von Bundeseinrichtungen im Rahmen der Auftragsverwaltung (BGH 73, 1). 26

ee) Die hL sieht ferner in dem Recht eines von **mehreren Gläubigern einer unteilbaren Leistung** (§ 432 I 2 BGB) und dem eines von mehreren **Miteigentümern,** die Ansprüche aus dem Eigentum **Dritten gegenüber** hinsichtlich der ganzen Sache geltend zu machen (§ 1011 BGB), Fälle gesetzlicher Prozeßstandschaft (BGH 79, 247 = NJW 81, 1097; NJW 85, 2825). Richtiger dürfte es sein, in §§ 432 I 2, 1011 HS 2 BGB eine **materielle** Beschränkung des Anspruchs zu sehen, für die aber mit diesem beschränkten Inhalt der einzelne Gläubiger (Miteigentümer) voll aktiv legitimiert ist. Probleme der Prozeßstandschaft erheben sich dann nicht (so auch Hadding FS Ernst Wolf, 1985, S 129 f; MK/Lindacher Rn 53; anders und im Sinne der hM StJ/Bork Rn 37; AK/Koch Rn 15). Die Verneinung der Rechtskrafterstreckung (BGH 79, 247 f = NJW 81, 1097; keine Abweichung in BGH NJW 85, 2825, wo der Miteigentümer der Prozeßführung *zugestimmt* hatte und damit zugleich ein Fall der Rn 32 ff vorlag) stützt das hier vertretene Ergebnis (ebenso Hadding aaO S 130 unter Hinw auf § 432 II BGB; vgl auch Rn 39). Auf die **Wohnungseigentümergemeinschaft** ist § 432 BGB gegenüber Miteigentümern nicht anzuwenden (BGH 106, 226 f = NJW 89, 1092), jedoch gilt § 1011 BGB hinsichtlich des Teilrechts und bei Beeinträchtigung des gemeinschaftlichen Eigentums (BGH 116, 394 f = NJW 92, 979; vgl auch Rn 49). 27

ff) Prozeßführungsbefugnis („Klagebefugnis") von Verbänden: s unten VII (Rn 58 ff). 28

29 **gg)** Hierher gehören auch die Fälle, in denen Urheberrechte durch **Verwertungsgesellschaften** (zB Gema) geltend zu machen sind (zB § 27 I 2 UrhG; §§ 1, 6 WahrnG; vgl BVerfG MDR 88, 285).

29a **hh) Kein** Fall von Prozeßstandschaft liegt vor, wenn der Kläger Ersatz des **Drittschadens** durch Klage auf Leistung an den Drittgeschädigten oder wenn der Versprechensempfänger bei **Vertrag zugunsten Dritter** auf Leistung an den Begünstigten klagt (§ 335). Denn der Kläger ist Inhaber des sachlichen Anspruchs, also aktiv legitimiert und damit prozeßführungsbefugt.

30 **d) Prozeßführungsmacht kraft Überweisungsbeschlusses. aa)** Bei der Überweisung einer gepfändeten Forderung **zur Einziehung** (vgl § 835 Rn 7) handelt es sich richtigerweise nicht um einen Fall der Prozeßstandschaft (so aber Lüke ZZP 76, 23 ua, str), sondern um eine Spaltung des materiellen Rechts, die dem Pfändungsgläubiger (wie dem Pfandgläubiger und Nießbraucher: Rn 25) eine materielle Verfügungsmacht gibt, der dann eine Prozeßführungsbefugnis von selbst entspringt (ebenso StJ/Bork Rn 36; MK/Lindacher Rn 49). Bei mehrfacher Pfändung ist auch der nachrangige Pfändungsgläubiger klagebefugt (s LAG Berlin BB 91, 144; § 856 mit Anm). **bb)** Die Überweisung **an Zahlungs statt** (§ 835 Rn 8) überträgt das Recht selbst, so daß der Gläubiger mit der Überweisung die volle Sachbefugnis und damit automatisch die Prozeßführungsmacht erlangt.

31 **e) Passive Prozeßführungsbefugnis. Lit:** *van Zwoll,* Die Prozeßstandschaft auf der Beklagtenseite, Bochum 1993. Sie ist bedeutsam, wenn auf der Beklagtenseite Prozeßführungsbefugnis und Passivlegitimation auseinanderfallen. **Fälle:** Prozesse gegen Parteien kraft Amtes; gegen prozeßführungsbefugte Verwalter gemeinschaftlichen Vermögens (§ 1422 BGB) oder von Sondervermögen (zB § 1984 I 3 BGB); gegen (soweit anerkannt) prozeßführungsbefugte Teilberechtigte (§ 62 Rn 17 f gegen BGH 36, 187); Veräußerung der streitbefangenen Sache durch den auf Herausgabe Verklagten während des Rechtsstreits (vgl § 265 I: die „eine oder andere Partei"); Wiederaufnahmeklage des Schuldners gegen den früheren Kläger, der die Forderung nach rechtskräftiger Verurteilung des Schuldners abgetreten hat (BGH 29, 329 = NJW 59, 939); Abänderungsklage gegen den prozeßführungsbefugten Elternteil (Rn 24) zur Herabsetzung von Kindesunterhalt (vgl BGH NJW 83, 685 und § 323 Rn 30).

32 **f) Prozeßführungsrecht und Güterstände:** s unten VIII (Rn 62 ff).

33 **3) Rechtsfolgen bei gesetzlicher Prozeßstandschaft. a) Allgemeines.** Die **Parteistellung** mit den sich aus ihr ergebenden Konsequenzen (Rn 5) kommt dem Prozeßstandschafter zu (Köln FamRZ 95, 1497). Der Rechtsträger (alleiniger Rechtsinhaber; ggf Mit- oder Teilberechtigter des geltend gemachten Rechts) ist im Prozeß Dritter (Rn 3) und damit möglicher Zeuge (BGH NJW-RR 88, 127). Die grundsätzliche Anknüpfung an die Person des Prozeßstandschafters schließt jedoch die Mitberücksichtigung der Vermögensverhältnisse des Rechtsträgers nicht aus (BGH 96, 153; Koblenz Rpfleger 88, 333; ie § 114 Rn 7: Doppelprüfung). Inwieweit die Folgen der Prozeßführung durch den Rechtsfremden (nicht allein Berechtigten) auch den Rechtsinhaber (weitere Mit- oder Teilberechtigte) treffen (Rechtskraft, Vollstreckbarkeit, Rechtshängigkeit), ist allgemein nicht geregelt und ie umstritten (dazu näher Rn 34–41). Ob das Urteil, das für oder gegen den Prozeßführungsbefugten erging, für den Rechtsträger selbst **Rechtskraftwirkung** hat und vollstreckbar ist, kann nur für den betreffenden Einzelfall beantwortet werden; umstr ist, ob die Rechtskrafterstreckung der Grundsatz ist oder die Ausnahme bildet (vgl hierzu Berger, Die subjektiven Grenzen der Rechtskraft bei der Prozeßstandschaft, 1992; Bettermann, Die Vollstreckung des Zivilurteils in den Grenzen seiner Rechtskraft, 1948; Blomeyer § 92; Calavros, Urteilswirkungen zu Lasten Dritter, 1978, S 49 ff; Heintzmann, Die Prozeßführungsbefugnis, 1970, S 98 ff; MK/Gottwald § 325 Rn 38 ff; RSchwab/Gottwald § 46 V; sa Rn 39). Soweit die Rechtskraftwirkung gegen den Rechtsinhaber reicht, ist dieser auch an einen im Rahmen des Streitgegenstandes liegenden **Prozeßvergleich** gebunden (Rosenberg/Schwab/Gottwald § 131 III 2e; Sondervorschrift: § 1629 III 2 BGB; vgl auch § 794 Rn 6, 8).

34 **b)** Eine **Rechtskrafterstreckung** im Verhältnis zwischen Prozeßführungsbefugtem und Rechtsträger wird von der hL bejaht in folgenden Fällen: **aa)** bei Prozeßführung durch eine **Partei kraft Amtes** und zwar uneingeschränkt beim Konkursverwalter (BGH 88, 334; Celle NJW-RR 88, 448 mwN) und beim Nachlaßverwalter, eingeschränkt gem § 327 I beim Testamentsvollstrecker;

35 **bb)** aufgrund gesetzlicher Anordnung (§ 325) in den Fällen des **§ 265,** s oben Rn 22; hierher gehören auch Pfändung, Verpfändung, Belastung mit Nießbrauch der **schon rechtshängigen** Forderung. Beachte für den Sonderfall der Mehrfachpfändung (§§ 853, 856 I) die Rechtskraftwirkung der Beiladung in § 856 IV, V. Bei Abtretung (Forderungsübergang) **vor Rechtshängigkeit** der Forderung gilt die Urteilswirkung gem **§ 407 II BGB** (zu ähnlichen Fällen vgl § 325 Rn 27);

36 **cc)** bei der **ehelichen Gütergemeinschaft:** das im Prozeß des Alleinverwalters des ehelichen Gesamtguts (§ 1422 BGB) ergangene Urteil wirkt Rechtskraft für und gegen den anderen Ehegatten, aber nur in Ansehung des Gesamtguts (§ 1422 S 2 BGB); ebenso bei Notprozeßführung gemäß § 1429 BGB und im Fall des § 1431 BGB, wenn der Verwalter in die Führung des Erwerbs-

geschäfts eingewilligt hat (RGRK-BGB, § 1431 Rn 13; Gernhuber § 38 VII, 12; Erman § 1422 Rn 5). Im Fall der Revokation (§§ 1428, 1455 Nr 8 BGB) findet keine Rechtskrafterstreckung statt (hM; vgl Palandt/Diederichsen § 1428 Rn 1; Heintzmann aaO S 86 mN zu Fn 331);

dd) bei der Geltendmachung von **Unterhaltsansprüchen des Kindes** durch einen Elternteil im eigenen Namen während des Getrenntlebens oder bei Anhängigkeit einer Ehesache gem § 1629 III (vgl dort S 2 und oben Rn 24; Beispiel: München FamRZ 87, 169). 37

c) Ablehnung der Rechtskrafterstreckung. Praktisch stellt sich die Frage nur bei zuungunsten des Prozeßstandschafters ergangenen Entscheidungen; hat der Prozeßstandschafter obsiegt, kann der materielle Rechtsträger die Prozeßführung noch nachträglich genehmigen und sich so die Urteilsrechtskraft zunutze machen (vgl Blomeyer § 92 I 3; allg zur Zustimmung des Rechtsträgers unten Rn 54). **aa) Fälle.** Sind an einem gemeinschaftlichen Vermögen oder Recht mehrere beteiligt, so wirkt nach hM (vgl Rn 39 mN) das gegen den Prozeßstandschafter ergangene Urteil nicht auch gegen die übrigen Mit-(Teil-)Berechtigten. So wirkt das Urteil zuungunsten des klagenden Gesamtleistungsgläubigers im Falle des § 432 BGB nicht auch gegen den anderen Gesamtleistungsgläubiger (vgl auch § 432 II und oben Rn 27); im Falle der Klage eines Mitberechtigten gem § 744 II BGB nicht auch gegen den anderen Mitberechtigten; im Falle der Herausgabeklage eines Miteigentümers gem § 1011 BGB nicht auch gegen den anderen Miteigentümer (BGH 79, 247 f; 92, 354; NJW 85, 2825; vgl auch Rn 27); im Fall der Klage eines einzelnen Miterben auf „Leistung an alle Erben“ gem § 2039 BGB nicht auch gegen die übrigen Miterben; im Falle der Einzelklage eines Gesellschafters *(actio pro socio)* auf Leistung an die Gesellschaft (Rn 23) nicht auch gegen die übrigen Gesellschafter; im Fall der Klage eines Ehegatten im Güterstand der Zugewinngemeinschaft gem §§ 1368, 1369 III BGB nicht auch gegen den anderen Ehegatten. 38

bb) Allgemeiner Grundsatz? Die hM (vgl BGH 79, 245 [248]; Sinaniotis ZZP 79, 91 ff; Calavros aaO [Rn 33] S 55 ff; RSchwab/Gottwald § 46 V 2; krit Bettermann, Berger je aaO Rn 33) sieht den Grund für die unterschiedliche Behandlung darin, daß in den zu b) aufgeführten Fällen (Rn 34–37) die Prozeßführungsmacht des Prozeßstandschafters gleichzeitig zum Ausschluß einer Prozeßführung durch den Rechtsträger selbst führt, was in den übrigen Fällen nicht zutreffe. Andere betonen die Eigen- oder Fremdnützigkeit der verliehenen Prozeßführungsbefugnis (vgl MK/Gottwald § 325 Rn 38 f). Soweit die hM eine Rechtskrafterstreckung verneint (Rn 38), führt dies zwangsläufig zu Zweitprozessen, die dem (im Vorprozeß siegreichen) Prozeßgegner ohne weiteres zugemutet werden. Mit Recht wird der hM entgegengehalten, daß sie nur das Interesse des nicht klagenden (Mit-)Berechtigten im Auge habe, das des Prozeßgegners aber völlig übersieht (Bettermann aaO S 145 ff; Berger aaO S 61 ff, 147 f). 39

d) Vollstreckbarkeit. Der obsiegende Prozeßstandschafter kann aus dem Urteil die Vollstrekkung betreiben (er ist Klauselberechtigter nach § 724, s dort Rn 3 mwN) und ist als **Vollstrekkungsgläubiger** gem § 2 AnfG anfechtungsberechtigt (BGH NJW 83, 1678). Soweit eine Erstrekkung der Rechtskraftwirkung auf den Rechtsträger stattfindet (vgl Rn 34–37), ist die **Vollstrekkungsklausel** zumindest in entspr Anwendung von § 727 (§ 731) auf ihn umzuschreiben, wenn der Prozeßstandschafter die Vollstreckung ablehnt oder verzögert oder die Vollstreckung aus dem ursprünglichen Titel aus einem sonstigen Grund nicht durchgeführt werden kann (BGH NJW 83, 1678; Heintzmann ZZP 92, 67 ff; Schwab, GS Bruns, 1980, S 188 im Fall des § 407 II BGB; aA KG Rpfleger 71, 103; zum ganzen näher Scherer Rpfleger 95, 91 ff und § 727 Rn 13 mwN). 40

e) Rechtshängigkeit. Soweit Rechtskrafterstreckung auf den Rechtsträger anzunehmen ist, steht der Klage des Rechtsinhabers entspr § 261 III Nr 1 die Einrede der **Rechtshängigkeit** entgegen, wenn der Prozeßstandschafter klagt (BGH 78, 7 = NJW 80, 2463; Schwab aaO [Rn 40] S 185). 41

VI) Gewillkürte Prozeßstandschaft

1) Allgemeines. a) Begriff: Gerichtliche Geltendmachung fremder Rechte (idR schuld- oder sachenrechtlicher Ansprüche, vgl Rn 46) im eigenen Namen aufgrund Ermächtigung (Rn 45) durch den Rechtsinhaber (dazu allg Rn 18–20). **b)** Die **Zulässigkeit** der gewillkürten Prozeßstandschaft wird teilw mit § 185 BGB gerechtfertigt (vgl Grunsky § 28 I 4; Werner JuS 87, 859 mN). Diese Begründung versagt aber bei dem objektiven Erfordernis des Vorliegens eines berechtigten Eigeninteresses des Ermächtigten an der Prozeßführung (Rn 44); darauf kann nicht verzichtet werden, da sonst eine freie Disposition über die Parteirollen und damit auch die Möglichkeit deren „willkürlicher“ Verschiebbarkeit eröffnet wäre. Umgekehrt werden neuerdings grundsätzliche Bedenken gegen die gewillkürte Prozeßstandschaft geäußert (so von Frank ZZP 92, 321; Koch JZ 84, 809; einschr Boecken/Krause NJW 87, 421), jedoch zu unrecht: Die gewillkürte Prozeßstandschaft ist nicht „entbehrlich“, denn durch die vorgeschlagenen Alternativen (Vollrechtsübertragung; Eigenprozeßführung mit Hilfe eines Prozeßbevollmächtigten) werden die Zwecke der gewillkürten Prozeßstandschaft (Berücksichtigung der „größeren Sachnähe“ bei der Prozeß- 42 führung, vgl BGH NJW 86, 423; 88, 1210; Freistellung des Rechtsträgers von Kostenbelastung; uU – zeitweilige – Geheimhaltung) teils nicht erreicht, teils aber werden die mit der gewillkürten Prozeßstandschaft verbundenen Gefahren überhaupt nicht vermieden (so bei der Vollrechtsübertragung an eine vermögenslose Partei zum Zwecke der Prozeßführung). Einer gezielten mißbräuchlichen Verschiebung der Parteirollen (Klage von vermögensloser Partei als Prozeßstandschafter) kann durch Verneinung des schutzwürdigen Eigeninteresses (Rn 44) oder einer wirksamen Ermächtigung (Rn 45) entgegengetreten werden (vgl BGH 96, 151 [154] = NJW 86, 850; 100, 217 [219] = NJW 87, 2018; NJW 89, 1933; 95, 3186; Hamm NJW-RR 92, 763; ie Rn 49, 50). Zeugenstellung des Rechtsträgers ist bei der Beweiswürdigung zu berücksichtigen (BGH NJW-RR 88, 127).

43 c) **Arten:** Anzuerkennen ist die gewillkürte **aktive Prozeßstandschaft,** bei der der Kläger (Widerkläger) „offen" (Rn 47) als Prozeßstandschafter auftritt; nur soweit der Prozeßstandschafter der bisherige Rechtsinhaber ist, kommt (wegen § 407 II BGB) auch eine „verdeckte" Prozeßstandschaft in Frage (vgl Rn 47, 51). Eine gewillkürte **passive Prozeßstandschaft** ist dagegen unzulässig, da es auch keine materiellrechtliche Verpflichtungsermächtigung gibt (aA van Zwoll aaO [Rn 31] S 164 ff; einschr StJ/Bork Rn 41e; offen BGH NJW 83, 685; GRUR 95, 506); nicht zu verwechseln mit der (zulässigen) aktiven Prozeßstandschaft auf der Beklagtenseite (vgl BGH GRUR aaO: Verteidigungsweise Geltendmachung von Drittrecht unter den Voraussetzungen der Rn 44 ff). Eine (isolierte) **Vollstreckungsstandschaft** – Vollstreckungsermächtigung des Titelgläubigers an einen Dritten ohne Übertragung des titulierten Anspruchs – scheitert an § 727 und ist nicht anzuerkennen (so BGH 92, 349; 120, 396; NJW-RR 92, 61; teilw abw Scherer Rpfleger 95, 91 ff; dazu näher § 727 Rn 13; § 767 Rn 8 aE, 12 „Wegfall der Aktivlegitimation"); sie ist nicht zu verwechseln mit der zT ebenso bezeichneten Vollstreckungsbefugnis des einziehungsbefugten Prozeßstandschafters in den sog Rückermächtigungsfällen (dazu BGH 120, 395 f; Schleswig NJW-RR 94, 1418; Scherer Rpfleger 95, 93; s auch Rn 56).

44 2) **Voraussetzungen. a) Schutzwürdiges Eigeninteresse.** Für eine wirksame Übertragung der Prozeßführungsbefugnis auf einen Dritten verlangt die hM und stRspr zu Recht außer der Ermächtigung des Rechtsinhabers (Rn 45, 47) einschränkend ein **eigenes schutzwürdiges Interesse** des Ermächtigten an der Prozeßführung im eigenen Namen (so BGH 92, 349 mN; 96, 152 ff = NJW 86, 850; 100, 218 = NJW 87, 1210; 107, 389 = NJW 90, 1987; 108, 56 = NJW 89, 2751; 119, 242 = NJW 93, 919; 125, 199 = NJW 94, 2549; jeweils mwN, ganz hM und stRspr, zuletzt BGH NJW 95, 3186; aA Larenz, Schuldrecht I, Allg Teil, § 34 Vc mN in Fn 77; Grunsky § 28 I 4; Heintzmann aaO [Rn 33] S 94 ff; weitergehend MK/Lindacher Rn 55, 61 f: idR auch [uU nur] Eigeninteresse des Ermächtigers; einschr KG FamRZ 88, 301: uU entbehrlich, zB bei Rückermächtigung des urspr Rechtsträgers, s dazu Rn 49, 52). Die Gegenansicht ist abzulehnen, denn im Hinblick auf die weittragenden prozessualen Folgen (Rn 5) kann die Bestimmung der Parteirollen nicht der unkontrollierten Parteidisposition überlassen bleiben (ie Rn 53). Ein rechtsschutzwürdiges Eigeninteresse an der Prozeßführung ist gegeben, wenn die Entscheidung Einfluß auf die *eigene Rechtslage des Prozeßführungsbefugten* hat (BGH NJW-RR 88, 127; Celle NJW 89, 2477 mN; RSchwab/Gottwald § 46 III 1; eingehend Michaelis, FS Larenz, 1983, S 462 ff mwN); auch ein *wirtschaftliches Interesse* kann uU genügen (vgl BGH 119, 242 = aaO; NJW 95, 3186; NJW-RR 95, 360, str; abl Hamm VersR 96, 255); Beispiele: Alleingesellschafter als Prozeßstandschafter für GmbH, Konzernmutter für vollbeherrschte Tochter-GmbH (BGH NJW-RR 95, 360 = MDR 95, 60; Stuttgart WRP 96, 64). Interesse des Prozeßstandschafters an Provision (BGH NJW 88, 1210, str; Rn 52); nicht genügen sollen aber Interessen der Prozeßwirtschaftlichkeit und der technischen Erleichterung der Prozeßführung (vgl Rn 50 aE). *Schutzwürdigkeit* des Interesses fehlt bei unbilliger Beeinträchtigung der Belange des Prozeßgegners (BGH 96, 155; NJW 89, 1933; 90, 1117 = MDR 90, 709); dafür reicht aber eine Gefährdung von dessen Kostenerstattungsanspruch (vgl BGH 100, 221; Hamm NJW 89, 464 [gegen Boecken/Krause NJW 87, 420]; WM 92, 1650; einschr NJW-RR 92, 763; anders bei *nachträglichem* Vermögensverfall: BGH NJW 95, 3186) oder eine Verschlechterung seiner Beweislage (vgl BGH NJW 88, 1587; NJW-RR 88, 127) nicht ohne weiteres aus (dazu auch Rn 42). Einzelheiten aus der Rspr: Rn 49, 50.

45 **b) Ermächtigung.** Die Zustimmung des Rechtsinhabers zur aktiven Prozeßführung eines Dritten ist Prozeßhandlung, nicht bürgerlichrechtliches Rechtsgeschäft (BGH NJW 89, 1933 mN, str), jedoch richten sich **Erteilung, Bestand und Mangel** der Ermächtigung – vergleichbar dem Fall von § 38 Rn 4, 5 – im allgemeinen nach bürgerlichrechtlichen Grundsätzen, bei Auslandsberührung nach der lex causae (vgl dazu BGH 125, 196 = NJW 94, 2549; Wieczorek/Schütze Einl Rn 168; Abgrenzung: Rn 47a). Die Erteilung der Ermächtigung ist auch stillschweigend möglich (BGH 94, 122; NJW 89, 1933 mN; 92, 1384; Stuttgart WRP 96, 94); Beispiele: Geltendmachung von Gewährleistungsansprüchen durch *einen* Ehegatten bei *gemeinsamer* Errichtung eines Hauses durch Ehegatten (BGH 94, 122 = NJW 85, 1826); Prozeßführung im offenkundigen Einverständnis mit dem Rechtsinhaber (BGH NJW-RR 88, 127); Klage des Zedenten bei Sicherungszession (BGH 117, 161; Rn 49, 52). Umdeutung (§ 140 BGB) kann bei unwirksamer Abtretung helfen (BGH WM

95, 1855 = DtZ 95, 365; Rn 51). Die Ermächtigung muß sich auf einen **bestimmten Anspruch** (eine bestimmte Rechtsstreitigkeit) beziehen; Bestimmbarkeit genügt; eine Generalermächtigung für alle Rechtsstreitigkeiten einer bestimmten Art ist aber **unwirksam** (Köln WRP 85, 659; LG Kassel NJW-RR 91, 529; LG Berlin NJW-RR 93, 1234; zulässig aber Ermächtigung im Rahmen einer Globalzession: Rn 49; satzungsmäßige Ermächtigung: Rn 60). Rechtsmißbräuchliche Ermächtigung ist gem § 138 I BGB **nichtig** (dazu BGH 96, 154 f; dafür maßgebender Zeitpunkt ist der der Erteilung: Karlsruhe WM 93, 357), Vermögenslosigkeit des Klägers genügt dafür aber idR nicht (Rn 44, 50). **Widerruf** (§ 183 BGB) ist bis zur Klageerhebung *jederzeit* zulässig (BGH NJW-RR 86, 158; MK/Lindacher Rn 56, str; aA Heintzmann aaO S 104 mwN); jedenfalls läßt er dann die Prozeßführungsbefugnis des Ermächtigten unberührt (arg § 265 II 1, so StJ/Bork Rn 44; arg § 261 III Nr 1, so BGH NJW-RR 86, 158). **Nachträglich** erteilte Ermächtigung **wirkt** bei offengelegter Prozeßstandschaft (entspr § 184 I BGB) auf den Zeitpunkt der Klageerhebung **zurück** (vgl BGH NJW-RR 93, 670 f und Rn 47, 47a). Eine wirksam erteilte Ermächtigung **besteht fort,** wenn der Anspruch vom Rechtsinhaber (Zessionar) nach Rechtshängigkeit weiter abgetreten wird (§ 265 II 1 gilt: BGH NJW 89, 1933 = MDR 89, 537); vom späteren **Konkurs** (Vermögensverfall) des Ermächtigten wird sie grundsätzlich nicht berührt (so BGH NJW 95, 3187 mwN; im Einzelfall weitergehend BGH NJW 89, 1933; Hamm NJW-RR 87, 1255; aA Boecken/Krause NJW 87, 421); die Ermächtigung **erlischt** (entspr §§ 168 S 1, 673 S 1 BGB) im Zweifel mit dem **Tod des Ermächtigten** (BGH 123, 135 = NJW 93, 3073 = ZZP 107, 524 mit Anm Schilken).

c) Übertragbarkeit der Prozeßführungsbefugnis. Die gewillkürte Prozeßstandschaft setzt idR **Abtretbarkeit** des geltend zu machenden Rechts voraus und scheidet bei höchstpersönlichen Rechten, die ihrem Wesen nach nur vom Rechtsinhaber geltend gemacht werden können, idR aus (vgl BGH NJW 83, 1561 mN; MDR 78, 1019; BVerwG NJW 83, 1133; StJ/Bork Rn 43a); dies gilt nicht, soweit der Rechtsträger die kommerzielle Auswertung von Namensrechten gestatten kann (BGH 119, 240 ff = NJW 93, 919 f) oder für Ansprüche aus Beeinträchtigung der Persönlichkeit nach dem Tod des Rechtsträgers (so BGH 107, 384 = NJW 90, 1987). Die Übertragbarkeit der Prozeßführungsbefugnis setzt aber *nicht notwendig* auch Übertragbarkeit der Forderung voraus (so klar MK/Lindacher Rn 64; im Erg auch Köln MDR 79, 935; Hamm NJW-RR 92, 23), Überlassungsfähigkeit der Rechtsausübung genügt. Beispiele: Grundbuchberichtigungsanspruch gem § 894 BGB (BGH NJW-RR 88, 127); Eigentumsherausgabeanspruch gem § 985 BGB (BGH WM 95, 1855; dazu Rn 49); Namensrecht gem § 12 BGB (BGH 119, 240 ff = aaO); firmen- und kennzeichnungsrechtliche Ansprüche (BGH NJW-RR 95, 360 = MDR 95, 60); presserechtlicher Gegendarstellungsanspruch (offen Koblenz NJW-RR 93, 697); uU Forderung mit Abtretungsverbot gem § 399 BGB Alt. 1 (Hamm aaO) oder Alt. 2 (Köln WM 87, 1279). *Umdeutung* unwirksamer Abtretung: Rn 51. 46

d) Offenkundigkeit. Im Prozeß muß sich der Prozeßstandschafter grundsätzlich auf die ihm erteilte Ermächtigung berufen und zum Ausdruck bringen, wessen Recht er geltend macht (BGH 94, 122 mwN = NJW 85, 1826; 125, 201 = NJW 94, 2550; NJW 94, 2891), außer es ist für alle Beteiligten eindeutig klar, welches Recht eingeklagt wird (BGH 78, 6; 108, 58). Eine Ausnahme von dem Offenkundigkeitsgrundsatz besteht in den Fällen, in denen der Kläger nach außen befugt als Rechtsinhaber auftritt (Beispiel: Zedentenklage bei stiller Sicherungszession; vgl BGH NJW 78, 698; Düsseldorf WM 94, 332; Brehm KTS 85, 5 ff, 11; hierzu Rn 51 f) oder jedenfalls ein eigenes Klagerecht als Mitberechtigter mitverfolgt (BGH NJW 85, 2825). Fehlt die Offenkundigkeit in dem dargelegten Sinn, macht der Kläger – zunächst – ein eigenes Recht geltend mit der Folge, daß ein Fall der Prozeßstandschaft (Rn 42) nicht vorliegt; erst nach Offenlegung greifen die Grundsätze gem Rn 47a ein. Die Erteilung der Ermächtigung (Rn 45) nach Klageerhebung ohne Offenlegung der Prozeßstandschaft wirkt nicht auf den Zeitpunkt der Klageerhebung/-einreichung (vgl § 270 III) zurück (BGH NJW-RR 93, 670 f; Grund: Kein Fall von § 185 BGB entspr). 47

e) Amtsprüfung und **Entscheidung** bei **Streit** um die Prozeßführungsbefugnis: Das Vorliegen der Voraussetzungen der gewillkürten Prozeßstandschaft (Rn 44–46) ist *von Amts wegen* zu prüfen und festzustellen (vgl BGH 100, 219 mN = NJW 87, 2018; 119, 240 = NJW 93, 919; 125, 200 = NJW 94, 2550); dabei müssen die Tatsachen bis zum Zeitpunkt der letzten mündlichen Verhandlung der Tatsacheninstanz vorliegen (BGH 125, 201 = aaO; NJW 94, 653; WM 95, 1855), bei Auslandsberührung gilt idR die lex fori (BGH 125, 199 = aaO; NJW 94, 2891; Hamburg NJW-RR 96, 511; Abgrenzung: Rn 45). Bei Bejahung Zwischenurteil (§ 303) oder in den Gründen des Endurteils, bei Verneinung: Endurteil, dagegen gesetzliche Rechtsmittel; vgl iü Rn 19. 47a

f) Abgrenzung. Nicht hierher gehören: **Treuhandzession,** da der Treuhänder formal sachberechtigt und daher notwendig auch prozeßführungsbefugt ist (Henckel, FS Larenz, 1973, 647 mwN, 649); das gleiche gilt für die **Inkassozession** (BGH NJW 80, 991; WM 85, 614; aA AG Kassel NJW-RR 90, 1259); ein eigenes rechtliches Interesse an der Geltendmachung der Forderung braucht daher nicht geprüft zu werden (BGH jeweils aaO; aA MK/Lindacher Rn 69: erforderlich, mindestens in der Person des Zedenten). Ferner nicht das **offene Prokuraindossament** (Art 18 48

WG): der Indossatar klagt als Vertreter, also nicht im eigenen Namen; der verdeckte Prokuraindossatar wieder in eigenem Namen; er tritt als Rechtsinhaber auf. Wird stille Sicherungszession mit entsprechender Rückermächtigung verbunden, kommt Prozeßstandschaft in der Person des Zedenten in Frage (vgl hierzu Rn 51).

49 **3) Fälle der gewillkürten Prozeßstandschaft. a) Prozeßstandschaft zulässig:** Der zur Ausübung Berechtigte macht **Namens-(Firmen-, Kennzeichnungs-)rechte** eines anderen geltend (Rn 46). Der Verkäufer eines angeblich lastenfrei verkauften Grundstücks klagt für den Käufer auf **Berichtigung** (§ 894 BGB) gegen den buchberechtigten Dritten (RG JW 37, 541; BGH NJW 86, 1676); Pflichtteilsberechtigter macht einverständlich den Grundbuchberichtigungsanspruch des Erben geltend (BGH NJW-RR 88, 126). Der Pächter klagt mit Zustimmung des Eigentümers in Prozeßstandschaft gegen den nicht berechtigten Besitzer auf **Herausgabe** an sich selbst gem § 985 BGB (BGH NJW-RR 86, 158; dazu Werner JuS 87, 855); der Vermächtnisnehmer klagt mit Ermächtigung des Alleinerben auf Herausgabe (BGH WM 95, 1855). Der Sicherungsgeber klagt mit Ermächtigung des Sicherungsnehmers (-eigentümers) auf Herausgabe der sicherungsübereigneten Gegenstände (BGH 96, 185 = NJW 86, 424). Der Gesellschafter einer BGB-Gesellschaft macht im Einverständnis mit den übrigen Gesellschaftern einen **Gesellschaftsanspruch** im eigenen Namen geltend (BGH NJW 88, 1586; 87, 3122 = MDR 87, 910; LG Saarbrücken NJW-RR 92, 782); im Einzelfall ebenso bei stiller Gesellschaft BGH NJW 95, 1355; soweit ein Fall der *actio pro socio* vorliegt, kommt gesetzliche Prozeßstandschaft der Fallgruppe Rn 23 in Frage. Der beherrschende Gesellschafter einer **GmbH** macht Schadensersatzansprüche der Gesellschaft geltend (BGH NJW-RR 87, 57). Ein **Miteigentümer** eines Grundstücks klagt mit Zustimmung des anderen gem § 1011 BGB (BGH NJW 85, 2825). Die **Wohnungseigentümer** machen einverständlich zusammen (auch) Rechte hinsichtlich des *Sondereigentums* einzelner Wohnungseigentümer geltend (BGH 100, 393; Hamm ZMR 89, 99). Ein **Ehegatte** macht mit Zustimmung des anderen Gewährleistungsansprüche aus gemeinsamem Hausbau geltend (BGH 94, 117 = NJW 85, 1826). Der Verkäufer einer Forderung macht die dem Käufer (Zessionar) **abgetretene Forderung** gerichtlich geltend (BGH NJW 79, 924 = MDR 79, 288), desgl der Zedent bei der **Sicherungszession** (BGH NJW 89, 1933; 90, 1117 = MDR 90, 709; NJW 95, 3186; Brehm KTS 85, 3 ff; s aber auch Rn 50), der Versicherungsnehmer nach Forderungsübergang gem § 67 VVG auf den **Versicherer** (Köln NJW-RR 94, 27). Im Fall der **Drittschadensliquidation** klagt der Geschädigte den Anspruch des Vertragspartners des Schädigers ein (BGH 25, 259 = NJW 57, 1838); Prozeßführung der **Krankenkasse für den Verletzten** bei Anspruch für Verdienstschaden gem § 10 LohnFG (BGH NJW 85, 2194). – **Rückermächtigungsfälle:** Der **Nachlaßverwalter** kann den Erben ermächtigen, Nachlaßansprüche im eigenen Namen geltend zu machen (BGH 38, 281; dazu Bötticher JZ 63, 582). Der **Pfändungsgläubiger,** der die Forderung gepfändet hat und dem sie zur Einziehung überwiesen wurde (§§ 829, 835) kann den Gläubiger ermächtigen, die Forderung klageweise geltend zu machen (BGH NJW 86, 423; OLGR Düsseldorf 95, 87), der **Sozialhilfeträger** nach Anspruchsübergang gem **§ 91 I BSHG** nF den Unterhaltsberechtigten (Schleswig NJW-RR 94, 1224; FamRZ 96, 40; Bremen FamRZ 95, 821; Hamm NJW-RR 95, 455 mN; Düsseldorf FamRZ 95, 818; Frankfurt NJW-RR 95, 1347, str; **aA** Hamm NJW-RR 95, 708; Köln FamRZ 95, 820; Braunschweig FamRZ 96, 38 und 39; Karlsruhe NJW-RR 95, 1285; Seetzen NJW 94, 2507; Brudermüller FamRZ 95, 1035; unterscheidend Köln NJW-RR 95, 456), der **Konkursverwalter** den Gemeinschuldner, der eine natürliche Person ist, zur Geltendmachung eines zur Konkursmasse gehörenden Rechts (BGH 100, 217 = NJW 87, 2018 = MDR 87, 824 mit abl Anm Koch JZ 87, 991; klarstellend Brehm JR 88, 14; s aber auch Rn 50), desgleichen einen zur vorzugsweisen Befriedigung berechtigten **Konkursgläubiger** (BGH 125, 203 = NJW 94, 2550), aber auch der **absonderungsberechtigte Gläubiger** den Konkursverwalter zur Geltendmachung von dessen Forderung (BGH NJW 88, 1210 = MDR 88, 402 mit zust Anm Wagner JZ 88, 698). – Der gem § 1629 III BGB als Kläger aufgetretene **Elternteil** kann das **Kind** ermächtigen, beigetriebene Unterhaltsbeträge vom Empfänger herauszuverlangen (BGH NJW 91, 840). – Der **Verwalter einer Wohnungseigentümergemeinschaft** kann über seine Befugnisse nach § 27 WEG (Rn 26) hinaus durch Mehrheitsbeschluß der Wohnungseigentümer zur gerichtlichen Geltendmachung von Ansprüchen von oder gegen Wohnungseigentümer im eigenen Namen ermächtigt werden (BGH 74, 267; 81, 35; 100, 393; NJW 92, 1883; 94, 1866; *nicht:* Mietzinsansprüche gegen Mieter, AG Neuss NJW-RR 89, 269 mN, str). Die **Wohnungseigentümergemeinschaft** kann auch (gem § 21 WEG) die einzelnen Wohnungseigentümer ermächtigen, wegen Mängeln am gemeinschaftlichen Eigentum selbständig Minderungs- (BGH 110, 262; NJW 83, 453) oder Schadensersatzklagen zu erheben (BGH 114, 387 = NJW 91, 2481); desgl ist ein Gemeinschaftsbeschluß erforderlich für Einzelklagen gegen Miteigentümer (BGH 106, 226, str; aA KG ZMR 90, 191) oder Dritte (BGH 121, 22). – Für die Geltendmachung einer **Wechselforderung,** auch wenn das gleiche Ziel durch ein Ermächtigungsindossament erreicht werden kann (BGH WM 83, 303). – Zur Zulässigkeit der **Einziehungsermächtigung** vgl Rn 51, 52 mit Beispielen, von **Verbandsklagen** vgl Rn 58 ff mit Beispielen.

b) Prozeßstandschaft unzulässig: Bei mißbräuchlicher Verwendung, so bei „gezielter Verschiebung der Prozeßrollen“ zur unbilligen Benachteiligung der Gegenpartei, etwa um das Kostenrisiko auszuschließen oder zu mindern (BGH NJW 89, 1933 = MDR 89, 536; Hamm NJW-RR 92, 763; Rn 44); bejaht für *Rückermächtigung des Konkursverwalters* (Rn 49), wenn die Gemeinschuldnerin eine juristische Person ist und eine Betriebsfortsetzung nach Prozeßende ausscheidet (BGH 35, 184; 96, 153 f); für *Rückermächtigung des Pfändungsgläubigers* (Rn 49) an den vermögenslosen ursprünglichen Forderungsinhaber bei drohender Beklagtenbenachteiligung (Hamm NJW-RR 92, 763); für die Geltendmachung von *abgetretenen* Kundenforderungen für die *Hausbank* mit deren Ermächtigung, wenn die Zedentin eine verschuldete vermögenslose GmbH ist und keine Aussicht auf eine Geschäftsfortführung besteht (BGH 96, 151 = NJW 86, 850 = WM 86, 57; anders bei *nachträglichem* Eintritt der Vermögenslosigkeit: BGH NJW 95, 3187); für die Geltendmachung von Ansprüchen auf Unterlassung bestimmter Arbeitskampfmaßnahmen gegen eine Gewerkschaft durch Arbeitgeberverband für seine Mitglieder (BAG NJW 83, 1750 = MDR 83, 697); Anspruch auf Entschädigung wegen Beeinträchtigung des Persönlichkeitsrechts (BGH NJW 69, 1110); Geltendmachung von dem Versicherungsnehmer gegen den Haftpflichtversicherer zustehenden Deckungsschutz durch den Geschädigten (Stuttgart VersR 91, 766) oder gegen den Schadensversicherer durch den Kreditgeber des Versicherungsnehmers (Hamm VersR 96, 254); Geltendmachung von Mietzinsforderungen durch den Hausverwalter des Vermieters (LG Kassel NJW-RR 91, 529 = ZMR 92, 548); Geltendmachung der dem Hauptvermieter gegen den Untermieter zustehenden Räumungs- und Herausgabeansprüche durch den Hauptmieter (LG Köln WuM 59, 22 = ZMR 59, 131; LG Berlin NJW-RR 93, 1234). Die Mieterhöhungsklage (§§ 2, 3 MHRG) kann bei mehreren Vermietern nicht von einem in gewillkürter Prozeßstandschaft für die anderen erhoben werden (AG Stuttgart ZMR 73, 159, zw; vgl aber auch oben Rn 27); eine Personengesellschaft kann nicht in gewillkürter Prozeßstandschaft der übrigen Gesellschafter gem § 140 HGB auf (Feststellung der) Ausschließung eines Gesellschafters klagen (BGH BB 91, 371; vgl auch § 62 Rn 19); ist die Überlassung des Rechts aus der Dienstbarkeit zur Ausübung nicht gestattet, so kann der Dritte auch nicht Prozeßstandschafter sein (BGH NJW 64, 2296). Stehen Ansprüche mehreren Mitberechtigten anteilsmäßig zu (wie zB den Vertragserben im Fall des § 2287 BGB), so genügt das *bloße Kosteninteresse* und die technische Erleichterung bei der Teilung nicht (so BGH 78, 4 = NJW 80, 2462; NJW 88, 1210). 50

4) Einziehungsermächtigung. a) Begriff. Hierunter versteht man die – im Zweifel frei widerrufliche – Ermächtigung eines anderen zur Einziehung und auch zur gerichtlichen Geltendmachung einer Forderung in der Weise, daß der Ermächtigte befugt ist, die (ihm nicht übertragene) Forderung im eigenen Namen geltend zu machen, dh die Leistung vom Schuldner an sich selbst zu verlangen (vgl Larenz, Schuldrecht I § 34 V c; BGH 82, 288). Zur Abtretung der Forderung ist der Ermächtigte grundsätzlich nicht befugt (BGH aaO). **b) Abgrenzung.** Im Gegensatz zur bloßen Einziehungsermächtigung wird der Zessionar bei der **treuhänderischen Zession** (zur **Sicherung,** zum **Inkasso**) Inhaber des Vollrechts (zur Abgrenzung BGH WM 85, 614; Henckel, FS Larenz, 1973, S 655 ff; krit zur Unterscheidung: MK/Lindacher Rn 69); klagt er das Recht ein, beruht seine Prozeßführungsbefugnis auf seiner Sachlegitimation (Rn 48); eine unwirksame Abtretung kann in eine Einziehungsermächtigung *umgedeutet* werden (BGH NJW 87, 3121 = MDR 87, 910; WM 95, 1855; München FamRZ 95, 625). Einziehungsermächtigung kann mit (insbes „stiller“ Sicherungs-)Zession kombiniert werden (BGH 120, 395 = NJW 93, 1398; ie Rn 52). 51

c) Die **Zulässigkeit** der Einziehungsermächtigung war lange umstritten, wird aber heute ganz überwiegend im Hinblick auf § 185 BGB – zT iVm § 362 II BGB – bejaht (vgl BGH 4, 164; 82, 288; NJW-RR 89, 317 mN; Larenz, Schuldrecht I § 34 V c mwN; Palandt/Heinrichs § 398 Rn 29: Rechtsfortbildung; nach Esser/Schmidt, Schuldrecht I, 6. Aufl 1984, § 37 I 5c, S 612 Gewohnheitsrecht). Hier wird die Ausübung des (idR übertragbaren: Rn 46) Forderungsrechts dem Ermächtigten überlassen, der Überlassende bleibt aber Rechtsinhaber; der Ermächtigte klagt in eigenem Namen, also in (gewillkürter, uU aber „verdeckter“) Prozeßstandschaft (Rn 43); deren Zulässigkeit setzt aber (s Rn 44) ein Eigeninteresse des Ermächtigten voraus (vgl zB BGH 82, 288; NJW-RR 89, 317, str; aA insoweit MK/Lindacher Rn 62; Henckel, FS Larenz, 1973, S 643 ff, 654; offenlassend Frankfurt MDR 84, 228 = [ausf] WM 84, 57). *Beispiele* für Eigeninteresse: Erzielung von Provision (BGH NJW 88, 1210 mN = MDR 88, 402, str; aA MK/Lindacher Rn 62); Sicherung für eigene Ansprüche (Hamm NJW-RR 92, 23); Befreiung von sonst bestehender Unterhaltspflicht (BGH WM 85, 615); eine GmbH ermächtigt einen Gesellschafter, der nicht Geschäftsführer ist, aber 98% der Geschäftsanteile innehat, eine Gesellschaftsforderung geltend zu machen (BGH NJW 65, 1962); bei der Klage des ermächtigten Zedenten für den Zessionar folgt das Eigeninteresse aus dem erteilten Geschäftsbesorgungsauftrag, auch wenn er auf Leistung an sich klagt (vgl BGH DB 67, 377). Soweit *Offenkundigkeit* nicht verlangt wird (Rn 47), bleiben die Voraussetzungen der Prozeßführungsbefugnis praktisch ungeprüft („verdeckte“ Prozeßstandschaft; vgl Brehm KTS 85, 5 ff). **Anwendungsfälle:** Ermächtigung des Zedenten im Fall der (stillen) Sicherungszession (vgl BGH 120, 395); Beispiel: Im Rahmen einer **Globalzession** er- 52 mächtigt der Treuhand-(Sicherungs-)zessionar (Bank) den Treugeber (Darlehensnehmer), die zedierte Forderung im eigenen Namen geltend zu machen (vgl auch den Fall bei Münzberg NJW 92, 1867). Ist bei der **stillen Sicherungszession** der Zedent (wie idR) prozeßführungsbefugt (BGH 120, 395), so wird durch seine Klage die *Verjährung* auch dann *unterbrochen,* wenn die Sicherungszession nicht offengelegt wird (BGH NJW 78, 698; Düsseldorf WM 94, 332). Dies ist die notwendige prozessuale Konsequenz der Anerkennung der „verdeckten" Prozeßstandschaft (so im Erg auch Brehm KTS 85, 14). Weitere Beispiele: Ermächtigung des **Bauträgers** zur Geltendmachung abgetretener Gewährleistungsansprüche (BGH 70, 394); Ermächtigung des **Vorbehaltskäufers** beim verlängerten Eigentumsvorbehalt zur Einziehung des Kaufpreises für gelieferte und weiterveräußerte Ware (BGH 72, 15; 75, 393 f; 82, 60; 98, 310); Ermächtigung des **Vorbehaltsverkäufers** zur Geltendmachung des Herausgabeanspruchs hinsichtlich der der Hausbank sicherungsübereigneten Vorbehaltsware (BGH NJW 86, 424; dazu bereits Rn 49).

53 **5) Rechtsfolgen bei der gewillkürten Prozeßstandschaft. a) Allgemeines.** Die gewillkürte Prozeßstandschaft führt zu einer „Verschiebung der Prozeßrechtsverhältnisse und damit der Parteirollen (vgl Frank ZZP 92, 321; Koch JZ 84, 811; BGH 96, 153) mit den sich daraus ergebenden Konsequenzen für Zeugenstellung (BGH 94, 123; 108, 58; NJW-RR 88, 127; krit MK/Lindacher Rn 65), Prozeßkostentragungspflicht (BGH 96, 153), Prozeßkostenhilfe (zur Problematik: BGH 96, 153 f), Rechtshängigkeit, Vollstreckbarkeit und Rechtskraft (ie Rn 54–56). Diese Auswirkungen sind bei der Bejahung des schutzwürdigen Eigeninteresses des Ermächtigten an der Prozeßführung (Rn 44) zu berücksichtigen (BGH 96, 151 = NJW 86, 850 = MDR 86, 311; NJW-RR 88, 127; sa Rn 42 aE). **Endet** die Prozeßstandschaft während des Rechtsstreits (zB durch **Tod** des Prozeßstandschafters; nicht aber bei Widerruf: Rn 45), wird der Rechtsstreit nach Parteiwechsel mit dem Rechtsinhaber fortgesetzt (BGH NJW 94, 3072: Fall von § 263, nicht § 265 II).

54 **b) Rechtskrafterstreckung.** Das im Rechtsstreit des Prozeßstandschafters ergangene Urteil wirkt für und gegen den Rechtsinhaber Rechtskraft (BGH 78, 7; 123, 135 f mN = NJW 93, 3073; RSchwab/Gottwald § 46 V 4; MK/Gottwald § 325 Rn 46, allgM); dies ist die Folge davon, daß die Prozeßführung auf dem Willen des Rechtsträgers beruht. Die Rechtskrafterstreckung tritt auch dann ein, wenn ein Mit-(Teil-)berechtigter der Prozeßführung des (gesetzlichen) Prozeßstandschafters *zugestimmt* hat, mag auch die (insoweit zugleich gegebene) gewillkürte Prozeßstandschaft im Prozeß nicht offengelegt worden sein (BGH NJW 85, 2825 mwN; vgl Rn 47). In den Fällen der „Rückermächtigung" an den selbst nicht prozeßführungsbefugten Rechtsträger erstreckt sich die Rechtskraft auf den Träger der Verwaltungs- und Verfügungsbefugnis; Beispiel: Der Testamentsvollstrecker hat der Prozeßführung durch den Erben zugestimmt (vgl Palandt/Edenhofer § 2212 Rn 5; BGH 38, 287).

55 **c) Rechtshängigkeit.** Während des Prozesses des Prozeßstandschafters ist der Gegner vor einem – zweiten – Prozeß des Rechtsinhabers durch die Einrede der Rechtshängigkeit (§ 261 III Nr 1) geschützt (BGH 123, 135 = NJW 93, 3073 mN); zum Widerruf der Ermächtigung vgl Rn 45.

55a **d) Unterbrechung der Verjährung** tritt idR nur bei zulässiger – also „offener" (Rn 47) – Prozeßstandschaft ein (BGH 108, 58 mN = NJW 89, 2751); Mangel des Eigeninteresses (Rn 44) ist unschädlich (BGH 78, 5). Einschränkung bei Sicherungszession: Rn 52.

56 **e) Vollstreckbarkeit.** Vollstreckungsbefugt ist der Prozeßstandschafter (BGH 92, 349; NJW 91, 840 mwN), auch im Fall der Verurteilung zur Leistung an den Rechtsinhaber (Becker-Eberhard ZZP 104, 425). Eine Titelumschreibung auf den Rechtsinhaber ist in entspr Anwendung von § 727 (§ 731) wie bei gesetzlicher Prozeßstandschaft (Rn 40) möglich (Köln VersR 93, 1382; ie § 727 Rn 13); war Einziehungsermächtigung erteilt, muß diese widerrufen oder sonst entfallen sein, da sonst kein Fall der Rechtsnachfolge iS des § 727 vorliegt (Becker-Eberhard aaO S 443 mwN, str).

57 **f) Aufrechnung, Widerklage. a)** Der Prozeßgegner kann, da der Ermächtigende weiterhin Forderungsinhaber bleibt, auch im Verfahren mit dem Prozeßstandschafter mit Forderungen gegen den Ermächtigenden, nicht aber gegen den Prozeßstandschafter aufrechnen (Palandt/Heinrichs § 398 Rn 32). Darüber hinaus ist die Aufrechnung mit dem gegen den Prozeßstandschafter erworbenen Kostenerstattungsanspruch gegen den Ermächtigenden zulässig (KG MDR 83, 752). **b)** Der Prozeßgegner kann gegen den Prozeßstandschafter persönlich Widerklage erheben (Köln FamRZ 95, 1497 zu Rn 24; Grund: Formelle Parteistellung entscheidet: Rn 5, 33, 42), gegen den Rechtsträger jedenfalls unter den Voraussetzungen von § 33 Rn 19, 22 (so auch ThP § 51 Rn 43), im Hinblick auf Rn 54 wohl auch „isoliert" (vgl § 33 Rn 20, 23).

VII) Prozeßführungsbefugnis („Klagebefugnis") von Verbänden

58 **1) Allgemeines. a) Einordnung.** Inwieweit **Verbände,** die satzungsgemäß Rechte (Interessen) ihrer Mitglieder wahrnehmen, dabei in gesetzlicher Prozeßstandschaft auftreten oder eigene Rechte bzw Interessen der Allgemeinheit geltend machen, ist zweifelhaft und läßt sich nicht allgemein beantworten; für die beiden wichtigsten Fälle der **Verbandsklage,** die der Verbände zur Förderung gewerblicher Interessen (§ 13 II Nr 2 UWG; § 12 I RabattG; § 35 III GWB) und der

Verbraucherschutzverbände (§ 13 II Nr 3 UWG; § 13 AGBG), wird das Vorliegen einer gesetzlichen Prozeßstandschaft überwiegend verneint und ein rein prozessuales Verständnis (unter Verzicht auf materiellrechtliche Ansprüche) befürwortet (s MK/Lindacher Rn 72 f mN; Marotzke, Von der schutzgesetzlichen Unterlassungsklage zur Verbandsklage, 1992, S 56 ff, 82 ff; abw RSchwab/Gottwald § 47 3a mwN). **b) Arten und Abgrenzung.** Fehlt ein gesetzliches Verbandsklagerecht (Rn 59), kann sich das Klagerecht des Verbands aus einer *gewillkürten* Prozeßstandschaft kraft besonderer Ermächtigung (Rn 60) oder aus *treuhänderischer Abtretung* ergeben (Rn 61). Darüber hinaus ist nach geltendem Recht eine Verbandsklagebefugnis zur „gebündelten" Geltendmachung kollektiv gestreuter Einzelinteressen nicht anerkannt (keine Popularklage; ie Wunderlich DB 93, 2269). Hilfen: Gemeinschaftliche Klage (§§ 59, 60; s dort Rn 7), uU Musterprozeß (s § 325 Rn 43b).

2) **Gesetzliches Klagerecht.** Das Klagerecht von **rechtsfähigen Verbänden zur Förderung gewerblicher Interessen** gem § 13 II Nr 2 UWG ist durch das UWGÄndG vom 25. 7. 1994 (BGBl I S 1738) mit Wirkung vom **1. 8. 1994** stark **eingeschränkt** worden. **Lit:** *Bernreuther* WRP 95, 452; *Engler* NJW 95, 2185; *Hinz,* FS Piper, 1996, 263; *Ulrich* WRP 95, 411; **Rspr**-Übersichten: *Teplitzky* GRUR 95, 630 (BGH); *Vogt* NJW 95, 2824; sa § 32 Rn 10. Nach dem Zweck der Neuregelung dient die Verbandsklage nur noch der kollektiven Wahrnehmung von Mitgliederinteressen (BGH NJW 95, 725 = MDR 95, 381; NJW 95, 2559), ausgeschlossen ist damit die Klagebefugnis von „Abmahn- und Gebührenvereinen". Die Voraussetzungen der Prozeßführungsbefugnis ergeben sich aus § 13 II Nr 2 UWG nF. Zulässigkeitsvoraussetzungen der Klage (s Rn 19) sind also die einzelnen Merkmale wie Mitgliederzahl und -struktur iVm Marktbetroffenheit; personelle, sachliche und finanzielle Ausstattung; tatsächliche Verbandszweckverfolgung (BGH NJW 95, 2559; 96, 391). Indirekte Mitgliedschaft von Wettbewerbern über (selbst) klagebefugte Kammern gem § 13 II Nr 4 UWG als Mitglieder genügt (BGH NJW 95, 725 = aaO; GRUR 95, 359; Hamburg NJW-RR 95, 934; Köln GRUR 95, 435; WRP 95, 422, ganz hM; aA Bremen NJW 95, 1036); nachprüfbare Offenlegung der für die Klagebefugnis erheblichen Mitgliederzahl und -struktur ist erforderlich (BGH NJW 96, 391; NJW-RR 96, 362 [364]). Bei Fehlen dieser Voraussetzungen ist die Klage als unzulässig abzuweisen (BGH NJW 96, 391, stRspr; krit Balzer NJW 92, 2727 f). Nicht zur Zulässigkeit gehört das materielle Erfordernis der wesentlichen Wettbewerbsbeeinträchtigung gem § 13 II Nr 2 letzter HS UWG (BGH NJW 95, 726; Engler NJW 95, 2185, str; ie Bernreuther WRP 95, 459 mwN). Für das Klagerecht eines **Verbraucherschutzverbandes** gem § 13 II Nr 3 UWG; § 13 II Nr 1 AGBG (BGH NJW 92, 2231) nicht erforderlich ist, daß der Verbraucherschutz Hauptzweck ist; es genügt, daß er wesentlicher Vereinszweck ist (BGH WM 86, 619). Beispiele: Mieterverein (BGH NJW 93, 1061; Hamm NJW-RR 93, 686); ADAC (BGH NJW-RR 88, 1443), uU Greenpeace (Hamburg NJW 93, 1868). Die Prozeßführungsbefugnis fehlt einem **Mischverband,** der gleichrangig der Förderung gewerblicher Interessen (§ 13 II Nr 2 UWG) und der Wahrnehmung von Verbraucherinteressen (§ 13 Nr 3 UWG; § 13 AGBG) dient (BGH NJW 83, 1061 mwN; anders bei deutlichem Überwiegen der einen Zweckbestimmung und -verfolgung: BGH NJW 85, 1032 f; NJW-RR 95, 809). Den Verbänden (Bsp für § 13 II Nr 2 UWG: Landesinnungsverband, vgl. BGH NJW-RR 93, 363) sind in bestimmten Fällen berufsständische **Kammern** gleichgestellt. Bsp: Industrie- und Handelskammern, Handwerkskammern (§ 13 II Nr 4 UWG; § 13 II Nr 3 ABGB) und -innungen (BGH NJW-RR 93, 363); Kreishandwerkerschaft (Hamm MDR 90, 555); RA-Kammern (BGH 109, 156 f mN); Steuerberaterkammern (Dresden WRP 95, 329); Tierärztekammern (Hamm NJW-RR 95, 1070); die öffentlich-rechtliche Aufgabenstellung steht nicht entgegen (BGH 109, 156 f). Das Verbandsklagerecht gem § 35 III **GWB** setzt eine Betroffenheit von Mitgliedern nicht voraus (BGH 129, 203 = MDR 96, 491). 59

3) **Klagerecht aufgrund Ermächtigung.** Möglich ist, daß der Verband aufgrund einer Ermächtigung seiner (sämtlichen) Mitglieder in *gewillkürter Prozeßstandschaft* vorgeht. Das erforderliche schutzwürdige Eigeninteresse des Verbandes (vgl Rn 44) ist gegeben, wenn die Rechtsverfolgung zu den satzungsmäßigen Aufgaben des Verbandes gehört (BGH LM § 50 Nr 6 = MDR 56, 154 mit Anm Pohle = JZ 56, 62 = ZZP 69, 30; NJW 83, 1559 [1561 mwN]; MK/Lindacher Rn 60; Wunderlich DB 93, 2270); die fehlende satzungsmäßige Aufgabe kann die Ermächtigung eines einzelnen Mitgliedes nicht ersetzen (Köln WRP 85, 659). Inwieweit die weiter erforderliche *Ermächtigung* auch satzungsmäßig erteilt werden kann (uU iVm einem Beitritt) oder (im Hinblick auf die notwendige Bestimmtheit: Rn 45) einer besonderen Erklärung bedarf, kann nicht allgemein beantwortet werden und hängt von der Art des Anspruchs ab (vgl MK/Lindacher Rn 57; uneinheitlich die BGH-Rspr: einschr zB BGH 89, 3 f, großzügig BGH 48, 15 f). **Beispiele:** Ein Brauereiverband kann im eigenen Namen entspr seiner Satzung iVm einer Ermächtigung auf das Eigentum seiner Mitglieder gestützte Unterlassungsansprüche gegenüber einem Altglashändler geltend machen (BGH MDR 56, 152 = aaO); eine Genossenschaft von Nutzungsberechtigten kann uU Unterlassungsansprüche von Mitgliedern bei entspr Ermächtigung in der Satzung geltend machen (BGH LM § 50 Nr 28 = MDR 76, 652); ein örtlicher *Anwaltsverein* gilt als ermächtigt, gem. §§ 1, 13 UWG und aus § 823 II BGB, Art 1 §§ 1, 8 RBerG in gewillkürter Prozeßstandschaft für seine Mitglieder deren *Unterlassungsansprüche* geltend zu machen 60

(BGH 48, 15, zust Marotzke aaO [Rn 58] S 35 ff, teilw einschr S 52 ff); bei der Geltendmachung von *Schadensersatzansprüchen* der Mitglieder ist grundsätzlich eine entspr (nicht nur in der Satzung enthaltene) *Ermächtigung* durch die Mitglieder erforderlich (BGH 89, 2 ff = NJW 84, 2220 – „Binnenschiffahrts-Verband"). Ermächtigt werden können (nur) **rechtsfähige** (parteifähige) **Verbände** (§ 50 I), damit auch Verbände zur Förderung gewerblicher Interessen iS von § 13 II Nr 2 UWG (Rn 59); ab dem 1. 8. 1994 können aber die Schranken der Klagebefugnis von **Wettbewerbsverbänden** (Rn 59) nicht mehr durch die Ermächtigung eines einzelnen Wettbewerbers als betroffenes Mitglied umgangen werden (ie Ulrich WRP 95, 411; Hinz, FS Piper, 1996, 257; aA – abzulehnen – KG NJW-RR 95, 1130). Desgleichen fehlt dem als Einzelperson ermächtigten Verbandsvorstand eines nicht rechtsfähigen Verbands das erforderliche schutzwürdige Eigeninteresse (Celle NJW 89, 2477; Koblenz NJW-RR 93, 697). Mit Hilfe der gewillkürten Prozeßstandschaft kann daher die fehlende aktive Parteifähigkeit von nichtrechtsfähigen Vereinigungen (vgl § 50 Rn 31 f) nicht umgangen werden (Celle, Koblenz je aaO; § 50 Rn 34).

61 **4) Klagerecht aufgrund treuhänderischer Abtretung.** Ein Klagerecht des Verbandes als Zessionar kann auch durch Abtretung (§ 398 BGB) begründet werden (vgl BGH 89, 4). Da der Verband als (treuhänderischer) Rechtsinhaber klagt (Rn 51 [b]), bedarf es keines Eigeninteresses an der Rechtsverfolgung (Rn 48; aA Oldenburg NdsRpfl 79, 36). Als Rechtsbesorgung ist die gerichtliche Geltendmachung von zum Inkasso abgetretenen Forderungen (vgl Art 1 § 1 I RBerG) nur im Rahmen des **RBerG** zulässig (vgl auch Rn 9 vor § 78), scheidet also bei geschäftsmäßiger Prozeßführung des Verbands im Rahmen seiner satzungsmäßigen Aufgaben aus. Beispiel: Inkassozession an *bestehende* Schutzgemeinschaft für Kleinaktionäre (BGH ZIP 93, 1709; Düsseldorf ZIP 93, 347; Prütting/Weth ZIP 94, 424); anders bei Abtretung an *ad hoc gegründete* Vereinigung gleichartig Geschädigter (Wunderlich DB 93, 2272). Soweit für berufsständische (berufstandsähnliche) Vereinigungen die geschäftsmäßige Rechtsbesorgung zulässig ist (vgl Art 1 § 7 RBerG), gelten für die Prozeßführung aus Inkassozession keine Besonderheiten (wie Rn 48, 51 [b]; Bsp: KGR 94, 156 für Honorareinzugstelle von Architektenverband; aA Oldenburg NdsRpfl 79, 36 für Rechtsschutzstelle der Ärzte-, Zahnärzte- und Tierärzteschaft).

VIII) Prozeßführungsrecht und Güterstände

62 **1) Allgemeines.** Ein Prozeßführungsrecht des einzelnen Ehegatten kraft eigener Rechtszuständigkeit kommt in sämtlichen Güterständen vor, bei der Gütergemeinschaft hinsichtlich der Sondermassen. Eine (Einzel-)Prozeßführungsbefugnis kraft *gesetzlicher Prozeßstandschaft* für den anderen Ehegatten gibt es beim gesetzlichen Güterstand, für die Träger des Gesamthandsvermögens bei der Gütergemeinschaft mit Alleinverwaltung durch einen Ehegatten und bei der fortgesetzten Gütergemeinschaft (Rn 61), eine *gemeinschaftliche Prozeßführungsbefugnis* bei der Gütergemeinschaft mit gemeinschaftlicher Verwaltung und bei der beendeten Gütergemeinschaft während des Liquidationsstadiums (Rn 62); eingehend systematisch MK/Lindacher Anh § 52 Rn 1 ff; ausführlich auch die 15. Aufl Anh § 51 (S 237–242).

63 **2) Einzelprozeßführung eines Ehegatten. a)** Beim vertraglichen Güterstand der *Gütertrennung* (§ 1414 BGB) ist jeder Ehegatte für sein Vermögen als Berechtigter und Verpflichteter allein prozeßführungsbefugt; für die Vollstreckung gilt § 739. Dies gilt im Grundsatz auch für den gesetzlichen Güterstand der *Zugewinngemeinschaft* (§§ 1363 ff BGB), bei dem es keine gemeinsame Vermögensmasse kraft Güterstandes gibt (BGH 92, 198); lediglich soweit ein Ehegatte Verfügungsbeschränkungen unterliegt (Vermögen im ganzen, Haushaltsgegenstände, §§ 1365, 1369 BGB) und der andere Ehegatte von seinem Revokationsrecht gegenüber dem Dritten Gebrauch macht (§§ 1368, 1369 III BGB), liegt ein Fall der gesetzlichen Prozeßstandschaft vor (Rn 24). Der Herausgabeantrag geht idR auf Leistung an den verfügenden Ehegatten, uU auf Herausgabe an den Kläger allein (Gernhuber § 35 VI 3, str). **b)** Besteht beim vertraglichen Güterstand der Gütergemeinschaft *Alleinverwaltung durch einen Ehegatten* (§§ 1422 ff BGB), liegt ein Fall gesetzlicher Prozeßstandschaft vor (Rn 23); verwaltungsberechtigter Ehegatte führt alle Aktiv- und Passivprozesse für das Gesamtgut im eigenen Namen. Der Klageantrag geht auf Leistung an den Kläger (Folge von § 1422 BGB), für Vollstreckung genügt Titel gegen den Verwalter (§ 740 I). Ein Prozeßführungsrecht des nichtverwaltenden Ehegatten setzt grundsätzlich die *Zustimmung* des Verwalters voraus (gewillkürte Prozeßstandschaft). Das hierfür erforderliche schutzwürdige Interesse (Rn 44) ergibt sich idR daraus, daß der ermächtigte Ehegatte mit Träger des materiellen Rechts ist (vgl BGH NJW 63, 279). In Sonderfällen besteht auch eine Einzelprozeßführungsbefugnis des nichtverwaltenden Ehegatten (gesetzliche Prozeßstandschaft); es sind dies: Notprozeßführung (§ 1429 BGB), Schutzprozeßführung (§ 1428 BGB), Prozeßführung bei Erwerbsgeschäft (§ 1431 BGB, § 741), bei Beginn der Gütergemeinschaft anhängiger Rechtsstreit (§ 1433 BGB). Bei Gütergemeinschaft mit gemeinschaftlicher Verwaltung (§ 1450 BGB) kann ein Ehegatte gleichfalls zur Alleinprozeßführung ermächtigt werden. Auch bei gemeinschaftlicher Verwaltung bestehen in Sonderfällen Einzelklagebefugnisse gem §§ 1454–1456, 1458 BGB. Hinsichtlich des *Sonderguts* (§ 1417 BGB) und *Vorbehaltsguts* (§ 1418 BGB) ist

der berechtigte Ehegatte stets allein prozeßführungsbefugt (vgl §§ 1417 III, 1418 II BGB). Bei der *fortgesetzten Gütergemeinschaft* (§§ 1483 ff BGB) hat der überlebende Ehegatte als Alleinverwalter Einzelprozeßführungsbefugnis hinsichtlich des Gesamtguts (§ 1487 I BGB). **c)** Leben die Ehegatten gem Art 234 § 4 II EGBGB im *Güterstand der Eigentums- und Vermögensgemeinschaft,* gilt für das bestehende und künftige gemeinschaftliche Eigentum die Rechtslage für das durch beide Ehegatten verwaltete Gesamtgut einer Gütergemeinschaft (Art 234 § 4a II 1 EGBGB idF des RegVBG, in Kraft seit 25. 12. 1993).

3) Gemeinschaftliche Prozeßführung beider Ehegatten. a) Bei Gütergemeinschaft mit *gemeinschaftlicher Verwaltung* des Gesamtguts durch die Ehegatten steht das Prozeßführungsrecht bei Rechtsstreitigkeiten, die sich auf das Gesamtgut beziehen, beiden Ehegatten gemeinschaftlich zu (§ 1450 I BGB). Bei *Aktivprozessen* sind beide Ehegatten notwendige Streitgenossen (s § 62 Rn 13). Beide müssen gemeinsam klagen, sonst ist die Klage unzulässig. Der Klageantrag lautet auf Leistung an beide; bei *Passivprozessen* hängt die Frage der notwendigen (einfachen) Streitgenossenschaft davon ab, ob Gesamthandsklage (§§ 1459 I, 1460 BGB) oder Gesamtschuldklage (vgl § 1459 II BGB) erhoben ist (vgl § 62 Rn 17, 18). Zur Zwangsvollstreckung ins Gesamtgut ist ein Titel gegen beide Ehegatten erforderlich (§ 740 II). Da wirtschaftlich die Zugriffsmöglichkeit ins Gesamtgut im Vordergrund steht, wird idR Geltendmachung von Gesamthandsschuld (mit der Folge von § 62, 2. Alt) gewollt sein. **b) Endet** die Gütergemeinschaft in anderer Weise als durch Tod (dann uU Fortsetzung gem §§ 1483 ff BGB), so sind während des Abwicklungsstadiums *stets beide* Ehegatten prozeßführungsbefugt: Hatten beide verwaltet, tritt keine Änderung ein; hatte nur einer verwaltet, so verändert sich die Prozeßführungsbefugnis (§ 1472 I BGB). Dies ist kein Fall des § 265, sondern analog § 239 zu behandeln (StJ/Schumann § 239 Rn 10). 64

50

[Parteifähigkeit]

(1) Parteifähig ist, wer rechtsfähig ist.

(2) Ein Verein, der nicht rechtsfähig ist, kann verklagt werden; in dem Rechtsstreit hat der Verein die Stellung eines rechtsfähigen Vereins.

I) Allgemeines

1) Begriff der Parteifähigkeit. Parteifähigkeit ist die Fähigkeit, Aktiv- oder Passivsubjekt (Haupt- oder Nebenpartei) eines Prozesses zu sein, also die Fähigkeit, im Urteilsverfahren Kläger, Beklagter oder Nebenintervenient, im Beschlußverfahren Antragsteller oder Antragsgegner, im Vollstreckungsverfahren Gläubiger oder Schuldner sein zu können. Die Parteifähigkeit entspricht im wesentlichen der **Rechtsfähigkeit** des bürgerlichen (materiellen) Rechts (vgl **Abs I**; vgl BGH 122, 345), ist aber weiter als diese (vgl auch § 61 VwGO, § 70 SGG). Parteifähig sind insbesondere **natürliche** und **juristische Personen** (Rn 10 und 11), **Vereinigungen,** soweit ihnen das Recht zusteht, zu klagen (Rn 16 f und 19 f) sowie in bestimmten Einzelfällen **Behörden** (Rn 23). Ein Nachlaß als solcher kann nicht Partei sein, da er nicht rechtsfähig ist (Rn 27). 1

Die Rechts- und Parteifähigkeit einer **ausländischen Partei** richtet sich nach ausländischem Recht (Abs **I** in Verb mit Art 7 I EGBGB; BGH 51, 28, allgM). Rechtsfähige **juristische Personen** und **Handelsgesellschaften** des **Auslands** werden daher im Inland allgemein – und damit auch als parteifähig – anerkannt. Beispiel: „Partnership" des Rechts von New York (Zweibrükken NJW 87, 2168; näher zum ganzen Rn 19a, 40). Zur Parteifähigkeit **ausländischer Stiftungen:** BGH LM Nr 13 zu § 50. 2

2) Beginn und Ende der Parteifähigkeit. a) Beginn: Maßgebend ist grundsätzlich der Beginn der Rechtsfähigkeit, jedoch wird in gewissem Umfang bereits früher eine beschränkte Parteifähigkeit angenommen (nasciturus: Rn 11; Gründervereinigung: Rn 39). 3

4 **b) Ende. aa) Grundsatz.** Die Parteifähigkeit endet mit dem Verlust der Rechtsfähigkeit, beim *Menschen* also mit Tod oder Todeserklärung; bei *juristischen Personen* (und den ihnen gleichgestellten Personenhandelsgesellschaften) mit ihrem Erlöschen, also bei Handelsgesellschaften und Vereinen (dazu Rn 16, 17 ff) noch **nicht** mit der *Auflösung* (§ 262 AktG; § 60 GmbHG; § 78 GenG; §§ 131, 161 II HGB; §§ 41, 49 II BGB; § 1 I 1 LöschungsG) oder mit der *Löschung* der Gesellschaft usw in dem jeweiligen (Handels-, Genossenschafts-, Vereins-)Register (zB gem § 273 I 2 AktG; § 2 I LöschungsG), bei Anstalten und Stiftungen noch **nicht** mit der Aufhebung, sondern **erst mit der Vollbeendigung** nach Abwicklung (BGH 74, 213; NJW 95, 196; NJW-RR 86, 394 mN; Oldenburg NJW-RR 96, 161 mwN, hM, str); maßgebend ist damit allein die Vermögenslosigkeit der (aufgelösten) Gesellschaft (vgl BGH 94, 108), nicht die *Registerlöschung* als solche (BAG NJW 88, 2637; Koblenz NJW-RR 94, 501 zu §§ 1, 2 LöschungsG; BAG 63, 163 zu § 31 II HGB, ie str; aA zT das Schrifttum, vgl Bork JZ 91, 844; Wieczorek/Schütze/Hausmann Rn 15 ff: Vermögenslosigkeit *und* Registerlöschung – sog Lehre vom Doppeltatbestand). Das gilt auch für nichtrechtsfähige Vereine hinsichtlich ihrer passiven Parteifähigkeit. Zur Vollbeendigung *während des Rechtsstreits* s Rn 5.

4a **bb) Fortbestehende und fingierte Parteifähigkeit.** Auch die beendete Gesellschaft gilt insoweit als **aktiv parteifähig** als sie ein Vermögensrecht in Anspruch nimmt (BGH 48, 307; NJW-RR 95, 1237 mwN), zB als Klägerin das eingeklagte Recht (BGH 75, 182 f; vgl das Beispiel in Rn 4b) oder als Beklagte den ihr bei von Anfang an unbegründeter Klage zustehenden Kostenerstattungsanspruch geltend macht (BGH NJW-RR 91, 660 mN; einschr BGH 74, 213 f; BayObLGZ 95, 12 f) oder bei einem sonstigen nachträglichen Abwicklungsbedarf (BGH MDR 95, 529: Schuldentilgung, Vermögensverteilung; s auch Rn 5); fiktive Parteifähigkeit besteht auch im Zulassungsstreit (Rn 8); ein nicht aktiv parteifähiges Gebilde ist insoweit **passiv parteifähig**, als gegen es Rechte geltend gemacht werden sollen, die anderweit nicht durchsetzbar wären (BGH 97, 270: § 50 II entspr; vgl dazu die Beispiele in Rn 40).

4b **cc) Einzelfragen bei verschiedenen Vereinigungen.** α) **GmbH.** Eine GmbH *in Liquidation* („i.L.") ist nach Ablehnung des Antrags auf Konkurseröffnung mangels Masse solange aktiv oder passiv parteifähig, als sie noch verteilungsfähiges Vermögen hat (BGH 94, 108; BAG NJW 88, 2637; Düsseldorf NJW-RR 88, 1184 = MDR 88, 415; Koblenz NJW-RR 91, 808; 94, 500). Ist eine GmbH *wegen Vermögenslosigkeit von Amts wegen gelöscht* (§ 2 LöschungsG), so ist sie dennoch in einem Rechtsstreit parteifähig, der Ansprüche zum Gegenstand hat, die sich nach der Löschung als vorhanden herausstellen (BGH 48, 307; NJW-RR 94, 542; Stuttgart NJW-RR 94, 1064 = Rpfleger 94, 424; Düsseldorf Rpfleger 95, 258; Hamm BB 96, 1029; MK/Lindacher Rn 15; eingehend Bork JZ 91, 842 ff mwN; zur Vertretung vgl BGH MDR 86, 139 und § 51 Rn 4) oder wenn Ansprüche gegen die Gesellschaft geltend gemacht werden, die kein Aktivvermögen voraussetzen (BAG NJW 82, 1831 – Zeugnisanspruch). Das gleiche gilt, wenn die wegen Vermögenslosigkeit gelöschte GmbH ernstlich ein Recht für sich in Anspruch nimmt (BayObLGZ 93, 332; Frankfurt OLGZ 79, 193 mN); das mit der Klage geltend gemachte Recht genügt (BGH 75, 182 f; BayObLGZ 93, 334). Ergibt sich dessen Nichtbestehen, ist der Rechtsstreit durch Sachurteil, nicht durch Prozeßurteil zu erledigen (BGH DB 59, 110). Eine nicht ins Handelsregister eingetragene *in Gründung* befindliche GmbH („iG") ist entspr § 50 II passiv parteifähig (ie Rn 39); wird die „GmbH iG" *aufgelöst*, ändert sich an deren passiver Parteifähigkeit nichts, solange noch Vermögen vorhanden ist (Hamm WM 85, 659); in diesem Fall wird die GmbH „iG iL" nicht durch den Geschäftsführer, sondern durch die Gesellschafter gemeinschaftlich vertreten (BGH LM § 11 GmbHG Nr 12; aA BAG AP § 11 GmbHG Nr 1 mit krit Anm Hueck). β) **KG.** Die KG bleibt auch nach Ablehnung der Konkurseröffnung mangels Masse idR parteifähig (BGH NJW 95, 196). γ) **GmbH & Co KG.** Werden während des Rechtsstreits sowohl die Komplementär-GmbH als auch die KG wegen Vermögenslosigkeit im Handelsregister gelöscht, endet wegen Vollbeendigung die Existenz und damit die Parteifähigkeit der KG (BGH NJW 82, 238; insoweit zust Hamm NJW-RR 88, 1307; Behandlung str, vgl § 91a Rn 58 „Parteifähigkeit"). Das gleiche gilt, wenn die Komplementär-GmbH wegen Vermögenslosigkeit gelöscht wird und damit der vorletzte Gesellschafter der KG entfällt (BGH NJW-RR 88, 478 = MDR 88, 490). δ) **Genossenschaft.** Ist eine eGen nach Rechtshängigkeit aufgelöst und in der Folge nach Beendigung der Liquidation während des Berufungsverfahrens gelöscht worden, so ist der Rechtsstreit wegen Vollbeendigung (Rn 4) erledigt, sofern nicht die Klage von Anfang an unbegründet war (vgl BGH NJW-RR 86, 394). ε) **Aktiengesellschaft.** Nachträglicher Abwicklungsbedarf: § 273 IV AktG. Bei Verschmelzung von AG und eGen vgl §§ 339 ff AktG; § 93b GenG; siehe auch RG 134, 94. ε) Der **Verein** verliert seine Rechtsfähigkeit – und damit Parteifähigkeit – mit der Eröffnung des Konkurses, § 42 I BGB (dazu KG ZIP 90, 1144 mit Anm Marotzke EWiR § 240 ZPO 3/90, 1031); wird sein Name während des Rechtsstreits im Vereinsregister gelöscht, verliert er dadurch seine Parteifähigkeit nicht (BGH NJW 84, 668 = MDR 84, 118). Der voll abgewickelte im Register gelöschte Verein kann als Schuldner im Zwangsvollstreckungsverfahren kein Rechtsmittel mehr einlegen (Düsseldorf OLGZ 66, 129).

3) Bedeutung der Parteifähigkeit. Die Parteifähigkeit ist **Prozeßvoraussetzung** und **Prozeßhandlungsvoraussetzung** (vgl Rn 17 vor § 50). **a)** Als **Prozeßvoraussetzung** muß sie spätestens im Zeitpunkt der letzten mündlichen Verhandlung, sei es auch in der Revisionsinstanz, gegeben sein; andernfalls muß die Klage als unzulässig abgewiesen werden (vgl Rn 9 vor § 253). Das soll auch bei **Wegfall** der Parteifähigkeit **während des Passivprozesses** (Vollbeendigung der Liquidation tritt zB ein, vgl Rn 4) gelten, soweit nicht einer der anerkannten Fälle fingierter – fortbestehender – Parteifähigkeit (vgl dazu Rn 4a, 4b und 8; § 56 Rn 10) vorliegt (so BGH 74, 214 = NJW 79, 1592 = MDR 79, 822; BGH NJW 82, 238 = JR 82, 102 m zust Anm Grundmann; BayObLGZ 95, 12 f; Oldenburg NJW-RR 96, 161; RSchwab/Gottwald § 43 III 2, str; differenzierend MK/Lindacher Rn 55); solange der Passivprozeß schwebt, fehlt es jedoch an einer Vollbeendigung der Abwicklung (zutr BAG NJW 82, 1831 = JZ 82, 372 m Anm Theil; Bork JZ 91, 848 ff mwN; im Erg auch Koblenz NJW-RR 94, 501; offenlassend BAG NJW 88, 2637 = AP Nr 6 mit Anm Leipold; vgl zum ganzen auch § 56 Rn 10 mwN; § 86 Rn 8). Der Mangel der Parteifähigkeit kann nachträglich durch Genehmigung (etwa durch die nunmehr rechtsfähig gewordene Personenvereinigung) geheilt werden und zwar noch in der Revisionsinstanz (BGH 51, 27). 5

b) Als **Prozeßhandlungsvoraussetzung** muß sie, wenn die Klage wirksam sein soll, schon bei deren Erhebung und während des ganzen Rechtsstreits, auch bei Rechtsmitteleinlegung und in der höheren Instanz, vorliegen. Prozeßhandlungen, die von oder gegenüber einem Parteiunfähigen vorgenommen wurden, sind daher unwirksam. Doch kann die parteifähig gewordene Partei rückwirkend genehmigen, wozu sie aber auch nach Treu und Glauben nicht verpflichtet ist (BGH WM 72, 1129, 1131; RSchwab/Gottwald § 43 IV 2). Der nachträgliche **Wegfall** der Parteifähigkeit unterbricht den Rechtsstreit gem § 239, nicht aber bei anwaltlicher Vertretung gem § 246 I (dazu BGH NJW-RR 86, 394); eine wirksam erteilte Prozeßvollmacht bleibt uU entspr § 86 bestehen (näher dort Rn 8). 6

c) Die Rüge des Mangels der Parteifähigkeit ist **unverzichtbar** (§ 295 II). Sie kann auch noch mit einem Rechtsmittel oder der **Nichtigkeitsklage** (§ 579 I Nr 4 entsprechend) geltend gemacht werden (BGH MDR 59, 121; Rn 11 vor § 50; § 579 Rn 9; einschr Lindacher JZ 89, 377). 7

d) Zulassungsstreit. Macht ein Parteiunfähiger geltend, er sei parteifähig, kann er hierzu einen Anwalt bestellen und Rechtsmittel einlegen (BGH 24, 91; 74, 212 [215]; Düsseldorf MDR 77, 759), einer (auf Wegfall der Parteifähigkeit gestützten) Erledigungserklärung des Gegners widersprechen und Klageabweisung beantragen (BGH NJW-RR 86, 394); desgleichen kann der Parteiunfähige gegen das gegen ihn ergangene Sachurteil Rechtsmittel einlegen (BGH NJW 93, 2944 = MDR 94, 511; München OLGZ 94, 89); im Streit über die Parteifähigkeit (sog Zulassungsstreit) ist auch der Parteiunfähige parteifähig (BGH NJW 82, 238 mwN; 93, 2944; Koblenz NJW-RR 94, 500; RSchwab/Gottwald § 43 V 2, allgM; vgl auch § 56 Rn 13). Entspr gilt auch beim Streit über die Existenz einer Partei (BGH WM 94, 1213). 8

e) Zur **Prüfung** der Parteifähigkeit und zu den Folgen ihres Mangels s weiter § 56. – **Nichtexistenz** der Partei: Rn 11 vor § 50. 9

II) Parteifähigkeit von Personen, Vereinigungen und Verbänden

In den Fällen der Rn 11 und 12 ergibt sich die Parteifähigkeit (Rn 1) ohne weiteres aus der **Rechtsfähigkeit (Abs I)**, dh aus der Fähigkeit, Träger von Rechten und Pflichten zu sein (zur Anknüpfung bei Auslandsberührung vgl Rn 2; 19a); in den Fällen der Rn 17 ff, 21 ist die Parteifähigkeit nicht rechtsfähigen Personenvereinigungen durch Gesetz besonders verliehen; im Fall der Rn 22 ist sie durch richterliche Rechtsfortbildung anerkannt. Parteifähig sind: 10

1) alle natürlichen Personen, das sind alle Menschen mit der Vollendung der Geburt (§ 1 BGB), wenn sie in diesem Augenblick gelebt haben; Lebensfähigkeit ist nicht erforderlich. Die **Leibesfrucht** *(nasciturus)* ist nach dem BGB nicht allgemein rechtsfähig, wird jedoch durch zahlreiche Einzelvorschriften (zB §§ 844 II 2, 1615o I 2, 1708, 1912, 1923 II, 2043, 2108 BGB) in vielfacher Hinsicht rechtlich geschützt (vgl auch BVerfG 39, 41; BGH 58, 49; § 218 StGB), so daß im Wege der Rechtsanalogie eine beschränkte Rechts- (und damit Partei-)fähigkeit des nasciturus iS des alten Satzes: „*Nasciturus pro jam nato habetur, quotiens de commodo ejus quaeritur*" anzuerkennen ist (ebenso Enneccerus/Nipperdey, Allg Teil BGB, 15. Aufl, § 84 II 3; Bergerfurth, Der Zivilprozeß, 5. Aufl, Rn 15; ie mwN Mittenzwei AcP 187, 247 s auch § 940 Rn 8 „Familienrecht"; vgl. auch Art 31 II SchwZGB: „*Vor der Geburt ist das Kind unter dem Vorbehalt rechtsfähig, daß es lebendig geboren wird*"). Verschollene sind rechtsfähig, solange sie nicht für tot erklärt sind. Die Rechtsfähigkeit des Menschen endet mit seinem Tod. **Tiere** sind zwar seit 1. 9. 90 keine Sachen mehr (§ 90a S 1 BGB), nach wie vor aber nicht parteifähig (vgl VG Hamburg NVwZ 88, 1058). 11

2) alle **juristischen Personen** des öffentlichen (Rn 13 ff) und privaten Rechts (Rn 16 ff). Die einmal entstandene Parteifähigkeit besteht fort, solange noch Vermögen der juristischen Person vorhanden ist (vgl hierzu näher Rn 4, 4a, 4b). 12

13 **a) Juristische Personen des öffentlichen Rechts.** Hierher gehören: **aa)** Die Bundesrepublik Deutschland und die Länder – soweit Träger privater Rechte und Verbindlichkeiten spricht man hier vom Fiskus – sowie als weitere **Gebietskörperschaften** des öffentlichen Rechts die Gemeinden und Kreise. Partei ist stets die juristische Person des öffentlichen Rechts, nicht – bei Gliederung in einzelne Verwaltungszweige – die einzelne Behörde, sofern ihr nicht Parteifähigkeit kraft besonderer gesetzlicher Regelungen zuerkannt ist (vgl hierzu näher Rn 24). Zu den (früher rechtsfähigen) Einrichtungen der staatlichen Planwirtschaft in der DDR s Rn 28b.

14 **bb)** Sonstige rechtsfähige **Körperschaften und Stiftungen** des öffentlichen Rechts: Bundesanstalt für Arbeitsvermittlung und Arbeitslosenversicherung (§ 2 AVAVG); die Träger der Sozialversicherung nach RVO (vgl § 29 SGB IV); kommunale Versorgungskassen (vgl Hamm VersR 87, 145); die Religionsgemeinschaften (vgl Art 140 GG in Verb mit Art 137 V WRV), wie die Katholische Kirche (BGH 124, 175 = NJW 94, 245: Bistum; auch nachgeordnete Einheiten, Köln NJW 95, 3319: Hohe Domkirche); die Industrie- und Handelskammern; Handwerksinnungen; die Bundesbank; die (frühere) **Treuhandanstalt/BSV** (nunmehr: Bundesanstalt für vereinigungsbedingte Sonderaufgaben; s Rn 21 vor § 50); Stiftung des Bundes „Humanitäre Hilfe für durch Blutprodukte HIV-infizierte Personen" (Gesetz vom 24. 7. 1995, BGBl I S 972); die Universitäten (vgl BGH 77, 15; 96, 363; ZIP 92, 1779; Karlsruhe NJW 91, 1487; nicht aber zB ein Universitätsklinikum als solches: BGH 96, 363); die Jagdgenossenschaften; Handwerksinnungen und -kammern.

15 **cc)** Parteifähig als – teilrechtsfähiges – **Sondervermögen** des Bundes ist auch das **Bundeseisenbahnvermögen** (Art 1 § 4 I ENeuOG; Vertretung: § 18 Rn 10; zur nunmehrigen Deutschen Post AG s Rn 16). Parteifähig ist auch das vom *Bundesamt zur Regelung offener Vermögensfragen* verwaltete **Sondervermögen des Bundes** (§ 29a III 1 VermG); Gerichtsstand: § 18 Rn 6.

16 **b) Juristische Personen des Privatrechts** sind nach BGB eingetragene Vereine (§§ 21 ff BGB; vgl dazu BGH NJW 83, 993 mN) und Stiftungen (§ 80 BGB), auf Grund anderer Gesetze: die AG und KGaA (§§ 1, 278 I AktG), die Erwerbs- und Wirtschaftsgenossenschaften (§ 17 GenG), die GmbH (§ 13 GmbHG), der Versicherungsverein auf Gegenseitigkeit. Als AG gehören hierher auch die **Postnachfolgeunternehmen** (s näher § 17 Rn 14, § 18 Rn 12). Zur Parteifähigkeit von **Liquidationsgesellschaften** vgl Rn 4b, zur beschränkten Parteifähigkeit der **Vorgesellschaften und Gründervereinigungen** vgl Rn 39.

17 **3) Handelsgesellschaften** (soweit sie nicht bereits unter Rn 16 fallen). **a) Offene Handelsgesellschaft** (§§ 105–160 HGB). Sie kann unter ihrer Firma Rechte erwerben und Verbindlichkeiten eingehen, Eigentum und andere dingliche Rechte an Grundstücken erwerben, vor Gericht klagen und verklagt werden, § 124 I HGB. Damit ist die OHG zwar parteifähig (RG 86, 65), aber keine juristische Person. Die Gesellschafter sind Träger des Gesellschaftsvermögens, sie sind dessen Miteigentümer zur gesamten Hand. Die scharfe Sonderung des gesamthänderisch gebundenen Vermögens zwingt dazu, als **Partei die OHG selbst** anzusehen, nicht die Gesellschafter in ihrer gesamthänderischen Verbindung (so die hL BGH 62, 132, 133; StJ/Bork Rn 13 mwN; BL/Hartmann Rn 8; ThP Rn 4; MK/Lindacher Rn 25 mN, 27). **Hieraus folgt:** Rechtsstreit zwischen OHG und ihren Gesellschaftern ist möglich. Im Prozeß der OHG kann ein Gesellschafter **Nebenintervenient** sein; der nicht vertretungsberechtigte Gesellschafter wird als Zeuge, der vertretungsberechtigte wegen § 455 I als Partei vernommen, denn die OHG als Personenvereinigung ist handlungs- und damit prozeßunfähig; sie handelt durch die vertretungsberechtigten Gesellschafter. Zur **Zwangsvollstreckung** ins OHG-Vermögen ist ein Titel gegen sie notwendig. Damit ist aber keine Vollstreckung ins Vermögen der Gesellschafter möglich (§§ 124 II, 129 IV HGB; BGH 62, 133). § 736 ZPO gilt nur für die BGB-Gesellschaft. Der einzelne Gesellschafter kann die Forderung seiner OHG nicht als **Prozeßstandschafter** geltend machen (BGH 10, 103; 12, 310); eine analoge Anwendung der §§ 432, 2039 BGB ist hier nicht möglich (Hueck, das Recht der OHG, § 16 II 4 Fn 9 und § 23 IV zu Fn 22; vgl auch Rn 23 vor § 50). **Gesellschafterwechsel** während des Rechtsstreits ist auf diesen ohne Einfluß (BGH 62, 133; MK/Lindacher Rn 29). **Auflösung der OHG** während des Rechtsstreits (also Eintritt ins Abwicklungsstadium, nicht Vollbeendigung) ändert nichts an der Parteirolle und -fähigkeit der OHG, da die Abwicklungsgesellschaft mit ihr identisch ist, also auch die gleiche Rechtsform hat (BGH MDR 95, 163 zur KG); ändern kann sich wegen § 146 I HGB nur die Vertretungsmacht, was über §§ 171 III, 241, 246 ZPO prozessual bedeutsam werden kann (vgl Baumbach/Duden, HGB, § 124 Anm 5 E; Weipert, HGB § 124 Anm 26); wird die OHG während des Rechtsstreits **voll beendet,** so gilt: **im Passivprozeß** hat sich der Rechtsstreit gegen die OHG erledigt (§ 91a), der Kläger hat aber die Möglichkeit im Wege der Parteiänderung (§ 263) den Prozeß gegen einen oder alle Gesellschafter fortzusetzen (BGH 62, 132; NJW 82, 238 mwN; MK/Lindacher Rn 56; aA RGZ 124, 146 [151]; BFH BB 83, 2042 mN); **im Aktivprozeß:** die bisherigen Gesellschafter führen den Prozeß als notwendige Streitgenossen fort, mit dem Antrag, den Beklagten zur Leistung an den Gesellschafter zu verurteilen, dem der Gegenstand des Rechtsstreits bei der Auseinandersetzung zugeteilt worden war; insoweit klagen die anderen gemäß § 265 als Prozeßstandschafter. Bei Vollbeendigung durch **Übernahme** der

OHG durch einen Gesellschafter mit Aktiven und Passiven: hier keine Sonderrechtsnachfolge wie bei der Auseinandersetzung, sondern Gesamtrechtsnachfolge (vgl Hueck aaO § 31 VI und § 33 1c Fn 6). Es gilt also nicht § 265, sondern § 239 analog (ThP § 239 Rn 3; anders Baumbach/Duden, HGB, § 142 Anm 3 A; anders auch Huber ZZP 82, 224, 253 ff; es liege kein gesetzlicher Parteiwechsel kraft Gesamtrechtsnachfolge des Übernehmers vor, sondern der Rechtsstreit setze sich nunmehr gegen nur diesen unter den Voraussetzungen des gewillkürten Parteiwechsels fort). – **Streitgenossenschaft** bei Klage gegen OHG und ihre Gesellschafter (§ 128 HGB) siehe Anm zu § 62.

b) **Kommanditgesellschaft.** Sie hat grundsätzlich dieselbe rechtliche Natur wie die OHG, §§ 161 II, 124 I HGB, ist, wie diese, keine juristische Person (RG 32, 399), kann jedoch unter ihrer Firma Rechte erwerben, Verpflichtungen eingehen, klagen und verklagt werden. Es gelten die gleichen Grundsätze wie bei der OHG (vgl dazu Rn 17). 18

c) Parteifähig ist auch die **Reederei** (§ 489 HGB; so BGH MDR 60, 665; MK/Lindacher Rn 32, hM). 19

d) Bei **ausländischen Handelsgesellschaften** richtet sich die Rechts- und Parteifähigkeit nach dem Recht ihres *tatsächlichen Verwaltungssitzes* (BGH 97, 271 mN = NJW 86, 2194 = MDR 86, 743; Hamm NJW-RR 95, 407 mwN; sa Rn 2), bei ursprünglichem oder späterem effektiven Verwaltungssitz im Inland mithin nach deutschem Recht (ie BGH 97, 272; Zweibrücken DB 90, 1660; München NJW-RR 95, 704; LG Essen NJW 95, 1501). Trotz fehlender Eintragung ins Handelsregister ist aber eine solche ausländische Handelsgesellschaft dann passiv parteifähig, wenn sie in Deutschland Geschäfte tätigt (so allg Nürnberg RIW 85, 494 mN; enger BGH 97, 271 f = aaO; vgl auch Rn 40). **Lit:** *Bungert* WM 95, 2125 (Verhältnis zu USA). 19a

e) **Partnerschaftsgesellschaften.** Seit **1. 7. 1995** steht Angehörigen freier Berufe zur gemeinschaftlichen Berufsausübung eine besondere Gesellschaftsform mit Registerpublizität („Partnerschaft") zur Verfügung (PartGG vom 25. 7. 1994, BGBl I S 1744). Die Partnerschaft übt kein Handelsgewerbe aus und hat nur natürliche Personen (Freiberufler) als Mitglieder (§ 1 I), verfügt über einen eigenen Namen (§ 2) und ist rechtlich selbständig (§ 7 II iVm § 124 HGB). **Lit:** *Hornung* Rpfleger 95, 481; 96, 1; *Lenz* MDR 94, 741; *Meilicke/Graf v. Westphalen/Hoffmann/Lenz,* Partnerschaftsgesellschaftsgesetz, 1995; *K. Schmidt* NJW 95, 1; *Seibert,* Die Partnerschaft, BAnz 1994. 19b

f) **Europäische wirtschaftliche Interessenvereinigung (EWIV).** Die durch die EWG-VO Nr 2137/85 vom 25. 7. 1985 (ABl EG Nr L 199 S 1) zur Förderung grenzüberschreitender wirtschaftlicher Betätigung geschaffene supranationale Vereinigungsform gilt als Handelsgesellschaft iS des HGB (§ 1 HS 2 EWIV-AG), obwohl sie auch nichtgewerblich (frei-)beruflich tätigen Mitgliedern, von denen mindestens eines einem anderen EG-Mitgliedstaat angehören muß, offensteht (Art 4 EWIV-VO). Die EWIV hat von der Eintragung an *„die Fähigkeit, im eigenen Namen Träger von Rechten und Pflichten jeder Art zu sein, Verträge zu schließen oder andere Rechtshandlungen vorzunehmen und vor Gericht zu stehen"* (Art 1 II EWIV-VO). Durch die Unterstellung der EWIV unter das subsidiär geltende OHG-Recht (§ 1 HS 1 EWIV-AG) soll klargestellt sein, daß die EWIV „keine Rechtspersönlichkeit" hat (so Entw.-Begründung BT-Drs 11/352, S 12); sie ist damit gem § 124 I HGB aktiv und passiv parteifähig (Rn 17). **Lit:** *Hartard,* Die Europäische wirtschaftliche Interessenvereinigung im deutschen, englischen und französischen Recht, 1991. 19c

4) **Verbände.** Sie sind, soweit nicht – wie etwa die rechtsfähigen Verbraucherverbände gem § 13 II Nr 1 AGBG usw (Rn 58 vor § 50) – in der Rechtsform einer juristischen Person organisiert (dann gilt Rn 12 f), nur parteifähig, wenn ihnen die Parteifähigkeit durch besonderes Gesetz verliehen (Rn 21) oder die Parteifähigkeit im Weg der Rechtsfortbildung anerkannt ist (Rn 22 und 23). 20

a) **Politische Parteien.** Gem § 3 PartG idF vom 3. 3. 1989 (BGBl I S 328) kann die Partei (auch als nicht rechtsfähiger Verein) unter ihrem Namen klagen und verklagt werden. Das gleiche gilt idR für ihre Gebietsverbände der jeweils höchsten Stufe (§ 3 S 2 PartG; Landesverband, vgl BGH 73, 277 mN; vgl auch Rn 31); nicht aktiv parteifähig sind dagegen die örtlichen Unterorganisationen (Bezirks-, Kreis- und Ortsverbände: Frankfurt OLGZ 84, 469 f mwN = MDR 84, 1030; Zweibrücken OLGZ 86, 145 = NJW-RR 86, 181; Celle NJW 89, 2477; dazu krit – Erweiterung der aktiven Parteifähigkeit befürwortend – Kainz NJW 85, 2616; Schulz aaO [Rn 29] S 127 ff; MK/Lindacher Rn 34); für die *passive Parteifähigkeit* gilt idR § 50 II (Frankfurt OLGZ 84, 470 mwN = aaO; Stuttgart ZIP 88, 674); zu den an die erforderliche organisatorische Selbständigkeit zu stellenden Anforderungen näher Rn 31. Parteifähig sind auch Bundes- (vgl § 46 AbgG) und Landtagsfraktionen (LG Bremen NJW-RR 92, 447, str). 21

b) **Gewerkschaften.** Die Parteifähigkeit der Gewerkschaften (wie die der **Arbeitgeberverbände**) ergibt sich für das arbeitsgerichtliche Verfahren aus § 10 ArbGG. Für den Zivilprozeß ist seit BGH 50, 325 die aktive Parteifähigkeit der Gewerkschaften allgemein anerkannt (vgl zuletzt BGH 22

109, 17 = NJW 90, 186 = MDR 90, 141); dies soll – im Gegensatz zum arbeitsgerichtlichen Verfahren (vgl dazu Grunsky, ArbGG, § 10 Rdnr 15 mwN) – allerdings nicht für die **Unterorganisationen** der Gewerkschaften (Landesverband, Bezirksverwaltungen usw; vgl Rn 31) gelten (BGH MDR 72, 859 = ZZP 86, 177 = LM Nr 25; BezG Potsdam VersR 93, 1294, str; krit dazu Fenn ZZP 86, 177; MK/Lindacher Rn 46); jedoch wird eine beschränkte aktive Parteifähigkeit immer dann angenommen werden können, soweit Eingriffe Dritter in die Organisation oder den Betätigungskreis abgewehrt werden sollen (vgl BGH ZZP 86, 214 im Anschluß an BGH 42, 216); *passiv parteifähig* ist eine Unterorganisation unter den Voraussetzungen von Abs **II** (Düsseldorf NJW-RR 86, 1507; ie Rn 31). Die Gewerkschaftseigenschaft eines Arbeitnehmerverbandes setzt außer der Tariffähigkeit voraus, daß er entweder durch die Zahl seiner Mitglieder oder kraft seiner Stellung im Arbeitsleben einen besonderen Einfluß im Sinne eines Druckes ausüben kann (BAG NJW 86, 1708; 87, 2038).

23 **c) Sonstige nichtrechtsfähige Verbände** sind nicht allgemein aktiv parteifähig, auch soweit es sich um nichtrechtsfähige Vereine mit großer Mitgliederzahl **(Massenorganisationen)** handelt, wie etwa den Verband Deutscher Studentenschaften (VDS; vgl München NJW 69, 617, str; aA zT das Schrifttum, vgl BGH 109, 17 f mwN = aaO [Rn 22], auch zur aA; hierzu näher Rn 32). Jedoch ist eine beschränkte aktive Parteifähigkeit insoweit anzuerkennen, als die nicht rechtsfähige Organisation Rechtsschutz gegen eine rechtswidrige Beeinträchtigung ihrer Tätigkeit durch Privatpersonen und konkurrierende Organisationen nachsucht (vgl BGH 42, 216 f und Rn 22). Eine **Bürgerinitiative** ist deshalb zur Durchsetzung eines presserechtlichen Gegendarstellungsanspruchs aktiv parteifähig (LG Aachen NJW 77, 255 mwN; aA Seitz/Schmidt/Schoener NJW 80, 1557; Koblenz NJW-RR 93, 697 für Burschenschaft); damit ist jedoch für ein eigenes Verbands-Klagerecht noch nichts ausgesagt (vgl VGH Mannheim NJW 80, 1811), dieses folgt insbes noch nicht aus dem Vereinszweck (BVerwG NJW 81, 362); allg zur Verbandsklage Rn 58 ff vor § 50 sowie RSchwab/Gottwald § 47 mwN.

24 **5) Behörden** und **Stellen** sind nur kraft besonderer gesetzlicher Bestimmungen Partei und insoweit auch parteifähig (vgl § 61 Nr 3 VwGO; § 70 Nr 3 SGG; zum gegenteiligen Grundsatz vgl oben Rn 13). Beispiele: Der Staatsanwalt ist Partei bei Nichtigkeits- bzw Ehefeststellungsklage (vgl §§ 23, 24 EheG; §§ 631 bis 638); das Jugendamt, die Träger der gesetzlichen Rentenversicherung sowie bestimmte Versorgungsträger sind uU Beteiligte in familiengerichtlichen Verfahren (vgl § 78 II 3 und dort Rn 44); die klagebefugten „Kammern" (§ 13 II Nr 4 UWG; § 13 II Nr 3 AGBG; s Rn 58 vor § 50); die den Verwaltungsakt erlassende Stelle in Baulandsachen, § 222 I 2 BauGB; das Finanzamt im finanzgerichtlichen Verfahren, § 63 I FinGO; die Universitätsfakultät in Promotionssachen (VGH Mannheim VerwRSpr 21, 251); der Betriebsrat im arbeitsgerichtlichen Verfahren (vgl Grunsky, ArbGG, § 10 Rdnr 24).

24a **6) Organe** von juristischen Personen haben im Prozeß die Stellung von gesetzlichen Vertretern (§ 51 Rn 4), sind aber nicht selbst Partei (§ 51 Rn 14), mögen sie auch in mancher Hinsicht wie eine solche behandelt werden (aaO). Soweit das Organ (Organmitglied) dagegen eigene Rechte aus seiner Organstellung gegenüber einem anderen Organ oder der juristischen Person geltend macht (zB Informationsrechte, vgl §§ 90 I–III, V, 111 II, 170 AktG; Unterlassung von Kompetenzstörungen, sog „Kompetenzschutz"), tritt das Organ im *eigenen Namen als Partei* auf, so daß **Organstreitigkeiten** nicht bereits an Abs **I** scheitern (so aber BGH 122, 345; Hamburg WM 92, 1280, str; sa Rn 1 vor § 50), möglicherweise aber am fehlenden „Klagerecht" (grundsätzlich abl BGH 106, 62; Hamburg aaO; eingehend mwN Bork ZGR 89, 1; ZIP 91, 138 ff; StJ/Bork Rn 37a vor § 50); dies gilt auch im einstw Rechtsschutz (Celle ZIP 89, 1552).

III) Nicht parteifähige Gebilde

25 **1) Firma des Einzelkaufmanns.** Der in das Handelsregister eingetragene Einzelkaufmann (Vollkaufmann) kann in Angelegenheiten seines Handelsgeschäfts unter seiner Firma **klagen** und **verklagt** werden, § 17 HGB. Träger der Rechte und Pflichten, deshalb auch Partei, ist aber nicht die Firma, die kein selbständiges Rechtsgebilde ist, sondern der Inhaber der Firma, von dem oder gegen den der Anspruch geltend gemacht wird, also regelmäßig, wer zu der Zeit, als der Anspruch rechtshängig wurde, Inhaber der Firma war (Frankfurt BB 85, 1219; vgl auch Rn 6 vor § 50). Bezieht sich ein Rechtsstreit auf den Geschäftsbetrieb einer Filiale, kann er unter deren Firma geführt werden (BGH 4, 65 = BB 52, 42). Ist eine Firma in der Klage als OHG bezeichnet, während eine solche nicht besteht, sondern die Firma einem Einzelkaufmann zusteht, so ist letzterer als verklagt anzusehen (RG 157, 375). Erlischt die Firma während des Prozesses, so führt der Inhaber den Prozeß unter seinem bürgerlichen Namen weiter. Das gegen einen Kaufmann unter seiner Firma ergangene Urteil ist in dessen gesamtes Vermögen vollstreckbar. Veräußert der unter seiner Firma verklagte Kaufmann sein Geschäft während des Prozesses, so bleibt er Partei (Frankfurt BB 85, 1219; vgl auch Rn 8 vor § 50), selbst wenn die Schuld auf Grund Vereinbarung zwischen Veräußerer und Erwerber oder dadurch, daß der Erwerber die Firma fortführt (§ 25 II HGB), auf den Erwerber übergegangen ist. Das Urteil ist nur gegen den

vollstreckbar, der zur Zeit des Rechtshängigwerdens Inhaber der Firma war (vgl näher § 750 Rn 10). Zur Vollstreckbarkeitserstreckung bei Veräußerung nach Rechtskraft des Urteils vgl ie § 729 Rn 8, 9. Stirbt der unter seiner Firma verklagte Kaufmann während des Prozesses, so finden die §§ 239–252 Anwendung, selbst wenn seine Erben das Geschäft unter der alten Firma fortführen. Stirbt er nach rechtskräftiger Verurteilung, so ist zur Vollstreckung gegen die Erben – auch in das Geschäftsvermögen – Vollstreckungsklausel gegen die Erben gemäß §§ 727 ff ZPO erforderlich.

2) **Zweigniederlassung.** Sie ist Teil des jeweiligen Unternehmens und als solche idR nicht parteifähig (BGH 4, 65; s aber sogleich unten); Träger des der Zweigniederlassung zugewiesenen Vermögens ist der Träger des Unternehmens (Einzelkaufmann oder juristische Person). Der Unternehmensträger kann unter der Firma der Zweigniederlassung (vgl §§ 13 ff HGB) klagen und verklagt werden (BGH 4, 65; § 21 Rn 2); zum Gerichtsstand vgl § 21 mit Anm. Zweigniederlassungen ausländischer Banken und Versicherungen werden in bestimmter Hinsicht wie selbständige Rechtspersonen behandelt (§ 53 I KWG, §§ 106 ff VAG); nicht abdingbarer Gerichtsstand: § 53 III KWG. Soweit der Niederlassung (ausnahmsweise) rechtliche Selbständigkeit zukommt (zB bei voll „beherrschter" Tochter-GmbH: § 21 Rn 2 und 6), gilt im Passivprozeß am Ort der Niederlassung gem § 59 für *diese* § 17. 25a

3) **BGB-Gesellschaft.** Die Gesellschaft des BGB (§§ 705 ff BGB) ist weder aktiv noch passiv parteifähig (BGH 80, 227; MünchKomm/Ulmer § 718 Rn 42 f, hM; aA MK/Lindacher Rn 26, 27 mit umfangr Nachw; Timm NJW 95, 3214); also Klage aller Gesellschafter und gegen alle Gesellschafter erforderlich; uU kann unvollständige (fehlende) Bezeichnung im Klagerubrum unschädlich sein (BGH NJW-RR 90, 867: Rubrumsberichtigung). Die geschäftsführenden Gesellschafter sind nur Stellvertreter bzw Prozeßbevollmächtigte (RG JW 33, 55). Aktiv- und Passivprozesse der Gesellschafter: § 62 Rn 13, 17 f; Einzelklagebefugnis: Rn 23 vor § 50. Zur Zwangsvollstreckung in das Gesellschaftsvermögen ist ein gegen alle Gesellschafter ergangenes Urteil notwendig (§ 736 ZPO, vgl aber auch § 714 BGB). Zur beschränkten Parteifähigkeit von **Vorgesellschaften** (Gründervereinigungen) vgl Rn 39. Nicht parteifähig sind weiter die **stille Gesellschaft** (§§ 230 ff HGB) sowie **nichtrechtsfähige Vereine,** wenn sie **klagen** wollen (hierzu näher Rn 29 ff). 26

4) Die **Wohnungseigentümergemeinschaft** nach WEG ist – ebenso wie auch andere Gemeinschaften iS der §§ 741 ff BGB – nicht rechts-(partei-)fähig (BGH NJW 77, 1686 = MDR 77, 924; NJW 93, 2944 = MDR 94, 511; BayObLG Rpfleger 85, 102; vgl auch § 10 I WEG). Im Verkehrsinteresse läßt allerdings die Rspr Erleichterungen bei der *Parteibezeichnung* zu; so genügt in der Klageschrift die Kurzbezeichnung „Wohnungseigentümergemeinschaft X – Straße – vertreten durch den Verwalter Y –" (vgl BGH 78, 173 = NJW 81, 283; ZMR 90, 188; LG Hannover MDR 86, 59; LG Kempten Rpfleger 86, 93; vgl auch Rn 7, 11 vor § 50; oben Rn 8); dies gilt insbes, wenn die Wohnungseigentümer auf der Kläger-(Gläubiger-)seite stehen (so LG Hannover, LG Kempten, je aaO; weitergehend BGH NJW 77, 1686 für § 209 BGB; abl für Grundbuchverkehr BayObLG Rpfleger 85, 102). Möglich ist auch, daß sämtliche Miteigentümer bei Gläubigerstellung den WEG-Verwalter ermächtigen, die den Wohnungs-(Mit-)eigentümern gemeinsam zustehenden Rechte im eigenen Namen als Partei im Wege der gewillkürten Prozeßstandschaft geltend zu machen (vgl Rn 49, 56 vor § 50); dagegen ist eine „passive" Prozeßstandschaft des WEG-Verwalters bei Inanspruchnahme der Wohnungseigentümer ausgeschlossen (Rn 43 vor § 50). 27

5) Die **Konkursmasse** ist kein selbständiges Sondervermögen mit eigener Rechtspersönlichkeit (BGH 88, 335; anders die – ältere – „Organtheorie"; vgl dazu Teske KTS 84, 279 mwN; zur „modernen" Organtheorie vgl § 17 Rn 6). Prozeßführungsbefugt für die Masse ist der Konkursverwalter als Partei kraft Amtes (Rn 21 vor § 50; § 51 Rn 7). 28

6) Der **Nachlaß** als solcher kann nicht Partei sein, da er nicht rechtsfähig ist; das gleiche gilt für die Erbengemeinschaft (vgl BGH NJW 89, 2134); der Nachlaß wird auch nicht durch den Testamentsvollstrecker vertreten, sondern letzterer ist Partei kraft Amtes (Rn 21 vor § 50; § 51 Rn 7). 28a

7) Die (spätestens seit dem 3. 10. 1990) vollständig abgewickelten **Einrichtungen** der staatlichen **Planwirtschaft** der früheren DDR (BezG Leipzig DtZ 92, 356); Rn 4a gilt aber, soweit noch Abwicklungsbedarf besteht (BGH MDR 95, 529: RA-Kollegium). 28b

IV) Beschränkte Parteifähigkeit

1) Nichtrechtsfähiger Verein (Abs II). a) Allgemeines (Lit: *Reichert/Dannecker/Kühr,* Handbuch des Vereins- und Verbandsrechts, 4. Aufl 1987; *Sauter/Schweyer/Waldner/Röseler,* Der eingetragene Verein, 15. Aufl 1994; *Schulz,* Die Parteifähigkeit nicht rechtsfähiger Vereine im Zivilprozeß, 1992; *Stöber,* Vereinsrecht, 6. Aufl 1992). **aa) Begriff.** Das BGB unterscheidet rechtsfähige und nichtrechtsfähige Vereine. Unter einem **Verein** versteht man eine rechtliche Verbindung von Personen zu gemeinsamen Zwecken idealer oder materieller Art von nicht nur vorübergehender Dauer. Im Gegensatz zur Gesellschaft (§§ 705 ff BGB) ist für den Vereinsbegriff die Veränderlichkeit des Personenbestandes der Mitglieder ein wesentliches Merkmal. Kennzeichen sind: Körperschaftli- 29 che Struktur, Gesamtname, Unabhängigkeit vom Mitgliederwechsel bei idR größeren Mitgliederbestand, längere Dauer; unerheblich ist die Bezeichnung (vgl näher Palandt/Heinrichs Rn 13 vor § 21).

30 Ein **nichtrechtsfähiger Verein** (§§ 21, 22, 23, 55 BGB) mit Parteifähigkeit iS des **Abs II** ist nur dann vorhanden, wenn er eine vereinsmäßige Organisation und die sonstigen obigen Merkmale der Körperschaft hat, ohne aber rechtsfähig zu sein; mit seiner Vollbeendigung endet auch seine passive Parteifähigkeit (Rn 4, 4b).

31 **bb) Unterorganisation von Hauptverband.** Selbständige nichtrechtsfähige Vereine im Sinne des **Abs II** können auch örtliche Verwaltungsstellen, nachgeordnete Verbandsstufen oder Untergliederungen eines Hauptverbandes sein, die als solche notwendig abhängig und den Weisungen des Hauptverbandes unterworfen sind (BGH 90, 331 = NJW 84, 2223 = MDR 84, 737). Voraussetzung ist nur, daß die Untergliederung eine eigene Organisation (zB eigenen Vorstand; eigene Mitgliederversammlung) besitzt, selbständig bestimmte satzungsgemäße Aufgaben im Interesse der Mitglieder wahrnimmt und über „wirtschaftliche Selbständigkeit" verfügt; nicht erforderlich ist, daß Zweck und Organisation der Untergliederung in einer von dieser selbst beschlossenen Satzung festgelegt sind; sie können sich auch aus der Satzung des Hauptvereins ergeben (BGH 90, 333 f). Beispiele: Orts- und Kreisverbände eines Gesamtverbandes, zB „Ortsgruppe" eines Gebietsverbandes (BGH 90, 331; NJW 90, 905 – Ortsverein; BAG 63, 308 f); örtliche Untergliederungen einer politischen Partei (Unterbezirk, Bezirk, Kreisverband; vgl Zweibrücken NJW-RR 86, 181; Stuttgart ZIP 88, 674; KG NJW 88, 3159; LG Arnsberg NJW 87, 1413 mwN und Rn 21), einer Gewerkschaft (bejahend Düsseldorf NJW-RR 86, 1506 für Kreisverwaltung ÖTV; verneinend LAG München AP Nr 2 zu § 29 ZPO für Bezirksleitung IG-Metall) oder eines Sportverbandes (bejahend LG Regensburg NJW-RR 88, 184 für Tennisabteilung).

32 **cc) Rechtsstellung.** Die **rechtsfähigen,** in das Vereinsregister des AG eingetragenen Vereine besitzen aktive und passive (Rn 16), die **nichtrechtsfähigen** (nicht eingetragenen) Vereine grundsätzlich nur passive Parteifähigkeit, soweit nicht spezialgesetzlich (Rn 21) oder im Wege der Rechtsfortbildung (Rn 22, 23) Ausnahmen anerkannt sind. Für eine Fortentwicklung iS einer *allgemeinen* Bejahung der Parteifähigkeit des nichtrechtsfähigen Vereins iS von § 50 **I** (dafür etwa Jauernig ZPR § 19 II 2; MK/Lindacher Rn 36, 37 mwN; Schulz aaO [Rn 29] S 123 ff; für FGG-Verfahren auch BayObLGZ 91, 56 f; weitergehend auch § 70 Nr 2 SGG; § 58 II FGO; § 61 Nr 2 VwGO) wird eine ausreichende Legitimation verneint (so BGH 109, 18 mwN = MDR 90, 141 = NJW 90, 186 m krit Anm Schulz S 1893; BAG 63, 309 ff mwN; Koblenz NJW-RR 93, 697, noch hM, str).

33 **b) Aktivprozesse des nichtrechtsfähigen Vereins. aa)** Inhaber des Vermögens, Träger der Rechte und Verbindlichkeiten eines nichtrechtsfähigen Vereins sind die **Mitglieder** zur gesamten Hand (vgl § 54 BGB), Aktivprozesse können nur von ihnen gemeinsam geführt werden; sie können im Aktivprozeß daher nicht Zeugen sein, da sie selbst Partei sind. Auch wenn die Satzung bestimmt, daß der „Vorstand den Verein in allen Rechtsstreitigkeiten vertritt", kann der Vorstand nicht für den Verein in eigenem Namen, sondern nur namens der einzeln aufzuführenden Mitglieder klagen; denn eine solche Satzungsbestimmung ermächtigt den Vorstand nicht, Rechte des Vereins in eigenem Namen gerichtlich geltend zu machen (so auch München MDR 55, 33; Celle NJW 89, 2477). Nach §§ 54, 714 BGB gilt der Vorstand, wenn ihm nach der Vereinssatzung die Befugnis zur Geschäftsführung zusteht, im Zweifel als ermächtigt, die Vereinsmitglieder – auch gerichtlich – Dritten gegenüber zu vertreten. Zu seiner Legitimation bedarf der Vorstand keiner besonderen schriftlichen Vollmacht aller Vereinsmitglieder, es genügt die Vorlage der Urkunde (Satzung), aus der sich die Vertretungsmacht des Vorstandes für das Gericht ergibt (RG 57, 90). Der Vorstand kann daher auch auf Grund der in der Satzung enthaltenen Vertretungsmacht für den Verein einem RA Prozeßvollmacht erteilen (abw Düsseldorf MDR 93, 1020: für die Mitglieder). Die Vereinsmitglieder sind in der Klage, spätestens aber bis zur letzten mündlichen Verhandlung mit ihrem Namen aufzuführen. Fehlt auch nur ein Mitglied, muß Klageabweisung erfolgen (vgl § 62 Rn 13). Angabe nur des Vereins in der Klageschrift genügt nicht dem § 253 II 1; vgl auch Wapler NJW 61, 439. Nachholung der Angabe der Mitglieder in 2. Instanz ist keine Klageänderung, sondern lediglich zulässige Berichtigung der Parteibezeichnung.

34 Ob allgemein eine **Klage des Vorstandes** (oder anderer einzelner Mitglieder) als Prozeßstandschafter der übrigen Mitglieder **in eigenem Namen** zulässig ist, ist bestritten. Das erforderliche Eigeninteresse kann in der gesamthänderischen Beteiligung des Mitglieds am Vereinsvermögen liegen. Die treuhänderische Übertragung des Vermögens an den Vorstand oder einzelne Mitglieder (vgl auch Celle NJW 89, 2477 und Rn 61 vor § 50), die diesem je nach Art der Übertragung eigene Sachbefugnis oder doch Prozeßführungsbefugnis und damit eigene Parteistellung gibt, versagt bei höchstpersönlichen Rechten (offen Koblenz NJW-RR 93, 697 für presserechtlichen Gegendarstellungsanspruch). Der BGH (42, 210; 43, 245) hat daher den (als nichtrechtsfähige Vereine organisierten) Gewerkschaften die aktive Parteifähigkeit zunächst zur Geltendmachung

nicht abtretbarer Ansprüche zuerkannt; nach BGH 50, 325 sind Gewerkschaften im Zivilprozeß allgemein als aktiv parteifähig anerkannt (vgl hierzu näher Rn 22, 31).

35 **bb)** Der **Wechsel der Vereinsmitglieder** seit Klagezustellung bleibt ebenso einflußlos wie die nach Klagezustellung erfolgte Auflösung des nichtrechtsfähigen Vereines, da die bei der Klageerhebung vorhandenen Mitglieder Partei bleiben (RG 57, 90). Es sind daher auch die Namen der nach der Klagezustellung aus dem Verein ausgeschiedenen Vereinsmitglieder anzugeben; ihre Klageberechtigung gemäß § 265 II ZPO, §§ 54, 738 BGB geht nicht durch den Austritt verloren (RG 78, 105), ebenso nicht durch Auflösung des Vereins. Mitglieder, die erst nach der Klagezustellung dem Verein beigetreten sind, können nur im Wege nachträglicher subjektiver Klagenhäufung als Mitkläger in den Prozeß eintreten (RG 78, 105; JW 32, 201). Soll zwischen zwei Gruppen von Vereinsmitgliedern zum Austrag gebracht werden, wer von ihnen die berufene Vertretung des Vereins ist, so kann keine von ihnen namens des Vereins klagen. Vielmehr müssen die *Prätendenten persönlich* klagen und ihren Anspruch auf ihre Mitgliedsrechte und Berufung in die Vereinsämter stützen. Gewillkürte Prozeßstandschaft des Wortführers wird hier in der Regel zulässig sein.

36 **c) Passivprozesse des nichtrechtsfähigen Vereins. „Verklagt werden"** ist im weitesten Sinne zu verstehen. Ein nichtrechtsfähiger Verein kann daher Passivbeteiligter auch im Mahnverfahren, selbständigen Beweisverfahren, Arrestverfahren usw sein. § 50 ändert an der sachlichen Haftung der Handelnden aus § 54 BGB und der Mitglieder nichts. Soll gegen einen nichtrechtsfähigen Verein ein Anspruch geltend gemacht werden, so hat der Kläger die Wahl, ob er den Verein als solchen allein, die einzelnen Mitglieder allein oder den Verein als solchen und die sämtlichen Mitglieder des Vereins als Gesamtschuldner verklagen will (bestr). Die Klage gegen den Verein als solchen und die einzelnen Vereinsmitglieder empfiehlt sich dann, wenn der Kläger über die Verurteilung des Vereins und Erlangung eines Titels zur Zwangsvollstreckung in das Vereinsvermögen (§ 735) hinaus in das Privatvermögen der Mitglieder vollstrecken will. In diesem Falle hat die Klagezustellung an alle Vereinsmitglieder zu erfolgen. Ansonsten genügt Klagezustellung an ein Mitglied des Vorstandes, § 171.

37 Erlangt ein verklagter, nichtrechtsfähiger Verein **nach Klagezustellung Rechtsfähigkeit** (vgl §§ 21–23 BGB), so kann der Rechtsstreit gegen den eingetragenen Verein fortgeführt werden, ohne daß eine Klageänderung vorliegt (RG 85, 256). Nach Auflösung des Vereins tritt an die Stelle des Vorstandes der Liquidator (§§ 47 ff BGB). Der **Eintritt der Liquidation** ändert nichts an der passiven Parteifähigkeit des nichtrechtsfähigen Vereins (s allg Rn 4). Eine nach Beendigung der Liquidation erhobene Klage richtet sich gegen die namentlich zu bezeichnenden Mitglieder des früheren Vereins zZt der Auflösung (RG 34, 169).

38 Die **Rechtsstellung** des beklagten nichtrechtsfähigen Vereins entspricht voll der eines beklagten rechtsfähigen Vereins **(II HS 2)**. Im Passivprozeß des nichtrechtsfähigen Vereins sind dessen Mitglieder zeugnisfähig. Der Vorstand ist nicht gesetzlicher Vertreter iS des § 51, hat aber die Rechtsstellung eines solchen (§ 26 BGB; RG 69, 300). Fehlt einem zu verklagenden nichtrechtsfähigen Verein der verfassungsmäßige Vorstand, so ist dieser gemäß § 29 BGB auf Antrag eines Beteiligten durch das AG zu bestellen; vorher ist Klage nicht möglich (RG 69, 300); § 57 trifft nicht zu. Die Legitimation des Vorstandes des beklagten Vereins ist gemäß § 56 von Amts wegen zu prüfen. Daraus, daß der nichtrechtsfähige Verein im Passivprozeß die Stellung eines rechtsfähigen Vereins hat, folgt, daß er **alle Prozeßhandlungen** eines Beklagten vornehmen kann und sich nicht bloß auf die Bekämpfung der Klage selbst beschränken muß (ie Jung NJW 86, 159; zur Erteilung der Prozeßvollmacht s Rn 33). Er kann also nicht nur die Aufrechnung erklären und einen Prozeßvergleich (§ 794 I Nr 1) abschließen, sondern auch **Widerklage** (§ 33) und Zwischenfeststellungsklage und -widerklage (§ 256 II) erheben, auf Urkundenherausgabe klagen (§ 429), den Prozeß über die zur getrennten Verhandlung verwiesene Aufrechnungseinrede betreiben (§§ 145, 302), das Verfahren nach einem Vorbehaltsurteil (§§ 302, 599) weiter betreiben und in demselben (nicht in einem gesonderten Prozeß) den Anspruch auf Schadensersatz wegen ungerechtfertigter Vollstreckung (§§ 302, 600, 717) verfolgen, die Wiederaufnahme- (§ 578) und Vollstreckungsgegenklage (§ 767) erheben, die Aufhebung eines Arrestes (§ 927) und einer einstweiligen Verfügung beantragen, um Festsetzung der Prozeßkosten (§§ 103, 104) nachsuchen, die ZwV in Ansehung der Widerklageansprüche und der bezeichneten Ansprüche auf Schadensersatz und auf Kostenerstattung betreiben. Zur Klagestellung aus §§ 771, 805, 731, 878 ist er dagegen nicht befugt; hier müssen alle Mitglieder als Kläger auftreten (str). Er kann keine Forderungsüberweisung (§ 835) für sich begehren, da er im Prozeß gegen den Drittschuldner nicht klagen könnte. Auch Streithelfer (§§ 66, 74) kann er nicht sein (str; zum ganzen näher Jung NJW 86, 159 f, tendenziell für weite Auslegung von II HS 2).

39 **2) Vorgesellschaften und Gründervereinigungen (Abs II entspr). Lit:** *Kunz,* Die Vorgesellschaft im Prozeß und in der ZwV, 1994; *Lieb,* FS Stimpel, 1985, S 399. Die **Vorgesellschaft** (Vor-GmbH, Vor-AG, Vor-eGen) ist eine notwendige Vorstufe zur juristischen Person (BGH 80,

136 ff; 117, 326 f; 120, 105 f) auf die weitgehend die für die spätere Rechtsform gültigen Rechtsgrundsätze anzuwenden sind (BGH 79, 241 mwN; 91, 151; 120, 105, stRspr). Eine Vorgesellschaft (Vor-GmbH usw) entsteht erst mit Abschluß eines wirksamen Gesellschaftsvertrages oder eines gleichstehenden Errichtungsakts (vgl §§ 1, 2 I GmbHG); auf die „Vorgründungs-"Gesellschaft ist in gewissem Umfang bereits das GmbH-(usw)Recht anwendbar (vgl BGH 120, 105 f mwN). Die *Vorgesellschaft* ist **passiv parteifähig,** wenn sie im Rechtsverkehr selbst wie eine juristische Person aufgetreten ist (BGH 79, 241 mwN; KG NJW-RR 94, 495; Frankfurt ZIP 95, 1537), im Rahmen ihrer beschränkten (Teil-)Rechtsfähigkeit (dazu BGH 120, 106 mwN) nach einer weitergehenden Ansicht auch **aktiv parteifähig** (so LG Köln NJW-RR 93, 1385; MK/Lindacher Rn 12 mwN; vgl auch BayObLGZ 90, 197; 91, 56 f). Allerdings genügt nicht allein das Tätigwerden der Vorgesellschaft für die spätere GmbH (usw), wohl aber die Versendung eines Werbeprospekts (BGH 79, 241 mwN; Hamm WM 85, 658). Hat eine geplante Handelsgesellschaft den Gewerbebetrieb bereits vollkaufmännisch aufgenommen, muß von Fall zu Fall entschieden werden, inwieweit Vorschriften des Rechts der OHG auf sie anzuwenden sind (OHG bei Vor-GmbH bejahend BayObLG BB 78, 1685; verneinend im Einzelfall BGH 72, 49 f). Die Vor-GmbH endet, sobald die Eintragung ins Handelsregister nicht mehr betrieben wird (BayObLG Rpfleger 87, 407). Tritt die auch werbende Gründergesellschaft in Liquidation, wird sie nicht durch den vorgesehenen Vorstand (Geschäftsführer), sondern durch die Gesellschafter vertreten, da nun das personenrechtliche Element wieder durchschlägt (BayObLGZ 65, 294; BGH NJW 63, 859; offenlassend Hamm WM 85, 659). Entspr Grundsätze gelten für die Stiftung im Errichtungsstadium (LG Heidelberg NJW-RR 91, 969 mN). Diese Grundsätze sind dagegen unanwendbar im Fall der Einmanngründung bei der GmbH (§§ 1, 7 II 3, 8 II 2 GmbHG). Insoweit kommt es vor der Entstehung der GmbH zur Bildung eines Sondervermögens, dessen – nicht verfügungsbefugter – Rechtsträger der Einmanngründer ist (ie str, vgl Fezer JZ 81, 616 f). Die Vor-KG („KG iG"), die kein Grundhandelsgewerbe iS von § 1 II HGB betreibt (andernfalls greifen §§ 161 II, 123 II HGB ein), ist BGB-Gesellschaft (BayObLG NJW-RR 86, 30).

40 **3) Ausländische in der Bundesrepublik nicht rechtsfähige Gesellschaften (Abs II entspr;** vgl bereits Rn 2, 19a). Sie sind in der Bundesrepublik passiv parteifähig, soweit dies zur Durchsetzung bestehender Ansprüche erforderlich ist (BGH 97, 269 = NJW 86, 2194 = MDR 86, 743; näher Wieczorek/Schütze/Hausmann Rn 79 f). Beispiele: Der Vormerkungsberechtigte verlangt gem § 888 BGB Zustimmung zur Eintragung des vorgemerkten Rechts von der (grundbuchverfahrenswidrig) als Eigentümerin im Grundbuch eingetragenen nicht rechtsfähigen Anstalt ausländischen Rechts (BGH 97, 270 = aaO); der Grundpfandgläubiger erhebt Klage gem §§ 1147, 1148 BGB gegen die als Eigentümerin im Grundbuch eingetragene nicht rechtsfähige ausländische Gesellschaft (BGH 97, 271 = aaO).

51 *[Prozeßführung, gesetzliche Vertretung]*

(1) Die Fähigkeit einer Partei, vor Gericht zu stehen, die Vertretung nicht prozeßfähiger Parteien durch andere Personen (gesetzliche Vertreter) und die Notwendigkeit einer besonderen Ermächtigung zur Prozeßführung bestimmt sich nach den Vorschriften des bürgerlichen Rechts, soweit nicht die nachfolgenden Paragraphen abweichende Vorschriften enthalten.

(2) Das Verschulden eines gesetzlichen Vertreters steht dem Verschulden der Partei gleich.

I) Anwendungsbereich

1 § 51 I regelt die Prozeßführung nur recht unsystematisch und auch lediglich unter Hinweis auf die Vorschriften des BGB und den Vorrang der ZPO. Zu unterscheiden sind: **a)** die **Prozeßfähigkeit** (näher dazu § 52), **b)** die **gesetzliche Vertretung Prozeßunfähiger** (s dazu Rn 2 ff) und **c)** die **Prozeßführungsbefugnis** (näher Rn 18 ff vor § 50).

II) Gesetzliche Vertretung Prozeßunfähiger

2 **1) Begriff.** Die **Vertretungsmacht des gesetzlichen Vertreters** (dessen Stellung bei juristischen Personen ihre Organe einnehmen) beruht nicht auf dem rechtsgeschäftlichen Willen des Vertretenen (Vollmacht, § 80), sondern auf dem Gesetz oder auf staatlicher Anordnung.

3 **2) Fälle gesetzlicher Vertretung. a) Gesetzliche Vertreter natürlicher Personen.** Für **unter elterlicher Sorge stehende Minderjährige** sind dies die Eltern gemeinsam (§ 1629 I 2 BGB); im Rahmen seines Wirkungskreises (zB Geltendmachung von Unterhaltsansprüchen) das gem §§ 1685, 1690 BGB als *Beistand* (und damit als Pfleger: § 1690 II BGB) bestellte *Jugendamt* (Düsseldorf FamRZ 85, 641; zur Prozeßvertretung des Jugendamts in Unterhaltssachen vgl auch die Mitt in AnwBl 84, 548); für **nichteheliche Kinder** nur die Mutter (§ 1705 BGB), soweit nicht Pflegerbestellung notwendig ist (§ 1706 BGB). – Für **nicht unter elterlicher Sorge stehende Minderjährige:** der Vormund (§§ 1773, 1793 BGB); der Amtsvormund (§§ 37 ff, 54 JWG); in

Verhinderungsfällen der Pfleger (§§ 1795 ff, 1909 BGB); für prozeßunfähige **Volljährige:** der Betreuer (§ 1902 BGB). Gesetzliche Vertreter sind ferner der Betreuer prozeßfähiger Personen (§ 52 Rn 9) und der Pfleger eines Abwesenden (§ 1911 BGB), einer **Leibesfrucht** (*nasciturus;* § 1912 BGB; s § 50 Rn 11), des unbekannten Beteiligten (§ 1913 BGB, s Hamm NJW 74, 505), sowie für Erben der Nachlaßpfleger (§§ 1960, 1961 BGB). Die Vertretungsbefugnis des Abwesenheitspflegers erstreckt sich nur auf die Besorgung vermögensrechtlicher Angelegenheiten; in persönlichen Angelegenheiten, insbesondere in Ehescheidungsprozessen, kann der Pfleger den Abwesenden nicht vertreten (RG 126, 262; s § 53).

b) Gesetzliche Vertreter juristischer Personen des **Privatrechts. aa)** Die **AG** vertritt der Vorstand (§ 78 AktG; uU ein gem § 85 AktG bestellter Notvorstand), der Aufsichtsrat gegenüber Vorstandsmitgliedern (§ 112 AktG; dazu BGH 103, 213; NJW-RR 91, 926; ie Hager NJW 92, 352), in Anfechtungs- und Nichtigkeitsprozessen der Vorstand und Aufsichtsrat gemeinsam (§§ 246 II 2, 249 I AktG; dazu BGH NJW 92, 2099), bei Klagen einzelner Aufsichtsratsmitglieder der Vorstand (§§ 246 II 3, 249 I AktG; BGH 122, 344 f; ie Bork ZIP 91, 143 ff); die **KG** und **KGaA** vertreten die persönlich haftenden Gesellschafter (§§ 161 II, 170 HGB, § 278 AktG); die **OHG** die nach dem Gesellschaftsvertrag erforderliche Anzahl von vertretungsberechtigten Gesellschaftern (§ 125 HGB; dazu BGH 17, 181), desgleichen die **Partnerschaft** (§ 7 II PartGG iVm § 125 HGB); die **GmbH** der Geschäftsführer (§ 35 GmbHG), uU die Gesellschafter (§ 46 Nr 8 GmbHG; dazu BGH NJW 92, 977), die **GmbH & Co. KG** die Komplementär-GmbH, diese wiederum der Geschäftsführer, die **eGen** der Vorstand (§§ 24, 26 II GenG), uU mit dem Aufsichtsrat (§ 51 III GenG und dazu BGH NJW 78, 1325; Düsseldorf NJW 87, 2523), der Aufsichtsrat gegenüber Vorstandsmitgliedern (§ 39 I GenG; dazu BGH NJW 95, 2559) und **Vereine** der Vorstand (§ 26 II BGB). Die **EWIV** (s § 50 Rn 19b) wird idR durch ihre Geschäftsführer (einzeln) vertreten (Art 20 EWIV-VO); §§ 115, 116, 125 HGB sind nicht anwendbar (vgl Begr zu § 5 EWIV-AG, BT-Drs 11/352, S 9). Die Vertretung der **Postnachfolgeunternehmen** richtet sich nach dem AktG (s § 17 Rn 14; § 18 Rn 12). 4

bb) Während der **Abwicklung** der Handelsgesellschaften, Genossenschaften und Vereine treten an die Stelle des Vorstandes die Abwickler (RG 116, 118). Eine gem § 1 I LöschungsG **aufgelöste GmbH** wird idR durch die – gem § 67 GmbHG anzumeldenden (BayObLGZ 87, 222) – bisherigen Geschäftsführer als geborene Liquidatoren vertreten (§ 66 I GmbHG; BayObLG BB 94, 961). Zur Vertretung einer gem § 2 I LöschungsG wegen Vermögenslosigkeit **gelöschten GmbH** sind nur die vom Gericht gem § 2 III LöschungsG neu bestellten Liquidatoren befugt (BGH MDR 86, 139; BayObLGZ 93, 333, str; s Weinbörner Rpfleger 84, 262 mN), im Offenbarungsversicherungsverfahren gem §§ 807, 900 aber der bisherige Geschäftsführer oder Liquidator (KG NJW-RR 91, 934 mN; sa § 807 Rn 8). Zur analogen Anwendung des LöschungsG auf die GmbH & Co KG s K. Schmidt BB 80, 1500. Der Umfang der Vertretungsmacht der Liquidatoren einer GmbH ist nicht beschränkt (Stuttgart ZIP 86, 647). Der Abwicklungspfleger eines mangels Mitglieder **erloschenen Vereins** ist gesetzlicher Vertreter nicht des ehemaligen Vereins, sondern der an der Abwicklung Beteiligten (BAG Betrieb 67, 813). 4a

c) Gesetzliche Vertreter juristischer Personen des öffentlichen Rechts, also Körperschaften, Anstalten, Stiftungen: Wer sie vertritt, bestimmt die Organisationsnorm für die jeweilige Person (BayObLGZ 95, 68), also zB die Gemeindeordnung usw. Beispiel für GemO NRW: BGH NJW 95, 3389; Überblick: Wieczorek/Schütze/Buchholz/Loeser Rn 473 vor § 50. Vgl auch Anm zu § 18. 5

d) Die gesetzliche Vertretung von **Ausländern** bestimmt ihr Recht (BGHZ 40, 197); die von Staatenlosen das deutsche Recht. 6

e) Parteien kraft Amtes, also nicht gesetzliche Vertreter und auch nicht Organe – zB der Konkursmasse (zum, wegen im wesentlichen gleicher Ergebnisse, fruchtlosen Theorienstreit vgl StJ/Bork Rn 31–33b vor § 50; Heintzmann, Die Prozeßführungsbefugnis, 1970, S 30 ff; MK/Lindacher Rn 29 vor § 50; aA offenbar BGH 88, 331 [334 f], dazu mit Recht krit Teske KTS 84, 280 f) – sind: der **Konkursverwalter** (str; aA die neue Vertretertheorie: K. Schmidt NJW 95, 912; ThP Rn 29): er vertritt weder den Gemeinschuldner, noch die Konkursgläubiger, noch die Konkursmasse; seine ihm im öffentlichen Interesse übertragene Funktion ist es, den Konkurs abzuwickeln; in eigener Parteistellung wahrt er die Rechte des Gemeinschuldners und die der Konkursgläubiger an der Konkursmasse; er entnimmt seine Legitimation unmittelbar aus dem Gesetz, nicht aus fremden Rechten (vgl BGH 88, 334 mwN); er führt den Prozeß im eigenen Namen (Rn 21 vor § 50). Ist dieselbe Person für mehrere Konkursfälle zum Konkursverwalter bestellt, bildet sie für jede Konkursmasse eine selbständige Amtspartei (vgl § 66 Rn 5). In den engen Grenzen der ihm gestellten Aufgaben ist auch der gem § 106 KO bestellte **Sequester** Amtspartei (Hamburg ZIP 87, 385; Urban MDR 82, 441, str; gänzlich abl C. Paulus ZZP 96, 356 ff, 363 mwN); der **Testamentsvollstrecker,** §§ 2197 ff BGB: er ist nicht Vertreter des Nachlasses, der Erben oder des Erblassers (vgl ie Tiedtke JZ 81, 429). Er bekleidet ein Amt privatrechtlicher Natur und handelt vermöge eigenen, durch dieses Amt ihm übertragenen Rechtes (RG 46, 298); der **Nach-** 7

laßverwalter, §§ 1981 ff BGB: die Rechtsstellung des Nachlaßverwalters ist gleich der des Konkursverwalters (vgl BGHZ 38, 282); der **Zwangsverwalter,** § 152 ZVG (vgl BGH NJW 92, 2487); der **Nießbrauchsverwalter,** § 1052 BGB; Sachpfleger ist auch der Pfleger eines **Sammelvermögens** gemäß § 1914 BGB; er macht Ansprüche der Veranstalter hinsichtlich des Sammelvermögens im eigenen Namen geltend; will er daneben den Klageanspruch hilfsweise als Pfleger für unbekannte Beteiligte (§ 1913 BGB), also als deren Vertreter geltend machen, so ist dies als eventuelle subjektive Klagehäufung unzulässig (BGH NJW 72, 2302 – LS). Eine Klage ist gegen . . . als Konkursverwalter, Testamentsvollstrecker usw zu richten, da sonst auf Grund des Urteils gegen den Beklagten persönlich, also in sein Privatvermögen, vollstreckt werden könnte. Die Partei kraft Amtes ist somit kraft Gesetzes prozeßführungsbefugt; s vor § 50 Rn 21.

8 **3) Voraussetzungen einer wirksamen gesetzlichen Vertretung. a)** Die gesetzliche Vertretungsmacht der in Rn 3–7 Genannten muß als **Prozeßvoraussetzung** mindestens zZ der letzten mündlichen Verhandlung, als **Prozeßhandlungsvoraussetzung** im Zeitpunkt der Prozeßhandlung vorliegen (wie Rn 17 vor § 50, § 50 Rn 5, § 52 Rn 12). Die von einem gesetzlichen Vertreter ohne Vertretungsmacht erhobene Klage ist unzulässig, die von ihm vorgenommenen Prozeßhandlungen sind im einzelnen unwirksam, wie die eines Prozeßunfähigen; wie dort können sie aber vom wahren Vertreter oder (§ 108 III BGB) von der während des Rechtsstreits selbst prozeßfähig gewordenen Partei genehmigt werden, und zwar noch in der Berufungs- und Revisionsinstanz (BGH VRS 32, 330; Stuttgart NJW-RR 94, 811; § 56 Rn 11 aE). Ohne Anhörung des gesetzlichen Vertreters ist dem Prozeßunfähigen kein rechtliches Gehör gewährt worden (BayVerfGH Rpfleger 76, 350 mit zust Anm von Kirberger). Wird jemand fälschlicherweise vom Gericht als gesetzlicher Vertreter behandelt, so kann er sich durch Antrag und Beschwerde dagegen wenden (Köln Rpfleger 76, 323).

9 **b)** Die Vertretung muß auch gerade den Wirkungskreis erfassen, auf den sich der Prozeß bezieht. Den **Umfang** der Vertretungsmacht wie auch ihr **Ende** bestimmt das materielle Recht.

10 **c)** Der gesetzliche Vertreter muß seinerseits **prozeßfähig** (§ 52) sein (Zweibrücken ZIP 83, 941 mN). Meist wird schon nach materiellem Recht die Bestellung eines Prozeßunfähigen zum gesetzlichen Vertreter unwirksam sein; dann fehlt die Vertretungsmacht. Ist dies ausnahmsweise nicht der Fall, so zB beim Verlust der Prozeßfähigkeit während des Rechtsstreits (Zweibrücken ZIP 83, 941), sind seine Prozeßhandlungen die eines Prozeßhandlungsunfähigen, da die Bestellung nicht prozeßhandlungsfähig macht; im Ergebnis so auch die hM; abw StJ/Bork Rn 25.

11 Ist gesetzlicher Vertreter eine nicht prozeßfähige (vgl dazu § 52 Rn 2) **juristische Person** oder **Behörde** (Beispiele: Komplementär-GmbH einer Handelsgesellschaft; das Jugendamt im Fall der Rn 3), muß der gesetzliche Vertreter selbst wiederum durch eine prozeß-(handlungs-)fähige Person gesetzlich vertreten sein, so die Komplementär-GmbH durch den Geschäftsführer, das Jugendamt durch den gem §§ 46, 37 S 2 JWG mit der Angelegenheit konkret betrauten Bediensteten (dazu Düsseldorf FamRZ 85, 641 [642]).

11a **d)** Die **Prüfung** der Vertretungsmacht und die Folgen ihres **Fehlens** im einzelnen: s zu § 56; beachte auch § 57.

12 **e) Besondere Vertretungsformen: aa)** Bei **Einzelvertretung** ist jeder einzelne zur Vertretung befugt, aber auch gemeinschaftliche Vertretung aller Einzelvertreter ist möglich. **bb)** Bei **Gesamtvertretung** müssen alle Gesamtvertreter bei der Vornahme von Prozeßhandlungen gemeinsam handeln; Folge bei Divergenz: Nichtverhandeln iS von § 333 (vgl ArbG Düsseldorf NJW-RR 92, 366) dagegen können Prozeßhandlungen auch einem einzelnen Gesamtvertreter gegenüber vorgenommen werden (vgl § 171 III; ArbG Düsseldorf aaO 367).

13 **f) Besondere Ermächtigung** des gesetzlichen Vertreters **zur Prozeßführung. aa)** im ganzen: §§ 607 II, 640b S 2 ZPO, §§ 1595 II, 1597 I BGB. **bb)** Hinsichtlich einzelner Prozeßhandlungen: s Anm zu § 54.

14 **4) Wirkungen der gesetzlichen Vertretungsmacht. a)** Für den Prozeßunfähigen handelt im Prozeß der gesetzliche Vertreter – entweder selbst oder durch einen postulationsfähigen Bevollmächtigten. **Partei** ist allein der **Vertretene,** für den die Handlungen des Vertreters unmittelbar und ausschließlich wirken. Dem Vertretenen fallen auch die Kosten des Rechtsstreits zur Last; in sein Vermögen kann allein vollstreckt werden. Allerdings wird der gesetzliche Vertreter im Prozeß wie eine Partei behandelt; zB Parteivernehmung (§ 455 I), Verschuldenszurechnung (§ 51 II).

15 **b)** Zur **Bezeichnung** des gesetzlichen Vertreters im vorbereitenden Schriftsatz s § 130 Nr 1, in der Klage § 253 IV, im Urteil § 313 I Nr 1.

16 **c)** Das **Verschulden des gesetzlichen Vertreters** während der Prozeßführung wird als Verschulden der Partei behandelt **(Abs II).** Vgl dazu Rn 18.

17 **d)** Der Tod des Vertreters oder das Ende seiner Vertretungsmacht unterbricht gemäß § 241 (§ 246). Ist der gesetzliche Vertreter verhindert, sein Amt auszuüben (er soll zB von dem Minder-

jährigen selbst verklagt werden), so ist vom Vormundschaftsgericht ein anderer Vertreter zu bestellen (bei Gefahr im Verzug: § 57).

III) Verschuldenszurechnung (Abs II)

1) Allgemeines. a) Das **Verschulden des gesetzlichen Vertreters** wird der Partei als eigenes Verschulden zugerechnet **(Abs II)**. Für die gewillkürte Vertretung gilt § 85 II. **b) Grund** für diese früher in § 232 II aF enthaltene Regelung ist, das Prozeßrisiko nicht zu Lasten des Gegners der gesetzlich vertretenen Partei zu verschieben (BGH NJW-RR 93, 131). Die Partei soll in jeder Weise so behandelt werden, als wenn sie den Prozeß selbst geführt hätte (BGH 2, 205; 66, 124). 18

c) Anwendungsbereich. Der Grundsatz des Abs II gilt für jedes Verschulden im Rahmen der Prozeßführung. Er gilt auch im Rahmen von Statusprozessen und verstößt insoweit auch nicht gegen das Grundgesetz (BVerfG 35, 41 = NJW 73, 1315; BGH NJW 72, 584; NJW-RR 93, 131 mwN mit abl Anm Bosch FamRZ 93, 308 mwN; aA auch die abweichende Meinung des Richters v. Schlabrendorff BVerfG 35, 51). Abs II gilt auch in Entschädigungssachen (BGH VersR 64, 284) und im verwaltungsgerichtlichen Verfahren über § 173 VwGO (BVerwG NJW 62, 459). Eine entsprechende Vorschrift enthält § 22 II S 2 FGG. S im übrigen Scheffler in NJW 64, 997 und (für das Verfahren der Privat- und Nebenklage im Strafprozeß) Kohlhaas NJW 67, 191. Strittig ist die Anwendbarkeit dieses Grundsatzes im arbeitsgerichtlichen Kündigungsschutzprozeß (vgl hierzu § 85 Rn 11). 19

2) Begriff des Verschuldens. Verschulden liegt vor, wenn die übliche, von einer ordentlichen Prozeßpartei zu fordernde Sorgfalt außer acht gelassen wurde (BGH VersR 85, 139; vgl auch § 85 Rn 12, 13). Handelt es sich bei der Partei um eine in prozessualen Angelegenheiten unerfahrene Person, dürfen an ihr Beurteilungsvermögen *nicht allzu hohe* Anforderungen gestellt werden (vgl BGH VersR 81, 834). Verschulden setzt Verschuldensfähigkeit iS von §§ 276 I 3, 827, 828 BGB voraus; Geschäfts-(Prozeß-)unfähigkeit iS von § 104 Nr 2 BGB schließt Verschulden aus (BGH MDR 87, 315). **Einzelheiten:** Rechtsunkenntnis ist dann nicht unverschuldet, wenn eine Pflicht zur Erkundigung bestand (vgl BayObLGR 96, 16); Fristausnutzung bis zum letzten Tag ist kein Verschulden (BGH NJW-RR 95, 825), jedoch Unterlassung geeigneter Vorkehrungen, um von Zustellungen rechtzeitig Kenntnis zu erlangen (vgl LG Koblenz Rpfleger 96, 195 [196]), desgleichen bewußte Unterlassung der Einzahlung als fällig angeforderter Gebühren (BGH 122, 30). 20

52 *[Prozeßfähigkeit]*
Eine Person ist insoweit prozeßfähig, als sie sich durch Verträge verpflichten kann.

I) Begriff der Prozeßfähigkeit

1) Prozeßfähigkeit ist die Fähigkeit, Prozeßhandlungen selbst oder durch selbst bestellte Vertreter wirksam vorzunehmen oder entgegenzunehmen (*„prozessuale Handlungsfähigkeit"*, vgl Kahlke ZZP 100, 11 mwN). Fehlt die Prozeßfähigkeit und ist die Partei deshalb nicht nach den Vorschriften der Gesetze vertreten, liegt ein Nichtigkeitsgrund (§ 579 I Nr 4) und zugleich Versagung des rechtlichen Gehörs (Art 103 I GG) vor (BGH 84, 29 = NJW 82, 2449 [2451] = MDR 82, 1004 [1005]), ohne daß es auf ein Verschulden des Gerichts ankäme. 1

2) Ist ein Rechtssubjekt (natürliche oder juristische Person) parteifähig (§ 50 Rn 1), so ist damit nur gesagt, daß in seinem Namen ein Prozeß geführt werden kann. Dahingestellt bleibt, ob es selbständig vor Gericht auftreten (dh Prozeßhandlungen irgendwelcher Art vornehmen) darf oder zur Führung des Prozesses eines gesetzlichen Vertreters bedarf. Der Hinweis in § 51 I auf die Vorschriften des bürgerlichen Rechts ist insofern gegenstandslos (hM), als in § 52 die Prozeßfähigkeit selbständig geregelt ist. Danach ist nur **prozeßfähig,** wer **sich (selbständig)** durch Verträge **verpflichten kann,** gleichgültig, ob er den Prozeß für sich oder als Vertreter für einen anderen (§ 79) führen will. Im Anwaltsprozeß muß auch der Prozeßbevollmächtigte selbst prozeßfähig sein (arg §§ 51 ff, 78 ff, 244; BVerfG 37, 67, 76, 78; ie § 78 Rn 20). Nach hM können nur **natürliche** (nicht juristische) **Personen** prozeßfähig sein, s BFH NJW 74, 880; Schumann FamRZ 76, 574; aA Jauernig § 20 II 1 mwN; BGH 121, 265 f; vgl näher § 51 Rn 11; Rn 7 vor § 78 und unten Rn 7, 10a. 2

3) Rechtsänderungen nach dem BtG (Einl Rn 17): Voll beseitigt wurde die Entmündigung und die Gebrechlichkeitspflegschaft (s § 53 Rn 1). An ihre Stelle tritt die Betreuung für Volljährige; der Betreute bleibt vorbehaltlich des § 104 Nr 2 BGB voll geschäftsfähig. Ist die Betreuung aber mit einem Einwilligungsvorbehalt verbunden (§ 1903 BGB), ist der Betreute einem partiell beschränkt Geschäftsfähigen gleichgestellt (vgl Rn 4, 8); diese Beschränkung bezieht sich aber nur auf den festgelegten Aufgabenkreis des Betreuers, im übrigen bleibt der Betreute (partiell) voll geschäftsfähig und insoweit auch prozeßfähig (vgl Bork MDR 91, 98). 2a

II) Prozeßfähige Personen

3 **1) Unbeschränkte volle Prozeßfähigkeit.** Im allgemeinen sind die unbeschränkt Geschäftsfähigen voll prozeßfähig. Dabei wird die Geschäftsfähigkeit einer Person nach den Gesetzen des Staates beurteilt, dem sie angehört (Art 7; 4, 5 EGBGB; vgl KG FamRZ 91, 1456). **Besonderheiten** bei betreuten Vollgeschäftsfähigen: Rn 2a, 9.

4 **2) Gegenständlich beschränkte Prozeßfähigkeit.** Die zum selbständigen Betrieb eines Erwerbsgeschäfts mit Zustimmung des gesetzlichen Vertreters und Genehmigung des Vormundschaftsgerichts ermächtigten Minderjährigen über 7 Jahre (§§ 112, 114 BGB) und die in § 113 BGB bezeichneten Personen sind für die aus dem Erwerbsgeschäft bzw Arbeitsverhältnis sich ergebenden Streitigkeiten voll geschäfts- und damit prozeßfähig; ebenso betreute Volljährige bei Anordnung eines Einwilligungsvorbehalts (§ 1903 I 2 BGB iVm §§ 112, 113 BGB). Auch kann eine jugendliche prozeßunfähige Partei gegen ihre Bestrafung wegen Ungebühr selbständige Beschwerde einlegen, sofern sie nur strafmündig ist (Neustadt NJW 61, 885); ebenso bei Straffestsetzung nach § 890 (LG Traunstein MDR 63, 57).

5 **3) Erweiterte Prozeßfähigkeit in Ehe- und Ehelichkeitssachen.** Zugunsten Minderjähriger ist die Prozeßfähigkeit in bestimmten Verfahren erweitert. Die erweiterte Prozeßfähigkeit besteht in Ehesachen (§ 607 I; insoweit keine gesetzliche Vertretung; Ausnahme § 30 EheG; s auch § 607 II) und in Sachen betreffend die Anfechtung der Ehelichkeit eines Kindes (§ 640b).

6 **4) Erweiterte Prozeßfähigkeit im Zulassungsstreit.** Im Streit um die Prozeßfähigkeit einer Partei wird diese als prozeßfähig behandelt (BGH 110, 295 f = NJW 90, 1735 = ZZP 103, 465 (zust Bork); VGH Kassel NJW 90, 403 mN; Kahlke ZZP 100, 16 ff mN; vgl ie § 56 Rn 13).

III) Prozeßunfähige Personen

Prozeßunfähig sind sowohl Geschäftsunfähige (Rn 7) als auch beschränkt Geschäftsfähige (Rn 8), in bestimmten Fällen auch voll Geschäftsfähige (Rn 9, 10).

7 **1) Geschäftsunfähigkeit.** Prozeßunfähig, weil geschäftsunfähig, sind: juristische Personen und die ihnen gleichgestellten parteifähigen Handelsgesellschaften, Vereine und Verbände (vgl aber Rn 1 aE), ferner Minderjährige unter 7 Jahren (§ 104 Nr 1 BGB) sowie Volljährige unter den Voraussetzungen von § 104 Nr 2 BGB („natürliche Geschäftsunfähigkeit"). Zur Annahme der – ggf partiellen – Prozeßunfähigkeit eines Geisteskranken (§ 104 Nr 2 BGB) genügt die Feststellung des tatsächlichen Vorhandenseins der Geisteskrankheit (BGH NJW-RR 86, 157 = WM 86, 59); das Prozeßgericht hat deren Vorliegen – idR nach Einholung von Sachverständigenbeweis – selbständig festzustellen (BGH NJW 90, 1735; Bork ZZP 103, 468). Zum Beweisverfahren (sog Freibeweis) und zur Beweislast vgl § 56 Rn 8, 9. Geschäfts-(Prozeß-)unfähigkeit gem § 104 Nr 2 BGB kann auch bei unfallbedingter längerer Bewußtlosigkeit zu bejahen sein (München NJW-RR 89, 255 = MDR 89, 361: mehrwöchige Intensivbehandlung nach schwerem Verkehrsunfall).

8 **2) Beschränkte Geschäftsfähigkeit. a)** Prozeßunfähig, weil beschränkt geschäftsfähig, sind: **Minderjährige über 7 Jahre** (§§ 107 ff BGB) für andere als die aus §§ 112, 113 BGB sich ergebenden Prozesse. **b)** Das gleiche gilt für **betreute Volljährige bei Anordnung eines Einwilligungsvorbehalts** (§ 1903 I BGB iVm §§ 108 ff BGB) im Aufgabenkreis des Betreuers und des (uU engeren, s § 69 Nr 4 FGG) Einwilligungsvorbehalts (Rn 2a). Abgesehen von den Fällen der §§ 112, 113 BGB (Rn 4) gibt es keine durch Einwilligung des gesetzlichen Vertreters (vgl §§ 107, 183 BGB) *im voraus* herstellbare Prozeßfähigkeit (hM; aA AK/Koch Rn 8); der gesetzliche Vertreter kann die Prozeßführung des Prozeßunfähigen *nachträglich* genehmigen (vgl Rn 14).

9 **3) Geschäftsfähige Pflegebefohlene.** Betreute (§§ 1896 ff BGB) und Abwesende (§ 1911 BGB) sind trotz Bestellung eines Betreuers oder Pflegers prozeßfähig (BGH NJW 88, 51; Rn 2a). In vom Betreuer und Pfleger geführten Prozessen werden sie aber wie Prozeßunfähige behandelt (ie § 53 Rn 1). Das gleiche gilt für einen abwesenden Beschuldigten (§ 290 StPO) hinsichtlich des beschlagnahmten Vermögens (§ 292 II StPO).

10 **4) Gegenständlich beschränkte Prozeßunfähigkeit.** Die Geschäftsfähigkeit und damit die Prozeßfähigkeit kann auch für einen beschränkten Kreis von Angelegenheiten – etwa die mit einem Eheprozeß oder einem bestimmten Streitkomplex zusammenhängenden – wegen Vorliegens einer geistigen Störung ausgeschlossen sein (BGH 18, 184; BayObLG NJW 92, 2100; Kahlke ZZP 100, 28 f; *„partielle"* Prozeßunfähigkeit; sa Rn 7); dies auch bei einem Rechtsanwalt (BGH 30, 117). Nicht anerkannt ist eine *„relative"*, auf den Schwierigkeitsgrad des Geschäfts bezogene Geschäftsunfähigkeit (vgl BayObLG NJW 89, 1678; Palandt/Heinrichs § 104 BGB Rn 5).

10a **5)** Tritt für die prozeßunfähige Partei ein **gesetzlicher Vertreter** auf, muß dieser entweder *selbst* prozeßfähig sein oder (im Fall einer juristischen Person oder Behörde) durch eine prozeßfähige Person ordnungsgemäß vertreten sein (ie § 51 Rn 11). Das Erfordernis der Prozeßfähigkeit gilt auch für den **Prozeßbevollmächtigten** (BGH 30, 112; Kahlke ZZP 100, 18 ff; ie § 78 Rn 20; § 79 Rn 2, 3; § 80 Rn 1).

IV) Bedeutung der Prozeßfähigkeit

Die Prozeßfähigkeit ist **Prozeßvoraussetzung** (Rn 12), **zugleich aber Prozeßhandlungsvoraussetzung** (Rn 13; Rn 17 vor § 50). 11

1) Als Prozeßvoraussetzung (§ 282 III) muß sie spätestens im Zeitpunkt der letzten mündlichen Verhandlung gegeben sein; andernfalls Abweisung der Klage als unzulässig (BGH 110, 296 ff = aaO [Rn 6]), soweit nicht eine Behebung des Mangels in Frage kommt (BGH NJW-RR 86, 119; § 56 Rn 11, 13 ff). Die Rüge dieses Mangels ist unverzichtbar (§§ 295 II, 296 III). **Verliert** eine Partei die Prozeßfähigkeit während des Rechtsstreits, führt dies zur Unterbrechung (§§ 241, 249; Bork MDR 91, 99; Beispiel: München NJW-RR 89, 255 = MDR 89, 361) oder Aussetzung (§ 246); nunmehr handelt der gesetzliche Vertreter prozessual (§ 455). **Erwirbt** sie eine Partei während des Rechtsstreits, führt sie ihn nunmehr selbst weiter (BGH NJW 83, 2084 [2085 mwN]). Stirbt die prozeßunfähige Partei vor der Entscheidung, greifen §§ 239, 246 ein. Ein (zu Unrecht) gegen einen Prozeßunfähigen ergangenes Urteil (zur Frage der Rechtskraft vgl Rn 13) ist vollstreckbar. Bei der **ZwV** soll die Prozeßfähigkeit nach der – abzulehnenden – bisher hM nur insoweit eine Rolle spielen, als der Schuldner mitwirken muß (Frankfurt JurBüro 76, 658; offen BayObLGZ 90, 323 mN), oder an ihn (dh gemäß § 171 an seinen gesetzlichen Vertreter; s LG Frankfurt NJW 76, 757) zuzustellen ist, vgl mwN Roth JZ 87, 897 f). Nach zutr Auffassung (Jauernig, ZwV- und Konkursrecht, § 1 VI; Waldner Rn 396 f) ist Partei- und Prozeßfähigkeit in jedem Falle Voraussetzung eines fehlerfreien Vollstreckungsverfahrens (vgl näher Rn 16 vor § 704). 12

2) Prozeßhandlungsvoraussetzung. Fehlt sie, sind die von oder gegenüber einer prozeßunfähigen Partei vorgenommenen Prozeßhandlungen unwirksam (vgl BGH 110, 296 = aaO [Rn 6]). Beispiele: Erteilung von Prozeßvollmacht (§ 80 Rn 3); Zustellung von Klageschrift an einen Prozeßunfähigen (BGH NJW-RR 86, 1119). Ist allerdings ein Urteil (VB) ergangen, ohne daß die Prozeßunfähigkeit einer Partei bemerkt wurde, so soll die Rücknahme eines Rechtsmittels durch die prozeßunfähige Partei gleichwohl die Rechtskraft des Urteils bewirken (BGH 104, 111; LM § 52 Nr 3; StJ/Bork § 56 Rn 2, str); desgleichen soll die Zustellung an den Prozeßunfähigen die Rechtsmittel-(Rechtsbehelfs-)frist in Lauf setzen (so BGH 104, 109 mwN = NJW 88, 2049 = MDR 88, 766, sehr str). Diese Einschränkungen der Unwirksamkeitsfolge sind nicht berechtigt (arg Art 103 I GG). Nach zutr Auffassung (s § 56 Rn 15) tritt Rechtskraft erst nach Ablauf der absoluten Rechtsmittelfristen ein (§§ 516, 552), bei einem Versäumnisurteil (Vollstreckungsbescheid) überhaupt nicht, da keine Einspruchsfrist läuft (wie hier: LG Berlin MDR 88, 588; RSchwab/Gottwald § 44 IV 6; Rosenberg JZ 51, 43; ThP § 171 Rn 4; AK/Göring § 171 Rn 1; MK/Lindacher §§ 51, 52 Rn 47 mit Fn 68). 13

3) Mangel und Heilung. Der **Mangel** ist **heilbar** durch die Genehmigung des – uU erst zu bestellenden (vgl Frankfurt Rpfleger 84, 101) – gesetzlichen Vertreters oder der nachträglich prozeßfähig gewordenen Partei (s dazu Karlsruhe FamRZ 73, 273; einschränkend: keine Genehmigung mit rückwirkender Kraft bei prozessualen Notfristen, LG Paderborn NJW 75, 1748), die konkludent in der Fortführung des Rechtsstreits gesehen werden kann. Nach dem Tode des prozeßunfähigen Klägers kann auch ein einzelner Miterbe den Rechtsstreit aufnehmen und durch Genehmigung der Prozeßführung den Mangel heilen (BGHZ 23, 212 = NJW 57, 906). Die Genehmigung kann nur die Prozeßführung im ganzen, nicht aber nur einzelne Prozeßhandlungen erfassen (BGH 92, 140 ff = NJW 87, 130). Die Genehmigung wirkt auf den Zeitpunkt der Vornahme der einzelnen Prozeßhandlung zurück (allgM). 14

4) Prüfung der Prozeßfähigkeit, Folgen und Geltendmachung ihres Fehlens, sog **Zulassungsstreit,** s § 56. 15

53 *[Prozeßunfähigkeit bei Betreuung und Pflegschaft]*

Wird in einem Rechtsstreit eine prozeßfähige Person durch einen Betreuer oder Pfleger vertreten, so steht sie für den Rechtsstreit einer nicht prozeßfähigen Person gleich.

Geändert durch Art 4 Nr 1 des Betreuungsgesetzes vom 12. 9. 1990 (BGBl I S 2002), in Kraft seit 1. 1. 1992.

I) Betreuer- und Pflegerbestellung für eine prozeßfähige Person

1) Fälle. Nach dem bish Rechtszustand konnte ein Pfleger bestellt werden für Gebrechliche (§ 1910 BGB), Abwesende und unbekannte Beteiligte (§§ 1911, 1913 BGB) sowie bestimmte Vermögensmassen (§§ 1914, 1960 BGB). Das BtG hat die Gebrechlichkeitspflegschaft für Volljährige beseitigt (Aufhebung von §§ 1910, 1920 BGB) und durch das neue Institut der Betreuung ersetzt (§§ 1896–1908i BGB nF). Die nF des § 53 stellt die Prozeßführung des Betreuers der des (bish) Gebrechlichkeitspflegers (vgl die aF) gleich. 1

2 2) **Anwendungsbereich.** § 53 gilt für alle Fälle, in denen der Aufgabenkreis des Betreuers (Pflegers) die Prozeßführung für den Betroffenen umfaßt (Rn 1); er ist (trotz § 607) auch in Ehesachen anwendbar (BGH 41, 303, hM, aber str; aA BL/Hartmann Rn 2; vgl auch Hamburg MDR 63, 761). In den Fällen der §§ 494 II, 779 II ist § 53 sinngemäß anzuwenden. § 53 gilt **nicht** für den nach § 57 bestellten Vertreter (BSG NJW 94, 215 = MDR 93, 994; StJ/Bork Rn 14), wenn dieser untätig bleibt. Die Partei, an deren Prozeßfähigkeit Zweifel bestanden, kann in diesem Fall selbst Rechtsmittel einlegen (BGH NJW 66, 2210; BSG aaO; sa allg § 56 Rn 13).

3 3) **Abgrenzung.** Ist die Bestellung eines Betreuers für eine (partiell) geschäftsunfähige und damit (insoweit) **prozeßunfähige Person** erfolgt (zulässig: arg § 1896 I 2 BGB nF; ebenso BGH 41, 106 zu § 1910 BGB aF; Beispiel: § 52 Rn 10), gilt § 53 trotz des Wortlauts („prozeßfähige Person") auch für die Prozeßführung des *Betreuers;* dagegen ist bei Prozeßführung des Betreuten *selbst* dessen Prozeßunfähigkeit besonders festzustellen; § 53 gilt *insoweit* nicht (im Erg auch LSG NRW MDR 85, 701; verkannt von BayVGH BayVBl 89, 52).

4 4) **Legitimationsprüfung:** Der Betreuer oder Pfleger hat seine Bestellung durch Vorlage der Bestellungsurkunde oder einer beglaubigten Abschrift nachzuweisen (BFH BB 83, 301). Die Voraussetzungen der Bestellung selbst sind nicht nachzuprüfen (BGH 33, 201; 41, 106); ergeben sich insoweit Zweifel, kann Aussetzung des Verfahrens (§ 148) in Frage kommen (§ 56 Rn 4 aE).

II) Rechtsstellung der Beteiligten

5 Wird für eine geschäftsfähige Person ein Betreuer oder Pfleger bestellt (Rn 1), so ändert dies an ihrer Geschäftsfähigkeit (Prozeßfähigkeit) grundsätzlich nichts (vgl BGH NJW 88, 51 mN = MDR 88, 37); der Betreute (Pflegebefohlene) kann selbständig klagen und verklagt werden (Ausnahme bei Betreuung mit Einwilligungsvorbehalt: § 1903 BGB, vgl § 52 Rn 8). Wenn aber der Betreuer (Pfleger) namens des Betreuten (Pflegebefohlenen) klagt oder an seiner Stelle in den Prozeß eintritt (RG 52, 224), so verliert der Vertretene die Fähigkeit, den Prozeß in eigener Person weiterzuführen (BGH NJW 88, 51 = aaO; Wieczorek/Schütze/Hausmann Rn 21; aA MK/Lindacher Rn 3); der Betreuer wird sein gesetzlicher Vertreter (§ 1902 BGB), nicht nur ein „staatlich bestellter Bevollmächtigter" (so Begründung BT-Drs 11/4528, S 135; aA für Pfleger BGH 48, 160 f; NJW 88, 51). Zustellungen sind dann an den Betreuer (Pfleger) zu richten (BFH BB 83, 301). Zur Vertretung des Schuldners im Verfahren der eidesstattlichen Versicherung ist der Betreuer nur berufen, wenn sein Aufgabenkreis (§§ 1896 II, 1902 BGB) die Verwaltung des Schuldnervermögens umfaßt (vgl KG OLGZ 68, 428; Celle FamRZ 69, 492). Ist Betreuung mit Einwilligungsvorbehalt angeordnet (§ 1903 BGB), kann der Betroffene in dessen Umfang weder als Partei noch als Prozeßbevollmächtigter auftreten (§ 1903 I 2 BGB iVm §§ 108 ff BGB, § 52). Der Betreuer (Pfleger) kann Prozeßhandlungen des Betreuten (Pflegebefohlenen) heilend **genehmigen** (BGH 41, 106), auch schlüssig durch Fortführung des ohne ihn begonnenen Verfahrens (Köln Rpfleger 71, 30). In seiner *materiellrechtlichen* Verfügungsbefugnis wird der geschäftsfähige Betreute (Pflegebefohlene) durch § 53 auch während des Prozesses nicht beschränkt (BGH NJW 88, 51; Bork MDR 91, 98). Im Innenverhältnis zum Betreuer gilt grundsätzlich der Willensvorrang des Betreuten (§ 1901 II BGB; so schon Düsseldorf OLGZ 81, 106; zust Kahlke ZZP 100, 26 f; aA Wieczorek/Schütze/Hausmann Rn 20). Für die *Zulässigkeit* der Klage des Betreuers ist dies jedoch ohne Bedeutung (Bork MDR 91, 98 mwN, str).

54 *[Besondere Ermächtigung zu Prozeßhandlungen]*

Einzelne Prozeßhandlungen, zu denen nach den Vorschriften des bürgerlichen Rechts eine besondere Ermächtigung erforderlich ist, sind ohne sie gültig, wenn die Ermächtigung zur Prozeßführung im allgemeinen erteilt oder die Prozeßführung auch ohne eine solche Ermächtigung im allgemeinen statthaft ist.

1 § 54 gilt nur für den gesetzlichen Vertreter; die Beschränkung des § 83 greift also hier nicht ein. Zu reinen Prozeßhandlungen ist eine bürgerlichrechtliche Ermächtigung nicht notwendig (RSchwab/Gottwald § 54 II 3b). Materiellrechtliche Willenserklärungen, die im Verlauf eines Rechtsstreits abgegeben werden, unterstehen umgekehrt wieder an sich dem bürgerlichen Recht (StJ/Bork Rn 2). § 54 ist somit nur von Bedeutung für den Prozeßvergleich, der zugleich Prozeßhandlung ist und materielle Willenserklärungen enthält (s § 794 Rn 3); hier ist also zB im Falle des § 1822 Nr 12 BGB die Genehmigung des Vormundschaftsgerichts nötig. Anders bei Anerkenntnis und Verzicht (§§ 306, 307), da sie reine Prozeßhandlungen sind (vgl zum Verzicht: BGH LM § 306 ZPO Nr 1 = JZ 56, 62 mit Anm Pohle JZ 56, 53; ie Rn 5, 7 vor §§ 306, 307).

55 *[Prozeßfähigkeit von Ausländern]*

Ein Ausländer, dem nach dem Recht seines Landes die Prozeßfähigkeit mangelt, gilt als prozeßfähig, wenn ihm nach dem Recht des Prozeßgerichts die Prozeßfähigkeit zusteht.

1) **Anwendbares Recht.** Es genügt, wenn ein Ausländer entweder nach dem Recht seines Heimatstaates (Art 7 I EGBGB) oder nach dem am Ort des Prozeßgerichts 1. Instanz geltenden Recht prozeßfähig ist. Dagegen richtet sich die Parteifähigkeit nur nach ausländischem Recht (s näher IZPR Rn 19). Für Staatenlose gilt Art 5 II EGBGB entsprechend, doch kommt auch ihnen § 55 zugute, wenn sie nur nach dem Recht des Prozeßgerichts prozeßfähig wären. 1

56 *[Amtsprüfung von Parteifähigkeit usw; vorläufige Zulassung]*

(1) Das Gericht hat den Mangel der Parteifähigkeit, der Prozeßfähigkeit, der Legitimation eines gesetzlichen Vertreters und der erforderlichen Ermächtigung zur Prozeßführung von Amts wegen zu berücksichtigen.

(2) Die Partei oder deren gesetzlicher Vertreter kann zur Prozeßführung mit Vorbehalt der Beseitigung des Mangels zugelassen werden, wenn mit dem Verzuge Gefahr für die Partei verbunden ist. Das Endurteil darf erst erlassen werden, nachdem die für die Beseitigung des Mangels zu bestimmende Frist abgelaufen ist.

I) Allgemeines

Die Parteifähigkeit, die Prozeßfähigkeit, die gesetzliche Vertretungsmacht und die nur ausnahmsweise notwendige Ermächtigung zur Prozeßführung (im ganzen!) sind **Prozeßvoraussetzungen** (§ 282 III); vgl. zunächst Rn 17, 47a vor § 50; § 50 Rn 5; § 52 Rn 12. Für diese – nicht nur die in Abs I ausdrücklich aufgeführten – Prozeßvoraussetzungen stellt § 56 I den **Grundsatz der Amtsprüfung** auf (Rn 2 ff). 1

II) Prüfung von Amts wegen (Abs I)

1) **Zeitlicher Anwendungsbereich des Grundsatzes der Amtsprüfung.** Ob die Prozeßvoraussetzungen erfüllt sind, hat das Gericht **in jeder Verfahrenslage und in jedem Rechtszug** von Amts wegen zu prüfen (§ 56), dh sowohl in der **Berufungsinstanz** (s Koblenz NJW 77, 55), als auch in der **Revisionsinstanz** (s BGH 86, 188 f mN = NJW 83, 997; NJW 96, 1060 mwN), die an die Tatsachenfeststellungen zu den Prozeßvoraussetzungen nicht gebunden ist (BGHZ 18, 98; 31, 279 = NJW 60, 523; FamRZ 69, 477) und auch neues Tatsachenvorbringen (ohne die Beschränkungen des § 561) zu berücksichtigen hat (BGH NJW-RR 86, 157). Das Revisionsgericht ist nicht verpflichtet (aber berechtigt), eine eventuelle Beweisaufnahme zu dieser Frage durchzuführen (BAG AP Nr 5 zu § 56 ZPO mit teilw krit Anm Rimmelpacher = BB 78, 158 [L]). Das Revisionsgericht kann die Prozeßfähigkeit einer Partei auch für den Zeitpunkt der letzten mündlichen Verhandlung vor dem Berufungsgericht feststellen (BGH NJW 70, 1683) oder das Berufungsurteil aufheben und dem **Berufungsgericht** die erforderliche Prüfung übertragen (BGH NJW-RR 86, 158; sa Rn 14). Beispiel: Einholung von Sachverständigengutachten über (fehlende) Prozeßfähigkeit (vgl BGH NJW 96, 1059 [1060]). Erneute Prüfung auch durch das Berufungsgericht nach Zurückverweisung, selbst wenn der Sachverhalt unverändert ist, wenn nicht das Revisionsgericht die Frage ausdrücklich und abschließend erörtert hat (BGH LM KRG § 2 Nr 2). 2

Im **Wiederaufnahmeverfahren** (§ 579 I Nr 4) ist das Gericht an die Beurteilung der Prozeßfähigkeit im Hauptprozeß nicht gebunden (BGH 84, 24; krit Gaul, FS Kralik, Wien 1986, S 158, 171 ff). 3

2) **Bedeutung des Grundsatzes der Amtsprüfung. a) Befugnisse und Pflichten des Gerichts.** Amtsprüfung bedeutet im allg nicht, daß das Gericht von Amts wegen (Untersuchungsmaxime) ermittelt und aufklärt (vgl RSchwab/Gottwald § 78 V 2; hier Rn 12 vor § 128; **aA** BGH NJW 96, 1059 [1060]: „Amtsermittlungsgrundsatz gilt"); idR macht der Vorsitzende vielmehr nur **auf** die **Bedenken aufmerksam** (§ 139 II), fordert die Parteien auf, die Zulässigkeitsvoraussetzungen darzutun, notfalls die erforderten Nachweise (§ 335 I Nr 1) zu beschaffen (vgl allg Baumgärtel BB 74, 1174) und etwa vorhandene Mängel zu beheben (Rn 11); ist aber eine Beweisaufnahme von Amts wegen zulässig (vgl Rn 11 vor § 128; ie unten Rn 8), hat ggf eine Amtsaufklärung zu erfolgen; Beispiel: SV-Begutachtung bei Zweifeln an der Prozeßfähigkeit (vgl BGH NJW 96, 1059). Weiteres **Beispiel:** Zur **Prüfung der Legitimation** des gesetzlichen Vertreters gehört, ob ihn die zuständige Behörde bestellt oder das zuständige Organ wirksam abberufen hat (Hamm OLGZ 84, 343); doch darf die Vertretungsmacht im allgemeinen nicht deshalb verneint werden, weil nicht alle materiellrechtlichen Voraussetzungen für die Anordnung zB einer Pflegschaft gegeben waren (BGH VRS 8, 412/414; BGHZ 33, 195 = NJW 61, 22). Stellt sich aber während des Rechtsstreits die Fehlerhaftigkeit der Pflegerbestellung heraus, so ist das Verfahren auszusetzen, damit die Parteien sie aufheben (§ 148) lassen können (BGHZ 41, 303 = MDR 64, 664). 4

5 **b) Ausschluß der Parteidisposition.** Die in § 56 genannten Prozeßvoraussetzungen sind **unverzichtbar** (vgl § 296 III), ihr Mangel unterliegt **nicht** der **Heilung** durch Anerkenntnis, Verzicht oder rügelose Einlassung (§ 295 II; s BGH NJW 95, 1032), ein ausdrückliches oder fingiertes (§ 331 I 1) Geständnis der die Prozeßvoraussetzung begründenden Tatsachen **bindet nicht** (allg Marburger NJW 74, 1923).

6 **c)** Die **Reihenfolge der Prüfung** der verschiedenen Prozeßvoraussetzungen ist umstr (s etwa Koblenz NJW 77, 56). Zum in jüngerer Zeit immer mehr in Frage gestellten Vorrang der Prüfung der Prozeßvoraussetzungen gegenüber den sachlich-rechtlichen Voraussetzungen s MK/Lüke Rn 3 vor § 253 sowie hier Rn 9 ff vor § 253. Der Schutz Nichtprozeßfähiger gebietet jedenfalls einen Prüfungsvorrang der Prozeßfähigkeit und der gesetzlichen Vertretung (zutr MK/Lindacher §§ 51, 52 Rn 46).

7 **d)** In dem **Sonderfall** der Prüfung der Prozeßfähigkeit eines Anwalts als Prozeßbevollmächtigter verlangt das BVerfG ein besonderes Verfahren mit bestimmten Rechtsschutzgarantien (BVerfG 37, 67; hierzu auch § 52 Rn 1; ie § 78 Rn 20). Vgl auch allg Rn 8[b].

8 **3) Beweis und Feststellung. a)** Bei der Prüfung ist das Gericht an die allgemeinen Beweisvorschriften nicht gebunden; es ist von Beweisanträgen unabhängig (keine subjektive Beweisführungslast) und überzeugt sich im Wege des **Freibeweises** (stRspr, zusammenfassend BGH ZZP 101, 295 mN; zuletzt NJW 96, 1060 mwN, str; aA StJ/Bork Rn 7; MK/Lindacher §§ 51, 52 Rn 42; Bork ZZP 103, 468; Greger hier Rn 7 vor § 284); dieser unterliegt nur eingeschränkt den Grundsätzen der Unmittelbarkeit und Parteiöffentlichkeit (vgl §§ 355 I, 357, 397); das Gericht ist in der Auswahl und Verwertung (§ 383 III gilt nicht: BGH NJW 90, 1735) seiner Beweismittel frei: Einholung amtlicher Auskünfte und schriftlicher Zeugenaussagen; Verwertung von Zeugenaussagen (Gutachten) aus einem anderen Rechtsstreit im Wege des Urkundenbeweises; eidesstattliche Versicherung (BGH NJW 92, 628); Begutachtung durch Sachverständige (BGH NJW 96, 1059; Frankfurt FamRZ 94, 1126); alles von Amts wegen und ohne Beweisbeschluß (BGH NJW 51, 441 = JZ 51, 238). **b)** Vor der **Feststellung der Prozeßunfähigkeit** einer Partei ist diese persönlich anzuhören (§ 68 I 1 FGG entspr; BSG NJW 94, 215 = MDR 93, 994). Alle erschließbaren Erkenntnisquellen sind zu erschöpfen (BGH NJW 96, 1059: Begutachtung durch Sachverständigen). Erst bei „nicht aufklärbaren Zweifeln" ist eine Beweislast-Entscheidung (Rn 9) zulässig (BGH NJW 96, 1060).

9 **4) Objektive Beweislast.** Grundsatz: Wer aus behaupteten Prozeßvoraussetzungen Rechte für sich herleitet, trägt für ihr Vorliegen die objektive Beweislast (nicht die subjektive: Rn 8 [a]); regelmäßig trägt also der ein Sachurteil begehrende Kläger dafür die Beweislast, daß er und der Beklagte partei- und prozeßfähig und gegebenenfalls ordnungsgemäß gesetzlich vertreten sind (s BAG Betrieb 74, 1244; str; vgl unten mwN). Umgekehrt liegt die objektive Beweislast beim Beklagten, wenn er ein Versäumnisurteil oder ein Verzichtsurteil (ThP Rn 13 vor § 253) gegen den Kläger begehrt. Nach BGH 86, 189 = NJW 83, 997; NJW 96, 1060 sind nach der Lebenserfahrung Störungen der Geistestätigkeit Ausnahmeerscheinungen, so daß es der sich hierauf berufenden Partei obliegt, entsprechende Tatsachen darzulegen; andernfalls ist auf Grund allgemeiner Erfahrung von der Prozeßfähigkeit der betreffenden Partei auszugehen. Läßt sich allerdings gleichwohl nach Erschöpfung aller erschließbaren Erkenntnisquellen im Wege der Amtsermittlung nicht klären, ob die Partei geschäftsfähig ist (s Rn 8[b]), muß sie im Ergebnis als nicht prozeßfähig angesehen werden (BGHZ 18, 184; 86, 189; 110, 297 f; NJW 96, 1060; Frankfurt NJW-RR 92, 763; Bork ZZP 103, 468 f; StJ/Bork Rn 10; MK/Lindacher §§ 51, 52 Rn 42 aE, str; aA AK/Koch Rn 3). Ob der gesetzliche Vertreter im Rahmen seiner **Vertretungsmacht** handelt, muß er nachweisen; gelingt ihm dies nicht, muß die von ihm erhobene Klage als unzulässig abgewiesen werden (BGHZ 5, 242 = NJW 52, 818).

10 **5) Folgen eines Mangels.** Je nachdem, in welchem Verfahrensstadium der Mangel auftritt oder bekannt wird, sind folgende Fallgestaltungen zu unterscheiden: **a)** Der Mangel tritt erst **während des Rechtsstreits** ein: Unterbrechung nach §§ 239, 241, 246; diese Vorschriften greifen auch ein, wenn eine juristische Person ohne Abwicklung durch Gesamtnachfolge (zB durch Verschmelzung gem §§ 2 ff, 20 UmwG) erlischt (§ 239 Rn 3; sa München OLGZ 94, 90), ferner wenn eine prozeßunfähige Person während des Rechtsstreits stirbt (RG JW 17, 295). Wird eine juristische Person während des Rechtsstreits aufgelöst, so tritt sie in Liquidation, was an ihrer Parteifähigkeit nichts ändert; tritt Vollbeendigung ein, so kann § 265 eingreifen, wenn bei der Liquidation der streitbefangene Gegenstand einem Dritten (Mitglied, Gesellschafter) zugeteilt wurde; die Parteifähigkeit der (vollbeendeten) juristischen Person bleibt insoweit aufrechterhalten (BAG NJW 82, 1831; BFH 125, 110; StJ/Bork § 50 Rn 34b, c; Blomeyer § 7 III 2; abw U. Huber ZZP 82, 224 ff; aA BGH 74, 212 und dazu § 50 Rn 5); eine wegen Vermögenslosigkeit von Amts wegen gelöschte GmbH ist ausnahmsweise in einem Rechtsstreit parteifähig, dessen Gegenstand ein Anspruch ist, der sich nach der Löschung als vorhanden herausstellt (BGH LM § 74 GmbHG Nr 1; KG NJW-RR 91, 933; vgl näher § 50 Rn 4b), in der Regel hat sich der Rechtsstreit erledigt (§ 91a; BGH

NJW 82, 238, str; vgl ie § 50 Rn 5; § 91a Rn 58 „Parteifähigkeit"). Zur Vertretung einer derartig gelöschten Gesellschaft s § 51 Rn 4 aE. Zum Verlust der Parteifähigkeit der OHG bei Vollbeendigung: s Rn 4 zu § 50.

b) **Der Mangel lag von Anfang an vor:** Dann ist die Klage (bei Unbehebbarkeit des Mangels) als unzulässig abzuweisen; die Kosten trägt grundsätzlich die (auch zB prozeßunfähige) Partei (BGH 121, 399 = aaO [§ 88 Rn 11]), uU der von ihr verschiedene Veranlassende, so etwa der falsche gesetzliche Vertreter (BGH VersR 75, 344; MDR 55, 468; München MDR 55, 176; Düsseldorf Rpfleger 80, 437; StJ/Bork Rn 13a; Abgrenzung zum Prozeßbevollmächtigten: § 88 Rn 11). Zur **Behebung des Mangels** ist den Parteien durch Vertagung Gelegenheit zu geben (BGH NJW-RR 86, 1119). Aussetzung nur, wenn die Voraussetzungen der §§ 148 ff erfüllt sind (RG 18, 383; vgl aber auch BGHZ 41, 303 und Anm zu § 53). Einstweilige Zulassung nach § 56 II s Rn 18. In **höherer Instanz** ggf Aufhebung der Entscheidung und Verweisung der Sache zur erneuten Entscheidung an die untere Instanz (Köln Rpfleger 76, 102; s Rn 14). Ist die Instanz durch **Prozeßvergleich** beendet, so ist der Antrag der prozeßunfähigen Partei auf Fortsetzung des Rechtsstreits wegen der Unwirksamkeit des geschlossenen Vergleichs unzulässig (BGH 86, 188 = NJW 83, 997; aA MK/Lindacher §§ 51, 52 Rn 41). **Heilung** der Nichtigkeit (nur) der **ganzen** Prozeßführung (BGH 92, 141) durch **rückwirkende Genehmigung** (vgl § 551 Nr 5) des wahren gesetzlichen Vertreters, der partei- oder prozeßfähig gewordenen Partei ohne Zustimmung des Gegners (RG 126, 263; BGH NJW 91, 2961; 92, 2575; 96, 1060; BAG 61, 265; Urbanczyk ZZP 95, 355). 11

c) **Säumnis.** Abweisung der Klage durch unechtes Versäumnisurteil (s vor § 330), wenn Unheilbarkeit des Mangels feststeht; sonst Ablehnung des Versäumnisurteils, wenn nur der Nachweis fehlt (§ 335 I Nr 1). 12

d) Bei **Streit, ob ein Mangel vorliegt,** ist gemäß § 280 durch Zwischenurteil (wenn er verneint wird) oder durch klageabweisendes Endurteil (wenn Mangel unheilbar) zu entscheiden. War die Klageerhebung ordnungsgemäß, tritt aber in der Verhandlung ein falscher *gesetzlicher Vertreter,* zB ein nicht legitimiertes Vorstandsmitglied auf, so ist dieses durch beschwerdefähigen Beschluß zurückzuweisen (KG NJW 68, 1635); dann Versäumnisurteil gegen die nun nicht mehr vertretene Partei. Ist die *Partei- oder Prozeßfähigkeit* einer Partei im Streit, gilt sie bis zur rechtskräftigen Feststellung des Mangels als partei- bzw prozeßfähig (BGH 24, 91 = NJW 57, 989; BGH LM § 331 ZPO Nr 1; BGH 70, 256 = NJW 78, 993; NJW 93, 2944; NJW-RR 86, 157, 394 und 1119; vgl auch § 50 Rn 8); sie ist also in der Lage, in diesem Streit den Richter als befangen abzulehnen (Koblenz JurBüro 77, 113; Köln NJW 71, 569), und kann auch **Rechtsbehelfe,** insbes mit dem Ziel, eine andere Beurteilung ihrer Partei- oder Prozeßfähigkeit zu erreichen, einlegen (BGH 70, 215; 86, 186 = NJW 83, 996; 110, 296 = NJW 90, 1734; NJW 93, 2944; 96, 1059, allgM). Die Rechtsbehelfsbefugnis von Prozeßunfähigen umfaßt auch außerordentliche Rechtsbehelfe (zB gem §§ 732, 797 IV, so Hager ZZP 97, 174 ff, teilw krit zu BGH 86, 184 betr Fortsetzungsantrag nach Vergleich). Erging Urteil gegen den falschen *gesetzlichen Vertreter,* so ist es durch ihn und durch den wahren Vertreter anfechtbar (RG 86, 342; BGH 40, 198 f; 111, 220 f; BayObLGZ 90, 337; MK/Lindacher §§ 51, 52 Rn 47; RSchwab/Gottwald § 54 II 4e). Jedoch steht dem falschen gesetzlichen Vertreter, wenn deswegen die Klage abgewiesen wurde, das Rechtsmittel nur insoweit zu, als er sich gegen die Verneinung seiner Vertretungsmacht wendet (vgl BGH 111, 220 f). 13

e) **Rechtsmittelinstanzen.** Zeigt sich in der oberen Instanz, daß der zur Zahlung verurteilte Rechtsmittelkläger nicht parteifähig ist, so ist nicht das Rechtsmittel als unzulässig zu verwerfen, sondern die Klage vom Revisionsgericht als unzulässig abzuweisen (BGHZ 18, 106; Koblenz NJW 77, 55; OLG Karlsruhe FamRZ 73, 273). Gleiches gilt, wenn schon im ersten Rechtszug ein Mangel in der gesetzlichen Vertretung vorlag (BGH 40, 198 f; 111, 220 f; BayObLGZ 90, 337; zur gewillkürten Vertretung s § 88 Rn 6). Entspr ist zu verfahren, wenn gegen den nicht prozeßfähigen Rechtsmittelführer in erster Instanz ein Sachurteil ergangen ist (ausf BGH 110, 294 = NJW 90, 1734 mit Anm Bork ZZP 103, 468; Hamm MDR 92, 412). Hatte das Erstgericht die Klage wegen Mangels der Partei- oder Prozeßfähigkeit abgewiesen, so ist das Rechtsmittel der hierwegen beschwerten Partei zulässig (BGH 110, 295 f = aaO; NJW 96, 1059 f), wird also als unbegründet abgewiesen, wenn das Zweitgericht zum gleichen Ergebnis kommt (VGH Kassel NJW 90, 403); bei ungenügender Amtsaufklärung durch die Vorinstanz (Rn 8) erfolgt Aufhebung und Zurückverweisung (§ 539; vgl BGH NJW 96, 1059). 14

f) Bleibt der Mangel **unentdeckt,** so gibt § 579 I Nr 4 dem nicht ordnungsgemäß Vertretenen (BGH 63, 78 = NJW 74, 2283) die Nichtigkeitsklage gegen das rechtskräftige Urteil, und zwar bei Fehlen der Parteifähigkeit in analoger Anwendung (str, teilw aA Lindacher JZ 89, 377); die Nichtigkeitsklage ist auch dann zulässig, wenn im Urteil des Hauptprozesses ein Mangel der Prozeßfähigkeit geprüft, aber verneint wurde (BGH 84, 27 ff; krit Gaul FS Kralik, Wien 1986, S 158, 171 ff), da § 579 I Nr 4 den Schutz des Prozeßunfähigen bezweckt, und Nichtdurchführung des Wiederaufnahmeverfahrens Verweigerung des Anspruchs auf rechtliches Gehör bedeutet (BGH 84, 28 f; zust MK/Lindacher §§ 51, 52 Rn 48). Darüber hinaus behandelt die Rechtspre- 15 chung Prozeßhandlungen trotz des ihnen anhaftenden Mangels als wirksam, um im Interesse der Rechtssicherheit den Eintritt der formellen Rechtskraft zu erleichtern: Nach RG (121, 63; 162, 223) und BGH (104, 109 mN = NJW 88, 2049 = MDR 88, 766) soll die Rechtsmittelfrist mit Zustellung an den unerkannt Partei- oder Prozeßunfähigen bzw an den falschen gesetzlichen Vertreter beginnen; Rechtsmittelverzicht oder -rücknahme durch den Prozeßhandlungsunfähigen oder durch den falschen gesetzlichen Vertreter sollen die Rechtskraft eintreten lassen (vgl BGH 104, 111; LM § 52 Nr 3); diese Rspr bedeutet eine bedenkliche Einschränkung des prozessualen Schutzes von Prozeßunfähigen und ist deshalb abzulehnen (s § 52 Rn 13; § 171 Rn 2). Bleibt unentdeckt, daß der Mangel erst während des Rechtsstreits eintrat (vgl oben Rn 10), kann Rechtskraft eintreten, obwohl nach §§ 241, 246 zu verfahren gewesen wäre; die Nichtigkeitsklage führt dann eben nur zur Aufnahme des nunmehr als unterbrochen geltenden Rechtsstreits (Blomeyer § 30 III 3).

III) Vorläufige Zulassung (Abs II)

16 **1) Form der Entscheidung.** Die Zulassung mit Vorbehalt erfolgt **formlos;** lediglich bei einem Streit über die Zulassung ergeht ein fristsetzender (Verlängerung: § 224 II) unanfechtbarer **Beschluß** (ebenso BL/Hartmann Rn 23; aA ThP Rn 4; MK/Lindacher Rn 6: stets Beschluß notwendig).

17 **2) Voraussetzungen** der vorläufigen Zulassung **(S 1): a)** Behebbarer Mangel hinsichtlich einer Prozeßvoraussetzung. **b)** Gefahr im Verzug für die betreffende Partei. **c)** Beseitigung des Mangels oder Nachweis der Prozeßvoraussetzung ist in angemessener Zeit möglich.

18 **3) Folgen. a)** Bei Zurückweisung des Antrags: Beschwerde nach § 567. **b)** Bei vorläufiger Zulassung, aber Nichtbeseitigung des Mangels bis zum Schluß der auf den Ablauf der Frist folgenden mündlichen Verhandlung: Abweisung als unzulässig durch Endurteil **(S 2).** In die Parteibezeichnung des Urteils ist der Name der unvertretenen prozeßunfähigen Partei bzw des nicht legitimierten gesetzlichen Vertreters aufzunehmen. Alles zwischenzeitliche prozessuale Geschehen ist unwirksam. **c)** Bei Beseitigung des Mangels und ggf Beibringung der erforderlichen Genehmigung (soweit Prozeßhandlungsvoraussetzungen in Frage stehen) bis zum Schluß der auf den Ablauf der Frist folgenden mündlichen Verhandlung: Verhandlung zur Sache.

57 *[Besondere Vertreter]*

(1) Soll eine nicht prozeßfähige Partei verklagt werden, die ohne gesetzlichen Vertreter ist, so hat ihr der Vorsitzende des Prozeßgerichts, falls mit dem Verzuge Gefahr verbunden ist, auf Antrag bis zu dem Eintritt des gesetzlichen Vertreters einen besonderen Vertreter zu bestellen.

(2) Der Vorsitzende kann einen solchen Vertreter auch bestellen, wenn in den Fällen des § 20 eine nicht prozeßfähige Person bei dem Gericht ihres Aufenthaltsortes verklagt werden soll.

I) Allgemeines

1 Der Kläger hat den gesetzlichen Vertreter des Beklagten zu ermitteln oder dessen Bestellung durch den Richter der freiwilligen Gerichtsbarkeit herbeizuführen, zB §§ 29, 1896 I 1 (Kläger kann nur „anregen", vgl Bork MDR 91, 99), 1961 BGB; § 85 AktG; § 69 f FGG. Falls für den Kläger **Gefahr in Verzug ist** (RG 105, 402, vgl auch Dunz NJW 61, 441), also sich die Bestellung des gesetzlichen Vertreters verzögern würde und dem Kläger dadurch unverhältnismäßig hoher Schaden entstünde, so **muß für den Beklagten zwecks Klageerhebung ein besonderer** (gesetzlicher!) **Vertreter** (Prozeßpfleger oder Notvertreter; im Anwaltsprozeß ein Anwalt, sonst eine geeignete prozeßfähige Person) bestellt werden. Für den **Kläger** kann kein besonderer Vertreter nach § 57 bestellt werden. Grund: Die prozessuale Geltendmachung von Rechten soll nicht an der Vertretungslosigkeit des prozeßunfähigen *Gegners* scheitern (BGH 93, 10; LAG Niedersachsen MDR 85, 170). § 57 gilt auch für juristische Personen (Ausscheiden des Vorstandes und Aufsichtsrates einer AG: JW 26, 2899; Klage gegen vermögenslose GmbH ohne Geschäftsführer: LAG Nds MDR 85, 170; offen München OLGZ 1990, 345 für gelöschte GmbH). § 57 gilt **entspr** im FGG- (BGH FamRZ 89, 271; OLGR Brandenburg 96, 143) und verwaltungsgerichtlichen Verfahren (§ 62 IV VwGO; ohne die Beschränkung auf den Beklagten aber § 72 I SGG; dazu BSG NJW 94, 215), schon seinem Wortlaut nach aber nicht in der ZwV (str), insbes kann im Offenbarungsverfahren gem §§ 807, 899 ff kein besonderer Vertreter bestellt werden (KG OLGZ 68, 428, 430; Wieczorek/Schütze/Hausmann Rn 4; aA MK/Lindacher Rn 5 mit Fn 3).

II) Voraussetzungen der Bestellung eines besonderen Vertreters

2 **1) Bestellung nach Abs I. a)** Es muß eine **Klage** oder ein Gesuch um Arrest, einstweilige Verfügung oder Mahnbescheid **beabsichtigt** sein. **Abs I** ist aber **entsprechend** anwendbar, wenn sich die Prozeßunfähigkeit des Beklagten oder das Fehlen der gesetzlichen Vertretung erst im Prozeß herausstellt (BGH NJW 90, 1736 mwN; OLGR Brandenburg 96, 143; Bork MDR 91, 99; s

aber Rn 3). Können außerhalb des Prozesses die Voraussetzungen für die Bestellung eines gesetzlichen Vertreters nicht geklärt werden, kann § 57 gleichfalls entsprechend angewendet werden (BGH NJW 62, 1510); grundsätzlich jedoch erst, wenn die zuständige Behörde abgelehnt hat, einen gesetzlichen Vertreter zu bestellen, es sei denn, daß der Rechtsverfolgung Gefahr droht (Saarbrücken NJW 67, 1617).

b) Die beabsichtigte oder erhobene (Rn 2) Klage muß gegen einen vor Rechtshängigkeit **Prozeßunfähigen ohne gesetzlichen Vertreter** gerichtet sein. Wird der Beklagte erst im Laufe des Prozesses prozeßunfähig oder fällt sein gesetzlicher Vertreter weg, so gilt § 241 (Unterbrechung des Verfahrens; ebenso ThP Rn 3; aA – uU § 57 entspr – StJ/Bork Rn 2; MK/Lindacher Rn 8; Wieczorek/ Schütze/Hausmann Rn 9; LAG Nds MDR 85, 170; offen München OLGZ 1990, 345); vgl aber § 246. 3

c) Für den Kläger muß **Gefahr im Verzug** sein. 4

d) Der Kläger muß die Maßnahme durch nicht dem Anwaltszwang unterliegenden **Antrag** (§ 78 I) – Glaubhaftmachung genügt, RG 105, 402 – (auch im Mahn- und Arrestverfahren, nicht auch bei Wiederaufnahmeklage) beantragt haben. 5

2) Bestellung nach Abs II bei beabsichtigter Klage am Aufenthaltsort (§ 20) gegen eine prozeßunfähige Person deren (uU vorhandener) gesetzlicher Vertreter sich nicht an diesem Ort (§ 20) befindet. Gefordert werden ebenfalls die Voraussetzungen von Rn 2 und 5 sowie des § 20 (s dort Rn 3, 5). Als Ausnahme vom Regelfall der Prozeßführung durch den gesetzlichen Vertreter ist die Bestellung nur *in dringenden Fällen* zulässig (Wieczorek/Schütze/Hausmann Rn 12). 6

III) Vertreterbestellung

1) Die **Entscheidung** über die Vertreterbestellung ergeht ohne mündliche Verhandlung durch unanfechtbare Verfügung des Vorsitzenden des Prozeßgerichts (der Kammer, die der Kläger anrufen will) bzw des Amtsrichters. Unterschied zwischen Abs I und Abs II: Bei Vorliegen der Voraussetzungen **hat** im Falle des **Abs I** der Richter den Vertreter zu bestellen; im Falle des **Abs II kann** er es. Es erfolgt eine formlose Mitteilung an den Kläger, § 329 II 1. Gegen die Zurückweisung des Antrages ist die einfache **Beschwerde** nach § 567 gegeben (OLGR Brandenburg 96, 143). Der bestellte besondere Vertreter braucht das Amt nicht anzunehmen; deshalb kein Beschwerderecht für ihn. 7

2) Für seine **Vergütung** haftet dem Vertreter der Beklagte kraft Gesetzes (im Erg allgM, vgl Wieczorek/Schütze/Hausmann Rn 25), nach hM aus Geschäftsführung ohne Auftrag (§§ 683, 679, 670; 1835 II BGB entspr; vgl KG JW 39, 567) und neben ihm der zu den Kosten Verurteilte; Berücksichtigung bei der Kostenfestsetzung (Wieczorek/Schütze/Hausmann Rn 26). Es besteht kein Anspruch gegen den Staat (KG JW 39, 567). Da der besondere Vertreter einem gesetzlichen gleichsteht (Rn 9), kann seine Vergütung nicht nach § 19 BRAGO gegen die eigene Partei festgesetzt werden (München Rpfleger 71, 441; 74, 205, str; aA Schneider MDR 72, 155). 8

IV) Rechtsfolgen der Vertreterbestellung

1) Rechtsstellung des Vertreters. Der bestellte Vertreter nimmt – gegenständlich beschränkt auf den konkreten Prozeß (Rn 2) – die Stellung eines **gesetzlichen Vertreters** ein (München MDR 72, 155; LG Hamburg FamRZ 96, 173); für Abgabe und Entgegennahme materiellrechtlicher Erklärungen gilt § 81 Rn 10 entspr (LG Hamburg aaO). Sein **Amt endet** mit Eintritt (nicht schon mit Bestellung) des ordentlichen gesetzlichen Vertreters, mit Widerruf der Bestellung (auch Enthebung auf Antrag) oder Prozeßfähigkeit des Beklagten. Die Prozeßhandlungen des Prozeßpflegers sind wirksam und bleiben es, auch wenn seine Bestellung zurückgenommen wird (weil ihre Voraussetzungen nicht vorlagen oder wieder entfallen sind), auch wenn es sich zeigt, daß der Pflegebefohlene selbst prozeßfähig war oder wenn der wahre gesetzliche Vertreter den Rechtsstreit übernimmt. 9

2) Prozeßführung durch den Pflegebefohlenen. Wird der bestellte Vertreter nicht tätig, kann der Vertretene selbst Rechtsmittel einlegen; § 53 gilt dann nicht (BGH NJW 66, 2210; 95, 404; BSG NJW 94, 215 = MDR 93, 994). Der Pflegling nach § 57 kann nach Nachweis seiner Prozeßfähigkeit die Prozeßführung wieder an sich ziehen; für die Prüfung ist er insoweit prozeßfähig (BSG NJW 94, 215 = aaO; Celle ZZP 79, 151; vgl auch § 56 Rn 13). 10

V) Gebühren: 1) des **Gerichts:** Keine; Beschwerde (Rn 7) KV 1906. **2)** des **Anwalts:** § 37 Nr 3 BRAGO; ist er nicht ProzBev § 56 BRAGO. 11

58 *[Gerichtlicher Vertreter bei herrenlosem Grundstück oder Schiff]*

(1) Soll ein Recht an einem Grundstück, das von dem bisherigen Eigentümer nach § 928 des Bürgerlichen Gesetzbuchs aufgegeben und von dem Aneignungsberechtigten noch nicht erworben worden ist, im Wege der Klage geltend gemacht werden, so hat der Vorsitzende des Prozeßgerichts auf Antrag einen Vertreter zu bestellen, dem bis zur Eintragung eines neuen

Eigentümers die Wahrnehmung der sich aus dem Eigentum ergebenden Rechte und Verpflichtungen im Rechtsstreit obliegt.

(2) Absatz 1 gilt entsprechend, wenn im Wege der Klage ein Recht an einem eingetragenen Schiff oder Schiffsbauwerk geltend gemacht werden soll, das von dem bisherigen Eigentümer nach § 7 des Gesetzes über Rechte an eingetragenen Schiffen und Schiffsbauwerken vom 15. November 1940 (Reichsgesetzbl. I S 1499) aufgegeben und von dem Aneignungsberechtigten noch nicht erworben worden ist.

1 **I) Allgemeines. 1)** Die Aufgabe des Eigentums an einem **Grundstück** erfolgt durch Verzicht gegenüber dem Grundbuchamt und Eintragung in das Grundbuch, § 928 BGB. Die Befugnis zur Aneignung des Grundstücks steht dem Fiskus oder dem gemäß Art 129 EGBGB Berechtigten zu. Es ist möglich, daß das Grundstück längere Zeit herrenlos bleibt. Will nun eine Person ein Recht an dem Grundstück, zB eine Hypothek, Grundschuld, Reallast oder Zinsen aus diesen während dieser Zeit durch Klage geltend machen, so muß der Vorsitzende des nach § 24 zuständigen Gerichts auf Antrag, der keinem Anwaltszwang unterliegt, einen Vertreter bestellen, dem bis zur Eintragung des neuen Eigentümers die Vertretung der Rechte desselben obliegt. Gefahr im Verzug braucht nicht vorzuliegen. Formlose Mitteilung der Bestellung an den Antragsteller, § 329 II S 1. Tritt der Fall des § 928 BGB nach Klageerhebung ein, so bleibt der bisherige Eigentümer legitimiert, § 265. Der Vertreter ist nicht Partei kraft Amtes, sondern gesetzlicher Vertreter des künftigen Eigentümers; so die hL (str, vgl. AK/Koch Rn 1 f). Keine Pflicht zur unentgeltlichen Annahme des Vertreteramtes (s § 57 Rn 7, 8). Die **Bestellung** gilt uU auch für das Vollstreckungsverfahren (vgl näher § 787 Rn 1).

2 **2)** Der Verzicht auf das Eigentum an einem **Schiff** muß dem Registergericht gegenüber erklärt und in das Schiffsregister eingetragen werden (§ 7 Ges v 15. 11. 1940).

3 **II)** Gegen die **Antragszurückweisung** ist die einfache Beschwerde, § 567, gegeben. Für die Kosten des Vertreters haftet der Antragsteller, ihm haftet das Grundstück, Schiff oder Schiffsbauwerk, § 1118 BGB; §§ 10 II, 162 ZVG; zur persönlichen Haftung des Erstehers des Grundstücks vgl Goedeke DR 40, 48. Das Amt des Vertreters endet mit der Eintragung des neuen Eigentümers (Fiskus, Erstehers), mit dem Aufhören der Herrenlosigkeit oder mit dem Widerruf durch den Vorsitzenden.

4 **III) Gebühren** wie bei § 57 Rn 11.

Zweiter Titel

STREITGENOSSENSCHAFT

Lit: *Gerhardt,* Haftpflichtprozeß gegen Kfz-Versicherung und Versicherten, FS Henckel, 1995, S 273; *Hassold,* Die Voraussetzungen der besonderen Streitgenossenschaft, 1970; *Holzhammer,* Parteihäufung und einheitliche Streitpartei, 1966; *Schwab,* Die Voraussetzungen der notwendigen Streitgenossenschaft, FS Lent, 1957, S 271; *Tsikrikas* ZZP 108, 503; *Winte,* Die Rechtsfolgen der notwendigen Streitgenossenschaft usw, 1988.

59 *[Streitgenossenschaft bei Rechtsgemeinschaft oder Identität des Grundes]*

Mehrere Personen können als Streitgenossen gemeinschaftlich klagen oder verklagt werden, wenn sie hinsichtlich des Streitgegenstandes in Rechtsgemeinschaft stehen oder wenn sie aus demselben tatsächlichen und rechtlichen Grunde berechtigt oder verpflichtet sind.

60 *[Streitgenossenschaft bei gleichartigen Ansprüchen]*

Mehrere Personen können auch dann als Streitgenossen gemeinschaftlich klagen oder verklagt werden, wenn gleichartige und auf einem im wesentlichen gleichartigen tatsächlichen und rechtlichen Grunde beruhende Ansprüche oder Verpflichtungen den Gegenstand des Rechtsstreits bilden.

I) Allgemeines

1 **1) Überblick.** §§ 59, 60 enthalten den **Begriff** der Streitgenossenschaft; §§ 61, 62 die Grundsätze, die bei der nicht notwendigen und der notwendigen Streitgenossenschaft gelten, und § 63

Gemeinsames für beide Arten von Streitgenossenschaften. Die Haftung der Streitgenossen für die Kostenerstattung richtet sich nach § 100; für die Gebühren des Gerichts gilt § 59 GKG; für die Gebühren des Anwalts § 6 BRAGO.

2) **Begriff der Streitgenossenschaft.** Streitgenossenschaft besteht, wenn die Prozesse mehrerer Kläger oder gegen mehrere Beklagte äußerlich verbunden sind. Entscheidend ist also, daß mindestens **auf einer Seite mehrere Parteien** stehen; dagegen kommt es nicht darauf an, ob ein parteifähiges Gebilde, zB eine AG, ein rechtsfähiger Verein, aus mehreren Personen besteht oder von mehreren Personen vertreten wird. 2

3) **Entstehung der Streitgenossenschaft.** Die Streitgenossenschaft entsteht: **a)** durch Klage durch oder gegen mehrere Parteien (§§ 59, 60 aktive bzw passive Streitgenossenschaft); **b)** durch Eintritt eines weiteren Klägers oder Beklagten während des Prozesses (vgl dazu Anm zu § 263); **c)** durch Eintritt mehrerer Gesamtrechtsnachfolger an die Stelle einer Partei; **d)** durch Verbindung mehrerer Prozesse (§ 147); **e)** im Fall des § 856 II. 3

4) **Anwendungsbereich.** Die §§ 59–63 gelten in allen Prozeßarten der ZPO, insbes auch bei Arrest und einstweiliger Verfügung, im Mahnverfahren (s Rn 7 vor § 688), ferner in der Zwangsvollstreckung; sie sind entspr anwendbar im arbeitsgerichtlichen Verfahren (§§ 46 II ArbGG), **nicht** aber im FGG-Streitverfahren (BayObLG NJW-RR 91, 1506 für § 62). 3a

II) Voraussetzungen der Streitgenossenschaft

Eine **einheitliche Klage** durch oder gegen mehrere Parteien ist nur unter bestimmten **Voraussetzungen zulässig** (§§ 59, 60), die allerdings weit auszulegen sind, weil die äußerliche Verbindung mehrerer Prozesse aus Gründen der Prozeßökonomie oft zweckmäßig ist (BGH NJW 92, 981 [982]; NJW-RR 91, 381; BayObLGZ 91, 346). **Geboten** ist eine gemeinsame Klageerhebung aus prozessualen Gründen niemals; über den materiellrechtlichen Zwang zu einheitlicher Klageerhebung in gewissen Fällen vgl Rn 11 ff zu § 62. Die Zulässigkeitsvoraussetzungen der §§ 59, 60, von denen mindestens eine gegeben sein muß, sind folgende: 4

1) **Rechtsgemeinschaft** in Ansehung des Streitgegenstandes (§ 59); darunter wird hier das materielle Recht verstanden, um das gestritten wird. Die wichtigsten Fälle bilden Miteigentum, Wohnungseigentum und sonstige Rechtsgemeinschaften, Gesamthandsgemeinschaften, Gesamtschuld (§§ 421, 427, 840 BGB; § 3 Nr 2 PflVG), Teilschuld (§ 420 BGB) sowie die Fälle akzessorischer Haftung, wie die Verhältnisse von Hauptschuldner und Bürgen (s Gaul JZ 84, 60), OHG und persönlich haftendem Gesellschafter (§§ 124, 128 HGB; s § 62 Rn 7), Schädiger/Versicherungsnehmer und Pflichtversicherer (§ 62 Rn 8a) und zwischen persönlichem Schuldner und dem Eigentümer einer dinglich haftenden Sache. Beispiele: Gemeinschaftliche vertragliche Verpflichtung gem § 427 BGB, etwa mehrerer BGB-Gesellschafter (vgl BayObLG 85, 317: „Arge"); mehrere RAe, zB Prozeßbevollmächtigter und Verkehrsanwalt (BayObLG MDR 92, 296); anteilige Haftung mehrerer „Bauherren" einer Bauherrengemeinschaft (Werner/Pastor, Bauprozeß, 6. Aufl 1992, Rn 339); gemeinsame Inanspruchnahme des Bauherrentreuhänders bei Pflichtverletzung (vgl Wunderlich DB 93, 2269); Klage auf Freigabe eines für mehrere Beteiligte hinterlegten Betrags (vgl BGH 88, 332). 5

2) **Identität** des tatsächlichen *und* rechtlichen Grundes; dabei genügt Identität eines präjudiziellen Rechtsverhältnisses. Ein Beispiel bilden die Gläubiger- oder Schuldnerstellung aus einem einheitlichen Vertrag. 6

3) **Gleichartigkeit** von Ansprüchen auf Grund eines im wesentlichen gleichartigen tatsächlichen und rechtlichen Grundes (§ 60, s BGH NJW 75, 1228; 92, 982); es ist hierbei also nicht erforderlich, daß der Tatsachenstoff auch nur teilweise identisch ist, vielmehr genügt Gleichartigkeit. **Beispiele:** Die Ansprüche mehrerer Geschädigter aus einem Verkehrsunfall oder sonst aus dem gleichen Schadensereignis; die Ansprüche mehrerer Käufer oder Versicherungsnehmer, die Kauf- bzw Versicherungsverträge unter gleichartigen Bedingungen abgeschlossen haben (StJ/Bork § 60 Rn 3); Ansprüche mehrerer Unterhaltsgläubiger (zB Kinder aus verschiedenen Ehen) gegen den gleichen Unterhaltsschuldner (Frankfurt FamRZ 88, 521) oder Abänderungsanspruch (§ 323 I) gegen mehrere Unterhaltsgläubiger (BGH NJW 86, 3209 = MDR 86, 921); die Klage des Wechselinhabers gegen mehrere Wechselschuldner; Klage des Bauunternehmers gegen anteilig haftende Mitglieder einer Bauherrengemeinschaft (BayObLG 83, 66 mN); Klage des Maklers gegen beide Kaufvertragsparteien auf Maklerlohn aufgrund jeweils gesonderter Beauftragung (BGH MDR 91, 222 = NJW-RR 91, 381 mN, str); Klage des Drittberechtigten gegen Vollstreckungsgläubiger und -schuldner gem § 771 II (dort Rn 13); Klagen geschädigter Kapitalanleger bei unrichtiger Anlageberatung oder unrichtigem Anlageprospekt gegen gemeinsamen Gegner (vgl BGH NJW 92, 981 = MDR 92, 709). Unerheblich ist, ob gegen alle beklagten Streitgenossen dieselben Anträge gestellt werden (BayObLG NJW-RR 90, 742 und 1020). **Abgrenzung:** Die Voraussetzungen des § 60 sind **weit auszulegen** und im Interesse der Prozeßwirtschaftlichkeit 7

immer dann zu bejahen, wenn keine Unübersichtlichkeit oder Verwirrung der Prozeßführung droht (vgl BGH NJW 92, 981 = aaO; Wunderlich DB 93, 2272; BL/Hartmann § 60 Rn 1).

III) Folgen bei Nichtvorliegen der Voraussetzungen einer Streitgenossenschaft

8 Ist eine einheitliche Klage erhoben worden, ohne daß eine der Voraussetzungen der Verbindung vorliegt, so ist das Gericht auf Rüge (§ 295 I) verpflichtet, die **Verfahren zu trennen,** falls nicht § 147 eine Verbindung zuläßt. Trennt das Gericht, weil die einheitliche Klage unzulässig war, so ist für das weitere Verfahren die sachliche Zuständigkeit des LG zu verneinen, wenn sie bis dahin nur auf Streitwertaddition beruht hatte; § 261 III Nr 2 ändert daran nichts, denn § 5 gilt nur bei zulässigerweise verbundenen Klagen (aA StJ/Bork Rn 9 vor § 59). Andernfalls könnte durch unzulässige Verbindung die sachliche Zuständigkeit des LG erschlichen werden.

IV) Gesonderte Zulässigkeitsprüfung

9 Da zu jedem Streitgenossen ein gesondertes Prozeßrechtsverhältnis besteht und die mehreren Verfahren nur äußerlich verbunden sind, ist für jeden Prozeß gesondert (vgl aber §§ 5, 603 II) zu prüfen, ob alle **Prozeßvoraussetzungen** (Rn 9 ff vor § 253) vorliegen (BGH NJW 94, 3103). Ist das bezüglich eines der Streitgenossen nicht der Fall, so ist die Klage insoweit als unzulässig abzuweisen, soweit nicht Verweisung (§ 281, § 17a II GVG) oder Zuständigkeitsbestimmung (§ 36 Nr 3) in Frage kommen (vgl Frankfurt NJW-RR 95, 319; s auch § 36 Rn 32 aE).

10 1) Das gilt insbesondere, wenn die **Klage** für oder gegen einen Streitgenossen oder ein Klageantrag **unzulässigerweise von einer außerprozessualen Bedingung abhängig** gemacht ist. Unzulässig ist es vor allem, die Klage gegen einen der Beklagten von dem (meist negativen) Ausgang des Verfahrens gegen einen anderen Beklagten abhängig zu machen, denn es handelt sich bei dem Verfahren gegen diesen anderen Beklagten um einen selbständigen Prozeß und mithin gegenüber dem ersten Beklagten um eine außerprozessuale Bedingung (BL/H § 59 Rn 2; ThP § 60 Rn 5; RSchwab/Gottwald § 65 IV 3b; im Erg auch MK/Schilken Rn 11, str). Unzulässig ist daher die eventuelle subjektive Klagenhäufung (BAG 73, 39 mwN; dazu sogleich unten). Häufig wird allerdings die „bedingte Klage" gegen einen angeblichen weiteren Schuldner als eine zulässige Streitverkündung an diesen auszulegen sein, denn Zweck der Maßnahme des Klägers ist es, das Ergebnis ein und desselben Verfahrens gegen mehrere Gegner einheitlich zu verwerten, von denen (nur) einer die Klagesumme schuldet. **Einzelfragen:** Eine „hilfsweise" gegen den richtigen Arbeitgeber erhobene Kündigungsschutzklage wahrt die Klagefrist (§ 4 KSchG), wenn sie im Laufe des Verfahrens unbedingt weiterverfolgt wird (BAG 73, 30); ein Sammlungspfleger (§ 1914 BGB) kann aber den Klageanspruch nicht zugleich in eigener Person (vgl § 51 Rn 7), hilfsweise als Pfleger für unbekannte Beteiligte (§ 1913 BGB), also als deren gesetzlicher Vertreter geltend machen (BGH NJW 72, 2302 LS).

11 2) Außerdem muß im Verhältnis zu jedem Streitgenossen die **gewählte Verfahrensart** zulässig sein; soweit das zu verneinen ist, muß das Gericht das Verfahren abtrennen.

61 *[Prozessuale Stellung der Streitgenossen]*

Streitgenossen stehen, soweit nicht aus den Vorschriften des bürgerlichen Rechts oder dieses Gesetzes sich ein anderes ergibt, dem Gegner dergestalt als einzelne gegenüber, daß die Handlungen des einen Streitgenossen dem anderen weder zum Vorteil noch zum Nachteil gereichen.

I) Verbindung der Verfahren

1 Die **Verfahren** für oder gegen alle Streitgenossen sind **äußerlich verbunden.**

2 1) Die Streitgenossen können sich durch einen gemeinsamen **Prozeßbevollmächtigten** vertreten lassen; in diesem Fall sind **Schriftsätze** des Gegners nur in einem Exemplar zuzustellen, § 189 I. Die Streitgenossen können gemeinschaftliche Schriftsätze einreichen.

3 2) **Behauptungen und Beweisantritte** (BGH LM Nr 1) eines jeden Streitgenossen in der mündlichen Verhandlung sind, wenn die Umstände nicht etwas anderes ergeben, allen Streitgenossen zuzurechnen (StJ/Bork Rn 9).

4 3) Solange die Streitgenossenschaft besteht, kann keiner der Streitgenossen im Prozeß eines anderen Streitgenossen **Zeuge** sein, außer für Beweisthemen, die nur den Prozeß des anderen betreffen (BGH MDR 84, 47 mN; NJW-RR 91, 256; Celle NJW-RR 91, 62; MK/Schilken Rn 8; Wieczorek/Schütze Rn 30, hM; aA – uneingeschränkte Zeugenstellung – Jauernig § 81 III; Lindacher JuS 86, 381 mN; vgl auch § 373 Rn 5). Für eine **Parteivernehmung** gilt § 449.

5 4) **Die Beweiswürdigung** über eine in allen Verfahren entscheidungserhebliche Behauptung kann, wenn gleichzeitig entschieden wird, nur einheitlich ausfallen (vgl BGH NJW-RR 92, 254; München NJW-RR 94, 1278).

5) Bedarf es für eine bestimmte Form der Entscheidung der **Zustimmung der Streitgenossen** (insbesondere nach §§ 128 II, 349 III), so ist die Zustimmung aller Streitgenossen nötig; will das Gericht von der Zustimmung Gebrauch machen, die nur ein Streitgenosse erteilt hat, so muß es dieses Verfahren nach § 145 abtrennen; zust Wieczorek/Schütze Rn 34. 6

6) Die Entscheidung kann gegenüber allen Streitgenossen durch einheitliches **Urteil** ergehen; zur vorläufigen Vollstreckbarkeit des Urteils vgl näher § 708 Rn 13. 7

II) Selbständigkeit der Verfahren

1) **Im übrigen ist** aber, soweit nicht notwendige Streitgenossenschaft (§ 62) vorliegt, das **Verfahren eines jeden Streitgenossen selbständig,** dh die Prozeßführung des einen Streitgenossen wird durch die des anderen weder beeinträchtigt noch begünstigt (s BGH NJW-RR 89, 1099; NJW 94, 3103). 1) Jeder Streitgenosse kann sich durch einen anderen **Prozeßbevollmächtigten** vertreten lassen; wegen der Kosten s § 91 Rn 13 „Streitgenossen". Jeder Streitgenosse kann tatsächliche Behauptungen usw unabhängig von und auch im Widerspruch zu anderen Streitgenossen vorbringen. Behauptungen des gemeinsamen Gegners können im Verhältnis zu einem Streitgenossen nach §§ 228 I, 331 I S 1 als zugestanden gelten, während sie im übrigen bestritten bleiben. Gesteht ein Streitgenosse, so wirkt § 288 nur gegen ihn; bestreitet ein anderer, so ist im Verhältnis zu ihm gem § 286 frei – und damit ggf abw – zu würdigen (MK/Schilken Rn 4). Jeder Streitgenosse kann über seinen **Prozeß frei verfügen,** insbesondere durch Klageänderung, Klagerücknahme, Anerkenntnis, Verzicht und Vergleich, ebenso über das umstrittene materielle Recht. Streitgenossen des Beweisführers sind Dritte im Sinne von § 428. Alle **Fristen** laufen für jeden Streitgenossen gesondert (KG VersR 75, 350); Fragen der **Säumnis** und der **Unterbrechung** oder **Aussetzung** des Verfahrens sind gegenüber jedem Streitgenossen gesondert zu beurteilen. Der Streitgenosse kann im Prozeß des anderen Streitgenossen **Streithelfer** sein (ie § 66 Rn 6). 8

2) Die **Entscheidung** kann gegenüber den einzelnen Streitgenossen unterschiedlich lauten. **a)** Für **gesonderte Entscheidungen** gegenüber den Streitgenossen gilt § 301. **b)** Wird gegenüber allen Streitgenossen in einem **einheitlichen Urteil** entschieden, so wirkt das **Rechtsmittel eines jeden Streitgenossen** nur für ihn. Das **Rechtsmittel des gemeinsamen Gegners** kann zwar, muß aber nicht gegen alle Streitgenossen gerichtet werden. Bezeichnet der gemeinsame Gegner nur einen der siegreichen Streitgenossen als Rechtsmittelbeklagten, so ist der andere Streitgenosse an dem Verfahren der höheren Instanz nicht beteiligt (daran kann der Gegner aus Kostengründen interessiert sein!) und die **Rechtskraft** des Urteils wird nur im Verhältnis zu dem bezeichneten Rechtsmittelbeklagten gehemmt. Der rechtskräftig ausgeschiedene Streitgenosse erster Instanz ist bei Berufung des gemeinsamen Gegners (nur) gegen den anderen Streitgenossen mit der unselbständigen **Anschlußberufung** ausgeschlossen (BGH NJW-RR 89, 1099; München FamRZ 87, 169; Frankfurt FamRZ 88, 521; einschr Wosgien FamRZ 87, 1105 für Unterhaltsgläubiger als Streitgenossen). **c)** Legen mehrere Streitgenossen gegen das sie beschwerende Urteil Rechtsmittel ein, so werden für den Wert des Beschwerdegegenstandes die auf die einzelnen Streitgenossen entfallenden Beschwerdewerte **zusammengerechnet** (BAG NZA 84, 167; vgl auch § 5 Rn 6; § 511a Rn 17 f). 9

62 *[Notwendige Streitgenossenschaft]*

(1) Kann das streitige Rechtsverhältnis allen Streitgenossen gegenüber nur einheitlich festgestellt werden oder ist die Streitgenossenschaft aus einem sonstigen Grunde eine notwendige, so werden, wenn ein Termin oder eine Frist nur von einzelnen Streitgenossen versäumt wird, die säumigen Streitgenossen als durch die nicht säumigen vertreten angesehen.

(2) Die säumigen Streitgenossen sind auch in dem späteren Verfahren zuzuziehen.

I) Allgemeines

§ 62 begründet eine Ausnahme von dem Grundsatz des § 61, daß die Handlungen eines Streitgenossen den übrigen weder zum Vorteil noch zum Nachteil gereichen. Das kann prozessuale (Rn 2 ff) oder materiellrechtliche Gründe (Rn 11 ff) haben. Man spricht dann – uneinheitlich – von besonderer oder zufällig notwendiger (Alternative 1, vgl Rn 2) bzw von echter oder eigentlich notwendiger (Alternative 2, vgl Rn 11) Streitgenossenschaft, klarer wohl von notwendiger Streitgenossenschaft **aus prozessualen** bzw aus **materiellrechtlichen** Gründen (so auch Lindacher JuS 86, 381 f mN). In beiden Fällen spricht man von **notwendiger Streitgenossenschaft.** Der Grundsatz der Selbständigkeit der Verfahren gegenüber den einzelnen Streitgenossen gilt zwar auch hier, aber stark eingeschränkt: gegenüber notwendigen Streitgenossen muß einheitlich entschieden werden (näher Rn 22 ff). Die gesetzliche Regelung ist **abschließend** und **zwingend** (BAG 42, 401); eine *Erweiterung* der Fälle notwendiger Streitgenossenschaft im Wege der **Parteivereinba-** 1

rung oder durch Tarifvertrag ist **nicht** möglich (BAG 42, 400). Beispiel: Keine notwendige Streitgenossenschaft für den Fall der Haftung von Gesamtschuldnern (BAG aaO; vgl unten Rn 10, 17).

II) Notwendige Streitgenossenschaft aus prozessualen Gründen (I, 1. Alternative)

2 **1) Begriff. Aus prozessualen Gründen** zunächst ist die Streitgenossenschaft eine **(„zufällig") notwendige** („zufällige" „uneigentliche" Streitgenossenschaft, BayObLG BB 73, 959), wo die Rechtskraft der gegenüber nur einem Streitgenossen ergangenen Entscheidung sich auch auf den anderen Streitgenossen erstrecken würde („solidarische" Streitgenossenschaft, s Bettermann ZZP 90, 122; zur Rechtskraft Köln VersR 74, 64). Hier müßte aus prozessualen Gründen auch dann einheitlich entschieden werden, wenn die Prozesse nacheinander durchgeführt werden; infolgedessen ist bei gleichzeitigen Prozessen notwendige Streitgenossenschaft anzunehmen (BGH 92, 354).

3 **2) Fallgruppen der notwendig einheitlichen Entscheidung: a)** Hierher gehören zunächst die gesetzlich geregelten Fälle der **Rechtskrafterstreckung** der §§ 326, 327 (Vor- und Nacherbe; Erbe und Testamentsvollstrecker); § 856 II, IV (mehrere Pfändungsgläubiger), § 636a (Ehenichtigkeitsklage, s dazu auch BGH NJW 76, 1590), § 638 (Ehefeststellungsklage), §§ 640h, 641k (Statusklagen), §§ 146, 147 S 1 KO (Feststellungsklagen wegen angemeldeter Konkursforderungen oder wegen im seerechtlichen Verteilungsverfahren streitig gebliebener Forderungen: BGH 112, 98 = MDR 91, 128), § 111 II GenG (Feststellungsklagen wegen Beitragspflicht), § 249 I S 1 AktG (Feststellungsklage wegen Nichtigkeit eines Hauptversammlungsbeschlusses). Für die notwendige Streitgenossenschaft ist unerheblich, ob die Rechtskrafterstreckung – allseitig – sowohl bei Verurteilung als auch Klageabweisung eintritt oder – einseitig – entweder bei Klagestattgabe oder Klageabweisung (RSchwab/Gottwald § 49 II; Lindacher JuS 86, 382 mN). Wegen der Erörterung weiterer – problematischer – Fälle vgl unten Rn 6–8; vgl ferner auch § 69 Rn 2; § 325 Rn 13 ff.

4 **b) Gestaltungsklagen** zugunsten mehrerer Interessenten können häufig schon nach materiellem Recht nur durch die mehreren Personen als Streitgenossen erhoben werden (dazu Rn 19). Aus prozessualen Gründen (Gefahr eines Widerspruchs in Gestaltungswirkungen, vgl Lent JhJ 90, 42) ist die Streitgenossenschaft darüber hinaus eine notwendige, wo zwar auch einer der Kläger allein hätte klagen können, das Gestaltungsurteil aber zugunsten der mehreren Personen wirkt, die tatsächlich gemeinsam geklagt haben, so bei Erbunwürdigkeitsklage (§ 2342 BGB), bei der Ehenichtigkeitsklage (§§ 23, 24 EheG), bei der Aufhebungsklage in der fortgesetzten Gütergemeinschaft (§ 1496 BGB), bei der Anfechtungsklage gegen Gesellschafterbeschlüsse (§ 248 S 1 AktG [BGH NJW 93, 1976, 1983], § 51 V GenG; auch GmbH: Karlsruhe WM 95, 668), so bei der Nichtigkeitsklage gegen AGs, Genossenschaften und GmbHs (§§ 275 IV AktG, 96 GenG, 75 II GmbHG), uU bei der gemeinschaftlichen Vollstreckungsabwehrklage gem § 767 (Thümmel NJW 86, 53, 536). Bei der gesellschaftsrechtlichen Auflösungsklage ist zu unterscheiden: Bei Personengesellschaften sind sämtliche Gesellschafter als Kläger oder Beklagte notwendig am Prozeß beteiligt (§ 133 HGB); bei der AG ist ein Beschluß der Hauptversammlung erforderlich (§ 262 AktG); bei der GmbH muß bei der Auflösungsklage eines Gesellschafters gegen die GmbH (§ 61 II GmbHG) den Mitgesellschaftern rechtliches Gehör gewährt werden (BVerfG 60, 15 und dazu Rn 2 vor § 64).

5 **c)** Zur Notwendigkeit einheitlicher Entscheidung wegen **Unteilbarkeit des Streitgegenstandes** siehe unten Rn 16.

6 **d) Erstreckung sonstiger Urteilswirkungen.** Schwierigkeiten bereiten die Fälle, in denen das rechtskräftige Urteil gegenüber einem Streitgenossen zwar gegen die übrigen wirken würde, aber nur bezüglich einer **Vorfrage** des ihnen gegenüber rechtshängigen Streitgegenstandes (abl MK/Schilken Rn 17). So liegt es nach §§ 129 I, 161 II HGB bei Klagen gegen eine OHG oder KG und gegen deren Gesellschafter; die Schuld der Gesellschaft ist Vorfrage im Prozeß gegen die Gesellschafter (Rn 7). Ferner gehören hierher die Fälle der Klagen gegen Hauptschuldner und Bürgen sowie sonst akzessorisch Haftende (Verpfänder; Eigentümer des Hypothekengrundstücks; Pflichtversicherer; Rn 8, 8a).

7 **aa) OHG und Gesellschafter als Streitgenossen.** Entgegen der Rspr des RG (123, 154; 163, 206) hat der BGH (BGH 54, 251; 63, 54; NJW 88, 2113) einfache Streitgenossenschaft zwischen der OHG und ihren mitverklagten Gesellschaftern angenommen, und zwar auch dann, wenn der Gesellschafter sich nur mit den Einwendungen der OHG, nicht auch mit solchen verteidigt, die in seiner Person begründet sind (nunmehr hM, vgl StJ/Bork Rn 12; MK/Schilken Rn 14 mwN in Fn 41; aA 14. Aufl mwN). Der hM ist zuzustimmen, denn da die OHG durch *Rechtsgeschäft* die Haftung des Gesellschafters erweitern kann (§ 128 HGB), muß sie auch *prozessual* von der Prozeßführung des Gesellschafters unabhängig sein, was nur bei einfacher Streitgenossenschaft der Fall ist (so auch Blomeyer § 108 III 2a; ThP Rn 8; MK/Schilken Rn 14).

8 **bb) Hauptschuldner und Bürge als Streitgenossen.** Das Problem begegnet ähnlich bei Klagen gegen Hauptschuldner und Bürgen (§§ 767, 768 BGB) sowie gegen den persönlichen **Schuldner**

und den **Eigentümer** der dinglich haftenden beweglichen (§ 1211 BGB) oder unbeweglichen (§ 1137 BGB) Sache und in ähnlichen Rechtslagen, wenn auch in diesen Fällen nur der Sieg des verklagten persönlichen Schuldners dem haftenden Streitgenossen zugute kommt (BGH 76, 230; WM 71, 614, ganz hM). Das Schrifttum spricht hier teils von materieller Tatbestandswirkung, teils von Präklusion und lehnt fast einmütig das Vorliegen einer notwendigen Streitgenossenschaft ab (StJ/Bork Rn 11; RSchwab/Gottwald § 49 II 1; ThP Rn 15; MK/Schilken Rn 15 mN in Fn 45); so auch BGH NJW 69, 1480, obwohl BGH 76, 230; NJW 70, 279; WM 71, 614 von Rechtskrafterstrekkung spricht, wenn dem Bürgen der Prozeßsieg des Hauptschuldners zugute kommt; dazu Fenge NJW 71, 1919.

cc) Pflichtversicherer und Versicherungsnehmer als Streitgenossen. Im Prozeß gegen den Pflichtversicherer (Direktklage, § 3 Nr 1, 2 PflVersG) und Schädiger/Versicherungsnehmer (Haftpflichtklage) sind beide Haftende, obwohl ihnen wechselseitig die Klageabweisung gegen den anderen Verpflichteten zugutekommt (§ 3 Nr 8 PflVersG), nur *einfache* Streitgenossen (so BGH 63, 53; NJW 78, 2155; 82, 997 und 999; Karlsruhe MDR 90, 729; Köln VersR 96, 213; RSchwab/Gottwald § 49 II 2b; StJ/Bork Rn 13; ThP Rn 8; MK/Schilken Rn 16; Liebscher NZV 94, 216; Gottwald/Adolphsen NZV 95, 132, hM; aA – Fall von 1. Alt. – Gerhardt, FS Henckel, 1995, S 282 ff mwN). Die Drittwirkung zugunsten des akzessorisch haftenden Versicherers ist – wie beim Bürgen – Folge der materiellrechtlichen Abhängigkeit; die Drittwirkung zugunsten des Versicherungsnehmers will eine Inanspruchnahme des Versicherers im Regreßwege nach Abweisung der Direktklage verhindern (zum ganzen auch Koussoulis, Beiträge zur modernen Rechtskraftlehre, 1986, S 175 ff; ferner § 69 Rn 2, § 325 Rn 39). 8a

3) Abgrenzung. a) Allgemeines. Zufällig notwendige Streitgenossenschaft besteht also grundsätzlich dann, wenn aus *prozessualen Gründen* einheitlich entschieden werden muß, nämlich wegen Rechtskrafterstreckung des im Verhältnis zu einem Streitgenossen ergehenden Urteils im Verhältnis auch zu dem anderen Streitgenossen. **Keine** zufällige **notwendige Streitgenossenschaft** besteht dagegen, wo nur das anzuwendende *materielle Recht* oder Gründe der *Logik* die einheitliche Entscheidung erzwingen (vgl BGH 23, 75 f; 30, 200; NJW 89, 2134). Das wird deutlich, wenn man die Situationen vergleicht, daß die **Prozesse gegen mehrere Gegner** einerseits **gleichzeitig** bzw andererseits **nacheinander** geführt werden. Wo bei nacheinander geführten Prozessen die Rechtskraft des ersten Urteils im zweiten Verfahren nicht bindet (sondern allenfalls aus Gründen des materiellen Rechts oder der Logik eine einheitliche Entscheidung notwendig oder wünschenswert ist), dort besteht bei gleichzeitigen Prozessen nur einfache Streitgenossenschaft (BGH 92, 354); in solchen Fällen gibt es keinen Grund, § 62 anzuwenden und zB ein Versäumnisurteil gegen einen Streitgenossen zu verbieten; denn prozessual sind abweichende Sachurteile nicht unvereinbar, weil die Rechtskraft eines jeden der Urteile nur zwischen den Parteien selbst wirkt. 9

b) Fälle nicht notwendig einheitlicher Entscheidung. Daher besteht keine notwendige Streitgenossenschaft, wo gegenüber mehreren Streitgenossen lediglich über eine einheitliche **Vorfrage** zu befinden ist, so bei Klagen gegen mehrere **Gesamtschuldner** (arg § 425 II BGB; BGH NJW 92, 2413 f), auch wenn sie zugleich Träger einer Gesamthandsgemeinschaft sind (Passivprozesse der gesamten Hand), wie bei Prozessen gegen mehrere Gesellschafter (§ 128 S 1 HGB) oder Miterben bei der Gesamtschuldklage (§ 2058 BGB); anders aber bei der Gesamthandklage nach § 2059 II BGB (unten Rn 17, 18); wegen der Klage gegen Ehegatten in Gütergemeinschaft s Rn 64 vor § 50. Keine notwendige Streitgenossenschaft ferner bei Aktivprozessen mehrerer Unterhaltsberechtigter gegen den Schädiger nach § 844 BGB, mehrerer durch eine einzige unerlaubte Handlung (Amtspflichtverletzung) geschädigter Mit-Vertragsparteien (BGH NJW 93, 649), mehrerer **Gesamtgläubiger** (arg § 429 III BGB) oder im Feststellungsstreit zwischen mehreren Gesellschafter-Miterben und einem *Dritten* über die Mitgliedschaft in der Gesellschaft (Hamburg ZIP 84, 1226; *anders* bei Mitgliedsschaftsstreit *nur* unter Gesellschaftern: Rn 21). 10

III) Notwendige Streitgenossenschaft aus materiellrechtlichen Gründen (I, 2. Alternative)

1) Allgemeines. a) Begriff. Aus **materiellrechtlichen Gründen** ist die Streitgenossenschaft eine „echte“ oder „eigentlich“ notwendige (§ 62, 2. Alt.: „aus sonstigem Grunde“), wo die Klage nur Erfolg haben kann, wenn sie durch oder gegen mehrere Parteien erhoben wird, wo also die Klage durch oder gegen nur eine Partei mangels Prozeßführungsbefugnis als unzulässig (BGH 30, 195; 36, 187; 92, 353; NJW 84, 2210; einschr MK/Schilken Rn 47) abzuweisen wäre. Beachte, daß die notwendige Gemeinsamkeit hier nicht erst im Zeitpunkt der Entscheidung, sondern schon bei Verfahrensbeginn einsetzt; erst recht muß hier die Entscheidung einheitlich sein. 11

b) Überblick über die in Frage kommenden **Fallgruppen.** Eigentlich notwendige Streitgenossenschaft kommt nur bei Leistungs- (Rn 13 ff und 17 f) und Gestaltungsklagen (Rn 19 f), nicht dagegen bei Feststellungsklagen (Rn 21) vor. Hauptanwendungsfälle sind die Aktivprozesse von Gesamthandsberechtigten (Rn 13 und 16) und die aktiven Gestaltungsklagen (Rn 19). 12

13 2) **Aktivprozesse von Gesamthändern und sonstigen Mitberechtigten. a) Notwendigkeit gemeinschaftlicher Klageerhebung.** Mehrere Kläger müssen gemeinsam auf Leistung klagen, wenn das Recht einer von ihnen gebildeten Gesamthandsgemeinschaft zusteht (**Aktivprozesse der gesamten Hand**), soweit nicht eine *actio pro socio* in Betracht kommt (s Hassold JuS 80, 32). So die Partner einer BGB-Gesellschaft (vgl BGH NJW 91, 101; Rostock NJW-RR 95, 381; Palandt/Thomas § 709 Rn 2; zu weitgehend RSchwab/Gottwald § 49 III 1a [1], vgl dazu BGH 39, 15), grundsätzlich die Mitglieder eines nichtrechtsfähigen Vereins (vgl § 50 Rn 33), die gemeinsam verwaltenden Ehegatten bei Gütergemeinschaft (vgl BGH NJW 94, 653 = MDR 94, 254), mehrere für einen Nachlaß ernannte Testamentsvollstrecker (Hamburg MDR 78, 1031), die eine gemeinsame Forderung geltend machenden Mitglieder einer Bruchteils-(zB **WEG**-)Gemeinschaft (BGH 121, 28; s dazu auch Rn 16), nach BAG NJW 72, 1388 auch die Angehörigen einer Rechtsanwaltssozietät, wenn sie eine zu dieser in unmittelbarer Beziehung stehende Forderung einklagen, da hier in der Regel Gesamthandsverhältnis Anspruchsgrundlage (wohl Gesellschaft des BGB) sei; ferner grundsätzlich auch die Miterben, dazu aber unten Rn 16 zu § 2039 BGB.

14 **b) Fälle bestehender Einzelprozeßführungsbefugnisse von Mit- und Teilberechtigten.** In gewissen Fällen der Rechtsgemeinschaft gibt das Gesetz jedem einzelnen der Rechtsinhaber die Rechtsmacht, einen aus der Gemeinschaft erwachsenden Anspruch geltend zu machen:

aa) Hierzu räumt es ihm in der Regel eine über seine Sachbefugnis hinausgehende **Prozeßführungsbefugnis** ein: so in den Fällen der **§§ 1011, 1422, 2039 BGB** (vgl BGH 79, 247; 92, 353; 121, 24; NJW 92, 1101; Palandt/Bassenge § 1011 Rn 2; Palandt/Edenhofer § 2039 Rn 6 f; oben Rn 23, 27, 60 f vor § 50), der Not- (§§ 744 II, 1455 Nr 10; 1472 III HS 2 BGB) und der Schutzprozeßführung, des Revokationsrechts nach § 1368 BGB (Rn 61 vor § 50). Hier eingeordnet werden kann auch das Widerspruchsrecht des Nacherben gem **§ 2115 BGB, § 773 S 2,** obwohl zwischen den Nacherben vor Eintritt des Nacherbfalls noch keine Erbengemeinschaft besteht (vgl BGH NJW 93, 1583 = MDR 93, 657).

15 **bb)** Das Gesetz kann aber auch materiell jedem in einer Rechtsgemeinschaft mit anderen Stehenden einen eigenen **materiellrechtlichen Anspruch** einräumen (für den er dann selbstverständlich auch prozeßführungsbefugt ist), dessen sachlicher Inhalt aber mit Rücksicht auf die Mitberechtigung der anderen Gemeinschafter beschränkt ist. Im einzelnen ist vieles streitig; vgl StJ/Bork Rn 37, 37a vor § 50; § 62 Rn 8; Hassold aaO S 111. Hierunter können eingeordnet werden (vgl auch Rn 27 vor § 50): Der Fall des **§ 432 BGB** (vgl Larenz Schuldrecht I § 36 Ib), die gemeinsame Legitimation nach **§§ 1077; 1011** (soweit nicht als Fall der Rn 14), **1281 S 2; 1128 III BGB;** vgl auch § 18 WEG (dazu Palandt/Bassenge Rn 4). In Frage kommen weiter die Mitberechtigung von Pfändungspfandgläubiger und Vollstreckungsschuldner bei zur Einziehung **(§ 835 I)** überwiesener Forderung (vgl Rn 30 vor § 50) und die Mitgläubigerstellung von Ehegatten bei „Schlüsselgewaltsgeschäften" iS von **§ 1357 BGB** (dazu Rn 16 aE).

16 **c) Notwendige Streitgenossenschaft bei gemeinsamer Prozeßführung wegen Unteilbarkeit des Streitgegenstands?** Klagen nun in solchen Fällen mehrere in der Rechtsgemeinschaft gebundene Anspruchsinhaber gemeinsam, was sie nicht müssen (keine echte notwendige Streitgenossenschaft im Sinne der zweiten Alternative des § 62, vgl Rn 11), was sie aber können, so nötigt richtiger Ansicht nach die **Unteilbarkeit des Streitgegenstandes** zur einheitlichen Entscheidung, also zur Annahme einer zufällig notwendigen Streitgenossenschaft im Sinne des § 62, erste Alternative (ebenso StJ/Bork Rn 8 mN in Fußn 19; Wieczorek/Schütze Rn 33; Blomeyer § 108 III 2b; Lindacher JuS 86, 383, sehr str; aA BGH 92, 353 f = NJW 85, 385 = MDR 85, 218; MK/Schilken Rn 20 mwN). **Beispiele:** Wer dem Urteil im Rechtsstreit des nach **§ 2039 BGB** prozeßführenden **Miterben** Rechtskraftwirkung für und gegen die übrigen beimißt (so Wieczorek 2. Aufl Anm A II b 1, nunmehr aufgegeben von Schütze 3. Aufl Rn 33), muß schon aus diesem Grund (s Rn 3) die Notwendigkeit einheitlicher Entscheidung bejahen. Doch lehnt die hM hier Rechtskrafterstrekkung ab. Dementsprechend nehmen BGH 23, 207; Palandt/Edenhofer § 2039 Rn 7; Gottwald JA 82, 68 einfache Streitgenossenschaft an, wenn die Miterben gemeinsam klagen, was sie können, aber nicht müssen (offenlassend BGH NJW 89, 2134 = MDR 89, 443). Für notwendige Streitgenossenschaft in diesem Fall aber: OGH 3, 242; Düsseldorf OLGZ 79, 459 (beiläufig); StJ/Bork § 62 Rn 18; ThP Rn 13; RSchwab/Gottwald § 49 III 1a [1] (aber aus dem Gesichtspunkt einseitiger Rechtskrafterstreckung); Blomeyer AcP 159, 387/405; Erman § 2039 Rn 2 und BL/Hartmann Rn 10 „Erbrecht" (aber nur, wenn alle Miterben gemeinsam, also aus ihrer gesamthänderischen Berechtigung heraus, klagen); Lange/Kuchinke, Erbrecht, 4. Aufl, § 43 III 4d S 1066 mwN in Fußn 164. Auch das auf die Prozeßführung gem **§ 1011 BGB** gegen einen **Miteigentümer** ergangene Urteil entfaltet keine Rechtskraft gegen die übrigen Miteigentümer (vgl Rn 38 vor § 50); jedoch machen die gemeinsam vorgehenden Miteigentümer nicht von ihrer *Einzelprozeßführungsbefugnis* (Rn 14 f) Gebrauch, sondern machen das ihnen zu ideellen Bruchteilen (§ 1008 BGB) gemeinsam zustehende *identische Recht* geltend, so daß ein Fall notwendiger Streitgenossenschaft vorliegt (so die bisher hM, vgl RG 60, 270; 163, 168; MünchKomm/Schmidt § 1011 Rn 7 mN; aA

BGH 92, 351 = aaO; MK/Schilken Rn 12, 20; im Erg wie hier [sa oben Rn 13] Waldner JZ 85, 635, der aber einen Fall der Rechtskrafterstreckung *zugunsten* der übrigen Miteigentümer annimmt). Hierher gehört auch die (zulässige) gemeinsame Klage von **Gläubiger und Pfändungspfandgläubiger** gegen den Drittschuldner auf Leistung an den Pfändungspfandgläubiger (vgl StJ/Münzberg § 835 Rn 21 f, 32 f) sowie die (zulässige, aber nicht gebotene) gemeinsame Klage von Ehegatten aus „Schlüsselgewaltgeschäften" gem § 1357 BGB (vgl Baur, FS Beitzke, 1979, S 111, 117 ff; aA MK/Schilken Rn 19: einfache Streitgenossenschaft).

3) **Passivprozesse von Mitberechtigten, Gesamtschuld- und Gesamthandsklagen. a)** Gegen mehrere Beklagte braucht nach richtiger Ansicht (differenzierend StJ/Bork Rn 19; vgl auch BGH 23, 73; BAG 42, 402) niemals notwendig gemeinsam auf Leistung geklagt zu werden. Geschieht es doch, so liegt außer im Fall der Rn 16 einfache Streitgenossenschaft vor (dazu Gottwald JA 82, 69 mN; sa Rn 18). Daß es zur Vollstreckung eines Titels gegen mehrere bedarf (zB nach §§ 736, 740 II, 747), ändert daran nichts, denn diese Titel können auch nacheinander erstritten werden. Das gilt zB für die **Räumungsklage** gegen mehrere Mieter (RG 68, 221) oder gegen Mieter und Untermieter gem § 556 III BGB (vgl BGH NJW 96, 516), für Klagen gegen gemeinsam verwaltende Ehegatten bei **Gütergemeinschaft,** grundsätzlich auch für Klagen gegen Ehegatten aus **Schlüsselgewaltgeschäften** (Baur, FS Beitzke, 1979, 111, 112 ff), für Klagen gegen **Miterben** zur Vollstreckung in den ungeteilten Nachlaß (so die ganz hM: Lange/Kuchinke 4. Aufl § 50 IV 2b mit Nachw in Fn 41), für Klagen gegen Miterben auf die von ihnen gemeinsam geschuldete und zu erklärende **Auflassung** (BGH NJW 63, 1611; Bötticher JZ 64, 724 zu § 2058 BGB; anders bei § 2059 II BGB: Rn 18), für die **Gesamtschuldklage** gegen die Gesellschafter einer BGB-Gesellschaft (hM, vgl MünchKomm/Ulmer § 718 Rn 53) sowie nach zutr Ansicht (anders hM) für Klagen auf **Unterlassung** (zB von Immissionen; Benutzung von Einrichtungen) und **Duldung** (zB von Notweg) gegen **Grundstücksmiteigentümer** (Karlsruhe NJW-RR 86, 1342; LG Nürnberg-Fürth NJW 80, 2478, insoweit zust Waldner JR 81, 185; zur **abw hM** vgl mN Rn 18). 17

b) Dagegen nimmt die **Rspr** eigentlich notwendige Streitgenossenschaft (also mit dem Zwang zur Klage gegen sie gemeinsam, bei Gefahr der Abweisung als unzulässig) an: so bei der **Gesamthandklage** nach 2059 II BGB; **Beispiele:** Klage gegen mehrere Miterben, durch die eine dingliche Belastung eines Nachlaßgrundstücks geltend gemacht wurde (RG 157, 33); weiter bei der Klage gegen Miterben auf Löschung eines Widerspruchs im Grundbuch (vgl BGH NJW 63, 1612). Ebenso (wegen § 747 S 2 BGB) bei Klage gegen mehrere Bruchteilseigentümer, durch die eine **Verfügung über das ganze Grundstück** erzwungen werden soll (vgl BGH 36, 189; NJW 96, 1061); **Beispiele:** Bestellung oder Duldung eines Notwegs (BGH 36, 187; NJW 84, 2210); Einräumung oder Ausübung einer Grunddienstbarkeit (BGH NJW 92, 1102); Übernahme einer Baulast (BGH NJW-RR 91, 333); Erklärung der **Auflassung** (BGH NJW 62, 1722; 94, 1471; 96, 1061); Herausgabe des gemeinschaftlichen (im Gegensatz zur „Rückgabe" des gemieteten: BGH NJW 96, 516) Gegenstands (vgl auch BGH WM 93, 1554, 1556); bei Klage auf **Zustimmung zur Mieterhöhung** gem § 2 III MHG gegen mehrere Mieter als Mietvertragsparteien (KG WuM 86, 108 mN). Doch besteht in all diesen Fällen kein Zwang zur einheitlichen Klage, sondern nur zur einheitlichen Entscheidung, *wenn* einheitlich gegen die Verpflichteten geklagt wurde; so zutr Waldner JR 81, 185; LG Nürnberg-Fürth NJW 80, 2478 gegen die überwiegende Ansicht, die bei **Gesamthandschuld** („echte Gesamthandsverbindlichkeit") Zwang zur gemeinschaftlichen Klage gegen die Gesamthänder annimmt (vgl StJ/Bork Rn 20; MK/Schilken Rn 32 mwN in Fn 105; Wieczorek/Schütze Rn 48 f; offenlassend BGH NJW-RR 90, 867 mwN). **Ausnahme:** Von dieser Notwendigkeit sieht jedoch auch der BGH ab, wenn die nicht mitverklagten Schuldner vor Klageerhebung erklärt hatten, zur Leistung verpflichtet und erfüllungsbereit zu sein (vgl BGH NJW 92, 1102; NJW-RR 91, 334 mN; einschr MK/Schilken Rn 34; sa unten Rn 30). Bei Klagen gegen **Mitgesellschafter** auf *Mitwirkung* bei Aufstellung von Bilanzen liegt daher nur einfache Streitgenossenschaft vor (BGH WM 83, 1279 f), notwendige aber bei Klage auf *Feststellung* der Bilanz (BGH aaO 1280). Scheiden bei einer KG sämtliche Gesellschafter aus und treten zu gleicher Zeit unter Fortführung des Betriebes und der Firma neue Gesellschafter ein, so können diese jedenfalls nicht einen ausgeschiedenen Kommanditisten allein auf Ausstellung einer Rechnung nach § 14 UStG in Anspruch nehmen (BGH NJW 75, 310). 18

4) **Gestaltungsklagen. Lit:** *Karsten Schmidt,* Mehrseitige Gestaltungsprozesse bei Personengesellschaften, 1992. **a)** Sie müssen **durch mehrere Kläger** gemeinsam erhoben werden, wenn das materielle Recht den gestaltenden Ausspruch nur auf Antrag mehrerer Parteien gestattet. Dies gilt nach §§ 133, 140 HGB, wenn das Gericht eine OHG für **aufgelöst** oder einen Gesellschafter für **ausgeschlossen** erklären soll; hier müssen alle Gesellschafter entweder auf der Kläger- oder auf der Beklagtenseite beteiligt sein (BGH 68, 84; Haarmann/Holtkamp NJW 77, 1396; vgl auch Rn 20 sowie zur Feststellungsklage BGH 91, 133 und dazu Rn 21). Allerdings genügt es, wenn die **Ausschließungsklage** gegen mehrere Gesellschafter gerichtet ist, daß sie von den nicht auszuschließenden (klagewilligen) Gesellschaftern erhoben wird (BGH 64, 253) und die widersprechenden auf Zustimmung (§ 894) mitverklagt werden (Rn 20). Einheitliche Klageerhebung ist auch 19

geboten, wenn das Gericht nach §§ 117, 127 HGB die **Geschäftsführungsbefugnis** oder **Vertretungsmacht** eines Gesellschafters **entziehen** soll. Notwendige Streitgenossenschaft liegt auch vor bei Klage auf **Nichtigerklärung** einer Gesellschaft, auch einer faktischen (vgl BGH 3, 285; 6, 133; 9, 157). **Abgrenzung.** Bei der Klage mehrerer Käufer aus außerprozessual vollzogener **Wandelung** (vgl §§ 467 S 1, 356 BGB) besteht keine notwendige Streitgenossenschaft (BGH NJW 90, 2689 = MDR 91, 45; Räfle ZIP 82, 376 mN; ThP Rn 15; MK/Schilken Rn 27, str), anders aber – dann Fall der Rn 16 – bei möglicher gemeinsamer klageweiser Geltendmachung des Wandlungsrechts (vgl BGH aaO; RSchwab/Gottwald § 49 III 2; BL/Hartmann Rn 7, str). Das gleiche gilt für Klagen aus (vollzogenen) Gestaltungsrechten gem §§ 356, 502, 513 BGB. Erbunwürdigkeitsklage (§ 2341 BGB) gegen einen von mehreren Erben muß von den übrigen nicht gemeinsam erhoben werden; klagen aber mehrere, sind sie wegen Identität des Streitgegenstandes notwendige Streitgenossen (vgl Hassold aaO S 111).

20 **b) Eine Gestaltungsklage,** die notwendig **gegen mehrere Beklagte** erhoben werden muß, ist die Auflösungsklage nach § 133 HGB gegen mehrere widersprechende Gesellschafter (sa Rn 19); wer einverstanden ist, braucht nicht mitverklagt zu werden (BGH NJW 58, 418; krit K. Schmidt [Rn 19] S 65 ff, 81 f). Das gleiche gilt für die Ausschließungsklage (§ 140 HGB) gegen mehrere auszuschließende Gesellschafter (BGH 64, 253; sa Rn 19); der Ausschließung widersprechende (selbst nicht auszuschließende) Gesellschafter sind auf Zustimmung (§ 894) mitzuverklagen (BGH 68, 84; zust Merle ZGR 79, 69 ff mwN, str; krit Haarmann/Holtkamp NJW 77, 1396; aA K. Schmidt aaO S 91: Ausschließungsklage gegen alle nicht klagenden Gesellschafter erforderlich).

21 **5) Feststellungsklagen.** Auch bei Beteiligung mehrerer an dem festzustellenden Rechtsverhältnis muß eine Feststellungsklage grundsätzlich nicht notwendig gegen **mehrere Beklagte** und **durch mehrere** Kläger erhoben werden, sofern nur ein Rechtsschutzbedürfnis für die Klage durch oder gegen eine einzelne Partei gegeben ist. Im übrigen gelten die Grundsätze für die Leistungsklage entsprechend, dh auch bei der Feststellungsklage ist notwendige Streitgenossenschaft in beiden Alternativen des § 62 I möglich und immer dann anzunehmen, wenn sich das Feststellungsbegehren auf das gesamte Recht bezieht und das Prozeßführungsrecht für die Leistungsklage den Mitberechtigten nur gemeinsam zusteht (StJ/Bork Rn 22, 23; RSchwab/Gottwald § 49 III 1b [2]; MK/Schilken Rn 36, 37 mwN; vgl auch BGH FamRZ 92, 1056; Köln NJW-RR 94, 491); die Einzelklage ist danach dann unzulässig, wenn „ausschließlich die Feststellung interessiert, daß der Kläger mit allen Bestreitenden in einem gemeinschaftlichen Rechtsverhältnis steht oder wenn die Feststellung des angegriffenen Rechts gegenüber einzelnen Bestreitenden ohne jeden Wert wäre“ (so Hassold aaO S 41). **Beispiele:** Am Feststellungsstreit *zwischen den Gesellschaftern* einer Personenhandelsgesellschaft über die *Mitgliedschaft* einer Partei müssen – wie bei der Ausschließungsklage (dazu Rn 19) – *sämtliche* Gesellschafter beteiligt sein (BGH 91, 133 mN); das muß auch für den Prozeß gelten, in dem von einem (einem Teil der) Gesellschafter auf Feststellung geklagt wird, daß ein anderer Gesellschafter ausgeschieden sei (Fall notwendiger Streitgenossenschaft wegen Identität des Streitgegenstandes, str; aA BGH 30, 195 – abzulehnen aus den in Rn 16 genannten Gründen). Dagegen sind mehrere Gesellschafter-Miterben, die mit einem *Dritten* über ihre Mitgliedschaft in der Gesellschaft streiten, keine notwendigen Streitgenossen (Hamburg ZIP 84, 1229); desgleichen nicht die GmbH und der Käufer eines GmbH-Anteils beim Streit um die Gesellschafterstellung des Klägers (BGH WM 64, 265). Keine notwendigen Streitgenossen sind auch die testamentarisch eingesetzten Erben im Feststellungsstreit über die Wirksamkeit des Testaments mit dem gesetzlichen Erben (BGH 23, 75); die (zB als Miterben) in Rechtsgemeinschaft stehenden Forderungsprätendenten im Feststellungsstreit (s § 75 Rn 1) mit einem „dritten“ Forderungsprätendenten (BGH FamRZ 92, 1056).

IV) Die Wirkungen der notwendigen Streitgenossenschaft

22 **1) Allgemeines.** Die **Wirkungen der notwendigen Streitgenossenschaft** sind in § 62 nicht erschöpfend geregelt. Auch notwendige Streitgenossen sind gesonderte Streitparteien, die zu dem gemeinsamen Gegner in je einem besonderen Prozeßrechtsverhältnis stehen (BGH NJW 96, 1061). Aber § 62 will eine einheitliche Entscheidung ermöglichen. Im allgemeinen gibt bei Divergenzen die Stellung desjenigen Streitgenossen den Ausschlag, dessen Position dem gemeinsamen Gegner gegenüber die bessere ist (Günstigkeitsprinzip). Dieser Grundsatz hilft in allen Einzelfragen, zB bei dem Problem, wie zu verfahren ist, wenn ein Unterbrechungsgrund in der Person nur eines der notwendigen Streitgenossen eingetreten ist. Ie können die unterschiedlichen Grundlagen der beiden Alternativen (Rn 2, 11) zu unterschiedlichen Rechtsfolgen führen (eingehend Winte aaO [vor § 59] S 188 ff, 301); Beispiele: Rn 25, 31.

23 **2)** Die **Zulässigkeit der Klage** ist im Verhältnis zu jedem Streitgenossen gesondert zu prüfen. Ist die Klage eines notwendigen Streitgenossen als unzulässig abzuweisen, so ist bei zufällig notwendiger Streitgenossenschaft der Prozeß auf Grund der zulässigen Klagen weiterzuführen; bei eigentlich notwendiger Streitgenossenschaft führt die Unzulässigkeit einer Klage zur Unzu-

lässigkeit auch der übrigen Klagen (s auch Rn 30; ie Winte aaO [vor § 59] S 127 ff). Die Wirkungen der **Rechtshängigkeit** (zB gem § 209 I BGB) treten bei der 2. Alt. (Rn 11) nur im Verhältnis zum verklagten Streitgenossen ein (vgl BGH NJW 96, 1061).

3) Die **Prozeßhandlungen** des gemeinsamen Gegners und jedes einzelnen Streitgenossen sind für jedes Prozeßrechtsverhältnis gesondert wirksam und zu beurteilen (BGH NJW 96, 1061). Jeder Streitgenosse kann sich durch einen anderen Prozeßbevollmächtigten vertreten lassen; **Zustellungen** sind an jeden Streitgenossen zu bewirken; die **Verhandlung** nur eines Streitgenossen **zur Hauptsache** wirkt nicht auch gegen die anderen nach §§ 39, 267, 282 III; die **Behauptungen** oder das **Bestreiten** durch einen Streitgenossen wirken nur für und gegen diesen, soweit nicht die übrigen sich ausdrücklich oder konkludent anschließen. Das **Geständnis** eines Streitgenossen, das nach § 290 ihn bindet, ist nach § 286 gegenüber den anderen frei zu würdigen (StJ/Bork Rn 33; Wieczorek/Schütze Rn 73). 24

Bei der **Klagerücknahme** ist nach richtiger Ansicht zu unterscheiden: In den Fällen der notwendigen Streitgenossenschaft aus prozessualen Gründen (§ 62 1. Alt.; oben Rn 2) kann jeder Streitgenosse die Klage mit der Wirkung zurücknehmen, daß er aus dem Prozeß und der Streitgenossenschaft ausscheidet (BSG NJW 72, 176; Winte aaO [vor § 59] S 173, allgM); bei der Streitgenossenschaft aus materiellrechtlichen Gründen (2. Alt., oben Rn 11) schließt dagegen der Zwang zur gemeinsamen Klage eine einseitige Rücknahme durch einen Streitgenossen aus (RG 78, 104; BL/Hartmann Rn 20; ThP 18. Aufl Rn 17; RSchwab 14. Aufl § 50 IV 1a; Jauernig § 82 IV 3; Tsikrikas ZZP 108, 513, sehr str; **aA** Rostock NJW-RR 95, 382 mwN; Wieczorek/Schütze Rn 74; Zimmermann Rn 10; 19. Aufl mwN). An die in der gemeinsamen Ausübung der Prozeßführungsbefugnis liegende *Verfügung* ist jeder mitverfügende Streitgenosse gebunden (zutr Tsikrikas aaO S 512 f); die in der Rücknahme liegende Entziehung der (gemeinsamen) Prozeßführungsbefugnis nach Rechtshängigkeit ist unbeachtlich (entspr Rn 45 vor § 50; Rechtsgedanke aus § 265 II 1); die Bindung der prozeßwilligen Streitgenossen an den „prozeßmüden" widerspricht dem Vertretungsprinzip bei Säumnis und Rechtsmitteleinlegung (Rn 28, 32). Darauf, ob die Klagerücknahme im Verhältnis zwischen den Streitgenossen vertrags-(pflicht-)widrig ist (vgl dazu Rostock NJW-RR 95, 382 mN), kommt es nicht an. Entsprechend muß die **Erledigung des Rechtsstreits** von *sämtlichen* notwendigen Streitgenossen erklärt werden (§ 91a Rn 58 „Streitgenossenschaft"). 25

Anerkenntnis, Verzicht und Klageänderung entfalten ihre Wirkung nur, wenn sie durch alle (anwesenden) Streitgenossen erfolgen. Hatte nur der von mehreren Streitgenossen allein Verhandelnde anerkannt, ergeht zwar Anerkenntnisurteil gegen alle; die Wirkung des Anerkenntnisses entfällt aber in Richtung gegen die übrigen Streitgenossen, wenn diese Berufung eingelegt haben; dann ist das Anerkenntnis in seiner Beweiskraft nach § 286 frei zu würdigen. 26

Die Wirksamkeit eines durch einen einzelnen abgeschlossenen **Prozeßvergleichs** hängt von dessen materieller Verfügungsmacht über den Streitgegenstand im ganzen ab (vgl StJ/Bork Rn 34); fehlt diese, beendet der Vergleich den Rechtsstreit nicht (RSchwab/Gottwald § 131 I 4). 27

4) Bei **Säumnis** eines der Streitgenossen wirkt das Verhalten des oder der (auch nur für sich, Köln VersR 70, 678) verhandelnden Streitgenossen auch für und gegen den Abwesenden. Der Antrag auf Erlaß eines Versäumnisurteils gegen den Säumigen ist daher gemäß § 335 I Nr 1 als unzulässig durch Beschluß zurückzuweisen. Eine etwaige Entscheidung ergeht gegen alle als kontradiktorische und berücksichtigt das prozessuale Verhalten (auch in früheren Verhandlungen) nur des oder der anwesenden Streitgenossen. Bei Säumnis aller Streitgenossen darf Versäumnisurteil nur (str; richtig StJ/Bork Rn 32; Gottwald JA 82, 70) ergehen, wenn die Voraussetzungen hierfür gegenüber allen Streitgenossen vorliegen; auch hier entscheidet also das prozessuale Verhalten desjenigen Streitgenossen, dessen Position gegenüber dem gemeinsamen Gegner die günstigste ist. Der Tod eines notwendigen Streitgenossen (§§ 239, 246) steht der Säumnis nicht gleich; die Vertretungswirkung gem **I** aE gilt nicht (MK/Schilken Rn 50 mN, str; aA BAG NJW 72, 1388). 28

Unterbrechung oder Aussetzung eines Verfahrens wirkt nicht unmittelbar auf die der übrigen notwendigen Streitgenossen; wegen des Zwangs zur einheitlichen Entscheidung darf aber bei Stillstand **eines** Verfahrens auch im anderen nicht entschieden werden (RSchwab/Gottwald § 49 IV 3d). 29

5) Die **Entscheidung** muß gegen alle Streitgenossen einheitlich (s BGH 63, 53; 68, 84; NJW 93, 1983) und darf nicht durch **Teilurteil** gegen nur einen Streitgenossen ergehen (s BGH NJW 91, 101; 96, 1061; § 301 Rn 3, 12). Ausnahme: wenn der andere Schuldner leistungsbereit ist, BGH NJW 92, 1102 mN; NJW-RR 91, 334 mN und oben Rn 18. Sowohl bei prozessual, als auch bei materiell notwendiger Streitgenossenschaft ist nur die *Sach*entscheidung notwendig einheitlich. Die Klage gegen einen von mehreren zufällig notwendigen Streitgenossen kann daher wegen Fehlens einer Prozeßvoraussetzung als unzulässig abgewiesen, im übrigen aber zugesprochen werden. In den Fällen der echten notwendigen Streitgenossenschaft (§ 62 Alt 2) allerdings führt die Unzulässigkeit einer Klage auch zur Abweisung der übrigen (zB BGH 30, 195). 30

31 6) **Rechtskräftig** wird ein Urteil so lange nicht, als der Gegner oder auch nur ein notwendiger Streitgenosse ein Rechtsmittel einlegen können (BGH NJW 96, 1060 [1062]; s Rn 32). Das gleiche gilt für Einspruch und Wiederaufnahmeklage. Unter Verstoß gegen § 62 ergangene Teilurteile (Rn 30) sind zwar formeller und materieller **Rechtskraft** fähig, entfalten jedoch im Fall der 2. Alt. (Rn 11) keine Rechtskraftwirkung für und gegen die anderen Streitgenossen (so jetzt BGH NJW 96, 1062, bisher sehr str; aA – nicht zwischen den beiden Alt. unterscheidend – zB MK/Schilken Rn 53; RSchwab/Gottwald § 49 IV 3b mit Fn 37); Grund: Kein Fall von Rechtskrafterstreckung, zugleich Unterschied zur 1. Alt. (dazu RG 132, 351; BGH NJW 96, 1062 unter d aa). Dagegen kann im Fall der 2. Alt. eine im Verhältnis zu einem Streitgenossen eingetretene günstige Prozeßlage auch den anderen Streitgenossen zugutekommen (Rn 22; vgl das Beispiel in BGH NJW 96, 1061). Daher muß der gemeinsame **Gegner** ein Urteil zugunsten aller Streitgenossen gegenüber jedem von diesen rechtzeitig mit einem **Rechtsmittel** anfechten (RG 61, 398; OVG Lüneburg SchlHA 75, 130), wenn er vermeiden will, daß das Rechtsmittel gegen nur einen der notwendigen Streitgenossen wegen der Rechtskraft zugunsten der übrigen Streitgenossen als unbegründet (nach BGH 23, 75; FamRZ 1975, 406; RSchwab/Gottwald § 49 IV 2 als unzulässig) zurückgewiesen wird (näher Winte aaO [vor § 59] S 291 ff).

32 7) Das **Rechtsmittel eines jeden Streitgenossen** ist gesondert zu beurteilen (Rn 24; Rechtsmittel des Gegners: Rn 31). So kann ein Streitgenosse die durch Zustellung an ihn in Lauf gesetzte Frist wahren, während ein anderer die gegen ihn laufende versäumt. Gleichwohl wird auch der säumige Streitgenosse, der selbst kein Rechtsmittel eingelegt hat, Partei im Rechtsmittelverfahren (Karlsruhe ZIP 91, 102), desgleichen auch der nicht im erstinstanzlichen Klagerubrum aufgeführte Streitgenosse (BGH NJW 91, 101; **Abs II**): er muß geladen werden und kann selbst Prozeßhandlungen vornehmen. Dies gilt nach jetzt überwiegender Ansicht (vgl MK/Schilken Rn 52 mwN in Fn 180) auch dann, wenn die Rechtsmittelfrist gegen den Untätigen schon abgelaufen war, als der Tätige sein noch zulässiges Rechtsmittel eingelegt hatte. Aus diesem Grund erübrigt sich eine gesonderte Verwerfung des verspäteten Rechtsmittels des untätigen Streitgenossen: die Rechtslage ist der bei mehrfach eingelegtem Rechtsmittel ähnlich (vgl hierzu BGH 24, 179). Erst wenn das Rechtsmittel des Tätigen zurückgenommen oder als unzulässig verworfen wird, muß auch über das des Untätigen entschieden werden (so überzeugend Schumann ZZP 76, 381, ihm folgend StJ/Bork Rn 42; ThP Rn 24; aA BL/Hartmann Rn 26). Die durch § 62 II dem Untätigen zukommende Parteistellung auch im Rechtsmittelzug ändert aber nichts daran, daß die Kostenlast nach § 97 nur den trifft, der das Rechtsmittel rechtzeitig eingelegt hat.

63 *[Prozeßbetrieb; Terminsladung von Amts wegen]*

Das Recht zur Betreibung des Prozesses steht jedem Streitgenossen zu; zu allen Terminen sind sämtliche Streitgenossen zu laden.

1 **I) Anwendungsbereich.** § 63 gilt für die **einfache** wie für die **notwendige Streitgenossenschaft.** Das Recht, den Prozeß zu betreiben, folgt aus der Selbständigkeit des Prozeßrechtsverhältnisses eines jeden Streitgenossen gegenüber dem gemeinsamen Gegner. Die rechtskräftige Entscheidung gegenüber einem einfachen Streitgenossen schließt diesen von dem weiteren Verfahren aus; die Rechtskraft der Entscheidung gegenüber einem notwendigen Streitgenossen ändert nichts daran, daß er auch weiterhin zuzuziehen ist (vgl Rn 32 zu § 62).

2 **II) Ladung sämtlicher Streitgenossen.** Soweit danach nicht einzelne (einfache) Streitgenossen ausgeschieden sind, müssen zu Terminen alle Streitgenossen geladen und müssen die Termine in den Fällen der §§ 340a, 520, 555 allen Streitgenossen bekanntgemacht werden. Bei Verstoß gegen § 63 kann gegen einen nicht erschienenen Streitgenossen, der nicht geladen war, kein Versäumnisurteil ergehen; dagegen hindert ein Verstoß gegen § 63 ein Versäumnisurteil gegen den gemeinsamen Gegner nicht, wenn nur dieser ordnungsgemäß geladen war und ein erschienener Streitgenosse das Versäumnisurteil beantragt.

Dritter Titel

BETEILIGUNG DRITTER AM RECHTSSTREIT

Lit: *Deixler-Hübner,* Die Nebenintervention im Zivilprozeß, Wien 1993; *Eibner,* Möglichkeiten und Grenzen der Streitverkündung, Erlanger Diss 1986; *W. Lüke,* Die Beteiligung Dritter im Zivilprozeß, 1993; *Schäfer,* Nebenintervention und Streitverkündung, 1990; *Windel,* Der Interventionsgrund des § 66 Abs 1 ZPO usw, 1992.

Vorbemerkungen

I) Formen der Drittbeteiligung. Nimmt ein Dritter den Gegenstand eines Rechtsstreits ganz oder teilweise für sich in Anspruch, so muß er klagen. Nach § 64 ist es möglich, diese Klage gegen die beiden Parteien des schon schwebenden Hauptprozesses bei dem Gericht des letzteren zu stellen (**Hauptintervention;** praktisch äußerst selten, vgl Koussoulis ZZP 100, 211 ff). Hat ein Dritter ein rechtliches Interesse daran, daß in einem Rechtsstreit eine Partei obsiegt, so kann er dem Prozeß beitreten; er wird dadurch Streithelfer der von ihm unterstützten Partei (**Nebenintervenient**), §§ 66–71. Erfolgt dieser Beitritt nicht, so hat die Hauptpartei die Möglichkeit, den Dritten (am Rechtsstreit Interessierten) zum Beitritt durch **Streitverkündung** zu veranlassen, §§ 72–77. Dagegen sieht die ZPO (im Gegensatz zu §§ 65 II VwGO, 75 II SGG, 60 III FGO) keine *allgemeinen* Vorschriften über eine Zuziehung von Dritten von Amts wegen („notwendige Beiladung") vor; eine **gerichtliche Beiladungspflicht** kann sich aber unmittelbar aus Art 103 I GG ergeben (ie str); s Einzelfälle: Rn 2. 1

II) Notwendige Beiladung von Amts wegen. In Kindschaftssachen (§ 640) besteht die Amtspflicht zur **Beiladung** eines – am Rechtsstreit nicht als Partei beteiligten – Elternteils oder Kindes (§ 640e), um diesem Gelegenheit zum Beitritt zu geben (BGH 76, 302 f = NJW 80, 1693 und § 640 e Rn 1). Eine Ausdehung des § 640e auf Fälle der „Drittbetroffenheit" von weiteren Verfahrensbeteiligten befürwortet zB Lüke aaO S 230; verneinend für den außerehelichen Erzeuger im Ehelichkeitsanfechtungsprozeß BGH 83, 393 f; vgl dazu auch § 640e Rn 1; ferner § 856 III. Das BVerfG 60, 15 verlangt, den von einer Entscheidung betroffenen Dritten zumindest von der Klageerhebung in Kenntnis zu setzen (Art 103 I GG; Bsp: Mitgesellschafter bei Auflösungsklage eines Gesellschafters gegen die GmbH); ist dies versäumt worden, ist ihm das Urteil zuzustellen (BGH 89, 125 = NJW 84, 353 zu § 640e; eingehend Marotzke ZZP 100, 164 ff; Lüke aaO S 124 ff, 201 ff; Waldner Rn 424; Wieczorek/Schütze/Mansel Rn 13 ff vor § 64 und unten § 69 Rn 7). 2

64 *[Hauptintervention]*

Wer die Sache oder das Recht, worüber zwischen anderen Personen ein Rechtsstreit anhängig geworden ist, ganz oder teilweise für sich in Anspruch nimmt, ist bis zur rechtskräftigen Entscheidung dieses Rechtsstreits berechtigt, seinen Anspruch durch eine gegen beide Parteien gerichtete Klage bei dem Gericht geltend zu machen, vor dem der Rechtsstreit im ersten Rechtszuge anhängig wurde.

I) Voraussetzungen der Hauptintervention

1) Allgemeines. Hauptprozeß ist der zwischen den Erst-Parteien (Erst-Kläger, -Beklagter) geführte Rechtsstreit, **Interventionsprozeß** ist der zwischen dem Dritten (Interventionskläger) und den Parteien des Hauptprozesses als Streitgenossen auf Beklagtenseite geführte Rechtsstreit (**Einmischungsklage**). Der Interventionskläger muß eine mit der des Hauptprozesses unvereinbare Rechtsposition geltend machen. **Zweck:** Verfahrenskonzentration, Vermeidung einander widersprechender Entscheidungen (RSchwab/Gottwald § 52 I; weitergehend Koussoulis ZZP 100, 226). Haupt- und Interventionsprozeß sind *selbständige* Verfahren und gehen nebeneinander her; wenn sie in derselben Instanz schweben, können sie *verbunden* werden § 147 (BGH NJW 88, 1205; krit zur Selbständigkeit Picker, FS Flume I, 1978, S 707). Zur *Aussetzung* des Hauptprozesses bis zur rechtskräftigen Entscheidung des Interventionsprozesses: § 65. Die Klagezustellung erfolgt an die Prozeßbevollmächtigten des Hauptprozesses (vgl § 82; RG 15, 428). 1

2) Ein schwebender Rechtsstreit (auch Urkunden- oder Wechselprozeß) zwischen zwei Personen muß gegeben sein. Keine Hauptintervention im Arrest- und Mahnverfahren (hinsichtlich des letzteren aA MK/Schilken Rn 4 mwN, str). Der Rechtsstreit darf nicht durch Klagerücknahme, Vergleich oder Urteil bereits abschließend erledigt sein (vgl MK/Schilken Rn 4). 2

3) Interventionsrecht. Der Hauptintervenient (Dritte), der im Hauptprozeß auch Nebenintervenient (Streitgehilfe) der einen Partei gewesen sein kann (RG 46, 404), muß die **strittige Sache** (das Recht an ihr oder das strittige Recht) ganz oder teilweise **für sich in Anspruch nehmen,** sei es als ausschließliches Recht (Eigentum) oder als stärkeres Recht (weil es zB ihm zur Einziehung überwiesen worden ist). Für die Inanspruchnahme des Rechts ist **Identität der Klageforderung,** abgesehen vom Subjekt, erforderlich (BAG 43, 316, str; krit Wieczorek/Schütze/Mansel Rn 26 f). Nicht nötig ist Identität der Rechtsschutzform der Interventionsklagen (Koussoulis ZZP 100, 229). Die Hauptintervention kann durch Leistungsklage gegen die eine Partei des Hauptprozesses und Feststellungsklage gegen die andere Partei erhoben werden (zust MK/Schilken Rn 8, 15); entscheidend ist nur, daß mit beiden Klagen dasselbe Ziel verfolgt wird (BAG 43, 317). Beispiel. Hauptprozeß: Zahlungsklage des Zessionars gegen den Schuldner; Interventionsprozeß: Klage des Konkursverwalters des Zedenten (Gemeinschuldner) gegen den Zessionar auf Rückzession 3

(§§ 29 ff, 37 KO), gegen den Schuldner auf Zahlung (vgl Frankfurt NJW-RR 94, 957, dazu krit Deubner JuS 94, 782; sa § 67 Rn 11 aE).

4 **4) Zuständigkeit.** Das Gericht erster Instanz ist **ausschließlich** örtlich und sachlich zuständig, auch wenn der Hauptprozeß in der Rechtsmittelinstanz schwebt. Statt der Interventionsklage ist die Klage im allgemeinen Gerichtsstand gegen die Parteien des Hauptprozesses möglich (RG 64, 322). Bei Verweisung des Hauptprozesses ist auch der Einmischungsprozeß mit zu verweisen (LG München I NJW 67, 787; aA MK/Schilken Rn 11; Wieczorek/Schütze/Mansel Rn 40).

II) Rechtsfolgen der Hauptintervention

5 In dem Interventionsprozeß werden die beklagten Parteien **Streitgenossen,** auch ohne Vorliegen der Voraussetzungen der §§ 59, 60. Ob eine notwendige oder einfache Streitgenossenschaft vorliegt, hängt vom Einzelfall ab (RG 100, 61; Beispiel für einfache Streitgenossenschaft: BGH NJW 88, 1205). Zur Hauptintervention bei Veräußerung des Streitgegenstandes: § 265 II.

6 Das im Interventionsprozeß ergehende **Urteil** wirkt nur zwischen dem Hauptintervenienten und den Parteien des Hauptprozesses, nicht dagegen zwischen den Parteien des Hauptprozesses. Im Fall des § 1086 BGB kann der Eigentümer, der nicht Nießbrauchsbesteller ist, nach §§ 64, 771 vorgehen (vgl Palandt/Bassenge § 1086 Rn 3). Der Testamentsvollstrecker kann als unbeteiligter Dritter Hauptinterventionsklage erheben, wenn ein Nichtberechtigter gegen einen anderen Nichtberechtigten verbotene Eigenmacht geübt hat (Düsseldorf MDR 70, 1017). Bei Abweisung der Interventionsklage muß das Rechtsmittel, wenn umfassende Anfechtung gewollt ist, gegen *beide* Parteien des Hauptprozesses (Rn 1) gerichtet werden (vgl BGH NJW 88, 1205).

7 **III) Gebühren:** Wie im ordentlichen Prozeß. Für die Gebühren des ProzBev des beitretenden Streitverkündeten kommt dem Beitrittszeitpunkt und den dann abgegebenen Erklärungen entscheidende Bedeutung bei. Der Antrag, „zu entscheiden, was rechtens ist", löst keine Verhandlungsgebühr aus (Hamm MDR 92, 308; ähnlich Nürnberg AnwBl 94, 197). Nach Saarbrücken (JurBüro 89, 1113) keine Erörterungsgebühr, wenn nur die ProzBev der Parteien Sachanträge stellen; weiter zu recht München JurBüro 92, 397. Keine Beweisgebühr bei Beitritt erst nach Eingang der eingeholten amtlichen Auskunft (Koblenz AnwBl 94, 303 = JurBüro 95, 83; KG MDR 94, 413). Befragung des Streithelfers zur Aufklärung str Parteivorbringens löst Beweisgebühr aus (Köln JurBüro 95, 471).

65 *[Aussetzung des Hauptprozesses]*

Der Hauptprozeß kann auf Antrag einer Partei bis zur rechtskräftigen Entscheidung über die Hauptintervention ausgesetzt werden.

1 **Die Aussetzung** erfolgt **auf Antrag einer Partei** des Hauptprozesses, nicht auch des Hauptintervenienten (hM; aA MK/Schilken Rn 1; Wieczorek/Schütze/Mansel Rn 1). Unabhängig davon ist die Aussetzung von Amts wegen, § 148. Die Zuerkennung des Anspruchs im Interventionsprozeß erledigt den Hauptprozeß. Wurde im Hauptprozeß zuerst ein Urteil erlassen, so kann es ohne Rücksicht auf die Interventionsklage vollstreckt werden; keine Einstellung der Vollstreckung mit Rücksicht auf den Interventionsprozeß. Möglich ist aber Arrest oder einstweilige Verfügung. Damit besteht auch die Möglichkeit, zur Einstellung der Zwangsvollstreckung zu gelangen (§ 938), denn das Urteil des Interventionsprozesses wirkt nicht zwischen den Parteien des Hauptprozesses. Gegen die Ablehnung des Antrags ist sofortige **Beschwerde** gegeben, gegen den nach mündlicher Verhandlung erlassenen Aussetzungsbeschluß die einfache Beschwerde, § 252.

66 *[Nebenintervention, Zulässigkeit]*

(1) Wer ein rechtliches Interesse daran hat, daß in einem zwischen anderen Personen anhängigen Rechtsstreit die eine Partei obsiege, kann dieser Partei zum Zwecke ihrer Unterstützung beitreten.

(2) Die Nebenintervention kann in jeder Lage des Rechtsstreits bis zur rechtskräftigen Entscheidung, auch in Verbindung mit der Einlegung eines Rechtsmittels, erfolgen.

I) Voraussetzungen der Zulässigkeit einer Nebenintervention (Streithilfe)

1 **1) Überblick:** Ein Rechtsstreit (Rn 2) muß zwischen anderen Parteien (Rn 5) anhängig sein (Rn 4); der Nebenintervenient muß am Obsiegen einer Partei ein rechtliches Interesse haben (Rn 8 ff). Für den Beitritt (Rn 14 ff) müssen die allgemeinen Prozeßhandlungsvoraussetzungen vorliegen (Rn 14). Die besonderen Zulassungsvoraussetzungen der Nebenintervention (Rn 1 ff, 8 ff) werden nur auf Rüge geprüft (Rn 14; zum Verfahren: § 71).

2 **2) Anhängiger Rechtsstreit. a) Rechtsstreitigkeiten** sind Klageverfahren jeder Art, nicht nur mit vermögensrechtlichem Gegenstand, sondern auch in Familien- und Kindschaftssachen (vgl §§ 640e, 641b), zB Ehelichkeitsanfechtung (BVerfG 21, 138; BGH 76, 302; 83, 395 = NJW 82, 1653;

NJW 84, 353). Der Beitritt ist aber nicht nur bei Klage möglich, sondern richtiger Ansicht nach in sämtlichen Verfahren, in denen die ergehende Entscheidung die Rechtslage des Nebenintervenienten rechtlich beeinflussen kann (RSchwab/Gottwald § 50 II 1a), so zB im Arrest- und Verfügungsverfahren (ThP Rn 2; Blomeyer § 112 I 1; StJ/Bork Rn 6b; Düsseldorf NJW 58, 794); im Mahnverfahren (RSchwab/Gottwald § 50 II 1a; MK/Schilken Rn 2, str; **aA** BL/Hartmann Rn 4; StJ/Bork Rn 6c); im Verfahren nach den §§ 722, 731, 767, 768, 771, 805, 891 (vgl Schleswig SchlHA 60, 343); im arbeitsgerichtlichen Verfahren (vgl BAG 42, 356 zu § 110 ArbGG).

Entsprechend anwendbar sind die §§ 66 ff im Selbständigen Beweisverfahren (KG OLGZ 89, 74 = MDR 88, 680; Koblenz OLGZ 94, 231 mN auch zur aA; MDR 94, 619; Köln OLGZ 93, 485 = NJW 93, 1661; NJW 93, 2757 = MDR 93, 575; Oldenburg NJW-RR 95, 829 f, jeweils mwN; Kunze NJW 96, 103 mwN; Hoeren ZZP 108, 343, 353 ff; MK/Schilken Rn 2; Wieczorek/Schütze/Mansel Rn 14, str; **aA** LG Stuttgart BauR 92, 267, zT auch die OLG-Rspr, s Ulbrich BauR 94, 691; Cuypers NJW 94, 1991 mN; 17. Aufl; vgl auch § 487 Rn 3); Grund: Umfassende Verwertung der erhobenen Beweise im Folgeprozeß (vgl § 493) bei Drittbeteiligung; ferner in echten Streitverfahren der freiwilligen Gerichtsbarkeit (vgl BGH 38, 110; 70, 346; BayObLGZ 87, 252; Hamm NJW-RR 91, 1093; 96, 336). 2a

Die Vorschriften über die Nebenintervention (und damit auch Streitverkündung) sind **nicht anzuwenden** im schiedsrichterlichen, Aufgebots- (OLG 20, 298), Konkurs- (Frankfurt Rpfleger 78, 417), Erinnerungs- (§ 766; Oldenburg NdsRpfl 55, 35) oder Kostenfestsetzungsverfahren (Karlsruhe Rpfleger 96, 83). 3

b) Der Rechtsstreit muß **anhängig** sein (Begriff: § 253 Rn 4); Rechtshängigkeit ist nicht erforderlich (BGH 92, 257 = NJW 85, 328 = MDR 85, 222; ThP Rn 4; MK/Schilken Rn 3; **aA** BL/Hartmann Rn 3; StJ/Bork Rn 6 ff), denn ein Interesse an einem Beitritt kann bereits vor Rechtshängigkeit gegeben sein, zB im Mahnverfahren zwecks Einlegung des Widerspruchs. Der Rechtsstreit darf **noch nicht beendet** sein (BVerfG 60, 13; BGH NJW 84, 353); nach Urteilszustellung besteht die Anhängigkeit (zunächst) noch in der unteren Instanz fort (Rn 15). Folgen für den Zeitpunkt des Beitritts und zuständiges Gericht: Rn 15 f. 4

3) Rechtsstreit zwischen anderen Personen. a) Der Nebenintervenient (Streitgehilfe) muß eine **von den Parteien verschiedene Rechtspersönlichkeit** sein. Also können beitreten einer juristischen Person, dem verklagten nichtrechtsfähigen Verein (§ 50 II) die jeweiligen Mitglieder; der AG ihre Aktionäre (Neustadt NJW 53, 1266); der OHG ihre Gesellschafter (RG 102, 303; BGH 62, 133), und zwar auch die vertretungsberechtigten (str; aA RSchwab/Gottwald § 50 II 1d; wie hier StJ/Bork Rn 8; Hueck, Das Recht der offenen Handelsgesellschaft § 22 II 1), dementsprechend auch der KG ihr persönlich haftender Gesellschafter (Hamburg ZIP 88, 663). Dies gilt auch dann, wenn im Konkurs von KG und Komplementär-GmbH jeweils dieselbe Person als Konkursverwalter bestellt ist (Hamburg aaO; Grund: § 51 Rn 7). Der Rechtsinhaber kann der Partei kraft Amtes beitreten, also der Erbe dem Nachlaßverwalter oder dem Testamentsvollstrecker usw (s Rn 21 vor § 50) und jeweils umgekehrt. 5

b) Bei **Streitgenossenschaft** liegen in Wahrheit mehrere selbständige, aber verbundene Prozesse vor. Also kann ein Streitgenosse dem anderen (BGH 68, 85), aber auch dem Gegner beitreten (BGH 8, 72; Wieczorek/Schütze/Mansel Rn 28; vgl auch umgekehrt BGH NJW 96, 196), selbst wenn er noch nicht rechtskräftig aus dem Rechtsstreit ausgeschieden ist (BGH VersR 85, 80; vgl auch Fallgestaltung in BGH LM Nr 1); umgekehrt verliert der Nebenintervenient seine Stellung als solcher (§ 67) nicht dadurch, daß er später mitverklagt wird (BAG 72, 98), gleich auf welcher Seite der Beitritt erfolgt ist (BGH NJW 96, 196). Rechtskräftig verurteilte Beklagte können, wenn ihnen im zweiten Rechtszug von einem anderen Beklagten der Streit verkündet wird, auch dem Kläger als Nebenintervenient beitreten (Schleswig NJW 50, 704). 6

c) Der **gesetzliche Vertreter** einer Partei kann dieser nicht als Nebenintervenient beitreten (hL, vgl RSchwab/Gottwald § 50 II 1d). 7

II) Das rechtliche Interesse (Interventionsgrund)

1) Begriff und Abgrenzung. a) Rechtliches Interesse am Obsiegen einer Partei hat jemand dann, wenn die Entscheidung des Rechtsstreits (durch Inhalt oder Vollstreckung) mittelbar oder unmittelbar auf seine privat- oder öffentlich-rechtlichen Verhältnisse rechtlich günstig oder ungünstig einwirkt (s München GRUR 76, 388, hM; krit Windel aaO [vor § 64] S 117 ff). Der Begriff ist **weit** auszulegen (BL/Hartmann Rn 7; Schäfer aaO [vor § 64] S 118 mN), Grenze: Rechtsbeziehungen zu Nichtparteien („Vierten") genügen idR nicht (Wieczorek/Schütze/Mansel Rn 49 mN). Eine Zulassung erfolgt schlechthin auch dann, wenn sich das Interesse des Nebenintervenienten auf einen Teil der Hauptsache beschränkt (Düsseldorf MDR 66, 852). 8

b) Nicht genügt also ein **ideales** oder ein **rein wirtschaftliches Interesse,** zB im Falle des Beitritts des Geschädigten im Deckungsprozeß, den der Schädiger gegen seinen Haftpflichtversicherer führt (München VersR 76, 73). Es genügt auch nicht das Interesse des Aktionärs am Obsiegen seiner AG im Hinblick auf seine Dividende; nicht das eines Mitglieds des Gläubigeraus- 9 schusses, der nicht selbst Konkursgläubiger ist, um den Beitritt im Anfechtungsprozeß des Konkursverwalters zu rechtfertigen (RG 36, 367; JW 37, 3042); beitrittsberechtigt sind hier aber die Konkursgläubiger.

10 Nicht genügt ein **tatsächliches Interesse:** Klagt der Geschädigte gegen den Schädiger den Teil seines Anspruchs ein, der nicht auf den Sozialversicherer des Geschädigten übergegangen ist, so kann der Sozialversicherer in diesem Prozeß nicht als Nebenintervenient beitreten (Köln MDR 71, 849; dazu auch BAG NJW 68, 73). Entgegen der hL ist auch der Gemeinschuldner berechtigt, seinem Konkursverwalter im Rechtsstreit nach § 146 KO beizutreten, denn das Urteil berührt seine Forderung, wenn auch der Konkursverwalter prozeßführungsbefugt ist (so auch StJ/Bork Rn 13; aA Windel aaO [Rn 8] S 132 f mN); der Prozeßbevollmächtigte kann seiner Partei im zweiten Rechtszug nicht im Interesse seines Anspruchs auf Erstattung der Kosten der ersten Instanz beitreten (RG 169, 51). Wegen des Interesses in Patentnichtigkeitsverfahren vgl BGH 4, 5; Rn 13 aE.

11 **2) Hauptfallgruppen. Lit:** *Windel* aaO (Rn 8). **a)** Das Urteil wirkt gegen den Nebenintervenienten **Rechtskraft. Beispiele:** §§ 325, 326, 327, 727 ZPO; § 129 I HGB; § 407 II BGB; vgl auch § 69 Rn 2. Das gleiche gilt, wenn der Nebenintervenient von der **Gestaltungswirkung** eines Urteils betroffen wird; nach BGH 68, 85 kann zB der auf Zustimmung zur Ausschließung eines Gesellschafters verklagte Mitgesellschafter dem in demselben Verfahren Auszuschließenden als Streithelfer gemäß § 66 beitreten (krit Haarmann/Holtkamp NJW 77, 1396: Fall von § 62 I, 1. Alt; vgl auch § 62 Rn 20; § 69 Rn 3). Ist in dem gegen die Gesellschaft gerichteten Anfechtungsstreit zugleich die Feststellung begehrt, daß bei Nichtberücksichtigung der Stimmabgabe eines Gesellschafters ein bestimmter Beschluß zustandegekommen ist, und der betreffende Gesellschafter nicht bereits als Streitgenosse mitverklagt worden (vgl § 62 Rn 21), kann er jedenfalls der beklagten Gesellschaft als Streithelfer beitreten (vgl BGH 88, 330 f).

12 **b)** Aus dem Urteil droht **Vollstreckung** in das Vermögen des Nebenintervenienten: **Beispiele:** § 729 II ZPO iVm § 25 HGB; §§ 740 ff ZPO iVm dem Güterrecht der Gütergemeinschaft (s Rn 60 ff vor § 50). Zum Beitrittsrecht eines Gatten im Prozeß des anderen in den Fällen der §§ 1365, 1369 BGB vgl Baur FamRZ 58, 257.

13 **c)** Das streitige Rechtsverhältnis ist für die rechtlichen Beziehungen des Nebenintervenienten zu einer Partei **vorgreiflich.** Hierher gehören zunächst die Fälle von **akzessorischer Schuld und Haftung.** Im Prozeß gegen den persönlichen (Haupt-)Schuldner kann daher Nebenintervenient sein: der Bürge (§ 767 I 1 BGB), der Verpfänder (§ 1210 BGB), der Hypothekenbesteller (§ 1113 BGB), der Schuldmitübernehmer; ferner der Gesellschafter im Prozeß gegen die OHG (§ 128 HGB), der persönlich haftende Gesellschafter im Prozeß gegen die KG (§§ 161 II, 128 HGB; Hamburg ZIP 88, 663), der Untermieter im Prozeß gegen den Hauptmieter (§ 556 III BGB), der Haftpflichtversicherer im Haftpflichtprozeß (Köln VersR 65, 951 f; LG Köln VersR 93, 1095), der Träger der Insolvenzsicherung im Prozeß des Arbeitnehmers gegen den (neuen) Arbeitgeber (BAG ZIP 87, 309). Ein Hauptfall der Vorgreiflichkeit ist weiter gegeben, wenn der Nebenintervenient einen **Regreßanspruch** behauptet oder befürchtet. Beispiele: Wurde eine Forderung zediert, kann der Altgläubiger dem Neugläubiger in seinem Rechsstreit gegen den Schuldner beitreten, da er bei Abweisung der Klage dem Zessionar für den rechtlichen Bestand der Forderung haftet (§ 437 BGB). Der Verkäufer einer Ware kann seinem Käufer beitreten, wenn dieser vom Drittkäufer wegen eines Sachmangels belangt wird (vgl § 478 I 2 HS 2 BGB); der Hauptschuldner im Prozeß des Gläubigers gegen den Bürgen wegen dessen Rückgriffsrecht (BGH 86, 272); der beurkundende Notar der auf Vertragserfüllung klagenden Partei im Hinblick auf seine Amtshaftung (§ 19 BNotO) bei Formunwirksamkeit; der Eigentümer einer Pfandsache im Rechtsstreit zwischen Verpfänder und Pfandgläubiger (JW 10, 190); ein Gesamtschuldner oder Gesamtgläubiger im Prozeß seines Mitverpflichteten bzw Mitberechtigten; der Vollstreckungsschulder im Interventionsprozeß nach § 771 oder im Verfahren nach § 805; der Geschädigte im Deckungsprozeß des Versicherungsnehmers gegen den Haftpflichtversicherer, wenn dieser auch dem Geschädigten die Leistung verweigert (München NJW 67, 635). Zum rechtlichen Interesse am Beitritt in Patentnichtigkeits- und Gebrauchsmusterlöschungsverfahren vgl BPatG BB 67, 772; s auch München WRP 76, 330. Kein rechtliches Interesse besteht bei einem angeblichen, mit Sicherheit aussichtslosen Regreßanspruch (Frankfurt NJW 70, 817).

13a **d)** Ein rechtliches Interesse besteht für den **Träger des materiellen Rechtsverhältnisses** ohne formelle Parteistellung im Prozeß (Fälle von **Prozeßstandschaft**). Beispiele: Beitreten kann immer der Rechtsinhaber, wenn ein Dritter den Prozeß im eigenen Namen führt, so der Treugeber im Prozeß des Treuhänders (RG 145, 188); so in den Fällen der §§ 1074, 1285 BGB; § 841 ZPO; ferner der Kommittent dem Kommissionär und umgekehrt. Ein rechtliches Interesse kann sich auch aus **gesetzlich begründeten Mitwirkungs- und Aufsichtsrechten** ergeben. Nebenintervenienten können daher sein: Die Bundesanstalt für den Güterfernverkehr im Rechtsstreit, den der Fuhrunternehmer gemäß § 23 II GüKG gegen seinen Vertragspartner führt (Stuttgart NJW 65,

824; Bamberg VersR 65, 1006); das Versorgungsamt, das die Rente der Klägerin bei Unterliegen des unterhaltspflichtigen Beklagten kürzen könnte (LG Flensburg FamRZ 74, 534); der Rechtsträger der staatlichen Kommunalaufsicht auf seiten eines mit einer Eingruppierungsfeststellungsklage überzogenen Landkreises (BAG RdA 79, 191 [L]).

e) Rechtliches Interesse bei Statusprozessen. Im Ehelichkeitsanfechtungsstreit des Mannes gegen das Kind (§§ 1594, 1599 I BGB) hat der Dritte, der als außerehelicher Erzeuger des Kindes in Betracht kommt, schon im Hinblick auf § 1615b BGB ein rechtliches Interesse an der Abweisung der Anfechtungsklage und kann daher auf seiten des *beklagten Kindes* als (einfacher: § 69 Rn 2) Nebenintervenient beitreten (BGH 83, 395 = NJW 82, 1653 = MDR 82, 749) und Rechtsmittel gegen das der Klage stattgebende Urteil einlegen (BGH 76, 299 = NJW 80, 1693; 92, 276 = NJW 85, 386 = MDR 85, 129; NJW-RR 87, 899). Nimmt der Dritte dagegen die Vaterschaft für sich in Anspruch, kann er auch auf seiten des *Anfechtungsklägers* beitreten (Braun JZ 85, 339; offengelassen in BGH 76, 304); ein Widerspruch zu der höchstpersönlichen Natur des zeitlich befristeten Anfechtungsrechts (vgl §§ 1593–1595 BGB) liegt darin nicht, wenn man einen Fall des § 69 verneint (so zutr Braun aaO und § 69 Rn 2). 13b

III) Beitritt des Nebenintervenienten

1) Vorliegen der Prozeßhandlungsvoraussetzungen und Prüfung. Sind die Voraussetzungen in Rn 2–13b erfüllt, ist der Beitritt in der Form des § 70 zulässig, auch hinsichtlich eines Teils des Streitgegenstandes (Düsseldorf MDR 66, 852). Der Beitritt ist **Prozeßhandlung**, also muß der Nebenintervenient die **Prozeßhandlungsvoraussetzungen** (Partei-, Prozeßfähigkeit, gesetzliche Vertretung, Postulationsfähigkeit, Vollmacht) erfüllen; sie sind von Amts wegen zu prüfen (Köln NJW 93, 1662; Einschränkung: § 88 II). Fehlen sie, wird die Nebenintervention durch nach § 567 anfechtbaren Beschluß zurückgewiesen (RSchwab/Gottwald § 50 III 1; MK/Schilken Rn 23; ThP Rn 10, str; aA StJ/Bork Rn 25: § 71 entspr). Jedenfalls kann der unwirksame Beitritt dann keine Interventionswirkungen nach § 68 entfalten (ie str, vgl § 68 Rn 3). Die übrigen Voraussetzungen dagegen werden **nur auf Rüge** geprüft (Köln NJW 93, 1662); Mängel heilen also nach § 295. Bei Streit: s zu § 71. 14

2) Zeitpunkt des Beitritts (Abs II). Der Prozeß muß schon und noch anhängig (Rn 4) sein, auch in der höheren Instanz. Auch nach Urteilszustellung erfolgt der Beitritt (bis zur Rechtsmitteleinlegung) noch in der unteren Instanz (BGH NJW 95, 1096). **Abs II** stellt klar, daß der Beitritt (ie § 70 Rn 1) auch in Verbindung mit der **Einlegung eines Rechtsmittels** erfolgen kann (BGH 89, 124 = NJW 84, 353; MDR 82, 650). Darunter fallen auch **Rechtsbehelfe** wie Einspruch (RG 102, 189), Widerspruch gem § 924, Antrag auf Wiedereinsetzung in den vorigen Stand (RSchwab/Gottwald § 50 II 1c mit IV 2b; Wieczorek 2. Aufl A I b 2 mwN, str; **aA** 3. Aufl [Mansel] Rn 20; BGH NJW 91, 230 = MDR 91, 334), aber auch Wiederaufnahmeklage (StJ/Bork Rn 7; BL/Hartmann Rn 13, hM; aA RG 89, 425; vermittelnd BayObLG NJW 74, 1147: bei Beitritt im Vorprozeß). War die Rechtsmittelfrist versäumt (maßgebender Zeitpunkt: § 67 Rn 5) und liegen die Wiedereinsetzungsvoraussetzungen für das Rechtsmittel vor (zB verzögerter Postlauf), so erstreckt sich die Fristenrestitution auch auf die mit dem Rechtsmittel „verbundene" (s § 70 I 1 HS 2) Beitrittserklärung („Einheitstheorie" gegen BGH NJW 91, 230); so wird bei vorangegangener Streitverkündung vermieden, daß den Beitretenden im Hinblick auf §§ 74 III, 68 Zufallsrisiken treffen (im Erg ebenso Deubner JuS 91, 501). Entgegen dem Wortlaut von **II** steht daher die **formelle Rechtskraft** einer ergangenen Entscheidung dem Beitritt nicht notwendig entgegen (RSchwab/Gottwald § 50 II 1c mit IV 2b; aA BGH NJW 91, 230; offen BVerfG 60, 13). 15

Der Beitritt kann auch (noch) **nach Schluß der mündlichen Verhandlung** mit dem Ziel ihrer Wiedereröffnung (§ 156) wirksam erklärt werden; § 296a findet keine Anwendung (§ 296a Rn 2); unterbleibt die Wiedereröffnung der Verhandlung (kein entspr Anspruch des Streithelfers, vgl Köln MDR 83, 409), entfällt wegen §§ 67, 68 HS 2 Alt 1 auch Interventionswirkung; der Beitritt kann ggf zusammen mit einem Rechtsmittel wiederholt werden (II, § 79 I 1; oben Rn 15). Kostenfolgen eines „fehlgeschlagenen" Beitritts: § 101 Rn 2. 16

IV) Ende der Nebenintervention

1) Beendigungsgründe. a) Die Rücknahme des Beitritts ist in der Form des § 269 II mit der Kostenfolge des § 269 III möglich (KG MDR 59, 401). Nach Rücknahme kann der Streithelfer der anderen Partei beitreten (BGH 18, 110 = NJW 55, 1316). Die Zustimmung ist nicht nötig, da die Interventionswirkung des § 68 durch die Rücknahme nicht beseitigt wird (MK/Schilken Rn 25; vgl auch hier § 68 Rn 3). Prozeßhandlungen des Nebenintervenienten bleiben gleichwohl wirksam (ThP Rn 12). **b)** Weiter **endet** die Streithilfe durch rechtskräftige Zurückweisung gem § 71 (dort Rn 8), durch Klagerücknahme (BGH NJW 65, 760), übereinstimmende Erledigungserklärung (§ 91a), Prozeßvergleich (§ 794 I Nr 1), rechtskräftiges Urteil, Ausscheiden der unterstützten Partei aus dem Prozeß (RSchwab/Gottwald § 50 III 4d) und Erlangung der Parteistellung durch Rechtsnachfolge des Nebenintervenienten (BGH 8, 78; § 67 Rn 9 aE). 17

18 2) **Dauer der Nebenintervention.** Der wirksam erklärte Beitritt wirkt im gesamten Rechtsstreit, insbes. auch in der Rechtsmittelinstanz, bis zum Eintritt eines Beendigungsgrundes (Rn 17) fort (Düsseldorf MDR 95, 532; vgl auch § 71 Rn 9).

67 *[Rechtsstellung des Nebenintervenienten]*

Der Nebenintervenient muß den Rechtsstreit in der Lage annehmen, in der er sich zur Zeit seines Beitritts befindet; er ist berechtigt, Angriffs- und Verteidigungsmittel geltend zu machen und alle Prozeßhandlungen wirksam vorzunehmen, insoweit nicht seine Erklärungen und Handlungen mit Erklärungen und Handlungen der Hauptpartei in Widerspruch stehen.

I) Rechtsstellung

1 **Allgemeines.** Der Nebenintervenient (Streitgehilfe, Streithelfer) ist weder Partei, noch gesetzlicher Vertreter der Hauptpartei, sondern Dritter: **Gehilfe der Hauptpartei** kraft eigenen Rechts (RG 64, 68; BGH NJW 95, 199). Im „Rubrum" des Urteils (§ 313 I Nr 1) erscheint er im Anschluß an die unterstützte Hauptpartei (§ 313 Rn 4), ausgenommen die Kostenentscheidung nicht im entscheidenden Teil. Der Nebenintervenient kann sich in der Hauptsache weder eine Verurteilung erstreiten, noch kann er (mit Ausnahme des Kostenpunkts, §§ 101 I, 100) verurteilt werden. Der einfache Nebenintervenient (nicht der nach § 69) kann Zeuge sein (BayObLGZ 87, 253), jedoch sollte seine Anhörung entspr §§ 273 II Nr 3, 141 jedenfalls dann möglich sein, wenn ihm die Hauptpartei die Prozeßführung praktisch überläßt (vgl MK/Schilken Rn 3 mN, str); der Streitgehilfe kann im Prozeß Streitgenosse sein (Rn 10; § 66 Rn 6); durch den Tod oder Konkurs des Streithelfers wird das Verfahren nicht unterbrochen (anders im Fall des § 69). Das prozessuale Wahrheitsgebot gilt auch für den Nebenintervenienten (BGH NJW 82, 281 [282]).

II) Einzelne Befugnisse

2 1) Als Beteiligter bes Art hat er gem Art 103 I GG **Anspruch auf rechtliches Gehör** (BAG MDR 88, 346; Oldenburg NJW-RR 96, 829; Rn 4 vor § 128); iü sind seine **Befugnisse** verschieden, je nachdem, ob er einfacher (unselbständiger; § 67) oder streitgenössischer (§ 69) Nebenintervenient ist; vgl ie Rn 3–7; § 69 Rn 6–7. Schranken: Rn 8–11; § 69 Rn 8.

3 2) **Vornahme von Prozeßhandlungen.** Der Nebenintervenient kann zur Wahrung seiner eigenen Interessen am Ausgang des Rechtsstreits alle der Hauptpartei selbst zustehenden Prozeßhandlungen wirksam vornehmen, insbes Angriffs- und Verteidigungsmittel geltend machen (vgl **HS 2**). Er kann Tatsachen behaupten und bestreiten, alle Beweismittel geltend machen, durch sein Auftreten in der mündlichen Verhandlung von der unterstützten säumigen Partei ein Versäumnisurteil abwenden (RG 102, 303; BGH ZIP 94, 788), einem Dritten den Streit verkünden, für die Hauptpartei den Richter ablehnen. Widerruft allerdings die Partei in der mündlichen Verhandlung sofort die Erklärung des Streithelfers, so verliert diese ihre Wirkung; ebenso bei unverzüglichem schriftlichen Widerruf im schriftlichen Verfahren (s München JurBüro 77, 94). Der Nebenintervenient kann für die Hauptpartei den Antrag nach § 317 I 3 auf Hinausschiebung der Zustellung stellen, wenn die Hauptpartei zumindest teilweise unterlegen ist. Der Nebenintervenient kann auch außerhalb der mündlichen Verhandlung das Einverständnis mit einer schriftlichen Entscheidung wirksam erklären, soweit die Hauptpartei nicht widerspricht (BayOLGZ 63, 240). Zur umstr Frage des Widerrufs eines Geständnisses der Partei durch den Streithelfer s BGH NJW 76, 293 f; OLGR Celle 95, 268 und § 288 Rn 5 mwN.

4 Bei der **Präklusion verspäteten Vorbringens** ist allgemein auf die Hauptpartei abzustellen (BGH NJW 90, 191; Fuhrmann NJW 82, 979; aA Windel ZZP 104, 340). Der Nebenintervenient muß eine in der Person der Hauptpartei begründete Präklusion hinnehmen (Schulze NJW 81, 2664). Fristsetzende Verfügungen sind der **Partei** zuzustellen (vgl § 329 Rn 47) und dem Streithelfer formlos gem § 329 II 1 mitzuteilen (Bischof JurBüro 84, 982, str). Eine Zurechnung von Verspätungsverschulden des Streithelfers scheidet mangels einer Zurechnungsnorm aus (§ 278 BGB ist unanwendbar; Fuhrmann NJW 82, 979 mwN; MK/Schilken Rn 5).

5 3) Der Nebenintervenient kann namens der Hauptpartei (dh „für" diese: BGH NJW 90, 190; 95, 199) **Rechtsmittel** (auch Einspruch) **einlegen und begründen** (BGH NJW 85, 2480), sich den vom Gegner der Hauptpartei eingelegten Rechtsmitteln anschließen (RG 68, 14), auch wenn die Hauptpartei es nicht tut. Eine Rechtsmitteleinlegung durch den Nebenintervenienten ist aber nur solange möglich, als **die Rechtsmittelfrist für die Hauptpartei** läuft (BGH NJW 90, 190 mN; 91, 230; NJW-RR 93, 766, stRspr; BAG ZIP 87, 308) und die Streithilfe nicht rechtskräftig zurückgewiesen ist (BGH NJW 82, 2070 = MDR 82, 650). Das Urteil muß dem Nebenintervenienten nicht von Amts wegen zugestellt werden (BGH NJW 90, 190). Der Nebenintervenient kann zwar *in seiner Person* liegende Wiedereinsetzungsgründe geltend machen (so wohl Waldner JR 84, 158 f mN; **aA** Wieczorek/Schütze/Mansel Rn 55 mN; offenlassend BGH NJW 91, 229 f mN),

jedoch trifft ihn eine Erkundigungspflicht (BGH NJW 86, 257), deren Verletzung Wiedereinsetzung ausschließt (BGH VersR 88, 417). Im übrigen wirken Fristverlängerungen, die dem Nebenintervenienten (zB zur Begründung des Rechtsmittels) gewährt werden, auch zugunsten der Hauptpartei (BGH NJW 82, 2069). Für die **Zulässigkeit** ist die Höhe der **Beschwer der Partei** maßgebend (BAG AP § 511 Nr 1; BGH NJW 81, 2062; NJW-RR 93, 766; MK/Schilken Rn 6). Es bedarf keiner ausdrücklichen Erklärung des Nebenintervenienten, das Rechtsmittel namens der Hauptpartei einlegen zu wollen; s BGH NJW 90, 190; Hamm NJW-RR 91, 1093 und § 70 Rn 1. In dem in der Rechtsmittelinstanz ergehenden Urteil ist gleichwohl die Hauptpartei aufzuführen. Haben Hauptpartei und Nebenintervenient ein Rechtsmittel eingelegt, so handelt es sich um ein *einheitliches* Rechtsmittel (BGH NJW 93, 2944 mwN; Pantle MDR 88, 924; aA Windel ZZP 104, 333). Die Rechtsmittelbegründung (§§ 519, 554) des Nebenintervenienten wirkt zugleich als solche der Hauptpartei. Die Hauptpartei, die neben dem Nebenintervenienten Rechtsmittel eingelegt hat, aber in der Rechtsmittelinstanz nicht mündlich verhandelt, gilt als durch den Nebenintervenienten vertreten; es ist also kein Versäumnisurteil gegen sie möglich, solange der Nebenintervenient verhandelt. **Nimmt** die Hauptpartei ihr **Rechtsmittel zurück,** kann daraus allein nicht gefolgert werden, daß sie mit einem Rechtsmittelverfahren nicht einverstanden ist; der Nebenintervenient, der selbständig ein Rechtsmittel eingelegt hat, ist daher idR in dessen Durchführung nicht gehindert (BGH 76, 301 = NJW 80, 1693; NJW 93, 2944 mwN; Pantle MDR 88, 925), es sei denn, die Hauptpartei hat ausdrücklich oder durch schlüssige Handlungen das Gegenteil zu erkennen gegeben (BGH NJW 93, 2944: ausdrücklicher Widerspruch; Dresden NJW-RR 94, 1550: entgegenstehender außergerichtlicher Vergleich); in diesem Fall ist das Rechtsmittel als unzulässig zu verwerfen (BGH 92, 279; NJW 93, 2944; Dresden aaO) bzw gegenstandslos (§ 515 III; so BGH NJW 88, 712; krit Pantle MDR 88, 924). Rechtsmittelverzicht (§ 514) steht Rechtsmittelrücknahme gleich (Hamburg OLGZ 89, 117 = NJW 89, 1362). Ist die Hauptpartei in der Rechtsmittelinstanz völlig untätig, kann der Nebenintervenient aber sowohl das von ihm als auch das von der Hauptpartei eingelegte Rechtsmittel beschränken oder zurücknehmen (BayObLG NJW 64, 302; vgl auch Hamburg OLGZ 89, 117); allg zur Untätigkeit (Säumnis) der Hauptpartei als Widerspruch iS von § 67 aE näher unten Rn 9.

Unterliegt der Nebenintervenient in der Rechtsmittelinstanz, so sind ihm die **Kosten** des Rechtsmittels allein aufzuerlegen. Hat auch die Hauptpartei ein Rechtsmittel eingelegt, so gelten die §§ 97, 101. Zur Kostentragungspflicht des Nebenintervenienten vgl näher § 101 Rn 3, 4. 6

Die Frist nach § 320 II **(Tatbestandsberichtigung)** beginnt für den Nebenintervenienten mit der Zustellung des vollständigen Urteils an eine der Parteien zu laufen (BGH NJW 63, 1251). 7

III) Schranken der Befugnisse

1) Bindung an die Prozeßlage. Sowohl der unselbständige (§ 67) als auch der streitgenössische (§ 69) Nebenintervenient muß den Rechtsstreit in der Lage annehmen, in dem er sich zZ des Beitritts befindet. Das Prozeßgeschehen kann er nicht mehr ändern. Durch Teil- oder Zwischenurteil bereits erledigte Streitpunkte können daher nicht mehr Gegenstand der Verhandlung sein. Auf Angriffs- und Verteidigungsmittel, auf die die Hauptpartei verzichtet oder die sie versäumt hat, können weder der unselbständige noch der streitgenössische Nebenintervenient zurückkommen, eingetretene Verspätungslagen muß er hinnehmen (Rn 4). Eine wirksame Gerichtsstandsvereinbarung bindet auch den Nebenintervenienten (Hamburg VersR 67, 1173). Prozeßhandlungen, deren Vornahme von der Hauptpartei verwirkt wurde, können nicht mehr durch den Nebenintervenienten geltend gemacht werden, insbesondere kann eine von der Hauptpartei versäumte Notfrist nicht durch den Nebenintervenienten nachgeholt werden. 8

2) Vorrang des Willens der Hauptpartei, keine prozessuale Dispositionsbefugnis. a) Der Nebenintervenient darf sich nicht in **Widerspruch** zu Erklärungen der unterstützten Partei im Prozeß stellen (BGH NJW 76, 293 f; Frankfurt MDR 83, 233). Er darf Prozeßhandlungen (Rn 3) nur vornehmen, solange sich ein gegenteiliger Wille der Hauptpartei nicht feststellen läßt (BGH WM 90, 2077 = BB 91, 19); insoweit kann er seinen eigenen Standpunkt nicht zur Geltung bringen (BGH NJW 82, 282), wohl aber dann, wenn es an einem entgegenstehenden Willen der Hauptpartei (überhaupt) fehlt (verkannt von ArbG Düsseldorf NJW-RR 92, 367). Bloßes Unterlassen (auch „bewußte" Säumnis) der Hauptpartei steht einem (Ver-)Handeln des Streithelfers (zB Einspruch) noch nicht entgegen (eingehend: Frankfurt VersR 96, 212 mit Anm Draschka; sa unten „b"). **b)** Er darf vor allem den **Prozeßgegenstand** nicht ändern oder auf ihn einwirken durch: Klagerücknahme, -änderung (s dazu BAG BB 74, 372), -beschränkung und -erweiterung, es sei denn, ein entgegenstehender Wille der Partei ist nicht feststellbar (BGH NJW 76, 292; zu einer weiteren Ausnahme s aE); durch Zustimmung zur Klageänderung durch den Gegner gegen seine Partei; durch Verzicht, Anerkenntnis (vgl auch Rn 11); er kann weder Wider- noch Zwischenfeststellungsklage erheben (Rn 10) oder Inzidentantrag nach §§ 302 IV 4, 600, 717 II, III stellen. Die Klagerücknahme durch die Hauptpartei muß er hinnehmen (§ 66 Rn 17). Doch kann der Nebenintervenient die Klage ändern, wenn er allein Rechtsmittel eingelegt hat und wenn er der 9

Rechtsnachfolger der Hauptpartei geworden ist (München MDR 72, 616). Hat die Partei ihr Rechtsmittel (nur) zurückgenommen, setzt sich der Nebenintervenient mit der Prozeßfortsetzung nicht in Widerspruch zur Hauptpartei (BGH 76, 302 = NJW 80, 1693; anders bei ausdrücklichem Widerspruch, dazu näher Rn 5). Säumnis (Untätigkeit) der Hauptpartei allein genügt als Widerspruch (§ 67 aE) idR nicht (Wieczorek/Schütze/Mansel Rn 17; s oben „a"). Gegen die säumige Partei darf daher idR kein VU ergehen, wenn der Streithelfer verhandelt (KG NJW-RR 96, 103, str; aA OLGR Hamm 96, 143).

10 3) Der Nebenintervenient darf **nicht im eigenen Namen** vorgehen, wie wenn er selbst Partei wäre. Im eigenen Namen kann er ein Rechtsmittel nur dann einlegen, wenn eine Entscheidung gegen ihn selbst ergangen ist, zB ihm die Kosten auferlegt sind (Oldenburg NJW-RR 95, 829). Anträge gegen den Nebenintervenienten und Rechtsmittel, die nur gegen ihn gerichtet sind, sind unzulässig. Rechtsmittel des Gegners müssen gegenüber der Hauptpartei eingelegt werden (RG 34, 390). Die Erhebung **einer parteierweiternden Widerklage gegen den Nebenintervenienten** ist aber zulässig, auch wenn er auf der Seite des Beklagten beigetreten ist (BGH NJW 96, 196; vgl allg § 33 Rn 18 ff). Einem vom Nebenintervenienten für die Hauptpartei eingelegten Rechtsmittel kann sich der Gegner anschließen, auch wenn die Hauptpartei den Prozeß nicht mehr betreibt. Aus der Stellung als Streithelfer erwächst nicht das Recht zur **Widerklage** (BGH JR 73, 18) oder **Zwischenfeststellungsklage** (§ 256 II), etwa über das Fehlen einer eigenen Einstandspflicht (BAG AP Nr 3 mit insoweit zust Anm Leipold; s auch § 69 Rn 8).

11 4) **Der Nebenintervenient darf materiell über den Streitgegenstand nicht verfügen;** er kann nicht mit Wirkung für und gegen die Hauptpartei einen Vergleich abschließen oder mit einer Forderung der Hauptpartei aufrechnen (BGH NJW 66, 930; Düsseldorf MDR 74, 406), wohl aber materielle Einreden der Hauptpartei (Verjährung, Vorausklage, Zurückbehaltung) vorbringen (BGH VersR 85, 80). Ein Streithelfer kann Prozeßhandlungen, die die Rechtsstellung der unterstützten Partei zugleich materiellrechtlich verändern, nicht vornehmen, ohne dazu von ihr legitimiert zu sein (Düsseldorf MDR 74, 406). In seiner *eigenen Person* begründetete Einreden und Einwendungen des Streithelfers sind idR materiellrechtlich unerheblich (zB § 387 BGB); trifft das ausnahmsweise nicht zu, kann der Streithelfer das Recht ausüben und die eingetretene Rechtsänderung prozessual geltend machen. Beispiel: Aufrechnung mit eigener Gegenforderung bei bestehender Gesamtschuld gem §§ 421, 422 I 2 BGB (vgl MK/Schilken Rn 15; ThP Anm 3d, str; aA BL/Hartmann Rn 6). Dagegen kann der Konkursverwalter als Streithelfer des Schuldners idR nicht die Anfechtbarkeit (iS der §§ 30 ff; 41 II KO) des Erwerbs der geltend gemachten Forderung einredeweise geltend machen (BGH 106, 129 = NJW 89, 985 = MDR 89, 349, zust Bork JR 89, 494, str); Hilfe für Konkursverwalter: § 64, dort Rn 3.

68 *[Wirkung der Nebenintervention]*

Der Nebenintervenient wird im Verhältnis zu der Hauptpartei mit der Behauptung nicht gehört, daß der Rechtsstreit, wie er dem Richter vorgelegen habe, unrichtig entschieden sei; er wird mit der Behauptung, daß die Hauptpartei den Rechtsstreit mangelhaft geführt habe, nur insoweit gehört, als er durch die Lage des Rechtsstreits zur Zeit seines Beitritts oder durch Erklärungen und Handlungen der Hauptpartei verhindert worden ist, Angriffs- oder Verteidigungsmittel geltend zu machen, oder als Angriffs- oder Verteidigungsmittel, die ihm unbekannt waren, von der Hauptpartei absichtlich oder durch grobes Verschulden nicht geltend gemacht sind.

I) Allgemeines

1 1) **Überblick.** § 68 bestimmt, welche Wirkung der Beitritt eines Nebenintervenienten in einem späteren Rechtsstreit (meist Regreßprozeß, vgl § 66 Rn 13) zwischen ihm und der von ihm unterstützten Hauptpartei hat. Die Interventionswirkung (Rn 8 ff) besteht in einer rechtskraftähnlichen (Rn 9) Bindungswirkung im Folgeprozeß an das im Hauptprozeß ergangene Urteil (Ausnahmen: Rn 11). Die Interventionswirkung gem HS 1 ist als Urteilswirkung **von Amts wegen** zu beachten (BGH 16, 228; 96, 54, hM, einschr BGH 100, 263, str; sa Rn 5, 6; zur Rechtskraft vgl Rn 12 vor § 322), die Einrede mangelhafter Prozeßführung (HS 2) dagegen nur bei Geltendmachung (Bischof JurBüro 84, 1147 mwN; aA MK/Schilken Rn 19).

2 2) **Internationaler Rechtsstreit.** Im Anwendungsbereich des EuGVÜ werden die Wirkungen, welche die in der Bundesrepublik Deutschland ergangenen Entscheidungen nach den §§ 68, 72 bis 74 gegenüber Dritten haben, auch in den anderen Vertragsstaaten anerkannt (Art V Abs 2 S 2 des Protokolls vom 27. 9. 1968, Abdruck Anhang I A GVÜ, S 2499 ff).

II) Voraussetzungen der Interventionswirkung

1) Es muß ein **wirksamer,** nicht gemäß § 71 zurückgewiesener **Beitritt** erfolgt sein. Eine spätere Rücknahme (s § 70 Rn 1) schadet nicht (RG 61, 289; StJ/Bork Rn 2; aA Wieczorek/Schütze/Mansel Rn 128). Unschädlich ist es auch, wenn der Beitritt verfahrenstechnisch (§ 70) fehlerhaft war, ferner, wenn es an den Voraussetzungen für den Beitritt überhaupt gemäß § 66 mangelte, so bei ungerügtem Fehlen des rechtlichen Interesses (BGH WM 72, 346; Schäfer aaO [vor § 64] S 119). Keine Interventionswirkung tritt allerdings ein, wenn ein Mangel in den Prozeßhandlungsvoraussetzungen (vgl § 66 Rn 14) vorlag. 3

2) Es muß ein **rechtskräftiges Sachurteil zuungunsten der Hauptpartei** vorliegen (wie § 74 III, vgl dort Rn 6); genügend ist auch ein Grundurteil (§ 304; RG 123, 95) oder ein Teilurteil (§ 301) und zwar auch für den noch nicht mitentschiedenen Teil der eingeklagten Forderung (BGH NJW 69, 1480 = ZZP 83, 220 Anm Wieser), wenn es insoweit tragende Feststellungen enthält (ie Rn 10 unter ee). Keine Interventionswirkung entfaltet das bloße Prozeßurteil (Eibner aaO, S 66, hM), ferner nicht der Prozeßvergleich (BGH DB 67, 814; ThP Rn 4; Wieczorek/Schütze/Mansel Rn 57), auch nicht der in der höheren Instanz geschlossene; anders, wenn die Parteien ihre Rechtsmittel vergleichsweise zurückgenommen haben, da dann das hierdurch rechtskräftige Ersturteil inhaltlich bestehen bleibt (BGH NJW 69, 1480; zweifelnd BGH NJW 88, 712 [713]). 4

3) Der Nebenintervenient kann die Interventionswirkung **beseitigen,** wenn er im Vorprozeß gehindert war, seinen Standpunkt zur Geltung zu bringen (BGH NJW 82, 281 [282]; 88, 712 [713]; ie Rn 11, 12). Die *Hauptpartei* ist nicht gehindert, sich (uneingeschränkt) auf die Unrichtigkeit der Entscheidung zu berufen (BGH 100, 263; ie Rn 6). 5

III) Subjektiver Umfang der Interventionswirkung

1) **Von der Bindungswirkung betroffene Parteien.** Die Interventionswirkung entfaltet sich **nur zwischen** dem Nebenintervenienten und der von ihm **unterstützten** Hauptpartei **(HS 1),** nicht aber der Gegenpartei (BGH 92, 277; NJW 93, 123; entspr für § 74 III: BGH NJW 90, 121 f); Versuche, die subjektiven Grenzen der Interventionswirkung mit Hilfe materiellrechtlicher Erwägung (§ 242 BGB) zu erweitern, sind abzulehnen (ie § 74 Rn 7). Die Interventionswirkung wirkt immer nur **zuungunsten des Nebenintervenienten** (Streitverkündeten), nicht zuungunsten der unterstützten (den Streit verkündenden) Hauptpartei (BGH 100, 260 ff mwN = NJW 87, 1894 = MDR 87, 835; Köln OLGZ 94, 574 = NJW-RR 95, 1085 [jeweils für § 74 III]; Schäfer aaO [vor § 64] S 132 ff, str; **aA** StJ/Bork Rn 12; Wieczorek/Schütze/Mansel Rn 141; Häsemeyer JR 88, 69 ff). Dies folgt für den Fall vorangegangener Streitverkündung aus § 74 III („gegen“) und dem Zweck der Streitverkündung (BGH 100, 262 = aaO; § 72 Rn 1). Ein unterschiedlicher Inhalt der Interventionswirkung ohne und bei Streitverkündung ist aber ausgeschlossen, denn es kommt im Fall des § 74 III nicht darauf an, ob der Dritte beigetreten ist (BGH 100, 261 = aaO; einschr BGH NJW 87, 2874 = MDR 87, 841). Allerdings ist die Interventionswirkung in dem Sinne **unteilbar,** daß sie dem Nebenintervenienten nur uneingeschränkt oder überhaupt nicht entgegengehalten werden kann; eine Aufspaltung in der Hauptpartei günstige Teile unter Weglassung der übrigen ist nicht möglich (BGH NJW-RR 89, 767 = MDR 89, 539; Köln OLGZ 94, 575 = aaO; ThP Rn 8; MK/Schilken Rn 13; Wieczorek/Schütze/Mansel Rn 167). 6

2) Zur **Erstreckung** der Interventionswirkung in subjektiver Hinsicht durch Parteivereinbarung vgl Rn 13. 7

IV) Objektiver Umfang der Interventionswirkung

1) **Allgemeines.** Den Inhalt der Bindungswirkung umschreibt **HS 1** dahin, daß der Nebenintervenient mit dem Einwand der „unrichtigen Entscheidung“ des Vorprozesses („Rechtsstreit, wie er dem Richter vorgelegen“ hat) ausgeschlossen ist; gegenüber der damit auch im Verhältnis zu sich selbst als „richtig“ zugrundezulegenden Vorentscheidung hat der Nebenintervenient (anders als bei Rechtskraft) die *Einrede der mangelhaften Prozeßführung durch die Hauptpartei* (**HS 2,** 1. Satzteil), die freilich grundsätzlich nur insoweit greift, als der Nebenintervenient selbst durch das prozessuale Verhalten der Hauptpartei an einer Beeinflussung des Entscheidungsinhalts gehindert war; dies ist der Inhalt von HS 2, 2. Satzteil (Einzelheiten: Rn 11, 12). 8

2) **Umfang der Bindungswirkung (HS 1). a) Beschränkung auf tragende Feststellungen des Ersturteils.** Die Bindungswirkung des rechtskräftigen Urteils des Vorprozesses beschränkt sich nicht nur (wie die Rechtskraft) auf den Entscheidungssatz, dh den Bestand der im Tenor der Entscheidung ausgesprochenen Rechtsfolge, sondern erstreckt sich auch auf den beurteilten *Tatsachenkomplex* und die inhaltliche „Richtigkeit“ der Entscheidung und damit auf deren **tatsächliche und rechtliche Grundlagen,** umfaßt also auch die tragenden Feststellungen des Ersturteils, die sog „Entscheidungselemente“ (BGH 85, 255 mN; 96, 53; 100, 262; 103, 278; 116,102; RSchwab/Gottwald § 50 IV 2, 3; Bischof JurBüro 84, 1141 ff). „Tragende Feststellungen“ sind jedoch nur die hinreichenden und notwendigen Bedingungen der Erstentscheidung (vgl Köln NJW-RR 92, 120). Nicht dazu gehört alles „überflüssige Beiwerk“ wie etwa außer bloßen Rechts- 9

ansichten, unmaßgeblichen Hilfserwägungen, *obiter dicta* und dgl (Vollkommer NJW 86, 264 gegen München aaO; eingehend Eibner aaO, S 86 ff, 105). Was zu den „tragenden Feststellungen" des Ersturteils gehört, beurteilt sich nicht danach, was das Erstgericht *selbst* als entscheidungserheblich angesehen hat, sondern ausschließlich danach, worauf die Entscheidung *objektiv* nach zutr Rechtsauffassung *beruht* (Vollkommer aaO, offen Köln aaO). In der Erstreckung auf die Entscheidungselemente zeigt sich ein wesentlicher Unterschied der Interventionswirkung gegenüber der Rechtskraftwirkung (vgl BGH NJW 83, 2033); zum Einwand mangelhafter Prozeßführung der Hauptpartei vgl. bereits oben Rn 8 und näher Rn 11, 12.

10 **b) Einzelfragen. aa)** Keine Bindungswirkung entfalten sog **überschießende Feststellungen,** das sind Feststellungen, die im Erstprozeß nicht erheblich sind und daher bei korrektem Verfahren im Erstprozeß gar nicht zu klären waren (Köln NJW-RR 92, 120; verkannt in München NJW 86, 263 mit krit Anm Vollkommer). Bsp: Stellt das Gericht im Vorprozeß gegen den Geschäftsherrn iS von § 831 I BGB irrig Verschulden der Hilfsperson fest, so kann diese im Regreßprozeß (vgl § 840 II BGB) ihr Verschulden (zB gem § 823 I BGB) bestreiten, da es im Vorprozeß auf diese Tatsache überhaupt nicht ankam (vgl Palandt/Thomas, BGB, § 831 Rn 1 und 5). Geht es im Vorprozeß gegen den angeblich Vertretenen darum, ob der den Vertrag abschließende Vertreter *mit Vollmacht* gehandelt hat (§ 164 I BGB), steht nach Verneinung der Vollmacht im Folgeprozeß (§ 179 I BGB) der *Vertragsschluß* durch den Vertreter noch nicht notwendig fest (konkreter Begründungsweg entscheidet; ie Köln NJW-RR 92, 120). **bb)** Auch bei **fehlenden Feststellungen,** die das Gericht an sich bei gehöriger Ausschöpfung des Prozeßstoffs hätte treffen müssen, ist kein Raum für eine Bindungswirkung (BGH 85, 256). **cc)** Auch **„Mehrfachbegründungen"** des Ersturteils nehmen an der Bindung nicht teil, denn der Nebenintervenient ist praktisch gehindert, allein die ihn belastende Zusatzbegründung im Rechtsmittelweg mit Erfolg anzugreifen (zutr Eibner aaO, S 101 ff; ie Wieczorek/Schütze/Mansel Rn 101 ff mit Bsp). **dd)** Möglich ist eine Interventionswirkung bei **Unaufklärbarkeit von Tatsachen** (sog *non liquet*-Entscheidung; ie Laumen, FS Baumgärtel, 1990, S 281 ff). War im Vorprozeß eine Tatsache unaufklärbar und ist die (beweisfällige) Hauptpartei deshalb aus Gründen der Beweislast unterlegen, so nimmt auch die Unaufklärbarkeit der Tatsache als tragender Entscheidungsgrund an der Interventionswirkung teil (BGH 85, 258; MK/Schilken Rn 16, str; aA StJ/Bork Rn 5: nur die Rechtsfolge). Daraus ergeben sich im Folgeprozeß nachteilige Konsequenzen für den (nunmehr) beweisbelasteten Nebenintervenienten: Der im Folgeprozeß für die gleiche Tatsache (wie die im Vorprozeß unterlegene Hauptpartei) beweispflichtige Nebenintervenient kann nicht mehr zum Beweis dieser Tatsachen zugelassen werden (BGH 16, 218; 85, 258 mN; Düsseldorf NJW 92, 1177, str; aA StJ/Bork Rn 5 Fn 19). Dies gilt jedoch nicht, wenn der Nebenintervenient im Folgeprozeß nicht die Beweislast trägt; dann kann es zu einer zweimaligen non liquet-Entscheidung zuungunsten der Hauptpartei kommen (vgl BGH 99, 52 f). Dies gilt auch dann, wenn die Hauptpartei im Erstprozeß zu Unrecht als beweispflichtig behandelt wurde (ausf BGH 85, 252; zust Laumen aaO S 289; Wieczorek/Schütze/Mansel Rn 116). **ee) Teilklagenproblematik.** Nach hM ist die Interventionswirkung nicht auf den *Streitgegenstand* (Einl Rn 60 ff) des Erstprozesses beschränkt, bei *Teilklagen* soll es daher keine der Rechtskraft (vgl Rn 47 vor § 322) entsprechende Beschränkung der Interventionswirkung geben (so BGH NJW 69, 1480 = ZZP 83, 220; Hamm NJW-RR 88, 156 mN; StJ/Bork Rn 5; RSchwab/Gottwald § 50 V 2; Schäfer aaO [vor § 64] S 130 ff, str; **aA** Häsemeyer ZZP 84, 179; MK/Schilken Rn 17 mit Fn 41; Wieczorek/Schütze/Mansel Rn 124). Dies wird (begrifflich) mit der „Unteilbarkeit" der getroffenen Feststellung (zB der Wirksamkeit einer Vollmacht) begründet; bedenklich, da wegen der Rechtskraftbegrenzung (Rn 47 vor § 322) hinsichtlich des nicht rechtskräftig entschiedenen Forderungsteils widersprechende Entscheidungen möglich sind (näher Eibner aaO, S. 115 ff; JurBüro 88, 287 f). **ff)** Keine Bindungswirkung entfaltet das Urteil für einen im Vergleich zum Erstprozeß **ähnlichen Sachverhalt** (aA Martens ZZP 85, 93), denn dieser hat dem Erstrichter „nicht vorgelegen" (HS 1). **gg)** Mit den Feststellungen im Vorprozeß (Rn 9) **nicht im Widerspruch** stehende Einwendungen bleiben unberührt. Bsp: Die Feststellung der Mietwagenkosten im Vorprozeß zwischen Unfallgeschädigtem und Autovermieter in bestimmter Höhe schließt den Einwand gem § 254 BGB des Schädigers im Folgeprozeß nicht aus (vgl LG Stuttgart NJW-RR 93, 296). **hh)** Nicht in Interventionswirkung erwächst die Entscheidung über **Prozeßvoraussetzungen;** diese sind für jeden Prozeß selbständig festzustellen. **ii)** Die Interventionswirkung tritt nicht ein, soweit der Folgeprozeß in einem **anderen Rechtsweg** (zB Arbeitsrechtsweg) zu führen ist (BGH 123, 48 = NJW 93, 2540 = MDR 93, 1121).

V) Einrede schlechter Prozeßführung (HS 2)

11 **1) Keine Bindung an Feststellungen, die der Nebenintervenient nicht beeinflussen konnte.** Soweit der Nebenintervenient im Vorprozeß daran gehindert war, auf die Feststellungen des Gerichts Einfluß zu nehmen, bleiben ihm seine Einwendungen im Folgeprozeß gem **HS 2** erhalten. Dies ist eine Ausprägung von Art 103 I GG (so zutr Eibner aaO, S 106) und folgt aus den

Beschränkungen der Rechtsstellung des Nebenintervenienten im Vorprozeß gem § 67 (eingehend Bischof JurBüro 84, 1142, 1148).

2) **Fallgruppen.** Die Einrede der (angeblich) mangelhaften Prozeßführung der Hauptpartei setzt voraus (vgl BGH NJW 76, 292; Bischof JurBüro 84, 1147 ff), daß der Nebenintervenient im Vorprozeß aus einem der folgenden Gründe an einer seine eigenen Interessen wahrenden Prozeßführung gehindert war: **a) Unabänderliche Lage des Rechtsstreits vor dem möglichen Beitritt (HS 2, 1. Alt).** In allen Fällen, in denen zum maßgeblichen Zeitpunkt bereits den Nebenintervenienten *bindende Prozeßlagen* eingetreten waren (vgl § 67 Rn 4, 8), scheidet eine Bindung im Folgeprozeß aus. Bsp: Streitverkündung nach Verhandlungsschluß bei nicht rechtsmittelfähiger Entscheidung (vgl Köln MDR 83, 409). Bei Streitverkündung erst in der Revisionsinstanz (§ 72 Rn 3) ist der Streitverkündete nicht gehindert, im Regreßprozeß noch – in der Revisionsinstanz ausgeschlossene – tatsächliche Einwendungen geltend zu machen (vgl RG 158, 133 f). **b) Hypothetischer Widerspruch zur Prozeßführung der Hauptpartei (HS 2, 2. Alt).** Der Nebenintervenient kann in dem neuen Prozeß noch diejenigen Einreden, Rechtsbehelfe usw erfolgreich vorbringen, die er im Vorprozeß nicht (mehr) geltend machen konnte, weil er sich damit *in Widerspruch* zum Vorbringen der Hauptpartei (vgl § 67 Rn 9) begeben hätte (BGH NJW 82, 282). Er kann daher im Folgeprozeß noch geltend machen, daß er durch die zeitliche oder sachliche *Begrenzung* seiner Tätigkeit im Vorprozeß zur Unterstützung der Hauptpartei (§ 67 Rn 9, 11) gehindert war, Angriffs- oder Verteidigungsmittel geltend zu machen, Beweismittel einzuführen, Rechtsbehelfe zu ergreifen oder weiter zu verfolgen oder seinen eigenen Standpunkt zur Geltung zu bringen (BGH NJW 82, 282). Die Wirkung eines Geständnisses durch die Hauptpartei im Vorprozeß kann den Nebenintervenienten im Folgeprozeß idR nicht binden (Hamm NJW 55, 873), wohl aber dann, wenn der Nebenintervenient dieses Geständnis nach § 290 hätte erfolgreich (notfalls mit Rechtsmittel: BGH NJW 76, 293) widerrufen können (vgl München NJW 56, 1927, str: § 67 Rn 3 aE), dies aber unterlassen hatte. **Rechtsmittel** mit geringen Erfolgsaussichten braucht aber der Nebenintervenient nicht zu ergreifen (BGH NJW 76, 292 [294]). Hat die Partei das – einheitliche – Rechtsmittel für den Nebenintervenienten bindend (s § 67 Rn 5) zurückgenommen, steht diesem die Einrede gem **HS 2** zu (BGH NJW 88, 712 [713] = MDR 88, 44). **c)** Dem Nebenintervenienten **unbekannte Angriffs- und Verteidigungsmittel,** die von der Hauptpartei absichtlich oder aus grobem Verschulden nicht geltend gemacht wurden (**HS 2, 3. Alt;** selten). **d)** Beim **streitgenössischen Nebenintervenienten** (§ 69) ist lediglich HS 2, 2. Alt (oben b) unanwendbar (Bischof JurBüro 84, 1148 f). **e)** Besonderheiten bei **doppelter Streitverkündung** s § 72 Rn 11. 12

VI) Vereinbarungen über die Interventionswirkung

1) Die **Erstreckung der Interventionswirkung auf Dritte** ist zulässig (Düsseldorf NJW-RR 93, 1471 mwN; StJ/Bork Rn 3; Wieczorek/Schütze/Mansel Rn 169). Dies folgt daraus, daß die Parteien über die Tatsachengrundlage des Prozesses verfügen können (Verhandlungsmaxime). Die vom Gesetz (nicht notwendig: vgl § 74 II, III) vorgesehene Beteiligung des Dritten ist Ausfluß des rechtlichen Gehörs, auf das verzichtet werden kann. Schließlich wird auch uU eine Rechtskrafterstreckung durch Parteivereinbarung zugelassen (§ 325 Rn 43a; eingehend Eibner aaO, S 127 ff). 13

2) **Abdingung der Interventionswirkung.** Die Parteien können die eingetretene Interventionswirkung einverständlich beseitigen (MK/Schilken Rn 23). Das folgt daraus, daß ein Zwang zum Beitritt nicht besteht und die Interventionswirkung überwiegend im Parteiinteresse liegt. 14

69 *[Streitgenössische Nebenintervention]*

Insofern nach den Vorschriften des bürgerlichen Rechts die Rechtskraft der in dem Hauptprozeß erlassenen Entscheidung auf das Rechtsverhältnis des Nebenintervenienten zu dem Gegner von Wirksamkeit ist, gilt der Nebenintervenient im Sinne des § 61 als Streitgenosse der Hauptpartei.

I) Voraussetzungen der streitgenössischen Nebenintervention

Es müssen zunächst die zu § 66 dargelegten Voraussetzungen vorliegen, weiter die in § 69 geforderten Urteilswirkungen (ie Rn 2–4): Das Urteil wirkt in bestimmten Fällen nach bürgerlichem Recht oder nach Verfahrensrecht – der Gesetzeswortlaut („Rechtskraft“) ist also zu eng bzw überholt (vgl BGH 92, 277; Schleswig NJW-RR 93, 930 f = MDR 94, 460) – unmittelbar auf die Rechtsbeziehungen des Nebenintervenienten **zum Gegner** der von ihm unterstützten Partei ein (BGH 92, 277; krit zur hM: Windel aaO [§ 66 Rn 8]). Hierunter fallen: 1

1) **Rechtskrafterstreckung und materiellrechtliche Abhängigkeit.** Sie muß gerade das Rechtsverhältnis (Begriff: BGH 92, 278) zwischen dem Streithelfer und dem *Prozeßgegner* der unterstützten Partei betreffen (BGH 92, 277 mN = NJW 85, 386 = MDR 85, 129; BAG ZIP 87, 308 f, hM; **aA** Wieczorek/Schütze/Mansel Rn 13), *nicht* genügt das Verhältnis zur unterstützten Partei (inso- 2

weit schützt § 68 HS 2, dort Rn 11, 12). **Beispiele:** §§ 76 IV, 326, 327, 636a (BGH 30, 140 = NJW 59, 2207), 636, § 640e iVm § 640h S 1 (BGH 89, 123 = NJW 84, 353 = JR 84, 156 mit Anm Waldner; s auch sogleich unter „Abgrenzung"), 728, 856 IV ZPO; § 147 KO; § 111 II GenG; § 61 II GmbHG (BVerfG 60, 9; dazu Marotzke ZZP 100, 269 f); §§ 248, 249, 256 VII AktG (Schleswig NJW-RR 93, 931 = MDR 94, 460; ie Gehrlein AG 94, 105 ff; sa Rn 3); §§ 407 II, 408 BGB; §§ 128, 129 HGB (§ 62 Rn 7; § 325 Rn 35); § 3 Nr 8 PflVersG (§ 62 Rn 8a; § 325 Rn 39); vgl im einzelnen § 62 Rn 6 ff. Der Pensionssicherungsverein ist im Streit um den Versorgungswiderruf wegen wirtschaftlicher Notlage gem § 7 I 3 Nr 5 BetrAVG streitgenössischer Nebenintervenient (BAG 34, 150, str; krit Leipold Anm AP Nr 3 zu § 67 ZPO; sa u). **Abgrenzung:** In den Fällen der §§ 265, 325 ist der der Partei beitretende (materielle) Rechtsnachfolger nur ein *einfacher Nebenintervenient* (§ 265 II S 3). Das gleiche gilt – trotz §§ 1615b BGB – für den dem beklagten Kind beitretenden außerehelichen Erzeuger im Fall des Ehelichkeitsanfechtungsstreits gem § 1593 BGB, § 640 II Nr 2 (BGH 92, 275 = NJW 85, 386 = MDR 85, 129 = JZ 85, 339 [iErg zust Braun]; Hamm OLGZ 84, 338; gänzlich abl Windel aaO [Rn 1] S 129) sowie für den dem Arbeitnehmer beitretenden Pensionssicherungsverein in den Fällen der Einstandspflicht gem § 7 I 1 und I 3 Nr 4 BetrAVG (BAG ZIP 87, 308).

3 2) Die **Gestaltungswirkung; Beispiele:** § 23 EheG; §§ 1496, 2342 BGB; §§ 246, 248, 249, 275 AktG (ie Gehrlein AG 94, 103 ff; entspr zur GmbH: BGH NJW-RR 93, 1254; DtZ 94, 29; sa Rn 2); §§ 51 V, 75, 96 GenG (BGH 7, 383); § 61 I GmbHG (soweit nicht schon Fall der Rn 2); ferner die Fälle, in denen das Gesetz zur Gestaltungsklage durch oder gegen mehrere Personen zwingt, zB §§ 117, 127, 133, 140 HGB (vgl BGH NJW 58, 418 = LM § 133 HGB Nr 3).

4 3) Die **erweiterte Vollstreckbarkeit; Beispiele:** §§ 729, 740, 741, 742, 743 ZPO.

II) Rechtsstellung des streitgenössischen Nebenintervenienten

5 Unter den in Rn 1 genannten Voraussetzungen „gilt" der beigetretene Nebenintervenient als Streitgenosse der unterstützten Partei und zwar hat er – soweit sich die Voraussetzungen des § 69 mit denen des § 62 decken – *regelmäßig* die Stellung eines **notwendigen Streitgenossen** (str; aA MK/Schilken Rn 9: *stets*). Gleichzeitig aber ist er Nebenintervenient. Aus dieser Doppelstellung ergeben sich (gegenüber § 67 Rn 2) erweiterte Befugnisse. Der einfache Streitgehilfe wird nicht dadurch zum streitgenössischen, daß ihn das Gericht fälschlich als solchen behandelt (BayObLGZ 87, 253 = NJW-RR 87, 1423). UU besteht Pflicht zur **Beiladung** vAw: Rn 2 vor § 64.

6 1) **Als Nebenintervenient** führt er einen fremden Prozeß, er muß den Rechtsstreit so annehmen, wie er im Zeitpunkt des Beitritts liegt (RG 93, 92); er kann keine Widerklage erheben und keine Anträge für sich stellen, er kann weder für sich in der Hauptsache etwas bestreiten, noch, abgesehen von den Kosten, verurteilt werden, da er als Streitgenosse gilt, nicht selbst Partei ist. An eine bei seinem Eintritt bereits laufende Frist ist auch er gebunden (RG 93, 31). Eine Klagerücknahme kann er nicht verhindern (Köln NJW-RR 95, 1251; Wieczorek/Schütze/Mansel Rn 53; sa § 62 Rn 25).

7 2) Da er **als Streitgenosse** gilt, kann er selbständig, und zwar – anders als bei der gewöhnlichen Nebenintervention (vgl § 67 Rn 2, 9, 10) – auch gegen den Widerspruch der von ihm unterstützten Partei Angriffs- und Verteidigungsmittel vorbringen und Prozeßhandlungen vornehmen (BGH 89, 124 = NJW 84, 353; 92, 276 = NJW 85, 386). Ein wirksames Anerkenntnis der Hauptpartei (§ 307) kann er durch seinen Widerspruch verhindern (BGH NJW-RR 93, 1254; Schleswig NJW-RR 93, 930 = MDR 94, 460; § 307 Rn 11 aE). Hat die Hauptpartei eine Frist (zB die Rechtsmittelfrist) oder einen Termin versäumt, liegt eine Versäumung nicht vor, wenn der streitgenössische (selbständige) Nebenintervenient die Frist gewahrt hat, bzw in dem Termin anwesend war. Die Einspruchs- und Rechtsmittelfrist wird ihm gegenüber nur durch die **Zustellung des Urteils an ihn** (nicht schon durch diejenige an die Hauptpartei) in Lauf gesetzt (BGH 89, 125 = NJW 84, 353; BayObLGZ 87, 253 = NJW-RR 87, 1423). Der Nebenintervenient des § 69 kann selbständig ohne und gegen den Willen der unterstützten Partei im eigenen Namen Einspruch oder ein Rechtsmittel einlegen (BAG 34, 150; BGH DtZ 94, 29; Schleswig NJW-RR 93, 930 = aaO; anders bei § 67 Rn 5). Er kann nur als Partei vernommen werden; seine Vernehmung als Zeuge ist unzulässig. Er kann von einem ausländischen Kläger Sicherheitsleistung verlangen, wie er selbst als Ausländer Sicherheit für die Prozeßkosten leisten muß; **Unterbrechungsgründe** (§§ 239, 240) in seiner Person wirken auf den Rechtsstreit ein; er kann **Wiedereinsetzung** auch für sich, dann aber nur aus Gründen in seiner Person beantragen (MK/Schilken Rn 12; StJ/Bork Rn 10; Wieczorek/Schütze/Mansel Rn 80 und Rn 21 vor § 64; Waldner JR 84, 159).

8 3) Er **darf** aber **nicht** die Klage zurücknehmen, den Streitgegenstand ändern, Zwischenfeststellungsklage (§ 256 II) erheben (RSchwab/Gottwald § 50 VI 2a; StJ/Bork Rn 7, hM, str; offenlassend BAG AP Nr 3 zu § 67 ZPO mit Anm Leipold), das von der Hauptpartei eingelegte Rechtsmittel zurücknehmen. Ein Patentnichtigkeitsverfahren kann er nach Klagerücknahme durch die Hauptpartei nicht fortführen (BGH NJW 65, 760). Er kann anerkennen und verzichten, auch

zugestehen, doch nimmt der Widerspruch der Hauptpartei diesen Prozeßhandlungen ihre Wirkungskraft, so daß nach § 286 frei zu würdigen ist (ebenso umgekehrt, vgl mN Rn 7). Ist die Hauptpartei säumig oder schweigt sie, kann er sowohl anerkennen als auch verzichten (RSchwab/Gottwald § 50 VI 2b).

4) Die **Interventionswirkung des § 68** gilt auch für den Nebenintervenienten nach § 69; soweit ihn aber die Rechtskraft des Urteils auch im Verhältnis zur Hauptpartei (vgl aber Rn 1) erfaßt, kann er diese nicht gemäß § 68 HS 2 beseitigen (ie Wieczorek/Schütze/Mansel Rn 84). 9

III) Kosten

Es gelten die §§ 101 II, 100; Kostenentscheidung wie bei Streitgenossenschaft (s § 101 Rn 1). 10

70 *[Beitritt des Nebenintervenienten]*

(1) Der Beitritt des Nebenintervenienten erfolgt durch Einreichung eines Schriftsatzes bei dem Prozeßgericht und, wenn er mit der Einlegung eines Rechtsmittels verbunden wird, durch Einreichung eines Schriftsatzes bei dem Rechtsmittelgericht. Der Schriftsatz ist beiden Parteien zuzustellen und muß enthalten:

1. **die Bezeichnung der Parteien und des Rechtsstreits;**
2. **die bestimmte Angabe des Interesses, das der Nebenintervenient hat;**
3. **die Erklärung des Beitritts.**

(2) Außerdem gelten die allgemeinen Vorschriften über die vorbereitenden Schriftsätze.

I) Form des Beitritts. Der **Beitritt** (als Prozeßhandlung: § 66 Rn 14) kann im **Parteiprozeß** schriftlich oder zur Niederschrift der Geschäftsstelle erklärt werden (vgl die Erleichterung des § 496). Möglich ist auch ein Beitritt zwecks Abschluß eines Vergleichs; dann ist die Aufführung des Nebenintervenienten im Rubrum der Vergleichsniederschrift notwendig, damit eine vollstreckbare Ausfertigung gegen ihn erteilt werden kann. Im **Anwaltsprozeß und Rechtsmittelverfahren** muß der Beitrittsschriftsatz (bestimmender Schriftsatz gemäß § 129 I) von einem Anwalt unterzeichnet sein (allg BGH 92, 254; NJW 91, 230). Die Zustellung an die Parteien bzw ihre Anwälte, § 176, erfolgt von Amts wegen, vgl §§ 270, 212a; beachte auch § 133. Ausdrücklichkeit des Beitritts ist nicht erforderlich, die Erklärung kann auch konkludent (vgl §§ 133, 157 BGB) im Rechtsmittel- oder Einspruchsschriftsatz enthalten sein (vgl § 66 II und dort Rn 15), wie bei Einlegung „namens des Streitverkündeten" (so zutr BGH NJW 94, 1537 = MDR 94, 1240 gegen Hamm NJW-RR 94, 1277); im ersten Fall Einreichung beim Rechtsmittelgericht. Die **Zurücknahme** des Beitritts ist jederzeit in der Form des § 269 II möglich, aber ohne Zustimmung der Partei (§ 66 Rn 17). Nach erfolgter Zurücknahme kann der Nebenintervenient auch dem Gegner der von ihm bisher unterstützten Partei oder erneut der zuerst unterstützten Partei beitreten (RG 61, 289; BGH 18, 110; vgl auch § 66 Rn 17). **Zeitpunkt** des Beitritts und **Dauer** der Nebenintervention: § 66 Rn 15 und 18. 1

II) Notwendiger Inhalt des Beitrittsschriftsatzes und Mängel. Genügt der Schriftsatz nicht den inhaltlichen Anforderungen der Nrn 1–3, so erfolgt keine Berücksichtigung eines Mangels von Amts wegen; deshalb ist auch ein – selbst stillschweigender – Verzicht auf die Rüge des Mangels möglich, § 295 (RG 77, 364; 124, 145). Die Mängel sind heilbar (§ 295; BGH NJW 76, 292; Hamm NJW-RR 94, 1277 [1278]). Werden sie gerügt, ergeht eine Entscheidung gemäß § 71. Zur **bestimmten Angabe des Interesses genügt** die Bezugnahme auf die Streitverkündung oder ein anderes im Besitz beider Parteien befindliches Schriftstück (RG 124, 145; BGH NJW 94, 1538). Die Glaubhaftmachung ist erst im Verfahren nach § 71 I erforderlich. Die Rüge des Mangels aus § 70 I Nr 1–3 ist ein Antrag auf Zurückweisung der Nebenintervention. Zur Zuziehung des Nebenintervenienten bis zur rechtskräftigen Zurückweisung der Intervention s § 71. Die Erfordernisse des § 70 sind nachholbar, auch noch nach Mängelrüge, aber vor rechtskräftiger Zurückweisung. 2

71 *[Entscheidung über den Antrag auf Zurückweisung der Nebenintervention]*

(1) Über den Antrag auf Zurückweisung einer Nebenintervention wird nach mündlicher Verhandlung unter den Parteien und dem Nebenintervenienten entschieden. Der Nebenintervenient ist zuzulassen, wenn er sein Interesse glaubhaft macht.

(2) Gegen das Zwischenurteil findet sofortige Beschwerde statt.

(3) Solange nicht die Unzulässigkeit der Intervention rechtskräftig ausgesprochen ist, wird der Intervenient im Hauptverfahren zugezogen.

I) Der Antrag auf Zurückweisung einer Nebenintervention (Abs I)

1 **1) Die Zurückweisung der Nebenintervention** kann **jede Partei** und **jeder Streitgenosse beantragen.** Im Falle des Beitritts nach Streitverkündung hat der Streitverkünder (§ 72 ff) ein Antragsrecht nur, wenn der Nebenintervenient dem Gegner beitritt (OLG 41, 450). Im Anwaltsprozeß ist der Antrag aus dem vorbereitenden Schriftsatz zu verlesen (§ 297). Wird der Zulassung nicht widersprochen, so ergeht keine Entscheidung über die Zulässigkeit der Nebenintervention als solche (BGH 38, 111), ggf aber über die (Zulässigkeit der) vom Nebenintervenienten vorgenommene Prozeßhandlung (zB Rechtsmitteleinlegung; vgl BGH 76, 301, 302).

2 2) Über den Antrag auf Zurückweisung ist **mündlich zu verhandeln** (§ 78 I greift ein; ein schriftliches Verfahren gem § 128 II und III ist möglich); es gilt § 297. Der Nebenintervenient muß sein Interesse glaubhaft machen (§ 294); andernfalls ist die Nebenintervention unzulässig (BAG NJW 68, 73). Dabei genügt, daß zB der angedrohte Rückgriff nicht mit Sicherheit als aussichtslos erscheint (Frankfurt NJW 70, 817). Es erfolgt eine allgemeine (nicht nur beschränkte) Zulassung des Beitritts, auch wenn sich das rechtliche Interesse nur auf einzelne Streitpunkte des Prozesses bezieht.

3 **Erscheint der Nebenintervenient nicht,** kann gegen ihn kein Versäumnisurteil ergehen; es ist auf Grund einseitigen Parteivortrags und der Beitrittsschrift zu entscheiden (vgl BAG NJW 68, 73). Gleiches gilt bei Säumnis der widersprechenden Partei. Beim Ausbleiben des Nebenintervenienten und der widersprechenden Partei ergeht, wenn nicht Vertagung erfolgt, eine Entscheidung nach Aktenlage, § 251a.

4 3) Fehlt dem Nebenintervenienten eine von Amts wegen zu prüfende persönliche **Prozeßhandlungsvoraussetzung,** zB die Prozeßfähigkeit, so ist die Nebenintervention ohne Zwischenstreit von Amts wegen durch Beschluß zurückzuweisen, der nach § 567 anfechtbar ist (RSchwab/Gottwald § 50 III 1, str; aA AK/Koch Rn 1: Abs II entspr; s auch § 66 Rn 14).

II) Das Zwischenurteil über die Zulassung oder Zurückweisung des Beitritts (Abs II)

5 1) Das Zwischenurteil lautet auf Zulassung oder Zurückweisung des Beitritts. Die Zustellung des Urteils erfolgt von Amts wegen, § 270 I. Zulässig ist auch eine Entscheidung über die Zulassung des Beitritts im Endurteil (RG 38, 402; BGH NJW 82, 2070 = MDR 82, 650), die bis zum Eintritt der Rechtskraft (Rn 6) ebenfalls mit der sofortigen Beschwerde anfechtbar ist (vgl BGH VersR 85, 551).

6 2) Die **Beschwerdefrist** beträgt zwei Wochen nach Urteilszustellung, § 577. **Beschwerdeberechtigt** ist bei Zurückweisung des Beitritts nicht nur der Nebenintervenient (so aber StJ/Bork Rn 8; 14. Aufl, str), sondern – insbes nach Streitverkündung (arg §§ 74 I, III, 68) – auch die unterstützte Hauptpartei (MK/Schilken Rn 10; ThP Rn 7; Frankfurt NJW 70, 817, str), bei Zulassung der Nebenintervention beide Hauptparteien, wenn die Zulassung nach vorausgegangener Streitverkündung (§§ 72, 74) erfolgte, nur der Gegner der unterstützten Partei. Gegen die Entscheidung des LG im Berufungsverfahren findet die sofortige (Erst-)Beschwerde statt (vgl § 567 III 2 iVm § 71), gegen die Entscheidung des LG über die Beschwerde ist die weitere sofortige Beschwerde zum OLG gegeben (vgl §§ 567 III 3, 568 II); Entscheidungen des OLG über eine Nebenintervention sind unanfechtbar, § 567 IV. Nach Rechtskraft des Endurteils ist keine Anfechtung der Entscheidung über die Zulassung des Beitritts möglich (Nürnberg MDR 94, 834). Nach rechtskräftiger Zurückweisung der Nebenintervention ist ihre Wiederholung möglich, wenn ein neues rechtliches Interesse glaubhaft gemacht wird, über das die ergangene Entscheidung nicht befunden hat (RG 23, 341).

7 3) Die **Kosten des Zwischenstreits** aus § 71 fallen bei *Zulassung* der Nebenintervention ohne Rücksicht auf den Ausgang des Prozesses der widersprechenden Partei (MK/Schilken Rn 9 mN, str; aA: § 101), bei *Zurückweisung* des Beitritts dem Nebenintervenienten zur Last (BAG NJW 68, 73). In der Entscheidung über die Kosten des Zwischenstreits im Endurteil liegt eine stillschweigende Zulassung des Beitritts (BGH NJW 63, 2027; Anfechtung gem Rn 29 vor § 511; offen BGH aaO). Für die Entscheidung über die Nebeninterventionskosten im Endurteil (§ 101) gilt **II** nicht (RG 19, 413; Nürnberg MDR 94, 834). Durch die Streitverkündung entstandene Kosten: § 91 Rn 13 „Streitverkündungskosten".

7a 4) Der **Streitwert** bemißt sich grundsätzlich nach dem *eigenen* Interesse des Streithelfers, auch wenn er die gleichen Anträge wie die unterstützte Partei stellt (München AnwBl 85, 646, str; ie § 3 Rn 16 „Nebenintervention").

III) Die Beteiligung des Nebenintervenienten am Verfahren (Abs III)

8 Der Nebenintervenient hat ein Recht darauf, daß ihm alle Schriftsätze, Terminsbekanntmachungen und Ladungen zugestellt werden (BAG MDR 88, 346; § 67 Rn 2). Ist der Nebenintervenient nicht oder nicht richtig geladen, können die erschienenen Parteien nicht verhandeln; es kann gegen die vom Nebenintervenienten unterstützte nicht erschienene Partei kein Versäum-

nisurteil ergehen, auch wenn sie ordnungsgemäß geladen ist. **Gleiches gilt,** wenn im Termin die unterstützte Partei ausbleibt, der Nebenintervenient aber für sie auftritt. Nicht erforderlich ist die Zustellung des im Prozeß zwischen den Parteien ergehenden Urteils an den Nebenintervenienten; Ausnahme im Falle des § 69. Solange der Nebenintervenient **nicht** rechtskräftig (vgl Rn 6) **zurückgewiesen** ist, kann er noch wirksam Prozeßhandlungen vornehmen (BGH VersR 85, 551). Beispiel: Rechtsmitteleinlegung gegen das Urteil zugleich mit sofortiger Beschwerde gegen die Zurückweisung gem II (vgl Rn 5). Wurde der Nebenintervenient entgegen der Vorschrift **nicht zugezogen,** so hindert dies jedenfalls nicht, eine Entscheidung nach dem Antrag der Hauptpartei zu erlassen (OGH 1, 253). Die Frist nach § 320 II (Tatbestandsberichtigung) beginnt für den Nebenintervenienten mit Zustellung des vollständigen Urteils an eine der Parteien, nicht erst mit Zustellung an den Nebenintervenienten (BGH LM § 320 Nr 5; sa § 67 Rn 7).

Ist der Beitritt in der *unteren* Instanz erklärt, ist der Nebenintervenient auch in der *höheren* 9
beizuziehen; einer Wiederholung des Beitritts für jede Instanz bedarf es nicht (vgl § 66 Rn 18).

IV) Gebühren: 1) des **Gerichts:** keine für das Zwischenurteil; für das Beschwerdeverfahren: KV 1900. – **2)** des 10
Anwalts: § 37 BRAGO. Ist der RA des Nebenintervenienten nicht im Hauptprozeß tätig, wird er nach § 31 BRAGO vergütet. Beschwerdeverfahren: § 61 I Nr 1 BRAGO.

72 *[Zulässigkeit der Streitverkündung]*

(1) Eine Partei, die für den Fall des ihr ungünstigen Ausganges des Rechtsstreits einen Anspruch auf Gewährleistung oder Schadloshaltung gegen einen Dritten erheben zu können glaubt oder den Anspruch eines Dritten besorgt, kann bis zur rechtskräftigen Entscheidung des Rechtsstreits dem Dritten gerichtlich den Streit verkünden.

(2) Der Dritte ist zu einer weiteren Streitverkündung berechtigt.

I) Allgemeines

1) Streitverkündung (Prozeßhandlung; Folgen: § 73 Rn 1) **ist die Benachrichtigung** eines am 1
Prozeß nicht beteiligten Dritten von dem Schweben des Prozesses, um ihm die Möglichkeit der Prozeßbeteiligung oder -übernahme zu geben (§§ 74 I, 67) und sich selber den nachfolgenden Rückgriffprozeß gegen den Dritten wegen § 68 zu erleichtern. **Dritter** (Streitverkündungsempfänger, Streitverkündeter) kann auch der Streitgenosse des Verkünders oder des Gegners sein (vgl BAG 72, 98; OLGR Hamm 96, 21; § 66 Rn 6); nicht aber der Gegner selbst. Der Streitverkündete ist nicht verpflichtet beizutreten; unterläßt er es aber, wird er gemäß § 74 II, III iVm § 68 in dem späteren Prozeß mit allen Ausführungen tatsächlicher und rechtlicher Art nicht mehr gehört, die im Vorprozeß geltend gemacht werden konnten (RG 45, 354; ie § 68 Rn 8 ff, 11 f). Der **Zweck** der Streitverkündung besteht damit darin, im Verhältnis zu einem Dritten die Streitverkündungs-(Interventions-)wirkung (§§ 74 III, 68) herbeizuführen. Die Streitverkündung ist ein **im Interesse des Streitverkünders** geschaffener Behelf, der dazu bestimmt ist, durch die Bindung des Richters im Folge-(Regreß-)prozeß an die Ergebnisse des Erstprozesses dem Streitverkünder das Risiko eines doppelten Prozeßverlustes in den Fällen abzunehmen, in denen er wegen der materiell-rechtlichen Abhängigkeit der im Erst- und Folgeprozeß geltend gemachten (zu machenden) Ansprüche jedenfalls in *einem* Prozeß obsiegen muß (BGH 100, 262 = NJW 87, 1894 = MDR 87, 835; 116, 100 = NJW 92, 1698 = MDR 92, 516). Zur **Pflicht** des pfändenden Gläubigers zur Streitverkündung s § 841. Die **Prüfung** der Zulässigkeit der Streitverkündung (Rn 2 ff) erfolgt nicht im Hauptverfahren, sondern im Folgeprozeß (BGH 100, 259; 116, 98 = aaO; München NJW 93, 2757, hM; vgl § 73 Rn 1; § 74 Rn 3 und 5; zT abw Bischof JurBüro 84, 1309 ff); allerdings können im Fall eines Beitritts Heilungs- (§ 295) und Bindungswirkungen (vgl § 71 II) zu beachten sein (vgl § 73 Rn 2). Wegen der **materiell-rechtlichen** Folgen der Streitverkündung s § 74 Rn 8.

2) Internationaler Rechtsstreit. Im Anwendungsbereich des EuGVÜ kann in der Bundesrepu- 2
blik jede Person, die ihren Wohnsitz in einem anderen Vertragsstaat hat, nach den Vorschriften über die Streitverkündung (§§ 72–74, 68) vor Gericht geladen werden (Art V Abs 1 S 2 des Protokolls vom 27. 9. 1968, vgl § 68 Rn 2). Zu den materiell-rechtlichen Wirkungen (Verjährungsunterbrechung) einer ausländischen Streitverkündung vgl Taupitz ZZP 102, 288; sa § 328 Rn 52 ff.

II) Voraussetzungen der Streitverkündung

1) Die Streitverkündung ist in einem **anhängigen Rechtsstreit** bis zu seiner rechtskräftigen 3
Entscheidung zulässig (wie § 66 Rn 4), also auch in der Rechtsmittelinstanz (MK/Schilken Rn 4). **Anwendungsbereich:** wie § 66 Rn 2, 2a; § 72 gilt **nicht** entspr im Grundbuchverfahren (BayObLG Rpfleger 80, 153).

2) Verhältnis zum Dritten. a) Allgemeines. Die Partei muß gegen den Dritten (Rn 1) im Fall 4
eines ihr **ungünstigen Ausgangs** des Rechtsstreits einen zum eingeklagten Anspruch in einem bestimmten Abhängigkeitsverhältnis stehenden Anspruch (Rn 5) erheben können oder es muß

ihr ein Anspruch des Dritten drohen (Rn 9). Ungünstiger Ausgang des Rechtsstreits meint das **Unterliegen** in der Sache iS des Ergehens einer ungünstigen rechtskraftfähigen Sachentscheidung; ein Mißerfolg in der Zwangsvollstreckung genügt nicht (Eibner aaO, S 58 ff). Die Streitverkündung ist unzulässig für den Fall des **günstigen** Prozeßausgangs (Karlsruhe OLGZ 84, 232 f = Justiz 84, 133; Düsseldorf NJW-RR 95, 1122). **b) Subjektive Sicht des Streitverkünders.** Nicht erforderlich ist, daß der Drittanspruch (Rn 5) wirklich besteht. Für die Wirksamkeit der Streitverkündung ist allein die **berechtigte Annahme** des Streitverkünders ausschlaggebend, bei ungünstigem Ausgang des Rechtsstreits die erwähnten Ansprüche zu haben oder befürchten zu müssen (Köln NJW-RR 91, 1535; Hamm NJW 94, 203); es kommt also nicht darauf an, welchen Ausgang der Rechtsstreit tatsächlich nimmt (BGH 65, 131; BGH VersR 62, 952); desgleichen nicht darauf, ob der zZ der Streitverkündung angenommene Anspruch tatsächlich geltend gemacht wird (BGH 65, 132 und 116, 101 = aaO: Gleichheit des wirtschaftlichen Ziels genügt). Ein rechtliches Interesse am Obsiegen des Unterstützten hat der Streitverkündete immer dann, wenn der Rückgriff nicht mit Sicherheit als aussichtslos bezeichnet werden kann (Frankfurt NJW 70, 817).

5 **3) Streitverkündung zur Sicherung von Ansprüchen gegen Dritte. a) Erweiternde Auslegung von I. Art des Drittanspruchs.** Die in **I** genannten Ansprüche *„auf Gewährleistung oder Schadloshaltung"* sind nicht als abschließende Aufzählung, sondern nur als beispielhafte Umschreibung zu verstehen. Nach allg Meinung ist der Wortlaut von **I** zu eng (BGH 116, 100 und 101: weite Auslegung geboten). Wesentlich ist allein, daß der Drittanspruch, dessentwegen die Streitverkündung erfolgt, mit dem im Erstprozeß (vom Streitverkünder) geltend gemachten Anspruch in einem Verhältnis der wechselseitigen Ausschließung (*Alternativverhältnis*) steht (ie BGH NJW 89, 522; Köln NJW-RR 91, 1535; Häsemeyer ZZP 84, 182 ff; Eibner aaO, S 45 ff; eingehend Rn 8). Für das Verhältnis zwischen Partei und Dritten kommen damit im einzelnen folgende **Ansprüche** in Frage: Gewährleistungsansprüche (Rn 6), Regreßansprüche und Ansprüche auf Schadloshaltung (Rn 7) und sonstige Ansprüche aus (rechtlichen) Alternativverhältnissen (Rn 8); gleich steht eine drohende **Verpflichtung** gegenüber dem Dritten (Rn 9).

6 **b) Ansprüche auf Gewährleistung** wegen Sach- und Rechtsmängeln: §§ 459, 437, 440 I; 445; 478 I 2 HS 2; 480; 493; 481; 365 (Leistung an Erfüllungs Statt); 537, 581; 600; 634 ff, 651; 651d; 523, 1624; 2182, 2376 BGB; §§ 377, 378 HGB.

7 **c) Regreßansprüche,** also Ansprüche des Streitverkünders gegen den Verkündeten auf Ersatz des Schadens, den der Prozeßverlust für den Verkünder zur Folge hat; zB Rückgriffsansprüche des verurteilten Bürgen gegen den Hauptschuldner, § 774 BGB, des Beauftragten (Geschäftsführers) gegen den Auftraggeber (Geschäftsherrn; §§ 670, 677, 683 BGB), des versicherten Schädigers gegen den Versicherer (s Koch AnwBl 88, 99), des öffentlichen Dienstherrn gegen den Beamten (Art 34 S 2, 3 GG); des wegen nicht rechtzeitiger Unterbrechung der Verjährung unterliegenden Mandanten gegen den RA; Ersatzansprüche des Versenders gegen den Spediteur oder Lagerhalter wegen Verlustes, Minderung, Beschädigung oder verspäteter Lieferung des Gutes, §§ 414, 424, 439 HGB; der Ausgleichsanspruch des Gesamtschuldners nach § 426. **Ansprüche auf Schadloshaltung** (Beispiel s bei BGH VersR 74, 1028) umfassen außer den Fällen, in denen die Partei selbst einen Schadensersatz- oder Regreßanspruch gegen den Dritten in Anspruch nimmt, auch auf einem selbständigen Grund beruhende alternative Erfüllungsansprüche (Rn 9; vgl Köln NJW-RR 91, 1535).

8 **d)** Hierher gehören in Erweiterung des Wortlauts von **I** (Rn 5) auch **Ansprüche aus Alternativverhältnissen,** also Ansprüche des Streitverkünders gegen Dritte, die *alternativ* statt des zuerst Verklagten als Schuldner der eingeklagten Leistung oder von Schadensersatz in Betracht kommen (BGH 8, 80; 85, 254 f; NJW 82, 282; 89, 522; MDR 86, 127; Häsemeyer ZZP 84, 188; Wieczorek/Schütze/Mansel Rn 53 ff). Beispiele: Streitverkündung gegenüber dem Baubetreuer durch den Bauherrn im Prozeß gegen den Bauunternehmer wegen behaupteter Baumängel (BGH 70, 187 = NJW 78, 643 mit teilw krit Anm Häsemeyer NJW 78, 1165); gegenüber der alternativ in Frage kommenden Vertragspartei (BGH 85, 254 f); zB § 613a BGB (LAG Frankfurt LAGE § 613, 12); Mieter/Vermieter wegen Werklohns (vgl Bamberg OLGZ 79, 209); Vertretener [§ 164 I BGB]/Vertreter [§§ 164 II, 179 BGB] (vgl BGH NJW 82, 282; Köln NJW-RR 92, 120; Laumen aaO [§ 68 Rn 10, dd] S 283 ff); Betriebserwerber/Pensions-Sicherungsverein wegen Versorgungsanwartschaften (BAG VersR 90, 1256); streupflichtige Ortsgemeinde oder Gemeindeverband (BGH MDR 86, 127 = VersR 85, 569). Besteht dagegen von vorne herein nur eine *kumulative Haftung* von Partei und Dritten und scheidet auch eine wenigstens teilweise alternative Schuldnerschaft aus, ist § 72 nicht anwendbar (BGH 65, 131). Beispiel: Mehrere haften als Gesamtschuldner (BGH 100, 259 = NJW 87, 1894 = MDR 87, 835). Haften die Gesamtschuldner aber nicht im gleichen Umfang, ist insoweit Alternativität zu bejahen (BGH 70, 191 = NJW 78, 643). Die alternativ in Betracht kommenden Ansprüche brauchen allerdings weder auf derselben Rechtsgrundlage zu beruhen noch ihrem sonstigen Inhalt und Umfang nach identisch zu sein (BGH 65,

132; StJ/Bork Rn 14 Fußn 31; Eibner aaO, S 47 ff). An einem Fall von **Alternativität fehlt** es auch dann, wenn (zunächst nur) ein *Primärschuldner* (wie der „andere" in den Fällen der § 839 I 2 BGB, § 19 I 2 BNotO) haftet und ein Zweitschuldner nur *subsidiär* in Anspruch genommen werden kann (so Hamm MDR 85, 588; Eibner JurBüro 88, 159, str; **aA** BGH 8, 80; Hamm NJW-RR 86, 1506; offenlassend BGH NJW 89, 522; ie str, vgl Wieczorek/Schütze/Mansel Rn 65). Beispiel: Die RA-Haftung wegen Verjährenlassens einer Forderung ist gegenüber der Verpflichtung des Primärschuldners sekundär (aA Köln NJW-RR 91, 1535, str; dazu krit Deubner JuS 92, 231). Auch eine nur *tatsächliche* („natürliche") – im Gegensatz zur „rechtlichen" – Alternativität (entweder ist A oder B der Schädiger) genügt nicht, da durch die Streitverkündung dem Streitverkünder nicht die Beweislast abgenommen werden soll (so Häsemeyer ZZP 84, 195 ff, str; aA Wieczorek/Schütze/Mansel Rn 62).

4) Eine **Streitverkündung zur Abwehr drohender Drittansprüche** ermöglicht **I HS 2.** Der Fall der **Besorgung des Anspruchs eines Dritten** liegt vor bei Drohen einer (eigenen) Schadensersatzpflicht der Partei; das trifft immer dann zu, wenn die Partei den Prozeß über ein fremdes Recht führt, gleichviel ob in eigenem Interesse (Pfandgläubiger, Überweisungsgläubiger) oder in fremdem Interesse (BGH 116, 100 = aaO [Rn 1]); hierher gehören zur Drittschadensliquidation berechtigte Parteien (BGH 116, 102), wie Kommissionär, Spediteur, Frachtführer (BGH aaO) und Lagerhalter, ferner die Fälle der §§ 75, 76 (näher Wieczorek/Schütze/Mansel Rn 68 ff). 9

III) Weitere Streitverkündung (Abs II)

Das Recht des Dritten zur weiteren Streitverkündung ist unabhängig davon, ob er dem Prozeß beigetreten ist. Es ist etwa praktisch bedeutsam im Falle des mehrstufigen Warenabsatzes mit Käuferregreß, wenn der Letztverkäufer seinem Verkäufer und dieser wiederum seinem Verkäufer den Streit verkündet. Stand es einer Partei frei, im Wege weiterer Streitverkündung (§ 72 II) einen Dritten an die Entscheidung auch in einem nachfolgenden Rechtsstreit gemäß § 74 zu binden und machte sie von diesem Recht keinen Gebrauch, so kann sie in der Regel dem neuen Vortrag des Dritten in dem späteren Rechtsstreit nicht entgegenhalten, sein Verhalten stelle die arglistige Ausnützung einer formalen Rechtsstellung dar und sei daher unzulässig (BGH LM § 242 BGB [B] Nr 9; vgl auch § 74 Rn 7). Dem Streitverkündeten steht aus der Verkündung allein gegen den Verkünder weder aus Auftrag noch aus Geschäftsführung ohne Auftrag ein Anspruch auf Ersatz der durch den Beitritt entstandenen Anwaltskosten zu (LG Lüneburg NJW 63, 1111). 10

IV) Doppelte Streitverkündung

Liegen die Voraussetzungen der Streitverkündung (Rn 3 ff) im Verhältnis einer jeden Partei des Vorprozesses zu dem Dritten vor (Beispiel: Der Kläger des Vorprozesses möchte bei Klageabweisung den Dritten gem § 179 BGB in Anspruch nehmen, der Beklagte bei Verurteilung wegen schuldhafter Überschreitung des Auftragsverhältnisses gem §§ 276, 662, 675 BGB), so kann **jede Partei** dem Dritten den Streit verkünden; der Dritte kann hier allerdings stets nur *einer* Partei beitreten. Entgegen Werres (vgl NJW 84, 210) kommt es nicht zu einer – sich aufhebenden – doppelten Interventionswirkung, sondern nur zur Interventionswirkung im Verhältnis zur *unterlegenen* Partei, wobei der Umfang gem § 68 HS 2 iVm § 67 beschränkt sein kann. War der Streitverkündete der (später) *obsiegenden* Partei beigetreten, so ist bei der Bestimmung der Interventionswirkung im Folgeprozeß der unterlegenen Partei der eingeschränkte Umfang gem § 68 HS 2 iVm § 67 zu beachten, daß sich der Streitverkündete mit dem Vorbringen der unterstützten Partei nicht in Widerspruch setzen durfte. Ist der Streitverkündete dagegen der (später) unterlegenen Partei beigetreten, ergeben sich keine Besonderheiten. Das gleiche gilt, wenn der Streitverkündete überhaupt keiner Partei beigetreten ist; dann ist die Streitverkündung der (später) obsiegenden Partei belanglos (zum ganzen näher Eibner aaO, S 107 ff). 11

73 *[Form der Streitverkündung]*

Zum Zwecke der Streitverkündung hat die Partei einen Schriftsatz einzureichen, in dem der Grund der Streitverkündung und die Lage des Rechtsstreits anzugeben ist. Der Schriftsatz ist dem Dritten zuzustellen und dem Gegner des Streitverkünders in Abschrift mitzuteilen. Die Streitverkündung wird erst mit der Zustellung an den Dritten wirksam.

I) Form der Streitverkündung. Der Streit wird verkündet im Partei- und Anwaltsprozeß durch Einreichung eines Schriftsatzes bei Gericht oder Erklärung zu Protokoll des Urkundsbeamten. Es handelt sich um einen bestimmenden Schriftsatz (BGH 92, 253), der **nicht** dem **Anwaltszwang** unterliegt (BGH 92, 254 = NJW 85, 328 = MDR 85, 222 = AnwBl 85, 381) und den die hRspr, wenn er von einem Anwalt ausgeht, den für bestimmende Schriftsätze entwickelten Formanforderungen unterwirft (s § 130 Rn 5 ff); Wirksamkeitsvoraussetzung für die Streitverkündung soll damit bei Auftreten eines Anwalts die *eigenhändige Unterzeichnung durch den Anwalt* sein (BGH 92, 1

255 f), während für den Schriftsatz der unvertretenen *Partei* gleiche Formstrenge nicht gelten soll (BGH 92, 255). Diese Unterscheidungen sind künstlich (Wieczorek/Schütze/Mansel Rn 5; krit zur hM allg Vollkommer, Formenstrenge und prozessuale Billigkeit, 1973, S 260 ff) und zwingen die hM, den (übertriebenen) Formzwang durch Anerkennung von Heilungsmöglichkeiten wieder aufzulockern (BGH 92, 256; vgl Rn 2). Die Zustellung an den Dritten erfolgt von Amts wegen (§ 270 I) idR formlos (§ 270 II; Köln NJW 81, 2263 [2264]); eine formlose Mitteilung an den Gegner des Streitverkünders genügt. Die Unterlassung der Mitteilung macht die Streitverkündung nicht ungültig, berechtigt aber im Falle des § 74 I den Gegner zum Antrag auf Vertagung (aA Wieczorek/Schütze/Mansel § 74 Rn 11). Überflüssig ist es, in den Schriftsatz bzw die Niederschrift den ganzen Akteninhalt, eine Ladung oder die Aufforderung, sich am Rechtsstreit zu beteiligen, aufzunehmen. Wesentlich ist nur die **Erklärung,** daß der Streit verkündet werde, und die Angabe des **Grundes der Streitverkündung** (vgl § 72 Rn 5 f) und die Bezeichnung des Anspruchs (Grund: § 209 BGB). Als **Prozeßhandlung** (§ 72 Rn 1) ist die Streitverkündung bedingungsfeindlich (BGH NJW-RR 89, 767 = MDR 89, 539). Über die **Zulässigkeit der Streitverkündung** wird im Prozeß der Hauptparteien nicht verhandelt und entschieden (vgl ie § 72 Rn 1; § 74 Rn 3 und 5). Sie hat nur für einen etwaigen späteren Prozeß Bedeutung. Die Kosten einer Streitverkündung, die von dem Streitverkünder zu tragen sind und nicht zu den Kosten des Rechtsstreits gehören, können, soweit sie notwendig waren, nur in dem späteren Prozeß gegen den Dritten als Nebenforderung geltend gemacht werden; nach erfolgtem Beitritt gelten für die seit dem Beitritt entstandenen Kosten die §§ 101 I, 100.

2 **II)** Für die **Heilung von Mängeln** der **Form** des Streitverkündungsschriftsatzes gelten die allg Grundsätze (§ 130 Rn 7, 9); Beispiel: Bezugnahme auf den mangelhaften Streitverkündungsschriftsatz in einem ordnungsgemäß unterzeichneten Schriftsatz (BGH 92, 256). Eine Heilung von **Mängeln im Beitritt** erfolgt nach § 295 (weitergehend Bischof JurBüro 84, 1313 f: auch der Streitverkündung); es entscheidet die Verhandlung im Erstprozeß im Falle des Beitritts (aA Wieczorek/Schütze/Mansel Rn 21), andernfalls die erste Verhandlung im Folgeprozeß (BGH 96, 53). Zur Heilung von Mängeln durch ein Verhalten des Streitverkündeten im Folgeprozeß (BGH NJW 76, 293; Bischof JurBüro 84, 1314 f).

74 *[Wirkung der Streitverkündung]*

(1) Wenn der Dritte dem Streitverkünder beitritt, so bestimmt sich sein Verhältnis zu den Parteien nach den Grundsätzen über die Nebenintervention.

(2) Lehnt der Dritte den Beitritt ab oder erklärt er sich nicht, so wird der Rechtsstreit ohne Rücksicht auf ihn fortgesetzt.

(3) In allen Fällen dieses Paragraphen sind gegen den Dritten die Vorschriften des § 68 mit der Abweichung anzuwenden, daß statt der Zeit des Beitritts die Zeit entscheidet, zu welcher der Beitritt infolge der Streitverkündung möglich war.

I) Beitritt nach Streitverkündung (Abs I)

1 **1) Voraussetzungen. a)** Der Beitritt muß **formell** den Anforderungen des § 70 entsprechen (RG 124, 145) s dort Rn 1, 2, im Anwaltsprozeß durch Einreichung eines Schriftsatzes bei Gericht (Anwaltszwang); s § 70 Rn 1. Der Dritte kann statt dem Streitverkünder dessen Gegner als Nebenintervenient beitreten (BGH LM § 66 Nr 1); widerspricht der Verkünder, genügt nicht der Hinweis auf die Verkündung, vielmehr muß der Beitretende gem § 66 I ein rechtliches Interesse am Beitritt auf der Gegenseite dartun (Stuttgart MDR 70, 148 LS; Verhältnis zum Streitverkünder: Rn 5). Der Beitritt enthält keine Haftungsanerkennung.

2 **b)** Darüber hinaus müssen die **materiellen** Voraussetzungen des § 66 erfüllt sein, dh der Dritte muß ein rechtliches Interesse am Obsiegen einer Partei haben (ie § 66 Rn 8).

3 **2) Prüfung und Verfahren.** Tritt der Verkündete bei, so wird die Zulässigkeit der *Nebenintervention* wie sonst geprüft (§ 66 Rn 14; § 71 Rn 1 ff); eine Prüfung der Zulässigkeit der *Streitverkündung* findet dann im Folgeprozeß nicht mehr statt (Hamm NJW-RR 88, 155). Für die Zuziehung des Beigetretenen zum Verfahren gilt § 71; ist der Beitritt zurückgewiesen worden, treten die (prozessualen) Rechtsfolgen des § 74 III nicht ein, da der Streitverkündete keine Einflußmöglichkeit auf das Verfahren hat (arg Art 103 I GG). Für die *materiellrechtlichen* Folgen vgl Rn 9.

4 **3) Rechtsstellung des Beitretenden. Nach erfolgtem Beitritt** hat der Dritte die Stellung eines Nebenintervenienten; die Grundsätze über die Nebenintervention (§§ 66, 67, 68, 69, 71) finden Anwendung.

II) Nichtbeitritt (Abs II)

Tritt der Dritte nicht bei, so wird der Rechtsstreit ohne Rücksicht auf ihn fortgeführt. Die Zulässigkeit der Streitverkündung muß dann im Folgeprozeß geprüft werden, um feststellen zu können, ob die Verkündung die prozessualen und sachlich-rechtlichen Folgen ausgelöst hat (BGH 65, 131; 70, 189; 100, 259). Ein Nichtbeitritt im Verhältnis zum Streitverkünder liegt auch dann vor, wenn der Streitverkündete (unter Beachtung von § 66 I) der **anderen Partei** beitritt (BGH 85, 255 = NJW 83, 821; 103, 278 = NJW 88, 1379). 5

III) Nebeninterventionswirkung (Abs III)

1) **Voraussetzungen der Interventionswirkung.** Die Streitverkündung entfaltet nur dann Interventionswirkung, wenn sie **a)** formgültig erklärt wurde (§ 73), **b)** gem § 72 zulässig war, **c)** der Dritte die Möglichkeit hatte, auf den Erstprozeß Einfluß zu nehmen (BGH NJW 82, 281 [282]; vgl ie § 68 Rn 5, 11, 12), **d)** der Erstprozeß durch eine rechtskräftige Sachentscheidung beendet ist (ie § 68 Rn 4), **e)** der Erstprozeß für den Streitverkünder ungünstig ausgegangen ist (RSchwab/Gottwald § 51 IV und § 50 V 2; MK/Schilken Rn 8, str; aA BGH 65, 131; 70, 189), **f)** der Erstprozeß **vor** dem Folgeprozeß entschieden wird; Hilfe bei gleichzeitiger Anhängigkeit: Aussetzung gem § 148 (vgl Hamm NJW-RR 94, 1343). 6

2) **Inhalt und Umfang der Interventionswirkung.** Im späteren Prozeß kann der Nebenintervenient bzw der nicht Beitretende der streitverkündenden Partei (Hauptpartei iS des § 68) gegenüber ohne deren Zustimmung Einwendungen tatsächlicher und rechtlicher Art nicht mehr geltend machen, wenn sie im Vorprozeß vorgebracht werden konnten, es sei denn, es liegt einer der in § 68 HS 2 (dort Rn 11, 12) bezeichneten Fälle vor (RG 123, 95; 120, 297). Die Interventionswirkung besteht nur zugunsten, nicht aber zuungunsten der streitverkündenden Partei (§ 68 Rn 6), gleichgültig, ob der Streitverkündete beigetreten ist oder nicht (BGH 100, 261; offenlassend BGH NJW 87, 2874 = MDR 87, 841). Beachte den vorverlegten **Zeitpunkt** in Abs **III.** Irgendwelche Wirkung gegenüber einem anderen als dem Streitverkünder, insbesondere gegenüber dem Gegner der Hauptpartei hat die Streitverkündung des Vorprozesses nicht (RG 84, 293). Neuerdings wird im Verhältnis zwischen dem Streitverkündeten und dem Gegener der Hauptpartei unter bestimmten Voraussetzungen eine materiell-rechtliche Präklusionswirkung aus § 242 BGB befürwortet (so K. Schreiber Jura 80, 81 ff; zurecht abl Wieczorek/Schütze/Mansel § 68 Rn 10); das ist jedenfalls dann bedenklich, wenn die Gegenpartei des Vorprozesses ihrerseits den Streit verkünden und damit die Interventionswirkung gem Abs **III,** § 68 herbeiführen konnte (vgl § 72 Rn 10). Die Streitverkündung im Schiedsgerichtsverfahren hat nicht die Wirkung des § 68, wenn der Streitverkündungsempfänger völlig untätig geblieben ist (BGH BB 64, 1397 = LM § 68 Nr 2). Die Interventionswirkung kann sich immer nur auf das Urteil beziehen, das zwischen dem Streitverkünder und seiner Gegenpartei ergeht (BGH VersR 69, 1039). Zur Inlandswirkung der Streitverkündung im ausländischen Verfahren s Milleker ZZP 80, 288. 7

IV) Materiell-rechtliche Folgen der Streitverkündung

1) Die **zulässige Streitverkündung** (§ 72 Rn 3–9) unterbricht die Verjährung (§ 209 II Nr 4 BGB), und zwar auch dann, wenn der Verkünder im Vorprozeß wider Erwarten obsiegt (BGH 36, 212; 65, 131; Hamburg VersR 84, 1049). Beachte aber § 215 BGB! Für den Verkündungsschriftsatz (§ 73) gilt § 270 III (Hamm NJW 94, 203). Sie unterbricht die Ersitzung, § 941 BGB iVm § 209 II Nr 4 BGB und erhält Mängeleinreden: vgl §§ 478, 485, 639 BGB; §§ 414, 423, 439 HGB. Wird die Klage **zurück**genommen, gilt hinsichtlich der Verjährungsunterbrechung § 215 II BGB entspr (Wieczorek/Schütze/Mansel § 68 Rn 172, str; aA MK/Schilken Rn 11 mit Fn 17). Eine *Pflicht* zur Streitverkündung mit Haftungsfolgen kann sich aus materiellen Rechtsbeziehungen ergeben (vgl Wieczorek/Schütze/Mansel § 68 Rn 10; sa Fallgestaltung in BGH NJW 95, 2713 [2715]. 8

2) Ist die **Streitverkündung unzulässig,** sollen ihr nach hM auch (vgl Rn 6) keine materiell-rechtlichen Wirkungen zukommen (BGH 65, 130; 70, 189; Hamm NJW-RR 86, 1505; Saarbrücken NJW-RR 89, 1216 mN; Taupitz ZZP 102, 318, hM, str; aA Eibner aaO [vor § 64] S 147 f); ist die Streitverkündung **als unzulässig zurückgewiesen** worden (s Rn 3, 5), gilt § 212 BGB entspr, da die Streitverkündung gem § 209 II Nr 4 BGB der Klage gleichsteht (so auch RSchwab/Gottwald § 51 IV 1; Wieczorek/Schütze/Mansel § 68 Rn 173; KG OLGZ 89, 74 = MDR 88, 680; zust Taupitz ZZP 102, 317). Verfahrensübergreifende Streitverkündung: Hamm NJW-RR 96, 335 (WEG). Ausländische Streitverkündung: § 72 Rn 2. 9

75 *[Gläubigerstreit (Prätendentenstreit)]*

Wird von dem verklagten Schuldner einem Dritten, der die geltend gemachte Forderung für sich in Anspruch nimmt, der Streit verkündet und tritt der Dritte in den Streit ein, so ist der Beklagte, wenn er den Betrag der Forderung zugunsten der streitenden Gläubiger unter Verzicht auf das Recht zur Rücknahme hinterlegt, auf seinen Antrag aus dem Rechtsstreit unter

Verurteilung in die durch seinen unbegründeten Widerspruch veranlaßten Kosten zu entlassen und der Rechtsstreit über die Berechtigung an der Forderung zwischen den streitenden Gläubigern allein fortzusetzen. Dem Obsiegenden ist der hinterlegte Betrag zuzusprechen und der Unterliegende auch zur Erstattung der dem Beklagten entstandenen, nicht durch dessen unbegründeten Widerspruch veranlaßten Kosten, einschließlich der Kosten der Hinterlegung zu verurteilen.

I) Formen des Prätendentenstreits

1 **1) Inanspruchnahme der Forderung durch einen Dritten.** Beansprucht ein Dritter die – durch Leistungs-, nicht schon durch Feststellungsklage (BGH KTS 81, 218) –, bereits rechtshängig gewordene Forderung ganz oder teilweise für sich, so steht **ihm** der Weg der Hauptintervention (**§ 64**) offen. **2)** Der **Beklagte** kann sich dem Risiko des Prozesses gegen den Kläger bei Ungewißheit über dessen Gläubigerstellung gemäß § 372 S 2 BGB entziehen. Dem entspricht die prozessuale Möglichkeit nach **§ 75,** der allerdings nur geringe praktische Bedeutung hat (vgl BGH NJW-RR 87, 1440). **Beispiel:** A hat den B auf Zahlung verklagt. Verlangt C, weil ihm die Forderung abgetreten worden ist, diese für sich, so kann ihm B den Streit verkünden. B kann nun den eingeklagten Betrag der Hauptforderung einschließlich der geltend gemachten Nebenforderung (hierunter fallen nicht die dem Kläger entstandenen Prozeßkosten) nach Eintritt des Dritten C unter Verzicht auf das Recht der Zurücknahme (§§ 376, 378 BGB) hinterlegen und Entlassung aus dem Rechtsstreit beantragen. § 75 trifft insbesondere auch bei Pfandbestellung und Sicherungsübereignung zu (RG 34, 400). **3)** Möglich ist auch, die Rechtszuständigkeit im Wege der **Feststellungsklage** gem **§ 256** zu klären (BGH NJW 93, 2540; NJW-RR 87, 1439; 92, 1151); daß das Urteil im Feststellungsstreit der Prätendenten dem Schuldner gegenüber keine Rechtskraft wirkt (§ 325 Rn 4), steht dem Feststellungsinteresse nicht entgegen (BGH NJW-RR 87, 1440); hat der Schuldner hinterlegt, kann der im Feststellungsstreit Unterlegene dem obsiegenden Gegner gegenüber nicht mehr geltend machen, der Hinterlegungsbetrag stehe ihm zu (BGH aaO). **4)** Auch eine **Feststellungsklage** zwischen **zwei** möglichen **Schuldnern** bei Streit darüber, wer von ihnen für eine bestimmte Verbindlichkeit haftet, ist möglich (BGH NJW 93, 2539 = MDR 93, 1121).

II) Voraussetzungen

2 **1) Gegenstand** des Rechtsstreits muß eine Forderung auf Leistung hinterlegungsfähiger Gegenstände sein (**S 1;** § 372 S 1 BGB). Das Recht zur Hinterlegung regelt § 75 aber selbständig und unabhängig von § 372 BGB (hM, aA Wieczorek/Schütze/Mansel Rn 32). Die Forderung muß von einem Dritten beansprucht werden (Rn 1 [1]); zwischen der beanspruchten und der streitbefangenen Forderung muß (mindestens Teil-)Identität bestehen (BGH NJW 96, 1673; MK/Schilken Rn 5; oben Rn 1 [2 aE]).

2) Es muß eine **Streitverkündung** gemäß §§ 72–74 erfolgen.

3 **3)** Der Dritte muß dem Streit **beitreten. Tritt der Dritte nicht ein** und erhebt er auch keine, an sich mögliche, Hauptintervention, so geht der Prozeß zwischen den bisherigen Parteien weiter. Die Streitverkündung wirkt gegen den Dritten im Rahmen der §§ 74, 68. Statt als neue Partei **einzutreten,** kann sich der Dritte aber auch darauf beschränken, als streitverkündeter Nebenintervenient dem Verkünder beizutreten (BGH KTS 81, 217 [218]).

III) Rechtswirkungen

4 **1)** Tritt der Dritte in den Rechtsstreit ein, so ist von dem Beklagten **der Antrag auf Entlassung** aus dem Rechtsstreit in der mündlichen Verhandlung in Gegenwart des Klägers und beigetretenen Dritten zu stellen (§ 297); eine schriftliche Entscheidung (§ 128 II) ist bei allseitigem Einverständnis zulässig. Wird dem Antrag stattgegeben, so ergeht ein Endurteil (OLG 37, 95): Der Beklagte wird aus dem Rechtsstreit entlassen; die Entlassung erfolgt durch End-, nicht durch Zwischenurteil (RSchwab/Gottwald § 133 I 1a; StJ/Bork Rn 9; MK/Schilken Rn 9; BL/Hartmann Rn 9; ThP Anm 3a), da wie im Fall des § 239 (dort Rn 9) die Entscheidung für den ausscheidenden Beklagten den Rechtsstreit endgültig beendet (so auch StJ/Bork Rn 9).

5 Wird der Beklagte aus dem Rechtsstreit entlassen, so sind ihm in dem Entlassungsurteil die **Kosten** aufzuerlegen, die er dem Kläger durch unbegründeten Widerspruch (unbegründetes Bestreiten des Bestehens der Forderung) verursacht hat. Im übrigen ist über die sonstigen gesamten Kosten des Rechtsstreits im Schluß-Endurteil zu entscheiden.

6 **2) Ist dem Entlassungsantrag stattgegeben,** so hat der Kläger zu beantragen: I) Es wird festgestellt, daß der von . . . bei . . . hinterlegte Betrag dem Kläger zusteht. II) Der Beklagte hat in die Auszahlung des hinterlegten Betrages an den Kläger einzuwilligen (s RG 63, 322). Antrag des Beklagten: I) Die Klage wird abgewiesen. II) Der Kläger hat in die Auszahlung des von . . . bei . . . hinterlegten Betrages an den Beklagten einzuwilligen (ie Wieczorek/Schütze/Mansel Rn 57 ff). Die Auszahlung durch die Hinterlegungsstelle erfolgt erst nach Rechtskraft des Urteils.

3) Wird der **Antrag** des Beklagten **auf Entlassung zurückgewiesen,** weil die Voraussetzungen nicht erfüllt sind, der Dritte zB nicht eingetreten, die Hinterlegung nicht nachgewiesen ist, so geschieht dies nicht durch gemäß § 567 anfechtbaren Beschluß (so aber BL/Hartmann Rn 9), sondern durch Zwischenurteil (StJ/Bork Rn 9), das wie ein unechtes Zwischenurteil (analog §§ 71, 135 III, 387 III) für den Beklagten und den vergeblich seinen Eintritt Erklärenden anfechtbar ist; allein die Notwendigkeit baldiger Rechtskraft dieser Entscheidung zwingt zur sofortigen Beschwerde. Die Zulassung des Eintritts führt zu einem Parteiwechsel, ist also in der Revisionsinstanz nicht mehr möglich (zust MK/Schilken Rn 7). 7

4) Im **Schlußurteil** zwischen den beiden Prätendenten muß nun auch über die Kosten entschieden werden, soweit dies nicht schon nach § 75 S 1 (Rn 5) geschehen ist. Sie sind dem unterliegenden Prätendenten aufzuerlegen; hierüber muß das Gericht entscheiden, notfalls gem § 321. Für die Rechtskraftwirkung des Urteils gelten keine Besonderheiten. Mit der Abweisung der Klage des einen Prätendenten ist die Auszahlungsberechtigung des anderen noch nicht rechtskräftig festgestellt (Rn 21 vor § 322; so auch Picker, FS Flume, S 718/719); soll über die Auszahlungsberechtigung beider Parteien rechtskraftfähig entschieden werden, muß der Beklagte Widerklage erheben (so Zweibrücken OLGZ 80, 238 f; aA ansch StJ/Bork Rn 11). Sie liegt in einer Antragsfassung gem Rn 6. 8

IV) Gebühren: 1) des **Gerichts:** Keine Urteilsgebühr für das den Entlassungsantrag des Bekl zurückweisende Zwischenurteil; für das über die Entlassung ergehende Endurteil nur dann Urteilsgebühr, wenn in der Hauptsache überhaupt eine anfallen kann (also nicht im Prozeßverfahren erster Instanz), aber nicht anfällt (§ 27 GKG). – **2)** des **Anwalts:** Die Streitverkündung wird durch die Prozeßgebühr abgegolten. 9

76 *[Urheberbenennung des Besitzers]*

(1) Wer als Besitzer einer Sache verklagt ist, die er auf Grund eines Rechtsverhältnisses der im § 868 des Bürgerlichen Gesetzbuchs bezeichneten Art zu besitzen behauptet, kann vor der Verhandlung zur Hauptsache unter Einreichung eines Schriftsatzes, in dem er den mittelbaren Besitzer benennt, und einer Streitverkündungsschrift die Ladung des mittelbaren Besitzers zur Erklärung beantragen. Bis zu dieser Erklärung oder bis zum Schluß des Termins, in dem sich der Benannte zu erklären hat, kann der Beklagte die Verhandlung zur Hauptsache verweigern.

(2) Bestreitet der Benannte die Behauptung des Beklagten oder erklärt er sich nicht, so ist der Beklagte berechtigt, dem Klageantrag zu genügen.

(3) Wird die Behauptung des Beklagten von dem Benannten als richtig anerkannt, so ist dieser berechtigt, mit Zustimmung des Beklagten an dessen Stelle den Prozeß zu übernehmen. Die Zustimmung des Klägers ist nur insoweit erforderlich, als er Ansprüche geltend macht, die unabhängig davon sind, daß der Beklagte auf Grund eines Rechtsverhältnisses der in Abs 1 bezeichneten Art besitzt.

(4) Hat der Benannte den Prozeß übernommen, so ist der Beklagte auf seinen Antrag von der Klage zu entbinden. Die Entscheidung ist in Ansehung der Sache selbst auch gegen den Beklagten wirksam und vollstreckbar.

I) Voraussetzungen der sog Urheberbenennung (laudatio auctoris)

1) Dem unmittelbaren Besitzer einer beweglichen Sache oder eines Grundstücks muß eine Klage auf Herausgabe (§§ 985, 1007 II, 1227 BGB), Vorlegung (§§ 809, 810 BGB) oder Aufsuchung (§ 867 BGB, str; aA Wieczorek/Schütze/Mansel Rn 17) zugestellt sein. § 76 ist nicht anwendbar bei rein schuldrechtlicher Herausgabeklage (OLG 42, 3). Der Besitz als solcher muß passiv legitimieren; das ist nicht der Fall bei §§ 861, 1007 I BGB. 1

2) Der Beklagte muß **behaupten,** daß er die Sache zB als Nießbraucher, Pfandgläubiger, Pächter, Mieter, Verwahrer, Entleiher, Beauftragter, Nachlaßpfleger, Nachlaßverwalter, Testamentsvollstrecker usw (§ 868 BGB) besitzt. 2

3) Der Beklagte muß vor der Verhandlung zur **Hauptsache** (nicht schon wegen Rügen, die die Zulässigkeit der Klage betreffen) einen Schriftsatz einreichen, in dem er den mittelbaren Besitzer benennt, diesem den Streit verkündet und die Ladung des mittelbaren Besitzers zur Erklärung beantragt. Die Zustellung des bei Gericht einzureichenden Schriftsatzes und der Ladung erfolgt von Amts wegen. Form: Grundsätzlich wie zu § 73, also im Anwaltsprozeß durch Schriftsatz (ohne Anwaltszwang; vgl § 73 Rn 1), im amtsgerichtlichen Prozeß gilt § 496. Terminsbestimmung, Zustellung und Ladung des Benannten erfolgen von Amts wegen (§§ 214, 215, 216, 497). Mängel der Benennung heilt § 295. **Bsp** zu Rn 1–3 (nach KG MDR 93, 1234): Hat der Eigentümer nach Aufhebung der Beschlagnahme (§ 111k StPO) die Staatsanwaltschaft auf Herausgabe verklagt, kann diese dem letzten Gewahrsamsinhaber, für den sie besitzt (vgl BGH 72, 304), durch 3

Streitverkündung iVm Benennung als mittelbarer Besitzer zur Übernahme des Verfahrens auffordern.

II) Bestreiten oder Schweigen des Benannten (Abs II)

4 Der Beklagte kann wählen, ob er den Prozeß fortsetzen oder dem Klageantrag genügen will. Im letzteren Fall setzt er sich dem mittelbaren Besitzer gegenüber keiner Haftung aus.

III) Übernahme des Prozesses (Abs III)

5 Es besteht keine Verpflichtung des Benannten zur Prozeßübernahme. *„Erkennt"* er das Vorbringen des Beklagten zu den Besitzverhältnissen *„als richtig an"* (Fall von § 288, auch schlüssig möglich: Zweibrücken JurBüro 83, 1865), so kann er diesem als Streitgehilfe beitreten und als solcher seine Rechte geltend machen (RG 32, 31); weiter kann er Hauptintervention (§ 64) erheben oder den Prozeß **übernehmen (III 1)**; der Parteiwechsel vollzieht sich dann ohne bes gerichtliche Entscheidung (Zweibrücken JurBüro 84, 1866). Im letzteren Fall ist die Zustimmung des Klägers nur nötig, insoweit er Ansprüche geltend macht, bei denen die Passivlegitimation des Beklagten nicht oder nicht **nur** auf seinem Besitz beruht (zB mit § 985 BGB konkurrierende Herausgabeansprüche auf Grund Leihe, Verwahrung usw; Schadensersatzansprüche aus §§ 823, 989 ff BGB; wegen positiver Vertragsverletzung; Ansprüche auf Herausgabe von Früchten der streitbefangenen Sache).

IV) Ausscheiden des Beklagten (Abs IV)

6 Über den Antrag des Beklagten ist mündlich zu verhandeln. Die (für den Parteiwechsel gem **III** idR nicht erforderliche: Rn 5) **Entbindung von der Klage** erfolgt durch ein mit **Berufung anfechtbares Endurteil** (OLG 43, 3). Der Prozeß geht nun zwischen dem Kläger und dem Prozeßübernehmer weiter. Eine Bindung an die bish Prozeßergebnisse besteht nicht (so Wieczorek/Schütze/Mansel Rn 68, str; sa allg hier § 263 Rn 25). Über die Gesamtkosten des Rechtsstreits ist im Schlußendurteil zu entscheiden (so auch Köln NJW 54, 238). Das Schlußendurteil **wirkt auch gegen den ausgeschiedenen Beklagten;** gegen ihn kann auf Grund der Vollstreckungsklausel, in die er aufzunehmen ist (§ 750), vollstreckt werden. Die Abweisung des Antrags erfolgt durch Zwischenurteil gem § 303 (Düsseldorf OLGZ 92, 255 mN; aA MK/Schilken Rn 10: Zwischenurteil entspr § 71 II; wiederum aA BL/Hartmann Rn 9 iVm § 75 Rn 9: gem § 567 anfechtbarer Beschluß).

7 **V) Gebühren** wie § 75 Rn 9.

77

[Urheberbenennung bei Eigentumsbeeinträchtigungsklagen]

Ist von dem Eigentümer einer Sache oder von demjenigen, dem ein Recht an einer Sache zusteht, wegen einer Beeinträchtigung des Eigentums oder seines Rechtes Klage auf Beseitigung der Beeinträchtigung oder auf Unterlassung weiterer Beeinträchtigungen erhoben, so sind die Vorschriften des § 76 entsprechend anzuwenden, sofern der Beklagte die Beeinträchtigung in Ausübung des Rechtes eines Dritten vorgenommen zu haben behauptet.

1 **§ 77 trifft zu,** wenn wegen Beeinträchtigung des Eigentums, die in anderer Weise als durch Entziehung oder Vorenthaltung des Besitzes erfolgt, § 1004 BGB, oder wegen Beeinträchtigung eines sonstigen dinglichen Rechts, zB einer Dienstbarkeit (§ 1027 BGB) geklagt wird.

2 **§ 77 findet keine Anwendung** bei persönlichen Klagen auf Schadensersatz oder Feststellungsklagen. Die Benennung des Urhebers wird nicht dadurch ausgeschlossen, daß Benennender (Dienstverpflichtete) und Urheber (Dienstberechtigte) als Streitgenossen verklagt sind.

Vierter Titel

PROZESSBEVOLLMÄCHTIGTE UND BEISTÄNDE

Lit: *Bergerfurth,* Der Anwaltszwang und seine Ausnahmen, 2. Aufl 1988 (Nachtrag 1991); *Borgmann/Haug,* Anwaltshaftung, 3. Aufl 1995; *Feuerich/Braun,* Bundesrechtsanwaltsordnung, 3. Aufl 1995; *Isele,* Bundesrechtsanwaltsordnung, 1976; *Jeßnitzer/Blumberg,* Bundesrechtsanwaltsordnung, 7. Aufl 1995; *Kleine-Cosack,* Bundesrechtsanwaltsordnung, 2. Aufl 1996; *Ostler,* Die deutschen Rechtsanwälte (1871–1971), 2. Aufl 1982; *Rinsche,* Die Haftung des Rechtsanwalts und Notars, 5. Aufl 1995; *Vollkommer,* Die Stellung des Anwalts im Zivilprozeß, 1984; *ders,* Anwaltshaftungsrecht, 1989.

Vorbemerkungen

I) Arten von Vertretern im Prozeß

Nach der ZPO hat man zu unterscheiden: **1)** den **gesetzlichen Vertreter** einer Partei (Eltern, Vormund, Pfleger, Betreuer), dessen Vertretungsmacht auf dem Gesetz beruht; s § 51; der Prozeßpfleger des § 57 hat einstweilen die Stellung eines gesetzlichen Vertreters. 1

2) den **bevollmächtigten Vertreter,** der durch den Willen des Vertretenen auf Grund seiner Vollmacht zur Vertretung berufen ist. Hierher gehören auch die richterlich beigeordneten Vertreter, soweit ihnen Prozeßvollmacht erteilt wurde; Fälle (vgl § 48 BRAO): Prozeßkostenhilfe-Anwalt (§ 121, vgl dort Rn 30); Notanwalt (§§ 78b, 78c). 2

3) den **Beistand** (vgl §§ 90, 625 II), den **Rechtsbeistand** nach dem RBerG (Rn 8, 9) und den **Prozeßagenten** gem § 157 ZPO (Rn 9). 3

4) den **sonstigen Vertreter.** Für einzelne Prozeßhandlungen bevollmächtigt sind die Terminsvertreter (§ 83 II), die Zustellungsbevollmächtigten (§§ 174, 175 ZPO, § 30 BRAO), der Gerichtsvollzieher (nur) im Fall des § 166 II bei der Zustellung (§ 166 Rn 1), nicht dagegen bei der Zwangsvollstreckung (§ 753 Rn 4; § 754 Rn 1 und 6; R-Gaul/Schilken § 25 IV 1d, str). 4

II) Prozeßvollmacht

1) Ihre **Erteilung** ist Prozeßhandlung (s § 80 Rn 5); für einen im Inland zu führenden Prozeß gilt für die Rechtsbeständigkeit und die Rechtswirkungen der Prozeßvollmacht deutsches Recht (BGH LM § 325 Nr 10). Ihre wirksame Erteilung ist Prozeßhandlungsvoraussetzung (BGH 111, 221 mN), nicht Prozeßvoraussetzung (RSchwab/Gottwald § 56 II 1; StJ/Bork § 80 Rn 3); anders zT die Lehre – so Blomeyer § 9 IV 2 –, aber zu Unrecht: hat ein unwirksam Bevollmächtigter Klage erhoben, so erfolgt Prozeßabweisung mangels ordnungsmäßiger Begründung des Prozeßrechtsverhältnisses; diese allerdings, aber eben auch nur sie allein ist Prozeßvoraussetzung (s Rn 24 vor § 253). Wird die – wirksam erteilte – Vollmacht während des Rechtsstreits unwirksam, so ist der nunmehr vollmachtlose Vertreter zurückzuweisen; gegen die dann säumige Partei kann Versäumnisurteil ergehen. Zur Wirkung der Prozeßvollmacht: s § 85. Diese **Außenwirkung** ist zu unterscheiden vom Innenverhältnis zwischen Vollmachtgeber und Prozeßbevollmächtigtem (zur Abstraktheit der Prozeßvollmacht vgl BGH NJW 93, 1926; Hamm OLGZ 92, 104 mwN = NJW 92, 1175). 5

2) Das **Innenverhältnis,** auf dem die Erteilung der Vollmacht beruht, ist regelmäßig ein Geschäftsbesorgungsvertrag des bürgerlichen Rechts (§ 675), so vor allem beim Rechtsanwalt und beim Rechtsbeistand; als der Vollmacht zugrunde liegende Verpflichtungsverhältnisse sind aber auch Dienst- oder Werkvertrag, Auftrag, Gesellschaft möglich (eingehend Borgmann/Haug §§ 8 ff; Vollkommer, Anwaltshaftungsrecht, Rn 2 ff). Dann ist die Prozeßvollmacht häufig Bestandteil einer umfassenderen, zugleich materiell-rechtlichen Vollmacht, wie beim Prokuristen (§ 49 HGB), beim Handlungsbevollmächtigten (§ 54 HGB), beim Gesellschafter (§ 714 BGB); zur RA-Sozietät vgl § 80 Rn 6. Der Geschäftsbesorgungsvertrag zwischen dem RA und seinem Mandanten wird durch das anwaltliche Berufsrecht modifiziert; maßgebend sind die **BRAO** (vgl die Kommentare von Feuerich/Braun, Isele, Kleine-Cosack und Jessnitzer/Blumberg, s oben „Lit") und die an die Stelle der bisherigen „Grundsätze des anwaltlichen Standesrechts" (vgl den Kommentar von Lingenberg/Hummel/Zuck/Eich, 2. Aufl 1988) tretende **Berufsordnung** in Satzungsform (§ 59b BRAO; noch nicht erlassen; vgl dazu BT-Drs 12/4993, S 34 f). Besonderheiten der Vertragsgestaltung bei beruflicher Zusammenarbeit von RAen: § 80 Rn 6. 6

III) Prozeßbevollmächtigte

1) Rechtsanwälte. Der RA ist als freiberuflich tätiges, unabhängiges Organ der Rechtspflege der berufene unabhängige Berater und Vertreter in allen Rechtsangelegenheiten (§§ 1–3 BRAO). Prozeßbevollmächtigter kann im Anwaltsprozeß nur der beim Prozeßgericht zugelassene RA sein (§ 78; zur zeitlichen Geltung und Besonderheiten in den neuen Bundesländern s dort Rn 1, 57), im Parteiprozeß jeder beliebige Prozeßfähige (§ 79), also auch der bei diesem Gericht nicht (aber bei einem anderen deutschen Gericht) zugelassene RA (vgl § 18 BRAO; verfassungsmäßig: BVerfG NJW 93, 3192; zu Besonderheiten im Rahmen der EU s Rn 16); den Rechtsanwälten in der mündlichen Verhandlung vor dem AG (Parteiprozeß) gleichgestellt sind *Rechtsbeistände,* die Mitglieder einer Rechtsanwaltskammer sind (§ 157 I in Verb mit § 209 BRAO); sie sind von den *Prozeßagenten* gem § 157 III zu unterscheiden (unten Rn 9 [bb]; vgl auch § 157 Rn 2, 8). Einen *Nichtanwalt* kann das Gericht unter den Voraussetzungen des § 157 II zurückweisen (vgl dort Rn 7). Die dem **Anwaltsangestellten** auf Grund von Art 1 § 6 I, II RBerG erlaubte Rechtsbesorgung wird nicht durch die Berufsüblichkeit, sondern durch die Bedürfnisse der Praxis des Anwalts bestimmt (BVerwG vom 9. 12. 1965, Buchholz 355 RBeratG Nr 13); iü wird es idR bereits am Erfordernis der Geschäftsmäßigkeit (Selbständigkeit) fehlen (vgl Rn 8 [aa]). 7

8 2) **Andere Rechtsvertreter. a) Verbot unerlaubter Rechtsbesorgung. Lit:** *Altenhoff/Busch/Chemnitz,* RBerG, 10. Aufl 1993; *Rennen/Caliebe,* RBerG, 2. Aufl 1992. **aa)** Die **geschäftsmäßige Besorgung fremder Rechtsangelegenheiten** einschließlich der Rechtsberatung und die Einziehung fremder oder zur Einziehung zedierter Forderungen ist an eine behördliche **Erlaubnis** geknüpft (Art 1 § 1 **RBerG** iVm [1.] und 2. RBerV). **Sinn und Zweck** dieses Gesetzes ist es, die Allgemeinheit vor Schäden aus einer unzureichenden Rechtsberatung zu bewahren und die weitgehenden Bindungen unterliegende Anwaltschaft nicht mit einer unübersehbaren Zahl von Personen konkurrieren zu lassen, die solchen Bindungen nicht unterliegen (BGH 83, 215; Prütting/Weth ZIP 94, 427). Das weiter geltende Gesetz ist mit dem Grundrecht der freien Berufswahl – Art 12 GG – vereinbar (BVerfG 41, 390); dies gilt auch für die Neuordnung des Rechtsbeistandsberufs im Jahre 1980 (BVerfG 75, 246 und 284; dazu Rn 9). **Geschäftsmäßigkeit** ist gegeben, wenn der Berater selbständig tätig wird und in *Wiederholungsabsicht* handelt (VGH München NJW 88, 2554; Prütting/Weth ZIP 94, 426; § 157 Rn 4); Indiz hierfür ist die *Entgeltlichkeit* seiner Tätigkeit (BGH NJW 86, 1051 f). **bb) Zuständig** für die Erteilung der – seit 27. 8. 1980 idR nur noch beschränkt möglichen (vgl Rn 9) – Erlaubnis ist der Präsident des LG oder AG (vgl § 11 RBerV). Für juristische Personen als Rechtsbeistand (zB GmbH) ist die Erlaubnis nicht schlechthin ausgeschlossen (vgl § 10 RBerV; zur RA-GmbH s § 80 Rn 6 aE). Gegen die (berufsregelnde) **Versagung der Erlaubnis** nach dem RBerG ist nach hM der *Rechtsweg zu den Verwaltungsgerichten* gegeben (so BGH 83, 356; BGHSt 28, 203; bedenklich, vgl unten Rn 9 [bb]). **cc)** Ein **Verstoß** gegen das RBerG führt nicht zur Unwirksamkeit der Prozeßhandlungen des nicht zugelassenen Rechtsberaters (KG OLGZ 66, 112; ZMR 92, 204): **Nichtig** (§ 134 BGB) ist allerdings der mit dem Berater geschlossene Geschäftsbesorgungsvertrag (vgl BGH 88, 243 mN; NJW 95, 3122 [3124]; BAG NJW 93, 2703; Prütting/Weth ZIP 94, 425). Unerlaubte Rechtsbesorgungstätigkeit verstößt idR auch gegen § 1 UWG (BGH NJW 89, 2126; Karlsruhe NJW-RR 94, 237 f; Düsseldorf NJW-RR 91, 116; LG Wuppertal MDR 95, 1105 mit Anm Nerlich).

9 **b) Rechtsbeistände. aa) Rechtsbeistände mit Vollerlaubnis.** Nach Art 1 § 1 I 2 RBerG (eingefügt durch das 5. BRAOÄndG) wird ab dem 27. 8. 1980 eine uneingeschränkte Erlaubnis nicht mehr erteilt; seitdem sind nur noch auf jeweils bestimmte Sachgebiete beschränkte Erlaubnisse möglich (vgl § 1 I 2 RBerG). Der Beruf des **Voll-Rechtsbeistands** wurde damit geschlossen (verfassungsgemäß: BVerfG 75, 264 ff und 291 = NJW 88, 545 und 543 = MDR 88, 203); insbes kann eine Teilerlaubnis für „Bürgerliches Recht, für Handels- und Gesellschaftsrecht und für Wirtschaftsrecht" nicht mehr erteilt werden. Für Rechtsbeistände, die am 27. 8. 1980 im Besitz einer uneingeschränkten Erlaubnis waren, besteht die Möglichkeit, Mitglied der örtlich zuständigen Rechtsanwaltskammer zu werden (§ 209 BRAO). Rechtsbeistände, die Kammermitglied sind, können gem § 157 I in der mündlichen Verhandlung vor dem AG auftreten; sie bedürfen keiner Erlaubnis als Prozeßagent gem § 157 III und unterliegen nicht der Zurückweisung gem § 157 II; ihre Rechtsstellung ist weitgehend der des RA angeglichen (BGH NJW 88, 208). Die Inhaber einer uneingeschränkten Erlaubnis dürfen die Berufsbezeichnung „Rechtsbeistand" führen (§ 4 2. RBerV); vorgesehen ist die Bezeichnung „Mitglied der Rechtsanwaltskammer" (vgl Jessnitzer, BRAO, § 209 Rn 2). Für die **Vergütung** des Rechtsbeistands gilt die BRAGO sinngemäß (vgl Art IX des KostRÄndG, idF des Art 2 I BRAGOÄndG vom 18. 8. 1980, BGBl I S 1503). **bb) Rechtsbeistände mit Teilerlaubnis.** Die seit dem ÄndG 1980 nur noch mögliche Teilerlaubnis (vgl vorstehend aa) wird jeweils für folgende Sachbereiche erteilt: **Rentenberater, Versicherungsberater, Frachtprüfer, Vereidigte Versteigerer, Inkassounternehmer** und **Rechtskundige in einem ausländischen Recht.** Der Teilrechtsbeistand darf seinen Beruf nur unter der der Teilerlaubnis entsprechenden Berufsbezeichnung ausüben (Art 1 § 1 I 3 RBerG). Die Teilerlaubnis nach dem RBerG berechtigt nicht zum Auftreten in der mündlichen Verhandlung vor dem AG; dazu bedarf es einer gesonderten Erlaubnis durch die Justizverwaltung gem § 157 III als **Prozeßagent** iS von § 3 Nr 3 RBerG (vgl Hamm OLGZ 80, 265 = Rpfleger 80, 233); diese ist auf das Sachgebiet der Teilerlaubnis nach dem RBerG zu beschränken (Konsequenz aus Art 1 § 1 I 2 RBerG). Die „sinngemäße" Anwendbarkeit der BRAGO auf die **Vergütung** der Rechtsbeistände (vgl vorstehend aa) gilt nicht für Frachtprüfer und Inkassobüros (Art IX Abs II KostRÄndG idF des BRAGOÄndG 1980, BGBl I S 1503). Wer als Prozeßagent (mit gegenständlich beschränktem Tätigkeitsbereich) gem § 157 III zugelassen werden will, dem muß die Erlaubnis nach RBerG entweder bereits erteilt worden sein oder zumindest gleichzeitig erteilt werden (Hamm OLGZ 80, 265 mN = aaO). Gegen die **Versagung der Erlaubnis** nach § 157 III ist das Verfahren gem §§ 23, 24 II EGGVG eröffnet (vgl § 157 Rn 8 und § 23 EGGVG Rn 4), während gegen die Versagung nach dem RBerG der Verwaltungsrechtsweg gegeben sein soll (vgl Rn 8). Diese Doppelspurigkeit ist unbefriedigend; der Behelf gem § 23 EGGVG sollte einheitlich zugelassen werden. **cc) Einzelne Teilrechtsbeistände: Frachtprüfer:** Für den Umfang der zulässigen Rechtsbesorgung ist der Inhalt der konkreten Erlaubnis maßgebend (vgl Braunschweig BB 84, 1515). **Inkassounternehmen:** Die Beschränkung der Erlaubnis auf den *außergerichtlichen* Forderungseinzug (vgl Art 1 § 1 I 2 Nr 5 RBerG) steht gerichtlicher Geltendmachung der *zum Inkasso* abgetretenen Forde-

rung unter Einschaltung eines RA nicht entgegen (BGH NJW 96, 393; Schleswig NJW-RR 95, 1208 mN = MDR 95, 749; Dresden OLGR Brandenburg usw 95, 43; Michalski BB 95, 1361, str; **aA** Stuttgart OLGZ 94, 171, 173; J. Chemnitz EWiR 96, 83). Auch der geschäftsmäßige Erwerb von Forderungen zur Einziehung auf *eigene Rechnung* bedarf der Erlaubnis (§ 1 I der 5. RBerV; Prozeßführungsbefugnis dann unproblematisch: BGH NJW 94, 998), desgleichen die **Abtretung von Lohnansprüchen zur Schuldenregulierung** (BAG NJW 93, 2702). **Nicht** erlaubnispflichtig ist der Erwerb und die Einziehung von Forderungen durch eine Bank im Rahmen eines **echten** (BGH 76, 125) oder **unechten Factoring** (BGH 58, 364). Dem ausländischen **EG-Anwalt** (vgl dazu Rn 16) ist die Rechtsbesorgungserlaubnis für sein Heimatrecht und EG-Recht zu erteilen (Art 1 § 1 I 2 Nr 6 RBerG; Haack AnwBl 85, 539); bei nur vorübergehender Tätigkeit im Inland greift das RBerG nicht ein (Rabe NJW 87, 2186 mN in Fn 12); unzulässig ist die Rechtsberatung durch einen ausländischen (Nicht-EG-)Rechtsanwalt von einem in der BRD unterhaltenen Zweigbüro aus (BGH MDR 69, 568).

c) Patentanwälte können als Vertreter der Parteien vor dem Patentamt und dem Patentgericht auftreten, vor Schiedsgerichten und Verwaltungsbehörden (§ 3 II Nr 2, III Nr 3 PatAnwO), ferner in Verfahren wegen Erklärung der Nichtigkeit oder Zurücknahme des Patentes oder wegen einer Zwangslizenz auch vor dem BGH (§ 3 II Nr 3 PatAnwO) sowie bei der Verlängerung der Schutzfrist eines Geschmacksmusters vor dem AG (§ 3 III Nr 2 PatAnwO). In sämtlichen Rechtsstreitigkeiten, in denen ein gewerbliches Schutzrecht, ein Geschmacksmuster, eine nicht geschützte Erfindung oder eine sonstige die Technik bereichernde Leistung, ein Sortenschutzrecht oder eine nicht geschützte Leistung auf dem Gebiet der Pflanzenzüchtung Streitgegenstand oder entscheidungserheblich ist, ist der Patentanwalt auf Antrag als *Beistand* der Partei zuzulassen (vgl § 4 I, II PatAnwO). § 157 I, II gilt insoweit für Patentanwälte nicht (§ 4 III PatAnwO). 10

d) Steuerberater, Steuerbevollmächtigte und Steuerberatungsgesellschaften sind zur geschäftsmäßigen Hilfeleistung in Steuersachen befugt (§ 3 Nr 1 StBerG); dies gilt auch für **Wirtschaftsprüfer,** Wirtschaftsprüfungsgesellschaften, vereidigte Buchprüfer und Buchprüfungsgesellschaften (§ 3 Nr 2 StBerG); mitumfaßt ist eine damit in *unmittelbarem Zusammenhang* stehende (allgemeine) Rechtsbesorgungstätigkeit (vgl für Wirtschaftsprüfer Art 1 § 5 Nr 2 RBerG und dazu BGH NJW 88, 561 = MDR 88, 297 = JZ 88, 556 mit abl Anm Zuck), die Erteilung einer Rechtsberatungserlaubnis für die Sachgebiete Bürgerliches Recht, Handels- und Gesellschaftsrecht und Wirtschaftsrecht ist jedoch ausgeschlossen (vgl Rn 9). Im finanzgerichtlichen Verfahren sind Steuerberater und Wirtschaftsprüfer als Bevollmächtigte und Beistände zugelassen (§ 62 II FGO; Art 1 Nr 1 BFH-EntlG), nicht auch juristische Personen (Steuerberatungsgesellschaft, Wirtschaftsprüfungsgesellschaft; vgl BVerfG HFR 78, 420; BFH NJW 77, 776). Im Parteiprozeß sind Steuerberater und Wirtschaftsprüfer in der mündlichen Verhandlung gem § 157 I ausgeschlossen. Aus der **Rspr:** Allgemein-rechtliche Beratung, wie die Ausarbeitung von Darlehens- und Gesellschaftsverträgen, gehört nicht mehr zur zulässigen Rechtsbesorgung eines (auch selbst anwaltlich beratenen) Steuerberaters und Wirtschaftsprüfers (so BGH AnwBl 86, 111; Hamm WM 86, 174), wohl aber die Beratung über steuerliche Auswirkungen von gesellschaftsvertraglichen Gestaltungen (BGH BB 87, 1203); keine „fremde Rechtsangelegenheit" betrifft die Beratung über gegen sich selbst bestehende Schadensersatzansprüche (BGH 83, 24). Vorgehen gegen Preisbindungsverstöße steht nicht mehr in unmittelbarem Zusammenhang (Art 1 § 5 Nr 2 RBerG) zur Tätigkeit einer **Wirtschaftsprüfungsgesellschaft** (vgl BGH 48, 12). 11

e) Verbandsvertreter. aa) Die Vertreter von Gewerkschaften oder Vereinigungen von Arbeitgebern oder von Zusammenschlüssen solcher Verbände können im *arbeitsgerichtlichen Verfahren* in erster und zweiter Instanz, im *sozialgerichtlichen Verfahren* auch vor dem BSG Prozeßbevollmächtigte sein (§ 11 I 2 und 3, II 2 ArbGG; §§ 73 VI 3, 166 II SGG; vgl auch § 78 Rn 53; § 79 Rn 4). **bb) Berufsständische Vereinigungen** dürfen im Rahmen ihres Aufgabenbereichs ihren Mitgliedern erlaubnisfrei Rechtsbetreuung gewähren (Art 1 § 7 RBerG). Beispiele: Gewerkschaften (BGH 83, 213 = MDR 82, 641; BGH NJW 81, 1553), Arbeitgeberverbände, gewerbliche Interessenverbände (vgl Urbanczyk, Zur Verbandsklage im Zivilprozeß, 1981, S 204 ff), ärztliche Privatverrechnungsstellen (Düsseldorf NJW 69, 2289), örtliche Mietervereine (Hamburg MDR 85, 332; Koblenz ZMR 84, 51), örtliche Haus- und Grundbesitzervereine (OVG Münster NJW-RR 86, 861), Verband der Kriegs- und Wehrdienstopfer usw – VdK – (OVG Koblenz NJW 88, 581), **nicht** aber ein Verein von Wohnungssuchenden (Frankfurt NJW 82, 1004), ein Interessenverband zur Mietrechtsberatung (Frankfurt WRP 83, 417) oder eine Schutzgemeinschaft für Kleinaktionäre (BGH NJW 95, 516; dazu Prütting/Weth ZIP 94, 428 ff; Gehrlein NJW 95, 487; Bork AG 94, 159). Die Verbände selbst können wegen fehlender Prozeßfähigkeit nicht Prozeßbevollmächtigte sein (vgl § 79 Rn 2), Verbandsvertreter unterliegen in der mündlichen Verhandlung dem Ausschluß gem § 157 I (vgl Altenhoff/Busch/Kampmann, RBerG, 9. Aufl, Rn 195 ff, 548 f). **cc) Genossenschaften,** deren Spitzenverbände und Einrichtungen können im Rahmen ihres Aufgabenbereichs ihre Mitglieder und genossenschaftlichen Einrichtungen rechtlich betreuen (Art 1 § 3 Nr 7 12

RBerG; vgl dazu BGH 125, 1 = NJW 94, 1658). **dd) Verbraucherzentralen** sind im Rahmen ihres Aufgabenbereichs (Verbraucherschutz) zur *außergerichtlichen* Besorgung von Rechtsangelegenheiten von Verbrauchern befugt (Art 1 § 3 Nr 8 RBerG; Grenzen: OLGR Köln 96, 35).

13 f) Dem Erlaubniszwang unterliegt nicht die Rechtsberatung und Rechtsbetreuung durch **Behörden** und **Körperschaften des öffentlichen Rechts** im Rahmen ihrer Zuständigkeit (Art 1 § 3 Nr 1 RBerG). Beispiele: Beratung und Unterstützung des *Jugendamts* gem § 51 JWG, zB bei der Geltendmachung von Unterhaltsansprüchen (vgl dazu die Mitt AnwBl 84, 548); Rechtsberatung ihrer Mitglieder durch *Studentenschaft* (vgl Hustädt NJW 88, 474 mN); Schuldnerberatung durch das *Sozialamt* im Rahmen von § 8 BSHG, durch kirchliche – und wohl auch – freie Wohlfahrtsverbände (vgl Schulz-Rackoll/Groth ZRP 86, 105; aA Köln NJW 73, 437).

14 **g) Hochschullehrer.** Soweit nicht Rechtslehrer an deutschen Hochschulen ausdrücklich als Prozeßbevollmächtigte und Beistände zugelassen sind (so gem § 138 I StPO, § 67 I VwGO, § 22 I 1 BVerfGG), ist das RBerG auf sie anwendbar (BVerwG NJW 88, 220; VGH Mannheim NJW 91, 1196 mwN, auch zur aA); eine gewohnheitsrechtliche Vertretungsbefugnis auf dem Gebiet des Zivilprozesses besteht nicht (VGH München NJW 88, 2553 mwN); die Möglichkeit einer Zulassung als RA besteht nicht (BGH 92, 1; NJW-RR 95, 888; krit Michalski/Römermann MDR 96, 433). Vgl näher § 157 Rn 2.

IV) Rechtsanwälte in den neuen Bundesländern

15 Die für eine Übergangszeit (1990–1994) bestehenden Sondervorschriften (EinigungsV, RA-Ges, RpflAnpG; s näher 19. Aufl) sind inzwischen gegenstandlos oder aufgehoben; Besonderheiten bestehen noch beim Anwaltszwang (s § 78 Rn 57).

V) Ausländische Rechtsanwälte

16 Die in einem EU-Mitgliedsstaat niedergelassenen Anwälte können unter bestimmen Voraussetzungen in Deutschland „vorübergehend" (dh iS einer grenzüberschreitenden Dienstleistung; dazu näher EuGH NJW 96, 580) die Tätigkeit eines RA ausüben (Rechtsanwaltsdienstleistungsgesetz vom 16. 8. 1980, BGBl I S 1453, idF des ÄndGes vom 14. 3. 1990, BGBl I S 479; die aF war zT EG-rechtswidrig: EuGH NJW 88, 887). Sie haben dabei die Berufsbezeichnung ihres Herkunftsstaats zu verwenden, also zB „Avocat", „Advocate", „Barrister", „Solicitor" usw (vgl § 1 aaO) und auf Verlangen ihre Anwaltseigenschaft nachzuweisen (§ 2 aaO). Die Berufsbezeichnung „Rechtsanwalt" darf nicht geführt werden (§ 2 I 2 aaO). Bei der Ausübung ihrer Tätigkeiten, soweit sie mit der Vertretung im Bereich der Rechtspflege oder vor Behörden zusammenhängen, haben sie die Rechte und Pflichten eines deutschen RA, soweit diese nicht die Zugehörigkeit zu einer Rechtsanwaltskammer, den Wohnsitz sowie die Kanzlei betreffen (§ 3 I aaO). In gerichtlichen Verfahren dürfen die ausländischen Anwälte als „Vertreter" *nur im Einvernehmen* mit einem RA handeln, der zur Vertretung bei dem Gericht befugt ist (§ 4 I 1 aaO). In Verfahren, in denen Anwaltszwang besteht (vgl § 78 Rn 4 ff), muß daher das nachzuweisende „Einvernehmen" (Einzelheiten: § 4 I 2, II aaO) mit einem zugelassenen RA hergestellt werden, der aber selbst nicht Prozeßbevollmächtigter zu sein braucht (§ 4 I 3 aaO). Die sich aus dem Zulassungserfordernis bei einem Gericht ergebenden Beschränkungen der Vertretungsbefugnis (§ 18 BRAO, § 78) gelten (mit Ausnahme der Vertretung vor dem BGH) für den EU-Anwalt nicht (§ 3 I 2 aaO; Konsequenzen für § 18 BRAO verneint BVerfG NJW 90, 1033). Allgemein kann der EU-Anwalt Beistand des (inländischen) Prozeßbevollmächtigten sein (§ 4 IV iVm § 52 II BRAO). In einem EU-Mitgliedsstaat zur Ausübung eines Anwaltsberufs Qualifizierte können nach Bestehen einer Eignungsprüfung zur Rechtsanwaltschaft zugelassen werden (§ 4 BRAO iVm dem Ges über die Eignungsprüfung für die Zulassung zur Rechtsanwaltschaft vom 6. 7. 1990, BGBl I, S 1349). **Lit:** *Feuerich* NJW 91, 1144; Oberheim NJW 94, 1846; *Rabe* NJW 87, 2185; *Zuck* NJW 87, 3033; zum Anwaltszwang im europäischen Vergleich s *Wolf,* in: Grunsky/Stürner/Walter/Wolf (Hgb), Wege zu einem europäischen Zivilprozeßrecht, 1992, S 48.

78 *[Anwaltsprozeß]*

(1) Vor den Landgerichten und vor allen Gerichten des höheren Rechtszuges müssen die Parteien sich durch einen bei dem Prozeßgericht zugelassenen Rechtsanwalt als Bevollmächtigten vertreten lassen (Anwaltsprozeß).

(2) In Familiensachen müssen sich die Parteien und Beteiligten nach Maßgabe der folgenden Vorschriften durch einen bei dem Gericht zugelassenen Rechtsanwalt vertreten lassen:

1. die Ehegatten in Ehesachen und Folgesachen in allen Rechtszügen, am Verfahren über Folgesachen beteiligte Dritte nur für die weitere Beschwerde nach § 621e Abs. 2 vor dem Bundesgerichtshof,

2. die Parteien und am Verfahren beteiligte Dritte in selbständigen Familiensachen des § 621 Abs. 1 Nr. 8 in allen Rechtszügen, in selbständigen Familiensachen des § 621 Abs. 1 Nr. 4 und 5 nur vor den Gerichten des höheren Rechtszuges,

3. die Beteiligten in selbständigen Familiensachen des § 621 Abs. 1 Nr. 1 bis 3, 6 nur für die weitere Beschwerde nach § 621e Abs. 2 vor dem Bundesgerichtshof.

Vor dem Familiengericht ist auch ein bei dem übergeordneten Landgericht zugelassener Rechtsanwalt zur Vertretung berechtigt. Das Jugendamt, die Träger der gesetzlichen Rentenversicherungen sowie sonstige Körperschaften, Anstalten oder Stiftungen des öffentlichen Rechts und deren Verbände einschließlich der Spitzenverbände und ihrer Arbeitsgemeinschaften brauchen sich in den Fällen des Satzes 1 Nr. 1 und 3 nicht durch einen Rechtsanwalt vertreten zu lassen.

(3) Diese Vorschriften sind auf das Verfahren vor einem beauftragten oder ersuchten Richter sowie auf Prozeßhandlungen, die vor dem Urkundsbeamten der Geschäftsstelle vorgenommen werden können, nicht anzuwenden.

(4) Ein Rechtsanwalt, der nach Maßgabe der Absätze 1 und 2 zur Vertretung berechtigt ist, kann sich selbst vertreten.

Abs 1 S 2, eingefügt durch das 1. EheRG, wurde durch Art 3 Nr 2 des UÄndG vom 20. 2. 1986 gestrichen und durch Abs II (neu) ersetzt; die bish Abs 2 und 3 wurden zu Abs 3 und 4. Die Neuregelung ist seit 1. 4. 1986 in Kraft. Abs 2 S 3 wurde mit Wirkung vom 1. 1. 1992 geändert durch das Rentenreformgesetz 1992 vom 18. 12. 1989 (BGBl I, S 2261).

Insgesamt neu gefaßt mit Wirkung vom 1. 1. 2000 bzw. 1. 1. 2005 durch Art 3, 22 II des RABerufsR-NeuOG vom 8. 9. 1994 (BGBl I, S 2278; Text-Auszug Rn 1).

Lit: s das vor § 78 genannte Schrifttum.

I) Allgemeines zum Anwaltszwang

1) Reform und Übergangsregelung. § 78 ist durch Art 3 des RABerufsRNeuOG vom 2. 9. 1994 **neu gefaßt** worden; die nF tritt in den alten Bundesländern (einschließlich Berlin) am 1. 1. 2000 in Kraft (Art 22 II 1 des Ges) und sollte in den neuen Bundesländern – nach Einführung von § 78 aF zum 1. 1. 1995 – (erst) am 1. 1. 2005 in Kraft treten (vgl Art 22 II 2 des Ges); insoweit ist die Regelung verfassungswidrig (vgl BVerfG v 5. 12. 1995, NJW 96, 1882 und dazu näher Rn 57). In den neuen Bundesländern gilt nunmehr eine vom BVerfG erlassene **Übergangsregelung** (Rn 57). In § 78 nF ist die Verknüpfung des Anwaltszwangs mit dem (verfahrensrechtlichen) Lokalisierungsgrundsatz für erstinstanzliche Anwaltsprozesse beseitigt (*Entwurf:* BT-Drs 12/4993). Die Neufassung lautet (Auszug): 1

„§ 78. Anwaltsprozeß. (1) Vor den Landgerichten müssen sich die Parteien durch einen bei einem Amts- oder Landgericht zugelassenen Rechtsanwalt und vor allen Gerichten des höheren Rechtszuges durch einen bei dem Prozeßgericht zugelassenen Rechtsanwalt als Bevollmächtigten vertreten lassen (Anwaltsprozeß).

(2) In Familiensachen müssen sich die Parteien und Beteiligten vor den Familiengerichten durch einen bei einem Amts- oder Landgericht zugelassenen Rechtsanwalt und vor allen Gerich-

ten des höheren Rechtszuges durch einen bei dem Prozeßgericht zugelassenen Rechtsanwalt nach Maßgabe der folgenden Vorschriften vertreten lassen ...“

Vom vollständigen Abdruck der umfangreichen Abs II–IV wird vorerst abgesehen. Der folgenden Kommentierung wird die aF als (noch) geltendes Recht zugrundegelegt; allerdings wird bei Zweifelsfragen die gesetzgeberische Wertentscheidung gegen den verfahrensrechtlichen Lokalisierungsgrundsatz in erster Instanz schon berücksichtigt (vgl zB Rn 2; § 922 Rn 13).

1a 2) **Begriffe: Anwaltszwang** ist die Notwendigkeit der Vertretung der Partei (Rn 7) durch einen beim Prozeßgericht (Rn 21) zugelassenen Rechtsanwalt (Rn 20); der Anwaltszwang ist ein Unterfall des *Vertretungszwangs,* bei dem Vertretung durch irgendeinen Rechtsanwalt (Fälle des „gelockerten Anwaltszwangs“: Rn 12, 50) oder einen sonstigen bes qualifizierten Vertreter (Bsp: Verbandsvertreter gem § 11 II 2 ArbGG) genügt. Verfahren mit Anwaltszwang heißen **Anwaltsprozeß.** Gegensatz ist der **Parteiprozeß,** in dem die Parteien den Rechtsstreit selbst oder durch jede prozeßfähige Person als Vertreter führen können (§ 79). Besteht kein Anwaltszwang, handelt es sich auch dann um einen Parteiprozeß, wenn beide Parteien durch beim Prozeßgericht zugelassene Rechtsanwälte vertreten sind. Im Anwaltsprozeß fehlt der Partei die **Postulationsfähigkeit** (Begriff: Rn 16 vor § 50; sie kommt allein dem Vertreter gem Rn 20 ff zu). Dadurch ist die Partei selbst nicht von der **Mitwirkung** am Verfahren ausgeschlossen: Sie kann im Anwaltsprozeß mit ihrem Anwalt erscheinen und neben ihm das Wort verlangen (§ 137 IV), tatsächliche Erklärungen ihres RA sofort berichtigen (§ 85 I 2), selbst wirksam Geständnisse abgeben (BGH 129, 110; § 288 Rn 5) und anwaltliche sofort widerrufen (§ 85 I 2). Sie kann selbst Urkunden vorlegen (Rn 49) und dadurch bei unwahrem Klagevorbringen (§ 138 I) ein VU verhindern (ie Brandenburg NJW-RR 95, 1471 = MDR 95, 1263; sa Rn 49). Das Gericht soll die Partei zuziehen und persönlich anhören (§ 278 I 2). Es kann ihr persönliches Erscheinen anordnen; dann besteht eine Pflicht zum Erscheinen (§§ 141, 273 II Nr 3, IV; 279 II; 613; 640 I iVm § 613). **Prüfung** der Postulationsfähigkeit: Rn 20; **Fehlen** der Postulationsfähigkeit: Rn 3, 20.

2 3) **Bedeutung. a) Zwecke des Anwaltszwangs.** Der Anwaltszwang dient einer geordneten Rechtspflege und liegt zugleich im Interesse der Prozeßparteien. Verfahrensbezogene Zwecke sind: Prozeßvorbereitung und Prozeßverhütung; durch die notwendige Einschaltung von Anwälten wird der Prozeßstoff gefiltert und aufbereitet (Beibringungsgrundsatz!), effektive Mündlichkeit der Verhandlung ermöglicht, prozessuale Chancengleichheit zwischen den Parteien hergestellt und der Streit versachlicht. Parteibezogene Zwecke sind der Verfahrens- und Gefahrenschutz, Warn- und Beratungsfunktion (eingehend Vollkommer, Die Stellung des Anwalts im Zivilprozeß, 1984, S 16 ff mwN; zust Zuck JZ 93, 506; teilw krit Stürner JZ 86, 1090 f; Jauernig § 16 I). In engem Zusammenhang mit dem Anwaltszwang steht der nach der nF (Rn 1; ebenso schon jetzt in den neuen Ländern: Rn 57) nur noch für die höhere Instanz geltende **Lokalisierungsgrundsatz** (§ 18 BRAO), der eine vertrauensvolle Zusammenarbeit zwischen Gericht und Anwalt fördert („Arbeitsgemeinschaft“) und einen reibungslosen und unmittelbaren Verkehr zwischen allen Prozeßbeteiligten als Voraussetzung für eine zügige Verfahrenserledigung gewährleistet (BVerfG NJW 90, 1033; 93, 3192; 96, 1883; Vollkommer aaO S 19 f; krit Graef ZRP 95, 450 mwN; Kleine-Cosack NJW 96, 1872; s auch BT-Drs 12/4993, S 42 f, 50 f). Diese Gründe sind nach der der nF (Rn 1) zugrundeliegenden Bewertung teilw überholt bzw nicht mehr voll tragfähig (vgl auch BVerfG NJW 96, 1883), was bei Zweifelsfragen zur aF bereits vor dem 1. 1. 2000 berücksichtigt werden kann. **b)** Der Anwaltszwang bildet eine **wesentliche Verfahrensgarantie** des Landgerichts- und Eheprozesses (Vollkommer aaO S 22, 56; unten Rn 28). **c) Anwaltszwang als „formale Ordnungsvorschrift“.** Die Zwecke des Anwaltszwangs gestatten es nicht, ihn beiseite zu schieben, wenn die konkrete Verfahrensgestaltung im Einzelfall eine Anwaltsmitwirkung als nicht geboten erscheinen läßt; als formale Ordnungsvorschrift ist § 78 vielmehr strikt anzuwenden (vgl BGH 86, 163). Das schließt freilich in Zweifelsfragen eine Berücksichtigung der Zwecke des Anwaltszwangs bei der wertenden Bestimmung der Grenzen seines Umfangs nicht aus (so anscheinend auch BGH 86, 165 ff und Vollkommer aaO S 22 f). Zu den Besonderheiten des Anwaltszwangs in den neuen Bundesländern s näher Rn 56, 57.

3 4) **Rechtsfolgen bei Verstößen gegen den Anwaltszwang:** Die – zwingenden – Vorschriften über den Anwaltszwang sind von Amts wegen zu beachten (BGH NJW 92, 2706 = MDR 92, 1179) und unterliegen nicht dem Parteiverzicht oder Rügeverlust gem § 295 I (Grund: § 295 II). Die **Postulationsfähigkeit** ist Prozeßhandlungsvoraussetzung (vgl Rn 17 vor § 50, nicht: Prozeßvoraussetzung; unrichtig insoweit LG Mainz MDR 80, 406); sie muß daher (bereits) im Zeitpunkt der *Vornahme* der Prozeßhandlung gegeben sein (BVerfG DtZ 92, 183; BGH NJW 92, 2706 = aaO; DtZ 95, 176). Handelt im Anwaltsprozeß die nicht postulationsfähige Partei selbst oder ihr nicht postulationsfähiger Vertreter, sind ihre Prozeßhandlungen unwirksam (BGH 111, 342 = NJW 90, 3086 = MDR 91, 131; NJW 92, 1700 f), erscheint sie im Termin ohne zugelassenen Anwalt, ist sie säumig iS der §§ 330 ff (s aber Rn 49). Die von einem nicht postulationsfähigen Anwalt vorgenommene Prozeßhandlung kann durch einen postulationsfähigen Bevollmächtigten heilend geneh-

migt werden; bei fristgebundenen Prozeßhandlungen muß aber die Genehmigung – die auch in der Bezugnahme auf die Schriftsätze des nichtpostulationsfähigen Anwalts liegen kann – vor Fristablauf erfolgen (BGH 111, 343 = aaO). Eine rückwirkende Heilung durch nachträgliche Genehmigung kommt aber nicht in Betracht (BGH 90, 253; 111, 344 mwN = aaO; FamRZ 93, 695). Beispiele: Die von einem nicht postulationsfähigen Anwalt unterzeichnete Klageschrift wird nach Ablauf einer bestehenden Klagefrist (zB § 41 I KO) vom postulationsfähigen Prozeßbevollmächtigten unterzeichnet (BGH 90, 253); der von einem nicht zugelassenen Anwalt gestellte Scheidungsantrag wird nach Fristablauf (§ 1408 II 2 BGB) vom postulationsfähigen Anwalt übernommen (BGH NJW-RR 87, 323 mit zust Anm Bosch FamRZ 87, 367; sa Celle FamRZ 96, 297: Keine rückwirkende Herbeiführung des Ehezeitendes iS von § 1587 II BGB). Die vom nicht postulationsfähigen RA eingelegte Berufung wird nicht (rückwirkend) wirksam, wenn der beim OLG zugelassene RA sie nach Fristablauf genehmigt (Bremen OLGZ 65, 41; ebenso für unwirksame Erledigungserklärung Köln MDR 82, 1024; für unwirksame Klageerhebung LG Mainz MDR 80, 406 unter Verkennung, daß bei Fehlen einer Klagefrist die nachträgliche Genehmigung der förmlichen Neuvornahme gleichsteht; ebenso Bergerfurth Rn 210 Fußnote 359). Führt der Mangel der Postulationsfähigkeit zugleich zu einem (nachträglich behobenen) Formmangel der Prozeßhandlung, kann uU auch eine (nicht rückwirkende) Heilung gem § 295 I in Frage kommen (vgl BGH 65, 48; Stuttgart FamRZ 81, 789 mN; aA MK/v. Mettenheim Rn 18; für weitergehende Heilungsmöglichkeiten bei Formmängeln allg Vollkommer, Formenstrenge und prozessuale Billigkeit, 1973, S 356 ff). §§ 551 Nr 5, 579 I Nr 4 gelten nicht, wenn der Mangel übersehen wurde (ausf Urbanczyk ZZP 95, 339 [355 ff]; StJ/Bork Rn 10; Wieczorek/Schütze/Steiner Rn 5; BAG NJW 91, 1253 mN, str; aA Bergerfurth Rn 211 mwN), bei späterer Genehmigung auch nicht §§ 539, 540 (verkannt von OLGR Brandenburg 95, 251). Fehlerhafte Verneinung der Postulationsfähigkeit verletzt idR nicht das rechtliche Gehör (BVerfG DtZ 92, 183).

II) Anwaltszwang vor den Kollegialgerichten (I)

1) Gerichte mit Anwaltszwang: a) Allgemeines. Anwaltszwang herrscht in allen Verfahren (Ausnahmen für bestimmte Prozeßhandlungen s Rn 46 ff) vor dem **LG, OLG, BGH** und **BayObLG** (Besonderheiten: Rn 20) sowie in bestimmtem Umfang vor dem AG als Familiengericht (dazu näher Rn 27 ff). Der Anwaltszwang vor diesen Gerichten ist unabhängig davon, ob es sich um eine „bürgerliche Rechtsstreitigkeit" (§ 13 GVG) oder um eine Zivilprozeßsache kraft Zuweisung (vgl § 13 GVG Rn 54 ff) mit öffentlichrechtlichem Streitgegenstand handelt (vgl BGH NJW-RR 93, 1022 zu § 13 StrEG; sa Rn 51). 4

b) Einzelne Gerichte. Gleichgültig ist beim **LG,** ob es sich um eine erstinstanzliche oder eine Berufungskammer handelt, ob die vollbesetzte Zivilkammer oder der Einzelrichter (§ 348) tätig wird (anders beim beauftragten und ersuchten Richter, dazu Rn 46 (b), ob der Vorsitzende der KfHS allein entscheiden kann (§ 349 II) oder nicht. Besonderheiten bestehen bei der Baulandkammer (Rn 50), der Wiedergutmachungskammer (Rn 51) und aufgrund von Konzentrationsermächtigungen gebildeten Spezialkammern (Rn 52). Beim **OLG** gilt Anwaltszwang auch für das Verfahren vor dem Einzelrichter (§ 524); vor dem auswärtigen Zivilsenat (§ 116 GVG) ist jeder beim Stammgericht zugelassene RA postulationsfähig (vgl auch Anm zu § 116 GVG). Besonderheiten bestehen für den (aufgelockerten) Anwaltszwang beim **BayObLG** (Rn 20). Arbeitsgerichtliches Verfahren: § 79 Rn 3. 5

c) Zum Begriff des **Prozeßgerichts** s Rn 21. 6

2) Dem Anwaltszwang unterliegende Parteien: a) Grundsatz: Dem Anwaltszwang unterliegen die (aber auch nur die) Parteien (Begriff: Rn 2 vor § 50; BGH 86, 164) und zwar sowohl Haupt- als auch Nebenparteien, nicht dagegen Dritte. Bsp: Parteien sind Kläger und Beklagter, Antragsteller und Antragsgegner (vgl § 622 III), der Nebenintervenient (§ 66), der Streitverkündete ab Beitritt (vgl § 74 Rn 1), ferner die in den §§ 75–77 bezeichneten Personen; nicht dagegen der unbeabsichtigt in den Prozeß gezogene Dritte (Rn 8 vor § 50), desgleichen nicht der einem Prozeßvergleich beitretende Dritte (BGH 86, 160, str; vgl Rn 11). Zum – stark eingeschränkten – Anwaltszwang für „*Beteiligte*" und „*beteiligte Dritte*" in Familiensachen vgl die Sonderregelung gem **Abs 2 S 1 und 3** (ie Rn 39 ff, 44). 7

b) Eine (weitere) **Ausnahme** besteht für die selbst beim Prozeßgericht **als Rechtsanwalt zugelassene** Partei (Rn 55). 8

3) Dem Anwaltszwang unterliegende Prozeßhandlungen: a) Vornahme von Prozeßhandlungen. Vom Anwaltszwang umfaßt ist das **gesamte** Verfahren vor dem Prozeßgericht (Begriff: Rn 21); er gilt also grundsätzlich für **alle Prozeßhandlungen,** soweit keine Ausnahmen vom Anwaltszwang eingreifen (vgl dazu Rn 46 ff) oder es um Mitwirkungsrechte der Partei selbst geht (Rn 1a). Unter den Anwaltszwang fallen daher alle verfahrensgestaltenden Handlungen, wie bestimmende und vorbereitende Schriftsätze (vgl § 130 Nr 6), Anträge, Erklärungen, aber auch materiellrechtliche Rechtsgeschäfte (zB gem §§ 119, 123, 388 BGB), soweit sie im Prozeß abgege- 9 ben werden (Musielak JuS 94, 817 zu § 388 BGB; Einzelfragen: Rn 12). Dagegen steht § 78 der Wirksamkeit *außergerichtlicher Verträge* über die Verpflichtung zur Vornahme von Prozeßhandlungen nicht entgegen (BGH NJW 84, 805; NJW-RR 89, 802; 92, 567 f, stRspr); Beispiele: Klage-(Rechtsmittel-) zurücknahmeversprechen (BGH NJW-RR 89, 802; OLGR Frankfurt 95, 275); vertraglicher Rechtsmittelverzicht (Rn 12); Verpflichtung zur Zustimmung zur Sprungrevision (BGH MDR 86, 313; vgl auch Rn 13, 16); § 78 gebietet, daß der Rechtsanwalt die notwendigen Prozeßhandlungen unter eigener Verantwortung selbst vornimmt (BGH JR 54, 463); wegen Unterzeichnung und Einreichung einer von der Partei selbst verfaßten Rechtsmittelschrift durch den Rechtsanwalt s § 519 Rn 5; näher zur sog nur „formellen" Unterzeichnung von Schriftsätzen Vollkommer, Formenstrenge und prozessuale Billigkeit, 1973, S 26, 255 f mwN.

10 b) Was die **Entgegennahme von Prozeßhandlungen** betrifft, so gilt Anwaltszwang für die mündliche Verhandlung, während der Erklärungen nur an den zugelassenen Anwalt zu richten sind. Außerhalb der mündlichen Verhandlung kann die Partei selbst Erklärungen entgegennehmen; ist aber in einem anhängigen Rechtsstreit schon ein Prozeßbevollmächtigter bestellt, muß ihm zugestellt werden (§ 176), wobei auch die Zustellung an den nicht postulationsfähigen Anwalt wirksam ist. Beispiel: Zustellung an den bisherigen Prozeßbevollmächtigten nach Abgabe an das Streitgericht gem § 696 (Düsseldorf MDR 87, 503).

11 c) **Einzelne Prozeßhandlungen.** Bei verschiedenen Prozeßhandlungen herrscht Streit, ob sie überhaupt unter den Anwaltszwang fallen oder ob sie doch von einem nicht beim Prozeßgericht zugelassenen Anwalt vorgenommen werden können (Einschränkung der Postulationsfähigkeit; zB Rn 12, 13). **Überblick: aa)** Der **Prozeßvergleich** (§ 794 I Nr 1) unterliegt dem Anwaltszwang (Stuttgart Justiz 65, 86; Tempel, FS Schiedermair, 1976, S 527; StJ/Bork Rn 16 mwN – auch zur Gegenansicht – in Fn 61; MK/v. Mettenheim Rn 14; Bergerfurth Rn 220 mwN) und zwar auch der vor dem **Einzelrichter** geschlossene (Celle OLGZ 75, 353; Hamm NJW 72, 1998, str; aA Koblenz NJW 71, 1043; MDR 76, 940 mN; Köln NJW 73, 907; vgl auch Anm zu § 279 und zu § 348; offengelassen BGH 86, 163). Kein Anwaltszwang besteht aber für den dem Vergleich beitretenden **Dritten** (BGH 86, 160 = NJW 83, 1433 = MDR 83, 573 mit abl Anm Bergerfurth JR 83, 371 f; aA MK/v. Mettenheim Rn 14 und 34). Für den **Vergleich in Ehesachen** (Scheidungsfolgesachen und Familiensachen iS der Rn 31, 34) ist dagegen der Anwaltszwang zu bejahen (ebenso: Zweibrükken FamRZ 85, 1071 mN; 87, 84; BGH FamRZ 86, 458 für Rechtszustand vor dem 1. 7. 1977; eingehend mwN Rn 33, auch zum Vergleich im Verfahren der *einstweiligen Anordnung*), ebenso für den im selbständigen Beweisverfahren (s § 486 Rn 1; § 492 Rn 7; sa unten Rn 47 [l]). Der im **Prozeßkostenhilfeverfahren** geschlossene Prozeßvergleich (§ 118 I 3) unterliegt nicht dem Anwaltszwang (dort Rn 10).

12 **bb) Klage-(Rechtsmittel-)zurücknahme- und -verzichtserklärungen.** Ist der Rechtsstreit im **Mahnverfahren** eingeleitet worden, kann nach Abgabe an das LG (vgl § 696 I 1) bis zum Beginn der mündlichen Verhandlung der Antrag auf Durchführung des streitigen Verfahrens (§ 696 IV 2 iVm § 78 III; LG Frankfurt Rpfleger 79, 429) und die Klage ohne Anwaltszwang zurückgenommen werden (Koblenz MDR 84, 322); ist bereits Vollstreckungsbescheid ergangen, kann die Klage auch durch einen beim Prozeßgericht nicht zugelassenen Anwalt wirksam zurückgenommen werden (zutr LG Bonn NJW-RR 86, 223 f; insoweit aA Koblenz MDR 84, 322). Ist das Verfahren durch Rechtsmittel in die höhere Instanz gelangt, so kann der (in der Rechtsmittelinstanz noch nicht vertretene) Rechtsmittelbeklagte die **Klage** noch durch den Anwalt der Vorinstanz **zurücknehmen** lassen (BGH 14, 210; Koblenz Rpfleger 74, 117; Vollkommer Rpfleger 74, 89; StJ/Bork Rn 30; Bergerfurth Rn 234, str; nunmehr arg § 515 III 2 nF, dazu Rn 13; aA MK/v. Mettenheim Rn 77). Ist in einer „bayerischen Sache" beim BayObLG Revision eingelegt worden und ist der Rechtsstreit in der Folge an den BGH gelangt, so kann die **Rücknahme der Revision** (der **Verzicht** darauf) noch von dem beim BGH nicht zugelassenen Anwalt der Vorinstanz erklärt werden (GSZ BGH 93, 14 = NJW 85, 1157 = MDR 85, 379, st Rspr seit RG 132, 92; vgl auch Rn 13). Hat die Partei selbst (oder durch einen nicht postulationsfähigen Vertreter) ein Rechtsmittel eingelegt, kann sie es in gleicher Weise auch wieder zurücknehmen (BGH NJW-RR 94, 759 mwN; Bergerfurth Rn 242). Der nach Urteilserlaß *außergerichtlich* einseitig oder vertraglich erklärte **Rechtsmittelverzicht** und die **Rechtsmittelrücknahme** unterliegen nicht dem Anwaltszwang (BGH NJW 85, 2335 = ZZP 100, 78; NJW 89, 39, str; aA RSchwab/Gottwald § 136 II 5a), wohl aber als *Prozeßhandlung* (BGH NJW 84, 1465; 88, 210; vgl auch Rn 9 sowie § 514 Rn 6; § 566 Rn 2). Kein Anwaltszwang besteht nach OLG Karlsruhe für die **Zustimmung** des Antragsgegners zur **Rücknahme des Scheidungsantrags** (OLGZ 77, 478; sa § 626 Rn 1 und allg § 269 Rn 15 aE).

13 **cc) Verlust- und Kostenanträge in der Rechtsmittelinstanz.** Für den Verlust- und Kostenantrag gem §§ 515 III 2, 566 verlangt der BGH in stRspr (außer in bayerischen Revisionssachen) volle Postulationsfähigkeit; hat aber der Rechtsmittelgegner für die Berufungs-(Revisions-)instanz noch keinen Prozeßbevollmächtigten bestellt, so kann der Verlust- und Kostenantrag auch von einem beim Rechtsmittelgericht nicht zugelassenen Rechtsanwalt gestellt werden (§§ 515

III 2, HS 2; 566), also auch vom Prozeßbevollmächtigten der *ersten* Instanz (vgl dazu auch § 515 Rn 25). Der Meinungsstreit, ob der Antrag auch vom Anwalt der Vorinstanz wirksam gestellt werden kann, ist durch die Neufassung des § 515 III 2, HS 2 überholt (s dazu 16. Aufl). Desgleichen kann in bayerischen Revisionssachen der nicht beim BGH zugelassene (vor dem BayObLG postulationsfähige) Prozeßbevollmächtigte des Revisionsbeklagten die Anträge gem §§ 566, 515 III 2 stellen (so schon bisher BGH GSZ 93, 15 f); dies gilt auch dann, wenn die Revision unmittelbar von einem BGH-Anwalt eingelegt war (anders noch – überholt – BGH NJW 87, 1333 = MDR 87, 486; NJW 89, 3226 = MDR 89, 992); entspr besteht eine erweiterte Postulationsfähigkeit im patentrechtlichen Rechtsbeschwerdeverfahren (BGH MDR 95, 924 = GRUR 95, 338).

dd) Kein Anwaltszwang besteht für die Einlegung der **Durchgriffserinnerung** gem §§ 11 II, 21 II RpflG (Zweibrücken NJW 73, 908; MK/v. Mettenheim Rn 83, str). Zum ganzen näher §§ 103, 104 Rn 21 „Anwaltszwang"; § 569 Rn 14. 14

ee) Anwaltszwang besteht für den **Fristverlängerungsantrag** gem §§ 519 II 3, 554 II 2 HS 2 (BGH 93, 303 mN = NJW 85, 1559), für die **Beschwerde** gegen die Ablehnung eines **Arrestes** und einer **einstweiligen Verfügung**, die beim LG beantragt waren (sehr str; ie § 922 Rn 13), im Anwaltsprozeß ferner für die **Ablehnungsbeschwerde** gem § 46 II (str, s dort Rn 16) und die **Kostenbeschwerde** gem § 269 III 5 (Köln OLGR 94, 167); zum Beschwerdeverfahren s auch Rn 21, 37, 46 (h) sowie §§ 569 II 2, 577 II 1, 2 mit Erl. 15

ff) Die Einwilligung in die **Sprungrevision** (§ 566a II 2) kann von einem vor dem Revisionsgericht nicht postulationsfähigen Rechtsanwalt erklärt werden (BGH NJW 75, 830; MDR 86, 313 = JZ 85, 1064; arbeitsgerichtliches Verfahren: BAG 48, 237 ff; vgl auch § 79 Rn 4). 16

gg) Für das **Vollstreckungsverfahren nach §§ 887 ff** besteht Anwaltszwang, wenn im Vorprozeß erstinstanzlich Anwaltszwang herrschte, und zwar auch, wenn der Titel eine einstweilige Verfügung ist, die ohne mündliche Verhandlung ergangen ist (Frankfurt FamRZ 87, 1292; Hamburg OLGZ 91, 346; Koblenz NJW-RR 88, 1279; Hamm MDR 85, 242; Köln NJW-RR 95, 645 mwN = FamRZ 95, 312; StJ/Bork Rn 14; StJ/Münzberg § 891 Rn 1; ausf Pastor, Die Unterlassungsvollstreckung nach § 890 ZPO, 3. Aufl 1982, S 103 ff; Bergerfurth Rn 273; hier § 887 Rn 4, str). 17

hh) Das Verfahren auf **Benennung eines Schiedsrichters** durch das zuständige LG (§§ 1029 II, 1045) unterliegt dem Anwaltszwang (Frankfurt JurBüro 74, 1592). 18

ii) Kein Anwaltszwang besteht für Anträge und Erklärungen zur **Zuständigkeit des Gerichts** (§ 281 II 1; ie Rn 47) sowie für eine **Anspruchsbegründung** gem § 697 I im Zeitraum zwischen Abgabe und Terminsbestimmung (BGH 84, 136 ff). 19

III) Postulationsfähiger Anwalt

1) Zulassung beim Prozeßgericht: a) Zulassung. Postulationsfähig (vgl Rn 1a) in Verfahren mit Anwaltszwang (Rn 4 ff) ist nach (in den alten Bundesländern) geltendem Recht nur der beim Prozeßgericht (Rn 21) gemäß den §§ 6 ff, 18 ff, 164 ff BRAO **zugelassene Anwalt** (Lokalisierungsgrundsatz; s Rn 1a, 2). Der (verfahrensrechtliche) Lokalisationsgrundsatz (§ 18 BRAO) steht zwar mit dem Anwaltszwang in engem Zusammenhang (BGH 93, 14; 111, 342) und dient (auch) der vollen Verwirklichung seiner Zwecke (vgl BT-Drs 12/4993 S 51, abl S 53), bewirkt aber andererseits eine (zu) starke Einschränkung der Postulationsfähigkeit; er wird nach der nF nur noch im höheren Rechtszug beibehalten (Rn 1a). Der postulationsfähige Anwalt muß prozeßfähig sein. Die Prüfung der Prozeßfähigkeit eines Anwalts muß in einem verselbständigten Verfahren erfolgen, in dem der Anwalt Hauptbeteiligter ist, und das mit einer rechtsmittelfähigen Entscheidung (Zwischenurteil analog §§ 71, 387) endet (BVerfG 37, 82 = NJW 74, 1279; dazu auch Rath ZZP 80, 450). Im familiengerichtlichen Verfahren ist die Postulationsfähigkeit gem **Abs II S 2** erweitert (dazu Rn 45). Vor dem **BayObLG** ist jeder beim LG, OLG oder BGH zugelassene Anwalt postulationsfähig (§§ 7, 8, EG ZPO iVm Art 21 BayAGGVG; vgl auch § 227 BRAO und näher Anm zu § 8 EGZPO sowie GSZ BGH 93, 14 ff = NJW 85, 1157 = MDR 85, 379; Ostler, Bayer. Justizgesetze, 4. Aufl 1986, Art 21 AGGVG Rn 3; Bergerfurth Rn 62 ff sowie oben Rn 12 f; zur Abgrenzung bei Rechtsbeschwerden gem § 18 AVAVG sa BGH NJW-RR 94, 320 = MDR 94, 827) weitere Ausnahmen: Rn 50 ff. Die Postulationsfähigkeit ist **von Amts wegen** zu prüfen (allgM, zB Hamm FamRZ 94, 715). **Fehlt** die Postulationsfähigkeit (s dazu BGH 66, 59), so ist bei Einlegung eines Rechtsmittels dieses als unzulässig zu verwerfen (BVerwG MDR 76, 781; vgl allg auch Rn 3; Rn 17 vor § 50), **fällt** sie später (zB durch straf- oder ehrengerichtliches Berufsverbot gem § 70 StGB, §§ 150, 155 BRAO) **weg**, führt dies zur Unterbrechung des Verfahrens (BGH 111, 106 = MDR 90, 702). Im **Streit** um die Postulationsfähigkeit ist sie zu unterstellen (Frankfurt FamRZ 94, 1477). Die Postulationsfähigkeit des Anwalts erstreckt sich auch auf **eigene Sachen** (iwS, vgl Rn 55). 20

b) Prozeßgericht ist das Gericht, bei dem der Rechtsstreit anhängig ist oder durch eine Prozeßhandlung anhängig gemacht werden soll. Dieses Gericht hat den Mangel der Vertretung von Amts wegen zu berücksichtigen (Rn 3). Berufung und Revision sind beim **Rechtsmittelgericht** durch einen dort zugelassenen Anwalt einzulegen (Ausnahme für das Revisionsverfahren: 21

§ 8 EGZPO; s auch dort). Besteht für das **Beschwerdeverfahren** Anwaltszwang, kann die Beschwerdeschrift beim Beschwerdegericht durch einen dort oder beim Gericht der Vorinstanz zugelassenen Anwalt eingelegt werden (§§ 569 I, 577 II; Frankfurt OLGZ 88, 91 f = NJW-RR 87, 1257; wie hier § 569 Rn 13, str; **aA** MK/v. Mettenheim Rn 31, 69; Frankfurt OLGR 92, 225 mN). Auch bestimmte gegenüber dem Prozeßgericht vorzunehmende Rücknahmeerklärungen kann der Vorinstanzanwalt vornehmen (**Einschränkung** des Lokalisierungsgrundsatzes; ie Rn 12, 13).

22 **2) Vertretung des Anwalts: a)** Die Vertretungsfähigkeit des RA wird durch seine Zulassung bei Gericht bestimmt; ein **Vertretungsverbot nach der BRAO** (§§ 114, 114a) führt zur Zurückweisung des RA, wenn er vor Gericht auftreten will, macht aber die von ihm vorgenommenen Prozeßhandlungen (Annahme von Zustellungen) nicht unwirksam (vgl § 114a II BRAO); desgleichen nicht standesrechtliche Verstöße (Hamm NJW-RR 89, 442 = MDR 89, 266 und 743).

23 **b) Einzelne Vertreter.** Dem zugelassenen RA steht sein **allgemeiner Vertreter** (General-Substitut), den er für die Dauer bis zu 1 Monat selbst bestellen kann (§ 53 II 1 BRAO), gleich (BGH NJW 81, 1741; dazu klarstellend München MDR 95, 318). Bei längerer Verhinderung bestellt die Justizverwaltung (§§ 53 II 2, 163 BRAO) auf Antrag des RA oder auch von Amts wegen. Durch amtliche Bestellung wird der allgemeine Vertreter, der nicht notwendig RA sein, sondern nur die Befähigung zum Richteramt haben muß, im gleichen Umfang postulationsfähig, wie es der Vertretene war (s auch BGH NJW 91, 1176 mN); hat dieser selbst den Vertreter bestellt, muß letzterer aber seinerseits postulationsfähig, dh beim gleichen Gericht zugelassen sein.

24 Das gleiche gilt für den durch den RA bestellten **Untervertreter** (§ 52 I BRAO; Karlsruhe Justiz 87, 22). Voraussetzung einer wirksamen Untervollmacht ist einzelfallbezogene Weisung und Möglichkeit der Aktenkenntnis (fehlt bei „Kartellanwalt“: Düsseldorf NJW 76, 1324; Voß AnwBl 86, 185). Das gilt auch in Entschädigungssachen (BGH LM § 224 BEG 1956 Nr 5).

25 Stirbt ein RA, wird seine Zulassung zurückgenommen oder erlischt sie, kann ein **Abwickler** bestellt werden (§ 55 BRAO), der die gleichen Befugnisse (Postulationsfähigkeit) hat, wie der RA, für den er tätig wird. Dieser kann sich aber nur in seiner Eigenschaft als Abwickler, nicht aber bei einer Vertretung für seine eigene Praxis auf die Zulassung des Verstorbenen bei einem bestimmten OLG berufen (BGH VersR 73, 470). Zeitlich befristet gilt die erweiterte Postulationsfähigkeit auch für neu übernommene Mandate, vgl § 55 II 2 HS 2 BRAO und dazu BGH NJW 92, 2158 (förmelnd), abl Schlee AnwBl 92, 442.

26 **c) Kein** Vertreter ist der **Beistand** nach § 52 II BRAO: Dies ist ein (uU auch ausländischer: Rn 15 vor § 78) RA, dem der Prozeßbevollmächtigte im Anwaltsprozeß in der mündlichen Verhandlung den Vortrag und die Antragstellung überträgt (für den Parteiprozeß: § 90). Bsp: Zur Verhandlung zugezogener, nicht postulationsfähiger **Verkehrsanwalt** (Bauer/Fröhlich FamRZ 83, 122), **EG-Anwalt** iS von Rn 15 vor § 78. Beistand in diesem Sinne kann auch der dem RA zur Ausbildung zugewiesene Stationsreferendar (§ 59 BRAO) sein, aber nur ein solcher, nicht etwa ein nur nebenberuflich beim Anwalt arbeitender Referendar.

IV) Anwaltszwang in Familiensachen (II)

27 **1) Grundgedanken der Neuregelung. a) Entstehungsgeschichte.** Durch das 1. EheRG wurde für einen Teil der Familiensachen der Anwaltszwang eingeführt. Die Regelung war auf mehrere Vorschriften verstreut (§§ 78 I 2, 78a, 621e IV, je aF), zT übermäßig kompliziert (so der „gespaltene“ Anwaltszwang in Güterrechtsstreitigkeiten) und sachlich zu weitgehend (Nachweise vgl 15. Aufl). Das UÄndG faßt die Regelung in einer einzigen Vorschrift zusammen und bestimmt den Umfang des Anwaltszwangs, insbesondere für Drittbeteiligte, neu und zwar im Sinne einer wesentlichen Einschränkung.

28 **b)** Der als „abschließend“ gedachten Regelung (vgl BT-Drucks 10/2888, S 22) liegen folgende **Grundgedanken** zugrunde: In **Ehesachen** (§ 606 I 1) wird an der wichtigen Verfahrensgarantie des Anwaltszwangs, die bis zum 1. 7. 1977 (Inkrafttreten des 1. EheRG) bereits aus der landgerichtlichen Zuständigkeit folgte, auch nach Übergang dieser Verfahren in die familien- (und damit amts-)-gerichtliche Zuständigkeit im Hinblick auf die große Tragweite dieser Angelegenheiten für die Lebensverhältnisse der Ehegatten festgehalten. Der als wesentliche Verfahrensneuerung eingeführte Verhandlungs- und Entscheidungsverbund von Scheidungs- und anderen Familiensachen führt für die Ehegatten notwendig zu einer Erstreckung des Anwaltszwangs auf sog. **Folgesachen** (§ 623 I 1). Für dic übrigen „selbständigen“ **familiengerichtlichen Verfahren** orientiert sich der Anwaltszwang an der Rechtsnatur des Verfahrensgegenstandes; sog FGG-Familiensachen (§ 621 I Nr 1–3, 6, 7, 9) sind idR anwaltsfrei (Ausnahme: dritte Instanz), bei sog ZPO-Familiensachen besteht Anwaltszwang nur in den höheren Instanzen, in Güterrechtssachen jedoch auch in der ersten Instanz. Beim Anwaltszwang für Drittbeteiligte wird nicht (mehr) danach unterschieden, ob die Familiensache (§ 621 I) selbständig oder im Verbund geführt wird. Bestimmte **Behörden und Körperschaften** sind als Drittbeteiligte gänzlich vom Anwaltszwang ausgenommen (sog Behördenprivileg).

c) Überblick. II regelt den Anwaltszwang in Familiensachen abschließend für alle Instanzen; ein Rückgriff auf **I** scheidet daneben aus; dagegen sind **III** und **IV** ergänzend auf die Verfahren gem II anzuwenden. Die geänderte Formulierung im Einleitungssatz („in Familiensachen" gegenüber der aF: „vor den Familiengerichten") bringt zum Ausdruck, daß sich der Anwaltszwang im familiengerichtlichen Verfahren danach richtet, ob (wirklich) eine Familiensache vorliegt (sog materielle Anknüpfung; ebenso MK/v. Mettenheim Rn 43); ein Widerspruch zum Übergang zur formellen Anknüpfung bei der Rechtsmittelzuständigkeit liegt darin nicht (zutr Bergerfurth FamRZ 85, 546). 29

2) **Anwaltsprozesse in Familiensachen.** In Familiensachen ist der Umfang des Anwaltszwangs in objektiver (Verfahrensarten; Verfahrensgestaltung) und subjektiver Hinsicht (Parteien, Beteiligte) beschränkt. Soweit für die erste Instanz Anwaltszwang besteht, handelt es sich um „Anwaltsprozesse", für die die Vorschriften über das Verfahren vor den Landgerichten entsprechend gelten (§§ 608, 621b, 624 III). Der Anwaltszwang in Familiensachen erfährt **Modifizierungen,** die sich aus der Geltung des Untersuchungsgrundsatzes ergeben (Rn 33). 30

a) Ehesachen. aa) Der Anwaltszwang besteht in **allen Instanzen (II Nr 1).** 31

bb) Verfahren. Es handelt sich nach dem abschließenden Katalog in § 606 I 1 um Verfahren auf Scheidung, Aufhebung oder Nichtigerklärung einer Ehe, ferner (positive und negative) Ehefeststellungsklage sowie Herstellungsklagen (zum Begriff: Rn 2 vor § 606). Nach wie vor umstritten – und durch das UÄndG nicht geklärt – ist, inwieweit das **einstweilige Anordnungsverfahren** als „Teil" des Eheverfahrens (vgl §§ 620 ff) „Ehesache" oder im Hinblick auf den Regelungsgegenstand (§ 620 entspricht weitgehend § 621) „Folgesache" iS von **II 1 Nr 1** ist (vgl § 620a IV 2) und damit grundsätzlich dem Anwaltszwang unterliegt. Da für die Antragstellung Protokollform zugelassen ist (§ 620a II 2, IV 1), scheidet Anwaltszwang für die Verfahrenseinleitung aus (§ 78 III); das muß auch für sich anschließende Gegenäußerungen und Ergänzungen, ferner Aufhebungs- und Abänderungsanträge gem § 620b gelten, so daß der Anwaltszwang auf die Fälle der mündlichen Verhandlung beschränkt ist (so Frankfurt FamRZ 77, 799; Düsseldorf FamRZ 78, 709, str; aA Bergerfurth Rn 341 f mwN; näher zum ganzen § 620a Rn 9, 9a mwN). Da aber die Ehesache insgesamt kein Parteiprozeß ist, kann die sofortige Beschwerde nicht gem § 569 II 2 anwaltsfrei eingelegt werden (vgl MK/v. Mettenheim Rn 44; ie § 620c Rn 18). 32

cc) Stellung des anwaltlich nicht vertretenen Gegners. Im Hinblick auf den im Familien-Anwaltsprozeß geltenden Untersuchungsgrundsatz (§§ 616, 617) erfahren die allg Grundsätze eine **Modifikation.** Bestellt der Gegner keinen Anwalt (kein Versäumnisurteil: § 612 IV; amtswegige Beiordnung von Rechtsanwalt: § 625), kann er zwar nicht wirksam handeln, insbesondere keine Anträge stellen, ist jedoch von der Mitwirkung am Verfahren nicht ausgeschlossen (zum Problem: Jost NJW 80, 327); er ist gem § 613 persönlich anzuhören und kann die Zustimmung zur Scheidung erklären, eine erteilte Zustimmung widerrufen (§ 630 II), eheerhaltende Tatsachen vorbringen, entsprechende Beweisanträge stellen und sich auf die Härteklausel gem § 1568 BGB, § 616 III berufen (hierzu § 616 Rn 6; § 630 Rn 8). Umstritten ist, ob der nicht anwaltlich vertretene Antragsgegner einen **Scheidungsfolgenvergleich** (vgl § 630 I Nr 3, III: vollstreckbarer Schuldtitel) abschließen kann (dagegen: BGH NJW 91, 1743 mit umfassenden Nachw, auch zur aA; ThP § 630 Rn 16; dafür: München Rpfleger 86, 409; AG Groß-Gerau FamRZ 88, 187 mN; 95, 1004; Problem vermeidend: Zweibrücken FamRZ 94, 1400). Die dargestellte Rechtsstellung des Antragsgegners im Scheidungsverfahren rechtfertigt keine Ausnahme von dem Grundsatz, daß der im Anwaltsprozeß geschlossene **Prozeßvergleich** dem Anwaltszwang unterliegt (Rn 11). Daß Vergleiche uU auch in Verfahren (Verfahrensabschnitten) ohne Anwaltszwang (§§ 118 I 3 HS 2, 279 I 2, 78 III) geschlossen werden können, ist keine Besonderheit des Eheverfahrens und steht dem Anwaltszwang bei Abschluß im Anwaltsprozeß – wie auch sonst – nicht entgegen (zu § 118 I 3 HS 2 vgl Zweibrücken aaO). Die Möglichkeit, daß die materiellrechtlich verfügungsbefugten Parteien ohne Anwaltsmitwirkung bürgerlichrechtliche Vereinbarungen über den Gegenstand des Prozeßvergleichs treffen können, besteht auch im allgemeinen Anwaltsprozeß; deshalb kann aus der Regelungsbefugnis der (unvertretenen) Partei gem § 630 I Nr 3 nichts gegen den Anwaltszwang beim Prozeßvergleich hergeleitet werden; die ausdrücklich vom Anwaltszwang ausgenommenen Erklärungen gem § 630 II 2 decken einen Vergleichsabschluß gerade nicht; andererseits wird die notwendige beiderseitige Anwaltsmitwirkung gerade beim Scheidungsfolgenvergleich von der Beratungs- und Schutzfunktion des Anwaltszwangs gefordert (im Erg ebenso: BGH FamRZ 86, 458 für Rechtszustand vor 1. 7. 77; allg Zweibrücken FamRZ 85, 1071; 87, 84; AG Hofgeismar FamRZ 84, 1027; Jost NJW 80, 328; Bergerfurth Rn 354 ff; § 630 Rn 15 und § 794 Rn 7). Allerdings dürften Vergleiche im Verfahren der **einstweiligen Anordnung** (Rn 32) auch von anwaltlich nicht vertretenen Parteien geschlossen werden können (arg §§ 620a II 2, 78 III; so Koblenz MDR 76, 940; Brüggemann FamRZ 77, 290 mwN in Fußn 7, sehr str, aA StJ/Bork Rn 17 mwN; StJ/Schlosser § 620a Rn 8 mwN; Bergerfurth aaO Rn 342; MK/v. Mettenheim Rn 60; hier Philippi § 620a Rn 9). 33

34 **b) Folgesachen (II 1 Nr 1)** sind die in dem Katalog des § 621 I abschließend aufgeführten „anderen" Familiensachen (zB Sorgerechts-, Unterhalts-, Versorgungsausgleichsverfahren usw), über die im Verbundverfahren mit einer Scheidungssache „für den Fall der Scheidung" zugleich zu entscheiden ist oder war (Begriff: § 623 I 1). Damit ist sichergestellt, daß das gesamte **Verbundverfahren** als Anwaltsprozeß geführt wird, gleichgültig, ob es sich um ZPO- oder FGG-Folgesachen handelt (vgl BGH NJW 79, 766 = MDR 79, 480 = FamRZ 79, 232). Nur die für den Fall der **Scheidung** erstrebte Regelung iS von § 621 ist Folgesache; bei anderen Ehesachen (zB Ehenichtigkeitsverfahren) gilt der Verhandlungs- und Entscheidungsverbund mit Anwaltszwang nicht (BGH NJW 82, 2386 = FamRZ 82, 586). Der Anwaltszwang besteht **in allen Rechtszügen (II 1 Nr 1).** Auch eine nachträgliche Abtrennung von Scheidungs- und Folgesache (vgl § 628) ändert an dem einmal begründeten Anwaltszwang nichts (vgl Köln NJW-RR 95, 645 = FamRZ 95, 313), so daß auch bei einer **abgetrennten FGG-Folgesache** nach Rechtskraft des Scheidungsurteils die Beschwerde des Ehegatten (vgl §§ 629a II 1, 621e I) nur durch einen beim OLG zugelassenen Rechtsanwalt eingelegt werden kann (BGH NJW 81, 233 = MDR 81, 126 = FamRZ 81, 24; VersR 85, 1185 [1186]; ie § 628 Rn 19; Abgrenzung zur Abtrennung wegen Drittbeteiligung gem § 623 I 2: Rn 41; Abgrenzung zur isolierten Familiensache: Rn 38); jedoch steht die fehlende Postulationsfähigkeit des anwaltlichen Vertreters eines Verfahrensbeteiligten der Beendigung eines von Amts wegen durchzuführenden Verfahrens (vgl § 623 III 1) nicht entgegen (Hamm FamRZ 94, 714 für Versorgungsausgleichsverfahren nach Verbundauflösung).

35 **c) Güterrechtssachen** (§ 621 I Nr 8) sind Verfahren, in denen Ansprüche aus dem ehelichen Güterrecht (§§ 1363–1561 BGB) geltend gemacht werden (ie § 621 Rn 57 ff). Sie sind in allen Instanzen unabhängig von Verfahrensart (selbständiges oder Verbundverfahren) und Streitwert **Anwaltsprozesse.** Soweit diese Ansprüche als Folgesache (§ 623 I 1) geltend gemacht werden, folgt der Anwaltszwang bereits aus **II 1 Nr 1;** bei Durchführung als selbständige Familiensachen sind sie Anwaltsprozesse gem **II 1 Nr 2 HS 1,** für die das Verfahren vor dem LG gilt (§ 621b). Der früher streitwertabhängige „gespaltene" Anwaltszwang ist seit dem 1. 4. 1986 abgeschafft (vgl die Übergangsvorschrift gem Art 6 Nr 4 UÄndG, abgedruckt in der 15. Aufl zu § 78a).

36 3) Alle sonstigen Familiensachen gem § 621 I (außer Nr 8) sind in erster Instanz **Parteiprozesse** (§ 79 iVm § 495 ff ZPO) bzw **anwaltsfreie Verfahren** (§ 621a I iVm FGG). Für die höhere Instanz ist nach der Natur des Verfahrensgegenstandes zu unterscheiden:

37 **a) Selbständige Unterhaltssachen.** Für die ZPO-Familiensachen, das sind die **Unterhaltsprozesse** gem § 621 I Nr 4 und 5 (Kindes- und Ehegattenunterhalt) gilt Anwaltszwang vor den Gerichten des **höheren Rechtszuges (II 1 Nr 2 HS 2),** also OLG und BGH (§§ 119 I Nr 1, 133 GVG; vgl BGH FamRZ 92, 49); allerdings verbleibt es im Beschwerdeverfahren bei der Erleichterung gem § 569 II 2; das gilt auch im Fall der sofortigen Beschwerde gem §§ 519b II, 621d II: BGH FamRZ 88, 1159; Bergerfurth FamRZ 88, 601.

38 **b) Selbständige FGG-Familiensachen.** Es handelt sich um Sorgerechts- und Umgangssachen, Herausgabestreitigkeiten zwischen Eltern, Versorgungsausgleich, Ehewohnungs- und Hausratssachen, Stundung des Zugewinnausgleichs und Übertragung von Vermögensgegenständen unter Anrechnung auf den Ausgleich (§ 621 I Nr 1–3, 6, 7, 9; vgl § 621a I 1). Das Verfahren kann in erster und zweiter (Beschwerde-)Instanz anwaltsfrei geführt werden (§ 621a I 1 und Umkehrschluß aus II 1 Nr 3: „nur"; § 78 I gilt nicht, vgl Rn 29). Bei Einlegung der befristeten **Erstbeschwerde** zum OLG (§ 621 e I, III) braucht daher die Beschwerdeschrift nicht von einem RA unterzeichnet zu sein (BGH FamRZ 82, 586; 87, 57 Nr 10). In *den* FGG-Familiensachen, in denen die weitere Beschwerde stattfindet (vgl § 621e II iVm § 621 I Nr 1–3, 6), besteht für das Verfahren der **weiteren Beschwerde** vor dem BGH Anwaltszwang (**II 1 Nr 3;** vgl § 621e Rn 48; aA MK/v. Mettenheim Rn 50).

39 **4) Dem Anwaltszwang unterliegende Parteien und Beteiligte. a) Allgemeines.** Die gesetzliche Regelung unterscheidet „Parteien", „Ehegatten", „Beteiligte", „beteiligte Dritte" und regelt den Anwaltszwang in subjektiver Hinsicht für die verschiedenen familiengerichtlichen „Anwaltsprozesse" und das Rechtsmittelverfahren differenziert. Kennzeichnend ist, daß für Beteiligte Anwaltszwang in wesentlich geringerem Umfang besteht als für die „Parteien" (II 1 Nr 1); eine Gruppe von besonders wichtigen Beteiligten (ua Jugendamt, Träger der gesetzlichen Rentenversicherung) ist gänzlich aus dem Anwaltszwang herausgenommen (II 3; dazu Rn 44). **Partei** ist im Sinne des formellen Parteibetriffs (Rn 2 ff vor § 50) zu verstehen. In den zivilprozessualen Familiensachen kommen sowohl „Ehegatten" als auch „beteiligte Dritte" als Parteien in Frage. Parteien in *Ehesachen* (§ 606 I) und *Folgesachen* (§ 623 I 1) sind die Ehegatten, ferner der die Nichtigkeitsklage oder Feststellungsklage erhebende Staatsanwalt (§ 24 I EheG; §§ 634, 638 S 1) sowie im Fall der Doppelehe auch der frühere Ehegatte (§§ 20, 24 EheG); in *Güterrechtssachen* (§ 621 I Nr 8) die Ehegatten, frühere Ehegatten und „am Verfahren beteiligte Dritte"; Beispiel: Der verklagte Bereicherungsschuldner bei unwirksamer Vermögensverfügung eines Ehegatten iS von §§ 1365, 1368 BGB (vgl dazu § 621 Rn 59); in *Unterhaltssachen* (§ 621 I Nr 4, 5) sind regelmäßig nur die Ehegatten Partei, auch soweit Kindesunterhalt geltend gemacht wird (Folge von § 1629

III 1 BGB; vgl dazu Rn 24 vor § 50), ferner volljährige Kinder als Kläger (zutr BGH FamRZ 83, 474; 85, 471 [473]; vgl auch § 623 Rn 8). **Beteiligte** sind die Antragsteller in FGG-Familiensachen, die zugezogenen oder zuzuziehenden unmittelbar in ihrer Rechtsstellung Betroffenen und die mit selbständigen Verfahrensrechten ausgestatteten Behörden und Stellen (vgl Baur, Freiwillige Gerichtsbarkeit I, 1955, S 143). Beteiligte sind in Sorgerechts-, Umgangs- und Herausgabeverfahren außer den Eltern das minderjährige eheliche Kind (vgl § 59 FGG) und das Jugendamt (§ 48a I Nr 3, 4, 6 JWG; § 64k III 3 FGG); beim Versorgungsausgleich die Träger der gesetzlichen Rentenversicherung und die Träger der Versorgungslast (§ 53b FGG; § 1587b I, II BGB), aber auch sonstige öffentlich-rechtliche Versorgungsträger (§ 1 III des Gesetzes zur Regelung von Härten im Versorgungsausgleich vom 21. 2. 1983, BGBl I S 105); im *Wohnungsregelungsverfahren* auch der Vermieter und die weiter in § 7 HausratsVO Genannten.

b) Umfang des Anwaltszwangs in subjektiver Hinsicht. aa) Ehegatten unterliegen als Partei- 40
en voll dem Anwaltszwang in allen Instanzen der Familien-Anwaltsprozesse, also in *Ehesachen, Folgesachen* und selbständigen *Güterrechtssachen* **(II 1 Nr 1 HS 1; Nr 2 HS 1)**; „Ehegatte" iS von II 1 Nr 1 ist auch der klagende frühere Ehegatte im Fall der §§ 20, 24 EheG. In *selbständigen Unterhaltssachen* besteht für die Ehegatten als Parteien Anwaltszwang nur für die höheren Instanzen **(II 1 Nr 2 HS 2)**; in erster Instanz ist das Verfahren anwaltsfrei (Rn 37). In *selbständig geführten FGG-Familiensachen* besteht für die Ehegatten als Beteiligte Anwaltszwang nur für das Verfahren der weiteren Beschwerden (§ 621e II) vor dem BGH **(II 1 Nr 3)**; das Verfahren erster und zweiter Instanz ist anwaltsfrei (Rn 38).

bb) Drittbeteiligte in ZPO-Familiensachen. In *Ehesachen* (§ 606 I 1) ist eine Parteistellung von 41
Nichtehegatten (ausgenommen die Fälle der §§ 20, 24 EheG) nicht möglich. In *Folgesachen* (§ 623 I 1) scheidet eine Drittbeteiligung aus, soweit es um zivilprozessuale Familiensachen (§ 621 I Nr 4, 5, 8) geht; dies ist die Folge davon, daß diese Familiensachen bei Drittbeteiligung abgetrennt werden (§ 623 I 2 iVm § 621 I Nr 4, 5, 8) und damit den Folgesachencharakter verlieren (so ausdr BT-Drucks 10/2888, S 22; Bergerfurth FamRZ 85, 546 f). Bei der weiteren selbständigen Verfahrensführung unterliegt der Dritte als Partei voll dem Anwaltszwang in *Güterrechtsstreitigkeiten* und in den höheren Instanzen bei *Unterhaltsstreitigkeiten* **(II 1 Nr 2**; vgl Rn 39).

cc) Beteiligte in FGG-Familiensachen. FGG-Familiensachen sind bei *selbständiger Verfah-* 42
rensführung in erster und zweiter Instanz anwaltsfrei (Rn 38); Anwaltszwang besteht auch für Drittbeteiligte nur für das Verfahren der weiteren Beschwerde (§ 621e II) vor dem BGH **(II 1 Nr 3)**, soweit nicht die wichtige Befreiung gem **II 3** eingreift (dazu Rn 44). Beispiele: Dem Anwaltszwang unterliegt der Minderjährige, der von seinem Beschwerderecht gem § 59 FGG Gebrauch machen will (Vollmachtserteilung an BGH-Anwalt wirksam: § 59 III FGG); ferner die unter § 1 III des Gesetzes zur Regelung von Härten im Versorgungsausgleich vom 21. 2. 1983 fallenden öffentlich-rechtlichen Versorgungsträger beim Versorgungsausgleich.

An dieser Rechtslage ändert sich für die Drittbeteiligten auch dann nichts, wenn die Familien- 43
sache im Verbundverfahren (§ 623 I 1) geführt wird und damit Folgesache ist **(II 1 Nr 1 HS 2)**. Der Grund für den unterschiedlichen Umfang des Anwaltszwangs bei Folgesachen für Ehegatten und Drittbeteiligte liegt darin, daß bei Ehegatten die Frage der Postulationsfähigkeit im Verbundverfahren für Scheidungs- und Folgesache nur notwendig einheitlich beantwortet werden kann; andererseits ist für die Prozeßführung von Drittbeteiligten die Interessenlage bei isolierter Verfahrensführung und Beteiligung im Verbundverfahren völlig gleich, so daß bei ihnen für eine Erweiterung des Anwaltszwangs im Verbundverfahren kein Grund ersichtlich ist (Bergerfurth FamRZ 85, 547; eingehend BT-Drucks 10/2888, S 22).

5) Befreiungen vom Anwaltszwang (Behördenprivileg). Anwaltszwang besteht für (Dritt-)Be- 44
teiligte in (selbständig oder im Verbund geführten) FGG-Familiensachen nur für die weitere Beschwerde (Rn 42 f). Insoweit befreit **II 3** eine Gruppe besonders wichtiger Behörden, Körperschaften, Anstalten und Verbände vom Anwaltszwang, so daß diese – privilegierten – Beteiligten sich im Verfahren der weiteren Beschwerde vor dem BGH nicht durch einen RA vertreten lassen müssen. Im Rahmen von **II 3** gilt **§ 79**, dh die privilegierte Stelle kann sich auch durch einen nicht postulationsfähigen RA (BGH NJW 93, 1208 = MDR 93, 1088) oder einen Beamten oder Angestellten (vgl auch § 67 I 3 VwGO) vertreten lassen (sa allg § 79 Rn 1). Vom Anwaltszwang sind aufgrund der Neuregelung des Abs II S 3 durch das Rentenreformgesetz befreit: **a)** in den (selbständig oder im Verbund als Folgesache geführten) Sorgerechts-, Umgangs- und Herausgabeverfahren gem § 621 I Nr 1–3 das **Jugendamt** (§§ 69 ff SGB VIII, früher §§ 12 ff JWG). **b)** im (selbständig oder im Verbund als Folgesache geführten) Versorgungsausgleich gem § 621 I Nr 6 iVm § 1587b I, II BGB, § 53b II FGG die **Träger der gesetzlichen Rentenversicherungen**; das sind vor allem die Träger der Arbeiterrentenversicherung (Landesversicherungsanstalten nach RVO, Seekasse, Bundesbahnversicherungsanstalt), der Angestelltenversicherung (Bundesversicherungsanstalt für Angestellte in Berlin) und der Knappschaftsversicherung (Bundesknappschaft in Bochum); zusätzlich sind vom Anwaltszwang befreit die sonstigen **Körperschaften, Anstalten**

oder Stiftungen des öffentlichen Rechts und deren **Verbände** einschließlich der **Spitzenverbände** und ihrer **Arbeitsgemeinschaften;** sonstige öffentlich-rechtliche Körperschaften sind zB Bund, Länder, Gemeinden, Gemeindeverbände, Bundesanstalt für Arbeit, Bundesbank, Landesbanken, als öffentlich-rechtliche Körperschaften anerkannte Religionsgemeinschaften, kommunale Sparkassen; Anstalt des öffentlichen Rechts ist zB die Barmer Ersatzkasse (vgl Palandt/Diederichsen, Anh III zu § 1587b, § 1 VAHRG Rn 8); Verbände einschließlich der Spitzenverbände und ihrer Arbeitsgemeinschaften sind zB die kommunalen Zweck- und Spitzenverbände (zB deutscher Städtetag), Verband deutscher Rentenversicherungsträger. Durch die Neufassung des Abs II S 3 ist zwar eine *allgemeine* Befreiung von Behörden vom Anwaltszwang („Behördenprivileg“) entspr § 29 I 3 FGG, § 166 I SGG nicht eingeführt, ermöglicht wird aber eine weite Auslegung (ebenso BL/Hartmann Rn 36; aA Wieczorek/Schütze/Steiner Rn 40; einschr zur aF – überholt – BGH NJW 89, 2135 betr Landesärztekammer). **c)** Der **Staatsanwalt** als Partei in Ehesachen (Rn 39) unterliegt nicht dem Anwaltszwang; dies folgt bereits aus **II 1 Nr 1** („Ehegatten“; vgl Bergerfurth FamRZ 85, 546 Fn 5).

45 **6) Erweiterte Postulationsfähigkeit. II 2** begründet für das Familiengericht eine Lockerung des Zulassungserfordernisses gem **I** (vgl dazu bereits Rn 20). Die Regelung erklärt sich aus der früheren landgerichtlichen Zuständigkeit in Ehesachen (Rn 28) und dient der Besitzstandswahrung für die Anwaltschaft (vgl Diederichsen NJW 77, 606). Das UÄndG hat sie unverändert übernommen (vgl 14. Aufl, Rn 33). Im Rahmen der erweiterten Postulationsfähigkeit besteht auch das Selbstvertretungsrecht gem **IV** (Rn 55); der beim LG zugelassene Anwalt kann sich daher vor allen Familiengerichten des LG-Bezirks selbst vertreten (ThP Rn 17).

V) Ausnahmen vom Anwaltszwang (Abs III)

46 **1) Vom Anwaltszwang befreite Verfahren.** Kein Anwaltszwang herrscht **a)** vor dem **AG** mit Ausnahme der in **Abs II** aufgeführten Verfahren vor dem Familiengericht (Rn 30 ff); zum Scheidungsfolgenvergleich bei einverständlicher Scheidung vgl näher Rn 33; **b)** im Verfahren vor dem **beauftragten** (Schneider DRiZ 77, 14) oder **ersuchten Richter** (nicht auch vor dem Einzelrichter, §§ 348 ff), zB im Rahmen eines Güteversuchs (vgl § 279). Ist ein Richter beauftragt (zB gem § 375 I), so begründet die irrtümliche Bezeichnung als „Einzelrichter“ keinen Anwaltszwang (BGH 77, 272 f = NJW 80, 2307 [2309] = MDR 80, 915; Rn 5 und 11). Das Kollegialgericht kann in jeder Lage des Verfahrens die Parteien dorthin mit der Folge des § 78 II verweisen (Düsseldorf NJW 75, 2298 mit zust Anm Jauernig, str; zurecht angezweifelt in BGH FamRZ 86, 458); jedoch ist bei Abschluß eines Prozeßvergleichs ohne (vgl Rn 11) Anwaltsmitwirkung (Umgehung von Abs I?) Zurückhaltung geboten (zutr Bergerfurth Rn 222; offenlassend BGH aaO). **c)** vor dem **Rechtspfleger** (§ 13 RpflG; zu den Folgen für die Durchgriffserinnerung vgl Rn 14), so zB im **Mahnverfahren** bis zur Überleitung ins streitige Verfahren einschließlich bestimmter Rücknahmeerklärungen beim LG (§ 696 Rn 2), **Prozeßkostenhilfe-** und **Kostenfestsetzungsverfahren** (§§ 20, 21 RpflG; sa Rn 47 [d, f]); **d)** im Zustellungsverfahren vor dem **Gerichtsvollzieher** (§ 166). Die Zulassung beim Prozeßgericht ist nicht erforderlich für die **Zustellung von Anwalt zu Anwalt** gem § 198 (vgl BGH 31, 32, 35; VersR 67, 395, 398; vgl allg Rn 10); das gleiche gilt für die Beglaubigung gem § 170 II). **e)** für Erklärungen und Anträge gegenüber **Dritten,** zB Streitverkündung (§ 73 Rn 1); **f)** im **Justizverwaltungsverfahren; g)** für Prozeßhandlungen, die vor dem **Urkundsbeamten** vorgenommen werden können (zB Erklärungen zu Protokoll; Überblick in Rn 47), auch wenn sie tatsächlich nicht vor ihm, sondern durch Schriftsatzeinreichung vorgenommen worden sind; **h)** im (schriftlich geführten) **Beschwerdeverfahren,** wenn der Rechtsstreit im ersten Rechtszug nicht als Anwaltsprozeß zu führen ist oder war (BGH NJW 95, 404) oder gerade diese Frage geklärt werden soll (Braunschweig NdsRpfl 83, 226), wenn es die **Prozeßkostenhilfe** betrifft oder durch einen **Zeugen** oder **Sachverständigen** eingeleitet wurde (§§ 569 II, 577 II); vgl auch Rn 15; ferner § 569 Rn 13 ff; § 573 Rn 11 ff; § 577 Rn 39; § 922 Rn 13. Die Beschwerde im Verfahren betreffend die Festsetzung der Rechtsanwaltskosten gegen die eigene Partei unterliegt nicht dem Anwaltszwang, § 19 V BRAGO.

47 **2) Zugelassene Protokollerklärung.** Vom Anwaltszwang sind danach **befreit: a)** das Gesuch um **Bestimmung des zuständigen Gerichts** (§ 37), auch wenn für die Klage Anwaltszwang besteht (vgl MK/v. Mettenheim Rn 84; sa § 37 Rn 1). **b)** die **Ablehnung** eines Richters oder Sachverständigen (§§ 44 I [dazu BGH MDR 95, 520], 406; Konsequenzen für Verlust des Ablehnungsrechts: § 43 Rn 4); **c)** die Erklärung der **Erledigung** in der Hauptsache (§ 91a I 1; dort Rn 10); **d)** der Antrag auf **Kostenfestsetzung** und die Erinnerungen gegen die letztere (§§ 103, 107); **e)** der Antrag auf **Rückgabe einer Sicherheit** (§§ 109, 715); **f)** der Antrag auf Bewilligung von **Prozeßkostenhilfe** (§§ 117 I, 118 I 2); **g)** das Gesuch um **Aussetzung** des Verfahrens (§ 248); **h)** Anträge auf **Verweisung** und sonstige **Erklärungen zur Zuständigkeit** (§ 281 II 1); **i)** die **Entschuldigung eines Zeugen** (§ 381); **k)** die **Zeugnis- oder Gutachtenabgabeverweigerung** (§§ 386, 408); **l)** der Antrag auf **selbständige Beweiserhebung** (§ 486 IV; dort Rn 1), auch ohne ausdrückliche Vorschrift der Antrag auf Fristsetzung zur Klageerhebung gem § 494a (Stuttgart BauR 95, 135; wie § 926 Rn 7,

str; aA Zweibrücken NJW-RR 96, 573 = MDR 95, 744); Anwaltszwang besteht aber für den im Erörterungstermin geschlossenen Vergleich (§ 492 Rn 7); **m)** die Klage und alle Erklärungen im **Parteiprozeß** (§ 496); **n)** die Erklärung der (sofortigen) **Beschwerde** gem §§ 569 II 2, 577 II 1 und **Gegenerklärungen** gem § 573 II 2 (Rn 46 [h]); **o)** Anträge auf Änderung einer **Entscheidung des Urkundsbeamten** (§§ 576, 732) in allen Instanzen; wegen der Durchgriffserinnerung s Rn 14 und Anm zu § 104; **p)** Gesuche um Erlassung von **Arresten und einstweiligen Verfügungen** (§§ 920, 936; zur Beschwerde gegen Zurückweisung s Rn 15; **q)** Anträge auf **einstweilige Anordnungen** in Ehe- (§ 620a II 2, IV) und Kindschaftssachen (§ 641d II 2); **r)** soweit überhaupt (auch) Prozeßhandlungen: **Zustimmung zum Scheidungsantrag** und **Widerruf** (§ 630 II); **s)** Anträge auf Erlassung des **Aufgebots** (§ 947).

In allen diesen Fällen erstreckt sich die Befreiung vom Anwaltszwang nur auf die betreffende Handlung, **nicht auf das sich anschließende Verfahren** (Köln NJW 72, 2317), zB das weitere Verfügungs-, Beschwerde- oder Vollstreckungsverfahren, str; aA zB Frankfurt NJW 78, 172; zu §§ 887 ff Rn 17, zum einstweiligen Anordnungsverfahren (§ 620a) aber auch Rn 11 mwN. **48**

3) **Anwaltszwang** herrscht ferner **nicht** für Handlungen, die keine Prozeßhandlungen im engeren Sinne sind, wie die **Niederlegung von Urkunden** nach § 134, die Einreichung von Schriftsätzen bei der Geschäftsstelle (vgl jedoch § 130 Nr 6 und Rn 1), die Einreichung von Urkunden durch die Partei selbst im Anwaltsprozeß (Brandenburg NJW-RR 95, 1471 = MDR 95, 1263; wichtig für §§ 138 I, 331 I, II 2; s allg Henckel JZ 92, 649; sa Rn 1a), die Gesuche um Erteilung von Ausfertigungen und Abschriften, vor allem nicht für den Auftrag zur Zustellung (Rn 46 (d)); die Streitverkündung an einen Dritten (§ 73 Rn 1; § 76 Rn 3). Für das **Beschwerdeverfahren:** s § 569 Abs 2 und oben Rn 21. **49**

4) Der **Anwaltszwang** ist in einer Reihe von Fällen weiter **eingeschränkt,** zT durch eine Lockerung des Lokalisierungsprinzips (Bsp: BayObLG, s dazu Rn 20). **a)** Das Verfahren in **Baulandsachen** ist Anwaltsprozeß (BGH NJW-RR 94, 1021) mit Ausnahmen vom Anwaltszwang für den Beteiligten, der keine Anträge zur Hauptsache gestellt hat, vor dem **LG** und **OLG** (§ 222 III 2 BauGB; zB bei Beschwerde gegen Kostenentscheidung, s Koblenz NJW 83, 2036). Anwaltsfrei sind damit zB der an die Verwaltungsbehörde gerichtete Antrag auf gerichtliche Entscheidung gem § 217 BauGB (BGH 41, 183), der Antrag auf Aktenlageentscheidung gem § 227 II BauGB (KG NJW 70, 614) und auf Anordnung der aufschiebenden Wirkung der Anfechtung einer vorzeitigen Besitzeinweisung (Koblenz NVwZ 86, 336); dem Anwaltszwang unterliegen dagegen alle Anträge zur Hauptsache (vgl BGH MDR 86, 30) wie zB schriftsätzliche Ankündigung von Sachanträgen (München MDR 69, 61), die Einlegung der Berufung (Hamm NJW 96, 601 = MDR 96, 636) und Beschwerde (BGH NJW-RR 94, 1021) sowie Anträge auf Zwangsmaßnahmen gem § 224 BauGB (Bremen OLGZ 68, 252). Vor dem **BGH** besteht uneingeschränkt Anwaltszwang (Abs I; vgl die Einschränkung in § 222 III 2 BauGB); auch § 569 III 2 führt zu keiner Ausnahme (vgl BGH NJW-RR 94, 1021). **50**

b) In **Entschädigungssachen** besteht vor dem LG (Entschädigungskammer) kein Anwaltszwang (§ 224 I BEG); im Wege der Prozeßkostenhilfe kann auch ein beim Prozeßgericht nicht zugelassener Anwalt beigeordnet werden (§ 224 III BEG). **Anders** aber bei Entschädigungsansprüchen nach dem StrEG (BGH NJW-RR 93, 1022) und allg bei öffentlichrechtlichem Streitgegenstand (Rn 4). **51**

c) Vor **Spezialkammern,** die aufgrund einer gesetzlichen Konzentrationsermächtigung gebildet worden sind, ist auch der RA postulationsfähig, der bei dem LG zugelassen ist, vor das die Sache andernfalls gehören würde. Fälle: § 143 III 1, IV PatG; § 19 III 1, IV GebrMG; § 140 II, III MarkenG; § 38 III SortenschutzG; § 27 III 1, IV UWG; § 105 IV 1, V UrhG; § 14 III, IV AGBG; § 89 III GWB. **52**

d) Das **arbeitsgerichtliche Verfahren** ist in erster Instanz Parteiprozeß (§ 11 I ArbGG), vor dem LAG und dem BAG besteht aufgelockerter Anwaltszwang (§ 11 II 1 ArbGG); daneben sind vor dem LAG auch **Verbandsvertreter** zugelassen (Einzelheiten: § 11 II 2 ArbGG). Maßgeblich für die Postulationsfähigkeit von Verbandsvertretern ist, daß sie kraft Satzung oder Vollmacht des Verbandes zur Vertretung befugt sind und die vertretene Partei Verbandsmitglied ist (BAG NZA 90, 666; EzA ArbGG 1979 § 11 Nr 11); näher dazu Wank/Ramrath NZA 93, 346). **53**

e) In **streitigen Landwirtschaftssachen** (Landpachtsachen iS von § 1 Nr 1a LwVG) ist das erstinstanzliche Verfahren vor dem AG als Landwirtschaftsgericht anwaltsfrei (§ 48 I 1 LwVG iVm § 79); vor dem OLG und dem BGH besteht Anwaltszwang (§ 48 I 1 LwVG iVm § 78 I; hierzu Pikalo NJW 86, 1475). **54**

f) Im **kartellrechtlichen Beschwerdeverfahren** gilt aufgelockerter Anwaltszwang (§ 67 I 1 GWB), außer für Kartellbehörde (§ 67 I 2 GWB: Behördenprivileg). **54a**

VI) Selbstvertretungsrecht des Rechtsanwalts (Abs IV)

Der Rechtsanwalt kann sich selbst vertreten in eigenen Sachen (Hauptanwendungsfall: Honorarklage, vgl dazu Bosch FamRZ 86, 349 f) und solchen Angelegenheiten, in denen er in Partei- **55**

stellung kraft Amtes, zB als Konkursverwalter, Testamentsvollstrecker usw handelt; er handelt auch hier grundsätzlich „als Rechtsanwalt" und damit als Prozeßbevollmächtigter (so auch KG NJW 55, 593). Postulationsfähig ist der RA in eigener Sache in all den Fällen, in denen er bei der Vertretung einer Partei postulationsfähig ist. Die Unterbrechungswirkung bei Berufsverbot (Rn 20) gilt auch in eigenen Sachen (BGH 111, 107 = MDR 90, 702). Abs IV ist auf andere Rechtskundige, Behörden oder nicht zugelassene RAe nicht auszudehnen; Patentanwälte können sich jedoch im Patentnichtigkeitsberufungsverfahren vor dem BGH selbst vertreten (IV entspr: BGH NJW-RR 87, 1086 = MDR 87, 668). Bedenken gegen die Verfassungsmäßigkeit des (jetzigen) Abs IV unter dem Gesichtspunkt des Gleichheitssatzes erhebt zuunrecht Hertel aaO S 116, 119; schon im Hinblick auf das bestehende **Zulassungserfordernis** (Abs IV mit I; vgl Rn 2, 20) fehlt es gerade an einer Vergleichbarkeit mit anderen volljuristischen Berufen.

VII) Neue Bundesländer

1) Maßgaben- und Anpassungsregelung 1990–1994

56 Die Vorschriften über den Anwaltsprozeß stehen im engstem Zusammenhang mit dem GVG und der BRAO. Für die Dauer der zunächst aufrechterhaltenen DDR-Gerichtsstruktur enthielt die **ZPO-Maßgabe b** zum EinigungsV eine Übergangsregelung (ua kein Anwaltszwang im erstinstanzlichen Verfahren), die mit dem Übergang zur GVG-Gerichtsstruktur gegenstandlos wurde. Bis zur Verfahrensvereinheitlichung iS der ZPO (§ 78) war eine **Anpassungsfrist** bis zum **31. 12. 1994** vorgesehen, in der im erstinstanzlichen „Anwaltsprozeß" eine erweiterte Postulationsfähigkeit (dh ohne Verknüpfung mit dem Lokalisierungsgrundsatz) galt (§ 22 RpflAnpG; ie 19. Aufl; sa BVerfG 91, 328). Die Frist des § 22 RpflAnpG wurde durch einstw Anordnung des BVerfG mehrfach verlängert (vgl BVerfG 91, 328, zuletzt BGBl 1995 I, S 1780; dazu Borchert AnwBl 95, 257), zuletzt am 21. 11. 1995 (vgl BVerfG NJW 96, 1883). Zwischenzeitlich ist durch Art 3 des RABerufsRNeuOG § 78 neu gefaßt und der verfahrensrechtliche Lokalisierungsgrundsatz in erster Instanz aufgegeben worden (s Rn 1). Die Einführung des Anwaltszwangs iS von § 78 aF mit unterschiedlichen Übergangsfristen in den alten und neuen Bundesländern (1. 1. 2000 bzw 1. 1. 2005, s Art 22 II RABerufsRNeuOG) hat das BVerfG mit Beschluß vom 5. 12. 1995 für verfassungswidrig erklärt (BGBl 1996 I, S 563). Die Entscheidungsformel (Nr 1) lautet:

§ 78 Absatz 1 und 2 der Zivilprozeßordnung in der Fassung des Gesetzes vom 20. Februar 1986 (Bundesgesetzblatt I S 301) ist mit Artikel 12 Absatz 1 des Grundgesetzes unvereinbar und nichtig, soweit er die Vertretungsbefugnis von Rechtsanwälten, die bei einem Land- oder Amtsgericht der Länder Brandenburg, Mecklenburg-Vorpommern, Sachsen, Sachsen-Anhalt und Thüringen zugelassen sind, in Anwaltsprozessen vor den dortigen Land- und Amtsgerichten regelt.

2) Übergangsregelung für den Anwaltsprozeß bis längstens zum 31. 12. 2004

57 Durch die Nichtigerklärung einer zeitlich beschränkten Einführung von § 78 aF (Rn 56) in Verbindung mit der zeitlichen Befristung von § 22 RpflAnpG (Rn 56) ist eine Lücke entstanden, die das BVerfG aufgrund seiner Rechtssetzungskompetenz gem §§ 31 II, 35 BVerfGG durch seinen Beschluß vom 15. 12. 1995 (BGBl 1996 I, S 563) in Nr 2 der Entscheidungsformel wie folgt geschlossen hat:

Bis zum Inkrafttreten einer neuen gesetzlichen Regelung, längstens bis zum 31. Dezember 2004, kann sich eine Partei oder ein am Verfahren beteiligter Dritter in Anwaltsprozessen vor einem Land- oder Amtsgericht der Länder Brandenburg, Mecklenburg-Vorpommern, Sachsen, Sachsen-Anhalt und Thüringen von jedem Rechtsanwalt vertreten lassen, der bei einem Amts- oder Landgericht eines dieser Länder zugelassen ist.

Der Sache nach hat das BVerfG § 78 I, II nF, beschränkt auf das Gebiet der neuen Länder, sofort in Kraft gesetzt und so den bisherigen Rechtszustand gem § 22 RpflAnpG über den 31. 12. 1994 hinaus (zunächst) auf Dauer aufrechterhalten (vgl auch Kleine-Cosack NJW 96, 1872 zu BVerfG dort S 1882).

58 Übergangsrechtliche Probleme stellen sich bei dem (am 3. 4. 1996 verkündeten) neuen Rechtssatz (Rn 57) nicht, da es sich im wesentlichen um eine zeitliche Erstreckung von bereits geltendem, durch einstweilige Anordnungen aufrecht erhaltenem (s Rn 56) Recht handelt. **Übergangsrechtliche Vorschriften** des RpflAnpG und des RABerufsRNeuOG: 19. Aufl.

78a (weggefallen)

Gestrichen durch Art 3 Nr 3 des UÄndG vom 20. 2. 1986, in Kraft seit 1. 4. 1986; Übergangsvorschrift für vor dem 1. 4. 1986 eingeleitete Güterrechtsprozesse: 15. Aufl.

78b *[Notanwalt]*

(1) Insoweit eine Vertretung durch Anwälte geboten ist, hat das Prozeßgericht einer Partei auf ihren Antrag für den Rechtszug einen Rechtsanwalt zur Wahrnehmung ihrer Rechte beizuordnen, wenn sie einen zu ihrer Vertretung bereiten Rechtsanwalt nicht findet und die Rechtsverfolgung oder Rechtsverteidigung nicht mutwillig oder aussichtslos erscheint. Über den Antrag kann ohne mündliche Verhandlung entschieden werden.

(2) Gegen den Beschluß, durch den die Beiordnung eines Rechtsanwalts abgelehnt wird, findet die Beschwerde statt.

I) Allgemeines

1 **1) Zweck:** Gewährleistung der Rechtsverfolgung (-verteidigung): Besteht Anwaltszwang, darf der Rechtsschutz nicht am Fehlen eines postulationsfähigen Vertreters scheitern (vgl BVerwG NJW 79, 2117).

2 **2) Anwendungsbereich.** § 78b gilt nicht, soweit keine Vertretung durch einen Anwalt geboten ist (§ 78 I), also vor allem nicht im Parteiprozeß. § 78b gilt auch für den Nebenintervenienten. In Prozeßkostenhilfeverfahren gilt § 121, in Scheidungssachen gilt § 625. § 78b ist **entspr** anwendbar in Verfahren mit Vertretungszwang vor dem BFH (BFH NJW 78, 448); das gleiche gilt auch für das Klageerzwingungsverfahren nach § 172 StPO (Koblenz NJW 82, 61; aA die hM, vgl Düsseldorf MDR 88, 165 mwN), im Hinblick auf den fehlenden Vertretungszwang, nicht aber im dienstgerichtlichen Verfahren gem § 26 III DRiG (BGH MDR 89, 257 mN).

II) Voraussetzungen

3 1) Die **Rechtsverfolgung** darf **nicht mutwillig oder aussichtslos** sein. „Hinreichende" Aussicht auf Erfolg (so § 114 S 1) ist nicht erforderlich. Wirtschaftliche Gesichtspunkte haben außer Betracht zu bleiben. Maßgebend ist die Zumutbarkeit der Übernahme des Mandats für den RA (so Bergerfurth Rn 167; MK/v. Mettenheim Rn 4). Aussichtslosigkeit besteht, wenn ein günstiges Ergebnis auch bei anwaltlicher Beratung ganz offenbar nicht erreicht werden kann (BGH FamRZ 88, 1153; vgl auch BVerwG WM 67, 32 und zum ganzen auch § 114 Rn 50 ff), Unzumutbarkeit zB bei querulatorischem Antrag (vgl dazu BGH NJW 95, 537).

4 2) Die Partei muß trotz zumutbarer Anstrengungen einen zu ihrer Vertretung bereiten RA **nicht gefunden** haben. Ob dies erfüllt ist, muß von Fall zu Fall entschieden werden; die Anforderungen dürfen wegen Rn 1 nicht überspannt werden. Die Partei muß ihre Bemühungen substantiiert darlegen und nachweisen (BGH NJW-RR 95, 1016). § 78b greift nicht schon dann ein, wenn die Prozeßkostenhilfe mangels Erfolgsaussicht versagt, der Anwalt der Partei sodann mangels Vorschuß das Mandat niedergelegt hatte (BGH NJW 66, 780; dazu auch Karlsruhe Justiz 71, 25). In einer Großstadt muß zumindest eine Anzahl von RAen nachweislich vergeblich gebeten worden sein (KG OLGZ 77, 247; Koblenz NJW 82, 61 [StPO]; vgl auch BGH NJW-RR 95, 1016). Steht eine Partei unter Pflegschaft, ist ihr Pfleger postulationsfähiger RA und gehört die Prozeßführung zu seinem Wirkungskreis, so liegt keine Notsituation iS des Abs I vor (BVerwG NJW 79, 2117).

III) Verfahren

5 1) Erforderlich ist ein **Antrag** ohne Anwaltszwang schriftlich oder zur Niederschrift der Geschäftsstelle – Erleichterung gem § 129a – an das zuständige Prozeßgericht. Zu den Anforderungen an die Begründung des Vorbringens des Antragstellers, er finde keinen RA zu seiner Vertretung, vgl Koblenz Rpfleger 71, 441; dazu auch BVerfG NJW 93, 3257. Die Entscheidung ergeht bei fakultativer mündlicher Verhandlung durch **Beschluß** (arg Abs II) des (vollbesetzten) Prozeßgerichts (nicht: des Vorsitzenden; vgl auch Rn 6); er ist den Parteien formlos mitzuteilen (§ 329 II 1).

6 2) Sind die **Voraussetzungen erfüllt, muß** dem Antrag stattgegeben werden. Es besteht kein Ermessen (Grund: Rn 1). Der stattgebende Beschluß lautet nur auf Beiordnung „eines" Rechtsanwalts **(Grundentscheidung).** Er ist unanfechtbar. Die Auswahl eines bestimmten RA obliegt dem Vorsitzenden im Verfahren nach § 78c (dort Rn 3).

7 3) Gegen die **Ablehnung des Antrags** ist Beschwerde (kein Anwaltszwang!) gegeben. Zum Umfang der Prüfung s Karlsruhe Justiz 71, 25; BSG MDR 71, 959. Hat das LG als Berufungs- oder Beschwerdeinstanz den Antrag nach § 78b wegen Fehlens der Voraussetzungen abgelehnt, so ist eine Beschwerde nicht (mehr) zulässig (§ 567 III 1); das gleiche gilt, wenn das OLG entschieden hat (§ 567 IV 1). Das Beschwerdegericht ist nicht befugt, die Verneinung der Erfolgsaussicht durch das LG als Berufungsgericht sachlich nachzuprüfen (Koblenz Rpfleger 71, 441; aA Wieczoreck § 78a Anm B IV: voller Prüfungsumfang).

8 **IV) Gebühren: 1)** des **Gerichts:** Keine; im Beschwerdeverfahren: KV 1906. **2)** des **Anwalts:** Erteilt die Partei dem beigeordneten RA Prozeßvollmacht, so ist er gewillkürter ProzBev u kann die Regelgebühren des § 31 BRAGO verdienen. Soweit die Partei den Vorschuß (§ 78c II) nicht zahlt, hat der Notanwalt die Möglichkeit, die Aufhebung seiner Beiordnung beim Prozeßgericht zu beantragen; er hat keinen Vergütungsanspruch gegen die Staatskasse.

78c *[Auswahl und Beiordnung eines Rechtsanwalts]*

(1) Der nach § 78b beizuordnende Rechtsanwalt wird durch den Vorsitzenden des Gerichts aus der Zahl der bei dem Prozeßgericht zugelassenen Rechtsanwälte ausgewählt; § 78 Abs. 2 Satz 2 gilt entsprechend.

(2) Der beigeordnete Rechtsanwalt kann die Übernahme der Vertretung davon abhängig machen, daß die Partei ihm einen Vorschuß zahlt, der nach der Bundesgebührenordnung für Rechtsanwälte zu bemessen ist.

(3) Gegen eine Verfügung, die nach Absatz 1 getroffen wird, steht der Partei und dem Rechtsanwalt die Beschwerde zu. Dem Rechtsanwalt steht die Beschwerde auch zu, wenn der Vorsitzende des Gerichts den Antrag, die Beiordnung aufzuheben (§ 48 Abs. 2 der Bundesrechtsanwaltsordnung), ablehnt.

Eingefügt durch Art 1 Nr 2 PKHG vom 13. 6. 1980 (BGBl I S 677) mit Wirkung vom 1. 1. 1981. Abs II entspricht § 78b III aF, Abs I (idF des UÄndG vom 20. 2. 1986) und III entsprechen § 116b I 1 und III aF. In Abs III wurden S 3 und 4 mit Wirkung vom 1. 4. 1991 durch Art 1 Nr 2 des RechtspflegeVereinfG vom 17. 12. 1990 (BGBl I S 2847) aufgehoben. Abs I HS 2 gilt noch gem § 78 Rn 1.

I) Allgemeines

1 **1) Bedeutung: Ergänzung** von § 78b, der nur zu einer Grundentscheidung führt, die noch der näheren Ausführung bedarf (§ 78b Rn 6). § 78c regelt die **Auswahl** des in Betracht kommenden Anwalts (**Abs I;** Rn 3, 13), teils die **Voraussetzungen,** unter denen der Anwalt zum Tätigwerden verpflichtet ist (**Abs II;** Rn 12) und die zugehörigen Rechtsbehelfe (**Abs III;** Rn 6 ff).

2 **2) Anwendungsbereich:** § 78c gilt **unmittelbar** in sämtlichen Fällen der Beiordnung eines Notanwalts gem § 78b (vgl Abs I HS 1); nach ausdrücklicher Vorschrift (vgl § 625 I 1 HS 2) ferner **„sinngemäß"** die Abs I und III bei amtswegiger Beiordnung eines Anwalts an den nicht vertretenen Scheidungsantragsgegner (§ 625); § 78c gilt ferner entsprechend im Prozeßkostenhilfeverfahren, soweit die Partei keinen zu ihrer Vertretung bereiten Anwalt findet (§ 121 IV). Die Nichterwähnung von § 78c in § 121 – vgl dagegen § 625 I 1 HS 2 – beruht auf einem Redaktionsversehen (§ 121 IV war im urspr Gesetzentwurf – BT-Drucks 8/3068, dort § 119 – noch nicht enthalten und ist erst während des Gesetzgebungsverfahrens vom Rechtsausschuß eingefügt worden, vgl BT-Drucks 8/3694; dabei wurde die entspr Ergänzung des § 78c übersehen).

II) Auswahlverfahren

3 **1) Voraussetzungen. a) Zuständig** ist beim Kollegialgericht der Vorsitzende, beim Amts-(Familien-)gericht (vgl § 78 Rn 27 ff) der Familienrichter. Es handelt sich um ein reines **Amtsverfahren,** das keine Anträge kennt, wie denn auch die Partei kein Recht auf Beiordnung eines bestimmten RA hat. Der Vorsitzende trifft die Auswahl nach **pflichtgemäßem Ermessen,** wobei er etwaige Wünsche oder Bedenken der Partei oder des als Notanwalt auszuwählenden RA zu berücksichtigen hat. Da im unmittelbaren Anwendungsbereich der Vorschrift (vgl Rn 2) die Partei einen übernahmebereiten Anwalt nicht gefunden haben darf (§ 78b Rn 4), wird es idR an einem geeigneten Parteivorschlag fehlen; die Beiordnung eines Anwalts, der die Übernahme aber bereits abgelehnt hat, wird kaum je sachgerecht sein, weil sich in diesem Fall das erforderliche Vertrauensverhältnis zwischen Anwalt und Partei schwerlich einstellen wird (zutr Bergerfurth aaO Rn 154).

4 Der **Personenkreis** beschränkt sich auf die beim Prozeßgericht zugelassenen RAe (**Abs I HS 1;** beachte Besonderheiten Rn 13); in den Fällen des § 78 II 2 (vgl dazu § 78 Rn 45) kann für den 1. Rechtszug vor dem Familiengericht auch ein beim (dem AG) übergeordneten LG zugelassener RA beigeordnet werden **(Abs I HS 2).** Das kann sein ein Landgerichtsanwalt mit Singular- oder Simultanzulassung für das LG, in dessen Bezirk das AG seinen Sitz hat (vgl § 24 BRAO), oder auch ein Amtsgerichtsanwalt mit Simultanzulassung für das übergeordnete LG (§ 23 BRAO).

5 **b)** Die **Auswahlentscheidung** ergeht grundsätzlich durch Verfügung (vgl Abs III 1), ist aber auch in Form eines Beschlusses zulässig. Sie lautet stets auf Beiordnung eines namentlich bestimmten RA, nicht auf eine Anwaltsgemeinschaft (Sozietät; vgl dazu näher § 80 Rn 6) als solche; eine Ablehnung der Beiordnung kann der Vorsitzende niemals aussprechen (hierfür Beschluß des Prozeßgerichts gem § 78b erforderlich). Die Beiordnungsverfügung wird den Parteien und dem ausgewählten Anwalt formlos mitgeteilt (§ 329 II 1) und kann nicht eher Wirksamkeit erlangen als die Beiordnungs-Grundentscheidung nach § 78b (dort Rn 6). Eine **Änderung** der einmal getroffenen Auswahlentscheidung ist bei Zustimmung aller Beteiligten jederzeit möglich, andernfalls nur bei Vorliegen wichtiger Gründe (vgl §§ 45, 48 II BRAO und Rn 9).

6 **2) Rechtsbehelfe gegen die Auswahl (Abs III). a)** Einfache Beschwerde (§ 567) der **Partei** mit dem Ziel, ihr einen anderen Anwalt beizuordnen. Fälle: Bei der Auswahl ist ein Wunsch der Partei nicht berücksichtigt worden (vgl aber Rn 3) oder das Ermessen ist sonst nicht sachgemäß

ausgeübt worden; der Fall, daß eine Auswahl überhaupt abgelehnt wurde, dürfte praktisch nicht vorkommen (vgl Rn 5).

b) Einfache Beschwerde des **beigeordneten Anwalts** mit dem Ziel der Aufhebung der Beiordnung. Fälle: Beiordnung ohne ausreichende Gründe gegen den Wunsch einer Partei (RG 35, 369); Bestehen sonstiger eigener wichtiger Gründe gegen seine Beiordnung, wie zB Kollision mit anderen Berufspflichten oder Hinderungsgründe gem § 45 BRAO. 7

c) Ein **nicht beigeordneter Rechtsanwalt** hat kein eigenes Beschwerderecht. 8

d) Ein Anwalt kann nach § 48 II BRAO die **Aufhebung** der Beiordnung beantragen, wenn ein wichtiger Grund vorliegt, der bei der Beiordnung noch nicht geprüft worden ist. Wichtiger Grund ist die nachhaltige Störung des Vertrauensverhältnisses zwischen Partei und Anwalt (Zweibrükken NJW 88, 570). Der Aufhebungsantrag kann jederzeit, auch noch nach Tätigwerden des beigeordneten RA gestellt werden. Zuständig für die Aufhebung ist in jedem Fall der Vorsitzende (vgl III 2; ebenso MK/v. Mettenheim Rn 7; aA zum wortgleichen § 116b III 2 aF Hamm MDR 71, 139: nach Tätigwerden des beigeordneten Anwalts das Prozeßgericht; aber über den Bestand der Grundentscheidung – vgl § 78b Rn 6 – wird nicht entschieden!). Gegen die **Ablehnung des Aufhebungsantrags** hat in jedem Fall der RA die einfache **Beschwerde (Abs III 2)**, daneben auch die Partei (Düsseldorf FamRZ 95, 241 für PKH; sa § 127 Rn 37). Wird dem Aufhebungsantrag stattgegeben, gibt es kein Rechtsmittel. Bei Aufhebung der Beiordnung eines Anwalts ohne dessen Antrag und gegen seinen Willen ist in entspr Anwendung von Abs III 2 ebenfalls die Beschwerde zulässig (OLGR Köln 95, 247 für PKH). 9

e) In den Fällen der Rn 6–9 ist eine **Beschwerde unzulässig**, wenn die Auswahl-, Ablehnungs- oder Aufhebungsverfügung von dem Vorsitzenden des Berufungsgerichts (sowohl Berufungskammer beim LG als auch Senat beim OLG) erlassen worden ist (§ 567 III 1, IV 1). Die Beschwerdeentscheidung ist ausnahmslos unanfechtbar (keine weitere Beschwerde, vgl § 568 II 1). 10

III) Rechtsfolgen bei Beiordnung

1) Übernahmepflicht. Als **Folge** der Beiordnung ist der ausgewählte RA verpflichtet, die Vertretung der Partei zu übernehmen (§ 48 I Nr 2 BRAO). Diese Übernahmepflicht ist nicht nur Berufspflicht des Anwalts (vgl BGH 60, 258), sondern begründet auch einen bürgerlich-rechtlichen Abschlußzwang (vgl Vollkommer, Anwaltshaftungsrecht, Rn 33, 35; s auch § 121 Rn 29). Der notwendig abzuschließende Vertrag zwischen dem Anwalt und der Partei wird weder durch die Beiordnungsentscheidung des Prozeßgerichts noch durch die Auswahlverfügung des Vorsitzenden ersetzt (vgl BGH 60, 258). Prozeßbevollmächtigter wird der beigeordnete RA erst mit der Erteilung der Prozeßvollmacht durch die Partei (BGH NJW 87, 440 = MDR 87, 315; vgl § 80 Rn 1 und 5). Jedoch können ihn ab Zugang der Beiordnungsverfügung bestimmte Betreuungspflichten treffen (RG 115, 66; MK/v. Mettenheim Rn 13; Vollkommer aaO Rn 36). 11

2) Vorschuß (Abs II). Dieser bemißt sich nach § 17 BRAGO und kann vom RA sowohl für bereits entstandene als auch für voraussichtlich noch entstehende Gebühren und Auslagen in angemessener Höhe gefordert werden. Der Anwalt kann die Übernahme der Vertretung von einer solchen Vorschußzahlung abhängig machen. Weigert sich die Partei zu zahlen, so ist die Beiordnung auf Antrag des Anwalts in gleicher Weise aufzuheben wie auch sonst beim Vorliegen wichtiger Gründe (s Rn 9). 12

79 *[Parteiprozeß]*

Insoweit eine Vertretung durch Anwälte nicht geboten ist, können die Parteien den Rechtsstreit selbst oder durch jede prozeßfähige Person als Bevollmächtigten führen.

1) Parteiprozeß. Die Vertretung durch einen Anwalt ist **nicht geboten** im Verfahren vor dem AG (zu den Ausnahmen s § 78 II; vgl dort Rn 30 ff) bzw vor dem KrG (Rn 5) und im Fall des § 78 II 3 (dort Rn 44) und III (dort Rn 46 ff). Hier kann also auch eine nicht rechtskundige Privatperson Vertreter (Rn 2) sein, insbes kann auch der nicht zugelassene RA oder ein Untervertreter (nicht aber durch Büroangestellte: LAG Berlin BB 80, 994; vielmehr gilt auch insoweit § 78 Rn 22 ff) den Prozeß führen (vgl BGH NJW 93, 1209); dies gilt auch beim ArbG (LAG Hamm BB 76, 555) und SozG (LSG Suttgart NJW 85, 582). Insoweit steht er anderen Prozeßbevollmächtigten gleich – vorbehaltlich der zu beachtenden §§ 104 II, 135, 157 II, 170, 198, 212a, 317 IV, 397 II ZPO und § 65 VII Nr 4 GKG. 1

2) Prozeßbevollmächtigter. a) Vertreter sein kann nur eine *prozeßfähige* (also natürliche: § 52 Rn 2) Person, gleich ob Inländer oder Ausländer, ob rechtskundig oder nicht (LSG Stuttgart NJW 85, 582). **Vertreter kann nicht sein** eine Personenvereinigung, zB juristische Person (BFH NJW 77, 776 betr Steuerberatungsgesellschaft, str, s § 52 Rn 6; vgl auch § 10 RBerV), Sozietät (BGB-Gesellschaft usw) als solche (BFH BB 89, 1477; s auch Rn 7 vor § 78), ein rechtlich unselb- 2 ständiges Amt (Thüringen FamRZ 96, 419 zu § 55 KJHG/SGB VIII). Im Zweifel gilt die Vollmacht aber als deren handlungs- und damit prozeßfähigem Organ erteilt; auch eine **Behörde** kann nicht Prozeßbevollmächtigter eines anderen sein (BFH AnwBl 69, 13), auch nicht das **Jugendamt** in Unterhaltsprozessen gem §§ 1706 Nr 2, 1709 BGB, §§ 55 ff KJHG, uU aber der mit der Angelegenheit ordnungsgemäß betraute Bedienstete als natürliche Person (vgl § 55 II 3 KJHG; Beispiel: Düsseldorf FamRZ 85, 641; vgl auch die Mitt in AnwBl 84, 548 und § 51 Rn 3 und 11). **Vertreter** kann auch **nicht** sein, wer die Prozeßführung *geschäftsmäßig* betreibt, ohne im Besitz der erforderlichen *Erlaubnis* gem Art 1 § 1 RBerG zu sein (Rn 3; ferner Rn 9 ff vor § 78).

3 **b) Prozeßunfähige Vertreter** sind zurückzuweisen (zum Verfahren bei Anwalt vgl § 78 Rn 20); die ihnen erteilte Prozeßvollmacht ist unwirksam (BGH 30, 112); die von ihnen vorgenommenen Prozeßhandlungen sind aber genehmigungsfähig. Prozeßunfähig ist auch der Geschäftsbeschränkte (§ 52 Rn 8). Prozeßfähig ist (§ 52) nur, wer sich selbst durch Verträge verpflichten kann. § 165 BGB gilt sonach für die Vornahme von Prozeßhandlungen nicht. Damit ist nicht zu verwechseln der Wegfall der **Postulationsfähigkeit** nach § 157 II. Er läßt die Wirksamkeit der Prozeßvollmacht und der bis zur Zurückweisung des Vortrags vorgenommenen Prozeßhandlungen unberührt (s zu einer gleichgelagerten Frage Köln MDR 74, 310). Die Postulationsfähigkeit soll auch fehlen, wenn die Prozeßvertretung gegen das **RBerG** verstößt (so LSG Stuttgart NJW 85, 582 für ausländischen Anwalt, bedenklich, vgl Rn 16 vor § 78).

4 **3) Arbeitsgerichtliches Verfahren.** Parteiprozeß (Rn 1) ist auch das Verfahren vor dem ArbG (§ 46 II 1 ArbGG iVm §§ 495 ff), auch für die Zustimmung zur Sprungrevision besteht kein Vertretungszwang (BAG 48, 237 ff). Als Prozeßbevollmächtigte sind außer RAen auch **Verbandsvertreter** (Einzelheiten: § 11 I ArbGG; § 78 Rn 53) zugelassen, nicht dagegen Rechtsbeistände (BAG BB 88, 916; dazu eingehend Brehm RdA 90, 73; Wank/Ramrath NZA 93, 348). Höherer Rechtszug: § 78 Rn 53.

5 **4) Neue Bundesländer.** Mit Übergang zur GVG-Gerichtsverfassung (s § 78 Rn 56) ist das Verfahren vor dem KrG gegenstandslos geworden (bisheriger Rechtszustand: 18. Aufl). Bei Überleitung vom KrG auf das AG (außer Familiensachen) bleibt der Parteiprozeß erhalten; zur Überleitung vom KrG auf das LG/AG FamG s § 78 Rn 58 [aa].

80 *[Prozeßvollmacht]*

(1) Der Bevollmächtigte hat die Bevollmächtigung durch eine schriftliche Vollmacht nachzuweisen und diese zu den Gerichtsakten abzugeben.

(2) Das Gericht kann auf Antrag des Gegners die öffentliche Beglaubigung einer Privaturkunde anordnen. Wird der Antrag zurückgewiesen, so ist dagegen kein Rechtsmittel zulässig. Bei der Beglaubigung bedarf es weder der Zuziehung von Zeugen noch der Aufnahme eines Protokolls.

I) Person des Bevollmächtigten

1 **Bevollmächtigter** ist auch der nach den §§ 78b, 78c, 121 beigeordnete Anwalt, wenn ihm seine Partei Vollmacht erteilt hat (ie Rn 5). Der Bevollmächtigte muß prozeßfähig sein (RSchwab/Gottwald § 55 II 5a; Jauernig § 21 III 2, seit Herabsetzung des Volljährigkeitsalters allg M; vgl StJ/Bork § 79 Rn 1; zur Prüfung der Prozeßfähigkeit eines Anwalts § 78 Rn 20), andernfalls ihn das Gericht zurückweist. Er muß nicht postulationsfähig sein, so daß die Vollmacht mit Abschluß der Instanz auch dann nicht erlischt, wenn der RA für die höhere nicht zugelassen ist (vgl § 81 Rn 3, 6 und § 86 Rn 11). Der nicht postulationsfähige Bevollmächtigte seinerseits muß, um handeln zu können, einem Postulationsfähigen Untervollmacht erteilen. **Bestellung** zum Prozeßbevollmächtigten ist die Verlautbarung der Vollmachtserteilung durch die Partei oder den Bevollmächtigten (KG MDR 87, 329; § 176 mit Anm).

II) Vollmacht

2 Die Vollmacht ist wie im bürgerlichen Recht auch hier von dem ihr zugrundeliegenden **Grundgeschäft** (Auftrag, Geschäftsbesorgung nach § 675 BGB; zu den Mandatsbedingungen ausf Bunte NJW 81, 2657) begrifflich zu trennen (Abstraktheit; vgl Rn 5, 6 vor § 78), allerdings bestimmt das Grundverhältnis bei Beauftragung einer Sozietät auch die Prozeßvollmacht (vgl Rn 6; § 85 Rn 16); zu Mängeln des Innenverhältnisses s § 78 Rn 22, zum weisungswidrigen Gebrauch der Vollmacht s § 83 Rn 2. Zu unterscheiden ist ferner die Erteilung (s Rn 3 f) der Vollmacht von ihrem Nachweis (s Rn 7 f).

3 **1) Erteilung. a) Allgemeines.** Erteilt der Vollmachtgeber dem Bevollmächtigten nur die Befugnis, für ihn in seinem Namen im Rechtsstreit zu handeln, so ist dies nach hL eine Prozeßhandlung (ausf Urbanczyk ZZP 95, 344 f mwN, auch zur aA). Der Vollmachtgeber muß daher prozeßfähig (geschäftsfähig) sein (BGH NJW 87, 440 = MDR 87, 315 für § 104 Nr 2 BGB). In den

Ausnahmefällen erweiterter Prozeßfähigkeit (insbes § 52 Rn 6) ist natürlicher Bevollmächtigungswille des Geschäftsunfähigen erforderlich (BayObLG AnwBl 92, 234). Die im Ausland erteilte Prozeßvollmacht wird nach deutschem Recht beurteilt (BGH 40, 203; NJW 90, 3088), die Vertretungsmacht zur Erteilung dagegen nach dem Recht der (ausländischen) Niederlassung (BGH NJW 90, 3088).

b) Sie wird erteilt durch **einseitige empfangsbedürftige Willenserklärung** (§ 167 BGB) gegen- 4
über dem Bevollmächtigten, dem Prozeßgegner oder dem Gericht (vgl BGH FamRZ 95, 1484; Frankfurt NJW 70, 1886; insoweit wird sie auch ohne Kenntnisnahme des Bevollmächtigten wirksam, BGH VersR 74, 548); sie wird wirksam mit Zugang (§ 130 BGB). Die umstrittene Frage, ob sich ihre Rechtsbeständigkeit nach bürgerlichem Recht richtet (dafür ThP Rn 2; dagegen StJ/Bork Rn 4 und 5; MK/v. Mettenheim Rn 3) ist praktisch nicht allzu bedeutsam, da § 87 die Außenwirkung des Erlöschens der Vollmacht besonders regelt; s dort.

c) Die **Erteilung** (nach hM Prozeßhandlung, StJ/Bork Rn 4; Baumgärtel, Prozeßhandlung, 5
2. Aufl S 173 ff; BGH MDR 64, 410; ZZP 71, 413; str) ist **formlos wirksam** (§ 89 II; vgl BGH 40, 203; VersR 92, 1244), kann deshalb auch stillschweigend (BGH FamRZ 81, 865 [866]; 95, 1484; BGHR § 81 Rechtsmittelauftrag 1) oder mittels der modernen Übermittlungsformen (Telegramm, Telefax usw) *erteilt* werden (BGH 126, 269 = NJW 94, 2298 = MDR 94, 938; BFH NJW 96, 871; Karst NJW 95, 3278); doch wird sie wegen des erforderlichen **Nachweises** gemäß Abs **I** (Rn 8) idR **schriftlich** erfolgen (BGH aaO; vgl auch § 88). Zulässig ist auch die Vollmachtserteilung zu Protokoll der Geschäftsstelle oder zum Sitzungsprotokoll. Dann ist eine entsprechende Feststellung erforderlich; nicht genügt die einfache Bezeichnung des Vertreters als Bevollmächtigten. In dem Antrag auf Bewilligung von Prozeßkostenhilfe, in dem nicht um die Beiordnung eines bestimmten Anwalts gebeten wird, liegt keine Bevollmächtigung des später Beigeordneten (BGH 2, 228); hiernach ist die Benennung eines Anwalts im Prozeßkostenhilfeantrag mit der Bitte um Beiordnung schlüssig als Vollmachtserteilung anzusehen (offenlassend BGH VersR 86, 580); die **Beiordnung allein** begründet noch **kein** Vertretungsverhältnis zwischen dem beigeordneten Anwalt und der Partei (BGH 60, 258; BGH NJW 87, 440 = MDR 87, 315; BGHR § 81 – Rechtsmittelauftrag 1); vielmehr verbleibt der Partei auch nach der Beiordnung noch die Entscheidung, ob sie dem ihr beigeordneten Anwalt Prozeßvollmacht erteilen will oder nicht (vgl auch § 78c Rn 11; § 85 Rn 19). Der **Haftpflichtversicherer** kann nicht für den Versicherungsnehmer entgegen dessen Willen einem RA Prozeßvollmacht erteilen (Bremen VersR 91, 1281; sa allg BVerfG 81, 127).

d) Sind mehrere Anwälte in einer **Sozietät** mit gemeinschaftlicher Kanzlei verbunden (s § 59a 6
II 1 BRAO), entscheidet die Verkehrsauffassung, ob der Anwaltsvertrag nur mit dem das Mandat entgegennehmenden Anwalt oder auch mit dessen Sozien zustandekommt (BGH 83, 329 f; NJW 91, 1225); Kriterien vgl BGH 56, 359 f. Dies gilt auch für eine gemischte Sozietät zwischen RA, Steuerberater und Wirtschaftsprüfer (BGH 83, 330; sa § 59a I BRAO), idR aber nicht bei **überörtlicher Sozietät** (§ 59a II 1, 2. Alt BRAO) für Sozien am entfernten Kanzleiort (KG NJW 94, 3111 f; Düsseldorf NJW-RR 95, 376; einschr Karlsruhe NJW-RR 95, 377; ferner München, KG Rpfleger 95, 432 f, dazu krit Herrlein dort 399; vgl auch § 176 Rn 3; § 84 Rn 1; § 85 Rn 14 und 17). In der Regel ist bei örtlicher Sozietät **Gesamt**mandat anzunehmen (BGH 124, 49 mwN = NJW 94, 257; NJW 95, 1841; BayObLGZ 94, 344), mag auch die Vollmacht nur auf ein einzelnes Mitglied der Sozietät ausgestellt sein (vgl aber BGH 70, 251); jedoch ist eine andere Auslegung möglich (ie Vollkommer, Anwaltshaftungsrecht, Rn 51 ff; sa § 84 Rn 1). Auch bei rechtlicher Selbständigkeit der Sozietät **(GmbH)** lautet die **Vollmacht** stets auf einen oder mehrere RA (vgl Henssler JZ 92, 705).

2) **Nachweis. a)** Nachzuweisen sind **Haupt-** und **Untervollmacht.** Bei einer „Kette“ von nach- 7
einandergeschalteten Vollmachten muß der Vollmachtsnachweis bis zur Partei selbst geführt werden (München OLGZ 93, 224 f; zu allgemeinen Vertretungstatbeständen vgl Rn 9). Im **Anwaltsprozeß** erfolgt eine Vollmachtsprüfung nur auf eine Rüge des Gegners hin (§ 88 I), im **Parteiprozeß** (§ 79 Rn 1) von Amts wegen (§ 88 II), es sei denn, es tritt ein RA auf (§ 88 II aE). Insoweit erfolgt die Prüfung erst auf eine entsprechende Rüge des Gegners hin (§ 88 I). Kein Nachweis im Mahnverfahren: § 703.

b) **Form und Notwendigkeit. aa)** Zum Nachweis **erforderlich** und **ausreichend** ist **schriftliche** 8
(Prozeß-)Vollmacht in deutscher Sprache oder in sie übersetzt. Vorzulegen ist idR das **Original** oder eine Beglaubigung iS von **II**. Die Erleichterungen für die Wirksamkeit der *Erteilung* (Rn 5) gelten für den *Nachweis* nicht (BGH 126, 266 = NJW 94, 2298 = MDR 94, 938; BFH NJW 96, 872; BB 96, 1263; FG Kassel NJW-RR 95, 639), insbes genügen Telefax, Fotokopie usw *als Nachweis* nicht (BGH, BFH, FG Kassel, je aaO; Laghzaoui/Wirges MDR 96, 232; Zärban BB 96, 519; krit Karst NJW 95, 3278). Die Vollmachtsurkunde muß die Erteilung der Vollmacht als Willenserklärung enthalten (München OLGZ 93, 225). Eigenhändige Namensunterschrift des Ausstellers oder Unterzeichnung mittels gerichtlichen oder notariell beglaubigten Handzeichens sind stets ausreichend, § 126 BGB gilt aber nicht (BFH BB 87, 2012 mN). Bei Firmen genügt die Unterzeichnung

mit ihrem Namen (JW 29, 3142). Ungenügend ist Unterstempelung, ebenso faksimilierte Unterschrift (Köln Rpfleger 70, 335); Namensunterschrift mit arabischen Schriftzeichen ist aber nicht schlechthin ausgeschlossen (VGH München NJW 78, 510). Erforderlich ist die Angabe des Bevollmächtigten, doch ist Ergänzung aus einem beigehefteten Schriftsatz möglich (BFH DB 92, 1916; für weitgehende Formfreiheit Vollkommer, Formenstrenge und prozessuale Billigkeit, 1973, S 249 mN in Fn 4 ff). Zum Vollmachtsnachweis kann auch die ausdrückliche schriftsätzliche Bezeichnung eines für sie tätig gewordenen Anwalts als „Prozeßbevollmächtigter" durch die Partei genügen (BGH VersR 84, 851). Die **Bezugnahme** auf eine zu *anderen Akten* eingereichte (General-)Vollmacht genügt idR nicht als Vollmachtsnachweis (BGH NJW-RR 86, 1253; BL/Hartmann Rn 12), wohl aber auf eine hinterlegte allgemeine Prozeßvollmacht (Rn 11). Im Zwangsvollstrekkungs[illegible]eführten Prozeßbevollmächtigten die Berufung auf die Pr[illegible] **genügt** im Hinblick auf die gebotene Formalisierung (vgl A[illegible]n- oder des Freibeweises (München OLGZ 93, 225, str).

9 **bb)** [illegible]auchen – bei Vorzeigung einer entsprechenden Urkunde [illegible]sregister – vorzulegen: **Generalbevollmächtigte** für ihren [illegible]lle den Betrieb des Handelsgewerbes betreffenden Streit[illegible]**nächtigte,** wenn ihnen allgemein die Prozeßführung übert[illegible]ende **Gesellschafter** (§ 705 BGB), der **Vorstand** des nicht[illegible] der gesetzliche Vertreter einer juristischen Person (vgl z[illegible] weitgehende Vollmacht zur Vornahme von Rechtsgesch[illegible]ng (Saarbrücken NJW 70, 1464; München OLGZ 93, 224). Wer **gesetzlicher Vertreter** ist (s § 51 Rn 3 ff) oder kraft Gesetzes einen Prozeß führen kann (s zB § 1422 BGB), bedarf keiner Vollmacht. Der **Sachwalter** gem § 91 VglO (künftig: § 274 InsO) hat nicht notwendig Prozeßvollmacht (BGH NJW 76, 2602).

10 **c) Fehlt der Vollmachtsnachweis,** ist § 89 anwendbar. Das Gericht kann zum Vollmachtsnachweis eine Frist setzen (vgl § 67 III 2 HS 2 VwGO). Liegt die Vollmacht bis zum Schluß der mündlichen Verhandlung nicht vor, gilt § 89 Rn 8. Ist im Urteil der Bevollmächtigte aufgeführt, braucht er dem Vollstreckungsgericht idR nicht noch einmal eine Vollmacht vorzulegen (Rn 8).

11 **d)** Mit **Abgabe zu den Gerichtsakten** wird die Vollmacht deren dauernder Bestandteil, daher erfolgt keine Zurückgabe. Möglich ist die Hinterlegung **allgemeiner Prozeßvollmacht** beim AG und die Bezugnahme hierauf in der einzelnen Akte. Generalvollmachten sind nach Feststellung in den Akten zurückzugeben (Karlsruhe GRUR 92, 877).

III) Beglaubigung

12 Die **Anordnung** der öffentlichen Beglaubigung geschieht durch Fristsetzung in einem unanfechtbaren (§ 567 I; bei Ablehnung: Abs II S 2) Beschluß, aber nur auf Antrag. Die Beglaubigung einer von einer öffentlichen Behörde ausgestellten Vollmacht (§ 437) kann nicht verlangt werden. **Die Kosten** kann der Vollmachtgeber von dem unterliegenden Gegner erstattet verlangen, auch wenn er die Beglaubigung nicht verlangt hatte (JW 1891, 4). Bei Nichtbeibringung der Beglaubigung nach einstweiliger Zulassung sind dem Bevollmächtigten persönlich die dem Gegner durch die Zulassung entstandenen Kosten aufzuerlegen, § 89 I 3 (RG 51, 98).

13 **IV) Gebühr** des **Gerichts** für Anordnung der öffentl Beglaubigung: Keine; Beglaubigungsgebühr (des Notars): § 45 I iVm § 141 KostO.

81 *[Umfang der Prozeßvollmacht]*

Die Prozeßvollmacht ermächtigt zu allen den Rechtsstreit betreffenden Prozeßhandlungen, einschließlich derjenigen, die durch eine Widerklage, eine Wiederaufnahme des Verfahrens und die Zwangsvollstreckung veranlaßt werden; zur Bestellung eines Vertreters sowie eines Bevollmächtigten für die höheren Instanzen; zur Beseitigung des Rechtsstreits durch Vergleich, Verzichtleistung auf den Streitgegenstand oder Anerkennung des von dem Gegner geltend gemachten Anspruchs; zur Empfangnahme der von dem Gegner oder aus der Staatskasse zu erstattenden Kosten.

Letzter HS idF von Art 1 Nr 3 des Rechtspflege-VereinfG vom 17. 12. 1990 (BGBl I S 2847), in Kraft seit 1. 4. 1991.

I) Allgemeines

1 Die Prozeßvollmacht ist im Anwaltsprozeß **Generalvollmacht** mit gesetzlich bestimmtem Umfang (§§ 81, 83 I), da die Sicherheit des Prozeßrechtsverkehrs grundsätzlich keine Prüfung des Umfangs der Vollmacht verträgt (Grundgedanke wie §§ 50, 126 HGB; § 82 AktG); nur im Parteiprozeß ist eine **Spezialvollmacht** möglich (§ 83 II).

II) Prozeßhandlungen

Die Prozeßvollmacht ermächtigt zur Führung des ganzen Prozesses („Rechtsstreit") in allen Instanzen (vgl BGH NJW 94, 320: die Vollmacht endet nicht mit Beendigung der Instanz; s § 86 Rn 11), also 2

1) zu allen Handlungen, die sich auf den **Betrieb des Verfahrens** beziehen; Beispiele: Vereinbarung der Zuständigkeit eines Gerichts, Antrag auf schriftliche Entscheidung oder Entscheidung nach Aktenlage, Geständnis, Erklärung auf einen Antrag betreffend die Parteivernehmung, Klagerücknahme, -erweiterung, -änderung, Widerklage, Zustellungsauftrag, Entgegennahme von Zustellungen (§ 176), Zwangsvollstreckungshandlungen (s HS 1 aE), Rückforderung einer Sicherheit.

2) zur **Rechtsmitteleinlegung** und **-begründung**, zur **Rechtsmittelrücknahme** (BGHR Rechtsmittelauftrag 4) und zum **Rechtsmittelverzicht** (BGH FamRZ 94, 301: auch bei Widerspruch zu Weisung im Innenverhältnis; s § 82 Rn 2). Auch soweit der Prozeßbevollmächtigte für die Rechtsmittelinstanzen nicht postulationsfähig ist, kann er einen **Bevollmächtigten für die höheren Instanzen** bestellen (vgl BGH NJW 94, 320); zur Instanzvollmacht vgl auch Rn 6. 3

3) zur Vertretung im **Wiederaufnahmeverfahren** und in den durch die **Zwangsvollstreckung** hervorgerufenen Verfahren (nach §§ 731, 767, 771). Die Drittwiderspruchsklage gehört aber nicht zur Instanz iS der §§ 176, 178 (zum Prozeßbevollmächtigten des Klägers als Zustellungsadressaten vgl näher § 178 Rn 2). 4

4) zum (gerichtlichen) **Vergleich, Anerkenntnis, Verzicht** und Erlaß des Anspruchs. Grenzen zieht der Streitgegenstand („Beilegung" des Rechtsstreits). Beispiele für Überschreitung: BGH NJW 92, 1964; Rpfleger 94, 29 (Einzelheiten dazu Rn 11). 5

5) zur **Bestellung eines Vertreters** für einzelne Prozeßhandlungen **(Unterbevollmächtigten),** zB zur Wahrnehmung eines Termins (vgl § 53 BRAGO); dann ist Untervollmacht für den einzelnen Rechtsstreit erforderlich, unwirksam ist eine allgemeine „Kartellabsprache" zwischen Anwälten (Düsseldorf NJW 76, 1324); zulässig ist auch die (Unter-)Bevollmächtigung für das (ganze) **Verfahren vor den höheren Instanzen** (sog Instanzvollmacht; vgl dazu BGH NJW 94, 542 und Rn 11; **nicht:** Weitergabe der Bevollmächtigung als Ganzes BGH NJW 81, 1727 [1728]). Das Grundverhältnis (Anwaltsvertrag) besteht zwischen dem Unterbevollmächtigten und dem Hauptvollmachtgeber (Partei; vgl Vollkommer, Anwaltshaftungsrecht, Rn 317 mwN). Anwälte einer Sozietät haben im Zweifel Untervollmacht zur wechselseitigen Entgegennahme von Zustellungen (§ 84 Rn 1 mN). Das Recht zur Bestellung eines Untervertreters endet nicht schon mit der Kündigung des Mandats, sondern erst mit wirksamer (vgl § 87) Beendigung der Prozeßvollmacht (BGH NJW 80, 999). 6

6) zur **Empfangnahme** der von dem Gegner oder aus der Staatskasse zu erstattenden **Kosten** (zur Empfangnahme des Streitgegenstandes oder anderer Leistungen – auch im Zwangsvollstreckungsverfahren – nur, wenn sich die Vollmacht ausdrücklich darauf erstreckt; RG 54, 276; Frankfurt NJW-RR 86, 1501; Scherer DGVZ 94, 104 mwN, hM; krit Christmann DGVZ 91, 132; sa Rn 11, 12). 7

7) zur Vertretung im **Kostenfestsetzungs-,** (BVerfG 81, 127 f; Hamm Rpfleger 78, 422), **Streitwertbeschwerde-** (Stuttgart JurBüro 75, 1102), **Prozeßkostenhilfe-** und **selbständigen Beweisverfahren** und in dem mit dem Hauptprozeß zusammenhängenden Verfahren betreffend einen **Arrest** (s § 82; gilt auch für das Innenverhältnis, vgl MK/v. Mettenheim § 82 Rn 1, str), eine **einstweilige Verfügung** oder **einstweilige Anordnung** aus § 620 (s § 82), im **Nachverfahren** (§§ 302 IV, 600) und in den durch **Inzidentantrag** eingeleiteten Verfahren (§§ 302 IV 4, 717 II), **nicht** jedoch für selbständige Prozesse aus den §§ 323, 324, 893, 945 und für das Vergütungsfestsetzungsverfahren nach § 19 BRAGO (Hamm JurBüro 92, 394). 8

8) Die vom **Nebenintervenienten** des Beklagten erteilte Prozeßvollmacht umfaßt auch dessen Vertretung als Beklagter, wenn die Klage auf den Nebenintervenienten erstreckt wird (BGH NJW 72, 52). 9

III) Materiellrechtliche Erklärungen

1) Grundsatz. Die Prozeßvollmacht ermächtigt den Bevollmächtigten ferner zur Abgabe und Annahme **rechtsgeschäftlicher** empfangsbedürftiger Willenserklärungen **materiellrechtlichen Inhalts,** soweit sie sich im Rahmen des Streitgegenstands (Einl Rn 60 ff) halten und der Erreichung des Prozeßziels dienen (BGH NJW 92, 1964 = MDR 92, 712; Rpfleger 94, 29), so zB zur Abgabe einer Anfechtungserklärung wegen Irrtums oder Betrugs (RG 48, 218), zur Aufrechnung (RG 50, 426; Musielak JuS 94, 822), zur Erklärung des Rücktritts von einem Vertrag (RG 50, 138), zur Beseitigung des Annahmeverzugs durch Annahmeerklärung und zur Ausübung des Wahlrechts (RG 53, 81; vgl auch BGH 31, 206), zur Auflassung (Saarbrücken OLGZ 69, 210), zur Kündigung (BAG BB 78, 207) und deren Entgegennahme (BAG NJW 88, 2693; ie Rn 11), zum Mieterhö- 10 hungsverlangen gem § 2 I MHRG (BL/Hartmann Rn 13; abw für vorprozessuale Erklärung AG Neuss NJW-RR 94, 1036). Gleichgültig ist dabei, ob diese Erklärung im Prozeß oder außerhalb abgegeben wird (BAG BB 78, 207 = AP Nr 2 mit Anm von Rimmelspacher). Bei Erklärung in einem bestimmenden Schriftsatz (§ 129 Rn 3) genügt, daß die Vollmachtsurkunde zu den Akten gereicht ist, § 174 S 1 BGB gilt nicht (LG Tübingen NJW-RR 91, 972).

11 2) **Einzelfragen.** Sie ermächtigt als **Prozeßvollmacht** nicht zu einem abstrakten (§ 781 BGB) oder auch deklaratorischen Anerkenntnis des **sachlichen** Anspruchs (BGH NJW 82, 1809 [1810]), nicht zu einem Erlaß (§ 397 BGB), grundsätzlich auch nicht zu einem außergerichtlichen Vergleich (aA StJ/Bork Rn 11; RSchwab/Gottwald § 55 II 6a [2]; ThP Rn 5; AK/Christian Rn 11, str; wie hier BL/Hartmann Rn 23); wenn BAG NJW 63, 1469 meint, die Prozeßvollmacht umfasse auch die sachlichrechtliche Vollmacht zum Abschluß eines außergerichtlichen Vergleichs, so kann dies im Einzelfall zutreffen, liegt aber nicht im Wesen der Prozeßvollmacht. Bsp: Die Prozeßvollmacht zur Geltendmachung von Nutzungsentschädigung ermächtigt nicht zu einem vergleichsweisen Verzicht auf das Stammrecht (Nießbrauch) gegen Entschädigung (BGH NJW 92, 1964 = aaO). Nach BGH 31, 206 ermächtigt die Prozeßvollmacht nicht dazu, gegenüber einer Behörde materiellrechtliche Willenserklärungen abzugeben, deren Wirksamkeit von der Vorlegung einer öffentlich beglaubigten Vollmacht abhängt. Auftrag und Prozeßvollmacht zur Erhebung einer Räumungsklage ermächtigen den RA zur Kündigung (LG Hamburg MDR 71, 578), die Prozeßvollmacht des Räumungsbeklagten zu deren Entgegennahme (aA LG Berlin ZMR 87, 17; LG Hamburg MDR 93, 44); die Prozeßvollmacht im Kündigungsschutzprozeß ermächtigt im Rahmen des Streitgegenstands (Einl Rn 79) zur Erklärung und Entgegennahme von Wiederholungskündigungen (BAG NJW 88, 2693; Weidemann NZA 89, 246). Die Prozeßvollmacht in einer Haftpflichtversicherungssache ermächtigt nur dann zur Entgegennahme des Abfindungsbetrags durch den RA, wenn dieser hierzu ausdrücklich ermächtigt oder ein dahingehender Wille des Mandanten aus den Umständen zu entnehmen ist (Koblenz VersR 69, 1003). **Nicht** ermächtigt die Prozeßvollmacht zu **Rechtsgeschäften mit Dritten,** soweit sie über bloße Hilfsgeschäfte hinausgehen (BGH Rpfleger 94, 29). Bsp: Zustimmung zur Abtretungserklärung hinsichtlich der eingeklagten Forderung (BGH aaO). **Nicht** von der Prozeßvollmacht umfaßt ist auch der Abschluß von **Schieds-** (MK/v. Mettenheim Rn 4 mN, hM) und **Rechtswahlvereinbarungen** (Schack NJW 84, 2739); insoweit ist eine **besondere** Vollmacht (Rn 12) erforderlich.

IV) Beschränkung und Erweiterung der Vollmacht

12 Zur Zulässigkeit und Wirkung der **Beschränkung** des gesetzlichen Umfangs der Prozeßvollmacht dem Gegner gegenüber s § 83. Einer (formularmäßigen) **Erweiterung** der Prozeßvollmacht über den Umfang des § 81 (Ermittlung gemäß § 133 BGB: BAG BB 78, 207 = AP Nr 2 mit Anm Rimmelspacher) kann § 3 AGBG und Standesrecht entgegenstehen (OVG Münster NJW 87, 3029). Bsp: **Abtretung** von Kostenerstattungsansprüchen (OVG Münster aaO, str). **Sonder**vollmacht in Ehe- und Kindschaftssachen: §§ 609, 624, 640; vgl dazu auch § 88 Rn 2.

82 *[Geltung für Nebenverfahren]*

Die Vollmacht für den Hauptprozeß umfaßt die Vollmacht für das eine Hauptintervention, einen Arrest oder eine einstweilige Verfügung betreffende Verfahren.

1 § 82 ist wegen § 83 unabdingbar. Die Vorschrift gilt auch für Verfahren nach § 620. Die Hauptinterventionsklage muß (RG 15, 428), die Ausfertigung des Arrestes und der einstweiligen Verfügung können (nicht müssen) dem für den Hauptprozeß bestellten Gegenanwalt zugestellt werden (RG 45, 364; Frankfurt MDR 84, 58 mN; vgl auch § 922 Rn 11). Die Vollmacht zur Erwirkung eines Arrestes usw umfaßt nicht die Vertretung im Hauptprozeß. Die Prozeßvollmacht für die Scheidungssache (§ 609) erstreckt sich auf die Folgesachen (§ 624 I).

83 *[Beschränkung der Prozeßvollmacht]*

(1) Eine Beschränkung des gesetzlichen Umfanges der Vollmacht hat dem Gegner gegenüber nur insoweit rechtliche Wirkung, als diese Beschränkung die Beseitigung des Rechtsstreits durch Vergleich, Verzichtleistung auf den Streitgegenstand oder Anerkennung des von dem Gegner geltend gemachten Anspruchs betrifft.

(2) Insoweit eine Vertretung durch Anwälte nicht geboten ist, kann eine Vollmacht für einzelne Prozeßhandlungen erteilt werden.

I) Beschränkung der Vollmacht (Abs I)

1 Im **Innenverhältnis** zwischen Vollmachtgeber und Bevollmächtigtem kann die Vollmacht beliebig beschränkt werden (Beispiel: Rn 3). Die nach **Abs I** für den Anwaltsprozeß zulässige Beschränkung ist **gegenüber dem Prozeßgegner** – und auch dem **Gericht** – nur wirksam, wenn sie diesem unzweideutig mitgeteilt wird (BGH 16, 167); dies geschieht durch schriftliche oder auch mündliche gesonderte Mitteilung oder Aufnahme in die dem Gegner mitzuteilende Vollmachtsurkunde. **Andere** als die in **Abs I** genannten Beschränkungen haben dem Gegner und Gericht gegenüber grundsätzlich (Ausnahme: Rn 3) keine rechtliche Wirkung (BGH 92, 142 = NJW 87, 131), auch wenn sie in die Vollmachtsurkunde aufgenommen sind; so zB die Beschränkung auf einzelne Anträge (BGH 92, 142 mN = aaO).

2 **Überschreitet** der Bevollmächtigte die ihm im **Innenverhältnis** gezogenen **Schranken** (Rn 1), so kann er sich seinen Vollmachtgebern gegenüber schadensersatzpflichtig machen, die vorgenommene Prozeßhandlung ist jedoch gegenüber dem Prozeßgegner und dem Gericht voll wirksam. Beispiele: Weisungswidrige(r) Rechtsmittelrücknahme oder -verzicht (BGH FamRZ 88, 496; 94, 301). Überschreitet der Prozeßbevollmächtigte dagegen **die nach Abs I wirksame Beschränkung**, ist diese seine Prozeßhandlung mangels einer Prozeßhandlungsvoraussetzung unwirksam (Prozeßvergleich, s insoweit Anm zu § 88); Anerkenntnis- oder Verzichtsurteil sind in diesem Fall nach § 551 Nr 5 oder § 579 I Nr 4 anfechtbar.

3 Über den zu engen Wortlaut von **Abs I** hinaus ist weiter eine **Vollmachtsbeschränkung bei Interessenkollision** anerkannt. Die Vollmacht ist (entgegen Abs I) entsprechend dem Innenverhältnis beschränkt, wenn sonst der Bevollmächtigte in eine Interessenkollision gedrängt würde und dem Vollmachtgeber nach Treu und Glauben eine Zurechnung seines Handelns nicht zuzumuten ist (BGH 112, 349 f = NJW 91, 1177 = MDR 91, 234). Beispiel: Beschränkung der Vollmacht des weiteren vom Haftpflichtversicherer bestellten ProzBev entspr dem Innenverhältnis auf die Abwehr der Widerklage bei wechselseitig aus einem Kfz-Unfall erhobenen Ansprüchen, für die auf beiden Seiten derselbe Haftpflichtversicherer einzutreten hat (BGH aaO).

II) Vollmacht für einzelne Prozeßhandlungen (Abs II)

4 **Abs II** trifft im Anwaltsprozeß nicht zu; in ihm kann nur eine Prozeßvollmacht für das ganze Verfahren erteilt werden. Eine Vollmacht für einzelne Handlungen ist nur als Untervollmacht oder außerhalb des Anwaltszwanges (s § 78) möglich. Im Parteiprozeß dagegen ist eine Terminsvollmacht, die zu allen im Termin vorkommenden Prozeßhandlungen, also auch zum Vergleich, Anerkenntnis ermächtigt, möglich. Mit Vornahme der Einzelhandlung ist das Vollmachtsverhältnis erloschen. Die Grenzen der Vollmachtsbeschränkung **(Abs I)** gelten im Parteiprozeß nicht (Bergerfurth ZPR Rn 39; StJ/Bork Rn 5).

5 **Abs II** ermöglicht keine beschränkte **Genehmigung** einzelner Prozeßhandlungen bei gleichzeitiger Nichtgenehmigung der Prozeßführung im ganzen; dies ist mit den prozessualen Rechtsklarheitsinteressen unvereinbar (zutr BGH 92, 142 f = NJW 87, 130; vgl auch allg § 89 Rn 10).

84 *[Mehrere Bevollmächtigte]*

Mehrere Bevollmächtigte sind berechtigt, sowohl gemeinschaftlich als einzeln die Partei zu vertreten. Eine abweichende Bestimmung der Vollmacht hat dem Gegner gegenüber keine rechtliche Wirkung.

1 **I) Vertretungsmacht mehrerer Bevollmächtigter:** Mehrere Prozeßbevollmächtigte haben im Außenverhältnis (zwingend) Einzelvollmacht, eine Gesamtvollmacht ist nur für das Innenverhältnis bedeutsam. **Beispiel:** A erteilt in Sachen gegen B wegen einer Forderung den assoziierten Rechtsanwälten Huber I und II Prozeßvollmacht. Jeder der beiden Anwälte kann den A in dem Prozeß vertreten (dazu näher sogleich unten). Ist in die Vollmacht die Beschränkung aufgenommen: „Beide Anwälte können nur gemeinschaftlich handeln“, so ist doch dem Gegner (und dem Gericht) gegenüber jeder einzeln zu handeln berechtigt. Geben die beiden Anwälte einander **widersprechende Erklärungen** ab, so gilt, falls sie zeitlich auseinander liegen, die letzte, es sei denn, daß die Partei an die erste Erklärung oder Prozeßhandlung gebunden ist. Bei mehreren Bevollmächtigten ist die **Zustellung** an **einen** ausreichend (BVerwG NJW 75, 1796; VGH Bad-Württ Justiz 96, 37), maßgebend für den Beginn der Rechtsmittelfrist ist deshalb die erste Zustellung, wenn mehreren Bevollmächtigten zugestellt wird (BGH 112, 347 = NJW 91, 1176 f mN). In einer **Anwaltssozietät** (s § 80 Rn 6; vgl dazu auch BGH NJW 94, 257; Vollkommer, Anwaltshaftungsrecht, Rn 50 ff; 313 ff; 597) ist grundsätzlich jeder Anwalt als berechtigt anzusehen, für einen Sozius Zustellungen entgegenzunehmen (BGH MDR 69, 1001; NJW 80, 999 mwN);

dies gilt nicht bei **überörtlicher Sozietät** für den nicht postulationsfähigen Sozius am auswärtigen Kanzleiort (KG NJW 94, 3111 f = MDR 94, 833 mit zust Anm Boin MDR 95, 882; sa § 80 Rn 6; § 176 Rn 3). Im Urteil sind sämtliche Hauptbevollmächtigte aufzuführen, die dem Gericht bekanntgegeben sind.

2 Beruht die Prozeßvollmacht auf einer **umfassenden materiellrechtlichen Ermächtigung**, die nur mehreren gemeinschaftlich zusteht (Gesamtprokura, § 48 II HGB oder in den Fällen des § 28 BGB, § 35 II GmbHG), so wird § 84 durch die sachlich-rechtliche Vorschrift verdrängt. Das ist im Rechtsstreit wenig praktikabel (vgl § 51 Rn 12 [bb]). Im Gegensatz zur Sozietät (Rn 1) ist bei der **Bürogemeinschaft** (Vollkommer aaO Rn 49) nur der allein beauftragte RA Prozeßbevollmächtigter (vgl Stuttgart Justiz 69, 224).

3 **II) Gebühren des Anwalts:** § 5 BRAGO. In der Praxis kein Problem, weil dieser Fall offenbar kaum vorkommt. Häufiger der (notwendige?) Anwaltswechsel (s § 91 Rn 13). Zu dem Fall, daß mehrere Anwälte tätig werden, die in einer überörtlichen Sozietät zusammengeschlossen sind, s § 91 Rn 13 „Verkehrsanwalt".

85 *[Wirkungen der Prozeßhandlungen und des Verschuldens des Bevollmächtigten]*

(1) Die von dem Bevollmächtigten vorgenommenen Prozeßhandlungen sind für die Partei in gleicher Art verpflichtend, als wenn sie von der Partei selbst vorgenommen wären. Dies gilt von Geständnissen und anderen tatsächlichen Erklärungen, insoweit sie nicht von der miterschienenen Partei sofort widerrufen oder berichtigt werden.

(2) Das Verschulden des Bevollmächtigten steht dem Verschulden der Partei gleich.

Abs II als Ersatz für den aufgehobenen § 232 eingefügt durch die VereinfNovelle 1977.

I) Bedeutung

1 **1) Abs I** entspricht dem § 164 I BGB; er regelt nicht die bürgerlich-rechtlichen Verpflichtungen, die für die Partei aus Handlungen des Prozeßbevollmächtigten entstehen (vgl auch Rn 4), sondern nur die prozessualen Wirkungen, die solche Handlungen als **Prozeßhandlungen** für den Rechtsstreit erzeugen (RG 96, 477). Insoweit gilt er aber auch für rechtsgeschäftliche Willenserklärungen, soweit diese von der Prozeßvollmacht mit umfaßt sind, s § 81 Rn 10. Dagegen wird die Partei durch **rechtliche** Ausführungen ihres Vertreters nicht gebunden, sie kann sie jederzeit widerrufen (RG 32, 407). *Reine* Rechtsausführungen des Prozeßbevollmächtigten dürften auch idR nicht für eine – uU materiellrechtlich erhebliche – Rechtsberühmung der *Partei* ausreichen (zutr Traumann DB 86, 262 f).

2 **2) Abs II** enthält eine besondere prozessuale Zurechnungsnorm für das Verschulden des rechtsgeschäftlichen Vertreters (**Grundsatz der Verschuldenszurechnung;** gesetzliche Vertreter: § 51 II). Grundgedanke: Die Partei, die ihren Rechtsstreit durch einen Vertreter, als Person ihres Vertrauens (BGH NJW 82, 2325), führen läßt, soll in jeder Weise so behandelt werden, als wenn sie den Prozeß selbst geführt hätte (BGH 2, 207; 66, 124; Karl [Rn 16] S 68). Durch eine Berufung auf Vertreterverschulden soll die Partei nicht die Folgen von prozessualen Fehlern und Versäumnissen abwenden können, denn durch die Stellvertretung würde dann das Prozeßrisiko zu Lasten des Prozeßgegners verschoben werden (Düsseldorf OLGZ 86, 97 = FamRZ 86, 288; ie Vollkommer, Die Stellung des Anwalts, S 37 ff). Die Verschuldenszurechnung verstößt, auch soweit es sich um Familien-, Kindschafts- und sonstige Statussachen (vgl Rn 11) handelt, nicht gegen das GG (BVerfG 35, 46 ff; 60, 271 ff; BGH NJW-RR 93, 131 mwN; vgl auch § 51 Rn 20 mN). Die Regelung ist in diesem Teilbereich gleichwohl rechtspolitisch bedenklich (vgl die abw Meinung des Richters v. Schlabrendorff BVerfG 35, 51 ff; krit auch Leipold ZZP 93, 255 f; Stürner JZ 86, 1092; Bosch FamRZ 93, 308; Vollkommer aaO, S 41 f, 56; Waldner Rn 151; Karl [Rn 16] S 65 ff; vgl auch Rn 11).

3 **3)** Der Partei zuzurechnen ist auch die **Kenntnis** des Bevollmächtigten. Soweit es auf die Kenntnis bestimmter Umstände ankommt, gilt § 166 BGB sinngemäß (RG 146, 348; BGH 51, 141 = NJW 69, 925; WM 93, 973; nach Braunschweig OLGZ 75, 441 auch § 105 II BGB entspr im Rahmen von § 166 II BGB). Der § 166 I BGB zugrundeliegende allgemeine Rechtsgedanke, wonach „derjenige, der einen anderen mit der Erledigung bestimmter Angelegenheiten in eigener Verantwortung betraut, sich das in diesem Rahmen erlangte Wissen des anderen zurechnen lassen muß" (BGH 94, 239 mwN), trifft voll gerade auf den Prozeßbevollmächtigten zu. Beispiel: Kenntnis des Ablehnungsgrundes (vgl § 43 Rn 3). Insoweit rechnet die Rspr das Verschulden des Prozeßbevollmächtigten der Partei auch bei der Wahrung materiellrechtlicher Fristen (zB §§ 1594, 1600h VI BGB) zu (BGH 81, 353 [356]).

4 **4)** Dagegen bildet § 85 **keine** Grundlage für die Zurechnung des (deliktischen) sittenwidrigen Verhaltens des Bevollmächtigten gegenüber der Partei (VG Stade NJW 83, 1509 arg: Rechtspflegeorgan; vgl näher Rn 13). Bei der sittenwidrigen Urteilserschleichung kommt daher eine Zurech-

nung nur im Rahmen des § 831 BGB in Frage (vgl Düsseldorf FamRZ 57, 222); zu den Voraussetzungen der Klage auf § 826 BGB allgemein Rn 72 ff vor § 322. Eine Erstreckung des „allg" Grundsatzes des § 85 II auf den gesamten vor- und nachprozessualen Bereich (Klagevorbereitung, insbes -androhung; Vollstreckungsmaßnahmen) befürwortet von Caemmerer, FS Weitnauer, 1980, S 261, 278 f.

II) Bindung der Partei an Prozeßhandlungen des Bevollmächtigten und Widerruf (Abs I)

1) Prozeßhandlungen. a) Prozeßhandlungen können im **Parteiprozeß** durch die Partei selbst erfolgen. Doch ist sie auch hier an die sogenannten Bewirkungshandlungen ihres Prozeßbevollmächtigten gebunden, dh an Prozeßhandlungen, die das Prozeßrechtsverhältnis gestalten. Bei gleichzeitiger und widersprechender Vornahme entscheidet die Handlung der Partei. Gleichzeitig ist hier nicht wörtlich, sondern sinngemäß zu verstehen. 5

b) Im **Anwaltsprozeß** ist allein der Prozeßbevollmächtigte postulationsfähig (vgl § 78 Rn 20 ff). Es gelten also nur die Prozeßhandlungen des Anwalts und zwar nicht nur die Be-, sondern auch die Erwirkungshandlungen. Anderes gilt nur für die in **Abs I S 2** genannten Erklärungen (Rn 7). 6

2) **Widerruf tatsächlicher Erklärungen. a)** Die miterschienene Partei kann sowohl im **Parteiprozeß,** wo sie postulationsfähig ist, wie im **Anwaltsprozeß** (§ 137 IV) den tatsächlichen Erklärungen einschließlich der Geständnisse ihres Bevollmächtigten widersprechen. Sie muß **sofort widerrufen** oder **berichtigen;** dann gilt nur die Parteierklärung. Ihr Inhalt sind nach Abs I S 2 Geständnis, eigene tatsächliche Erklärungen, Stellungnahme zu solchen des Gegners. 7

b) Doch schließt § 85 I 2 nicht aus, daß die Partei auch **späterhin** Erklärungen ihres Prozeßbevollmächtigten widerruft, soweit sie eigene Erklärungen **widerrufen** könnte. Im Parteiprozeß gilt dann nur die Erklärung der Partei; widerspricht diese im Anwaltsprozeß der ihres Bevollmächtigten, muß das Gericht nach § 286 abwägen; es wird meist zugunsten der Partei entschieden, da der Bevollmächtigte seine Information von ihr erhielt (BGH LM § 141 Nr 2; VersR 69, 58). 8

c) Die Partei kann auch im Anwaltsprozeß Tatsachen **zugestehen,** die ihr Anwalt vorher bestritten hatte (arg **I 2**, vgl § 288 Rn 5); kein Geständnis enthalten aber im Rahmen der Parteivernehmung nach § 445 abgegebene Erklärungen; sie sind gem §§ 286, 453 frei zu würdigen (BGH 129, 108 = NJW 95, 1432; zust Vollkommer/Schwaiger EWiR 95, 621, str). 9

III) Zurechnung des Verschuldens des Bevollmächtigten (Abs II)

1) **Allgemeines. a) Bedeutung.** Grundsätzlich stehen das Verschulden des (jedes: Rn 16 ff) Bevollmächtigten im Rahmen der Prozeßführung und seine Säumnis dem der Partei gleich. Zum Verschulden des Bevollmächtigten vgl Rn 2 und 12 ff. **Abgrenzung:** Für die Zurechnung des Verschuldens des *gesetzlichen Vertreters* gilt § 51 II (vgl dort Rn 18 f). 10

b) Anwendungsbereich. Abs II gilt auch in **Statusverfahren** (vgl Rn 2; § 51 Rn 20 mw Hinw), zB in Familien- und Kindschaftssachen (so BGH NJW 79, 1414 = FamRZ 79, 567 = MDR 79, 742; FamRZ 88, 497; hier § 640 Rn 52) sowie gem § 173 VwGO auch im **Asylverfahren** (BVerfG 60, 253 = NJW 82, 2425). Zur Geltung dieser Vorschrift auch im Rahmen von § 10 StrEG s BGH 66, 122. Jedoch ist Abs II **nicht** auf die Wahrung von Klage- und Anfechtungsfristen anzuwenden, so nicht auf die **Klagefrist gem § 4 KSchG** (ebenso: LAG Hamm NJW 83, 1631 = MDR 83, 349; BB 88, 140; MDR 94, 810 mN = LAG-E § 5 KSchG Nr 65; Beschl vom 21. 12. 95 – 5 Ta 602/94 [demnächst in MDR], stRspr; LAG Hamburg BB 86, 1020, stRspr; Wenzel BB 75, 791; 81, 678 und MDR 78, 278 mwN; Vollkommer, FS Stahlhacke, 1995, S 599, sehr str; **aA** LAG Frankfurt BB 76, 139; 94, 508; NZA 84, 40; LAG München BB 81, 915; LAG Mainz NJW 82, 2461; LAG Nürnberg LAG-E § 5 KSchG Nr 30; MK/v. Mettenheim Rn 14 mwN; für analoge Anwendung LAG Berlin BB 79, 167). Auf das – nichtkontradiktorische – **PKH-Verfahren** ist § 85 II seiner Zweckbestimmung als Schutzvorschrift zugunsten des Gegners (Rn 2) nicht anwendbar (Düsseldorf OLGZ 86, 97; FamRZ 92, 457; aA Köln NJW-RR 94, 1093 = MDR 94, 1123; sa § 119 Rn 19); auch wird es idR an der Erteilung einer Prozeßvollmacht an den im PKH-Verfahren auftretenden Anwalt fehlen (vgl Rn 20). Auch im **Bestrafungsverfahren** gem § 890 entscheidet eigenes Verschulden des Zuwiderhandelnden (§ 890 Rn 5). 11

c) Voraussetzungen. Die Verschuldenszurechnung setzt voraus (Überblick): **aa) Wirksame Bevollmächtigung** (§ 80 Rn 3); fehlt bei Prozeß-(Geschäfts-)unfähigkeit des Vollmachtgebers (§ 52 Rn 7) zum maßgebenden Zeitpunkt, zB gem § 104 Nr 2 BGB (vgl BGH NJW 87, 440 = MDR 87, 315); **bb) Verschuldensfähigkeit** des Bevollmächtigten (§§ 276 I 3, 827 S 1 BGB), fehlt bei Prozeß-(Geschäfts-)unfähigkeit des Vertreters, zB gem § 104 Nr 2 BGB (BGH NJW 87, 440; München NJW-RR 89, 255 = MDR 89, 361). **cc) Verschulden** des Bevollmächtigten, dh Vorliegen einer der Schuldformen Vorsatz oder Fahrlässigkeit (§ 276 I 2 BGB); ie Rn 13 ff, 16 ff. 12

2) **Verschulden des Bevollmächtigten. a)** Der Verschuldensbegriff bedarf einschränkender Auslegung: er umfaßt außer – auch leichter (BGH VersR 85, 139) – Fahrlässigkeit (insoweit abw von § 276 I 1 BGB) nicht jede Form von Vorsatz; der Partei nicht zugerechnet werden kann die 13

vorsätzlich sittenwidrige Schädigung durch den prozeßbevollmächtigten Anwalt; eine besonders leichtfertige, an „Gewissenlosigkeit" grenzende Außerachtlassung der anwaltlichen Berufspflichten steht sittenwidriger Schädigung gleich (VG Stade NJW 83, 1509; Vollkommer, Die Stellung des Anwalts, S 43, 56; oben Rn 4; **aA** hM: *jedes* Verschulden, vgl BL/Hartmann Rn 7; ThP § 233 Rn 13; MK/v. Mettenheim Rn 25); Grund: Grob berufswidriges Verhalten liegt nicht mehr im Rahmen des Tätigwerdens als Rechtspflegeorgan und wird von der Pflicht-Berufshaftpflichtversicherung nicht umfaßt (vgl § 51 III Nr 1 BRAO; sa § 152 VVG); auch die Zurechnung des Gehilfenverschuldens kennt ähnliche Schranken (vgl BGH NJW 91, 3209 f; Palandt/Heinrichs § 278 Rn 19). Entscheidend für das Verschulden ist ein **objektiv-typisierter Maßstab** (so BAG NJW 87, 1355 = MDR 87, 523; StJ/Bork Rn 20; StJ/Roth § 233 Rn 47; Borgmann/Haug, Anwaltshaftung, 3. Aufl, Rn V 23; XIII 6; Vollkommer, Anwaltshaftungsrecht, Rn 271 ff, 277 ff; nur insoweit zutr auch München NJW-RR 86, 63 = MDR 86, 62; nach aA soll für das prozessuale Verschulden ein subjektiver Maßstab gelten, so im Ansatz Müller NJW 93, 681). Verschuldensmaßstab bei anwaltlicher Vertretung ist damit nicht mehr (wie unter der Geltung des auf „unabwendbare Zufälle" abstellenden § 233 I aF) „äußerste" und „größtmögliche Sorgfalt" (zutr BGH NJW 92, 2489), sondern die **übliche, von einem ordentlichen Rechtsanwalt zu fordernde Sorgfalt** (BGH NJW 85, 496 und 1711 mN; MDR 88, 389; BAG NJW 87, 1355; ThP § 233 Rn 13; MK/v. Mettenheim Rn 23; BL/Hartmann § 233 Rn 13 [anders aber noch § 85 Rn 12: „größtmögliche Sorgfalt"]; **aA** und insoweit abzulehnen zB München MDR 84, 763; 86, 62; vgl auch hier § 51 Rn 19 und § 233 Rn 12 f). Die Anforderungen an die Sorgfaltspflicht des Anwalts dürfen dabei nicht überspannt werden (BGH NJW 82, 2670 Nr 11; 85, 1711; 89, 1433; MDR 91, 53; vgl auch BVerfG 95, 249 und 711; 96, 309 für Wiedereinsetzung; krit zu der zT abw – zu strengen – Rspr: MK/v. Mettenheim Rn 24; Prinz VersR 86, 319 f; vgl auch Einl Rn 94 und 100), dh die Beachtung der Sorgfalt muß im Einzelfall auch **zumutbar** sein (BVerfG 79, 378; BGH NJW 85, 1711; Müller NJW 93, 685). Der objektive Fahrlässigkeitsbegriff ermöglicht es bei verschiedenen **Gruppen von Bevollmächtigten** unterschiedliche Verschuldensmaßstäbe anzulegen. Beispiele: An den Referendar als amtlich bestellten Vertreter des Anwalts sind geringere Anforderungen zu stellen als an den Anwalt selbst (Vollkommer AP Nr 62 zu § 233 ZPO Anm unter III gegen BAG), an einen generalbevollmächtigten juristischen Laien geringere als an einen Rechtskundigen (BGH VersR 85, 1185); an den ausländischen RA sind bei der Fristwahrung geringere Anforderungen zu stellen als an den inländischen (BGH NJW 89, 1433; zur gruppenspezifischen Sorgfalt vgl Vollkommer, Anwaltshaftungsrecht, Rn 284 ff). Das **Verschulden kann ausgeschlossen** sein bei plötzlicher schwerer Erkrankung des Bevollmächtigten selbst (BGH VersR 84, 761 f; 90, 1026 mN; nicht schon bei Arbeitsüberlastung: BGH NJW 96, 997) oder eines nahen Angehörigen (BGH VersR 85, 47), in physischen und psychischen Ausnahmesituationen (BGH VersR 84, 988; 85, 394 mN) sowie bei Verhinderung infolge unvorhersehbarer Ereignisse (BGH VersR 88, 249: Reifenpanne; vgl auch BGH NJW-RR 90, 379; BGH NJW 89, 2393: Blockierung von Pkw des RA). **Unerheblich** ist für **Abs II**, ob die Partei selbst ein Verschulden trifft, insbes ob sie den Prozeßbevollmächtigten überwachen und kontrollieren konnte (BGH VersR 84, 850 f: in Strafhaft befindliche Partei).

14 c) Typische **Beispiele** aus der neueren Rspr (Lit-Nachw unten Rn 15 aE): **Verschulden** wurde bejaht bei Einreichung einer **nicht unterzeichneten Berufungsbegründungsschrift** (BGH VersR 80, 765 und 942), uU aber unschädlich bei ausreichender Unterschriftskontrolle des Büros (BGH NJW 94, 3235; 96, 999); **mangelnder Überwachung** neu beschäftigter Büroangestellter (BGH NJW 96, 319); Überlassung der **Berechnung** ungewöhnlicher **Fristen** durch Büroangestellte (BGH VersR 86, 574 betr frühere Feriensache); Mängel in der **Organisation des Fristenwesens** (BGH NJW 90, 2126; 92, 574; 94, 458 und 2831; sa Anm Späth VersR 92, 1243), insbes unzureichende **End- oder Ausgangskontrolle** (BGH NJW 94, 1879 und 3171; 96, 130; BAG NJW 93, 2957; Besonderheiten bei Telefax: BGH FamRZ 96, 1003; BAG NJW 95, 2742); fehlende organisatorische Vorkehrungen bei Bearbeitung der Sache in einer **überörtlichen Sozietät** (BGH NJW 94, 1878); Einsatz von nicht qualifiziertem Personal (BGH NJW 92, 3176); Anfertigung von **Rechtsmittelschriften** durch **Büropersonal** (BGH NJW 95, 1499 mN; 96, 998); **Übermittlungsfehlern,** die bei einem fernmündlichen Auftrag zur Berufungseinlegung eintreten (BGH VersR 87, 560 mN) und unzureichende **Überwachung** der Bestätigung des Auftragseingangs durch den Rechtsmittelanwalt (BGH 105, 116; NJW 94, 3102); Unterzeichnung einer **fehlerhaft** oder **unvollständig** adressierten **Rechtsmittelschrift** (BGH NJW 90, 2823 mN; 96, 997 f; VersR 93, 79; BAG NJW 91, 1078); Unterzeichnung eines **fristwahrenden Schriftsatzes** an ein OLG durch dort nicht zugelassenen Anwalt (BGH FamRZ 91, 318); Unterlassung der eigenverantwortlichen Nachprüfung des **Fristablaufs** bei Vorbereitung einer fristgebundenen Prozeßhandlung (BGH NJW 92, 841 und 1632 mwN; FamRZ 95, 671); Unterlassung der Wahl des **schnellstmöglichen Übermittlungsweges** für Rechtsmittelauftrag (BGH NJW-RR 86, 287); Nichtbeschreiten des **sichersten Weges** bei zweifelhafter Rechtslage (BGH NJW 93, 333 mit krit Anm Waldner AnwBl 94, 299); unterlassene Nachprüfung des **Zustellungsdatums** bei Rechtsmittelauftrag (BGH NJW 96, 853; NJW-RR 95, 825) und des **Eingangsdatums** einer Rechtsmittelschrift (BGH NJW 92, 2098); ungeprüfte **Fristmitteilung**

durch den Prozeßbevollmächtigten und unbesehene Übernahme durch den Rechtsmittelanwalt (BGH NJW-RR 91, 91 mN); Verkennung der Befugnisse eines **Abwicklers** nach § 55 II BRAO (BGH NJW 92, 2158).

Dagegen **kein Verschulden** bei Fristversäumung und Verkennung des Instanzenzuges aufgrund noch nicht endgültig geklärter Zuständigkeitsfragen in der Rspr (BGH VersR 80, 191; anders bei Verkennen der Zuständigkeitsordnung in den neuen Ländern: BGH MDR 94, 304; VersR 95, 360) oder bei Ausnahmesituationen (BGH FamRZ 91, 1174: Beitritt); beim Vertrauen auf die Rechtsmittelbelehrung eines Berufungsgerichts (BGH ZIP 94, 232); bei Vertrauen darauf, daß einem nach der bestehenden Gerichtspraxis (iS von § 519 II 3) begründeten ersten Verlängerungsantrag stattgegeben wird (BVerfG 79, 377 f; BGH NJW 94, 56 und 2957; NJW-RR 96, 245; BAG NJW 95, 150 und 1446); bei Vertrauen auf Beachtung von örtlichem Anwaltsbrauch (Köln NJW-RR 95, 1151); wenn der RA der bisherigen (nunmehr aufgegebenen) Rspr des BGH (BGH NJW 85, 1710 Nr 11) oder der Ansicht eines OLG folgt, die auch in den gängigen Handkommentaren vertreten wird (BGH NJW 95, 1096 f); wenn sich der RA – auch in den neuen Ländern (BGH VersR 93, 1251; 94, 496) – bei rechtzeitiger Absendung von Rechtsbehelfen auf normalen Postlauf (BVerfG NJW 94, 245; 95, 2546; BGH 105, 118 f mN; BAG NJW 95, 2575; einschr bei Poststreik BVerfG NJW 95, 1211; BGH NJW 93, 1333; unterscheidend BAG NJW 95, 549), auf die Auskunft über die Beförderungsdauer (BGH NJW-RR 90, 508) oder bei entspr organisatorischen Vorkehrungen (BGH NJW 93, 1656; sa oben Rn 14) auf das Funktionieren moderner Kommunikationsmittel verläßt (BSG MDR 93, 904: Telefax-Störung); wenn der RA darauf vertraut, daß sein sonst zuverlässiges Personal seine Anweisungen befolgt (BVerfG NJW 96, 309; BGH NJW 91, 1179 mN; 94, 1879; 95, 1682); bei Rücknahme (Nichteinlegung) eines zulässigen Rechtsmittels auf richterlichen Rat (BGH NJW 81, 576 = MDR 81, 303; NJW-RR 89, 825 = MDR 89, 621; vgl auch MDR 94, 722); wegen Nichtkennens erst neu veröffentlichter höchstrichterlicher Rspr in Fachzeitschriften (BGH NJW 79, 877; VersR 79, 232 und 375; vgl aber auch allg BGH NJW 83, 1665). Bei **Zusammentreffen** mit gerichtlichem Verschulden oder Büroversehen kann die **Zurechnung von Anwaltsverschulden ausgeschlossen** sein (BVerfG NJW 95, 3175: Nichtweiterleitung von rechtzeitig eingereichtem Schriftsatz an das zuständige Gericht; BGH NJW 96, 998 f: Versagen der Unterschriftskontrolle; sa Müller NJW 95, 3232 und oben Rn 14). Materialreich zum Anwaltsverschulden, insbesondere zur Wiedereinsetzung: Borgmann/Haug, 3. Aufl Rn XIII 5 ff; Vollkommer, Anwaltshaftungsrecht, Rn 284 ff, 540 ff, 553 ff, 635; Rspr-Übersichten (BGH): Walchshöfer JurBüro 85, 321; 86, 321; 89, 1481; Müller NJW 93, 685; 95, 3227; Sziegoleit, Aufgabenteilung zwischen Anwalt und Kanzlei im Recht der Wiedereinsetzung, Erlanger Diss 1985 sowie ie § 233 Rn 12 ff. 15

3) **Personenkreis. Lit:** *Karl,* Der Bevollmächtigte nach § 85 II ZPO, Nomos, 1993. **Bevollmächtigte iS von Abs II** sind **rechtsgeschäftlich bestellte Vertreter** jeder Art, die in eigenverantwortlicher Weise für die Partei in einem Rechtsstreit tätig werden (BGH VersR 84, 239). Nicht entscheidend für die Bevollmächtigteneigenschaft ist die Postulationsfähigkeit (§ 78 Rn 3) des Vertreters und der Umfang der erteilten Vollmacht (ie Rn 17); Mehrheit von Bevollmächtigten ist möglich (Rn 21); die Bevollmächtigteneigenschaft besteht während der gesamten Dauer der Vertretung (ie Rn 22–25). Zum Kreis der Bevollmächtigten gehören die von der Partei selbst bestellten Vertreter (Rn 17), nach der **ausdehnenden Auslegung von Abs II** durch die Rspr (krit Karl aaO) auch Vertreter des Bevollmächtigten (Rn 17) und zugezogene Hilfskräfte von einer gewissen Selbständigkeit (Rn 18–19), nicht dagegen sonstige Hilfskräfte, insbes nicht das Büropersonal (Rn 20). 16

a) **Von der Partei selbst beauftragte Bevollmächtigte.** Unmittelbar von der Partei beauftragt ist insbesondere der **Prozeßbevollmächtigte** (nicht nur der RA, RG 156, 208), der als **Sozius** einer „örtlichen“ Sozietät mitbeauftragte RA (BGH 124, 49 mwN = NJW 94, 257; NJW 95, 1841, stRspr; anders bei überörtlicher Sozietät: § 84 Rn 1), soweit nicht der Ausnahmefall (vgl BGH NJW 95, 1841) eines Einzelmandats an einen Sozietätsanwalt vorliegt (BGH NJW 91, 2294 für PKH-Verfahren; aA Köln ZIP 93, 520); der **Verkehrs-(Korrespondenz-)anwalt** (BGH NJW 82, 2447; 91, 1892; NJW-RR 91, 91 mN; 95, 839; auch der ausländische: BGH NJW-RR 86, 288); der **Zustellungsbevollmächtigte** so lange, bis der RA das Erlöschen der Vollmacht dem Gericht anzeigt (RG JW 35, 2431; nicht genügt die gem § 87 fortbestehende [Zustellungs-]Vollmacht: Rn 24); der von der Partei mit der Wahrnehmung ihrer Interessen im Rechtsstreit betraute **RA,** auch wenn er beim Prozeßgericht nicht zugelassen (BGH VersR 79, 466 und 577) und der zugelassene Anwalt noch nicht bestellt ist (BGH LM § 232 Nr 6); der vom Haftpflichtversicherer gem AKB/AHB für die Partei (Versicherungsnehmer) **bestellte RA** (BGH 112, 348 = NJW 91, 1177; vgl auch § 80 Rn 5 aE; § 83 Rn 3); der einstweilen **ohne Vollmacht zugelassene Vertreter,** wenn später genehmigt wird (RG 138, 354); wer als **Nichtanwalt** die Korrespondenz mit dem Prozeßbevollmächtigten führt (BGH VersR 81, 79; 85, 1186 mN); eine **Versicherungsgesellschaft,** die für die Partei den Schriftwechsel mit dem Prozeßbevollmächtigten führt, nach Übernahme der Handakten (BGH LM § 233 Nr 30); im Parteiprozeß der zu fristwahrenden Maßnahmen befugte Sachbearbeiter einer **Rechtsschutzversicherung** (SozG Freiburg NJW 87, 342). **Beachte:** Auf die **Postulationsfähigkeit** 17

des Vertreters kommt es nicht an: Bevollmächtigter ist daher auch der beim Berufungsgericht nicht zugelassene Sozius (BGH 124, 51 mwN = aaO; Düsseldorf AnwBl 95, 193); die abw frühere, auf die Postulationsfähigkeit abstellende frühere Rspr (s 19. Aufl mN) ist nach BGH 124, 51 f überholt.

18 **b) Vertreter des Bevollmächtigten.** Die Vertretungsbefugnis kann auf einer (Unter-)Bevollmächtigung des Prozeßbevollmächtigten oder auf einer amtlichen Bestellung beruhen. Hierher werden gerechnet: **aa) Unterbevollmächtigte eines RA** nur dann, wenn sie zur Anwaltschaft zugelassen sind (im Interesse der Partei, die die Gewähr haben muß, daß ihr Prozeß in für sie verbindlicher Weise, wenn schon nicht vom beauftragten RA selbst, so doch mindestens von einem standesrechtlich gebundenen Vertreter geführt wird) und ihnen die Sache zur selbständigen Bearbeitung übertragen ist (BGH NJW 65, 1020; VersR 84, 239 f und 443; 90, 874; BAG NJW 87, 1355), daher zB **nicht** der unterbevollmächtigte Terminvertreter (BGH VersR 79, 255; allg BAG NZA 90, 665) oder angestellte Assessoren und Referendare (vgl BGH LM § 232 Nr 22; ie Rn 20). **Einzelfragen** (krit zur Rspr Karl aaO). Vertretereigenschaft wurde bejaht für RA, der als Entgelt für die Mitbenutzung der Kanzlei einzelne Sachen für den beauftragten RA bearbeitet (BGH LM § 233 Nr 72); der als **freier Mitarbeiter** eines anderen RA regelmäßig Fristsachen zur Nachprüfung vorgelegt bekommt (München NJW 74, 755); der aufgrund allgemeiner Vereinbarung für eilige Fälle für einen Kollegen tätig wird (BGH NJW 62, 1248); desgleichen der vom Prozeßbevollmächtigten selbst gem § 53 II 1 BRAO bestellte **Urlaubsvertreter** (BVerwG NJW 95, 1443; OVG Hamburg NJW 93, 747), auch ohne förmliche Untervollmacht (BGH VersR 75, 1150), **nicht** jedoch der mit der Bearbeitung der Sache nicht befaßte, lediglich in Bürogemeinschaft mit dem Prozeßbevollmächtigten arbeitende RA (BGH VersR 79, 160). Unterbevollmächtigte (Terminsvertreter) sind nicht empfangsberechtigt iSv § 176 (BayVerfGH NJW-RR 92, 1465; sa § 176 Rn 6). **bb) Amtlich bestellte Vertreter** eines RA gem § 53 BRAO (BGH VersR 82, 145; 84, 585; BAG NJW 73, 343 = AP Nr 62 zu § 233 ZPO mit krit Anm Vollkommer [Referendar als amtlich bestellter Vertreter]), insoweit auch der Stationsreferendar (arg § 53 VII BRAO, s BGH JurBüro 76, 1048 = VersR 76, 92), bei Einschränkung der Bestellung gem § 53 III BRAO, sofern ein Verhinderungsfall vorliegt (BGH VersR 82, 770); der **Kanzleiabwickler** gem § 55 BRAO (vgl § 55 II 4; BGH VersR 84, 989).

19 **4) Abgrenzung und Einzelfragen** (vgl bereits Rn 18). Die Rspr des BGH stellt im übrigen zu der Frage, wann ein vom beauftragten Rechtsanwalt mit der Sache befaßter **anderer Anwalt** als Bevollmächtigter der Partei und wann als bloßer juristischer **Hilfsarbeiter** der Praxis anzusehen ist (dazu Rn 20), darauf ab, ob er die Sache oder einen wesentlichen Teilbereich *selbständig bearbeitet* (s BGH NJW 65, 1020; NJW-RR 92, 1020 mwN; 93, 893, stRspr; BAG NJW 87, 1355 mN = MDR 87, 523) oder ob er zu einer *untergeordneten Mitwirkung* bei einzelnen Handlungen zugezogen wurde (BGH VersR 79, 232; BVerwG NJW 85, 1178; krit zur Unterscheidung Karl [Rn 16] S 98 f). Gleichgültig ist dagegen, aus welchem Grund der andere RA in der geschilderten Weise tätig wird, ob er **Sozius** des Prozeßbevollmächtigten (vgl BGH VersR 78, 521; 79, 232), **angestellter Anwalt** (BGH VersR 84, 443; 90, 874; NJW-RR 92, 1020; 93, 893; BAG NJW 87, 1355 = aaO) oder **freier Mitarbeiter** ist (BGH 124, 51) und welche *allg Stellung* er in der Kanzlei des prozeßbevollmächtigten Anwalts einnimmt (BGH VersR 84, 240). Allerdings ist die Unterschriftsbefugnis insoweit unerheblich (vgl BGH VersR 78, 665 [666]), es genügt idR Aktenvorlage (BGH VersR 77, 720). Beim Sozius genügt auch Verschulden bei untergeordneter Tätigkeit (BGH 124, 51 f; NJW 95, 1841). Auch beauftragte **Nicht-RAe** können Vertreter sein (BGH NJW-RR 95, 825 mN: mit Anwaltsinformation betraute Familienangehörige; Abgrenzung: Rn 20 aE).

20 **Nicht unter Abs II fallen** die **Angestellten** (für den Fall des unterbevollmächtigten juristischen Mitarbeiters: BGH NJW 74, 1512; VersR 74, 365; KG NJW 95, 1435) des von der Partei beauftragten RA (die ZPO kennt keine dem § 278 BGB entsprechende Vorschrift: BAG NJW 90, 2707 mN), **Assessoren** (s dazu BVerwG NJW 77, 773) und **Referendare** (sofern nicht amtlich bestellt; vgl Rn 18), der als bloßer (weisungsgebundener) **juristischer Hilfsarbeiter** der Praxis zugezogene RA (BGH NJW 65, 1020; NJW-RR 92, 1020 mN; 93, 893; BAG NJW 87, 1355), der mit dem bevollmächtigten RA (lediglich) in **Bürogemeinschaft** (§ 84 Rn 2) arbeitende RA (BayObLG MDR 88, 683); das (ordnungsgemäß ausgewählte und überwachte) **Büropersonal** (Bürovorsteher, RA-Gehilfe, Schreibkräfte, Büroboten [BGH NJW 95, 1682; NJW-RR 92, 1278; 93, 1215; 95, 824]; sonst Organisationsverschulden des Anwalts selbst; s Anm zu § 233). Ferner fällt **nicht** unter **Abs II** der **amtlich bestellte Vertreter** eines RA nach dessen Tod (BGH NJW 82, 2324 = VersR 82, 190; s allg Rn 18) und der vom Gericht ausgewählte **im Prozeßkostenhilfeverfahren** (§ 121) oder gem §§ 78b, c der Partei **beigeordnete** RA (BGH 60, 258 zum alten Recht), solange ihm die Partei noch keine Prozeßvollmacht erteilt hat (vgl § 78c Rn 11; § 80 Rn 5; weitergehend BSG MDR 78, 347 = BB 78, 502: auch bei Vollmachtserteilung; unklar insoweit Düsseldorf OLGZ 86, 96 = FamRZ 86, 288; vgl auch Rn 11 und 22). Vertreter nach **Abs II** ist auch nicht, wer lediglich als **Bote** für die Partei tätig wird, der Postbeamte, Gerichtsvollzieher (RG 48, 409); überhaupt, wer keine Verfügungsmacht in der Sache selbst hat, zB Ersatzperson nach § 181 (BSG NJW 63, 1645), bei der Niederlegung nach

§ 182 die Abholperson (LAG München NJW 87, 2542: Ehegatte) oder bei der Briefkastenleerung Mitbewohner und Lebensgefährten (Karlsruhe NJW-RR 95, 954).

5) Hat die Partei **mehrere Vertreter** (gleichzeitig oder nacheinander, insbesondere für verschiedene Instanzen), so haftet sie für das Verschulden eines jeden von ihnen (BGH NJW-RR 93, 957), vorausgesetzt, daß es in die Vertretungszeit fällt (BGH LM § 232 Cb 3); daher auch für Verschulden des früheren Prozeßbevollmächtigten, gleichgültig, in welchem Stadium der Prozeß sich jetzt befindet (BGH 2, 205; NJW 90, 2823, s auch § 233 Rn 23 unter „mehrere Anwälte"). 21

6) Vertretungsdauer. a) Die **Vertretung beginnt** mit der Annahme des Mandats durch den Vertreter (BGH 47, 322 mwN; 50, 83), nicht schon mit der Auftragserteilung (BGH NJW 67, 1567; VersR 82, 950) oder mit Tätigwerden *ohne* Mandat (BGH FamRZ 96, 408 [409]: Auskunftserteilung). Hat sich der Anwalt fernmündlich mit der Übernahme des Mandats einverstanden erklärt, ist er damit Vertreter, auf den – späteren – Zeitpunkt des Eingangs des Auftragsschreibens kommt es nicht an (BGH NJW 80, 2261). Der im PKH-Verfahren **beigeordnete** Anwalt wird Vertreter nicht schon mit der Beiordnung, sondern erst mit der Vollmachtserteilung durch die Partei und die Annahme des RA (BGH NJW 87, 440 = MDR 87, 315; s auch § 78c Rn 11; § 121 Rn 30). Noch keine Vertretereigenschaft hat der Anwalt, dem das an einen anderen RA gerichtete Auftragsschreiben auf dessen Weisung lediglich wiedergegeben wird (BGH NJW 63, 296). 22

b) Die **Vertretung endet** im Normalfall (zur Kündigung gem § 87 vgl Rn 24, 25) mit der **Erledigung** des erteilten Auftrages (ggf erst mit der Annahme des Mandats durch den Rechtsmittelanwalt; s BGH VersR 78, 722; 93, 502 und 770; s auch § 86 Rn 1); in diesem Fall besteht die Pflicht des Erstanwalts, das Zustellungsdatum richtig mitzuteilen (BGH NJW 85, 1709 = AnwBl 85, 519; VersR 86, 462; zur Fortdauer der Vertretung durch den Berufungsanwalt bis zur Mitteilung des Zustellungsdatums des Berufungsurteils an den Mandanten s BGH VersR 85, 90). Bei einer **Bestellung für die Instanz** obliegt dem RA jedenfalls noch die Mitteilung an die Partei über die Urteilszustellung (BGH 2, 205; NJW 80, 999; VersR 85, 1185 [1186]; 93, 631), in besonderen Fällen auch danach noch die Pflicht zur Rückfrage (BGH LM § 233 Fc 23; VersR 92, 898 [899]) und Belehrung über Fristen (BGH LM § 233 Fd 18; VersR 72, 886; NJW 77, 1198). Die Fristwahrung obliegt den Anwälten beider Instanzen gleichermaßen (BGH NJW 90, 2823; NJW-RR 86, 614; 93, 957; s hierzu auch § 233 Rn 23 unter „mehrere Anwälte"). Ist das Mandat beendet, so entsteht nicht dadurch ein neues Vertretungsverhältnis im Sinn von Abs II, daß der RA von der Partei nochmals um Rat befragt wird (BGH LM § 232 Nr 9). 23

c) Endet das Mandat vorzeitig durch **Kündigung**, kommt es für **Abs II** allein auf das *Innenverhältnis* an (BGH VersR 85, 1185 [1186]); die Fortdauer der Außenvollmacht gem § 87 I (vgl dort Rn 4) und zugleich gewisser nachwirkender Schutzpflichten zugunsten der Partei genügt für eine Verschuldenszurechnung nicht mehr (BGH VersR 85, 1186). Der Grund hierfür liegt darin, daß bereits mit dem – noch nicht zum Erlöschen der Vollmacht führenden – Vollmachtswiderruf das die Zurechnung rechtfertigende Vertrauensverhältnis (Rn 2) gestört ist (vgl BGH 47, 322). Bei einer **Niederlegung** im schwebenden Verfahren ist noch Belehrung hinsichtlich der Begründungsfrist erforderlich, wenn nach der Rechtsmitteleinlegung niedergelegt wurde (BGH 7, 280 = NJW 53, 504); dagegen besteht keine Mitteilungs- und Belehrungspflicht bei Niederlegung vor Urteilserlaß; § 87 steht nicht entgegen (BGH LM § 232 Nr 14; bedenklich BGH NJW 53, 703). Zuzurechnen ist das in der **Kündigung zur Unzeit** (Fristablauf steht unmittelbar bevor) und damit vor Mandatsende liegende Verschulden (BGH VersR 92, 378). 24

d) Auch nach dem **Tod** des Prozeßbevollmächtigten ist uU noch ein wirksames Handeln eines vorher bestellten Vertreters möglich (§§ 53, 54 BRAO); jedoch ist „postmortales" Verschulden des Vertreters nicht gem Abs II zurechenbar (§ 86 Rn 3). Die Vertretung **endet** schließlich mit der Eröffnung des **Konkurses** über das Vermögen der Partei (§ 23 KO; § 86 Rn 5). 25

86 *[Fortdauer der Vollmacht bei Tod usw]*

Die Vollmacht wird weder durch den Tod des Vollmachtgebers noch durch eine Veränderung in seiner Prozeßfähigkeit oder seiner gesetzlichen Vertretung aufgehoben; der Bevollmächtigte hat jedoch, wenn er nach Aussetzung des Rechtsstreits für den Nachfolger im Rechtsstreit auftritt, dessen Vollmacht beizubringen.

I) Erlöschen der Prozeßvollmacht

Die Prozeßvollmacht erlischt: **1) mit der endgültigen Prozeßbeendigung,** dh durch endgültige Entscheidung in der Sache, nicht zB bei Abweisung der Klage wegen Unzuständigkeit. Zwangsvollstreckung und Wiederaufnahme des Verfahrens gehören zum Prozeß. Hat der Prozeßbevollmächtigte der 1. Instanz für die Rechtsmittelinstanz einen anderen Anwalt bevollmächtigt (§ 81 HS 2), so endet seine Vertretung mit der Annahme des Vertretungsauftrages durch den Rechts- 1 mittelanwalt (BGH VersR 78, 722); allerdings können an ihn trotzdem noch alle nicht unter § 176 fallenden Zustellungen erfolgen; nach Beendigung der Rechtsmittelinstanz kann er Kostenfestsetzung, Zwangsvollstreckung usw beantragen; bei Wegfall des Anwalts der höheren Instanz kann dem Prozeßbevollmächtigten der Vorinstanz zugestellt werden (RG 103, 336).

2 **2) durch Widerruf** des *Vollmachtgebers,* der auch durch schlüssige Handlungen erfolgen kann; er wirkt dem Gegner gegenüber mit der Anzeige des Erlöschens, im Anwaltsprozeß durch die Anzeige der Bestellung eines anderen Anwalts (§ 87 I). Dies gilt nach Celle (NdsRpfl 71, 135) auch für das anschließende Zwangsvollstreckungsverfahren, nicht aber für das anschließende Kostenfestsetzungsverfahren, für das kein Anwaltszwang besteht (KG NJW 72, 543; vgl hierzu näher § 87 Rn 3).

3 **3) durch Beendigung des** der Vollmacht zugrunde liegenden **Kausalverhältnisses** (§ 168 S 1 BGB; ThP § 87 Anm 1d) durch Kündigung des *Bevollmächtigten* (§§ 671 I HS 2, III, 675 BGB), also zB des Geschäftsbesorgungsvertrages beim Anwalt, des Anstellungsverhältnisses beim Prokuristen; aber auch hier gilt § 87 I, vgl BGH 43, 137.

4 **4) durch den Tod des Prozeßbevollmächtigten** (vgl auch §§ 673, 675, 168 S 1 BGB). War ein Vertreter nach § 53 BRAO bestellt, tritt Unterbrechung des Verfahrens (§ 244) erst mit der Löschung des verstorbenen RA in der Anwaltsliste ein (§ 244 Rn 4). Bis dahin ist der gem § 54 BRAO handlungsbefugte Vertreter des RA nicht Bevollmächtigter der Partei iS des § 85 II (BGH NJW 82, 2324 [2325]). Wegen der Möglichkeit, hier einen Abwickler zu bestellen vgl § 55 BRAO.

5 **5) durch Verlust der Vertretungsfähigkeit des Prozeßbevollmächtigten.** Hierher gehören: **a) Verlust der Prozeßfähigkeit** (§ 52 Rn 2, 7; § 78 Rn 20); Folge im Anwaltsprozeß: § 244; vgl München NJW-RR 89, 255 zu § 78 IV. **b) Verlust der Postulationsfähigkeit** (Rn 16 vor § 50; § 78 Rn 20) durch Erlöschen (§§ 13, 34, 114 I Nr 5, 204 I 1 BRAO) oder Zurücknahme der Zulassung (§§ 14 ff, 34 ff BRAO); dagegen berührt ein „Vertretungsverbot" nach der BRAO (§ 78 Rn 22) die Wirksamkeit von Prozeßhandlungen (und damit die Postulationsfähigkeit) nicht. Die Unterbrechungsfolge rechtskräftiger Ausschließung (§ 204 I 1 BRAO, § 244 I) wird mit Erteilung von Wiedereinsetzung im Ausschließungsverfahren nicht rückwirkend beseitigt (so aber BGH 98, 325 = NJW 87, 327 = MDR 87, 230, dazu krit Vollkommer JR 87, 225 ff).

6 **6) durch den Konkurs und den Verlust der Parteifähigkeit des Vollmachtgebers. a) Konkurs:** Vgl § 23 KO, künftig § 117 InsO (sa BGH NJW-RR 89, 183 mwN = MDR 89, 255; aA BL/Hartmann Rn 11; AK/Christian § 87 Rn 6). **b) Verlust der Parteifähigkeit** (vgl Oldenburg NJW-RR 96, 161); in Frage kommen aber nur die (seltenen) Fälle der Vollbeendigung einer (völlig vermögenslos gewordenen) juristischen Person (vgl § 50 Rn 4, 4b; Abgrenzung: Rn 9).

7 **7)** Die – im Parteiprozeß! – auf einzelne Prozeßhandlungen beschränkte Vollmacht (vgl § 83 Rn 4) erlischt, wenn ihr **Zweck erfüllt** ist.

II) Kein Erlöschen der Prozeßvollmacht

8 Keine Erlöschungsgründe sind: **1) der Tod des Vollmachtgebers** (zum Tod der vertretenen Partei: vgl §§ 239 I, 246 I HS 1 und näher Rn 12, 13). War dem Bevollmächtigten bei Klageerhebung oder Rechtsmitteleinlegung der Tod seines Vollmachtgebers unbekannt, so gilt die Klage als für die Erben erhoben, das Rechtsmittel namens der Erben eingelegt (BGH 121, 265 mN; München MDR 91, 673 mN). Ein gegen eine verstorbene Partei erlassenes Urteil wirkt für und gegen die Erben (RG 124, 150; BGH 40, 203). Da die Erben durch den Prozeßbevollmächtigten des Erblassers wirksam vertreten waren (Rn 12), liegt kein Fall von § 579 I Nr 4 vor (Schleswig MDR 86, 154).

9 **2) der Wegfall der Prozeßfähigkeit der Partei oder die Veränderung** in ihrer **gesetzlichen Vertretung** (§ 246; BGH 121, 265 f mN); ferner die Beendigung einer Parteistellung kraft Amtes und der Wechsel einer Partei kraft Amtes. **Beispiele:** Der noch geistig gesunde K hat RA X Prozeßvollmacht erteilt; während des Prozesses wird K iS von § 104 Nr 2 BGB geschäfts- und damit prozeßunfähig; die gesamtvertretungsberechtigten GmbH-Geschäftsführer haben RA Y wirksam Prozeßvollmacht erteilt; vor Klageerhebung fällt ein Geschäftsführer weg; der an seiner Stelle neu bestellte Mit-Geschäftsführer lehnt nach zwischenzeitlicher Klageerhebung eine Genehmigung der Prozeßführung ab (nach BGH 121, 263); die GmbH wird nach Vollmachtserteilung durch ihren Geschäftsführer gem § 2 I LöschG ohne Verlust ihrer Parteifähigkeit gelöscht (BGH NJW-RR 94, 542; StJ/Bork Rn 5; unterscheidend Oldenburg NJW-RR 96, 161; Abgrenzung: Rn 6). Durch die Aufhebung des Konkurses wird im Prozeß des Konkursverwalters der Gemeinschuldner Partei: hatte der Konkursverwalter einem Anwalt Prozeßvollmacht erteilt, läuft sie für den Gemeinschuldner bis zur Kündigung des Geschäftsbesorgungsvertrags weiter. War der Konkursverwalter selbst Anwalt und hat er den Prozeß selbst geführt, bedarf er einer neuen Vollmacht des früheren Gemeinschuldners.

10 **3) das Erlöschen der Prozeßkostenhilfe** (§ 124 Rn 25). Ist an Stelle eines früheren im Prozeßkostenhilfeverfahren beigeordneten Anwalts, dessen Vollmacht widerrufen worden ist, vom Ge-

richt ein neuer Anwalt beigeordnet worden, so müssen alle Zustellungen an den früheren Anwalt erfolgen, bis die Anzeige von der neuen Vollmachtserteilung dem Gericht bzw Gegner erstattet ist (RG 95, 338).

4) **die Beendigung der Instanz** (vgl BGH NJW-RR 91, 1214) und zwar auch dann nicht, wenn der Prozeßbevollmächtigte für den oberen Rechtszug nicht mehr postulationsfähig ist (Grund: Recht des Prozeßbevollmächtigten zur Bestellung eines Vertreters für die höhere Instanz, vgl § 81 Rn 3). 11

III) Rechtsfolgen bei Fortbestand der Vollmacht

1) **Fortsetzung des Verfahrens.** In den unter II Nr 1–4 angeführten Fällen (Rn 8–11) tritt **keine Unterbrechung** des Verfahrens ein (zu den Fällen der Rn 8, 9 vgl §§ 239 I, 241 I, 246 I HS 1); der Prozeß wird von dem Bevollmächtigten weitergeführt (Konsequenz aus **HS 1**). Ist im Fall der Rn 8 der Erbe nicht bekannt, wird der Rechtsstreit ggf (Rn 13) für und gegen den unbekannten Rechtsnachfolger fortgesetzt (München MDR 91, 673 mN), bei entspr Umfang der Vollmacht des Prozeßbevollmächtigten (§ 81 Rn 3) auch in der höheren Instanz (OVG Münster NJW 86, 1707); fehlt dem Bevollmächtigten insoweit die Postulationsfähigkeit, kann er auch einen Vertreter für die Rechtsmittelinstanz bestellen (so Schleswig MDR 86, 154, str; aA hier Greger § 246 Rn 2, offenlassend OVG Münster NJW 86, 1707). Der Fortbestand der Vollmacht im Fall der Rn 9 ändert nichts daran, daß die prozeßunfähige Partei ohne *gesetzlichen* Vertreter nicht iS von § 579 I Nr 4 nach Vorschrift der Gesetze vertreten ist (§ 52 Rn 1); bis zur Behebung dieses von Amts wegen zu beachtenden Mangels (vgl § 56 I; zum Erfordernis einer Fristsetzung s § 56 II 2) darf kein Sachurteil erlassen werden (zutr Weber/Grellet NJW 86, 2559; Bork MDR 91, 99; StJ/Roth § 246 Rn 11; aA BGH 121, 264 ff = NJW 93, 1654 = MDR 93, 1238 mit abl Anm Vollkommer EWiR 93, 616). 12

2) **Verfahren nach Aussetzung.** Hat im Falle des Todes des Vollmachtgebers der Bevollmächtigte oder der Gegner die Aussetzung des Verfahrens beantragt (vgl § 246 I HS 2), so erlischt dadurch die Vollmacht nicht (Folge: alle Zustellungen haben an den Bevollmächtigten zu erfolgen); vor Aufnahme der Sache hat aber der Bevollmächtigte – im Anwaltsprozeß (§ 88 I) und bei Auftreten eines RA (§ 88 II aE) auf Verlangen des Gegners, ansonsten von Amts wegen (§ 88 II) – die Vollmacht des Rechtsnachfolgers nachzuweisen **(HS 2).** Eine einstweilige Zulassung nach § 89 ist möglich. Wird die Vollmacht des Rechtsnachfolgers nicht nachgewiesen, gilt sie mit der Aussetzung als erloschen (LG Berlin ZMR 92, 26 mN). 13

87 *[Erlöschen der Vollmacht]*

(1) Dem Gegner gegenüber erlangt die Kündigung des Vollmachtvertrags erst durch die Anzeige des Erlöschens der Vollmacht, in Anwaltsprozessen erst durch die Anzeige der Bestellung eines anderen Anwalts rechtliche Wirksamkeit.

(2) Der Bevollmächtigte wird durch die von seiner Seite erfolgte Kündigung nicht gehindert, für den Vollmachtgeber so lange zu handeln, bis dieser für Wahrnehmung seiner Rechte in anderer Weise gesorgt hat.

I) Wirkung der Kündigung der Partei gegenüber dem Gegner und dem Gericht (Abs I)

1) **Anzeigeerfordernis.** a) **Parteiprozeß.** Der Wortlaut der Vorschrift ist unklar und veraltet (zutr Kritik übt Schmellenkamp AnwBl 85, 14). Entzieht die **Partei** ihrem Prozeßbevollmächtigten das Mandat, so bedeutet das rechtlich Kündigung (Widerruf) des der Vollmacht zugrunde liegenden Kausalvertrags (Auftrag, Geschäftsbesorgung). Mit ihm **erlischt** grundsätzlich auch **die Vollmacht** (§ 168 S 1 BGB). Doch gilt dies nicht, wenn die Bevollmächtigung dem Gegner oder dem Gericht mitgeteilt worden oder der Bevollmächtigte als solcher aufgetreten war. Dann besteht die Vollmacht solange fort, bis ihr Widerruf dem Gericht und dem Gegner mitgeteilt ist **(Anzeige)**; entspr gilt für die Empfangszuständigkeit gem § 176 (vgl BGH MDR 91, 342; § 176 Rn 12). Die Anzeige ist durch die Partei selbst oder den bisherigen Prozeßbevollmächtigten möglich (Schleswig JurBüro 87, 1548), auch stillschweigend (LG Trier Rpfleger 88, 29: Persönliches Tätigwerden der Partei; Köln JurBüro 92, 421: Nicht schon Auftreten eines anderen RA in Nebenverfahren; sa Rn 3). Wird der Widerruf nur dem Gericht oder nur dem Gegner mitgeteilt, erlischt die Vollmacht auch nur im Verhältnis zu diesem Empfänger. Das Gericht kann im Einzelfall auch der Urkundsbeamte der Geschäftsstelle sein, so, wenn ein Urteil bereits verkündet und nur noch von Amts wegen zuzustellen ist. Das Anzeigeerfordernis gem Abs I gilt **nicht** für andere Erlöschungsgründe (vgl § 86 Rn 1, 4–6). Entsprechendes gilt, wenn der **Prozeßbevollmächtigte** das Mandat niederlegt. Ist das Mandats-(Vollmachts-)verhältnis in Wirklichkeit nicht beendet, zB mangels Zugangs einer Kündigung an die unerreichbare Partei, so bleibt die Voll- 1

macht trotz der (unrichtigen) Niederlegungsanzeige gegenüber dem Gericht bestehen (BVerwG MDR 84, 170 f; Schmellenkamp AnwBl 85, 15 mwN, str; aA Wieczorek/Schütze/Steiner Rn 3).

2 **b)** Im **Anwaltsprozeß** (§ 78 Rn 1a, 4 ff, 27 ff) muß zur Mitteilung des Widerrufs noch die Anzeige der **Bestellung eines neuen Anwalts** hinzukommen, um die Vollmacht zu beendigen. Auslegungsfrage, ob in der (schlichten) Bestellungsanzeige des neuen Prozeßbevollmächtigten die Widerrufsanzeige hinsichtlich des bisherigen liegt (idR verneinend BGH NJW 80, 2309 = MDR 80, 833; Frankfurt NJW-RR 86, 1500; aA BSG NJW 90, 600). Für die Anzeige iS von **I HS 2** ist unerläßlich, daß der *anstelle* des bisherigen Prozeßbevollmächtigten bestellte neue Anwalt *namentlich* bezeichnet ist (BGH VersR 85, 1185 [1186]); Grund: § 176.

3 **2) Anwendungsbereich. a) Abs I** betrifft – über den zu engen Wortlaut hinaus (vgl auch Rn 1) – nicht nur das Verhältnis zum **Gegner,** sondern auch das zum **Gericht** (BGH NJW 80, 999; VersR 85, 1185 [1186], allgM). Dies folgt aus dem **Sinn** von § 87, der darin besteht, einen zügigen Prozeßfortgang im Interesse von Gegner und Gericht sicherzustellen (vgl Köln FamRZ 85, 1278; Schmellenkamp AnwBl 85, 15 und 16). **b) Abs I HS 2** gilt nur für das eigentliche dem Anwaltszwang (§ 78 I, II) unterliegende Hauptverfahren, **nicht** dagegen für **selbständige Nebenverfahren, in denen die Partei selbst handeln kann.** Zur Beendigung der Vollmacht genügt daher die bloße Erlöschungsanzeige gem Rn 1 im *Kostenfestsetzungsverfahren* (arg § 103 II; so Koblenz Rpfleger 78, 261; München Rpfleger 79, 465 mwN; Köln Rpfleger 92, 242; wohl auch Bremen NJW-RR 86, 358 = Rpfleger 86, 99, das Abs **II** anwendet, str; aA MK/v. Mettenheim Rn 8), im *Streitwertbeschwerdeverfahren* (arg § 5 III GKG; vgl auch Stuttgart JurBüro 75, 1102) und im *Zwangsvollstreckungsverfahren* (LG Trier Rpfleger 88, 29; s auch § 176 Rn 16). Stellt der Gläubiger oder Schuldner im Zwangsvollstreckungsverfahren selbst die Anträge oder gibt er als Antragsgegner persönliche Stellungnahmen ab, so ist daraus zu entnehmen, daß die Vertretungsmacht des Bevollmächtigten nicht mehr besteht (LG Trier aaO). Andererseits gilt die im Arrestverfahren einem Anwalt ausgestellte Vollmacht weiter, wenn im Hauptprozeß ein anderer Anwalt bevollmächtigt wurde (München OLG 29, 86).

4 **3) Rechtsfolgen.** Der bisherige Bevollmächtigte ist bis zum Zeitpunkt gem **Abs I** (Rn 1, 2) berechtigt und verpflichtet, seinen Mandanten im Prozeß weiterhin sowohl **passiv** als auch **aktiv** zu vertreten. **a)** Da die **passive** Vertretungsmacht fortdauert, müssen zB alle Zustellungen, Ladungen usw an den bisherigen Anwalt erfolgen (BGH VersR 85, 1185 [1186]; NJW-RR 94, 759 f; Köln MDR 76, 50), auch bei einer zwischenzeitlichen Verweisung des Rechtsstreits an ein anderes Gericht (Köln FamRZ 85, 1278). Nimmt der Anwalt Zustellungen entgegen, hat er die Partei unverzüglich davon zu unterrichten (BGH NJW 80, 999; vgl aber § 85 Rn 24); zur Geltung des § 87 auch im Rahmen des **§ 176** s dort Rn 12 und ferner Hamm FamRZ 95, 101; eingehend Schmellenkamp AnwBl 85, 14 ff. Die *vor* Erlöschen der Vollmacht dem Vertreter gegenüber vorgenommenen Prozeßhandlungen bleiben wirksam; eine Wiederholung ist nicht geboten; uU kann im Parteiprozeß unter dem Gesichtspunkt des Art 103 I GG ausnahmsweise eine erneute Ladung der Partei in Betracht kommen (vgl BVerfG Rpfleger 83, 116, für Terminsladung im Einzelfall verneinend).

5 **b)** Der bisherige Anwalt ist weiterhin auch zur **aktiven** Vertretung berechtigt (BGH 31, 36; FamRZ 90, 388; BAG NJW 82, 2519; Karlsruhe MDR 95, 531; Wieczorek/Schütze/Steiner Rn 5, str; aA 13. Aufl; Hamm JMBlNRW 78, 88), denn § 87 differenziert lediglich danach, wer das Vollmachtsverhältnis kündigt. Aus Gründen der Rechtssicherheit ist auch ein Umkehrschluß aus Abs II abzulehnen (BAG NJW 82, 2519 im Anschluß an die Rspr des BGH, str; aA 13. Aufl mwN). Eine Rechtsmittelrücknahme durch den bisherigen Anwalt im Zeitraum zwischen Mandatsentziehung und dem Zeitpunkt gem Abs I (Rn 1, 2) bleibt daher wirksam (BGH FamRZ 90, 388 mN; aA Hamm aaO); eine Ausnahme gilt jedoch bei offensichtlich irrtümlich erklärter Rücknahme (BGH aaO: § 242 BGB).

II) Fortdauer der Handlungsbefugnis bei Kündigung durch den Bevollmächtigten (Abs II)

6 **Abs II** enthält eine **Ausnahme** von **I,** durch die im Fall wirksamer Erlöschensanzeige die *Rechte* des Prozeßbevollmächtigten *erweitert* werden (vgl Schmellenkamp AnwBl 85, 16). Abs II begründet keine Verpflichtung (BGH 43, 137); wird der bish Prozeßbevollmächtigte aber tätig, treffen ihn die gleichen Verpflichtungen wie bei fortbestehender Prozeßvollmacht (Bremen NJW-RR 86, 359); insoweit ist der Schutz der vertretenen Partei durchaus gesichert (zutr Schmellenkamp aaO gegen Hamm NJW 82, 1887). Ein Handeln des Vertreters kann zweckmäßig sein zur Abwendung der Haftung für unzeitige Kündigung gem §§ 671, 675 BGB. Zustellungen dürfen an den Bevollmächtigten weiter erfolgen (weitergehend Schmellenkamp AnwBl 85, 17: müssen). Jedoch braucht der (bisherige) Prozeßbevollmächtigte Zustellungen nicht entgegenzunehmen (Bremen NJW-RR 86, 359; Schleswig JurBüro 87, 1548). Legt ein Anwalt die Vertretung einer Partei nieder, kündigt er also das Vertragsverhältnis mit ihr, so ist er nicht mehr ihr Vertreter iS des § 85 II (vgl BGH 47, 322; LM § 232 ZPO Nr 14; VersR 85, 1185 [1186]). Sein Verschulden ist ihr nicht mehr zuzurechnen (vgl § 85 Rn 24).

Einzelfragen: Vorher schriftsätzlich angekündigte Anträge sind im **schriftlichen Verfahren** wirksam (BGH LM Nr 2). Der Prozeßbevollmächtigte kann noch eine (von der Partei nicht gebilligte) Rechtsmittelbegründung einreichen (vgl BGH NJW 95, 537). Das **Kostenfestsetzungsverfahren** kann der Prozeßbevollmächtigte für die gem § 2 LöschG wegen Vermögenslosigkeit gelöschte Partei betreiben (Hamburg MDR 86, 324; vgl näher § 86 Rn 9). 7

88 *[Mangel der Vollmacht]*

(1) Der Mangel der Vollmacht kann von dem Gegner in jeder Lage des Rechtsstreits gerügt werden.

(2) Das Gericht hat den Mangel der Vollmacht von Amts wegen zu berücksichtigen, wenn nicht als Bevollmächtigter ein Rechtsanwalt auftritt.

Abs II wurde neugefaßt durch die VereinfNovelle 1977.

I) Vollmachtsmangel

Dieser kann in folgendem begründet sein: Die Vollmacht war nicht erteilt worden, sie wurde widerrufen oder ist sonst erloschen, ihr Umfang wird überschritten (§ 83), sie ist (nach Ablauf der Beibringungsfrist) nicht nachgewiesen. Vollmacht ist keine Prozeßvoraussetzung, sondern eine Prozeßhandlungsvoraussetzung. Zu den Folgen des Mangels s allg Rn 5 vor § 78; unten Rn 6. 1

II) Prüfung der Vollmacht

1) Bei **Vertretung durch Rechtsanwälte** (nicht nur im **Anwaltsprozeß,** vgl Rn 4) erfolgt eine Prüfung des Mangels – in jeder Lage des Rechtsstreits – **nur auf unverzichtbare Rüge** des Gegners **(Abs I),** der vertretenen Partei selbst oder ihres Vertreters (Köln NJW-RR 92, 1162, allgM), nicht von Amts wegen. Dies gilt auch in Ehe-, Familien- und Kindschaftssachen (§ 609 Rn 4 mwN, str; aA Bergerfurth Rn 339). Geprüft wird die **Vollmacht** (auch Untervollmacht: BGH VersR 84, 781 f; ie § 80 Rn 7) lediglich auf Rüge (ThP Rn 5; BL/Hartmann Rn 5), auch in den Verfahrenslagen, in denen eine anwaltschaftliche Vertretung nach § 78 III nicht notwendig ist, zB im Verfahren vor dem beauftragten oder ersuchten Richter oder im Kostenfestsetzungsverfahren; das gleiche gilt für selbständige Verfahren außerhalb des Klageverfahrens, wie zB PKH-Verfahren, Arrest und einstw Verfügung (MK/v. Mettenheim Rn 7). Allerdings erfolgt im Kostenfestsetzungsverfahren keine Prüfung der Vollmacht für das vorausgegangene Hauptsacheverfahren (LG Bonn AnwBl 83, 518 f; aA MK/v. Mettenheim Rn 6). Im Mahnverfahren braucht weder ein Rechtsanwalt noch ein sonstiger Bevollmächtigter seine Vollmacht nachzuweisen (§ 703), auch nicht auf Rüge. Bei begründeten Zweifeln ist aber **ausnahmsweise Amtsprüfung** möglich (MK/v. Mettenheim Rn 4): Die eigene Partei rügt die Scheinvollmacht ihres Vertreters (Saarbrücken NJW 70, 1464; dann aber bereits Partei-Rüge, vgl o); ein anderer Anwalt als der Prozeßbevollmächtigte beantragt Kostenfestsetzung. Die (bloße) „Bezeichnung" des Prozeßbevollmächtigten im Urteilsrubrum (§ 313 I Nr 1) ist noch keine bindende Feststellung der Vollmacht, an die die das Urteil vollziehenden Gerichte und Behörden (Vollstreckungsgericht, GVollz, Konkursgericht) gebunden wären; Bedeutung für Vollmachtsnachweis: § 80 Rn 8, 10; einschr für GB-Verkehr vgl Palandt/Bassenge § 925 Rn 7. 2

Tritt ein Anwalt als Bevollmächtiger auf, so ist die **Rüge** notwendige Voraussetzung für die Vollmachtsprüfung. Die Rüge ist in **jeder Lage des Rechtsstreits** (auch in der Rechtsmittelinstanz) zulässig und kann den Mangel auch zu einem früheren Zeitpunkt geltend machen (München OLGZ 92, 217; Hamburg NJW-RR 88, 1183 aE; in diesem Fall aber uU Heilung durch Genehmigung eingetreten). **Rücknahme** der Rüge ist möglich (Köln NJW-RR 92, 1162), ein **Verzicht auf das Rügerecht** unwirksam (vgl München aaO mN; StJ/Bork Rn 2). Die in der **unteren Instanz** erklärte Rüge wirkt in der höheren fort, Wiederholung ist unnötig (BGH NJW-RR 86, 1253 = MDR 86, 1021). Die Rüge betrifft **alle** von dem Rechtsanwalt vorgenommenen **Prozeßhandlungen,** die von einer ihm erteilten Vollmacht gedeckt gewesen wären (vgl § 81 Rn 2–8, 10), insbs auch eine Rechtsmitteleinlegung (BGH aaO). 3

2) Im **Parteiprozeß** ist zu unterscheiden (vgl **Abs II**): Grundsätzlich erfolgt die Prüfung der Vollmacht von Amts wegen (über diesen Begriff vgl Anm zu § 56; zur Ausnahme im Mahnverfahren s § 703 und Rn 2), es sei denn, ein **Anwalt tritt als Bevollmächtigter auf** (§ 88 II aE). In diesem Fall gilt Rn 2. Im **verwaltungsgerichtlichen Verfahren** ist II HS 2 wegen des geltenden Untersuchungsgrundsatzes nur *mit Einschränkungen* entspr anwendbar: Auch bei Auftreten eines RA als Prozeßbevollmächtigter ist das Vorliegen der Vollmacht ausnahmsweise von Amts wegen zu prüfen, wenn begründete Zweifel an der Bevollmächtigung des RA bestehen (BVerwG NJW 85, 2963 [2964]; BayVBl 84, 57, str); gleiches gilt im sozialgerichtlichen Verfahren (LSG Berlin NJW 89, 191). Im finanzgerichtlichen Verfahren gilt nur II HS 1 (entspr), HS 2 ist *nicht* entspr anwendbar (BFHE 133, 344 = NJW 81, 2432 Ls). Die Prüfung von Amts wegen erfolgt bereits bei 4

Klageeinreichung, wenn die Einstellung der Zwangsvollstreckung beantragt ist, sonst in der ersten mündlichen Verhandlung. Steht fest, daß der Mangel unbehebbar ist, muß eine Terminsansetzung unterbleiben (RSchwab/Gottwald § 56 II 1; BL/Hartmann Rn 8). Eine Rüge des Gegners regt die Amtsprüfung nur an; für einen Rügeverzicht ist kein Raum (MK/v. Mettenheim Rn 7).

5 **3) Prüfung durch den Urkundsbeamten.** Ist im Urteil der Bevollmächtigte als Vertreter aufgeführt, darf der Urkundsbeamte die Erteilung von Protokollen, Urteilsabschriften und der vollstreckbaren Ausfertigung und die Erlassung des Kostenfestsetzungsbeschlusses nicht von der Vorlage der Vollmacht abhängig machen. Er wird aber zweckmäßig die Vollmacht anfordern, zumal das Rechtsmittelgericht (auch bei Rügeverzicht) von Amts wegen zu prüfen hat, ob in der Vorinstanz die Vollmacht in Ordnung war. Im Festsetzungsverfahren betr die PKH-Vergütung (§§ 121, 128 BRAGO) ist ein erstmaliger Vollmachtsnachweis idR entbehrlich, wenn der Anwalt im Hauptverfahren als Prozeßbevollmächtigter aufgetreten ist (LG Berlin Rpfleger 78, 269).

III) Verfahren

6 1) Hatte ein **vollmachtloser Vertreter** die **Klage erhoben** und ist der **Mangel nicht zu beheben,** so daß ein Verfahren nach § 89 ausscheidet, muß die Klage sofort als unzulässig abgewiesen werden (GemS OGB BGH 91, 114), und zwar auch bei Säumnis, sowohl der Klagepartei wie des Gegners, durch kontradiktorisches Urteil (sog unechtes Versäumnisurteil). Legt der vollmachtlose Vertreter ein Rechtsmittel ein, so ist dieses als unzulässig zu verwerfen (BGH 111, 221; NJW 91, 1176). Stand allerdings die Vertretungsbefugnis schon in der Vorinstanz in Streit und ist gegen die nicht (richtig) vertretene Partei ein Sachurteil ergangen, so ist auf das Rechtsmittel des Scheinbevollmächtigten das Ersturteil aufzuheben und die Klage als unzulässig abzuweisen (ebenso RSchwab/Gottwald § 56 II 2; Jauernig § 21 V 2; StJ/Bork Rn 17, 17a; MK/v. Mettenheim Rn 15; Saarbrücken NJW 70, 1464; Köln MDR 82, 239, bisher hM; aA BGH 111, 221 ff = NJW 90, 3152 = MDR 90, 910). Grund: Soweit der in den Prozeß gezogene Scheinbevollmächtigte mit dem Rechtsmittel gerade den Vollmachtsmangel geltend macht, ist wegen „Fehleridentität" die Vollmacht für das Rechtsmittel zu unterstellen, da andernfalls der Mangel (Nichtigkeitsgrund gem § 579 Nr 4, dort Rn 6; idR Mangel der Prozeßvoraussetzung ordnungsgemäßer Klageerhebung, s Rn 14, 24 vor § 253) nicht behoben würde (wie § 56 Rn 14). Eine ausdrückliche Bevollmächtigung *gerade* des vollmachtlosen Vertreters ist der Partei nicht anzusinnen (so auch BGH 102, 334 für Formmangel), die Einschaltung eines neuen ProzBev für die Rechtsmittelinstanz (so BGH 111, 222 f = aaO) ist nach dem hier vertretenen Standpunkt nicht notwendig.

7 2) War die **Klage ordnungsgemäß erhoben,** so sind die **von oder gegenüber dem vollmachtlosen Vertreter vorgenommenen Prozeßhandlungen** unwirksam. Sein Rechtsmittel ist als unzulässig zu verwerfen (GemS OGB BGH 91, 114 f = NJW 84, 2149 = MDR 84, 732), sofern er es nicht zurücknimmt, was er wirksam tun kann (BFH 128, 24; zur Kostentragungspflicht s Rn 11). Die von ihm vertretene Partei ist säumig und der Vertreter selbst wird durch – mit einfacher Beschwerde anfechtbaren – Beschluß oder in den Gründen des Endurteils **zurückgewiesen** (vgl München OLGZ 93, 223 f; MK/v. Mettenheim Rn 11 f; StJ/Bork Rn 9), falls der Mangel unbehebbar ist. Die Genehmigung läßt die Hinausweisung des vollmachtlosen Vertreters unberührt (BAG NJW 65, 1041). Andernfalls kann das Gericht – auch ohne nach § 89 zu verfahren – vertagen oder (im schriftlichen Verfahren) eine angemessene **Beibringungsfrist** bestimmen, um dem Vertreter die Möglichkeit zu geben, seine Vollmacht nachzubringen (vgl Frankfurt OLGZ 80, 281; § 89 Rn 7 f). Dann erfolgt eine Zurückweisung des Antrags auf Versäumnisurteil nach § 335 I Nr 1. Zur mündlichen Verhandlung über seine Vollmacht muß der Vertreter zugelassen werden (BL/Hartmann Rn 11; StJ/Bork Rn 3, 6). Ihm obliegt es hierbei, die Vollmacht nachzuweisen; eine Amtsermittlung findet nicht statt. Mit der Zurückweisung scheidet der falsche Vertreter auch als Zustellungsempfänger aus (Zweibrücken MDR 82, 586; StJ/Bork Rn 9). § 176 besagt nichts anderes: Denn die durch Anzeige der Vertretungsmacht seitens des falschen Vertreters erfolgte Bestellung im Sinne des § 176 gilt eben dann nicht mehr. Der vom Gegner erfolgreich gerügte Vollmachtsmangel kann, wenn der Berufungskläger keine schriftliche Vollmacht zu den Akten gibt, im Revisionsverfahren nicht mehr geheilt werden (BGH MDR 71, 483, str; vgl StJ/Bork § 89 Rn 14 mwN in Fn 42, 43).

8 3) **Urteile** ergehen **auf den Namen der nicht vertretenen Partei** (s dazu BFH BB 74, 449; Frankfurt OLGZ 80, 282 f). Sie hat alle statthaften Rechtsmittel, nach Rechtskraft die Nichtigkeitsklage nach § 579 I Nr 4. Nach Köln Rpfleger 70, 355 soll aber der vollmachtlose Vertreter im Eingang der Entscheidung als solcher angeführt werden. Zur Rechtsmittelbefugnis des mit den Kosten belasteten vollmachtslosen Vertreters (Rn 11) vgl Rn 12.

9 4) **Bleibt der Mangel verborgen,** erfolgt die Zustellung an den „bestellten" vollmachtlosen Vertreter, womit die Rechtsmittelfrist zu laufen beginnt. Die Partei kann dann selbst Rechtsmittel ergreifen, um den Mangel der Vollmacht zu rügen, nach Rechtskraft Nichtigkeitsklage erhe-

ben (§ 579 I Nr 4; Bsp: BGH NJW 83, 883). Sie kann aber auch die Prozeßführung genehmigen – § 89 II, dort Rn 9 ff.

IV) Vergleich ohne Vollmacht

Ist die Wirksamkeit eines Vergleichs von der Nachbringung der Vollmacht innerhalb einer bestimmten Frist abhängig, so ist er bei deren Nichteinhaltung rechtsunwirksam und muß neu geschlossen werden. Ist keine Frist zur Beibringung der Vollmacht bestimmt worden, aber die Rechtswirksamkeit von der Vollmachtsvorlage abhängig gemacht, kann eine vollstreckbare Ausfertigung erst erteilt werden, wenn die Vollmacht zu den Akten gebracht ist. Bei Verzögerung ist von Amts wegen ein neuer Termin zu bestimmen. Wird die Vollmacht nachgebracht, so ist der Termin aufzuheben und auf Antrag eine vollstreckbare Ausfertigung zu erteilen. Gleiches gilt, wenn sich eine Partei im Vergleich nur „verpflichtet, Vollmacht nachzubringen", die Wirksamkeit des Vergleichs aber nicht davon abhängig gemacht worden ist. Diese Fassung des Vergleichs ist nicht zu empfehlen, da der Richter von Amts wegen zu prüfen hat, ob eine ordnungsgemäße Vollmacht vorliegt. Stimmt ein nichtvertretungsberechtigter Geschäftsführer dem Anwaltsvergleich zu, gelten für die Erteilung der Prozeßvollmacht die Grundsätze der Anscheinsvollmacht (BGH MDR 70, 41 = LM Nr 2). 10

V) Kosten des Rechtsstreits bei vollmachtsloser Vertretung

1) Kostenverteilung nach dem Veranlassungsprinzip. Ergeht gegen die wegen eines Vollmachtsmangels (Rn 1) nicht wirksam vertretene Partei eine Endentscheidung (idR iS einer Prozeßabweisung der Klage), so sind die Kosten des Rechtsstreits – zu unterscheiden von den durch die einstweilige Zulassung entstandenen Kosten (dazu § 89 Rn 8) – abweichend vom Wortlaut des §§ 91 ff. aber in Übereinstimmung mit ihrem Grundgedanken – demjenigen Verfahrensbeteiligten aufzuerlegen, der das Auftreten des falschen Vertreters veranlaßt hat, also ggf. auch dem (vollmachtslosen) Vertreter selbst (sog Veranlassungsprinzip, hM, str; vgl BGH 121, 400 mwN = NJW 93, 1865 = MDR 93, 1249 = LM § 51 Nr 26 mit Anm Pape; KGR 96, 120; MK/v. Mettenheim § 89 Rn 14; StJ/Bork Rn 14). Die Gegenansicht (zB Renner MDR 74, 353) will die Kosten in strenger Anwendung des § 91 immer der falsch vertretenen Partei selbst auferlegen und sie auf einen gesonderten Ersatzprozeß verweisen. Dies ist wenig billig und prozeßökonomisch, auch konstruktiv nicht zwingend, da mit der endgültigen Zurückweisung des falschen Vertreters durch Abweisung der von ihm unzulässig erhobenen Klage nun auch offenkundig ist, daß die Partei nie ordnungsgemäß in den Prozeß eingeführt wurde (zutr E. Schneider Rpfleger 76, 229 mN; StJ/Bork Rn 14). **Einzelfragen:** Die angeblich (unwirksam) vertretene *Partei* trägt die Kosten, wenn sie das Auftreten des vollmachtslosen Vertreters selbst veranlaßt hat (BGH 121, 400 = aaO; NJW 92, 1458 = MDR 92, 713; Hamm OLGZ 89, 321 = NJW-RR 90, 767). Kostenpflichtig ist daher auch eine geschäfts-/prozeßunfähige Partei und nicht ihr gutgläubiger Vertreter, wenn sich der Mangel der unwirksam erteilten Vollmacht erst im Laufe des Prozesses herausstellt (BGH 121, 399 f). Ist der Vertreter dagegen *in Kenntnis* des Fehlens (der Unwirksamkeit) der Vollmacht für die Partei aufgetreten, sind ihm persönlich (und nicht der Partei) die Kosten aufzuerlegen (BGH NJW 83, 883 f; 88, 50; KGR 96, 120; StJ/Bork Rn 14; MK/v. Mettenheim § 89 Rn 14); bloße Fahrlässigkeit bei der Beurteilung der Wirksamkeit der Vollmacht genügt aber nicht (BGH 121, 401; MK/v. Mettenheim § 89 Rn 14), das Kostenrisiko der (Un-)Wirksamkeit der von ihr erteilten Vollmacht trägt die Partei (BGH 121, 399 f). Den *Vertreter* treffen die von ihm veranlaßten Kosten auch, wenn er die Klage zurückgenommen hat (München MDR 55, 176; Hamburg MDR 56, 431) und auch in der höheren Instanz, wenn er ein Rechtsmittel eingelegt hat (BGH NJW 88, 50 = MDR 88, 37; OVG Münster NJW 93, 3136). Ein vollmachtsloser Vertreter kann sich der Prozeßkostenpflicht nicht dadurch entziehen, daß er sein Mandat niederlegt (BFH BB 75, 1142) oder das Rechtsmittel zurücknimmt (BFH 128, 25). Hat allerdings die vollmachtslos vertretene Partei die Klage oder ein Rechtsmittel zurückgenommen, so trägt immer sie nach den §§ 269 III, 515 III, 566 die Kosten (Düsseldorf JW 30, 574). Kostenpflichtig kann auch der *Gegner* sein, wenn er die Klage einem vollmachtslosen Vertreter hat zustellen lassen, nie aber ein (am Verfahren nicht beteiligter) *Dritter* (LG Heidelberg NJW-RR 92, 315 = MDR 91, 449; sa BGH NJW 92, 1459). Dem vollmachtslosen Vertreter steht der **gesetzliche Vertreter** bei **Mißbrauch** der Vertretungsmacht gleich (AG Brakel FamRZ 88, 852 aE). 11

2) Form der Entscheidung und Anfechtbarkeit. Die Kostenentscheidung gegen den Vertreter kann in Form eines besonderen Beschlusses (vgl auch § 89 Rn 8) oder als Bestandteil des Endurteils ergehen (BGH NJW 88, 51; StJ/Bork Rn 15; MK/v. Mettenheim § 89 Rn 15). Gleich in welcher Form die Entscheidung ergangen ist, steht dem Vertreter entspr §§ 91a II 1, 99 II 1, 269 III 5 die **sofortige Beschwerde** zu (BGH NJW 88, 50), soweit nicht das OLG entschieden hat (§ 567 IV gilt: BGH 121, 398; NJW 88, 51 mN); ausnahmsweise kommt bei „greifbarer Gesetzwidrigkeit" der Kostenbelastung eines gutgläubigen Vertreters die außerordentliche Beschwerde zum BGH in Frage (BGH 121, 398 f mN). 12

89 *[Einstweilige Zulassung vollmachtsloser Vertreter]*
(1) Handelt jemand für eine Partei als Geschäftsführer ohne Auftrag oder als Bevollmächtigter ohne Beibringung einer Vollmacht, so kann er gegen oder ohne Sicherheitsleistung für Kosten und Schäden zur Prozeßführung einstweilen zugelassen werden. Das Endurteil darf erst erlassen werden, nachdem die für die Beibringung der Genehmigung zu bestimmende Frist abgelaufen ist. Ist zu der Zeit, zu der das Endurteil erlassen wird, die Genehmigung nicht beigebracht, so ist der einstweilen zur Prozeßführung Zugelassene zum Ersatz der dem Gegner infolge der Zulassung erwachsenen Kosten zu verurteilen; auch hat er dem Gegner die infolge der Zulassung entstandenen Schäden zu ersetzen.

(2) Die Partei muß die Prozeßführung gegen sich gelten lassen, wenn sie auch nur mündlich Vollmacht erteilt oder wenn sie die Prozeßführung ausdrücklich oder stillschweigend genehmigt hat.

I) Allgemeines

1 Zeigt sich ein Vollmachtsmangel (s § 88 Rn 1) eines Prozeßbevollmächtigten, dessen Behebbarkeit nicht ausgeschlossen ist (sonst Verfahren gemäß § 88 Rn 6, 7), so kann das Gericht vertagen (vgl § 88 Rn 7). Es kann statt dessen auch nach § 89 verfahren, womit es die Möglichkeit eröffnet, mit dem einstweilen zugelassenen Vertreter unverzüglich in die Sachverhandlung einzutreten.

II) Einstweilige Zulassung

2 **1) Voraussetzungen.** Der **Nichtbeibringung** der Vollmacht steht gleich die Nichtvornahme der vom Gericht angeordneten Beglaubigung der schriftlichen Vollmacht, § 80 II.

3 **2) Verfahren. a)** Die **Zulassung zur Prozeßführung** geschieht durch unanfechtbaren Beschluß (Braunschweig NdsRpfl 73, 253) oder stillschweigend, wenn der Gegner nicht widerspricht (RG 67, 151). Die Zulassung liegt im pflichtgemäßen Ermessen des Gerichts (BAG AP § 89 Nr 1; LAG Hamm MDR 76, 699).

4 **b) Sicherheitsleistung.** Soll die Zulassung gegen Sicherheitsleistung erfolgen, so wird zunächst bis zur Beibringung der Sicherheitsleistung vertagt (§ 108). Die Rückgabe der Sicherheitsleistung erfolgt nach § 109; mit Beibringung der Vollmacht und Genehmigung der bisherigen Prozeßführung ist die Veranlassung weggefallen.

5 **c) Fristsetzung:** §§ 224, 225. Die Frist muß nach Zeitabschnitten (Tag, Woche, Monat) bemessen sein (vgl OVG Koblenz NJW 93, 2457: „umgehend" genügt nicht); eine zu kurze Frist kann den Anspruch des prozeßbeteiligten Vollmachtgebers auf rechtliches Gehör verletzen (BFH DB 80, 2020).

6 **3) Rechtsfolgen.** Während der Dauer der Zulassung ist der Zugelassene ebenso zu behandeln, wie wenn er die Vollmacht nachgewiesen hätte; es kann Beweisbeschluß und Beweisaufnahme erfolgen, aber keine Entscheidung (auch kein Versäumnis- oder Vorbehaltsurteil, kein Zwischenurteil nach § 280 und keine Verweisung nach § 281) ergehen. Zum Vergleich und zur Nachbringung der Vollmacht s § 88 Rn 10.

III) Verfahren nach Zulassung; Endurteil

7 **1) Wird innerhalb** der Frist (Rn 5) oder – wegen § 231 II auch noch nach ihrem Ablauf bis zum Schluß der mündlichen Verhandlung, auf die das Urteil ergeht (RG 30, 400) – eine **ordnungsgemäße Vollmacht beigebracht,** so steht der Verkündung des Endurteils nichts mehr im Weg.

8 2) Wird die Vollmacht bis zum Schluß der mündlichen Verhandlung, auf die das Urteil ergeht (Rn 7), **nicht nachgebracht,** so ist die vom vollmachtlosen Vertreter erhobene Klage als unzulässig abzuweisen (s § 88 Rn 6) und der einstweilen zur Prozeßführung Zugelassene ohne Rücksicht auf ein Verschulden seinerseits (OLGR Frankfurt 95, 250) von Amts wegen durch (bei entspr Beschwerdewert, vgl § 567 II) mit sofortiger Beschwerde analog **§ 99 II** (vgl StJ/Bork Rn 9) anfechtbaren *Beschluß* zu den **Kosten** zu verurteilen, die dem Gegner **durch die einstweilige Zulassung** entstanden sind (RG 107, 58; Naumburg JW 37, 553; Frankfurt Rpfleger 52, 432; Nürnberg BayJMBl 55, 65; München MDR 55, 176; zur Geltung von § 567 IV auch in diesem Fall s BGH VersR 75, 344). Damit sind nicht zu verwechseln die Kosten des Rechtsstreits selbst, über die gem den Grundsätzen zu § 88 Rn 11, 12 im *Endurteil* zu entscheiden ist (VGH Mannheim NJW 82, 842). Fallen diese hierdurch dem falschen Vertreter insgesamt zur Last und erläßt das Gericht über die Zulassungskosten keinen gesonderten Beschluß, so muß dem falschen Vertreter (neben der Möglichkeit, die Kosten mit der Hauptsache anzufechten, § 99 I) auch die sofortige Beschwerde analog **§ 99 II** insofern eröffnet sein, als im Kostenausspruch auch die Zulassungskosten enthalten sind (vgl OLGR Frankfurt 95, 249; StJ/Bork Rn 9). Dies gilt nicht, wenn der vollmachtlose Vertreter bereits hinausgewiesen war (BAG NJW 65, 1041); § 567 IV 1 gilt auch hier (BGH NJW 88, 51; s auch oben und § 88 Rn 8); zum Umfang der Nachprüfung s Rn 11 aE. Auch bei Vollmachtsmangel in der „Kette" (s § 80 Rn 7) treffen die Kosten stets den im Verfahren aufgetretenen *Vertreter* (vgl **I 3**), nicht den (von der Partei verschiedenen) Vollmachtgeber (zutr

LG Heidelberg NJW-RR 92, 317; E. Schneider Rpfleger 76, 230 f; aA München OLGZ 93, 223 [LS aE]). Ist jemandem fälschlich als Vertreter (zB eines Vereins) die Klage zugestellt worden, trifft Abs I S 3 nicht zu; er hat keinen Anspruch auf Kostenerstattung gegen den Kläger (Dresden OLG 29, 53). Schadensersatz nach Abs I S 3 HS 2 muß in einem eigenen Rechtsstreit geltend gemacht werden (vgl AG Hamburg NJW-RR 86, 1120).

IV) Genehmigung der Prozeßführung (Abs II)

1) Allgemeines. Die von oder gegenüber einem Vertreter ohne Vollmacht vorgenommenen Prozeßhandlungen können von der Partei nachträglich genehmigt werden. **Beispiele:** Gegen ein Urteil wird ohne Vollmacht Rechtsmittel eingelegt; nach Ablauf der Rechtsmittelfrist wird die Vollmacht vorgelegt (BGH 128, 282 f). Ein Geschäftsunfähiger erteilt einem Anwalt Vollmacht, der gegen ein Urteil Berufung einlegt; der nachträglich bestellte gesetzliche Vertreter des Geschäftsunfähigen kann die Prozeßführung durch den Anwalt nachträglich genehmigen, indem er ihm Prozeßvollmacht erteilt (vgl GemS BGH 91, 115). Der Prozeßbevollmächtigte erteilt dem Anwalt, der Rechtsmittel eingelegt hat, Untervollmacht (BGH VersR 84, 781). 9

2) Gegenstand der Genehmigung kann nur die Prozeßführung im ganzen sein, eine Beschränkung auf einzelne Prozeßhandlungen unter gleichzeitiger Nichtgenehmigung der Prozeßführung im übrigen ist nicht möglich (BGH 92, 140 ff mN = NJW 87, 130; ThP Rn 15, ie str; einschr Saarbrücken NJW 70, 1465; für Ausnahme hinsichtlich des verfahrensbeendigenden Akts StJ/Bork Rn 16; MK/v. Mettenheim Rn 21; für Teilbarkeit Fenger NJW 87, 1183; vgl auch § 83 Rn 5). Die Genehmigung deckt daher die **gesamte** bisher erfolgte Prozeßführung, von der die Partei im **allgemeinen Kenntnis** hatte, nicht aber einen Rechtsmittelverzicht durch den falschen Vertreter, der der Partei bei Erteilung der Genehmigung unbekannt war (BGH 10, 147 = LM Nr 12 m Anm Lersch). Schließlich muß die Partei die Prozeßführung des falschen Vertreters auch dann gegen sich gelten lassen, wenn der Mangel unentdeckt blieb und die Nichtigkeitsklage gem § 579 I Nr 4 versäumt wurde. 10

3) Zeitpunkt. Die Genehmigung der Prozeßführung kann nur bis zum Schluß der mündlichen Verhandlung erfolgen, auf Grund deren ein wegen fehlender Vollmacht des Vertreters die Klage zurückweisendes oder das Rechtsmittel verwerfendes Urteil ergeht (BGH 128, 283 mN = NJW 95, 1902 = MDR 96, 65). Eine genehmigende Nachreichung der Vollmacht für die Klage ist deshalb in der Rechtsmittelinstanz nicht mehr möglich, wenn die Vorinstanz die **Klage** wegen des Mangels zu Recht als unzulässig abgewiesen hatte (BGH LM Nr 3 zu § 80; BAG NJW 65, 1041; wohl aber bei Klagestattgabe: Karlsruhe GRUR 92, 877); ist die **Berufung** zu Recht als unzulässig verworfen worden, kann der Vollmachtsmangel nicht mehr in der Revisionsinstanz durch rückwirkende Genehmigung geheilt werden (GemS OGB BGH 91, 115 ff mwN = NJW 84, 2149 = MDR 84, 732; zur Abgrenzung BGH NJW 92, 627 = MDR 92, 187 und dazu näher unten). Ist der Mangel dagegen in der unteren Instanz **unentdeckt** geblieben oder verneint worden, so ist auch noch in der Rechtsmittelinstanz eine Genehmigung möglich (vgl §§ 551 Nr 5, 579 I Nr 4); in diesen Fällen kann die Genehmigung sogar noch nach Eintritt der Rechtskraft erklärt werden (§ 579 Rn 8). Der Grund für die unterschiedliche Behandlung liegt darin, daß das ohne Vollmacht eingelegte Rechtsmittel *schwebend unwirksam* ist und mit der Zurückweisung durch die instanzbeendende Entscheidung *endgültig unwirksam* wird (vergleichbar mit § 177 II aE BGB). Bei der Zurückweisung des Rechtsmittels als unzulässig fehlt es daher in der höheren Instanz an einer der Heilung zugänglichen genehmigungsfähigen Rechtslage (vgl GemS OGB aaO S 116). Ist aber die Zurückweisung in der Vorinstanz **zu Unrecht** erfolgt, da im Zeitpunkt der letzten mündlichen Tatsachenverhandlung eine wirksam erteilte Vollmacht vorlag, kann dies im Rechtsmittelweg noch erfolgreich geltend gemacht werden (vgl BGH 91, 115 mN); dann kann auch die früher erteilte Vollmacht noch in der RevInstanz nachgereicht werden (BGH NJW 92, 627 = MDR 92, 187). Nach Rechtskraft der Zurückweisungsentscheidung kann im Beschwerdeverfahren (entspr § 99 II, vgl Rn 8) der – nunmehr verspätete – Vollmachtsnachweis nicht mehr berücksichtigt werden (OLGR Frankfurt 95, 249). 11

4) Die Genehmigung **wirkt** auf den Zeitpunkt der Vornahme der Prozeßhandlung (zB Klageerhebung, Rechtsmitteleinlegung) **zurück** (BGH 92, 140; 128, 283 mN = aaO [Rn 11]); zweifelnd BSG MDR 71, 615, wenn die Vollmacht oder die Genehmigung in der Absicht der Prozeßverschleppung oder aus grober Nachlässigkeit verspätet beigebracht wurden; dann sind aber §§ 296, 528 zu beachten. Zur nicht rückwirkenden Genehmigung bei fehlender Postulationsfähigkeit vgl § 78 Rn 3. 12

5) Rechtsfolgen. a) Prozessuale Rechtsfolgen. Die rückwirkende Genehmigung heilt grundsätzlich nur die prozessualen Folgen des Vollmachtmangels. Ist die Klage einem nicht bevollmächtigten Anwalt zugestellt worden, heilt die nachträgliche Genehmigung der Partei die nicht ordnungsgemäße Klageerhebung (BGH 101, 281). Hat ein Nichtbevollmächtigter eine Pfändungsankündigung zustellen lassen und wird sie nachträglich dem Gericht, Gegner oder Vertreter gegenüber ausdrücklich oder stillschweigend genehmigt, so geht diese Vorpfändung der in der Zwischenzeit für einen anderen erfolgten Pfändung vor (RG 64, 217; 86, 246). 13

14 b) **Materiellrechtliche Folgen.** Mit der Einreichung des Antrages auf Erlaß eines demnächst zugestellten Mahnbescheids wird die **Verjährung** auch dann unterbrochen, wenn der Mahnbescheid ohne Vollmacht des Gläubigers beantragt worden war, dieser aber später genehmigt hatte (BGH LM § 209 BGB Nr 10). Das gleiche gilt für die Klage selbst (BGH 33, 221). Hat dagegen ein sachlich nicht Berechtigter eine Forderung eingeklagt, so wird die Verjährung auch dann nicht unterbrochen, wenn die Forderung während des Rechtsstreits vom wahren Gläubiger abgetreten und die Prozeßführung genehmigt wird (BGH LM § 185 BGB Nr 8, arg: § 185 II BGB gilt nicht entsprechend).

90 *[Beistand]*

(1) Insoweit eine Vertretung durch Anwälte nicht geboten ist, kann eine Partei mit jeder prozeßfähigen Person als Beistand erscheinen.

(2) Das von dem Beistand Vorgetragene gilt als von der Partei vorgebracht, insoweit es nicht von dieser sofort widerrufen oder berichtigt wird.

1 **I) Begriff. Beistand** ist, wer im Parteiprozeß *neben* der anwesenden Partei, im Anwaltsprozeß *neben* dem anwesenden Prozeßbevollmächtigten *in der mündlichen Verhandlung* auftritt, um sie (ihn) durch Ausführung der Parteirechte zu unterstützen. Der Beistand ist **kein Vertreter** (vgl die Titelüberschrift vor § 78; RSchwab/Gottwald § 57 I, str) und bedarf daher keiner Vollmacht; seine Legitimation ergibt sich aus der Gegenwart der Partei bzw ihres Prozeßbevollmächtigten. **Anwendungsbereich.** Beistandschaft ist nicht auf den Parteiprozeß (§ 79) beschränkt (Wortlaut von I gebietet dies nicht, so zutr RSchwab/Gottwald § 57 II mwN, str; aA StJ/Bork Rn 2 mwN), im Anwaltsprozeß tritt der anwesende prozeßbevollmächtigte RA an die Stelle der Partei; der Beistand muß aber ein (uU auch ausländischer) RA sein, vgl § 52 II BRAO und § 78 Rn 26. In Ehesachen hat der nach § 625 I beigeordnete RA die Stellung eines Beistands (§ 625 II; vgl BGH NJW 95, 1225).

2 **II) Voraussetzungen: (1)** Beistand kann nur sein, wer (selbst) prozeßfähig (§ 52 Rn 2) ist; der Kreis entspricht dem der möglichen Prozeßbevollmächtigten (§ 79 Rn 2), Beistand kann insbes auch ein beim Prozeßgericht nicht zugelassener RA sein (zum Anwaltsprozeß vgl Rn 1). Zur Zurückweisung anderer Personen: § 157 I und II. Nicht Beistand iS von Abs I ist daher das Jugendamt (vgl die Mitt AnwBl 84, 548 f), wohl aber der gem § 55 II KJHG beauftragte Beamte oder Angestellte (vgl Düsseldorf FamRZ 85, 642). **(2)** Anwesenheit der Partei bzw (im Anwaltsprozeß) des Prozeßbevollmächtigten (Rn 1). Der gesetzliche Vertreter steht der Partei gleich. **(3)** Verhandeln des Beistands.

3 **III) Rechtsfolgen.** Der Beistand darf **alle Prozeßhandlungen** für die Partei erklären, zu denen die mündliche Verhandlung Anlaß gibt. Der **Vortrag des Beistands** ist der der Partei, wenn diese nicht sofort widerspricht (**Abs II,** weitergehend als § 85 I 2). Zustellungen erfolgen, auch im Fall des § 625 II (Rn 1 aE), an die Partei selbst (BGH NJW 95, 1225). Erstattung der durch die Zuziehung des Beistands entstandenen Kosten nach § 91 I 1.

4 **IV) Anwaltsgebühren:** Entspricht die Tätigkeit des RA als Beistand der eines ProzBev, dann ist er bezüglich der Gebühren wie ein ProzBev zu behandeln. Der in einer Scheidungssache nach § 625 I beigeordnete RA hat Anspruch auf die Vergütung eines ProzBev, kann jedoch keinen Vorschuß verlangen, § 36a I BRAGO.

Fünfter Titel

PROZESSKOSTEN

Vorbemerkungen

1 **I) Prozeßkosten** sind Aufwendungen der Parteien aus Anlaß der Prozeßführung. In einem Rechtsstreit entstehen **Gerichtskosten** nach dem GKG, die die Staatskasse für die Tätigkeit der Gerichte erhebt, und **außergerichtl Kosten** (Anwaltsgebühren, Auslagen der Parteien, Reisekosten für die Wahrnehmung von Terminen usw). Die ZPO bestimmt nur, **wem** die Kosten aufzuerlegen sind, „wer sie zu tragen hat“; sie regelt nicht, **welche** gerichtlichen und außergerichtlichen Kosten der Höhe nach anfallen.

2 **II)** Wer der Staatskasse gegenüber **Kostenschuldner** ist, bestimmt allein das GKG (§§ 49–54, 56–66, 68, 69). Zu unterscheiden sind:

1) Antragstellerhaftung. Kostenschuldner ist nach § 49 S 1 GKG, wer das Verfahren der Instanz beantragt (für Mahnverfahren mit VB gilt § 49 S 2 GKG). Unter „Antrag" ist diejenige Prozeßhandlung zu verstehen, die das Verfahren einleitet, also die Einreichung der Klageschrift, des Scheidungsantrags, der Rechtsmittelschrift, des Antrags auf Erlaß eines Arrestes oder einer einstw Verfügung usw. 3

2) Entscheidungsschuldnerhaftung. Danach haftet, wem durch gerichtl Entscheidung die Kosten des Verfahrens auferlegt sind (§ 54 Nr 1 GKG). Diese Haftung erlischt, soweit die sie begründende Entscheidung durch eine andere gerichtl Entscheidung aufgehoben oder abgeändert wird (§ 57 S 1 GKG). Ein Prozeßvergleich hat diese Wirkung nicht (Düsseldorf Rpfleger 74, 234), wohl aber eine Klagerücknahme (Kostenbeschluß nach § 269 III; jedoch nicht die durch Vergleich veranlaßte Klagerücknahme, Schleswig JurBüro 92, 403), und die Erledigungserklärung in der Rechtsmittelinstanz, die das Urteil der Vorinstanz wirkungslos werden läßt. 4

3) Übernahmeschuldnerhaftung. Auch haftet, wer die Kosten in bestimmter Form gegenüber dem Gericht übernommen hat (zB ProzBev, der sich für Auslagenvorschuß „stark" sagt, Düsseldorf MDR 91, 161), insbesondere durch Prozeßvergleich oder dem Gericht mitgeteilten außergerichtlichen Vergleich. Bei fehlender Kostenvereinbarung gilt § 98 (§ 54 Nr 2 Hs 2 GKG). 5

4) Haftung für die Kostenschuld **eines anderen kraft Gesetzes.** Hier kann die Staatskasse nach § 54 Nr 3 GKG den kraft Gesetzes haftenden Dritten ohne weiteres in Anspruch nehmen, also ohne Feststellung der Haftpflicht durch eine gerichtl Entscheidung, auch wenn nur auf Duldung gehaftet wird (BGH LM § 99 GKG aF Nr 3). 6

5) Haftung des Vollstreckungsschuldners für die notwendigen Kosten der Zwangsvollstreckung (§ 54 Nr 4 GKG). 7

6) Mehrere Kostenschuldner haften als Gesamtschuldner (§ 58 I GKG); soweit aber einer Partei die Kosten durch gerichtl Entscheidung auferlegt oder von ihr gemäß § 54 Nr 2 GKG übernommen worden sind, soll die Haftung anderer Kostenschuldner, zB des siegreichen Klägers, nur geltend gemacht werden, wenn die Zwangsvollstreckung in das Vermögen der primär Haftenden erfolglos geblieben ist oder aussichtslos erscheint (§ 58 II 1 GKG). War der in die Prozeßkosten verurteilten Partei PKH bewilligt worden, so soll (= darf!) die Staatskasse die andere gesamtschuldnerisch haftende Partei (Zweitschuldnerin) wegen der Kosten, von deren Zahlung die arme Partei einstweilen befreit ist (§ 122), nicht in Anspruch nehmen (§ 58 II 2 GKG). Der Schutz gilt aber nur, wenn es sich bei dem Erstschuldner um einen Entscheidungsschuldner (§ 54 Nr 1 GKG) handelt, nicht, wenn die arme Partei sog Übernahmeschuldnerin (§ 54 Nr 2 GKG) ist, zB wenn diese in einem Vergleich die Kostentragungspflicht übernommen hat (s § 123 Rn 6). 8

III) Die ZPO berührt alle diese Fragen nicht, sondern regelt nur, inwieweit die Parteien **in ihrem Verhältnis zueinander** verpflichtet sind, die eigenen Prozeßkosten endgültig zu tragen oder die dem Gegner entstandenen zu erstatten, und wie dieser **Kostenerstattungsanspruch** geltend zu machen ist (Kostenfestsetzung: §§ 103–107). Die **Erstattungsvorschriften** der §§ 91 ff gelten für alle in der ZPO geregelten Verfahren, in denen ein **Streit** zwischen Parteien vorliegt. Das Wort „Rechtsstreit" ist daher weit auszulegen. Selbst das Kostenfestsetzungsverfahren zählt dazu, nicht hingegen das PKH-Verfahren (s dazu § 118 Rn 24–29). 9

IV) Lit: *Lappe,* Der Kostenerstattungsanspruch, ZAP F 24 S 331: Der **prozessuale Kostenerstattungsanspruch** kann nur in demjenigen Rechtsstreit geltend gemacht werden, in dem er erwächst (BGH NJW 83, 284). Er entsteht als aufschiebend bedingter Anspruch mit Klageerhebung (Rechtshängigkeit), auch bei Klagen Prozeßunfähiger (insoweit ist die uneingeschränkte Genehmigung der Prozeßführung durch den gesetzlichen Vertreter keine weitere aufschiebende Bedingung, BGH MDR 93, 1249 = ZZP 106, 1993, 531 mit Anm Schlosser, Aufgabe von MDR 92, 911; Kempter NJW 93, 2158), wandelt sich mit Erlaß des Kostenausspruchs (AG Köln MDR 59, 313 mit zust Anm Pohle) zum auflösend bedingten und wird mit Eintritt der Rechtskraft oder in den Fällen der §§ 269 III, 515 III, 566 kraft Gesetzes unbedingt. Fällig wird er schon vor Rechtskraft, wenn das Urteil vorläufig vollstreckbar ist (BGH Rpfleger 76, 176). Schon während des Rechtsstreits kann er als aufschiebend bedingter Anspruch zwar abgetreten (BGH MDR 88, 857 = NJW 88, 3204 = WuB IV A § 398 BGB 1.88 Lewowski), gepfändet und im Konkurs angemeldet, es kann mit ihm aber nicht aufgerechnet werden (BGH WM 81, 792, 795). Als auflösend bedingter Anspruch ist er aufrechenbar (LG Frankfurt JurBüro 96, 272), auch gegen bereits rechtskräftig beschiedene Ansprüche im Rechtsstreit selbst (Karlsruhe NJW 94, 593; Schmitz NJW 94, 567 allgemein zur Aufrechnung „neben" dem Prozeß). Er **verjährt** in 30 Jahren (§§ 195, 218 BGB; München NJW 71, 1755); § 196 Nr 15 BGB gilt nur zwischen RA und Mandanten. 10

V) Neben ihm kann ein **materiellrechtl Anspruch** auf Ersatz von Prozeßkosten bestehen (Schneider MDR 81, 353 ff; Becker-Eberhard, Grundlagen der Kostenerstattung bei Verfolgung zivilrechtlicher Ansprüche, 1985, und Siebert, Die Prinzipien des Kostenerstattungsrechts und die Erstattungsfähigkeit vorgerichtlicher Kosten des Rechtsstreits, 1985). Er entsteht nicht kraft 11

Veranlassung, wie der prozessuale KE, sondern setzt stets eine **materiellrechtl Anspruchsgrundlage** voraus (KG WRP 80, 413; Zweibrücken, JurBüro 83, 1874), zB § 467 S 1 BGB (AG Albstadt AnwBl 79, 160), positive Vertragsverletzung (BGH NJW 83, 284; LG Wiesbaden AnwBl 79, 186; LG Paderborn JurBüro 89, 653), §§ 670, 677, 683 BGB bei Abschlußschreiben nach einstweiliger Verfügung (Prelinger AnwBl 84, 533 m Nachw) oder wegen der Kosten für die Bearbeitung der Drittschuldnererklärung nach § 840 I (Eckert MDR 86, 799), §§ 823 I, 831 BGB (BGH NJW 83, 284; 86, 2244), §§ 1004, 683 BGB für vorprozessuale anwaltliche Abmahnung (BGHZ 53, 399; BGH MDR 81, 24; KG WRP 80, 413; Nürnberg WRP 80, 854); zum familienrechtlichen gesetzlichen Schuldverhältnis zwischen Eheleuten s Düsseldorf FamRZ 86, 1240. Keine analoge Anwendung des § 91 (BGH NJW 88, 2032 = ZZP 101, 1988, 298 m Anm Becker-Eberhard). Ausschluß seiner Geltendmachung durch Gesetz ist möglich, zB § 12a I 1 ArbGG. Der Begriff des materiellen KE ist sinnvoll nur zu verwenden, wenn er in Beziehung zu einem begonnenen oder doch wenigstens in Aussicht genommenen Prozeß gesetzt wird. Er erfaßt daher **nicht** die **reinen Prozeßkosten** (Gebühren und Auslagen nach BRAGO und GKG), die wegen und ab Einleitung eines Gerichtsverfahrens durch bloße Veranlassung (nach Siebert, aaO, kraft Aufopferung) ausgelöst werden (BGH WPM 87, 248 = WuB VII A § 91 ZPO 1.87 Rehbein); desgleichen nicht reine Schadenspositionen wie etwa Reparaturkosten usw. Der materiellrechtliche Anspruch ist beschränkt auf vorprozessuale oder außerprozessuale Kosten, die in bezug auf einen möglichen oder geführten Rechtsstreit aufgewendet worden sind, aber nicht kraft Veranlasserhaftung, sondern kraft Verschuldens-, evtl. auch Gefährdungshaftung ersetzt werden müssen.

12 Man spricht insoweit von **Vorbereitungskosten** (BGH WPM 87, 248). Die Rspr hat mit Hilfe dieses Begriffes den Anwendungsbereich des § 91 wesentlich erweitert, um das einfache und schnellere Kostenfestsetzungsverfahren mit dem Ziel zur Verfügung zu stellen, einen gesonderten Rechtsstreit entbehrlich zu machen. Vorbereitungskosten haben daher eine **Doppelnatur:** Werden sie im Festsetzungsverfahren verfolgt, dann macht der Gl einen prozessualen KE geltend; werden sie außerhalb des Festsetzungsverfahrens verfolgt, kann er nur nach materiellem Recht vorgehen. Auch die **Verfahrensweisen** sind **grundverschieden:** summarisches Verfahren mit Glaubhaftmachung und Rechtspflegerprüfung bei §§ 103 ff; Strengbeweisverfahren bei Geltendmachung im Prozeß mit Richterzuständigkeit. Wie der Berechtigte vorgeht, steht ihm frei (Koblenz JurBüro 90, 1012; nach BGHZ 75, 235; BGH WPM 87, 247, 249 = WuB VII A § 91 ZPO 1.87 Rehbein = EWiR § 286 BGB 1/87, 351 Graf v Westphalen; ZSW 89, 100 muß Rechtsschutzbedürfnis besonders geprüft werden). Er darf das Festsetzungsverfahren wählen, ist aber auch befugt, die Kosten mit einzuklagen (aA LAG Hamm DB 92, 431; Hamm OLGR 93, 179), was sich insbesondere dann empfehlen wird, wenn teilweises Unterliegen droht, da sonst an sich voll zu ersetzende Vorbereitungskosten kraft der Kostenquotierung im Urteil auch im Festsetzungsverfahren nur anteilig zur Erstattung kommen könnten (s Nürnberg MDR 77, 936; Bremen VersR 77, 371; LG Hechingen VersR 86, 350, 351; Schneider MDR 65, 963). Möglich ist auch die Einklagung in einem besonderen Rechtsstreit, etwa nach Rücknahme in der Hauptsache; nur dieser Weg besteht, wenn in der gerichtlichen Entscheidung der Kostenpunkt übersehen worden ist und ein Ergänzungsurteil (§ 321) nicht mehr möglich ist. Erledigt sich die Hauptsache nach Einreichung der Klage durch Erfüllung, dann kann der Kläger die **Klage ändern** und seinen Anspruch auf Ersatz der bis dahin erfallenen Kosten einschließlich der reinen Prozeßkosten umstellen (Celle OLGR 94, 203; Sannwald NJW 85, 898), auch noch zwischen den Instanzen (Schneider MDR 79, 499; § 91a Rn 21 u Rn 21 vor § 511), wobei wegen der Bezifferungsschwierigkeiten auf Feststellung geklagt werden kann (KG MDR 91, 62; modifiziert WRP 96, 429: einheitliche Kostenentscheidung über mat-rechtl KE und die proz Kostentragungspflicht; Lang AnwBl 83, 508, 441; s aber auch BGH WPM 81, 387; krit Vollkommer unten § 91a Rn 40 mwN). Auch übereinstimmende Erledigungserklärungen sind möglich mit der Folge, daß das Gericht dann im Rahmen der Billigkeitsprüfung nach § 91a das Bestehen eines materiellen KE zu Lasten des Beklagten berücksichtigen darf (Köln MDR 79, 407; Nürnberg NJW 75, 2206 [2208]; München KTS 87, 328; Smid ZZP 97, 1984, 308 ff; s auch Schneider DGVZ 77, 129 zur Berücksichtigung noch im Vollstreckungsverfahren). LG Freiburg (JurBüro 84, 1736) berücksichtigt den materiellen Anspruch auch bei Erledigung zwischen Anhängigkeit und Rechtshängigkeit trotz Widerspruchs des Beklagten; ebenso Celle (OLGR 94, 203) für Teilklagerücknahmen beim Übergang zur Kostenklage.

13 Die Doppelnatur der Vorbereitungskosten ist auch bei der **Rechtskraftabgrenzung** zu beachten (s dazu Becker-Eberhard, oben Rn 11). Werden solche Kosten im Rechtsstreit oder im Festsetzungsverfahren zuerkannt, ist ein dahin gehender Anspruch endkräftig erledigt. Werden solche Positionen aberkannt, können sie innerhalb eines gleichen Verfahrens nicht weiter verfolgt werden, zB keine neue Prüfung in einem Festsetzungsverfahren nach Absetzen in einem früheren, keine neue Klage nach Aberkennung in einem Erkenntnisverfahren (anders bei Prozeßurteilen, Frankfurt AnwBl 85, 210; Nürnberg JurBüro 95, 592; abw Vorlaufl). Kostenbelastung kraft Gesetzes wegen Rücknahme (§ 269 III 2) steht jedoch nicht der Geltendmachung eines materiellrechtlichen Anspruchs (Rn 11) entgegen (Schleswig SchlHA 86, 12; aA BGH JZ 95, 840 mit krit

Anm Becker-Eberhard 814). Auch hindert die Aberkennung im Festsetzungsverfahren nicht die gesonderte Einklagung, und die Aberkennung im Erkenntnisverfahren hindert nicht die nachträgliche Festsetzung (Koblenz JurBüro 92, 475); wohl hindert bei materiellrechtlicher Geltendmachung ein Prozeßvergleich den Wechsel in das Kostenfestsetzungsverfahren (Hamburg JurBüro 81, 439). Der BGH (JZ 95, 840 = NJW-RR 95, 495 = WRP 95, 290; BGHZ 45, 251; ihm folgend Hamm MDR 93, 909) nimmt dagegen Rechtskrafterstreckung bei unverändertem (hierzu Becker-Eberhard JZ 95, 814, 816) Sachverhalt an. Das ist in sich widersprüchlich, weil im Festsetzungsverfahren nicht materiellrechtlich und im Erkenntnisverfahren nicht nach den Kriterien des § 91 geprüft werden darf; wo aber eine Prüfung verboten ist, kann schwerlich aus der Nichtprüfung eine Rechtskraftwirkung hergeleitet werden; vgl Schneider MDR 81, 357; Loritz, Die Konkurrenz materiell-rechtlicher und prozessualer Kostenerstattung, 1981.

VI) Parteiabreden über die Kostenerstattung binden nur intern; das Gericht muß nach den §§ 91 ff entscheiden (BGHZ 5, 251). Für die Frage der Erstattung von Verfahrenskosten ist stets darauf abzustellen, ob kostenauslösende Maßnahmen unter Anlegung objektiver Maßstäbe gerechtfertigt waren (KG AnwBl 77, 109), nicht darauf, was die erstattungsberechtigte Partei persönl für nötig hielt. 14

VII) Die nach § 308 II vAw zu treffende Kostenentscheidung, die auch bei erfolglosem Rechtsmittel abgeändert werden darf (s § 521 Rn 24), kann nur zwischen dem Kläger und dem Beklagten als den Prozeßparteien ergehen. Der **gegen einen Dritten** auf Grund vertragl Vereinbarung bestehende Anspruch auf Ersatz von Prozeßkosten kann nicht im Prozeß gegen den Hauptschuldner geltend gemacht werden (BGH NJW 57, 303). Dritte sind nur in Sonderfällen kostenerstattungspflichtig; vgl §§ 89, 101, 380, 390, 409. Sie müssen selbständig auf Zahlung der Kosten verklagt werden. 15

91 *[Umfang der Kostenpflicht und Rechtsverhältnis der Parteien untereinander]*

(1) Die unterliegende Partei hat die Kosten des Rechtsstreits zu tragen, insbesondere die dem Gegner erwachsenen Kosten zu erstatten, soweit sie zur zweckentsprechenden Rechtsverfolgung oder Rechtsverteidigung notwendig waren. Die Kostenerstattung umfaßt auch die Entschädigung des Gegners für die durch notwendige Reisen oder durch die notwendige Wahrnehmung von Terminen entstandene Zeitversäumnis; die für die Entschädigung von Zeugen geltenden Vorschriften sind entsprechend anzuwenden.

(2) Die gesetzlichen Gebühren und Auslagen des Rechtsanwalts der obsiegenden Partei sind in allen Prozessen zu erstatten, Reisekosten eines Rechtsanwalts, der nicht bei dem Prozeßgericht zugelassen ist und am Ort des Prozeßgerichts auch nicht wohnt, jedoch nur insoweit, als die Zuziehung zur zweckentsprechenden Rechtsverfolgung oder Rechtsverteidigung notwendig war. Der obsiegenden Partei sind die Mehrkosten nicht zu erstatten, die dadurch entstehen, daß der bei dem Prozeßgericht zugelassene Rechtsanwalt seinen Wohnsitz oder seine Kanzlei nicht an dem Ort hat, an dem sich das Prozeßgericht oder eine auswärtige Abteilung dieses Gerichts befindet. Die Kosten mehrerer Rechtsanwälte sind nur insoweit zu erstatten, als sie die Kosten eines Rechtsanwalts nicht übersteigen oder als in der Person des Rechtsanwalts ein Wechsel eintreten mußte. In eigener Sache sind dem Rechtsanwalt die Gebühren und Auslagen zu erstatten, die er als Gebühren und Auslagen eines bevollmächtigten Rechtsanwalts erstattet verlangen könnte.

(3) Zu den Kosten des Rechtsstreits im Sinne der Absätze 1, 2 gehören auch die Gebühren, die durch ein Güteverfahren vor einer durch die Landesjustizverwaltung eingerichteten oder anerkannten Gütestelle entstanden sind; dies gilt nicht, wenn zwischen der Beendigung des Güteverfahrens und der Klageerhebung mehr als ein Jahr verstrichen ist.

1 **I) Kostenentscheidung. 1)** Wer die Kosten des Rechtsstreits zu tragen hat, muß das Gericht **von Amts wegen** entscheiden, § 308 II. Fehlt der Kostenausspruch, ist die Entscheidung auf Antrag zu ergänzen, § 321.

2 **2) Kostenpflichtig ist der Unterliegende** ohne Rücksicht darauf, ob er geschäftsfähig oder prozeßfähig ist (BGH ZIP 93, 621), wie auch der prozessuale KE der obsiegenden Partei durch deren Geschäftsunfähigkeit nicht berührt wird (München Rpfleger 70, 290). Haftungsbeschränkung in der Hauptsache erstreckt sich nicht auf die Kostenpflicht. Auch wenn der Kläger nur auf Grund einer Gesetzesänderung siegt, trägt der Beklagte die Kosten (BGHZ 37, 233), der auch dann unterlegen ist, wenn der letztl siegreiche Kläger seine Klage ohne Streitwertminderung zulässig geändert hatte. Ein **vollmachtloser Vertreter** kann selbst mit den Kosten belastet werden (Hamm JurBüro 89, 858), und zwar ohne die Möglichkeit, sich durch Verweisung auf die Haftung eines anderen vollmachtlosen Vertreters zu entlasten, den der vollmachtlos Vertretene nicht in Anspruch nehmen will (BGH NJW 83, 883); die hinter dem Vollmachtlosen stehende

unwirksam vertretene Partei (kein Dritter, LG Heidelberg NJW-RR 92, 316) ist dann kostenpflichtig, wenn sie das vollmachtlose Auftreten veranlaßt hat (BGH MDR 92, 713; WPM 81, 1332 u 1353; 86, 1128; ausführlich Schneider Rpfleger 76, 229 ff; Ellen Schmitz, Kostenentscheidung für oder gegen Dritte bei fehlender Vertretungsmacht und bei falsch oder nicht existenter Partei, Diss Bonn 1988). Statthaft ist nur die sofortige Beschwerde einschließlich § 567 III 1 (BGH MDR 88, 37 = NJW 88, 49; krit Smid NJW 89, 1578).

Auch gegen eine **nichtexistente Partei** können Prozesse eingeleitet werden. Wird das nicht bemerkt, ist die rechtskräftige Kostenentscheidung unvollstreckbar. Jedoch kann der tatsächlich Handelnde, wenn er feststeht und aus dem Rubrum ersichtlich ist, im Festsetzungsverfahren als Kostenschuldner aufgeführt werden (Düsseldorf Rpfleger 80, 437). Wird es bemerkt, muß die Klage abgewiesen werden, und zwar mit einer Kostenentscheidung gegen den Kläger, damit die natürlichen oder juristischen Personen, die im Prozeß die Nichtexistenz geltend gemacht haben, ihre Kostenforderungen in das Festsetzungsverfahren einbringen können (Hamburg MDR 76, 845). Ebenso liegt es bei Abweisung der Klage mangels Parteifähigkeit des Bekl (Schleswig SchlHA 78, 178). Prozeßhandlungen kann die nicht existente Partei jedoch nicht vornehmen; das wäre ein Widerspruch in sich. Wer für eine nicht existierende Partei unwirksame Anträge stellt, wird entsprechend den Grundsätzen über vollmachtlose Vertretung selbst kostenpflichtig (Zweibrücken JurBüro 84, 621 zu § 269 III). Davon zu unterscheiden sind die Fälle, in denen wegen unvollständiger Namensangabe unklar ist, wer verklagt werden soll; derjenige, dem wegen seines Namens zugestellt wird, darf dann einen Anwalt mit der Wahrnehmung seiner Interessen beauftragen und kann bei späterer Klarstellung eine Kostenentscheidung zu seinen Gunsten verlangen (München MDR 84, 946; Hamm MDR 91, 1201; Köln MDR 93, 700; Brandenburg MDR 96, 317). Ein klageabweisendes Urteil ergeht jedoch in derartigen Fällen nicht (Frankfurt MDR 85, 676). Wegfall der Parteifähigkeit im Verlaufe des Verfahrens führt zur Unzulässigkeit; jedoch ist für die Kostenentscheidung Parteifähigkeit zu fingieren (BGH NJW 82, 238; Karlsruhe WRP 85, 714). Unerheblich sind spätere Veränderungen der Parteistellung; daher entfällt der Erstattungsanspruch einer zwischenzeitlich gelöschten GmbH nicht (Koblenz JurBüro 92, 600). Versehentliche Urteilszustellung an unbeteiligten namensgleichen Dritten macht diesen nicht zur Partei, berechtigt ihn jedoch, durch entsprechende Prozeßhandlungen den falschen Rechtsschein zu beseitigen (München KoRsp ZPO § 103 B Nr 32). Nach Gruber JurBüro 90, 1103 gilt dies auch schon für Aufwendungen des Dritten vor Klagezustellung an ihn.

3) Nach § 91 sind der unterliegenden Partei die gesamten Kosten des Rechtsstreits aufzuerlegen; warum die Partei unterliegt, ist gleichgültig (Hamm MDR 82, 676: Verzichtsurteil). Bei teilweisem Unterliegen: § 92. Ausnahmen enthalten die §§ 91a, 93, 93a–d, 94, 96, 97 II, 238 IV, 281 III 2 und 344. Man spricht in diesen Fällen von **Kostentrennung.** Zur Einspruchsverwerfung (§ 341 I 2) s § 97 Rn 1. 3

4) Wirksame **Aufrechnung des Beklagten nach Klageerhebung** führt zur Kostenteilung (früher str, vgl LG Arnsberg NJW 74, 320); heute zwingend wegen § 19 III GKG (s § 92 Rn 3). Wurde die Forderung erst nach Klageerhebung aufrechenbar, ist vom Kl nach § 91a zu verfahren, so daß der Bekl die Kosten trägt. 4

5) Der **Kostenausspruch des Rechtsmittelgerichts** umfaßt auch die Kosten der Vorinstanz, wenn das angegriffene Urteil abgeändert wird, sonst § 97. Um Auslegungszweifeln vorzubeugen, kann tenoriert werden, daß die belastete Partei die „gesamten Kosten des Rechtsstreits" oder die „Kosten beider Rechtszüge" trägt. 5

II) Anfallende Kosten. 1) Prozeßbezogene Kosten. Die unterlegene Partei hat die noch nicht erhobenen Gerichtskosten zu zahlen (§ 54 Nr 1 GKG) und dem obsiegenden Gegner zu ersetzen: die von ihm gezahlten, ihn aber nach der Kostengrundentscheidung nicht oder nicht im vollen Umfang treffenden Gerichtskosten u die ihm entstandenen außergerichtl Kosten im Rahmen des § 91. Sind im Kostenausspruch die Kosten gegeneinander aufgehoben und wird eine Prozeßpartei nach §§ 58, 49 S 1 GKG von der Staatskasse auf Zahlung der vollen Gerichtskosten in Anspruch genommen, so hat sie gg den Gegner nach § 92 I 2 einen Erstattungsanspruch in Höhe des sie nicht treffenden Teiles (idR der Hälfte) der Gerichtskosten. Die obsiegende Partei kann aber Gerichtskosten, die zu Unrecht gegen sie angesetzt worden sind und die sie bezahlt hat, nicht vom Gegner zurückverlangen, sondern muß sich an die Gerichtskasse halten (LG Berlin JurBüro 84, 116). 6

2) **Prozeßfremde Kosten.** Kosten, die eine hinter einer Prozeßpartei stehende Stelle im eigenen Interesse für den Prozeß geltend gemacht hat, stellen grundsätzlich keine eigenen Kosten der Partei dar und sind nicht zu erstatten. S aber Rn 13 „Versicherungsgesellschaft". 7

3) **Parteien kraft Amtes** (Testamentsvollstrecker, Nachlaß-, Konkursverwalter usw) haften für die Prozeßkosten nicht persönl; Schuldner ist die Vermögensmasse, für die der Rechtsstreit geführt wurde (München JW 22, 1594). 8

9 **III) Kosten des „Rechtsstreits". 1)** Ein Rechtsstreit muß stattfinden; auf die Kosten zu seiner Abwendung ist § 91 unanwendbar (Bamberg JurBüro 82, 601; jedoch kommt ein materieller KE in Betracht, s Rn 11 vor § 91). **Zum Rechtsstreit gehören** beispielsweise: das Güteverfahren gemäß § 91 III (s § 65 BRAGO); die Widerklage; das Mahnverfahren (§§ 688 ff); die Urteilszustellung; das Richterablehnungsverfahren; die Kosten für die sachgemäße Vorbereitung des Prozesses; die Bestimmung des zuständigen Gerichts (§ 36); das mit Verweisung oder Abgabe endende Verfahren vor einem nicht (oder nicht mehr) zuständigen Gericht (§§ 281, 506, 696, 700); das Verfahren über die Berichtigung oder Ergänzung eines Urteils (§§ 319 ff; Hamburg OLGE 19, 114; bei Zurückweisung des Ergänzungsantrags muß das Urteil nach § 321 einen Kostenausspruch enthalten, s § 321 Rn 10); die einstw Anordnung in den Prozessen nach §§ 767, 771 (RGZ 50, 356); Schutzanträge gemäß §§ 711 ff sowie der Anordnungen der §§ 707, 719 und das Verfahren vor den Rechtsmittelgerichten (Frankfurt NJW-RR 95, 956), es sei denn, es ist wie zB im Beschwerdeverfahren über die Kosten eine besondere Entscheidung ergangen. Zum **PKH-Prüfungsverfahren** vgl § 118 Rn 24–29.

10 **2) Nicht zum Rechtsstreit** gehören vor allem das Zwangsvollstreckungs- und das Arrestvollzugsverfahren. Die im Eilverfahren ergangene Kostenentscheidung umfaßt nicht die Kosten der Vollstreckung (Düsseldorf MDR 90, 344). Siegt der im Verfahren der einstw Verfügung Unterlegene im Hauptprozeß, so kann er die ihm im Verfahren der einstw Verfügung rechtskräftig auferlegten Kosten nicht ersetzt verlangen (BGHZ 45, 251, abl Baur JZ 66, 530). Ebenso wird im Aufhebungsverfahren (§ 927) nicht über die Kosten des Anordnungsverfahrens entschieden (Frankfurt WRP 92, 248). S auch §§ 103, 104 Rn 21 „Arrestbefehl".

11 **3) Einzelheiten** zur Erstattung und Festsetzung: unten Rn 13 und §§ 103, 104 Rn 21.

12 **IV) Die Kostenfestsetzung** obliegt dem Rechtspfleger, der an die (auslegungsfähige) Kostengrundentscheidung gebunden ist. Er hat vor allem zu prüfen, ob angemeldete Kosten entstanden sind und ob sie zur zweckentsprechenden Rechtsverfolgung oder Rechtsverteidigung notwendig waren. **Zweckentsprechend** ist eine Maßnahme, die eine verständige Prozeßpartei bei der Führung des Rechtsstreits in dieser Lage als sachdienlich ansehen mußte. **Notwendig** sind dann alle Kosten, ohne die die zweckentsprechenden Maßnahmen nicht getroffen werden könnten; es gibt also auch notwendige Kosten für nicht zweckentsprechende Maßnahmen, und für zweckentsprechende können überflüssige Kosten aufgewandt werden (Schneider MDR 65, 215). Zu beachten ist, daß jede Partei die Kosten ihrer Prozeßführung, die sie im Falle ihres Sieges vom Gegner erstattet verlangen will, so niedrig zu halten hat, wie sich dies mit der vollen Wahrung ihrer berechtigten prozessualen Belange vereinbaren läßt (s Schneider MDR 74, 887; allg M). Die aus der Sicht einer wirtschaftl denkenden Partei nicht als erforderl erscheinenden Aufwendungen sind daher grundsätzl nicht erstattbar. Die Pflicht, die Prozeßkosten niedrig zu halten, beruht letztlich auf Treu und Glauben (Schleswig JurBüro 83, 1089), geht aber natürlich nicht so weit, daß die Partei ihrerseits unlautere Maßnahmen ergreift, etwa den kostenlosen Voranschlag eines Handwerkers einholt, um die Kosten eines Sachverständigengutachtens zu ersparen, obwohl die Auftragsvergabe noch völlig ungewiß ist. Das Gebot zum kostensparenden Vorgehen gilt auch im Verhältnis des Anwalts zu seinem Mandanten und kann dazu führen, daß der Gebührenanspruch zu kürzen ist (Düsseldorf JurBüro 86, 387). Nicht entstandene Kosten sind nie zu erstatten. Sog fiktive Kosten können im Erstattungsverfahren nur Berücksichtigung finden, wenn sie durch den Anfall nichterstattbarer Kosten vermieden oder erspart worden sind (s Schneider JurBüro 66, 103).

13 **V) Einzelfälle** (alphabetisch geordnet; s auch den Schlüssel zu §§ 103, 104 Rn 21)

- **Ablichtungen, Abschriften:** Lit: Hüttenhofer Rpfleger 87, 292 (Korrespondenz- u Kopierkosten von Behörden) – Nach § 27 BRAGO anfallende Schreibauslagen sind, wenn sie notwendig waren, erstattungsfähig, sofern nicht der Partei zuzumuten war, die Ablichtungen kostengünstiger selbst zu fertigen (Köln MDR 87, 678 = Rpfleger 87, 433 m Anm Spruth S 519; aA München MDR 89, 367 = KoRsp ZPO § 91 B – Auslagen Nr 92 m abl Anm von Eicken; Düsseldorf NJW-RR 96, 579). Dann sollen nur 0,20 DM (Frankfurt Rpfleger 87, 82) bzw 0,05 DM (Köln JurBüro 88, 351; LG München II Rpfleger 89, 383 m Anm Spruth S 383 u 523) je Kopie erstattungsfähig sein. Erstattung (ohne kleinlichen Maßstab: Frankfurt JurBüro 82, 744), soweit die Abschrift (Ablichtung) – bezogen auf den Zeitpunkt der Herstellung (Bamberg JurBüro 84, 1358) – **zur zweckentspr Rechtsverfolgung oder Rechtsverteidigung notwendig** war. Schreibauslagen sind nicht erstattungsfähig, soweit sie zu den **allgemeinen Geschäftskosten** (§ 25 I BRAGO) rechnen. Dazu gehören außer der für das Gericht bestimmten Urschrift vornehmlich: Abschriften davon für die Handakten, den Mandanten und den Gegner (BVerfG NJW 96, 382; G/S/von Eicken § 27 Rn 6; Mümmler Anm zu München JurBüro 1983, 386 mit Abgrenzung der §§ 131, 133; s auch LG München II MDR 91, 256), ferner Abschriften (Ablichtungen) jeder gerichtlichen Entscheidung einschließlich Prozeßvergleich für Handakten und Mandanten, auch Beweisniederschriften und eine Rentenauskunft des Versorgungsträgers für Mandanten (Schleswig SchlHA 73, 229; Bamberg JurBüro 86, 68; aA Schleswig AnwBl 86, 547). Die im Einverständnis mit dem Auftraggeber zusätzlich gefertigten Abschriften (Ablichtungen) sind nur unter den Voraussetzungen des § 91 I 1 erstattungsfähig, also zB **Urkundenablichtungen** als Anlagen gem § 131 (hM, zB Brandenburg AnwBl 96, 172; Koblenz MDR 90, 64 für Wechsel; Stuttgart MDR 88, 500; Frankfurt Rpfleger 75, 31; aA Frankfurt JurBüro 78, 1342; Hamburg MDR 81, 58; 593; JurBüro 88, 731; LG Berlin AnwBl 96, 173 mit Anm Irrgeher; G/S/von Eicken § 27 Rn 13), sofern der Gegner die Urkunde nicht bereits besitzt (Koblenz JurBüro 81, 383) und Urkunden, die zum Beweis zu den Akten gereicht werden (Privatgutachten: OVG Lüneburg AnwBl 84, 322) sowie bei unersetzbaren Originalen (Bamberg JurBüro 81, 1679; LG Frankfurt AnwBl 82, 319). Erstattungspflichtig Ablichtungen, die durch ungewöhnlich **große Personenzahl** auf einer Parteiseite (bei Vielzahl von Streitgenossen auch für Information untereinander: LAG Hamm MDR 88, 524) notwendig werden (München MDR 87, 418; Schleswig SchlHA 83, 143; Schneider Anm KoRsp BRAGO § 27 Nr 28; bei mehr als zehn Auftraggebern gilt § 6 II, III S 1, 2. Hs BRAGO; bei mehr als drei Gegnern § 27 I Nr 2 BRAGO), auch soweit wirtschaftlich am Verfahren beteiligte Dritte zu informieren sind (§ 27 I Nr 3 BRAGO), zB Versicherungsgesellschaften im Haftpflichtprozeß (Düsseldorf Rpfleger 73, 316; LG Flensburg AnwBl 79, 391); darüber hinaus nicht (Schleswig JurBüro 73, 966; Frankfurt NJW 74, 2095), zB nicht die durch eine Streitverkündung entstandenen Fotokopierkosten im Verhältnis zum Prozeßgegner oder Herstellung von Ablichtungen, um einzelne Vorstandsmitglieder (Hamm JurBüro 82, 288) oder den Rechtsschutzversicherer (aA LG Düsseldorf AnwBl 83, 557) zu unterrichten. Ablichtung von **Fachliteratur** fällt unter § 27 I Nr 3 BRAGO (Schleswig KoRsp BRAGO § 27 Nr 39 m Anm Schneider); Notwendigkeit fehlt bei Gerichtsentscheidungen (LAG Hamm MDR 81, 789; aA LAG Köln JurBüro 84, 872 m abl Anm Müller), insbesondere wenn sie unerheblich sind (Schleswig SchlHA 82, 60). Für Ablichtungen aus **Behörden- oder Gerichtsakten** gilt § 27 I Nr 1 BRAGO: soweit zur sachgemäßen Bearbeitung der Rechtssache geboten, zB ein für die Prozeßbearbeitung wichtiges Gutachten, das gem § 134 I auf der Geschäftsstelle niedergelegt ist (LG Berlin JurBüro 82, 230), die Krankengeschichte der Partei (Schleswig JurBüro 89, 632) oder wichtige andere Schriftsätze, von denen der Gegner zu wenig Überstücke eingereicht hat (München Rpfleger 82, 311; Karlsruhe AnwBl 86, 546). Das hat grundsätzlich der ProzBev selbst zu entscheiden (VG Freiburg AnwBl 78, 184). Bei der Überprüfung seiner Entscheidung ist großzügig zu verfahren (Frankfurt AnwBl 79, 437; LG Essen JMBlNRW 79, 104), Kürzung also die Ausnahme, zB bei offensichtlich wahlloser Ablichtung ersichtlich bedeutungsloser Schriftstücke in großer Menge (LG Essen aaO). Wo Ablichtung beschleunigt, ist sie immer gerechtfertigt (KG Rpfleger 75, 107). Bei sehr umfangreichen Urkundensammlungen (ganze Akten) kann Beschränkung auf wesentliche Teile angebracht sein (Hamburg JurBüro 78, 1511), es sei denn, daß genaue Kenntnis der Akten bedeutsam ist (Frankfurt MDR 78, 498). Ist bei einzelnen Urkunden deren äußeres Erscheinungsbild oder der Gesamtinhalt besonders wichtig oder handelt es sich um unersetzliche Urkunden, ist Ablichtung zur sachgemäßen Bearbeitung immer geboten (Schleswig JurBüro 78, 1512). Zu eingereichten **Fotos** s bei „Lichtbilder".

● **Abmahnung:** Im Wettbewerbsrecht werden anwaltliche Kosten für die Abmahnung außerhalb des Rechtsstreits nach materiellem Recht erstattet (Prelinger AnwBl 84, 533; Koblenz WRP 81, 226; LG Düsseldorf NJW 82, 239; zur Mehrfachabmahnung vgl Virneburg WRP 86, 315). Ob sie im Prozeß zu den Kosten des Rechtsstreits gerechnet werden können, ist zweifelhaft. Die Rspr verneint das weitgehend (zB Hamburg MDR 93, 388; Frankfurt MDR 85, 414; Schleswig SchlHA 85, 179; Düsseldorf Rpfleger 82, 352; aA Nürnberg JurBüro 92, 614, Aufgabe der bish Rspr; s näher Borck WRP 81, 438; Melullis 3.10.2.7. Rn 799 ff und WRP 82, 1). Das hat dann zur Folge, daß die Abmahnungskosten neben den Kosten des Verfügungsverfahrens gesondert geltend gemacht werden können (LG Hamburg WRP 81, 60). Wegen des verbreiteten Abmahnungs-Mißbrauchs strenge Prüfung angebracht. Keine Erstattung der Kosten für Sammlung und Sichtung von Tatsachen- und Beweismaterial durch Auswerten von Zeitungsinseraten (KG MDR 85, 414). Zurechnung zu den Kosten des Rechtsstreits scheidet jedenfalls dann aus, wenn die Abmahnung den wettbewerblichen Unterlassungsanspruch erst entstehen läßt (Hamm Rpfleger 74, 202) oder gar Kosten für unterbliebene Abmahnung angesetzt werden (Hamburg WRP 72, 536; Karlsruhe MDR 76, 497; Nürnberg JurBüro 78, 1070). Löst die Abmahnung vorprozessuale Kosten des späteren Antragsgegners aus, können diese als bereits prozeßbezogen erstattungsfähig sein (KG MDR 87, 679; 88, 239).

● **Abschlußschreiben:** Sein Zweck ist es, einen bei Gericht anhängigen Wettbewerbsstreit dadurch außergerichtlich zu beenden, daß der Gegner zu einer Verzichtserklärung aufgefordert wird und ihm bei erfolglosem Anschreiben das Kostenrisiko der Hauptsache nach § 93 zugeschoben wird. Die Anwaltsgebühr für das Abschlußschreiben (LG Lübeck WRP 81, 62: 7,5/10 hält sich im Rahmen der Billigkeit) muß notfalls materiellrechtlich eingeklagt werden (Frankfurt JurBüro 89, 1124; Schneider ZAP F 13 S 179; Melullis 3.10.2.8. Rn 814 ff). S auch bei „Abmahnung".

● **Abtretung:** S „Forderungsabtretung".

● **Aktenauszug:** Wird er gefertigt, um als Entscheidungshilfe zu dienen, ob ein Rechtsstreit aufgenommen wird, fehlt es an der Prozeßbezogenheit; die Kosten sind dann nicht erstattungsfähig (Koblenz JurBüro 91, 88).

● **Allgemeine Geschäftskosten:** Aus dem Gebot kostensparender Prozeßführung folgt, daß Erstattungsfähigkeit nicht begründet werden kann, indem die Rechtsabteilung juristisch verselbständigt oder ein Mitglied der Abteilung als (angestellter) Rechtsanwalt zugezogen wird (Koblenz JurBüro 79, 1370; Köln JurBüro 80, 723). Auch eine anteilige Umlegung allgemeiner Geschäftskosten, etwa in der Höhe, die bei anwaltlicher Vertretung entstanden wäre, findet nicht statt (AG Saarbrücken AnwBl 79, 185).

● **Allgemeiner Prozeßaufwand:** Er ist für RA mit den gesetzl Gebühren abgegolten (§ 25 I BRAGO). Für Partei keine Erstattung an Einkommenseinbuße durch Ausfall einer Maschinenanlage wegen Beweisaufnahme (Stuttgart Justiz 81, 204), der Verwahrungskosten für ein im Rahmen der Wandlung Zug um Zug zurückzugebendes Kfz (München MDR 88, 869), Zeitaufwand des Liquidators (Hamm Rpfleger 82, 82), Unterrichtung des Haftpflichtversicherers (Stuttgart Rpfleger 82, 233), wohl für Abschleppkosten anläßlich der Begutachtung eines PKW (Frankfurt JurBüro 83, 274), Fotokopien, Porto- und Fernmeldekosten (Schleswig JurBüro 92, 172). **Verdienstausfall der Partei** durch Terminswahrnehmung (s auch „Zeitversäumnis") grundsätzlich erstattungsfähig (zB KG Rpfleger 83, 172; Stuttgart AnwBl 89, 166), nicht aber Prozeßvorbereitung wie Durcharbeiten des Prozeßstoffs oder Anfertigung von Schriftsätzen (zB Stuttgart Rpfleger 74, 26; Koblenz Rpfleger 76, 408; AnwBl 96, 412; Schleswig JurBüro 81, 122), auch nicht bei entgeltlicher Beauftragung Dritter, etwa mit der Sammlung und Sichtung von Tatsachen- und Beweismaterial (KG MDR 85, 414; Hamburg MDR 85, 237) oder der Teilnahme an einem Ortstermin (Bamberg JurBüro 91, 1659), es sei denn, daß die Eigenleistung der Partei nicht zumutbar ist (bezahlte Schreibkraft für ungewöhnlich umfangreichen Schriftsatz: OVG Hamburg Rpfleger 84, 329) oder der Partei die erforderlichen besonderen Kenntnisse und Fähigkeiten fehlen (KG MDR 85, 414). Aber kein Anspruch, wenn die Tätigkeit des Dritten gegen das RBerG verstößt (Hamburg JurBüro 93, 157). Der in eigener Sache vor einem auswärtigen Gericht prozessierende RA erhält für die Information keine Verkehrsgebühr erstattet (Düsseldorf Rpfleger 84, 37; Schleswig 86, 884). Vorbereitende Hilfsarbeiten einer Partei für den gerichtlichen Sachverständigen, etwa Grabungsarbeiten (Hamburg MDR 93, 87), sind immer zu erstatten, wenn sie der Berufstätigkeit der Partei zuzuordnen sind oder den üblichen Prozeßaufwand übersteigen (s dazu KG JurBüro 81, 1388; Schleswig JurBüro 84, 1403).

● **Angestellte:** Der Anwalt schuldet die Tätigkeit persönlich; was seine Angestellten leisten, wird durch die gesetzlichen Gebühren mit abgegolten (§ 25 I BRAGO). Davon macht § 4 BRAGO eine Ausnahme für **allgemeine Vertreter** oder zur Ausbildung zugewiesene **Referendare.** Zur Vergütung, wenn sich der RA durch einen Nicht-Stationsreferendar (LG Düsseldorf JurBüro 87, 1031: 50% des Anwaltshonorars), Assessor (LG Bochum Rpfleger 88, 426 und LG Hamburg AnwBl 96, 170: 100% des Anwaltshonorars; sehr str; LG Bonn Rpfleger 90, 435: Entschädigung nach ZSEG), Bürovorsteher (Lappe MDR 84, 990) vertreten läßt, s KoRsp BRAGO § 4. Für die Prozeßvertretung durch eigene Angestellte kann der Sieger außer Auslagen keine Kostenerstattung verlangen. Nimmt bei einer **Handelsgesellschaft** deren Vertreter notwendigerweise einen Gerichtstermin wahr, so stellt dessen Arbeitszeitversäumnis für sie grundsätzl einen entschädigungsfähigen Nachteil iS von § 91 I 2 dar (Hamburg MDR 74, 590; JurBüro 91, 1089; Stuttgart Justiz 78, 405; aA Hamm MDR 84, 673; OLGR 93, 315; Köln JurBüro 86, 1708). Zum Erstattungsausschluß bei zentralisierter Rechtsabteilung s „Mehrkosten"; vgl auch „Arbeitsgerichtsverfahren" (aE) u „Behörde".

● **Anwaltswechsel:** Die dadurch hervorgerufenen Kosten sind insoweit zu erstatten, „als in der Person des RA ein Wechsel eintreten mußte" (§ 91 II 3), was nur angenommen werden kann, wenn weder die Partei noch den ersten Anwalt ein Verschulden daran trifft. So liegt es zB, wenn der ProzBev sich infolge eigener Nachlässigkeit gezwungen sieht, das Mandat niederzulegen (Hamburg JurBüro 85, 1871). § 91 II 3 ist Ausdruck des Grundsatzes, daß jede Partei die Kosten ihrer Prozeßführung so niedrig zu halten hat, wie es sich mit einer ihre Rechte wahrenden Prozeßführung verträgt (s näher Schneider MDR 81, 451). Daher zB nicht notwendig, daß ein besonderer Anwalt für das selbständige Beweisverfahren (Koblenz AnwBl 94, 248; JurBüro 96, 34; Düsseldorf Rpfleger 95, 84) oder für eine Widerklage bestellt wird (KG MDR 75, 499; Hamburg MDR 71, 935) oder der Wechsel zu einem am LG der Kartellkammer zugelassenen RA in Fällen der konzentrierten Zuständigkeit (Frankfurt JurBüro 91, 249 = AnwBl 91, 165). Unnötiger und damit nicht erstattungsfähiger Anwaltswechsel (bei Gebührenänderung Vergütung nur des neuen RA und nur zu den Sätzen des alten Gebührenrechts: LG Berlin JurBüro 88, 754) grundsätzlich dann, wenn die Gründe bei der Partei liegen (Frankfurt JurBüro 83, 122) oder bei der hinter ihr stehenden Versicherung (Nürnberg JurBüro 90, 726), etwa bei **Mandatsentziehung** (Düsseldorf MDR 73, 59), insbesondere wegen aufgetretener Differenzen (Köln JurBüro 92, 175; München JurBüro 91, 964; Hamburg MDR 73, 324), auch wenn dies seitens des Erben (Köln JurBüro 74, 757) oder des Nachlaßverwalter-RA geschieht (Frankfurt Rpfleger 78, 419). Bei Anfechtung eines Prozeßvergleichs kommt es darauf an, wie lange der Abschluß zurückliegt (Düsseldorf JMBlNW 63, 73: notwendig bei Ablauf von zehn Jahren; KG JurBüro 1968, 130: nicht nach sieben Jahren). **Tod einer Partei** macht Anwaltswechsel nicht nötig; es müßten schon konkrete Umstände vorliegen, die es für den Erben dringend geboten erscheinen lassen, einen anderen Anwalt zu beauftragen (Hamburg MDR 79, 762). **Tod des Anwalts** macht Wechsel notwendig, auch wenn ein Abwickler nach § 55 BRAO bestellt wird (Frankfurt MDR 80, 1026; Hamburg JurBüro 85, 1870), es sei denn, daß von vornherein eine Sozietät beauftragt war (München AnwBl 95, 109; Frankfurt JurBüro 90, 1180; abw Düsseldorf AnwBl 87, 98, wenn der Verstorbene der alleinige Sachbearbeiter gewesen war), zu der auch der Abwickler gehört (Hamm Rpfleger 69, 168). Keine Erstattung, wenn der Abwickler die Praxis kauft und das Mandat fortführt (München OLGR 93, 275). Notwendigkeit aber zu bejahen, wenn ein sachbearbeitender angestellter Anwalt nach dem Tode des Kanzleiinhabers die Kanzlei als selbständiger Rechtsanwalt fortführt (aA VGH Baden-Württemberg KoRsp ZPO § 91 B – Vertretungskosten Nr 132 m abl Anm von Eicken). **Krankheit des Anwalts** reicht für sich nicht aus, allenfalls bei langer Dauer (München MDR 70, 428; Braunschweig JurBüro 73, 871: krankheitsbedingte Praxisveräußerung; aA Frankfurt JurBüro 74, 1599 bei Berufsaufgabe). **Zulassungsaufgabe** ist danach zu beurteilen, worauf sie beruht. Grds nicht notwendig bei freiwilliger Aufgabe oder Wechsel der Zulassung (Köln JurBüro 74, 471, 475; Frankfurt JurBüro 80, 141, eingeschränkt in AnwBl 84, 205; Notwendigkeit bejaht bei Wechsel zum OLG: Rpfleger 86, 66). Es besteht grundsätzlich kein Anlaß, den sich in der Sphäre des Auftraggebers abspielenden Wechsel finanziell dem Gegner anzulasten, der damit am wenigsten zu tun hat. Für den Anwalt besteht gegenüber dem Mandanten eine Hinweispflicht, deren Verletzung die Erstattungspflicht des Gegners ausschließt (Düsseldorf MDR 79, 147; Hamburg MDR 81, 767; Bamberg JurBüro 84, 1562; Frankfurt AnwBl 84, 205; Rpfleger 86, 66; Koblenz MDR 91, 1098). Notwendiger Wechsel, wenn Zulassungsaufgabe wegen Änderung der Gerichtsorganisation geschieht, die den Umsatz spürbar senken wird (Koblenz JurBüro 78, 1068). Ausscheiden aus der Anwaltschaft wegen Überwechselns in den öffentlichen Dienst ist entsprechend zu behandeln (Neustadt MDR 61, 946; München Rpfleger 70, 97; Notwendigkeit bejaht bei Wechsel zur Treuhandanstalt: Hamburg JurBüro 93, 351; aA LG Flensburg Rpfleger 94, 383); RA hat ebenfalls Hinweispflicht (Nürnberg JurBüro 72, 518; AnwBl 72, 129). Bei **Interessenkollision** kommt es darauf an, ob der Anwalt sie vorhersehen konnte (Frankfurt JurBüro 77, 554; Nürnberg JurBüro 67, 920). Nicht genügend, daß ProzBev von der eigenen Partei als Zeuge benannt worden ist (Hamm Rpfleger 76, 435) oder daß der Gegner ihn benannt hat (München MDR 67, 503). S auch „Mahnverfahren", „Einstweilige Verfügung", „Klageerweiterung", „Streitgenossen", „Konkurs", „Verweisung".

● **Arbeitsgerichtsverfahren:** Im Urteilsverfahren erster Instanz ist die Kostenerstattung ausgeschlossen (§ 12a I 1 ArbGG), auch für den Nebenintervenienten (LAG Baden-Württemberg AP § 12 a ArbGG 1979 Nr 2), einem Betriebsratsmitglied (BAG MDR 94, 387) und nach LAG Düsseldorf (LAG KoRsp ArbGG § 12a Nr 38 m abl Anm Schneider u Lappe; aA LAG München AnwBl 79, 67) sogar bei Kostenübernahme im Prozeßvergleich. Darauf muß der Anwalt den Mandanten hinweisen, will er sich nicht schadensersatzpflichtig machen (LG München KoRsp ArbGG § 12a Nr 17). Nach der Rspr des BAG ist auch ein materiellrechtlicher Erstattungsanspruch ausgeschlossen (anders aber im Beschlußverfahren, BAG MDR 95, 936 und im Drittschuldnerprozeß, § 840, vor dem ArbG: LAG Düsseldorf MDR 95, 1044; LAG Rheinland-Pfalz AnwBl 88, 299; LG Rottweil KoRsp ArbGG § 12a Nr 52 m Anm Schneider; Eckert MDR 86, 799; s auch § 840 Rn 14). In zweiter Instanz gibt es eine Kostenerstattung, wobei Verbandsvertreter zugunsten der von ihnen vertretenen Partei für das Festsetzungsverfahren gebührenrechtlich wie Anwälte behandelt werden (§ 12a II 1 ArbGG), ohne daß diese fiktiven Kosten eigens angemeldet zu werden brauchen (LAG Hamm MDR 80, 612). Das LAG als Berufungsgericht entscheidet über einen erstmals vor ihm gestellten Antrag auf Erlaß einer einstweiligen Verfügung nicht als Gericht des ersten Rechtszuges iS des § 12a I 1 ArbGG, so daß Kostenerstattung möglich ist (LAG Baden-Württemberg AnwBl 81, 35). Wird dagegen der Erlaß einer einstweiligen Verfügung beim AG der belegenen Sache beantragt (§ 942), so wird das AG stellvertretend für das ArbG tätig, was eine Kostenerstattung ausschließt (AG Iserlohn KoRsp ArbGG § 12a Nr 14). Zur Erstattung nach **Verweisung** s unter „Verweisung". Vor dem ArbG entstandene Anwaltskosten sind jedoch insoweit erstattungsfähig, als die Partei durch die Beauftragung des RA eigene **Reisekosten** erspart hat (LAG Nürnberg AnwBl 88, 181; LAG Rheinland-Pfalz AnwBl 88, 299; LAG Köln AnwBl 85, 274; JurBüro 87, 624), Reisekosten des nicht im LAG Bezirk ansässigen Berufungsanwalts (LAG Düsseldorf JurBüro 92, 477) bzw des nicht am Sitz des BAG ansässigen RA aber nur, wenn seine Zuziehung zur zweckentspr Rechtsverfolgung notwendig war (LAG Kiel MDR 94, 216); nach LAG Frankfurt (AnwBl 63, 23) stets, außer im Fall des Rechtsmißbrauchs. Nach BAG (MDR 63, 254; zustimmend LAG Hamburg MDR 93, 87) kommt es darauf an, ob die außerhalb Kassels wohnende Partei einen an ihrem Wohnsitz oder im Bezirk des erst- oder zweitinstanzlichen Gerichts ansässigen Anwalt mit der Vertretung vor dem BAG beauftragt hat; dann ist Erstattungsfähigkeit immer zu bejahen, sonst von den Reisekosten des Anwalts nur diejenigen, die auch für einen Anwalt aus den genannten Bereichen angefallen wären. Auch im ersten Rechtszug ist bei schwieriger Sach- und Rechtslage mindestens eine Informationsreise zum ProzBev als notwendig anzusehen (LAG Mainz BB 59, 960). Innerbetriebliche Vertretungskosten infolge Zeitversäumnis sind nicht erstattungsfähig (LAG Frankfurt NJW 68, 863), wohl aber Reisekosten einer oHG, die ihren Sitz nicht am Ort des Prozeßgerichts hat, auch wenn sich ein Gesellschafter dort ständig aufhält (LAG Rheinland-Pfalz MDR 76, 258). Ein RA, der arbeitsgerichtliche Prozesse als Konkursverwalter führt, kann der Masse eine Vergütung in Rechnung stellen (LG Würzburg JurBüro 74, 736). Kosten einer arbeitsgerichtlichen Drittschuldnerklage sind als Zwangsvollstreckungskosten erstattungsfähig (§ 788 Rn 13 „Kosten eines Rechtsstreits"). Bestimmt eine Verwaltungsanordnung, daß die Vertretung des Bundes in Prozessen vor sämtl Arbeitsgerichten eines Bundeslandes ausschließlich in der Hand einer Bundesmittelbehörde liegt, obwohl es sich um einen Geschäftsbereich mit vollständigem bundeseigenem Verwaltungsunterbau handelt, so sind die hierdurch entstehenden Reisekosten und Aufwendungen nicht erstattungsfähig (ArbG Münster AP § 91 ZPO Nr 25). Die Einräumung eines Sonderstatus bei der Erstattung von Reisekosten für Behörden mit zentraler Rechtsabteilung liefe dem Grundgedanken des § 12a I 1 ArbGG zuwider. Entscheidendes Kriterium ist deshalb auch hier nur, ob die Terminswahrnehmung durch Bedienstete am Ort des Prozeßgerichts die Gewährleistung einer ordentlichen Prozeßführung ausschließen würde, wobei aber die Behörde für sich nicht in Anspruch nehmen kann, sie werde nur durch Bedienstete mit speziellen arbeitsrechtlichen Kenntnissen ordentlich vertreten (LAG Köln EzA § 91 ZPO Nr 4 mit Anm Schneider). Vielmehr gilt der Grundsatz der Gleichberechtigung, so daß innerbetrieblich bedingte Vertretungskosten nicht erstattungsfähig sind (LAG Frankfurt NJW 68, 863). – Kostenerstattung in **Personalvertretungsangelegenheiten:** Eich MDR 85, 885.

● **Aufgebotsverfahren:** S § 952 Rn 3; LG Mosbach Rpfleger 92, 174.

● **Auskunft**-Einholung über den Schuldner. Kosten sind nur bei besonderem Anlaß zu erstatten, zB solche der polizeilichen Wohnungsauskunft und der Ermittlung der unbekannten genauen Anschrift des Bekl (LG Bonn WuM 90, 585). S auch „Ratsgebühr".

● **Ausländer:** Eine ausländische Partei, die im Inland prozessiert, darf sich erstattungsfähig eines Korrespondenzanwalts bedienen (Hamm JurBüro 81, 1860; Stuttgart AnwBl 82, 25; Frankfurt AnwBl 84, 619; Hamburg JurBüro 88, 758; 88, 1186; Koblenz AnwBl 95, 267; jedenfalls dann, wenn durch den Verkehrsanwalt ein Dolmetscherhonorar eingespart wurde: Düsseldorf JurBüro 87, 1551; oder wenn die Partei hierdurch noch höhere Reise- u Übersetzungskosten ersparte: Hamm AnwBl 85, 591; Koblenz JurBüro 91, 245), wobei sie zwischen einem inländischen (hier uU auch Reisekosten der Partei: Frankfurt AnwBl 86, 406, oder des Verkehrsanwalts zur ausl Partei: Koblenz JurBüro 90, 61 erstattungsfähig) und einem ausländischen Verkehrsanwalt wählen darf (Stuttgart JurBüro 81, 870). Nicht notwendig, daß der Verkehrsanwalt neben dem ProzBev an Verhandlungs- u Beweisterminen teilnimmt, weil die Partei ihm besonders vertraut (Bamberg JurBüro 86, 438), oder daß drei Anwälte eingeschaltet werden (Nürnberg AnwBl 88, 653). Die Rspr tendiert für einige Fallgruppen zu Recht dahin, auch ausländische Parteien einer strengeren Notwendigkeitsprüfung zu unterwerfen (Frankfurt JurBüro 85, 1102; Hamm AnwBl 85, 591; Koblenz KoRsp ZPO § 91 B – Vertretungskosten Nr 323, wenn die ausl Firma in deutscher Sprache Handelsbeziehungen unterhält; Düsseldorf JurBüro 92, 687, wenn nur die Geschäftsführer einer juristischen Person nach deutschem Recht der deutschen Sprache nicht mächtig sind; AnwBl 93, 39, wenn eine unmittelbare Information möglich und zumutbar war; Karlsruhe JurBüro 93, 352, wenn die ausl Partei in Inland am Wirtschaftsleben teilnimmt). Reisekosten der ausländischen Partei zur Information des deutschen ProzBev müssen im Kostenfestsetzungsverfahren geltend gemacht werden; Einklagen mit der Hauptforderung ist unzulässig (Köln MDR 81, 763). Bedient sich die ausländische Partei zur Prozeßführung ihrer inländischen Vertriebsgesellschaft, sind die für inländische Parteien geltenden Erstattungsgrundsätze anzuwenden (Stuttgart Justiz 82, 262; Düsseldorf AnwBl 83, 560).

● **Ausländischer Anwalt:** Die Höhe der zu erstattenden Kosten richtet sich nach der GebO, die für das betreffende Land gilt, in dem der ausländische Anwalt zugelassen ist (Frankfurt AnwBl 95, 378). Übersteigen die Gebühren hiernach Sätze der BRAGO, so bedarf es des Nachweises, daß dem ausländischen Anwalt die Gebühren auch zustehen (KG Rpfleger 62, 158; enger LG Köln AnwBl 82, 532: BRAGO sowie fiktive Reise- und Dolmetscherkosten bilden die Obergrenze). Die Kosten des ausländischen Anwalts, der der Beweisaufnahme im Ausland beiwohnte oder dem Kläger bei seinem Prozeß im Inland als Korrespondenzanwalt diente, sind erstattungsfähig (Hamburg OLGE 23, 105); nach Düsseldorf (MDR 59, 671) nur, wenn der Rechtsstreit für die Partei bedeutsam ist, nach Karlsruhe (JurBüro 90, 64) reicht aus, daß schwierige Fragen des ausl Rechts zu beurteilen sind. In eigener Sache kann der ausländische Anwalt weder eine Verkehrsgebühr noch – fiktive – Parteireisekosten verlangen (München AnwBl 87, 245).

● **Auslobungskosten** für die Benennung eines Unfallzeugen rechnen nach Koblenz (VersR 75, 933) zu den erstattungsfähigen Kosten, wenn während des Rechtsstreits ausgelobt wird. Vorprozessuale Auslobung aufgrund eines Entschlusses zur Rechtsverfolgung (München JurBüro 92, 335) können dann dem Bereich der zu erstattenden Vorbereitungskosten zugewiesen werden. Nicht erstattungsfähig aber die Belohnung für einen Mittäter, um ihn zur Aussage als Zeugen zu bewegen (Hamburg MDR 91, 904).

● **Ausscheiden** einer zu Unrecht in den Prozeß gezogenen Partei: Erstattung richtet sich nach der Kostenentscheidung, wobei für Rücknahme und Parteiwechsel § 269 III 2 gilt. Möglich die Abwälzung der Kostenlast durch Umstellung der Klage gegen den Ausscheidenden auf materiellrechtliche Anspruchsgrundlage, aber nur zwischen den Prozeßparteien, nicht soweit Dritter haftet (s Schneider MDR 81, 355). S auch unter „Parteiwechsel". Wird zunächst irrtümlich ein Dritter als vermeintlich **gesetzlicher Vertreter** in den Prozeß einbezogen, ist für die Erstattung von dessen Kosten entscheidend, ob er schon Veranlassung hatte, einen RA zu bestellen (Bamberg JurBüro 89, 538; Brandenburg MDR 96, 317).

● **Aussöhnungsgebühr** (§ 36 II BRAGO): Macht der RA Bemühungen um eine Eheaussöhnung glaubhaft, so spricht eine Vermutung dafür, daß eine darauf zustande gekommene Aussöhnung dadurch gefördert worden ist (KG MDR 72, 156; Bamberg JurBüro 85, 233).

● **Auswärtige Abteilung:** Mehrkosten, die durch Schaffung von Außenabteilungen beim AG oder beim Kollegialgericht anfallen, sind erstattungsfähig, wenn der ProzBev an einem der beiden Gerichtsorte wohnt oder residiert (Schneider MDR 83, 811; Frankfurt Rpfleger 90, 135; Karlsruhe Rpfleger 94, 383; aA LG Konstanz MDR 83, 847; LG München MDR 85, 589 m abl Anm Schneider).

● **Auswärtiger Anwalt:** **a)** Die Partei mandatiert einen beim Prozeßgericht zugelassenen, aber nicht an dessen Sitz oder dem der „Auswärtigen Abteilung" (s dort) wohnhaften RA. Die hierdurch entstehenden Mehrkosten (Köln AnwBl 77, 24) sind nicht erstattungsfähig; denn die Parteien haben die Pflicht, die Kosten niedrig zu halten. Die Mehrkosten machen nicht immer den vollen Betrag der Reisekosten aus, so wenn der RA einen auswärtigen Beweistermin am Ort seiner Niederlassung wahrnimmt, zu dem ein am Gerichtsort ansässiger RA Reisekosten hätte berechnen können. Das bestimmt § 91 II 2.

b) Die Partei mandatiert einen beim Prozeßgericht nicht zugelassenen und an dessen Ort auch nicht wohnhaften RA (§ 91 II 1, Hs 2). Dessen **Reisekosten** sind nach § 91 II 1 Hs 2 nur erstattungsfähig, wenn die Zuziehung notwendig war, zB weil nur er mit der entscheidungserheblichen Spezialmaterie vertraut ist (LAG Düsseldorf AnwBl 81, 504). Wäre auf jeden Fall eine Informationsreise zu einem RA am Ort des Prozeßgerichts notwendig geworden, sind Reisekosten des auswärtigen Anwalts fiktiv bis zu dieser Höhe erstattungsfähig (Karlsruhe AnwBl 82, 203; LG Koblenz AnwBl 82, 24).

● **BayObLG-Zuständigkeit:** S „Revisionsverfahren" u Schneider Anm KoRsp BRAGO § 56 Nr 6.

● **Beamte:** S unter „Behörde".

● **Bearbeitung** des Prozesses durch die Partei, Angestellte, auch wenn diese mittlerweile nicht mehr bei der Partei beschäftigt sind (LG Hannover JurBüro 87, 598) oder Verwandte (SG Bayreuth JurBüro 87, 603 m Anm Rebstock) begründet grundsätzlich keinen prozessualen KE (Schleswig JurBüro 81, 122; s bei „Allgemeiner Prozeßaufwand" u „Angestellte"), schon gar nicht eine Entschädigung analog BRAGO (BVerfG NJW 94, 1525). Wohl aber Erstattung von Auslagen, die Partei zur Vorbereitung eines gerichtlichen Sachverständigengutachtens macht, wenn dadurch Hilfskräfte des SV überflüssig werden, zB bei Aufbau eines Baugerüstes (Schleswig JurBüro 80, 1589); desgleichen Aufwendungen zur Beseitigung von Schäden, die der SV anläßlich der Besichtigung angerichtet hat, um Begutachtung vornehmen zu können, zB Abschlagen von Verputz an der Hauswand (Koblenz JurBüro 78, 120; aA KG JurBüro 78, 1247).

● **Befragung** eines Anwalts in Erwartung des Rechtsstreits gehört nicht zu den Kosten des Rechtsstreits (Hamburg OLGE 25, 67). Anders kann es sein in besonders gelagerten Fällen für notwendige Beratung von Klageerhebung oder Klageerwiderung (Bamberg JurBüro 71, 431); s „Ratsgebühr".

● **Behörde:** Auch Behörden, denen Justitiare angehören, dürfen einen RA einschalten (OVG Bremen AnwBl 87, 48). Wird eine Behörde an ihrem allgemeinen Gerichtsstand oder an dem Gerichtsstand des in ihrem Bezirk liegenden Tatorts verklagt, läßt sie aber aus Zweckmäßigkeitsgründen die Prozesse zentral durch eine Behörde an einem anderen Ort bearbeiten, sind **Reisekosten** eines Beamten der Zentralbehörde zu den Terminen nur zu erstatten, soweit sie auch entstanden und zu erstatten wären, wenn ein Beamter der regulären Vertretungsbehörde erschienen wäre (LAG Niedersachsen Rpfleger 84, 33; LAG Berlin JurBüro 95, 38 mwN). Dem kann sich die Behörde nicht dadurch entziehen, daß sie einen Beamten eigens zur Wahrnehmung von Gerichtsterminen bestimmt (LG Berlin MDR 89, 917; aA AG Essen MDR 84, 500). Ob die Behörde sich durch einen Anwalt hätte vertreten lassen dürfen, ist entgegen VG Stade (Rpfleger 86, 278) unbeachtlich. Ebenso hat der Unterliegende nur die Kosten eines einzigen ProzBev zu erstatten, wenn in einem Rechtsstreit der Fiskus durch mehrere in ihrem Geschäftsbereich betroffene Behörden vertreten wird und diese je einen eigenen ProzBev beauftragen, selbst wenn die einander widerstreitenden Interessen der verschiedenen Geschäftsbereiche des Fiskus aus rechtlichen Gründen die Beauftragung eines gemeinsamen ProzBev nicht erlauben (Köln Rpfleger 80, 157; LAG Köln EzA § 91 ZPO Nr 4 mit Anm Schneider) oder wenn mehrere Minister sich durch jeweils eigene Anwälte vertreten lassen (Köln JMBlNW 70, 159; abw Koblenz, KoRsp ZPO § 91 B – Vertretungskosten Nr 296, wonach dann nicht die Kosten eines RA erstattungsfähig sind, sondern bei zwei Ministerien jedes seine Kosten zu 50% erstattet verlangen kann). Nicht erstattungsfähig auch anteilige Personalkosten für Zeitversäumnis eines Behördenbediensteten infolge Unterrichtungen innerhalb der Behörde (München JurBüro 92, 170) und des ProzBev (Schleswig JurBüro 90, 622) oder **Terminswahrnehmung** (Bamberg JurBüro 90, 210; BVerwG Rpfleger 89, 255 = JurBüro 89, 533; VGH Bad.-Württ. JurBüro 90, 1005; LG Köln JurBüro 94, 229; krit v Oppeln-Bronikowski Rpfleger 84, 342; aA MK/Belz Rn 80; LG Frankfurt MDR 85, 589; Stuttgart MDR 90, 635; Bamberg JurBüro 92, 242). S auch unter „Angestellte". Zu **Korrespondenz-** u **Kopierkosten** von Behörden s Hüttenhofer Rpfleger 87, 297; zur Benutzung des **Dienstfahrzeugs** s OVG Rheinland-Pfalz AnwBl 91, 287 (0,4 DM/Km).

● **Beitrittsgebiet:** Die Anwaltsvergütung war bislang um 20% zu kürzen; diese Regelung wurde als „derzeit" noch nicht verfassungswidrig angesehen (BVerfG AnwBl 93, 529; 94, 93). Durch RechtsVO v 15. 4. 96 (BGBl I 604) wurde mit Wirkung zum 1. 7. 96 die Ermäßigung auf 10% reduziert.

● **Belohnungen** zur Beschaffung von Beweismitteln: s Auslobungskosten.

● **Berichtigung** der Kostenentscheidung wegen Unrichtigkeit aufgrund nachträglicher Änderung der Streitwertfestsetzung (Düsseldorf – 19 U – OLGR 92, 136; aA – 9 W – aaO 92, 278; Köln FamRZ 94, 56; s auch § 319 Rn 18; sehr str) oder bei Rechenfehler wegen irrigen Ansatzes einer falschen Bezugsgröße (Köln FamRZ 93, 456) ist zulässig.

● **Berufsständische Organisationen:** Keine Erstattung der von ihr für die außergerichtl Vertretung ihrer Mitglieder geforderten Vergütung (LG Köln AnwBl 60, 63 mit Anm Chemnitz); jedoch dann, wenn die Verbandssatzung Auslagenerstattung des beratenen Mitglieds vorsieht (BSG JurBüro 91, 1235).

● **Berufung: Lit:** *Mayer* AnwBl 95, 187; *Mümmler* JurBüro 95, 621 – Der Berufungsbeklagte darf grundsätzlich sofort nach Rechtsmitteleinlegung einen RA mit seiner Vertretung im Berufungsverfahren beauftragen (Frankfurt JurBüro 79, 110; Düsseldorf JurBüro 82, 555), nach Hamm (Rpfleger 78, 427) u München (MDR 87, 1030) aber erst, wenn die Berufung förmlich zugestellt worden ist. Zweifelhaft ist die Erstattungsfrage, wenn die Berufung erklärtermaßen nur zur Fristwahrung eingelegt wird. Alle möglichen Ansichten werden dann vertreten: Prozeßgebühr erstattungsfähig (Karlsruhe JurBüro 90, 342; München Rpfleger 90, 528; aufgegeben in JurBüro 94, 93; AnwBl 95, 377; Schleswig SchlHA 90, 74; Düsseldorf JurBüro 93, 98; 94, 97; NJW-RR 96, 54 = MDR 95, 857), nicht erstattungsfähig (Bamberg JurBüro 90, 48 mit Rspr-Übersicht in der Anm; teilweise aufgegeben in JurBüro 93, 93: volle Prozeßgebühr aus dem Kostenwert; hierzu aA Köln AnwBl 93, 137; Bamberg JurBüro 95, 657), erstattungsfähig die erste Hälfte der Prozeßgebühr, nicht aber die zweite, die anfällt, weil der ProzBev des Berufungsbeklagten schriftlich den Antrag auf Zurückweisung der Berufung ankündigt, ohne die Begründungsschrift abzuwarten (Koblenz JurBüro 91, 74; MDR 95, 968, dem zuzustimmen ist; Nürnberg JurBüro 94, 98, auch wenn nicht nur fristwahrende Berufung eingelegt ist); dann aber volle Prozeßgebühr aus Kostenstreitwert zusätzlich für Antrag nach § 515 III 2 (so richtig Hamm Rpfleger 91, 477; OLGR 96, 84; Hamburg JurBüro 95, 90 Aufg der bish Rspr; Nürnberg – 4 W – JurBüro 93, 91 – 12 W – JurBüro 93, 215; München JurBüro 94, 93; Karlsruhe JurBüro 94, 159; Justiz 96, 13 = Rpfleger 1995, 227; anders aber, wenn der RA erst nach Berufungsrücknahme bestellt wird: Koblenz JurBüro 93, 486); keine Erstattung mit der Einschränkung, daß durch die vorläufige Zurückstellung der Beauftragung eines Anwalts keine Nachteile drohen; erstattungsfähig, wenn der Berufungskläger sich die Begründungsfrist verlängern läßt (Frankfurt OLGR 93, 90; Karlsruhe MDR 90, 158; Nürnberg JurBüro 92, 39 und - nach KG Rpfleger 91, 476 - nicht erkennbar ist, daß es bei bloßer Fristwahrung bleibt; aA Köln MDR 92, 1087) oder die Berufung ohne den Hinweis der Fristwahrung eingelegt wurde (KG MDR 90, 732) bzw nur eine eventuelle Rücknahme angekündigt wurde (Saarbrücken JurBüro 92, 37) oder sie verzögert wird (Stuttgart MDR 95, 1268). War die Bestellung verfrüht oder waren noch keine Kosten angefallen (Koblenz MDR 96, 210), sind auch die Kosten für den Antrag nach § 515 III 2 überflüssig gewesen und deshalb nicht erstattungsfähig. Nicht erforderlich ist die Bestellung eines Berufungsanwalts durch die hilfsbedürftige Partei, wenn der ebenfalls hilfsbedürftige Gegner Berufung eingelegt hat; das PKH-Verfahren ist abzuwarten (Köln MDR 87, 328). Wird die Berufung als unzulässig verworfen (§ 519 b), ist für den Gegenanwalt die volle Prozeßgebühr zu erstatten, wenn er erst nach Schriftsatzeinreichung den Verwerfungsbeschluß zugestellt erhält (Düsseldorf MDR 80, 239; Nürnberg JurBüro 95, 473; aA Frankfurt MDR 94, 1151: 1/2 Gebühr). Einschaltung eines Verkehrsanwalts kann immer erst ab Zustellung der Berufungsbegründung erforderlich werden (Düsseldorf NJW 74, 245; Hamm JurBüro 84, 1835). Gebühr erstattungsfähig, wenn RA in unverschuldeter Unkenntnis der erfolgten Rechtsmittelrücknahme mandatiert wird (Düsseldorf Rpfleger 89, 169) und Antrag auf Zurückweisung des Rechtsmittels einreicht (Zweibrücken JurBüro 89, 495), jedoch entgegen Oldenburg (JurBüro 92, 682; OLGR 96, 72 - 2 W -; aA OLGR 95, 286 = NdsRpfl 95, 394 - 12 W -) nur ½ Prozeßgebühr, wenn zu diesem Zeitpunkt die Berufung noch nicht begründet war. Der „sicherste Weg" ist eine Vereinbarung mit dem erstinstanzlichen ProzBev (Karlsruhe Rpfleger 85, 167), wobei jedoch vereinbarte Fristen eingehalten oder verlängert werden müssen (Schleswig AnwBl 84, 620; Karlsruhe JurBüro 88, 65; JurBüro 93, 36; Nürnberg JurBüro 93, 90).

• **Besprechungsgebühr:** S §§ 103, 104 Rn 21 „Außergerichtliche Anwaltskosten", „Vorprozessuale Kosten". Ausführlich Chemnitz ZfS 91, 290; Jahnke VersR 91, 264; Hohmeister AnwBl 92, 301.

• **Bestimmung des zuständigen Gerichts:** Im Verfahren nach § 36 Nr 3 sind auch Kosten eines Anwalts erstattungsfähig, der nicht bei dem als zuständig bestimmten Gericht zugelassen ist (Zweibrücken JurBüro 85, 925). Über die Kosten des Gerichtsstandsbestimmungsverfahrens ist zu entscheiden, wenn der Antrag zurückgenommen oder abgelehnt wird, wobei auch hier § 269 III 3 gilt (BGH NJW-RR 87, 757).

• **Beweistermin: a)** Die Partei hat das Recht, bei auswärtigem Beweistermin anwesend zu sein, und zwar die nicht anwaltschaftl vertretene Partei selbst oder durch einen Anwalt (Düsseldorf MDR 62, 416), die vertretene durch ihren Anwalt. Doch dürfen die Kosten der Terminswahrnehmung durch den ProzBev diejenigen bei Beauftragung eines Beweisanwalts (§ 54 BRAGO) nicht oder doch nicht wesentlich übersteigen (Frankfurt AnwBl 88, 298). Dabei ist jedoch zu berücksichtigen, daß der Prozeßanwalt grundsätzlich dazu berufen ist, einen Beweistermin selbst wahrzunehmen, auch wenn dies mit einer weiten Reise verbunden ist (Frankfurt JurBüro 82, 238).

b) Umgekehrt sind die Kosten eines Vertreters bei der Beweisaufnahme nur bis zur Höhe der Kosten zu erstatten, welche die Wahrnehmung des Termins durch den eigenen RA verursacht hätte (Reisekosten und Tagegelder, Frankfurt JurBüro 77, 969; Schleswig JurBüro 77, 1737), sofern nicht erhebliche Verhinderungsgründe gegeben sind (Celle NJW 60, 162; Bamberg JurBüro 75, 375, 379; Hamm MDR 84, 587). Bei Verhinderung des ProzBev kann es, wenn der Termin nicht verlegt werden kann, unter besonderen Umständen notwendig sein, daß der mit dem Streitstoff gut vertraute Verkehrsanwalt der Partei an ihrer Stelle den Termin wahrnimmt. Die Reisekosten des Verkehrsanwalts sind dann als ersparte Parteiauslagen erstattbar (München NJW 64, 1480). Umgekehrt sind aber auch die die Kosten eines Vertreters übersteigenden Kosten der Wahrnehmung des Termins durch den eigenen Anwalt erstattungsfähig, wenn dies notwendig war (Nürnberg NJW 65, 1443), selbst wenn es sich um weite Reisen handelt (Stuttgart Justiz 84, 182).

c) Nimmt die Partei selbst neben ihrem Anwalt am Beweistermin teil, sollten ihre Kosten regelmäßig erstattungsfähig sein, da sich so gut wie nie ausschließen läßt, daß die Anwesenheit der Partei und ihre nicht delegierbare Detailkenntnis den Verlauf einer Zeugenvernehmung beeinflußt (Frankfurt MDR 72, 617; AnwBl 86, 539; Bamberg JurBüro 79, 111; enger die hM zB Schleswig Rpfleger 62, 427; Bremen JurBüro 76, 92; Hamm JurBüro 94, 475 verlangt, daß das Beweisthema auch die Partei betrifft; KG JurBüro 82, 1247; München JurBüro 81, 1022).

d) Einen Beweistermin im Ausland braucht der ProzBev nicht wahrzunehmen, wenn es sich um einfache Tatsachenbeweisthemen handelt. Zu ersetzen sind hier regelmäßig nur die Kosten eines Substituten (KG NJW 38, 965). Anders, wenn es sich um einen komplizierten, wichtigen Rechtsstreit handelt und es auf persönliche Ausübung des Fragerechts der Partei ankommt (Bremen JurBüro 76, 92).

• **Datenbankkosten:** Für Telekommunikationsdienstleistungen zu zahlende Entgelte kann der RA dem Mandanten in Rechnung stellen (§ 26 S 1 BRAGO). Diese sind im Rechtsstreit erstattungsfähig, wenn die Recherche notwendig war (LG Köln CR 92, 609; SG München AnwBl 94, 146; s auch Jordan/Konradi-Martin, Erstattung von juris-Datenbankrecherchekosten, AnwBl 94, 117). Bei abgelegenen Rechtsgebieten und bei hohen Streitwerten wird die Recherche oft der sicherste Weg sein, den einzuschlagen der RA ja verpflichtet ist, so daß dann idR Erstattungsfähigkeit anzunehmen ist.

• **Detektivkosten** sind nur erstattungsfähig, als sie sich, gemessen an den wirtschaftl Verhältnissen der Parteien und an der Bedeutung des Streitgegenstandes in vernünftigen Grenzen halten, prozeßbezogen waren (LAG Düsseldorf JurBüro 89, 1702; LAG Nürnberg JurBüro 95, 90; MK/Belz Rn 40), die erstrebten Feststellungen wirkl notwendig waren (zB um überhaupt vortragen zu können, LG Mannheim VersR 90, 1409) und die Ermittlungen nicht einfacher und/oder billiger erfolgen konnten (Hamm OLGR 93, 31; München JurBüro 94, 226). Diese Voraussetzungen fehlen beispielsweise, wenn ein Detektiv für konkrete Testkäufe eingeschaltet wird (Schleswig JurBüro 84, 920). Die vorher angebotenen Beweismittel müssen ausgeschöpft sein (Frankfurt OLGR 93, 290: Zeugen). Es kommt dabei nicht darauf an, ob die Ermittlungen den Prozeßausgang beeinflußt haben, sondern ob eine vernünftige Partei berechtigten Grund gehabt hätte, einen Detektiv einzuschalten (Stuttgart FamRZ 89, 888: Fehlverhaltensnachweis im Trennungsunterhaltsverfahren; Schleswig JurBüro 92, 471: Verschweigen von Einkommen im Unterhaltsprozeß; Köln Rpfleger 94, 38; Hamburg JurBüro 91, 1105; 93, 158; Schleswig JurBüro 91, 1657; LG Hagen JurBüro 92, 243: Verdacht vorgetäuschten Unfalls; Koblenz Rpfleger 91, 338: Vorbereitung eines Verfügungsantrags im Wettbewerbsrecht); wohl ist die Beeinflussung des Prozeßausgangs Indiz für die Notwendigkeit (Schleswig JurBüro 78, 435). Die für vergebliche Überwachungsversuche des Detektivs angefallenen Kosten sind nur dann erstattungsfähig, wenn diese Tätigkeit zumindest in einem richtungweisenden Zusammenhang mit dem späteren Erfolg seiner Bemühungen stand (München JurBüro 70, 517). Nicht erstattbar sind nach München (MDR 70, 429) die für Beschaffung von Beweismaterial aufgewendeten Detektivkosten dann, wenn das Ergebnis der Ermittlungen nicht in das Verfahren eingeführt wurde, selbst wenn zur Beauftragung des Detektivs in diesem Zeitpunkt ein berechtigter Anlaß bestanden hat. Immer ist nötig, daß der Auftrag an den Detektiv zur Bestätigung eines bestimmten festen Verdachts erteilt worden ist (Frankfurt JurBüro 81, 922; LG Berlin JurBüro 82, 1561), die Partei also einen dementsprechend genau umrissenen Auftrag erteilt und sich über den Stand der Ermittlungen laufend informieren läßt (Frankfurt VersR 78, 1145). Wegen der oft ungewöhnlich hohen Detektivrechnungen ist Notwendigkeit und Höhe der Aufwendungen durch Vorlage von Ermittlungsberichten und Rechnungen nachzuweisen (so mit Recht Frankfurt VersR 78, 1145; LAG Düsseldorf JurBüro 95, 477; BGH MDR 90, 1099 für eingeklagte Detektivkosten). Insbes bei Erfolgshonoraren ist strenge Prüfung nötig.

- **Drittschuldnererklärung:** S „Arbeitsgerichtsverfahren“ und § 840 Rn 14 sowie Eckert MDR 86, 799.

- **Eidesstattliche Versicherung** der Partei, von einem Anwalt aufgenommen, ist nicht erstattungsfähig, sondern durch die Prozeßgebühr abgegolten (KG OLGE 15, 80). Im FGG-Verfahren entstandene Kosten werden nicht festgesetzt, sondern sind einzuklagen (KG JurBüro 93, 353).

- **Einstweilige Verfügung:** Hat ein am Wohnort des Antragstellers residierender Anwalt eine einstw Verfügung erwirkt und beauftragt die Partei nach Anordnung mündl Verhandlung einen beim Prozeßgericht zugelassenen Anwalt, so sind die Mehrkosten nur erstattungsfähig, wenn der Antragsteller davon ausgehen durfte, daß die einstweilige Verfügung ohne mündliche Verhandlung erlassen und der Gegner keinen Widerspruch einlegen werde (Hamburg JurBüro 90, 67; Bamberg JurBüro 78, 1029). Die Beweislast hierfür trägt der Antragsteller (Koblenz JurBüro 87, 1406). Bloße Ungewißheit reicht nicht (Hamburg MDR 78, 849). Im Zweifel ist mit mündl Verhandlung/Widerspruch zu rechnen (Koblenz JurBüro 82, 1081; Bamberg JurBüro 86, 1410; München JurBüro 87, 277; Karlsruhe GRUR 90, 223; Frankfurt Rpfleger 90, 313: Eilverfahren ohne vorherige Abmahnung in Wettbewerbssache; Köln JurBüro 93, 429) oder damit, daß es zum Rechtfertigungsverfahren kommt (Koblenz MDR 91, 61). Besondere Eilbedürftigkeit kann sofortige Einschaltung eines beim Hauptsachegericht nicht zugelassenen RA rechtfertigen (Düsseldorf AnwBl 90, 100; Zweibrücken JurBüro 85, 1715). Keine Gebühr nach § 53 BRAGO für den zweiten Anwalt neben der Verhandlungsgebühr des ProzBev (Köln KoRsp ZPO § 91 (A) 4.7.1). Bei Antragrücknahme kann Gegner Kostenbeschluß beantragen, falls eine einstweilige Verfügung noch nicht erlassen war, jedoch nur, wenn er am Verfahren beteiligt war (Schleswig SchlHA 80, 44; KG JurBüro 80, 1430), jedoch nicht Mehrgebühren für einen Sachantrag nach Antragsrücknahme vor Zustellung, und zwar ohne Rücksicht auf Kenntnis davon (KG JurBüro 80, 1430 – keine Abweichung von KG JurBüro 74, 1271, da dort zugestellt worden war). Wurde der Antrag auf Erlaß einer einstw Verfügung ohne Anhörung des Gegners zurückgewiesen, hatte dieser jedoch anderweitig von dem Verfahren Kenntnis erlangt, so hat er Anspruch auf Erstattung der Kosten seiner Rechtsverteidigung (KG MDR 93, 481; München MDR 82, 412). Die Kosten gestellter, aber nicht vernommener Zeugen sind nur erstattungsfähig, wenn Partei davon ausgehen durfte, daß eidesstattliche Versicherungen nicht genügen und das Gericht die Zeugen vernehmen werde (Schleswig JurBüro 81, 760; Frankfurt JurBüro 77, 555). Kosten für ein Gegengutachten (BGH ZSW 89, 100) oder Hinzuziehung eines Sachverständigen sind erstattungsfähig, wenn zur Rechtsverteidigung im Eilverfahren notwendig (Koblenz JurBüro 90, 365; Düsseldorf ZIP 81, 540; jedoch nicht für einen Sachverständigen als Besichtigungsberechtigten, § 810 BGB, München MDR 87, 147).

- **Erbschein.** Kosten erstattungsfähig, wenn Vorlage vom Gericht angeordnet (LAG Düsseldorf JurBüro 89, 811).

- **Filiale:** S „Angestellte“.

- **Forderungsabtretung:** Sie darf den Bekl nicht belasten (KG Rpfleger 62, 158), auch nicht durch Abtretung an einen Dritten, der einen Verkehrsanwalt in Anspruch nimmt oder bei Abtretung durch Ausländer an deutschen Kl (Koblenz VersR 81, 87). Kosten eines noch vom Altgläubiger betriebenen Beweisverfahrens trägt der nach Abtretung oder Pfändung im Prozeß unterliegende Neugläubiger (Celle NJW 63, 54).

- **Geld:** Erhebung und Ablieferung ist nicht erstattungsfähig; grds auch nicht die Hebegebühr nach § 22 BRAGO (Frankfurt OLGR 93, 172; Nürnberg JurBüro 92, 107; München JurBüro 92, 178: RA muß auf Gebührenentstehung hinweisen). Erstattungsfähigkeit wird hingegen bejaht, wenn der Sch unaufgefordert an den Gläubiger-RA zahlt (Frankfurt MDR 81, 856; Düsseldorf AnwBl 80, 264; Schleswig AnwBl 89, 169) oder sogar entgegen anderslautender Weisung (Frankfurt JurBüro 95, 321); wenn der Gl ein schutzwürdiges Interesse an der Einschaltung eines RA hat, zB zur Überwachung unregelmäßiger Raten (AG Friedrichsstadt JurBüro 61, 242), in Eilfällen (Frankfurt Rpfleger 52, 445) oder wenn sich der Bekl im Prozeßvergleich zur Zahlung an den RA verpflichtet hatte (KG Rpfleger 81, 410; zu Recht kritisch, wenn der Gl minderjährig ist: Hamburg MDR 91, 679).

• **Gerichtsvollzieher:** Bei Zustellung durch den GV kann der Erstattungspflichtige sich nicht darauf berufen, der billigere Weg einer Zustellung von Anwalt zu Anwalt habe gewählt werden müssen (LG Hamburg MDR 57, 623).

• **Gutachten:** S „Privatgutachten" und „Vorbereitungskosten".

• **Hausbesitzervereinigung:** S unter „Mieter- und Vermietervereinigungen".

• **Hebegebühr** (§ 22 BRAGO): S unter „Geld".

• **Hinterlegungskosten:** Gehören nicht zu den Kosten des Rechtsstreits, auch nicht die Kosten eines Verfahrens nach § 16 HinterlO (Koblenz JurBüro 88, 1690).

• **Hochschullehrer** als ProzBev. Seine Kosten sind nach LG Münster (MDR 95, 1175 mit abl Anm Deumeland ZMR 96, 386) nicht erstattungsfähig.

• **Honorarvereinbarung:** S „Sondervergütung".

• **Inkassobüro:** (Jäckle, Die Erstattungsfähigkeit der Kosten eines Inkassobüros, 1978; derselbe, JZ 78, 675; Rentsch/Bersiner BB 86, 1245; Löwisch NJW 86, 1725; Jäckle NJW 86, 2692: alle zum Verzugsschaden). Inkassokosten sind nicht prozeßbezogene Kosten des Rechtsstreits (München Rpfleger 89, 301), sondern Mahn- und Beitreibungskosten. Es kommt allenfalls ein – einzuklagender – materiell-rechtlicher KE (Verzugsschadenersatz; vgl Jenisch JurBüro 89, 721, 730; Stöver/Jäger JurBüro 89, 1071; Dresden JurBüro 96, 38 gegen Dresden NJW-RR 94, 1139) in Betracht. Dabei wird in der Einschaltung eines Inkassoinstituts immer dann ein Verstoß gegen die Schadensgeringhaltungspflicht (§ 254 I BGB) liegen, wenn der Gläubiger, der ja zuvor selbst und ergebnislos gemahnt hatte, keine konkreten Anhaltspunkte darlegen kann, er habe annehmen dürfen, über das Inkassounternehmen werde er seine Forderung auch ohne gerichtliche Hilfe beitreiben können (sehr str; instruktiv Karlsruhe JurBüro 87, 931).

• **Juristische Person:** Sie kann keine Entschädigung für zeitl Aufwand ihrer Organe oder sonstiger Mitarbeiter aus Anlaß der Bearbeitung eines Rechtsstreits verlangen (insoweit richtig Hamm OLGR 93, 315; es sind „Ohnehinkosten"); jedoch für terminsnotwendige Zeitversäumnis (Frankfurt Rpfleger 87, 82; Hamburg JurBüro 91, 1089; BL/Hartmann § 91 Rn 294; aA Köln JurBüro 86, 1708). IdR muß ein Organ mit juristischen Kenntnissen den RA ausschließlich schriftlich informieren (Koblenz JurBüro 87, 1835); dem RA als Vereinsvorstand kann jedoch eine Verkehrsgebühr erwachsen (KG MDR 87, 679). Mehraufwand, weil sie ihre Geschäfte nicht vom satzungsmäßigen Sitz aus führen läßt, ist nicht erstattungsfähig (Hamm Rpfleger 68, 289). S auch „Behörde" u „Mehrkosten".

• **Kanzleiverwalter:** Der für einen verstorbenen RA bestellte RA kann für die Durchführung schwebender Prozesse nur diejenigen Kosten beanspruchen, die durch die Tätigkeit des verstorbenen RA noch nicht entstanden waren (Düsseldorf JMBlNRW 1954, 215).

• **Kennzeichenstreitsachen:** Das MarkenG ist an die Stelle des aufgehobenen WZG getreten. Mehrkostenregelung in § 140 IV MarkenG für nicht am Prozeßgericht zugelassene Anwälte; die Kosten des Patentanwalts sind nach § 140 V MarkenG zu erstatten.

• **Klageabweisungsantrag:** Wird er erst nach dem Verhandlungstermin eingereicht, ist nur eine $^{5}/_{10}$ Prozeßgebühr erstattungsfähig (LG Berlin JurBüro 87, 707). S auch „Klagerücknahme" und „Widerspruch".

• **Klageerweiterung:** Wird der Kläger im Amtsgerichtsprozeß veranlaßt, die Klage auf einen die Zuständigkeit des LG begründenden Streitwert zu erweitern, dann muß er mit der Erweiterung von vornherein einen beim Landgericht zugelassenen RA beauftragen, wenn die Unzuständigkeitsrüge des Bekl zu erwarten ist (Düsseldorf MDR 84, 320). Läßt er den zur Verweisung führenden erweiterten Antrag zunächst vom ersten ProzBev verlesen, obwohl dieser beim zuständigen Landgericht nicht zugelassen ist, dann liegt kein notwendiger Anwaltswechsel vor (Koblenz JurBüro 90, 621).

• **Klagerücknahme:** Der Anwalt des Bekl verdient die Prozeßgebühr, wenn er in entschuldbarer (vorwerfbar, wenn Partei ihn nicht sogleich informiert: Schleswig JurBüro 90, 1621) Unkenntnis der Rücknahme einen Klageerwiderungsschriftsatz einreicht (München AnwBl 85, 44; Saarbrücken JurBüro 88, 595; Köln JurBüro 95, 641). Sobald der RA aber von der bevorstehenden Klagerücknahme Kenntnis erlangt hat, darf er nicht weiter Gebühren auslösend tätig werden (LG Berlin MDR 88, 149). Ergeht nach Klagerücknahme vor Zustellung fehlerhaft Kostenbeschluß, können Kosten des Bekl nicht festgesetzt werden (s § 269 Rn 8; Hansens JurBüro 86, 495; aA KG MDR 90, 935: 10/10 Prozeßgebühr aus dem Kostenwert). Wird trotz Rücknahme noch zugestellt, gilt § 269 III analog (Köln MDR 94, 618; KG BerlAnwBl 94, 80; s Greger unten § 269 Rn 8). Hat der Kläger ein **Versäumnisurteil** erwirkt, nimmt er dann im Einspruchsverfahren die Klage (oder Berufung: Köln MDR 90, 256) zurück, so hat der Bekl dennoch die Kosten seiner Säumnis zu tragen (Düsseldorf MDR 72, 1043; NJW 75, 1569; Hamm OLGZ 89, 464; Köln AnwBl 92, 332; MDR 93, 1023; Karlsruhe MDR 96, 319; LG Aachen MDR 91, 451; aA die wohl noch hM Bremen MDR 76, 319; Stuttgart MDR 76, 51; Hamm MDR 77, 233 mit Anm Schneider;

Frankfurt MDR 79, 1029; Nürnberg JurBüro 84, 1586; Rostock NJW-RR 96, 832; MK/Belz Rn 44). S auch § 269 Rn 18; § 696 Rn 2.

● **Konkurs:** Wird der Konkurseröffnungsantrag erst im Beschwerdeverfahren zurückgewiesen, so hat der Antragsteller zwar die Kosten des Eröffnungsverfahrens und des Beschwerdeverfahrens zu tragen; nicht aber dem Gemeinschuldner die Ausgaben für die Verwaltung der Masse zu erstatten (BGH NJW 61, 2016). Der nach Konkurseröffnung verklagte Gemeinschuldner erwirbt einen eigenen Erstattungsanspruch (KG Rpfleger 90, 310). Der RA als Konkursverwalter kann die Kosten für den Schriftwechsel mit dem von ihm bestellten ProzBev nicht als **Verkehrsanwalt** erstattet verlangen (KG Rpfleger 81, 411; Stuttgart Rpfleger 83, 501), weil ihm eine Verkehrsgebühr schon gar nicht entsteht. An der mdl Verhandlung nimmt er als Partei teil (Stuttgart JurBüro 83, 1835); nach Frankfurt auch an Beweisterminen (KoRsp ZPO § 91 B – Vertretungskosten Nr 319 m krit Anm von Eicken = AnwBl 88, 298); Terminsreisekosten werden erstattet (Jena OLGR 95, 214). Kein notwendiger **Anwaltswechsel,** wenn der Konkursverwalter-RA den Rechtsstreit nach Aufnahme anstelle des vom Gemeinschuldner beauftragten früheren ProzBev fortführt (Koblenz JurBüro 84, 1085; Frankfurt JurBüro 79, 694; München MDR 89, 460).

● **Kostenantrag:** Eine durch Antrag nach § 269 III 3 ausgelöste Verhandlungsgebühr nach dem Kostenstreitwert ist erstattungsfähig, auch wenn der Antrag zwar schon schriftsätzlich gestellt war, das Gericht aber erst in der mündlichen Verhandlung über den wiederholten Antrag entschieden hat (LG Berlin JurBüro 84, 921). Zum Kostenantragsrecht des Bezirksrevisors s Nürnberg JurBüro 89, 803.

● **Kostenwiderspruch:** Nach Einlegung in Eilsachen erfallen die erstattungsfähige Prozeß- und Verhandlungsgebühr nur aus dem Streitwert des Kosteninteresses, da mit dem Widerspruch der Streit auf den Kostenpunkt beschränkt wird (Frankfurt JurBüro 82, 283; Hamburg JurBüro 85, 283; München Rpfleger 87, 336; Celle JurBüro 88, 1499; aA Köln OLGR 93, 15: zusätzlich 1/2 Gebühr aus dem Verfügungswert). S auch § 93 Rn 6.

● **Kreditkosten:** Zinsen und Kosten eines Kredits zur Finanzierung des Rechtsstreits sind nicht erstattungsfähig (Koblenz Rpfleger 88, 161); materiellrechtliche Verfolgung nicht ausgeschlossen (s Rn 11 vor § 91). Auch Kosten einer Kreditbeschaffung, um die Vollstreckung zu ermöglichen oder abzuwenden, zB Darlehenszinsen oder Zinseinbußen infolge Einsatzes eigenen Kapitals sind nicht erstattungsfähig (Düsseldorf Rpfleger 81, 121).

● **Lichtbilder:** Vorlage von Fotografien zur Vermittlung optischer Eindrücke über entscheidungserhebliche Sachverhalte fördern erfahrungsgemäß das Verfahren (Hamburg JurBüro 77, 1444), zB Bilder über die Straßenführung im Verkehrsunfallprozeß, Grundstückslage im Nachbarstreit, Zustand einer Sache im Gewährleistungsprozeß, äußere Verletzung in Schmerzensgeldverfahren (LG Flensburg JurBüro 85, 777). Erstattungsfähigkeit grundsätzlich zu bejahen, zumal es sich fast immer um verhältnismäßig geringe Kosten handelt. Der Höhe nach empfiehlt sich die Orientierung an § 8 I Nr. 2 ZSEG.

● **Mahnschreiben** sind keine Kosten des Rechtsstreits und können deshalb nicht im Kostenfestsetzungsverfahren berücksichtigt werden (LG Essen AnwBl 83, 564); sie können jedoch als Verzugsschaden mit eingeklagt werden. Zu wettbewerbsrechtlichen Abmahnschreiben s unter „Abmahnung".

● **Mahnverfahren:** Lit: Hansens Rpfleger 89, 487 ff, 491. Kein Kl muß es wählen. Deshalb sind die Kosten des Erkenntnisverfahrens auch dann erstattungsfähig, wenn Kl im Mahnverfahren zum Ziel gekommen wäre. Hat in einem zur Zuständigkeit des LG gehörenden Verfahren ein dort nicht zugelassener Anwalt den Mahnbescheid beantragt u wird nach Widerspruch die Sache an das LG abgegeben, so sind die durch Bestellung zweier Anwälte entstandenen Mehrkosten erstattungsfähig, wenn der Gl nicht mit einem Widerspruch des Sch rechnen mußte (hM zB Stuttgart JurBüro 92, 406, 472; Schleswig JurBüro 90, 363; SchlHA 90, 147; Bamberg JurBüro 89, 524; 89, 1574; Hamm MDR 89, 549; AnwBl 90, 326; Frankfurt JurBüro 92, 406; 95, 308; Koblenz Rpfleger 89, 522; JurBüro 90, 997; 90, 1006; Bremen JurBüro 93, 159; aA Hamburg JurBüro 95, 91; Düsseldorf JurBüro 95, 262; MDR 93, 1247; KoRsp ZPO § 91 B – Vertretungskosten Nr 589 mit Anm von Eicken; Saarbrücken, JurBüro 91, 248, versagt Erstattung immer beim Mahnanwalt am dritten Ort). Mit einem Widerspruch (auch einem verspäteten: Schleswig JurBüro 88, 1523) zu rechnen ist zB, wenn der Bekl bestritten hat (München MDR 93, 285), ein rechtserheblicher Einwand erhoben wurde (Frankfurt OLGR 94, 12), ein Scheck nicht eingelöst wurde (Bamberg JurBüro 82, 233), der Gl übersetzte (Koblenz JurBüro 89, 218) oder zweifelhafte (Köln JurBüro 92, 814) Ansprüche, auch hinsichtlich Zinsen (Koblenz JurBüro 88, 876; ZIP 81, 1078; Bremen JurBüro 88, 485) oder Inkassokosten (Köln OLGR 93, 267; Hamm MDR 94, 103: fruchtlose Einschaltung eines Inkassobüros) in das Mahnverfahren einbringt, wenn nur einer der Gesamtschuldner vorprozessual Einwendungen erhebt (Koblenz JurBüro 86, 1835) oder diese sich auf einen Teil der Forderung beschränken (München MDR 88, 416; aA Koblenz JurBüro 84, 436; Schleswig JurBüro 96, 94: nur Teilwiderspruch ist zu erwarten). Nicht zu rechnen war mit einem Widerspruch, wenn der Sch zur Forderung schweigt (Stuttgart JurBüro 78, 438; weitere Nachw Schneider MDR 79, 442) oder Teilzahlungen erbracht hat (Zweibrücken JurBüro 79, 222), Sicherungspapiere (Scheck, Wechsel) hingegeben hat (München MDR 77, 320; Düsseldorf AnwBl 85, 590; differenzierend Schneider MDR 79, 443) oder Versäumnisurteil gegen sich ergehen läßt (Bamberg JurBüro 90, 1478; Hamburg JurBüro 96, 38). Auch mit einem Widerspruch aus bloßen **Verzögerungsgründen** braucht nicht gerechnet zu werden (KG NJW 75, 933; Bamberg JurBüro 78, 237; Hamburg JurBüro 82, 1359; Schneider MDR 79, 442; a.A zB Hamm JurBüro 78, 385; Düsseldorf AnwBl 84, 626). Die **Beweislast** liegt beim Gl (Saarbrücken JurBüro 90, 362; Koblenz JurBüro 86, 1835; MDR 79, 320; Zweibrücken JurBüro 79, 1323; Schleswig JurBüro 85, 235; aA [Beweislast beim Sch] Köln JurBüro 79, 213 u 715; München JurBüro 88, 350; Rpfleger 79, 387; AnwBl 82, 119; Oldenburg AnwBl 80, 515; Schleswig SchlHA

83, 59; ausführlich dagegen Schneider MDR 79, 444). War mit Widerspruch zu rechnen, sind Mehrkosten insoweit erstattungsfähig, als durch die Beauftragung des weiteren Anwalts Kosten einer Informationsreise und Gebühren des späteren ProzBev erspart worden sind (KG JurBüro 77, 1732; Frankfurt JurBüro 79, 1666). Diese Grundsätze gelten auch für das Urkunden-, Wechsel- und Scheckmahnverfahren (Koblenz JurBüro 82, 407; München JurBüro 81, 74; MDR 87, 61; Hamm Rpfleger 79, 268). Für die Weiterverweisung nach Abgabe gilt jetzt § 281 III 2. Konzentration aller Mahnverfahren eines Großunternehmens auf einen einzigen Anwalt macht Mehrkosten nicht erstattungsfähig. Zur Konzentration von Mahnverfahren bei einem AG s Düsseldorf MDR 89, 72; Hamburg AnwBl 88, 297.

• **Mehrheit von Prozessen:** Wird ein Anspruch oder werden mehrere Ansprüche oder der Hauptanspruch u die Nebenforderungen durch **mehrere Klagen** verfolgt oder werden mehrere Streitgenossen in getrennten Prozessen belangt, so sind die dadurch entstandenen Mehrkosten nur erstattungsfähig, wenn zureichende Gründe (bejaht bei Fehlen eines gemeinsamen Gerichtsstandes, Koblenz MDR 90, 159; bei Klagen gegen Hauptschuldner und Bürgen, Koblenz Rpfleger 91, 80; nicht aber bei Klagen gegen zwei Bürgen, Koblenz Rpfleger 91, 81 = WuB VII A. § 91 ZPO 1.91 - Peres) für die Notwendigkeit dieses Vorgehens gegeben sind (München AnwBl 94, 527; KG NJW-RR 92, 1298; Koblenz JurBüro 90, 58; ähnlich KG JurBüro 89, 1697); ebenso bei mehreren gleichgerichteten Unterlassungsklagen gegen denselben Wettbewerbsverletzer (Düsseldorf MDR 72, 522 m Anm Schneider; München MDR 87, 677) oder bei nachträglicher Geltendmachung eines zusätzlichen Anspruches aus einem einheitlichen Lebensverhältnis in einem selbständigen Prozeß statt im bereits anhängigen Rechtsstreit (Hamm JurBüro 77, 550; Düsseldorf JurBüro 82, 602; OLGR 96, 94). Überprüfung der Notwendigkeit getrennten Vorgehens im Kostenfestsetzungsverfahren möglich (LG Berlin JurBüro 88, 1694; aA Celle NdsRpfl 87, 283). S näher Schneider MDR 89, 606.

• **Mehrkosten:** Außer denjenigen nach § 281 III (s „Verweisung", „Vergleich") oder denen infolge „Mehrheit von Prozessen" (s dort) geht es häufig um Kosten, die dadurch entstehen, daß eine Partei Rechtsstreitigkeiten an verschiedenen Orten von einer Zentrale aus führt anstatt die Nebenstelle, Filiale, Zweigniederlassung usw tätig werden zu lassen. Dadurch anfallende Mehrkosten, meist Reisekosten, sind nicht erstattungsfähig, weil eine solche Zentralisierung eine betriebsinterne Angelegenheit ist, die nicht auf Kosten des Gegners mitfinanziert werden kann (LAG Berlin JurBüro 95, 38; Köln Rpfleger 93, 420; LAG Nürnberg JurBüro 93, 297; Stuttgart JurBüro 92, 688; München MDR 88, 324; Hamburg MDR 88, 782; LAG Düsseldorf MDR 91, 996; LG Landau Rpfleger 92, 269); s auch unter „Angestellte" u „Behörde". Dieser Erstattungsausschluß kann auch nicht durch Einschaltung eines Verkehrsanwalts umgangen werden (Frankfurt JurBüro 96, 39). Zu weitgehend aber Köln (Rpfleger 86, 235), das nicht auf das Vorhandensein einer Rechtsabteilung abstellt, sondern darauf, ob deren Einrichtung wegen der Größe des Unternehmens zumutbar sei; wie dies im Einzelfall festgestellt werden soll, ist unerfindlich. Hiervon ist zu unterscheiden die Wahl des Klägers unter mehreren Gerichtsständen. Sie steht ihm grundsätzlich frei (Köln MDR 76, 496; KG Rpfleger 76, 323), führt aber dann zum Erstattungsausschluß von Mehrkosten, wenn die konkrete Wahl das Verfahren ohne Vorteil für den Kläger verteuert, zB wenn nach einem Verkehrsunfall in Hamburg dort geklagt wird (§ 32), obwohl beide Parteien in München wohnen und es nur um die Höhe des Schadens geht. S auch „Wahl des Gerichtsstandes".

• **Mehrwertsteuer:** S unter „Umsatzsteuer".

• **Meinungsumfrage:** Wird sie zur Vorbereitung eines Eilverfahrens (Hamburg JurBüro 89, 812) von einer Partei veranlaßt, kommt Erstattungsfähigkeit (anders als im Hauptprozeß) in Betracht, wenn die Partei annehmen durfte, das Gericht werde in der mündlichen Verhandlung von ihr Glaubhaftmachung von Tatsachen verlangen, die nur durch Meinungsumfrage aufklärbar seien (München Rpfleger 87, 331; Köln JurBüro 95, 475: zu 1/2 erstattungsfähig, wenn die Umfrage auch im Hauptsacheverfahren benutzt wird) oder der Prozeß werde durch das Gutachten gefördert (KG MDR 87, 677); dann kommt es nicht darauf an, ob die Umfrage Entscheidungsgrundlage wird (Hamm MDR 79, 234).

• **Mieter- und Vermietervereinigungen:** Es verstößt gegen das RBerG, wenn sich die Mieter- und Hausbesitzervereine von ihren Mitgliedern zur Deckung ihrer tatsächl Auslagen und Aufwendungen ein auf der Grundlage des für Rechtsanwälte und Rechtsbeistände ausgebildeten Gebührensystems berechnetes Entgelt zahlen lassen (BGH NJW 55, 422; LG Hagen WM 63, 155). Deshalb entgegen verbreiteter Praxis Kostenerstattung bei Prozeßführung durch einen Mieterverein als Bevollmächtigten der Höhe nach begrenzt durch die Kosten, die angefallen wären, wenn die Partei den Rechtsstreit unvertreten geführt hätte (LG Düsseldorf JurBüro 82, 1722), es sei denn, daß der Geschäftsführer des Mieterschutzvereins selbst Rechtsbeistand ist (LG Aachen JurBüro 83, 270). Kosten eines zur Begründung des **Mieterhöhungsverlangens** eingeholten Sachverständigengutachtens gehören nicht zu den Kosten des Rechtsstreits und sind deshalb nicht erstattungsfähig (LG Düsseldorf JurBüro 83, 280; LG Ellwangen MDR 81, 232; LG Bielefeld Rpfleger 81, 70; Wiek WuM 81, 169; Meier ZMR 84, 149; LG München MDR 84, 57, Aufgabe von MDR 79, 403).

• **Notanwalt,** erfolgloser Antrag auf Bestellung eines, s München OLGR 93, 15 = MDR 93, 484.

• **Ordnungsgeldbeschwerde:** Partei: § 141 Rn 11, § 613 Rn 4; Zeuge: § 380 Rn 10; SV: § 409 Rn 2, 3.

• **Parteiwechsel:** Kostenentscheidung bei Wechsel des Klägers: Der Ausscheidende hat von den bis dahin entstandenen Gesamtkosten die seinem Kopfteil entsprechende Quote zu tragen (LG Frankfurt MDR 87, 591; LG Hagen JurBüro 88, 919; aA BPatG GRUR 94, 607; Celle OLGR 94, 270; BL/Hartmann § 263 Rn 15: nur die ausscheidbaren Mehrkosten). Wird die Klage auf einen anderen Beklagten umgestellt, kann die ausscheidende Partei verlangen, daß ihre außergerichtlichen Kosten vorab dem Kläger überbürdet werden; Köln Rpfleger 93, 420; LAG Nürnberg JurBüro 93, 297; Stuttgart JurBüro 92, 688.

● **Patentanwaltskosten:** S § 143 IV, V PatG. In Patent- (Begriff ist weit auszulegen: München OLGR 93, 194), Gebrauchsmuster- und Kennzeichensachen keine Prüfung, ob Zuziehung des Patentanwalts notwendig war (Düsseldorf GRUR 80, 136; bei nicht bekannter Klagerücknahme: KG JurBüro 93, 491), wohl ob überhaupt technische Fragen streitig waren (zB Frankfurt JurBüro 89, 1129; Koblenz VersR 83, 466), also nicht, wenn es nur um unzulässige Werbung geht (Hamburg JurBüro 75, 1103); ebenso bei einem Rechtsstreit wegen sklavischer Nachahmung (Frankfurt GRUR 93, 161). **Reisekosten** erstattbar (KG KGR 96, 83; München AnwBl 94, 249; Frankfurt OLGR 93, 187; aA München AnwBl 94, 198, wenn eine überörtliche Sozietät mit einem am Gerichtsort ansässigen Sozius beauftragt wird). Kosten für Eigenrecherchen des Patentanwalts sind erstattbar (München JurBüro 89, 412). Für den Patentanwalt in eigener Sache fehlt eine dem § 91 II 4 entsprechende Vorschrift; keine analoge Anwendung (Frankfurt WRP 79, 657; München AnwBl 93, 289; aA BPatG GRUR 82, 293). Läßt er sich durch einen ProzBev vertreten, darf ihm die Informationsreise zur mündlichen Unterrichtung nicht wegen möglicher schriftlicher Information versagt werden (Hamm JurBüro 86, 918). Kosten der Mitwirkung eines Patentanwalts nach § 140 V MarkenG sind dem ProzBev, der selbst Patentanwalt ist, neben den allgemeinen Gebühren zu erstatten (München JurBüro 83, 1815 noch zum WZG). Doppelter Gebührenanfall, wenn Rechts- und Patentanwalt in beiden Funktionen tätig wurde (Karlsruhe AnwBl 89, 106), was aber vom Nachweis entsprechender Mehrleistung abhängt (Schleswig SchlHA 88, 42).

● **Pauschalvergütungen** können nur Rechtsanwälte und Rechtsbeistände verlangen (KG NJW 91, 1304).

● **Post- und Telekommunikationsdienstleistungen:** BRAGO § 26. Bei mehreren gebührenrechtlichen Angelegenheiten erfallen Pauschbeträge mehrfach, auch wenn die Angelegenheiten zusammenhängen, zB Vorverfahren und Nachverfahren im Wechsel- oder Scheckprozeß (LG Aachen AnwBl 69, 141; LG Kiel MDR 69, 1021), desgleichen bei notwendigem Anwaltswechsel (Oldenburg JurBüro 82, 718). Keine Pauschale für fiktive Informationsreisen statt nicht notwendigem Verkehrsanwalt (Hamburg JurBüro 73, 523). Die Anrechnungsbestimmungen der BRAGO (zB §§ 43 II, 118 II) erfassen auch die Postgebührenpauschale (Hansens JurBüro 87, 1744; LG Köln KoRsp BRAGO § 26 Nr 12 mit zust Anm von Lappe; aA N Schneider MDR 91, 926; Köln Rpfleger 94, 432). Beim Verkehrsanwalt sind Portokosten regelmäßig notwendig, hinsichtlich der Telefonkosten ist ein strengerer Maßstab anzulegen (Hamburg JurBüro 89, 96).

● **Postulationsfähigkeit:** Die Schriftsatzgebühr (s § 56 BRAGO) für einen Schriftsatz an den BGH ist auch bei fehlender Postulationsfähigkeit erstattbar (Hamburg JurBüro 88, 1343; s „Revisionsverfahren"). Keine Erstattung, wenn der eine Schutzschrift fertigende Anwalt bei dem Gericht nicht zugelassen ist, bei dem der Antragsgegner den Eingang des Antrags auf Erlaß einer einstweiligen Verfügung erwartete (Köln JurBüro 87, 1220), wenn der Anwalt vor Gericht auftritt und seine fehlende Postulationsfähigkeit verschweigt (Frankfurt AnwBl 87, 244) oder wenn der RA noch den Verweisungsantrag stellt (und damit die Gebühr des § 35 BRAGO verdient), obwohl schon zu erkennen war, der bei dem übernehmenden Gericht zugelassene Anwalt werde die Verhandlungsgebühr verdienen (Zweibrücken JurBüro 87, 1517; München JurBüro 94, 676); anders aber, wenn der RA für seine Partei eine sinnvolle Tätigkeit entwickelt (Düsseldorf JurBüro 91, 683; Zweibrücken Rpfleger 94, 228; KG Rpfleger 96, 171; Koblenz AnwBl 95, 267).

● **Privatgutachten:** Grundsätzlich nicht erstattungsfähig sind **Rechtsgutachten** (Schneider MDR 88, 547 mwN; BVerfG NJW 93, 2793; BVerwG Rpfleger 91, 388; Koblenz JurBüro 88, 1025; Ausnahmen im Rahmen des § 293: München JurBüro 91, 387; Frankfurt GRUR 93, 161). **Sachgutachten:** Die Kosten eines **vor dem Rechtsstreit** eingeholten Privatgutachtens sind ausnahmsweise erstattungsfähig, wenn eine ausreichende Klagegrundlage (Berufungsgrundlage: Koblenz AnwBl 88, 298 oder Revisionsgrundlage: Hamm JurBüro 78, 1079) nur durch einen SV beschafft werden konnte, das Gutachten also zur Rechtsverfolgung (Bamberg JurBüro 91, 838; Düsseldorf NJW-RR 96, 572: Baumängel; Hamburg JurBüro 90, 1476: med Gutachten; München MDR 86, 324: Zugewinnausgleich) oder -verteidigung (Bamberg JurBüro 89, 1568; Koblenz JurBüro 91, 247; Frankfurt GRUR 94, 532) erforderlich („prozeßbezogen" Zweibrücken JurBüro 83, 1399; Koblenz JurBüro 89, 1699; Köln Rpfleger 90, 526) war (was zu bejahen ist auch bei einem längeren Zeitraum zwischen Begutachtung und Rechtsstreit, wenn der Kl den Abschluß eines Strafverfahrens abwartete, Hamburg JurBüro 90, 1468 in Abgrenzung zu JurBüro 88, 761, oder der Bekl den Auftrag erteilte, Hamburg JurBüro 91, 1516, Aufgabe von JurBüro 88, 1022), vorausgesetzt, daß die Sachkunde der Partei nicht ausreicht (Koblenz JurBüro 91, 247). Gutachten zur Beurteilung der Prozeßaussichten (Hamburg JurBüro 88, 1022; Koblenz JurBüro 90, 1474) oder des Streitwerts (Düsseldorf OLGR 95, 102) sind nicht erstattungsfähig. Ob Privatgutachten Erfolg gehabt hat, ist nicht entscheidend, da es auf die objektive Erforderlichkeit und Geeignetheit aus der Sicht der Partei ankommt (Saarbrücken JurBüro 90, 623, das Erstattungsfähigkeit sogar bei Nichtvorlage des Gutachtens ausnahmsweise bejaht; ebenso Düsseldorf NJW-RR 96, 527: Gutachten muß die Entscheidung nicht erkennbar beeinflussen; aA München NJW-RR 95, 1470; Hamm OLGR 96, 105). Indiz dafür ist Verwertung durch das Gericht (Stuttgart VersR 79, 849), desgleichen Ursächlichkeit für Vergleichsabschluß (LG Braunschweig MDR 79, 320). Vorprozessual vom Haftpflichtversicherer eingeholtes Gutachten zur außergerichtlichen Schadensabwicklung selbst dann nicht erstattungsfähig, wenn es im späteren Prozeß für die Darlegung Bedeutung gewinnt (München MDR 92, 415; Koblenz JurBüro 90, 1474; Karlsruhe VersR 80, 337 [s dazu Hoenicke VersR 83, 104]; aA Frankfurt Rpfleger 80, 392, abl v Eicken AnwBl 81, 114; Bamberg VersR 81, 74; aA bei Verdacht des Versicherungsbetrugs: Hamm OLGR 94, 142; Frankfurt

OLGR 94, 167). Erstattungsfähigkeit zu bejahen, wenn Privatgutachten als präsentes Beweismittel zur Glaubhaftmachung im Eilverfahren benötigt wird (Schleswig JurBüro 79, 1518; KG AnwBl 87, 239). Gutachten zur Begründung des Verlangens des Vermieters auf Zustimmung zur Mieterhöhung ist nicht erstattungsfähig (s unter „Mieter- und Vermietervereinigungen").

Die Kosten eines **während des Rechtsstreits** von einer Partei eingeholten Privatgutachtens sind nur ausnahmsweise zu erstatten (BGH ZSW 89, 100, bejahend in einem Verfahren der einstweiligen Verfügung; Frankfurt OLGR 93, 154, 201; Düsseldorf Rpfleger 95, 39), zB wenn die Partei anderenfalls Fragen an den SV nicht formulieren (OVG Nordrhein-Westfalen JurBüro 88, 1558) könnte, insbesondere aber aus dem Gesichtspunkt der **Waffengleichheit:** Erschütterung oder Widerlegung des gerichtlich eingeholten Gutachtens (Koblenz Rpfleger 91, 388 und Saarbrücken JurBüro 88, 1360: Verkehrsunfall; Schleswig VersR 91, 117: Rechtsmedizin; Koblenz JurBüro 92, 611: Bauschaden); des im Beweissicherungsverfahren (nach altem Recht) eingeholten Gutachtens (Frankfurt JurBüro 90, 1010: Baumschäden; Koblenz MDR 94, 522: Sturmschaden); Gegner ist Fachfirma (Bamberg JurBüro 87, 1403); überwiegend wird verlangt, daß das Gutachten den Rechtsstreit beeinflußt (Bamberg JurBüro 90, 732; Frankfurt JurBüro 84, 1083; AnwBl 87, 149; aA Frankfurt Rpfleger 90, 182). Notwendigkeit stets zu bejahen, wenn Gericht Substantiierung verlangt, die ohne Gutachten nicht möglich ist (Stuttgart NJW-RR 96, 255), zB bei Klärung technischer Vorgänge (Koblenz ZSW 80, 235 m Anm Müller; Frankfurt Rpfleger 87, 172). Ebenso beim Verdacht eines fingierten Unfalls (Koblenz JurBüro 89, 1701; Hamburg JurBüro 89, 819; KG JurBüro 89, 813; LG Berlin MDR 88, 869) oder zweifelhafter Echtheit einer Unterschrift (Nürnberg MDR 75, 936).

Höhe der Kosten richtet sich nicht nach ZSEG; Angemessenheit ist vielmehr nach freiem Ermessen zu beurteilen (München ZSW 80, 98), wobei zB einem Wirtschaftsprüfer bei schwierigen Fragen der Unternehmensbewertung ein Stundensatz von 200 DM zugebilligt werden kann (München ZSW 80, 98); Koblenz (JurBüro 96, 90) sieht im ZSEG eine allgemeine Richtlinie. Werden erstattungsfähige Aufwendungen für Privatgutachten in mehreren Rechtsstreitigkeiten verwendet, können diese Kosten in den einzelnen Verfahren nur mit einem Teilbetrag berücksichtigt werden, wobei neben dem Verhältnis der Streitwerte die Bedeutung der gutachtlichen Tätigkeit für die einzelnen Verfahren zu berücksichtigen ist (Bamberg JurBüro 71, 624). Entgegen LG Essen (ZSW 81, 223) gibt es keinen Grundsatz des Erstattungsrechts, wonach nur vorprozessuale Gutachten öffentlich bestellter und vereidigter Sachverständiger erstattungsfähig seien.

● **Prozeßkostenhilfe:** Im Bewilligungsverfahren gibt es keine Kostenerstattung und folglich auch keine Kostenentscheidung, auch nicht im Beschwerderechtszug (§ 118 Rn 26; § 127 IV). Beiordnung eines Verkehrsanwalts nach § 121 III enthält nicht die bindende Feststellung der Erstattungspflicht des Gegners; Notwendigkeit muß geprüft werden (Frankfurt AnwBl 82, 381; Koblenz JurBüro 90, 733). Zur Festsetzung der im PKH-Verfahren entstandenen Kosten aufgrund des Titels in der Hauptsache s § 118 Rn 27, 28.

● **Prozeßstandschaft:** Bei gewillkürter Prozeßstandschaft erstattungsfähig nur die Kosten der Partei, nicht die des hinter ihr stehenden Rechtsträgers (München Rpfleger 80, 232).

● **Ratsgebühr** (§ 20 BRAGO): Grds nicht erstattungsfähig, wenn die Voraussetzungen für die Inanspruchnahme eines Verkehrsanwalts nicht vorlagen (Düsseldorf AnwBl 96, 289: idR auch keine fiktive Ratsgebühr anstelle der nicht erstattungsfähigen Verkehrsanwaltsgebühr). Die Rspr läßt aber eine Reihe von Ausnahmen zu. Erstattungsfähigkeit bejaht: wenn eine unerfahrene Partei durch Klagezustellung überrascht wird (Bamberg JurBüro 81, 548; 89, 1283; Frankfurt JurBüro 85, 1410) oder die Partei sich im amtsgerichtlichen Prozeß (LG Berlin MDR 82, 499), im Mahnverfahren (KG JurBüro 89, 1114), im Berufungsverfahren (Koblenz Rpfleger 87, 264; Düsseldorf JurBüro 92, 39), im Ehescheidungsverfahren (Zweibrücken KoRsp ZPO § 91 [A] 4.1.0) anwaltlichen Rat holt, aber keinen Bevollmächtigten bestellt; ebenso wenn eine ausl Partei sich über die Rechtslage zur örtlichen Zuständigkeit unterrichtet (Bamberg JurBüro 78, 857; Düsseldorf OLGR 95, 76) oder der Revisionsbeklagte im Revisionsverfahren nicht anwaltlich vertreten ist (München JurBüro 80, 1664). Zunehmend und zu Recht stellt die Rechtsprechung auf die konkrete Hilfsbedürftigkeit der Partei ab (Koblenz JurBüro 92, 465; Bremen JurBüro 92, 681; Köln JurBüro 92, 336; Karlsruhe JurBüro 96, 39; Düsseldorf MDR 94, 842).

● **Rechtsanwalt:** Seine Kosten sind in allen Verfahren, auch im Parteiprozeß und im Mahnverfahren zu erstatten, soweit die einzelne Maßnahme zur zweckentsprechenden Führung des Rechtsstreits notwendig war (München Rpfleger 72, 417). Der Anwalt, der sich **selbst vertritt,** kann seine Kosten auch für die Wahrnehmung eines auswärtigen Beweistermins bis zur Höhe der Kosten eines auswärtigen Anwalts verlangen, darüber hinaus, wenn die persönl Anwesenheit erforderl war (Kiel OLGE 37, 103; RGZ 51, 11). Keine Erstattung der Verkehrsgebühr oder von Informationskosten (München JurBüro 82, 1034, 1035; Düsseldorf Rpfleger 84, 34; Schleswig JurBüro 86, 884; Koblenz MDR 87, 852: Ausschluß gilt aber nicht für notwendige Auslagen; Celle JurBüro 87, 117: auch keine Reisekosten, wenn nicht persönliches Erscheinen angeordnet). Zum Gebührenaufschlag nach § 6 I 2 BRAGO im Prozeß zwischen Sozietätsanwälten und dem Mandanten s „Sozietät".

● **Rechtsbeistand:** Seine Vergütung entspricht derjenigen der Rechtsanwälte.

● **Rechtsgutachten:** S „Privatgutachten".

● **Rechtswegverweisung:** Im Beschwerdeverfahren ist über die Kosten nach §§ 91 ff ZPO zu entscheiden (BGH NJW 93, 2541 = MDR 94, 96, Aufhebung von BezG Dresden ZIP 92, 281; Hamm OLGR 93, 329).

● **Referendar,** der einem RA zur Ausbildung zugewiesen ist: § 4 BRAGO. S „Angestellte".

● **Reisekosten, a) der Partei:** Erstattungsfähig sind Fahrtkosten, Reiseaufwand und Zeitversäumnis. Maßgebend sind die Bestimmungen des ZSEG; § 91 I 2 Hs 2 (BVerwG Rpfleger 84, 158 m Anm Hellstab). PKW-Kosten erstattungsfähig, wenn Benutzung der Bundesbahn (zur Pflicht zweiter Klasse zu fahren: Koblenz MDR 87, 852) nicht viel billiger gewesen wäre (München AnwBl 82, 201). Begriff der „Reise" setzt voraus, daß Partei die Grenzen der politischen Gemeinde überschreitet, in der sie wohnt (Stuttgart JurBüro 84, 762); tatsächliche Entfernung unerheblich (Stuttgart aaO; aA Koblenz JurBüro 90, 1472). Reisekosten zur Teilnahme am Verhandlungstermin auch bei anwaltlicher Vertretung grundsätzlich erstattungsfähig (Frankfurt Rpfleger 86, 492; KG AnwBl 87, 239 betr einstw Verfügung; Hamm MDR 92, 196; Koblenz MDR 95, 424; JurBüro 87, 1710 betr Anreise aus dem Ausland; Stuttgart JurBüro 92, 471; Köln MDR 93, 182). Notwendig entstanden sind die Reisekosten der Partei immer, wenn das Gericht ihr persönl Erscheinen angeordnet hatte (Frankfurt JurBüro 85, 770; dann auch Anreisekosten aus dem Ausland erstattungsfähig: Frankfurt MDR 79, 762) oder aus sonstigen Gründen, zB wegen verwickelter Sachlage (Karlsruhe JurBüro 90, 209), die Wahrnehmung des Termins durch die Partei neben ihrem Anwalt zweckmäßig war und schriftsätzliches Vorbringen nicht genügt hätte (Bamberg JurBüro 83, 436; Hamburg JurBüro 82, 603), wobei zu beachten ist, daß die Anwesenheit der Partei im Verhandlungstermin in aller Regel die rasche Erledigung des Rechtsstreits fördert (Koblenz JurBüro 79, 442) und damit der Gesetzestendenz zur Prozeßbeschleunigung entspricht (s § 278 I 2). Deshalb auch Teilnahme am Beweistermin neben dem ProzBev regelmäßig sachdienlich und damit Reisekosten zum Termin erstattungsfähig (Frankfurt Rpfleger 80, 156; AnwBl 86, 539). Es darf aber nicht lediglich auf den subjektiven Standpunkt der Partei abgestellt werden (RGZ 32, 387). Hat die Partei bei demselben Gericht mehrere Termine in verschiedenen Sachen wahrgenommen, so haftet ihr zwar jeder unterlegene Gegner für die Reisekosten des Tages (aA LG Berlin Rpfleger 89, 127 = KoRsp ZPO § 91 B – Auslagen Nr 87 m krit Anm Lappe); sie können aber nur einmal verlangt werden. Zweckmäßig ist die Verteilung der Reisekosten auf die verschiedenen Sachen u neuer Kostenfestsetzungsantrag, falls Beitreibung bei einem Schuldner erfolglos war. Die Reisekosten der Partei zur einmaligen, ersten Information ihres nicht an ihrem Wohnort befindl Anwalts sind erstattungsfähig (Hamm AnwBl 87, 48; Bamberg JurBüro 93, 98 stellt für die Zahl der Reisen auf den Einzelfall ab), es sei denn, es handelt sich um eine ganz einfache Sache aus ihrem Lebens- und Geschäftsbereich (Hamm MDR 85, 59), in der schrifl Information mögl war (Koblenz JurBüro 81, 1071); die Kosten dürfen aber nicht höher sein als Verkehrsanwaltskosten (LG Bayreuth JurBüro 81, 135). Grds keine Reisekosten neben einer erstattungsfähigen Verkehrsgebühr (München MDR 87, 333; Frankfurt JurBüro 87, 902; Ausnahme für ausl Partei: Frankfurt AnwBl 86, 406). **Fiktive Reisekosten** der Partei zum Prozeßanwalt sind nicht erstattungsfähig, auch wenn die Sache nicht so einfach war, daß die Partei auf schriftl Informationen hätte verwiesen werden können, tatsächl aber weder ein Verkehrsanwalt beauftragt noch eine Reise durchgeführt wurde (KG Rpfleger 75, 100). Wird der auswärts wohnende Beklagte auf Grund einer Gerichtsstandvereinbarung beim Wohnsitzgericht des Klägers verklagt, so sind seine Reisekosten auch dann erstattungsfähig, wenn sie höher als der Streitgegenstand und die Anwaltsgebühren sind (LG Hamburg MDR 65, 213 m Anm Schneider). In einfach gelagerten Fällen kann dies aber nur bis zur Höhe der Gebühr eines ProzBev und eines Verkehrsanwalts gelten. Reisekosten der Partei sind grundsätzlich von dem Ort aus zu berechnen, von dem die Partei tatsächl zureist (Schleswig JurBüro 71, 259). Parteireisekosten zu einem Termin vor dem Revisionsgericht sind ausnahmsw erstattungsfähig, wenn der BGH die Vergleichsanregungen gegeben hat (Schleswig JurBüro 71, 255). Eine vom Prozeßgericht eingeholte Auskunft ist im Festsetzungsverfahren nicht bindend (aA Frankfurt MDR 84, 148; s §§ 103, 104 Rn 21 „Bindung"). Für die Erstattungspflicht notwendiger Reisen ist es bedeutungslos, ob die Partei sich eines bezahlten Vertreters bedient hat; die diesem entstandenen Kosten sind in Höhe der ersparten Parteikosten abzurechnen (Frankfurt JurBüro 79, 595 u 1519; KG MDR 85, 148).

b) des Anwalts (s auch Hansens JurBüro 88, 1265) zum Prozeßgericht sind nur erstattungsfähig, wenn am Sitz des Gerichts kein Anwalt ist, den die Partei beauftragen konnte. Keine Erstattung der Reisekosten des beim LG zugelassenen, aber an einem anderen Ort wohnhaften Anwalts; jedoch Ausgleich in Höhe ersparter Reisekosten der Partei (Frankfurt AnwBl 82, 489; Karlsruhe MDR 82, 64; s auch unter „Auswärtige Abteilung"). Da Verhandlungstermine vor einem auswärtigen AG der prozeßbevollm RA grundsätzl selbst wahrzunehmen hat, sind durch Unterbevollmächtigung entstand Kosten regelm nur im Rahmen ersparter eigener Reisekosten des Prozeßbevollm erstattungsfähig (Celle NdsRpfl 77, 21). Reisekosten zum auswärtigen Termin sind nur bis zu den Gebühren eines Beweisaufnahmeanwalts (§ 54 BRAGO) erstattungsfähig, es sei denn, daß die Terminswahrnehmung durch den ProzBev notwendig war (Frankfurt MDR 62, 908). Teilnahme an einem Verkündungstermin ist grds nicht notwendig (VGH Mannheim Rpfleger 89, 301). Informationsreise zur Klagevorbereitung (Koblenz JurBüro 91, 85) oder Besichtigung eines streitbefangenen Grundstücks zur Vorbereitung der Klageerwiderung (VG Stuttgart AnwBl 85, 544) können notwendig sein. Reisekosten des sog. **„Simultananwalts"** sind grundsätzl nur insoweit erstattungsfähig, als sie die Kosten nicht übersteigen, die bei Beauftragung eines am Gerichtsort ansässigen Rechtsanwalts entstanden wären (München MDR 92, 308; Bamberg JurBüro 88, 626; Karlsruhe JurBüro 89, 102 zur Wahrnehmung eines Berufungstermins). Reisekosten spezialisierter auswärtiger Anwälte können erstattungsfähig sein, wenn ein vergleichbarer ortsansässiger Anwalt nicht beauftragt werden kann (LAG Düsseldorf ZIP 80, 471: Betriebsrentenrecht; ArbG Bochum NJW 78, 775: Hochschulrecht). Der Anwalt darf das für ihn bequemste und zeitgünstigste Verkehrsmittel wählen; diese Wahl ist grundsätzlich auch für die Erstattungspflicht beachtlich (Bamberg JurBüro 81, 1350;

BPatG Rpfleger 95, 40: Taxikosten). Zum Begriff der **Geschäftsreise:** § 28 I 2 BRAGO. **Kraftfahrzeug:** Neben der Kilometerpauschale können **Parkgebühren** und sonst regelmäßig anfallende bare Auslagen berechnet werden: § 28 II Nr 1 BRAGO. Bei **Flugreisen** (s München OLGR 96, 83; LG Lüneburg AnwBl 92, 240) ist auch die Flugunfallversicherung erstattungsfähig (Hamm NJW 73, 2120; Düsseldorf AnwBl 78, 471). **Übernachtungskosten** sind notwendig, wenn entweder die Reise unzumutbar früh hätte angetreten werden müssen (Karlsruhe Justiz 85, 473) oder vor dem Termin Rücksprachen vorgesehen und erforderlich waren (Frankfurt JurBüro 85, 1090). Reise**dauer** ist auf Notwendigkeit zu überprüfen (München OLGR 96, 83).

● **Revisionsverfahren:** Verkehrsanwalt grundsätzlich überflüssig (München MDR 92, 524; Hamburg JurBüro 89, 388). Äußert sich der Berufungsanwalt gegenüber dem BGH zur Frage der Beschwer oder der Annahme nach § 554b, sind seine Kosten erstattungsfähig (München KoRsp BRAGO § 56 Nr 9 m ausführl Anm Schneider; MDR 84, 950; KG NJW-RR 96, 53, Aufg der bish Rspr; aA Stuttgart AnwBl 82, 199; Karlsruhe Justiz 90, 363 bejaht Erstattung in seltenen Ausnahmefällen); für „nutzlose" Anträge gilt dies aber nicht (Saarbrücken JurBüro 93, 296: Mitteilung, man werde sich am Verfahren über die Annahme nicht beteiligen; München AnwBl 94, 249: Revisionszurückweisungsantrag). Wenn vom Revisionsanwalt, der spätestens nach Revisionsbegründung bestellt werden kann (Köln MDR 92, 1189), der Antrag auf Zurückweisung der Revision schon vor der Entscheidung über ihre Annahme gestellt wurde, die Annahme danach abgelehnt wird, besteht Streit nur über die Höhe der Erstattung (Stuttgart JurBüro 86, 1564: volle Gebühr; Koblenz JurBüro 91, 76 zu Recht: 1/2 Gebühr; volle Gebühr aber, wenn um die Beschwer und damit um die Zulässigkeit der Revision gestritten wird, aA Koblenz JurBüro 92, 466 = ZAP F 24 S 135 mit abl Anm von Lappe).

● **Richterablehnung:** Lit: Schneider DRiZ 79, 186. Da es sich bei der Richterablehnung nicht um ein kontradiktorisches Verfahren handelt, sind die Kosten des Beschwerdeverfahrens grds nicht erstattungsfähig (München MDR 94, 627; Düsseldorf OLGR 93, 63; Frankfurt NJW-RR 92, 510; BayObLG DAVorm 92, 229; OVG Sachsen MDR 92, 1006; Hamm MDR 89, 917; für Wohnungseigentumssachen: BayObLG JurBüro 89, 1737); aA Frankfurt NJW-RR 86, 740 mwN; Köln Rpfleger 89, 427; Koblenz MDR 92, 310, weil der Prozeßgegner mit eigenem Interesse am Zwischenstreit beteiligt sei, ihm rechtliches Gehör gewährt werde. Dem ist zu folgen, wenn das Beschwerdegericht ausnahmsweise eine Kostenentscheidung getroffen hat (Saarbrücken JurBüro 92, 742; Düsseldorf MDR 85, 589; Schleswig SchlHA 89, 131; aA Hamm aaO), wozu dann Anlaß besteht, wenn das Gericht eine Einbeziehung der Gegenpartei in das Beschwerdeverfahren für notwendig erachtete (vgl KG KGR 95, 252). Bei der Kostenentscheidung zur Hauptsache können besondere Kosten der Ablehnung nach § 96 zu verteilen sein (Lappe Anm zu KoRsp ZPO § 91 B-Allgemeines Nr 267).

● **Sachverständigenablehnung:** Ebenso wie bei „Richterablehnung" (s dort) grundsätzlich keine Erstattung, weil kein Streit zwischen den Parteien geführt und deshalb nicht über die Kosten entschieden wird (München AnwBl 87, 288); ausnahmsweise Erstattung, wenn über die Kosten zu entscheiden ist, weil Gegner zur Stellungnahme aufgefordert wird oder aus tatsächlichen Gründen persönlich am Ablehnungsverfahren beteiligt ist (Hamm JurBüro 79, 117; Schneider DRiZ 79, 186).

● **Sachverständigengebühren:** Hat das Gericht die Entschädigung festgesetzt, dann kann der Erstattungspflichtige dem Gegner nicht entgegenhalten, anstatt die Gebühren zu zahlen, habe er den Kostenansatz gem § 5 GKG angreifen müssen (Stuttgart Justiz 83, 119). Bestellt eine Partei einen Sachverständigen zur mündlichen Verhandlung, kommt keine höhere Vergütung als die nach ZSEG zu berechnende in Betracht (Frankfurt JurBüro 83, 1253).

● **Schäden:** Lagergeld, Futterkosten, Zinsverluste, Verwahrungskosten (München MDR 88, 869) usw sind, weil keine Aufwendungen für die Prozeßführung, keine Prozeßkosten u müssen eingeklagt werden; anders, wenn es Kosten der Zwangsvollstreckung (s dort) sind.

● **Schiedsgutachten:** Die Kosten eines vor oder nach Prozeßbeginn eingeholten Schiedsgutachtens zählen nicht zum Rechtsstreit (Frankfurt Rpfleger 75, 30; München JurBüro 89, 1123; Düsseldorf MDR 82, 674; Rpfleger 90, 135). Bei einem sog Sachverständigenverfahren über die Schadenshöhe vor Inanspruchnahme einer Feuerversicherung sind die Sachverständigen als Schiedsgutachter tätig geworden; deren Kosten sind daher wie Schiedsgutachterkosten im allgemeinen im nachfolgenden Rechtsstreit nicht erstattungsfähig (München MDR 77, 848). Beträge, die der Beklagte zur Einholung eines Schiedsgutachtens aufgrund eines im Prozeß geschlossenen „Zwischenvergleichs" aufgewendet hat u bei Rechtswirksamkeit dieser Abmachung endgültig zu tragen hätte, gehören auch im Falle späterer Klagerücknahme nicht zu den gegen den Kläger festsetzbaren Prozeßkosten (KG NJW 74, 912).

● **Schreibauslagen:** S unter „Ablichtungen, Abschriften".

● **Schutzschrift:** Ein der ZPO unbekannter Begriff, der für Eilverfahren in Wettbewerbssachen entwikkelt worden ist (s May, Die Schutzschrift im Arrest- und Einstweiligen Verfügungs-Verfahren, 1983, zu den Kostenfragen S 109 ff; Deutsch, Die Schutzschrift in Theorie und Praxis, GRUR 1990, 327, zur Kostenerstattung S 331 f; Melullis 3.1.2. Rn 43 ff, 3.10.4. Rn 822 ff). Sie wird vorprozessual zur Abwehr eines befürchteten Verfügungsantrages bei Gericht eingereicht oder unmittelbar nach Eingang des Verfügungsantrages und soll dem Richter des Eilverfahrens Kenntnisse verschaffen, die ihn davon abhalten, eine Entscheidung ohne mündliche Verhandlung zu treffen (§ 937 II). Kostenerstattung (zu den Gebühren Hamburg JurBüro 88, 201; Hamm JurBüro 89, 962; Bremen JurBüro 91, 940; Köln Rpfleger 95, 518: 1/2 Prozeßgebühr; aA Koblenz MDR 95, 425 = WRP 95, 246: volle Gebühr) wird heute überwiegend bejaht, wenn ein Verfügungsantrag eingereicht und damit ein Prozeßrechtsverhältnis begründet wird (Frankfurt Rpfleger 86, 318; KoRsp BRAGO § 40 Nr 16 m Anm Lappe = WRP 87, 114 m Anm Zeller; Hamburg JurBüro 88, 201; München Rpfleger 93, 126; Braunschweig JurBüro 93, 218; aA Düsseldorf MDR 89, 549), gleichgültig ob die Schutzschrift vor oder nach ihm bei Gericht eingeht (Düsseldorf MDR 95, 859; Frankfurt OLGR 96, 58 mwN, Aufg der bish Rspr). Ob der RA beim Eilgericht zugelassen ist, ist zunächst unerheblich (Hamburg Rpfleger 79, 28; Braunschweig JurBüro 93, 218); wird aber mündliche Verhandlung anberaumt und muß hierfür dann ein weiterer, ein postulationsfähiger RA eingeschaltet werden, ist die Frage der Notwendigkeit des Anwaltswechsels zusätzlich zu prüfen (Köln JurBüro 87, 1220; bejaht im Fall gleichzeitiger Teilunterwerfung: Hamburg JurBüro 96, 91). Unerheblich, ob die Schrift tatsächliche oder nur rechtliche Ausführungen enthält (KG JurBüro 80, 1357) und wie der Antragsgegner vom Eingang der Antragsschrift Kenntnis erlangt hat (Hamburg JurBüro 85, 401). Entgegen Düsseldorf (WRP 80, 561) Kostenerstattung auch, wenn der Verfügungsantrag vor Zustellung an den Gegner zurückgenommen wird (München OLGR 93, 103; JurBüro 94, 632; Stuttgart WRP 79, 818), jedoch dann nicht, wenn die Schutzschrift erst nach Zurücknahme des Verfügungsantrags bei Gericht eingeht (Köln JurBüro 81, 1827); nach Hamburg (JurBüro 90, 732) auch dann nicht, wenn bei ihrem Eingang über den Verfügungsantrag bereits entschieden ist.

● **Selbständiges Beweisverfahren** (hierzu auch Bandemer JurBüro 91, 1017 ff; Brossette/Mertes AnwBl 92, 418 ff; Notthoff/Buchholz JurBüro 96, 5 ff): Seit dem 1. 4. 91 ist eine Kostenentscheidung nach § 494a II 1 möglich (zu Zweifelsfragen Herget MDR 91, 314). Außerhalb des Anwendungsbereichs von § 494a bleibt die zum Beweissicherungsverfahren ergangene Rspr weiterhin von Bedeutung. Daher kann über die Kosten auch entschieden werden bei Zurückweisung des Antrags als unzulässig (BGH MDR 83, 204; Frankfurt OLGR 93, 227; Stuttgart BauR 95, 278; Celle OLGR 95, 16; Brandenburg OLGR 96, 115; LG Osnabrück AnwBl 88, 654; LG Köln JurBüro 86, 599), Antragsrücknahme (München BauR 94, 276 und 664; Brandenburg OLGR 96, 115; Köln MDR 94, 315; 93, 1131; OLGR 93, 188; Frankfurt OLGR 93, 227; 93, 107; 92, 114; Hamm OLGR 93, 263; Düsseldorf OLGR 93, 345; 95, 44; KG NJW-RR 92, 1023; Frankfurt OLGR 92, 114; MDR 95, 751 – Nichtzahlen des Vorschusses steht Rücknahme gleich; Nürnberg MDR 94, 623; Celle OLGR 95, 136; Karlsruhe MDR 91, 993; 92, 911; WRP 92, 582; LG Dortmund MDR 88, 590; LG Siegen JurBüro 87, 119; LG Hamburg MDR 86, 945; LG Wuppertal AnwBl 86, 156; LG Hanau AnwBl 84, 378; LG Kassel AnwBl 81, 448; aA Koblenz MDR 96, 101; Köln FamRZ 92, 1083; LG Köln JurBüro 88, 1193; LG Frankenthal MDR 81, 940) und Erledigungserklärung bei unzulässigem Antrag (Hamm MDR 85, 415; aA LG Kiel SchlHA 87, 11), jedoch nicht nach einem Vergleich (LG Tübingen MDR 95, 638). Die Kostenentscheidung ist Festsetzungstitel (LG Berlin JurBüro 86, 440), nicht jedoch ein VB (LG Berlin Rpfleger 89, 302). Ob die Kosten notwendig waren, ist nach der Zeit ihrer Aufwendung zu beurteilen (Hamburg JurBüro 81, 1396). Voraussetzung für die Festsetzbarkeit ist, daß der Kostentitel in der Hauptsache auch zwischen den **Parteien des Beweisverfahrens** als Gegnern (Stuttgart JurBüro 89, 1571; Hamburg MDR 90, 1020; Saarbrücken JurBüro 91, 244) ergangen ist, wobei ausnahmsweise ausreichen kann, daß nur einer von mehreren Antragsgegnern verklagt wird (Schleswig JurBüro 90, 57; AnwBl 95, 270; aA Hamburg JurBüro 89, 1414; 94, 105: grds nur Kopfteilhaftung der Antragsgegner; Koblenz JurBüro 90, 1009 verlangt zusätzlich noch substantiierte Darlegung des Bruchteils). Bei Abtretung sind die Kosten des Beweisverfahrens im Rechtsstreit des Zessionars als Vorbereitungskosten erstattungsfähig (KG JurBüro 81, 1392; aA Schleswig JurBüro 91, 1357, wenn die Klage nur hilfsweise auf abgetretenes Recht gestützt wird); anders aber, wenn der Schuldner, nachdem ihn der Zessionar verklagt hat, das Beweisverfahren noch gegen den Zedenten beantragt (Köln JurBüro 93, 684). Erforderlich ist **Identität** des Streitgegenstandes (Koblenz AnwBl 95, 266; nur unterschiedliche Bewertung desselben Anspruch ist unschädlich: München MDR 95, 1073). Identität liegt auch vor, wenn sich das sBV nicht auf den Anspruch, sondern auf die Rechtsverteidigung bezog (Nürnberg JurBüro 96, 35). Bei Teilidentität kommt nur anteilige Erstattung in Betracht (München MDR 93, 113; Düsseldorf OLGR 95, 231; Karlsruhe JurBüro 96, 36); Schleswig (AnwBl 95, 269) differenziert dabei korrekt: Gebühren nach Quote, Auslagen nach Prozeßbezogenheit. Sind mehrere Rechtsstreitigkeiten Hauptsachen eines einzigen Beweisverfahrens, dann sind dessen Kosten entsprechend den Hauptsachestreitwerten aufzuteilen (München MDR 89, 548; Düsseldorf NJW 76, 115; Nürnberg NJW 72, 953). Wegen der nicht abgedeckten Differenz kann ein einklagbarer (LG Kiel NJW-RR 86, 357; SchlHA 88, 31) materiellrechtlicher KE gegeben sein (nach abzulehnender Auffassung von Schleswig JurBüro 89, 101 aber erst, wenn feststeht, daß es nicht zum Hauptsacheprozeß kommt). Wird dieser nicht geführt oder das Beweisergebnis in einem anderen Prozeß verwendet (Koblenz JurBüro 81, 1070), gibt § 494a einen prozessualen KE. Die Kosten sind solche des ersten Rechtszugs (Hamburg MDR 90, 159) des Hauptprozesses oder auch die die einer einstweiligen Verfügung (Koblenz JurBüro 95, 481), aber nicht bei Klageabweisung als unschlüssig (Hamburg MDR 89, 362), bei nicht oder nur teilweise rechtskräftiger Entscheidung über den Gegenstand des Beweisverfahrens (Hamburg MDR 90, 1127; anteilig entsprechend der Rechtskraftwirkung: Hamburg MDR 93, 1130) oder bei nicht rechtskräftig beschiedener Aufrechnung, für die der Beweis gesichert wurde (Hamburg JurBüro 90, 1470; Schleswig JurBüro 88, 1524). Ob der Kostenausspruch nach Klagerücknahme die Beweisverfahrenskosten erfaßt, ist str (zutr verneint von Köln BauR 94, 411; KG BerlAnwBl 92, 84; Schleswig JurBüro 91, 588; JurBüro 95, 36; Koblenz JurBüro 90, 1007; München MDR 87, 151; aA Stuttgart Rpfleger 88, 117; MK/Belz § 103 Rn 37). Bei zurückgenommener oder als unzulässig abgewiesener Klage ist aber § 494a entsprechend anwendbar (s § 494a Rn 4 aE). Werden im Urteil (oder Vergleich; s dort) die Kosten gegeneinander aufgehoben, ist entscheidend, ob die Gerichtskosten des Beweisverfahrens als außergerichtliche Kosten der Partei angesehen werden (Frankfurt JurBüro 90, 621, aufgegeben OLGR 94, 203; Hamm JurBüro 88, 1363; OLGR 95, 23; Koblenz JurBüro 87, 1875), die diese deshalb alleine zu tragen hat, oder – zutr – als Gerichtskosten des nachfolgenden Rechtsstreits (München MDR 87, 328 mwN; Schleswig JurBüro 91, 962, Aufgabe der bish Rspr; Düsseldorf OLGR 95, 284; BauR 94, 406; Rpfleger 94, 181, Aufgabe der bish Rspr), die jede Partei hälftig tragen muß.

- **Sicherheitsleistung:** S § 788 Rn 5 u 19.

- **Sondervergütung:** Honorarvereinbarung, § 3 BRAGO, des Anwalts ist nur erstattungsfähig, wenn der Gegner sie vertraglich übernommen hat. Ausnahme: Ausl Korrespondenzanwalt, für den keine gesetzlichen Gebühren gelten, wenn die mit ihm vereinbarten Stundensätze ortsüblich sind (Frankfurt Rpfleger 87, 216; AnwBl 95, 378).

- **Sozietät:** Es ist umstritten, ob die Sozietät im Rechtsstreit mit dem Mandanten (auf der Aktivseite wegen nicht gezahlten Honorars, auf der Passivseite wegen Haftung für Schlechterfüllung) mit der Rechtsfolge des § 6 I 2 BRAGO als Auftraggebermehrheit behandelt werden darf. Wird die Anwendbarkeit des § 6 I 2 BRAGO bejaht (zB Frankfurt AnwBl 88, 70; 93, 294), ist zusätzlich zu prüfen, ob dieses Vorgehen dem Gebot zur möglichst sparsamen Prozeßführung entspricht (hierzu Schneider Anm zu Köln MDR 88, 155; Hansens JurBüro 89, 1202 Nr 5.23); das wird heute wohl überwiegend verneint bei der Honorarklage der Sozietät (Köln Rpfleger 93, 369; Karlsruhe JurBüro 88, 1661; LG Berlin MDR 88, 971); bejaht, wenn die Sozietät wegen Schlechterfüllung verklagt wird (Hamburg MDR 89, 922; Schleswig JurBüro 89, 1257; Braunschweig JurBüro 90, 335; aA Köln JurBüro 88, 457), wobei es dabei aber idR gegen Treu und Glauben verstößt (Schleswig SchlHA 88, 55; Düsseldorf OLGR 93, 80), wenn jeder der verklagten Anwälte sich selbst vertritt oder je einen eigenen ProzBev mandatiert, so daß die Prozeßgebühr nicht nur erhöht, sondern mehrfach entsteht (Düsseldorf JurBüro 92, 816); zulässig ist dies nur bei unterschiedlicher Interessenlage der Bekl (Hamburg MDR 89, 824). In Rechtsstreitigkeiten, an denen die Sozietät außerhalb eines Mandatsvertrages beteiligt ist, zB als Mieter, ist Erstattungsfähigkeit immer dann zu bejahen, wenn ein Fall des § 6 I 2 BRAGO vorliegt. Zur überörtlichen Sozietät s „Verkehrsanwalt“.

- **Spezialanwalt:** Seine Zuziehung kommt vor allem in Streitigkeiten des gewerblichen Rechtsschutzes in Betracht. Erstattung der dadurch anfallenden Mehrkosten (zwei Anwälte!) sehr problematisch (BVerfG NJW 93, 1460). Grundsätzlich muß ein RA sich die erforderlichen Kenntnisse für das übernommene Mandat selbst verschaffen (Stuttgart AnwBl 81, 196; Koblenz JurBüro 84, 922; Karlsruhe MDR 90, 159 = KoRsp ZPO § 91 B-Vertretungskosten Nr 394 mit krit Anm Lappe unter Hinweis auf BVerfG MDR 78, 292; Justiz 90, 363, beide betr Vorlage einer Rechtssache an das BVerfG; Frankfurt MDR 92, 193: Bierbezugsvertrag; Celle OLGR 95, 45: Arzthaftung). Der Kläger ist zwar an einem qualifizierten Rechtsschutz interessiert; er darf ihn aber grundsätzlich nicht auf Kosten seines Gegners finanzieren. Dagegen spricht auch der Ausschluß der Kostenerstattung für Honorarvereinbarungen in § 91 II 1.

- **Staat als Partei:** s „Behörde“.

- **Standesrecht:** Verstöße beeinflussen die Wirksamkeit von Prozeßhandlungen nicht; soweit diese gebührenrechtliche Tatbestände erfüllen, fallen auch die entsprechenden Kosten erstattungsfähig an (Hamburg JurBüro 80, 720; LG Bonn Rpfleger 90, 435). Mandatsniederlegung, weil die eigene Partei Versäumnisurteil erwirkt hat, führt nicht zur Mehrkostenerstattung (LG Bonn AnwBl 84, 102).

- **Steuerberaterkosten:** Erstattungsfähig nur, soweit es sich um die übliche Vergütung (§§ 612 II, 632 II BGB) handelt. Das Honorar ist insbes dann erstattbar, wenn durch die Zuziehung des Steuerberaters der Partei ihre Darlegungspflicht ermöglicht wurde (München MDR 77, 848), jedoch nicht schon dann, wenn im Unterhaltsprozeß die Partei den Steuerberater zur Ermittlung ihres eigenen Einkommens einschaltet (Frankfurt JurBüro 88, 360).

- **Strafanzeige:** Anwaltskosten sind als Vorbereitungskosten erstattungsfähig, wenn sie dazu dienten, Ermittlungen in Gang zu setzen, ohne die der Kläger eine unerlaubte Handlung des Beklagten nicht hätte nachweisen können (KG AnwBl 83, 563; LG Frankfurt MDR 82, 759).

- **Streitgenossen:**

1) **Zwischen Streitgenossen,** die gemeinsam auf der Kläger- oder der Beklagtenseite stehen, kommt es zu keiner internen Kostenerstattung, es sei denn aufgrund eines entsprechenden Vergleichs (Köln FamRZ 93, 724).

2) Verschiedentlich wird angenommen, es stehe jedem Streitgenossen frei, einen **eigenen Anwalt** mit seiner Vertretung zu beauftragen (BVerfG NJW 90, 2124; Schleswig JurBüro 81, 435; Frankfurt AnwBl 85, 647; München JurBüro 88, 1187, aufgegeben MDR 95, 263; Saarbrücken JurBüro 89, 393). Nach dieser Auffassung ist der Gegner stets erstattungspflichtig, gleichgültig ob von vornherein oder nachträglich verschiedene ProzBev bestellt werden, sofern nur nicht mehr Anwälte als Streitgenossen beauftragt werden (zB Nürnberg AnwBl 82, 74; Frankfurt AnwBl 81, 149). Das BVerfG, aaO, macht nur die Einschränkung, die mehrfache Beauftragung sei bei Rechtsmißbrauch unbeachtlich (ebenso Hamm Rpfleger 78, 329; Stuttgart Justiz 80, 20; Düsseldorf MDR 88, 324; Schleswig JurBüro 92, 473; Karlsruhe AnwBl 94, 41). Die Notwendigkeit eines **Anwaltswechsels** wird in solchen Fällen gar nicht geprüft (nach München Rpfleger 90, 312 jedoch dann, wenn Streitgenossen den gemeinsamen ProzBev auswechseln). Diese Auffassung ist abzulehnen (MK/Belz Rn 88); vielmehr ist nach § 91 II 3 zu beurteilen, ob in derartigen Fällen die Beauftragung eines je eigenen RA oder ein späterer Wechsel vom gemeinsamen Anwalt zu je eigenen Anwälten aus sachlichen Gründen geboten war (so zB Hamm Rpfleger 81, 29; Karlsruhe VersR

79, 944; Stuttgart Rpfleger 80, 194; Hamburg JurBüro 82, 767; München Rpfleger 83, 495; Bamberg JurBüro 86, 923; Celle JurBüro 87, 601; Frankfurt AnwBl 88, 73; Köln FamRZ 93, 587; Koblenz MDR 94, 416). Der Erstattungsberechtigte muß daher sachliche Gründe für die Aufspaltung des Mandats darlegen und glaubhaft machen (Hamm JurBüro 79, 1060; Stuttgart Justiz 80, 20), anderenfalls er sich dem Vorwurf rechtsmißbräuchlicher Kostenerhöhung aussetzt, zB wenn eine GmbH & Co KG und die GmbH als persönlich haftende Gesellschafterin im Rechtsstreit als Streitgenossen verschiedene ProzBev beauftragen (Hamm Rpfleger 78, 329; bedenklich Düsseldorf AnwBl 81, 70). Diese Grundsätze sind auch im Verhältnis zwischen Kläger und seinem Haftpflichtversicherer zu beachten (Köln AnwBl 85, 534 m zust Anm Chemnitz: Arzthaftungsprozeß), insbesondere aber im Rechtsstreit mit Fahrzeughalter und Haftpflichtversicherer als Streitgenossen anzuwenden (sehr str; wie hier zB München MDR 95, 263; Saarbrücken JurBüro 88, 1699; 89, 1417; Hamburg JurBüro 88, 762; Hamm MDR 90, 1019; Koblenz JurBüro 94, 230; MDR 95, 263; aA zB Schleswig JurBüro 84, 1563; Düsseldorf MDR 85, 148; Oldenburg JurBüro 90, 1479; LG Itzehoe JurBüro 89, 1700; LG Bonn JurBüro 90, 69).

3) Bei Beauftragung eines **gemeinsamen Anwalts** durch Streitgenossen ist umstritten, in welcher Höhe der siegreiche Genosse die dem gemeinsamen Anwalt geschuldeten Kosten vom Gegner erstattet verlangen kann, wenn der andere Streitgenosse unterliegt (ausführlich u gegen BGH JurBüro 69, 942: Husmann Rpfleger 90, 150; AnwBl 94, 167). Heute werden dazu zwei Ansichten vertreten:

a) Kostenerstattung in voller Höhe, ohne daß im Festsetzungsverfahren die Frage erörtert wird, ob der Erstattungsberechtigte selbst diese Kostenschuld erfüllt hat oder – etwa wegen Mittellosigkeit des mithaftenden unterlegenen Streitgenossen – letztlich wird erfüllen müssen. Die Ausgleichspflicht aus dem Innenverhältnis bleibt unberücksichtigt (BGH JurBüro 69, 941 m abl Anm Schneider; Oldenburg JurBüro 88, 484; Hamm MDR 94, 102; Rpfleger 95, 181; Bamberg [1. Senat] JurBüro 88, 1689, fallbezogen modifiziert JurBüro 94, 476; [3. Senat] JurBüro 88, 1182; Düsseldorf JurBüro 93, 355; KoRsp ZPO § 100 Nr 100). Zu den dabei auftretenden Schwierigkeiten, die bis zur Bemühung des Rechtsschutzbedürfnisses und dem Zwang zur Vollstreckungsgegenklage reichen, s Frankfurt AnwBl 85, 648.

b) Nach der zutr Gegenmeinung kann der siegreiche Streitgenosse nur eine **seinem Kopfteil entsprechende Erstattung** verlangen, es sei denn, er lege dar und mache glaubhaft, daß der unterlegene Streitgenosse zahlungsunfähig ist; das Innenverhältnis oder tatsächlich geleistete Zahlungen bleiben grunds außer Betracht. Diese Auffassung überwiegt heute (Oldenburg MDR 94, 297; Koblenz MDR 94, 102; JurBüro 88, 1691; München MDR 94, 215; 93, 804; Rpfleger 95, 519; Nürnberg AnwBl 94, 427; Schleswig SchlHA 93, 154; 86, 155; Stuttgart JurBüro 90, 625; Köln JurBüro 87, 899; Bamberg [5. Senat] JurBüro 88, 624; Zweibrücken Rpfleger 88, 38; Karlsruhe JurBüro 92, 546; Rpfleger 94, 316; LG München Rpfleger 89, 476; LG Bonn Rpfleger 89, 521; LG Ulm DAR 89, 29; LG Zweibrücken JurBüro 93, 488).

c) Bei dieser Kontroverse handelt es sich letztlich um ein **Scheinproblem,** weil der Zusammenhang zwischen der Fassung der Kostenentscheidung und der Ausgestaltung des darauf aufbauenden Kostenfestsetzungsverfahrens ignoriert wird (s zB Lappe MDR 58, 655; Rpfleger 80, 263; Schneider JurBüro 69, 943). Wer die Baumbach'sche Formel in der Kostengrundentscheidung verwendet, muß sie folgerichtig im Kostenfestsetzungsverfahren durchhalten. Diskussionsgegenstand kann logisch und systematisch korrekt nur die Frage sein, ob an der Baumbach'schen Formel festzuhalten ist oder ob die Kostengrundentscheidung so zu fassen ist, als würde jeder Streitgenosse selbständig prozessieren (s Hamburg MDR 78, 674; LG Hamburg NJW 67, 1670 m Anm Schneider S 1970). Da die Zivilrechtspraxis an der Baumbach'schen Formel festhält, die sich seit Jahrzehnten bewährt hat, ist der zweiten Auffassung zu folgen.

d) Nach keiner der beiden Ansichten ist es zulässig, daß der allein obsiegende Streitgenosse auch die **Erhöhung der Prozeßgebühr** nach § 6 I 2 BRAGO *voll* für sich festsetzen läßt (München JurBüro 78, 1806; Koblenz JurBüro 79, 1817; LG Berlin JurBüro 83, 1260). Ob er sie anteilig erstattet verlangen kann, richtet sich nach § 91 II 3 ZPO. Ferner können Streitgenossen mit Einzelfestsetzungen in der Endsumme nie mehr erstattet verlangen, als sie gemeinsam schulden (Schleswig SchlHA 78, 178).

e) Sind die Streitgenossen am Gesamtstreitwert **unterschiedlich beteiligt,** kann bei unterschiedlichem Prozeßausgang jeder Genosse vom Gegner nur Erstattung entsprechend seiner wertmäßigen Beteiligung verlangen. Das gilt auch für Mehrkosten nach einem VU gegen lediglich einen Streitgenossen, selbst wenn die Kosten im Schlußurteil den Streitgenossen als Gesamtschuldnern auferlegt worden sind (LG Münster JurBüro 78, 753).

4) **Verkehrsanwalt.** Kein Streitgenosse braucht sich des anderen Genossen zur Informationserteilung zu bedienen. Haben mehrere Streitgenossen sich desselben Verkehrsanwalts bedient, dann ist bei der Berechnung der Verkehrsanwaltskosten unter dem Gesichtspunkt ersparter Informationsreisekosten zu berücksichtigen, daß jeder Streitgenosse grunds berechtigt ist, sich mit seinem ProzBev wenigstens einmal zu besprechen (Bamberg JurBüro 72, 314; Hamm JurBüro 87, 751; aA Bamberg JurBüro 88, 625 bei gleichgerichteten Interessen und enger Verbindung der Streitgenossen). Haben die Streitgenossen einen gemeinsamen ProzBev bestellt, dann sind auch die Kosten eines gemeinsamen Verkehrsanwalts nur zu erstatten, wenn dessen Einschaltung iSd § 91 notwendig war (MK/Belz Rn 77; Hamburg MDR 84, 588; Düsseldorf Rpfleger 84, 32; München MDR 91, 256, Aufgabe von JurBüro 88, 1187).

● **Streithelfer.** Er kann von dem in die Kosten der Streithilfe verurteilten Gegner der Hauptpartei Erstattung auch der Schreibauslagen verlangen, die er zur Information aus den Gerichtsakten anfertigen läßt (Düsseldorf VersR 79, 870). S auch die Erläuterungen zu § 101.

● **Streitverkündungskosten** oder die Kosten des Zwischenstreits über die Zulassung (§ 71) sind nicht erstattungsfähig (Frankfurt AnwBl 80, 258; München JurBüro 89, 1121). Auch dann nicht, wenn der Gl den Streit verkünden muß (§ 841), weil dies nicht das Verhältnis zum Bekl betrifft.

● **Streitwertfestsetzung:** Gerichtsgebühren fallen nicht an (§ 25 III GKG). Außergerichtl Kosten werden nicht erstattet. Schätzungskosten nach § 26 GKG werden entweder einer Partei auferlegt (§ 26 S 1 GKG) oder sie werden von der Staatskasse getragen, so daß Erstattung nicht in Betracht kommt.

● **Stufenklage:** Der in der Leistungsstufe obsiegende Bekl, der den Auskunftsanspruch anerkannte (Koblenz JurBüro 90, 1473) oder zur Auskunft verurteilt wurde (Düsseldorf OLGR 96, 70), kann die Kosten für die Erteilung der Auskunft nicht erstattet verlangen. Es sind nicht Kosten des Rechtsstreits. S auch § 91a Rn 58 „Stufenklage", § 254 Rn 1, 5, § 269 Rn 18a, § 93 Rn 6 „Stufenklage".

● **Teilklagen:** S unter „Mehrheit von Prozessen". Zur Teilklage beim AG und einer drohenden negativen Feststellungswiderklage mit einem LG-Streitwert s Koblenz MDR 86, 1032.

● **Telekommunikationsdienstleistungen:** Entstandene Kosten werden dem RA vergütet (§ 26 BRAGO) und sind idR erstattungsfähig (s „Datenbankkosten"). Ein besonderer Gebührenanspruch erwächst ihm aber nicht, da keine über § 2 BRAGO zu schließende Gebührenlücke vorliegt. Die Abfrage ist der (zeitaufwendigeren) Auswertung einer Bibliothek vergleichbar; diese Tätigkeit ist aber mit der Prozeßgebühr abgegolten. Wird eine Honorarvereinbarung geschlossen, schuldet der Mandant die Vergütung; er kann die Kosten aber nicht auf den unterlegenen Gegner abwälzen.

● **Terminswahrnehmung:** Die Teilnahme an einem vom gerichtlich bestellten Sachverständigen durchgeführten Besichtigungstermin ist keine Wahrnehmung eines Termins iS des § 54 S 2 BRAGO (Schneider Anm zu KoRsp BRAGO § 54 Nr 5; Schleswig SchlHA 1984, 79 für den Verkehrsanwalt; aA KG KoRsp BRAGO § 54 Nr 6; zust Lappe Anm zu KoRsp § 56 Nr 19), jedenfalls nicht notwendig iS von § 91 (Frankfurt OLGR 93, 172). Einzelheiten bei „Angestellte", „Behörde", „Beweistermin", „Juristische Person", „Zeitversäumnis".

● **Testkauf:** Im Bereich des gewerblichen Rechtsschutzes kommt es oft zu Testkäufen. Ob die Aufwendungen dafür im Rechtsstreit erstattungsfähig sind, ggf in welcher Höhe (vgl Frankfurt AnwBl 94, 426 mehrere Käufe/Verfahren) und wem die Kaufsache zusteht, oder ob diese Kosten aus materiellrechtlicher Anspruchsgrundlage selbständig eingeklagt werden müssen, ist umstritten. Nicht erstattungsfähig (Hamm MDR 85, 414). Dann erstattungsfähig, wenn im Rahmen eines schon vorher gefaßten Entschlusses zur Rechtsverfolgung getestet wird (Düsseldorf JurBüro 86, 99; WRP 86, 33 = EWiR § 91 ZPO 1/86, 309 m Anm Lindacher) und kostenschonende Maßnahmen getroffen worden sind (Frankfurt WRP 85, 349); strenge Maßstäbe an die Erforderlichkeit des Testkaufs (Frankfurt GRUR 88, 791); Anlaß zur Überprüfung muß berechtigt (Stuttgart JurBüro 95, 37), Aufwendungen hierzu müssen verhältnismäßig sein (Karlsruhe JurBüro 88, 74). Der dem Berechtigten zugeflossene Testkauf-Vermögenswert ist dem Erstattungsverpflichteten Zug um Zug zu übertragen; insoweit nur eingeschränkte Festsetzung (KG MDR 76, 670; Rpfleger 91, 80; Stuttgart Justiz 86, 412; aA Koblenz JurBüro 85, 1865). Bei derart uneinheitlicher Judikatur keine sichere vorprozessuale Prognose möglich.

● **Treuhandstelle:** Die Kosten der Prozeßvertretung durch eine genossenschaftl Treuhandstelle sind nicht erstattungsfähig (Celle NJW 62, 811; LG Berlin JW 38, 2765; LG Aachen JMBlNRW 57, 163; aA LG Köln NJW 58, 1689 m abl Anm Bode S 2073; LG Mönchengladbach Rpfleger 91, 34, wenn die Treuhandstelle als Rechtsbeistand zugelassen ist); ebenso bei Vertretung einer Bank im Mahnverfahren (Koblenz Rpfleger 89, 524).

● **Übersetzungskosten** fremdsprachlicher Urkunden sind erstattungsfähig (vgl Ott AnwBl 81, 173); es sind einer der deutschen Sprache nicht kundigen ausländischen Prozeßpartei die Kosten der Übersetzung aller wesentl Schriftstücke, vorzulegenden Urkunden, gerichtl Entscheidungen und Verfügungen zu erstatten (Düsseldorf AnwBl 83, 560; auch wenn sie einen ausl Verkehrsanwalt hat: Karlsruhe JurBüro 89, 100); allerdings obliegt es der Partei, die Kosten für Übersetzungen niedrig zu halten (BVerfG NJW 90, 3072; vgl auch OVG Münster AnwBl 91, 592: RA befragt unnötig mit Formular). Übersetzt der RA selbst wörtlich, teilt er also nicht nur den Inhalt eines Schriftstücks in der fremden Sprache mit, so sind solche Übersetzungskosten erstattungsfähig, wenn die Tätigkeit den üblichen Rahmen überschreitet (Hamburg JurBüro 71, 685; Karlsruhe Justiz 76, 315; ausführlich Schneider JurBüro 67, 689). Entschädigt wird nach § 17 ZSEG.

● **Umsatzsteuer (Mehrwertsteuer):** Zur bisherigen, durch die Rspr des BFH höchst str gewordenen, Rechtslage s die 18. Aufl. Jetzt gilt § 104 II 3 (Lit: *von Eicken/Madert* NJW 96, 1651 II 4; *Hansens* JurBüro 95, 173; ZAP F 24 S 301, 309 IV): Zur Berücksichtigung der USt genügt die Erklärung des Antragstellers, daß er die Beträge nicht als Vorsteuer abziehen kann. Damit ist das KFB-Verfahren von steuerrechtlichen Fragen entlastet. Allerdings: Die Erklärung nach § 104 II 3 genügt zur Festsetzung, das Unterlassen der Erklärung rechtfertigt aber nicht schon die Absetzung. Es muß zunächst nachgefragt werden. Die Rspr läßt die Erklärung grds ausreichen (Koblenz Rpfleger 96, 304; Schleswig JurBüro 96, 260; Düsseldorf AnwBl 95, 238; Koblenz MDR 95, 322; München Rpfleger 95, 313; Braunschweig OLGR 95, 46; Celle OLGR 95, 124: bloßer Ansatz ist nicht konkludente Erklärung; KG MDR 95, 320 = KoRsp ZPO § 104 (B) Nr 215 mit Anm von Eicken und Lappe), verlangt sie aber auch ausdrücklich (Jena OLGR 95, 227), versagt Erstattung nur bei zweifelsfrei unrichtiger Erklärung (Schleswig JurBüro 96, 260; Karlsruhe MDR 94, 1252). Zur Festsetzung bei Streitgenossen: Stuttgart Rpfleger 96, 82. Ein Streit über festgesetzte Steuern ist dann im Klageverfahren nach § 767 auszutragen (§ 767 Rn 20). Auch der Bundesrepublik

Deutschland ist als obsiegender Partei die Umsatzsteuer zu erstatten (Koblenz KoRsp ZPO § 91 B – Vertretungskosten Nr 279; Hamm JurBüro 94, 429). Vertritt der RA eine ausl Partei, darf er ihr Umsatzsteuer nicht in Rechnung stellen (München JurBüro 88, 1167; Schleswig JurBüro 95, 198; LG Frankfurt AnwBl 86, 406; zum ausl Unternehmen mit inländischer Betriebsstätte: Koblenz Rpfleger 89, 477); anders wenn der RA die obsiegende inländische Partei vertritt (Koblenz MDR 92, 307). Maßgebend ist der Steuersatz bei Fälligwerden der Vergütung (Düsseldorf KoRsp BRAGO § 25 Nr 28 m Anm Herget). Vertritt sich der RA in eigener Sache, ist zwischen beruflichen und privaten Angelegenheiten (letztere sind umsatzsteuerpflichtig) zu differenzieren (Düsseldorf JurBüro 94, 299; Hamburg JurBüro 86, 873; Stuttgart Justiz 86, 18; Hamm MDR 85, 683; AnwBl 86, 452; Schleswig JurBüro 85, 399). Keine Umsatzsteuer auf die Zinsen für die festgesetzten Kosten (SG Kiel AnwBl 84, 571; aA LG Baden-Baden AnwBl 83, 240) oder fiktive Reisekosten (Koblenz AnwBl 79, 116).

● **Unterbevollmächtigter:** Bestellt die Partei, regelmäßig wegen weiter Entfernung vom Sitz des Prozeßgerichts oder wegen besonderen Vertrauens (LG Essen AnwBl 83, 564), einen in ihrer Nähe residierenden Anwalt als Hauptbevollmächtigten und einen Unterbevollmächtigten am Sitz des Prozeßgerichts, dann sind die Mehrkosten nicht erstattungsfähig, soweit sie die Kosten eines ProzBev am Prozeßgericht und eines notwendigen Verkehrsanwalts am Wohnsitz der Partei übersteigen (Köln JurBüro 96, 94; Bamberg JurBüro 85, 130). Gebühr des § 56 I Nr 1 BRAGO für Einreichung eines Schriftsatzes kann bei Notwendigkeit erstattungsfähig sein (Hamburg JurBüro 79, 722). Unterbevollmächtigter kann auch eine Erörterungsgebühr verdienen, die erstattungsfähig ist, wenn keine weitere Gebühr aus § 31 I Nr 4 BRAGO beansprucht wird (München MDR 79, 505).

● **Verbindung:** Verklagt der Kl, durch verschiedene Anwälte vertreten, in getrennten Prozessen denselben Bekl und kommt es nachher zur Verbindung dieser Verfahren, dann sind ab Prozeßverbindung nur noch die neu erfallenden Kosten eines Anwalts erstattungsfähig. Die Anwaltskosten vor Verbindung sind nur dann insgesamt zu erstatten, wenn für den Kl Anlaß bestand, zwei getrennte Verfahren einzuleiten und sich durch verschiedene Anwälte vertreten zu lassen. S „Mehrheit von Prozessen“.

● **Verdienstausfall:** S unter „Allgemeiner Prozeßaufwand“; „Zeitversäumnis“.

● **Vergleich:** Umfang der Kostenübernahme bei Zweifeln (Düsseldorf JurBüro 89, 1127: dann nur die notw Kosten) durch Auslegung zu ermitteln (München Rpfleger 94, 227: Kosten des Beweisverfahrens; Karlsruhe MDR 94, 733: Kosten der Vollstreckung). Die Vergleichsgebühr des **Verkehrsanwalts** ist grds nicht zu erstatten (Hamburg MDR 84, 949; Bamberg JurBüro 87, 118; Saarbrücken JurBüro 87, 700; Karlsruhe Justiz 89, 85). Ausnahme, wenn das Mitwirken des Verkehrsanwalts für den Vergleich ausschlaggebend war (Frankfurt Rpfleger 86, 151), wenn sich die Gegenseite unmittelbar an den Verkehrsanwalt gewandt hat (Koblenz MDR 84, 587: Schleswig JurBüro 87, 1042; Hamburg AnwBl 88, 356) oder eine Partei völlig rechts- und schreibungewandt ist (Hamburg MDR 83, 1034). Ob ein Vergleich die Verkehrsanwaltskostenerstattung überhaupt regelt, muß ggfs durch Auslegung ermittelt werden (Saarbrücken JurBüro 87, 700). Kostenübernahme im Vergleich erfaßt auch die Kosten eines **selbständigen Beweisverfahrens** (Hamburg MDR 86, 591 zur Beweissicherung); bei vergleichsweiser Kostenaufhebung ist str (s Frankfurt JurBüro 83, 1875 mwN), ob die Gerichtskosten als außergerichtliche Auslagen des Antragstellers von diesem alleine (Nürnberg BauR 95, 275; Frankfurt Rpfleger 90, 89; Bamberg JurBüro 89, 1566; Hamm Rpfleger 87, 384; Koblenz JurBüro 87, 1875) oder – zutr – als Gerichtskosten des Hauptsacheprozesses je hälftig zu tragen sind (Koblenz JurBüro 90, 59; München AnwBl 87, 237; Stuttgart Rpfleger 82, 195; LG Berlin JurBüro 89, 1573; ebenso, jedoch unabhängig von der begrifflichen Einordnung der Kosten: Schleswig SchlHA 87, 159), so daß sich eine vorbeugende Klarstellung im Vergleichstext empfiehlt (vgl Hamm MDR 94, 1051). Gleiches gilt bei einer Einigung nach vorhergegangener **Verweisung** des Rechtsstreits, damit die Mehrkostenregelung (§ 281) im Festsetzungsverfahren nicht str wird. Für Notwendigkeitsprüfung Bremen Rpfleger 86, 402; Bamberg JurBüro 88, 1680; Frankfurt MDR 88, 869; aA Koblenz MDR 87, 681; JurBüro 87, 1712; Karlsruhe MDR 88, 1063; Frankfurt Rpfleger 88, 78. S auch §§ 103, 104 Rn 21 „Prozeßvergleich“.

● **Vergleichsverwalter:** Anders als beim Konkursverwalter wird seine Tätigkeit als Verkehrsanwalt nicht durch die Vergleichsverwaltervergütung abgegolten (Köln AnwBl 83, 562).

● **Verkehrsanwalt:** Lit: *Schmeel* MDR 95, 24. Wohnt eine Partei nicht im Bezirk oder in der Nähe des Gerichts und ist sie nicht fähig, einen dort residierenden, also auswärtigen Anwalt sachgemäß zu informieren, vor allem, weil die Rechtslage nicht einfach ist, dann darf sie einen an ihrem Ort oder in dessen nächster Nähe befindlichen Anwalt damit betrauen, den Prozeßstoff zu sichten und den am Prozeßgericht wohnhaften Anwalt zu informieren. Dieser ist dann der ProzBev, der andere der Verkehrsanwalt (§ 52 BRAGO; Düsseldorf JurBüro 95, 643). Ob die Gegenpartei dessen Gebührenanspruch gegen den Auftraggeber erstatten muß, richtet sich nach § 91 II 3.

1) **Erstattungsgrundsätze.** Die Mehrkosten sind nur ausnahmsweise erstattungsfähig. Zur Abgrenzung werden inhaltsarme Umschreibungen verwandt, zB Erstattungsfähigkeit zu bejahen, wenn der Partei die unmittelbare mündliche Information ihres auswärtigen ProzBev aus sachlichen Gründen unmöglich oder aus persönlichen Gründen unzumutbar ist oder wenn die Kosten einer unmittelbaren Information die des Verkehrsanwalts erreichen oder überschreiten würden. Die einschlägige Rspr ist kaum noch überschaubar, wechselt von OLG-Bezirk zu OLG-Bezirk und ist oft innerhalb eines Bezirks noch in sich widersprüchlich. Die Schwierigkeiten werden damit prinzipiell in den Einzelfall verlagert (was ist aus sachlichen Gründen unmöglich? was ist aus persönlichen Gründen unzumutbar?), was indessen unumgänglich ist, nachdem alle Versuche, allgemeingültige Abgrenzungskriterien zu entwik-

keln, gescheitert sind. Möglich ist es allenfalls, typische Sachverhaltsgruppen herauszustellen. Richtlinien dafür sind: Soweit eine Partei auch mit Rücksicht auf die Schwierigkeiten ihres Falles in der Lage ist, den ProzBev unmittelbar schriftlich zu informieren, hat sie keinen Anlaß, auf Kosten des Gegners einen Verkehrsanwalt zwischenzuschalten (München MDR 93, 1130; Bamberg JurBüro 91, 705: ProzBev kann sich aus Parallelsache selbst informieren). Außer Rechtsunerfahrenheit (Karlsruhe Justiz 92, 126; Hamburg JurBüro 91, 1516: Kl war volkseigener Betrieb) und Schreibungewandtheit können zB auch Alter (Hamburg JurBüro 90, 888), Krankheit (Koblenz JurBüro 91, 243: Streit um Zurechnungsfähigkeit der Partei) oder Körperbehinderung die Zuziehung eines Verkehrsanwalts rechtfertigen, jedoch grundsätzlich nur bis zur Höhe der Kosten einer (oder im Einzelfall auch zweier: Koblenz MDR 93, 484) sonst notwendigen Informationsreise der Partei zu ihrem ProzBev (zB Oldenburg AnwBl 83, 558; Stuttgart AnwBl 83, 567). Untauglich sind Versuche, die Zumutbarkeit solcher Informationsreisen durch Zeit- (zutr Hamm MDR 88, 61) oder Entfernungskriterien (Frankfurt [18 W] JurBüro 88, 486, Aufgabe der bish Rspr; anders aber [6 W] JurBüro 93, 292; MDR 94, 213) zu bestimmen, weil dies zu einer willkürlichen und formalistischen Einschränkung der Erstattungskriterien führen würde. Auch im gewerblichen Rechtsschutz ist auf die Umstände des Einzelfalles abzustellen. Daß sich eine Partei, meist größere Unternehmen, regelmäßig von einem bestimmten Anwalt beraten läßt, rechtfertigt keine Begünstigung. Auch hier kommt es darauf an, ob sie nach ihren persönlichen Eigenschaften und Fähigkeiten in der Lage war, den ProzBev selbst zu informieren, was bei einem kaufmännisch geführten Unternehmen (Bamberg JurBüro 91, 959 und Düsseldorf OLGR 95, 76: auch bei einem ausländischen; Düsseldorf JurBüro 92, 38; Koblenz JurBüro 85, 618; anders bei schwierigem Sachverhalt: Hamburg JurBüro 87, 430; Düsseldorf JurBüro 89, 399) und damit auch bei Wettbewerbsverbänden idR anzunehmen ist (Stuttgart JurBüro 83, 1836; Karlsruhe JurBüro 89, 102; München Rpfleger 90, 313); sie müssen sich ggf so organisieren, daß sie zur eigenen Information in der Lage sind (Frankfurt MDR 85, 327; JurBüro 84, 111). Das gilt auch für Haftpflichtversicherungsgesellschaften (Schleswig JurBüro 82, 411), Leasinggeber (Koblenz JurBüro 88, 875), Lohnsteuerverein (Bamberg JurBüro 87, 1701), Inkassobüro (LG Saarbrücken JurBüro 87, 753), Teilzahlungsbank (Saarbrücken JurBüro 87, 895). Geht es im Rechtsstreit um Spezialmaterien, kann die Zuziehung eines **RA mit Spezialkenntnissen** erstattungsfähig sein, wenn am Ort des Prozeßgerichts kein Anwalt mit den notwendigen Kenntnissen und Erfahrungen zu finden ist (s unter „Spezialanwalt").

2) **Einzelheiten** (in alphabetischer Reihenfolge): **Ausländischer Verkehrsanwalt** wird ebenfalls nach den Grundsätzen des § 91 II beurteilt (Stuttgart Justiz 82, 262; Düsseldorf AnwBl 83, 560; s auch unter „Ausländer"). Eine deutsch sprechende Partei kann sich in Deutschland selbst informieren (Frankfurt Rpfleger 82, 311). Während sich die Erstattungsfähigkeit nach deutschem Recht richtet, ist die Höhe der Kosten des ausländischen Verkehrsanwalts nach dessen Heimatrecht zu beurteilen (Hamm AnwBl 73, 171); jedoch keine Berufung auf Honorarvereinbarung (Hamburg MDR 80, 589). Zur anteiligen Verteilung der fiktiven Reisekosten auf mehrere Sachen Koblenz JurBüro 92, 470 = ZAP F 24 S 133 LS mit Anm von Lappe). – **Beweisanwalt,** Kostenerstattung nur in der Höhe, wie durch seine Einschaltung Reisekosten des ProzBev vermieden worden sind (Düsseldorf JurBüro 92, 34). Nicht notwendig, daß Verkehrsanwalt zusammen mit Hauptbevollmächtigtem an Verhandlungs- und Beweisterminen teilnimmt (Bamberg JurBüro 86, 438). S auch unter „Beweistermin". – **Eheleute.** Klagt ein Ehegatte, ist die ihm vom anderen Ehegatten in Rechnung gestellte Verkehrsgebühr nicht erstattungsfähig (Koblenz JurBüro 84, 758; Köln JurBüro 83, 1047; Schleswig SchlHA 86, 144); dies gilt aber nicht bei verwandtschaftlichen Beziehungen (Schleswig JurBüro 92, 170: Sohn ist Verkehrsanwalt). Auch die Ehefrau eines Richters kann einen Verkehrsanwalt einschalten (Hamburg MDR 92, 616). – **Eilverfahren** (Arrest und einstweilige Verfügung) werden von der Rspr hinsichtlich der Prüfung der Notwendigkeit eines Verkehrsanwalts begünstigt wegen der Eilbedürftigkeit und der Haftung nach § 945 (zB Stuttgart Justiz 82, 262; Hamburg JurBüro 88, 1191; Frankfurt Rpfleger 88, 162), ohne daß die Einzelfallprüfung übergangen werden darf (Schleswig JurBüro 79, 1668; Hamburg JurBüro 88, 1031). War für das Verfügungsverfahren die Notwendigkeit eines Verkehrsanwalts bejaht worden, wird sie regelmäßig im parallel verlaufenden Hauptverfahren auch zu bejahen sein (Köln AnwBl 80, 76). Nehmen jedoch beide Anwälte an einem Beweistermin vor dem Rechtshilfegericht teil, sind nur die (geringeren) Kosten eines Anwalts erstattungsfähig (Köln AnwBl 80, 76). – **Hausanwalt,** ständige Beratung durch ihn rechtfertigt nicht die Einschaltung als Verkehrsanwalt (Koblenz JurBüro 78, 1373; OVG Lüneburg JurBüro 87, 607; Bamberg JurBüro 88, 625; 89, 1284; Ausnahmen lassen zu Koblenz KoRsp ZPO § 91 (A) 4.4.0.3 und München JurBüro 88, 491, wenn der RA besser als die Partei in tatsächlicher Hinsicht informieren kann; Bamberg JurBüro 88, 1362, wenn durch den Hausanwalt die Korrespondenz in fremder Sprache geführt werden kann). – **Konkursverwalter** s „Konkurs". – **Prozeßkostenhilfe.** Beiordnung eines Verkehrsanwalts im Bewilligungsverfahren (§ 121 Rn 18, 19) bindet nicht bei der Notwendigkeitsprüfung im Kostenfestsetzungsverfahren (Hamm Rpfleger 83, 328). Umgekehrt kann die Zuziehung eines Verkehrsanwalts durch die hilfsbedürftige Partei auch dann erstattungsfähig sein, wenn das Prozeßgericht die Beiordnung nicht für erforderlich gehalten hat (München NJW 61, 929). – **Prozeßvergleich** s „Vergleich". – **RA in eigener Sache** kann weder Verkehrsgebühr noch Kosten einer ersparten Informationsreise verlangen, auch nicht als **Partei kraft Amtes** (München OLGR 94, 36). – **Rechtsmittelverfahren.** Da der Sachverhalt regelmäßig bereits weitgehend im ersten Rechtszug geklärt wird und darüber ein Urteil vorliegt, braucht der erstinstanzliche ProzBev grundsätzlich nicht zum Verkehrsanwalt für den zweiten Rechtszug bestellt zu werden, so daß auch eine Verkehrsgebühr nur ganz ausnahmsweise erstattungsfähig ist (Hamm JurBüro 87, 270; Frankfurt WRP 92, 312: neue Probleme; JurBüro 92, 407: Alter und schlechte Gesundheit der Partei; Hamburg JurBüro 90, 888; Koblenz JurBüro 91, 243; Dresden OLGR 95, 228). Das gilt auch für die

ausländische Partei (Hamburg JurBüro 83, 1715). Ausnahme setzt voraus, daß der zweitinstanzliche ProzBev in tatsächlicher Hinsicht nicht in der Lage ist, ohne Hilfe des Verkehrsanwalts vorzutragen oder daß erstinstanzlich der Sachverhalt nicht hinreichend geklärt ist und hinsichtlich der maßgeblichen Umstände der erstinstanzliche ProzBev besser unterrichtet ist als die Partei selbst (zB Bamberg JurBüro 89, 400; Koblenz JurBüro 87, 1674; NJW-RR 96, 315). – **Scheckprozeß** macht Zuziehung eines Verkehrsanwalts regelmäßig nicht nötig (Bamberg JurBüro 78, 1022), auch nicht bei Geltendmachung eines **Wechsel**anspruchs aus dem eigenen Geschäftsbereich eines Kaufmanns (Düsseldorf JurBüro 81, 75; Karlsruhe Justiz 90, 362). – **Streitgenossen** s dort Ziff 4). – **Streithelfer.** Notwendigkeit, einen Verkehrsanwalt einzuschalten, kann auch bei ihm gegeben sein (Frankfurt AnwBl 78, 68). Es gelten die allgemeinen Grundsätze. – **Streitverkündung.** Kürze der Entschließungszeit und Einarbeitungsumfang können Verkehrsanwalt notwendig sein lassen (Koblenz JurBüro 87, 1790). – **Überörtliche Sozietät.** Lit: *Herrlein* Rpfleger 95, 399. Der auswärtige RA, der in einer überörtlichen Sozietät mit dem am Prozeßgericht zugelassenen RA verbunden ist, verdient keine Verkehrsgebühr (aA Frankfurt MDR 94, 213; Düsseldorf MDR 94, 1253; Herrlein aaO). Zwar kann der auswärtige RA nicht die Funktion des Prozeßanwalts übernehmen (Frankfurt aaO), er ist aber auch nur als der örtliche Ansprechpartner des Mandanten für seinen postulationsfähigen Kollegen der Sozietät anzusehen (München Rpfleger 94, 40; MDR 95, 646, 752; KG Rpfleger 95, 433; Karlsruhe JurBüro 95, 31; G/S/von Eicken § 5 Rn 5; ebenso Hamburg MDR 96, 532, wenn die Mitglieder der Sozietät vor verschiedenen Gerichten auftreten). – **Vollstreckungsabwehrklage.** Bei kurzer Frist zur Erwiderung (fünf Tage auf Einstellungsantrag) Verkehrsanwalt für sachgerechte Verteidigung notwendig (Koblenz KoRsp ZPO § 91 [A] 4.4.0). – **Vormund.** Ist er RA, dann stehen ihm für die Unterrichtung des auswärtigen ProzBev die Verkehrsanwaltsgebühren nur zu, wenn ein nicht rechtskundiger Vormund erstattungsfähig einen Verkehrsanwalt hätte einschalten dürfen (Koblenz VersR 81, 865; Schleswig SchlHA 79, 60).

● **Versäumnisurteil:** Ergeht VU und hatte der Kl bewußt eine nicht richtige Adresse des Bekl angegeben, unter der durch Niederlegung zugestellt wurde, sind die Kosten für den Antrag auf Erlaß eines VU nicht erstattungsfähig (Koblenz KoRsp ZPO § 91 B – Vertretungskosten Nr 348 m Anm von Eicken). Gesamteinspruch ist notwendig, wenn das Gericht trotz Teilklagerücknahme, die dem Bekl bekannt ist, ein VU über den ursprünglichen Klageantrag erläßt (LG Berlin JurBüro 87, 1890). S auch „Klagerücknahme" u § 344.

● **Versicherungsgesellschaft:** Aufwendungen an Stelle der Partei sind erstattungsfähig, soweit sie auch die Partei aus eigenen Mitteln hätte aufwenden dürfen (Koblenz Rpfleger 92, 129; München MDR 87, 148: Privatgutachten). Verkehrsanwalt zur Information des ProzBev nicht notwendig (Schleswig JurBüro 82, 411). Hinsichtlich der Erstattungsfähigkeit von Gutachten s „Privatgutachten" u wegen Beauftragung mehrerer Anwälte bei „Streitgenossen".

● **Versorgungsausgleich:** Die Nachprüfung der vom Familienrichter ohne Zuziehung eines SV angestellten Berechnung des Versorgungsausgleichs, insbesondere auf ihre rechtliche Begründetheit, ist Aufgabe des ProzBev; zieht dieser dazu einen Rentenberater heran, sind die Kosten nicht erstattungsfähig (Stuttgart Justiz 80, 442; Bamberg JurBüro 81, 275). Anwaltskosten im Beschwerdeverfahren sind erstattungsfähig, auch wenn der RA beim OLG nicht postulationsfähig ist und deshalb nur die Stellung eines Beistands hat (Zweibrücken Rpfleger 82, 157). Weil RA und Mandant im Besitz der Unterlagen sein müssen, sind die dafür erforderlichen Ablichtungskosten erstattungsfähig (Köln AnwBl 82, 114).

● **Vertreter:** Ist das persönliche Erscheinen einer Partei zur Sachverhaltsaufklärung angeordnet und entsendet diese gemäß § 141 III 2 einen Vertreter, der zur Aufklärung in der Lage ist, dann werden die Vertreterkosten wie Parteikosten erstattet (Koblenz JurBüro 77, 99), also grundsätzlich nur in der Höhe, wie sie bei eigener Terminswahrnehmung durch die Partei entstanden wären. Ebenso für einen Geschäftsinhaber, der keine Mitarbeiter hat (LG Köln JurBüro 81, 1077).

● **Verwaltungsvorverfahren:** Ist es gesetzl vorgeschrieben, so sind die dort erwachsenen Anwaltskosten im nachfolgenden Prozeß erstattungsfähig, sofern die Vertretung durch einen Anwalt iSd § 91 I 1 ZPO geboten war (München AnwBl 76, 93; MDR 90, 1020); Prozeßbezogenheit verneint von Stuttgart JurBüro 87, 269 für das Verwaltungsverfahren über eine Entschädigung des Fischereiberechtigten; JurBüro 91, 84 für das Verfahren nach § 43 II BauGB; Justiz 96, 85 für das Verfahren nach § 10 StrEG; Schleswig JurBüro 92, 170 für das Enteignungsverfahren nach §§ 24 ff PREnteignG; Hamburg JurBüro 92, 336 für das Verfahren vor der Kartellbehörde; bejaht von Hamm OLGR 93, 300 (LS) für das Widerspruchsverfahren vor Anrufung der Kammer für Baulandsachen; Köln JurBüro 95, 208 für das Verklarungsverfahren.

● **Verweisung:** Im Verhältnis der ordentl Gerichtsbarkeit zur Arbeitsgerichtsbarkeit gilt § 9 GKG: Wenn der Rechtsstreit vom ArbG an das ordentl Gericht verwiesen wird, bleiben die beim ArbG angefallenen RA-Kosten von der Erstattung ausgeschlossen (allg M; § 12a I 1 ArbGG; Karlsruhe Rpfleger 90, 223; JurBüro 91, 1637; München AnwBl 89, 108). Sie sind aber erstattungsfähig, soweit durch die Beauftragung des RA höhere Reisekosten der Partei erspart wurden (München AnwBl 64, 264). Wird nach Verweisung an das Landgericht der ursprüngliche ProzBev nunmehr als Verkehrsanwalt tätig, hängt die Erstattungsfähigkeit der Verkehrsanwaltskosten davon ab, ob seine Einschaltung für das weitere Verfahren notwendig war (Hamburg JurBüro 83, 771); bleibt er ProzBev, wird die bereits entstandene Prozeßgebühr erstattungsfähig (Schleswig AnwBl 95, 316). Wird ein Rechtsstreit vom ordentlichen Gericht an das Arbeitsgericht verwiesen und die beklagte Partei bei beiden Gerichten von demselben Anwalt vertreten, so hat der obsiegende Kläger dem Beklagten die vor dem ordentlichen Gericht entstandenen Anwaltskosten auch dann zu erstatten, wenn sie in gleicher Höhe vor dem Arbeitsgericht erneut anfallen (ebenfalls allg M; zB LAG Niedersachsen Rpfleger 91, 218; LAG Schleswig SchlHA 89, 79; LAG Rheinland-Pfalz JurBüro 88, 1658; LAG München AnwBl 85, 103; LAG Frankfurt AnwBl 85, 104; aA LAG Bremen MDR 86, 434). Unterliegt der Kläger nach Verweisung, hat er ebenfalls die vollen Kosten zu erstatten, die beim ordentlichen Gericht erfallen sind, mögen sie auch vor dem ArbG erneut angefallen sein (LAG Hamm MDR 87, 876; LAG Nürnberg AnwBl 87, 497 u LAGE ArbGG § 12a Nr 8). Wird der Kläger lediglich zur Tragung der Mehrkosten verurteilt, die durch Klage beim unzuständigen Gericht erfallen sind, dann bleibt er voll erstattungspflichtig; denn Mehrkosten sind in diesem Fall die Anwaltskosten vor dem ordentlichen Gericht auch dann, wenn der Beklagte sich vor dem ArbG weiterhin anwaltlich vertreten läßt (str, Nachw bei Schneider Anm zu KoRsp ArbGG § 12a Nr 34, von Gierke-Braune/Hiekel Rpfleger 85, 226). Der im Mahnverfahren und später nach der Verweisung im Verfahrensabschnitt vor dem LG als Verkehrsanwalt tätige RA kann nur die $^{10}/_{10}$ Gebühr des § 52 BRAGO erhalten, weil die Mahngebühr des § 43 I Nr 1, aber auch die Widerspruchsgebühr des § 43 I Nr 2 BRAGO auf die Verkehrsgebühr anzurechnen sind (München NJW 69, 1217). Bei Mehrkostenauferlegung kann der letztlich obsiegende Kläger die Kosten der Einschaltung des früheren ProzBev als Verkehrsanwalt bei Notwendigkeit erstattet verlangen (Bremen JurBüro 78, 1405; Frankfurt AnwBl 82, 384; Hamburg JurBüro 83, 771). Unterbleibt der Kostenausspruch nach § 281 III 2 versehentlich, kommt eine Korrektur im Festsetzungsverfahren in Betracht (Frankfurt MDR 81, 58; 88, 869; OLGR 93, 241; Bamberg JurBüro 85, 123; Bremen Rpfleger 87, 33; str, aA die noch hM zB Koblenz MDR 87, 681; Düsseldorf JurBüro 88, 784; Rpfleger 93, 37; MK/Belz Rn 96). Das KG (JurBüro 90, 1183) bejaht eine Notwendigkeitsprüfung jedenfalls in den Fällen der formlosen Abgabe. Nach Hamm (JurBüro 89, 1694) kann der Bekl aus der Entscheidung nach § 281 keinen Erstattungsanspruch ableiten, wenn die Unzuständigkeitsrüge nur der Prozeßverzögerung diente. S auch „Vergleich" und §§ 103, 104 Rn 21 „Mehrkosten wegen Unzuständigkeit".

• **Vollstreckungsbescheid:** Die Gebühr für das Erwirken ist erstattungsfähig, wenn innerhalb der Widerspruchsfrist kein Widerspruch erhoben wurde (§ 43 BRAGO).

• **Vorbereitungskosten:** S Rn 12 vor § 91. Sie sind nur erstattungsfähig, wenn sie in Beziehung auf einen bestimmten Rechtsstreit entstanden sind (Koblenz JurBüro 81, 1070). Das ist nicht der Fall, wenn sie nur aufgewandt worden sind, um die Einstandspflicht des Versicherers zu prüfen (Celle OLGR 96, 91), um das durchzusetzende Recht erst zu beschaffen (Düsseldorf JurBüro 93, 224), um die Entschließung vorzubereiten, ob ein Rechtsstreit überhaupt eingeleitet werden soll (Hamm JurBüro 85, 1401), um die Prozeßaussichten besser beurteilen zu können (Hamburg JurBüro 88, 1022; Koblenz JurBüro 91, 88: Aktenauszug für Haftpflichtversicherer; Karlsruhe JurBüro 95, 31; Frankfurt MDR 91, 527 und München AnwBl 91, 276: Stoffsammlung durch RA) oder wenn sie zur Abwendung eines Rechtsstreits aufgewendet worden sind (Schleswig JurBüro 81, 582), wenn sie von einem selbständigen Verfahren mit eigener Kostenentscheidung erfaßt werden, zB bei einstweiliger Verfügung im Verhältnis zur Hauptsache (BGHZ 45, 257) oder sich dieses Verfahren gegen einen Dritten richtete (München JurBüro 92, 105). In Betracht kommt aber die Geltendmachung eines materiellen KE (s Rn 11 vor § 91). Häufiger Streitpunkt ist die Erstattungsfähigkeit vorprozessual eingeholter Gutachten, s unter „Privatgutachten".

• **Vormundschaftsgericht:** Mitwirkung des ProzBev bei der Beschaffung einer vormundschaftlichen Genehmigung (KG MDR 89, 744) oder der Bestellung eines Ergänzungspflegers (München Rpfleger 92, 347) idR nicht notwendig.

• **Vorpfändung:** Deren Kosten sind erstattungsfähig, da sie eine vollstreckungsrechtlich sachdienliche Maßnahme darstellt. Anders verhält es sich, wenn sonstige Vollstreckungsmaßnahmen eine Befriedigung des Gl in angemessener Zeit sicher erwarten lassen oder der Gl mit Rücksicht auf die persönlichen und finanziellen Verhältnisse des Sch keinen Anlaß hat, an der freiwilligen Erfüllung zu zweifeln (Hamburg MDR 90, 344).

• **Vorprozesse:** Nicht selten liegt es so, daß nach einem schädigenden Ereignis, insbesondere bei Straßenverkehrsunfällen, vorab Straf- oder Zivilprozesse geführt werden, bevor es zu dem die endgültige Regulierung einleitenden Hauptprozeß kommt. Die Erstattung der dafür aufgewandten Kosten ist nur auf Grund materiellrechtlicher Anspruchsgrundlage möglich (Klimke VersR 81, 17 ff).

• **Vorsorglicher Prozeßauftrag an Anwalt:** Erlangt der Antragsgegner von einem gegen ihn gerichteten Verfügungsantrag ohne gerichtliche Anordnung Kenntnis, so kann er zur vorsorglichen Wahrung seiner Rechte einem RA Prozeßauftrag erteilen. Die entstehenden Kosten sind erstattungsfähig soweit nötig, zB nicht für Einreichung eines Schriftsatzes mit Abweisungsantrag vor Zustellung (KG JurBüro 80, 1430; s „Einstweilige Verfügung"; „Schutzschrift").

• **Wahl des Gerichtsstandes:** Entgegen wohl hM (s § 35 Rn 3) darf der Kläger auch bei der Gerichtsstandswahl nicht nach Belieben verfahren; wählt er nicht den Weg, der geringere Kosten verursacht, bedarf es dazu eines zureichenden Grundes, um die Erstattungsfähigkeit zu bejahen (aA München JurBüro 94, 477).

• **Warenzeichensachen:** Das WZG wurde aufgehoben (Art 48 Nr 1 MarkenrechtsreformG). Seit 1. 1. 95 ist das MarkenG in Kraft. S „Kennzeichensachen" und „Patentanwalt".

• **Widerspruch:** Der Antragsgegner muß sich zur Kostengeringhaltung zunächst auf den Widerspruch beschränken, darf nicht Durchführung des Streitverfahrens beantragen (anders dann, wenn der Antragsteller das Verfahren nicht weiterbetreibt, München MDR 92, 909; Koblenz MDR 94, 520; ohne diese Einschränkung: Hamburg MDR 94, 520) bzw Klageabweisungsantrag stellen (Düsseldorf JurBüro 92, 470); ein anwaltliches Mandat darf er nur einem postulationsfähigen RA (München MDR 93, 285) und nur unter der aufschiebenden Bedingung erteilen, daß es zum streitigen Verfahren kommt (KG JurBüro

89, 1114; Düsseldorf Rpfleger 94, 39). Zur Widerspruchsprognose s „Mahnverfahren", „Einstweilige Verfügung".

● **Wohnungseigentümer:** Kosten des Verwalters zur Information der Wohnungseigentümer über einen Rechtsstreit können prozeßbezogene Kosten und damit erstattungsfähig sein (aA LG Braunschweig KoRsp WEG § 47 Nr 10 m krit Anm von Eicken). Der Verwalter ist grds nicht verpflichtet, im Rechtsstreit den Anfall der Gebührenerhöhung nach § 6 I 2 BRAGO zu vermeiden (LG Berlin JurBüro 89, 1570; LG München I AnwBl 92, 92). Nach Abgabe an das Prozeßgericht gelten für alle Kosten §§ 91 ff; § 47 WEG ist nicht heranzuziehen (KG MDR 90, 553).

● **Zeitversäumnis** der Partei ist nur erstattungsfähig, soweit es sich um solche durch notwendige **Reisen** oder notwendige Wahrnehmung von Terminen handelt (Köln JurBüro 96, 94), nicht auch für Bearbeitung des Prozesses (BGHZ 66, 114; Schleswig JurBüro 81, 122), erst recht nicht für reisebedingten entgangenen Urlaubsgenuß (Köln JurBüro 86, 445). Gleiches gilt bei Handelsgesellschaften für den Zeitaufwand ihrer gesetzlichen oder sonstigen Vertreter (Karlsruhe Justiz 81, 441; Hamburg JurBüro 91, 1089; aA Köln JurBüro 86, 1708; Hamm OLGR 93, 315; MDR 84, 673; Rpfleger 78, 419; nach KG JurBüro 86, 277; Schleswig SchlHA 92, 84 nur dann, wenn Verdienstausfall anzunehmen ist). Macht eine Partei **Überstunden** oder nimmt sie bezahlten **Urlaub,** kommt Nachteilsentschädigung gem § 2 III ZSEG in Betracht (Hamm Rpfleger 91, 266; Schleswig JurBüro 91, 545; KG Rpfleger 83, 172; aA LG Augsburg JurBüro 88, 1573). Mangels Notwendigkeit keine Erstattung, wenn ein Unternehmen seine Rechtsabteilung juristisch verselbständigt (Rechtsbeistandbüro) oder ein Mitglied der Abteilung als selbständigen Anwalt in Anspruch nimmt (Koblenz JurBüro 79, 1370; Köln JurBüro 80, 723; s unter „Mehrkosten"). Bemessung der Entschädigung unter Berücksichtigung des von der Partei versäumten Erwerbs gemäß § 91 I 2 iVm §§ 2, 9, 10, 11 ZSEG. Im Parteiprozeß kann die Partei sich selbst vertreten. Die dadurch entstehenden Kosten dürfen aber die Kosten der Vertretung durch einen Anwalt nicht übersteigen. Dies gilt insbesondere, wenn die Partei nicht im Bezirk des Prozeßgerichts wohnt. Keine Zeitversäumnis der Partei für die Information des am gleichen Ort wohnhaften Anwalts oder Rechtsbeistandes, die Grenze der politischen Gemeinde muß überschritten werden (Hamm JurBüro 81, 144; s auch unter „Reisekosten der Partei"); anders daher bei Gängen zum auswärts wohnenden Anwalt, wenn eine schriftl Information angesichts des Bildungsgrades der Partei und der Natur des Rechtsverhältnisses nicht mögl war. Hat die Partei einen ProzBev, so sind ihre Zeitversäumniskosten für Terminswahrnehmung zu erstatten, wenn ihr persönliches Erscheinen angeordnet und sie geladen war oder wenn ihr Erscheinen im Termin aus anderen Gründen (es handelt sich zB um verwickelte Verhältnisse) als notwendig zu erachten war, wobei ein großzügiger Maßstab anzulegen ist (Frankfurt MDR 72, 617; s näher unter „Beweistermin").

● **Zeugengebühren** Lit: Schneider JurBüro 66, 721. Die Auslagen für den von der Partei gestellten Zeugen sind erstattungsfähig, wenn (zB aufgrund Terminsnähe oder Prozeßlage) die Gestellung erforderlich war (Koblenz JurBüro 83, 1661; Frankfurt JurBüro 83, 1253; Hamburg MDR 95, 859: Gericht regt Sistierung an), was insbesondere in Verfügungssachen der Fall sein kann (Hamburg MDR 95, 210; Frankfurt JurBüro 85, 1402; Koblenz JurBüro 86, 1406), aber nur, wenn die Gefahr bestand, eine eidesstattliche Versicherung werde nicht genügen (Schleswig JurBüro 81, 760; Frankfurt JurBüro 77, 555). Verzichtet ein Zeuge gegenüber dem Gericht auf Zeugengebühren, so verzichtet er dadurch nicht ohne weiteres auch gegenüber der beweisführenden Partei auf die Erstattung seiner Auslagen (KG JurBüro 82, 1247). Die in einem solchen Falle von der Partei an den Zeugen geleisteten Zahlungen gehören zu den notwendigen Parteiauslagen bis zur Höhe des Betrags, der dem Zeugen aus der Staatskasse zu erstatten wäre (Karlsruhe JurBüro 91, 1514; München JurBüro 81, 1245; Frankfurt JurBüro 83, 1253; die Erstattungsfähigkeit verneint Hamburg MDR 87, 147, weil die eigenmächtige Entschädigung von Zeugen grds unerwünscht sei; Frankfurt JurBüro 87, 908, bei Zahlung von Wegekosten an die Zeugen, die diesen überhaupt nicht entstanden waren).

● **Zinsen** von Kostenbeträgen, die im Laufe des Prozesses an Anwalt und Gericht bezahlt wurden, sind nicht erstattungsfähig (Frankfurt Rpfleger 78, 329), desgleichen nicht Kreditkosten für Beschaffung von Geldmitteln (München Rpfleger 80, 352; Koblenz AnwBl 88, 296) oder Zinsverlust infolge Hinterlegung einer zu erbringenden Sicherheit. In Betracht kommt nur ein materiellrechtlicher KE (Rn 11 vor § 91).

● **Zurücknahme des Rechtsmittels:** § 515 III. Erstattung, wenn die Mandatierung des zur Abwehr des zurückgenommenen Rechtsmittels zugezogenen RA durch den Rechtsmittelbeklagten nach Zustellung des Rechtsmittels erfolgt ist. S näher unter „Berufung". Kosten, die anfallen, weil der Rechtsmittelbeklagte dem Gericht einen Wohnungswechsel nicht angezeigt hat und deshalb verspätet über Rücknahme informiert worden ist, sind nicht erstattungsfähig (LG Berlin JurBüro 84, 921).

● **Zustellung:** Kosten der öffentlichen Zustellung oder der durch Vermittlung des GV oder eines RA (Frankfurt JurBüro 91, 1347) sind erstattungsfähig, wenn Partei berechtigtes Interesse an schneller und zuverlässiger Zustellung hat, wie bei einstweiliger Verfügung (KG Rpfleger 81, 121) oder wenn etwa aus Gründen in der Person des Gegners Anlaß besteht, den nachweisbar sichersten Weg einzuschlagen. S aber auch § 197 ZPO.

● **Zwangsvollstreckungskosten** sind erstattungsfähig (§ 788) und können nach § 104 festgesetzt werden (Düsseldorf JurBüro 96, 89: Lagerkosten). Kosten des Einstellungsverfahrens gem § 769 sind Rechtsstreitkosten (§ 767) und nicht nach § 788 festsetzbar (München MDR 86, 946). S § 788.

● **Zweigniederlassung:** S unter „Angestellte", „Auswärtige Abteilung" u „Mehrkosten".

91a

[Erledigung der Hauptsache]

(1) Haben die Parteien in der mündlichen Verhandlung oder durch Einreichung eines Schriftsatzes oder zu Protokoll der Geschäftsstelle den Rechtsstreit in der Hauptsache für erledigt erklärt, so entscheidet das Gericht über die Kosten unter Berücksichtigung des bisherigen Sach- und Streitstandes nach billigem Ermessen durch Beschluß. Die Entscheidung kann ohne mündliche Verhandlung ergehen.

(2) Gegen die Entscheidung findet sofortige Beschwerde statt. Vor der Entscheidung über die Beschwerde ist der Gegner zu hören.

Abs I S 1 und 2 idF des RechtspflegeVereinfG vom 17. 12. 1990 (BGBl I S 2847), in Kraft seit 1. 4. 1991.

Lit: *Bergerfurth,* Erledigung der Hauptsache im ZP, NJW 92, 1655; *Göppinger,* Die Erledigung des Rechtsstreits in der Hauptsache, 1958; *Grunsky,* Grenzen des Gleichlaufs von Hauptsache- und Kostenentscheidung, FS Schwab, 1990, S 165; *Habscheid,* Die Rechtsnatur der Erledigung der Hauptsache, FS Lent 1957, S 153; *Jost/Sundermann,* Reduzierung des Verfahrensaufwands nach der einseitigen Erledigungserklärung, ZZP 105, 261; *Pape/Notthoff,* Die Erledigung in der Hauptsache, JuS 95, 912 und 1016; 96, 148 und 538; *Schwab,* Die einseitige Erledigungserklärung, ZZP 82, 127.

I) Allgemeines

1 **1) Bedeutung und Überblick.** Zahlt der Beklagte nach Erhebung der Klage die Klageforderung, so ist die zunächst zulässige und begründete Klage dadurch gegenstandslos geworden, der Rechtsstreit ist in der Hauptsache erledigt. Um eine Abweisung seiner Klage zu vermeiden, kann der Kläger sie zurücknehmen oder auf den geltend gemachten (prozessualen) Anspruch verzichten; stets wäre er kostenpflichtig: §§ 269, 306, 91; vgl aber auch § 626 I 2. Hier greift *zum Schutz des Klägers* § 91a ein: Haben beide Parteien die Hauptsache für erledigt erklärt, so ist diese der Entscheidung des Gerichts entzogen, das nach den gesetzlichen Grundsätzen des § 91a durch Beschluß über die Kosten befindet (**übereinstimmende Erledigungserklärung der Parteien,** Rn 8 ff). Der Beklagte ist aber nicht gezwungen, sich der Erledigungserklärung des Klägers anzuschließen. Ist er der Ansicht, daß nicht ein nach Einreichung der Klage eingetretenes Ereignis – zB der zufällige Untergang der von ihm herausverlangten Sache – den Rechtsstreit erledigt hat, sondern daß die Klage schon von Anfang an abweisungsreif (unzulässig oder unbegründet) war, so kann er die Abweisung der Klage beantragen, um den Schutz der Urteilsrechtskraft zu erlangen. Hat er recht, wird die Klage abgewiesen; war sie entgegen seiner Meinung doch erledigt worden, so stellt das Gericht dies durch Urteil fest. Die Kostenentscheidung folgt dann nach hM nicht dem § 91a, sondern dem § 91 (**einseitige Erledigungserklärung des Klägers,** Rn 34ff). Dagegen hat die **einseitige Erledigungserklärung des Beklagten** auf den Prozeß keinen Einfluß (vgl Rn 52). Besonderheiten bestehen, wenn die Hauptsache – übereinstimmend oder nur einseitig – **teilweise** für erledigt erklärt wird (dazu Rn 53 ff). Ist der Beklagte der Meinung, die ursprünglich unbegründete Klage sei *nachträglich* begründet geworden (wie zB bei Fälligwerden der Klageforderung während des Rechtsstreits), so kann er noch im Prozeß **„sofort" anerkennen**

und damit der Kostenbelastung entgehen (§ 93); das Vorliegen (Nichtvorliegen) der Voraussetzungen des § 93 kann mit der Kostenbeschwerde nachgeprüft werden (§ 99 II).

2) **Erledigungserklärung und erledigendes Ereignis. a)** Die **Erledigungserklärung** ist stets Prozeßhandlung, und zwar (bei übereinstimmender Abgabe) Bewirkungshandlung (Rn 9), bei einseitiger Vornahme durch den Kläger Erwirkungshandlung (Antrag; Rn 35). 2

b) Das **Erledigungsereignis** ist eine Tatsache, die eine ursprünglich zulässige und begründete Klage nachträglich gegenstandslos (unzulässig oder unbegründet) macht (vgl BGH 83, 13; NJW 86, 589; 92, 2236 mwN = LM Nr 59 mit krit Anm Grunsky; StJ/Bork Rn 5). Für eine Erledigung ist daher an sich (Einschränkungen folgen aus Rn 12) **kein** Raum, wenn die Klage bereits vor (ohne den) Eintritt des Erledigungsereignisses unzulässig (BGH NJW 91, 1116 mN; aA Frankfurt MDR 81, 676) oder unbegründet gewesen ist (BGH 79, 276 mN = NJW 81, 990 mN = MDR 81, 493; NJW 92, 2236; MDR 94, 717; BAG 19, 347; 45, 330; ZIP 96, 559, hM, str; aA KG NJW 65, 698; sa unten Rn 43). Einen abw Erledigungsbegriff (ursprüngliche Zulässigkeit und Begründetheit der Klage nicht erforderlich) vertritt der BGH im Kartellverwaltungsverfahren (BGH WM 86, 534 = MDR 86, 560; dazu näher Rn 58 unter diesem Stichwort), das BAG für das arbeitsgerichtliche Beschlußverfahren (BAG 65, 105 = NJW 91, 192 = NZA 90, 822; NZA 93, 1054, verallgemeinernd Jost/Sundermann ZZP 105, 276 ff; Ulrich NJW 94, 2797 f; s auch Rn 58) und allg des BVerwG (BVerwG NJW 65, 1035 = ZZP 79, 299 mit zust Anm von Walchshöfer dort S 296) sowie zT das Schrifttum (Walchshöfer ZZP 90, 186 ff; Brox JA 83, 292 ff; MK/Lindacher Rn 6, 16, 70 mN); eine Divergenz iS des RsprEinhG verneint BGH NJW 92, 2236. Mit dem Erledigungsbegriff ist jedoch, was häufig verkannt wird, über den frühestmöglichen **Zeitpunkt,** von dem an der Eintritt des Erledigungsereignisses zu berücksichtigen ist, noch nichts ausgesagt (dazu näher Rn 6). 3

Beispiele für Erledigung: Erfüllungshandlungen jeder Art (Rn 58 „Erfüllungshandlungen“), zB Zahlung der eingeklagten Schuld, Herausgabe des geforderten Gegenstands, Räumung des herausverlangten Wohnraums, Abdruck der verlangten Gegendarstellung durch das Presseorgan (vgl Karlsruhe OLGZ 79, 353), Erteilung der verlangten Auskunft, Wegfall der Wiederholungsgefahr durch Übernahme einer strafbewehrten Unterlassungsverpflichtung (vgl BGH 81, 222) gegenüber einer Unterlassungsklage (Hamm GRUR 84, 70 mN; KG BB 79, 487), Abschluß eines die Kostenfrage offenlassenden gerichtlichen oder außergerichtlichen Vergleichs (Rn 58 „Vergleich“), unter bestimmten Voraussetzungen die Aufrechnung (§ 389 BGB) mit einer Gegenforderung (näher Rn 58); Ausschlagung der Erbschaft durch den vom Vermächtnisnehmer in Anspruch genommenen Erben (BGH 106, 366); Tod einer Partei in Ehesachen (§ 619) und bei höchstpersönlichen Ansprüchen (BGH NJW-RR 86, 369); Feststellung der Nichtehelichkeit im Unterhaltsprozeß des scheinehelichen Kindes (Frankfurt FamRZ 91, 1457); Erlöschen des geltend gemachten Anspruchs aus Rechtsgründen (zB infolge Gesetzesänderung, s Rn 24); Zeitablauf bei Ausschlußrechten (vgl BGH MDR 84, 665); Abschluß der Mängelbeseitigung bei der sog Vorschußklage (Koblenz NJW-RR 90, 981); uU auch eine nachträglich eintretende Änderung der Rechtslage (BayObLGZ 92, 57; vgl auch Rn 58). 4

Keine Erledigungsereignisse stellen dagegen dar: *Erfüllungshandlungen* zur Abwendung der Zwangsvollstreckung (BGH 94, 274 mN; 106, 6; Krüger NJW 90, 1210), zB Zahlung unter Vorbehalt (vgl BGH WM 77, 1307 [1308]; nicht notwendig ausdrücklich, vgl BGH 80, 272; NJW 94, 943); Rechtsverzicht und bewußt herbeigeführter Rechtsverlust (str, aA BGH NJW-RR 93, 1320 mN); Eintritt und Einrede der Verjährung (Schleswig NJW-RR 86, 38, str, vgl Rn 58); die Erledigung nur eines von **mehreren Klagegründen** ist noch keine Erledigung des Rechtsstreits (Düsseldorf MDR 78, 763). Vgl zu zahlreichen Einzelheiten aus der Rspr Rn 58. 5

c) Zeitpunkt. Das Erledigungsereignis (Rn 3) ist beachtlich, wenn es nach Anhängigkeit (Einreichung von Klage, Mahnantrag, Antrag auf Arrest oder einstw Verfügung) und vor rechtskräftiger Beendigung des Rechtsstreits eingetreten ist; eine Erledigung ist damit auch im **Zeitabschnitt zwischen Anhängigkeit und Rechtshängigkeit** (§§ 261, 696 III) möglich. Bei der übereinstimmenden Erledigungserklärung wird dieses Ergebnis mit Rücksicht auf die Dispositionsbefugnis der Parteien und die eingeschränkte Prüfungsaufgabe des Gerichts allgemein anerkannt (ie Rn 16) und sogar – weitergehend – eine Erledigung vor Anhängigkeit für möglich gehalten (vgl die Nachw aaO). Bei der **einseitigen Erledigungserklärung** gebieten der Schutz des Klägers und die Prozeßökonomie das gleiche Ergebnis (aA BGH 83, 12, sehr str; ie Rn 41, 42). Im Eilverfahren und allg in den modernen Verfahrensordnungen stellt sich die Frage nach einer Erledigung **vor Rechtshängigkeit** nach Anhängigkeit nicht, da hier die beiden Zeitpunkte zusammenfallen (Eintritt der Rechtshängigkeit schon mit Einreichung der Klage: §§ 81, 90 VwGO; 64, 66 FGO; 90, 94 SGG bzw des verfahrenseinleitenden Antrags: Rn 5 vor § 916). 6

3) **Anwendungsbereich. a)** § 91a gilt für alle kontradiktorischen Verfahren der **ZPO,** in denen eine Kostengrundentscheidung möglich ist. Seine Anwendbarkeit wurde **bejaht** in folgenden Verfahren: *Arrest und einstweilige Verfügung* (Rn 58). *Zwischenstreit* nach § 71 (Oldenburg VersR 66, 1173; Rn 58). *Zwangsvollstreckungsverfahren* (Hamburg MDR 57, 234; LG Fulda 7

FamRZ 93, 455), insbes bei Verhängung von Ordnungsmitteln nach §§ 887, 888, 890 (München MDR 91, 357; Rn 58 – „ZwV"), das Erinnerungsverfahren nach § 766 (LG Frankenthal Rpfleger 84, 361), das Zwangsversteigerungsverfahren (LG Deggendorf FamRZ 64, 49; Rn 58). **Nicht allg** und nur unter bes Voraussetzungen anwendbar ist § 91a im *selbständigen Beweisverfahren* ohne nachfolgenden Hauptprozeß (Rn 58), im *Beschwerdeverfahren* nach §§ 620 ff wegen § 620g (Rn 58), im *Prozeßkostenhilfeverfahren* (vgl Rn 58). **Ausgeschlossen** ist § 91a im *Mahnverfahren* (str, vgl Rn 58) und im *Konkursantragsverfahren* (str, vgl Rn 58) und im Verfahren der Vollstreckbarerklärung *ausländischer Urteile* (Rn 58). In *Scheidungs- und Scheidungsfolgesachen* ist **§ 93a** I 1 eine die allg Kostenvorschriften verdrängende Sonderregelung, die auch bei Hauptsacheerledigung § 91a ausschließt (BGH FamRZ 83, 683; NJW-RR 86, 369; AnwBl 84, 502; vgl auch Rn 58).

7a **b) Sondernormen** für einzelne Verfahrensarten der ZPO enthalten die §§ 93a (vgl Rn 7 aE), 619, 640, 640g. Dem § 91a **entspr Regelungen** enthalten: § 161 II VwGO; § 138 I FGO; § 193 I HS 2 SGG; § 83a ArbGG (arbeitsgerichtliches Beschlußverfahren).

7b **c)** Eine **entspr Anwendung** der Grundsätze über die Hauptsacheerledigung **außerhalb des Zivilprozesses** ist – zT mit Modifikationen – in folgenden Verfahren anerkannt: *Patentnichtigkeitsverfahren* (BGH MDR 84, 665; Rn 58); *Patent-Rechtsbeschwerdeverfahren* (BGH NJW-RR 94, 381 = MDR 94, 265); echte *Streitverfahren der freiwilligen Gerichtsbarkeit* (BGH NJW 82, 2505 [2506 mN]; Rn 58); *Verwaltungsstreitverfahren* nach BRAO (BGH 50, 197; 84, 149 [151]; Rn 58); *Kartellverwaltungsverfahren* (BGH MDR 86, 560; Rn 58); (mit Einschränkungen) *verfassungsgerichtliches Verfahren* (BVerfG 85, 113).

II) Übereinstimmende Erledigungserklärung der Parteien (Fall des § 91a)

8 **1) Allgemeines. a) Wesen der Erledigungserklärung.** Sie ist **Prozeßhandlung** und muß als solche wirksam sein, dh die Prozeßhandlungsvoraussetzungen müssen vorliegen (vgl allg Rn 17 vor § 50; ferner unten Rn 58 – „Parteifähigkeit").

9 **b)** Sie ist **Bewirkungshandlung,** da die übereinstimmende Erklärung beider Parteien den Prozeß gestaltet: Die Rechtshängigkeit der Hauptsache endet, anhängig bleibt nur der Kostenpunkt (BGH 106, 366 = NJW 89, 2886).

10 **c) Form.** Die Erklärung ist **dem Gericht gegenüber** abzugeben; zugelassene Erklärungsformen sind: mündlich, schriftlich und Protokollerklärung (**I 1, HS 1**). Möglich ist auch, daß die eine Partei die Erledigung mündlich in einem Termin erklärt und die andere schriftsätzlich zustimmt (zutr MK/Lindacher Rn 31). Ie gilt: In der mündlichen Verhandlung ist die Erklärung mündlich abzugeben; sie unterliegt im Anwaltsprozeß als Prozeßhandlung gegenüber dem Gericht dem **Anwaltszwang** (§ 78 I, II, str; **aA** Pape/Notthoff JuS 95, 913 mwN); im Verfahren ohne und außerhalb der mündlichen Verhandlung (**I 2**, Rn 23) kann die Erklärung durch Einreichung eines (bestimmenden) Schriftsatzes oder zu Protokoll der Geschäftsstelle abgegeben werden (s auch § 129a); sie unterliegt insoweit **nicht** dem Anwaltszwang (I 1 HS 1 iVm § 78 III; § 78 Rn 47). Folge: Erleichterung der Erledigungserklärung nach Rechtsmitteleinlegung (vgl BGH 123, 266 = NJW 94, 256). Nach Abgabe (§§ 696, 700 III) oder Verweisung an ein (Streit-)Gericht mit Anwaltszwang kann daher ein Anwaltswechsel vermieden und die Erledigung noch vom bisherigen (beim Streit-[Prozeß-]gericht nicht zugelassenen) Anwalt wirksam erklärt werden (vgl auch Hansens NJW 91, 955). Nach „schriftsätzlicher" Einigung hat die Wiederholung in der mündlichen Verhandlung nur deklaratorische Bedeutung (Hamm JurBüro 96, 85). Die Erklärung braucht nicht ausdrücklich, sondern kann auch **schlüssig** (konkludent) erfolgen (BGH NJW-RR 91, 1211; 95, 1090), etwa dadurch, daß die Parteien keine Anträge mehr zur Hauptsache stellen, oder daß der Beklagte der Erklärung des Klägers nicht widerspricht (BGH 21, 298; KG FamRZ 94, 910) oder den Eintritt der Erledigung „anerkennt" (sofern kein Fall von § 307; vgl dazu Rn 37). Auch in der Aufrechterhaltung eines eingeschränkten Klageantrags kann uU eine konkludente Erledigungserklärung liegen (BGH NJW-RR 91, 1211 mit zust Anm Deubner JuS 91, 761; Frankfurt MDR 77, 56; MK/Lindacher Rn 29; ggf Hinweis gem § 139 und Klageabweisung bei Nichtbefolgung, vgl Schneider MDR 83, 370); ferner in einem Vergleichsabschluß ohne Kostenregelung (vgl Düsseldorf MDR 93, 1120; Rn 58 „Vergleich"). Bis zur Zustimmung des Beklagten ist die Erklärung frei **widerruflich** (str, vgl mN Rn 35). Einer beiderseitigen Erledigungserklärung als Voraussetzung für eine Kostenentscheidung nach § 91a bedarf es ausnahmsweise nicht im Falle der Erledigung der Hauptsache nach § 89 BVerfGG (BGH 23, 333).

11 **d)** Die übereinstimmende Erledigungserklärung gestaltet das Prozeßrechtsverhältnis. Sie ist daher grundsätzlich **unwiderruflich** (BVerwG WM 64, 553; Köln VersR 74, 605; Düsseldorf WM 93, 1750; zur Abgrenzung *vor* Annahme: Rn 35) und **nicht anfechtbar** (aA München JurBüro 76, 971; für Anfechtung wegen Willensmängeln Grunsky, Grundlagen, S 111), es sei denn, es läge ein Restitutionsgrund vor (Düsseldorf NJW 64, 822 Anm Habscheid; StJ/Bork Rn 19; MK/Lindacher Rn 33).

2) **Wirkung der Erklärung.** Haben die Parteien übereinstimmend für erledigt erklärt, so ist das **Gericht daran gebunden:** Es muß nach § 91a verfahren, ohne Rücksicht darauf, ob tatsächlich ein Fall der Erledigung vorliegt (allgM, vgl BGH 83, 14 f). Aus diesem Grund kommt es weder auf den Zeitpunkt der tatsächlichen Erledigung an (ie Rn 16), noch ist der Kläger gehalten, den Grund der Erledigung anzugeben (KG NJW 63, 1408). Dies gilt auch für echte Streitverfahren der freiwilligen Gerichtsbarkeit (BGH NJW 82, 2506 mN; Stuttgart OLGZ 85, 396; aA BayEGH, Ehrengerichtliche Entscheidungen IX, 153). Bereits ergangene, noch nicht rechtskräftige **Entscheidungen** werden ex tunc wirkungslos (§ 269 III 1 und 3 entspr; BayVerfGH NJW 90, 1784; Frankfurt MDR 89, 460; Nürnberg WRP 96, 145; StJ/Bork Rn 21; aA Hamburg NJW-RR 87, 1024 mN; sa Rn 58 „Wechselprozeß"); jede (weitere) Fortsetzung der ZwV (zB im Fall der §§ 888, 890) ist unzulässig (Nürnberg aaO). 12

3) **Hilfsweise Erledigungserklärung.** Sie wurde bisher vor allem im Zusammenhang mit der einseitigen Erledigungserklärung (Rn 35, 52) bei einer entspr Anschließung des Gegners erörtert (s 15. Aufl Rn 14, 15). Die hilfsweise übereinstimmende Erledigungserklärung ist unbedenklich zulässig, wenn die innerprozessuale Bedingung, von der sie abhängig ist, nicht in der Entscheidung über einen Hauptantrag besteht. Beispiel: Bedingte Erledigungserklärung für den Fall, daß ein widerruflich geschlossener Prozeßvergleich widerrufen wird (Frankfurt MDR 78, 499; zu weitgehend Teubner/Prange MDR 89, 588 aE). Erklären dagegen beide Parteien unter **primärer Aufrechterhaltung** ihrer streitigen Anträge den Rechtsstreit nur **hilfsweise** für erledigt, so muß das Gericht eine Entscheidung in der Sache treffen, was gerade mit den typischen Wirkungen als Parteidispositionsakt (Rn 9, 12) unvereinbar ist. Die hilfsweise übereinstimmende Erledigungserklärung wird daher zu Recht überwiegend für unzulässig (unwirksam) gehalten (BGH 106, 369; NJW 67, 565; Düsseldorf NJW-RR 92, 384; MK/Lindacher Rn 32; StJ/Bork Rn 17a, b; RSchwab/Gottwald § 132 III 1, 3b; eingehend Teubner/Prange MDR 89, 587; aA Bergerfurth NJW 92, 1660 mN; Koblenz ZIP 87, 1417). Zu erwägen wäre, in der hilfsweisen übereinstimmenden Erledigungserklärung eine im Rahmen der Dispositionsmaxime (Rn 9 vor § 128) mögliche Ermächtigung des Gerichts zu sehen, im Fall „streitiger Erledigungsfeststellung" über die Kosten **entspr § 91a** zu entscheiden. 13

Einstweilen frei. 14–15

4) **Zeitpunkt der Erledigungserklärung und Eintritt der Erledigung.** Hierzu ist vieles str. Zunächst einmal ist zwischen dem Zeitpunkt des Eintritts des erledigenden Ereignisses (vgl Rn 3, 4) und dem Zeitpunkt der Abgabe der Erledigungserklärung (vgl Rn 2) zu unterscheiden. Das **erledigende Ereignis** kann bei der übereinstimmenden Erledigungserklärung, da das Gericht die Zulässigkeit und Begründetheit der Klage nicht zu überprüfen hat (s dazu Rn 12), auch nach hM (vgl Rn 6) bereits vor Rechtshängigkeit (so BGH 21, 298; 83, 14; Köln NJW 78, 111; MDR 96, 208; KG NJW 63, 1408; Hamm MDR 84, 852; Karlsruhe Justiz 85, 51; Celle NJW-RR 94, 1276; Brüchert AnwBl 89, 81; aA BL/Hartmann Rn 68), ja sogar vor Anhängigkeit eingetreten sein (so auch ausdrücklich ThP Rn 22; Bergerfurth NJW 92, 1655; Pape/Notthoff JuS 95, 916; Nürnberg NJW 75, 2206; Köln JurBüro 89, 217 [dort auch zu den in diesen Fällen anwendbaren Kostenerstattungsgrundsätzen]; **aA** Köln MDR 92, 410). Der maßgebliche Zeitpunkt für die Erfolgsprognose (Rn 24) bei Erledigung im „Zwischenstadium" ist der der *Einreichung der Klage*, nicht der der Zustellung (LG München I ZMR 86, 125 unter Hinweis auf – richtig – BGH 21, 301; Blomeyer NJW 82, 2751; Karlsruhe Justiz 85, 52). 16

Die Erledigungserklärung bedarf dagegen zu ihrer Wirksamkeit der Begründung eines Prozeßrechtsverhältnisses, dh des Eintritts der Rechtshängigkeit (so auch ThP Rn 23; KG MDR 67, 133; Hamburg VersR 63, 249; Nürnberg NJW 75, 2206; München NJW 76, 974; Köln NJW 78, 111; **aA** MK/Lindacher Rn 26; Bergerfurth NJW 92, 1657; für Sonderfall auch Köln MDR 96, 208). Fehlt die Klagezustellung und liegt in der Erledigungserklärung auch kein entspr Verzicht (vgl Köln MDR 96, 208 f mN), so ist der Kläger auf die Verfolgung des materiellen Kostenanspruchs in einem neuen Verfahren zu verweisen (KG MDR 67, 133). Unschädlich ist es auch, wenn die Erklärung erst Monate nach dem erledigenden Ereignis erfolgt, wenn das Verfahren inzwischen geruht hat (Nürnberg JurBüro 64, 835). Die Anschließung ist auch noch möglich, wenn über die zunächst bestrittene Erledigung bereits ein Endurteil ergangen ist (Hamburg NJW 70, 762). Die Erledigungserklärung ist gegenstandslos, wenn die Hauptsache **nicht mehr anhängig** ist (Hamm MDR 79, 407), zB bei bloßem Kostenwiderspruch gegen eine einstw Verfügung, die der Schuldner gegen sich gelten läßt (Hamm aaO). Zur einseitigen Erledigungserklärung bei Hauptsacheerledigung vor Rechtshängigkeit s Rn 40 f. 17

5) **Erledigungserklärung in der Rechtsmittelinstanz. a) Allgemeines.** Die übereinstimmenden Erledigungserklärungen sind in allen **Rechtsmittelzügen,** so in der Berufungsinstanz (BGH NJW 86, 852 = MDR 85, 125), in der Beschwerdeinstanz (München NJW 69, 617; KG MDR 78, 498), auch in der Revisionsinstanz zulässig (BGH 106, 368 = NJW 89, 2887; 123, 265 = NJW 94, 256), aber nicht mehr nach Ablehnung der Annahme nach § 554b (s Rn 20). Nach Hamm NJW 73, 18

1376 kann die Erledigungserklärung bedingt für den Fall der Zulässigkeit der Berufung abgegeben werden. Erklären die Parteien den *Rechtsstreit* im Umfang des *Hauptrechtsmittels* für erledigt, so wird dadurch ein eingelegtes (unselbständiges) Anschlußrechtsmittel nicht miterledigt und bleibt daher wirksam (kein Fall des § 522: BGH NJW 86, 852 = MDR 85, 125). Zur Frage, ob die Hauptsache auch **zwischen den Instanzen** für erledigt erklärt werden kann vgl unten Rn 21.

19 **b) Erledigung des Rechtsmittels.** Nicht nur die **Hauptsache** kann (noch) in der Rechtsmittelinstanz für erledigt erklärt werden (Rn 18, 20), sondern auch das **Rechtsmittel** selbst (ebenso KG OLGZ 86, 359 mwN = NJW-RR 87, 766 = MDR 86, 592; Hamm FamRZ 87, 1056; Frankfurt NJW-RR 89, 63; Stuttgart BauR 95, 135; Heintzmann ZZP 87, 199; MK/Lindacher Rn 109, 110; Bergerfurth NJW 92, 1656 mN, str; aA Karlsruhe FamRZ 91, 464 mN; ThP Rn 8; im Grundsatz auch StJ/Bork Rn 52; wohl auch BGH 127, 82 = NJW 94, 2834 = MDR 94, 1142, für Sonderfall verneinend; dazu sogleich unten). Dies ist der Fall, wenn das (idR vom Beklagten eingelegte) ursprünglich zulässige und begründete Rechtsmittel nachträglich unzulässig oder unbegründet wird. Beispiele: Wegfall der Rechtsmittelbeschwer durch nachträgliche Berichtigung (§ 319) der angefochtenen Entscheidung (Bamberg Rpfleger 95, 289; LG Bochum ZZP 97, 215 mit zust Anm Waldner; Hamm FamRZ 87, 1056; aA BGH aaO wegen § 319 Rn 25; Behandlung: § 8 GKG) oder durch Zeitablauf (KG OLGZ 86, 359 = aaO); die angefochtene Entscheidung beruht auf einem Verfahrensmangel, der im Laufe des Rechtsmittelverfahrens behoben wird (Frankfurt NJW-RR 89, 63). Die Rechtsmittelerledigung läßt (abw von Rn 12) den Bestand der angefochtenen Entscheidung unberührt; das Rechtsmittelgericht hat nur noch über die Kosten des Rechtsmittels in entspr Anwendung von § 91a zu entscheiden (KG OLGZ 86, 361 mN, str). Vgl. auch Rn 58 „Beschwerdeverfahren".

20 **c) Erledigung der Hauptsache.** Die übereinstimmende Erledigungserklärung im Rechtsmittelzug setzt zunächst voraus, daß das **Rechtsmittel statthaft und zulässig** ist (BGH 50, 197; WM 86, 534). Das ist nicht der Fall, wenn eine Teilerledigung nach der Revisionsbegründung eintritt, die Revision jedoch nicht angenommen wird (BGH NJW 77, 1883 = MDR 77, 912; anders bis zur Annahmeentscheidung: BGH 123, 266 = NJW 94, 256; vgl Rn 18). Das unzulässige Rechtsmittel ist trotz beiderseitiger Erledigterklärung zu verwerfen (München MDR 59, 673). Im übrigen kommt es auf die **zeitliche Reihenfolge** von Rechtsmitteleinlegung und Eintritt des Erledigungsereignisses nicht an. Allgemein anerkannt ist dies für den Fall, daß sich die **Hauptsache nach der Einlegung des Rechtsmittels** (etwa durch Erfüllung, Räumung) **erledigt** hat (hM, vgl BGH NJW 67, 564 = MDR 67, 300; StJ/Bork Rn 48, 51). Aber auch im umgekehrten Fall, daß das **Rechtsmittel erst nach Erledigung eingelegt** worden war, kann nach richtiger Auffassung nichts anderes gelten (ebenso BGH NJW 75, 539; Frankfurt OLGZ 94, 92 f; NJW-RR 92, 493; Hamburg NJW-RR 89, 570; OVG Hamburg MDR 95, 956; Gottwald NJW 76, 225; E. Schneider MDR 79, 499; MK/Lindacher Rn 38, hM, str; aA BL/Hartmann Rn 101; einschr auch ThP Rn 28 für den Fall, daß der abgewiesene Kläger die Erfüllung durch den Beklagten vorbehaltslos angenommen, sowie Hamm NJW-RR 91, 1344 für den Fall, daß der Beklagte die zugesprochene Forderung erfüllt hat). Dies ist die Folge davon, daß der Eintritt des Erledigungsereignisses für die (formal zu bestimmende) Rechtsmittelbeschwer und damit für die Rechtsmittelzulässigkeit ohne Bedeutung ist (Düsseldorf BB 92, 2173; MK/Lindacher Rn 38; Bergerfurth NJW 92, 1656, str; aA wohl LG Hamburg MDR 95, 204; zum ganzen Rn 21 vor § 511). Im Ergebnis ermöglicht daher eine **Erledigung zwischen den Instanzen** auch (sa Rn 21) eine isolierte Anfechtung der Kostenentscheidung unabhängig von den Schranken des § 99 I (Frankfurt OLGZ 94, 93; OVG Hamburg MDR 95, 956).

21 **6) Erledigungserklärung zwischen den Instanzen.** Bei Eintritt des Erledigungsereignisses **nach Urteilserlaß** muß nicht der Weg der Rechtsmitteleinlegung (Rn 20) beschritten werden, vielmehr besteht für die Parteien auch die Möglichkeit, die Hauptsache **„zwischen den Instanzen"** für erledigt zu erklären (vgl BGH NJW 95, 1096 [re Sp] = MDR 95, 952; RSchwab/Gottwald § 129 II 2; MK/Lindacher Rn 39). Zu diesem Zweck können sie bis zum Eintritt der Rechtskraft (ebenso BGH NJW 95, 1096 re Sp = aaO) dem Erstgericht schriftsätzlich die Erledigung anzeigen (vgl I 1, 2. Alt und oben Rn 10), zulässig ist aber auch die Anberaumung eines Termins zur mündlichen Verhandlung vor dem Erstgericht nach Urteilserlaß vor Rechtsmitteleinlegung, in dem die Parteien dann die Hauptsache für erledigt erklären können (vgl RSchwab/Gottwald aaO), wie dies für die Urteilsergänzung etwa § 321 vorsieht. Ein Verstoß gegen § 318 liegt hierin nicht, da die Kostenentscheidung nach § 91a (und die Einwirkung des Vorgangs auf die Wirkungskraft des schon erlassenen Urteils entspr § 269 III S 1) ja auf Grund einer neuen Entwicklung des Verfahrens – eben durch die Erledigterklärung – erfolgt. **Abgrenzung:** Bei Eintritt des Erledigungsereignisses nach Verhandlungsschluß **vor** Urteilsverkündung ist (ohne § 156) schriftsätzliche Erledigungserklärung möglich (insoweit zutr LG Hamburg MDR 95, 204), iü gilt Rn 20 (insoweit aA LG Hamburg aaO).

22 **7) Verfahren und Entscheidung. a)** Durch die übereinstimmende Erledigungserklärung ist die Rechtshängigkeit in der Hauptsache beendet (Rn 9), jedoch ist der Streit im Kostenpunkt

noch anhängig. Besondere Kostenanträge sind nicht erforderlich (aber üblich), die **Kostenentscheidung** ergeht **von Amts wegen** (§ 308 II); hM, aber str; aA zB Brox JA 83, 290 mN; wie hier BL/Hartmann Rn 144; ThP Rn 26; Smid ZZP 97, 273; Pape/Notthoff JuS 95, 1016; sie erübrigt sich aber, wenn die Parteien eine Kostenentscheidung nicht wollen (vgl Schneider NJW 69, 88), etwa, weil sie sich auch insoweit verglichen haben. **Form** der Entscheidung: Beschluß (**I 1**; vgl dazu näher Rn 23). Begründungspflicht: Pape/Notthoff JuS 95, 1018 mN und allg § 329 Rn 24; zur Bedeutung eines Verzichts s unten Rn 27.

b) Freigestellte mündliche Verhandlung (I 2). Die Entscheidung über die Verteilung der Kosten kann ohne mündliche Verhandlung ergehen. Die Verfahrensgestaltung bestimmt das Gericht. Wirft die Entscheidung schwierige, mit den Parteien zu erörternde Fragen auf, wird eine mündliche Verhandlung anzuberaumen sein. Eine Partei kann mündliche Verhandlung erzwingen, indem sie die Erledigungserklärung erst im Termin abgibt (zum ganzen auch Rn 10). Die Entscheidung ergeht durch **Beschluß (I 1).** Im arbeitsgerichtlichen Verfahren entscheidet nach mündlicher Verhandlung die vollbesetzte Kammer (Grunsky ArbGG § 53 Rn 3), iü der Vorsitzende allein (I 2 iVm § 53 I 1 ArbGG). Der notwendige Inhalt des Beschlusses beschränkt sich auf die Kostenentscheidung. Der Zusatz: Der Rechtsstreit ist in der Hauptsache erledigt oder für erledigt erklärt worden, ist überflüssig. Einer ausdrücklichen Aufhebung der im Rechtsstreit schon ergangenen Entscheidungen (VU, Urteil erster Instanz) bedarf es nicht, da sie von selbst wirkungslos werden. Doch mag § 269 III S 2 sinngemäß angewendet werden (Rn 12 aE). Zur Aufhebung bereits ergangener Vollstreckungsakte gem §§ 775 Nr 1, 776 ist Vorlage eines „Aufhebungsbeschlusses" erforderlich (ie Münzberg WRP 90, 425). Der Beschluß ist ein „Urteil in einer Rechtssache" gemäß § 839 II BGB (BGH 13, 142). Fehlerhafte Entscheidung durch **Urteil:** Rn 27. 23

c) Inhaltliche Kriterien. aa) Die Entscheidung nach § 91a ist eine **Ermessensentscheidung** (vgl **I 1**, aE). Da bei Ausübung des Ermessens der **bisherige Sach- und Streitstand** zu berücksichtigen ist (zum maßgeblichen Zeitpunkt und zur Zulässigkeit weiterer Beweisaufnahme vgl Rn 26), sind in **diesem** Zusammenhang die näheren Umstände und die Motive, die zur Abgabe der Erledigungserklärung geführt haben, zu berücksichtigen (Brandenburg NJW 95, 1844 = MDR 95, 958). Als Folge hiervon wird im allgemeinen der ohne die Erledigung zu erwartende Verfahrensausgang bei der Kostenentscheidung den Ausschlag geben (BGH LM Nr 1 letzter Abs und Nr 6; BAG BB 85, 2180), dh es wird idR der die Kosten zu tragen haben, dem sie auch nach den **allgemeinen kostenrechtlichen Bestimmungen der ZPO** aufzuerlegen gewesen wären (§§ 91–97, 100, 101; Düsseldorf FamRZ 82, 431; Zweibrücken NJW 86, 939); Einzelheiten: unten und Rn 25. Auch der Rechtsgedanke des **§ 93** ist anzuwenden (Frankfurt MDR 82, 328; Bamberg FamRZ 84, 303; Düsseldorf OLGZ 85, 74; ZIP 94, 638; Hamm NJW-RR 86, 1121; Nürnberg NJW-RR 87, 695 mwN; München NJW-RR 92, 731 mN; Koblenz JurBüro 93, 560; zur sog „reziproken" Anwendung des § 93 zugunsten des Klägers vgl Rn 25), desgleichen der des **§ 97 I, II** (Frankfurt WRP 84, 692); wegen § 93a vgl Rn 7 aE mwN. Das Gericht ist bei der Entscheidung nach § 91a jedoch nicht schlechthin gehalten, die Grundsätze der §§ 91 ff anzuwenden. Insbesondere braucht es in rechtlich schwierig gelagerten Fällen nicht jede für den Ausgang bedeutsame Rechtsfrage zu überprüfen (BGH 67, 345 f; LM Nr 1 und Nr 6; NJW 54, 1038; Frankfurt GRUR 79, 808); eine *summarische Prüfung* der Erfolgsaussichten ist ausreichend (BGH 67, 345; BVerfG NJW 93, 1061; krit MK/Lindacher Rn 50; sa Rn 26a). Steht nach einem außergerichtlichen Vergleich auf Grund des bisherigen Sach- und Streitstandes nicht endgültig fest, wer obsiegt hätte, kann der Grundgedanke des **§ 98** mit herangezogen werden (Bremen OLGZ 80, 224 = MDR 79, 500; LAG Köln NZA 92, 1147 mwN, auch zur aA). Das Gericht ist bei einer Kostenverteilung im Vergleich an diese Bestimmung nicht gebunden (Hamm MDR 76, 148; zum ganzen auch Rn 58 „Vergleich"). Unter besonderen Umständen (arg „Billigkeit") kann von den für die prozessuale Erstattungspflicht geltenden Grundsätzen abgegangen werden, wenn die materielle Kostenerstattungspflicht davon abweicht (so Nürnberg NJW 75, 2206). Dies gilt insbes dann, wenn sich die *materielle Kostenerstattungspflicht* des Beklagten ohne besondere Schwierigkeiten feststellen läßt (BGH MDR 81, 126 mN; Köln NJW-RR 86, 223 = OLGZ 86, 237; Karlsruhe Justiz 85, 52; Frankfurt JurBüro 91, 431; Hamm FamRZ 93, 1344; LAG Hamm MDR 82, 695, str; aA Smid ZZP 97, 308 ff; MDR 85, 192). Wegen der Kostenentscheidung bei Erledigung der Hauptsache durch *Gesetzesänderung* s KG MDR 54, 489; NJW-RR 95, 1511; hiernach trifft die Kostenlast nach § 91a auch in diesem Fall den, der ohne die Gesetzesänderung unterlegen wäre (Frankfurt WRP 95, 123; KG NJW-RR 95, 1511; aA BFH 119, 407). **§ 93b** ist zu beachten (LG Frankenthal ZMR 91, 303; § 93b Rn 7), desgleichen **§ 344** (Braunschweig WRP 92, 487). 24

bb) Im Rahmen der **Billigkeitsentscheidung** gem **Abs I S 1** kann im Einzelfall auch berücksichtigt werden, ob eine Partei das Erledigungsereignis willkürlich herbeigeführt hat (MK/Lindacher Rn 44; Hamm NJW-RR 93, 1280; vgl auch BGH NJW-RR 93, 1320), zB der Kläger sich durch Aufgabe (vgl München NJW-RR 93, 1279: „ergebnisloser" Prozeßabbruch) oder der Beklagte sich durch Abgabe einer Unterwerfungserklärung in einem Unterlassungsprozeß freiwillig in die Rolle des Unterlegenen begeben haben (BAG AP Nr 7 zu § 91a mit Anm Vollkommer; Köln MDR 94, 25

270), jedoch ist ein allgemeiner Grundsatz, wonach die Kosten stets der Partei aufzuerlegen seien, die sich freiwillig in die Rolle des Unterlegenen begibt, nicht anzuerkennen (zutr Karlsruhe MDR 86, 240; Celle NJW-RR 86, 1061; München NJW-RR 92, 731; einschr Frankfurt MDR 96, 426). Beispiel: Erfüllungshandlung zur Vermeidung unwirtschaftlicher und zeitaufwendiger Auseinandersetzungen; Erfüllung durch Dritten (AG Marbach MDR 89, 72), zB Zahlung durch Haftpflichtversicherer (LG Berlin MDR 95, 638); zur Unterwerfungserklärung im Wettbewerbsprozeß näher Rn 58. Abzulehnen ist die Auffassung von Smid, wonach die Zustimmung des Beklagten zur Erledigungserklärung des Klägers grundsätzlich zu Lasten des Beklagten gehen soll (ZZP 97, 301 ff; MDR 85, 191 f), da sie den Beklagten zur Führung eines Erledigungsstreits (Rn 34 ff) zwingt. Nicht zu berücksichtigen sind die wirtschaftlichen Verhältnisse der Parteien (aA LG Traunstein MDR 62, 827). Der Grundsatz des **§ 93** (zu dessen Heranziehung s bereits oben Rn 24) ist auch anzuwenden, wenn der Beklagte während des Rechtsstreits erfüllt, so daß der Kläger wegen der folgenden Erledigungserklärung zu keinem Anerkenntnisurteil mehr gelangt (Celle VersR 66, 548; Köln VersR 77, 576; KG MDR 80, 942; München VersR 79, 480; Karlsruhe NJW-RR 90, 978). Zu berücksichtigen ist auch im Rahmen einer „reziproken" Anwendung des Grundgedankens von § 93, ob der **Beklagte dem Kläger Veranlassung zur Klage gegeben** (Köln NJW-RR 86, 223; MDR 85, 505; Köln VersR 80, 463 mwN; Hamm NJW-RR 87, 425 und FamRZ 91, 830; Hamburg NJW-RR 93, 868; Brandenburg NJW 95, 1844 = MDR 95, 958; aA Koblenz NJW-RR 86, 1443; vgl auch § 93 Rn 2) oder der (Rechtsmittel-)Kläger **mutwillig** Klage erhoben oder ein Rechtsmittel eingelegt hat (Hamm NJW-RR 93, 1279; Bamberg Rpfleger 95, 289). Hat der Beklagte nach gemeinsamer Erledigungserklärung die Kostenpflicht anerkannt, sind ihm analog § 307 im Kostenbeschluß nach § 91a die Kosten aufzuerlegen (BGH MDR 85, 914; BAG NJW 88, 990).

26 **d) Berücksichtigung neuer Tatsachen und Beweismittel.** Da vom *bisherigen Sach- und Streitstand* auszugehen ist (vgl **I 1;** maßgeblicher Zeitpunkt bei schriftsätzlicher Erledigung [Rn 10] ist der Eingang der letzten Erklärung: Hamm WRP 93, 339), sollen zwar idR **neue Tatsachen und Beweismittel** in den Rechtsstreit nicht mehr eingeführt werden; eine Beweisaufnahme durch Vorlage von Urkunden oder Beiziehung von Akten oder die Verwertung von Beweisergebnissen aus anderen Prozessen ist aber nicht grundsätzlich ausgeschlossen (BGH 13, 145; 21, 300; Köln MDR 69, 848; Düsseldorf MDR 93, 1120; JR 95, 205; MK/Lindacher Rn 47; Merz ZMR 83, 365 f mN; Bergerfurth NJW 92, 1657, str; gegen die Zulässigkeit jeder weiteren Beweisaufnahme Hamm AnwBl 90, 40 [auch keine Vernehmung „präsenter" Zeugen]; Karlsruhe NJW-RR 90, 978; BL/Hartmann Rn 114; Pape/Notthoff JuS 95, 1017; zu Recht krit Rinsche NJW 71, 1349; AK/Röhl Rn 28). Aber auch über die Notwendigkeit dieser Maßnahmen entscheidet das Gericht nach billigem Ermessen. Jedenfalls ist das **rechtliche Gehör** zu gewähren (vgl auch BVerfG 34, 159; 60, 317 = NJW 82, 1691; 67, 99 f; eingehend Smid ZZP 97, 274 ff). Auch wird einem Beweisantrag insbesondere dann stattzugeben sein, wenn eingewandt wird, das Verfahren nach § 91a sei unzulässig, weil sich die Parteien wegen der Kosten außergerichtlich geeinigt hätten (deshalb unrichtig Düsseldorf JMBlNRW 52, 135). Auch kann noch in der **Beschwerdeinstanz** neues Beweismaterial (zB Vorlage einer Urkunde) berücksichtigt werden, wenn es für eine angemessene Kostenentscheidung von Bedeutung ist (arg § 570; so auch Düsseldorf JR 95, 205; dazu Rn 27; aA Karlsruhe NJW-RR 90, 978; hier § 570 Rn 5). Hinsichtlich des Zeitpunkts für die Beurteilung des Sach- und Streitstands in der Beschwerdeinstanz s auch Baumgärtel MDR 69, 803 und Merz ZMR 83, 366. Kommt es nicht mehr zur Durchführung einer (ohne die Erledigung gebotenen) Beweisaufnahme, so sind die Kosten idR gegeneinander aufzuheben (Frankfurt BB 78, 331; krit zu dieser Rspr Smid ZZP 97, 278); dies kann auch dann gelten, wenn in einem vorangegangenen Eilverfahren eine bestimmte Glaubhaftmachung nicht gelungen ist (Frankfurt aaO).

26a **e) Summarische Prüfung von schwierigen ungeklärten Rechtsfragen.** Das Verfahren gem § 91a dient nicht der Klärung schwieriger Rechtsfragen grundsätzlicher Art; die Beurteilung der Erfolgsaussichten der Parteien nach „überwiegender Wahrscheinlichkeit" genügt (BGH NJW 94, 256 f). Tritt die Erledigung einer Wohnraummietsache nach Vorlage gem § 541 ein, ist ein Rechtsentscheid unzulässig (BayObLGZ 91, 381); das Prozeßgericht hat die Vorlagefrage summarisch zu entscheiden (BayObLG aaO S 381 f; sa Rn 58 „Rechtsentscheid").

27 **8) Anfechtung der Entscheidung.** Sie erfolgt durch **sofortige Beschwerde** nach **Abs II 1** mit §§ 567 ff, 577. Anfechtbar sind nur Beschlüsse des AG oder LG in *erster Instanz,* nicht solche des LG im *Berufungs- und Beschwerdeverfahren* (§ 567 III 1; vgl die Fallgestaltung in KG MDR 78, 498, wo allerdings ein Fall von § 568 III angenommen wird) oder des OLG (§ 567 IV 1); eine weitere Beschwerde findet nicht statt (§ 568 III). Die Kostenentscheidung des OLG nach § 91a ist auch dann nicht anfechtbar, wenn sie in einem streitigen Urteil über einen anderen Streitgegenstand (Widerklage) steckt (BGH WM 67, 533; allg Rn 56). Die **Anschlußbeschwerde** ist zulässig (§ 577a mit Anm). Allgemein gelten für die sofortige Beschwerde die Schranken des Rechtsmittelzugs in der Hauptsache; außer dem Beschwerdewert im Kostenpunkt (§ 567 II 1) muß daher auch die Berufungssumme in der Hauptsache (§ 511a I) überschritten sein (so Frankfurt NJW-RR 88, 838; Karlsruhe NJW 87, 387; OLGR München 95, 177; BL/Hartmann Rn 156; MK/Lindacher

Rn 61; StJ/Bork Rn 32; hier § 567 Rn 43, str; aA Gölzenleuchter/Meier NJW 85, 2813). Neues Vorbringen in der Beschwerdeinstanz ist in Abweichung von § 570 eingeschränkt (Frankfurt WRP 87, 116; vgl auch Rn 26). Jedenfalls muß der Gegner unter Gewährung einer angemessenen Frist (1½ Arbeitstage sind zu kurz, s BVerfG 60, 317 f) **gehört** werden (**Abs II 2;** Art 103 I GG; vgl BVerfG 17, 268; 34, 159; 60, 317; 64, 227; Schleswig JurBüro 63, 718) es sei denn, die Beschwerde bleibt erfolglos. § 10 gilt auch hier (Köln MDR 59, 1020; Rpfleger 64, 289). Darauf, daß das Gericht erster Instanz sachlich zur Sachentscheidung nicht zuständig gewesen sei, kann die Beschwerde nicht gestützt werden (Rechtsgedanke des § 529; vgl Saarbrücken OLGZ 69, 31). Wird über die Kosten nach übereinstimmender Erledigungserklärung fehlerhaft durch Urteil statt durch Beschluß entschieden, dann ist sowohl sofortige Beschwerde, als auch Berufung gegeben (BGH MDR 59, 554 = LM § 511 Nr 13; Köln MDR 63, 60 – **Meistbegünstigungsgrundsatz;** dazu Rn 32 vor § 511 mwN); über eine solche Berufung darf das Rechtsmittelgericht durch Beschluß entscheiden, gegen den keine Revision stattfindet (BGH LM Nr 23). Zum **Beginn der Frist** zur Einlegung der sofortigen Beschwerde: s Rn 28 und näher § 577 Rn 6 ff und § 329 Rn 27. Der Beschluß ist **Titel für die Kostenfestsetzung** gemäß § 794 I Nr 3. – Für den **Verzicht** gelten die allg Grundsätze (s § 514 mit Anm und § 329 Rn 34 mN); im Verzicht auf die Begründung (s Rn 22) liegt aber idR kein Rechtsmittelverzicht (Hamm NJW-RR 95, 1213; 96, 63; aA NJW-RR 94, 1407; 96, 509; Brandenburg NJW-RR 95, 1212 = MDR 95, 743); für eine Gebührenvergünstigung wäre er ohnehin unerheblich (vgl näher § 313a Rn 2, 6).

9) **Rechtskraft.** Der Beschluß nach § 91a wird nach allgemeinen Regeln formell rechtskräftig. 28
Auch wenn er auf Grund mündlicher Verhandlung verkündet wurde, beginnt die Beschwerdefrist stets mit der Amtszustellung zu laufen, §§ 577 II 1; 329 III. Der Beschluß entfaltet keinerlei materielle Rechtskraft hinsichtlich der erledigten Hauptsache, über die nicht entschieden wurde (BGH NJW-RR 92, 999 = GRUR 92, 205). Der Rechtsstreit kann also vom Kläger wieder erneuert werden (BGH NJW 91, 2281 mwN auch zur aA = MDR 91, 1205; Bergerfurth NJW 92, 1657 mN, str; aA MK/Lindacher Rn 37: Zweitklage als widersprüchliches Verhalten). Das ist nicht unbillig gegenüber dem Beklagten: Hat er der Erledigung zugestimmt, so ist diese auch regelmäßig eingetreten und eine neue Klage daher aussichtslos; andernfalls kann er eine sachliche Entscheidung über die Frage der Erledigung erzwingen, indem er sich der Erklärung des Klägers nicht anschließt. Dann schützt ihn die Rechtskraft des nun ergehenden Urteils – s hierzu Rn 46. Eine andere Frage ist, ob der Beschluß gem § 91a Rechtskraft hinsichtlich der Kostentragungspflicht entfaltet, maW, ob die beschwerte Partei eine Korrektur der Kostenentscheidung mit einer späteren Schadensersatzklage erreichen kann. Bejaht man eine materielle Rechtskraft des Beschlusses gem § 91a (so Smid ZZP 97, 281 f), ist dies zu verneinen.

10) **Besonderheiten der Erledigungserklärung in verschiedenen Verfahren:** Zu den Einzelfra- 29
gen aus der Rechtsprechung vgl die alphabetische Übersicht in Rn 58.

Einstweilen frei. 30–33

III) Einseitige Erledigungserklärung des Klägers

1) **Allgemeines. Erklärt der Kläger** allein die Hauptsache für erledigt, während der Beklagte 34
seinen Klageabweisungsantrag aufrechterhält, so endet die Rechtshängigkeit der Klage nicht (BGH NJW 90, 2682; Düsseldorf FamRZ 94, 170), wie durch die übereinstimmende Erledigungserklärung der Parteien (vgl Rn 9). Nunmehr zeigt sich, daß diese einseitige Erklärung eine nach § 264 Nr 2 stets zulässige Beschränkung (und damit Änderung) des Klageantrags ist (vgl Habscheid, FS Lent, S 166 ff; Lüke, FS Weber, S 331 f; ThP Rn 32; StJ/Bork Rn 39; BGH NJW 94, 2364 = MDR 95, 92; München NJW-RR 95, 1086; Karlsruhe NJW-RR 94, 761 = MDR 94, 217, sog **Klageänderungstheorie,** hM, immer noch str; krit Schwab ZZP 72, 130 ff; Grunsky aaO S 170; Jost/Sundermann ZZP 105, 261 ff mwN; MK/Lindacher Rn 87 ff; vgl auch Rn 35, 51). Das Gericht hat nunmehr darüber zu entscheiden, ob die Klage – tatsächlich (iS der Rn 3 ff) – erledigt ist (BGH 91, 127 = NJW 84, 1901; 106, 366 f = NJW 89, 2886, stRspr) und dies ggf festzustellen (Nürnberg NJW-RR 87, 1278; 89, 444; Rn 45). Abzulehnen sind abweichende Einordnungsversuche. Die einseitige Erledigungserklärung des Klägers ist kein Verzicht auf eine Sachentscheidung nach § 306 (BGH LM Nr 16, vgl aber Lindacher JurA 70, 687), auch keine privilegierte Form der Klagerücknahme (dafür zB Blomeyer § 64 I). Eine Umdeutung in diesem Sinne entspricht regelmäßig nicht dem Willen des Klägers, der sich durch die Erklärung ja gerade der Kostenlast nach den §§ 91, 306 oder 269 entziehen will (vgl BGH NJW 61, 775; Saarbrücken OLGZ 67, 181). Bei Einordnung als Fall der Klageänderung erübrigt sich die Annahme eines im Weg der Lückenschließung gewonnenen eigenständigen Instituts (so zB RSchwab/Gottwald § 132 III 3 mN; AK/Röhl Rn 36; MK/Lindacher Rn 88; Jost/Sundermann ZZP 105, 282 f, 284). Unabhängig von der nach wie vor bestehenden Uneinigkeit im Ausgangspunkt ist der neueren Rspr auch eine abschließende Klärung von wesentlichen Einzelfragen noch nicht gelungen (vgl Rn 40 f).

2) **Wesen der einseitigen Erledigungserklärung.** Die einseitige Erledigungserklärung ist **Pro-** 35
zeßhandlung, und zwar als Antrag (und zwar Feststellungsantrag: Rn 37) Erwirkungshandlung

(so auch bei anderem Ausgangspunkt Schwab ZZP 72, 133; RSchwab/Gottwald § 132 III 3), also frei **widerruflich** (Düsseldorf FamRZ 94, 170 OLGR München 95, 107; Zimmermann Rn 21; Pape/Notthoff JuS 96, 143 f, str; offen BGH NJW 90, 2682 mN zur aA). Der Kläger kann gemäß § 264 Nr 2 im Laufe des Rechtsstreits wieder zu seinem ursprünglichen Klageantrag übergehen oder diesen **hilfsweise** aufrechterhalten (BGH MDR 65, 641; WM 82, 1260 mN; Nürnberg NJW-RR 89, 445; s auch Rn 13). Eine **hilfsweise Erledigungserklärung** des Klägers wird als Konsequenz der Einordnung als Klageänderung (Feststellungsantrag als neuer Streitgegenstand) zT für möglich gehalten (so BGH NJW 75, 539; Schleswig NJW 73, 1933; Koblenz ZIP 87, 1417. Karlsruhe WRP 90, 772 mN; Bergerfurth NJW 92, 1660; BL/Hartmann Rn 76; AK/Röhl Rn 39; 15. Aufl); mit ihr soll der Kläger bei Zweifelhaftigkeit des Erledigungseintritts (Wegfall der Wiederholungsgefahr bei Unterlassungsklage; Aufrechnung mit einer nach Rechtshängigkeit erworbenen streitigen Gegenforderung) dem zwischen Aufrechterhaltung der ursprünglichen Klageforderung und unbedingter Erledigungserklärung bestehenden Entscheidungsrisiko Rechnung tragen können. Da bei hilfsweiser Antragstellung das Gericht den Hauptantrag prüfen und bei Erledigung notwendig zurückweisen muß (§ 260 Rn 4), ist das Ziel des Hilfsantrags einer Erledigungsfeststellung *anstelle* der Abweisung des Hauptantrags gerade nicht erreichbar; eine hilfsweise Erledigungserklärung ist daher abzulehnen (ebenso BGH 106, 368 ff = NJW 89, 2887 im Anschluß an BGH NJW 67, 564; RSchwab/Gottwald § 132 III 1, 3b; StJ/Bork Rn 17a, 38; Teubner/Prange MDR 89, 586; MK/Lindacher Rn 74).

36 **3) Zeitpunkt der Erledigungserklärung.** Die Erledigungserklärung muß **nach Rechtshängigkeit** abgegeben werden (vorher fehlt es an einem zu erledigenden „Rechtsstreit") und kann es noch in der **höheren Instanz** (Rn 37) einschließlich der Revisionsinstanz (Rn 39). Eine zeitliche Grenze für die Abgabe der Erklärung besteht nicht (BVerwG ZMR 93, 348). Vom Zeitpunkt der Abgabe der Erklärung scharf zu unterscheiden ist der des Eintritts des Erledigungsereignisses, der auch früher liegen kann (Rn 40). Erfolgt eine „Erledigungserklärung" vor Zustellung der Klage, wird mit Zustellung nur Anspruch auf Erstattung der bis dahin entstandenen Kosten rechtshängig (KG MDR 82, 941).

37 **a)** In **erster Instanz** ist die einseitige Erledigungserklärung bis zum Schluß der mündlichen Verhandlung (vgl § 128 Rn 18) in der für Sachanträge (Rn 35) geltenden Form (vgl § 270 Rn 3) möglich (BGH NJW 84, 1901). Der Antrag lautet auf Feststellung der Erledigung (vgl Rn 45) und (wegen § 308 II an sich entbehrlich) auf Verurteilung des Beklagten in die Kosten. Bei Säumnis des Bekl kann über diesen Antrag sofort durch **VU** entschieden werden (Köln MDR 95, 103), § 335 Nr. 3 steht nicht entgegen (dort Rn 4), desgleichen bei Anerkenntnis iS von § 307 (s aber Rn 10) durch **Anerkenntnisurteil** (so Hamm NJW-RR 95, 1073; LG Tübingen MDR 95, 860; krit Hölscher WRP 95, 585: Fall von § 91a); die Gebührenvergünstigung setzt freilich ein vorbehaltsloses Anerkenntnis voraus, entfällt also bei Kostenentscheidung nach § 93 (so Herget MDR 95, 785 gegen Seutemann MDR 95, 122; vgl. ferner Enders JurBüro 95, 507). Ist das Erledigungsereignis erst im Berufungsrechtszug eingetreten, gilt das gleiche für die **Berufungsinstanz.**

38 **b) Zwischen den Instanzen** ist die einseitige Erklärung (anders als im Fall der Rn 21) nicht möglich (arg § 318; vgl Schwab, FS Schnorr von Carolsfeld, 1973, S 453), jedoch ist Rechtsmitteleinlegung zum Zweck der Erklärung der Erledigung in der höheren Instanz zulässig (BGH NJW-RR 92, 1033; Hamm GRUR 84, 68; Hamburg NJW-RR 89, 570 mN; Frankfurt NJW-RR 92, 493, str). Die Beschwer als Rechtsmittelvoraussetzung wird durch die Erledigung als solche nicht berührt (Hamm, Hamburg je aaO; Gottwald NJW 76, 2250; Bergerfurth NJW 92, 1656; vgl auch Rn 20, 49; ie Rn 21 vor § 511).

39 **c)** Auch in der **Revisionsinstanz** ist die einseitige Erledigungserklärung – trotz der für Klageänderungen bestehenden Beschränkungen (dazu § 561 Rn 10) – zulässig (BGH 106, 368 = NJW 89, 2887; BAG ZIP 95, 559 mN) und zwar auch dann, wenn die Erklärung bereits in der Berufungsinstanz hätte abgegeben werden können (BGH aaO); wegen bestehender Besonderheiten vgl näher Rn 51.

40 **4) Zeitpunkt des Eintritts der Erledigung.** Während bei der übereinstimmenden Erledigungserklärung im Hinblick auf die Dispositionsbefugnis der Parteien und die beschränkte Prüfungsaufgabe des Gerichts dem Zeitpunkt des Eintritts des Erledigungsereignisses praktisch keine Bedeutung für die Kostenentscheidung zukommt (vgl Rn 16), ist im Fall der einseitigen Erledigungserklärung die tatsächliche Erledigung vom Gericht nachzuprüfen (Rn 34, 44), so daß es für den Inhalt der Entscheidung samt der Kostenfolge (Rn 47) entscheidend auf die Grenzziehung beim Erledigungsereignis in zeitlicher Hinsicht ankommt (dazu Rn 6). Vom Standpunkt des engeren, auf den Zeitpunkt der Begründung der **Rechtshängigkeit** (§ 261 I) abstellenden Erledigungsbegriffs aus kommen als Erledigungsereignisse nur Vorgänge **nach** diesem Zeitpunkt in Frage, so daß für eine Erledigung **vor** Rechtshängigkeit danach kein Raum ist (so die überwiegende Ansicht, vgl BGH 83, 14 mN; 127, 163; NJW 90, 1906 mN; StJ/Bork Rn 11 und 38; BL/Hartmann Rn 30; ThP Rn 35, 36; AK/Röhl Rn 43; RSchwab/Gottwald § 132 III 1b; Bücking ZZP 88, 308 mN;

Linke JR 84, 48 mwN, auch zur aA, dazu näher Rn 41 f). Ist das klaglosstellende Ereignis vorher eingetreten, so muß der Kläger, will er eine Klageabweisung (vgl Rn 47) vermeiden, nach der hM die Klage mit der Kostenfolge des § 269 III zurücknehmen und die bezifferten Kosten in einem neuen Prozeß geltend machen (BGH 83, 16 = NJW 82, 1599 = MDR 82, 658) oder den zu beziffernden materiellrechtlichen Kostenerstattungsanspruch im Wege der Klageänderung im ursprünglichen Prozeß geltend machen (BGH 83, 16 = aaO; KG NJW 91, 500; OLGR Frankfurt 96, 130; zu den Schwierigkeiten vgl zB Linke JR 84, 50 f; Sannwald NJW 85, 898 f, dazu zuletzt Köhnen/Köhnen DRiZ 89, 289). Gegen den weiter vorgeschlagenen Ausweg einer (gem § 264 Nr 3 geänderten) Kosten-„Feststellungsklage" (so BGH NJW 94, 2895 [2896] = MDR 94, 717 = LM § 254 Nr 18 mit Anm Wax; Nürnberg DAR 95, 331; Sannwald NJW 85, 899 f; Brüchert AnwBl 89, 82) oder eines bloßen (unbezifferten) Kostenantrags (so Grunsky aaO S 173 f) bestehen Bedenken, da überhaupt keine Schadensersatzklage vorbereitet, sondern die „Konkretisierung" unmittelbar im Kostenfestsetzungsverfahren (§§ 103 ff) erfolgen soll (zu Recht krit Stöhr JR 85, 491 f; Deubner JuS 91, 235 f; Becker-Eberhard, Grundlagen der Kostenerstattung bei der Verfolgung zivilrechtlicher Ansprüche, 1985, S 327 ff; M. Wolf, FS Henckel, 1995, S 914 ff).

Demgegenüber hält eine verbreitete Gegenansicht bei *weiter* Ausdehnung des Erledigungsbegriffs auch die Feststellung der Erledigung im Zeitabschnitt zwischen **Einreichung** (Anhängigkeit) und **Zustellung** (Rechtshängigkeit) **der Klage** mit der Folge einer Kostenentscheidung nach den Grundsätzen der Rn 47 für zulässig (so: KG OLGZ 80, 241; LG Hamburg MDR 93, 577; AG Balingen NJW-RR 92, 120; AG Weilhelm MDR 85, 148 [Verfügungsverfahren]; Frankfurt GRUR 87, 651 [Aufhebungsverfahren gem § 926 II]; Ulrich NJW 94, 2794 mN; Enders MDR 95, 665; Rixecker ZZP 96, 505; Blomeyer NJW 82, 2750; MK/Lindacher Rn 75; Wieczorek/Schütze/Steiner Rn 45; dazu neigend auch Hamm FamRZ 93, 1344; Pape/Notthoff JuS 96, 344 f; weitere Nachw in BGH 83, 13 und 13. Aufl). IdR zum gleichen Ergebnis aber mit anderer Begründung kommt die Lehre von der „reziproken" Anwendung des **§ 93** (dh zugunsten des Klägers); danach treffen den Kläger dann keine Kosten, wenn der Beklagte durch sein Verhalten zur Einreichung der Klage oder des Mahnantrags Veranlassung gegeben hat und der Kläger „sofort" nach der Erfüllungshandlung die Hauptsache für erledigt erklärt (so: Blomeyer NJW 82, 2570; Haubelt ZZP 89, 192; Becker-Eberhard [Rn 40] S 308; ThP Rn 39; Frankfurt NJW-RR 89, 571 = MDR 89, 166; Koblenz MDR 94, 1045; dazu krit Mertins DRiZ 89, 283 mwN; Vollkommer AcP 187, 619 ff) oder die Klage zurücknimmt (so LG München I NZV 96, 35; sa § 93 Rn 2). Eine abw Begründung will bei der Kostenentscheidung *auch* nach einseitiger Erledigungserklärung (zur übereinstimmenden vgl Rn 24) die materielle Kostenerstattungspflicht des Beklagten berücksichtigen (so LG Freiburg MDR 84, 237; zust E. Schneider MDR 84, 549). Dem entspricht die von der ZPO-Kommission vorgeschlagene Ergänzung des (nunmehrigen) § 269 (§ 271 aF) um folgenden weiteren Absatz: 41

„Hat der Beklagte durch sein Verhalten Anlaß zur Einreichung der Klage gegeben, so hat er die Kosten zu tragen, wenn der Anlaß vor Rechtshängigkeit weggefallen ist und die Klage darauf sofort zurückgenommen wird. Das Gericht entscheidet hierüber auf Antrag durch Beschluß . . ." (Bericht der Kommission für das Zivilprozeßrecht, Bonn 1977, S 306 und dazu S 227).

Solange eine der vorgeschlagenen Ergänzung des § 269 entsprechende Vorschrift fehlt (*für* eine ZPO-Änderung AK/Röhl Rn 52), verdient der **weite Erledigungsbegriff**, der eine gerichtliche Erledigungsfeststellung auch im Zeitraum zwischen Anhängigkeit und Rechtshängigkeit ermöglicht, den Vorzug. Der Wortlaut des – auf die einseitige Erledigungserklärung ohnehin nicht unmittelbar anwendbaren – § 91a („Rechtsstreit") steht nicht entgegen, da für die Erledigungserklärung Rechtshängigkeit verlangt wird (Rn 36) und es nur darum geht, ob für den Inhalt der ohnehin zu treffenden gerichtlichen Entscheidung (Rn 45) das vor Rechtshängigkeit eingetretene Ereignis beachtlich ist. Sachgründe, die einer Berücksichtigung entgegenstünden, sind nicht erkennbar, begriffliche Hinderungsgründe bestehen nicht (Enders MDR 95, 665). Umgekehrt führt die Gegenansicht zu erheblichen prozessualen Schwierigkeiten und benachteiligt den Kläger, der sich völlig „verfahrensgerecht" verhalten hat. Da dem – dem Einfluß des Klägers idR entzogenen – Zustellungszeitpunkt maßgebliche Bedeutung zukommt, hängt der Inhalt der Entscheidung weitgehend vom Zufall ab. Dies verstößt aber auch gegen den Rechtsgedanken der Rückwirkung der Zustellung auf den Zeitpunkt der Einreichung der Klageschrift bzw des Mahnantrags (vgl §§ 207, 270 III, 693 II). Schutzwürdige Belange des Beklagten werden (entgegen BGH 83, 15) nicht berührt. Fehlt es an einer Erledigung, ist der Beklagte durch § 91 geschützt; ist aber ein Erledigungsereignis eingetreten, so kann sich der Beklagte der Erledigungserklärung des Klägers anschließen mit der Folge, daß im Rahmen der Entscheidung gem § 91a auch die Frage der Klageveranlassung berücksichtigt wird (vgl Rn 25; verkannt in BGH 83, 15, dagegen zutr Enders MDR 95, 667). Daß im Beschlußverfahren gem § 91a nicht die vollen Verfahrensgarantien des Urteilsverfahrens gelten (Rn 22 ff, insbes Rn 26), ist im Hinblick auf die Beschränkung des Streits auf die Kosten sachgerecht und vom Beklagten hinzunehmen (so auch Jost/Sundermann ZZP 105, 279, 286; MK/Lindacher Rn 87). Schließlich entspricht die Maßgeblichkeit des Einreichungszeitpunkts für die Erledigung auch der Rechtslage in anderen Verfahren (§§ 935 ff; FGG- 42

Streitverfahren, VwGO), in denen ein Auseinanderfallen von Anhängigkeit und Rechtshängigkeit unbekannt ist (vgl Rn 6; § 922 Rn 4; Zweibrücken NJW-RR 93, 149; Demharter ZMR 87, 202 f; MK/Lindacher Rn 75).

43 **5) Gerichtliche Prüfung. a) Allgemeines.** Nur die einseitige Erklärung zwingt das Gericht zur Prüfung, ob tatsächlich erledigt ist: **ob also die zunächst zulässige und begründete Klage nachträglich gegenstandlos geworden ist** (BGH 83, 13; 106, 366 f; NJW 91, 1116; 92, 2236 mN; NJW-RR 93, 391 und 1124; BAG ZIP 96, 559; krit Grunsky LM Nr 59 Anm; einschr Jost/Sundermann ZZP 105, 276 ff; zum Erledigungsereignis s Rn 3, zum maßgeblichen Zeitpunkt Rn 44). Der **Beklagte seinerseits** ist nicht gehalten, dieser Erklärung zuzustimmen, kann vielmehr weiter Sachabweisung der geänderten Klage beantragen, nicht aber auch hilfsweise für erledigt erklären (str, vgl Rn 13). Er hat **stets ein berechtigtes Interesse** daran, eine rechtskraftentfaltende Entscheidung zu bekommen, wenn er einmal mit einer Klage überzogen worden ist, braucht also nicht ein besonderes Rechtsschutzinteresse daran darzutun, daß die Klage abgewiesen wird, weil sie von Anfang an unzulässig oder unbegründet war (BGH MDR 76, 568 = ZZP 90, 185 mwN; NJW 69, 237; MDR 79, 1000; VersR 80, 384 mN; NJW 82, 768; 92, 2236, str; aA MK/Lindacher Rn 16 ff und 87; Jost/Sundermann aaO).

44 **b) Prüfung der Erledigung.** Das Gericht muß nun im ordentlichen Streitverfahren – notfalls durch Beweisaufnahme (vgl BGH NJW 69, 237; 92, 2236) – prüfen, ob die Hauptsache erledigt ist, ob also die eingereichte Klage zulässig und begründet war (dazu Rn 3), aber durch ein nach Anhängigkeit eingetretenes Ereignis gegenstandslos geworden ist (BGH 83, 13; 91, 127; 106, 366 f; NJW 92, 2236 mwN; ie Rn 3 ff, 34, 43). Der maßgebliche **Zeitpunkt** ist der des Eintritts des erledigenden Ereignisses (BGH NJW 86, 589; 92, 2236). Der Kläger hat nach allg Grundsätzen (StJ/Bork Rn 40a; E. Schneider MDR 84, 550) Zulässigkeit und Begründetheit der Klage zum maßgeblichen Zeitpunkt, soweit streitig, auch den Eintritt des erledigenden Ereignisses zu beweisen (vgl Düsseldorf NJW-RR 91, 138). Zur Möglichkeit eines VU gegen den Beklagten auf Feststellung der Erledigung vgl näher Rn 37. Ist die Klage von Anfang an **unzulässig** oder **unbegründet,** muß sie auch dann abgewiesen werden, wenn die Hauptsache als erledigt erklärt wurde (BGH 83, 13 mN; NJW 92, 2236 mN; BAG ZIP 96, 558; einschr Jost/Sundermann ZZP 105, 276 ff im Anschluß an BAG NJW 91, 192 = aaO [Rn 3]); dies gilt auch dann, wenn der Beklagte den Klageanspruch vorbehaltlos erfüllt hat (BGH NJW 81, 686 = MDR 81, 399). War die Klage im maßgeblichen Zeitpunkt unzulässig, kommt eine **Verweisung** (auch auf hilfsweise gestellten Verweisungsantrag) nicht mehr in Frage (München OLGZ 86, 69 = MDR 86, 61 f; aA Wieczorek/Schütze/Steiner Rn 25); dies ist die Folge der Beziehung der Entscheidung auf den Zeitpunkt des Eintritts des erledigenden Ereignisses.

45 **6) Entscheidung. a) Über die Erledigung.** Gelingt dem Kläger der Nachweis der Erledigung (vgl Rn 44), so ergeht ein streitiges Feststellungsurteil: Es wird festgestellt, daß der Rechtsstreit in der Hauptsache erledigt ist. Dies ist eine **Sachentscheidung** (BGH 37, 142; NJW 68, 2243; MK/Lindacher Rn 78), die bei Säumnis des Bekl auch durch VU ergehen kann (Rn 37; § 331 Rn 5). Mit dieser Feststellung wird ein über den ursprünglichen Klageantrag ergangenes Sachurteil derselben Instanz von selbst wirkungslos; doch erscheint die nicht notwendige Aufhebung desselben zur Klarstellung zweckmäßig (Düsseldorf DB 70, 771; StJ/Bork Rn 41; abw ThP Rn 38; sa unten Rn 50). Andernfalls wird der Kläger mit seiner Klage abgewiesen (BGH 37, 137), und zwar mit seiner jetzigen Feststellungsklage (Nürnberg NJW-RR 89, 444). Zum Urteilstenor s Ostendorf DRiZ 73, 388 f und Bücking DRiZ 74, 227. Um dies zu vermeiden, kann der Kläger seinen ursprünglichen Sachantrag **hilfsweise** aufrechterhalten (vgl Rn 35; 46 aE).

46 **b) Rechtskraft.** Als Sachentscheidung wirkt das Urteil materielle Rechtskraft (s dazu BGH NJW 91, 2281 mN; Bergerfurth NJW 92, 1659; MK/Lindacher Rn 78): Die **Feststellung der Erledigung** spricht aus, daß die bis zur Erledigungserklärung anhängig gewesene Hauptsache (BGH NJW 61, 1210) gegenstandslos geworden ist (Schwab ZZP 72, 136; Jost/Sundermann ZZP 105, 284; ThP Rn 51). Hieran ist das Gericht bei einer neuen Klage gebunden (hM; krit Grunsky aaO S 178). Die Rechtskraftwirkung der Klageabweisung ist wie auch sonst aus den Gründen zu erschließen, so daß rechtskräftig entschieden sein kann, daß die Klage entgegen dem Feststellungsbegehren deshalb nicht erledigt ist, weil sie entweder von Anfang an unzulässig (München OLGZ 86, 70 = MDR 86, 61; LG Tübingen NJW 64, 2022) oder unbegründet gewesen war (vgl München NJW-RR 96, 957; LG Bochum MDR 82, 675), oder aber – und hierauf ist zu achten! – daß die Klage zwar zulässig und begründet war, daß sie sich aber nachträglich nicht erledigt hat (Nürnberg NJW-RR 89, 444). Im letzteren Fall wird es angebracht sein, den Kläger gemäß § 139 zu befragen, ob er seinen ursprünglichen Sachantrag nicht hilfsweise aufrechterhalte.

47 **c)** Die **Kostenentscheidung** folgt dem **§ 91** (BGH 83, 12 [15 mN]; München NJW-RR 93, 571; KGR 94, 168; Bergerfurth NJW 92, 1659; ThP Rn 39; RSchwab/Gottwald § 132 III 3e), **nicht dem § 91a; hM,** aber **str** (aA zB Schwab ZZP 72, 140; Jost/Sundermann ZZP 105, 285; MK/Lindacher Rn 94; Stuttgart NJW 62, 1872; München NJW 79, 274). Doch folgt dies zwingend aus der

Erwägung, daß es sich um ein streitiges Sachurteil handelt (ebenso OVG Saarlouis NJW 78, 121 mN zur aA). § 91 ist auch dann anzuwenden, wenn der auf Klageabweisung beharrende Beklagte den Klageanspruch vorbehaltslos erfüllt hat (vgl Rn 44 aE); für eine Heranziehung des Grundgedankens aus § 307 zum Nachteil des Beklagten ist bei der Kostenentscheidung des Erledigungsfeststellungsstreits kein Raum (BGH NJW 81, 686 = MDR 81, 399). Hat nach Eintritt der Erledigung der Kläger „sofort" den Klageverzicht (§ 306) erklärt, ist § 93 zum Nachteil des Beklagten entspr anwendbar (so LG Hamburg NJW-RR 87, 381 mwN, str; aA Koblenz NJW-RR 86, 1443 mN; vgl auch oben Rn 41).

d) Streitwert: Äußerst umstr ist, ob das *Kosteninteresse* (so in der Regel BGH stRspr, zB BGH 106, 366 = NJW 89, 2886; NJW 90, 3148; NJW-RR 93, 766 mwN; Karlsruhe NJW-RR 94, 761 = MDR 94, 217; München NJW-RR 95, 1086; Hamm NJW-RR 95, 960; Rostock MDR 93, 1019 mN), der *bisherige Wert der Hauptsache* (so BGH NJW 82, 768 [für Sonderfall]; allg Frankfurt MDR 84, 320 mN; München NJW-RR 96, 957; Hamm MDR 82, 327 f; Düsseldorf NJW-RR 93, 510 mit krit Anm Deubner JuS 93, 229; Köln MDR 95, 103; Wieczorek/Schütze/Steiner Rn 29) oder ein davon *ermäßigter Betrag* (zB 50%: so München MDR 95, 642 mwN; Frankfurt MDR 95, 207 [Aufgabe der bish Rspr]; AK/Röhl Rn 49) maßgebend ist; zur Teilerledigungserklärung s München MDR 76, 759; Düsseldorf MDR 79, 676; zum ganzen eingehend § 3 Rn 16 „Erledigung der Hauptsache" – „Einseitige Erledigungserklärung". Zu den äußerst umstr Fragen näher Göppinger Justiz 75, 156; BGH NJW 82, 768 mN; FamRZ 90, 1225; München MDR 76, 759 und Frankfurt MDR 83, 1033 (zu Teilerledigungserklärung). **Stellungnahme:** Die Streitgegenstände im ursprünglichen Klageverfahren und im Erledigungsstreit sind nicht identisch und können damit auch nicht wertgleich (§ 3) sein. Das ist die Konsequenz aus der *Klageänderung* (Rn 34) und der Entscheidung über den *geänderten* Antrag (Rn 45, 46). Daß das Gericht *als Vorfrage* die Zulässigkeit und Begründetheit der ursprünglichen Klage noch zu prüfen hat (Rn 44), ändert daran nichts (vgl allg Rn 28 vor § 322). Den Vorzug verdient daher die zuerst genannte Auffassung. 48

7) Rechtsmittel: Aus Rn 47 folgt, daß dieses Sachurteil nach allgemeinen Regeln anfechtbar ist. Wird also die Klage entgegen dem Antrag des Klägers auf Feststellung der Erledigung abgewiesen, ist er hierdurch beschwert. Die Beschwerdesumme richtet sich nach dem Streitwert des Feststellungsantrags, vgl Rn 48; § 3 Rn 16 „Erledigung". Daß es dem Kläger bei einer solchen Anfechtung wirtschaftlich vornehmlich oder ausschließlich auf eine Abänderung der ihn belastenden Kostenentscheidung ankommt, nimmt seiner Berufung weder das Rechtsschutzbedürfnis noch macht es sie gemäß § 99 I unzulässig (BGH 57, 224 = LM Nr 31 Anm Buchholz; NJW-RR 93, 766). Hat das Gericht dagegen die Erledigung festgestellt, über die Kosten aber iS der aA (s Rn 47) nach den Grundsätzen des § 91a entschieden – und dadurch den Kläger im Kostenpunkt beschwert –, so muß diesem hiergegen ein Rechtsmittel eröffnet werden: Da sich die Anfechtung des in der Hauptsache zu seinen Gunsten ergangenen Urteils wegen § 99 I verbietet, muß ihm in Anwendung der Grundsätze zur Anfechtung einer fehlerhaften Entscheidung (vgl allg Rn 28 ff vor § 511) die sofortige Beschwerde in dem oben Rn 27 dargelegten Umfang zugestanden werden (zutr Oldenburg NJW-RR 93, 1340; KGR 94, 168; offen BGH NJW 63, 48; verkannt in OLGR Celle 95, 239). Zur Anfechtung der **„Kostenmischentscheidung"** vgl unten Rn 56. 49

Wird **in der zweiten Instanz** auf Berufung hin die Hauptsache für erledigt erklärt, so ist das Ersturteil stets aufzuheben (ThP Rn 40). Hatte das Gericht irrig durch Beschluß nach § 91a entschieden (vgl Rn 47), so muß das Beschwerdegericht diesen aufheben und die Sache an das Erstgericht zurückverweisen (Neustadt MDR 63, 1019). 50

In der Revisionsinstanz kann die Erledigung der Hauptsache jedenfalls berücksichtigt werden, wenn die erledigenden Tatsachen unstreitig (BGH 106, 368 mN = NJW 89, 2887; NJW 91, 222, stRspr) oder bereits in der Vorinstanz festgestellt sind (vgl BGH 26, 37 = NJW 58, 98), aber auch dann, wenn die Erledigungserklärung bereits in der Berufungsinstanz abgegeben werden konnte (BGH 106, 368). Der grundsätzlichen Kritik Putzos (NJW 65, 1018) ist zuzugeben, daß diese Behandlung vom Standpunkt der Klageänderungstheorie aus (Rn 34) nicht konsequent ist (vgl § 561); demgegenüber ergeben sich vom abw Ausgangspunkt Schwabs keine Schwierigkeiten (R-Schwab § 133 III 4a; *ohne Einschränkung* für Zulässigkeit auch StJ/Bork Rn 14 und 51; MK/Lindacher Rn 83 und 99; offen BGH NJW-RR 93, 1124). Aber auch bei Einordnung als Fall von § 264 Nr 2 (Rn 34) bestehen gegen die einseitige Erledigungserklärung des Klägers in der Revisionsinstanz keine durchgreifenden Bedenken; vgl hierzu auch Walchshöfer ZZP 79, 299 in Anm zu BGH NJW 65, 537. Bei einseitiger Erledigungserklärung des Klägers in der Revisionsinstanz ist zu prüfen, ob die Klageforderung bis zu dem die Erledigung begründenden unbestrittenen Ereignis beanstanden hat oder nicht, BGH aaO. Ist das erledigende Ereignis bestr, bleibt es ohne Nachteil für den Kläger unberücksichtigt (vgl Smid ZZP 97, 299; krit MK/Lindacher Rn 83 aE). 51

IV) Einseitige Erledigungserklärung des Beklagten

52 Der **Beklagte** kann den Rechtsstreit nicht für erledigt erklären (BGH NJW 94, 2364 = MDR 95, 91; NJW-RR 95, 1090; BAG NJW 94, 2564; Oldenburg FamRZ 92, 844; Bergerfurth NJW 92, 1659; MK/Lindacher Rn 101, str; aA Schwab ZZP 72, 134; 74, 213), da er über den Streitgegenstand nicht verfügen kann. Falls seine Erklärung nicht als Anerkenntnis zu deuten ist (§ 139), was naheliegt, wenn er zB Rechtsmittelkläger ist! – und der Kläger ihr widerspricht, stellt sie eine weitere Einwendung dar; über den Rechtsstreit ist nach Maßgabe der Sachanträge des Klägers zu entscheiden; hatte sich die Klage tatsächlich erledigt, ist sie abzuweisen (BGH MDR 61, 125 = ZZP 74, 210 – abl Schwab), nach Ansicht von BFH NJW 80, 1592 und BStBl II, 407 [408] wegen fehlenden Rechtsschutzbedürfnisses als unzulässig (bedenklich, denn die Sachprüfung – vgl Rn 43, 45 f – hat bereits stattgefunden). Wie hier StJ/Bork Rn 50; ThP Rn 42; BL/Hartmann Rn 192; LG Lübeck DAVorm 74, 468. Eine hilfsweise Anschließung des Beklagten an die Erledigungserklärung des Klägers ist unzulässig (Düsseldorf MDR 89, 72, str; s allg Rn 13).

V) Teilweise Erledigung

53 **1) Begriff.** Sie kann einen von mehreren Klageansprüchen (BGH LM § 99 Nr 10) oder einen Teil eines Klageanspruchs (des Streitgegenstandes) betreffen (Düsseldorf OLGZ 66, 172); Teilbarkeit iS von § 301 Rn 3 f genügt. Bei Unterlassungsansprüchen wird auch eine *eingeschränkte* Erledigungserklärung zugelassen, zB Beschränkung auf einen bestimmten Zeitraum („ab dem ...“ [Datum]: Hamburg WRP 90, 424); die Abgrenzung zur *uneingeschränkten* Erledigungserklärung ist uU schwierig (vgl Braunschweig NJW-RR 96, 380; Nürnberg WRP 96, 145) und dann Auslegungsfrage (vgl näher Melullis, Handbuch des Wettbewerbsprozesses, 2. Aufl 1995, Rn 958; Teplitzky, Wettbewerbsrechtliche Ansprüche, 6. Aufl 1992, Kap 57 Rn 38; s auch hier § 890 Rn 9a, 10). Zum **Streitwert** vgl BGHR Abs I 1 Streitwert 2; Koblenz MDR 92, 717 und hier § 3 Rn 16 „Erledigung der Hauptsache“ mN; ie str; zum Gebührenstreitwert des Rechtsanwalts s Göppinger Justiz 75, 156; zu Zinsen und Kosten beim Streitwert nach teilweiser Hauptsacheerledigung E. Schneider JurBüro 79, 1589.

54 **2) Übereinstimmende Erledigungserklärung. a) Kostenmischentscheidung.** Erklären die Parteien einen Teil der Hauptsache übereinstimmend für erledigt, ist insoweit über die Kosten sachlich nach den Grundsätzen des § 91a, über den streitig gebliebenen Teil aber nach § 91 zu entscheiden (Kostenmischentscheidung). Formal ist die Kostenentscheidung nach § 91a in das Urteil mithereinzunehmen, so daß über die gesamten Kosten äußerlich **einheitlich** im Kostenpunkt des Urteils entschieden wird und kein gesonderter Beschluß nach § 91a ergeht (BGH LM Nr 5, Nr 15 = NJW 62, 2252; § 99 Nr 10 = NJW 63, 583; Frankfurt NJW-RR 93, 183); vgl auch (für Beschwerdeverfahren der „streitigen“ freiwilligen Gerichtsbarkeit) BGH 50, 187. Soweit die Kostenmischentscheidung auf § 91a gestützt ist, kann sie gem **Abs II** mit der **sofortigen Beschwerde** angefochten werden (BGH 40, 269 mN = NJW 64, 660; Köln VersR 80, 463 mwN; Frankfurt WRP 90, 342; StJ/Bork Rn 34 ff; MK/Lindacher Rn 104; Abgrenzung zur Berufung: Rn 56).

55 **Besonderheit** bei Teilrechtsmittel: Legt gegen ein Urteil, durch das ein Teil der **Klageforderung abgewiesen** worden ist, nur der Kläger Berufung ein und wird dann dieser Teil der Klageforderung für erledigt erklärt, so ist über die **gesamten** Kosten des Rechtsstreits durch Beschluß zu entscheiden (Celle MDR 78, 234 mwN; zur Anfechtung s MK/Lindacher Rn 107). Vgl weiter für die Kosten eines in der Berufung erledigten Teilurteils Frankfurt NJW 70, 334, wonach über die Kosten des Rechtsmittels dann getrennt gemäß § 91a zu entscheiden ist, wenn dieses ansonsten auch nur teilweise Erfolg gehabt hätte. Zur Entscheidung des Revisionsgerichts durch Beschluß bei Teilerledigung in der Revisionsinstanz s BGH MDR 1976, 379.

56 **b) Anfechtung der Kostenmischentscheidung.** Die gemischte Kostenentscheidung kann jedenfalls selbständig („isoliert“) mit der *sofortigen Beschwerde* angefochten werden (BGH 40, 265; 113, 365 f), und zwar auch dann, wenn in der einheitlichen Kostenentscheidung die Aufteilung nach § 91 und § 91a nicht ersichtlich gemacht war. Doch kann das Beschwerdegericht nur nachprüfen, soweit die Kostenentscheidung den für erledigt erklärten Teil der Hauptsache betrifft, also auf § 91a beruht; vgl dazu auch Düsseldorf JMBlNRW 71, 32. § 567 IV gilt aber auch dann, BGH 113, 364 ff – in Abgrenzung zu BGH 40, 265. Umgekehrt ergreift die („einheitliche“) *Berufung* gegen das Urteil in der Hauptsache auch die Kostenentscheidung, soweit sie den nach § 91a erledigten Teil betrifft (KG MDR 86, 241; Hamm OLGZ 87, 375 mwN; ThP Rn 56; Bergerfurth NJW 92, 1661, hM, str; aA Heintzmann, FS Baumgärtel, 1990, S 137, 150; München NJW 70, 761: Aufspaltung gem II 1, § 511; zum ganzen auch § 99 Rn 7) und falls insoweit dem § 567 II genügt ist (München NJW 73, 289). *Schranke:* Einheitliches Rechtsmittel führt nicht zu einer Erweiterung des Instanzenzugs (BGH 113, 364 f; NJW 94, 1797; vgl § 567 IV und oben Rn 27); hat das OLG entschieden, findet hinsichtlich des erledigten Teils keine Revision statt (BGH 113, 363 f; GRUR 95, 51), auch wenn sie (uneingeschränkt) zugelassen ist (BGHZ 107, 317 f; NJW 94, 1797); desgl keine Revision gem § 547, wenn das OLG die „einheitliche“ Berufung gegen die Mischentscheidung als unzulässig verworfen hat (BGH 113, 364 ff).

3) Einseitige Erledigungserklärung des Klägers. Hat nur der Kläger teilweise für erledigt erklärt, dann ist über die gesamten Kosten nach § 91 zu entscheiden. Die Kostenentscheidung kann nach der hier vertretenen Auffassung nicht selbständig angegriffen werden, weder mit der Berufung (§ 99 I), noch mit der sofortigen Beschwerde, da weder ein Fall des § 91a II S 1 noch ein Fall des § 99 II vorgelegen haben. Zur Berechnung der Rechtsmittelbeschwer (Rn 49) des Beklagten: BGH NJW-RR 88, 1465. 57

VI) Einzelfälle (alphabetisch geordnet) 58

● **Anfechtung:** s Konkurs.

● **Anschlußberufung:** Wird die Hauptsache im Berufungsverfahren im Umfang des Hauptrechtsmittels übereinstimmend für erledigt erklärt, wird die Anschlußberufung davon nicht erfaßt (BGH NJW 86, 852 = MDR 85, 125; aA München MDR 84, 320; Habscheid/Lindacher NJW 64, 2395; vgl näher § 522 Rn 2); bei der Rücknahme des Hauptrechtsmittels ist für eine Erledigung des Anschlußrechtsmittels aber kein Raum, soweit der Rechtsmittelführer auch die Kosten der Anschließung trägt (Frankfurt FamRZ 92, 81 mN, str; aA – § 91a entspr – NJW-RR 93, 768 mN; FamRZ 95, 945; ie § 521 Rn 32).

● **Arbeitsgerichtliches Beschlußverfahren:** Gemeinsame Erledigungserklärung durch alle Beteiligten: §§ 83a I, 90 II, 95 S 4 ArbGG; die Zustimmung eines Beteiligten gilt als erteilt, wenn er sich nicht innerhalb einer gesetzten Frist gegenteilig äußert (§ 83a III 1 ArbGG). Da im Beschlußverfahren eine Kostenentscheidung nicht ergeht, prüft das Gericht bei der einseitigen Erledigungserklärung nur, ob ein erledigendes Ereignis eingetreten ist, nicht dagegen die ursprüngliche Zulässigkeit und Begründetheit des Antrags (BAG 65, 105 = NJW 91, 192 = aaO [Rn 3]; NZA 93, 1054; weitergehend Jost/Sundermann ZZP 105, 268 ff).

● **Arrest und einstweilige Verfügung:** Als **Erledigungsereignis** kommt der Wegfall der Dringlichkeitslage (Beispiel: Köln WRP 85, 661) oder der Wegfall der Wiederholungsgefahr (Beispiel: Düsseldorf AfP 87, 432) in Frage. Der fruchtlose Ablauf der Vollziehungsfrist nach § 929 II stellt dagegen idR kein erledigendes Ereignis dar (Düsseldorf WRP 85, 642), außer er beruht auf dem Arrestkläger nicht zuzurechnenden Gründen (Frankfurt OLGZ 94, 95); desgleichen ist der Ablauf des Verbotszeitraums keine Erledigung bei einem befristeten Verbot (Nürnberg WRP 96, 145; zur eingeschränkten Erledigung s Rn 53). **Übereinstimmenden Erledigungserklärung:** Hauptsache ist nicht der zu sichernde materielle Anspruch, sondern die begehrte Rechtsfolge auf einstweilige Regelung oder Sicherung (Hamm MDR 87, 589); für die Kostenentscheidung kommt es darauf an, ob ein Verknüpfungsgrund vorgelegen hat (Hamm aaO). Bei Erledigterklärung nach Ablauf der Vollziehungsfrist des § 929 II trägt der Antragsteller die Kosten (Neustadt JurBüro 61, 567; Hamburg NJW 64, 600). Zur Kostentragung des Gläubigers im Arrestaufhebungsverfahren vgl München MDR 76, 761; Frankfurt MDR 82, 328. Zum ganzen auch § 922 Rn 4. **Einseitige Erledigungserklärung:** Wird ein ursprünglich zulässiger und begründeter Arrest-(Verfügungs-)antrag durch ein erledigendes Ereignis unzulässig oder unbegründet, ist dies durch Urteil festzustellen (Köln WRP 85, 660 mwN). Erledigt sich der Verfügungsantrag nach Eingang beim Gericht aber vor Zustellung an den Gegner, liegt ein erledigendes Ereignis vor (AG Weilheim MDR 85, 148). Im **Aufhebungsverfahren** gem § 926 ist die Erhebung der Hauptsacheklage erledigendes Ereignis (Frankfurt MDR 82, 328; GRUR 87, 651). Erklären die Parteien – auch nach *verspäteter* – Erhebung der Hauptsacheklage das Aufhebungsverfahren für erledigt, treffen die Kosten den Gläubiger (Frankfurt aaO); Grund: § 93 entspr. Umfang der zu erstattenden Kosten: Frankfurt Rpfleger 86, 281.

● **Aufrechnung:** Eine Aufrechnung führt zu einer Erledigung der Hauptsache, wenn die Gegenforderung erst nach Rechtshängigkeit der Klage entstanden oder aufrechenbar geworden ist (RG 57, 384). Es ist nicht auf den Zeitpunkt der Aufrechnungserklärung, sondern auf den des Eintritts der Aufrechnungslage (vgl § 389 BGB) abzustellen (RG 58, 417, hM; aA LG Kiel SchlHA 77, 117). Bei einseitiger Erledigungserklärung ist die Klage als unbegründet abzuweisen, wenn die Aufrechnungslage vor Rechtshängigkeit der Klage gegeben war (Köln OLGR 94, 140; LG Berlin ZMR 89, 98); Grund: die Klage war vor dem Erledigungsereignis zwar zulässig, aber nicht begründet (arg § 389 BGB: vgl auch BGH NJW 86, 588; Köln aaO). Eine Erledigung der Hauptsache ist auch dann gegeben, wenn der Kläger eine hilfsweise zur Aufrechnung gestellte Gegenforderung des Beklagten anerkennt und mit dieser (unbedingt) aufrechnet (so Braunschweig MDR 63, 767). Die Kosten eines durch übereinstimmende Erklärung der Parteien infolge Aufrechnung beendeten Prozesses sind gegeneinander aufzuheben, wenn ohne das erledigende Ereignis der Verfahrensausgang ungewiß gewesen wäre (so LG Kiel aaO; aA Smid ZZP 97, 306 und 301: zunächst geht die Zustimmung zu der Erledigungserklärung des Klägers zu Lasten des Beklagten, abzulehnen vgl Rn 25; BGH NJW 86, 589).

● **Auskunft:** s Stufenklage.

● **Ausländisches Urteil:** Im Verfahren der Vollstreckbarerklärung ist § 91a nicht anwendbar (so Hamburg NJW 87, 2165 für EuGVÜ-AG).

● **Baulandsache:** Die Anwendbarkeit der Erledigungsgrundsätze (vgl §§ 221 I, 222 III, 228 BauGB iVm § 91a) ist nur gegenüber denjenigen Beteiligten gegeben, welche Anträge zur Hauptsache gestellt haben (Koblenz NJW 83, 2036).

● **Beschlußverfahren:** s „Arbeitsgerichtliches Beschlußverfahren“.

● **Beschwerdeverfahren:** Erklärt der Beschwerdeführer die Beschwerde mit Zustimmung des Gegners für erledigt, ist über die Kosten nach § 91a zu entscheiden, ansonsten nach § 91 (vgl § 567 Rn 55).

Auslegungsfrage, ob die Erledigung nur das Rechtsmittel selbst (s dazu Rn 19) oder die Hauptsache in der Beschwerdeinstanz umfaßt (Beispiel: BGH NJW-RR 86, 369 – Tod des Antragsgegners bei unvererblichem Anspruch). Kein Fall des § 91a liegt vor, wenn während des Beschwerdeverfahrens die Klage zurückgenommen wird (Frankfurt NJW-RR 95, 956; § 269 III 2 gilt). Zum str Verhältnis von § 91a und § 620g s mwN OLGR Brandenburg 95, 186; hier § 620g Rn 9.

● **Beweissicherungsverfahren:** s „Selbständiges Beweisverfahren".

● **Drittschuldnererklärung:** Die Drittschuldnerklage gem § 840 ist nicht erledigt, wenn – erst – die prozessuale Einlassung des beklagten Drittschuldners im Zahlungsprozeß ergibt, daß die gepfändete Forderung von Anfang an nicht bestanden hat (BGH 79, 276 = NJW 81, 990 = MDR 81, 493; BAG NJW 90, 2644). Eine Erledigung liegt auch dann nicht vor, wenn der auf Auskunft verklagte Drittschuldner eine (negative) Erklärung im Sinne von § 840 I 1 abgibt; Grund: § 840 I 1 gewährt keinen einklagbaren Anspruch auf Auskunft (BGH 91, 130). Bei einseitiger Erledigungserklärung ist für eine Kostenentscheidung nach § 91a und damit für eine Berücksichtigung der materiellrechtlichen Kostenerstattungspflicht des Beklagten gem § 840 II 2 im Rahmen der Kostenentscheidung kein Raum (BGH WM 79, 1128 = MDR 79, 1000); der Kläger kann jedoch den materiellen Erstattungsanspruch gem §§ 263, 264 Nr 3 im anhängigen Rechtsstreit mit der Feststellungsklage (BGH 79, 280 f = aaO) oder mit der bezifferten Leistungsklage (BAG NJW 90, 2643) geltend machen. **Lit:** Becker-Eberhard [Rn 40] S 216 ff, 305; Grunsky aaO.

● **Drittwiderspruchsklage:** Die Freigabe der gepfändeten Sache ist ein Erledigungsereignis (Neustadt MDR 61, 65); vgl auch „Zwangsvollstreckung".

● **Ehesachen:** s Scheidungs- und Scheidungsfolgesachen.

● **Einstweilige Verfügung:** s Arrest und einstw Verfügung.

● **Erfüllungshandlungen:** Sie sind idR Erledigungsgrund (Rn 4). Maßgebend ist der Zeitpunkt des Eintritts des Leistungserfolgs, nicht der der Vornahme der Leistungshandlung, im Überweisungsverkehr entscheidet also die Gutschrift, nicht der Eingang des Überweisungsauftrags (vgl OLGR Hamm 95, 80). Eine Erledigung tritt jedoch nicht ein, wenn der Beklagte nur zur Abwendung der Zwangsvollstreckung leistet (BGH 94, 274 = NJW 85, 2405; München NJW 88, 349; s allg Rn 5). Dagegen schließt *Leistung unter Vorbehalt* eine Erfüllung und damit Erledigung nicht notwendig aus; Beispiel: Vorbehalt der Rückforderung gem § 812 BGB (Ausschluß von § 814 BGB), vgl BGH FamRZ 88, 263.

● **Feststellungsklage:** Die negative Feststellungsklage wird durch die Leistungsklage umgekehrten Rubrums erledigt (BGH 99, 343, hM; dazu krit Herrmann JR 88, 376). Erledigendes Ereignis ist auch der Wegfall des Feststellungsinteresses (BGH 37, 142 = NJW 62, 1723; BGH NJW 74, 183). Bei der einseitigen Erledigungserklärung gelten die allgemeinen Grundsätze (BGH aaO).

● **Freiheitsentziehungsverfahren:** Die Erledigung ist in jeder Verfahrenslage von Amts wegen zu prüfen (BGH 75, 378).

● **Freiwillige Gerichtsbarkeit:** Eine gesetzliche Regelung für den Fall der Erledigung der Hauptsache fehlt (vgl allg § 13a I FGG), jedoch bestehen allg Grundsätze (vgl Frankfurt NJW-RR 95, 391 mwN). **Lit:** Lerch NJW 87, 1923. Im **echten Streitverfahren** bindet eine *beiderseitige Erledigungserklärung* nach wohl überwiegender Meinung das Gericht; das Gericht darf keine Sachentscheidung mehr treffen (BayObLGZ 87, 349; 90, 132; Düsseldorf WM 93, 1750; vgl Rn 12). Die Kostenentscheidung ist isoliert anfechtbar (so Stuttgart OLGZ 85, 396 mwN); die Schranken des Instanzenzuges der Hauptsache sind zu beachten (Köln OLGZ 88, 295; wie oben Rn 27). Abw vom Zivilprozeß ist bei fehlender übereinstimmender Erledigungserklärung von Amts wegen die Hauptsacheerledigung zu prüfen (BayObLGZ 92, 57; Zweibrücken NJW-RR 93, 149); wird gleichwohl der ursprüngliche Antrag aufrechterhalten, muß dieser zurückgewiesen werden (BayObLGZ 93, 349 mN); bei Erledigungsfeststellung ist über die Kosten entspr § 91a zu entscheiden (BayObLG NJW-RR 93, 205). Zur Hauptsacheerledigung im **WEG-Verfahren** näher Demharter ZMR 87, 201 ff.

● **Gegendarstellung:** Zur Erledigung durch erzwungenen Abdruck einer Gegendarstellung nach § 11 PresseG (Hamburg OLGZ 66, 295; Karlsruhe OLGZ 79, 351; München NJW 88, 349).

● **Genehmigung, Gestaltungserklärungen:** Inwieweit die materiellrechtliche Rückwirkung auf vorprozessual entstandene Rechtsgeschäfte oder Rechtslagen (zB gem §§ 142, 184, 389 BGB) ein Erledigungsereignis ausschließt (wie bei der Aufrechnung, dazu oben), bedarf differenzierender Prüfung. Die Genehmigung eines vollmachtslos geschlossenen Vertrags wirkt im Erfüllungsprozeß (nur) *ex nunc* (Köln OLGR 14, 140).

● **Gesamtvollstreckung:** s „Konkurs".

● **Kartellverwaltungsverfahren (§§ 51 ff GWB):** Hier ist nicht erforderlich, daß im Falle einer einseitigen **Erledigungserklärung** die (Rechts-)Beschwerde bis zum Eintritt des Erledigungsereignisses zulässig und begründet war (vgl allg Rn 3). Tritt eine Erledigung deswegen ein, weil der zugrundeliegende Verwaltungsakt gegenstandslos wird, ist nur noch zu prüfen, ob der Verwaltungsakt keine Wirkungen mehr äußern kann und damit gegenstandslos wird (BGH MDR 86, 560 = NJW-RR 87, 1272). § 91a ist nicht entspr anwendbar (München GRUR 87, 316).

● **Kindschaftssachen:** s Schlicht DAVorm 75, 535.

● **Klagerücknahme:** „Erledigungs"-erklärung nur wegen des Kostenrisikos ist als Klagerücknahme zu werten (VGH Mannheim NJW 74, 964; aA Czermak NJW 74, 1478; zum ganzen auch § 269 Rn 4).

● **Konfusion:** Erledigung tritt mit Vereinigung von Gläubiger- und Schuldnerstellung ein (Köln NJW-RR 92, 1337).

● **Konkurs:** Eine übereinstimmende Erledigungserklärung scheidet im *Konkursantragsverfahren* aus, weil hier kein kontradiktorisches Verfahren mit Verfügungsbefugnis über den Verfahrensgegenstand vorliegt (LG Augsburg Rpfleger 87, 32; LG Magdeburg ZIP 94, 578, str; aA Uhlenbruck KTS 83, 341 [344]; LG Münster ZIP 93, 1103 mwN; LG Memmingen/LG Koblenz MDR 88, 419; LG Frankfurt/O. ZIP 95, 1212; offenlassend Koblenz Rpfleger 89, 510 mwN). Auch die Grundsätze über eine **einseitige Erklärung der Erledigung** der Hauptsache sind nicht anwendbar (so LG Rottweil ZIP 86, 43; LG Bielefeld ZIP 86, 1594 = aaO; LG Magdeburg ZIP 94, 578, str; **aA** LG Düsseldorf Rpfleger 85, 252; LG Köln KTS 88, 170; LG Traunstein MDR 91, 989; LG Bremen MDR 92, 46; LG Göttingen ZIP 92, 572; Köln NJW-RR 94, 445; LG Frankfurt/O. ZIP 95, 1212; Uhlenbruck aaO). Die Leistung des Schuldners beseitigt zwar die Antragsbefugnis des Konkursgläubigers (§ 103 II KO), zwingt jedoch das Gericht nicht zur hypothetischen Prüfung der Konkurseröffnungsvoraussetzungen. In dem vom Konkursverwalter betriebenen **Anfechtungsprozeß** tritt mit Beendigung des Konkursverfahrens die Erledigung der Hauptsache ein (RG 58, 414; StJ/Bork Rn 6; offen bei BGH 83, 106 = NJW 82, 1766). Feststellung der Forderung zur Konkurstabelle erledigt die (aufgenommene) Feststellungsklage (vgl Karlsruhe ZIP 89, 791). Zur Erledigung der Hauptsache in einem Rechtsstreit **vor oder nach Konkurs**eröffnung unter Beteiligung des Konkursverwalters eingehend Wosgien, Konkurs und Erledigung der Hauptsache, 1984; dazu Wieser ZZP 100, 371.

● **Mahnverfahren:** Die (teilweise) Zahlung auf einen Mahnbescheid führt nicht zur „Erledigung", sondern nur zur (teilweisen) Beendigung des Mahnverfahrens (arg § 699 I 2 HS 2; so KG MDR 83, 323 = Rpfleger 83, 162; aA Hofmann Rpfleger 82, 325 [328]; Stuttgart MDR 84, 673). Erklärt der Antragsteller nach Einlegung des Widerspruchs und vor der mündlichen Verhandlung die Hauptsache für erledigt, so liegt darin idR (nur) die Rücknahme des Antrags gem § 696 IV; Grund: Abw Situation gegenüber Rn 1; kein Fall von § 269 III (str, ie mN § 696 Rn 2). Der Streitwert im Streitverfahren nach Widerspruch gegen den Mahnbescheid bemißt sich dann nach dem Restanspruch (so Stuttgart, Karlsruhe, je aaO; vgl allg Rn 48). Will der Schuldner geltend machen, daß er keinen Anlaß zur Einleitung des Mahnverfahrens gegeben habe, muß er zum Zweck eines Anerkenntnisses (§ 93) Widerspruch einlegen (KG MDR 80, 942). Hat der Antragsgegner die Hauptforderung mit Ausnahme der Kosten vor Erhebung eines Widerspruchs voll beglichen, erfolgt Überleitung ins streitige Verfahren nur noch in Höhe der Verfahrenskosten.

● **Mieterhöhungsverfahren:** s AG Hildesheim NdsRpfl 76, 112; AG Oberhausen ZMR 74, 158 und LG Verden JurBüro 76, 812 mit abl Anm Schalhorn S 1101.

● **Nebenintervention:** s Zwischenstreit nach § 71.

● **Neues Vorbringen im zweiten Rechtszug:** Im Rahmen der Kostenentscheidung nach § 91a ist auch der Rechtsgedanke des § 97 II (Obsiegen aufgrund eines neuen Vorbringens in zweiter Instanz) anwendbar (Frankfurt WRP 84, 692; vgl auch BGH NJW-RR 86, 369).

● **Nichtigerklärung eines Gesetzes:** Wird während des Rechtsstreits das der Klage zugrundeliegende Gesetz vom BVerfG für ungültig erklärt (Art 100 I GG), ist dies kein Fall der nachträglichen Erledigung der Hauptsache, vielmehr ist der Kläger mit seiner Klage abzuweisen, da sie von Anfang an unbegründet war (BGH NJW 65, 296 = LM § 91 Nr 16). Ebensowenig ist § 91a bei einer Nichtigerklärung eines Gesetzes aufgrund einer Verfassungsbeschwerde anwendbar (BVerfG 66, 152 [153]). Eine **Gesetzesänderung** (vgl Rn 24) stellt dagegen einen Erledigungsgrund dar. Hierfür bestehen häufig besondere gesetzliche Kostenregelungen (Überblick: StJ/Bork Rn 54) des Inhalts, daß jede Partei ihre außergerichtlichen Kosten trägt, die Gerichtskosten geteilt und die gerichtlichen Gebühren niedergeschlagen werden.

● **Parteifähigkeit:** Verliert der Beklagte während des Rechtsstreits seine Rechts- und Parteifähigkeit, ist die Hauptsache erledigt, sofern die Klage bis zu diesem Zeitpunkt zulässig und begründet war (BGH NJW 82, 238 = JZ 82, 843 = JR 82, 102 m Anm Grundmann, str; aA Hamm NJW-RR 88, 1307: keine Sachentscheidung – auch gem § 91a – mehr zulässig; s auch § 50 Rn 5).

● **Patentnichtigkeitsverfahren** (s auch Feststellungsklage): § 91a ist über §§ 84 II, 110 III 2 PatG entsprechend anwendbar, ohne daß es darauf ankommt, ob die Klage durch das erledigende Ereignis unzulässig oder unbegründet geworden ist (BGH MDR 84, 665 = LM Nr 3 zu § 110 PatG 1981 = GRUR 84, 339; dazu näher Jestaedt WRP 94, 680). § 91a gilt entspr in kontradiktorisch ausgestalteten Patent-*Rechtsbeschwerdeverfahren* (BGH MDR 94, 265).

● **Presserecht:** s Gegendarstellung.

● **Prozeßkostenhilfeverfahren:** Das Prozeßkostenhilfeverfahren ist kein kontradiktorisches Verfahren. Der nach § 118 zu hörende (spätere) Prozeßgegner ist nicht Partei dieses Verfahrens. Nur die Staatskasse steht dem Antragsteller gegenüber (vgl Düsseldorf FamRZ 86, 288). Erklären die (späteren) Prozeßparteien im Prozeßkostenhilfeverfahren die Hauptsache für erledigt, darf keine Entscheidung nach § 91a ergehen (KG MDR 67, 133; vgl Tschischgale JurBüro 61, 111).

● **Räumungsklage:** Zieht der Mieter, der die Berechtigung der Kündigung im Räumungsschutzprozeß bestreitet, während des Prozesses aus, erledigt sich der Rechtsstreit in der Hauptsache. Die Herbeiführung des Erledigungsereignisses geht nicht notwendig zu Lasten des Mieters (so LG Stuttgart ZMR 76, 92; LG Hannover ZMR 74, 177 [178]; AG Neuss NJW-RR 87, 789; Merz ZMR 83, 365 ff; s allg Rn 25). Werden die Mietrückstände nach Einreichung, aber vor Zustellung der auf § 554 I BGB gestützten Klage beglichen und wird hierauf die Räumungsklage für erledigt erklärt, kommt es für die Prüfung der Wirksamkeit der Kündigung auf den Zeitpunkt der *Einreichung* der Klage an (LG München ZMR 86,

125; s allg Rn 16); das gleiche gilt, wenn Mietrückstände innerhalb der Frist gem § 554 II Nr 2 BGB getilgt werden (LG Kassel NJW-RR 87, 788; aA LG Wiesbaden NJW-RR 87, 660).

● **Rechtsmittelverfahren:** s Beschwerdeverfahren, ferner allg Rn 19.

● **Rechtsentscheid:** Die Erklärung der Hauptsacheerledigung *nach* Vorlage an das Obergericht gem § 541 erledigt das **Vorlageverfahren** (BayObLGZ 91, 380 = NJW-RR 92, 342 gegen frühere Rspr). Ist übereinstimmend für erledigt erklärt worden, kommt eine Vorlage zum Rechtsentscheid nicht mehr in Frage (BayObLGZ 87, 254 = NJW-RR 87, 1301 = MDR 87, 1026 und dem folgend BGH NJW 89, 29 = MDR 89, 58; Hamm NJW-RR 92, 146 mwN = MDR 92, 260; vgl. auch Rn 26a).

● **Säumnisverfahren:** s Versäumnisverfahren.

● **Schadensersatzansprüche nach § 717 II:** Die Wirkungslosigkeit eines erstinstanziellen Urteils infolge übereinstimmender Erledigungserklärung in einer Rechtsmittelinstanz (s allg Rn 12, 18 ff) stellt keine „Aufhebung" eines für vorläufig vollstreckbaren Urteils im Sinne des § 717 II dar (BGH MDR 72, 765 = NJW 72, 1283). Dies gilt auch im Falle einer einseitigen Erledigungserklärung (BVerwG NJW 81, 699). Grund: es wird keine Entscheidung über die Richtigkeit des erstinstanzlichen Urteils getroffen.

● **Scheidungs- und Scheidungsfolgesachen:** Ist ein Scheidungsurteil ergangen und tritt nach Erlaß des Scheidungsurteils ein die Hauptsache erledigendes Ereignis in den Rechtsmittelinstanzen ein (vgl dazu BGH NJW-RR 86, 369), so ist eine Kostenentscheidung nicht nach § 91a, sondern nach § 93a zu treffen (vgl auch Rn 7). § 93a I 1 enthält eine die allgemeinen Kostenvorschriften verdrängende Sonderregelung, die in Konsequenz der Abkehr des Gesetzgebers vom Schuldprinzip grundsätzlich die kostenmäßige Gleichbehandlung der Ehegatten vorsieht (so BGH NJW-RR 86, 369). Hat jedoch die Durchführung des Rechtsmittelverfahrens und damit die Entstehung weiterer Kosten ein Ehegatte „mutwillig" veranlaßt, so hat dieser die Kosten nach §§ 91a, 97 III zu tragen (so Konsequenz aus KG FamRZ 84, 67 [68]). Kostenentscheidungen, die Scheidungsfolgesachen betreffen, welche der freiwilligen Gerichtsbarkeit zugeordnet sind, müssen nach den Regeln der ZPO und nicht nach § 13a FGG getroffen werden (KG aaO). Wird Berufung gegen ein Prozeßurteil (Abweisung des Scheidungsantrags als unzulässig) eingelegt und stirbt der Anstragsteller während des Berufungsverfahrens, ist jedoch über die Kosten nach § 91a (kein Erlaß eines Scheidungsurteils) zu entscheiden (Bamberg FamRZ 84, 302). Innerhalb eines Prozeßurteils besteht kein Bedürfnis, daß die Wirkungslosigkeit des angefochtenen Urteils festgestellt wird (aaO; s allg Rn 12). Ist der Antragsgegner in dem Scheidungsprozeß nicht vertreten gewesen, ist die von der Antragstellerin angezeigte einseitige Erledigung der Hauptsache durch Endurteil auszusprechen (Schleswig SchlHA 66, 167); Grund: § 78 II, dort Rn 33. Bei **Tod** eines Ehegatten ist das Verfahren in der Hauptsache als erledigt (§ 619) anzusehen. Es handelt sich um den Fall einer gesetzlichen Erledigung, denn die Erledigung folgt unmittelbar aus dem Gesetz. Weder ist für **Erledigungserklärungen** noch – insoweit str – für eine (konstitutive) **Erledigungsfeststellung** Raum (so Bamberg FamRZ 84, 302); uU ist jedoch eine (deklaratorische) Klarstellung sinnvoll (vgl die Fallgestaltung in Hamm FamRZ 95, 101). Für die Kostenverteilung gilt § 91a (Bamberg NJW-RR 95, 1289; hier § 619 Rn 7, str).

● **Selbständiges Beweisverfahren:** Auch bei übereinstimmender Erledigungserklärung durch die Parteien ergeht idR keine Kostenentscheidung (LG Frankfurt MDR 85, 148; LG Konstanz BauR 94, 410), insbes dann nicht, wenn eine Kostenquotelung nach Überprüfung der materiellen Sach- und Rechtslage in Frage käme (LG Tübingen MDR 95, 638); anders bei Unzulässig**werden** des Antrags (vgl OLGR Frankfurt 96, 84) oder bei **anfänglicher** Unzulässigkeit (so Hamm MDR 85, 415; AG Marbach MDR 87, 504 = AnwBl 87, 334; vgl auch Altenmüller NJW 76, 97 und allg § 91 Rn 13; § 490 Rn 5).

● **Streitgenossenschaft:** Bei einfacher Streitgenossenschaft wirkt die Erklärung für jedes Prozeßrechtsverhältnis gesondert. Bei notwendiger ist sie nur wirksam, wenn alle Streitgenossen für erledigt erklären, da die Erledigung nur einheitlich eingetreten sein kann (Pape/Notthoff JuS 95, 914 mN); allerdings muß die Kostenregelung selbst nicht notwendig einheitlich sein (BGH MDR 85, 914 [915]). Aus dem gleichen Grund verliert die Erklärung der Partei durch Widerspruch des streitgenössischen Nebenintervenienten ihre Wirkung (aA Wieczorek/Schütze/Mansel § 69 Rn 58), nicht aber durch solche des einfachen. Zur Kostenverteilung, wenn von zwei beklagten Streitgenossen einer durch Klagerücknahme ausscheidet und im übrigen die Hauptsache für erledigt erklärt wird: Frankfurt MDR 63, 317; sa Schneider/Schneider MDR 87, 462.

● **Stufenklage:** Haben die Parteien den *Auskunftsanspruch* einer Stufenklage **übereinstimmend** für erledigt erklärt, so kann trotz beiderseitigen Kostenantrags kein Beschluß gemäß § 91a erlassen werden (Düsseldorf JurBüro 83, 1876; Rixecker MDR 85, 633). Dem Auskunftsanspruch kommt im Rahmen einer Stufenklage keine selbständige Bedeutung zu (so Düsseldorf FamRZ 96, 493 mwN; Köln MDR 96, 637). Der Sach- und Streitstand im Zeitpunkt der beiderseitigen Erledigungserklärung kann erst im Zusammenhang mit der Kostenentscheidung über die restliche Hauptsache berücksichtigt werden (Düsseldorf JurBüro aaO; Rixecker aaO). Zur Kostenentscheidung s Rixecker aaO; Assmann, Das Verfahren der Stufenklage, 1990, S 125 ff; sa § 254 Rn 1. Erklärt der Kläger **einseitig** die Erledigung des Auskunfts- oder Rechnungslegungsbegehrens, muß das Gericht (nach Rixecker) ihn auf die Bedenken gegen einen solchen Antrag hinweisen (§ 139). Grund: im Laufe eines Rechtsstreits kann jederzeit unter Abstandnahme von vorbereiteten Ansprüchen (1. Stufe) auf die (bezifferte) Leistungsklage übergegangen werden (§ 264 Nr 2; BGH 94, 268 [275]; Düsseldorf FamRZ 96, 493; Rixecker aaO). Hält der Kläger den Antrag auf Feststellung der Erledigung der ersten Stufe aufrecht, hat ihn das Gericht durch Urteil als unzulässig abzuweisen (so Düsseldorf FamRZ 94, 494; Rixecker aaO; aA Assmann aaO S 75 f). Wird bei einer

Stufenklage **nach Erteilung** der Auskunft die Hauptsache hinsichtlich des *Zahlungsantrags* übereinstimmend für erledigt erklärt, muß im Rahmen einer Kostenentscheidung nach § 91a auf den Zahlungsantrag des Klägers abgestellt werden. War der Auskunfts- und Rechnungslegungsanspruch begründet, hat der Beklagte die Kosten zu tragen, auch wenn kein Zahlungsanspruch besteht (so auch Karlsruhe FamRZ 89, 1100 und 1200; Köln FamRZ 93, 345 mwN = 718; Hamm FamRZ 93, 1344, str; aA Zweibrücken NJW 86, 939; Karlsruhe FamRZ 90, 74; Koblenz FamRZ 94, 1608 mwN). Bei der einseitigen Erledigungserklärung des Klägers gilt im Ergebnis nichts anderes, weil durch die – negative – Auskunft eine *prozessuale* Erledigung des Leistungsanspruchs eingetreten ist, so daß den Beklagten die Kosten gem § 91 treffen (zutr Frankfurt NJW-RR 87, 964; Kassebohm NJW 94, 2731 f, str; aA Hamm NJW-RR 95, 960: Quotelung; wiederum aA Assmann aaO S 84 ff, 92 ff: § 93 entspr); im Ergebnis wie hier, aber mit abw Begründung BGH NJW 94, 2895 = MDR 94, 717 = LM § 254 Nr 18 (Anm Wax): Berücksichtigung von materiell-rechtlichem Kostenerstattungsanspruch (zB gem § 286 BGB) im Rahmen der Kostenentscheidung gem § 91 (im Anschluß an die Rspr zur – s oben – „Drittschuldnererklärung", BGH 79, 280; s aber Rn 40); abw ferner Stuttgart FamRZ 94, 1595 (Anm Vogel FamRZ 95, 370): Klagerücknahme ohne Kosten. Vgl zum ganzen auch § 254 Rn 5.

● **Ungeklärter Sachverhalt** (Prozeßausgang): Es erfolgt eine Kostenaufhebung (BGH WM 84, 64 [65]; Frankfurt BB 78, 331; LG Stuttgart ZZP 74, 132). Zur Frage der Beweiserhebung vgl Rn 26.

● **Unterlassungsanspruch:** vgl Borck WRP 87, 8; s auch Wettbewerbsprozeß.

● **Unzuständiges Gericht:** s Verweisung.

● **Vergleich: a)** Haben sich die Parteien in einem **gerichtlichen Vergleich** über die Hauptsache und die Kosten geeinigt, ist für eine Entscheidung nach § 91a idR kein Raum (vgl aber sogleich unten). Auch wenn mangels anderer Vereinbarung § 98 eingreift, besteht kein der Entscheidung bedürftiger Kostenstreit. Anders, wenn der Vergleich keine Kostenregelung enthält und die Parteien durch Ausschluß des § 98 kundgetan haben, daß der Kostenstreit nicht beigelegt ist („negative Kostenregelung": § 98 Rn 3). Dann ist Raum für eine Entscheidung nach § 91a (BGH NJW 65, 103; MDR 70, 46: München OLGZ 90, 350; Brandenburg NJW-RR 95, 1212 = MDR 95, 743); dabei kann auch der Inhalt des Vergleichs und der Umfang des wechselseitigen Nachgebens mit berücksichtigt werden (München OLGZ 90, 349; Köln NJW-RR 95, 509; allg Rn 25; § 98 Rn 3); insoweit ist aber Zurückhaltung geboten (zutr München OLGZ 90, 349 f; Oldenburg NJW-RR 92, 1466; idR aA Bremen OLGZ 89, 100: Kostenverteilung nach dem Vergleichsinhalt; das ist aber von den Parteien gerade nicht gewollt). Besteht Streit über die Auslegung einer im Vergleich getroffenen Kostenregelung, gelten I, II 1, § 99 II entspr (Köln Rpfleger 87, 429; NJW-RR 95, 509; Hamm MDR 88, 325; vgl auch §§ 103, 104 Rn 21 – „Prozeßvergleich" unter d, e). Sind in der Kostenregelung eines Vergleichs die Kosten des **Streithelfers** ausgenommen, so erfolgt über diese eine Entscheidung gem § 91a (Hamm MDR 88, 325). Zum Vergleich in Ehesachen vgl „Scheidungs- und Scheidungsfolgesachen".
b) Zum **außergerichtlichen Vergleich** vgl zunächst § 98 Rn 5. Haben sich die Parteien außergerichtlich – mit oder ohne Kostenregelung – verglichen und die Erledigung angezeigt, ist der Rechtsstreit (für das Gericht bindend: Rn 12) erledigt und muß auf jeden Fall eine Entscheidung gem § 91a getroffen werden (so zutr Bremen OLGZ 80, 223 mN = MDR 79, 500; Frankfurt MDR 84, 674; Schleswig JurBüro 93, 746, str; **aA** zB Hamm MDR 76, 147; AnwBl 82, 73 mN; Saarbrücken NJW-RR 96, 320 bei fehlender Kostenregelung). Im Rahmen der Ermessensentscheidung (Rn 24) ist allerdings der Vergleichsinhalt und (bei fehlender Kostenregelung) idR der Grundgedanke des § 98 zu berücksichtigen (Bremen OLGZ 80, 224 mN; Frankfurt, Schleswig, je aaO), str; aA: mutmaßlicher Prozeßausgang auf der Grundlage des Vergleichs (so München NJW 70, 1329) oder ohne den Vergleich entscheidet (so Zweibrücken JurBüro 74, 759; aber: freiwillige Unterwerfung im außergerichtlichen Vergleich ist mitzuberücksichtigen, Rn 25).

● **Verjährung:** Die Einrede der Verjährung stellt kein erledigendes Ereignis dar (ebenso: Schleswig NJW-RR 86, 38 [39] mwN bei Unterlassungsanspruch nach UWG; Ulrich WRP 90, 651 mwN; Borck WRP 87, 12, str; aA Karlsruhe WRP 85, 288; München WRP 87, 268; differenzierend Hase WRP 85, 254 ff). Praktische Bedeutung gewinnt diese Streitfrage im Verfügungsprozeß wegen fehlender Unterbrechungswirkung des Verfügungsantrags. Sinn und Zweck des § 91a ist es nicht, nachlässige Prozeßführung des Klägers kostenmäßig zu begünstigen (Koblenz aaO). Eine Unterbrechung der Verjährung durch den Kläger ist jederzeit durch Klage zur Hauptsache möglich. Tut er dies nicht, kann er nicht die Privilegierung des § 91a in Anspruch nehmen (verallgemeinernd Nürnberg NJW-RR 89, 445; zur Argumentation krit BGH NJW-RR 93, 1320; sa allg Rn 5). Eine nach Erledigungserklärung eingetretene Verjährung bleibt unberücksichtigt (AG Hannover NdsRpfl 68, 103; s allg Rn 44).

● **Versäumnisverfahren:** Eine übereinstimmende mündliche Erklärung der Parteien, daß die Hauptsache erledigt sei, scheidet im Versäumnisverfahren aus; in Frage kommt aber eine schriftsätzliche Erledigungserklärung (Rn 10). Erklärt der Kläger im Versäumnisverfahren die Hauptsache für erledigt, ist dies eine einseitige Erledigungserklärung. Im Rahmen der Schlüssigkeitsprüfung muß geprüft werden, ob die Klage zum Erledigungszeitpunkt zulässig und begründet war. Es müßte dann nach allgemeinen Grundsätzen ein Versäumnisurteil über Erledigungsfeststellung und Kosten ergehen (ebenso Mertins DRiZ 89, 288). Eine verbreitete Praxis begnügt sich mit bloßer Kostenentscheidung. Dies ist unbedenklich, wenn in der Kostenentscheidung eine stillschweigende Erledigungsfeststellung gesehen wird (vgl Rn 37, 44, 45; § 331 Rn 5). Der Beklagte kann zusammen mit dem Einspruch (§ 338) der Erledigungserklärung des Klägers zustimmen (I 1, 2. Alt); bei dessen Wiederholung seiner eigenen Erklärung ist (ohne mündliche Verhandlung) gem § 91a zu entscheiden; das VU wird wirkungslos (Rn 12).

● **Verwaltungsstreitverfahren** nach **§ 111 BNotO:** Es handelt sich um ein streitiges Verfahren der **freiwilligen Gerichtsbarkeit** (vgl dort). Bei Erledigung des Verfahrens ist über die Kosten in entsprechender Anwendung des § 91a zu entscheiden (BGH DNotZ 73, 438).

● **Verwaltungsverfahren:** Anstelle des § 91a tritt der inhaltlich entsprechende § 161 II VwGO. § 161 II VwGO regelt nur die Beendigung des Verfahrens durch übereinstimmende Erklärung der Beteiligten, daß das Verwaltungsverfahren in der Hauptsache erledigt sei. Jedoch ist diese Vorschrift auch analog anwendbar, wenn der Kläger die Hauptsache für erledigt erklärt (Kopp, VwGO, Rn 20 zu § 161, 1989). Besondere Kostenregelungen sind im Rahmen der Entscheidung nach § 161 II VwGO zu berücksichtigen (Kopp aaO). Im übrigen gelten die zu § 91a ZPO entwickelten Grundsätze (vgl BayVGH BayVBl 84, 501). Zur Erledigung eines Rechtsmittels im Verwaltungsprozeß s **Beschwerdeverfahren.**

● **Verweisung (unzuständiges Gericht):** Haben die Parteien **übereinstimmend** die Erledigung der Hauptsache vor einem unzuständigen Gericht erklärt, ist eine Verweisung des Rechtsstreits allein wegen der Kosten nicht mehr möglich, da durch die Erledigungserklärung ein Rechtsstreit in der Hauptsache nicht mehr rechtshängig ist. Über die Kosten hat das Gericht zu entscheiden, bei dem die Hauptsache anhängig war (Frankfurt MDR 81, 676; Brandenburg NJW-RR 96, 955). Hat der Beklagte, bevor er der Erledigungserklärung des Klägers zugestimmt hat, die Unzuständigkeit des Gerichts gerügt, muß das Gericht im Rahmen einer Kostenentscheidung seine Zuständigkeit prüfen; allerdings erscheint im Rahmen der Beurteilung der Erfolgsaussichten (Rn 24 ff) die Berücksichtigung einer hypothetischen Verweisung nicht ausgeschlossen und eine Belastung des Klägers mit den vollen Kosten nicht zwingend geboten (AG Schöneberg MDR 94, 202 mwN; ThP Rn 47; MK/Lindacher Rn 51; Emde MDR 95, 239 [aber mit unzutr Anwendung von § 17a II 1 GVG auf die Zuständigkeit], str; **aA** Hamm NJW-RR 94, 828; Brandenburg NJW-RR 96, 955; zur entspr Anwendung von § 281 III 2 sogleich unten). Eine Verweisung ist auch dann ausgeschlossen, wenn nur **der Kläger** den Rechtsstreit in der Hauptsache für **erledigt erklärt** (München MDR 86, 61 [62] = OLGZ 86, 69). Durch den Widerspruch des Beklagten zur Erledigungserklärung des Klägers muß das Gericht zwar eine Sachentscheidung treffen, diese ist jedoch notwendig begrenzt auf die Prüfung der Zulässigkeit des Antrags zum maßgeblichen Zeitpunkt (München aaO; s allg Rn 45). Bei übereinstimmender Erledigung **nach** Verweisung hat der Kläger die durch Anrufung des unzuständigen Gerichts verursachten Kosten zu tragen (vgl Stuttgart ZZP 74, 135; Hamburg GRUR 84, 62: arg § 281 III 2).

● **Wechselprozeß:** Wird das *Vorverfahren* eines Wechselprozesses in der Hauptsache für erledigt erklärt, ist der mutmaßliche Ausgang des Nachverfahrens im Rahmen einer Kostenentscheidung nach § 91a zu berücksichtigen (Hamm MDR 63, 317). Wird im *Nachverfahren* der Rechtsstreit übereinstimmend für erledigt erklärt, wird das (formell rechtskräftige) Vorbehaltsurteil wirkungslos (OLGR Frankfurt 96, 69; sa allg Rn 12).

● **Wettbewerbsprozeß:** Im Wettbewerbsprozeß sind die Grundsätze über die ein- und beidseitige Erledigungserklärung anwendbar (vgl Seibt, Handbuch des Wettbewerbsrechts, 1986, § 71 Rn 1 ff; § 84 Rn 147 ff; Melullis, Handbuch des Wettbewerbsprozesses, 1991, Rn 360 ff). Häufigster Fall einer Erledigung ist der Wegfall des Rechtsschutzinteresses (Frankfurt NJW 91, 49; Ulrich WRP 90, 657: Wegfall der Eilbedürftigkeit) und der Wiederholungsgefahr (ausführlich Ulrich GRUR 82, 16). Das Rechtsschutzinteresse für eine Hauptsacheklage entfällt dann, wenn der Verletzer die einstweilige Verfügung durch Abschlußerklärung (vgl § 926 Rn 4) als endgültige Regelung anerkennt (Hamm MDR 86, 241; vgl auch Ulrich aaO). Eine durch Vertragsstrafe gesicherte Unterwerfungserklärung beseitigt die Wiederholungsgefahr (KG WRP 87, 672; Borck WRP 87, 13 f). Dies gilt auch dann, wenn der Verletzer wegen der Verletzungshandlung gegenüber einem Dritten eine strafbewehrte Unterwerfungsverpflichtung eingegangen ist (Hamm GRUR 84, 68 mwN; zur Abgabe einer Unterwerfungserklärung bei unterbliebener Abmahnung s Stuttgart WRP 84, 576). Die Kosten können dem (Verfügungs-)Beklagten nicht schon deshalb auferlegt werden, weil er eine Unterwerfungserklärung abgegeben hat (Celle NJW-RR 86, 1061; Stuttgart WRP 84, 576; Karlsruhe WRP 85, 103; Koblenz GRUR 88, 566; s allg Rn 25). Zur Frage der Verjährung von Unterlassungsansprüchen s Verjährung.

● **Zwangsversteigerungsverfahren:** Ein Zwangsversteigerungsverfahren erledigt sich grundsätzlich nicht schon dadurch, daß der Schuldner den betreibenden Gläubiger befriedigt. Jedoch ist über die Kosten des Verfahrens nach § 91a selbständig zu entscheiden, wenn der Beitritt des Gläubigers und damit die Anordnung der Zwangsversteigerung wegen dessen geltend gemachten Anspruchs abgelehnt worden war und dem Rechtsmittel des Gläubigers gegen den ihm nachteiligen Beschluß des AG dadurch die Beschwer genommen wird, daß der Schuldner den Gläubiger befriedigt (Schleswig Rpfleger 62, 430).

● **Zwangsvollstreckung:** Auf das kontradiktorisch ausgestaltete **Erinnerungsverfahren** ist § 91a entsprechend anwendbar (Hamburg MDR 57, 234). Der Richtervorbehalt des § 20 Nr 17a RpflG gilt auch für eine (isolierte) Kostenentscheidung nach § 91a (LG Frankenthal Rpfleger 84, 361). Bei der „Erledigung" von (allg und bes) **Vollstreckungsschutzverfahren** (§ 765a; vgl ferner die Aufzählung in § 788 III) schließt § 788 die Anwendung von § 91a aus (Düsseldorf NJW-RR 96, 637; s § 788 Rn 20). Im **Verfahren nach § 767** stellt die Aufrechnung ein erledigendes Ereignis dar, wenn die Aufrechnungslage erst nach Schluß der letzten Tatsachenverhandlung des Vorprozesses eingetreten ist (s allg Rn 62 ff vor § 322). Rechnet der Vollstreckungsabwehrkläger (Vollstreckungsschuldner) mit einer Forderung auf, die nach Rechtshängigkeit der Vollstreckungsabwehrklage fällig wurde, hat er die Verfahrenskosten entsprechend § 91a zu tragen. Grund: zum Zeitpunkt der Erhebung der Vollstreckungsabwehrklage war diese unbegründet (arg § 389 BGB; Nürnberg JurBüro 64, 835). Erledigt sich eine Zwangsvollstreckungshauptsache vor Entscheidung über einen Vollstreckungsantrag nach **§§ 887, 888, 890** so muß eine Kostengrundentscheidung ergehen. Sie ist vom Prozeßgericht selbst nach materiellen Gesichtspunkten und nicht vom Kostenrechtspfleger zu treffen (Koblenz AnwBl 84, 217 = JurBüro 82, 1897). Im Rahmen der Kostenentscheidung entsprechend § 91a (vgl auch Göppinger NJW 67, 180) hat das Gericht zu prüfen, inwieweit der Vollstreckungsantrag zulässig und begründet gewesen wäre (Koblenz aaO). Ein Ordnungsmittelverfahren gem § 890 verliert seine Rechtsgrundlage, wenn der zu vollstreckende Titel seinerseits wegen Erledigung der Hauptsache (s Rn 12, 23) wegfällt (Hamm WRP 90, 424 mit Anm Münzberg, str; einschr Karlsruhe GRUR 92, 208; ie § 890 Rn 9a). Bei gebotener Schuldneranhörung (zB gem § 54 VI SGB I) kann sich auch das Forderungs-Pfändungsverfahren erledigen (Bsp: LG Fulda Rpfleger 93, 172). Wegen Leistungen zur Abwendung der Zwangsvollstreckung s „Erfüllungshandlungen".

● **Zwischenstreit nach § 71:** § 91a findet auch in einem selbständigen Zwischenverfahren nach § 71 Anwendung (Oldenburg VersR 66, 1173). Wird der Hauptprozeß für erledigt erklärt, ist über die Kosten der **Nebenintervention** unter Berücksichtigung der Erfolgsaussicht des Klagebegehrens zu entscheiden (BGH MDR 85, 914 [915] = JZ 85, 853 [854] = JurBüro 85, 1649). Bei einer streitgenössischen Nebenintervention braucht die Entscheidung über die Kosten der Nebenintervention nicht der auf dem Anerkenntnis des Beklagten beruhenden Kostenregelung zu folgen (BGH aaO). Schließen die Parteien ohne Mitwirkung des Streithelfers einen Vergleich über die Kosten des Rechtsstreits, ist für die Entscheidung über die Kosten der Streithilfe grundsätzlich der Inhalt des Vergleichs maßgeblich (Celle AnwBl 83, 176 mwN; insoweit auch Nürnberg MDR 95, 533). Für eine Anwendung des § 91a ist nur bei einer Ausklammerung dieser Kosten Raum (insoweit aA Nürnberg aaO, str; s oben „Vergleich" und näher § 101 Rn 8).

VII) Gebühren: 1) des **Gerichts:** Der Beschluß nach § 91a I ist im Prozeßverfahren erster Instanz sowie im Arrest- und einstweiligen Verfügungsverfahren erster Instanz (KV Teil 1 II 1 und III 1) gebührenfrei; Erledigungserklärungen bewirken aber keine Ermäßigung der Verfahrensgebühr (KV 1202 aE, 1312 aE). Die Rspr ist bemüht, Unbilligkeiten zu vermeiden. Sie bejaht die Ermäßigung, wenn eine übereinstimmende Teilerledigung mit den übrigen Tatbeständen KV 1202 insgesamt das Verfahren beendet (Stuttgart Justiz 96, 87: Teilrücknahme, Teilerledigung in der Hauptsache und Kostenanerkenntnis; München MDR 96, 209 und Celle OLGR 95, 311: Erledigung der Hauptsache und Vergleich über die Kosten; anders wenn sich die Parteien vergleichen und die Kostenregelung dem Gericht (zulässig vgl § 98 Rn 3) überlassen (München MDR 96, 424). 59

Im übrigen entstehen 1,5 (Beschluß enthält eine schriftliche Begründung) oder 0,75 (Beschluß enthält keine schriftliche Begründung) Gebühren im

a) Berufungsverfahren KV 1228, 1229, soweit nicht bereits Urteilsgebühren (KV 1224, 1226) entstanden sind;
b) Beschwerdeverfahren nach §§ 621a II 2, 629a II und § 621e I (wie a);
c) Revisionsverfahren (KV 1238, 1239);
d) Arrest- und einstweiligen Verfügungsverfahren zweiter Instanz (KV 1323, 1324 mit einem Gebührensatz von nur 1,0/0,5!);
e) Erstinstanzlichen Verfahren über Anträge auf Vollstreckbarerklärung und auf Zulassung der Zwangsvollstreckung (KV 1414, 1415; 1424, 1425; 1434, 1435), soweit nicht bereits die Gebühren KV 1412/1422/1432 (= Urteil mit Begründung) entstanden waren;
f) Verfahren in Scheidungs- und Folgesachen erster Instanz (KV 1518, 1519; hier unter d Gebührensatz nur 1,0/0,5), zweiter Instanz (KV 1528, 1529), soweit nicht bereits die Gebühren KV 1514, 1516/1524, 1526 entstanden waren; Revisionsverfahren KV 1538, 1539. Beschwerdeverfahren, KV 1900: eine volle Gebühr.

2) des **Anwalts:** keine besondere Gebühr, da die Tätigkeit durch die bereits verdiente ProzGebühr abgegolten wird, §§ 37 Nr 7, 31 I Nr 1 BRAGO. War noch nicht verhandelt u wird Kostenantrag in der mündl Verhandlung gestellt, dann erwächst dem RA eine $^{10}/_{10}$ Verhandlungsgebühr bei str Verhandlung, § 31 I Nr 2 BRAGO, eine $^{5}/_{10}$ Verhandlungsgebühr bei nichtstr Verhandlung, § 33 I 1 BRAGO, aus dem Wert der bis zur Erledigungserklärung angefallenen Kosten. – Für das Beschwerdeverf gilt § 61 I Nr 1 BRAGO.

92 *[Teilweises Unterliegen jeder Partei]*

(1) Wenn jede Partei teils obsiegt, teils unterliegt, so sind die Kosten gegeneinander aufzuheben oder verhältnismäßig zu teilen. Sind die Kosten gegeneinander aufgehoben, so fallen die Gerichtskosten jeder Partei zur Hälfte zur Last.

(2) Das Gericht kann der einen Partei die gesamten Prozeßkosten auferlegen, wenn die Zuvielforderung der anderen Partei verhältnismäßig geringfügig war und keine besonderen Kosten veranlaßt hat oder wenn der Betrag der Forderung der anderen Partei von der Festsetzung durch richterliches Ermessen, von der Ausmittlung durch Sachverständige oder von einer gegenseitigen Berechnung abhängig war.

I) Abs 1. 1) Werden in einem Urteil oder Vergleich die Kosten **gegeneinander aufgehoben,** so hat jede Partei ihre eigenen Kosten (für Vertretung, Zeitversäumnis usw) und die Hälfte der Gerichtskosten zu tragen (Vergleich: s § 98). Lautet der Kostenausspruch: „Jeder Teil trägt seine Kosten", so treffen jede Partei die ihr erwachsenen Kosten und damit auch die von ihr bezahlten Gerichtskosten. Für eine Kostenfestsetzung ist kein Raum. Aufhebung gegeneinander ist insbesondere dann geboten, wenn nur eine Partei anwaltlich vertreten ist, weil sie sonst für ihre sparsame Prozeßführung bestraft würde (s Fischer DRiZ 93, 317; aA LG Hamburg Rpfleger 85, 374 m abl Anm Schneider; vgl auch LG Berlin Rpfleger 92, 175). Zur Kostenquotierung bei **Teilvergleich** s § 98 Rn 2. 1

2 2) Werden die **Kosten verhältnismäßig geteilt**, so hat grundsätzl das Verhältnis der Kostenteile dem der Prozeßerfolge umgekehrt zu entsprechen. Verteilungsmaßstab ist der Gebührenstreitwert (LG München I WuM 94, 337), der wiederum vom Streitgegenstand abhängt. Sind keine eindeutigen Anhaltspunkte für den Umfang des beiderseitigen Unterliegens vorhanden, ist Kostenaufhebung gegeneinander angebracht (BGH KoRsp ZPO § 92 Nr 8). Streitwertrelation auch im Verhältnis zwischen rückständigem und laufendem Unterhalt maßgebend, obwohl die Rückstände entgegen der Privilegierung in § 17 I GKG gem § 17 IV GKG voll anzusetzen sind (Lappe Anm zu Braunschweig KoRsp ZPO § 92 Nr 16). Überhaupt kein Teilunterliegen, wenn Kläger nur mit einem von mehreren materiellrechtlichen Ansprüchen durchdringt, da nicht diese maßgebend sind, sondern allein auf den prozessualen Anspruch (Streitgegenstand) abzustellen ist. Erstreckt sich die Kostenentscheidung zur Hauptsache auch auf die Kosten eines Vorverfahrens, dann ist bei der Quotierung darauf zu achten, ob die Streitwerte beider Verfahren gleich sind; zB trägt der Antragsteller eines Beweissicherungsverfahrens (nach altem Recht) ohne Rücksicht auf den Ausgang der Hauptsache die Kosten des Sicherungsverfahrens allein, soweit dieses sich auf Ansprüche erstreckte, die im nachfolgenden Hauptprozeß nicht verfolgt worden sind (Schleswig JurBüro 85, 216). Falsche Kostenverteilung ist möglichst als Bruchteilsverteilung auszulegen (RG JW 39, 362; s auch Rn 5 sowie §§ 103, 104 Rn 21 unter „Auslegung"), kann aber nicht mit § 319 berichtigt werden (Schneider MDR 80, 762). **Verhältnismäßige Teilung** kann nach Bruchteilen (Quoten) oder Prozentsätzen (Voormann DRiZ 85, 57; van Geldern DRiZ 85, 102) vorgenommen werden (dann Festsetzungsverfahren nach § 106) oder nach bestimmten Beträgen (zB von den Gesamtkosten hat Kläger 100 DM, den Rest der Beklagte zu tragen) erfolgen; vgl Lappe Rpfleger 63, 74. Zugrundelegung eines genauen mathematischen Verhältnisses ist nicht nötig (RG JW 38, 2767). Teilung nach anderen Gesichtspunkten (es werden zB dem Kläger die durch Mehrforderung von 180 DM entstandenen Kosten auferlegt) ungesetzl und muß durch Auslegung in quotenmäßige Belastung umgesetzt werden.

3 3) **Teilunterliegen** ist vor allem gegeben, wenn der Kläger mit einem Teil des (teilbaren) prozessualen Anspruchs oder bei **Klagenhäufung** (§ 260) einschließlich **Stufenklage** (§ 254; s Rixecker MDR 85, 633; München MDR 90, 636; Hamm NJW-RR 95, 959; Karlsruhe JurBüro 94, 682) mit einem der prozessualen Ansprüche abgewiesen ist; ob Haupt- oder Nebenforderung (BGH NJW 88, 2173; LG Frankfurt JurBüro 91, 118 für Teilrücknahme) ist gleichgültig. Auch wenn Beklagter nur bedingt, befristet, Zug um Zug (Engelhard JW 38, 2941; Weyer BauR 81, 426, 432 IV: wirtschaftliche Betrachtung; Bachmann BauR 95, 642) verurteilt wird, obwohl uneingeschränkte Klage erhoben worden ist; wenn mehrere Beklagte nach Kopfteilen, statt gesamtverbindl verurteilt werden; nicht aber, wenn der – unstr – Vorbehalt beschränkter Erbenhaftung in den Tenor aufgenommen wird (Hamburg MDR 60, 150; Celle OLGR 95, 204); ebenso nicht bei Zubilligung einer Räumungsfrist (§ 721, München OLGR 94, 172; aA BL/Hartmann Rn 20). Der Beklagte hat auch dann einen Teil der Kosten zu tragen, wenn der Kläger mit seiner streitigen **Klageforderung wegen Hilfsaufrechnung** (Schulte, Die Kostenentscheidung bei der Aufrechnung durch den Beklagten im Zivilprozeß, Diss Bielefeld 1990) mit einer Gegenforderung ganz (dann Kostenaufhebung gegeneinander, Köln MDR 82, 941) oder teilweise abgewiesen wird (BGH MDR 85, 487 = NJW 85, 1556; Hamm JurBüro 85, 932; Köln MDR 83, 226; Oldenburg JurBüro 91, 1257). Die Quotierung ist auf den Gesamtstreitwert zu beziehen, § 19 III GKG, so daß auch mehrfache Aufrechnungserklärungen über die Höhe des Streitwerts erfaßt werden können (Lappe Justizkostenrecht 1995 S 30 will alternativ § 96 anwenden). § 92 ist auch auf Teilrücknahmen anwendbar (BGH NJW-RR 96, 256; § 269 Rn 18a, 19a; LG Schweinfurt JurBüro 91, 992: teilweise Rücknahme des Mahnantrags; hierzu § 696 Rn 2).

4 4) Im **Eheprozeß** gilt § 93a.

5 5) Unzulässig ist die Kostenverteilung nach Verfahrensgegenständen (Hamm KoRsp ZPO § 92 Nr 30) oder **Verfahrensabschnitten** (vgl aber München NJW 58, 2070 für Wiederaufnahmeverfahren) oder nach prozeßbeendigenden Vorgängen (Hamm WRP 81, 111: Verurteilung des Beklagten in die Kosten „soweit das Klagebegehren anerkannt" oder „soweit die Hauptsache für erledigt erklärt worden" ist), nicht jedoch nach Zeitabschnitten (Köln MDR 81, 590; aA Koblenz JurBüro 84, 1395); ausnahmsweise möglich bei Streitwertminderung, vor allem durch Teilrücknahme (BFHE 141, 333, 338, unter Berufung auf Zschockelt/Schneider MDR 81, 536 ff). Im Einzelfall kann es erforderlich sein, die auf einzelne Prozeßabschnitte erfallenen Kosten wenigstens überschlägig zu berechnen und aus den Einzelergebnissen die Gesamtquote zu bilden. Werden **Klage und Widerklage** abgewiesen, dürfen nicht dem Kläger die Kosten der Klage, dem Widerkläger die der Widerklage auferlegt werden; vielmehr ist nach dem Verhältnis der Streitwerte zu quotieren (s auch Julius DRiZ 84, 188); doch muß berücksichtigt werden, wenn nur für die Klage Beweisaufnahme notwendig war (BGHZ 19, 176). Übersehene Widerklage-Rücknahme mit entsprechend falscher Kostenentscheidung kann nicht über § 319 korrigiert werden (aA Köln MDR 80, 761 m abl Anm Schneider). Bei **Beweisaufnahme zu einem Anspruchsteil** mit Teilerfolg können die Beweiskosten selbständig ausgequotelt werden (MK/Belz § 103 Rn 8). Beispiel: Klage auf

10000 DM; Gutachten zu 5000 DM mit Ergebnis, daß davon nur 1000 DM begründet sind. Kostentenor bei Klageabweisung in Höhe von 4000 DM: „Kläger trägt 2/5, Bekl 3/5, ausgenommen die Kosten der Beweisaufnahme, die Kläger zu 4/5, Beklagter zu 1/5 trägt."

6) § 92 ist auch anzuwenden, wenn von mehreren **Streitgenossen** der eine obsiegt, die anderen unterliegen (BGHZ 8, 325; zur Tenorierung vgl Dahmen DRiZ 79, 343 u Herget DRiZ 81, 144). Die Quotierung der Kostenentscheidung im Urteil erstreckt sich dabei auch auf den Mehrbetrag nach § 6 II 1 BRAGO (München AnwBl 83, 568). Nimmt der Kläger die Klage gegen einen Streitgenossen zurück, dann sind ihm sofort durch Beschluß die außergerichtlichen Kosten dieses Streitgenossen aufzuerlegen (Köln OLGR 95, 63), über alle sonstigen Kosten ist wie bei jeder teilweisen Klagerücknahme im Schlußurteil zu entscheiden (Zweibrücken JurBüro 83, 1881). Hat der Ausscheidende einen Teil der Gerichtskosten zu tragen, kann der Gegner ein berechtigtes Interesse an vorzeitiger Bescheidung haben, zB wenn der Rechtsstreit gegen den zweiten Bekl wegen Konkurses unterbrochen ist (Zweibrücken aaO; s auch § 100 Rn 2). 6

7) Nach einem **Teilurteil** mit vorbehaltener Kostenentscheidung ist für die Gesamtkostenverteilung im Schlußurteil auch dann vom Ergebnis der Teil-Sachentscheidung auszugehen, wenn ein Restitutionsgrund geltend gemacht wird, da offenbleibt, ob mit seiner Hilfe das Teilurteil beseitigt werden kann (BGHZ 76, 50). Antragserfordernis des § 269 III besteht bei Teilrücknahme nicht (Schneider MDR 80, 762). 7

8) Wird der Hauptantrag des Klägers abgewiesen, seinem Hilfsantrag aber stattgegeben, dann ist Kostenteilung geboten (Frank, Anspruchsmehrheiten im Streitwertrecht 1986 S 263 ff m Nachw). Das folgt jetzt eindeutig aus § 19 I 2 GKG idF des KostRÄndG 1994 (Emde MDR 95, 990). Unterliegt der Kläger mit seinem **Hauptantrag**, während er mit einem erst im zweiten Rechtszug zulässigerweise gestellten **Hilfsantrag** obsiegt, dann sind ihm die Kosten des ersten Rechtszuges voll aufzuerlegen, auch wenn sie in höherer Instanz quotiert werden (irrig BGH NJW 57, 543; s dazu Frank aaO 270 ff). Der nicht beschiedene Hilfsantrag beeinflußt die Kostenentscheidung nicht, auch nicht über § 96, da er keine Mehrkosten auslöst (Frank aaO S 262; irrig Merle ZZP 83 [1975], 467, der die Rücknahmevorschriften, §§ 269 III 2, 515 III 1, analog anwenden will). 8

9) Kosten der **Anschlußberufung** s § 521 Rn 24, 32; der **Anschlußrevision** s § 556 Rn 9. 9

II) Abs 2. Hauptanwendungsfall ist, daß die Zuvielforderung keinen Übergang des Streitwerts in eine höhere Wertstufe veranlaßt (RGZ 134, 194; 32, 647). Beide Voraussetzungen des § 92 II: „keine Veranlassung besonderer Kosten" und „Geringfügigkeit der Zuvielforderung" müssen zusammentreffen (hierzu Herr MDR 93, 837). 10

Wird der Kläger mit einem Teil seiner Forderung abgewiesen, so trifft Abs 1 zu, auch wenn dieselbe Wertstufe vorliegt, beispielsweise wenn die streitwertmäßig nicht zu berücksichtigenden (§§ 4 I ZPO, 22 I GKG) Kosten und Zinsen der Höhe nach an die Hauptforderung heranreichen (AG Freiburg AnwBl 84, 99). Nicht nur zugunsten des Kl, sondern auch sinngemäß zugunsten des Bekl kann Abs 2 angewendet werden (RGZ 142, 84). Ohne weiteres auch entsprechende Anwendung in der Rechtsmittelinstanz. Dort kann Quotierung auf die erste Instanz zurückwirken, zB bei teilweiser Unbegründetheit eines Schmerzensgeldanspruchs, auch wenn er nicht beziffert ist oder keinen Mindestbetrag festlegt (Celle NdsRpfl 67, 125), hingegen nicht bei Festsetzung eines Ordnungsgeldes nach richterlichem Ermessen gem § 890, wenn es in der Beschwerdeinstanz herabgesetzt wird, weil die Höhe den Streitwert nicht beeinflußt und der Gl darauf auch keinen Einfluß hat (München MDR 83, 1029; im Ergebnis auch Hamm MDR 80, 233). **Ganz geringfügige Beträge** können zu einem Staffelsprung in der Gebührentabelle führen und lösen dann Mehrkosten aus. Der Unterliegensanteil ist – bezogen auf den Streitwert – nur ein ganz geringfügiger Bruchteil, kann aber erhebliche Kosten verursacht haben (Bsp bei Seutemann DRiZ 95, 225: 1 DM Zuvielforderung löst 40% der Kosten aus!). § 92 II ist daher nicht anwendbar (München MDR 88, 505; abw Voraufl). Die am Streitwert orientierte Kostenquotelung schafft aber auch keine befriedigende Kostenbeteiligung des geringfügig Unterlegenen. Seutemann, aaO, schlägt daher Kostenquotelung nach dem Verursacherprinzip vor. Das entspricht dem Gerechtigkeitsgefühl, ist aber nach Gesetz derzeit nicht möglich, denn die Verteilung hat sich bei § 92 I nicht an den jeweils verursachten Kosten, sondern am Streitwert zu orientieren (BL/Hartmann Rn 2). Wegen der nur degressiv steigenden Gebühren hat ja der abgewiesene Teil einer Klage oftmals weniger Kosten verursacht als der in gleicher Höhe zugesprochene, ohne daß hier eine „Mehrkostenquotelung" in Betracht gezogen wird. Wenn die Klageforderung nur einem ganz geringfügigen Betrag in die nächste Wertstufe hineinragt, empfiehlt sich, diese Spitze von vornherein nicht einzuklagen, also am obersten Ende der darunter liegenden Wertstufe zu bleiben (s auch Lappe NJW 96, 1187 I 5). 11

Vom richterl Ermessen abhängig (Lit: Husmann NJW 89, 3126; Fuchs JurBüro 90, 559; Butzer MDR 92, 539; Steinle VersR 92, 425; Röttger NJW 94, 368): zB nach § 287 (bei Schadensermittlung) oder BGB § 315, HGB § 355: Wird im Klageantrag ein bestimmter Betrag als Schadenser- 12 satz verlangt und ein wesentl geringerer Betrag zugesprochen, so sind idR die Kosten entsprechend zu verteilen. Unzulässig ist es hier, unter Bezugnahme auf § 92 II dem Bekl alle Kosten aufzuerlegen mit der Begründung, der Betrag der Forderung sei von der Festsetzung durch richterl Ermessen abhängig. Begehrt der Kl nur scheinbar Zahlung eines vom Gericht festzusetzenden Betrags, in Wahrheit aber einen bestimmten Betrag, so ist nach § 92 zu teilen, wenn er weniger bekommt als verlangt (BGH LM § 249 [Gb] BGB Nr 3; Nürnberg VersR 88, 299, 301; Köln OLGR 94, 284). Doch berechtigt eine unverbindl Erklärung über die Höhe des ins Ermessen gestellten Schmerzensgeldes noch nicht, ihm einen Teil der Kosten aufzuerlegen, wenn weniger (vgl Koblenz AnwBl 90, 398 = KoRsp ZPO § 3 Nr 989 m Anm von Schneider: von vorgestellten 15000 DM nur 13000 DM; Düsseldorf NJW-RR 95, 955: Keine Kostenbelastung bei Unterschreitung bis zu 20%) zugesprochen als begehrt wird (BGH KoRsp ZPO § 92 Nr 4).

93 *[Sofortiges Anerkenntnis]*

Hat der Beklagte nicht durch sein Verhalten zur Erhebung der Klage Veranlassung gegeben, so fallen dem Kläger die Prozeßkosten zur Last, wenn der Beklagte den Anspruch sofort anerkennt.

1 **I) Geltungsbereich. 1) Unmittelbare Anwendung.** § 93 ist in allen Verfahren anwendbar, in denen anerkannt werden kann, also bei Leistungs-, Feststellungs- und Gestaltungsklagen sowie bei Klagen aus §§ 257, 259, 767, 771, 878; nach BGH (MDR 84, 578) auch in Patentnichtigkeitsverfahren. Daß Anerkenntnis*urteil* ergeht, ist nicht vorausgesetzt; anwendbar daher auch in Beschlußverfahren, allerdings nicht im Mahnverfahren vor Widerspruch. Unanwendbar in Ehe-, Status- und Aufgebotsverfahren, weil die Parteien dort nicht über den Streitgegenstand verfügen

können; für das vereinfachte Verfahren auf Abänderung von Unterhaltstiteln s jedoch § 641o I 2. Sonderregelung in § 49 VglO.

2) **Analoge Anwendung** (s auch Rixecker MDR 85, 635; Wiek, Das Kostenrisiko des Mieters bei einer Kautionsklage, WuM 89, 549, 551). In „sinngemäßer Umkehrung" wird die Geltung des § 93 auch für den Kläger bejaht (aA MK/Belz § 103 Rn 4), der die bei Rechtshängigkeit zulässige und begründete, dann aber unbegründet gewordene Klage sofort auf die Kosten beschränkt (Frankfurt JurBüro 93, 621: Klageverzicht; s dazu § 91a Rn 47, § 306 Rn. 11; aA LG Tübingen JurBüro 91, 719). Hierbei handelt es sich aber idR um andere Fälle; *Entweder* Klageänderung auf den materiellen KE (s Rn 11 f vor § 91), bei der §§ 91, 92, 97 anzuwenden sind. *Oder* in der Beschränkung liegt eine Erledigungserklärung, die bei Einverständnis des Gegners nach § 91a zu beurteilen ist, wobei dann allerdings im Rahmen des billigen Ermessens der Grundgedanke des § 93 zu berücksichtigen ist, auch in sog reziproker Anwendung, soweit ein materieller KE (Rn 11 vor § 91) zu bejahen ist (Köln NJW-RR 86, 22; s dazu auch Stöhr JR 85, 490, 493). Zahlt der Verzugsschuldner vor Zustellung der Klageschrift, ist er kostenpflichtig, wenn die Klage sofort zurückgenommen wird (LG München I NZV 96, 35; zum entsprechenden Reformentwurf § 91a Rn 41; ähnlich Frankfurt MDR 89, 166 und Koblenz MDR 94, 1045, die trotz Abweisung des Erledigungsantrags analog § 93 dem Bekl die Kosten überbürden; abl KG WRP 89, 659; Bamberg JurBüro 91, 1696; Karlsruhe NJW-RR 95, 955). In den Fällen des § 840 beruht die Kostenbelastung hinsichtlich der zum ursprünglichen Klageantrag angefallenen Kosten (materiell-rechtliche) auf § 840 II 2 (BGH WPM 81, 386, 388). 2

II) **Veranlassung** zur Klageerhebung = Anrufung des Gerichts (Bamberg JurBüro 82, 1884; Braunschweig OLGR 96, 120) hat der Beklagte gegeben, wenn sein Verhalten vor Prozeßbeginn (BGH NJW 79, 2040) ohne Rücksicht auf Verschulden (Zweibrücken JurBüro 82, 1083) und materielle Rechtslage (Schleswig JurBüro 82, 1569; Hamm OLGR 93, 182) gegenüber dem Kläger so war, daß dieser annehmen mußte, er werde ohne Klage nicht zu seinem Recht kommen (Koblenz DAVorm 78, 451, 606; FamRZ 90, 1368: betr Klage auf vorzeitige Beendigung des Güterstandes gemäß § 1385 BGB). Das gilt auch für die Gerichtswahl; verzichtet eine Partei auf die Einrede der örtlichen Unzuständigkeit, dann muß bei der Kostenentscheidung die Anrufung des unzuständigen Gerichts unberücksichtigt bleiben (Karlsruhe OLGZ 85, 495). Maßgebender Zeitpunkt für die Prüfung der Klageveranlassung ist nicht die Abgabe des Anerkenntnisses, sondern die letzte mündliche Verhandlung, auf die hin das Anerkenntnisurteil ergeht. Ungeachtet dessen, daß auf das vorprozessuale Verhalten des Beklagten abzustellen ist, kann seine spätere Verhaltensweise diese frühere Veranlassung indizieren (Frankfurt MDR 84, 149; Zweibrücken JurBüro 82, 1083; aA BGH MDR 79, 1016; München NJW 88, 270). Daß diese Prozeßlage als „nachträgliche Klageveranlassung" bezeichnet wird, soll nicht den Grundsatz aufheben, daß lediglich das vorprozessuale Verhalten maßgebend ist. Aber wer nicht einmal nach Klageerhebung erfüllt, von dem war die freiwillige Leistung auch nicht früher zu erwarten. Die Klageveranlassung durch einen Rechtsvorgänger oder Vertreter des Beklagten muß sich dieser zurechnen lassen (s Rn 6 „Erbe"). 3

III) **Sofort anerkannt** wird der Klageanspruch nur, wenn das Anerkenntnis vorbehaltslos (Frankfurt OLGE 25, 72) vor Verlesung der Sachanträge (München WRP 85, 446; Anerkenntnis „unter Druck" gerichtlicher Hinweise soll nach Hamburg WRP 91, 116 nicht reichen), im frühen ersten Termin (§§ 272 II, 275) und bei schriftlichem Vorverfahren (§ 276) bereits in der ersten Erwiderung (München MDR 89, 267; Frankfurt NJW-RR 93, 126; kritisch Meiski NJW 93, 1904; aA Bamberg FamRZ 95, 1075 = NJW-RR 96, 392) erklärt wird. Im Urkundenprozeß ist Anerkenntnis im ersten Termin des Nachverfahrens verspätet (Düsseldorf MDR 83, 496). Wenn der Anspruch erst im Laufe des Rechtsstreits fällig, die Klage geändert oder ergänzt wird, ist auf die nächstfolgende mündliche Verhandlung abzustellen (Hamm OLGE 33, 56; Nürnberg KoRsp ZPO § 93 Nr 9); der Bekl braucht also nicht schon zum **Grund** anzuerkennen. Stets muß der Bekl auch erfüllen (str). 4

IV) **Entscheidung.** Im Anerkenntnisurteil ist einheitlich über Hauptsache und Kosten zu entscheiden. Bei Teil-Anerkenntnisurteil zur Hauptsache ist über die Kosten nach § 93 im Schlußurteil zu befinden; entgegen OLG Düsseldorf (JMBlNRW 56, 65) darf dann auch durch Beschluß entschieden werden; nach Düsseldorf (NJW-RR 94, 827) muß durch Beschluß entschieden werden, wenn die restliche Klage zurückgenommen wird. Auch in Mischfällen, zB bei teilweisem Anerkenntnis und teilweiser Erledigungserklärung zur Hauptsache ist eine einheitliche Kostenentscheidung zu treffen, wobei tunlichst die Quotenanteile in den Entscheidungsgründen offenzulegen sind (Hamm WRP 81, 111). Fehlerhafte Verurteilung des Bekl in die Kosten „soweit er anerkannt hat" oder „soweit die Hauptsache für erledigt erklärt worden ist". **Rechtsmittel:** § 99 II. Bei Quotelung (§ 92) ist der auf § 93 entfallende Kostenanteil isoliert anfechtbar (§ 99 Rn 8). Soweit im Fall des § 94 auch die Voraussetzungen des § 93 gegeben sind und Anerkennt- 5 nisurteil ergeht, ist ebenfalls sofortige Beschwerde zulässig, auch wenn bei der Kostenentscheidung im Anerkenntnisurteil – zulässigerweise! – § 94 mitberücksichtigt ist.

6 **V) Einzelheiten** (alphabetisch geordnet):

● **Abgabe einer Erklärung:** Das Anerkenntnis, zur Abgabe verpflichtet zu sein, macht dann nicht kostenfrei, wenn die geschuldete Erklärung selbst nicht abgegeben wird (Köln KoRsp ZPO § 93 Nr 171), desgleichen nicht die Abgabe einer formlosen Erklärung anstelle der geschuldeten formbedürftigen (KG KGR 95, 276).

● **Abmahnung:** S „Wettbewerbsstreitigkeiten" und § 91 Rn 13 „Abmahnung".

● **Anfechtung:** Klageveranlassung grds nur, wenn der nach AnfG Verpflichtete die Duldung erkennbar verweigert (Saarbrücken MDR 90, 637; BL/Hartmann Rn 32); sie liegt aber bereits in der Vornahme anfechtbarer, den Gl absichtlich benachteiligender Rechtshandlungen mit dem Sch (Schleswig MDR 77, 321). Würde die Aufforderung zur freiwilligen Erfüllung des Rückgewähranspruches den Anfechtungszweck möglicherweise vereiteln, dann räumt das sofortige Anerkenntnis nicht die Klageveranlassung aus (Düsseldorf ZIP 84, 1381).

● **Aufforderung:** Bei anderen Ansprüchen als fälligen Forderungen ist vor Klageerhebung zur Vermeidung der Kostenfolge des § 93 eine Aufforderung an den Bekl zur Leistung oder Unterlassung erforderlich (KG NJW 57, 1930). Zu **dinglichen Rechten** s unter „Duldungsklage". Dabei ist eine hinreichende Überlegungsfrist zu setzen (Hamm VersR 61, 118), es sei denn, daß wegen der dadurch bedingten Verzögerung dem Gl Rechtsnachteile drohen, zB Eintritt der Verjährung. Auch der aus- oder absonderungsberechtigte Kl hat vorab den Bekl unter Glaubhaftmachung seines besseren Rechts aufzufordern (Bamberg NJW 53, 109). S auch „Wettbewerbsstreitigkeiten".

● **Auskunftsklage:** Erforderlich, daß die Auskunftspflicht nicht nur anerkannt, sondern die Auskunft auch erteilt wird (Schleswig SchlHA 79, 39; Frankfurt KoRsp ZPO § 93 Nr 137).

● **Auslandsaufenthalt** allein gibt noch keinen Anlaß zur Klage (Köln FamRZ 92, 831 LS).

● **Befreiung von einer Verbindlichkeit:** Eine Zusage, die Freistellung vorzunehmen, genügt grundsätzlich nicht (s auch unter „Geldschulden"). Um die Veranlassung auszuräumen, muß vielmehr befreit werden (Saarbrücken FamRZ 90, 58). Soweit dies nicht durch Geldzahlung geschehen soll, sondern durch Maßnahmen, die zeitaufwendige Vorbereitungen erfordern (zB Grundbuchberichtigung, Sicherheitsleistung, Umschuldung usw), entfällt Veranlassung erst nach Ablauf eines entsprechenden Zeitraums ab Aufforderung.

● **Behörde:** Eine angemessene Bearbeitungszeit ist einzuräumen; die Behörde kann Klageveranlassung ausräumen, indem sie kurzfristig einen Zwischenbescheid erteilt und danach in angemessener Zeit reguliert (LG Bonn VersR 78, 356).

● **Beweislast:** Sie ist unabhängig von derjenigen des materiell-rechtlichen Anspruchs und obliegt für die Voraussetzungen des § 93 dem Bekl (Frankfurt NJW-RR 96, 62; Hamm ZIP 96, 718). Geht es allerdings um die vorprozessuale Abmahnung (s unter „Wettbewerbsstreitigkeiten"), dann liegt die Beweislast beim Kl (aA Hamm MDR 87, 329; Schleswig SchlHA 93, 78). Bestreitet er materiell-rechtliche Voraussetzungen, die zur Beweislast des Kl stehen, etwa die Fälligkeit, dann muß er sein Anerkenntnis anpassen, um das Risiko eines *non liquet* zu vermeiden. Diese Beweislastverteilung erklärt sich dadurch, daß mit der Verurteilung entsprechend dem Anerkenntnis die Voraussetzungen des § 91 erfüllt sind und § 93 dazu ein dem Bekl günstiger Ausnahmetatbestand ist.

● **Darlegungen gegenüber Beklagtem:** Keine Klageveranlassung, wenn der Kl trotz Aufforderung des Bekl seine Ansprüche nicht beziffert und belegt (LG München VersR 79, 459; Köln JMBlNW 88, 211: Vorlage von Reparaturrechnungen). Dagegen wird der bestreitende Sch nicht deshalb kostenfrei, weil der Gl Berechnungszweifel des Bekl ausräumt, die unbegründet sind (Köln MDR 79, 941).

● **Drittschuldnerprozesse:** Gibt der Drittschuldner erst während des Prozesses eine die Klage aussichtslos machende Auskunft nach § 840 ZPO, dann kann der Gl vom Hauptanspruch durch Klageänderung zum materiellen KE übergehen (Rn 11f vor § 91) oder einseitig (dann § 91) oder übereinstimmend Hauptsacheerledigung erklären (dann § 91a unter Einbeziehung des Grundgedankens des § 93, s LAG Hannover NJW 74, 768).

● **Duldungsklage:** Um der eigenen Kostenbelastung über § 93 vorzubeugen, muß der Gl, der einen Duldungstitel benötigt (§ 1147 BGB; §§ 737, 743, 745 II, 748 II ZPO), den Duldungsschuldner vorher abmahnen. Der Sch hat dann die Möglichkeit, auf eigene Kosten eine vollstreckbare Urkunde nach § 794 I Nr 5 aufnehmen zu lassen und dem Gl anzubieten; der Gl wiederum muß ihm dazu durch Abmahnung Gelegenheit geben (Karlsruhe MDR 81, 939; OLGZ 87, 250; Saarbrücken MDR 82, 499; 90, 637; München MDR 84, 674; Oldenburg BB 84, 2026; Schleswig KoRsp ZPO § 93 Nr 210 m krit Anm Lappe; aM Köln NJW 77, 256). Wenn der Grundstückseigentümer nur zur Duldung verpflichtet ist, ist das Erfüllungsverlangen des Gl keine den § 93 ausräumende Abmahnung (Saarbrücken MDR 82, 499).

● **Ehesachen:** Bei der Klage auf Feststellung des Rechts zum Getrenntleben gilt § 93 nicht (Karlsruhe FamRZ 91, 1456). S näher § 617.

● **Eidesstattliche Versicherung:** Erklärung der Bereitschaft reicht aus; die notwendige Terminsbestimmung muß der Sch nicht veranlassen, Nürnberg FamRZ 86, 87.

● **Einstweilige Verfügung:** § 93 ist anwendbar (Köln NJW 75, 454 m Anm Joost S 1172; s auch unter „Wettbewerbsstreitigkeiten"); im Presserecht jedoch nicht schon deswegen, weil Abmahnung unterlassen wurde (München NJW-RR 92, 731). Bei Erlaß ohne mündliche Verhandlung muß der Gegner seinen Widerspruch auf die Kosten beschränken, wenn er kostenfrei werden will (s unter „Kostenwiderspruch"). Im **Aufhebungsverfahren** trägt derjenige, der die Aufhebung beantragt, die Kosten, wenn der Aufhebungsbeklagte sofort anerkannt und schon vor Antragstellung durch sein Verhalten gezeigt hat, daß der Kl keinen Nachteil aus der nicht mehr vollziehbaren einstweiligen Verfügung erleiden werde (Karlsruhe Justiz 78, 405; Frankfurt OLGZ 1986, 442), auch nicht wegen der Kosten (Köln Rpfleger 82, 154; Karlsruhe WRP 96, 120). **Hauptklage:** Der Bekl veranlaßt sie, wenn er zunächst Widerspruch gegen die einstweilige Verfügung einlegt, dann aber die ihm gesetzte Frist, diese anzuerkennen und auf die Rechte aus §§ 924, 926 zu verzichten, fruchtlos verstreichen läßt (KG WRP 81, 277, 583). Vom Verletzten kann nicht verlangt werden, zur Vermeidung der Hauptklage auf den Verletzer einzuwirken, ein Vertragsstrafenversprechen abzugeben (KG WRP 81, 145). Einzelheiten bei Liesegang JR 80, 95.

● **Einwendungen:** Wer anerkennt und zugleich behauptet, er sei dazu nicht verpflichtet, weil die Forderung des Kl nicht fällig sei oder er ein Gegenrecht habe usw, wird nur kostenfrei, wenn er sein Anerkenntnis entsprechend faßt, zB den Klageanspruch mit der Maßgabe anerkennt, daß er erst an einem späteren Fälligkeitstag zu zahlen habe oder nur Zug um Zug gegen eine Gegenleistung usw. Anderenfalls hindert der Vorbehalt die Anwendung des § 93. Der Kl wiederum muß in solchen Fällen entscheiden: Entweder alter Antrag mit dem Risiko der Kostenbelastung, wenn die Einschränkung des Bekl sich als berechtigt erweist; oder dem Anerkenntnis angepaßter neuer Antrag mit der Rechtsfolge des § 93 zugunsten des Bekl (s Schneider JurBüro 67, 704). Keine Kostenbefreiung des Bekl, wenn er den Kl befriedigt, dabei aber ausdrücklich die Begründetheit des Anspruchs bestreitet (Schleswig GRUR 86, 840). Kein sofortiges Anerkenntnis, wenn in einem vorbereitenden Schriftsatz bestritten worden ist (Koblenz FamRZ 88, 853; aA Frankfurt NJW-RR 90, 1535) oder Klageabweisung beantragt wird (s Rn 4). Entgegen Bamberg (JurBüro 82, 1884) kommt es nicht darauf an, ob sich das Bestreiten prozeßverzögernd ausgewirkt hat, sondern allein darauf, daß die Verteidigung des Bekl die Veranlassung zur Klageerhebung indiziert. Nur gegenüber zunächst unschlüssigen Klagen (s dort) ist Wechsel von Verteidigung und Anerkenntnis unschädlich.

● **Erbausgleich,** vorzeitiger (§ 1934d BGB). Das nichteheliche Kind muß den Vater zur notariellen Vereinbarung auffordern, dabei den Erbausgleich zutreffend berechnen (Düsseldorf FamRZ 93, 238; OLGR 95, 9).

● **Erbe:** Als Nachfolger des Erblassers hat er die Möglichkeit, sofort anzuerkennen. Da jedoch die Klageveranlassung des Erblassers als des Rechtsvorgängers – ebenso wie beim gesetzlichen oder rechtsgeschäftlichen Vertreter – zu Lasten des Nachfolgers wirkt, kommt die Anwendung des § 93 nur in Betracht, wenn der Erblasser noch keine Gelegenheit zum Anerkenntnis hatte. Jedoch ist § 93 selbständig anwendbar für die nach Aufnahme des Rechtsstreits entstehenden Kosten. Der aufnehmende Kl muß deshalb dem Erben Gelegenheit geben, die Fortführung des Rechtsstreits durch Anerkenntnis, bei dürftigem Nachlaß auch unter Vorbehalt der beschränkten Erbenhaftung (München JurBüro 95, 659; auf die sich der Erbe sofort berufen muß, Hamm JurBüro 87, 436), zu verhindern (Zweibrücken NJW 68, 1635). Der **Vorerbe** muß den Nacherben zunächst nach § 2120 BGB auffordern, andernfalls hat dieser keine Veranlassung zur Klageerhebung gegeben (Düsseldorf FamRZ 96, 315).

● **Fälligkeit:** Eine verfrühte Klage braucht der Bekl nicht sofort anzuerkennen, auch nicht zum Grund; er kann damit bis zum Eintritt der Fälligkeit zuwarten (Rn 4; s auch unter „Unschlüssige Klage"), sofern nicht auf künftige Leistung geklagt werden darf (§ 257). Da in Ehesachen wegen § 617 kein Anerkenntnis möglich ist, wird dort die Kostenbelastung des verfrüht Klagenden durch analoge Anwendung des § 97 II erreicht (s § 97 Rn 17).

● **Feststellungsklage:** Vor Erhebung einer negativen Feststellungsklage ist grundsätzlich keine Abmahnung nötig, da die Berühmung des Bekl seine fehlende Bereitschaft zum Nachgeben zeigt (Frankfurt JurBüro 81, 1095; OLGR Hamm 92, 38). Anders, wenn im Rechtsstreit neue Klagegründe vorgebracht werden.

● **Geldschulden:** Bei fälligen Geldschulden genügt das Anerkenntnis allein nicht zur Anwendung des § 93, sofern der Prozeß nicht erst in der mdl Verhandlung eine überraschende Wendung nimmt (etwa Abtretung zur Herstellung der Aktivlegitimation; Änderung des Klageantrages u dgl) oder bei Leistung Zug um Zug; vielmehr muß die geschuldete (und abgemahnte: Eibner JurBüro 83, 487) Leistung auch sofort erbracht (Überweisungsauftrag reicht, Köln MDR 92, 813) werden (Düsseldorf NJW-RR 94, 827; Hamm MDR 85, 505; Köln MDR 82, 584; 79, 941; Frankfurt ZIP 80, 1148; Hamburg MDR 79, 63; 71, 591; aA BGH NJW 79, 2041; Düsseldorf NJW 67, 162 m abl Anm Deubner S 787; Karlsruhe OLGZ 87, 460; Schleswig EWiR § 93 ZPO 2/87, 1029 – Brehm; MDR 87, 940; KG MDR 87, 767; KGR 94, 251; Frankfurt MDR 93, 1246; Hamm FamRZ 93, 1344; Celle OLGR 94, 159). *Wirtschaftlicher Grund:* Mit einem bloßen Anerkenntnis ist es für den Gl nicht getan; er ist zur Klage veranlaßt, weil er sein Geld haben will; für ein verbales Anerkenntnis kann er sich „nichts kaufen". *Rechtlicher Grund:* Wer nicht einmal unter dem Druck der Klageerhebung eine fällige Forderung bezahlt, zeigt damit, daß der Kl zur Anrufung des Gerichts allen Anlaß hatte; denn aus diesem Verhalten des Bekl ergibt sich, daß er erst recht nicht auf bloße Mahnung hin erfüllt hätte. Auch die Gegenmeinung wird kaum anders entscheiden, wenn Zahlungen an einem Kalendertag fällig werden (Hamburg MDR 79, 63). Darüber hinaus gerät sie jedoch in unüberwindbare Schwierigkeiten, wenn der überschuldete oder unpfändbare Bekl anerkennt (Frankfurt

MDR 80, 855; Köln MDR 82, 584). Dem Einwand, mit Zahlung trete Erfüllung ein, § 93 werde unanwendbar, ist zu begegnen: Es ergeht Teilanerkenntnisurteil über die Hauptsache, Schriftsatzfrist zur Anzeige des Zahlungseingangs wird eingeräumt und Termin zur Verkündung des Schlußurteils bestimmt.

● **Geschäftsunfähigkeit:** Bloß verbale Aufforderung des Sch, der Gl möge ihn wegen Geschäftsunfähigkeit aus der rechtsgeschäftlichen Haftung entlassen, hebt Veranlassung zur Klage nicht auf, solange diese Aufforderung nicht durch Vorlage ärztlicher Zeugnisse oder anderer Urkunden belegt wird (KG VersR 81, 464).

● **Gesetzesänderung:** Ist sie dem Bekl nachteilig, kann er sich nur durch sofortige Anerkenntnis kostenfrei machen (BGHZ 37, 233).

● **Haftpflichtversicherung:** Jedem Kfz-Haftpflichtversicherer, von dem nach einem Verkehrsunfall Zahlung verlangt wird, ist eine angemessene Prüfungsfrist zuzubilligen, vor deren Ablauf eine Klage nicht iS des § 93 veranlaßt ist (allgM, zB Saarbrücken AnwBl 92, 397; München VersR 79, 479, 480; Köln VersR 74, 268). Auch bei zügiger Schadensbearbeitung ist dem Versicherer eine Prüfungszeit von etwa vier Wochen einzuräumen (LG Zweibrücken r+s 86, 112) u eine Fristsetzung von zwei Wochen ab Unfall immer zu kurz (zB LG Düsseldorf VersR 81, 582; LG Ellwangen VersR 81, 564). Scheitert der Regulierungsversuch, ist Zahlung innerhalb 8 Tagen noch angemessen (Köln VersR 83, 451). Macht der Haftpflichtversicherer die sofortige Zahlung zunächst von der Einreichung von Schadensbelegen abhängig oder verweigert er Regulierung, weil es an ordnungsgemäßer Vorlage fehlt (s § 158d III VVG), dann gibt er dadurch noch nicht Anlaß zur Klageerhebung (s Hamm VersR 69, 741 m Anm Jochheim S 862). Bei vorprozessualem Anerkenntnis zu einer Haftungsquote ist in deren Höhe die Klage nicht veranlaßt (Karlsruhe VersR 70, 1112). Wegen der noch nicht anerkannten Restquote muß vom Schädiger die Prüfzeit beachtet werden, die sich uU wegen besonderer Schwierigkeiten oder ausfallender Arbeitstage (LG Ellwangen VersR 81, 564: Weihnachten) verlängern kann. Klageveranlassung kann vom Geschädigten nicht durch Zurückweisung von Teilleistungen, § 266 BGB, geschaffen werden (s Baumgärtel VersR 70, 967). Da § 93 nur den prozessualen KE betrifft, kann trotz zu kurzer Fristsetzung ein materiell-rechtlicher KE bleiben (s Rn 11 vor § 91).

● **Hilfsanspruch:** Kostenbefreiendes Anerkenntnis nur, wenn es spätestens in dem Termin abgegeben wird, in dem der Hilfsanspruch erstmals verlesen wird (Köln KoRsp ZPO § 93 Nr 142; zum schriftlichen Vorverfahren Dresden ZIP 95, 1278). Nimmt der Kl nach Anerkenntnis des Hilfsantrages den Hauptantrag zurück, ist der Bekl kostenfrei.

● **Klageänderung:** Maßgebend für sofortiges Anerkenntnis ist der Zeitpunkt, in dem sie erstmals erklärt wird (Nürnberg JurBüro 63, 115), zB bei Übergang von behaupteter vereinbarter Vergütung auf geringere gesetzliche Gebühren der HOAI (Frankfurt MDR 84, 238) oder beim Parteiwechsel auf der Klägerseite (KG KGR 96, 127). S auch „Unschlüssige Klage" u „Mahnverfahren".

● **Klagerücknahme:** Zur sog reziproken Anwendung des § 93 s Rn 2.

● **Konkurs:** Wird nach begründetem Antrag der Konkurs eröffnet, sodann der Gl befriedigt und das Konkursverfahren im Beschwerdeverfahren aufgehoben, ist der Gemeinschuldner mit den Kosten der Eröffnung zu belasten (Celle NJW 62, 1970). Will der Konkursverwalter Anfechtungsklage erheben, muß er grundsätzlich vorab zur Rückgewähr auffordern (Bamberg KTS 72, 196). Für den Konkursverwalter gilt § 93 bei Aufnahme von Rechtsstreitigkeiten nach § 11 I KO ohne großzügigere Auslegung, obwohl er oft nicht in der Lage ist, sich die zum sofortigen Anerkenntnis erforderlichen Informationen schnell genug zu verschaffen. Vorläufiges Bestreiten im ersten Prüfungstermin (§ 146 KO) ist Bestreiten und hindert die Anwendung des § 93 (LG Bonn MDR 90, 558; Köln KTS 79, 119; str, s die Nachw bei Godau/Schüttke ZIP 85, 1042; Johlke WuB VI B § 146 KO 1.86; München KTS 87, 329; Düsseldorf ZIP 94, 638 und Karlsruhe ZIP 89, 791 = EWiR § 146 KO 1/89, 705 – Godau/Schüttke wollen auf den Einzelfall abstellen; hierzu krit Pape Anm zu LG Göttingen EWiR § 146 KO 2/89, 1117), es sei denn, der Gl hat die Forderungen nur pauschal bezeichnet (Celle ZIP 94, 1197). Hat der Konkursverwalter jedoch eine rechtshängige Forderung vorläufig bestritten und sie nach Wiederaufnahme des unterbrochenen Rechtsstreits anerkannt, dann ist er lediglich dann kostenpflichtig, wenn der Gl vor Wiederaufnahme bei ihm angefragt hat, ob das Bestreiten endgültig sei (Düsseldorf ZIP 82, 201); allerdings mußte er zuvor deutlich gemacht haben, daß er nur vorläufig bestreitet (Köln OLGR 95, 89).

● **Kostenwiderspruch** (Lit: Lemke DRiZ 92, 339): In Arrest- u Verfügungsverfahren kann der Antragsgegner die Hauptsache anerkennen und nur wegen der Kosten Widerspruch einlegen (s Schneider JurBüro 80, 498 mN; KG KGR 93, 143; Frankfurt AnwBl 85, 642; München GRUR 90, 482, Aufgabe von GRUR 85, 327; hM). Der sog Kostenwiderspruch muß von vornherein und unmißverständlich als solcher erklärt werden (Schleswig SchlHA 90, 8; Düsseldorf JurBüro 86, 1718; Hamburg MDR 89, 1002), darf also nicht mit einem Aufhebungsantrag (LG Braunschweig WRP 84, 363) oder (bei Beschlußverfügungen) mit der Ankündigung des Anerkenntnisses der Hauptsache (Hamm MDR 89, 1001) verbunden werden. Eine Unterwerfungserklärung muß schon mit dem Widerspruch gegen eine Beschlußverfügung abgegeben werden (Düsseldorf MDR 91, 257). Danach kann der Antragsgegner nicht mehr beachtlich bestreiten, sondern nur noch vorbringen, daß er das Verfahren nicht iS des § 93 veranlaßt habe (Stuttgart WRP 81, 116). Zur **Beschwerde** § 99 Rn 2 u 17. S auch § 91 Rn 13 „Kostenwiderspruch".

● **Mahnverfahren:** Widerspruch gegen MB schließt sofortiges Anerkenntnis nicht aus, wohl aber, wenn die Berechtigung des Anspruchs in der Widerspruchsbegründung bestritten wird (Koblenz JurBüro 95, 323; Frankfurt MDR 84, 149; Hamm AnwBl 89, 104; Köln OLGR 94, 115; s § 91a Rn 58 „Mahnverfahren";

§ 694 Rn 1). Macht der Kl im Mahnverfahren einen Zahlungsanspruch geltend, von dem er bei streitiger Verhandlung durch Klageänderung auf einen begründeten anderen Anspruch übergehen will, so muß der Bekl, wenn der Kl dies unter Bereitschaft der Zurücknahme gem § 696 IV 2 erklärt, den neuen Anspruch sofort anerkennen, anderenfalls er zur geänderten Klage Veranlassung gegeben hat (Frankfurt MDR 81, 410).

• **Mietsachen:** Klageveranlassung gegeben, wenn der Mieter bei der Terminsabsprache zur Durchführung von Arbeiten in seiner Wohnung nicht mitwirkt (AG Hamburg MDR 87, 768), wenn er der Kündigung unter Berufung auf eine Mindermeinung in der Rechtsprechung widerspricht (LG Köln WuM 93, 541). Zur Anwendung des § 93 bei der Kautionsklage s Wiek WuM 89, 549.

• **Nichtigkeitsklage:** Keine Abmahnung bei Gefahr der Beschlußeintragung (Frankfurt JurBüro 93, 366).

• **Prozeßkostenhilfe:** Anerkenntnis erst nach Bewilligung von PKH wirkt nicht kostenbefreiend (Hamm KoRsp ZPO § 93 Nr 143).

• **Räumungsklagen:** Sonderregelung in § 93b III.

• **Rechtsvorgänger:** Versäumnisse von Rechtsvorgängern wirken nach; s auch unter „Erbe".

• **Stufenklage:** Sofortiges Anerkenntnis einzelner Stufen ist möglich (Bamberg JurBüro 89, 690 zur Leistungsstufe), analog § 93 auch für den Kläger, wenn Auskunftserteilung oder Rechnungslegung ergibt, daß der Leistungsanspruch unbegründet ist (Rixecker MDR 85, 635 m Nachw; München MDR 88, 782; aA BGH MDR 94, 717: Übergang zur Kostenklage). S § 269 Rn 18a; § 254 Rn 5; § 91a Rn 58 „Stufenklage"; Kassebohm NJW 94, 2728, 2732 Nr 2c; Vogel Anm zu Stuttgart FamRZ 95, 370.

• **Teilleistungen:** Da der Schuldner zu Teilleistungen nicht berechtigt ist (§ 266 BGB), wird er nur kostenfrei, wenn er den gesamten begründeten Anspruch anerkennt (Schleswig DAVorm 79, 176); anders, wenn Gläubiger Teilleistung nach § 242 BGB nicht hätte ablehnen dürfen (Schleswig SchlHA 83, 138; LG Magdeburg DAVorm 96, 296). Bei Teilanerkenntnis keine Teilkostenentscheidung (Schleswig SchlHA 78, 172). Im Haftpflichtprozeß ist § 266 BGB nicht anwendbar.

• **Überschuldung:** Ein Anerkenntnis ist wertlos und nicht kostenabwendend, wenn der Beklagte überschuldet oder unpfändbar ist (Frankfurt MDR 80, 855; Köln MDR 82, 584).

• **Unschlüssige Klage:** Erkennt der Beklagte eine unschlüssig begründete Klage an, dann nimmt er damit das Unterliegen im Rechtsstreit auf sich (ganz hM), so daß nur noch die Veranlassung zur Klageerhebung überprüfbar ist (Hamm JurBüro 90, 915; LG Tübingen MDR 81, 409; LG Berlin MDR 87, 768; Hamm MDR 90, 637 für das Beschwerdeverfahren nach § 99 II). In solchen Fällen, also wenn der Kläger Falsches fordert, wenn er einen noch nicht fälligen Anspruch geltend macht (Karlsruhe MDR 80, 501), erhöhte Verzugszinsen beansprucht (Zweibrücken JurBüro 79, 445), schadet fehlendes Anerkenntnis dem Beklagten nicht (Düsseldorf MDR 93, 801). Er kann zuwarten, ob der Kläger sein Begehren richtigstellt und dann noch „sofort" anerkennen. Dagegen fällt es in den Risikobereich des Beklagten, wenn er zunächst bestreitet, weil er Berechnungszweifel hat, die der Kläger dann ausräumt (Köln MDR 79, 941) oder die bestr Tatsachen bewiesen werden (Hamm MDR 88, 971).

• **Unterhaltssachen:** Der Unterhaltsberechtigte hat nach hM stets, also auch bezüglich freiwilliger Leistungen, ein Rechtsschutzinteresse an einem vollstreckbaren Titel (Hamm FamRZ 92, 831; Koblenz FamRZ 86, 826 m Anm Bosch; Köln FamRZ 86, 827; krit dazu Bittmann FamRZ 86, 420). Der Unterhaltsschuldner ist entsprechend verpflichtet (soweit er selbst die Rechtslage überschauen kann: Köln FamRZ 88, 95), an der Schaffung eines kostengünstigen Titels (§ 794 I Nr 5; beim Trennungsunterhalt muß sich der Gl bereit erklären, die Titulierungskosten zu tragen, Düsseldorf FamRZ 94, 117; Hamm FamRZ 92, 831; aA Düsseldorf FamRZ 94, 1484) mitzuwirken, wozu er vom Berechtigten vorprozessual aufgefordert werden muß (Koblenz FamRZ 86, 826 m Anm Bosch; Karlsruhe FamRZ 84, 584; Düsseldorf AnwBl 82, 485; Stuttgart Justiz 81, 210; Bamberg JurBüro 89, 690: auch vor Übergang zur Leistungsstufe bei der Stufenklage; Karlsruhe FamRZ 92, 576 zu Titeln aus der ehemaligen DDR; Göhlich FamRZ 88, 560). Zum notwendigen Inhalt der Titulierungsaufforderung: Stuttgart FamRZ 90, 1368. Zahlt der Sch immer verspätet (München FamRZ 93, 454) oder erbringt er nur **Teilleistungen,** dann gibt er idR Veranlassung zur Klage über den vollen Unterhaltsbetrag (Düsseldorf FamRZ 91, 1207; Koblenz FamRZ 86, 826 m Anm Bosch; aA Bremen FamRZ 89, 876; München OLGR 92, 25; Hamburg FamRZ 93, 101; Hamm FamRZ 93, 712, wenn nur noch geringfügige, selbständig berechenbare Positionen streitig bleiben; weitergehend Düsseldorf FamRZ 94, 117: ca 32 % streitig). Umgekehrt gibt ein Unterhaltsberechtigter, der weiß, daß er nicht mehr unterhaltsbedürftig ist, Veranlassung zur Klage nach § 323, wenn er gleichwohl vollstreckt; er braucht dann nicht vorher aufgefordert zu werden, auf den Titel zu verzichten, da dies wegen § 323 III mit Rechtsnachteilen verbunden wäre (Frankfurt JurBüro 89, 690).

• **Unzuständigkeit:** Verzichtet der Beklagte auf die Einrede, dann wird er bei der Kostenentscheidung nicht damit gehört, der Kläger habe vor dem unzuständigen Gericht geklagt (Karlsruhe OLGZ 1985, 495).

• **Vaterschaftsfeststellung:** Klaglosstellung nach § 1600e BGB oder § 641c ZPO erforderlich (Köln FamRZ 92, 697).

• **Verjährung:** Vor Klageerhebung muß der Sch nicht zum Verzicht auf die Einrede aufgefordert werden (Hamm GRUR 92, 563).

● **Versäumnisurteil:** Erwirken eines VU gegen den Kl schließt sofortiges Anerkenntnis im Einspruchsverfahren aus; bei Säumigkeit des Bekl ist § 93 in der Einspruchsverhandlung noch zu prüfen (Köln FamRZ 92, 831 LS).

● **Vertagung:** § 93 zugunsten des Beklagten unanwendbar, wenn im ersten Termin auf seinen Antrag hin vertagt wird (KG OLGE 33, 36).

● **Verteidigungsabsicht:** s Rn 4.

● **Verwahrung gegen die Kosten:** Die Wendung ist auslegungsbedürftig. Soweit damit das Bestreiten des Anspruchs aufrechterhalten wird, bleibt der Bekl kostenpflichtig. Soweit darin nur ein Hinweis auf seine gesetzliche Kostenfreistellung nach § 93 liegt, ist der Zusatz unerheblich.

● **Verweisung:** Kein sofortiges Anerkenntnis, wenn es erst nach der vom Beklagten beantragten Verweisung an die Kammer für Handelssachen erklärt wird (Saarbrücken MDR 81, 676; aA Düsseldorf ZIP 90, 1429 = EWiR § 93 ZPO 2/90, 1027 - Godau-Schüttke).

● **Verzicht:** s Rn 2.

● **Verzug:** Ein in Verzug gesetzter Schuldner hat zur Klage Veranlassung gegeben; eigenes sachwidriges Verhalten des Klägers im Prozeß, zB falsche Antragstellung, kann daran nichts ändern (KG DR 40, 2184). Zu beachten ist, daß gegenüber Dieb, Hehler usw immer Klageveranlassung besteht, da „fur semper in mora" (s auch §§ 848, 849 BGB, die auf Geldansprüche anwendbar sind, BGHZ 8, 298).

● **Vollstreckungsabwehrklage:** Keine Klageveranlassung, solange Gl noch Vergleichsbereitschaft signalisiert (Köln MDR 96, 197). Klageveranlassung, wenn Gl aus nichtiger Unterwerfungserklärung vollstreckt (Hamm OLGR 96, 27).

● **Vormerkung nach §§ 648, 885 BGB:** Oft wird als Grundsatz angenommen, der Bauhandwerker sei zur Vermeidung der Kostenlast gehalten, den Bauherrn vor Anrufung des Gerichts zur Bewilligung der Vormerkung aufzufordern (zB OLGR Frankfurt 92, 150; Düsseldorf NJW 72, 1955; LG Osnabrück NdsRpfl 83, 145). Ob vorherige Aufforderung geboten ist, darf jedoch wegen der Ranggefahr für den Gläubiger nicht nach abstrakter Regel, sondern nur an Hand der Einzelfallumstände beurteilt werden (vgl Heyers BauR 80, 20 m Nachw).

● **Wechselforderung:** Solange der Gläubiger dem Schuldner den Wechsel nicht vorlegt, wird die Forderung nicht fällig (Art 38 I WG) und kann der Schuldner keine Veranlassung zur Klage geben (Saarbrükken MDR 81, 676).

● **Wettbewerbsstreitigkeiten:** Lit: Steinmetz, Der „kleine" Wettbewerbsprozeß, 1993. Bei ihnen hat § 93 große Bedeutung, vor allem bei einstweiligen Verfügungen, mit deren Hilfe die meisten Wettbewerbsstreitigkeiten erledigt werden. **Grundzüge der Anwendung des § 93:** Der Kläger oder Antragsteller ist im eigenen Interesse gehalten, den wettbewerbswidrig Handelnden vorher *abzumahnen* (KG NJW 93, 3336; Düsseldorf OLGR 93, 90; auch wenn bereits eine strafbewehrte Unterlassungsverpflichtungserklärung vorliegt, Köln NJW-RR 87, 1448), ggf den Gegner über ihr bekannte einschlägige Rspr zu unterrichten (Frankfurt AnwBl 84, 513; JurBüro 84, 1087), ein Erwiderungsschreiben des Antragsgegners zu beantworten (Frankfurt JurBüro 90, 1217) und den Ablauf der mit der Abmahnung gesetzten Frist abzuwarten (Düsseldorf JurBüro 87, 1407). Bei zu kurz bemessener Frist, die eine angemessene in Lauf setzt (Hamburg GRUR 91, 80; München OLGR 94, 177), kann dann schon die fernmündliche Ankündigung der Abgabe einer strafbewehrten Unterlassungserklärung ausreichend sein (Stuttgart WRP 90, 777). Andernfalls läuft er Gefahr, daß ihm bei sofortigem Anerkenntnis des Gegners die Kosten nach § 93 auferlegt werden (Köln OLGR 95, 96; München MDR 90, 556). Die **Beweislast** für den Zugang der Abmahnung liegt beim Abmahnenden (Kreft abl Anm zu Stuttgart EWiR § 93 ZPO 2/96, 573; KG WRP 84, 230; WRP 90, 415; vermittelnd KG WRP 92, 716; KGR 95, 197 bei unstr fehlendem Zugang; Saarbrücken WRP 90, 373: Zugangsvermutung; Düsseldorf GRUR 90, 310: Zugangsvermutung bei Telekopie; KG WRP 94, 39: Gl kann sich auf den Sendebericht des Telefaxgeräts verlassen; nach Karlsruhe WRP 92, 199; WRP 93, 42, Düsseldorf WRP 95, 40 und der wohl hM reicht aber schon Absendung; Frankfurt (OLGR 96, 42) differenziert: Beweislast Kl für Absendung, Bekl für Nichtzugang), kann aber nur praktisch werden, wenn der Abgemahnte sofort anerkennt. Die Abmahnung muß die konkrete Verletzungshandlung und den Wettbewerbsverstoß eindeutig bezeichnen (Koblenz GRUR 81, 671), braucht aber nicht wiederholt zu werden, wenn der Verletzer eine früher abgegebene Unterwerfungserklärung einschränkungslos widerruft (Nürnberg WRP 81, 229). Bei zu unbestimmt vorformulierter Unterlassungserklärung hat der Abgemahnte eine auf die konkrete Verletzungshandlung beschränkte Unterlassungserklärung abzugeben, wenn er die Wiederholungsgefahr ausräumen und der Kostenbelastung entgehen will (Koblenz WRP 83, 700; München WRP 93, 42). Versucht er, mit Einlegung des Widerspruchs sein Verhalten sachlich zu rechtfertigen, dann zeigt er damit, daß er Veranlassung zum gerichtlichen Vorgehen gegeben hat (Stuttgart WRP 83, 713). Entbehrlich ist die Abmahnung, auch Verwarnung genannt, wenn der Antragsgegner im gleichzeitig geführten Hauptsacheverfahren bestreitet (Frankfurt GRUR 92, 565), bei wiederholtem Wettbewerbsverstoß nach vorheriger Unterwerfung (LG Nürnberg-Fürth WRP 92, 521), bei vorsätzlicher Verletzungshandlung (Karlsruhe WRP 81, 542; Köln WRP 83, 118; aA Oldenburg WRP 91, 193), bei besonderer Dringlichkeit (LG Hamburg WRP 81, 344), zB bei Sonderveranstaltungen (Hamm OLGR 93, 139), Räumungsverkäufen usw, bei einstweiligen Verfügungen, die zusätzlich auf eine Sicherstellung gehen (Nürnberg WRP 81, 342), bei kurzfristig angekündigten, zeitgebundenen Werbemaßnahmen (Karlsruhe KoRsp ZPO § 93 Nr 170), auch wenn dem Gegner bereits eine andere gleichgerichtete einstweilige Verfügung zugestellt worden ist (Nürnberg WRP 81, 290) oder eine Partnergesellschaft ihn schon erfolglos abgemahnt hatte (Saarbrücken WRP 90, 548). Der Verletzer kann sich auf die fehlende Abmahnung nur berufen, wenn davon auszugehen ist, daß er in diesem Fall eine Unterwerfungserklärung abgegeben hätte (Stuttgart WRP 81, 116). Der Antragsteller muß zur Kostenfreistellung darlegen und beweisen, daß er ausnahmsweise nicht abzumahnen brauchte oder die Kürze der Verwarnungsfrist berechtigt war (Stuttgart WRP 83, 305: 2½ Stunden, um Wiederholung ganzseitiger Zeitungsanzeige zu verhindern). Abmahnung erfolgt schriftlich (zB per Telefax, KG NJW 93, 3336), nicht telefonisch (Hamm OLGR 93, 139). Unter Anwesenden, zB auf einer Messe, kann mündliche Abmahnung geboten sein (Frankfurt GRUR 84, 693; JurBüro 95, 324). Von den Prozeßkosten, die dem Antragsteller mangels Abmahnung aufzuerlegen sind, sind nicht die Kosten abzuziehen, die durch eine Abmahnung entstanden wären (Celle WRP 81, 649). Reagiert der Verletzer auf ein Abmahnschreiben nicht oder gibt er nur eine nicht ausreichende Unterlassungserklärung ab, dann gibt er Veranlassung zur Klageerhebung (Frankfurt WRP 78, 825; JurBüro 85, 131; Hamburg WRP 83, 453; NJW 86, 2119: Aufforderung an RA, eine Vollmacht für die Abmahnung vorzulegen; KG KGR 95, 46: Beanstandung der Vollmacht). Der zu Unrecht Abgemahnte braucht vor Erhebung einer negativen Feststellungsklage gegen den Abmahner diesen nicht seinerseits abzumahnen, wenn zu erwarten ist, daß dieser der Abmahnung nicht entsprechen wird (Stuttgart WRP 85, 449; LG Hamburg NJW-RR 93, 173).

Hat der Unterlassungsgläubiger eine einstweilige Verfügung erwirkt, dann muß er vor **Erhebung der Hauptklage** (für gleichzeitige Hauptklage und Verfügungsantrag fehlt regelmäßig ein schützenswertes Interesse des Verletzten, aA Köln WRP 87, 188; Hamm MDR 91, 545 unter Aufgabe von WRP 86, 111, aber auch kein Vorrang des Verfügungsverfahrens, KG KGR 95, 174) erneut verwarnen, weil die Abmahnung vor Einleitung des Verfügungsverfahrens nicht auch für das Hauptverfahren wirkt (s dazu BGH WRP 83, 264; Düsseldorf GRUR 91, 479; Köln WRP 87, 188; Tack WRP 84, 455; Borck WRP 85, 311). Dieses Schreiben nach Erlaß einer einstweiligen Verfügung nennt man **Abschlußschreiben.** Der Verletzer wird dadurch gezwungen, seinen Standpunkt im Hinblick auf die gegen ihn erlassene einstweilige Verfügung erneut zu überdenken und hat die Möglichkeit, sich ohne kostspieligen Hauptprozeß zu unterwerfen (nach Stuttgart WRP 96, 152 auch konkludent). Damit dieser Erfolg erreicht werden kann, muß ihm im Abschlußschreiben eine angemessene Überlegungsfrist gesetzt werden (12 Tage ab Urteilszustellung, Köln WRP 87, 188; 12–14 Tage, Celle OLGR 95, 221), anderenfalls wieder zu seinen Gunsten § 93 eingreifen kann (Stuttgart WRP 81, 343; KG WRP 78, 213, 451).

● **Widerspruchsklage nach § 771:** Zur Vermeidung seiner Kostenlast muß der Kl dem Gegner das die Vollstreckung hindernde Recht so rechtzeitig vor Klageerhebung ausreichend glaubhaft machen, daß der Bekl, der an der vorprozessualen Aufklärung mitzuwirken hat (OLGR München 92, 111), dies noch nachprüfen kann (München WPM 79, 292). Schriftliche Aufforderung zur Freigabe ohne beglaubigte Abschriften oder Ablichtungen von Urkunden (Vertrag, Rechnung usw), die das Eigentumsrecht belegen, genügt nicht, auch nicht bloße privatschriftliche eidesstattliche Versicherung oder Bezugnahme auf Schriftstücke, die sich in Händen Dritter befinden, wohl aber beglaubigte Abschrift einer vor dem Vollstreckungsgericht abgegebenen eidesstattlichen Versicherung. Abgabe einer eidesstattlichen Versicherung erst in oder mit der Klageschrift macht den Kl kostenpflichtig, wenn der Bekl nach Zustellung die gepfändeten Gegenstände freigibt. Stets ist zu berücksichtigen, daß eidesstattliche Versicherungen des Widerspruchsklägers oder gar des Vollstreckungsschuldners nur ganz schwache Beweiskraft haben und deshalb häufig nicht zur Glaubhaftmachung hinreichen (KG NJW 49, 956). Ist Interventionsklage erhoben worden und wird das Recht des Dritten erst durch Vernehmung der von ihm benannten Zeugen nachgewiesen, kann bei gleichzeitiger Freigabe noch sofort anerkannt werden (Köln MDR 57, 754; Celle MDR 54, 490). Zu weiteren Einzelheiten vgl Schneider JurBüro 66, 985.

● **Zurückbehaltungsrecht:** Wenn Kl statt uneingeschränkter Leistung nur Zug um Zug fordern darf, muß Bekl mit dieser Einschränkung anerkennen; uneingeschränkter Abweisungsantrag belastet ihn zumindest teilweise mit den Kosten.

93a *[Kosten in Ehesachen]*

(1) Wird auf Scheidung einer Ehe erkannt, so sind die Kosten der Scheidungssache und der Folgesachen, über die gleichzeitig entschieden wird oder über die nach § 627 Abs. 1 vorweg entschieden worden ist, gegeneinander aufzuheben; die Kosten einer Folgesache sind auch dann gegeneinander aufzuheben, wenn über die Folgesache infolge einer Abtrennung nach § 628 Abs. 1 Satz 1 gesondert zu entscheiden ist. Das Gericht kann die Kosten nach billigem Ermessen anderweitig verteilen, wenn

1. **eine Kostenverteilung nach Satz 1 einen der Ehegatten in seiner Lebensführung unverhältnismäßig beeinträchtigen würde; die Bewilligung von Prozeßkostenhilfe ist dabei nicht zu berücksichtigen;**
2. **eine Kostenverteilung nach Satz 1 im Hinblick darauf als unbillig erscheint, daß ein Ehegatte in Folgesachen der in § 621 Abs. 1 Nr. 4, 5, 8 bezeichneten Art ganz oder teilweise unterlegen ist.**

Haben die Parteien eine Vereinbarung über die Kosten getroffen, so kann das Gericht sie ganz oder teilweise der Entscheidung zugrunde legen.

(2) Wird ein Scheidungsantrag abgewiesen, so hat der Antragsteller auch die Kosten der Folgesachen zu tragen, die infolge der Abweisung gegenstandslos werden; dies gilt auch für die Kosten einer Folgesache, über die infolge einer Abtrennung nach § 623 Abs. 1 Satz 2 oder nach § 628 Abs. 1 Satz 1 gesondert zu entscheiden ist. Das Gericht kann die Kosten anderweitig verteilen, wenn eine Kostenverteilung nach Satz 1 im Hinblick auf den bisherigen Sach- und Streitstand in Folgesachen der in § 621 Abs. 1 Nr. 4, 5, 8 bezeichneten Art als unbillig erscheint.

(3) Wird eine Ehe aufgehoben oder für nichtig erklärt, so sind die Kosten des Rechtsstreits gegeneinander aufzuheben. Das Gericht kann die Kosten nach billigem Ermessen anderweitig verteilen, wenn eine Kostenverteilung nach Satz 1 einen der Ehegatten in seiner Lebensführung unverhältnismäßig beeinträchtigen würde oder wenn eine solche Kostenverteilung im Hinblick darauf als unbillig erscheint, daß bei der Eheschließung ein Ehegatte allein in den Fällen der §§ 30 bis 32 des Ehegesetzes die Aufhebbarkeit oder die Nichtigkeit der Ehe gekannt hat oder ein Ehegatte durch arglistige Täuschung oder widerrechtliche Drohung seitens des anderen Ehegatten oder mit dessen Wissen zur Eingehung der Ehe bestimmt worden ist.

(4) Wird eine Ehe auf Klage des Staatsanwalts oder im Falle des § 20 des Ehegesetzes auf Klage des früheren Ehegatten für nichtig erklärt, so ist Absatz 3 nicht anzuwenden.

1 **I) Erfolgreiche Anträge** (s auch Anm zu § 637). **1)** Entgegen den erfolgsabhängigen §§ 91, 92 enthält § 93a I 1, III 1 für den Fall, daß der **Scheidungsantrag** oder die Eheaufhebungs- oder Ehenichtigkeitsklage **durchdringt,** die im Prinzip geltende Regel, daß **die Kosten gegeneinander aufzuheben** sind. Das gilt auch bei Rücknahme hinsichtlich einer Folgesache in erster oder zweiter Instanz (AG Pinneberg SchlHA 84, 184; OLG Frankfurt FamRZ 85, 823; KG FamRZ 88, 1075). Hingegen sind nach KG (FamRZ 84, 67) die allgemeinen Vorschriften der §§ 91, 91a, 92 anzuwenden, wenn der Gegner durch verzögerliche oder falsche Angaben über seine Anwartschaften die Rechtsmitteleinlegung mit nachfolgender Hauptsacheerledigung veranlaßt hat. Ist dem Scheidungsantrag stattzugeben u gleichzeitig über im Verbund stehende Folgesachen iSd §§ 623 I 1, 621 I mitzuentscheiden, so sind in dem einheitl Urteil (§ 629 I) die Kosten der Scheidungssache u zugleich die Kosten der Verfahren der Folgesachen gegeneinander aufzuheben (sog „Kostenverbund"), auch wenn ein Dritter – zB Vermieter – am Verfahren beteiligt ist (Hamm FamRZ 81, 695). Jedoch ermöglicht § 93a nicht, den Trägern der gesetzlichen Rentenversicherung Kosten von Scheidungs- und Folgesachen aufzuerlegen (Koblenz KoRsp ZPO § 93a Nr 14), da die Geltung des § 93a in Beschwerdeverfahren über den Versorgungsausgleich (Oldenburg KoRsp ZPO § 93a Nr 13) nichts daran ändert, daß die Kostenentscheidung nur Erstattungsansprüche *zwischen Parteien* regelt. Wenn über die Folgesache der elterl Sorge nach § 627 I vorweg zu entscheiden ist, enthält der darüber ergehende Beschluß keinen eigenen Kostenausspruch; über die Kosten eines solchen vorgezogenen Verfahrens ist erst zusammen mit der einheitl Entscheidung über alle vom Verbund erfaßten übrigen Angelegenheiten zu befinden, wobei auch hier die Regel über die gegenseitige Kostenaufhebung gilt. In einer Folgesache, die nach § 628 I 1 Nr 1–3 abgetrennt worden ist, weil sie noch nicht entscheidungsreif war, und in der deswegen später nach Erlaß des Scheidungsurteils eine isolierte Sach- und Kostenentscheidung zu treffen ist, sind aufgrund ausdrückl Vorschrift des § 93a I 1 Hs 2 gleichfalls die Kosten des abgetrennten Verfahrens gegeneinander aufzuheben. In diesem Fall betrifft der im Scheidungsurteil enthaltene Kostenausspruch nur die Scheidungssache selbst und die vom Verbund miterfaßten (anderen) Folgesachen. S auch § 629 Rn 3, 3a.

2 **2) § 96** über die Kosten erfolgloser Angriffs- oder Verteidigungsmittel ist anwendbar (Lappe, Kosten in Familiensachen, 5. Aufl 1994, Rn 320).

3 **3)** Über die im Verbund erfaßten Familiensachen ist in einer einheitlichen Kostenentscheidung zu befinden, so daß keine gesonderte Entscheidung über die Kosten des Auskunftsverfahrens im Versorgungsausgleich ergehen darf (Hamm KoRsp ZPO § 93a Nr 11). Bei **Abtrennung einer Folgesache** nach § 628 sind dagegen zwei getrennte Kostenentscheidungen nötig, eine im Verbundverfahren und eine in der abgetrennten Folgesache, wie aus § 93a I 1 Hs 2 folgt (Hamm AnwBl 78, 423; Bremen KoRsp ZPO § 93a Nr 12; krit Lappe Anm KoRsp GKG § 25 Nr 114; § 628 Rn 18). Da die abgetrennte Folgesache kostenmäßig aus dem Verbund ausscheidet, muß sie kostenmäßig abgerechnet werden können, was eine gesonderte Streitwertfestsetzung bedingt (Hamm AnwBl 78, 423; aA München MDR 84, 320). Die Quotierung (Koblenz JurBüro 90, 73 und Schleswig JurBüro 94, 748 wenden die Differenzmethode an) ist oft mit unverhältnismäßig großen Schwierigkeiten (hinzu kommen Fragen der Auslegung bei sich widersprechenden Kostenentscheidungen, s München MDR 84, 320; KG JurBüro 87, 290) und entsprechendem Zeitaufwand verbunden. Lappe (Kosten in Familiensachen, 5. Aufl 1994, Rn 319) schlägt deshalb vor, dem in einer Folgesache Unterlegenen lediglich die dadurch ausgelösten „Mehrkosten" aufzuerlegen. S auch § 628 Rn 22.

II) Ausnahmen: 1) Anderweitige Kostenverteilung (§ 93a I 2, III 2) ist zulässig, wenn dies aus Gründen der Härte oder der Billigkeit angezeigt ist, weil die gegenseitige Kostenaufhebung einen Ehegatten in seiner Lebensführung unverhältnismäßig beeinträchtigen würde oder die Kostenaufhebung gegeneinander unbillig erscheint im Hinblick **a)** auf das vollständige oder teilweise Unterliegen eines Ehegatten in einer Folgesache über den Unterhalt gegenüber dem ehel Kinde oder gegenüber dem anderen Ehegatten oder über Ansprüche aus dem ehel Güterrecht (s § 621 I Nr 4, 5 u 8), **b)** auf die Kenntnis des Eheaufhebungsgrundes (§§ 30 bis 32 EheG) oder des Ehenichtigkeitsgrundes durch einen Ehegatten, **c)** auf die Veranlassung zur Eheeingehung durch arglistige Täuschung oder widerrechtl Drohung. 4

Zur ungleichen Kostenbelastung soll es nach der Neufassung des § 93a I 2 genügen, daß sich der eine Ehegatte in einer besseren wirtschaftlichen Situation befindet als der andere. Um dies zu erreichen, soll die bewilligte PKH unberücksichtigt bleiben. Das Gericht hat also seiner Ermessensentscheidung die Fiktion zugrunde zu legen, die hilfsbedürftige Partei müsse für die Prozeßkosten selbst aufkommen, obwohl ihr tatsächlich die Vergünstigung von Raten-PKH oder gar ratenfreier PKH zusteht. Der Hintergedanke dieser Regelung ist die Entlastung der Staatskasse. In der Praxis werden idR die Kosten gem § 93a I 1 gegeneinander aufgehoben. Das hat zur Folge, daß jede Partei ihre eigenen Anwaltskosten selbst zu tragen hat (§ 92 Rn 1). Ein Kostenfestsetzungsverfahren findet mangels Quotenverteilung nicht statt (§ 106 Rn 1), so daß auch kein Erstattungsanspruch (§§ 123 ZPO, 130 I 1 BRAGO) auf die Staatskasse übergehen kann. Diese kann sich folglich wegen der Zahlungen an den beigeordneten RA (§ 121 BRAGO) nicht bei der vermögenden Partei erholen. Eine dieser Partei ungünstigere Kostenentscheidung infolge Nichtberücksichtigung bewilligter PKH für den Gegner soll die Rückgriffsstellung der Staatskasse verbessern. Ob dieses Ziel erreicht wird, ist sehr zweifelhaft. Die Regelung in § 93a I 2 war in der bisherigen Fassung bedeutungslos. Daran wird sich voraussichtlich nichts ändern, weil in den einschlägigen Fällen entweder wegen Gewährung eines Prozeßkostenvorschusses keine PKH bewilligt worden ist oder mangels Leistungsfähigkeit des Pflichtigen die beiderseitigen Vermögensverhältnisse keine andere Kostenentscheidung als Aufhebung gegeneinander gem § 93a I 1 rechtfertigen.

2) Der Grundsatz, daß die **Kosten gegeneinander aufzuheben** sind, gilt **nicht** bei der **Ehenichtigkeitsklage** des Staatsanwalts oder der Doppelehe (§ 20 EheG) des früheren Ehegatten (§§ 632 ZPO, 24 EheG), s § 93a IV. Dies trifft auch bei einer Klage des Staatsanwalts gemäß § 4 Abs 4 des Ges über die Rechtswirkungen einer nachträgl Eheschließung v 29. 3. 51 (BGBl I 215) zu (BGH LM Nachträgl EheschlG § 3 Nr 1). In jedem dieser Fälle hat die unterlegene Partei die Kosten des Rechtsstreits zu tragen (§ 91). S auch § 637 Rn 1–3. 5

3) **Vereinbarungen** der Parteien **über** die **Kosten:** Dem Kostenausspruch im **Scheidungsurteil** kann das Gericht ganz oder nur teilweise eine zwischen den Parteien getroffene Kostenvereinbarung zugrundelegen (§ 93a I S 3). Gebunden ist das Gericht an eine solche Kostenabrede der Parteien nicht (vgl BGHZ 5, 251 ff, 258; sa §§ 103, 104 Rn 21 „Prozeßvergleich" c aE). Für andere Ehesachen als die Scheidung besteht nicht die Möglichkeit, daß das Gericht seiner Kostenentscheidung eine Vereinbarung der Parteien über die Prozeßkosten zugrundelegt. 6

III) Abweisung des Scheidungsantrags. 1) Der abgewiesene Scheidungsantragsteller hat grundsätzl die Kosten des Scheidungsverfahrens nach § 91 zu tragen. § 93a II 1 dehnt diese allgemeine Kostentragungspflicht auf die infolge Abweisung des Scheidungsantrags gegenstandlos werdenden (§ 629 III 1) Folgesachen, zB der elterl Sorge, der gesetzl Unterhaltspflicht usw – § 621 I Nr 1 ff –, aus, da diese Folgesachen nur durch die Scheidungssache veranlaßt sind. Den Antragsteller eines abgewiesenen Scheidungsantrags treffen auch die Kosten eines nach § 628 I 1 Nr 1–3 (wegen Nichtentscheidungsreife) oder nach § 623 I 2 (wegen Verfahrensbeteiligung eines Dritten) abgetrennten Folgeverfahrens (s oben Rn 1). Bei Zurückverweisung nach § 629b durch das Berufungsgericht wegen verfrühter Antragstellung (§ 1565 II BGB) kann der Antragsteller mit Kosten belastet werden (Düsseldorf FamRZ 83, 628: § 97 II analog). Wird einer Partei auf Antrag im Urteil über die Abweisung des Scheidungsantrags vorbehalten, eine Folgesache als selbständige Familiensache fortzuführen (§ 629 III 2), so wird diese damit aus dem Verbund gelöst und verliert insoweit ihre Eigenschaft als Folgesache. Über die **Kosten** des bisherigen u nun selbständigen Folgeverfahrens ist eine **besondere** Entscheidung nach allgemeinen Kostenvorschriften zu treffen (§§ 629 III 3, 626 II 3), u zwar in sog prozessualen Folgesachen (§ 621 I Nr 4, 5 u 8) nach §§ 91 ff und in Folgesachen der freiwilligen Gerichtsbarkeit (§ 621 I Nr 1–3, 6, 7 u 9) nach § 13a FGG (auch § 20 HausrVO). Dieselben Grundsätze gelten, wenn ein Scheidungsantrag zurückgenommen u die Fortführung eines Folgeverfahrens antragsgemäß vorbehalten wird (§ 626 II 3). S auch § 629b Rn 8. 7

2) Eine **anderweitige Kostenverteilung** ist bei Folgesachen der in § 621 I Nr 4, 5 u 8 bezeichneten Art (also bei Unterhalts- oder güterrechtl Ansprüchen) mögl, wenn die Pflicht des Antragstellers zur vollen Kostentragung mit Rücksicht auf den Sach- u Streitstand unbillig erscheint. Dabei 8

kann berücksichtigt werden, wie die gegenstandslos gewordenen Folgeverfahren ausgegangen wären. Zu beachten bleibt, daß diese anderweitige Kostenverteilung aus Billigkeitsgründen sich nicht auf die Kosten der Scheidungssache, sondern ausschl auf die Kosten der ZPO-Folgesachen des § 621 I Nr 4, 5 u 8 bezieht; andere Folgesachen werden davon nicht betroffen.

9 3) Beantragen beide Ehegatten Scheidung und **nehmen** ihren **Antrag später zurück,** dann ist Kostenaufhebung analog § 92 I auszusprechen (Hamm FamRZ 79, 169). Nimmt ein Ehegatte seinen Scheidungsantrag zurück, nachdem der andere Ehegatte einen Scheidungsantrag gestellt hat, so handelt es sich um dasselbe Verfahren mit demselben Streitwert; es ist eine einheitliche Kostenentscheidung nach § 93a zu treffen (Bamberg KoRsp ZPO § 93a Nr 10).

10 IV) Die Kosten des Verfahrens einer **einstw Anordnung** (§ 620) gelten nach § 620g als Teil der Kosten der Hauptsache, dh sie folgen der Kostenentscheidung des Hauptsacherechtsstreits, so daß es gleichgültig ist, welche Partei im Anordnungsverfahren obsiegt oder unterliegt (§§ 91 ff). Die Kosten des Verfahrens einer einstw Anordnung richten sich daher ebenfalls nach § 93a: Sie werden also bei erfolgreicher Scheidung idR gegeneinander aufgehoben oder aus Billigkeitsgründen anderweitig verteilt bzw bei Abweisung des Scheidungsantrags dem Antragsteller (der Scheidung) aufgebürdet usw. Im allgemeinen ergeht in Anordnungsverfahren keine Kostenentscheidung, da § 620g als Spezialregelung angesehen wird. Bei Beschwerderücknahme durch beteiligten Versorgungsträger gilt § 13a I 1 FGG (Hamburg FamRZ 79, 326; Hamm FamRZ 82, 1093; aA München FamRZ 79, 734; § 515 III; Frankfurt FamRZ 82, 1093; § 93a I). S auch § 621e Rn 51; § 629a Rn 13.

11 V) Bei **Tod einer Partei** vor Rechtskraft des Scheidungsausspruchs im Verbundurteil ist über die Kosten eines dadurch in der Hauptsache erledigten Verfahrens (Versorgungsausgleichs-Beschwerde) nicht nach § 91a, sondern nach § 93a zu entscheiden (BGH FamRZ 83, 683; § 91a Rn 58 „Scheidungs- und Scheidungsfolgesachen"; aA Bamberg FamRZ 95, 1073; Karlsruhe NJW-RR 96, 773; § 619 Rn 6, 7).

12 VI) In der Rechtsmittelinstanz gilt § 93a auch bei erfolgreicher Anfechtung einzelner Folgesachen einer Verbundentscheidung, denn § 97 I, III regelt nur die Kosten erfolgloser Rechtsmittel (Brandenburg FamRZ 94, 1485; Lappe, Kosten in Familiensachen, 5. Aufl 1994 Rn 344, 347). Die Kostenentscheidung erster Instanz kann dabei neu gefaßt werden (Lappe aaO Rn 344; aA Brandenburg aaO).

13 VII) Der Entwurf eines Gesetzes zur Neuordnung des Eheschließungsrechts **(EheschlRG,** Drucksache 13/4898 v 13. 6. 96) sieht vor, daß das EheG aufgehoben wird und die Neuregelungen in das BGB übernommen werden. Eine Ehe kann dann nicht mehr für nichtig erklärt, sondern nur noch aufgehoben werden, so daß § 93a III in der dann geltenden Fassung nur noch auf die Aufhebung abstellt, im übrigen aber unverändert gilt. § 93 IV nF sieht die Beteiligung der Staatsanwaltschaft nicht mehr vor. Er soll wie folgt lauten: „Wird eine Ehe auf Antrag der zuständigen Verwaltungsbehörde oder bei Verstoß gegen § 1306 des Bürgerlichen Gesetzbuchs auf Antrag des Dritten aufgehoben, so ist Absatz 3 nicht anzuwenden."

93b *[Kosten bei Räumungsprozessen]*

(1) Wird einer Klage auf Räumung von Wohnraum mit Rücksicht darauf stattgegeben, daß ein Verlangen des Beklagten auf Fortsetzung des Mietverhältnisses auf Grund der §§ 556a, 556b des Bürgerlichen Gesetzbuchs wegen der berechtigten Interessen des Klägers nicht gerechtfertigt ist, so kann das Gericht die Kosten ganz oder teilweise dem Kläger auferlegen, wenn der Beklagte die Fortsetzung des Mietverhältnisses unter Angabe von Gründen verlangt hatte und

1. **der Kläger aus Gründen obsiegt, die erst nachträglich entstanden sind (§ 556a Abs. 1 Satz 3 des Bürgerlichen Gesetzbuchs), oder**
2. **in den Fällen des § 556b des Bürgerlichen Gesetzbuchs der Kläger dem Beklagten nicht unverzüglich seine berechtigten Interessen bekanntgegeben hat.**

   Dies gilt in einem Rechtsstreit wegen Fortsetzung des Mietverhältnisses bei Abweisung der Klage entsprechend.

(2) Wird eine Klage auf Räumung von Wohnraum mit Rücksicht darauf abgewiesen, daß auf Verlangen des Beklagten die Fortsetzung des Mietverhältnisses auf Grund der §§ 556a, 556b des Bürgerlichen Gesetzbuchs bestimmt wird, so kann das Gericht die Kosten ganz oder teilweise dem Beklagten auferlegen, wenn er auf Verlangen des Klägers nicht unverzüglich über die Gründe des Widerspruchs Auskunft erteilt hat. Dies gilt in einem Rechtsstreit wegen Fortsetzung des Mietverhältnisses entsprechend, wenn der Klage stattgegeben wird.

(3) Erkennt der Beklagte den Anspruch auf Räumung von Wohnraum sofort an, wird ihm jedoch eine Räumungsfrist bewilligt, so kann das Gericht die Kosten ganz oder teilweise dem Kläger auferlegen, wenn der Beklagte bereits vor Erhebung der Klage unter Angabe von Gründen die Fortsetzung des Mietverhältnisses oder eine den Umständen nach angemessene Räumungsfrist vom Kläger vergeblich begehrt hatte.

I) § 93b gilt bei erfolgreicher Klage oder Widerklage auf sofortige oder künftige Räumung von **Wohnraum** u gemäß Abs 1 S 2 entspr, wenn die Klage (Widerklage) auf Fortsetzung des Mietverhältnisses abgewiesen wird. 1

1) Die Anwendung von **Abs 1** setzt voraus: **a)** Vermieter muß auf **Räumung** von **Wohnraum** geklagt oder Mieter muß die Fortsetzung des Mietverhältnisses gemäß §§ 556a–c BGB verlangt haben; Form: § 556a V BGB; Frist: §§ 556a VI, 565d II BGB; Begründung: § 93b I 1; bloße Bezugnahme auf § 556a BGB genügt nicht, vielmehr müssen konkrete Gründe angegeben worden sein. 2

b) Mieter muß gleichwohl zur Räumung verurteilt worden sein oder seine Fortsetzungsklage muß deshalb abgewiesen worden sein (§§ 556a–b, 565d ff BGB), weil die berechtigten Interessen des Vermieters stärker waren als der an sich berechtigte Widerspruch des Mieters. 3

c) Hatte dann der Vermieter aus nachträgl, dh nach Absendung des Kündigungsschreibens (§ 564a I 2 BGB), eingetretenen Gründen den Prozeß gewonnen (I 1 Nr 1) oder seine berechtigten Interessen dem Mieter nicht unverzügl bekanntgegeben (I 1 Nr 2), so können dem siegreichen Vermieter entgegen § 91 die Kosten ganz oder teilweise auferlegt werden (zB LG Kaiserslautern WuM 90, 446). Hätten allerdings die Gründe des Mieters die Fortsetzung des Mietverhältnisses schon ohne Berücksichtigung der berechtigten Interessen des Vermieters, nicht gerechtfertigt, so scheidet § 93b I aus (LG Hagen ZMR 65, 141 m Anm Linke). Dies gilt ganz allgemein, wenn der Mieter mit seinem Fortsetzungsbegehren aus anderen Gründen unterliegt als wegen des Überwiegens der berechtigten Interessen des Vermieters, zB wenn der Mieter selbst das Mietverhältnis gekündigt hat (§ 556a IV Nr 1 BGB), was zum Ausschluß des Fortsetzungsverlangens führt. 4

2) Abs 2 ist das Gegenstück zu Abs 1, bedingt durch S 2 von Abs. 5 des § 556a BGB. Der Mieter soll bei Abweisung der Räumungsklage und Verurteilung des Vermieters zur Fortsetzung des Mietverhältnisses (auch unter Anwendung des § 308a) nicht ohne Kostenfolgen wegkommen, wenn er die vom Vermieter verlangte Auskunft über die Gründe seines Widerspruchs (§ 556a V 2 BGB) nicht oder nicht unverzügl (§ 121 I 1 BGB) oder nur unvollständig erteilt hat. Dann können dem Mieter als siegreichem Kläger in einem Rechtsstreit wegen Fortsetzung des Mietverhältnisses ganz oder teilweise die Kosten auferlegt werden (Abs 2 S 2). 5

II) Anerkenntnis des Räumungsanspruchs, Abs 3. Lit: *Harsch* WuM 95, 246 (Rechtsprechungsübersicht) **1)** Gegenstand des Rechtsstreits muß der Anspruch auf Räumung von Wohnraum sein; nicht vorausgesetzt ist ein Mietverhältnis (LG Hannover NJW 67, 1865). Zwingend ist dies natürlich dann, wenn „Fortsetzung des Mietverhältnisses" begehrt wurde. Verlangt der Bekl eine angemessene Räumungsfrist, kann Wohnraum aber auch aufgrund Pacht oder eines anderen Vertragstyps überlassen worden sein. Gesetzeswortlaut und -zweck erfassen auch diese Fälle. § 93b III hat Strafcharakter (AG Hamburg WuM 93, 549): Der Kl, der auf Räumung klagt, soll Kosten tragen, wenn der Bekl für seinen freiwilligen Auszug nur noch etwas Zeitaufschub benötigt hatte. § 93b III korrespondiert hier mit § 721, der nicht nur für Mietverhältnisse gilt (§ 721 Rn 4). 6

2) Der Bekl muß den Räumungsanspruch sofort (§ 93) vorbehaltlich der Räumungsfrist anerkannt haben; ob er Anlaß zur Klage gegeben hat, ist ohne Belang (LG Freiburg NJW-RR 90, 382; WuM 93, 553). Die Anzeige der Verteidigungsbereitschaft im schriftlichen Vorverfahren schließt ein folgendes sofortiges Anerkenntnis nicht aus (MK/Belz Rn 16; LG Freiburg NJW-RR 90, 382; WuM 93, 553; LG Köln WuM 93, 553; AG Hannover WuM 93, 551: Anerkenntnis in der Klageerwiderung reicht; ähnlich LG Flensburg WuM 93, 553: innerhalb der Frist für die Verteidigungsanzeige; aA LG Lübeck, LG Regensburg WuM 93, 552: im ersten Schriftsatz). Tritt Fälligkeit des Räumungsanspruchs erst während des Prozesses ein, so reicht ein sofortiges Anerkenntnis im folgenden Termin aus (LG Köln WuM 93, 542; LG Mannheim MDR 72, 695). Auch nach Einspruch gegen ein Räumungs-VU (LG Kiel WuM 93, 550) und noch im Berufungsverfahren (LG Karlsruhe WuM 93, 461) kann sofort anerkannt werden. Nach übereinstimmenden Erledigungserklärungen wird über die Kosten unter Berücksichtigung des Rechtsgedankens des § 91b III nach § 91a entschieden (LG Frankenthal ZMR 91, 303; LG Lübeck WuM 93, 552; LG Köln WuM 93, 553). 7

3) Vor Klageerhebung muß der Bekl unter Angabe von Gründen (LG Kassel DWW 71, 94) eine **Fortsetzung** des Mietverhältnisses oder eine den Umständen nach angemessene **Räumungsfrist** vergeblich vom Kl begehrt haben; die Räumungsfrist kann auch aufgrund Kündigung durch den Mieter notwendig geworden sein (AG Kassel WuM 93, 541). Der Mieter darf nicht nur ganz unbestimmte Äußerungen zur Frage seines Auszugs machen (LG Hannover ZMR 70, 366; LG 8

Frankenthal WuM 90, 542; 93, 547; AG Langenfeld WuM 93, 459; AG Hannover WuM 93, 547; zu weit AG Münster WuM 93, 550). Es reicht aber aus, wenn die Frist bestimmbar ist (LG Kassel ZMR 72, 16; LG Freiburg WuM 93, 553), wobei wegen angespannter Wohnungsmarktsituation regelmäßig auch längere Fristen angemessen sind (AG Recklinghausen WuM 93, 545; AG Köln WuM 93, 546), jedenfalls solche, die auch das Gericht bewilligen würde (LG Regensburg WuM 93, 545; AG Recklinghausen WuM 93, 546). Die Parteien sollen das Gespräch suchen (LG Arnsberg WuM 95, 322), der Vermieter auch dann, wenn das Fristverlangen unangemessen ist (LG Wuppertal WuM 93, 548; AG Hamburg WuM 93, 549). Nach Gewährung einer angemessenen Frist ist der Vermieter grds nicht verpflichtet, um Kostennachteile im folgenden Prozeß zu vermeiden, eine weitere Frist zu gewähren (LG Stuttgart WuM 93, 544); für nachgewiesene Notsituationen muß er aber Verständnis zeigen (AG Lörrach WuM 93, 543). Wenn der Mieter wegen wahrscheinl Auszugs keine Räumungsfrist beantragt, kann gleichwohl zu seinen Gunsten § 93b III angewendet werden (LG Essen ZMR 72, 16). Bei einem Auszug vor gerichtl Entscheidung kommt es darauf an, ob voraussichtlich eine Räumungsfrist gewährt worden wäre (AG Bergheim WuM 93, 546); vorausgesetzt, der Räumungsanspruch war anerkannt (LG Köln ZMR 70, 366). Erhebt der Vermieter zunächst eine auf fristlose Kündigung gestützte Räumungsklage und stellt er im Verlauf des Rechtsstreits sein Klagebegehren auf Räumung wegen ordentl Kündigung um, so kommt es für die Kostenverteilung nach § 93b III nicht darauf an, ob die fristlose Kündigung zulässig und begründet war; ein Klageanerkenntnis des Mieters nach der Umstellung der Klage ist dann noch rechtzeitig u ein vorprozessuales Räumungsfristbegehren nicht erforderl (LG Mannheim MDR 72, 695). Ein Begehren des Mieters, das Mietverhältnis auf **unbestimmte Zeit** fortzusetzen, steht dem Räumungsfristverlangen nicht gleich (LG Stuttgart NJW 73, 1377; WuM 93, 550; LG Kiel WuM 93, 550; MK/Belz Rn 16 aE; ThP Rn 11; aA Harsch WuM 95, 246, 247 Nr III 2). Die „Kostenstrafe" für den Kl ist ja nur damit begründet, daß er dem räumungswilligen Bekl keine Frist gewährte, was nicht zutrifft, wenn dieser überhaupt nicht ausziehen wollte. Ist der Widerspruch gegen die Kündigung nach § 556a BGB nicht fristgerecht erhoben, so können die Widerspruchsgründe uU als Räumungsfristbegehren gemäß § 93b III gewertet werden (AG Wetter-Ruhr ZMR 65, 143). Für das Begehren einer Räumungsfrist genügt die Bitte um „Nachsicht" nicht (LG Lübeck SchlHA 65, 38; 70, 141).

9 **4)** Ist eine **Räumungsfrist** (§ 721 I 1) im Urteil bewilligt worden, so können die Kosten ganz oder teilweise dem Kl auferlegt werden. Die beantragte Frist muß der gewährten nicht genau entsprechen (LG Dortmund NJW 66, 258; LG Osnabrück MDR 66, 151); es genügt, daß der Bekl zu erkennen gegeben hat, er sei mit jeder angemessenen Zwischenlösung einverstanden. Bei der Bemessung des Kostenanteils ist der Bereitschaft des Vermieters zur Rücksichtnahme und dessen Verständnis für die Situation des Mieters Rechnung zu tragen (LG Mannheim MDR 72, 553; AG Köln WM 72, 146; 200 LG Köln WuM 93, 460). Da aufgrund des sofortigen Anerkenntnisses nur die Räumungsfrist in Frage steht, hat der Kl idR alle Kosten zu tragen, wenn er keine oder eine nur unangemessen kurze Frist hatte gewähren wollen. War zugleich das vorprozessuale Verlangen des Bekl überzogen, kommt grds Kostenaufhebung in Betracht.

93c *[Kosten bei Klage auf Ehelichkeitsanfechtung]*

Hat eine Klage auf Anfechtung der Ehelichkeit oder eine Klage des Mannes, der die Vaterschaft anerkannt hat, seiner Eltern oder des Kindes auf Anfechtung der Anerkennung der Vaterschaft Erfolg, so sind die Kosten gegeneinander aufzuheben. § 96 gilt entsprechend.

1 **I) Anwendungsbereich. 1) Anfechtung der Ehelichkeit** (§ 640 II Nr 2) **a)** durch den Mann (§ 1594 BGB), **b)** durch seine Eltern (§ 1595a BGB), **c)** durch das Kind (§§ 1596 ff BGB);

2 **2) Anfechtung** der nach § 1600a BGB erfolgten **Anerkennung der Vaterschaft** (§ 640 II Nr 3) **a)** durch den Mann (§§ 1600g II, 1600l BGB), **b)** durch die Eltern des Mannes gegen das Kind (§§ 1600g II, 1600l BGB), **c)** durch das Kind gegen den Mann (§§ 1600g, 1600l I BGB).

3 **3)** Hat die **Mutter** (§ 1600g I BGB) Klage auf Anfechtung der Vaterschaftsanerkennung gegen den Mann erhoben, so gilt § 91, nicht § 93c.

4 **II)** Bei **Erfolg einer der Klagen** gem Rn 1, 2 ist nach § 93c zwingend vorgeschrieben, daß jede Partei ihre eigenen außergerichtl Kosten selbst und die Gerichtskosten zur Hälfte trägt (§ 92 I 2). Der Scheinvater kann Regreß nehmen beim Kindesvater (LG Dortmund FamRZ 94, 654). Bei **Abweisung einer dieser Klagen** fallen allein dem Kläger die Kosten zur Last (§ 91). Nach S 2 können die Kosten eines erfolglosen Angriffs- oder Verteidigungsmittels gem § 96 der obsiegenden Partei, die es geltend gemacht hat, auferlegt werden.

5 **III)** Wegen § 99 I **keine isolierte Anfechtung** der Kostenentscheidung, selbst wenn § 93c übersehen worden ist (Frankfurt MDR 82, 152).

93d *[Kosten bei Unterhaltsklagen nichtehelicher Kinder]*

(1) In einem Verfahren über Unterhaltsansprüche des nichtehelichen Kindes gegen den Vater ist nicht deswegen ein Teil der Kosten dem Gegner des Vaters aufzuerlegen, weil einem Begehren des Vaters auf Stundung oder Erlaß rückständigen Unterhalts stattgegeben wird. Beantragt der Vater eine Entscheidung nach § 642 f, so hat er die Kosten des Verfahrens zu tragen.

(2) Das Gericht kann dem Gegner des Vaters die Kosten ganz oder teilweise auferlegen, wenn dies aus besonderen Gründen der Billigkeit entspricht.

I) Abs 1. Wird bei einer Klage des Kindes auf Unterhaltsrückstände (§ 1615d BGB) dem nichtehel Vater auf seinen Antrag ganz oder teilweise Stundung oder Erlaß nach § 1615i BGB gewährt, so bleibt dies ohne Einfluß auf die Kostentragungspflicht. Das gleiche gilt für die Klage eines Dritten, auf den der Unterhaltsanspruch des nichtehel Kindes nach § 1615b BGB übergegangen ist, wenn dem Vater Stundung oder Erlaß nach § 1615i III BGB zugebilligt wird. Ebenfalls ist es für die Kostenentscheidung ohne Bedeutung, wenn der Vater bei der Klage des Kindes auf Feststellung der nichtehel Vaterschaft antragsgemäß auf Leistung des Regelunterhalts verurteilt worden ist (§ 643 idF des Art 5 Nr 5 NEhelG) und im späteren Nachverfahren (§ 643a) ganz oder teilweise Stundung oder Erlaß rückständiger Unterhaltsbeträge erhält. In allen diesen Fällen ist der Kläger (Kind oder Dritter) ganz kostenfrei zu stellen. 1

Auch bei der **Abänderung der Stundungsentscheidung** nach § 642f hat der Vater, wenn er Antragsteller ist, immer die Kosten des Verfahrens zu tragen, ob er Erfolg hat oder nicht, sei es im Beschlußverfahren, sei es in Verbindung mit einer Abänderungsklage nach § 323 (§ 93d I 2). Bei einem **Antrag des Gegners,** zB des Kindes, gelten die allg Kostenvorschriften der §§ 91 ff. 2

II) Abs 2. Aus Gründen der Billigkeit können in den Fällen des Abs 1 dem Kind oder dem Dritten als **Gegner des Vaters** die Kosten ganz oder teilweise auferlegt werden. „Besondere Gründe" der Billigkeit (außergewöhnl Umstände) dürften vorliegen, wenn zB der gesetzl Vertreter des Kindes oder der Dritte ohne gewichtigen Grund die Mitwirkung zu einer gütlichen Regelung verweigert oder sich sonst besonders unsachgemäß verhält. 3

94 *[Kosten bei nicht mitgeteiltem Übergang des Anspruchs]*

Macht der Kläger einen auf ihn übertragenen Anspruch geltend, ohne daß er vor der Erhebung der Klage dem Beklagten den Übergang mitgeteilt und auf Verlangen nachgewiesen hat, so fallen ihm die Prozeßkosten insoweit zur Last, als sie dadurch entstanden sind, daß der Beklagte durch die Unterlassung der Mitteilung oder des Nachweises veranlaßt worden ist, den Anspruch zu bestreiten.

I) § 94 ist ein Fall möglicher, aber nicht notwendiger **Kostentrennung.** Nur insoweit sind dem sonst siegreichen Kl die genau auszusondernden Kosten aufzuerlegen, als sie durch seine Unterlassung (der Mitteilung oder des Nachweises) veranlaßt wurden. Das können die besonderen Kosten für eine bestimmte Beweisaufnahme, uU aber auch die gesamten Prozeßkosten sein, wenn näml der Bekl zunächst nur die Sachbefugnis des Kl im schriftl Vorverfahren (§§ 272 II, 276) oder in der mündl Verhandlung (§§ 275, 278) bestreitet, nach deren Klärung aber den Anspruch sofort anerkennt. Zur **sofortigen Beschwerde** bei Anerkenntnisurteil s § 93 Rn 5. 1

II) Da zur Anwendung des § 94 auch der Übergang der Prozeßführungsbefugnis genügt, kann nur das Bestreiten der Sach- und Prozeßführungsbefugnis durch die Unterlassung der Mitteilung verursacht sein, nicht aber zB das Vorbringen, die Schuld sei durch Erfüllung getilgt. 2

95 *[Kosten bei Termins- oder Fristenversäumnis usw]*

Die Partei, die einen Termin oder eine Frist versäumt oder die Verlegung eines Termins, die Vertagung einer Verhandlung, die Anberaumung eines Termins zur Fortsetzung der Verhandlung oder die Verlängerung einer Frist durch ihr Verschulden veranlaßt, hat die dadurch verursachten Kosten zu tragen.

I) Zweck: Der Prozeßverschleppung entgegenzuwirken. 1

II) Voraussetzungen: 1) Versäumung eines Termins (§ 216) oder einer Frist (§ 221), auch ohne Verschulden. Entsprechende Anwendung bei Verlegung eines vom Sachverständigen angesetzten Termins (Schleswig SchlHA 75, 135). Die Vorschriften der §§ 238 IV, 344 gehen vor. 2

2) In den übrigen Fällen ist Verschulden (vgl § 276 BGB) erforderl; Maßstab die im Prozeß zu beobachtende Sorgfalt. Für ihren Bevollmächtigten muß die Partei einstehen (§§ 51 II, 85 II). 3

4 **III) Entscheidung** nicht in isoliertem Beschluß (Köln MDR 74, 240), sondern im Kostenausspruch des Urteils (Düsseldorf MDR 90, 832: bei Verstoß hiergegen Beschwerde zulässig trotz § 99 I). Hierbei ist genau auszusondern und das jeweils kostenverursachende Verhalten der Partei konkret zu bezeichnen, nicht etwa zu quotieren. Beispiel: „Der Kl hat die wegen seiner Säumigkeit im Termin vom . . . entstandenen Kosten zu tragen; im übrigen treffen die Kosten des Rechtsstreits den Bekl". Anfechtung nur der Kostenentscheidung wegen § 99 I unzulässig (RGZ 152, 248).

5 **IV) Verzögerungsgebühr (§ 34 GKG).** Lit: *Schneider* JurBüro 76, 5 ff. **1)** § 95 wird ebenso wie § 34 GKG in der Praxis mit gutem Grund nur selten angewendet. Nach § 34 GKG kann das Gericht in jedem Verfahren, das sich nach der ZPO richtet, einer Partei eine sog Verzögerungsgebühr von 1/4 bis 1/1 der vollen Gebühr auferlegen (vgl KV Nr 1680), wenn **durch Verschulden** der Partei oder ihres Vertreters (ProzBev) die **Vertagung einer mündl Verhandlung** oder die Anberaumung eines neuen Termins zur mündl Verhandlung veranlaßt wurde. Dies gilt auch, wenn die Rechtsstreiterledigung durch schuldhaftes nachträgl Vorbringen von Angriffs- oder Verteidigungsmitteln, Beweismitteln oder Beweiseinreden, zu deren Vortrag die Partei ohne weiteres früher in der Lage gewesen wäre, verzögert worden ist. Verzögerung ist ausgeschlossen, wenn Vorbringen nach §§ 282, 296, 528 zurückgewiesen wird, nicht jedoch, wenn dies möglich gewesen wäre, aber nicht geschehen ist. Hätte das Gericht ohnehin vertagen müssen, so scheidet die Verhängung einer Verzögerungsgebühr aus (LG Koblenz AnwBl 78, 103), desgl wenn das Gericht die Verzögerung hätte abwenden können (Düsseldorf MDR 95, 752).

6 **2) Verfahren:** Vor der Verhängung der Gebühr ist in jedem Fall die Anhörung der Partei notwendig (Hamm NJW-RR 95, 1406). Eine wiederholte Festsetzung der Gebühr ist zulässig. Möglich ist auch das Festsetzungsverfahren gegen beide Parteien (München Rpfleger 58, 236). Bei Streitgenossen kann die Gebühr nicht einheitlich, sondern nur gegen jeden Streitgenossen nach dem für ihn maßgebenden Streitwert gesondert festgesetzt werden (Nürnberg JurBüro 65, 300). Die Gebühr ist ohne Rücksicht auf bewilligte PKH oder Gebührenfreiheit einzuziehen. Der Beschluß über die Auferlegung der Verzögerungsgebühr ist zu begründen (Stuttgart NJW 60, 1611); er kann bei hinreichender Beschwer (§ 567 II) nach § 34 II GKG angefochten werden. Bei Verhängung im Berufungsverfahren keine Erhöhung, sondern der Höhe nach genauso festzusetzen wie in der ersten Instanz.

7 **3)** Wie der erstinstanzl Beschluß über die Verzögerungsgebühr ist auch das **Beschwerdeverfahren** gerichtsgebührenfrei. Außergerichtl Kosten werden in keiner Instanz erstattet (§ 34 II 2 iVm § 5 VI GKG).

96 *[Kosten erfolgloser Angriffs- und Verteidigungsmittel]*

Die Kosten eines ohne Erfolg gebliebenen Angriffs- oder Verteidigungsmittels können der Partei auferlegt werden, die es geltend gemacht hat, auch wenn sie in der Hauptsache obsiegt.

1 **I)** § 96 ist ein Fall der Kostentrennung (Lit: Matthies, Zur Anwendung des § 96 ZPO bei Punktesachen, JR 93, 181). Antrag des Gegners ist nicht erforderlich. **Angriffs- und Verteidigungsmittel:** Klagegründe, einfaches Bestreiten, Einreden, zB der Aufrechnung oder der fehlenden Prozeßkostensicherheit (BGH NJW 80, 838, 839), aber auch Beweismittel, **nicht dagegen** die Widerklage und Rechtsmittel. Dem Kl können hiernach zB, wenn er zunächst aus einem anderen Grund klagt und nach der Beweisaufnahme die Klage auf ungerechtfertigte Bereicherung stützt, im Endurteil (RGZ 13, 413) die Kosten der Beweisaufnahme auferlegt werden, auch wenn er obsiegt. Dem Bekl können (nicht: müssen) die durch die Beweisaufnahme über eine unbegründete prozeßhindernde Einrede entstandenen Kosten auferlegt werden, selbst wenn die Klage infolge einer anderen Einrede abgewiesen wird. Jedoch haben die Kostenregelungen der §§ 75 S 2, 238 IV, 269 III 2, 344 Vorrang.

2 **II)** § 96 gilt auch in Kindschaftssachen u im Verfahren der einstw Anordnung des § 641d für den Unterhalt des Kindes bei Klage auf Feststellung der nichtehel Vaterschaft, s § 641d IV. Verfahren der einstw Anordnungen des § 620 ZPO folgen idR der in der Hauptsache ergehenden Kostenentscheidung (§§ 620g Hs 1, 93a). In sinngemäßer Anwendung des § 96 (§ 620g Hs 2) kann das Gericht nach Ermessen in einem Ehescheidungsrechtsstreit über die Kostentragungspflicht in einem Verfahren einstweiliger Anordnungen gem § 620 anders als im Verfahren der Hauptsache entscheiden, so daß insbesondere die Kosten des Anordnungsverfahrens nicht nur bei unzulässigen, sondern auch bei unbegründeten Anträgen auf Erlaß einer einstw Anordnung der in der Hauptsache siegreichen Partei ganz auferlegt werden dürfen (Hamm NJW 71, 2079).

97 *[Kosten der Rechtsmittel]*
(1) Die Kosten eines ohne Erfolg eingelegten Rechtsmittels fallen der Partei zur Last, die es eingelegt hat.

(2) Die Kosten des Rechtsmittelverfahrens sind der obsiegenden Partei ganz oder teilweise aufzuerlegen, wenn sie auf Grund eines neuen Vorbringens obsiegt, das sie in einem früheren Rechtszug geltend zu machen imstande war.

(3) Absatz 1 und 2 gelten entsprechend für Familiensachen der in § 621 Abs. 1 Nr. 1 bis 3, 6, 7, 9 bezeichneten Art, die Folgesachen einer Scheidungssache sind.

1 I) **Erfolglose Rechtsmittel:** 1) Erfolglos ist das Rechtsmittel, wenn es als unbegründet zurückgewiesen oder als unzulässig verworfen oder nur in einem Nebenpunkt (§ 4 I Hs 2) abgeändert wird, zB wegen der Kosten (BGH MDR 59, 209; NJW 92, 2969; Karlsruhe JurBüro 94, 682) oder wegen der Zinsen (BayOblGZ 57, 157). Bei Teilerfolg ist § 92 anwendbar. „Rechtsmittel" ist auch die Erinnerung nach § 103 III (s §§ 103, 104 Rn 21 unter „Kostentragung") und nach § 19 II 3 BRAGO (KG NJW 71, 1322; Hamm MDR 74, 941; s näher Schneider Anm zu KoRsp BRAGO § 19 Nr 16). Zur Kostenentscheidung beim Anschlußrechtsmittel s § 521 Rn 32, § 554b Rn 6 und § 556 Rn 9. Entsprechende Anwendung bei Einspruchsverwerfung gem § 341 I 2; Entscheidung gem § 91 führt zum selben Ergebnis.

2 2) § 97 greift auch ein, wenn die Berufung gegen ein Grundurteil nach § 304 erfolglos blieb (Oldenburg JurBüro 92, 492 gegen Frankfurt NJW-RR 88, 1213), auch wenn der Bekl im Nachverfahren obsiegt, weil – etwa wegen § 254 BGB oder Eingreifens des Quotenvorrechts – vom Schadensersatzanspruch nichts mehr bleibt. Es ist daher nicht zulässig, die Entscheidung über die Kosten des Rechtsmittelverfahrens dem Schlußurteil über das Betragsverfahren zu überlassen (BGH LM ZPO § 97 Nr 9 m Anm Hauß). Erstreitet der Kl mit der Anschlußberufung ein ihm günstigeres Grundurteil nach § 304, so ist die Kostenentscheidung dem Schlußurteil im Betragsverfahren vorzubehalten (BGH VRS 16, 404). Das Revisionsgericht hat dem Bekl die Kosten beider Rechtsmittel aufzuerlegen, wenn das LG den Anspruch dem Grunde nach für gerechtfertigt erklärt, das OLG aber die Klage abgewiesen hatte und die Revision des Kl dazu führt, daß unter Aufhebung des OLG-Urteils die Berufung des Bekl zurückgewiesen wird (BGH MDR 70, 663).

3 3) Obsiegt der Kl in der Rechtsmittelinstanz nur wegen einer Gesetzesänderung nach Erlaß des angefochtenen Urteils, so trägt der Bekl die Kosten aller Instanzen, wenn er nicht sofort anerkennt (BGHZ 37, 233).

4 4) Kosten des Rechtsmittels des **Nebenintervenienten:** § 101. Der sich an einem Rechtsmittel nicht beteiligende (notwendige) **Streitgenosse** ist nicht Rechtsmittelpartei u daher auch nicht kostenrechtl als solche zu behandeln. Legt ein **RA ohne Vollmacht** der Partei in deren Namen ein Rechtsmittel ein u wird die Einlegung auch nicht nachträgl von ihr genehmigt, so ist das Rechtsmittel auf Kosten des RA als unzulässig zu verwerfen (BGH LM ZPO § 97 Nr 4). Ausnahmsweise ist der Vertretene in die Kosten zu verurteilen, wenn er das Auftreten des vollmachtslos handelnden RA veranlaßt hat (vgl § 91 Rn 2).

5 5) Haben beide Parteien ein erfolgloses Rechtsmittel eingelegt, so sind die Kosten des Rechtsmittelverfahrens im Verhältnis der beiden Rechtsmittelstreitwerte quotenmäßig aufzuteilen. Werden zwei Streitgenossen als Gesamtschuldner verklagt und obsiegt der Kl, dann hat bei Unterliegen der Gesamtschuldner auch im zweiten Rechtszug die Kostenentscheidung auf Gesamtschuldnerschaft zu lauten, da materielles Recht maßgebend ist; fehlt im Berufungsurteil ein Gesamtschuldausspruch, schlägt der der ersten Instanz durch. Erreicht die erstinstanzlich siegreiche Partei als Berufungsbeklagte mit neuem Vorbringen die Zurückweisung des Rechtsmittels, ist § 97 II anwendbar, da diese Vorschrift auch gegenüber der erstinstanzlich siegreichen Partei gilt (Hamm NJW 73, 198). Nach einem Teilurteil mit Vorbehalt der Kostenentscheidung ist für die Gesamtkostenverteilung im Schlußurteil das Ergebnis der Teil-Sachentscheidung auch dann maßgebend, wenn ein Restitutionsgrund geltend gemacht wird, da offenbleibt, ob mit seiner Hilfe das Teilurteil beseitigt werden kann (BGH NJW 80, 839).

6 6) Übersehen wird häufig, daß das Rechtsmittelgericht vAw zu prüfen hat, ob der Kostenausspruch der angefochtenen Entscheidung richtig ist (BGH KoRsp ZPO § 92 Nr 8; WPM 81, 48; München OLGR 93, 228; Koblenz JurBüro 93, 115; aA Hamm OLGR 93, 299 = KoRsp ZPO § 100 Nr 99 mit abl Anm von Eicken). Es muß also gegebenenfalls trotz erfolglosen Rechtsmittels die falsche Kostenentscheidung korrigieren, wobei sogar ein beschränkter Rechtsmittelangriff als hinreichender Grund angesehen wird, die gesamte Kostenentscheidung der Vorinstanz zu überprüfen (vgl § 521 Rn 24; BGH GRUR 92, 625). Das gilt auch bei nur teilweisem Angriff einer Verbundentscheidung (Karlsruhe KoRsp ZPO § 99 Nr 55), bei durch falsche Parteibezeichnung ausgelöster Belastung einer am Rechtsstreit nicht beteiligten Partei (BGH WPM 81, 46), hinsichtlich eines am Rechtsmittelverfahren nicht mehr beteiligten Streitgenossen (BGH MDR 81, 928) und wenn das Gericht die Revision nicht annimmt, dabei aber den Wertansatz ändert,

weshalb die Kostenentscheidung anzupassen ist (BGH MDR 96, 94). Hierzu in Widerspruch läßt der BGH (NJW-RR 86, 548) bei nur teilweiser Annahme der Revision (§ 554b) eine Überprüfung des rechtskräftig gewordenen Kostenteils nicht zu.

7 **II) Erfolgreiche Rechtsmittel: 1)** Bei vollem Erfolg ist nach § 91, nicht nach § 97 I über die Kosten zu entscheiden (§ 97 II kann anwendbar sein). Bei Zurückverweisung (§§ 538, 539, 565, 566a) bleibt der Erfolg offen; deshalb ist die Kostenentscheidung des Rechtsmittelverfahrens dem unteren Gericht zu übertragen, das nach § 91 ff, nicht nach § 97 urteilen muß; anders bei der Stufenklage, wenn das Rechtsmittelgericht die Stufe abschließend bescheidet, Hamm OLGR 94, 72.

8 2) Bei **teilweisem Erfolg** ist nach § 92 (in Ehesachen nach § 93a: Hamburg FamRZ 90, 299) zu verteilen, wobei das Obsiegen und Unterliegen am gesamten Rechtsmittelstreitwert zu messen ist; soweit der Rechtsmittelführer unterliegt, gilt § 97 I. Entscheidet das Rechtsmittelgericht teilweise selbst zur Sache, verweist es aber im übrigen zurück, so muß die Kostenentscheidung der unteren Instanz vorbehalten bleiben, soweit nur zurückverwiesen worden ist; es darf aber auch die ganze Kostenentscheidung übertragen werden, wobei jedoch abzuwägen ist, ob dadurch nicht schutzwürdige Interessen der erstattungsberechtigten Partei verletzt werden.

9 3) **Ist im Beschwerdeverfahren kein Gegner vorhanden,** so ist auch für das Beschwerdeverfahren, soweit sich die Beschwerde als begründet erweist, keine Kostenentscheidung zu treffen. Ebenso, wenn der angefochtene Beschluß als Entscheidung im laufenden Verfahren keiner Kostenentscheidung fähig ist. Insoweit bilden die durch die Beschwerde entstandenen Kosten einen Teil der Gesamtkosten des Rechtsstreits.

10 4) In **Beschwerdeverfahren mit Gegner** sind die Kosten bei erfolgloser Beschwerde gem § 97 I dem Beschwerdeführer aufzuerlegen, während bei erfolgreicher Beschwerde § 91 gilt. Im Verfahren auf Bewilligung von PKH gibt es keine Kostenentscheidung, auch nicht in der Beschwerdeinstanz (§ 127 IV).

11 **III) Kostenlast trotz Obsiegens (Abs 2). 1)** Eine Partei kann in der Rechtsmittelinstanz obsiegen, weil sie in ihr neue Klagegründe oder neue Klageanträge, neue Angriffs- und Verteidigungsmittel, neue Beweismittel oder Erklärungen vorgebracht hat, die nicht zurückgewiesen worden sind (vgl § 528) und die sie schon im früheren Rechtszug nach der Prozeßlage vom Standpunkt einer vernünftigen, gewissenhaften Prozeßführung aus oder, wie es nun § 282 I ausdrückt: „bei sorgfältiger und auf Förderung des Verfahrens bedachter Prozeßführung" hätte geltend machen müssen (Braunschweig OLGR 94, 228), aber aus irgendeinem Grund (Verschleppungsabsicht oder grobe Fahrlässigkeit braucht nicht vorzuliegen: BGHZ 31, 350) nicht geltend gemacht hat. Dann sind ihr die Kosten des Rechtsmittelverfahrens ganz oder teilweise aufzuerlegen. Amtswegige zweitinstanzliche Beweiserhebungen, die zu Prozeßerfolg führen, fallen nicht unter § 97 II (Karlsruhe OLGZ 80, 384); kostenmäßig unerheblich ist auch eine neue rechtliche Beurteilung in höherer Instanz (Bamberg JurBüro 84, 737). Darauf, ob die Gegenpartei das unterlassene Vorbringen bereits gekannt hat, kommt es nicht an (irrig AG Überlingen MDR 84, 588 m abl Anm Schneider). Mit Köln (MDR 73, 324) ist jedoch davon eine Ausnahme zu machen, wenn der Kl erstinstanzlich wider besseres Wissen eine schriftlich übernommene Verpflichtung bestreitet und dadurch bewirkt, daß der letztlich obsiegende Bekl erst im zweiten Rechtszug den Schriftvertrag zum Beweis vorlegt; sein Vertrauen auf wahrheitsgemäße Prozeßführung (§ 138 I) ist schutzwürdig (ebenso Frankfurt FamRZ 72, 806). Abs 2 gilt nur für die Rechtsmittelinstanz, nicht für die Kosten der Vorinstanz.

12 2) Werden die Instanzkosten mit Rücksicht auf § 97 II unterschiedlich verteilt, dürfen die Kosten sämtlicher Rechtszüge nicht gegeneinander aufgehoben werden, weil in der höheren Instanz höhere Gebühren anfallen; entweder müssen die Gesamtkosten beider Instanzen gequotelt werden, oder es ist zu tenorieren, daß der Kl die erstinstanzlichen, der Berufungskl die zweitinstanzlichen Kosten trägt.

13 3) **Praktisch wichtige Anwendungsfälle:** Der **Verzicht** des Kl auf Unterhaltsanspruch, weil der Bekl im zweiten Rechtszug verspätet seine Leistungsunfähigkeit darlegt (Schleswig SchlHA 78, 172). Verspätete Geltendmachung eines **Zurückbehaltungsrechts** durch den Verkäufer mit sofortiger Beschränkung des Klageantrages durch den Käufer nach Erhebung der Einrede (Hamm MDR 78, 402). Erhebung der **Verjährungseinrede** erstmals im zweiten Rechtszug, wobei es gleichgültig ist, ob der Kl in erster Instanz unterlegen ist oder obsiegt hat (Hamm VersR 82, 1080). Anders aber, wenn die Frage der Verjährung rechtlich zweifelhaft war (BGH KoRsp ZPO § 97 Nr 12) oder wenn anzunehmen ist, daß der Kl sich auch bei Erhebung der Einrede schon im ersten Rechtszug nicht mit Klageabweisung zufrieden gegeben hätte (Hamm WRP 79, 327). Die Partei obsiegt erst auf Grund eines erstmals im Berufungsrechtszug gestellten **Hilfsantrages** (Karlsruhe KoRsp ZPO § 97 Nr 19). **Klageänderung** (Düsseldorf WRP 85, 644), etwa durch **Übergang zur Leistungsklage** in zweiter Instanz nach erstinstanzlicher Abweisung mangels Rechtsschutzbedürfnisses trotz Hinweises auf die Möglichkeit der Leistungsklage statt der verfolgten

Feststellungsklage (Hamm KoRsp ZPO § 97 Nr 22). Der Bekl findet sich erst in zweiter Instanz bereit, den Kl durch Abgabe einer **Unterlassungserklärung** klaglos zu stellen (Frankfurt WRP 76, 47).

4) § 97 II gilt auch im Verhältnis zum **obsiegenden Berufungsbeklagten,** dem als erstinstanzlichem Sieger wegen Zurückhaltung von Rechtsbehelfen nur dann ein Vorwurf gemacht werden kann, wenn dies mit seiner Prozeßförderungspflicht unvereinbar war (BGH NJW 60, 818; Hamm MDR 84, 1032; aA NJW 84, 1244). Nach BGH (NJW 54, 1200) ist § 97 II unanwendbar, wenn der Berufungsbekl erst im zweiten Rechtszug eine materielle Voraussetzung für sein Obsiegen schafft, etwa eine behördliche Genehmigung zu einem Rechtsgeschäft erwirkt (anders für die Ermächtigungserklärung zur Prozeßführung in gewillkürter Prozeßstandschaft, BGH GRUR 92, 108), obwohl dies schon vorinstanzlich möglich gewesen wäre; das ist mit dem Grundgedanken der Vorschrift und erst recht mit der Beschleunigungstendenz der ZPO nicht zu vereinbaren (KG Rpfleger 86, 445); jedenfalls dann nicht, wenn es um eigene Erklärungen der Partei (Kündigung) geht (Hamm MDR 90, 450). 14

5) Belastungsumfang: Zu den nach § 97 aufzuerlegenden Kosten gehören alle diejenigen, die nur durch das zum Obsiegen führende neue Vorbringen ausgelöst worden sind, also auch die nach der vom Revisionsgericht ausgesprochenen Zurückverweisung (§ 565) in die Berufungsinstanz dort entstehenden Kosten (BGH NJW 67, 203). Ebenso in Ehescheidungssachen, wenn das Rechtsmittelgericht das den Scheidungsantrag abweisende Urteil aufhebt u die Sache an das Gericht zurückverweist, bei dem eine Folgesache zur Entscheidung ansteht (§ 629b I). 15

IV) Abs. 3: **Scheidungsfolgesachen** aus dem Bereich der **freiwilligen Gerichtsbarkeit** (§ 621 I Nr 1–3, 6, 7 u 9) werden für den Fall, daß ein isoliertes Rechtsmittel erfolglos bleibt, im Interesse ihrer einheitl kostenmäßigen Behandlung der Regelung des § 97 I, II unterworfen. Auf die prozessualen Scheidungsfolgesachen (§ 621 I Nr 4, 5 u 8) ist § 97 ohnehin anwendbar, so daß es insoweit keiner besonderen Regelung bedurfte. Legt ein am Scheidungsverfahren unbeteiligter Dritter, zB das Jugendamt oder der Träger der Versorgungslast, hinsichtlich einer Folgesache Rechtsmittel ein, so ist er bei Erfolglosigkeit in die Kosten des Rechtsmittels zu verurteilen (KG FamRZ 81, 381). Zur Beschwerderücknahme s § 93a Rn 10. Wird eine Folgesache aus der Verbundentscheidung erfolgreich angegriffen, gilt § 93a (s dort Rn 12). § 97 verdrängt bei erfolglosen Beschwerden im einstweiligen Anordnungsverfahren § 620g (Brandenburg OLGR 95, 186; § 620g Rn 8). 16

Bloßer Zeitablauf ist kein neues Vorbringen. Klagt der Kl verfrüht und wird er deshalb erstinstanzlich abgewiesen, so kann der Bekl bei Vollendung der Frist im zweiten Rechtszug seine Kostenlast durch sofortiges Anerkenntnis abwenden. In Ehesachen hat er wegen § 617 diese Möglichkeit nicht. Deshalb ist § 97 II analog anzuwenden, wenn der Scheidungskläger verfrüht, nämlich vor Ablauf des Trennungsjahres (§ 1565 II BGB) klagt und die Jahresfrist erst im zweiten Rechtszug abläuft (s § 629b Rn 8 m Nachw; Frankfurt OLGR 93, 124; Hamm FamRZ 93, 456; OLGR 96, 71; Braunschweig OLGR 96, 45). Auch im **Konkursverfahren** ist entsprechende Anwendung des § 97 II möglich, LG Limburg JurBüro 87, 283. 17

98 *[Vergleichskosten]*

Die Kosten eines abgeschlossenen Vergleichs sind als gegeneinander aufgehoben anzusehen, wenn nicht die Parteien ein anderes vereinbart haben. Das gleiche gilt von den Kosten des durch Vergleich erledigten Rechtsstreits, soweit nicht über sie bereits rechtskräftig erkannt ist.

I) § 98 gilt zunächst für den **Prozeßvergleich.** Er ist auch anwendbar, wenn in einem anders gearteten Verfahren (FGG) ein Vergleich geschlossen wird, der einen ordentl Rechtsstreit beendet (Frankfurt NJW 56, 1035), aber nur hinsichtlich der **Parteien des Rechtsstreits,** nicht für den Dritten, der dem Rechtsstreit nur zum Vergleichsabschluß beigetreten ist (§ 794 I Nr 1). Wegen der Kosten einer Streithilfe s § 101 Rn 6 ff. Eine vergleichsweise Kostenregelung wirkt auch gegenüber der Staatskasse, sofern sie nicht bezweckt, diese zu schädigen (LG Köln AnwBl 84, 624). 1

II) § 98 unterscheidet zwischen den **Kosten des Vergleichs** (S 1; s auch § 779 BGB) und denjenigen **des Rechtsstreits** (S 2). Erledigt ein Teilvergleich die im übrigen streitig bleibende Hauptsache nur teilweise, so greift hinsichtlich des Teilvergleichs nur § 98 S 1 ein; anders, wenn ein Restvergleich, zB etwa nach Teilurteil, den Rechtsstreit völlig beendet; dann gelten § 98 S 1 und S 2 (Zweibrücken OLGZ 83, 80). Doch kann im Teilvergleich, der die Hauptsache nur teilweise erledigt, auch eine Kostenregelung vereinbart werden. Unklare Vereinbarungen sind auszulegen (s §§ 103, 104 Anm 21 „Prozeßvergleich"), bei ergänzungsbedürftigen ist nach § 91a zu entscheiden (Köln NJW-RR 95, 509). Enthält ein gerichtl Vergleich keine Bestimmung über die Kosten, so gelten sie als gegeneinander aufgehoben (Naumburg OLGR 96, 103). Wird ein abschließender Vergleich fälschlich als „Zwischenvergleich" bezeichnet, dann erledigt er ungeachtet der irrigen Benennung die Hauptsache. In der darauf gestützten Klageabweisung ist über die Kosten nach § 91 zu entscheiden; § 98 gilt dann nur für die anwaltliche Vergleichsgebühr des § 23 2

BRAGO (Schleswig SchlHA 77, 135). Kommt es nach **Teilvergleich** zur urteilsmäßigen Entscheidung über die restliche Hauptsache, dann sind die Gesamtkosten gem § 92 I auszuquoteln. Dabei ist zu unterscheiden: Haben die Parteien zum Vergleich keine Kostenvereinbarung getroffen, dann ist in der Gesamtkostenentscheidung jede Partei gem § 98 mit dem halben Kostenanteil zu belasten, der auf den Vergleichswert entfällt; haben sie eine Kostenvereinbarung getroffen, sind die vereinbarten Übernahmequoten zu übernehmen.

3 **III)** Die Parteien können den Vergleich durch sog **negative Kostenregelung** im protokollierten Vergleichstext ausdrücklich (Zweibrücken OLGZ 83, 80) oder konkludent (Frankfurt JurBüro 83, 1877) auf die Hauptsache beschränken. Da diese damit erledigt ist, muß das Gericht sodann über die Kosten nach § 91a entscheiden (BGH MDR 65, 25; Oldenburg NJW-RR 92, 1466; Koblenz AnwBl 90, 48; JurBüro 90, 1517; 91, 120; Frankfurt JurBüro 83, 1878; Bamberg JurBüro 84, 1740; MK/Belz § 103 Rn 4), wobei dann nicht das vergleichsweise Nachgeben den Maßstab der Verteilung bildet, sondern der bisherige Sach- und Streitstand, insbesondere also die danach zu beurteilende Erfolgsaussicht (München MDR 90, 344). Übernimmt der Bekl im Vergleich die außergerichtlichen Kosten beider Parteien, ohne daß eine Vereinbarung über die Gerichtskosten getroffen wird, sind diese je zur Hälfte zu tragen (Bremen MDR 79, 500).

4 **IV) Vergleich in Ehesachen** ist zur Hauptsache nicht zulässig. Nach Düsseldorf (MDR 72, 54) gelten nach Aussöhnung der Parteien eines Scheidungsprozesses und der hierauf erfolgten Klagerücknahme die Kosten des Rechtsstreits gem § 98 als gegeneinander aufgehoben. Bereits vor Erlaß eines Scheidungsurteils ist ein Vergleich über **Kosten** des Scheidungsrechtsstreits mögl; eine solche Kostenvereinbarung kann das Gericht in die Kostengrundentscheidung des Scheidungsurteils nach § 93a I 3 ganz oder teilweise übernehmen. § 98 gilt auch für den Fall, daß ein **Prozeßvergleich** über **Folgesachen** (§§ 623 I, 621) abgeschlossen wird, der keine Kostenregelung enthält (für Anwendung des § 93a dagegen Bergerfurth FamRZ 76, 583), desgl bei Unterhaltsverzicht der Ehegatten ohne Kostenregelung (Braunschweig NdsRpfl 70, 10) sowie bei vergleichsweiser Regelung vermögens-, güter- oder versorgungsrechtlicher Ansprüche (Hamburg MDR 67, 138; Frankfurt JurBüro 64, 867). Die Kosten derartiger Vergleiche im Rahmen eines Scheidungsverfahrens betreffen aber nie die Hauptsache und fallen deshalb auch nicht unter deren Kostenentscheidung; es ist nur § 98 anzuwenden (Schleswig JurBüro 70, 61; Hamm MDR 75, 147; Koblenz MDR 77, 57; München MDR 77, 848).

5 **V)** Es kann dem Parteiwillen entsprechen, § 98 sinngemäß auch auf **außergerichtl Vergleiche** anzuwenden, wie dies die überwiegende Ansicht tut (BGH WPM 88, 1462; LAG Nürnberg JurBüro 94, 304; Frankfurt JurBüro 83, 1878; LAG München MDR 94, 737; Saarbrücken NJW-RR 96, 320). Doch ist dies sorgfältig zu ermitteln (LG Berlin AnwBl 86, 541). Grundsätzl erledigt der außergerichtliche Vergleich nämlich den Rechtsstreit, so daß über die Kosten nach § 91a zu entscheiden ist (str, Bremen OLGZ 80, 222 gegen BGH MDR 70, 46 u Hamm MDR 76, 147). Im Ergebnis ist diese Kontroverse allerdings nicht von großer Bedeutung, da auch bei Anwendung des § 91a aus Billigkeitsgründen Kostenaufhebung nach § 98 bejaht wird (Bremen OLGZ 80, 222). Zuzustimmen ist der vermittelnden Auffassung von München (NJW 70, 1329), daß es den Parteien freisteht, einen außergerichtlichen Vergleich kostenmäßig dem § 98 oder dem § 91a zu unterstellen. Was gewollt ist, muß durch Auslegung ermittelt werden; ergibt sie, daß eine sachbezogene Klärung gewollt ist, spricht dies für die Anwendung des § 91a, da die Kostenverteilung nach § 98 diese Voraussetzungen nicht erfüllt. Haben die Parteien nicht an die anfallenden Anwaltskosten gedacht, bleibt es nach Oldenburg (AnwBl 86, 252) dabei, daß jede Partei die eigenen Kosten tragen muß.

6 **VI)** Verpflichtet sich der Kl in einem Prozeßvergleich ohne Kostenregelung zur **Zurücknahme** der Klage oder des Rechtsmittels, dann liegt darin noch nicht die prozessual beachtliche Erklärung gem §§ 269 II, 515 II (s § 515 Rn 9 ff), so daß die §§ 269 III 2, 515 III 1 unanwendbar sind. Da der Vergleich nach dem Parteiwillen den Rechtsstreit beenden soll, gilt nur § 98. Grundsätzlich gilt das auch für die Rücknahmeverpflichtung in einem außergerichtlichen Vergleich (BGH WPM 88, 1462; LAG München JurBüro 88, 384; Hamm JurBüro 92, 424). Jedoch können die Parteien auch konkludent eine abweichende Kostenregelung treffen. So liegt es in der Regel, wenn die vergleichsweise vereinbarte Rücknahmeverpflichtung im wesentlichen eine dem Kl oder dem Rechtsmittelführer ungünstige Entscheidung vorwegnimmt, wenn dieser also ohne die Zurücknahme der Klage oder des Rechtsmittels voraussichtlich unterliegen würde. Dann ist davon auszugehen, daß statt des § 98 kraft stillschweigender Vereinbarung der Parteien die §§ 269 III, 515 III gelten sollen (BGH MDR 88, 1053 = WuB VII A § 98 ZPO 1.88 – Schneider; Köln MDR 86, 503). Ist allerdings die Rücknahmeerklärung als Erledigungserklärung zu deuten, dann ist die Kostenentscheidung nach § 91a zu treffen.

7 **VII) Gebühren: 1) des Gerichts:** Keine Gebühr, wenn der Vergleich nur den Streitgegenstand abdeckt; bei höherem Vergleichswert: KV 1660 (0,25 Gebühr), es sei denn, der zusätzlich einbezogene Vergleichswert ist bereits in einem anderen Verfahren mit der allgemeinen Verfahrensgebühr belegt. – **2) des Anwalts:** § 23 BRAGO; bei den Streitgegen-

stand übersteigendem Vergleichswert zusätzlich hieraus ½ Prozeßgebühr (§ 32 II BRAGO), insgesamt jedoch nicht mehr als 1/1 Prozeßgebühr aus der Summe beider Werte (§ 13 III BRAGO). § 23 I 1 BRAGO gilt nur für den außergerichtl Vergleich (hierzu Enders JurBüro 95, 3). Im Rechtsstreit und im PKH-Verfahren gilt § 23 I 3 BRAGO (hierzu Nürnberg Rpfleger 96, 129; Bamberg NJW-RR 96, 180; von Eicken/Madert NJW 96, 1650 II 2b). Bei einem Vergleich über den Streitgegenstand und über nichtanhängige Ansprüche ist § 13 III BRAGO zu beachten (LAG Stuttgart JurBüro 95, 584).

99 *[Anfechtung von Kostenentscheidungen]*

(1) Die Anfechtung der Entscheidung über den Kostenpunkt ist unzulässig, wenn nicht gegen die Entscheidung in der Hauptsache ein Rechtsmittel eingelegt wird.

(2) Ist die Hauptsache durch eine auf Grund eines Anerkenntnisses ausgesprochene Verurteilung erledigt, so findet gegen die Entscheidung über den Kostenpunkt sofortige Beschwerde statt. Vor der Entscheidung über die Beschwerde ist der Gegner zu hören.

1 **I) Ausschluß isolierter Anfechtung (Abs 1).** Gesetzeszweck: Die Rechtsmittelsperre soll verhindern, daß das Gericht bei der Überprüfung der Kostenentscheidung erneut die Hauptsache beurteilen muß (Düsseldorf JurBüro 91, 430). Dieser Fall kann nur dann eintreten, wenn der Kostenpunkt nicht selbst zur Hauptsache geworden ist, etwa nach §§ 5, 8, 34 GKG oder als materiellrechtlicher Kostenerstattungsanspruch (Rn 10–12 vor § 91). **1)** Ist **über Hauptsache und Kosten entschieden,** so kann die Kostenentscheidung nur zusammen mit dem Urteil angefochten werden. Kein Fall des § 99 I jedoch, wenn der Erlaß einer **Kostenentscheidung abgelehnt** wird (Zweibrücken MDR 90, 253; s § 568 Rn 36), wozu bereits bewußtes Absehen davon genügt (BGH NJW 59, 291). Dem steht gleich, daß die Kosten einem Dritten auferlegt werden, weil dadurch der Kostenerstattungsanspruch des Kl gegen den Bekl ausgeschlossen wird (Schneider MDR 87, 724). Unanwendbar ist § 99 I weiter, wenn eine reine Kostenentscheidung ergeht (Schneider MDR 87, 724; Zweibrücken FamRZ 83, 1154: Kostenschlußurteil statt kostenfällige Abweisung eines unzulässigen Klageantrages). Lediglich wegen der Kosten ist auch eine Wiederaufnahme nicht zulässig (BGHZ 43, 239, 245). Das Übersehen vorrangiger Kostenvorschriften oder deren fälschliche Heranziehung eröffnet nicht die höhere Instanz (Frankfurt MDR 82, 152 [§ 93c]; Stuttgart JurBüro 81, 1894 [§ 91a]; Koblenz MDR 85, 851 [§ 281 III]). In Betracht kommt jedoch sofortige Beschwerde (Frist: zwei Wochen gemäß § 577, s § 567 Rn 21; aA Köln MDR 95, 746) wegen greifbarer Gesetzwidrigkeit (Düsseldorf JurBüro 93, 365; Köln NJW-RR 87, 1087 – bejaht; BGH NJW 88, 49 – verneint; s näher § 567 Rn 18 ff) und sogar die Verfassungsbeschwerde (BVerfGE 74, 78 = MDR 87, 555 = EWiR § 77 GWB 1/87, 489 – Kleine-Cosack). Greifbar gesetzwidrig ist zB eine Kostenentscheidung im PKH-Verfahren (Schneider MDR 87, 723, 725) oder eine Gesamtkostenentscheidung, obwohl ein Teil des Rechtsstreits noch anhängig ist (BGH NJW 59, 291; Stuttgart NJW 63, 1015 – kein Verstoß gegen die ratio des § 99 I, weil keine zweitinstanzliche Sachentscheidung ergeht, sondern das Kostenurteil nur aus prozessualen Gründen aufgehoben werden kann), oder eine Klageabweisung, bei der den Kl die Kosten als Gesamtschuldnern überbürdet werden (Koblenz MDR 91, 257). Ist die Kostenentscheidung nur vergessen worden, muß Urteilsergänzung beantragt werden (§ 321 I). Wird im Prozeßvergleich die Kostenregelung ausgeklammert, gilt § 91a (Schneider MDR 87, 724 u § 98 Rn 3). Zulässig ist die Berufung, um eine zwischen den Instanzen eingetretene Erledigung der Hauptsache feststellen zu lassen (s Rn 21 vor § 511).

2 **2) Entscheidung in der Hauptsache** ist ein Urteil oder Beschluß (auch nach § 321, Frankfurt OLGR 94, 179) über den Streitgegenstand, auch über Nebenforderungen (§ 4), über Prozeßvoraussetzungen, über die Vollstreckbarkeit (KG JW 27, 400), über die **materielle Kostenpflicht** (siehe oben vor § 91 Rn 11f) oder auch über **prozessuale Kostenpflicht.** Die Kosten des Rechtsstreits werden auch nicht dadurch zur Hauptsache, daß sie nicht als Nebenanspruch, sondern beziffert und als Hauptsache eingeklagt und zugesprochen werden (BGH LM § 4 ZPO Nr 5; ganz hM; Schneider MDR 84, 265). Ist die Entscheidung in der Hauptsache wegen Nichterreichung der Erwachsenheitssumme unanfechtbar, so gilt dies auch für die Kostenentscheidung (RGZ 104, 369; BGH WPM 82, 1336; Schleswig SchlHA 78, 67; LG Duisburg JurBüro 83, 449).

3 **3) a)** Abs 1 gilt gegenüber allen mit **einem Rechtsmittel** anfechtbaren Entscheidungen, nicht dagegen, wenn gegen eine Entscheidung ein Rechtsbehelf (Einspruch gegen ein VU, Widerspruch gegen einen MB oder gegen eine einstw Verfügung, Erinnerung gegen KFB) gegeben ist. Es kann also gegen ein VU nur im Kostenpunkt Einspruch eingelegt, gegen den MB nur wegen der Kosten Widerspruch erhoben werden. Ist über die Hauptsache durch VU und über die Kosten nach Einspruch durch kontradiktorisches Urteil entschieden, so ist ein Rechtsmittel nach § 99 I ausgeschlossen (BGH KoRsp ZPO § 99 Nr 75; Stuttgart JurBüro 81, 1894); jedoch sollte es analog § 99 II zugelassen werden. Unzulässig ist auch ein Rechtsmittel gegen eine Kostenentscheidung, die fälschlich auf eine unanwendbare Kostenvorschrift gestützt worden ist und deshalb so gar nicht hätte ergehen dürfen (Frankfurt MDR 82, 152). Das gilt entgegen Frankfurt (MDR 75, 413 m Anm Schneider S 668) auch im Streitwertbeschwerdeverfahren. Eine verfahrensrechtlich

unzulässige Kostenentscheidung wird aber ganz überwiegend als rechtsmittelfähig angesehen (vgl für die unzulässige Kostenentscheidung zu einem Teilurteil Stuttgart NJW 63, 1014; LG Bonn NJW 73, 1375; s dazu unten Rn 9), insbesondere bei greifbarer Gesetzwidrigkeit, zB bei einer Kostenentscheidung für ein Zwischenurteil (Schneider MDR 87, 724; s auch Rn 1 u zum Teilurteil Rn 9). Da § 99 I nur richterliche Entscheidungen meint, ist die Kostenentscheidung des Rechtspflegers im Festsetzungsverfahren isoliert anfechtbar, jedoch keine Durchgriffsbeschwerde zulässig (Stuttgart Rpfleger 84, 199; jedenfalls dann nicht, wenn eine entsprechende richterliche Entscheidung unanfechtbar gewesen wäre: Düsseldorf MDR 90, 62); über diese hat deshalb der Richter, dem vorgelegt wird, zu entscheiden. Zur **Anschlußberufung** s § 521 Rn 24.

4 **b)** Das Rechtsmittel zur Hauptsache, das automatisch die zugehörige Kostenentscheidung ergreift, muß zulässig eingelegt sein. Dann darf die Zulässigkeit des Rechtsmittels nicht mit der Erwägung angezweifelt werden, es gehe dem Rechtsmittelführer letztlich nur darum, mit Hilfe eines (beschränkten) Rechtsmittels in der Sache die Korrektur der Kostenentscheidung zu ermöglichen (RGZ 102, 290; BGH JR 76, 246 mit Anm Schreiber). Es ist nicht Aufgabe des Rechtsmittelgerichts, nach den Motiven einer Rechtsmitteleinlegung zu forschen. Diese Beschränkung ist deshalb so wichtig, weil die Rspr es für zulässig ansieht, daß auch bei beschränktem Rechtsmittel die Gesamtkostenentscheidung überprüft wird (s § 97 Rn 6).

5 **c)** § 99 gilt grundsätzlich nur bei Kostenentscheidungen gegen die Parteien; aber auch gegen Dritte, wenn sie in einem unechten Zwischenstreit Parteistellung haben (§§ 71 II, 135 III, 372a II iVm § 387 III sowie § 402). Nicht bei anderen Kostenentscheidungen gegen Dritte (BGH KoRsp ZPO § 99 Nr 73; Düsseldorf NJW-RR 93, 828 mit Anm Deubner JuS 93, 493), zB nach §§ 380 III, 409 II oder gegen den Vertreter ohne Vollmacht (BGH KoRsp ZPO § 99 Nr 64 u 73); er hat die sofortige Beschwerde analog § 99 II (Schneider Rpfleger 76, 232; Frankfurt OLGR 95, 249). In diesen Fällen ist jedoch die Beschwerdesperre des § 567 III zu beachten, die lediglich wegen „greifbarer Gesetzeswidrigkeit" (§ 567 Rn 21) entfallen kann (BGH MDR 88, 37).

6 **II) Isolierte Anfechtung der Kostenentscheidung** durch Beschwerde ist (außer in den Fällen der §§ 91a II, 269 III 5, 619, 626 I) nach § 99 II beim Anerkenntnisurteil (zum Anerkenntnis Zug um Zug: Düsseldorf MDR 90, 59; München MDR 92, 184, sowie „nach Maßgabe" bestimmter Einschränkungen: Düsseldorf MDR 89, 825) nach § 307 zulässig. Das gilt auch, wenn ein Teil-Anerkenntnisurteil fälschlich eine Kostenentscheidung enthält (Stuttgart NJW 63, 1015); auch wenn Anerkenntnisurteil ohne Antrag des Klägers nach § 307 ergeht (Köln FamRZ 89, 877) oder wenn zwar anerkannt war, das Gericht aber fälschlich streitiges Urteil erließ (Hamm JMBlNRW 51, 131; hierzu auch Düsseldorf MDR 89, 825). Die Beschwerde setzt voraus, daß ein Rechtsmittel statthaft ist; sie ist also nicht gegeben in den Fällen der §§ 567 III, 568 III (BGH VersR 75, 344) oder wenn die Kostenbeschwer nicht erreicht ist (§ 567 II). Hinzu kommen muß, daß auch ein Rechtsmittel in der (nicht angefochtenen) Hauptsache zulässig gewesen wäre, also die Berufungssumme des § 511a erreicht ist (hM; Schleswig SchlHA 78, 67; LG Köln JurBüro 86, 107; aA Gölzenleuchter/Meier NJW 85, 2813). Bei streitloser Hauptsacheentscheidung kann § 99 II analog angewandt werden (Karlsruhe FamRZ 91, 1456: Feststellung des Rechts zum Getrenntleben; aA Koblenz JurBüro 82, 445: einverständliche Scheidung), zumindest in Fällen „greifbarer Gesetzeswidrigkeit". Zur Rechtsmitteleinlegung bei **Hauptsacheerledigung in der Zwischeninstanz** s § 91a Rn 21, 38 u Rn 21 vor § 511.

7 **III) Sonder- und Mischfälle (Lit:** Zur „einheitlichen Berufung" Schiffer ZZP 101, 1988, 25): **1)** Ein **Urteil,** das eine **„gemischte Kostenentscheidung"** enthält, kann einheitl mit der **Berufung** angefochten werden, wenn auch die Entscheidung zur restl Hauptsache angegriffen wird (Hamm MDR 74, 1023; Karlsruhe Justiz 84, 360).

8 **2)** Sind in einem Rechtsstreit die **Kosten** wegen Abweisung der Klage u wegen sofortigen Anerkenntnisses des Widerklageanspruchs **gegeneinander aufgehoben** worden, so kann der Bekl diese Kostenentscheidung gem § 99 II gesondert mit der **sofortigen Beschwerde** anfechten. Sie ist zulässig hinsichtlich der Kosten, die auf den anerkannten Anspruchsteil entfallen, unerheblich ist, ob der anerkannte Anspruch oder derjenige, über den streitig entschieden wurde, überwiegt (LG Flensburg NJW 74, 1337; LG Freiburg NJW 77, 2217).

9 **3)** Beim **Teilurteil** ist zu unterscheiden: Ablehnung der Kostenentscheidung im Streitgenossenprozeß bei Ausscheiden eines Streitgenossen ist für diesen berufungsfähig. Zweifelhaft ist hingegen, ob auch eine Teilkostenentscheidung im Zwei-Parteien-Prozeß unanfechtbar ist (so Stuttgart NJW 63, 1014; LG Bonn NJW 73, 1375). Dagegen spricht, daß vereinzelt auch in diesem Fall eine Teilkostenentscheidung als zulässig angesehen wird (zB RG SeuffArchiv Bd 85 Nr 147; LAG Berlin MDR 78, 345; BB 84, 1362), so daß diese Rechtsauffassung nicht als greifbar gesetzwidrig angesehen werden kann. Dann aber ist die Kostenentscheidung nicht isoliert, sondern nur mit der Hauptsache anfechtbar (Schneider MDR 87, 723, 725). Wird isolierte Anfechtung zugelassen, dann ist zweifelhaft, ob die sofortige Beschwerde gegeben ist (so Stuttgart NJW 63, 1015) oder die isolierte Berufung (so LG Bonn NJW 73, 1375). Nach dem Meistbegünstigungsgrundsatz

darf der Rechtsmittelführer wählen, s unten Rn 17. Der Vorbehalt im Teilurteil, über die Kosten werde im Schlußurteil entschieden, ist selbst keine Kostenentscheidung und schon deshalb unanfechtbar (RG HRR 33 Nr 1619). Wird gegen ein **Teilanerkenntnis- und Schlußurteil** (Hauptforderung anerkannt; streitiges Urteil über Zinsen und Kosten) **Berufung** eingelegt, die deshalb **unzulässig** ist, weil hinsichtl der angegriffenen Zinsentscheidung die Berufungssumme nicht erreicht wird, so kann das Rechtsmittel **als sofortige Beschwerde** nach § 99 II gegen die auf § 93 beruhende Kostenentscheidung **behandelt** werden, sofern die zweiwöchige Frist des § 577 II durch die Berufungseinlegung gewahrt ist (Hamm NJW 74, 2291). Denn die sofortige Beschwerde ist gegen ein Schlußurteil zulässig, das einheitlich über die Kosten eines Teilanerkenntnisses und sonstiger Verfahrenskosten entschieden hat, wenn der Beschwerdeführer nur den Kostenpunkt nachprüfen lassen will (München AnwBl 84, 313; LG Freiburg NJW 77, 2217). Eine Berufungsrücknahme erfaßt nicht die daneben eingelegte Beschwerde (Hamm AnwBl 89, 614).

4) Enthält das **Schlußurteil auch – oder nur** (Celle NdsRpfl 56, 128; München NJW 65, 447) – **die Kostenentscheidung für das vorangegangene streitige Teilurteil,** so hindert § 99 I nicht, mit dem Teilurteil auch allein die Kostenentscheidung des Schlußurteils anzufechten, soweit sie das angefochtene Teilurteil betrifft (Karlsruhe Justiz 84, 360). Doch muß die Kostenentscheidung selbständig mit Berufung oder Revision angegriffen werden, weil das gegen das Teilurteil eingelegte Rechtsmittel nicht die Kostenentscheidung des Schlußurteils erfaßt (BGH WPM 77, 1428; BGHZ 20, 253). Bei Erlaß eines Teilurteils zur wertmäßig revisiblen Hauptsache und Schlußurteil über wertmäßig nicht revisible Zinsen sowie die Gesamtkosten ist die Schlußkostenentscheidung neben der Hauptsache revisibel, nicht hingegen die Zinsverurteilung, die ein selbständiges Teilurteil darstellt (BGHZ 29, 126). Ebenso der BGH (MDR 84, 222 = NJW 84, 495) für die ersetzende Kostenentscheidung in einem die frühere Kostenentscheidung voll ersetzenden VU. Beiden Entscheidungen liegt die Überlegung zugrunde, daß die Kostenentscheidung nur eine Ergänzung des Hauptsacheurteils darstellt und mit diesem „ein einheitliches, untrennbares Ganzes" bildet (KG MDR 90, 160). Dieser Zusammenhang besteht jedoch nicht mehr, wenn gegen das Teilurteil kein Rechtsmittel mehr anhängig ist (BGH KoRsp ZPO § 99 Nr 69). 10

5) Erging **Teilanerkenntnisurteil** und **Schlußurteil über die restliche Hauptsache und die Gesamtkosten** oder nur über diese (München NJW 65, 447), so kann der Bekl Berufung gegen das Teilanerkenntnisurteil und, solange dieses noch nicht beschieden ist, auch Berufung gegen die sich auf das Teilanerkenntnisurteil beziehende Kostenentscheidung des Schlußurteils einlegen oder sich der Berufung des Gegners insoweit anschließen (BGHZ 17, 392). Doch kann auch die Kostenentscheidung, soweit sie das Teilanerkenntnisurteil betrifft, gesondert nach § 99 II mit sofortiger Beschwerde angefochten werden, und zwar ohne Rücksicht darauf, ob das Schlußurteil die Kosten getrennt ausgeworfen hat oder nicht (vgl LG Freiburg NJW 77, 2217 mwN; Schleswig JurBüro 86, 107; Bamberg JurBüro 89, 1740). 11

6) Erging **Teilanerkenntnisurteil** und erklärten die Parteien die restliche **Hauptsache für erledigt,** so ist die dann ergehende Kostenentscheidung sowohl nach § 99 II als nach § 91a II mit sofortiger Beschwerde anfechtbar, wobei jeder Teil der Kostenentscheidung, also der auf §§ 91, 93 wie der auf § 91a beruhende, selbständig anfechtbar ist (vgl Celle MDR 64, 926). Ebenso umgekehrt bei Teilerledigung und Schlußanerkenntnisurteil (BGH NJW 63, 583). Im Urteil wird über die gesamten Kosten entschieden; es ergeht kein gesonderter Beschluß nach § 91a (Frankfurt AnwBl 90, 275). 12

7) Hat das erstinstanzl Gericht im angefochtenen **Urteil über** die **Kosten eines erledigten und** eines **nichterledigten Teils** entschieden, so ist gegen die Kostenentscheidung, die den durch übereinstimmende Erklärung der Parteien erledigten Teil betrifft, das Rechtsmittel der **Berufung** gegeben, wenn auch die Entscheidung zur Hauptsache mit der Berufung angefochten wird (Hamburg, WRP 76, 623; Hamm MDR 74, 1023; München NJW 70, 2114). 13

8) Treffen ein **streitiges Teilurteil und** eine **teilweise Erledigungserklärung** zusammen, so kann die Kostenentscheidung des über die Gesamtkosten einheitlich befindenden Schlußurteils nach § 91a II angefochten werden, soweit sie sachl auf § 91a I beruht (Nürnberg MDR 59, 135). Einer gesonderten Anführung der auf den erledigten Teil entfallenden Kosten bedarf es nach heutiger Auslegung des § 99 nicht. 14

9) Bei **Teil-Anerkenntnisurteil** und **teilweiser Klagerücknahme** kann die in die einheitliche Kostenentscheidung des Urteils eingeflossene Rücknahmequote allein mit sofortiger Beschwerde angefochten werden. Ebenso, wenn der Kostentenor eines Schlußurteils den streitig gebliebenen Teil der Hauptsache und die auf Teil-Anerkenntnisurteil und Rücknahme entfallenden Belastungsquoten einbezieht, ohne sie im Tenor oder in den Gründen aufzugliedern (LG Freiburg NJW 77, 2217). 15

10) Wenn ein **Teil des Streitgegenstandes** für **erledigt** erklärt ist und über den **Rest ein Anerkenntnisurteil** erging, kann das nunmehr über die Kosten befindende Schlußurteil nicht mit der Berufung angefochten werden (BGH NJW 63, 583). In den Fällen des Teilanerkenntnisses 16

endet der **Instanzenzug** hinsichtl der diesen Teil betreffenden Kosten nach BGH (BGHZ 58, 341; s auch § 97 Rn 6, § 521 Rn 24) wegen § 567 III 1 auch dann beim OLG, wenn im Urteil eine einheitl Kostenentscheidung getroffen worden ist und gegen dieses Urteil zulässigerweise Revision eingelegt wird.

17 **11) Kostenwiderspruch** s § 91 Rn 13, § 93 Rn 6, § 924 Rn 5, § 925 Rn 11. Gegen das Urteil, das über den Kostenwiderspruch entscheidet, ist analog § 99 II die sofortige Beschwerde gegeben, also nicht die Berufung (hM, Brandenburg MDR 94, 404; München GRUR 90, 482, Aufgabe von GRUR 85, 327; Frankfurt WRP 84, 416; Celle WRP 83, 157; Köln WRP 83, 43 mwN; nur bei von vornherein beschränktem Widerspruch: München OLGR 96, 57; jedoch str, aA – Urteil unanfechtbar – München WRP 78, 313; Oldenburg NdsRpfl 80, 199; s Nieder WRP 79, 350; Teplitzky DRiZ 82, 45 Fn 73, 74). Bei falscher Wahl der Entscheidungsform gilt der Meistbegünstigungsgrundsatz (Hamm MDR 87, 148 = NJW-RR 87, 426; Schneider MDR 87, 723, 725; s Rn 29 vor § 511; s aber zur unzulässigen Berufung im Aufhebungsverfahren nach § 927 KG NJW-RR 87, 381; Hamburg WRP 79, 141).

18 **IV) Gebühren: 1) des Gerichts:** KV 1900. **2) des Anwalts:** § 61 I Nr 1, III BRAGO.

100 *[Kostenentscheidung bei Mehrheit Unterliegender]*

(1) Besteht der unterliegende Teil aus mehreren Personen, so haften sie für die Kostenerstattung nach Kopfteilen.

(2) Bei einer erheblichen Verschiedenheit der Beteiligung am Rechtsstreit kann nach dem Ermessen des Gerichts die Beteiligung zum Maßstab genommen werden.

(3) Hat ein Streitgenosse ein besonderes Angriffs- oder Verteidigungsmittel geltend gemacht, so haften die übrigen Streitgenossen nicht für die dadurch veranlaßten Kosten.

(4) Werden mehrere Beklagte als Gesamtschuldner verurteilt, so haften sie auch für die Kostenerstattung, unbeschadet der Vorschrift des Absatzes 3, als Gesamtschuldner. Die Vorschriften des bürgerlichen Rechts, nach denen sich diese Haftung auf die im Absatz 3 bezeichneten Kosten erstreckt, bleiben unberührt.

1 **I) Geltungsbereich.** 1) § 100 regelt seinem Wortlaut nach die Kostenlast nur für den Fall, daß alle Streitgenossen ganz unterliegen (vgl Hamm Rpfleger 74, 271), gilt jedoch auch bei vollem oder teilweisem Obsiegen und für jede Art Streitgenossenschaft (einfache, notwendige, anfängliche oder über § 147 nachträgliche).

2 2) Endet die Streitgenossenschaft während des Rechtsstreits durch Trennung (zur Kostenfestsetzung s Frankfurt JurBüro 87, 1231) mehrerer verbundener Ansprüche gegen mehrere Bekl oder durch Ausscheiden eines Streitgenossen (Teilurteil, Teilerledigung nach § 91a, Rücknahme der Klage gegen einen Bekl), so wird über die Kosten einheitlich im Schlußurteil entschieden. Doch kann das dazu führen, daß der Kostenerstattungsanspruch des ausscheidenden siegreichen Streitgenossen wegen Verarmung des Zahlungspflichtigen nicht mehr verwirklicht werden kann (BGH NJW 60, 484; München NJW 69, 1123). Auch der Kl kann ein berechtigtes Interesse daran haben, seinen KE gegen den ausscheidenden unterlegenen Streitgenossen sofort durchsetzen zu können. Für solche Fälle ist (Schneider JR 62, 131) bei zB gleicher Beteiligung zu tenorieren: „Von den bis zum Erlaß dieses Urteils – des Teilurteils nämlich – entstandenen Kosten des Rechtsstreits trägt der Bekl die Hälfte. Die eigenen außergerichtlichen Kosten trägt er jedoch voll." Das schutzwürdige Interesse an einer Teilkostenentscheidung ist darzulegen (Zweibrücken JurBüro 83, 1881; BGH AnwBl 91, 53). Grundsätzlich gibt es jedoch keine Teilkostenentscheidung und damit auch keine Kostenentscheidung nur für das Teilurteil. Die vorweggenommene Teilkostenentscheidung darf im Schlußurteil nicht unberücksichtigt bleiben. Bei teilweiser Klagerücknahme (s Schneider NJW 64, 1015) gegenüber nur einem Streitgenossen ist keine Teilkostenentscheidung zu treffen (Schneider JR 62, 128; aA LG Mainz NJW 64, 114). Werden im Haftpflichtprozeß Halter und Versicherer verklagt und erhebt lediglich der Halter Widerklage wegen seines Schadens, dann macht eine Klagerücknahme nach Zahlung durch die Versicherung an den Kl die Widerklage nicht hinfällig; über sie muß entschieden werden, und zwar so, daß lediglich die auf die Widerklage erfallende Kostenquote tenoriert wird; darüber hinaus unterbleibt eine Kostenentscheidung wegen der außergerichtlichen Erledigung (einschließlich der Klägerkosten) im übrigen (s Schneider VersR 80, 953 zu LG Freiburg S 725, das fälschlich dem Widerkläger die gesamten Kosten auferlegt hat).

3 **II) Haftung nach Abs 1** tritt ein, ohne daß sie in der Urteilsformel besonders festgestellt ist (Bamberg FamRZ 93, 588: Auslegungskorrektur). Nicht geregelt in § 100 sind die wichtigen Prozeßlagen des Obsiegens aller Streitgenossen sowie des Unterliegens eines oder einzelner von mehreren Streitgenossen.

1) Bei gemeinsamem Obsiegen sind sie nicht Gesamt-, sondern Anteilsgläubiger (zur Kostenfestsetzung s § 91 Rn 13 unter „Streitgenossen"). 4

2) Bei Unterliegen eines oder einzelner von mehreren Streitgenossen sind die Kosten analog § 92 nach Quoten zu verteilen (BGHZ 8, 327), wobei Gerichtskosten und außergerichtliche Kosten getrennt werden müssen. **Beispiele:** 5

a) B und C sind auf Zahlung von 2000 DM verklagt. C wird verurteilt, die Klage gegen B abgewiesen: „Die Gerichtskosten tragen der Kläger und C je zur Hälfte. Der Kläger trägt die außergerichtlichen Kosten des B voll, C die des Klägers zur Hälfte; im übrigen tragen die Parteien ihre außergerichtlichen Kosten selbst." 6

b) Klage gegen A, B, C auf Zahlung von je 2000 DM. A wird voll, B zur Hälfte verurteilt, die Klage gegen C wird abgewiesen: „Von den Gerichtskosten tragen der Kläger die Hälfte, A $^2/_6$, B $^1/_6$. Der Kläger trägt die außergerichtlichen Kosten des C und die Hälfte der außergerichtlichen Kosten des B. Dieser trägt $^1/_6$, A $^2/_6$ der außergerichtlichen Kosten des Klägers. Im übrigen trägt jede Partei ihre außergerichtlichen Kosten selbst."

Diese sog Baumbach'sche Formel beherrscht die Praxis völlig; Abweichungen in der Judikatur finden sich nur ganz vereinzelt (zB Hamburg MDR 78, 674; LG Hamburg NJW 67, 1617 mit abl Anm Schneider S 1970; aus dem neueren Schrifttum vgl Beuermann DRiZ 78, 177; Dahmen DRiZ 79, 343; Lappe Rpfleger 80, 263; Herget DRiZ 81, 144; 89, 333; Herr DRiZ 89, 86; Stegemann-Boehl JuS 91, 320). Daß die Berechtigung der Baumbach'schen Formel immer wieder angezweifelt wird und ihre Tragweite kontrovers ist, geht darauf zurück, daß unbillige Auswirkungen der Formel im Kostenfestsetzungsverfahren nicht ausgeglichen werden können. Das hat zu einer anhaltenden Erstattungskontroverse geführt (s § 91 Rn 13 unter „Streitgenossen"). 7

Die Baumbach'sche Formel hat ihre Tücken und kann insbesondere dann zu Schwierigkeiten führen, wenn im Streitgenossenprozeß nur ein Streitgenosse als Rechtsmittelkläger oder Rechtsmittelbeklagter in den höheren Rechtszug gelangt. Streng genommen darf dann das Rechtsmittelgericht die Kostenentscheidung der Vorinstanz nicht abändern, soweit sie den rechtskräftig aus dem Rechtsstreit ausgeschiedenen Streitgenossen betrifft (Köln JMBlNRW 79, 149) mit der Folge, daß bei abändernder Sachentscheidung im höheren Rechtszug die Gesamtkostenentscheidung rechnerisch nicht mehr aufgeht. Der BGH (MDR 81, 928; s Schneider MDR 82, 373; unten § 521 Rn 24) läßt zu, daß im Rechtsmittelverfahren die vorinstanzliche Kostenentscheidung insgesamt überprüft und abgeändert wird, also auch soweit sie einen im Rechtsmittelverfahren nicht mehr beteiligten Streitgenossen betrifft. Im Hinblick darauf, daß es unmöglich erscheint, die Zivilrechtspraxis dazu zu bewegen, die Baumbach'sche Formel aufzugeben, und weil sich diese Formel im übrigen seit vielen Jahrzehnten bewährt hat, ist schon aus Gründen einer einheitlichen Praxis und der Berechenbarkeit des Rechts daran festzuhalten. Dies zwingt dann dazu, der hM zuzustimmen, dem obsiegenden Streitgenossen also im Kostenfestsetzungsverfahren nur einen anteiligen Erstattungsanspruch zuzubilligen (§ 91 Rn 13 „Streitgenossen" 3). Abweichende Kostengrundentscheidungen sind notfalls entsprechend umzudeuten (Hamburg MDR 81, 149). 8

III) Abs 2 trifft zu bei erhebl Verschiedenheit der Beteiligung am Streitgegenstand oder im Verfahren. Die Anwendung der Vorschrift steht im gerichtlichen Ermessen, das um der gerechten Kostenbelastung willen entsprechend dem Grundsatz des § 92 tunlichst ausgeübt werden sollte. Abs 2 ist jedoch nur bei der Kostenentscheidung, nicht auch bei Bemessung des Streitwertes anzuwenden (BGH NJW 57, 713). 9

IV) Abs 3. Besondere Angriffs- oder Verteidigungsmittel (s § 96) sind solche, die sich die übrigen Streitgenossen nicht zu eigen gemacht haben. Die Aussonderung ist im Urteil auszusprechen; geschieht dies versehentlich nicht, kann der Fehler nicht im Festsetzungsverfahren berichtigt werden (München MDR 89, 166); in Betracht kommt aber eine Auslegungskorrektur (Schleswig JurBüro 93, 742; s §§ 103, 104 Rn 21 unter „Auslegung"). Keine Anfechtung des Urteils durch einen Streitgenossen, weil die Kosten unrichtig verteilt sind. 10

V) Abs 4. Voraussetzung **gesamtschuldnerischer Haftung** ist, daß sie bezügl der Hauptsache in der Urteilsformel ausgesprochen oder wenigstens in den Gründen erkennbar gemacht ist. Legen zwei erstinstanzlich verurteilte Gesamtschuldner erfolglos Berufung ein, haften sie auch zweitinstanzlich als Gesamtschuldner, sofern sie erstinstanzlich als solche verurteilt worden sind. Es bedarf nicht eines Gesamtschuldnerausspruchs im Berufungsurteil (LG Köln MDR 81, 502), wenngleich er aus Gründen der Klarheit angebracht ist. Ob die Gesamtschuldnerhaftung für die Kosten des Rechtsstreits auch diejenigen der Zwangsvollstreckung erfaßt, ist str (s dazu LG Berlin DGVZ 83, 183 m Nachw; LG Frankenthal JurBüro 89, 1264). 11

Ist gegen einen von mehreren Gesamtschuldnern Versäumnisurteil, gegen den anderen Anerkenntnisurteil erlassen, so kann in dem ersten Urteil die gesamtverbindl Haftung nicht zum Ausdruck kommen; wohl aber ist in dem Anerkenntnisurteil auszusprechen: „Der Beklagte hat 12 die Kosten des Rechtsstreits zu tragen; insoweit sie ihm gegenüber und dem durch Versäumnisurteil vom ... zur Kostentragung verpflichteten A entstanden sind, haftet er für sie als Gesamtschuldner neben dem erwähnten A" (s dazu Braunschweig OLGE 19, 80). Werden **Hauptschuldner und Bürgen** als Streitgenossen verurteilt, so sind sie trotz § 767 BGB nicht als Gesamtschuldner in die Kosten zu verurteilen (BGH NJW 55, 1398). Das führt zu Schwierigkeiten in der Tenorierung (s Schneider MDR 67, 353), die in der Praxis verständlicherweise dadurch umgangen werden, daß Hauptschuldner und Bürge doch „als Gesamtschuldner" oder auch „wie Gesamtschuldner" verurteilt werden. Die Vorschrift des Abs 3 wird durch Abs 4 nicht berührt. Auch bei gesamtschuldnerischer Verurteilung muß daher das Gericht prüfen, ob nicht einem der Streitgenossen gem Abs 3 die Kosten allein aufzuerlegen sind (ggfs muß die Kostenentscheidung entsprechend ausgelegt werden: Köln MDR 88, 325).

101 *[Kosten einer Nebenintervention]*

(1) Die durch eine Nebenintervention verursachten Kosten sind dem Gegner der Hauptpartei aufzuerlegen, soweit er nach den Vorschriften der §§ 91 bis 98 die Kosten des Rechtsstreits zu tragen hat; soweit dies nicht der Fall ist, sind sie dem Nebenintervenienten aufzuerlegen.

(2) Gilt der Nebenintervenient als Streitgenosse der Hauptpartei (§ 69), so sind die Vorschriften des § 100 maßgebend.

1 **I) Anwendungsbereich:** Abs 1 gilt nur für die **einfache** (unselbständige) **Nebenintervention** (NI) des § 67; bei **streitgenössischer** gilt § 100 (s Koblenz JurBüro 87, 1826), aber ohne Abs 4, da der streitgenössische NI nicht zur Hauptsache verurteilt wird. Regelmäßig also Verurteilung in die Kosten nach Kopfteilen; unterschiedliche Quotierung möglich (BGH JZ 85, 853: Entscheidung nach § 91a bei Anerkenntnis der Hauptpartei). Geregelt ist nur die Kostenpflicht zwischen dem NI und dem Gegner der von ihm unterstützten Hauptpartei (Hamburg JurBüro 80, 932). Eine Erstattungspflicht zwischen diesen kann der Streitverkünder nicht dadurch verhindern, daß er nach Beitritt des NI die Streitverkündung „zurücknimmt"; das ist nicht möglich, weil sie als Prozeßhandlung unwiderruflich ist (Rn 17 vor § 128). Ob und inwieweit der NI von der von ihm unterstützten Partei Ersatz verlangen kann, ist in einem besonderen Rechtsstreit zu entscheiden. Anders ist es nur dann, wenn gegen den NI selbst eine Kostenentscheidung ergeht, zB wenn er das Rechtsmittel selbst eingelegt und die Partei, der er beigetreten ist, sich daran nicht beteiligt hat (unten Rn 4), desgleichen für den Zulassungsstreit selbst, der bei ungünstigem Ausgang für den NI mit einer Kostenentscheidung nach § 91 gegen diesen endet (BAG MDR 67, 954). Darüber, was im einzelnen zu den besonderen Kosten der NI im Gegensatz zu den allgemeinen Kosten des Rechtsstreits gehört, befindet die Kostengrundentscheidung nicht; das wird im Festsetzungsverfahren geklärt.

2 **Die Kosten der NI trägt: 1)** Entweder der **Gegner der Hauptpartei,** soweit er allgemein die Kosten des Rechtsstreits tragen muß, gemäß §§ 91 ff, 269, 98, aber auch dann, wenn § 97 II eingreift, Hamm MDR 94, 311). Soweit diese Kostenentscheidung nicht im Urteil enthalten ist, ergeht sie durch besonderen Beschluß, was insbesondere praktisch wird, wenn die Hauptparteien einen Prozeßvergleich abgeschlossen haben, ohne die Kosten des NI mitzuregeln (s Rn 6 ff). Erklärt der NI erst nach der Schlußverhandlung, aber vor dem Verkündungstermin seinen Beitritt, dann ist über seine Kosten im Urteil nicht mehr zu entscheiden, wenn der Beitritt nur noch den rechtsmißbräuchlichen Zweck haben kann, sich einen Kostentitel zu verschaffen (Düsseldorf KoRsp ZPO § 101 Nr 28 zum Beitritt nach Vergleichsabschluß). Das gilt auch für einen Beitritt nach Schluß der mündlichen Verhandlung mit dem Ziel der Wiedereröffnung nach § 156 (München KoRsp ZPO § 101 Nr 33). Bei einem **Wechsel** von der zunächst unterstützten zur obsiegenden Partei sind die Kosten der NI zu quoteln (München MDR 89, 73; aA Hamm JurBüro 89, 401: nur die nach Beitrittswechsel entstandenen „Mehrkosten" treffen den unterlegenen Gegner; s auch Hamm KoRsp ZPO § 101 Nr 42, das über die bis zum Wechsel entstandenen Kosten analog § 269 III entscheidet). Unterstützt der NI im **Selbständigen Beweisverfahren** die später unterliegende Partei, im Hauptprozeß aber die obsiegende Partei, trägt der NI seine Kosten des Beweisverfahrens selbst (Hamburg MDR 89, 825).

3 **2)** Oder der **NI,** soweit dies nicht der Fall ist; also nie die unterstützte Partei, weil im Verhältnis zwischen ihr und dem NI nie eine Kostengrundentscheidung erlassen werden darf, da zwischen beiden kein Rechtsstreit begründet worden ist (Hamm OLGR 94, 156; Köln MDR 95, 313; Hamburg JurBüro 80, 932; LAG Düsseldorf JurBüro 88, 358). Nimmt der NI den Beitritt zurück, gilt zu seinen Lasten § 269 Abs 3 sinngemäß. Nimmt der Verfügungsbeklagte den von seinem Streithelfer eingelegten Widerspruch gegen eine einstw Verfügung zurück, so hat er die Kosten

des Widerspruchverfahrens, der Streithelfer die Kosten der Streithilfe zu tragen (München JurBüro 77, 92).

4 **3)** Legt der NI alleine ein Rechtsmittel ein, wozu er befugt ist (§ 66 II), dann ergeht die Kostengrundentscheidung unmittelbar ihm gegenüber (Köln OLGR 94, 83; Celle OLGR 96, 84). Legt er neben der Hauptpartei ein Rechtsmittel ein, dann hat diese bei Unterliegen als die prozeßführende Partei die Kosten zu tragen, während der NI nur mit den allein durch ihn verursachten Kosten (zB besondere Angriffs- und Verteidigungsmittel) analog § 96 belastet wird, was sich insbesondere bei der Kostenschuld nach §§ 49 S 1, 54 Nr 1 GKG auswirkt (BGHZ 39, 296 = LM ZPO § 101 Nr 5 Anm Kreft). War die Berufung des NI erfolgreich, führt aber die Revision des Gegners zur Wiederherstellung des Ersturteils, so treffen den NI die Kosten beider Rechtsmittel (BGH MDR 59, 571 m Anm Thieme S 755). Wird ein Rechtsmittel sowohl von der Hauptpartei als auch vom NI eingelegt, erklärt aber die Hauptpartei während der Instanz, daß sie die Durchführung des Rechtsmittels dem NI überlasse, so trägt bis zu dieser Erklärung die Hauptpartei, von dann ab der NI das Kostenrisiko (BGH MDR 58, 419). Zu den damit verbundenen Risiken für den Streithelfer s Pantle MDR 88, 924.

5 **4)** Befindet das Urteil nur über die Kosten des Rechtsstreits, so liegt ein Titel über die Kosten der NI nicht vor, weshalb diese nicht festgesetzt werden können (KG Rpfleger 62, 159). Dann Urteilsergänzung nach § 321 (Köln MDR 92, 301); die zweiwöchige Antragsfrist (§ 321 II) für die Ergänzung beginnt für Streithelfer erst mit Urteilszustellung an ihn (BGH NJW 75, 218). Anfechtung der Kostenentscheidung nur nach § 99 I.

6 **II) Prozeßvergleich** (Schneider MDR 83, 801). Beenden die Parteien den Rechtsstreit vergleichsweise, so gilt wegen der Bezugnahme in § 101 I die Regel des § 98 sinngemäß auch für die Kosten des NI im Verhältnis zum Gegner der unterstützten Partei. Zwischen NI und unterstützter Partei selbst gibt es nur eine Kostenerstattung, wenn sie im Vergleich vereinbart wird; jedoch kann im Innenverhältnis ein materiellrechtlicher Kostenausgleichsanspruch bestehen, der aber selbständig eingeklagt werden muß. Für das Verhältnis des NI zum Gegner gilt folgendes:

7 **1)** Ist der **NI am Vergleich beteiligt** worden, dann ist die Kostenregelung des Vergleichs maßgebend. Stimmt er ihr zu, obwohl sein Kostenerstattungsanspruch unberücksichtigt bleibt oder gar ausgeklammert wird, dann verbleibt es dabei (BGH MDR 67, 392).

8 **2)** Wird der **NI nicht am Vergleich beteiligt** (oder übt er einen Widerrufsvorbehalt aus, Karlsruhe Justiz 79, 17), dann beeinträchtigt das nicht den Erstattungsanspruch des NI, und zwar unabhängig davon, ob die Hauptparteien ihn übersehen oder bewußt ausgeklammert haben (BGH MDR 67, 392; Celle NdsRpfl 86, 100; Hamm; OLGR 93, 95; aA Celle AnwBl 83, 176); auch „Zurücknahme" der Streitverkündung scheidet aus (Rn 1). Denn der KE des NI ergibt sich unmittelbar aus dem Gesetz (§ 101 I) und unterliegt deshalb nicht der prozessualen Disposition der Hauptparteien (BGH aaO; Koblenz MDR 68, 159; aA München NJW-RR 95, 1403). Das Übergehen des KE des NI besagt nur, daß insoweit zwischen den Hauptparteien keine vergleichsweise Einigung zustande gekommen ist.

9 **3) Auf Antrag** (nach Köln JurBüro 83, 1882; Frankfurt MDR 90, 929, von Amts wegen) des NI muß sein Kostenerstattungsanspruch durch Beschluß (analog §§ 91a I 2, 269 III 3; vgl BGH NJW 61, 460; München JurBüro 90, 629) vom Gericht **tituliert** werden, es sei denn, die Auslegung des Prozeßvergleichs ergebe bereits, daß der Anspruch des NI doch mitgeregelt ist (Frankfurt AnwBl 78, 466), was aber wegen des Klarheitsgebotes für Titel nur selten der Fall sein wird (München MDR 72, 618; Frankfurt aaO). Die Zulässigkeit des Beitritts wird anläßlich der Kostenentscheidung nicht mehr nachgeprüft (LG Itzehoe AnwBl 85, 215). Niemals Beschlußtitulierung im Verhältnis zur unterstützten Partei (Hamburg JurBüro 80, 932). Lehnt das Gericht eine Kostenentscheidung ab, hat der NI einfache Beschwerde; entscheidet es, dann hat der beschwerte NI oder sein Gegner sofortige Beschwerde (§§ 91a II, 99 II analog). Die §§ 320, 321 sind unanwendbar, weil kein Urteil ergänzt wird (Schleswig SchlHA 65, 264). Wird der Prozeßvergleich im Berufungsrechtszug abgeschlossen, dann ist das Berufungsgericht zur Entscheidung über die Kosten des NI zuständig, auch wenn dieser am Berufungsverfahren nicht mehr beteiligt war (Köln aaO; Frankfurt MDR 90, 929).

10 **4)** Die **Quotierung** (ausführlich dazu Schneider MDR 83, 802) hat der Kostenverteilung im Vergleich zu folgen (BGH NJW 61, 460; MDR 67, 392; Stuttgart Justiz 79, 62; Köln JMBlNRW 83, 197; KG AnwBl 85, 383; Hamm VersR 86, 557; MDR 90, 252; Braunschweig JurBüro 88, 78; Schleswig JurBüro 89, 424; aA Celle AnwBl 83, 176). Die Auffassung, daß nach § 91a zu entscheiden sei, dürfte heute überholt sein (Nachw bei Schwarz MDR 93, 1054 Fußn 24, 25). Die Übernahme einer Klagerücknahmeverpflichtung ist bedeutungslos, da § 101 I dem § 269 III 2 vorgeht (BGH NJW 61, 460; Schleswig SchlHA 78, 177). Soweit der Vergleich die Kosten eines weiteren Prozesses mitregelt, zB die des Hauptverfahrens im Eilverfahren, sind auch die NI-Kosten des mitverglichenen Rechtsstreits zu titulieren (Schleswig SchlHA 78, 177).

11 a) Bei **Kostenaufhebung gegeneinander** (ausführl Schwarz MDR 93, 1052; ZZP Bd 107 (1994), 45: Entscheidung analog § 91a I) sind die Kosten des NI zur Hälfte von ihm selbst und zur Hälfte vom Gegner der unterstützten Partei zu tragen (BGH NJW 61, 460; Köln JurBüro 89, 102; NJW-RR 95, 1215; Celle NdsRpfl 86, 100; München JurBüro 92, 423; Düsseldorf AnwBl 95, 320). Unerheblich ist, ob Parteikosten auf einer Seite höher oder niedriger ausgefallen sind (KG NJW 53, 1872). Abzulehnen sind Nürnberg AnwBl 89, 104; MDR 95, 533; Celle AnwBl 83, 176; Karlsruhe Justiz 91, 500; sie billigen dem NI nur bei hälftiger Teilung einen titulierbaren Erstattungsanspruch zu.

12 b) **Übernimmt der Gegner** der unterstützten Partei **mehr als die Hälfte,** so muß er diese höhere Quote auch gegenüber dem NI tragen (BGH MDR 67, 392; Stuttgart Justiz 79, 62; aA Frankfurt NJW 72, 1866: stets nur die Hälfte). Die Bindung des NI an die vergleichsweise Kostenregelung zwischen den Hauptparteien gilt auch, wenn die **unterstützte Partei** mehr als die Hälfte der Kosten oder gar alle übernommen hat, weil nach dem Zweck des § 101 I der NI hinsichtlich der Kosten genauso behandelt werden soll wie die unterstützte Hauptpartei (BGH MDR 67, 392; Celle NJW 76, 2170). Bei bewußter Schädigung des NI durch ihn benachteiligende Kostenregelung kommt ein materieller Schadensanspruch in Betracht, der aber selbständig geltend zu machen wäre.

102 (aufgehoben)

103 *[Kostenfestsetzung, Entscheidung, Erinnerung]*

(1) Der Anspruch auf Erstattung der Prozeßkosten kann nur auf Grund eines zur Zwangsvollstreckung geeigneten Titels geltend gemacht werden.

(2) Der Antrag auf Festsetzung des zu erstattenden Betrages ist bei dem Gericht des ersten Rechtszuges anzubringen. Die Kostenberechnung, ihre zur Mitteilung an den Gegner bestimmte Abschrift und die zur Rechtfertigung der einzelnen Ansätze dienenden Belege sind beizufügen.

104

(1) Über den Festsetzungsantrag entscheidet das Gericht des ersten Rechtszuges. Auf Antrag ist auszusprechen, daß die festgesetzten Kosten vom Eingang des Festsetzungsantrags, im Falle des § 105 Abs. 2 von der Verkündung des Urteils ab mit vier vom Hundert zu verzinsen sind. Die Entscheidung ist, sofern dem Antrag ganz oder teilweise entsprochen wird, dem Gegner des Antragstellers unter Beifügung einer Abschrift der Kostenrechnung von Amts wegen zuzustellen. Dem Antragsteller ist die Entscheidung nur dann von Amts wegen zuzustellen, wenn der Antrag ganz oder teilweise zurückgewiesen wird; im übrigen ergeht die Mitteilung formlos.

(2) Zur Berücksichtigung eines Ansatzes genügt, daß er glaubhaft gemacht ist. Hinsichtlich der einem Rechtsanwalt erwachsenen Auslagen für Post- und Telekommunikationsdienstleistungen genügt die Versicherung des Rechtsanwalts, daß diese Auslagen entstanden sind. Zur Berücksichtigung von Umsatzsteuerbeträgen genügt die Erklärung des Antragstellers, daß er die Beträge nicht als Vorsteuer abziehen kann.

(3) Gegen die Entscheidung findet sofortige Beschwerde statt. Das Beschwerdegericht kann das Verfahren aussetzen, bis die Entscheidung, auf die der Festsetzungsantrag gestützt wird, rechtskräftig ist.

Abänderung
Abgabe
Abhilfe
Abtretung
Amtspflichtverletzung
Anschließung
Anschlußberufung
Anschlußbeschwerde
Antrag auf Festsetzung (Rn 3)
Anwaltssozietät
Anwaltsvergleich
Anwaltszwang
Arrestbefehl
Aufgebotsverfahren
Aufhebung der Kostengrundentscheidung
Aufrechnung
Auslegung
Außergerichtliche Anwaltskosten
Außergerichtliche Vereinbarungen
Aussetzung
Austauschen von Kosten
Begründungszwang
Benachrichtigung
Beratungshilfe
Berichtigung
Berufung
Beschwer
Beschwerde (Rn 15)
Bindung
Bundesverfassungsgericht
Darlegung
Dritte
Duldung der Zwangsvollstreckung
Durchgriffserinnerung
Einstweilige Einstellung
Einstweilige Verfügung
Einwendungen
Entscheidung (Rn 5)
Erben
Erfüllung
Ergänzung des Beschlusses
Erinnerung (Rn 9)
Familiensachen
Festsetzungsverfahren nach § 19 BRAGO
Fiktive Kosten
Form (Rn 12)
Fristen (Rn 13)
Gebührenauswechslung
Gebührenverzicht
Gerichtskostenfreiheit
Gesamtschuldner
Glaubhaftmachung (Rn 8)
Haftungsbeschränkung
Hauptsacheerledigung
Hinweispflicht
Inkassokosten
Klage und Widerklage
Konkurs
Kosten der Zwangsvollstreckung
Kostenansatzverfahren
Kostentragung
Kreditkosten
Mängel des Antrags
Mahnantrag
Mandatsniederlegung
Materiellrechtliche Einwendungen
Mehrere Prozesse
Mehrkosten wegen Unzuständigkeit
Nachliquidation
Nebenintervention
Örtliche Zuständigkeit
Partei, nichtexistente
Parteifähigkeit
Parteiwechsel
Pfändung
Post- und Telekommunikationsdienstleistungen
Prozeßfähigkeit
Prozeßkostenhilfe
Prozeßkostenvorschuß
Prozeßvergleich
Ratenzahlung
Rechenfehler
Rechtliches Gehör
Rechtskraft
Rechtsschutzbedürfnis
Reformatio in peius
Rückfestsetzung
Ruhen des Verfahrens
Sachverständigenkosten
Schiedsgutachten
Selbständiges Beweisverfahren
Sequestrationsgebühren
Sicherheitsleistung
Streitgenossen
Streithelfer
Streitwert
Teilanfechtung (Rn 11)
Teilklagen
Tilgung
Titel (Rn 1)
Tod einer Partei
Treu und Glauben
Unterbrechung
Unterlagen (Rn 4)
Verbindung
Verfahren
Verfassungsbeschwerde
Vergleichsverfahren
Verjährung
Verweisung
Verwirkung
Verzicht
Verzinsung (Rn 6)
Vollmacht
Vollstreckbare Ausfertigung
Vollstreckungsbescheid
Vollstreckungsbeschränkung
Vollstreckungsgegenklage
Vorlage an den Richter
Vorprozessuale Kosten
Wegfall des Anwalts
Wegfall des Titels
Weitere Beschwerde
Wiedereinsetzung
Wohnungseigentum
Zug-um-Zug-Leistung
Zulässigkeit (Rn 10)
Zurücknahme
Zurückverweisung
Zuständigkeit
Zustellung (Rn 7, 14)
Zwangsvollstreckung aus KFB
Zwischenstreit

I) Erstattungstitel (§ 103 I). Das Kostenfestsetzungsverfahren baut als Höheverfahren auf der bindenden Kostengrundentscheidung auf (OVG Saarland Rpfleger 95, 128). Der **vollstreckbare Titel** als Grundlage der Festsetzung sagt aus, *wer* die Verfahrenskosten zu tragen hat (Kostenpflicht). Der noch unbestimmte Betrag der zu erstattenden Kosten wird erst im Verfahren nach §§ 103 ff ermittelt und festgesetzt. Da §§ 91ff nur die Erstattungspflicht des Gegners regeln, scheidet eine Kostenerstattung zwischen Klägern oder Beklagten aus (LG Berlin Rpfleger 82, 391). Wohl kann der Kostengläubiger Erstattung von Kosten verlangen, die er noch nicht bezahlt hat, für die er aber haftet, es sei denn, daß auch andere haften, etwa der Erstattungsschuldner als Erstschuldner der Gerichtskosten, §§ 54 GKG (Köln Rpfleger 65, 242). 1

Zur Zwangsvollstreckung geeignete Titel: Alle dasselbe Verfahren (Koblenz JurBüro 85, 620) betreffenden (Düsseldorf JurBüro 82, 398) rechtskräftigen oder vorläufig vollstreckbaren Urteile und Vergleiche (BGH NJW-RR 91, 1021), §§ 118, 704, 708–712, 794, 800–801; alle anderen zur Vollstreckung geeigneten Titel, § 794. Zur Prüfung, ob ein Titel vorliegt, s Rn 21 unter „Bindung". 2

Ein VB ist kein geeigneter Titel, s Rn 21 unter „Vollstreckungsbescheid". **Keine Kostenerstattung** aus einer Entscheidung durch einen Schiedsgutachter (Hamburg JurBüro 82, 769), aufgrund eines Protokollvermerks des Richters (München JurBüro 96, 261), aus einem nicht rechtskräftigen Scheidungsurteil (Schleswig SchlHA 79, 214) oder einer Kostenentscheidung, die im Anordnungsverfahren entgegen § 620g ZPO vor Erlaß einer Kostenentscheidung in der Ehesache ergangen ist (KG MDR 82, 328). Wird eine Vollstreckungsgegenklage abgewiesen, tituliert dieses Urteil nicht die Kosten eines Vollstreckungsversuchs aus dem erfolglos angegriffenen Titel (Frankfurt Rpfleger 80, 194). Unschädlich, wenn Vollstreckbarkeit des Hauptanspruches fehlt, zB bei Klageabweisung oder Feststellungsurteil. Vollstreckbare Ausfertigung entbehrlich (s BGH WPM 69, 1324), solange nicht Wechsel auf Gläubiger- oder Schuldnerseite eingetreten ist, § 727. **Fehlen des Titels** macht eine Festsetzung nichtig (BAG NJW 63, 1027).

3 **II) Antrag auf Festsetzung (§ 103 II 1).** Einreichung zu Protokoll des Urkundsbeamten der Geschäftsstelle oder schriftlich mit eigenhändiger Unterschrift (RGZ 119, 62). Antragsteller ist der aus dem Vollstreckungstitel Berechtigte, also nicht der Verpflichtete; eine dritte Person dann, wenn der Titel sie als Rechtsnachfolger legitimiert, § 727, oder wenn sie am Vergleich (§ 794 Nr 1) teilgenommen hat. Nicht der Wahlanwalt, wohl der PKH-Anwalt, § 126; bei Zweifeln ist aufzuklären (Hamburg JurBüro 82, 1179). Antrag ist unerläßliche Verfahrensvoraussetzung (München JurBüro 95, 427). Deshalb ist ein KFB aufzuheben, wenn der Antrag vom Verkehrsanwalt in der Ich-Form ohne Hinweis auf Vertretungsmacht gestellt worden ist (München MDR 81, 502). Antragsfristen sind nicht vorgesehen; Verlust des Antragsrechts durch Verwirkung möglich. Abändernde Berufungsentscheidung macht vorinstanzlichen Feststellungsantrag nicht wirkungslos (Hamm AnwBl 82, 384; aA KG Rpfleger 93, 462).

4 **III) Festsetzungsunterlagen (§ 103 II 2):** Titel; Vollmacht; Rechtskraftzeugnis, wenn sonst Vollstreckung aus dem Urteil nicht möglich ist; bei Wechsel auf der Gläubiger- oder Schuldnerseite vor Umschreibung der Vollstreckungsklausel (§ 727) Vorlage öffentlicher oder öffentlich beglaubigter Urkunden über die Rechtsnachfolge und Stellung des Klauselumschreibungsantrages. Unerläßlich ist weiter eine Kostenberechnung, aufgeschlüsselt nach den einzelnen Posten (s § 18 BRAGO), die nicht unterschrieben werden muß (KG OLGE 15, 95). Bezugnahme auf Prozeßakten ersetzt die Kostenrechnung nicht. Lediglich bei Gerichtskosten genügt der Antrag auf Mitfestsetzung, wenn sich die Zahlung aus den Akten ergibt (Kostenmarken, Gebührenstempler). Der Rechtspfleger ist nicht gehalten, bei der Gerichtskasse wegen der Kosten Erkundigungen einzuziehen (Karlsruhe JurBüro 92, 747).

5 **IV) Festsetzungsentscheidung (§ 104 I 1).** Der Rechtspfleger prüft das Vorliegen der Festsetzungsunterlagen (Rn 4), ob die verlangten Kosten entstanden sind, zweckentsprechend und notwendig waren (§ 91 Rn 12) und glaubhaft gemacht sind (Rn 8). Grobe Festsetzungsfehler können das verfassungsrechtliche Willkürverbot verletzen und die Verfassungsbeschwerde rechtfertigen (BVerfG MDR 83, 372). Als selbständiger Schuldtitel muß der KFB ein vollständiges Rubrum enthalten, er muß selbständig begründet werden, wenn er durch Abweichung den Gl oder den Sch beschwert (München Rpfleger 80 146; 71, 64; Stuttgart Justiz 78, 279), desgleichen bei umstrittener Erstattungsfähigkeit (Karlsruhe NJW 71, 764). Die Kostenberechnung des Anwalts darf nicht kurzerhand als Entwurf übernommen werden (s Stuttgart Justiz 78, 279; Koblenz Rpfleger 78, 329). Der Erstattungsbetrag ist zu beziffern. Wenn mehrere Personen als Gl oder Sch beteiligt sind, muß auch ziffernmäßig erkennbar sein, wieviel jeder von ihnen zu fordern oder zu zahlen (Köln MDR 93, 1021; Koblenz Rpfleger 95, 381) hat und ob Gesamtgläubigerschaft oder Gesamtschuldnerschaft besteht.

6 **V) Verzinsung (§ 104 I 2).** Nur auf Antrag; dann aber in allen Verfahren, auch im Mahnverfahren (AG Norden AnwBl 62, 316); str für Sozialgerichtsverfahren (s zB SG Konstanz AnwBl 87, 293; SG Detmold JurBüro 89, 982; SG Trier NJW-RR 92, 317; SG München MDR 96, 646) und in FGG-Verfahren (abl AG Solingen Rpfleger 81, 456). Festgesetzte Vollstreckungskosten sind verzinslich (Köln AnwBl 93, 354; Hamm Rpfleger 92, 315; LG Münster MDR 89, 77; aA Saarbrükken JurBüro 91, 970; AG Groß-Gerau Rpfleger 82, 38 m abl Anm Lappe; LG Aachen u LG Bielefeld Rpfleger 89, 522; MK/Belz § 104 Rn 48). In Ehesachen beginnt die Verzinsungspflicht erst ab Rechtskraft des Urteils (München Rpfleger 81, 71). Antrag kann noch nach Rechtskraft des KFB nachgeholt werden (KG MDR 78, 1027) und ist auch dann ab Eingang des Kostenfestsetzungsantrags zu verzinsen. Bei Einreichung des Antrags, ehe der Titel vorliegt, entsteht der Zinsanspruch erst ab Erlaß des Titels (KG NJW 67, 1569). Fälligkeitsvereinbarungen der Parteien über den Kostenerstattungsanspruch haben Vorrang (München Rpfleger 72, 148). Wird der erste Titel durch ein Rechtsmittel beseitigt, beginnt Verzinsungspflicht nicht vor Urteilsverkündung in der Rechtsmittelinstanz (Schleswig JurBüro 69, 889). Ein Prozeßvergleich in zweiter Instanz nimmt dem angefochtenen Urteil die Eigenschaft als Kostengrundentscheidung, so daß Verzinsung erst von einem Antragszeitpunkt nach Vergleichsabschluß verlangt werden kann (Karlsruhe MDR 92, 1007; München MDR 96, 532). Wird zweitinstanzlich die erstinstanzliche Kostenent-

scheidung abgeändert, setzt unterschiedlicher Verzinsungsbeginn ein: ab Einreichung des ersten Festsetzungsgesuchs nur in Höhe des bestätigten Erstattungsanspruchs (Zweibrücken JurBüro 95, 427; Justiz 77, 460; Hamburg JurBüro 89, 388; Frankfurt AnwBl 85, 220; Karlsruhe, Rpfleger 90, 388; München MDR 86, 503; aA Düsseldorf Rpfleger 84, 284; OLGR 92, 364; Koblenz MDR 88, 61; Schleswig JurBüro 90, 627 u Köln Rpfleger 86, 237, die bei teilweiser Abänderung der Kostengrundentscheidung den Erstattungsanspruch erst ab neuem Festsetzungsantrag verzinsen); bei übereinstimmender Erledigterklärung in der 2. Instanz Verzinsung erst mit Eingang des neuen Festsetzungsantrags (Hamm Rpfleger 92, 315). Der erstinstanzliche Festsetzungsantrag bestimmt den Zinsbeginn insgesamt, wenn ein abänderndes Berufungsurteil vom BGH aufgehoben und die erstinstanzliche Entscheidung wieder hergestellt wird (KG MDR 85, 238). Überholung bereits getroffener Kostenentscheidung durch Prozeßvergleich verlagert Verzinsungsbeginn auf den Festsetzungsantrag nach Vergleichsabschluß (Schleswig JurBüro 75, 1501; München JurBüro 78, 924; Hamm MDR 93, 585). Zeitweilige Unterbrechung des Festsetzungsverfahrens durch Konkurs verschiebt nicht den Verzinsungsbeginn ab Einreichung des Antrags (Hamm Rpfleger 81, 243).

VI) Zustellung (§ 104 I 3, 4). Dem zahlungspflichtigen Schuldner ist eine beglaubigte Abschrift 7
des KFB oder die Gerichtsentscheidung zur Kostenfestsetzung mit (beglaubigter oder unbeglaubigter) Abschrift der Kostenrechnung vAw zuzustellen. Wird zur Gewährung rechtlichen Gehörs die Kostenrechnung dem Gegner schon formlos zur Stellungnahme zugesandt, muß mit dem KFB eine Abschrift des Kostenfestsetzungsantrages zugestellt werden, sofern der Beschluß darauf Bezug nimmt (LG Stade NdsRpfl 81, 280; anders, wenn rechtliches Gehör förmlich gewährt worden war, Köln JurBüro 86, 1572). Bei anwaltlicher Vertretung ist dem ProzBev erster Instanz zuzustellen, § 176, es sei denn, daß die Partei selbst Erinnerung oder Beschwerde eingelegt hat (str, s § 176 Rn 13). Im Beitreibungsverfahren nach § 126 ist nur dem PKH-Anwalt zuzustellen, nicht dem ProzBev erster Instanz. Nach Anzeige des Erlöschens der Vollmacht oder der Niederlegung des Mandats, auch ohne Neubestellung eines anderen RA, ist nur noch der Partei selbst zuzustellen (Stuttgart Justiz 69, 166; KG MDR 72, 274; Koblenz Rpfleger 72, 54; 78, 316; München MDR 80, 146; aA Celle NdsRpfl 77, 21; Bremen Rpfleger 86, 99), die aber zur Benennung eines Zustellungsbevollmächtigten verpflichtet ist, wenn sie im Ausland wohnt, § 174 II (Koblenz Rpfleger 78, 261). Nach Rücklauf der Zustellungsurkunde ist wegen §§ 798, 798a auf der vollstreckbaren Ausfertigung der Tag der Zustellung an den Sch zu vermerken, die vollstreckbare Ausfertigung zu erteilen und dem Antragsteller oder seinem ProzBev formlos zu übersenden. Wird der Antrag teilweise zurückgewiesen, ist Amtszustellung geboten (§§ 104 I 4, 329 III). Kosten der Zustellung fallen nur an, wenn in der Instanz der Auslagenfreibetrag (Nr 2 vor KV 9000) überschritten ist (Mümmler JurBüro 95, 462; AG Rendsburg JurBüro 96, 318; aA AG Kiel JurBüro 96, 261); dann hat sie der Antragsteller vorzuschießen (§ 68 III 1 GKG; Lappe Anm zu KoRsp GKG § 68 Nr 20; aA BL/Hartmann § 104 Rn 21; LG Berlin Rpfleger 86, 73); sie sind auf Grund des Titels festzusetzen (LG Berlin JurBüro 72, 281). Über den Antrag auf öffentliche Zustellung entscheidet der Rechtspfleger selbst (AG Köln JurBüro 88, 360; München MDR 88, 679; aA Köln KoRsp ZPO § 104 B Nr 13 mit abl Anm Lappe).

VII) Glaubhaftmachung (§ 104 II). Beweisverfahren: § 294. Belege sind in Urschrift, nicht in 8
Abschrift, beizufügen, wenn sie sich nicht bereits in den Akten befinden. Das Sitzungsprotokoll hat wegen seiner Zielsetzung, den erheblichen Verfahrensverlauf festzuhalten, für die kostenrechtliche Beurteilung keine entscheidende Bedeutung; nicht beurkundete Umstände sind zu berücksichtigen (Koblenz JurBüro 80, 1846). Die Kosten müssen tatsächlich erfallen sein. Bei den Postgebühren belegt die Versicherung des RA (§ 104 II 2) nur das Entstehen, nicht die Höhe. Wird die Notwendigkeit (und damit die Höhe) der Aufwendungen bestritten, ist Einzelnachweis erforderlich (Hamburg JurBüro 81, 454; Frankfurt MDR 82, 418; München MDR 92, 1004: § 287), wobei jedoch der anwaltlichen Versicherung Indizwert beizumessen ist, wenn die Kosten im Verhältnis zum Prozeßstoff angemessen erscheinen (VGH Bad.-Württ. JurBüro 90, 1001; München MDR 82, 760). Keinesfalls ist es Aufgabe des Gerichts, von sich aus eine ins einzelne gehende Notwendigkeitsprüfung anzustellen (München AnwBl 83, 569; MK/Belz § 104 Rn 10).

VIII) Erinnerung (§ 11 I 1 RpflG). Gegen die Entscheidung des Rechtspflegers ist die Erinne- 9
rung gegeben, die keine aufschiebende Wirkung hat. In Betracht kommt sie gegen die Zubilligung, Nichtzubilligung oder nur teilweise Zubilligung eines verlangten Betrages. Das auf die Höhe beschränkte Anfechtungsbegehren bindet auch dann, wenn feststeht, daß die streitigen Kosten gar nicht entstanden sind. Erinnerung auch gegen die Kostenentscheidung im Beschluß zulässig; § 99 I ist darauf nicht anzuwenden (Koblenz Rpfleger 92, 242), wohl ist die Durchgriffsbeschwerde ausgeschlossen (Stuttgart Rpfleger 84, 199). Gegeben ist sie nur der beschwerten Partei, nicht dem ProzBev (Köln Rpfleger 92, 271; nach Lappe Anm KoRsp ZPO § 104 B Nr 216 ist Beitritt nach §§ 66 ff zulässig) oder der Staatskasse. Wegen eigenen Beitreibungsrechts (§ 126) kann hingegen der PKH-Anwalt auch selbständig Erinnerung einlegen; ist entgegen seinem

Antrag auf den Namen der Partei festgesetzt worden, kann er Berichtigung verlangen, muß hingegen Erinnerung einlegen, wenn er den Kostenansatz selbst beanstandet. Dagegen kann mit der Erinnerung nicht der Übergang von einem Verfahren zugunsten der Partei nach § 103 zu einem Verfahren zugunsten des PKH-Anwalts nach § 126 oder umgekehrt erzwungen werden (KG DR 41, 109).

10 1) **Zulässig** ist Erinnerung erst ab Hinausgehen des unterschriebenen KFB aus dem internen Geschäftsbetrieb (Hamm JurBüro 83, 934; Koblenz Rpfleger 82, 295), also nie vor der Entscheidung des Rechtspflegers (Hamm NJW 66, 760; Karlsruhe Justiz 67, 314). Soweit Rechenfehler zu berichtigen sind, genügt Anregung nach § 319. „Erinnerung" gegen die Höhe des Streitwertes ist als Anregung auf amtswegige (§ 25 II 1 GKG) Wertfestsetzung umzudeuten.

11 2) **Teilweise Anfechtung** des KFB hindert nicht, nach Aufhebung und Zurückverweisung an den Rechtspfleger nunmehr einen anderen Teil des KFB anzugreifen (Stuttgart JurBüro 78, 1251). Teil-Erinnerung hindert die Partei auch nicht, nachträglich bisher unbeanstandete Posten anzugreifen, selbst wenn die Erinnerungsfrist abgelaufen ist (Stuttgart Justiz 78, 234); anders, wenn im ursprünglichen Teil-Antrag ein Verzicht auf Erinnerung zu sehen ist, was aber kaum angenommen werden kann.

12 3) **Einlegung** auch im Anwaltsprozeß durch die Partei selbst möglich. Sie ist Prozeßhandlung; unzulässig deshalb bedingte Erklärungen, unschädlich hingegen eine fehlerhafte Bezeichnung, zB als Beschwerde oder Gegenvorstellung. Inhaltsverändernde Umdeutungen sind unzulässig. Auslegung ist aber möglich (Karlsruhe AnwBl 94, 247: Wiederholung einer Stellungnahme). Eine Bezugnahme muß innerhalb der Erinnerungsfrist erklärt werden: Düsseldorf MDR 78, 677; Stuttgart Rpfleger 82, 309; Frankfurt Rpfleger 83, 117. Telefonische Mitteilung, ein vor der Erinnerung abgefaßter Schriftsatz solle als Erinnerung behandelt werden, reicht nicht aus (Celle Rpfleger 94, 290).

13 4) Seit dem 1. 4. 91 ist die Erinnerung in jedem Fall **befristet;** also binnen einer Notfrist von zwei Wochen (Entschädigungskl im außereuropäischen Ausland: 6 Monate, KG BlnAnwBl 92, 171) ab Zustellung des Beschlusses einzulegen; gleichgültig ist, aus welchem Grund der Rechtspfleger dem Antrag – ganz oder teilweise – nicht entsprochen hat (§ 11 I 2 RpflG; § 104 III 1). Die Frist beginnt mit Zustellung des KFB, auch wenn die Kostenrechnung nicht zuvor oder zugleich mitgeteilt wurde (München MDR 91, 61 mN auch zur Gegenmeinung).

14 5) Darüber, wem **zuzustellen** ist, s Rn 7. Berichtigungen, die sachliche Änderungen enthalten, zB nachträgliche Einsetzung des ProzBev der Partei (§ 126), verlangen neue Zustellung mit neuem Fristlauf (zur Wirksamkeit der Zustellung nach §§ 198, 212a vgl München MDR 71, 932). Ist der KFB auf das Urteil oder den Vergleich gesetzt worden (§ 105), läuft die Frist ab Zustellung des Titels; Berechnung nach § 222. Keine Abkürzung oder Verlängerung möglich. Wiedereinsetzung nach §§ 233 ff. Wird die Erinnerung vor einem unzuständigen Geschäftsbeamten zu Protokoll genommen, muß das Protokoll zur Fristwahrung rechtzeitig bei dem zuständigen Gericht, nämlich dem, dem der Rechtspfleger angehört (Koblenz KoRsp ZPO § 104 B Nr 138 mit krit Anm von Lappe; München JurBüro 92, 613) eingehen (§ 129a II 2); die Einlegung beim Beschwerdegericht ist nicht fristwahrend (Hamm AnwBl 95, 270).

15 **IX) Sofortige Beschwerde (§ 104 III 1).** Die Kostenbeschwerde (Beschwer: § 567 II 2) hat keine aufschiebende Wirkung, §§ 577, 572 (Stuttgart NJW 46, 426). Es können keine Kosten nachgeschoben werden (Bamberg JurBüro 83, 129); Beschwerdeerweiterung jedoch zulässig bei unverändertem Sachverhalt entsprechend dem Berufungsverfahren, s § 519 Rn 31. Änderungswille ist maßgebend, nicht Wortwahl; deshalb ist eine „Erinnerung" gegen die Höhe eines bereits festgesetzten Streitwerts und der darauf beruhenden Kostenfestsetzung als Streitwertbeschwerde zu behandeln (Frankfurt JurBüro 79, 601, 1873). Rechtsbeschwerde (BGH MDR 86, 493) und weitere Beschwerde sind ausgeschlossen (§§ 567 III 1, 568 III; s § 568 Rn 34), auch in FG-Sachen (BayObLG WuM 90, 327).

16 1) **Entscheidet der Instanzrichter irrig** abschließend über eine Durchgriffserinnerung, anstatt sie als sofortige Beschwerde vorzulegen, darf der vorinstanzliche Beschluß nicht in eine Nichtabhilfe- u Vorlageentscheidung umgedeutet werden (Hamm Rpfleger 78, 421; Schleswig SchlHA 76, 16; Koblenz JurBüro 76, 1346; KG AnwBl 73, 403). Der Beschluß des Instanzgerichts ist dann aufzuheben, ohne daß dies aber zur Zurückverweisung zwingt (Hamm Rpfleger 90, 286; Karlsruhe Justiz 89, 348; Frankfurt Rpfleger 78, 63). Da der prozessuale Vorrang der Zulässigkeit vor der Begründetheit kein Selbstzweck ist, darf bei zweifelhafter Zulässigkeit diese offenbleiben und wegen eindeutiger Unbegründetheit zurückgewiesen werden (Hamm MDR 79, 943).

17 2) **Beschwerdeberechtigt** ist die Partei, ihr ProzBev (sa Rn 9), wenn er PKH-Anwalt ist und nach § 126 vorgeht. Eine Partei kraft Amtes ist beschwerdeberechtigt, auch wenn ihre Parteifunktion bei Erlaß des KFB schon beendet war, damit sie die Entlassung aus dem Rechtsstreit erreichen kann (KG JW 27, 1497).

3) **Beschwerdegericht** ist das LG, wenn der Rechtspfleger des AG, das OLG, wenn der Rechtspfleger des LG entschieden hat. In Familiensachen ist immer der Familiensenat Beschwerdegericht (BGH MDR 78, 737). 18

4) **Hat das Prozeßgericht** den Rechtspfleger zu einer bestimmten Kostenfestsetzung **angewiesen** (§ 11 II 3 RpflG) und setzt dieser neu fest, muß sich die Anfechtung gegen den anweisenden Beschluß des Prozeßgerichts richten, nicht gegen den Ausführungsbeschluß des Rechtspflegers (Frankfurt JurBüro 83, 132; Koblenz KoRsp ZPO § 104 B Nr 147). Dieser wird unwirksam, wenn der Anweisungsbeschluß vom Beschwerdegericht abgeändert wird; das gilt auch dann, wenn der Ausführungsbeschluß fälschlich durch Erinnerung angefochten und diese nach Nichtabhilfe dem Beschwerdegericht vorgelegt worden ist (KG DR 39, 1186). 19

5) Entschieden wird **ohne mündliche Verhandlung** (§ 573 I), jedoch nach Gewährung rechtlichen Gehörs (§ 103 I GG; Köln Rpfleger 91, 197; Celle NdsRpfl 92, 53; sa Rn 21 „Benachrichtigung"). Die Beschwerdeentscheidung ist zuzustellen (§ 329 III). 20

X) Einzelheiten zum Verfahren (alphabetisch geordnet, s auch den Schlüssel zu § 91 Rn 13) 21

● **Abänderung:** Der KFB darf nie den Kostenausspruch des Urteils verändern (Frankfurt JurBüro 82, 744). Der Titel ist für den Rechtspfleger bindend (siehe unter „Bindung"), selbst wenn die Parteien durch außergerichtlichen Vergleich eine andere Regelung getroffen haben (Celle MDR 63, 60). Unzulässig ist auch die Überprüfung der sachlichen Richtigkeit einer Entscheidung im Kostenpunkt (BGH NJW 62, 36; Schleswig SchlHA 78, 22) oder in der Wertfestsetzung (Düsseldorf JurBüro 66, 33), selbst hinsichtlich der Begründungselemente (Hamburg JurBüro 78, 1018). Der Rechtspfleger darf einen nicht angefochtenen KFB (LG Hagen JurBüro 87, 1089) oder seine Nichtabhilfeentscheidung nicht mehr ändern, wenn er die Akten dem Richter vorgelegt hat (München Rpfleger 82, 196). Der Richter darf den Festsetzungsbeschluß abändern oder zur anderweitigen Festsetzung an den Rechtspfleger zurückverweisen (§ 575; § 11 IV RpflG). Änderungsverbot für das Gericht, wenn es über die Erinnerung entschieden hat (§ 577 III).

● **Abgabe:** Gibt das angegangene Gericht vor Zustellung der Klage an das zuständige Gericht ab, dann können die bei dem unzuständigen Gericht erfallenen Kosten des Kl nicht zu dessen Gunsten festgesetzt werden; das Fehlen einer Kostenentscheidung nach § 281 III 2 ist unerheblich, da diese Vorschrift auf die „Abgabe" unanwendbar ist (vgl KG JurBüro 90, 1183).

● **Abhilfe:** Der Rechtspfleger darf der Erinnerung abhelfen, auch soweit sie sich nur gegen seine Kostenentscheidung richtet (Stuttgart Rpfleger 84, 199), und er muß es, soweit er sie für begründet hält (Frankfurt Rpfleger 79, 388). Bei teilweiser Abhilfe darf der angefochtene Beschluß nicht insgesamt aufgehoben, sondern muß so gefaßt werden, daß der bestätigte Teil des Titels vollstreckungsfähig bleibt (München Rpfleger 84, 285). Unzulässig ist die Vorlage an den Richter unter Offenlassen der Frage, ob abzuhelfen ist (München Rpfleger 81, 412; Düsseldorf MDR 86, 503; LG Berlin Rpfleger 89, 56; aA Lappe/Meyer-Stolte Rpfleger 86, 405; Lappe gegen LG Detmold Rpfleger 96, 238); der Richter darf dementsprechend nicht vorlegen, ohne dem Rechtspfleger Abhilfegelegenheit gegeben zu haben, anderenfalls die Vorlage auf einem Verfahrensmangel beruht (LAG Düsseldorf Rpfleger 93, 439; Hamm Rpfleger 86, 277; keine Heilung des Mangels durch die Nichtabhilfeentscheidung des Richters: BayObLG JurBüro 90, 895). Unzulässig ist aber auch eine Abhilfe nach „formloser Rückgabe" durch den Richter nach Vorlage; zu einer erneuten Befassung des Rechtspflegers kann es nur nach Zurückverweisung durch den Richter kommen (KG Rpfleger 85, 455). Die Entscheidung des Gerichts, ob einer vorgelegten Erinnerung nicht abzuhelfen und vorzulegen ist (zur Vorlage ohne Nichtabhilfeentscheidung des Amtsrichters s LG Berlin JurBüro 89, 981; des Rechtspflegers s BayObLG JurBüro 90, 895), obliegt am LG der Kammer (Schleswig SchlHA 80, 57), dem Einzelrichter dann, wenn dieser nach § 348 entschieden hat (Koblenz Rpfleger 78, 329). Bei der KfHS ist der Vorsitzende zuständig (§ 349 II Nr 12). Über die Nichtabhilfe ist in Beschlußform zu entscheiden (München Rpfleger 90, 156; aA Stuttgart Rpfleger 94, 204). Vermerk des Berichterstatters oder Einzelrichters über die Ansicht des Kollegiums reicht nicht aus (Koblenz JurBüro 76, 1708). Einer vom Richter für begründet befundenen Erinnerung muß abgeholfen werden. Da die – auch teilweise – Abhilfe zugleich Neufestsetzung ist, hat die dadurch beschwerte Partei wieder die befristete Erinnerung (München Rpfleger 89, 55). Bei Teilabhilfe darf die abhelfende Instanz keine Kostenentscheidung treffen (München Rpfleger 77, 70). Hat bei Erinnerung beider Parteien der Rpfleger nur einer Erinnerung abgeholfen und neu festgesetzt, bleibt die Erinnerung der anderen Partei wirksam, richtet sich aber nicht ohne weiteres gegen die Neufestsetzung (Hamm JurBüro 77, 96). Zur **Kostenentscheidung** s unter „Kostentragung".

Bei groben Verstößen ist Verfassungsbeschwerde wegen Verletzung des Willkürverbots gegeben (BVerfG MDR 83, 373 = Rpfleger 83, 84); im übrigen kommt regelmäßig Aufhebung und Zurückverweisung in Betracht (Frankfurt Rpfleger 80, 156; MDR 80, 234; LG Frankfurt Rpfleger 90, 285).

● **Abtretung:** Möglich aufschiebend bedingt ab Klageerhebung, auflösend bedingt ab vorläufiger Vollstreckbarkeit, unbedingt ab Rechtskraft (BGH MDR 88, 857 = WuB IV A § 398 BGB 1.88 Lewowski). Der Zessionar des KE kann Festsetzung als Gl nur nach Titelumschreibung gem §§ 727 ff verlangen (Stuttgart Justiz 78, 472). Ohne Titelumschreibung, zB nach bloß schriftlicher Abtretung, ist die Kostenfestsetzung auf den Zessionar wirkungslos (BFH DB 71, 1848). Zum PKH-Anwalt s § 126 Rn 19.

● **Amtspflichtverletzung:** Hierdurch entstandene Mehrkosten sind gegen den Erstattungspflichtigen festzusetzen, jedoch nur Zug um Zug gegen Abtretung eines etwaigen Anspruchs aus Amtspflichtverletzung (LG Berlin JurBüro 87, 1086; aA Koblenz Rpfleger 86, 446: Erstattungsschuldner soll nicht mit dem Prozeßrisiko eines Amtshaftungsprozesses belastet werden).

● **Anschließung:** Erinnerungsgegner kann sich nach Fristablauf anschließen (sog unselbständige Anschlußerinnerung). Zulässigkeitsvoraussetzungen, insbesondere Beschwerdesumme, sind dann nicht erforderlich (Hamburg JurBüro 79, 769; Bamberg JurBüro 78, 592). S auch unter „Anschlußbeschwerde".

● **Anschlußberufung:** Isolierte Entscheidung über ihre Kosten verstößt gegen das Gebot verhältnismäßiger Teilung (§ 92 Rn 2, 5) und muß durch Auslegung (s dort) in eine Kostenquotierung umgesetzt werden.

● **Anschlußbeschwerde** (§ 577a ZPO): Sie ist ebenso wie die Anschlußerinnerung (s „Anschließung") zulässig. Legt der Richter die Erinnerung nach § 11 II 4 RpflG als sofortige Beschwerde dem Rechtsmittelgericht vor, dann hat er eine danach eingehende Erinnerung des Gegners ohne Rücksicht auf eine Beschwerdesumme dem Rechtsmittelgericht ohne Abhilfeprüfung als Anschlußbeschwerde zuzuleiten (LG Berlin JurBüro 80, 136). Mit der unselbständigen Anschlußbeschwerde können auch Posten nachgeschoben werden (OLG Bamberg JurBüro 81, 1679).

● **Anwaltssozietät:** Ein von einer Sozietät erwirkter KFB ist im Zweifel dahin auszulegen, daß jeder der namentlich beteiligten Anwälte als Gesamtgläubiger berechtigt sein soll (Saarbrücken Rpfleger 78, 227). Der Titel muß alle Anwälte als Gl bezeichnen; ungenügend zB „Rechtsanwälte A, B und Partner". Bei Wechsel innerhalb der Sozietät muß vor der Titelumschreibung die Rechtsnachfolge durch öffentliche oder öffentlich beglaubigte Urkunde nachgewiesen werden (s Schneider Anm zu KoRsp BRAGO § 19 Nr 10).

● **Anwaltsvergleich:** (§ 1044b) ist kein zur Festsetzung geeigneter Titel (Hamburg MDR 94, 214).

● **Anwaltszwang:** Nicht, wenn die Entscheidung des AG angegriffen wird und das LG Beschwerdegericht ist (§§ 78 III, 569 II 2), auch nicht für im Beschwerdeverfahren abzugebende schriftliche Erklärungen (§ 573 II 2). Ist Beschwerdegericht ein OLG, dann werden drei Meinungen vertreten: **a)** kein Anwaltszwang (KG Rpfleger 71, 63; Hamm JurBüro 71, 799; Düsseldorf Rpfleger 71, 250; 74, 429; Zweibrükken NJW 73, 908; Bamberg JurBüro 78, 1366; 88, 1728; München AnwBl 87, 288); **b)** uneingeschränkter Anwaltszwang (Stuttgart NJW 71, 1707, aufgegeben in JurBüro 91, 560; Bamberg JurBüro 75, 1286; Göppinger JR 71, 451); **c)** kein Anwaltszwang für die Einlegung der Durchgriffserinnerung und die Vorlage an das Beschwerdegericht, wohl aber für das weitere Verfahren in der Beschwerdeinstanz (Frankfurt MDR 71, 589; Bremen NJW 72, 1241: auch für jedes neue Vorbringen nach Vorlage). Stets können angeordnete schriftliche Erklärungen von einem beim vorinstanzlichen Gericht zugelassenen Anwalt abgegeben werden (§ 573 II).

● **Arrestbefehl:** S auch „Einstweilige Verfügung". Fehlt eine Kostenentscheidung, können die Kosten der Anordnung auf Grund des Urteils in der Hauptsache nur festgesetzt werden, wenn sie dort einbezogen worden sind (KG JW 30, 3340; s § 922 Rn 8). Für die Kosten der Arrestvollziehung ist der Arrestbefehl Vollstreckungstitel (KG JW 28, 2153). Enthält er eine Kostenentscheidung, ist die Einhaltung der Vollziehungsfrist des § 929 nicht nachzuprüfen (LG Berlin Rpfleger 61, 23). Bei gegensätzlichen Kostenentscheidungen im Anordnungs- und Aufhebungsverfahren gem § 927 ist jeder Titel für sich Erstattungsgrundlage (München AnwBl 88, 416; Schleswig JurBüro 95, 308; Koblenz KoRsp ZPO § 103 B Nr 46; anders bei Aufhebung nach § 926 II: Koblenz aaO; Frankfurt Rpfleger 86, 281).

● **Aufgebotsverfahren:** Im Verfahren zur Ausschließung von Nachlaßgl findet zwischen anmeldendem Gl und dem Antragsteller des Aufgebotsverfahrens mangels KE keine Kostenfestsetzung statt (LG Frankenthal Rpfleger 83, 412).

● **Aufhebung der Kostengrundentscheidung:** Mit der Aufhebung des Titels wird das Festsetzungsverfahren gegenstandslos, auch bei abweichender Kostenentscheidung im Nachverfahren (Koblenz KoRsp ZPO § 103 B Nr 36 m Anm von Eicken); jedoch nicht, wenn die neue Kostengrundentscheidung mit der alten übereinstimmt (Lappe Anm KoRsp ZPO § 103 B Nr 18; aA MK/Belz § 104 Rn 141; LAG Düsseldorf JurBüro 87, 1232; KG KoRsp ZPO § 104 B Nr 10 m abl Anm Lappe; Frankfurt JurBüro 93, 489). Bei teilweiser Abänderung können zuvor entstandene Vollstreckungskosten aus dem bestehenbleibenden Titel nur festgesetzt werden, wenn klar ist, auf welchen Teil des ursprünglichen Titels sie entfallen (Frankfurt AnwBl 78, 465). Eine Erinnerung ist nicht mehr vorzulegen und, wenn dies gleichwohl geschieht, als unbeachtlich zurückzugeben; Aufhebung während des Erinnerungsverfahrens erledigt die Erinnerung (Hamburg JurBüro 89, 502, auch zur Kostenentscheidung).

● **Aufrechnung:** Unzulässig, daß der Kostenschuldner im Festsetzungsverfahren gegen den Erstattungsanspruch aufrechnet (BGHZ 3, 382; Düsseldorf JurBüro 75, 819). Zulässig ist die Aufrechnung mit einem rechtskräftig festgesetzten KE (BGH MDR 63, 388; Frankfurt MDR 84, 148; Düsseldorf MDR 88, 782: auch schon vor Leistung der die Vollstreckbarkeit des Urteils erst herbeiführenden Sicherheit), der entgegen hM nicht in einem anderen Verfahren entstanden sein muß (Celle JurBüro 83, 1698). Folgerichtig steht dann auch eine Kostenquotierung der Aufrechnung nicht entgegen (Celle aaO gg Saarbrücken JurBüro 78, 1089). Ein Aufrechnungsverbot (§ 393 BGB) erstreckt sich auch auf den KE. Unerheblich ist, daß die Kostengrundentscheidung im Berufungsverfahren aufgehoben werden kann (Hamm WPM 88, 518; s unter „Aufhebung"). Der rechtskräftigen Festsetzung steht gleich das Einverständnis mit der Aufrechnung (Braunschweig NdsRpfl 76, 114) oder die Unstreitigkeit des zur Aufrechnung gestellten Anspruchs (Hamburg JurBüro 88, 1525; Düsseldorf JurBüro 89, 225), wobei es genügt, daß der Aufrechnungstatbestand unstreitig ist, mag auch der Kostengläubiger die Aufrechnungsbefugnis rechtsirrig leugnen (KG MDR 84, 150). Die Abwendungsbefugnis durch Sicherheitsleistung, zB §§ 711, 712, beeinflußt die materiellrechtliche Aufrechnungswirkung nicht (Frankfurt MDR 84, 148; Hamm WPM 88, 517). Außerprozessuale Aufrechnung ist schon ab Erlaß der Kostengrundentscheidung möglich, da die fällige Gegenforderung nun bestimmbar ist (LG Tübingen NJW 65, 1608); Geltendmachung mit der Klage aus § 767 (s dort Rn 6 „Kostenfestsetzungsbeschlüsse") möglich. Beim Kostenausgleich nach § 106 liegt es anders, weil dort ein aufrechenbarer KE erst mit der Festsetzung bestimmbar ist (Saarbrücken JurBüro 78, 1089; Kuntze JR 76, 334; Pohle MDR 59, 314). Nach § 106 II 1 führt die verspätete Anmeldung des Erstattungsanspruchs des Gegners nicht zur Änderung der Erstfestsetzung; die Parteien können sich nur durch Aufrechnung oder Klage nach § 767 vor Vollstreckungsnachteilen schützen (s Lappe MDR 83, 992).

● **Auslegung:** Die Kostenfestsetzung soll nur die Grundentscheidung im Titel höhenmäßig konkretisieren. Deshalb muß auch eine unrichtige Kostenentscheidung hingenommen werden, zB eine unzulässige Rückwirkung der PKH-Bewilligung (München Rpfleger 86, 108). Statthaft ist nur die Beseitigung von Unklarheiten durch Auslegung entsprechend dem wirklichen Willen des Gerichts (Braunschweig JurBüro 77, 1775). Dabei ist die Heranziehung und Würdigung anderer Umstände als des Textes des Kostentitels nicht statthaft, insbesondere keine Beweisaufnahme (Schleswig SchlHA 82, 173; Hamm JurBüro 68, 297). Am häufigsten wird klärende Auslegung nötig bei mißlungenen Kostenquotierungen nach Teilentscheidungen und im Streitgenossenprozeß, zB wenn die Kosten nach Verfahrensgegenständen oder „im Verhältnis" zwischen Parteien verteilt werden. Derartige unzulässige Kostenentscheidungen (s § 92 Rn 5) müssen durch Auslegung vom Rechtspfleger festsetzungsfähig gemacht werden (Schleswig JurBüro 82, 1404; LG Frankfurt Rpfleger 88, 203: Fall einer Teilklagerücknahme; München JurBüro 91, 121). Auslegung kann auch ergeben, daß nur eine Mehrkostenbelastung gewollt war oder daß gesamtschuldnerisch verurteilte Streitgenossen nur für Kosten haften, deren Entstehung sie mitveranlaßt haben, zB wenn nur zur Verteidigung eines Streitgenossen Beweis erhoben worden ist (Frankfurt JurBüro 81, 1400; zu eng Schleswig JurBüro 83, 1883 = KoRsp ZPO § 100 Nr 47 m krit Anm Lappe). Übernimmt der Kläger im Vergleich nur die außergerichtlichen Kosten eines Streitgenossen, während der durch denselben Anwalt vertretene andere Streitgenosse seine eigenen Kosten selbst tragen soll, dann wird der Parteiwille dahin auszulegen sein, daß der obsiegende Streitgenosse nur den auf ihn entfallenden Kopfteil erstattet verlangen kann (Koblenz JurBüro 81, 1399). Durch Auslegung ist auch zu klären, welche einzelnen Gebühren in eine Kostenvereinbarung einbezogen sind (Koblenz JurBüro 82, 1683: Verkehrsanwalt), desgleichen ob eine Eingabe ungeachtet fehlender Bezeichnung als Erinnerung oder Beschwerde zu behandeln ist; maßgebend ist ein erkennbarer Überprüfungswille (LG Berlin JurBüro 83, 132).

● **Außergerichtliche Anwaltskosten:** Durch prozeßbegleitende Tätigkeit entstehende Anwaltskosten (§§ 20, 118 BRAGO) sind, wenn prozeßbezogen, erstattungsfähig (aA Köln JurBüro 81, 1187; Frankfurt KoRsp ZPO § 103 B Nr 17 m abl Anm von Eicken; Koblenz AnwBl 87, 53 = KoRsp ZPO § 91 B – Vertretungskosten Nr 223 m abl Anm von Eicken). S auch „Vorprozessuale Kosten".

● **Außergerichtliche Vereinbarungen:** Sie sind im Festsetzungsverfahren nur zu beachten, wenn sie unstreitig sind (Bamberg JurBüro 79, 1070), sonst nicht (Hamburg JurBüro 85, 1720; Zweibrücken JurBüro 78, 1881).

● **Aussetzung:** Nicht deshalb zulässig, weil Verfassungsbeschwerde gegen die Streitwertfestsetzung eingelegt worden ist (Schleswig SchlHA 79, 58). Aussetzung in der Hauptsache erstreckt sich auf das Kostenfestsetzungsverfahren (Hamm MDR 88, 870; krit München MDR 90, 252); jedoch hindert Verfahrensaussetzung in zweiter Instanz nicht die Kostenfestsetzung aus dem erstinstanzlichen Urteil (LG Berlin JurBüro 85, 619). S auch „Unterbrechung".

● **Austauschen von Kosten:** s „Fiktive Kosten".

● **Begründungszwang** besteht, wenn der Rpfleger den gestellten Anträgen nicht oder nicht vollständig entspricht (Düsseldorf JurBüro 81, 1540; Saarbrücken JurBüro 88, 500). Spätester Zeitpunkt für die Begründung die Vorlage an das Rechtsmittelgericht (München MDR 80, 146; Frankfurt Rpfleger 84, 477). Bei zweifelhaften oder schwierigen Fragen entsprechend eingehende Auseinandersetzung mit den Argumenten nötig (Düsseldorf aaO; München JurBüro 90, 630; LG Aachen Rpfleger 90, 348). Das gilt auch für den Richter, der bei schweren Fehlern des Rpflegers nicht mit unbegründetem Nichtabhilfebeschluß vorlegen darf (LG Berlin Rpfleger 81, 311; München Rpfleger 92, 382; abzulehnen aber Düsseldorf MDR 90, 273, das immer eine Begründung der Nichtabhilfe verlangt; hiergegen richtig Stuttgart Rpfleger 94, 204). Verstöße gegen den Begründungszwang sind Verfahrensfehler, die eine Aufhebung und Zurückverweisung rechtfertigen können (Frankfurt JurBüro 83, 451; Bamberg FamRZ 88, 967). Entbehrlich ist eine Begründung, wenn der KFB aus sich heraus in Verbindung mit der beigefügten Kostenrechnung verständlich und überprüfbar ist.

● **Benachrichtigung:** Von der Nichtabhilfe und der Vorlage der Erinnerung an das Beschwerdegericht sind die Parteien zu benachrichtigen (§ 11 II 4 RpflG; LG Berlin Rpfleger 89, 319; Köln Rpfleger 91, 197; sa Rn 20), damit sich der Erinnerungsführer über eine etwaige Rücknahme schlüssig werden kann. Ist die Benachrichtigung versäumt worden, muß Art 103 I GG beachtet werden.

● **Beratungshilfe:** Über die Zahl der Angelegenheiten, § 13 BRAGO, ist im Festsetzungsverfahren eigenständig zu entscheiden (LG Hannover JurBüro 88, 194; Herget Anm LG Köln MDR 85, 944).

● **Berichtigung:** § 319 I ist auf den KFB entsprechend anzuwenden (Stuttgart Justiz 80, 439; Düsseldorf OLGR 94, 263; Bamberg JurBüro 95, 648; sa § 319 Rn 20).

● **Berufung:** Beauftragt der Berufungsbeklagte seinen zweitinstanzlichen RA erst nach Verwerfung der Berufung, dann sind diese Kosten nicht erstattungsfähig, und zwar auch dann nicht, wenn das Mandat während des Laufs einer erfolglosen sofortigen Beschwerde (§ 519b II) erteilt wird (Frankfurt JurBüro 83, 1409). Schließt sich der Bekl nach Verwerfung seiner Berufung der Berufung des Kl an, dann tituliert die Kostenentscheidung des Verwerfungsbeschlusses nur die Mehrkosten infolge der verworfenen Berufung; darüber hinaus richtet sich die Erstattung nach dem Kostentenor des Urteils. Eine rechtskräftige Berufungs-Kostenentscheidung über ein angefochtenes Teil- oder Grundurteil wird durch einen späteren Vergleich, der die „Kosten des Rechtsstreits" nach einem anderen Verhältnis regelt, ohne ausdrückliche Einbeziehung nicht erfaßt (München MDR 82, 760; Schleswig SchlHA 82, 61). Für die Erstattung der Kosten einer Berufung gegen ein Auskunfts-Teilurteil bei Stufenklage ist die Kostenentscheidung des Berufungsurteils maßgebend, nicht die des Schlußurteils (LG Aachen JurBüro 83, 282).

● **Beschwer:** Beschwert ist der Unterliegende (s § 91 Rn 2, dort auch zum vollmachtlosen Vertreter und zur nichtexistenten Partei). Scheinbeschwer durch Zustellung an einen namensgleichen Dritten berechtigt zu prozessualen Maßnahmen, um diesen Schein zu beseitigen (s auch § 511 Rn 5). Zur Beschwer, wenn eine erstrebte Gebühr entweder gar nicht oder für beide Parteien erfallen ist, s § 106 Rn 6. Kein Beschwerdegrund, daß die Festsetzung nicht in der Form des § 105 vorgenommen worden ist. Bei Anfechtung mehrerer KFB in einer Sache ist für jedes Rechtsmittel eine selbständige Beschwer nötig (Stuttgart JurBüro 79, 609 gegen Nürnberg JurBüro 75, 191). Die sofortige Beschwerde ist nur zulässig, wenn der Wert des Beschwerdegegenstandes, also des beanstandeten Betrages, die in § 567 II gesetzte Grenze übersteigt. Anspruchserweiterung im Beschwerdeverfahren nur möglich, wenn die Beschwerde auch ohne Erweiterung zulässig ist (Düsseldorf Rpfleger 76, 188; Hamm Rpfleger 71, 443). Zinsen nach § 104 I 2 und die USt (Koblenz MDR 92, 196) sind bei der Berechnung der Beschwerdesumme zu berücksichtigen. Eine allein auf Nachliquidation beschränkte Durchgriffserinnerung (Beschwerde) ist wegen fehlender Beschwer zu verwerfen (Frankfurt Rpfleger 78, 29; Koblenz JurBüro 91, 968; Hamm JurBüro 96, 262). Zulässig ist es aber, die Begründung der Kostenansprüche im Erinnerungs- oder Beschwerdeverfahren zu ändern (Neustadt MDR 57, 496).

● **Bindung:** Über die allein zulässige und gebotene Auslegung (s dort) hinaus ist die Kostengrundentscheidung im Festsetzungsverfahren unkorrigierbar bindend (Nürnberg MDR 95, 966), mag ihre sachliche Richtigkeit auch Bedenken ausgesetzt sein (BGH NJW 62, 36; KG Rpfleger 70, 177; Bamberg JurBüro 86, 108). Das gilt zB für fehlerhaft bewilligte PKH (München Rpfleger 86, 108; Schneider MDR 89, 225) oder Zuständigkeitsverstöße (Koblenz JurBüro 86, 112) ebenso wie für die Streitwertfestsetzung (Düsseldorf JurBüro 66, 334) oder die rechtliche Qualifizierung. Ob kostenauslösende Prozeßhandlungen zweckmäßig oder notwendig waren oder ob Verfahrensfehler unterlaufen sind, ist nicht überprüfbar, zB bei Berufungsrücknahme nach Teilurteil (Koblenz JurBüro 80, 762); Versagung rechtlichen Gehörs (Düsseldorf MDR 78, 677); Unzulässigkeit (LG Dortmund Rpfleger 81, 319) oder Unvollständigkeit (Hamm MDR 92, 813) der Kostenentscheidung; materiellrechtliche Einwendungen (Frankfurt VersR 81, 194). Jedoch darf trotz Vorliegens eines Kostenbeschlusses gem § 269 III geprüft werden, ob die Klage überhaupt zugestellt worden ist; wenn nicht, war eine Verteidigung dagegen nicht nötig (Schleswig SchlHA 83, 173; JurBüro 84, 604; § 91 Rn 13 „Klagerücknahme"); ebenso Koblenz (JurBüro 84, 481) für eine nicht rechtshängig gewordene Widerklage. Prüfungsfähig ist weiter, ob protokollierte Erklärungen einen als Kostentitel geeigneten Prozeßvergleich darstellen, zB dann nicht, wenn nur einseitig nachgegeben worden ist (München MDR 85, 327). Stellungnahmen des Richters binden den Rpfleger nicht (München MDR 90, 936; Braunschweig MDR 90, 935; Koblenz AnwBl 95, 108, alle zur Beweisgebühr; sa § 91 Rn 13 „Reisekosten"). Die einem Aufhebungsbeschluß zugrunde liegende Rechtsauffassung ist (anders als eine „Ermittlungsauflage" für den neu festsetzenden Rpfleger, so aber Hamm KoRsp ZPO § 104 B Nr 78 m abl Anm von Eicken) bei Anfechtung des neuen KFB weiterhin bindend (Hamm Rpfleger 78, 386; Stuttgart JurBüro 87, 269). Beiordnung eines PKH-Verkehrsanwalts nach § 121 III entbindet nicht von der Notwendigkeitsprüfung (Hamm Rpfleger 83, 328); der Bewilligungsbeschluß als solcher ist jedoch bindend, auch wenn er trotz Fehlens der formellen und inhaltlichen Voraussetzungen ergangen ist (München Rpfleger 83, 503).

● **Bundesverfassungsgericht:** Rechtspfleger darf nicht vorlegen (BVerfGE 30, 170).

● **Darlegung:** Der Erstattungsgläubiger ist darlegungspflichtig, wenn die Berechtigung von Ablichtungskosten zu beurteilen ist (Frankfurt JurBüro 81, 215).

● **Dritte:** Sind sie in der Kostenregelung eines Prozeßvergleichs erwähnt und beigetreten, können sie auch das Festsetzungsverfahren betreiben.

● **Duldung der Zwangsvollstreckung:** Die dahingehende Verpflichtung eines Ehegatten (zB § 743) darf nur in den KFB übernommen werden, wenn sie auch im Schuldtitel ausgesprochen ist (KG JVBl 40, 40).

● **Durchgriffserinnerung:** Mit der zulässigen Vorlage an das Beschwerdegericht wird die befristete Erinnerung als sog Durchgriffserinnerung zur sofortigen Beschwerde (§ 11 II 5 RpflG; § 104 III 1). Der Vorlagebeschluß ist ebenso wie der Nichtabhilfebeschluß des Rechtspflegers unanfechtbar. Eine gleichwohl eingelegte selbständige Beschwerde ist zusammen mit der Durchgriffserinnerung als einheitliches Rechtsmittel zu behandeln (München Rpfleger 71, 427), dagegen nach Hamm (JurBüro 71, 639) zu verwerfen. Die Partei darf das Verfahren selbst betreiben (s oben „Anwaltszwang" u Rn 7 zur Zustellung). Das Beschwerdeverfahren richtet sich nach §§ 567 ff. Neue Tatsachen können vorgebracht werden (§ 570). Eine verspätete Durchgriffserinnerung ist vom Beschwerdegericht zu verwerfen.

● **Einstweilige Einstellung:** Nach § 104 III 2 zulässig, aber nicht rechtsmittelfähig, auch nicht, wenn vorläufige Einstellung abgelehnt wird (München Rpfleger 73, 31; KG Rpfleger 71, 74). Hat der Sch bei anhängigem Hauptprozeß gegen eine vorangegangene einstweilige Verfügung keinen Widerspruch eingelegt, wird die Zwangsvollstreckung aus einem im Verfügungsverfahren ergangenen KFB nicht eingestellt (Karlsruhe Justiz 73, 321). Einstellung in der Hauptsache ist in den KFB aufzunehmen (Stuttgart Rpfleger 88, 39; Hamm OLGR 96, 72). S § 794 Rn 18.

● **Einstweilige Verfügung:** Die im Rechtmäßigkeitsverfahren (§ 942 I) ergehende Kostenentscheidung deckt auch die vor dem AG angefallenen Kosten (Zweibrücken JurBüro 85, 1715). Der Anwalt, der vor Einleitung eines Verfügungsverfahrens als Verfahrensbevollmächtigter eine Schutzschrift einreicht, ist für das Eilverfahren ProzBev und nach § 176 damit auch für den KFB Zustellungsempfänger (Hamburg JurBüro 80, 771). Keine Einstellung aus einem im Verfügungsverfahren ergangenen KFB, wenn die Hauptsache anhängig ist, der Sch aber gegen die einstweilige Verfügung keinen Widerspruch eingelegt hat (Karlsruhe Justiz 73, 321). Zu gegensätzlichen Kostenentscheidungen im Anordnungs- und Aufhebungsverfahren s unter „Arrest“, im Anordnungs- u Hauptsacheverfahren s Karlsruhe MDR 89, 826.

● **Einwendungen:** Berücksichtigung nur, soweit sie unstreitig oder rechtskräftig tituliert sind (Bamberg JurBüro 85, 621). S „Aufrechnung“, „Erfüllung“ u „Materiellrechtl Einwendungen“.

● **Erben:** Lassen sich Erben anwaltlich vertreten, nachdem eine Klage gegen einen vor Klageerhebung Verstorbenen abgewiesen worden ist, ist der Kl nur erstattungspflichtig, wenn der Kostentenor des Urteils die Erben einbezieht (KG Rpfleger 82, 353). Zur beschränkten Erbenhaftung s „Haftungsbeschränkung“.

● **Erfüllung:** Zulässig der Einwand, die zur Erstattung angemeldeten Gerichtskosten seien vom Erstattungsgläubiger zu Unrecht an die Gerichtskasse gezahlt worden, so daß ihm ein Rückerstattungsanspruch zustehe (LG Berlin JurBüro 84, 116; Düsseldorf Rpfleger 85, 255; Koblenz JurBüro 85, 135; aA München AnwBl 90, 396, wenn die erstattungspflichtige Partei im Kostenansatzverfahren bereits selbst beschwerdeberechtigt gewesen war).

● **Ergänzung des Beschlusses:** Sind angemeldete Kosten versehentlich nicht vom Rechtspfleger beschieden worden, gibt es nur den Ergänzungsantrag analog § 321 (Hamm Rpfleger 73, 409; München JurBüro 87, 1555). Erinnerung bei konkludenter Ablehnung!

● **Familiensachen:** Das Verfahren über Kosten aus einer Familiensache ist selbst Familiensache, auch wenn eine Nicht-Familiensache einbezogen ist, aber eine einheitliche, nicht abtrennbare Kostenentscheidung gefällt wird (BGH MDR 78, 739).

● **Festsetzungsverfahren nach § 19 BRAGO:** §§ 103 ff gelten sinngemäß (§ 19 II 3 BRAGO; s Schneider Anm zu KoRsp BRAGO § 19 Nr 16). Einwendungen oder Einreden des Sch, die nicht im Gebührenrecht ihren Grund haben, machen Klage notwendig. Fehlerhafte Berücksichtigung höherer Gebühren im Festsetzungsverfahren zwischen den Parteien ist für das Verhältnis Rechtsanwalt und Mandant nicht präjudizierend (Hamburg JurBüro 81, 1402).

● **Fiktive Kosten:** Zu erstatten sind immer nur tatsächlich entstandene Kosten, nicht auch fiktive (Schneider JurBüro 66, 103). Nicht erstattungsfähige entstandene Kosten dürfen durch erstattungsfähige nicht entstandene – fiktive – Kosten ersetzt werden, wenn diese nur durch den Anfall der nicht erstattungsfähigen erspart wurden (§ 91 Rn 12 aE).

● **Gebührenauswechslung:** Es gilt § 308 I 1. Austausch möglich, sofern beide Kosten auf denselben Sachverhalt bezogen sind (KG MDR 77, 941; Frankfurt Rpfleger 88, 162; Koblenz JurBüro 90, 211), wie zB Mahn- und Verkehrsgebühr (München MDR 87, 419). Nicht austauschbar wegen fehlender Wesensgleichheit sind die Verkehrsanwaltsgebühr und nicht angemeldete Parteireisekosten (Hamm MDR 74, 411; Koblenz JurBüro 92, 610 = ZAP F 24, 187 mit Anm Lappe); die Erörterungsgebühr und Parteiauslagen für Reisen und Zeugen (KG KoRsp ZPO § 104 B Nr 12 mit Anm von Eicken).

● **Gebührenverzicht:** Verzichtet der RA des Kl auf die halbe Verhandlungsgebühr, ist dies im Festsetzungsverfahren zu berücksichtigen (Bamberg JurBüro 81, 768).

● **Gerichtskostenfreiheit:** Gegen eine nach § 2 GKG gerichtskostenfreie Partei gibt es keinen Erstattungsanspruch wegen Gerichtskosten, sondern für die obsiegende Partei nur Rückforderung gegen die Staatskasse (Frankfurt JurBüro 77, 1778); auch kein Gerichtskostenansatz gegen einen Streitgenossen, den die gerichtskostenfreie Partei im Innenverhältnis freizustellen hat (aA Schleswig AnwBl 94, 570 = KoRsp GKG § 2 Nr 47 mit abl Anm Herget).

● **Gesamtschuldner:** Festsetzung gegen sie nur, wenn sich die gesamtschuldnerische Haftung aus dem Titel (Tenor oder Gründen) ergibt, also unerheblich, ob sie hätte ausgesprochen werden müssen (Celle NdsRpfl 70, 12). Bei Streitgenossen-Teilurteilen, zB erst VU, später Anerkenntnis- oder Streiturteil, ist bei Festsetzungsverfahren gegen beide im KFB klarzustellen, daß Gesamthaftung nur bezüglich des gemeinschaftlich betriebenen Verfahrensabschnittes, darüber hinaus also Einzelhaftung besteht.

● **Haftungsbeschränkung:** Ihr Vorbehalt im Urteil bezieht sich nur auf die Hauptforderung, nicht auf die Kostenentscheidung und ist deshalb nicht in den KFB zu übernehmen (Schleswig JurBüro 78, 1568; Frankfurt Rpfleger 77, 372; KG MDR 81, 851; Hamm MDR 82, 855; Stuttgart JurBüro 76, 675). Aufnahme jedoch geboten, wenn sich der Vorbehalt auf die Kostenentscheidung erstreckt (KG MDR 81, 851; Stuttgart JurBüro 76, 675 u LG Berlin JurBüro 87, 710: Beschränkung der Erbenhaftung; München MDR 80, 147: vollstreckungsbeschränkende Vereinbarung im Prozeßvergleich).

• **Hauptsacheerledigung:** Bei übereinstimmender Erklärung nach VU können die bisherigen Kosten auf Grund des VU festgesetzt werden, weil der nach § 91a zu beurteilende Kostenstreit rechtshängig bleibt (Koblenz MDR 80, 320). Bei Erledigung durch Vergleich u Kostenentscheidung nach § 91a Vergleichsgebühr grds nicht festsetzbar (Karlsruhe MDR 88, 1063; KG MDR 88, 1063). S auch „Prozeßvergleich" c).

• **Hinweispflicht:** Auch der Rechtspfleger muß die §§ 139, 278 III beachten.

• **Inkassokosten** sind nicht festsetzbar (München Rpfleger 89, 301).

• **Klage und Widerklage:** Bei fälschlicher Kostentrennung ist die korrekte Verteilungsquote durch Auslegung (s dort) zu ermitteln. Werden die Kosten der Widerklage dem Beklagten zu 1 auferlegt, die Kosten der Klage zwischen Kläger und Beklagtem zu 2 gequotelt, ist der Beklagte zu 1 im Zweifel nur mit den Mehrkosten der Widerklage zu belasten (s KG JW 39, 362).

• **Konkurs:** Die dem Konkursverwalter auferlegten Kosten in einem von oder gegen ihn aufgenommenen Rechtsstreit sind ungeachtet des Zeitpunktes ihres Entstehens insgesamt Masseschulden (Frankfurt Rpfleger 77, 372; AnwBl 83, 569; Hamm Rpfleger 90, 435), auch im Berufungsverfahren (Hamburg JurBüro 79, 447). Im Festsetzungsverfahren kann die Kostenentscheidung nicht mehr überprüft werden (Frankfurt AnwBl 83, 569). Der Gegner muß nach Einstellung mangels Masse gem § 204 KO seine Kosten gegen den Gemeinschuldner festsetzen lassen, auch wenn noch (hinterlegte) Masse vorhanden ist (Schleswig JurBüro 78, 445). Die Erstattungsberechtigung einer GmbH bleibt bestehen, auch wenn ihre Auflösung im Handelsregister eingetragen wird (Koblenz JurBüro 92, 600; § 50 Rn 4 ff).

• **Kosten der Zwangsvollstreckung:** Gl kann sie als Nebenforderung auf Grund des Hauptsachetitels beitreiben (§ 788) oder selbständig festsetzen lassen (BGH WPM 86, 1069; KG MDR 73, 508; nach Oldenburg, MDR 80, 856, muß er es sogar). Nicht festsetzbar, weil keine Kosten der Zwangsvollstreckung, sind diejenigen zur Eintragung des Rechts oder der Vormerkung nach §§ 894, 895 (Celle NJW 68, 2246). Bei vorläufiger Vollstreckung mit anschließender Überholung des Urteils durch Prozeßvergleich kann der Gl die Vollstreckungskosten so festsetzen lassen, wie sie bei einer Vollstreckung wegen der geringeren Vergleichsforderung entstanden wären (Stuttgart Rpfleger 94, 118, Aufgabe von Rpfleger 78, 455; Hamburg MDR 81, 763; Zweibrücken JurBüro 89, 504; Karlsruhe JurBüro 93, 25: Abänderung durch Berufungsurteil; aA MK/Belz § 103 Rn 40; sehr str; nach Köln JurBüro 82, 1085, Celle NdsRpfl 89, 59, Karlsruhe NJW-RR 89, 1150; MDR 94, 733) muß sich zur Festsetzung aus dem Vergleich ergeben, daß er auch die Kosten durchgeführter Vollstreckung regele; nach Bremen MDR 87, 854; Schleswig JurBüro 87, 1814, sind die Gesamtkosten der Vollstreckung dem Vergleich in der Hauptsache folgend zu quoteln. S auch unter „Zuständigkeit" und § 788 Rn 14.

• **Kostenansatzverfahren:** S „Erfüllung".

• **Kostentragung:** Der KFB muß im Erinnerungs- (AG Überlingen MDR 84, 588 m Anm Schneider), Beschwerde- und Rückfestsetzungsverfahren (Düsseldorf MDR 91, 449) über die Kosten des Festsetzungsverfahrens nach §§ 91 ff mitentscheiden (LG Aschaffenburg JurBüro 84, 287; § 91a ist anwendbar, Koblenz JurBüro 95, 208). Bei Erstattungsbereitschaft ohne Festsetzung ist § 93 analog anwendbar; die der Erinnerung nicht entgegentretende Partei bleibt unbelastet (Koblenz JurBüro 84, 446; KostRsp ZPO § 104 B Nr 109, 112; aA Düsseldorf JurBüro 89, 1578; krit Lappe FamRZ 95, 1167). Bei Zurücknahme der Erinnerung gilt § 515 III entsprechend (LG Essen Rpfleger 64, 183). Bei Wegfall des Kostentitels wird das Rechtsbehelfsverfahren gegenstandslos und die antragstellende Partei entsprechend § 717 II 3 kostenpflichtig (KG Rpfleger 78, 384; Hamm JurBüro 77, 1141; München JurBüro 70, 268, wendet § 97 I an; LG Berlin JurBüro 78, 432, befürwortet § 91a I). Erfolgreiches verspätetes Vorbringen einer Kostenvereinbarung führt zur teilweisen Belastung nach § 97 II (AG Mönchen-Gladbach KoRsp ZPO § 92 Nr 20). Keine Teilkostenentscheidung bei **teilweiser Abhilfe.** Das Beschwerdegericht hat zu entscheiden (Frankfurt JurBüro 85, 1718; Bamberg JurBüro 93, 88). Wird auch die Teilabhilfeentscheidung angefochten (siehe unter „Abhilfe"), dann fallen dem Beschwerdegericht zwei selbständige Rechtsmittel an, über die je eigene Kostenentscheidungen zu treffen sind. Wird die unanfechtbare Nichtabhilfeentscheidung aus Rechtsunkenntnis „angefochten", dann sollte darin keine Beschwerde gesehen, sondern der „Beschwerdeführer" ohne Kostenentscheidung über sein Versehen aufgeklärt werden.

• **Kreditkosten:** Zinsen und Kosten des zur Zahlung eines Vorschusses für Gerichts- und Anwaltskosten aufgenommenen Kredits sind nicht festsetzbar (Nürnberg Rpfleger 72, 179). Zum Kredit für die Sicherheitsleistung s § 788 Rn 5.

• **Mängel des Antrags:** Rechtspfleger hat sie durch Rückfragen und Zwischenverfügungen unter Fristsetzung zu beheben, § 139. Offensichtliche Versehen sind amtswegig zu berichtigen (§ 319).

• **Mahnantrag:** Die im Mahnantrag geltend gemachten Kosten des Mahnverfahrens, insbesondere die Auslagen des Antragstellers fallen nicht unter den Hinweis nach § 692 I Nr 2, sondern sind entsprechend §§ 103 ff auf Schlüssigkeit zu prüfen (AG Bonn Rpfleger 82, 71). Ausführlich zur Kostenfestsetzung im Mahnverfahren Hofmann Rpfleger 79, 446; 82, 325 gg Mertes Rpfleger 82, 117. Nach Rücknahme des Widerspruchs kann VB mit Kostenausspruch gemäß § 699 III ergehen; s „Vollstreckungsbescheid" und § 699 Rn 10. Wegen der Mehrkosten eines Mahnanwalts s § 91 Rn 13 unter „Mahnverfahren".

• **Mandatsniederlegung:** Sie wird schon durch die Anzeige des ProzBev wirksam, so daß fortan an die Partei zuzustellen ist (München MDR 80, 146; Köln JurBüro 92, 245; s oben Rn 7). Keine Pflicht zur sofortigen Niederlegung, wenn Widerklage beim hierfür unzuständigen AG mit einem LG-Streitwert erhoben wird u der RA des Klägers beim zuständigen LG nicht postulationsfähig ist (Koblenz JurBüro 89, 1130).

- **Materiellrechtliche Einwendungen:** Das Festsetzungsverfahren hat nur den Zweck, die Kostengrundentscheidung der Höhe nach zu beziffern. Außerhalb dieser Zielsetzung liegende sonstige Streitigkeiten zwischen den Parteien werden nicht mitentschieden (Köln JurBüro 92, 819). Deshalb sind materiellrechtliche Einwendungen gegen den Erstattungsanspruch nicht zu berücksichtigen (Köln JurBüro 92, 318). Es gibt also keinen „Austausch" des prozessualen KE gegen materiellrechtliche Ansprüche (Koblenz MDR 74, 1028 m Anm Schneider MDR 75, 325). Unbeachtlich deshalb auch, wenn aus dem Ausgleich aller gegenseitigen Ansprüche im Prozeßvergleich ein Erstattungsverzicht hergeleitet wird (KG JurBüro 70, 62). Für materiellrechtliche Einwendungen und Einreden steht nur der Weg über § 775 Nr 4, 5 oder die Vollstreckungsabwehrklage (§ 767) offen (Hamburg JurBüro 70, 1090; Düsseldorf JurBüro 78, 1569), wobei die Sperre des § 767 II nicht gilt (BGHZ 3, 382; Nürnberg JurBüro 65, 314). Aus prozeßökonomischen Gründen macht die Rspr davon eine Ausnahme, wenn die tatsächlichen Voraussetzungen einer Einwendung feststehen, zB durch rechtskräftige Entscheidung, oder zugestanden sind (allg M zB Stuttgart Rpfleger 92, 316; Hamm JurBüro 93, 490; Hamburg MDR 96, 209; Düsseldorf MDR 91, 357: Konkursverwalter macht Unzulänglichkeit der Masse geltend). Die Geständnisfiktion des § 138 III reicht dazu aus, „ausdrückliches Zugestehen" ist nicht erforderlich (aA München Rpfleger 87, 336; Zweibrücken JurBüro 89, 1287).

- **Mehrere Prozesse:** Getrennte Geltendmachung von Ansprüchen in verschiedenen Prozessen erhöht die Gebühren. Darin kann rechtsmißbräuchliches Vorgehen liegen. Im Erkenntnisverfahren kann dies nur im Rahmen der Zulässigkeitsprüfung zur Klage gewertet werden (sog Erschleichung der Zuständigkeit). Die Notwendigkeit (§ 91) dieser „Gebührenschinderei" läßt sich nur im Festsetzungsverfahren verneinen und muß dort auch verneint werden (Koblenz Rpfleger 83, 38; MDR 87, 676; Düsseldorf FamRZ 86, 824; München MDR 87, 677; aA Bamberg JurBüro 83, 130 m abl Anm Mümmler). Hat ein Kl ohne vertretbaren Anlaß einen Anspruch aufgeteilt und mit mehreren Klagen verfolgt, so müssen die dadurch ausgelösten Mehrkosten im Festsetzungsverfahren zu seinen Lasten abgesetzt werden. S auch § 91 Rn 13 unter „Mehrheit von Prozessen" u Schneider MDR 89, 606.

- **Mehrkosten wegen Unzuständigkeit:** Bei Abtrennung Entscheidung durch einheitlichen KFB (Hamm AnwBl 82, 384). Unterbleibt ihre Abtrennung gem § 281 III 2 versehentlich, dann lehnt die hM eine Korrektur im Festsetzungsverfahren ab (s § 281 Rn 19). Diese Unbilligkeit kann manchmal durch Auslegung verhindert werden. Auch soweit dieser Weg verschlossen ist, sollte die Erstattungsfähigkeit der Mehrkosten mangels Notwendigkeit verneint werden (Schneider MDR 65, 799; von Eicken Anm zu KoRsp ZPO § 103 B Nr 129; München JurBüro 85, 292; Hamm Rpfleger 91, 267 mit abl Anm von Schlaap/Ebmeier; aA die hM zB Koblenz JurBüro 92, 631: § 321). Für Prüfungskompetenz der Festsetzungsinstanzen in Fällen der formlosen Abgabe: KG JurBüro 90, 1183.

- **Nachliquidation:** Bei versehentlich übergangenen Posten kann Ergänzung analog § 321 oder erneute Festsetzung beantragt werden (KG Rpfleger 80, 158; s dazu Lappe Anm KoRsp ZPO § 100 Nr 47). Bei vergessenen oder zu niedrig geltend gemachten Positionen ist Nachliquidation ungeachtet der Rechtskraft eines früheren KFB zulässig (BVerfG NJW 95, 1886; Hamburg MDR 79, 235; 80, 233; Koblenz JurBüro 90, 735 für den Rückfestsetzungsbeschluß), wobei auch eine Erinnerung wegen gestrichener Posten gleichzeitig zur Nachliquidation benutzt werden kann (München Rpfleger 69, 394; KG MDR 91, 356). Keine Anmeldung fiktiver Reisekosten, wenn die Festsetzung der Verkehrsanwaltskosten rechtskräftig abgelehnt wurde (Karlsruhe MDR 94, 413; s „Rechtskraft"). Über im Erinnerungsverfahren zulässig nachberechnete Kosten kann das Gericht selbst entscheiden (LG Flensburg JurBüro 85, 777).

- **Nebenintervention:** Im Festsetzungsverfahren gibt es keine (Nürnberg JurBüro 63, 233; aA Lappe Anm KoRsp ZPO § 104 B Nr 216). Der Nebenintervenient des Rechtsstreits ist nur erstattungsberechtigt, wenn dies im Urteil ausgesprochen wird, § 101 (AG Wiesbaden AnwBl 82, 24), notfalls nach Ergänzungsverfahren gem § 321 (RGZ 22, 421). Nimmt bei Berufungseinlegung durch Hauptpartei und Streithelfer dieser seine Berufung zurück, dann ist ein Kostenbeschluß, der ihm „die Kosten seiner Berufung" auferlegt, kein Titel zur Festsetzung der außergerichtlichen Kosten des Gegners, die diesem durch die Berufung des Streithelfers möglicherweise entstanden sind (München MDR 79, 497). Zum Kostentitel bei einem Rechtsmittel lediglich des Streithelfers s § 101 Rn 4.

- **Örtliche Zuständigkeit:** Nichtbeachtung ist analog §§ 512a, 10 folgenlos (LG Berlin JurBüro 79, 771).

- **Partei, nichtexistente:** Bei Verurteilung einer nichtexistenten Partei in die Kosten haftet der tatsächlich Handelnde (§ 91 Rn 2) und ist auch im Festsetzungsverfahren Kostenschuldner (Düsseldorf MDR 80, 853). Bei Klage gegen eine nicht existierende Firma und späterer Umstellung auf den Namen des richtigen Bekl tituliert die Verurteilung des Kl in die außergerichtlichen Kosten der nicht existierenden Firma nicht die Festsetzung zugunsten des richtigen Bekl (München Rpfleger 71, 31).

- **Parteifähigkeit:** Wird die Klage wegen Parteiunfähigkeit des Bekl als unzulässig abgewiesen, berührt das nicht die Erstattungspflicht des Kl (Schleswig SchlHA 78, 178).

- **Parteiwechsel:** Die aus dem Rechtsstreit ausgeschiedene Partei erlangt einen festsetzbaren Erstattungsanspruch, wenn sich aus dem Gesamtinhalt des Urteils, nicht notwendig aus Tenor oder Rubrum, zweifelsfrei ergibt, daß zu ihren Gunsten eine Kostenentscheidung getroffen worden ist (Hamm JurBüro 75, 1503). S auch § 91 Rn 13 „Parteiwechsel". Zum Eintritt eines dann obsiegenden Rechtsnachfolgers s Köln JurBüro 92, 817; § 265 Rn 7.

- **Pfändung** des Erstattungsanspruchs. Einwand ist erst nach Umschreibung des Titels zu beachten (München MDR 93, 83).

● **Post- und Telekommunikationsdienstleistungen:** Die anwaltliche Versicherung nach § 104 II 2 macht nur die Entstehung glaubhaft, nicht auch die Höhe (dazu § 91 Rn 13), so daß bei Bedenken gegen die Notwendigkeit Einzelnachweis gefordert werden kann (Hamburg JurBüro 81, 454), wozu bei angemessenen Ansätzen aber kein Anlaß besteht (München MDR 82, 760). Andererseits ist die Versicherung des RA für die Anerkennung der Auslagen nicht unbedingt erforderlich, zB nicht bei geringen Beträgen. Erklärt wird sie schriftlich oder zu Protokoll; Unterzeichnung der Kostenberechnung ist keine Versicherung nach § 104 II 2. Überprüfung durch den Rechtspfleger ist veranlaßt, wenn die Auslagen bezogen auf den konkreten Rechtsstreit auffällig hoch sind (Celle JurBüro 72, 69; KG NJW 76, 1272). RA muß auf Verlangen Einzelaufstellung vorlegen (Hamburg JurBüro 81, 454). Rechtspfleger muß vor Entscheidung auf Bedenken hinweisen, gfls Auflagen machen. Soweit nur der Pauschsatz nach § 26 BRAGO verlangt wird, handelt es sich um gesetzliche Kosten (§ 91 II), deren Ansatz nicht versichert zu werden braucht. S auch § 91 Rn 13 „Post- und Telekommunikationsdienstleistungen". Versicherung der Partei fällt nicht unter § 104 II 2.

● **Prozeßfähigkeit:** Die nicht prozeßfähige Partei gilt für den Streit über ihre Prozeßfähigkeit und deshalb auch für das sich anschließende Kostenfestsetzungsverfahren als prozeßfähig (Hamm AnwBl 82, 70; Frankfurt JurBüro 82, 452; Köln OLGR 94, 320). Anwaltsgebühren entstehen jedenfalls nach GoA oder Bereicherungsrecht (OLG Frankfurt JurBüro 82, 452).

● **Prozeßkostenhilfe:** Zur Kostenerstattung s Lappe Rpfleger 84, 129; zur Erstattung der Kosten des Bewilligungsverfahrens s § 118 Rn 26 ff. Die dem beigeordneten Anwalt aus der Staatskasse zu gewährende Vergütung wird vom UdG des Gerichts des Rechtszuges festgesetzt (§ 128 I 1 BRAGO). Der Anwalt des Hilfsbedürftigen darf Festsetzung auf sich beantragen (§ 126; s dort). Fälschliche Festsetzung zugunsten der Partei beschwert den Gegner des Hilfsbedürftigen nicht, weil er durch Zahlung entsprechend dem Festsetzungsbeschluß auch gegenüber dem Anwalt befreit wird (§ 126 Rn 16; Bremen JurBüro 86, 1412). Wohl kann der Gegner des Hilfsbedürftigen bei Obsiegen von ihm verauslagte Gerichtskosten und Vorschüsse für Zeugen- und Sachverständigenentschädigungen festsetzen lassen, was im Ergebnis die PKH zu Lasten des Hilfsbedürftigen entwertet (s § 123 Rn 5 m Nachw). Die Bewilligung als solche bindet einschließlich der Anwaltsbeiordnung (Schneider MDR 89, 225), auch wenn die Bewilligungsvoraussetzungen nicht gegeben waren (München Rpfleger 83, 503) oder unzulässige Rückwirkung beschlossen worden ist (München Rpfleger 86, 108). Deshalb darf die Zulässigkeit oder Begründetheit der Klage oder der kostengünstigste Weg nicht mehr geprüft und die für zwei getrennt erhobene Klagen bewilligte PKH im Festsetzungsverfahren nicht ignoriert werden mit der Begründung, die Klagebegehren hätten in einem Prozeß verfolgt werden können (Saarbrücken AnwBl 88, 420; aA Düsseldorf JurBüro 93, 354 für die Wahl zwischen isolierten Verfahren und einstweiligen Anordnungen im Familienrecht). Jedoch ist die Notwendigkeit einzelner Ansätze zu überprüfen, auch die Inanspruchnahme eines Verkehrsanwaltes, selbst wenn er beigeordnet war (Frankfurt AnwBl 82, 381; Koblenz JurBüro 90, 733).

● **Prozeßkostenvorschuß:** Vorschüsse, die ein Ehegatte dem anderen gezahlt hat, sowie Prozeßkostenvorschüsse für Unterhaltsklagen zwischen unterhaltsberechtigten Kindern und ihren Eltern oder sonstigen Verwandten (s § 127a) können im Festsetzungsverfahren nicht geltend gemacht werden (heute allg M; s München Rpfleger 95, 84 mN). Festsetzung ausnahmsweise zulässig, wenn Zahlung unstreitig ist (Koblenz JurBüro 82, 448; Rpfleger 85, 209; Bamberg JurBüro 82, 449) oder die erstattungspflichtige Partei die Zahlung offensichtlich unbegründet bestreitet (KG MDR 79, 401) oder die erstattungsberechtigte Partei die Verrechnung selbst beantragt (Zweibrücken Rpfleger 81, 455); str ist, wie dabei der Vorschuß zu berücksichtigen ist, wenn beide Parteien teilweise zur Kostentragung verurteilt werden: vorrangige Verrechnung mit den nicht gedeckten Kosten (Karlsruhe FamRZ 86, 376; Frankfurt Rpfleger 91, 203, Aufgabe der bish Rspr; KG MDR 87, 1030 = Rpfleger 88, 39 m Anm Cronauer), anteilige Verrechnung gemäß den Quoten des Kostentenors (Celle FamRZ 85, 731) oder – zutreffend – volle Anrechung auf den Kostenerstattungsanspruch des Vorschußempfängers (Stuttgart JurBüro 87, 1411; FamRZ 92, 1462; ähnlich München Rpfleger 95, 84 mit Rspr- und Lit-Übersicht: bis zur Höhe des Kostenausgleichsbetrags, § 106). Düsseldorf (MDR 96, 609) berücksichtigt den Vorschuß jedenfalls dann überhaupt nicht, wenn die Kosten gequotelt sind. Sa Mümmler JurBüro 91, 1035; 92, 139; Klein FuR 96, 148 III; unten Philippi § 621f Rn 14, 15.

● **Prozeßvergleich** (s auch § 794 Rn 2–17): **a) Titel.** Er ist, wie stets, zur Kostenerstattung notwendig. Vor Entscheidung des Prozeßgerichts können die Parteien die zu erwartende Kostenentscheidung des Urteils nicht mit Wirkung gegenüber dem Gericht vergleichsweise titulieren (§ 308 II), so daß insoweit nur eine rein materiellrechtliche Abmachung getroffen werden kann, wie sie in Ehesachen häufig vorkommt (BGHZ 5, 251). Umgekehrt kann auch nach Rechtskraft eines Urteils über dessen Kostenregelung kein vollstreckbarer Prozeßvergleich mehr abgeschlossen werden (BGHZ 15, 190; Hamm JurBüro 89, 1421). Der wirksame, also vor Rechtskrafteintritt abgeschlossene Prozeßvergleich macht ein früheres Urteil als Vollstreckungstitel ungeeignet (München JurBüro 80, 881). Der Vergleich selbst wiederum verliert seine Wirkung als Vollstreckungstitel, wenn darin vereinbart ist, daß er bei Nichtzahlung der Vergleichssumme bis zu einem bestimmten Zeitpunkt hinfällig werden soll und erst danach gezahlt wird, selbst wenn die Parteien sich außergerichtlich über einen späteren Zahlungstermin geeinigt haben (Hamm JurBüro 70, 65). Überprüfung des Vergleichstitels an Hand prozessualen oder materiellen Rechts ist dem Rechtspfleger verwehrt. Wohl hat er zu prüfen, ob überhaupt ein Vergleichstitel vorliegt (s unter „Bindung"), so zB ob formwirksam protokolliert wurde (LG Berlin Rpfleger 88, 110). Ein vor dem

Einzelrichter des Kollegialgerichts geschlossener Vergleich ist entgegen hM ein wirksamer Titel gem § 794 I Nr 1, auch wenn eine Partei anwaltlich nicht vertreten war (sehr str; s § 78 Rn 11). Die Erklärung der „Kostenübernahme" nach Hauptsacheerledigung kann ein Vergleichstitel sein, wenn gegenseitiges Nachgeben feststellbar ist (KG JurBüro 82, 1729). Ein Scheidungsvergleich ist wegen der Kosten des Scheidungsverfahrens kein Vollstreckungstitel (s unten zu c; aA Hamm Rpfleger 82, 481). Erst recht werden Aufwendungen zur Erfüllung eines Scheidungsvergleichs, etwa zur Bestellung einer Grundschuld, nicht mittituliert (aA Saarbrücken JurBüro 84, 1409). Bei Vergleich über Arrest- und Hauptverfahren vor demselben Gericht ist gemeinsame Festsetzung möglich (KG MDR 84, 590).

b) Bei mehreren **aufeinanderfolgenden Prozeßvergleichen** kommt es auf den letzten an. Bei einem Vergleich im Arrestprozeß, wonach die Kostenentscheidung der Hauptsache folgen soll, und späterem Vergleich in der Hauptsache ist dessen Kostenregelung auch Grundlage für die Festsetzung der Arrestkosten (KG JW 38, 3056). Wird die Hauptsache nicht verglichen, ist Festsetzung erst nach Rechtskraft der Hauptsacheentscheidung möglich (KG MDR 79, 1029), sofern es überhaupt zu einem eindeutigen Titel kommt, zB nicht, wenn später Widerklage erhoben und deren Kostenanteil ungetrennt in die Kostenentscheidung übernommen wird (Hamm NJW 69, 2149) oder wenn auf Hauptklage verzichtet wird (KG Rpfleger 80, 232). Wird im Prozeßvergleich ein anderer Rechtsstreit mitverglichen, dann findet die Kostenfestsetzung in jedem Verfahren getrennt statt; alleine die Vergleichskosten werden in dem Verfahren, in dem der Vergleich geschlossen wurde, festgesetzt (München Rpfleger 90, 136). Wird in einem Vergleich die Kostenregelung eines anderen, schon rechtskräftig abgeschlossenen Verfahrens abgeändert, dann führt das nicht zu einem Festsetzungstitel für die Kosten des rechtskräftigen Verfahrens (KG Rpfleger 72, 64; aA München AnwBl 90, 172; Köln JurBüro 87, 762 für Hauptsachevergleich, der die Kosten des Verfügungsverfahrens abweichend von der dort ergangenen Kostenentscheidung regelt).

c) Kosten eines **außergerichtlichen Vergleichs** dürfen berücksichtigt werden, wenn dessen Zustandekommen unstreitig (Stuttgart Justiz 80, 353) oder für die prozessuale Erledigung, zB Anerkenntnisurteil (Karlsruhe JurBüro 83, 278) oder Klagerücknahme (Karlsruhe JurBüro 91, 89) bestimmend ist und die Kostenregelung im Vergleich der Kostenentscheidung entspricht, im Prozeßvergleich die Erstattung bestimmter außergerichtlicher Kosten, etwa der Vergleichsgebühr, vereinbart wird (München NJW 69, 242; Frankfurt MDR 70, 773; AnwBl 78, 466) oder der Wille der Parteien dahin geht, die Vergleichskosten sollten als Kosten des Rechtsstreits behandelt werden (Bamberg JurBüro 87, 1705; Karlsruhe u KG beide MDR 88, 1063; aA München JurBüro 92, 322). Fehlt es daran, dann sind insbesondere Gebühren nach § 118 I Nr 1, 2 BRAGO nach hM (zu § 118 BRAGO sa „Vorprozessuale Kosten", „Außergerichtliche Anwaltskosten") nicht festsetzbar (Frankfurt MDR 80, 60; AnwBl 90, 101 für die Vergleichsgebühr; Düsseldorf MDR 80, 940). Der außergerichtliche Vergleich selbst ist aber nie ein zur Festsetzung geeigneter Titel. Ein Scheidungsvergleich ist hinsichtlich der Kosten des Scheidungsverfahrens und der obligatorischen Folgesachen kein zur Festsetzung geeigneter Titel (MK/Belz § 103 Rn 14; BGHZ 5, 258; Bamberg JurBüro 82, 769; Frankfurt Rpfleger 84, 159; Düsseldorf AnwBl 92, 48; ganz hM; aA Hamburg JurBüro 89, 1422). Eine solche Kostenvereinbarung tituliert nur die Kosten des Vergleichs selbst.

d) Die **Tragweite des Prozeßvergleichs** ist durch Auslegung zu ermitteln. Der erkennbare Wille der Parteien ist maßgebend (KG MDR 85, 678) und – soweit er prozeßzugehörige Kosten betrifft – auch für den Rechtspfleger bindend (KG MDR 90, 555). Bezeichnung ist nicht entscheidend. Wird etwa ein abschließender Vergleich fälschlich als „Zwischenvergleich" überschrieben, dann erledigt er ungeachtet der irrigen Benennung die Hauptsache; wird dementsprechend die Klage zutreffend kostenfällig abgewiesen, so ist der Kostentenor des Urteils Erstattungstitel; lediglich für die Vergleichsgebühr des § 23 BRAGO gilt § 98 (Schleswig SchlHA 77, 135). Mit der Funktion des Kostenfestsetzungsverfahrens ist es jedoch nicht mehr zu vereinbaren, den zweifelhaften Inhalt eines Prozeßvergleichs durch eine Vertragsauslegung nach Treu und Glauben zu bestimmen (aA Koblenz MDR 82, 854). Grundsätzlich gilt, daß die Übernahme der Kosten sich mangels Einschränkung auf alle notwendigen Kosten erstreckt, also nicht lediglich auf diejenigen, die dem Übernehmer bekannt sind (Düsseldorf AnwBl 78, 426; Hamm MDR 82, 855). Daß eine Vergleichspartei von vorangegangenen Kosten weiß, ist jedoch ein wichtiger Auslegungsumstand, zB wenn es um die Übernahme von Kosten des selbständigen Beweisverfahrens geht, obwohl die Partei daran nicht beteiligt war (Hamm JurBüro 75, 1214). Rechtskräftig abgeschlossene Verfahrensteile sind im Zweifel nur vom Vergleichstitel erfaßt, wenn darüber eine Regelung getroffen worden ist (Stuttgart MDR 89, 1108; Frankfurt Rpfleger 81, 29; München MDR 82, 760); s aber Koblenz (MDR 87, 852) zu einem Vergleich nach vorausgegangenem Revisionsurteil mit Kostenentscheidung und (JurBüro 91, 116) zu einem Vergleich nach Rücknahme der Berufung gegen ein Teilurteil. Vergleichsweise Kostenübernahme erstreckt sich nicht auf die Kosten des Festsetzungsverfahrens selbst (LG Berlin Rpfleger 53, 269). Ist nicht festzustellen, daß der Vergleich eine (auslegungsfähige) Kostenregelung enthält, dann ist das Festsetzungsverfahren abzulehnen (LAG Hamm LAGE ZPO § 98 Nr 3). Nach München (AnwBl 86, 542) soll dann ein klärender Feststellungsprozeß geführt werden; richtig erscheint, den Streit im alten Verfahren analog § 91a zu entscheiden (Köln Rpfleger 87, 429).

e) Hat eine Partei **die Kosten des Rechtsstreits** übernommen, dann hat sie dem Gegner die diesem entstandenen Kosten zu erstatten, auch soweit der Vergleich über den Gegenstand der Klage hinausgeht (Jena OLGE 39, 110), sofern die Notwendigkeit gem § 91 I 1 zu bejahen ist (Bamberg JurBüro 75, 1368; Hamm MDR 82, 855; Koblenz MDR 82, 854). Sind im Vergleich die **Kosten** des Rechtsstreits **unter die Parteien verteilt,** dann sind die Vergleichskosten einbezogen, so daß der vereinbarte Verteilungsmodus gilt, nicht § 98 S 1 (Hamburg JurBüro 78, 1023). Bei **Kostenaufhebung gegeneinander** kann keine

Partei an sich erstattungsfähige Vorbereitungskosten, zB für ein Privatgutachten, zur hälftigen Erstattung ansetzen, weil jede Partei ihre außergerichtlichen Kosten in diesem Fall selbst tragen muß (Koblenz ZSW 81, 100 m Anm Müller; Schleswig SchlHA 91, 222: Reisekosten). Die Kostenaufhebung gegeneinander erstreckt sich auch nicht ohne weiteres auf die Gerichtskosten eines rechtskräftig erledigten Berufungsverfahrens gegen ein dem Vergleich vorangegangenes Grundurteil (Frankfurt Rpfleger 81, 29), es sei denn, daß die „Gesamtkosten des Rechtsstreits" verteilt worden sind (Koblenz JurBüro 80, 762). Hat vereinbarungsgemäß der **Widerkläger** die Kosten der Widerklage zu tragen, während die übrigen Kosten gegeneinander aufgehoben sind, so bedeutet das im Zweifel, daß auf den Widerkläger vorweg die Mehrkosten der Widerklage entfallen, die es kostenrechtlich an sich wegen der Streitwertaddition nicht gibt und die deshalb nur als Spitzenbetrag abgeschöpft werden können (Koblenz VersR 80, 433). Ein **Teilvergleich** des Inhalts, daß die Parteien „von den Kosten dieses Vergleichs" bestimmte Anteile zu tragen haben, ist wegen mangelnder Klarheit auslegungsbedürftig. Entgegen Bamberg (JurBüro 75, 820) sind im Zweifel nur die Kosten gemeint, die durch den Teilvergleich angefallen sind, nicht etwa die bisherigen Kosten des Rechtsstreits (von Eicken Anm KoRsp ZPO § 98 Nr 34). Vergleichsweise Übernahme der Gerichtskosten erfaßt auch diejenigen, die durch eine Widerklage angefallen sind (Bamberg JurBüro 77, 1594). Übernimmt der Kläger nur die außergerichtlichen **Kosten eines Streitgenossen,** während der andere Streitgenosse seine Kosten selbst zu tragen hat, dann entspricht es dem Parteiwillen, daß der obsiegende Streitgenosse nur den auf ihn entfallenden Kopfteil erstattet verlangen kann (Koblenz JurBüro 81, 1399; ebenso München MDR 88, 679 bei quotenmäßiger Regelung der Kosten mehrerer Streitgenossen; München MDR 93, 804, Aufgabe von JurBüro 87, 1183 und AnwBl 88, 651). Erstattungsfähig ist aber die Erhöhung der Prozeßgebühr gem § 6 I 2 BRAGO (LG München JurBüro 81, 765). Beim gewillkürten **Parteiwechsel** sind nur die Kosten der neu eintretenden Partei zu erstatten (Hamburg MDR 90, 1019). Über die Kosten des Streithelfers, der nicht am Prozeßvergleich beteiligt wird, s § 101 Rn 8. Übernimmt eine Partei die „Kosten des Rechtsstreits", ist str, ob davon auch an sich nicht notwendige Kosten (insbesondere die der §§ 281, 344) erfaßt werden; die wohl hM bejaht dies: Mehrkosten einer **Verweisung:** Köln JurBüro 74, 98; 75, 234; Frankfurt JurBüro 78, 594; Bamberg JurBüro 79, 1713; Schleswig SchlHA 80, 219; weitere Nachweise § 91 Rn 21 „Vergleich"; **Säumniskosten:** KG MDR 76, 405; München Rpfleger 79, 345; Düsseldorf MDR 80, 233. Richtig dürfte sein, die Notwendigkeitsprüfung zuzulassen, Mehrkosten nur festzusetzen, wenn Anhaltspunkte dafür bestehen, die Partei habe sogar Kosten übernehmen wollen, die ihr bei str Entscheidung auf keinen Fall überbürdet worden wären (Düsseldorf JurBüro 89, 1127). Zu bereits entstandenen **Vollstreckungskosten** s „Kosten der Zwangsvollstreckung". Vergleichsweise Übernahme erstinstanzlicher Parteikosten vor dem **ArbG** sind durch den Vergleich tituliert, wenn über die Aufteilung der „Kosten des Rechtsstreits" hinaus Anhaltspunkte für einen solchen Willen im Vergleichstext zu finden sind (LAG München AnwBl 79, 67). Auch ein Beklagter, dem **Prozeßkostenhilfe** bewilligt worden ist, kann vergleichsweise Kosten übernehmen. Dann kann allerdings der Kläger als Antragsteller der Instanz zur Zweitschuldnerhaftung herangezogen werden, was über § 123 letztlich zur Haftung des Hilfsbedürftigen führt (s § 123 Rn 6).

f) Setzt das Gericht den **Streitwert des Vergleichs** fest, so ist dieser Wert maßgebend. Ein vereinbarter Streitwert hat jedoch Vorrang (Hamm AnwBl 75, 95). Hat eine Partei in einem Teilvergleich die Kosten übernommen, die den einen bestimmten Sockelbetrag übersteigenden Teil des Streitgegenstandes betreffen, dann ist der Unterschiedsbetrag der Kosten aus dem Gesamtstreitwert zu berechnen (München JurBüro 64, 352).

● **Ratenzahlung:** Eine entsprechende Vereinbarung im Vergleich bezüglich der Vergleichskosten ist in den Festsetzungsbeschluß hineinzunehmen (Düsseldorf JurBüro 71, 796). Erkennt der Beklagte in einem *außergerichtlichen* Vergleich die Klageforderung unter Kostenübernahme mit Ratenzahlungsbewilligung und Verfallklausel an, so kann der Kläger wegen eines nicht gezahlten Restbetrages den Rechtsstreit fortsetzen und auf Grund des sodann ergehenden Urteils auch die Vergleichsgebühr, sofern entstanden, für den ProzBev des Klägers festsetzen lassen.

● **Rechenfehler:** Der Festsetzungsbeschluß ist analog § 319 in jeder Lage des Verfahrens, auch nach Rechtskraft, amtswegig zu berichtigen (Stuttgart Justiz 80, 439; Hamm MDR 77, 760; s „Berichtigung").

● **Rechtliches Gehör:** Gewährung durch schriftliche oder mündliche Anhörung der Partei unter Berücksichtigung aller Eingänge ist verfassungsrechtlich geboten, Art 103 I GG (BVerfG JMBlNW 83, 72; Koblenz JurBüro 91, 435; anders zu Recht München OLGR 93, 46; Bamberg JurBüro 90, 1478; LG Berlin JurBüro 87, 718 bei ganz einfach gelagerten Sachverhalten; zur Form der Anhörung: BVerfG Rpfleger 90, 155). Dazu ist zunächst die Mitteilung der dem Antrag beigefügten Kostenrechnung nötig (München NJW 64, 1377). Das Unterbleiben einer Gegenerklärung trotz Aufforderung ist frei zu würdigen und darf als Zugeständnis behandelt werden (KG u Hamburg MDR 76, 406, 585; zu eng Hamm MDR 77, 408, das ausdrückliches Geständnis verlangt). Soweit vom Richter ergänzende Erklärungen zu nicht oder nicht vollständig protokollierten Verfahrensvorgängen eingeholt werden, müssen sie den Parteien bekannt gegeben werden. Stillschweigendes oder begründungsloses Absetzen beantragter Positionen ist unzulässig (München NJW 66, 2068). Bei Versagung rechtlichen Gehörs kann nach München (AnwBl 82, 532) trotz Rechtskraft eine Abänderungsbefugnis zu bejahen sein (aA die hM s Gummer unten § 567 Rn 20; Düsseldorf JurBüro 96, 86 zur Heilung im Erinnerungsverfahren). Völlig fehlerhafte Festsetzung kann gg das Willkürverbot verstoßen (BVerfG MDR 83, 373). Sa „Benachrichtigung".

● **Rechtskraft:** Kostenfestsetzungsbeschlüsse werden hinsichtlich zu- oder aberkannter Kosten formell und materiell rechtskräftig (München AnwBl 82, 532; Frankfurt JurBüro 86, 599). Aufhebung des Titels macht den KFB wirkungslos (s „Aufhebung der Kostengrundentscheidung"). Vorbehaltlich des § 107 gelten auch die §§ 308, 322. Die materielle Rechtskraft erstreckt sich nur auf festgesetzte oder gestrichene Posten, nicht auf den Gesamtbetrag (München Rpfleger 70, 211). Rechtskräftige Absetzung einer Korrespondenzgebühr steht aber dem ersatzweisen Ansatz fiktiver Reisekosten in einem neuen KFB entgegen (Koblenz JurBüro 95, 92; Bamberg JurBüro 78, 1523). Absetzung eines Betrages wegen Beweisfälligkeit steht späterer Festsetzung nach Nachweis der Bezahlung nicht entgegen (München OLGE 33, 65). Fehlerhafter übersetzter Gebührenansatz bei der Festsetzung zwischen Prozeßparteien schafft keine rechtskraftähnliche Wirkung für das Verfahren nach § 19 BRAGO (Hamburg JurBüro 81, 1402). Teilanfechtung eines KFB hemmt die Rechtskraft auch hinsichtlich des nicht angefochtenen Entscheidungsteils, so daß im höheren Rechtszug erweitert werden darf (Köln JurBüro 81, 1404). Rechtskräftige sachlich-rechtliche Aberkennung im **Erkenntnisverfahren** hindert nicht Geltendmachung im Kostenfestsetzungsverfahren und umgekehrt (Rn 13 vor § 91). Zur neuen Klage nach Prozeßurteil s Rn 13 vor § 91.

● **Rechtsschutzbedürfnis:** Sein Fehlen im titelschaffenden Erkenntnisverfahren ist als Angriff auf die Kostengrundentscheidung unbeachtlich (Bamberg JurBüro 79, 1515). Im Festsetzungsverfahren selbst (und für die Erinnerung: Koblenz JurBüro 90, 629) muß es gegeben sein, was zB nicht der Fall ist, wenn die Rechtsschutzversicherung Kosten erstattet hat (Frankfurt OLGR 94, 24), wenn die Prozeß- und Verfahrenskosten anderweit beigetrieben werden, etwa Kosten des Mahnverfahrens, die im VB berücksichtigt sind, oder wenn der Gl die Annahme einer angebotenen Barzahlung verweigert (LG Berlin JurBüro 89, 1703). Hinsichtlich reiner Prozeßkosten steht nur das Kostenfestsetzungsverfahren offen, nicht eine selbständige Klage (Schneider MDR 81, 353 ff).

● **Reformatio in peius:** Das Verschlechterungsverbot gilt auch im Kostenfestsetzungsverfahren (München Rpfleger 82, 196; Oldenburg JurBüro 78, 1811; LG Würzburg JurBüro 79, 1034). Fehlen eines zur Festsetzung geeigneten Titels führt jedoch in höherer Instanz zur Aufhebung des KFB (Hamm NJW 72, 2047; München Rpfleger 82, 196). Kehrseite des Verschlechterungsverbotes: § 308 I 1 muß beachtet werden.

● **Rückfestsetzung:** Lit: Hansens JurBüro 87, 967. Bei Aufhebung der Kostengrundentscheidung wird Rückfestsetzung weitgehend analog § 717 II (nach Düsseldorf KoRsp ZPO § 103 B Nr 73 m krit Anm von Eicken: §§ 812 ff BGB) unter der Voraussetzung zugelassen, daß die Rückzahlungsforderung nach Grund und Höhe unstreitig oder eindeutig feststellbar ist (Frankfurt MDR 78, 146; Koblenz JurBüro 79, 1896; Düsseldorf Rpfleger 81, 409; Hamm JurBüro 81, 1246; Rpfleger 88, 279; Hamburg JurBüro 81, 1401; Celle JurBüro 85, 1721; Karlsruhe JurBüro 86, 927 unter Aufgabe von Rpfleger 80, 438; KG MDR 87, 680; 91, 258; LG Berlin MDR 88, 971; aA in den Fällen des § 57 S 2 GKG: LAG Düsseldorf JurBüro 92, 470; aA München MDR 93, 1129; Köln Rpfleger 76, 220; 87, 474; VG Gelsenkirchen Rpfleger 83, 173). Jede materiellrechtliche Einwendung schließt Rückfestsetzung aus (Frankfurt MDR 78, 146), zB die Aufrechnung (aA Hamburg KoRsp ZPO § 104 B Nr 126 mit abl Anm Lappe), der Mitverschuldenseinwand (Düsseldorf AnwBl 89, 349) oder die Behauptung, der Kostenanfall sei vom Gegner verschuldet worden (LG Berlin JurBüro 86, 1248), nicht jedoch rechtsirrige Beurteilung unstreitiger Tatsachen (LG Berlin JurBüro 83, 1885).

● **Ruhen des Verfahrens** steht der Festsetzung entgegen (aA Naumburg MDR 94, 514). S „Aussetzung".

● **Sachverständigenkosten:** Wegen Nichtbeteiligung an der Entschädigungsfestsetzung darf nach Koblenz (Rpfleger 85, 333; JurBüro 90, 733) im Kostenfestsetzungsverfahren oder (Rpfleger 87, 341) im Wege der Kostenansatzerinnerung noch gerügt werden, die Staatskasse habe den Sachverständigen zu hoch oder zu Unrecht vergütet.

● **Schiedsgutachten:** Kein geeigneter Vollstreckungstitel (Hamburg JurBüro 82, 769).

● **Selbständiges Beweisverfahren:** S § 91 Rn 13.

● **Sequestrationsgebühren:** Entsprechend § 153 ZVG erst nach gerichtlicher Festsetzung zur Höhe erstattungsfähig (Koblenz MDR 81, 855).

● **Sicherheitsleistung:** Die im Urteil bestimmte ist in den KFB aufzunehmen (KG KGR 96, 72). S auch § 788 Rn 5 und 19.

● **Streitgenossen** (s ausführl § 91 Rn 13 unter „Streitgenossen"): Zwischen ihnen findet keine gerichtliche Kostenfestsetzung statt (LG Berlin JurBüro 82, 1723), es sei denn, daß Ausgleichsansprüche im Innenverhältnis eindeutig mittituliert worden sind (Koblenz JurBüro 90, 1468). Eine Kostenaussonderung nach § 100 III kann nur im Titel, nicht im KFB ausgesprochen werden (Schleswig SchlHA 83, 173). Die Kostenquotierung erstreckt sich auch auf den Mehrbetrag nach § 6 II 2 BRAGO (München AnwBl 83, 568). Da mehrere durch denselben ProzBev vertretene Streitgenossen im Festsetzungsverfahren dem Kostenschuldner als Einzelgläubiger (Hamburg JurBüro 96, 259), nicht als Gesamtgläubiger (so BGH KoRsp ZPO § 100 Nr 56 m abl Anm Lappe; Düsseldorf AnwBl 87, 554) gegenübertreten, muß das Festsetzungsgesuch erkennen lassen, zugunsten welchen Antragstellers welcher Erstattungsbetrag verlangt wird (München JurBüro 81, 1512). Sind unterlegene Streitgenossen anteilig, also nicht als Gesamtschuldner erstattungspflichtig, ist ebenso zu verfahren (LG Berlin Rpfleger 78, 422). Gesamtschuldner können einzeln oder anteilig in Anspruch genommen werden (s München AnwBl 85, 42 = KoRsp ZPO § 103 B Nr 24 m Anm Lappe). Zur Wirkung der Aufrechnung des Schuldners gegenüber einem die Vollstreckung betreibenden Streitgenossen auf den anderen Genossen s Schleswig JurBüro 85, 298.

● **Streithelfer:** S unter „Nebenintervention".

● **Streitwert:** Rechtspfleger darf keinen selbständigen Wertfestsetzungsbeschluß erlassen. Er ist gebunden an die vAw zu erfolgende Wertfestsetzung (§ 25 II 1 GKG). Hatte die Partei ihrer Kostenberechnung irrtümlich einen zu niedrigen Streitwert zugrunde gelegt, kann dies durch Nachfestsetzung korrigiert werden (Hamm Rpfleger 82, 80). Beanstandung des Streitwertes ist vor gerichtlicher Festsetzung als Anregung auf Streitwertfestsetzung, danach als Streitwertbeschwerde zu behandeln (Düsseldorf JurBüro 88, 1176; Frankfurt JurBüro 79, 601, 1873; Bamberg JurBüro 76, 185). Da das Kostenfestsetzungsverfahren sich am Streitwert des Rechtsstreits orientieren muß, bleibt eine weitergehende vorprozessuale Tätigkeit des Anwalts außer Betracht (Stuttgart JurBüro 81, 219). Änderung der Wertfestsetzung: § 107.

● **Teilklagen:** S unter „Mehrere Prozesse".

● **Tilgung:** Zahlungen oder Verrechnungen können nur berücksichtigt werden, soweit sie unstreitig sind (Braunschweig NdsRpfl 76, 114; Düsseldorf JurBüro 78, 1569; Hamm JurBüro 79, 54); unbeachtlich ist indessen das Anzweifeln unstreitiger Zahlungen mit offensichtlich verfehlten Gründen (Braunschweig NdsRpfl 76, 114). Beachtlich ist der Einwand, zur Erstattung angemeldete Gerichtskosten seien vom Gegner zu Unrecht angefordert und bezahlt worden (München JurBüro 79, 122). Substantiiert behauptete Erfüllung ist als unstreitig zu behandeln, wenn der Erstattungsberechtigte sich trotz Aufforderung dazu nicht äußert (KG Rpfleger 76, 23; Hamburg JurBüro 76, 516; Oldenburg Rpfleger 92, 407; enger Hamm MDR 77, 408, das ausdrückliches Geständnis verlangt). Berücksichtigte gezahlte Kosten sind im KFB abzusetzen (Schleswig JurBüro 71, 631); nach München (Rpfleger 70, 98) ist ein Tilgungsvermerk anzubringen.

● **Tod einer Partei:** § 246 ist anwendbar (KG Rpfleger 62, 160), sofern der Aussetzungsgrund nicht bereits während des Hauptverfahrens vorgelegen hat, aber vom Kostenschuldner nicht geltend gemacht worden ist (KG MDR 70, 429). Nach Unterbrechung genügt zur Aufnahme ein Festsetzungsgesuch unter Nachweis der Erbfolge.

● **Treu und Glauben:** Die Notwendigkeit von Prozeßkosten ist auch an dem Grundsatz von Treu und Glauben zu messen. So ist zB der Bekl verpflichtet, sofort darauf hinzuweisen, wenn, für ihn erkennbar, der Kl ihn mit einer anderen Person verwechselt hatte (Koblenz NJW-RR 90, 960). Durch das Unterlassen veranlaßte Mehrkosten sind nicht erstattungsfähig. S auch § 91 Rn 12.

● **Unterbrechung:** Sie tritt im Festsetzungsverfahren ein bei Konkurseröffnung (München Rpfleger 74, 368; KG Rpfleger 76, 187) und auf Antrag bei Tod einer Partei (s dort), nicht jedoch wegen einer Verfassungsbeschwerde gg die Streitwertfestsetzung (Schleswig SchlHA 79, 58). Auf die Verzinsung des Erstattungsbetrages ab Antrag hat sie keinen Einfluß (Hamm Rpfleger 81, 243). Die Unwirksamkeit eines nach Unterbrechung erlassenen KFB ist durch Erinnerung geltend zu machen (Stuttgart Justiz 77, 61). Unterbrechung des Hauptverfahrens erfaßt ein bereits laufendes Festsetzungsverfahren; Unterbrechung in zweiter Instanz hindert aber nicht Festsetzung aus erstinstanzlichem Urteil (Koblenz AnwBl 88, 301; Hamburg MDR 90, 349). S auch „Aussetzung".

● **Verbindung:** Unzulässig für Kostenfestsetzungsverfahren aus getrennt geführten Prozessen.

● **Verfahren:** Das Kostenfestsetzungsverfahren ist ein selbständiges, zur ersten Instanz gehörendes Nachverfahren, das den allgemeinen Verfahrensgrundsätzen unterliegt. Als ZPO-Verfahren unterliegt es dem Gebot der Schlüssigkeitsprüfung mit der verfahrensrechtlichen Aufklärungspflicht (Karlsruhe MDR 93, 700). Rechtliches Gehör (s dort) ist zu gewähren. Sind im Festsetzungsantrag Beträge versehentlich nicht berücksichtigt oder zu niedrig angesetzt, ist darauf hinzuweisen (§ 278 III). Bei tatsächlichen Unklarheiten über den Gebührenanfall, die nicht aus dem Akteninhalt behoben werden können, ist aufzuklären und gfls eine dienstliche Erklärung des Prozeßgerichts einzuholen (Frankfurt MDR 80, 233). Alle Aufklärungsmöglichkeiten stehen dem Rechtspfleger zur Verfügung: schriftliche oder mündliche Anhörung der Parteien, Zeugen, Sachverständigen, Beiziehung von Akten; bei unverhältnismäßig schwierigen Feststellungen zur Höhe darf nach § 287 geschätzt werden. Praktisch gilt der Untersuchungsgrundsatz (Lappe AnwBl 77, 302 gg Hägele aaO S 138). Stillschweigende oder begründungslose Absetzung beantragter Posten ist unzulässig (München NJW 66, 2068). § 308 I muß befolgt werden (RGZ 35, 427), so daß kein höherer Betrag als der verlangte festgesetzt werden darf, was jedoch auf den Gesamtbetrag der verlangten Kosten zu beziehen ist, nicht auf einzelne Ansätze, hinsichtlich deren ein sog „Austausch" gestattet wird. Grobe Festsetzungsfehler können das Willkürverbot verletzen (s BVerfG MDR 83, 373 = Rpfleger 83, 84). Nach Erinnerungseinlegung gelten bei der Abhilfeprüfung dieselben Verfahrensgrundsätze. Führen sie zu dem Ergebnis, daß Abhilfe geboten ist, kann der Rechtspfleger den Erstattungsbetrag neu festsetzen oder den festgesetzten Betrag ergänzen (München Rpfleger 81, 71). Bei geänderter Kostengrundentscheidung braucht der alte KFB im neuen Beschluß nicht aufgehoben zu werden.

● **Verfassungsbeschwerde:** Der Hauptsachetitel erfaßt nicht die Kosten der Beschwerde (München Rpfleger 78, 420) und die Entscheidung nach § 34a II BVerfGG nicht die Kosten des Ausgangsverfahrens (BVerfG NJW 92, 3157). Keine Aussetzung wegen einer Verfassungsbeschwerde gegen Streitwertfestsetzung (Schleswig SchlHA 79, 58).

● **Vergleichsverfahren:** Nach seiner Eröffnung ist die Kostenforderung gegen den Kostenschuldner in voller Höhe festzusetzen, nicht nur in Höhe der Vergleichsquote (Schleswig SchlHA 78, 22). Herabsetzung einer ausgeurteilten Hauptforderung im gerichtlichen Vergleichsverfahren und Erlaß sämtlicher Kosten kann nur mit der Vollstreckungsgegenklage geltend gemacht werden (Karlsruhe MDR 77, 935).

● **Verjährung:** Kostenerstattungsansprüche verjähren in 30 Jahren (Hamm MDR 83, 60). Der Erstattungsschuldner kann vorbringen, der Gläubiger selbst habe sich gegenüber seinem eigenen Anwalt auf Verjährung berufen (Koblenz Rpfleger 86, 319), nicht hingegen, daß der Anspruch des RA gegen die erstattungsberechtigte Partei verjährt sei, ohne daß diese sich darauf berufen habe (s dazu Frankfurt MDR 77, 665). Verwirkung kann vor Ablauf der Verjährung zu bejahen sein (s „Verwirkung").

● **Verweisung:** Wird der Rechtsstreit nach Kostenfestsetzung verwiesen, dann ist das neue Gericht (im Umfang der Verweisung: Oldenburg Rpfleger 84, 431) auch Erinnerungsgericht und damit für ein Wiedereinsetzungsgesuch zuständig (Frankfurt Rpfleger 74, 321). Dies gilt auch für Kosten einer Partei, die vor Verweisung durch Parteiwechsel aus dem Rechtsstreit ausgeschieden ist (OLG Zweibrücken JurBüro 1982, 1730). Bei Verweisung vom ArbG an das ordentliche Gericht dürfen die nur beim ArbG angefallenen RA-Kosten nicht mit festgesetzt werden (Frankfurt MDR 83, 941). Umstritten ist, ob eine vergessene Kostentrennung (§ 281 III 2) im Festsetzungsverfahren korrigiert werden darf, weil diese Kosten nicht notwendig waren (bejahend zB Bamberg JurBüro 85, 123, s unter „Mehrkosten wegen Unzuständigkeit", § 91 Rn 13, § 281 Rn 19). Keine Bindungswirkung bei Verweisung eines Kostenfestsetzungsantrags vom Prozeßgericht an das Vollstreckungsgericht (BayObLG MDR 89, 167).

● **Verwirkung:** Im Festsetzungsverfahren zu beachten (s zB LG Bonn Rpfleger 84, 245; LG Frankfurt Rpfleger 87, 332; Bamberg JurBüro 87, 1412; KG KGR 94, 95; Karlsruhe FamRZ 93, 1228 bei Offensichtlichkeit; aA Düsseldorf MDR 88, 972).

● **Verzicht:** Materiellrechtlicher Einwand, der im Kostenfestsetzungsverfahren nicht zu berücksichtigen ist (Frankfurt AnwBl 81, 114), es sei denn, daß er unstreitig ist (Bamberg JurBüro 81, 768; LAG Düsseldorf JurBüro 87, 1085). Der Verzicht des Anwalts auf ein Rechtsmittel gegen die Streitwertfestsetzung nimmt ihm nicht Erstattungsansprüche nach höherem Wert (KG JurBüro 78, 1182).

● **Vollmacht:** Sie wird im Hauptverfahren geprüft und ist im Festsetzungsverfahren nicht mehr zu erörtern (Bamberg JurBüro 77, 1439; LG Bonn AnwBl 83, 518; BVerwG AnwBl 87, 236; Köln JurBüro 92, 421: Fortdauer wird vermutet, auch wenn sich ein zweiter RA meldet). Bei Vertretung lediglich im Festsetzungsverfahren gilt für den RA § 88 II; andere Bevollmächtigte müssen die Vollmacht, wenn sie sich nicht bei den Akten befindet, vorlegen. Prozeßvollmacht des zweitinstanzlichen Anwalts erstreckt sich nicht auf das Festsetzungsverfahren, auch soweit es um die Erstattung der Kosten des Berufungsverfahrens geht (Köln JMBlNRW 62, 258). Erlöschen durch Anzeige nach § 87 I Hs 1, nicht aber durch Löschung im Handelsregister gem § 2 LöschG (Hamburg JurBüro 86, 764).

● **Vollstreckbare Ausfertigung:** Sie ist dem Gläubiger auf Antrag zu erteilen, auch wenn die Zustellung des Festsetzungsbeschlusses gem § 104 I 3 noch nicht ausgeführt worden ist; Ausfertigung ist dann mit Vollstreckungsklausel, aber ohne Zustellungsbescheinigung auszuhändigen (LG Frankfurt Rpfleger 1981, 204).

● **Vollstreckungsbescheid:** Mangels Kostengrundentscheidung keine Grundlage für eine Kostenfestsetzung (KG MDR 95, 530 = KoRsp ZPO § 103 B Nr 131 mit abl Anm Lappe; Schleswig JurBüro 85, 781; LG Berlin JurBüro 87, 1827 für nicht berücksichtigte Kosten des Mahnverfahrens, Rpfleger 89, 302 für Kosten einer vorangegangenen Beweissicherung; aA Koblenz JurBüro 85, 780); allerdings können noch nicht erfaßte Kosten in Ergänzung des VB festgesetzt werden (Schleswig aaO). Sa § 699 Rn 10; Hansens Rpfleger 89, 487.

● **Vollstreckungsbeschränkung:** Ist sie im Titel enthalten, muß sie in den KFB aufgenommen werden, wenn sie sich auch auf die Kostenentscheidung erstreckt (München MDR 80, 147; s näher „Haftungsbeschränkung"). Verstoß ist mit Erinnerung geltend zu machen (KG JurBüro 84, 1572).

● **Vollstreckungsgegenklage:** Sie ist auch gegen einen KFB gegeben (BGHZ 5, 251), und zwar ohne die Beschränkung des § 767 II (Schleswig SchlHA 78, 22; aA Frankfurt MDR 87, 331), zumindest hinsichtlich solcher Einwendungen, die vom Gericht nicht hätten berücksichtigt werden können (Frankfurt JurBüro 82, 766: außergerichtlicher Vergleich). Wird eine Vollstreckungsgegenklage gegen ein Urteil abgewiesen, dann schafft dies keinen Titel für die Festsetzung von Kosten aus früheren Vollstreckungsversuchen, weil diese nicht zur Durchsetzung des neuen Titels aufgewandt worden sind (Frankfurt Rpfleger 80, 194). Wird der Vollstreckungsgegenklage stattgegeben, die Zwangsvollstreckung aus dem angegriffenen Titel also für unzulässig erklärt, dann ist damit nur die Vollstreckbarkeit des titulierten Anspruchs beseitigt, nicht aber die Eignung des abgewehrten Titels als Zwangsvollstreckungsgrundlage im Kostenfestsetzungsverfahren (BGH NJW 95, 3318 mit Anm von Münzberg NJW 96, 2126; Düsseldorf Rpfleger 93, 482; LG Berlin Rpfleger 82, 482). Zuständig ist das Gericht, dessen Rpfleger den KFB erlassen hat (BGH NJW 75, 829).

● **Vorlage an den Richter:** Zuvor hat der Rechtspfleger abschließend zu entscheiden, ob er der Erinnerung abhelfen muß (s unter „Abhilfe"). Vorzulegen hat er beim Kollegialgericht entweder dem nach § 348 bestellten Einzelrichter (Hamm MDR 93, 384) oder der Kammer (Schleswig SchlHA 80, 57). Der Richter prüft, nachdem er dem Rechtspfleger Gelegenheit zur Abhilfe gegeben hat (Hamm Rpfleger 86, 227), Zulässigkeit und Begründetheit der Erinnerung, was zu fünf Prozeßlagen führen kann:

a) Ergibt die Prüfung, daß die Erinnerung **unzulässig** ist, so hat sich der Richter einer Entscheidung zu enthalten und die Erinnerung dem Rechtsmittelgericht vorzulegen. Die Beurteilung der Zulässigkeit eines Rechtsmittels obliegt grundsätzlich dem Beschwerdegericht (LG Berlin Rpfleger 83, 455 m Nachw).

b) Erachtet der Richter die Erinnerung zwar für **zulässig,** aber **nicht** für **begründet,** so scheidet für ihn eine Abhilfeentscheidung aus, und kommt ebenfalls nur die Vorlage an das Rechtsmittelgericht in Betracht (Frankfurt Rpfleger 79, 388).

c) Ist nach Ansicht des Richters die Erinnerung **zulässig und begründet,** so ist er verpflichtet, über den Rechtsbehelf zu entscheiden. Er darf in diesem Fall die Erinnerung nicht dem Rechtsmittelgericht vorlegen (Hamm JMBlNRW 74, 95).

d) Bei **zulässiger,** nach Auffassung des Richters **nur teilweise begründeter** Erinnerung hat dieser über den begründeten Teil zu entscheiden und die Erinnerung im übrigen dem Rechtsmittelgericht vorzulegen (Hamm Rpfleger 71, 14; vgl. auch Bamberg JurBüro 71, 150); nach Stuttgart (Rpfleger 72, 306) sind beim Beschwerdegericht zwei Beschwerden anhängig, wenn der Richter auf Erinnerung den KFB, durch den der Rechtspfleger die von einer Partei der anderen zu erstattenden Kosten festgesetzt hat, teilweise abändert, im übrigen aber nicht abhilft und nun die durch den richterl Beschluß beschwerte Partei sofortige Beschwerde (§§ 567, 569, 577) erhebt. Kann wegen des engen Zusammenhangs zwischen beiden Beschwerdeverfahren nur einheitlich entschieden werden, ist entspr § 147 zu verbinden.

e) Ein Fall, daß gegen die Entscheidung, falls sie der Richter erlassen hätte, ein **Rechtsmittel nicht gegeben** wäre, liegt vor, wenn der Beschwerdewert die Grenze von 100 DM nicht übersteigt (§ 567 II 2). Der Richter hat hier selbst zu entscheiden und darf nicht vorlegen. Die Vorlage ist in diesen Fällen auch dann nicht zulässig, wenn durch die Abhilfe des Rechtspflegers oder des Gerichts der Beschwerdewert unter 100 DM absinkt (Hamm MDR 71, 1019; Frankfurt Rpfleger 88, 30). Das gilt auch für eine innerhalb der Erinnerungsfrist erhobene Anschlußerinnerung, die nur hilfsweise eingelegt worden ist (Hamm Rpfleger 78, 455). Das Beschwerdegericht hat jedoch über Erinnerung und Anschlußerinnerung gegen einen KFB zu entscheiden, wenn der Gegenstandswert auch nur eines Rechtsmittels die Beschwerdesumme von 100 DM übersteigt (Schleswig JurBüro 93, 489) oder wenn nach erfolgter Vorlage durch Teilrücknahme die Beschwerdesumme nicht mehr erreicht ist (KG JurBüro 91, 1522).

In den Fällen c) bis e) ist, soweit unzulässigerweise vorgelegt wird, die Sache unter Aufhebung der Nichtabhilfeentscheidung vom Beschwerdegericht an das erstinstanzl Gericht zur Entscheidung in eigener Zuständigkeit zurückzugeben – nicht zurückzuverweisen (hM, zB Koblenz Rpfleger 75, 87; Bamberg JurBüro 79, 912; Düsseldorf JurBüro 92, 42). Praktikabilitätserwägungen sprechen jedoch dafür, daß das Beschwerdegericht in einem solchen Fall auch selbst entscheiden kann (Karlsruhe Rpfleger 73, 219; KG Rpfleger 74, 25; Frankfurt Rpfleger 78, 63).

Greifen beide Parteien mit zulässigen Erinnerungen unterschiedl Posten der Festsetzung an und hält der Richter die Erinnerung der einen Partei für begründet, die der anderen für unbegründet, so hat er über die begründete Erinnerung selbst zu entscheiden und darf nur die für unbegründet gehaltene Erinnerung dem Beschwerdegericht vorlegen, soweit der Beschwerdewert erreicht ist. Fehlt es an der Beschwerdesumme, so hat der Richter über beide Erinnerungen zu befinden; die Vorlage an das Rechtsmittelgericht ist trotz der Unbegründetheit der einen Erinnerung nicht zulässig.

● **Vorprozessuale Kosten:** Ausführlich Dittmar NJW 86, 2088. Meist handelt es sich um Gebühren nach § 118 BRAGO. Festsetzung wird überwiegend abgelehnt (zB Schleswig SchlHA 80, 218; Koblenz JurBüro 82, 80; Düsseldorf MDR 90, 60; Bamberg JurBüro 91, 704; Nürnberg JurBüro 95, 592; 372; zu Recht krit von Eicken in Lappe/von Eicken/Madert, Die Kostenfestsetzung, B 564 ff). S auch „Außergerichtliche Anwaltskosten“.

● **Wegfall des Anwalts:** Da das Festsetzungsgesuch nicht dem Anwaltszwang unterliegt (§ 13 RpflG), ist der Wegfall des Anwalts (§ 244) bedeutungslos. Weitere Zustellungen sind dann an die Partei selbst zu richten.

● **Wegfall des Titels:** Dadurch und auch durch jede Änderung der Kostengrundentscheidung verliert ein KFB seine Wirkung (Düsseldorf JurBüro 81, 1097). Kostenpflichtig ist dann diejenige Partei, die die Festsetzung betrieben hat (Düsseldorf aaO; KG Rpfleger 78, 384; Hamm JurBüro 89, 1419 zu dem Fall, daß alle Parteien ihre Kosten angemeldet hatten). Zu beachten ist, daß der Festsetzungsantrag durch eine neue Kostenentscheidung im Berufungsurteil nicht wirkungslos wird (Hamm AnwBl 82, 384; aA KG Rpfleger 93, 462). Zur Rechtslage, wenn bei Wegfall des Titels bereits Vollstreckungskosten angefallen waren, s „Kosten der Zwangsvollstreckung“.

● **Weitere Beschwerde:** Nach § 568 III unzulässig (s § 568 Rn 34); auch Gehörsverletzung (Art 103 I GG) erschließt keine weitere Instanz (Köln JurBüro 92, 427; s § 567 Rn 20).

● **Wiedereinsetzung:** Für die Entscheidung zuständig ist der Rechtspfleger, soweit er abhelfen darf und er die Erinnerung sowie das Wiedereinsetzungsgesuch für begründet erachtet (Bergerfurth Rpfleger 71, 397; Stöber Rpfleger 76, 301; aA [nur der Richter] Düsseldorf MDR 75, 233; München Rpfleger 76, 300). Legt er dem Richter vor, so ist dieser auch zur Entscheidung über das Wiedereinsetzungsgesuch zuständig, wenn er dieses und die Erinnerung für begründet erachtet (Düsseldorf Rpfleger 83, 29). Hilft der Erstrichter ebenfalls nicht ab, dann hat das Beschwerdegericht über das mit der Durchgriffserinnerung verbundene Wiedereinsetzungsgesuch zu entscheiden (Düsseldorf Rpfleger 83, 29; Karlsruhe JurBüro 89, 104; aA Düsseldorf KoRsp ZPO § 104 B Nr 90 m abl Anm von Eicken); ebenso wenn das Erstgericht die Rechtzeitigkeit der Erinnerung zu Unrecht bejaht hat (Schleswig SchlHA 71, 66).

● **Wohnungseigentum:** In Verfahren nach §§ 43 ff WEG ist eine Kostenfestsetzung nur zulässig, wenn die Kostenentscheidung rechtskräftig ist (LG Düsseldorf Rpfleger 81, 204).

● **Zug-um-Zug-Leistung:** Diese Leistungsbeschränkung im Urteilstenor wird nicht in den KFB übernommen (Düsseldorf NJW 71, 1756; Frankfurt MDR 81, 59 u 280).

● **Zurücknahme:** Bei Erinnerung und Beschwerde möglich, solange noch keine nach außen wirksame Entscheidung ergangen ist. Die Rücknahmeerklärung ist unwiderruflich, selbst wenn sie durch eine unrichtige Mitteilung des Gerichts motiviert war (Bremen NJW 56, 1037). § 515 III gilt entsprechend (LG Essen Rpfleger 64, 183). Auch eine volle oder teilweise Zurücknahme des Kostenfestsetzungsantrages, nachdem der Gegner Erinnerung eingelegt hat, ist Prozeßhandlung und damit unwiderruflich bindend (Koblenz JurBüro 76, 1116). – Der Kostentitel gem § 269 III 3 bindet im Festsetzungsverfahren; jedoch darf dort geprüft werden, ob die Klage zugestellt worden und deshalb eine Verteidigung notwendig geworden ist (Schleswig SchlHA 83, 173; s § 91 Rn 13 „Klagerücknahme"). Tituliert werden nur die Kosten des durch Rücknahme erledigten Verfahrens; darüber hinaus erwachsende Kosten müssen materiellrechtlich geltend gemacht werden (LG Oldenburg JurBüro 83, 1883).

● **Zurückverweisung:** Angebracht bei schweren Mängeln des Verfahrens (Karlsruhe Rpfleger 93, 484; LG Berlin Rpfleger 89, 56; s auch „Bindung", „Abhilfe"). Der Rechtspfleger hat bei Zurückverweisung an ihn auch über die Kosten des Erinnerungs- oder Beschwerdeverfahrens zu beschließen (Bamberg JurBüro 79, 1713). Das Beschwerdegericht kann die Vorinstanz anweisen, den Streitwert nach einem fiktiven Verfahrensablauf festzusetzen, zB weil das Erstgericht eine Spezialkammer mit besonders großer Sachkunde ist (Hamburg JurBüro 79, 732).

● **Zuständigkeit:** Über die Kostenfestsetzung entscheidet immer der Rechtspfleger des Gerichts erster Instanz, auch über die Kosten des zweiten und dritten Rechtszugs (§ 21 Nr 1 RPflG) und die Vollstreckungskosten (BayObLG JurBüro 89, 1575 mwN; München Rpfleger 90, 37; s näher § 788 Rn 19); für Kosten der Vollstreckung aus einem VB ist das Gericht zuständig, das im Streitverfahren entschieden hätte (BGH MDR 88, 291; Koblenz Rpfleger 90, 38). Die Zuständigkeit erfaßt weiter: Die Kosten von Arrest- oder Verfügungsbeschlüssen des Berufungsgerichts sowie des dort verhandelten Wiederaufnahmeverfahrens (München AnwBl 73, 363); die Festsetzung der Kosten, die das Vollstreckungsgericht tituliert hat (RGZ 85, 132; Schleswig JurBüro 72, 447); Kosten, die auf Grund eines Titels des ersuchten Richters (§§ 380, 400) zu erstatten sind (München OLGE 29, 117); Kosten eines Nebenverfahrens (OVG Lüneburg Rpfleger 86, 319); Kosten, die nach Beendigung des Rechtsstreits, aber vor Beginn der Zwangsvollstreckung notwendig geworden sind (Karlsruhe NJW 55, 1519 m zust Anm Donau). Wird beim LG X ein beim LG Y anhängiger Rechtsstreit mitverglichen, dann müssen die Kosten jeweils bei dem LG festgesetzt werden, bei dem sie entstanden sind, ausgenommen die Vergleichsgebühr, deren Festsetzung beim LG X zu beantragen ist (München AnwBl 90, 172). Darum können, wenn beim LG ein im Berufungsverfahren anhängiger Rechtsstreit mitverglichen wird, die durch Mitwirkung des Berufungsanwalts beim Vergleichsabschluß angefallenen Kosten nur in das Festsetzungsverfahren beim Vergleichsgericht eingebracht werden (München NJW 72, 2311; Rpfleger 78, 149). Bei Verweisung vom ordentlichen Berufungsgericht an ein Arbeitsgericht obliegt diesem auch die Festsetzung der Kosten des Berufungsverfahrens, über die das Berufungsgericht entschieden hat. Ist die Hauptsache eine **Familiensache,** dann ist es auch das zugehörige Kostenfestsetzungsverfahren, selbst wenn die einheitliche Kostenentscheidung eine nicht abtrennbare Nicht-Familiensache einbezieht. Die Festsetzung der Kosten eines schiedsgerichtlichen Verfahrens obliegt nur dem **Schiedsgericht** (Koblenz NJW 69, 1540); die der Vollstreckung aus einer **notariellen Urkunde** dem Rechtspfleger des Vollstreckungsgerichts (KG JurBüro 86, 1570; aA Düsseldorf Rpfleger 91, 339 unter Aufgabe von MDR 90, 639). Zur internationalen Zuständigkeit s Koblenz IPRax 87, 24 m krit Anm Reinmüller S 10 = Rpfleger 86, 151 = KoRsp ZPO § 104 B Nr 45 m zust Anm Lappe.

● **Zwangsvollstreckung aus Festsetzungsbeschluß:** Dieser ist Titel nach § 794 I Nr 2. Vollstreckungsvoraussetzungen (Klausel, Zustellung, §§ 750, 795, 724 ff) müssen deshalb erfüllt sein. Klauselerteilung ab Erlaß, nicht erst ab Rechtskraft, jedoch in den Fällen des § 798 Wartepflicht. Bei vereinfachter Kostenfestsetzung nach § 105 bilden Urteil und Beschluß einen einheitlichen Titel, so daß der Beschluß keiner besonderen Vollstreckungsklausel bedarf und deshalb auch die Wartepflicht des § 798 entfällt. Für den Anpassungsbeschluß nach § 641p, der gem § 641p I 4 gleichzeitig die Kosten festsetzt und damit tituliert, gilt die Frist der §§ 798, 798a. Nach Abtretung des Kostenerstattungsanspruchs kann die betreibende Partei nicht weiter für sich vollstrecken (Bremen MDR 89, 460; aA LG Itzehoe AnwBl 86, 164).

● **Zwischenstreit:** Die darin ergangene Kostenentscheidung trägt die Festsetzung der besonderen Kosten des Zwischenstreits, nicht die des Hauptverfahrens (München JurBüro 70, 45).

XI) Gebühren: 1) des Gerichts: Kostenfestsetzung u Entscheidung über die Erinnerung sind gerichtsgebührenfrei, wenn es zu keiner Vorlage an das Rechtsmittelgericht kommt und auch dann, wenn Erinnerungsführer nach Mitteilung von der Vorlage an das Beschwerdegericht, aber noch vor dessen Entscheidung, seine durch die Vorlage zur Beschwerde gewordene Erinnerung zurücknimmt. Etwa angefallene gerichtl Auslagen (KV [2] vor 9000, 9000 ff) sind zu erheben (s auch Rn 7). Da die Durchgriffserinnerung vom Rechtsmittelgericht als Beschwerde zu behandeln ist, richten sich die Gerichtskosten nach KV 1906. – **2) des Anwalts:** Für den Kostenfestsetzungsantrag keine. Wird die Erinnerung durch Vorlage an das Rechtsmittelgericht zur Beschwerde, erhält der Anwalt insgesamt nur eine $^{5}/_{10}$ Gebühr, § 61 I Nr 1 BRAGO (Hamm JurBüro 90, 1461 = Rpfleger 90, 409), die aus dem Wert der bei Einlegung der Erinnerung streitigen Kosten zu entnehmen ist; auch die Auslagenpauschale erwächst nur einmal. Der Anwalt des Gegners verdient die $^{5}/_{10}$ Beschwerdegebühr, wenn er durch Mitteilung der Beschwerdeschrift am Beschwerdeverfahren beteiligt wurde u geprüft hat, ob eine Stellungnahme abzugeben ist. – Zwei Gebühreninstanzen kommen für den Anwalt dann in Betracht, wenn der Prozeßrichter die vom RA (für die Partei) eingelegte Erinnerung nicht an das Beschwerdegericht vorlegt, sondern selbst darüber entscheidet u der Anwalt im Auftrag seiner Partei diese Erinnerungsentscheidung mit (sof) Beschwerde 22 anficht. In diesen Fällen erwächst dem Anwalt die $^5/_{10}$ Geb sowohl für das Erinnerungsverfahren (§ 61 I Nr 2 BRAGO) als auch für das spätere Beschwerdeverfahren (§ 61 I Nr 1 BRAGO). Im Verfahren auf Festsetzung der Kosten gegen die eigene Partei fallen weder Gerichts- noch Anwaltsgebühren an (§ 1 GKG; § 19 II BRAGO).

105 *[Vereinfachtes Verfahren]*

(1) Der Festsetzungsbeschluß kann auf das Urteil und die Ausfertigungen gesetzt werden, sofern bei Eingang des Antrags eine Ausfertigung des Urteils noch nicht erteilt ist und eine Verzögerung der Ausfertigung nicht eintritt. Eine besondere Ausfertigung und Zustellung des Festsetzungsbeschlusses findet in diesem Falle nicht statt. Den Parteien ist der festgesetzte Betrag mitzuteilen, dem Gegner des Antragstellers unter Beifügung der Abschrift der Kostenberechnung. Die Verbindung des Festsetzungsbeschlusses mit dem Urteil soll unterbleiben, sofern dem Festsetzungsantrag auch nur teilweise nicht entsprochen wird.

(2) Eines Festsetzungsantrags bedarf es nicht, wenn die Partei vor der Verkündung des Urteils die Berechnung ihrer Kosten eingereicht hat; in diesem Falle ist die dem Gegner mitzuteilende Abschrift der Kostenberechnung von Amts wegen anzufertigen.

1 **I) Vereinfachte Kostenfestsetzung** nach Abs 1 ist **zulässig** auf Grund eines zur Zwangsvollstreckung geeigneten Titels, also auch vollstreckbare Beschlüsse und Vergleiche (LG Berlin DGVZ 59, 185) oder VU nach § 331 III (LG Stuttgart AnwBl 81, 197). Voraussetzung, daß bei Entscheidung des Antrags noch keine einfache oder vollstreckbare Urteilsausfertigung erteilt ist und durch die Verbindung der Kostenfestsetzung mit der Erteilung der Urteilsausfertigung keine Verzögerung eintritt. Sie ist **unzulässig** bei Kostenteilung nach Quoten (§ 106 I) und wenn bereits eine Urteilsausfertigung erteilt ist (Celle NdsRpfl 62, 33). Sie ist unter folgenden Voraussetzungen **zulässig aber unzweckmäßig:** Verlangte Kosten werden abgesetzt; die Vollstreckung des Urteils hängt vom Eintritt einer vom Gl zu beweisenden Tatsache ab (§ 726 I); die Verbindung verzögert; es ist noch keine Urteilsausfertigung bestellt; bei Arrest- oder Verfügungstiteln, da diese ohne vollstreckbare Ausfertigung vollstreckt werden, §§ 929 I, 936.

2 **II) Verfahren.** Nach Verkündung, aber vor Ausfertigung des Urteils beantragt der obsiegende Teil bzw sein ProzBev unter Vorlage der Kostenberechnung in Urschrift und Abschrift Kostenfestsetzung. Der Rpfleger setzt dem Urteil, im Fall des § 317 IV der bei den Akten befindlichen Urschrift oder Abschrift der Klage oder einem damit zu verbindenden Blatt folgenden Beschluß bei: „Die zu erstattenden Kosten werden einschließlich ... DM Gerichtskosten (Mahnverfahrenskosten) auf ... DM festgesetzt". Nun wird das Urteil und im Anschluß daran der KFB ausgefertigt. Die Vollstreckungsklausel umfaßt das Urteil und den KFB, § 795a. Formlose Übersendung der Kostenrechnung, der beizufügen ist: „Die von Ihnen zu erstattenden Kosten wurden auf den aus der beiliegenden Kostenberechnung ersichtlichen Betrag festgesetzt." Vermerk über die Übersendung der Kostenrechnung bei der Urschrift des Beschlusses. Übersendung der vollstreckbaren Urteilsausfertigung und des KFB an den Antragsteller. Die 2-Wochen-Frist zur Erhebung von Erinnerungen (§ 104 III) beginnt mit Ablauf des Tages der Urteilszustellung an den Sch. Verzögert sich die Urteilsausfertigung oder stellt sich nachträglich die Unzulässigkeit der Festsetzung heraus, so kann der Rpfleger die Verbindung des KFB mit dem Urteil lösen. Vermerk des Tages der Zustellung an den Sch auf der vollstreckbaren Ausfertigung des KFB und formlose Übersendung oder Aushändigung an den Gl bzw dessen ProzBev. Der Rpfleger kann auch den auf das Urteil gesetzten KFB vAw (zB bei Rechenfehlern, § 319) oder nach Erinnerung ändern; dann Beschluß und Verfahren nach § 104.

3 **III) Das Verfahren nach Abs 2** ist nur im Verfahren vor dem AG und LG als Gericht erster Instanz zulässig, weil nur hier Kostenfestsetzung erfolgt. In der Übergabe der Kostenrechnung liegt der Antrag um Erteilung vollstreckbarer Ausfertigung. Bei Kostenverteilung nach Bruchteilen Verfahren nach § 106.

106 *[Ausgleichsverfahren]*

(1) Sind die Prozeßkosten ganz oder teilweise nach Quoten verteilt, so hat nach Eingang des Festsetzungsantrags das Gericht den Gegner aufzufordern, die Berechnung seiner Kosten binnen einer Woche bei Gericht einzureichen. Die Vorschriften des § 105 sind nicht anzuwenden.

(2) Nach fruchtlosem Ablauf der einwöchigen Frist ergeht die Entscheidung ohne Rücksicht auf die Kosten des Gegners, unbeschadet des Rechts des letzteren, den Anspruch auf Erstattung nachträglich geltend zu machen. Der Gegner haftet für die Mehrkosten, die durch das nachträgliche Verfahren entstehen.

I) Abs 1. 1) Der Kostenausgleich soll einheitl über Ansprüche und Gegenansprüche entscheiden. Es handelt sich dabei nicht um Aufrechnung gem § 387 BGB, sondern um die Ermittlung eines einzigen Erstattungsanspruchs (Lappe Anm KoRsp ZPO § 106 Nr 23), der per saldo übrigbleibt und bei Streitgenossen der Festsetzungsgrenze des § 6 II 2 BRAGO unterliegt (München AnwBl 83, 568). Deshalb **muß** der Kostenausgleich ohne Ermessensspielraum in einem Beschluß durchgeführt werden (LG Bonn Rpfleger 84, 33). Ausgleich auch möglich, wenn Bekl für die auf sie entfallende Quote gesamtschuldnerisch haften (aA Köln KoRsp ZPO § 100 Nr 88 mit abl Anm von Lappe = Rpfleger 92, 269 mit abl Anm von Schmitz). Kein Ausgleich zwischen einer Partei und dem Nebenintervenienten (LAG Düsseldorf MDR 96, 644). Der Erstattungsanspruch ist um unstreitig empfangene Prozeßkostenvorschüsse zu kürzen, damit eine Bereicherung des Vorschußempfängers vermieden wird (s §§ 103, 104 Rn 21 unter „Prozeßkostenvorschuß"). Kein Verfahren nach § 106 für den durch Vergütung des PKH-Anwalts gem § 130 BRAGO auf die Landeskasse übergegangenen Erstattungsanspruch (Schleswig SchlHA 82, 32). **Quotenverteilung liegt vor:** wenn die außergerichtl Kosten gegeneinander aufgehoben, aber die Gerichtskosten nach Bruchteilen verteilt sind oder wenn die Kosten der ersten Instanz nach Quoten geteilt, die der Berufungsinstanz aber einer Partei ganz auferlegt wurden (Celle OLGE 13, 114). **Keine Quotenverteilung,** wenn die gesamten Kosten gegeneinander aufgehoben werden oder nach Instanzen verteilt werden (Hamburg MDR 79, 942) oder sonst nach Verfahrens- oder Zeitabschnitten oder nach Festbeträgen verteilt wird, auch nicht wenn Kosten ausgesondert werden, zB gem § 281 III 2 (KG Rpfleger 77, 107) oder wenn lediglich die Kosten der Säumnis einer Partei auferlegt worden sind und der Gegner die übrigen Kosten trägt (Bamberg JurBüro 82, 1258; Köln Rpfleger 92, 448; KG BerlAnwBl 93, 492). Fehlende Quotierung liegt auch in der fälschlichen Verteilung der Kosten nach Berufung und Anschlußberufung oder nach Klage und Widerklage. In diesen Fällen kann allerdings eine „berichtigende Auslegung" zur Bejahung einer Quotierung führen (s §§ 103, 104 Rn 21 unter „Auslegung" u „Klage und Widerklage"). Ein außergerichtlicher Vergleich mit Kostenregelung kann nicht Grundlage eines Kostenausgleichs nach § 106 sein (Karlsruhe VersR 79, 944; s auch §§ 103, 104 Rn 21 unter „Prozeßvergleich" zu c). Ein unangefochtener Kostenausgleichsbeschluß darf bei unveränderter Kostengrundentscheidung nicht aufgehoben werden, weil eine Partei nachträglich weitere Kosten zur Festsetzung anmeldet; über nachliquidierte Kosten ist in einem gesonderten KFB zu befinden (Saarbrücken AnwBl 80, 299). 1

2) Kostenfestsetzungsantrag zu § 106: „Nach dem Urteil vom ... hat der Kläger ²⁄₅, der Beklagte ³⁄₅ der Kosten des Rechtsstreits zu tragen. Ich überreiche Aufstellung der dem Kläger entstandenen Kosten in Urschrift u Abschrift und beantrage Festsetzung der Kosten." 2

Der Rechtspfleger hat nach Eingang des Antrags dem Gegner bzw seinem ProzBev eine Aufforderung folgenden Inhalts – zweckmäßig unter gleichzeitiger Zustellung einer Abschrift des eingereichten Antrages – vAw zuzustellen: „In Sachen ... hat der Gegner beantragt, die zu erstattenden Prozeßkosten festzusetzen. Sie werden ersucht, die Berechnung der Ihnen erwachsenen Kosten mit einer zur Mitteilung an den Gegner bestimmten Abschrift der Kostenrechnung und den Belegen binnen einer Woche seit Zustellung dieser Aufforderung bei der GeschSt des AG einzureichen. Nach fruchtlosem Ablauf der Frist wird ohne Rücksicht auf die Ihnen erwachsenen Kosten entschieden." – In jedem Fall ist im Kostenausgleichsverfahren dem Gegner **rechtl Gehör** zu gewähren, indem mit der vom Gesetz vorgeschriebenen Aufforderung zur Einreichung eigener Kosten auch eine Abschrift des Kostenausgleichsantrags übersandt wird (Art 103 I GG); grob fehlerhafte Berechnungen können das verfassungsrechtliche Willkürverbot verletzen (BVerfG Rpfleger 83, 84 m Anm Lappe). Der Gegner hat sich durch spezifizierte Aufstellung der eigenen Kostenansätze zu erklären, kann sich also nicht lediglich darauf berufen, ihm seien dieselben Gebühren wie der Antragspartei entstanden (KG Rpfleger 51, 95).

II) Abs 2. Die Kosten der Aufforderung gehören zu den Kosten des Festsetzungsverfahrens (Karlsruhe OLGE 11, 174). Bei bewilligter **Prozeßkostenhilfe** sind die Parteikosten so zu berechnen, wie wenn keine PKH bewilligt worden wäre (Bamberg FamRZ 88, 967; Bremen JurBüro 84, 609; LG Bonn Rpfleger 84, 33), und es ist anzugeben, welcher Betrag dem PKH-Anwalt aus der Staatskasse ersetzt wurde. War beiden Parteien PKH bewilligt worden, so ist zunächst zu ermitteln, welche Kosten jeder Partei überhaupt entstanden sind; sodann ist der Gesamtbetrag der Kosten nach Maßgabe des Urteils zu verteilen und durch Feststellung des Unterschieds des auf jede Partei entfallenden Kostenbetrags der erstattungsfähige Betrag zu ermitteln. Die Summe, die dem erstattungsberechtigten PKH-Anwalt von der Staatskasse bezahlt worden ist, wird hierbei nur insoweit berücksichtigt, als dadurch die an sich erstattungsfähige Forderung gedeckt ist. Zur Kostenausgleichung bei **Teil-PKH** vgl Lappe MDR 84, 638. Genießt eine Partei Gebührenfreiheit, so sind die gerichtl Gebühren (anders bei Auslagen) bei der Festsetzung nicht zu berücksichtigen. Sind die Kosten nach Quoten verteilt und kann die hilfsbedürftige Partei außer den PKH-Anwaltskosten noch eigene Auslagen erstattet verlangen, so sind diese bei der nach § 106 vorzunehmenden Ausgleichung verhältnismäßig (München Rpfleger 82, 119) mit in Ansatz 3 zu bringen. Das sich bei der Ausgleichung ergebende Guthaben der hilfsbedürftigen Partei ist zuerst auf die dem PKH-Anwalt aus der Staatskasse zu erstattenden Beträge, dann auf die nach § 130 BRAGO auf die Staatskasse übergegangene Forderung und nur, soweit dann noch ein Überschuß verbleibt, auf die eigenen Auslagen der Partei zu verrechnen (Braun Rpfleger 55, 179).

4 Der KFB kann nach Ablauf der **einwöchigen Frist** ohne Rücksicht darauf, ob der Gegner seine Kostenrechnung eingebracht hat, erlassen werden. Geht der Ausgleichsantrag des Gegners aber noch ein, bevor die Kanzlei den KFB ausgefertigt hat, ist er nicht hinauszugeben, sondern ein neuer Ausgleichungsbeschluß zu fassen (LG Berlin Rpfleger 86, 194; aA Hamm Rpfleger 96, 261; LG Hannover Rpfleger 89, 342). Zuzustellen ist beiden Parteien bzw ihren ProzBev vAw. Die säumige Partei kann ihre Kosten nachträgl festsetzen lassen. Jedoch ist die nachträgl Berücksichtigung entgegen § 106 nicht rechtzeitig zur Ausgleichung gestellter Prozeßkosten im Erinnerungs- u Beschwerdeverfahren nicht zulässig (Celle NdsRpfl 76, 92); es fehlt dann an einer Beschwer (Hamburg JurBüro 78, 283). Auch liegt für das Gericht keine Veranlassung zur Änderung seiner Entscheidung über den Festsetzungsantrag des Gegners vor, wenn die Berechnung der säumigen Partei zwar erst nach Absetzung der Entscheidung, aber vor ihrer Ausfertigung und Zustellung eingegangen ist (Köln Rpfleger 75, 66). Eine solche Änderung ist vielmehr verfahrensrechtlich unzulässig; jedoch ist im zweiten Festsetzungsverfahren die Aufrechnung mit dem bereits titulierten KE zulässig und gegen eine materiell nicht mehr gerechtfertigte Vollstreckung aus dem ersten Beschluß die Klage aus § 767 gegeben (Lappe MDR 83, 992). Zur „Umschreibung" des Titels von der Partei auf den PKH-Anwalt s § 126 Rn 19.

5 Bei der Kostenausgleichung muß der Anspruch einer Partei auf Erstattung verauslagter Gerichtskosten mit dem Anspruch der anderen Partei auf Erstattung außergerichtl Kosten verrechnet werden; eine getrennte Festsetzung der beiderseitigen Ansprüche ist unzulässig (LG Essen Rpfleger 73, 183). Sind im Berufungsurteil die Kosten beider Rechtszüge nach Quoten verteilt und haben beide Parteien jeweils ihre Kosten für beide Rechtszüge zur Ausgleichung angemeldet, so ist über die Ausgleichung sämtl Kosten einheitl in einem Beschluß zu entscheiden und sind nicht vorab gesondert nur die Kosten eines Rechtszugs auszugleichen (Hamm Rpfleger 77, 373). Werden Streitgenossen, die unterschiedl hohe Klageansprüche geltend gemacht haben, von einem gemeinsamen Anwalt vertreten, so ist beim Kostenausgleich zu ihren Gunsten insgesamt kein höherer Betrag zu berücksichtigen, als sie nach dem zusammengerechneten Gesamtstreitwert gem § 7 II BRAGO ihrem gemeins Anwalt nach § 6 III BRAGO tatsächl zu zahlen haben (Hamburg JurBüro 77, 199).

6 **III) Anfechtung.** Da in dem einheitl KFB, dessen Entscheidungsformel sich auf das Ergebnis der Verrechnung der gesamten Prozeßkosten beider Parteien beschränkt, zwei Entscheidungen hinsichtl der Anträge beider Parteien getroffen werden, kann auch jede Entscheidung selbständig nach § 11 I RpflG; § 104 III 1 angefochten werden, soweit eine Beschwer vorliegt. Der Beschwerdeführer ist allerdings nur beschwert in Höhe des Anteils der nicht berücksichtigten Gebühr oder sonstiger Kosten, in deren Höhe der Gegner ihm erstattungspflichtig ist. Wenn mit der Erinnerung die Berücksichtigung einer Gebühr erstrebt wird, die entweder auf beiden Seiten oder gar nicht erwachsen ist, dann ist die Partei beschwert, die weniger als 50% der Kosten zu tragen hat. Eine auf Anfechtung zugesprochene, beiden Seiten entstandene Gebühr wird auch ohne Antrag beim Gegner mit berücksichtigt (KG Rpfleger 78, 225; Oldenburg MDR 93, 390; Köln JurBüro 94, 601; aA Stuttgart JurBüro 87, 1092). Wer die **Kosten des Ausgleichsverfahrens** zu tragen hat, richtet sich nach dem jeweiligen Unterliegen mit dem beanspruchten Kostenbetrag.

107 *[Rückwirkung von Streitwert auf frühere Kostenfestsetzung]*

(1) Ergeht nach der Kostenfestsetzung eine Entscheidung, durch die der Wert des Streitgegenstandes festgesetzt wird, so ist, falls diese Entscheidung von der Wertberechnung abweicht, die der Kostenfestsetzung zugrunde liegt, auf Antrag die Kostenfestsetzung entsprechend abzuändern. Über den Antrag entscheidet das Gericht des ersten Rechtszuges.

(2) Der Antrag ist binnen der Frist von einem Monat bei der Geschäftsstelle anzubringen. Die Frist beginnt mit der Zustellung und, wenn es einer solchen nicht bedarf, mit der Verkündung des den Wert des Streitgegenstandes festsetzenden Beschlusses.

(3) Die Vorschriften des § 104 Abs. 3 sind anzuwenden.

1 **I) Abs 1.** Setzt das Gericht nach Erlaß des KFB den Streitwert anders als vom Rechtspfleger angenommen fest, so ist **vor** Rechtskraft des KFB gegen diesen Erinnerung oder Beschwerde nach § 11 I RpflG, § 104 III oder Antrag aus § 107, nach Rechtskraft nur dieser gegeben. Bei Festsetzung gem § 106 braucht der Gegner nicht mehr zur Einreichung einer Kostenberechnung

aufgefordert zu werden, wenn seine Kosten nach dem neuen Streitwert berechnet werden können. Denn es sind nur Änderungen gestattet bei Positionen, die streitwertabhängig sind. Darüber hinaus bindet die Rechtskraft, so daß keine Nachprüfung betroffener Gebühren dem Grunde nach in Betracht kommt, da § 107 lediglich ermöglicht, die feststehenden Kostenpositionen der Streitwertänderung anzupassen (Hamm KoRsp ZPO § 107 Nr 4; München Rpfleger 73, 258 [Verkehrsanwalt]).

Verfahren. Ausfertigung des Beschlusses wird den Parteien vAw zugestellt. Vollstreckung aus dem ersten KFB kann gem § 775 Nr 1 verhindert werden. Bereits geleistete Überzahlungen können im Änderungsbeschluß rückfestgesetzt werden, wenn die Überzahlung unstreitig oder eindeutig feststellbar ist (Nachw s §§ 103, 104 Rn 21 unter „Rückfestsetzung"). Ist der Streitwert auf einen **höheren** als den bei Kostenfestsetzung angenommenen Betrag festgesetzt worden, so ist es zweckmäßig, in dem Änderungsbeschluß „die von dem Schuldner **weiter** zu erstattenden Kosten auf . . . DM festzusetzen". Zustellung einer Ausfertigung des Beschlusses an den Gegner des Antragstellers bzw dessen ProzBev (§ 176), formlose Übersendung der vollstreckbaren Ausfertigung an den Gläubiger unter Vermerk des Tages der Zustellung des Beschlusses an den Gegner. 2

II) Abs 2. Der nicht dem Anwaltszwang unterliegende Antrag, der auch in einem bloßen Rückfestsetzungsbegehren gesehen werden kann (Koblenz Rpfleger 89, 40), auf Änderung des KFB ist innerhalb eines Monats nach Verkündung oder Zustellung (formlose Mitteilung reicht nicht: München Rpfleger 91, 340) des Streitwertbeschlusses (nach Hamburg MDR 90, 253 im Berufungsverfahren erst mit Verkündung der Hauptsacheentscheidung) beim Rechtspfleger des erstinstanzlichen Gerichts anzubringen. Die nicht verlängerungsfähige (§ 224 II) Frist läuft unabhängig davon, ob eine Partei Streitwertbeschwerde oder Gegenvorstellung gegen den Wertansatz erhoben hat. Sie bezieht sich nur auf die erneute Festsetzung (München MDR 83, 137). Ist die Frist versäumt, kann der Schuldner, wenn der nicht geänderte KFB noch nicht vollstreckt ist, Klage aus § 767 erheben (München MDR 83, 137); nach Vollstreckung ist nur noch die Bereicherungsklage (§ 812 BGB) zulässig. Wegen des Gerichtskostenansatzes s § 7 GKG. 3

III) Abs 3. Der Änderungsbeschluß ist binnen 2 Wochen ab Zustellung (Notfrist) mit Erinnerung bei dem Gericht anfechtbar, dessen Rechtspfleger ihn erlassen hat; Verfahren wie bei § 104. 4

IV) Gebühren: 1) des Gerichts: keine, § 1 GKG. – **2) des Anwalts:** keine, § 37 Nr 7 BRAGO. 5

Sechster Titel

SICHERHEITSLEISTUNG

108 *[Art und Höhe der Sicherheit]*

(1) In den Fällen der Bestellung einer prozessualen Sicherheit kann das Gericht nach freiem Ermessen bestimmen, in welcher Art und Höhe die Sicherheit zu leisten ist. Soweit das Gericht eine Bestimmung nicht getroffen hat und die Parteien ein anderes nicht vereinbart haben, ist die Sicherheitsleistung durch Hinterlegung von Geld oder solchen Wertpapieren zu bewirken, die nach § 234 Abs. 1, 3 des Bürgerlichen Gesetzbuchs zur Sicherheitsleistung geeignet sind.

(2) Die Vorschriften des § 234 Abs. 2 und des § 235 des Bürgerlichen Gesetzbuchs sind entsprechend anzuwenden.

Lit: *Behr,* JurBüro 95, 568; *Retemeyer,* Sicherheitsleistung durch Bankbürgschaft, Diss 1995.

I) Die §§ 108 ff gelten nur für die vom Gericht angeordneten **prozessualen Sicherheitsleistungen,** die in der ZPO vorgesehen sind, zB in §§ 89, 110–113, 707 usw. Ihr Zweck ist es, Ansprüche der Gegenpartei abzusichern, nicht solche der Staatskasse auf Zahlung der Gerichtskosten (Stuttgart Rpfleger 85, 375; Retemeyer aaO S 38). Materiellrechtliche Sicherheitsleistungen richten sich nach §§ 232–240 BGB, durch deren sinngemäße Anwendung Lücken in der ZPO-Regelung ausgefüllt werden dürfen. Auch Hinterlegung des streitbefangenen Gegenstandes oder des Erlöses (zB §§ 711, 712, 720, 905) ist Hinterlegung nur zur Sicherung, nicht zur Erfüllung. 1

II) Art und Höhe der Sicherheit bestimmt das Prozeßgericht, das die Sicherheitsleistung angeordnet hat (BGH MDR 66, 501; Koblenz MDR 90, 732). Indessen ist auch das Gericht höherer Instanz Prozeßgericht; deshalb kann auch seine Zuständigkeit begründet sein, zB weil die Vorinstanz irrig, aber unanfechtbar, eine Entscheidung abgelehnt hat (BGH MDR 66, 501), vorausgesetzt jedoch, daß die beschwerte Partei dies beantragt (LG Aachen MDR 66, 244). Dem LG Memmingen (NJW 74, 321) ist darin beizupflichten, daß in eiligen Sachen die Zuständigkeit 2 des Berufungsgerichts auch aus prozeßökonomischen Gründen (Vermeidung des zeitraubenden Hin- und Hersendens der Akten) gegeben sein kann. In den Fällen der einstw Einstellung (§§ 707, 719, 732 II, 769) ordnet das Gericht die Sicherheitsleistung an, das die Einstellung verfügt hat, so zB das Vollstreckungsgericht (§ 769 II).

3 Die **Höhe** der Sicherheit **muß** das Gericht nach freiem, pflichtgemäßem, durch das Rechtsmittelgericht nachprüfbarem Ermessen (KG JW 26, 2464) in Geld bestimmen. Über die **Art** der Sicherheit **kann** das Gericht nach freier Wahl eine Bestimmung treffen. Bei entsprechendem Antrag bestimmt das Gericht Höhe und Art im Urteil, anderenfalls nur die Höhe, und die Art gfls bei nachfolgendem Antrag durch Beschluß. Irriges Unterbleiben der Höhebestimmung oder fehlerhafte Berechnung kann nur über §§ 716, 717 ZPO korrigiert werden (MK/Belz Rn 58: Berichtigung nach § 319). Die Anordnung des Gerichts über Art und Höhe der Sicherheitsleistung kann durch gerichtl und außergerichtl **Parteivereinbarung** jederzeit ergänzt oder abgeändert werden. Soweit Parteivereinbarungen in der gerichtl Anordnung noch nicht berücksichtigt sind, können sie durch neue Klage bzw bei der Vereinbarung über die Art durch entspr Abänderungs- oder Ergänzungsantrag (Rn 14) geltend gemacht werden.

4 Bei der **Festsetzung der Höhe** der Sicherheit hat das Gericht von dem auszugehen, was nötig ist, um denjenigen, in dessen Interesse die Sicherheit zu leisten ist, vor mögl Nachteilen oder Schäden zu bewahren. Praktisch ist dies meist der tatsächl Wert des vollstreckbaren Hauptanspruchs zuzügl Zinsen und Kosten. Nach KG (NJW 77, 2270) ist es zulässig, die Höhe der (nach § 709 S 1 anzuordnenden) Sicherheitsleistung derart zu bestimmen, daß Sicherheit **„in Höhe des jeweils beizutreibenden Betrages"** zuzügl eines Vomhundertsatzes dieses Betrages zur Absicherung des (etwaigen) Schadensersatzanspruchs aus § 717 II ZPO zu leisten ist (ebenso Hamburg OLGE 9, 111; Mager ZZP 68 [1955], 166; LG Wiesbaden MDR 87, 239); dagegen hält es Karlsruhe (OLGZ 75, 484; ferner Celle NdsRpfl 52, 4; Nürnberg BayJMBl 64, 33; Frankfurt OLGR 96, 154) grundsätzlich für **unzulässig,** ein Urteil gegen Sicherheitsleistung in Höhe des jeweils beizutreibenden Betrages für vorläufig vollstreckbar zu erklären. Ausnahmsweise zulässig, wenn es sich um eine Verurteilung zu künftig fällig werdenden Raten handelt. Karlsruhe verdient den Vorzug (MK/Krüger § 709 Rn 5; § 718 Rn 3; hier unten § 709 Rn 6; § 718 Rn 3 mwN). Ist gepfändet und wird die Zwangsvollstreckung einstweilen eingestellt, so wird bei aufrechterhaltener Pfändung die Höhe der Sicherheitsleistung im allgemeinen niedriger zu bemessen sein, denn das Pfandstück kann bei Bewertung der Höhe wertmäßig berücksichtigt werden (Celle NJW 59, 2268). Wird nur **Teilsicherheit** geleistet, so hält Karlsruhe (MDR 55, 617) **Teilvollstreckung** jedenfalls dann für **unzulässig,** wenn sie im Urteil nicht ausdrücklich zugelassen ist.

5 **III) 1) Hat das Gericht die Art der Sicherheitsleistung nicht bestimmt,** so geschieht sie durch **Hinterlegung von Geld** oder von gemäß § 234 I, III BGB zur Sicherheit geeigneten Wertpapieren. **Geld:** es genügt Überweisung auf das Konto der Gerichtskasse (Dresden OLGE 39, 51). Mit der Einzahlung ist die Verpflichtung zur Sicherheitsleistung erfüllt; eine Verrechnung mit Gerichtskosten ist nicht zulässig (Stuttgart Rpfleger 85, 375). **Wertpapiere** müssen Inhaber- oder blankoindossierte Orderpapiere sein, einen Kurswert haben und mündelsicher sein (s § 1807 I Nr 2–5 BGB; Art 212 EGBGB). Mit Wertpapieren kann Sicherheit nur in Höhe von drei Vierteilen des Kurswerts geleistet werden (§ 234 III BGB); mit zu hinterlegen sind Zins-, Renten-, Gewinnanteil- u Erneuerungsscheine. Der Umtausch hinterlegter Wertpapiere gegen andere, geeignete Wertpapiere oder gegen Geld ist nach § 235 BGB zulässig. Dem Gericht stehen alle Mittel der Sicherheitsleistung zur freien Wahl (Ausnahme § 69 ZVG), und zwar ohne die in §§ 234ff BGB gezogenen Grenzen. Stets muß jedoch die Art der Sicherheit dem Berechtigten die Befriedigung ermöglichen. Deshalb reicht zB nicht die Hinterlegung eines Hypothekenbriefs; als Sicherheit ungeeignet sind ferner Pfandstücke, da der Gläubiger nach Aufhebung der Pfändung die Sicherheit verlieren könnte (Celle NJW 59, 2268; Schleswig SchlHA 69, 121).

6 2) Das Gericht kann auf Antrag oder vAw auch **die Art einer anderen Sicherheitsleistung** als durch Geld und Wertpapiere anordnen, zB Hinterlegung von Wertpapieren, die nicht in § 234 BGB aufgeführt sind, von ausländischem Geld und von Kostbarkeiten (§ 5 HinterlO), Sparkassenbüchern (Köln JR 56, 222; aA MK/Belz Rn 15); jedoch nicht mit einem Pfandstück, das der Gläubiger durch eine Vollstreckungsmaßnahme erlangt hat (Rn 5).

7 3) Besonders zweckmäßig ist **Sicherheitsleistung durch Bürgschaft** (§ 232 II BGB; Berger, Die Prozeßbürgschaft, JuS 82, 195). Der Bürge muß in der schriftl (§ 350 HGB wegen des Nachweises unpraktisch) Bürgschaftserklärung (§ 766 BGB) auf die Einrede der Vorausklage (§ 771 BGB) verzichten (§ 239 II BGB analog). Eine sog Ausfallbürgschaft genügt daher nicht. Der Bürge ist tauglich, wenn er ein der Höhe der Sicherheit angemessenes Vermögen besitzt (§ 239 I BGB analog): zB Bürgschaft einer angesehenen Bank oder einer kleineren Genossenschaftsbank (hierzu Rn 8; ausf Retemeyer aaO S 24 ff), wenn gegen deren Zahlungsfähigkeit keine Bedenken bestehen und ihr Vermögen ausreichend erscheint (Nürnberg Rpfleger 59, 65), so daß sie die Sicherheit des Vollstreckungsschuldners jederzeit gewährleisten kann (LG Düsseldorf DGVZ 77,

42); Bedenken hiergegen muß der Sicherheitsgläubiger vorbringen (Celle NJW 62, 1019). Soweit § 239 I BGB fordert, daß der Bürge seinen allgemeinen Gerichtsstand im Inland habe, gilt diese Einschränkung nicht für Bürgen aus den Staaten der EU, denn das freie Ermessen des Gerichts ist ohnehin nicht durch § 239 BGB eingeschränkt (Hamburg NJW 95, 2859, auch zu den Voraussetzungen einer solchen Bürgschaft; vorsichtig zust BL/Hartmann Rn 10: ganz ausnahmsweise) und es könnte gegen das Diskriminierungsverbot (Art 67 EGV) verstoßen werden (Düsseldorf ZIP 95, 1667 = WM 95, 1993).

BGH (WPM 66, 378) verlangt selbstschuldnerische Bürgschaft einer **Großbank oder eines öffentl Kreditinstituts.** Eine entsprechende Anordnung ist in der Praxis allgemein üblich (Behr aaO Nr 2.1; Retemeyer aaO S 20); den „deutschen Großbanken" und „öffentlichen Sparkassen" stehen von der Tauglichkeit her völlig gleich die Volksbanken und Raiffeisenbanken. Sie fallen jedoch nicht unter diese Formulierung (Düsseldorf ZIP 82, 366) und sollten jedenfalls bei entsprechendem Hinweis einer Partei miterwähnt werden, da anderenfalls eine Benachteiligung dieser Institute eintreten kann (aA Köln WM 93, 1111 mit abl Anm Leptien WuB VII A § 108 ZPO 1.93 und abl Anm Beuthien/Jöstingmeier NJW 94, 2070). Deren Kunden verlangen nämlich sonst nicht selten Kostenübernahme, und die Volksbanken oder Raiffeisenbanken müssen sich dem beugen, um dem Abwandern des Kunden entgegenzuwirken. Unrichtig ist die Auffassung des LG Berlin (Rpfleger 78, 331), die Anordnung der Sicherheitsleistung durch selbstschuldnerische Bürgschaft einer „Deutschen Großbank" sei mangels Bestimmbarkeit unwirksam. Das Gegenteil ist offenkundig; sämtliche Lexika und Nachschlagewerke des Wirtschaftsrechts führen als Großbanken die Nachfolgeinstitute der Deutschen Bank, der Dresdner Bank und die Commerzbank an. An sich bedarf die von einer bekannten Großbank ausgestellte Bürgschaftserklärung, wie das LG Berlin DGVZ 73, 90, zutreffend entschieden hat, keiner Unterschriftsbeglaubigung und keines Nachweises der Vertretungsbefugnis ihrer Unterzeichner. Allerdings können notarielle Form der Bürgschaftserklärung, Beglaubigung der Unterschriften, Nachweis der Vertretungsmacht der Unterzeichner usw statt der im allgemeinen ausreichenden Schriftform des § 766 BGB (s Hamm DGVZ 76, 117 ff) besonders durch das Gericht angeordnet werden. 8

Die **Bürgschaftserklärung muß** grundsätzlich **unbedingt und unbefristet** (zur Abgrenzung der Zeitbürgschaft von der gegenständlich beschränkten s Zweibrücken WM 94, 788) sein (§§ 158, 163 BGB; Retemeyer aaO S 34 ff), so daß zB in ihr die Haftung nicht von der Vorlage einer das Urteil aufhebenden oder abändernden rechtskräftigen Entscheidung abhängig gemacht werden darf (Bamberg NJW 75, 1664). Zulässig ist die auflösende Bedingung, daß die Bürgschaftsurkunde wieder in den Besitz des Bürgen gelangt, sofern sichergestellt ist, daß die Bürgschaft nicht ohne oder gegen den Willen des Sicherungsberechtigten zum Erlöschen gebracht werden kann, ehe die Veranlassung für die Sicherheitsleistung weggefallen ist (BGH MDR 71, 388; Hamburg MDR 82, 588; Nürnberg WPM 86, 215; LG Wuppertal WuB VII A. §§ 108, 109 ZPO 2.86 m Anm Pecher). Unwirksam daher die Sicherheitsleistung mit einer Bürgschaft, die durch Rückgabe der Bürgschaftsurkunde an die Bank erlischt, wenn der Gläubiger dem Schuldner nicht die Urkunde, sondern nur eine beglaubigte Abschrift zustellt (München MDR 79, 1029; Hamm WM 93, 2050); unzulässig die auflösende Bedingung des Erlöschens, sobald die Veranlassung zur Sicherheitsleistung wegfalle (AG Köln DGVZ 83, 60; aA Nürnberg MDR 86, 241 = WuB VII A. §§ 108, 109 ZPO 1.86 m Anm Pecher u Besprechung Pecher WM 86, 1513); zulässig jedoch der Vorbehalt der Bank, befreiend hinterlegen zu dürfen (Koblenz Rpfleger 95, 32 = WuB I E 4. – 1.95 mit zust Anm Brehm; LG Frankfurt JurBüro 89, 264; Retemeyer aaO S 36 ff, 45), weil ein Austausch nicht grundsätzlich ausgeschlossen ist (vgl zB BGH Rn 14) und der Sicherungszweck nicht gefährdet wird; aA die hM BL/Hartmann Rn 18; MK/Belz Rn 29; Kotzur DGVZ 90, 161; Düsseldorf DGVZ 90, 156; LG Wuppertal DGVZ 90, 124; LG Berlin DGVZ 91, 9; LG Düsseldorf JurBüro 88, 1085; LG Bielefeld MDR 85, 238. 9

4) Ist Prozeßbürgschaft zugelassen (was auch bei der Sicherungsvollstreckung, § 720a, möglich ist, München Rpfleger 91, 67), so ist der Sicherungsberechtigte zur **Annahme der Bürgschaftserklärung,** die der gerichtl Anordnung entspricht, verpflichtet (Zwangsvertrag: Hamburg WPM 82, 915). Erleichterung für Vertragsschluß gem § 151 S 1 BGB: nach allgemeiner Ansicht wird die Annahmeerklärung ersetzt durch die gerichtl Zulassung der Sicherheitsleistung durch Bürgschaft (BayObLG MDR 76, 410 mwN). Wegen des Annahmezwanges kann die Sicherheit wirksam auch durch Hinterlegung der Bürgschaftsurkunde bei der Hinterlegungsstelle des Amtsgerichts geleistet werden, wenn dies vom Gericht gestattet worden ist (Hamburg WPM 82, 915). Entspricht indes die Bürgschaftserklärung nicht den gerichtl Erfordernissen, so besteht insoweit keine Annahmeverpflichtung. Die Unterlassung eines Widerspruchs wird man jedoch als Annahmeerklärung zu deuten haben (Breit JR 26, 161 ff). 10

Die **Bürgschaft entsteht** demnach, wenn die Bürgschaftserklärung dem Sicherungsberechtigten in **Urschrift** zugeht (§ 130 BGB) oder nach § 132 I BGB iVm §§ 166 ff ZPO durch Vermittlung des Gerichtsvollziehers in **beglaubigter Abschrift** zugestellt wird (Nürnberg WPM 86, 215 mwN; 11

Jakobs DGVZ 73, 115, 116). Die **Aushändigung** der **Urschrift** der Urkunde an den Zustellungsadressaten ist erforderl, wenn nach dem Inhalt des Vertrages die Bürgschaft durch die Rückgabe der Urkunde auflösend bedingt ist, also das Erlöschen der Bürgschaft von der Rückgabe des Originals abhängt (München MDR 79, 1029). In diesem Fall kann nur dadurch, daß der Sicherungsberechtigte in den Besitz der Originalurkunde gelangt, verhindert werden, daß die Bürgschaft vorzeitig ohne oder gegen den Willen des Sicherungsberechtigten durch Rückgabe der Originalurkunde erlischt. Die Zustellung kann auch an den ProzBev erfolgen, sofern dessen Vollmacht, wie idR, den Abschluß des Bürgschaftsvertrages mitumfaßt, weil es sich dabei um eine Maßnahme innerhalb des Prozeßmandats handelt (vgl München AnwBl 68, 184; Karlsruhe MDR 96, 525). **Zustellung** von **Anwalt zu Anwalt** (§ 198) genügt nach § 132 I BGB **nicht** (LG Aurich DGVZ 90, 10; Probst AnwBl 76, 288 Nr 4; aA MK/Belz Rn 34; BL/Hartmann Rn 15; Behr aaO Nr 2.2.; LG Mannheim JurBüro 89, 859; LG Aachen MDR 88, 238; München OLGZ 65, 292; Frankfurt MDR 78, 490; Koblenz ZIP 93, 297; Sebode JVBl 67, 171 [173, 174]; Noack MDR 72, 287 [289]; Jakobs DGVZ 73, 115 FN 33). § 198 ist deshalb unanwendbar, weil § 132 I BGB die Zustellung nur durch „Vermittlung des Gerichtsvollziehers“ vorsieht, so daß nur diese Zustellungsart die erforderliche Wirkung haben kann. Wird in zweiter Instanz gegen Sicherheitsleistung (Prozeßbürgschaft) eingestellt, wird die Bürgerschuld nicht erst mit Rechtskraft, sondern mit Erlaß des OLG-Urteils **fällig** (München EWiR § 765 BGB 1/94, 39-Herget).

12 5) Ist eine **„andere Art** der Sicherheitsleistung“ genehmigt, zB Hinterlegung von Geld auf ein Anderkonto eines Rechtsanwalts oder Notars (Nachweis durch dem Schuldner zuzustellende notarielle Urkunde), Verpfändung von Sparguthaben (RGZ 124, 220) usw, so ist der Umtausch der Sicherheitsmittel nur mit Genehmigung des Sicherungsberechtigten zulässig, da dieser an der Sicherheit ein Pfandrecht erworben hat.

13 **IV) Verfahren. 1) Die Anordnung der Sicherheitsleistung** bedarf eines Antrags in den Fällen der §§ 110 f, 712, 939, 927. Die Entscheidung ergeht hier bei Streit auf Grund mündl Verhandlung oder nach §§ 251a, 331a, 128 II u III. In allen anderen Fällen kann sie ohne mündl Verhandlung ergehen. Anordnung durch Urteil in den Fällen der §§ 709, 711, 712, 925, 927, 939, bei § 110 durch Zwischenurteil nach § 280 II, bei §§ 921, 923, 936 durch Arrestbefehl oder einstw Verfügung, in allen übrigen Fällen durch **Beschluß.**

14 2) Über die **Art der Sicherheitsleistung** kann nach hM stets ohne mündl Verhandlung durch **Beschluß** entschieden werden. Es kann demgemäß durch Beschluß auch eine bereits getroffene Entscheidung vor und nach Einlegung eines Rechtsmittels ergänzt oder geändert werden (Behr aaO Nr 1; BGH NJW 94, 1351: Austausch der Bürgschaft). Zuständig zu solchen nachträgl Änderungen ist das Gericht, das die zu ändernde bzw zu ergänzende Entscheidung erlassen hat, und zwar die untere Instanz auch dann, wenn die höhere Instanz die Entscheidung der unteren ledigl bestätigt hat (LG Aachen MDR 66, 244). Dies gilt auch, wenn die Sache in der Revisionsinstanz hängt; hier kann aber ausnahmsweise auch das Revisionsgericht eine Anordnung über die Art der Sicherheit erlassen (BGH NJW 66, 1028).

15 3) Die **Ausführung der Hinterlegung** richtet sich nach der Hinterlegungsordnung. Wird Sicherheit geleistet, so erlangt der Sicherungsberechtigte **ein Pfandrecht** am hinterlegten oder verpfändeten Gegenstand und ein solches am Rückforderungsanspruch des Hinterlegers, wenn hinterlegtes Geld oder Wertpapiere in das Eigentum des Fiskus übergegangen sind (§ 233 BGB). Bei der Bürgschaft erlangt er einen direkten Anspruch gegen den Bürgen. Im Schadensfall kann sich der Sicherungsberechtigte hieraus befriedigen (§ 13 HinterlO, §§ 1233, 765 BGB). Der Bürge haftet nicht nur für den durch die Hinausziehung der Zwangsvollstreckung entstandenen Schaden, sondern für die Urteilssumme selbst (BGH NJW 79, 417; RGZ 141, 196). Ist die Zwangsvollstreckung nur gegen Sicherheitsleistung zulässig, die in Form einer Bürgschaft (s Rn 7 f) erbracht werden kann, so muß die Bürgschaft auch Sicherheit für den Fall bieten, daß der Schuldner zur Abwendung der Vollstreckung Zahlung leistet (LG München I DGVZ 74, 78).

16 **V) Rechtsmittel.** Über die **Höhe** der Sicherheitsleistung entscheidet das Gericht mit Selbstbindung nach § 318 im Urteil (Frankfurt OLGZ 70, 172). Soweit nicht § 319 wegen offenbarer Unrichtigkeit eingreift, gibt es nur die Berufung, die sich auf die Vollstreckbarkeitsentscheidung beschränken darf, was aber praktisch nicht vorkommt. Die Entscheidung über die **Art** der Sicherheitsleistung ist unanfechtbar, wenn dazu **kein Parteiantrag** gestellt worden ist (§ 567 I). Ist ein **Antrag gestellt** worden, dann fehlt es bei **Stattgeben** für den Antragsteller an einer Beschwer, für den Antragsgegner an den Voraussetzungen des § 567. Auch § 793 ist unanwendbar, weil die Bestimmung der Art der Sicherheitsleistung noch nicht Beginn der Zwangsvollstrekkung ist (München MDR 69, 581; früher aA KG ZZP 53 [1928], 442 u danach noch Frankfurt MDR 75, 323). Wird ein Antrag auf Gestattung einer besonderen Art der Sicherheitsleistung **abgelehnt,** dann hat der Antragsteller die einfache Beschwerde (Nürnberg MDR 59, 65; 61, 61), auch wenn er zwischenzeitlich Berufung eingelegt hat (Düsseldorf MDR 84, 852). Die Ermessensfreiheit bei Bestimmung der Sicherheitsleistung (§ 108 I 1) geht auf das Beschwerdegericht über (KG JW 26,

2464; Nürnberg MDR 61, 61). Der Antragsgegner ist nicht beschwert und hat deshalb kein Rechtsmittel, sondern allenfalls die Möglichkeit der Gegenvorstellung. Er kann jedoch gegen die Zulassung der Sicherheitsleistung in bestimmter Art einen **Abänderungsantrag** stellen (der auch in einer unzulässigen Beschwerde liegen kann) und hat dann nach hM gegen dessen Zurückweisung seinerseits die einfache Erstbeschwerde nach § 567 I (Nürnberg MDR 59, 65; München MDR 69, 581), gfls auch die weitere Beschwerde (Frankfurt MDR 56, 617; Nürnberg MDR 61, 61). Nürnberg (WPM 86, 214 = MDR 86, 241) läßt Abänderungsantrag nur zu, wenn er auf neue Umstände gestützt wird. Demgegenüber verneint München (MDR 84, 321) ein Abänderungsrecht und verweist auf die §§ 707, 719. OLG Frankfurt (MDR 81, 677) will § 718 I anwenden, übersieht dabei aber, daß diese Vorschrift nur die Höhe der Sicherheitsleistung betrifft und deshalb auch nach Einlegung der Berufung die Vorinstanz für die Bestimmung der Art der Sicherheitsleistung zuständig bleibt (s Schneider MDR 83, 905; unten § 718 Rn 1).

109 *[Rückgabe der Sicherheit]*

(1) Ist die Veranlassung für eine Sicherheitsleistung weggefallen, so hat auf Antrag das Gericht, das die Bestellung der Sicherheit angeordnet oder zugelassen hat, eine Frist zu bestimmen, binnen der ihm die Partei, zu deren Gunsten die Sicherheit geleistet ist, die Einwilligung in die Rückgabe der Sicherheit zu erklären oder die Erhebung der Klage wegen ihrer Ansprüche nachzuweisen hat.

(2) Nach Ablauf der Frist hat das Gericht auf Antrag die Rückgabe der Sicherheit anzuordnen, wenn nicht inzwischen die Erhebung der Klage nachgewiesen ist; ist die Sicherheit durch eine Bürgschaft bewirkt worden, so ordnet das Gericht das Erlöschen der Bürgschaft an. Die Anordnung wird erst mit der Rechtskraft wirksam.

(3) Die Anträge und die Einwilligung in die Rückgabe der Sicherheit können vor der Geschäftsstelle zu Protokoll erklärt werden. Die Entscheidungen können ohne mündliche Verhandlung ergehen.

(4) Gegen den Beschluß, durch den der im Absatz 1 vorgesehene Antrag abgelehnt wird, steht dem Antragsteller, gegen die im Absatz 2 bezeichnete Entscheidung steht beiden Teilen die sofortige Beschwerde zu.

I) Allgemeines. Die Sicherheitsleistung dient der Sicherung eines bereits entstandenen oder erst entstehenden Anspruches. Sie soll verhindern, daß jemand, der durch eine vorläufige Maßnahme (zB durch die Vollziehung eines Arrestes, durch die Vollstreckung eines noch nicht rechtskräftigen Urteils) einen Schaden erlitten hat, nach Aufhebung dieser Maßnahme seine Schadensersatzansprüche nicht verwirklichen kann (zB Frankfurt Rpfleger 93, 410). Das gilt aber nur, solange die Veranlassung zur Sicherheitsleistung besteht; ist sie weggefallen, ist das Interesse des Sicherheitsleistenden schutzwürdig, möglichst bald die Sicherheit zurückzubekommen. § 109 regelt das dazu einzuschlagende Verfahren, auch bei Bürgschaftssicherung (RGZ 156, 164; BGH NJW 94, 1351: entsprechend bei beantragtem Austausch von Bürgschaften). Für eine Klage auf Einwilligung in die Rückgabe fehlt das Rechtsschutzbedürfnis, soweit § 109 eingreift (StJ/Leipold Rn 3; anders, wenn der Erfolg zweifelhaft ist, BGH NJW 94, 1351, 1352). Zugelassen wird die Klage immer dann, wenn zwischen den Parteien sachlicher Streit über die Inanspruchnahme der Sicherheit besteht. Wird eine vorläufige Maßregel aufgehoben, zB bei Aufhebung eines Arrests, dann wird die Sicherheit für den Gegner des Sicherheit Leistenden praktisch und § 109 unanwendbar (München Rpfleger 53, 81); gleichwohl wird das Verfahren nach § 109 zugelassen, wenn dem Gegner kein Schaden entstanden ist oder der entstandene Schaden sich endgültig berechnen läßt (RGZ 52, 105; 61, 300; 97, 130). Für die Fälle der vorläufigen Vollstreckbarkeit nach §§ 709 S 1, 711, 712 II 2 gilt zugunsten des Gläubigers, der Sicherheit geleistet hat, die Sonderregelung des § 715. Danach ist auf Antrag durch einen Beschluß die Rückgabe der Sicherheit bzw. das Erlöschen der Bürgschaft anzuordnen, wenn ein Rechtskraftzeugnis (§ 706) für ein zunächst nur vorläufig vollstreckbares Urteil vorgelegt wird. Dieses bedeutend einfachere Verfahren steht nur für den Gläubiger wahlweise neben dem Verfahren nach § 109 I, II zur Verfügung, während der Schuldner, der nach §§ 711 S 1, 712 I 1 Sicherheit geleistet hat, nur die Möglichkeit aus § 109 hat. 1

II) Abs 1. Voraussetzung für die Fristbestimmung ist Wegfall der Veranlassung für Sicherheitsleistung sowie ein **Antrag** des Sicherungsverpflichteten. 2

1) Die Veranlassung für die Sicherheitsleistung **ist weggefallen,** wenn der unsichere Zustand beendet ist, der bei Sicherheitsleistung vorgelegen hat, wenn also Ansprüche, deren Verwirklichung gesichert werden sollte, nicht oder nicht mehr entstehen können (Düsseldorf Rpfleger 96, 165) und der abgesicherten Geltendmachung bereits entstandener Ansprüche kein Hindernis mehr entgegensteht (RGZ 61, 300; 97, 130). Ist die Veranlassung zur Sicherheitsleistung nur für 3 einen Teil des Streitgegenstandes weggefallen, dann gilt § 109 für diesen Teil; eine derartige Reduzierung kann auch dann geboten sein, wenn die Höhe der Sicherheit unzumutbar übersetzt ist (Düsseldorf MDR 82, 412). Nach Wegfall der Veranlassung für die Sicherheitsleistung kann der Sch auf die Rückgabe eines zur Abwendung der Zwangsvollstreckung hinterlegten Geldbetrages verzichten und diesen Betrag schuldbefreiend auf die titulierte Forderung anrechnen (BGH WPM 83, 1337). Die Veranlassung entfällt in erster Linie durch ein bestätigendes unanfechtbares Berufungsurteil oder Eintritt der Rechtskraft (Stuttgart Rpfleger 85, 375). Für den wichtigen Fall, daß ein bestätigendes **revisibles Berufungsurteil** ergeht, ist zu unterscheiden: **a)** Der Kl hat noch nicht vollstreckt; dann darf er jetzt sicherheitslos vollstrecken (§ 708 Nr 10; Hamm NJW 71, 1186). Leistet der Bekl Abwendungssicherheit gem § 711 S 1, die der Kl durch Gegensicherheitsleistung wirkungslos macht, dann entfällt für den Schuldner die Sicherungsveranlassung, da der Kl nunmehr vollstrecken kann, ohne daß der Bekl noch abwenden könnte (Oldenburg Rpfleger 85, 504; Köln MDR 93, 270). Bei doppelter Sicherung des Gl zur Vollstreckung des erstinstanzlichen Urteils und des Sch nach einstweiliger Einstellung gem §§ 707, 719 I fällt mit der Einstellung nicht die Veranlassung für die Gläubigersicherheit weg, weil sie auch den möglichen Schaden durch Leistung der Abwehrsicherheit deckt (BL/Hartmann Rn 53; aA Haakshorst/Comes NJW 77, 2344). **b)** Der Kl hat erfolgreich vollstreckt; dann bleibt die Veranlassung bis zur Rechtskraft des Berufungsurteils bestehen (BGH LM § 109 ZPO Nr 1 mit Anm Johannsen; München OLGZ 85, 458). **c)** Der Kl hat nur die Sicherungsvollstreckung gem § 720a betrieben, etwa die Eintragung einer Sicherungshypothek erwirkt (§§ 720a I 1b, 866 ff); dann bekommt er seine Sicherheit zurück, weil § 708 Nr 10 vorrangig bleibt (München aaO).

4 2) **Einzelfälle für Wegfall der Veranlassung der Sicherheit: § 89:** mit der Beibringung der Genehmigung; **§ 110:** mit der rechtskräftigen Verurteilung des Bekl zur Tragung der Prozeßkosten; oder wenn sich die Beurteilungssituation änderte (Hamburg WM 91, 925); **§ 711:** mit der Aufhebung des Urteils oder seiner vorläufigen Vollstreckbarkeit, auch wenn Revision eingelegt wird (Hamm MDR 82, 942; München OLGR 94, 226), oder mit der Sicherheitsleistung des Gl gegen die vom Sch gestellte Abwendungssicherheit (Köln MDR 93, 270). **§§ 707, 719, 732, 769, 771 ff:** sobald über die Wiedereinsetzung, die Wiederaufnahme, das Rechtsmittel, die Einwendung gegen die VollstrKlausel, VollstrGegenklage oder Widerspruchsklage oder in dem weiteren Verfahren nach Einspruch zugunsten des Bestellers der Sicherheit eine, wenn auch nur vorläufig vollstreckbare Entscheidung (nicht ausreichend ist ein im zweiten Rechtszug geschlossener Vergleich, Köln NJW-RR 87, 251 = WuB VII A. § 108 ZPO 1.87 m Anm d'Orville, jedoch kann die Sicherheit auf die Vergleichssumme reduziert werden, Frankfurt MDR 87, 239) ergangen ist. Hat der Sch nach VU Sicherheit geleistet (§ 719), und kann der Gl nach Bestätigung des VU gemäß § 709 S 2 weiter vollstrecken, ist die Veranlassung für die Sicherheitsleistung des Sch nicht entfallen (Düsseldorf Rpfleger 96, 165). Beim Arrest oder der einstw Verfügung, sobald im ordentl Verfahren wegen des Anspruchs selbst eine rechtskräftige Verurteilung ergangen ist (nicht schon mit der Bestätigung des Arrestes, RGZ 72, 27), ferner in allen Fällen bei Verzicht seitens des Berechtigten, in Arrestsachen auch dann, wenn es nicht zur Vollziehung des Arrestbefehls gekommen und die Frist dafür (§ 929 II, III) abgelaufen ist (RGZ 97, 130). Auch in den Fällen der §§ 805 IV, 827 II, 853, 854 II, 858 II, 885 IV, 930 handelt es sich um Hinterlegung zur Sicherheit, nicht um eine solche zwecks Erfüllung; § 109 ist also auch auf diese Fälle anwendbar (str). Die Veranlassung entfällt auch bei Aufhebung und Zurückverweisung durch das Berufungsgericht oder das Revisionsgericht, weil rechtskräftige Abweisung nicht erforderlich ist (KG Rpfleger 79, 430; Karlsruhe Justiz 84, 425; Frankfurt Rpfleger 85, 32 m Anm Acher; aA Frankfurt Rpfleger 76, 221). Fortbestehen der Veranlassung hat der BGH (MDR 82, 310) jedoch in dem Fall angenommen, daß nach Revision gegen ein die Zwangsvollstreckung für unzulässig erklärendes Berufungsurteil im Revisionsverfahren die Zwangsvollstreckung aus einer vollstreckbaren Urkunde gegen Sicherheitsleistung einstweilen eingestellt und sodann zurückverwiesen worden war, weil noch nicht feststehe, daß die Zwangsvollstreckung aus der Urkunde unzulässig sei.

5 Die **Veranlassung für Sicherheitsleistung entfällt nicht,** wenn der Gl bereits vor Erlaß des das erstinstanzliche Urteil bestätigenden Berufungsurteils Sicherheit geleistet und mit Erfolg gegen den Sch vollstreckt hat. Sie entfällt auch nicht, wenn der Sch zur Abwendung der Zwangsvollstreckung eines für vorläufig vollstreckbar erklärten Urteils hinterlegt hat, dieses Urteil rechtskräftig geworden ist und der Gl nunmehr Auszahlung der Sicherheit zu seiner Befriedigung verlangt. Anders aber, wenn der Sch Abwendungssicherheit gem § 711 erbracht hat, die der Gl durch Gegensicherheit wirkungslos macht; dann wird die Sicherheitsleistung des Sch frei (Oldenburg Rpfleger 85, 504). Besteht der gesicherte Anspruch nicht, so kann die Hinterlegungsstelle auf Grund der schriftl oder zu Protokoll erklärten Bewilligung des Gesicherten die Sicherheit ohne weiteres herausgeben, s § 13 II 1 Nr 1 HinterlO; genügt ihr die Einwilligung nicht, Anordnung der Hinausgabe auf Grund rechtskräftiger Entscheidung durch das Gericht. Mögl ist auch hier das Verfahren nach § 109, wenn nicht Rückgabe im Prozeß nach § 717 angeordnet ist.

3) Antrag des Sicherungsverpflichteten auf Fristsetzung schriftlich oder Erklärung zu Protokoll der Geschäftsstelle (§ 109 III 1) ohne Anwaltszwang (§ 78 II). Die Prozeßvollmacht umfaßt auch Anträge und Erklärungen nach § 109. Antrag ist Prozeßhandlung. Antragsberechtigt ist auch der Überweisungsgläubiger nach § 835, nicht ein Dritter, der zugunsten der sicherungspflichtigen Partei die Sicherheit geleistet hatte. Dem Bürgen sollte aber das Antragsrecht zugestanden werden (Schreiber JR 79, 249; aA MK/Belz Rn 18; BL/Hartmann Rn 26). Der Antrag richtet sich gegen den ursprüngl Gegner oder dessen Rechtsnachfolger. Der Antragsteller hat den Wegfall darzulegen und notfalls zu beweisen. 6

4) Fristbestimmung durch Gerichtsbeschluß (§ 109 III 2). Ohne diese ist das weitere Verfahren unzulässig (RGZ 52, 105). **Zuständig** für die Fristbestimmung und die Rückgabeanordnung ist der Rechtspfleger (§ 20 Nr 3 RpflG) des Gerichts, das die Bestellung der Sicherheit angeordnet hat oder infolge Verweisung des Rechtsstreits zuständig geworden ist. Hat die Bestellung der Sicherheit das Rechtsmittelgericht angeordnet, so ist es auch für das Verfahren nach § 109 zuständig. Hat es nur die Anordnung des Gerichts erster Instanz bestätigt, so ist dieses zuständig. Für Arrestverfahren und einstw Verfügung besteht in § 943 eine Sonderregelung. Die Frist ist nach freiem Ermessen zu bestimmen. Beginn und Ende: §§ 221, 222. Fristverlängerung zulässig, § 224. **Inhalt:** Auflage an Gegner, innerhalb der Frist dem Gericht die Einwilligung in die Rückgabe der Sicherheit oder in die Lösung des Bürgschaftsverhältnisses zu erklären oder die Klageerhebung wegen seiner Ansprüche nachzuweisen. Die Folgen müssen nicht angedroht werden (§ 231 I). Beschlußausfertigung ist vAw an den Gegner des Antragstellers zuzustellen, dem Antragsteller formlos zu übersenden (§ 329 II, III). Er ist unanfechtbar, wenn dem Antrag stattgegeben wird (RGZ 156, 167); nach Frankfurt (NJW 76, 1326) und Köln (MDR 93, 270) ist jedoch gegen den Beschluß des Rechtspflegers die befristete Erinnerung zum Richter gegeben. Bei Zurückweisung durch den Rechtspfleger: fristgebundene Erinnerung nach § 11 I, II RpflG; gegen die Entscheidung des Richters sofortige Beschwerde (§§ 109 IV, 577 ZPO). 7

III) Abs 2. 1) Rückgabeanordnung der Sicherheit auf Antrag durch Beschluß nach Fristablauf, wenn Klagezustellung oder Einwilligung nicht nachgewiesen wird; ausreichend ist aber, wenn die Klage gegen den selbstschuldnerisch haftenden Bürgen erhoben wurde (Köln OLGZ 91, 216). Nach Stuttgart (NJW-RR 95, 1148) ist, weil das Verfahren nach § 109 hierfür nicht geeignet ist, nicht zu prüfen, ob die Sicherheit wirklich für die eingeklagte Forderung besteht (aA Celle OLGR 94, 325). (Zweiter) Antrag kann als bedingter bereits mit dem Fristsetzungsantrag verbunden werden. Dem Antrag ist durch **Beschluß** (ohne Kostenentscheidung) zu entsprechen, wenn die Voraussetzungen für die Fristsetzung vorliegen, wenn der Fristsetzungsbeschluß ordnungsgemäß zugestellt worden und die Frist abgelaufen ist ohne Nachweis von Klagezustellung (§§ 696 III, 717 II genügen) oder Einwilligung. Der Fristablauf ist unschädl, wenn bis zu dem Zeitpunkt, in dem das Gericht die Anordnung der Rückgabe hinausgibt, der Nachweis der Klageerhebung erfolgt ist, § 231 II, oder Einwilligung zur Freigabe erteilt wird (München OLGR 95, 155). Auch wenn Klageerhebung während des Erinnerungs- und Beschwerdeverfahrens nachgeholt und nachgewiesen wird, ist Rückgabe der Sicherheit unzulässig (München OLGZ 66, 549). Die Prozeßvoraussetzungen und die sachl Aussichten der Klage sind im Verfahren nach § 109 nicht zu prüfen. Umgekehrt unterliegt deren Nachprüfung auch nicht dem Prozeßgericht (RGZ 97, 127, 130). Die Einwilligung in die Rückgabe (Prozeßhandlung) ist in der Form der §§ 13 II Nr 1, 14 HinterlO zu erklären. Wird diese Form nicht gewahrt, so ist trotz Erledigungserklärung eine Rückgabeanordnung zu erlassen. 8

2) Wirkung. Der rechtskräftige Beschluß (§ 705 mit § 577) ist Nachweis iS von §§ 13 II Nr 2, 14 HinterlO. Keine Rückgabe der Sicherheit vor Rechtskraft des Beschlusses, der die Hinterlegungsstelle bindet. Nicht nötig ist neben dem Beschluß Herausgabeanweisung an die Hinterlegungsstelle. Hat ein **Dritter** in eigenem Namen hinterlegt, so ist die Sicherheit an den Dritten zurückzugeben (Hamm JW 22, 1410). Bei **Sicherheitsleistung durch Bürgschaft** ist ebenfalls nur auf Antrag auszusprechen: „Die Bürgschaft ist erloschen" oder „Das Erlöschen der Bürgschaft wird angeordnet" (§ 109). Auf Grund des rechtskräftigen Beschlusses ist die Bürgschaftsurkunde an den Schuldner zurückzugeben oder hat der Gläubiger den Bürgen zu entlassen (vgl RGZ 156, 166). Beschlußausfertigung über die Rückgabe oder das Erlöschen der Bürgschaft ist beiden Parteien bzw deren ProzBev zuzustellen (§ 329 II, III). 9

IV) Abs 4. Der stattgebende Fristsetzungsbeschluß ist unanfechtbar. Der ablehnende Fristsetzungsbeschluß (Abs 1) sowie der Beschluß über die Rückgabe bzw das Erlöschen (der Bürgschaft) (Abs 2) sind mit (befristeter) Erinnerung anfechtbar (§ 11 I, II RpflG). Hat der Richter darüber entschieden, sofortige Beschwerde (§§ 109 IV, 577 II ZPO, § 11 III RpflG). Jede Anfechtung ist ohne aufschiebende Wirkung (§ 572 I ZPO). In der Beschwerde über den Rückgabe- bzw Erlöschensbeschluß (Abs 2) können auch die Rechtmäßigkeit der Fristsetzung (RGZ 97, 130), also deren Voraussetzungen, nicht aber die Angemessenheit der Fristdauer nachgeprüft werden. Gegen die Entscheidung des Beschwerdegerichts sofortige weitere Beschwerde im Rahmen des 10

§ 568 II. Im Beschwerdeverfahren Anwaltszwang, wenn nicht die Sache im ersten Rechtszug als Anwaltsprozeß zu führen war, §§ 569 II 2, 573 II.

11 **V)** Die einer Bank aus Anlaß der Übernahme einer Prozeßbürgschaft gegebenen Pfänder brauchen grundsätzl erst zurückgegeben zu werden, wenn der Bank die Bürgschaftsurkunde ausgehändigt wird oder eine Erklärung des Bürgschaftsgläubigers vorliegt, daß sie aus der Bürgschaft entlassen ist (BGH NJW 71, 701), wobei nach § 109 II die rechtskräftige gerichtl Anordnung über das Erlöschen der Bürgschaft vorausgehen wird.

12 **VI) Gebühren: 1) des Gerichts:** keine. Beschwerdeverfahren KV 1906; Auslagen werden nach KV (2) vor 9000, 9000 ff erhoben. – **2) des Anwalts:** Beim ProzBev durch § 31 BRAGO mit abgegolten (§ 37 Nr 3, 5 BRAGO). Im übrigen §§ 55, 56 BRAGO. – Durchgriffserinnerung: Eine Gebühr nach § 61 BRAGO. – Tätigkeit gegenüber der Hinterlegungsstelle wird gesondert vergütet (ausführlich Lappe Anm KoRsp BRAGO § 37 Nr 9).

110 *[Sicherheitsleistung von Ausländern]*

(1) Angehörige fremder Staaten, die als Kläger auftreten, haben dem Beklagten auf sein Verlangen wegen der Prozeßkosten Sicherheit zu leisten. Das gleiche gilt für Staatenlose, die ihren Wohnsitz nicht im Inland haben.

(2) Diese Verpflichtung tritt nicht ein,

1. **wenn nach den Gesetzen des Staates, dem der Kläger angehört, ein Deutscher in gleichem Falle zur Sicherheitsleistung nicht verpflichtet ist;**
2. **im Urkunden- oder Wechselprozeß;**
3. **bei Widerklagen;**
4. **bei Klagen, die infolge einer öffentlichen Aufforderung angestellt werden;**
5. **bei Klagen aus Rechten, die im Grundbuch eingetragen sind.**

1 **I) Verpflichtungstatbestand.** Bezweckt ist die Absicherung des Gegners, nicht der Gerichtskasse, so daß diese nicht befugt ist, eine Einzahlung zur Gerichtskasse mit Gerichtskosten zu verrechnen (Stuttgart Rpfleger 85, 375). **1) Angehörige fremder Staaten** sind diejenigen natürlichen Personen, die nicht Deutsche sind, mögen sie im Inland oder im Ausland ihren Wohnsitz haben. Ausländische Kl (natürliche Personen) aus den EU-Mitgliedstaaten unterfallen nicht § 110 (EuGH MDR 93, 795 = NJW 93, 2431 = EWiR § 110 ZPO 1/93, 825 – Schroeder; sa Kaum IPRax 94, 180; Rohlfs NJW 95, 2211 mwN Fn 14); für juristische Personen sollte dies ebenfalls gelten (München NJW 93, 865; LG Münster NJW 95, 2860; Rohlfs aaO 2213 VI; aA Düsseldorf NJW 93, 2447). Bei **Personenvereinigungen** (Gesellschaften, Vereinen, OHG und KG) und juristischen Personen entscheidet der Sitz (§ 17, § 24 BGB), auch bei OHG und KG, wenn deren Gesellschafter Ausländer sind. Als „Kreditinstitut" gem § 53 KWG zugelassene Zweigniederlassungen ausländischer Unternehmen sind Angehörige eines fremden Staates (Frankfurt MDR 73, 232). Umgehungsverträge mit einem Deutschen, um die Sicherheitsleistung zu vermeiden, sind unbeachtlich. Davon abgesehen macht Abtretung vom Ausländer an einen Deutschen diesen nicht sicherheitspflichtig (Hamburg VersR 79, 847), nach BGH MDR 85, 212 nicht einmal die Zession an eine klagende vermögenslose deutsche GmbH. Bei Parteien kraft Amtes entscheidet der Sitz der Masse (Nachlaß usw).

2 **2) Staatenlos** sind Personen, die weder die deutsche noch eine ausländische Staatsangehörigkeit besitzen. Nach dem Wortlaut des § 110 I 2 dürfen sie im Inland keinen Wohnsitz (§§ 7, 8, 11 BGB) haben. Dies ist seit 1977 geändert durch Art 16 II, III des Übereinkommens über die Rechtsstellung der Staatenlosen (BGBl II 1976, 473; 1977, 235). Danach werden Staatenlose, die ihren gewöhnl Aufenthalt (habitual residence) im Inland haben, den deutschen Staatsangehörigen hinsichtl der Befreiung von der Sicherheitsleistung für Prozeßkosten gleichgestellt; der Staatenlose, der seinen gewöhnl Aufenthalt nicht im Inland hat, wird als Kläger ebenso behandelt wie die Angehörigen des Staates, in dem er seinen gewöhnl Aufenthalt hat.

3 **3) Prozeßkostensicherungspflichtig** ist – mag auch der Bekl Nichtdeutscher sein (Düsseldorf NJW 73, 2165; Hamburg OLGE 13, 118) – nur der Kl der ersten Instanz, auch wenn er später Rechtsmittelbeklagter ist (so auch BGH LM ZPO § 110 Nr 5 mit Anm Johannsen; Stuttgart MDR 57, 552), der Hauptintervenient (§ 64), der Nebenintervenient des Kl, und zwar der einfache für die Kosten der Nebenintervention, der nach § 69 auch für die der Klage; der Nichtigkeitskläger und der Restitutionskläger (§§ 579, 580), **nicht auch:** der Bekl, der ein Rechtsmittel oder den Einspruch eingelegt hat (RGZ 31, 385) oder der Widerkläger (anders bei Abtrennung der Widerklage) oder der Nebenintervenient des Bekl. Die Vermögensverhältnisse des Kl sind belanglos. **§ 110 gilt nicht** im Mahnverfahren (anders nach Übergang ins Streitverfahren: §§ 696, 697), im amtsgerichtl Aufgebotsverfahren, im selbständigen Beweisverfahren, im Verfahren über einen

Arrest oder eine einstw Verfügung, hier auch nicht nach Widerspruchserhebung (LG Berlin MDR 57, 552; aA Köln IPRax 86, 368 m Anm Schütze S 350; jedenfalls bei Anordnung mündl Verhandlung, Köln ZIP 94, 326 = EWiR § 110 ZPO 1/94, 719 – Geimer; ausf Leible NJW 95, 2817). Ferner nicht bei Vollstreckbarerklärung von Schiedssprüchen oder schiedsrichterl Vergleichen (§§ 1042 ff) und nicht in den Fällen des Abs 2.

4) Pflicht zur Sicherheitsleistung für die Prozeßkosten (nicht auch für die Hauptsache oder Prozeßschäden) tritt **nur auf Verlangen** des Bekl ein. Ebenso können Streithelfer den Antrag stellen für die Prozeßkosten des Bekl; für die eigenen bei streitgenössischer Nebenintervention (§ 69), nicht bei der einfachen, wenn der Beitritt nach Streitverkündung durch den Bekl auf dessen Seite erfolgt (Hamburg VersR 91, 1310). Geltend zu machen ist sie als prozeßhindernde Einrede. Die begründet erhobene Einrede führt aber nicht zur Unzulässigkeit der Klage, sondern zur Anordnung nach § 113, „der sog Ausländersicherheit". Wer unberechtigt Sicherheitsleistung verlangt, ist Kostennachteilen nach §§ 96, 97 ausgesetzt (BGH NJW 80, 839). Die Einrede ist wegen § 282 III 1 bis vor der Verhandlung zur Hauptsache, bei Fristsetzung zur Klageerwiderung nach §§ 282 III 2, 275 I 1, 276 I 2 innerhalb dieser Frist geltend zu machen. Erhebung ist auch noch im Berufungsverfahren mögl (vgl RGZ 154, 225), wo sie nur zuzulassen ist, wenn die Partei das verspätete Vorbringen genügend entschuldigt (§ 529 I 2; Frankfurt MDR 92, 188; für das Revisionsverfahren BGH MDR 90, 432). Verzichtet eine Partei in Anbetracht des geringen Streitwerts auf Sicherheitsleistung, so liegt darin kein Verzicht auch für den später angefallenen erheblich höheren Kostenanteil (LG Schweinfurt NJW 71, 330). Ein klageabweisendes VU, gegen das zulässig Einspruch eingelegt ist, hindert nicht den Erlaß eines Zwischenurteils, durch das über die Einrede der mangelnden Sicherheit für die Prozeßkosten entschieden wird, und – nach fruchtlosem Fristenablauf – eines Urteils dahin, daß die Klage als zurückgenommen gilt (Bremen NJW 62, 1822). 4

5) Rechtsmittel. Ein Zwischenurteil, das Sicherheitsleistung anordnet, ist nicht anfechtbar (Demharter MDR 86, 186; MK/Belz § 113 Rn 13; BGH MDR 88, 298; aA Bremen NJW 82, 2737; Karlsruhe MDR 86, 593); ebenso ein Zwischenurteil, das der Einrede der mangelnden Sicherheit für die Prozeßkosten zwar stattgibt, aber den Betrag der vom Kl zu leistenden Sicherheit geringer bemißt, als der Bekl begehrt hat (BGH MDR 74, 293). Bei einer Revision gegen ein Zwischenurteil, durch das die Einrede der mangelnden Sicherheit für die Prozeßkosten verworfen worden ist, kann der Rechtsmittelkläger zunächst die Einrede der fehlenden Prozeßkostensicherheit des Revisionsverfahrens erheben. Hierüber ist durch Zwischenurteil zu entscheiden, wenn die Verpflichtung zur Sicherheitsleistung bestritten wird und sie für begründet zu erachten ist (BGHZ 37, 264). In der Revisionsinstanz darf die prozeßhindernde Einrede der mangelnden Prozeßkostensicherheit nach § 566 iVm § 529 I als sog verzichtbare Rüge nur zugelassen werden, wenn die Partei, die die Einrede schon in der Berufungsinstanz hätte vorbringen können, die Verspätung genügend entschuldigt. Genügende Entschuldigung für die Verspätung ist auch für „neue", erstmals in der Rechtsmittelinstanz erhobene Rügen erforderlich. Grundsätzlich ausgeschlossen ist die Rüge in der Revisionsinstanz, wenn die Voraussetzungen für eine Sicherheitsleistung bereits in der Berufungsinstanz vorgelegen haben, dort aber nur Sicherheit für die Kosten erster und zweiter Instanz verlangt worden sind (BGH MDR 81, 1011) oder es unterlassen wurde, weitere Sicherheitsleistung (§ 112 III) zu beantragen (BGH MDR 90, 432). 5

II) Ausnahmen gem Abs 2 können sich auch aus anderen Vorschriften und aus Staatsverträgen ergeben; sie sind vAw zu beachten. **Zu Nr 1:** Behandelt die sog Verbürgung der Gegenseitigkeit, die zur Befreiung von der Sicherheitsleistung führt. S hierzu die Übersicht im Anh III, unten S 2564 ff. Die in manchen Verträgen mit ausländischen Staaten enthaltene Vereinbarung, daß die Angehörigen der Vertragsstaaten „freien und ungehinderten Zutritt zu den Gerichten" haben, gewährt keine Befreiung von Prozeßkostensicherheit, sondern eröffnet nur den Rechtsweg (RGZ 146, 18; 104, 90; KG JW 22, 168). Die Gegenseitigkeit ist schon dann nicht verbürgt, wenn Sicherheitsleistung zwar gesetzlich nicht verlangt wird, jedoch der Gerichtspraxis entspricht (LG Nürnberg-Fürth MDR 89, 74). **Zu Nr 2:** Auch bei Erhebung der Einrede im Nachverfahren eines Scheckprozesses ist dem Kl die Beibringung einer Sicherheit aufzuerlegen, selbst wenn beide Parteien Ausländer sind und dieselbe Staatsangehörigkeit haben (Hamburg NJW 83, 526). **Zu Nr 5:** Gilt nicht für im Grundbuch lediglich vorgemerkte Rechte. **Prozeßkostenhilfe:** Bewilligung befreit (§ 122 I Nr 2). 6

III) Beweislast. Der Bekl, der Sicherheit verlangt, muß beweisen, daß der Kl Ausländer oder Staatenloser ist. Der Kl muß seine Befreiung nach Abs 2 oder einem sonstigen Gesetz beweisen (RGZ 146, 9). Dazu genügt nicht die Berufung auf Kommentare zur ZPO (BGH WPM 82, 880). Befreiung von Sicherheitsleistung kraft ausländischen Gewohnheits- oder Richterrechts oder tatsächlicher Übung muß Kl beweisen (BGH ZIP 82, 113); die derzeit tatsächliche Nichtbeachtung dieser vom Kl nachgewiesenen Rechtslage hat der Bekl zu beweisen (BGH MDR 82, 662). 7

111 *[Nachträgliche Sicherheitsleistung von Ausländern]*

Der Beklagte kann auch dann Sicherheit verlangen, wenn die Voraussetzungen für die Verpflichtung zur Sicherheitsleistung erst im Laufe des Rechtsstreits eintreten und nicht ein zur Deckung ausreichender Teil des erhobenen Anspruchs unbestritten ist.

1 **I)** Ausländersicherheit kann nachträgl verlangt werden, wenn zB der Kl nachträgl die deutsche Staatsangehörigkeit verliert, also nachträgl die Pflicht zur Sicherheitsleistung eintritt, oder wenn Befreiungen nach § 110 II wegfallen, zB bei Ablaufen eines Staatsvertrages oder bei Übergang vom Urkunden- und Wechselprozeß in den ordentl Prozeß (Einrede auch schon möglich im Nachverfahren, Hamburg NJW 83, 526) und außerdem der Bekl nicht einen seine Prozeßkosten deckenden Teil des unbestrittenen Anspruchs einbehalten kann. Dabei ist immer § 296 III (genügende Entschuldigung der Verspätung durch den Bekl) zu beachten. Denn nicht ausreichende Entschuldigung der Verspätung der Rüge der mangelnden Prozeßkostensicherheit und vorausgegangener Verzicht bewirken auch bei nachträgl Geltendmachung den Verlust der Einrede.

2 **II)** Unberechtigtes Verlangen einer Sicherheitsleistung kann nach §§ 96, 97 kostenpflichtig machen (BGH NJW 80, 839). Soweit der Bekl die Klageforderung nicht bestreitet, darf er diesen Forderungsteil zur Deckung ihm erwachsender Kosten einbehalten (s auch § 112 III).

112 *[Höhe und Befristung der Sicherheitsleistung]*

(1) Die Höhe der zu leistenden Sicherheit wird von dem Gericht nach freiem Ermessen festgesetzt.

(2) Bei der Festsetzung ist derjenige Betrag der Prozeßkosten zugrunde zu legen, den der Beklagte wahrscheinlich aufzuwenden haben wird. Die dem Beklagten durch eine Widerklage erwachsenden Kosten sind hierbei nicht zu berücksichtigen.

(3) Ergibt sich im Laufe des Rechtsstreits, daß die geleistete Sicherheit nicht hinreicht, so kann der Beklagte die Leistung einer weiteren Sicherheit verlangen, sofern nicht ein zur Dekkung ausreichender Teil des erhobenen Anspruchs unbestritten ist.

1 **I) Abs 1.** Sind die Verpflichtung zur Sicherheitsleistung und die Höhe der Sicherheit unbestritten, so kommt nur Fristsetzung nach § 113 auf Grund mündl Verhandlung (BL/Hartmann Rn 1; aA MK/Belz § 113 Rn 5) durch unanfechtbaren Beschluß in Frage (RGZ 104, 189). Ist die Verpflichtung zur Sicherheitsleistung oder auch nur die Höhe streitig, so ist durch Zwischenurteil (§ 303), das bei Verwerfung der Einrede gem § 280 II anfechtbar ist (§ 110 Rn 5), zu entscheiden. Wurde irrig durch Beschluß entschieden, Anfechtung nicht mit Beschwerde, sondern nur zusammen mit dem Urteil, doch ist der fehlerhafte Beschluß für den Kl nicht verbindl (RG JW 26, 373; KG JW 31, 1108). Verwerfung der Einrede ist auch in der Begründung des Endurteils statthaft.

2 **II) Abs 2.** Die Höhe (hierzu Söffing MDR 89, 599) der Sicherheitsleistung ist nach freiem Ermessen zu schätzen. Sie richtet sich im allg nach den bereits aufgewendeten und voraussichtl noch aufzuwendenden gerichtl und außergerichtl Prozeßkosten, die dem Bekl in allen Instanzen erwachsen werden (RGZ 155, 241; BGH ZIP 81, 780; aA LG Düsseldorf MDR 89, 267: auch die außergerichtlichen Kosten des Kl im ersten und zweiten Rechtszug). Daß auch Gerichtskostenvorschüsse, zB im Berufungsverfahren, zu berücksichtigen sind, berechtigt die Gerichtskasse nicht zu einer späteren Verrechnung mit Gerichtskosten; denn die Sicherheit bezweckt nur den Schutz des Prozeßgegners, nicht der Staatskasse (Stuttgart Rpfleger 85, 375). Das Gericht ist nicht verpflichtet, von vornherein die Kosten aller mögl Instanzen zu berücksichtigen. Es wird vielmehr für gewöhnl genügen (aA LG Nürnberg-Fürth IPRax 90, 109 m abl Anm Schütze S 87), neben den Kosten der ersten Instanz diejenigen Kosten der höheren Instanz zugrunde zu legen, die entstehen, bevor in der höheren Instanz erneut wegen der weiteren Kosten die Einrede der mangelnden Sicherheit für die Prozeßkosten erhoben werden kann (Frankfurt JZ 54, 43; NJW 57, 1442). Ebenso verfährt der BGH; solange nicht feststeht, ob die Revision angenommen wird (§ 554b), werden nur die bis zu dieser Entscheidung anfallenden Kosten berücksichtigt (BGH WPM 80, 504 [505]). Kosten der Widerklage scheiden aus (S 2). Einrede nach § 282 III ist vor der ersten Verhandlung zur Hauptsache im ersten Rechtsweg vorzubringen, anderenfalls bei mangelnder Entschuldigung der Ausschluß nach § 296 III eingreift. Deshalb ist in der höheren Instanz die Rüge nicht mehr zulässig, wenn sie in der Vorinstanz schuldhaft nicht erhoben worden ist (BGH MDR 90, 432; NJW-RR 93, 1021 betr die weitere Sicherheit nach § 112 III).

3 **III) Abs 3.** Erweist sich der Sicherheitsbetrag nachträgl als zu niedrig, weil zB durch ein eingelegtes Rechtsmittel höhere Prozeßkosten zu erwarten sind oder der Wert der Sicherheitsleistung sich gemindert hat, so kann der Bekl die nachträgl Erhöhung durch das jeweilige Gericht verlangen, bei dem der Prozeß gerade anhängig ist (RG SA Bd 51, 346). Entsprechend kann der

Kl Herabsetzung der Sicherheit und insoweit Rückgabe nach § 109 verlangen, wenn sich die Sicherheit nachträgl als zu hoch erweist.

IV) Gebühren: 1) des Gerichts: keine. – **2) des Anwalts:** Beim ProzBev durch die Regelgebühren mit abgegolten (§ 31 BRAGO); im übrigen § 56 BRAGO. 4

113 *[Fristbestimmung für Sicherheit]* **Das Gericht hat dem Kläger bei Anordnung der Sicherheitsleistung eine Frist zu bestimmen, binnen der die Sicherheit zu leisten ist. Nach Ablauf der Frist ist auf Antrag des Beklagten, wenn die Sicherheit bis zur Entscheidung nicht geleistet ist, die Klage für zurückgenommen zu erklären oder, wenn über ein Rechtsmittel des Klägers zu verhandeln ist, dieses zu verwerfen.**

I) Fristbestimmung: Wenn Verpflichtung zur Sicherheitsleistung u Höhe unstreitig sind, durch unanfechtbaren Beschluß (RGZ 104, 190), sonst durch Zwischenurteil (s § 112 Rn 1). Fristverlängerung durch Gericht zulässig: § 224 II, III. Gegen Fristversäumung keine Wiedereinsetzung (§ 233); doch kann der Kl die Sicherheit auch nach Fristablauf noch bis zur Entscheidung leisten (S 2). 1

II) Nach Sicherheitsleistung oder Fristablauf ist Termin vAw zu bestimmen und hierzu zu laden. Im Termin kann der Bekl bei nicht geleisteter Sicherheit nur beantragen, die Klage für zurückgenommen zu erklären, nicht aber die Verhandlung zur Hauptsache verweigern; sonst ergeht gegen ihn VU (Hamburg JW 34, 778). 2

III) Entscheidung auf Grund mündl Verh durch Endurteil, das die Klage für zurückgenommen erklärt (mit Folgen des § 269 III). Entscheidet das Gericht statt in der allein zulässigen Form eines Urteils lediglich durch Beschluß, so kann dagegen Beschwerde mit dem Ziel eingelegt werden, die Aufhebung des Beschlusses zu erreichen und damit den Weg für die Entscheidung in richtiger Form freizumachen; die Verlängerung einer abgelaufenen Frist ist ausgeschlossen (Köln JMBlNRW 71, 234). Gegen das Endurteil, das die Klage für zurückgenommen erklärt, gibt es die gewöhnl Rechtsmittel (Berufung, Sprungrevision). Dasselbe gilt in der Rechtsmittelinstanz, wenn der Bekl Rechtsmittelkläger ist und seinen Antrag erstmals in dieser Instanz gestellt hat, oder wenn beide Parteien Rechtsmittel eingelegt haben (§ 529 I). Hat nur der Kl dies getan, so ist sein Rechtsmittel zu verwerfen. Bei Nichterscheinen des Kl hat der Bekl die Wahl zwischen VU über die Hauptsache (§ 330) oder Urteil nach § 113 (§ 269 III), das nicht als VU gilt (RGZ 24, 435; 50, 383). Soweit der Bekl säumig und gegen ihn VU erlassen ist, kann der Kl die Sicherheitsleistung nach Einspruch (§§ 338 ff) noch bis zur neuen Entscheidung nachholen. 3

IV) Gebühren: 1) des Gerichts: Da im Prozeßverfahren erster Instanz keine Urteilsgebühren mehr anfallen, sind Fristbestimmung, Zwischen- und Endurteil gebührenfrei. – **2) des Anwalts:** Tätigkeit durch die Gebühren des § 31 BRAGO mit abgegolten; ½ Verhandlungsgebühr (§§ 35, 33 BRAGO) im Falle des § 331 III. 4

Siebenter Titel

PROZESSKOSTENHILFE UND PROZESSKOSTENVORSCHUSS

Vorbemerkungen

I) Regelungsgrundsätze: Der Grundsatz, daß alle Menschen vor dem Gesetz gleich sind (Art 3 GG), gebietet es dem Staat, dafür zu sorgen, daß die Rechtsverfolgung oder -verteidigung einer Partei nicht durch Geldmangel unverhältnismäßig erschwert wird (BVerfG NJW 67, 1267). Deshalb hat der Gesetzgeber die Prozeßkostenhilfe als Leistung der staatlichen Daseinsfürsorge geschaffen. Der Richter bewilligt oder versagt eine staatliche „Fürsorgeleistung, übt also Sozialhilfe im Bereich der Rechtspflege aus" (BVerfGE 9, 256/258; 35, 348/355; Karlsruhe FamRZ 95, 1163 f mwN). Wenn er bemerkt, daß eine nicht durch einen Anwalt vertretene Partei bedürftig ist, muß er sie rechtzeitig auf die Möglichkeit der PKH hinweisen (Karlsruhe aaO). Grundprinzip der PKH ist, daß die unvermögende Partei Raten auf die Prozeßkosten zu zahlen hat. Bei sehr niedrigem Einkommen entfallen die Raten; die Partei kann ihren Prozeß dann kostenfrei führen. Die Tabellensätze sind unabhängig von der Höhe des Streitwertes und stellen lediglich auf das Nettoeinkommen ab, wobei Unterhaltsverpflichtungen berücksichtigt werden. Die Dauer der Ratenzahlung ist auf 48 Monatsraten begrenzt, und zwar unabhängig von der Höhe des Streitwertes und der Zahl der Instanzen. 1

2 **II) Konkurrierende Regelungen: PKH** wird **für gerichtliche Verfahren** gewährt. Das **Arbeitsgerichtsverfahren** ermöglicht zusätzlich die Beiordnung eines Anwalts nach § 11a ArbGG (§ 114 Rn 17). Finanzielle Entlastung bei der Rechtsberatung außerhalb eines gerichtlichen Verfahrens ermöglicht das **BeratungshilfeG** (BGBl 80 I 689). Neben der PKH sieht das Gesetz für bedürftige Parteien weitere Entlastungsmöglichkeiten durch Herabsetzung des Streitwerts vor bei der Anfechtung von Hauptversammlungsbeschlüssen (§ 247 II AktG) und auf dem Gebiet des **gewerblichen Rechtsschutzes** (§§ 23a, 23 b UWG, 26 GebrMG, 144 PatG – BGH LM § 53 PatG Nr 1). In den neuen Bundesländern, nicht aber in Ostberlin, können die Gerichte unter Berücksichtigung aller Umstände des Einzelfalls, insbesondere des Umfangs und der Bedeutung der Sache und der Vermögens- und Einkommensverhältnisse der Beteiligten, einen um bis zu einem Drittel geringeren Wert festsetzen, wenn nach den gesetzlichen Vorschriften ein Mindestwert oder ein fiktiver Wert festgelegt ist, weil genügende tatsächliche Anhaltspunkte für die Bestimmung des Wertes nicht bestehen (Einigungsvertrag Anlage 1 Kap III Sachgebiet A Abschn III Nr 19 b, Abschn IV Nr 3 f).

3 Eine weitere kostenrechtliche Vergünstigung enthält **§ 65 VII GKG:** Ein Antragsteller, der glaubhaft macht, daß ihm die alsbaldige Zahlung der Kosten Schwierigkeiten bereitet, kann vorläufig von der Verpflichtung zur Gebührenvorauszahlung befreit werden. Die Bewilligung von PKH hindert Gerichte und Kostenbeamte nicht daran, Kosten wegen **unrichtiger Sachbehandlung** nicht zu erheben (§§ 8 GKG; 16 KostO), bei **zahlungsunfähigen Kostenschuldnern** vom Kostenansatz abzusehen (§ 10 KostVfg) und **mittellosen Parteien die Reisekosten vorzuschießen** (§ 122 Rn 26 f).

114

[Subjektive und objektive Voraussetzungen]

Eine Partei, die nach ihren persönlichen und wirtschaftlichen Verhältnissen die Kosten der Prozeßführung nicht, nur zum Teil oder nur in Raten aufbringen kann, erhält auf Antrag Prozeßkostenhilfe, wenn die beabsichtigte Rechtsverfolgung oder Rechtsverteidigung hinreichende Aussicht auf Erfolg bietet und nicht mutwillig erscheint.

I) Sachlicher Geltungsbereich: 1) Die §§ 114 ff gelten nur für die in der ZPO geregelten Streitigkeiten einschließlich der Zwangsvollstreckung und für andere Verfahren, für die diese Bestimmungen für entsprechend anwendbar erklärt worden sind (KG OLGZ 93, 40/42 = FamRZ 92, 1318 = NJW-RR 93, 69). Auf die §§ 114 ff verweisen die §§ 72 KO, 115 VerglO, 11 III ArbGG, 209 I BEG, 29 III EGGVG, 172 III 2, 379 III, 404 V StPO (Klageerzwingungsverfahren, Privat-, Nebenklage, Adhäsionsverfahren; näheres s Kaster MDR 94, 1074), 120 II StVollzG, 14 FGG (hierauf wird in § 9 LwVG verwiesen), § 73a I 1 SGG, § 166 VwGO, § 142 I FGO, § 130 PatG (hierauf wird in § 138 III PatG, § 12 II GebrMG, §§ 44 V 2, 46 III 2 SortenschutzG verwiesen). Auch bei Verfassungsbeschwerden und konkreten Normenkontrollverfahren wendet das BVerfG die §§ 114 ff an (BVerfGE 79, 252 = NJW 89, 1723; NJW 95, 1415 u 2911; JurBüro 96, 145). Prozeßkostenhilfe darf **nur für bei deutschen staatlichen Gerichten anhängige Verfahren** bewilligt werden, also nicht für Schlichtungsausschüsse nach § 111 II ArbGG (LAG Düsseldorf JurBüro 90, 748), nicht für eine notariell beurkundete Vereinbarung zur Vermeidung eines Rechtsstreits, nicht für ein Gesuch zur Geltendmachung von Unterhaltsansprüchen im Ausland (Braunschweig IPRax 87, 236; Frankfurt FamRZ 87, 302; KG FamRZ 92, 1318 mwN; Böhmer IPRax 93, 223 f) und ebensowenig für das Verfahren vor dem AG als Justizverwaltungsbehörde iS des § 3 I des Auslandsunterhaltsgesetzes (KG aaO). Für Schiedsgerichtsverfahren gibt es keine PKH (Stuttgart BauR 83, 486; LAG Düsseldorf LAGE ZPO § 114 Nr 11), wohl aber für die gerichtlichen Verfahren nach den §§ 1041 ff (Vollstreckbarerklärung, Aufhebungsklage usw). 1

2) **PKH** kann **für alle selbständigen Gerichtsverfahren** bewilligt werden, zB für **Mahnverfahren, selbständige Beweisverfahren** (arg § 122 III 3 Nr 3 BRAGO; Köln Rpfleger 95, 303 mwN; unten § 490 Rn 5; str), die **Zwangsvollstreckung** im Inland, auch für Verfahren nach § 36 Nr 6 (Lappe KoRsp ZPO § 114 Nr 66), ferner für **Arreste und einstweilige Verfügungen.** Für eine **Schutzschrift** zur Abwehr einer drohenden einstweiligen Verfügung (§ 91 Rn 13 „Schutzschrift") kann PKH bewilligt werden, wenn diese – zB in einer Wettbewerbssache – dringend geboten ist (MK/Wax Rn 12), aber nicht in Unterhaltssachen (Düsseldorf FamRZ 85, 502). Wird die PKH verweigert, weil die Partei einen **Anspruch auf Prozeßkostenvorschuß** hat (§ 115 Rn 67 ff), so kann für dessen Geltendmachung PKH bewilligt werden (Bamberg FamRZ 86, 484). 2

3) **Für das PKH-Verfahren selbst darf keine PKH bewilligt werden** (ganz hM; BGHZ 91, 311 mwN = MDR 84, 931 mit krit Anm Waldner = NJW 84, 2106; BVerwG Rpfleger 91, 63; Frankfurt NJW-RR 91, 1411; Bamberg JurBüro 93, 547; Hamburg JurBüro 96, 26; anders Hamm NJW 82, 287; Köln FamRZ 84, 916; Markl GKG Rn 12 vor § 49) und ebensowenig für das PKH-Beschwerdeverfahren (BayObLG EzFamR ZPO § 127 Nr 2; Karlsruhe Justiz 84, 345; JurBüro 94, 606 mwN; LAG München JurBüro 84, 474; fehlerhafte Bewilligung bindet aber – Stuttgart MDR 89, 651). Praktische Zwänge führen immer wieder dazu, diese Grundsätze zu durchbrechen. Beispiele: Bewilligung von PKH für das PKH-Verfahren, wenn das Gericht den Hauptsacheprozeß in das PKH-Verfahren verlagert (Düsseldorf FamRZ 96, 416) oder wenn in diesem Verfahren ein **Vergleich** geschlossen wird (§ 118 Rn 8); rückwirkende Beiordnung eines Verkehrsanwalts für das Bewilligungsverfahren einer Hilfsbedürftigen, die stationär behandelt wird (Celle FamRZ 87, 1285). 3

4) **Ausgeschlossen ist die Bewilligung von PKH für einzelne Prozeßhandlungen** oder Verteidigungsmittel, etwa für den Antrag auf Erlaß eines Versäumnisurteils (Köln MDR 88, 588 = OLGZ 1989, 70), die Erhebung einer Einrede (Schneider JurBüro 69, 112), die Zustellung einer Jugendamtsurkunde (anders LG Trier DAVorm 87, 684) oder für einzelne Gebührentatbestände (Bremen OLGZ 1989, 365). Eine fehlerhafte Bewilligung schafft allerdings Vertrauensschutz und ist bis zu ihrer Aufhebung wirksam. 4

II) Partei. Gemeint sind nur **natürliche Personen,** auch Staatenlose und **Ausländer,** selbst wenn sie im Ausland leben (Düsseldorf MDR 94, 301 mwN; ebenso Art 20 I HaagZPÜbk). Zur PKH für im Ausland wohnende Ausländer s Schuster/Streinz SGb 88, 534. Inländische **juristische Personen** und **parteifähige Vereinigungen** (OHG und KG; Stuttgart NJW 75, 2022 mwN) können PKH nach § 116 beantragen. Ausländische juristische Personen erhalten keine PKH (Düsseldorf aaO). 5

1) Alle Verfahrensbeteiligten sind PKH-berechtigt, auch der **Nebenintervenient** (BGH MDR 66, 318; Stuttgart DAVorm 84, 610; Frankfurt FamRZ 84, 1041; Koblenz FamRZ 86, 1233; Habscheid ZZP 65, 477). Ob sein Beitritt mutwillig ist, ist eine andere Frage (Düsseldorf FamRZ 80, 1147; Koblenz aaO u JurBüro 83, 285). Braucht ein **Zeuge** den Rat eines Anwalts für die Frage, ob er das Zeugnis nach den §§ 384 ZPO, 55 StPO verweigern soll, so kann ihm hierfür Beratungshilfe, aber keine PKH bewilligt werden (Böhmer IPRax 93, 223 f; anders Düsseldorf MDR 93, 71 mwN). 6

2) Für jeden **Streitgenossen** sind die PKH-Voraussetzungen selbständig zu prüfen ohne Rücksicht darauf, ob sie einfache oder notwendige Streitgenossen sind. Wegen der Bedürftigkeit von Ehegatten als Streitgenossen s § 115 Rn 8. Wegen der Beiordnung mehrerer Anwälte bei Streitgenossenschaft s § 121 Rn 14. Ist von zwei Genossen der eine bedürftig und beauftragen beide 7

denselben Rechtsanwalt mit der Wahrung ihrer Interessen in einem Prozeß über dieselbe Angelegenheit, so beschränkt sich die PKH für die bedürftige Partei bezüglich der Anwaltsgebühren auf den Erhöhungsbetrag des § 6 I 2 BRAGO (BGH NJW 93, 1715 mwN = RPfleger 542 = LM 37 zu § 114 ZPO mit Anm Wax; Celle JurBüro 84, 1248; anders AK-ZPO/Deppe-Hilgenberg Rn 2). Der BGH (aaO) lehnt es ausdrücklich ab; PKH in Höhe der Kopfteilquote zu bewilligen, die im Innenverhältnis auf den bedürftigen Genossen entfällt. Konsequenz: Die PKH schützt den bedürftigen Streitgenossen nicht dagegen, daß der nicht bedürftige Streitgenosse von ihm nach § 426 I BGB die Bezahlung eines höheren Anteils der Anwaltskosten verlangt, als die Staatskasse für ihn zahlt. Dies Ergebnis kann ebenso wie die Tatsache hingenommen werden, daß die PKH den Bedürftigen nicht vor Kostenerstattungsansprüchen des obsiegenden Gegners schützt (Kalthoener/Büttner Rn 49). Ihr Zweck beschränkt sich darauf, dem Bedürftigen die Prozeßführung zu ermöglichen.

8 3) Bei **Vertretung** entscheidet die Vermögenslage des Vertretenen. Beantragt ein Nachlaßpfleger für die unbekannten Erben einer verstorbenen Prozeßpartei PKH, so ist auf den Bestand des Nachlasses abzustellen (BGH NJW 64, 1418; s § 116 Rn 2). Ist das Recht, den Aufenthalt eines Kindes zu bestimmen, auf einen **Pfleger** übertragen worden, so ist dieser nicht gesetzlicher Vertreter des Kindes. Da er eine vertreterähnliche Rechtsstellung hat, kommt es auf die Vermögenslage des Kindes an, wenn er sich für das Kind an einem Sorge- oder Umgangsregelungsverfahren beteiligt (Düsseldorf FamRZ 95, 373). **Klagt ein Elternteil in Prozeßstandschaft für sein Kind auf Unterhalt** (§ 1629 III BGB), so hat er für die Kosten aufzukommen. Deshalb kommt es auf seine Vermögenslage an, auf diejenige des Kindes nur, soweit es darum geht, ob das Kind ihm seine Aufwendungen zu erstatten hat (§ 1648 BGB; s Köln FamRZ 84, 304; 93, 1472 f; Karlsruhe FamRZ 88, 636 mwN; Koblenz FamRZ 88, 637; Nürnberg JurBüro 90, 754; Hamm FamRZ 91, 1208; JHThalmann Rn 2; Thomas/Putzo Rn 17; Baumbach/Hartmann Rn 55; anders Karlsruhe FamRZ 87, 1062; KG FamRZ 89, 82; Bamberg FamRZ 94, 635 mwN = NJW-RR 94, 388; Frankfurt FamRZ 94, 1041; Zöller/Schneider 17. Aufl Rn 7; MK/Wax Rn 35; Kalthoener/Büttner Rn 43). Die Prozeßstandschaft infolge Veräußerung der streitbefangenen Sache oder Abtretung des geltend gemachten Anspruchs hat auf den Prozeß (§ 265 II 1) und die PKH keinen Einfluß. Bei **gewillkürter Prozeßstandschaft** kommt es ähnlich wie bei einer Partei kraft Amtes (§ 116) nicht auf die Bedürftigkeit des Prozeßstandschafters, sondern auf diejenige des Rechtsinhabers an (BGH VersR 92, 594 mwN zur Gegenmeinung).

9 4) **Abtretung:** Auch wenn hinter einem hilfsbedürftigen Kläger vermögende Gläubiger stehen, die am Ausgang des Rechtsstreits interessiert sind, weil letztlich ihnen ein erstrittener Betrag zufließen würde, kommt es auf die persönlichen und wirtschaftlichen Verhältnisse des Klägers an (Düsseldorf NJW 58, 2021). Das gilt grundsätzlich auch für abgetretene Ansprüche (BGHZ 47, 289/292 = NJW 67, 1566 f), selbst wenn nur erfüllungshalber abgetreten wird (LG Hannover JurBüro 88, 1711). Anders ist es jedoch, wenn **kein triftiger Grund für die Abtretung** zu erkennen ist (Köln FamRZ 95, 940). Hier kommt es ähnlich wie bei einer Partei kraft Amtes (§ 116) nicht auf die Bedürftigkeit der Partei, sondern auf diejenige des Zedenten an (ebenso BGH VersR 92, 594 für den Fall der Prozeßstandschaft mwN zur Gegenmeinung). Müßte der Zedent Raten zahlen, der Kläger jedoch nicht, falls er einen eigenen Anspruch geltend machte, so sind dem Kläger die nach den Verhältnissen des Zedenten angemessenen Raten aufzuerlegen. Falls in einem solchen Fall der Kläger sowohl einen eigenen als auch einen abgetretenen Anspruch einklagt, erhält er für den eigenen Anspruch ratenfreie PKH und für den abgetretenen solche gegen Raten. Wegen der Folgen der Nichtzahlung von Raten (§ 124 Nr 4) muß dies im Bewilligungsbeschluß zum Ausdruck kommen (Köln aaO). Die Hilfsbedürftigkeit aller Interessenten ist auch in den Fällen Bewilligungsvoraussetzung., in denen vermögende Miterben einen hilfsbedürftigen Miterben die Interessen der Gemeinschaft allein gerichtlich verfolgen lassen (BGH VersR 84, 989) oder der vermögenslose Gesellschaftergeschäftsführer einer GmbH selbstkontrahierend Ansprüche der GmbH an sich abtritt (Hamburg MDR 88, 782) oder wenn eine Interessengemeinschaft von einem hilfsbedürftigen Interessenten einen Musterprozeß führen läßt (OVG Lüneburg JurBüro 86, 604). Wieder anders ist ein **Rechtsmißbrauch** zu beurteilen, bei dem der Hilfsbedürftige nur vorgeschoben wird, um Prozeßkosten zu sparen (Köln VersR 89, 277; Karlsruhe OLGZ 1990, 231; München FamRZ 94, 1531/1533), zB bei einer Abtretung (BGHZ 47, 289/292 = NJW 67, 1566 f; Stuttgart FamRZ 94, 384; LAG Nürnberg LAGE ZPO § 114 Rn 14 S 3; LG Hannover JurBüro 88, 1711). Hier ist die Abtretung nichtig (§ 138 BGB, Stuttgart aaO; StJBork Rn 6) Aus diesem Grund hat die Klage keine Aussicht auf Erfolg.

10 a) Eine besondere Variante der Abtretungsfälle ist der Fall, daß ein **Unterhaltsanspruch** nach § 91 BSHG **auf den Sozialhilfeträger übergegangen** ist und dieser ihn zu treuen Händen an den Empfänger der Sozialhilfe zurückzediert. Nach Meinung des BGH (FamRZ 94, 829 f mwN = NJW 1733 = MDR 1222) verstößt die treuhänderische Rückabtretung gegen die §§ 31, 32 SGB I. Da der Sozialhilfeempfänger durch den Treuhandvertrag verpflichtet werde, beigetriebene Beträge bis zur Höhe der geleisteten Sozialhilfe an den Sozialhilfeträger abzuführen, und da das Prozeßkostenrisiko auf ihn verlagert werde, seien der Vertrag und die damit verbundene Zession für ihn

nachteilig und deshalb nichtig (ebenso Karlsruhe FamRZ 93, 999; 95, 615 f = NJW-RR 1285; Hamburg FamRZ 94, 1428; Nürnberg DAVorm 94, 1038/1042, München FamRZ 94, 1531 f; 95, 625; Saarbrücken FamRZ 95, 1166 mwN; Braunschweig FamRZ 96, 38 mwN u 39; Schellhorn FuR 94, 234; Brudermüller FamRZ 95, 1034 f; Rahm/Künkel VII Rn 297; anders Stuttgart FamRZ 94, 384; 95, 1160 f = NJW-RR 95, 843/844 f; Düsseldorf FamRZ 94, 970; FamRZ 95, 818 f u 1165 f; Hamm FamRZ 94, 1530 f = NJW-RR 708; FamRZ 95, 626; NJW-RR 95, 454; Köln FamRZ 95, 179 f u 180 = NJW-RR 73; Frankfurt FamRZ 95, 622 f = NJW-RR 1347 = MDR 933; Bremen FamRZ 95, 821; Bamberg FamRZ 95, 1173; Brüggemann DAVorm 95, 144 ff; Wohlgemuth FamRZ 95, 336; Ott FamRZ 95, 459). Diese Streitfrage hat sich durch das Gesetz zur Reform des Sozialhilferechts vom 23. 7. 1996 (BGBl I 1088) erledigt. § 91 IV BSHG bestimmt jetzt ausdrücklich, daß der Sozialhilfeträger den auf ihn übergegangenen Unterhaltsanspruch auf den Hilfeempfänger zurückübertragen kann, damit dieser ihn gerichtlich macht, und daß Kosten, die dem Hilfeempfänger hierdurch entstehen, vom Sozialhilfeträger zu übernehmen sind. Wenn Unterhaltsansprüche nach § 7 des **Unterhaltsvorschußgesetzes** auf das Unterhaltsvorschüsse zahlende Land übergegangen sind und treuhänderisch an den Empfänger der Vorschüsse zurückzediert werden, sollte die Regelung des § 91 BSHG sinngemäß angewandt werden.

Aus der Neuregelung in § 91 IV BSHG folgt: Entstehen dadurch zusätzliche Kosten, daß ein Hilfeempfänger außer den ihm zustehenden Unterhaltsansprüchen (unten Rn 39a) zurückübertragene Ansprüche geltend macht, so erhält er hierfür keine PKH, weil er insoweit Auslagenvorschuß vom Sozialhilfeträger verlangen kann. Macht der Sozialhilfeempfänger einen Unterhaltsanspruch, der auf den Sozialhilfeträger übergegangen ist, in gewillkürter Prozeßstandschaft geltend, so kann die PKH auch mangels Erfolgsaussicht verweigert werden. Die gewillkürte Prozeßstandschaft ist hier unzulässig, weil der Prozeßstandschafter kein schutzwürdiges eigenes Interesse daran hat, die Unterhaltsforderung für den Sozialhilfeträger einzuziehen (Karlsruhe aaO; Hamm FamRZ 94, 1530 f; München FamRZ 95, 625; Köln FamRZ 95, 820; NJW-RR 95, 455; Celle FamRZ 95, 1172; Braunschweig FamRZ 96, 38 u 39; Brudermüller FamRZ 95, 1035; anders Düsseldorf aaO und teilweise auch München FamRZ 94, 1531 f; 95, 1170. BGH FamRZ 95, 1131/1134 sieht dieses Problem nicht). **10a**

b) Wird ein Recht zur Einziehung übertragen, so kommt es auf die Vermögensverhältnisse des früheren und des jetzigen Gläubigers an (BGH KoRsp ZPO § 114 Nr 100; VersR 84, 989; Hamm NJW 90, 1053: gewillkürte Prozeßstandschaft). Diese Doppelprüfung ist immer geboten, wenn ein **Rechtsstreit ausschließlich im Drittinteresse** geführt wird (Celle MDR 63, 767; Hamm VersR 82, 381). Zu prüfen ist hier auch, ob der Antragsteller, der in fremdem Auftrag klagt, von seinem Auftraggeber Auslagenvorschuß verlangen kann und hieraus die Prozeßkosten bezahlen kann (Hamburg FamRZ 90, 1119; KG FamRZ 96, 37 f mwN; Vogel FamRZ 94, 970 mwN). Anders liegt es, wenn der zur Prozeßführung befugte Kläger die Klagforderung zur Sicherung an eine Bank abgetreten hat, weil er dann ein eigenes Interesse hat, sie einzuziehen, und es an einem rechtsmißbräuchlichen Vorschieben fehlt (Hamm VersR 82, 1068; Celle NJW 87, 783). **Pfändet ein** vermögender **Gläubiger** des Klägers **die Klagforderung und läßt sie sich zur Einziehung überweisen,** dann kommt es gleichwohl nur auf die Vermögensverhältnisse des Klägers = Pfändungsschuldners an. Auch wenn dieser den Antrag auf Zahlung an den Pfändungsgläubiger umstellen muß, bleibt er weiterhin an der Zahlung durch den Beklagten interessiert, da diese ihn von seiner Schuld befreit (s BGHZ 36, 380 = MDR 62, 398; einschränkend Hamm JurBüro 92, 621). **11**

5) Parteiwechsel: Zu einem solchen kann zB der Tod (s § 124 Rn 2a) oder Konkurs einer Partei (§§ 239 I 1, 240), die Veräußerung des Streitgegenstandes (§§ 265 II, 266 I) oder ein Prätendentenstreit (§ 75) führen, ferner im Unterhaltsprozeß das Erlöschen der Prozeßstandschaft des klagenden Elternteils, wenn das unterhaltsberechtigte Kind volljährig wird (München FamRZ 96, 422; unten § 623 Rn 8). PKH darf nach dem Tode der antragstellenden Partei nicht mehr bewilligt werden (BSG MDR 88, 610; Hamm Rpfleger 77, 108); denn mit dem Tode endet der Zweck der PKH, und für soziale Hilfe ist kein Raum mehr. PKH soll auch nicht dazu dienen, dem Anwalt einen Vergütungsanspruch gegen die Staatskasse zu verschaffen, obwohl die PKH-Voraussetzungen weggefallen sind. Hiervon kann eine Ausnahme in den Fällen gemacht werden, in denen das Gericht die PKH-Bewilligung durch nachlässige oder fehlerhafte Bearbeitung verzögert hat (Kalthoener/Büttner Rn 553; unten § 119 Rn 46). – War bei einem Parteiwechsel der aus dem Prozeß ausscheidenden Partei PKH bewilligt worden, so erlischt diese mit dem Ausscheiden mit Wirkung für die Zukunft (§ 124 Rn 2a). Die neu eintretende Partei rückt insoweit nicht in die Rechtsstellung der ausgeschiedenen Partei ein (München FamRZ 96, 422; anders Hamm FamRZ 94, 1268 f). Ihr kann aber erneut PKH bewilligt werden, wenn sie die Voraussetzungen des § 114 erfüllt. Sie haftet für nach ihrem Eintritt entstehende Gerichtskosten; die von ihrem Vorgänger bezahlten Raten sind jedoch anzurechnen (MK/Wax aaO). Für Kosten, die vor ihrem Eintritt entstanden sind, zB für ein vor dem Parteiwechsel erstattetes Sachverständigengutachten, haftet sie nicht (Düsseldorf MDR 87, 1031 = Rpfleger 88, 42 = KoRsp GKG § 54 Nr 14 m Anm Schneider). **12**

13 **III) 1)** Außer im Fall des § 9 des Auslandsunterhaltsgesetzes (s Rn 15) wird PKH nur auf **Antrag** bewilligt, der mit der Klage verbunden werden kann (§ 117 Rn 7). Für den Antrag besteht kein Anwaltszwang, weil er zu Protokoll der Geschäftsstelle gestellt werden kann (§§ 117 I, 78 II). Fehlt die Unterschrift des Anwalts, so schadet dies nichts, wenn die Urheberschaft feststeht (Frankfurt AnwBl 83, 319). Wirkungen des Antrags s § 117 Rn 3. Wiederholung des Antrags s § 117 Rn 6. Stillschweigende Bewilligungsanträge sind mit dem stark formalisierten PKH-Verfahren (s §§ 115, 117) nicht vereinbar. Insbesondere dürfen vergessene Anträge nicht wie gestellte behandelt werden, um Versäumnisse unschädlich zu machen (bedenklich AG Stuttgart AnwBl 82, 254). Wird PKH für eine Sache bewilligt, die weder im ordentlichen Verfahren noch im PKH-Verfahren anhängig ist, so geht die Bewilligung ins Leere und ist von Amts wegen aufzuheben (München JurBüro 84, 1851). Wird PKH für ein anhängiges Verfahren bewilligt, obwohl sie nicht beantragt worden ist, so ist die Bewilligung wirksam (Oldenburg MDR 89, 268 = FamRZ 89, 300; OVG Lüneburg JurBüro 90, 637; StJBork Rn 2; anders Schneider MDR 85, 441 f zu III; Kalthoener/Büttner Rn 70). Das Gericht, das die Bewilligung ausgesprochen hat, darf sie nicht von Amts wegen wieder aufheben (Oldenburg, OVG Lüneburg aaO). Hier ist aber die Staatskasse beschwerdeberechtigt (§ 127 Rn 33a).

14 2) **Auslegung des Antrags:** Im Zweifel erstrebt die Partei PKH für die gesamte Instanz (Koblenz AnwBl 78, 316; LAG Bremen AnwBl 82, 443; unten § 119 Rn 40). Ein unbegründeter PKH-Antrag für das eigene Scheidungsbegehren kann als Antrag zur Bewilligung für die Verteidigung gegen das Scheidungsbegehren des anderen Ehegatten aufzufassen sein (Hamburg FamRZ 83, 1133). Reicht ein Rechtsanwalt einen Antrag ein, so beantragt er zugleich konkludent, ihn beizuordnen (Hamm JurBüro 78, 1565; Düsseldorf MDR 81, 502; LAG Bremen MDR 56, 525 = Rpfleger 86, 279 = LAGE ArbGG § 11a Nr 3). Ebenso kann es sich bei einer Klageerweiterung vor oder nach bewilligter PKH verhalten (LAG Düsseldorf JurBüro 86, 609; Markl GKG Rn 3 vor § 49; anders Karlsruhe AnwBl 87, 340) oder bei einem Prozeßvergleich, der über den gerichtlichen Streitgegenstand hinausgeht, zumal wenn das Gericht ihn angeregt oder befürwortet hatte (LAG Köln EzA ZPO § 127 Nr 7 m Anm Schneider; ArbG Bochum AnwBl 84, 624; Schneider MDR 85, 441 zu III; anders Bamberg JurBüro 86, 606; diese Problematik überschneidet sich mit derjenigen der „stillschweigenden PKH-Bewilligung", s § 120 Rn 3). Zur Substantiierungspflicht, Vorlage von Belegen und den tatsächlichen Feststellungen des Gerichts siehe §§ 117, 118.

15 **IV)** PKH erhält, wer die **Prozeßkosten** nicht, nur zum Teil oder nur in Raten aufbringen kann. Ausnahme: Verlangt ein im Ausland lebender Unterhaltsberechtigter von einer im Inland lebenden Person Unterhalt nach dem Auslandsunterhaltsgesetz (BGBl 86 I 2563), so wird ihm auch ohne Antrag PKH mit der Maßgabe bewilligt, daß Raten nicht zu zahlen sind (§ 9 des Gesetzes). Hat der Antragsteller seine Prozeßkosten bereits bezahlt, so ist keine PKH zu bewilligen, auch nicht zwecks rückwirkender Erstattung der Kosten (AG Frankfurt DGVZ 89, 190). Prozeßkosten sind Anwaltskosten (§ 1 I BRAGO), gerichtliche Gebühren und Auslagen (§ 1 I GKG), auch die Kosten einer Beweisaufnahme im Ausland (aber keine Beiordnung eines dortigen Anwalts; § 121 Rn 18) und evtl Kosten des Gerichtsvollziehers im Erkenntnisverfahren, nicht aber Kosten der Zwangsvollstreckung. Insoweit bedarf es besonderer Bewilligung.

16 **V) Unvermögen, die Kosten der Prozeßführung zu tragen:** Maßgeblich sind die persönlichen und wirtschaftlichen Verhältnisse im Zeitpunkt der Beschlußfassung, die nach **§ 115** zu beurteilen sind. Wer keine Raten zahlen kann, ist kostenfrei. Soweit eine Partei aus ihrem Vermögen einen Teil der Prozeßkosten aufzubringen vermag, wird PKH bewilligt und bestimmt, welchen Betrag sie an die Landeskasse zu zahlen hat (vgl § 120 Rn 10).

17 In **§ 11a I ArbGG** sind die subjektiven Bewilligungsvoraussetzungen entsprechend § 114 I 1 ZPO aF formuliert, was zu Ungereimtheiten führt. Mit Leser (NJW 81, 791) ist § 11a I 1 ArbGG hinsichtlich der Beurteilung der Hilfsbedürftigkeit als durch § 114 nF ersetzt anzusehen. Zum **gewerkschaftlichen Rechtsschutz** s § 115 Rn 61, zum Prozeßkostenvorschuß für **arbeitsrechtliche Streitigkeiten** s § 115 Rn 68, zur **Fälligkeitsregelung** des § 12 IV ArbGG s § 120 Rn 11.

18 **VI)** Objektive Voraussetzungen für die PKH-Bewilligung sind, daß die Rechtsverfolgung oder -verteidigung **hinreichende Aussicht auf Erfolg** hat und daß sie nicht mutwillig ist. Diese Regelung entspricht dem Grundgesetz (BVerfG FamRZ 93, 664 = NJW-RR 1090). Sind beide Parteien zum Vergleich bereit, so genügt dies, um die Erfolgsaussicht zu bejahen. Wollen sie aber nur einen Vergleich protokollieren lassen, über den sie sich vor Einreichung des PKH-Gesuchs bereits geeinigt hatten, so geht es um keine Rechtsverfolgung und -verteidigung; PKH darf hier nicht bewilligt werden (Nürnberg JurBüro 92, 49). Die Bewilligung darf nicht mit der Begründung abgelehnt werden, daß das Gericht von Amts wegen Beweis erhebt und dadurch die Interessen des Antragstellers wahrt (BVerfGE 7, 57 f; LSG Mainz AnwBl 81, 409) oder daß eine weniger effektive Rechtsverfolgung möglich wäre (Oldenburg NdsRpfl 82, 13). Hinreichende Erfolgsaussicht ist ein relativer Begriff. Er steht nicht isoliert neben der Prüfung der Einkommens- und Vermögensverhältnisse (§ 115). Je dubioser der Antragsteller oder der von ihm verfolgte An-

spruch ist, um so strenger sind die Bewilligungsvoraussetzungen zu prüfen, etwa bei der Scheidung von Scheinehen (Rn 45) oder wenn bereits die Beiordnung eines Notanwalts gem § 78b I 1 wegen Aussichtslosigkeit abgelehnt worden ist (BGH FamRZ 88, 1152) oder bei Querulanten. Kann auch bei Bewilligung ein Rechtsmittel nicht mehr erfolgreich eingelegt werden, dann ist PKH zu versagen (BayObLG FamRZ 91, 467). Auch ist zu berücksichtigen, daß sich mit der Höhe des Streitwertes das finanzielle Risiko des Gegners vergrößert, auf seinen Kosten sitzen zu bleiben (s dazu Lappe MDR 85, 463).

1) **Grundsätze:** Hinreichende Erfolgsaussicht für Rechtsverfolgung oder -verteidigung liegt vor, wenn das Gericht den Rechtsstandpunkt des Antragstellers auf Grund seiner Sachdarstellung und der vorhandenen Unterlagen für zutreffend oder zumindest vertretbar hält und in tatsächlicher Hinsicht mindestens von der Möglichkeit der Beweisführung überzeugt ist (BGH NJW 94, 1161 mwN; OVG Greifswald MDR 96, 98 mwN). Es muß also auf Grund summarischer Prüfung der Sach- und Rechtslage eine gewisse Wahrscheinlichkeit dafür bestehen, daß der Antragsteller mit seinem Begehren durchdringen wird (München FamRZ 89, 199; LAG München AnwBl 87, 499; LAG Schleswig SchlHA 89, 111; LSG NW SGb 84, 490). Dies gilt auch, wenn der Beklagte zur Abwehr der Klage PKH beantragt und sein Vorbringen zur Beweiserhebung über den Klagvortrag zwingt (Köln JMBlNRW 66, 188). Die Beweiserhebung muß ernsthaft in Betracht kommen, und es dürfen keine Anhaltspunkte dafür vorliegen. daß sie mit großer Wahrscheinlichkeit zum Nachteil der hilfsbedürftigen Partei ausgeht (OVG Greifswald aaO). Eine Beweisantizipation ist hier zulässig (Rn 26) und verfassungsrechtlich unbedenklich (OVG Greifswald aaO). Die Anforderungen an die rechtlichen und tatsächlichen Erfolgsaussichten dürfen nicht überspannt werden (BGH aaO; BVerfGE 81, 347/358; FamRZ 93, 664 f = NJW-RR 1090). Oft genügt schlüssige Darlegung mit Beweisantritt; denn § 114 verlangt nur „hinreichende" Erfolgsaussicht (Hamm VersR 83, 577). Jedoch können bei dubiosen Sachen strengere Anforderungen gestellt werden (Rn 18). Wegen der Frage, auf welchen **Zeitpunkt** das Gericht **für die Prüfung der Erfolgsaussichten** abzustellen hat; s § 119 Rn 44–46. 19

2) Hat die **Rechtsverfolgung** oder -verteidigung nur **teilweise Aussicht auf Erfolg,** so ist PHK für einen beschränkten Antrag zu bewilligen (Düsseldorf FamRZ 93, 1217), den das Gericht im Bewilligungsbeschluß genau zu formulieren hat (Dresden DAVorm 93, 845 f). Im übrigen ist sie zu versagen. Sie darf nicht einfach auf einen geringeren Streitwert als die Hauptsache beschränkt werden (Karlsruhe FamRZ 92, 966; Dresden aaO), ebensowenig auf kostenrechtlich unselbständige Verfahrensabschnitte wie bestimmte Teile des Sachvortrages, eine von mehreren Einwendungen oder auf einzelne Beweismittel (Kalthoener/Büttner Rn 52). Eine Ausnahme gilt für **mutwillige Beweisanträge;** s § 640 Rn 37). 20

3) **Die Erledigung der Hauptsache** führt zum Wegfall der Erfolgsaussichten für die Rechtsverfolgung oder -verteidigung. Wird ein **PKH-Antrag erst nach Abschluß der Instanz gestellt** oder ein abgelehnter Antrag erst danach wiederholt (§ 119 Rn 43), dann darf ihm nicht mehr stattgegeben werden (BFHE 145, 28; Karlsruhe AnwBl 82, 77; Düsseldorf NJW-RR 86, 550; Bamberg JurBüro 86, 1574; Düsseldorf OLGZ 1989, 255; Köln VersR 89, 408; LAG Düsseldorf EzA ZPO § 127 Nr 6; OVG Bremen JurBüro 84, 1092 mwN; Lepke DB 85, 493); denn Zweck der PKH ist, die Prozeßführung zu ermöglichen, nicht aber, einen bereits geführten Prozeß nachträglich für die Partei oder ihren Anwalt wirtschaftlich abzusichern (Frankfurt JurBüro 94, 177). So darf zB keine PKH für ein Anordnungsverfahren nach § 620 bewilligt werden, wenn bei Antragstellung die Anordnung bereits erlassen oder der Anordnungsantrag wieder zurückgenommen war (Karlsruhe FRES 5, 318). Ein Verkehrsanwalt darf nicht mehr beigeordnet werden, wenn ein dahingehender Antrag erst nach Instanzbeendigung gestellt wird (Zweibrücken JurBüro 80, 1888). Zu weit geht ArbG Regensburg (JurBüro 91, 1229), wonach PKH auch dann nicht mehr bewilligt werden darf, wenn die Instanz endet, bevor der Gegner gehört werden kann. Vergleicht sich eine Partei außergerichtlich, so kann sie keine PKH mehr beantragen. Schließt sie unter Widerrufsvorbehalt einen Prozeßvergleich, so kann sie um PKH nachsuchen, solange die Widerrufsfrist läuft (AG Groß-Gerau MDR 81, 853). Ausnahmsweise kann auch für ein erledigtes Verfahren nachträglich PKH bewilligt werden, wenn das Gericht die Bewilligung durch nachlässige Bearbeitung verzögert hat (SG Schleswig SchlHA 84, 116; unten § 119 Rn 46). 20a

4) Das PKH-Verfahren dient nicht dem Zweck, über **zweifelhafte Rechtsfragen** abschließend vorweg zu entscheiden (BVerfG NJW 91, 413 f; 92, 889; Frankfurt FamRZ 92, 700; 93, 1333; Hamm NJW-RR 92, 1220 f; Karlsruhe FamRZ 95, 1504; VerfGH Berlin FamRZ 95, 1501; Schneider MDR 77, 622 mwN). Deshalb darf eine Unterinstanz die hinreichende Erfolgsaussicht nicht verneinen, wenn die entscheidungserhebliche Rechtsfrage nicht eindeutig geklärt und es angebracht ist, daß die höhere Instanz sich mit ihr befaßt (BVerfG FamRZ 93, 664 f = NJW-RR 1090; BGH FamRZ 82, 367 = NJW 1104 = MDR 564; KG FamRZ 83, 291; Frankfurt VersR 87, 34; FamRZ 95, 754; VGH Baden-Württemberg JurBüro 87, 134; ArbG Regensburg JurBüro 92, 679 mwN). So liegt es immer, wenn wegen grundsätzlicher Bedeutung der Sache die Revision oder die weitere Be- 21

schwerde zugelassen werden müßte (Karlsruhe IPRax 88, 176). Die letzte Instanz sollte jedoch auch im PKH-Verfahren Grundsatzfragen entscheiden (KG MDR 70, 242; verkannt von Karlsruhe FamRZ 93, 820 f;), um den Parteien die Kosten der Prozeßfortführung zu ersparen. Hinreichende Erfolgsaussicht ist auch zu bejahen, wenn ernstliche Bedenken gegen die Verfassungsmäßigigkeit eines Gesetzes bestehen (Frankfurt FamRZ 90, 315); es erübrigt sich dann, im PKH-Prüfungsverfahren eine Entscheidung des BVerfG einzuholen (Hamburg VersR 71, 835).

21a 5) Bewilligungserheblich können auch aufklärungsbedürftige tatsächliche Schwierigkeiten sein, etwa wenn es um die Sittenwidrigkeit eines Ratenkreditvertrages geht (s dazu Hamm NJW 85, 2275; Bamberg JurBüro 85, 1415; Düsseldorf NJW-RR 86, 48; Koblenz NJW-RR 86, 49 u 405; München NJW-RR 86, 409); umfangreiche Beweiserhebungen in anderen Verfahren dürfen aber berücksichtigt werden (Nürnberg MDR 85, 1033). Es geht **nicht** an, hier die **Beweiserhebung in das PKH-Prüfungsverfahren zu verlagern** (BGH MDR 60, 117; Wax FamRZ 80, 976) oder die Entscheidung im Bewilligungsverfahren so lange hinauszuschieben, bis in der bereits laufenden Hauptsache Beweis erhoben worden ist, und dann die PKH abzulehnen (s § 118 Rn 14). Notfalls ist Verzögerungsbeschwerde einzulegen (§ 127 Rn 11).

22 6) **Erfolgsaussichten der Rechtsverfolgung: a)** Das Gericht hat zunächst die **Prozeßvoraussetzungen** zu prüfen. Dem Kläger darf die PKH nicht mit der Begründung verweigert werden, daß er die **Prozeßfähigkeit** des Beklagten nicht nachgewiesen habe. Hier muß das Gericht PKH bewilligen und anschließend die Prozeßfähigkeit im ordentlichen Prozeß von Amts wegen klären (Frankfurt FamRZ 94, 1125). Ist für die Hauptsache der **Rechtsweg** nicht **zulässig**, so verneint es aus diesem Grund die Erfolgsaussicht der Klage und verweigert die PKH. Das PKH-Verfahren ist nicht nach §§ 17 a II GVG, 48 ArbGG in den zulässigen Rechtsweg zu verweisen (MK/Wolf § 17 GVG Rn 4). Ist das Gericht international unzuständig, so ist die PKH mangels Erfolgsaussicht zu verweigern (Schleswig SchlHA 93, 92). Ist das LG sachlich zuständig, so darf der Antragsteller nicht darauf verwiesen werden, eine Teilklage vor dem AG innerhalb dessen Zuständigkeitsgrenze zu erheben; denn es ist nie abzusehen, ob der Gegner bei Verurteilung auch den Teil der Gesamtforderung zahlt, zu dem er nicht verurteilt worden ist (anders Rasehorn NJW 61, 591 u Frankfurt FamRZ 84, 809).

22a **b)** Fehlt die **sachliche oder örtliche Zuständigkeit**, dann regt das Gericht einen Verweisungsantrag an. Wird dieser nicht gestellt, so ist die PKH abzulehnen (Köln NJW 60, 1623; Saarbrücken NJW-RR 90, 575). Wird er gestellt, so ist dem Gegner rechtliches Gehör zu gewähren (BGH FamRZ 87, 924; 91, 1172 = NJW-RR 1342 f; NJW-RR 94, 706 Nr 2). Dann ist das **PKH-Verfahren** analog § 281 an das zuständige Hauptsache-Gericht zu **verweisen** (Hamm FamRZ 95, 614 mwN; anders Köln FamRZ 93, 713 = NJW-RR 904), und dieses hat über den PKH-Antrag zu entscheiden (Saarbrücken aaO; Hamm NJW-RR 92, 1220 f). Das Gericht, an das verwiesen worden ist, ist für das PKH-Verfahren an den Verweisungsbeschluß gebunden (§ 281 II; BGH NJW-RR 92, 578; 94, 706 Nr 1). Für die Hauptsache gilt die Bindung jedoch nicht (BGH FamRZ 87, 924; 91, 1172; NJW-RR 92, 59 mwN = MDR 190; NJW-RR 94, 706 Nr 2; Hamm FamRZ 95, 614; anders BAG MDR 82, 171). Der Antragsteller hat die Zuständigkeit nur glaubhaft zu machen. Dieser eingeschränkte Prüfungsmaßstab verhindert eine Bindung für den anschließenden Prozeß (BGH NJW-RR 92, 59). Das Gericht, an das verwiesen worden ist, muß nur über den PKH-Antrag entscheiden (Frankfurt NJW-RR 89, 6 = FamRZ 75 m Anm Patzina S 294), darf also seinerseits den Antrag mit der Begründung zurückweisen, ihm fehle die Zuständigkeit für den beabsichtigten Rechtsstreit (Hamburg NJW 73, 812; Karlsruhe OLGZ 85, 123; anders Düsseldorf FamRZ 86, 180).Über Kompetenzkonflikte im PKH-Verfahren entscheidet entsprechend § 36 Nr 6 das im Rechtszug zunächst höhere Gericht, dh der BGH, das BayObLG oder das OLG (BGH NJW-RR 94, 706 Nr 1 und 2).

23 **c) Unterschreitet der Erfolg versprechende Teil der Klage die Zuständigkeitsgrenze des LG,** dann ist zu unterscheiden je nachdem, ob die Klage bereits erhoben ist oder ob PKH für eine beabsichtigte Klage begehrt wird. **aa)** Ist die Klagschrift zugestellt und damit Klage erhoben (§ 253 I 1), so ist das LG zuständig, wenn der Klagantrag die Zuständigkeitsgrenze überschreitet (Stein/Jonas/Bork § 117 Rn 10). Es muß prüfen, wie weit das Klagbegehren nach materiellem Recht genügende Aussicht auf Erfolg hat. Ist das Begehren teilweise aussichtslos, so darf die PKH nicht mit der Begründung gänzlich verweigert werden, daß der aussichtsreiche Teil die Zuständigkeitsgrenze unterschreite. Denn das LG bleibt zuständig, wenn der Kläger den aussichtslosen Teil der Klage zurücknimmt (§ 261 III Nr 2; Dresden MDR 95, 202 = VersR 235; wohl verkannt von Frankfurt NJW-RR 95, 899). Es muß deshalb für den aussichtsreichen Teil der Klage PKH bewilligen. **bb)** Wird nur PKH für eine beabsichtigte Klage begehrt, so muß das LG die PKH verweigern, weil es für den aussichtsreichen Teil der Klage nicht zuständig ist, oder es muß auf Antrag das PKH-Verfahren verweisen (s Rn 22a; Hamm MDR 95, 1065; anders Dresden aaO).

23a **d)** Weiter ist zu prüfen, ob die beabsichtigte **Klage schlüssig** ist. Hierzu gehört auch die Ermittlung und **Anwendung ausländischen Rechts** (Koblenz FamRZ 91, 206; München DAVorm

80, 753). Der Umfang der Darlegung, die vom Kläger zu erwarten ist, richtet sich nach der Einlassung des Gegners (BGH NJW 62, 1394 f). Einzelheiten braucht der Kläger nur vorzutragen, wenn der Gegenvortrag dazu Anlaß bietet (BGH NJW 84, 2889; Düsseldorf NJW-RR 92, 765). ZB genügt die Behauptung, Eigentümer zu sein; erst wenn der Gegner dies bestreitet, muß der Kläger näher darlegen, wie er das Eigentum erworben hat. Rechnet der Beklagte mit einem unstreitigen Anspruch gegen die streitige Klagforderung auf, so darf die Erfolgsaussicht nicht aus dem Grunde verneint werden, weil die Klage auf jeden Fall abzuweisen ist (Köln NJW-RR 92, 258 f). Bei **Anspruchshäufung** oder **Klage und Widerklage** sind die Bewilligungsvoraussetzungen für jeden Anspruch selbständig zu beurteilen. Sind bei objektiver Klagenhäufung, zB Eheaufhebung, hilfsweise Scheidung, beide Ansprüche hinreichend erfolgversprechend, dann ist für beide PKH zu bewilligen (Karlsruhe FamRZ 63, 297). Die Erfolgsaussicht von Nebenforderungen, die den Streitwert nicht erhöhen, braucht nicht geprüft zu werden. Ebensowenig braucht das Gericht sich Gedanken darüber zu machen, ob die Klagforderung geringfügig überhöht ist, wenn die Überhöhung nicht dazu führt, daß eine Stufe der Gebührentabellen zum GKG und zur BRAGO überschritten wird. Wenn durch die Zuvielforderung keine zusätzlichen Kosten entstehen, kann in vollem Umfang Prozeßkostenhilfe bewilligt werden.

e) Über die eigentliche Schlüssigkeitsprüfung hinaus sind die **Verteidigungsmöglichkeiten des Gegners** zu berücksichtigen, und zwar auch, wenn er sich noch nicht verteidigt hat, zB das Mitverschulden des Klägers im Schadensersatzprozeß (KG MDR 79, 672; Düsseldorf JurBüro 88, 1057), die **Verjährungseinrede,** es sei denn, daß sich der Gegner voraussichtlich nicht auf sie berufen wird (MK/Wax Rn 51; anders LG Siegen DAVorm 78, 651). Wenn das Gericht den Gegner gemäß § 118 auffordert, zum PKH-Gesuch Stellung zu nehmen, sollte es auch auf die Verjährung hinweisen (sehr str; s § 42 Rn 27). Die Stellungnahme des Gegners kann die hinreichende Erfolgsaussicht beseitigen, zB durch Berufung auf Haftungsausschlüsse (§§ 831 I 2, 832 I 2 BGB; 18 I 2 StVG usw). Auch bloßes Bestreiten kann dazu genügen, wenn es substantiiert ist (§ 138 II–IV) und der Antragsteller dadurch in unüberwindliche Beweisschwierigkeiten gerät. 24

7) Erfolgsaussichten der Rechtsverteidigung bestehen nur, soweit der Beklagte Tatsachen vorträgt, die zur Klagabweisung führen können. Ein Beklagter, der das Klagbegehren anerkennt, verteidigt sich nicht und erhält keine PKH (LG Aachen NJW-RR 93, 829). Wenn er jedoch sofort anerkennt, aber zur Klageerhebung keinen Anlaß gegeben hat, ist ihm PKH zu gewähren (Hamburg FamRZ 88, 1076; Bamberg FamRZ 92, 456; Hamm FamRZ 93, 1344 f). Zur Verteidigung gegen Begehren, die mangels Klagezustellung noch nicht rechtshängig geworden sind, darf PKH nicht bewilligt werden (Zweibrücken FamRZ 85, 301; Karlsruhe FamRZ 88, 1182; Bremen FamRZ 89, 198). Die rechtlichen Maßstäbe der Erfolgsprüfung sind (entgegen Frankfurt MDR 87, 61; Karlsruhe FamRZ 91, 1458 = JurBüro 92, 249; FamRZ 92, 77 f) für beide Parteien gleich. An den Beklagten dürfen insoweit keine geringeren, aber auch keine höheren Anforderungen gestellt werden als an den Kläger. Bringt der Beklagte zu seiner Verteidigung erhebliche, aber ungeklärte Rechtsfragen in den Prozeß hinein, so gelten für die Erfolgsaussicht seiner Rechtsverteidigung dieselben Maßstäbe wie für den Kläger (Rn 23; Frankfurt FamRZ 93, 1333). Verteidigt er sich mit einer **Eventualaufrechnung** oder mit einer Primäraufrechnung auf Grund hilfsweise gestaffelter Gegenforderungen, dann kann PKH unter Ausschluß nicht hinreichend erfolgversprechender Gegenansprüche bewilligt werden. 25

8) Bei der Erfolgsprognose müssen unter Umständen angebotene Beweise vorweg gewürdigt werden (Hamburg DAVorm 84, 708; Nürnberg JurBüro 86, 286). Im Urkundenprozeß muß die Beweismittelbeschränkung des § 595 II beachtet werden. Das **Verbot der Beweisantizipation** gilt im PKH-Prüfungsverfahren nur begrenzt (BGH NJW 88, 266; Köln JMBlNRW 86, 286 = MDR 87, 62; München Rpfleger 86, 194; Hamburg DAVorm 84, 708; Nürnberg JurBüro 86, 286; Koblenz VersR 89, 1315; JurBüro 90, 1641; NJW-RR 92, 706 f; Köln FamRZ 91, 344; LG Ulm NJW-RR 90, 637; LAG Schleswig SchlHA 89, 111; Schneider MDR 87, 22; Künkel DAVorm 83, 350). Es ist aber im PKH-Prüfungsverfahren nicht etwa außer Kraft. So darf beispielsweise in einer Kindschaftssache das Beweisergebnis nicht vorweggenommen werden (Karlsruhe OLGZ 1988, 127); ebensowenig der Inhalt einer Zeugenaussage (BGH aaO; Hamm VersR 91, 219; Köln FamRZ 95, 940 = NJW-RR 1405), es sei denn, der Zeuge hat bereits ausgesagt oder die Aussage verweigert und wird danach erneut benannt, ohne daß dargetan wird, weshalb er bei nochmaliger Vernehmung anders aussagen wird (Köln FamRZ 93, 215). Eine Beweisantizipation ist erlaubt, wenn die Gesamtwürdigung aller schon feststehenden Umstände und Indizien eine positive Beweiswürdigung zugunsten des Hilfsbedürftigen als ausgeschlossen erscheinen läßt (Koblenz AnwBl 90, 327; Köln FamRZ 95, 940 = NJW-RR 1405). Die Erfolgsaussicht kann zB zu verneinen sein, wenn **Urkundenbeweise,** insbesondere notarielle Urkunden, durch interessierte **Zeugen** widerlegt werden sollen oder wenn **Strafakten** über einen Vorfall, der Gegenstand eines Zivilprozesses ist, das Gegenteil des Parteivortrages ergeben (Koblenz JurBüro 94, 232). Wenn die Erfolgsausicht von einer **Parteivernehmung** abhängt, zwingt das Verbot der mündlichen Erörterung (§ 127 Rn 1) einerseits dazu, sie verhältnismäßig großzügig zu beurteilen (Karlsruhe FamRZ 92, 1198). Wenn 26 aber die Gegenpartei die Behauptung, über die sie vernommen werden soll, bereits schriftsätzlich bestritten hat, wird kaum die Hoffnung bestehen, daß sie bei ihrer Vernehmung anders aussagen wird. Dann besteht keine Erfolgsaussicht. – Auch im PKH-Prüfungsverfahren darf der Richter keine Beweisprognosen stellen, soweit ihm die erforderliche Sachkunde fehlt, zB in bau- und maschinentechnischen Angelegenheiten oder Arztprozessen (Celle VersR 82, 553).

27 9) **PKH kann beiden Parteien gleichzeitig bewilligt werden,** wenn die beiderseits schlüssigen Ausführungen durch Beweisanträge gestützt sind. In diesem Fall kann Anlaß bestehen, ausnahmsweise im PKH-Prüfungsverfahren Zeugen vorweg zu vernehmen (§ 118 II 3).

28 10) **Erfolgsprüfung im Rechtsmittelverfahren:** Im Rechtsmittelverfahren braucht (anders als in der ersten Instanz) das PKH-Gesuch nicht sachlich begründet zu werden (§ 119 Rn 54). Die Erfolgsaussicht des in der Vorinstanz obsiegenden Rechtsmittelbeklagten ist nicht zu prüfen (§ 119 S 2; Ausnahmen s § 119 Rn 56). Wird vor Ablauf der Rechtsmittelfrist PKH für ein Rechtsmittel beantragt, ohne daß zugleich des Rechtsmittel selbst eingelegt wird, und wird erst nach Fristablauf über die PKH entschieden, so ist das Rechtsmittel zunächst einmal wegen Fristversäumnis unzulässig. Erfolg verspricht es nur, wenn Wiedereinsetzung in den vorigen Stand gewährt werden kann (s § 119 Rn 58; § 233 Rn 23 – Prozeßkostenhilfe). – Wird eine Berufung eingelegt, deren Wert die Berufungssumme von 1500 DM übersteigt, und zugleich PKH beantragt, **verspricht** aber **der Berufungsantrag** materiell-rechtlich nur teilweise **Erfolg** und liegt dieser Teil **unterhalb der Mindestbeschwer**, so ist die Berufung zwar zunächst zulässig. PKH darf dem Berufungskläger aber nicht gewährt werden, weil er keinen zulässigen erfolgversprechenden Berufungsantrag stellen kann. Würde sie ihm für einen Antrag mit einem Wert von bis zu 1500 DM bewilligt, stellte er darauf in der mündlichen Verhandlung nur diesen Antrag und nähme die Berufung im übrigen zurück, so müßte die Berufung verworfen werden (Rosenberg/Gottwald § 136 II 4 c). Denn die Berufung wird unzulässig, wenn der Berufungskläger, ohne durch eine Veränderung des Beschwerdegegenstandes hierzu gezwungen zu sein, seinen Antrag soweit ermäßigt, daß er die Berufungssumme nicht mehr erreicht (BGH NJW 1983, 1063; RGZ 168, 355/360 – Großer Senat; Seetzen FamRZ 94, 1510; anders Koblenz FamRZ 96, 557). Dieser Gesichtspunkt ist in der Vorauflage und von Hamburg (FamRZ 93, 579) übersehen worden.

29 11) **Vollstreckungsaussichten** können bereits bei der Prüfung der Erfolgsaussicht den Ausschlag geben. Das Ziel jeder Klage ist Befriedigung des Klägers. Steht aber wegen Vermögenslosigkeit des Gegners fest, daß ein gegen ihn erwirktes Urteil nicht vollstreckt werden kann, dann fehlt für die erstrebte Anspruchsbefriedigung die hinreichende Erfolgsaussicht (Köln JurBüro 91, 275; LG Wuppertal Rpfleger 85, 210; Hamm JurBüro 87, 1557). Beispiel: Ein Ausländer besitzt in Deutschland kein pfändbares Vermögen, das deutsche Urteil wäre im Heimatstaat nicht vollstreckbar (AG u LG Tübingen FamRZ 64, 318–321). Jedoch ist bei einer solchen Prognose äußerste Zurückhaltung geboten. Drohende Verjährung, Verschlechterung oder Verlust von Beweismitteln, wahrscheinliche Rückkehr eines Gastarbeiters nach Deutschland usw können Anlaß geben, trotz Vollstreckungsbedenken PKH zu bewilligen (s auch Rn 31). Darüber hinaus sollte ein Bewilligungshindernis grundsätzlich nur angenommen werden, wenn die Verwirklichung des Anspruches auf lange Sicht aussichtslos erscheint (Wax FamRZ 80, 975). Fehlende Erfolgsaussicht kann sich auch aus der Hilfsbedürftigkeit des Antragstellers ergeben, wenn dieser nur Zug um Zug fordern, aber die Gegenleistung nicht aufbringen kann, §§ 756, 765 (Düsseldorf MDR 82, 59). Ob diese Fallgestaltungen auch oder nur oder besser unter dem Gesichtspunkt der Mutwilligkeit (s Rn 30 ff) beurteilt wird, wie dies ein Großteil der Praxis tut (s auch Wax FamRZ 80, 975), ist nebensächlich.

30 **VII) Mutwillen. 1) Begriff.** In § 114 I 2 aF war der wichtigste Fall des Mutwillens definiert: „Die Rechtsverfolgung ist auch dann als mutwillig anzusehen, wenn mit Rücksicht auf die für die Betreibung des Anspruchs bestehenden Aussichten eine nicht das Armenrecht beanspruchende Partei von einer Prozeßführung absehen oder nur einen Teil des Anspruchs geltend machen würde." Daran hat sich sachlich durch die Streichung des § 114 I 2 aF nichts geändert (Wax FamRZ 80, 975). Eine Rechtsverfolgung ist mutwillig, wenn eine verständige, nicht hilfsbedürftige Partei ihre Rechte nicht in gleicher Weise verfolgen würde (Nürnberg FamRZ 95, 371 = NJW-RR 388 f; Karlsruhe FamRZ 95, 1504).

31 2) **Beispiele:** Mutwillig ist eine Klage, wenn das Klagziel einfacher erreicht werden kann, zB eine **Vollstreckungsabwehrklage**, wenn der Gegner erklärtermaßen nicht mehr vollstrecken will und bisher nicht aufgefordert worden ist, den Vollstreckungstitel herauszugeben (Bamberg FamRZ 92, 456). Die **Vermögenslosigkeit des Gegners** kann nicht nur bei der Prüfung der Erfolgsaussicht beachtlich sein (oben Rn 30), sondern auch das Werturteil der Mutwilligkeit stützen (KG JW 35, 2292); ebenso wenn der Hilfsbedürftige nur **Zug um Zug** fordert, er aber die Gegenleistung nicht aufbringen kann, da er dann wegen §§ 756, 765 nie vollstrecken könnte (Düsseldorf MDR 82, 59) oder die Vollstreckung aus anderen Gründen dauernd aussichtslos erscheint (oben Rn 29). Mutwillig ist der Antrag auf Erweiterung des **Umgangsrechts,** wenn der

Antragsteller über seine Wünsche noch nicht mit dem sorgeberechtigten Elternteil und dem Jugendamt gesprochen hat (AG Holzminden FamRZ 95, 372). Im **Kündigungsschutzprozeß** versagt LAG Düsseldorf (LAGE ZPO § 114 Nr 16 = JurBüro 89, 1441) PKH für den Weiterbeschäftigungsantrag, wenn er nicht als unechter Hilfsantrag gestellt werden soll. Das geht auf die gebührenrechtliche Streitfrage zurück, ob bei unechten Hilfsanträgen eine Wertaddition gem § 19 IV GKG ausscheidet (Schneider Anm KoRsp GKG § 19 Nr 149 u MDR 88, 462). Mutwillig ist die Einleitung der **Zwangsvollstreckung**, obwohl der Schuldner beanstandungslos leistet (LG Schweinfurt DAVorm 85, 507).

Kein Mutwillen: Eine Klage wird zum zweiten Mal vor einem Gericht erhoben, nachdem dieses sie rechtlich fehlerhaft an ein anderes Gericht verwiesen hatte und sie dort zurückgenommen worden war (LG Verden NdsRpfl 64, 178). Erhebung einer Abänderungsklage trotz der Erklärung des Gegners, wegen eigenen Einkommens einen Unterhaltsanspruch „zur Zeit nicht geltend zu machen“, weil diese Erklärung weniger weit reicht als ein (Anerkenntnis-) Abänderungstitel (Frankfurt NJW-RR 86, 944). Anders, wenn der mit der Vollstreckungsklausel versehene Titel zurückgegeben und dazu erklärt wird, Ansprüche aus dem Urteil würden nicht mehr geltend gemacht. Widerspruch gegen einstweilige Verfügung trotz Verstoßes gegen sie (LG Heilbronn MDR 92, 612 = Rpfleger 205). Antrag auf Übertragung der elterlichen Sorge, nachdem Eltern sich getrennt haben (Nürnberg FamRZ 95, 371 = NJW-RR 388 f); anders, wenn die Eltern sich über die Ausübung der Sorge durch den Antragsteller einig sind (Düsseldorf FamRZ 91, 1083 = NJW-RR 92, 197). 32

3) **Einem Hilfsbedürftigen darf nicht verwehrt werden, den sichersten Weg oder den weitestgehenden Rechtsschutz zu wählen** (Frankfurt NJW-RR 86, 944). Im Verhältnis zwischen freiwilliger privater Schlichtung (Gutachterkommission für ärztliche Behandlungsfehler) und staatlichem Rechtsweg hat dieser grundsätzlich Vorrang. Es ist nicht mutwillig zu klagen, ohne zuvor die Schlichtung zu versuchen (Düsseldorf VersR 89, 645 = MDR 89, 826; anders LG Aurich NJW 86, 792 m abl Anm Matthies; LG Dortmund JZ 88, 255 m abl Anm Giesen u Stegers AnwBl 89, 137). Geht diese zu Ungunsten des Geschädigten aus, so erhält er keinen Titel und wird voraussichtlich mangels Erfolgsaussicht auch keine PKH mehr erhalten. Insofern kann der Zwang zur Anrufung der Schlichtungsstelle die hilfsbedürftige Partei gegenüber einer vermögenden Partei benachteiligen. Es ist nicht mutwillig, wenn der Geschädigte dies von vornherein zu verhindern sucht. 33

4) **Mutwillig handelt aber, wer den kostspieligeren von zwei gleichwertigen prozessualen Wegen beschreitet** (Köln FamRZ 83, 736; Koblenz ZIP 87, 1596 = OLGZ 1988, 123). Die Judikatur verlangt, daß die Verbilligung durch einen gemeinsamen Anwalt ausgenutzt wird (LG Tübingen JurBüro 90, 506) oder diejenige durch Beschwerde zur Niederschrift der Geschäftsstelle (BayObLG FamRZ 90, 648; anders bei weiter Entfernung BayObLG FamRZ 90, 1123). Mutwillig ist eine Klage statt eines Mahnbescheides, wenn der Schuldner seine Schuld anerkannt hat (Stuttgart JW 36, 2663). Mutwillig ist ein neuer Prozeß statt einer Klageerweiterung (Bamberg FamRZ 90, 187; LAG Düsseldorf LAGE ZPO § 114 Nr 7; JurBüro 86, 605). Mutwillig ist es auch, trotz Sachzusammenhangs einzelne Ansprüche in besonderen Gerichtsständen zu verfolgen, statt sie gemeinsam im allgemeinen Gerichtsstand einzuklagen (Karlsruhe Justiz 89, 192; s Schneider MDR 89, 606) oder vor einem Gericht zu klagen, das nur für einzelne der geltend gemachten Ansprüche zuständig ist, so daß ein weiterer Prozeß vor einem anderen Gericht geführt werden muß (Karlsruhe MDR 88, 972 = NJW-RR 88, 1389). Hat ein Rechtsmittel nur auf Grund **neuen Vorbringens, das der Rechtsmittelführer auch in der Vorinstanz hätte geltend machen können,** Aussicht auf Erfolg, so ist die Rechtsverfolgung in der zweiten Instanz unnötig kostspielig und deshalb mutwillig; denn die zweite Instanz hätte bei sorgfältiger Prozeßführung vermieden werden können. 34

5) Mehrere prozessuale Wege nebeneinander gewährt in vielen Fällen das **Verbundverfahren des Scheidungsprozesses.** Dementsprechend verästelt ist die Judikatur zur Mutwilligkeit der Rechtsverfolgung. Über mutwillige Hauptsacheverfahren, wenn einstweilige Anordnungen ergangen sind oder ergehen können, s § 620 Rn 14. Vollstreckungsabwehrklage statt Antrag auf Änderung der einstweiligen Anordnung s § 620 Rn 17. Selbständige Verfahren statt der billigeren Folgesachenanträge können mutwillig sein (§ 623 Rn 24). Mutwillig ist es, Auskunftsansprüche, die die Folgesachen Unterhalt, Zugewinn- oder Versorgungsausgleich vorbereiten, als selbständige Familiensachen geltend zu machen (§ 623 Rn 21). 35

6) Von der hilfsbedürftigen Partei kann ebenso wie von der vermögenden erwartet werden, daß sie **aktiv am Verfahren mitwirkt** (Düsseldorf FamRZ 79, 158, 159). Unterläßt sie das, dann kann dies den Vorwurf der Mutwilligkeit rechtfertigen (Hamm FRES 4, 358). Namentlich wenn sie ihren Anwalt nicht informiert und dadurch die Gefahr des Prozeßverlustes heraufbeschwört, kann das Parteiverhalten für die Entscheidung über die PKH ausschlaggebend sein. 36

37 **VIII) Besondere Verfahren: 1)** Da bei der **Stufenklage** (§ 254) der zunächst noch unbezifferte Zahlungsantrag von Anfang an den Streitwert (§ 18 GKG) und damit auch die Gebühren bestimmt, darf die PKH für eine solche Klage oder die Verteidigung gegen sie (MK/Wax Rn 13) nicht auf die Auskunftsstufe beschränkt werden (anders Koblenz FamRZ 85, 416; Bamberg FamRZ 86, 371; JurBüro 92, 622; Naumburg FamRZ 94, 1042; Schwab/Maurer I Rn 222); sonst müßte die hilfsbedürftige Partei für den Zahlungsantrag einen Gerichtskostenvorschuß (Düsseldorf FamRZ 85, 417; 87, 1281; Kalthoener/Büttner Rn 459) und für ihren Anwalt einen Gebührenvorschuß bezahlen (§ 17 BRAGO; Karlsruhe FamRZ 84, 501). PKH ist deshalb von vornherein für sämtliche Stufen zu bewilligen (Karlsruhe u Düsseldorf aaO; Koblenz FamRZ 85, 953; Frankfurt FamRZ 91, 1458 = NJW-RR 1411; München FamRZ 93, 340 u 1184; Hamm FamRZ 94, 312; Köln NJW-RR 95, 707 mwN). Bei der Bewilligung steht der Wert des letzten Antrages der Stufenklage noch nicht endgültig fest. Damit der beigeordnete Anwalt seinen Gebührenvorschußanspruch (§ 127 BRAGO) geltend machen kann, ist es zweckmäßig, zugleich mit der Bewilligung den Streitwert für die gesamte Stufenklage vorläufig festzusetzen (München FamRZ 94, 1184 mwN). Auch wenn dies nicht geschieht, besteht für die Staatskasse nicht die Gefahr, für die Kosten überhöhter Zahlungsanträge aufkommen zu müssen. Die PKH ist auf den Antrag beschränkt, der sich aus der Auskunft ergibt (Karlsruhe aaO u FamRZ 95, 1504; Koblenz FamRZ 85, 953; Köln aaO; MK/Wax Rn 13; anders Düsseldorf FamRZ 87, 1281). Soweit der Kläger mehr fordert, als die Auskunft ergibt, erstreckt die PKH sich nicht auf die Mehrforderung. Das Gericht kann sich in der ersten PKH-Bewilligung vorbehalten, nach Bezifferung des Klagantrages erneut über die PKH zu entscheiden (Düsseldorf FamRZ 87, 1281; anders München FamRZ 93, 340). Auch wenn ein solcher Vorbehalt fehlt, kann das Gericht nach der Bezifferung durch Beschluß klarstellen, wie weit der neue Antrag von der PKH-Bewilligung gedeckt ist (Hamm aaO; Karlsruhe FamRZ 95, 1504). Dem Kläger ist zu empfehlen, für den bezifferten Antrag erneut PKH beantragen (Frankfurt, München aaO; ähnlich Karlsruhe FamRZ 84, 501; Koblenz aaO; anders Köln AnwBl 86, 456).

37a Dennoch gibt es bei Stufenklagen Fälle, in denen die **Entscheidung** über die PKH **erst möglich ist, wenn der Zahlungsantrag beziffert worden ist.** Beispiele: **a)** Nachdem das PKH-Gesuch des Klägers dem Beklagten gemäß § 118 I 1 zur Stellungnahme übersandt worden ist, erteilt dieser die geforderte Auskunft. Für das erledigte Auskunftsbegehren darf keine PKH mehr bewilligt werden (§ 119 Rn 46). Der Kläger muß jetzt seinen Zahlungsantrag beziffern. Erst wenn er dies getan hat, lassen sich die Erfolgsaussichten des Zahlungsantrages beurteilen. Verweigert er die Bezifferung, so ist die PKH für den nicht genügend bestimmten und deshalb unzulässigen Zahlungsantrag abzulehnen. **b)** Wenn der Beklagte zugleich mit dem PKH-Gesuch das Auskunftsbegehren anerkennt und sich die Erfolgsaussicht seiner Verteidigung erst beurteilen läßt, nachdem der Kläger seinen Klagantrag beziffert hat, kann die Entscheidung über die PKH bis zu dieser Bezifferung zurückgestellt werden (Köln FamRZ 85, 623; Kalthoener/Büttner Rn 463).

38 **2) Unterhaltsklagen: a) Bedürftigkeit:** Minderjährigen ehelichen Kindern ist für die Klage gegen den nicht sorgeberechtigten Elternteil grundsätzlich PKH zu bewilligen; sie dürfen nicht auf einen Prozeßkostenvorschuß des persönlich betreuenden Elternteils verwiesen werden (München FamRZ 91, 347).

39 **b)** Die **Erfolgsprüfung** darf nicht so ausgedehnt werden, daß die Hauptsache praktisch vorweggenommen wird (Frankfurt FamRZ 78, 433; Wax FamRZ 80, 975). Allerdings wird durch den Zwang zur Vorlage von Belegen (§§ 117, 118) im PKH-Verfahren meist weitergehende Aufklärung erreicht werden als sonst. Für den Neufestsetzungsantrag nach § 642b ist PKH auch ohne Nachweis eines vergeblichen Einigungsversuchs zu gewähren (AG Geldern DAVorm 74, 675); jedoch ist ein solcher Versuch im Prüfungsverfahren angebracht (§ 118 I 3). Bei **freiwilligen Zahlungen** ohne Verpflichtungserklärung nach § 794 Nr 5 hat der Unterhaltsberechtigte ein schutzwürdiges Interesse an einem Titel (Nürnberg FamRZ 86, 187; München FamRZ 94, 313 f), insbesondere wenn der Schuldner sich weigert, beim Jugendamt einen kostenlosen Vollstreckungstitel (§§ 59 f KJHG) zu schaffen. Besitzt der Berechtigte einen solchen Titel (Celle DAVorm 86, 364), dann fehlt das Rechtsschutzbedürfnis für eine Unterhaltsklage (Saarbrücken FamRZ 79, 537; Hamm FamRZ 80, 708; Frankfurt FamRZ 82, 1223; Karlsruhe AnwBl 82, 491; Wax FamRZ 80, 975); er kann die negative Feststellungsklage des Verpflichteten abwarten (Künkel DAVorm 83, 348). Dieser wiederum muß vor Klageerhebung auffordern, auf die Rechte aus dem Titel zu verzichten (Braunschweig DAVorm 87, 681), wobei die Erklärung, Unterhaltsansprüche „zur Zeit nicht mehr geltend zu machen", ungenügend ist (Frankfurt FamRZ 86, 1231).

39a Wenn der Unterhaltsberechtigte **Sozialhilfe** erhält, gehen seine Unterhaltsansprüche nach § 91 I 1 BSHG bis zur Höhe der Sozialhilfe auf den Sozialhilfeträger über. Soweit sie vor Einreichung des PKH-Gesuchs übergegangen sind, hat eine Unterhaltsklage keine Aussicht auf Erfolg. Soweit sie nach Einreichung des PKH-Gesuchs, aber vor Rechtshängigkeit der Unterhaltsklage übergehen, hat es keinen Sinn, den Umfang des Übergangs im PKH-Verfahren zu prüfen (Seetzen NJW

94, 2506 f). Insoweit hat die Klage zwar keine Aussicht auf Erfolg. Unterhaltsrückstände, die zwischen Eingang des PKH-Gesuchs und Rechtshängigkeit der Unterhaltsklage entstehen, wirken sich jedoch nicht auf den Streitwert aus (§ 17 IV 2 GKG). Der Staatskasse entstehen also keine unnützen Kosten, wenn PKH für Unterhaltsraten bewilligt wird, die der Kläger später nicht mehr mit Aussicht auf Erfolg geltend machen kann. Soweit Unterhaltsansprüche nach Rechtshängigkeit der Unterhaltsklage auf den Sozialhilferträger übergehen, hat dies keinen Einfluß auf die Erfolgsaussicht der Klage, wenn der Kläger insoweit seinen Antrag auf Zahlung an den Sozialhilfeträger umstellt (unten Greger § 265 Rn 6)

c) Mutwillen: Wird Unterhalt freiwillig gezahlt, so ist eine Unterhaltsklage auch dann mutwillig, wenn der Zahlende zuvor Bedenken gegen seine Zahlungspflicht geäußert hatte (Nürnberg NJW-RR 93, 327). Wird er regelmäßig zur Monatsmitte gezahlt, dann ist eine Klage mit dem einzigen Ziel, Zahlung am Monatsanfang zu erzwingen, mutwillig (Schleswig SchlHA 78, 19). Zahlt der Vater auf Grund Scheidungsfolgenvergleichs Kindesunterhalt an die Mutter, dann ist eine auf ebenso hohen Unterhalt gerichtete Klage des Kindes mutwillig (Schleswig SchlHA 84, 164). Mutwillig handelt ein Kläger, der bei unzweifelhafter Leistungsfähigkeit des Beklagten Unterhalts-Auskunftsklage erhebt (Schleswig FamRZ 86, 1031) oder, statt kostengünstig Stufenklage zu erheben (§ 1605 BGB), auf Verdacht hin auf Unterhaltszahlung klagt (Hamm FamRZ 86, 924). Über mutwillige Unterhaltsklagen, wenn einstweilige Anordnungen ergangen sind oder ergehen können, s § 620 Rn 14. Die negative Feststellungsklage zur Beseitigung eines nach § 620 f fortwirkenden Anordnungstitels (BGH FamRZ 83, 355) ist mutwillig, wenn nachehelicher Unterhalt in derselben Höhe geschuldet wird (Hamm FamRZ 84, 297 m Anm Braeuer), die Vollstreckungsgegenklage ist es, wenn der Unterhaltsgläubiger erklärt hat, daß er aus einem Titel nicht mehr vollstrecken werde (AG Lahnstein, bestätigt vom OLG Koblenz, FamRZ 84, 1236); allerdings wird hier hinzukommen müssen, daß der Titelgläubiger auch den Titel zurückgibt (s Frankfurt NJW-RR 86, 944). 40

Nach der Neufassung des § 91 I BSHG geht der Unterhaltsanspruch eines Sozialhilfeempfängers bis zur Höhe der geleisteten Sozialhilfe auf den Sozialhilfeträger über. Dieser kann auch auf künftigen Unterhalt klagen, wenn Sozialhilfe voraussichtlich für längere Zeit gewährt werden muß (§ 91 III 2 BSHG). In solchen Fällen halten die OLGe Saarbrücken (FamRZ 94, 636; 95, 1166 mwN), Köln (FamRZ 94, 970 f = NJW-RR 455 f), Frankfurt (NJW-RR 94,1223 f) und Koblenz (FamRZ 95, 1167) die **Unterhaltsklage eines Sozialhilfeempfängers** für **mutwillig,** der Sozialhilfe in Höhe seines Unterhaltsanspruchs erhält. Demgegenüber betont Seetzen (NJW 94, 2506) mit Recht, daß Sozialhilfe eine subsidiäre Leistung ist (§ 2 I BSHG) und daß der Hilfeempfänger nicht darauf verwiesen werden darf, sie künftig weiter zu beziehen (ebenso Hamm FamRZ 94, 1533 = NJW-RR 708; Köln FamRZ 95, 179 Nr 95 u 820; Bamberg FamRZ 95, 624; München FamRZ 95, 625 f; Düsseldorf FamRZ 95, 818 f u 1165 f; Nürnberg FamRZ 95, 1167 = NJW-RR 1220; Karlsruhe FamRZ 95, 1504; Wohlgemuth FamRZ 95, 333; Brudermüller FamRZ 95, 1036) . Hatte das Sozialamt bereits Klage auf künftigen Unterhalt erhoben, so erhält der Unterhaltsberechtigte für eine weitere Klage auf denselben Unterhalt keine PKH. Diese ist aber nicht wegen mutwilliger, sondern wegen aussichtsloser Rechtsverfolgung zu verweigern; denn die zweite Klage ist wegen Rechtshängigkeit des Unterhaltsanspruchs unzulässig (§ 261 III Nr 1; BGH FamRZ 92, 797/799 = NJW 1624 f; Seetzen aaO). Wird zunächst eine **einstweilige Verfügung** auf Zahlung von Unterhalt beantragt und danach Unterhaltsklage erhoben, so entstehen erheblich höhere Kosten als in dem Fall, daß nur die Klage erhoben wird. Angesichts dieser zusätzlichen Kosten ist die **einstweilige Verfügung** mutwillig, wenn für sie unnötigerweise eine weitere Sozialhilfeleistung in Form der PKH beansprucht wird (Bamberg NJW-RR 95, 579 f). 40a

Mutwillig ist auch die **Klage auf den gesamten Unterhalt, wenn dieser teilweise freiwillig gezahlt wird** und wenn nicht versucht wird, den Schuldner insoweit zur Abgabe einer vollstreckbaren Verpflichtungserklärung nach § 60 SGB VIII (KJHG) oder § 794 I Nr 5 ZPO zu veranlassen (KG FamRZ 88, 518 f; Köln FamRZ 88, 1294 f; Karlsruhe FamRZ 91, 344 f; 94, 637 = NJW-RR 94, 68 f; Hamm FamRZ 92, 577 u 831; München FamRZ 94, 313 f u 1126 f mwN; Bamberg JurBüro 94, 234; Frankfurt FamRZ 95, 622/623 aE; Künkel DAVorm 83, 348; Wax JR 85, 467; anders Düsseldorf FamRZ 93, 1217 f; umfassende Erörterung der Rechtslage bei Künkel NJW 85, 2665 ff). Dies gilt auch für die Unterhaltsklage eines (geschiedenen) Ehegatten gegen den anderen. Hier entsteht zwar (anders als bei Verpflichtungserklärungen gegenüber Kindern – §§ 64 SGB X, 55 a KostO) eine Gebühr nach den §§ 36 I, 24 III KostO, wenn der Notar eine vollstreckbare Verpflichtungserklärung beurkundet. Der Unterhalt schuldende Ehegatte ist dem anderen gegenüber nicht verpflichtet, die Gebühr zu bezahlen, und gibt keinen Klaganlaß, wenn er sich aus diesem Grunde weigert, die Erklärung beurkunden zu lassen (anders Düsseldorf FamRZ 94, 1484). Der Unterhalt begehrende Ehegatte steht also vor der Wahl, entweder die Gebühr für die Beurkundung selbst zu bezahlen oder, falls er den vollen Unterhalt einklagt, nach § 93 einen Teil des Kosten seines Gegners tragen zu müssen. Da dieser Kostenteil immer höher ist als Gebühr für die Beurkun- 40b dung, handelt der Unterhalt fordernde Ehegatte mutwillig, wenn er auch den bisher freiwillig bezahlten Unterhaltsteil einklagt.

41 **3) Scheidungsprozesse: a)** Dem **Antragsteller** ist die PKH ist zu verweigern, wenn die Voraussetzungen nicht dargelegt worden sind, unter denen nach § 1565 II BGB die Ehe vor Ablauf des Trennungsjahres zu scheiden ist, und wenn der Scheidungsantrag deshalb unschlüssig ist; s § 612 Rn 1. Dies gilt auch für **einverständliche Scheidungen** (AG Lüdenscheid FamRZ 94, 314). Nach § 630 hat eine solche Aussicht auf Erfolg, wenn in der Antragsschrift mitgeteilt wird, daß die Ehegatten bereit sind, einen übereinstimmenden Vorschlag zur Regelung der elterlichen Sorge und des Umgangs des nicht sorgeberechtigten Elternteils zu gerichtlichem Protokoll abzugeben und einen bestimmten Vergleich über den Unterhalt, die Ehewohnung und den Hausrat zu schließen und wenn der Antragsgegner dies bei seiner Anhörung im PKH- Prüfungsverfahren bestätigt (KG AnwBl 80, 301). Daß eine vollstreckbare Urkunde über die Regelung der Unterhaltspflicht und der Rechtsverhältnisse an Ehewohnung und Hausrat vorgelegt wird, ist nicht Voraussetzung für die Bewilligung der PKH (KG aaO). Sind die Voraussetzungen des § 630 nicht erfüllt, so sprechen das KG (NJW-RR 94, 518 f) und das OLG Köln (FamRZ 95, 1503) einem Scheidungsantrag die Erfolgsaussichten ab, in dem nur behauptet worden war, die Ehe sei zerrüttet, die Parteien lebten mehr als ein Jahr lang getrennt und der Antragsgegner sei mit der Scheidung einverstanden.

42 **b)** Solange der Scheidungsantrag dem **Antragsgegner** noch nicht zugestellt worden ist, erhält dieser keine PKH (Zweibrücken FamRZ 85, 301). Nach Zustellung darf ihm die PKH für die erste Instanz nicht aus dem Grunde versagt werden, weil seine **Verteidigung gegenüber dem Scheidungsantrag keinen Erfolg verspricht.** Da Ehen nur durch Urteil geschieden werden können, ist im Scheidungsverfahren die Interessenlage der Parteien anders als beim gewöhnlichen Zivilprozeß. Der Antragsgegner kann dem Verfahren nicht ausweichen, auch wenn er mit der Scheidung einverstanden ist (Hamburg FamRZ 83, 1133; Bamberg FamRZ 95, 370). Auch die §§ 78 II, 625 sprechen für die Absicht des Gesetzgebers, daß im Scheidungsverfahren regelmäßig beide Seiten anwaltlich beraten sein sollen. Deshalb kommt es bei der Prüfung der Erfolgsaussichten des Antragsgegners nicht auf den Abwehrerfolg gegenüber dem Scheidungsantrag an. Vielmehr soll der Antragsgegner dem Scheidungsantrag gegenüber schlechthin durch einen Anwalt beraten und vertreten werden. Für diese Auffassung spricht auch der Zweck des § 114 ZPO. Die Prüfung der Erfolgsaussichten soll die Gerichte vor überflüssiger Arbeit und die Staatskasse davor schützen, daß sie die Kosten für nutzlose Streitigkeiten tragen muß. Von diesem Schutzzweck her ist gleichgültig, ob der Antragsgegner dem Scheidungsantrag widerspricht oder zustimmt; der Scheidungsprozeß wird in keinem Falle vermieden (Frankfurt FamRZ 80, 716; Stuttgart NJW 85, 207; KG FamRZ 85, 621 mwN; Saarbrücken FamRZ 85, 723 mwN; Bamberg FamRZ 87, 500 f; 95, 370; Düsseldorf FamRZ 90, 80; anders Düsseldorf FamRZ 86, 697 mit Anm Nolting mwN). Dem Antragsgegner ist deshalb im selben Umfang wie dem Antragsteller PKH zu bewilligen.

43 **Wie sich der Antragsgegner auf den Scheidungsantrag einläßt, ist für die PKH-Entscheidung bedeutungslos.** Es hat keinen Sinn, ihm die PKH zu verweigern, wenn er einen aussichtslosen Abweisungsantrag stellt (anders Köln FamRZ 87, 400); denn hierdurch entstehen keine besonderen Kosten. Im übrigen hindert ihn nichts daran, vor Bewilligung der PKH der Scheidung zuzustimmen und den aussichtslosen Antrag erst danach zu stellen. Auch für eine Widerklage auf Scheidung ist ohne weiteres PKH zu gewähren. Die Scheidungswiderklage hat denselben Streitgegenstand wie der Scheidungsantrag (§ 606 Rn 27) und verursacht daher keine zusätzlichen Kosten. Nach § 1564 S 1 BGB können beide Ehegatten die Scheidung beantragen. Deshalb darf dem Antragsgegner, der ebenfalls die Scheidung beantragt, die PKH nicht mit der Begründung versagt werden, daß bereits der andere Ehegatte Scheidung begehrt. Hiermit hängt auch die Regelung des § 122 III S 3 Nr 4 BRAGO zusammen, wonach der beigeordnete Rechtsanwalt für die Verteidigung gegen eine Scheidungswiderklage auch dann aus der Staatskasse honoriert wird, wenn er nicht ausdrücklich hierfür beigeordnet ist. – Anderes gilt für die **zweite Instanz.** Begehrt der Antragsgegner des Scheidungsverfahrens PKH für eine Berufung gegen den Scheidungsausspruch, so darf diesem Gesuch nur bei hinreichender Erfolgsaussicht des Rechtsmittels stattgegeben werden.

44 **c) Mutwillen** ist nicht deshalb zu bejahen, weil das angestrebte Verfahrensziel schon durch den Scheidungsantrag des Gegners erreicht wird (oben Rn 42; Thüringen FamRZ 96, 416; anders AG Syke NJW-RR 93, 1479). Da jeder Ehegatte ein Recht auf einen eigenen Scheidungsantrag hat, ist es auch nicht mutwillig, wenn der Scheidungsantrag von der nicht vermögenden Partei gestellt wird. Darin liegt kein unlauteres Vorschieben wie bei Miterben oder Abtretung (Rn 9 f; Hamm FamRZ 86, 1013, 1014). Wegen mutwilligen Prozessierens kann die PKH einer Partei verweigert werden, die die Scheidung begehrt, ein Scheidungsverbundurteil aber dadurch vereitelt, daß sie an der Aufklärung ihrer Versorgungsanwartschaften nicht mitwirkt (Hamm FRES 4, 358; s Rn 36). Aus **wiederholter Antragsrücknahme darf** nicht ohne weiteres auf mangelnde

Ernstlichkeit und damit Mutwilligkeit des letzten Scheidungsbegehrens geschlossen werden (Frankfurt FamRZ 82, 1224; Karlsruhe FamRZ 89, 1313), anders aber, wenn nach dreimaliger Rücknahme der vierte Scheidungsantrag gestellt wird (Köln FamRZ 88, 92 = NJW-RR 88, 1477). Wieder anders ist es zu beurteilen, wenn die Rücknahme nicht mit dem Ziel der Eheerhaltung erklärt wird, sondern um für ein längere Zeit nicht betriebenes Scheidungsverfahren erneute Bewilligung beantragen zu können, statt das alte Verfahren ohne Auslösen von Mehrkosten (Hamm JurBüro 86, 292) fortzuführen. Hier hat der Anwalt sich schadensersatzpflichtig gemacht mit der Folge, daß zum anrechenbaren Vermögen des Hilfsbedürftigen ein Kostenfreistellungsanspruch gehört (Schneider MDR 87, 552; § 115 Rn 66). Dieser ist jedoch beschränkt auf die Gerichtskosten und Anwaltsgebühren, von denen die Partei im ersten Verfahren befreit worden war, so daß nur insoweit PKH versagt, darüber hinaus aber bewilligt werden muß.

d) Wurde eine **Scheinehe** nur geschlossen, um einem Ausländer eine Aufenthaltserlaubnis zu verschaffen, so ist nur die Heirat mutwillig, nicht aber das Scheidungsbegehren. PKH darf nicht wegen Mutwillens versagt werden (Karlsruhe FamRZ 86, 680 mwN; KG FamRZ 87, 486 = NJW-RR 1096; Düsseldorf FamRZ 94, 1183; Frankfurt FamRZ 96, 615 mwN; Nürnberg FamRZ 96, 615; Wax FamRZ 85, 11 mwN; JHJäger § 1565 BGB Rn 17; kritisch Schneider MDR 85, 442; ablehnend Stuttgart FamRZ 92, 195). Es handelt sich um Fälle selbstverschuldeter Hilfsbedürftigkeit (Köln FamRZ 84, 278; Nürnberg FamRZ 95, 1502 = NJW-RR 901 = JurBüro 311; unten § 115 Rn 72 ff). 45

e) Ein Antragsgegner, der sich nicht durch einen Rechtsanwalt vertreten lassen will, kann **PKH ohne Beiordnung eines Anwalts** erhalten. Anwälte, die nicht beim Prozeßgericht zugelassen sind, dürfen auch dem Antragsgegner nicht beigeordnet werden, der im Scheidungsprozeß keinen eigenen Antrag stellen will; s § 121 Rn 3. 46

f) Nach § 122 III 1 BRAGO erstreckt sich die Beiordnung eines Rechtsanwalts in einer Ehesache von selbst auf den Abschluß eines **Scheidungsfolgenvergleichs** über den Ehegatten- und Kindesunterhalt, die elterliche Sorge, die Ehewohnung, den Hausrat und güterrechtliche Ansprüche. Diese Regelung gilt auch für den beigeordneten Verkehrsanwalt (Oldenburg JurBüro 92, 100 mwN). Auf die Anhängigkeit entsprechender Folgesachen kommt es nicht an (Zweibrücken JurBüro 81, 713 = Rpfleger 247; München JurBüro 86, 1377), ebensowenig auf die ausdrückliche Beiordnung für den Vergleich. Selbst wenn für Folgesachen, die dem Vergleichsgegenstand entsprechen, die PKH wegen Aussichtslosigkeit verweigert worden war, ist § 122 III 1 BRAGO anzuwenden. Soweit sich allerdings der Vergleich auf nicht in § 122 III 1 BRAGO aufgeführte Gegenstände bezieht, bedarf es eines zusätzlichen Antrages, der nicht schon im PKH-Antrag für das Verfahren liegt (Düsseldorf JurBüro 81, 399), und besonderer PKH-Bewilligung und Anwaltsbeiordnung, etwa wenn es um die im Vergleich übernommene Verpflichtung des Ehemannes geht, die Ehefrau von einer Verbindlichkeit zu befreien (Stuttgart JurBüro 76, 1062). – Enger als § 122 III 1 BRAGO ist Nr 1660 des Kostenverzeichnisses zum GKG, wonach für einen gerichtlich protokollierten Scheidungsfolgenvergleich ein Viertel der vollen Gebühr erhoben wird, soweit der Wert des Vergleichsgegenstandes den Wert des Streitgegenstandes übersteigt (Bamberg JurBüro 96, 23 f). Um diese Gebühr zu sparen, muß eine Partei, der PKH für die Scheidungssache zusteht, zusätzlich PKH für den Vergleich beantragen, es sei denn, dieser regelt nur anhängige Folgesachen. Über die Mitwirkung von Anwälten bei der Vergleichsprotokollierung s § 630 Rn 15; über die Frage, ob die Beiordnung auf außergerichtliche Vergleiche erstreckt, § 119 Rn 25. 47

g) Wie weit sich die PKH auf **Folgesachen** erstreckt, ergibt sich aus § 624 Rn 5 f. Für jede **einstweilige Anordnung** muß die PKH besonders beantragt und bewilligt werden (Düsseldorf FamRZ 82, 1096; München JurBüro 84, 1851; Karlsruhe FamRZ 85, 1274; Bamberg FamRZ 86, 701 = JurBüro 141; Karlsruhe FamRZ 93, 216). Es genügt nicht, wenn bei Einreichung des Scheidungsantrages gleichsam auf Vorrat PKH für künftige Anordnungsverfahren beantragt wird (Karlsruhe FamRZ 93, 216). – Die Beiordnung eines Anwalts darf nicht mit der Begründung abgelehnt werden, die Parteien könnten die Anordnung selbst zu Protokoll der Geschäftsstelle beantragen (§ 620 a II 2; Bamberg FamRZ 79, 527); denn von dieser Möglichkeit abgesehen besteht für das Anordnungsverfahren Anwaltszwang; s § 620 a Rn 9. Da der Erlaß und die Änderung der Anordnung gebührenrechtlich eine Angelegenheit sind (Vorbem vor Nr 1700 des Kostenverzeichnisses zum GKG, § 41 I BRAGO), umfaßt die Bewilligung der PKH für ein Anordnungsverfahren auch spätere Verfahren nach § 620 b (Hamm MDR 83, 847 = Rpfleger 84, 34); es sei denn, der Gegenstand des zweiten Verfahrens geht über denjenigen des ersten hinaus, oder für das zweite Verfahren ist ein anderes Gericht zuständig als für das Ursprungsverfahren, zB das OLG statt des FamG. Die PKH für ein Anordnungsverfahren erstreckt sich ferner auf die Aussetzung der Vollziehung (§ 620 e), wenn hiermit dieselbe Instanz befaßt ist, die PKH bewilligt hatte, und auf Beschlußverfahren wegen des Außerkrafttretens der einstweiligen Anordnung nach § 620 f. § 122 III 1 BRAGO (s Rn 47) gilt nicht für Vergleiche, die nur zur Erledigung des Anordnungsverfahrens geschlossen werden (Karlsruhe JurBüro 90, 231). 48

49 4) **Abstammungsklage.** a) Ein minderjähriges unverheiratetes Kind braucht zum **Nachweis der Bedürftigkeit** keinen Vordruck über seine persönlichen und wirtschaftlichen Verhältnisse einzureichen, muß dann aber die im § 2 I der VordruckVO vorgeschriebenen Erklärungen formlos abgeben; s § 117 Rn 16. Aus diesen kann das Gericht entnehmen, ob es von seiner Mutter einen **Prozeßkostenvorschuß** verlangen kann. Ist die Mutter leistungsfähig, so hat sie ihrem Kind die Kosten für eine Vaterschaftsfeststellungsklage vorzuschießen (KG NJW 82, 111; München FamRZ 87, 303; Schleswig SchlHA 87, 184; Hamm DAVorm 87, 924). Auch der als Vater verklagte Mann ist vorschußpflichtig (§ 641 d Rn 12b).

50 b) **Hinreichende Erfolgsaussicht** besteht, wenn eine Beweisaufnahme ernsthaft in Betracht kommt (Hamburg DAVorm 84, 708; Karlsruhe Justiz 87, 64). Abstammungsgutachten werden im Prüfungsverfahren nach § 118 nicht eingeholt (Bamberg FamRZ 71, 199; Koblenz DAVorm 72, 74; Hamburg DAVorm 86, 367; Karlsruhe Justiz 87, 64). Liegen ernsthafte tatsächliche Anhaltspunkte für die Nichtvaterschaft vor, wozu auch Mehrverkehr der Mutter ausreicht, und ist eine Abstammungsbegutachtung möglich, dann ist auch für eine **negative Abstammungsklage** dem Kläger PKH zu gewähren (Karlsruhe NJW 62, 1305). Wer die **Vaterschaftsanerkennung anficht,** muß glaubhaft machen, warum sie unrichtig ist, damit geprüft werden kann, ob die Klage mutwillig ist (Köln FamRZ 83, 736). Beantragt der Beklagte erst PKH, nachdem er die Vaterschaft bereits anerkannt hat, so hat seine Rechtsverteidigung keine Aussicht auf Erfolg mehr (Karlsruhe FamRZ 95, 1163 f). PKH ist zu versagen, wenn auf Grund des bereits vorliegenden Beweisergebnisses die Vermutung des § 1600 o BGB entkräftet wird (KG DAVorm 70, 365). Daß der Gegner im Ausland wohnt, ist kein Grund, PKH zu versagen (Hamm DAVorm 79, 199; KG ZBlJugR 76, 255; s aber Rn 29), desgleichen nicht, daß Beweiserhebungen und Vollstreckung im Ausland stattfinden müssen (Celle NdsRpfl 74, 105; KG ZBlJugR 76, 255; Hamm DAVorm 79, 199). Wegen **mutwilliger Beweisanträge** s § 640 Rn 37. – Der auf Feststellung der Vaterschaft verklagte Mann erhält PKH nur, wenn seine **Rechtsverteidigung hinreichende Aussicht auf Erfolg** hat. Für ihn gilt nicht der Gesichtspunkt; daß er sich einem Rechtsstreit nicht entziehen kann, in dem er Kosten zu tragen hat, wenn er unterliegt (unten Rn 53); denn er kann einen Prozeß durch Vaterschaftsanerkennung vermeiden (Köln DAVorm 89, 791).

51 c) Für **einstweilige Anordnungen** nach § 641d geltend die in Rn 48 entwickelten Gedanken sinngemäß.

52 5) **Ehelichkeitsanfechtung.** a) Ein Anspruch auf **Prozeßkostenvorschuß** kann die Bedürftigkeit des Kindes ausschließen. Ficht dieses seine Ehelichkeit durch Klage gegen den Ehemann seiner Mutter an, so kann es von diesem keinen Prozeßkostenvorschuß verlangen (KG FamRZ 70, 141/143; Koblenz FamRZ 76; 359; Frankfurt FamRZ 83, 827 mwN; Hamburg FamRZ 96, 224 = NJW-RR 1; anders BGH FamRZ 64, 558 = NJW 2151 f; Zweibrücken JurBüro, 82, 1259; Koblenz FamRZ 96, 44; AG Elmshorn FamRZ 91, 841 mwN). Analog § 1360a BGB hat der Mann die Kosten nur vorzuschießen, soweit dies der Billigkeit entspricht. Das ist hier nicht der Fall, weil das Vorschußverlangen des Kindes seinem Klagbegehren widerspricht (Hamburg aaO). Das zuweilen hiergegen vorgebrachte Argument, die Fiktion des § 1593 BGB nehme dies bewußt in Kauf (KG NJW 71, 197; FamRZ 87, 303; Hamm JurBüro 83, 453), ist zu formalistisch und überzeugt nicht. – Alles dies gilt nicht für eine Anfechtungsklage des Ehemannes der Mutter gegen das Kind. Hier schuldet der Mann dem Kind einen Kostenvorschuß (Koblenz JurBüro 95, 537). Das gilt auch für den Fall, daß das Kind der Anfechtungsklage nicht entgegentritt (Celle NJW-RR 95, 6 = DAVorm 109). Eine einstweilige Anordnung auf Prozeßkostenvorschuß darf hier aber nicht ergehen. § 641 d ist im Ehelichkeitsanfechtungsprozeß nicht anwendbar (Koblenz FamRZ 74, 383).

52a b) Art 103 I GG schließt es nicht aus, daß bei der Entscheidung darüber, ob dem im Ehelichkeitsanfechtungsverfahren beklagten Kind PKH zu gewähren ist, die **Erfolgsaussicht** geprüft und verneint wird (BVerfGE 7, 53; 9, 256; Köln DAVorm 83, 959). Nach Düsseldorf (DAVorm 79, 292) ist hinreichende Erfolgsaussicht der Anfechtungsklage schon zu bejahen, wenn eine gewisse Wahrscheinlichkeit für den Klageerfolg besteht. Bei Notwendigkeit einer Beweiserhebung ist beiden Parteien PKH zu bewilligen (Künkel DAVorm 83, 248), also grundsätzlich schon dann, wenn ein Abstammungsgutachten eingeholt wird (Karlsruhe MDR 64, 1004; FamRZ 68, 35; Köln JR 58, 261). Muß allerdings davon ausgegangen werden, daß eine Begutachtung keinen Beweis erbringen wird, dann fehlt die hinreichende Aussicht auf Erfolg (Stuttgart FamRZ 64, 314; Karlsruhe NJW 62, 1305). Die Begutachtung ist das ausschlaggebende Beweismittel. Deshalb ist die Verteidigung des Kindes gegen die Anfechtung seiner Ehelichkeit nicht schon deshalb aussichtslos, weil ein Geständnis der Mutter über den Verkehr mit einem anderen Mann vorliegt oder weil der klagende Ehemann und die Mutter übereinstimmend erklärt haben, das Kind stamme nicht vom Kläger ab; denn dadurch werden Vermutungen der §§ 1591, 1592 BGB nicht ausgeräumt (Frankfurt AnwBl 72, 322).

c) Im Ehelichkeitsanfechtungsprozeß **ist dem Beklagten** auch dann **Prozeßkostenhilfe zu gewähren,** wenn er dem Klagebegehren nicht entgegentritt (Celle FamRZ 83, 735 = MDR 323; Frankfurt DAVorm 83, 306; Nürnberg FamRZ 85, 1275; JurBüro 93, 231; München DAVorm 85, 1034; Karlsruhe DAVorm 89, 92 = Justiz 156; DAVorm 89, 708; FamRZ 92, 221; Bamberg FamRZ 90, 181 f; Stuttgart DAVorm 90, 469; 91, 949; Schleswig SchlHA 94, 100; Schneider MDR 85, 442 mwN; anders KG FamRZ 87, 502 mwN; Koblenz FamRZ 87, 503; Hamm FamRZ 92, 454 = DAVorm 91, 1111; Düsseldorf FamRZ 96, 616; weitere Nachweise s Köln FamRZ 87, 400). Hier ergeben sich dieselben Probleme wie für den Antragsgegner, der einem Scheidungsbegehren nicht entgegentritt; s Rn 42. Der Beklagte kann sich einem Rechtsstreit nicht entziehen, in dem er bei Erfolg der Klage Kosten zu tragen hat (§ 93 c). Es wäre ein Widerspruch der Rechtsordnung in sich selbst, einerseits dem Beklagten, auch wenn er sich nicht wehren will, in einen Prozeß hineinzuziehen, ihm andererseits aber die Wahrnehmung seiner Rechte mangels Erfolgsaussicht zu versagen (vgl KG u Stuttgart aaO; Karlsruhe DAVorm 89, 708). Ist dem Beklagten PKH zu bewilligen, so erhält er diese auch für eine **Statuswiderklage.** Da diese denselben Streitgegenstand wie die Klage hat (Markl, GKG, § 19 Rn 6, 8), entstehen hierdurch keine zusätzlichen Kosten. Zur Zulässigkeit von Statuswiderklagen s § 640 c Rn 5). 53

d) Die **Mutter,** die ihrem Kind **als Nebenintervenientin** beitritt und hierfür PKH begehrt, braucht ihr Interesse am Sieg ihres Kindes nicht zu begründen; dieses Interesse versteht sich von selbst (Bremen AnwBl 81, 71). Sie muß aber darlegen, daß sie selbständige sachdienliche Beiträge zur Durchsetzung eigener Rechte oder der Interessen ihres Kindes leisten will (Düsseldorf DAVorm 93, 588; FamRZ 95, 1506 = MDR 1038). Legt sie dies dar, so ist ihr PKH zu bewilligen (Frankfurt FamRZ 84, 1041; Stuttgart DAVorm 84, 610; Koblenz FamRZ 86, 1233; Karlsruhe FamRZ 92, 701 = DAVorm 994); legt sie dies nicht dar, so ist ihr Beitritt mutwillig (Düsseldorf aaO). Wenn sie den Prozeß als gesetzliche Vertreterin des beklagten Kindes führt, kann sie nicht beitreten und erhält keine PKH (Hamm FamRZ 94, 386 mwN). Ihr Beitritt ist nicht allein aus dem Grunde mutwillig, weil das beklagte Kind durch das Jugendamt als Pfleger vertreten wird. Sie hat keinen Einfluß auf die Prozeßführung des Pflegers (Frankfurt aaO) und kann ihr Interesse am Sieg des Kindes (§ 66 I) selbst wahrnehmen (Bremen aaO; Saarbrücken AnwBl 84, 624; Karlsruhe DAVorm 92, 994; anders Hamm DAVorm 87, 682; 91, 772). Einen Interessenkonflikt mit dem Jugendamt braucht sie nicht darzulegen (anders Düsseldorf DAVorm 93, 588). Mutwillig kann der Beitritt auch sein, wenn das Urteil nur noch von einem Blutgruppengutachten abhängt, die Nebenintervenientin also auf den Prozeß keinen Einfluß mehr hat (Düsseldorf DAVorm 82, 478; Hamm DAVorm 91, 772). Angesichts der schwierigen Rechtslage ist der Mutter in der Regel ein Rechtsanwalt beizuordnen (Bremen, Saarbrücken aaO). 54

6) Die Erfolgsaussicht der **Wiederaufnahmeklage** kann mit der Begründung verneint werden, daß der Rechtsstreit, der wiederaufgenommen werden soll, richtig entschieden worden sei. Ob die Klage zulässig ist und ob Anfechtungsgründe hinreichend dargetan und für das frühere Urteil ursächlich geworden sind, kann dann offen bleiben (BGH NJW 93, 3140 = MDR 94, 841). 55

7) Über PKH für den Konkursverwalter s § 116 Rn 6 ff. Wegen PKH für die Beteiligung am Konkursverfahren s Kuhn/Uhlenbruck § 6 Rn 31 ff. 56

115 *[Einsatz von Einkommen und Vermögen]*

(1) Die Partei hat ihr Einkommen einzusetzen. Zum Einkommen gehören alle Einkünfte in Geld oder Geldeswert. Von ihm sind abzusetzen:

1. die in § 76 Abs. 2, 2a des Bundessozialhilfegesetzes bezeichneten Beträge;

2. für die Partei und ihren Ehegatten jeweils 64 vom Hundert und bei weiteren Unterhaltsleistungen aufgrund gesetzlicher Unterhaltspflicht für jede unterhaltsberechtigte Person 45 vom Hundert des Grundbetrages nach § 79 Abs. 1 Nr. 1, § 82 des Bundessozialhilfegesetzes, der im Zeitpunkt der Bewilligung der Prozeßkostenhilfe gilt; das Bundesministerium der Justiz gibt jährlich die vom 1. Juli des Jahres bis zum 30. Juni des nächsten Jahres maßgebenden Beträge im Bundesgesetzblatt bekannt. Der Unterhaltsfreibetrag vermindert sich um das eigene Einkommen der unterhaltsberechtigten Person. Wird eine Geldrente gezahlt, so ist sie anstelle des Freibetrages abzusetzen, soweit dies angemessen ist;

3. die Kosten der Unterkunft und Heizung, soweit sie nicht in einem auffälligen Mißverhältnis zu den Lebensverhältnissen der Partei stehen;

4. weitere Beträge, soweit dies mit Rücksicht auf besondere Belastungen angemessen ist; § 1610a des Bürgerlichen Gesetzbuches gilt entsprechend.

Von dem nach den Abzügen verbleibenden, auf volle Deutsche Mark abzurundenden Teil des Einkommens (einzusetzendes Einkommen) sind unabhängig von der Zahl der Rechtszüge höchstens achtundvierzig Monatsraten aufzubringen, und zwar bei einem

einzusetzenden Einkommen (Deutsche Mark)	eine Monatsrate von (Deutsche Mark)
bis 30	0
100	30
200	60
300	90
400	120
500	150
600	190
700	230
800	270
900	310
1 000	350
1 100	400
1 200	450
1 300	500
1 400	550
1 500	600
über 1 500	600 zuzüglich des 1 500 übersteigenden Teils des einzusetzenden Einkommens

(2) Die Partei hat ihr Vermögen einzusetzen, soweit dies zumutbar ist. § 88 des Bundessozialhilfegesetzes gilt entsprechend.

(3) Prozeßkostenhilfe wird nicht bewilligt, wenn die Kosten der Prozeßführung der Partei vier Monatsraten und die aus dem Vermögen aufzubringenden Teilbeträge voraussichtlich nicht übersteigen.

I) Überblick: § 115 ist durch das Anfang 1995 in Kraft getretene Prozeßkostenhilfeänderungsgesetz (BGBl 94 I 2945) neu gefaßt worden. Die Einkommensgrenzen, die seit 1981 für die PKH-Bewilligung maßgeblich waren, waren durch die Geldentwertung überholt worden, die seitdem stattgefunden hat. Deshalb ist die frühere Tabelle (Anlage zu § 114) durch eine neue ersetzt worden, die in den § 115 eingearbeitet worden ist. Auch nach der Neufassung des Gesetzes kommt es – wie bisher – darauf an, wie weit die hilfsbedürftige Partei ihr Einkommen (Abs 1) und ihr Vermögen (Abs 2) einzusetzen hat. Einkommen und Vermögen stehen dabei in keinem **Rangverhältnis.** Genügendes Einkommen kann ebenso wie hinreichendes Vermögen zur Versagung von PKH führen. Sind die voraussichtlichen Kosten der Instanz (§ 119 I S 1) nicht höher als das Vierfache der monatlich zumutbaren Belastung, dann entfällt PKH (Abs 3). 1

II) Grundzüge: Soweit eine Partei Prozeßkosten aus ihrem Vermögen bezahlen muß, ändert die Neufassung des § 115 den bisherigen Rechtszustand nicht (Abs 2). Soweit sie ihr Einkommen einzusetzen hat, **wird die PKH wie folgt berechnet:** Zunächst wird das Einkommen ermittelt (Abs 1 S 1). Hiervon werden abgezogen: **a)** Einkommensteuern, Versicherungsbeiträge und Werbungskosten (Abs 1 S 3 Nr 1 iVm § 76 Abs 2 BSHG), **b)** die Beträge, die die Partei für ihren und ihrer Familie notdürftigen Lebensbedarf braucht (Abs 1 S 3 Nr 2 und Nr 1 iVm § 76 Abs 2a BSHG), **c)** die Kosten der Unterkunft und Heizung (Abs 1 S 3 Nr 3), **d)** besondere Belastungen (Abs 1 S 3 Nr 4). Das restliche Einkommen wird in die Tabelle eingesetzt, aus der sich die Raten ergeben, die die Partei auf die Prozeßkosten zu zahlen hat. Dieses System ist einfacher als die bisher geltende Ratenberechnung, und zwar vor allem in dem Punkt „Kosten der Unterkunft". Die Vereinfachung wird aber derzeit kompensiert durch Komplikationen, die sich daraus ergeben, daß die Rechtsverordnung zu § 76 Abs 2a BSHG noch nicht erlassen ist; s Rn 27–31. 2

III) Einkommen (Abs 1 S 1): 1) Die Definition des Einkommens („alle Einkünfte in Geld oder Geldeswert") entspricht derjenigen in § 76 I BSHG (Regierungsentwurf zum PKH-Gesetz, BR-Drucks 187/79 S 25). **Für die PKH gelten die sozialrechtlichen,** nicht die unterhalts- oder steuerrechtlichen **Regeln der Einkommensermittlung.** Deshalb kann bei der Prüfung von PKH-Anträgen auch die VO zur Durchführung des § 76 BSHG in der Fassung der VO vom 23.11.1976 (BGBl I S 3234) als Wegweiser dienen (KG FamRZ 82, 623; Köln FamRZ 88, 95; Saarbrücken FamRZ 88, 1183; Frankfurt JurBüro 90, 1649; LAGe Düsseldorf LAGE ZPO § 115 Nr 19 S 42; Köln LAGE ZPO § 115 Nr 30; Schneider Rpfleger 80, 366; Wax FamRZ 80, 976; Kohte DB 81, 1174; Vollkommer Anm LAGE ZPO § 115 Nr 12 S 20; StJBork Rn 6). Sie bindet den Richter aber nicht (Bamberg JurBüro 82, 293; 91, 976; FamRZ 84, 721). Bei schwankenden Einkünften kann gemäß § 11 der VO vom durchschnittlichen Monatseinkommen ausgegangen werden (Bamberg JurBüro 91, 976; Köln RPfleger 93, 408). 3

2) Es kommt nicht darauf an, ob der Empfänger einen **Rechtsanspruch auf die Einkünfte** hat. Umgekehrt ist ein Rechtsanspruch nicht mit Einkommen gleichzusetzen. Lohn- oder Unterhaltsforderungen, die sich nicht durchsetzen lassen, zählen nicht hierzu (MK/Wax Rn 6). Kann eine solche Forderung ohne weiteres und alsbald durchgesetzt werden, so ist sie dem Einkommen zuzurechnen (BVerwG NDV 65, 342; BVerwGE 21, 208); anderenfalls hätte es der Gläubiger in der Hand, sein Einkommen zu schmälern. Über abgetretene oder gepfändete Lohnforderungen kann der Arbeitnehmer nicht verfügen; sie gehören nicht zu den Einkünften (StJBork Rn 7). 4

3) Einkommen (§ 115 I) **und Vermögen** (§ 115 II) unterliegen verschiedenen Bewertungsregeln. Eine Leistung, die vor Eingang des PKH-Antrages dem Hilfsbedürftigen zugeflossen war und noch nicht verbraucht worden ist, gehört zum Vermögen. Nicht Einkommen, sondern Vermögen ist auch der Anspruch auf **Prozeßkostenvorschuß** nach den §§ 1360a IV, 1361 IV 4 BGB, den ein Ehegatte gegen den anderen hat. **Einmalige Zuwendungen** (Abfindungen bei Beendigung eines Arbeitsverhältnisses; aus Vermögensauseinandersetzungen, Unterhaltsabfindungen, Schenkungen, Erbschaften,) sind kein Einkommen, sondern Vermögen, auch wenn der Empfänger sie für seinen Unterhalt verbraucht. Zuwendungen, die nur einmal jährlich bezahlt werden, wie Weihnachts- oder Urlaubsgeld, Umsatzbeteiligungen, gewinnabhängige Tantiemen, sowie Honorare für einmalige Tätigkeiten sind Einkünfte (anders für Honorare StJBork Rn 9). 5

4) Arbeitskraft ist weder Einkommen noch Vermögen (Düsseldorf FamRZ 87, 398; Biebrach NJW 88, 1769). Die vom Gericht festgestellte (Köln FamRZ 83, 637) Fähigkeit, durch zumutbare 6

Arbeit Geld zu verdienen, ist aber wie Einkommen zu behandeln (Karlsruhe FamRZ 85, 954 = NJW 85, 1787; KG NJW 82, 112; FamRZ 74, 453; Frankfurt MDR 62, 138; Stuttgart DAVorm 86, 728; Hamm FamRZ 86, 1013 u 94, 1396 mwN; Koblenz FamRZ 86, 1014; Bamberg JurBüro 87, 130; 90, 635 u 1646; Köln FamRZ 95, 942; Wax FamRZ 80, 976). Anderenfalls wäre die Rspr nicht in der Lage, sich arbeitsunlustiger Antragsteller zu erwehren (Bamberg FamRZ 95, 370 f; Schneider MDR 78, 270 mwN), wenn etwa der Hilfsbedürftige nur wenige Tage arbeitet, und dies für unangemessen niedrigen Lohn (Bamberg JurBüro 90, 635). In diesen Fällen ist von einem fiktiven Einkommen in erzielbarer Höhe auszugehen, und hiernach sind die Raten auf die Prozeßkosten zu berechnen (Köln aaO). Die fiktive Berechnung ist auf klare Fälle zu beschränken, wobei allerdings vorsätzliches rechtsmißbräuchliches Verhalten nicht festgestellt werden muß (Hamm FamRZ 94, 1396 mwN; Christl NJW 81, 786; s auch Rn 74). Unerläßlich ist immer die Feststellung der tatsächlichen Voraussetzungen der schuldhaften Arbeitsverweigerung, insbesondere also die Klärung der realen Arbeitsmöglichkeiten (Karlsruhe NJW 85, 1787 = FamRZ 954; Bamberg FamRZ 95, 370 f). Ein Arbeitsloser braucht nicht von sich aus substantiiert darzulegen, daß und auf welche Weise er sich erfolglos um Arbeit bemüht (Hamm FamRZ 86, 1013; Bamberg aaO). Sprechen allerdings die Umstände für ungenutzte Erwerbsmöglichkeiten, dann sind auf Verlangen des Gerichts konkrete Bemühungen darzulegen und glaubhaft zu machen (Koblenz FamRZ 86, 1014; Biebrach NJW 88, 1769, 1770).

7 5) **Maßgebend** sind nur die Einkünfte der Partei, **nicht das Familieneinkommen** (BSG Rpfleger 94, 304 f; Hamburg DAVorm 88,188; Köln FamRZ 93, 1333 = RPfleger 408; Celle FamRZ 93, 1334 mwN; Bamberg JurBüro 94, 751; anders LAGe Düsseldorf JurBüro 89, 1442, Nürnberg JurBüro 90, 512). Ehegatteneinkommen werden nur nach § 115 I 3 Nr 2 berücksichtigt, nicht aber zusammengerechnet (Celle FamRZ 92, 702 f mwN = JurBüro 186; Köln FamRZ 93, 1333 = JurBüro 751; LAG Hamburg LAGE ZPO § 115 Nr 36; anders LAG Hamm MDR 82, 436; LAG Berlin MDR 82, 436). Würde das Einkommen des anderen Ehegatten mitberücksichtigt, so liefe dies darauf hinaus, daß der andere auch für Prozeßkosten in nicht persönlichen Angelegenheiten aufkommen müßte, die er nach den §§ 1360a IV, 1361 IV 4 BGB gerade nicht zu bezahlen braucht (Köln aaO mwN; zweifelnd Celle aaO 704). An diesem Widerspruch scheitert auch die Lösung von Vollkommer (Anm LAGE ZPO § 115 Nr 12; ebenso LAG Köln LAGE ZPO § 115 Nr 15 u 35; MDR 87, 964; 89, 765; LAG Nürnberg JurBüro 90, 512; LAG Düsseldorf LAGE ZPO § 115 Nr 18), wonach dem Ehegatten mit dem geringeren Einkommen die Hälfte des Unterschieds zwischen den Einkommen beider Ehegatten analog § 138 I 2 AFG anzurechnen ist. Gegen diese Analogie spricht, daß § 138 AFG bewußt vom Unterhaltsrecht abweicht, um die Berechnung des Arbeitslosengeldes zu erleichtern, ein Gedanke, der für die PKH nicht paßt (Celle FamRZ 92, 702 f mwN = JurBüro 186). Gegen sie spricht weiter, daß § 115 nicht lückenhaft ist, sondern im Abs 1 Nr 2 eine Bestimmung enthält, wie Ehegatteneinkommen zu berücksichtigen ist.

8 6) Die PKH ist auch dann für jeden Ehegatten einzeln zu berechnen, **wenn Eheleute gemeinsam einen vermögensrechtlichen Anspruch einklagen** (MK/Wax Rn 17; anders Hamburg FamRZ 86, 187; Bischof AnwBl 81, 369 f). Erst recht ist trotz häuslicher Gemeinschaft nicht das **Einkommen des Lebensgefährten** zu berücksichtigen (Köln FamRZ 88, 306 mwN; LAG Düsseldorf EzA ZPO § 115 Nr 9; LAGE ZPO § 115 Nr 19; LAG Baden-Württemberg LAGE ZPO 114 Nr 8; LAG Köln LAGE § 115 Nr 12; LAG Berlin LAGE ZPO § 115 Nr 14; OVG Münster FamRZ 84, 604; Rpfleger 86, 406; anders Koblenz NJW-RR 92, 1348; LAG Rheinland-Pfalz NZA 88, 177). Der einkommenslosen Partei darf auch nicht ein fiktives Entgelt für die Versorgung ihres Lebensgefährten als Einkommen angerechnet werden; denn sie hat keinen Anspruch auf Zahlung dieses Entgelts (Köln FamRZ 95, 372 = MDR 101; anders Kalthoener/Büttner Rn 213).

9 **IV) Einkommensarten: 1)** Eine **Unterhaltsrente** gehört zum Einkommen (Koblenz Rpfleger 92, 439 mwN = FamRZ 1197). Daß ein Unterhaltspflichtiger vorhanden ist, zählt nicht, solange er nicht leistet oder alsbald zur Leistung gezwungen werden kann (oben Rn 4). Wird ein Unterhaltsanspruch gemäß § 1585 BGB in Kapital abgefunden, dann handelt es sich um einsetzbares Vermögen (Rn 5; Koblenz FamRZ 87, 1284). Auch Unterhalt, auf den der Empfänger keinen Anspruch hat, gehört zum Einkommen (Rn 4), zB dauernde freiwillige Zahlungen für Miete oder Studium (Bamberg JurBüro 85, 1108; Koblenz FamRZ 92, 1197; Köln MDR 96, 310 mwN). **Taschengeld** dient ganz persönlichen Bedürfnissen und ist deshalb nicht zur Kostendeckung einzusetzen (Bamberg JurBüro 94, 751; anders Koblenz Rpfleger 96, 73 = MDR 287). **Nicht zum Einkommen gehört die Unterhaltsrente für ein bei der Partei wohnendes Kind.** Der Kindesunterhalt wird nur in der Weise berücksichtigt, daß er von dem Unterhaltsfreibetrag des § 115 I 2 Nr 2 abgezogen wird, wodurch der Freibetrag auf den Wert 0 sinken kann. Hiermit wäre es nicht zu vereinbaren, wenn der Kindesunterhalt zum Einkommen der Partei hinzuaddiert würde.

10 **a)** Zu den Einkünften von Geldeswert iS des § 115 I 2 gehört auch der Unterhalt, der durch Gewährung von Wohnung, Nahrung, Kleidung usw geleistet wird (LAG Bad-Württ BB 84, 1810). Erhalten Ehegatten oder Kinder, die PKH begehren, solchen Unterhalt, so brauchen die Natural-

leistungen nicht bewertet zu werden, wenn diese Personen Anspruch auf Kostenvorschuß für Prozesse in persönlichen Angelegenheiten (§ 1360a IV BGB) haben und deshalb keine PKH erhalten (Rn 67 ff). Probleme wirft der **Naturalunterhalt** auf, wenn die unterhaltene **Ehefrau** PKH für einen Prozeß begehrt, der keine persönliche Angelegenheit betrifft. Dasselbe gilt für den Naturalunterhalt, den ein nicht mit der Partei verheirateter **Lebensgefährte** gewährt. Grundsätzlich ist auch freiwillig gewährter Naturalunterhalt Einkommen. Hat die Partei außer ihm keine Einkünfte, so ist ihr PKH ohne Ratenzahlungen zu gewähren (Bamberg JurBüro 94, 751); denn jede andere Lösung liefe darauf hinaus, daß der Ehemann oder Lebensgefährte die Prozeßkosten bezahlen müßte, wozu er nicht verpflichtet ist. Die gegenteilige Lösung läßt sich auch aus § 122 BSHG herleiten (anders Koblenz JurBüro 92, 47 = Rpfleger 91, 375); denn das Problem besteht bei Ehegatten und unverheirateten Paaren gleichermaßen. Entgegen Koblenz und Zweibrücken (JurBüro 91, 424) kann auch nicht ohne weiteres angenommenen werden, daß der Lebensgefährte bzw Ehemann der Partei ein Entgelt für ihre Haushaltsführung schuldet, aus dem sie die Prozeßkosten bezahlen kann. Häufig wird diese nicht mehr wert als der Naturalunterhalt sein, den sie erhält. Häufig wird ein Anspruch auf ein Entgelt auch nicht durchsetzbar sein (Rn 4).

b) Hat die Partei **noch andere Einkünfte als den Naturalunterhalt,** so muß dieser bewertet und zu jenen Einkünften hinzugerechnet werden (Celle FamRZ 92, 702/704 mwN = JurBüro 186; FamRZ 93, 1334). Er kann nach der gemäß § 17 Nr 3 SGB IV erlassenen Sachbezugsverordnung bewertet werden (§ 2 der DVO zu § 76 BSHG; Celle aaO). Dabei kann herauskommen, daß Raten zu zahlen sind, deren Obergrenze die weiteren Einkünfte sind. Eine solche Zahlung verbietet auch die im PKH-Verfahren analog anwendbare (Köln FamRZ 90, 642; Koblenz Rpfleger 92, 439 = FamRZ 1197) Vorschrift des § 78 II BSHG nicht. Danach bleiben persönliche Zuwendungen, die ein anderer gewährt, ohne dazu rechtlich oder sittlich verpflichtet zu sein, außer Betracht, soweit ihre Berücksichtigung für den Empfänger eine besondere Härte bedeuten würde. Eine solche Härte liegt hier nicht vor. 11

2) Bei **Arbeitnehmern** kommt es auf Lohn, Gehalt, anteiliges Urlaubs- und Weihnachtsgeld an (Düsseldorf FamRZ 81, 986; Frankfurt FamRZ 83, 632), nicht aber auf die Erstattung von Auslagen für Fahrgeld usw. Weihnachts-, Urlaubsgeld und ähnliche nur einmal jährlich gewährte Vergütungen sind auf das Jahr umzulegen, für die sie gewährt werden (Frankfurt FamRZ 82, 418; anders Düsseldorf FamRZ 89, 883). Maßgeblich ist das durchschnittliche Monatseinkommen des letzten vollen Kalenderjahrs (Köln FamRZ 93, 1333 f = JurBüro 751). Einkommen sind auch Zuschläge für Sonntags-, Feiertags- und Nachtarbeit und Überstundengeld (BGH NJW 80, 2251). Kleinliche Berechnung ist zu vermeiden, zB sind Essenszuschüsse außer Betracht zu lassen (Düsseldorf FamRZ 89, 883 = OLGZ 1989, 377; anders BVerwG FEVS 21, 161), desgleichen vermögenswirksame Leistungen (Düsseldorf FamRZ 81, 986; Köln FamRZ 93, 1333 f = RPfleger 408; JurBüro 95, 424 f; ArbG Regensburg RPfleger 94, 70) und geringfügiger Lohnsteuerjahresausgleich. Einkommen sind auch 12

- die kostenlose Überlassung einer Dienstwohnung oder eines PKW (Köln FamRZ 81, 489),
- Natural- und Sachbezüge (Vollkommer Anm LAGE ZPO § 115 Nr 12 S 20) wie Kost und Logis,
- der Auslandszuschuß nach § 55 BBesG, wobei Mehraufwendungen, die durch den Auslandsaufenthalt bedingt sind, nur im Umfang des tatsächlichen Anfallens abgezogen werden dürfen (BGH DAVorm 80, 286),
- Einkünfte mit Lohnersatzfunktion wie Krankengeld, Kurzarbeitergeld, Arbeitslosengeld, Arbeitslosenhilfe (MK/Wax Rn 11; Kalthoener/Büttner Rn 208).

Leistet die Partei ständig einem Dritten unentgeltlich Dienste, die normalerweise vergütet werden, dann gehören die möglichen Vergütungsansprüche zum Einkommen (BGH FRES 6, 286).

3) **Freiberufler und Gewerbetreibende** können ihr Einkommen nicht mit einem Steuerbescheid für ein längst vergangenes Jahr belegen. Eine Einnahmenüberschußrechnung für das Vorjahr genügt. Diese braucht nicht um eine solche für die ersten Monate des laufenden Jahres ergänzt zu werden (BGH JurBüro 93, 106). Auch der **Lebenszuschnitt** hat indiziellen Erkenntniswert, zB Wohnung, Hauspersonal, Zweitwagen, kostenaufwendiger Luxuswagen (Frankfurt ZIP 82, 226), Beteiligung am Wirtschaftsleben und hohe Entnahmen für die persönlichen Bedürfnisse bei bilanzmäßig geringem Gewinn (Frankfurt FamRZ 87, 179). Zur Feststellung des Nettoeinkommens eines Taxifahrers s Schleswig DAVorm 80, 220). 13

4) **Sonstige Einkünfte:** Zu berücksichtigen sind Einkünfte aus **Kapitalvermögen und aus Vermietung** (unter Abzug der notwendigen Ausgaben bis zur Höhe der Einnahmen: BGH JurBüro 84, 51). **Unentgeltliches Wohnen** ist nicht als Einkommen zu berücksichtigen, sondern nur dadurch, daß der Abzug der Unterkunftskosten nach § 115 I 3 Nr 3 unterbleibt. Auch wenn eine Partei ihr Vermögen mangels Zumutbarkeit nicht einzusetzen hat (§ 115 II), sind daraus fließende Erträge dem Einkommen zuzurechnen (§ 115 I 2). Einkünfte sind auch **Renten** aller Art (Bremen FamRZ 81, 988), auch solche nach dem Bundesversorgungsgesetz (LAG Baden-Württem- 14

berg JurBüro 89, 667), auch die **Grundrente** nach diesem Gesetz (s Rn 16 f; die abweichende Auffassung von Kalthoener/Büttner Rn 223 ist durch die 1994 eingefügte Verweisung auf § 1610a BGB überholt).

15 5) **Sozialleistungen: a) Unterhaltsgeld**, das das Arbeitsamt als Darlehen zahlt, gehört zum Einkommen (LAG Bremen LAGE ZPO § 115 Nr 26); ebenso **Ausbildungsförderung** (Köln FamRZ 94, 1534), **Wohngeld** (MK/Wax Rn 12 mwN; Kalthoener/Büttner Rn 245 mwN). Das gilt auch für einen Anspruch auf Wohngeld, den die Partei nicht geltend macht, obwohl er ihr eindeutig zusteht (LAG Freiburg NJW 82, 847 f). **Renten** sind Einkommen (Rn 14), jedoch kann vorgeschrieben werden, daß sie nicht als Einkommen anzusehen sind, zB § 292 II LAG; ebenso § 77 II BSHG für Schmerzensgeldrenten nach § 847 BGB. Zur Grundrente nach dem BVG s Rn 16 f. Kein Einkommen sind **Leistungen für Kindererziehung** nach den §§ 294 SGB VI, 299 SGB VI (LSG Berlin FamRZ 93, 343) und **Erziehungsgeld** (HessVGH JurBüro 88, 1216; Bamberg JurBüro 90, 228; Köln FamRZ 90, 642; Karlsruhe Justiz 91, 21; Celle AnwBl 92, 144; Düsseldorf JurBüro 94, 480 = RPfleger 28 f); denn dessen Zahlung soll nicht zur Minderung anderer Sozialleistungen führen (§ 8 I 1 BErzGG).

16 **b) Sozialleistungen für Aufwendungen infolge von Körper- und Gesundheitsschäden:** Nach § 115 I 3 Nr 4 gilt § 1610a BGB sinngemäß, wonach vermutet wird, daß die Aufwendungen für solche Schäden nicht geringer als die dafür gezahlten Sozialleistungen sind. Wird diese Vorschrift beim Abzug von Beträgen vom Einkommen entsprechend angewandt, so bedeutet dies eigentlich, daß die Sozialleistungen zum Einkommen hinzugerechnet und danach Aufwendungen von gleicher Höhe wieder abgezogen werden müssen. Ein Anlaß, die Richtigkeit der Vermutung im Einzelfall nachzuprüfen, wird im PKH-Verfahren kaum bestehen. Wenn aber die Sozialleistungen für Gesundheitsschäden im Regelfall durch gleich hohe Abzüge neutralisiert werden, liegt die Vereinfachung nahe, sie bei der Einkommensberechnung nicht zu berücksichtigen.

17 **Unter § 1610a BGB fallen folgende Leistungen** nach dem **Bundesversorgungsgesetz** (BVG): Zuschüsse zur Beschaffung und Instandhaltung von Fahrzeugen usw (§ 11 III BVG), Blindenführzulagen (§ 14 BVG), Pauschalen für den Verschleiß von Kleidung (§ 15 BVG), **Grundrenten** und Schwerstbeschädigtenzulagen (§ 31 BVG) sowie Pflegezulagen (§ 35 BVG). Entsprechende Leistungen sehen vor: § 80 des Soldatenversorgungsgesetzes, § 59 des Bundesgrenzschutzgesetzes, die §§ 47, 50 des Zivildienstgesetzes, die §§ 4, 5 des Häftlingshilfegesetzes, § 3 des Gesetzes über die Unterhaltsbeihilfe für die Angehörigen von Kriegsgefangenen, §§ 66 f des Gesetzes zur Art 131 GG, § 51 des Bundesseuchengesetzes und § 1 des Opferentschädigungsgesetzes. Sozialleistungen iS des § 1610a BSHG sind ferner Pflegegeld nach § 69 BSHG (Hamburg FamRZ 92, 444/446), Renten für Schaden an Körper und Gesundheit nach § 31 **BEG**, die Mehrbedarfszulage für Behinderte und Blinde nach § 24 BSHG; Blindenhilfe nach § 67 BSHG und **Blindengelder** nach Landesrecht (Staudinger/Kappe § 1610a Rn 15), **Nicht unter § 1610a BGB fallen** für Gesundheitsschäden gewährte **Leistungen**, die als Einkommensersatz dienen (Hülsmann FuR 91, 219): Das Versorgungskrankengeld (§ 16 ff BVG), die Berufsschadensausgleichsrente (§§ 30, 32 BVG; BT-Drucks 11/6153 S 7; Hamm NJW 92, 515), die Ausgleichsrente nach § 32 BVG, die Arbeitsunfallrente nach §§ 547, 580 RVO, Pflegegeld nach Landespflegegesetzen (BGH FamRZ 93, 417 f = NJW 322); Steuerpauschbeträge für Behinderte nach § 33b EStG (Hülsmann aaO).

18 c) Umstritten ist, ob **Hilfe zum Lebensunterhalt** (§ 11 BSHG) zum Einkommen hinzuzurechnen ist. Da § 115 I 3 Nr 1 nur auf § 76 II BSHG verweist, nicht aber auf dessen Abs 1, wonach Sozialhilfe kein Einkommen ist, wäre hiernach die Hilfe anzurechnen (so BVerfG NJW 88, 2231; Celle NdsRpfl 85, 311 mwN; Hamm JurBüro 86, 768; München FamRZ 96, 42; MK/Wax Rn 12; weitere Nachweise s Köln FamRZ 90, 642). Hiergegen spricht aber § 2 II 1 BSHG, wonach der Bezug von Sozialhilfe die anderen Träger von Sozialleistungen nicht entlastet. Er bleibt deshalb bei der Prüfung der Bedürftigkeit im PKH-Verfahren unberücksichtigt (Düsseldorf JurBüro 94, 480 = RPfleger 28 f). Dasselbe Ergebnis leiten andere aus der Zweckbindung der Sozialhilfe her. Diese ist zum Lebensunterhalt bestimmt, nicht aber zur Bezahlung von Prozeßkosten (so LSG Niedersachsen NdsRpfl 84, 24; Koblenz FamRZ 92, 966 mwN; Köln FamRZ 93, 1472 mwN; Karlsruhe FamRZ 94, 714; Wax FamRZ 80, 975; StJBork Rn 28; Kalthoener/Büttner Rn 234).

19 d) Ob **Kindergeld** (nicht zu verwechseln mit Kindergeldzuschuß neben der Rente, s LAG Düsseldorf LAGE ZPO § 115 Nr 13) zum Einkommen gehört, ist umstritten. Alle denkbaren Ansichten werden vertreten (s Petri MDR 85, 16): Nicht zu berücksichtigen (Frankfurt FamRZ 82, 418; Schleswig SchlHA 83, 139; Bremen FamRZ 84, 411; Celle AnwBl 87, 55; FamRZ 92, 703 mwN; LAG Rheinland-Pfalz LAGE ZPO § 115 Nr 33; LAG Bremen Rpfleger 86, 319 = LAGE ZPO § 115 Nr 16); hinzuzurechnen (Düsseldorf FamRZ 81, 986; FamRZ 82, 625; Bamberg JurBüro 85, 1250; 87, 413; Bremen JurBüro 87, 767; LAG Düsseldorf LAGE ZPO § 115 Nr 16; LAG München LAGE ZPO § 115 Nr 24; LAG Berlin FamRZ 93, 579); hinzuzurechnen, soweit es der Partei im Verhältnis zum anderen Ehegatten zusteht (Nürnberg JurBüro 84, 1093; Bamberg JurBüro 90, 1644; Köln FamRZ 93, 1333 f = RPfleger 408; LG Kaiserslautern JurBüro 93, 617); zur Hälfte zu

berücksichtigen (Bamberg FamRZ 84, 607; OVG Bremen JurBüro 85, 1412; Köln FamRZ 93, 1333 f = JurBüro 751 f; Wax FamRZ 80, 976). Richtig ist es, das Kindergeld dem Einkommen desjenigen zuzurechnen, an den es gezahlt wird (Hamm (NJW 91, 2713 = FamRZ 1209; München FamRZ 95, 942; StJBork Rn 21). Es ist verfehlt, im PKH-Prüfungsverfahren Ermittlungen darüber anzustellen, wohin das Kindergeld tatsächlich fließt (insoweit zutreffend OLG Frankfurt FamRZ 82, 418, das aber hieraus den umgekehrten Schluß zieht, Kindergeld überhaupt nicht zu berücksichtigen).

V) Abzüge (Abs 1 S 3): 1) Die in § 76 II BSHG bezeichneten Beträge. Die Bestimmung, auf die Abs 1 S 3 Nr 1 verweist, lautet: 20

Von dem Einkommen sind abzusetzen

1. die auf das Einkommen entrichteten Steuern,

2. die Pflichtbeiträge zur Sozialversicherung einschließlich der Arbeitslosenversicherung,

3. die Beiträge zu öffentlichen oder privaten Versicherungen oder ähnlichen Einrichtungen, soweit diese Beiträge gesetzlich vorgeschrieben oder nach Grund und Höhe angemessen sind,

4. die mit der Erzielung des Einkommens verbundenen notwendigen Ausgaben.

a) Zu Abs 2 Nr 1: Andere als die auf das Einkommen entrichteten – nicht die voraussichtlichen – **Steuern** (Einkommen-, Lohn- und Kirchensteuer) dürfen nicht abgesetzt werden, zB nicht Umsatz- oder Erbschaftsteuer. 21

b) Zu Abs 2 Nr 2: Vom Einkommen abzusetzen sind Beiträge, die von Gesetzes wegen zur **Kranken-, Pflege-, Renten-, Unfall- und Arbeitslosenversicherung** zu leisten sind. Das gilt auch für versicherungspflichtige Selbständige, etwa für die Handwerkerversicherung oder die Unfallversicherung sowie die nach dem Gesetz über Altershilfe für Landwirte zu zahlenden Beträge. 22

c) Zu Abs 2 Nr 3: Vom Einkommen abzusetzen sind gesetzlich vorgeschriebene **Versicherungsbeiträge,** etwa für freiwillige Mitgliedschaft in der gesetzlichen Kranken- und Rentenversicherung (OVG Lüneburg FEVS 8, 183; LAG Baden-Württemberg JurBüro 88, 898; LAG Stuttgart Rpfleger 89, 29 m Anm Bratfisch) ferner Kfz-Haftpflichtversicherungsprämien, wenn die Partei ein Kfz benötigt (ArbG Regensburg JurBüro 94, 479). Insbesondere bei gesetzlich nicht vorgeschriebenen Beiträgen ist ihre Angemessenheit zu prüfen (ArbG Regensburg Rpfleger 90, 467; JurBüro 92, 697 f). Absetzbar sind etwa Beiträge für Lebens- oder Sterbegeldversicherungen, (Bamberg JurBüro 81, 611; ArbG Regensburg JurBüro 90, 1303; anders RPfleger 94, 70: nur, soweit sie der angemessenen Altersversorgung dienen), private Kranken- und Unfallversicherungen (Köln FamRZ 93, 579), Gebäudehaftpflichtversicherung des Grundstückseigentümers, Hausratsversicherungen, Hagelversicherung beim Landwirt usw. Hier ist die Angemessenheit grundsätzlich zu bejahen. Ebenso wird gegen OVG Lüneburg (FEVS 9, 27) auch für Ausbildungs- oder Aussteuerversicherungen zu entscheiden sein (Bratfisch Rpfleger 89, 30). Nach Bamberg (JurBüro 90, 1644) sind allerdings die Prämien nicht abzuziehen, wenn Versicherungsverträge erst nach Anhängigkeit geschlossen werden. Der Inhalt des Versicherungsvertrages muß gegebenenfalls mit in die Prüfung einbezogen werden. 23

d) Zu Abs 2 Nr 4: Fahrtkosten zur Arbeitsstätte, Ankauf von Arbeitsmaterial usw; konkrete Darlegungen des Hilfsbedürftigen sind unerläßlich. Die Höhe der Absetzungen muß eventuell geschätzt werden (Bamberg JurBüro 88, 96). Bei **Werbungskosten** können die Pauschalsätze des § 3 der VO zu § 76 BSHG übernommen werden (Wyrwa/Cavada FamRZ 95, 1041): Aufwendungen für Arbeitsmittel von monatlich 10 DM (§ 3 V der VO), weiter Autokosten von monatlich 10 DM für jeden km der einfachen Strecke zwischen Wohnung und Arbeitsort, wenn kein öffentliches Verkehrsmittel vorhanden ist oder dessen Benutzung nicht zumutbar ist (ebenso Bamberg FamRZ 84, 721). 24

2) Nach § 115 I 3 Nr 1 sind weiter die in **§ 76 IIa BSHG** bezeichneten Beträge vom Einkommen abzuziehen. Diese Vorschrift lautet: 25

Von dem Einkommen sind ferner Beträge in jeweils angemessener Höhe abzusetzen

1. für Erwerbstätige,

2. für Personen, die trotz beschränkten Leistungsvermögens einem Erwerb nachgehen,

3. für Erwerbstätige,

a) die blind sind oder deren Sehschärfe auf dem besseren Auge nicht mehr als 1/50 beträgt oder bei denen dem Schweregrad dieser Sehschärfe gleichzuachtende, nicht nur vorübergehende Störungen des Sehvermögens vorliegen, oder

b) deren Behinderung so schwer ist, daß sie als Beschädigte die Pflegezulage nach den Stufen III bis VI nach § 35 Abs 1 Satz 2 des Bundesversorgungsgesetzes erhielten.

a) Die Vorschrift, daß **Beträge in angemessener Höhe** abzusetzen sind, ist allzu unbestimmt. Es ist kaum möglich, den konkreten Fall unter sie zu subsumieren. § 115 verweist nicht auf § 76 III BSHG, wonach die Bundesregierung durch Rechtsverordnung mit Zustimmung des Bundes- 26 rats Näheres über die Beträge bestimmen kann. Aus der fehlenden Verweisung folgt, daß die Rechtsverordnung (die noch nicht erlassen worden ist) für Gerichte nicht verbindlich ist. Diese müssen sich ihrer nicht bedienen, können es aber (BTDrucks 12/6963 S 12).

27 **b)** Die Regelung, daß vom Einkommen Beträge in angemessener Höhe für Erwerbstätige abzusetzen sind, beruht auf dem **verfassungsrechtlichen Gebot,** daß durch die Belastung mit Ratenzahlungen das Existenzminimum einer Partei nicht unterschritten werden darf (s auch unten Rn 32). Zum Existenzminimum gehört bei Erwerbstätigen außer dem sozialhilferechtlichen Regelsatz iS. des § 22 BSHG auch ein Mehrbedarf für Erwerbstätige (BVerfGE 87, 153/173 ff = NJW 92, 3153/3154 f). Um dem Gebot **der Erhaltung des Existenzminimums** zu genügen, empfiehlt es sich, die zusätzlichen Freibeträge für Erwerbstätige ebenso wie im Sozialhilferecht zu berechnen.

28 **c)** Im Sozialhilferecht werden die **Zusatzbeträge für Erwerbstätige** derzeit nach den Empfehlungen des Deutschen Vereins für öffentliche und private Fürsorge berechnet (kleinere Schriften des Vereins Heft 55; Begründung zum Regierungsentwurf des PKH-Änderungsgesetzes – BTDrucksache 12/6963 S 12) . Die Empfehlungen stellen darauf ab, ob das bereinigte Erwerbseinkommen 25 % des Regelsatzes eines Haushaltungsvorstandes (Eckregelsatzes) übersteigt. Als Mehrbedarf eines Erwerbstätigen wird danach anerkannt:

- der Betrag des bereinigten Erwerbseinkommens, wenn es diese Grenze (25 % des Eckregelsatzes) nicht übersteigt;
- 25 % des Eckregelsatzes zuzüglich 15 % des Einkommensmehrbetrages bis zur Höhe weiterer 25 % des Eckregelsatzes, insgesamt also höchstens 50 % des Eckregelsatzes, wenn es die Grenze übersteigt.

Das bereinigte Erwerbseinkommen wird so berechnet, daß vom Bruttolohn die Lohnsteuer und Lohnkirchensteuer, die Arbeitnehmerbeiträge zur Sozialversicherung und die Werbungskosten, vor allem Fahrgelder, abgezogen werden.

29 **d)** Die Begründung zum Regierungsentwurf des PKH-Änderungsgesetzes geht bei der Berechnung von dem höchsten Eckregelsatz aus (BTDrucksache 12/6963 S 23). Seit dem 1.7.1996 beträgt der höchste Eckregelsatz 531 DM. 25 % hiervon sind 132,75 DM. Dieser Betrag ist vom Einkommen abzuziehen. Von dem restlichen Einkommen, das nach Abzug der 132,75 DM übrig bleibt, sind 15 % abzuziehen, höchstens aber weitere 132,75 DM. Die Grenze, von der an stets 2 x 132,75 DM = 265,50 DM vom Einkommen abzuziehen sind, beträgt rechnerisch rund 1017 DM. Bei bereinigten Erwerbseinkommen zwischen 132,75 DM und 1017 DM ist der Freibetrag wie folgt zu berechnen(ebenso Hamburg MDR 95, 644 f = FamRZ 96, 42 f mit den bis zum 30.6.1995 geltenden Beträgen und Rpfleger 96, 163 f mit den bis zum 30.6.1996 geltenden Beträgen; Schoreit/Dehn Rn 20; anders BSG JurBüro 95, 533):

Gesamtfreibetrag = (bereinigtes Erwerbseinkommen – 132,75 DM) x 15% + 132,75 DM
Gesamtfreibetrag = bereinigtes Erwerbseinkommen x 15% – 132,75 DM x 15% + 132,75 DM
Gesamtfreibetrag = bereinigtes Erwerbseinkommen x 15% + 113 DM

29a **e)** In der Begründung zum Regierungsentwurf des PKH-Änderungsgesetzes knüpft das Justizministerium bei der Berechnung des zusätzlichen Freibetrages für Erwerbstätige nicht an den **Eckregelsatz** an, sondern an den **allgemeinen Freibetrag für die Partei nach § 115 Abs. 1 Satz 3 Nr. 2 ZPO,** der 64% des Grundbetrages nach den §§ 79 Abs. 1 Nr. 1, 82 BSHG beträgt (BT-Drucksache 12/6963 S. 12; ähnlich auch BSG JurBüro 95, 533). Mit Recht ist das OLG Hamburg (MDR 95, 644 f = FamRZ 96, 42 f) dem nicht gefolgt . Zusätzliche Freibeträge kennen das Sozialhilfe- und das Prozeßkostenhilferecht nicht nur für Erwerbstätige, sondern auch für Personen, die trotz beschränktem Leistungsvermögen einem Erwerb nachgehen, weiter für blinde und schwer behinderte Erwerbstätige (§ 115 I 3 Nr 1 ZPO iVm § 76 II a BSHG), für Alte, werdende Mütter, Kranke, Behinderte und den alleinerziehenden Elternteil (§ 23 BSHG; unten Rn 40a). In allen diesen Fällen besteht der zusätzliche Freibetrag aus einem Bruchteil des Eckregelsatzes (§ 23 I, III BSHG; unten Rn 30, 31; 40a). Es hätte weder Sinn, diese Freibeträge in Bruchteile des allgemeinen Freibetrages für die Partei nach § 115 Abs. 1 Satz 3 Nr. 2 ZPO umzurechnen, noch empfiehlt es sich, nur beim zusätzlichen Freibetrag für Erwerbstätige an den allgemeinen Freibetrag für die Partei anzuknüpfen und bei allen anderen zusätzlichen Freibeträgen an den Eckregelsatz.

30 **f)** Für **Personen, die trotz beschränktem Leistungsvermögen einem Erwerb nachgehen,** empfiehlt der Deutsche Verein für öffentliche und private Fürsorge, die zusätzlichen Beträge ähnlich wie bei Erwerbstätigen zu berechnen (Schellhorn, BSHG, 14. Aufl § 23 Rn 34) und als Mehrbedarf anzuerkennen

- den Betrag des bereinigten Erwerbseinkommens, wenn es 30 % des Eckregelsatzes nicht übersteigt;
- 30 % des Eckregelsatzes zuzüglich 25 % des Einkommensmehrbetrages bis zur Höhe weiterer 36,67 % des Eckregelsatzes, insgesamt also höchstens 66,67 % des Eckregelsatzes, wenn es die Grenze übersteigt.

Auch diese Empfehlung kann in die PKH-Berechnung übernommen werden, bis die Rechtsverordnung zu § 76 III BSHG ergeht, s Rn 28. Die zusätzlichen **Freibeträge** sind so zu **berechnen** (s Rn 29): 30 % des Eckregelsatzes von 531 DM sind 160,20 DM. Dieser Betrag ist vom Einkommen abzuziehen. Von dem restlichen Einkommen, das nach Abzug der 160,20 DM übrig bleibt, sind 25 % abzuziehen, höchstens aber 36,67 % von 531 DM = rund 195 DM. Die Grenze, von der an stets 160,20 DM + 195 DM = rund 355 DM vom Einkommen abzuziehen sind, beträgt rechnerisch 940 DM. Bei bereinigten Erwerbseinkommen zwischen 160,20 DM und 940 DM ist der Freibetrag wie folgt zu berechnen:

Freibetrag = (bereinigtes Erwerbseinkommen – 160,20 DM) x 0,25 + 160,20 DM
Freibetrag = bereinigtes Erwerbseinkommen x 0,25 – 160,20 DM x 0,25 + 160,20 DM
Freibetrag = bereinigtes Erwerbseinkommen x 0,25 + 120 DM

g) Für **Blinde und Behinderte** enthielt § 24 BSHG, der mit der Einführung des § 76 Abs 2a BSHG außer Kraft gesetzt worden ist, folgende Regelung: Ein Mehrbedarf ist in Höhe des monatlichen Erwerbseinkommens anzuerkennen, wenn es 50 % des Eckregelsatzes nicht übersteigt; übersteigt es diesen Betrag, so beträgt der Mehrbedarf 50 % des Eckregelsatzes zuzüglich 25 % des diesen Betrag übersteigenden Einkommens. Bis die Rechtsverordnung zu § 76 III BSHG ergeht (s Rn 28), sollte diese Regelung weiterhin angewandt werden. Vom Einkommen des Blinden oder Behinderten sind also 265,50 DM (= 50 % des Eckregelsatzes von 531 DM) abzuziehen, von dem danach verbleibenden Resteinkommen 25 % ohne eine Höchstgrenze. Der Freibetrag ist wie folgt zu berechnen: 31

Freibetrag = (bereinigtes Erwerbseinkommen – 265,50 DM) x 0,25 + 265,50 DM
Freibetrag = bereinigtes Erwerbseinkommen x 0,25 – 265,50 DM x 0,25 + 265,50 DM
Freibetrag = bereinigtes Erwerbseinkommen x 0,25 + 199 DM

3) Nach § 115 I 3 Nr 2 **sind für die Partei und ihren Ehegatten jeweils 64 % des Einkommensgrundbetrages abzuziehen,** den der Empfänger von Hilfe in besonderen Lebenslagen nicht einzusetzen braucht (§ 79 I Nr 1 BSHG). Mit dieser Regelung wird die Tabelle inflationssicher gemacht. Der Grundbetrag erhöht sich jeweils im gleichen Maße wie der aktuelle Rentenwert in der gesetzlichen Rentenversicherung (§ 82 BSHG), dessen Fortschreibung richtet nach dem allgemeinen Lohn- und Gehaltsniveau (§ 68 SGB VI). Der Grundbetrag läßt sich mit Hilfe der jährlichen Rentenanpassungs-Verordnungen berechnen. Das Gericht braucht ihn nicht zu berechnen; weil das Bundesjustizministerium den abzuziehenden Betrag jährlich im Bundesgesetzblatt bekanntgibt (§ 115 I 3 Nr 2 Satz 1). Er beträgt derzeit 649 DM (Bekanntmachung vom 13.6.96 – BGBl I 824). Dieser Betrag ist so kalkuliert, daß er **den Anforderungen des Grundgesetzes entspricht.** Nach BVerfGE 78, 104/117 = NJW 88, 2231 dürfen die Prozeßkosten, die eine Partei an das Gericht und ihren Anwalt zu zahlen hat, nicht dazu führen, daß ihr Existenzminimum unterschritten wird und daß ihr der sozialhilferechtliche Regelsatz iS des § 22 BSHG nicht mehr zur Verfügung steht. Zum Regelsatz sind die einmaligen Hilfen für einen zusätzlichen Grundbedarf hinzuzurechnen (BVerfGE 87, 153/173 ff = NJW 92, 3153/3154 f). Der höchste Regelsatz der Sozialhilfe beträgt seit dem 1.7.1996 531 DM. Der Regierungsentwurf zum PKH-Gesetz (BR-Drucks 187/79 S 25) rechnet hierzu 15 % für die einmaligen Hilfen hinzu, was ein Existenzminimum von 611 DM (ohne die Kosten der Unterkunft und Heizung) ergibt. Da dieser Betrag geringer als 649 DM ist, ist den verfassungsrechtlichen Anforderungen genügt. 32

In den **neuen Bundesländern** ist der Grundbetrag iS des § 79 I Nr 1 BSHG niedriger als in den alten, s Verordnung vom 18.7.95, BGBl I 950. Im Interesse der Rechtseinheit sollte davon abgesehen werden, dort andere Beträge vom Einkommen abzusetzen als in den alten Bundesländern. Hierfür spricht auch, daß das Bundesjustizministerium für die neuen Länder keine besonderen Beträge bekanntgegeben hat. 33

4) Für Unterhaltsberechtigte sind weitere Beträge vom Einkommen abzuziehen (§ 115 I 3 Nr 2). **a)** Unterhalt, der nur kraft Vertrages geschuldet wird, ist nicht nach § 115 I 3 Nr 2, sondern nur nach § 115 I 3 Nr 4 als besondere Belastung zu berücksichtigen. **Für jede Person, der die Partei kraft Gesetzes zum Unterhalt verpflichtet ist, sind 45 % des Grundbetrages** nach den §§ 79 I Nr 1, 82 BSHG **abzuziehen.** Diesen Betrag braucht das Gericht nicht zu berechnen; er wird jährlich bis zum 30. Juni neu bekanntgegeben (§ 115 I 3 Nr 2 S 1). Laut Bekanntmachung des Bundesjustizministeriums vom 18.6.96 (BGBl I 824) beträgt der abzuziehende Betrag derzeit 456 DM. Hiermit lehnt sich das PKH-Änderungsgesetz an die Regelsätze nach § 22 BSHG an, die für sonstige Haushaltsangehörige niedrigere Beträge als für den Haushaltungsvorstand vorsehen. Die Regelung wird den Anforderungen gerecht, die das Bundesverfassungsgericht an eine Typisierung stellt (BVerfGE 87, 153/172 = NJW 92, 3153/3154). Fälle, in denen die 456 DM nicht ausreichen, können dadurch aufgefangen werden, daß der 456 DM übersteigende Betrag nach § 115 I 3 Nr 4 als besondere Belastung abgezogen wird (Begründung zum Regierungsentwurf zum PKH-Änderungsgesetz, BTDrucksache 12/6963 S 9). 34

35 **b)** Zu den Unterhaltsleistungen iS des § 115 I 3 Nr 2 gehört in erster Linie **der durch Betreuung geleistete Unterhalt.** Die Betreuung muß tatsächlich geleistet werden. Hiervon kann ohne weiteres ausgegangen werden, wenn minderjährige Kinder im Haushalt des Hilfsbedürftigen leben; ebenso wenn ein volljähriger Student unentgeltlich im Haushalt der PKH begehrenden Mutter lebt und sein Vater für seinen Unterhalt, ausgenommen den Wohnbedarf, aufkommt. Lebt ein Kind unentgeltlich in der Wohnung der Partei obwohl es sich aus eigenen Einkünften unterhalten kann, so ist es nicht zu berücksichtigen. Betreuen Ehegatten gemeinsam ihre Kinder, dann sind bei jedem von ihnen die Unterhaltsfreibeträge ungeteilt zu berücksichtigen (Christl Rpfleger 83, 97; Kalthoener/Büttner Rn 383; Stein/Jonas/Bork Rn 68; anders Celle NdsRpfl 86, 103 f; LAG Bremen Rpfleger 82, 439; OVG Münster Rpfleger 86, 406). Auf jeden Unterhaltsfreibetrag ist das eigene Einkommen des Unterhaltsberechtigten anzurechnen (§ 115 I 3 Nr 2 S 2). Vor dieser Anrechnung sind entsprechend den §§ 115 I 3 Nr 1 ZPO, 76 Abs 2 und 2a BSHG vom Einkommen die Einkommen- und Kirchensteuer, Sozialversicherungs- und andere Versicherungsbeiträge, Werbungskosten und zusätzliche Freibeträge für Erwerbstätige abzusetzen (Künkel DAVorm 95, 20).Wegen der Berechnung dieser Freibeträge s Rn 29.

36 **c)** Wenn **Unterhalt** nicht durch Aufnahme in den Haushalt, sondern **als Rente** gewährt wird, ist diese an Stelle des Freibetrages abzusetzen (§ 115 I Nr 2 S 3). Ist die Rente niedriger als 452 DM monatlich, so darf nur die niedrige Rente vom Einkommen abgezogen werden; ist sie höher, so ist der höhere Betrag abzuziehen. Nur wenn übermäßig hoher Unterhalt gezahlt wird, ist der Abzug auf das angemessene Maß zu beschränken (Köln FamRZ 89, 524, 525). Zuweilen **zahlt der Hilfsbedürftige eine Unterhaltsrente und betreut das Kind außerdem** (Beispiele: Zimmer mit Frühstück; ein studierendes Kind kommt an Wochenenden nach Hause und wird dort verpflegt). Hier ist der Geldwert des Betreuungsunterhaltes zu schätzen, wobei 450 DM in der Regel die Obergrenze ist. Von der Summe beider Beträge sind dann 450 DM nach § 115 I 3 Nr 2 S 1 und der Rest nach § 115 I 3 Nr 2 S 3 abzuziehen (vgl Köln FamRZ 89, 524; Thomas/Putzo Rn 12; JHThalmann Rn 77 für das bis zum PKH-Änderungsgesetz geltende Recht).

37 **5)** Die Kosten der **Unterkunft und Heizung** sind in der Höhe, in der sie tatsächlich entstehen, vom Einkommen abzuziehen, es sei denn, daß sie in einem auffälligen Mißverhältnis zu den Lebensverhältnissen der Partei stehen. Sie umfassen den Mietzins und die Mietnebenkosten einschließlich vereinbarter Umlagen für **Betriebskosten** (Koblenz MDR 95, 1166), **nicht** aber die Kosten für **Strom und Gas** (anders Koblenz aaO). Wird mit diesen Energien auch geheizt, so muß geschätzt werden, welcher Teil der Kosten für die Heizung und welcher zum Kochen und für die Beleuchtung aufgewandt wird. Die Heizungskosten erwähnt das Gesetz nur aus dem Grunde besonders, weil ein Teil der bisherigen Rspr sie nicht berücksichtigte. Stehen die Betriebskosten noch nicht fest, so können – wie beim Wohngeld (§ 5 der WohngeldVO BGBl 92 I 1686) – Erfahrungswerte als Pauschbeträge eingesetzt werden. Bezieht die Partei Wohngeld, so ist es zweckmäßig, sie gemäß § 117 II aufzufordern, die Wohngeldunterlagen vorzulegen.

37a Zu den Kosten der Unterkunft gehören auch die **Belastung durch Fremdmittel** für den Erwerb oder den Bau eines Familienheimes oder einer Eigentumswohnung und die Kosten der Instandhaltung (entspr § 13 f WohngeldVO; s Begründung zum Regierungsentwurf des PKH- Änderungsgesetzes BTDrucks 12/6963 S 12). Leben Angehörige mit eigenen Einkünften im Haushalt der Partei, so ist die Miete nach Kopfteilen aufzuteilen (Koblenz MDR 95, 1165 f; anders Vorauflage), es sei denn, sie verdienen so wenig, daß die Partei durch Gewährung freier Wohnung zu ihrem Unterhalt beiträgt. Wohnt die Partei in einem Heim, so sind die Kosten der Wohnraumnutzung bei Einzelbelegung des Raumes auf 20 % des Gesamtentgelts zu schätzen, bei Mehrfachbelegung auf 15 % (entspr § 7 I WohngeldVO; s Begründung zum Regierungsentwurf aaO). – Die Unterkunftskosten sind vom Einkommen nur abzuziehen, soweit sie nicht in einem auffälligen Mißverhältnis zu den Lebensverhältnissen der Partei stehen. Besteht ein solches Mißverhältnis, so sind sie nur in angemessener Höhe abzuziehen.

38 **6) Besondere Belastungen** (§ 115 I 3 Nr 4): Neben den zuvor erwähnten Beträgen sind im PKH-Verfahren weitere Beträge absetzbar, „soweit dies mit Rücksicht auf besondere Belastungen angemessen ist". Den Begriff „besondere Belastungen" hat das PKH-Gesetz von 1980 aus § 84 I 1 BSHG entnommen (BT-Drucks 8/3068 S 25), einer Vorschrift, die in dem Unterabschnitt des BSHG „Einkommensgrenzen für die Hilfe in besonderen Lebenslagen" steht. Dies war insofern konsequent, als der unterste Eckwert der Tabelle zu § 114 aF (s Rn 83) auf dem Grundbetrag des nicht einzusetzenden Einkommens bei der Hilfe in besonderen Lebenslagen beruhte (Begründung zum Regierungsentwurf des PKH-Änderungsgesetzes, BTDrucksache 12/6963 S 6). Das PKH-Änderungsgesetz knüpft nicht mehr an diesen Grundbetrag an, sondern an den Regelsatz für den laufenden Bedarf iS des § 22 I BSHG (BTDrucksache 12/6963 S 8). Das wirkt sich auch auf die Auslegung des Begriffs „besondere Belastungen" aus. Jetzt muß all das, was durch den Regelsatz nicht gedeckt ist, als besondere Belastung anerkannt werden, das heißt all das, was über die Kosten für Ernährung, Körperpflege, Reinigung, hauswirtschaftlichen Bedarf, Haus-

haltsenergie, persönliche Bedürfnisse des täglichen Lebens, Beschaffung von Wäsche und Hausrat von geringem Wert, Instandhaltung von Kleidung, Schuhen und Hausrat in kleinerem Umfang hinausgeht (§ 1 Regelsatz-VO). Nicht mehr anwendbar ist der bis zum Inkrafttreten des PKH-Änderungsgesetzes vertretene Grundsatz, daß allgemeine Lebenshaltungskosten schlechthin keine besonderen Belastungen seien (Köln FamRZ 93, 579; Kalthoener/Büttner Rn 261).

a) Ist eine Ausgabe eine **besondere Belastung,** so ist weiter zu prüfen, ob es **angemessen** ist, sie vom Einkommen abzuziehen (§ 115 I 3 Nr 4). Tilgungsraten auf ein **Darlehen** dürfen abgezogen werden, wenn es vor Prozeßbeginn aufgenommen worden ist (Köln MDR 95, 314). Über nach Prozeßbeginn aufgenommene Darlehen s Rn 40. Die Abzahlung von Schulden kann als besondere Belastung nur berücksichtigt werden, soweit sie der üblichen Zins- und Tilgungslast für Darlehen entspricht (BGH NJW-RR 90, 450). Vermeidbare Ausgaben dürfen nicht abgezogen werden. Wer auf die Benutzung eines Autos nicht angewiesen ist, darf die hierfür aufgewandten **Finanzierungskosten** nicht abziehen, wenn diese in einem Mißverhältnis zu seinem Einkommen stehen und es ihm zuzumuten ist, das **Auto** zu verkaufen und aus dem Erlös das Darlehen zurückzuzahlen, das er zum Ankauf des Autos aufgenommen hat (Hamburg FamRZ 96, 42). **39**

b) Nicht angemessen ist es, **unnötige finanzielle Belastungen** zu berücksichtigen, die eine Partei bewußt eingegangen ist, um sich bedürftig zu machen (BGH VersR 84, 77/79; Stuttgart JZ 56, 325). Unangemessen ist es insbesondere, **Darlehensschulden und Abzahlungsverpflichtungen** wegen Anschaffungskrediten zu berücksichtigen, die die Partei in Kenntnis bereits entstandener oder bevorstehender Verfahrenskosten aufgenommen hat (Zweibrücken Rpfleger 81, 366; Hamm JurBüro 87, 1416; Bamberg FamRZ 85, 503; JurBüro 87, 1712; 90, 635; Köln MDR 95, 314; LAG Nürnberg LAGE ZPO § 115 Nr 32; MK/Wax Rn 37); anders jedoch, wenn es sich um lebenswichtige Anschaffungen handelt (KG AnwBl 81, 507; Bamberg JurBüro 87, 1712). Schulden, die die Partei eingegangen ist, ohne von dem bevorstehenden Prozeß etwas zu wissen, und die jetzt noch getilgt werden müssen, sind in der Regel zu berücksichtigen (Köln FamRZ 83, 635; KG FamRZ 84, 412; Bamberg FamRZ 86, 699; Hamm JurBüro 87, 1406; Schleswig SchlHA 89, 140; LAGe Nürnberg LAGE ZPO § 115, 32; Berlin LAGE ZPO § 115 Nr 34; Schleswig LAGE ZPO § 115 Nr 37). Dabei kommt es nicht darauf an, ob die Übernahme der Verpflichtung erforderlich oder angemessen war (Hamm JurBüro 87, 1416; ArbG Regensburg RPfleger 94, 70 mwN; JurBüro 94, 479; anders Düsseldorf MDR 84, 150 für Anschaffungskredite zur allgemeinen Lebenshaltung; Bamberg FamRZ 86, 699 = JurBüro 87, 133 für Belastungen, die in einem deutlichen Mißverhältnis zum Einkommen der Partei stehen; LAG Baden-Württemberg JurBüro 88, 898 für den Abzug von Aufwendungen zum Erwerb einer Ferienwohnung). Bei gesamtschuldnerischer Haftung ist nur die Innenquote als besondere Belastung abzuziehen (ArbG Regensburg aaO), sofern nicht der Anteil des zahlungsunfähigen oder -unwilligen Mitschuldners übernommen werden muß (Bamberg JurBüro 86, 456). **40**

c) Als besondere Belastungen sind die **Mehrbedarfsbeträge** abzuziehen, die **§ 23 BSHG** bestimmten Personengruppen zubilligt (Brinkmann JurBüro 95, 63). Das ergibt sich aus Art 2 GG, wonach einer bedürftigen Partei die Prozeßführung nicht unmöglich gemacht werden darf. Die Belastung mit Prozeßkostenhilferaten darf nicht dazu führen, daß das Existenzminimum der Partei beeinträchtigt wird (BVerfG NJW 88, 2231/2232). Dieses setzt sich aus dem sozialhilferechtlichen Regelbedarf, den Leistungen für Unterkunft und Heizung, dem Mehrbedarf für Erwerbstätige (BVerfG NJW 92, 3153/3154) und den Mehrbedarfsbeträgen des § 23 BSHG zusammen (so Hamburg FamRZ 96, 42 f für den Mehrbedarf von 40% des Eckregelsatzes für die alleinerziehende Mutter eines noch nicht sieben Jahre alten Kindes). Besondere Belastungen sind weiter die Krankenkostzulage und die Mehrbedarfsbeträge für werdende Mütter und Behinderte (Brinkmann aaO). **40a**

d) **Beispiele** aus der Rechtsprechung **für besondere Belastungen:** Anwaltskosten aus früheren Prozessen (Köln FamRZ 93, 579), Kostenerstattungsverpflichtungen (§ 123) und PKH-Raten aus früheren Bewilligungsverfahren (Düsseldorf JurBüro 84, 931; LG Verden NdsRpfl 83, 159; Karlsruhe FamRZ 88, 202; Behn Rpfleger 83, 337), Unterhalt für ein Kind, soweit er 450 DM monatlich übersteigt (Rn 34), zusätzliche ärztliche Behandlungskosten (Düsseldorf FamRZ 81, 76), Ausgaben für Nachhilfeunterricht (Düsseldorf FamRZ 81, 59). Besondere Belastungen sind auch Reisekosten, die einem nicht sorgeberechtigten Elternteil für Besuche bei seinen weit entfernt lebenden Kindern entstehen, sind als besondere Belastung anzuerkennen (s zur Parallelproblematik im Sozialhilferecht BVerwG FamRZ 94 309; BVerfG FamRZ 95 86 f.). Zusätzliche Ausgaben wegen körperlicher Gebrechen können neben den pauschalen Freibeträgen nach den §§ 115 I 3 Nr 1 ZPO, 76 IIa Nr 2 u 3 BSHG als besondere Belastungen anerkannt werden. Soweit sich diese Ausgaben nicht konkret belegen lassen, hat das AG Bayreuth (JurBüro 92, 756) sie in Höhe des Pauschbetrages nach § 33 b EStG berücksichtigt. Diese Rechtsprechung dürfte durch die Verweisung auf 76 IIa Nr 2 u 3 BSHG überholt sein. Wegen der Verweisung auf § **1610a BGB** s Rn 16 f. **40b**

41 VI) **Die Tabelle** ergibt die Raten, die die Partei auf die Prozeßkosten zu zahlen hat. Um sie anzuwenden, ist zunächst das Einkommen auszurechnen, und hiervon sind die im § 115 I 3 bezeichneten Beträge abzusetzen. Der Rest ist auf volle Deutsche Mark abzurunden (Abs 1 S 4). Auch wenn er 99,99 DM beträgt, ist er nicht aufzurunden. Übersteigt er 30 DM nicht, dann zahlt die Partei keine Raten. Ihr Prozeßbevollmächtigter wird von der Staatskasse honoriert, sofern er nicht später gegen den unterliegenden Gegner einen Erstattungsanspruch nach § 126 I erlangt oder die Bewilligung aufgehoben wird (§ 124). Über den Beginn der Ratenzahlung s § 120 Rn 11.

42 1) Die Tabelle ist auch anzuwenden, wenn die **Partei im Ausland** lebt. Lebt sie in einem Staat mit besonders hohen Lebenshaltungskosten, so liegen hierin besondere Belastungen iS des § 115 I 3 Nr 4, und es können zusätzliche Beträge vom Einkommen abgezogen werden. Lebt sie in einem Staat mit besonders niedrigen Lebenshaltungskosten, so ist es in dem auf schematische Vereinfachung angelegten PKH-Verfahren nicht angebracht, daß die Gerichte besondere Tabellenwerte für Ausländer schaffen (anders Düsseldorf MDR 94, 301 f).

43 2) Mangels gesetzlicher Grundlage ist die neue Tabelle ebensowenig wie die außer Kraft gesetzte frühere **Tabelle zu interpolieren** (so für die frühere Tabelle Düsseldorf NJW 81, 1792 zu 5; Hamm Rpfleger 81, 455; München MDR 82, 761; MK/Wax Rn 67; anders Köln KoRsp ZPO § 115 Nr 1 m zust Anm Lappe; Schneider MDR 81, 3; 89, 34). Bereits im Gesetzgebungsverfahren zum ursprünglichen PKH-Gesetz rügte der Bundesrat die Härten, die durch die starren Einkommensgruppen entständen. Der Vermittlungsausschuß lehnte diesen Änderungswunsch ab, nachdem der Rechtsausschuß empfohlen hatte, die Tabelle sollte durch runde Beträge möglichst einfach zu handhaben sein (BT-Drucksachen 8/3694 S 16 f, 8/3853 S 3, BR-Drucksache 175/80 S 1 ff). In Grenzfällen vermeidet die gerichtliche Praxis ungerechte Härten durch Abrundung des Einkommens auf die nächste Tabellenstufe (Hamm Rpfleger 81, 455; LAG Bremen MDR 88, 81 = AnwBl 88, 78 = LAGE ZPO § 120 Nr 6; Christl NJW 81, 790; Wax FamRZ 85, 14; Behr/Hantke Rpfleger 81, 269 zu c; MK/Wax Rn 67; Kalthoener/Büttner Rn 392).

44 3) Eine **Partei,** die Raten zu zahlen hat, **wird nach 48 Raten endgültig von den Kosten befreit.** Was darüber hinaus an Kosten anfällt, übernimmt die Staatskasse für sie. Diese Kostensperre gilt nach § 115 I 4 unabhängig von der Zahl der Rechtszüge. Führt eine Partei mehrere Prozesse, so zahlt sie für jeden bis zu 48 Raten (Kalthoener/Büttner Rn 401; anders für getrennte Unterhaltsprozesse mehrerer Geschwister unrichtigerweise Düsseldorf JurBüro 92, 49 = Rpfleger 30). Bei der späteren PKH-Bewilligung können jedoch die Raten aus der früheren Bewilligung als besondere Belastungen berücksichtigt werden (Rn 40). Die Begrenzung auf 48 Monatsraten gilt, soweit es um denselben Streitgegenstand geht. Rechtszüge desselben Prozesses sind deshalb auch Mahnverfahren und Erkenntnisverfahren, Erkenntnisverfahren und Vollstreckung (MK/Wax Rn 69; anders Schneider 17. Aufl Rn 6). Einheitliche Verfahren sind auch die verschiedenen Stufen der Stufenklage (Kalthoener/Büttner Rn 401) und das Scheidungsverbundverfahren. Auch das Hauptsacheverfahren und die mit ihm zusammenhängenden einstweiligen Anordnungen nach den §§ 127a, 620 ff, 621 f, 641 d, 707, 719, 769 sind einheitliche Verfahren (Düsseldorf JurBüro 91, 1369 = FamRZ 91, 1325).

45 4) Wie ist bei **Monaten** zu rechnen, **in denen die Ratenzahlungen ausgefallen sind? a)** Soweit die Partei keine Raten gezahlt hat, weil wegen Kostendeckung die Zahlungspflicht einstweilen eingestellt worden war (§ 120 III), zählen diese Monate bei der Ermittlung der Höchstgrenze von 48 Monaten nicht mit. Denn Voraussetzung der zeitlichen Begrenzung ist, daß die Partei Raten schuldete.

46 **b)** Bei zeitweiligem Wegfall der Ratenzahlungspflicht wegen verschlechterter Vermögensverhältnisse zählen die ratenfreien Monate nicht mit, wenn es darum geht, ob bereits 48 Monatsraten bezahlt worden sind. Dasselbe gilt, wenn die Partei anfangs ein so geringes Einkommen hat, daß sie keine Raten zu zahlen braucht, und wenn die Ratenzahlungspflicht erst später nach einer Verbesserung des Einkommens einsetzt (Karlsruhe FamRZ 95, 1505 mwN). Die Gegenmeinung, die die Monate mit sogenannten Nullraten mitzählt (Fundstellen s Karlsruhe aaO), ist mit § 120 IV 3 unvereinbar, wonach eine Änderung der PKH zum Nachteil der Partei ausgeschlossen ist, wenn seit der rechtskräftigen Entscheidung über die Hauptsache vier Jahre verstrichen ist. Diese Regelung setzt praktisch voraus, daß ratenfreie Monate in der Vierjahresfrist nicht mitgezählt werden. Zählte man sie mit, so könnten nach 48 ratenfreien Monaten keine Raten mehr nachgefordert werden, obwohl die Frist des § 120 IV noch lange nicht verstrichen ist, weil zwischen der PKH-Bewilligung und dem rechtskräftigen Abschluß des Verfahrens regelmäßig viele Monate liegen (Düsseldorf FamRZ 93, 341 f; Nürnberg FamRZ 93, 578; Saarbrücken FamRZ 93, 1335 f).

47 **VII) Einsatz des Vermögens (Abs 2).** In welcher Weise Vermögen einzusetzen ist, ergibt § 120 Rn 8 ff. Die Partei hat ihr Vermögen in dem Umfang zur Begleichung der Prozeßkosten zu verwenden, wie ihr dies zumutbar ist. Übersteigen ihre **Schulden** ihr verwertbares Vermögen, so ist zu unterscheiden: Wenn die Schulden in langfristigen Raten zu tilgen sind, darf sie sie nicht vorzeitig tilgen, sondern muß mit dem vorhandenen Geld die Prozeßkosten bezahlen. Das gleiche

gilt, wenn die Schulden fällig sind, sie sie aber nicht bezahlt. Bezahlt sie fällige Schulden, so braucht sie ihr Geld nicht zur Bezahlung der Prozeßkosten zu verwenden (Bamberg JurBüro 93, 232 f; anders Mümmler ebenda; Bamberg JurBüro 90, 1307; VGH Baden-Württemberg FEVS 32, 459/462; Knopp/Fichtner, BSHG, 7. Aufl § 88 Rn 2; Gottschick/Giese, BSHG, 9. Aufl § 88 Rn 2). Bewohnt die Partei ein angemessenes eigenes Hausgrundstück, hat sie Ersparnisse von 20.000 DM und fällige Schulden von 17.000 DM, so kann sie diese bezahlen und braucht das übrig bleibende Schonvermögen (§ 88 II Nr 7 u 8 BSHG; s unten Rn 53, 57) nicht für die Prozeßkosten einzusetzen.

1) Ebenso wie beim Einkommen (oben Rn 3) nimmt § 115 II auf das **BSHG** Bezug und erklärt dessen **§ 88** für entsprechend anwendbar. Die Vorschrift lautet: 48

§ 88. Einzusetzendes Vermögen, Ausnahmen.

(1) Zum Vermögen im Sinne dieses Gesetzes gehört das gesamte verwertbare Vermögen.

(2) Die Sozialhilfe darf nicht abhängig gemacht werden vom Einsatz oder von der Verwertung

1. **eines Vermögens, das aus öffentlichen Mitteln zum Aufbau oder zur Sicherung einer Lebensgrundlage oder zur Gründung eines Hausstandes gewährt wird,**
2. **eines sonstigen Vermögens, solange es nachweislich zur baldigen Beschaffung oder Erhaltung eines Hausgrundstücks im Sinne der Nr. 7 bestimmt ist, soweit dieses Wohnzwecken Behinderter (§ 39 Abs 1 Satz 1 und Abs 2), Blinder (§ 67) oder Pflegebedürftiger (§ 69) dient oder dienen soll und dieser Zweck durch den Einsatz oder die Verwertung des Vermögens gefährdet würde,**
3. **eines angemessenen Hausrats; dabei sind die bisherigen Lebensverhältnisse des Hilfesuchenden zu berücksichtigen,**
4. **von Gegenständen, die zur Aufnahme oder Fortsetzung der Berufsausbildung oder Erwerbstätigkeit unentbehrlich sind,**
5. **von Familien- und Erbstücken, deren Veräußerung für den Hilfesuchenden oder seine Familie eine besondere Härte bedeuten würde,**
6. **von Gegenständen, die zur Befriedigung geistiger, besonders wissenschaftlicher oder künstlerischer Bedürfnisse dienen und deren Besitz nicht Luxus ist,**
7. **eines angemessenen Hausgrundstücks, das vom Hilfesuchenden oder einer anderen in den §§ 11, 28 genannten Person allein oder zusammen mit Angehörigen ganz oder teilweise bewohnt wird oder nach seinem Tod bewohnt werden soll. Die Angemessenheit bestimmt sich nach der Zahl der Bewohner, dem Wohnbedarf (zB Behinderter, Blinder oder Pflegebedürftiger), der Grundstücksgröße, der Hausgröße, dem Zuschnitt und der Ausstattung des Wohngebäudes sowie dem Wert des Grundstücks einschließlich des Wohngebäudes. Familienheime und Eigentumswohnungen im Sinne der §§ 7 und 12 des Zweiten Wohnungsbaugesetzes sind in der Regel nicht unangemessen groß, wenn ihre Wohnfläche die Grenzen des § 39 Abs 1 Satz 1 Nr. 1 und 3 in Verbindung mit Absatz 2 des zweiten Wohnungsbaugesetzes, bei der häuslichen Pflege (§ 69) die Grenzen des § 39 Abs 1 Satz 1 Nr. 1 und 3 in Verbindung mit § 82 des zweiten Wohnungsbaugesetzes nicht übersteigt.**
8. **kleinerer Barbeträge oder sonstiger Geldwerte: dabei ist eine besondere Notlage der Hilfesuchenden zu berücksichtigen.**

(3) Die Sozialhilfe darf ferner nicht vom Einsatz oder der Verwertung eines Vermögens abhängig gemacht werden, soweit dies für den, der das Vermögen einzusetzen hat, und für seine unterhaltsberechtigten Angehörigen eine Härte bedeuten würde. Dies ist bei der Hilfe in besonderen Lebenslagen vor allem der Fall, soweit eine angemessene Lebensführung oder die Aufrechterhaltung einer angemessenen Alterssicherung wesentlich erschwert würde. Bei der Eingliederungshilfe zur Beschäftigung in einer Werkstatt für Behinderte liegt im Regelfall auch dann eine Härte vor, wenn das einzusetzende Vermögen den zehnfachen Betrag des Geldwertes nicht übersteigt, der sich bei der Hilfe in besonderen Lebenslagen aus § 1 Abs 1 Satz 1 Nr. 1 Buchstabe b der Verordnung zur Durchführung des § 88 Abs 2 Nr. 8 des Bundessozialhilfegesetzes ergibt.

(4) Der Bundesminister für Jugend, Familie, Frauen und Gesundheit kann durch Rechtsverordnung mit Zustimmung des Bundesrates die Höhe der Barbeträge oder sonstigen Geldwerte im Sinne des Absatzes 2 Nr. 8 bestimmen.

Nach § 89 BSHG kann bei Vorhandensein von Vermögen, das nicht sofort verwertbar ist oder dessen sofortige Verwertung eine Härte bedeutet, dem Hilfsbedürftigen ein Darlehen gewährt werden. Nach **§ 90 BSHG** kann dem Hilfsbedürftigen, der Ansprüche gegen Dritte hat, sofortige Hilfe gewährt werden unter gleichzeitigem Bewirken des Überganges der Forderung gegen den Dritten auf den Sozialhilfeträger. Diese Regelungen sind für das PKH-Verfahren nicht übernommen worden, scheiden also als Form der PKH aus (Bremen FamRZ 82, 832). 49

2) **Begriff des Vermögens.** Die Bezugnahme auf § 88 BSHG besagt, daß dessen Vermögensbegriff maßgebend ist: das ganze verwertbare Vermögen. Auch Forderungen rechnen dazu (LAG Düsseldorf JurBüro 86, 608), zB solche auf Schadensersatz (Düsseldorf FamRZ 86, 288 = OLGZ 1986, 96) oder auf Prozeßkostenvorschuß (Rn 67 ff), entgegen München (JurBüro 90, 228) aber nicht der Ersatzanspruch für die Kosten eines Ehelichkeitsanfechtungsprozesses, die noch eingeklagt werden müßten. Auch eine ausgezahlte Aussteuerversicherung muß eingesetzt werden 50

(Köln FamRZ 88, 1297). Stets sind dem Hilfsbedürftigen aber „kleinere Barbeträge" (Rn 57) zu belassen, deren Höhe durch DurchführungsVO zu § 88 II Nr 8 BSHG festgelegt wird und dem Richter als (unverbindlicher) Leitbetrag dient. Verwertbarkeit zum Einsatz für Prozeßkosten setzt die Möglichkeit kurzfristiger Verwertung voraus; Zukunftshoffnungen genügen nicht (Bremen FamRZ 83, 637). Ebenso wie beim Kapital (Rn 58) müssen auch Forderungen realisierbar sein, der Schuldner muß also zahlungsbereit sein, oder es müssen Vollstreckungsaussichten bestehen (Bamberg FamRZ 1985, 504). Nur äußerstenfalls kommt Kreditaufnahme in Betracht (Rn 63). Vergleichsweise gezahlte **Abfindungen nach den §§ 9, 10 KSchG** zählen zum Vermögen (LAG Schleswig LAGE ZPO § 115 Nr 25; LAG Köln LAGE ZPO § 115 Nr 30; LAG Nürnberg JurBüro 90, 101). Zu berücksichtigende Schulden, deren Wegfall gewiß ist, werden bereits als Zahlungsmodalität in den Bewilligungsbeschluß aufgenommen (§ 120 I 2; s dort Rn 6).

51 3) **Unverwertbarkeit.** Da der Vermögensbegriff durch § 88 I BSHG auf verwertbares Vermögen eingeengt ist, ergeben sich bei der Abgrenzung normative Schwierigkeiten. Denn die Frage, was an Vermögen für Prozeßkosten als verwertbar oder nicht verwertbar zu gelten hat, läuft jedenfalls in Grenzfällen auf ein Werturteil hinaus, ohne daß dafür subsumierbare Maßstäbe vorgegeben sind. § 88 II BSHG beseitigt diese Schwierigkeiten teilweise durch einen Katalog bestimmter Vermögensbestandteile, die bei der Beurteilung der subjektiven Voraussetzungen für Bewilligung von PKH außer Betracht bleiben müssen.

52 a) **§ 88 II Nr 1, 7 BSHG** schützt den Hilfsbedürftigen vor Verlust eines Vermögens, das aus **öffentlichen Mitteln** zum Aufbau oder zur Sicherung einer **Lebensgrundlage**, oder zur Gründung eines **Hausstandes** gewährt wird (zur Neufassung der Nr 7 Schulte NJW 91, 546). Vorausgesetzt wird, daß die Mittel ausdrücklich für den genannten Zweck gewährt worden sind. Sinn der Bestimmung ist, daß der Staat nicht mit der einen Hand dem Hilfsbedürftigen etwas wegnehmen soll, was die andere ihm zuvor gegeben hat.

53 b) Weiter soll dem Hilfsbedürftigen die eigene Wohnung erhalten bleiben. Dementsprechend erstreckt sich der Schutz des **angemessenen Hausgrundstücks** nur auf selbstgenutzte Objekte (Frankfurt FamRZ 86, 925 = EzFamR ZPO § 115 Nr 1): Eigentumswohnung (BVerwG Rpfleger 91, 257), Zweifamilienhaus, wenn an einer Wohnung das Wohnrecht eines Dritten besteht (Frankfurt FamRZ 90, 643), Wohnwagen eines Schaustellers (LG Bad Kreuznach JurBüro 95, 312), nicht Ferienhaus (Stuttgart JurBüro 94, 45). Ob ein Hausgrundstück (oder ein Miteigentumsanteil daran, Hamm Rpfleger 84, 432) zum Schonvermögen gehört, richtet sich nach personenbezogenen und nach sach- und wertbezogene Kriterien (BVerwG Rpfleger 91, 257), zB nach der Zahl der Hausbewohner und ihren Wohnbedürfnissen sowie nach der Größe und dem Wert des Gebäudes (OVG Münster KoRsp ZPO § 115 Nr 54; VGH München NJW 85, 2044; Hamburg JurBüro 84, 614). Der für die Beurteilung wesentliche, aber nicht allein ausschlaggebende Verkehrswert steht in Relation zu dem Wert vergleichbarer Objekte am Wohnort des Hilfsbedürftigen (BVerwG Rpfleger 91, 257). Angemessene Wohnungsgrößen: Bis zu 120 m^2 bei Eigentumswohnungen, 130 m^2 bei Familienheimen, 200 m^2 bei Familienheimen mit zwei Wohnungen, wobei keine Wohnung größer als 130 m^2 sein darf (§ 39 I des 2. WoBauG). Die Wohnflächengrenzen dürfen überschritten werden, soweit die Mehrfläche erforderlich ist, um einen Haushalt mit mehr als vier Personen angemessen unterzubringen oder die besonderen persönlichen oder beruflichen Bedürfnisse des Wohnungsinhabers angemessen zu berücksichtigen, oder soweit die Mehrfläche im Rahmen der örtlichen Bauplanung bei Wiederaufbau, Wiederherstellung, Ausbau oder Erweiterung oder bei der Schließung von Baulücken durch eine wirtschaftlich notwendige Grundrißgestaltung bedingt ist (§ 39 II des 2. WoBauG). Bei häuslicher Pflege dürfen die Wohnflächengrenzen um bis zu 20 % überschritten werden (§ 82 I des 2. WoBauG). Bei übergroßen Objekten kommt die Inanspruchnahme von Kredit in Betracht (LG Passau JurBüro 87, 1097; unten Rn 63 ff). Nicht geschützt ist der Veräußerungs- oder Versteigerungserlös für ein Hausgrundstück (Schleswig JurBüro 84, 1250 = SchlHA 84, 56; Hamm OLGZ 84, 192 = MDR 84, 500; Köln MDR 96, 197), selbst wenn beabsichtigt ist, damit eine angemessene Wohnung zu erwerben (Schleswig SchlHA 84, 128; Celle Rpfleger 90, 263; Bamberg JurBüro 91, 255). Auch ein Verkauf des Einfamilienhauses, der infolge der Scheidung notwendig wird, hebt den Bestandsschutz auf (Frankfurt FamRZ 86, 925; Köln aaO; s dazu Rn 62). Bestandsschutz hat jedoch eine mit dem Erlös bereits erworbene Eigentumswohnung (Zweibrücken JurBüro 85, 1109) oder ein nur vorübergehend vermietetes Familienheim, das den Zweck noch nicht verloren hat, den Eheleuten und ihren Kindern als Wohnung zu dienen (Bremen FamRZ 84, 919).

54 c) Nach der neuen Fassung des § 88 II Nr 2 BSHG muß dem Hilfsbedürftigen **das zur Beschaffung eines kleinen Hausgrundstücks angesammelte Vermögen** nicht mehr belassen werden (LAG Baden-Württemberg JurBüro 88, 896; 89, 669; LAG Köln MDR 93, 481), es sei denn, das Haus soll Wohnzwecken Behinderter, Blinder oder Pflegebedürftiger diesen. Dies gilt auch für Geld, das der Hilfsbedürftige auf Grund Prozeßvergleichs erhalten hat (Bamberg JurBüro 91, 255). Infolgedessen zählt jetzt auch ein den Schonbetrag des § 88 II Nr 8 BSHG (s Rn 57)

übersteigendes **Bausparguthaben** zum einsetzbaren Vermögen (BGH NJW-RR 91, 1532 f; Hamburg FamRZ 84, 71). Dies gilt jedoch nicht, wenn der Hilfsbedürftige bereits ein Grundstück gekauft hat und das Guthaben braucht, um den Kaufpreis bezahlen zu können (Koblenz FamRZ 86, 82; Bamberg JurBüro 89, 234; LAG Baden-Württemberg JurBüro 88, 896; Kalthoener/Büttner Rn 297) und ebensowenig, wenn ihm die vorzeitige Kündigung des Bausparvertrages nicht zuzumuten ist, weil er hierdurch unverhältnismäßig große Nachteile hat (Verlust des Anspruchs auf ein Darlehen mit geringem Zins, Rückzahlung von Wohnungsbauprämie und Arbeitnehmersparzulage, einkommensteuerrechtliche Nachteile; s BGH aaO; Düsseldorf NJW-RR 87, 759 = OLGZ 1987, 123 zum Ratensparvertrag; LAG Köln MDR 93, 481; Kalthoener/Büttner aaO; anders Hamburg, Koblenz, Bamberg aaO). Die Nachteile des Hilfsbedürftigen und die Kosten, die der Staatskasse durch die PKH-Bewilligung entstehen, sind im Einzelfall gegeneinander abzuwägen. Künftiger Erwerb kann über § 120 IV erfaßt werden. Unzulässig ist es entgegen Karlsruhe (FamRZ 88, 858), den Hilfsbedürftigen zum Ausgleich mit höheren Sätzen zu belasten, als die Tabelle vorsieht.

d) § 88 II Nr 3, 5 BSHG: Der vorhandene **Hausrat** gehört zur unverwertbaren Lebensgrundlage 55
(siehe auch § 811 Nr 1 ZPO). Die Einschränkung der Angemessenheit ist aufgegeben, wenn es sich um Familien- und Erbstücke handelt, deren Veräußerung persönliche Beziehungen zerstören würde. Diese Ausnahme ist nicht auf Hausrat beschränkt, sondern erstreckt sich zB auch auf Schmuck, Ölgemälde, Antiquitäten u dgl, auch wenn sie nicht als Hausrat anzusehen sind.

e) § 88 II Nr 4, 6 BSHG: Dem Hilfsbedürftigen darf nicht die **Grundlage der** Berufsausbildung 56
und **Erwerbstätigkeit** entzogen werden; deshalb sind alle dazu unentbehrlichen Gegenstände unverwertbar. Der Begriff „unentbehrlich" ist dabei entsprechend § 811 Nr 5 ZPO auf „erforderlich" zu beschränken. Alle Gegenstände, die der Berufsausbildung und der Erwerbstätigkeit förderlich sind, sollten dem Hilfsbedürftigen belassen werden. Die sonst auftretenden Verwertungsschwierigkeiten stünden in keinem Verhältnis zum möglichen Erfolg. Ob ein Handwerker einen kleineren oder größeren Kombiwagen fährt, ob er mit einer Bohrmaschine kleineren Ausmaßes zu Rande käme usw, sind letztlich müßige Fragen, da es auf keinen Fall zumutbar wäre (§ 115 II Hs 1), die höherwertigen Vermögensstücke zu veräußern, von dem Erlös geringerwertige anzuschaffen und den vielleicht verbleibenden kleinen Differenzbetrag als Prozeßkostenaufwand einzusetzen. Das allgemeine Persönlichkeitsrecht verlangt weiter, daß kein Hilfsbedürftiger von der Befriedigung seiner **wissenschaftlichen oder künstlerischen Bedürfnisse** durch den Zwang abgeschnitten wird, die diesen Bedürfnissen dienenden Gegenstände zu veräußern. Bücher, Musikinstrumente, Malutensilien, Bastelwerkzeuge usw sind deshalb unverwertbares Vermögen. Die Begriffe „wissenschaftlich" und „künstlerisch" müssen hier weit gefaßt werden, wie sich aus dem im Gesetz enthaltenen Oberbegriff „geistige Bedürfnisse" herleiten läßt. Insbesondere sind Gegenstände handwerklicher Tätigkeit, bei der es nicht um Dienstleistungen geht, schutzwürdig, und der Verbleib solcher Sachen beim Hilfsbedürftigen ist mehr wert als ihre (oft unmögliche oder wegen des Wertverlustes unzumutbare) Versilberung.

f) § 88 II Nr 8 BSHG: Die kleineren **Barbeträge** oder sonstigen Geldwerte sind schwierig zu 57
beziffern. § 1 der DVO zu § 88 BSHG legt Freibeträge fest, die als untere Grenze zu beachten sind (Bültzingslöwen DAVorm 80, 873; Christl NJW 81, 785), aber im Einzelfall bei besonderer Notlage der Partei erhöht werden können (§ 2 der DVO). Die Freibeträge binden den Richter nicht (Schneider MDR 81, 793 Nr I 4; Kothe DB 81, 1179). Die Rspr beachtet die Schongrenze von derzeit 4500 DM (Bamberg JurBüro 88, 101; Naumburg DAVorm 93, 722 mwN = JurBüro 94, 231; Hess VGH KoRsp ZPO § 115 Nr 49; LAG Köln LAGE ZPO § 115 Nr 30; OVG Bremen JurBüro 85, 1412: für Bausparguthaben). Diese Grenze erhöht sich für jeden Unterhaltsberechtigten um 500 DM (§ 1 I Nr 1 b der DVO zu § 88 BSHG; StJBork Rn 112). Auch wenn die Partei außer dem kleineren Barbetrag weiteres Vermögen hat (zB angemessenen Hausrat, ein angemessenes Hausgrundstück), braucht sie den Barbetrag nicht für die Prozeßkosten einzusetzen; sondern darf ihn als Notgroschen behalten.

4) Zumutbarer Einsatz (§ 115 II Hs 1): a) Daß in § 115 II Hs 1 die Zumutbarkeit, das Vermögen 58
einzusetzen, besonders herausgestellt worden ist, verdeutlicht die Selbständigkeit des Richters gegenüber den BSHG-Regelungen (Bamberg JurBüro 82, 293). Die Bezugnahme auf § 88 II BSHG ist so zu verstehen, daß der Hilfsbedürftige keinesfalls seine Vermögenssubstanz und damit seine Existenzgrundlage zu gefährden braucht. PKH ist nicht zu bewilligen, wenn die hilfsbedürftige Partei verfügbares Kapital hat. Geht es um die **Verwertung von Sachen**, so kommt es auf die Dringlichkeit der Prozeßführung und die Zeit an, die die Verwertung voraussichtlich dauern wird. Ein dringendes Eilverfahren darf nicht aufgeschoben werden, bis ein Käufer für ein Grundstück oder Flugzeug gefunden wird (MK/Wax Rn 35). Nicht verwerten läßt sich ein Miterbenanteil an einem Grundstück, das mit einem Nießbrauch belastet ist (Köln JurBüro 96, 143 f). Die Verwertung von Forderungen scheidet aus, wenn sie noch nicht tituliert oder nicht realisierbar sind (Hamm FamRZ 84, 724; Bamberg FamRZ 85, 504), etwa wenn ein Kostenerstattungsan-

spruch wegen einer Gegenaufrechnung nicht durchsetzbar ist (Köln FamRZ 90, 642). Erst recht geht es nicht an, bloße Hoffnungen dem Vermögen hinzuzurechnen, etwa die erwartete Erfüllung des eingeklagten Anspruchs, für den PKH beantragt wird (Zweibrücken JurBüro 86, 1251) oder künftig fällig werdende bestrittene Forderungen (anders Bamberg JurBüro 90, 1644).). Eine Bewilligung mit der Zahlungsanordnung, die Prozeßkosten müßten später aus zu erwartendem Vermögenserwerb beglichen werden, ist unzulässig (Bremen FamRZ 83, 637; Schleswig SchlHA 84, 56; Schneider Rpfleger 85, 51; anders Frankfurt FamRZ 84, 809, bezüglich der zu erwartenden Erfüllung der Klageforderung). Hier kann nur die Entscheidung über die zu leistenden Zahlungen gemäß § 120 IV geändert werden, sobald die Forderungen realisierbar werden.

58a Wird über die PKH erst entschieden, nachdem ein Urteil verkündet worden ist, so kann die **zugesprochene Klagforderung** oder der titulierte Anspruch einer Partei auf Kostenerstattung **verfügbares Vermögen** sein. Wenn diese Forderungen realisierbar sind, kann PKH verweigert werden (MK/Wax Rn 50; verkannt von LG Siegen MDR 93, 1116). Wenn Unterhalt für eine zurückliegende Zeit zuerkannt wird, ist es jedoch meist unangemessen, die Partei darauf zu verweisen, daß sie die gesamten Prozeßkosten aus dem Unterhaltsrückstand bezahlen soll. Zumutbar ist der Einsatz des Rückstandes nur, soweit der Unterhalt für Raten auf die Prozeßkosten hätte verwendet werden müssen, wenn er bereits vor Schaffung des Unterhaltstitels laufend bezahlt worden wäre (anders MK/Wax aaO: Einsatz schlechthin unzumutbar).

59 **b) Wirtschaftlich zweckgebundenes Vermögen** braucht die Partei in der Regel nicht anzugreifen (RGZ 147, 192). Ersparnisse aus **vermögenswirksamen Leistungen** sind vor Fälligkeit nicht verwertbar, weil dann die Arbeitnehmersparzulage zurückzuzahlen ist (§ 13 V des 5. VermBG; ArbG Regensburg RPfleger 94, 70; Köln FamRZ 93, 1333 f = JurBüro 751; Kalthoener/Büttner Rn 242). Zum zweckgebundenen Vermögen gehören auch **Kündigungsschutzabfindungen** (LAG Hamburg BB 80, 1801; LAG Berlin NJW 81, 2775; LAG Bremen NJW 83, 248; LAG Nürnberg LAGE ZPO § 114 Nr 14; LAG Bremen MDR 88, 995 = LAGE ZPO § 115 Nr 29; zweifelnd – soweit zumutbar – LAG Frankfurt LAGE ZPO § 115 Nr 28; LAG Köln LAGE ZPO § 115 Nr 30 berücksichtigt 10 %; für Berücksichtigung einer vergleichsweise gezahlten Abfindung LAG Schleswig LAGE ZPO § 115 Nr 25; LAG Berlin LAGE ZPO § 115 Nr 34; EzA ZPO § 115 Nr 6). Köln (JurBüro 96, 143 Nr 89) hält eine Abfindung für zweckgebundenes Vermögen, wenn der Abgefundene verurteilt worden ist, die Abfindung zur Tilgung seiner Unterhaltsschulden einzusetzen. Wirtschaftlich zweckgebunden sind ferner Zahlungen nach dem Contergan-Stiftungsgesetz (Celle FamRZ 83, 1156; für anteilige Berücksichtigung Hamm NJW-RR 87, 393). Soweit **Kapitalabfindungen für Unterhaltsansprüche** nur den notwendigen Unterhalt decken, bleiben sie nach den §§ 115 II ZPO, § 88 III 2 BSHG unberücksichtigt (Koblenz FamRZ 87, 1284; Nürnberg FamRZ 95, 942 = JurBüro 311). **Schmerzensgeld** ist analog § 77 II BSHG nicht einzusetzen (Hamm AnwBl 81, 72; Frankfurt NJW 81, 2129 f mwN; Celle NJW-RR 88, 768; Stuttgart Rpfleger 91, 463; Nürnberg JurBüro 92, 756; ausführlich Köln MDR 94, 406 f = FamRZ 1127 = JurBüro 750 mwN; s auch BVerwG FamRZ 95, 1348). Nach anderer Auffassung sind von einem hohen Schmerzensgeld verhältnismäßig geringe Prozeßkosten zu bezahlen (Schneider MDR 78, 271; Bremen VersR 58, 111; Hamm FamRZ 87, 1283; LG Dortmund VersR 74, 503). Nicht einzusetzen ist auch ein Sparguthaben, das durch **Prämiensparvertrag** festgelegt ist und vor Fristablauf nicht gekündigt oder gepfändet werden kann (LG Karlsruhe MDR 80, 765). Der Hilfsbedürftige braucht nicht den Verlust von Zinsvergünstigungen hinzunehmen, der mit dem Einsatz langfristig angelegter Spargelder verbunden wäre (BGH VersR 78, 670; Düsseldorf FamRZ 86, 1123; Düsseldorf NJW-RR 87, 759 = OLGZ 1987, 123). Dasselbe gilt für **Lebensversicherungen;** der Hilfsbedürftige darf nicht darauf verwiesen werden, sie zu kündigen und den Rückkaufswert für die Prozeßkosten zu verwenden (Bamberg JurBüro 91, 977).

60 **Kein zweckgebundenes Vermögen** ist eine Witwenrentenabfindung (KG FamRZ 82, 623), ein zuteilungsreifer **Bausparvertrag** (LAG Baden-Württemberg JurBüro 89, 670; s Rn 54) und eine **Festgeldanlage,** die immer nur kurzfristig vorgenommen wird und lediglich hohe Verzinsung des Guthabens bezweckt (Köln MDR 94; 406 = JurBüro 750; FamRZ 94, 1127). Festverzinsliche Wertpapiere als reine Vermögensanlage sind dem frei verfügbaren Kapital gleichzustellen. Sind größere Beträge im Wege des **Zugewinnausgleichs** an die Partei geflossen, so handelt es sich nicht um zweckgebundenes Kapitalvermögen; sein Einsatz ist deshalb zuzumuten (Bamberg FamRZ 86, 484). Die wirtschaftliche Zweckbindung, die mit zinsgünstigen **Ratensparverträgen** und vergleichbaren Geldanlagen verbunden ist, endet mit dem vertraglich vorgesehenen Auszahlungszeitpunkt. Der Anspruch darauf rechnet schon jetzt zum Vermögen und ist gemäß § 120 I 2 bei den Bewilligungsmodalitäten zu berücksichtigen (Düsseldorf FamRZ 86, 1123).

61 **c)** In Haftpflichtprozessen sind die Parteien zunehmend durch eine **Rechtsschutzversicherung** abgedeckt. Dann besteht ab Deckungszusage keine Hilfsbedürftigkeit (BGH KoRsp ZPO § 114 Nr 71; MDR 87, 1009 = Warneyer 1987 Nr 197; MDR 91, 324 = NJW 91, 109 = JurBüro 92, 48; LAG Rheinland-Pfalz LAGE ZPO § 115 Nr 31). Umgekehrt besteht Hilfsbedürftigkeit, wenn Deckungs-

schutz abgelehnt worden ist (LAG Düsseldorf AnwBl 82, 77) oder die Deckungssumme nicht ausreicht (BGH VersR 81, 1070). Stellt sich nachträglich heraus, daß der vom Versicherer abgelehnte Anspruch auf Rechtsschutz begründet war und wird ihm entsprochen, so ist § 124 Nr 3 zu prüfen. Ebenso verhält es sich bei einer Haftpflichtversicherung, die einen Anspruch auf Übernahme der Prozeßkosten begründet (KG VersR 79, 449). Die Verweisung des Hilfsbedürftigen auf **gewerkschaftlichen Rechtsschutz** mit Anwaltsbeiordnung ist wegen anderer Zielsetzung dieser Institution grundsätzlich ausgeschlossen (Kohte DB 81, 1177; Schuster SGb 82, 181). Die LAG-Rspr (ihr zust Brommann RdA 84, 342) tendiert mittlerweile jedoch zur Verneinung der Hilfsbedürftigkeit, wenn die Partei nicht darlegt, gewerkschaftlicher Rechtsschutz werde ihr verweigert oder sei für sie aus besonderen Gründen unzumutbar (LAG Hannover AnwBl 84, 164; LAG Frankfurt ZIP 84, 1410; LAGE ZPO § 115 Nr 20; LAG Kiel NJW 84, 830 m abl Anm Grunsky; LAG Bremen NJW 85, 223; LAG München AnwBl 87, 499 = KoRsp ArbGG § 11a Nr 10 m Anm Schneider; LAG Rheinland-Pfalz LAGE ZPO § 114 Nr 13; LAG Berlin MDR 89, 572; ArbG Herne DB 84, 784), etwa weil ihr Begehren im Gegensatz zu den Gewerkschaftinteressen stehe (LAG Düsseldorf JurBüro 86, 607 = LAGE ZPO § 115 Nr 21; kritisch Oswald AnwBl 87, 484). Dagegen spricht das in § 121 II 1 zum Ausdruck gekommene verfassungsrechtliche Gebot der Waffengleichheit (s § 121 Rn 9). – Den Rechtsschutzfällen vergleichbar sind die Sachverhalte, in denen der Hilfsbedürftige bereits aus anderen Gründen anwaltlichen Schutz hat (s § 121 Rn 1: Rechtsanwalt als Pfleger oder Konkursverwalter). Zu Schadensersatzansprüchen gegen den eigenen **Anwalt** s Rn 66.

d) **Der Verkauf von Vermögensgegenständen** kann nur in den Grenzen des § 88 II Nr 4, 6 BSHG in Betracht kommen, zB wenn die berufstätige Partei einen teuren Pkw fährt und bei Wechsel auf einen kleineren Wagen mehrere tausend DM Verkaufserlös zurückbehielte (Karlsruhe MDR 81, 410; Bamberg JurBüro 92, 346). Eine Veräußerung sollte aber nur in Ausnahmefällen verlangt werden, zB wenn eine arbeitslose Partei einen Luxuswagen fährt (Frankfurt Rpfleger 82, 159). Unzumutbar ist immer die Veräußerung von Eigentum an einem selbst bewohnten angemessenen Hausgrundstück (OVG Bremen JurBüro 83, 1720) oder (entgegen einem obiter dictum von Celle MDR 87, 502) die Einleitung der Teilungsversteigerung. Anders verhält es sich, wenn ein Verkauf vorgesehen und nicht zu umgehen ist. Die Ehescheidung führt häufig dazu, daß das gemeinsame Einfamilienhaus nicht mehr finanziert werden kann und deshalb verkauft werden muß. Ist der Verkauf zu marktgerechten Bedingungen möglich, verweigert aber ein Ehegatte die Zustimmung, dann kann er nicht als hilfsbedürftig angesehen werden, weil er einsetzbares Vermögen hat (Frankfurt FamRZ 86, 925; Schneider Anm zu EzFamR ZPO § 115 Nr 1). 62

e) Wer kein Vermögen hat, darf nicht darauf verwiesen werden, einen **Kredit** aufzunehmen, statt PKH in Anspruch zu nehmen. Von einer vermögenden Partei kann jedoch im Rahmen des Zumutbaren verlangt werden, daß sie ihre Kreditmöglichkeiten ausschöpft (s BGH NJW-RR 90, 450 = EzFamR ZPO § 115 Nr 2; Frankfurt MDR 79, 587; Hamm Rpfleger 84, 432; JurBüro 91, 1231; Bamberg JurBüro 85, 606). Dies kommt zB in Betracht, wenn sie demnächst eine Lebensversicherungssumme erhalten wird, sonst aber kein liquides Vermögen hat. Dann wird sie das Darlehen zurückzahlen und die Zinsen bezahlen können, sobald die Versicherungssumme ausgezahlt wird. **Reine Personalkredite** werden erfahrungsgemäß nicht an Personen gewährt, die kein entsprechendes eigenes Einkommen haben. Deshalb geht es auch nicht an, die Hilfsbedürftigkeit unter Hinweis auf solche Möglichkeiten zu verneinen (Köln JurBüro 71, 96). Nürnberg (FamRZ 89, 995 mit Anm Büttner) verlangt sogar Kreditbeschaffung durch Abtretung des Klageanspruchs. Solche Anforderungen gehen zu weit. 63

Zum Problem der **PKH für Hauseigentümer** s ausführlich Schneider Rpfleger 85, 49 mwN. Kann durch Belastung von Grundbesitz Kredit ohne weiteres und alsbald beschafft werden und ist der Hilfsbedürftige auch imstande, den Kredit zurückzuzahlen, dann ist dieser Weg denkbar, zB wenn die Veräußerung des Grundstücks ohnehin geplant ist, aber Zeit braucht (Hamburg JurBüro 84, 614; Bamberg JurBüro 84, 1580; Stein/Jonas/Bork Rn 94). Unzumutbar ist die hypothekarische Belastung des hälftigen Miteigentumsanteils am eigengenutzten Einfamilienhaus (KG JurBüro 77, 1622; Schleswig AnwBl 87, 54; OVG Bremen JurBüro 83, 1720), insbesondere wenn die Kostenlast gering ist (Köln JurBüro 71, 96; anders VG Frankfurt NJW-RR 87, 1535, das gerade dann Kreditaufnahme verlangt, obwohl sie wegen der erforderlichen grundbuchmäßigen Absicherung wenig sinnvoll ist). Erstens ist das Haus Schonvermögen iS der §§ 115 II ZPO, 88 II Nr 7 BSHG und braucht deshalb auch nicht verpfändet zu werden (Stein/Jonas/Bork Rn 94 mwN; str). Zweitens pflegen Banken oder Sparkassen Grundstücksanteile nicht wegen eines Kleinkredits zu beleihen. Sind große ungenutzte Grundstücke vorhanden, so geht die Tendenz der Rspr geht dahin, den Grundeigentümer auf die Inanspruchnahme von Kredit zu verweisen (Frankfurt NJW-RR 87, 320; Hamm Rpfleger 91, 258; LG Passau JurBüro 87, 1097; LG Bayreuth JurBüro 89, 120). 64

Wird eine Partei auf die ihr zumutbare Aufnahme eines Kredits verwiesen, dann ist zu prüfen, **wie sich die Verzinsung und Tilgung auf ihre monatlichen Einkünfte auswirkt.** Genaue Berech- 65

Jedoch besteht keine Pflicht, im Hinblick auf einen zu erwartenden Rechtsstreit Rücklagen aus dem Einkommen zu bilden (KG FamRZ 88, 1078 = AnwBl 89, 173), nicht einmal zur Auskunft über den Verbleib früheren Vermögens. Jedoch muß der Verdacht ausgeräumt werden, daß früher vorhandene Geldmittel gar nicht verbraucht worden sind (Karlsruhe AnwBl 87, 340).

74 b) **Verschulden** der Partei muß festgestellt werden, um ihr die PKH wegen mißbräuchlicher Verwendung ihres Vermögens zu verweigern. Zweifelhaft ist der Verschuldensgrad. Nicht erforderlich ist, daß die Partei in der Absicht gehandelt hat, Kostenbefreiung für den Prozeß zu erlangen (Bamberg JurBüro 86, 1415; FamRZ 85, 503; anders Köln FamRZ 83, 635; Schleswig SchlHA 89, 141). Andererseits geht es nicht an, soziale Hilfe allein wegen moralischer oder intellektueller Indolenz zu versagen. Deshalb ist eine Wertung des konkreten Verhaltens des Hilfsbedürftigen unerläßlich. Zu fordern ist weniger als Absicht und mehr als bloße Gleichgültigkeit. Der dazwischen liegende und ausschlaggebende Tatbestand ist wohl am ehesten faßbar mit dem Begriff der Mutwilligkeit. Diese muß feststehen (Köln FamRZ 83, 635; Frankfurt AnwBl 82, 491; Bamberg FamRZ 85, 1068). Nach anderen reicht schon grobe Fahrlässigkeit aus (Köln FamRZ 85, 414; Karlsruhe NJW-RR = JurBüro 86, 126; wohl auch Frankfurt FamRZ 86, 925 = EzFamR ZPO § 115 Nr 1 m krit Anm Schneider). Dies ist aber mit der sozialen Zielsetzung der PKH unvereinbar und läuft auf moralisierendes Bestrafen hinaus. Dies belegt Karlsruhe (NJW-RR 86, 799), wonach schon „wirtschaftlich unvernünftiges Verhalten" ausreichen soll, PKH zu versagen; noch krasser verhält es sich bei Frankfurt (FamRZ 86, 925 = EzFamR ZPO § 115 Nr 1 m Anm Schneider), wonach sogar die Befolgung eines wirtschaftlich verfehlten anwaltlichen Rates genügt. Ein „Verschulden gegen sich selbst" wird allerdings häufig Mutwilligkeit indizieren, die sich ohnehin nur schwer nachweisen läßt. Kausalität allein genügt nie (BGH FRES 10, 342). Abzulehnen in der Begründung (wohl nicht im Ergebnis) ist Köln FamRZ 85, 415, das dem Hilfsbedürftigen moralisierend anlastet, daß er sich mit dem Ziel rascher Bildung von Reichtum verlustreich an steuerbegünstigten Kapitalanlagen beteiligt habe. Diese Beschränkung der Bewilligungsvoraussetzungen dürfte verfassungswidrig sein (s BVerfGE 67, 250 u 255). Die Beweisschwierigkeiten dürfen nicht dadurch umgangen werden, daß einer Partei angelastet wird, sie habe es unterlassen, von ihrem bisherigen Einkommen Beträge zur Bezahlung der Kosten zurückzulegen, obwohl ihr dies möglich gewesen wäre (BGHZ 10, 139). Es gibt weder den Grundsatz, daß unterlassene Vermögensbildung durch vorausschauende Rücklagen gleich Vermögen ist, noch denjenigen, daß vorwerfbares Herbeiführen des Unvermögens – Böswilligkeit ausgenommen (s KG NJW 82, 112) – stets wie vorhandenes Vermögen zu behandeln ist (Schleswig SchlHA 79, 40; Frankfurt AnwBl 82, 491).

75 **VIII) Teilweise Hilfsbedürftigkeit. 1)** PKH erhält auch derjenige, der die Kosten der Prozeßführung nur zum Teil aufbringen kann (§ 114 I 1). Solche Fälle werden insbesondere dann auftreten, wenn ein Teil der Prozeßkosten aus dem Vermögen bestritten werden kann (§ 115 II). Die Bewilligung erstreckt sich auf die gesamten Kosten der Instanz. Es ist jedoch anzuordnen, daß die Partei einen Vermögensanteil selbst einzusetzen hat, was unabhängig von Ratenzahlung oder Ratenfreiheit der Fall sein kann. Darüber, wie hier der Bewilligungstenor zu fassen ist, s § 120 Rn 10.

76 2) Die finanzielle Fähigkeit, für einen Teil der Kosten aufzukommen, darf nicht mit der lediglich **teilweisen Bejahung der Erfolgsaussicht** verwechselt werden. In diesem Fall ist die Kostenbelastung von vornherein aus derjenigen Rechtsverfolgung oder Rechtsverteidigung zu berechnen, die erfolgversprechend ist (§ 115 III ist zu beachten). Beide Sachverhalte können zusammentreffen, Dann hat der Hilfsbedürftige die nach dem erfolgversprechenden Teil seines Begehrens berechneten Kosten teilweise aus seinem Vermögen zu tragen. PKH kommt nur noch wegen des verbleibenden Kostenrestes in Betracht.

77 **IX) Ausschluß der PKH (Abs 3). 1)** Entstehen Kosten, die die Summe von **vier Monatsraten** nicht übersteigen, so ist es der Partei zuzumuten, sich die erforderlichen Mittel auf andere Weise zu beschaffen, zB durch Überziehung des Girokontos. Der Aufwand für das Bewilligungsverfahren stünde in keinem Verhältnis zum Entlastungseffekt. Abs 3 ist als **zwingende Vorschrift** ausgestaltet. Der Richter hat keinen Ermessensspielraum, solange sich die Kosten innerhalb der Grenze von vier Monatsraten halten (BayObLG FamRZ 84, 73). Wurde die PKH nach § 115 III verweigert und stellt sich nachträglich heraus, daß die Kosten doch höher als vier Monatsraten sind, zB durch unerwartet teure Sachverständigengutachten, so kann die Partei erneut PKH beantragen.

78 2) Die Bewilligungsgrenze des Abs 3 gilt **für jedes selbständige Verfahren.** Die Prüfung, ob die Kosten die Summe von vier Monatsraten nicht übersteigen, ist **für jede Instanz gesondert** vorzunehmen (§ 119 S 1). In der Rechtsmittelinstanz sind die in den Vorinstanzen entstandenen Kosten mitzuberücksichtigen (Kalthoener/Büttner Rn 397). Unstatthaft ist es, selbständige Instanzen bildende Vorgänge gemeinsam zu beurteilen, zB das Erkenntnisverfahren und das späte-

re Vollstreckungsverfahren (§ 119 Rn 33). Ausnahmen gelten für einstweilige Anordnungen im Scheidungsprozeß (§ 119 Rn 12) und für mehrere Vollstreckungsmaßnahmen (§ 119 Rn 34).

3) Ob die Kosten vier Monatsraten „voraussichtlich" nicht übersteigen, ist nicht zu schätzen, sondern zu berechnen. Es kommt nicht darauf an, welche Kosten die bedürftige Partei dem Gegner im Fall des Unterliegens die Kosten erstatten müßte (Karlsruhe Justiz 88, 367 f; MK/Wax Rn 68; Kalthoener/Büttner Rn 397; anders Baumbach/Hartmann Rn 77). § 122 stellt den PKH-Berechtigten nicht von den **Kosten des Gegners,** sondern nur von eigenen Gerichts- und Anwaltskosten frei (Karlsruhe aaO). Soweit bereits Prozeßkosten bezahlt worden sind, entfällt eine ratenweise Tilgung. Für die Kostenprognose nach § 115 III ist von den noch unbeglichenen Differenzkosten auszugehen, so daß auch die Bewilligungssperre des § 115 III darauf zu beziehen ist. **79**

4) **Demnach sind nach § 115 III die Kosten wie folgt zu berechnen:** Zunächst ist der Streitwert zu berechnen; in Scheidungssachen sind die Werte der Ehesache, der von Amts wegen einzuleitenden Folgesachen elterliche Sorge und Versorgungsausgleich und weiterer bereits anhängiger Folgesachen zusammenzuzählen (§§ 19a, 12 II, 17 a GKG). Danach sind in erster Instanz drei, in Scheidungssachen zwei Gerichtsgebühren zu berechnen (GKG-KostVerz Nr 1201, 1510, 1516). Die Kosten für Zustellungen bleiben unberücksichtigt; sie sind nur zu erheben, wenn sie in einer Instanz 100 DM überschreiten (Abs 2 vor Nr 9000 GKG-KostVerz), was praktisch nicht vorkommen wird. Hinzuzurechnen sind die zu schätzenden Beweisaufnahmekosten, ferner zwei (bei voraussichtlicher Beweisaufnahme drei) Anwaltsgebühren sowie das Postgebührenpauschale und die Umsatzsteuer des Anwalts (§§ 31, 26, 25 II BRAGO). Zur Erhöhung der Prozeßgebühr bei mehreren Auftraggebern (§ 6 I 2 BRAGO) s § 114 Rn 7. Kosten, die die Partei bereits gezahlt hat, werden von der Kostensumme abgezogen. Im **Rechtsmittelverfahren** können die Kosten, die der bedürftigen Partei in den Vorinstanzen entstanden sind, oft aus bei den Akten befindlichen Kostenfestsetzungen entnommen werden; sonst sind sie wie zuvor beschrieben zu berechnen. Zu ihnen sind die Kosten für die Rechtsmittelinstanz hinzuzuaddieren: für die Berufungsinstanz 4,5 (in Scheidungssachen 3,5) und für die Revisionsinstanz 5 Gerichtsgebühren (GKG-KostVerz Nr 1220, 1226, 1230, 1236, 1520, 1526, 1530, 1536). Die Anwaltsgebühren erhöhen sich in der Berufungsinstanz um 30 %, in der Revisionsinstanz um 100 % (§ 11 I BRAGO). **80**

X) Art 3 des PKH-Änderungsgesetzes enthält folgende **Überleitungsvorschrift:** **81**

Ist einer Partei vor dem Inkrafttreten dieses Gesetzes für einen Rechtszug Prozeßkostenhilfe bewilligt worden, so ist für diesen Rechtszug insoweit das bisherige Recht anzuwenden. Maßgebend ist das Datum des Bewilligungsbeschlusses. Eine Maßnahme der Zwangsvollstreckung gilt als besonderer Rechtszug.

Änderungen des Prozeßrechts ergreifen an sich auch schwebende Verfahren (oben Vollkommer Einleitung Rn 104). Ohne die Übergangsregelung könnte in allen noch nicht abgewickelten Fällen Beschwerde mit dem Ziel eingelegt werden, die Raten nach neuem Recht neu berechnen zu lassen. Das will die Überleitungsvorschrift verhindern (Köln FamRZ 95, 941). Sie stellt auf das **Datum des Bewilligungsbeschlusses** ab. Ist schon vor Inkrafttreten des PKH-Änderungsgesetzes am 1.1.95 PKH bewilligt, die Festsetzung von Raten aber vorbehalten worden (§ 120 Rn 2), so sind die Raten nach § 115 aF zu berechnen. Dasselbe gilt, wenn nach einer solchen Bewilligung Beschwerde eingelegt wird oder wenn die Raten nach § 120 IV geändert werden (Koblenz JurBüro 96, 144). Wenn die Vorinstanz Raten nach § 115 aF festgesetzt hatte und das Rechtsmittelgericht nach Inkrafttreten des PKH-Änderungsgesetzes PKH für die Rechtsmittelinstanz bewilligt, berechnet es die Raten nach neuem Recht. Ab Festsetzung für die Rechtsmittelinstanz ist dann die zuletzt berechnete Rate zu bezahlen, Einzelheiten s § 119 Rn 61. **82**

116 *[Parteien kraft Amtes; jur. Personen; parteifähige Vereinigungen]*

Prozeßkostenhilfe erhalten auf Antrag

1. **eine Partei kraft Amtes, wenn die Kosten aus der verwalteten Vermögensmasse nicht aufgebracht werden können und den am Gegenstand des Rechtsstreits wirtschaftlich Beteiligten nicht zuzumuten ist, die Kosten aufzubringen;**
2. **eine inländische juristische Person oder parteifähige Vereinigung, wenn die Kosten weder von ihr noch von den am Gegenstand des Rechtsstreits wirtschaftlich Beteiligten aufgebracht werden können und wenn die Unterlassung der Rechtsverfolgung oder Rechtsverteidigung allgemeinen Interessen zuwiderlaufen würde.**

§ 114 letzter Halbsatz ist anzuwenden. Können die Kosten nur zum Teil oder nur in Teilbeträgen aufgebracht werden, so sind die entsprechenden Beträge zu zahlen.

1 **I) Allgemeines:** Der 1981 in Kraft getretene § 116 hat das Ziel, dem Konkursverwalter die Prozeßführung zwecks Anreicherung der Konkursmasse zu erleichtern. Es soll vermieden werden, **1.** daß Masseprozesse nur aus dem Grunde nicht geführt werden können, weil zahlungsfähige Gläubiger angesichts der geringen Quote, die sie zu erwarten haben, das Prozeßrisiko nicht übernehmen wollen, **2.** daß Geschäftspartner des Gemeinschuldners sich rechtswidrige Vorteile in der Erwartung verschaffen, dem Konkursverwalter werde es nicht gelingen, die Mittel zur Wiederherstellung des rechtmäßigen Zustandes aufzubringen (BGH NJW 91, 40 f = MDR 334).

2 **II) S 1 Nr 1: Parteien kraft Amtes** sind Personen, die als Partei auftreten, aber fremde Interessen vertreten und nicht mit ihrem eigenen Vermögen für die Kosten aufzukommen haben. Ihr Amt wird ihnen durch besonderen Bestellungsakt übertragen. Parteien kraft Amtes sind **Testamentsvollstrecker** (Stein/Jonas/Bork Rn 2 Fn 2; anders Grunsky NJW 80, 2044), **Nachlaßverwalter**, Abwickler einer Anwaltskanzlei (§ 55 BRAO; LG Aachen JurBüro 93, 614), **Zwangsverwalter** (Hamm VersR 89, 929) und **Konkursverwalter**, nach LAG Rheinland-Pfalz (NZA 91, 32) auch der Betriebsrat, es sei denn, daß er einen nach § 40 I BetrVG durchsetzbaren Freistellungsanspruch gegen den Arbeitgeber hat. Bestellt das Konkursgericht gemäß § 106 KO einen **Sequester**, so darf dieser nur Prozesse führen, wenn bestimmte prozessuale Maßnahmen zur Sicherung der Masse unerläßlich sind. In diesem Rahmen ist er Partei kraft Amtes (Hamburg ZIP 88, 385 f; anders Vollkommer oben Rn 21 vor § 50). Zu den Parteien kraft Amtes gehören weiter **Pfleger** für Sammelvermögen (§ 1914, BGH MDR 73, 742; Staudinger/Bienwald 12. Aufl § 1914 Rn 1), Pfleger des ungeborenen Kindes (§ 1912 BGB; anders MK/Wax Rn 8), Nachlaßpfleger, solange der Erbe noch unbekannt ist oder die Erbschaft noch nicht angenommen hat (§ 1960; MK/Wax Rn 8; s auch BGH NJW 64, 1418). Wird das Kind geboren, der Erbe bekannt, nimmt er die Erbschaft an, so verliert der Pfleger seine Stellung als Partei kraft Amtes, und die PKH-Bewilligung hängt von der Leistungsfähigkeit des Kindes bzw des Erben ab (MK/Wax aaO). Keine Parteien kraft Amtes sind Prozeßstandschafter (über diese s § 114 Rn 8) oder Verwalter von Wohnungseigentümergemeinschaften, die die Eigentümer zur Prozeßführung ermächtigt haben (§ 27 II Nr 5 WEG; MK/Wax Rn 8, 12). Für Parteien kraft Amtes kommt es, anders als in § 116 Nr 2, nicht darauf an, ob die Unterlassung der Rechtsverfolgung oder Rechtsverteidigung allgemeinen Interessen zuwiderlaufen würde. Das gilt auch für den Konkursverwalter einer inländischen juristischen Person oder parteifähigen Vereinigung (BGH NJW 91, 40 = MDR 334 = ZIP 90, 1490; KG ZIP 89, 1346 = NJW 90, 459; Hamm ZIP 95, 758; Kunkel DB 88, 1939; anders Frankfurt ZIP 88, 794; München Rpfleger 90, 311).

3 **1)** Macht die Partei kraft Amtes nicht zum verwalteten Vermögen gehörende **eigene Ansprüche** geltend, fordert zB der Testamentsvollstrecker von den Erben eine Vergütung, dann handelt er außerhalb seiner Amtsstellung. Dann kommt es für die Bedürftigkeit nur seine die eigenen wirtschaftlichen Verhältnisse an. Ebenso verhält es sich, wenn der Zwangsverwalter aus abgetretenem Recht des Grundstückseigentümers Ansprüche geltend macht; dann richtet sich die Bewilligungsprüfung nicht nach § 116, sondern nach den §§ 114, 115 (Hamm VersR 89, 929).

4 **2) Aufbringung der Kosten: a)** In erster Linie sind die zur Prozeßführung benötigten Mittel **aus der verwalteten Vermögensmasse** aufzubringen. Ob dies möglich ist, richtet sich nach den vorhandenen Barmitteln (LG Kiel MDR 59, 134) und dem weiteren verwertbaren Vermögen. Abweichend von den §§ 115 II ZPO, 88 BSHG gibt es im Fall des § 116 kein Schonvermögen, das nicht für die Kosten eingesetzt werden muß. Darauf, ob der Vermögenseinsatz zumutbar ist, kommt es bei der Verwertung des verwalteten Vermögens nicht an, sondern nur bei der Heranziehung der wirtschaftlich Beteiligten zu den Kosten. Trotzdem kann nicht verlangt werden, daß die Partei kraft Amtes das Vermögen in wirtschaftlich unsinniger Weise verwertet (MK/Wax Rn 9). Wieweit das Vermögen verwertbar ist, ist eine Frage des Einzelfalls. Zur Verwertung von Sachen und Forderungen s § 115 Rn 58. Der **Konkursverwalter** muß die zur Masse gehörenden Sachen verwerten und Forderungen einziehen, um den Barbestand zu vergrößern (Jae-

ger/Henckel, KO § 6 Rn 74). Läßt sich die Masse nicht kurzfristig verwerten, so darf er auf die Möglichkeit, ein Darlehen aufzunehmen, nur verwiesen werden, wenn dessen Gewährung und Rückzahlung gesichert sind. Der Konkursverwalter darf der Masse zur Prozeßführung nicht die Mittel entziehen, die er zur Abwicklung des Konkurses braucht (Schleswig ZIP 95, 759 mwN). Nur der Restbestand der Masse, der nach Abzug der Masseschulden und -kosten verbleibt, darf für die Prozeßkosten herangezogen werden (Köln ZIP 94, 724 f).

b) Reicht die verwaltete Vermögensmasse für die Kosten der Prozeßführung nicht aus, so ist zu prüfen, ob es den **am Gegenstand des Rechtsstreits wirtschaftlich Beteiligten** zuzumuten ist, die Kosten aufzubringen (S 1 Nr 1). Beteiligt sind bei der Testamentsvollstreckung Erben, Vermächtnisnehmer und Pflichtteilsberechtigte, bei der Nachlaßverwaltung Erben und Nachlaßgläubiger, bei der Zwangsverwaltung der betreibende Gläubiger (Hamm JurBüro 88, 1059), beim Konkurs der Gemeinschuldner und die Konkursgläubiger. Ist der Pfleger eines ungeborenen Kindes Partei kraft Amtes, so ist ein Beteiligter noch nicht vorhanden. Dasselbe gilt für den Nachlaßpfleger, solange der Erbe noch unbekannt ist oder die Erbschaft noch nicht angenommen hat. Zu prüfen ist, ob die Beteiligten die Prozeßkosten bezahlen können, und ob dies ihnen zumutbar ist. Unklar und im Gesetz nicht geregelt ist, wie zu verfahren ist, wenn einer der wirtschaftlich Beteiligten, etwa ein Mitglied einer Erbengemeinschaft, nicht bereit ist, die erforderlichen Erklärungen abzugeben. Das Gericht kann diese Angaben zwar verlangen (§ 118 Abs 2 S 1), deren Abgabe jedoch nicht erzwingen. Bei der Verweisung eines einzelnen Hilfsbedürftigen auf einen Anspruch gegen einen Dritten auf Prozeßkostenvorschuß macht die Rspr die Einschränkung, daß ein solcher Anspruch alsbald realisierbar sein muß, verlangt also grundsätzlich nicht die Vorschaltung eines zusätzlichen Rechtsstreits (§ 115 Rn 71). Dieser Grundsatz gilt auch für § 116. Vom Antragsteller nach § 116 Nr 1 oder 2 kann nicht mehr verlangt werden als die Darlegung und Glaubhaftmachung, daß er sich bemüht hat, den sich weigernden wirtschaftlich Beteiligten zu der Erklärung zu veranlassen. Wollte man anders entscheiden, so müßte der Antragsteller einen Rechtsstreit auf Abgabe der Erklärung gegen den sich weigernden Beteiligten anstrengen, und dafür müßte er dann auf jeden Fall PKH bewilligt bekommen (dann nach §§ 114, 115). 5

c) Am Gegenstand des Rechtsstreits sind nur diejenigen **Konkursgläubiger** wirtschaftlich beteiligt , deren Befriedigungsaussichten der Sieg des Konkursverwalters verbessern würde (BGH NJW 91, 40 f mwN = MDR 334 = ZIP 90, 1490; Hamburg NJW-RR 94, 572 = ZIP 221 = Rpfleger 364; Schleswig ZIP 95, 759). Hier kommt es auf das Verhältnis von Aufwand und Ertrag an (Kilger/Schmidt § 6 KO Rn 7c). Beteiligt können auch Massegläubiger iS der §§ 57 ff KO sein (BGH LM 26 zu § 114 ZPO; Celle ZIP 94, 724 f; StJBork Rn 10; MK/Wax Rn 16; anders Düsseldorf ZIP 93,780 f; Pape ZIP 88, 1305; 90, 1531). Nicht beteiligt ist, wer als bevorrechtigter Gläubiger auch ohne den Rechtsstreit mit voller Befriedigung rechnen kann (Köln JW 36, 345). Nachrangige Konkursgläubiger sind nicht beteiligt, wenn die Masse trotz des Sieges des Konkursverwalters nur zur Verteilung an vorrangige Gläubiger ausreichen würde (Köln KTS 58, 125; Koblenz KTS 58, 144; Hamburg aaO). Nicht beteiligt ist weiter der Konkursverwalter wegen der Aussicht auf Befriedigung seines Vergütungsanspruchs (Düsseldorf ZIP 93, 780; anders Köln MDR 94, 726 = Rpfleger 363; Celle ZIP 88, 792; abl dazu Uhlenbruck KTS 88, 438; Pape ZIP 88, 1305; Kunkel EWiR § 116 ZPO 2/89, 1239). 6

d) Soweit den wirtschaftlich beteiligten **Konkursgläubigern die Bezahlung der Kosten möglich und zumutbar ist,** erhält der Konkursverwalter keine PKH (Hamburg MDR 74, 939; LAG Düsseldorf JurBüro 87, 295). Vorrangig zu befriedigenden Gläubigern, die mit vollem oder erheblichem Ausgleich ihrer Forderungen rechnen können, ist die Kostenaufbringung zuzumuten (BGH NJW 91, 40 f mwN = MDR 334 = ZIP 90, 1490; BGHZ 119, 372/377 mwN = NJW 93, 135 = MDR 80 f). Unzumutbar ist die Kostenaufbringung für die Gläubiger, die nur mit einer ganz geringen Quote rechnen können (Hamm ZIP 90, 595; Köln JurBüro 94, 480 = OLGZ 447), ebenso für die Gläubiger, deren Forderungen der Konkursverwalter bestreitet (Naumburg ZIP 94, 383 f; MK/Wax Rn 18 mwN; Schoreit/Dehn Rn 6; anders LG Aachen MDR 96, 638 f; Baumbach/Hartmann Rn 11), und Gläubiger mit Minimalforderungen (Naumburg aaO). Sind nur **einige Gläubiger zur Finanzierung des Rechtsstreits nicht bereit** und ist der Rest allein dazu nicht in der Lage, dann muß PKH versagt werden, da auf die Gesamtheit der Gläubiger abzustellen ist, denen der Prozeßerfolg zugute käme (Jaeger/Henckel, KO, § 6 Rn 77). Eine kleinliche Prüfung der Vermögensverhältnisse der Gläubiger ist unangebracht (Pape ZIP 88, 1306 ff, 1309). Das Gericht wird sich auf die **Angaben des Konkursverwalters** in der Regel verlassen dürfen. Dessen Sache ist es, durch Rundschreiben die wirtschaftlich Beteiligten zur Stellungnahme und zum Aufbringen der Kosten zu veranlassen (Gilbert DR 41, 306). Die Darlegungs- und Beweislast dafür, daß den wirtschaftlich Beteiligten die erforderlichen Mittel fehlen, hat allerdings er (Pape ZIP 88, 1308 mwN; Hamburg ZIP 87, 385 = EWiR § 106 KO 4/87, 277 – Dempewolf; krit dazu Uhlenbruck KTS 88, 437). 7

8 e) **Arbeitnehmern** ist es im allgemeinen nicht zuzumuten, die Kosten aufzubringen; weil sie wirtschaftlich nicht leistungsstark genug sind (BGH NJW 91, 40 f; 93, 135 f; Köln ZIP 91, 1604; Hamm ZIP 95, 758; Schleswig ZIP 95, 759 mwN; Dresden ZIP 95, 1830 f).**Trägern der Sozialverwaltung,** die Konkursausfallgeld gezahlt haben und auf die Lohnansprüche übergegangen sind, ist dies ebensowenig zuzumuten, weil sie ihrem Auftrag entsprechend ohne eigenes Gewinnstreben zweckgebundene öffentliche Mittel im Interesse der sozial schwächeren Gläubiger verwalten (BGH NJW 91, 40 f; BGHZ 119, 372/377; Celle ZIP 91, 600; Köln ZIP 91, 1604; Dresden aaO). Dies gilt für die Bundesanstalt für Arbeit (BGH NJW 93, 135 f; Köln u Hamm aaO; Düsseldorf ZIP 95, 1277 f), die Allgemeine Ortskrankenkasse (Hamm u Düsseldorf aaO) und Berufsgenossenschaften (BGHZ 119, 372/378; NJW 93, 135 f; Köln ZIP 94, 724 f; Frankfurt ZIP 95, 1556 f; Dresden u Düsseldorf aaO).

9 f) § 61 I Nr 2 KO zeigt, daß die hiernach bevorrechtigten **Gläubiger öffentlicher Abgaben** ein besonderes öffentliches Interesse an der Befriedigung ihrer Forderungen haben, das auch nach § 116 zu berücksichtigen ist. Die Prozeßkosten aufzubringen, ist ihnen jedenfalls dann nicht zuzumuten, wenn der Sieg des Konkursverwalters hauptsächlich den nach § 61 I Nr 1 KO vorrangig berechtigten Arbeitnehmern zugute käme (BGH NJW 94, 3170 f = ZIP 660). Weiter gehen die OLGe Köln (ZIP 94, 724 f), Hamburg (NJW-RR 94, 572 f = ZIP 221 = Rpfleger 364), Hamm (ZIP 95, 758), Frankfurt (ZIP 95, 1536 f), Dresden (ZIP 95, 1830 f); Düsseldorf (ZIP 95, 1277) und das AG Göttingen (ZIP 93, 1020), wonach es dem Steuerfiskus in der Regel nicht zuzumuten ist, Prozeßkostenvorschüsse zwecks Durchführung des Konkursverfahrens aufzubringen (anders Düsseldorf ZIP 93, 780 f; LG Aachen MDR 96, 638).

10 g) Sonst ist die PKH zu verweigern, wenn die **öffentliche Hand** am Gegenstand des Rechtsstreits wirtschaftlich beteiligt ist (BGH MDR 77, 741; Düsseldorf EWiR § 116 ZPO 3/90, 721 - Pape; Köln ZIP 90, 1283; MDR 94, 407 = JurBüro 480 = OLGZ 447;). Daß entsprechende Haushaltstitel nicht vorhanden sind, darf nicht zu einer Besserstellung der öffentlichen Hand gegenüber anderen Gläubigern führen (Köln MDR 94; 407; Hamm NJW-RR 94, 1342; Stürner NJW 74, 867; anders Köln ZIP 94, 724 f; Düsseldorf ZIP 95, 1277 f; Kilger/Schmidt § 6 KO Rn 7c). Da der Bund, die Länder und andere öffentliche Kassen als Parteien keine Gerichtskosten zu zahlen brauchen (§ 2 I GKG), wollen Hamm aaO und Stuttgart NJW 74, 867 sie, wenn sie am Prozeß des Konkursverwalters wirtschaftlich beteiligt sind, nicht schlechter als im eigenen Prozeß stellen und bewilligen hier dem Konkursverwalter PKH nur für die Gerichtskosten. Dies widerspricht aber dem Sinn des § 2 I GKG, der nur Zahlungen von einer Staatskasse die andere vermeiden will und deshalb nur anzuwenden ist, wenn der Staat selbst Prozeßpartei ist, nicht aber bei mittelbarer Prozeßbeteiligung (Köln NJW 76, 1982; Stürner aaO).

11 **III) Satz 1 Nr 2** regelt die PKH für inländische juristische Personen und parteifähige Vereinigungen. Welche **juristischen Personen** in Betracht kommen, ergibt sich aus § 50 Rn 12 ff. Die wichtigsten sind GmbH und Aktiengesellschaften, eingetragene Vereine und Genossenschaften, Versicherungsvereine auf Gegenseitigkeit sowie Stiftungen. Ausländischen juristischen Personen, dh solchen, die ihren Sitz im Ausland haben, darf PKH nicht gewährt werden. Bei Überschneidungen zwischen Abs 1 Nr 1 und 2, insbesondere wenn der Konkursverwalter einer ausländischen juristischen Person PKH beantragt, gilt der Ausschluß ebenfalls. Da § 116 Nr 2 die PKH-Bewilligung von strengeren Voraussetzungen als § 114 abhängig macht,. sind juristische Personen schlechter gestellt als natürliche Personen. Mit dem GG ist das vereinbar (BVerfGE 35, 348/355 ff). Bei der Anwendung des § 116 Nr 2 ist aber allgemeines Verfassungsrecht zu beachten (§ 19 III GG). Mit der Eigentumsgarantie des Art 14 III 4 GG ist es nicht vereinbar, einer juristischen Person die PKH für eine Klage auf eine Enteignungsentschädigung mangels allgemeinen Interesses an der Rechtsverfolgung zu verweigern (BVerfG aaO 360 ff). **Parteifähige Vereinigungen sind OHG, KG** und Reederei (oben § 50 Rn 17, 18). Sie sind den juristischen Personen gleichgestellt. Die **BGB-Gesellschaft,** deren Parteifähigkeit verneint wird (Staudinger/Keßler BGB, Vorbem 62 ff vor § 705), fällt nicht unter Nr 2, sondern unter § 114. Ebenso liegt es bei der **Miteigentümergemeinschaft** (auch einer solchen nach dem WEG) oder der **Erbengemeinschaft.** Klagt nur ein Teilhaber, zB nach § 2039 BGB, dann ist dessen Hilfsbedürftigkeit unbeachtlich, wenn er nur vorgeschoben wird, um billig zu prozessieren (Schneider DB 78, 288; Staudinger/Werner § 2039 Rn 29). Juristischen Personen und parteifähigen Vereinigungen dar PKH nur unter folgenden Voraussetzungen bewilligt werden:

12 1) Die juristische Person selbst darf nicht in der Lage sein, die Kosten des Rechtsstreits aufzubringen. Das muß sie darlegen, sonst wird ihr die PKH verweigert (München JurBüro 90, 755). Ihre **Mittellosigkeit** läßt sich am zuverlässigsten durch eine Auskunft der Industrie- und Handelskammer feststellen. Eine trotz geringer Gewinne mögliche Kreditaufnahme muß ausgeschöpft werden (OVG Bremen JurBüro 87, 770). Zur Verwertung von Sachen und Forderungen s § 115 Rn 58.

2) PKH ist nur zu bewilligen, wenn auch die an der Prozeßführung **wirtschaftlich Beteiligten** (s Pape ZIP 88, 1298 ff) nicht in der Lage sind, die Kosten aufzubringen. Daß die Beteiligten die Kosten nicht aufbringen können, muß der Antragsteller darlegen und auf Verlangen des Gerichts glaubhaft machen (§ 118 II 1). Anders als in § 116 S 1 Nr 1 ist es grundsätzlich unerheblich, ob den Beteiligten die Finanzierung des Prozesses zuzumuten ist (MK/Wax Rn 24; anders München JurBüro 86, 127; Stein/Jonas/Bork Rn 22). Wirtschaftlich beteiligt ist derjenige, auf dessen Vermögenslage sich Obsiegen oder Unterliegen der juristischen Person wirtschaftlich auswirkt (RGZ 148, 196; Bamberg NJW-RR 90, 638). Ob die Beteiligten für sich selbst Vermögensvorteile erhoffen, ist unerheblich (München JurBüro 86, 127). Ebensowenig kommt es darauf an, ob die Beteiligten am Gewinn beteiligt sind, ob sie für die Schulden der juristischen Person oder Personenvereinigung haften, oder ob sie ihr gegenüber verpflichtet sind, für die Prozeßkosten aufzukommen (MK/Wax Rn 23). Die Gesellschafter einer OHG oder KG sind immer wirtschaftlich beteiligt (BGH NJW 54, 1933; Stuttgart NJW 75, 2022), ebenso die Gesellschafter einer GmbH und jedenfalls Großaktionäre (Stein/Jonas/Bork Rn 21). Ob dies auch für Kleinaktionäre gilt, ist zweifelhaft (MK/Wax Rn 24). Auch einem gemeinnützigen **eingetragenen Idealverein** darf PKH nur bewilligt werden, wenn seine Mitglieder vermögenslos sind (KG NJW 55, 469; Düsseldorf MDR 68, 331 – Yachtclub). Nicht zu den wirtschaftlich Beteiligten gehören der Vorstand und die Mitglieder eines gemeinnützigen Vereins zur Förderung sozial benachteiligter Jugendlicher, der den größten Teil seiner Geldmittel aus der öffentlichen Hand bezieht (Hamburg MDR 87, 502); denn hier sind Vorstand und Mitglieder nicht die entscheidenden Wirtschaftsfaktoren. Die katholische Kirche ist an einer Kirchenstiftung nicht wirtschaftlich beteiligt (Bamberg NJW-RR 90, 638). Anders als im Fall des § 116 S 1 Nr 1 sind die Gläubiger der juristischen Person nicht beteiligt (RGZ 148, 196). 13

3) PKH ist nur zu bewilligen, wenn die **Unterlassung der Rechtsverfolgung** oder Rechtsverteidigung **dem allgemeinen Interesse zuwiderlaufen würde,** was in der Antragsbegründung darzulegen ist (BFH BB 82, 1536). Die juristische Person hat nur dann eine von der Rechtsordnung anerkannte Existenzberechtigung, wenn sie ihre Ziele aus eigener Kraft verfolgen kann (BVerfGE 35; 348/356; Bamberg JurBüro 91, 1671). Auf das allgemeine Interesse an der Rechtsverfolgung kommt es nicht an, wenn der Konkursverwalter einer juristischen Personen PKH beantragt. Hier ist nicht § 116 S 1 Nr 2, sondern Nr 1 anzuwenden (oben Rn 2). Hier wird die juristische Person anders als bei normaler Prozeßführung behandelt, weil nur der Konkurs die geordnete Unternehmensliquidation gewährleistet (Bamberg aaO). 14

a) Im allgemeinen Interesse liegt die Rechtsverfolgung, wenn die juristische Person, zB eine gemeinnützige Stiftung, an der Erfüllung ihrer der Allgemeinheit dienenden Aufgaben gehindert würde, falls der Rechtsstreit nicht durchgeführt werden könnte (BVerfG aaO 353). Das allgemeine Interesse fordert die Prozeßführung, wenn die Entscheidung größere Kreise der Bevölkerung oder des Wirtschaftslebens ansprechen und **soziale Auswirkungen** nach sich ziehen würde (BVerfG aaO 354; BGH WM 86, 405), zB wenn **zahlreiche Kleingläubiger** betroffen wären (BGH NJW 86, 2058; 91; 703; BFH aaO). Bei einer Liquidations-GmbH hat der BGH (WM 91, 32 = WuB VII A § 116 ZPO 2.91 – Hess) schon 27 Gläubiger als eine „Vielzahl" angesehen und damit das allgemeine Interesse an der Rechtsverfolgung begründet. Jedoch läuft die Unterlassung der Rechtsverfolgung oder Rechtsverteidigung nicht schon dann allgemeinen Interessen zuwider, wenn eine überschaubare Zahl von Gläubigern eines zahlungsunfähigen Unternehmens sich aus diesem Grunde mit geringeren Quoten zufrieden geben muß (BFH RPfleger 93, 290; Bamberg JurBüro 82, 1733). 15

b) Weiter verlangt das allgemeine Interesse die Prozeßführung, wenn dadurch eine **Gesellschaft erhalten** werden kann, **die eine große Zahl von Arbeitnehmern beschäftigt** (BVerfG aaO 353; BFH RPfleger 93, 290). Der Gesichtspunkt trifft aber nicht zu, wenn die Gesellschaft ihren Geschäftsbetrieb bereits eingestellt und ihre Arbeitnehmer entlassen hat (BFH Rpfleger 93, 290; Hamm NJW-RR 89, 382 f). Daß der eingestellte Betrieb mit der erstrebten Verurteilungssumme wieder aufgebaut werden oder daß eine neue Gesellschaft gegründet werden soll, genügt nicht, um das allgemeine Interesse an der Prozeßführung zu begründen (Hamm aaO). 16

c) **Einzelfälle:** Daß bei der Entscheidung des Rechtsstreits **Rechtsfragen von allgemeinem Interesse** zu beantworten sind, genügt nicht, um das allgemeine Interesse an der Rechtsverfolgung zu bejahen (BGHZ 25, 183; BGH NJW 65, 585; BFH NJW 74, 256). Auch die **materiellrechtliche Anspruchsgrundlage ist unwesentlich,** etwa daß der Zahlungsanspruch auf eine strafbare Handlung gestützt wird (Köln JurBüro 85, 1259). Das bloße Einzelinteresse an einer richtigen Entscheidung (BGHZ 25, 183; BGH WM 86, 405), also das Interesse lediglich der Partei an der Beseitigung eines unrichtigen Urteils (LAG Bremen NJW-RR 87, 894 = MDR 87, 699), ist ebensowenig ein Allgemeininteresse wie das, daß die juristische Person ihre Steuern oder Sozialversicherungsbeiträge begleichen kann (Köln JMBlNRW 64, 114; JurBüro 85, 1259; Bamberg JurBüro 82, 1733). 17

18 **4) Versuche; § 116 S 1 Nr 2 zu umgehen,** verhindern die Gerichte. Tritt der Gesellschafter-Geschäftsführer einer GmbH einen Anspruch der GmbH an sich selbst ab, so erhält nur unter den Voraussetzungen des § 116 PKH für den Anspruch, dh nur wenn die Unterlassung der Rechtsverfolgung allgemeinen Interessen zuwiderläuft (Hamburg MDR 88, 782; ähnlich Köln VersR 89, 277).

19 **IV) PKH-Bewilligung:** In den im § 116 genannten Fällen ist zu prüfen, ob die beabsichtigte Rechtsverfolgung oder -verteidigung hinreichende Aussicht auf Erfolg hat und nicht mutwillig ist (§ 116 S 2). Die Tabelle des § 115 wird nicht angewandt. Wenn die Kosten nur in Teilbeträgen aufgebracht werden können, ordnet das Gericht im Bewilligungsbeschluß (§ 120 I) an, daß entsprechende **Raten** zu zahlen sind (§ 116 S 3). In diesem Fall sind die Teilzahlungen nicht auf 48 Monatsraten beschränkt (Schneider MDR 81, 284; Röwer MDR 81, 348). Die unter § 116 fallenden Amtspersonen, juristische Personen oder parteifähige Vereinigungen sollen gegenüber natürlichen Personen nicht begünstigt, sondern finanziell stärker als diese zur Bezahlung der Kosten herangezogen werden. Sie müssen so lange Teilzahlungen erbringen, bis die gesamten Kosten der Prozeßführung beglichen sind. Analog § 115 III wird PKH nicht bewilligt, wenn die Kosten der Prozeßführung vier Monatsraten nicht übersteigen (MK/Wax Rn 4; Stein/Jonas/Bork Rn 34). Wenn die Kosten der Prozeßführung nur zum Teil aufgebracht werden können, ordnet das Gericht an, daß ein **bestimmter Beitrag zu den Kosten** zu zahlen ist, evtl auch, daß dieser in mehreren Raten zu bezahlen ist (§ 116 S 3).

20 **V) Anwendbare Bestimmungen:** § 117 I und II sind anzuwenden. Im Prozeßkostenhilfeantrag ist das Streitverhältnis unter Angabe der Beweismittel darzustellen. Eine Erklärung über die wirtschaftlichen Verhältnisse ist beizufügen (BFH Rpfleger 93, 290). Der Inhalt der Erklärung richtet sich nach den Umständen des Einzelfalls. Die Bestimmungen über den Vordruck für die Erklärung (§ 117 III–IV) sind unanwendbar. Die §§ 118 ff sind anwendbar, § 120 allerdings nicht, soweit er auf § 115 verweist. Anzuwenden ist auch § 121, die Vorschrift über die Beiordnung eines Rechtsanwalts. Von dem Grundsatz, daß ein hilfsbedürftiger Rechtsanwalt nicht sich selbst beigeordnet werden darf (§ 121 Rn 1), wird hier eine Ausnahme zugelassen. Wenn der Konkursverwalter beim Prozeßgericht als Anwalt zugelassen ist, kann er beigeordnet werden; denn hier wird er nicht im eigenen Interesse tätig (MK/Wax Rn 6). Soweit kein Anwaltszwang (§ 78) besteht, ist er nicht beizuordnen, wenn die konkrete Tätigkeit auch von einem Nichtjuristen im Rahmen seines Amtes ohne Anwaltshilfe erledigt werden müßte (KG FamRZ 94, 1397 f; Schneider Anm zu KoRsp BRAGO § 1 Nr 4). Soweit nach § 124 Nr 1 und 2 die PKH-Bewilligung nur bei schuldhaftem Verhalten der Partei aufgehoben werden darf, kommt es hier auf das Verschulden der Partei kraft Amtes, des Organs der juristischen Person oder des Vertreters der parteifähigen Vereinigung an (MK/Wax Rn 7)

117 *[Substantiierung des Antrags]*

(1) Der Antrag auf Bewilligung der Prozeßkostenhilfe ist bei dem Prozeßgericht zu stellen; er kann vor der Geschäftsstelle zu Protokoll erklärt werden. In dem Antrag ist das Streitverhältnis unter Angabe der Beweismittel darzustellen.

(2) Dem Antrag sind eine Erklärung der Partei über ihre persönlichen und wirtschaftlichen Verhältnisse (Familienverhältnisse, Beruf, Vermögen, Einkommen und Lasten) sowie entsprechende Belege beizufügen. Die Erklärung und die Belege dürfen dem Gegner nur mit Zustimmung der Partei zugänglich gemacht werden.

(3) Der Bundesminister der Justiz wird ermächtigt, zur Vereinfachung und Vereinheitlichung des Verfahrens durch Rechtsverordnung mit Zustimmung des Bundesrates Vordrucke für die Erklärung einzuführen.

(4) Soweit Vordrucke für die Erklärung eingeführt sind, muß sich die Partei ihrer bedienen.

1 **I) Antragstellung (Abs 1 S 1). 1) Zuständiges Gericht:** Das Gesuch ist bei dem Gericht anzubringen, bei dem der Rechtsstreit schwebt oder anhängig gemacht werden soll (RGZ 68, 252). Das kann auch die Rechtsmittelinstanz sein (§ 119 S 1). Zur Entscheidung über die PKH für

eine beabsichtigte, beim BayObLG einzulegende Revision ist der BGH zuständig, wenn sich das BayObLG im Falle der Revisionseinlegung für unzuständig erklären und die Sache an den BGH abgeben müßte (BGHZ 98, 318). Bei der **Einzelrichterzuständigkeit** ist zu unterscheiden: **a)** In normalen Zivilsachen ist die Kammer zuständig, solange keine **Einzelrichterübertragung** stattgefunden hat; ab Übertragung geht der Antrag an den Einzelrichter (§ 348). In **Handelssachen** ist immer der Vorsitzende der Kammer für Handelssachen zuständig (§ 349 II 7). **b)** In **Berufungssachen** ist die Kammer oder der Senat zuständig, der Einzelrichter dann, wenn er im Einverständnis mit den Parteien auch in der Sache zu entscheiden hat (s § 524 Rn 62). **c)** Wird PKH für die Zwangsvollstreckung beantragt, dann ist der Rechtspfleger des **Vollstreckungsgerichts** zuständig; es sei denn, die Vollstreckung obliegt nach den §§ 887, 888, 890 dem Prozeßgericht oder erfordert eine richterliche Handlung (§ 20 Nr 5 RpflG). **d)** Über die Zuständigkeit zur **Vollstrekkung aus Unterhaltsanordnungen** nach den §§ 620, 641d s § 620 a Rn 33 ff.

2) Form: Das Gesuch muß vom Antragsteller stammen und als bestimmender Schriftsatz 2
(§ 130 Rn 5) von ihm, seinem gesetzlichen Vertreter oder seinem Bevollmächtigtem **unterschrieben** sein (BGH FamRZ 94, 1098 f). Wird es durch Telefax eingereicht, so muß die Kopierunterlage unterschrieben und die Unterschrift auf der Fernkopie wiedergegeben sein. Fehlt die Unterschrift, so ist das Gesuch nicht wirksam (BGH aaO). Es kann auch **zu Protokoll der Geschäftsstelle** des zuständigen Prozeßgerichts oder jedes beliebigen Amtsgerichtes erklärt werden. Von dort ist es dann gemäß § 129a II unverzüglich an das zuständige Prozeßgericht weiterzuleiten. Bei Aufnahme zu Protokoll ist der Antragsteller sachgemäß zu beraten und durch Hinweise und Fragen zu veranlassen, sich zu den subjektiven und objektiven Voraussetzungen der Bewilligung von PKH erschöpfend zu erklären. Wird das Gesuch **in der mündlichen Verhandlung** gestellt, dann ist es zu Protokoll zu nehmen. Anwaltszwang besteht nicht (§ 78 II). Bei Einreichung des Antrags durch einen Rechtsanwalt ist dieser im Zweifel als für das Verfahren bevollmächtigt anzusehen, auch wenn eine Vollmacht nicht beiliegt. Stellt ein Anwalt im Hauptverfahren das Gesuch, dann hat das Gericht nach § 88 II von der Bevollmächtigung auszugehen. Nach Abs 1 S 2 hat der Antragsteller, einerlei ob er Kläger oder Beklagter ist, **das Streitverhältnis sachlich darzustellen** und Beweismittel anzugeben; damit die Erfolgsaussichten seiner Rechtsverfolgung oder -verteidigung beurteilt werden können (Nürnberg JurBüro 96, 25). Eine solche Darstellung ist auch in der Rechtsmittelinstanz zweckmäßig, aber nicht notwendig (unten § 119 Rn 54). Der Rechtsmittelgegner braucht nach § 119 S 2 sein PKH-Gesuch nicht sachlich zu begründen.

3) Wirkungen des Antrags: a) Ein PKH-Antrag rechtfertigt nicht die **Einstellung der Voll-** 3
streckung nach § 769 I, sondern nur Maßnahmen nach § 769 II (Hamburg FamRZ 82, 622; Frankfurt FamRZ 82, 724; Karlsruhe FamRZ 84, 186; Köln FamRZ 87, 963). Entgegen Düsseldorf (JurBüro 87, 1263) wahrt das Gesuch die Frist des § 926 (Schneider MDR 82, 721; s § 926 Rn 32 mwN). Die Übersendung des PKH-Antrages gleicht der **Klagerhebung iS des § 323 III.** Der Abänderungsklage darf schon für die Zeit ab Zugang des Antrages stattgegeben werden (Koblenz FamRZ 79, 294; Frankfurt FamRZ 79, 963; unten Vollkommer § 323 Rn 42 mwN; MK/Wax Rn 11; MK/Gottwald § 323 Rn 80; Rosenberg/Gottwald § 158 V 4 a; Schwab/Maurer I Rn 1065; Gabius NJW 76, 317; Maurer FamRZ 88, 445; anders Hamm FamRZ 86, 386 f; Köln FamRZ 88, 1077 f; Bamberg FamRZ 93, 66; StJLeipold § 323 Rn 36; JHBrudermüller § 323 ZPO Rn 105 mwN; Kalthoener/Büttner Rn 94). Der BGH wendet sich gegen diesen Analogieschluß, weil der Antragsteller nach § 65 VII Nr 4 GKG die Klage auch ohne Zahlung eines Gerichtskostenvorschusses zustellen lassen kann (FamRZ 82, 365 = NJW 1050; FamRZ 82, 792 = NJW 1812 f; FamRZ 84, 355). Damit wird ihm aber ein Kostenrisiko aufgebürdet, das zu seiner Armut nicht paßt. Für die **Streitwertberechnung** nach § 17 IV 2 GKG ist der PKH-Antrag der Klageinreichung gleichzustellen. Wegen der Rechtsmitteleinlegung nur für den Fall, daß PKH bewilligt wird, s § 518 Rn 1.

b) Beantragt der Beklagte im schriftlichen Vorverfahren PKH innerhalb der Frist, die ihm für 4
die Anzeige seiner Verteidigungsabsicht gesetzt ist (§ 276 I 1), und läuft diese Frist ab, bevor das Gericht über den PKH-Antrag entscheiden kann, dann ist in entsprechender Anwendung des § 337 S 1 der Erlaß eines etwa schon in der Klageschrift beantragten schriftlichen **Versäumnisurteils** solange **ausgeschlossen**, bis über die PKH entschieden worden ist (Schneider MDR 85, 377). Darüber hinaus ist dem Antragsteller bei abschlägiger Entscheidung durch entsprechende Terminierung die erforderliche Überlegenszeit einzuräumen, damit er sich auf die neue Verfahrenslage einstellen kann (Art 3 I, 103 I GG).

c) Wenn der Kläger die Prozeßkosten auch bei äußerster Sorgfalt mit zumutbaren Mitteln 4a
nicht aufbringen kann, ist sein Unvermögen in den letzten sechs Monaten der Verjährungsfrist höhere Gewalt iS des § 203 II BGB (BGH FamRZ 95, 797 f mwN; Köln NJW 94, 3360 f = FamRZ 1383). Hier **hemmt die Einreichung eines PKH-Gesuches die Verjährung** (BGHZ 70, 235/239; NJW 87, 3120; FamRZ 95, 797 f; München FamRZ 96, 418; einschränkend Feuring MDR 82, 898 mwN). Dies gilt auch, wenn der Antragsgegner = Schuldner nachträglich befristet auf die Erhe-

bung der Einrede verzichtet (BGH VersR 81, 483). Voraussetzung ist aber, daß der hilfsbedürftige Antragsteller vor Verjährungsbeginn ein vollständiges, ordnungsgemäß begründetes PKH-Gesuch einreicht, wozu auch die erforderlichen Belege gehören (BGH NJW 89, 3149; München aaO). Nur dann wirkt die Einreichung des PKH-Gesuchs wie dessen Zugang beim Antragsgegner (§ 270 III; BGH WPM 89, 970 = VersR 89, 642; NJW 89, 3149). Wenn das Gericht gemäß § 118 II 2 Glaubhaftmachung verlangt oder Erhebungen anstellt, hat dies keinen Einfluß auf die Hemmung (München FamRZ 96, 418). Diese dauert fort, solange der Antragsteller bei zumutbarer Sorgfalt gehindert ist, das Verfahren sachgemäß zu betreiben, insbesondere die Bewilligungsunterlagen beizubringen (BGH VersR 81, 61). Sie endet mit dem Zugang des Beschlusses, durch den die PKH verweigert wird (Schleswig MDR 93, 1241). Legt der Antragsteller hiergegen binnen zwei Wochen Beschwerde ein, so dauert die Hemmung der Verjährung fort. Die Beschwerde ist zwar an sich nicht fristgebunden. Mit Rücksicht auf den Gegner muß sich der Antragsteller aber um größtmögliche Beschleunigung bemühen. Deshalb gilt hier analog § 234 I eine First von zwei Wochen (BGH MDR 91, 1000 = FamRZ 546 f mwN; Schleswig aaO; Köln NJW 94, 3360/3362 = FamRZ 1383 f). Betreibt der Antragsteller das Beschwerdeverfahren freiwillig nicht weiter, so hemmt die Beschwerde die Verjährung nicht (BGH FamRZ 91, 546 f; 95, 797 f; Köln aaO).

4b **d)** Da das **PKH-Gesuch** Prozeßhandlung ist, **unterbricht** es auch die nach § 211 II BGB bei Prozeßstillstand neu laufende **Verjährungsfrist,** soweit das Gericht ihm bei ordnungsgemäßer Behandlung entsprechen muß (RGZ 151, 133). Erforderlich ist auch dann, daß das Gesuch ordnungsgemäß unter Beifügung der notwendigen Belege begründet worden ist (BGH WPM 89, 970 = VersR 89, 642). Auch die **Frist des § 12 III VVG** kann durch ein PKH-Gesuch gewahrt werden (BGHZ 98, 295 = MDR 87, 212 = NJW 87, 255); nicht dagegen die Regelung des **§ 1408 II 2 BGB,** nach der vertragliche Ausschluß des Versorgungsausgleichs unwirksam wird, wenn innerhalb eines Jahres nach Vertragsschluß die Scheidung der Ehe beantragt wird (Zweibrücken FamRZ 95, 745 f).

5 **4)** Wenn die **prozessualen Voraussetzungen** für die Stellung eines PKH-Antrages fehlen, ist er als unzulässig zurückzuweisen, zB wenn der Antragsteller **prozeßunfähig** ist (Celle NdsRpfl 64, 62). Über die Verweisung des PKH-Verfahrens an das zuständige Gericht s § 114 Rn 20. Über Bewilligungsanträge, die erst nach Abschluß der Instanz gestellt werden, s § 114 Rn 20 a. Vor jeder Zurückweisung aus prozessualen Gründen ist der Antragsteller auf die Zulässigkeitsmängel hinzuweisen (§§ 139, 278 III; Art 103 I GG).

6 **5)** Da Beschlüsse, durch die PKH verweigert wird, nicht materiell rechtskräftig werden, **können abgelehnte Anträge wiederholt werden** (BVerfGE 56, 139/145; Karlsruhe FamRZ 86, 1126; Köln OLGZ 1989, 67; OVG Münster KoRsp ZPO § 127 Nr 22; Hess VGH AnwBl 93, 45 f; SG Schleswig SchlHA 84, 148; näher Werner, Rechtskraft und Innenbindung zivilprozessualer Beschlüsse, 1983, S 143–156). Es besteht aber kein Rechtsschutzbedürfnis für die Wiederholung eines abgelehnten Bewilligungsantrages, der auf denselben Sachverhalt wie der erste Antrag gestützt wird (BVerwG JurBüro 91, 846; Köln MDR 88, 501). Das ergibt sich auch aus § 127 II 2, wonach für einen solchen Sachverhalt nur die Beschwerde vorgesehen ist. Bei letztinstanzlichen Entscheidungen kann jedoch **Gegenvorstellung** (§ 567 Rn 19 ff) erhoben werden, die das beschließende Gericht zu einer Überprüfung seiner Entscheidung veranlaßt. Wiederholt werden darf der Antrag, wenn der Antragsteller neue Tatsachen oder rechtliche Gesichtspunkte vorträgt. Zu berücksichtigen ist auch Vorbringen, das bereits vor der Erstentscheidung möglich gewesen wäre; eine Präklusion sieht das Gesetz nicht vor (Hess VGH aaO mwN). Wiederholt werden darf der Antrag auch, wenn er wegen Nichtbenutzung des Vordrucks (Rn 19) zurückgewiesen worden ist und nunmehr der Vordruck vorgelegt wird; desgleichen, wenn sich nach Ablehnung eines Bewilligungsantrages die subjektiven oder objektiven **Voraussetzungen geändert** haben, zB bei Verschlechterung der wirtschaftlichen Verhältnisse des Antragstellers oder Erweiterung der Sachanträge (Köln MDR 88, 501). Über PKH-Anträge, die trotz Weiterbetreibens der Hauptsache nicht beschieden worden sind, s § 119 Rn 45).

7 **6) Bei gleichzeitiger Einreichung von PKH-Gesuch und Klage** wird neben dem PKH-Verfahren auch der Rechtsstreit als solcher anhängig (BGHZ 7, 270; München MDR 88, 972 = Rpfleger 89, 70 mwN; Köln NJW 94, 3360 f = FamRZ 1383). Wegen der weitreichenden Folgen der Klageerhebung hat der Antragsteller deutlich zu machen, ob er die Klage unbedingt (BGH EzFamR ZPO § 518 Rn 1) oder nur für den Fall der PKH-Bewilligung einreichen will (BGHZ 4, 328/333 = NJW 52, 515; zur bedingten Rechtsmitteleinlegung vgl § 518 Rn 1).

8 **a)** Eine solche Klarstellung geschieht etwa dadurch, daß die Klageschrift als **Entwurf** oder als „beabsichtigte Klage" (Celle MDR 63, 687) bezeichnet oder daß sie **nicht unterschrieben** wird oder daß erklärt wird, die Klage solle erst nach Bewilligung der PKH erhoben werden (Karlsruhe NJW-RR 89, 512). Im Zweifel ist Rückfrage geboten. Fehlt eine Klarstellung und läßt sie sich auch durch Hinweis nicht herbeiführen, so kann die formlose Übermittlung durch gleichzeitige Übersendung der Klageschrift und des PKH-Gesuchs an den Gegner zur Stellungnahme nicht als

Zustellung der Klage angesehen werden (Karlsruhe FamRZ 88, 91), insbesondere nicht, wenn die Übersendung mit dem Begleitvermerk „im PKH-Prüfungsverfahren" geschieht. Ist eindeutig nur ein PKH-Gesuch gestellt worden, dann kann dieses auch nicht dadurch zur Klageschrift werden, daß das Gericht den Schriftsatz als Klage behandelt; nur der Kläger ist befugt, den Streitgegenstand zu bestimmen (Hamm FamRZ 80, 1127; Köln NJW 94, 3360 f = FamRZ 1383). Verkennt das Gericht diese Rechtslage, so kann es geboten sein, die Kosten gemäß § 8 GKG niederzuschlagen (OVG Hamburg Rpfleger 86, 68; § 119 Rn 20).

b) Die Heilungsvorschrift des § 187 für Zustellungsmängel ist auf solche Sachverhalte unanwendbar (BGHZ 7, 270; VersR 68, 369). Die Klage wird in diesem Fall lediglich **anhängig** (§ 270 III; BGH WPM 89, 970 = VersR 89, 642), jedoch nicht rechtshängig (BGH NJW 72, 1373), so daß auch für den Gegner noch keine PKH bewilligt werden darf (§ 114 Rn 25). Um den Hilfsbedürftigen vor einer Erhöhung der Kosten zu bewahren, hat das Kostenrechtsänderungsgesetz 1994 bei Klagen auf wiederkehrende Leistungen, also vor allem in **Unterhaltsprozessen**, die Summe der **Rückstände** auf die Zeit bis zur Einreichung des PKH-Antrages beschränkt (§ 17 IV GKG). 9

c) Nach Bewilligung von PKH oder nach Zahlung des Vorschusses (§ 65 I S 1 GKG) läßt das Gericht die Klage zustellen. Wird eine durch die PKH Bewilligung bedingte Klage eingereicht, dann gilt der Entwurf der Klageschrift nach der PKH-Bewilligung als die eingereichte Klageschrift, und diese ist nunmehr zuzustellen. Der für § 270 III maßgebliche Zeitpunkt ist in diesem Fall derjenige der PKH-Bewilligung (Rn 3). 10

II) Substantiierung (Abs 1 S 2): Der Antragsteller hat die objektiven Bewilligungsvoraussetzungen mit eigenen Angaben und Unterschrift (LAG Düsseldorf EzA § 117 ZPO Nr 4 m Anm Schneider) im Antrag darzulegen. Er muß also den Sachverhalt schildern und angeben, wie er ihn beweisen kann. Dabei ist der noch nicht anwaltlich Vertretene nachhaltig auf die Hilfe desjenigen angewiesen, der den Antrag zu Protokoll nimmt oder ihn bearbeitet. Hinweise und Fragen (§§ 139, 278 III) sind unerläßlich, wenn Lücken oder Unklarheiten in der Darstellung erkennbar werden. Andererseits ist der Antragsteller verpflichtet, nach Kräften bei der Aufklärung des Streitverhältnisses mitzuwirken. **Mangelnde Bereitschaft** dazu kann der Bewilligung entgegenstehen, wenn sie zum Ausdruck bringt, daß der Antragsteller seine Sache selbst nicht ernstlich betreiben will (§ 114 Rn 36). Aus unterlassener Mitwirkung bei der Sachaufklärung können auch Rückschlüsse auf den Wahrheitsgehalt des Parteivorbringens gezogen werden (Köln DAVorm 80, 850), was sich ebenfalls ungünstig auf die Erfolgsprognose auswirken kann. 11

1) Sachdarstellung. Die Darlegung des Streitverhältnisses soll die sachliche Prüfung nach § 118 vorbereiten. Dazu gehören die Angabe der beabsichtigten Anträge, die tatsächlichen Behauptungen und die Benennung der Beweismittel. Bei Unterhalts- und Abänderungsklagen genügt es nicht, sich lediglich auf veröffentlichte Unterhaltstabellen zu berufen. Es müssen die Einzelfallumstände geschildert werden. Derartige Angaben sind nur entbehrlich, soweit sie sich aus vorhandenen Akten ergeben (Nürnberg JurBüro 84, 61011), insbesondere in Vollstreckungssachen (Bobenhausen Rpfleger 84, 396) oder in der Rechtsmittelinstanz, weil ihr das Streitverhältnis aus den vorinstanzlichen Feststellungen bekannt ist (unten § 119 Rn 54). Darzulegen sind, falls Zweifel bestehen, auch Statthaftigkeit und Zulässigkeit des Rechtsmittels, etwa daß die Rechtsmittelsumme erreicht ist (oben § 114 Rn 28). 12

2) Daß die Partei ihr Vorbringen bereits im Antrag glaubhaft machen muß, sieht das Gesetz nicht vor. Nach Eingang des Antrages kann das Gericht jedoch Glaubhaftmachung verlangen (§ 118 II 1). Im Antrag anzugeben sind die im Erkenntnisverfahren verwertbaren **Beweismittel**: Urkunden, Zeugen, Sachverständige und Augenschein, notfalls auch Parteivernehmung. Diese ist subsidiär (§ 445) und deshalb allein nur ausreichend, wenn der Gegner zuvor angehört worden ist (§ 118 I 1) und seine Stellungnahme dem Beweisantritt auf Parteivernehmung nicht die hinreichende Erfolgsaussicht nimmt (§ 114 Rn 35). **Eidesstattliche Versicherungen** zum Beweis in der Hauptsache genügen nur, soweit sie ausnahmsweise zugelassen sind (bei Arrest und einstweiliger Verfügung), also nie im strengbeweislichen Erkenntnisverfahren (§ 118 Rn 14). Wird lediglich eine **aussichtslose Parteivernehmung** oder unbeachtliche eidesstattliche Versicherung oder schriftliche Zeugenerklärung angeboten, dann darf die Bewilligung erst abgelehnt werden, wenn der Antragsteller auf den Beweismangel hingewiesen und zu weiteren Beweisanträgen aufgefordert worden ist. 13

III) Vermögensverhältnisse (Abs 2): 1) Die Vermögensverhältnisse **müssen dargelegt werden,** bevor die Instanz endet (Frankfurt JurBüro 94, 177; s § 114 Rn 20 a). Dieser Grundsatz gilt nur dann nicht, wenn seine Anwendung dazu führen würde, der hilfsbedürftigen Partei von vornherein jede Aussicht auf eine sachliche Prüfung ihres PKH-Gesuches abzuschneiden (so Frankfurt aaO für den Antragsgegner in einem Verfahren der einstweiligen Verfügung). Darzulegen ist alles, was nach § 115 geprüft werden muß. Die Vorlage eines Einkommensteuerbescheides für ein längst vergangenes Jahr genügt nicht. Hat der Hilfsbedürftige unregelmäßige Einkünfte von 14 schwankender Höhe, so reicht es aus, wenn er im Mai eine Einnahmenüberschußrechnung für das Vorjahr vorlegt; seine Einkünfte in den ersten Monaten des laufenden Jahres braucht er hier nicht darzustellen (BGH Rpfleger 92, 440 = JurBüro 93, 105 mwN). Angaben über die **Einkünfte des Ehegatten** obliegen dem Antragsteller nicht, da sie nicht mitzuberechnen sind (§ 115 Rn 7).Bevor die PKH abgelehnt wird, weil die subjektiven Voraussetzungen fehlen, sind Rückfragen unerläßlich (Art 103 I GG; StJBork Rn 19; anders BFH JurBüro 93, 548; wonach das Gericht nicht verpflichtet ist, eine in wesentlichen Punkten unvollständige Erklärung durch Fragen an den Antragsteller zu vervollständigen). Rückfragen sind entbehrlich, wenn der Rechtsmittelkläger innerhalb der Rechtsmittelfrist die erforderlichen Unterlagen nicht vorgelegt hat; s § 119 Rn 60. Wenn die Partei den Antrag ohne anwaltliche Hilfe stellt, ist sie vor einer Ablehnung ihres Begehrens evtl persönlich anzuhören, oder es ist ihre Anhörung nach § 20 Nr 4a RpflG zu veranlassen.

15 2) **Vordrucke** über die persönlichen und wirtschaftlichen Verhältnisse **(Abs 3, 4)** muß der Antragsteller benutzen (Nürnberg FamRZ 85, 824), auch in der **Rechtsmittelinstanz** (§ 119 Rn 53). Das FamG darf die PKH-Bewilligung für die Scheidung im Regelfall nicht zurückhalten, bis der Antragsteller auch das Formular über seine Versorgungsanwartschaften ausgefüllt hat (Hamm FRES 4, 358; Ausnahme s § 114 Rn 44). **Sozialhilfeempfänger** müssen die Abschnitte E–J des Vordrucks zunächst nicht ausfüllen, wenn sie ihrer Erklärung den letzten Bewilligungsbescheid des Sozialamts beifügen. Auch hier kann das Gericht verlangen, daß der Vordruck benutzt wird (§ 2 II und III der VordruckVO vom 17.10.94 (BGBl I 3001). Unvollständiges Ausfüllen des Vordrucks rechtfertigt die Versagung der PKH nur, wenn sich das Gericht kein zuverlässiges Bild über die wirtschaftlichen Verhältnisse machen kann (Naumburg DAVorm 93, 722 = JurBüro 94, 231). Unvollständiges Ausfüllen ist hingegen unschädlich, wenn Lücken durch eine beigefügte zusätzliche Erklärung oder beigefügte Belege geschlossen werden können (BGH NJW 83, 2145; FamRZ 85, 1018 = NJW 86, 62 = MDR 302; Naumburg aaO; München FamRZ 96, 418) oder keine Bedenken gegen die gemachten Angaben bestehen (Düsseldorf DAVorm 87, 279). Selbst die Unterschrift darf dann fehlen (BGH FamRZ 85, 1018). Bei unveränderten Verhältnissen genügt die Verweisung auf eine Erklärung, die in der Vorinstanz (§ 119 Rn 53) oder einem anderen, beim entscheidenden Gericht anhängigen Verfahren abgegeben wurde. Zugleich muß dann allerdings erklärt werden, daß die Verhältnisse unverändert sind (§ 119 Rn 53). Da die Formulare nur eine Hilfe für das Gericht sind, nicht aber Entscheidungsvoraussetzung (BGH EzFamR ZPO § 117 Nr 3 mit Anm Schneider; Schneider MDR 82, 89), darf die Bedürftigkeit sogar ohne ausgefülltes Formular festgestellt werden (Frankfurt RPfleger 93, 251; Hamm FamRZ 95, 374; Schneider MDR 81, 678; Mümmler JurBüro 81, 1582; anders Köln MDR 82, 152; LG Hamm JurBüro 81, 1581). Ein unvollständiger Antrag darf wiederholt werden (Rn 6, 19).

16 a) Will ein **minderjähriges unverheiratetes Kind** in einer Unterhalts- oder Kindschaftssache (§ 640 II) seine Rechte verfolgen oder verteidigen oder einen Unterhaltsanspruch vollstrecken, so braucht es keinen Vordruck einzureichen, wenn es kein Einkommen oder Vermögen hat, das nach § 115 einzusetzen ist. Es kann die Erklärung über seine persönlichen und wirtschaftlichen Verhältnisse formlos abgeben, muß aber angeben, wie es seinen Lebensunterhalt bestreitet, welche Einnahmen es im Monat durchschnittlich hat und welcher Art diese sind (§ 2 I Nr 1 der VordruckVO vom 17.10.94 (BGBl I 3001). Ferner muß es erklären, daß es über kein Vermögen verfügt, das nach § 115 einzusetzen ist. Soweit das Kind oder sein gesetzlicher Vertreter davon Kenntnis hat, ist in dieser Erklärung anzugeben, a), welche Bruttoeinnahmen im Monatsdurchschnitt die Personen haben, die dem Kind auf Grund gesetzlicher Unterhaltspflicht Unterhalt gewähren, b) ob diese Personen Vermögen haben, das zu verwerten ist, um dem Kind einen Prozeßkostenvorschuß zu zahlen (§ 2 I Nr 2 der VordruckVO).

17 b) Abs 4 hat nicht den Zweck, eine Prozeßhandlung zu formalisieren und unter eine Zulässigkeitsvoraussetzung zu stellen. Das zeigt sich vor allem bei den Anforderungen, die in der Rechtsmittelinstanz gestellt werden (s § 119 Rn 53). Die **Nichtbenutzung der Vordrucke** macht daher einen **Antrag** nicht unzulässig, sondern nur prüfungsunfähig mit der Folge, daß er als **unbegründet** zurückzuweisen ist, weil er nicht iS des § 117 II substantiiert ist (BGH EzFamR ZPO § 117 Nr 3 m Anm Schneider; Hamburg EzFamR ZPO § 118 Nr 1; Hamm JurBüro 93, 28; LAG Hamm MDR 82, 83; Schneider MDR 82, 89; anders Köln MDR 82, 152; LAG Schleswig LAGE ZPO § 119 Nr 5; LG Konstanz MDR 81, 677). Die Zurückweisung eines Antrags wegen Nichtbenutzung des Vordrucks hindert nicht die Stellung eines neuen formgerechten Antrags (Oldenburg NdsRpfl 81, 167; SG Schleswig SchlHA 84, 148; Karlsruhe MDR 89, 918; s auch oben Rn 5). Es tritt keine materielle Abweisungsrechtskraft ein, da noch keine Beurteilung der subjektiven Voraussetzungen stattgefunden hat. Deshalb muß auch das Beschwerdegericht nachgereichte Erklärungen und Belege berücksichtigen (anders LAG Düsseldorf JurBüro 88, 1722; LSG NW FamRZ 89, 411; hiergegen mit Recht Schneider MDR 89, 513 u 965 u Herr/Schneider MDR 89, 869/870). Erklärungen nach Beendigung der Instanz kommen allerdings zu spät (§ 114 Rn 20 a).

c) Die Vordrucke sind nur für natürliche Personen bestimmt, auch für Prozeßstandschafter (Saarbrücken FamRZ 91, 961). **Parteien kraft Amtes,** juristische Personen und parteifähige Vereinigungen bedienen sich ihrer nicht (§ 1 Nr 1 der VordruckVO vom 24.11.80 (BGBl I 2163). Ihre finanzielle Verhältnisse sind in der Regel so vielgestaltig, daß sie nicht mit vorformulierten Fragen erfaßbar sind. Das gilt insbesondere, wenn auch noch eine zumutbare Kostenbelastung wirtschaftlich Beteiligter zu prüfen ist (§ 116). Parteien kraft Amtes usw müssen daher ihren Antrag individuell begründen (BFH RPfleger 93, 290). 18

3) **Belege** iS des Abs 2 sind schriftliche Unterlagen zur Glaubhaftmachung der persönlichen und wirtschaftlichen Verhältnisse des Hilfsbedürftigen (Karlsruhe FamRZ 86, 372), nicht Beweismittel des § 117 I 2, die zur Prüfung der hinreichenden Erfolgsaussicht vorgelegt werden müssen. Sind die Angaben ohnehin glaubhaft, so brauchen keine Belege vorgelegt zu werden (Karlsruhe FamRZ 86, 372). Bezugnahme auf vorinstanzlich eingereichte Belege ist statthaft. Die Vernehmung von Zeugen oder Sachverständigen nur zur Feststellung der Vermögensverhältnisse ist unzulässig (§ 118 II 3; s § 118 Rn 16). **Beifügen** bedeutet nicht, daß Antrag und Belege zusammen eingehen müssen; die Belege dürfen nachgereicht werden (Oldenburg NdsRpfl 81, 166; Köln FamRZ 85, 828; BFH BB 83, 1656). Genügen sie dem Gericht nicht, dann muß es die Partei zur Ergänzung oder zur Vorlage der gewünschten Unterlagen auffordern (Schleswig SchlHA 82, 71). Legt sie dar, daß sie bemüht ist, die noch fehlenden Unterlagen beizubringen, oder ergibt sich dies aus den Umständen, dann hat das Gericht seine Entscheidung zurückzustellen, gegebenenfalls nach Fristsetzung, weil sonst Art 103 I GG verletzt wird. Das Gericht braucht sich die Unterlagen nicht selbst zu beschaffen, muß aber entgegen Oldenburg (NdsRpfl 81, 166 [167 zu b] = KoRsp ZPO § 117 Nr 1 m Anm Schneider) auf das Fehlen hinweisen und darf nicht kurzerhand den Antrag ablehnen (KG DAVorm 84, 491; Stuttgart MDR 84, 58; LG Tübingen JurBüro 90, 514), auch nicht bei anwaltlicher Vertretung (irrig LAG Düsseldorf EzA ZPO § 117 Nr 6; s Schneider MDR 86, 113). Ein Hinweis ist entbehrlich, wenn die Partei den Beleg nachzureichen verspricht, dies aber nicht tut (VGH Baden-Württemberg JurBüro 91, 1115). Bringt sie die Belege nicht bei, dann fehlt die Entscheidungsgrundlage, und der Antrag ist zurückzuweisen (BGH KoRsp ZPO § 115 Nr 8; BayObLG FamRZ 84, 73; Nürnberg JurBüro 84, 610; LAG Hamm JurBüro 81, 1578). Zur Bedeutung des Zeitpunktes der Einreichung für den Inhalt der Bewilligung s § 119 Rn 39. 19

4) **Datenschutz:** Die Erklärung und die Belege dürfen dem Gegner nicht zugänglich gemacht werden, es sei denn, die Partei stimmt ausdrücklich zu (§ 117 II 2), wozu sie kaum Anlaß haben wird. Die Bestimmung ist durch das PKH-Änderungsgesetz eingefügt worden. Schon früher hatte der BGH so entschieden (BGHZ 89, 65 = NJW 84, 740 = MDR 307 m abl Anm Schneider). Viele Instanzgerichte waren gegenteiliger Ansicht. Die Rechtseinheit, die die Gesetzesänderung geschaffen hat, ist zu begrüßen. – § 117 II 2 zwingt die Partei, für die Erfolgsaussichten der Rechtsverfolgung (bzw -verteidigung) einerseits und für die persönlichen und wirtschaftlichen Verhältnisse andererseits getrennte Schriftsätze zu fertigen. Geschieht dies nicht, so ergibt sich hieraus aber nicht die Zustimmung, daß dem Gegner die Erklärungen über die persönlichen und wirtschaftlichen Verhältnisse mitgeteilt werden dürfen. Die Partei ist zu fragen, ob sie neue getrennte Schriftsätze einreichen will oder ob sie mit der Übersendung ihrer Ausführungen über ihre persönlichen und wirtschaftlichen Verhältnisse an den Gegner einverstanden ist. Die Gerichte haben wegen § 117 II 2 sorgfältig darauf zu achten, daß solche Schriftstücke nicht in die Prozeßakte, sondern in das PKH-Heft eingeheftet werden. Die Prozeßakte darf der Gegner einsehen (§ 299 I), das PKH-Heft nicht (arg § 127 II 2). 20

118 *[Verfahren; Tatsachenfeststellung; Kosten]*

(1) Vor der Bewilligung der Prozeßkostenhilfe ist dem Gegner Gelegenheit zur Stellungnahme zu geben, wenn dies nicht aus besonderen Gründen unzweckmäßig erscheint. Die Stellungnahme kann vor der Geschäftsstelle zu Protokoll erklärt werden. Das Gericht kann die Parteien zur mündlichen Erörterung laden, wenn eine Einigung zu erwarten ist; ein Vergleich ist zu gerichtlichem Protokoll zu nehmen. Dem Gegner entstandene Kosten werden nicht erstattet. Die durch die Vernehmung von Zeugen und Sachverständigen nach Absatz 2 Satz 3 entstandenen Auslagen sind als Gerichtskosten von der Partei zu tragen, der die Kosten des Rechtsstreits auferlegt sind.

(2) Das Gericht kann verlangen, daß der Antragsteller seine tatsächlichen Angaben glaubhaft macht. Es kann Erhebungen anstellen, insbesondere die Vorlegung von Urkunden anordnen und Auskünfte einholen. Zeugen und Sachverständige werden nicht vernommen, es sei denn, daß auf andere Weise nicht geklärt werden kann, ob die Rechtsverfolgung oder Rechtsverteidigung hinreichende Aussicht auf Erfolg bietet und nicht mutwillig erscheint; eine Beeidigung findet nicht statt. Hat der Antragsteller innerhalb einer von dem Gericht gesetzten Frist Angaben über seine persönlichen und wirtschaftlichen Verhältnisse nicht glaubhaft gemacht oder bestimmte

Fragen nicht oder ungenügend beantwortet, so lehnt das Gericht die Bewilligung von Prozeßkostenhilfe insoweit ab.

(3) Die in Absatz 1, 2 bezeichneten Maßnahmen werden von dem Vorsitzenden oder einem von ihm beauftragten Mitglied des Gerichts durchgeführt.

1 **I) Rechtliches Gehör (Abs 1 S 1): 1)** Am PKH-Verfahren beteiligt sind nur die Partei, die PKH begehrt, und das Gericht, das sie bewilligen soll (BGH NJW 84, 740 f). **Gegner** iS des § 118 I ist der künftige Gegner der Hauptsache, die betrieben werden soll, wenn PKH bewilligt wird, dh jeder, der durch die angestrebte Rechtsverfolgung oder -verteidigung unmittelbar in seinen Rechten betroffen sein wird (MK/Wax Rn 7). Auch wer lediglich in „parteiähnlicher Stellung" am Verfahren beteiligt ist, hat Anspruch auf rechtliches Gehör (BVerfGE 13, 141; 17, 361; 21, 273; BayVerfGH JZ 62, 673) und ist Gegner. Gegner ist nicht die Staatskasse, die die gerichtlichen Auslagen und die Kosten des beigeordneten Anwalts zu zahlen hat. Sie hat aber ein Recht auf Akteneinsicht (Karlsruhe JurBüro 88, 1226). Die Anhörung des Gegners ist zwingend. Sie steht nicht im Ermessen des Gerichts, das an Art 103 I GG gebunden ist (BVerfGE 20, 282).

2 **2)** Dem Gegner des Hilfsbedürftigen ist Gelegenheit zur Stellungnahme zu geben (Abs 1 S 1). Ein Prozeßrechtsverhältnis zwischen dem Hilfsbedürftigen und dem Gegner wird hierdurch nicht begründet (Karlsruhe FamRZ 95, 1163 f). **Gegenstand der Anhörung** sind die Erfolgsaussicht der Rechtsverfolgung bzw -verteidigung und die Frage, ob diese mutwillig ist. Die Prüfung dieser Punkte soll die Gerichte vor überflüssiger Arbeit und die Staatskasse davor schützen, daß sie die Kosten für nutzlose Streitigkeiten tragen muß. Der Gegner wird nicht zu den Angaben des Antragstellers über seine persönlichen und wirtschaftlichen Verhältnisse gehört (§ 117 II 2; s § 117 Rn 20).

3 **3)** Die **Anhörung des Gegners** ist nur **entbehrlich**, wenn sie „aus besonderen Gründen unzweckmäßig erscheint." Diese Ausnahme ist unklar und im Hinblick auf Art 103 I GG eng auszulegen. In folgenden Fällen braucht der Gegner nicht angehört zu werden:

a) PKH ist nach dem eigenen Vorbringen des Antragstellers von vornherein zu verweigern. Hiervon wird der Gegner nicht betroffen. Art 103 I GG verlangt nicht, ihn zu hören (§ 573 Rn 8).

b) Mit dem PKH-Antrag werden zugleich **Eilanträge** gestellt, deren Erfolg von einer **Überraschungswirkung** abhängt, die durch vorherige Anhörung des Schuldners vereitelt würde (BVerfGE 7, 99; 9, 98; 19, 51): Arrest (§ 922 I 1); einstweilige Verfügung (§ 937 II); Forderungspfändung (§ 834; s Bobenhausen Rpfleger 84, 396); Nachtzeit-Vollstreckung und Wohnungsdurchsuchung (§§ 761, 758; vgl Schneider NJW 80, 2377 ff; anders Behr/Hantke Rpfleger 81, 269, aber irrig, da die Einschränkung „Gefahr im Verzug" in Art 13 II GG u BVerfGE 51, 97 übersehen worden ist).

c) Vorherige Anhörung kann weiter unzweckmäßig sein, wenn eine **Leistungsverfügung auf Unterhalt** begehrt wird und auf seiten des Antragstellers eine **Notlage** besteht.

d) Die vorherige Anhörung ist unzweckmäßig, wo sie ihren **Schutz- und Informationszweck** nicht erreichen könnte, etwa bei öffentlicher Zustellung (§ 203). Hier ist die Anhörung alsbald nachzuholen, damit der Gegner wenigstens nachträglich auf die gerichtliche Entscheidung Einfluß nehmen kann.

4 **4) Ausführung der Anhörung:** Der Gegner erhält Gelegenheit, innerhalb einer vom Gericht gesetzten Frist schriftlich Stellung zu nehmen. Die Länge der Frist richtet sich nach der Eilbedürftigkeit und Schwierigkeit der Sache und nach den persönlichen Verhältnissen des Gegners. Außer in Eilfällen ist es nicht angemessen, die Frist auf weniger als zwei Wochen zu bemessen (MK/Wax Rn 8). Enthält des PKH-Gesuch auch Tatsachenvortrag, auf den es für die Entschei-

dung nicht ankommt, so ist es zweckmäßig, dem Gegner aufzugeben, zu welchen Behauptungen er sich äußern soll. Er ist darauf hinzuweisen, daß er sich auch zu Protokoll der Geschäftsstelle des mit dem PKH-Gesuch befaßten Gerichts oder jedes Amtsgerichts (§ 129 a) äußern kann (Abs 1 S 2). Wegen der Fristsetzung ist die gerichtliche Verfügung zuzustellen (§ 329 II 2). Statt eine Frist zu setzen, kann das Gericht die Parteien zur mündlichen Erörterung laden, wenn eine Einigung einigermaßen naheliegt (Abs 1 S 3). Die vage Möglichkeit, daß die Parteien sich einigen könnten, läßt eine Erörterung nicht zu (Karlsruhe FamRZ 92, 1198; MDR 95, 635 f).

5) **Stellungnahme (Abs 1 S 2):** Schriftlich oder zu Protokoll der Geschäftsstelle (Rn 4), mündlich nur, wenn ein Erörterungstermin bestimmt worden ist (Abs 1 S 3). Sieht der Gegner von einer Stellungnahme ab, dann ist in Verfahren mit Verhandlungsmaxime entsprechend § 138 III davon auszugehen, daß die Angaben des Antragstellers zutreffen. 5

II) Erörterungstermin (§ 118 I 3). 1) Verfahren: Eine Erörterung ist nur zulässig, wenn eine Einigung zu erwarten ist. § 141 ist im Bewilligungsverfahren nicht anwendbar (LG Hechingen Justiz 92, 158). Das Erscheinen darf nicht erzwungen werden, insbesondere darf kein Ordnungsgeld wegen unentschuldigten Fernbleibens verhängt werden (Hamm JMBlNRW 59, 181). Das Ausmaß der Erörterung ist durch § 127 I 1 begrenzt, wonach im PKH-Verfahren ohne mündliche Verhandlung zu entscheiden ist. Es ist nicht statthaft, den Streitstoff nur mit dem Ziel zu erörtern, den sich anbahnenden Rechtsstreit entscheidungsreif zu machen (Hamm MDR 83, 674; Karlsruhe FamRZ 92, 1198). Das würde auch gegen das Gebot verstoßen, die Entscheidung über das PKH-Gesuch nicht ungebührlich lange hinauszuzögern (Rn 13). 6

2) **Vergleich:** Unterscheide Vergleiche nach Rechtshängigkeit (a) und solche im PKH-Verfahren (b). **a) Im anhängigen Rechtsstreit** gibt es keine PKH nur für den Abschluß eines Vergleichs, sondern nur für den Rechtsstreit insgesamt und damit auch für den Vergleichsabschluß in der Hauptsache. Die Bewilligung von PKH „für den Vergleich" ist gem § 119 S 1 gleichbedeutend mit Bewilligung für den gesamten Rechtszug (Schneider MDR 81, 793 II 3b, aa). Eine fehlerhafte willentliche Beschränkung der PKH durch das Gericht ist aber wirksam (Zweibrücken JurBüro 85, 1418), muß jedoch auf eine Beschwerde hin abgeändert werden. Über außergerichtliche Vergleiche s § 119 Rn 25. 7

b) Vergleich im PKH-Verfahren: Wenn vor Bewilligung der PKH ein Vergleich über die Hauptsache geschlossen wird, kann von dem Grundsatz abgewichen werden, daß für das Bewilligungsverfahren selbst keine PKH gewährt wird (§ 114 Rn 3). Umstritten ist hier nur, ob **für das gesamte PKH-Verfahren PKH zu bewilligen** ist (so Frankfurt JurBüro 90, 509; Bamberg JurBüro 88, 901; FamRZ 95, 939 = JurBüro 423; Stuttgart JurBüro 86, 1576; Hamm FamRZ 87, 1062; Zweibrücken JurBüro 88, 221; Düsseldorf FamRZ 96, 416; LG Bonn JurBüro 95, 423; Kalthoener/Büttner Rn 186) oder nur für den Abschluß des Vergleichs (so Hamburg JurBüro 83, 287; München MDR 87, 239 = Rpfleger 87, 173; Mümmler JurBüro 86, 1577; 90, 510; Rahm/Künkel II Rn 99). Diese Auffassung ist abzulehnen, weil sie dem Zweck der Prozeßkostenhilfe zuwiderläuft, die bedürftige Partei von den Kosten ihres Anwalts freizustellen. Würde die PKH nur für den Vergleichsabschluß gewährt, so müßte die Partei die Prozeß- und Erörterungsgebühr selbst bezahlen, die ihrem Anwalt nach § 51 BRAGO zusteht. Für diese Kosten könnte sie auch keine Beratungshilfe erhalten, weil das PKH-Verfahren ein gerichtliches Verfahren iS des § 1 BerHG ist (Kalthoener/Büttner Rn 910). Um von den Gebühren nach § 51 BRAGO freizukommen, müßte sie den Vergleich zunächst ablehnen, weiterhin PKH für die Hauptsache verlangen und nach deren Bewilligung den Vergleich zu erhöhten Kosten schließen (MK/Wax § 114 Rn 15). Dann würden die ermäßigten Gebühren des § 51 BRAGO auf die vollen Gebühren des § 31 BRAGO angerechnet, die die Staatskasse an Stelle der Partei zu zahlen hat (Riedel/Sußbauer/Keller § 51 Rn 14), und die Partei hätte ihr Ziel erreicht, von allen Kosten freigestellt zu werden. Durch diese Gestaltung würde der kostenmindernde Zweck des Einigungsverfahrens nach § 118 I 3 verfehlt (Schneider MDR 81, 793 Nr II 3 c; Stuttgart aaO; Köln FamRZ 93, 1472 f). Deshalb ist die Meinung vorzuziehen, daß für das gesamte PKH-Verfahren PKH zu bewilligen ist. 8

Hier kann ein **umfassender Gesamtvergleich** abgeschlossen werden, der ohne weiteres in das Bewilligungsverfahren fällt, auch wenn er Gegenstände erfaßt, die über die beabsichtigte Rechtsverfolgung hinausgehen. Die freiwillige Übernahme von Leistungen indiziert die hinreichende Erfolgsaussicht (Bamberg JurBüro 96, 23 f). Auch für einen solchen Vergleich kann PKH bewilligt werden (Rn 11). Ein im PKH-Verfahren abgeschlossener gerichtlicher Vergleich kann einen **Mehrwert** haben und insoweit eine Vergleichsgebühr nach KV 1660 auslösen, wenn nicht auch insoweit PKH bewilligt wird (Markl GKG 2. Aufl KV 1170 Rn 4). Zu den Anwaltsgebühren s Rn 25; zur **Kostenerstattung** Rn 26 ff. Ein Vergleich im Bewilligungsverfahren bewirkt, daß es nicht mehr zum Hauptverfahren kommen kann. Dann scheidet auch die nachträgliche Bewilligung für dieses Verfahren aus (Stuttgart AnwBl 86, 414; anders Bamberg JurBüro 83, 454, 455). 8a

9 c) Ein solcher Vergleich kann auch vom beauftragten oder ersuchten Richter **protokolliert** werden oder vor dem nach § 20 Nr 4a RpflG beauftragten Rechtspfleger, der dann aber nur Beurkundungsfunktion hat und nicht auch PKH bewilligen darf (so Köln Rpfleger 86, 493, aber zweifelhaft, s Lappe Anm KoRsp ZPO § 118 Nr 20 u Anm Schriftleitung Rpfleger 86, 494). Ein protokollierter Vergleich ist **Vollstreckungstitel nach § 794 I Nr 1** und beendet das PKH-Verfahren. Wird er vor einem unzuständigen Organ geschlossen, etwa vor dem dazu nicht beauftragten Rechtspfleger, dann handelt es sich um einen außergerichtlichen Vergleich, der Grundlage einer Klage aus der Vergleichsvereinbarung sein kann.

10 d) **Anwaltszwang** besteht für den Vergleichsabschluß **nicht** (unten § 630 Rn 15), wohl aber bei Abschluß nach vollständiger Bewilligung für das Hauptverfahren (Köln AnwBl 82, 113). Erklärt eine Partei, daß sie sich ohne Beratung durch einen Anwalt nicht vergleichen will, so ist der Versuch zur gütlichen Beilegung gescheitert.

11 e) Nach Bewilligung von PKH für das Hauptverfahren ist für einen Vergleich im Bewilligungsverfahren gemäß § 118 I 3 kein Raum mehr. Dann kann nur noch die Hauptsache verglichen werden. Die Bewilligung für die Hauptsache deckt ohne weiteres die Prozeßerledigung durch Vergleich (Schneider MDR 81, 793 II 3b, bb). Werden in den Vergleich zur Hauptsache nicht anhängige Gegenstände oder anderweitig anhängige Streitigkeiten einbezogen, dann ist aus prozeßökonomischen Gründen entsprechend der ratio des PKH-Gesetzes ausnahmsweise die Ausdehnung der Bewilligung auf den Gesamtvergleich zulässig, was jedoch beschlossen werden muß (Schneider MDR 81, 793 II 3a; allg M, zB Frankfurt FamRZ 82, 1225; Rpfleger 89, 515; JurBüro 90, 509; Köln MDR 83, 323; Hamm AnwBl 85, 654; FamRZ 87, 1062; Zweibrücken JurBüro 88, 221; Bamberg JurBüro 88, 646; 93, 547; Koblenz FamRZ 90, 180).

12 f) **Eine Klagerücknahme ist nach Abschluß eines Vergleichs nicht mehr möglich** (KG JW 38, 3311). Denn entweder wird der Vergleich lediglich im PKH-Verfahren abgeschlossen, also vor Klageerhebung; oder er wird danach abgeschlossen und erledigt dann die Hauptsache. In Betracht kommt eine Klagerücknahme aber, wenn der Inhalt des Vergleichs gerade darin besteht, den Kläger oder Rechtsmittelführer zur Abgabe dieser Erklärung zu verpflichten.

13 **III) Tatsachenfeststellung (Abs 2): 1) Beschleunigungsgebot:** Das PKH-Prüfungsverfahren ist beschränkt auf das Vorliegen der Voraussetzungen der §§ 114, 115. Der Antragsteller muß bei der Aufklärung mitwirken (Rn 17). Unvollständige und widersprüchliche Angaben über Sachverhalt und Vermögensverhältnisse gehen zu seinen Lasten (Schleswig SchlHA 78, 197). Ein Verstoß gegen die Mitwirkung bei der Sachaufklärung kann auch Zweifel an der Wahrheit des Parteivorbringens erwecken und sich ungünstig auf die Beurteilung der Erfolgsaussicht auswirken (Köln DAVorm 80, 850). Davon abgesehen entscheidet das Gericht nach pflichtgemäßem Ermessen, wie weit es bei der Prüfung gehen will (zur Beweisantizipation s § 114 Rn 26). Das Verfahren soll beschleunigt durchgeführt werden (Künkel DAVorm 83, 337). Die Rechtsverfolgung darf nicht in das summarische PKH-Verfahren vorverlagert werden (BVerfG FamRZ 93, 664; Frankfurt JurBüro 82, 774; München NJW-RR 90, 112; FamRZ 94, 1126). Andererseits braucht das Gericht einen nicht durch Fristen beschränkten Spielraum für eine ausreichende Klärung der Sach- und Rechtslage, zumal da der Gegner ausführlich angehört werden muß (BGH NJW 60, 98).

14 2) **Es ist nicht statthaft, über die PKH-Bewilligung erst nach Verhandlung und Beweiserhebung in der Hauptsache zu entscheiden** (Bamberg JurBüro 91, 1669 f; LAG Düsseldorf LAGE ZPO § 114 Nr 10 = JurBüro 87, 449; HessVG JurBüro 89, 1144). Es muß alsbald (Düsseldorf JurBüro 89, 113) und vor dem Verhandlungstermin (BVerfG FamRZ 92, 1151 f = NJW-RR 93, 382; Karlsruhe FamRZ 89, 767) entschieden werden. Ob vor Zustellung der Klage zu entscheiden ist, richtet sich nach § 65 VII 1 Nr 3 und S 2 GKG. Wenn glaubhaft ist, daß dem Kläger die Vorauszahlung der Gebühr (für das Verfahren im allgemeinen) Schwierigkeiten bereitet und wenn die beabsichtigte Rechtsverfolgung nicht aussichtslos oder mutwillig ist, ist die Klage zuzustellen, bevor der Beklagte zum PKH-Gesuch gehört und über dieses entschieden wird (Karlsruhe FamRZ 91, 1458 f = JurBüro 92, 179; Klein FamRZ 89, 1203). Wenn der Kläger dies um des Kostenrisikos willen vermeiden will, muß er die Klage erst nach PKH-Bewilligung einreichen. – Wird verspätet über die PKH entschieden, so muß auf Antrag vertagt werden (Schneider MDR 85, 377 mwN; unten § 337 Rn 3; irrig Koblenz OLGZ 1990, 126). Unzulässig ist es, über § 118 II 2, 3 von Amts wegen unter Verstoß gegen Beweislastgrundsätze aufzuklären (Hamm FamRZ 86, 80: Mißbrauch) oder PKH abzulehnen und sogleich Beweis zu erheben (BVerfG NVwZ 87, 786 – allerdings nur ein einfachrechtlicher Verfahrensfehler). Das verstößt gegen das Gebot fairer Prozeßführung (Hamm FamRZ 89, 1203) und kann dazu führen, daß dem Antragsteller ein Anwalt beizuordnen ist, obwohl bei rechtzeitiger Bewilligung die Beiordnung hätte abgelehnt werden müssen (Bamberg FamRZ 90, 538 = NJW-RR 90, 1407). Gegen die Verzögerung der Bewilligungsentscheidung ist die Beschwerde gegeben (str, s § 127 Rn 11). Die Verzögerung kann eine Kostenniederschlagung nach § 8 GKG rechtfertigen und Amtshaftung auslösen.

3) Es ist auch **nicht zulässig, das PKH-Bewilligungsverfahren wegen eines anderweitig schwebenden Rechtsstreits auszusetzen** (Stuttgart NJW 50, 229; KG NJW 53, 1474; Oldenburg MDR 57, 554; Hamm FamRZ 85, 827); auch dagegen gibt es die Beschwerde (Hamm FamRZ 85, 827). Auch eine **Unterbrechung** nach den §§ 239, 244 findet nicht statt. Der Tod des Anwalts beeinflußt den Verfahrensablauf nicht (BGH NJW 66, 1126). Der Tod der Partei beendet das Bewilligungsverfahren (§ 119 Rn 15). Köln (FamRZ 85, 632) verstößt gegen das Beschleunigungsgebot, wenn es die Bewilligungsentscheidung zur Rechtsverteidigung gegen eine Stufenklage (s § 114 Rn 36) zurückstellt, bis der Kläger auf eine ihm erteilte Auskunft hin den Zahlungsantrag beziffert. Denn dann kann die anfänglich gegebene hinreichende Erfolgsaussicht der Rechtsverteidigung später zu Lasten des Hilfsbedürftigen zu verneinen sein. 15

4) **Glaubhaftmachung (Abs 2 S 1):** Im PKH-Verfahren muß die hilfsbedürftige Partei ihr Vorbringen erst glaubhaft machen, wenn das Gericht sie hierzu auffordert (Hamm FamRZ 96, 417). Deshalb darf die PKH nicht sofort nach Eingang des Gesuches mit der Begründung versagt werden, die Angaben des Antragstellers seien nicht glaubhaft (Köln MDR 96, 310). Das Gericht kann von der beweisbelasteten Partei Glaubhaftmachung (§ 294) der klagbegründenden oder der zur Rechtsverteidigung vorgebrachten Tatsachen verlangen, ferner der Tatsachen, aus denen die Hilfsbedürftigkeit hergeleitet werden soll (Schleswig SchlHA 82, 71). Wie weit Glaubhaftmachung verlangt wird, steht im Ermessen des Gerichts. Nur bei konkreten Zweifeln an der Richtigkeit des Vortrages sollte das Ermessen in der Weise ausgeübt werden, daß Glaubhaftmachung verlangt wird (Hamm aaO). Der Antragsteller kann aufgefordert werden, bestimmte Angaben schlechthin glaubhaft zu machen. Ihm kann aber auch aufgegeben werden, auf welche Weise er etwas glaubhaft machen soll (MK/Wax Rn 20), zB durch Vorlegung bestimmter Urkunden oder Lichtbilder. Eine eidesstattliche Versicherung über klagbegründende Tatsachen sollte nicht verlangt werden (arg §§ 445, 447; MK/Wax aaO). Die eidesstattliche Versicherung einer Person, die später als Zeuge in Betracht kommen kann, sollte nicht angefordert werden, weil die damit verbundene Festlegung des Versichernden die spätere Zeugenaussage in einer der Wahrheitsfindung abträglichen Weise fixieren kann. Zur Hilfsbedürftigkeit sollte eine Versicherung an Eides Statt nur angefordert werden, soweit keine Belege beigebracht werden können (Köln FamRZ 92, 701 f), zB nicht für das Arbeitseinkommen, wohl aber für die Negativerklärung, kein Barvermögen, Sparbuch usw zu besitzen. 16

5) Die **Mitwirkungspflicht des Hilfsbedürftigen** ist durch den nachträglich eingefügten § 118 II 4 wesentlich verstärkt und vor allem durch die drohende Ablehnungsentscheidung sanktioniert (Bamberg JurBüro 92, 623) worden. Mit Rücksicht hierauf wird das Gericht im Regelfall bei Verstoß gegen die Mitwirkungspflicht von eigenen Ermittlungen absehen und das Gesuch ablehnen. Anders zu verfahren, ist aber geboten, wenn der Hilfsbedürftige ersichtlich unbeholfen, schreibungewandt oder der deutschen Sprache nicht hinreichend mächtig ist. Dann können Erhebungen angestellt werden (unten Rn 18). Im übrigen ist es Aufgabe des Hilfsbedürftigen und nicht des Gerichts, die persönlichen und wirtschaftlichen Verhältnisse darzulegen, glaubhaft zu machen und konkrete Fragen alsbald zu beantworten. Kommt er diesen Anforderungen nicht nach und betreibt er sein eigenes PKH-Verfahren nachlässig, dann hat das Gericht sich nicht um weitere Aufklärung zu bemühen, sondern die Bewilligung kurzerhand zu versagen, allerdings erst nach Aufforderung und Fristsetzung (BFH RPfleger 93, 73; LAGE Düsseldorf JurBüro 87, 1561; OVG Hamburg FamRZ 92, 78 f mwN). Eine solche verfahrensleitende Anordnung ist dem Verfahrenbevollmächtigten des Antragstellers, und wenn er keinen solchen bestellt hat, ihm selbst zuzustellen (§ 329 II 2; Karlsruhe FamRZ 92, 579). Die Frist ist keine Ausschlußfrist (Bamberg FamRZ 89, 1204; JurBüro 92, 623; LAG Köln LAGE ZPO § 120 Nr 23) und erst recht nicht keine Notfrist (LAG Köln JurBüro 91, 1529; Schneider MDR 89, 513, 514; anders LAG Düsseldorf JurBüro 88, 1722). Nachgeholtes Vorbringen oder nachgereichte Belege müssen deshalb berücksichtigt werden (§ 117 Rn 19). Die Ablehnung wird nicht rechtskräftig. Wiederholt der Hilfsbedürftige seinen Antrag mit genügenden Darlegungen und macht er diese glaubhaft, dann kann nunmehr PKH bewilligt werden, jedoch frühestens ab Einreichung des neuen Gesuchs (§ 119 Rn 37). Lücken in den Darlegungen oder in der Glaubhaftmachung können sich auch auf die Beurteilung auswirken, ob Ratenzahlung anzuordnen ist und ggf in welcher Höhe. Dann ist PKH zu bewilligen, jedoch auf Grund des dem Hilfsbedürftigen ungünstigeren Sachverhalts (Karlsruhe FamRZ 92, 579). Die Lücken in der Darlegung oder in der Glaubhaftmachung zur Höhe gehen zu seinen Lasten. Das wird insbesondere dann praktisch, wenn wegen der ungenügenden Mitwirkung des Hilfsbedürftigen zweifelhaft bleibt, ob er ein höheres Einkommen als angegeben hat oder ob behauptete Zahlungsverpflichtungen in der angegebenen Höhe bestehen und getilgt werden. 17

6) **Abs 2 S 2:** Das Gericht kann **Erhebungen** anstellen. Dies geschieht jedoch nur als letztes Mittel, wenn ohne weitere Aufklärung nicht über das PKH-Begehren entschieden werden kann (arg Abs 2 S 4). In erster Linie ist es Sache des Antragstellers, sein Vorbringen und seine persönlichen und wirtschaftlichen Verhältnisse glaubhaft zu machen (s Rn 17; Kalthoener/Bütt- 18

ner Rn 172). Abs 2 enthält keinen vollständigen Katalog der möglichen Erhebungen, sondern hebt nur einzelne beispielhaft hervor:

19 a) Das Gericht kann die **Vorlage von Urkunden, namentlich von anderen Prozeßakten** anordnen. Die Verwertung von **Strafakten,** häufig in Haftpflichtprozessen, bedarf keines Antrages und kann vom Antragsteller nicht durch Widerspruch verhindert werden (KG VersR 72, 104).

20 b) Weiter kann das Gericht schriftliche oder mündliche (telefonische) **Auskünfte** von Behörden oder Privatpersonen einholen. Auskünfte sollten nur eingeholt werden, wenn der Antragsteller sie nicht selbst beibringen kann (Lohnbescheinigungen, Behördenauskünfte). Durch Auskunftsersuchen darf das Gericht nicht die im Zivilprozeß geltende Parteimaxime außer Kraft setzen und Tatsachen, die die Parteien nicht vorgetragen haben, von Amts wegen ermitteln (Zweibrücken FamRZ 94, 908; MK/Wax Rn 24; zweifelnd Gottwald FamRZ 94, 909). ZB darf es keine Lohnauskunft vom Arbeitgeber des Antragsgegners einholen, wenn die Antragstellerin PKH für eine Stufenklage auf Auskunft über den Lohn und Zahlung des sich aus der Auskunft ergebenden Unterhalts begehrt (Hamm FamRZ 86, 80). **Auskunftsbeschränkungen** müssen vom Gericht beachtet werden. Insbesondere sind das Steuergeheimnis, die ärztliche Schweigepflicht (etwa im Zusammenhang mit Rentenauskünften) und das Datengeheimnis (§ 5 DatenschutzG) zu beachten. Deshalb dürfen Arbeitgeberauskünfte entgegen bisheriger Praxis nicht nach Belieben angefordert werden (vgl Wax FamRZ 80, 976; ausführlich Becker SchlHA 80, 25 ff). Soweit gesetzliche Auskunftsbeschränkungen bestehen, muß die Einwilligung des Antragstellers eingeholt werden. Davon abgesehen sind schriftliche Auskünfte unbeschränkt zulässig. Ein Beweisbeschluß ist nicht nötig, kann sich aber bei der Befragung von Zeugen und Sachverständigen um der Klarheit willen empfehlen.

21 **c) Zeugen und Sachverständige** werden nur ausnahmsweise vernommen, wenn auf andere Weise nicht geklärt werden kann, ob die Rechtsverfolgung oder Rechtsverteidigung hinreichende Aussicht auf Erfolg bietet und nicht mutwillig erscheint. Die Vernehmung kann zB sachdienlich sein, wenn Kläger und Beklagter PKH beantragen, beide arm sind und Klage sowie Verteidigung schlüssig und unter Beweis gestellt sind. Dann kann es prozeßökonomisch und kostensparend sein, durch eine vorgezogene Beweisaufnahme Klärung darüber anzustreben, wo wirklich Erfolgsaussicht besteht, etwa wenn nur ein Zeuge zu vernehmen ist (Köln MDR 90, 728; anders MK/Wax Rn 25). Auch wenn eine Behauptung schlüssig, aber sehr unwahrscheinlich ist, kann ein Zeuge oder Sachverständiger vernommen werden (Bamberg JurBüro 91, 1669 f; MK/Wax aaO). Bei der Vernehmung von Zeugen oder Sachverständigen müssen (Abs 1 S 1) Antragsteller und Antragsgegner Gelegenheit erhalten, anwesend zu sein. Sie müssen also rechtzeitig schriftlich vom Termin benachrichtigt werden. Sind die Beteiligten anwaltlich vertreten, dann sind ihre Verfahrensbevollmächtigten zu informieren.

22 **Zeugen- und Sachverständigenbeweis** darf nicht erhoben werden, um Feststellungen über die **wirtschaftlichen Verhältnisse** iS des § 117 II zu treffen (arg § 118 II 3). Haben Tatsachen, die für die Beurteilung der hinreichenden Erfolgsaussicht erheblich sind, gleichzeitig Bedeutung für die Einkommensverhältnisse und für die Vermögensverhältnisse, zB in Unterhaltsstreitigkeiten, dann dürfen Feststellungen mit Hilfe von Zeugen oder Sachverständigen auch bei der Prüfung der Bedürftigkeit berücksichtigt werden. § 118 II 3 stellt nur ein Verbot der Zeugen- und Sachverständigenvernehmung für die isolierte Einkommensprüfung auf.

23 **7) Verfahrensgang:** Die Durchführung der Maßnahme des § 118 obliegt nach Abs 3 dem **Vorsitzenden** oder einem von ihm **beauftragten Mitglied des Gerichts** (dem Berichterstatter). Der Vorsitzende kann den **Rechtspfleger** mit den im § 118 II vorgesehenen Maßnahmen beauftragen (§ 20 Nr 4a RPflG). Dies tun die Vorsitzenden der Zivilsenate des BGH, soweit es um die Feststellung der persönlichen und wirtschaftlichen Verhältnisse geht. Soweit es um die Erfolgsaussichten geht, ist ein Auftrag an den Rechtspfleger nicht zu empfehlen (Schneider Rpfleger 80, 365). – Eine **gerichtliche Verfügung,** daß Erhebungen anzustellen sind, ist **unanfechtbar.** Erhebungen, die Grenzen des Abs 2 überschreiten, können jedoch zu einer Verzögerung der Entscheidung über das PKH-Gesuch führen, die einer Ablehnung gleichkommt. Dasselbe gilt, wenn ein Gericht das Gesuch übergeht und zur Hauptsache verhandelt oder über diese Beweis erhebt. Hier kann der Antragsteller Beschwerde gegen die verzögerliche Behandlung bzw Übergehung seines Gesuchs einlegen (§ 119 Rn 20 aE; Düsseldorf FamRZ 86, 485; Schneider AnwBl 87, 466; MK/Wax Rn 26). Ergeht in der Hauptsache ein Urteil, ohne daß über die PKH entschieden worden ist, so kann darin eine Verweigerung des rechtlichen Gehörs liegen (BSG JurBüro 88, 506).

24 **IV) Kosten des PKH-Verfahrens: 1) Gerichtskosten:** Gebühren fallen im ersten Rechtszug nicht an, wohl aber im zweiten, wenn die PKH-Beschwerde zurückgewiesen oder verworfen wird. Dann ist KV 1905 zu Lasten des Hilfsbedürftigen anzuwenden (Koblenz Rpfleger 87, 386 = MDR 87, 1035; Bamberg JurBüro 87, 883 u 1052; Schleswig SchlHA 89, 162; OVG Lüneburg AnwBl 87, 197 = JurBüro 87, 923; LG Berlin JurBüro 87, 1060). Bei **teilweise erfolgloser Beschwerde** kann das Gericht

die Gebühr nach billigem Ermessen auf die Hälfte ermäßigen oder bestimmen, daß eine Gebühr nicht zu erheben ist. **Auslagen,** die durch die Vernehmung von Zeugen oder Sachverständigen entstehen, sind Gerichtskosten nach GKG-KostV Nr 9005 und von demjenigen zu tragen, dem die Kosten des Rechtsstreits auferlegt werden (§ 118 I S 5). Kommt es nicht zu einer Verurteilung, weil das Bewilligungsverfahren mit Versagung endet, dann haftet der Hilfsbedürftige nach § 49 S 1 GKG als Antragsteller (Bamberg JurBüro 88, 71 m Nachw). Die Antragsteller- oder Entscheidungsschuldnerhaftung nach § 49 S 1 GKG wird auch nicht dadurch aufgehoben, daß das Gericht in Verkennung dieser Rechtslage tenoriert, die Entscheidung ergehe gerichtskostenfrei (LG Berlin Rpfleger 88, 204 = KoRsp GKG-KostVerz Nr 166 m Anm Schneider). Bei Abschluß eines Vergleichs (§ 118 I 3) kann es zur Übernahmehaftung nach § 54 Nr 2 GKG kommen, ein Gesichtspunkt, der nicht selten vom mitwirkenden Anwalt übersehen wird. Näheres dazu § 123 Rn 6.

2) **Anwaltsgebühren:** Im Verfahren über die PKH erhält der Anwalt fünf Zehntel der im § 31 BRAGO bestimmten Gebühren (§ 51 I 1 BRAGO), dh mindestens eine halbe Prozeßgebühr, bei Teilnahme an einem Erörterungstermin im PKH-Verfahren eine halbe Erörterungsgebühr, bei einer Beweisaufnahme in diesem Verfahren eine Beweisgebühr. Im PKH-Verfahren entstandene Gebühren werden auf gleichartige Gebühren angerechnet, die im nachfolgenden Rechtsstreit entstehen (Riedel/Sußbauer/Keller § 51 Rn 14). Für einen Vergleich im PKH-Verfahren entsteht eine volle Gebühr nach § 23 BRAGO; hier ist § 51 BRAGO nicht anwendbar (Bamberg JurBüro 85, 1193). Andererseits erhält der Anwalt auch nicht anderthalb Gebühren (§ 23 I 3 Hs 2 BRAGO; Nürnberg JurBüro 96, 25 mwN; anders Bamberg FamRZ 96, 679 = JurBüro 23 f für eine von den Anwälten vorbereitete Scheidungsfolgenvereinbarung; unrichtig Hamburg JurBüro 96, 26, das generell anderthalb Gebühren zubilligt). Regelt der Vergleich auch Gegenstände, für die keine PKH verlangt worden war, so kann der Anwalt hierfür anderthalb Gebühren fordern, wobei § 13 III BRAGO zu berücksichtigen ist (Hansens JurBüro 96, 27). Für das PKH-Beschwerdeverfahren stehen dem Anwalt fünf Zehntel der im § 31 BRAGO bestimmten Gebühren zu (§ 61 I Nr 1 BRAGO), die nicht auf die Gebühren für das Hauptverfahren anzurechnen sind. 25

3) **Kostenerstattung (Abs 1 S 4): a) Grundsatz:** Das PKH-Bewilligungsverfahren ist kein Prozeß, sondern staatliche Daseinsfürsorge und sieht deshalb **keine Kostenerstattung** vor, auch nicht bei Zurücknahme der PKH-Beschwerde (BGH KoRsp ZPO § 127 Nr 14) und nicht analog § 269 III bei Rücknahme eines Klageantrags, der nicht zugestellt worden ist (Celle AnwBl 83, 92). Auch die Gebühr des § 51 BRAGO ist nicht erstattungsfähig. Eine Kostenentscheidung ist deshalb nicht zu treffen (Bamberg JurBüro 84, 296; Schleswig SchlHA 94, 100). Die klare gesetzliche Regelung des § 118 I 4 darf nicht durch Billigkeitserwägungen ersetzt werden (Schleswig SchlHA 78, 40). Bei Verzug oder Verschulden kann jedoch ein materiellrechtlicher Kostenerstattungsanspruch bestehen (Rn 11 vor § 91; Karlsruhe AnwBl 82, 491; Schleswig SchlHA 78, 170). Auch im PKH-Beschwerdeverfahren haben die Parteien einander keine Kosten zu erstatten (§ 127 IV). Eine unzulässige Kostenentscheidung in einem PKH-Beschluß ist entsprechend § 127 II, III mit der Beschwerde anfechtbar (Schneider MDR 87, 723, 725). 26

4) **Nachfolgender Prozeß: a)** Die Bewilligung von PKH berührt die wechselseitige Kostenerstattungspflicht der Parteien auf Grund der im Hauptprozeß ergehenden Kostenentscheidung nicht (§ 123). Der letztlich Obsiegende kann daher, gleichviel ob er der Hilfsbedürftige war oder nicht, die Prozeßkosten vom Gegner beitreiben, ebenso der für den Hilfsbedürftigen bestellte Anwalt (§ 126). Hinsichtlich der für sich allein nicht erstattungsfähigen Kosten des PKH-Bewilligungsverfahrens ist die Rechtslage kontrovers. Auszugehen ist davon, daß die Kosten, die einer Partei im Bewilligungsverfahren entstehen, Vorbereitungskosten iS des § 91 sind (hM, zB Karlsruhe AnwBl 80, 198; Hamm Rpfleger 73, 317 u 407 mwN; OVG Lüneburg JurBüro 88, 1501; LG Freiburg JurBüro 82, 770; LG Duisburg JurBüro 81, 771; anders Koblenz Rpfleger 75, 99 = MDR 74, 1028; JurBüro 86, 1412; MDR 95, 101; s dazu Rn 28). Daraus wird geschlossen, daß der im Hauptprozeß **obsiegende Hilfsbedürftige** auch insoweit einen Erstattungsanspruch erlange (Köln NJW 75, 1286; Karlsruhe MDR 79, 147; Frankfurt Rpfleger 79, 111; Schleswig SchlHA 80, 166; Stuttgart JurBüro 86, 936), wobei es belanglos sein soll, ob ihm PKH erst im Beschwerdeverfahren gegen die vorinstanzliche Ablehnung bewilligt worden ist (Karlsruhe Justiz 80, 204; anders Schleswig JurBüro 69, 526). 27

b) Anders verhält es sich hinsichtlich des am Ende **obsiegenden Gegners der hilfsbedürftigen Partei.** Sein Erstattungsanspruch ist durch § 118 I 4 abschließend geregelt, und zwar verneinend; deshalb kann er seine zusätzlichen Auslagen des Bewilligungsverfahrens nicht auf Grund des Kostentitels der Hauptsache erstattet verlangen (Koblenz JurBüro 81, 772; Karlsruhe MDR 79, 147; Frankfurt JurBüro 78, 1083; Schleswig SchlHA 78, 75; 80, 165; Köln NJW 75, 1286; anders LG Duisburg JurBüro 81, 771). Bejaht man den Erstattungsanspruch des Hilfsbedürftigen, so ist der Erstattungsausschluß für seinen Gegner unbillig. **Gleichbehandlung** (Art 3 I GG) verlangt, daß entweder beide Parteien bei Obsiegen erstattungsberechtigt sind oder keine Partei. Es sprechen 28 gute Gründe dafür, der Auffassung der OLG Koblenz (Rpfleger 75, 99 f = MDR 74, 1028; JurBüro 86, 1412; MDR 95, 101) zu folgen und den Hauptsachekostentitel als schlechthin ungeeignet zur Festsetzung etwaiger Gebühren des Bewilligungsverfahrens anzusehen (ebenso Düsseldorf MDR 87, 941 = Rpfleger 88, 41; München MDR 89, 267 = Rpfleger 89, 204; Hamburg JurBüro 89, 671; anders MK/Wax Rn 32).

29 **5) Vergleich:** Ohne Regelung des Kostenpunktes steht bereits § 98 einer Erstattung entgegen und schafft die Rechtslage des § 118 I 4. Jedoch können durch Kostenvereinbarungen Erstattungsansprüche begründet werden; § 118 I 4 steht dann nicht entgegen (KG JW 37, 2795). Zum **Mehrwert** eines Vergleichs s Rn 8a.

119

[Bewilligung für jeden Rechtszug]

Die Bewilligung der Prozeßkostenhilfe erfolgt für jeden Rechtszug besonders. In einem höheren Rechtszug ist nicht zu prüfen, ob die Rechtsverfolgung oder Rechtsverteidigung hinreichende Aussicht auf Erfolg bietet oder mutwillig erscheint, wenn der Gegner das Rechtsmittel eingelegt hat.

1 **I) Beschränkung auf den Rechtszug (S 1).** Das Gericht, bei dem PKH beantragt wird, darf über diesen Antrag nur für den zu ihm selbst eröffneten Rechtszug entscheiden, nicht aber für die Unterinstanz (BVerwG JurBüro 92, 346), es sei denn, es ist zugleich mit einer PKH-Beschwerde befaßt. Der **Begriff des Rechtszuges** ist kostenrechtlich zu verstehen (§ 27 GKG; RG JW 35, 801; Hamm MDR 83, 847; LG Verden NdsRpfl 83, 159). Als besonderer Rechtszug gilt jeder Verfahrensabschnitt, der besondere Kosten verursacht und für den bei der ursprünglichen PKH-Bewilligung noch nicht geprüft werden konnte, ob die Rechtsverfolgung oder -verteidigung genügend aussichtsreich und nicht mutwillig ist. Auf welche Verfahrensabschnitte sich die PKH erstreckt oder nicht erstreckt, ergibt sich aus folgender alphabetisch geordneten **Aufstellung:**

● Auf die **Ablehnung** von Richtern und Sachverständigen erstreckt sich die PKH für die Hauptsache. 2

● **Anschließung:** Wer sich einem Rechtsmittel anschließt, muß hierfür gesondert PKH beantragen, auch wenn ihm bereits PKH für die Verteidigung gegen das Rechtsmittel bewilligt worden ist. Wegen der Prüfung, ob die Anschließung Aussicht auf Erfolg hat, s unten Rn 56a. Die PKH-Bewilligung für ein Rechtsmittel gilt an sich nicht für die Verteidigung gegen ein Anschlußrechtsmittel des Gegners (anders KG JW 35, 796). Dies gilt uneingeschränkt für die Gerichtskosten (MK/Wax Rn 3). Aber: Wird dem Rechtsmittelführer ein Anwalt beigeordnet, so erfaßt die Beiordnung auch die Verteidigung gegen ein Anschlußrechtsmittel; es sei denn, diese Wirkung wird ausdrücklich ausgeschlossen (§ 122 II 1 BRAGO). Für die **unselbständige Anschlußrevision** wird PKH nicht gewährt, wenn die Annahme der Revision abgelehnt wird (BGH Warneyer 1984 Nr 291). 3

● **Arreste und einstweilige Verfügungen** bilden einen anderen Rechtszug als Hauptsacheverfahren über den gleichen Gegenstand. PKH für das Arrestverfahren umfaßt das Widerspruchsverfahren, nicht aber das Arrestaufhebungsverfahren nach § 927 (RG JW 35, 801); denn hier entstehen besondere Gerichtsgebühren (GKG KV 1310 ff). Die Beiordnung eines Anwalts für das Arrestverfahren gilt auch für die Arrestvollziehung; es sei denn, das Gericht bestimmt ausdrücklich, daß der Anwalt hierfür nicht beigeordnet wird (§ 122 II BRAGO). 4

● Ein einheitlicher Rechtszug ist das Verfahren bis zum Urteil der Vorinstanz und dasjenige, das nach **Aufhebung** des Urteils durch das Rechtsmittelgericht oder das BVerfG **und Zurückverweisung** an die Vorinstanz stattfindet (Düsseldorf Rpfleger 87, 263; OVG NW JurBüro 94, 176). Nach Zurückverweisung braucht nicht erneut PKH beantragt werden. Die PKH-Bewilligung durch das zurückverweisende Rechtsmittelgericht gilt jedoch nicht für Verfahren nach Zurückverweisung (BGH NJW 83, 944). 5

● Die **Aufrechnung** gehört zum Rechtszug, auch die streitwerterhöhende Eventualaufrechnung des Gegners (LG Berlin AnwBl 79, 273; MK/Wax Rn 5). 6

● Das **Beschwerdeverfahren** ist ein besonderer Rechtszug (Hamm Rpfleger 81, 322), auch wenn die Beschwerde nicht beim Beschwerdegericht eingereicht wird. Wegen der Anschlußbeschwerde s Rn 3. 7

● Eine **Beweisaufnahme** verursacht zusätzliche Kosten. Im Regelfall kann aber bei der ursprünglichen PKH-Bewilligung bereits geprüft werden, ob Rechtsverfolgung oder -verteidigung aussichtsreich genug und nicht mutwillig sind. Deshalb gehört die Beweisaufnahme zum Rechtszug. Ausnahmen sind denkbar für mutwillige nachträgliche Beweisanträge; s § 640 Rn 37. **Beweissicherung** s selbständiges Beweisverfahren. 8

● **Ehesachen und Folgesachen** s Scheidungssachen (Rn 20). 9

Das Verfahren nach **Einspruch** gegen ein Versäumnisurteil gehört zu demselben Rechtszug, der dem Versäumnisurteil vorausgegangen ist. S aber Mahnverfahren (Rn 16). 10

● Die **Einstellung der Zwangsvollstreckung** nach den §§ 707, 719, 769 verursacht besondere Anwaltsgebühren, wenn hierüber abgesondert mündlich verhandelt wird (§ 49 BRAGO). Für eine solche Verhandlung muß gesondert PKH beantragt werden. 11

● Wegen **einstweiliger Anordnungen** nach den §§ 707, 719, 769 s Rn 11. Über einstweilige Anordnungen nach den §§ 620, 641 d, Abänderungsverfahren nach § 620 b, die Aussetzung der Vollziehung nach § 620 e und Beschlußverfahren wegen des Außerkrafttretens der einstweiligen Anordnung (§ 620 f) s § 114 Rn 48, 51. Die Bewilligungsselbständigkeit des Anordnungsverfahrens in Ehesachen ist problematisch, weil oft mehrfach hintereinander einstweilige Anordnungen beantragt werden. Regelmäßig werden dann wegen des geringen Streitwerts (§ 20 II GKG) die vier Monatsraten des § 115 III nicht erreicht. Dann müßte der Antragsteller die Kosten immer selbst tragen. Dieses Ergebnis liefe dem Zweck der PKH zuwider. Es läßt sich nur dadurch vermeiden, daß spätere Anordnungsanträge nur noch auf hinreichende Erfolgsaussicht überprüft werden. Bezüglich der Höhe der Raten ist auf die Bewilligung in der Scheidungssache abzustellen und deshalb „nach Maßgabe der bereits bewilligten PKH" zu beschließen (Düsseldorf JurBüro 91, 1369 = FamRZ 91, 1325; Schneider MDR 81, 793 III 1). 12

● **Erinnerungen** nach den §§ 576, 766 ZPO, 11 RpflG lösen keine zusätzlichen Gebühren aus (weder für Gerichte noch für Anwälte – § 37 Nr 5 BRAGO) und gehören deshalb zum Rechtszug. 13

● Wird die **Klage** nach PKH-Bewilligung **erweitert,** so muß hierfür erneut PKH beantragt werden (Karlsruhe AnwBl 87, 340). Dies gilt auch für eine **Klagänderung** nach PKH-Bewilligung, wenn sich hierdurch der Streitwert erhöht. Erhöht er sich nicht, so erstreckt sich die PKH für die ursprüngliche Klage auch auf die geänderte Klage. Entstehen jetzt durch eine Beweisaufnahme zusätzliche Kosten (gerichtliche Auslagen, Anwaltsgebühren nach § 31 I Nr 3 BRAGO), so ist 14 erneut zu prüfen, ob die Beweisanträge der PKH-berechtigten Partei aussichtslos oder mutwillig sind. Bejahendenfalls ist zu beschließen, daß sich die bereits bewilligte PKH nicht auf die Beweisaufnahme erstreckt, und für Sachverständige oder Zeugen ist ein Auslagenvorschuß anzufordern (§§ 379, 402 ZPO, 68 GKG). – Ist dem Kläger für eine positive **Feststellungsklage** oder dem Beklagten für die Verteidigung hiergegen PKH bewilligt worden, so erstreckt sich diese auch auf die daraus entwickelte inhaltsgleiche Leistungsklage; denn die Erfolgsaussichten von Rechtsverfolgung und Verteidigung ändern sich durch den Übergang von der Feststellungs- zur Leistungsklage nicht. Dies gilt nicht, wenn die Leistungsklage einen konkreteren Inhalt als die ursprüngliche Feststellungsklage hat, zB wenn zunächst schlechthin auf Feststellung einer Schadensersatzpflicht geklagt und dieser Antrag später in einen solchen auf Geldzahlung geändert wird. Dann muß der Kläger erneut PKH beantragen, und das Gericht muß prüfen, ob der Zahlungsanspruch auch der Höhe nach Erfolg verspricht. Ist dem Kläger für eine negative Feststellungsklage PKH bewilligt worden, weil der Beklagte den Anspruch, dessen er sich berühmt, zunächst nicht schlüssig dargelegt hatte, und geht darauf der Beklagte zu einer erfolgversprechenden Leistungswiderklage über, so braucht dem Kläger für die Verteidigung hiergegen nicht erneut PKH bewilligt zu werden, wenn Klage und Widerklage denselben Streitgegenstand haben. Da sie auch den gleichen Wert haben (§ 3 Rn 16 – Feststellungsklage), entstehen dem Kläger und der Staatskasse durch die Verteidigung gegen die Widerklage keine Kosten, die nicht bereits durch die PKH für den ursprünglichen Feststellungsantrag gedeckt sind.

15 • Das **Kostenfestsetzungsverfahren** gehört zum ersten Rechtszug (§ 104 I 1).

16 • PKH für das **Mahnverfahren** erstreckt sich nicht auf den anschließenden Zivilprozeß, zu dem es nach Widerspruch gegen den Mahnbescheid oder Einspruch gegen den Vollstreckungsbescheid kommt. Hierfür muß PKH besonders beantragt und bewilligt werden (LG Berlin NJW 72, 2312; Schoreit/Dehn § 119 Rn 1 aE). Die gegenteilige Auffassung von Bischof (AnwBl 81, 372) ist schon deshalb nicht richtig, weil im Mahnverfahren keine Schlüssigkeitsprüfung stattfindet.

17 • Das **Nachverfahren** im Urkunden- oder Wechselprozeß oder nach einem Grund- oder Vorbehaltsurteil gehört zum gleichen Rechtszug wie das vorangegangene Verfahren (Kiel JW 26, 2590). Im Urkunden- oder Wechselprozeß kann aber die PKH-Bewilligung auf das Verfahren bis zum Vorbehaltsurteil beschränkt werden, wenn sich die Erfolgsaussichten für das Nachverfahren nicht übersehen lassen (MK/Wax Rn 17). Dann muß für das Nachverfahren erneut PKH beantragt werden.

18 • **Rechtsmittelverfahren**, auch solche gegen Zwischenurteile nach den §§ 280 II, 302, 304, sind stets ein besonderer Rechtszug. Wegen Anschlußrechtsmittel s Anschließung (Rn 3). Die Nichtzulassungsbeschwerde und das anschließende Revisionsverfahren vor dem BVerwG sind ein einheitlicher Rechtszug (BVerwG JurBüro 95, 309 f).

19 • Im Verfahren zur Festsetzung des **Regelunterhalts** entstehen keine zusätzlichen Gerichts- und Anwaltsgebühren, wenn eine Klage auf Zahlung des Regelunterhalts (§§ 642, 642 d, 643) vorausgegangen ist (§ 642 a Rn 11 f). Klage und Festsetzungsverfahren bilden einen einheitlichen Rechtszug (MK/Wax Rn 21).

20 • Wie weit sich die PKH in **Scheidungssachen** auf **Folgesachen** erstreckt, ergibt sich aus § 624 Rn 5 f. Wegen der Erstreckung auf Scheidungsfolgenvergleiche s § 114 Rn 47. Für **einstweilige Anordnungen** muß die PKH besonders beantragt und bewilligt werden (§ 114 Rn 48).

21 • Für das **selbständige Beweisverfahren** (§§ 485 ff) ist nach GKG KV Nr 1600 eine halbe Gebühr zu zahlen ohne Rücksicht darauf, ob das Verfahren isoliert oder innerhalb eines Prozesses eingeleitet wird. Aus diesem Grund gehört es nicht zum Rechtszug.

22 • Bei der **Stufenklage** sind alle Verfahrensabschnitte ein einheitlicher Rechtszug (§ 114 Rn 37).

23 • **Urkunden- und Wechselprozeß** s Nachverfahren (Rn 17).

24 • Verfahren auf **Urteilsberichtigung oder -ergänzung** (§§ 319, 321) gehören zum Rechtszug.

25 • Die PKH erstreckt auf die Kosten eines Prozeßvergleichs. Regelt dieser auch andere Gegenstände als den Streitgegenstand, so muß hierfür erneut PKH beantragt werden (Schneider MDR 85, 814). Zum **Vergleich** im PKH-Verfahren s § 118 Rn 8. Ein zwischen den Instanzen abgeschlossener Prozeßvergleich rechnet noch zur unteren Instanz (Schellhammer, ZPR Rn 634). Die Fortsetzung eines durch Prozeßvergleich beendeten Verfahrens nach **Anfechtung des Vergleichs** gehört zum Rechtszug. Endet ein Rechtsstreit, in dem einer Partei PKH bewilligt worden war, mit einem **außergerichtlichen Vergleich**, so erhält der beigeordnete Anwalt aus der Staatskasse eine Vergleichsgebühr nach § 23 BRAGO (BGH MDR 88, 210 = NJW 88, 494; Hamm NJW-RR 88, 1151; Hamburg DAVorm 88, 1039; FamRZ 91, 469; Celle MDR 89, 647; Bamberg JurBüro 89, 415; Stuttgart NJW-RR 91, 448; Düsseldorf FamRZ 92, 1096 mwN = JurBüro 541 = MDR 93, 186; Oldenburg JurBüro 94, 545 f = FamRZ 96, 682; BezG Neubrandenburg JurBüro 92, 754 = RPfleger 93, 27; LGe Göttingen NdsRpfl 92, 234; Osnabrück NdsRpfl 94, 121; LAG Düsseldorf Rpfleger 91, 391; AnwBl 94, 430; anders Bamberg JurBüro 86, 606; Frankfurt Rpfleger 87, 433;

MDR 89, 550; Schleswig JurBüro 89, 118; Saarbrücken JurBüro 89, 1688; KG DAVorm 91, 201; München JurBüro 91, 945; Köln MDR 94; 313 f = FamRZ 1485 = JurBüro 605; Oldenburg NdsRpfl 94, 121; 95, 350; LG Marburg JurBüro 93, 230; LAG Köln JurBüro 94, 481; Schneider MDR 85, 814 mwN; Rpfleger 88, 83; Mümmler JurBüro 89, 415; 92, 755; MK/Wax Rn 24; Kalthoener/Büttner Rn 606). Der Anwalt ist im Regelfall für die gesamte Instanz beigeordnet (§ 119 S 1). Zur Instanz gehören außergerichtliche Vergleichsverhandlungen (§ 37 Nr 2 BRAGO), also auch der Abschluß eines außergerichtlichen Vergleichs (Düsseldorf, Celle, BezG Neubrandenburg aaO; Schleswig JurBüro 89, 1397; LAG Berlin JurBüro 94, 481 f).

● Einen einheitlichen Rechtszug bildet das Verfahren vor und nach **Verweisung** des Rechtsstreits (§§ 281, 506 ZPO; 48 ArbGG), auch bei Rechtswegverweisung (§§ 96 ff GVG; Köln NJW 95, 2728). Hat das verweisende Gericht PKH bewilligt, so ist das Gericht, an das verwiesen worden ist, daran gebunden. Es darf die Bewilligung nur unter den Voraussetzungen des § 124 aufheben (Köln aaO). 26

● Die **Vollstreckungsabwehrklage** (§ 767) ist ein besonderer Rechtszug. 27

● Der Beklagte, dem PKH für die Verteidigung gegen die Klage bewilligt worden ist, muß für eine **Widerklage** gesondert PKH beantragen. Die PKH des Klägers erstreckt sich nicht auf die Verteidigung gegen eine später erhobene Widerklage (Karlsruhe AnwBl 87, 340). Im Scheidungsverfahren gelten hier Besonderheiten, s § 114 Rn 43. 28

● Das **Wiederaufnahmeverfahren** (§§ 578 ff) ist ein besonderer Rechtszug. 29

● Die **Wiedereinsetzung** löst keine besonderen Gebühren aus (§ 238 Rn 12) und gehört deshalb zum Rechtszug. 30

● **Zurückverweisung** s Aufhebung (Rn 5). 31

● **Zuständigkeitsstreitigkeiten** iS des § 36 lösen keine besonderen Kosten aus (§ 37 Nr 3 BRAGO) und gehören zum Rechtszug. 32

● **Zwangsvollstreckung:** Bis 1980 lautete § 119 I: Die Bewilligung des Armenrechts erfolgt für jeden Rechtszug besonders, für den ersten Rechtszug einschließlich der Zwangsvollstreckung. Der letzte Halbsatz ist durch das PKH- Gesetz gestrichen worden. Daraus folgt, daß **PKH nur für jeden einzelnen Vollstreckungsabschnitt** bewilligt werden darf, der in die Zuständigkeit des angegangenen Vollstreckungsgerichts fällt (LG Oldenburg DAVorm 81, 874; 82, 477; LG Arnsberg DAVorm 87, 460; LG Köln JurBüro 90, 515; LG Heilbronn JurBüro 92, 558 = RPfleger 93, 26; Behr/Hantke Rpfleger 81, 267; anders LG Fulda RPfleger 84, 34; Brehm DAVorm 82, 497). Ein einheitlicher Vollstreckungsabschnitt umfaßt alle Maßnahmen zur Durchführung eines konkreten Vollstreckungszugriffs, zB die Pfändung einer Sache und ihre Verwertung einschließlich aller vorbereitenden und begleitenden Maßnahmen (MK/Wax Rn 30). Zu eng daher LGe Bielefeld und Münster (Rpfleger 87, 210 u MDR 94, 1254), die die Bewilligung für das Zwangsversteigerungsverfahren als solches ablehnen. Eine Pauschalbewilligung für die gesamte Vollstreckung ist auch aus dem Grunde nicht statthaft, weil für jeden Vollstreckungsabschnitt die Erfolgsaussicht bejaht und Mutwillen verneint werden muß, bevor PKH bewilligt wird (MK/Wax aaO; Kalthoener/Büttner Rn 511; Bobenhausen Rpfleger 84, 396). Der Hilfsbedürftige muß den kostengünstigsten Vollstreckungsweg wählen, zB nicht Zwangsversteigerung, wo Lohnpfändung genügt (Behr DAVorm 81, 721). 33

Soweit das **Jugendamt** als Vertreter eines minderjährigen, einkommens- und vermögenslosen Kindes dessen **Unterhaltstitel vollstreckt,** bewilligen die LGe Oldenburg (DAVorm 81, 874); Bad Kreuznach (DAVorm 83, 960); Ellwangen (DAVorm 84, 194); Hechingen (DAVorm 88, 542), Düsseldorf (DAVorm 89, 886), Berlin (DAVorm 92, 1357), und das AG Aalen (DAVorm 83, 396) pauschal PKH für alle Vollstreckungsmaßnahmen, für die das angerufene Gericht Vollstreckungsgericht ist. Das ist vertretbar; denn hier besteht nicht die Gefahr, daß mutwillig Kosten für aussichtslose Vollstreckungsmaßnahmen verursacht werden. Das LG Berlin (DAVorm 91, 776) beschränkt konsequent die Bewilligung auf die Zeit der Minderjährigkeit. Zu weit geht LG Detmold (DAVorm 83, 516 = AnwBl 32), das dem Unterhaltsgläubiger pauschal einen Anwalt für die gesamte Zwangsvollstreckung beiordnet. 34

Einzelheiten: Wird bereits im Erkenntnisverfahren PKH für die Zwangsvollstreckung beantragt, so ist der Antrag an das Vollstreckungsgericht weiterzuleiten (LG Wuppertal DAVorm 86, 908, 909). Welches Rechtspflegeorgan als Vollstreckungsgericht zuständig ist, ergibt sich aus § 117 Rn 1. Für einen **Arrest- und Pfändungsbeschluß** (§ 930 I 3) kann das Arrestgericht einheitlich PKH bewilligen; s auch § 122 II 2 BRAGO, wonach sich die Anwaltsbeiordnung auch auf die Arrestvollziehung bezieht, wenn der Beiordnungsbeschluß nicht ausdrücklich etwas anderes bestimmt. Für die Eintragung einer **Zwangshypothek** ist beim Grundbuchamt PKH zu beantragen (Behr/Hantke Rpfleger 81, 266). Eine nach Beendigung der Vollstreckung beantragte Erteilung einer **Protokollabschrift** ist kostenpflichtig, da nicht mehr von der PKH gedeckt (AG Dortmund DGVZ 89, 79). Bei der Herausgabevollstreckung sind **Transportkosten** nicht abge- 35 deckt (AG Frankfurt DGVZ 89, 47). Vollziehungsmaßnahmen nach **§ 33 FGG** (Verhängung von Zwangsgeld, Zwangshaft, Wegnahme einer Person) führt das Gericht von Amts wegen durch. Da die Partei als Interesseschuldner (§ 2 Nr 2 KostO) für die Gerichtsgebühren haftet (Korintenberg/Lappe, KostO, 13. Aufl § 119 Rn 37, 47), ist ihr PKH zu bewilligen (anders München FamRZ 95, 373; Brandenburg FamRZ 96, 421), aber im Regelfall kein Rechtsanwalt beizuordnen.

36 Aus dem Grundsatz, daß im Zwangsvollstreckungsverfahren PKH immer nur für ein bestimmtes Verfahren bewilligt wird (Rn 33), ergeben sich wegen der geringen Gebühren ähnliche Schwierigkeiten wie bei Anordnungsverfahren neben der Scheidungssache (Rn 12). Es ist nicht im voraus abzusehen, wieviel Vollstreckungsmaßnahmen erforderlich sein werden, um den Gläubiger zu befriedigen. Die Einzelbewilligung würde im Ergebnis häufig dazu führen, daß wegen der **Bewilligungssperre des § 115 III** trotz Hilfsbedürftigkeit überhaupt keine PKH gewährt würde. Dem läßt sich nur durch Kostenaddition bei Fortgang des Verfahrens entgegenwirken (ähnlich Behr/Hantke Rpfleger 81, 270).

37 **II) Zeitliche Grenzen: 1)** Für die **Zeit vor Antragstellung** gibt es keine PKH (BGH NJW 82, 446 = FamRZ 58; JurBüro 93, 51; Koblenz JurBüro 96, 142) und keine Anwaltsbeiordnung (Zweibrükken JurBüro 80, 1888).

38 **2) Rückwirkung auf die Zeit des Antrages: a) Keine Wirkung nur für die Zukunft:** Beschlüsse werden mit ihrer Verkündung wirksam, und wenn sie nicht verkündet werden, mit ihrer Mitteilung an die Parteien. Hieraus wird zuweilen gefolgert, daß Beschlüsse über die Bewilligung von PKH nur für die Zukunft wirken. So geht zB der BGH in NJW 85, 921 wie selbstverständlich davon aus, daß die PKH-Bewilligung grundsätzlich nicht zurückwirkt. Hier wird die Sachfrage nach dem Regelungsinhalt einer Gerichtsentscheidung mit der verfahrensrechtlichen Frage verwechselt, wann die Entscheidung wirksam wird (MK/Wax § 114 Rn 74). Auch ein Urteil wird erst mit seiner Verkündung wirksam, enthält aber häufig eine rückwirkende sachlich-rechtliche Wirkung.

39 **b)** Für die Zeit nach Antragstellung wird **PKH rückwirkend auf den Zeitpunkt** bewilligt, **in dem** die Partei einen formgerechten **Antrag gestellt,** die Erklärung über ihre wirtschaftlichen und persönlichen Verhältnisse vorgelegt und entsprechende Belege beigefügt hat (§ 117; BGH NJW 82, 446 = FamRZ 58; NJW 85, 921; JurBüro 92, 466 f u 823; BVerwG JurBüro 95, 309 f mwN). Die Rückwirkung der Bewilligung ist nicht in der Weise einzuschränken, daß die Zeit auszusparen ist, die für das Verfahren bis zur Bewilligung durch Anhörung des Gegners usw vergeht (BGH JurBüro 92, 466 f; Kalthoener/Büttner Rn 538). Immer, wenn PKH erst für einen späteren Zeitpunkt als den des Antragseingangs bewilligt werden soll, muß dieser Zeitpunkt im PKH-Beschluß (§ 120 I) festgelegt und für die davor liegende Zeit die PKH verweigert werden. Fehlt diese Datierung, so wirkt die Bewilligung auf den Zeitpunkt des Antragseingangs zurück (Rn 40; MK/Wax § 114 Rn 74). Die Ablehnung eines PKH-Antrages erledigt das durch ihn eingeleitete Verfahren (AG Groß-Gerau Rpfleger 81, 116). Wird der **Antrag wiederholt,** dann ist für die Frage, wie weit rückwirkend PKH bewilligt werden darf, der Eingang des zweiten Antrags maßgebend.

40 **c) Auslegung des Bewilligungsbeschlusses,** in dem kein Wirkungszeitpunkt genannt wird: Der Wille des Antragstellers geht dahin, daß ihm ab Einreichung des Antrages PKH gewährt wird. Er begehrt sie nicht erst von dem ungewissen Zeitpunkt an, in dem ihm die Bewilligung bekannt gemacht wird (MK/Wax § 114 Rn 74). Deshalb **wirkt die Bewilligung auf den Zeitpunkt des Antragseinganges zurück, wenn sich im Beschluß keine abweichende Datierung findet.** Ausdrücklich hervorgehoben zu werden braucht dies nicht (Celle NdsRpfl 77, 165 u 166; Koblenz MDR 78, 850; Hamm FamRZ 86, 1014 f; Hamburg JurBüro 85, 1655; Frankfurt AnwBl 86, 255; Düsseldorf Rpfleger 86, 108; Bamberg JurBüro 88, 892; Köln FamRZ 88, 1297; Karlsruhe NJW-RR 89, 1465; LAG Bremen MDR 82, 965; Blümler MDR 83, 98; MK/Wax aaO). Wenn das Gericht einen anderen Zeitpunkt wählen wollte, müßte es den Antrag teilweise zurückweisen; denn ein inhaltlich uneingeschränktes PKH-Gesuch ist auf Bewilligung insgesamt gerichtet (Koblenz MDR 78, 850; Frankfurt AnwBl 86, 255 = KoRsp ZPO § 119 Nr 52 m Anm v Eicken; OVG Berlin Rpfleger 94, 350 f). Es ist deshalb mißverständlich, davon zu sprechen, das Gericht lege seinem Beschluß rückwirkende Kraft bei; es gibt nur einem Antrag voll statt (Blümler MDR 83, 98). Daß zwischen Antragstellung und Bewilligung Zeit vergeht, ist unvermeidbar und gilt ganz allgemein für gerichtliche Verfahren. **Ratenzahlung** ist auch bei zurückwirkender Bewilligung frühestens ab Beschlußfassung anzuordnen; denn anderenfalls würde eine Kapitalschuld gegenüber der Staatskasse begründet, die mit dem System der PKH unvereinbar wäre (Christl Rpfleger 82, 116).

41 **3) Beschränkte Rückwirkung: a) Eine Verzögerung der PKH-Bewilligung, die der Antragsteller zu vertreten hat,** ist in die Rückwirkung der Bewilligung nicht einzubeziehen (Kalthoener/Büttner Rn 529). Im Regelfall erhält er keine PKH für die Zeit, in der er die hinreichende Erfolgsaussicht (§ 114) und die Hilfsbedürftigkeit (§ 115) noch nicht dargelegt hat (VGH Baden-Württemberg JurBüro 91, 1115). In Fällen, in denen er die mangelhafte Darlegung nicht zu vertreten hat (unvollständige Protokollierung des Gesuchs durch den Urkundbeamten), können Ausnahmen zugelassen werden.

b) Anwaltsverschulden wird dem Hilfsbedürftigen hier nicht zugerechnet (Düsseldorf FamRZ 86, 288 = OLGZ 1986, 96; Vollkommer oben § 85 Rn 11; MK/Wax § 114 Rn 41; Thomas/Putzo § 85 Rn 7; Schneider MDR 87, 552; anders beiläufig Köln NJW-RR 88, 1477, 1478; Düsseldorf JurBüro 91, 95 aE und ausführlich Kalthoener/Büttner Rn 539). Nicht anwendbar ist § 85 II, wonach das Verschulden des Prozeßbevollmächtigten dem Verschulden der Partei gleichsteht. Hierdurch soll verhindert werden, daß sich das Prozeßrisiko zu Lasten des Gegners verschiebt. Keine Partei darf die Folgen prozessualer Fehler dadurch abwenden, daß sie sich weigert, für das Verschulden ihres Prozeßbevollmächtigten einzustehen. Der Gegner muß sich auf ihre Prozeßführung einstellen und verlassen können. Dieser Gedanke paßt nicht für das PKH-Verfahren, in dem zwar der spätere Prozeßgegner zu den Erfolgsaussichten gehört wird (§ 118 Rn 2), das aber nur das Verhältnis zwischen PKH-Antragsteller und Staatskasse betrifft (Düsseldorf aaO). Etwas anderes ergibt sich auch nicht aus der Rechtsprechung des BGH (VersR 83, 241; FamRZ 87, 1018 f; NJW-RR 93, 451 f = FamRZ 688). Diese Entscheidungen befassen sich nicht mit dem Verhältnis Antragsteller – Staatskasse. Sie verneinen nur die das Verhältnis zum Gegner betreffende Frage, ob einer Partei nach Verweigerung der PKH Wiedereinsetzung in den vorigen Stand zu erteilen ist, wenn ihr Prozeßbevollmächtigter die Versäumung der Rechtsmittelfrist oder Wiedereinsetzungsfrist verschuldet hat. 42

4) PKH-Bewilligung nach Abschluß der Instanz: PKH darf nur für ein bevorstehendes oder laufendes Verfahren bewilligt werden (Hamburg JurBüro 96, 26). **Wird erst nach Abschluß der Instanz** (durch Endentscheidung, Rücknahme der Klage oder des Rechtsmittels, übereinstimmende Erledigungserklärung oder Vergleich) **PKH beantragt,** dann ist ein solches Gesuch zurückzuweisen (Celle JurBüro 96, 141); denn eine erfolgversprechende Rechtsverfolgung oder -verteidigung ist in der bereits beendeten Instanz nicht mehr möglich. Versäumt es eine Partei, vor Beendigung der Instanz PKH zu beantragen, so kann ihr **keine Wiedereinsetzung** in den vorigen Stand gewährt werden. **Wird vor Abschluß der Instanz PKH beantragt,** so sollte tunlichst über dieses Gesuch entschieden werden, bevor die Instanz endet. Geschieht dies nicht, so kann auch nach deren Ende PKH bewilligt werden. 43

Beispiele aus der Rechtsprechung: Obsiegt der Hilfsbedürftige nach rechtzeitig gestelltem PKH-Antrag im Erkenntnisverfahren, dann entfällt dadurch nicht das Rechtsschutzbedürfnis an der noch ausstehenden Bewilligungsentscheidung. Der **Anspruch auf PKH** ist rechtlich selbständig und **unabhängig vom Kostenerstattungsanspruch** aus § 103. Jedoch kann die Bewilligung (mit erklärtem, § 139, nicht bloß unterstelltem) Einverständnis des Prozeßbevollmächtigten des Hilfsbedürftigen zurückgestellt werden, wenn der Erstattungsgegner solvent ist (BVerfGE 62, 392, 397: Bundesland als Erstattungsschuldner). Hat der Beklagte PKH zur Verteidigung gegen eine Klage begehrt, so kann ihm auch nach Klagrücknahme noch rückwirkend PKH bewilligt werden (Frankfurt NJW-RR 95, 703 = JurBüro 205). Eine auf den Zeitpunkt der Antragstellung zurückwirkende Bewilligung ist auch möglich, wenn inzwischen ein **Vergleich** abgeschlossen worden ist (Bamberg JurBüro 81, 611); bei Widerrufsvergleich genügt Antragstellung vor Fristablauf (AG Groß-Gerau MDR 81, 853). Voraussetzung ist aber in allen diesen Fällen, daß die Bewilligungsunterlagen vorliegen (Rn 39); sonst muß die PKH versagt werden. Bewilligt werden kann sie, wenn das Gericht gestattet, fehlende Unterlagen innerhalb einer Frist nachzureichen, und diese Frist gewahrt wird (Düsseldorf FamRZ 88, 415; Oldenburg JurBüro 92, 248 = NdsRpfl 50; Frankfurt RPfleger 93, 251; LAG Niedersachsen MDR 93, 91). Bei **Erledigung der Hauptsache** kann einem vor der Erledigung gestellten PKH-Antrag zu dem Zweck stattgegeben werden, die Erledigungserklärung abzugeben und einen Kostenantrag zu stellen (Köln FamRZ 81, 486). Führt eine Beschwerde der Staatskasse erst nach Abschluß der Instanz zur Aufhebung der Anordnung, daß keine Raten zu zahlen lind, und zur Zurückverweisung, so ist bei der erneuten Entscheidung auf den Tag abzustellen, an dem der angefochtene Bewilligungsbeschluß ergangen war (Koblenz FamRZ 96, 44 f). 43a

5) Für die Bewilligung maßgeblicher Zeitpunkt: Unabhängig davon, auf welchen Zeitpunkt die Bewilligung zurückwirkt (Rn 39), stellt sich die andere Frage, auf welchen **Zeitpunkt** das Gericht **für die Prüfung der Bewilligungsvoraussetzungen** abzustellen hat. Grundlage jeder gerichtlichen Entscheidung in der Tatsacheninstanz ist grundsätzlich der letzte Erkenntnisstand des Gerichts, also der Sach- und Streitstand im Zeitpunkt der Beschlußfassung. Daß dies für die Beurteilung der **Bedürftigkeit** gilt (so Frankfurt JurBüro 82, 1260; Saarbrücken JurBüro 85, 600; Karlsruhe FamRZ 85, 1274; Zweibrücken JurBüro 86, 1251; Bamberg JurBüro 90, 1644; VGH Bad-Württ Justiz 95, 101 f; LAG Düsseldorf JurBüro 86, 608; ArbG Regensburg RPfleger 94, 70 mwN; anders LAG Baden-Württemberg JurBüro 88, 366), folgt aus § 124 Nr 3. Hiernach kann sogar eine bereits gewährte PKH aufgehoben werden , wenn die Voraussetzungen dafür nicht vorgelegen haben (StJBork § 114 Rn 39). Für die Beurteilung der **Erfolgsprognose** ist der letzte Sach- und Streitstand zwangsläufig Entscheidungsgrundlage, wenn alsbald nach Entscheidungsreife, also nach Vorlage der erforderlichen Unterlagen, entschieden wird. 44

45 a) **Verschlechterung der Erfolgsaussichten während des PKH-Verfahrens:** Umstritten ist, welche Entscheidungsgrundlage maßgeblich ist, wenn das Gericht die Entscheidung über einen ordnungsgemäß gestellten und belegten Antrag verzögert hat und zur Zeit der Beschlußfassung die Erfolgsaussicht für die hilfsbedürftige Partei ungünstiger als anfangs zu beurteilen ist, weil sich der Sach- und Streitstand inzwischen verändert hat. Nach verbreiteter Meinung ist auch dann der letzte Sach- und Streitstand maßgebend, selbst wenn dies zu einer dem Hilfsbedürftigen nachteiligen Entscheidung führt (BGH MDR 82, 564 = NJW 1104 = FamRZ 367; Düsseldorf JurBüro 86, 386; NJW-RR 89, 383; Hamburg FamRZ 87, 843; Bamberg JurBüro 91, 845; Hamm FamRZ 86, 80; JurBüro 86, 1730; Saarbrücken JurBüro 85, 600; LG Dortmund AnwBl 84, 222; OVG Koblenz NJW 82, 2834; JurBüro 90, 751; Künkel DAVorm 83, 350; Schneider Rpfleger 85, 430). Deshalb müßten insbesondere zwischenzeitlich erhobene Beweise berücksichtigt werden, auch wenn sie die hinreichende Erfolgsaussicht entfallen ließen, die bei früherer Entscheidung noch bestanden hätte (LSG Baden-Württemberg KoRsp ZPO § 118 Nr 19; LAG Düsseldorf JurBüro 87, 449; Künkel aaO). Viele andere Gerichte berücksichtigen bei verzögerter Entscheidung eine zwischenzeitliche Veränderung der Tatsachengrundlagen nicht, sondern stellen auf die Entscheidungsgrundlage im Zeitpunkt der frühestmöglichen Beschlußfassung ab, wenn die Entscheidung ohne schuldhaftes Versäumnis des Antragstellers unterblieben ist (Bamberg JurBüro 89, 831; Braunschweig JurBüro 80, 137; Düsseldorf FamRZ 84, 305; 89, 81; DAVorm 85, 1009; Frankfurt JurBüro 82, 773; 83, 452; 85, 1255; Karlsruhe FamRZ 88, 737; Justiz 89, 392; FamRZ 94,1123; Hamm FamRZ 89, 1203; Stuttgart FamRZ 92, 195; LGe Osnabrück MDR 87, 1031; Kiel SchlHA 82, 152; Aachen JurBüro 93, 614; ArbG Regensburg JurBüro 92, 46; VGH Bad-Württ Justiz 85, 410; FamRZ 88, 857; OVG Hamburg FamRZ 87, 178; OVG Bremen JurBüro 89, 115; ebenso Kalthoener/Büttner Rn 440 ff)

46 b) Grundsätzlich hat das Gericht nach seinem letzten Erkenntnisstand über die PKH zu entscheiden (Brandenburg FamRZ 95, 807 f). Beispiel: Der Antragsteller begehrt PKH für eine Zahlungsklage. Als der Antragsgegner die Aufforderung erhält, sich zum PKH-Gesuch zu äußern, bezahlt er die Klagforderung. Hierdurch ist die Erfolgsaussicht weggefallen. Die PKH ist zu verweigern. Anders sind nur solche Fälle zu beurteilen, in denen ein Gericht die **Bewilligungsentscheidung** durch nachlässige (SG Schleswig SchlHA 84, 116; Düsseldorf JurBüro 89, 114; Karlsruhe Justiz 89, 349; Bamberg JurBüro 91, 639 mwN; Hamm JurBüro 93, 28;) oder fehlerhafte (Stuttgart FamRZ 92, 195; anders Köln MDR 92, 514) Bearbeitung **pflichtwidrig verzögert.** Wenn sich hier die Erfolgsprognose in der Zeit zwischen Entscheidungsreife und Entscheidung verschlechtert, ist dies nicht zu berücksichtigen, sondern nach dem Kenntnisstand zur Zeit der Entscheidungsreife zu entscheiden (OVG Greifswald MDR 96, 98 mwN). Hierfür spricht der Gedanke, daß das Gericht Naturalrestitution für die von ihm begangene Amtspflichtverletzung zu leisten hat (StJBork § 114 Rn 40; Thomas/Putzo Rn 4; anders Wieczorek/Steiner Rn 7; Zöller/Schneider 17. Aufl Rn 20). Zur Entscheidung reif ist das PKH-Begehren, wenn die Partei es schlüssig begründet hat, die Erklärung über die persönlichen und wirtschaftlichen Verhältnisse und die entsprechenden Belege vorgelegt hat und der Gegner Gelegenheit gehabt hat, sich innerhalb angemessener Frist – regelmäßig zwei Wochen – zum PKH-Gesuch zu äußern (Karlsruhe FamRZ 94,1123/1125 mwN; 95, 1163 f; OVG Greifswald aaO). Bei pflichtwidriger Verzögerung der Bewilligungsentscheidung kann auch **nach Erledigung der Hauptsache** (Köln JurBüro 95, 535) und **nach Abschluß der Instanz noch PKH** bewilligt werden.

46a c) Noch weiter als diese Auffassung ist das OLG Karlsruhe (FamRZ 95, 1163 f) in einem Fall gegangen, in dem die Erfolgsaussicht der Rechtsverteidigung durch ein Vaterschaftsanerkenntnis des Beklagten weggefallen war, der **nicht durch einen Anwalt vertreten** war. Auf dessen Beschwerde hin hat es ihm PKH für die Vorinstanz bewilligt, weil diese es unterlassen hatte, ihn vor dem Anerkenntnis auf die Möglichkeit der PKH hinzuweisen. Deshalb sei sein PKH-Gesuch als rechtzeitig gestellt zu behandeln und die Erfolgsaussicht rückwirkend so zu beurteilen, wie dies bei rechtzeitiger Antragstellung geboten gewesen wäre.

47 d) In diesen Fällen kann der Hilfsbedürftige seinen **Anspruch auf PKH auch nach Abschluß der Instanz noch mit der Beschwerde verfolgen** (§ 127 Rn 24) und rückwirkende Bewilligung erreichen (BGH NJW 82, 446 = FamRZ 58 = DAVorm 81, 863; Bamberg JurBüro 86, 1574). Eine Einschränkung ist hier aber zu machen: Soweit die arme Partei eine ihr ungünstige Entscheidung der Vorinstanz über die Hauptsache nicht anficht, darf das Gericht, das über eine Beschwerde gegen die Verweigerung der PKH zu entscheiden hat, die Erfolgsaussichten der Hauptsache nicht abweichend von der Vorinstanz beurteilen (BFH BB 84, 2249; KG OLGZ 69; 446 f; Frankfurt AnwBl 83, 533; MDR 83, 137; 86, 857; Hamm JurBüro 88, 645; Düsseldorf JurBüro 94, 176; OVG Rheinland-Pfalz NJW 82, 2834; JurBüro 90, 751 f; MK/Wax § 127 Rn 16; anders StJBork § 114 Rn 40).

48 6) **Die PKH endet** mit dem Abschluß des PKH-Verfahrens, mit dem Tod der hilfsbedürftigen Partei (§ 124 Rn 2a) oder durch Aufhebung der Bewilligung (§ 124). Die **Leistung von 48 Monats-**

raten (§ 115 Rn 44) beendet die PKH nicht, sondern läßt wegen höherer Prozeßkosten jegliche Kostenschuld des Hilfsbedürftigen entfallen.

7) Eine **fehlerhafte PKH-Bewilligung** ist wirksam und schafft Vertrauensschutz, solange sie nicht in höherer Instanz aufgehoben wird, zB wenn das Prozeßgericht unter Überschreitung seiner Zuständigkeit PKH auch für die Zwangsvollstreckung gewährt (Behr/Hantke Rpfleger 81, 266). Zur fehlerhaften Beiordnung s § 121 Rn 32. 49

III) Kostenrechtliche Auswirkungen. Ist PKH rückwirkend bewilligt worden, dann muß dies beachtet werden. Der **Kostenbeamte** und die ihm nachgeordneten Rechtsmittelinstanzen sind daran **gebunden** und dürfen nicht prüfen, ob die Rückwirkung rechtsfehlerhaft ist (Düsseldorf Rpfleger 71, 267; Zweibrücken Rpfleger 95, 364). Auch ein fehlerhaft vorverlegtes Bewilligungsdatum bindet den Kostenbeamten (München Rpfleger 86, 108; MDR 1987, 240; AnwBl 87, 340) und schafft für den beigeordneten Anwalt einen Vertrauenstatbestand (Bamberg JurBüro 86, 768).Für die **Anwaltsvergütung** wirkt sich die Bewilligung dahin aus, daß sie alle gebührenrechtlich erheblichen Tätigkeiten vom Wirksamwerden an erfaßt, grundsätzlich also alle Handlungen ab Einreichung des Gesuchs (München MDR 70, 519; oben Rn 40). Tätigkeiten, die vor diesem für die Beiordnung maßgebenden Zeitpunkt liegen, lösen keine Ansprüche gegen die Staatskasse aus (BGH KoRsp BRAGO § 122 Nr 8; Hamm Rpfleger 74, 448; KG Rpfleger 78, 390). Zum **außergerichtlichen Vergleich** s Rn 25. 50

IV) Bewilligung für die Rechtsmittelinstanz: Für jede Instanz ist PKH erneut zu beantragen und zu bewilligen (S 1). Für die Rechtsmittelinstanzen gewährt das Verfahrensrecht dem Antragsteller zwei Erleichterungen: Wegen seiner persönlichen und wirtschaftlichen Verhältnisse kann er auf seine Angaben in der Vorinstanz verweisen, wenn die Verhältnisse sich seitdem nicht geändert haben (Rn 53). Ist er Rechtsmittelgegner, so wird nicht geprüft, ob seine Verteidigung gegen das Rechtsmittel aussichtslos oder mutwillig ist (S 2). Infolge dieser Bestimmung und, da die Angaben des Rechtsmittelgegners über seine persönlichen und wirtschaftlichen Verhältnisse dem Rechtsmittelführer nicht mitgeteilt werden (§ 118 Rn 2), kann dem Rechtsmittelgegner PKH bewilligt werden, ohne daß der Rechtsmittelführer zuvor **rechtliches Gehör** erhält (BFH RPfleger 93, 251). 51

1) Hilfsbedürftigkeit. a) Auch in der Rechtsmittelinstanz sind für die PKH die wirtschaftlichen und persönlichen Verhältnisse des Antragstellers zu der Zeit maßgeblich, in der über die PKH entschieden wird (OVG Münster FamRZ 93, 715 f mwN). **Das Rechtsmittelgericht hat die Bedürftigkeit** von neuem und **ohne Bindung an das Ergebnis der Vorinstanz zu beurteilen.** Es kann die Einkommens- und Vermögensverhältnisse abweichend von der Vorinstanz beurteilen. Zu Ratenveränderungen in den Instanzen s Rn 61. Gebunden ist das Rechtsmittelgericht nur an die Sperre der 48 Monatsraten; denn diese bezieht sich auf die Kosten sämtlicher Instanzen (§ 115 Rn 44). – Wird zunächst nur PKH für ein beabsichtigtes Rechtsmittel begehrt, ohne daß dieses zugleich eingelegt wird, so muß der Antragsteller innerhalb der Rechtsmittelfrist alle für die Entscheidung über das Gesuch wesentlichen Angaben unter Vorlage von Belegen machen (BGH MDR 75, 129; FamRZ 94, 1098 f; BFH BB 78, 292). Wegen der Darlegung der wirtschaftlichen und persönlichen Verhältnisse s Rn 53. Legt er die erforderlichen Unterlagen nicht fristgemäß vor, so wird die PKH verweigert. Wegen Verschuldens ist dann keine Wiedereinsetzung (§ 233) zu gewähren; s Rn 60. – Eine Partei, der im ersten Rechtszug PKH bewilligt worden war und deren Einkommen sich inzwischen erhöht hat, darf mit PKH für das Rechtsmittelverfahren nur rechnen, wenn sie trotz der Einkommenserhöhung keine Zweifel an ihrer Hilfsbedürftigkeit zu haben braucht (BGH Rpfleger 92, 440 mwN = JurBüro 93, 105 mwN). Hilfsbedürftigkeit entfällt trotz PKH-Bewilligung in der Vorinstanz, wenn eine Rechtsschutzversicherung für den höheren Rechtszug Deckungsschutz zusagt (BGH ZIP 81, 1034; KG VersR 79, 479)). 52

b) Dem PKH-Gesuch für die Rechtsmittelinstanz muß eine **Erklärung über die wirtschaftlichen und persönlichen Verhältnisse** (Vordruck nach § 117 III) beigefügt werden (BGH NJW 83, 2145 = MDR 83, 832 Nr 39 = FamRZ 83, 579; NJW-RR 90, 1212 = MDR 91, 50; EzFamR ZPO § 117 Nr 2; NJW-RR 93, 451 Nr 2 mwN = FamRZ 688; JurBüro 93, 51). Das bedeutet nicht, daß sämtliche Unterlagen neu einzureichen sind. Auf ein in der Vorinstanz benutztes Formular zu verweisen, reicht aus, wenn die Verhältnisse unverändert geblieben sind und die Partei oder ihr Anwalt dies versichert (BGH FamRZ 83, 579 = NJW 2145; VersR 86, 342; NJW-RR 90, 1212 = MDR 91, 50; JurBüro 93, 51; NJW-RR 93, 451 Nr 2 mwN = FamRZ 688; FamRZ 94, 1098 ff). Das ausnahmslose Verlangen, den Vordruck zu benutzen, liefe dem mit § 117 IV verfolgten Zweck zuwider (BGH NJW 83, 2146 = MDR 83, 833; MDR 91, 50). 53

2) Erfolgsaussichten des Rechtsmittels. Es ist zweckmäßig, daß der Rechtsmittelführer sein PKH-Gesuch sachlich begründet, notwendig ist dies aber nicht (unten § 233 Rn 23 Prozeßkostenhilfe 3 a; BGH LM 3 zu § 118 ZPO aF; NJW 60, 676; MDR 93, 172 = NJW 732 f; anders BFH/NV 95, 255; Saarbrücken FamRZ 93, 715 mwN). Das hat zur Folge, daß die Begründung des Gesuchs auch nachgereicht werden, ohne daß die Partei dabei Fristen einzuhalten hat. Über die Nachrei- 54 chung durch Gegenvorstellung gegen die PKH-Verweigerung s unten Rn 60. Bei fehlender Begründung prüft das Rechtsmittelgericht von Amts wegen, ob die Entscheidung der Vorinstanz richtig ist. Bei der Prüfung der Erfolgsaussichten kommt es nicht darauf an, ob das Rechtsmittel zur Aufhebung der angefochtenen Entscheidung und Zurückverweisung der Sache an die Vorinstanz führt. Maßgeblich ist die Prognose, ob der Rechtsmittelführer in der Sache selbst obsiegen wird (BGH NJW 94, 1160 = MDR 94, 406; Bamberg FamRZ 95, 378). Beantragt der Rechtsmittelführer PKH und nimmt sein Rechtsmittel wieder zurück, nachdem der Rechtsmittelgegner sich dem Rechtsmittel angeschlossen hat, so ist die Erfolgsaussicht des Rechtsmittels nicht mehr zu prüfen und die PKH zu verweigern (Karlsruhe FamRZ 94, 386). Hat das Rechtsmittel nur teilweise Aussicht auf Erfolg, so darf **PKH nicht** bewilligt werden, **wenn der erfolgversprechende Anspruchsteil unterhalb der Mindestbeschwer liegt** (§ 114 Rn 28). Hat ein Rechtsmittel nur auf Grund **neuen Vorbringens, das der Rechtsmittelführer auch in der Vorinstanz hätte geltend machen können,** Aussicht auf Erfolg, so ist die Rechtsverfolgung in der Rechtsmittelinstanz mutwillig; denn diese hätte bei sorgfältiger Prozeßführung vermieden werden können. (Auf dieser Erwägung beruht auch § 97 II, wonach der obsiegende Rechtsmittelführer in diesem Fall die Kosten des Rechtsmittelverfahrens zu tragen hat.)

55 **3) a)** Hatte der Hilfsbedürftige im vorangegangenen Rechtszug obsiegt, dann darf das Rechtsmittelgericht die **Erfolgsaussicht seiner Verteidigung gegen ein Rechtsmittel** des Gegners nicht verneinen (§ 119 S 2; Ausnahmen s Rn 56). Ob bereits die Vorinstanz PKH bewilligt hatte, ist unerheblich (Lauterbach JZ 54, 197). Bevor dem Rechtsmittelgegner PKH bewilligt wird, muß feststehen, daß das Rechtsmittel durchgeführt wird. Deshalb ist einem Rechtsmittelbeklagten, der in der Vorinstanz obsiegt hat, **PKH** für die Rechtsmittelinstanz im allgemeinen **erst zu gewähren, wenn der Gegner sein Rechtsmittel begründet hat;** denn erst nach Eingang der Begründung steht fest, daß das Rechtsmittel nicht zu verwerfen und daß eine Verteidigung gegen es notwendig ist (§§ 519b I, 554a; BGH FamRZ 88, 942, stRspr; Karlsruhe NJW-RR 89, 1152; Hamburg JurBüro 94, 423 mwN; anders Karlsruhe JurBüro 86, 1729; NJW-RR 87, 62 = OLGZ 1987, 448; Hamm FamRZ 90, 537, falls der Berufungskläger die Begründungsfrist verlängern läßt). Dies gilt aber nicht, wenn gerade die Zulässigkeit des Rechtsmittels zweifelhaft ist (Lappe Anm zu KoRsp ZPO § 119 Nr 30). Wenn durch dieses Abwarten dem hilfsbedürftigen Rechtsmittelgegner erst in einem verhältnismäßig späten Verfahrensstadium PKH bewilligt wird, ist die Frist zur Berufungserwiderung (§ 520 II) so zu bemessen, daß der Rechtsmittelgegner zur Erwiderung ebensoviel Zeit hat wie eine vermögende Partei, die eher einen Prozeßbevollmächtigten für die Rechtsmittelinstanz hätte bestellen können. Kommt es nicht zur Durchführung des Rechtsmittels, dann erhält der Rechtsmittelgegner PKH nur für einen Kostenantrag aus § 515 III ZPO (BGH NJW 82, 446 = FamRZ 58). Über den Anwaltszwang für diesen Antrag s § 515 Rn 25.

56 **b) Ausnahmen:** Grundgedanke des § 119 S 2 ist: Das Urteil der Vorinstanz begründet eine Vermutung dafür, daß die Verteidigung gegen ein Rechtsmittel Aussicht auf Erfolg hat. Wo diese Vermutung nicht gerechtfertigt ist, wenden die Gerichte § 119 S 2 nicht an, zB wenn die Berufung infolge einer **Gesetzesänderung** begründet ist, die nach Verkündung des ersten Urteils in Kraft getreten ist (Celle FamRZ 77, 648), wenn **die tatsächlichen Voraussetzungen,** auf denen das erste Urteil beruht, **sich geändert haben** (BGHZ 36, 281; BGH FamRZ 89, 265 f = NJW-RR 702; Hamm FamRZ 95, 747 mwN: Aussöhnung nach Scheidungsurteil) oder wenn der PKH begehrende Antragsteller **in vorwerfbarer Weise ein unrichtiges Urteil herbeigeführt** hat (Bamberg JurBüro 85, 1111). Auch wenn das angefochtene **Urteil offensichtlich falsch** ist, erhält der Rechtsmittelgegner keine PKH (StJBork Rn 23, MK/Wax Rn 39). Schwierig ist es allerdings, schlicht unrichtige und offensichtlich falsche Urteile voneinander zu unterscheiden. Wird entscheidungserhebliches Parteivorbringen nicht berücksichtigt, eine Gesetzesbestimmung oder ständige höchstrichterliche Rechtsprechung übersehen, so ist das Urteil offensichtlich falsch. Dasselbe gilt bei groben Fehlern in der Beweiswürdigung oder eindeutiger Verkennung der Beweislast (MK/Wax aaO). Wird § 119 S 2 im Einzelfall gegen seinen Wortlaut ausgelegt, dann muß der Beschluß detailliert begründet werden. Sonst hat die Entscheidung verfassungsrechtlich keinen Bestand (BVerfGE 71, 122, 135 f).

56a **c)** Legt der Berufungsbeklagte eine unselbständige **Anschlußberufung** ein und beantragt er zugleich PKH, so darf diese nicht mehr bewilligt werden, wenn der Berufungskläger daraufhin seine Berufung zurücknimmt (Karlsruhe MDR 90, 929 f). Nur wenn die Anschließung hinreichende Aussicht auf Erfolg hat, ist für sie PKH zu bewilligen. Für sie gilt nicht das Verbot des Abs 2, die Erfolgsaussicht zu prüfen.

57 **4)** Sucht der **Streithelfer des Revisionsbeklagten** um PKH nach, so darf das Revisionsgericht prüfen, ob seine Rechtsverfolgung hinreichenden Erfolg verspricht und nicht mutwillig ist (BGH, MDR 66, 318). Der Bestandsschutz des § 119 S 2 wirkt nur zugunsten der Hauptpartei.

58 **5) Wiedereinsetzung. a)** Begehrt eine Partei PKH für eine sofortige Beschwerde oder eine fristgebundene Klage vor dem Verwaltungsgericht, die sie auch ohne Mitwirkung eines Rechtsan-

walts einlegen bzw erheben konnte, so **hindert** ihre **Bedürftigkeit** sie nicht, selbst zu klagen oder Beschwerde einzulegen. Versäumt sie die Beschwerde- oder Klagefrist, weil sie zunächst die Entscheidung über ihr PKH-Gesuch abwartet, so gereicht ihr dies zum Verschulden, und sie erhält keine Wiedereinsetzung (Schleswig SchlHA 93, 172; VGH Kassel MDR 94, 1147 = AnwBl 431). Kann nur ein Anwalt wirksam Rechtsmittel einlegen, so hindert die Mittellosigkeit den Rechtsmittelführer daran, die Rechtsmittelfrist einzuhalten (BGH FamRZ 93, 694 Nr 405, 93, 1427 = NJW-RR 1091 f; FamRZ 94, 567 f). Problemfall: Ein **Anwalt** legt für eine mittellose Partei Berufung oder Revision ein und beantragt hierfür PKH. Er weigert sich aber, die Rechtsmittelbegründung anzufertigen, bevor über die PKH entschieden ist. Hier **muß** er **die Verlängerung der Rechtsmittelbegründungsfrist beantragen,** wenn das Rechtsmittelgericht nicht innerhalb dieser Frist über die PKH entscheidet. Versäumt er dies, so kann der Partei keine Wiedereinsetzung in den vorigen Stand bewilligt werden; denn der Fristverlängerungsantrag verursacht keine zusätzlichen Kosten (BGH VersR 93, 1125 f). Die Armut hindert die Partei nicht daran, die auf ihren Antrag hin verlängerte Rechtsmittelbegründungsfrist einzuhalten.

b) Wird **PKH bewilligt** und ein Anwalt beigeordnet, so ist das Hindernis der Mittellosigkeit behoben, sobald der Bewilligungsbeschluß dem Rechtsmittelführer zugeht (BGH FamRZ 94, 567 f; 95, 34; Greger unten § 234 Rn 7). Vom Zugang an läuft die Zweiwochenfrist, innerhalb derer das Rechtsmittel eingelegt und Wiedereinsetzung beantragt werden muß (§§ 234, 236 II 2). Eine zusätzliche Überlegungsfrist von 3–4 Tagen wie bei der PKH-Verweigerung (unten Rn 60) wird hier nicht gewährt (BGH NJW 78, 1920; NJW-RR 93, 451). Über den Fall, daß PKH teilweise bewilligt und im übrigen abgelehnt wird, s Greger unten § 234 Rn 9. Lehnt das Rechtsmittelgericht die Wiedereinsetzung ab, so darf es dies nicht aus Gründen tun, die zur Ablehnung der PKH hätten führen müssen. Es darf seine ablehnende Entscheidung nicht damit begründen, daß der Rechtsmittelführer sich nicht hätte für arm halten dürfen oder daß er eine Erklärung über seine persönlichen und wirtschaftlichen Verhältnisse nicht vorgelegt habe (BGH aaO). **59**

c) Wird die **PKH verweigert,** dann ist das in der Armut liegende Hindernis behoben, wenn die Partei 3–4 Tage lang Gelegenheit gehabt hat, sich darüber schlüssig zu werden, ob sie das Rechtsmittel auch ohne PKH durchführen will (BGH LM 6 zu § 234 ZPO; FamRZ 88, 1152; Greger unten § 234 Rn 8; anders MK/Feiber § 234 Rn 25 f). Danach beginnt die zweiwöchige Wiedereinsetzungsfrist (§ 234 Rn 8), in der das Rechtsmittel eingelegt werden muß (§ 236 II). Mit neuem Vorbringen verbundene **Gegenvorstellungen** verlängern die Wiedereinsetzungsfrist nicht (BGH MDR 53, 163 = LM 31 zu § 233 ZPO; VersR 80, 86; Meyer NJW 95, 2141). Führt aber eine Gegenvorstellung dazu, daß das Gericht auf der Grundlage des ursprünglichen Vorbringens eine Fehlentscheidung korrigiert und jetzt PKH bewilligt, dann hinderte die Fehlentscheidung die Partei erneut ohne ihr Verschulden, die Rechtsmittelfrist einzuhalten, und mit dem Zugang der PKH-Bewilligung beginnt eine neue Wiedereinsetzungsfrist zu laufen (BGHZ 41, 1 = NJW 64, 770 f; Meyer aaO). **60**

d) Wegen der Versäumung der Rechtsmittelfrist erhält die Partei **Wiedereinsetzung** in den vorigen Stand, wenn sie vernünftigerweise nicht damit rechnen mußte, daß ihr die PKH mangels genügender Darlegung ihrer Bedürftigkeit verweigert werden würde (BGH FamRZ 94, 1098 f). Unerheblich ist dagegen, ob die Partei erwarten konnte, daß die Erfolgsaussicht ihres Rechtsmittels bejaht werde (BGH NJW 93, 732 f). Würde man verlangen, daß die Partei die Erfolgsaussicht prüft, so bedeutete dies eine ungerechtfertigte Schlechterstellung im Vergleich zu einer begüterten Partei, die einen Anwalt mit der Prüfung der Erfolgsaussicht beauftragen kann (BGH VersR 85, 395; FamRZ 88, 1152). Wiedereinsetzung ist zu gewähren, wenn die Partei sich für arm halten und davon ausgehen durfte, innerhalb der Rechtsmittelfrist die wirtschaftlichen Voraussetzungen für die PKH genügend dargetan zu haben (BGH Rpfleger 92, 440 = JurBüro 93, 105 mwN; NJW-RR 93, 451 Nr 2 mwN = FamRZ 688; FamRZ 93, 1428; FamRZ 94, 1098 f). Was sie darlegen muß, ergibt sich aus Rn 52 f. Legt der Rechtsmittelkläger innerhalb der Rechtsmittelfrist die erforderlichen Unterlagen nicht vor, so wird die Wiedereinsetzung wegen Verschuldens versagt (BGH VersR 85, 287, 396; MDR 91, 902; NJW-RR 91, 152 f; Rpfleger 92, 440 mwN = JurBüro 93, 105 mwN; s § 233 Rn 23 „Prozeßkostenhilfe"). Verlangt das Rechtsmittelgericht gemäß § 118 II 1 weitere Glaubhaftmachung, so kommt es für die Wiedereinsetzung nicht darauf an, ob die Auflage innerhalb der Rechtsmittelfrist erfüllt werden kann (BGH aaO). – Aus § 234 Rn 6–9 ergibt sich, wann das Hindernis für die Einhaltung der Rechtsmittelfrist behoben ist, das in der Armut liegt. **60a**

V) Werden in verschiedenen Instanzen Raten von unterschiedlicher Höhe festgesetzt, so gilt folgendes: Nach § 115 I 4 sind unabhängig von der Zahl der Rechtszüge höchstens 48 Monatsraten aufzubringen. Hieraus folgt, daß die Partei nach einer Neufestsetzung der Raten durch die höhere Instanz grundsätzlich nur noch die neue Rate zu zahlen hat und nicht mehr die alte (BGH Rpfleger 83, 174 = NJW 83, 944; KoRsp ZPO § 120 Nr 34; Stuttgart Justiz 85, 317; Hamm FamRZ 86, 1014 = JurBüro 87, 445; MK/Wax Rn 41; StJBork § 115 Rn 82; Schneider Anm EzA ZPO § 120 Nr 2 S 14; Mümmler JurBüro 85, 1447 ff). Setzt die zweite Instanz die Raten herab, so **61**

sind von dem Tag an, von dem an die Neufestsetzung wirkt, also regelmäßig von der Zeit des Antragseingangs an (Rn 40), nur noch die herabgesetzten Raten zu zahlen (Hamm aaO). Entscheidet die zweite Instanz, daß keine Raten zu zahlen sind, so braucht die Partei auch die Raten nicht mehr zu zahlen, die die Vorinstanz festgesetzt hatte (Stuttgart und Hamm aaO; MK/Wax Rn 41; anders KG Rpfleger 85, 166; StJBork aaO). Wenn die erste Instanz die Partei von Ratenzahlungen freigestellt hatte und die zweite die Zahlung von Raten anordnet, dienen diese nur dazu, die Kosten der zweiten Instanz zu decken. (LAG Düsseldorf MDR 95, 750 = JurBüro 532) Von den Kosten der ersten Instanz ist die Partei weiterhin befreit. Nur durch eine Änderungsentscheidung nach § 120 IV, die eine wesentliche Verbesserung ihrer Verhältnisse voraussetzt , kann sie verpflichtet werden, auch diese in Raten nachzuzahlen (Celle FamRZ 91, 207 = Rpfleger 91, 116; München JurBüro 95, 532 = Rpfleger 365; LAG Düsseldorf aaO; anders Hamm Rpfleger 94, 469; LG Osnabrück Rpfleger 94, 363 = NdsRpfl 183; zur Verbesserung der Verhältnisse s § 120 Rn 14a ff). § 120 IV schützt die Partei auch in dem Fall, daß die erste Instanz geringe und die zweite hohe Raten festsetzt. Beispiel: Für ein erstinstanzliches Scheidungsverbundverfahren mit zahlreichen Folgesachen zahlt die Partei Raten von 30 DM monatlich. Das OLG setzt für die einzige in die zweite Instanz gelangte Folgesache Raten von 190 DM fest. Hier ist neben dem § 120 IV ZPO auch § 366 BGB zu beachten, wonach zunächst die Kosten der ersten und dann diejenigen der zweiten Instanz getilgt werden (MK/Wax Rn 41). Infolgedessen sind von den auf 190 DM erhöhten Raten weiterhin 30 DM auf die Kosten der ersten Instanz und restliche 160 DM auf diejenigen der zweiten Instanz zu verrechnen. Werden hierdurch die Kosten der zweiten Instanz früher getilgt als diejenigen der ersten, so sind von dieser Tilgung an nur noch Raten von 30 DM auf die restlichen Kosten der ersten Instanz zu zahlen.

120 *[Festsetzung der Raten; Einstellung]*

(1) Mit der Bewilligung der Prozeßkostenhilfe setzt das Gericht zu zahlende Monatsraten und aus dem Vermögen zu zahlende Beträge fest. Setzt das Gericht nach § 115 Abs. 1 Satz 3 Nr. 4 mit Rücksicht auf besondere Belastungen von dem Einkommen Beträge ab und ist anzunehmen, daß die Belastungen bis zum Ablauf von vier Jahren ganz oder teilweise entfallen werden, so setzt das Gericht zugleich diejenigen Zahlungen fest, die sich ergeben, wenn die Belastungen nicht oder nur in verringertem Umfang berücksichtigt werden, und bestimmt den Zeitpunkt, von dem an sie zu erbringen sind.

(2) Die Zahlungen sind an die Landeskasse zu leisten, im Verfahren vor dem Bundesgerichtshof an die Bundeskasse, wenn Prozeßkostenhilfe in einem vorherigen Rechtszug nicht bewilligt worden ist.

(3) Das Gericht soll die vorläufige Einstellung der Zahlungen bestimmen,

1. **wenn abzusehen ist, daß die Zahlungen der Partei die Kosten decken;**
2. **wenn die Partei, ein ihr beigeordneter Rechtsanwalt oder die Bundes- oder Landeskasse die Kosten gegen einen anderen am Verfahren Beteiligten geltend machen kann.**

(4) Das Gericht kann die Entscheidung über die zu leistenden Zahlungen ändern, wenn sich die für die Prozeßkostenhilfe maßgebenden persönlichen oder wirtschaftlichen Verhältnisse wesentlich geändert haben; eine Änderung der nach § 115 Abs. 1 Satz 3 Nr. 2 Satz 1 maßgebenden Beträge ist nur auf Antrag und nur dann zu berücksichtigen, wenn sie dazu führt, daß keine Monatsrate zu zahlen ist. Auf Verlangen des Gerichts hat sich die Partei darüber zu erklären, ob eine Änderung der Verhältnisse eingetreten ist. Eine Änderung zum Nachteil der Partei ist ausgeschlossen, wenn seit der rechtskräftigen Entscheidung oder sonstigen Beendigung des Verfahrens vier Jahre vergangen sind.

I) Bewilligungsbeschluß (Abs 1). Über die Bewilligung und Ratenfestsetzung muß ein einheitlicher Beschluß (Hamm Rpfleger 84, 432) ergehen. Der Beschluß kann PKH verweigern oder bewilligen. Bei Bewilligung ist über die Ratenzahlung zu entscheiden. Regelt der Beschluß diesen Punkt nicht, so sind keine Raten zu zahlen. Wenn Raten zu zahlen sind, ist deren Höhe und der Beginn der Zahlungspflicht zu regeln. Zulässig ist aber auch eine **Bewilligung unter Vorbehalt der Ratenzahlung** nach besserer Prüfung. Dann muß aber der Vorbehalt bis zum Erlaß der Hauptsacheentscheidung ausgeübt werden, sonst bleibt es bei der ursprünglichen Bewilligung ohne Ratenzahlung (Hamm MDR 90, 345; Nürnberg FamRZ 95, 751 = Rpfleger 260). Weiter kann der Beschluß regeln, in welcher Höhe die Partei ihr Vermögen einsetzen muß (§ 115 II). Schließlich ist darüber zu entscheiden, ob ein Rechtsanwalt beizuordnen ist (§ 121). 1

1) Über die **Begründung** der PKH-Bewilligung oder -Verweigerung s § 127 Rn 3. Wirksam wird die Bewilligung mit dem Existentwerden (§ 567 Rn 3) des Beschlusses (Markl GKG 2. Aufl Rn 7 vor § 49). Eine benachteiligende rückwirkende Änderung des Bewilligungsbeschlusses, etwa weil das Verbot übersehen worden ist, einen auswärtigen Anwalt beizuordnen (§ 121 II 2; Zweibrükken AnwBl 79, 440), ist unzulässig; dazu bedarf es einer Aufhebungsentscheidung gem § 124. 2

2) **Eindeutigkeit.** a) Maßgebend ist die Urschrift des Beschlusses; falsche Ausfertigungen beeinflussen den Bewilligungsumfang nicht, schaffen insbesondere keinen Vertrauenstatbestand für Partei oder beigeordneten Anwalt (Stuttgart Justiz 86, 18); allenfalls kommt entsprechend dem Gedanken des § 818 III BGB Vertrauensschutz hinsichtlich bereits getroffener Vermögensverfügungen in Betracht (angedeutet bei LAG Nürnberg JurBüro 89, 672). Aus der Notwendigkeit, im Bewilligungsbeschluß eine klare (Hamm Rpfleger 84, 432) Aussage über den Bewilligungsumfang und die Pflicht zur Ratenzahlung sowie die Höhe der Monatsraten zu machen, ergeben sich gesteigerte Anforderungen an das Erklärungsverhalten des Gerichts. Eine **Bewilligung** von PKH **durch schlüssiges Verhalten ist ausgeschlossen,** desgleichen die schlüssige Ausdehnung bereits bewilligter PKH auf weitere Ansprüche, zB auf einen Prozeßvergleich über einbezogene nicht rechtshängige Ansprüche usw (zur Klageerweiterung s § 114 Rn 14). Denn in solchen Fällen müssen zwangsläufig die subjektiven Voraussetzungen neu berechnet werden, weil eine höhere Kostenlast zu den Bewertungsfaktoren nach § 115 zählt. Umgekehrt gibt es auch keine stillschweigende Bewilligungseinschränkung (Frankfurt JurBüro 86, 79: zur Stufenklage, s auch § 114 Rn 37). Mit der stillschweigenden Ausdehnung einer bereits beschlossenen Bewilligung (s dazu Schneider Anm EzA ZPO § 127 Nr 7 S 42) ist nicht zu verwechseln die Bewilligung nach Klageerweiterung; sie erfaßt auch den erweiterten Antrag, wenn sie keine Einschränkung enthält (LAG Düsseldorf JurBüro 86, 609; LAG Düsseldorf LAGE ZPO § 127 Nr 10). Regt das Gericht einen Vergleich an, der sich auch auf nicht rechtshängige Ansprüche erstreckt, dann ist ein entsprechender Vorschlag noch keine Bewilligung (LG Berlin Rpfleger 89, 203); der Anwalt muß daher auf einem förmlichen Beschluß bestehen. Über PKH für Scheidungsfolgenvergleiche s § 114 Rn 47. 3

b) Eine **bedingte Bewilligung** von PKH ist ebenso unzulässig wie Zahlungserleichterung an Stelle der Bewilligung oder Bewilligung unter Vorbehalt (s Koblenz VersR 80, 1076) oder Auflagen (LAG Köln LAGE ZPO § 120 Nr. 23). Auch bei der **Stufenklage** sind keine Einschränkungen zulässig (s § 114 Rn 37). Unzulässig ist es auch, die Entscheidung durch **Aussetzung** nach §§ 148, 149 in der Schwebe zu halten (§ 118 Rn 13); ein solches Vorgehen ist als beschwerdefähige (§ 127 II, III) Ablehnung des Gesuchs zu behandeln (Stuttgart NJW 50, 229; § 127 Rn 11). Deshalb finden auch die Vorschriften über die **Unterbrechung** des Verfahrens keine Anwendung, auch nicht § 240 – Konkurseröffnung (Koblenz AnwBl 89, 178). Insbesondere der **Tod des Prozeßbevollmächtigten** ist für den Fortgang des Bewilligungsverfahrens unerheblich (BGH NJW 66, 1126). Der Tod des Antragstellers erledigt das PKH-Verfahren insgesamt (§ 124 Rn 2a); der das Hauptverfahren fortsetzende Erbe muß bei Hilfsbedürftigkeit einen neuen Antrag für sich stellen (§ 114 Rn 12). Nach Abschluß der Instanz ist die **rückwirkende Bewilligung** von PKH nur zulässig, wenn ein in laufender Instanz gestellter Bewilligungsantrag nicht mehr beschieden worden ist (oben § 119 Rn 46). 4

3) **Prognosen: a)** Da nur die gegenwärtigen Verhältnisse maßgebend sind (Bremen FamRZ 83, 637), darf bei der PKH-Bewilligung nicht darauf abgestellt werden, zu welchen Leistungen die Partei künftig imstande sein wird. Lediglich **in Aussicht stehende Einkommensverbesserungen** – zB durch Beförderung, Umschulung – müssen im Zeitpunkt der Bewilligung außer Betracht bleiben (BGH MDR 87, 918: Erwartung künftigen Einkommens ist kein Vermögen (bedenklich LG Saarbrücken Rpfleger 87, 125, das wegen zu erwartenden Versteigerungserlöses unter einer Auflage bewilligt hat). Entgegen Frankfurt (FamRZ 84, 809) darf eine im Rechtsstreit erst durchzusetzende Geldforderung nicht berücksichtigt werden (s § 115 Rn 58); der Einsatz darf erst gefordert werden, wenn die Geldmittel zugeflossen sind (Bamberg JurBüro 87, 1706; KG NJW-RR 89, 511 mwN = MDR 167; Hamm FamRZ 93, 1474; str). Das ergibt sich eindeutig aus dem Gesetz; denn Änderungsvoraussetzung ist, daß sich die Verhältnisse wesentlich geändert 5

„haben". Bedenklich auch München (Rpfleger 90, 305 m Anm Spruth), das den Anspruch auf Sonderunterhalt nach Vaterschaftsanerkennung berücksichtigt. Auf Grund Prozeßvergleichs erbrachte Zahlungen dürfen berücksichtigt werden (KG MDR 90, 450 = JurBüro 90, 757; Karlsruhe Justiz 92, 26; Hamm FamRZ 93, 1474 = JurBüro 687). Nur vorläufig titulierte Ansprüche bleiben bis zu ihrer Rechtskraft unberücksichtigt (Zweibrücken JurBüro 87, 1704; Hamburg JurBüro 89, 1145).

6 **b)** Schon bei der PKH-Bewilligung hat das Gericht jedoch zu prüfen, ob **besondere Belastungen,** die nach § 115 I 3 Nr 4 vom Einkommen abgesetzt worden sind, länger als vier Jahre vom Hilfsbedürftigen zu tragen sind. Ist das nicht der Fall, dann berücksichtigt es bereits im Bewilligungsbeschluß den späteren Wegfall der Belastungen und setzt von diesem Zeitpunkt ab die Raten herauf oder erstmalig fest (§ 120 I 2; Frankfurt FamRZ 92, 1451: Ende der Kreditraten).

7 **4) Bezifferung. a)** Bei **Ratenzahlung** ist die Höhe der Raten, nicht aber ihre Zahl festzusetzen (Schleswig SchlHA 81, 114). Sind **keine Raten** zu zahlen, dann genügt es, PKH ohne Zusatz zu bewilligen. Darin liegt die hinreichend deutliche Erklärung, daß die Prüfung der subjektiven Voraussetzungen zu dem Ergebnis fehlender Ratenzahlungspflicht geführt hat. Zu **Änderungen der Ratenhöhe** bei mehreren Instanzen s § 119 Rn 61.

8 **b)** Soweit die Partei aus ihrem **Vermögen** Kosten tragen kann (§ 115 Rn 47 ff), sind der von der Partei selbst zu tragende Kostenanteil und die zusätzlich aufzubringenden Monatsraten zu beziffern. Die „aus dem Vermögen zu zahlenden Beträge" (Abs 1) können als einmalige feste Zahlungen oder als ratenweise Leistungen festgelegt, müssen aber beziffert werden (Rn 10). Hier kann die PKH auch in der Weise gewährt werden, daß die Kosten bis zu dem Tag gestundet werden, bis zu dem es der Partei zuzumuten ist, ihr Vermögen zu verwerten (Nürnberg JurBüro 95, 312). Ist ein Sparguthaben gegenwärtig noch nicht zur Rückzahlung fällig, so kann analog § 120 I 2 angeordnet werden, daß das Sparguthaben bei Fälligkeit für die Prozeßkosten einzusetzen ist (Koblenz FamRZ 96, 43). Ein **Prozeßkostenvorschuß** gehört zum Vermögen (§ 115 Rn 67) und ist in voller Höhe an die Staatskasse weiterzuleiten (Celle NdsRpfl 85, 283).

9 **c)** Nie ist die **Zeit** festzusetzen, **in der die Ratenzahlung endet.** Sie läßt sich nicht voraussehen, da Zahlungsstörungen auftreten können und die Gesamtzahl der 48 Monatsraten (§ 115 I 4) nicht gleichbedeutend mit ununterbrochener Zahlung ist (§ 115 Rn 45).

10 **d)** Die Form der Bewilligung bei nur **teilweiser Hilfsbedürftigkeit** (§ 115 Rn 75) ist gesetzlich nicht geregelt. Kann der Hilfsbedürftige aus seinem Vermögen einen Kostenanteil tragen, dann ist PKH (mit oder ohne Raten) zu bewilligen und der Betrag der Selbstbeteiligung zu beziffern. Hat beispielsweise der Hilfsbedürftige einsetzbares Barvermögen von 2 000 DM, aber nur geringes Einkommen, dann mag der Bewilligungsbeschluß lauten: „Dem Antragsteller wird PKH bewilligt. Er hat ab ..... monatliche Raten von 60 DM sowie einen Kostenbeitrag von 2000 DM zu zahlen." Hat der Antragsteller eine Rechtsschutzversicherung mit einer nicht ausreichenden Deckungssumme, dann ist entsprechend zu tenorieren; die Deckungssumme muß, ebenso wie einsetzbares Barvermögen, beziffert werden. Hiervon ist zu unterscheiden die lediglich teilweise Erfolgsaussicht. Bei ihr ist uneingeschränkt PKH zu bewilligen, jedoch nur für die (vom Gericht vorzuformulierenden) beschränkten Anträge, hinsichtlich derer hinreichende Erfolgsaussicht bejaht wird.

11 **5) Beginn der Ratenzahlung.** Die **Zahlungspflicht setzt sofort ein** (allgemeiner Rechtsgrundsatz des § 271 BGB; s zB §§ 64, 65 GKG, 17 BRAGO, 379 ZPO), vorausgesetzt natürlich, daß schon Gebühren fällig sind (arg § 120 III 1 u § 61 GKG; s KG Rpfleger 84, 477; Lappe Rpfleger 81, 137; Fischer SchlHA 81, 5; Schneider MDR 81, 793 Ziff II 11 u Anm EzA ZPO § 120 Nr 2 zu III 4; Behr/Hantke Rpfleger 81, 270). Im Arbbeitsgerichtsverfahren Beginn wegen § 12 IV ArbGG mit Instanzbeendigung (LAG Hamm MDR 82, 612; Schneider Anm EzA ZPO § 120 Nr 2 zu III 4; zum sozialgerichtlichen Verfahren s Behn Sozialversicherung 83, 1 ff, 29 ff). Bleibt der Zahlungsbeginn ungeregelt und enthält die Bewilligung auch nicht die Nummer des Kontos, auf das die Zahlungen zu überweisen sind, so sind die Raten von dem Tag an zu zahlen, an dem der PKH-berechtigten Partei eine Zahlungsaufforderung der Gerichtskasse zugeht. Will das Gericht eine andere Regelung treffen, also nicht an das Wirksamwerden des Beschlusses anknüpfen, so muß es dies aussprechen. Der Beginn muß dann nach dem Kalender datiert oder zumindest genau berechenbar festgelegt werden. Unzulässig ist die Festsetzung der Ratenzahlung ab Rechtskraft der Hauptsacheentscheidung (Zweibrücken JurBüro 85, 1264). Wenn nichts gesagt ist, sollte auf das **Beschlußdatum** abgestellt werden, da es für die Partei und den Anwalt, aber auch für das Gericht und das Rechtsmittelgericht der eindeutigste zeitliche Anknüpfungstermin ist.

12 **6) Wirkung:** Die Staatskasse ist durch den Inhalt des Beschlusses in der Rechtsverfolgung (§ 122) und der Beschwerdebefugnis (§ 127 III; s dort Rn 32 ff) beschränkt.

13 **II) Zahlstelle (Abs 2):** Die Zahlungen sind an die Landeskasse zu leisten. Das gilt grundsätzlich auch im Verfahren vor dem BGH. Hatten dessen Vorinstanzen keine PKH bewilligt, so ist an

die Bundeskasse zu zahlen. Verweist der BGH den Prozeß an das OLG zurück und bewilligt dieses PKH, so sind von dann an die Raten an die Landeskasse zu zahlen (BGH NJW 83, 944). Der Rechtspfleger überwacht die Zahlungen (§ 20 Nr 4c RpflG). Deshalb sind ihm die Prozeßakten rechtzeitig zur Kontrolle vorzulegen (§ 3 KostVfg). Die vom Richter (Rechtspfleger) bestimmten Beträge werden wie eine Gerichtskostenforderung nach § 4 II KostVfg durch Sollstellung der Gerichtskasse zur Einziehung überwiesen (§ 29 KostVfg; BT-Drucks 8/3068 S 29). Die im Verfahren der PKH fälligen Zahlungen (die laufenden Monatsraten sowie die Vermögensbeträge) können mit den Mitteln des Verwaltungszwanges beigetrieben werden, wenn die Partei ihrer Leistungspflicht nicht nachkommt (§ 1 I Nr 4a JBeitrO).

III) Verbesserung der wirtschaftlichen Verhältnisse: Verbessern sich die Einkommens- oder Vermögensverhältnisse einer Partei nach der PKH-Bewilligung wesentlich, so kann das Gericht nach seinem Ermessen (Bamberg FamRZ 89, 1204; LAG Nürnberg LAGE ZPO § 120 Nr 17) die Entscheidung über die zu leistenden Zahlungen zu Lasten der Partei ändern (§ 120 IV 1). Auch wenn der Partei bei der ursprünglichen PKH-Bewilligung keine Zahlungen auferlegt worden waren, darf eine nachträgliche Zahlungsanordnung ergehen (unten Rn 14 c). Die ursprüngliche Entscheidung darf nicht geändert werden, wenn die Vermögensverhältnisse der Partei unverändert geblieben, aber zuvor fehlerhaft beurteilt worden sind (Celle FamRZ 91, 207 f). Nach Meinung der OLGe Düsseldorf (FamRZ 92, 837) und München (OLGZ 1989, 382) darf die Entscheidung über die zu leistenden Zahlungen nur für die Zukunft und folglich nur dann geändert werden, wenn nach der Änderung der wirtschaftlichen und persönlichen Verhältnisse noch Gebührentatbestände verwirklicht werden. § 120 IV 3 sieht jedoch ausdrücklich eine Änderung dieser Entscheidung nach Verfahrensende vor, also in einer Zeit, in der alle Gebührentatbestände bereits verwirklicht sind (München Rpfleger 94, 218 f; Düsseldorf FamRZ 95, 1592 = MDR 96, 198). Der jetzt nicht mehr bedürftigen Partei kann auch die Nachzahlung von Kosten aufgegeben werden, die bereits vor der Verbesserung ihrer Verhältnisse entstanden waren (Hamm FamRZ 93, 1474). 14

1) Einkommenserhöhung, Vermögenserwerb oder nicht vorhergesehene vorzeitige Schuldentilgung können die Vermögensverhältnisse wesentlich verbessern. **Wesentlich ist nur eine Verbesserung, die den wirtschaftlichen und sozialen Lebensstandard prägt und verändert** (Hamm MDR 91, 62 = Rpfleger 91, 64; Karlsruhe FamRZ 91, 840; ArbG Bremen FamRZ 93, 79 f = MDR 185; LAG Bremen Rpfleger 93, 453 = JurBüro 94, 48 f; anders LAG Baden-Württemberg JurBüro 88, 1221). Das ist beispielsweise der Fall, wenn ein arbeitsloser Sozialhilfeempfänger wieder in seinem Beruf tätig wird. Daneben kommt nachträglicher Vermögenserwerb in Betracht, etwa wenn dem Hilfsbedürftigen erhebliche Beträge aus der Veräußerung eines Grundstücks zufließen (Bamberg JurBüro 78, 1407) oder wenn er aus einem Prozeßvergleich oder nach Verurteilung des Gegners viel Geld erhält; grundsätzlich jedoch nicht bei zweckgebundenen Zuwendungen wie Schmerzensgeld (§ 115 Rn 59). Über Unterhalt, der für eine zurückliegende Zeit zuerkannt worden ist, s § 115 Rn 58a. 14a

Das LAG Düsseldorf (JurBüro 89, 1446) hat die wesentliche Änderung formalisiert auf „mehr als 10% des Nettoeinkommens", was jedoch abzulehnen ist, weil dabei die maßgebenden persönlichen und wirtschaftlichen Verhältnisse nicht gebührend berücksichtigt werden können (Hamm MDR 91, 62 = Rpfleger 91, 64). Eine Erhöhung der Pfändungsfreigrenzen, die dazu führt, daß der Lohn des PKH-Berechtigten in geringerem Maße als bei der PKH-Bewilligung gepfändet wird, oder eine Erhöhung der Arbeitslosenhilfe ist **keine wesentliche Verbesserung** (LAG Bremen Rpfleger 93, 453), ebensowenig eine Rentenerhöhung um 7,7 % (Nürnberg JurBüro 93, 434). Erlangt der Beklagte, dem PKH bewilligt worden war, durch Klagabweisung einen Kostenerstattungstitel gegen den Kläger, so liegt auch hierin keine wesentliche Verbesserung des Vermögensverhältnisses. Hier sind nur die Ratenzahlungen vorläufig einzustellen (§ 120 III Nr 2). 14b

2) Welche Maßnahmen zu treffen sind, richtet sich nach Art und Ausmaß der wirtschaftlichen Verbesserung. Bei einer **Einkommensverbesserung** können die Raten erhöht werden (Bamberg JurBüro 93, 28). Brauchte die Partei bisher keine Raten zu zahlen, so kann jetzt **Ratenzahlung** angeordnet werden (Bamberg aaO u JurBüro 89, 1589; 90, 1651 mwN, 91, 255; Nürnberg Rpfleger 94, 421 f = AnwBL 430; Karlsruhe FamRZ 94, 1268; LAG Rheinland-Pfalz LAGE ZPO § 127 Nr 15). 14c

3) **Erwirbt die Partei nach der PKH-Bewilligung erhebliches Vermögen,** so darf die PKH-Bewilligung nicht aufgehoben werden (BGH NJW 94, 3292/3294 f = LM 4 zur § 126 ZPO = MDR 95, 99 f; München JurBüro 90, 904; Hamm MDR 91, 62; Nürnberg Rpfleger 94, 421 f; Bamberg JurBüro 93, 28 u 52; Koblenz FamRZ 96, 617 Nr 377; ausführlich Düsseldorf FamRZ 94, 1266; Wax Anm zu BGH LM 4 zu § 126 ZPO; anders Düsseldorf Rpfleger 88, 380; München Rpfleger 91, 25; Nürnberg JurBüro 91, 258). Der Rechtspfleger (§ 20 Nr 4 c RPflG) darf aber die **sofortige volle Zahlung aller bereits fällig gewordenen Kosten anordnen** (Zweibrücken Rpfleger 88, 281; KG MDR 90, 450; Bamberg JurBüro 90, 760, 1306, 1651; 91, 255; Celle Rpfleger 90, 263; Köln AnwBl 93, 298 mwN; Düsseldorf aaO; anders Baumbach/Hartmann Rn 24 mwN), und **erst recht teilweisen Vermö-** 14d

genseinsatz (Bamberg JurBüro 88, 1223; LAG Rheinland-Pfalz LAGE ZPO § 127 Nr 15). Hier gelten dieselben Maßstäbe wie für den Vermögenseinsatz nach § 115 II (Köln aaO). Wenn die Partei den Prozeß gewinnt und dadurch einen Anspruch gegen einen Dritten auf Erstattung der Prozeßkosten erlangt hatte, darf nach Nürnberg (FamRZ 95, 1593) und Bamberg (NJW-RR 96, 69) ein auf den Anspruch gegen den Dritten beschränkter Nachzahlungsbeschluß ergehen; dann soll die Partei ihren Anspruch gegen den Dritten an die Staatskasse abtreten. Das ist allerdings keine Nachzahlung mehr, sondern eine analoge Anwendung des § 120 IV 1, die aus dem Grunde unzulässig ist, weil das Gesetz in diesem Punkt nicht lückenhaft ist.

14e 4) Hat die vormals hilfsbedürftige Partei **Vermögen erworben und,** ohne daß ein Bedürfnis hierfür bestand, wieder weggegeben, so kann sie so behandelt werden, als habe sie das Vermögen noch (Bamberg FamRZ 95, 1590; Koblenz FamRZ 96, 617 Nr 377). Hat sie das Erworbene zur Bezahlung anderer Schulden **verbraucht,** so hat die Bezahlung der Prozeßkosten nicht Vorrang vor der Tilgung sonstiger Verbindlichkeiten (Bamberg FamRZ 95, 374 f; anders JurBüro 88, 1712; 90, 760 u 1651; Koblenz aaO). Verwendet sie den eingeklagten Zugewinnausgleich zur Anschaffung eines Familienheims, so ist sie so zu behandeln, als habe sie statt des Geldes von vornherein das Heim erhalten, das nach den §§ 115 II ZPO, 88 II Nr 7 BSHG nicht für die Prozeßkosten eingesetzt werden muß (Bamberg FamRZ 95, 1590; 96, 42). Hat sie das erworbene Vermögen alsbald zu anderen Zwecken wieder verbraucht, so darf nicht ohne weiteres eine Nachzahlung der Kosten angeordnet werden (Bamberg FamRZ 95, 374 f; anders JurBüro 91, 255; 93, 52). Hier gelten die für selbstverschuldete Hilfsbedürftigkeit entwickelten Grundsätze (Bamberg FamRZ 95, 374 f mwN; s oben § 115 Rn 72 ff).

15 5) Dem Vertrauensschutz des Hilfsbedürftigen dient die **Sperrfrist von vier Jahren** seit der rechtskräftigen Entscheidung usw (§ 120 IV 3). Entscheidung ist diejenige über die Hauptsache, nicht die PKH-Bewilligung; denn diese erwächst nicht in Rechtskraft. Die Frist beginnt mit dem Ende des Rechtsstreits, nicht mit demjenigen der Instanz (München Rpfleger 94, 218 f). Der Rechtsstreit endet mit der Verkündung des letzten Urteils, mit dem Abschluß eines Prozeßvergleichs, der Anordnung des Gerichts, daß das Verfahren ruht, oder mit der letzten Prozeßhandlung der Parteien, falls diese den Prozeß nicht weiter betreiben (MK/Wax Rn 21). Ist das Änderungsverfahren innerhalb der Frist eingeleitet worden, dann darf es noch nach Fristablauf abgeschlossen werden (Bamberg FamRZ 95, 1590; Zweibrücken JurBüro 95, 310 f). Diese Regelung ist § 10 GKG nachgebildet und findet sich auch in § 124 Nr 3. Die Möglichkeit, die Entscheidung über die Zahlungen an die Staatskasse zum Nachteil der Partei zu ändern, ist weiter dadurch beschränkt, daß nach der Bezahlung von 48 Monatsraten eine solche Entscheidung nicht mehr getroffen werden darf (MK/Wax aaO).

15a 6) **Verfahren: a)** Die Entscheidung über die zu leistenden Zahlungen kann während des Hauptsacheverfahrens geändert werden, aber auch nach dessen Ende (Bamberg JurBüro 92, 250 mwN; anders Düsseldorf FamRZ 92, 837). Für die Änderung ist stets der **Rechtspfleger** des Gerichts **zuständig,** das die PKH bewilligt hatte (§ 20 Nr 4c RPflG). Immer noch wird die Auffassung vertreten, daß nach Verfahrensende die Justizverwaltung zuständig sei (Düsseldorf MDR 88, 238 = Rpfleger 88, 280; Schneider 17. Aufl Rn 18; Baumbach/Hartmann Rn 28). Diese Meinung ist mit § 120 IV unvereinbar (Hamm JurBüro 87, 1241; Rpfleger 91, 64; Saarbrücken JurBüro 88, 98; Bamberg JurBüro 89, 1292 = 1445; Düsseldorf JurBüro 90, 516 = MDR 90, 450; JurBüro 93, 233 f; Rpfleger 93, 165 = JurBüro 94, 176 mwN; FamRZ 94, 1268; Zweibrücken Rpfleger 92, 357; Köln AnwBl 93, 298; MK/Wax Rn 11; Thomas/Putzo Rn 10). Sie entspricht der bis Ende 1986 geltenden Rechtslage und dem Bestreben, Verwaltungsarbeit von den Gerichten fernzuhalten, verkennt aber, daß Abs 4 auch eine Reaktion der Landesjustizministerien und des Gesetzgebers auf die vorstehende Judikatur ist (Bamberg aaO). Nach dem eindeutigen Wortlaut des Abs 4 entscheidet das Gericht auch nach Ende des Hauptsacheverfahrens.

15b **b)** Eine Verbesserung ihrer Einkommens- oder Vermögensverhältnisse braucht die PKH-berechtigte Partei **nicht unaufgefordert,** sondern nur auf Verlangen des Gerichts **anzuzeigen** (§ 120 IV 2; Bamberg JurBüro 93, 232 f mwN; FamRZ 95, 374 f). Das Verfahren nach § 120 IV beginnt damit, daß der Rechtspfleger die Partei auffordert, innerhalb bestimmter Frist zu erklären, wie weit sich ihre persönlichen und wirtschaftlichen Verhältnisse seit der PKH-Bewilligung geändert haben. Die Frist ist keine Ausschlußfrist (Koblenz FamRZ 96, 616 mwN). Die **Aufforderung** ist an die Partei selbst, nicht an ihren früheren Prozeßbevollmächtigten zu richten. § 176 gilt nicht für die Verwaltungsangelegenheit PKH (München FamRZ 93, 580). Der Rechtspfleger darf nur Angaben über die Änderung der für die PKH maßgeblichen Verhältnisse (und Belege hierzu; Zweibrücken JurBüro 95, 310) verlangen, **nicht** aber, daß **erneut** eine **Erklärung über die persönlichen und wirtschaftlichen Verhältnisse** vorgelegt wird (Zweibrücken aaO; ArbG Bremen FamRZ 93, 79 f). Gibt die Partei keine Erklärung ab oder legt sie die verlangten Belege nicht vor, dann kann die PKH aufgehoben werden (§ 124 Nr 2 Halbsatz 2; Zweibrücken aaO) Die Staatskasse ist nicht am Verfahren zu beteiligen (§ 127 III 5; (Philippi Rpfleger 95, 466). Gegen die Entscheidung des Rechtspflegers kann Erinnerung eingelegt werden (§ 11 RPflG).

IV) Verschlechtern sich die Einkommens- und Vermögensverhältnisse des Hilfsbedürftigen, dann kann er wegen veränderter Umstände Neufestsetzung beantragen (§ 120 IV 1). Der Rechtspfleger (§ 20 Nr 4 c RPflG) darf dann die Zahlungspflicht zeitlich verschieben oder verringern (LAGE Rheinland-Pfalz LAGE ZPO § 127 Nr 16). **16**

1) Anders als bei der Vermögensverbesserung ist eine **Verschlechterung der wirtschaftlichen Verhältnisse** schon dann anzunehmen, **wenn sie zu einer dem Hilfsbedürftigen günstigeren Anwendung der Tabelle führt.** Er hat dann einen Rechtsanspruch darauf, nur dem Gesetz gemäß belastet zu werden. Bereits der Hinweis auf die verschlechterte Vermögenslage, zB im Zusammenhang mit Zahlungsverzögerungen nach § 124 Nr 4, ist ein dahingehender Antrag (LAG Bremen AnwBl 88, 78 f; unten § 124 Rn 19a). Bei der Überprüfung ist eine selbständige neue Beurteilung geboten. Dem Hilfsbedürftigen ist rechtliches Gehör zu gewähren (LAG Köln EzA ZPO § 120 Nr 2 m Anm Schneider). Erweist sich die frühere Bewilligung als falsch, waren zB die Raten zu niedrig, dann ist nicht von der Vorbewertung auszugehen, sondern von der jetzt gebotenen (vgl Zweibrücken JurBüro 83, 1720). Rechtskraftwirkungen stehen nicht entgegen; an die frühere Entscheidung ist der Rechtspfleger nicht gebunden (Karlsruhe FamRZ 86, 1126). **16a**

2) Eine verschlechternde **Änderung wirkt nur für die Zukunft,** bezogen allerdings auf den **Zeitpunkt der Veränderung** (Hamm FamRZ 82, 1096; Karlsruhe MDR 83, 1031; Köln FamRZ 87, 1167; München OLGZ 89, 382). Demgegenüber hält Lepke (DB 85, 493) den Zeitpunkt der Antragstellung für maßgebend, weil das Antragsprinzip (s § 114 Rn 13) gelte. Er verkennt jedoch, daß das Antragsprinzip in Konkurrenz steht mit dem sozialen Schutzzweck der PKH. Dieser kann nur erreicht werden, wenn er Vorrang genießt, weil jeder Änderungsantrag zwangsläufig erst gestellt werden kann, wenn die wirtschaftliche Verschlechterung bereits eingetreten ist (zust Köln FamRZ 87, 1167, 1168; LAG Bremen AnwBl 88, 78/79 = LAGE ZPO § 120 Nr 6 = MDR 88, 81). Fehlen hinreichende Angaben über den Verschlechterungszeitpunkt, muß auf den Eingang des Antrags abgestellt werden (LAG Bremen AnwBl 88, 78, 79 = LAGE ZPO § 120 Nr 6; Schleswig AnwBl 82, 492). Der Anspruch auf Herabsetzung der Raten wird nicht durch Passivität und Zeitablauf verwirkt (Köln MDR 94, 1045). Der beigeordnete Anwalt kann durch eine Bewilligungsveränderung bereits verdiente Gebühren nicht verlieren (§ 124 Rn 25). Der Rechtspfleger hat nur zu prüfen und zu bescheiden, ob **nach Bewilligung** Veränderungen eingetreten sind. Ist das zu verneinen, darf der Bewilligungsbeschluß nicht überprüft werden; dazu gibt es nur die Beschwerde gemäß § 127 (Köln FamRZ 87, 962; LAG Düsseldorf JurBüro 89, 123 = LAGE ZPO § 120 Nr 16). **17**

3) Wird der Grundbetrag nach den §§ 79 I Nr 1, 82 BSHG erhöht, so führt das nach § 115 I 3 Nr 2 S 1 in manchen Fällen dazu, daß geringere Raten auf die Prozeßkosten zu zahlen sind, als vor der Erhöhung des Grundbetrages hätten gezahlt werden müssen. Das PKHÄndG will vermeiden, daß bei jeder **Erhöhung des Grundbetrages** sämtliche Raten neu berechnet werden müssen. Es hat deshalb den § 120 IV 1 durch den letzten Halbsatz ergänzt, wonach Erhöhungen des Grundbetrages nur auf Antrag der ratenpflichtigen Partei und nur dann berücksichtigt werden, wenn dies dazu führt, daß keine Raten mehr zu zahlen sind. In der Praxis wird die Erhöhung des Grundbetrages voraussichtlich nur zum Wegfall der Raten führen, wenn zuvor solche von 30 DM oder 60 DM monatlich zu zahlen waren. **18**

V) Vorläufige Einstellung (Abs 3). 1) Wegen Kostendeckung (Nr 1): Während des Berufungsverfahrens ist das Berufungsgericht für die Einstellungsanordnung zuständig, auch wenn nur erstinstanzlich PKH bewilligt worden ist (§ 127 I 2; OVG Hamburg FamRZ 90, 81). Da der Hilfsbedürftige höchstens 48 Monatsraten, nie aber mehr als die Summe der Prozeßkosten zu zahlen hat, ist ein ständiger Vergleich zwischen der Summe der gezahlten Monatsraten und den noch offenen Prozeßkosten erforderlich. Diese Überwachung obliegt dem Rechtspfleger (§ 20 Nr 4c RPflG). Stellt er fest, daß die Kosten schon durch Ratenzahlung abgedeckt sind, dann hat er die vorläufige Einstellung der Ratenzahlungen anzuordnen (s dazu Bischof AnwBl 81, 370 f). Dabei sind die bisher angefallenen außergerichtlichen und gerichtlichen Kosten zu addieren, nicht jedoch zukünftig möglicherweise anfallende Gebühren zu berücksichtigen (Schleswig SchlHA 83, 142). Zur Kostendeckung, wenn in verschiedenen Instanzen Raten von unterschiedlicher Höhe festgesetzt werden, s oben § 119 Rn 61. Ändert sich die Schlußkostenrechnung später zu Ungunsten des Hilfsbedürftigen, dann ist die Wiederaufnahme der Ratenzahlung anzuordnen, und zwar auch, wenn wegen Überzahlung nach der früheren Schlußkostenrechnung schon eine Rückzahlung angewiesen worden war (Hamm KoRsp ZPO § 120 Nr 5). **19**

Ergibt die Überwachung, daß die Raten demnächst die Kosten abdecken werden, dann ist die Sache auf Frist zu legen, oder es ist mit der Maßgabe vorläufig einzustellen, daß die Zahlungspflicht ab Leistung einer Rate oder mehrerer bestimmter Raten vorläufig endet. Wird der raten- **20** pflichtige Hilfsbedürftige als Zweitschuldner zahlungspflichtig, dann sind nach vorläufiger Einstellung (§ 120 III 2) wieder Ratenzahlungen anzuordnen (LG Göttingen JurBüro 90, 1466).

21 a) Bei der Prüfung der Kostendeckung kommt es auf die bereits fällig gewordenen Kosten an, denn dem Hilfsbedürftigen wird keine strengere Kostenschuld als einer vermögenden Partei auferlegt (KG Rpfleger 84, 477). Erweist sich die ursprüngliche Kostenberechnung als übersetzt, zB wegen nachträglicher teilweiser Klagerücknahme, dann ist die vorläufige Einstellung der Zahlungen zu bestimmen (§ 120 III Nr 1; LG Berlin MDR 82, 413). Bei Unterbrechung des Verfahrens wegen Konkurseröffnung (§ 240) sind Raten nur bis zur Deckung der bereits entstandenen Kosten zu entrichten (LG Berlin MDR 82, 413).

22 b) Streitig ist, ob die **Kosten** bereits **gedeckt sind,** wenn die Beträge, die die PKH-berechtigte Partei gezahlt hat, die Summe aus den Gerichtskosten und den verminderten Gebühren des beigeordneten Anwalts (§ 123 BRAGO) erreichen oder ob darüber hinaus auch die Regelgebühren eines nicht beigeordneten Anwalts gedeckt sein müssen. Die erste Meinung vertreten Schneider (MDR 81, 5 u Anm EzA ZPO § 120 Nr 3), die OLGe Düsseldorf (MDR 88, 238; Rpfleger 88, 383) und München (KoRsp ZPO § 120 Nr 116), das LG Duisburg (Rpfleger 88, 383), die LAGe Frankfurt (MDR 86, 1054 = LAGE ZPO § 120 Nr 4), Hamm (Rpfleger 87, 174 m Anm Klüsener S 475 = MDR 87, 258), Köln (LAGE ZPO § 120 Nr 8 u 11; MDR 89, 1027 = KoRsp ZPO § 120 Nr 75 mit abl Anm von Eicken), Düsseldorf (JurBüro 89, 969) und Hamburg (JurBüro 91, 1098; AnwBl 95, 203 ff), die ArbGe Regensburg (Rpfleger 91, 463) und Schleswig-Holstein (JurBüro 92, 34); Flensburg JurBüro 95, 421 f) und die Vorauflage. Die zweite Auffassung wird überwiegend vertreten (s Schleswig AnwBl 84, 457; Köln AnwBl 84, 103; JurBüro 87, 868; Hamm MDR 85, 149; Stuttgart Rpfleger 85, 164; Bamberg FamRZ 88, 192; JurBüro 90, 1306, 1651; Düsseldorf Rpfleger 89, 31 = AnwBl 89, 242; MDR 89, 362; Rpfleger 92, 399 = JurBüro 565 = MDR 93, 90; Celle Rpfleger 89, 290; Saarbrücken FamRZ 89, 303; Nürnberg FamRZ 89, 301 = AnwBl 89, 176; Oldenburg Rpfleger 89, 465; Karlsruhe FamRZ 95, 495; LAG Köln Rpfleger 88, 381 = AnwBl 88, 418; LAGE ZPO § 120 Nr 19; Rpfleger 90, 214; 91, 322; LAG Nürnberg LAGE ZPO § 120 Nr 3; LAG Hamburg AnwBl 96, 53).

22a Richtig ist die zweite Auffassung. Nach § 124 I 1 BRAGO zahlt die Staatskasse dem beigeordneten Anwalt die Regelgebühren eines nicht beigeordneten Anwalts, soweit die von ihr eingezogenen Gelder den Betrag übersteigen, der zur Deckung der Gerichtskosten und der verminderten Anwaltsgebühren (§ 122 I Nr 1) erforderlich ist. Folgte man der ersten Auffassung, dann wäre § 124 BRAGO nur anwendbar, wenn der Rechtspfleger es versäumt hatte, rechtzeitig die vorläufige Einstellung der Zahlungen anzuordnen, die der PKH-Berechtigte zu leisten hatte. Daß dies der Sinn des § 124 BRAGO ist, kann man nicht annehmen (Karlsruhe FamRZ 95, 495; StJBork Rn 14). Ordnete der Rechtspfleger die Einstellung der Zahlungen schon an, wenn nur die verminderten Gebühren des beigeordneten Anwalts gedeckt sind, so erhielte der beigeordnete Anwalt auch in solchen Fällen nur ein nach § 123 BRAGO vermindertes Honorar, in denen das volle Honorar aus den 48 Monatsraten bezahlt werden könnte, die der PKH-Berechtigte schuldet. Die Staatskasse könnte in diesem Fall die Differenzkosten nicht bezahlen, weil ihr nicht genügend Mittel zugeflossen sind, und von seinem Mandanten dürfte der Anwalt nach § 122 I Nr 3 die Differenzkosten nicht einfordern. Auch dies ist kein sinnvolles Ergebnis (MK/Wax Rn 27). Diese Konsequenzen der ersten Meinung zeigen, daß sie unrichtig ist.

23 2) **Kostenbeitreibungsmöglichkeit (Nr 2).** Wird der Beklagte in die Kosten verurteilt, dann ist vorläufig einzustellen und der Ratenrestbetrag von ihm beizutreiben (Köln FamRZ 86, 926); vorausgesetzt, ihm ist nicht ebenfalls PKH bewilligt worden (Düsseldorf JurBüro 86, 1878), denn nur dann haftet er als Primärschuldner nach §§ 58 II 1, 54 Nr 1 GKG. Schlägt der Versuch fehl, so ist anzuordnen, daß der Hilfsbedürftige die Ratenzahlungen wiederaufzunehmen hat (Bischof AnwBl 81, 374; Hamburg MDR 85, 941; s auch Lappe MDR 85, 463). Daß die Gerichtskasse dem Beklagten Stundung gewährt, rechtfertigt keine Wiederaufnahme der Ratenzahlungen des Klägers (Hamm Rpfleger 82, 197). Ferner ist die Ratenzahlung vorläufig einzustellen, wenn die noch offenen Kostenbeträge von einem Verfahrensbeteiligten gefordert werden können, der sich vergleichsweise zur Übernahme bereit erklärt hat (§ 54 Nr 2 GKG). Wer solche Ansprüche geltend machen kann, ist belanglos. Es kann der Hilfsbedürftige sein (§§ 91, 103), der ihm beigeordnete Rechtsanwalt (§ 126 – Düsseldorf FamRZ 92, 1085) oder die Staatskasse (§ 125). Maßgebend ist allein, daß die Zahlungspflicht des Hilfsbedürftigen durch die eines anderen Verfahrensbeteiligten überlagert worden ist (BGH NJW-RR 91, 827 = MDR 680 = Rpfleger 259).

24 3) **Kostenansatz.** Ist das **Verfahren in der Instanz abgeschlossen,** dann hat der Kostenbeamte wie auch sonst die Schlußkostenrechnung über die Gerichtskosten aufzustellen, in die alle nach § 130 BRAGO auf die Staatskasse übergegangenen Ansprüche hineinzunehmen sind (§ 5 X KostVfg). Ergibt die Gegenüberstellung der Kosten und der Zahlungen des Hilfsbedürftigen eine Differenz, so ist sie vom Kostenpflichtigen einzuziehen. Zur **Beschwerdebefugnis bei vorläufiger Einstellung** s § 127 Rn 41.

121 *[Beiordnung eines Rechtsanwalts]*

(1) Ist eine Vertretung durch Anwälte vorgeschrieben, wird der Partei ein zur Vertretung bereiter Rechtsanwalt ihrer Wahl beigeordnet.

(2) Ist eine Vertretung durch Anwälte nicht vorgeschrieben, wird der Partei auf ihren Antrag ein zur Vertretung bereiter Rechtsanwalt ihrer Wahl beigeordnet, wenn die Vertretung durch einen Rechtsanwalt erforderlich erscheint oder der Gegner durch einen Rechtsanwalt vertreten ist. Ein nicht bei dem Prozeßgericht zugelassener Rechtsanwalt kann nur beigeordnet werden, wenn dadurch weitere Kosten nicht entstehen.

(3) Wenn besondere Umstände dies erfordern, kann der Partei auf ihren Antrag ein zur Vertretung bereiter Rechtsanwalt ihrer Wahl zur Wahrnehmung eines Termins zur Beweisaufnahme vor dem ersuchten Richter oder zur Vermittlung des Verkehrs mit dem Prozeßbevollmächtigten beigeordnet werden.

(4) Findet die Partei keinen zur Vertretung bereiten Anwalt, ordnet der Vorsitzende ihr auf Antrag einen Rechtsanwalt bei.

I) Das Gericht ist der hilfsbedürftigen Partei gegenüber verpflichtet, einen Rechtsanwalt beizuordnen, wenn die Voraussetzungen des § 121 vorliegen („wird beigeordnet"). Kann der beigeordnete Anwalt sein Mandat (zB krankheitshalber) nicht weiter ausüben, so ist ein anderer Anwalt beizuordnen. Das gilt auch, wenn die Partei das Mandat kündigt (Hamm FamRZ 95, 748 f); Ausnahmen s unten Rn 34. Die Beiordnungspflicht des Gerichts ist keine Amtspflicht iS des § 839 I BGB gegenüber dem Rechtsanwalt (BGH MDR 90, 318 = NJW 90, 836). **Einschränkungen** der Beiordnungspflicht: Ein **hilfsbedürftiger Anwalt** darf nicht sich selbst beigeordnet werden (Frankfurt FamRZ 92, 1320 mwN, str). PKH hat den Zweck, den Bedürftigen von den Anwaltskosten freizustellen; dem Anwalt, der sich selbst vertritt, entstehen aber keine solchen Kosten. Soweit ein Rechtsanwalt als **Konkursverwalter oder Pfleger** tätig wird, hängt die Beiordnung davon ab, ob die konkrete Tätigkeit auch von einem Nichtjuristen im Rahmen seines Amtes ohne Anwaltshilfe erledigt werden müßte (KG FamRZ 94, 1397 f; Brandenburg OLG-NL 95, 116; Schneider Anm zu KoRsp BRAGO § 1 Nr 4). PKH darf nicht mit der Begründung versagt werden, der Pfleger habe nach § 1835 II, III BGB einen Aufwendungsersatzanspruch gegen den Pflegling, hilfsweise gegen die Staatskasse (Bremen FamRZ 86, 189 = NJW-RR 86, 309; KG aaO; anders OVG Bremen Rpfleger 86, 12 m abl Anm Damrau; s Lappe Anm zu KoRsp ZPO § 114 Nr 90). Wird ein Kind im Ehelichkeitsanfechtungsprozeß durch einen Rechtsanwalt als Prozeßpfleger vertreten, so ist dieser beizuordnen, auch wenn in vergleichbaren Fällen die Beiordnung 1 angesichts der einfachen Sachlage nicht geboten erscheint (Bremen aaO; Köln Rpfleger 92, 71; Hamm FamRZ 95, 747 Nr 459). Pfleger als **Verkehrsanwalt:** Rn 21.

2 **II) Beigeordnet werden darf nur ein Rechtsanwalt,** kein Rechtsbeistand (Düsseldorf MDR 89, 1108). Das gilt auch für Prozeßagenten, die in die Rechtsanwaltskammer aufgenommen worden sind (§ 209 BRAO nF; LSG Rheinland-Pfalz JurBüro 86, 458; OVG Münster KoRsp ZPO § 121 Nr 69; s aber Rn 32). Bei **Anwaltsgemeinschaften** ist nur ein einziger, namentlich zu benennender Anwalt beizuordnen (Düsseldorf JurBüro 91, 979; Schneider JurBüro 67, 181), und zwar der gewählte oder mangels Benennung derjenige, der den Schriftsatz verfaßt hat (Zweibrücken FamRZ 86, 287 = NJW-RR 86, 615). Ist ein Rechtsanwalt beigeordnet worden, so darf ein weiterer Anwalt nur zur Wahrnehmung eines Beweisaufnahmetermins oder zur Vermittlung des Verkehrs mit dem Prozeßbevollmächtigten beigeordnet werden (§ 121 III), nicht aber als **Unterbevollmächtigter** für die Vertretung in der mündlichen Verhandlung (BVerwG NJW 94, 3243 = Rpfleger 95, 260; Brandenburg AnwBl 96, 54).

3 **III) Voraussetzungen für die Beiordnung:** Wird PKH bewilligt, so muß ein beim Prozeßgericht zugelassener Anwalt beigeordnet werden, wo eine **Vertretung durch Anwälte vorgeschrieben** ist (s § 78). Das Familiengericht darf auch einen Anwalt beiordnen, der beim übergeordneten Landgericht zugelassen ist (§ 78 II 2). Einen nicht zugelassenen Anwalt darf es auch dem Scheidungsantragsgegner nicht beiordnen, der sich nur beraten lassen, aber keinen eigenen Antrag stellen will; denn es besteht die Gefahr, daß er im weiteren Verfahrensverlauf doch eigene Anträge stellen muß (Celle FamRZ 83, 1045; Hamm FamRZ 95, 748 Nr 462; anders Frankfurt FamRZ 88, 638 = JurBüro 1063). In **Verfahren ohne Anwaltszwang (Abs 2)** soll gewährleistet sein, daß der hilfsbedürftigen Partei dort; wo eine Vertretung durch Anwälte sachlich geboten ist, ein Anwalt zur Seite steht. Die praktisch wichtigsten Anwendungsgebiete sind der Zivilprozeß vor dem AG, die Zwangsvollstrekkung und der Prozeß vor dem Verwaltungsgericht. Zur Beiordnung in der freiwilligen Gerichtsbarkeit s Rn 11. Bei verfahrenswidrig verspäteter Bewilligungsentscheidung nach Instanzende erfordert der verfassungsrechtliche Grundsatz des faires Verfahrens, daß ein Anwalt beigeordnet wird, wenn durch die Verzögerung der Entscheidung Anwaltskosten entstanden sind, die bei rechtzeitiger Entscheidung hätten vermieden werden können (Bamberg NJW-RR 90, 1407 = FamRZ 538).

4 **1)** In Verfahren ohne Anwaltszwang ist nach Abs 2 ein Anwalt beizuordnen, wenn die **Vertretung durch einen Anwalt erforderlich ist.** Es muß ein sachliches und persönliches Bedürfnis nach anwaltlicher Unterstützung bestehen (Zweibrücken FamRZ 86, 287; LG Gießen Rpfleger 83, 456; OVG Bremen JurBüro 84, 133). Maßgeblich sind einerseits Umfang, Schwierigkeit und Bedeutung der Sache (KG FamRZ 95, 629) und andererseits die Fähigkeit des Hilfsbedürftigen, sich mündlich und schriftlich auszudrücken (BVerfG NJW 83, 1599 f). Tatsächlich verhält es sich heute so, daß kein Laie in der Lage ist, einen Rechtsstreit selbst zu führen, ohne das Risiko von Nachteilen einzugehen. Auch Kindschafts- und Unterhaltssachen sind rechtlich so diffizil und für die Partei so bedeutsam, daß die Beiordnung ein Verfassungsgebot ist (BVerfGE 7, 53; LG Berlin Rpfleger 85, 106; s unten Rn 6, 7). Der Begriff der Erforderlichkeit einer Vertretung ist deshalb weit auszulegen (Jansen SGb 82, 187) und die Regel-Ausnahme-Fassung des § 121 II 1 ist in praxi umzukehren: Der Partei grundsätzlich ein Rechtsanwalt beizuordnen, es sei denn, daß der Einzelfall so einfach und der Hilfsbedürftige so geschäftsgewandt ist, daß anwaltliche Unterstützung entbehrlich ist (Düsseldorf NJW 75, 937; Schleswig SchlHA 76, 183; BezG Frankfurt/O FamRZ 92, 1450). Daß in einem Verfahren der **Sachverhalt von Amts wegen aufgeklärt** wird, ist kein Grund, die Beiordnung eines Anwalts abzulehnen (Hamm FamRZ 95, 747 Nr 460mwN), Die Gegenmeinung des OLG Bremen (KoRsp ZPO § 121 Übers A d) und des LG Frankenthal (DAVorm 84, 320) überzeugt nicht. Wenn die Partei ihre Interessen nicht sachgerecht wahrnehmen kann, ist die gerichtliche Fürsorge kein Ersatz dafür. Der Richter kann nicht zugleich objektiv sein und gezielt die Interessen einer Partei vertreten (Nürnberg MDR 96, 609). Dazu bedarf diese anwaltlichen Beistands.

5 **a)** Im **Mahnverfahren** hat weder der Antragsteller noch der Widerspruch einlegende Gegner Anspruch auf Beiordnung eines Anwalts (LG Stuttgart RPfleger 94, 170).

6 **b)** In **Kindschaftssachen** ist ihrer Bedeutung wegen der armen Partei grundsätzlich ein Rechtsanwalt beizuordnen (Nürnberg DAVorm 79, 502; JurBüro 93, 231 mwN; Hamm AnwBl 82, 254; FamRZ 95, 747 Nr 459u 460; Karlsruhe Justiz 85, 354; Köln DAVorm 89, 791; Bremen FamRZ 89, 1104; Frankfurt DAVorm 91, 769 u 771; Düsseldorf MDR 94, 1224 = FamRZ 95, 241; MDR 95, 1145 = FamRZ 96, 226 = NJW-RR 66; anders Schleswig FamRZ 92, 197; Köln DAVorm 93, 586; KG FamRZ 94, 1379 f;). Das gilt auch für Nebenintervenienten (§ 114 Rn 54). **Ausnahmen:**

1. Besonders einfache Fälle (Hamm DAVorm 83, 514; AnwBl 95, 110; Schleswig aaO u FamRZ 91, 1074 = JurBüro 248; SchlHA 94, 100; Köln DAVorm 90, 470; Koblenz DAVorm 91, 118; Frankfurt u KG aaO; Düsseldorf MDR 95, 1145; anders Hamm AnwBl 88, 79).

2. Kläger und Beklagter verfolgen das gleiche Ziel (Köln aaO u JMBlNW 87, 176; FamRZ 94, 1126; Schleswig DAVorm 87, 1003; Hamburg DAVorm 93, 337; Hamm FamRZ 95, 747 Nr 460).

3. Ein vom Jugendamt vertretenes Kind braucht keinen Anwalt (München FamRZ 79, 179; Koblenz FamRZ 82, 402; Karlsruhe OLGZ 1984, 451 mwN; Bremen FamRZ 86, 189; Düsseldorf FamRZ 90, 1261; Köln DAVorm 93, 586; FamRZ 94, 1126; Thüringen FamRZ 96, 418 f; anders Frankfurt FamRZ 80, 490 u DAVorm 83, 215; Zweibrücken Rpfleger 81, 205; Stuttgart Justiz 84, 345). Hier ist aber um der **Waffengleichheit** willen (Rn 9, 11) dem Gegner des Kindes auch in einfachen Fällen ein Anwalt beizuordnen (Hamburg DAVorm 87, 260; Düsseldorf FamRZ 90, 420; MDR 94, 1224; Nürnberg JurBüro 93, 231; Hamm FamRZ 95, 747 Nr 460; anders Schleswig DAVorm 91, 1112). Dies gilt nicht, wenn der Prozeß nicht kontrovers geführt wird (Köln FamRZ 87, 400; Hamburg DAVorm 93, 337; Hamm AnwBl 95, 110; Düsseldorf MDR 95, 1145).

c) Familiensachen: Erforderlich ist eine Beiordnung im Verfahren der **einstweiligen Verfügung wegen Ehegatten- oder Kindesunterhalts** im Hinblick auf die komplizierte Bewertung von Leistungsfähigkeit und Bedürftigkeit (Düsseldorf FamRZ 82, 513). Das gleiche gilt für das **isolierte Versorgungsausgleichsverfahren** (Hamm AnwBl 78, 461; Schleswig SchlHA 78, 117). Eine Beiordnung ist auch in Verfahren zur Regelung der **Personensorge** geboten (Frankfurt MDR 80, 674; Düsseldorf FamRZ 80, 390; 81, 695; FamRZ 87, 963; Hamm FamRZ 87, 402 u 614; Köln FamRZ 87, 180; KG FamRZ 95, 629; LG Berlin FamRZ 87, 1285; einschränkend Zweibrücken JurBüro 82, 292: nur bei Übertragung auf Vormund gem § 1671 V BGB; Bamberg JurBüro 89, 417: nicht bei Einigkeit zur Übertragung des Sorgerechts; s Rn 11). Eine Beiordnung ist jedenfalls immer dann geboten, wenn konkrete Umstände die Mitwirkung eines Anwalts förderlich erscheinen lassen (Hamm FamRZ 82, 1095), zB weil das Gericht die Darlegung eines Rechtsschutzinteresses verlangt (Oldenburg AnwBl 83, 571). Auch bei Streitigkeiten über das **Umgangsrecht** ist regelmäßig ein Anwalt beizuordnen (Nürnberg MDR 96, 609; ebenso LG Berlin FamRZ 85, 106: Beiordnung eines Anwalts für die nicht sorgeberechtigte nichteheliche Mutter). Besteht kein Streit über das Umgangsrecht, so ist die Beiordnung nicht erforderlich (Nürnberg aaO). Weiter ist für die **Unterbringung eines Mündels** in einer geschlossenen Anstalt ein Anwalt beizuordnen (LG Arnsberg FamRZ 84, 1150). 7

d) Bei der **Zwangsvollstreckung** ist die Beiordnung grundsätzlich für jede Vollstreckungsmaßnahme einzeln auszusprechen (s § 119 Rn 33), insbesondere bei der Lohnpfändung (LG Freiburg JurBüro 89, 1717; LG Baden-Baden JurBüro 91, 867; anders LGe Itzehoe JurBüro 84, 1096; Münster JurBüro 93, 360; Bayreuth JurBüro 93, 546). Die Verweisung an die Rechtsantragstelle ist kein Beiordnungsersatz (anders LAG Düsseldorf JurBüro 89, 1447). In der Mobiliarvollstrekkung bedarf die Partei nach verbreiteter Ansicht regelmäßig nicht anwaltlichen Beistands, um den Gerichtsvollzieher zu beauftragen oder eine eidesstattliche Versicherung zur Offenbarung der Vermögensverhältnisse zu beantragen (LG Düsseldorf JurBüro 93, 361). Ein Anwalt ist aber beizuordnen, sobald rechtliche Schwierigkeiten auftreten, etwa Erinnerungen, Einstellungs- oder Schutzanträge (LG Freiburg JurBüro 86, 129; LG Hannover JurBüro 86, 766; LG Saarbrücken Rpfleger 86, 69). Rechtlich schwierig ist auch die Pfändung eines Bankkontos einschließlich künftiger Salden und künftig eingehender Gelder (LG Heidelberg AnwBl 86, 211). Angesichts der tatsächlichen und rechtlichen Schwierigkeiten bei nahezu jedem Vollstreckungsvorgang sollte die Anwaltsbeiordnung die Regel sein (LG Bayreuth aaO; für die Unterhaltsvollstreckung LGe Siegen Rpfleger 88, 41 m Anm Schneider; Kassel Rpfleger 88, 161 = JurBüro 88, 904; Heilbronn Rpfleger 91, 208; Aachen JurBüro 93, 688; anders Münster JurBüro 93, 360). 8

e) Für die Anmeldung einer Konkursforderung und die **Vertretung im Konkursverfahren** ist angesichts der komplizierten Materie in der Regel ein Anwalt beizuordnen (LG Hannover AnwBl 85, 596; anders LG Oldenburg ZIP 91, 115 = EWiR § 121 ZPO 1/91, 199 – Kunkel mwN). Als eine im Ausland lebende Gläubigerin eine Konkursforderung anmelden wollte, hat das BVerfG (ZIP 89, 719 = EWiR § 121 ZPO 1/89, 515 – Pape) die Ablehnung der Anwaltsbeiordnung nicht beanstandet, weil es um einfachrechtliche Gesetzesanwendung ging (krit dazu Pape ZIP 89, 692). 8a

2) Ein Anwalt ist beizuordnen, wenn der Gegner durch einen Rechtsanwalt vertreten ist (Abs 2 S 1, 2. Alternative). Dieser Rechtssatz, der mit einem Schlagwort als Grundsatz der **Waffengleichheit** bezeichnet wird, folgt aus Art 3 I GG (BVerfG NJW 88, 2597; Köln MDR 71, 933 mwN). Ebenso wie in § 121 II 1 ist er auch in § 11a ArbGG ausgedrückt. Er ist auch anzuwenden wenn der Gegner durch ein prozeßerfahrenes Jugendamt vertreten wird (Bremen NJW-RR 86, 309; Düsseldorf AnwBl 84, 455; Hamm AnwBl 82, 254; LG Göttingen DAVorm 80, 411; Künkel DAVorm 83, 388) oder durch einen sachkundigen Bediensteten der öffentlichen Hand oder eines großen Unternehmens, zB einer Versicherungsgesellschaft, (Jansen SGb 82, 187; OVG Hamburg KoRsp ZPO § 121 Nr 16). Deshalb ist auch § 11a ArbGG erweiternd auszulegen und anzuwenden, wenn der Gegner des Arbeitnehmers durch einen Volljuristen vertreten wird, der kein Rechtsanwalt ist oder nicht als solcher auftritt (anders LAG Düsseldorf JurBüro 86, 936). Die anwaltliche oder sonst sachkundige Vertretung des Gegners muß aber feststehen (KG FamRZ 86, 1023, 1024). Wegen Verstoßes gegen § 121 II 1 sind OLG Hamm (MDR 83, 409) und Köln (FamRZ 87, 400) abzulehnen, die einen Beiordnungsanspruch nur bejahen, wenn der Gegenanwalt einen 9 widerstreitenden Sachantrag stellt und jede Partei eigene Rechte oder Ansprüche verfolgt, die von der Gegenseite bestritten werden. Nur insofern ist eine Einschränkung anzuerkennen, als prozeßrechtlich Gegnerschaft bestehen muß (Zweibrücken FamRZ 85, 829), zB nicht zwischen Privatkläger und Beschuldigtem (BVerfGE 63, 380; KG JR 82, 196) oder zwischen Streitgenossen (s dazu auch § 114 Rn 7) oder bei Streithilfe.

10 a) **Das Erfordernis der Anwaltsbeiordnung,** um Waffengleichheit zu schaffen, **kann auch nachträglich eintreten.** Sind zunächst beide Parteien nicht anwaltlich vertreten, erteilt aber im Laufe des Verfahrens der Gegner ein Mandat, dann folgt aus § 121 II 1 die Pflicht des Gerichts, nunmehr dem Hilfsbedürftigen auf Antrag nachträglich einen Wahlanwalt beizuordnen. Auf das Antragsrecht ist er nach § 278 III hinzuweisen.

11 b) In **Verfahren mit Amtsaufklärung,** insbesondere in Verfahren der freiwilligen Gerichtsbarkeit, können Beteiligte **Gegner** iS des § 121 II 1 sein (Hamm AnwBl 83, 34; FamRZ 86, 488; 87, 402; Köln FamRZ 87, 180; Zweibrücken FamRZ 87, 963 = Rpfleger 87, 476; LSG Baden-Württemberg KoRsp ZPO § 118 Nr 19 m Anm Schneider). Dies sind sie nicht, wenn sie das gleiche Ziel verfolgen (Hamburg FamRZ 89, 525). Beschränkt sich die Mitwirkung eines Elternteils im **Sorgeregelungsverfahren** darauf, der Übertragung der Sorge auf den anderen Elternteil zuzustimmen, so ist ein Anwalt weder dem Antragsteller (Nürnberg FamRZ 95, 371 = NJW-RR 388 f) noch dem Antragsgegner (Hamm FamRZ 92, 1447 f) beizuordnen. Die zurückhaltende Einstellung mancher Gerichte gegen die Beiordnung (zB Nürnberg FamRZ 87, 731 = JurBüro 87, 1098; LG Mainz Rpfleger 87, 312 – Bestellung eines Ergänzungspflegers für die Abstammungsklage), die vor allem im isolierten **Umgangsregelungsverfahren** vertreten worden ist, scheint weitgehend aufgegeben worden zu sein (abl zB Köln FamRZ 86, 1015; Hamm FamRZ 85, 623; 86, 82 mwN; Bamberg JurBüro 85, 1419; Koblenz FamRZ 85, 624). Entscheidungen wie die des LSG Baden-Württemberg (KoRsp ZPO § 118 Nr 19 m abl Anm Schneider), wonach eine Industriearbeiterin in der Lage sein soll, sich sachgerecht mit sechs ärztlichen Gutachten auseinanderzusetzen, oder des OLG Hamm (FamRZ 89, 525), wonach auch eine Analphabetin in einem einfachen Sorgerechtsverfahren keiner anwaltlichen Vertretung bedarf, sind eindeutig in der Minderheit.

12 3) **Durch die Beiordnung eines nicht beim Prozeßgericht zugelassenen Anwalts dürfen keine Mehrkosten entstehen** (Abs 2 S 2). Auch eine vermögende Partei würde verständigerweise die Mehrkosten vermeiden, zumal da sie nicht zu erstatten sind (§ 91 II 2). Mehrkosten entstehen regelmäßig nicht, wenn der BGH im Beschwerdeverfahren nach § 519 b II BGH einen beim OLG zugelassenen Anwalt beiordnet (BGH MDR 84, 924 = Warneyer 1984, 91). Das Mehrkostenverbot darf auch dann nicht mißachtet werden, wenn nachträglich ein Anwalt beigeordnet wird, der den Prozeß bereits geführt hat (anders Hamm FamRZ 92, 77 f aE; Karlsruhe JurBüro 92, 249). Daß keine weiteren Kosten entstehen, muß das Prozeßgericht als Beiordnungsvoraussetzung feststellen; gegebenenfalls muß es den Anwalt fragen, daß er bereit ist, zu den Bedingungen eines beim Prozeßgericht zugelassenen Rechtsanwalts tätig zu werden (Düsseldorf FamRZ 93, 819 = RPfleger 351; Schneider Anm LAGE ZPO § 121 Nr 3). Diese Einschränkung ist nicht in den PKH-Bewilligungsbeschluß aufzunehmen; denn dieser regelt nur das Rechtsverhältnis zwischen Partei und Staatskasse, nicht dasjenige dem beigeordneten Anwalt und der Staatskasse (Düsseldorf FamRZ 93, 819 f; LAG Düsseldorf LAGE Nr 1 zu § 121; anders LAG Bremen JurBüro 88, 1539). Die Einschränkung ist aber bei der Festsetzung der Vergütung des Anwalts zu berücksichtigen (Düsseldorf aaO). – Unzulässig ist es, dem Anwalt ohne dessen erklärtes Einverständnis diese Einschränkung aufzuzwingen und ihn nur „zu den Bedingungen eines ortsansässigen Anwalts beizuordnen“ (Koblenz AnwBl 85, 48; Düsseldorf aaO mwN; Hamm FamRZ 95, 748 f; anders Hamm Rpfleger 82, 483; NJW 83, 507; Celle NdsRpfl 83, 95; FamRZ 91, 962; LAG Rheinland-Pfalz LAGE ZPO § 121 Nr 2). Erst recht darf eine uneingeschränkte Beiordnung nicht nachträglich auf eine solche zu den Bedingungen eines ortsansässigen Anwalts reduziert werden (Zweibrücken AnwBl 79, 440). Zum **Beschwerderecht des Anwalts** in diesen Fällen s § 127 Rn 37. Wird von dem auswärtigen Anwalt vor der Beiordnung nicht die Erklärung verlangt, daß er zu den Bedingungen eines ortsansässigen Anwalts arbeiten werde, so muß er ohne Beschränkung honoriert werden (Düsseldorf JurBüro 89, 839; Oldenburg JurBüro 95, 137; AG Krefeld JurBüro 89, 372 m Anm Mümmler; Schneider Anm LAGE ZPO § 121 Nr 3 S 12; Kalthoener/Büttner Rn 577). Wird er ohne Einschränkung beigeordnet, weil ein anderer nicht in Betracht kommt, dann sind ihm die Reisekosten als Auslagen gemäß § 126 I BRAGO zu erstatten (Mümmler JurBüro 88, 1540).

13 Die Bestimmung des § 121 II 2, daß durch die Beiordnung eines beim Prozeßgericht nicht zugelassenen Anwalts keine Mehrkosten entstehen dürfen, paßt nicht für den **Verwaltungsprozeß,** weil Rechtsanwälte nicht bei bestimmten Verwaltungsgerichten zugelassen werden (OVG NRW AnwBl 93, 300). Der Grundgedanke der Vorschrift, unnötige Reisekosten zu vermeiden, ist jedoch zu beachten. Dem Kläger darf ein an seinem Wohnort ansässiger Anwalt beigeordnet werden; denn dessen Reisekosten sind nicht höher als diejenigen des Klägers für Reisen zu Besprechungen mit dem Anwalt (OVG NRW aaO).

IV) Beiordnungsverfahren: 1) Der Hilfsbedürftige muß einen Anwalt, der zu seiner Vertretung bereit ist, auswählen und namentlich benennen (Karlsruhe AnwBl 93, 402). Hierfür ist keine Form vorgeschrieben. Die **Wahl** kann ausdrücklich oder schlüssig erklärt werden. Wird im Bewilligungsverfahren für eine Partei ein Anwalt tätig, so zeigt dies, daß er gewählt worden und zur Vertretung bereit ist (Köln MDR 83, 847; München MDR 81, 502; BT-Drucks 187/79 S 29). Wenn er für seinen Mandanten PKH begehrt, ohne ausdrücklich seine Beiordnung zu beantragen, enthält sein Gesuch einen stillschweigenden Beiordnungsantrag. Das gilt auch für Verfahren ohne Anwaltszwang (Bamberg JurBüro 87, 139; anders LG Bayreuth JurBüro 82, 1735; VGH Baden-Württemberg JurBüro 89, 124). Zur Wahl einer Anwaltssozietät s Rn 2. Das Gericht ist an die Wahl gebunden, es sei denn, daß ein nicht postulationfähiger Anwalt gewählt worden ist oder ein gesetzliches Vertretungsverbot entgegensteht, zB § 45 Nr 2 BRAO (Schleswig SchlHA 82, 197). Lassen sich **Streitgenossen** durch mehrere Anwälte vertreten, obwohl die Vertretung durch einen gemeinsamen Anwalt ihren Interessen genügen würde, so liegt in dem Wunsch des Bedürftigen, daß ihm ein anderer Anwalt als seinem Genossen beigeordnet werde, eine **mutwillige Prozeßverteuerung** (§ 114 Rn 7), die zur Zurückweisung des Beiordnungsbegehrens führt. Auch im Anwaltsprozeß geht § 114 dem Wahlrecht nach § 121 I vor. Wenn der Versicherer bereits einen Anwalt bestellt hat, darf kein zweiter beigeordnet werden (KG NZV 88, 228). Widerruft eine Partei vor der Bewilligung ihre Wahl, zB durch Mandatsentzug und Benennung eines anderen Anwalts, dann ist das Gericht auch daran gebunden (Düsseldorf JurBüro 86, 298). Der ursprünglich gewählte Anwalt hat kein Recht auf Beiordnung (KG FamRZ 92, 1318) und dementsprechend auch kein Beschwerderecht (§ 127 Rn 37). 14

2) Zuständig ist das Gericht, das über die PKH-Bewilligung zu entscheiden hat oder bereits entschieden hat. Findet die Partei keinen zur Vertretung bereiten Anwalt, so ist der Vorsitzende zuständig (§ 121 IV). Auf eine Beschwerde hin darf das Beschwerdegericht beiordnen (Köln MDR 83, 324 = RPfleger 124). Wo der Rechtspfleger die PKH bewilligt (§ 127 Rn 8), entscheidet er auch über die Beiordnung. 15

3) Verfahrensverlauf: Eine mündliche Verhandlung findet nicht statt (§ 127 I 1). Hat der Hilfsbedürftige einen Anwalt gewählt, der ihn nicht vertreten darf (Rn 14), so ist ihm dies mitzuteilen. Wenn unklar ist, ob der gewählte Anwalt zur Vertretung des Hilfsbedürftigen bereit ist, fragt der Richter (Rechtspfleger) den Anwalt (Telefongespräch genügt). Lehnt der Anwalt die Vertretung ab, so ist dies dem Hilfsbedürftigen mitzuteilen. Zugleich mit dieser Mitteilung ist er aufzufordern, einen vertretungsbereiten Anwalt zu nennen, oder, falls er keinen Anwalt findet, dies anzuzeigen. Hat ein hilfsbedürftiger Streitgenosse unnötigerweise einen anderen Anwalt gewählt als die anderen Genossen (Rn 14), so ist er aufzufordern, denselben Anwalt wie die anderen zu benennen. Erst wenn der Hilfsbedürftige auf diese Aufforderung oder die davor erwähnten Mitteilungen antwortet, wird das Verfahren der Beiordnung fortgesetzt. Teilt er mit, daß er keinen Anwalt findet, so wählt der Vorsitzende einen Anwalt aus und ordnet diesen bei (Abs 4). 16

4) Entscheidung: Über die Beiordnung bzw deren Ablehnung ist im Regelfall gleichzeitig mit der PKH-Bewilligung durch Beschluß zu entscheiden. Die Beiordnung wird für jede Instanz besonders ausgesprochen (§ 119 S 1). Wird sie abgelehnt, so ist der Beschluß zu begründen. Soweit **rückwirkend** PKH bewilligt wird (§ 119 Rn 39 ff), wirkt auch die Beiordnung zurück, wenn sie erfolgt (MK/Wax Rn 11). Der Beschluß ist der hilfsbedürftigen Partei und ihrem Gegner **formlos zu übersenden** (§ 329 II 1; BGH VersR 85, 68). Ist der beigeordnete Anwalt bereits Verfahrensbevollmächtigter für das PKH-Verfahren, so erhält er den Beschluß an Stelle seiner Partei (analog § 176). Ist er noch nicht bevollmächtigt, so wird der Beschluß an die Partei und den Anwalt übersandt. Wegen der Anfechtung des Beschlusses s § 127 Rn 37 ff). 17

V) Beiordnung eines Verkehrs- oder Beweisaufnahmeanwalts (Abs 3): Die Beiordnung kann im Anwaltsprozeß (Abs 1) ebenso wie im Parteiprozeß (Abs 2) erforderlich werden; Abs 3 gilt für beide Prozesse. Gemeinsame Voraussetzungen für die Beiordnung eines Verkehrs- oder Beweisaufnahmeanwalts sind ein formloser Antrag und die Bewilligung von PKH im allgemeinen oder für diesen konkreten Zweck. Zuständig ist das **Prozeßgericht** (§ 127 I 2), nicht der Vorsitzende (dieser nur in Abs 4). Der Beschluß ergeht auf Antrag der Partei, die PKH erhalten hat; eine mündliche Verhandlung hierüber findet nicht statt (§ 127 I 1). Für die Frage, ob besondere Umstände die Beiordnung erfordern, sind die rechtlichen und tatsächlichen Schwierigkeiten des Rechtsstreits und die subjektiven Prozeßführungsfähigkeiten der Partei maßgeblich. Insbesondere **Ausländern**, bei denen sprachliche Schwierigkeiten mit Rechtsunsicherheit zusammenzutreffen pflegen, ist häufig ein Verkehrs- oder Beweisaufnahmeanwalt beizuordnen (BayObLG Rpfleger 78, 315). Nur um die tatsächliche Verhinderung einer Partei am Erscheinen auszugleichen, darf kein Anwalt beigeordnet werden (OVG Bremen JurBüro 85, 1421; Thüringen FamRZ 96, 418 f). Es ist Sache des Antragstellers, im Gesuch die Gründe für die Notwendigkeit und das Vorliegen dieser besonderen Umstände darzutun. Beigeordnet wird **der von der Partei gewählte** 18

Anwalt. Der beschränkt Beigeordnete muß Rechtsanwalt sein (Köln MDR 75, 669; Bamberg NJW 77, 113). **Ausländische Anwälte** oder **Rechtsbeistände** dürfen, auch wenn sie nach § 209 BRAO in die Anwaltskammer aufgenommen sind, nicht beigeordnet werden. Eine rückwirkende Beiordnung für die Zeit vor Antragstellung ist ebenso wie beim Prozeßbevollmächtigten (§ 119 Rn 37) unzulässig (Zweibrücken JurBüro 80, 1888). Mit der Beiordnung erlangt der Anwalt Anspruch auf Ersatz seiner Gebühren und Auslagen nach den §§ 121 ff, 52, 54 BRAGO.

19 **1) Beweisaufnahmeanwalt. a)** Beiordnung für einen auswärtigen Beweistermin kommt in Betracht, wenn die Terminswahrnehmung durch einen Vertreter der Partei nötig und sachgerecht ist (Brandenburg AnwBl 96, 54). Dafür sprechende **besondere Umstände** sind zB Schwierigkeiten der Sach- und Rechtslage oder die höheren Kosten einer Reise des Prozeßbevollmächtigten. Es genügt, daß die hilfsbedürftige Partei im Scheidungsverfahren vor dem ersuchten Richter zu einem entscheidungserheblichen Sachverhalt, etwa zur Dauer des Getrenntlebens, nach § 613 angehört oder als Partei vernommen werden soll; die „besonderen Umstände" (§ 121 III) müssen aber gegeben sein (Köln FamRZ 91, 349). Eine solche Beiordnung ist auch nachträglich möglich, wenn sie vor dem ersuchten Richter beantragt worden ist und dieser vor Eintritt in die Beweisaufnahme beschlossen hat, daß die Entscheidung dem Prozeßgericht vorbehalten bleibe (Celle NJW 64, 2068). – **b) Will der Prozeßbevollmächtigte** statt der Beiordnung eines Terminsvertreters **selbst zum Termin reisen,** so sollte er in zweifelhaften Fällen eine vorherige gerichtliche Entscheidung nach § 126 II BRAGO über die Erforderlichkeit der Reise herbeiführen.

20 **2) Verkehrsanwalt. a)** Die Beiordnung eines Verkehrsanwaltes setzt voraus, daß bereits ein Prozeßbevollmächtigter die Partei vertritt und ein entsprechender Antrag vor Instanzbeendigung gestellt wird (Zweibrücken JurBüro 80, 1888). **Besondere Umstände** iS des Abs 3 können darin liegen, daß die hilfsbedürftige Partei wegen Schreibungewandtheit, Rechtsunerfahrenheit oder Schwierigkeit des Streitstoffes den Prozeßbevollmächtigten nicht sachgemäß schriftlich und wegen Unzumutbarkeit einer Reise auch nicht persönlich informieren kann (Düsseldorf FamRZ 80, 390; Bamberg JurBüro 84, 616, Brandenburg AnwBl 96, 54). Diese Voraussetzungen werden häufig bei Ausländern gegeben sein (s LAG Rheinland-Pfalz LAGE ZPO § 121 Nr 2, S 7; BayVerwGH JurBüro 88, 648). Beigeordnet worden ist auch ein Verkehrsanwalt, weil es um Fragen aus dem Intimbereich einer Partei ging, mit denen er bereits vorprozessual befaßt war (LG Darmstadt JurBüro 89, 507). Körperbehinderung und 40 km Entfernung zum Gerichtsort hat Celle genügen lassen (FamRZ 88, 858). – Die Beiordnung als Verkehrsanwalt deckt nicht die Tätigkeit des Beweisaufnahmeanwalts (München AnwBl 89, 58 = JurBüro 87, 774). Wohnt der Mandant etwa gleich weit entfernt vom Hauptanwalt wie vom Verkehrsanwalt, dann muß er zum Hauptanwalt reisen, um diesen zu informieren (Düsseldorf JurBüro 86, 125). Als Kriterium bietet sich die Prüfung an, ob einer vermögenden Partei die Kosten eines Verkehrsanwalts nach § 91 I wegen Notwendigkeit zur zweckentsprechenden Rechtsverfolgung zu erstatten wären (Hamm FamRZ 86, 374; s § 91 Rn 13 unter „Verkehrsanwalt").

21 **b) Einzelheiten:** Wenn der Verkehrsanwalt beim Abschluß eines Vergleichs mitwirkt, erhält er aus der Staatskasse eine **Vergleichsgebühr** nach § 23 BRAGO (Zweibrücken JurBüro 94,607; anders KG JurBüro 95, 420: Nur wenn der Anwalt für den Vergleich beigeordnet worden ist, erhält er eine Gebühr). Statt der Beiordnung eines Verkehrsanwalts könnten der hilfsbedürftigen Partei auch die **Kosten für eine Reise zum Prozeßbevollmächtigten** aus der Staatskasse erstattet werden (KostVerz GKG Nr 9009; vgl Koblenz JurBüro 82, 773). Sie dürfen aber nicht höher ausfallen als die Korrespondenzgebühren; denn dann ist die Beiordnung angebracht (Zweibrükken AnwBl 70, 78). Der zum **Pfleger** einer kranken oder geschäftsungewandten Partei bestellte Anwalt (s Rn 1) kann ihr im Prozeß auch als Verkehrsanwalt beigeordnet werden (OLG Frankfurt NJW 51, 276; LG Frankfurt AnwBl 79, 274; anders Schleswig SchlHA 76, 140). Zur Beiordnung eines Notanwalts in diesem Fall s Rn 24 ff.

22 **In Unterhaltsprozessen,** deren Vorbereitung die Ermittlung von Daten und Zahlen erfordert, liegen besondere Umstände für die Beiordnung eines Korrespondenzanwaltes vor, wenn die Partei schreibungewandt ist und ihr eine Informationsreise nicht zugemutet werden kann (Schleswig SchlHA 78, 101). Grundsätzlich ist die Beiordnung auch in **Ehesachen** angebracht, wenn die Partei einen auswärtigen Prozeßbevollmächtigten nicht persönlich zur Informationserteilung und Beratung aufsuchen kann (Düsseldorf FamRZ 80, 390; KG NJW 82, 113; Bamberg JurBüro 90, 1653; enger Zweibrücken JurBüro 84, 133: nicht in einfach gelagerten Scheidungsfällen). Beiordnung ist auch geboten bei **Wohnungswechsel** während des Verfahrens (Koblenz MDR 77, 233).

23 Für die **Revisionsinstanz** lehnt der BGH (WPM 82, 881) Beiordnung des zweitinstanzlichen Prozeßbevollmächtigten als Verkehrsanwalt grundsätzlich ab.

24 **VI) Kein Anwalt vertretungsbereit (Abs 4). 1) Grundsatz.** § 121 IV überträgt die für den Hauptprozeß geltende Regelung des § 78b auf das PKH-Verfahren. Das war nötig, weil § 121 I vom **Grundsatz des Wahlmandats** ausgeht, also keinen Anwalt einem Kontrahierungszwang unter-

wirft. Unerheblich ist, ob die hilfsbedürftige Partei von vornherein keinen zur Vertretung bereiten Anwalt findet, oder ob sie durch Anwaltswechsel in diese Lage gerät. Die fehlende Regelung des Auswahlverfahrens ist durch **analoge Anwendung des § 78c** zu ersetzen (Bergerfurth, Anwaltszwang, 2. Aufl Rn 155 Fn 267).

2) **Voraussetzungen.** Die **Partei** muß einen Antrag stellen und **darlegen, daß sie keinen Anwalt finden kann,** der bereit ist, von ihr ein Mandat zu übernehmen. Daraus folgt, daß sie keinen ihr beizuordnenden Anwalt namentlich benennen muß und daß sie auch kein Recht darauf hat, einen bestimmten Anwalt dem Kontrahierungszwang zu unterwerfen (Celle NJW 54, 721). Die Auswahl obliegt nur dem Vorsitzenden. Der Grund dafür, daß eine Partei keinen Anwalt findet, der bereit ist, sie zu vertreten, liegt häufig in ihrer querulatorischen Veranlagung. Dadurch verliert sie jedoch nicht das Recht auf anwaltliche Vertretung. Ein dahingehender Anspruch wird indessen noch nicht dadurch begründet, daß ein Anwalt sein Mandat niedergelegt hat (BGH NJW 66, 780). Wohnt die Partei in einer **Großstadt,** muß sie nachweisen, daß sie bei der Anwaltssuche mehrfach erfolglos geblieben ist (KG OLGZ 1977, 245). Wenn ein Anwalt als Pfleger für die Prozeßführung bestellt ist, fehlt ein schutzwürdiges Bedürfnis für die Beiordnung eines Notanwalts (BVerwG NJW 79, 2170). 25

3) **Verfahren.** Wenn die Partei keinen Anwalt findet, ist (anders als in den Fällen der Abs 1–3) nicht das Kollegium, sondern der **Vorsitzende** für Auswahl und Beiordnung zuständig. Er trifft die Auswahl nach **pflichtgemäßem Ermessen** auf Grund seiner Personenkenntnis oder an Hand der Liste der zugelassenen Anwälte. Obwohl die Partei kein Recht auf Beiordnung eines bestimmten Anwaltes hat (Celle NJW 54, 721), fordert unvoreingenommene Ermessensausübung, daß ihre **Vorschläge und Wünsche tunlichst berücksichtigt** werden. Dazu gehört auch, daß möglichst ein mit der Materie gut vertrauter Anwalt beigeordnet wird, auch wenn dies nicht dem Wunsch des Antragstellers entspricht. Es wäre zB sachwidrig, einen vornehmlich als Strafverteidiger tätigen Anwalt in einer Wettbewerbssache beizuordnen. Auch übersteigerte Wünsche können unberücksichtigt bleiben, etwa wenn verlangt wird, einen Anwalt beizuordnen, dessen Ehefrau – ebenfalls Anwältin – den Gegner vertritt (Schleswig SchlHA 78, 84). In der Bitte um Beiordnung eines bestimmten Anwaltes liegt noch nicht die **Vollmachterteilung;** sie setzt das Zustandekommen des Mandatsvertrages voraus. Beigeordnet wird durch Beschluß, der dem Anwalt und der Partei formlos mitzuteilen ist. Zur Beschwerdebefugnis s § 127 Rn 40. 26

VII) **Wirkung der Beiordnung.** Beigeordnet wird zur dauernden und uneingeschränkten Wahrnehmung der Rechte mit der Wirkung, daß Honoraransprüche vom Anwalt gegen den Mandanten nicht geltend gemacht werden dürfen (§ 122 I Nr 3). Wenn keine ausdrückliche Einschränkung gemacht wird, umfaßt die **Beiordnung** die Tätigkeit als Prozeßbevollmächtigter **für die gesamte Instanz.** 27

1) **Kontrahierungszwang. a)** Der nach § 121 I, II, III beigeordnete **Wahlanwalt** ist ihm nicht unterworfen. Er muß dem Mandanten gegenüber zur Vertretung bereit sein. Hat er sich bereit erklärt, dann muß er auch die Beiordnung akzeptieren (§ 48 I Nr 1 BRAO). **b) Der Notanwalt** (Abs 4) muß die Vertretung der Partei übernehmen (§ 48 Nr 1 BRAO). Die Beiordnung begründet für ihn die öffentlich-rechtliche Pflicht zum Abschluß des Vertretungsvertrages (BGHZ 27, 166). Er kann jedoch nach § 48 II BRAO beantragen, die Beiordnung aufzuheben, wenn wichtige Gründe dafür gegeben sind. Damit ist gemeint, daß dem Rechtsanwalt die Übernahme oder die Beibehaltung des Mandats aus tatsächlichen Gründen unmöglich oder wegen der Störung des Vertrauensverhältnisses nicht zumutbar ist, zB weil die Partei ihm weder Informationen noch Prozeßvollmacht erteilt oder weil sie das Mandatsverhältnis gekündigt hat (Bamberg JurBüro 89, 1589). Kein Ablehnungsgrund liegt jedoch darin, daß der Anwalt die Rechtsverfolgung für aussichtslos hält (RGZ 15, 341) oder bereits als Wahlanwalt tätig gewesen ist und wegen Nichtzahlung des Vorschusses gekündigt hat (Hamburg OLGE 25, 83) oder aus einer früheren Sache noch Gebühren zu beanspruchen hat. 28

2) **Weitere Beiordnungsfolgen. a)** Die Beiordnung wird mit der Bekanntgabe an die Partei oder den Anwalt wirksam (Stuttgart Justiz 79, 137). Die **Beiordnung ersetzt nicht die Prozeßvollmacht** (BGHZ 2, 227; 30, 228 f; 60, 258) und nicht den Dienstvertrag der Partei mit dem Anwalt (Zweibrücken JurBüro 94, 749). Bis zu dessen Abschluß besteht aber eine durch die Beiordnung begründete **Fürsorgepflicht des Anwalts.** Er muß prüfen, ob Fristen zu wahren oder andere eilige Maßnahmen zu treffen sind, und seinen künftigen Mandanten hierüber zu belehren (BGHZ 30; 226/230 = NJW 59, 1732 f; Schneider MDR 88, 282). Erst mit der Erteilung der Vollmacht wird der beigeordnete Anwalt Prozeßbevollmächtigter (RGZ 94, 342). Bis dahin sind Zustellungen an die Partei persönlich auszuführen. Dies gilt aber nicht, wenn er bereits im PKH-Verfahren für die Partei tätig war. Dann ist nach § 88 II davon auszugehen, daß er bereits Prozeßvollmacht hat (LG Berlin Rpfleger 78, 269). Auf seine Sozii erstreckt sich die Vollmacht im Zweifel nicht (BGH NJW 91, 2294 = MDR 1090). 29

30 **b)** Zugleich mit der Bevollmächtigung wird mindestens stillschweigend ein **Geschäftsbesorgungsvertrag** (§ 675 BGB) geschlossen. Vor dessen Abschluß erlangt der Anwalt noch keine Vergütungsansprüche gegen die Staatskasse; die Beiordnung ersetzt den Mandatsvertrag nicht (RGZ 98, 338; 147, 154; BGH JurBüro 73, 629). Wird der Anwalt jedoch fürsorglich für die Partei ohne Auftrag tätig (Rn 29), dann begründet dies eine Haftung gegenüber der Partei aus **Geschäftsführung ohne Auftrag** (RGZ 115, 60). Hierdurch können auch Honoraransprüche des Anwalts gegen die Staatskasse entstehen (Köln JMBlNRW 65, 191; KG Rpfleger 85, 39; BAG ZIP 80, 804).

31 **c)** Über **Auslagen des Anwalts** s Rn 39.

32 **3) Fehlerhafte Beiordnung.** Maßgebend ist die Urschrift des Beschlusses, nicht die vielleicht fehlerhafte Ausfertigung (§ 120 Rn 3). Eine Beiordnung in der **irrigen Annahme, es sei PKH bewilligt** worden, begründet für den Anwalt keine Rechte gegen die Staatskasse (LG Berlin JurBüro 64, 127). Daß dagegen eine Beiordnung **fehlerhaft rückwirkend** beschlossen worden ist, macht sie nicht unwirksam (§ 119 Rn 50). Entsprechend erlangt auch ein zu Unrecht beigeordneter Rechtsbeistand (Rn 2) einen Gebührenanspruch gegen die Staatskasse (LG Itzehoe KoRsp BRAGO § 121 Nr 1; Herget Anm KoRsp BerHG § 3 Nr 1 mwN); denn im Kostenerstattungsverfahren des § 128 BRAGO darf die Berechtigung der Beiordnung nicht mehr überprüft werden (LG Düsseldorf Rpfleger 60, 130; Schneider MDR 89, 225). **Stirbt die Partei** vor der Beiordnung, dann entsteht für den Anwalt kein Vergütungsanspruch, auch wenn er in unverschuldeter Unkenntnis des Todesfalles tätig geworden ist (LG Berlin KoRsp BRAGO § 122 Nr 4).

33 **VIII) Aufhebung der Beiordnung: 1) Der Rechtsanwalt,** der die Vertretung nicht annehmen oder niederlegen will, **kann die Aufhebung der Beiordnung beantragen,** wenn hierfür ein wichtiger Grund vorliegt (§ 48 II BRAO). Wichtige Gründe sind die unbehebbare Störung des Vertrauensverhältnisses zwischen Mandant und Anwalt (Bamberg JurBüro 92, 622; Köln JurBüro 95, 534), Interessenkollision (§ 45 BRAO; Celle FamRZ 83, 1045; LG Siegen AnwBl 93, 401), Fortfall der Zulassung bei dem beiordnenden Gericht, aber nicht bei Beiordnung als Korrespondenzanwalt (Bamberg JurBüro 92, 624). Der Rechtsanwalt muß den Aufhebungsantrag unter Darlegung von Gründen beim Prozeßgericht stellen (BGHZ 27, 166) und die Entscheidung abzuwarten. Ergeht eine ihm ungünstige Entscheidung, ist er analog § 78c III beschwerdeberechtigt (Frankfurt MDR 89, 168; Zweibrücken JurBüro 88, 644; Einzelheiten s § 127 Rn 37).

34 **2) Der Partei gibt § 48 II BRAO nicht das Recht, die Aufhebung der Beiordnung zu beantragen** (Frankfurt MDR 89, 168; Zweibrücken JurBüro 94, 749; anders Köln FamRZ 92, 966 f = JurBüro 619 f; JurBüro 95, 534; Düsseldorf FamRZ 95, 241 f). Sie kann ihr Ziel durch Verweigerung oder Widerruf der Prozeßvollmacht erreichen (Zweibrücken aaO). Eine solche Maßnahme begründet allerdings keinen Anspruch auf **Beiordnung eines anderen Anwalts,** wenn die Partei das Vertrauensverhältnis zu dem beigeordneten Anwalt ohne sachlich gerechtfertigten Grund mutwillig zerstört hat (BGH NJW-RR 92, 189; Bamberg JurBüro 87, 297; Frankfurt MDR 88, 501; Celle NdsRpfl 90, 155; Düsseldorf aaO). Dasselbe gilt, wenn die Partei ohne zureichenden Grund von sich aus einen anderen Anwalt beauftragt (HessVGH JurBüro 87, 1563). Wenn aber ein Grund vorliegt, der auch eine auf eigene Kosten prozessierende Partei zu einem Anwaltswechsel veranlaßt hätte, ist ihr ein anderer Anwalt beizuordnen (Frankfurt MDR 88, 501; JurBüro 90, 1652; Bremen JurBüro 93, 51; Zweibrücken JurBüro 94, 749 f; Mümmler JurBüro 94, 750 mwN). Einen solchen Anlaß hat Hamm (JurBüro 89, 508) mit Recht darin gesehen, daß der beigeordnete Anwalt von seiner Partei den Abschluß einer Honorarvereinbarung verlangt hatte. Trotz tiefgreifender Störung des Vertrauensverhältnisses hat Frankfurt (MDR 89, 167) die Beiordnung nicht aufgehoben, weil ein seit 15 Jahren schwebender Rechtsstreit gerade entscheidungsreif geworden war. Gegen die Ablehnung der Beiordnung kann die Partei Beschwerde einlegen (§ 127 Rn 37).

35 **Hat die Partei Differenzen mit dem Anwalt herbeigeführt,** die ihm ein weiteres Auftreten unmöglich machen (§ 48 BRAO), zB ihn durch gefälschte Urkunden zu täuschen versucht (Köln FamRZ 87, 1168); dann liegt darin eine Verletzung ihrer prozessualen Förderungspflicht. Hier kann die Beiordnung eines anderen Anwaltes entsprechend § 114 abgelehnt werden, **wenn die Partei mutwillig unnötig hohe Anwaltskosten verursacht** (Köln FamRZ 92, 966 f = JurBüro 620 f; Zweibrücken JurBüro 94, 749 f mwN; Hamm FamRZ 95, 748 f). Dies ist nicht der Fall, wenn der bisher beigeordnete Anwalt auf eine Vergütung aus der Staatskasse verzichtet oder der neue Anwalt, dessen Beiordnung die Partei nunmehr begehrt, bereit ist, sich die Vergütung für den früheren Anwalt auf seine eigene Vergütung anrechnen zu lassen (Zweibrücken aaO). Das Gericht darf aber in solchen Fällen nicht ohne Einwilligung des zweiten Anwalts bestimmen, daß er nur die Gebühren aus der Staatskasse erhält, die der erste Anwalt noch nicht verdient hatte (Hamm aaO; Oldenburg JurBüro 95, 137 f). **Kein Mutwillen:** Der Partei darf nicht angelastet werden, daß der beigeordnete Rechtsanwalt aus tatsächlichen oder rechtlichen Gründen ohne ihr Dazutun nicht mehr zur Vertretung in der Lage ist (RGZ 87, 289), oder gar, daß sich dieser Anwalt einer Pflichtverletzung schuldig gemacht hat (Kiel JW 32, 2916). Ebenso liegt es, wenn sie

Veranlassung hatte, den Mandatsvertrag aus einem Grund zu kündigen, der auch eine vermögende Partei veranlaßt hätte, sich von ihrem Wahlanwalt zu trennen (Köln JurBüro 95, 534).

IX) Anwaltsvergütung (Rspr-Übersicht bei Herget MDR 85, 617). 36

1) Ansprüche gegen den Mandanten: a) Wenn der Anwalt nur das PKH-Prüfungsverfahren betreibt und dieses mit der Verweigerung der PKH endet, kann er seine Kosten im vereinfachten Verfahren nach § 19 BRAGO gegen seinen Mandanten festsetzen zu lassen (Schneider Anm II zu KoRsp BRAGO § 19 Nr 9 mwN). Endet das PKH-Verfahren mit den Abschluß eines Vergleichs, so ist der Anwalt für diesen und das PKH-Verfahren beizuordnen (§ 118 Rn 8) und erhält seine Vergütung aus der Staatskasse (§ 121 BRAGO).

b) Der Anwalt, der seinen Mandanten zunächst **im PKH-Verfahren und** nach seiner Beiordnung auch **im anschließenden Prozeß vertritt,** hat kraft Dienstvertrages einen Vergütungsanspruch gegen seinen Mandanten. Den Anspruch geltend zu machen, verbietet ihm aber § 122 I Nr 3 (Einzelheiten s dort Rn 11). Stattdessen erhält er eine Vergütung aus der Staatskasse (§ 121 BRAGO) und ist berechtigt, sein Honorar im eigenen Namen von dem in die Prozeßkosten verurteilten Gegner beizutreiben (§ 126 I). Vereinbart er im Zusammenhang mit einem PKH-Antrag oder nach seiner Beiordnung mit seiner Partei ein Honorar, so handelt er standeswidrig (Hansens, BRAGO Rn 7 vor § 3). Durch eine Vereinbarung, durch die die Partei ihm trotz seiner Beiordnung ein Honorar verspricht, wird eine Verbindlichkeit nicht begründet (§ 3 IV 1 BRAGO). Zahlt sie freiwillig und ohne Vorbehalt das vereinbarte Honorar, so kann sie es nicht aus dem Grunde zurückfordern, weil eine Verbindlichkeit nicht bestanden hat (§ 3 IV 2 BRAGO). Behauptet der Mandant eine Rückzahlungsvereinbarung für den Fall der Bewilligung von PKH, dann ist ein Streit hierüber im Erkenntnisverfahren, nicht im Festsetzungsverfahren nach § 19 BRAGO auszutragen (Köln JurBüro 84, 1356 = KoRsp ZPO § 122 Nr 14 m Anm Lappe). 37

2) Die §§ 121–130 BRAGO regeln die **Ansprüche** des beigeordneten Anwalts **gegen die Staatskasse.** Die Beiordnung allein begründet noch keine solchen Ansprüche; ein Dienstvertrag zwischen Anwalt und Mandant muß hinzukommen (Stein/Jonas/Bork Rn 35). Die Gerichte dürfen bei der Beiordnung die Vergütung nicht eigenmächtig kürzen (Celle NdsRpfl 90, 155; Karlsruhe JurBüro 91, 80; Oldenburg JurBüro 95, 137 f; oben Rn 12). Die Gebührentatbestände, Auslagen und Auslagenpauschalen sind beim beigeordneten Anwalt dieselben wie bei anderen Prozeßbevollmächtigten. Insofern hat er keine schlechtere Rechtsstellung als der Anwalt einer vermögenden Partei. Er hat Anspruch auf einen Gebühren- und Auslagenvorschuß (§ 127 BRAGO). Bei Gegenstandswerten bis zu 6000 DM erhält er die gleichen Gebühren wie ohne PKH-Bewilligung. Bei höheren Werten bestimmt sich die Gebührenhöhe nach der Tabelle des § 123 BRAGO, deren Sätze (verfassungsrechtlich unbedenklich; BVerfG NJW 71, 187) unterhalb der Regelgebühren des § 11 BRAGO liegen. Soweit die von der Staatskasse eingezogenen Beträge denjenigen Betrag übersteigen, der zur Deckung der Gerichtskosten und Anwaltsgebühren nach § 123 BRAGO erforderlich ist, erhält der beigeordnete Anwalt nach § 124 I BRAGO Gebühren bis zur Höhe der Regelgebühren. Anspruchsberechtigt ist er, nicht seine Sozietät (Rn 2). Gibt er seine Zulassung auf oder stirbt er, dann entstehen für seinen nunmehr tätig werdenden früheren Sozius die Gebühren nicht erneut, wenn der Hilfsbedürftige der Sozietät Vollmacht erteilt hatte (Frankfurt MDR 88, 874 = JurBüro 89, 235). 38

a) Der beigeordnete Anwalt kann von der Staatskasse Ersatz seiner **Auslagen** verlangen. Diese werden nicht vergütet, wenn sie zur sachgemäßen Wahrnehmung der Parteiinteressen nicht erforderlich waren (§ 126 I 1 BRAGO). Zur Durchführung des Rechtsstreits notwendige Aufwendungen, die der PKH-Anwalt macht, weil seine Partei dazu nicht in der Lage ist, werden als eigene Auslagen des Anwalts (§ 126 BRAGO) behandelt und sind ihm von der Staatskasse zu erstatten, soweit sie erforderlich waren (§ 126 I 1 BRAGO; Stuttgart KoRsp BRAGO § 126 Nr 20 m Anm Schneider; KG Rpfleger 85, 39; OVG Niedersachsen JurBüro 95, 526 mwN für Dolmetscherkosten; Schneider MDR 85, 530; Herget MDR 85, 619/620; anders KG JurBüro 84, 1850; Frankfurt KoRsp BRAGO § 121 Nr 18). Nicht zu den notwendigen Aufwendungen gehört ein Gerichtskostenvorschuß, den der Anwalt vor Einreichung des PKH-Gesuchs für die Partei zahlt (KG Rpfleger 84,372). Der Vorschuß wird auf die Gesamtkosten verrechnet und nicht zurückgezahlt (Oldenburg JurBüro 87, 1197). Zurückzuzahlen ist jedoch ein Gerichtskostenvorschuß, den der Anwalt nach dem Zeitpunkt gezahlt hat, von dem an die PKH-Bewilligung wirkt (§ 122 Rn 4). 39

b) Nicht zu vergüten sind **Reisekosten,** die dadurch entstehen, daß der Anwalt seine Kanzlei nicht am Ort des Prozeßgerichts hat; dies gilt nicht, wenn ein Anwalt beigeordnet wird, der weder beim Prozeßgericht noch bei einem Gericht zugelassen ist, das sich am selben Ort wie das Prozeßgericht befindet (§ 126 II 1 BRAGO). Auf den vor dem **Familiengericht** postulationsfähigen, dort aber nicht residierenden Anwalt ist die Beschränkung des § 126 I 2 Halbsatz 1 unanwendbar; er hat Anspruch auf **Vergütung der Mehrkosten** (Braunschweig AnwBl 83, 570; Celle AnwBl 81, 196; Schleswig JurBüro 81, 584; Schneider Anm KoRsp BRAGO § 126 Nr 16; anders München Rpfleger 81, 205; Celle NdsRpfl 83, 95; Zweibrücken JurBüro 84, 1197; Frankfurt KoRsp 40

BRAGO § 126 Nr 49; Schleswig JurBüro 85, 1662). Für Reisekosten sieht § 126 II BRAGO vor, daß **das Gericht** auf Antrag des Anwalts **vor Antritt der Reise feststellt, ob diese erforderlich ist,** und daß diese Feststellung den Urkundsbeamten der Geschäftsstelle bei der Kostenfestsetzung bindet.

41 c) **Das Festsetzungsverfahren bei Ansprüchen gegen die Staatskasse** richtet sich nach § 128 BRAGO. Der Urkundsbeamte der Geschäftsstelle hat zu prüfen, ob die geltend gemachte Vergütung durch die Beiordnung gedeckt (§ 122 BRAGO) und richtig berechnet ist, ferner ob die zu vergütende Tätigkeit in den Bewilligungszeitraum fällt (Bamberg JurBüro 86, 1252: vorherige Hauptsacheerledigung) und ob verlangte Auslagen, vor allem Reisekosten (§ 126 BRAGO), zur sachgemäßen Wahrnehmung der Interessen des Hilfsbedürftigen erforderlich waren. Weiter hat der Urkundsbeamte zu prüfen, ob ein Anwaltswechsel durch den Anspruchsteller verschuldet worden ist und deshalb zu einem Gebührenverlust geführt hat (§ 125 BRAGO) und ob der Anwalt kein Honorar erhält, weil er den Verlust des Prozesses verschuldet hat (Karlsruhe JurBüro 92, 558). Bei Überzahlungen ist der Einwand fehlender Bereicherung unbeachtlich (Celle AnwBl 81, 455; Köln KoRsp BRAGO § 128 Nr 45; zum Grundsatz des Vertrauensschutzes in diesem Fall s Herget MDR 85, 621 mwN).

42 d) **Ob der Bewilligungsbeschluß** sachlich richtig ist, wird im Festsetzungsverfahren nicht geprüft. Fehlerhafte Bewilligung bindet (§ 119 Rn 50). Die Staatskasse darf die Honorarzahlung auch nicht aus dem Grunde verweigern, weil der Anwalt vor der Beiordnung den Prozeß hätte vermeiden können (Düsseldorf MDR 89, 827); denn dieser Umstand hätte das Gericht veranlassen müssen, die PKH wegen mutwilliger Rechtsverfolgung zu verweigern. Aus dem selben Grund darf im Festsetzungsverfahren nicht geprüft werden, ob die Partei ihr Ziel in einem andersartigen Verfahren (zB im Verbundverfahren nach § 623 oder durch eine einstweilige Anordnung) mit geringeren Kosten hätte erreichen können (Zweibrücken Rpfleger 95, 364; anders Düsseldorf FamRZ 94, 973 f aE = RPfleger 27 f = JurBüro 547).

43 e) Der Vergütungsanspruch des Anwalts gegen die Staatskasse **verjährt** in zwei Jahren (analog § 196 I Nr 15 BGB), beginnend mit dem Schluß des Kalenderjahres, in dem der Anspruch fällig geworden ist (§ 201 BGB; München AnwBl 85, 596; KG Rpfleger 88, 122; LAG München AnwBl 94, 424; anders Riedel/Chemnitz § 121 Rn 39). Er wird fällig, wenn eine Kostengrundentscheidung ergangen oder der Rechtszug beendet ist oder das Verfahren länger als drei Monate ruht (§ 16 BRAGO). Der Erlaß eines Streitwertbeschlusses ist unmaßgeblich, so daß auch ein darauf gerichteter Antrag die Verjährung weder hemmt noch unterbricht (München JurBüro 84, 1830). Der Ablauf der Verjährung darf vom Urkundsbeamten nur berücksichtigt werden, wenn die Verjährungseinrede erhoben wird; er selbst kann sie jedoch nicht geltend machen, sondern nur die Staatskasse (Hansen, BRAGO § 121 Rn 11). Festgesetzte Ansprüche verjähren in dreißig Jahren (§ 218 I BGB).

44 f) Soweit der Anwalt von der Staatskasse befriedigt wird, **gehen seine Vergütungsansprüche** gegen die Partei oder einen ersatzpflichtigen Gegner **auf die Staatskasse über** (§ 130 I BRAGO), und zwar genau so, wie sie bestanden haben. Diese Kosten bleiben Parteikosten. Die Staatskasse hat kein besseres Recht, als die Partei es hatte. Auch sie ist deshalb bei der Einziehung von der unterlegenen Partei auf einen zur Zwangsvollstreckung geeigneten Titel angewiesen, muß also gegebenenfalls mit dem Einfordern solange warten, bis die Kosten gerichtlich festgesetzt worden sind. Ein Prozeßvergleich, den die Parteien hinsichtlich der außergerichtlichen Kosten geschlossen haben, bindet auch die Staatskasse, es sei denn, daß damit bezweckt wird, ihr den Erstattungsanspruch zu nehmen (München JurBüro 73, 751). Vorschüsse und Zahlungen des Mandanten oder eines Dritten vor oder nach Beiordnung sind zunächst auf die höhere gesetzliche Vergütung (Differenzkosten) anzurechnen (§ 129 BRAGO).

45 3) Problematisch ist die Berechnung der Anwalts- und Gerichtsgebühren, wenn die PKH und die **Beiordnung auf einen Teil des Streitgegenstandes beschränkt** worden sind, weil die Rechtsverfolgung oder -verteidigung nur teilweise aussichtsreich ist, und wenn die Partei trotzdem um den gesamten Gegenstand streitet. Hier könnte man beide Gebühren nach dem Gesamtstreitwert berechnen und die Gebühren, von deren Bezahlung die Partei nicht befreit ist, nach dem Verhältnis des von der Beiordnung nicht erfaßten Teilwertes zum Gesamtstreitwert (so Kalthoener/Büttner Rn 657 ff für die Gerichtsgebühren). Diese Art der **Gebührenberechnung** ist jedoch weder mit der Gebührendegression in der Tabelle zu § 11 GKG vereinbar (BGHZ 13, 377; Bremen KoRsp GKG § 54 Nr 12 m zust Anm Schneider; München JurBüro 88, 905; MK/Wax § 122 Rn 8) noch mit § 123 BRAGO , wonach die Staatskasse bei Gegenstandswerten über 6000 DM geringere Gebühren als die Regelgebühren des § 11 BRAGO zu zahlen hat (Kalthoener/Büttner Rn 699 f). Als Gerichtsgebühr hat die Partei die Differenz zwischen der Gebühr nach dem vollen Streitwert und der Gebühr zu zahlen, die für den Teil des Streitgegenstandes zu zahlen wäre, auf den sich die PKH erstreckt. Der beigeordnete Anwalt erhält aus der Staatskasse die Vergütung nach dem Wert des Teils, für den er beigeordnet worden ist (München MDR 95, 208 mwN =

JurBüro 203; Mümmler JurBüro 95, 73; Hansens, BRAGO, § 122 Rn 8 mwN). Von seinem Mandanten darf er die Differenz zwischen der Wahlanwaltsvergütung nach dem Gesamtstreitwert und der Wahlanwaltsvergütung nach dem Wert, für den er beigeordnet worden ist, verlangen (BGHZ 13, 373/377 = NJW 54, 1406; Zweibrücken JurBüro 95, 424; Hamburg JurBüro 95, 426 mwN; LAG Düsseldorf JurBüro 90, 762; Mümmler aaO; Stein/Jonas/Bork Rn 40; Hansens, BRAGO; § 121 Rn 15 mwN; anders Hamburg MDR 89, 74). Wurde der Anwalt dem Beklagten nur beigeordnet, soweit er sich gegen die Klage des einen von zwei Gesamtgläubigern verteidigt, so erfaßt die Beiordnung den gesamten Streitwert, und es bleibt keine Gebührendifferenz übrig, die der Anwalt gegen den Mandanten festsetzen lassen könnte (München MDR 95, 422 = JurBüro 95, 314 = Rpfleger 466 f).

Bei der **Auslagenerstattung** ebenso wie bei den Gebühren (oben Rn 45) zu rechnen, ist konsequent. Nach § 126 I BRAGO erstattet die Staatskasse dem Anwalt die erforderlichen Auslagen, die mit dem Teil des Streitgegenstandes zusammenhängen, für den er beigeordnet worden ist; die restlichen Auslagen bezahlt die Partei (MK/Wax § 122 Rn 8; anders Stein/Jonas/Bork Rn 40, der Auslagen, die sich auf beide Teilgegenstände beziehen, im Verhältnis des Teilwertes, für den PKH bewilligt ist, zum Gesamtwert aufzuteilen will). 46

4) Mit dem **Tod der hilfsbedürftigen Partei** endet die PKH (s § 124 Rn 2a). Vertritt der beigeordnete Anwalt anschließend den Rechtsnachfolger, so ist nur noch allgemeines Gebührenrecht anwendbar. Wird dem Rechtsnachfolger ebenfalls PKH bewilligt und derselbe Anwalt beigeordnet, erhält er die bereits verdienten Gebühren jedoch nicht erneut (§ 13 II BRAGO). 47

122 *[Wirkungen der Bewilligung]*

(1) Die Bewilligung der Prozeßkostenhilfe bewirkt, daß

1. die Bundes- oder Landeskasse

a) die rückständigen und die entstehenden Gerichtskosten und Gerichtsvollzieherkosten,

b) die auf sie übergegangenen Ansprüche der beigeordneten Rechtsanwälte gegen die Partei

nur nach den Bestimmungen, die das Gericht trifft, gegen die Partei geltend machen kann,

2. die Partei von der Verpflichtung zur Sicherheitsleistung für die Prozeßkosten befreit ist,

3. die beigeordneten Rechtsanwälte Ansprüche auf Vergütung gegen die Partei nicht geltend machen können.

(2) Ist dem Kläger, dem Berufungskläger oder dem Revisionskläger Prozeßkostenhilfe bewilligt und ist nicht bestimmt worden, daß Zahlungen an die Bundes- oder Landeskasse zu leisten sind, so hat dies für den Gegner die einstweilige Befreiung von den in Absatz 1 Nr. 1 Buchstabe a bezeichneten Kosten zur Folge.

I) Wirkungen zugunsten der hilfsbedürftigen Partei (Abs 1)

1) **Persönliche Wirkung.** Die PKH ist auf die Partei beschränkt, für die sie bewilligt worden ist. 1
Sie erstreckt sich nicht auf den Rechtsnachfolger der Partei und nicht auf den Rechtsanwalt, der nach § 126 im eigenen Namen seine Gebühren bei dem in die Prozeßkosten verurteilten Gegner beitreibt. Ebensowenig sie sich erstreckt sich auf Streitgenossen der armen Partei und Nebenintervenienten auf ihrer Seite. Wenn diese am Rechtsstreit beteiligten Dritten die Kosten nicht aufbringen können, müssen sie selbst PKH beantragen (§ 114 Rn 6, 7, 12). Auch wenn dies nicht

geschieht, kommt die PKH in einem Punkt dem Streitgenossen mittelbar zugute. Da die arme Partei keine Vorschüsse für Zeugen und Sachverständige (§§ 379, 402) zu zahlen braucht, darf bei einem gemeinsamen Beweisangebot der armen Partei und ihres Streitgenossen eine Zeugenladung oder die Einholung eines Sachverständigengutachtens nicht aus dem Grunde abgelehnt werden, weil der Genosse keinen Vorschuß gezahlt hat (MK/Wax Rn 3; Stein/Jonas/Bork Rn 1).

2 2) **Abs 1 Nr 1** erwähnt die Bundes- oder Landeskasse. Jene hat Kostenforderungen aus Verfahren vor den Gerichten des Bundes, diese solche aus Verfahren vor den Gerichten eines Landes (s auch § 121 BRAGO). Die Kassen dürfen Kosten nur nach den Bestimmungen, die das Gericht trifft, gegen die Partei geltend machten, der PKH bewilligt worden war. Das Gericht darf nicht beliebige Bestimmungen treffen, sondern darf nur anordnen, daß Monatsraten und/oder Beträge aus dem Vermögen zu zahlen (§ 120 I 1; oben § 120 Rn 7 ff) oder daß keine Zahlungen zu leisten sind.

3 **a)** Hat das Gericht PKH bewilligt, so darf die Staatskasse neben den Monatsraten oder den aus dem Vermögen zu zahlenden Beträgen keine rückständigen und entstehenden (= künftig fällig werdenden; MK/Wax Rn 7) **Gerichtskosten** einziehen. Das gilt auch für das Umgangsregelungsverfahren nach § 1634 BGB (Koblenz FamRZ 95, 1367). Zu den Gerichtskosten gehören auch die Entschädigungen für Zeugen und Sachverständige (GKG-KostVerz Nr 9005). Soweit die Partei sich allerdings mit einer besonderen Entschädigung für den Sachverständigen einverstanden erklärt hat (§ 7 ZSEG), haftet sie uneingeschränkt für den Differenzbetrag zwischen gesetzlicher und vereinbarter Entschädigung (Frankfurt JurBüro 86, 79). **Rückständig sind Kosten,** die zu der Zeit, als die PKH wirksam wurde, fällig, aber noch nicht bezahlt waren (Stuttgart Rpfleger 84, 114; Düsseldorf Rpfleger 90, 172 = FamRZ 299). Die Bewilligung von PKH und die Beiordnung eines Anwalts (§ 121) wirken zurück auf den Zeitpunkt der Antragstellung, wenn im Beschluß kein späterer Zeitpunkt festgesetzt wird (s § 119 Rn 40). Wenn fehlerhaft Rückwirkung ausgesprochen wird, ist der Kostenbeamte daran gebunden (§ 119 Rn 49). Von der Wirkung der Bewilligung an leistet die Partei nur noch die Zahlungen, die ihr in der Bewilligung auferlegt worden sind, braucht aber keine weiteren Kosten mehr zu bezahlen.

4 **b) Kosten**, die sie nach dem Zeitpunkt gezahlt hat, von dem an die Bewilligung wirkt, **sind** an sie **zurückzuzahlen,** mag es sich dabei um Anwalts- (BGH MDR 63, 827), Gerichts- (Düsseldorf Rpfleger 86, 108; Karlsruhe Justiz 93, 457; Köln FamRZ 94, 249) oder Gerichtsvollzieherkosten handeln (KG DGVZ 81, 152 mwN; AG Friedberg DGVZ 82, 142; AG Wiesbaden JurBüro 91, 1233). In versehentlichen Zahlungen der Partei oder ihres Anwalt liegt kein Verzicht auf die Rückzahlung (KG MDR 81, 852). Soweit vor der Bewilligung Kosten angesetzt und der Gerichtskasse zur Einziehung überwiesen, aber noch nicht bezahlt worden waren, sind sie auf Ersuchen des Kostenbeamten im Soll zu löschen (Stuttgart Rpfleger 84, 114; Düsseldorf Rpfleger 90, 172). Die Partei ist jedoch nicht von **Kostenschulden** befreit, **die schon vor dem Zeitpunkt fällig und bezahlt worden waren, von dem an die Bewilligung wirkt** (Stuttgart Rpfleger 84, 114; KG Rpfleger 84, 372; Düsseldorf Rpfleger 90, 172 = FamRZ 299). Beispiele: Wird Klage eingereicht, zugleich der Gerichtsgebührenvorschuß bezahlt und später PKH beantragt, so muß die Landeskasse die Gebühren nach PKH-Bewilligung nicht zurückzahlen. Wird gleichzeitig Klage eingereicht, der Gebührenvorschuß bezahlt und PKH beantragt, so ist der Vorschuß zurückzuzahlen, wenn rückwirkend auf den Zeitpunkt der Antragstellung PKH bewilligt wird (Düsseldorf Rpfleger 86, 108).

5 **c)** Ein Gerichtsvollzieher wird der Partei für Vollstreckungshandlungen nicht beigeordnet. **Gerichtsvollzieherkosten** sind Gerichtskosten im weiteren Sinn. Gläubiger dieser Kosten sind die Landeskassen. Die Partei ist von ihnen ohne weiteres befreit, wenn PKH für die Zwangsvollstreckung bewilligt wird. Wenn der Gerichtsvollzieher Kosten in Unkenntnis bewilligter PKH ansetzt und die Partei zahlt, kann sie sie zurückverlangen (KG MDR 81, 852). Zur Beiordnung eines Anwalts, um einen Gerichtsvollzieher zu beauftragen, s § 121 Rn 8.

6 **d)** Der **Vergütungsanspruch des beigeordneten Anwalts** gegen seine Partei **geht auf die Staatskasse über,** soweit sie die Vergütung bezahlt (§ 130 BRAGO). Auch den übergegangenen Anspruch darf die Staatskasse nicht selbständig gegen die Partei geltend machen, sondern nur mit den Monatsraten und/oder den Beträgen aus dem Vermögen verrechnen, die die Partei nach dem Bewilligungsbeschluß aufzubringen hat (Abs 1 Nr 1b). Soweit eine Partei durch Ratenzahlungen die Kosten völlig abgedeckt oder die ihr auferlegten 48 Monatsraten gezahlt hat, besteht gegen sie kein Anspruch mehr. Insoweit ist ein Übergang nach § 130 BRAGO ausgeschlossen. – Nach § 130 I 1 BRAGO geht auch das **Beitreibungsrecht des beigeordneten Anwalts gegen den Gegner** der hilfsbedürftigen Partei auf die Staatskasse über, wenn diese den Anwalt honoriert. § 122 I Nr 1b bestimmt, daß die Staatskasse „die Ansprüche der beigeordneten Rechtsanwälte" gegen die Partei geltend machen kann. Der Plural verleitet manche zu der Annahme, daß die Staatskasse auch das auf sie übergegangene Beitreibungsrecht nur mit den Monatsraten des PKH-berechtigten Gegners verrechnen darf bzw es nicht geltend machen darf, wenn dem Gegner

PKH ohne Zahlungsverpflichtung bewilligt worden war (so Hamburg JurBüro 83, 612; Stuttgart Justiz 86, 42 = KoRsp ZPO § 123 Nr 7 m abl Anm v Eicken; Koblenz KoRsp ZPO § 122 Nr 21 m abl Anm v Eicken; Zweibrücken Rpfleger 89, 114; Braunschweig JurBüro 90, 508; Stein/Jonas/Bork Rn 8; Schneider 17. Aufl. § 123 Rn 7). Hiergegen spricht: Der beigeordnete Anwalt kann seine Kosten beim Gegner beitreiben (§126 I). § 123 beschränkt die Wirkungen der PKH auf die Gerichtskosten und die eigenen Anwaltskosten der hilfsbedürftigen Partei (MK/Wax Rn 16). Das Beitreibungsrecht des Anwalts geht nach § 130 I 1 BRAGO uneingeschränkt auf die Staatskasse über (Düsseldorf Rpfleger 86, 448; Köln FamRZ 86, 926; KG MDR 88, 420; Schleswig SchlHA 88, 67 u 68; JurBüro 91, 1207; Oldenburg JurBüro 91, 1373 mit abl Anm Mümmler; MK/Wax aaO; Dörnhofer Rpfleger 87, 448).

e) Auslagen hat die Partei selbst aufzubringen (VGH Kassel AnwBl 94, 431). Nicht immer ist sie dazu imstande, zB wenn der Prozeß nur mit Hilfe eines Privatgutachtens gewonnen werden kann. Bezahlt der beigeordnete Anwalt das Gutachten, dann gehört die Zahlung zu seinen eigenen Auslagen nach § 126 BRAGO und ist von der Staatskasse zu erstatten, soweit sie erforderlich war. Dasselbe gilt für Dolmetscherkosten (OVG Niedersachsen JurBüro 95, 526 mwN). Für **Reisekosten** sieht § 126 II BRAGO vor, daß das Gericht vor Antritt der Reise feststellen kann, ob sie erforderlich ist, und daß diese Feststellung den Urkundsbeamten der Geschäftsstelle für das Festsetzungsverfahren bindet. Für andere Auslagen (Detektiv-, Dolmetscher-, Übersetzungskosten) gilt dies sinngemäß (Gerold/Schmidt/v. Eicken, BRAGO § 126 Rn 6; anders LAG Hamm AnwBl 85, 275 mwN; OVG Niedersachsen aaO). Der Urkundsbeamte kann aber auch ohne vorherige gerichtliche Entscheidung Auslagen des Anwalts als erforderlich anerkennen (Gerold/Schmidt/v. Eicken § 126 Rn 26; Hansens § 126 Rn 20; anders KG RPfleger 93, 74 = AnwBl 349). Zu den Auslagen des Anwalts s weiter § 121 Rn 39 f. 7

f) Wird **PKH erst auf eine Beschwerde hin bewilligt,** dann ist die Staatskasse nicht verpflichtet, der Partei die Kosten notwendiger Anwaltsvertretung im Beschwerdeverfahren als Prozeßvorbereitungskosten zu zahlen (§ 127 IV; s § 118 Rn 26 ff). Entgegen Karlsruhe (Justiz 80, 204) und der Vorauflage (Rn 6) kann die Partei hier keinen Kostenerstattungsanspruch an ihren Anwalt abtreten, und dieser kann einen solchen Anspruch nicht gegen die Staatskasse geltend machen. 8

g) Wegen der Befreiung der Partei von Anwalts- und Gerichtsgebühren, wenn die **PKH** und die Beiordnung **auf einen Teil des Streitgegenstandes beschränkt** worden sind, s § 121 Rn 45. 9

3) Die in den §§ 110 ff vorgesehene **Pflicht zur Sicherheitsleistung** besteht nicht für eine Partei, der PKH bewilligt worden ist (Abs 1 Nr 2). 10

II) Wirkungen zu Lasten des beigeordneten Rechtsanwalts (Abs 1 Nr 3) 11

1) Der beigeordnete Anwalt erhält seine Vergütung nur aus der Staatskasse (§ 121 BRAGO) entsprechend dem Umfang seiner Beiordnung (§ 122 BRAGO). Einzelheiten s § 121 Rn 38 f. Er ist nicht berechtigt, Ansprüche gegen seine Partei geltend zu machen. Dies gilt auch, wenn er seinen Vergütungsanspruch gegen die Staatskasse verjähren lassen hat (Köln FamRZ 95, 239 f = NJW-RR 634). Die **Forderungssperre gegenüber dem Mandanten** gilt für alle nach der Beiordnung verwirklichten gebührenauslösenden Tatbestände, auch wenn sie bereits vor der Beiordnung erfüllt waren und nach der Beiordnung erneut verwirklicht werden (München MDR 91, 62 = KoRsp ZPO § 122 Nr 49 m Anm v Eicken). Über den Umfang der Forderungssperre, wenn nur **für einen Teil des Streitgegenstandes PKH bewilligt** wird, s oben § 121 Rn 45. Ist der Anwalt bereits vor der Beiordnung als Vertrauensanwalt tätig geworden, dann darf er von seiner Partei nicht zusätzlich zu den Gebühren, die die Staatskasse ihm schuldet, die Differenz zwischen den vollen Gebühren und den nach § 123 BRAGO herabgesetzten Gebühren fordern (Koblenz JurBüro 78, 1178; Köln JurBüro 78, 868; KG Rpfleger 84, 246). Von der Bewilligung ausgeschlossene **Reisekosten** (§ 121 Rn 40) darf der beigeordnete Anwalt nicht fordern. Das wäre auch standeswidrig (Nürnberg AnwBl 83, 570), selbst wenn er seine Partei für nicht hilfsbedürftig hält (EGH München JurBüro 87, 1417). Auch wenn er nicht beim Prozeßgericht zugelassen ist und mit der Einschränkung beigeordnet worden ist, daß durch die fehlende Zulassung keine weiteren Kosten iS des § 121 II 2 entstehen dürfen (§ 121 Rn 12), darf er vom Mandanten keine Reisekosten verlangen (LAG Rheinland-Pfalz LAGE ZPO § 121 Nr 2, S 4). Das gilt auch für Reisekosten in Familiensachen (AG Ludwigsburg JurBüro 84, 1094 m abl Anm Mümmler).

a) Die **Forderungssperre endet** erst mit Aufhebung der Bewilligung nach § 124 (unten § 124 Rn 24), nicht aber mit Aufhebung der Beiordnung (KG MDR 84, 410; Bamberg JurBüro 84, 292; Nürnberg JurBüro 84, 293; AG Lörrach AnwBl 84, 454; anders Hamburg MDR 85, 416 = KoRsp ZPO § 122 Nr 17 m abl Anm v Eicken) und ebensowenig, wenn die Partei nach § 120 IV verpflichtet worden ist, die Prozeßkosten aus ihrem Vermögen nachzuzahlen. **Abweichende Vereinbarungen** zwischen Anwalt und Mandant sind unverbindlich (§ 121 Rn 37), aber nur, soweit es sich um denselben Streitgegenstand handelt (v Eicken Anm zu KoRsp ZPO § 122 Nr 8). **Freiwillige** 12

Leistungen des Hilfsbedürftigen darf der Rechtsanwalt nach § 3 IV 2 BRAGO annehmen und behalten.

13 **b)** Hat die Staatskasse höhere Beträge eingezogen, als zur Deckung der in § 122 I Nr 1 genannten Kosten erforderlich sind, dann zahlt sie dem Anwalt über die Sätze des § 123 BRAGO hinaus eine **zusätzliche Vergütung** bis zur Höhe der gesetzlichen Regelgebühren (§ 124 I 1 BRAGO). Zur Zahlungseinstellung wegen Kostendeckung der PKH-Anwaltsgebühren s § 120 Rn 22 f. Zahlt die Staatskasse die Vergütung, so daß die Ansprüche des Anwalts gemäß § 130 I BRAGO übergehen, ist aber der erstattungspflichtige unterlegene Gegner unpfändbar, dann kann zu Lasten des Hilfsbedürftigen die Wiederaufnahme der Ratenzahlungen angeordnet werden (Hamburg MDR 85, 941).

14 **c)** Der beigeordnete Rechtsanwalt soll die **Berechnung seiner Vergütung** unverzüglich zu den Akten mitteilen (§ 124 II BRAGO). Mit Aufhebung der Bewilligung (§ 124, nicht auch der Beiordnung) entfällt das an den Anwalt gerichtete Verbot, von seiner Partei eine Vergütung zu verlangen. Bis dahin darf er, wenn er bereits vor der PKH-Bewilligung für die Partei als Wahlanwalt tätig geworden ist, auch nicht die Kostendifferenz zwischen Wahlanwaltsgebühren und den Gebühren des § 123 BRAGO gegen die Partei verfolgen (oben Rn 11).

15 **d)** Der beigeordnete Anwalt erhält aus der Staatskasse **alle Gebühren,** die nach seiner Beiordnung abermals oder neu entstehen, ohne Rücksicht auf seine vorangegangene Tätigkeit (Stuttgart Rpfleger 64, 130; Düsseldorf Rpfleger 95, 467 = FamRZ 96, 617 f mwN). Es muß jedoch eine gebührenauslösende Tätigkeit nach der Beiordnung feststellbar sein (Frankfurt JurBüro 66, 777). Gebühren, die nur vor der Beiordnung entstanden sind, erhält der Anwalt nicht aus der Staatskasse (Zweibrücken Rpfleger 94, 352).

16 **e)** Der **Abwickler einer Kanzlei** eines verstorbenen beigeordneten Anwalts kann die durch seine Tätigkeit ausgelösten Kosten von der Staatskasse auch dann verlangen, wenn er nicht besonders beigeordnet worden ist (Düsseldorf MDR 64, 66).

17 **f) Kündigt die Partei** ihrem gewählten Anwalt **das Mandat,** dann kommt die Beiordnung eines neuen Anwalts nur in Betracht, wenn für die Kündigung ein zureichender Grund vorlag, der vom Hilfsbedürftigen darzulegen und glaubhaft zu machen ist (§ 121 Rn 34). Stirbt die hilfsbedürftige Partei während des Rechtszuges und vertritt der beigeordnete Wahlanwalt dann den Rechtsnachfolger, so ist allgemeines Gebührenrecht anwendbar. Wird dem Rechtsnachfolger auf Antrag ebenfalls PKH unter gleichzeitiger Beiordnung dieses Anwalts bewilligt, dann begründet die erneute Beiordnung als solche keine zusätzlichen Gebührenansprüche (München KoRsp BRAGO § 121 Nr 2).

18 **g)** Wenn in einem Rechtsstreit ein **weiterer Prozeß mitverglichen wird,** der Anwalt aber nur für jenen Rechtsstreit beigeordnet ist, müssen seine Gebühren nach einem Gesamtstreitwert berechnet werden, der durch Addition der Einzelwerte ermittelt wird. Eine getrennte Berechnung der Gebühren des Anwalts verbietet sich damit. Der Hilfsbedürftige darf bis zur Höhe des von der PKH abgedeckten Streitwertes nicht in Anspruch genommen werden, sondern nur auf die Restvergütung, die auf den nicht gedeckten Wertteil entfällt (Schneider JurBüro 69, 515; Lappe Anm KoRsp BRAGO § 13 Nr 7, beide im Anschluß an BGHZ 13, 373; anders München NJW 69, 938).

19 **2)** Ist der **Anwalt lediglich im PKH-Prüfungsverfahren tätig** geworden, dann kann er die Gebühren nach § 51 BRAGO gegen seinen Mandanten im vereinfachten Verfahren nach § 19 BRAGO festsetzen lassen (Schneider Anm II zu KoRsp BRAGO § 19 Nr 9 mwN).

20 **3) Gegen die Erben** der Partei kann der Anwalt Ansprüche nur geltend machen, falls die Bewilligung der PKH nach § 124 aufgehoben wird (§ 124 Rn 2a).

21 **III) Wirkungen für den Gegner**

1) Grundgedanke: Abs 2 handelt vom Gegner des **Klägers, dem PKH ohne Zahlungspflicht bewilligt worden ist,** also vom Beklagten. Gewinnt dieser den Prozeß, so hat der Kläger nach § 91 die Kosten zu tragen. Die PKH befreit ihn hiervon nicht (§ 123). Hatte der Beklagte Gerichtskosten bezahlt, zB Auslagenvorschüsse für ein Sachverständigengutachten, so könnte er deren Erstattung vom Kläger verlangen. Das ist mit der Regelung des § 122 I Nr 1 unvereinbar, nach der der Kläger, dem PKH ohne Zahlungspflicht bewilligt worden ist, von den Gerichtskosten befreit ist. Um einen solchen Widerspruch des Gesetzes mit sich selbst zu verhindern, befreit Abs 2 den beklagten Gegner ebenso wie den Kläger von den Gerichtskosten. Ebenso wie für den Beklagten in der ersten Instanz gilt diese Befreiung in der Rechtsmittelinstanz für den Berufungs- oder Revisionsbeklagten. – Ist dem Kläger **PKH gegen Zahlung von Monatsraten** oder Leistungen aus dem Vermögen bewilligt worden, dann wird er im Verhältnis zum Beklagten wie eine vermögende Partei behandelt. Der Beklagte hat dann uneingeschränkt Gerichtskosten zu zahlen; er soll nicht besser gestellt werden als die mit Ratenzahlungen belastete Partei.

2) **Einzelheiten:** Die Vergünstigung des Abs 2 beschränkt sich für den Beklagten im wesentlichen auf **Auslagenvorschüsse** für Zeugen und Sachverständige (§§ 379, 401). Macht das Gericht trotz Bewilligung ratenfreier PKH an den Kläger oder den Rechtsmittelführer die Ladung von Zeugen oder Sachverständigen von einer Vorschußzahlung des Beklagten abhängig, dann hat dieser dagegen die Beschwerde (§ 127 II 2). Klagen mehrere Personen als **Streitgenossen,** dann erlangt der Beklagte eine Vergünstigung als Kostenschuldner erst, wenn sämtlichen Klägern PKH bewilligt worden ist (MK/Wax Rn 26). Soweit der Kläger in die Rechtsverteidigung gedrängt wird, also als **Widerbeklagter** oder **Rechtsmittelbeklagter** streitet, bleibt sein Gegner ohne Einschränkung vorschuß- und kostenpflichtig. Auch ein **Anschlußrechtsmittel** macht den Rechtsmittelkläger insoweit zur sich verteidigenden Partei. Haben Klage und Widerklage oder wechselseitig eingelegte Rechtsmittel identische Streitgegenstände (§ 19 I, II GKG), so lassen sich die Kosten nicht trennen. Dann ist auch der Gegner ungeachtet seiner Stellung als Prozeßbeteiligter von den Kosten befreit (KG OLGZ 1971, 423; MK/Wax Rn 23; Schoreit/Dehn Rn 12). 22

3) Abs II ist nach seinem eindeutigen Wortlaut nicht anzuwenden, wenn dem **Beklagten PKH bewilligt worden ist.** Vom Kläger als Antragsteller der Instanz (§ 49 S 1 GKG) sind Gerichtskosten zu erheben. Gewinnt er den Prozeß, so hat der Beklagte nach § 91 die Kosten zu tragen und wird dadurch gegenüber der Staatskasse zum Entscheidungsschuldner (§ 54 Nr. 1 GKG). § 122 I Nr 1 schützt ihn jedoch davor, daß die Staatskasse ihn in Anspruch nimmt. Wenn sich diese jetzt wegen der noch nicht bezahlten Gerichtskosten an den Kläger als Gesamtschuldner (§ 58 I GKG) halten könnte; könnte dieser vom Beklagten nach § 91 die Erstattung der Kosten verlangen. Auf diese Weise würde die Befreiung des Beklagten von den Gerichtskosten unterlaufen. Um dies zu vermeiden, bestimmt **§ 58 II 2 GKG,** daß ein anderer Kostenschuldner nicht in Anspruch genommen werden soll, wenn dem nach § 54 Nr 1 GKG haftenden Entscheidungsschuldner PKH bewilligt worden war. § 58 II 2 GKG unterscheidet sich dadurch von § 122 II, daß er den bedürftigen Beklagten schlechthin vor Gerichtskosten bewahrt, während § 122 II nur den Kläger schützt, dem PKH ohne Zahlungspflicht bewilligt worden war. Weshalb das Gesetz diesen Unterschied macht, bleibt dunkel. 23

4) Den Beklagten, dem PKH bewilligt worden war und der zum Entscheidungsschuldner geworden ist, schützt § 58 II 2 GKG seinem Wortlaut nach nur davor, daß die Staatskasse sich nach der Kostenentscheidung wegen noch nicht bezahlter Gerichtskosten an den Kläger hält und daß dieser dann bei ihm Regreß nimmt. Hat der Kläger bereits bei Einreichung der Klage den vorgeschriebenen Vorschuß von drei Gerichtsgebühren (§ 65 I 1 GKG, KostVerz Nr 1201) bezahlt und hat der Beklagte erst nach Zustellung der Klagschrift PKH ohne Zahlungspflicht beantragt und erhalten, so sind die Voraussetzungen des § 58 II 2 GKG nicht erfüllt. Wenn **der Beklagte** hier den Prozeß verliert und zur Kostentragung verurteilt wird, **muß** er nach verbreiteter Auffassung **dem Kläger die** drei **im voraus bezahlten Gerichtsgebühren erstatten** (BGH MDR 82, 307 f; NJW-RR 89, 1277 mwN = Rpfleger 376; Frankfurt Rpfleger 78, 36; JurBüro 83, 1227; Koblenz Rpfleger 80, 444; 87, 333; Köln Rpfleger 81, 243; Stuttgart JurBüro 87, 881; LG Berlin Rpfleger 82, 484; Hamm MDR 94, 104). 24

5) **Wenn dem Beklagten PKH ohne Zahlungspflicht bewilligt worden war,** ist diese Ansicht mit Art 3 I GG unvereinbar. Der **Gleichheitssatz** verlangt, daß dem Beklagten in gleicher Weise wie dem Kläger PKH bewährt wird. Der Kläger, der PKH ohne Zahlungspflicht erhalten hat, wird davor geschützt, daß die Staatskasse von seinem Gegner Gebühren verlangt und dieser dann bei ihm Regreß nimmt. Er besteht kein Grund, den Beklagten, der PKH ohne Zahlungspflicht erhalten hat, nicht in gleicher Weise vor dem Regreß seines Gegners zu schützen. Dieser Schutz kann nur dadurch gewährleistet werden, daß man dem klagenden Gegner einen **Anspruch gegen die Staatskasse auf Rückzahlung der** drei im voraus gezahlten **Gebühren** gibt (Hamm NJW 77, 2081 = JurBüro 839; JurBüro 84, 582; AG Marburg AnwBl 88, 247; Stein/Jonas/Bork § 123 Rn 5; MK/Wax Rn 29; Schoreit/Dehn § 123 Rn 5 mwN; ausführlich Markl GKG 2. Aufl § 58 Rn 15a mwN; Lappe NJW 90, 2364; Schneider u Lappe Anm KoRsp GKG § 58 Nr 45; anders Hamm Rpfleger 92, 206 = JurBüro 809; MDR 94, 104). Abweichend von diesen Zitaten (außer MK/Wax aaO) sind die Gebühren nicht an den Kläger zurückzuzahlen, **wenn dem Beklagten bei der PKH-Bewilligung Ratenzahlungen** oder Zahlungen aus dem Vermögen **auferlegt worden waren.** Hier wird der Beklagte ebensowenig vor Regreßforderungen seines Gegners wegen bezahlter Gerichtskosten geschützt wie der Kläger, der PKH gegen Zahlung von Monatsraten erhalten hat (oben Rn 21). 25

IV) Reiseentschädigungen der Partei sind in § 122 I nicht erwähnt, rechnen aber nach GKG-KostVerz Nr 9008 zu den gerichtlichen Auslagen, jedenfalls wenn sie durch eine gerichtliche Maßnahme veranlaßt worden sind (Nürnberg JurBüro 90, 1023). Aus dem Zweck der PKH, einer mittellosen Partei vollen Rechtsschutz zu gewähren, folgt das Gebot der analogen Anwendung des § 122 I Nr 1 auf solche Aufwendungen der Partei (BGHZ 64, 139; München Rpfleger 85, 165; Hamm JurBüro 82, 1406; Bamberg JurBüro 89, 1285). Eine ausdrückliche Erwähnung im Bewilligungsbeschluß ist nicht erforderlich (Bamberg JurBüro 87, 249). Jedenfalls hat die Partei einen 26

Anspruch auf die Bewilligung einer Reiseentschädigung, wenn sie persönlich geladen worden oder ihr Erscheinen notwendig ist und sie die Kosten nicht zusätzlich neben etwaigen Monatsraten aufbringen kann (BGHZ 64, 139; Celle NdsRpfl 77, 190; Köln Rpfleger 88, 79; Koblenz JurBüro 88, 1721; Schleswig JurBüro 89, 837; Düsseldorf JurBüro 89, 839; AG Krefeld JurBüro 89, 372; anders Nürnberg JurBüro 88, 737). Vorsorglich sollte immer beantragt werden, die Bewilligung der Reiseentschädigung in die PKH-Bewilligung hineinzunehmen. Die stattgebende Entscheidung ist nicht beschwerdefähig (Nürnberg JurBüro 90, 638).

27 Für Reiseentschädigungen an mittellose Personen und Vorschußzahlungen an Zeugen und Sachverständige bestehen **bundeseinheitliche Bestimmungen der Länder** (Fundstellen: Ministerialblätter 1977, zB JMBlNRW 77, 182; sächs Amtsbl 92, 4). Die Entscheidung über einen Antrag auf Gewährung von Reiseentschädigung setzt keine erneute Prüfung der Hilfsbedürftigkeit voraus. Wenn und solange PKH bewilligt ist, ist lediglich darauf abzustellen, ob die Bereitstellung dieser Mittel zur Prozeßführung notwendig ist. **Bei Gebrechlichkeit** ist auch ein Vorschuß von Reisekosten für einen Begleiter zu zahlen. Hat die **Partei Reisekosten selbst ausgelegt,** dann ist sie iS der landesrechtlichen Entschädigungsvorschriften dennoch als mittellos anzusehen, wenn sie den Betrag nicht entbehren kann, ohne über das Maß des § 115 hinaus belastet zu werden (Düsseldorf JurBüro 91, 976 f mwN = FamRZ 1073 = MDR 679; anders LAG Düsseldorf JurBüro 87, 1702). Beantragt sie nicht alsbald nach dem Termin Kostenerstattung, so spricht das gegen ihre Mittellosigkeit (Zweibrücken JurBüro 89, 233; Brandenburg JurBüro 96, 142). Der **Anwalt,** der dem Hilfsbedürftigen Reisekosten für Informationserteilung vorstreckt, kann sie als Auslagen nach § 126 BRAGO aus der Landeskasse ersetzt verlangen (Rn 7). Die Reisekostenentschädigung wird **vom Gericht bewilligt;** angewiesen wird sie vom zuständigen Beamten der Geschäftsstelle. In Eilfällen kann auch der aufsichtsführende Richter des Amtsgerichts, in dessen Bezirk sich der Antragsteller aufhält, eine Reiseentschädigung bewilligen. Die Entscheidung darüber ist kein Justizverwaltungsakt, sondern ein Akt der Rechtsprechung und deshalb nach § 127 II 2 beschwerdefähig (BGHZ 64, 139 = NJW 75, 1124; anders Stuttgart MDR 85, 852 = Rpfleger 86, 29: Beschwerde analog § 128 BRAGO).

123 *[Anspruch des Gegners auf Kostenerstattung]*

Die Bewilligung der Prozeßkostenhilfe hat auf die Verpflichtung, die dem Gegner entstandenen Kosten zu erstatten, keinen Einfluß.

1 **I) Grundsatz:** Die mit PKH prozessierende Partei ist durch § 122 I nur von der Zahlung der rückständigen und zukünftigen Gerichtskosten sowie der Gebühren und Auslagen des ihr beigeordneten Anwalts befreit. **Unterliegt** sie im Rechtsstreit, dann hat sie **dem obsiegenden Gegner dessen Kosten zu erstatten** (Karlsruhe Justiz 88, 367 f). Dieser kann die Kosten nach den §§ 103 ff festsetzen lassen und auf Grund dieses Titels gegen den Hilfsbedürftigen vorgehen. **Siegt** der Hilfsbedürftige, so hat er wegen der Anwaltskosten einen Erstattungsanspruch gegen die unterlegene Partei.

2 **II) Einzelheiten. 1)** Über die Erstattung von **Kosten, die dem Gegner im PKH-Prüfungsverfahren entstanden sind,** s § 118 Rn 27.

3 **2) Kosten der Hauptsache** hat die hilfsbedürftige Partei dem Gegner grundsätzlich uneingeschränkt zu erstatten. Die Erstattungspflicht erstreckt sich auf vom Gegner verauslagte Gerichtskosten, Anwaltskosten und sonstige Aufwendungen (Porti, Reisekosten).

4 **a)** § 122 II ZPO und § 58 II 2 GKG stellen den Gegner einer Partei, der PKH ohne Zahlungspflicht bewilligt worden war, jedoch weitgehend von **Gerichtskosten** frei. Das hat die Folge, daß die Partei dem Gegner insoweit keine Gerichtskosten zu erstatten hat. Einzelheiten s § 122 Rn 21–25. Der Anlaß für eine solche Freistellung entfällt, wenn die Bewilligung der PKH nach § 124 aufgehoben wird. Von dann an darf der obsiegende Kläger als Zweitschuldner in Anspruch genommen werden.

5 **b) Anwaltskosten:** Gegen die unterlegene, mit PKH prozessierende Partei kann der Sieger die vollen Kosten eines Wahlanwalts festsetzen lassen. Dies gilt auch, wenn er ebenfalls PKH hatte (Hamm AnwBl 73, 364; Bamberg FamRZ 88, 967 mwN; Lappe Rpfleger 84, 129). Von den Wahlanwaltskosten ist jedoch der Betrag abzuziehen, den der Anwalt als Vergütung aus der Staatskasse erhalten hatte (Bamberg aaO); denn insoweit ist der Kostenerstattungsanspruch des Siegers auf die Staatskasse übergegangen (§ 130 I 1 BRAGO).

6 **3) Kostenübernahme:** Wenn sich die mit PKH prozessierende Partei durch Vergleich verpflichtet, die Kosten zu tragen, kann ihr Gegner von ihr uneingeschränkt die Erstattung von Kosten verlangen. Das gilt auch für die vom Gegner aufgewandten Gerichtskosten. Die Partei, die durch Vergleich Kosten übernommen hat, ist **Übernahmeschuldner** i s des § 54 Nr 2 GKG. Für diesen

gilt die Bestimmung des § 58 II 2 GKG nicht, daß ein anderer Kostenschuldner nicht in Anspruch genommen werden soll, wenn dem Erstschuldner PKH bewilligt worden war (Köln KoRsp GKG § 58 Nr 3 m Anm Lappe; JurBüro 92, 101; Düsseldorf KoRsp GKG § 58 Rn 11 m Anm Lappe; Koblenz MDR 86, 243; BB 87, 1845; JurBüro 92, 468; Zweibrücken JurBüro 87, 776; Celle JurBüro 87, 776). Diese Regelung hat den Sinn, die Staatskasse vor Vergleichen zu bewahren, in denen eine vermögende Partei der armen Gegenpartei entgegenkommt und diese dafür die bei ihr nicht beitreibbaren Gerichtskosten übernimmt (BVerfGE 51, 295/302 = NJW 79, 2608 f). Die Regelung ist mit dem GG vereinbar (BVerfGE aaO); durch Übernahme der Kosten verzichtet der Beklagte auf den Schutz des § 58 II 2 GKG (Stein/Jonas/Bork Rn 4).

Der Übernahmeschuldner wird auch dann nicht geschützt, wenn die Kostenübernahme im Prozeßvergleich der materiellen Rechtslage entspricht und er sonst zur Kostentragung verurteilt worden wäre (Hamm Rpfleger 79, 230). Die vergleichsweise Kostenübernahme kann dann dazu führen, daß sich der Hilfsbedürftige im Ergebnis dem Kostenerstattungsanspruch seines Gegners aussetzt (Stuttgart JurBüro 87, 1202; Koblenz KoRsp ZPO § 123 Nr 16 m Anm von Eicken; Bamberg JurBüro 89, 423 u 672; Schleswig JurBüro 90, 1176). Das OLG Oldenburg (JurBüro 88, 344 = KoRsp GKG § 58 Nr 53 m Anm Schneider) hat diese Regelung für den Fall abgeschwächt, daß die Parteien einen Vergleich mit Aufhebung der Kosten gegeneinander auf Anregung des Gerichts abgeschlossen haben; das habe zur Folge, daß der Hilfsbedürftige die Kosten nur zur Hälfte zu übernehmen habe. Die Vergleichsparteien können die Inanspruchnahme des Hilfsbedürftigen vermeiden, indem sie den Prozeßvergleich auf die Hauptsache beschränken und eine Kostenentscheidung nach § 91a ZPO beantragen (Koblenz MDR 80, 151). Die am Vergleich mitwirkenden Anwälte müssen, wenn sie kein Haftungsrisiko eingehen wollen (Koblenz KoRsp GKG § 58 Nr 17 m Anm Schneider; MDR 85, 771), ihre Parteien hierauf hinweisen (Schneider NJW 80, 560). Auch für das Gericht besteht eine Hinweispflicht gemäß § 278 III. 7

124 *[Aufhebung der Bewilligung]*

Das Gericht kann die Bewilligung der Prozeßkostenhilfe aufheben, wenn

1. **die Partei durch unrichtige Darstellung des Streitverhältnisses die für die Bewilligung der Prozeßkostenhilfe maßgebenden Voraussetzungen vorgetäuscht hat;**
2. **die Partei absichtlich oder aus grober Nachlässigkeit unrichtige Angaben über die persönlichen oder wirtschaftlichen Verhältnisse gemacht oder eine Erklärung nach § 120 Abs. 4 Satz 2 nicht abgegeben hat;**
3. **die persönlichen oder wirtschaftlichen Voraussetzungen für die Prozeßkostenhilfe nicht vorgelegen haben; in diesem Falle ist die Aufhebung ausgeschlossen, wenn seit der rechtskräftigen Entscheidung oder sonstigen Beendigung des Verfahrens vier Jahre vergangen sind;**
4. **die Partei länger als drei Monate mit der Zahlung einer Monatsrate oder mit der Zahlung eines sonstigen Betrages im Rückstand ist.**

I) Überblick: § 124 regelt unterschiedliche Tatbestände: Nr 1, Nr 2 Hs 1 und Nr 3 gestatten die Aufhebung der PKH-Bewilligung in Fällen, in denen von Anfang an zu Unrecht PKH bewilligt 1 worden ist. Nr 2 Hs 2 und Nr 4 lassen Sanktionen gegen Parteien zu, denen PKH bewilligt worden war und die ihre Pflicht verletzen, Zahlungen an die Staatskasse zu leisten oder Auskunft über die Veränderung ihrer Verhältnisse zu geben. Nr 2 Hs 2 knüpft an § 120 IV 2 an.

2 **1) Geltungsbereich:** § 124 gilt auch für Parteien kraft Amtes, juristische Personen und parteifähige Vereinigungen (§ 116). Er ist während der Anhängigkeit des Verfahrens und danach zeitlich unbeschränkt anwendbar. Nur § 124 Nr 3 sieht vor, daß die PKH-Bewilligung später als vier Jahre nach Verfahrensende nicht mehr aufgehoben werden darf. **§ 124 zählt die Gründe, aus denen die PKH-Bewilligung aufgehoben werden kann, abschließend auf.** Andere Gründe als diejenigen des § 124 erlauben die Aufhebung nicht (Hamm FamRZ 86, 583; Frankfurt JurBüro 90, 1193; LAG Bremen MDR 90, 471 = JurBüro 90, 1194; MK/Wax Rn 1 mwN). Insbesondere darf **die Bewilligung nicht aufgehoben werden,** wenn
- das Gericht bei erneuter Prüfung die Erfolgsaussicht anders als bei der PKH-Bewilligung beurteilt (Düsseldorf DAVorm 78, 390), auch wenn das auf einem Rechtsirrtum (Hamm Rpfleger 84, 432; Lepke DB 85, 492 f; anders Saarbrücken FamRZ 79, 796) oder auf dem Ergebnis einer Beweisaufnahme beruht (Köln JurBüro 69, 254; Bamberg JurBüro 73, 168),
- das Gericht bei gleichgebliebenen wirtschaftlichen Verhältnissen aufgrund erneuter Prüfung die Frage der Hilfsbedürftigkeit anders beurteilt (München AnwBl 80, 300; Stuttgart FamRZ 84, 722; Düsseldorf JurBüro 84, 620; MDR 93, 583 mwN = RPfleger 410),
- das Gesetz geändert worden ist,
- die Rechtsprechung sich geändert hat,
- die Partei im Hauptprozeß untätig bleibt, insbesondere ihren Anwalt nicht informiert und dadurch die Sachaufklärung auch des Gerichts in der Hauptsache erschwert oder verhindert (Köln MDR 75, 236; KG Rpfleger 79, 152).

2a **2)** Der **Tod der Partei** ist kein Grund, die PKH aufzuheben; sie erlischt von selbst (Frankfurt NJW 85, 752 = JurBüro 605 = RPfleger 123; JurBüro 96, 141 f; Celle JurBüro 87, 1237; Kalthoener/Büttner Rn 553). Das war für das frühere Armenrecht ausdrücklich geregelt (§ 122 aF) und gilt auch heute noch. Der Tod der hilfsbedürftigen Partei **wirkt** jedoch **nur in die Zukunft.** Die Annahme, daß der Tod die PKH rückwirkend beseitige (Frankfurt JurBüro 96, 141 f), führt zu unlösbaren Widersprüchen. Stirbt die Partei, während der Prozeß in der Rechtsmittelinstanz anhängig ist, und will der ebenfalls bedürftige Erbe ihn fortführen, so kann er seinerseits PKH beantragen. Diese darf ihm aber nicht rückwirkend für die erste Instanz bewilligt werden (§ 114 Rn 20a) Das Ergebnis, daß er trotz Armut die Kosten der ersten Instanz bezahlen müßte, ist nicht hinnehmbar (Schneider, Anm zu Frankfurt Rpfleger 85, 123 in KoRsp GKG § 29 Nr 22). Es läßt sich nur vermeiden, wenn man annimmt, daß die dem Erblasser gewährte PKH nicht rückwirkend erlischt. Dann haftet der Erbe nicht für die Kosten der Prozeßführung des Erblassers, dem PKH bewilligt worden war (so KG Rpfleger 86, 281 = JurBüro 894 = KoRsp GKG § 54 Nr 11 m zust Anm Schneider; Düsseldorf MDR 87, 1031; LG Bielefeld JurBüro 89, 1288; anders Frankfurt Rpfleger 85, 123; JurBüro 96, 141 f; MK/Wax § 114 Rn 38; Kalthoener/Büttner aaO). Stellt sich nach dem Tode der PKH-berechtigten Partei heraus, zB bei Ermittlungen im Nachlaßkonkurs, daß eine der Voraussetzungen des § 124 Nrn 1–3 gegeben war, so kann die PKH-Bewilligung aufgehoben werden. Nur dann können Rückzahlungsansprüche in den Nachlaß oder in die Konkursmasse verfolgt werden.

3 **3)** Die Anfangsworte der Vorschrift, daß die Bewilligung aufgehoben werden „kann", räumen dem Gericht ein **Ermessen** ein (Köln FamRZ 88, 740; Bamberg FamRZ 89, 1204; Düsseldorf MDR 91, 791; RPfleger 93, 410; MK/Wax Rn 20; Kalthoener/Büttner Rn 846; anders Baumbach/Hartmann Rn 16). Hierdurch kann vermieden werden, daß die Folgen der Aufhebung die PKH-berechtigte Partei übermäßig hart treffen. Selten wird ein Anlaß zur Aufhebung der Bewilligung bestehen, wenn die Kosten bereits dem Gegner durch gerichtliche Entscheidung auferlegt worden sind, so daß er nach § 58 II 1 GKG Erstschuldner geworden ist (s Frankfurt Rpfleger 67, 59 u Hamm Rpfleger 74, 321). Wenn die Zahlungen der PKH-berechtigten Partei (Raten oder aus dem Vermögen) die Gerichtskosten und die Auslagen der Staatskasse für den beigeordneten Anwalt annähernd decken, wird das Gericht eher von einer Aufhebung absehen als bei weitgehend ungedeckten Kosten (MK/Wax Rn 2). Bei vollständiger Kostendeckung wäre eine Aufhebung der PKH sinnlos. Den Ausschlag werden der **Bewilligungsgrund** und das **Maß eines etwaigen Verschuldens der Partei** geben. Wenn ein Anwalt beigeordnet worden war (§ 121), muß die Aufhebung der Bewilligung in einer Weise geschehen, die den Hilfsbedürftigen vor Nachteilen bewahrt; keine Bewilligungsaufhebung unmittelbar vor Urteilserlaß oder im Schlußtermin (Hamm JMBlNRW 54, 21), notfalls ist eine Verhandlung zu vertagen. Die Ermessensentscheidung muß immer auf den gesamten Rechtsstreit bezogen sein (Celle NdsRpfl 69, 158; Köln JurBüro 69, 254) und muß nachvollziehbar begründet werden (Rn 12).

4 **4)** Tatsachen, die zur Aufhebung der PKH-Bewilligung führen, sind **von Amts wegen aufzuklären.** Auch der Rechtspfleger muß von Amts wegen tätig werden (Lepke DB 85, 491), ist aber

dringend auf Hinweise des Richters angewiesen, die dieser aus näherer Kenntnis des Prozeßstoffs erteilen kann. Wenn der Rechtspfleger Hinweise erhält, die auf einen Aufhebungsgrund hindeuten, muß er ihnen nachgehen. Die Amtsaufklärung ist schwierig, soweit es um die persönlichen und wirtschaftlichen Verhältnisse des PKH-Berechtigten geht. Vor unüberwindlichen Aufklärungsschwierigkeiten wird das Gericht durch § 120 IV 2 und § 124 Nr 2 Hs 2 geschützt. Auf Verlangen des Gerichts hat die PKH-berechtigte Partei zu erklären, ob sich ihre persönlichen und wirtschaftlichen Verhältnisse geändert haben. Gibt sie eine solche Erklärung nicht ab, so kann die PKH-Bewilligung aufgehoben werden. Hieraus läßt sich schließen, daß auch sonst die Weigerung der Partei, an der Aufklärung mitzuwirken, bei der Feststellung eines Aufhebungsgrundes zu ihrem Nachteil verwertet werden kann (Stuttgart JurBüro 86, 294; MK/Wax Rn 7).

5) Wenn eine Partei durch unrichtige Darstellung des Streitverhältnisses die Voraussetzungen für die PKH-Bewilligung vorgetäuscht oder mindestens grob nachlässig unrichtige Angaben über ihre persönlichen und wirtschaftlichen Verhältnisse gemacht hat, ist umstritten, ob die PKH-Bewilligung zur Strafe schlechthin aufgehoben werden darf (so Hamm Rpfleger 86, 238; Köln FamRZ 87, 1169; 88, 740; Kalthoener/Büttner Rn 848) oder ob sie nur aufzuheben ist, soweit bei zutreffendem Vorbringen keine PKH bewilligt worden wäre. Entdeckt das Gericht vor der PKH-Bewilligung unwahre Behauptungen der Partei, so ist es nicht befugt, die PKH zur Strafe schlechthin zu verweigern, sondern muß sie bewilligen, soweit dies sachlich gerechtfertigt ist (BGH FamRZ 84, 677 f; Köln FamRZ 96, 617). Ebenso ist im Aufhebungsverfahren nach § 124 zu entscheiden. **Die Aufhebung ist hier eine kostenrechtliche Maßnahme, keine Strafe** (Düsseldorf JurBüro 86, 296; Bamberg Rpfleger 87, 1170 = JurBüro 87, 1419; LAG Düsseldorf JurBüro 86, 1097; MK/Wax Rn 3, 9). Die zuvor erwähnten Aufhebungsgründe bezwecken nur, der Partei eine Vergünstigung zu entziehen, auf die sie keinen Anspruch hatte. Hieraus folgt: 5

6) Die PKH-Bewilligung darf nur aufgehoben werden, wenn die unrichtige Darstellung des Streitverhältnisses (Nr 1) oder der persönlichen Verhältnisse (Nr 2) zu einer günstigeren Bewilligungsentscheidung geführt hat, als sie bei richtiger Darstellung ergangen wäre (Düsseldorf JurBüro 91, 980 f = MDR 791; LAG Düsseldorf JurBüro 86, 1097; anders Hamm Rpfleger 86, 238). Der Bewilligungsbeschluß muß auf den unrichtigen Prämissen beruhen (s § 550 Rn 6 ff). Um dies zu klären, sind zwei Prüfungen anzustellen, die eine bezogen auf die vom Hilfsbedürftigen gegebene Darstellung und die andere bezogen auf die Darstellung, die er korrekterweise hätte geben müssen (Düsseldorf JurBüro 86, 296; anders Hamm Rpfleger 86, 238). Dabei kann sich auch ergeben, daß die Bewilligungsentscheidung nur teilweise auf unrichtigen Prämissen beruht, zB daß bei wahrer Darstellung des Streitverhältnisses die hinreichende Erfolgsaussicht lediglich für einen Teil des Anspruches bejaht worden wäre (BGH FamRZ 84, 677 f; LAG Bremen MDR 83, 789) oder daß bei wahren Angaben über die persönlichen und wirtschaftlichen Verhältnisse statt Ratenfreiheit Ratenpflicht oder höhere Raten angenommen worden wären. Dann ist die **PKH-Bewilligung** nicht aufzuheben, sondern so zu **ändern,** daß dem Hilfsbedürftigen diejenige Hilfe erhalten bleibt, auf die er ungeachtet der Unrichtigkeiten einen Anspruch hat (arg a maiore ad minus – Schleswig SchlHA 83, 60 f; Bamberg Rpfleger 87, 1170 = JurBüro 87, 1419; Hamburg Rpfleger 96, 163 f; MK/Wax Rn 4; anders Hamm Rpfleger 86, 238). 5a

II) Die einzelnen Aufhebungsgründe. 1) Unrichtige Darstellung des Streitverhältnisses (Nr 1). Die Bestimmung ist anzuwenden, wenn der PKH-Berechtigte vorsätzlich falsche Tatsachen behauptet oder wahre Tatsachen verschwiegen hat und das Gericht infolgedessen die Erfolgsaussicht der Rechtsverfolgung oder -verteidigung bejaht oder deren Mutwilligkeit nicht erkannt hat. Bedingter Vorsatz genügt (Koblenz FamRZ 85, 301 f). Diesen hat diejenige Partei, die damit rechnet, daß sie bei wahrheitsgemäßem Vortrag keine oder nur in geringerem Umfang PKH erhalten würde. Auch wenn der Kläger einwendungsbegründende Tatsachen oder der Beklagte anspruchsbegründende Tatsachen verschweigt und die Gegenpartei sich hierzu im PKH-Verfahren nicht äußert, kann die PKH-Bewilligung aufgehoben werden. Aufhebungsgrund kann auch das Verschweigen der Aussichtslosigkeit künftiger Vollstreckung sein (Köln MDR 90, 1020), ferner die bewußt irreführende Benennung untauglicher Beweismittel, zB von Zeugen, die das Beweisthema nicht kennen, ebenso das Nichterwähnen ungünstiger Gegenbeweismittel, vor allem das Unterdrücken beweiskräftiger Urkunden oder eines für die Partei ungünstigen Gutachtens einer Schlichtungsstelle im Arzthaftungsprozeß (Oldenburg NdsRpfl 93, 162). Unrichtige Angaben und Verschweigen sind jedoch nur dann Aufhebungsgrund, wenn bei wahrheitsgemäßer und vollständiger Darstellung des Sach- und Streitverhältnisses die Erfolgsprüfung des Gerichts ganz oder teilweise anders ausgefallen wäre (oben Rn 5a). 6

2) **Unrichtige Angaben über die persönlichen und wirtschaftlichen Verhältnisse,** die die Partei **absichtlich oder aus grober Nachlässigkeit** gemacht hat **(Nr 2 Hs 1).** Die besondere Hervorhebung beider Schuldformen spricht dafür, daß das Gericht bei der Ausübung seines Ermessens die Schwere der Schuld berücksichtigen muß (Düsseldorf JurBüro 91, 980 f = MDR 791; Kalthoener/Büttner Rn 851). – Erheblich sind nur Angaben **vor der Bewilligung.** Macht der PKH-Berech- 7

tigte nach vorangegangener rechtmäßiger Bewilligung falsche Angaben über die Verbesserung seiner Vermögensverhältnisse, so ist die Vorschrift nicht anzuwenden (Frankfurt JurBüro 90, 1193). Er ist nicht zur Auskunft über das Einkommen seines Ehegatten verpflichtet (str, § 115 Rn 7). Die Pflichtverletzung kann auch darin liegen, daß die Partei die geplante oder bereits eingeleitete Veräußerung eines Grundstücks verschweigt (v Eicken Anm zu Koblenz KoRsp ZPO § 124 Nr 15) oder daß sie sich vor Bewilligung durch große Ausgaben mutwillig bedürftig gemacht hat (Düsseldorf JurBüro 87, 1715). Nachteile entstehen der Partei nur, wenn ihr Absicht, Vorsatz oder grobe Nachlässigkeit nachgewiesen werden können. Schuldlos oder leicht fahrlässig gemachte unrichtige Angaben rechtfertigen keine Aufhebung der Bewilligung nach Nr 2, eventuell aber nach Nr 3)

8 **a) Absicht,** die den Vorsatz einschließt, liegt vor, wenn die Herbeiführung der fehlerhaften Bewilligungsentscheidung das Handlungsmotiv des Antragstellers war. **Direkter Vorsatz** ist der auf diesen Erfolg gerichtete Wille in dem Bewußtsein, daß die falschen Angaben eine unrichtige Bewilligungsentscheidung auslösen können. Zum **bedingten Vorsatz** ist dieser Erfolgswille nicht erforderlich, sondern genügend, daß der Antragsteller in dem Bewußtsein gehandelt hat, seine falschen Angaben könnten zu einer fehlerhaften Bewilligung führen, und daß er mit diesem Erfolg einverstanden war.

9 **b) Grob fahrlässig** handelt der Antragsteller, wenn er mit seinen falschen Angaben zwar keine fehlerhafte Bewilligung bewirken wollte, dieser Erfolg für ihn jedoch ohne weiteres erkennbar gewesen wäre, wenn er sich Gedanken darüber gemacht hätte. Dazu reicht nach Bamberg (JurBüro 89, 424 = 510) schon, daß er fehlende wesentliche Angaben zum Einkommen oder Vermögen in dem von einem Dritten ausgefüllten Formular nicht ergänzt.

10 3) Weiterer Aufhebungsgrund ist die **Weigerung des Hilfsbedürftigen, zu erklären, ob sich seine persönlichen und wirtschaftlichen Verhältnisse geändert haben.** § 124 Nr 2 Hs 2 enthält eine Sanktion (Koblenz FamRZ 96, 616 mwN), die angewandt werden kann, wenn eine PKH-berechtigte Partei ihre Verpflichtung aus § 120 IV 2 nicht erfüllt, zu erklären, ob sich ihre persönlichen und wirtschaftlichen Verhältnisse verbessert haben. Die Regelung entspricht § 118 II 4, wonach die PKH-Bewilligung abzulehnen ist, wenn der Antragsteller Angaben über seine persönlichen und wirtschaftlichen Verhältnisse nicht glaubhaft macht oder Fragen des Gerichts nicht beantwortet. Vor Bewilligung führt ein Verstoß gegen die Mitwirkungspflicht des Hilfsbedürftigen zur Ablehnung seines Gesuches, nach der PKH-Bewilligung zu deren Aufhebung. Dadurch, daß § 124 Nr 2 die Aufhebungsentscheidung tatbestandsmäßig von der Nichtabgabe einer Erklärung nach § 120 IV 2 abhängig macht, entsteht keine Gesetzeslücke. Gibt nämlich der Hilfsbedürftige die Erklärung ab und folgt aus ihr eine wesentliche Verbesserung der Vermögensverhältnisse, dann tritt an die Stelle der Aufhebung die Abänderungsentscheidung gem § 120 IV 1, die alle Möglichkeiten des § 120 I ausschöpfen kann: erstmalige Anordnung von Ratenzahlungen oder Erhöhung bereits festgesetzter Raten oder/und Leistungen aus dem Vermögen (s § 120 Rn 14c f).

10a Verweigert die PKH-berechtigte Partei die Erklärung über die Verbesserung seiner Verhältnisse, so braucht der Rechtspfleger weder Absicht noch grobe Nachlässigkeit festzustellen (anders Bamberg JurBüro 92, 623; LAG Köln JurBüro 91, 1529/1531). Bloße Untätigkeit genügt. Die Partei kann jedoch geltend machen, daß sie sich **unverschuldet** nicht geäußert hat (Koblenz FamRZ 96, 616). Ebenso wie bei § 118 II 4 (s dort Rn 17) kann die aufhebende Entscheidung abgeändert werden, wenn der Hilfsbedürftige die gemäß § 120 IV geforderte **Erklärung im Beschwerdeverfahren nachholt** (§ 570; Frankfurt FamRZ 92, 838 = MDR 293; München FamRZ 93, 580; Nürnberg Rpfleger 94, 421 f = AnwBl 430; FamRZ 95, 750 = Rpfleger 260, LAG Nürnberg JurBüro 95, 535 f; Zimmermann JurBüro 93, 646 f; anders Koblenz aaO; LAG Köln aaO). Holt er sie erst nach Zurückweisung seiner Beschwerde nach, so kann ihm erneut PKH bewilligt werden, solange das Hauptsacheverfahren, für das die PKH-Bewilligung aufgehoben worden war, noch anhängig ist (MK/Wax Rn 11).

11 **4) Irrige Annahme des Vorliegens der Voraussetzungen für PKH (Nr 3). a)** Die Bestimmung ist auch anwendbar, wenn die wirtschaftlichen Voraussetzungen der Bewilligung nur bezüglich der Ratenfreiheit oder der Ratenhöhe nicht vorgelegen haben (Zweibrücken JurBüro 85, 1569; Düsseldorf JurBüro 88, 1059). Beruht der Bewilligungsbeschluß (§ 120 I) auf einer **fehlerhaften Berechnung** (falscher Gebührenberechnung, falschem Streitwert, nicht bedachten hohen Beweiskosten) oder auf **objektiv fehlerhaften Unterlagen** (zB versehentlich unrichtigen Angaben des Arbeitsamtes, LAG Bremen MDR 83, 789), dann haben die Voraussetzungen dieser konkreten Bewilligung nicht vorgelegen. Aufhebung und gfls gleichzeitige Neuberechnung und Neubewilligung ist möglich. Berechnungsfehler, die auf falschen Prämissen (Gebührentatbestände, Streitwert usw) beruhen, dürfen nicht nach § 319 berichtigt werden (Bamberg FamRZ 84, 1244).

12 **b)** Der Aufhebungstatbestand der Nr 3 setzt **kein Verschulden** der Partei voraus (Hamm Rpfleger 84, 432), ist aber auch erfüllt, wenn die Partei den Irrtum über das Vorliegen der Bewilligungsvoraussetzungen **leicht fahrlässig verschuldet hat** (arg Nr 2; Stuttgart FamRZ 86,

1124, 1125). Das Gericht hat dann eine Ermessensentscheidung zu treffen (Köln FamRZ 82, 1226; Düsseldorf MDR 82, 765; Rpfleger 87, 35 = JurBüro 87, 296; „kann" legt nicht nur die Zuständigkeit fest, wie Baumbach/Hartmann Rn 16 meint). Der Verschuldensgrad, erst recht fehlendes Verschulden (vgl LAG Düsseldorf JurBüro 84, 616), ist zu berücksichtigen und kann bei der Ermessensentscheidung den Ausschlag geben. Die Beschlußgründe müssen erkennen lassen, daß das Gericht sein Ermessen ausgeübt hat (Bremen FamRZ 84, 411).

c) **Unterläuft dem Gericht,** das PKH bewilligt, **ein Fehler bei der Würdigung vollständiger und richtiger Angaben** über die wirtschaftlichen Verhältnisse, so darf die PKH Bewilligung nicht aufgehoben werden, wenn das Gericht die Voraussetzungen für sie nachträglich anders beurteilt als anfangs (Bremen FamRZ 85, 728; Saarbrücken Rpfleger 87, 217 = JurBüro 87, 915; Zweibrükken JurBüro 87, 140 unter Aufgabe von JurBüro 85, 1569; Bamberg FamRZ 84, 1244; 89, 884; Hamburg Rpfleger 96, 163 f; LAG Düsseldorf JurBüro 88, 1224; LAGE ZPO § 124 Nr 5). Beruht die Bewilligung auf einer greifbaren Gesetzwidrigkeit (§ 127 Rn 32), dann soll nach OLG Bamberg (FamRZ 89, 884) der Vertrauensschutz zurücktreten und eine Bewilligung analog § 124 Nr 3 aufgehoben werden (PKH war bewilligt worden auf einen Antrag hin, der erst nach Abschluß des Rechtszuges gestellt worden war). Die Entscheidung ist bedenklich. Bei greifbar gesetzwidrigen Entscheidungen hat die Staatskasse ein Beschwerderecht (§ 127 Rn 33a). Nur auf ihre Beschwerde hin darf die Bewilligung aufgehoben werden 13

d) Hat die Partei absichtlich, vorsätzlich oder grobfahrlässig gehandelt, dann ist der **Aufhebungstatbestand der Nr 2 vorrangig** mit der Folge, daß die Aufhebungssperre von 4 Jahren ab rechtskräftiger Entscheidung oder Beendigung des Verfahrens entfällt (Nr 3 Hs 2). 14

e) Bei der Prüfung, ob die persönlichen oder wirtschaftlichen Voraussetzungen für PKH vorgelegen haben, darf **nur die Zeit vor Bewilligung** berücksichtigt werden. Miteinander zu vergleichen sind deshalb der Tatbestand des Bewilligungsbeschlusses und der in diesem Zeitpunkt wirklich gegebene Sachverhalt, der erst später bekannt geworden ist. Bewertungsumstände, die dem Gericht bei Bewilligung bekannt waren, die es aber nicht zu Lasten des Hilfsbedürftigen berücksichtigt hat (zB der Verkauf eines Hauses, Koblenz KoRsp ZPO § 124 Nr 15), dürfen nicht als erhebliche Veränderungen angesehen werden (Karlsruhe FamRZ 91, 840f); denn dies liefe auf eine unerlaubte Aufhebung wegen abweichender rechtlicher Beurteilung hinaus (Rn 13). Zwar haben auch dann die Bewilligungsvoraussetzungen objektiv nicht vorgelegen (Rn 11). Dem fiskalischen Interesse steht jedoch das schutzwürdige Vertrauen des Hilfsbedürftigen entgegen, daß seine finanzielle Belastung nicht von wechselnder Wertung des Gerichts abhängt, zumal da er möglicherweise nur im Hinblick auf den Inhalt der Bewilligungsentscheidung das Verfahren durchgeführt hat. 15

f) Dies zeigt, wie wichtig **sorgfältige Aufklärung im PKH-Prüfungsverfahren** ist. Das Gericht darf sich nicht damit begnügen, lediglich Angaben entgegenzunehmen, sondern muß um Aufklärung bemüht sein. Fragen nach Sparguthaben oder Ansprüchen gegen Dritte usw erleichtern gfls den Nachweis schuldhaft falscher Angaben nach Nr 2. Die Erklärungsvordrucke, die benutzt werden müssen (§ 117 III, IV), stellen zwar solche Fragen, sind aber so abstrakt, daß viele Bürger beim Ausfüllen Verständnisschwierigkeiten haben. 16

g) Bei der Vorprüfung, ob die PKH-Bewilligung nach § 124 Nr 3 aufzuheben ist, muß besonders beachtet werden, daß das Gericht nach seinem **Ermessen** entscheiden kann (Rn 3). Denn wenn selbst bei Vorliegen der schwerwiegenden Aufhebungsgründe der Nr 1, 2 an der Bewilligung festgehalten werden darf, muß dies erst recht gelten, wenn sich lediglich die finanziellen Verhältnisse verändert haben (arg a maiore ad minus). Bei der durch die Neufassung der §§ 120 IV, 124 Nr 2 bestätigten Rechtslage ist kein Raum mehr für das in der Rechtsprechung erkennbar gewordene Bemühen, zukünftigen Vermögenserwerb, ja sogar die zu erstreitende Summe als gegenwärtiges Vermögen zu behandeln (vgl zB Bamberg FamRZ 85, 504; Frankfurt FamRZ 84, 809; Hamm Rpfleger 86, 238 aE; Nürnberg FamRZ 89, 995 mit Anm Büttner; ausführlich Schneider Rpfleger 85, 49 sowie oben § 115 Rn 58, 63 aE). 17

h) Die PKH-Bewilligung darf im Fall des § 124 Nr 3 nicht mehr aufgehoben werden, wenn seit der rechtskräftigen Entscheidung oder der sonstigen Beendigung des Verfahrens **vier Jahre verstrichen** sind. Diese Frist entspricht § 120 IV 3 und der Verjährungsregelung in § 10 GKG. Über ihren Beginn und ihren Lauf s § 120 Rn 15. Eine **Verwirkung** des aus der Aufhebung abgeleiteten Kostenanspruchs der Staatskasse gegen den Hilfsbedürftigen kommt daneben nicht in Betracht. 18

5) **Ratenrückstände (Nr 4).** Die Kontrolle der Zahlungen und damit auch des Rückstandes obliegt dem Rechtspfleger (§ 20 Nr 4c RpflG). Bevor ein Aufhebungsbeschluß ergeht, muß die Partei auf Rückstände **hingewiesen** werden; sie darf durch die Aufhebung nicht überrascht werden (Rn 21). Daraus, daß in Nr 4 nur vom „Rückstand", nicht vom Verzug die Rede ist, ergibt sich (arg § 285 BGB), daß in diesem Fall **keine Verschuldensprüfung** erforderlich ist; denn ein Rückstand ist unabhängig davon, ob er schuldlos oder schuldhaft entstanden ist (zust LG 19

Dortmund JMBlNRW 83, 162; Schoreit/Dehn § 124 Anm 15; anders Frankfurt FamRZ 83, 1046; Köln Rpfleger 84, 200; Hamm FamRZ 86, 1127; Düsseldorf JurBüro 87, 914; Saarbrücken JurBüro 88, 510; Bamberg JurBüro 92, 250; Zweibrücken JurBüro 92, 412 = Rpfleger 117: Rückstand = schuldhafter Verzug, was wegen der Beweislastverteilung des § 285 BGB weitgehend zum selben Ergebnis führen wird). Mangelndes Verschulden muß jedoch bei der zu treffenden Ermessensentscheidung (Stuttgart Justiz 86, 14; Hamm JurBüro 92, 621 = Rpfleger 257; s oben Rn 12) berücksichtigt werden und kann dabei den Ausschlag geben (Schleswig JurBüro 93, 691; LAG Düsseldorf JurBüro 84, 616), zB wenn dem Hilfsbedürftigen der Zahlungsbeginn oder die Zahlstelle nicht mitgeteilt worden ist (LAG Niedersachsen JurBüro 85, 1575). Umgekehrt kann daraus auf Verschulden geschlossen werden, daß die Partei keine Erklärungen abgibt und auf Mahnungen nicht reagiert (Stuttgart Justiz 86, 14; Hamm aaO).

19a Ist die Zahlungsverzögerung auf eine Verschlechterung der Einkommensverhältnisse des Hilfsbedürftigen zurückzuführen, dann ist bei Einholung seiner Stellungnahme (Art 103 I GG) ein Hinweis der Partei auf die Verschlechterung ihrer wirtschaftlichen Lage als **Abänderungsantrag** (s § 120 Rn 16a) zu deuten (ebenso LAG Bremen AnwBl 88, 78, 89 = MDR 88, 81; LG Dortmund JMBlNRW 83). Vor einer Aufhebung muß deshalb die Hilfsbedürftigkeit erneut beurteilt und insbesondere überprüft werden, ob die im Bewilligungsbeschluß (§ 120 I) festgelegten Monatsraten mit Rückwirkung auf den Zeitpunkt der Vermögensverschlechterung zum Ruhen zu bringen oder zu ermäßigen sind (KG FamRZ 84, 412; Schleswig SchlHA 84, 174; Hamm FamRZ 86, 1127; Düsseldorf FamRZ 93, 1474; LGe Tübingen Rpfleger 84, 478; Marburg Rpfleger 94, 469; LAGe Düsseldorf JurBüro 84, 616; Köln EzA ZPO § 120 Nr 2 m Anm Schneider; OVG Saarland JurBüro 88, 370). Dies ist zwar im Gesetz nicht ausdrücklich erwähnt, ergibt sich aber aus dem Zweck der PKH, einem Hilfsbedürftigen diejenige Kostenunterstützung zu gewähren, auf die ihm nach seinen persönlichen und wirtschaftlichen Verhältnissen ein Anspruch zusteht.

20 **III) Aufhebungsverfahren: 1) Zuständigkeit:** Werden die Erfolgsaussichten der Rechtsverfolgung oder -verteidigung vorgetäuscht (§ 124 Nr 1), so ist die Entscheidung, ob die PKH-Bewilligung aufzuheben ist, richterliche Aufgabe. Die **Kontrolle der übrigen Aufhebungsgründe** (§ 124 Nr 2–4) **obliegt dem Rechtspfleger** (§ 20 Nr 4c RpflG). Diese Kompetenzverteilung gilt auch, wenn die PKH-Bewilligung nicht aufgehoben, sondern nur zum Nachteil des PKH-Berechtigten geändert wird (Rn 5). Ebenso wie im Fall des § 120 IV (dort Rn 14 c) kann der Rechtspfleger über die Zahlungen entscheiden, die der PKH-Berechtigte auf die Prozeßkosten zu leisten hat (Kalthoener/Büttner Rn 852; anders LAG Bremen MDR 83, 789; MK/Wax Rn 4).

21 2) **Das Aufhebungsverfahren wird von Amts wegen eingeleitet;** eines Antrages bedarf es nicht. Jeder Antrag gibt aber Anlaß zur Überprüfung von Amts wegen . Mangels Antragsrechts haben die Parteien kein Beschwerderecht, wenn die PKH-Bewilligung nicht aufgehoben wird (§ 127 Rn 45). Vor jeder Entscheidung über die Aufhebung der Bewilligung ist dem Hilfsbedürftigen **rechtliches Gehör** zu gewähren (Art 103 I GG; LAG Köln EzA ZPO § 120 Nr 2 m Anm Schneider; LGe Aachen AnwBl 83, 327; Marburg Rpfleger 94, 469 mwN, ebenso dem beigeordneten **Rechtsanwalt** (LG Marburg aaO), wenn diesem durch die Aufhebung der Bewilligung Vergütungsansprüche gegen die Staatskasse entgehen können. Das ist bis zum Abschluß der Instanz der Fall; denn bis dahin können jedenfalls noch Vergleichsgebühren (§ 23 BRAGO) entstehen. – Auch **der Gegner ist zu hören;** wenn er durch die Aufhebung der Bewilligung die Vergünstigungen der §§ 122 II ZPO, 58 II 2 GKG verlieren kann. § 122 ZPO, wonach der Gegner einstweilen von den Gerichtskosten befreit wird, ist nicht anwendbar, wenn die PKH-begünstigte Partei Zahlungen zur Deckung der Prozeßkosten an die Staatskasse zu leisten hat, und ebensowenig, wenn dem Beklagten oder Rechtsmittelbeklagten PKH bewilligt worden war. In diesen Fällen ist der Gegner nicht zu hören, es sei denn, § 58 II 2 GKG ist anzuwenden. Hiernach soll der Kläger oder Rechtsmittelkläger nicht für die Gerichtskosten haftbar gemacht werden, wenn dem in die Kosten verurteilten Beklagten oder Rechtsmittelbeklagten PKH bewilligt worden war. Ist der KLäger bzw Rechtsmittelkläger in die Kosten verurteilt worden, so kann der Gegner eine Vergünstigung nicht verlieren und braucht nicht angehört zu werden, bevor die PKH-Bewilligung aufgehoben wird.

22 3) **Beweislast.** Das Gericht darf die PKH-Bewilligung nur aufheben, wenn die tatbestandlichen Voraussetzungen eines Aufhebungsgrundes feststehen. Zweifel gehen nicht zu Lasten des Hilfsbedürftigen, sondern verhindern eine aufhebende Entscheidung (Düsseldorf MDR 93, 391). Bei der Beweiswürdigung kann jedoch gegen den Hilfsbedürftigen verwertet werden, daß dieser sich an der Aufklärung nicht beteiligt oder sie gar zu erschweren oder zu verhindern trachtet (s Rn 4; § 114 Rn 36; § 118 Rn 17).

23 4) **Entscheidung:** Die Aufhebung der Bewilligung geschieht durch Beschluß, der formlos mitzuteilen ist und keine Kostenentscheidung enthält. Zur **Beschwerdebefugnis** s § 127 Rn 42.

24 **IV) Rechtsfolgen.** 1) Die Aufhebung der Bewilligung bewirkt, daß die **Vergünstigungen des § 122 entfallen** und der Hilfsbedürftige **alle ungedeckten Kosten** als Antragsteller der Instanz

(§ 49 GKG) **schuldet** (Düsseldorf MDR 89, 365). Die Gerichtskosten, Gerichtsvollzieherkosten und die nach § 130 BRAGO auf die Staatskasse übergegangenen Ansprüche des beigeordneten Anwalts können uneingeschränkt gegen die Partei geltend gemacht werden. Der **beigeordnete Anwalt** ist unbeschadet des Fortbestehens seiner bereits entstandenen Vergütungsansprüche gegen die Staatskasse (Rn 25) durch § 122 I Nr 3 nicht mehr gehindert, seinen Anspruch auf die gesetzliche Vergütung gegen den Mandanten zu verfolgen, auch eine Festsetzung nach § 19 BRAGO zu beantragen. Für den **Gegner** hat die Aufhebung die Wirkung, daß seine einstweilige Befreiung von Kosten nach § 122 II entfällt. Ist der Hilfsbedürftige verurteilt worden, die Kosten des Rechtsstreits zu tragen, dann schuldet er sie nach § 54 Nr 1 GKG, und zwar auch diejenigen Beträge, von deren Zahlung der Gegner einstweilen freigestellt war.

1) Die Streitfrage, ob die Aufhebung der PKH-Bewilligung zurückwirkt (bejaht von MK/Wax Rn 23, verneint von Stein/Jonas/Bork Rn 30 mwN), hat keine Bedeutung. Jedenfalls bringt die Aufhebung bereits begründete **Honoraransprüche des beigeordneten Anwalts gegen die Staatskasse** nicht zum Erlöschen (Düsseldorf Rpfleger 82, 396; 84, 115; LG Koblenz JurBüro 84, 935). Hat der Anwalt allerdings bei der Irreführung des Gerichts mitgewirkt, so kann zum Verlust des Vergütungsanspruchs führen (LAG Düsseldorf JurBüro 90, 763). Seine Vollmacht bleibt bestehen, da die Aufhebung kein Erlöschensgrund nach § 87 ist (RGZ 95, 338). Der Gegner des Hilfsbedürftigen muß den Aufhebungsbeschluß hinnehmen und kann nicht geltend machen, der Beschluß sei zu Unrecht ergangen, so daß er nicht als Zweitschuldner in Anspruch genommen werden dürfe (KG Rpfleger 79, 152). 25

2) Ist die PKH-Bewilligung nach § 124 Nr 4 aufgehoben worden, dann kann nach Meinung des OLG Düsseldorf (Rpfleger 95, 467 = FamRZ 96, 617 f) die hiervon betroffene Partei nicht **erneut PKH für dieselbe Instanz** beantragen, damit die Aufhebung der PKH-Bewilligung nicht ins Leere geht (ebenso MK/Wax Rn 14, anders Rn 4 für die Fälle des § 124 Rn 1–3). Gegen jene Auffassung spricht aber, daß weder die Bewilligung noch die Aufhebung der PKH in Rechtskraft erwachsen. Auch längere Zeit nach der Aufhebung kann die Partei noch Beschwerde einlegen und diese auf bisher nicht vorgebrachte Tatsachen stützen (§ 570). Nur wenn über eine Beschwerde bereits entschieden worden ist, besteht kein Rechtsschutzbedürfnis für einen neuen PKH-Antrag, der nur auf Tatsachen gestützt wird, über die bereits im ersten Verfahren entschieden worden ist (Stein/Jonas/Bork Rn 30 u § 117 Rn 33). Auf einen erneuten Antrag hin darf das Gericht nur mit Wirkung ab Antragstellung PKH bewilligen (§ 119 Rn 37). Konsequenz: Ist die Instanz bereits beendet, so darf für sie keine PKH mehr bewilligt werden. 26

125 *[Einziehung der Gerichtskosten vom Gegner]*

(1) Die Gerichtskosten und die Gerichtsvollzieherkosten können von dem Gegner erst eingezogen werden, wenn er rechtskräftig in die Prozeßkosten verurteilt ist.

(2) Die Gerichtskosten, von deren Zahlung der Gegner einstweilen befreit ist, sind von ihm einzuziehen, soweit er rechtskräftig in die Prozeßkosten verurteilt oder der Rechtsstreit ohne Urteil über die Kosten beendet ist.

I) **Grundgedanken.** Vom Hilfsbedürftigen dürfen Gerichtskosten erst eingezogen werden, wenn die PKH-Bewilligung aufgehoben worden ist (§ 124). In § 125 ist deshalb nur die Einziehung von Gerichtskosten beim Gegner der hilfsbedürftigen Partei geregelt. Dabei ist unterschieden zwischen den Kosten, von denen der Hilfsbedürftige nach § 122 I Nr 1a freigestellt worden ist (Abs 1) und denjenigen, von denen ihr Gegner gem § 122 II einstweilen befreit ist (Abs. 2). 1

1) Ungeachtet dessen, welche Partei einstweilen von den Kosten befreit war, dürfen die Gerichts- und Gerichtsvollzieherkosten vom Gegner immer eingezogen werden, wenn er **rechtskräftig verurteilt** worden ist, die Prozeßkosten zu zahlen (125 II).

2) Kosten, von denen der Gegner nach **§ 122 II** einstweilen befreit war, also dann, wenn der Hilfsbedürftige Kläger oder Rechtsmittelführer war und keine Raten zu zahlen hatte, können vom Gegner auch dann eingezogen werden, wenn der **Rechtsstreit ohne Kostenentscheidung beendet** worden ist. Der wichtigste Anwendungsfall ist die **Kostenübernahme im Prozeßvergleich** (§ 54 Nr 2 GKG).

3) Wann ein Urteil rechtskräftig wird, läßt sich nicht im voraus sagen. Deshalb hat der Kostenbeamte zu verfügen, daß die Akten nach Ablauf der Rechtsmittelfrist (§§ 516, 552) zur Feststellung der Rechtskraft wieder vorzulegen sind, spätestens aber nach einem halben Jahr, damit er feststellen kann, ob der Rechtsstreit nicht betrieben wird und dadurch beendet worden ist (§ 9 III 2 KostVfg).

4) Nach § 130 BRAGO auf die Staatskasse übergegangene **PKH-Anwaltskosten** können auch vor Eintritt der Rechtskraft gegen den erstattungspflichtigen Gegner geltend gemacht werden (LG Frankenthal JurBüro 89, 805).

2 **II) Fallgestaltungen.** Das Verständnis der abstrakten Regelung in § 125 wird erleichtert, wenn man die einzelnen Einziehungssituationen auseinanderhält:

1) Der Kläger hat PKH. a) Er wird **verurteilt, die Kosten zu tragen.** Dann sind weder von ihm noch vom Beklagten Gebühren und Auslagen zu erheben. Die Voraussetzungen des § 125 sind nicht erfüllt; diese Vorschrift geht den §§ 68, 69 GKG vor. Anders ist es, wenn der Beklagte als Übernahmeschuldner nach § 54 Nr 2 GKG haftet. Die Kostenübernahme kann auch in tatsächlicher Zahlung liegen; das sog Starksagen für die Kosten durch den Anwalt ist dagegen nur Garantieübernahme (Hamm Rpfleger 75, 37). Bei teilweiser Kostenübernahme kommt entsprechende Teileinziehung in Betracht.

3 **b)** Ist der **Beklagte zur Kostentragung verurteilt,** so sind von ihm nach Rechtskraft des Urteils alle Gebühren und Auslagen zu erheben. Wird in der Rechtsmittelinstanz die Zahlungspflicht des Beklagten durch einen Vergleich geändert, dann können die Kosten vom Beklagten nicht auf Grund des erstinstanzlichen Urteils beigetrieben werden, da dessen Kostenentscheidung nicht rechtskräftig wird.

4 **c)** Werden die **Kosten durch Urteil gegeneinander aufgehoben,** dann ist die Hälfte aller Gebühren und Auslagen nach Rechtskraft des Urteils vom Beklagten einzuziehen (§ 92 I 2). Sind die Kosten nach Quoten verteilt, dann ist der auf den Beklagten entfallende Bruchteil von ihm zu erheben.

5 **d) Endet der Rechtsstreit ohne Entscheidung,** also durch Vergleich oder durch Klagerücknahme ohne Kostenbeschluß (LG Trier Rpfleger 59, 66), durch Anordnung der Verfahrensruhe, ohne daß sie auf Parteiantrag (§ 251) beruht, oder wird er ohne Anordnung der Verfahrensruhe länger als sechs Monate nicht betrieben, ohne daß die Parteien auf Anfrage gegenteilige Erklärungen abgeben, dann sind vom Beklagten folgende Kosten zu erheben: die auf seinen Antrag entstandenen Schreibauslagen (§ 56 GKG) und die auf seinen Antrag entfallenden Auslagen (§§ 88, 69 GKG), selbst wenn der Kläger sie durch Vergleich übernommen hat. Bei Abschluß eines Prozeßvergleichs kommen hinzu diejenigen Kosten, die der Beklagte darüber hinaus übernommen hat (KG JW 37, 578). Tatbestandsmäßig haftet auch der Kläger für alle Kosten als Antragsteller der Instanz (§§ 49, 68, 69 GKG); eine Einziehung bei ihm ist aber ausgeschlossen, solange die Bewilligung von PKH nicht aufgehoben ist (§ 124). Enthält ein dem Gericht mitgeteilter außergerichtlicher Vergleich keine Vereinbarung über die Gerichtskosten, dann ist analog § 98 zu verfahren, also Aufhebung der Kosten gegeneinander zu unterstellen (Lindemann JW 36, 79). Hat der Vergleich einen Mehrwert, dann ist der höhere Wert nicht von der PKH gedeckt; beide Parteien haften nach den §§ 49 S 1, 58 GKG für die Gebühren nach GKG-KostVerz Nr 1660 als Gesamtschuldner. Bei Klagerücknahme kann der Beklagte einen Kostenbeschluß nach § 269 III ZPO beantragen. Dann ergeht ein solcher, und die Prozeßlage zu oben Rn 2 tritt ein.

6 **2) Der Beklagte hat PKH. a)** Wird dann **der Kläger in die Kosten verurteilt,** sind von ihm alle Gebühren und Auslagen einzuziehen.

7 **b)** Wird **der hilfsbedürftige Beklagte in die Kosten verurteilt,** so wären an sich nach Urteilserlaß alle Kosten vom Kläger als Zweitschuldner gem §§ 49, 68, 69 GKG einzuziehen, und zwar auch die Auslagen, für die der Beklagte nach §§ 68, 69 GKG vorschußpflichtig war. Da aber der Beklagte als Kostenschuldner (§ 54 Nr 1 GKG) PKH genießt, kann die Zweitschuldnerhaftung des Klägers (§§ 49 S 1, 58 I GKG) für die gesamten Gerichtskosten nach § 58 II 2 GKG nicht geltend gemacht werden. Diese Bestimmung gibt dem Kläger auchdas Recht, Gerichtskostenvorschüsse zurückzufordern, die er bezahlt hat (sehr str; s oben § 122 Rn 25). – Ist der verurteilte hilfsbedürftige Beklagte Antragsteller der Instanz iS des § 49 S 1 GKG (als Beschwerdeführer, Rechtsmittelkläger, Widerspruchseinleger nach § 696 I 1, Einspruchseinleger nach §§ 700, 341a), dann ist hinsichtlich des Klägers für dessen Vorschußpflicht § 69 GKG anzuwenden. Die Vorschußpflicht ist nämlich eine endgültige Zahlungspflicht, die unabhängig davon ist, ob der Beklagte in die Kosten verurteilt wird. Auch wenn der Beklagte zur Kostentragung verurteilt wird oder er die Kosten übernimmt, muß der Kläger die Auslagen nachzahlen, die er nach § 68 GKG vorschußweise zu zahlen verpflichtet war. Da in § 69 S 2 GKG auf § 58 II verwiesen ist, kann der Kläger nach § 123 die von ihm **gezahlten** Kosten gegen den verurteilten Beklagten gemäß §§ 103 ff festsetzen lassen (s dazu und zur Rückerstattung bereits gezahlter Gerichtskosten § 122 Rn 25).

8 **c)** Werden die **Kosten durch Urteil gegeneinander aufgehoben** (§ 92), dann ist der Kläger als Entscheidungsschuldner (§§ 54 Nr 1, 68, 69 GKG) wegen der Hälfte aller Gebühren und Auslagen in Anspruch zu nehmen. Die andere Hälfte der Gerichtskosten kann wegen § 58 II 2 GKG nicht

von der Staatskasse geltend gemacht werden, da die Antragstellerhaftung (§§ 49, 68, 69 GKG) insoweit nachrangig ist.

d) Wurde der **Rechtsstreit ohne Entscheidung erledigt,** dann sind die Gebühren und Auslagen vom Kläger einzuziehen (§§ 49, 68, 69 GKG). Hat der hilfsbedürftige Beklagte die Kosten in einem Prozeßvergleich teilweise übernommen (§ 54 Nr 2 GKG), dann kann die Staatskasse den Kläger wegen dieses Kostenanteils als Zweitschuldner in Anspruch nehmen mit der Folge, daß der Kläger diese Kosten über § 123 wieder beim Beklagten hereinholen darf (s § 123 Rn 6). 9

3) Beide Parteien haben PKH. Dann kommt die Inanspruchnahme einer Partei wegen § 58 II 2 GKG praktisch nur in Betracht, wenn sie die Kosten durch Prozeßvergleich übernommen hat (§ 54 Nr 2 GKG) oder die PKH-Bewilligung aufgehoben worden ist (§ 124) oder die Partei mit Raten belastet ist (s § 122 Rn 21, 25). 10

III) Für die **Rechtsmittelinstanz** gelten die Ausführungen in Rn 2–10 entsprechend. Maßgebend ist, welche Partei das Rechtsmittel eingelegt hat. Der **Rechtsmittelkläger ist Antragsteller der Instanz;** für ihn gelten die Ausführungen zum Kläger, für seinen Gegner die zum Beklagten. Bei Erhebung einer **Widerklage** oder Einlegung einer **Anschlußberufung** oder eines **selbständigen Rechtsmittels** fällt die Befreiung des Gegners (§ 122 II) fort. Im Umfang der von ihr eingelegten Anschlußberufung ist daher eine Partei ohne Rücksicht auf PKH-Bewilligung für den Gegner vorschußpflichtig, auch wenn ihr PKH zur Rechtsverteidigung im Berufungsverfahren bewilligt worden ist (Düsseldorf JW 32, 3641). 11

126 *[Beitreibung der Anwaltskosten]*

(1) Die für die Partei bestellten Rechtsanwälte sind berechtigt, ihre Gebühren und Auslagen von dem in die Prozeßkosten verurteilten Gegner im eigenen Namen beizutreiben.

(2) Eine Einrede aus der Person der Partei ist nicht zulässig. Der Gegner kann mit Kosten aufrechnen, die nach der in demselben Rechtsstreit über die Kosten erlassenen Entscheidung von der Partei zu erstatten sind.

I) Selbständiges Beitreibungsrecht. Nach § 121 BRAGO kann der beigeordnete **Anwalt** seine Vergütung von der Staatskasse fordern. Um diese zu entlasten, gibt § 126 ihm das Recht, seine **Wahlanwaltsgebühren** nach § 11 BRAGO und seine Auslagen **bei dem Gegner beizutreiben,** der zur Kostentragung verurteilt worden ist oder sie durch Vergleich übernommen hat (§ 54 Nr 2 GKG; Düsseldorf JurBüro 93, 29 = MDR 185). Das Beitreibungsrecht setzt also einen Kostengrundtitel gegen den Gegner voraus. Für die Kostenfestsetzung zugunsten des Anwalts gelten die §§ 103 ff. Zuständig ist der Rechtspfleger (§ 21 I Nr 1 RpflG). Vollstreckt der Anwalt nur wegen seiner Kosten, dann braucht er nicht die im Urteil berechnete Sicherheit zu leisten, die sich nach der Hauptsache und den Kosten richtet, sondern nur eine den Kosten entsprechende Teilsicherheit (Bamberg Rpfleger 81, 455). 1

1) Entstehung. Das selbständige Beitreibungsrecht **entsteht als auflösend bedingtes Recht mit der Verkündung** eines vorläufig vollstreckbaren Urteils (Frankfurt Rpfleger 90, 468); unbedingt (endgültig) ist es von der Rechtskraft oder einem Prozeßvergleich an. Die auflösende Bedingung kann eintreten durch eine abändernde Entscheidung oder durch einen vor Rechtskraft geschlossenen Prozeßvergleich (Frankfurt MDR 61, 780). Hat der Anwalt auf Grund eines 2 für **vorläufig vollstreckbar erklärten Urteils** die Kosten festsetzen und beitreiben lassen, dann haftet er persönlich nach § 717 II für den entstandenen Schaden (Hamburg JW 32, 672).

3 2) **Gegenstand.** a) Der Anwalt darf **nur die nach § 91 erstattungsfähigen Kosten** beitreiben, also solche, die auch eine vermögende Partei wegen der Anwaltstätigkeit vom Gegner ersetzt verlangen könnte. War der während des Rechtsstreits beigeordnete Anwalt **vorher** bereits als **Vertrauensanwalt** für die Partei tätig, dann ist der Anspruch aus § 126 beschränkt auf die Vergütung für solche Tätigkeiten, die nach der Beiordnung vorgenommen worden sind. Der Anwalt darf die vollen Gebühren vom Gegner verlangen, nicht nur die verminderten Gebühren, die ihm die Staatskasse nach § 123 BRAGO schuldet (Düsseldorf JurBüro 93, 29 = MDR 185; Zweibrücken JurBüro 93, 680). Er darf nur Kosten beitreiben, die die Staatskasse noch an ihn nicht gezahlt hat (VGH Baden-Württemberg JurBüro 92, 542 f); denn seine Forderung ist auf die Staatskasse übergegangen, soweit diese gezahlt hat (§ 130 BRAGO).

4 b) Waren der obsiegenden Partei nacheinander **mehrere Anwälte beigeordnet** worden, so hat der einzelne Anwalt nur hinsichtlich der auf ihn entfallenden erstattungsfähigen Beträge ein Beitreibungsrecht. Ist der Gegner nach § 91 nur zur Erstattung der Kosten eines Anwalts verpflichtet, dann schließt die Festsetzung der Gebühren und Auslagen zugunsten eines Anwalts die weitere Festsetzung derselben Gebühren für den anderen Anwalt aus. Dieser ist auch nicht berechtigt, gegen den zu Gunsten des anderen Anwalts erlassenen Kostenfestsetzungsbeschluß Beschwerde einzulegen.

5 c) Das Beitreibungsrecht setzt einen Kostengrundtitel voraus (oben Rn 1). Das führt zu folgenden Konsequenzen bei **Zwangsvollstreckungskosten:** War der beigeordnete Anwalt **im Hauptprozeß und im Zwangsvollstreckungsverfahren beigeordnet,** dann sind durch die Kostengrundentscheidung auch Vollstreckungskosten nach § 788 I tituliert und können vom Anwalt im eigenen Namen beigetrieben werden. War **PKH nur für die Zwangsvollstreckung bewilligt** und der Anwalt nur hierfür beigeordnet worden, dann hat der Anwalt nur dann einen Beitreibungsanspruch nach § 126, wenn im Vollstreckungsverfahren eine Kostengrundentscheidung ergeht, zB im Beschwerdeverfahren. Wenn er im Hauptverfahren nicht tätig war, kann er nicht nach § 126 vorgehen, um den Kostenerstattungsanspruch aus § 788 I geltend zu machen. (LG Berlin Rpfleger 79, 346).

6 3) In der **Prozeßführung** wird die hilfsbedürftige Partei durch § 126 nicht beschränkt, auch wenn dadurch der Kostenanspruch des Anwalts beeinträchtigt wird. Der Anwalt muß es hinnehmen, daß er durch **Klagerücknahme, Erledigungserklärung** usw sein Beitreibungsrecht verlieren kann. Auch durch einen **Kostenvergleich** nach Erlaß des Instanzurteils, aber vor seiner Rechtskraft können die Parteien den Kostenbeitreibungsanspruch des beigeordneten Anwalts zu Fall bringen. Der kostenpflichtige Gegner kann dem Anwalt (oder der Staatskasse: § 130 BRAGO) eine vor Urteilsrechtskraft vereinbarte abweichende Kostenregelung entgegenhalten (KG Rpfleger 62, 161; Schleswig JurBüro 62, 48). Diesen Rechtsverlust kann der Anwalt nicht durch Vorausabtretung künftiger Erstattungsansprüche des Hilfsbedürftigen abwenden, weil hier keine abtretbaren Ansprüche entstehen (Schleswig JurBüro 66, 1064).

7 **II) Kostenfestsetzung und Beitreibung**

1) Die **Festsetzung** der Kosten kann **auf den Namen der Partei** beantragt werden. Die PKH, die der Partei bewilligt worden war, erstreckt sich auch hierauf (§ 119 Rn 15), nicht aber auf die Zwangsvollstreckung aus dem Kostenfestsetzungsbeschluß (§ 119 Rn 33). Das Recht des beigeordneten Anwalts auf Festsetzung im eigenen Namen steht der Festsetzung zugunsten der Partei nicht entgegen (Frankfurt JurBüro 79, 714; Wax Anm zu BGH LM 4 zu § 126 ZPO). Die Partei bedarf zur Festsetzung auf ihren Namen nicht der Zustimmung des Anwalts (Hamm AnwBl 82, 383). Zweifel, für wen der Antrag gestellt wird, sind durch Rückfragen zu klären (Rn 8). Sind die Kosten zugunsten der Partei festgesetzt, dann kann der Anwalt hiergegen kein Rechtsmittel mit dem Ziel einlegen, eine Festsetzung für sich zu erreichen (Koblenz JurBüro 82, 775 m Anm Mümmler = KoRsp ZPO § 126 Nr 4 m Anm Lappe).

8 2) Der beigeordnete **Anwalt kann im eigenen Namen die Festsetzung** seiner Gebühren und Auslagen gegen den Gegner **verlangen**. Hierzu bedarf es eines eindeutigen **Antrages.** Unklarheiten sind durch Rückfragen zu beheben. Dies wird in der Praxis oft versäumt und hat zu dem unzutreffenden Auslegungsgrundsatz geführt, daß ein Anwalt im Zweifel den Kostenfestsetzungsantrag namens seiner Partei stellt (Düsseldorf AnwBl 80, 376; Koblenz JurBüro 82, 775; Hamm AnwBl 82, 383; Kalthoener/Büttner Rn 672; Stein/Jonas/Bork Rn 13). Diese Auslegung ist unhaltbar angesichts der Nachteile, die sie für den Anwalt schafft (MK/Wax Rn 5), nämlich daß er Erfüllungshandlungen des Schuldners gegenüber seiner Partei gegen sich gelten lassen muß (unten Rn 16). **Parteien des Festsetzungs- und Beitreibungsverfahren** sind der Anwalt und der Gegner, gegen den sich die Festsetzung richtet. Der Mandant; dem der Anwalt beigeordnet worden war, ist nicht Partei (Ausnahme s unten Rn 11). Deshalb kann in diesem Verfahren nur

an den Anwalt, nicht an den Mandanten zugestellt werden. Dem Anwalt stehen alle Rechtsbehelfe aus eigenem Recht zu. Hat er die Kosten im eigenen Namen festsetzen lassen, dann kann er hieraus nicht für seinen Mandanten die **Zwangsvollstreckung** betreiben. Die **PKH wirkt** nur für diesen, **nicht für den Anwalt.** Für die Kosten des Festsetzungsverfahrens und der Zwangsvollstreckung muß er aufkommen.

3) Der Anwalt hat nach § 126 I eine ähnliche Rechtsstellung wie ein Gläubiger, dem eine gepfändete Geldforderung zur Einziehung überwiesen worden ist (§ 835; BGHZ 5, 252/253 = NJW 52, 786). Er ist Prozeßstandschafter seiner Partei (Stein/Jonas/Bork Rn 1). Diese verliert ihren **Kostenerstattungsanspruch** nicht. Ihr Anspruch **und das Beitreibungsrecht ihres Anwalts stehen selbständig nebeneinander** (BGH aaO und NJW 94, 3292 f = LM 4 zur § 126 ZPO = MDR 95, 99). Beide Rechte konkurrieren miteinander, und zwar auch, wenn der Partei PKH ohne Zahlungspflicht bewilligt worden war. Hiergegen wird geltend gemacht, einer solchen Partei entständen keine Kosten, deren Erstattung sie verlangen könnte (so KG AnwBl 83, 324; Saarbrücken JurBüro 87, 917/919; Hamm JurBüro 89, 1150 = AnwBl 90, 328; Lappe Rpfleger 84, 129; v Eicken KoRsp Anm zu § 126 ZPO Nr 8; Vorauflage); deshalb könnten hier die Rechte der Partei und des Anwalts nicht miteinander konkurrieren. Dem ist nicht zu folgen. Einerlei ob die Partei PKH hat oder nicht, ist ihr Kostenerstattungsanspruch nicht davon abhängig, ob sie ihrem Anwalt das Honorar bereits bezahlt hat oder schuldig geblieben ist (MK/Wax Rn 3; Habscheid u Schlosser ZZP 75, 322 ff). Auch § 122 I Nr 3 ergibt nicht, daß die Partei dem beigeordneten Anwalt kein Honorar schuldet, sondern im Gegenteil, daß ein Honoraranspruch besteht, der Anwalt ihn aber – ähnlich wie einen gestundeten Anspruch – nicht durchsetzen darf (Nürnberg AnwBl 83, 570; Hamburg MDR 85, 941; KG Rpfleger 87, 333; Stein/Jonas/Bork § 122 Rn 30). 9

4) **Vorrang des Beitreibungsrechts des Anwalts:** Hat die mit PKH prozessierende Partei die Kosten gegen ihren Gegner festsetzen lassen, so hindert die Festsetzung den beigeordneten Anwalt nicht daran, einen zweiten Kostenfestsetzungsbeschluß zu erwirken, durch den sein Honoraranspruch gegen den Gegner festgesetzt wird. Auch wenn er den ersten Kostenfestsetzungsbeschluß im Namen seiner Partei erwirkt hatte, hat er hierdurch nicht auf die Beitreibung seiner Kosten nach § 126 I verzichtet (BGHZ 5, 251/255; Kalthoener/Büttner Rn 672 mwN; anders Koblenz Rpfleger 83, 366; 91, 323 f; MDR 87, 1032; Wax Anm zu BGH LM 4 zu § 126 ZPO; MK/Wax Rn 16). Umgekehrt **hindert** aber **die Existenz einer Kostenfestsetzung nach § 126 I die Partei daran; gegen ihren Gegner dieselben Kosten festsetzen lassen,** die bereits zugunsten des beigeordneten Anwalts festgesetzt worden sind. Wie oben in Rn 9 ausgeführt, gibt die Festsetzung dem Anwalt eine ähnliche Rechtsstellung, wie sie ein Gläubiger hat, dem nach § 835 eine gepfändete Geldforderung zur Einziehung überwiesen worden ist. Analog § 829 I 2 kann die Partei über die Kostenforderung nicht mehr verfügen, die Gegenstand der Kostenfestsetzung zugunsten des Anwalts ist. 10

5) Folgt die Festsetzung für den Anwalt derjenigen für die Partei, so **muß der** Gegner **(Kostenschuldner)** davor **geschützt werden,** daß er dieselbe Schuld doppelt bezahlen muß. Er hat die Rechtsbehelfe des Kostenfestsetzungsverfahrens (§ 104 III) und kann Vollstreckungsgegenklage erheben. **Gegen eine Doppelzahlung** in Unkenntnis eines zweiten Beschlusses schützt ihn die Analogie zu den §§ 836 II ZPO, 409 BGB. Da mit der Festsetzung zugunsten des Anwalts dessen Partei die Befugnis verliert, über die Kostenerstattungsansprüche zu verfügen, die der Anwalt einzieht (oben Rn 10), **tritt der zugunsten der Partei erlassene Kostenfestsetzungsbeschluß** insoweit **außer Kraft.** Dies muß der zweite Festsetzungsbeschluß zum Ausdruck zu bringen (MK/Wax Rn 8; Stein/Jonas/Bork Rn 18; Kalthoener/Büttner Rn 677; Schoreit/Dehn Rn 8), um Beschwerden und Vollstreckungsabwehrklagen zu vermeiden. Da der zweite Festsetzungsbeschluß in diesem Punkt in die Rechte der Partei eingreift, zu deren Gunsten der erste Kostenfestsetzungsbeschluß ergangen war, muß ihr **rechtliches Gehör** gewährt werden, bevor der zweite Beschluß ergeht. Hierin liegt eine Ausnahme von dem Grundsatz, daß an der Festsetzung nach § 126 I nur der beigeordnete Anwalt und der Gegner seiner Partei beteiligt sind (oben Rn 8). 11

a) **Rückgabe des älteren Festsetzungsbeschlusses:** Üblich ist es, die Kostenfestsetzung für den Anwalt davon abhängig zu machen, daß die Partei auf die Rechte aus dem zu ihren Gunsten ergangenen Festsetzungsbeschluß verzichtet und ihn zurückgibt (BGHZ 5, 251/257; Kalthoener/Büttner Rn 677; Vorauflage Rn 18; anders Düsseldorf NJW 60, 1160 f). Dies kann der beigeordnete Anwalt zwar kraft der ihm erteilten Prozeßvollmacht tun (KG Rpfleger 62, 161). Die Befugnis hierzu fehlt ihm jedoch, wenn seine Partei seine Prozeßvollmacht widerrufen und sich mit ihm entzweit hat. Die ZPO enthält auch keine gesetzliche Grundlage, die dem Rechtspfleger das Recht gibt, die Kostenfestsetzung für den Anwalt zu verweigern, falls der frühere Festsetzungsbeschluß nicht zurückgegeben wird (Schönke NJW 52, 786). 12

b) **Umschreibung:** Wenn bereits ein Kostenfestsetzungsbeschluß zugunsten der PKH-berechtigten Partei ergangen ist und der beigeordnete Anwalt danach eine Festsetzung zu seinen 13

Gunsten verlangt, kann das Beitreibungsrecht aus dem ersten Kostenfestsetzungsbeschluß auf den beigeordneten Anwalt überschrieben werden, dem Kostenschuldner kann verboten werden, an die Partei zu zahlen, und aufgegeben werden, stattdessen an den Anwalt zu zahlen (Schönke NJW 52 786). So zu verfahren, ist vernünftig; jedoch enthält die ZPO keine entsprechenden Bestimmungen. § 727 ZPO hier analog anzuwenden, ist verfehlt (BGHZ 5, 251/255 = NJW 52 786 f; Stein/Jonas/Bork Rn 17; MK/Wax Rn 9); denn der Anwalt ist nicht Rechtsnachfolger seiner Partei. Es dient der Klarheit, auf diesen Sachverhalt nicht den Begriff der Titelumschreibung anzuwenden.

14 **III) Einreden gegen das Beitreibungsrecht.** Unter Einreden versteht das Gesetz hier alle Einwendungen des Gegners gegenüber dem Anwalt, mit denen er aus den Rechtsbeziehungen zur hilfsbedürftigen Partei das Erlöschen des Kostenerstattungsanspruchs herleitet (Koblenz Rpfleger 83, 366; Stein/Jonas/Bork Rn 6). Diese Regelung weicht von den §§ 404, 406, 413 BGB ab und verschlechtert die Rechtsstellung des Gegners im Vergleich zu derjenigen, die der Gegner einer begüterten Partei hat. Dieses Ergebnis hat der Gesetzgeber so gewollt, um die Staatskasse zu entlasten (Rn 1; Düsseldorf JurBüro 93, 29 = MDR 185). Es ist verfassungsrechtlich unbedenklich (BGH JurBüro 91, 714).

15 1) § 126 II 1 hindert den Gegner nicht daran, geltend zu machen, daß die Kostenentscheidung der ersten Instanz, aus der der Anwalt sein Beitreibungsrecht herleitet, durch eine **gegenteilige Kostenentscheidung der Rechtsmittelinstanz** geändert worden sei oder daß die **Parteien sich** vor Eintritt der Rechtskraft **anderweitig über die Kosten verglichen** hätten (BGHZ 5, 251/258 f = NJW 52, 786 f; Frankfurt MDR 61, 780; NJW 69, 154; Düsseldorf FamRZ 90, 420 f; MK/Wax Rn 14; oben Rn 6). Es kommt nicht darauf an, ob ein Prozeßvergleich oder ein außergerichtlicher Vergleich geschlossen wurde (BGH aaO). Unzulässig ist jedoch der Einwand, die arme Partei habe in einem nach Urteilsrechtskraft abgeschlossenen Vergleich auf die Kosten verzichtet oder sie übernommen (Köln MDR 56, 363).

16 2) **Zahlung, Aufrechnung, Erlaß:** Der Kostenschuldner kann dem beigeordneten Anwalt gegenüber nicht geltend machen, daß er die Kosten bereits an die bedürftige Partei bezahlt hat, daß diese ihm die Kosten erlassen hat oder daß er der Partei gegenüber oder diese ihm gegenüber aufgerechnet hat. Das gilt auch, wenn gezahlt, erlassen oder aufgerechnet worden war, bevor der Anwalt im eigenen Namen ein Kostenfestsetzungsgesuch einreichte (Stuttgart Rpfleger 87, 218; Frankfurt Rpfleger 90, 468; MK/Wax Rn 13; anders Schleswig JurBüro 79, 1205; Vorauflage Rn 27). Trotz Rückwirkung der Aufrechnung (§ 389 BGB) gilt das Aufrechnungsverbot auch, wenn die Gegenforderung schon fällig oder tituliert war, bevor der Anwalt beigeordnet wurde (Düsseldorf FamRZ 90, 420; Koblenz JurBüro 95, 203). Treu und Glauben können es dem Anwalt jedoch verwehren , sich auf das Aufrechnungsverbot zu berufen, wenn er selbst im Namen seiner Partei gegenüber dem Kostenschuldner aufgerechnet hatte (Hamburg JurBüro 90, 1311). **Immer kann der Kostenschuldner mit Kosten aufrechnen, deren Bezahlung ihm die hilfsbedürftige Partei nach einer Kostenentscheidung im selben Rechtsstreit schuldet** (Abs 2). Zu verrechnen sind dann die Kosten aller Instanzen (Hamm JurBüro 75, 946; Rpfleger 73, 438). Der Kostenschuldner kann gegenüber dem Anwalt auch die Ausgleichung der Beträge verlangen, die er auf Grund eines Kostenfestsetzungsbeschlusses der ersten Instanz bezahlt hat, wenn dieser Beschluß fortgefallen ist, weil die zweite Instanz die erstinstanzliche Kostenentscheidung geändert hat (Hamm JurBüro 75, 946).

17 3) **Zahlung, Aufrechnung oder Erlaß nach Kostenfestsetzung:** Der Einwand, daß die Kostenschuld durch Zahlung, Aufrechnung oder Erlaß erloschen ist, wird dem Kostenschuldner jedoch nicht mehr abgeschnitten, sobald die bedürftige Partei die Kosten gegen ihn festsetzen lassen hat (Düsseldorf FamRZ 90, 420). In diesem Fall hätte die Partei gegen ihn vollstrecken können. Dann muß es ihm auch gestattet sein, zur Abwendung der Zwangsvollstreckung freiwillig zu zahlen (BGH NJW 94, 3292/3294 = LM 4 zur § 126 ZPO Bl 3 R = MDR 95, 99 f; Hamm Rpfleger 73, 103; KG Rpfleger 77, 477; Saarbrücken JurBüro 87, 916; Stuttgart JurBüro 87, 919; Koblenz MDR 87, 1032; Schleswig SchlHA 90, 196 f = JurBüro 1195; Stein/Jonas/Bork Rn 15; v Eicken KoRsp ZPO § 126 Nr 8; anders Wax Anm zu BGH LM 4 zu § 126 ZPO; MK/Wax Rn 13). Durch eine solche Zahlung erlischt die Kostenforderung und kann nicht mehr vom Anwalt beigetrieben werden (BGHZ 5, 252/257; Neustadt MDR 58, 614; Bremen JurBüro 86, 1413; Frankfurt Rpfleger 90, 468; LG Bielefeld KoRsp BRAGO § 130 Nr 8 m Anm Schneider). Entsprechendes gilt, wenn die zugunsten der bedürftigen Partei festgesetzte Kostenforderung nach der Festsetzung abgetreten oder gepfändet wird (Hamburg JurBüro 83, 291; München Rpfleger 92, 257) oder durch Erlaß oder Aufrechnung erlischt (Neustadt aaO). Dem Anwalt bleibt dann nur die Möglichkeit, gegen die eigene Partei aus **Bereicherungsrecht** vorzugehen (LG Hof ZZP 75, 376; Habscheid/Schlosser ZZP 75, 337; Lappe Anm KoRsp ZPO § 126 Nr 26). Hat der Kostenschuldner gegenüber der hilfsbedürftigen Partei aufgerechnet, bevor zu deren Gunsten ein Kostenfestsetzungsbeschluß ergangen ist, die Aufrechnung aber während des Bestehens dieses Beschlusses nicht wiederholt,

dann beeinträchtigt die Aufrechnungserklärung den Beitreibungsanspruch des beigeordneten Anwalts nicht (KG Rpfleger 77, 451 mwN).

4) **Verlust der Aufrechnungsbefugnis durch Kostenfestsetzung für den Anwalt:** Ist ein Kostenfestsetzungsbeschluß zugunsten der mit PKH prozessierenden Partei ergangen, so kann der Kostenschuldner ihr gegenüber auch dann noch mit befreiender Wirkung aufrechnen, wenn ihm ein Gesuch des beigeordneten Anwalts übersandt wird, mit dem dieser eine Kostenfestsetzung zu seinen Gunsten verlangt. Um der Rechtssicherheit willen ist es nicht möglich, aus der Kenntnis des Kostenschuldners von dem Gesuch herzuleiten, daß er die Aufrechnungsbefugnis verliere (Stein/Jonas/Bork Rn 16). Diese Befugnis beruht darauf, daß die mit PKH prozessierende Partei gegen ihn vollstrecken kann, solange der zu ihren Gunsten ergangene Kostenfestsetzungsbeschluß existiert. Folgerichtig endet sie auch erst, wenn dieser Beschluß dadurch außer Kraft tritt, daß zugunsten des Anwalts ein neuer Kostenfestsetzungsbeschluß erlassen wird. Da aber die Rechtsstellung des beigeordneten Anwalts derjenigen eines Gläubigers gleicht, dem eine gepfändete Geldforderung zur Einziehung überwiesen worden ist (oben Rn 9), liegt es nahe, § 845 sinngemäß anzuwenden. Das bedeutet: Schon bevor ein Kostenfestsetzungsbeschluß zugunsten des beigeordnete Anwalts erlassen wird, kann dieser seiner Partei und dem Kostenschuldner die Benachrichtigung, daß der Beschluß erlassen werde, zustellen lassen, verbunden mit der Aufforderung an den Kostenschuldner, nicht mehr an die Partei zu zahlen, und mit der Aufforderung an die Partei, sich jeder Verfügung über den Kostenerstattungsanspruch, insbesondere der Einziehung, zu enthalten. Die Benachrichtigung an den Kostenschuldner hat die Wirkung eines Arrestes, sofern der beantragte Kostenfestsetzungsbeschluß innerhalb eines Monats an den Kostenschuldner zugestellt wird (entspr § 845 II 1). 18

5) Von der Frage, ob der Kostenschuldner aufrechnen kann, ist die weitere Frage zu unterscheiden, ob **die Aufrechnung im Beitreibungsverfahren zu berücksichtigen** ist. Dieses Verfahren ist ein Kostenfestsetzungsverfahren. In einem solchen kann die Aufrechnung mit rechtskräftig titulierten (KG Rpfleger 77, 451) oder unstreitigen Ansprüchen berücksichtigt werden (oben Herget § 103 Rn 21 „Aufrechnung"), ferner ein Kostenausgleich nach § 106. In den übrigen ist der Kostenfestsetzungsbeschluß zugunsten des beiordneten Anwalts zunächst zu erlassen. Dann kann der Kostenschuldner seine Aufrechnung mit der Vollstreckungsabwehrklage durchsetzen (MK/Wax Rn 18). 19

6) Zulässig sind weiter solche **Einwendungen, die im Verhältnis des Hilfsbedürftigen zu dem ihm beigeordneten Anwalt begründet sind,** etwa daß die Partei schon befreiend an ihn gezahlt oder daß er sein Mandat schuldhaft niedergelegt hat (KG JW 35, 1799), ferner daß der Anwalt die Rechtsmittelfrist versäumt hat und deshalb kein Honorar fordern darf (Karlsruhe MDR 92, 619). Wenn der Sachverhalt streitig ist, auf dem diese Einwendungen beruhen, können sie nicht im Kostenfestsetzungsverfahren berücksichtigt werden, sondern sind mit der Vollstreckungsabwehrklage geltend zu machen (oben Rn 19). 20

IV) Erfüllt die Staatskasse den Honoraranspruch des beigeordneten Anwalts, dann geht dessen Anspruch aus § 126 I gegen den Gegner auf sie über, sofern dem Anwalt ein selbständiges Beitreibungsrecht nach § 126 zugestanden hatte (§ 130 BRAGO; Einzelheiten s Mümmler JurBüro 94, 264 f). Der Gegner kann ihr gegenüber nur die Einwendungen geltend machen, die ihm auch gegenüber dem Anwalt zugestanden hätten (oben Rn 14–20). Bei der hilfsbedürftigen Partei darf die Staatskasse die Kosten erst beitreiben, nachdem die PKH-Bewilligung gemäß § 124 widerrufen worden ist. 21

127 *[Entscheidung; Beschwerde]*

(1) Entscheidungen im Verfahren über die Prozeßkostenhilfe ergehen ohne mündliche Verhandlung. Zuständig ist das Gericht des ersten Rechtszuges; ist das Verfahren in einem höheren Rechtszug anhängig, so ist das Gericht dieses Rechtszuges zuständig. Soweit die Gründe der Entscheidung Angaben über die persönlichen und wirtschaftlichen Verhältnisse der Partei enthalten, dürfen sie dem Gegner nur mit Zustimmung der Partei zugänglich gemacht werden.

(2) Die Bewilligung der Prozeßkostenhilfe kann nur nach Maßgabe des Absatzes 3 angefochten werden. Im übrigen findet die Beschwerde statt.

(3) Gegen die Bewilligung der Prozeßkostenhilfe findet die Beschwerde der Staatskasse statt, wenn weder Monatsraten noch aus dem Vermögen zu zahlende Beträge festgesetzt worden sind. Die Beschwerde kann nur darauf gestützt werden, daß die Partei nach ihren persönlichen und wirtschaftlichen Verhältnissen Zahlungen zu leisten hat. Nach Ablauf von drei Monaten seit der Verkündung der Entscheidung ist die Beschwerde unstatthaft. Wird die Entscheidung nicht verkündet, so tritt an die Stelle der Verkündung der Zeitpunkt, in dem die unterschriebene

Entscheidung der Geschäftsstelle übergeben wird. Die Entscheidung wird der Staatskasse nicht von Amts wegen mitgeteilt.

(4) Die Kosten des Beschwerdeverfahrens werden nicht erstattet.

1 **I)** Da es im Prüfungsverfahren keinen Prozeßgegner gibt, legt § 127 I 1 fest, daß das Bewilligungsverfahren ein **schriftliches Verfahren** ist. Dies ist auch sachgerecht; denn die **schriftsätzliche Darlegung** des Antragstellers und die **Beschaffung von Belegen** (§§ 117, 118) stehen ganz im Vordergrund. Da die in § 118 I 3 ausnahmsweise vorgesehene mündliche Erörterung keine mündliche Verhandlung ist, darf sie auch nicht zu einer solchen ausgedehnt oder umfunktioniert werden. Sonst bestünde die Gefahr, daß entgegen § 114 I 1 statt der hinreichenden Erfolgsaussicht schon die endgültige geprüft und damit unzulässigerweise die Entscheidung im Hauptprozeß vorweggenommen würde.

2 **1) Beschluß.** Eine stillschweigende PKH-Bewilligung ist ausgeschlossen. Sie muß **ausdrücklich vom Gericht** erklärt werden, da nach § 120 die Modalitäten genau festzulegen sind. Da im PKH-Bewilligungsverfahren keine Kostenerstattung vorgesehen ist (§ 118 I 4), ist dem ablehnenden oder bewilligenden Beschluß **keine Kostenentscheidung** beizufügen (s § 118 Rn 26).

3 **2) Begründung. a)** Die PKH-Bewilligung bedarf keiner Begründung, soweit das Gericht die Erfolgsaussichten der Rechtsverfolgung oder -verteidigung bejaht. Wird **die PKH verweigert,** so muß der Beschluß eine Begründung enthalten (Celle NdsRpfl 90, 43; Köln DAVorm 93, 586); sonst wird der Anspruch des Hilfsbedürftigen auf rechtliches Gehör (Art 103 I GG) verletzt, und er kann die ihm nach § 127 II 2 zustehende Beschwerde nicht sachgerecht begründen. Wird die Verweigerung gleichwohl nicht begründet, so kann die Partei dies mit der Beschwerde rügen. Das Beschwerdegericht wird den angefochtenen Beschluß dann aufheben und das PKH-Verfahren an die Vorinstanz zurückverweisen (§ 575; Karlsruhe FamRZ 91, 349). Zu begründen ist auch ein Beschluß, durch den einer Beschwerde gegen die PKH-Verweigerung nicht abgeholfen wird, wenn der Beschwerdeführer geltend macht, daß die Tatsachen nicht zutreffen, mit denen die Verweigerung begründet worden ist (Köln FamRZ 94, 1126). Einer Begründung bedürfen auch die **Ratenfestsetzung** und die Berechnung des einsetzbaren Vermögensteils (LAG Hamm BB 81, 1037; LAG Baden-Württ JurBüro 83, 293), weil sie eine Beschwer setzen (§ 127 Rn 31). Die bedürftige Partei muß wissen, auf Grund welcher Überlegungen das Gericht zu den von ihm festgesetzten Beträgen gekommen ist. Hier ist die Begründung nur der Partei mitzuteilen, der PKH bewilligt worden ist, nicht aber dem Gegner (§ 127 I 3). Wird die Erfolgsaussicht teilweise verneint und erhält die Partei im übrigen PKH mit Raten, so sind die Gründe zur Erfolgsaussicht beiden Parteien mitzuteilen, die Gründe zu den Raten nur der PKH-berechtigten Partei. Hier ist zu empfehlen, zwei Beschlüsse zu erlassen, zunächst einen über die teilweise PKH-Bewilligung, in dem die Entscheidung über die Raten vorbehalten bleibt, und gleichzeitig einen zweiten über die Ratenzahlung. Wegen der Aktenführung in diesen Fällen s § 120 Rn 20. Von einer Begründung

des Bewilligungsbeschlusses darf nur abgesehen werden, wenn PKH unter völliger Freistellung des Hilfsbedürftigen bewilligt wird. Dies gilt trotz § 127 III 1 auch bei Bewilligung ratenfreier PKH. Legt die Staatskasse Beschwerde ein, dann hat sie Aktenkenntnis oder kann sie sich nach § 299 I verschaffen (Karlsruhe Rpfleger 88, 424); das Gericht des ersten Rechtszuges hat dann im Nichtabhilfebeschluß eine Begründung nachzuholen (Celle NdsRpfl 90, 43). Ist ein Bewilligungsbeschluß unanfechtbar (§ 127 II), so ist eine knappe Begründung angebracht, wenn die Entscheidung den Hilfsbedürftigen beschwert.

b) Bei **Zurückweisung der Beschwerde** steht es dem Gericht frei, von den beiden Bewilligungsvoraussetzungen (hinreichende Erfolgsaussichten und Hilfsbedürftigkeit) nur eine zu verneinen, selbst wenn es auch die zweite nicht für gegeben hält. Das ist eine Frage der Begründungsökonomie. Manchmal ist es zweckmäßig, auf beide Voraussetzungen einzugehen, auch wenn die eine bejaht, die andere verneint wird. **Wird der Beschwerde stattgegeben,** so ist zu unterscheiden: Ist die Partei hilfsbedürftig und bejaht das Beschwerdegericht im Gegensatz zum Vorderrichter die Erfolgsaussicht (§ 114), dann wird es insoweit die ersetzende Entscheidung selbst treffen und die Auswahl des Anwalts dem Erstrichter überlassen. Hat dieser die Erfolgsaussicht nicht geprüft, sondern nur die Hilfsbedürftigkeit verneint, dann ist auch das Beschwerdegericht nur damit befaßt und hat sich zur Erfolgsaussicht nicht zu äußern. Hat der Erstrichter die Hilfsbedürftigkeit offengelassen und nur die Erfolgsaussicht verneint, dann überläßt das Beschwerdegericht ihm die Prüfung der Hilfsbedürftigkeit. Zur Erfolgsaussicht kann es selbst entscheiden oder bestimmte Punkte abschließend beurteilen und im übrigen zurückverweisen. Entscheidet es in diesem Fall zur Erfolgsaussicht endgültig und ergibt sich die Hilfsbedürftigkeit aus den vorliegenden Unterlagen, dann kann es insgesamt durchentscheiden, weil der Beschwerdeführer durch die vorgezogene Bewilligung nicht beschwert wird. Unabhängig von diesen Differenzierungen ist das Beschwerdegericht immer befugt, gem § 575 mit Anordnungen wegen des weiteren Verfahrens zurückzuverweisen (LSG NW FamRZ 89, 1315). 4

c) Bei **Verstoß gegen die Begründungspflicht** kann auf die Beschwerde hin der angefochtene Beschluß aufgehoben und das Verfahren an das Erstgericht zurückverwiesen werden (Karlsruhe FamRZ 91, 349; Köln DAVorm 93, 586; § 575 Rn 13). Das Beschwerdegericht kann auch selbst zur Sache entscheiden. 5

3) Verlautbarung. Wird in der mündlichen Verhandlung über die Hauptsache auch über die PKH entschieden, so ist der **Beschluß zu verkünden.** Anderenfalls ist er den Parteien (§ 176) **formlos mitzuteilen.** Wenn der Gegner angehört worden ist (§ 118 I 1), ist ihm auch ein ablehnender Beschluß mitzuteilen, obwohl er nicht beschwerdeberechtigt ist (§ 127 I 1). Diese Informationspflicht ergibt sich aus Art 103 I GG. Der Staatskasse wird der Beschluß nicht mitgeteilt (Abs 3 S 5). Sie ist nicht am Verfahren beteiligt (Philippi Rpfleger 95, 466), sondern macht nur Stichproben und hat ein beschränktes Beschwerderecht (Abs 3). 6

II) Zuständigkeit (Abs 1 S 2). 1) Grundsatz. Über die Bewilligung, Ablehnung und Aufhebung entscheidet **dasjenige Gericht, das auch im Hauptverfahren zu entscheiden hat.** Die Zuständigkeit des Kollegialgerichts oder des Einzelrichters (§§ 348, 349) wirkt fort. In der höheren Instanz ist der Einzelrichter nur zuständig, wenn er zur Sachentscheidung berufen ist (§ 524 III). Wird PKH für die **Zwangsvollstreckung** beantragt, dann obliegt die Entscheidung dem Vollstreckungsgericht (BGH MDR 79, 564), auch wenn es sich um eine **Familiensache** handelt (BGH aaO; Köln KoRsp ZPO § 114 Nr 159). Zur Verweisung im PKH-Verfahren s § 114 Rn 22. 7

2) Die funktionelle Zuständigkeit zur Entscheidung über ein PKH-Gesuch richtet sich danach, wer für die Hauptentscheidung zuständig ist. **a)** Vollstreckungsgericht ist der **Rechtspfleger,** soweit ihm die Zwangsvollstreckung übertragen ist (§ 20 Nr 5 RPflG). Das **Prozeßgericht** bleibt zuständig, wo ihm Vollstreckungsmaßnahmen zugewiesen sind (zB §§ 887, 888, 890). **b)** Ebenso liegt es, wenn **verschiedene Verfahrensabschnitte auf Richter und Rechtspfleger verteilt sind,** zB der Rechtspfleger für das Mahnverfahren zuständig ist (§ 20 Nr 1 RPflG), der Richter aber für das Erkenntnisverfahren (Rn 14). **c)** Der Rechtspfleger ist auch dann funktionell zuständig, wenn eine **Einzelfallübertragung** auf ihn stattgefunden hat (§ 4 I RPflG; s BGHZ 50, 258). Der Richter ist ausnahmsweise zuständig, wo PKH für eine in die Rechtspflegerzuständigkeit fallende Materie beantragt wird, jedoch eine **richterliche Handlung** nötig ist (§ 20 Nr 5 Hs 2 RPflG), zB in den Fällen der §§ 758, 761 ZPO. 8

3) Instanzwechsel. a) Die PKH-Bewilligung geschieht für jeden Rechtszug gesondert (§ 119 I 1). Das Rechtsmittelgericht ist bereits zuständig, wenn lediglich PKH beantragt, das beabsichtigte Rechtsmittel aber noch nicht eingelegt worden ist (BFH BB 81, 1512; VGH Baden-Württemberg DÖV 82, 868). Ein **innerhalb der Instanz gestellter Antrag** muß dort beschieden werden, auch wenn wegen Einlegung eines Rechtsmittels ein anderes Gericht in der Hauptsache zuständig geworden ist. Nach Zurücksendung der Akten aus der höheren Instanz (§ 544 ZPO) wird das Gericht des ersten Rechtszuges für sämtliche ab dann gestellten Anträge zuständig (RGZ 12, 416). **b)** Treten die Voraussetzungen für die **Aufhebung (§ 124) während der Zwangsvollstrek-** 9

kung ein, dann ist für die aufhebende Entscheidung das Vollstreckungsgericht zuständig. Das kann der Richter oder der Rechtspfleger sein. **c)** Um einen Instanzwechsel iS der Zuständigkeit handelt es sich auch beim **fortgeführten Mahnverfahren.** Der Rechtspfleger ist für die Bewilligung von PKH im Mahnverfahren zuständig. Für das nachfolgende Streitverfahren ist der Richter zuständig. Hierfür muß PKH neu bewilligt werden (§ 119 Rn 16).

10 **III) Beschwerde (Abs 2). 1) Der Beschwerde unterliegende Entscheidungen:** Die Beschwerde ist gegeben gegen die Zurückweisung von Anträgen (§ 567 I), dh wenn die Erfolgsaussicht ganz oder teilweise verneint oder eine mutwillige Rechtsverfolgung (Verteidigung) angenommen wird, ferner wenn die Bewilligung auf einen Zeitpunkt nach Antragstellung datiert wird. Nach § 127 II 2 kann weiter Beschwerde eingelegt werden gegen Auflagen im Bewilligungsbeschluß, die im Gesetz nicht vorgesehen sind (München FamRZ 92, 702: Auflage, künftige Einkommenserhöhungen unaufgefordert mitzuteilen), gegen die Belastung mit Raten, gegen deren Erhöhung nach § 120 IV 1, gegen die Ablehnung eines Antrags auf Einstellung der Ratenzahlung (§ 120 III), gegen die Entziehung der PKH (§ 124) und gegen Beschlüsse, durch die die Beiordnung eines Rechtsanwalts abgelehnt oder ein anderer als der vom Antragsteller gewählte Anwalt beigeordnet wird. Unanfechtbar sind verfahrensleitende Anordnungen iS des § 118.

11 Die **Beschwerde** ist weiter zuzulassen, **wenn das Gericht** das Bewilligungsverfahren aussetzt oder **seine Entscheidung so verzögert, daß dies der Ablehnung gleichkommt** (Hamburg JurBüro 84, 614 f; NJW-RR 89, 1022; Karlsruhe NJW 84, 985; Celle MDR 85, 592; Düsseldorf FamRZ 86, 485; Köln MDR 90, 728; Stuttgart AnwBl 93, 299; LAG Berlin MDR 84, 258; Schneider MDR 85, 529 mwN; anders Karlsruhe FamRZ 89, 767; OVG Münster KoRsp ZPO § 127 Nr 62; OVG Bremen NJW 84, 992, dagegen Schneider Rpfleger 85, 433). Dies kann auch durch die Anordnung geschehen, daß das Verfahren ruht, (Karlsruhe MDR 95, 635 f) oder durch eine Beweisaufnahme zur Hauptsache, ohne daß der PKH-Antrag beschieden wurde (es geht dann nicht um die Anfechtung des Beweisbeschlusses, wie Zweibrücken, JurBüro 84, 1255, meint). Die Zulassung der Beschwerde in solchen Fällen ist deshalb geboten, weil der Hilfsbedürftige sich sonst nicht gegen die Nachteile einer verspäteten Bewilligung, insbesondere nach Abschluß der Instanz, wehren kann. Wird die Beschwerde gewährt, dann hat das Beschwerdegericht die Möglichkeit, den Erstrichter anzuweisen (§ 575), vor Weiterführung des Hauptverfahrens über den Antrag zu entscheiden.

12 **2) Zulässigkeitsvoraussetzungen:** Im Pflegschaftsverfahren ist der geschäftsunfähige Pflegebefohlene hinsichtlich des PKH-Verfahrens **prozeßfähig** (LG Mannheim AnwBl 82, 23). Die Beschwerde unterliegt **nicht** dem **Anwaltszwang** (§ 569 II 2). **Beschwerdewert:** Wird einer Partei die PKH verweigert, so darf ihre hiergegen eingelegte Beschwerde nicht mit der Begründung verworfen werden, daß die Kosten, deren Stundung sie begehre, weniger als 100 DM betrügen. Die Verweigerung der PKH ist keine Entscheidung über die Kosten iS des § 567 II. Hierzu zählen nur Urteile und Beschlüsse, in denen entschieden wird, in welchem Umfang oder welcher Höhe jemand Kosten zu tragen hat. Es genügt nicht, daß die Entscheidung mittelbar auch Kosten zum Gegenstand hat (Frankfurt Rpfleger 55, 79; StJBork Rn 19 mwN; MK/Wax Rn 18; unten § 567 Rn 51). Nach § 567 II ist jedoch eine Beschwerde zu verwerfen, die sich dagegen richtet, daß der Beschwerdeführer nach § 120 IV verpflichtet worden ist, Kosten von insgesamt weniger als 100 DM nachzuzahlen (Hamm MDR 58, 934 = Rpfleger 59, 227; anders Lappe Rpfleger 57, 284).

13 **3)** Die Beschwerde ist **nicht fristgebunden.** Eine Ausnahme gilt für die Staatskasse (§ 127 III 3). Diese muß die dreimonatige Beschwerdefrist auch einhalten, wenn sie eine greifbare Gesetzwidrigkeit (Rn 32) rügt (Hamm FamRZ 92, 1451). Wird PKH unter Vorbehalt der Ratenzahlung bewilligt, dann läuft die Beschwerdefrist von der Entscheidung an, daß keine Raten zu zahlen sind. Wird der Vorbehalt nicht bis zum Erlaß der Hauptsacheentscheidung ausgeübt, so bleibt es bei der ursprünglichen Bewilligung ohne Ratenzahlung (Hamm MDR 90, 345) Dann läuft die Beschwerdefrist von der Hauptsacheentscheidung an (Nürnberg FamRZ 95, 751). – Wenn der Rechtspfleger es im Änderungsverfahren nach § 120 IV ablehnt, Raten festzusetzen (Rn 32), läuft die Beschwerdefrist vom Erlaß der Ablehnungsentscheidung an (München Rpfleger 94, 218 f).

14 **4) Beschwerdebegründung:** Eine Partei, die trotz Aufforderung durch die erste Instanz nicht erklärt hatte, ob sich ihre wirtschaftlichen Verhältnisse geändert hätten, kann diese Erklärung im Beschwerdeverfahren nachholen (Frankfurt FamRZ 92, 838 = MDR 293). Wenn weder Raten noch aus dem Vermögen zu zahlende Beträge festgesetzt worden sind und sich die Einkommens- und Vermögensverhältnisse des Hilfsbedürftigen nicht aus den Akten ergeben, kann die Staatskasse ihre Beschwerde in zulässiger Weise allein mit der Rüge begründen, daß die Partei möglicherweise Zahlungen auf die Prozeßkosten zu leisten hat. Nur wenn man dies zuläßt, ist die Staatskasse imstande, erfolgreich über die Verwendung von Staatsgeldern zu wachen. Denn sie kann die Verhältnisse der Partei, die ihr gegenüber nicht zu Auskünften verpflichtet ist, nicht ermitteln (Köln FamRZ 92, 701; Frankfurt FamRZ 92, 838).

5) **Das Rechtsschutzbedürfnis** für eine Beschwerde fehlt, wenn sie lediglich mit dem **Ziel** eingelegt wird, die **erstinstanzlich noch offenen Sachfragen** durch eine Beschwerdeentscheidung des späteren Berufungsgerichts **präjudizieren zu lassen** (Köln JurBüro 70, 67). Auch durch Zeitablauf und Schweigen der Partei kann eine PKH-Beschwerde ausnahmsweise **verwirkt** werden (Schleswig SchlHA 78, 211; 84, 174; Hamm JurBüro 86, 1579); dann müssen aber besondere Umstände vorliegen, die die verspätete Rechtsverfolgung als rechtsmißbräuchlich erscheinen lassen (Frankfurt FamRZ 80, 475). Nach Karlsruhe (MDR 89, 918) ist das Rechtsschutzbedürfnis für die PKH-Beschwerde auch dann zu verneinen, wenn der Beschwerdeführer lediglich unterlassenes Vorbringen nachschieben will, weil er dann die einfachere Möglichkeit hat, einen neuen Antrag zu stellen. 15

6) **Gerichtliches Verfahren: a)** Vorab hat das **Erstgericht** klarzustellen, ob die als Beschwerde bezeichnete Eingabe überhaupt ein Rechtsmittel ist (Gummer unten § 567 Rn 2; § 577 Rn 15); es kann sich auch nur um einen Abänderungsantrag wegen Veränderung der wirtschaftlichen Verhältnisse (oben § 124 Rn 19 a) handeln. Dann hat das Erstgericht zu prüfen, ob es der Beschwerde abhelfen muß. Dabei ist neues Vorbringen, das die Beschwerdeschrift enthält, zu berücksichtigen (Frankfurt FamRZ 92, 838 = MDR 293 mwN). Hilft das Erstgericht nicht ab, so muß es die Akten an das Beschwerdegericht weiterzuleiten (§ 571). Es ist nicht gehindert, das Hauptsacheverfahren fortzusetzen, wird dies aber unterlassen, wenn das Beschwerdegericht (= zukünftiges Berufungsgericht) wegen der Erfolgsprognose angerufen worden ist. 16

b) Ist die Beschwerde unbegründet, so kann das **Beschwerdegericht** sie zurückweisen, ohne daß der Gegner gehört wird. Richtet sie sich dagegen, daß die PKH mangels Erfolgsaussicht verweigert worden ist, und ist sie begründet, dann erhält der Gegner **rechtliches Gehör,** s § 118 Rn 4. Richtet sich die Beschwerde nur gegen die Festsetzung von Raten, so ist der Gegner des Hauptprozesses nicht zu hören, weil er insoweit keine Gegnerstellung hat. Die Staatskasse ist ebensowenig wie in erster Instanz anzuhören. Da das Beschwerdegericht Tatsacheninstanz ist (§ 570), prüft es hinreichende Erfolgsaussicht und Hilfsbedürftigkeit selbständig nach, wobei neue Tatsachen und Beweismittel berücksichtigt werden müssen (Koblenz FamRZ 90, 537; LAG Köln JurBüro 90, 510; Schneider MDR 89, 513 u 965; anders LSG NW FamRZ 89, 411). Richtet sich die Beschwerde gegen einen PKH-Beschluß des Familiengerichts, so hindert § 529 III das Beschwerdegericht nicht daran zu entscheiden, daß die Sache keine Familiensache ist (Düsseldorf FamRZ 86, 1009). Es wird in der Regel gemäß § 575 aufheben und zurückverweisen, soweit es zu den objektiven (§ 114) oder subjektiven (§ 115) Bewilligungsvoraussetzungen abweichend entscheidet und die Vorinstanz die Prüfung der einen oder anderen Voraussetzung offengelassen hat. 17

c) Eine umfassende **Prüfungsbefugnis** hat das Beschwerdegericht, wenn der Erstrichter die PKH wegen fehlender Hilfsbedürftigkeit (§ 115) oder mangelnder Erfolgsaussicht (§ 114) versagt hat. Hier fällt dem höheren Gericht das gesamte Bewilligungsverfahren an. Ist die PKH mangels Hilfsbedürftigkeit verweigert worden, so kann das Beschwerdegericht sie mangels Erfolgsaussicht verweigern und umgekehrt. Ist PKH mit Raten bewilligt worden und greift der Beschwerdeführer nur die Ratenanordnung an, dann entscheidet das Beschwerdegericht nur im Rahmen dieser ihm anfallenden Beschwer und darf die Beschwerde nicht mit der Begründung zurückweisen, daß die Rechtsverfolgung aussichtslos sei (Schleswig JurBüro 91, 1371; anders BayObLG JurBüro 91, 1230 f). Dasselbe gilt, wenn sich die Beschwerde nur dagegen richtet, daß die Vorinstanz keinen Anwalt beigeordnet hat (Köln FamRZ 92, 966 f = JurBüro 620 f). Rügt die Staatskasse, daß keine aus dem Vermögen zu leistenden Zahlungen festgesetzt worden seien, so muß sich das Beschwerdegericht darauf beschränken, solche Zahlungen festzusetzen. Es darf nicht die PKH-Bewilligung aufheben (BGH MDR 93, 80 f = NJW 135; anders Bamberg JurBüro 88, 771). – Für das Beschwerdegericht gilt das **Verbot der reformatio in peius** (§ 575 Rn 34 ff). Ist PKH teilweise bewilligt und im übrigen verweigert worden, so darf das Beschwerdegericht den bewilligenden Teil der erstinstanzlichen Entscheidung nicht ändern (Köln FamRZ 87, 616). Hat die erste Instanz Raten festgesetzt und beschwert sich der Antragsteller hiergegen, dann darf das Beschwerdegericht die Raten nicht erhöhen (Zweibrücken JurBüro 83, 1720; Nürnberg FamRZ 84, 409/410; Frankfurt FamRZ 92, 1451: Celle FamRZ 93, 1334). 18

d) Die **Bindungswirkung** für das Erstgericht bestimmt sich nach dem Inhalt der Beschwerdeentscheidung (s unten § 575 Rn 24 ff), beschränkt sich jedoch auf das PKH-Verfahren; also keine Bindung für die Hauptsacheentscheidung. Das gilt auch für die Zulässigkeit. **Beispiel:** Abweisung eines PKH-Antrages für eine Zahlungsklage über 12 000 DM. Das Beschwerdegericht bewilligt PKH für eine Klage über 4 000 DM, übersieht dabei aber die §§ 23 Nr 1, 71 I GVG. Dann ist das LG nicht gehindert, die Einrede der sachlichen Unzuständigkeit (§ 282 III) zu berücksichtigen. 19

7) **Ausschluß der Beschwerde. a)** Nach § 127 II 1 ist die **Bewilligung** von PKH grundsätzlich **unanfechtbar,** wobei allerdings nur der Fall gemeint sein kann, daß die PKH antragsgemäß 20

bewilligt wird und deshalb keine Beschwer durch die Bewilligungsmodalitäten (§ 120) begründet wird (s unten Rn 31). Entscheidungen des zuständigen Rechtspflegers stehen der richterlichen Entscheidung gleich (LG Bielefeld Rpfleger 86, 406).

21 **b)** Bei Ablehnung der Bewilligung ist die Beschwerde unstatthaft, wenn das LG als **Berufungs- oder Beschwerdegericht** oder wenn das OLG **entschieden hat** (§ 567 III, IV). Hiernach ist eine **PKH-Beschwerde an den BGH** grundsätzlich ausgeschlossen, nicht aber eine außerordentliche Beschwerde wegen greifbarer Gesetzwidrigkeit. (Rn 33a). **Greifbar gesetzwidrig**, das heißt, mit der geltenden Rechtsordnung schlechthin unvereinbar ist eine Entscheidung, die jeder gesetzlichen Grundlage entbehrt und inhaltlich dem Gesetz fremd ist (BGH MDR 93, 80 f = NJW 135 mwN). Dies hat der BGH aaO angenommen, als ein OLG auf die Beschwerde der Landeskasse hin eine PKH-Bewilligung aufgehoben und das PKH-Gesuch zurückgewiesen hatte. Nach Celle (NdsRpfl 95, 46) ist auch die Beiordnung eines anderen Anwalts als dessen, den die Partei gewählt hat (§ 121 I) greifbar gesetzwidrig. Nicht greifbar gesetzwidrig ist die Ablehnung der PKH entgegen § 119 S 2 (BGH Rpfleger 86, 56; NJW-RR 89, 702); und ebensowenig eine Entscheidung, die das rechtliche Gehör verletzt (BGH KoRsp ZPO § 127 Nr 3). Auch im Verfahren der **freiwilligen Gerichtsbarkeit** ist die Beschwerde gegen die Verweigerung der PKH für das Beschwerdeverfahren unstatthaft (Zweibrücken MDR 89, 162 = Rpfleger 162; JurBüro 92, 111 = MDR 612; BayObLG NJW-RR 92, 828 = Rpfleger 165 = MDR 514 unter Aufgabe seiner früheren Rspr). Unanfechtbar ist weiter die Entscheidung des Beschwerdegerichts, durch die die PKH für ein Beschwerdeverfahren oder für eine Wiederaufnahmeklage verweigert wird, die nach § 584 vor dem Berufungsgericht zu erheben ist (KG JR 63, 387). Dasselbe gilt, wenn das Berufungsgericht die PKH für einen Arrest, eine einstweilige Verfügung oder eine einstweilige Anordnung auf Prozeßkostenvorschuß verweigert, die bei ihm als erster Instanz (§ 919 Rn 6) anhängig sind (Düsseldorf JW 38, 56; Zweibrücken JurBüro 88, 1380).

22 **c)** Häufig wird die These vertreten, daß im PKH-Verfahren **kein Rechtsmittel zu einer Instanz** eröffnet werden soll, **die nicht mit der Hauptsache befaßt werden kann** (BGHZ 53, 372; BGH KoRsp ZPO § 127 Nr 63; BFH BB 82, 1535; Hamm AnwBl 85, 386). Verbreitet ist namentlich die Ansicht, daß Beschlüsse, die im **Verfahren der einstweiligen Anordnung** (§§ 127a, 620 ff, 621f) die Prozeßkostenhilfe verweigern, unanfechtbar sind, soweit § 620 c S 2 einstweilige Anordnungen für unanfechtbar erklärt (so Hamm FamRZ 80, 386; Zweibrücken FamRZ 85, 301; Düsseldorf MDR 87, 770 = JurBüro 1255; Koblenz FamRZ 88, 416; 89, 200: Hamburg FamRZ 88, 309 = EzFamR ZPO § 127 Nr 3). Hiergegen spricht aber, daß der Beschwerderechtszug weiter gehen kann als der Hauptsacherechtszug (Schneider MDR 87, 108; s Gummer unten § 567 III 2). Die Beschwerde ist auch hier statthaft. Dennoch dürfen Rechtsfragen, die § 620 c der Anfechtung entzieht, nicht durch die Hintertür eines Nebenverfahrens vor das Beschwerdegericht gebracht werden. Dies berührt aber nicht die Frage, ob die Beschwerde statthaft ist, sondern ist eine solche der Begründetheit. Die Erfolgsaussichten einer unanfechtbaren einstweiligen Anordnung beurteilt das FamG abschließend. Seine Beurteilung ist auch für das Beschwerdegericht maßgeblich, wenn Beschwerde gegen die Versagung der Prozeßkostenhilfe eingelegt wird (Karlsruhe FamRZ 83, 1253; Schleswig SchlHA 85, 156; Frankfurt FamRZ 86, 926; Düsseldorf FamRZ 91, 1325 mwN; anders aber BVerfGE 78, 88/96 ff = JZ 88, 606 für das Asylverfahren). Wohl aber muß das Beschwerdegericht auch hier nachprüfen, ob die Partei die Prozeßkosten nicht oder nur in Raten aufbringen kann (Schleswig, Frankfurt, Düsseldorf aaO; anders ausdrücklich Zweibrücken u Hamburg aaO; Koblenz FamRZ 89, 200).

23 Zu diesem Problemkreis gehört auch die Frage, ob gegen die Ablehnung der PKH Beschwerde eingelegt werden kann, wenn in der Hauptsache die **Berufungssumme** (§ 511a) **nicht erreicht wird.** Dies wird überwiegend verneint (Bremen MDR 81, 59; Schleswig SchlHA 82, 29 mwN; Düsseldorf JurBüro 88, 906; MDR 91, 895; LG Düsseldorf JurBüro 82, 298; 88, 1066; LG Bochum AnwBl 84, 202; LG Hamburg JurBüro 85, 1114; LAG Düsseldorf JurBüro 86, 775; MK/Wax Rn 19). Diese Frage ist in derselben Weise zu lösen wie das unter Rn 22 erörterte Problem der Anfechtung einer PKH-Entscheidung im Anordnungsverfahren (ebenso Schneider 17. Aufl Rn 22; JHThalmann Rn 27; Baumbach/Hartmann Rn 38; Kalthoener/Büttner Rn 873).

24 **d)** Zulässig ist auch eine **Beschwerde,** die eine Partei erst einlegt, **nachdem die Hauptsache nicht mehr anhängig ist** (BFH DB 84, 2495; Köln FamRZ 85, 828; Frankfurt MDR 86, 857; München MDR 87, 240; Frankfurt FamRZ 91, 1459 f; VGH Bad Württ Justiz 95, 101 f; MK/Wax Rn 16; Thomas/Putzo Rn 3; JHThalmann Rn 28; Kalthoener/Büttner Rn 885). Dies ist umstritten, wenn sich die Beschwerde gegen die Verneinung der Erfolgsaussichten richtet. In diesem Fall wird sie vielfach für unzulässig gehalten, wenn sie bei Beachtung der prozessualen Sorgfaltspflicht (§ 282 I) früher hätte eingelegt werden können (Schleswig SchlHA 76, 112; Hamm JurBüro 77, 99 u 1779; 86, 1730; Rpfleger 82, 483; 95, 240; Düsseldorf FamRZ 78, 915; 96, 619; Frankfurt OLGZ 1980, 78; Bremen JurBüro 87, 767; München MDR 87, 240; Bamberg JurBüro 87, 141; FamRZ 90, 181; 96, 618 Nr 381; Köln JurBüro 87, 452; MDR 94, 950 f; Hamm JurBüro 88, 645;

Karlsruhe FamRZ 90, 82; 92, 704; Oldenburg NJW-RR 91, 189). Diese Auffassung verwechselt die Zulässigkeit der Beschwerde mit ihrer Begründetheit. Die Verspätung kann dazu führen, daß die Beschwerde unbegründet ist, weil die Erfolgsaussicht der Rechtsverfolgung oder -verteidigung zu verneinen ist. Die Erfolgsaussicht ist grundsätzlich nach dem Sach- und Streitstand zur Zeit der Beschwerdeentscheidung zu beurteilen (§ 119 Rn 44 ff). In einem nicht mehr anhängigen Verfahren haben Rechtsverfolgung und -verteidigung keine Aussicht auf Erfolg mehr. Hier kann nur dann rückwirkend PKH bewilligt werden, wenn das Erstgericht die Bewilligung durch Nachlässigkeit verzögert hat und der Beschwerdeführer alles ihm Zumutbare getan hat, um PKH-Entscheidungen des Erst- und des Beschwerdegerichts zu erreichen, während die Hauptsache noch anhängig war (unten § 119 Rn 46). Diese Voraussetzung ist erfüllt, wenn über den PKH-Antrag zugleich mit Urteilsverkündung entschieden wird (BFH BB 84, 2249; Frankfurt MDR 83, 137; Karlsruhe NJW-RR 89, 1465) oder gar erst nach der Verkündung (Celle JurBüro 85, 1422) oder wenn auf Anregung des Gerichts noch Belege nachzubringen sind (BayObLG FamRZ 84, 73). Dasselbe gilt, wenn der PKH-Antrag vor Abschluß der Instanz gestellt worden ist, darüber aber erst so spät entschieden wird, daß die Beschwerde nicht mehr vor Abschluß der Instanz eingelegt werden konnte (Düsseldorf FamRZ 78, 915; Karlsruhe AnwBl 82, 77; Celle MDR 85, 591; Hamm JurBüro 86, 1730). Die **Rechtsprechung verlangt** jedoch von der Partei **alsbaldiges Tätigwerden** (Bamberg FamRZ 96, 618 f: analog § 127 III 3 innerhalb von drei Monaten nach Bekanntgabe der PKH-Verweigerung; Düsseldorf FamRZ 96, 619: keine Beschwerde nach mehr als sechs Monaten) – Im übrigen kann hier die Erfolgsaussicht der Rechtsverfolgung nicht abweichend von einer rechtskräftigen Entscheidung der Vorinstanz beurteilt werden (§ 119 Rn 47).

Darauf, ob die Hauptsache noch anhängig ist, kommt es nicht an, wenn es im Beschwerdeverfahren nicht um die Erfolgsaussichten geht, sondern sich die **Beschwerde gegen die Ratenzahlungsanordnung** richtet bzw die Beschwerde der Staatskasse dagegen, daß eine solche nicht ergangen ist (Schleswig JurBüro 91, 1371; Celle FamRZ 91, 1459 f; Karlsruhe FamRZ 92, 704; 95, 240). Das Beschwerderecht kann jedoch hinsichtlich der bereits bezahlten Raten verwirkt werden, wenn die Beschwerde erst längere Zeit nach deren Festsetzung eingelegt wird (Karlsruhe aaO). Verweigert das Gericht die PKH, weil eine Erklärung über die persönlichen und wirtschaftlichen Verhältnisse nicht vorgelegt worden ist, so ist eine nach Instanzende eingelegte Beschwerde unbegründet (Bamberg FamRZ 96, 618 Nr 380). 25

8) Die **weitere Beschwerde** (vom LG an das OLG, vom OLG an den BGH) ist ausgeschlossen (Abs 2 S 2 iVm § 568 II 2), auch in Verfahren der freiwilligen Gerichtsbarkeit (BayObLG NJW-RR 92, 828 = Rpfleger 165 = MDR 514; Zweibrücken JurBüro 92, 111 = MDR 612; Düsseldorf Rpfleger 94, 171). Der BGH hat bedenklicherweise die außerordentliche weitere Beschwerde der PKH-berechtigten Partei zugelassen, als ein OLG greifbar gesetzwidrig auf eine Beschwerde der Staatskasse hin die PKH-Bewilligung des Landgerichts aufgehoben hatte (BGH MDR 93, 80 f = NJW 135; ebenso KG NJW-RR 96, 58). Eine unzulässige weitere Beschwerde kann als Wiederholung eines abgelehnten Gesuchs, als Gegenvorstellung, evtl auch als Änderungsantrag wegen Vermögensverschlechterung (§ 120 Rn 16 ff) behandelt werden. 26

9) Konkurrierende Rechtsbehelfe: a) Gegen Entscheidungen des **Rechtspflegers** ist unbefristet **Erinnerung** einzulegen (§ 11 RPflG). Die Staatskasse muß jedoch die Frist des § 127 III 3 einhalten, wenn sie Erinnerung gegen die Unterlassung einer Zahlungsanordnung einlegt (arg § 11 I 2 RpflG). Der Antragsteller kann, nachdem ihm die PKH verweigert worden ist, noch einmal PKH begehren. Er kann gemäß § 120 IV die Herabsetzung der Raten beantragen. Wenn er in diesen Fällen nicht einen Fehler der früheren PKH-Entscheidung rügt, sondern geltend macht, daß sich die Verhältnisse inzwischen zu seinen Gunsten verändert hätten, liegt hierin keine Beschwerde, sondern im ersten Fall ein **erneutes PKH-Gesuch** und im zweiten ein **Änderungsantrag,** über den nicht das Beschwerdegericht, sondern die Vorinstanz zu entscheiden hat (MK/Wax Rn 29 f). Gegen die Entscheidung der Beschwerdeinstanz (oder der ersten Instanz, soweit das Beschwerdegericht an einer Entscheidung gehindert ist; s Rn 22 f) kann **Gegenvorstellung** eingelegt werden (§ 567 Rn 19 ff). Hat das Beschwerdegericht eine Klage für unschlüssig und deshalb die Rechtsverfolgung für aussichtslos gehalten und macht der Kläger mit der Gegenvorstellung nunmehr seine Klage schlüssig, so wird es sich häufig empfehlen, die Sache gemäß § 575 an die Vorinstanz zurückzuverweisen. Mit der **Dienstaufsichtsbeschwerde** kann keine Änderung einer PKH-Entscheidung erreicht werden, sondern nur, daß der Richter oder Rechtspfleger zu unverzögerter Erledigung des PKH-Gesuchs angehalten wird (§ 26 II DRiG). 27

b) Gelegentlich haben **Verfassungsbeschwerden** gegen die Verweigerung der PKH durch das Beschwerdegericht Erfolg gehabt. Wenn ein Gericht ohne Prüfung der Voraussetzungen des § 114 aus grundsätzlichen Erwägungen die PKH verweigert und die Begründung dieser Entscheidung sachlich nicht gerechtfertigt ist, wird ein minderbemittelter Rechtssuchender gegenüber einer wohlhabenden Partei benachteiligt und in seinem Grundrecht aus Art 3 I GG verletzt (BVerGE 56, 139/144). Wenn ein Gericht zu Unrecht annimmt, der Beschwerderechtszug gehe nicht weiter 28 als der Hauptsacherechtszug, und aus diesem Grund eine PKH-Beschwerde zurückweist, wird der Beschwerdeführer in seinem Grundrecht aus Art 19 IV GG verletzt (BVerfGE 78, 88/96 ff = JZ 88, 606).

29 **IV) Beschwerdeberechtigung. 1)** Enthält der PKH-Beschluß eine unzulässige (§ 118 Rn 26) und deshalb greifbar gesetzwidrige **Kostenentscheidung,** so kann die Partei, der die Kosten auferlegt worden sind, hiergegen einfache Beschwerde einlegen (Schleswig SchlHA 94, 100; Schneider MDR 87, 723/725), wenn die Kosten den Beschwerdewert von 200 DM (§ 567 II 1) übersteigen (Schleswig aaO).

30 **2) Ablehnung der Bewilligung** (Rn 21). **a)** Sie ist für den **Hilfsbedürftigen** immer anfechtbar, mag die Ablehnung mit dem Fehlen hinreichender Erfolgsaussicht oder mit mangelnder Hilfsbedürftigkeit begründet werden. Ihr steht gleich die verfahrenswidrige Verzögerung der Entscheidung (Rn 11) und die Ablehnung eines Antrages, die Ratenzahlungen aufzuheben oder abzuändern (Köln MDR 83, 847; Nürnberg AnwBl 85, 219; Karlsruhe FamRZ 85, 724; Lepke DB 85, 490). Zwischen einem Abänderungsantrag in laufender Instanz (§ 120 Rn 16 ff) und einer Beschwerde hat der Hilfsbedürftige die Wahl (Lepke DB 85, 490). Da das Erstgericht nach § 571 zur Abhilfe berechtigt und ggf verpflichtet ist, laufen beide Wege letztlich auf das gleiche hinaus. **b)** In den Fällen des **§ 116** ist nur der Antragsteller beschwerdeberechtigt, nicht ein am Rechtsstreit wirtschaftlich Beteiligter. Jedoch kann die Partei ihre Beschwerde damit begründen, die Belastungsfähigkeit dieser Personen sei verkannt worden. **c)** Der **Gegner** wird durch die Ablehnung **nicht beschwert** (s Rn 31), auch daß ihm die Belastung mit einer Prozeßkostenvorschußpflicht droht, reicht nicht aus. **d)** Erst recht wird ein **Rechtsanwalt,** der die hilfsbedürftige Partei im Bewilligungsverfahren vertritt, durch eine ablehnende Entscheidung nicht beschwert (BGHZ 109, 163/169).

31 **3) Wird PKH bewilligt,** dann kommt es auf den Inhalt des Bewilligungsbeschlusses an.

a) Wird dem Gesuch nur **teilweise stattgegeben,** dann wird der Hilfsbedürftige beschwert, zB wenn die hinreichende Erfolgsaussicht nur für einen Teil seines Begehrens bejaht wird oder wenn von ihm **Vermögenseinsatz** oder **Ratenzahlung** gefordert werden. Denn dann erlangt er nicht die nach dem Gesetz mögliche günstigste Rechtsstellung der Ratenfreiheit. Die Ablehnung der Ratenfreiheit hat zwar wegen § 122 II Reflexwirkung auf den Gegner, begründet aber keine prozessuale Beschwer. Daß ihm nach §§ 379, 402 Kostenvorschüsse zur Durchführung der Beweisaufnahme auferlegt werden können, ist keine Folge der Ratenbewilligung, sondern die Regel; diese Rechtslage tritt auch ein, wenn er Gegner einer vermögenden Partei ist. Er kann deshalb nicht mit der Begründung Beschwerde einlegen, bei PKH-Bewilligung mit Ratenfreiheit werde er nach § 122 II von derartigen Vorauszahlungen einstweilen freigestellt. Darin läge ein nach § 127 II 1 unstatthafter Angriff gegen die PKH-Bewilligung. Der **Wahlanwalt** kann bei Bewilligung von PKH unter Einsatz eines Vermögensteiles (§ 115 II) nicht daraus eine Beschwer herleiten, daß der festgesetzte Betrag seine Kosten nicht abdeckt (Düsseldorf JurBüro 84, 936).

32 **b) Beschwerderecht der Staatskasse** (Abs 3): Die Staatskasse kann nur Stichproben machen, weil ihr PKH-Bewilligungen nicht von Amts wegen mitgeteilt werden (Abs 3 S 5). Diese Regelung wirkt einer zu großzügigen PKH-Bewilligung entgegen, ohne unangemessenen Verwaltungsaufwand zu verursachen. Das hierin liegende Zufallsprinzip verletzt nicht das Willkürverbot des Art 3 I GG (BVerfG NJW 95, 581 = Rpfleger 26). Die Staatskasse ist nur beschwerdeberechtigt, wenn PKH ohne Leistungspflicht der Partei bewilligt wird (KG JurBüro 90, 908), und auch das nicht, wenn ein Berufungsgericht (Rn 21) oder ein OLG (§ 567 III 1) entschieden hat. Sie kann ihre Beschwerde nur damit begründen, daß Monatsraten oder aus dem Vermögen zu zahlende Beträge festgesetzt werden müßten. Sie ist auch zur Beschwerde berechtigt, wenn der Rechtspfleger es im Änderungsverfahren nach § 120 IV ablehnt, Raten festzusetzen (München Rpfleger 94, 218 f; Nürnberg FamRZ 95, 1592 = Rpfleger 465; Philippi Rpfleger 95, 466; anders Frankfurt FamRZ 91, 1326 f). Meistens ist die Staatskasse als Beschwerdeführer darauf beschränkt, die Ratenberechnung an Hand der Tabelle zu § 114 II überprüfen zu lassen. Sie kann aber auch geltend machen, daß die Partei zu Unrecht nicht auf einen Prozeßkostenvorschußanspruch oder auf die Möglichkeit verwiesen worden sei, Kredit aufzunehmen oder Vermögensgegenstände zu verkaufen (Bamberg JurBüro 88, 771; München FamRZ 93, 821; Koblenz JurBüro 95, 537; FamRZ 96, 44). Da sie vom Geschäftsanfall her nicht jede ratenfreie Bewilligung überprüfen, sondern nur Stichproben machen kann, sind Bewilligungsbeschlüsse ihr nicht von Amts wegen zuzustellen (§ 127 III 5). Soweit sie sich beteiligen will, hat sie Akteneinsicht gemäß § 299 (Karlsruhe JurBüro 88, 1226). – **Zeitlich** ist das Beschwerderecht der Staatskasse ebenfalls beschränkt (Abs 3 S 3). Die Beschwerde muß vor Ablauf von drei Monaten ab Verkündung oder bei nicht verkündeten Beschlüssen ab Existentwerden (§ 567 Rn 3) durch Übergabe an die Geschäftsstelle eingelegt sein.

33 **Der Staatskasse ist es verwehrt, sich beschwerdeführend zu wenden:**

- gegen die Höhe festgesetzter Raten oder gegen die Höhe der aus dem Vermögen zu zahlenden Beträge (sie kann jedoch anregen, daß der Rechtspfleger die PKH-Bewilligung nach § 124 Nr 2 oder 3 aufhebt – Düsseldorf Rpfleger 93, 410),

- gegen die Bejahung der Voraussetzungen des § 116 Nr 2 (LAG Bremen LAGE ZPO § 127 Nr 17),
- gegen umfassende Bewilligung in der Zwangsvollstreckung (Oldenburg Rpfleger 94, 116 = JurBüro 44; LG Bielefeld JurBüro 86, 1880; s dazu § 119 Rn 33),
- gegen die Beiordnung eines Anwalts (LG Bielefeld Rpfleger 87, 433 = JurBüro 87, 1100),
- gegen die Erweiterung der Bewilligung auf einen Vergleich (Frankfurt Rpfleger 88, 380 = FamRZ 88, 739; LAG Köln MDR 90, 747),
- gegen ratenfreie PKH, wenn die Abhilfeentscheidung gem § 571 Raten festgesetzt hat (KG Rpfleger 85, 166; Nürnberg FamRZ 88, 1079 = JurBüro 1066).

Die **Staatskasse** kann auch eine sie belastende **greifbare Gesetzwidrigkeit** (s Rn 21) beschwerdeführend geltend machen (Koblenz Rpfleger 84, 367; Hamm FamRZ 84, 1121 = Rpfleger 368; Zweibrücken JurBüro 85, 1264; anders Oldenburg JurBüro 94, 44 = Rpfleger 116; LAG Schleswig LAGE ZPO § 127 Nr 21). Greifbar gesetzwidrig, das heißt, mit der geltenden Rechtsordnung schlechthin unvereinbar ist eine Entscheidung, die jeder gesetzlichen Grundlage entbehrt und inhaltlich dem Gesetz fremd ist (BGH MDR 93, 80 f = NJW 135 mwN; Einzelheiten s unten § 620c Rn 12 f). **Beispiele:** Bewilligung von PKH für das Bewilligungsverfahren (LG Marburg JurBüro 88, 220); Bewilligung für ein Schiedsgerichtsverfahren (LAG Düsseldorf LAGE ZPO § 114 Nr 11 = JurBüro 87, 1238); Bewilligung für die Protokollierung eines Vergleichs, der bereits vor Einreichung des PKH-Gesuchs abgeschlossen worden war (Nürnberg JurBüro 92, 49); offensichtlich falsche Anwendung der Tabelle (LAG Düsseldorf JurBüro 87, 297); Bewilligung ohne Antrag (LAG Nürnberg LAGE ZPO § 127 Nr 18 = JurBüro 89, 236; anders OVG Lüneburg JurBüro 90, 637 m abl Anm Mümmler). **Keine greifbare Gesetzwidrigkeit:** Rückwirkende Bewilligung (Düsseldorf FamRZ 88, 1299 = JurBüro 88, 1540; Hamm FamRZ 92, 1451; Frankfurt JurBüro 93, 234 f = Rpfleger 251); Bewilligung, obwohl die Erklärung über die persönlichen und wirtschaftlichen Verhältnisse nicht vorlag (Hamm FamRZ 95, 374), auch nicht, wenn dies nach Instanzbeendigung geschah (LAG Nürnberg JurBüro 94, 752; anders Hamm FamRZ 84, 1121 = JurBüro 85, 150; Rpfleger 91, 159 = JurBüro 978; JurBüro 93, 28); Anwaltsbeiordnung im Unterbringungsverfahren (Klüsener FamRZ 94, 487; anders LG Braunschweig FamRZ 94, 524), PKH für einen Abfindungsvergleich im arbeitsgerichtlichen Verfahren (LAG Köln LAGE ZPO § 127 Nr 12; LAG Düsseldorf JurBüro 87, 1704); Bewilligungserstreckung auf Reisekosten (oben § 122 Rn 26 – Nürnberg Rpfleger 90, 172); Beiordnung eines auswärtigen Anwalts (Koblenz AnwBl 85, 48). 33a

c) Wird dem Antragsteller PKH ohne Vermögenseinsatz oder Ratenzahlung bewilligt, dann ist dieser Beschluß auch für ihn unanfechtbar. In diesem Fall hat allerdings der **Gegner** ein Recht darauf, daß seine einstweilige **Freistellung** nach § 122 II vom Gericht beachtet wird. Werden von ihm entgegen dieser Rechtslage **Vorschüsse angefordert,** dann läßt die Rspr die Beschwerde zu (KG OLGZ 1971, 423; RGZ 55, 269; 109, 66). 34

d) Beschwert wird der Hilfsbedürftige ferner, wenn die **Bewilligung auf einen Zeitpunkt nach Antragstellung** datiert wird, sofern ihm dadurch finanzielle Nachteile entstehen, oder wenn der Beginn auf einen Zeitpunkt gelegt wird, zu dem er noch gar nicht Kostenschuldner ist (s § 120 Rn 11). Beschwert wird er darüber hinaus entgegen LAG Köln (EzA ZPO § 120 Nr 2 S 9) auch durch eine ihm günstige Bewilligungsänderung, wenn ihm dazu kein rechtliches Gehör gewährt wird, weil bei jeder Abänderung die Frage der Hilfsbedürftigkeit insgesamt neu geprüft und beantwortet werden muß und der Hilfsbedürftige ohne Gehörsgewährung keinen Einfluß darauf nehmen kann (s Schneider Anm III 2 zu LAG Köln aaO). Nachteilige Bewilligungsänderungen gem **§ 120 IV** sind für den Hilfsbedürftigen beschwerdefähig, führen aber nicht zu einer Überprüfung der Bewilligung nach dem früheren Sachstand (Köln FamRZ 87, 962). 35

e) Bei **Beschwerden** des Hilfsbedürftigen **wegen falscher Berechnung** der voraussichtlichen Kosten (§ 115 III) oder mangelhafter Aufklärung der abzugsfähigen Belastungen wird das Beschwerdegericht **Aufhebung und Zurückverweisung** (§ 575) erwägen. Kommt es zu dem Ergebnis, daß die Vorinstanz dem Hilfsbedürftigen zu Unrecht PKH bewilligt oder zu niedrige Raten festgesetzt hat, so darf es die PKH nicht verweigern und die Raten nicht erhöhen (Verschlechterungsverbot: oben Rn 18). Prozessual zulässig ist aber eine Aufhebung und Zurückverweisung zur Neuberechnung; hier gilt das Verschlechterungsverbot nicht (§ 575 Rn 38; Lappe Anm KoRsp ZPO § 127 Rn 30). Zur Befugnis des Beschwerdegerichts, über die vorinstanzlich offen gelassenen Voraussetzungen des § 114 (hinreichende Erfolgsaussicht) mit zu entscheiden s Rn 18. 36

4) Anwaltsbeiordnung. a) Anwaltsprozeß (§ 121 I). **aa)** Die **Partei** hat kein Beschwerderecht bei Beiordnung ihres Wahlanwalts, wohl bei Ablehnung oder Beiordnung eines nicht gewählten Anwalts (Karlsruhe FamRZ 91, 462; Köln FamRZ 92, 966 f = JurBüro 620 f; Celle NdsRpfl 95, 46). **bb) Der Wahlanwalt** ist nicht beschwert, wenn er im Bewilligungsverfahren den berücksichtigten Beiordnungswunsch der Partei vertreten hat, aber nicht beigeordnet worden ist (Karlsruhe FamRZ 91, 462; KG FamRZ 92, 1318). Ergibt sich jedoch ein Sachverhalt, der einen wichtigen Grund für die Aufhebung der Beiordnung darstellt (§ 48 II BRAO), dann kann er die Aufhebung 37 seiner Beiordnung beantragen und bei Ablehnung Beschwerde einlegen (Zweibrücken NJW 88, 570 = JurBüro 88, 644; Bamberg JurBüro 89, 1590; Köln JurBüro 95, 127). Da die Partei dem Anwalt die Vollmacht entziehen kann, ist sie mangels Rechtsschutzbedürfnisses nicht beschwerdeberechtigt, wenn das Gericht die Aufhebung der Beiordnung ablehnt (§ 121 Rn 34). Ob der Anwalt bereits tätig geworden ist und Ansprüche nach §§ 121 ff BRAGO gegen die Staatskasse erlangt hat, ist unerheblich. Ist er jedoch in Kenntnis der Aufhebungsgründe tätig geworden, dann verliert er bei Anwaltswechsel seinen Gebührenanspruch (§ 125 BRAGO). Gegen die Ablehnung der Beiordnung hat der Anwalt kein Beschwerderecht, weil zwar die Partei, nicht aber er ein Recht auf Beiordnung hat (LAG Köln LAGE ZPO § 127 Nr 13). Das gilt erst recht, wenn die Partei ihre Wahlerklärung vor Bewilligung widerrufen hat (s § 121 Rn 14). Wird der Anwalt nur „zu den Bedingungen eines ortsansässigen Anwalts" beigeordnet, dann ist er nicht beschwert, wenn er damit einverstanden war. Eine solche Einschränkung ohne oder gegen seinen Willen ist jedoch unzulässig (§ 121 Rn 12) und beschwert ihn (LAG Bremen Rpfleger 89, 71 = LAGE ZPO § 121 Nr 3 m Anm Schneider; Düsseldorf FamRZ 93, 819 f = Rpfleger 351; anders Schleswig SchlHA 85, 127). Wird dem **Aufhebungsantrag des beigeordneten Anwalts stattgegeben,** dann liegt darin ein Eingriff in die Rechtsstellung des Hilfsbedürftigen, der deshalb gegen den Aufhebungsbeschluß Beschwerde einlegen kann (KG OLGZ 1971, 421). **cc)** Die **Staatskasse** hat gegen die Beiordnung eines Anwalts kein Beschwerderecht, auch nicht um zu erreichen, daß die Funktion des beigeordneten Anwalts aus Kostengründen geändert wird, etwa bei Wechsel vom Verkehrsanwalt zum Unterbevollmächtigten (Düsseldorf MDR 89, 827 = Rpfleger 89, 466).

38 **b) Parteiprozeß (§ 121 II 1).** Die **Partei** ist beschwert, wenn ihr kein Anwalt beigeordnet wird (LG Göttingen DAVorm 80, 411). Sie kann die ablehnende Entscheidung damit angreifen, der Begriff der „erforderlichen Vertretung" sei verkannt oder die anwaltliche Vertretung des Gegners nicht berücksichtigt worden. Hat sie einen beim Prozeßgericht nicht zugelassenen Rechtsanwalt ausgewählt, dann kann sie sich zwar auch gegen die Ablehnung der Beiordnung dieses Anwalts beschweren, bleibt jedoch damit erfolglos, wenn die Ablehnung darauf gestützt ist, daß diese Beiordnung höhere Kosten ausgelöst hätte (§ 121 II 2; s oben § 121 Rn 8). Der **nicht beigeordnete Anwalt** hat kein Beschwerderecht, desgleichen nicht der **Gegner.**

39 **c) Beweisanwalt, Verkehrsanwalt (§ 121 III).** Die Partei hat ein Beschwerderecht gegen die Ablehnung des Anwalts ihrer Wahl; der Anwalt, der Gegner und die Staatskasse haben keines (KG JurBüro 89, 421; anders Düsseldorf JurBüro 87, 1830). Beschlüsse über die Erforderlichkeit einer Reise des beigeordneten Anwalts (§ 126 II BRAGO) sind weder mit der einfachen noch mit der weiteren Beschwerde anfechtbar (KG JurBüro 86, 1381).

40 **d) Notanwalt (§ 121 IV).** Beantragt eine Partei die Beiordnung eines bestimmten Anwalts und ordnet das Gericht ihr einen anderen bei, so wird sie hierdurch beschwert (so für § 625 Oldenburg FRES 4, 406). Der **beigeordnete Anwalt** steht unter Kontrahierungszwang (§ 48 I BRAO), hat jedoch ein Beschwerderecht, wenn gegen die Beiordnung wichtige Gründe sprechen (§ 48 II BRAO; § 121 Rn 28). Wird eine Beiordnung ohne Antrag des Anwalts gegen dessen Willen aufgehoben, dann hat er auch dagegen die Beschwerde (Hamm NJW 49, 517).

41 **5) Ablehnung der vorläufigen Zahlungseinstellung** (§ 120 III). Beschwert ist nur die Partei, da von ihr weitere Zahlungen verlangt werden, obwohl sie Kostendeckung behauptet. Wird mit der hM eine Einziehungspflicht der Staatskasse auch hinsichtlich der Differenzgebühren zu den Wahlanwaltskosten bejaht (s oben § 120 Rn 22a), dann muß auch ein Beschwerderecht des beigeordneten Anwalts bejaht werden, wenn die Einstellung der Ratenzahlung vor Dekkung der Differenzkosten angeordnet wird (Frankfurt JurBüro 85, 1728; Stuttgart AnwBl 85, 49; Hamm FamRZ 89, 412; Düsseldorf JurBüro 92, 565 = MDR 93, 90; anders Düsseldorf FamRZ 86, 1230).

42 **6) Aufhebung (§ 124). a) Verfahrensfragen.** Hat der nach § 20 Nr 4c RPflG zuständige **Rechtspfleger** entschieden, so ist gegen seine Entscheidung zunächst **Erinnerung** einzulegen (§ 11 I 1, II RPflG). **Hebt die Beschwerdeinstanz** eine Entscheidung auf, durch die die PKH-Bewilligung aufgehoben worden war, so sind zwischenzeitlich eingezogene Gerichtskosten dem Hilfsbedürftigen zu erstatten. Desgleichen ist der beigeordnete Anwalt rückzahlungspflichtig, wenn er inzwischen Leistungen vom Mandanten empfangen hat, da zufolge der Aufhebung des Aufhebungsbeschlusses durchgehend das Einziehungsverbot des § 122 I 3 gegolten, der Mandant also keine freiwillige Leistung iS des § 3 IV 2 BRAGO erbracht hat.

43 **b)** Zur **Kostenerstattung** im Beschwerdeverfahren s Abs 4 und oben § 118 Rn 26 ff.

44 **c)** Wird die **Bewilligung aufgehoben,** so ist **nur** die hilfsbedürftige **Partei beschwert.** Der beigeordnete **Anwalt** wird durch Wegfall der Forderungssperre des § 122 I 3 **nur begünstigt** (Zweibrücken Rpfleger 84, 115); beschwert wird er, wenn die Beiordnung rückwirkend aufgehoben wird (Zweibrücken Rpfleger 84, 115). Zahlungseinstellung gem § 120 III 1 wegen Deckung der Kosten des § 122 I 1 rechtfertigt die Beschwerde des Anwalts nur dann, wenn mit der hM davon ausgegangen wird, daß die Raten bis zur Deckung der Wahlanwaltskosten eingezogen werden

müssen (oben Rn 41). Der **Gegner ist nicht beteiligt** und nicht betroffen (§ 123). Die Reflexwirkung, daß er infolge der Aufhebung nunmehr vorschußpflichtig werden kann (§ 122 II), macht ihn nicht zum Beschwerdeberechtigten (Rn 31). Erst recht sind **Dritte nicht beschwerdeberechtigt,** nicht der Ehegatte des Hilfsbedürftigen, der infolge der Entziehung der PKH vielleicht prozeßkostenvorschußpflichtig wird.

d) Wird die **Aufhebung der Bewilligung abgelehnt,** dann bleibt die Rechtsstellung der Partei unberührt, so daß sie nicht beschwert ist. Die **Staatskasse** wird durch die Ablehnung beschwert, weil sie weiterhin die Kosten nur in beschränktem Umfang einziehen kann (§ 122 ZPO), und ist beschwerdeberechtigt; s Rn 32). Auch dem **Anwalt** gereicht die ablehnende Entscheidung zum Nachteil, da er weiterhin dem Einziehungsverbot des § 122 I Nr 3 unterstellt bleibt; auch ihm ist aber nach § 127 II 1 die Beschwerde versagt. Ebensowenig ist der Anwalt beschwerdeberechtigt, wenn der Rechtspfleger es ablehnt, der PKH-berechtigten Partei gemäß § 120 IV eine Nachzahlung zur Deckung der Gerichtskosten, des Anwaltshonorars und der Differenzgebühren nach § 124 BRAGO aufzuerlegen (Stuttgart Rpfleger 93, 527 = JurBüro 360). Der **Gegner** hat kein Beschwerderecht (Stuttgart JurBüro 74, 1606; Zweibrücken JurBüro 86, 1096). Sein Antrag und derjenige des beigeordneten Anwalts sind aber als Anregung zur Überprüfung von Amts wegen zu beachten. Soweit der Gegner nach § 122 II einstweilen von den Kosten befreit ist, wird er durch die Ablehnung der Bewilligungsaufhebung sogar begünstigt. 45

7) Ergeht ohne Aufhebung der Bewilligung eine **Kostenanforderung** gegen den Hilfsbedürftigen, so kann dieser Beschwerde einlegen. Richtet sich die Kostenanforderung an den Gegner, so kann dieser mit der Beschwerde vorbringen, die Voraussetzungen des § 125 seien nicht gegeben. Eine fehlerhafte Festsetzung der Kosten zugunsten der Partei statt zugunsten ihres Anwalts beschwert entgegen Bremen (JurBüro 86, 1412 = KoRsp ZPO § 126 Nr 12 m abl Anm Lappe) den Gegner, der dadurch das Beschwerderecht erlangt. **Gerichtskosten** fallen im ersten Rechtszug nicht an, wohl im zweiten, wenn die PKH-Beschwerde zurückgewiesen oder verworfen wird. Dann ist GKG-KV Nr 1905 anwendbar (Koblenz Rpfleger 87, 386 = MDR 1035; Bamberg JurBüro 87, 883 u 1057; Schleswig SchlHA 89, 162; OVG Lüneburg JurBüro 87, 923 = AnwBl 197). Eine Kostenentscheidung darf aber nicht ergehen, da zwischen den Parteien keine Kosten erstattet werden (Abs 4). 46

8) Beitreibung durch den Anwalt (§ 126). Richtet sie sich **gegen den Hilfsbedürftigen,** kann dieser eine Verletzung des § 122 I 3 einwenden. Eine Beschwerdemöglichkeit im PKH-Verfahren besteht nicht, weil der hilfsbedürftige Mandant lediglich die Zahlung zu verweigern braucht. Die Forderung der gesetzlichen Vergütung durch den Anwalt steht außerhalb des Bewilligungsverfahrens. Geht der Rechtsanwalt nach § 126 **gegen den Gegner** vor, kann dieser sich nicht mit der PKH-Beschwerde, sondern nur mit den im Kostenfestsetzungsverfahren (§§ 103 ff) gegebenen Rechtsbehelfen wehren. 47

V) Gebühren im Beschwerdeverfahren: 1) des **Gerichts:** 50 DM, wenn die Beschwerde verworfen oder zurückgewiesen wird. Wird sie teilweise zurückgewiesen, so kann das Gericht die Gebühr auf die Hälfte ermäßigen oder bestimmen, daß eine Gebühr nicht erhoben wird (KV 1905, § 131b KostO). – **2)** des **Anwalts:** 5/10 Beschwerdegebühr nach dem Wert der Hauptsache (LG Hannover MDR 93, 391 mwN). 48

127a *[Prozeßkostenvorschuß in Unterhaltssachen]*

(1) In einer Unterhaltssache kann das Prozeßgericht auf Antrag einer Partei durch einstweilige Anordnung die Verpflichtung zur Leistung eines Prozeßkostenvorschusses für diesen Rechtsstreit unter den Parteien regeln.

(2) Die Entscheidung nach Absatz 1 ist unanfechtbar. Im übrigen gelten die §§ 620a bis 620g entsprechend.

I) Gesetzeszweck. Einstweilige Anordnungen auf Prozeßkostenvorschuß sind nach § 620 Nr 9 in **Ehesachen** und nach § 621f I in **anderen Familiensachen** als Unterhaltssachen möglich. § 127a erweitert diese Regelungen und gestattet einstweilige Anordnungen auf Prozeßkostenvorschuß für **alle Unterhaltssachen** (LG Hannover JurBüro 88, 507), auch für solche, bei denen keine ausschließliche Zuständigkeit des Familiengerichts besteht (s unten § 621 Rn 42). Dadurch wird nicht nur die Durchsetzung von Unterhaltsansprüchen erleichtert, sondern häufig auch ein PKH-Verfahren entbehrlich (§ 115 Rn 67). 1

II) Abgrenzungen. 1) Wenn im Scheidungsprozeß ein Unterhaltsanspruch als Folgesache geltend gemacht wird, verdrängt § 620 S 1 Nr 9 den § 127a. Anwendbar ist dieser nur in **selbständigen Unterhaltsprozessen,** und zwar auch, wenn diese während eines Scheidungsprozesses anhängig sind, was aus dem Grunde möglich ist, weil Unterhaltsansprüche nur zu Folgesachen werden, wenn eine Scheidungspartei dies begehrt (§ 623 I 1; s dort Rn 24). Als Sonderregelung 2 geht § 127a anderen summarischen Verfahren vor. Für den Erlaß einer **einstweiligen Verfügung** fehlt das Rechtsschutzbedürfnis (§ 620 Rn 23 mwN). Eine **Klage** auf Prozeßkostenvorschuß ist jedoch an Stelle einer einstweiligen Anordnung zulässig (BGH FamRZ 79, 472 = NJW 1508 = MDR 652; Hamm KoRsp ZPO § 127a Nr 4); denn mit einem summarischen Titel von geringer Bestandskraft brauchen die Parteien sich nicht zu begnügen (§ 620 Rn 11).

3 **III) Wird die Anordnung auf Prozeßkostenvorschuß abgelehnt** oder läßt sie sich nicht vollstrecken, so ist dem Antragsteller häufig **PKH zu bewilligen.** Dies gilt nicht, wenn der Antrag auf Erlaß einer einstweiligen Anordnung mangels hinreichender Erfolgsaussicht des beabsichtigten Unterhaltsprozesses zurückgewiesen worden ist (Frankfurt KoRsp ZPO § 127a Nr 10) und sich die Erfolgsaussicht auch im anschließenden PKH-Verfahren nicht feststellen läßt.

4 **IV) Unterhaltssachen** sind Familienunterhalt (§ 1360 BGB), Ehegattenunterhalt für die Zeit des Getrenntlebens (§ 1361 BGB), auch nachehelicher Unterhalt (§ 1569 ff BGB; ob hier eine Kostenvorschußpflicht besteht, ist eine andere Frage; s hierzu unten § 621f Rn 8). Unterhaltssachen sind auch Unterhaltsprozesse bezüglich gemeinsamer Kinder oder zwischen nichtehelichem Kind und Vater oder Mutter und Unterhaltsstreitigkeiten zwischen geradlinigen Verwandten (§§ 1601 ff BGB), auch Ansprüche auf Rückzahlung von Unterhalt oder eines Prozeßkostenvorschusses (MK/Wax Rn 6). Auch Arreste zur Sicherung des Unterhalts und einstweilige Verfügungen auf Unterhaltszahlung sind Unterhaltssachen, ferner die Abänderungsklage nach § 323 oder die Wiederaufnahmeklage nach § 578, wobei es unerheblich ist, in welcher Parteirolle der Unterhaltsberechtigte auftritt. Ferner gehören Vollstreckungsgegenklagen nach § 767 dazu (Düsseldorf FamRZ 78, 427), wenn sie zB mit dem Vorbringen erhoben werden, der Unterhaltsanspruch sei weggefallen; desgleichen Verfahren auf Neufestsetzung des Regelunterhalts nach §§ 642a ff einschließlich des dazu gehörenden Abänderungsverfahren nach § 643a. Ob die Unterhaltsansprüche als gesetzliche Rechte, als vertraglich geregelte gesetzliche Ansprüche oder als rein vertragliche Rechte geltend gemacht werden, ist unerheblich. Präjudizierende Feststellungsverfahren sind keine Unterhaltssachen, insbesondere nicht Vaterschaftsfeststellungsprozesse.

5 **V) 1)** Der Gegner muß dem Berechtigten materiellrechtlich zur Leistung von **Prozeßkostenvorschuß** verpflichtet sein. § 127a enthält keine **materiellrechtliche Anspruchsgrundlage** (Oldenburg FamRZ 82, 384, 386). Über die Vorschußpflicht nach ausländischem Sachrecht s § 620 Rn 82, über diejenige von (geschiedenen) Ehegatten nach deutschem Sachrecht § 621 f Rn 8, über diejenige gegenüber Kindern § 621 f Rn 9. Kinder sind ihren Eltern gegenüber nicht zum Prozeßkostenvorschuß verpflichtet, weil diese keine von ihnen abhängige Lebensstellung haben (München FamRZ 93, 821 f; s § 621 f Rn 9, anders Schneider 17. Aufl § 115 Rn 47 und ältere Rspr: Celle NJW 56, 1158; 63, 1363; Köln MDR 68, 151). Die Anspruchsvoraussetzungen des sachlichen Rechts hat der Antragsteller darzulegen und glaubhaft zu machen (Verweisung in § 127a II 2 auf § 620a II 3). Dazu muß er auch dartun, daß er die Prozeßführung nicht aus eigenen Mitteln finanzieren kann. Über den Einwand der mangelnden Leistungsfähigkeit s § 621 f Rn 10; über die Höhe des Vorschusses ebenda Rn 12. Für aussichtslose oder mutwillige Klagen ist kein Vorschuß zu zahlen (§ 621 f Rn 11). Nach Abschluß einer Instanz kann für diese kein Vorschuß mehr gefordert werden (§ 621 f Rn 7).

6 **2) Rechtsnachfolger** eines unterhaltsberechtigten Kindes oder Ehegatten (Erben, soweit Unterhaltsansprüche vererblich sind – §§ 1361 IV 4, 1360a III, 1615 I, 1586 II BGB – oder Einzelrechtsnachfolger, auf die die Ansprüche gemäß §§ 1584 S 3, 1607 II 2 BGB, 37 BAFöG, 140 AFG; 91 BSGH übergegangen sind oder gemäß §§ 90 BSHG, 96 SGB VIII (KJHG), 7 UnterhVorschußG übergeleitet worden sind; s § 621 Rn 39) sind nicht berechtigt, einen Prozeßkostenvorschuß zu verlangen. Der Vorschußanspruch geht nicht zusammen mit dem Unterhaltsanspruch auf sie über (MK/Wax Rn 11). Ein Elternteil, der nach § 1629 III BGB als **Prozeßstandsschafter eines Kindes** dessen Unterhaltsanspruch gegen den anderen Elternteil geltend macht, kann auch den Vorschußanspruch des Kindes im Wege der einstweiligen Anordnung geltend machen (MK/Wax Rn 12; Gießler Rn 729).

7 **VI)** Eine einstweilige Anordnung wird nur auf **Antrag** erlassen (§ 127a I). Dieser ist **zulässig, sobald die Unterhaltssache anhängig** (nicht notwendig rechtshängig) ist oder ein **PKH-Gesuch** für eine solche Sache eingereicht ist (§§ 127a II 2, 620a II 1). Der Anordnungsantrag kann gleichzeitig mit der Unterhaltsklage oder dem PKH-Gesuch eingereicht werden. Über die Anordnung ist zu entscheiden, bevor über die PKH entschieden wird; denn ein durchsetzbarer Vorschußanspruch schließt die PKH-Bewilligung aus (§ 115 Rn 69). Der Antrag kann bei jedem Amtsgericht gestellt werden (§§ 127a II 2; 620a II 2; 129a I). Für die **Rechtsmittelinstanz** kann ein Prozeßkostenvorschuß beantragt werden, wenn beim Rechtsmittelgericht eine Rechtsmittelschrift oder ein entsprechender PKH-Antrag eingereicht wird (MK/Wax Rn 13).

VII) Die **Zuständigkeit** richtet sich nach Abs 2 S 2 und § 620a IV: Zuständig für den Erlaß einstweiliger Anordnungen ist das Gericht, bei dem die Unterhaltssache anhängig ist. Über den Antrag auf Zahlung eines Prozeßkostenvorschusses für die Berufungsinstanz entscheidet das Berufungsgericht. Wenn in einer unterhaltsrechtlichen Familiensache die Revision zugelassen wird, entscheidet das Familiengericht der ersten Instanz über den Antrag auf Zahlung eines Prozeßkostenvorschusses für die Revisionsinstanz (§ 620a Rn 16). 8

VIII) Gerichtliches Verfahren. Es ist durch die Bezugnahme auf §§ 620a – 620g eingehend geregelt. Aufhebung und Änderung des Anordnungsbeschlusses, Aussetzung der Vollziehung, Außerkrafttreten und Kostenregelung sind dort behandelt. Es besteht **kein Anwaltszwang,** außer für die mündliche Verhandlung vor dem LG oder OLG (§ 620a Rn 9 u 9 a). Die materiellrechtlichen Voraussetzungen für den Vorschußanspruch sind glaubhaft zu machen (§ 620a II 3). Das Gericht hat seinen Beschluß zu begründen (§ 620d Rn 4), aber nicht mit einer Kostenentscheidung zu versehen; Ausnahmen s § 620g Rn 4, 5, 7). Über die Kostenfolgen, wenn Anordnungsanträge zurückgenommen oder für erledigt erklärt werden oder wenn im Anordnungsverfahren ein Vergleich geschlossen wird, s § 620g Rn 6. 9

IX) Gegen den Gerichtsbeschluß gibt es **keine Beschwerde** (§ 127a II 1), einerlei ob der Anordnungsantrag zurückgewiesen oder ob ihm stattgegeben worden ist. Ersatz für die Unanfechtbarkeit ist das **Verfahren nach § 620b,** das sowohl bei stattgebenden wie bei ablehnenden Entscheidungen in Betracht kommt. Dazu ist ein **neuer Antrag** (§ 620b I) nötig. Wird in diesem Zusammenhang die Vollziehung einer einstweiligen Anordnung ausgesetzt, dann ist auch der Aussetzungsbeschluß unanfechtbar (§ 620e Rn 4). Über die Wiederholung abgelehnter Anordnungsanträge s § 620b Rn 2. Äußerst streitig ist, ob analog § 717 Schadensersatz verlangt werden kann, wenn der Beschluß auf Leistung eines Prozeßkostenvorschusses wieder aufgehoben wird (s einerseits § 620f Rn 25; andererseits § 717 Rn 5 aE). 10

X) Gebühren: 1) des Gerichts: KV 1700. – Mehrere Entscheidungen innerhalb eines Rechtszugs gelten als eine Entscheidung. **2) des Anwalts:** § 31 I Nr 1 BRAGO für den Antrag auf Erlaß der einstweiligen Anordnung (§ 41 I a BRAGO), gegebenenfalls Verhandlungs- oder Erörterungsgebühr. Für mehrere Verfahren nach § 127a ZPO erhält der Anwalt die Gebühren in jedem Rechtszug nur einmal (§ 41 I 2 BRAGO), weil sie eine gebührenrechtliche Einheit darstellen. 11

Dritter Abschnitt

VERFAHREN

Vorbemerkungen

Die §§ 128 bis 252 regeln den allgemeinen Verfahrensbetrieb des (kontradiktorischen) Streitverfahrens. Die besonderen Verfahrensvorschriften für die verschiedenen Rechtszüge und Verfahrensarten sind im zweiten bis siebenten Buch der ZPO (§§ 253–703a) enthalten. Weitere Verfahrensnormen finden sich in den §§ 169 ff GVG. 1

I) Verfahrensgrundsätze

Lit: *Brüggemann,* Rechtliches Gehör im Zivilprozeß, JR 69, 361; *Deubner,* Die Verfassungsbeschwerde wegen Verletzung des Anspruchs auf rechtliches Gehör im Zivilprozeß, NJW 80, 263; *Henckel,* Sanktionen bei Verletzung des Anspruchs auf rechtliches Gehör, ZZP 77, 321; *Lerche,* Zum „Anspruch auf rechtliches Gehör", ZZP 78, 1; *Prütting,* Die Grundlagen des Zivilprozesses im Wandel der Gesetzgebung, NJW 80, 361; *Waldner,* Aktuelle Probleme des rechtlichen Gehörs im Zivilprozeß, 1983; *Zeuner,* Der Anspruch auf rechtliches Gehör, FS Nipperdey, 1965, S 1013.

1) Allgemeines. Die Verfahrensgrundsätze, dh die grundlegenden Entscheidungen, nach denen der Gesetzgeber das Zivilverfahrensrecht ausgerichtet hat, sind in der ZPO nicht ausdrück- 2 lich geregelt. Sie ergeben sich teilw aus der Verfassung, teilw aus anderen Gesetzen, teilw erst mittelbar aus einzelnen Vorschriften der ZPO.

3 **2) Rechtliches Gehör. a) Grundlagen und Geltungsbereich:** Der Grundsatz, daß niemand (auch nicht der Ausländer bei fremdsprachl Eingaben: § 233 Rn 23 bei „Ausländer"; § 184 GVG Rn 2) in seinen Rechten durch gerichtl Maßnahmen betroffen werden darf, ohne vorher Gelegenheit zur Äußerung gehabt zu haben, ergibt sich aus Art 103 GG u Art 6 I MRK. Die ZPO regelt die Anhörung des Betroffenen ausdrückl nur in einzelnen Vorschriften (§§ 99 II, 118 I, 126 III, 137 IV, 225 II, 360, 387, 730, 813a V, 844 II, 850b III, 851b II, 891, 1034 I, 1041 I Nr 4, 1044 II Nr 4, 1045 II), wobei die Anhörung des Gegners teilweise aus Gründen der bes Verfahrensart in das pflichtgemäß auszuübende Ermessen des Gerichts gestellt wird (zB Arrest und einstw Vfg; hierzu Borck MDR 88, 908). In diesen Fällen ist der Verfassungsnorm des Art 103 GG dadurch genügt, daß der ohne vorherige Anhörung Betroffene die Möglichkeit einer Überprüfung der Maßnahme im kontradiktorischen Verfahren und ggf Schadensersatzansprüche wegen des Vollzuges der (nur formal, nicht aber sachl berechtigten) ohne seine Mitwirkung getroffenen Maßnahme erhält (vgl § 921 Rn 1, §§ 936, 945), BVerfGE 57, 346/359; BayObLG Rpfleger 86, 98/99; von Winterfeld NJW 61, 849. Auch Äußerungen im Selbstablehnungsverfahren (§ 48 II) müssen den Parteien mitgeteilt werden (BVerfG NJW 93, 2229). Zum Verfahren der Prozeßkostenhilfe s § 118 Rn 2–4; § 299 Rn 4. Auch die Parteiöffentlichkeit der Beweisaufnahme (§ 357 I) ist Ausprägung des Anspruchs auf rechtl Gehör (Kürschner NJW 92, 1804; s auch § 357 Rn 1; § 411 Rn 3a).

4 **b) Anspruchsberechtigt:** nur die Verfahrensbeteiligten (das sind neben den Parteien deren Streitgehilfen [BAG MDR 88, 345/346], im Fall §§ 380, 387, 390, 409 auch die Auskunftspersonen, im Fall § 135 II der Anwalt), durch die Entscheidung materiell betroffene Personen nur dann, wenn es sich um eine unmittelbare Betroffenheit handelt (zB Mitgesellschafter bei Auflösungsklage gegen GmbH, BVerfGE 60, 7 = NJW 82, 1635); weitergehend Schlosser JZ 67, 432 ff, dagegen RSchwab/Gottwald § 85 II.

5 **c) Gegenstand** der Gewährung des rechtl Gehörs ist jeglicher für die Entscheidung maßgebl Prozeßstoff. Dabei dient der Kundgabe des gegnerischen Vorbringens außerhalb der mündl Verhandl die Regelung in §§ 132–135, 142, 143, 272, der Kundgabe des vom Gericht für wesentlich Erachteten §§ 139, 278 III. Zur Notwendigkeit der Offenbarung richterl Sachkenntnis s Anm zu §§ 291, 284, 402. Richtlinie: Keine Partei darf durch Verwertung ihr ungünstigen Prozeßstoffs in der Entscheidung überrascht werden (vgl § 278 III, dort Rn 5).

5a Das Recht auf Gehör eröffnet grundsätzl (Ausn: s Einl Rn 103) kein Recht auf im Gesetz nicht vorgesehene Rechtsbehelfe; es gibt **kein Grundrecht auf einen Instanzenzug:** BVerfGE 42, 252/254; 60, 98; 65, 76/90 = NJW 83, 2929; BGH 43, 19; BGH NJW 90, 938; EzFamR FGG § 63a Nr 1 m krit Anm Schneider. – Es besteht kein Recht der Parteien auf eine von ihnen gewünschte **Verfahrensart,** so auf mündl Verhandlung, wo das Gesetz die schriftl Anhörung der Parteien vorschreibt oder genügen läßt (vgl § 128 Rn 5 ff; BVerfGE 6, 19/20; 60, 175/210; BGH 13, 265/270). Jedoch wird, wo das Gesetz mündl Verhandlung vorschreibt, das Recht auf Gehör verletzt, wenn das Gericht nach lediglich schriftl Verfahren entscheidet (München MDR 83, 324).

6 **d) Inhalt des Anspruchs: aa)** Der Partei muß die **Möglichkeit zur Äußerung** zum Sachverhalt und zur Rechtslage (BVerfGE 86, 133/144) gegeben werden, also insbesondere zu Erklärungen des Gerichts (§§ 139, 273, 278 III), des Gegners (BVerfG NJW 85, 1149; 82, 1453) oder zu Beweisergebnissen (§ 285 Rn 2) und sonstigen Erkenntnissen, die das Gericht zu verwerten beabsichtigt (zB aus beigezogenen Akten, BVerfG NJW 94, 1210). Das setzt voraus, daß diese Erklärungen bzw Erkenntnisse dem Berechtigten in mündl Verhandlung oder schriftl **zugegangen** sein müssen und daß der Ablauf einer gesetzten Erklärungsfrist **abgewartet** wird (BVerfG NJW 88, 1773; 82, 1453; 76, 1837; München OLGZ 77, 355; nach BGH VersR 95, 69 soll Entscheidung vor Fristablauf unschädl sein, wenn aufgrund abgegebener Äußerung nicht mit weiterer zu rechnen ist). – Erklärung und Fristsetzung sind förmlich zuzustellen (BVerfG NJW 95, 2095). Wurde formlos übersandt und hat die Partei nicht schriftl oder in mündl Verhandlung erwidert, muß das Gericht sich zur Vermeidung eines Verstoßes gegen Art 103 I GG vom tatsächl Zugang überzeugen (BVerfGE 36, 85/88; NJW 95, 2095). Gesetzte Frist muß angemessen sein (vgl § 275 Rn 4), zur Präklusion verspäteten Vorbringens § 296. Hat das Gericht einer Partei erwiderungsbedürftige Hinweise gegeben, ohne hierzu eine Erklärungsfrist zu setzen, so ist die Erklärung der Partei hierauf gleichwohl in angemessener Frist einzureichen (BVerfG NJW 82, 1691); welche Zeit hier als noch angemessen anzusehen ist, ergeben die Umstände, also die Dringlichkeit der Sache oder deren Schwierigkeit. Der Partei ist es in diesem Fall zuzumuten, eine 2 Wochen überschreitende Frist mit dem Gericht abzusprechen.

6a **bb)** Aus dem Anspruch auf rechtl Gehör ergeben sich auch **Hinweispflichten.** So kommt es einer Verhinderung des Vortrags gleich, wenn das Gericht ohne vorherigen Hinweis Anforderungen an den Sachvortrag stellt oder auf rechtl Gesichtspunkte abhebt, mit denen auch ein gewissenhafter und prozeßkundiger Prozeßbeteiligter nach dem bisherigen Prozeßverlauf nicht zu rechnen brauchte (BVerfGE 84, 188/190; NJW-RR 93, 764; NJW 94, 1274; ZIP 95, 1850). Eine generelle Hinweispflicht (zB bezügl der Rechtsauffassung des Gerichts) folgt aus Art 103 I GG jedoch nicht (BVerfGE 74, 1/6). Nur dann, wenn für die Prozeßbeteiligten nicht vorhersehbar ist, auf welche Erwägungen das Gericht seine Entscheidung stützen wird und aus diesem Grund relevanter Vortrag unterbleibt, gebietet der Anspruch auf rechtl Gehör entspr Aufklärung (BVerfGE 84, 188/190; NJW 94, 849). Dasselbe gilt, wenn das Gericht von einer offengelegten Einschätzung der Sach- oder Rechtslage abgehen will (BVerfG NVwZ-Beil 95, 66).

cc) Des weiteren muß das Gericht das tatsächl und rechtl (BVerfG NJW 80, 2698; NJW-RR 93, 383) Vorbringen der Parteien (auch wenn es erst am letzten Tag einer gesetzten Frist beim Gericht eingeht: § 222 Rn 8; BVerfG NJW 82, 30; 83, 1453) **zur Kenntnis nehmen** u bei seiner Entscheidung berücksichtigen, soweit es erhebl ist. Der Anspruch auf rechtl Gehör ist verletzt, wenn das Gericht eine Klage als unschlüssig abweist, obwohl sich die Entstehung der Klageforderung anhand eines zwar umfangreichen und komplizierten, aber vollständig dargelegten Rechenwerks mit entspr Zeitaufwand nachvollziehen läßt (BVerfG NJW 94, 2683). Geht das Gericht auf den wesentlichen Kern des Tatsachenvortrags einer Partei zu einer Frage, die für das Verfahren von zentraler Bedeutung ist, in den Entscheidungsgründen nicht ein, läßt dies darauf schließen, es habe den Vortrag nicht berücksichtigt, sofern er nicht nach dem Rechtsstandpunkt des Gerichts unerhebl oder aber offensichtl unsubstantiiert war (BVerfGE 86, 133). Ein Eingehen auf alle Einzelheiten des Vorbringens in den Entscheidungsgründen ist jedoch nicht geboten (BVerfG 42, 364; 60, 1/5; 85, 1149; BayVerfGH NJW 77, 243); aus seinem Schweigen darf idR nicht darauf geschlossen werden, daß es Vorbringen außer acht gelassen hat, es sei denn es handle sich um Vortrag, der für den Prozeßausgang eindeutig von entscheidender Bedeutung ist (BVerfGE 18, 380/3; NJW-RR 93, 383) oder eine ausreichende Erwägung sei nach Sachlage auszuschließen (BVerfG NJW 95, 2095: Entscheidung eines Kollegialgerichts am frühen Morgen nach Einwurf des Schriftsatzes in Nachtbriefkasten). Das Übergehen eines entscheidungserhebl Beweisantritts (vor § 284 Rn 8a ff) wegen Unverhältnismäßigkeit der hierdurch entstehenden Kosten stellt ebenso eine Versagung des rechtl Gehörs dar wie auch die gerichtl Schätzung, wo deren gesetzl Voraussetzungen (§ 287) fehlen (BVerfG NJW 79, 413). Unsachl u beleidigende Eingaben bedürfen regelm keiner Erwiderung, Hamm NJW 76, 978. 6b

Streitig ist, ob das Recht auf Gehör den Parteien ein prozessuales Recht auf **Kenntnis des gesamten Prozeßstoffes durch sämtliche Mitglieder des Kollegialgerichts** auf Grund jeweils eigenen Aktenstudiums gibt. Doehring (NJW 83, 851) und von Stackelberg (MDR 83, 364) bejahen ein solches „Grundrecht" der Parteien auf kollegiales Aktenstudium. Dem kann nicht gefolgt werden. Weder das Grundgesetz noch die ZPO schreiben den Kollegialgerichten vor, *wie* diese sich Kenntnis vom Akteninhalt verschaffen, solange nur die Sachentscheidung auf einer gebührenden Berücksichtigung des streitigen Sachvortrages der Parteien beruht (Rn 6); erst wenn das nicht der Fall ist, kann ggf auf eine Versagung des rechtl Gehörs *im Urteil* (ebenso *Beschluß*) ein Rechtsmittel oder letztlich eine Verfassungsbeschwerde (Rn 8) gestützt werden (so im Ergebnis StJ/Leipold Rn 36; Herr NJW 83, 2131). Ein solcher Rechtsbehelf kann also nicht bereits auf Mängel des Informationsvorgangs im Kollegium gestützt werden, der für die Parteien kaum jemals erkennbar ist, wenn sich die mangelhafte Kenntnis des Streitstoffes durch das Kollegium nicht im Urteil manifestiert (BVerfG NJW 87, 2219/2220). 7

e) Verzicht. Ob eine Partei von der ihr eingeräumten Möglichkeit zur Äußerung Gebrauch macht, ist ihre Sache; insoweit ist das Recht auf Anhörung **verzichtbar** (§ 295 Rn 5, vgl Höfling NJW 83, 1584 mw Nachw). Unverzichtbar für das Gericht dagegen ist der durch Art 103 GG den Gerichten erteilte Auftrag, den Parteien rechtl Gehör zu gewähren (hierzu § 278 Rn 5–9), ihnen also vor der Entscheidung Gelegenheit zu geben, sich zu den Argumenten des Gegners und des Gerichts zu äußern; daher kann keine Partei das Gericht durch einen vorweggenommenen Verzicht von seiner Pflicht zur Gewährung rechtl Gehörs im nachfolgenden Verfahren entbinden (Waldner, Probleme des rechtl Gehörs S 83/84). Im Verzicht auf mündl Verhandlung liegt kein Verzicht auf rechtl Gehör (BVerfG NVwZ-Beil 95, 66). 7a

f) Verletzung ist Verfahrensfehler **unabhängig von Verschulden des Gerichts** (BVerfG 62, 347/352 = NJW 83, 2187; BSG NJW 87, 919 mw Nachw), daher rechtl Gehör auch verletzt, wenn ein Schriftsatz bei der Entscheidung unberücksichtigt bleibt, der, obwohl eingereicht, nicht zu den Akten gelangte (BVerfG MDR 78, 201). Trägt in diesem Fall der Schriftsatz einen Eingangsstempel mit dem Datum des Tages, an dem die diesen Schriftsatz ignorierende Entscheidung existent wurde (hierzu § 329 Rn 6), so ist zugunsten der Partei davon auszugehen, daß er vom Gericht verfahrensfehlerhaft nicht zur Kenntnis genommen wurde (BGH 85, 361/364; BGH NJW 82, 888/889; BSG MDR 85, 700; BVerwG NJW 86, 1125). 8

g) Folgen: Verletzung ist **revisibler Verfahrensfehler,** soweit Beschwer daraus herzuleiten (Henckel ZZP 77, 321; Röhl NJW 64, 273; zum notw Inhalt einer schlüssigen Verfahrensrüge in diesem Fall § 554 Rn 14, BVerfG NJW 70, 651; 87, 2219/2220). – Für **Berufungsgericht** besteht 8a

Zurückverweisungsgrund nach § 539, Verstoß ist aber durch Nachholung des rechtl Gehörs **heilbar.** – Bei **nicht anfechtbaren Entscheidungen** keine außerordentl Beschwerdemöglichkeit (§ 567 Rn 20); ggf Gegenvorstellung (§ 567 Rn 22 f; s auch § 238 Rn 7). Für Wiederaufnahmemöglichkeit analog § 579 I Nr. 4 MK/Braun vor § 567 Rn 8, § 579 Rn 17 ff; vgl hierzu Rn 8 zu § 579. – Bei Verletzung des rechtl Gehörs im Beweisverfahren: **Verwertungsverbot,** Wiederholung der Beweisaufnahme (BGH NJW 92, 1817/1819). – Nach Ausschöpfung des Rechtswegs **Verfassungsbeschwerde,** BVerfGE 11, 218; BVerfG NJW 82, 2367 und 2368. Zur notw Einschränkung eines Mißbrauchs der Verfassungsbeschwerde wegen (angebl) Versagung des rechtl Gehörs als „Pannenhilfe" gegen als falsch empfundene Urteile Krauß, Der Umfang der Prüfung von Zivilurteilen durch das BVerfG, 1987; Schumann NJW 85, 1134; BVerfG NJW 85, 1149; 87, 2733; 87, 1319.

9 3) **Dispositionsmaxime:** Die Einleitung (teilweise auch die Fortführung, § 250) des Zivilprozesses ist allein Sache der Parteien, die durch Antrag (§§ 253, 688) den Beginn des Verfahrens und seinen Umfang (§ 308) oder seine Beendigung (§§ 269, 515, 91a, 794 Nr 1) bestimmen. Ausnahmen gelten für die Kostenfrage (§ 308 II) und die Vollstreckbarerklärung (§§ 708, 709, 721, 938). Nur ausnahmsweise ist die Dispositionsmaxime dort eingeschränkt, wo (wie im Ehe- und Kindschaftsrecht) der Wille der Parteien dem öffentl Interesse unterzuordnen ist. Im übrigen sind Vereinbarungen der Parteien über die rechtl Bewertung präjudizieller Rechtsverhältnisse zulässig u für das Gericht bindend, soweit nicht der ordre public verletzt ist (Baur, FS Bötticher, 1969, S 1; Schlosser, Einverständliches Parteihandeln im Zivilprozeß, 1968; BGH 49, 384 = NJW 68, 1233; Habscheid ZZP 81, 175; einschr Häsemeyer ZZP 85, 207).

10 4) **Verhandlungsgrundsatz.** Er betrifft die Beschaffung des Prozeßstoffs (daher auch: Beibringungsgrundsatz). Grundsätzl darf das Gericht seiner Entscheidung nur das Tatsachenmaterial zugrundelegen, das von den Parteien vorgetragen ist (§ 253). Zugestandenes muß es grds ohne Beweisaufnahme übernehmen. Auf die eigene (vielleicht auch bessere) Sachkenntnis darf es nicht ankommen, soweit die Parteien nicht erkennbar ihre Wahrheitspflicht (§ 138) verletzen. Das Gericht darf auf Berichtigung offenkundiger Unwahrheiten (§ 291) hinwirken, ohne damit den Vorwurf der Befangenheit (§ 42) zu begründen, nicht aber das Vorbringen neuer Tatsachen oder die Stellung neuer Anträge anregen; unberührt hiervon bleibt aber das Fragerecht (§ 139) des Gerichtes, das nur der Aufklärung und Schlüssigstellung des Parteivortrags dient, nicht jedoch durch „gezielte Fragen" in eine unzulässige Ausforschung, dh in die Provokation neuen Tatsachenvorbringens ausarten darf. Prozeßstoff wird Parteivorbringen auch dann, wenn es der behauptenden Partei ungünstig ist (vgl MK/Lüke Einl Rn 158).

10a **Grenzen des Verhandlungsgrundsatzes** bestehen, soweit dieser Grundsatz mit dem Verfassungsrang besitzenden **Gebot des rechtsstaatlichen und fairen Verfahrens** kollidiert (Einl Rn 51; BVerfGE 54, 277/291; Stürner ZZP 98 [1985], 237). Diese Grenzen ergeben sich aus der Mitwirkungs- und Wahrheitspflicht der Parteien (§ 138 Rn 1–8) sowie der Aufklärungspflicht des Gerichts (§ 139). Die Partei, die eine ihr mögliche und zumutbare Mitwirkung bei der Stoffsammlung und Wahrheitsfindung verweigert, riskiert die Unbeachtlichkeit ihres Bestreitens (§ 138 Rn 9 ff) sowie eine ihr nachteilige Beweiswürdigung § 286 Rn 14).

11 Auch die **Beschaffung der Beweismittel** ist grds Sache der Parteien. Das Gericht darf aber vAw die Einnahme des Augenscheins sowie die Begutachtung durch Sachverständige (§ 144), die Vorlage von Urkunden oder Akten (§§ 142, 143) oder die ergänzende Anhörung einer oder beider Parteien anordnen (§ 448; noch weiter gehend für den Schadensnachweis § 287) sowie amtl Auskünfte einholen (§ 273 II Nr 2). Eine Zeugenvernehmung setzt dagegen immer einen Antrag voraus (§ 373; s auch § 273 II Nr 4).

12 Ausnahmsweise tritt an die Stelle der Verhandlungsmaxime der **Untersuchungsgrundsatz,** wo das öffentl Interesse am Streitgegenstand eine umfassende (dh vom Parteivorbringen unabhängige) Sachaufklärung gebietet, so in Ehe-, Kindschafts- und Aufgebotssachen (§§ 616, 640, 952 III, 986 III). Die für **Prozeßvoraussetzungen** vorgeschriebene **Prüfung von Amts wegen** hat mit dem Untersuchungsgrundsatz nichts zu tun: das Gericht weist hier nur auf die Bedenken hin; die Beibringung der erforderl Nachweise ist auch hier grds (dh nach Maßgabe von Rn 11) Sache der Parteien (vor § 253 Rn 12).

13 5) **Weitere Verfahrensgrundsätze** sind: Die **Konzentrationsmaxime,** die im Interesse effektiven Rechtsschutzes gebietet, den Rechtsstreit nach Möglichkeit in *einem* Haupttermin zu erledigen (§ 272 I) und in zahlreichen Vorschriften dadurch ihren Niederschlag gefunden hat, daß sie dem Gericht prozeßfördernde Mittel an die Hand gibt (vgl §§ 272 II, 273, 278, 358a) und den Parteien mit Präklusion bewehrte Förderungspflichten auferlegt (§§ 282, 296). – Der **Mündlichkeitsgrundsatz** (vgl § 128 Rn 1 ff). – Der **Unmittelbarkeitsgrundsatz,** demzufolge mündl Verhandlung und Beweisaufnahme unmittelbar vor dem erkennenden Gericht stattfinden müssen (vgl §§ 309, 355 m Erl, auch zu den Ausnahmen). – Der **Öffentlichkeitsgrundsatz** (vgl §§ 169 ff GVG).

II) Prozeßhandlungen

Lit: *Arens,* Willensmängel bei Parteihandlungen im Zivilprozeß, 1968; *Baumgärtel,* Wesen und Begriff der Prozeßhandlung einer Partei im Zivilprozeß, 1957; *Gaul,* Willensmängel bei Prozeßhandlungen, AcP 172, 342; *Orfanides,* Die Berücksichtigung von Willensmängeln im Zivilprozeß, 1982; *Schwab,* Probleme der Prozeßhandlungslehre, FS Baumgärtel, 1990, S 503.

1) Begriff und Abgrenzung. Prozeßhandlungen sind alle auf eine prozeßrechtl Wirkung abzielenden, dh den Prozeßablauf gestaltenden oder bestimmenden Handlungen der Parteien oder des Gerichts (wo das Gesetz von Prozeßhandlungen spricht [§§ 54, 67, 78 II, 81, 83 II, 85, 230 ff, 249 II], sind nur Handlungen der Parteien gemeint). Die Prozeßhandlung kann gleichzeitig sachlrechtl Wirkungen äußern (zB Verjährungsunterbrechung); entscheidend ist, ob mit ihr primär eine prozessuale Wirkung bezweckt wird (RSchwab/Gottwald § 63 II). Materiellrechtl Gestaltungsgeschäfte (zB Aufrechnung, Anfechtung) verlieren nicht dadurch ihre Rechtsnatur, daß sie im Prozeß vorgenommen werden; erst ihre Geltendmachung im Prozeß ist Prozeßhandlung (RSchwab/Gottwald § 63 VI; zur Aufrechnung s § 145 Rn 11). – **Erwirkungshandlungen** sind Prozeßhandlungen, die eine gerichtl Entscheidung herbeiführen sollen und erst durch diese auf den Prozeß einwirken; dagegen beeinflussen **Bewirkungshandlungen** die Prozeßlage unmittelbar (MK/Lüke, Einl Rn 265). – Besonderheiten gelten für **zweiseitige Prozeßhandlungen** (Prozeßverträge; s unten Rn 26 ff). 14

2) Wirksamkeit. Ihre Voraussetzungen bestimmen sich allein nach dem Prozeßrecht. Die Vorschriften des bürgerl Rechts, zB über Willensmängel, sind grundsätzl nicht anwendbar. Im einzelnen: 15

a) Prozeßhandlungsvoraussetzungen (dh Voraussetzungen in der Person des Vornehmenden) sind Parteifähigkeit, Prozeßfähigkeit und Postulationsfähigkeit, bei Stellvertretung auch die (gesetzl oder rechtsgeschäftl) Vertretungsmacht. Im Anwaltsprozeß (§ 78) kann nur der Rechtsanwalt wirksame Prozeßhandlungen vornehmen. 16

b) Vornahme. Prozeßhandlungen werden wirksam: in der mündl Verhandlung durch mündl Erklärung gegenüber dem Gericht, außerhalb derselben (wo dies nach dem Gesetz ausreicht) durch Einreichung eines Schriftsatzes bei Gericht oder Erklärung zu Protokoll der Geschäftsstelle (vgl § 129a) bzw (wo sie dem Gegner gegenüber vorzunehmen ist) je nach gesetzl Regelung durch Zustellung oder formlose Mitteilung an diesen. 17

c) Kein Widerruf. Prozeßhandlungen sind unbeachtl, wenn sie widerrufen wurden. Dies ist jedoch nur sehr begrenzt möglich: Bewirkungshandlungen sind wegen ihrer unmittelbar prozeßgestaltenden Wirkung grundsätzl unwiderrufl; Erwirkungshandlungen können widerrufen werden, solange die angestrebte gerichtl Entscheidung noch nicht ergangen ist (näher hierzu Rn 23). Bis zu ihrer Vornahme (oben Rn 17) ist Widerruf analog § 130 I 2 BGB möglich. Ist zur Vornahme die Erklärung in mündl Verhandlung erforderl, besteht auch bei schriftsätzl Erklärung (die in Wirklichkeit nur eine Ankündigung darstellt) zuvor noch keine Bindungswirkung. 18

d) Form. Sie ist nur teilweise gesetzl vorgeschrieben. **Schriftform** ist durchwegs geboten für außerhalb der mündl Verhandlung gestellte Anträge (zB §§ 129, 253, 269, 515, 553, 569). Die notw Schriftlichkeit ist auch insoweit gefordert, als das Gesetz „Verlesung" fordert (§ 297); hier ist also die Prozeßhandlung schriftl *und* mündl vorzunehmen, um wirksam zu sein. Zur notw Unterzeichnung von Schriftsätzen s § 130 Rn 5; zur zulässigen fernmeldetechnischen Übermittlung von Schriftsätzen (Telegramm, Telex, Telefax) s § 130 Rn 9. Auch in Fällen, wo das Gesetz über die notw Form von Prozeßhandlungen außerhalb der mündl Verhandlung schweigt, ist gleichwohl von der notw Schriftform auszugehen, wenn die Prozeßhandlung entweder befristet ist oder unmittelbar Rechte oder Pflichten für die Parteien oder für das Gericht begründet, denn hier gebietet die notw Rechtssicherheit und Rechtsklarheit die Schriftform der Prozeßhandlung (BGHZ 93, 300 = NJW 85, 1558 = MDR 85, 574; so zB für das Gesuch um Abänderung von Fristen [§ 225 Rn 1], für die Zustimmung zur Entscheidung im schriftl Verfahren [§ 128 Rn 11], für den Verzicht auf schriftl Urteilsbegründung [§ 313a Rn 5]). **Mündlichkeit** der Prozeßhandlung läßt das Gesetz entweder ausdrücklich (zB §§ 167, 702, 754) oder durch Gestattung der mündl Erklärung zu Protokoll des Urkundsbeamten genügen (zB §§ 496, 297 I Satz 2, 44 I, 129 II). **Schlüssiges Verhalten** kann nur in den vom Gesetz ausdrücklich genannten Fällen die Wirkung einer Prozeßhandlung erlangen, so die Untätigkeit iS der §§ 39, 43, 138 III, 267, 295 oder die stillschweigende Vereinbarung im Fall § 38 I. 19

e) Unbedingtheit. Prozeßhandlungen sind bedingungsfeindlich, soweit ihre Wirksamkeit von einem außerprozessualen Ereignis abhängig gemacht wird (zB von einer Handlung eines nicht am Prozeß beteiligten Dritten), weil die Gestaltungswirkung auf den Prozeß niemals ungewiß sein darf (RG 144, 73). Zulässig dagegen ist es, Prozeßhandlungen von **innerprozessualen Bedingungen** abhängig zu machen, also von dem Erfolg oder Mißerfolg einer eigenen Prozeßhandlung oder einer solchen Handlung des Gegners (RG 157, 379). So sind zulässig die Eventualwiderklage für 20 den Fall, daß die Klage Erfolg hat (BGH 21, 13; NJW 56, 1478 und 65, 440), hilfsweise gestellte Klageanträge (§ 253 Rn 1, § 260 Rn 4), die Hilfsanschlußberufung (§ 521 Rn 10), der bedingte Prozeßvergleich (§ 794 Rn 10 ff), die Hilfsaufrechnung (§ 145 Rn 13) und der Eventualantrag auf Verweisung für den Fall, daß das Gericht seine Zuständigkeit verneint. Begriffl unmögl ist dagegen die bedingte Klageerhebung, weil eine innerprozessuale Bedingung nur vorliegen kann, wo ein Prozeßrechtsverhältnis bereits unbedingt besteht, sowie die bedingte Rechtsmitteleinlegung (§ 518 Rn 1). Nicht um eine innerprozessuale Bedingung geht es auch, wo ihr Eintritt nicht innerhalb des Prozeßrechtsverhältnisses zwischen dem Kläger und dem Beklagten erfolgt, sondern zwischen dem Beklagten und einem nicht notwendigen Streitgenossen (§ 61 Rn 8) des Klägers (BGH MDR 89, 899). Ebensowenig kann das Ergebnis der Beweiswürdigung des Gerichts Bedingung der Wirksamkeit einer Prozeßhandlung sein, denn sie wirkt noch nicht unmittelbar prozeßgestaltend (Stuttgart NJW 71, 1090 mwN). Näher zu bedingten Klageanträgen § 253 Rn 1.

21 3) **Willensmängel.** Auf Prozeßhandlungen sind die Vorschriften des materiellen Rechts über die Anfechtung von Willenserklärungen nicht, auch nicht entspr anwendbar; dem steht der prozeßrechtl Grundsatz entgegen, daß die Verfahrenslage weitestmögl vor Unsicherheit zu schützen ist (BGH 80, 391 = NJW 81, 2193; RSchwab/Gottwald § 65 V 3; einschr Arens, Willensmängel bei Parteihandlungen im Zivilprozeß, 1968; Orfanides, Die Berücksichtigung von Willensmängeln im Zivilprozeß, 1982, S 74). Das Verfahrensrecht bietet statt dessen bei echten Willensmängeln (dh wenn nicht durch Auslegung geholfen werden kann, RSchwab/Gottwald § 65 V 1) nur folgende Lösungswege an:

22 a) **Zurücknahme oder Änderung** der Prozeßhandlung, soweit gesetzl vorgesehen (zB §§ 263, 269, 346, 515);

23 b) **Berichtigung, Ergänzung, Widerruf** von Erwirkungshandlungen, solange durch sie noch keine geschützte Position des Gegners entstanden ist (vgl auch §§ 85 I 2, 90 II; zum Widerruf eines Beweisantritts vor § 284 Rn 2); nach § 290 auch Widerruf eines unwahren und auf Irrtum beruhenden Geständnisses;

24 c) **Widerruf bei Vorliegen von Restitutionsgründen,** dh wenn gegen ein rechtskräftiges Urteil die Restitutionsklage nach § 580 gegeben wäre (Grund: es wäre unsinnig, erst die Rechtskraft des Urteils eintreten zu lassen und dann ein Wiederaufnahmeverfahren durchzuführen). Hierher gehört vor allem der Fall der durch Täuschung oder Drohung veranlaßten Prozeßhandlung (§ 580 I Nr 4 iVm Betrug bzw Nötigung). Die Voraussetzung des § 581 (idR strafgerichtl Verurteilung) muß auch in diesem Fall erfüllt sein (BGH 5, 299; 12, 286; RSchwab/Gottwald § 65 V 2c; aA RG 150, 395; Schwab, FS Baumgärtel, 1990, S 508). Auch die Fristen des § 586 müssen gewahrt sein (BGH 33, 73). Vgl auch Rn 15 vor § 578.

25 4) **Auslegung.** Auch Prozeßhandlungen sind auslegungsfähig (und -bedürftig). Die Auslegungsregeln des materiellen Rechts finden grds entspr Anwendung (BGH NJW-RR 94, 568; RSchwab/Gottwald § 65 III). Entscheidend ist also der objektive, dem Empfänger erkennbare Erklärungswert. Bei verfahrenseinleitenden Anträgen, insb der Klage, ist davon auszugehen, daß die Partei das anstrebt, was nach den Maßstäben der Rechtsordnung vernünftig ist und der recht verstandenen Interessenlage der Partei entspricht (BGH NJW-RR 95, 1183). Das Revisionsgericht kann prozessuale Erklärungen einer Partei selbst auslegen (BGH NJW 91, 2630/1). Bei offensichtl Irrtum (zB Verschreiben) ist auch eine berichtigende Auslegung möglich (BGH NJW-RR 94, 568).

III) Prozeßverträge

Lit: *Baumgärtel,* Die Klage auf Vornahme, Widerruf oder Unterlassung einer Prozeßhandlung in einem bereits anhängigen Prozeß, FS Schima, 1969, S 41; *Hellwig,* Zur Systematik des zivilprozeßrechtlichen Vertrages, 1968; *Schlosser,* Einverständliches Parteihandeln im Zivilprozeß, 1968; *Teubner/Künzel,* Prozeßverträge, MDR 88, 720.

26 1) **Begriff und Abgrenzung.** Sie haben mit den Prozeßhandlungen gemein, daß sie ihre Hauptwirkung auf prozessualem Gebiet entfalten (s Rn 14), werden daher auch oft den Prozeßhandlungen zugerechnet, unterscheiden sich von diesen aber durch den Charakter als zweiseitige Vereinbarung. Sie gleichen insoweit den Verträgen des materiellen Rechts; Abgrenzungsmerkmal ist die genannte Primärwirkung. Daher sind zB der Prorogationsvertrag (§ 38) und der Schiedsvertrag (§ 1025) Prozeßverträge (vgl § 38 Rn 4, § 1025 Rn 3). Verträge, durch die sich die Parteien lediglich zu einem bestimmten Prozeßverhalten **verpflichten** (sog Prozeßvereinbarungen, zB Klage- oder Rechtsmittelrücknahmeversprechen), sind dagegen, da sie weder unmittelbar verfahrensgestaltend wirken noch auf eine gerichtl Entscheidung gerichtet sind, als schuldrechtl Verträge zu qualifizieren (BGH 20, 198/205 = NJW 56, 990; 41, 3/5 = NJW 64, 549; aA MK/Lüke Einl Rn 289; StJ/Leipold vor § 128 Rn 162; Schwab, FS Baumgärtel, 1990, S 513; weitere Einzelheiten unten Rn 32, § 269 Rn 3, § 514 Rn 2 ff, § 515 Rn 12).

2) **Wirksamkeit.** Stärker als bei den einseitigen Prozeßhandlungen finden hier auch materiellrechtl Regelungen ihren Niederschlag. Im einzelnen: 27

a) **Persönliche Voraussetzungen.** Wird der Prozeßvertrag im Rahmen eines anhängigen Rechtsstreits geschlossen, so gilt wie bei den Prozeßhandlungen, daß die Parteien parteifähig, prozeßfähig und postulationsfähig, ggf also anwaltl vertreten sein müssen. Bei Vertragsschluß vor dem Prozeß genügen hingegen die Erfordernisse des bürgerl Rechts; Postulationsfähigkeit ist nicht erforderl (RSchwab/Gottwald § 66 IV 1), beschränkte Geschäftsfähigkeit mit Einwilligung oder Genehmigung des gesetzl Vertreters genügt (MK/Lüke Einl Rn 287; aA RSchwab/Gottwald § 66 IV 1). 28

b) **Bedingung, Befristung, Vorbehalt** sind zulässig, solange noch keine unverrückbare prozessuale Situation eingetreten ist (RSchwab/Gottwald § 66 IV 2). 29

3) **Willensmängel.** Auch insoweit gelten für Prozeßverträge die Vorschriften des BGB. Anders als einseitige Prozeßhandlungen sind sie also anfechtbar (solange sie nicht durch die prozessuale Entwicklung überholt sind (MK/Lüke Einl Rn 286). 30

4) **Rechtsnachfolge** tritt grundsätzl ein (vgl zur Prorogation § 38 Rn 8, zum Schiedsvertrag § 1025 Rn 51). 31

5) Die Parteien haben auch die Möglichkeit, durch außerprozessuale Rechtsgeschäfte **Prozeßvereinbarungen** über die Gestaltung eines anhängigen oder auch erst bevorstehenden Prozesses zu treffen und sich darin zu einem bestimmten prozessualen Verhalten zu verpflichten (vgl Rn 26). Solche Vereinbarungen unterliegen keinem Anwaltszwang (BGH NJW 84, 805) und finden die Grenze ihrer Wirksamkeit nur in der Verbindlichkeit unverzichtbarer Verfahrensnormen (§ 295 Rn 3–5) und in der Nichtigkeit einer sittenwidrigen (§ 138 BGB) oder Treu und Glauben widersprechenden (§ 242 BGB) Einengung der prozessualen Handlungsfreiheit. Grds zulässig und wirksam sind demnach zB Verträge über eine Klagerücknahme (§ 269 Rn 3), einen Rechtsmittelverzicht (BGHZ 28, 45; 38, 254), eine Sprungrevision statt Berufung (BGH NJW 86, 198), einen Verzicht auf den Urkundenprozeß (RGZ 160, 242), eine Regelung der Beweislast (vor § 284 Rn 23) usw. Eine solche Prozeßvereinbarung ist mangels Rechtsschutzbedürfnisses (Rn 18 vor § 253) regelm nicht selbständig einklagbar, denn sie kann im anhängigen Verf – vorbehaltl der zulässigen Gegeneinrede der unzulässigen Rechtsausübung, BGH NJW 86, 198; 68, 794; JZ 53, 153; RGZ 161, 350; Hamburg MDR 67, 766 – einredeweise geltend gemacht werden (Baumgärtel, FS Schima, S 41; Teubner/Künzel, Prozeßverträge, MDR 88, 720). Zur Fortwirkung von Prozeßvereinbarungen auf die Rechtsnachfolger (grds bejahend) Soehring NJW 69, 1093. 32

Erster Titel

MÜNDLICHE VERHANDLUNG

128 *[Mündlichkeit. Schriftliches Verfahren]*

(1) Die Parteien verhandeln über den Rechtsstreit vor dem erkennenden Gericht mündlich.

(2) Mit Zustimmung der Parteien, die nur bei einer wesentlichen Änderung der Prozeßlage widerruflich ist, kann das Gericht eine Entscheidung ohne mündliche Verhandlung treffen. Es bestimmt alsbald den Zeitpunkt, bis zu dem Schriftsätze eingereicht werden können, und den Termin zur Verkündung der Entscheidung. Eine Entscheidung ohne mündliche Verhandlung ist unzulässig, wenn seit der Zustimmung der Parteien mehr als drei Monate verstrichen sind.

(3) Bei Streitigkeiten über vermögensrechtliche Ansprüche kann das Gericht vAw anordnen, daß schriftlich zu verhandeln ist, wenn eine Vertretung durch einen Rechtsanwalt nicht geboten ist, der Wert des Streitgegenstandes bei Einreichung der Klage eintausendfünfhundert Deutsche Mark nicht übersteigt und einer Partei das Erscheinen vor Gericht wegen großer Entfernung oder aus sonstigem wichtigen Grunde nicht zuzumuten ist. Das Gericht bestimmt mit der Anordnung nach Satz 1 den Zeitpunkt, der dem Schluß der mündlichen Verhandlung entspricht, und den Termin zur Verkündung des Urteils. Es kann hierüber erneut bestimmen, wenn dies auf Grund einer Änderung der Prozeßlage geboten ist. Die Anordnung nach Satz 1 ist aufzuheben, wenn eine der Parteien es beantragt oder wenn das persönliche Erscheinen der Parteien zur Aufklärung des Sachverhalts unumgänglich erscheint.

A) Der Grundsatz der Mündlichkeit

I) Bedeutung und Anwendungsbereich

1 1) Der Grundsatz steht in engem Zusammenhang mit der Garantie einer öffentl Verhandlung (§ 169 GVG, Art 6 I MRK) und findet seine Ergänzung im Grundsatz der Unmittelbarkeit, dh der Erörterung des Prozeßstoffes vor dem erkennenden Gericht (vgl §§ 285, 355). Daher sind zB schriftl erstattete SV-Gutachten, schriftl Zeugenaussagen, Ergebnisse auswärtiger Beweisaufnahmen im Wege der Rechtshilfe oder vor dem beauftragten Richter, Inhalt beigezogener Urkunden oder Akten zum Gegenstand der mündl Verhandlung zu machen, ebenso gerichtsbekannte, von den Parteien nicht vorgetragene Tatsachen, die das Gericht bei der Entsch verwerten will (§ 291 Rn 2). Zum Gegenstand der Entscheidung darf nur das in der mündl Verh (bei Richterwechsel: in der letzten mündl Verh § 309) Vorgetragene gemacht werden. Vorgetragen idS ist aber auch schriftsätzl Vorbringen, auf das in der mündl Verh lediglich (ausdrückl oder durch schlüssiges Verhalten) Bezug genommen wurde, § 137 III. Andererseits darf in der mündl Verh auch vorgetragen werden und muß berücksichtigt werden, was nicht schriftsätzl (§ 129) vorbereitet ist (auch Sachanträge des Klägers § 297), doch ist dann die Erklärungsfrist für den Gegner, § 132, zu beachten und auf Antrag gem § 283 zu verfahren. Der Mündlichkeitsgrundsatz ist nicht identisch mit dem Grundsatz des rechtl Gehörs, weil dieses auch durch Gelegenheit zu schriftl Äußerung gewährt werden kann (Rn 5 u 6 vor § 128). Daß der Zivilprozeß in der Praxis weithin schriftl abgewickelt wird, weil das Gericht die Entscheidungsgrundlagen anhand der Schriftsätze der Parteien erarbeitet (s hierzu Leipold ZZP 93, 261 f) ändert nichts am Grundsatz der Mündlichkeit der **Verhandlung.**

2 2) Er gilt nur vor dem **erkennenden Gericht,** also nicht vor dem beauftragten oder ersuchten Richter (§§ 361, 362), nicht vor dem Vorsitzenden des Kollegialgerichts bei prozessualen Vfgen, nicht vor dem Rechtspfleger oder Urkundsbeamten der GeschSt. Zum schriftl Vorverfahren s § 276 Rn 16.

3 3) Er gilt nur für die **Verhandlung der Parteien,** also nicht (soweit nicht gesondert vorgeschrieben) für am Verf nicht oder noch nicht (§ 71) beteiligte Dritte; diese unterliegen ihm erst nach erfolgtem Beitritt (§ 66).

4 Einstweilen frei.

II) Einschränkungen

5 1) **Ausgeschlossen** ist die mündl Verhandlung zB im Mahnverfahren bis zum Widerspruch (§§ 688–694), im Fall der richterl Selbstablehnung (§ 48 II, BGH MDR 70, 994), im Pfändungsverfahren gem § 834.

6 2) Die Notwendigkeit einer mündl Verh kann **entfallen,** wenn die Parteien die Möglichkeit des Verhandelns nicht wahrnehmen: §§ 251a, 331a.

7 3) Schließlich ist vielfach die mündl Verh in das **Ermessen des Gerichts** gestellt, wobei der die mündl Verh anordnende Beschluß (zur Mitteilung s § 329 II) unanfechtbar ist (RG 54, 348). Beispiele: §§ 37, 46, 225, 319, 490, 519b, 769, 891, 921, 937.

8 4) Entscheidet das Gericht ohne mündl Verhandlung, muß es die Beteiligten **schriftl hören** (Ausnahmen: §§ 921 I, 937 II). Der Gesamtinhalt der Akten bildet die Grundlage der durch Beschluß ergehenden Entscheidung, die den Parteien vAw zuzustellen, wenn nur einfache Beschw zulässig ist, formlos zu übersenden ist.

B) Das schriftliche Verfahren

9 Es ist zulässig im gesamten Zivilprozeß, sofern entweder die Parteien dem zustimmen (Abs II) oder Abs III das Gericht ermächtigt, Bagatellverfahren vAw schriftl durchzuführen (vgl auch § 495a).

I) Das schriftl Verfahren mit Zustimmung der Parteien (Abs II)

10 1) **Zulässigkeit.** Das schriftl Verf darf nur der Vereinfachung und Beschleunigung des Verf, nicht der Verschleppung dienen. Es ist daher unzulässig, wo der Prozeß auf Grund stattgefundener mündl Verh bereits entscheidungsreif (§ 300) ist (BGH 17, 118 = NJW 55, 988; BGH 18, 61 = NJW 55, 1357). In diesem Fall liegt ein Verfahrensmangel vor, der die Revision begründet, wenn das Urteil auf ihm beruht (BGH NJW 92, 2146/47). Zulässig ist schriftl Verfahren nach mündl Verhandlung dagegen, wenn es eine sonst notwendige weitere mündl Verhandlung entbehrl macht, zB nach Vergleichswiderruf oder Beweisaufnahmetermin. Soll einer Partei Erwiderung auf neues Vorbringen ermöglicht werden, ist nicht nach § 128 II, sondern nach § 283 zu verfahren.

11 2) **Erklärung:** In der mündl Verhandlung, sonst notwendig schriftl abzugeben (BVerwG NJW 81, 1852; MK/Peters Rn 24; aA BAG NZA 94, 382). Schweigen auf gerichtl Anfrage mit Fristsetzung reicht nicht (MK/Peters Rn 25). Nötig ist übereinstimmende Erklärung beider Parteien. Für die Partei darf auch deren Streithelfer erklären (§ 67), doch darf die Hauptpartei dem widerspre-

chen, solange sie dem Beitritt als solchem noch widersprechen (§ 71) darf (BayObLG NJW 64, 302). Bei Streitgenossenschaft oder streitgenössischer Nebenintervention (§ 69) müssen alle Genossen zustimmen; bei notwendiger Streitgenossenschaft (§ 62) ersetzt jedoch die in mündl Verh von einem Genossen erklärte Zustimmung die Erklärung des Nichterschienenen. Widersprechen sich die Genossen in der mündl Verh, so kann abgetrennt (§ 145) oder durch Teilurteil (§ 301) entschieden werden; zweckmäßiger ist es dann aber, vom schriftl Verf ganz abzusehen.

Die Erklärung ist **Prozeßhandlung** und unterliegt gem § 78 dem Anwaltszwang. Sie ist bedingungsfeindl (BGH 18, 62; RG 151, 195) und grundsätzlich nicht frei widerrufl (BGH 28, 278, NJW 59, 244 und 62, 1819). Widerruf nur ausnahmsweise zulässig bei durch gegnerischen Sachvortrag wesentl veränderter Prozeßlage (BGH NJW 70, 1458; BGH 11, 32 = NJW 54, 266; RG 151, 196). Auch der Hinweis des Gerichts auf nicht erkannte rechtl Gesichtspunkte (§ 278 III) kann für die Partei, an die er gerichtet ist, eine wesentl veränderte Prozeßlage u damit ein Recht auf Widerruf der Zustimmung begründen. Keine unzulässige Bedingung ist die für den Fall des Vergleichswiderrufs abgegebene Einverständniserklärung. Die Erklärung darf insofern modifiziert sein, als bis z Ablauf einer best Frist noch eingehender Sachvortrag noch zu berücksichtigen ist (BGH 18, 62). 12

Eine **unzulässige Bedingung** der Einverständniserklärung wäre es, wenn das Einverständnis auf eine schriftl Entscheidung des Einzelrichters oder der Kammer in einer bestimmten Besetzung beschränkt wäre, weil die Parteien dem Einzelrichter nicht die Befugnis zur Vorlage an die Kammer (§ 348 IV), der Kammer nicht die Befugnis zur Entscheidung der entscheidungsreifen Sache in der durch die Geschäftsverteilung vorgeschriebenen Besetzung nehmen können (abw Nürnberg MDR 66, 244). 13

3) Wirkung: a) Die Einverständniserklärung **ermächtigt** das Gericht, **ohne mündl Verh** unter Verwertung des gesamten Prozeßstoffes **schriftl zu entscheiden.** Ob es hiervon Gebrauch macht, steht aber in seinem **Ermessen** (BGH MDR 68, 314); Überschreitung der Grenzen des Ermessens ist revisibler Verfahrensfehler (BGH NJW-RR 92, 1065). 14

b) Entscheidungsgrundlage ist das gesamte mündl (s aber Rn 15) und schriftl Vorbringen, auch Prozeßhandlungen, die in vorbereitenden Schriftsätzen erst für die mündl Verhandlung angekündigt wurden, sowie die Beweisergebnisse. 14a

c) Die **Besetzung des Richterkollegiums** richtet sich nach dem Geschäftsverteilungsplan zZt der Beratung der schriftl Entscheidung. Dies gilt auch, wenn zunächst eine mündl Verhandlung stattgefunden hatte; § 309 gilt nicht analog (BGH 11, 27/29; BGH MDR 68, 314; NJW-RR 92, 1065; MK/Peters Rn 35; aA Krause MDR 82, 184). Soweit demnach ein **Richterwechsel** im schriftl Verfahren nach einer früheren mündl Verhandlung zulässig ist, riskieren die Parteien, daß ein ledigl mündl Sachvortrag, soweit er nicht aktenkundig gemacht ist, bei der Entscheidung unberücksichtigt bleibt (BGH NJW-RR 92, 1065). Er sollte daher schriftl wiederholt werden, sobald ins schriftl Verfahren übergegangen wird. Berücksichtigt das Gericht in einem solchen Fall einen nicht aus den Akten ersichtl Streitstoff, so kann hierauf die Revision gestützt werden (BGH NJW-RR 92, 1065). Zur Verwertung persönl Eindrücke aus der Beweisaufnahme s § 355 Rn 6. 15

Die Einverständniserklärung ist durch die darauf folgende **nächste Sachentscheidung verbraucht;** Sachentscheidung idS ist außer dem Urteil auch jede das Urteil unmittelbar vorbereitende, grundsätzlich eine mündl Verhandlung voraussetzende Entscheidung über Sachanträge der Parteien (zB Beweisbeschluß, Verweisung, Zwischenstreit), nicht ledigl prozeßleitende Maßnahmen wie der Beschluß gem § 200 IV GVG (BGH 17, 123) oder Hinweise gem §§ 139, 273, 278 III. 16

d) Dem **„Beginn der mündl Verhandlung"** iS der §§ 39, 267 entspricht im schriftl Verf der Eingang der letzten Einverständniserklärung bei Gericht, BGH NJW 70, 198. 17

e) Dem **„Schluß der mündl Verhandlung"** mit Präklusionswirkung für späteres Vorbringen iS §§ 136 IV, 296a, 323 II, 767 II entspricht der vom Gericht mit dem Verkündungstermin zu bestimmende Zeitpunkt, bis zu dem Schriftsätze noch eingereicht werden dürfen. Regelmäßig (aber nicht zwingend) wird beiden Parteien dieselbe **Schriftsatzfrist** gesetzt. Geht in diesem Fall unmittelbar vor Fristablauf ein Schriftsatz der einen Partei mit neuem entscheidungserheblichem Vorbringen ein, so gebietet es das Recht der anderen Partei auf Gehör, dieser durch Verlängerung der ihr gesetzten Frist Gelegenheit zur Erwiderung zu geben (BVerfGE 50, 280/285) oder die mündl Verhandlung wieder zu eröffnen (§ 156 Rn 3). Wurde eine solche Erklärungsfrist (zB nach Widerruf eines Vergleichs) nicht gesetzt, bleibt schriftl Vorbringen zulässig bis zur nachträgl bestimmten Frist, sonst unter Vorbehalt der Präklusion gem §§ 282, 296 bis zum Verkündungstermin (aM ThP Rn 33: nur bis zum Beschluß, der Verkündungstermin im schriftl Verfahren bestimmt). Das Gericht muß entscheidungserhebl spätes Vorbringen dann dadurch berücksichtigen, daß es den Verkündungstermin verlegt u die Bestimmung einer Erklärungsfrist nachholt, sonst wäre das rechtl Gehör versagt (BGHR § 128 ZPO Nr 1). Wo eine solche Terminsverlegung innerhalb der 3-Monats-Frist nicht mehr möglich ist, muß das Gericht gem § 156 18

Verhandlungstermin bestimmen (aM Schneider MDR 79, 793/795). – Bei (zulässigem) Verzicht der Parteien auf die Einreichung von Schriftsätzen bestimmt die letzte Verzichtserklärung den „Schluß der mündl Verhandlung“.

19 **Die Versäumung der Schriftsatzfrist** hat die Ausschlußwirkung des § 296a, wenn hierauf Urteil ergeht. Trotz der Ähnlichkeit mit der Prozeßlage nach einem VersUrt sieht das Gesetz für diesen Fall nur die **Berufung** vor, nicht den Einspruch (§ 338; zur Verfassungsmäßigkeit dieser Regelung BVerfG NJW 93, 2864). Erreicht ein solches Urteil nicht die Berufungssumme (§ 511a), so wäre es auch im Fall unverschuldeter Fristversäumung nicht mehr anfechtbar. Kramer (NJW 78, 1416) hält in diesem Fall die Berufung auch bei Nichterreichung der Berufungssumme in entspr Anwendung des § 513 II für zulässig; dem ist aus Gründen des Art 103 I GG zuzustimmen (BVerfG NJW 82, 1454; 82, 2368; 83, 2492; 85, 2250; Schleswig NJW 88, 67; LG Frankfurt NJW 85, 1171; StJ/Leipold Rn 123a; Kahlke NJW 85, 2231; BL/Albers § 511a Rn 30; wohl auch BGH NJW 90, 838/9; aM BVerfG NJW 86, 2305 = MDR 86, 729; LG Bonn NJW 85, 1170 = MDR 84, 674).

20 f) Die **Entscheidung** ist in einem längstens auf **3 Monate** hinausgesetzten Termin entspr § 310 zu verkünden u gem § 317 zuzustellen. Keine Zustellung an Verkündungs Statt (Frankfurt MDR 80, 320; zu den Folgen der fehlerhaften Zustellung des Urteils ohne vorherige Verkündung s § 310 Rn 7). Die 3-Monats-Frist beginnt ab Abgabe bzw Zugang der letzten Zustimmungserklärung; ihr Ablauf verbietet Entscheidung ohne (dann nachzuholende) mündl Verhandlung (Franzki DRiZ 77, 165). Ein gleichwohl später i schriftl Verfahren verkündetes Urteil ist verfahrensfehlerhaft iS §§ 539, 550, jedoch allein hierwegen nur dann aufzuheben, wenn es (zB wegen Nichtberücksichtigung von schriftl Vorbringen) auf diesem Fehler beruhen kann (BGH NJW 92, 2146/47). Kein Ablauf der 3-Monats-Frist in den Gerichtsferien (§ 200 I GVG), sofern nicht Feriensache. Sonst kommt eine Verlegung des Verkündungstermins gem § 227 über die 3-Monats-Frist hinaus nicht in Betracht, auch nicht mit Einverständnis der Parteien (offengelassen von BGH NJW 92, 2146/47), denn das schriftl Verfahren darf nur der Beschleunigung, nicht der Verschleppung der Entscheidung dienen.

II) Das schriftliche Verfahren vAw (Abs III)

21 1) **Allgemeines:** Dieses nicht von der Zustimmung der Parteien abhängige Verfahren soll die Parteien und auch das Gericht in Bagatellverfahren bis zum vermögensrechtl Streitwert von 1500,– DM, also unterhalb der Berufungssumme (§ 511a), von der Notwendigkeit der mündl Verhandlung entlasten. Die Regelung überschneidet sich mit § 495a, wonach das Amtsgericht sein Verfahren bis zu einem Streitwert von 1200,– DM nach billigem Ermessen bestimmen, also ua auch von der mündl Verhandlung absehen darf. In beiden Fällen ist aber auf den (nicht notw zu begründenden) Antrag einer Partei mündl zu verhandeln. Die Regelung ist mit Art 6 I MRK (bei dessen teleologischer Auslegung) zu vereinbaren (StJ/Leipold Rn 8). Von ihr wird bei den einzelnen Gerichten in sehr unterschiedl Umfang Gebrauch gemacht (vgl Wollschläger in: Blankenburg-Leipold-Wollschläger, Neue Methoden im Zivilverfahren [1991], S 62, auch zum erzielbaren Beschleunigungseffekt). – Zur Erleichterung des schriftl Zeugenbeweises s § 377 III.

22 2) **Voraussetzungen** (kumulativ!): **a) ein vermögensrechtlicher Anspruch** (§ 23 GVG Rn 2), dessen Streitwert bei Einreichung der Klage **1500,– DM** nicht übersteigt. Eine spätere Erhöhung des Wertes bei gleichbleibendem Streitgegenstand ändert an der Zulässigkeit des vereinfachten Verfahrens nichts; anders aber eine nachträgl Erhöhung des Streitwertes durch Klageerweiterung, -änderung oder Widerklage, die eine notw Rückkehr in das mündl Verfahren zur Folge haben.

22a **b) Die Vertretung durch einen Rechtsanwalt** darf **nicht geboten** sein. Das richtet sich hier nicht nach § 78, denn Anwaltszwang besteht bis zu einem vermögensrechtl Streitwert von 1500,– DM ohnedies nicht, sondern nach der vom Gericht zu prüfenden Frage, ob die Parteien evtl wegen der Schwierigkeit der Sache oder wegen ihrer Unerfahrenheit anwaltschaftl Hilfe bzw richterl Hilfe in der mündl Verhandlung bedürfen (BL/Hartmann Rn 37; MK/Peters Rn 39; aM StJ/Leipold Rn 112).

23 **c) Unzumutbarkeit des persönlichen Erscheinens** für *eine* der Parteien ist ausreichend, so zB bei großer Entfernung, schlechten Verkehrsverhältnissen, Gebrechlichkeit, Arbeitsüberlastung (vgl entspr § 141 I, § 375 I 3). Auch in diesen Fällen entfällt aber die Beachtlichkeit einer etwaigen Unzumutbarkeit des Erscheinens für eine Partei, wenn entweder die andere Partei die Durchführung der mündl Verhandlung beantragt (dieser Antrag bedarf keiner weiteren Begründung) oder das Gericht selbst die mündl Verhandlung aus Gründen des § 141 für erforderl erachtet.

24 3) **Verfahren: a)** Das Gericht (nicht der Vorsitzende) ordnet nach seinem Ermessen ohne notwendige Anhörung der Parteien (Kramer NJW 78, 1411) durch **Beschluß** die schriftl Verhandlung an, bestimmt (wie Rn 18) den Zeitpunkt für Schriftsätze, der dem Schluß der mündl Verhandlung entspricht, sowie den Verkündungstermin. Die 3-Monats-Frist für die Entscheidung (wie in Abs II) gilt hierfür nicht, weil eine diese Frist in Lauf setzende Zustimmung der Parteien

nicht erforderl ist. Anhörung der Parteien vor Anordnung zulässig, aber nicht notwendig, weil jede Partei nachträgl noch mündl Verhandlung beantragen darf. Dieses Antragsrecht darf vom Gericht nicht dadurch gegenstandslos gemacht werden, daß der Zeitraum für noch zulässige Schriftsätze unangemessen verkürzt wird (BVerfG NJW 83, 2492 = MDR 83, 815).

b) Die Anordnung wirkt für das ganze Verfahren bis zum Urteil, auch wenn nach Anordnung Beweis erhoben wird oder sonstige Zwischenentscheidungen ergehen. Für den bereits angefallenen Prozeßstoff s Rn 14. Nach Beweiserhebung ist (entspr § 285) erneute Bestimmung einer Frist für schriftl Erklärung notwendig, sonst wäre rechtl Gehör versagt. Verkündungstermin kann hier (anders Abs II) gem § 227 verlegt oder gem § 156 aufgehoben werden, soweit erforderlich, so insbes bei veränderter Prozeßlage, zB nach gerichtl Hinweisen gem § 278 III. 25

c) Aufhebung des schriftl Verfahrens und Termin z mündl Verhandlung sind zwingend zu bestimmen, wenn eine Partei das beantragt. Ebenso, wenn das Gericht nachträgl erkennt, daß der wichtige Grund für die Unzumutbarkeit des Erscheinens vor Gericht entfallen ist oder daß eine Vertretung durch RA oder mündl Verhandlung sachl geboten; so insbes, wenn nachträgl Ladung der Partei gem § 141 I nötig erscheint. 26

d) Die **Entscheidung** ist in dem hierfür bestimmten Termin (§ 310 I 2 gilt) zu verkünden (keine Zustellung an Verkündungs Statt; hierzu § 310 Rn 7); sie ist grundsätzl kontradiktorisch. Vorbringen des Beklagten, das nach Ablauf der gesetzten Schriftsatzfrist eingeht, ist entspr § 296a nicht mehr zu berücksichtigen, falls nicht das Gericht in Ausübung pflichtgebundenen Ermessens einen vor Hinausgabe des Urteils noch eingehenden Schriftsatz zum Anlaß nimmt, das schriftl Verfahren im gebotenen Interesse der gerechten Entscheidung wieder aufzuheben (vgl § 296a S. 2). – Ein Versäumnisurteil sieht (entgegen AG St Blasien MDR 83, 497) das amtsschriftl Verfahren nicht vor. Das schriftl VersUrteil setzt gemäß § 331 III den Ablauf einer gemäß § 276 gesetzten Frist und eine dahingehende Belehrung gemäß § 277 voraus, was (entgegen Kramer NJW 78, 1415) dem amtsschriftl Verfahren widerspricht. 27

e) Als kontradiktorisches **Urteil** ist die Entscheidung über vermögensrechtl Streitigkeiten wegen Nichterreichung der Berufungssumme (§ 511a) **grds** (Ausnahme § 511a II) **nicht mehr anfechtbar.** Doch kann auch hier aus Gründen des rechtl Gehörs die Berufung entspr § 513 II bei unverschuldeter Versäumung der Schriftsatzfrist trotz Nichterreichung der Berufungssumme zulässig sein (vgl Rn 19). 28

C) Gebühren: 1) des **Gerichts:** Neben der Verfahrensgebühr Urteilsgebühren wie in Verfahren mit mündlicher Verhandlung, jedoch nicht im Prozeßverfahren erster Instanz, weil hier keine Urteilsgebühren anfallen. Bei der Klagerücknahme vor dem Zeitpunkt, der dem Schluß der mündlichen Verhandlung entspricht (§ 128 II, III), ermäßigt sich die Gebühr KV 1201 auf 1,0 (KV 1202 unter a). – **2)** des **Anwalts:** § 35 BRAGO. 29

129 *[Vorbereitende Schriftsätze]*

(1) In Anwaltsprozessen wird die mündliche Verhandlung durch Schriftsätze vorbereitet.

(2) In anderen Prozessen kann den Parteien durch richterliche Anordnung aufgegeben werden, die mündliche Verhandlung durch Schriftsätze oder zu Protokoll der Geschäftsstelle abzugebende Erklärungen vorzubereiten.

1) Vorbereitende Schriftsätze sind – im Gegensatz zu bestimmenden Schriftsätzen (Rn 3) – schriftl Erklärungen der Parteien, welche ohne unmittelbar prozeßgestaltende Wirkung der Vorbereitung und (durch Bezugnahme, § 137 Rn 3) der **Erleichterung der mündl Verhandlung** dienen; sie machen zeitaufwendige Erörterungen und Niederschriften (§ 160 II) entbehrl und geben dem Gericht (§ 273) sowie dem Gegner (§ 132) Gelegenheit, die mündl Verhandlung mit dem Ziel eines zügigen Verfahrens (§§ 272 I, 278) vorzubereiten. An diese Zweckbestimmung sollte, auch seitens der Gerichte, immer wieder erinnert werden; sie gerät bei dem Hin- und Herschreiben zwischen den Parteivertretern oftmals in Vergessenheit und verkehrt sich durch ständiges Eröffnen neuer Nebenkriegsschauplätze leicht in ihr Gegenteil. Das Gericht kann durch Anordnungen nach § 273 darauf hinwirken, daß sich die Parteien auf den entscheidungserhebl Stoff konzentrieren. Polemik gegenüber dem Gegner ist fehl am Platze und schadet der eigenen Position. – Zum Zeitpunkt der Einreichung des vorbereitenden Schriftsatzes s § 132. 1

Regelmäßiger Inhalt vorbereitender Schriftsätze sind der behauptende Sachvortrag, das Bestreiten (§ 138 II u III), der Beweisantritt (vor § 284 Rn 3) und Rechtsausführungen der Parteien. Dem die mündl Verhandlung erst vorbereitenden Zweck solcher Schriftsätze entsprechend ist das schriftl Vorbringen grds nicht **unwiderrufl** (vgl vor § 128 Rn 18; zur Beweiserheblichkeit eines widersprüchl Sachvortrags s aber § 286 Rn 14). 1a

2 Nicht nur vorbereitende, sondern **die mündl Verhandlung ersetzende Bedeutung** haben die Schriftsätze im schriftl Verfahren (§ 128 II u III), bei Entscheidung nach Aktenlage (§§ 251a, 331a) und im Säumnisverfahren (§§ 331, 335 I 3).

2a 2) **Bedeutung:** Der Inhalt der Schriftsätze kann zum **Urteilstatbestand** (§ 313 II) werden und damit zur Entscheidungsgrundlage. Das Fehlen oder die Verspätung eines vorbereitenden Schriftsatzes kann zur **Präklusion** führen (§§ 282 II, 296) und dadurch die Entscheidung maßgebl beeinflussen. Weitere Folgen der unterbliebenen oder verspäteten schriftl Vorbereitung der mündl Verhandlung können das Recht des Gegners auf einseitige schriftl Erwiderung (§ 283), die Kostenfolge des § 95 und (selten) die Verzögerungsgebühr des § 34 GKG (hierzu § 95 Rn 5) sein.

3 3) **Bestimmende Schriftsätze** sind das Verfahren unmittelbar (also schon vor mündl Verhandlung) gestaltende Prozeßhandlungen (vor § 128 Rn 14), so insbes Schriftsätze, welche ein Verfahren einleiten (zB § 253; ebenso alle schriftl Anträge, über die nicht mündl zu verhandeln ist, zB §§ 117, 920; BGH EBE 94, 213/14), fortsetzen (§§ 250, 578), inhaltl ändern (§§ 261 II, 263), beenden (§§ 269, 346, 515, 626) oder den Eintritt der formellen Rechtskraft (§ 705) einer Entscheidung hemmen (§§ 340, 518, 553, 567, 577). Wo das Gesetz die Begründung von Anträgen, Rechtsmitteln und Rechtsbehelfen zur Zulässigkeitsvoraussetzung macht (zB §§ 253 II, 519, 522a, 554, 556, 587, 641m, 924), stellt auch die schriftl Begründung einen bestimmenden Schriftsatz dar. Fordert das Gesetz für Anträge und deren Begründung einen bestimmten Inhalt, so ist die Erfüllung dieser Forderung im bestimmenden Schriftsatz zwingende Zulässigkeitsvoraussetzung, auch wenn insoweit auf die „Sollvorschrift" des § 130 (dort Rn 1) Bezug genommen ist (so in §§ 253 IV, 518 IV, 519 V, 553 II); zum zwingenden Erfordernis, bestimmende Schriftsätze zu unterzeichnen, s § 130 Rn 5.

4 Oft wird ein **bestimmender Schriftsatz zugleich Elemente eines vorbereitenden Schriftsatzes** enthalten, so insbes hinsichtl seines über die gesetzl Erfordernisse hinausgehenden Inhalts (zB Beweisantritt oder im Gesetz nicht vorgeschriebene Begründung wie im Fall § 569, s dort Rn 8). In diesem Fall ist die Beurteilung des bestimmenden oder nur vorbereitenden Inhalts des Schriftsatzes hinsichtl Wirksamkeit, Verbindlichkeit oder Widerrufbarkeit ggf unterschiedl vorzunehmen. Jeder bestimmende Schriftsatz, über den mündl zu verhandeln ist, ist im weiteren Sinn auch vorbereitender Schriftsatz.

5 4) **Im Parteiprozeß** (§ 79) sind vorbereitende Schriftsätze entbehrl (§ 496; KG MDR 68, 503), sofern nicht das Gericht gem Abs II Schriftsätze oder Erklärungen zu Protokoll der Geschäftsstelle (§ 129a) anordnet, doch gelten auch hier § 335 I 3 und § 282.

6 5) **Materiellrechtliche Willenserklärungen** im Schriftsatz sind möglich, aber uU gefährl. Da der Zugang beim Gegner vom Gerichtsbetrieb abhängt, können zB Fristen versäumt werden; oft wird versäumt, einseitigen Willenserklärungen die erforderliche Vollmacht (§ 174 BGB) beizufügen; es ist möglich, daß die Prozeßvollmacht sich nicht auf die Abgabe oder Annahme der Erklärung erstreckt (vgl hierzu § 81 Rn 10 f); ein evtl bestehendes Formerfordernis muß gewahrt werden (§ 133 Rn 1). Ob eine Aufrechnungserklärung bereits mit Zugang des Schriftsatzes beim Gegner wirksam wird oder erst mit Geltendmachung in der mündl Verhandlung, ist Auslegungssache; idR wird bei der Prozeßaufrechnung (§ 145 Rn 11) Letzteres gewollt, also von bloßer Ankündigung auszugehen sein (MK/Peters § 145 Rn 19; StJ/Leipold § 145 Rn 29).

129a *[Erklärungen zu Protokoll]*

(1) Anträge und Erklärungen, deren Abgabe vor dem Urkundsbeamten der Geschäftsstelle zulässig ist, können vor der Geschäftsstelle eines jeden Amtsgerichts zu Protokoll abgegeben werden.

(2) Die Geschäftsstelle hat das Protokoll unverzüglich an das Gericht zu übersenden, an das der Antrag oder die Erklärung gerichtet ist. Die Wirkung einer Prozeßhandlung tritt frühestens ein, wenn das Protokoll dort eingeht. Die Übermittlung des Protokolls kann demjenigen, der den Antrag oder die Erklärung zu Protokoll abgegeben hat, mit seiner Zustimmung überlassen werden.

1 1) **Anwendungsbereich:** Anträge u Erklärungen zu Protokoll der Geschäftsstelle sind an Stelle der nur im Anwaltsprozeß notw Schriftsätze (§ 129 I) im Parteiprozeß (§ 79) zulässig u auf Anordnung des Gerichts (§ 129 II) erforderl. Mehrfach läßt das Gesetz Erklärungen zu Prot der GeschSt (auch im Anwaltsprozeß) genügen: §§ 44, 109, 118, 118a, 248, 381, 386, 389, 406, 486, 496, 569, 573, 920, 924, 947, 952. Für alle diese Anwendungsfälle gilt § 129a.

2 2) **Amtspflicht der Geschäftsstelle** (§ 839 BGB) jedes Amtsgerichts ist die Entgegennahme u Protokollierung (= öffentl Urkunde iS § 415) durch den Urkundsbeamten. Keine Amtspflicht aber zur Entgegennahme und Protokollierung telefonischer Erklärungen. Bei Weigerung nur Dienst-

aufsichtsbeschwerde (StJ/Leipold Rn 15; aA KGR Berlin 1995, 44: Erinnerung nach § 576 bzw § 11 RPflG; BL/Hartmann Rn 20: Beschwerde).

3) **Verfahren:** Wer Urkundsbeamter ist, **regelt** § 153 GVG. Zum Protokollinhalt s § 496 Rn 3. Ablehnung des UrkBeamten: § 49. 3

4) **Keine Fristwahrung:** Die GeschSt hat das Protokoll, sofern nicht der Erklärende die Übermittlung an das Prozeßgericht selbst übernimmt, unverzügl an dieses zu übersenden. Erst mit Zugang beim Prozeßgericht ist die Erklärung als Prozeßhandlung bewirkt. 4

5) **Gerichtskosten** im Fall des Abs I: keine; vgl dazu Rn 4 zu § 496. Für die Übersendung des Protokolls darf das Briefporto usw nicht als Auslage in der Kostenrechnung angesetzt werden. 5

130 *[Inhalt der vorbereitenden Schriftsätze]*

Die vorbereitenden Schriftsätze sollen enthalten:

1. **die Bezeichnung der Parteien und ihrer gesetzlichen Vertreter nach Namen, Stand oder Gewerbe, Wohnort und Parteistellung; die Bezeichnung des Gerichts und des Streitgegenstandes; die Zahl der Anlagen;**
2. **die Anträge, welche die Partei in der Gerichtssitzung zu stellen beabsichtigt;**
3. **die Angabe der zur Begründung der Anträge dienenden tatsächlichen Verhältnisse;**
4. **die Erklärung über die tatsächlichen Behauptungen des Gegners;**
5. **die Bezeichnung der Beweismittel, deren sich die Partei zum Nachweis oder zur Widerlegung tatsächlicher Behauptungen bedienen will, sowie die Erklärung über die von dem Gegner bezeichneten Beweismittel;**
6. **in Anwaltsprozessen die Unterschrift des Anwalts, in anderen Prozessen die Unterschrift der Partei selbst oder desjenigen, der für sie als Bevollmächtigter oder als Geschäftsführer ohne Auftrag handelt.**

1) **Bedeutung der Vorschrift: a)** § 130 enthält für den Inhalt vorbereitender (§ 129 Rn 1) Schriftsätze nur **Sollvorschriften;** das ist sinnvoll, denn welchen Inhalt ein nur vorbereitender Schriftsatz haben muß, ergibt die jeweilige Prozeßlage und ständige Wiederholungen in den idR vielfach gewechselten Schriftsätzen sind nicht veranlaßt. Die Sollvorschrift des § 130 wird jedoch im Gesetz (§§ 253 IV, 518 IV, 519 V, 553 II) auch für **bestimmende Schriftsätze** (§ 129 Rn 3) anwendbar erklärt. Die sich damit stellende Frage, ob mit der Anwendbarkeit des § 130 auch auf bestimmende Schriftsätze deren Form und Inhalt (zum Unterschriftserfordernis s Rn 5) nur noch fakultativ gefordert seien, ist bei einer am Normzweck ausgerichteten Auslegung des Gesetzes (hierzu Einl Rn 92–99) zu verneinen. Wo das Gesetz den Inhalt bestimmender Schriftsätze zwingend vorschreibt („. . . muß enthalten . . .“) oder sich die Form (insbes Unterschrift) solcher Schriftsätze aus dem Gebot der Rechtssicherheit und -klarheit ergibt, wird an diesem Zwang durch die Anwendbarkeit auch des § 130 nichts geändert. 1

b) Aus der somit gebotenen Unterscheidung zwischen dem zwingenden und dem fakultativen Inhalt eines Schriftsatzes (auch ein bestimmender Schriftsatz wird idR Elemente eines vorbereitenden Schriftsatzes enthalten, s § 129 Rn 4) ergibt sich auch, ob und inwieweit in dem Schriftsatz **Bezugnahmen auf beigefügte Anlagen** (§ 131) zulässig sind. Der zwingende Inhalt kann durch eine solche Bezugnahme nicht ersetzt, allenfalls erläutert oder belegt werden (BGHZ 22, 254; BGH NJW 59, 885; 53, 259; 67, 728). Der fakultative Inhalt dagegen darf durch in Bezug genommene Anlagen (zB Abrechnungen, Privatgutachten [§ 402 Rn 2], Auszüge aus anderen Akten [§ 373 Rn 9]) auch ergänzt werden, solange nur der Schriftsatz aus sich heraus verständl bleibt und die Bezugnahme substantiiert erfolgt (dem Gericht ist es nicht zumutbar, sich „das Passende“ aus umfangreichen Anlagen selbst herauszusuchen; BVerfG NJW 94, 2683; vgl § 253 Rn 12a). Zu den Voraussetzungen einer zulässigen Bezugnahme im Schriftsatz s Lange NJW 89, 438 mw Nachw und Beispielen. 1a

c) Im **Parteiprozeß** bedarf es idR keiner Schriftsätze (s aber § 496 Rn 2 sowie § 129 II), daher auch keiner Unterzeichnung solcher (BGHZ 75, 340 = NJW 80, 172). Jedoch bedarf es der Unterschrift des Anwalts, wenn dieser außerhalb des Anwaltsprozesses (§ 79), also ohne gesetzl Notwendigkeit seiner Hinzuziehung, bestimmende Schriftsätze für die von ihm vertretene Partei einreicht (BGHZ 92, 251 = NJW 85, 329 = MDR 85, 222). 1b

2) **Die einzelnen Anforderungen**

Zu Nr 1: Bezeichnung des gegnerischen ProzBevollm ist zweckmäßig (§ 176; vgl dort Rn 6), aber nicht erforderl. Zur Benennung des ges Vertreters und der Anschrift in der Klage s § 253 Rn 8. Wird jemand als Partei kraft Amtes (zB als Konkursverwalter) verklagt, so ist dies zum 2

Ausdruck zu bringen. Die Angabe des Aktenzeichens des Verfahrens ist zwar nicht zwingend vorgeschrieben (BGH VersR 82, 673), doch trägt bei fehlender Angabe u hierdurch verzögerter Zustellung an den Gegner der Absender die Gefahr verspäteten Zugangs fristgebundener Erklärungen (BGH BB 74, 109; NJW 60, 1007).

3 **Zu Nr 2:** Sachanträge (Rn 4 zu § 270) müssen schriftl vorbereitet sein (anders § 496), da sie zu verlesen sind, § 297. Anderenfalls müßte der Sachantrag in der mündl Verh handschriftl (Erklärung zu Protokoll genügt) niedergelegt und verlesen werden (dann aber §§ 132, 283, 296, 335 I 3).

4 **Nr 3 bis 5** sind für vorbereitende Schriftsätze reine Sollvorschriften. Maxime ist hier die Darlegungs- und Beweislast sowie die Förderungspflicht der Parteien (§ 282). Rechtl Ausführungen sind nie erforderl. Zu den Anforderungen an die Substantiierung einer Klage s § 253 Rn 10 ff.

5 **Zu Nr 6: a) Allgemeines zum Unterschriftserfordernis:** Daß vorbereitende Schriftsätze die Unterschrift der Partei bzw ihres Vertreters tragen sollen, hat die Rspr für *bestimmende Schriftsätze* (§ 129 Rn 3) zum zwingenden Gebot der Rechtssicherheit im Verfahrensrecht erhoben (BGH NJW 75, 1704; 80, 291; 85, 328; 87, 2588; 88, 210; zur Gegenmeinung im Schrifttum Vollkommer, Formenstrenge u prozessuale Sicherheit, 1973, S 126 ff, 260 ff; Kunz-Schmidt NJW 87, 1296 mw Nachw), denn die Person, von der ein bestimmender SS eingereicht wird, müsse von Anfang an unzweifelhaft bestimmbar sein; diese der Rechtsklarheit und Rechtssicherheit dienende Identifizierung des Ausstellers ermögliche grds nur die eigenhändige Unterschrift. Erst diese dokumentiere die eigenverantwortl Prüfung des Textes durch den berechtigten Aussteller (für den Anwalt BGH NJW 89, 3022; 89, 394 = MDR 89, 147) und verhüte – abgesehen von dem gering zu veranschlagenden Fälschungsrisiko – spätere Behauptungen, der SS stamme nicht vom Aussteller oder sei ein versehentl abgesandter Entwurf usw (BGHZ 101, 134). Von diesen im Ausgangspunkt zutr Erwägungen ist die Rspr jedoch im Laufe der Zeit immer weiter abgerückt, um den Rechtsuchenden auch die Vorzüge fernmeldetechnischer Übermittlungswege nutzbar zu machen. Dies hat zu nicht mehr hinnehmbaren, auch im Hinblick auf Art 3 GG problematischen Wertungswidersprüchen geführt. Im folgenden wird zunächst die Rspr wiedergegeben, in Rn 11 wird zu ihr Stellung genommen.

6 **b) Bei schriftlicher Einreichung** ersetzt auch die persönl Abgabe des Schriftsatzes durch den RA auf der Geschäftsstelle dessen fehlende Unterschrift nicht, BGH NJW 80, 291. Ausnahmsweise wurde Unterschrift unter Beglaubigungsvermerk der beigefügten Abschrift als ausreichend angesehen (RG 119, 63; BGH NJW 56, 990; BFH NJW 74, 1582; BAG NJW 73, 1343), selbst wenn die Abschrift nicht im Gerichtsakt blieb (LM § 519 ZPO Nr 14). Dagegen ersetzt die der Klageschrift beigefügte, von der Partei unterzeichnete Vollmachtsurkunde die fehlende Unterschrift des Bevollmächtigten nicht. Wo eine verfahrensbeteiligte Behörde selbst postulationsfähig ist, läßt der GemS (BGHZ 75, 340 = MDR 80, 199) es genügen, wenn die Unterschrift des zeichnungsberechtigten Beamten nur beglaubigt wiedergegeben ist.

7 Die Unterschrift muß im **Original** auf dem beim Gericht eingereichten Schriftsatz unter dem Schluß des Textes (BGH NJW 91, 487 = MDR 91, 335/336) angebracht sein, um Zweifel an der Urheberschaft auszuschließen; die nur abgelichtete Originalunterschrift genügt daher nicht (streitig! wie hier BGH NJW 62, 1505; LM § 338 ZPO Nr 1; BAG NJW 56, 1413; BVerwG NJW 55, 1454; 62, 555; RGZ 151, 84; LAG Nürnberg NJW 83, 2285 hält unter Berufung auf BVerfG NJW 63, 755 eine nur fotokopierte Unterschrift für ausreichend). Faksimilestempel genügt nicht (RG 151, 82; BGH JR 55, 266; MDR 89, 352), ebenso nicht ein sog Handzeichen (§ 416 Rn 3; BGH MDR 88, 128; NJW 87, 957; 82, 1467 = MDR 82, 735; zweifelnd BFH BB 96, 520 m Anm Woerner). Ob es sich um ein solches oder um eine Unterschrift handelt, ist nach dem Erscheinungsbild, nicht nach dem Willen des Unterzeichnenden zu beurteilen (BGH NJW 94, 55 = MDR 94, 91). Unterschrift mit Teil des Doppelnamens kann genügen (BGH MDR 96, 520 = NJW 96, 997). – Die Unterschrift braucht nicht unbedingt lesbar zu sein, wenn sie nur erkennbar **individuelle Züge** aufweist, die über eine wahllose „Schlangenlinie" hinausgehen (BGH MDR 91, 223; NJW 85, 1227 = MDR 85, 407; BGH NJW 87, 1333 hält aber bei der Identifizierbarkeit des Namens eine „gewisse Großzügigkeit" für angebracht). Der Unterzeichner darf auch darauf vertrauen, daß seiner vorher niemals beanstandeten Unterschrift die Anerkennung allenfalls nach vorheriger Abmahnung versagt wird (BVerfG NJW 88, 2787 = MDR 88, 749; BGH NJW-RR 91, 511). Schreibhilfe bei der Unterschriftsleistung steht der eigenhändigen Unterschrift nicht entgegen, solange nicht die Unterschrift einer passiven und willenslosen Person nur noch durch Herrschaft und Willen des „Gehilfen" bestimmt ist (BGH NJW 81, 1900/1901).

8 Der Schriftsatz im Anwaltsprozeß muß **vom RA unterschrieben,** jedoch (abgesehen von der mögl standesrechtl Ahndung) nicht notwendig von ihm verfaßt sein (BAG NJW 61, 1599; BGH NJW 89, 394 = MDR 89, 147; ZZP 80 [1967], 315), solange nur der fremde Text vom Anwalt vor Unterzeichnung eigenverantwortl geprüft und genehmigt ist. Wegen dieser Prüfungspflicht begegnet die Verwendung von **Blankounterschriften** des Anwalts durch sein Büropersonal erhebl Bedenken gegen die Wirksamkeit (Fristwahrung!) solcher bei Gericht eingereichter Schriftsätze.

Die Rspr (BAG NJW 83, 1447 = MDR 83, 610; München NJW 89, 1166 mw Hinw) erkennt derart zustandegekommene Schriftsätze nur ausnahmsweise an, wenn deren Text einem eigenen Entwurf oder einer klaren Anweisung des Anwalts entspricht, wenn dieses Vorgehen auf unvorhersehbare Ausnahmesituationen beschränkt bleibt *und* der Anwalt unverzügl die Gelegenheit wahrnimmt, den Inhalt des blanko unterschriebenen Textes auf seine Übereinstimmung mit der Anweisung zu prüfen; geschieht das nicht, ist der Anwalt selbst für Mängel des Schriftsatzes iS der §§ 85 II, 233 verantwortl. Zur Beweislast für die Behauptung des Blankettmißbrauchs s § 416 Rn 1a. **Vertretung in der Unterschrift** im Anwaltsprozeß nur durch einen beim Prozeßgericht zugelassenen RA (BGH VersR 73, 86) oder dessen zugelassenen Vertreter (§ 78 Rn 22–26), der ggf den Schriftsatz mit „iV" zu unterzeichnen hat. Unterzeichnung mit „iA" deutet auf Auftreten als bloßer Erklärungsbote hin und reicht dann für Übernahme der Verantwortung nicht aus (BGH NJW 88, 210), es sei denn, daß der betr RA auch selbst (so bei einer Anwaltssozietät, § 84) mandatiert ist (BGH NJW 93, 2056).

c) Bei **fernmeldetechnischer Übermittlung** des Schriftsatzes sieht die Rspr vom Erfordernis der Originalunterschrift auf dem eingereichten Schriftstück ab, um die Parteien insbes bei fristgebundenen Prozeßhandlungen nicht von dem technischen Fortschritt des Fernmeldeverkehrs auszuschließen (so schon RGZ 44, 369; 139, 45; 151, 82; zur historischen Entwicklung dieser Rspr Vollkommer, Formenstrenge und prozessuale Billigkeit, 1973, S 146 ff). Daher läßt sie auch die Übermittlung eines **Telegramms,** eines **Fernschreibens** oder **Telefax** genügen (BVerfG NJW 87, 2067 = MDR 87, 728; BGH NJW 93, 3141 mwN). Zur Frage, in welchem Zeitpunkt fernmeldetechnische Erklärungen bei Gericht eingehen, s § 270 Rn 6d; zum Beweis des Eingangs Rn 2 vor § 230; zum Beifügen bzw Nachreichen der Doppel für die weiteren Beteiligten § 133 Rn 1. 9

Für **Form und Inhalt eines Fernmeldeschriftsatzes** gelten nach der Rspr die allg Vorschriften uneingeschränkt; jedoch soll das **Erfordernis der Unterschriftsleistung** an den technischen Gegebenheiten des Fernmeldeverkehrs gemessen werden (BVerfG NJW 87, 2067; BVerwG NJW 87, 2098; BFH BB 85, 1655; BGH NJW 86, 1759 = MDR 86, 846). Eine im Original handschriftl vollzogene Unterschrift ist hier technisch unmögl; daher soll es ausreichen, daß sich aus anderen Umständen die Urheberschaft und der Wille, das Schreiben in den Verkehr zu bringen, hinreichend sicher ergeben (BVerwGE 81, 32; NJW 95, 2121/22). Das geschieht bei der **Telekopie** (Telefax) durch die Wiedergabe auch des Schriftbildes der Unterschrift (BGH NJW 90, 188 = MDR 90, 226; BAG NJW 87, 341 = MDR 87, 258; BAG MDR 86, 524; München NJW 92, 3042). Die Kopiervorlage muß also eigenhändig unterschrieben sein (BGH NJW 94, 2097; Pape/Notthoff NJW 96, 419). Ob das Fax von einem eigenen Anschluß oder dem eines Dritten abgesandt wurde, ist unerhebl (BAG NJW 89, 1822 = MDR 89, 851). Auch die Weiterleitung durch die Post im Telebriefverfahren wird zugelassen (Ebnet NJW 92, 2986), nicht dagegen die Übermittlung per Telefax an einen privaten Anschlußinhaber und Einreichung der Kopie durch diesen bei Gericht (BAG NJW 90, 3165; BGH NJW 89, 589; aA Wolf NJW 89, 2593; Ebnet NJW 92, 2986). Bei **Telegramm und Telex** wird die maschinenschriftl Wiedergabe der vom Absender geleisteten Unterschrift (BGH NJW 86, 1759; 82, 1470; BFH BB 85, 1655) oder auch die aus dem Text des Telegramms oder aus der sog Kennung des Fernschreibens zweifelsfrei ersichtl Angabe der Person, welche die Nachricht als von ihr stammend abgesandt hat (BGH NJW 86, 1759) als genügend angesehen. Schon durch RG (GSZ) 151, 82 war sogar die telefonische Aufgabe des Telegramms anerkannt und damit durch Rechtsfortbildung auf das Erfordernis einer unterschriebenen Urschrift insoweit völlig verzichtet worden (ebenso BGH VersR 65, 852: selbst Aufgabe durch vom RA beauftragten Dritten). Bei einer durch **Btx-Mitteilung** (jetzt: Datex-J) übermittelten Klageschrift läßt es BVerwG NJW 95, 2121 ausreichen, daß Inhalt der Mitteilung und Codenummer des Absenders eine Absendung durch einen Dritten oder aus Versehen als ausgeschlossen erscheinen lassen. 10

d) Stellungnahme: Die vorstehend wiedergegebene Rspr beruht auf dem Bestreben, den Prozeßbeteiligten bei der Abgabe von Prozeßerklärungen gegenüber dem Gericht die Nutzung der modernen Kommunikationsmittel zu ermöglichen; sie ist von dem gesetzl Unterschriftserfordernis daher jeweils soweit abgerückt, als dies durch die Besonderheiten des betr Übertragungsweges gefordert wurde. Dabei ist allerdings eine schwer zu rechtfertigende Ungleichbehandlung entstanden: wenn ein telefonisch aufgegebenes Telegramm als wirksamer Schriftsatz angesehen wird, kann einem Originalschriftsatz, der nur eine Faksimileunterschrift trägt, kaum eine geringere Authentizität zugesprochen werden. Zudem geht die technische Entwicklung weiter: Beim Telefax geht die Rspr bisher davon aus, daß der übermittelten Kopie eine Urschrift mit handschriftl Unterschrift zugrundeliegt (vgl etwa BGH NJW 90, 188). Nach dem heutigen Stand der Technik kann ein Fax aber auch unmittelbar aus einer Computerdatei heraus abgesandt werden; die Unterschrift kann aus dem Speicher des Rechners hinzugefügt oder eingescannt werden (Melullis MDR 94, 110). Jede gefaxte Unterschrift weist damit den Makel auf, daß sie, auch wenn sie vom rechtmäßigen Urheber stammt, nicht notwendigerweise von diesem selbst dem betr Schriftstück zugeordnet sein muß. Damit steht sie dem Faksimilestempel gleich, den die Rspr 11 nicht genügen läßt (s oben Rn 7). Diese Ungleichbehandlung läßt sich nicht rechtfertigen (vgl auch BFH BB 96, 520 m Anm Woerner). Die Rspr wird daher entweder dem Telefax und den anderen elektronischen Übermittlungsformen die Schriftsatzqualität ganz absprechen oder auf andere Weise eine Vereinheitlichung herbeiführen, zB auch bei der konventionellen Schriftsatzform das Unterschriftserfordernis lockern müssen, was freilich aus den in Rn 5 genannten Gründen bedenkl wäre. Eine vermittelnde Lösung könnte darin bestehen, bei der fernmeldetechnischen Übermittlung die unverzügl Nachreichung eines eigenhändig unterschriebenen Originals zu fordern. Bisher sieht die Rspr in einer solchen – unnötigen – Nachreichung die erneute Vornahme der betr Prozeßhandlung (BGH NJW 93, 3141; sa § 518 Rn 18a ff). Für materiellrechtl Willenserklärungen lehnt BGHZ 121, 224 das Telefax als Schriftformersatz iü ab.

12 d) Zu den Möglichkeiten der **Heilung des Unterschriftmangels** bei der Klage s § 253 Rn 22.

131 *[Beifügung von Urkunden]*

(1) Dem vorbereitenden Schriftsatz sind die in den Händen der Partei befindlichen Urkunden, auf die in dem Schriftsatz Bezug genommen wird, in Urschrift oder in Abschrift beizufügen.

(2) Kommen nur einzelne Teile einer Urkunde in Betracht, so genügt die Beifügung eines Auszugs, der den Eingang, die zur Sache gehörende Stelle, den Schluß, das Datum und die Unterschrift enthält.

(3) Sind die Urkunden dem Gegner bereits bekannt oder von bedeutendem Umfang, so genügt ihre genaue Bezeichnung mit dem Erbieten, Einsicht zu gewähren.

1 1) Zur Frage, inwieweit die Bezugnahme auf dem Schriftsatz beigefügte Anlagen zulässig ist, s § 130 Rn 1a. – Bei Nichtbeachtung der Vorlagepflicht (nicht erzwingbar!) Anordnung gemäß § 142, sonst Rechtsfolge wie bei § 129 (vgl dort Rn 2) oder auch Beweisfälligkeit (§ 286 Rn 14). Der Gegner hat einen Anspruch auf Ablichtung aller Schriftsätze und deren Anlagen (§ 133), zumindest ein Recht auf Einsichtnahme der dem Gericht vorgelegten Urkunden (§ 134); daneben darf er sich durch die Geschäftsstelle Abschriften fertigen lassen (§ 299; Gebühr hierfür: § 64 GKG, KV 9000; Schuldner der Gebühr ist die säumige Partei), sofern das nicht wegen Überlastung des Gerichts unzumutbar (RG JW 27, 1311). Die Kosten für Ablichtungen sind erstattungsfähig, soweit sachdienl iS des § 91 (dort Rn 13; LG München II MDR 91, 256; Köln MDR 87, 678; München NJW 62, 817; 68, 2115; abw Hamburg MDR 68, 506; vgl § 27 BRAGO). Sondervorschrift für den Urkundenbeweis: § 422, für den Urkundenprozeß § 593 II.

2 2) **Gebühren:** s § 133 Rn 4.

132 *[Fristen für Schriftsätze]*

(1) Der vorbereitende Schriftsatz, der neue Tatsachen oder ein anderes neues Vorbringen enthält, ist so rechtzeitig einzureichen, daß er mindestens eine Woche vor der mündlichen Verhandlung zugestellt werden kann. Das gleiche gilt für einen Schriftsatz, der einen Zwischenstreit betrifft.

(2) Der vorbereitende Schriftsatz, der eine Gegenerklärung auf neues Vorbringen enthält, ist so rechtzeitig einzureichen, daß er mindestens drei Tage vor der mündlichen Verhandlung zugestellt werden kann. Dies gilt nicht, wenn es sich um eine schriftliche Gegenerklärung in einem Zwischenstreit handelt.

1 1) **Anwendungsbereich:** § 132 soll der **rechtzeitigen Vorbereitung der mündlichen Verhandlung** durch Gericht und Parteien unter hinreichender Gewährung rechtl Gehörs dienen. Die Vorschrift gilt nur für in vorbereitenden Schriftsätzen enthaltene Angriffs- und Verteidigungsmittel iS von §§ 146, 282 II und III, nicht für Sachanträge in bestimmenden Schriftsätzen (hierzu § 282 Rn 2; § 296a Rn 2). Soweit zur Vorbereitung der mündl Verhandlung richterl Fristen gesetzt wurden (§§ 273–277), gehen diese der Regel des § 132 vor. Ebenso gilt § 132 nur, wo schriftl Terminsvorbereitung überhaupt vorgeschrieben ist, also im Anwaltsprozeß (§ 78), im Parteiprozeß (§ 79) nur nach Anordnung gemäß § 129 II. Sonderregelung im Urkunden- und Wechselprozeß § 593, für Rechtsmittelschriften und deren Erwiderung §§ 519, 520, 554. Wegen der dem § 132 vorgehenden gesetzlichen Fristen s den **Fristenkatalog** vor § 214 Rn 7.

2 2) **Rechtzeitigkeit: a)** Die **Frist ist eingehalten** erst mit „Zustellung" (formlose Mitteilung genügt im Fall § 270 II) an den Gegner (Eingang bei Gericht 1 Woche vor dem Termin genügt also

nicht!), dessen Schutz die Frist dient. Für die Fristenberechnung gelten § 222 ZPO und §§ 187, 188 BGB. – **Abkürzung der Frist** gemäß § 226 ist möglich, darf aber grds nicht der Verkürzung des rechtl Gehörs für den Gegner dienen. **Verlängerung der Frist** ist durch richterl Fristsetzung (oben Rn 1) oder durch Terminsverlegung (§ 227) möglich.

b) Nichteinhaltung der Frist des § 132 führt nur unter den Voraussetzungen des § 296 zur Nichtberücksichtigung. Diese Voraussetzungen fehlen aber, wo Abhilfe gem § 283 möglich ist. Der Gegner ist nicht befugt, allein wegen der Verspätung des Schriftsatzes die Einlassung zu verweigern oder Vertagung zu beantragen, anstatt gemäß § 283 zu erwidern (BVerfG NJW 89, 705; 80, 277; BGHZ 94, 195 = NJW 85, 1539/1543; München MDR 80, 148 = VersR 80, 95 = OLGZ 79, 479; vgl § 283 Rn 3). 3

c) Die **Übergabe von Schriftsätzen im Termin** oder so kurz vor dem Termin, daß eine Übermittlung an den Gegner nicht mehr möglich ist, ist verbreitete Unsitte, stellt aber, was immer wieder deutlich gemacht werden sollte, eine Mißachtung von Gericht und Prozeßgegner dar. Um dieser Übung zu begegnen, sollten die Gerichte stärker beachten, daß es sich bei solchen Schriftsätzen nicht mehr um „vorbereitende" iSd § 129 handelt, und daß die Bezugnahme auf solche Schriftsätze als unangemessen nach § 137 III ausgeschlossen werden kann. Ihr Inhalt kann dann nur mündl eingeführt werden; Verlesung ist unzulässig (§ 137 II). Der Gegner hat – sofern er sich auf das mündl Vorbringen nicht sofort äußern kann – das Schriftsatzrecht nach § 283. 3a

3) **Fristbemessung:** Die Fristen des § 132 sind **Mindest-Fristen;** sie können durchaus länger zu bemessen sein (sonst Versagung des rechtl Gehörs!), wo im Einzelfall nicht zu vertretende Informationsschwierigkeiten vorliegen (BGH NJW 89, 716; München MDR 80, 147; Hamm NJW 80, 294). Ist das erkennbar der Fall, so ist gem § 227 zu verfahren, falls nicht § 296 die selbst in der Wochenfrist des § 132 vorgetragenen Angriffs- und Verteidigungsmittel als verspätet zu behandeln gebietet (hierzu § 282 Rn 4 und § 296 Rn 16). 3b

4) **Nachgereichte Schriftsätze:** Nach dem Schluß der mündl Verh (§ 136 IV) nachgereichte Schriftsätze dürfen keinesfalls bei der Entscheidung berücksichtigt werden (§ 296a; für das schriftl Verfahren s § 128 Rn 18; für Entscheidung nach Aktenlage s § 251a Rn 5), soweit sie anderes als bloße Rechtsausführungen (arg: für die rechtl Würdigung darf sich das Gericht aller Erkenntnisquellen bedienen) enthalten (BGH NJW 65, 297). Eine verbreitete Meinung (vgl Buchholz NJW 55, 535 mwN) will dem Gericht gestatten, nachgereichte Schriftsätze (ungelesen?) zurückzugeben; das ist abzulehnen: alle dem Gericht eingereichten Schriftsätze sind formell Aktenbestandteil und in Verbindung mit dem Eingangsstempel öffentl Urkunden; sie unterliegen hinsichtlich der Prüfung, ob unzulässig verspäteter Sachvortrag oder zulässige Rechtsausführungen vorliegen, der Prüfung des Gerichts, damit auch des Gegners, der uU „Antrag" gem § 156 stellen könnte (Walchshöfer NJW 72, 1029–1034; Erdsiek NJW 55, 939). Das gleiche gilt für im Anwaltsprozeß unzulässige Schriftsätze der Partei selbst; solche Schriftsätze könnten, obwohl ohne unmittelbare verfahrensrechtl Bedeutung, beachtl rechtsgeschäftl Willenserklärungen enthalten (vgl § 129 Rn 6). 4

§ 132 verbietet nicht, den Inhalt eines erst mit der Erledigterklärung vorgelegten Schriftsatzes bei der Entscheidung gem § 91a zu berücksichtigen (Frankfurt NJW 57, 1034). 5

133 *[Abschriften]*

(1) Die Parteien sollen den Schriftsätzen, die sie bei dem Gericht einreichen, die für die Zustellung erforderliche Zahl von Abschriften der Schriftsätze und deren Anlagen beifügen. Das gilt nicht für Anlagen, die dem Gegner in Urschrift oder in Abschrift vorliegen.

(2) Im Falle der Zustellung von Anwalt zu Anwalt (§ 198) haben die Parteien sofort nach der Zustellung eine für das Prozeßgericht bestimmte Abschrift ihrer vorbereitenden Schriftsätze und der Anlagen auf der Geschäftsstelle niederzulegen.

1) Die **Pflicht zur Beifügung von Abschriften** gilt im Anwalts- und Parteiprozeß und soll die Information des Gegners durch die GeschSt (§ 270) ermöglichen. Die Zahl der Abschriften richtet sich nach der Zahl der Gegner. Gesonderte Abschriften für Partei und Anwalt sind üblich, aber nicht vorgeschrieben, auch nicht bei Vertretung mehrerer Streitgenossen durch einen ProzBev (vgl § 189; München OLGR 94, 105). Bei Einreichung per Telefax (§ 130 Rn 9 f) sind die Doppel mitzufaxen oder unverzügl nachzureichen (VGH Kassel NJW 91, 316). Bei förmlich zuzustellenden Schriftsätzen (vgl. §§ 253 V, 270 II 1) sind die Abschriften zu beglaubigen (§ 170), bei sonstigen ist dies nicht erforderl. Enthält der Schriftsatz eine materiellrechtl Willenserklärung, sind die hierfür evtl geltenden Formvorschriften zu beachten. Die Unterschrift unter den Beglaubigungsvermerk genügt dem Unterschriftserfordernis nach § 126 BGB (BGH NJW-RR 87, 395), die nur gefaxte Unterschrift nicht (BGHZ 121, 224). Wegen der Vorlage von Abschriften der 1

Anlagen vgl Anm zu § 131. Wegen „Einreichen" s Rn 6 ff zu § 270. Sonderregelung in Familiensachen: § 624 IV.

2 **2) Bei Zustellung von Anwalt zu Anwalt** (§ 198) bedarf es einer Information des Gerichts sowohl über den Inhalt als auch über die bereits außergerichtl erfolgte Zustellung des Schriftsatzes, damit auch das Gericht diesen in seine Terminsvorbereitung einbeziehen kann (vgl § 198 Rn 5). Die Wirksamkeit der Zustellung prüft das Gericht an Hand des Empfangsbekenntnisses (§ 198 Rn 10 ff), soweit es auf den rechtzeitigen Zugang des Schriftsatzes beim Gegner ankommt (§§ 132, 283). Es genügt, wenn der zustellende Anwalt das Empfangsbekenntnis des Gegners erst auf gerichtl Anordnung vorlegt.

3 **3) Verstoß gegen § 133** kann, wenn hierdurch eine Vertagung oder Terminsverlegung nötig wird, Folgen gem § 95 ZPO, § 34 GKG herbeiführen; eine Präklusionsfolge (§§ 282, 296) besteht daneben jedoch nicht (StJ/Leipold Rn 8). Fehlende Abschriften fordert die GeschSt bei der einreichenden Partei an oder fertigt sie auf deren Kosten selbst an (§ 56 S 2 GKG, KV 9000).

4 **4) Gebühren des Anwalts:** Mit der Prozeßgebühr des Anwalts sind dessen Auslagen für seine Schriftsätze in (regelmäßig) fünffacher Fertigung bereits abgegolten (G/S/von Eicken § 27 Rn 6). Zusätzlich gefertigte Abschriften oder Kopien von Anlagen sind gemäß § 27 BRAGO gesondert zu berechnen und, soweit zur Rechtsverfolgung nötig (§ 91), erstattungsfähig. Bei mehreren Auftraggebern ist § 6 Abs II, III BRAGO zu beachten. Bei mehr als drei Gegnern gilt jetzt § 27 I Nr 2 BRAGO, allerdings zunächst nur im Verhältnis ProzBev – Mandant. Wenn aber Rechtsvorschrift oder Gericht die Unterrichtung gebieten, wird die Erstattungsfähigkeit nicht verneint werden dürfen. Einzelheiten § 91 Rn 13 „Ablichtungen, Abschriften". Höhe der Auslagen: § 27 II BRAGO iVm KV 9000.

134 *[Einsicht von Urkunden]*

(1) Die Partei ist, wenn sie rechtzeitig aufgefordert wird, verpflichtet, die in ihren Händen befindlichen Urkunden, auf die sie in einem vorbereitenden Schriftsatz Bezug genommen hat, vor der mündlichen Verhandlung auf der Geschäftsstelle niederzulegen und den Gegner von der Niederlegung zu benachrichtigen.

(2) Der Gegner hat zur Einsicht der Urkunden eine Frist von drei Tagen. Die Frist kann auf Antrag von dem Vorsitzenden verlängert oder abgekürzt werden.

1 **1) Zweck:** Ermöglichen der Einsichtnahme in Urkunden-Original zur Prüfung der Echtheit schon vor mündl Verhandlung; auch durch Partei persönl, daher auch im Anwaltsprozeß kein Anwaltszwang für die Einsichtnahme (Bergerfurth NJW 61, 1239).

2 **2) Verfahren:** Die Anordnung zur Vorlage erfolgt auf Antrag des Gegners oder vAw gem §§ 142, 273. Die auf der GeschSt niedergelegten Urkunden werden nicht Aktenbestandteil (daher § 299 I hier nicht anwendbar). Rückgabe gem richterl Anordnung. Ausnahme für verdächtige Urkunden: § 443. Gegen Ablehnung der Rückgabe einfache Beschwerde § 567. Bis zur Rückgabe ist das Gericht dem Beweisführer verwahrungspflichtig (RG 51, 219). Das Gericht darf (es muß nicht) die Versendung der Urkunde an ein auswärtiges Gericht zur dortigen Einsichtnahme durch den Gegner (meistens durch den Verkehrsanwalt des Gegners) gestatten. Es wird sich hierfür aber bei Originalurkunden der Zustimmung des Beweisführers versichern müssen, denn bei Verlust kommt Haftung aus Verletzung des öffentl-rechtl Verwahrungsverhältnisses in Betracht.

3 **3) Präklusionsfolgen:** Verweigert der Beweisführer die Vorlage, so bleibt seine Bezugnahme unbeachtet. Unterläßt der Gegner die fristgerechte (Fristverlängerung zulässig § 224) Einsichtnahme, so kann er mit nachträgl Beweiseinrede ausgeschlossen werden, wenn die Verzögerung der Beweiseinrede auf der Nichtausübung des Einsichtsrechts beruht und die Voraussetzungen des Ausschlusses gemäß §§ 282 I, 296 II damit erfüllt sind (MK/Peters Rn 6; aM StJ/Leipold Rn 4: das Recht auf Einsichtnahme stehe unter keiner Präklusionsdrohung. – Das ist richtig, gilt aber nicht auch für die kausal verzögerte Beweiseinrede).

135 *[Urkunden von Hand zu Hand]*

(1) Den Rechtsanwälten steht es frei, die Mitteilung von Urkunden von Hand zu Hand gegen Empfangsbescheinigung zu bewirken.

(2) Gibt ein Rechtsanwalt die ihm eingehändigte Urkunde nicht binnen der bestimmten Frist zurück, so ist er auf Antrag nach mündlicher Verhandlung zur unverzüglichen Rückgabe zu verurteilen.

(3) Gegen das Zwischenurteil findet sofortige Beschwerde statt.

1 **1) Anwendungsbereich:** § 135 gilt – als Alternative zu § 134 – auch im Parteiprozeß, wenn beide Parteien anwaltl vertreten sind.

2) Der **Zwischenstreit über die Rückgabe der Urkunde** wird zulässig nach Ablauf der Frist des § 134 II oder einer vereinbarten Frist; wurde zwischen den Anwälten eine Rückgabefrist nicht vereinbart, jedoch einseitig vom herausgabeberechtigten Anwalt gesetzt, so ist diese Frist maßgeblich. Parteien des Zwischenstreits sind die Partei, der die Urkunde gehört, und der RA des Gegners (nicht der Gegner selbst). Das Gericht muß (Ausnahme § 128 II) mündl Verh anberaumen. Streitiges Zwischenurteil auch bei Säumnis; kein Vers-Urteil. Die Kosten sind dem verurteilten RA (nicht seiner Partei) aufzuerlegen, soweit nach Antrag erkannt. Das Zwischenurteil ist gem §§ 794 Nr 3, 883 sofort vollstreckbar. Die sofortige Beschwerde (§§ 567 III, 577) hat keine aufschiebende Wirkung. 2

3) Gebühren: a) des **Gerichts:** Für das Zwischenurteil keine Urteilsgebühr; Beschwerdeverf: KV 1906. **b)** des **Anwalts:** § 37 Nr 3 BRAGO; Beschwerdeverf: § 61 Nr 1 BRAGO. 3

136 *[Sitzungs- und Prozeßleitung des Vorsitzenden]*

(1) Der Vorsitzende eröffnet und leitet die mündliche Verhandlung.

(2) Er erteilt das Wort und kann es demjenigen, der seinen Anordnungen nicht Folge leistet, entziehen.

(3) Er hat Sorge zu tragen, daß die Sache erschöpfend erörtert und die Verhandlung ohne Unterbrechung zu Ende geführt wird; erforderlichenfalls hat er die Sitzung zur Fortsetzung der Verhandlung sofort zu bestimmen.

(4) Er schließt die Verhandlung, wenn nach Ansicht des Gerichts die Sache vollständig erörtert ist, und verkündet die Urteile und Beschlüsse des Gerichts.

I) Aufgaben des Vorsitzenden: 1) In der mündl Verhandlung obliegt dem Vorsitzenden (dem Amtsrichter gem § 495; dem Einzelrichter gem § 348) in formeller (§§ 173 ff GVG, insbes Sitzungspolizei) und sachlicher Hinsicht die Prozeßleitung. Erst bei Beanstandung entscheidet das Kollegium (§ 140). Der Vorsitzende eröffnet die mündl Verh mit dem Aufruf der Sache (§ 220), er übt das Fragerecht (§ 139) aus, erteilt den Parteien (den Beisitzenden gem § 139 III) das Wort, entzieht es bei Nichtbeachtung seiner Anordnungen (zur weitergehenden Untersagung des Vortrags s § 157 II), sorgt für ordnungsgemäße Protokollierung (§ 163), trifft alle prozeßleitenden Anordnungen, schließt die Verh, leitet die Beratung (§ 194 GVG), in der er die letzte Stimme abgibt (§ 197 GVG), und verkündet die Entsch. 1

2) **Außerhalb der mündl Verh** obliegen dem Vorsitzenden neben der materiellen Prozeßleitung (zB vorbereitende Anordnungen § 273, Sachentscheidungen § 944) die sachl Prozeßleitung (zB Terminsbestimmung § 216, Abkürzung von Zwischenfristen § 226 III, Bestimmung der Feriensachen § 200 IV GVG, Bestimmung des Einzelrichters vor mündl Berufungsverhandl § 524) und die Ausübung von Justizverwaltungsakten (zB Ausfertigung von Rechts- und Amtshilfeersuchen). 2

3) **Rechtsbehelfe:** Gegen Anordnungen des Vorsitzenden Beschwerde zum übergeordneten Gericht (§§ 569, 571), soweit nicht Anrufung des Kollegiums vorgesehen (§ 140 ZPO, § 200 IV S 2 GVG). 3

II) Schluß der mündl Verhandlung kann ausdrücklich oder schlüssig (durch Bestimmung des Verkündungstermins § 310) erfolgen. Kein Schluß der mündl Verh bei bloßer Vertagung (§§ 227 III, 275 II, 278 IV, 335 II, 337). Wegen des „Schlusses der mündl Verh" im schriftl Verf s § 128 Rn 18, bei Entscheidung nach Aktenlage s § 251a Rn 5. **Folge des Verhandlungsschlusses:** Die Parteien verlieren (vorbehaltlich § 283) das Recht auf Berücksichtigung weiteren Vorbringens, § 296a. Wegen der Behandlung nachgereichter Schriftsätze s § 132 Rn 4. Präklusionswirkung: §§ 323 II, 767 II. Säumnisfolgen (§§ 330 ff) erst mit Schluß d mündl Verh (§§ 220 II, 231 II). Der Verhandlungsschluß bestimmt die Richter iS § 309 (vgl Volmer NJW 70, 1300), beendet die Unterbrechungswirkung § 249 III u begründet die Geständnisfiktion des § 138 II. – Wegen der Voraussetzungen für die Wiedereröffnung der (geschlossenen) mündlichen Verhandlung s § 156. 4

137 *[Gang der mündlichen Verhandlung]*

(1) Die mündliche Verhandlung wird dadurch eingeleitet, daß die Parteien ihre Anträge stellen.

(2) Die Vorträge der Parteien sind in freier Rede zu halten; sie haben das Streitverhältnis in tatsächlicher und rechtlicher Beziehung zu umfassen.

(3) Eine Bezugnahme auf Schriftstücke ist zulässig, soweit keine der Parteien widerspricht und das Gericht sie für angemessen hält. Die Vorlesung von Schriftstücken findet nur insoweit statt, als es auf ihren wörtlichen Inhalt ankommt.

(4) In Anwaltsprozessen ist neben dem Anwalt auch der Partei selbst auf Antrag das Wort zu gestatten.

1 **1) Ablauf der mündlichen Verhandlung:** Nach dem Aufruf der Sache (§ 220) u der Eröffnung der Verhandlung (§ 136 I) folgt nach Abs I das Stellen der Anträge. Der Richter kann aber, was häufig sogar sachgerechter ist, zuvor die Sach- und Rechtslage mit den Parteien erörtern (§ 278 I), insbes auch mit dem Ziel einer gütl Einigung (§ 279 I). Die Antragstellung allein ist noch keine mündl Verhandlung; dazu gehört vielmehr der Vortrag (s Rn 3) u ggf die Erörterung (§ 278 Rn 2) der tatsächl u rechtl Gesichtspunkte. Allerdings liegt in der Antragstellung regelmäßig die konkludente Bezugnahme auf den gesamten Vortrag in vorbereitenden Schriftsätzen (§§ 129 ff). Zum weiteren Ablauf s § 278.

2 **2) Antragstellung** geschieht durch Verlesung des Antrags oder Bezugnahme auf Schriftsätze, mit Zustimmung des Vors auch mündl zu Protokoll, § 297. Der einmal gestellte Antrag bleibt bis zur Stellung eines neuen Antrags gültig; Wiederholung am Ende des Termins oder in Fortsetzungstermin daher nicht erforderl, auch nicht bei Richterwechsel (MK/Peters Rn 4; Kirchner NJW 71, 2158; aA BAG NJW 71, 1332), aber der Klarheit dienl. Feststellung der Anträge im Prot: § 160 II Nr 2.

3 **3) Parteivortrag (Abs II, III):** Verlesung der Schriftsätze ist unzulässig (Wortentziehung: § 136 II), üblich aber statt freien Vortrags **Bezugnahme auf die gewechselten Schriftsätze**. Mündl Erörterung des Streitverhältnisses in tatsächl Hinsicht kommt, soweit nicht das Gericht gemäß §§ 139, 278 III hierfür Anlaß gibt, nur selten vor. Daher kann die „Bezugnahme" auch durch schlüssiges Verhalten erfolgen; der ausdrückl Hinweis auf eines der schriftl Beweisangebote enthält regelm nicht den Verzicht auf die übrigen (Rn 3 vor § 284; Ordemann NJW 64, 1308). Die vorbehaltslose Antragstellung stellt grds die Bezugnahme auf den gesamten bis dahin vorliegenden Inhalt der Verfahrensakten dar (BGH MDR 81, 1012; NJW-RR 96, 379), nicht auch auf den Inhalt beigezogener Akten (BGH NJW 94, 3295/6; s Rn 3a). Zur Bezugnahme im Schriftsatz selbst s § 130 Rn 1a, zur Bezugnahme in der Rechtsmittelbegründung s Rn 40 zu § 519 u Endemann NJW 69, 1199, zur Bedeutung des Urteilstatbestands für die Feststellung des Parteivortrags s § 314 m Erl.

3a Zulässig auch Bezugnahme auf **Schriftstücke** aller Art (Briefe, Beiakten, Beweisprot, die bisher in der Sache ergangenen Urt), die jedoch nur dann zum Gegenstand der mündl Verhandlung und damit zur Entscheidungsgrundlage werden, wenn sie (durch Beifügung oder Beiziehung) zu den Gerichtsakten gelangt sind (BGH NJW 95, 1841). Bei umfangreichen Schriftstücken, zB Büchern, genaue Bezeichnung der in Bezug genommenen Stelle (BGH NJW 56, 1878). Auch beigezogene Akten werden durch pauschale Bezugnahme nicht mit ihrem ganzen Inhalt zum Prozeßstoff, sondern nur insoweit, als sie einen von den Parteien vorgetragenen Sachverhalt betreffen (BGH NJW 94, 3295/6).

4 **4)** Das **Recht zur persönlichen Anhörung (Abs IV)** hat im AnwProzeß auch die Partei selbst, ebenso ihr gesetzl Vertreter und der Streithelfer. Jedoch steht dieses Recht der Partei (anders als das Fragerecht gemäß § 397 II; s dort Rn 1) nur „neben dem Anwalt", also nur bei dessen Anwesenheit zu (BVerwG NJW 84, 625). Das Übergehen einer Wortmeldung der Partei kann grds Versagung des rechtl Gehörs sein, doch setzt das voraus, daß die Partei sich erkennbar und nachdrückl zu Wort gemeldet hatte und gegen eine Zurückweisung ihrer Wortmeldung alle prozessualen Rechtsbehelfe (insbes § 140) ausgeschöpft hat (BayVerfGH NJW 84, 1026). Widersprechen sich die Partei und ihr Anwalt: § 85 Rn 7 ff; § 141 Rn 1. Zur Frage einer Geständniswirkung s § 288 Rn 3c. Bei mißbräuchl Rechtsausübung (zB Weitschweifigkeit oder Ablesen vorbereiteter Erklärungen § 137 II) darf der Vors das Wort entziehen, § 136 II. Sonst ist das Recht auf Anhörung aber zwingend (BayVerfGH NJW 61, 1523; RG 10, 424; BGH ZZP 71, 104; abw Röhl NJW 64, 278; OLG Stuttgart JZ 59, 670). Vgl auch §§ 397, 402, 451, 492 für das Recht der Partei auf Abgabe pers Erkl. OLG München (NJW 64, 1480; 66, 2070) gestattet es der Partei, ihr Recht auf pers Erklärung durch den Verkehrsanwalt ausüben zu lassen.

5 Gelegentlich ist die Anhörung der Partei neben ihrem Anwalt **zwingendes Formerfordernis** des materiellen Rechts, so bei Erbverzicht (§ 2347 II BGB) oder Erbvertrag (§ 2274 BGB) im ProzVergleich (BayObLG NJW 65, 1276). Diese Erklärung der Partei muß, um wirksam zu sein, vor Eintritt des Erbfalls im Protokoll beurkundet sein (§§ 2348, 2276, 2240 BGB); eine nachträgl ProtErgänzung oder -Berichtigung (§ 164) könnte nicht rückwirkend heilen, vgl § 162.

Wegen **Aufrechnungserklärung** der Partei persönl s § 145 Rn 11. Zur (zeitl) Abgrenzung des Rechts der Partei auf Anhörung von ihrem Recht auf Fragestellung in der Beweisaufnahme s § 397 Rn 1.

138 *[Erklärungspflicht der Parteien]*
(1) Die Parteien haben ihre Erklärungen über tatsächliche Umstände vollständig und der Wahrheit gemäß abzugeben.

(2) Jede Partei hat sich über die von dem Gegner behaupteten Tatsachen zu erklären.

(3) Tatsachen, die nicht ausdrücklich bestritten werden, sind als zugestanden anzusehen, wenn nicht die Absicht, sie bestreiten zu wollen, aus den übrigen Erklärungen der Partei hervorgeht.

(4) Eine Erklärung mit Nichtwissen ist nur über Tatsachen zulässig, die weder eigene Handlungen der Partei noch Gegenstand ihrer eigenen Wahrnehmung gewesen sind.

Lit: *Hackenberg,* Die Erklärung mit Nichtwissen (§ 138 IV ZPO), 1995; *Morhard,* Die Informationspflicht der Parteien bei der Erklärung mit Nichtwissen, 1993; *Olzen,* Wahrheitspflicht der Parteien, ZZP 98 [1985], 403; *Prange,* Materiellrechtl Sanktionen bei Verletzung der prozessualen Wahrheitspflicht durch Zeugen und Parteien; *E. Schneider,* ProzFolgen wahrheitswidrigen Vorbringens, DRiZ 63, 342; *Stürner,* Parteipflichten bei der Sachverhaltsaufklärung, ZZP 98 [1985], 237.

1) Die Wahrheitspflicht (Abs I) obliegt – unabhängig von einer mat-rechtl Offenbarungspflicht, zB §§ 666, 1379, 1891 II, 2027, 2028, 2314 BGB – den Parteien und ihren Bevollmächtigten als öffentl-rechtl Pflicht dem Gericht und dem Gegner gegenüber als Voraussetzung einer geordneten Rechtspflege. Sie gilt in jedem Verfahren der ZPO (wegen des schiedsgerichtl Verf BGH 23, 198 = NJW 57, 589). Die in Abs I ebenfalls angesprochene Pflicht zur **vollständigen Erklärung** ist Unterfall der Wahrheitspflicht; sie hat nichts zu tun mit der Darlegungs- und Substantiierungslast des Kl (s hierzu Rn 8a u § 253 Rn 12a) oder mit der Schlüssigkeit der Klage (vor § 253 Rn 23). 1

a) Inhalt: Sie ist Pflicht zur **subjektiven Wahrhaftigkeit** iS eines Verbotes der wissentl Falschaussage und erstreckt sich auf **Behauptung und Bestreiten tatsächlicher Umstände.** Dazu gehört auch die Erklärung über sog Rechtstatsachen, dh rechtl Gegebenheiten durch allg geläufige Begriffe wie zB Eigentum (BGH DtZ 95, 328) oder Erbe (LM § 260 ZPO Nr 1; zur begrenzten Geständnisfähigkeit solcher Rechtstatsachen s aber Rn 11a u § 288 Rn 1a). Häufig zwingt das Gesetz die Partei, Tatsachen als anspruchsbegründend zu behaupten, die sie idR nicht wissen kann, so insbes subj Gegebenheiten beim Gegner (Bösgläubigkeit § 932 BGB; geheimer Vorbehalt § 116 BGB; mangelnde Ernstlichkeit § 118 BGB; Arglist, Vorsatz oder Fahrlässigkeit, Ursächlichkeit, künftige Ereignisse (künftige Unterhaltspflicht; Eintritt bloß mögl Folgeschäden, BGH NJW 68, 1233) oder Umstände, deren Feststellung nur einem besonders Sachkundigen mögl ist (BGH NJW 95, 1160 = MDR 95, 407). Dies verstößt nicht gegen § 138 I, der nur die bewußte Lüge verbietet (wozu auch das bewußte Verschweigen relevanter Umstände gehört). Zu den Anforderungen an den Beweisantritt in diesen Fällen s vor § 284 Rn 5). 2

Verstoß gegen die Wahrheitspflicht ist die bewußte Behauptung unwahrer Tatsachen, ebenso das Verschweigen bekannter Tatsachen, deren Vortrag für die begehrte Entscheidung erforderl ist (sog Halbwahrheit, BGH NJW 59, 1235; 64, 1074). Zulässig aber der Vortrag lediglich eines Teils der anspruchsbegründenden Tatsachen, sofern dadurch nicht der übrige Sachvortrag bewußt entstellt wird. Die Wahrheitspflicht geht nicht soweit, den Gegner von der Darlegungslast zu befreien (BGH MDR 91, 226 = ZZP 104, 203 m krit Anm Stürner). Ihm bekannte **Einwendungen** darf der Kl aber nicht übergehen, zB nicht den vollen Betrag einklagen, obwohl er weiß, daß er bereits eine Teilzahlung erhalten hat (MK/Peters Rn 6). Ebenso muß er vortragen, daß der Bekl eine **Einrede** erhoben hat (selbstverständl aber nicht die Möglichkeit einer Einrede; MK/Peters Rn 7). Daß die Partei sich durch wahrheitsgemäßen Vortrag einer **Straftat oder Unehrenhaftigkeit** bezichtigen muß, entbindet sie nicht von der Wahrheitspflicht (MK/Peters Rn 15; aA StJ/Leipold Rn 9, ThP Rn 7; RGZ 156, 265/269 betraf den alten Scheidungsprozeß und ist überholt; in BVerfGE 56, 37/44 wird die Gegenansicht nur referiert). 3

Kein Verstoß gegen die Wahrheitspflicht, wenn Partei das von ihr für falsch gehaltene Vorbringen des Gegners nicht bestreitet oder als Hilfsbegründung des eigenen Anspruchs auswertet (BGH 19, 387 = NJW 56, 631; BGH MDR 85, 741; 69, 995; NJW 63, 1061), solange nur keine der beiden Möglichkeiten bewußt falsch ist (BGH NJW 1995, 2843/46). 4

Die Wahrheitspflicht ändert nichts an der nur beschränkten Zulässigkeit, ein **falsches Geständnis zu widerrufen** (§ 290). Als Sanktion für Verletzung der Wahrheitspflicht ist daher die Partei an ihrem bewußt falschen Geständnis festzuhalten (BGH NJW 62, 1395), soweit nicht erkennbar beide Parteien arglistig zum Nachteil eines Dritten zusammenwirken. 5

Der **Prozeßbevollmächtigte** darf sich die Darstellung seines Mandanten auch bei Zweifeln an der Richtigkeit zu eigen machen. Als unwahr erkannte Behauptungen darf er aber nicht vorbringen (BGH NJW 52, 1148; MK/Peters Rn 4). 6

7 **b) Folgen der Verletzung der Wahrheitspflicht:** Erkennbar unwahres Vorbringen bleibt im Rahmen der Beweiswürdigung unberücksichtigt, § 286. Zur Berücksichtigung des durch Beweisaufnahme als unwahr erwiesenen Vorbringens des Kl bei Säumnis des Bekl s § 370 Rn 1. Die Lüge kann als Prozeßbetrug strafbar sein (RGSt 69, 49; 70, 82; 72, 113) und nach erfolgter Verurteilung (§ 581) die Restitutionsklage (§ 580) begründen. Der Prozeßbetrug ist unerlaubte Handlung nach § 263 StGB iVm §§ 823 II, 826 BGB (RG 95, 310; 165, 28; 168, 12; BGH 13, 71; 26, 391; BGH NJW 64, 349 und 64, 1672; die Frage, ob § 138 I selbst ein Schutzgesetz iSv § 823 II BGB ist [eingehend Prange S 78 ff m Nachw zum Meinungsstand] hat daher kaum praktische Bedeutung). Bei der Geltendmachung von Schadensersatzansprüchen aus Prozeßbetrug bedarf es uU einer Durchbrechung der materiellen Rechtskraft, die die Rspr unter bestimmten Voraussetzungen auch zuläßt (s hierzu Rn 71 ff vor § 322). Nicht in der Verurteilung als solcher liegende Schäden können jedoch, insbesondere auch im Falle des versuchten Prozeßbetrugs, unbeschränkt geltend gemacht werden (zB Rufschädigung, Aufwendungen für die Abwehr der dolosen Inanspruchnahme; vgl Prange S 19 ff, 97 f), desgleichen solche durch einen auf Betrug beruhenden Beschluß oder Prozeßvergleich (Prange S 18). Eine Klage auf Unterlassung bewußt wahrheitswidriger Parteibehauptungen kommt nur in Betracht, wenn sie auf prozeßunabhängige Beeinträchtigungen gestützt wird. Die Abwehr des Prozeßverlustes selbst kann und muß die Partei dagegen im Prozeß betreiben; für einen „Prozeß im Prozeß" fehlt das Rechtsschutzbedürfnis (Prange S 98 ff; vgl auch BGH NJW 65, 1803 zur Widerrufsklage gegen einen Zeugen; Baumgärtl FS Schima S 54 ff).

8 2) **Die Erklärungslast des Gegners** (Abs II) ist Auswirkung des Verhandlungsgrundsatzes (vor § 128 Rn 10), der Wahrheitspflicht (Abs I) und der Prozeßförderungspflicht (§ 282). Aus ihr folgt, daß der Gegner sich im allgemeinen nicht auf ein bloßes Bestreiten (hierzu Rn 10) beschränken darf. Sie setzt aber voraus, daß die andere Partei ihrer Darlegungslast genügt hat; andernfalls würde sie in Ausforschung und Umkehr der Darlegungs- und Beweislast ausarten. Grds muß keine Partei das Vorbringen des Gegners ergänzen oder erläutern (BGH NJW 83, 2879 = MDR 83, 1002; NJW 90, 3151; vgl vor § 284 Rn 34).

8a Die Erklärungslast ist also in **Bestehen und Umfang** davon abhängig, wie die darlegungspflichtige Partei vorgetragen hat. Fehlt es bereits an schlüssigem, dh die Rechtsbehauptung stützendem Tatsachenvortrag, so besteht auch keine Erklärungslast (s auch § 331 II). Wurden zwar alle zur Begründung des behaupteten Rechts bzw der erhobenen Einwendung erforderl Tatsachen vorgetragen, aber nicht näher konkretisiert, so muß sich der Gegner hierzu erklären, er braucht aber ebenfalls keine konkreten Einzelheiten vorzutragen, sondern kann sich auf einfaches Bestreiten (Rn 10a) beschränken (BGH NJW 95, 3311/12). Die Konkretisierung ist wiederum Sache des Darlegungspflichtigen; erfüllt er diese **Substantiierungslast,** muß sich auch der Gegner substantiiert äußern. Beispiel: Behauptet der Kl (innerhalb einer schlüssigen Klage) zunächst nur den Abschluß eines bestimmten Vertrages, so braucht der Bekl nicht im einzelnen darzulegen, weshalb er davon ausgeht, daß kein Vertrag zustande kam. Er kann vielmehr den Vertragsabschluß bestreiten, mit der Folge, daß der Kl nunmehr die konkreten Umstände darzulegen hat, die seines Erachtens zu einem Vertrag führten. Zu diesen muß der Bekl sich dann ebenso konkret äußern. Klagt der Kl einen Saldo ein, so muß er, sofern er sich nicht auf ein Saldoanerkenntnis im Kontokorrent beruft, zwar die einzelnen Aktiv- und Passivposten anführen; zu näherer Darlegung der Einzelforderungen ist er aber nur insoweit verpflichtet, als der Bekl bestreitet (BGH NJW 91, 2908).

An die Substantiierungslast des Darlegungspflichtigen dürfen dabei keine überzogenen **Anforderungen** gestellt werden. Er ist nicht verpflichtet, den streitigen Lebensvorgang in allen Einzelheiten darzustellen, sondern es genügt die Wiedergabe der Umstände, aus denen sich die gesetzl Voraussetzungen der begehrten Rechtsfolge ergeben (BGH NJW 91, 2707; NJW-RR 93, 189; ZIP 96, 963). Ist dem genügt, so trifft den Gegner die Pflicht zur konkreten Erwiderung nach Abs II; diese kann dem anderen Teil allenfalls noch Anlaß zur Ergänzung seines Vorbringens bieten. Auf der anderen Seite ergibt sich eine Grenze der Erwiderungspflicht daraus, daß keine Partei (von materiellrechtl Auskunftspflichten abgesehen) verpflichtet ist, dem Gegner das Material für seinen Prozeßsieg zu verschaffen, über das er nicht schon von sich aus verfügt (BGH NJW 90, 3151). Ersichtlich ins Blaue hinein aufgestellte Behauptungen, die den Gegner lediglich zu einer Preisgabe von (dem Behauptenden fehlenden) Informationen veranlassen sollen, lösen keine Pflicht zu substantiierten Erklärungen aus (zum Arzthaftungsprozeß Schmid NJW 94, 767 mwN; vgl auch vor § 284 Rn 5). In bestimmten Fällen erlegt die Rspr dem Gegner der primär behauptungsbelasteten Partei allerdings eine sog **sekundäre Behauptungslast** auf, nämlich vor allem dann, wenn eine darlegungspflichtige Partei außerhalb des von ihr darzulegenden Geschehensablaufes steht und keine nähere Kenntnis der maßgebenden Tatsachen besitzt, während der Prozeßgegner sie hat und ihm nähere Angaben zumutbar sind (vgl vor § 284 Rn 34). – Unerhebl ist es für die Darlegungslast, wie wahrscheinlich die Darstellung ist (BGH NJW 92, 3106). – Ist der

Gegner aus Unkenntnis zu einer Erklärung nicht in der Lage, kommt uU ein Bestreiten mit Nichtwissen in Betracht (s Rn 13).

Verstoß gegen die Erklärungspflicht ist, falls nicht gleichzeitig Verstoß gegen die Wahrheitspflicht, nicht sanktioniert. Aus Abs III ergibt sich jedoch Erklärungslast, da bei Nichtbestreiten die Folge des Abs III eintritt. Dies gilt auch in den Fällen der sog sekundären Behauptungslast (Rn 8a aE). 8b

Fehlerhafte Beurteilung der Darlegungslast: Wer die entscheidungserhebl Tatsachen vorzutragen hat, richtet sich (ebenso wie die Beweislastverteilung) nach dem materiellen Recht, ggf also der ausländischen lex causae. Wurden dagegen die Anforderungen an die Darlegungslast verkannt, liegt ein Verfahrensfehler vor, den das Revisionsgericht nur auf Rüge berücksichtigen darf (§ 559 II 2). Auch bei Anwendung ausländischen Rechts gilt hierfür die lex fori (BGH NJW 92, 3106 = LM § 293 ZPO Nr 18 m Anm Pfeiffer). 8c

3) Nichtbestreiten (Abs III) wird vorbehaltl der Schlüssigkeit (vor § 253 Rn 23) des nicht bestrittenen Vorbringens als Zugeständnis fingiert, dh es entfällt die Beweisbedürftigkeit. Zur Geständnisfiktion im Fall des versäumten oder verspäteten Bestreitens s § 331 Rn 6 und § 296 Rn 33. Abs III gilt im gesamten Verf der ZPO, soweit nicht der Untersuchungsgrundsatz besteht (§§ 617, 640, 641) oder es sich um vAw zu prüfende Voraussetzungen handelt. Zum Klauselerteilungsverf s § 727 Rn 20. Anwendbar auch im schriftl Verf. Vom förmlichen Geständnis iSd §§ 288, 290 unterscheidet sich die Geständniswirkung des § 138 III durch die fehlende Bindungswirkung: Sie steht einem späteren Bestreiten – vorbehaltl der Präklusion wegen Verspätung – nicht entgegen (vgl § 288 Rn 3). Wo ein Geständnis iS des § 288 unbeachtl wäre, zB bei offenkundiger Unrichtigkeit einer (nicht bestrittenen) Behauptung (BGH MDR 79, 1001; vgl § 288 Rn 7) tritt auch die Geständniswirkung nach § 138 III nicht ein. 9

Das Bestreiten kann ausdrückl oder durch schlüssiges Verhalten erfolgen, doch bedeutet der Antrag, die Klage abzuweisen, noch kein Bestreiten des gegnerischen Tatsachenvortrags (Schneider MDR 69, 579), selbst wenn Bestreiten wegen fehlender Information des Anwalts unterblieb (MK/Peters Rn 25; aA Frankfurt MDR 69, 579 m abl Anm. E. Schneider). Das Bestreiten braucht der betr Behauptung nicht nachzufolgen, sondern kann sich auch aus gegensätzl früherem Vortrag ergeben (BVerfG NJW 92, 679). Im Zweifelsfall muß das Gericht aufklären, ob nicht bestritten, so insbes bei Tatsachen, die eine Partei offensichtl nicht als entscheidungserhebl erkannt hat (LM § 139 ZPO Nr 3). 10

Pauschales Bestreiten (dh nicht auf bestimmte Behauptungen, sondern zB das gesamte gegnerische Vorbringen oder eine ganze Zusammenstellung von Rechnungsposten bezogenes) ist unbeachtl (RSchwab/Gottwald § 114 I 2; Köln MDR 70, 1017), ebenso ein Bestreiten des (durch die Partei nicht informierten) ProzBevollm „ins Blaue hinein“ (Köln VersR 92, 762 = MDR 92, 79). IdR genügt aber **einfaches Bestreiten;** so insbes gegenüber nicht näher substantiierten Behauptungen des Gegners (BGH NJW 74, 1710; s hierzu auch Rn 8a) oder wenn der Gegner durch eigenes Zutun die für ein substantiiertes Bestreiten erforderl Informationsbeschaffung verhindert hat (BGH NJW-RR 92, 413). **Substantiiertes Bestreiten** (dh mit einer konkreten Gegendarstellung versehenes) hält die Rspr (BGHZ 86, 23/29; 12, 50; BGH NJW 81, 113/114; 87, 2008; NJW-RR 86, 60 = MDR 86, 309; Frankfurt NJW 74, 1473; Hamm FamRZ 90, 641) dort für nötig, wo der Beweis dem Behauptenden nicht möglich oder nicht zumutbar ist, während (nur) der Bestreitende die Verhältnisse genau kennt (vgl hierzu vor § 284 Rn 34). 10a

Das Bestreiten **begünstigenden Vorbringens des Gegners** muß vom Gericht respektiert werden; der Vortrag darf nicht zugunsten des anderen als unstreitig verwertet werden (BGH NJW 89, 2756 = ZZP 103, 218 m Anm Musielak). Eine Beweiserhebung findet hier aber auch nicht statt; es fehlt an schlüssigem Vortrag. – Wird solches Vorbringen dagegen nicht bestritten, so kann davon ausgegangen werden, daß der Begünstigte es sich hilfweise zu eigen macht, wenn es dem eigenen Vortrag zur Schlüssigkeit verhilft und mit diesem nicht in Widerspruch steht (BGH NJW-RR 95, 684). 11

Bei **Rechtstatsachen,** dh rechtl Gegebenheiten, die durch allg geläufige Begriffe umschrieben werden (Rn 2), bewirkt das Nichtbestreiten, daß das Gericht von ihrem Vorliegen ausgehen, dh den Vortrag als schlüssig und nicht beweisbedürftig ansehen kann; eine bindende Geständniswirkung iSv §§ 288, 290 ist hier aber zu verneinen (s § 288 Rn 1a). Haben die Parteien zwar übereinstimmend einen Rechtsbegriff dieser Art gebraucht, aber zusätzl Umstände vorgetragen, die gegen die darin liegende rechtl Würdigung sprechen, so sind für das Gericht nur letztere beachtl (Koblenz NJW-RR 93, 571/2). 11a

Zur Frage des Nichtbestreitens **ausländischer Rechtsnormen:** § 293 Rn 17; Küppers NJW 76, 489. 12

4) Erklärung mit Nichtwissen ist, wie aus Wahrheitspflicht und Erklärungslast folgt, nur dann zulässig, wenn der Erklärende tatsächl keine Kenntnis hat, zB weil der Vorgang sich außerhalb 13

seiner Wahrnehmung abgespielt oder weil er ihn vergessen hat. Hält das Gericht seine Kenntnis für gegeben, wird die Erklärung wie Nichtbestreiten (Rn 9) gewertet, sonst wie Bestreiten. Daß (etwa bei neuem Sachvortrag des Gegners im Termin) präsentes Wissen nicht sofort zumutbar ist, kann vorsorgl Bestreiten mit Nichtwissen nicht rechtfertigen; hier kann die Partei Vertagung (§ 227) oder Schriftsatzfrist (§ 283) beantragen (MK/Peters Rn 27).

14 **Eigene Handlungen oder Wahrnehmungen** können nach Abs IV überhaupt nicht mit Nichtwissen bestritten werden. Hat die Partei keine aktuelle Kenntnis, muß sie sich, etwa durch Einsichtnahme in Aufzeichnungen, kundig machen (BGHZ 109, 205/209 f; Lange NJW 90, 3234); führt dies zu keinem Ergebnis, muß sie den Grund ihrer Unkenntnis (zB Vergessen, Vernichtung von Unterlagen) darlegen (RSchwab/Gottwald § 65 VIII 4). Wenn das Gericht die Darlegung für ausreichend hält, muß es das – dann auch nicht gegen die Wahrheitspflicht verstoßende – Bestreiten beachten; andernfalls greift die Geständnisfiktion des Abs III ein. Ob die Partei die Kenntnis vorwerfbar vereitelt hat, spielt hierbei keine Rolle; entspr Verhalten ist vielmehr wie eine Beweisvereitelung zu würdigen (RSchwab/Gottwald § 65 VIII 3; Lange NJW 90, 3239).

15 Eine **Zurechnung fremden Wissens** findet, abgesehen vom Fall ges Vertretung, nicht statt; § 166 BGB ist nicht anwendbar (RSchwab/Gottwald § 65 VIII 3; Lange NJW 90, 3235). Die Kenntnis eines rechtsgeschäftl Vertreters oder eines sonstigen Dritten, etwa eines Versicherungsnehmers, Angestellten, Beauftragten oder Rechtsvorgängers, hindert Bestreiten mit Nichtwissen also nicht.

16 Zu Recht stellt jedoch die Rspr **Vorgänge im eigenen Geschäfts- oder Verantwortungsbereich** den „eigenen" Handlungen oder Wahrnehmungen iSv Abs IV gleich: Die Partei kann sich nicht durch arbeitsteilige Organisation ihres Betätigungsbereichs ihren prozessualen Erklärungspflichten entziehen, sondern muß innerhalb desselben Erkundigungen anstellen (BGHZ 109, 205/9 f; NJW 95, 130/1). Dies entspricht der bereits in Rn 14 bejahten Vergewisserungspflicht und folgt aus einer teleologischen Auslegung des § 138 IV; der Rückführung auf eine allgemeine Aufklärungs- oder Prozeßförderungspflicht (vgl hierzu Morhard S 126 ff) bedarf es hierfür nicht (Hakkenberg S 152 ff; Foerste ZZP 108 [1995] 284 ff). Die Erkundigungspflicht darf deshalb auch nicht weiter ausgedehnt werden, als zum Ausgleich des durch die Arbeitsteilung bewirkten Verlustes an eigener Erkenntnis erforderl ist. Daher muß sich zwar der Inhaber eines Großunternehmens bei seinen Fachabteilungen kundig machen (BGH NJW 95, 130/1), nicht aber der Vermieter bei den Mitarbeitern eines Bauunternehmens, welches in seinem Auftrag Arbeiten in den Mieträumen durchführte (BGHZ 109, 205/9 f). Ein Ehegatte kann nicht allein deswegen mit Nichtwissen bestreiten, weil er die finanziellen Dinge dem anderen überlassen hatte (OLGR Düsseldorf 95, 101/2). Wird ein Recht aufgrund Prozeßstandschaft, Abtretung oder ges Forderungsübergangs geltend gemacht, so kann der Kl nicht mit Nichtwissen bestreiten, wenn es ihm möglich ist, sich die erfordl Kenntnis vom (früheren) Rechtsinhaber zu beschaffen (Köln NJW-RR 95, 1407/8; Lange NJW 90, 3238).

139 *[Aufklärungspflicht des Gerichts]*

(1) Der Vorsitzende hat dahin zu wirken, daß die Parteien über alle erheblichen Tatsachen sich vollständig erklären und die sachdienlichen Anträge stellen, insbesondere auch ungenügende Angaben der geltend gemachten Tatsachen ergänzen und die Beweismittel bezeichnen. Er hat zu diesem Zwecke, soweit erforderlich, das Sach- und Streitverhältnis mit den Parteien nach der tatsächlichen und der rechtlichen Seite zu erörtern und Fragen zu stellen.

(2) Der Vorsitzende hat auf die Bedenken aufmerksam zu machen, die in Ansehung der vAw zu berücksichtigenden Punkte obwalten.

(3) Er hat jedem Mitglied des Gerichts auf Verlangen zu gestatten, Fragen zu stellen.

Lit: *Peters,* Richterliche Hinweispflichten und Beweisinitiativen im Zivilprozeß, 1983; *Stürner,* Parteipflichten bei der Sachverhaltsaufklärung, ZZP 98 [1985], 237; *Hermisson,* Richterliche Hinweise auf Einrede- und Gestaltungsmöglichkeiten, NJW 85, 2558.

1 **1) Bedeutung der Aufklärungspflicht:** Angesichts der im Zivilprozeß geltenden Verhandlungsmaxime (Rn 10 ff vor § 128) ist es die Aufgabe der Parteien, diejenigen tatsächl Behauptungen aufzustellen, die sie der Entscheidung durch das Gericht unterbreiten wollen, und sie, im Falle des Bestreitens durch den Gegner, unter Beweis zu stellen. Aufgabe des Gerichts ist es, Gesetz und Recht im Einzelfall zu verwirklichen (GG Art 20 III), also den konkreten Streitfall richtig zu entscheiden. Im Rahmen dieser Aufgabe hat es darauf hinzuwirken, daß das aus seiner Schau Notwendige seitens der Parteien getan wird, um den unterbreiteten Sachverhalt rechtl richtig würdigen zu können. § 139 I legt daher dem Gericht die Pflicht auf, auf die Beibringung des im Rahmen der gestellten Anträge zur Rechtsfindung notwendigen Tatsachen- u Beweismaterials

hinzuwirken. Ergänzt wird diese tatsachenbezogene Aufklärungspflicht durch § 278 III, wonach das Gericht auf übersehene rechtl Gesichtspunkte hinzuweisen hat, und in bezug auf Zulässigkeitsmängel durch § 139 II (Rn 14).

Die Aufklärungspflicht besteht **innerhalb und außerhalb der mündl Verhandlung.** Es empfiehlt sich, erfordl Hinweise rechtzeitig vor der mündl Verhandlung zu geben. Kann sich eine Partei nicht sofort erklären, so hat ihr das Gericht eine angemessene Frist hierzu einzuräumen, dabei nach § 283 zu verfahren oder auch zu vertagen (§ 278 Rn 8; Schleswig NJW 83, 347; MDR 87, 149). Zur Gewährung dieses rechtl Gehörs im schriftl Verf s § 128 Rn 18. 2

Die Abgrenzung, was das Gericht zur Erfüllung seiner Aufklärungspflicht im Einzelfall tun soll und was es, ohne sich mit der Verhandlungsmaxime in Widerspruch zu setzen, ohne gegen seine Aufgabe als unparteiischer Mittler u Richter zwischen den Parteien zu verstoßen u ohne sich der Gefahr der Ablehnung durch eine Partei auszusetzen, nicht tun darf, ist v Einzelfall abhängig. Maßstab für die **Grenzen der Aufklärungsbefugnisse und -pflichten des Gerichts** und für die Zulässigkeit seiner Hinweise bleibt im Einzelfall seine Pflicht zu Neutralität und Gleichbehandlung der Parteien (BVerfG NJW 79, 1925/1928; 76, 1391; StJ/Leipold Rn 7). Hier besteht Raum für unterschiedl Wertungen (vgl zB zur Zulässigkeit eines Hinweises auf Verjährung den in Rn 11 wiedergegebenen Meinungsstreit). Folgt das Gericht einer vertretbaren Ansicht, so kann hieraus bei Fehlen sonstiger Anhaltspunkte für eine Parteilichkeit keine Befangenheit iSd § 42 abgeleitet werden (vgl § 42 Rn 27 aE). 3

2) Die **Pflicht zur Erörterung des Streitverhältnisses** (Abs I S 2) in tatsächl u rechtl Hinsicht besteht nur im Rahmen der Aufklärungspflicht, also an sich nicht, wenn die Parteien von sich aus sachgerecht und umfassend vortragen. Eine Offenlegung der aktuellen Einschätzung der Prozeßlage durch das Gericht kann jedoch die Vergleichsbereitschaft fördern und Fehlerquellen aufdekken. Sie kann, solange in ihr keine Voreingenommenheit zum Ausdruck kommt, kein Grund für eine Ablehnung wegen Befangenheit sein. 4

3) Die Aufklärungstätigkeit des Gerichts: a) Form: Die Aufklärungspflicht obliegt vor der Verhandlung dem **Vorsitzenden** (§ 273 II), in der Verhandlung auch den Beisitzern (Abs III). Die Aufklärung erfolgt durch **Fragestellung;** diese muß konkret und verständl sein; die Partei muß Gelegenheit zur Beantwortung in angemessener Frist erhalten (vgl § 278 Rn 8; Schleswig SchlHA 82, 29), durch **Hinweis** vor (§ 273) und im Termin, Erlaß eines **Aufklärungsbeschlusses** mit (möglichst befristeten) Auflagen, **Erörterung** im Termin (§ 279), **Anhörung** auch der Parteien persönl (§§ 138, 141, 278 I, 279). Sie erstreckt sich vornehml auf die (nur entscheidungserhebl!) Tatsachen sowie auf die Sachdienlichkeit der Anträge; hierbei ist aber die Grenze des § 308 zu beachten. 5

b) Gegenstand: Der Aufklärung zugängl sind (mit der Einschränkung gem Rn 11!) **Sach- u Prozeßanträge,** so auch die Abgrenzung von Haupt- und Hilfsantrag, die Antragstellung bei Verfahrensstandschaft u bei Übergang des Streitgegenstands auf einen Dritten (§ 265), die Anpassung des Antrags an eine veränderte Prozeßsituation (§ 91a); Hinweis nötig, wenn der Sachantrag keinen vollstreckungsfähigen Inhalt hat oder wenn eine Partei falsch oder unvollständig bezeichnet ist. Ebenso Hinweis auf Beweislast, wenn Partei diese erkennbar falsch beurteilt und deshalb keinen Beweisantrag stellt (§ 278 Rn 10). 6

Tatsachen sind aufzuklären, soweit sie das Verfahren betreffen (Prozeßtatsachen: Partei- u Prozeßfähigkeit, ges Vertretung, Rechtshängigkeit, Rechtskraftwirkung früherer Urteile, Nebeninterventionswirkung § 68 usw) oder materiellrechtl Art sind (fehlende Schlüssigkeit des Vorbringens, fehlende Sachlegitimation, Widersprüche, Unklarheiten, Unvollständigkeit usw). 7

c) Die **rechtliche Aufklärung** durch das Gericht regelt § 278 III, doch ergänzen sich beide Vorschriften, weil Sach- u Rechtsaufklärung sich oft überschneiden (Schneider MDR 77, 969). So dient die in § 278 III normierte Pflicht, auf übersehene rechtl Gesichtspunkte hinzuweisen, vor allem auch dazu, ergänzenden Sachvortrag zu ermöglichen. 8

d) Grenzen: Aufzuklären ist alles, was im Sinn einer umfassenden Entscheidung des Streitstoffes u Verwirklichung der materiellen Gerechtigkeit der Klärung bedarf (Schneider MDR 77, 970) und was zur Vermeidung von Überraschungsentscheidungen nötig ist. Aber keine Aufklärung, soweit Tatsachen nicht entscheidungserhebl („zu diesem Zweck, soweit erforderlich . . .“). Keine Ausforschung über die Grenzen des Beibringungsgrundsatzes hinaus (Rn 10 vor § 128). Daher ist es (entgegen Schneider MDR 77, 972) nicht Aufgabe des Gerichts, durch Fragen oder Hinweise neue Anspruchsgrundlagen, Einreden oder Anträge (§ 308!) einzuführen, die in dem streitigen Vortrag der Parteien auch nicht zumindest andeutungsweise bereits eine Grundlage haben (Prütting NJW 80, 364; näher Rn 11). – Keine gerichtl Aufklärung, soweit eine Partei bereits auf Unklarheit oder Unvollständigkeit des gegnerischen Vorbringens hingewiesen hat (BGH NJW 84, 310/311). Keine weiteren Hinweise geboten, wo die Partei sich bereits als rechtsblind oder uneinsichtig erwiesen hat. – Zur Aufklärungspflicht bei anwaltl Vertretung der Partei s Rn 13. 9

4) Einzelfälle

10 **a) Was das Gericht tun muß:** Darauf hinwirken, daß **unklare Anträge** besser gefaßt werden (RG 75, 227), insbesondere im Kündigungsschutzprozeß innerhalb der Klagefrist aufklären, ob Kündigungsschutz- und/oder allgemeine Feststellungsklage gewollt (BAG NZA 94, 860/62; NJW 94, 2780/82; s auch § 256 Rn 15b). – Daß der Klageantrag richtig gefaßt wird (RG 41, 376; OLG für Hessen NJW 49, 232; BGH 79, 76/79 = NJW 81, 870/71), insbesondere, daß **unzweckmäßige** Anträge verbessert werden (RG JW 37, 1060), zB daß Ersatz statt (nicht möglicher) Wiederherstellung (RG 169, 356); Rückauflassung statt Grundbuchberichtigung (BGH 3, 210) oder das Auseinandersetzungsguthaben statt des halben Gesellschaftsvermögens (BGH 8, 249/256) verlangt wird. – Darauf hinweisen, daß das geltend gemachte Zurückbehaltungsrecht den Klageabweisungsantrag nicht rechtfertigt (§ 274 BGB; i Erg ebenso, aber mit unzutr Begründung BVerfG NJW-RR 93, 764). – Bei mehreren Anträgen, die kumulativ wenig Sinn ergeben, klären, ob sie nebeneinander oder nur **hilfsweise** gestellt sind. – Läßt der Kläger einen ursprüngl Hilfsantrag fallen, obwohl dieser nach seinem Vorbringen sachdienl ist, und ist anzunehmen, daß die Zurücknahme auf einem Versehen beruht, so hat das Gericht aufzuklären, ob die Zurücknahme dem wirklichen Willen der Partei entspricht (LM Nr 4 zu § 139 = NJW 53, 217). – Nach Erledigung der Hauptsache oder anderen **prozessual wichtigen Veränderungen** (RG 102, 232) auf die Anpassung der Anträge hinwirken (RG 94, 291).

10a Auf Notwendigkeit der **Benennung von Beweismitteln** hinweisen, wenn sich aus dem übrigen Vorbringen ergibt, daß eine tatsächl Behauptung mit Beweis vertreten werden will und das Unterbleiben des Beweisantritts offensichtl auf einem Versehen oder auf einer erkennbar falschen Beurteilung der Rechtslage beruht (LM § 139 Nr 3; BayVerfGH NJW 92, 1094). Erst recht gilt dies, wenn das Gericht die Partei zunächst zu Beweisantritt zu anderem, nicht entscheidungserhebl Punkt aufgefordert hat (Hamm MDR 93, 270). – Hinweis, daß Bezugnahme auf Akten nicht reicht (Hamm OLGR 94, 95). – Auf die Möglichkeit der Einholung eines erbbiologischen Gutachtens hinweisen, wenn anzunehmen ist, daß ein solcher Antrag versehentl nicht gestellt wurde (BayObLG Rpfleger 49, 471). – Wenn auf einen Zeugen in der ersten Instanz verzichtet wurde, klären, ob dieser Zeuge in der zweiten Instanz vernommen werden soll (Rn 3 vor § 284).

10b Mißverständlichen, widersprüchlichen oder mehrdeutigen **Sachvortrag aufklären,** zumindest auf die vom Gericht beabsichtigte Interpretation hinweisen (Köln OLGZ 83, 442). – Darauf hinwirken, daß ungenügende tatsächl Angaben ergänzt u unter Beweis gestellt werden (BGH NJW 94, 3288/91; 95, 399/401), auch im Rahmen der sog sekundären Behauptungslast (vor § 284 Rn 34; vgl BGH NJW 93, 528/530). Auf **fehlende Schlüssigkeit** (vor § 253 Rn 23) oder **unzureichende Substantiierung** (§ 138 Rn 8a) hinweisen (Düsseldorf NJW 93, 2543; Schneider MDR 77, 972; Siegert NJW 58, 1026), außer wenn dies bereits der Prozeßgegner getan hat (s Rn 9) oder bei völlig substanzlosem Vortrag (Düsseldorf NJW-RR 95, 636; zum Umfang der Pflicht im Anwaltsprozeß s Rn 13). – Daß alle für die Feststellung des Sachverhalts erhebl Erklärungen abgegeben werden (nicht auch, daß neue tatsächl Behauptungen, die erst die Grundlagen für die Entscheidung abgeben sollen, aufgestellt werden, RG 106, 119 und 109, 70; BGH 7, 211 = NJW 52, 1410). Abgrenzungsschwierigkeiten sind hierbei oft unvermeidl; so darf bei streitiger Sachlegitimation des Klägers das Gericht nicht eine Abtretung an den Kläger anregen, wohl aber, wo eine solche in Betracht kommt, zu deren Nachweis auffordern, Frankfurt NJW 70, 1884 mit Anm Schneider, Dittmar NJW 71, 56. – Klären, ob ein Vorbringen in der ersten Instanz, das erhebl ist, in der zweiten Instanz absichtl od nur versehentl nicht wiederholt wurde (BVerfG NJW-RR 95, 828).

10c Darauf hinwirken, daß unrichtige Parteibezeichnungen berichtigt werden. – Bei Vorliegen von **Verfahrensmängeln** Hinweis auf Wirkung des § 295, wenn anderenfalls die Partei in unzumutbarer Weise überrascht würde (§ 295 Rn 2). – Bei der Feststellungsklage, falls nicht ausreichend dargetan, auf die nähere Darlegung des rechtl Interesses hinwirken. – Darauf hinwirken, daß Beweis für die Rechtzeitigkeit des Eingangs der Berufungsschrift angetreten wird, wenn eidesstattl Versicherungen unter dem unzutreffenden Gesichtspunkt der Wiedereinsetzung vorgelegt werden (BGH NJW-RR 92, 314). – Hinweis, daß der Berufungsschrift keine Ablichtung des angefochtenen Urteils beiliegt, wenn Berufungsführer ersichtl hiervon ausgeht (BGH NJW 91, 2081). – Hinweis auf Unvollständigkeit des Wiedereinsetzungsgesuchs (KG NJW 74, 1003). – Die **rechtsunkundige Partei** über die Rechtsfolgen ihres Handelns aufklären, um zu vermeiden, daß sie etwas beantragt, was sie ersichtl gar nicht erstrebt (RG 92, 256 ist hier zu eng und wird der jetzigen Auffassung über die Aufklärungspflicht nicht mehr gerecht). – Auf die Möglichkeit hinweisen, daß das Gericht uU zu einer anderen Ansicht hinsichtl der **rechtlichen Beurteilung tatsächlicher Vorgänge** (zB der Auslegung eines Vertrages, der Anwendbarkeit des Anscheinsbeweises) kommt als die Vorinstanz (BGH NJW 94, 1880/1), oder daß es die nicht bestrittene Aktivlegitimation verneinen will (BGH VersR 94, 1326). – Hinweisen auf die (von den Parteien oder vom Erstgericht verkannte) Maßgeblichkeit u den Inhalt ausländischen Rechts, § 293 (BGH NJW 76, 474). – Die Parteien auf diesen **unbekannte Verfahrensvorgänge** hinweisen, zB auf schriftl Mitteilung eines geladenen Zeugen, daß über das Beweisthema schriftl Unterlagen vorhanden sind (BGH NJW 61, 363).

b) Was das Gericht nicht tun darf (zu den Folgen s Rn 3): **Rechtsgespräch** in Abwesenheit einer Partei (Oldenbg NJW 63, 451). Eine Partei einseitig rechtl beraten (RG 103, 289; 109, 70). – Einer Partei **neue**, in deren Sachvortrag auch nicht andeutungsweise enthaltene Klagegründe, Einreden und Anträge nahelegen (Hermisson NJW 85, 2558; RG 106, 119), zB einen Antrag auf Zinsleistung anregen (Köln MDR 72, 779). – Auf eine (über das in Rn 10 Behandelte hinausgehende) Klageänderung hinwirken (weitergehend MK/Peters Rn 31 ff; offenlassend BGH NJW 94, 589/592). – Die Partei veranlassen, andere Anträge zu stellen, die ihrem Wesen nach auf anderen Anspruchsgrundlagen beruhen (BGH 7, 208; LM Nr 5 zu § 139). – Die Partei auf eine andere, nicht mehr im Rahmen ihres bisherigen Vorbringens liegende tatsächl Begründung ihres Antrages hinlenken (RG 109, 70) oder anspruchsbegründende Tatsachen erst herbeiführen (Frankfurt NJW 70, 1884; Dittmar NJW 71, 56; s aber Schneider MDR 77, 974; 68, 721/725; NJW 70, 1884). – Auf ein Zurückbehaltungsrecht (BGH NJW 69, 691/693) oder auf die **Verjährung** aufmerksam machen (Hamburg NJW 84, 2710 = MDR 84, 672; Bremen NJW 79, 2215; Köln MDR 79, 1027; StJ/Leipold Rn 24; Hermisson NJW 85, 2558; Prütting NJW 80, 364; abw: Wacke u Seelig NJW 80, 1170; Schneider MDR 79, 974; 77, 974; 82, 236; 84, 672; NJW 86, 1316; Vollkommer oben § 42 Rn 27); zulässig und auch geboten ist aber die richterl Aufklärung, ob zB ein unsubstantiierter Hinweis des Bekl auf verjährungsgeeignete Umstände als Verjährungseinrede zu konkretisieren ist (Prütting aaO mwN; Koch NJW 66, 1648). – Auf die Möglichkeit des Entlastungsbeweises hinweisen (LM Nr 6 zu § 139 ZPO). – Hinweis auf Möglichkeit der **Flucht in die Säumnis** (§ 296 Rn 40), auch an anwaltl nicht vertretene Partei (München NJW 94, 60; aA Vollkommer oben § 42 Rn 26). – Im Anwendungsbereich des § 295 auf Rügemöglichkeit hinweisen (Ausnahme nur, wenn Partei sonst unzumutbar überrascht, s § 295 Rn 2). 11

c) Was das Gericht nicht zu tun braucht: Hinweise wiederholen, die bereits der Gegner bzgl einer Unklarheit oder Unvollständigkeit des Vorbringens einer Partei gemacht hat (vgl oben Rn 9), oder die schon das Erstgericht (auch durch sein Urteil) erteilt hat (RG 98, 294, BGH NJW 58, 1590 = MDR 58, 681). – Die Partei unter Bekanntgabe seiner Beweiswürdigung zur Antretung neuer Beweise auffordern. – Keine Aufforderung zum Nachweis ausländischen Rechts (RG 80, 267), vgl § 293. – Auf ungenügende Substantiierung einer Gegenforderung hinweisen, wenn diese erst nach Schluß der mündl Verhandlung erster Instanz entstanden ist und erst durch die Substantiierung die Sachdienlichkeit nach § 530 herbeigeführt würde (LM Nr 7 zu § 139 ZPO). – Keine Pflicht, auf Möglichkeit des Wiedereinsetzungsgesuchs hinzuweisen, solange nicht die Voraussetzungen einer Wiedereinsetzung vAw (§ 236 Rn 5) gegeben sind (BGH VersR 65, 981; abw LAG Frankfurt NJW 66, 800); aber Hinweis auf Unvollständigkeit des WE-Gesuchs nötig (KG NJW 74, 1003). 12

5) Aufklärungspflicht im Anwaltsprozeß: Grundsätzl besteht die richterl Hinweispflicht nach § 139 auch gegenüber anwaltl vertretenen Parteien, allerdings in eingeschränktem Maße. Das Gericht kann im allgemeinen annehmen, daß die entscheidungserhebl Punkte schon zwischen Anwalt und Partei erörtert worden sind. Wenn jedoch der ProzBev die Rechtslage ersichtlich falsch beurteilt (BGH NJW 95, 399/401) oder wenn in Betracht kommt, daß er etwas übersehen und deshalb den Sachverhalt unvollständig vorgetragen oder einen sachdienl Antrag nicht gestellt hat, ist ein Hinweis bzw eine Rückfrage veranlaßt (BGH WM 77, 1201/1203; Hamm NJW-RR 95, 956; Greger NJW 87, 1182), also zur Vermeidung echter Überraschungsentscheidungen (BGH NJW-RR 93, 569), dagegen nicht, wenn die Notwendigkeit weiteren Vortrags, zB aufgrund des erstinstanzl Urteils, klar auf der Hand liegt (BGH NJW 93, 2531/33). Es geht zu weit, eine Verpflichtung zum Hinweis auf fehlende Schlüssigkeit oder ungenügende Substantiierung der Klage völlig zu leugnen (so aber BGH NJW 84, 310 m abl Anm Deubner = JZ 84, 191 m abl Anm Peters), aber ebensowenig kann gegenüber dem Rechtsanwalt dasselbe Maß an gerichtl Fürsorge gefordert werden wie gegenüber der nicht rechtskundig vertretenen Partei (so aber Schleswig NJW 86, 3146; MK/Peters Rn 11 ff). Wo eine Aufklärung wegen eines naheliegenden Versehens veranlaßt ist, genügt idR ein knapper Hinweis ohne nähere Begründung (zB daß der Auskunftsanspruch nicht schlüssig begründet oder das Feststellungsinteresse nicht dargelegt ist). Weitergehende Anleitungen durch das Gericht liefen der Arbeitsteilung zwischen den Rechtspflegeorganen zuwider. Daran ändert auch der stereotype Schlußsatz in Anwaltsschriftsätzen nichts, wonach „um richterl Hinweis gebeten wird, falls weiterer Sachvortrag erforderl sein sollte". Diese Floskel hat keinerlei Rechtswirkung. 13

6) Hinweispflicht gem Abs II: VAw zu berücksichtigen sind: Das Vorliegen eines ausschließl Gerichtsstandes (§ 40 II); die Zulässigkeit des Rechtsweges; der Mangel der Partei- od Prozeßfähigkeit, der Legitimation des gesetzl Vertreters u die erforderl Ermächtigung zur Prozeßführung (§ 56 I); im Parteiprozeß der Mangel der Vollmacht (§ 88 II); Mängel beim notwendigen Inhalt der Klageschrift, insb unzureichende Individualisierung (§ 253 Rn 23, 10; BGH NJW 95, 1223/4); die Frage der Zulässigkeit der Berufung u der Revision § 519 b und § 554 a; wie überhaupt schlecht- 14 hin die Frage der Statthaftigkeit eines Rechtsbehelfes (s §§ 341, 519 b, 554 a, 574, 589). – Die Prüfung „vAw" nach Abs II besagt nicht, daß das Gericht in den vorstehend aufgeführten Fällen selbst, also amtl Untersuchungen und Nachforschungen anzustellen hätte (RG 160, 47 u 348). Das Gericht hat nur „auf die Bedenken aufmerksam zu machen", die es hat, um den Parteien Gelegenheit zu geben, die erforderl Nachweise zu erbringen. Auch im Falle des Abs II wird nämlich die Verhandlungsmaxime nicht zugunsten der Untersuchungsmaxime durchbrochen, das Gericht hat sich vielmehr auch hier in den zu Abs I aufgezeigten Grenzen zu bewegen.

15 7) **Verletzung der Aufklärungspflicht** ist Verfahrensfehler, der wenn auf ihm das Ersturteil beruht, dessen Aufhebung und die Zurückverweisung rechtfertigen kann (§ 539 Rn 11; BGH NJW-RR 91, 256; 88, 477; Frankfurt MDR 87, 413; Hamm NJW-RR 95, 579). Nicht um einen Verfahrensfehler handelt es sich aber, wenn aus der fehlerhaften materiellrechtl Sicht des Erstrichters kein Anlaß für einen Hinweis bestanden hat (BGH NJW 91, 704). Ermessenfehlerhaft ist Zurückweisung idR, wenn der Verfahrensfehler dadurch geheilt ist, daß nunmehr in der Berufungsinstanz die erforderl Klarheit besteht. – Die Verletzung der Aufklärungspflicht kann, wenn sie für eine Verfahrensverzögerung auch nur mitursächl ist, die Zurückweisung verspäteten Parteivorbringens verbieten (§ 296 Rn 3). Andererseits schließt aber eine vom Gericht entgegen § 139 versäumte Aufklärung die Mitverantwortung der Partei (bzw ihres Anwalts) für die Aufklärungsbedürftigkeit ihres Vorbringens grds nicht aus (BGH MDR 91, 240/241).

16 Unterlassene Aufklärung ist **Revisionsgrund,** wenn es sich um Fragen handelt, die nach revisiblem Recht zu entscheiden sind (LM Nr 2 zu § 139; s dort auch Ausnahme) und die Partei vorträgt, was sie vorgebracht bzw unternommen hätte, wenn das Gericht seiner Pflicht aus § 139 nachgekommen wäre (§ 554 Rn 14; BGH MDR 88, 309; StJ/Leipold Rn 36a). Voraussetzung ist jedoch, daß das BerGericht hätte erkennen müssen, daß die Partei Beweismittel u etwaige noch nötige Behauptungen hätte beibringen können und wollen, daß das Nichtvorbringen daher offenbar auf einem Versehen oder darauf beruht, daß die Partei die Rechtslage erkennbar falsch beurteilt hat (BGH LM § 139 ZPO Nr 3; BayObLGZ 69, 106; Siegert NJW 58, 1026). Unterbliebene Aufklärung kann auch gegen Art 3 GG verstoßen (BVerfG NJW 76, 1391).

140 *[Gerichtsentscheidung bei Beanstandung von Anordnungen des Vorsitzenden]*

Wird eine auf die Sachleitung bezügliche Anordnung des Vorsitzenden oder eine von dem Vorsitzenden oder einem Gerichtsmitgliede gestellte Frage von einer bei der Verhandlung beteiligten Person als unzulässig beanstandet, so entscheidet das Gericht.

1 1) **Gegenstand** der Beanstandung können sein: **a) Anordnungen** (nicht Unterlassungen) des Vorsitzenden (also nicht des Einzelrichters, weil dieser im Rahmen seiner Befugnisse § 348 das Kollegium repräsentiert), soweit diese die Sachleitung (vgl § 136 Rn 1; die Sitzungspolizei ist nicht Sachleitung, sondern formelle Prozeßleitung) betreffen und ihre Unzulässigkeit (nicht genügend also Unzweckmäßigkeit oder Unerheblichkeit) behauptet wird.

2 **b) Fragen** des Vorsitzenden oder eines Beisitzers (§ 139); über Fragen der Parteien vgl § 137 IV und § 397 III.

3 2) **Rügebefugt** sind alle an der Verh beteiligten Personen: Parteien, Streithelfer, Zeugen und Sachverständige; nicht einzelne Mitglieder des Kollegiums (vgl § 177 GVG). Rüge muß in der gleichen mündl Verh erfolgen (§ 295).

4 3) **Entscheidung** durch zu verkündenden (§ 329) u nicht selbständig anfechtbaren Beschluß. Unterbleibt eine Rüge der Anordnung oder Frage in der mündl Verhandlung, so kann auf deren Unzulässigkeit später kein Rechtsmittel gegen das Urteil gestützt werden (StJ/Leipold Rn 5).

141 *[Persönliches Erscheinen der Parteien]*

(1) Das Gericht soll das persönliche Erscheinen beider Parteien anordnen, wenn dies zur Aufklärung des Sachverhalts geboten erscheint. Ist einer Partei wegen großer Entfernung oder aus sonstigem wichtigen Grunde die persönliche Wahrnehmung des Termins nicht zuzumuten, so sieht das Gericht von der Anordnung ihres Erscheinens ab.

(2) Wird das Erscheinen angeordnet, so ist die Partei von Amts wegen zu laden. Die Ladung ist der Partei selbst mitzuteilen, auch wenn sie einen Prozeßbevollmächtigten bestellt hat; der Zustellung bedarf die Ladung nicht.

(3) Bleibt die Partei im Termin aus, so kann gegen sie Ordnungsgeld wie gegen einen im Vernehmungstermin nicht erschienenen Zeugen festgesetzt werden. Dies gilt nicht, wenn die Partei zur Verhandlung einen Vertreter entsendet, der zur Aufklärung des Tatbestandes in der

Lage und zur Abgabe der gebotenen Erklärungen, insbesondere zu einem Vergleichsabschluß, ermächtigt ist. Die Partei ist auf die Folgen ihres Ausbleibens in der Ladung hinzuweisen.

1) **Bedeutung:** Im Rahmen seiner Aufklärungspflicht (§ 139) soll das Gericht als prozeßleitende Maßnahme (§ 136 Rn 1) das persönl Erscheinen einer oder beider Parteien anordnen, soweit die Anhörung der Partei zur **Aufklärung des Sachverhalts** erforderl erscheint. Die Anhörung ist **nicht Beweisaufnahme** iS einer Parteivernehmung (§§ 445–455), weil sie nicht der Aufklärung eines streitigen Sachverhalts dient, sondern dem besseren Verständnis dessen, was die Partei behaupten und beantragen will. Daher Anhörung insbes bei Divergenz zwischen Vorbringen des Anwalts und (etwa schriftl niedergelegtem) Vorbringen der Partei selbst. Bei verbleibendem Widerspruch freie Würdigung nach § 286, wobei idR dem Vortrag der Partei als des unmittelbaren Wissensträgers der Vorzug gebührt (BGH VersR 65, 287; 69, 58). Zur Frage einer Geständniswirkung s § 288 Rn 3c). Beweiswirkung hat die Erklärung der Partei allenfalls insoweit, als sie jedenfalls auch *Inhalt der Verhandlung* iS § 286 ist (hierzu § 286 Rn 14; Meyke MDR 87, 358; einschr BGH LM § 141 ZPO Nr 3 = MDR 67, 834). Auch die Nichtabgabe einer Erklärung kann frei gewürdigt werden. Fehlerhaft wäre es dagegen, die Äußerung der Partei wie das Ergebnis einer Parteivernehmung nach §§ 445 ff zu würdigen; hierdurch würden die dafür geltenden Vorschriften umgangen. 1

Möglich ist auch Anhörung der **prozeßunfähigen Partei** (RSchwab/Gottwald § 44 III 1 b), aber außerhalb des in § 455 II geregelten Falls kaum sinnvoll; kann zudem vom ges Vertreter nach § 141 III 2 unterlaufen werden. Bei jur Person kommt nur Anhörung des ges Vertreters in Betracht (BGH NJW 65, 106). 1a

2) **Durchführung:** Die Anhörung der Partei erfolgt **in der mündlichen Verhandlung** (vor dem Prozeßgericht), also nicht vor einem ersuchten oder beauftragten Richter (abw BL/Hartmann Rn 12; Köln MDR 86, 152; wie hier: StJ/Leipold Rn 14; ThP Rn 2), selbst wenn damit eine Gegenüberstellung der Partei mit einem vor dem ersuchten Richter zu vernehmenden Zeugen ermöglicht würde (aM LAG Frankfurt AP § 141 Nr 1); bei Zulässigkeit einer auswärtigen Anhörung hätte es der Zumutbarkeitsvoraussetzung in Abs I 2 nicht bedurft. Keine Anhörung der Partei außerhalb der streitigen mündlichen Verhandlung; daher unzulässig die Anhörung der im Anwaltsprozeß ohne ihren RA erschienenen Partei, wenn der Gegner VersUrteil beantragt (s aber § 279 II für den Sühnetermin!). 2

Die Aussage der Partei (oder ihres Vertreters Abs III) muß nicht (BGH NJW 51, 110), sollte aber im **Protokoll** festgehalten werden, weil sie der Auslegung des Sachvortrages dient (RG 169, 63; BGH NJW 69, 428). Die Parteien haben aber gem § 160 IV ein Recht, die Aufnahme der Parteiäußerung in das Protokoll zu beantragen, denn eine Anhörung der Partei wäre unzulässig, wenn es hierauf „nicht ankommt". 3

3) **Grenzen: a)** Um nicht in Konflikt mit dem **Verhandlungsgrundsatz** (vor § 128 Rn 10) zu geraten, darf das Gericht nur den ihm unterbreiteten Sachverhalt, diesen aber umfassend aufzuklären versuchen. Daß hierbei auch neuer Tatsachenvortrag ausgelöst wird, liegt im Wesen der Aufklärung (MK/Peters Rn 5). Nicht um verbotene Inquisition handelt es sich daher auch, wenn der Richter, um den Sachverhalt aufzuhellen, Fragen zur Vorgeschichte, zu den Hintergründen oder zu den Beziehungen zwischen den Parteien stellt. Da die Partei nicht zu Erklärungen verpflichtet ist, bleibt es ihr unbenommen, Tatsachenvortrag zurückzuhalten. 4

b) **Anwaltliche Vertretung** setzt der Parteianhörung keine Schranken (MK/Peters Rn 6). Das Gericht darf die anwesende Partei auch gegen den Willen des ProzBev direkt befragen. Will diese nur über ihren Anwalt antworten, kann es dies frei würdigen. Zur Würdigung von Widersprüchen zwischen Partei und ProzBev s Rn 1. 5

4) Die **Ladung** der Partei zur informatorischen Anhörung ist nach Zweck u Rechtsfolge zu unterscheiden von einer dem Sühneversuch (§ 279), der Amtsermittlung (§§ 613, 640, 654, 671, 679) oder der Beweiserhebung (§§ 445–448) dienenden Vorladung. Deshalb ist der Partei der Zweck ihrer Vorladung (Aufklärung des Sachverhalts) unter Hinweis auf die Folgen ihres Ausbleibens (Abs III) mitzuteilen; ist das nicht geschehen, so ist die Festsetzung von Ordnungsgeld unzulässig (Köln NJW 74, 1003), denn ohne Mitteilung des Grundes der Vorladung kann die Partei die Risiken ihres Nichterscheinens nicht abwägen u nicht entscheiden, ob sie gemäß Abs III einen Vertreter entsendet bzw auf ihren ProzBev als geeigneten Vertreter (unten Rn 12) verweist (aM KG MDR 83, 235 und Burger MDR 82, 91). Die Ladung wird der Partei persönl und formlos mitgeteilt (Abs II). 6

5) Die **Anordnung** erfolgt außerhalb der mündl Verh gem § 273 II 3, sonst durch Beschluß des Gerichts. Der Beschluß ist nicht anfechtbar (§ 567). 7

Angeordnet werden kann das persönl Erscheinen der Partei, ihres ges Vertreters (BGH NJW 65, 106; bei mehreren Vertretern Bestimmung durch das Gericht, LAG Düsseldorf MDR 96, 98), des streitgenössischen Streithelfers (§ 69), nicht des ProzBev oder des gewöhnl Streithelfers. 8

9 Ist Anordnungsbeschluß nicht verkündet, so sind der ProzBev der pers vorgeladenen Partei und auch der Gegner (§ 273 IV 1) von der Ladung der Partei zu benachrichtigen.

10 **6) Folgen des Nichterscheinens: a)** In erster Linie kommen **prozessuale Nachteile** in Betracht (nicht behobene Substantiierungsmängel, freie Würdigung ihres Verhaltens). Dasselbe gilt, wenn die Partei zwar erscheint, aber nicht aussagt.

11 **b)** Verhängung von **Ordnungsgeld** (gem Art 6 I EGStGB in Höhe von 5 bis 1 000 DM; keine Ordnungshaft, keine Kostenfolge u keine zwangsweise Vorführung, Köln NJW 72, 1999) nach gerichtl **Ermessen.** Hierbei ist zu beachten, daß Partei nicht zur Einlassung verpflichtet ist und Erzwingung bloßer Anwesenheit wenig Sinn macht, ferner daß nicht erschienene Partei sich idR nur selbst schadet (s Rn 10). Daher sollte von Ordnungsgeld nur zurückhaltend Gebrauch gemacht werden (Köln NJW-RR 92, 827; München MDR 78, 147; Frankfurt MDR 79, 587; 80, 234; Burger MDR 82, 91; Schmidt JR 81, 8; E. Schneider MDR 75, 185; abw München NJW-RR 92, 827; Köln NJW 78, 2515, hierzu abl Schneider NJW 79, 987), insbes wenn trotz Abwesenheit der Partei ein Vergleich zustande kommt oder der Rechtsstreit entscheidungsreif ist (Hamm OLGR 94, 154; Frankfurt MDR 86, 764; LAG Frankfurt NJW 65, 1042; abw München NJW-RR 92, 827, Bremen MDR 88, 417 u Düsseldorf MDR 63, 602). Die Mißachtung einer gerichtl Anordnung ist weder ausreichender Grund noch unbedingte Voraussetzung einer Sanktion; daher kann auch bei fahrl Ausbleiben Ordnungsgeld verhängt werden (Düsseldorf OLGR 94, 183). – **Unzulässig** Festsetzung eines Ordnungsgeldes, wenn die säumige Partei sich auf das Verfahren noch nicht eingelassen hatte (§ 273 Rn 9), wenn Anordnung nur der Vergleichsanbahnung diente (Köln VersR 95, 1465; Oldenburg OLGR 96, 11), wenn ein Vertreter für die Partei erscheint (s unten Rn 12), wenn die ausländische Partei im Ausland lebt (München NJW-RR 96, 59) oder wenn Fernbleiben entschuldigt (§ 381, zB wegen großer Entfernung, sonstiger dringender Geschäfte, Krankheit). Ein Verschulden ihres Anwalts hat die Partei hier nicht zu vertreten; § 85 II ist auf die Ahndung eines persönl Fehlverhaltens der Partei durch Ordnungsmaßnahmen nicht anwendbar (Schneider NJW 79, 987). Wurde der **ges Vertreter** geladen (Rn 8), kann Ordnungsgeld gegen ihn festgesetzt werden, denn er tritt (wie bei § 455 I) an die Stelle der Partei (StJ/Leipold Rn 33; aA KGR 96, 23).

11a **Rechtsmittel** gegen Festsetzung des Ordnungsgeldes: § 380 III (analog, KG JR 83, 156; OLGZ 69, 36), falls nicht wegen nachträgl Entschuldigung (§ 381 I S 2) abgeholfen wird. Für Beschwerde kein Anwaltszwang (§ 380 Rn 10; § 569 Rn 19, 22; § 78 III). Auch Nachprüfung der Ermessensausübung (MK/Peters Rn 29). Bei Erfolg keine Kostenentscheidung (Frankfurt Rpfleger 84, 106; aA StJ/Leipold Rn 38; Hamm OLGR 94, 154: Staatskasse; näher § 380 Rn 10). Keine weitere Beschwerde (§ 568 II).

12 **7) Entsendung eines Vertreters** iS von Abs III schließt Verhängung von Ordnungsgeld aus. Dies ist nur eine Person, die von der Partei ermächtigt und auch in der Lage ist, über die in der Ladung bezeichneten (oben Rn 6) informatorischen (also keine Beweiswirkung!) Fragen Auskunft zu geben. Die Sachkunde des Vertreters muß (anders als bei einem Zeugen) nicht notwendig auf eigenen unmittelbar erworbenen Wahrnehmungen beruhen (StJ/Leipold Rn 27; Düsseldorf MDR 63, 602); Information durch die Partei kann genügen. Daher kann Vertreter idS auch der ProzBev sein, wenn er für den Prozeß umfassende Informationen bereits erhalten hatte (Köln NJW 74, 1003; LAG Ffm NJW 65, 1042; einschr Düsseldorf MDR 63, 602). Der Vertreter muß ferner zur Abgabe proz gebotener Erklärungen (zB Anerkenntnis, Erledigterklärung) und zum Vergleichsabschluß bevollmächtigt sein. Widerrufsvorbehalt bei Vergleich ist unschädl (MK/Peters Rn 22; aA StJ/Leipold Rn 29; München NJW-RR 92, 827). Bleibt der Vertreter aus, kann er keine genügende Aufklärung geben, oder hat ihm die Partei nicht die erforderl Vollmachten erteilt, dann gilt die Partei als nicht erschienen. Dies gilt unabhängig davon, ob das Gericht mitgeteilt hatte, welche Ergänzungen oder Erläuterungen des schriftl Vorbringens es für notwendig erachtet (Frankfurt NJW 91, 2090 = MDR 91, 545; aA München MDR 78, 147). Weigert sich der Vertreter, eine Erklärung abzugeben: §§ 286, 296. Erscheint im Termin nur die Partei, nicht ihr ProzBev, so kann im AnwProzeß gegen sie VersUrteil ergehen.

13 **8) Nochmalige Ladung der Partei** nur zulässig u zur Wahrung des rechtl Gehörs geboten, wenn das Aufklärungsbedürfnis fortbesteht u die Partei ihr Fernbleiben wegen eines nur vorübergehenden Hindernisses (zB Krankheit, Reise usw) entschuldigt hatte.

14 **9) Reisekostenvorschuß** für die bedürftige Partei: § 122 Rn 27.

15 **10) Gebühren: a)** des **Gerichts:** Die Anordnung des persönl Erscheinens und die Festsetzung eines Ordnungsgelds sind durch die allgemeine Verfahrensgebühr abgegolten. – **b)** des **Anwalts:** Die Anhörung der Parteien dient grundsätzl der Sachverhaltsaufklärung und ist dann kein Beweismittel (KG JurBüro 95, 249; Einschränkung zu Rpfleger 85, 507); das gleiche gilt, wenn die Anhörung die gütl Beilegung des Rechtsstreits (§ 279) bezweckt. Wird jedoch die Parteiaussage in den Urteilsgründen als Beweis gewürdigt und verwertet, dann erwächst die Beweisgebühr, wenn sich die Anhörung auf Behauptungen bezog, die str und von fallentscheidender Bedeutung waren (LAG Düsseldorf JurBüro 91, 381); ebenso bei der Befragung des Streithelfers zur Aufklärung str Parteivortrags (Köln AnwBl 95, 150).

142 *[Anordnung der Vorlegung von Urkunden usw]*
(1) Das Gericht kann anordnen, daß eine Partei die in ihren Händen befindlichen Urkunden, auf die sie sich bezogen hat sowie Stammbäume, Pläne, Risse und sonstige Zeichnungen vorlege.

(2) Das Gericht kann anordnen, daß die vorgelegten Schriftstücke während einer von ihm zu bestimmenden Zeit auf der Geschäftsstelle verbleiben.

(3) Das Gericht kann anordnen, daß von den in fremder Sprache abgefaßten Urkunden eine Übersetzung beigebracht werde, die ein nach den Richtlinien der Landesjustizverwaltung hierzu ermächtigter Übersetzer angefertigt hat.

1) § 142 dient (wie § 139) der **Sachaufklärung**, geht aber insofern über diese Aufklärung des Sachvortrags der Parteien hinaus, als er – an die Grenzen des Verhandlungsgrundsatzes stoßend – eine Beweiserhebung durch Urkunden (§§ 415 ff) oder Augenschein (§ 371) einleitet, welche keine Partei beantragt hatte (vgl ähnlich § 144). Letzteres ist der Fall und löst die Beweisgebühr (§ 34 II BRAGO) aus, wenn durch die vorgelegten Urkunden usw ein streitiger und entscheidungserhebl Sachverhalt zu klären ist. Voraussetzung einer solchen über die schlichte Information des Gerichts hinausgehenden **Beweiserhebung vAw** ist aber, daß sie ihre Grundlage im streitigen Sachvortrag der Parteien behalten muß und nicht in die Ausforschung (vgl Rn 5 vor § 284) eines weitergehenden, also anderen Sachverhalts ausufern darf (StJ/Leipold Rn 1; Prütting NJW 80, 361/363). Im Sinne dieser Einschränkung ist die Voraussetzung einer (nicht notwendig ausdrückl) „Bezugnahme“ der Parteien in Abs I zu verstehen. – Die Anordnung gemäß § 142 kann (und sollte) durch Verfügung des Vorsitzenden gemäß § 273 II 1 (s dort Rn 5 ff) vorbereitet werden. Sondervorschrift für Handelssachen §§ 45, 47, 102 HGB. Zeichnungen (wohl auch Fotos), Pläne, Risse und Stammbäume sind auf Anordnung, soweit noch nicht vorhanden, anzufertigen. 1

2) **Vorlegungspflichtig:** Partei oder Streithelfer; der Gegner der darlegungspflichtigen Partei nur unter den Voraussetzungen der §§ 422, 423 (StJ/Leipold Rn 3). **Anordnung** durch nicht anfechtbaren Beschluß oder Verfügung gem § 273. **Nichtbefolgung:** ist nicht erzwingbar, gem § 286 frei zu würdigen (vgl § 286 Rn 14). 2

3) **Niederlegung** bei der **Geschäftsstelle,** bei der die betr ProzAkten aufbewahrt werden. Die Schriftstücke werden nicht Bestandteile der Akten (vgl § 134 Rn 2). Nach Erledigung einer Sache ist vAw zu prüfen, ob von den Beteiligten zu den Akten gegebene Gegenstände, inbes Urkunden zurückzugeben sind. Wegen der Rückgabe ist die Entscheidung des Sachbearbeiters einzuholen. Urkunden, die zu einem durch Urteil erledigten bürgerlichen Rechtsstreit eingereicht sind, darf die GeschSt zurückgeben, jedoch erst, wenn die Rechtskraft des Urteils aktenkundig ist oder wenn binnen sechs Monaten seit der Verkündung des Urteils ein Rechtsmittel nicht eingelegt ist und wenn keine besonderen Bedenken gegen die Rückgabe bestehen (vgl § 443). Die Rückgabe darf nur gegen Empfangsbescheinigung erfolgen, sofern der Nachweis der Aushändigung nicht auf andere Weise gesichert ist (zB bei Einschreibsendungen); Haftung des Staates bei Verlust: RG 51, 219. 3

4) Das Gericht darf, wenn es selbst die **Fremdsprache** versteht, ohne Rücksicht auf den Gegner von Anordnung einer Übersetzung absehen, RG 162, 287; in diesem Fall darf (muß nicht § 184 GVG) Gegner sich Übersetzung besorgen und Kosten hierfür gem § 91 geltend machen (LG Freiburg NJW 61, 736). Nichtvorlage einer angeordneten Übersetzung hat Nichtbeachtung der fremdsprachl Urkunde zur Folge (§ 184 GVG). Zulässig aber die Einholung einer Übersetzung vAw: § 144, so insbes, wenn die Auslegung der ausländ Urkunde sonst zweifelhaft bliebe (BGH NJW 87, 591). Zur Frage, ob nach Einholung einer Übersetzung die fremdsprachliche Urschrift bereits fristwahrend wirkt vgl § 233 Rn 23 zu „Ausländer“; § 184 GVG Rn 3; E. Schneider MDR 79, 534 (bejahend). 4

5) **Gebühren: a)** des **Gerichts:** Keine. – **b)** des **Anwalts:** § 34 I BRAGO; keine Beweisgebühr, auch wenn sich die Partei die Urkunde erst noch beschaffen muß (München JurBüro 94, 221 = KoRsp BRAGO § 34 Nr 92 m zust Anm Herget). Auf den Aufwand des ProzBev kommt es für die Frage der Gebührenentstehung nicht an (Köln JurBüro 92, 236). 5

143 *[Anordnung der Vorlegung von Akten]*
(1) Das Gericht kann anordnen, daß die Parteien die in ihrem Besitz befindlichen Akten vorlegen, soweit diese aus Schriftstücken bestehen, welche die Verhandlung und Entscheidung der Sache betreffen.

Akten iS § 143 sind (anders als Beweisurkunden iS § 142) nur Schriftstücke, welche selbst Gegenstand der „Verhandlung und Entscheidung der Sache“ wurden oder werden sollten, also Urkunden, welche Inhalt der Gerichtsakten sein sollten, jedoch dort (evtl durch Verlust) fehlen. § 143 will nur die Wiederherstellung der vollständigen Gerichtsakten durch Anforderung von 1

Duplikaten von den Parteien ermöglichen. Daher erstreckt sich diese Vorlagepflicht der Parteien nicht auch auf den sonstigen Inhalt von deren Handakten, insbesondere nicht auf das zwischen den Parteien und ihren Anwälten ausgetauschte Informationsmaterial. – Zur Beiziehung von Behördenakten § 273 Rn 7.

144 *[Augenschein; Sachverständige]*
(1) Das Gericht kann die Einnahme des Augenscheins sowie die Begutachtung durch Sachverständige anordnen.

(2) Das Verfahren richtet sich nach den Vorschriften, die eine auf Antrag angeordnete Einnahme des Augenscheins oder Begutachtung durch Sachverständige zum Gegenstand haben.

1 1) § 144 ist **Durchbrechung des Beibringungsgrundsatzes** (s Rn 2 vor § 284), dient (anders als § 141) nicht nur der Aufklärung, sondern auch der Beweiserhebung über streitigen Sachverhalt. Das Gericht kann also (zum Ermessen Rn 2) Beweis durch Augenschein (§§ 371 ff) oder Begutachtung (§§ 402 ff) auch ohne Parteiantrag erheben, wird allerdings der Parteiherrschaft insoweit Rechnung zu tragen haben, als es vorab gem § 139 klärt, ob (ggfs warum nicht) der Beweisbelastete die Initiative ergreift. Erfolgt Anordnung vAw, so steht die Anordnung eines Auslagenvorschusses der beweisbelasteten Partei im Ermessen des Gerichts (§§ 3, 68 III GKG, §§ 379, 402 ZPO; BGH FamRZ 69, 477; RG 109, 66; 155, 39). Jedoch sollte Beweiserhebung vAw nicht allein deshalb angeordnet werden, weil eine Partei den ihr für ihren Beweisantritt auferlegten Auslagenvorschuß (§ 379) nicht eingezahlt hat (Düsseldorf MDR 74, 321); anders nur, wenn der Beweisführer sein Unvermögen (nicht notwendig hierfür Bedürftigkeit iS § 114) darlegt oder das vAw einzuholende Gutachten auch im Interesse der anderen Partei für eine sachgerechte Entscheidung unentbehrl erscheint (BGH MDR 76, 396).

2 2) Die **Anordnung** (durch Beschluß nach § 358 oder § 358a; vorbereitend auch nach § 273 II Nr 1, 4) steht im Ermessen des Gerichts (BGHZ 66, 63/68), ihre Unterlassung kann aber in Grenzfällen (zB Unerläßlichkeit persönl Eindrucks durch Augenschein) verfahrensfehlerhaft sein (BGH NJW 92, 2019). Untunl ist sie, wo ein entspr Beweisantrag (zB als Ausforschungsbeweis) zurückzuweisen wäre, BGH 5, 307. Verfahren: §§ 371 ff, 402 ff, 357, 285.

3 3) **Gebühren: a)** des **Gerichts:** Keine. – **b) des Anwalts:** s § 371 Rn 8; vgl auch § 359 Rn 8.

145 *[Richterliche Trennungsbefugnis. Aufrechnung]*
(1) Das Gericht kann anordnen, daß mehrere in einer Klage erhobene Ansprüche in getrennten Prozessen verhandelt werden.

(2) Das gleiche gilt, wenn der Beklagte eine Widerklage erhoben hat und der Gegenanspruch mit dem in der Klage geltend gemachten Anspruch nicht in rechtlichem Zusammenhang steht.

(3) Macht der Beklagte die Aufrechnung einer Gegenforderung geltend, die mit der in der Klage geltend gemachten Forderung nicht in rechtlichem Zusammenhang steht, so kann das Gericht anordnen, daß über die Klage und über die Aufrechnung getrennt verhandelt werde; die Vorschriften des § 302 sind anzuwenden.

I) Die Trennung mehrerer Klageansprüche (Abs I)

1 1) **Zweck** der Trennung ist die Ordnung des Prozeßstoffes, die Förderung der Übersichtlichkeit und die Verhütung der Prozeßverschleppung; also Maßnahme der sachl Prozeßleitung (§ 136 Rn 1) und als solche in das pflichtgebundene **Ermessen** des Gerichts gestellt. Ist ein sachl Grund für die Trennung nicht ersichtl u bringt sie der Partei nur Nachteile (Erhöhung der Kostenlast, Verlust der Rechtsmittelfähigkeit), so liegt Ermessensfehler vor (BGH NJW 95, 3120).

2 2) **Voraussetzung** der Trennung ist das Vorliegen mehrerer in einer Klage erhobener Ansprüche, also eine Mehrheit von Streitgegenständen infolge objektiver (§ 260) oder subjektiver (§§ 59, 60) Klagenhäufung. Wegen des Begriffs „Streitgegenstand" vgl Einl Rn 60 ff. Unmöglich ist daher die Abtrennung hinsichtl verschiedener anspruchsbegründender Tatsachen oder der verschiedenen rechtl Begründungen eines einheitl Prozeßanspruches (BGH NJW 61, 72; Mühl NJW 54, 1667). **Beispiel:** Zulässig die Trennung der streitgegenständl verschiedenen Schadensersatzansprüche für Schmerzensgeld, Arztkosten, Verdienstausfall trotz ziffernmäßiger Zusammenfassung im Klageantrag (RG 170, 37; BGH 30, 18; NJW 55, 1675). Unzulässig die Trennung des gleichzeitig auf Vertrag, Delikt und ges Haftpflicht gestützten einheitl Anspruchs, der lediglich rechtl verschieden begründet ist.

Das Gericht muß trennen, wo eine Anspruchsverbindung (§ 260) unzulässig wäre, vgl §§ 578 II, 610 II, 633, 638, 640, oder wo verschiedene Ansprüche in ungleicher Prozeßart verbunden sind, zB Urkundenprozeß gegen Bekl 1 und ordentl Verf gegen Bekl 2. 3

Das Gericht darf nicht trennen, soweit notwendige Streitgenossenschaft besteht (§ 62), soweit mehrere Ansprüche in einem Eventualverhältnis stehen (§ 260 Rn 4) und wo Verweisung beantragt ist (§§ 281, 605), wenn dieser Antrag den gesamten Prozeß erfaßt; im Urkundenprozeß (arg § 595 III); wo eine Verbindung im Gesetz vorgeschrieben: § 517, §§ 246 III, 249 II, 275 IV AktG, §§ 51 III, 112 I GenG; wo der eine oder andere Teil des Verf zur Entscheidung reif (§ 300) und hierüber Teilurteil (§ 301) möglich ist (BGH NJW 57, 183). – In **Familiensachen** (§ 621) verbietet § 623 (dort Rn 34) die Trennung, soweit der Prozeßverbund besteht; eine Sonderregelung der Trennung in diesem Fall enthält § 628 (s Anm dort sowie Oldenburg NJW 79, 989). In Unterhaltssachen ist Trennung gem § 145 zulässig u auch geboten, wenn dadurch ein unzulässiger Prozeßverbund aufgelöst wird, so zB bei unzulässiger Verbindung der Unterhaltsansprüche des volljährigen Kindes (vgl § 1629 III BGB, § 623 Rn 34) mit dem Ehescheidungsverfahren. Zur notw Trennung von Familiensachen u Nicht-Familiensachen im Beschw-Verfahren BGH NJW 79, 659. 4

Rechtl Zusammenhang (zB samtverbindl Haftung) verbietet im Fall Abs I (anders Abs II) die Trennung nicht, läßt sie idR aber untunlich erscheinen. 5

3) Verfahren: Die Trennung erfolgt auf Antrag oder vAw durch nicht selbst anfechtbaren Beschluß. Ihre Anordnung (nicht auch ihre Ablehnung) kann die Parteien durch Kostennachteile, Verfahrensverzögerung und auch durch Auswirkung auf die Rechtsmittelsumme (unten Rn 7 aE) beschweren; sie setzt daher grds (Ausnahme bei übereinstimmendem schriftl Antrag der Parteien) mündl Verhandlung hierüber voraus (BGH NJW 57, 183; StJ/Leipold Rn 16), soweit nicht schriftl (§ 128 II und III) oder nach Aktenlage (§§ 251a, 331a) entschieden werden kann. Die Trennung kann wieder aufgehoben werden, § 150. 6

4) Ein **Rechtsmittel** gegen die vAw angeordnete (Anträge der Parteien sind nur Anregungen zur Ausübung richterl Ermessens) oder abgelehnte Trennung sieht das Gesetz nicht vor (München NJW 84, 2227 = MDR 84, 946; vgl § 567 Rn 35; Schneider MDR 74, 7/9); jedoch kann auf verfahrensfehlerhaften Gebrauch des § 145 das Rechtsmittel gegen das Urteil gestützt werden (§§ 512, 548; BGH NJW 95, 3120). 6a

5) Wirkung: Obwohl das Gesetz nur von getrennter Verh spricht, bewirkt die Trennung das Entstehen eines (mehrerer) neuen, gesondert durch End- (nicht Teil-) Urteil zu entscheidenden Prozesses. Erhalten bleibt für beide Prozesse lediglich die frühere (gemeinsame) Rechtshängigkeit und das bisherige Prozeßergebnis (zB Beweisaufnahme, Vornahme von Prozeßhandlungen). Es sind neue Akten anzulegen (Kopien). Die einmal gegebene Zuständigkeit des Gerichts bleibt (vgl § 5) erhalten; jedoch kann die *zulässige* Trennung bewirken, daß die früher erreichte Rechtsmittelsumme entfällt und damit ein Rechtsmittel unzulässig wird (RG 6, 417). Dagegen hat die *unzulässige* Trennung keine Auswirkung auf die Rechtsmittelfähigkeit des Urteils (BGH NJW 95, 3120; 57, 183; Köln VersR 72, 285; StJ/Leipold Rn 8). Wegen der Gebührenanrechnung s unten Rn 28. 7

II) Die Trennung von Klage und Widerklage (Abs II)

Rechtl Zusammenhang liegt vor, wenn Anspruch u Gegenanspruch im wesentl auf einem gemeinsamen Rechtsverhältnis beruhen oder im Bedingungsverhältnis zueinander stehen; dabei ist nicht nötig völlige Identität des unmittelbaren Rechtsgrundes oder, daß die Ansprüche im Verhältnis von Leistung und Gegenleistung zueinander stehen, BGH 53, 168; s auch § 33. Rechtl Zusammenhang iS § 33 und damit Unzulässigkeit der Abtrennung ist immer gegeben bei der Zwischenfeststellungs-Widerklage des § 256 II und bei der nur eventuell (für den Fall der Begründetheit der Klage) erhobenen Widerklage (BGH 21, 13; NJW 65, 440). 8

Aus § 145 II ergibt sich im übr, daß der rechtl Zusammenhang nicht Zulässigkeitsvoraussetzung einer Widerklage ist (sonst dürfte eine zulässige Widerklage niemals abgetrennt werden und wäre Abs II überflüssig) und § 33 nur eine Zuständigkeitsnorm ist (insoweit abzulehnen daher BGH 40, 187, der den rechtl Zusammenhang als Zulässigkeitsvoraussetzung der Widerklage ansieht), vgl § 33 Rn 1. 9

Folge der Trennung: Widerkläger wird Kläger im abgetrennten Verf. Gesonderte Verh und Entscheidung. 10

III) Die Aufrechnung im Prozeß (Abs III)

1) Rechtsnatur: Die **Aufrechnung ist bürgerl rechtl Willenserklärung** (§§ 387 ff BGB; hiervon unterscheide die Einwendung von Umständen, welche die Höhe der Klageforderung iS einer „Anrechnung“ oder „Abrechnung“ ipso iure beeinflussen, wie in den Fällen der Vorteilsausgleichung, der Schadensermittlung nach der Differenztheorie, der Saldotheorie im Bereicherungsrecht, vgl BGH MDR 78, 483; 86, 131; NJW 62, 1909; 78, 814/816; München MDR 87, 670) und 11 besteht in der Verrechnung eines selbständigen Anspruchs des Schuldners gegen den Anspruch des Gläubigers. Sie ist zu unterscheiden von der **Geltendmachung der Aufrechnung** im Prozeß. Hierbei kann es sich zum einen um die Berufung auf eine bereits **vorprozessual erklärte Aufrechnung** handeln; diese ist wie sonstiges Verteidigungsvorbringen (Erfüllungseinwand) zu behandeln. Der Bekl kann aber auch eine **Prozeßaufrechnung** erklären, mit der er im laufenden Rechtsstreit die Klageforderung zum Erlöschen bringt, und zwar entweder **primär**, dh ohne die Klageforderung als solche zu bestreiten, oder **eventualiter** (hilfsweise) für den Fall, daß sein Bestreiten der Klageforderung ohne Erfolg bleibt (näher hierzu Rn 17). Die Prozeßaufrechnung ist zugleich materiellrechtl Willenserklärung gegenüber dem Gegner (zum Wirksamwerden bei Erklärung in vorbereitendem Schriftsatz § 129 Rn 6) und (gegenüber dem Gericht vorzunehmende) **Prozeßhandlung** (vor § 128 Rn 14). Während zur Aufrechnung nur der Schuldner legitimiert ist, kann die Geltendmachung der (bereits erklärten) Aufrechnung auch durch Dritte (Streithelfer, Bürge) erfolgen. Die im Anwaltsprozeß von der Partei (mündl gem § 137 IV, 141, 445, 448) oder schriftl erklärte Aufrechnung wird im Prozeß erst beachtl durch ihre dem Anwaltszwang unterliegende Geltendmachung. Diese ist von der Prozeßvollmacht gedeckt (§ 81 Rn 10). Materiellrechtl kann Aufrechnungserklärung auch in konkludentem Handeln (zB Leistungsverweigerung gegenüber gleichartiger Schuld) liegen (BGHZ 37, 233/244); als Prozeßhandlung muß sie hingegen ausdrückl erklärt werden (vor § 128 Rn 19; letzteres übersieht BVerfG NJW-RR 93, 764/5). Bedenken bestehen auch dagegen, in der unsubstantiierten Berufung auf eine vorprozessuale Aufrechnung eine konkludente Prozeßaufrechnung zu erblicken (so BGH VersR 94, 1444 = MDR 94, 1144). Hat der Bekl dagegen vorsorgl für den Fall, daß die behauptete vorprozessuale Aufrechnung nicht durchgreift, „nochmals" im Prozeß aufgerechnet, so muß sich das Gericht nach erfolgloser Prüfung der ersteren mit der Prozeßaufrechnung befassen. Zur Aufrechnung einer noch nicht fälligen Forderung s § 257 Rn 7. Zur Notwendigkeit eines Aufrechnungsvorbehalts des Beklagten gegen eine Feststellungsklage bzgl künftiger Ansprüche des Klägers verneinend BGH MDR 88, 667.

12 2) **Parteirolle:** Eine Prozeßaufrechnung kann grds nur der **Beklagte** erklären, der **Kläger** ausnahmsweise dann, wenn er sich aufgrund besonderer Fallgestaltung hinsichtl der streitgegenständl Forderung in der Schuldnerrolle befindet (so bei negativer Feststellungsklage, Vollstreckungsabwehrklage; vgl § 322 Rn 24). Rechnet er mit der streitbefangenen Forderung gegen eine anderweitige Forderung des Bekl auf, so handelt es sich nicht um eine Prozeßaufrechnung iSv §§ 145 III, 322 II: der Kl führt hier selbst die Abweisung seiner Klage als unbegründet herbei (BGH NJW 92, 982). Im übrigen kann der Kl der Aufrechnung des Bekl den Einwand entgegensetzen, er habe die Forderung des Bekl bereits selbst durch eine **frühere Aufrechnung** mit einer anderen als der streitigen Forderung gem § 389 BGB zum Erlöschen gebracht. In diesem Fall hat das Gericht die Tatsache und den Erfolg der früheren Aufrechnung des Kl zu prüfen, wenn es (bei sonst begründetem Klageanspruch) auf die Begründetheit der Aufrechnung des Bekl ankommt. Dagegen kann der Kl wegen der Rückwirkung der Aufrechnung (§ 389 BGB) dem Aufrechnungseinwand des Bekl nicht dadurch begegnen, daß er (nach dem Bekl) seinerseits aufrechnet; hier müßte der Kl seine Klage erweitern, um eine Entscheidung über seine weitere Forderung zu erhalten. Entgegen Braun ZZP 89, 93 kann der Kl einer früher erklärten Aufrechnung des Bekl nicht allein deshalb mit einer (späteren) Gegen-Aufrechnung begegnen, weil der Bekl nur hilfsweise aufgerechnet hatte, denn auch die Hilfsaufrechnung des Bekl ist materiell unbedingt wirksam. – Bei einer **Teilklage** muß der Kläger die Aufrechnung des Beklagten gegen die Klageforderung hinnehmen, wenn er es versäumt hat, vorher mit dem nicht eingeklagten Teil seiner Forderung gegen den Anspruch des Beklagten aufzurechnen (BGH VersR 94, 1444 = MDR 94, 1144).

13 3) Die **Eventualaufrechnung** (die der Bekl nur hilfsweise für den Fall erklärt, daß das Gericht die von ihm bestrittene Klageforderung für begründet erachtet) ist ungeachtet des Bedingungsverbots in § 388 S 2 BGB und der Bedingungsfeindlichkeit von Prozeßhandlungen (vor § 128 Rn 20) zulässig, denn das Bestehen der Klageforderung ist kein künftiges ungewisses Ereignis (näher RSchwab/Gottwald § 105 II 2; MK/Peters Rn 21 ff). Das Gericht darf bei der Eventualaufrechnung den Bestand der Klageforderung nicht dahinstehen lassen und – etwa weil der Bestand der Aufrechnungsforderung unstreitig oder erwiesen ist – die Klage ohne weitere Prüfung als (jedenfalls) unbegründet abweisen, weil dann unklar bliebe, ob die Forderung des Bekl verbraucht ist (vgl § 322 Rn 19; BGH NJW 61, 1862 = MDR 61, 932; RGZ 132, 305; 167, 258 „Beweiserhebungstheorie"). Erachtet es die Klage bereits aus anderen Gründen als unbegründet, ergeht über die Aufrechnungsforderung keine Entscheidung. Zu den Auswirkungen auf Beschwer, Streitwert u Kostenentscheidung s Rn 26 ff, zur gestaffelten Hilfsaufrechnung Rn 16b, zum Gegenstand von Rechtsmittelverfahren § 536 Rn 5.

14 4) **Unzulässigkeit:** Die Aufrechnung bleibt unbeachtet, wenn die Parteien vertragl vereinbart hatten, sie im Prozeß nicht geltend zu machen (BGH 38, 254/258; BGH NJW 84, 358; 85, 550) oder wenn das materielle Recht die Aufrechnung verbietet (§§ 390, 391 II, 392–395 BGB); die Zurück-

weisung der Aufrechnung erfolgt dann in der Urteilsbegründung, nicht im Tenor des Urteils. Bei unzulässiger Aufrechnung haben Darlegungen im Urteil über die Begründetheit der „aufgerechneten" Forderung des Bekl zu unterbleiben; erfolgen sie dennoch, so nehmen sie an der Rechtskraftwirkung gemäß § 322 II (dort Rn 18) nicht teil (BGH NJW 84, 128 = MDR 83, 1018). Bestreitet der Kläger die Aufrechnung des Bekl als unzulässig, hilfsweise als unbegründet, so darf das Gericht über die Begründetheit der Aufrechnungsforderung nur und erst dann befinden, wenn es die Zulässigkeit der Aufrechnung geprüft und bejaht hat (keine Alternativbegründung im Urteil! BGH NJW 61, 1862; RGZ 132, 305). Zur Unzulässigkeit wegen fehlender Individualisierung der Aufrechnungsforderung s Rn 16a, zur zulässigen Hilfswiderklage bei Streit über die Zulässigkeit der Aufrechnung BGH NJW 61, 1862.

5) **Präklusion:** Als Verteidigungsmittel iSv §§ 282, 296 kann der Anfechtungseinwand ggf **als verspätet zurückgewiesen** werden (BGH NJW 84, 1964 = MDR 84, 837; 91, 227; StJ/Leipold Rn 54; Knöringer NJW 77, 2339); im Berufungsrechtszug Zurückweisung (vorrangig, BGH MDR 87, 1019) auch bei fehlender Sachdienlichkeit (§ 530 II). In diesen Fällen wird die Gegenforderung nicht mit der Rechtskraftwirkung des § 322 II aberkannt, weil über sie keine Entscheidung ergeht (Frankfurt MDR 84, 239; anders für den Fall des § 528 BGH MDR 87, 1019; zur Zurückweisung tatsächl Vorbringens zur Begründung der Aufrechnungsforderung s Rn 16). Allerdings bleibt die erklärte, nur aus prozeßrechtl Gründen zurückgewiesene Aufrechnung materiellrechtl wirksam, dh wegen der Erlöschenswirkung des § 389 BGB kann der Bekl seine im Prozeß erfolglos zur Aufrechnung gestellte Gegenforderung an sich nicht mehr anderweitig geltend machen. Zur Vermeidung dieses für den Bekl unbillig harten Ergebnisses kann bei der Prozeßaufrechnung in entspr Anwendung des Rechtsgedankens von § 139 BGB die Unwirksamkeit der prozessualen Geltendmachung auf die materiellrechtl Komponente erstreckt werden mit der Folge, daß die Aufrechnung als nicht erklärt zu betrachten ist (RSchwab/Gottwald § 105 III 2; Schwab, FS Nipperdey I S 939 ff; StJ/Leipold Rn 56 kommt zum selben Ergebnis über die Annahme einer innerprozessualen Bedingung). Die Präklusion der Berufung auf eine **außerprozessual** erklärte Aufrechnung führt allerdings, wie auch sonst bei verspätetem Erfüllungseinwand, zum endgültigen Rechtsverlust (aA MK/Peters Rn 27 f, der ohne überzeugende Begründung annimmt, die Aufrechnung sei als ungeschehen zu behandeln, weil das Urteil sich über sie hinwegsetze). 15

6) Bei **unschlüssiger oder unsubstantiierter Darlegung** der Aufrechnungsforderung ist der Aufrechnungseinwand zwar wirksam erhoben, geht aber, wenn der Mangel trotz Hinweises nach § 139 nicht behoben wird, ins Leere. So wie eine unschlüssige Klage als unbegründet abgewiesen wird (vor § 253 Rn 22), ist bei der unschlüssigen Prozeßaufrechnung vom Nichtbestehen der Gegenforderung auszugehen. Ebenso verhält es sich, wenn Vorbringen zur Rechtfertigung der Aufrechnungsforderung gem § 296 als verspätet zurückgewiesen wird (anders bei Zurückweisung des Aufrechnungseinwandes selbst, vgl Rn 15). Die Gegenforderung wird dann (bis zur Höhe der Klageforderung) gem § 322 II rechtskraftfähig aberkannt (BGH 33, 242; NJW-RR 91, 971/2; Frankfurt MDR 84, 239; Knöringer NJW 77, 2339; die dort in Fn 35 zur Vermeidung dieses Ergebnisses empfohlene Rücknahme der Prozeßhandlung ist allerdings nicht möglich). Näher zur Rechtskraftwirkung § 322 Rn 18 f. 16

Läßt die Aufrechnungserklärung hingegen wegen fehlender Individualisierung der Aufrechnungsforderung ihren Gegenstand nicht erkennen, so ist die Prozeßaufrechnung wie eine entspr mangelhafte Klage (vgl vor § 253 Rn 24) unzulässig. Über sie ergeht keine Sachentscheidung; eine rechtskraftfähige Aberkennung tritt nicht ein (BGHR § 322 II Aufrechnung 1; VersR 94, 1003). Hinsichtl der materiellrechtl Auswirkungen gilt Rn 15 entspr. 16a

Rechnet der Bekl, wie in der Praxis nicht selten, im Prozeß mit **mehreren Gegenforderungen** oder gegen mehrere Klageforderungen auf (oder beides), ohne zu erklären, welche Forderungen gegeneinander aufgerechnet werden sollen, so handelt es sich nicht um einen Substantiierungsmangel, es gelten vielmehr §§ 396 I 2, 366 II BGB (s hierzu Schneider MDR 88, 929). Führt er dagegen eine bereits außerprozessual erklärte Aufrechnung ein, muß das Gericht zunächst aufklären (§ 139), ob eine Verrechnungsbestimmung nach § 396 I 1 BGB getroffen wurde. – Mehrere nicht verselbständigte **Teilbeträge derselben Forderung** können nicht in einem Eventualverhältnis zueinander zum Gegenstand von Hilfsaufrechnungen gemacht werden (BGH NJW-RR 95, 508 = MDR 95, 407). – Zur Streitwertberechnung bei gestaffelter Hilfsaufrechnung mit mehreren Forderungen s § 3 Rn 16 „Aufrechnung". 16b

7) Zur **Rechtskraftwirkung** der Entscheidung über die Aufrechnung s § 322 Rn 15 ff. **Zum Gegenstand des Berufungsverfahrens** bei Klageabweisung infolge Hilfsaufrechnung § 536 Rn 5. 17

8) Die Geltendmachung der Aufrechnung begründet **keine Rechtshängigkeit** der Gegenforderung (BGH 57, 242 = NJW 72, 450; StJ/Leipold Rn 42; RSchwab/Gottwald § 105 IV 2; aA R-Schwab [14. Aufl] § 106 IV 2; Bettermann ZZP 85, 486; BGH MDR 95, 349 spricht unklar von Anhängigkeit, ihr steht auch die anderweitige Rechtshängigkeit der Gegenforderung nicht entgegen (BGH NJW 77, 1687; NJW-RR 94, 379; aA Schmidt ZZP 87, 29). Daher ist es auch zulässig, die 18

Aufrechnung geltend zu machen und gleichzeitig die Gegenforderung (für den Fall ihres Nichtverbrauches) zum Gegenstand einer Eventual-Widerklage zu machen (BGH NJW 61, 1862). Nach § 322 II wird zwar über die Aufrechnungsforderung uU mit Rechtskraftwirkung entschieden; dies gebietet aber nicht die Annahme einer Rechtshängigkeit, sondern ist Ausnahme von der Regel, daß sich beide decken. Gründe: Die Geltendmachung der Aufrechnung ist keine Klage iSd § 261 I, sondern reines Verteidigungsmittel (Berufung auf das Erlöschen der Klageforderung nach § 389 BGB). Sie begründet keinen weiteren Streitgegenstand. Die an die Rechtshängigkeit anknüpfenden Vorschriften des proz und mat Rechts passen für die Aufrechnung nicht (die Verjährungsunterbrechung ist in § 209 II Nr 3 BGB besonders geregelt). Es wäre auch unbillig, dem Bekl das (eine Zwangsvollstreckung ersparende und bei Konkurs des Gegners besonders vorteilhafte) Mittel der Aufrechnung zu versagen, nur weil er die Forderung auch schon eingeklagt hat.

18a Allerdings begründet § 322 II die Gefahr, daß über dieselbe Forderung zwei (möglicherweise divergierende) rechtskräftige Entscheidungen ergehen. Dem ist wie folgt zu begegnen: Wird mit einer bereits eingeklagten Forderung hilfsweise aufgerechnet, so ist wegen der Ungewißheit über das Erlöschen der Forderung die Aussetzung des ursprüngl Rechtsstreits nach § 148 angezeigt, bis über den Aufrechnungseinwand entschieden ist (StJ/Leipold Rn 43; für Aussetzung des Prozesses, in dem aufgerechnet wurde, Dresden NJW 94, 139 = MDR 93, 1012; Lindacher JZ 72, 429; zum Urkundenprozeß s § 593 Rn 5). Wird hingegen eine Forderung eingeklagt, die der Kl bereits in einem gegen sich anhängigen Rechtsstreit hilfsweise zur Aufrechnung gestellt hat, so ist diese Klage wegen fehlenden Rechtsschutzbedürfnisses (Rn 18 vor § 253) unzulässig, denn der Kl erhält durch die Aufrechnung mehr als ihm der eigene Prozeß verschaffen könnte, nämlich sofortige Befriedigung. Da das Rechtsschutzbedürfnis noch entstehen kann (wenn nämlich die Hilfsaufrechnung im Vorprozeß nicht zum Tragen kommt), empfiehlt sich auch hier eine Aussetzung des Rechtsstreits, da eine Prozeßabweisung den Kl ggf zu einer Neuanstrengung der Klage zwingen würde. – Bei der Primäraufrechnung stellen sich diese Fragen nicht; hier kommt, da sie mit dem Verlust der eigenen Forderung einhergeht, für die darauf gerichtete Klage ohnehin nur noch Abweisung als unbegründet oder Erledigterklärung in Betracht (vgl hierzu § 91a Rn 58 „Aufrechnung").

19 9) **Zuständigkeit, Rechtsweg:** Über die Aufrechnungsforderung kann auch dann entschieden werden, wenn für ihre klageweise Geltendmachung die **sachliche Zuständigkeit** (selbst die ausschließl) eines anderen Gerichts gegeben wäre (RG 77, 412; 155, 246; BGH MDR 89, 238/239; NJW 64, 863; Schreiber ZZP 90, 405). So entschied die Rspr auch zum (früheren) Verhältnis zwischen ordentl und Arbeitsgericht (BAG NJW 61, 1885 u 66, 1772; BGHZ 26, 305; zur Rechtslage seit Umgestaltung der Arbeitsgerichtsbarkeit zu eigenem Rechtsweg s Rn 19a), zum Landwirtschaftsgericht (BGHZ 40, 338) und zum Familiengericht (München FamRZ 85, 84). – Auch die fehlende **örtliche Zuständigkeit** des Gerichts für die Entscheidung über die Gegenforderung steht (selbst bei ausschließl örtl Zuständigkeit) der Zulässigkeit der Aufrechnung im Prozeß nicht entgegen (StJ/Leipold Rn 32). – Bei fehlender **internationaler Zuständigkeit** des Gerichts für die Gegenforderung kann es über diese aber nicht entscheiden (BGH 60, 85; NJW 93, 2753 = ZZP 107, 211 m Anm Leipold; dort auch zur internationalen Zuständigkeit bei Konnexität der Forderungen sowie bei rügeloser Einlassung; zum EuGVÜ ebenso EuGH NJW 96, 42). Die Aufrechnung bleibt in diesem Fall unberücksichtigt; der Bekl kann seine Forderung vor dem international zuständigen Gericht weiterverfolgen (BGH NJW 93, 2753/5).

19a Die **Unzulässigkeit des Rechtsweges** hindert nach Sinn und Zweck der Rechtswegaufteilung (Sachnähe, Fachkompetenz und teilweise unterschiedl Verfahrensordnungen) eine Prüfung und Entscheidung der Gegenforderung (BGH 16, 124; BSG NJW 63, 1844; BVerwG NJW 87, 2530; MK/Peters Rn 34). Die (vor- oder innerprozessuale) Aufrechnung mit einer rechtswegfremden Forderung kann daher nur berücksichtigt werden, wenn diese rechtskräftig festgestellt oder unbestritten ist (BVerwG NJW 87, 2530). Hieran hat die Neufassung des § 17 II GVG (vgl Rn 1 vor §§ 17–17b GVG) nichts geändert (BVerwG NJW 93, 2255; VGH Kassel NJW 94, 1488; StJ/Leipold Rn 33; Rupp NJW 92, 3274; G. Lüke FS Kissel S 717 ff und Leipold ZZP 107, 219 f [die nur für das Verhältnis zwischen ordentl und Arbeitsgerichtsbarkeit eine im Hinblick auf die frühere Rechtslage – Rn 19 – und die Regelung in § 2 III ArbGG jedenfalls für die Aufrechnung vor dem ArbG vertretbar erscheinende Ausnahme zulassen wollen]; vgl auch § 17 GVG Rn 10; Musielak JuS 94, 823; aA VGH Kassel NJW 95, 1107; Schenke/Ruthig NJW 92, 2505 ff u 93, 1374; Vollkommer unten § 302 Rn 11 u FS Kissel S 1201 ff; Hager FS Kissel 344 ff; Schwab FS Zeuner 503 f). Die dort begründete Zusammenhangskompetenz für rechtswegfremde „rechtl Gesichtspunkte" kann auf die Entscheidung über eine rechtswegfremde Aufrechnungsforderung nicht übertragen werden, denn hier geht es anders als dort nicht nur um eine andere Rechtsgrundlage für denselben prozessualen Anspruch, sondern um eine der materiellen Rechtskraft fähige Entscheidung über einen ganz anderen Anspruch (§ 322 II), der zu dem fremden Rechtsweg nur über die Aufrechnungserklärung, also einen Parteiakt, in Verbindung gebracht wird. Eine Anwendung des § 17 II GVG auf diesen Fall würde bedeuten, daß die Entscheidung über eine Forderung dem gesetzl vorgeschriebenen Rechtsweg allein durch Parteihandeln entzogen werden könnte. Daß der Gesetzgeber dies zulassen wollte, kann § 17 II GVG nicht entnommen werden. Die bisherige Rspr zur rechtswegfremden Aufrechnung behält daher Gültigkeit. Demnach muß das Gericht (evtl nach Erlaß eines Vorbehaltsurteils gem § 302, BGH 16, 124) aussetzen (§ 148), bis der Bekl eine Entscheidung des zuständigen Gerichts über seine Gegenforderung herbeigeführt hat (Rn 49 zu § 13 GVG; BVerwG NJW 87, 2530; Musielak JuS 94, 823). Hierzu ist der Bekl zweckmäßig unter Fristsetzung aufzufordern; erhebt er beim zuständigen Gericht die Klage nicht, ist sein Verteidigungsmittel als verspätet zurückzuweisen (oben Rn 15; StJ/Leipold Rn 33a; BGHZ 16, 138; 21, 29). Die Klage bei dem für die Gegenforderung zuständigen anderen Gericht kann im Hinblick auf § 389 BGB nur eine Feststellungsklage sein bzw nur zu einem Vorbehaltsurteil analog § 302 führen.

Auf das Verhältnis zwischen streitiger und **freiwilliger Gerichtsbarkeit** wendet die Rspr ansonsten die Rechtswegvorschriften entspr an (vgl vor § 17 GVG Rn 11); dies sollte konsequenterweise dazu führen, die Entscheidungskompetenz für gerichtsbarkeitsfremde Aufrechnungsforderungen zu verneinen (aA jedoch BGH NJW 80, 2466 für WEG-Sachen). **19b**

Wie im Fall der Unzulässigkeit des Rechtsweges ist dem ordentl Gericht auch unmöglich, über solche zur Aufrechnung gestellten Gegenforderungen zu entscheiden, für die die Parteien eine **Schiedsgerichtsvereinbarung** (§§ 1025 ff) getroffen haben (BGH 23, 26; 38, 254; BGH NJW 63, 243); ebenso wenn für die Gegenforderung ein ausschließl anderer **Gerichtsstand vereinbart** wurde (BGHZ 60, 85 = NJW 73, 421). Hier gilt das Vorstehende entspr (Schreiber ZZP 90, 408). **20**

10) Im **Urkunden- oder Wechselprozeß** führt die nicht urkundl belegte Gegenforderung des Bekl zum Vorbehaltsurteil (§ 599); rechnet jedoch der Bekl (auch hilfsweise) mit einer unstreitigen oder urkundlich belegten Gegenforderung auf, so ist, wenn sich der Kläger hiergegen nicht gleichfalls urkundl verteidigt, die Klage als in der gewählten Prozeßart unzulässig (§ 597 II) abzuweisen (BGHZ 80, 97; BGH MDR 86, 580 = NJW 86, 2767; Dunz MDR 55, 721; vgl § 598 Rn 6). **21**

11) Ist die vom Bekl **zur Aufrechnung gestellte Forderung unstreitig** oder anderweitig bereits rechtskräftig festgestellt oder zuerkannt, muß der Kl die **Hauptsache für erledigt erklären,** sonst riskiert er Klageabweisung. Die Möglichkeit einer nur *hilfsweisen* Erledigterklärung des Klägers in diesem Fall, also bei aufrechterhaltenem Klageantrag, ist umstritten (zum Meinungsstand Teubner/Prange MDR 89, 586; s auch hier § 91a Rn 13 und 35) und abzulehnen, denn sie würde das Gericht nicht der Notwendigkeit entheben, über Bestand und Verbrauch des Klageanspruchs zu befinden; das widerspräche dem Sinn und Ziel einer Erledigterklärung, die Sachentscheidung über die Klage entbehrlich zu machen. Der Kl kann weder den Bekl mit dessen Aufrechnung auf einen nicht eingeklagten weiteren Anspruch verweisen (denn aufgerechnet ist ja gegen den eingeklagten Anspruch), noch seinerseits gegen den zur Aufrechnung gestellten Anspruch des Bekl aufrechnen (dann müßte er die Klage entsprechend erweitern, vgl Rn 12). Die Aufrechnung des Bekl geht aber ins Leere, wenn der Kl den Gegenanspruch des Bekl in der Klagebegründung von seinem Gesamtanspruch abgesetzt und damit bereits vor dem Bekl selbst aufgerechnet hatte (BGH DRiZ 54, 129). **22**

12) Trennung der Verhandlung (Abs III): Stehen Klageanspruch und Gegenforderung nicht in rechtl Zusammenhang (s § 33 Rn 15, 16; § 302 Rn 2, 3), kann im Interesse der Ordnung des Prozeßstoffes getrennt verhandelt (Abs III) werden. Bei rechtl Zusammenhang: § 146. **23**

Die **getrennte Verhandlung** läßt den Prozeß (anders als Abs I u II) als Einheit bestehen, es wird nur gegenständl getrennt verhandelt. Die Einheit des Verf verbietet es, in einem der derart getrennten Verfahren durch VersUrteil zu erkennen (hierzu wäre vorherige Verbindung der beiden Verfahrensteile gem § 150 nötig). Ist der Klageanspruch als erster entscheidungsreif: Vorbehaltsurteil gemäß § 302 (nicht Teilurteil und nicht Zwischenurteil!) oder Klageabweisung durch Endurteil. Ist der Gegenanspruch als erster entscheidungsreif: Verbindung § 150. Sind beide entscheidungsreif: Endurteil. Zu Vorbehaltsurteil u Nachverfahren s Erl zu § 302. **24**

Abs III ist nicht anwendbar, wenn Bekl, statt aufzurechnen, **Zurückbehaltungsrecht** geltend macht (StJ/Leipold Rn 63; aM BL/Hartmann Rn 24). Nach Wortlaut und normativem Zweck der allein auf die Aufrechnung bezogenen Vorschriften der §§ 302, 322 II, 530 II ist deren analoge Anwendung auch auf ein Leistungsverweigerungsrecht (§ 320 BGB), dessen Begründetheit zu einer Abweisung der Klage als *derzeit* unbegründet führen müßte (Rn 56 vor § 322), weder möglich noch notwendig. Möglich ist Trennung auch bei vorprozessual erklärter Aufrechnung (StJ/Leipold Rn 65), aber wenig sinnvoll. **25**

13) Den Gebühren-Streitwert bei Aufrechnung bestimmt § 19 III GKG (hierzu § 3 Rn 16 zu „Aufrechnung"; § 5 Rn 9; Schneider MDR 88, 272). Danach erfolgt Zusammenrechnung von Klageanspruch und Aufrechnungsforderung des Bekl (letztere nur bis zur Höhe des Klageanspruchs) nur im Fall der *Hilfsaufrechnung,* wenn u soweit die Aufrechnung zu einem Verbrauch **26**

des Klageanspruchs geführt hat oder die Klage Erfolg hat, weil gemäß § 322 II (s dort Rn 17) die Unbegründetheit der hilfsweise zur Aufrechnung gestellten Forderung festgestellt wird. Die **Urteilsbeschwer** richtet sich nach dem Umfang der Rechtskraftfähigkeit (s § 322 Rn 17 ff, § 546 Rn 16). Bei der *Primäraufrechnung* findet weder für die Gebühren noch für die Beschwer eine Zusammenrechnung statt (BGH NJW-RR 95, 508; LM § 19 GKG 1975 Nr 6). Auch die Berufung auf eine vorprozessuale Aufrechnung hat auf den Streitwert keinen Einfluß.

27 **14) Kosten:** Das Kostenrisiko der erfolgreichen **Primär-Aufrechnung** trägt der Kläger (KG MDR 76, 846; Förste NJW 74, 222), denn er hätte die Abweisung der Klage dadurch vermeiden können, daß er, anstatt zu klagen, selbst aufrechnet. Dagegen Kostenteilung gemäß § 92 (s dort Rn 3), wenn bei sonst begründetem Klageanspruch dem Bekl nur seine (bestrittene) **Hilfs-Aufrechnung** zur Klageabweisung verhilft (§ 19 III GKG; vgl Köln MDR 82, 941; 83, 226; Celle VersR 76, 50; Frössler NJW 73, 837).

28 **IV) Gebühren: 1)** des **Gerichts:** Der Trennungsbeschluß ist gerichtsgebührenfrei. Bei der Trennung muß die bisher angesetzte bzw gezahlte Gebühr für das Verfahren im allg für jedes infolge der Trennung entstandene Einzelverfahren nach dessen jeweiligem Streitwert neu berechnet werden. Die erhobene Verfahrensgebühr ist auf die neu zu berechnenden Verfahrensgebühren der nun selbständigen Einzelverfahren anzurechnen. Dazu ist zunächst das Verhältnis der neuberechneten Einzelgebühren zueinander festzustellen und dann demgemäß die Verteilung vorzunehmen. Zur Verfahrenstrennung mit anschließender Verweisung eines der Verfahren s § 281 Rn 22. – **2)** des **Anwalts:** Die Prozeßtrennung eröffnet keine neue Gebühreninstanz. Hinsichtlich der Anwaltsgebühren für den vor und nach der Trennung tätig gewordenen RA gilt entsprechendes wie bei der Prozeßverbindung, s § 147 Rn 10.

146 *[Verhandlungsbeschränkung auf einzelne Angriffs- oder Verteidigungsmittel]*

Das Gericht kann anordnen, daß bei mehreren auf denselben Anspruch sich beziehenden selbständigen Angriffs- oder Verteidigungsmitteln (Klagegründen, Einreden, Repliken usw.) die Verhandlung zunächst auf eines oder einige dieser Angriffs- oder Verteidigungsmittel zu beschränken sei.

1 **1) Bedeutung:** § 146 statuiert eine Befugnis des Gerichts zur **Prozeßleitung,** die ohnedies aus § 136 herzuleiten ist. Er hat daher wenig prakt Bedeutung. Eine großzügige Ausübung der Verhandlungsbeschränkung kann zu einer Verzögerung des Prozeßablaufs führen und damit der Konzentrationsmaxime (§ 272) zuwiderlaufen.

2 **2) Selbständiges Angriffs- oder Verteidigungsmittel** (zu diesem Begriff § 282 Rn 2) ist ein solches, das nicht nur ein einzelnes Anspruchselement (zB Verschulden), sondern eigenständige Anspruchsgrundlagen, Einreden usw betrifft.

3 **3) Verfahren:** Anordnung durch selbständig nicht anfechtbaren und jederzeit abänderlichen Beschluß. Das Verfahren bleibt trotzdem ein einheitliches, nur die mündl Verh ist gegenständlich beschränkt. VersUrteil ist jederzeit möglich (RGZ 36, 425/428). Bei Entscheidungsreife trotz fortbestehender Anordnung Endurteil (RG 17, 350), kein Zwischen- oder Teilurteil über die selbständigen Angriffs- oder Verteidigungsmittel (§ 303 Rn 6), wohl aber Vorbehalts- oder Zwischenurteil (§§ 302–305) über die Hauptsache möglich.

147 *[Verbindung von Prozessen]*

Das Gericht kann die Verbindung mehrerer bei ihm anhängiger Prozesse derselben oder verschiedener Parteien zum Zwecke der gleichzeitigen Verhandlung und Entscheidung anordnen, wenn die Ansprüche, die den Gegenstand dieser Prozesse bilden, in rechtlichem Zusammenhang stehen oder in einer Klage hätten geltend gemacht werden können.

1 **1) Zweck:** § 147 dient der **Prozeßökonomie,** ermöglicht die einheitl Verh, Beweisaufnahme und Entscheidung, zB wenn die Parteien den Streitstoff ohne sachl Grund willkürl in mehrere Prozesse zerlegt haben. BGHZ 68, 81 hat es aus Gründen der Prozeßökonomie sogar zugelassen, die Klage auf Ausschließung eines Gesellschafters (§ 140 HGB) mit der Klage auf Zustimmung zur Erhebung dieser Klage (gegen einen widerstrebenden Gesellschafter) zu verbinden.

2 **2) Voraussetzungen: a) Anhängigkeit** (nicht notw Rechtshängigkeit) mehrerer Prozesse gleicher Instanz **bei demselben Gericht;** das muß aber nicht notwendig auch derselbe Spruchkörper sein, so daß die Verbindung ggf zu einem Austausch des ges Richters (Art 101 I GG) führen kann, was dann die Zustimmung der Parteien zu dieser Maßnahme voraussetzt (StJ/Leipold Rn 15; aA Fischer MDR 96, 240). Nicht möglich ist Hinzuverbinden einer Nicht-Handelssache durch die KfHS (vgl § 95 GVG Rn 2); Handelssache kann nur auf Antrag nach § 98 GVG dorthin verbunden werden. Keine Verbindung auch zwischen Einzelrichter- und Kammersache. Einer Zustimmung des Spruchkörpers, von dem ein Prozeß durch Verbindung abgezogen (Verbindung durch Abgabe ist unmöglich!) wird, bedarf es nicht.

b) Rechtl Zusammenhang (s § 33) oder Möglichkeit der subjektiven (§§ 59, 60) oder objektiven (§ 260) **Klagehäufung.** Daher Verbindung unzulässig bei verschiedener Prozeßart (§ 260) und wo sonst im Gesetz verboten: §§ 578 II, 610, 633, 638, 640c. Zum Verhältnis zwischen Wechselprozeß und Urkundenprozeß vgl § 596 Rn 10. Ebenso ist unzulässig die Verbindung des Verfahrens der einstw Verfügung mit dem Hauptsacheprozeß (Karlsruhe Justiz 68, 175); dann Beschwerde § 252, weil Stillstand des Verfügungsverfahrens (StJ/Leipold Rn 19). – Die Verbindung mehrerer Kostenfestsetzungsverfahren (§ 104) ist nicht zulässig, weil bei Erlaß des KF-Beschlusses kein verbindungsfähiger „Prozeß" mehr anhängig ist, Hamm Rpfleger 80, 439. 3

3) Anordnung: a) Verbindung ist grds **Ermessenssache** (am Zweck [Rn 1] zu orientieren), aber gesetzl vorgeschrieben zB in § 517 ZPO; §§ 246 III, 249 II, 275 IV AktG; §§ 51 III, 112 I GenG. Parteirollen sind gleichgültig, uU wird aus der Klage eine Widerklage. Mehrere Kl oder Bekl werden Streitgenossen. 4

b) Zulässig nur **zur gemeinsamen Verhandlung** *und* **Entscheidung.** Daher keine Verbindung entscheidungsreifer Sachen (§ 300). Unabhängig von § 147 ist aber möglich (und oft zweckmäßig) eine „Verbindung" *nur zu gemeinsamer Verhandlung* oder Beweisaufnahme; diese läßt die Verfahren als selbständige fortbestehen (BGH NJW 57, 183), ermöglicht und erspart lediglich eine Wiederholung von Verhandlungen oder Beweisaufnahmen: die Sachen werden einfach auf dieselbe Zeit terminiert; es genügt dann Bezugnahme in den Verhandlungsprotokollen (Köln VersR 73, 285). 5

Wird fälschlich *nur zu gemeinsamer Entscheidung* verbunden (zB in einem Beschlußverfahren), so ist dies gleichwohl beachtl (zB für Rechtsmittel, BFH NJW-RR 96, 57). 6

c) Anordnung durch auf Antrag oder vAw ergehenden **Beschluß.** Zur Notwendigkeit mündl Verh s § 145 Rn 6. 7

4) Wirkung: Mehrere Kl und Bekl werden Streitgenossen, uU wird aus Klage Widerklage. Die verbundenen Prozesse werden trotz Aufrechterhaltung der bisherigen Prozeßergebnisse eine Einheit. Trotzdem ist aus Gründen der Beweisunmittelbarkeit (§§ 355, 397) eine in einem Verfahren durchgeführte Beweisaufnahme zu wiederholen, um für das ganze Verf verwertbar zu sein; schlüssiger (§ 295) Verzicht hierauf ist möglich. In dem verbundenen einheitl Verfahren können die Parteien der vorher selbständigen Verfahren insgesamt nicht mehr als Zeugen vernommen werden (Köln VersR 73, 285), falls nicht ausnahmsweise der Gegenstand ihrer Aussage vom Streitgegenstand ihrer jeweiligen Klage klar abzugrenzen ist (Düsseldorf MDR 71, 56; BAG JZ 73, 58; abw RG 91, 38; vgl hierzu § 373 Rn 5a). Durch erhöhten Streitwert (§ 5) wird uU vorher fehlende Rechtsmittelsumme erreicht. Trotzdem bleibt bisherige Zuständigkeit des AG bestehen (RG 6, 417), es sei denn, der Kläger hat erkennbar durch willkürl Zerlegung seines Gesamtanspruchs in mehrere Verf die Zuständigkeit des AG erschleichen wollen. Entscheidung durch einheitl Endurteil (RG 142, 257), wo nicht Teilurteil (§ 301) oder vorherige Abtrennung (§ 150) veranlaßt. In der Revisionsinstanz setzt eine Verbindung mehrerer Verf voraus, daß jedes von ihnen revisibel ist; daher keine Verbindung der Revision gegen das nicht selbständig revisible Teilurteil mit der Revision gegen das allein revisible Schlußurteil, BGH NJW 77, 1152. 8

5) Ein **Rechtsmittel** gegen die Verbindung oder deren Ablehnung sieht das Gesetz (wie auch bei der Trennung; s § 145 Rn 6a) nicht vor. Wegen Beschwerde gemäß § 252 s aber oben Rn 3. 9

6) Gebühren: a) des **Gerichts:** Der Verbindungsbeschluß ist gerichtsgebührenfrei. Die bis zur Verbindung in jedem einzelnen Verfahren angefallenen Verfahrensgebühren bleiben unberührt; ihr getrennter Ansatz bleibt bestehen. Bei dem weiteren Verfahren nach der Prozeßverbindung handelt es sich um dieselbe gebührenrechtl Instanz. Von der Verbindung an sind mehrere Kläger Streitgenossen; beim Unterliegen haften sie dem Fiskus gegenüber als Gesamtschuldner (§ 59 I GKG), jedoch beschränkt sich die samtverbindl Haftung eines jeden Klageteils auf den Betrag seiner Kosten. Nach Wiederaufhebung der Verbindung (§ 150) liegen wieder Einzelstreitwerte vor; daher gesonderte Gebührenberechnung, jedoch sind die vor der Verbindung angefallenen Gebühren anzurechnen (§§ 21, 27 GKG). – **b)** des **Anwalts:** Der RA kann wählen, ob er die ihm bereits vorher erwachsenen Prozeßgebühren (§ 31 I Nr 1 BRAGO), die er auf keinen Fall verliert (G/S/von Eicken § 31 Rn 52), oder ledigl eine Prozeßgebühr aus dem nunmehr addierten Wert der Einzelverfahren (Gesamtwert) verlangen will. Das gleiche gilt für die Verhandlungs- und Beweisgebühr. War nur in einem Verfahren verhandelt, wird nach Verbindung über den Gesamtwert verhandelt, so ist die dadurch verdiente Gebühr zu kürzen und zwar im Verhältnis des Streitwertes der zuerst verhandelten Sache zum Gesamtwert (Düsseldorf MDR 95, 645 = NJW-RR 96, 192 = Rpfleger 95, 477). 10

148 *[Aussetzung wegen anderer Entscheidung]*

Das Gericht kann, wenn die Entscheidung des Rechtsstreits ganz oder zum Teil von dem Bestehen oder Nichtbestehen eines Rechtsverhältnisses abhängt, das den Gegenstand eines anderen anhängigen Rechtsstreits bildet oder von einer Verwaltungsbehörde festzustellen ist, anordnen, daß die Verhandlung bis zur Erledigung des anderen Rechtsstreits oder bis zur Entscheidung der Verwaltungsbehörde auszusetzen sei.

I) Die Aussetzung im allgemeinen

1 **1) Wesen:** Die Aussetzung eines Verfahrens ist prozeßleitende Maßnahme; sie dient der Entscheidungsharmonie und der sachl gebotenen Berücksichtigung außerprozessualer Vorgänge bei der Urteilsfindung. Keinesfalls darf sie der Prozeßverschleppung Vorschub leisten. Nur die Parteien, nicht das Gericht, dürfen aus reinen Zweckmäßigkeitsgründen dem Verfahren Einhalt gebieten (§ 251). Wo das Gericht – uU auch gegen den Willen der Parteien – aussetzen darf, sagt das Gesetz; in bestimmten Fällen besteht sogar ein Aussetzungszwang (Rn 3, 7).

2 **2) Fälle: Das Gericht darf aussetzen** in den Fällen §§ 65, 148, 149, 247, 953 ZPO; § 46 II WEG; § 140 PatG; ebenso wenn es eine Vorabentscheidung des EuGH nach Art 177 II EGV für erforderlich hält. Zum Ermessen s Rn 7.

3 **Das Gericht muß aussetzen** auf Antrag in den Fällen §§ 151–154, 246, 614, 640 f ZPO; auch ohne Antrag in den Fällen Art 100 GG; Art 177 III EGV (falls letzte Instanz); § 97 V ArbGG; § 638 RVO (BGH NJW 72, 1990; Schmalzl NJW 61, 2263); §§ 96 II, 97 GWB (Schmidt NJW 77, 10; von Winterfeld NJW 85, 1816; Möhring NJW 63, 137 mwN); § 578 II ZPO; bei Vorgreiflichkeit der Anerkennung ausländischer Entscheidung gem Art 7 § 1 FamRÄndG (Geimer NJW 67, 1400; einschr BGH NJW 83, 514: Aussetzung auf Antrag stets, aber Aussetzung vAw nur, wenn der Anerkennungsantrag nicht offensichtl unbegründet ist). – Dem Zwang zur Aussetzung und *Vorlage an das BVerfG* (Art 100 GG) kann das Gericht bei Bedenken gegen die Vereinbarkeit eines Gesetzes mit dem Grundgesetz nicht durch eine schlichte Aussetzung im Hinblick auf ein anderes bereits beim BVerfG anhängiges Verfahren entgehen (Art 80 I BVerfGG; BVerfG NJW 73, 1319; Frankfurt NJW 79, 767 = OLGZ 79, 154; aA BAG NJW 88, 2558; Oldenburg NJW 78, 2160; Hamburg NJW 94, 1482). Hält das Gericht die betr Vorschrift für verfassungsgemäß, ist es nicht wegen des anderweitigen Normenkontrollverfahrens zu einer Aussetzung verpflichtet (BayObLG NJW-RR 91, 1220). Ist die Norm bereits für verfassungswidrig erklärt worden, kann ausgesetzt werden, um eine Neuregelung abzuwarten (BayObLGZ 74, 355/358). – Der Ansicht des BAG (AP § 48 ArbGG 1979 Nr 7), bei einer *Vorabentscheidung über die Rechtswegzuständigkeit* nach § 17a III 2 GVG müsse das Gericht das Verfahren im übrigen gem § 148 aussetzen, ist nicht zuzustimmen. § 148 ist nicht einschlägig, eine gesetzl Aussetzungspflicht nicht normiert. Es kommt im Falle einer Anfechtung des Vorabbeschlusses lediglich zu einem faktischen Verfahrensstillstand entspr der Situation bei § 280 (ebenso Anm Vollkommer aaO).

4 **Das Gericht darf nicht aussetzen,** wo die *Verfahrensart* einen Stillstand des Verf verbietet, so im Arrest- u Verfügungsverfahren (RG SA 58, 88; Stuttgart NJW 54, 37; LG Aurich NJW 64, 2358; Teplitzky DRiZ 82, 42; anders aber im Aufhebungsverfahren des § 927, Düsseldorf NJW 85, 1966), in der Zwangsvollstreckung, regelmäßig im Urkundenverfahren (vor § 592 Rn 3) im PKH-Bewilligungsverfahren (München MDR 88, 783) und in allen Fällen, in denen eine *Verbindung* mit dem vorgreifl Verfahren möglich ist (München MDR 96, 197; Nürnberg BayJMBl 56, 131; LAG Hamm MDR 84, 173). Unzulässig ist die Aussetzung eines *entscheidungsreifen* (§ 300), also auch eines „zZ unbegründeten" Verfahrens (Celle NJW 66, 668), um eine in Aussicht stehende Veränderung der tatsächl oder rechtl Verhältnisse abzuwarten, etwa eine Gesetzesänderung, weil die Parteien einen Anspruch darauf haben, daß der Prozeß nach den zZ geltenden Gesetzen entschieden wird (München NJW 76, 1850; Hamm NJW 76, 2325; Köln MDR 76, 1026; BVerwG NJW 62, 1170; Lüke NJW 76, 1826/1827; einschr Kloepfer Vorwirkung von Gesetzen 1974; Dieckmann FamRZ 76, 635), oder das Ende der Nichtverfügbarkeit eines Beweismittels (vgl Oldenburg OLGZ 91, 451; Ausnahme: § 640 f). Weitere Einzelfälle s Rn 9.

II) Die Aussetzung gem § 148

5 **1) Voraussetzung** für eine Aussetzung nach § 148 ist, daß die Entscheidung in einem anderen Rechtsstreit oder einem Verwaltungsverfahren **vorgreiflich** ist für die Entscheidung, die im auszusetzenden Verfahren ergehen soll. Dies ist nur der Fall, wenn im anderen Verfahren über eine echte Vorfrage entschieden wird, der dortigen Entscheidung also präjudizielle Bedeutung zukommt. Es genügt nicht, wenn die im anderen Verf zu erwartende Entscheidung lediglich geeignet ist, einen Einfluß (zB im Wege der Beweiswürdigung) auf die Entscheidung im auszusetzenden Verfahren auszuüben (München MDR 96, 197; Köln MDR 83, 848; StJ/Roth Rn 22; aA München NJW-RR 95, 779; MK/Peters Rn 10). Es ist daher auch nicht möglich, von mehreren Parallelprozessen vorerst nur einen durchzuführen und die anderen auszusetzen (zu einem solchen „Musterprozeß" kann es nur mit Zustimmung der Parteien nach § 251 kommen). Interventionswirkung (§§ 74 III, 68) reicht (Hamm MDR 94, 618).

6 Der **andere Rechtsstreit** muß **anhängig** sein (Mahnverfahren genügt vor Einleitung des Streitverfahrens – § 697 – nicht), und zwar vor einem anderen Gericht. Das kann auch ein besonderes Gericht, ein ausländisches Gericht (hier ist die voraussichtl Anerkennungsfähigkeit der ausländischen Entscheidung iS von § 328 zu prüfen, Frankfurt NJW 86, 1443; krit für den Fall der fehlenden Identität der Parteien im Inlands- und Auslandsprozeß Geimer NJW 87, 3085), ein

Gericht der freiw Gerichtsbarkeit oder ein Schiedsgericht (BGHZ 23, 24) sein. Die Anhängigkeit des anderen Rechtsstreits vor einem anderen Spruchkörper desselben Gerichts rechtfertigt die Aussetzung grds auch, sofern nicht ausnahmsweise auf Grund konkreter Umstände (zB Terminabsprachen) die Divergenzgefahr fehlt. Nicht erforderl ist jedoch Identität der Parteien in beiden Prozessen.

Ein vorgreifl **Verwaltungsverfahren** braucht noch nicht eingeleitet zu sein; die Aussetzung ist auch zulässig, um die Entscheidung der Verwaltungsbehörde erst zu veranlassen. Die Aussetzung ist jedoch nur zulässig, um die Feststellung, nicht auch um die Gestaltung eines vorgreifl Rechtsverhältnisses durch die Verwaltungsbehörde abzuwarten. Bei Anfechtung der Verwaltungsentscheidung gilt Rn 6. 6a

2) **Anordnung** steht im **Ermessen** des Gerichts. Dieses kann auf eine Pflicht zur Aussetzung reduziert sein, zB weil die Voraussetzungen einer Sachentscheidung im vorliegenden Verfahren nicht geklärt werden können (BGHZ 97, 135/145) oder bei Aufrechnung mit einer rechtswegfremden Gegenforderung (BGHZ 16, 124/138; vgl § 145 Rn 19a). – Entscheidung vAw oder auf Antrag auf Grund mündl Verh (RG 40, 373). München NJW 68, 2150 hält analog § 248 II mündl Verh für entbehrl, sofern den Parteien nur rechtl Gehör gewährt wurde. Dem ist zuzustimmen, wenn beide Parteien Aussetzung beantragen oder dieser zustimmen. Der Beschluß (Verkündung bzw Mitteilung gem § 329) enthält keine Kostenentscheidung (Koblenz FamRZ 73, 376). – **Beschwerde:** § 252 – Die Frage der Zulässigkeit der Aussetzung oder deren Ablehnung ist **nicht revisibel** (BGH LM § 252 ZPO Nr 1; MDR 73, 659). – **Wirkung der Aussetzung:** § 249. 7

3) **Beendigung** durch Wiederaufhebung der Anordnung (§ 150) oder Wiederaufnahme (§ 250). Ist ein Verf bis zur Entsch eines anderen Verf ausgesetzt, so findet die Aussetzung mit der Entsch des anderen Verf auch ohne Aufnahmeerklärung der Parteien (§ 250) ihr Ende (BGH NJW 89, 1729 = MDR 89, 540; Hamburg ZZP 76, 476). Die Aufnahmeerklärung ist ohne Bedeutung für den Lauf der Fristen, der mit der Beendigung der Aussetzung automatisch beginnt (§ 211 BGB oder Rechtsmittelfrist), BGH LM § 249 ZPO Nr 2. 8

4) **Einzelfälle unzulässiger Aussetzung:** Außer in den in Rn 4 genannten Fällen ist Aussetzung nach § 148 auch unzulässig im Revisionsverfahren, sofern die andere Entscheidung nicht ausnahmsweise dort zu berücksichtigen ist (BGH NJW-RR 92, 1149); im Nachverfahren, um die Rechtskraft des Vorbehaltsurteils abzuwarten (§ 600 Rn 8); die Aussetzung des Hauptsacheverfahrens bis zur Entscheidung über den Antrag auf einstw Vfg (Köln WRP 73, 597), des Erbschaftsprozesses bis zur Entscheidung des Nachlaßgerichts im Erbscheinverfahren (KG OLGZ 75, 355; Dresden OLG-NL 94, 243; aA München NJW-RR 95, 779); des Schadensersatzprozesses gegen Kfz-Halter bis zur Entscheidung über Direktklage gegen Haftpflichtversicherer (Koblenz VersR 92, 1536; Karlsruhe VersR 91, 539; aM Celle VersR 88, 1286), des Deckungsprozesses gegen einen Rechtsschutzversicherer bis zur Entscheidung des Hauptprozesses (Hamm NJW-RR 95, 320), der Eigentumsklage im Hinblick auf das Verfahren nach Art 233 § 2b III EGBGB (Dresden OLG-NL 94, 277). Unzulässig ist weiter die Aussetzung bis zur Entscheidung des Rechtsmittelgerichts über ein Teilurteil in derselben Sache (vgl § 301 Rn 12 aE). Entgegen Düsseldorf NJW 74, 2010 darf ein Berufungsgericht auch nicht seine Entscheidung von einem vorherigen Schlußurteil des Erstgerichts abhängig machen; wo derartiges in Betracht kommt, dürfte vielmehr das Teilurteil zu Unrecht ergangen und aufzuheben sein. 9

5) **Einzelfälle zulässiger Aussetzung**: im Hinblick auf **Aufrechnung** mit Klageforderung in anderem Prozeß (vgl § 145 Rn 18a) oder mit einer Forderung, die in einem anderen Rechtsweg geltend zu machen ist (s § 145 Rn 19, § 13 GVG Rn 49); Aussetzung der auf § 667 BGB gestützten Klage auf Herausgabe von Schmiergeldern, bis über deren evtl Verfall gem § 12 III UWG entschieden ist (BGH NJW 63, 649, 651); des Prozesses, in dem die Sachlegitimation eines Pflegers bestritten ist, bis zur Entscheidung des VormGerichts über Beendigung der Pflegschaft (BGH NJW 64, 1855). 10

6) **Umgehung des § 148:** Stillstand des Verfahrens kann stets dadurch erreicht werden, daß Parteien, ggf auf Anregung des Gerichts, das Ruhen beantragen (§ 251). Unzulässig ist dagegen eine faktische Aussetzung durch Unterlassen der Terminsbestimmung, unangemessenes Hinausschieben des Termins oder einer Beweisaufnahme (MK/Peters Rn 5); hiergegen Beschwerde (§ 252). 11

III) Gebühren: 1) des **Gerichts:** Keine. – Beschwerdeverfahren KV 1906. – **2)** des **Anwalts:** Wird der Antrag in einem Schriftsatz gestellt, so ist die anwaltl Tätigkeit durch die Prozeßgebühr abgegolten (Nr 3 zu § 37 BRAGO, wenn auch dort nicht erwähnt). Im übr gilt: Ist ein Antrag zur Aussetzung nötig, so erwächst dem prozeßbevollmächtigten RA für den in der mündl Verhandlung gestellten Prozeß- und Sachleitungsantrag (auf Aussetzung) eine halbe Verhandlungsgebühr nach § 33 II BRAGO, sofern nicht die volle Verhandlungsgebühr des § 31 I Nr 2 BRAGO für einen Sachantrag nach dem Wert der Hauptsache bereits entstanden ist. Ist dagegen vAw auszusetzen, so handelt es sich bei einem Aussetzungsantrag um eine Anregung an das Gericht, die zu keinem Gebührenanfall führen kann. 12

149 *[Aussetzung bis zur Erledigung des Strafverfahrens]*
Das Gericht kann, wenn sich im Laufe eines Rechtsstreits der Verdacht einer Straftat ergibt, deren Ermittlung auf die Entscheidung von Einfluß ist, die Aussetzung der Verhandlung bis zur Erledigung des Strafverfahrens anordnen.

1 **1) Zweck der Aussetzung** ist es, dem infolge der Verhandlungsmaxime zur Wahrheitsermittlung nur bedingt geeigneten Zivilprozeß die in einer anderen Verfahrensart (§§ 160 ff, 206, 244 II StPO) besseren Erkenntnismöglichkeiten zunutze zu machen und widersprechende Entscheidungen zu vermeiden. Die eigene Beweiswürdigung des Gerichts (§ 286) und die Unverbindlichkeit des Strafurteils für das Zivilgericht (§ 14 II 1 EGZPO) bleiben aber auch nach erfolgter Aussetzung bestehen. Die Aussetzung darf nicht der Verschleppung dienen, daher untunlich bei klarer Sachlage oder einfacher Beweismöglichkeit. OLG Celle NJW 69, 280 leitet aus § 14 II 1 EGZPO Unzulässigkeit der Aussetzung bei Sachverhaltsidentität her; dem ist nicht zuzustimmen, denn das ist gerade der Hauptanwendungsfall der Vorschrift, solange der Zivilrichter nur seine Freiheit der Beweiswürdigung bewahrt (Frankfurt VersR 82, 656 = MDR 82, 675; Köln JMBlNRW 67, 246). Daher ist Aussetzung auch zulässig, wenn der Verdacht einer Straftat sich nicht erst „im Laufe des Rechtsstreits ergibt", sondern die behauptete Straftat Anspruchsgrundlage (§ 823 II BGB) der Klage ist (Köln VersR 73, 473; MDR 73, 680).

1a In jedem Fall steht es im **Ermessen des Gerichts**, ob es der Beschleunigung des Zivilprozesses den Vorrang gibt oder (so idR bei schwieriger Beweislage) die besseren Erkenntnismöglichkeiten des Strafverfahrens durch Aussetzung des Zivilprozesses nutzt (Hamburg MDR 75, 669). Die Ermessensausübung des Gerichts ist gebunden: Die Abwägung des Gebots der Verfahrensbeschleunigung und der Umstände, die eine Auswertung der Erkenntnismöglichkeiten der Amtsermittlungen für den konkreten Fall als geboten erscheinen lassen, muß den Stillstand des Verfahrens rechtfertigen und, wenn nicht beide Parteien ihr Einverständnis erklärt haben, aus der **Begründung** des Beschlusses nachprüfbar sein (München OLGR 95, 238; Stuttgart NJW 91, 1556; Düsseldorf NJW 80, 2534). Im Arzthaftungsprozeß ist Aussetzung idR schon wegen der unterschiedl Beweisregelungen untunlich (Schmid NJW 94, 768).

2 **2) Voraussetzung** ist ein nach Überzeugung des Gerichts (nicht nach bloßer Behauptung einer Partei) bestehender **Verdacht** einer strafbaren Handlung irgendeines Prozeßbeteiligten (Partei, Streithelfer, Zeuge, Sachverständiger) oder auch eines Dritten (StJ/Roth Rn 5), sofern dieser Verdacht geeignet ist, im Fall seiner Begründetheit Einfluß (unten Rn 3) auf das ausgesetzte Verfahren auszuüben. Der Verdacht muß nicht dringend (§ 112 StPO) sein, es genügen „zureichende tatsächliche Anhaltspunkte" (§ 152 II StPO). Das Strafverfahren muß noch nicht anhängig, darf aber noch nicht abgeschlossen (dann § 273 II 2) sein. Ausreichend, daß das Gericht selbst erst die Akten der StA zur Prüfung des Verdachts vorlegt.

3 Der Verdacht muß **entscheidungserheblich** sein; genügend ist Erheblichkeit für die Beweiswürdigung. Nicht entscheidungserhebl, sondern Prozeßvoraussetzung ist das Strafurteil für die Restitutionsklage, daher hier Aussetzung unzulässig (§ 581 Rn 5). Unzulässig auch in Revisionsinstanz, da Beweiswürdigung nicht mehr möglich. Unzulässig im PKH-Bewilligungsverfahren, da keine abschließende Beweiswürdigung nötig (KG NJW 53, 1474). Unzulässig im Betragsverfahren (§ 304 II), wenn Strafverfahren nur den Grund, nicht die Höhe des Anspruchs berührt (RG 35, 413).

4 **3) Zum Verfahren** s § 148 Rn 7 f. Wegen der uU notwendigen Begründung des Beschlusses s oben Rn 1a.

150 *[Wiederaufhebung der Trennung, Verbindung oder Aussetzung]*
Das Gericht kann die von ihm erlassenen, eine Trennung, Verbindung oder Aussetzung betreffenden Anordnungen wieder aufheben.

1 **1)** Die **Aufhebung der Trennung oder Verbindung** ist dem Gericht auf Antrag oder vAw jederzeit nach seinem durch das Gebot der Sachdienlichkeit gebundenen Ermessen möglich. Ausnahme: wo Trennung oder Verbindung im Gesetz vorgeschrieben (§ 145 Rn 3). Aufheben darf das Gericht vor dem die getrennten Verf anhängig sind, also nicht das Berufungsgericht, vor dem nur eines der getrennten Verf anhängig. Aufhebung durch Beschluß auf Grund notw mündl Verh (Ausnahme bei übereinstimmendem schriftl Aufhebungsantrag der Parteien, sonst gem § 128 II oder bei Säumnis gem §§ 251a, 331a).

2 **2) Aufhebung der Aussetzung** steht im Ermessen des Gerichts, soweit nicht Aussetzungszwang (§ 148 Rn 3). Bei antragsbedingtem Aussetzungszwang (§§ 151–154, 246, 614) muß Zustimmung des Antragstellers vorliegen. Wo die Aussetzung durch Entscheidung des vorgreiflichen anderen Verfahrens automatisch endet (§ 148 Rn 8), hat der Aufhebungsbeschluß nur verfahrenstechnische Bedeutung, ist also ohne Einfluß auf den Lauf von Fristen (zum Fristenlauf: § 249 Rn 2). Aufhebungsantrag der Partei ist im Terminsantrag (§ 216) zu erblicken.

3) **Rechtsmittel:** Die Aufhebung einer Trennung oder Verbindung ist nicht selbständig anfechtbar; sie kann nur mit dem Rechtsmittel gegen das nachfolgende Urteil gerügt werden, sofern sie Auswirkung auf dieses hat. – Wegen der Beschwerde gegen die Aufhebung einer Aussetzung des Verfahrens s § 252 Rn 4. 3

151 *[Aussetzungspflicht, wenn Ehenichtigkeit präjudiziell]*

Hängt die Entscheidung eines Rechtsstreits davon ab, ob eine Ehe nichtig ist, so hat das Gericht, wenn die Nichtigkeit nur im Wege der Nichtigkeitsklage geltend gemacht werden kann, auf Antrag das Verfahren auszusetzen und, falls die Nichtigkeitsklage noch nicht erhoben ist, eine Frist zur Erhebung der Klage zu bestimmen. Ist die Nichtigkeitsklage erledigt oder wird sie nicht vor dem Ablauf der bestimmten Frist erhoben, so ist die Aufnahme des ausgesetzten Verfahrens zulässig.

Hinweis: Der Entwurf eines Eheschließungsrechtsgesetzes (BT Drs 13/4898) sieht die Aufhebung des § 151 vor.

1) **Aussetzung gem §§ 151–154** ist bei Antrag zwingend. Daneben Aussetzung vAw gem § 148 zulässig. Zweck: Das Gericht muß die Möglichkeit haben, rechtsgestaltende Entscheidungen im Ehe- und Statusprozeß zu berücksichtigen. Der Begriff der Vorgreiflichkeit in §§ 151–154 ist identisch mit dem bei § 148 (dort Rn 5). Wegen Aussetzungszwang bei Vorgreiflichkeit der Anerkennung ausländischer Ehescheidung gem Art 7 § 1 FamRÄndG s Geimer NJW 67, 1400 u BayObLG FamRZ 73, 661. 1

2) **Nichtigkeit einer Ehe:** §§ 16–21 EheG; Geltendmachung nur durch Nichtigkeitsklage: § 23 EheG. Gleichgültig, ob die Ehegatten selbst Partei sind, wenn nur Nichtigkeit vorgreiflich. **Antrag** stellen kann die Partei, die sich auf die Nichtigkeit der Ehe beruft; auch ohne Antrag Aussetzung vAw nach § 148, wenn Nichtigkeitsklage schon anhängig. Das Gericht muß Aussetzung u (verlängerbare) Frist bestimmen auf Grund mündl Verh durch zu verkünd, mit Beschwerde (§ 252) anfechtb Beschluß. Kann nur der StA die Ehenichtigkeitsklage erheben (§ 24 EheG), so hat das Gericht eine Frist zu bestimmen, innerhalb deren die Partei um die Klageerhebung beim StA nachzusuchen hat. **Wirkung der Aussetzung:** § 249. **Wiederaufhebung** auf Antrag: § 155. **Aufnahme** des Verfahrens: § 250. 2

3) **§ 151 gilt nicht** für Geltendmachung der **Nichtehe** (zB wegen fehlender Mitwirkung eines Standesbeamten § 11 EheG oder Nichtanwesenheit eines „Ehegatten" § 13 EheG). Insoweit Feststellungsklage (LG Hamburg FamRZ 73, 602) bzw Aussetzung § 154. 3

152 *[Aussetzungspflicht, wenn Eheaufhebungsklage präjudizell]*

Hängt die Entscheidung eines Rechtsstreits davon ab, ob eine im Wege der Aufhebungsklage angefochtene Ehe aufhebbar ist, so hat das Gericht auf Antrag das Verfahren auszusetzen. Ist der Rechtsstreit über die Aufhebungsklage erledigt, so findet die Aufnahme des ausgesetzten Verfahrens statt.

Hinweis: Der Entwurf eines Eheschließungsrechtsgesetzes (BT Drs 13/4898) sieht Anpassungen der Vorschrift an die Neuregelung der Eheaufhebung vor.

Aufhebungsklage: §§ 28 ff EheG. Voraussetzung der Aussetzung: Rechtshängigkeit der Aufhebungsklage, § 253. Keine Fristsetzung zur Klage wie in § 151. Gleichgültig, ob die aufzuhebende Ehe zwischen den Parteien oder mit Dritten besteht, wenn nur Aufhebung vorgreiflich iS § 148. Nicht vorgreiflich ist der Aufhebungsprozeß für den Unterhaltsanspruch der Frau während des Aufhebungsverfahrens. Mit dem Tod eines Partners der streitigen Ehe entfällt die Aussetzungsmöglichkeit (arg § 619) u hat das Gericht selbst über die Vorfrage der Gültigkeit der Ehe zu befinden. 1

Aussetzung nur auf Antrag; die Möglichkeit der Aussetzung nach § 148 bleibt unberührt. **Antragsberechtigt:** wer die Aufhebung der Ehe geltend macht. **Entscheidung:** wie § 151. **Aufhebung** der Aussetzung: § 155. **Aufnahme** des ausgesetzten Verf: § 250. 2

153 *[Aussetzungspflicht, wenn Ehelichkeit eines Kindes präjudiziell]*

Hängt die Entscheidung eines Rechtsstreits davon ab, ob ein Kind, dessen Ehelichkeit im Wege der Anfechtungsklage angefochten worden ist, nichtehelich ist oder ob ein Mann, dessen Anerkennung der Vaterschaft im Wege der Anfechtungsklage angefochten worden ist, der Vater ist, so gelten die Vorschriften des § 152 entsprechend.

1 Die Vorfrage der ausschließlich im Statusverfahren (§ 640) festzustellenden Ehelichkeit eines Kindes und der Vaterschaft (vgl §§ 1593, 1600a–o BGB) zwingt zur Aussetzung bei Vorgreiflichkeit (hierzu Rn 5 zu § 148). Gleichgültig, ob das Kind oder der Mann Partei sind. Häufigster Anwendungsfall: Unterhaltsprozeß und Klage aus §§ 829, 832 BGB.

2 Keine Aussetzung mehr, wenn das Kind verstorben (arg: §§ 640, 619). Keine Aussetzung im Verf der einstw Verfügung, weil sonst der vorläufige Rechtsschutz versagt würde (Stuttgart NJW 54, 37; LG Aurich NJW 64, 2358; Düsseldorf FamRZ 82, 1230).

3 Aufhebung der Aussetzung: § 155. Aufnahme: § 250. Rechtsmittel: § 252.

154 *[Aussetzungspflicht, wenn Bestehen einer Ehe oder Kindschaftsstreit präjudiziell]*

(1) Wird im Laufe eines Rechtsstreits streitig, ob zwischen den Parteien eine Ehe bestehe oder nicht bestehe, und hängt von der Entscheidung dieser Frage die Entscheidung des Rechtsstreites ab, so hat das Gericht auf Antrag das Verfahren auszusetzen, bis der Streit über das Bestehen oder Nichtbestehen der Ehe im Wege der Feststellungsklage erledigt ist.

(2) Diese Vorschrift gilt entsprechend, wenn im Laufe eines Rechtsstreits streitig wird, ob zwischen den Parteien ein Eltern- und Kindesverhältnis bestehe oder nicht bestehe oder ob der einen Partei die elterliche Sorge über die andere zustehe oder nicht zustehe, und von der Entscheidung dieser Fragen die Entscheidung des Rechtsstreits abhängt.

1 **1) Abs I: a) § 154 betrifft die** Fälle, in denen das Bestehen einer in Ansehung der Form gültigen Ehe unter den Parteien streitig wird, ohne daß § 151 anwendbar ist. In Betracht kommen außer dem Fall, daß e Partei das Bestehen einer nicht in das Heiratsregister eingetragenen Ehe behauptet, Streitigkeiten darüber, ob die Ehe bereits aufgehoben oder für nichtig erklärt ist, ob sie durch Wiederverheiratung nach Todeserklärung aufgelöst (§ 38 EheG), ob sie durch Zeitablauf (§ 17 EheG), oder durch nachträgl Dispensation (§ 21 EheG) gültig geworden ist. Ehefeststellungsklage: § 638.

2 **b) Aussetzung muß erfolgen auf Antrag** dessen, der das Bestehen oder Nichtbestehen der Ehe behauptet: sie **kann** vAw nach § 148 erfolgen, wenn die Feststellungsklage schon anhängig ist. Verfahren wie § 151. Keine Fristsetzung wie in § 151. Aufhebung und Aussetzung: § 150; aber § 155 hier nicht anwendbar, weil die am Fortgang des Verfahrens interessierte Partei die Feststellungsklage (§ 638) selbst betreiben kann. Aufnahme nach § 250.

3 **2) Abs II** regelt die Aussetzung eines Verfahrens, in welchem die Frage des Bestehens eines – auch nichtehelichen – Eltern- und Kindesverhältnisses (iS §§ 1591–1600o BGB) und ebenso die (Un-) Wirksamkeit eines Vaterschaftsanerkenntnisses (§ 640 II 1) zwischen den Parteien (nicht zwischen einer Partei und einem Dritten; dann gilt § 148) streitig und entscheidungserheblich wird; denn über diese vorgreiflichen Fragen ist im Verfahren gemäß §§ 640 ff und nicht inzidenter durch das Prozeßgericht zu entscheiden. Für das Verfahren der Aussetzung gilt das oben (Rn 2) Gesagte entspr. – Sonderregelung für Aussetzung wegen Ehelichkeitsanfechtung: § 153.

155 *[Aufhebung der Aussetzung bei §§ 151–153]*

In den Fällen der §§ 151 bis 153 kann das Gericht auf Antrag die Anordnung, durch die das Verfahren ausgesetzt ist, aufheben, wenn die Betreibung des Rechtsstreits, der zu der Aussetzung Anlaß gegeben hat, verzögert wird.

1 1) Die Vorschrift will die **Verschleppung des vorgreiflichen Statusprozesses ahnden,** daher ist Vorwerfbarkeit der Verzögerung im Urteil festzustellen. Bei fehlender Parteiidentität in beiden Verfahren ist vorwerfbar auch, wenn von der Möglichkeit der Streithilfe (zu deren Möglichkeit und Rechtskraftwirkung s §§ 69, 636a, 640h) im Statusprozeß kein Gebrauch gemacht wird. Fehlt Vorwerfbarkeit, so kann nicht bereits Unzumutbarkeit weiterer Verzögerung die Wiederaufnahme rechtfertigen (aM StJ/Roth Rn 4: für Aufhebung der Aussetzung auch bei rein objektiver Verzögerung des vorgreiflichen Statusprozesses), denn § 155 ist ähnlich wie §§ 296, 528 subj Vergeltungsnorm.

2 **2) Aufhebung** durch auf Grund mündl Verh ergehenden u zu verkündenden Beschluß. Bei Aufhebung der Aussetzung: sof Beschw, bei Zurückweisung des Antrags: einfache Beschw § 252. In dem wieder aufgenommenen Verfahren ist die Ehe als gültig, das Kind als eheliches anzusehen. – Aufnahme ohne Antrag: § 150.

156 *[Wiedereröffnung der Verhandlung]*

Das Gericht kann die Wiedereröffnung einer Verhandlung, die geschlossen war, anordnen.

I) **Allgemeines:** Das Gericht soll die mündl Verh nur schließen (§ 136 IV), wenn die Sache zur Entscheidung reif ist. Bei ordentl Prozeßleitung ist § 156 daher Ausnahme von der Regel des § 300 und als Ausnahmevorschrift zurückhaltend anzuwenden. Gefahr der Prozeßverschleppung! 1

II) **Voraussetzung und Verfahren:** Wiedereröffnung nur vAw nach pflichtgem Ermessen durch nicht anfechtbaren Beschluß ohne vorherige mündl Verh. Antrag der Partei ist nur als Anregung zu behandeln und bedarf keiner ausdrückl Verbescheidung (BGH JR 58, 344, BB 60, 66; für Begründung in den Urteilsgründen Fischer NJW 94, 1320 mwN). 2

1) Die **Wiedereröffnung ist geboten** beim Ausfall eines der zuletzt beteiligten Richter (arg: § 309), sonst nur zum Zweck der Korrektur eines Verfahrensmangels, insbes nach Verletzung der richterl Aufklärungspflicht (§§ 139, 278 III; s § 278 Rn 8), oder wenn sich aus neuem Vorbringen ergibt, daß die bisherige Verhandlung lückenhaft war und in der letzten mündl Verhandlung bei sachgemäßem Vorgehen Veranlassung zur Ausübung des Fragerechts bestanden hätte (BGHZ 53, 245/262; BGH NJW 93, 134) oder wenn aus anderen vom Gericht zu vertretenden Gründen eine vollständige und sachgerechte Erklärung der Parteien unterblieb. Das Gericht darf nicht einen eigenen Verfahrensfehler dadurch festschreiben, daß es unter Mißbrauch seines (insoweit gebundenen!) Ermessens nur aus Gründen der Verfahrensabkürzung von der Wiedereröffnung des Verfahrens absieht (Deubner NJW 80, 263; BGHZ 30, 60/65). 3

Dagegen **keine gebotene Wiedereröffnung**, wenn mündl Verh ohne Verfahrensfehler geschlossen u eine Partei entgegen § 296a (selbst aufklärungsbedürftige) neue Angriffs- oder Verteidigungsmittel somit unzulässig nachreicht oder wenn in einem gem § 283 nachgelassenen Schriftsatz neues Vorbringen enthalten ist, das über eine Erwiderung auf den verspäteten Schriftsatz des Gegners hinausgeht (BayVerfGH NJW 84, 1026/27). In diesem Fall beruht der neue Vortrag nicht auf einer Verletzung der richterl Aufklärungspflicht oder des rechtl Gehörs, sondern auf einer eigenen prozessualen Sorgfaltspflichtverletzung der Partei. Sie hat keinen Anspruch darauf deren Folgen durch Wiedererеröffnung der mündl Verhandlung und Nachholung ihres Vorbringens auszugleichen (BGH NJW 93, 134 = MDR 93, 173). 4

Wegen „Schluß der mündl Verh" im **schriftlichen Verfahren** s § 128 Rn 18; zwingend geboten ist die Wiedereröffnung der mündl Verhandlung nach Anordnung des schriftl Verfahrens in den Fällen § 128 II Satz 2 und III Satz 5. 4a

2) Die **Wiedereröffnung ist möglich** in allen anderen Fällen, soweit nicht § 300 damit verletzt wird. Nachgebrachtes neues Vorbringen rechtfertigt die Wiedereröffnung nie (RG 102, 266), selbst wenn entscheidungserhebl u selbst wenn damit die Voraussetzung einer Restitutionsklage geschaffen wird (BGH 30, 65 = NJW 59, 1369; einschränkend BGHZ 53, 245/262 = MDR 70, 491 = NJW 70, 946; Schneider MDR 90, 122 u Walchshöfer NJW 72, 1030; aA Fischer NJW 94, 1318 mwN). Jedoch sollte das Gericht der nach Verhandlungsschluß von beiden Parteien bekundeten Vergleichsbereitschaft durch Wiedereröffnung zum Zwecke des Güteversuchs (§ 279) entgegenkommen. Beim Scheitern dieses Versuchs: § 279 Rn 3 am Ende. 5

3) **Verfahren:** Den Beschluß haben (Ausnahme bei Wegfall eines Richters) die Richter der letzten mündl Verhandlung zu fassen. Der Beschluß eröffnet das Verf im ganzen Umfang neu, nicht nur bzgl des Wiedereröffnungsgrundes. IdR wird das Verf nicht ausdrücklich wiederöffnet, sondern statt des Urteils ein Aufklärungs- oder Beweisbeschluß verkündet oder ein neuer Verhandlungstermin bestimmt. Gegen die Wiedereröffnung kein Rechtsmittel (vgl entspr § 296 Rn 5). – Ausnahmsweise unzulässig ist die Wiedereröffnung, wo nach einseitiger Säumnis einer Partei vom Gegner Säumnisentscheidung (§§ 330 ff) beantragt war. 6

Wegen der Behandlung **nachgereichter Schriftsätze** s § 132 Rn 4 u § 283 Rn 5. 7

157 *[Ungeeignete Rechtsvertreter]*

(1) Mit Ausnahme der Mitglieder einer Rechtsanwaltskammer sind Personen, die die Besorgung fremder Rechtsangelegenheiten vor Gericht geschäftsmäßig betreiben, als Bevollmächtigte und Beistände in der mündlichen Verhandlung ausgeschlossen. Sie sind auch dann ausgeschlossen, wenn sie als Partei einen ihnen abgetretenen Anspruch geltend machen und nach der Überzeugung des Gerichts der Anspruch abgetreten ist, um ihren Ausschluß von der mündlichen Verhandlung zu vermeiden.

(2) Das Gericht kann Parteien, Bevollmächtigten und Beiständen, die nicht Mitglieder einer Rechtsanwaltskammer sind, wenn ihnen die Fähigkeit zum geeigneten Vortrag mangelt, den weiteren Vortrag untersagen. Diese Anordnung ist unanfechtbar.

(3) Die Vorschrift des Absatzes 1 ist auf Personen, denen das mündliche Verhandeln vor Gericht durch Anordnung der Justizverwaltung gestattet ist, nicht anzuwenden. Die Justizverwaltung soll bei ihrer Entschließung sowohl auf die Eignung der Person als auch darauf Rücksicht nehmen, ob im Hinblick auf die Zahl der bei dem Gericht zugelassenen Rechtsanwälte ein Bedürfnis zur Zulassung besteht.

1 **I) Verhältnis § 157 zum RBerG** v 13. 12. 1935 (RGBl I 1478) mit AusfVO v 13. 12. 1935 (RGBl I 1481) und 3. 4. 1936 (RGBl I 359): Das RBerG regelt jegliche geschäftsmäßige Besorgung fremder Rechtsangelegenheiten, nicht nur das Auftreten vor Gericht. Die Zulassung als Prozeßagent iS § 157 III setzt daher die behördl Erlaubnis nach Art 1 § 1 RBerG voraus. Als lex posterior u specialis kann das RBerG zur Auslegung von § 157 herangezogen werden.

2 **II) Abs I:** § 157 regelt iS eines generellen Ausschlusses mit Erlaubnisvorbehalt die Befugnis, als Parteivertreter in der mündlichen Verhandlung aufzutreten. Diese Regelung dient der Sicherstellung eines geordneten Ablaufs der mündlichen Verhandlung im Interesse des Gerichts *und* der Parteien; sie steht überdies unter dem Vorbehalt des § 78 bezüglich der weitergehenden Regelung der Vertretung im Anwaltsprozeß durch beim Prozeßgericht besonders zugelassene Anwälte und überschneidet sich mit der die geschäftliche Besorgung fremder Rechtsangelegenheiten *außerhalb* der mündl Verhandlung betreffenden Zulassung als Rechtsbeistand gemäß RBerG. Danach sind zum Auftreten als Rechtsvertreter in der mündlichen Verhandlung zugelassen nur **Rechtsanwälte** (Vorbem § 78 Rn 7) und solche natürliche Personen, die gem § 209 BRAO in die RA-Kammer aufgenommen sind (= qualifizierte **Rechtsbeistände,** hierzu Vorbem § 78 Rn 9; BGH MDR 83, 312/313), deren amtl bestellte Vertreter (§ 53 BRAO) und – unter Beistand eines Rechtsanwalts – deren Stationsreferendare (§ 59 II BRAO), ferner in Sachen des gewerbl Rechtsschutzes **Patentanwälte** (Vorbem § 78 Rn 10; § 4 PatAnwO idF vom 22. 10. 87, BGBl I 2299), vor dem Arbeitsgericht (nicht im ordentl Verf: AG Stuttgart AnwBl 53, 160) Vertreter von Gewerkschaften und Arbeitgeberverbänden (Vorbem § 78 Rn 12; § 11 ArbGG), schließlich **Prozeßagenten** iS § 157 III (Vorbem § 78 Rn 9) und deren Unterbevollmächtigte (LG München I Rpfleger 68, 59). **Notare** sind hier den Rechtsanwälten nur innerhalb ihres notariellen Aufgabenbereichs, also nicht bei einseitiger Tätigkeit für einen von mehreren Beteiligten gleichgestellt (Stuttgart NJW 64, 1034). **Hochschullehrer** sind, sofern sie Prozeßvertretung geschäftsmäßig betreiben, im Zivilprozeß den Rechtsanwälten nicht gleichgestellt; sie bedürfen für die Prozeßvertretung der Erlaubnis gemäß Abs III, denn sie können als Beamte nicht Mitglied einer RA-Kammer sein (§ 7 Nr 10 BRAO), noch ist ihnen (wie in anderen Rechtswegen: § 138 StPO, § 392 AO; § 40 BDO; § 67 VwGO, § 22 BVerfGG) die erlaubnisfreie Prozeßvertretung vor den Zivilgerichten durch Gesetz oder auch nur gewohnheitsrechtlich (§ 293 Rn 3) gestattet (BVerfG NJW 88, 2535; BayVGH NJW 88, 2553; Willms NJW 87, 1302; Chemnitz NJW 87, 2421; Bornemann MDR 85, 192; Ostler AnwBl 87, 263). Wegen **ausländischer Anwälte** s unten Rn 10. – Zur Auswirkung eines **standesgerichtl Berufs- und Vertretungsverbots** gegen RA s § 156 II BRAO und § 244 I ZPO.

3 Andere Personen sind ausgeschlossen, sofern sie fremde Rechtssachen geschäftsmäßig vor Gericht betreiben: **Fremd** ist jedes Recht, das dem vor Gericht Auftretenden nicht selbst zusteht (aA BayObLG NJW-RR 92, 1343/44: wirtschaftl Betroffenheit soll Fremdheit ausschließen), daher inbes die zum Inkasso abgetretene Forderung (= treuhänderische Abtretung); nicht „fremd" ist die auch wirtschaftl gewollte Abtretung zB zur Sicherheit, zahlungshalber oder an Zahlungs Statt. Überwiegend eigene Ansprüche macht der Versicherungsbeamte im Prozeß des Versicherungsnehmers geltend (§ 150 I VVG, § 7 II 5 AKB), er ist daher nicht ausgeschlossen (Berlin VersR 61, 1029; Wussow NJW 62, 421; BGH 38, 71 = NJW 63, 441).

4 **Geschäftsmäßig** ist ein selbständiges und auf eine gewisse Häufigkeit abgestelltes Tätigwerden (BGH NJW 86, 1051; Hamburg MDR 51, 693). Auf Entgeltlichkeit kommt es nicht an (das wäre „gewerbsmäßig"), RG 61, 51. Nicht selbständig idS ist, wer zu dem Inhaber des streitigen Rechts in einem Dienst- oder sonstigen Abhängigkeitsverhältnis steht, zB der Hausverwalter in Angelegenheiten der Hausverwaltung (JW 35, 74) oder der Bürovorsteher des Rechtsanwalts (Oldenburg NJW 58, 1931 = Rpfleger 58, 382).

5 **Vor Gericht** heißt hier das persönl Auftreten, sei es in der mündl Verh oder die Beweisaufnahme, sei es im Streitverfahren oder in der Zwangsvollstreckung. Auf den sonstigen Prozeßbetrieb, insbes auf Schriftsätze und Prozeßvollmacht (§ 176!) ist § 157 nicht anwendbar LAG Hamm BB 76, 555. **§ 157 gilt nur im Parteiprozeß** (arg: § 78).

6 **Der Ausschluß** besteht kraft Gesetzes. Ein Beschluß im Ausschluß-Streit hat nur deklaratorische Bedeutung. Gegen den den Ausschluß feststellenden Beschluß hat (mangels eigener Beschwer) nicht der Gegner und nicht der Vertreter, wohl aber der Vertretene das Recht der Beschwerde (abw LAG Frankfurt NJW 65, 74; Düsseldorf NJW 59, 1373; LG Landshut AnwBl 67, 125; wie hier: Schleswig SchlHA 60, 205; 56, 203; Berlin JW 35, 2918; Stettin JW 35, 1510; Duisburg

JMBl NRW 55, 87). Die in unzulässiger Weise vertretene Partei ist säumig iS §§ 251a, 330 ff; Säumnisfolgen aber erst im nächstfolgenden Termin, vgl § 158 Satz 2.

III) Abs II ist Ausfluß der formellen Prozeßleitung (s § 136 Rn 1), betrifft außer Rechtsanwälten (Rn 2) alle sonstigen Prozeßbeteiligten: Parteien, Streithelfer, Bevollmächtigte und Beistände. Untersagt werden kann der Vortrag (wegen der Anwesenheit vgl §§ 176 ff GVG) bei **einer den Prozeßablauf ernstlich behindernden Ungeeignetheit** (zB Schreien, ununterbrochenes Reden, Geistesstörung). Keine Ungeeignetheit idS ist bloße Ungewandtheit oder Fremdsprache (vgl §§ 185–187 GVG). 7

IV) Abs III: Die **Zulassung als Prozeßagent** ist widerruflicher Justizverwaltungsakt (Vorbem § 78 Rn 8); Kosten: Nr 5 des Gebührenverzeichnisses zu JVKostO. Sie setzt die Zulassung als Rechtsbeistand gemäß RBerG grds voraus, kann diese aber, sollte sie ausnahmsweise fehlen, beinhalten (BGH NJW 82, 1880; Hamm OLGZ 80, 265 = Rpfleger 80, 233). Die Bedürfnisprüfung ist als Regelung der Berufsausübung mit Art 12 GG vereinbar (BVerfG NJW 76, 1349; 60, 139; BVerwG NJW 59, 546; Hamm MDR 66, 848). Daher Eignung des Bewerbers und Bedürfnis zwingende Voraussetzung. Unerhebl sind wirtschaftl Interessen des Antragstellers u des Rechtssuchenden (BGH NJW 80, 2310 u 2312); seit der Änderung des Art IX § 1 KostÄndG v 26. 7. 57 durch G v 18. 8. 1980 (BGBl I 1503) gilt für die Vergütung ohnehin die BRAGO entspr. Gegen Nichtzulassung **Beschwerde** z OLG §§ 23, 25 EGGVG (BVerwG NJW 69, 2218; s § 23 EGGVG Rn 4). 8

Wegen der Zulassung von Prozeßagenten im arbeitsgerichtl Verf: § 11 ArbGG (hierzu BAG MDR 89, 98), im Verf vor dem Sozialgericht: § 73 VI SGG; BVerwG NJW 63, 2242; OVG Hamburg NJW 61, 1421; Sieg NJW 64, 1305. 9

Ausländische Rechtsanwälte und Rechtsbeistände, die nicht Mitglied einer deutschen RA-Kammer sind, unterliegen dem generellen Ausschluß von der mündlichen Verhandlung, sofern ihnen nicht die Verhandlung gemäß Abs III gestattet wurde. Eine Sonderregelung für **in einem EG-Mitgliedsstaat zugelassene ausländische Anwälte** enthält das RADG; hierzu Rn 16 vor § 78). – Noch weitergehend berechtigten §§ 206, 207 BRAO in einem EG-Mitgliedstaat zugelassene Anwälte, sich in eine deutsche Rechtsanwaltskammer aufnehmen zu lassen und sodann binnen 3 Monaten (§ 207 III BRAO) unter ihrer ausländischen Berufsbezeichnung (daneben gem § 207 IV BRAO zulässig auch die weitere Bezeichnung „Mitglied der RA-Kammer“) im Bezirk ihrer RA-Kammer eine Kanzlei zu eröffnen. Sie sind damit iS des § 157 I einem deutschen Rechtsanwalt mit der Einschränkung gleichgestellt, daß sie die geschäftsmäßige Besorgung fremder Rechtsangelegenheiten nur auf dem Gebiet ausländischen und internationalen Rechts betreiben dürfen; in Angelegenheiten (auch) deutschen Rechts sowie ohne eigene Zulassung gemäß § 78 im Anwaltsprozeß darf der ausländische Anwalt daher nur als Beistand eines zugelassenen deutschen RA auftreten. – Eine entsprechende, aber eingeschränkte, Berechtigung ausländischer Rechtsanwälte aus Nicht-EG-Staaten in Deutschland enthält § 206 II BRAO: diese Anwälte dürfen die Rechtsbesorgung nur in Angelegenheiten des Rechts ihres Herkunftsstaates und nur unter der Voraussetzung der Gegenseitigkeit in Deutschland geschäftsmäßig betreiben, wenn sie Mitglied einer deutschen RA-Kammer sind und ihrer Residenzpflicht im Bezirk dieser Kammer genügen. 10

158 *[Verfahren bei Entfernung einer bei der Verhandlung beteiligten Person]*

Ist eine bei der Verhandlung beteiligte Person zur Aufrechterhaltung der Ordnung von dem Ort der Verhandlung entfernt worden, so kann auf Antrag gegen sie in gleicher Weise verfahren werden, als wenn sie freiwillig sich entfernt hätte. Das gleiche gilt im Falle des § 157 Abs. 2, sofern die Untersagung bereits bei einer früheren Verhandlung geschehen war.

1) § 158 regelt die prozessuale **Folge einer sitzungspolizeilichen Maßnahme** gem § 177 GVG und der Wortentziehung gem § 157 II. Wegen Auswirkung auf Beweisaufnahme s § 367. 1

2) Betroffen sind **beteiligte Personen,** das sind Parteien, Streithelfer, Zeugen, Sachverständige, Prozeßbevollmächtigte; nicht jedoch Rechtsanwälte (arg: § 177 GVG, § 157 II ZPO), soweit gegen diese nicht Vertretungsverbot (§§ 150, 156 II BRAO) besteht. 2

3) Wirkung: das Gericht kann, wenn kein Säumnisantrag gestellt wird, vertagen oder nach § 251a verfahren. Bei Entfernung einer Partei kann auf Antrag Säumnisentscheidung (§§ 330 ff) ergehen. Das gleiche gilt im Anwaltsprozeß bei Entfernung des Anwalts trotz Anwesenheit der Partei. War die Partei persönlich geladen: Säumnisfolge gem § 141 III. Zeugen und Sachverständige können als unentschuldigt ausgeblieben behandelt werden: §§ 380, 409. 3

Im Fall § 157 II (Vortragsuntersagung) setzt Säumnisfolge eine zweimalige (nicht notwendig iS § 345 unmittelbar nachfolgende) Untersagung voraus. 4

Vorbemerkungen zu §§ 159–165: Sitzungsprotokoll

1 **I)** Über das **Sitzungsprotokoll** treffen §§ 159–165 Bestimmung. Andere Arten von Protokollen sind solche **a)** für Verhandlungen (außerhalb der Sitzung) vor dem Richter (Rechtspfleger): § 159 II; **b)** des Urkundsbeamten über Anträge und Erklärungen: § 129a; **c)** des Gerichtsvollziehers über Vollstreckungshandlungen: § 762.

2 **II)** Das Protokoll ist **öffentliche Urkunde** iS des § 415. Beweiskraft für Förmlichkeiten: § 165. Für das mündliche Parteivorbringen ist seine Beweiskraft höher als die des Urteilstatbestands (§§ 165, 314). Es ist der Auslegung (auch bei Lückenhaftigkeit, BGH 26, 340 [343] = NJW 58, 711) und freien Beweiswürdigung zugänglich (§ 419). Bei gerichtlichem Vergleich ersetzt die Aufnahme der Erklärungen in das Protokoll die notarielle Beurkundung (§ 127a BGB); eine Auflassung kann in einem Vergleich erklärt werden (§ 925 I S 3 BGB). Dem Richter (Rechtspfleger), der in diesen Fällen an die Stelle des Notars tritt, obliegen wie diesem Prüfungs- und Belehrungspflicht (vgl § 17 BeurkG); Haftung sonst nach § 839 BGB. Daher Vorsicht bei Entgegennahme einer Auflassung, Güterrechtserklärung usw. Errichtung oder Widerruf des Testaments in einem Vergleichsprotokoll ist nicht möglich (BGH FamRZ 60, 28 [30]; Palandt/Edenhofer § 2232 Rn 1), wohl aber (persönlicher, s § 137 Rn 5) Abschluß eines Erbvertrags (Palandt/Edenhofer § 2276 Rn 9), damit auch Widerruf oder Aufhebung eines Testaments durch Erbvertrag (BGH aaO; Köln OLGZ 70, 114 [115]).

3 **III) Protokollierung** ist Voraussetzung der **Wirksamkeit einer Prozeßhandlung** nur für den Prozeßvergleich (§ 160 Rn 5) und für das vor dem beauftragten oder ersuchten Richter abgegebene Geständnis (§ 288; anders für Geständnis vor Prozeßgericht, § 288 Rn 5). Im übrigen hat die Protokollierung Beweiswirkung (§§ 165, 415 ff). Eine nicht protokollierte (andere) Prozeßhandlung ist wirksam, soweit sie unstreitig oder auf andere Weise (vgl § 314) feststellbar ist (BGH MDR 84, 655 = NJW 84, 1465; BGH 107, 142 [147] = NJW 89, 1934). Der Wortlaut eines Sachantrags ist zu protokollieren und zu verlesen, wenn er gem § 297 I S 3 mündlich gestellt wird.

4 **IV)** Für **gebührenrechtliche Tatbestände** begründet das Protokoll Beweis als öffentliche Urkunde (§ 415). Die erhöhte Beweiskraft des § 165 für die Förmlichkeiten der mündlichen Verhandlung ist auf das Verfahren beschränkt, in dem die Niederschrift aufgenommen wurde (§ 165 Rn 3). Sie gilt daher nicht in einem anschließenden Kostenfestsetzungsverfahren (§§ 103, 104 Rn 8), nicht im Kostenansatzverfahren (§ 4 GKG) und nicht für Berechnung und Festsetzung der RA-Vergütung (§§ 18, 19 BRAGO). Für Gebührentatbestände des GKG und der BRAGO können alle Feststellungen und Unterlassungen im Sitzungsprotokoll mit vollem Gegenbeweis entkräftet und ergänzt werden (Frankfurt JurBüro 78, 446; Hamm MDR 72, 1044; Koblenz JurBüro 80, 1846; München NJW 64, 1377 [1378]). Protokollberichtigung (§ 164) ist nicht Voraussetzung für gebührenrechtliche Beurteilung. Dies gilt auch für die Reihenfolge protokollarischer Feststellungen, zB für den Zeitpunkt der Bewilligung der Prozeßkostenhilfe und ob ein PKH-Anwalt (§ 121) vor oder erst nach Verhandlung zur Sache beigeordnet wurde. Bedeutung erlangen diese Grundsätze immer wieder für die Verhandlung vor Beweisaufnahme und für die Frage, ob zum Gegenstand der Verhandlung gemachte Urkunden und Akten zu Beweiszwecken oder nur informatorisch verwendet wurden (regelmäßig keine Beweiserhebung bei Erörterung einer von den Parteien vorgelegten und inhaltlich unstreitigen Urkunde). In Zweifelsfällen hat der Kostenbeamte eine dienstliche Äußerung des Vorsitzenden darüber einzuholen, ob Urkunden informatorisch oder als Beweismittel verwendet wurden (Frankfurt Rpfleger 80, 70).

159 *[Protokollaufnahme]*

(1) Über die mündliche Verhandlung und jede Beweisaufnahme ist ein Protokoll aufzunehmen. Für die Protokollführung ist ein Urkundsbeamter der Geschäftsstelle zuzuziehen, wenn nicht der Vorsitzende davon absieht.

(2) Absatz 1 gilt entsprechend für Verhandlungen, die außerhalb der Sitzung vor Richtern beim Amtsgericht oder vor beauftragten oder ersuchten Richtern stattfinden.

1 **I) Aufzunehmen** ist ein Protokoll über jede **a) mündliche Verhandlung** (Abs 1 S 1) vor dem erkennenden Gericht (§ 128 I, § 136 I), auch bei Entscheidungsverkündung, Vertagung, Säumnis der Parteien und bei abgesonderter Verhandlung (§ 280);

b) Beweisaufnahme (Abs 1 S 1), gleichgültig, ob sie vor dem Prozeßgericht erfolgt (§ 355 I S 1) oder einem beauftragten (§ 361 I) oder ersuchten Richter (§ 362 I) übertragen ist;

c) Verhandlung außerhalb der Sitzung (Abs 2), zB mündliche Erörterung nach § 118 I S 3, Güteversuch (§ 279), Verhandlung des Vollstreckungsgerichts (§ 764 III), Termin über Offenbarungsversicherung (§ 900).

II) 1) Für die Protokollierung ist ein **Urkundsbeamter** (§ 153 GVG) zuzuziehen (Abs 1 S 2). Der Vorsitzende (Einzelrichter, beauftragte oder ersuchte Richter [RG 114, 1], Amtsrichter, Rechtspfleger) hat das Protokoll aufzunehmen, wenn er (nicht das Kollegium) auf Zuziehung verzichtet; im Kollegium kann dann die Protokollführung auch einem Beisitzer (mit seinem Einvernehmen) überlassen werden; verantwortlich für Aufnahme und Inhalt des Protokolls bleibt jedoch der Vorsitzende (§ 163; Holtgrave Betrieb 75, 821 [823]). Daß von der Zuziehung eines Urkundsbeamten abgesehen wird, wird zweckmäßig zu Beginn des Protokolls vermerkt, ausreichend ist auch Nennung nur der Richter (§ 160 I Nr 2) und Unterzeichnung nur durch den Vorsitzenden (§ 163 I S 1). Einer Begründung bedarf die Maßnahme nicht. Es kann auch jederzeit während des Termins von der weiteren Zuziehung eines Urkundsbeamten abgesehen oder ein Protokollführer wieder zugezogen werden (gebietet Protokollvermerk). Nachträglich (zB bei Erkrankung nach Abschluß der Verhandlung, wenn Meinungsverschiedenheiten über den Protokollinhalt nicht ausgeräumt werden können) kann von der Zuziehung des Urkundsbeamten nicht mehr Abstand genommen werden. Die richterliche Entscheidung, ob zur Protokollaufnahme ein Urkundsbeamter hinzugezogen oder ein Aufnahmegerät verwendet wird, ist einer dienstaufsichtlichen Weisung nicht unterworfen (BGH NJW 78, 2509 u 88, 417). 2

2) Die Personallage der Geschäftsstelle ist niemals Grund für ein Richterprotokoll (Putzo NJW 75, 188). Die Justizverwaltung hat die Amtspflicht, dem Gericht einen Protokollführer (Betrauung und Auswahl entscheidet Justizverwaltung, BGH NJW 88, 417) und die technische Ausrüstung im erforderlichen Umfang bereitzustellen (Franzki DRiZ 75, 98), so insbes Tonaufnahmegeräte und ein zur Aufnahme in die Prozeßakten (§ 160a III; große Schallplatten sind hierfür kaum geeignet) verwendbares Aufnahmematerial in ausreichender Menge. 3

3) Der **Urkundsbeamte** hat das Protokoll **eigenverantwortlich** und für jede Sache gesondert abzufassen und niederzuschreiben. Der für den Protokollinhalt mit verantwortliche Vorsitzende (§ 163 I S 1) kann Anordnung hinsichtlich des Umfangs (zB ob Parteivorbringen aufzunehmen ist) und der Feststellung des Ganges der Verhandlung geben. Teile des Protokolls kann der Vorsitzende daher auch diktieren, insbes wenn es auf den genauen Wortlaut einer Erklärung usw ankommt. Der Urkundsbeamte darf aber in keinem Falle mechanisch nachschreiben. Hält er das Diktierte nicht für richtig, so muß er seine entgegenstehende Überzeugung zu wahren wissen. Wie Konflikte zu lösen sind, wenn der Vorsitzende und der Urkundsbeamte verschiedener Ansicht über das Wahrgenommene sind, sagt das Gesetz nicht. In der Regel wird sich durch nochmalige Befragung der Parteien, Zeugen usw die Meinungsverschiedenheit beheben lassen. Auf keinen Fall darf der Urkundsbeamte gegen seine Überzeugung deshalb etwas feststellen, weil der Vorsitzende es anordnet. Wenn trotz Rücksprache Vorsitzender und Urkundsbeamter nicht zu derselben Auffassung kommen, so ist im Protokoll die Auffassung des Urkundsbeamten niederzulegen. Der Vorsitzende hat durch einen Zusatz seine abweichende Auffassung festzustellen. 4

III) 1) In der mündlichen **Verhandlung** oder während der Beweisaufnahme ist das Protokoll aufzunehmen (§ 159 I) oder vorläufig aufzuzeichnen (§ 160a; so auch StJ/Roth Rn 12; anders ThP § 159 Rn 3). Auch noch nach Abschluß des Termins können die Teile des Protokolls angefertigt werden, die nicht Beteiligten vorzulesen oder zur Durchsicht vorzulegen sind (§ 162 I; BGH 14, 381 [397]; Saarbrücken NJW 72, 61). 5

2) Das Protokoll ist **klar** und **deutlich abzufassen.** Durchstreichungen sind möglichst zu vermeiden, Rasuren sind unzulässig (vgl § 419), leichtverständliche Abkürzungen sind angängig (zB „v g“, RG 53, 150). Inwieweit dann das Protokoll beweiskräftig ist, unterliegt in der höheren Instanz der freien Beweiswürdigung. Berichtigung: § 164. 6

160 *[Inhalt des Protokolls]*

(1) Das Protokoll enthält

1. den Ort und den Tag der Verhandlung;

2. die Namen der Richter, des Urkundsbeamten der Geschäftsstelle und des etwa zugezogenen Dolmetschers;

3. die Bezeichnung des Rechtsstreits;

4. die Namen der erschienenen Parteien, Nebenintervenienten, Vertreter, Bevollmächtigten, Beistände, Zeugen und Sachverständigen;

5. die Angabe, daß öffentlich verhandelt oder die Öffentlichkeit ausgeschlossen worden ist.

(2) Die wesentlichen Vorgänge der Verhandlung sind aufzunehmen.

(3) Im Protokoll sind festzustellen

1. Anerkenntnis, Anspruchsverzicht und Vergleich;

2. **die Anträge;**
3. **Geständnis und Erklärung über einen Antrag auf Parteivernehmung sowie sonstige Erklärungen, wenn ihre Feststellung vorgeschrieben ist;**
4. **die Aussagen der Zeugen, Sachverständigen und vernommenen Parteien; bei einer wiederholten Vernehmung braucht die Aussage nur insoweit in das Protokoll aufgenommen zu werden, als sie von der früheren abweicht;**
5. **das Ergebnis eines Augenscheins;**
6. **die Entscheidungen (Urteile, Beschlüsse und Verfügungen) des Gerichts;**
7. **die Verkündung der Entscheidungen;**
8. **die Zurücknahme der Klage oder eines Rechtsmittels;**
9. **der Verzicht auf Rechtsmittel.**

(4) Die Beteiligten können beantragen, daß bestimmte Vorgänge oder Äußerungen in das Protokoll aufgenommen werden. Das Gericht kann von der Aufnahme absehen, wenn es auf die Feststellung des Vorgangs oder der Äußerung nicht ankommt. Dieser Beschluß ist unanfechtbar; er ist in das Protokoll aufzunehmen.

(5) Der Aufnahme in das Protokoll steht die Aufnahme in eine Schrift gleich, die dem Protokoll als Anlage beigefügt und in ihm als solche bezeichnet ist.

1 **I) Zweck:** Bestimmung des **notwendigen Inhalts** des Protokolls als öffentliche Urkunde mit Beweiskraft nach §§ 165, 415 ff. Dieser Protokollinhalt ist wesentliche Grundlage auch für Prüfung der Ordnungsmäßigkeit des Verfahrens durch das Rechtsmittelgericht. Auch soweit Aufnahme von Erklärungen in das Protokoll notarielle Beurkundung ersetzt oder für Auflassung erfolgt (vor § 159 Rn 2), richten sich Förmlichkeiten und Inhalt nach den Verfahrensbestimmungen der ZPO (Keidel/Winkler § 1 BeurkG Rn 33; Haegele/Schöner/Stöber Rn 3338; Haegele Rpfleger 71, 283 [289]; Breetzke NJW 71, 178), nicht nach dem BeurkG.

2 **II)** Die für Bezeichnung der **Verhandlung** und zur Kennzeichnung der **Sache,** der **Beteiligten** und **Erschienenen** erforderlichen Angaben sind durch das Protokoll festzustellen (Abs 1), nicht aber die Uhrzeit des Aufrufs der Sache (Köln NJW-RR 92, 1022; im Einzelfall kann Angabe zweckmäßig sein). Enthält das Protokoll einen Vollstreckungstitel (§ 794 I), muß es den Erfordernissen des § 313 I Nr 1 genügen; die Parteien sind dann mit voller Anschrift zu bezeichnen (gebietet § 750 I mit § 795); bei nur kurzem Rubrum können fehlende Angaben zur Parteibezeichnung nicht in der Vollstreckungsklausel nachgetragen (dafür aber StJ/Roth Rn 2), sondern nur durch Protokollberichtigung (§ 164) angefügt werden. Die erschienenen Parteien, Zeugen (auch nicht vernommene) und SV (sowie sonstige Auskunftspersonen) sind festzustellen, auch wenn sie nicht geladen waren; bei Zeugen und SV sollte die Zeit der Entlassung angegeben und eine Verzichtserklärung auf Entschädigung festgestellt werden. Ausschluß der Öffentlichkeit s Anm zu § 174 GVG. In nichtöffentlicher Verhandlung anwesende Personen (nicht aber Richter oder Beamte der Dienstaufsicht, § 175 III GVG) sollten namentlich festgehalten werden.

3 **III)** Die (= alle) **wesentlichen Vorgänge** der Verhandlung sind aufzunehmen (Abs 2). Das gebietet Darstellung des Verfahrensablaufs, soweit das für die Entscheidung erforderlich ist, zB prozeßleitende Verfügungen, Zwischentscheidungen, Beweisanordnungen; anzugeben ist, ob eine Beweisverhandlung (§§ 285, 278; BGH MDR 89, 972 = NJW 90, 121) und ob eine Erörterung iS § 31 I Nr 4 BRAGO stattgefunden hat, ob Urkunden zu Beweiszwecken oder nur informatorisch Gegenstand der Verhandlung waren, welche Vergleichsvorschläge das Gericht gemacht hat (§ 279), welche Fragen gestellt und Hinweise gegeben wurden (§§ 139, 278 III) und wie die Parteien hierauf erwidert haben, ob und welche Erklärungsfristen gesetzt und Auflagen gemacht wurden. Ohne diese Angaben wäre dem Rechtsmittelgericht die Prüfung der Ordnungsmäßigkeit des Verfahrens (§§ 539, 550, 551) regelmäßig nicht möglich. Feststellungen bei Festsetzung eines Ordnungsmittels wegen Ungebühr GVG § 178 Rn 6 aE.

4 **IV) 1) Weitere notwendige Feststellungen** nach Abs 3: **a) Anerkenntnis** (§ 307), **Verzicht** (§ 306) und **Vergleich** (§ 794 I Nr 1) sind (wörtlich) aufzunehmen (Verlesung und Genehmigung § 162 I). Ob der Vergleich vor oder nach streitiger Verhandlung geschlossen wurde, hat das Protokoll eindeutig zu ergeben.

5 **b) Ein gerichtlicher Vergleich** ist als verfahrensbeendende Prozeßhandlung und als Vollstrekkungstitel (§ 794 Rn 3, 13 u 14) nur wirksam, wenn er ordnungsgemäß (formgerecht, §§ 159–160a, §§ 162–164) protokolliert ist (BGH 16, 388 [390] = NJW 55, 705; KG Rpfleger 73, 325 mwN; Frankfurt NJW 73, 1131 u FamRZ 80, 907; Köln FamRZ 84, 1048; Zweibrücken NJW-RR 92, 1408; s auch Vollkommer Rpfleger 73, 269, der sich mit beachtlichen Gründen dagegen wendet, Formvorschriften zum Selbstzweck zu erheben). Er muß somit in das unterzeichnete (§ 163) Protokoll oder eine ihm als Anlage beigefügte und in ihm als solche bezeichnete Schrift (Abs 5) aufgenom-

men sowie vorgelesen oder als vorläufige Aufzeichnung abgespielt („laut diktiert" entspricht dem nicht) oder zur Durchsicht vorgelegt und genehmigt (nicht aber von den Parteien unterschrieben) sein (§ 162 I); daß dies geschehen ist, hat im Protokoll vermerkt zu sein (§ 162 I S 3). Die Einhaltung auch des § 162 I ist Wirksamkeitserfordernis (BGH NJW 84, 1465 [1466]; BAG 8, 228 [232]; KG Rpfleger 73, 325 mwN u FamRZ 84, 284 [285]; Köln FamRZ 84, 1048 mwN; LG Berlin JurBüro 87, 1889 = Rpfleger 88, 110). Wenn der Vergleich schriftlich abgefaßt als dem Protokoll beizufügende Anlage (Abs 5) übergeben wird (s RG 142, 1 [3]), ist diese Tatsache im Protokoll festzustellen, und zwar auch dann, wenn die Anlage über den Vergleichstext hinaus einen weitergehenden Gegenstand der Einigung enthält (Zweibrücken aaO). Beispiel: „Die Parteien schließen den übergebenen, mit Datum vom . . . versehenen Vergleich; er ist diesem Protokoll als Anlage 1 (Bl . . . dA) beigefügt". Es ist der übergebene (in Anlage zum Protokoll genommene) Vergleichswortlaut zu verlesen (KG FamRZ 81, 193) oder das Schriftstück zur Durchsicht vorzulegen und zu genehmigen (§ 162 I). Kein Prozeßvergleich ist zustande gekommen, wenn das Gericht durch Beschluß den Parteien einen Vergleichsvorschlag gemacht, die Parteien diesen schriftsätzlich angenommen und der Urkundsbeamte auf die Ausfertigung des Beschlusses den Vermerk gesetzt hat: „Dieser Vergleichsvorschlag wurde durch schriftliche Erklärung der Parteien vom . . . angenommen" (so auch StJ/Roth Rn 14; abzulehnen daher Celle NJW 65, 1970); Besonderheit § 106 S 2 VwGO; dazu Lüke NJW 94, 233). Ein fehlerhaftes Protokoll kann auch berichtigt werden, wenn in ihm ein Vergleich niedergelegt ist (Hamm MDR 83, 410 = OLGZ 83, 89; Koblenz Rpfleger 69, 137; Vollkommer Rpfleger 76, 258; aA Stuttgart Rpfleger 76, 278 bei fehlender Unterschrift des Richters). Das Fehlen der Formerfordernisse ist nicht nach § 295 heilbar, Verzicht der Parteien (insbes auch auf Vorlesung) daher ohne Bedeutung (LG Braunschweig MDR 75, 322). Eine Partei, die sich mit Hinweis auf die Nichtbeachtung bloßer Formvorschriften von einem Vergleich lossagen will, verstößt gegen Treu und Glauben, wenn der Vergleich von beiden Seiten lange Zeit hindurch als wirksam angesehen und nach ihm verfahren wurde (BAG NJW 70, 349 mit krit Anm Reinicke NJW 70, 306; Frankfurt FamRZ 84, 302).

2) Sach- (§ 297 Rn 1) und Prozeß**anträge** (§ 297 Rn 3; letztere nicht zwingend, Koblenz MDR 75, 63; München NJW 64, 361; Aufnahme aber zweckmäßig). Anzugeben ist, ob gem § 297 verlesen, Bezug genommen oder mündlich zu Protokoll erklärt (und verlesen, § 162 I) wurde. 6

3) **Geständnis** (§§ 288–290), Erklärung über **Parteivernehmung** (§§ 445–447, auch § 453 II). Die Feststellung „sonstiger Erklärungen" ist im Gesetz nicht mehr vorgeschrieben (= Redaktionsfehler; Besonderheit: § 389 I); maßgeblich ist daher allein die vom Vorsitzenden vorzunehmende Prüfung, ob Erklärungen entscheidungserheblich sind (zB Aussageverweigerung; Erklärungen gem § 141). Widersprüchliche Erklärungen sollten wörtlich aufgenommen werden, um dem Kollegium und Rechtsmittelgericht die Auslegung zu ermöglichen. Protokollierung anderer Parteierklärungen im amtsgerichtl Verfahren: § 510a. Zur Niederschrift des Vaterschaftsanerkenntnisses s § 641c Rn 1. 7

4) **Aussagen von Zeugen, SV und Parteien** (Ausnahme § 161); dazu gehört auch die Beeidigung (§ 481). Die wörtliche Wiedergabe der Aussage ist besonders wichtig bei Beeidigung (§§ 391, 410, 452). Bei Berichtigung von Aussagen im Verlauf der Vernehmung sollten die „falsche" und die „richtige" wörtlich aufgenommen werden, um Beweiswürdigung (§ 286) zu ermöglichen. Die **Protokollpflichtigkeit** der Aussagen ist **eingeschränkt bei wiederholten Vernehmungen** derselben Auskunftsperson über dasselbe Beweisthema (§ 398) und entsprechend bei mündlicher Erläuterung eines schriftlichen Gutachtens gem § 411 III; dort Rn 5 u 5a); hier sind zur Entlastung des Protokolls von Wiederholungen nur Noven iS von Ergänzungen, Berichtigungen oder Erläuterungen der früheren Aussage (auch im früheren Rechtszug und auch bei urkundlich verwerteten Aussagen iS von § 373 Rn 9, § 402 Rn 2) in die Niederschrift aufzunehmen. Verlesung: § 162. Als Aussage einer Partei gilt hier nur eine solche bei Vernehmung zu Beweiszwekken (§§ 445–449, nicht § 141; BGH 50, 84 [86] u VersR 62, 281; auch nicht § 613 I [dort Rn 10]). 8

5) **Ergebnis eines Augenscheins** (§§ 371, 372). Nicht nur ob und was besichtigt wurde, ist festzustellen, sondern tunlichst auch der gem § 162 den Parteien mitzuteilende Eindruck, evtl mit einer Handskizze oder Maßangabe; sonst nicht verwertbar bei späterem Richterwechsel (BGH NJW 72, 1202; Karlsruhe Justiz 73, 246). 9

6) Protokollpflichtige **Entscheidungen** sind Urteile, aber auch alle die Prozeßlage gestaltenden Beschlüsse und Anordnungen (die ggf ohnedies wesentliche Vorgänge iS von Abs 2 sind), deren Wortlaut aus dem Protokoll selbst oder aus einer gem Abs 5 in Bezug genommenen Protokoll-Anlage ersichtlich sein muß (BGH MDR 90, 919 = NJW-RR 91, 1084). Für Urteile ergibt sich das schon aus dem Verlesungsgebot (§ 311 II u III), das aber nur die Urteilsformel, nicht auch deren Begründung umfaßt. Bei abgekürzten Urteilen nach § 313b II genügt die protokollierte Bezugnahme auf den Antragsschriftsatz (§ 253 II Nr 2), ohne daß dieser Bestandteil des Protokolls sein muß. Im übrigen ersetzt aber die Feststellung im Protokoll, daß die Entscheidungsformel von 10

einem Tonträger abgespielt wurde (§ 160a), die Wiedergabe dieser Formel im Protokoll nicht (LG Frankfurt Rpfleger 76, 257).

11 7) Die Förmlichkeit der **Verkündung** (§§ 311, 329 I) muß das Protokoll beweiskräftig (§ 165) wiedergeben, um (soweit hierfür nicht Zustellung maßgeblich) die Rechtsmittelfrist in Lauf zu setzen (§§ 516, 552, 577; BGH MDR 85, 396 = NJW 85, 1782, NJW 89, 1156 [1157] u MDR 95, 198 = NJW 94, 3358). Dargestellt werden sollte, ob Verkündung durch Vorlesung der Urteilsformel (§ 311 II) oder durch Bezugnahme auf die Urteilsformel (§ 311 IV S 2) erfolgt ist. Jedoch ist dem Erfordernis von Abs 3 Nr 7 auch mit dem Vermerk Genüge getan, daß das „anliegende Urteil verkündet" worden ist (BGH NJW 85, 1782 [1783] u 94, 3358). Soweit demnach „Verlesung" der Entscheidungsformel protokolliert ist, beweist das (§ 165), daß diese Formel zumindest bei Verkündung vorlag (BGH NJW 85, 1782, auch zu den Erfordernissen des Gegenbeweises). Solange Protokollierung der ordnungsgemäßen Verkündung fehlt, bleibt die Entscheidung, selbst wenn sie Bestandteil des Protokolls ist, nur Entwurf (StJ/Roth Rn 26).

12 8) **Zurücknahme** von Klage (§ 269) oder Rechtsmittel (§§ 515, 566; gilt auch für Beschwerde). Festzustellen ist hierzu auch die etwa erforderliche Zustimmung des Gegners sowie dessen Kostenantrag (Franzki DRiZ 75, 97 [98]). Verlesung: § 162. Die Feststellungen sind wesentlich bei späterem Streit über die Wirksamkeit der Rücknahme (vgl § 269 Rn 19b). Protokollvereinfachung bei Rücknahme: § 161 I Nr 2.

13 9) **Rechtsmittelverzicht:** §§ 514, 566 (auch auf Beschwerde). Zur Rechtsfolge einer im Protokoll nicht festgestellten Verlesung des Verzichts gem § 162 s dort Rn 6.

14 V) Die Feststellung bestimmter **weiterer verfahrenserheblicher Vorgänge** (auch Zwischenfälle) und wesentlicher **Erklärungen** können die Beteiligten bis zum Schluß der mündlichen Verhandlung (nicht später, Frankfurt MDR 89, 550 = NJW-RR 90, 123; BVerwG NJW 63, 730) beantragen (Abs 4 S 1). Die stattgebende Entscheidung steht dem Vorsitzenden zu, die ablehnende dem Gericht. Obwohl Ablehnung nur erfolgen darf, wenn es auf den Vorgang oder die Erklärung nicht ankommt (Abs 4 S 2), ist sie nicht anfechtbar (Abs 4 S 3). Auch die Protokollierung der Ablehnung muß daher die abgelehnte Feststellung nicht inhaltlich wiedergeben. Den Beteiligten bleibt nur die Möglichkeit, die Erklärungen oder Vorgänge schriftlich in das Verfahren einzuführen.

15 VI) Der Inhalt einer als **Anlage beigefügten Schrift** ist Protokollinhalt (Abs 5), nimmt somit an der Beweiskraft teil (§§ 165, 415). Die Schrift muß im Protokoll als dessen Anlage so konkret bezeichnet sein, daß Zweifel an der Identität nicht aufkommen können. Kennzeichnung als Protokollanlage auch der Schrift (empfiehlt sich, ist aber nicht notwendig, BGH 10, 327 [329]) sowie Unterzeichnung der Anlage durch Vorsitzenden und Urkundsbeamten (unüblich) sind nicht Wirksamkeitserfordernis. Vorbereitende Schriftsätze, die eine Partei im Termin übergibt, sind als solche keine „Anlage"; sie nehmen an der Beweiskraft des Protokolls nicht teil. Aus ihm muß aber die Überreichung hervorgehen. Zum schriftl übergebenen Vergleich s Rn 5.

160a *[Vorläufige Aufzeichnung]*

(1) Der Inhalt des Protokolls kann in einer gebräuchlichen Kurzschrift, durch verständliche Abkürzungen oder auf einem Ton- oder Datenträger vorläufig aufgezeichnet werden.

(2) Das Protokoll ist in diesem Fall unverzüglich nach der Sitzung herzustellen. Soweit Feststellungen nach § 160 Abs. 3 Nr. 4 und 5 mit einem Tonaufnahmegerät vorläufig aufgezeichnet worden sind, braucht lediglich dies in dem Protokoll vermerkt zu werden. Das Protokoll ist um die Feststellungen zu ergänzen, wenn eine Partei dies bis zum rechtskräftigen Abschluß des Verfahrens beantragt oder das Rechtsmittelgericht die Ergänzung anfordert. Sind Feststellungen nach § 160 Abs. 3 Nr. 4 unmittelbar aufgenommen und ist zugleich das wesentliche Ergebnis der Aussagen vorläufig aufgezeichnet worden, so kann eine Ergänzung des Protokolls nur um das wesentliche Ergebnis der Aussagen verlangt werden.

(3) Die vorläufigen Aufzeichnungen sind zu den Prozeßakten zu nehmen oder, wenn sie sich nicht dazu eignen, bei der Geschäftsstelle mit den Prozeßakten aufzubewahren. Aufzeichnungen auf Ton- oder Datenträgern können gelöscht werden,

1. **soweit das Protokoll nach der Sitzung hergestellt oder um die vorläufig aufgezeichneten Feststellungen ergänzt ist, wenn die Parteien innerhalb eines Monats nach Mitteilung der Abschrift keine Einwendungen erhoben haben;**
2. **nach rechtskräftigem Abschluß des Verfahrens.**

1 I) **Zweck:** Zulassung technischer Hilfsmittel für Aufzeichnung des Protokollinhalts und Regelung der Anfertigung der Protokollreinschrift in einem solchen Fall.

II) 1) Vorläufig aufgezeichnet werden kann der gesamte Inhalt des Protokolls (= sämtliche Feststellungen nach § 160) in einer gebräuchlichen Kurzschrift, durch verständliche Abkürzungen oder auf einem Ton- oder Datenträger (Abs 1). Ob das Protokoll (in jedem Fall als einheitliche Urkunde) in der Sitzung oder an Hand vorläufiger Aufzeichnungen nach der Sitzung hergestellt wird, bestimmt der Vorsitzende (Richter). Das unmittelbar in die Schreibmaschine diktierte Protokoll ist zulässig und oft ideal (die Beteiligten erhalten sofort Abschrift). Auch das nach vorläufiger Aufzeichnung nachträglich hergestellte Protokoll ist mit der erhöhten Beweiskraft des § 165 ausgestattet (BGH MDR 85, 396 = NJW 85, 1782). Unzulässig ist aber nachträgliche Herstellung aus dem Gedächtnis (ggfs keine Beweiskraft). 2

2) Bei Tonaufnahme sollte tunlichst der Vorsitzende den wesentlichen Inhalt der Aussagen der Parteien, Zeugen und SV auf den Tonträger sprechen. Eine Aufnahme der gesamten Aussage, die erfahrungsgemäß oft Nebensächliches enthält, wird selten sachgerecht sein; die Übertragung der Aufnahme in das Protokoll (Abs 2) hätte sonst meistens Verwirrung zur Folge (Franzki DRiZ 75, 99). Die Parteien haben keinen Anspruch auf ein vollständiges „Wortprotokoll" (Schmidt NJW 75, 1309). 3

III) 1) Herzustellen ist das Protokoll (die Niederschrift in Reinschrift) nach vorläufiger Aufzeichnung (Abs 1) unverzüglich nach der Sitzung (Abs 2 S 1 als Ordnungsvorschrift). Gefertigt wird ein (einheitliches) Protokoll, das vom Richter und Urkundsbeamten unterzeichnet wird (§ 163 mit Einzelheiten). Die früher übliche (§ 163 aF) Protokollierung in drei Teilen (eigentliches Protokoll über den Verhandlungsablauf, Kurzschriftanlage und Übertragung in die gewöhnliche Schrift) ist damit entfallen. „Unverzüglich" (s § 121 I BGB; hierzu E. Schneider JurBüro 75, 130) ermöglicht es, Belangen des Gerichts ebenso Rechnung zu tragen wie Interessen der Parteien zu wahren. Die verspätet erstellte Niederschrift büßt ihre Beweiskraft nicht ein (BGH MDR 85, 396 = NJW 85, 1782 u NJW 94, 3358); bei Verzögerung jedoch § 26 II DRiG, evtl § 839 BGB. 4

2) Sind mit einem Tonaufnahmegerät **Aussagen der Zeugen,** SV und vernommenen Parteien sowie ein Augenscheinsergebnis (§ 160 III Nr 4 u 5) vorläufig aufgezeichnet worden (anders bei Kurzschriftaufzeichnung, StJ/Roth Rn 8; aA E. Schneider aaO), wird das lediglich im Protokoll ohne Wiedergabe des Inhalts vermerkt (Abs 2 S 2). Übertragung in Reinschrift hat dann als Protokollergänzung zu erfolgen, wenn eine Partei dies bis zum rechtskräftigen Verfahrensabschluß (nicht mehr danach) beantragt oder das Rechtsmittelgericht die Ergänzung anfordert (Abs 2 S 3). Dem **Antrag der Partei** auf **Protokollergänzung** ist zwingend stattzugeben, sofern nicht § 161 Ausnahme zuläßt oder das Verfahren rechtskräftig abgeschlossen ist. Fraglich ist, ob ggf der gesamte Inhalt der Tonaufnahme, zB einer Zeugenaussage, in das Protokoll zu übertragen ist; Abs 2 S 4 spricht für vollständige Übertragung, falls nicht vorläufige Aufzeichnung des wesentlichen Inhalts der Aussage neben der Tonaufnahme in der Verhandlung erfolgte. Damit ist der Rationalisierungseffekt der Regelung in Frage gestellt. Wo Tonaufnahme neben Stenogramm des wesentlichen Aussageinhalts erfolgt (was bei umfangreichen Aussagen daher stets zu empfehlen ist), erlaubt die Tonbandaufnahme daher nur bedingt den Verzicht auf Übertragung des Stenogramms in Reinschrift. 5

3) Im Urteil genügt dem § 313 II, wenn das Protokoll lediglich den Vermerk der (nach Abs 3 verwahrten) Tonaufnahme enthält (Abs 2 S 2), die Bezugnahme auf die Tonaufzeichnung. Der vorherigen Bekanntmachung eines Berichterstattervermerks (BGH NJW 72, 1673) bedarf es dann nicht. 6

IV) 1) Aufbewahrung der vorläufigen Aufzeichnung erfolgt in den Prozeßakten, sonst (Schallplatten, Tonband, Diskette) bei der Geschäftsstelle (Abs 3 S 1). In keinem Fall sind diese Aufzeichnungen Bestandteil des Protokolls selbst (StJ/Roth Rn 11). 7

2) Löschung der Ton/Datenaufzeichnung ist zulässig nach rechtskräftigem Verfahrensabschluß oder bereits nach Übertragung in das Protokoll (Rn 5); auch im letzteren Fall aber Verwahrung bis zum Verfahrensabschluß, wenn eine Partei das innerhalb eines Monats nach Mitteilung des ergänzten Protokolls beantragt. Ablauf der Monatsfrist beschränkt Protokollrüge (Schneider JurBüro 75, 131). Die Monatsfrist wird durch die (deshalb in den Akten zu vermerkende) formlose (aM zu Unrecht Schmidt NJW 75, 1308) Mitteilung des gem Abs 2 hergestellten Protokoll an die Parteien (§ 176) in Lauf gesetzt. Ob Frist abgelaufen und deshalb Löschung erlaubt ist, bestimmt der Vorsitzende (nicht die Geschäftsstelle; aM MK/Peters Rn 7; nach StJ/Roth Rn 14 Vorsitzender und Urkundsbeamter gemeinsam). Keine Löschung vor einer etwa beantragten Protokollberichtigung (§ 164). 8

V) Die **Verwahrung des Tonträgers** dient der Möglichkeit, Protokoll und Urteilstatbestand auf ihre Richtigkeit nachzuprüfen (vgl §§ 164, 320). Daher gilt für Akteneinsicht § 299 hier mit der Maßgabe, daß die Parteien **Abhören** auf der Geschäftsstelle verlangen können, und zwar bis zur Löschung, nicht nur in der Monatsfrist von Abs 3 S 2 Nr 1 (aA StJ/Roth Rn 18). Die Voraussetzungen hierfür zu schaffen ist Aufgabe der Justizverwaltung. Hinausgabe des Tonträgers kann 9 wegen stets bestehender Gefahr der Löschung oder Verfälschung nicht beansprucht werden, wohl aber das Überspielen auf anderen Tonträger, wo der Vorgang technisch gefahrlos gewährleistet ist. Erlaubnis erteilt der Vorsitzende (StJ/Roth Rn 20). Erforderlich ist Zustimmung der Verfahrensbeteiligten, deren Stimme das Tonband wiedergibt, also auch der Zeugen (Persönlichkeitsrecht und Schutz des gesprochenen Worts, MK/Peters Rn 9; StJ/Roth Rn 20).

10 **VI) Tonaufnahme des Verhandlungsablaufs** während der Sitzung durch die Parteien selbst (deren Prozeßbevollmächtigte) ist nur mit Erlaubnis des Vorsitzenden und (auch wenn und solange das Gericht die Verhandlung auf Tonträger aufnimmt) mit Zustimmung aller anwesenden Beteiligten (Richter, Parteien und Bevollmächtigte, Zeugen usw) zulässig (Wahrung des Perönlichkeitsrechts; MK/Peters Rn 10; StJ/Roth Rn 21; weitergehend MK/Wolf GVG § 169 Rn 48). Aufnahme zu Veröffentlichungszwecken: § 169 S 2 GVG.

11 **VII) Gebühren: 1)** des **Gerichts:** Keine. – **2)** des **Anwalts:** Tätigkeit durch die Prozeßgebühr mit abgegolten (analog dem Grundgedanken des § 37 Nr 6 BRAGO).

161 *[Entbehrliches Protokoll]*

(1) Feststellungen nach § 160 Abs. 3 Nr. 4 und 5 brauchen nicht in das Protokoll aufgenommen zu werden,

1. **wenn das Prozeßgericht die Vernehmung oder den Augenschein durchführt und das Endurteil der Berufung oder der Revision nicht unterliegt;**
2. **soweit die Klage zurückgenommen, der geltend gemachte Anspruch anerkannt oder auf ihn verzichtet wird, auf ein Rechtsmittel verzichtet oder der Rechtsstreit durch einen Vergleich beendet wird.**

(2) In dem Protokoll ist zu vermerken, daß die Vernehmung oder der Augenschein durchgeführt worden ist. § 160a Abs. 3 gilt entsprechend.

1 **I) Zweck:** Vereinfachung des Beweisaufnahmeverfahrens (BGH 21, 59 [62]) mit erleichterter Protokollführung durch Entlastung von Inhalt, für dessen Wiedergabe kein Bedürfnis (mehr) besteht.

2 **II) 1) Nicht** in das Protokoll **aufgenommen** zu werden brauchen (Ermessen des Vorsitzenden) unter den Voraussetzungen des Abs 1 die Aussagen der Zeugen, SV und vernommenen Parteien sowie das Ergebnis eines Augenscheins (§ 160 III Nr 4 u 5).

3 **2) Abs 1 Nr 1** (Beendigung des Rechtsstreits durch Urteil) gilt nur für das Protokoll des Prozeß- (auch des entscheidenden Einzelrichters, § 348) und des Berufungsgerichts, nicht aber für ein Protokoll des beauftragten oder ersuchten Richters sowie des Einzelrichters des Berufungsgerichts (§ 524; anders jedoch, wenn er nach § 524 IV entscheidet). Bei Richterwechsel ist ein nach Abs 1 Nr 1 verkürztes Protokoll nicht verwertbar (StJ/Roth Rn 2 u 5). Das Urteil darf (zweifelsfrei) nicht der Berufung oder Revision unterliegen, weil diese nicht statthaft (s §§ 511, 545) oder die Berufungs- (§ 511a mit Ausnahme in Abs 2) bzw Revisionssumme (§ 546) nicht erreicht und die Revision nicht zugelassen (§ 546) und auch nicht nach § 547 möglich ist.

4 **3) Abs 1 Nr 2** erfaßt Beendigung des Rechtsstreits ohne Urteil mit Klagerücknahme (§ 269), Anerkenntnis (§ 307), Verzicht (§ 306), Rechtsmittelverzicht (§§ 514, 566, dem entspricht -zurücknahme, §§ 515, 566) sowie (unbedingten) Prozeßvergleich (§ 794 I), außerdem Verzicht auf Einspruch und Zurücknahme (§ 346) sowie beiderseitige Erklärung der Hauptsacheerledigung (StJ/Roth Rn 7; MK/Peters Rn 5). Erledigt sich damit der Rechtsstreit nur teilweise, kann bezüglich des erledigten Teils, soweit er ausscheidbar ist, von der Protokollierung abgesehen werden.

5 **4)** Entsprechend gilt Abs 1 im **Beschlußverfahren,** wenn eine Beschwerde nicht stattfindet oder eine Abs 1 Nr 2 gleiche Verfahrensbeendigung eintritt.

6 **5)** Erforderlich ist stets Protokollierung, daß und welche Zeugen, SV oder Parteien **erschienen sind** und **vernommen** wurden (§ 160 I Nr 4 u Abs 2 S 1; dazu gehört auch die Beeidigung, § 481) und daß der Augenschein durchgeführt worden ist (Abs 2 S 1).

7 **III)** Die **vorläufigen Aufzeichnungen** sind auch dann nach § 160a III zu **verwahren,** wenn nach Abs 1 Feststellungen nicht in das Protokoll aufgenommen wurden (Abs 2 S 2), obwohl hier (wegen Abs 1) eine Ergänzung des Protokolls nicht in Betracht kommt (§ 160a Rn 5). Die Aussagen können bedeutsam werden, wenn Streit über Inhalt, Umfang oder Wirksamkeit der Rücknahme, des Anerkenntnisses, Verzichts oder Vergleichs entsteht; ggf lebt der Ergänzungsanspruch nach § 160a II S 3 wieder auf. Löschung der Tonaufnahmen nach rechtskräftigem Verfahrensabschluß: Abs 2 S 2 mit § 160a III S 2.

IV) 1) Einen weitergehenden **Verzicht der Beteiligten auf Protokollierung** auch in anderen Fällen sieht das Gesetz nicht vor. Ein solcher Verzicht der Parteien oder Beweispersonen befreit daher nicht von der Pflicht zur Protokollierung gem § 160 II u III. Nur Verzicht auf Abspielung, Verlesung oder Vorlage gem § 162 II ist möglich. Unberührt bleibt – vorbehaltlich § 160 IV – das Recht des Gerichts, von der Niederschrift unwesentlicher Äußerungen abzusehen. 8

2) Unterbleibt Protokollierung, ohne daß Ausnahme nach Abs 1 vorliegt (zB bei Verkennung der Rechtsmittelfähigkeit des Urteils; Franzki DRiZ 75, 100), so sind, sofern das Beweisergebnis für das Rechtsmittelverfahren entscheidungserheblich ist, jedenfalls im Revisionsverfahren (wegen §§ 550, 561 I; im Berufungsverfahren s § 539) das Urteil und das Verfahren unter Zurückverweisung der Sache aufzuheben, denn Beweisfeststellung und -würdigung des Erstrichters könnten vom Rechtsmittelgericht nicht nachgeprüft werden. Ein Rügeverzicht der Parteien (§ 295) heilt den Protokollmangel nicht (BGH MDR 87, 209 = NJW 87, 1200; aA BVerwG NJW 88, 579). Jedoch können das Beweisergebnis wiedergebende Feststellungen im Tatbestand des Urteils uU Mängel des Protokolls beheben (BGH 40, 84 [86] = NJW 63, 2070 u NJW 87, 1200). 9

162 *[Genehmigung des Protokolls]*

(1) Das Protokoll ist insoweit, als es Feststellungen nach § 160 Abs. 3 Nr. 1, 3, 4, 5, 8, 9 oder zu Protokoll erklärte Anträge enthält, den Beteiligten vorzulesen oder zur Durchsicht vorzulegen. Ist der Inhalt des Protokolls nur vorläufig aufgezeichnet worden, so genügt es, wenn die Aufzeichnungen vorgelesen oder abgespielt werden. In dem Protokoll ist zu vermerken, daß dies geschehen und die Genehmigung erteilt ist oder welche Einwendungen erhoben worden sind.

(2) Feststellungen nach § 160 Abs. 3 Nr. 4 brauchen nicht abgespielt zu werden, wenn sie in Gegenwart der Beteiligten unmittelbar aufgezeichnet worden sind; der Beteiligte, dessen Aussage aufgezeichnet ist, kann das Abspielen verlangen. Soweit Feststellungen nach § 160 Abs. 3 Nr. 4 und 5 in Gegenwart der Beteiligten diktiert worden sind, kann das Abspielen, das Vorlesen oder die Vorlage zur Durchsicht unterbleiben, wenn die Beteiligten nach der Aufzeichnung darauf verzichten; in dem Protokoll ist zu vermerken, daß der Verzicht ausgesprochen worden ist.

I) Zweck: Richtigkeitsgewähr mit Überprüfung und Genehmigung des wesentlichen Protokollinhalts durch die Beteiligten. 1

II) 1) Vorzulesen oder zur **Durchsicht vorzulegen** sind den Beteiligten die Abs 1 S 1 genannten Protokollfeststellungen. Dafür muß das Protokoll bereits in der Sitzung in endgültiger Form erstellt oder der einschlägige Inhalt in einer als Anlage beizufügenden Schrift (§ 160 V) vorhanden sein; Vorlage nur vorläufiger Aufzeichnungen kann nicht erfolgen. Jedoch genügt für den vorläufig aufgezeichneten Protokollinhalt (§ 160a) Vorlesung oder **Abspielen** der Aufzeichnungen (Abs 1 S 2). Beteiligte sind die im Termin anwesenden Parteien (deren Vertreter und Prozeßbevollmächtigte) sowie jeweils nur für ihre Aussagen Zeugen und SV. Sachanträge werden von den Parteien (Prozeßbevollmächtigten) aus Schriftsätzen oder einer Schrift als Protokollanlage verlesen oder durch Bezugnahme gestellt (§ 297), das ist im Protokoll festzustellen (§ 160 III Nr 2); Abs 1 bezieht sich darauf nicht. Zu Protokoll erklärte Anträge (§ 297 I S 3), auch soweit sie in eine Anlage aufgenommen sind (nicht der Fall von § 297 I S 2), sind inhaltlich festzustellen und nach Abs 1 vorzulesen, vorzulegen oder abzuspielen. 2

2) Zu **vermerken** ist im Protokoll, daß Vorlesung oder Vorlage zur Durchsicht erfolgt ist oder vorläufige Aufzeichnungen vorgelesen oder abgespielt wurden und daß Genehmigung erteilt oder welche Einwendungen erhoben wurden (Abs 1 S 3). Die Abkürzung „v. g." genügt für vorgelesen und genehmigt (RG 53, 150). Über Einwendungen hat später das Gericht frei zu befinden (BGH NJW 84, 1465 [1466];BVerwG NJW 86, 3154 [3157]). Unterzeichnung des Protokolls durch die Beteiligten ist nicht vorgesehen (kann aber erfolgen, wenn es sogleich in Reinschrift vorliegt). 3

3) Unterbleiben kann Vorlesung usw auch nicht mit (vorherigem oder nachfolgendem) **Verzicht** der Beteiligten (Frankfurt FamRZ 80, 907); sie entfällt jedoch, wenn sich Beteiligte bereits entfernt haben (dann Feststellung im Protokoll; Folge Rn 6). 4

III) Nicht abgespielt werden brauchen nach Abs 2 S 1 Aussagen der Zeugen, SV und vernommenen Partei (§ 160 III Nr 4), wenn sie Gegenwart der Beteiligten unmittelbar, also in vollem Wortlaut, auf ein Tonaufnahmegerät **vorläufig aufgezeichnet** wurden (§ 160a I; gilt nicht für Aufzeichnung in Kurzschrift, BVerwG NJW 76, 1283; StJ/Roth Rn 12). Hierfür bedarf es keines Verzichts auf Abspielung (BVerwG NJW 76, 1282; Frantzki DRiZ 75, 98). Doch kann der vernommene Beteiligte, dessen Aussage aufgezeichnet ist (nicht ein anderer) das Abspielen verlangen (Abs 2 S 1). Unterbleiben kann das Abspielen, das Vorlesen oder die Vorlage zur Durchsicht 5 dieser Aussagen und des Ergebnisses eines Augenscheins (§ 160 III Nr 5), soweit die Feststellungen vom Richter in Gegenwart der Beteiligten in das Protokoll oder die vorläufige Aufzeichnung mit Kurzschrift oder Ton- bzw Datenträger diktiert wurden und die (= alle) Beteiligten (s Rn 2; Putzo NJW 75, 185 [188]) nach der Aufzeichnung verzichten (Abs 2 S 2). Der Verzicht ist im Protokoll zu vermerken. Verzicht nur der Beweisperson (Zeuge usw) genügt nicht. Trotz des Verzichts ist Vorlesung bzw Abspielung von Aussagen anzuraten, die beeidigt werden sollen (§§ 391, 410, 452).

6 **IV) Verstoß:** Für den **Prozeßvergleich** ist Vorlesung oder Vorlage zur Durchsicht bzw Abspielung, Genehmigung und Protokollvermerk, daß dies geschehen ist, Wirksamkeitserfordernis (§ 160 Rn 5). **Sonst** fehlt dem Protokoll bei Verstoß die Beweiskraft einer öffentlichen Urkunde (BGH MDR 84, 665 = NJW 84, 1465). Daher hat es nicht Unwirksamkeit einer (einseitigen) Prozeßhandlung zur Folge, wenn im Protokoll der Vermerk fehlt, daß sie vorgelesen und/oder genehmigt wurde, sofern Abgabe und Inhalt der Erklärung anderweit festgestellt (bewiesen) werden können, so für Anerkenntnis BGH 107, 142 [145, 146] = NJW 89, 1934; Frankfurt NJW-RR 88, 547; Klagerücknahme BSG MDR 81, 612; Rechtsmittelverzicht BGH NJW 84, 1465, NJW-RR 86, 1327 u FamRZ 94, 300 [301] = NJW-RR 94, 386). Zum Geständnis vor § 159 Rn 3.

163 *[Unterschrift]*

(1) Das Protokoll ist von dem Vorsitzenden und von dem Urkundsbeamten der Geschäftsstelle zu unterschreiben. Ist der Inhalt des Protokolls ganz oder teilweise mit einem Tonaufnahmegerät vorläufig aufgezeichnet worden, so hat der Urkundsbeamte der Geschäftsstelle die Richtigkeit der Übertragung zu prüfen und durch seine Unterschrift zu bestätigen; dies gilt auch dann, wenn der Urkundsbeamte der Geschäftsstelle zur Sitzung nicht zugezogen war.

(2) Ist der Vorsitzende verhindert, so unterschreibt für ihn der älteste beisitzende Richter; war nur ein Richter tätig und ist dieser verhindert, so genügt die Unterschrift des zur Protokollführung zugezogenen Urkundsbeamten der Geschäftsstelle. Ist dieser verhindert, so genügt die Unterschrift des Richters. Der Grund der Verhinderung soll im Protokoll vermerkt werden.

1 **I) Zweck:** Regelung der Unterzeichnung des Protokolls als förmliche Voraussetzung der öffentlichen Urkunde (§ 415) und damit seiner Beweiskraft.

2 **II) 1)** Das Protokoll (auch dessen Ergänzung nach § 160a II S 3, 4, BVerwG MDR 77, 339 = NJW 77, 264 mit Einschränkung) **unterschreiben Vorsitzender** (Einzelrichter [§§ 348, 524], beauftragter oder ersuchter Richter, Richter am AG, Rechtspfleger) **und Urkundsbeamter** (wenn nicht von Zuziehung abgesehen wurde, § 159 I S 2) gemeinsam (Abs 1 S 1; heißt nicht gleichzeitig). Abzeichnung nur mit Anfangsbuchstaben (Paraphe) genügt nicht; die Unterschrift muß individuelle Züge aufweisen (vgl § 130 Rn 7, § 170 Rn 9). Regelmäßig unterschreibt zuerst der Urkundsbeamte. Unterzeichnung durch den Richter erweitert dessen Verantwortung auf den gesamten Protokollinhalt, auch soweit dieser vorläufige Aufzeichnungen (§ 160a I) wiedergibt (BVerwG aaO). Die **Mitverantwortung des Richters** verbietet aber nicht eine sachgemäße Arbeitsteilung zwischen ihm und dem Urkundsbeamten; er wird sich auf eine Kontrolle nach seinem Gedächtnis beschränken und von einer Kontrolle der Kurzschriftübertragung bzw Abhörung der Tonbandaufnahme regelmäßig absehen dürfen, wo sich ihm keine Widersprüche mit seinem Erinnerungsbild aufdrängen (StJ/Roth Rn 5). Der Richter hat ein Recht auf Entlastung von technischer Übertragungsarbeit, die vornehmlich eigenverantwortliche Pflicht des Urkundsbeamten ist.

3 **2)** Der **Urkundsbeamte** hat die **Richtigkeit** (damit auch Vollständigkeit) **der Übertragung** des mit einem Tonaufnahmegerät ganz oder teilweise aufgezeichneten Inhalts in das nach der Sitzung hergestellte Protokoll (§ 160a II S 1) oder dessen spätere Ergänzung (§ 160a II S 3, 4) zu prüfen und durch seine Unterschrift zu bestätigen (Abs 1 S 2; bei Ergänzung mit Funktionsbezeichnung). Eigener Vermerk (üblich: „Für die Richtigkeit der Übertragung") ist zulässig (empfiehlt sich auch), nicht aber erforderlich. Diese Bestätigung durch Unterschrift des Urkundsbeamten (mit Funktionsbezeichnung) ist auch erforderlich, wenn sich seine Mitwirkung auf Übertragung der vom Richter allein gefertigten Tonaufnahme beschränkt. Auch der Unterschrift des nicht zur Sitzung zugezogen gewesenen Urkundsbeamten braucht ein Richtigkeitsvermerk nicht beigefügt zu werden (aA StJ/Roth Rn 7). Unterzeichnung (damit Bestätigung) durch einen (zur Sitzung nicht zugezogenen) Urkundsbeamten erfolgt jedoch nicht, wenn er den vom Richter (§ 159 Rn 2) in Kurzschrift (sonst abgekürzt) oder auf Datenträger aufgezeichneten Inhalt (§ 160a I) in die Reinschrift des richterlichen Protokolls überträgt (schreibt; StJ/Roth Rn 8; aA ThP Rn 1; BL/Hartmann Rn 3).

4 **3) a)** Für den (nicht nur vorübergehend) **verhinderten Vorsitzenden** unterschreibt der älteste beisitzende Richter (Abs 2 S 1 Halbs 1); maßgeblich ist (entspr § 21f II, § 197 GVG) das Dienst-,

nicht das Lebensalter. Unterzeichnung bei Verhinderung sowohl des Vorsitzenden als auch des ältesten Beisitzers ist nicht geregelt. Daß hier der Urkundsbeamte allein, nicht auch der jüngere Beisitzer unterschreiben soll, ist nicht anzunehmen. Sonst käme bei Verhinderung auch des Urkundsbeamten trotz Anwesenheit des dritten Richters ein Protokoll nicht zustande; so weit geht nicht einmal § 315 I (s dort Rn 1 aE). § 163 II S 1 regelt jedoch nur die Reihenfolge der Vertretung, schließt aber den jüngeren Richter von der Vertretung nicht aus. Unterzeichnung bei Verhinderung des Vorsitzenden und aller Beisitzer ist ebenso nicht ausdrücklich geregelt; hier muß Unterzeichnung durch den Urkundsbeamten genügen (Abs 2 S 1 Halbs 2 entspr).

b) Bei (nicht nur vorübergehender) **Verhinderung des Einzelrichters,** Amtsrichters, beauftragten oder ersuchten Richters oder Rechtspflegers unterzeichnet nur der Urkundsbeamte, sofern er zur Sitzung zugezogen war (Abs 2 S 1 Halbs 2). Der nicht hinzugezogene Urkundsbeamte, der gem Abs 1 letzter Hs nur die Übertragung der in seiner Abwesenheit gefertigten Tonaufnahme in das Protokoll auszuführen hatte, kann den Richter nicht in der Unterschrift vertreten; hier kommt bei endgültiger Verhinderung des Richters ein Protokoll nicht zustande. 5

4) Bei **Verhinderung des Urkundsbeamten** unterzeichnet der Vorsitzende (der vertretende Beisitzer, Rn 4), Einzelrichter usw oder Rechtspfleger allein (Abs 2 S 2), und zwar auch bei nur vorläufiger Protokollaufzeichnung durch den Urkundsbeamten (§ 160a I). 6

5) Feststellung des Verhinderungsgrundes: Abs 2 S 3 (hier Soll-Vorschrift; dazu § 315 Rn 1). 7

III) Erfolgen soll **Unterzeichnung in der Sitzung** oder alsbald danach (BGH NJW 58, 1237). Weil ein Zeitpunkt nicht vorgeschrieben ist, kann die Unterschrift auch noch längere Zeit nach der Sitzung nachgeholt werden und auch dann noch, wenn das Fehlen mit Rechtsmittel gerügt ist (BGH aaO). Auch Unterzeichnung durch einen nach Abs 2 unzuständigen Richter ist ein durch Nachholung der richtigen Unterschrift jederzeit behebbarer Formfehler (Vollkommer Rpfleger 76, 258 [259]). Nachholung der Unterschrift ist zulässig auch nach Richterwechsel mit Änderung der Geschäftsverteilung oder Versetzung des Richters (ebenso Urkundsbeamten) an ein anderes Gericht (Vollkommer aaO; Busch JZ 64, 749; Schleswig SchlHA 60, 145; für Versetzung aA Stuttgart MDR 76, 673 = OLGZ 76, 241 [243]), nicht mehr aber nach Ausscheiden aus dem Richteramt (Ernennung zum Staatsanwalt, s § 151 GVG, zum Verwaltungsbeamten) oder (auch des Urkundsbeamten) aus dem Staatsdienst. 8

IV) Sind (alle) **Richter und** der **Urkundsbeamte** verhindert oder war dann kein Urkundsbeamter zugezogen, kommt ein Protokoll nicht zustande. 9

164 *[Berichtigung des Protokolls]*

(1) Unrichtigkeiten des Protokolls können jederzeit berichtigt werden.

(2) Vor der Berichtigung sind die Parteien und, soweit es die in § 160 Abs. 3 Nr. 4 genannten Feststellungen betrifft, auch die anderen Beteiligten zu hören.

(3) Die Berichtigung wird auf dem Protokoll vermerkt; dabei kann auf eine mit dem Protokoll zu verbindende Anlage verwiesen werden. Der Vermerk ist von dem Richter, der das Protokoll unterschrieben hat, oder von dem allein tätig gewesenen Richter, selbst wenn dieser an der Unterschrift verhindert war, und von dem Urkundsbeamten der Geschäftsstelle, soweit er zur Protokollführung zugezogen war, zu unterschreiben.

I) **Zweck:** Bereinigung von Protokollunrichtigkeiten. 1

II) 1) Jede sachliche oder förmliche **Unrichtigkeit** des Protokolls (damit auch eine Unvollständigkeit; zum Vergleich § 160 Rn 5) kann jederzeit, auch noch nach Einlegung eines Rechtsmittels (BGH 26, 340 = NJW 58, 711; BVerwG MDR 81, 166; Hamm OLGZ 79, 376 [381]) von Amts wegen oder auf Antrag **berichtigt** werden (Abs 1). Möglich ist Berichtigung jedoch nur durch die nach Abs 3 Zuständigen; stimmen sie nicht überein, ist Berichtigung ausgeschlossen (Saarbrücken NJW 72, 61). Sonst besteht kein Ermessen; feststehende Unrichtigkeiten sind zu beheben. Die Unrichtigkeit muß nicht „offenbar" iS des § 319 sein (München OLGZ 80, 465 [466]) und braucht nicht entscheidungserheblich zu sein (das Protokoll kann als öffentliche Urkunde in einem anderen Verfahren erheblich werden). Behauptet eine Partei die Unrichtigkeit, dann obliegt ihr die Beweislast für die beantragte Protokollberichtigung; dabei kann ihr für innergerichtliche Vorgänge auch der Anscheinsbeweis zugute kommen (BGH NJW 85, 1782). 2

2) Eine Berichtigung darf das Protokoll nicht in anderer Hinsicht unrichtig machen; daher keine Berichtigung (sondern neue Protokollierung in einem zu bestimmenden Termin) von Feststellungen, die gem § 162 als „vorgelesen und genehmigt" protokolliert wurden (Hamm MDR 83, 410 = OLGZ 83, 89 [91]). Zulässig ist aber Berichtigung in diesem Fall, wenn aus der vorläufigen Aufzeichnung (§ 160a) ersichtlich ist, daß die dort aufgezeichnete Fassung vorgelesen 3

und genehmigt wurde und allein die spätere Niederschrift falsch ist (Frankfurt MDR 86, 152). Keiner Berichtigung gem § 164 zugänglich sind (selbst unstreitige) Kalkulationsfehler der Parteien im Vergleich, die nur in der Form eines nochmaligen Prozeßvergleichs berichtigt werden können (Frankfurt aaO).

4 **III) Rechtliches Gehör** ist den Parteien (auch Streitgehilfen, § 68, nicht aber dem untätig gebliebenen Streitverkündungsempfänger (§ 74 II; aM StJ/Roth Rn 7; MK/Peters Rn 4) schriftlich oder mündlich zu gewähren, bei Berichtigung der Aussage eines Zeugen oder SV auch dieser Beweisperson (Abs 2). Anhörungsberechtigt sind nur die Abs 3 genannten Urkundspersonen (München OLGZ 80, 465 [467]). Bei schlichtem (aus dem Stenogramm ersichtlichem) Übertragungsfehler ist Anhörung entbehrlich (Franzki DRiZ 75, 97 [101]).

5 **IV) 1)** Die Berichtigung **obliegt** den Urkundspersonen des § 163, die durch ihre Unterschrift die Verantwortung für die Richtigkeit des ursprünglichen Protokolls übernommen hatten (Abs 3 S 2). Daher ist keine Berichtigung zulässig durch den Vorsitzenden bei Protokoll des Einzelrichters oder durch Amtsnachfolger des ursprünglich beteiligten Richters oder Urkundsbeamten. Der Eindruck von Unstimmigkeiten unter den Richtern soll damit vermieden werden. Jedoch hat der gem § 163 II ersatzlos an der Unterzeichnung verhindert gewesene Richter gleichwohl die Berichtigung des ursprünglich vom Urkundsbeamten allein unterzeichneten Protokolls mit zu unterschreiben.

6 **2)** Die an der Berichtigung verhinderte Urkundsperson wird (entspr § 163 II) durch die andere vertreten. Bei Verhinderung aller beteiligten Richter kann daher auch der Urkundsbeamte das Protokoll allein berichtigen (ebenso BL/Hartmann Rn 8; StJ/Roth Rn 12; ThP Rn 3; aA Franzki DRiZ 75, 97 [101]). Versetzung des Richters oder Urkundsbeamten ist kein Hindernis für seine Mitwirkung bei der Berichtigung, Ausscheiden aus dem Richteramt (München OLGZ 80, 465) oder Staatsdienst schließt aber Mitwirkung aus. Insoweit gilt für die Berichtigungsbefugnis nichts anderes als für die Befugnis, das Protokoll zu unterschreiben (§ 163 Rn 8).

7 **3)** Der Urkundsbeamte, der zur Sitzung nicht hinzugezogen war (§ 163 I letzter Hs) und deshalb den Verfahrensablauf nicht persönlich wahrgenommen hat, kann bei Protokollberichtigung nicht mitwirken; nur soweit die Unrichtigkeit auf einem Übertragungsfehler beruht, ist sie auch von dem Urkundsbeamten mit zu unterzeichnen, der durch seine Unterschrift die Richtigkeit der Übertragung bestätigt hat (§ 163 I S 2 letzter Halbs).

8 **4)** Der **Berichtigungsvermerk** (nicht „Beschluß") wird entweder am Protokollrand neben der Unrichtigkeit oder auf einer mit dem Protokoll zu verbindenden Anlage angebracht; auch im letzteren Fall ist ein Hinweis auf die Anlage am Protokollrand nötig (BGH VersR 86, 487). Der Berichtigungsvermerk ist zu unterschreiben (Abs 3 S 2); Handzeichen genügt nicht (LG Frankfurt JurBüro 93, 745). Die berichtigte Stelle des Protokolls darf weder verändert (korrigiert) noch unkenntlich gemacht (durchgestrichen) werden. Soweit das Protokoll den Beteiligten bereits mitgeteilt worden war, ist ihnen der Berichtigungsvermerk formlos zuzusenden.

9 **V)** Bei **Widerspruch zwischen Urteil und (berichtigtem) Protokoll** ist letzteres maßgeblich (§ 165; RG DJ 40, 207). Keine Rückwirkung hat die Protokollberichtigung, wo das Protokoll eine im materiellen Recht vorgeschriebene Beurkundungsform ersetzen soll (vgl § 137 Rn 5).

10 **VI)** Die **Ablehnung eines Antrags auf Berichtigung** erfolgt (nach Anhörung gem Abs 2; anders bei Ablehnung aus Rechtsgründen) in Form eines Beschlusses, also ohne Mitwirkung des Urkundsbeamten (aM BL/Hartmann Rn 12 u StJ/Roth Rn 18: Beschluß des Richters und des Urkundsbeamten).

11 **VII)** Ein **Rechtsmittel** gegen die Berichtigung ist begrifflich ausgeschlossen, denn das Beschwerdegericht kann nicht wissen, was evtl unrichtig ist (Frankfurt OLGZ 74, 301; Nürnberg MDR 63, 603; Hamm NJW 89, 593 u OLGZ 79, 377 [383]). Anders aber, wenn Berichtigung als unzulässig abgelehnt oder von hierzu Unbefugten (Rn 5) vorgenommen wurde (StJ/Roth Rn 18; LAG Hamm MDR 88, 172; Koblenz Rpfleger 69, 137; München OLGZ 80, 465 [466]; Hamm OLGZ 83, 89 = MDR 83, 410; Franzki DRiZ 75, 97 [101]) oder wenn das Berichtigungsverfahren beanstandet wird (LG Frankfurt JurBüro 93, 745); dann ist Rechtsbeschwerde statthaft; weitere Beschwerde gibt es jedoch nicht (§ 568 II; Karlsruhe Rpfleger 95, 472). Dagegen erachtet Koblenz MDR 86, 593 auch die Beschwerde gegen den die Berichtigung aus Sachgründen abweisenden Beschluß für statthaft, wobei das Beschwerdegericht sich durch Anhörung des Erstrichters und des Protokollführers sachkundig machen solle; das ist abzulehnen, denn die Feststellung des protokollierten Verhandlungshergangs (§§ 160–162) ist allein Sache des Instanzrichters und des Protokollführers. Es ist nicht Aufgabe des Rechtsmittelgerichts, die Beweiskraft des Protokolls (§ 165) zu ändern, solange nicht eine Protokollfälschung (§ 165 Rn 5) erwiesen ist (Hamm NJW 89, 1680 [für Ablehnung der Berichtigung einer Zeugenaussage]; StJ/Roth Rn 16; aM wohl BL/Hartmann Rn 14).

165 *[Beweiskraft des Protokolls]*
Die Beachtung der für die mündliche Verhandlung vorgeschriebenen Förmlichkeiten kann nur durch das Protokoll bewiesen werden. Gegen seinen diese Förmlichkeiten betreffenden Inhalt ist nur der Nachweis der Fälschung zulässig.

I) Zweck: Gesetzliche Beweisregel für die Förmlichkeiten der mündlichen Verhandlung. 1

II) Förmlichkeiten betreffen den äußeren Hergang der Verhandlung im Gegensatz zu ihrem 2 Inhalt (RG 107, 142 [144]; BSG NJW 63, 1125). Zu den Förmlichkeiten gehören der Inhalt des Protokolls nach § 160 I, II (BGH NJW-RR 90, 342 für An/Abwesenheit des Parteivertreters; Köln OLGZ 65, 318 für öffentliche Verhandlung), die Verlesung der Sachanträge (§ 297 I S 1 u 2, damit auch deren Inhalt, RG 146, 133 [143]; Bremen NJW 63, 1157), die Tatsache der mündlichen Verhandlung (Saarbrücken NJW 72, 61; s auch § 220 II) und der Verhandlung über das Ergebnis der Beweisaufnahme (§ 285 I) unter Erörterung des Sach- und Streitstandes (§ 278 II S 2; BGH NJW 90, 121), daß ein Zeuge, SV und eine vernommene Partei ausgesagt hat, und die Entscheidungsverkündung (§ 160 III Nr 7; RG 107, 142 [143]; 146, 133 [143]; BGH MDR 95, 198 = NJW 94, 3358; Frankfurt OLGR 95, 34), nicht aber (vgl auch § 314) die Protokollfeststellungen nach § 160 III Nr 1 u 3–6, 8 u 9 über den Inhalt von Parteierklärungen (für Klagerücknahme BSG NJW 63, 1125; für Rechtsmittelverzicht BGH MDR 84, 655 = NJW 84, 1465; anders BGH FamRZ 94, 300 [301] = NJW-RR 94, 386; für Prozeßanträge Koblenz MDR 73, 63), nicht der Inhalt von Zeugen- (BGH NJW 82, 1052 [1053]), SV- und Parteiaussagen (BGH FamRZ 94, 300 [302]), nicht das Ergebnis eines Augenscheins und nicht der Entscheidungsinhalt (aA RG 146, 133 [143]). Die beiderseitige Erledigterklärung (§ 91a) rechnet OVG Berlin NJW 70, 486 zu Unrecht nicht zu den Förmlichkeiten; tatsächlich ist Erledigterklärung Klageänderung (Putzo NJW 65, 1019; Deubner NJW 68, 848; abw StJ/Roth Rn 10; Schwab ZZP 72, 130) und daher gem § 160 III, § 297 förmlich zu protokollieren (iE wie hier MK/Peters Rn 2).

III) 1) Als **Beweisregel** bestimmt § 165 für das Verfahren, in dem die Niederschrift aufgenom- 3 men wurde, eine Ausnahme von § 286 (auch § 415 II und § 418 II); andere Beweismittel (damit Gegenbeweis) sind hier ausgeschlossen. Feststellung einer Förmlichkeit im Protokoll beweist, daß sie gewahrt ist; daß eine Förmlichkeit nicht beachtet worden ist, ist bewiesen, wenn das Protokoll sie nicht feststellt (Frankfurt FamRZ 82, 808 [810]). Ausnahme nur für Nachweis der Fälschung (S 2); Zweifel an der Richtigkeit des Protokolls, selbst die Wahrscheinlichkeit seiner Unrichtigkeit, genügen zur Widerlegung seiner Beweiskraft noch nicht (Saarbrücken NJW 72, 61). Abhilfe bei Unrichtigkeit ist nur durch Berichtigung (§ 164) möglich (BAG NJW 65, 931). Für einen anderen Rechtsstreit (BGH NJW 63, 1060 [1062] und ein behördliches Verfahren gilt § 165 nicht (insoweit freie Beweiswürdigung nach § 286), desgleichen nicht für gebührenrechtliche Tatbestände (Rn 4 vor § 159).

2) Lückenhafte Protokollierung eines wesentlichen Prozeßvorgangs begründet die formelle 4 Beweiskraft des § 165 nicht (BGH 26, 340 = NJW 58, 711; Frankfurt FamRZ 82, 809 [810]). Die unvollständige Niederschrift ist, soweit die Lücke besteht, der Auslegung zugänglich (freie Beweiswürdigung unter Heranziehung aller verfügbaren Erkenntnisquellen, BGH aaO), so die unterbliebene Streichung des Wortes „Nicht-" in der vorgedruckten Protokollüberschrift „Nicht-Öffentliche Sitzung" (BGH aaO; RG JW 27, 1931).

3) Fälschung ist wissentlich falsche Beurkundung oder nachträgliche Verfälschung iS §§ 267, 271, 5 348 StGB. Nachweis des Irrtums des Urkundsbeamten oder der objektiven Unrichtigkeit genügt nicht. Jedoch können, auch wenn Fälschung nicht nachweisbar ist, äußere Mängel der Urkunde (§ 419) oder erkennbar außergewöhnliche Umstände des Verfahrens (dann uU Anscheinsbeweis für Verfahrensfehler) die Beweiskraft des Protokolls in Frage stellen (BGH NJW 85, 1782).

Zweiter Titel

VERFAHREN BEI ZUSTELLUNGEN

I) Zustellung ist die in gesetzlicher Form zu bewirkende und zu beurkundende Bekanntgabe 1 von schriftlichen Erklärungen und Entscheidungen (BGH 8, 314 [316] = NJW 53, 422; BGH NJW 78, 1858). Ihr **Zweck** besteht darin, dem Zustellungsadressaten zu gewährleisten, daß er Kenntnis von dem zuzustellenden Schriftstück nehmen kann (BVerfG 67, 208 [211] = NJW 84, 2567 [2568]; BGH 118, 45 [47] = NJW 92, 2280 [2281]), und dem Veranlasser den Nachweis von Tatsache, Art und Zeit der Bekanntgabe (= Möglichkeit der Kenntnisnahme) urkundlich zu sichern (BVerfG u BGH je aaO; BGH NJW 78, 1058 [1059]). Geboten ist Zustellung insbes, wo erst die Tatsache der Bekanntgabe Rechte begründet (so bei empfangsbedürftigen Willenserklärungen, vgl § 132 BGB), wo an die Bekanntgabe einer Entscheidung oder eines Schriftstücks prozessuale Wirkungen geknüpft sind (zB Rechtshängigkeit mit Klageerhebung, § 253 I mit § 261 I; Ersetzung der Urteilsverkündung, § 310 III), für Verwirklichung des rechtlichen Gehörs (BVerfG aaO u NJW 88, 2361; BGH 78, 1858) sowie dann, wenn eine Frist in Lauf zu setzen ist.

2 **II)** Nur formlose **Mitteilung** erfolgt, wenn es auf die Information des Adressaten ankommt, ohne daß damit unmittelbar Rechte, Pflichten oder prozessuale Wirkungen für ihn begründet werden (vgl § 73 S 2, § 104 I S 4, § 105 I S 3, § 141 II S 2, § 251a II S 3, § 270 II S 1, § 329 II S 1 usw).

3 **III)** Veranlaßt sein kann Zustellung auf **Betreiben einer Partei** (§§ 166–207) oder **von Amts wegen** (§§ 208–213a); letztere ist jetzt die Regel (§ 270 I, auch § 699 IV). In beiden Fällen ist Zustellungs**adressat** (mitunter auch -gegner genannt) die Person, an die zuzustellen ist (vgl § 191 Nr 3) und Zustellungs**empfänger** die Person, der das zuzustellende Schriftstück übergeben wird (vgl § 191 Nr 4; in den Fällen der §§ 181, 183, 184 die Ersatzperson). Zustellung von Amts wegen an Stelle einer Zustellung im Parteibetrieb ist ebenso unwirksam (RG 169, 282; Stuttgart NJW 61, 81) wie umgekehrt Zustellung im Parteibetrieb statt von Amts wegen (Ausnahme § 198 I S 2). Besonderheit für Zustellung zur Zwangsvollstreckung § 750 Rn 16.

4 **IV) 1)** Bei **Verstoß** gegen notwendige (wesentliche) Formerfordernisse ist eine Zustellung unwirksam (RG 124, 22 [24]; BGH 8, 314 [316]; 30, 299 [303] = NJW 59, 1871; auch § 187 S 2). Näher bei den einzelnen Zustellungsvorschriften.

5 **2) Heilung** ermöglicht § 187 (Einschränkung dort S 2).

6 **3)** Durch **Rügeverzicht** (§ 295) kann ein Mangel der Zustellung geheilt werden (BGH NJW 92, 2099 [2100]), soweit die Verfügungsmacht der Partei reicht. Nicht geheilt werden kann ein (wesentlicher) Mangel der Zustellung, wenn sie eine Notfrist in Lauf setzt (RG 99, 140 [141, 142]; BGH NJW 52, 934 [935] u 94, 2295 [2296]).

7 **4)** Durch **Neuvornahme** der Zustellung kann ihre Unwirksamkeit ausgeräumt werden. Die neue Zustellung wirkt jedoch nicht zurück (Wirksamkeit, damit Fristbeginn, erst ab, Wahrung eines Termins erst mit fehlerfreier Neuzustellung).

8 **5) Sondervorschriften** über die Zustellung enthalten: § 132 BGB, § 50 ArbGG, § 209 BEG, § 30 BRAO, § 16 FGG, § 72 KO, § 37 StPO, § 118 VerglO, §§ 3–8 ZVG.

9 **V)** Für die Zustellung an **Soldaten** der Bundeswehr gilt nachfolgender Erlaß (hierzu LG Münster MDR 78, 427):

Zustellungen, Ladungen, Vorführungen und Zwangsvollstreckungen in der Bundeswehr
Erlaß des Bundesministers der Verteidigung vom 16. März 1982/20. Juni 1983
(Veröffentlicht: VMBl 1982 S 130/1983 S 182) Auszug

A. Zustellungen an Soldaten

1. Für Zustellungen an Soldaten in gerichtlichen Verfahren gelten dieselben Bestimmungen wie für Zustellungen an andere Personen.

2. Will ein Zustellungsbeamter (zB Gerichtsvollzieher, Post- oder Behördenbediensteter, Gerichtswachtmeister) in einer Truppenunterkunft einem Soldaten zustellen, ist er von der Wache in das Geschäftszimmer der Einheit des Soldaten zu verweisen.

3. Ist der Soldat, dem zugestellt werden soll, sogleich zu erreichen, hat ihn der Kompaniefeldwebel zur Entgegennahme des zuzustellenden Schriftstückes auf das Geschäftszimmer zu rufen.

4. Ist der Soldat nicht sogleich erreichbar, hat der Kompaniefeldwebel dies dem Zustellungsbeamten mitzuteilen. Handelt es sich um einen in Gemeinschaftsunterkunft wohnenden Soldaten, kann der Zustellungsbeamte auf Grund von § 181 Abs 2 der Zivilprozeßordnung (ZPO) oder der entsprechenden Vorschriften der Verwaltungszustellungsgesetze, zB § 11 des Verwaltungszustellungsgesetzes des Bundes, eine Ersatzzustellung an den Kompaniefeldwebel – in dessen Abwesenheit an seinen Stellvertreter – durchführen. Diese Vorschriften sehen ihrem Wortlaut nach zwar nur Ersatzzustellung an den Hauswirt oder Vermieter vor. Es entspricht jedoch ihrem Sinn, den Kompaniefeldwebel nach seinen dienstlichen Aufgaben dem Hauswirt oder Vermieter gleichzustellen.

5. Wird der Soldat, dem zugestellt werden soll, voraussichtlich längere Zeit abwesend sein, hat der Kompaniefeldwebel die Annahme des zuzustellenden Schriftstückes abzulehnen. Er hat dabei, sofern nicht Gründe der militärischen Geheimhaltung entgegenstehen, dem Zustellungsbeamten die Anschrift mitzuteilen, unter der der Zustellungsadressat derzeit zu erreichen ist.

6. Eine Ersatzzustellung an den Kompaniefeldwebel ist nicht zulässig, wenn der Soldat, dem zugestellt werden soll, innerhalb des Kasernenbereichs eine besondere Wohnung hat oder außerhalb des Kasernenbereichs wohnt. In diesen Fällen hat der Kompaniefeldwebel dem Zustellungsbeamten die Wohnung des Soldaten anzugeben.

7. Der Kompaniefeldwebel darf nicht gegen den Willen des Soldaten von dem Inhalt des zugestellten Schriftstückes Kenntnis nehmen oder den Soldaten auffordern, ihm den Inhalt mitzuteilen.

8. Der Kompaniefeldwebel hat Schriftstücke, die ihm bei der Ersatzzustellung übergeben worden sind, dem Adressaten sogleich nach dessen Rückkehr auszuhändigen.

9. Bei eingeschifften Angehörigen der Bundeswehr ist bei sinngemäßer Auslegung des § 181 Abs 2 ZPO der Wachtmeister eines Schiffes bzw der Kommandant eines Bootes – in dessen Abwesenheit sein Stellvertreter – an Bord zur Entgegennahme von Ersatzzustellungen befugt.

10. Diese Vorschriften gelten auch, wenn im disziplinargerichtlichen Verfahren ein Soldat eine Zustellung auszuführen hat.

B. Ladungen von Soldaten

b. Verfahren vor sonstigen deutschen Gerichten

17. In Verfahren vor sonstigen deutschen Gerichten werden Soldaten als Parteien, Beschuldigte, Zeugen oder Sachverständige in derselben Weise wie andere Personen geladen. Die Ladung wird ihnen also auf Veranlassung des Gerichtes oder der Staatsanwaltschaft zugestellt oder übersandt.

18. In Strafverfahren ...

19. Erhalten Soldaten eine Ladung zu einem Gerichtstermin, haben sie den erforderlichen Sonderurlaub gemäß § 9 der Soldatenurlaubsverordnung – SUV – (VMBl 1978 S 306) in Verbindung mit Nummer 72 der Ausführungsbestimmungen zur SUV (ZDv 14/5 F 511) zu beantragen. Der Urlaub ist zu gewähren, sofern durch die Abwesenheit der Soldaten die Sicherheit und die Einsatzbereitschaft der Truppe nicht gefährdet sind und – bei einer unmittelbaren Ladung (vgl Nr 18) – die gesetzliche Entschädigung angeboten oder hinterlegt ist. Die Soldaten haben für ihr pünktliches Erscheinen vor Gericht selbst zu sorgen. Stehen der Wahrnehmung des Termins vorgenannte oder gesundheitliche Gründe entgegen, hat der nächste Disziplinarvorgesetzte dies dem Gericht rechtzeitig mitzuteilen.

20. Militärdienstfahrkarten oder Reisekosten erhalten die vorgeladenen Soldaten nicht.

21. Soldaten, die von einem Gericht oder einer Justizbehörde als Zeugen oder Sachverständige vorgeladen sind, erhalten von der Stelle, die sie vernommen hat, Zeugen- oder Sachverständigenentschädigung.

22. Sind Soldaten, die von einem Gericht oder einer Justizbehörde als Zeugen oder Sachverständige vorgeladen sind, nicht in der Lage, die Kosten der Reise zum Terminort aufzubringen, können sie bei der Stelle, die sie vorgeladen hat, die Zahlung eines Vorschusses beantragen.

23. Soldaten, die als Beschuldigte oder Parteien vor ein ordentliches deutsches Gericht vorgeladen sind, können unter gewissen Voraussetzungen von der Stelle, die sie vorgeladen hat, auf Antrag Reisekostenersatz und notfalls einen Vorschuß erhalten, wenn sie die Kosten der Reise zum Gericht nicht aufbringen können.

24. Kann die Entscheidung der nach den Nummern 22 und 23 zuständigen Stelle wegen der Kürze der Zeit nicht mehr rechtzeitig herbeigeführt werden, ist, wenn ein Gericht der Zivil- oder Strafgerichtsbarkeit oder eine Justizbehörde die Ladung veranlaßt hat, auch das für den Wohn- oder Aufenthaltsort des Geladenen zuständige Amtsgericht zur Bewilligung des Vorschusses zuständig.

25. Ist mit der Möglichkeit zu rechnen, daß bei der Vernehmung dienstliche Dinge berührt werden, ist der Soldat bei Erteilung des Urlaubs über die Verschwiegenheitspflicht nach § 14 Abs 1 und 2 des Soldatengesetzes (VMBl 1975 S 340) zu belehren. Die Einholung einer etwa erforderlichen Aussagegenehmigung ist Sache des Gerichts.

C. Vorführungen von Soldaten

29. Soldaten, deren Vorführung von einem Gericht angeordnet worden ist, werden diesem nicht durch eine militärische Dienststelle, sondern durch die allgemeinen Behörden vorgeführt.

D. Zwangsvollstreckungen gegen Soldaten

30. Zwangsvollstreckungen, auf die die Zivilprozeßordnung Anwendung findet, werden durch den dafür zuständigen Vollstreckungsbeamten, regelmäßig den Gerichtsvollzieher, auch gegen Soldaten nach den allgemeinen Vorschriften durchgeführt. Eine vorherige Anzeige an die militärische Dienststelle ist erforderlich, auch im Interesse einer reibungslosen Durchführung der Vollstreckung.

31. Auch Vollstreckungen gegen Soldaten im Verwaltungszwangsverfahren, die der Vollziehungsbeamte der Verwaltungsbehörde vornimmt, werden nach den allgemeinen Vorschriften durchgeführt. Nummer 30 Satz 2 (vorherige Anzeige an die militärische Dienststelle) gilt auch hier.

32. Der Vollstreckungsbeamte ist befugt, in Sachen zu vollstrecken, die sich im Alleingewahrsam, dh in der alleinigen tatsächlichen Gewalt des Schuldners, befinden.

33. Ein Soldat, der in einer Gemeinschaftsunterkunft wohnt, hat Alleingewahrsam an ihm gehörenden Sachen, die sich in dem ihm zugewiesenen Wohnraum befinden. Der Vollstreckungsbeamte kann daher verlangen, daß ihm Zutritt zu dem Wohnraum des Soldaten gewährt wird, gegen den vollstreckt werden soll.

34. Dagegen hat ein Soldat regelmäßig keinen Alleingewahrsam an ihm gehörenden Sachen, die sich in anderen militärischen Räumen befinden. Anders liegt es nur, wenn der Soldat diese Sachen so aufbewahrt, daß sie nur seinem Zugriff unterliegen. Das würde zB zutreffen, wenn ein Kammerunteroffizier im Kammerraum eigene Sachen in einem besonderen Spind verwahrt, zu dem nur er den Schlüssel hat. Nur wenn ein solcher Ausnahmefall vorliegt, kann der Vollstreckungsbeamte Zutritt zu anderen Räumen als dem Wohnraum des Soldaten verlangen.

35. Dem Vollstreckungsbeamten ist die Vollstreckung in die im Alleingewahrsam des Schuldners stehenden Sachen zu ermöglichen.

36. Soweit Außenstehenden das Betreten von Räumen, Anlagen, Schiffen oder sonstigen Fahrzeugen aus Gründen des Geheimnisschutzes grundsätzlich untersagt ist, ist auch dem Vollstreckungsbeamten der Zutritt zu versagen, wenn Gründe der Geheimhaltung dies erfordern und es nicht möglich ist, durch besondere Vorkehrungen einen Geheimnisschutz zu erreichen.

37. Muß dem Vollstreckungsbeamten aus Gründen des Geheimnisschutzes das Betreten von Räumen, Anlagen, Schiffen oder sonstigen Fahrzeugen verweigert werden, ist es Pflicht des Disziplinarvorgesetzten des Soldaten, dafür zu sorgen, daß die Vollstreckung trotzdem durchgeführt werden kann. Beispielsweise kann der Vorgesetzte veranlassen, daß die gesamte Habe des Soldaten dem Vollstreckungsbeamten an einem Ort zur Durchführung der Vollstreckung vorgelegt wird, den er betreten darf.

38. Bei jeder Vollstreckung, die im militärischen Räumen oder an Bord stattfindet, hat ein Vorgesetzter des Schuldners – an Bord der Kommandant oder sein Stellvertreter – anwesend zu sein. Er hat darauf hinzuwirken, daß durch die Zwangsvollstreckung kein besonderes Aufsehen erregt wird. Will der Vollstreckungsbeamte in Sachen vollstrecken, die dem Bund oder anderen Soldaten gehören, soll der Vorgesetzte des Schuldners den Vollstreckungsbeamten auf die Eigentumsverhältnisse aufmerksam machen. Zu Anweisungen an den Vollstreckungsbeamten ist der Vorgesetzte nicht befugt.

E. Zivilprozessuale Haft gegen Soldaten

39. Die ZPO kennt eine nichtkriminelle Erzwingungshaft. Sie wird insbesondere gegen Schuldner verhängt, die sich weigern, eine eidesstattliche Versicherung nach §§ 807, 883 ZPO (Offenbarungsversicherung) abzugeben. Diese Haftart ist aufgrund richterlichen Haftbefehls auch gegen Soldaten zulässig. Verhaftet wird der Schuldner im Auftrag des Gläubigers durch den Vollstreckungsbeamten (Gerichtsvollzieher).

40. Nach § 910 ZPO hat der Gerichtsvollzieher vor der Verhaftung eines Soldaten der vorgesetzten Dienstbehörde Mitteilung zu machen. Es ist davon auszugehen, daß § 910 ZPO trotz seines Wortlauts auch auf Soldaten wenigstens entsprechend anzuwenden ist. Der Gerichtsvollzieher darf den Schuldner erst verhaften, nachdem dessen vorgesetzte Dienstbehörde für Vertretung gesorgt hat. Die Behörde ist verpflichtet, ohne Verzug die erforderlichen Anordnungen zu treffen und den Gerichtsvollzieher hiervon in Kenntnis zu setzen.

41. Zeigt ein Gerichtsvollzieher die bevorstehende Verhaftung eines Soldaten an, hat der Vorgesetzte für dessen Vertretung zu sorgen und den Gerichtsvollzieher zu benachrichtigen, sobald sie sichergestellt ist.

42. Will ein Gerichtsvollzieher einen Soldaten ohne vorherige Benachrichtigung von dessen Vorgesetzten verhaften, weil er eine entsprechende Anwendung des § 910 ZPO nicht für gerechtfertigt hält, ist mir zu berichten.

43. Für Angehörige der Besatzung eines Schiffes der Marine findet darüber hinaus § 904 Nr 3 ZPO Anwendung, wonach die Erzwingungshaft gegen die zur Besatzung eines Schiffes gehörenden Personen unstatthaft ist, wenn sich das Schiff auf der Reise befindet und nicht in einem Hafen liegt. Die Reise ist angetreten, wenn das Schiff mit dem Ablegen begonnen hat. Lehnt es ein Gerichtsvollzieher ab, § 904 Nr 3 ZPO anzuwenden, gilt Nummer 42 entsprechend.

44. Die vorstehende Regelung gilt auch für sonstige Erzwingungshaft, auf die die Erzwingungshaftbestimmungen der Zivilprozeßordnung anzuwenden sind, zum Beispiel bei der Vollstreckung nach § 6 Abs 1 Nr 1 der Justizbeitreibungsordnung, nach § 85 des Arbeitsgerichtsgesetzes, nach § 167 der Verwaltungsgerichtsordnung, nach §§ 198 und 200 des Sozialgerichtsgesetzes und nach § 334 Abs 3 der Abgabenordnung sowie für die Ersatzzwangshaft nach § 16 Abs 3 des Verwaltungsvollstreckungsgesetzes des Bundes, nach § 24 Abs 3 des Verwaltungsvollstreckungsgesetzes für Baden-Württemberg, nach Artikel 33 Abs 3 des Bayerischen Verwaltungszustellungs- und Vollstreckungsgesetzes, nach § 61 Abs 2 des Verwaltungsvollstreckungsgesetzes für das Land Nordrhein-Westfalen und nach § 67 Abs 3 des Verwaltungsvollstreckungsgesetzes für Rheinland-Pfalz. Sie gilt nicht für die Vollstreckung anderer, insbesondere strafprozessualer Haftbefehle.

F. Schlußvorschriften

45. ... 46. Die vorstehende Regelung tritt am 1. Juni 1982 in Kraft.

10 **VI)** Zustellung an **Angehörige der Stationierungstruppen:** Art 32–37 des Zusatzabkommens vom 18. 8. 1961 (BGBl II 1245) zum Truppenstatut (Schwenk NJW 76, 1562; Auerbach NJW 69, 729). Zur Zustellung an deutsche Bedienstete in den Anlagen ausländischer Stationierungstruppen: Mümmler JurBüro 74, 832; Schalhorn JurBüro 74, 161. Anschriften der Verbindungsstellen für Zustellungen an ausländische Soldaten in Deutschland bei Schwenk NJW 76, 1564 Fn 25.

I. Zustellung auf Betreiben der Parteien

166 *[Zustellung durch Gerichtsvollzieher]*
(1) Die von den Parteien zu betreibenden Zustellungen erfolgen durch Gerichtsvollzieher.

(2) In dem Verfahren vor den Amtsgerichten kann die Partei den Gerichtsvollzieher unter Vermittlung der Geschäftsstelle des Prozeßgerichts mit der Zustellung beauftragen. Das gleiche gilt in Anwaltsprozessen für Zustellungen, durch die eine Notfrist gewahrt werden soll.

I) 1) Der **GV** ist für die Zustellung auf Betreiben der Parteien zuständig (Abs 1; § 154 GVG). Zu seinen Amtspflichten gehört die Beachtung der Vorschriften der GVGA (§§ 11–56) über Zustellungen (§ 1 III GVGA; dazu § 753 Rn 4). Haftung für Fehler des GV: § 839 BGB, Art 34 GG. 1

2) Persönliche Zustellungen darf der GV nur in dem Bezirk ausführen, für den er **örtlich zuständig** ist (§ 20 I GVGA). Für Zustellungen durch die Post (§ 193) ist (vorbehaltlich anderer Verteilung bei Amtsgerichten mit mehreren GV, § 16 Nr 2 GVO) der GV zuständig, in dessen Bezirk der Auftraggeber (auch dessen Prozeßbevollmächtigter) oder ein Zustellungsempfänger seinen Wohnsitz (Amtssitz) hat (§ 22 GVO mit Besonderheit für eilige Zustellung der Vorpfändungsbenachrichtigung). Verstoß berührt die Wirksamkeit der Zustellung nicht. Zustellungen durch Aufgabe zur Post (§ 175) kann der GV auch nach Orten im Ausland bewirken. 2

II) Den Zustellungs**auftrag** kann die Partei (ihr RA) dem GV unmittelbar erteilen; mündlicher Auftrag genügt (§ 167). Durch **Vermittlung der Geschäftsstelle** des Prozeßgerichts (auch eines anderen Bezirks) kann in amtsgerichtlichen Verfahren (nicht jedoch in einer Familiensache mit Anwaltszwang, § 78 II) dem GV der Auftrag zur Zustellung erteilt werden (Abs 2 S 1; Ausnahme für Vollstreckungsbescheid nach § 699 IV S 2). Im Anwaltsprozeß (dort auch im Verfahren vor einem beauftragten oder ersuchten Richter) ist der GV von der Partei (ihrem Prozeßbevollmächtigten) unmittelbar zu beauftragen (Abs 2 S 2); nur für den Fall, daß dort die Zustellung eine Notfrist zu wahren hatte, war Vermittlung durch die Geschäftsstelle vorgesehen (Abs 2 S 2; ist mangels Anwendungsbereich gegenstandslos). Die ZwV ist amtsgerichtliches Verfahren ohne Anwaltszwang; für Zustellung zur ZwV (§ 750 I) kann daher auch bei einem Titel aus einem Anwaltsprozeß Vermittlung der Geschäftsstelle verlangt werden und erfolgen. Für Zustellung außerhalb gerichtlicher Verfahren (zB einer Willenserklärung, § 132 BGB) erfolgt Vermittlung durch die Geschäftsstelle nicht (BGH NJW 67, 823 [824] u 81, 1210). 3

III) Zwischen persönlicher Zustellung und Zustellung durch die Post (§ 193) trifft der GV die Wahl nach pflichtgemäßem Ermessen. Dem Verlangen der Partei nach einer bestimmten **Zustellungsart** braucht er (ohne rechtfertigenden Grund) nicht stattzugeben; gehalten ist er jedoch, in den Fällen des § 21 Nr 2 u 4 GVGA persönlich zuzustellen (Eilbedürftigkeit [dazu auch RG 191, 179, 181]; für Drittschuldnererklärung nach § 840 usw). 4

IV) Die **GV-Verteilungsstelle** bei einem AG mit mehreren GV (§ 33 GVO) hat lediglich Aufträge entgegenzunehmen und an den zuständigen GV weiterzuleiten. Sie besorgt damit den Verkehr der Partei mit dem GV (RG 79, 216 [218]), wirkt bei Zustellung jedoch nicht mit. 5

V) Gebühren des GV nach § 16 GVKostG idF des KostRÄndG 1994. – Eine dem „Auftraggeber" (§ 3 I Nr 1 GVKostG) bewilligte **Prozeßkostenhilfe** entbindet diesen entsprechend den vom Gericht festgesetzten Bestimmungen (§ 122 I Nr 1a ZPO) von der Entrichtung der Zustellungskosten. 6

167 *[Zustellungsauftrag]*
(1) Die mündliche Erklärung einer Partei genügt, um den Gerichtsvollzieher zur Vornahme der Zustellung, die Geschäftsstelle zur Beauftragung eines Gerichtsvollziehers mit der Zustellung zu ermächtigen.

(2) Ist eine Zustellung durch einen Gerichtsvollzieher bewirkt, so wird bis zum Beweis des Gegenteils angenommen, daß sie im Auftrag der Partei erfolgt sei.

I) Auftrag zur Zustellung kann dem GV **mündlich** erteilt werden (Abs 1); schlüssiges Verhalten genügt. Gleiches gilt für den Auftrag der Geschäftsstelle zur Vermittlung der Zustellung (Abs 1 mit § 166 II). Dem Zustellungsadressaten hat der GV seinen Auftrag nicht nachzuweisen (BGH NJW 81, 1210). Anwaltszwang besteht nicht (§ 78 III). Erteilen kann den Auftrag daher auch die Partei selbst, ein (bevollmächtigter) Dritter sowie ein (bevollmächtigter) anderer Anwalt als der Prozeßbevollmächtigte (RG 17, 392). Die Vollmacht eines RA hat der GV nicht zu prüfen (§ 88). Eine ohne Auftrag (auch ohne Bevollmächtigung des Auftraggebers) ausgeführte Zustellung ist unwirksam; sie kann jedoch (rückwirkend) von der zustellenden Partei (§ 191 Nr 2) 1 genehmigt werden (RG 17, 411 [415]). Eine ohne Vollmachtsvorlage zugestellte einseitige rechtsgeschäftliche Erklärung (§ 132 BGB) eines Bevollmächtigten kann mit der Wirkung des § 174 BGB (unverzüglich) zurückgewiesen werden (BGH NJW 81, 1210).

2 **II)** Zustellung durch den GV begründet die **widerlegbare Vermutung,** daß sie im Auftrag der in der Urkunde bezeichneten Person (§ 191 Nr 2) erfolgt ist (Abs 2). Diese Vermutung schließt die Bevollmächtigung des Vertreters für Auftragserteilung ein. Das gilt auch für Zustellung außerhalb des Prozesses wie bei Zustellung einer Willenserklärung (zB einer Kündigung, § 132 BGB; BGH NJW 81, 1210; für Vollmacht s auch Rn 1). Beweispflichtig für Widerlegung ist der Zustellungsadressat, der die Unwirksamkeit der Zustellung behauptet. Vermutungswirkung gegen die zustellende Partei selbst begründet Abs 2 nicht.

168 *[Vermittlung der Zustellung durch Geschäftsstelle]*

Insoweit eine Zustellung unter Vermittlung der Geschäftsstelle zulässig ist, hat diese einen Gerichtsvollzieher mit der erforderlichen Zustellung zu beauftragen, sofern nicht die Partei erklärt hat, daß sie selbst einen Gerichtsvollzieher beauftragen wolle; in Anwaltsprozessen ist die Erklärung nur zu berücksichtigen, wenn sie in dem zuzustellenden Schriftsatz enthalten ist.

1 **I) Vermittlung** der Zustellung im Parteibetrieb durch die Geschäftsstelle (§ 166 II S 1; dort Rn 3) erfolgt in **amtsgerichtlichen Verfahren** ohne ausdrücklichen Auftrag. Die Geschäftsstelle beauftragt mit einer erforderlichen Zustellung sogleich einen GV (§ 166 II) oder veranlaßt Postzustellung nach § 196. Diese gesetzliche Ermächtigung der Geschäftsstelle (Auftrag wird fingiert) dient der Beschleunigung und Vereinfachung. Praktischer Anwendungsfall noch immer: Pfändungsbeschluß (§ 829 II).

2 **II)** Vermittlung **unterbleibt,** wenn die Partei (ihr Prozeßbevollmächtigter) schriftlich oder mündlich (zur Einschränkung Rn 6) erklärt hat, daß sie selbst einen GV beauftragen wolle; üblich: „Ich stelle selbst zu". Berücksichtigung finden kann die Erklärung nur bis zur Abgabe des Zustellungsauftrags an den GV; eine spätere Erklärung kann nur noch als Rücknahme des Zustellungsauftrags an den GV weitergeleitet werden.

3 **III)** Die nach § 168 vermittelte oder mit Postersuchen nach § 196 durchgeführte Zustellung ist eine solche im Parteibetrieb (LG Berlin MDR 71, 400). Daher hat auch die Partei selbst eine fehlende Anschrift des Zustellungsadressaten beizubringen (LG Berlin aaO) und sonstige Hindernisse auszuräumen.

4 **IV)** Eine unter **Verstoß** gegen § 168 vermittelte Zustellung ist wirksam. Unwirksam ist sie jedoch, wenn die Partei erklärt hatte, selbst zustellen zu wollen (erfordert Widerlegung der vermutung des § 167 II). Die Erklärung der Partei ist aber widerruflich; Widerruf bedeutet Genehmigung der ursprünglich unzulässigen Zustellung (§ 167 Rn 1).

5 **V)** Stellt die Partei selbst zu, obwohl die Geschäftsstelle die Zustellung vermittelt hatte, sind beide Zustellungen wirksam. Maßgeblich ist dann die früher erfolgte Zustellung.

6 **VI)** Im **Anwaltsprozeß** hat Zustellungsvermittlung keine praktische Bedeutung mehr (§ 166 Rn 3); bedeutungslos ist daher auch der Schlußhalbsatz des § 168.

169 *[Übergabe von Urschrift und Abschrift des Schriftstücks an den Gerichtsvollzieher]*

(1) Die Partei hat dem Gerichtsvollzieher und, wenn unter Vermittlung der Geschäftsstelle zuzustellen ist, dieser neben der Urschrift des zuzustellenden Schriftstücks eine der Zahl der Personen, denen zuzustellen ist, entsprechende Zahl von Abschriften zu übergeben.

(2) Die Zeit der Übergabe ist auf der Urschrift und den Abschriften zu vermerken und der Partei auf Verlangen zu bescheinigen.

1 **I) Urschrift** des zuzustellenden Schriftstücks ist die dem Auftraggeber erteilte Ausfertigung (§ 317 III) oder vollstreckbare Ausfertigung (§ 724) des Urteils, Beschlusses oder Vollstreckungsbescheids (§ 699 IV S 2), des Prozeßvergleichs (§ 794 I Nr 1) oder der notariellen Urkunde (§ 794 I Nr 5, BeurkG § 47), eine zuzustellende Ausfertigung (zB § 1039 II), wenn eine beglaubigte Abschrift zuzustellen ist diese, die zuzustellende öffentliche oder öffentlich beglaubigte Urkunde (zB § 750 II), die Benachrichtigung des Gläubigers über eine Vorpfändung (§ 845 I), die Verzichtserklärung des Gläubigers, im Falle des § 132 BGB das die Willenserklärung enthaltende Schriftstück.

II) 1) Dem GV (der Geschäftsstelle bei Vermittlung, § 166 II) **zu übergeben** hat der Auftraggeber stets (LG Münster MDR 89, 648) die Urschrift des zuzustellenden Schriftstücks (Rn 1; Grund: § 190 II) und Abschriften nach der Zahl der Personen, denen zuzustellen ist (Abs 1). Beglaubigung: § 170 II. Für Zustellung einer Ausfertigung (§ 170 I; zB im Falle des § 1039 II) ist diese mit einer weiteren Ausfertigung zu übergeben, die mit der Zustellungsurkunde verbunden und zurückgegeben wird. 2

2) Erforderliche (Rn 2) **Abschriften,** die ein RA als Vertreter des Auftraggebers (auch wenn er im Wege der Prozeßkostenhilfe beigeordnet ist), aber auch ein Notar, Rechtsbeistand oder Prozeßagent, nicht mit übergeben hat, **fordert der GV nach** (§ 26 Nr 2 S 4 GVGA). Die mit der Zustellungsvermittlung beauftragte Geschäftsstelle hat fehlende Abschriften für eine Partei herzustellen, der Prozeßkostenhilfe bewilligt, aber kein RA beigeordnet ist (nicht sonst, § 26 Nr 2 S 3 GVGA). Bei Dringlichkeit (insbes bei Gefahr für rechtzeitige Erledigung) oder wenn der Auftraggeber nicht durch einen RA vertreten ist, fertigt der GV die Abschriften selbst an (§ 26 Nr 2 S 5 GVGA); auch im übrigen kann er Abschriften selbst herstellen, wenn der Partei dadurch nicht wesentlich höhere Kosten (zu diesen § 35 Nr 1 GVKostG) entstehen (§ 26 Nr 2 S 6 GVGA). 3

III) Zu vermerken ist die **Zeit der Übergabe** durch den GV und (im Falle des § 166 II) durch die Geschäftsstelle auf der Urschrift (Rn 1) und allen Abschriften (Abs 2). Nichtbeachtung berührt die Wirksamkeit der Zustellung nicht; die Zeit des Eingangs kann durch andere Beweismittel nachgewiesen werden. Auf Verlangen sind dem Auftraggeber Übergabe und Zeit zu bescheinigen. 4

170

[Zustellung durch Übergabe, Beglaubigung]

(1) Die Zustellung besteht, wenn eine Ausfertigung zugestellt werden soll, in deren Übergabe, in den übrigen Fällen in der Übergabe einer beglaubigten Abschrift des zuzustellenden Schriftstücks.

(2) Die Beglaubigung wird von dem Gerichtsvollzieher, bei den auf Betreiben von Rechtsanwälten oder in Anwaltsprozessen zuzustellenden Schriftstücken von dem Anwalt vorgenommen.

I) Zustellung erfolgt durch **Übergabe** des auszuhändigenden Schriftstücks (Rn 2) an den Zustellungsadressaten oder für diesen an einen im Gesetz bestimmten Zustellungsempfänger (vor § 166 Rn 3). Fingiert wird die Übergabe bei der Ersatzzustellung (§§ 181–185). Übergabe ist die Aushändigung zum Verbleib. Ungenügend daher die bloße Kenntnisgabe zB vom Inhalt des zu quittierenden und an den Zustellenden zurückzugebenden Schriftstückes (BGH LM § 198 Nr 1). Keine Übergabe ist auch der bloße Einwurf in den Briefkasten (RG 6, 342) oder die Auslieferung durch einen anderen als den im Gesetz vorgesehenen Zustellungsbeamten (RG 109, 343), weil dann (vorbehaltlich § 187) eine wirksame Zustellung nicht nachprüfbar ist. Annahmeverweigerung hindert Zustellung nicht (§ 186). 1

II) Zu übergeben ist, wenn eine **Ausfertigung** zugestellt werden soll (zB § 1039 II; auch §§ 377, 402) diese, sonst eine **beglaubigte Abschrift** des zuzustellenden (§ 169 Rn 1) Schriftstücks (Abs 1). Die Übergabe einer Ausfertigung ersetzt die Übergabe einer beglaubigten Abschrift (BGH 14, 342 [344] = NJW 54, 1722). 2

III) 1) Als **zuzustellendes Schriftstück** (§ 169 Rn 1) vertritt die **Ausfertigung** eines Urteils (§ 317 III), Beschlusses oder Vollstreckungsbescheids (§ 699 IV S 2), eines Prozeßvergleichs oder einer notariellen Urkunde (§ 794 I Nr 1 u 5) die (in den Akten des Gerichts oder Notars verbleibende) Urschrift im Rechtsverkehr (BGH NJW 59, 2117 [2119]; NJW 81, 2345 [2346], FamRZ 90, 1227 u VersR 94, 1495 [1496]; Hamm OLGZ 89, 350 [351], s auch § 47 BeurkG). Die Ausfertigung besteht in einer (notwendig leserlichen, BayObLG 82, 90 = MDR 82, 501) wortgetreuen und richtigen (BGH 81, 2345 [2346]; Hamm aaO; OVG Münster NJW 92, 1187) Abschrift (Ablichtung oder sonst mechanischen Vervielfältigung, BGH 36, 62 = NJW 61, 2307) der Urschrift, die mit dem Ausfertigungsvermerk (Rn 6) versehen ist (s § 49 I S 1 BeurkG). Bezeichnung als „Ausfertigung" in der Überschrift ist üblich, nicht jedoch notwendig (s § 49 I S 2 BeurkG als Sollvorschrift). Ergibt sich aus der Urteilsausfertigung, daß der Ausfertigungsvermerk schon vor Verkündigung angebracht (unterzeichnet) wurde, kann er sich richtig nur auf den Urteilsentwurf beziehen (§ 317 II): Zustellung einer solchen „Urteils"ausfertigung ist unwirksam (BGH MDR 94, 206 = NJW-RR 93, 956). 3

2) Für Zustellung kann Ausfertigung des in vollständiger Form abgefaßten Urteils nötig sein (§§ 516, 552; erfolgt jetzt von Amts wegen); meist genügt Ausfertigung ohne Tatbestand und Entscheidungsgründe (§ 317 II). 4

3) Die Ausfertigung eines Urteils (auch Beschlusses) muß erkennen lassen, daß das Original die **Unterschriften der Richter** (zur Form § 315 Rn 1) trägt. Kenntlich gemacht wird die Unterzeichnung durch die abschriftliche Wiedergabe der Namen der Richter unter dem Urteil (BGH 5

FamRZ 90, 1227). Allein die Angabe „gez Unterschrift" (RG 159, 25 [26]; BHG LM § 317 Nr 1 = NJW 75, 781 mwN) oder Angabe der Namen im Kopf des Urteils (BGH Rpfleger 73, 15) genügen hierfür nicht, desgleichen nicht Angabe der Namen der Richter nur in Klammern ohne weiteren Hinweis darauf, daß sie das Urteil unterschrieben haben (BGH 75, 781, VersR 80, 741 [742], FamRZ 82, 482 u 90, 1227 sowie NJW-RR 87, 377; anders Vollkommer ZZP 88 [1975] 334). Wiedergabe der Unterschriften (auch in Klammern) mit Zusatz „gez" (BGH VersR 65, 1075 und aaO) oder auch zwar ohne weiteren Zusatz, aber ohne Klammern, gilt als ausreichend (BGH LM § 317 Nr 8, NJW 75, 781 [782] u VersR 94, 1495), ebenso maschinenschriftliche Wiedergabe des Namens zwischen Binde- oder Trennstrichen (BGH VersR 73, 965 u FamRZ 90, 1227). Wo ein Richter zugleich für einen verhinderten anderen unterschrieben hat (§ 315 I S 2), darf der Name des letzteren in der Ausfertigung nicht (Hamm OLGZ 89, 350 [351] und auch nicht in gleicher Weise wie der Name des ersteren wiedergegeben werden, weil sonst unklar wäre, wer tatsächlich unterschrieben hat (BGH VersR 81, 576; NJW 78, 217 = Rpfleger 78, 12; auch BGH NJW-RR 87, 377). Ebenso muß die Ausfertigung eines Prozeßvergleichs Unterzeichnung des Protokolls durch den Vorsitzenden und Urkundsbeamten erkennbar machen (§ 163). Form der Ausfertigung einer notariellen Urkunde: § 49 BeurkG. Vollstreckbare Ausfertigung § 725 Rn 2.

6 4) Die **Form der Ausfertigung** ergibt sich aus § 317 III, der den Ausfertigungsvermerk, die Unterschrift des Urkundsbeamten und das Gerichtssiegel (Stempel genügt, BGH MDR 93, 383 [384]; KG NJW 61, 2161) erfordert (BGH Rpfleger 69, 294 u BGH 100, 234 [237]). Für den Ausfertigungs**vermerk** sieht das Gesetz eine bestimmte äußere Form nicht vor (BGH NJW 59, 2117 [2119], Rpfleger 69, 294 u VersR 94, 1495 [1496]; anders für notarielle Urkunden § 49 II BeurkG als Sollvorschrift). Üblich ist „Für den Gleichlaut der Ausfertigung mit der Urschrift (Datum, Unterschrift) als Urkundsbeamter der Geschäftsstelle". Üblich (und hinreichend) ist auch die Fassung „Ausgefertigt" (BGH Rpfleger 69, 294, NJW 63, 1307 [1309] u VersR 94, 1495 [1496]). An die Unterschrift des Urkundsbeamten sind dieselben Anforderungen zu stellen wie an die Unterzeichnung bestimmender Schriftsätze durch Rechtsanwälte (BGH MDR 88, 218 = NJW 88, 713; s § 130 Rn 7). Den Zusatz „als Urkundsbeamter der Geschäftsstelle" braucht die Ausfertigung jedenfalls dann nicht zu enthalten, wenn der Unterschrift die Dienstbezeichnung des Beamten beigefügt ist, die ergibt, daß er Urkundsbeamter ist (BGH LM § 317 Nr 6 = NJW 61, 783 L). Daß der Ausfertigungsvermerk nicht von dem (maschinenschriftlich) genannten Urkundsbeamten unterzeichnet ist, schadet nicht, wenn der Vermerk im übrigen den eindeutigen Hinweis enthält, daß die Ausfertigung von einer hierzu legitimierten Person erteilt worden ist (BHG MDR 93, 383). Keinen Ausfertigungsvermerk stellt der abgekürzte Vermerk „F.d.R.d.A." dar (BGH NJW 59, 2117 u NJW 63, 1307 [1308]). Angabe des Tages der Ausfertigung (Datum) ist üblich, aber nicht wesentlich.

7 5) Wenn der Ausfertigungsvermerk **fehlt,** ist die Zustellung unwirksam (RG 125, 25 [27]; 164, 52 [56]).

8 **IV) 1) Beglaubigte Abschrift** (die übergeben wird, Abs 1) ist eine Zweitschrift (auch Fotokopie, BGH 36, 62 = NJW 61, 2307 u NJW 74, 1383 [1384]; auf ihr müssen Abbildungen hinreichend klar sein, Düsseldorf MDR 94, 302), deren inhaltlicher Gleichlaut mit der Urschrift (das ist das zuzustellende Schriftstück Rn 2 u 3) eine hierzu berufene Person unterschriftlich bestätigt hat. Als genügend wird es angesehen, wenn der Beglaubigungsvermerk auf einem mit der Abschrift derart verbundenen Blatt angebracht ist, daß entweder die Auflösung der Verbindung nur unter teilweiser Substanzzerstörung möglich (so bei Heften mit Faden oder Anleimen) oder sonst eine körperliche Verbindung als dauernd gewollt erkennbar und nur durch Gewaltanwendung zu lösen ist (so beim Heften mit Heftmaschine, BGH NJW 74, 1383 [1384]). Der Beglaubigungsvermerk für mehrere mit versiegelter Schnur verbundene Schriftstücke muß eindeutig erkennbar machen, daß er sich auf alle Schriftstücke bezieht, somit diese bezeichnen oder durch seine Anordnung auf dem letzten Blatt bei der Verbindung der Schnur ausweisen, daß er erst nach Verbindung aller Blätter angebracht wurde und alle vorgehende Schriftstücke abdeckt (Karlsruhe OLGZ 92, 368).

9 2) Ein bestimmter Wortlaut ist für die **Beglaubigung** nicht vorgeschrieben (RG 164, 52 [54]; BGH 55, 251 [252] = NJW 71, 659; BGH 76, 222 [228] = NJW 80, 1460; Datierung ist üblich, wird aber nicht gefordert (Kassel OLG 13, 125 [126]). Vielfach üblich ist „Für die Abschrift" (BGH NJW 63, 1307 [1308]). Die bloße Namensunterzeichnung (des zustellenden RA) unter der Abschrift kann genügen, wenn den Umständen nach die Unterschrift keine andere Bedeutung haben kann, als daß damit der Gleichlaut der Abschrift (Ablichtung) mit der Ausfertigung zum Ausdruck kommen soll (BGH 55, 251 u 76, 222 [228]; von solcher Beglaubigung ist abzuraten). Daß der Ausfertigungsvermerk beim Original vorhanden und von einem Urkundsbeamten unterzeichnet ist, muß die beglaubigte Abschrift ergeben (Celle WRP 93, 181; Hamm OLGZ 79, 357 [358]); hierfür kann die Unterschrift des Urkundsbeamten auch mit „gez Unterschrift" wiedergegeben sein (BGH NJW 63, 1307 [1309] u NJW 75, 781). Nicht ausreichend ist Wiedergabe des

Ausfertigungsvermerks, unter den der Name des Urkundsbeamten nur in Klammern gesetzt und kein Hinweis angebracht ist, ob sich dabei auch dessen Unterschrift befindet (BGH NJW 75, 781 mwN). Hinweis auf das in der Ausfertigung enthaltene Gerichtssiegel (Stempel) kann mit „L.S.", „Stempel" oder „Siegel" erfolgen (tlw abw BGH NJW 65, 104 [105]; mangelhafter Hinweis darauf ist jedoch unschädlich (BGH aaO u VersR 76, 493; KG NJW 62, 2161). Die Unterzeichnung des Beglaubigungsvermerks muß handschriftlich erfolgen (BGH LM § 295 Nr 4 = NJW 52, 934; BGH 55, 251 [252] = NJW 71, 659) und individuelle Züge tragen (BGH NJW 84, 1383 [1384] mwN; BGH MDR 85, 407 = NJW 85, 1227). Lesbarkeit oder Wiederholung des Namens in Schreibmaschinenschrift sind nicht erforderlich (BGH NJW 74, 1383 [1384]), Stempel genügt für Unterschrift nicht (BGH 24, 116 [117] = NJW 57, 951; BGH VersR 70, 184; BGH 76, 222 [228]). Die (übliche) Überschrift „Beglaubigte Abschrift" ist entbehrlich, wo sich gleiches aus einem – nicht notwendig am Schluß der Urkunde anzubringenden (RG 164, 54) – Beglaubigungsvermerk oder aus einer Bescheinigung, das Schriftstück sei eine beglaubigte Abschrift (BGH 36, 62 [64]) ergibt. Hat der RA einen Zustellungsvermerk unterschrieben und in ihm das Schriftstück als beglaubigte Abschrift bezeichnet, dann schadet das Fehlen einer nochmaligen Unterschrift unter einem dafür vorgesehenen Beglaubigungsvermerk nicht (BGH 31, 32 [36, 37] = NJW 59, 2307; BGH 36, 62 [63] = NJW 61, 2307).

3) Die Beglaubigung ist **wesentliches Erfordernis** der Zustellung (BGH 24, 116 [118]; 55, 251 10
[252] mwN). Ohne sie ist die Zustellung unwirksam (RG 99, 140; BGH 52, 934 u aaO). Wesentliche Abweichung von Urschrift und beglaubigtem (zugestelltem) Schriftstück (so Fehlen einer Anlage) bewirkt Formungültigkeit der Zustellung (BGH NJW 95, 2230 [2231]; Empfänger kann vom zugestellten Schriftstück keine sichere Kenntnis erhalten). Mängel der Beglaubigung werden nicht dadurch geheilt, daß der Empfänger Gelegenheit hatte, sich durch Vergleich mit der Urschrift (Ausfertigung) vom Gleichlaut zu überzeugen (BGH 24, 116 = NJW 57, 951). Daß der Verkündungs- oder Zustellungsvermerk (§ 315 III) auf der übergebenen beglaubigten Abschrift fehlt, beeinträchtigt die Wirksamkeit der Zustellung nicht (BGH 8, 303 [304] = NJW 53, 622; RG 140, 438 [351]).

V) Beglaubigungsorgane (Abs 2) sind: **1)** Der **GV** (mit Beglaubigungsbefugnis nur bei Zustel- 11
lung im Parteibetrieb). Für ihn ergibt sich die Amtspflicht, die Beglaubigung zu prüfen und nötigenfalls selbst nachzuholen aus § 191 Nr 6 (RG 51, 260; 45, 416).

2) **Rechtsanwalt** (auch dessen amtlich bestellter Vertreter) im Anwaltsprozeß oder soweit er 12
sonst die Zustellung betreibt (damit auch bei Zustellung einer vollstreckbaren Notarurkunde für ZwV; AG Bonn DGVZ 92, 189) und daher auch bei Zustellung durch Vermittlung der Geschäftsstelle (§ 166 II). Den Zustellungsauftrag und mit ihm die Beglaubigungsbefugnis kann der Prozeßbevollmächtigte einem anderen Anwalt übertragen (RG 24, 418; 164, 52 [55, 56]); auch die Beglaubigungsbefugnis allein ist auf einen anderen Anwalt übertragbar (RG aaO; enger vordem RG 33, 399 [400]). Der Beglaubigungsvermerk des RA entspricht hinsichtlich der notwendigen Form den Erfordernissen des Beglaubigungsvermerks des Urkundsbeamten (Rn 9). Blankounterschrift des RA (kaum nachweisbar) macht Beglaubigung unwirksam (BGH NJW 73, 1973 mit krit Anm Vollkommer). Über die Befugnis zur Beglaubigung aus Anlaß der Zustellung (Abs 2) hinaus hat der RA keine allgemeine öffentliche Beglaubigungs- oder Beurkundungsfunktion (BGH 92, 76 [79]). Ein Rechtsbeistand und ein Prozeßagent ist zur Beglaubigung nicht zuständig; Beglaubigung durch einen Bürovorsteher (anderen Bediensteten) des Anwalts ist unzulässig (KG OLG 37, 191).

3) Der **Urkundsbeamte** bei Zustellung durch die Post (§ 196 S 2) und von Amts wegen 13
(§ 210).

171 *[Zustellung an Prozeßunfähige]*

(1) Die Zustellungen, die an eine Partei bewirkt werden sollen, erfolgen für die nicht prozeßfähigen Personen an ihre gesetzlichen Vertreter.

(2) Bei Behörden, Gemeinden und Korporationen sowie bei Vereinen, die als solche klagen und verklagt werden können, genügt die Zustellung an die Vorsteher.

(3) Bei mehreren gesetzlichen Vertretern sowie bei mehreren Vorstehern genügt die Zustellung an einen von ihnen.

I) 1) Die prozeßfähige Partei (§ 52) ist selbst Zustellungsadressat (vor § 166 Rn 3), Besonder- 1
heiten: §§ 173–177. Für eine **nicht prozeßfähige** (natürliche oder juristische) **Person** (s §§ 51–57) erfolgen Zustellungen an den **gesetzlichen Vertreter** (Abs 1). Er ist als Person, an die zugestellt werden soll, Zustellungsadressat (s § 191 Nr 3). Die an ihn gerichtete Zustellung kann ersatzweise (§ 181 I) auch an den Vertretenen (Minderjährigen) vorgenommen werden (BGH Rpfleger 73,

129). Partei ist auch der Streitverkündungsempfänger (§§ 72–76), hier auch der Drittschuldner (§ 829 II, § 845 I) oder sonst ein Dritter. § 171 gilt jedoch nicht für Zustellungen an Zeugen und Sachverständige. Verfahren bei Zweifel an der Prozeßfähigkeit s vor § 253 Rn 12 u § 56 Rn 13.

2 2) **Gesetzlicher Vertreter:** § 51 Rn 2 ff. Fehlt ein Vertreter (und trifft § 56 II nicht zu), so kann eine Zustellung nicht erfolgen. Wenn Klage erhoben werden soll, ist ein Prozeßpfleger zu bestellen (§ 57). Verlust der Prozeßfähigkeit: § 241. Ausgeschlossen ist die Zustellung an den gesetzlichen Vertreter, wenn er beteiligter Gegner ist (§ 185; LG Frankfurt Rpfleger 88, 72).

3 **II)** 1) Für eine **Behörde und juristische Person** (hier noch als Korporation bezeichnet) schafft Abs 2 eine Erleichterung dadurch, daß an Stelle der grundsätzlich gebotenen Zustellung an das Vertretungsorgan auch die Zustellung an den „Vorsteher" genügt. **Vorsteher ist** eine Person, die – ohne notwendig gesetzlicher Vertreter zu sein (RG 67, 76) – dazu bestellt ist, die Behörde usw nach außen hin zu repräsentieren, zB der Behördenleiter usw. Der Vorsteher braucht nicht, der gesetzliche Vertreter „soll" (§ 130) in dem zuzustellenden Schriftstück bezeichnet sein. Solange die Zustellung an den gesetzlichen Vertreter oder den Vorsteher im Geschäftslokal (nicht notwendig in der Wohnung) möglich ist, ist Ersatzzustellung gem §§ 183, 184 an sonstige Bedienstete unzulässig, doch wird regelmäßig § 187 den Mangel heilen (nicht bei Notfrist, § 187 S 2).

4 2) Wird bei einer Behörde (Gemeinde, Korporation, Verein) an den Vorsteher zugestellt, so ist die Wirksamkeit der Zustellung nicht davon abhängig, ob die Dienststelle usw, für die das Schriftstück bestimmt ist, in der Adresse (bzw in der Zustellungsurkunde) benannt ist (§ 191 Rn 4 mit 10). Die Zustellung an eine Gemeinde erfolgt stets an deren Bürgermeister. Sie hat allgemeine Wirkung (für alle betroffenen Verwaltungszweige); nur wenn in der Zustellungsadresse neben dem Bürgermeister zusätzlich ein bestimmter Verwaltungszweig (zB Stadtsteueramt) angeführt ist, beschränkt sich die Zustellungswirkung auf die so bezeichnete Sondervermögensmasse der Gemeinde (Dresden DJR 40 Nr 297). Bei Kollegialgerichten gilt als Vorsteher der Präsident, beim AG der die Dienstaufsicht führende Richter. Zustellung durch Übersendung der Akten kann bewirkt werden, wenn einem Gericht (als Vollstreckungsbehörde und damit als Gläubiger eines beizutreibenden Zwangsgeldes) eine Entscheidung zuzustellen ist (BayObLG 90, 255 [256]).

5 3) Auf Stiftungen, Anstalten und Vermögensmassen iS des § 17 bezieht sich Abs 2 nicht; für sie kann nur dem gesetzlichen Vertreter (nicht auch dem Vorsteher) zugestellt werden. Die Zustellung an eine Person, die in doppelter Eigenschaft für eine Korporation etc tätig wird, ist auch dann wirksam, wenn in dem zuzustellenden Schriftstück die andere als die maßgebende Eigenschaft angesprochen wird (BGH 32, 119 = NJW 60, 1006).

6 **III)** Bei **mehreren gesetzlichen Vertretern** (Vorstehern, Abs 2) mit Gesamtvertretungsbefugnis genügt die Zustellung an einen von ihnen (Abs 3; BGH NJW 84, 57; dagegen bestehen keine verfassungsrechtlichen Bedenken, BVerfG 67, 208 [211] = NJW 84, 2567), und zwar auch dann, wenn ein für Gesamtvertretung erforderlicher Vertreter (zB einer der GmbH-Geschäftsführer) tatsächlich nicht vorhanden ist (Hamm OLG 27, 25). Das trifft insbes zu bei Eltern (§ 1629 I S 2 BGB), Vormündern (§ 1797 BGB), Pflegern und Betreuern sowie bei Vertretern einer jur Person (bei AG und GmbH auch als Stellvertreter, § 94 AktG, § 44 GmbHG) mit Gesamtvertretungsbefugnis (zB § 26 II BGB, § 125 II HGB, § 78 II AktG, § 35 II GmbHG [BGH aaO], § 25 GenG), für Abwickler und Liquidatoren und auch beim nicht rechtsfähigen Verein. Abs 3 gilt auch bei mehreren Testamentsvollstreckern (Gesamtvollstreckern, § 2224 BGB). Hat jeder (oder haben einzelne von mehreren) Vertretern Einzelvertretungsbefugnis (zB § 125 I HGB, § 78 III AktG usw), so erfolgt an ihn allein Zustellung nach Abs 1. Nicht anwendbar ist Abs 3, wo eine jur Person notwendig durch zwei mehrgliedrige Organe (Vorstand neben Aufsichtsrat) vertreten wird (zB § 246 II S 2, § 249 I, § 250 III, § 251 III usw AktG, § 51 III GenG [BGH 70, 384, 386; BGH NJW 92, 2099]), weil sonst der Zweck der Doppelvertretung vereitelt würde (BGH 32, 114 [119] = NJW 60, 1006).

7 **IV)** Wem als gesetzlicher Vertreter (Abs 1) zuzustellen ist, hat der Auftraggeber zu bezeichnen (vgl § 17 GVGA); Angabe im zuzustellenden Schriftstück, insbes Vollstreckungstitel, genügt. Fehlt die Bezeichnung, sind aber die Vertretungsverhältnisse offenkundig oder ermöglicht es der Auftrag dem GV, den gesetzlichen Vertreter als Zustellungsadressat festzustellen, so wird diesem zugestellt. Sonst veranlaßt der GV den Auftraggeber zu ergänzender Angabe (vgl § 28 Nr 4 GVGA). Ist der Vorsteher (Abs 2) nicht namentlich bezeichnet, hat sich der GV, wenn er persönlich zustellt, in geeigneter Weise im Geschäftslokal der Behörde usw, nötigenfalls auch an seinem Amtssitz oder bei Behörden am Orte der Zustellung (Polizeibehörde, Registergericht) zu erkundigen.

8 **V) Verstoß:** Die Zustellung an eine prozeßunfähige Person (die an sie adressierte Zustellung) ist unwirksam (RG 121, 63 [64]) und nicht ordnungsgemäß iS von § 335 I Nr 2, und zwar auch dann, wenn sie wegen deren Abwesenheit (zufällig) an den gesetzlichen Vertreter als Empfänger

(§§ 181, 183, 184) erfolgt (Karlsruhe FamRZ 73, 272 mit Anm Bosch). Heilung: vor § 166 Rn 5 u 6. Ob Zustellung unter Verstoß gegen Abs 1 an eine prozeßunfähige Person die Einspruchs- und Rechtsmittelfrist in Gang setzt, ist streitig (dazu § 52 Rn 13).

172 (weggefallen)

173 *[Zustellung an Generalbevollmächtigte und Prokuristen]*

Die Zustellung erfolgt an den Generalbevollmächtigten sowie in den durch den Betrieb eines Handelsgewerbes hervorgerufenen Rechtsstreitigkeiten an den Prokuristen mit gleicher Wirkung wie an die Partei selbst.

I) Der Generalbevollmächtigte und ein Prokurist sind für die Partei (neben dieser selbst) Zustellungs**adressat,** nicht mehr aber nach Bestellung eines Prozeßbevollmächtigten (§ 176). 1

II) Generalbevollmächtigter ist, wer zur Verwaltung aller Vermögensangelegenheiten bevollmächtigt ist, aber auch, wer Vollmacht nur für einen bestimmten, durch objektive Merkmale begrenzten größeren Kreis von Vermögensangelegenheiten (Geschäftskreis) hat und in diesem Umfang zur Besorgung aller Geschäfte sowie Vertretung des Vollmachtgebers ermächtigt ist (RG 67, 22 [24]; 69, 298 [301]; Hamm MDR 93, 1237 [Steuerberater]). Geschäftskreis eines Generalbevollmächtigten kann auch nur die Berechtigung zur Entgegennahme aller in Postsendungen enthaltenen Mitteilungen sein (Hamm MDR 93, 1237 für Ausländer mit wechselndem Aufenthalt zu zügigem Zugang der Geschäftspost); Postvollmacht allein genügt nicht. Kein Generalbevollmächtigter ist der Versicherungsagent oder Generalagent einer Versicherungsgesellschaft (für letzteren anders MK/vFeldmann Rn 2). 2

III) Prokurist: § 48 HGB. Zustellung an einen Gesamtprokuristen ist ausreichend (§ 171 III; Stettin OLG 3, 122), damit auch Zustellung an einen Gesamtprokuristen, der in Gemeinschaft mit einem Gesellschafter (s § 125 III HGB), Vorstandsmitglied (s § 78 III AktG) oder GmbH-Geschäftsführer vertritt. Zustellungsadressat ist der Prokurist nur für die durch den Betrieb des Handelsgewerbes hervorgerufenen Rechtsstreitigkeiten (s auch § 49 I HGB), bei Filialprokura nur für den Betrieb der Niederlassung (§ 50 III), nur bei Immobiliarprokura auch, wenn das Verfahren die Veräußerung oder Belastung eines Grundstücks betrifft (§ 49 II HGB; aA StJ/Roth Rn 4: auch ohne Immobiliarprokura). 3

IV) Auf den **Handlungsbevollmächtigten** (§ 54 HGB) findet § 173 keine Anwendung. Ersatzzustellung an ihn ist nach § 183 möglich. Der **Hauptbevollmächtigte** einer ausländischen Versicherungsunternehmung (§ 106 III VAG) vertritt als deren Repräsentant gerichtlich, Zustellung an ihn erfolgt daher nach § 171 I. Für Wohnungseigentümer kann (muß aber nicht) an den Verwalter zugestellt werden (§ 27 II Nr 3 WEG). 4

V) Der Auftraggeber hat dem GV den **Generalbevollmächtigten** oder **Prokuristen,** an den zugestellt werden soll, zu bezeichnen. Die Zustellung kann auch gegen den Willen der Genannten selbst bei Anwesenheit der Partei (KG OLG 40, 366) erfolgen. Will der GV ohne Angabe seitens seines Auftraggebers an den Generalbevollmächtigten oder Prokuristen zustellen, so muß er prüfen, ob der Betreffende zur Empfangnahme der Zustellung auf Grund seiner Vertretungsbefugnis berechtigt ist. 5

VI) Zustellung kann wirksam auch an den Bevollmächtigten einer Partei erfolgen, dem Vollmacht nur zur Empfangnahme von Zustellungen erteilt ist (gewillkürter **Zustellungsbevollmächtigte,** BGH MDR 72, 946 u NJW-RR 93, 1083). Das Gericht soll dem (zB bei einem die Ehre einer Partei berührenden Streitgegenstand) Rechnung zu tragen (s aber § 174 Rn 1), soweit nicht § 176 zwingenden Vorrang hat (§ 174 Rn 8). 6

174 *[Notwendigkeit eines Zustellungsbevollmächtigten]*

(1) Wohnt eine Partei weder am Ort des Prozeßgerichts noch innerhalb des Amtsgerichtsbezirkes, in dem das Prozeßgericht seinen Sitz hat, so kann das Gericht, falls sie nicht einen in diesem Ort oder Bezirk wohnhaften Prozeßbevollmächtigten bestellt hat, auf Antrag anordnen, daß sie eine daselbst wohnhafte Person zum Empfang der für sie bestimmten Schriftstücke bevollmächtige. Diese Anordnung kann ohne mündliche Verhandlung ergehen. Eine Anfechtung des Beschlusses findet nicht statt.

(2) Wohnt die Partei nicht im Inland, so ist sie auch ohne Anordnung des Gerichts zur Benennung eines Zustellungsbevollmächtigten verpflichtet, falls sie nicht einen in dem durch den ersten Absatz bezeichneten Ort oder Bezirk wohnhaften Prozeßbevollmächtigten bestellt hat.

1 I) **Zustellungsbevollmächtigter** ist im Gegensatz zum Prozeßbevollmächtigten die von einer Partei (auch Streitgehilfe) lediglich zur Entgegennahme von Zustellungen benannte Person (auch Behörde oder jur Person). Die Benennung ermöglicht (vorbehaltlich § 176) Zustellung an den Bevollmächtigten, auch wenn sie nach § 174 nicht notwendig war; Zustellung an die Partei („auf gewöhnlichem Weg", nicht aber durch Aufgabe zur Post nach § 175 I) bleibt daneben zulässig (BGH FamRZ 94, 1521; StJ/Roth Rn 9). Zulässig ist es, daß beide Parteien sich desselben Zustellungsbevollmächtigten bedienen (RG 157, 168). Auch der Prozeßbevollmächtigte der Partei kann für sich einen eigenen Zustellungsbevollmächtigten benennen; im Fall des § 30 BRAO muß er es tun. Über die Form der Zustellung, wenn ein Zustellungsbevollmächtigter mehrere Parteien vertritt s § 189 II. Das Zustellungsverbot des § 185 ist iF des Zustellungsbevollmächtigten nicht anzuwenden (BGH NJW 61, 1067).

2 **II) 1)** Einen Zustellungsbevollmächtigten hat eine **im Inland,** aber weder am Ort des Prozeßgerichts noch innerhalb des Bezirks des AG für den Sitz des Prozeßgerichts **wohnende Partei** zu bestellen, die in diesem Bereich keinen Prozeßbevollmächtigten bestellt hat (§§ 78, 79), wenn auf Antrag des Gegners das Gericht die Bestellung anordnet (Abs 1 S 1). Ausgeschlossen ist die Anordnung, solange Zustellungen an einen für die Vorinstanz bestellten Prozeßbevollmächtigten zu erfolgen haben (§ 176 Rn 1; RG 103, 334 [336]). Für eine nicht prozeßfähige natürliche Person kann nach dem Gesetzeszweck (§ 175 mit § 171 I) nur auf den Wohnsitz des gesetzlichen Vertreters abzustellen sein, für eine jur Person nur auf ihren Sitz. Die Anordnung ist Ermessenssache („kann"). Sie soll nur bei Bedürfnis erfolgen, zB wenn Zustellung im Inland nicht förderlich ist, weil der Zustellungsadressat ständig auf Reisen ist, oder wenn als Anschrift nur ein Postschließfach bekannt (s Hamburg NJW 70, 104) und die Wohnanschrift nicht festgestellt ist. Kein Bedürfnis besteht, wenn Zustellung im Bezirk an einen Generalbevollmächtigten oder Prokuristen (§ 173) erfolgen kann.

3 2) Die Anordnung setzt einen anhängigen (nicht notwendig rechtshängigen) Rechtsstreit voraus, kann dem Beklagten sonach schon mit der Klage zugestellt werden. Sie ist im Mahnverfahren für Zustellung des Vollstreckungsbescheids nicht zulässig.

4 3) Die **Anordnung** trifft der Rechtspfleger (§ 20 Nr 7a RpflG); sie ergeht durch Beschluß ohne mündliche Verhandlung (Abs 1 S 2); Zustellung gebietet § 329 II S 2 (jedenfalls entspr Anwendung). Rechtsbehelf: Befristete Erinnerung nach § 11 I S 2 RpflG, dann unanfechtbarer Beschluß des Gerichts (Abs 1 S 3).

5 **III)** Die Partei, die **im Ausland wohnt** (zum gesetzlichen Vertreter und Sitz einer jur Person Rn 2) ist nach ordnungsgemäßer Einleitung des Verfahrens (BGH NJW 87, 1707 [1708]), der Beklagte somit ab Rechtshängigkeit (BGH 58, 177 [179] = NJW 72, 1004; LG Frankfurt NJW 90, 652) – erfordert wirksame Zustellung der Klage nach § 199 (oder § 203) (§ 261 I mit § 253 I) – auch ohne Anordnung des Gerichts zur Benennung eines Zustellungsbevollmächtigten **verpflichtet,** sofern sie keinen Prozeßbevollmächtigten bestellt hat, der am Ort des Prozeßgerichts oder innerhalb des Bezirks des AG für den Sitz des Prozeßgerichts wohnt (Abs 2). Die Verpflichtung besteht auch, wenn der Prozeßbevollmächtigte wegfällt oder die Partei ins Ausland verzieht. Eine Hinweispflicht auf diese (oft unbekannte) Notwendigkeit und die schwerwiegenden Folgen der Unterlassung (§ 175 Rn 2) besteht gesetzlich nicht (BGH 98, 263 [268] = NJW 87, 592), kann sich aber aus dem Verfassungsgebot des fairen Verfahrens (Einl Rn 102) ableiten (für Hinweispflicht zB Hausmann FamRZ 89, 1288 [1289], im Hinblick auf Art 103 GG auch § 199 Rn 20). Eine Hinweispflicht im Mahnbescheid bestimmt § 34 III S 2 AVAG.

6 **IV)** Der Zustellungsbevollmächtigte muß am Ort des Prozeßgerichts oder innerhalb des AG-Bezirks wohnen (gilt für Abs 1 und 2: BGH NJW 61, 1067; abw Frankfurt NJW 60, 1954). Eine natürliche Person muß prozeßfähig sein (BL/Hartmann Rn 5; abw StJ/Roth Rn 12; ThP § 175 Rn 2; aber § 171 gilt hier sinngemäß).

7 V) Folge der Nichtbenennung: § 175.

8 **VI)** Wenn ein **Prozeßbevollmächtigter** bestellt ist, ist stets diesem zuzustellen (§ 176), nicht mehr einem etwa gleichzeitig benannten Zustellungsbevollmächtigten, dessen Empfangsvollmacht damit hinfällig wird (RG 103, 337; BGH RzW 62, 470; 63, 518). Das gilt auch, wenn der Zustellungsbevollmächtigte oder die Partei selbst im Gerichtsbezirk, der Prozeßbevollmächtigte dagegen im Ausland wohnt; id Fall muß der ausländische Prozeßbevollmächtigte gem § 174 für sich einen eigenen Zustellungsbevollmächtigten benennen (Pentz NJW 64, 2241). Ausnahme: Der von der Residenzpflicht befreite deutsche RA darf, wenn er keinen Zustellungsbevollmächtigten

am Gerichtsort bestellt, entgegen § 174 Zustellungen durch Aufgabe zur Post (§ 175) oder von Anwalt zu Anwalt (§§ 198, 212a) empfangen (§ 30 BRAO; mit dem geltenden Gesetz nicht vereinbar der Vorschlag von Pentz, NJW 64, 2241, dieses Privileg auch auf in Deutschland nicht zugelassene ausländische Prozeßbevollmächtigte anzuwenden).

175

[Benennung des Zustellungsbevollmächtigten; Aufgabe zur Post]

(1) Der Zustellungsbevollmächtigte ist bei der nächsten gerichtlichen Verhandlung oder, wenn die Partei vorher dem Gegner einen Schriftsatz zustellen läßt, in diesem zu benennen. Geschieht dies nicht, so können alle späteren Zustellungen bis zur nachträglichen Benennung in der Art bewirkt werden, daß der Gerichtsvollzieher das zu übergebende Schriftstück unter der Adresse der Partei nach ihrem Wohnort zur Post gibt. Die Zustellung wird mit der Aufgabe zur Post als bewirkt angesehen, selbst wenn die Sendung als unzustellbar zurückkommt.

(2) Die Postsendungen sind mit der Bezeichnung „Einschreiben" zu versehen, wenn die Partei es verlangt und zur Zahlung der Mehrkosten sich bereit erklärt.

I) Zu **benennen** ist der Zustellungsbevollmächtigte, wenn Anordnung nach § 174 I ergangen ist 1
oder bei Auslandswohnsitz Verpflichtung nach § 174 II besteht, bei der **nächsten mündlichen Verhandlung** oder, wenn vorher ein **Schriftsatz** zugestellt (§ 133 II mit § 198) oder bei Gericht (im Anwaltsprozeß auch durch die Partei selbst, Köln MDR 86, 243 = OLGZ 86, 216) zur Amtszustellung (§ 270 I; Köln aaO; München NJW 89, 234) eingereicht wird (Abs 1 S 1). Bei Auslandszustellung im schriftlichen Vorverfahren ist der Zustellungsbevollmächtigte innerhalb der vom Vorsitzenden bestimmten Frist zu benennen (§ 276 I S 3; s dort Rn 5). An den Zustellungsbevollmächtigten erfolgen mit Wirkung gegen die Partei alle Zustellungen (§ 174 Rn 1; im Parteibetrieb und von Amts wegen, § 208), auch wenn er die Annahme der Sendung verweigert (§ 186). Unterbevollmächtigung gestattet die Zustellungsvollmacht nicht. Die Benennung kann jederzeit widerrufen werden (Folge Abs 1 S 2); sie erlischt mit Tod des Bevollmächtigten oder des Vollmachtgebers und mit Bestellung (Anzeige, § 87 entspr) eines Prozeßbevollmächtigten (§ 176). In der Angabe eines Postschließfachs ist nicht die Benennung des Vorstehers der Postanstalt als Zustellungsbevollmächtigter zu erblicken (Hamburg NJW 70, 104; abw Schumann NJW 69, 2185).

II) 1) Durch **Aufgabe zur Post** können (nicht müssen, RG 57, 334; Wahl der angemessenen 2
Zustellungsart liegt im Ermessen des Zustellungsorgans, BayObLG Rpfleger 78, 446 [447]; hierzu auch § 199 Rn 29) alle späteren Zustellungen (im Parteibetrieb und von Amts wegen) erfolgen, wenn die Partei entgegen ihrer Verpflichtung aus § 174 einen Zustellungsbevollmächtigten nicht rechtzeitig (Rn 1) benannt hat (Abs 1 S 2, dazu s BGH NJW 79, 218; BGH 98, 263 [267] = JR 87, 157 mit Anm Schlosser = NJW 87, 592), oder auch, wenn Zustellung an diesen nicht möglich ist (StJ/Roth Rn 7). Eine Übersetzung des zuzustellenden Schriftstücks muß bei Aufgabe zur Post der Sendung nicht beigefügt werden, wenn der Zustellungsgegner im fremdsprachigen Ausland (§ 174 II) wohnt (BGH NJW-RR 96, 387). Die Wirksamkeit des § 175 I S 2 ist unbedenklich (BGH NJW 92, 1701). Beispiel: A in München wurde verklagt. Nach Klagezustellung verzog er nach Bern. Das gegen ihn ergehende Versäumnisurteil kann ihm durch Aufgabe zur Post wirksam zugestellt werden, wenn er bis zur mündl Verhandlung keinen Zustellungsbevollmächtigten benannt hatte. Im Urteil war die Einspruchsfrist nicht festzusetzen; es läuft vielmehr vom Tag der Aufgabe zur Post die gewöhnliche Frist (§ 339 I; RG 57, 334), da Zustellung durch Aufgabe zur Post Zustellung im Inland ist (Rn 6). Für das im **schriftlichen Verfahren** gem § 331 III ohne Terminsbestimmung zulässige Versäumnisurteil ist nach § 276 I die gem § 175 erleichterte Zustellung des Urteils an den Beklagten im Ausland möglich, auch wenn er sich nach ordentlicher Klagezustellung noch nicht schriftlich auf die Klage eingelassen hatte (näher § 276 Rn 5; zur früher anderen Rechtslage BGH NJW 79, 218 u BGH 98, 263). Zustellung des Vollstreckungsbescheids mit Aufgabe zur Post: § 34 III S 3 AVAG (dazu § 688 Rn 10 u § 699 Rn 17). Für **Unterhaltssachen** Sonderregelung in § 641n S 4, § 642a II S 2.

2) Beendet ist die Möglichkeit, durch Aufgabe zur Post zuzustellen, wenn nachträglich ein 3
Zustellungsbevollmächtigter benannt (Abs 1 S 1) oder ein Prozeßbevollmächtigter bestellt wird (§ 176; erfordert Anzeige) oder die Partei ihren Wohnsitz an den Ort oder in den AG-Bezirk des Prozeßgerichts verlegt.

III) 1) Zustellung durch **Aufgabe zur Post** (zu unterscheiden von der Zustellung durch die 4
Post, § 193) erfolgt dadurch, daß der GV (Urkundsbeamte, §§ 209, 213) das zu übergebende Schriftstück (§ 170 Rn 2) in Briefform (verschlossen) unter der Adresse der Partei nach ihrem Wohnort (bei einem inländischen Postamt) zur Post gibt (möglich auch mit Briefkasteneinwurf). Auch bei Auslandswohnsitz (§ 174 II) kann Adresse der Partei eine Inlandsanschrift sein, wenn eine Änderung nicht angezeigt (auch nicht bekannt) wurde (BayObLG Rpfleger 78, 446 [447]).

Bei Wohnort im Ausland ist Angabe des Landes, in dem der Bestimmungsort liegt, wesentlicher Teil der Adresse (BGH 73, 388 = MDR 79, 750, für Ort in USA). Eine der Stadtbezeichnung vorangestellte verkehrsübliche Abkürzung („E“ für España) muß jedoch genügen (Köln MDR 86, 243 = OLGZ 86, 216); zusätzliche Landesangabe kann sich im Einzelfall als Förmelei auch erübrigen (Köln aaO); Beispiele: Zürich, Rom, Wien (ordnungsgemäßer, störungsfreier Postweg ist ohnedies gewährleistet). Durch die Post erfolgt die Beförderung der Sendung an den Empfänger mit (gewöhnlicher) Briefpost; es kann auch der Luftpostweg gewählt werden.

5 2) **Zustellungsurkunde:** § 192 (mit § 213).

6 **IV)** Die **Zustellung** ist **mit der Aufgabe** zur Post **bewirkt** (Abs 1 S 3; bei Einwurf in den Briefkasten ist das der Tag der Leerung; aA [Einwurf] StJ/Roth Rn 22), nicht erst, wenn die Sendung zu dem Empfänger gelangt (Zustellung wird fingiert). Das gilt auch dann, wenn der Empfänger die Sendung tatsächlich nicht erhalten hat (BGH NJW-RR 96, 387 [388]) sowie, wenn die aufgegebene Sendung als unbestellbar zurückkommt (Abs 1 S 3). Die Zustellung nach § 175 an den im Ausland wohnenden Zustellungsadressaten stellt damit eine Zustellung im Inland dar (BGH 98, 263 [266] u NJW 92, 1701; München Rpfleger 83, 75); §§ 199, 339 II gelten daher nicht (aA StJ/Roth Rn 11: § 339 II).

7 **V)** Mit der Bezeichnung **„Einschreiben“** ist die Postsendung zu versehen, wenn die Partei es verlangt und zur Zahlung der Mehrkosten sich bereit erklärt (Abs 2). Auslagenvorschuß: § 68 GKG. Auch im Falle der (wahlweise neben der einfachen Einschreibeform möglichen, BGH 32, 370 [374] = NJW 60, 1763) Einschreibesendung gegen Rückschein bestimmt der Zeitpunkt der Aufgabe zur Post und nicht das Datum des Rückscheins die (fingierte) Zustellungswirkung (BGH MDR 87, 483 = NJW 87, 1707; s auch § 233 Rn 23 „ Zustellung“).

8 **VI)** Bei Zustellung im Parteibetrieb wird das zuzustellende Schriftstück mit der Zustellungsurkunde dem **Auftraggeber übermittelt** (§ 190 IV). Dasselbe geschieht mit der Postsendung, die als unbestellbar zurückkommt (§ 47 Nr 4 GVGA).

9 **VII)** Bei **Verstoß** hat die Aufgabe zur Post keine Zustellungswirkung. Das gilt, wenn die Voraussetzungen für diese Zustellung (§§ 174, 175 I S 1) im Zeitpunkt der Ausführung mit Aufgabe zur Post nicht vorgelegen haben (Anordnung nach § 174 I ersetzt Voraussetzungen für Benennung des Zustellungsbevollmächtigten nicht) ebenso wie bei Nichtbeachtung des Verfahrens (zu Beurkundungsmängeln bei §§ 192, 213). Nicht wirksam ist die Zustellung, wenn Aufgabe zur Post mit unrichtiger oder in einem wesentlichen Teil unvollständiger Adresse erfolgt ist (BGH 73, 388 [390], Frankfurt OLGZ 79, 40 [41]). An die Einhaltung der vorgeschriebenen Form werden im Hinblick auf die Zustellungsfiktion strenge Anforderungen gestellt (BGH 73, 388 [390] mwN u NJW 87, 1707).

10 **VIII) Zustellungsgeb des GV:** s § 16 GVKostG. Auslagen: § 35 I Nr 3 GV KostG.

176 *[Zustellung an Prozeßbevollmächtigten]*

Zustellungen, die in einem anhängigen Rechtsstreit bewirkt werden sollen, müssen an den für den Rechtszug bestellten Prozeßbevollmächtigten erfolgen.

1 **I) Zweck** ist, dem Prozeßbevollmächtigten, in dessen Verantwortung die Prozeßführung gelegt ist, zu gewährleisten, daß er im gesamten Verfahren Kenntnis von zuzustellenden Schriftstücken nehmen kann (Rn 1 vor § 166). Er ist daher allein berufener Empfänger aller Zustellungen.

2 **II) Voraussetzungen: 1)** Mit **anhängigem Rechtsstreit** ist das gerichtliche Verfahren bezeichnet, für das die Prozeßvollmacht zu allen Prozeßhandlungen ermächtigt (§ 81). § 176 gilt daher im Rechtsstreit ab Anhängigkeit der Klage (§ 253 Rn 4; auch schon vor Rechtshängigkeit, StJ/Roth Rn 1) und in **allen Verfahrensarten der ZPO,** somit auch in FGG-Familiensachen, für die zivilprozessuale Vorschriften gelten (§ 621a I S 2; KG FamRZ 78, 728), im Mahn- (vgl § 697 Rn 1, 4 u 6) und Zwangsvollstreckungsverfahren (vor § 704 Rn 5; zur Instanz § 178).

3 **2) a)** Ein **Prozeßbevollmächtigter** muß für den Rechtszug (dazu Rn 1 und § 178) bestellt sein. Prozeßbevollmächtigter ist die von der Partei als solcher (§§ 80 ff) bestellte Person, die zur Wahrnehmung der Prozeßvollmacht im Umfang des § 81 befugt, im Anwaltsprozeß (§ 78) also als Rechtsanwalt beim Prozeßgericht zugelassen, im Parteiprozeß iS der §§ 79, 157 zur Vertretung der Partei befähigt sein muß (BGH MDR 85, 30; aA StJ/Roth Rn 16 u 29). In einer Anwaltssozietät ist grds jeder Anwalt empfangsberechtigt (BGH MDR 69, 1001 = NJW 69, 1486 u NJW 80, 999), (im Zweifel) auch ein später erst eintretendes Sozietätsmitglied (vgl BGH VersR 94, 874 mwN), bei überörtlicher Sozietät (sofern nicht besondere Umstände Gegenteiliges rechtfertigen) jedoch nur jeder am Ort des Prozeßgerichts kanzleiansässige RA (KG MDR 94, 833 = NJW 94, 3111; Boin MDR 95, 882). Vollmacht nur für einzelne Prozeßhandlungen (BGH 61, 308 [311] =

NJW 74, 240) oder nur für die Vorkorrespondenz über eine Abmahnung (Hamburg NJW-RR 93, 958) genügen nicht. Beiordnung bei Prozeßkostenhilfe oder in einer Scheidungssache (§ 625; BGH NJW 95, 1225) genügt noch nicht, wohl aber einstw Zulassung gem § 89 (RG 67, 149). Dem Prozeßbevollmächtigten steht gleich der amtlich bestellte Vertreter des RA (§ 53 BRAO); nicht Prozeßbevollmächtigter iS des § 176 ist der nach § 81 Unterbevollmächtigte (BayVerfGH NJW-RR 92, 1465; BAG AP § 176 Nr 1; RG 11, 368; StJ/Roth Rn 15) und der Terminsvertreter (BGH 61, 308 [311] u NJW-RR 94, 127). Der Verkehrsanwalt ist niemals Zustellungsadressat, auch wenn er Erinnerung gegen Kostenfestsetzung eingelegt hat (Stuttgart Justiz 69, 166).

b) Wo ein **Prozeßbevollmächtigter fehlt,** also noch nicht (auch nicht für die Vorinstanz, Rn 8) bestellt wurde, kann und muß ggf auch an einen von der Partei hierfür bevollmächtigten (und bekanntgegebenen) nicht postulationsfähigen Anwalt oder sonstigen Zustellungsbevollmächtigten (§ 174) wirksam zugestellt werden (BGH VersR 84, 873; Celle Rpfleger 69, 63; Düsseldorf MDR 85, 852); denn § 176 regelt die Zustellung nur für den Fall, daß ein Prozeßbevollmächtigter überhaupt bestellt ist (Pardey ZIP 85, 462–465). 4

c) **Bestellt** ist der Prozeßbevollmächtigte durch (auch formlose, BGH NJW-RR 86, 286) Mitteilung der Prozeßvollmacht (§ 80) durch den Bevollmächtigten (BGH 118, 312 [322] u NJW 87, 440) oder durch den Mandanten (aM KG MDR 87, 329: Bestellungsanzeige des Anwalts selbst erforderlich) an das Gericht oder den Gegner (KG NJW 94, 3111), auch durch Einreichen einer Schutzschrift (§ 937 Rn 4; Düsseldorf WRP 82, 531 = AnwBl 82, 433; Hamburg NJW-RR 95, 444; Karlsruhe NJW-RR 92, 700 [701]; einschr Frankfurt NJW-RR 86, 587 = OLGZ 88, 104) oder sonstiger Schriftsätze (RG 18, 396; Walchshöfer Rpfleger 74, 254 [255]) und jedenfalls (vorbehaltlich § 88) durch das Auftreten im Termin (BGH VersR 79, 255; BGH 61, 308 [311]; BGH NJW-RR 92, 699). Ist die Bestellung derart erfolgt, ist § 176 ohne Rücksicht darauf zu beachten, ob Prozeßvollmacht tatsächlich erteilt war (BGH 118, 312 [322]), mithin auch, wenn die Prozeßvollmacht zwischen Anwalt und Mandant noch nicht im Umfang der §§ 80 ff vereinbart ist (BGH VersR 86, 993 [994]; KG NJW 87, 1338 [1339]), denn Prüfung der Vollmacht des RA erfolgt erst auf Rüge des Gegners (§ 88). 5

d) **Bestellungsanzeige durch den Gegner** (zB durch Bezeichnung eines Beklagtenvertreters in der Klageschrift) genügt (aM BGH MDR 81, 126; Hamburg MDR 91, 259) und ist (das Risiko der tatsächlichen Vertretung des Beklagten trägt hier der Kläger) vom Gericht zu beachten. Wirksamkeitsvoraussetzung dieser Anzeige durch den Gegner und der daraufhin vom Gericht veranlaßten Zustellungen an den so bezeichneten Bevollmächtigten ist, daß die vertretene Partei oder deren Anwalt dem Kläger vom Bestehen der Prozeßvollmacht außergerichtlich Kenntnis gegeben hat; lediglich vorprozessuales Auftreten des Anwalts für den Beklagten ohne Bekanntgabe auch der Prozeßvollmacht genügt hierfür aber noch nicht (BGH MDR 81, 126). Stellt das Gericht (entgegen der vorst vertretenen Meinung) die Klage anstatt dem vom Kläger benannten Bevollmächtigten dem Beklagten selbst zu, so ist es (selbst bei Zweifeln des Gerichts an einer angeblich vom Beklagten erteilten Prozeßvollmacht) jedenfalls Gebot eines fairen Verfahrens, den angeblichen Beklagtenvertreter von der Zustellung an die Partei zu benachrichtigen und das Bestehen eines Mandats bei diesem zu erfragen (BVerfG MDR 87, 814 = NJW 87, 2003). 6

e) **Bestellung nach Verkündung einer Entscheidung** gebietet deren Zustellung an den Bevollmächtigten (Hamm NJW 62, 641), auch wenn dieser vorher am Verfahren noch nicht beteiligt war. Bestellt sich der Bevollmächtigte an dem Tag, an dem die Zustellung der Entscheidung an die Partei selbst veranlaßt wird, so ist trotz grundsätzlicher Beweislast der Partei für die Rechtzeitigkeit ihres Rechtsmittels (BGH VersR 80, 90 [91]) bei Unaufklärbarkeit der zeitlichen Reihenfolge von Zustellung und Anwaltsbestellung zugunsten der Partei davon auszugehen, daß das Gericht die Kenntnis von der Anwaltsbestellung schon vor der (deshalb unwirksamen) Zustellung an die Partei hatte oder hätte haben müssen, denn ein Beweis für den innergerichtlichen Geschäftsablauf ist der Partei regelmäßig unmöglich und deshalb unzumutbar (vgl vor § 284 Rn 25 ff); in diesem Fall ist davon auszugehen, daß durch fehlerhafte Zustellung eine Rechtsmittelfrist nicht wirksam in Lauf gesetzt wurde (BGH NJW 81, 1673 [1674]). 7

f) Haben sich für eine Partei **mehrere Prozeßbevollmächtigte** bestellt, so genügt Zustellung an einen von ihnen (BGH 118, 312 [322]). Hat der für die 1. Instanz bestellte Bevollmächtigte einen anderen RA mit seiner Vertretung für die 2. Instanz betraut (§ 81 Rn 3), so ist nur der letztere Prozeßbevollmächtigter für diese Instanz; eine Zustellung an den Prozeßbevollmächtigten der 1. Instanz wäre unzulässig (RG 22, 397). Solange aber ein Prozeßbevollmächtigter für die 2. Instanz nicht bestellt ist, haben alle Zustellungen an den Prozeßbevollmächtigten der Vorinstanz zu erfolgen (BGH NJW 75, 120), gleichgültig, ob dieser dort zugelassen ist (vgl § 210a). 8

g) **Kenntnis** der zustellenden Partei (für Zustellung im Parteibetrieb) oder des Gerichts (für Zustellung von Amts wegen) von der Bestellung eines Prozeßbevollmächtigten (dem steht Kennenmüssen gleich, BAG Betrieb 77, 919 [920]; BGH NJW 81, 1673 [1674]; Frankfurt JurBüro 87, 1832; aA StJ/Roth Rn 21; aber keine Amtsermittlungspflicht) ist Voraussetzung der Pflicht, 9

Zustellungen ausschließlich an den Prozeßbevollmächtigten zu richten und nicht mehr an die vertretene Partei auszuführen (BGH 61, 308 [310, 311] u NJW 81, 1673 [1674]; Frankfurt NJW-RR 86, 587 = OLGZ 86, 120; Karlsruhe NJW-RR 92, 700 [701]). Die Kenntnis muß bis spätestens zu Beginn der Zustellung (Ausführung durch die Geschäftsstelle nach § 211) vermittelt worden sein (BGH NJW 81, 1673 [1674]).

10 **h) Mandatsbeendigung** durch Kündigung oder Niederlegung beendet von deren gerichtlicher Kenntnis ab nur im Parteiprozeß (§ 79) die Notwendigkeit der Zustellungen an den Bevollmächtigten (BGH MDR 91, 342 = NJW 91, 295; Hamm NJW 82, 1887). Anders im Anwaltsprozeß (§ 78): Hier ist, weil § 87 I (zweite Alternative) nur den konstruktiven Vollmachtswechsel durch Bestellung eines neuen Anwalts zuläßt (Stephan Anm AP § 87 Nr 1), ungeachtet der Mitteilung der Mandatsbeendigung so lange noch an den bisherigen Anwalt zuzustellen, bis sich für dessen Mandanten ein neuer Anwalt bestellt (RG 60, 271; BGH 31, 35 u 43, 135 [137]; BGH NJW 65, 1020; 80, 999; Düsseldorf OLGZ 88, 119). Der Anwalt ist nach Mandatsbeendigung standesrechtlich verpflichtet, ihm gem § 176 noch zugestellte Schriftstücke an die Partei oder deren neuen Bevollmächtigten weiterzuleiten. Ist die Zulassung des bevollmächtigten Anwalts erloschen (§§ 13 ff BRAO), so entfällt von der Bekanntgabe dieses Erlöschens ab auch im Anwaltsprozeß die Anwendbarkeit der §§ 87, 176 (München NJW 70, 1609); Zustellungen sind dann (verbunden mit der Aufforderung gem §§ 215, 275 I, 276 II, 277 II) an die Partei selbst zu richten.

11 **i) Stirbt** im Anwaltsprozeß **der Prozeßbevollmächtigte** im Laufe des Verfahrens oder wird er prozeßunfähig, so tritt Unterbrechung gem § 244 ein. Stirbt er erst nach Zustellung des Urteils, so ist die Instanz erledigt und Zustellung der Rechtsmittelschrift muß (mit Aufforderung gem §§ 215, 520 III) an die Partei selbst erfolgen. Vertretungsverbot gegen den RA beseitigt Wirksamkeit der Zustellung an ihn nicht (§ 155 V S 2 BRAO).

12 **3) a) Der Rechtszug** beginnt mit Einreichung der Klage (§ 253 Rn 4) oder eines sonst das Verfahren einleitenden Gesuchs (zB des Mahngesuchs) oder Antrags (zB des Arrestantrags) oder einer Rechtsmittelschrift (wegen deren Zustellung s § 210a). **Er endet** (Sonderregelung in § 178) mit Einlegung eines Rechtsmittels oder dem Eintritt der (formellen) Rechtskraft (BGH NJW 95, 1095 mwN, auch zu früher aA), nicht somit schon mit Zustellung des Endurteils. Zustellung des den Rechtszug abschließenden Urteils (für Beginn der Rechtsmittelfrist und ZwV) hat daher noch an den Anwalt des Rechtszugs, in dem das Urteil erlassen ist, zu erfolgen (s RG 41, 426; BGH NJW 75, 120), auch wenn für den höheren Rechtszug ein Anwalt schon bestellt ist (StJ/Roth Rn 9). Nach Beendigung des Rechtsstreits ohne Urteil (Klagerücknahme, Vergleich, beiderseitige Erledigterklärung) gehört ein nachfolgendes Beschlußverfahren (§ 269 III S 3) bis zur Einlegung eines Rechtsmittels (oder Rechtskraft) noch zur Instanz. Bei Abgabe und Verweisung wird der Rechtsstreit (das Verfahren) vor dem neuen Gericht im gleichen Rechtszug anhängig. Zustellung der Ladung hat daher an den (bisherigen) Prozeßbevollmächtigten zu erfolgen, auch wenn er bei dem nun zuständigen Gericht nicht zugelassen ist (Hamm MDR 68, 155; Köln MDR 76, 50).

13 **b) Noch zur Instanz** gehört das Kostenfestsetzungsverfahren (§§ 103, 104 Rn 7; s aber KG NJW 72, 543 für Mandatsniederlegung vor Kostenfestsetzung); ferner das Arrestverfahren und das Verfahren betr eine einstw Verfügung, wenn die Hauptsache anhängig ist (hier ist auch Zustellung an die Partei möglich, RG 45, 366), ferner das ZwVVerfahren (s § 178), die Hauptintervention, die Wiederaufnahme- und Vollstreckungsgegenklage (§§ 578, 767), dagegen nicht die Widerspruchsklage des § 771 (Augsburg OLG 14, 162; str, s Naumburg OLG 18, 410), sowie die Klagen aus §§ 805, 810 und 878 (s § 178 Rn 3). Ein die ZwV einstellender Beschluß des VollstrGerichts ist dem im Vollstreckungstitel bezeichneten Vertreter des Gläubigers zuzustellen (München JW 31, 2044). Betreibt die Partei ohne Zuziehung ihres Prozeßbevollmächtigten die Kostenfestsetzung, so sind Beschlüsse im Festsetzungs- und Erinnerungsverfahren ihr selbst zuzustellen (Königsberg JW 31, 3577, abw Stuttgart DGVZ 62, 43; aber das Gericht sollte der außerhalb des Anwaltszwanges persönlich handelnden Partei nicht die erkennbar nicht gewollte Hilfe des Anwalts aufzwingen; s § 178 Rn 2).

14 **III) 1)** Erfolgen müssen **alle Zustellungen** im Parteibetrieb (§§ 166–207) und von Amts wegen (§§ 208–213a) an den Prozeßbevollmächtigten des Rechtszugs. Ausnahmen für persönliche Beteiligung der Partei am Verfahren bestimmen insbes § 141 II S 2, § 239 III S 1, § 273 IV S 2, § 279 II, § 450 I, § 613 und § 900 III S 1; auch in diesen Fällen kann aber der Prozeßbevollmächtigte von der Ladung der Partei zu benachrichtigen sein. Beendigung des Mandats nach Zustellung berührt ihre Wirksamkeit nicht (BGH 118, 312 [322]).

15 **2)** Für formlose **Mitteilungen** (vor § 166 Rn 2) gilt § 176 gleichermaßen (RG 149, 158 [162]).

16 **IV)** Bei **Verstoß** gegen § 176 (Zustellung an die Partei selbst, sonst an einen anderen als den Prozeßbevollmächtigten) ist die Zustellung unwirksam (wirkungslos; BGH MDR 84, 562 = NJW 84, 926). Heilung nach § 187 oder § 295 (zum Zeitpunkt der Heilung BGH aaO).

177 *[Unbekannter Aufenthalt des Prozeßbevollmächtigten]*
(1) Ist der Aufenthalt eines Prozeßbevollmächtigten unbekannt, so hat das Prozeßgericht auf Antrag die Zustellung an den Zustellungsbevollmächtigten, in Ermangelung eines solchen an den Gegner selbst zu bewilligen.

(2) Die Entscheidung über den Antrag kann ohne mündliche Verhandlung erlassen werden. Eine Anfechtung der die Zustellung bewilligenden Entscheidung findet nicht statt.

I) Anwendbar ist § 177 nur, wenn Zustellung an den Prozeßbevollmächtigten erfolgen muß (Fall des § 176, auch § 178), daher nicht, wenn an einen Zustellungsbevollmächtigten oder die Partei selbst (auch durch Aufgabe zur Post) zugestellt werden kann (zB nach § 210a II) oder muß (§ 900 III S 1). § 183 II schließt § 177 aus. Unbekannter Aufenthalt: wie § 203 Rn 2. Bei Amtszustellung (§ 208) ist Antrag entbehrlich. 1

II) Zuständig ist der Rechtspfleger (§ 20 Nr 7b RpflG). Entscheidung durch Beschluß ohne mündliche Verhandlung (Abs 2 S 1). Zustellung oder Mitteilung: § 329 II. Die (richterliche) Bewilligung ist unanfechtbar (Abs 2 S 2), gegen Rechtspfleger daher befristete Erinnerung (§ 11 I RpflG). Gegen Ablehnung für Antragsteller Erinnerung (§ 11 I S 1 RpflG), dann einfache Beschwerde (§ 567 I; Ausnahme § 567 III, dann aber befristete Erinnerung gegen Rechtspfleger). 2

178 *[Umfang der Instanz]*
Als zu dem Rechtszug gehörig sind im Sinne des § 176 auch diejenigen Prozeßhandlungen anzusehen, die das Verfahren vor dem Gericht des Rechtszuges infolge eines Einspruchs, einer Aufhebung des Urteils dieses Gerichts, einer Wiederaufnahme des Verfahrens oder eines neuen Vorbringens in dem Verfahren der Zwangsvollstreckung zum Gegenstand haben. Das Verfahren vor dem Vollstreckungsgericht ist als zum ersten Rechtszuge gehörig anzusehen.

I) Für **Zustellungen** in einem **anhängigen Rechtsstreit** an den Prozeßbevollmächtigten (§ 176) gehören zum Rechtszug auch die in S 1 bezeichneten Prozeßhandlungen und das Verfahren vor dem Vollstreckungsgericht (S 2 mit § 764), letzteres auch bei Vollstreckung des Titels eines höheren Gerichts. Verfahren infolge eines Einspruchs: §§ 338 ff, 700 III–VI; Verfahren nach Zurückverweisung: §§ 538 ff, 565, 566a (dort Ausnahme für Abs 5, da Verfahren vor OLG Berufung) und § 575; Verfahren infolge Wiederaufnahme: §§ 578 ff; neues Vorbringen in ZwV: §§ 731, 767–770, 781–786a, sowie Zustellungen zur Einleitung der ZwV (§§ 750, 751 II, §§ 756, 765), auch wenn Prozeßgericht oder Grundbuchamt als Vollstreckungsorgan tätig werden. Verfahren vor dem Vollstreckungsgericht (S 2) sind auch Erinnerung (§ 766) und Beschwerde (§ 793), ZwV in Forderungen (§ 828 I), die Verfahren nach §§ 887–891, das Offenbarungsverfahren (§§ 899 ff; Sonderregelung aber in § 900 III S 1) sowie Zwangsversteigerung und Zwangsverwaltung (§ 1 I ZVG). 1

II) Notwendigkeit (und Möglichkeit) der Zustellung an den für den Rechtszug bestellten Prozeßbevollmächtigten (§ 176) auch in den Fällen des § 178 **enden** mit **Erlöschen der Vollmacht** (§ 78 I). Das ist außerhalb des Anwaltsprozesses, damit auch für neues Vorbringen in der ZwV und das Verfahren vor dem Vollstreckungsgericht, mit Anzeige des Erlöschens der Fall (§ 78 I). Ausreichend ist dafür auch Mitteilung des Vertretenen, daß der Bevollmächtigte nicht mehr tätig ist (LG Gießen Rpfleger 81, 26) oder an Stelle des bisherigen ein anderer Bevollmächtigter bestellt ist (Frankfurt Rpfleger 86, 391; LG Gießen aaO; dann für diesen § 176) oder wenn der Vertretene sonst zu verstehen gegeben hat (zB mit persönlicher Antragstellung, Erinnerung nach § 766 oder Beschwerde), daß er nicht mehr vertreten sein will (LG Berlin MDR 74, 307 für Antrag nach 765a; LG Trier Rpfleger 88, 29). 2

III) Nicht anwendbar sind §§ 176, 178 auf selbständige Verfahren iS des § 82 wie Arrest §§ 916 ff, einstw Verfügung §§ 935 ff (trotz Zuständigkeit des Gerichts der Hauptsache) und auf Verfahren auf Betreiben Dritter: §§ 64, 771–774, 805, § 810 II, § 878. Soweit sich gem § 82 die Prozeßvollmacht auf solche selbständigen Verfahren erstreckt, darf, jedoch muß nicht an diesen Prozeßbevollmächtigten zugestellt werden. 3

179 **(weggefallen)**

180 *[Zustellung an den Adressaten selbst]*
Die Zustellungen können an jedem Ort erfolgen, wo die Person, der zugestellt werden soll, angetroffen wird.

1 Für Zustellung außerhalb der Wohnung oder des Geschäftslokals sind Ort und Gelegenheit so zu wählen, daß jede unnötige Belästigung des Empfängers vermieden wird (§ 27 GVGA). Die Zustellung an unpassender Stelle ist jedoch wirksam. Bei Annahmeverweigerung gilt § 186.

181 *[Ersatzzustellung]*
(1) Wird die Person, der zugestellt werden soll, in ihrer Wohnung nicht angetroffen, so kann die Zustellung in der Wohnung an einen zu der Familie gehörenden erwachsenen Hausgenossen oder an eine in der Familie dienende erwachsene Person erfolgen.

(2) Wird eine solche Person nicht angetroffen, so kann die Zustellung an den in demselben Hause wohnenden Hauswirt oder Vermieter erfolgen, wenn sie zur Annahme des Schriftstücks bereit sind.

1 I) 1) **Ersatzzustellungen** regeln §§ 181–185. Grund: Vereinfachung, Beschleunigung und Praktikabilität bei gleichzeitiger Wahrung der Interessen des Zustellungsadressaten an unverzüglichem Zugang des zuzustellenden Schriftstücks. Ersatzzustellung dient einem effektiven und geordneten Verfahren; die Verfassungsmäßigkeit der Vorschriften über Ersatzzustellungen unterliegt daher keinem Zweifel (BVerfG NJW 69, 1103; BVerwG NJW 80, 1480). Weil Zustellung durch Übergabe an den Adressaten persönlich (§ 170 I) die Regel ist, hat der Zustellungsbeamte sich von ihm nicht bekannten Voraussetzungen der Ersatzzustellung in jedem Fall selbst zu überzeugen (Auskunft eines Dritten genügt regelmäßig nicht, Zweibrücken MDR 85, 1048). Dazu gehört Feststellung, daß es sich bei den Räumen auch wirklich um die Wohnung (das Geschäftslokal) des Adressaten handelt und dieser nicht anzutreffen ist. Durch Befragung des in der Wohnung (dem Geschäftslokal) Angetroffenen hat der Zusteller dessen Beziehungen zu dem Adressaten festzustellen, wenn sie ihm nicht unaufgefordert genannt werden (BGH 111, 1 [6]). Dem Ersatzempfänger ist zu bedeuten, daß er verpflichtet ist, das Schriftstück dem Adressaten alsbald auszuhändigen. Vorsätzliche Nichtaushändigung des Schriftstücks ist strafbar (§§ 246, 274 I Nr 1 StGB) und kann Schadensersatzansprüche begründen (§§ 677, 678, 681, 823 II BGB).

2 2) Wer **fehlerhafte Ersatzzustellung** wegen des Fehlens einer ihrer gesetzlichen Voraussetzungen **behauptet,** hat diese Fehler im Hinblick auf die Beweiskraft der Zustellungsurkunde (§ 418) zu beweisen (s BGH NJW 76, 145 u 88, 713 [714]). Das Gericht ist an die vom GV festgestellten Voraussetzungen dieser Zustellung nicht gebunden (§ 286; s § 190 Rn 5). Wer behauptet, am Zustellungsort nicht gewohnt zu haben, hat klare und vollständige Angaben über seine (andere) Wohnung zur Zustellungszeit zu machen; sonst bleibt sein Einwand unbeachtlich (BGH FamRZ 90, 143; Karlsruhe NJW-RR 92, 700 [701]; Köln Rpfleger 75, 260).

3 3) **Heilung** einer fehlerhaften Ersatzzustellung (Zustellung an falsche Ersatzperson) ist möglich gem § 187 und durch Genehmigung.

4 **II) 1) a)** In der **Wohnung** kann **Ersatzzustellung** durch Übergabe (§ 170 I) an einen erwachsenen familienangehörigen Hausgenossen oder eine Dienstperson erfolgen, wenn die Person, der zugestellt werden soll (der Zustellungsadressat) dort nicht angetroffen wird (Abs 1; Besonderheit: § 184 II).

5 **b) Wohnung** sind (enger als im Falle des § 758, dort Rn 4) die Räume (ist auch nur ein Raum), in denen der Adressat zur Zeit der Zustellung tatsächlich lebt und insbes schläft (BGH LM BGB § 328 Nr 15; BGH MDR 78, 558 = NJW 78, 1858, NJW 85, 2197, NJW 88, 713 u MDR 92, 809 = NJW 92, 1963; BGH NJW-RR 94, 564; Düsseldorf FamRZ 90, 75; einschr Köln NJW-RR 89, 443: Schlafstelle nicht von entscheidender Bedeutung), die damit einen räumlichen Mittelpunkt seines Lebens darstellen (Hamm NJW-RR 95, 223 [224]) und die er regelmäßig aufsucht (Köln aaO), auch wenn dieser Aufenthalt nur ein vorübergehender ist (RG 34, 392 [398]), wie zB bei Aufenthalt in einem Frauenhaus (zB Karlsruhe NJW-RR 95, 1220), oder Räume nur besuchsweise benutzt werden (RG 35, 429 [432]), somit zB auch ein Wohnwagen, ein Hotelzimmer. Vorübergehende (selbst länger andauernde) Abwesenheit (insbes Urlaubsabwesenheit) schadet nicht (BGH NJW 78, 1858, 85, 2197, FamRZ 90, 143 u NJW-RR 94, 564 [565]; BayObLG 80, 266 [267] für Kuraufenthalt von über 3 Wochen). Maßgeblich sind die tatsächlichen Verhältnisse (BGH NJW 78, 1858); unwesentlich ist dagegen, ob sich in den Räumen auch der Wohnsitz (§ 7 BGB) befindet (BGH NJW 78, 1858; RG 35, 429 [432]; BayObLG Rpfleger 61, 436; Köln aaO) und ob der Adressat dort polizeilich gemeldet ist (BGH aaO; Celle NJW 71, 1227; Düsseldorf FamRZ 80, 718; Köln aaO). Der Vorgarten, ein Bodenraum und das gemeinschaftliche Waschhaus, ein Fahrradraum oder ein Kellerraum sind nicht als Wohnung anzusehen. Ein (nur zeitweilig [gelegentlich]

benutztes) Wochenendhaus wird (auch wenn ein Briefkasten mit Namensschild vorhanden ist) dann jedenfalls nicht als „Wohnung" angesehen, wenn der Adressat sich zur Zeit des Zustellungsversuchs dort nicht aufhält (Celle DGVZ 92, 40 mwN). Ein Geschäftslokal, Gewerberäume oder sonst ein Arbeitsraum sind nicht Wohnung iS des § 181.

c) Eine „Wohnung" kann der Adressat an **mehreren Orten** innehaben (Köln NJW-RR 89, 443). 6
Eine Räumlichkeit verliert daher die Eigenschaft als Wohnung nicht schon dadurch, daß auch Räume in einem weiteren Ort (selbst im Ausland) als Wohnung benutzt werden (Köln aaO), somit auch nicht allein durch Aufenthalt in einer Kaserne zur Ableistung des Wehrdienstes (München NJW-RR 91, 1470 mit mißverständl Leits). Behält der Zustellungsempfänger seine Wohnung bei und schafft sich lediglich eine Zweitwohnung, so bleibt die Zustellung in der „bisherigen" Wohnung auch dann zulässig, wenn sich der Empfänger vorübergehend in der Zweitwohnung aufhält (BGH NJW-RR 94, 564 [565]). Bei Krankenhausaufenthalt ist auch das Krankenzimmer „Wohnung" iS des § 181 (ermöglicht Zustellung an Hausverwaltung, s Rn 15), und zwar auch bei längerem Aufenthalt neben der beibehaltenen eigentlichen Wohnung (Rn 5; Stuttgart Justiz 67, 316). Auch wo die eigentliche Wohnung nicht beibehalten wurde, gilt der Aufenthalt in einer Truppenunterkunft (RG 152, 360; Oldenburg NdsRpfl 67, 124) oder einer Strafvollzugsanstalt (Rn 15) iS des § 181 als Wohnung. Zustellung an Soldaten s vor § 166 Rn 9.

d) Die Wohnung darf **nicht aufgegeben** sein. Aufgabe liegt vor, wenn der Zustellungsadressat 7
seine bisherige Wohnung endgültig oder zumindest für längere Zeit nicht mehr als räumlichen Mittelpunkt seines Lebens nutzt und einen anderen Aufenthaltsort begründet. Ob das der Fall ist, ist nach den einem Außenstehenden erkennbaren konkreten Umständen des Einzelfalls zu beurteilen. Ein Zeitsoldat hat während seiner Dienstzeit bei der Bundeswehr seine frühere (und wieder spätere) Wohnung aufgegeben, wenn er sie erkennbar nicht mehr als räumlichen Mittelpunkt nutzt (Düsseldorf JurBüro 92, 54). Die bloße Absicht der Wohnungsaufgabe genügt jedoch nicht, solange sie nicht in die Tat umgesetzt und für Dritte erkennbar gemacht ist (vgl entspr § 7 III BGB; BGH MDR 88, 218 = NJW 88, 713 u NJW-RR 94, 564 [565]), zB durch Entfernung des Namensschildes *und* Wegschaffen des Mobiliars. Auf eine Abmeldung bei der Meldebehörde kommt es nicht an (BGH NJW-RR 86, 1083 u NJW-RR 94, 564 [565]). Trotz Fortbestehens der äußerlich erkennbaren Wohnbedingungen gilt die Wohnung bei **längerer** Abwesenheit nicht mehr als geeigneter Wohnungsort, wenn – insbes bei dem Fehlen von Familienangehörigen – mit einer baldigen Kenntnis der Sendung durch den Adressaten nicht zu rechnen ist. Dafür genügt Strafhaft von einem Monat (BGH NJW 51, 931), von zwei Monaten (BGH MDR 78, 558 = NJW 78, 1858) sowie von vier Monaten (Hamm Rpfleger 77, 177) oder von mehreren Monaten (München JurBüro 90, 528) oder längere Auslandsreise (BayObLG JR 61, 271 = Rpfleger 1961, 436) sowie längerer Auslandsaufenthalt aus beruflichen Gründen (auch bei Unterbrechung durch Heimaturlaub, AG Duisburg NJW-RR 95, 953). Keine Aufgabe bei längerem Krankenhausaufenthalt (BGH MDR 85, 216 = NJW 85, 2197; Zweibrücken MDR 84, 762 bei mehrmonatiger stationärer Alkoholtherapie; s auch Rn 6), bei erst vor kurzem erfolgter polizeil Festnahme (Hamm NJW 62, 264). Im Einzelfall (Tatfrage) ist darauf abzustellen, ob die Ersatzperson in absehbarer Zeit Gelegenheit hat, das Schriftstück dem Adressaten auszuhändigen (BGH LM § 328 BGB Nr 15; Adrian DGVZ 65, 101, 133, 147; Otto DGVZ 63, 177). Das wird idR nur zu bejahen sein, wenn bei längerer Abwesenheit des Adressaten die Zustellung an dessen Familienangehörige erfolgt, deren Verbleib in der Wohnung zugleich die fortdauernde persönliche Beziehung des Adressaten zu dieser „seiner" Wohnung indizieren kann (vgl BGH MDR 78, 558 = NJW 78, 1858).

e) Der Begriff **„Wohnung"** ist stets nach den **Umständen des Einzelfalls** zu beurteilen. Abzu- 8
stellen ist auf Sinn und Zweck der Ersatzzustellungsvorschriften (BGH NJW 78, 1858 u 85, 2197; Düsseldorf FamRZ 90, 75; Köln NJW-RR 89, 443), die auch mit Ersatzzustellung gewährleisten sollen, daß das Schriftstück den Empfänger erreicht. Wer sich nach außen den Anschein gibt, an einem bestimmten Ort eine Wohnung zu haben, muß dies auch bei Zustellung gegen sich gelten lassen (Düsseldorf aaO; Hamm NJW 70, 985 L; Karlsruhe NJW-RR 92, 700; Köln Rpfleger 75, 260; LG Berlin JW 35, 2218; FG Münster NJW 85, 1184), wenn nicht der Zustellende die wirkliche Wohnung oder tatsächlichen Verhältnisse kennt (Frankfurt MDR 85, 506 = NJW 85, 1910). Daher ist Wohnung auch die in einem postalischen Nachsendeauftrag benannte neue (nicht nur befristete) Wohnanschrift (LG Frankfurt Rpfleger 81, 493; enger Hamburg MDR 82, 1041 für den Fall, daß als Nachsendeanschrift die Wohnung eines Dritten angegeben wurde; aA München NJW-RR 95, 59). Angabe einer „Kontaktadresse" für Korrespondenz begründet keine Wohnung, ermöglicht Ersatzzustellung somit nicht (BGH MDR 93, 900 = NJW-RR 93, 1083).

2) **Nicht angetroffen** wird der Zustellungsadressat, wenn er sich in der Wohnung nicht für das 9
Zustellungsorgan erkennbar aufhält oder der Zustellungsbeamte nicht zu ihm gelassen wird (BVerwG NJW 62, 70), somit auch, wer sich verleugnen oder durch einen Angehörigen den Zutritt zu den Räumen verweigern läßt. Durchsuchung der Wohnung ist weder nötig noch zulässig. Erklärt der anwesende Adressat, an der Annahme verhindert zu sein, so ist nach § 186 zu

verfahren (Zurücklassung des Schriftstücks). Ist mit ihm ein Verhandeln nicht möglich (ist er zB schwer krank), so ist er als nicht angetroffen zu behandeln. Unzulässig ist eine Ersatzzustellung, wenn der Adressat verstorben ist.

10 **III) 1) Hausgenosse** ist jede Person, die in einer Wohnung (nicht in separaten Räumen, die eine eigene Wohnung bilden) zusammen mit dem Zustellungsadressaten einen räumlichen Mittelpunkt ihres Lebens hat, auch wenn der Aufenthalt nur ein vorübergehender ist oder Räume nur besuchsweise benutzt werden (wie Rn 5). „Häusliche Gemeinschaft" iS von gemeinsamer Haushaltsführung erfordert das nicht. **Zur Familie gehört** ein Hausgenosse, wenn er mit dem Adressaten verheiratet, verwandt (zusammenlebende Geschwister) oder (näher) verschwägert ist (vgl § 383 Rn 10). Jedoch ist für Familienzugehörigkeit familienrechtliche Verbundenheit allein nicht ausschlaggebend (BGH 111, 1 [5] = NJW 90, 1666 = ZZP 104 [1991] 71 m Anm Orfanides). Sinn und Zweck des § 181 I legen es nahe, die Familienzugehörigkeit des Hausgenossen in einem weit gefaßten Sinn zu verstehen und damit auch auf Personen zu erstrecken, von denen nach der Lebenserfahrung zu erwarten ist, daß sie wegen ihres nach außen zum Ausdruck gebrachten Vertrauensverhältnisses zum Empfänger die Sendung diesem alsbald aushändigen werden (BGH 111, 1 [5]). Abs 1 ist daher auch auf das Verhältnis von Pflegeeltern zu Pflegekindern anzuwenden (Celle FamRZ 83, 202 [203]), auf besuchsweise anwesende Verwandte (Celle aaO [„nur für eine gewisse Zeit"]; aA RG 34, 398; anders für zufällig oder besuchsweise anwesende Dritte, etwa aus dem Freundeskreis) und auf den geschiedenen Ehegatten, der mit dem Adressaten in der Wohnung ständig zusammenlebt und einen gemeinsamen Haushalt führt (LG Flensburg MDR 82, 238; aA Hamm MDR 81, 602; BVerwG DVBl 58, 208 = NJW 58, 1985 L; StJ/Roth Rn 12). Der **nichteheliche Lebensgefährte** ist als familienangehöriger Hausgenosse nach Sinn und Zweck des § 181 I jedenfalls dann anzusehen, wenn er nicht nur mit dem Zustellungsadressaten, sondern mit einer Familie zusammenlebt; dabei kann es sich um Verwandte des Adressaten, seines Lebensgefährten oder um gemeinschaftliche Kinder handeln (BGH 111, 1 = aaO; FG Hamburg NJW 85, 512 [Lebensgemeinschaft seit 25 Jahren mit Kindern]). Auch wenn die (auf Dauer angelegte) Lebensgemeinschaft lediglich aus dem Adressaten und seinem Lebensgefährten besteht, kann nichts anderes gelten (Celle FamRZ 83, 202 [für Verlobte]; OVG Hamburg NJW 88, 1807; David DGVZ 88, 162; Mayer u Rang NJW 88, 811; aA BGHSt 34, 250 = NJW 87, 1562 = NStZ 87, 470 mit zust Anm Wendisch; BFH 136, 179 = NJW 82, 2895; München NJW-RR 86, 862; Schleswig SchlHA 88, 123; Stuttgart MDR 88, 518 = NStZ 88, 379; MK/vFeldmann Rn 13 u 14; vgl auch BGH 84, 36 = FamRZ 82, 774 mit krit Anm Stürner = NJW 82, 1868 für die Aufnahme des Partners einer nichtehelichen Lebensgemeinschaft unverheirateter Personen in die Wohnung nach § 1093 II BGB). Personen, die sich Räume in Wohngemeinschaft teilen, sind weder Hausgenossen noch gehören sie einer Familie an, gemeinsame Lebensführung gleichgeschlechtlicher Personen begründet nach Verkehrsanschauung auch im weit gefaßten Sinn nach wie vor nicht das Erfordernis des zur Familie gehörenden Hausgenossen (aA OVG Hamburg NJW 88, 1807; StJ/Roth Rn 13); Ersatzzustellung scheidet damit in solchen Fällen aus.

11 2) In der **Familie dienende Person** ist jeder zur Mitarbeit im Hausstand, zur Bedienung, Betreuung und Pflege tätige Dritte, auch wenn Dienste dem die Wohnung allein bewohnenden (ledigen oder verwitweten) Adressaten geleistet werden (RG JW 37, 1663; BayVerfGH Rpfleger 64, 75) oder ein Dienstverhältnis nur zu einem Familienmitglied begründet ist (zB zu der bei dem Adressaten lebenden Mutter, RG 34, 392 [397] oder zu den Eltern, Karlsruhe OLG 2, 422; nur zum Ehegatten, FG Berlin NJW 86, 344). Beispiele: Haushaltshilfe, Hausmädchen, Köchin, Kraftwagenführer (nicht, wenn er lediglich im Gewerbebetrieb tätig ist), Erzieherin, Gesellschafterin, Dienstpersonal sonst. Die Tätigkeit muß auf gewisse Dauer angelegt sein; Hausgemeinschaft, dh Wohnen in Familiengemeinschaft, und dienstvertragliche Arbeitsbeziehungen (§§ 611 ff BGB) sind nicht erforderlich. Zulässig ist Ersatzzustellung daher auch an die in der Wohnung angetroffene, nur stundenweise beschäftigte Zugeh- oder Aufwartefrau (RG JW 37, 1663) oder an die gegen Stundenlohn beschäftigte Putzfrau (Haushaltshilfe) sowie an eine Person, die aus Gefälligkeit regelmäßig Dienste verrichtet wie eine Verwandte, die täglich etwa 2 Stunden im Haushalt hilft (Hamm MDR 82, 516). Unzulässig ist Ersatzzustellung an einen zufällig anwesenden Taglöhner oder eine Gelegenheitshilfe, die nur zu vorübergehender Dienstleistung eingestellt sind (anders jedoch, wenn diese regelmäßig im Bedarfsfall herangezogen werden, weil das einer Tätigkeit auf Dauer entspricht und gleichmäßige Dienstverrichtung nicht erforderlich ist).

12 3) Der familienangehörige Hausgenosse (Rn 10) oder die Dienstperson (Rn 11) muß **erwachsen** sein, dh nach seinem Alter und seiner geistigen Entwicklung erkennbar in der Lage sein, den Zweck einer Zustellung und die Verpflichtung, die Sendung dem Adressaten auszuhändigen (BGH NJW 81, 1614), zu erkennen. Volljährigkeit und Geschäftsfähigkeit sind hierfür nicht Voraussetzung (BGH VersR 73, 156 = Rpfleger 73, 129). Ein 17jähriger wird idR die erforderliche Reife besitzen (RGSt 47, 378; Hamm NJW 74, 1150), ebenso ein 15jähriger (BSG MDR 77, 82 [83];

LG Frankenthal Rpfleger 82, 384), ein 14jähriger nur ausnahmsweise (Schleswig SchlHA 80, 214; AG Tempelhof JR 57, 425; Schüler DGVZ 70, 81), ein 11jähriger nicht mehr (RG 14, 338).

4) Nur **in der Wohnung** des Zustellungsadressaten kann ersatzweise an einen familienangehörigen Hausgenossen oder eine Dienstperson rechtswirksam zugestellt werden, nicht aber zB einer zurückkehrenden Person auf dem Weg zur Wohnung oder in dem von der Wohnung getrennten Geschäftslokal. Annahme darf hier nicht verweigert werden (§ 186 Rn 2; sonst Zurücklassung nach § 186). „In der Wohnung" heißt jedoch nicht, daß die Zustellung nur in den Wohnräumen möglich wäre (so aber MK/vFeldmann Rn 12), sondern soll nur den räumlichen Zusammenhang darstellen und gewährleisten, daß Ersatzzustellung nach sicher festgestellter Abwesenheit des Adressaten sogleich erfolgt. Ersatzzustellung nach Abs 1 kann daher auch an die aus der Wohnung kommende Person auf dem Flur vor der Wohnungs- oder Haustür oder (so bei Einfamilienhaus) an der Gartentür oder Hofeinfahrt erfolgen. **13**

IV) 1) An den **Hauswirt** oder **Vermieter** der Wohnung des Adressaten (nicht aber eines Geschäftsraums oder nur einer Garage) kann, sofern er **im gleichen Haus wohnt** (nicht aber in einem anderen Haus einer Wohnanlage oder in einer Doppelhaushälfte), **Ersatzzustellung** durch Übergabe (§ 170 I) erfolgen, wenn weder die Person, der zugestellt werden soll (Zustellungsadressat) noch für Ersatzzustellung nach Abs 1 ein familienangehöriger Hausgenosse oder eine Dienstperson angetroffen wird (Abs 2; Besonderheit: § 184 II). **14**

2) Hauswirt ist der Hauseigentümer oder sein Beauftragter (Hausverwalter, Hausmeister, RG JW 19, 678; RG HRR 38, 1362), ferner der Dienstherr gegenüber seinen Dienstboten; für Krankenhauspatient kann, wenn dieser selbst nicht aufgesucht werden darf, dem ärztlichen Direktor oder Leiter der Krankenhausverwaltung zugestellt werden (Stuttgart Rpfleger 75, 102), im (Straf- oder Untersuchungs-) Gefängnis dem Anstaltsleiter oder dessen Vertreter, § 211 I ZPO; § 156 StVollzG (RG 31, 282; Düsseldorf JMBlNW 93, 8 = JurBüro 93, 362; die durch richterliche Briefkontrolle verzögerte Aushändigung berührt Wirksamkeit der Zustellung und Zustellungszeitpunkt nicht). **15**

3) Vermieter ist, wer die Wohnung dem Adressaten vermietet (auch untervermietet) hat oder vertraglich (zB als Unternehmer) Kost und Wohnung gewährt. Eine Amtspflicht des Zustellbeamten, den ihm unbekannten Vermieter zu ermitteln, verneint mit Recht LG Hamburg NJW 67, 56. **16**

4) Hauswirt oder Vermieter müssen nach dem Zustellungszweck (Rn 1) gleichfalls erwachsen sein (dazu Rn 12). Für Ersatzzustellung an sie wird eine Person für vorrangige Ersatzzustellung nach Abs 1 auch dann **nicht angetroffen** (dazu im übrigen Rn 9), wenn der Zustellungsbeamte die Beziehungen eines Anwesenden zum Adressaten nicht sicher erkennen und daher Übergabe an eine Ersatzperson nach Abs 1 nicht vornehmen kann. Ersatzzustellung erfordert, daß der Zustellungsbeamte ihre Zulässigkeit an Hand objektiver und äußerlich eindeutig erkennbarer Kriterien (s BGH 111, 1 [2, 6]) feststellen kann. Ist das nicht möglich, weil ein Anwesender nicht als familienangehöriger Hausgenosse (Rn 10) oder Dienstperson (Rn 11) bestimmt oder nicht als erwachsen (Rn 12) beurteilt werden kann, dann ist eine Ersatzperson nach Abs 1 nicht angetroffen und konnte demnach eine solche Ersatzzustellung nicht erfolgen. Werden Hauswirt oder Vermieter nicht angetroffen oder lehnen sie die Briefannahme ab, kann an ihre Familienangehörige oder Bedienstete nicht ersatzweise zugestellt werden; in Frage kommt dann nur Niederlegung (§ 182), nicht aber § 186. Wer eine Ersatzzustellung angenommen hat, muß sie an den Adressaten abliefern (RG 49, 144; sonst s Rn 1 aE). **17**

5) Nur wenn er zur **Annahme bereit** ist, kann Ersatzzustellung an den Hauswirt oder Vermieter erfolgen. Übergabe des Schriftstücks an den Hauswirt oder Vermieter muß dann aber nicht in seiner Wohnung (oder im Haus) erfolgen. Ein gewisser räumlicher Zusammenhang zwischen dem Ort der Zustellung und dem Haus folgt jedoch aus dem Erfordernis, daß weder der Schuldner noch in seiner Wohnung eine Ersatzperson nach Abs 1 angetroffen worden sein darf. Möglich ist daher Zustellung an Hauswirt oder Vermieter jedenfalls auch im Treppenhaus, Garten am Haus oder auch auf dem Weg vor dem Haus. **18**

V) Verstoß gegen § 181 macht die Zustellung unwirksam, wenn die Zustellung eine Notfrist in Lauf setzt; sonst § 187. Zustellungsurkunde: § 191 Nr 4. Der Empfänger einer Ersatzzustellung ist grundsätzlich kein Vertreter des Adressaten iS §§ 233, 51 II (BGH MDR 87, 136). **19**

182

[Zustellung durch Niederlegung]

Ist die Zustellung nach diesen Vorschriften nicht ausführbar, so kann sie dadurch erfolgen, daß das zu übergebende Schriftstück auf der Geschäftsstelle des Amtsgerichts, in dessen Bezirk der Ort der Zustellung gelegen ist, oder an diesem Ort bei der Postanstalt oder dem Gemeindevorsteher oder dem Polizeivorsteher niedergelegt und eine schriftliche Mitteilung über die Niederlegung unter der Anschrift des Empfängers in der bei gewöhnlichen Briefen

üblichen Weise abgegeben oder, falls dies nicht tunlich ist, an die Tür der Wohnung befestigt oder einer in der Nachbarschaft wohnenden Person zur Weitergabe an den Empfänger ausgehändigt wird.

1 I) Ersatzzustellung durch **Niederlegung setzt voraus** vorherigen vergeblichen Zustellungsversuch an den Zustellungsadressaten in seiner Wohnung (§ 181 Rn 5, 6 u 8; sie darf nicht aufgegeben sein, § 181 Rn 7; erfordert sorgfältige Prüfung, insbes bei Haft) und ersatzweise nach § 181 (BGH MDR 68, 493 u NJW 76, 149); Besonderheit: § 184 II. Bei unbefugter Annahmeverweigerung § 186; nur Ersatzzustellung nach § 181 II ist bei Annahmeverweigerung nicht ausführbar. Zustellungsversuch lediglich im Geschäftslokal (§ 183) genügt nicht (BGH aaO; BayObLG 63, 260 [264] = NJW 64, 205; LAG Köln MDR 96, 741); anders wenn Wohnung und Geschäftslokal identisch sind (LAG Köln aaO; LAG Saarbrücken JBlSaar 66, 13).

2 II) **Niederlegung** des zuzustellenden Schriftstücks kann nach Wahl des zustellenden Beamten erfolgen auf der Geschäftsstelle des (zuständigen) AG, bei der Postanstalt am Ort (gemeint sein kann nur „für den Ort") der Zustellung (nicht an einem davon verschiedenen Sitz des Zustellungspostamts, LG Hamburg MDR 85, 167) oder an diesem Ort bei dem Gemeinde- oder Polizeivorsteher. Interessen des Adressaten sind zu berücksichtigen; niedergelegt werden soll daher bei der ihm am bequemsten zugänglichen Stelle (§ 31 Nr 2 GVGA). Niedergelegt ist, wenn das zuzustellende Schriftstück im Anschluß an den (erfolglosen) Zustellungsversuch zu der zuständigen Stelle gebracht und dort in den Geschäftsgang gegeben ist, um es dem Zustellungsadressaten zugänglich zu machen (BAG NJW 70, 1894; BVerwG Rpfleger 92, 71).

3 III) 1) Eine **schriftliche Mitteilung** über die Niederlegung ist unter der Anschrift des Zustellungsadressaten in der bei gewöhnlichen Briefen üblichen Weise am Ort der Zustellung abzugeben (nicht aber zur Beförderung mit der Briefpost beim Postamt aufzugeben). Beispiel: „Für Sie ist bei . . . ein Brief zum Zwecke der Zustellung hinterlegt. Datum, Unterschrift." Die Mitteilung hat auch dann unter der Zustellungsanschrift (Wohnanschrift) zu erfolgen, wenn der Adressat ein Postfach unterhält (Einlegung in das Postfach würde nicht genügen, BayObLGSt 62, 222 = NJW 63, 600 L; BSG NJW 67, 903; BFH NJW 84, 448; LG Köln MDR 73, 768; MK/vFeldmann Rn 5; hierzu kritisch BVerwG NJW 71, 1284; BayObLG 80, 266 [269] = MDR 81, 60) oder seine Post postlagernd erhält. „In der bei gewöhnlichen Briefen üblichen Weise" heißt Hinterlassung in der sonst vom Postzusteller praktizierten und vom Empfänger jedenfalls hingenommenen Art (BVerwG NJW 88, 817; BFH NJW 88, 1999 [2000]; BVerwGE 42, 180 [182] = NJW 73, 1945 u 85, 1179). Üblich ist Einwurf in den Briefkasten (BFH aaO), auch wenn er nicht verschlossen ist (BayObLG NJW-RR 88, 509); Aushändigung an eine in der Wohnung befindliche Person ist nicht erforderlich (aber denkbar). Fehlt ein Briefkasten, so kann die Mitteilung (wie Briefpost) auch durch den Spalt zwischen Tür und Schwelle durchgeschoben (RG DJ 38, 1425; BVerwG NJW 73, 1945) oder (wenn auch sonst üblich) vor der Tür abgelegt werden (BVerwG NJW 85, 1179 [1180]). Die Art und Weise der Abgabe bestimmt der Zweck, dem Empfänger möglichst zuverlässig und bald Kenntnis von der Mitteilung zu verschaffen. Nicht ausreichend ist es (nach BVerwG NJW 73, 1945), die Anzeige auf einen Tisch in der Wohnung zu legen. Einwurf in den Briefschlitz der Haustür eines von mehreren Mietparteien bewohnten Hauses (wenn Einzelbriefkästen für jede der [drei] Mietparteien nicht vorhanden sind) erachtet Köln JurBüro 79, 607 mwN für unzureichend; das erscheint zu streng, denn was für sonstige Post erkennbar „üblich" ist, reicht auch für Abgabe der Mitteilung. Nachsendung der Mitteilung auf Grund des für die Dauer einer (vorübergehenden) Abwesenheit gestellten Postnachsendeantrags gehört nicht zur Abgabe in der bei Briefen üblichen Weise (BFH NJW 88, 1999 [2000]; BayObLG 80, 266 [268]).

4 2) Nur wenn Mitteilung in der brieflichen Weise **nicht tunlich** ist (Beispiel: wegen § 185 bei gemeinsamem Briefkasten des Adressaten und seines Gegners, LG Fulda MDR 87, 149), ist auch Befestigung an der Wohnungstür (nicht an der Gartentür; dazu BVerfG NJW 88, 817) oder Aushändigung an eine in der Nachbarschaft (im Haus, im anliegenden Doppel- oder Reihenhaus, im Außenbereich auch auf einem Grundstück in der näheren Umgebung, VGH Kassel NJW 90, 1500 [1501]) wohnende (zur Annahme bereite) Person zur Weitergabe an den Empfänger statthaft. Befestigung bedeutet verbinden mit Klebeband, Schnur, Reißzwecken usw; einschieben (einklemmen) in einen Türspalt genügt nicht (BFH BB 81, 230 = NJW 90, 1500).

5 IV) Die Zustellung ist mit **Niederlegung** der Sendung **und** Abgabe der schriftlichen **Mitteilung** wirksam **vollzogen** (Zugangsfiktion), auch wenn Niederlegung erst nach Schluß der Dienst-/Schalterstunden geschieht (BAG NJW 70, 1894) und die niedergelegte Sendung nicht abgeholt oder nicht durch die Post auf Grund eines Nachsendeantrags weitergeleitet wird (BGH MDR 94, 1035 = VersR 95, 73; BVerwG Rpfleger 92, 71). Der Zeitpunkt der Kenntnisnahme durch den Adressaten ist unerheblich.

6 V) **Verstoß** gegen eine der Voraussetzungen (Rn 1) oder bei Ausführung der Niederlegung (insbes unzulängliche oder fehlende schriftliche Mitteilung, Rn 3), macht die Zustellung unwirk-

sam (aber § 187). Für die Wirksamkeit der Zustellung bedeutungslos ist es aber, wenn die Benachrichtigung dem Adressaten nicht zur Kenntnis gelangt (BAG NJW 70, 1894; BayObLG 80, 266 [268], FamRZ 90, 428 [429] u JurBüro 90, 484 = MDR 90, 346), gleichgültig, ob sie verlorengegangen oder vom Nachbarn nicht weitergegeben oder nicht nachgesandt (Rn 3 aE) wurde.

VI) Niederlegung begründet die Pflicht zu einer ordnungsgemäßen **Verwahrung** und **Aushändigung** an den Empfänger, sobald er sich innerhalb der Aufbewahrungsfrist meldet (BGH 28, 30 = NJW 58, 1676). Ausgehändigt werden darf die Sendung nur dem Adressaten persönlich oder einer von ihm durch Empfangsvollmacht (zur Postvollmacht BGH 98, 140 = NJW 86, 2826) legitimierten Person. Drei Monate nach der Niederlegung gibt die Geschäftsstelle des AG das Schriftstück an den GV zurück (§ 32 Nr 1 GVGA). Er nimmt es auch auf Verlangen des Gemeinde- oder Polizeivorstehers oder der Postanstalt in Empfang (§ 32 Nr 2 GVGA). Die Rückgabe berührt die Wirksamkeit der Zustellung nicht. Der GV öffnet das Schriftstück. Teile, die als Urkunde einen eigenständigen Wert haben (zB Schuldverschreibung, Schuldschein, Wechsel) gibt er dem Auftraggeber zurück. Die übrigen Teile darf er zurückgeben; andernfalls sind sie zu vorhandenen Akten zu nehmen oder zu vernichten (hierzu § 32 Nr 3 GVGA). 7

183 *[Ersatzzustellung im Geschäftsraum bei Gewerbetreibenden, Rechtsanwälten usw]*

(1) Für Gewerbetreibende, die ein besonderes Geschäftslokal haben, kann, wenn sie in dem Geschäftslokal nicht angetroffen werden, die Zustellung an einen darin anwesenden Gewerbegehilfen erfolgen.

(2) Wird ein Rechtsanwalt, ein Notar oder ein Gerichtsvollzieher in seinem Geschäftslokal nicht angetroffen, so kann die Zustellung an einen darin anwesenden Gehilfen oder Schreiber erfolgen.

I) Ersatzzustellung auch im **Geschäftslokal** ermöglicht § 183 nach Wahl des GV (anderen Zustellungsbeamten) neben der nach § 181 und § 182. Wenn Ersatzzustellung nach § 181 nicht ausführbar ist, kann nach § 182 oder § 183 zugestellt werden. Nach Zustellungsversuch nur im Geschäftslokal (§ 183) kann jedoch Niederlegung nicht erfolgen (§ 182 Rn 1); dann kann aber Ersatzzustellung nach § 181 durchgeführt und, wenn diese erfolglos bleibt, nach § 182 niedergelegt werden. Zustellung nach § 183 setzt nicht voraus, daß das Schriftstück eine Angelegenheit des Gewerbebetriebs (im Falle des Abs 2 der Berufsausübung) betrifft (RG 16, 349 [351]; OVG Münster Rpfleger 76, 223). 1

II) 1) Ersatzzustellung an **Gewerbetreibende** mit besonderem Geschäftslokal ermöglicht **Abs 1.** Gewerbetreibender ist, wer selbständig, fortgesetzt und offen eine auf Erwerb für eigene Rechnung (damit auch als Pächter, Nießbraucher oä) gerichtete Tätigkeit betreibt. Beispiele: Kaufmann, Fabrikant, Apotheker, Handwerker, Gastwirt. Gewerbetreibender ist auch der (jeder) nicht von der Vertretung ausgeschlossene Gesellschafter einer OHG (RG 16, 349 [350]) und KG, nicht aber der Gesellschafter einer GmbH (BGH 97, 341 [343] = NJW 86, 2113; Celle MDR 57, 234; Hamm NJW 83, 2372; Zweibrücken DGVZ 91, 56), auch nicht als Alleingesellschafter (Celle u Hamm aaO), nicht der GmbH-Geschäftsführer (BayObLG 85, 20 = MDR 85, 506; Celle u Zweibrücken aaO; dieser auch nicht als alleiniger Geschäftsführer und beherrschender Gesellschafter, Hamm GRUR 92, 888) und nicht ein Prokurist. Es muß sich um kein Gewerbe iS der GewO handeln; dazu gehört auch die freiberufliche Tätigkeit, zB als Arzt (BSG MDR 77, 700), Zahnarzt, Tierarzt, Architekt, Steuerberater oder Wirtschaftsprüfer. 2

2) Besonderes Geschäftslokal ist jeder Raum, von dem aus der Gewerbetreibende sein Erwerbsgeschäft abwickelt (leitet), in dem er somit zu bestimmten Geschäftsstunden regelmäßig anzutreffen ist (s auch § 184 Rn 5), somit ein Laden, Büro, Kontor, eine Werkstätte (Düsseldorf JurBüro 82, 1742 [1743]), eine Gaststätte usw, nicht aber eine bloße (dem Kundenverkehr nicht dienende) Betriebsstätte wie Fabrik, Warenlager, Lagerhalle, Auslieferungsstelle (Köln MDR 90, 1021), und nicht der Raum des Betriebs/Werkspförtners (LAG Bad-Wttbg AP § 183 Nr 3). Es kann sich auch um ein gemeinschaftliches Geschäftslokal mehrerer Personen handeln (RG 16, 349 [350]) und ebenso um ein auswärtiges Geschäftslokal (RG 109, 265 [267]); daher ist auch ein Messestand während der Dauer der Messe als besonderes Geschäftslokal anzusehen. Bei Gewerbetreibenden mit offener Verkaufsstelle, Gaststätte oder sonst offener Betriebsstätte ist für Feststellung des Zustellungsadressaten die Angabe des Namens an der Außenseite oder am Eingang (§ 15a GewO) dienlich (und daher zu beachten, vgl § 33 Nr 4 GVGA). Bei Handelsfirmen ist darauf zu achten, ob der Inhaber Einzelkaufmann (Fall des § 183) oder eine Handelsgesellschaft ist und für Zustellung an diese (für Gesellschafter Rn 2) nach § 184 zu verfahren ist. 3

3) Gewerbegehilfe ist, wer im Geschäftsbetrieb des Zustellungsadressaten zur Leistung von Diensten angestellt (tätig) ist (kann auch der Ehegatte sein, Düsseldorf JurBüro 87, 1742 [1743]), 4 zB als Buchhalter, Verkäufer, Auszubildender oder Lehrling (BVerwG NJW 62, 70; aA KG OLG 42, 28), Volontär, Kellner, Handelsvertreter auf dem Messestand, oder auch als gewerblicher (handwerklicher) Arbeitnehmer (Düsseldorf aaO), auch bei Halbtagstätigkeit und bei vertragsloser (BFH NJW 94, 960) oder unentgeltlicher Dienstleistung, wie zB das aushilfsweise mitarbeitende Familienmitglied (nicht aber ein nur zufällig anwesender Angehöriger, Hausgenosse oder Vermieter). Kein Gewerbegehilfe ist, wem nur untergeordnte Hilfsdienste übertragen sind; eine gewisse Vertrauensstellung ist vorausgesetzt (BVerwG NJW 62, 70). Der Gehilfe muß nicht volljährig, aber „erwachsen" iS des § 181 (dort Rn 12) sein. Kein Gehilfe ist zB ein Geschäftsteilhaber, Hausdiener, Türsteher, Aufseher, Pförtner (LAG Bad-Wttbg AP § 183 Nr 3), Wachmann, Fabrikarbeiter, die Raumpflegerin.

4a 4) Wer sich nach außen hin (allgemein in der Öffentlichkeit) als Gewerbetreibender ausgibt und den **Rechtsschein** hervorruft, er unterhalte als solcher ein besonderes Geschäftslokal, muß dorthin gerichtete Zustellungen gegen sich gelten lassen (BGH MDR 93, 900 = NJW-RR 93, 1083 mwN und weiter zur Zurechnung einer Zustellung kraft Rechtsscheins).

5 **III)** An einen **RA** (muß auch für Patentanwalt gelten; für den Rechtsbeistand gilt Abs 2 nicht), **Notar** oder **GV** kann Ersatzzustellung in seinem Geschäftslokal nach Abs 2 erfolgen. Geschäftslokal ist beim RA die Kanzlei (§ 27 II BRAO; nicht aber das Anwaltszimmer im Gerichtsgebäude, Düsseldorf MDR 66, 682 = OLGZ 65, 325), beim Notar die Geschäftsstelle (§ 10 II BNotO) und beim GV das Geschäftszimmer (§ 46 Nr 1 GVO). **Gehilfen** oder **Schreiber** sind die im Geschäftslokal für Erledigung der Berufstätigkeit und Büroarbeiten tätigen Mitarbeiter (wie Rn 4); sie müssen „erwachsen" (§ 181 Rn 12), nicht aber volljährig sein (BVerwG NJW 62, 70 [71]). Gehilfen in diesem Sinne sind auch der dem RA im Vorbereitungsdienst zugewiesene Referendar (BFH NJW 94, 960; auch § 34 Nr 1 GVGA), (bayer)Notariatsbeamte und der dem GV zur Ausbildung überwiesene Anwärter (GVGA aaO); Lehrlinge (Auszubildende) sind „Schreiber" (BVerwG NJW 62, 70; OVG Münster Rpfleger 76, 223); reine „Boten" sind keine Gehilfen (RG 4, 425 [427]; BVerwG NJW 62, 70 [71]). Kein Gehilfe ist ein in Kanzleigemeinschaft verbundener RA (München OLGZ 15, 104) oder Notar; Ersatzzustellung an ihn ist somit unzulässig. Zulässig ist Zustellung an den nach der BRAO oder BNotO bestellten Vertreter.

6 **IV) 1)** Für Ersatzzustellung darf der Gewerbetreibende, RA, Notar oder GV in seinem Geschäftslokal **nicht angetroffen** worden sein (hierzu § 181 Rn 9). Das erfordert keine tatsächliche Abwesenheit (BVerwG NJW 60, 70), sondern ist auch der Fall, wenn der GV nicht zu dem Adressaten gelangen kann (gelassen wird, BVerwG aaO), wenn sich dieser somit in einem Raum aufhält, der dem GV nicht zugänglich ist (er hat kein Recht, sich Zutritt zu einem solchen Raum zu verschaffen) und nicht bereit ist, zur Entgegennahme der Zustellung dem GV gegenüberzutreten.

7 2) Der (Gewerbe-)Gehilfe oder Schreiber muß in dem **Geschäftslokal „anwesend"** sein, die Ersatzzustellung sonach in diesem erfolgen (wie § 181 Rn 13). Die Annahme der Ersatzzustellung darf nicht verweigert werden (sonst § 186). Übergabe an den außerhalb des Geschäftslokals angetroffenen Gehilfen ist unzulässig (RG HRR 26, 1755).

8 3) Besonderes Geschäftslokal für Zustellung nach § 183 (Rn 3 u 5) kann auch ein Raum (oder mehrere) in der Wohnung sein. Wenn das Erwerbsgeschäft in einem (räumlich nicht abgegrenzten) Teil der Wohnung abgewickelt wird, wird Ersatzzustellung sowohl an einen Gewerbegehilfen als auch nach § 181 für zulässig erachtet (so auch § 33 Nr 3 GVGA; StJ/Roth Rn 10); dann ist ein „besonderes" Geschäftslokal aber nicht vorhanden (s RG 16, 349 [350]), Zustellung nach § 183 somit nicht möglich.

184 *[Ersatzzustellung bei gesetzlichen Vertretern, Vorstehern einer Behörde usw]*

(1) Wird der gesetzliche Vertreter oder der Vorsteher einer Behörde, einer Gemeinde, einer Korporation oder eines Vereins, dem zugestellt werden soll, in dem Geschäftslokal während der gewöhnlichen Geschäftsstunden nicht angetroffen, oder ist er an der Annahme verhindert, so kann die Zustellung an einen anderen in dem Geschäftslokal anwesenden Beamten oder Bediensteten bewirkt werden.

(2) Wird der gesetzliche Vertreter oder der Vorsteher in seiner Wohnung nicht angetroffen, so sind die Vorschriften der §§ 181, 182 nur anzuwenden, wenn ein besonderes Geschäftslokal nicht vorhanden ist.

1 **I)** Für Zustellung an eine **Behörde** (neben der öffentlich-rechtlichen Körperschaft selbst auch deren Ressortbüro, zB Einwohnermeldeamt), eine **Gemeinde,** eine **Korporation** und einen (auch nicht rechtsfähigen) Verein ermöglicht § 184 Ersatzzustellung, wenn der gesetzliche Vertreter (§ 171 Rn 1) oder Behördenvorsteher nicht angetroffen wird. Zustellungsadressat (vor § 166 Rn 3)

muß somit die Behörde usw sein. Korporation sind jur Personen (AG, KGaA, GmbH, VVaG, Genossenschaft) und ebenso Handelsgesellschaften (OHG, s § 124 HGB, KG [KG OLG 17, 137], auch GmbH & Co KG), Partnerschaft und EWIV, desgleichen die Reederei.

II) 1) Geschäftslokal einer Behörde oder Gemeinde sind alle für den Behördenbetrieb bestimmten Räume (nicht aber Räume einer anderen Behörde, in deren Gebäude der Vertreter oder Vorstand untergebracht ist, BayObLG 59, 241 [248]), Geschäftslokal einer Korporation usw s § 183 Rn 3. Die Zeit der **gewöhnlichen Geschäftsstunden** bestimmt für eine Behörde oder Gemeinde die Dienstordnung; bei einer Korporation usw ist das die Zeit, während der wesentliche Aufgaben des Unternehmens wahrgenommen werden, wenn auch (zB am Samstag, OVG Koblenz NJW 66, 1769) nur eingeschränkt. Anhalt gibt der örtliche Handelsbrauch. 2

2) **Nicht angetroffen** wird in dem Geschäftslokal der gesetzliche Vertreter oder Vorsteher, wenn der GV bei ihm in seinem Dienstzimmer (trotz Erkundung) oder in einem anderen Raum, an den er verwiesen wurde, nicht vorsprechen kann (wie § 181 Rn 9 und § 183 Rn 6). Es genügt bereits, daß er an der Annahme verhindert ist. 3

3) Anderen **Beamten** oder **Bediensteten** (nicht notwendig vertretungsbefugten), somit auch Angestellten oder Arbeitern, kann die Zustellung ersatzweise nur in einem Geschäftslokal und nur während der gewöhnlichen Geschäftsstunden (RG 21, 388 [390]) übergeben werden. Unzulässig ist Ersatzzustellung nach § 181 und Niederlegung nach § 182 (KG OLG 17, 137). 4

III) Zustellung an den gesetzlichen Vertreter oder Vorsteher selbst kann an jedem Ort erfolgen, wo er angetroffen wird (§ 180), damit auch in der Wohnung. Dort ist Ersatzzustellung nach § 181 (RG 123, 204) und Niederlegung nach § 182 auch außerhalb der Geschäftsstunden (etwa am Wochenende) jedoch unzulässig, wenn ein besonderes Geschäftslokal (§ 183 Rn 3) vorhanden ist (Abs 2). Das ist der Fall, wenn in einem dafür bestimmten Raum Geschäfte ausgeübt werden (erfordert eine auf gewisse Dauer und Häufigkeit angelegte Tätigkeit), er somit (wenn auch nur zeitweilig) besetzt ist, die Korporation (auch GmbH) usw dort somit erreichbar ist. Eine rein fiktive Anschrift begründet kein Geschäftslokal, auch wenn ein Firmen- oder Namensschild angebracht ist. Nur wenn kein besonderes Geschäftslokal vorhanden ist, ist auch Ersatzzustellung in der Wohnung nach § 181 und durch Niederlegung nach § 182 möglich. Daß ein „besonderes" Geschäftslokal nicht vorhanden ist, wird vermutet, wenn ein als solches bezeichneter Raum bei mehrmaligem Zustellungsversuch immer geschlossen angetroffen wurde (Köln MDR 90, 1021 mit Anm E. Schneider; Karlsruhe MDR 94, 616); dem ist zuzustimmen, wenn sich auch sonst kein Anhalt für Unterhaltung eines (jedenfalls zeitweiligen) geschäftlichen Betriebs an dem Ort findet. Für Zustellung an den Aufsichtsrat (auch in den Fällen § 171 Rn 6) gilt § 184 nicht (BGH MDR 93, 1014 = NJW 93, 2688 reSp). 5

185 *[Keine Ersatzzustellung an den prozeßbeteiligten Gegner]*

Die Zustellung an eine der in den §§ 181, 183, 184 Abs. 1 bezeichneten Personen hat zu unterbleiben, wenn die Person an dem Rechtsstreit als Gegner der Partei, an welche die Zustellung erfolgen soll, beteiligt ist.

I) Ersatzzustellung in Wohnung und Haus (§ 181) sowie im Geschäftslokal (§§ 183, 184 I) an den **Prozeßgegner schließt § 185 aus.** Grund: Interessenkollision würde mit der Gefahr der Nichtaushändigung des Schriftstücks zu wahrende Belange des Zustellungsgegners gefährden. Auch die Mitteilung über die Niederlegung (§ 182 aE) kann einem bei Ersatzzustellung ausgeschlossenen Prozeßgegner nicht ausgehändigt werden; jedoch ist Einwurf in den gemeinsamen Briefkasten nicht untersagt (MK/vFeldmann Rn 1 zutr gegen LG Fulda MDR 87, 14). 1

II) 1) Rechtsstreit, an dem der (ausgeschlossene) Zustellungsempfänger als Gegner beteiligt sein kann, ist nicht nur der eigentliche Parteiprozeß (mit den zum Rechtszug gehörenden Verfahren, § 178) und jedes andere gerichtliche Verfahren, für das die zivilprozessualen Zustellungsvorschriften gelten. Der Begriff wird vielmehr weit ausgelegt; über seinen Wortlaut hinaus erfaßt er nach dem der Bestimmung zugrunde liegenden Rechtsgedanken Zustellungen in allen Angelegenheiten an Personen, zwischen denen eine konkrete Interessenkollision besteht (Düsseldorf FamRZ 93, 583), insbes somit Zustellungen nach Beendigung des Rechtsstreits oder zB die Zustellung einer Überleitungsanzeige nach § 90 BSHG (Düsseldorf aaO). 2

2) **Gegner** des Zustellungsadressaten und damit ungeeignete Ersatzperson ist primär die zustellende Partei (§ 191 Nr 2) selbst, ferner deren Streitgehilfe. Auf Personen, die dem Gegner gleich- oder nahestehen wird § 185 sinngemäß erstreckt (BGH Rpfleger 73, 129 = VersR 73, 156), so auf den mit dem Gegner in Gütergemeinschaft lebenden Ehegatten (RG 35, 430; KG OLG 40, 365 [367]) und nahe Familienangehörige des Gegners (BGH NJW 84, 57), zB den Ehegatten, die Kinder, Eltern, Geschwister, ebenso sonstige den Weisungen des Prozeßgegners unterworfene 3

Dritte (zB unwirksam Ersatzzustellung der Klage an die Sekretärin des Klägers, die zugleich für den Beklagten postempfangsberechtigt ist; Karlsruhe MDR 84, 151 = Rpfleger 84, 25). Gegner ist im Strafverfahren (§ 37 StPO) auch der Verletzte (Hamburg NJW 64, 678). Ersatzzustellung an den Schuldner für den Drittschuldner s § 829 Rn 14.

4 3) **Statthaft** ist Ersatzzustellung jedoch an die Partei, wenn Zustellungsadressat ihr Prozeßbevollmächtigter ist (BGH aaO) und an den Minderjährigen, wenn Zustellungsadressat sein gesetzlicher Vertreter ist (BGH aaO [Empfänger ist nicht Gegner]). Zulässig ist Zustellung an den bloßen Streitverkündungsempfänger vor dessen Beitritt (§§ 72, 74 II), weil dieser der einen oder der anderen Partei beitreten kann.

5 **III)** 1) **Verstoß** macht die Zustellung unwirksam (aber § 187). Kenntnis des GV ist ohne Belang.

6 2) Der **GV** hat Ersatzzustellung zu **unterlassen,** wenn er die Prozeßbeteiligung der angetroffenen Person kennt oder durch Befragen bei Zustellung (§ 181 Rn 1) in Erfahrung bringt. Stellt der GV durch die Post zu (§ 193) und ist ihm bekannt, daß eine Ersatzzustellung nach § 185 unzulässig ist, so hat er auf der Aufschriftseite der Sendung und auf dem Vordruck zur Postzustellungsurkunde (nach § 43 GVGA) zu vermerken: „Keine Ersatzzustellung an . . .“ (zB Ehefrau, Hausgehilfin, Hauswirt, Vermieter). Ebenso verfährt die Geschäftsstelle bei Zustellung von Amts wegen.

7 **IV)** Für Fälle, in denen keine Ersatzzustellung durchgeführt wird, gilt § 185 nicht (Anwendung gebietet auch Art 103 I GG nicht, BVerfG 67, 208 = NJW 84, 2567). Zustellung verbietet sich daher auch bei Interessenkollision nicht an einen Vertreter (§ 171; für Mitgeschäftsführer einer GmbH BVerfG aaO; BGH MDR 84, 122 = NJW 84, 57; an Gläubiger als [nach § 181 BGB befreiter] Generalbevollmächtigter des Schuldners [§ 173], MK/vFeldmann Rn 1; aA LG Frankfurt Rpfleger 88, 72). Der in eigener Sache (in Sachen seines Ehegatten oder eines geradlinig Verwandten) von der Prozeßführung ausgeschlossene Vormund (Pfleger, Betreuer, §§ 181, 1795 I Nr 3 mit II) kann als Partei den Minderjährigen usw auch bei Zustellung nicht vertreten; Zustellung an ihn selbst als Vertreter des Minderjährigen kann daher nicht erfolgen (Frankfurt Rpfleger 88, 72).

186 *[Annahmeverweigerung]*

Wird die Annahme der Zustellung ohne gesetzlichen Grund verweigert, so ist das zu übergebende Schriftstück am Ort der Zustellung zurückzulassen.

1 **I)** Bei **unberechtigter Annahmeverweigerung** durch den Adressaten oder eine Ersatzperson ist das Schriftstück am Ort der Zustellung **zurückzulassen.** Zustellung durch Übergabe ist damit erfolgt (Saarbrücken NJW-RR 94, 636 [638]). Zurückgelassen wird das Schriftstück durch Niederlegung am Ort der Zustellung (in der Wohnung), Einwurf in den Briefkasten oder auch dadurch, daß es unter die zugeschlagene Tür durchgeschoben, an diese geheftet oder vor dieser niedergelegt wird. Unzulässig ist auch hier Übergabe an beliebige Dritte.

2 **II) Verweigert** werden darf die Annahme nur: vom Adressaten im Fall des § 188; vom Gegner des Adressaten (§ 185); vom Hauswirt oder Vermieter (§ 181 II) immer; von sonstigen Ersatzpersonen nur, soweit die Voraussetzungen der Ersatzzustellung fehlen (zB von einer nur zufällig in der Wohnung anwesenden fremden Person bei § 181; von einem Familienangehörigen außerhalb der Wohnung oder im Geschäftslokal des § 183), soweit Zustellung zu unzumutbarer Zeit erfolgt (§ 188 oder außerhalb der gewöhnlichen Geschäftszeit im Geschäftslokal, § 184) oder soweit Zweifel an der Person des Adressaten bestehen (zB bei gleichem Namen von Vater und Sohn). In allen anderen Fällen sind auch Ersatzpersonen öffentl-rechtl zur Entgegennahme verpflichtet.

187 *[Heilung von Zustellungsmängeln]*

Ist ein Schriftstück, ohne daß sich seine formgerechte Zustellung nachweisen läßt, oder unter Verletzung zwingender Zustellungsvorschriften dem Prozeßbeteiligten zugegangen, an den die Zustellung dem Gesetz gemäß gerichtet war oder gerichtet werden konnte, so kann die Zustellung als in dem Zeitpunkt bewirkt angesehen werden, in dem das Schriftstück dem Beteiligten zugegangen ist. Dies gilt nicht, soweit durch die Zustellung der Lauf einer Notfrist in Gang gesetzt werden soll.

1 **I) Zweck:** Zweckmäßigkeitsnorm (vgl Einl Rn 92) zur Milderung der formstrengen Zustellungsvorschriften. Zustellung soll auch dann gewährleistet sein, wenn mit Zugang des Schriftstücks (§ 170 I) schutzwürdige Belange des Adressaten (dazu vor § 166 Rn 1) gewahrt sind und nur Nachweis des einwandfreien formgerechten Zugangs nicht sichergestellt ist (S 1). Die Ausnahme in S 2 dient dem öffentlichen Interesse an Klarheit für zweifelsfreien Beginn der besonders

wichtigen Notfrist. Fassung des § 187 ist durch die ZustellungsVO v 9. 10. 1940 (RGBl I 1340) erfolgt; vorher war Heilung nur beschränkt möglich. Vorsicht daher bei Auswertung älterer Rspr.

II) Voraussetzungen: 1) Zustellungs**wille.** Die mit der Zustellung verbundene Rechtsfolge muß gewollt sein. Wenn eine Zustellung nicht erfolgen sollte, kann sie auch nicht nach § 187 unterstellt werden (BGH 7, 268 [270] = NJW 52, 1375; Frankfurt MDR 79, 764) wie dann, wenn nur formlose Übersendung erfolgen sollte (BGH FamRZ 93, 309; Celle FamRZ 78, 414 [415]; Hamm NJW-RR 94, 63). Nicht gewollt ist Zustellung bei Übermittlung des Schriftstücks ohne Einschaltung des GV (§ 166 I) bzw der Geschäftsstelle nach § 196, wie zB bei Einwurf in den Hausbriefkasten durch einen Boten (§ 845 Rn 3); gewöhnliche Übersendung heilt bei Zustellung im Parteibetrieb daher nicht (aA StJ/Roth Rn 7; Besonderheit § 198). Bei Zustellung von Amts wegen ist der Wille des für das Verfahren zuständigen Organs maßgeblich, somit des Richters (§ 270 II; auch Rechtspflegers), nicht der Geschäftsstelle, die für die gerichtliche Zustellung Sorge zu tragen hat (§ 209). Daher begründet formlose Mitteilung des Entwurfs der Klageschrift im Verfahren nach § 118 keine Rechtshängigkeit, wenn sie nur der Information des Gegners dienen soll (BGH 7, 268). Umgekehrt begründet Mitteilung der erkennbar vorbehaltlosen Klageschrift die Rechtshängigkeit bei tatsächlichem Zugang, wenn der Richter die Zustellung gewollt und verfügt hat (BGH NJW 56, 1878). Zufälliger Zugang an den Adressaten, zB Entnahme eines Schriftsatzduplikats bei Aktendurchsicht des Anwalts vor Zustellungsanordnung, ersetzt mangelnden Zustellungswillen nicht (Köln FamRZ 86, 278 mit Anm Becker-Eberhard); gleichermaßen kann es nicht genügen, wenn eine Ersatzperson (§ 181) die Sendung (unbefugt) öffnet und derart erfährt, daß auch sie neben dem Adressaten Zweitbeklagte ist (aA LG Köln NJW 61, 1478). 2

2) Zugang: a) Der Adressat (§ 191 Nr 3), nicht aber für ihn eine Ersatzperson (§§ 181, 183, 184 I) muß das zuzustellende **Schriftstück** (§ 170 I) **tatsächlich erhalten,** durch Zugang (Aushändigung) somit die Möglichkeit erlangt haben, von seinem Inhalt Kenntnis zu nehmen (vor § 166 Rn 1). Zugang eines inhaltsgleichen anderen Schriftstücks (Hamm MDR 92, 78 = OLGZ 91, 450) oder bloße Unterrichtung über den Inhalt des Schriftstücks genügen daher nicht (BGH 70, 384 [387] = NJW 78, 1325 u NJW 92, 2099 [2100]), desgleichen nicht, daß durch Akteneinsicht Kenntnis erlangt (und eine Fotokopie gefertigt) wird (Nürnberg JurBüro 82, 1568 = MDR 82, 238). Eine Einschreibesendung ist, wenn dem Inhaber eines Postfachs die Nachricht über deren Eingang bei der Post in das Fach gelegt wird, nicht bereits hierdurch, sondern erst bei Abholung dem Empfänger zugegangen (Celle NJW 74, 1386). 3

b) Zugegangen sein muß das Schriftstück im Falle des § 171 an den gesetzlichen Vertreter oder Vorsteher, im Falle des § 176 an den Prozeßbevollmächtigten; Zugang an die vertretene Partei genügt noch nicht (BGH 84, 926 für Urteilszustellung gem § 317). Auch wenn der RA später Prozeßbevollmächtigter wird und bereits vorher in den Besitz des zuzustellenden Schriftstücks gelangt ist, kann mit der Bevollmächtigung die Zustellung als bewirkt angesehen werden, wenn er das Schriftstück noch in Besitz hat (BGH MDR 89, 345 = NJW 89, 1154). 4

c) Zugang an den Adressaten ermöglicht Heilung auch, wenn das Schriftstück nicht an ihn gerichtet war (= „. . . gerichtet werden konnte“). Heilen kann daher die an den Minderjährigen oder Prozeßbeteiligten selbst erfolgte Zustellung mit tatsächlichem Zugang an den gesetzlichen Vertreter oder Prozeßbevollmächtigten (BGH NJW 84, 926; Celle Rpfleger 79, 63; auch Rn 4) ebenso wie die Zustellung an eine Person, die in doppelter Eigenschaft tätig wird (Vorstand und Liquidator), wenn in dem zuzustellenden Schriftstück die andere (Vorstand) als die für den Rechtsakt maßgebende Eigenschaft (Liquidator) angesprochen ist (BGH 32, 114). Nicht anwendbar ist § 187 jedoch auf sachliche Mängel der Zustellungssendung, so bei falscher Bezeichnung der Partei oder ihres Vertreters (anders bei lediglich falscher Bezeichnung der richtigen Partei). 5

d) Nachweis des Zugangs kann mit allen zulässigen Beweismitteln erfolgen. 6

3) Zustellungsmangel, weil entweder Nachweis durch Zustellungsurkunde (§ 190 I, § 418; zB weil sie verloren gegangen ist) oder andere Beweismittel (§ 190 Rn 1) nicht geführt werden kann oder „Zustellung“ infolge Verletzung zwingender Zustellungsvorschriften unwirksam ist. Ein Zustellungsmangel (der nach § 187 heilen kann) kann begründet sein durch Verstoß gegen die **Art** der Zustellung (heilen kann für Zustellung von Amts wegen daher Zustellung im Parteibetrieb [Hamm NJW 55, 873, 874] und umgekehrt) oder durch Verstoß gegen Formvorschriften über den Zustellungs**akt** (Zustellungsvorgang; dazu bei den einzelnen Vorschriften). Streitig ist, ob Heilung auch auf Mängel erstreckt werden kann, die dem zuzustellenden Schriftstück selbst anhaften (dafür StJ/Roth Rn 9). Für unschädlich erachtet wurde Übergabe einer unbeglaubigten Abschrift des zuzustellenden Schriftstücks (Verstoß gegen § 170 I; BGH MDR 65, 805 = NJW 65, 104), einer beglaubigten Beschlußabschrift ohne Ausfertigungsvermerk (Hamm OLGZ 79, 357; Frankfurt OLGZ 81, 99; aA Celle WRP 93, 181 [für einstw Verfügung]; Hamm NJW 78, 831 mit krit Anm Kramer), einer begl Abschrift (Kopie) einer einfachen Durchschrift, deren vorgedruckter Ausfertigungsvermerk weder mit dem Gerichtssiegel versehen noch von dem Urkundsbeamten 7 unterschrieben war (Hamm NJW 76, 2026) sowie einer Ausfertigung ohne (ausreichenden) Ersetzungsvermerk für den an der Unterschrift verhinderten Richter (§ 315 I S 2; Stuttgart NJW-RR 89, 1534). Ist jedoch in einem solchen Fall die Übereinstimmung des zugestellten Schriftstücks mit einer ordnungsgemäßen Urschrift nicht ohne weiteres erkennbar, dann scheidet Heilung des Mangels jedenfalls aus (BGH 100, 234 [241] = NJW 87, 2868 für Zustellung einer Beschlußausfertigung). Daher können Mängel, die dem zuzustellenden Schriftstück (§ 170 I) anhaften (Urteil oder Urkunde ist nicht ausgefertigt) nicht geheilt werden; Übergabe einer begl Abschrift ist jedoch Zustellungsvorschrift, so daß bei fehlender Beglaubigung (§ 170 II) Heilung möglich ist (BGH LM § 170 Nr 12: Zustellung einer unbeglaubigten, aber inhaltlich richtigen Klageabschrift).

8 **III) Wirkung:** Die Zustellung kann trotz des Mangels als in dem Zeitpunkt **bewirkt angesehen** werden, in dem das Schriftstück dem Beteiligten tatsächlich zugegangen ist (S 1). Die Wirksamkeit der Zustellung ist damit in das pflichtgemäße (BGH 17, 348 [353] u NJW 84, 926 [927]) Ermessen des Gerichts gestellt; sie ist immer dann anzunehmen, wenn der Zweck der Zustellung (vor § 166 Rn 1) gesichert ist, somit feststeht, daß das Schriftstück dem Adressaten zugegangen und er damit so gestellt ist, wie wenn die Zustellung in Ordnung wäre (so BGH 17, 348 [352], auch BGH 32, 114 [120], NJW 84, 926 [927] u BGH 100, 234 [238]). Die Heilung erfolgt (anders als bei § 295) ex nunc mit dem Zeitpunkt des Zugangs an den Adressaten (BGH NJW 84, 926). Sie setzt daher auch Feststellung des Zeitpunkts voraus, in dem das Schriftstück (ggf spätestens) in dessen Händen gelangt ist (BGH NJW 84, 926 [927]). Bestimmung trifft (inzidenter) das Gericht, das mit der Entscheidung der Wirksamkeit der Zustellung in einem anhängigen Verfahren befaßt ist (bei ZwV, § 750 I, auch der GV, bei Erinnerung [§ 766] das Vollstreckungsgericht); gesonderter (selbständig anfechtbarer) Beschluß ergeht nicht. Feststellungsklage ist unzulässig, weil die Zustellung (nicht ihre Rechtsfolge) Realakt, nicht aber Rechtsverhältnis iS des § 256 ist. Auch im Verfahren nach § 23 EGGVG kann eine Heilung nicht festgestellt werden (Karlsruhe OLGZ 85, 201).

9 **IV) 1) Ausnahme bei Notfrist** nach S 2. Grund: Schutz des Zustellungsadressaten (GemS BGH 67, 355 [358] = BVerwGE 51, 378 = NJW 77, 621); wegen der Rechtsfolge des Fristablaufs soll in diesem wichtigen Fall der Zeitpunkt des Fristbeginns nicht Ermessenssache, wirksame Zustellung daher unverzichtbar sein. Notfrist: § 223 II, zB § 276 I, § 339 I, §§ 516, 552, 577 II, § 586 I, § 958 I, § 1042d I, § 1043 II. Ausgeschlossen ist Heilung nach S 2 nur „soweit . . . der Lauf einer Notfrist in Gang gesetzt werden soll", möglich ist daher Heilung dieser Zustellung für andere Rechtswirkungen (zB § 750 I, vgl GemS aaO; Mes Rpfleger 79, 40 [42]). Für Wahrung einer bereits laufenden Notfrist gilt Abs 2 nicht (Heilung damit möglich, BGH MDR 83, 1002; Zweibrücken OLGZ 78, 108 = NJW 77, 1928 L). Zu § 929 II dort Rn 14. Heilung bei Auslandszustellung s § 199 Rn 17.

10 2) Den **Notfristen gleichzusetzen** sind Fristen, deren Ablauf zwingende Rechtsfolgen auslöst, so die Berufungs- und Revisionsbegründungsfrist (§§ 519, 554; BGH 28, 398 = NJW 59, 95), die Fünfmonatsfrist des § 516 (dort Rn 18) und § 552, die Präklusionsfristen der § 296 I, § 528 I (§ 296 Rn 9; BGH 76, 236 [238] = NJW 80, 1167) und die gesetzlich vorgeschriebene Ausschlußfrist zur Klageerhebung (BGH 14, 11 = NJW 54, 1285; Hamm NJW-RR 94, 63). Das gleiche gilt für die Zustellung einer den Rechtsstreit zur Feriensache erklärenden und damit die Rechtsmittelbegründungsfrist in Lauf setzenden Verfügung des Vorsitzenden (BGH 28, 398). Zur einstw Verfügung § 929 Rn 14. Bei Zustellungsmängeln im **Strafprozeß** beachte § 37 I S 2 StPO.

11 3) Auch **arglistige Vereitelung** der Zustellung (zB Leugnen der Identität) kann den Beginn einer Notfrist nicht auslösen (S 2 schließt auch Arglisteinwand für Beginn einer Notfrist aus, BGH 78, 426 = ZZP 91 [1978] 486 mit Anm Schreiber). Hamm NJW 89, 3289 verbietet es aber zutreffend dem RA, sich zur Abwehr des Notfristablaufs auf Mängel seiner eigenen Unterschrift unter seinem Empfangsbekenntnis (§ 212a) zu berufen.

188 *[Zustellung zur Nachtzeit und an Feiertagen]*

(1) Zur Nachtzeit sowie an Sonntagen und allgemeinen Feiertagen darf eine Zustellung, sofern sie nicht durch Aufgabe zur Post bewirkt wird, nur mit richterlicher Erlaubnis erfolgen. Die Nachtzeit umfaßt in dem Zeitraum vom 1. April bis 30. September die Stunden von neun Uhr abends bis vier Uhr morgens und in dem Zeitraum vom 1. Oktober bis 31. März die Stunden von neun Uhr abends bis sechs Uhr morgens.

(2) Die Erlaubnis wird von dem Vorsitzenden des Prozeßgerichts erteilt; sie kann auch von dem Amtsrichter, in dessen Bezirk die Zustellung erfolgen soll, und in Angelegenheiten, die durch einen beauftragten oder ersuchten Richter zu erledigen sind, von diesem erteilt werden.

(3) Die Verfügung, durch welche die Erlaubnis erteilt wird, ist bei der Zustellung abschriftlich mitzuteilen.

(4) Eine Zustellung, bei der die Vorschriften dieses Paragraphen nicht beobachtet sind, ist gültig, wenn die Annahme nicht verweigert ist.

I) Anwendungsbereich: § 188 gilt nur für Zustellung durch den GV persönlich. Ausgenommen ist nach Abs 1 Zustellung durch Aufgabe zur Post (§ 175) und nach § 195 I Zustellung durch die Post. 1

II) Feiertage (das sind nicht auch die arbeitsfreien Sonnabende) sind **bundeseinheitlich:** Der Neujahrstag, Karfreitag, Ostermontag, Himmelfahrt, der 1. Mai, Pfingstmontag, der 3. Oktober (Tag der dt Einheit), der erste und zweite Weihnachtstag. **Landesrechtlich** – teilweise regional unterschiedlich – sind Feiertage außerdem der Tag Heilige Drei Könige, Fronleichnam, Mariä Himmelfahrt, Allerheiligen, in Sachsen der Buß- und Bettag und in Ausgburg das Friedensfest am 8. 8. 2

Feiertagsgesetze der Länder: **Baden-Württemberg:** Ges idF v 8. 5. 1995 (GBl 450); **Bayern:** Ges v 21. 5. 1980 (BayRS 1131-3-I) mit Änderung zul v 23. 12. 1994 (GVBl 1049); **Berlin:** Ges v 28. 10. 1954 (GVBl 615) mit Änderung zul v 2. 12. 1994 (GVBl 491); **Brandenburg:** Ges v 21. 3. 1991 (GVBl 44) mit Änderung v 19. 12. 1994 (GVBl 514); **Bremen:** Ges v 12. 11. 1954 (SaBremR 113-c-1) mit Änderung zul v 29. 11. 1994 (GBl 307); **Hamburg:** Ges v 16. 10. 1953 (HambSLR 113-a) mit Änderung zul v 20. 12. 1994 (GVBl 441); **Hessen:** Gesetz idF v 29. 12. 1971 (GVBl I 343) mit Änderung zul v 11. 10. 1994 (GVBl I 596); **Mecklenburg-Vorpommern:** Ges v 18. 6. 1992 (GVBl 342) mit Änderung zul v 20. 12. 1994 (GVBl 1055); **Niedersachsen:** Ges idF v 7. 3. 1995 (GVBl 51); **Nordrhein-Westfalen:** Ges idF v 23. 4. 1989 (GV NW 222) mit Änderung zul v 20. 12. 1994 (GV NW 1114); **Rheinland-Pfalz:** Ges v 15. 7. 1970 (BS 113-10) mit Änderung zul v 20. 12. 1994 (GVBl 474); **Saarland:** Ges v 18. 2. 1976 (Amtsbl 213) mit Änderung zul v 14. 12. 1994 (Amtsbl 1995, 18); **Sachsen:** Ges v 10. 11. 92 (GVBl 536); **Sachsen-Anhalt:** Ges v 22. 5. 1992 (GVBl 356) mit Änderung zul v 16. 12. 1994 (GVBl 1044); **Schleswig-Holstein:** Ges idF v 30. 6. 1969 (GVBl 112) mit Änderung zul v 8. 12. 1994 (GVBl 536); **Thüringen:** Ges v 21. 12. 1994 (GVB 1221).

III) Erteilt wird die Erlaubnis auf Antrag des Auftraggebers (§ 191 Nr 2). Der GV kann sie auch selbst einholen (§ 13 Nr 3 GVGA; StJ/Roth Rn 7). Zuständig ist der Rechtspfleger (§ 20 Nr 7c RpflG); Wirksamkeit bei Erteilung durch den Richter § 8 I RpflG. Erteilung ist Ermessenssache; veranlaßt ist Erlaubnis, wenn Zustellungserfolg zur Nachtzeit usw besser gewährleistet ist (s § 761 Rn 6). Gegen Versagung Erinnerung nach § 11 RpflG, dann Beschwerde (§ 567; dort Einschränkungen in Abs 2 u 3). Gegen Erteilung befristete Erinnerung, über die der Richter (endgültig) entscheidet (§ 11 I–III RpflG). 3

IV) Die nicht eingeschränkte Erlaubnis gestattet auch Ersatzzustellung. Bei Zustellung ist die Erlaubnis abschriftlich (Beglaubigung zweckmäßig, aber nicht vorgesehen) mitzuteilen (Abs 3). Verstoß: Bei Zustellung ohne Erlaubnis kann die Annahme verweigert werden; sonst ist Zustellung wirksam (Abs 4); sie ist dann auch für Fristbeginn (auch bei Notfrist) maßgebend. Bei Zustellung zur Nachtzeit usw ohne Erlaubnis trotz Annahmeverweigerung tritt Heilung nach § 187 nicht ein (Abs 4 ist Sonderregelung). Mängel bei erlaubter Zustellung zur Nachtzeit heilen nach § 187. 4

V) Gebühren: a) des **Gerichts:** Keine; Beschwerde: KV 1906. – **b)** des **Rechtsanwalts:** § 37 Nr 3 BRAGO. – **c)** des **Gerichtsvollziehers:** Doppelte Gebühr, wenn der GV „auf Verlangen" zur Nachtzeit oder an einem Sonn- oder Feiertag die Zustellung bewirkt (§ 34 GVKostG). Der Zeitzuschlag wird nur für die Stunden verdoppelt, die ganz oder teilweise in die Nachtzeit oder auf einen Sonn- und Feiertag fallen (Nr 39 S 2 GVKostGr). Die Auslagen werden von der Verdoppelung nicht betroffen. 5

189 *[Eine Zustellung bei mehreren Vertretern]*

(1) Ist bei einer Zustellung an den Vertreter mehrerer Beteiligter oder an einen von mehreren Vertretern die Übergabe der Ausfertigung oder Abschrift eines Schriftstücks erforderlich, so genügt die Übergabe nur einer Ausfertigung oder Abschrift.

(2) Einem Zustellungsbevollmächtigten mehrerer Beteiligter sind so viele Ausfertigungen oder Abschriften zu übergeben, als Beteiligte vorhanden sind.

I) Die Zustellung an **mehrere Personen,** die einen gemeinschaftlichen Vertreter haben (Beispiel: A, B und C haben einen Prozeßbevollmächtigten) und ebenso die Zustellung an einen von mehreren gesetzlichen (§ 171 III) oder bevollmächtigten (§ 84 Rn 1) Vertretern eines Beteiligten erleichtert Abs 1. Es genügt die Übergabe (§ 170 I) **nur einer** Ausfertigung oder Abschrift. Eine etwaige Vervielfältigung obliegt dem Vertreter. **Vertreter** ist auch der nach § 89 zur Prozeßführung einstweilen Zugelassene. Für den **Verwalter** von Wohnungseigentum begründet § 27 II Nr 3 WEG eine teilweise (inhaltlich beschränkte) Verfahrensvollmacht; Zustellungen an die (auch nur an einen Teil der) Wohnungseigentümer in dieser Eigenschaft können daher nach Abs 1 durch Übergabe nur einer Ausfertigung oder Abschrift des Schriftstücks an den Verwalter vorgenommen werden (BGH 78, 166 = NJW 81, 282). Entsprechendes gilt für Zustellung an den mit 1 umfassender Vollmacht ausgestatteten „Treuhänder" einer Bauherrengemeinschaft (München Rpfleger 87, 335).

2 **II)** Soll an eine Person als Adressat in eigener Angelegenheit und als (gesetzlicher oder bevollmächtigter) Vertreter zugestellt werden, so sind die Zustellungen gesondert auszuführen (so auch § 15 Nr 3 GVGA; Breslau OLG 19, 172; aA StJ/Roth Rn 3; MK/vFeldmann Rn 1). Auch dann gilt bei Zustellung an einen gemeinschaftlichen Vertreter jedoch Abs 1. Beispiel: Zustellung für A und seinen vertretenen Sohn B an den Prozeßbevollmächtigten P (§ 176).

3 **III)** Dem **Zustellungsbevollmächtigten** (§§ 174, 175) mehrerer Beteiligter sind (abweichend von Abs 1) Schriftstücke nach der Zahl der Vollmachtgeber zu übergeben (Abs 2).

190 *[Zustellungsurkunde]*

(1) Über die Zustellung ist eine Urkunde aufzunehmen.

(2) Die Urkunde ist auf die Urschrift des zuzustellenden Schriftstücks oder auf einen mit ihr zu verbindenden Bogen zu setzen.

(3) Eine durch den Gerichtsvollzieher beglaubigte Abschrift der Zustellungsurkunde ist auf das bei der Zustellung zu übergebende Schriftstück oder auf einen mit ihm zu verbindenden Bogen zu setzen. Die Übergabe einer Abschrift der Zustellungsurkunde kann dadurch ersetzt werden, daß der Gerichtsvollzieher den Tag der Zustellung auf dem zu übergebenden Schriftstück vermerkt.

(4) Die Zustellungsurkunde ist der Partei, für welche die Zustellung erfolgt, zu übermitteln.

1 **I) Aufnahme der Zustellungsurkunde** (Abs 1) ist für Zustellung (Begriff vor § 166 Rn 1) Wirksamkeitserfordernis (BGH 8, 314 = NJW 53, 422). Die Aufnahme soll am Zustellungsort erfolgen (§ 38 Nr 1 GVGA). Sie ist auf die Urschrift des zuzustellenden Schriftstücks oder auf einen damit zu verbindenden Bogen zu setzen (Abs 2; § 38 Nr 3 GVGA). Radierungen sind untersagt (s § 419). Etwa nötige Durchstreichungen müssen so geschehen, daß das Durchstrichene leserlich bleibt (§ 419; BGH LM § 181 Nr 12a). Ist mit Übergabe des zuzustellenden Schriftstücks und Beurkundung (Abschluß mit Unterzeichnung der Urkunde, § 191 Nr 7; BGH 8, 314 [317]; RG 124, 22 [27]) die Zustellung wirksam erfolgt, dann kann der Nachweis der (Aufnahme der Urkunde und damit der) Zustellung auch mit Hilfe anderer Beweismittel erbracht werden, wenn die Urkunde nicht mehr auffindbar (in Verlust geraten) ist (BGH NJW 81, 1613 [1614]; RG 124, 22 [27]) oder aus anderen Gründen nicht vorgelegt werden kann (RG 46, 372) oder fehlerhaft (§ 419) ist. Der Nachweis des tatsächlichen Zugangs macht jede Zustellungsurkunde entbehrlich, falls keine Notfrist in Frage steht (vgl § 187).

2 **II) Abs 2** ist Ordnungsvorschrift. Nichtbeachtung macht die Zustellung nicht unwirksam. Bei der Verbindung ist auf Haltbarkeit Bedacht zu nehmen. Schnur und Siegel sind nicht erforderlich. Auf die auf einen besonderen Bogen gesetzte und mit der Urschrift verbundene Urkunde ist die Geschäftsnummer zu setzen (§ 38 Nr 5 GVGA), damit bei etwaiger Loslösung die Übereinstimmung feststeht. Ist eine Ausfertigung (zB des Schiedsspruchs) zuzustellen, so ist eine getrennte Zustellungsurkunde aufzunehmen (RG 52, 14). Bei gleichzeitiger Zustellung mehrerer Schriftstücke (zB Urteil mit Vollstreckungsklausel und öffentl Urkunde, §§ 727, 750) genügt eine Zustellungsurkunde, wenn diese Schriftstücke miteinander fest verbunden sind.

3 **III)** Abschriftliche Zustellungsurkunde auf dem zu übergebenden Schriftstück bzw Zustellungsvermerk: Abs 3. Die Zustellung ist nicht deshalb unwirksam, weil beglaubigte Abschrift der Urkunde nicht übergeben (oder Beglaubigung der übergebenen Abschrift nicht erfolgt) oder der Zustellungstag nicht vermerkt wurde; jedoch wird dann eine Notfrist nicht in Lauf gesetzt (GemS BGH 67, 355 = BVerwGE 51, 378 = NJW 77, 621 mwN). Stimmt die übergebene beglaubigte Abschrift der Zustellungsurkunde mit der Urschrift nicht überein, so ist die Urschrift maßgebend. Auch dann kann aber bei unrichtig angegebenem Tag der Zustellung in der Abschrift eine Notfrist nicht in Lauf gesetzt sein; sonst kann Wiedereinsetzung zu gewähren sein.

4 **IV)** Die Übermittlung der Zustellungsurkunde an den Absender ist nicht zwingend. Üblich ist die Anbringung eines Vermerks auf dem Urstück des zuzustellenden Schriftstücks.

5 **V)** Die Zustellungsurkunde ist **öffentliche Urkunde. Beweiskraft:** § 418. Diese erstreckt sich bei Ersatzzustellung auch darauf, daß der GV (Postbedienstete) unter der angegebenen Anschrift weder den Adressaten persönlich noch (bei Niederlegung, § 182) eine zur Entgegennahme einer Ersatzzustellung in Betracht kommende Person angetroffen und daß er die Benachrichtigung über die Niederlegung an dem angegebenen Tag in der bezeichneten Weise abgegeben hat (BVerfG NJW 92, 224 [225] u NJW-RR 92, 1084; Köln FamRZ 92, 1082), damit zugleich auch darauf, daß diese Mitteilung in den Empfangsbereich des Adressaten gelangt ist, er sie somit

(sofern nicht außergewöhnliche Umstände vorliegen) erhalten und von ihr Kenntnis nehmen konnte (BGH VersR 84, 81 [82] u VersR 86, 787; enger Hamm MDR 82, 501). Dafür, daß der Zustellungsadressat auch tatsächlich unter der angegebenen Anschrift wohnt, begründet die Zustellungsurkunde vollen Beweis jedoch nicht (BVerfG aaO; BGH MDR 92, 809 = NJW 92, 1962 u NJW-RR 94, 564; Hamm NJW-RR 95, 223). Die in der Urkunde abgegebene Erklärung des Zustellungsbeamten, daß er den Adressaten „in seiner Wohnung" nicht angetroffen habe, ist lediglich beweiskräftiges Indiz dafür, daß dieser unter der Zustellungsanschrift wohnt (BVerfG u BGH aaO). Der Gegenbeweis, daß die Zustellungsurkunde unrichtig ist, ist möglich (§ 418 II; BGH NJW 76, 149; BayObLG JurBüro 90, 484 = MDR 90, 346; Düsseldorf JurBüro 95, 41; Frankfurt Rpfleger 76, 223; Karlsruhe MDR 76, 161; Köln FamRZ 92, 1082).

VI) Berechnung der **Geb und Auslagen** des **GV** auf der Zustellungsurkunde und auf allen Abschriften (Nr 5 II GVKostGr). 6

191

[Inhalt der Zustellungsurkunde]

Die Zustellungsurkunde muß enthalten:

1. Ort und Zeit der Zustellung;

2. die Bezeichnung der Person, für die zugestellt werden soll;

3. die Bezeichnung der Person, an die zugestellt werden soll;

4. die Bezeichnung der Person, der zugestellt ist; in den Fällen der §§ 181, 183, 184 die Angabe des Grundes, durch den die Zustellung an die bezeichnete Person gerechtfertigt wird; wenn nach § 182 verfahren ist, die Bemerkung, wie die darin enthaltenen Vorschriften befolgt sind;

5. im Falle der Verweigerung der Annahme die Erwähnung, daß die Annahme verweigert und das zu übergebende Schriftstück am Ort der Zustellung zurückgelassen ist;

6. die Bemerkung, daß eine Ausfertigung oder eine beglaubigte Abschrift des zuzustellenden Schriftstücks und daß eine beglaubigte Abschrift der Zustellungsurkunde übergeben oder der Tag der Zustellung auf dem zu übergebenden Schriftstück vermerkt ist;

7. die Unterschrift des die Zustellung vollziehenden Beamten.

I) § 191 bestimmt den **notwendigen Inhalt** der Zustellungsurkunde (§ 190 I). Die Angaben Nr 1–6 müssen in einem Vordruck nicht eigenhändig (können damit auch von einem Dritten, zB Auszubildenden) vorgenommen werden. Aufgenommen werden muß die Urkunde in zeitlichem und örtlichem Zusammenhang mit den Zustellungsvorgang (BGH NJW 90, 176 [177]); eine nachträgliche Ergänzung ist nicht zulässig (s Rn 11). 1

II) Zu Nr 1: Ort der Zustellung ist der Ort, an dem der Zustellungsadressat angetroffen (§ 180) oder die Ersatzzustellung vorgenommen wird, nicht nur die Gemeinde, in der dieser Ort liegt (so aber StJ/Roth Rn 4). Er ist in verkehrsüblicher Weise zu bezeichnen. Die nähere Bezeichnung (zB der Räumlichkeit, des Platzes) ist geboten bei Zustellung außerhalb der Wohnung oder des Geschäftslokals (§ 180), bei grundloser Annahmeverweigerung (§ 186) oder bei Ersatzzustellung (§§ 181–184). **Zeit** ist der Zustellungstag (BGH NJW 84, 57; Monat am besten in Buchstaben). Auch nach Stunde und Minute ist sie zu bezeichnen, wenn der Auftraggeber genaue Zeitangabe verlangt oder dies nach dem Ermessen des GV im Einzelfall von Bedeutung erscheint (stets bei Zustellung eines Pfändungsbeschlusses und einer Benachrichtigung nach § 845 an Drittschuldner sowie dann, wenn die Zustellung eine nach Stunden berechnete Frist in Lauf setzt, § 38 Nr 2 GVGA). 2

Zu Nr 2: Zu bezeichnen ist die Partei (Streithelfer, sonstige Person), die die **Zustellung betreibt** (RG 17, 392 [401]; 107, 161 [164]), nicht deren Vertreter (Prozeßbevollmächtigter) bei Auftragserteilung (RG 17, 392 [402]). Eine bestimmte Fassung ist nicht vorgeschrieben (RG 107, 161 [164]); Bezeichnung kann mit Namen oder Parteirolle erfolgen (RG 17, 392 [402]); es genügt jede Bezeichnung, mit der (auch für den Zustellungsadressaten) klargestellt ist, von wem die Zustellung ausgeht (RG 107, 161 [164]). Wird für mehrere Personen zugestellt, sind alle (zB Streitgenossen) in der Urkunde anzugeben (Zustellung für die Nichtbenannten kann sonst unwirksam sein, s RG aaO u DR 42, 230). 3

Zu Nr 3: Person, an die zugestellt werden soll, ist der Zustellungs**adressat** (vor § 166 Rn 3). Das ist bei Zustellung an den gesetzlichen Vertreter (§ 171; so für gesetzlichen Vertreter einer juristischen Person BGH 107, 296 [299] = NJW 89, 2689; KG Rpfleger 76, 222; LG Lübeck DGVZ 92, 75), Generalbevollmächtigten oder Prokuristen (§ 173), Zustellungsbevollmächtigten (§ 174) sowie an einen Prozeßbevollmächtigten (§ 176; RG 17, 392 [402]) jeweils dieser, nicht der Vertretene (nicht die Partei). Sind mehrere Personen wahlweise empfangsberechtigt, so können sie beide in die Urkunde aufgenommen werden (RG 24, 415). Wenn dasselbe Schriftstück im Auftrag desselben 4

Auftraggebers mehreren Personen zuzustellen ist und die Zustellung am gleichen Tage und am selben Ort stattfindet, kann die Beurkundung in *einer* Zustellungsurkunde erfolgen. In den an einzelne Empfänger zu übergebende Abschriften der Zustellungsurkunde werden die auf die Zustellung an die übrigen Empfänger bezüglichen Stellen weggelassen. Die Kosten sind für jede Zustellung besonders zu berechnen.

5 **Zu Nr 4:** Zu benennen ist der Zustellungsempfänger (der Adressat im Fall des § 180; sonst die Ersatzperson), dem das Schriftstück übergeben wurde. Die Bezeichnung hat so genau zu sein, daß Feststellung der Identität gewährleistet ist. Das erfordert Namensangabe (Karlsruhe OLG 2, 422 [423]: „Diener" ungenügend) oder sonst zuverlässige Kennzeichnung (zB Ehefrau). In den Fällen §§ 181, 183, 184 ist anzugeben: der Grund, warum die Zustellung nicht an den Adressaten selbst erfolgen konnte (Abwesenheit, im Fall des § 184 auch Verhinderung an der Annahme) und das Verhältnis, durch das die Befugnis der dritten Person zur Entgegennahme der Zustellung begründet wird, erforderlichenfalls auch, daß diese Person erwachsen ist; bei Niederlegung ist Angabe nötig, wie die für diese Zustellungsart geltenden Vorschriften befolgt wurden (§ 182; BGH MDR 90, 32 = NJW 90, 176; LG Aachen MDR 91, 451).

6 **Zu Nr 5:** Auch die Zurücklassung des Schriftstücks (§ 186) ist bei Annahmeverweigerung zu beurkunden. Erwähnung, daß die Annahme verweigert wurde, gebietet auch Feststellung eines dafür etwa vorgebrachten Grundes.

7 **Zu Nr 6:** Festzustellen ist die Tatsache der Zustellung unter Bezeichnung des übergebenen (oder niedergelegten) Schriftstücks (§ 170 I) und wie nach § 190 III verfahren wurde.

8 **Zu Nr 7:** Mit **Unterschrift** das GV (erfordert individuellen Schriftzug, Frankfurt NJW 93, 3079; Handzeichen genügt nicht) ist die Beurkundung und damit die Zustellung erfolgt (§ 190 Rn 1). Unterschrift des Empfängers ist nicht erforderlich.

9 **III) 1) Verstoß** gegen § 191 macht die Zustellung unwirksam, wenn ein wesentliches Formerfordernis (ein wesentlicher Mangel) vorliegt (BGH LM § 181 Nr 1 u MDR 90, 32 = NJW 90, 176 [177]). Sonst wird durch den Mangel lediglich die Beweiskraft der Urkunde vermindert oder beseitigt (§ 419). Dann kann die Ordnungsmäßigkeit der Zustellung aber in anderer Weise nachgewiesen werden (s § 190 Rn 1).

10 **2) Zu Nr 1:** Zum **Ort** s Rn 2. Unrichtige **Datum**sangabe berührt die Wirksamkeit nicht; maßgebend ist das als richtig erwiesene Datum (BGH LM § 233 Nr 37; KG JW 35, 1798; Frankfurt Rpfleger 76, 233; aA Hamm NJW 75, 2209). Gleiches gilt für nicht eindeutige Tagesangabe (nicht erkennbar, ob 16. oder 17.; BVerwG Rpfleger 83, 160 mit Einschränkung für Rechtsmittelfrist). Auch wenn eine Zeit nicht beurkundet ist, ist die Zustellung nicht unwirksam (wie § 195 Rn 3; aA MK/vFeldmann Rn 2; StJ/Roth Rn 5); eine Notfrist wird dann jedoch nicht in Lauf gesetzt. **Zu Nr 2:** Unrichtige **Bezeichnung der Person,** für die zugestellt wird, ist (ausnahmsweise) unschädlich, wenn der Adressat diese ohne weiteres eindeutig erkennen kann (wenn keine Zweifel möglich sind, BGH LM § 191 Nr 2 = NJW 53, 1869 L), wie zB bei unrichtiger Bezeichnung der Parteistellung (BGH VersR 62, 979 [980]), Bezeichnung des Prozeßbevollmächtigten statt richtig der Partei (RG 17, 392 [402]; BGH NJW 65, 104), nicht aber bei Bezeichnung eines anderen RA (RG 52, 367). **Zu Nr 3:** Unrichtige Bezeichnung des **Adressaten** ist unschädlich, wenn an dessen Person trotzdem nicht ernstlich gezweifelt werden kann, wie bei Schreibfehler (ArbG Berlin Rpfleger 80, 481), Nichtberücksichtigung der Namensänderung durch Eheschließung (Düsseldorf JurBüro 82, 1742), Angabe der Gesellschaft statt ihres gesetzlichen Vertreters (Rn 4) bei Zustellung im Geschäftslokal (für AG: BGH 107, 296 [299] = NJW 89, 2689; RG 107, 161 [164]) oder bei Ersatzzustellung im Geschäftslokal Angabe eines falschen gesetzlichen Vertreters einer jur Person (KG Rpfleger 76, 222). Unwirksam ist die Zustellung, wenn die Bezeichnung unklar läßt, an wen von gleichnamigen Personen (zB Vater und Sohn) zugestellt sein soll und deshalb an den nicht Gemeinten zugestellt wurde (LG Marburg Rpfleger 79, 67). **Zu Nr 4:** Daß der Empfänger die tatsächlichen Voraussetzungen der **Ersatzperson** erfüllt und daß der bezeichnete Zustellungsort auch die Wohnung des Adressaten ist, beurkundet (beweist) die Zustellungsurkunde nicht (BGH FamRZ 90, 143; LG Berlin MDR 87, 503). Unwirksam ist die Zustellung, wenn unmittelbare Übergabe an den Zustellungsadressaten (Rn 4) statt (in Wirklichkeit erfolgter) Ersatzzustellung beurkundet ist (Düsseldorf JurBüro 95, 41), wenn die Bezeichnung der (Ersatz-)Person fehlt, der zugestellt wurde (BGH 93, 71 [74 f] = NJW 85, 863; zu weitgehend Hamburg MDR 93, 685: Unwirksamkeit, wenn bei Ersatzzustellung nach § 182 die Anschrift der in der Nachbarschaft wohnenden Person nicht angegeben ist). Falsche Bezeichnung der Person, der ersatzweise das Schriftstück ausgehändigt wurde, ist unschädlich, wenn nur diese Person auch empfangsberechtigt war (Bezeichnung der Schwester als Ehefrau, Hamm MDR 87, 914; der Mutter oder Schwester als Ehefrau, Hamm NJW-RR 87, 1279; des Hauswirts als familienangehöriger Hausgenosse, Schleswig JurBüro 91, 122). Gleiches hat für unrichtige Beurkundung des Orts der Ersatzzustellung und der Ersatzperson zu gelten (Übergabe in der Wohnung an Ehefrau für [richtig] an diese als Gewerbegehilfin im Geschäftslokal; aA BFH NJW 79, 736). Unwirksam ist die Ersatzzustellung

durch Niederlegung (§ 182), wenn nicht ordnungsgemäß beurkundet ist, ob und auf welche Weise die schriftliche Mitteilung an den Adressaten weitergeleitet wurde (BGH MDR 90, 32 = NJW 90, 176 [177]).

3) **Ohne Unterschrift** (Nr 7) ist die (Beurkundung der) Zustellung nicht abgeschlossen (Rn 8), somit nicht wirksam. Nachgeholt werden kann die Unterschrift nicht mehr, wenn die Urkunde der Partei übermittelt ist (§ 190 IV; dazu § 195 Rn 2). 11

192 *[Zustellungsurkunde bei Zustellung durch Aufgabe zur Post]*

Ist die Zustellung durch Aufgabe zur Post (§ 175) erfolgt, so muß die Zustellungsurkunde den Vorschriften des vorstehenden Paragraphen unter Nr. 2, 3, 7 entsprechen und außerdem ergeben, zu welcher Zeit, unter welcher Adresse und bei welcher Postanstalt die Aufgabe geschehen ist.

Eine Zustellungsurkunde (§ 190 I) hat der GV bei Aufgabe zur Post (§ 175) mit dem Inhalt des § 192 aufzunehmen (bei Amtszustellung § 213; Einzelheiten Anm dort). Es wird beglaubigte Abschrift der Zustellungsurkunde mit dem Schriftstück verbunden und mit versandt oder auf ihm der Tag der Aufgabe (= Zustellung) vermerkt (§ 190 III; vgl § 47 Nr 2 GVGA). Der Einlieferungsschein für ein Einschreiben (§ 175 II) wird mit der Urschrift der Zustellungsurkunde verbunden. 1

193 *[Zustellungen durch die Post]*

Zustellungen können auch durch die Post erfolgen.

I) Der **GV** (§ 166) kann die **Ausführung** der Zustellung (wahlweise, § 166 Rn 4) auch **durch die** Deutsche **Post** AG vornehmen lassen (zu unterscheiden von der Zustellung durch „Aufgabe zur Post", § 175). Das Zustellungsersuchen an die Post (Postzustellungsauftrag, § 19 Post-KundenschutzVO, BGBl 95 I 2016) kann der GV (§ 194) oder unmittelbar die vermittelnde Geschäftsstelle (§ 196; unüblich), nicht jedoch die Partei selbst erteilen. 1

II) Zustellung durch die Post **erfordert:** Zustellungsauftrag der Partei an GV (§§ 166, 167), evtl unter Vermittlung der Geschäftsstelle (§ 166 II, § 168), Zustellungsersuchen des GV (§ 194; oder der Geschäftsstelle, § 196) an die Post unter Übergabe der zuzustellenden Sendung und Beurkundung dieses Vorgangs (§ 194 II; zum Verstoß § 194 Rn 2, 3), Aushändigung der Sendung durch die Post an den Adressaten oder sonstigen Empfänger (§ 195 I) und Beurkundung dieses Vorgangs (§ 195 II, III). 2

III) **Ausgeschlossen** ist Zustellung durch die Post im Ausland (§ 199; vgl hierzu § 174 II, § 175), nicht möglich ist sie bei Zustellung des Pfändungsbeschlusses an den Drittschuldner mit der Aufforderung des § 840 (dort Rn 3) und bei Zustellung solcher Willenserklärungen gem § 132 BGB, deren Wirksamkeit von der gleichzeitigen Vorlage einer Urkunde abhängt (§§ 111, 174, 410, 1160, 1831 BGB). Persönlich hat der GV die Zustellung auszuführen, wenn bei Dringlichkeit seine Sorgfaltspflichten dies gebieten (vgl RG 91, 179). Im übrigen kann die Partei (bzw deren RA) den (örtlich zuständigen, § 166 Rn 2) GV anweisen, die Zustellung selbst auszuführen (Mehrkosten s § 197). 3

IV) **Die Post** führt die Zustellung nach Maßgabe der §§ 195, 195a aus. Rechte und Pflichten regeln ergänzend das PostG, die Post-KundenschutzVO (Rn 1), AGB und Bestimmungen über Leistungsentgelte. Dem Auftraggeber und Zustellungsempfänger haftet die Post für Folgen fehlerhafter Zustellung gem § 16 PostG nach § 839 BGB, Art 34 GG; so schon BGH 12, 96; 28, 30 für das damalige PostG von 1871 (RGBl 347). Für eine Feststellungsklage gegen die Post AG mit dem Ziel einer Überprüfung der Zustellung fehlt im allgemeinen das Feststellungsinteresse (VGH Kassel MDR 93, 291). Ausgeschlossen von der Zustellung durch die Post sind a) Einschreibe-, Wert- und Nachnahmesendungen, b) Eilbotensendungen und c) Sendungen mit dem Vermerk „postlagernd"; in diesen Fällen muß der GV die Zustellung ausführen. 4

194 *[Postzustellung, Verfahren des Gerichtsvollziehers]*

(1) Wird durch die Post zugestellt, so hat der Gerichtsvollzieher die zuzustellende Ausfertigung oder die beglaubigte Abschrift des zuzustellenden Schriftstücks verschlossen der Post mit dem Ersuchen zu übergeben, die Zustellung einem Postbediensteten des Bestimmungsortes aufzutragen. Die Sendung muß mit der Anschrift der Person, an die zugestellt

werden soll, sowie mit der Bezeichnung des absendenden Gerichtsvollziehers und einer Geschäftsnummer versehen sein.

(2) Der Gerichtsvollzieher hat auf dem bei der Zustellung zu übergebenden Schriftstück zu vermerken, für welche Person er es der Post übergibt, und auf der Urschrift des zuzustellenden Schriftstücks oder auf einem mit ihr zu verbindenden Bogen zu bezeugen, daß die Übergabe in der im Abs 1 bezeichneten Art und für wen sie geschehen ist.

1 I) § 194 behandelt die **Einleitung**, § 195 die Ausführung der **Zustellung durch die Post.**

2 **II) Ersucht** wird die Post durch Übergabe der zuzustellenden Ausfertigung oder Abschrift des Schriftstücks in verschlossenem (Abdruck des Dienstsiegels ist nicht erfordert) Umschlag (Abs 1 S 1). Die Sendung muß mit der Anschrift der Person, an die zugestellt werden soll (vor § 166 Rn 3) sowie mit der Bezeichnung des GV (nicht auch der auftraggebenden Partei) und seiner Geschäftsnummer versehen sein (Abs 1 S 2). Vermerk über unzulässige Ersatzzustellung § 185 Rn 5. Die „Versandbedingungen für Postaufträge" verlangen Verwendung eines Umschlags nach amtl Muster („innerer Umschlag") und Beifügung eines vorbereiteten Formblatts der Zustellungsurkunde nach amtl Muster. Für die (nach § 194 I formfreie) Übergabe sehen diese Versandbedingungen Zuleitung in einem verschlossenen Umschlag nach amtl Muster („äußerer Umschlag") mit der Anschrift des Zustellungspostamts vor. Die Einlieferung kann durch Einwurf in einen Briefkasten oder Ablieferung bei einer Postannahmestelle durch den GV oder eine von ihm beauftragte Person erfolgen; ein besonderes Anschreiben oder ausdrückliches Ersuchen wird nicht gefertigt (dazu § 39 Nr 1–3 GVGA). Fehlerhafte Anschrift kann die Zustellung unwirksam machen (wie § 191 Rn 10; Fehlen der Geschäftsnummer: wie § 211 Rn 6).

3 **III)** Zu **vermerken** hat der GV auf dem bei der Zustellung zu übergebenden (in den verschlossenen „inneren" Umschlag zu nehmenden) Schriftstück, für welche Person er es der Post übergibt (Abs 2 Hs 1). Beurkundung auf der Urschrift des zuzustellenden Schriftstücks (Abs 2 Hs 2) = **Postübergabeurkunde:** Beglaubigte Abschrift vorstehenden Schriftstücks habe ich heute im Auftrag des . . . in . . . in einem verschlossenen, mit der GeschNr . . . bezeichneten und mit folgender Adresse: Herrn RA . . . versehenen Brief zum Zweck der Zustellung an den bezeichneten Empfänger der Postanstalt zu . . . mit dem Ersuchen übergeben, die Zustellung einem Postboten des Bestimmungsortes aufzutragen. Den Namen meines Auftraggebers habe ich auf dem für den Empfänger bestimmten Schriftstück vermerkt . . ., den . . . N, GV beim AG . . . – Die Postübergabeurkunde muß vom GV eigenhändig unterschrieben sein; Unterstempelung genügt nicht (KG OLG 29, 76; aM Jena JW 32, 1157). Diese Beurkundung des Zustellungsersuchens (Abs 2) ist nicht Zustellungsurkunde iS des § 190; für den Adressaten wird beglaubigte Abschrift daher nicht zu dem zuzustellenden Schriftstück genommen. Fehlen der Postübergabeurkunde ist daher unschädlich. Der Vermerk auf dem Schriftstück, für welche Person es der Post übergeben wird (entspricht § 191 Nr 2), ist wesentliches Zustellungserfordernis; unrichtige Bezeichnung kann aber unschädlich sein (wie § 191 Rn 10).

4 **IV)** Gebühr des GV: § 16 II GVKostG; Auslagen: § 35 I Nr 3 GVKostG.

195 *[Postzustellung. Verfahren des Postbediensteten]*

(1) Die Zustellung durch den Postbediensteten erfolgt nach den Vorschriften der §§ 180 bis 186.

(2) Über die Zustellung ist von dem Postbediensteten eine Urkunde aufzunehmen, die den Vorschriften des § 191 Nr. 1, 3 bis 5, 7 entsprechen und die Übergabe der ihrer Anschrift und ihrer Geschäftsnummer nach bezeichneten Sendung sowie der Abschrift der Zustellungsurkunde bezeugen muß. Die Übergabe einer Abschrift der Zustellungsurkunde kann dadurch ersetzt werden, daß der Postbedienstete den Tag der Zustellung auf der Sendung vermerkt; er hat dies in der Zustellungsurkunde zu bezeugen.

(3) Die Urkunde ist von dem Postbediensteten der Postanstalt und von dieser dem Gerichtsvollzieher zu überliefern, der mit ihr nach der Vorschrift des § 190 Abs. 4 zu verfahren hat.

1 I) Der **Postbedienstete übergibt** die Sendung der Person, der zugestellt werden soll (§ 180) oder ersatzweise nach den für Zustellung durch den GV geltenden §§ 181–186 (Abs 1). Bei Ausführung der Zustellung ist der Postbedienstete Gehilfe des GV (des Urkundsbeamten bei § 196). Trotzdem sind § 49 ZPO und § 155 GVG (Ausschließung) auf ihn nicht anwendbar, denn er kennt den Inhalt der ihm verschlossen (§ 194 I) übergebenen Sendung nicht. § 188 ist nicht anwendbar, weil die Zeit der Postzustellung durch die Dienstvorschriften der Post bestimmt wird.

II) Eine **Zustellungsurkunde** (§ 190 I) ist von dem Postbediensteten nach Abs 2 S 1 aufzunehmen. Aufnahme der Urkunde ist Voraussetzung einer wirksamen Zustellung (§ 190 Rn 1). Wegen des notwendigen Inhalts: Abs 2 und § 191 mit Anm dort. § 191 Nr 2 ist nicht anwendbar (dafür § 194 II). Ohne Unterschrift des Postbediensteten (Abs 2 mit § 191 Nr 7; zu den Anforderungen an die Unterschrift § 191 Rn 8) ist die Zustellung nicht wirksam (§ 191 Rn 11). Nachgeholt werden kann diese Unterschrift nicht mehr, wenn die Zustellungsurkunde dem GV (Abs 3, bzw der Geschäftsstelle, § 212 II) zugeleitet ist (BGH MDR 61, 583 = Rpfleger 61, 351 u MDR 81, 394 = NJW 81, 874). Beweiskraft der Urkunde: § 190 Rn 1. Änderungen im (vorbereiteten) Adreßfeld (§ 194 I S 2, § 191 Nr 3) ohne Begründung können die Beweiskraft der Urkunde beeinträchtigen (auch ausschließen, VGH Kassel NJW 96, 1075). Heilung von Mängeln ist nach § 187 möglich. 2

III) Vermerk des **Tages der Zustellung** auf der Sendung durch den Postbeamten (üblich; ist in der Zustellungsurkunde festzustellen) ersetzt die Übergabe einer Abschrift der Zustellungsurkunde (Abs 2 S 2). Unterläßt der Postbedienstete diesen Vermerk, so ist die Zustellung nicht unwirksam; dann wird eine Notfrist jedoch nicht in Lauf gesetzt (GemS BGH 67, 355 = BVerwGE 51, 378 = NJW 77, 621 mwN). Entsprechendes gilt für inhaltliche Mängel einer übergebenen Abschrift der Zustellungsurkunde. 3

IV) Die Zustellungsurkunde wird an den GV (die Geschäftsstelle, § 196) gesandt und von diesem dem Auftraggeber übermittelt (§ 190 IV). 4

V) Ist der Adressat verzogen, darf die Post wahlweise die Sendung mit Vermerk des Grundes der Unzustellbarkeit zurückgeben oder direkt an die bekannte neue Anschrift weiterleiten. Nachsendeauftrag des (zB verreisten) Adressaten hat nur postalische Bedeutung, verbietet daher Rückgabe an GV bzw Urkundsbeamten nicht. Vom Adressaten erteilte allgemeine Postvollmacht berechtigt nicht zur Übergabe an diesen Bevollmächtigten, wo §§ 181–185 entgegenstehen und ist (abw StJ/Roth Rn 2; Wieczorek Anm B II) auch nicht als Zustellungsvollmacht (§ 174) anzusehen, weil dahin gehender Wille des Vollmachtgebers regelmäßig nicht zu unterstellen ist (vgl BGH NJW 86, 2826). Die Postsperre gem § 121 KO berechtigt die Post nicht, dem Konkursverwalter zuzustellen; die Sendung ist als unzustellbar zurückzugeben. Rückgabe auch, wo Zweifel an der Person des Adressaten bestehen. Die Post ist nicht verpflichtet, die Sendung auf Wunsch des Adressaten an dessen Bevollmächtigten weiterzuleiten (BVerwG MDR 73, 523). 5

VI) Die rechtzeitige Durchführung der Zustellung durch die Post hat der GV zu **überwachen** (RG 91, 179 [183]; § 46 Nr 1 GVGA). Wird ihm die Zustellungsurkunde von der Postanstalt nicht alsbald zugeleitet, so hat er an die Erledigung (rechtzeitig, RG aaO) zu erinnern (§ 46 Nr 1 GVGA); bei Dringlichkeit ist der Auftraggeber ggfs davon in Kenntnis zusetzen, daß (und warum) Zustellung durch die Post nicht rechtzeitig durchgeführt werden kann (RG 91, 179 [184]). Amtspflicht des GV ist es außerdem, die ihm von der Postanstalt übergebene Zustellungsurkunde zu überprüfen (§ 46 Nr 2 GVGA). Er hat, wenn die Urkunde mangelhaft und daher die Zustellung unwirksam ist (zum Ausschluß nachträglicher Ergänzung der Urkunde Rn 2) sogleich eine nochmalige (ordnungsgemäße und postgebührenfreie) Zustellung zu veranlassen. 6

195a *[Niederlegung bei fehlendem Postbestelldienst]*

Findet nach der Wohnung oder dem Geschäftsraum, in denen zugestellt werden soll, ein Postbestelldienst nicht statt, so wird die Sendung bei der zuständigen Postanstalt hinterlegt. Die Postanstalt vermerkt auf der Zustellungsurkunde und auf der Sendung den Grund und den Zeitpunkt der Niederlegung. Das Gericht kann die Zustellung als frühestens mit dem Ablauf einer Woche seit dieser Niederlegung bewirkt ansehen, wenn anzunehmen ist, daß der Empfänger in der Lage gewesen ist, sich die Sendung aushändigen zu lassen oder sich über ihren Inhalt zu unterrichten.

I) Sonderregelung für Ausnahmefälle mit Rücksicht auf die Verkehrssitte. Bewohner entlegener Orte (Alm, Gebirgshütte, Hallige) ohne Postbestelldienst (auch bei Einstellung für gewisse Zeit, zB im Winter), pflegen ihre Post von Zeit zu Zeit bei der Postanstalt in Empfang zu nehmen oder von ihr durch telefonische Rückfrage Kenntnis zu nehmen. Bei Zustellung durch die Post (§ 193) wird die Sendung daher bei der zuständigen Postanstalt hinterlegt (S 1 mit Einzelheiten); schriftliche Mitteilung über die Niederlegung ergeht nicht (kein Postbestelldienst). Auch über diese Zustellung ist eine Urkunde aufzunehmen (§ 190 I mit § 195 II, III). Wenn nach der Anschrift in der Wohnung zugestellt werden soll (§ 194 I) und dorthin kein Postbestelldienst stattfindet, findet § 195a auch Anwendung, wenn zugleich ein Geschäftslokal vorhanden ist, in welches die Post zugestellt wird (ebenso umgekehrt). Dann sollte aber nach § 180 der erreichbare 1 (bekannte) Zustellungsort zu wählen sein. Für Zustellung durch den GV persönlich gilt § 195a nicht; er hat Zustellung auch an entlegenen Orten vorzunehmen.

2 **II) Zugestellt** ist die Sendung mit Hinterlegung bei der Post noch nicht. Das Gericht kann nur (muß nicht) die Zustellung unter bestimmten Voraussetzungen als bewirkt ansehen. Es entscheidet nach billigem Ermessen. Bestimmung trifft das Gericht, für dessen Verfahren die Wirksamkeit der Zustellung bedeutsam ist (bei ZwV, § 750 I, auch der GV); gesonderter (selbständig anfechtbarer) Beschluß ergeht nicht. (aA StJ/Roth Rn 4: anfechtbarer Beschluß ist möglich). Heilung nach § 187 erübrigt Zustellungsfiktion nach S 3. Jedoch gilt § 195a im Gegensatz zu § 187 auch, wenn durch die Zustellung der Lauf einer Notfrist in Gang gesetzt wird. Hier wird das Gericht das Vorliegen der Voraussetzungen allerdings besonders streng prüfen.

196 *[Postzustellung der Geschäftsstelle]*

Insoweit eine Zustellung unter Vermittlung der Geschäftsstelle zulässig ist, kann diese unmittelbar die Post um Bewirkung der Zustellung ersuchen. In diesem Falle gelten die Vorschriften der §§ 194, 195 für die Geschäftsstelle entsprechend; die erforderliche Beglaubigung nimmt der Urkundsbeamte der Geschäftsstelle vor.

1 **I)** Bei Vermittlung der Zustellung im Parteibetrieb durch die Geschäftsstelle (§ 166 II, § 168) kann diese, statt einen GV zu beauftragen, auch unmittelbar die Post um Zustellung ersuchen (§ 194). Der Urkundsbeamte braucht den Brief nicht persönlich zur Post zu bringen; die Übergabe kann auch durch einen anderen Beamten, zB Gerichtswachtmeister erfolgen. Bei besonderer Dringlichkeit (Gefahr im Verzug) könnte damit die Zustellung (uU) beschleunigt werden; fernmündliche Benachrichtigung des GV wird durchweg jedoch sachdienlicher sein (vgl Anm zu § 197). Daher hat auch § 196 praktische Bedeutung nicht erlangt.

2 **II) Gebühren und Auslagen** des **Gerichts:** KV 1670 iVm § 16 II GVKostG, KV 9002.

197 *[Mehrkosten bei Zustellung durch Gerichtsvollzieher]*

Ist eine Zustellung durch einen Gerichtsvollzieher bewirkt, obgleich sie durch die Post hätte erfolgen können, so hat die zur Erstattung der Prozeßkosten verurteilte Partei die Mehrkosten nicht zu tragen.

1 **Mehrkosten** (zB Reisekosten) für Zustellung im Parteibetrieb durch den GV persönlich, wo kostengünstigere Zustellung durch die Post (§ 193) möglich gewesen wäre, sind nicht erstattungsfähig; sie gehören somit nicht zu den notwendigen Kosten iS des § 91. Das gilt nicht nur, wenn der Auftraggeber die Zustellung durch den GV verlangt hat (§ 21 Nr 2 GVGA), sondern auch dann, wenn der GV die höheren Kosten verursachende persönliche Zustellung selbst gewählt hat (Entlastung des Auftraggebers dann mit Nichterhebung der Kosten, § 11 GVKostG). Damit geht § 197 (entgegen § 166 I) davon aus, daß Ausführung der Zustellung durch die Post vielfach die Regel ist. Bei besonderer Dringlichkeit oder auch Wichtigkeit (RG 91, 179 [181]) kann Zustellung durch den GV persönlich geboten sein. Daß sie durch die Post ebenso zweckentsprechend möglich war, bedarf bei Kostenfestsetzung besonderer Begründung. Der Schuldner, der Kosten der ZwV zu tragen hat (§ 788 I), steht der „zur Erstattung ... verurteilten Partei" gleich, hat Mehrkosten nach § 197 somit gleichfalls nicht zu erstatten.

198 *[Zustellung von Anwalt zu Anwalt]*

(1) Sind die Parteien durch Anwälte vertreten, so kann ein Schriftstück auch dadurch zugestellt werden, daß der zustellende Anwalt das zu übergebende Schriftstück dem anderen Anwalt übermittelt (Zustellung von Anwalt zu Anwalt). Auch Schriftsätze, die nach den Vorschriften dieses Gesetzes von Amts wegen zuzustellen wären, können statt dessen von Anwalt zu Anwalt zugestellt werden, wenn nicht gleichzeitig dem Gegner eine gerichtliche Anordnung mitzuteilen ist. In dem Schriftsatz soll die Erklärung enthalten sein, daß er von Anwalt zu Anwalt zugestellt werde. Die Zustellung ist dem Gericht, sofern dies für die von ihm zu treffende Entscheidung erforderlich ist, nachzuweisen.

(2) Zum Nachweis der Zustellung genügt das mit Datum und Unterschrift versehene schriftliche Empfangsbekenntnis des Anwalts, dem zugestellt worden ist. Der Anwalt, der zustellt, hat dem anderen Anwalt auf Verlangen eine Bescheinigung über die Zustellung zu erteilen.

I) 1) Zweck: Vereinfachte Form der beurkundeten Übergabe eines Schriftstücks ohne Inanspruchnahme des GV als Zustellungsorgan für die als unabhängige Rechtspflegeorgane (§ 1 BRAO) standesrechtlich gebundenen Anwälte. Deren Mitwirkung bietet genügend Gewähr für Wirksamkeit und zuverlässige Beweisbarkeit der Zustellung. Dem entspricht für die Zustellung von Amts wegen § 212a. 1

2) **Anwendungsbereich:** Zustellung von Anwalt zu Anwalt kann (nicht muß; möglich ist daher stets Zustellung durch den GV) in jedem Verfahren vor einem ordentlichen oder besonderen Gericht mit oder ohne Anwaltszwang erfolgen. Auch bei Zustellung anstelle (genügender) formloser Mitteilung (vor § 166 Rn 2) zum Nachweis des (insbes rechtzeitigen, zB §§ 132, 283) Zugangs kann nach § 198 verfahren werden. Ausgeschlossen ist § 198 nach allgemeiner Ansicht bei Zustellung einer Willenserklärung nach § 132 BGB (StJ/Roth Rn 4; MK/vFeldmann Rn 3). Prozeßbürgschaft § 108 Rn 11. Entsprechende Anwendung auf Rechtsbeistände (§ 212a Rn 2) und sonstige Prozeßbevollmächtigte (vgl § 157 Rn 2) ist ausgeschlossen. 2

II) Voraussetzungen: 1) Beide Parteien müssen durch **Anwälte** vertreten, Absender und Adressat somit RA sein. Das ist auch der Fall, wenn ein Anwalt sich in eigener Sache vertritt (§ 78 IV), somit auch als Konkursverwalter, Testamentsvollstrecker, Zwangsverwalter (§ 78 Rn 55), auch als gesetzlicher (Vater/Mutter, Vormund, Pfleger, Betreuer) oder organschaftlicher Vertreter (Vorstand, Geschäftsführer) einer Partei. Dem RA gleich steht dessen amtlich bestellter Vertreter (§ 53 BRAO; BGH 31, 32 [34] = NJW 59, 2307 u NJW 82, 1650) oder Abwickler (§ 55 BRAO), auch wenn dieser nicht selbst RA ist (Referendar, BAG NJW 76, 991). Zulassung des Anwalts beim Prozeßgericht ist nicht erforderlich; im Anwaltsprozeß kann die Zustellung daher auch von einem beim Prozeßgericht nicht zugelassenen Anwalt vorgenommen werden (BGH 31, 32 [35]). Nicht erforderlich ist, daß alle Prozeßbeteiligte (zB Mitbeklagte oder Streithelfer) anwaltlich vertreten sind; diesen ist dann ggfs durch den GV zuzustellen. 3

2) **Prozeßvollmacht** oder Vollmacht für das Verfahren, in dem die Zustellung erfolgen soll, muß jedem vertretenden RA erteilt sein (gleich ist Vertretung in eigener Sache). Er kann auch bloß zur Mitwirkung bei der Zustellung bevollmächtigt sein. Prüfung: § 88. Handeln als vollmachtsloser Vertreter genügt nur im Rahmen des § 89. Heilung bei erst nachträglicher Bevollmächtigung § 187 Rn 4. Anwaltssozietät: § 176 Rn 3. Kündigung des Auftrags hindert Zustellung nach § 198 nicht, solange das Erlöschen der Vollmacht dem gegnerischen RA nicht nach § 87 angezeigt ist (BGH 31, 32), ebenso nicht ein Vertretungsverbot, weil es die Vollmacht nicht berührt (§ 155 V BRAGO), wohl aber ein Berufsverbot (vgl § 176 Rn 10). Der zustellende und der empfangende RA kann sich durch einen anderen RA vertreten lassen. Empfangsberechtigt ist daher auch der hierzu ermächtigte, beim Prozeßbevollmächtigten angestellte RA; bei Zweifeln an einer Ermächtigung gelten die allgemeinen Grundsätze der Anscheinsvollmacht (BGH NJW 75, 1652, VersR 69, 887). 4

3) Zuzustellen sein muß ein **Schriftstück im Parteibetrieb** (§§ 166 ff) oder nach Abs 1 S 2 ein **Schriftstück von Amts wegen** (§§ 208 ff). Im letzteren Fall ersetzt die Anwaltszustellung die sonst gebotene Zustellung im Amtsbetrieb, so auch bei klageerweiternden oder klageändernden Schriftsätzen (BGH 17, 234 = NJW 55, 1030; BGH MDR 92, 707 = NJW 92, 2235), ebenso bei Widerklage. Information des Gerichts über die Anwaltszustellung: Erklärung im Schriftsatz (Abs 1 S 3), üblich „Ich stelle selbst zu", und Niederlegung auf der Geschäftsstelle (§ 133 II). Anwaltszustellung kann jedoch nicht erfolgen, wenn der Schriftsatz bei Gericht zur Zustellung eingereicht werden muß (so zutr MK/vFeldmann Rn 8) wie die Klageschrift (§ 253 V, auch § 271 II), die Berufungs- (§ 518 I), Revisions- (§ 553 I) und Beschwerdeschrift (§ 569 I) sowie eine Rechtsmittelbegründungsschrift (§ 519 II S 1, § 554 II S 1), und dann, wenn gleichzeitig mit dem von Amts wegen zuzustellenden Schriftsatz dem Gegner eine schriftliche Anordnung (zB §§ 275, 276, auch Ladung, § 274 II) mitzuteilen ist (Abs 1 S 2). Entscheidungen sind nicht Schriftsätze, die von Amts wegen zuzustellen sind; soweit deren Amtszustellung (§§ 317, 329 II, § 339 I, §§ 516, 552) eine Rechtsmittelfrist (sonst eine Notfrist) in Gang setzt, ist Zustellung von Anwalt zu Anwalt unwirksam; sie genügt jedoch für Vollstreckungsbeginn (§ 750 I). 5

4) **Zustellungsabsicht** des zustellenden Anwalts. Der Zustellungswille wird vielfach auf dem zu übergebenden Schriftstück oder vorbereiteten Empfangsbekenntnis mitgeteilt (Zustellungsvermerk). Er muß jedoch nicht ausdrücklich (wörtlich) geäußert werden; auch Erklärung nach Abs 1 S 3 in dem Schriftsatz ist nicht zwingendes Wirksamkeitserfordernis der Zustellung („. . . soll"; BGH 14, 342 [344] = NJW 54, 1722; BGH NJW 59, 885). Hinreichend deutlich zum Ausdruck kommt die Erklärung, daß von Anwalt zu Anwalt zugestellt werde, bereits aus dem beigefügten ausgefüllten Vordruck des Empfangsbekenntnisses (BGH 14, 342 [344]). Auf die Form des zu übergebenden Schriftstücks braucht der Zustellungswille sich nicht zu erstrecken (wirksame Urteilszustellung daher durch Übergabe einer Ausfertigung statt, wie gewollt, einer beglaubigten Abschrift, BGH NJW 59, 885). Zustellungsabsicht fehlt bei formloser Übersendung zur Information oder dann, wenn dem anderen Anwalt vor Empfangnahme des Schriftstücks (oder gleichzei- 6

tig) ein Widerruf zugegangen ist (RG 150, 392 [394]). Der Vermerk *„Gegner hat Abschrift"* spricht nur für formlose Übersendung ohne Zustellungswillen (Frankfurt FamRZ 86, 807 [809]).

7 5) **Mitwirkung des Zustellungsadressaten;** er muß vom Zugang des zuzustellenden Schriftstücks Kenntnis erlangen und entscheiden, ob er es als zugestellt ansieht (BGH NJW 91, 42 u NJW-RR 92, 251 [252]). Äußerung des Willens, das Schriftstück zur Zustellung anzunehmen (Empfangsbereitschaft) ist zwingende Voraussetzung der wirksamen Zustellung (RG 98, 242 [243]; 159, 83 [84]; BGH 14, 342 [345]; 30, 299 [301] u 335 [336]; BGH MDR 89, 345 = NJW 89, 1154, FamRZ 89, 495 mit zust Anm vFeldmann = NJW-RR 89, 57 u NJW 92, 512 sowie NJW-RR 93, 1213). Nach Verfahrensrecht ist der Anwalt dem Gegner nicht verpflichtet (aber Standespflicht, Rn 1), eine Zustellung nach § 198 entgegenzunehmen (BGH 30, 299 [305]). Bei Mitwirkung am Zustellungsvorgang besteht für ihn aber eine besondere Sorgfaltspflicht (BGH NJW 92, 574). Die Empfangsbereitschaft braucht nicht ausdrücklich geäußert sein; sie kann auch schlüssig (konkludent) bekundet werden, so durch schriftliche Empfangsmitteilung auf Nachfrage nach dem Verbleib des Empfangsbekenntnisses (Rn 10; BGH MDR 94, 718) oder durch schriftsätzliches Einlassen auf das empfangene Schriftstück (BGH NJW 89, 1154). Allein dadurch, daß der Anwalt von dem zuzustellenden Schriftstück Kenntnis nimmt, kommt Empfangsbereitschaft nicht schon zum Ausdruck (BGH NJW 89, 1154). Das bloße Behalten der Sendung bekundet noch keinen Willen, gem § 198 entgegenzunehmen (so zB wenn der Adressat meint, er sei nicht mehr Vertreter seiner Partei, BGH 30, 299 = NJW 59, 1871). Empfangsbereitschaft fehlt, wenn der Anwalt die Unterschrift unter das Empfangsbekenntnis trotz Zugang des Schriftstücks verweigert (BGH NJW-RR 89, 57; auch BAG NJW 95, 1916 [1917]) oder sonst zum Ausdruck bringt, daß er die Zustellung nicht entgegennehmen wolle (BGH NJW 64, 2062) oder äußert, er betrachte die Zustellung als unwirksam und weise das Schriftstück deshalb zurück (BGH VersR 75, 906 [907] u NJW 89, 1154). Geheilt werden kann der Mangel des Empfangswillens des RA nicht nach § 187 (BGH NJW 89, 1154).

8 **III) Verfahren: 1)** Der zustellende RA kann das zu übergebende Schriftstück (Ausfertigung oder begl Abschrift, § 170 mit Anm) oder den Schriftsatz dem anderen Anwalt selbst aushändigen oder sich eines Boten, der Post oder des GV bedienen. Ein weiteres Exemplar (ein an den zustellenden Anwalt zurückgehendes Original) wird nicht beigefügt (RG 46, 357 [362]). Auch der GV handelt nur als Bote; eine Zustellungsurkunde nimmt er nicht auf; zu seinem Verfahren § 49 GVGA; auf entstehende Mehrkosten ist § 197 nicht anwendbar (RG 40, 410).

9 2) Das Schriftstück muß dem anderen **Anwalt** als Zustellungsadressat **„übermittelt"** sein (Abs 1 S 1); auf den Weg kommt es nicht an (RG 109, 341 [343]). Erforderlich ist Zugang an den Anwalt persönlich oder an dessen hierzu Bevollmächtigten (Empfangsvollmacht ist anzunehmen für Anwalt in Sozietät, BGH VersR 69, 887). Ersatzzustellung (§ 183 II, § 186) ist ausgeschlossen. Übergabe an Büropersonal, Einlegen in das Schrankfach, Einwurf in den Briefkasten, Zusendung mit der Post usw bewirkt Zustellung erst, wenn der Anwalt von dem Gewahrsam, den er an dem Schriftstück erlangt hat, Kenntnis erhalten und den Willen geäußert hat, es zu behalten (RG 98, 243; 109, 341 [343]; 150, 392 [394]; Schleswig NJW 69, 936; LAG Hamm NJW 68, 1981). Gleichgültig ist jedoch, wann der Anwalt von dem Inhalt des Schriftstücks Kenntnis nimmt (RG 156, 385 [387]; BGH NJW-RR 92, 251 [252] u VersR 62, 979); es genügt die mit Erlangung des Gewahrsams verbundene Möglichkeit zur inhaltlichen Prüfung (RG aaO; BGH NJW-RR 92, 251 [252]).

10 **IV) 1) a)** Schriftliches **Empfangsbekenntnis** des Zustellungsadressaten (Abs 2 S 1) ist als Beurkundung (s § 190 Rn 1) wesentliches Erfordernis der Zustellung (BGH 30, 299 u 335 [336] = NJW 59, 2062; BGH 35, 236 [238], NJW-RR 89, 57 u 92, 1150 sowie NJW 90, 2125 u NJW-RR 93, 1213 u NJW 94, 2295 [2296]). Durch sein Empfangsbekenntnis hat der Anwalt zu bekunden, daß er das Schriftstück zur Bewirkung der Zustellung entgegengenommen hat (BGH 30, 299 [303], 35, 236 [238] u NJW 79, 2566); die Verwendung des Wortes „Zustellung" (oder „zugestellt") im Text des Empfangsbekenntnisses ist nicht Wirksamkeitserfordernis (BGH NJW 69, 1298 [1299]). Diese Beurkundung muß als notwendiges Formerfordernis der Zustellung zur Willensäußerung des Anwalts (Rn 7) hinzutreten (BGH 30, 299 [303]).

11 **b)** Daß zum Nachweis der Zustellung das Empfangsbekenntnis des Anwalts „genügt" (Abs 2 S 1) besagt, daß als Form der Beurkundung das anwaltliche Empfangsbekenntnis zugelassen ist, für die zur Zustellung erforderliche Beurkundung (vor § 166 Rn 1) somit der Anwalt, dem zugestellt wird, Beurkundungsperson ist (BGH 30, 299 [303, 304]). Als solche ist er für die Richtigkeit der Angaben verantwortlich (BGH NJW 69, 1297).

12 **2)** Das Empfangsbekenntnis muß das zugestellte **Schriftstück** (Unrichtigkeit oder Ungenauigkeit schadet nicht, wenn Identität gewährleistet ist, BGH NJW 69, 1297, NJW-RR 93, 1213 u VersR 94, 1495 [1496]) und leserlich (BGH MDR 87, 52 = NJW-RR 86, 1254) das **Datum** der Zustellung (Stempelabdruck genügt) bezeichnen. Zustellungsdatum ist der Tag, an dem der Anwalt als Zustellungsadressat vom Zugang des „übermittelten" Schriftstücks Kenntnis erlangt und es empfangsbereit entgegengenommen hat (Rn 7); damit ist die Zustellung als Übergabe

(s § 170 I) bewirkt (BGH 30, 299 [301] = NJW 59, 1871; BGH NJW 74, 1469 mwN; BGH FamRZ 95, 799), nicht schon der frühere Tag, der bei Eingang in der Kanzlei von einem Büromitarbeiter auf dem Schriftstück oder Empfangsbekenntnis (mit Datumstempel) vermerkt wurde (BGH NJW 79, 2566 u 92, 574; Bremen JurBüro 82, 1250; Unterzeichnung ohne nochmalige Tagesangabe kann aber Empfang am Tag des Datums des Eingangsstempels bestätigen, Koblenz Rpfleger 96, 207) und nicht erst der spätere Zeitpunkt, in dem mit Ausstellung des Empfangsbekenntnisses Beurkundung erfolgt (RG 150, 392 [394] u 156, 385 [387]; BGH 35, 236 [238], Rpfleger 81, 58, NJW 90, 2125 u NJW-RR 92, 251 [252]). Abzustellen ist das Empfangsbekenntnis somit auf diesen Zeitpunkt der Entgegennahme (RG 109, 341 [343]), nicht auf den der Ausstellung des Zeugnisses. Das Empfangsbekenntnis kann (muß aber nicht, BGH NJW-RR 92, 1150 u NJW 94, 2295 [2296]; auch § 212a Rn 8) auf eine gesonderte Zustellungskarte oder auf eine an den Absender zurückgehende Abschrift des zugestellten Schriftstücks gesetzt werden, selbst wenn diese Abschrift nicht erkennen läßt, daß eine Ausfertigung zugestellt wurde (über die Rechtsnatur des zugestellten Schriftstücks [Urschrift, Ausfertigung, Abschrift] muß, anders als nach § 191, keine Angabe gemacht sein, BGH MDR 63, 565 = NJW 63, 1307 [1308]). Angabe des Zustellungsdatums ist wesentliches Erfordernis der Beurkundung; fehlt Datumsangabe, ist Beurkundung nicht erfolgt, liegt somit eine wirksame Zustellung nicht vor (BGH 35, 236 [238], NJW 91, 709 u MDR 94, 302 = NJW 94, 526; Koblenz Rpfleger 96, 207); gleiches gilt, wenn das Datum des Stempelabdrucks (völlig; sonst Rn 15) unleserlich ist (BGH NJW-RR 86, 1254 u NJW 94, 526). Angabe eines unrichtigen Datums berührt die Wirksamkeit jedoch nicht (BGH NJW 69, 1297 u 91, 709; BGH NJW-RR 92, 1150 [1151]; dazu Rn 15).

3) **Unterzeichnet** sein muß das Empfangsbekenntnis von dem Anwalt persönlich (eigenhändig 13
und handschriftlich, BGH NJW-RR 92, 1150), Unterschrift eines Dritten (zB Referendar [BGH 14, 343], Bürovorsteher, Büropersonal) genügt auch dann nicht, wenn er im Einzelfall zur Ausstellung des Empfangsbekenntnisses ermächtigt ist (BGH NJW 82, 1650; Schleswig NJW 82, 1570). Der amtlich bestellte Vertreter des RA ist aber nicht Dritter (BGH VersR 71, 1176; s auch Rn 3); wegen des Zustellungsbevollmächtigten § 212a Rn 2 u 8). Faksimile-Stempel genügt nicht (BGH MDR 89, 352 = NJW 89, 838), desgleichen nicht Abzeichnung nur mit Anfangsbuchstaben (Paraphe; BGH NJW 72, 50 u VersR 83, 273; Hamm NJW 89, 3289). Jedoch ist Lesbarkeit des Namens entbehrlich bei sonst individuell erkennbarem Schriftzug (zu den Anforderungen an die Unterschrift auf dem Empfangsbekenntnis BGH NJW-RR 92, 1150; vgl entspr § 130 Rn 7 u § 170 Rn 9).

4) Das Empfangsbekenntnis muß nicht in zeitlichem Zusammenhang mit der Entgegennahme 14
des Schriftstücks **ausgestellt** werden (s bereits Rn 12). Dies kann wirksam **auch später** geschehen (BGH NJW-RR 92, 1150 u NJW 94, 2295 [2296]), insbes auch zu einem Zeitpunkt, in dem der an dem Schriftstück einmal erlangte Gewahrsam nicht mehr andauert (zB weil es bei Unterzeichnung des Empfangsbekenntnisses bereits an den Mandanten übersandt ist) (BGH NJW 81, 462 [463] u NJW-RR 92, 251 [252]). Erteilt ist das Empfangsbekenntnis, wenn es mit Datum versehen und unterzeichnet dem zustellenden Anwalt zugeleitet ist (Frankfurt NJW 73, 1888; Nürnberg MDR 76, 939). Empfangsbekenntnis und damit Zustellung erlangen daher keine Wirksamkeit, wenn die Unterschrift von dem RA vor Rückgabe durchgestrichen wird (Nürnberg aaO). Nach Wirksamkeit sind Widerruf (KG OLG 39, 53) und Anfechtung (BGH NJW 74, 1469 [1470]) des Empfangsbekenntnisses ausgeschlossen; durch Parteivereinbarung können Zustellungszeit und -wirkungen nicht verändert, eingeschränkt oder aufgehoben werden. Wenn die Zustellung mit Erteilung des Empfangsbekenntnisses wirksam erfolgt ist, berührt späterer Verlust des Empfangsbekenntnisses die Zustellungswirkungen nicht mehr; Nachweis kann dann mit Hilfe anderer Beweismittel erbracht werden (vgl § 190 Rn 1).

5) Das Empfangsbekenntnis ist **Privaturkunde** (BGH NJW 90, 2125, VersR 94, 371 u FamRZ 15
95, 799). **Beweiskraft:** § 416 (nicht § 418, so aber zB BGH NJW 87, 1335; BVerwG NJW 94, 535). Besonderheit jedoch, weil das Empfangsbekenntnis dieselbe Bedeutung hat wie die Zustellungsurkunde: es erbringt Beweis für die Entgegennahme des bezeichneten Schriftstücks als zugestellt und für den Zeitpunkt dieser Entgegennahme (Zustellung, BGH NJW 90, 2125 u VersR 94, 371; BVerwG aaO). Ein äußerer Mangel, der die Beweisregeln des §§ 415–418 ausschließt, nimmt dem Empfangsbekenntnis nicht schlechthin jede Beweiskraft (BGH NJW 88, 60 [62]); nach freier Überzeugung entscheidet das Gericht (§§ 419, 286) über den Zustellungszeitpunkt, wenn das Empfangsdatum überstempelt und daher nicht eindeutig ist (BGH NJW 92, 512). Der Gegenbeweis der Unrichtigkeit der Angaben ist zulässig (BGH 35, 236 [238, 239] = NJW 61, 575; BGH NJW 87, 325 u 1335 sowie MDR 91, 33 = NJW 90, 2125 mwN). Dafür genügt allein die Möglichkeit der Unrichtigkeit nicht; es muß die Beweiswirkung des § 198 vollständig entkräftet, jede Möglichkeit der Richtigkeit der Empfangsbestätigung somit ausgeschlossen werden (BGH 16, 217 [227]; BGH NJW 90, 2125 u VersR 94, 371); an den Gegenbeweis werden damit strenge Anforderungen gestellt (BGH FamRZ 95, 799).

16 V) Eine **Zustellungsbescheinigung** hat der zustellende Anwalt (nur) auf Verlangen zu erteilen (Abs 2 S 2). Zweck und Inhalt: wie Anm zu § 213a. Die Zustellung ist auch wirksam, wenn diese Bescheinigung nicht (oder nicht mit richtigem Inhalt) ausgestellt wird (BGH 31, 32 [34]).

199

[Zustellung im Ausland]

Eine im Ausland zu bewirkende Zustellung erfolgt mittels Ersuchens der zuständigen Behörde des fremden Staates oder des in diesem Staate residierenden Konsuls oder Gesandten des Bundes.

Lit: *Geimer* RabelsZ 57 (1993), 749; *Kondring,* Die Heilung von Zustellungsfehlern im internationalen Zivilrechtsverkehr, 1995; *Mansel* EuZW 96, 335; *Merkt,* Abwehr der Zustellung von „punitive damages"-Klagen, 1995; *Nagel,* Nationale u internationale Rechtshilfe, 1971; *Pfennig,* Die internationale Zustellung, 1988; *Pfeil-Kammerer,* Dt-amerik Rechtshilfeverkehr in Zivilsachen, 1987; *Schlosser,* EuGVÜ/HZÜ, 1996; *Siegrist,* Hoheitsakte auf fremdem Staatsgebiet, 1987; *Stürner* JZ 92, 326; *Vollkommer* ZZP 80 (1967), 248; *Wiehe,* Zustellungen, Zustellungsmängel und Urteilsanerkennung am Beispiel fiktiver Inlandszustellungen in Deutschland, Frankreich und den USA, 1993; weitere Lit vor IZPR, § 328 u § 363. – Vgl auch die Kommentare zu §§ 88 II, 97 GBO, § 14 VwZG, §§ 117, 123 AO, § 208 BEG, wo die gleichen Fragenkomplexe parallel diskutiert werden. Das gleiche gilt für das GWB.

I) Überblick

1 Die ZPO verlangt in Verf vor den staatl Gerichten – anders als in Verf vor Schiedsgerichten, wo Übersendung per **Einschreiben mit Rückschein** genügt (Schütze RV 134; Schütze/Tscherning/Wais Rn 595; s § 1034 Rn 68) – auch dann die **förml beurkundete Zustellung** (§ 202 II), wenn eine Zustellung im Ausland erforderl wird. Das dt Gericht darf auch in „Auslandsfällen" auf den urkundl Nachweis nicht verzichten. Dies ist durch Art 103 I GG nicht geboten (danach wären auch andere Beweismittel für den – rechtzeitigen – Zugang der Klage/Antragsschrift ausreichend), aber geltendes Recht, Pfeil-Kammerer 154. Rechtsvergleichend Mössle 230, 253.

2 **Auf einen Zustellungsnachweis kommt es nicht an**, wenn der Bekl am dt Verf teilnimmt oder sich auch nur in einer Form „gemeldet" hat, aus der zur Überzeugung des Gerichts zweifelsfrei hervorgeht, daß der Bekl/Gegner die Klage bzw verfahrenseinleitende Antragsschrift erhalten hat. Das dt Gericht darf Versäumnisurteil oder eine Entscheidung nach Lage der Akten erst erlassen, wenn Bekl/Antragsgegner ordnungsgemäß und rechtzeitig geladen war, § 335 I Nr 2, Art 20 II GVÜ, Art 15 I HZÜ, Art 17 I dt-tunes Vertrag, Art 9 I dt-marokk Vertr. Ansonsten Vertagung, § 337. Wichtig auch § 339 II (individuelle Fristbestimmung) Rn 23.

3 Da die förml Zustellung (= förml Übergabe des zuzustellenden Schriftstücks durch Amtsperson, Rn 1) ein **staatl Hoheitsakt** (Nachw Wiehe 96) ist – anders das common law-System, das Zustellung durch Privatpersonen kennt, Pfeil-Kammerer 24, 62 Fn 16, 79 –, dürfen dt Zustellungsorgane auf dem Territorium eines auswärtigen Staates nicht tätig werden (§ 363 Rn 1), es sei denn, es geschieht mit dessen Zustimmung (Beispiel: Zustellung durch den dt Konsul). Die Übermittlung einer Ladung (vgl auch § 363 Rn 5), eines Schriftsatzes, zB einer Streitverkündung (Koch in Habscheid, Justizkonflikt, 1986, 127), oder einer gerichtl Entscheidung durch **schlichten Postbrief** ist keine Verletzung der Souveränität des ausl Staates (in dem der Empfänger sich aufhält); denn der dt Hoheitsakt wird in Deutschland vollzogen: Dort ergeht die Ladung bzw wird das Urteil oder der Beschluß erlassen. Die Übersendung ins Ausland auf dem Postwege dient ledigl der **Benachrichtigung** (über einen im Inland vollzogenen Hoheitsakt), vgl § 175, § 23 AusfG dt-österr Konkursvertrag (BGBl 1985 I 538); Geimer IZPR Rn 416; Roth IPRax 90, 93 Fn 61; w Nachw bei Gottwald FS Habscheid (1989) 123; Stürner bei Habscheid, Justizkonflikt 21; Linke IZPR Rn 219; Mössle 254, 323; Stadler 285 Fn 72 differenzierend, ob zugestelltes Schriftstück bloße Mitteilungs- bzw Hinweisfunktion hat oder sanktionsbewehrt (subpoena) ist. Skeptisch Wiehe 100. Näher Geimer IZPR Rn 2083.

4 Nach den Haager Übereinkommen (Rn 46) ist die **Zustellung durch die Post** (Rn 67) grundsätzl zulässig, Art 6 Nr 1 HZPÜ, Art 10 Buchst a HZÜ. Die Postzustellung wird auch von den meisten Vertragsstaaten geduldet, vgl Zusammenstellung zu § 31 des österr Rechtshilfeerlasses (RHE 1986) für Zivilrechtssachen, bei Loewe, Zwischenstaatl Rechtsverkehr in Zivilrechtssachen, 1984, 50 samt Nachtrag, 1987, 37. Art 6 II HZPÜ und Art 21 II HZÜ geben jedoch ein WiderspruchsR, von dem Deutschland und ua die Schweiz Gebrauch gemacht haben. Die Postzustellung „nach außen", also in Vertragsstaaten, die nicht widersprochen haben, ist mithin völkerrechtl zulässig, Geimer IZPR Rn 418; Schack IZVR Rn 593, 608; EuGH Slg 1972, 826. Die dt Praxis legt jedoch – innerstaatl – den dt Vorbehalt gegen Postzustellung „allseitig" aus und verweist darauf, daß die ZPO – anders als § 37 II StPO – Zustellung an Adressaten im Ausland durch die

Post nicht zuläßt, auch wenn der Staat, in dem der Empfänger sich aufhält, gegen diese Art der Übermittlung – außerhalb seiner Rechtshilfekanäle – nichts einzuwenden hat. Übersicht über die Staaten, die in der Postzustellung (für gerichtl Ladungen, Verfügungen und Entscheidungen ausländischer Gerichte) keine Verletzung ihrer Justizhoheit sehen, bei Karl in Bülow/Böckstiegel/Geimer/Schütze 664 zu Art 5 II Nr 1 des dt-span Vertr. Anders ist es jedoch im **Anwendungsbereich des deutsch-britischen Abkommens** von 1928, das gegenüber dem HZÜ Vorrang hat (Art 24 HZÜ); Art 6 dieses Abk läßt als lex specialis zu § 199 ZPO die Postzustellung zu (anders im umgekehrten Verhältnis V.K.-Deutschland Frankfurt/M. RIW 91, 587).

Das VölkergewohnheitsR verpflichtet die Staaten nicht, einander Rechtshilfe bei der Durchführung von Zustellungen zu leisten, § 363 Rn 2; Nagel Rechtshilfe 65. Vgl Rn 45. Wirkt der ausl Staat bei der Zustellung nicht mit, dann verbleibt nach der Konzeption der ZPO nur die **öffentl Zustellung**, § 203 II. Dies bedeutet aber in den meisten Fällen, daß der Zustellungsadressat von der Zustellung keine Kenntnis erlangt. Art 103 I GG gebietet dem dt Gericht, alle Möglichkeiten von Amts wegen auszuschöpfen, damit der Zustellungsempfänger auch tatsächl Kenntnis von dem zuzustellenden Schriftstück erlangt. Vgl auch BVerfG NJW 88, 2361. Neben der öffentl Zustellung (§ 203 II) muß das Gericht (mit Zustimmung der Prüfungsstelle, arg Art 32 I GG, Rn 35), ersatzweise der Kläger/Antragsteller, deshalb auch das zuzustellende Schriftstück auf dem Postwege (Einschreiben mit Rückschein) – gegebenenfalls mit Luftpost – ins Ausland versenden, Geimer IZPR Rn 2087. Mißglückt auch die Übermittlung auf dem Postwege und ist auch eine sonstige Kontaktaufnahme per Telefon, Telefax oder Telex nicht mögl, so ist in den Fällen des § 203 ein **Verfahrenspfleger** zu bestellen, Geimer NJW 74, 1631. – Zum Spannungsverhältnis zwischen Art 32 I (Rn 39) und Art 103 I GG Geimer NJW 89, 2177, 2205. – Der Beklagte hat – aus menschenrechtl Sicht – sogar einen **völkerrechtl Anspruch auf Gewährung rechtl Gehörs**. Dies ist die Kehrseite seiner Gerichtspflichtigkeit im Inland. Ähnl Wengler IPR (= RGRK), 1980, § 14a 1 nach Fn 22. Den gleichen Anspruch hat auch der Heimat- bzw Aufenthaltsstaat des Bekl, Geimer IZPR Rn 131, 132, 1909; s aber auch Geimer BerDGVR 33 (1994), 237. 5

Rechtsvergleichend ist zu bemerken, daß das dt Recht (§§ 199 ff) – zu Lasten des Klägers (was die Vertreter der remise au parquet-Länder hervorheben, vgl dt Denkschr zu Haager Zustellungsübereinkommen, Rn 46) – die Belange des Zustellungsempfängers wesentl besser schützt als das französische Recht, das das Institut der **remise au parquet** (Wiehe 52)entwickelt hat. Hierzu Geimer IZPR Rn 2093. 6

Die umständl Zustellung gemäß § 199 ist – im Hinblick auf §§ 175, 276 I 3 und § 34 II AVAG – nur erforderl für die **Verfahrenseinleitung**, aber nicht mehr – wie vor dem 1. 4. 1991 – für die Zustellung von **Versäumnisurteilen, die im schriftl Verf erlassen worden sind** (§ 331 III), Rn 22. Eine solche Reduzierung der Notwendigkeit der Auslandszustellung ist – im Interesse des Justizgewährungsanspruchs des Klägers und im Interesse eines ordnungsgemäßen Funktionierens der Justiz – dringend geboten. Es ließe sich kein Prozeß mehr ordnungsgemäß durchführen, wenn für jede Mitteilung an den Zustellungsadressaten der Weg nach § 199 vorgeschrieben wäre. 7

Deutschland hat einen Vorbehalt gemäß Art 15 II HZÜ erst am 19. 11. 1992 erklärt, BGBl 1993 II 704. Gleichwohl war schon vorher aus völkerrechtl (Geimer IZPR Rn 1910) als auch aus verfassungsrechtl Perspektive (Verbot der Justizverweigerung) die Frage der Toleranzgrenze zu stellen, Rn 11, Geimer NJW 89, 2204; Geimer IZPR Rn 1929; Karl in Bülow/Böckstiegel/Geimer/Schütze 664. 8

Nach Art 16 HZÜ (Rn 45b) kann die (tatsächl) **Verweigerung des rechtl Gehörs** durch fehlgeschlagene Auslandszustellung im Wege der **Wiedereinsetzung in den vorigen Stand** beseitigt werden, Geimer IZPR Rn 229. 9

Die staatsvertragl Regelungen über Auslandszustellungen gehen vor, soweit sie nach ihrem Regelungsgegenstand in das nationale Recht eingreifen bzw dieses überlagern wie zB Art 15 HZÜ. Die Haager Übereinkommen wollten aber im übrigen das nationale ZustellungsR, insb die remise au parquet, unberührt lassen, Geimer IZPR Rn 2080. Dieses bestimmt autonom, ob eine Auslandszustellung (Rn 14) notwendig ist oder ob (fiktive) Inlandszustellung genügt, Rn 48. Dies gilt auch für prozeßeinleitende Schriftstücke, Rn 7, 21 (bestr). 10

Scheitert die Zustellung im/ins Ausland, dann ist **öffentl Zustellung** (ausführl Wiehe 23) geboten, § 203 II (Rn 5). Maßgebend ist die **Feststellung der Justizverwaltung** (§ 9 ZRHO), Frankf RIW 88, 133 = IPRspr 87/20 = IPRax 90, 43; Köln RIW 88, 301 = IPRax 87, 233 (Mansel 210) = IPRspr 87/140. Keineswegs darf deshalb die Gewährung des Rechtsschutzes durch die dt Gerichte mit der Begründung verweigert werden, der Kläger solle sich an die ausl Gerichte wenden, Köln FamRZ 85, 1278 = EWiR 86, 205 (Geimer). Vorstehendes gilt auch bei überlanger Dauer des ausl Rechtshilfewegs, da zu dem vom GG gewährleisteten Justizgewährungsanspruch auch gehört, daß Rechtsschutz „in angemessener Zeit erlangt werden kann" (effektiver Rechtsschutz, BGH NJW 89, 1477), Rn 8. – Zur „Misere" bei Auslandszustellungen s auch Schütze in Gilles, Effiziente Rechtsverfolgung, 1987, 72. 11

12 Will der **Zustellungsadressat unerreichbar** sein (indem er seine Anschrift verheimlicht), so hat er sich die durch das Scheitern der Zustellung bedingte Beeinträchtigung seines rechtl Gehörs selbst zuzuschreiben, LG Kiel SchlHA 83, 165 = IPRspr 83/162, Nachw bei Geimer IZPR Rn 2104. S auch § 328 Rn 141 aE.

13 Über das Zustellungsverfahren entscheidet auch bei ausl Sachstatut allein die **deutsche lex fori:** Ist zB in der Sache franz Recht anzuwenden, so kann das dt Gericht gleichwohl nicht durch remise au parquet zustellen.

14 Ob ausl Rechtshilfe in Anspruch genommen werden soll, ist nach autonomem dt Recht zu beurteilen, München IPRax 90, 111 (Roth 90) = IPRspr 88/176. Die **Zustellungsverträge** (Rn 45) regeln nur das **Wie** (Übermittlungswege, Zustellungsverf nach der lex fori bzw in „besonderen Formen"), falls Zustellung im Ausland nach autonomem dt Recht erforderl, begründen aber **keine völkerrechtl Verpflichtung**, die dort festgelegten Übermittlungswege in Anspruch zu nehmen, falls der Zustellungsempfänger im Ausland wohnt/sich aufhält, aber „Inlandszustellung" mögl ist, Rn 19, 48, Oldenburg RIW 91, 950. US Supreme Court, Volkswagen v Schlunk, krit zit bei Heidenberger RIW 88, 683 u Klaus Mössle 235; Braun 107; Roth IPRax 90, 92 Fn 41. AA Koch IPRax 89, 313; Schlosser EuGVÜ/HZÜ Art 1 Rn 7; Stürner JZ 92, 327. – Nachw bei Wiehe 30.

15 **Wo zuzustellen ist,** am Heimatort/Aufenthaltsort oder im Geschäftslokal (§§ 183, 184), **bestimmt das dt Recht.** So ist Auslandszustellung nicht erforderl, wenn der Bekl eine **Zweitwohnung,** §§ 181, 182, Köln RIW 89, 814 = NJW-RR 89, 443 = IPRspr 88/175, oder ein **Geschäftslokal** im Inland (Düsseldorf MDR 78, 930) hat oder bereits einen inländischen RA oder Zustellungsbevollmächtigten bestellt hat (BGH RIW 89, 481; maßgebl Zeitpunkt: Hamburg RR 88, 1277 = IPRspr 87/170) oder sich der Zustellungsadressat (zufällig) im Inland aufhält, § 180. GV darf Zustellung nicht unter Hinweis auf § 27 GVGA verweigern; ansonsten Amtshaftung (Art 34 GG, § 839 BGB). Im Fall des § 21 ist Auslandszustellung nicht erforderl; es genügt Zustellung an inländische Zweigniederlassung, zB Zustellung an ausl Luftverkehrsgesellschaft in deren inländischer Niederlassung, LG Frankfurt RIW 87, 221, Wiehe 10. Im übrigen ist im dt Recht – anders als in USA (Klaus Mössle 237, Vorpeil RIW 91, 1000) – ein **„Zustellungsdurchgriff"** unzulässig, wie zB Zustellung an 100%ige inländische Tochtergesellschaft für ausl Mutter. Anders Klaus Mössle 252 mit der vor allem aus der Perspektive des Art 103 GG einleuchtenden Erwägung, die Bekanntgabe an die Tochtergesellschaft sei einer fiktiven Zustellung vorzuziehen. – Bei **Zustellung an sich nur vorübergehend im Inland aufhaltenden Adressaten** (§ 180) ist Beifügung einer Übersetzung in die Adressatensprache analog Art 5 III HZÜ, Art 48 GVÜ nicht erforderl. Eine solche **Privilegierung von „Durchreisenden"** ist nicht gesetzeskonform, auch nicht durch Art 103 I GG geboten. Gerichtssprache ist – auch für Ausländer – Deutsch, Geimer IZPR Rn 2109. AA Koch in Schlosser, Materielles Recht u ProzeßR, 1992, 203. – An **in Deutschland wohnhafte Ausländer** kann auch während eines längeren Heimaturlaubs am Wohnsitz im Inland zugestellt werden, BSG NJW 92, 3120. Zum zustellungsrechtl Begriff der **Wohnung bei längerer Abwesenheit** des Zustellungsadressaten Wiehe 12.

16 **Die Parteien können § 199** – zB in Zusammenhang mit einer Zuständigkeitsvereinbarung – **abbedingen** und durch andere Mitteilungsform ersetzen, die ebenfalls geeignet ist, das rechtl Gehör des Zustellungsadressaten zu gewährleisten, zB Einschreiben mit/ohne Rückschein. Daran ist das Gericht – auch für die von Amts wegen vorzunehmenden Zustellungen, § 270 – gebunden, wohl auch Schlosser EuGVÜ/HZÜ Art 1 Rn 18. Dagegen kann man nicht mit dem hoheitl Charakter der Zustellung argumentieren, aA Hess RIW 89, 258 Fn 91; denn der Bekl kann auf den Schutz des § 199 verzichten. – Einen **ex ante-Verzicht** hält dagegen Wiehe 132 unter Hinweis auf § 295 für unwirksam.

17 **Zustellungsmängel werden auch im internationalen Rechtsverkehr nach § 187 geheilt,** § 187 Rn 1; Geimer NJW 72, 1624; Kondring 183 ff, 400; Linke IZPR Rn 239; Schack IZVR Rn 618; Schütze/Tscherning/Wais Rn 596 Fn 183. Im Ergebnis übereinstimmend BGH RzW 79, 186 = IPRspr 78/152, der § 295 anwendet; Hamm FamRZ 88, 1292 = IPRspr 88/172. Vgl auch BGH NJW 89, 1154 = IPRspr 88/178. AA BGH NJW 72, 1004 = IPRspr 72/151; Hamm RIW 96, 156. Offengelassen von BGH RIW 89, 481 u LG Frankfurt RIW 89, 486 = NJW 90, 652 = IPRax 90, 177 (Roth). – Ausführl zur Heilung nach § 187 und § 295 Wiehe 132 ff.

18 Im **Mahnverfahren** ist Zustellung ins Ausland unzulässig, § 688 III mit Ausnahme des GVÜ- u UVÜ-Bereichs sowie im Verhältnis zu Israel, Norwegen und Spanien, §§ 34, 35 AVAG (Anh II).

18a **Zustellung an Dritte:** § 199 gilt auch für Zustellungen an Dritte (= Nicht-Parteien), zB Streitverkündungsempfänger, Zeugen, Sachverständige etc. Die dt lex fori befindet darüber, ob förml Zustellung erforderl, vgl § 363 Rn 5. – Eine **öffentl Zustellung an eine Nicht-Partei** ist nach hM unzulässig, Rn 49.

18b **Umgehung der §§ 199, 271 durch „formlose Anfrage"** beim Bekl, ob er einen Zustellungsbevollmächtigten im Inland bestellen wolle, sehr problematisch, Geimer NJW 91, 1432 sub 6.

Solange keine ordnungsgemäße Zustellung erfolgt ist, ist – außer in den Fällen des § 187 (Rn 17) – keine Rechtshängigkeit eingetreten, daher darf keine Sachentscheidung ergehen. Bei Verstoß Aufhebung durch BerufungsG, § 539, Hamm RIW 96, 157. **18c**

II) Fiktive Inlandszustellung gemäß §§ 175, 276 I 3 und § 34 III 3 AVAG

Die Zustellung im Ausland ist entbehrl, wo gemäß § 175 die Zustellung an im Ausland befindl Adressaten im Inland durch Aufgabe der Sendung zur Post bewirkt werden kann, also regelmäßig in einem bereits rechtshängigen Verf (Rn 7, 21); das gleiche gilt in den Fällen der §§ 829 III 4, 835 III. § 77 KO, § 118 VerglO. S auch § 5 RADG. Entbehrl ist Zustellung im Ausland auch in den Fällen der §§ 841, 844 II, 875 II. **19**

Anders als § 34 III 2 AVAG verlangt § 175 I 2 nicht, daß der Zustellungsadressat auf seine Obliegenheit, einen Zustellungsbevollmächtigten im Inland zu bestellen, hingewiesen worden ist. Ein solcher **Hinweis** – als Voraussetzung der Wirksamkeit der Zustellung – ist aber durch Art 103 I GG zwingend geboten, Hausmann IPRax 88, 143 Fn 33, jedoch nur, wenn verfahrenseinleitendes Schriftstück nach § 199 ins Ausland zuzustellen war, also nicht, wenn bereits wirksam im Inland zugestellt ist u erst dann Umzug ins Ausland erfolgte (Beispiel: § 175 Rn 2). **20**

Die **Zustellung der Klage/Antragsschrift** an einen im Ausland lebenden Beklagten durch Aufgabe zur Post (§§ 174 II, 175 I) ist fehlerhaft. Eine solche Zustellung setzt voraus, daß die im Ausland wohnende Partei keinen Zustellungsbevollm bestellt hat, obwohl sie dazu gem § 174 II verpflichtet war, § 175 I 2, München RIW 89, 57 = IPRax 88, 164 (Hausmann 140) = IPRspr 87/142. Eine solche **Prozeßförderungspflicht** besteht aber erst nach Rechtshängigkeit, also nach rechtswirksamer Zustellung der Klage/Antragsschrift bzw des Mahnbescheides (Rn 18). Vorher ist nach §§ 199 ff zu verfahren (Ausnahme Rn 16). Vgl auch BGH RIW 93, 594. Das gleiche gilt im **Adhäsionsprozeß,** wenn – nach ordnungsgem Zustellung der öffentl Klage (Anklage vgl § 37 II StPO) – die Zivilklage erst während des Strafprozesses erhoben wird (§ 404 II u III StPO). Soweit Zustellung erforderl (§ 404 II 3 StPO), erfolgt Zustellung nach § 37 II StPO, der – entgegen § 199 ZPO (Rn 4) – Postzustellung zuläßt. Vgl Geimer IZPR Rn 2077. **21**

Zustellung des Urteils, auch Versäumnisurteils, durch Aufgabe zur Post gemäß § 175 I 2 zulässig, Köln MDR 86, 244; und zwar auch im Anwendungsbereich der bi- und multilateralen Verträge (Rn 45). Diese regeln nur die Art und Weise der Zustellung, nicht jedoch die Frage, wann eine Zustellung im Ausland erforderl ist, Rn 14. Vor dem 1. 4. 1991 (nunmehr ist § 175 nach Maßgabe von § 276 I 3 anzuwenden) galt eine Ausnahme für **Versäumnisurteile im schriftl Verfahren** (§ 331 III), Linke IZPR Rn 223; Roth IPRax 90, 91 Fn 21. – Auch **Vollstreckungsbescheide** können nach § 175 zugestellt werden, § 34 III 3 AVAG, Linke IZPR Rn 224. – Für die **Betragsfestsetzung** beim Regelunterhalt s § 642a II. **22**

Die Zustellung durch Aufgabe zur Post ist nach der Fiktion des § 175 **reine Inlandszustellung.** § 339 II kommt nach hM deshalb – bei Versäumnisurteilen auf Grund mündl Verhandlung – nicht zur Anwendung, München Rpfleger 83, 75 = IPRspr 82/166, München IPRax 90, 111 (Roth 90), Köln MDR 86, 244; vgl auch LG Frankfurt NJW 76, 1597 = RIW 77, 292; BGHZ 98, 263 = NJW 87, 592; BGH NJW 92, 1701 = RIW 92, 398 = MDR 92, 515 = IPRspr 91/192. Kritisch Geimer IZPR Rn 2116; Gottwald in Habscheid/Beys, Grundfragen des ZPR, 1991, 3,28. Die **Rechtsmittel- bzw Rechtsbehelfsfristen** laufen nach hM ab Aufgabe zur Post, ohne Rücksicht darauf, daß eine **realistische Chance auf (rechtzeitigen) Zugang beim Empfänger** besteht, ja selbst dann, wenn **Sendung als unzustellbar zurückkommt,** München DR 1940, 991 (Schönke); KG JW 36, 1689 (Maßfeller). **Doch gebietet Art 103 I GG** (Rn 20), **die Fristen richterlich analog § 274 III 3, § 339 II zu bestimmen,** Rn 20. AA BGH RIW 92, 398, der nur Wiedereinsetzung unter den allgem Voraussetzungen (§ 233) geben will. S auch BGH FamRZ 89, 1287 = IPRspr 89/203 sowie § 175 Rn 2. **23**

§ 175 I 2 gilt auch für die anschließende **Zwangsvollstreckung,** § 178, nicht jedoch für (selbständige) Annexverf, wie zB § 642a. Denn das Verf zur Festsetzung des Regelunterhalts knüpft zwar an den vorausgegangenen Unterhaltsprozeß an, wird aber erst durch einen selbständigen Antrag in Gang gesetzt, LG Aachen Rpfleger 83, 74. **24**

Ausführung der Zustellung durch Aufgabe zur Post: BGHZ 73, 388 = MDR 79, 750 = RIW 714, Köln MDR 86, 244 = FamRZ 85, 1278. Kritisch auch Hausmann IPRax 88, 143 Fn 33. **25**

Zur **Fristwahrung** (zB § 929 II und III 2) genügt **Einreichung des Zustellungsgesuchs** beim Vorsitzenden, §§ 202 I, 207. Die **Rückwirkungsfiktion** soll auch dann eingreifen, wenn Auslandszustellung vom Gericht verzögert wurde, Hamburg NJW-RR 88, 1277, § 270 Rn 6. – Anders Köln RR 87, 851, wenn Zustellungsadressat seinen Wohnsitz vom Ausland ins Inland verlegt. Vgl auch LG Frankfurt RIW 89, 484 (unzulässige Zustellung nach § 175) und Schleswig NJW 88, 3104 (Verspätung, weil Gläubiger förml Zustellung [hilfsw] zu beantragen versäumt hatte). **26**

III) Internationale Entscheidungsharmonie – Gefahr der Nichtanerkennung der deutschen Entscheidungen im Ausland

27 Die **Zustellungsfiktion des § 175** – vor allem aber der mit Art 103 GG kaum zu vereinbarende Standpunkt der Rspr (Rn 23) zur Frage der Rechtsmittel- und Rechtsbehelfsfristen (da es sich um eine „Inlandszustellung" handelt, gewährt man schlicht und einfach nur die Fristen für „Inlandsfälle") – **gefährdet die internationale Entscheidungsharmonie,** da die Gefahr besteht, daß das dt Urteil im Ausland nicht anerkannt werden wird. Zurückhaltend jedoch gegenüber § 175 das Schweizer BG, BGE 102 Ia 308; 103 Ia 199; 105 Ib 45; zustimmend Egli RIW 91, 983.

28 Will die interessierte Partei (idR der Kläger/Antragsteller) das **Risiko der Nichtanerkennung der dt Entscheidung** möglichst vermeiden, dann ist auf ihren Antrag zusätzl nach § 199 zuzustellen, auch wenn die Voraussetzungen des § 175 gegeben sind, Geimer IZPR Rn 68, Linke IZPR Rn 227; Schlosser FS Stiefel (1987) 692; Schack IZVR Rn 614; LG Berlin NJW 89, 1434. Enger München IPRax 88, 163 (Hausmann 144). Dagegen Wiehe 32. Wird kumulativ nach § 175 und § 199 zugestellt, so fragt sich, ob man die Rechtsmittelfristen noch nicht ab dem in § 175 bestimmten Zeitpunkt beginnen lassen soll. Diese Lösung hätte den Nachteil, daß unklar bleibt, wann dann die Frist beginnen soll, wenn die Zustellung nach § 199 scheitert. Daher ist es wohl besser, die Rechtsmittelfristen individuell (richterl) analog § 274 III 3, 339 II zu bestimmen, Schlosser FS Stiefel (1987) 693; Hausmann IPRax 88, 146; Roth IPRax 90, 92; enger Linke IZPR Rn 228 (gegen analoge Anwendung des § 339 II).

29 **Weder das Gericht noch die Geschäftsstelle hat ein Ermessen.** Es muß – ohne Antrag der interessierten Partei – nach § 175 verfahren werden, Geimer IZPR Rn 2122. – S aber auch § 175 Rn 2. **Der Anspruch auf Justizgewährung hat Vorrang,** Geimer IZPR Rn 68, 1929, 1937, 2123; Geimer NJW 89, 2204. AA Wiehe 28. Der Kläger kann zB an einer schnellen Entscheidung interessiert sein, weil er nur so Zugriff auf im Inland belegenes Vermögen erlangen kann. Ausführl 17. Aufl.

30–32 Einstweilen frei.

IV) Verfahren nach § 199

33 Die Zustellung im Ausland erfolgt bei Zustellung im **Amtsbetrieb** auf Veranlassung des Vorsitzenden, ohne daß es eines besonderen Antrags des Klägers bedarf, §§ 270, 199, 202, bei Zustellung im **Parteibetrieb** (Rn 3 vor § 166) auf Grund eines von der Partei an den Vorsitzenden des Prozeßgerichts (§ 202) gerichteten Antrags, der nicht dem Anwaltszwang (§ 78) unterliegt (RG 17, 392). Gegen Abweisung des Antrages einfache Beschwerde, § 567. – Im Zwangsvollstreckungsverf, zB Zustellung eines Pfändungs- und Überweisungsbeschlusses (§§ 828, 829, 835), ist der **Vollstreckungsrichter** bzw der Rechtspfleger für Anordnung der Auslandszustellung zuständig, Danzig IPRspr 35-44/688; Wiehe 27.

34 Den Zustellungsempfänger bestimmt das Gericht in **richterl Unabhängigkeit.** Insoweit kann die Justizverwaltung keine Weisungen geben, allenfalls bei offensichtl Irrtümern Hinweise.

35 Der Vorsitzende sendet das Zustellungsersuchen – ggf mit Begleitschrift (§§ 24, 25 ZRHO) – an die Prüfungsstelle, §§ 9, 28 ZRHO, und zwar auch, wenn der „unmittelbare Verkehr" (der Justizbehörden) vereinbart ist, Wiehe 37. Diese hat festzustellen, ob die Bestimmungen der einschlägigen Staatsverträge und der ZRHO beachtet sind. Ist anzunehmen, daß ein fremder Staat die Durchführung eines dt Gerichtsaktes als Eingriff in seine Hoheitsrechte betrachten wird (Zustellung einer Klage gegen den fremden Staat, Zustellung von Pfändungs- und Überweisungsbeschlüssen an einen Drittschuldner, die sich gegen ausländisches, nicht der deutschen Zwangsgewalt unterworfenes Vermögen richten), ist der Landesjustizverwaltung zu berichten, § 28 II ZRHO. Die Prüfungsstelle leitet das Ersuchen nach Prüfung, gegebenenfalls nach Behebung von Mängeln weiter, § 29 ZRHO. – Die Einschaltung der Prüfungsstellen ist **keine Verletzung der richterl Unabhängigkeit,** Art 97 I GG, da diese durch Art 32 I GG eingeschränkt ist, Geimer RabelsZ 57 (1993), 750. Die Prüfungsstellen der Länder nehmen – kraft Delegation des Bundes durch ZRHO. – **Aufgaben des Bundes** wahr, Wiehe 38, Geimer IZPR Rn 2126, und zwar nicht als eigene Angelegenheiten (Art 84 I GG). AA Kondring 78. – Wenn die Justizverwaltung die Weiterleitung eines Zustellungsersuchens abgelehnt hat, so darf das Gericht diese Entscheidung nicht durch (zusätzl) **Benachrichtigung auf dem Postweg** unterlaufen. Sie bedarf vielmehr auch für die **postalische Mitteilung** der **Zustimmung der Justizverwaltung,** Geimer NJW 91, 1432, Wiehe 40.

36 Das Gericht stellt entweder **a)** Antrag auf **formlose Zustellung** (remise volontaire ou amiable), auf Grund deren die Zustellung durch einfache Übergabe des Schriftstücks an den Empfänger bewirkt werden soll, sofern er zur Annahme bereit ist, § 5 Nr 1a ZRHO, Art 2 S 2 HZPÜ, Art 5 II HZÜ oder **b)** Antrag auf **förmliche Zustellung,** auf Grund deren die Zustellung entweder in der Form, die durch die Gesetzgebung des ersuchten Staates für eine gleichartige Zustellung vorge-

schrieben ist, oder in einer besonderen Form bewirkt werden soll, die das ersuchende dt Gericht gewünscht hat, § 5 Nr 1b ZRHO, Art 3 II 1 HZPÜ, Art 5 I HZÜ. – S auch Wiehe 43.

Im **vertragslosen Verkehr** kommt nur eine formlose Zustellung in Betracht, im vertragl geregelten Verkehr (Rn 45) ist im Zustellungsersuchen anzugeben, ob formlose oder förmliche Zustellung verlangt wird und gegebenenfalls ob die förmliche Zustellung nach dem Zustellungsrecht des ersuchten Staates oder in besonderen Formen erfolgen soll, § 32 III ZRHO. 37

Eine **förmliche Zustellung** (auch gegen den Willen des Zustellungsadressaten) kommt nur durch **Einschaltung der ausl Rechtshilfeinstanzen** (= der Behörden des ersuchten Staates) in Betracht (aktive Rechtshilfe); sie ist **nicht möglich im Wege der Zustellung durch die deutschen Auslandsbehörden.** Diese können nur formlos zustellen, § 13 I ZRHO. Ausführl Hoffmann, KonsularG, 1987, § 16 KonsularG, Anm 3.2. Aber auch diese formlose Zustellung ist eine vollgültige Zustellung im Sinne der ZPO. Sie wird durch das Zustellungszeugnis der ersuchten Auslandsvertretung nachgewiesen, § 16 KonsularG, § 202 StJ/Schumann Rn 86. Die Auslandsvertretung bezeugt nur die Tatsache, daß die Zustellung bewirkt worden ist; das Zustellungszeugnis enthält jedoch keine Angabe darüber, auf welchem Wege die Zustellung durchgeführt worden ist. Dies hat das ersuchende Gericht nicht nachzuprüfen, Rn 43. Zur Auswahl der im konkreten Fall geeigneten Zustellungsform Schleswig NJW 88, 3104; Pfennig NJW 89, 2172; Schlosser EuGVÜ/HZÜ Art 3 Rn 3. 38

Übersetzung des zuzustellenden Schriftstücks in die Amtssprache des um Zustellung ersuchten ausländischen Staates (nicht Sprache, deren der Zustellungsadressat präsumptiv kundig ist) sieht das autonome dt Recht nicht vor, auch nicht bei Zustellung des Urteils nach § 175; ebenso keine Rechtsmittelbelehrung, BGH FamRZ 96, 347. Dagegen verlangen Art 5 III HZÜ, Art 3 II HZPÜ) und die bilateralen Rechtshilfeverträge eine Übersetzung, allerdings nur für förmliche Zustellungen. Bei formloser Zustellung geht man davon aus, daß sich der Empfänger zur Annahme des fremdsprachigen Schriftstückes nur entschließen wird, wenn er dessen Inhalt versteht oder bereit und in der Lage ist, sich eine Übersetzung zu verschaffen, BGH NJW 91, 641 = RIW 90, 1010; Koblenz RIW 91, 668; Braun 109; Kondring 214, 243, 277; Wiehe 34. 38a

Die **Anordnung der Auslandszustellung erfolgt in richterlicher Unabhängigkeit** (Art 97 GG); s auch § 363 Rn 7. Die Ausführung berührt die **Pflege der auswärtigen Beziehungen,** für die der Bund zuständig ist, Art 32 I GG, § 363 Rn 7 und 92. Der Bund hat seine Befugnisse auf die Länder übertragen. Diese üben sie **im Auftrag des Bundes** (Geimer IZPR Rn 263, 2116, 2152) aus, nicht als eigene Angelegenheiten (Art 84 I GG). AA Kondring 78. Die **Ausführung der Zustellung ist Angelegenheit der Justizverwaltung (JV),** gehört also nicht zum Bereich der Rspr (Art 92 GG), § 363 Rn 92; Pfeil-Kammerer 89 Fn 60; Pfennig 47; Geimer NJW 89, 2177, 2205 sowie NJW 91, 1431; Kondring 78. Kritisch Linke IZPR Rn 459. Vgl auch § 16 II 1 FGG: Danach kann durch die LJV – abweichend von § 199 – „eine einfachere Art der Zustellung angeordnet werden". – Man muß aber klar sehen, daß der aus Art 32 I GG abgeleitete Anspruch auf Kontrolle des Zustellverkehrs mit dem Ausland von vorneherein scheitert in den Fällen des § 175 und überall dort, wo Aufgabe zur Post zugelassen ist. 39

Die Justizverwaltung ist berechtigt, die Weiterleitung des Rechtshilfeersuchens abzulehnen, wenn diese keinen Erfolg verspricht, zB weil der ersuchte Staat aller Voraussicht nach diesem Ersuchen nicht Folge leisten wird oder weil das Ersuchen gegen internationale Gepflogenheiten verstoßen würde, Frankfurt RIW 88, 134 = IPRspr 87/20 oder BReg (Art 32 I GG) bzw Ausw Amt außenpolitische Bedenken erhebt, wie zB im Fall einer **Tschernobyl-Klage,** LG Bonn u Köln IPRax 87, 231 (Mansel 210) = IPRspr 87/140. – § 839 II BGB gilt nicht. Daher Staatshaftung (Art 34 GG), wenn dt Justizverwaltung oder Auswärtiges Amt ein Verschulden trifft, vgl Rn 57. – Die Entscheidungen der Prüfungsstelle (§ 9 ZRHO) sind **Justizverwaltungsakte,** Köln RIW 88, 55, § 23 EGGVG Rn 14. Gegen die Ablehnung durch JV ist der Antrag der Partei(en) auf gerichtl Entscheidung zum OLG zulässig, §§ 23 ff EGGVG, Düsseldorf IPRspr 80/177; Frankfurt RIW 91, 417; Keidel/Kuntze/Winkler Rn 40 vor § 19 Fn 101; Wiehe 124. Anfechtungsberechtigt sind sowohl diejenige Partei, die an der Durchführung der Zustellung interessiert ist, als auch der Parteivertreter als „ersuchende Stelle", München RIW 89, 484 = NJW 3102 (Greger); aA Geimer NJW 89, 2177, wenn ausl Staat Zustellung beantragt. Bestr, ob ersuchendes Gericht nach §§ 23 EGGVG ein eigenes Anfechtungsrecht hat, Wiehe 42. 40

Das ersuchende Gericht kann keine (gegenteilige) Weisung an die JV erlassen, Köln FamRZ 85, 1279. Ist in einem Zustellungsvertrag der **unmittelbare Verkehr der Gerichte** vereinbart, so liegt gleichwohl materiell keine Rechtsprechung (Art 92 GG) vor. Die Prüfungsstellen bleiben eingeschaltet, Rn 35, Wiehe 37. 41

Es gibt zwischen den Staaten **vier Übermittlungswege** (ausführl Kondring 92 ff): **a)** der **diplomatische Weg,** bei dem die diplomatische Vertretung des ersuchenden Staates die Erledigung des Zustellungsersuchens durch die zustellende Behörde des ersuchten Staates vermittelt. **b)** der **konsularische Weg,** bei dem der Konsul des ersuchenden Staates die Erledigung wie bei a) 42 vermittelt, c) der **ministerielle Verkehr:** Zuleitung an eine „Zentrale Behörde", Art 2 ff, Art 21 HZÜ (Pfeil-Kammerer 87) und **d)** der **unmittelbare Verkehr zwischen den Behörden beider Staaten** (Pfeil-Kammerer 133) auf Grund besonderer Vereinbarungen zZ zwischen Deutschland und Belgien, Dänemark, Frankreich (ausführl Schumacher IPRax 85, 265), Luxemburg, Niederlande, Norwegen, Österreich, Polen, Schweden, Schweiz. – S auch Braun 92, Wiehe 35.

43 Fehlerhaftigkeit/Mangel der nach § 199 erforderl Auslandszustellung führt nicht zur Nichtigkeit/Wirkungslosigkeit der deutschen Sachentscheidung. AA LG Hamburg RIW 91, 767: Mangels Rechtshängigkeit sei das Urteil wirkungslos.

44 **V) Zustellung durch die deutschen Auslandsvertretungen:** Sie leisten Rechtshilfe bei Zustellungen in eigener Zuständigkeit, soweit der Adressat dt Staatsangehöriger und zur Entgegennahme der Zustellung bereit ist. In allen anderen Fällen sind idR die zuständigen ausl Behörden zu ersuchen, § 16 KonsularG und § 32 ZRHO. Näher Geimer IZPR Rn 2138.

VI) Vertragsrecht

45 Das **Haager Zivilprozeßübereinkommen** (HZPÜ) v 1. 3. 1954 (BGBl 58 II 576; I 939), in Deutschland in Kraft seit 1. 1. 1960 (BGBl 59 II 1388), soll durch das **Haager Übereinkommen v 15. 11. 1965 über die Zustellung gerichtl und außergerichtl Schriftstücke im Ausland in Zivil- und Handelssachen** – HZÜ – (BGBl 77 II 1453), abgelöst werden. In Kraft seit 26. 6. 1979 (BGBl 79 II 779, 1980 II 1281); hierzu Geimer IZPR Rn 2071 u Bülow/Böckstiegel/Geimer/Schütze 100 ff sowie Kondring 107 ff. Den Schutz des Zustellungsempfängers haben Art 15 und 16 im Auge.

Art 15 HZÜ lautet:

(1) War zur Einleitung eines gerichtlichen Verfahrens eine Ladung oder ein entsprechendes Schriftstück nach diesem Übereinkommen zum Zweck der Zustellung in das Ausland zu übermitteln und hat sich der Beklagte nicht auf das Verfahren eingelassen, so hat der Richter das Verfahren auszusetzen, bis festgestellt ist,

a) daß das Schriftstück in einer der Formen zugestellt worden ist, die das Recht des ersuchten Staates für die Zustellung der in seinem Hoheitsgebiet ausgestellten Schriftstücke an dort befindliche Personen vorschreibt, oder

b) daß das Schriftstück entweder dem Beklagten selbst oder aber in seiner Wohnung nach einem anderen in diesem Übereinkommen vorgesehenen Verfahren übergeben worden ist

und daß in jedem dieser Fälle das Schriftstück so rechtzeitig zugestellt oder übergeben worden ist, daß der Beklagte sich hätte verteidigen können.

(2) Jedem Vertragsstaat steht es frei zu erklären, daß seine Richter ungeachtet des Absatzes 1 den Rechtsstreit entscheiden können, auch wenn ein Zeugnis über die Zustellung oder die Übergabe nicht eingegangen ist, vorausgesetzt,

a) daß das Schriftstück nach einem in diesem Übereinkommen vorgesehenen Verfahren übermittelt worden ist,

b) daß seit der Absendung des Schriftstücks eine Frist verstrichen ist, die der Richter nach den Umständen des Falles als angemessen erachtet und die mindestens sechs Monate betragen muß, und

c) daß trotz aller zumutbaren Schritte bei den zuständigen Behörden des ersuchten Staates ein Zeugnis nicht zu erlangen war.

(3) Dieser Artikel hindert nicht, daß der Richter in dringenden Fällen vorläufige Maßnahmen einschließlich solcher, die auf eine Sicherung gerichtet sind, anordnet.

45a Das dt System der **effektiven Zustellung** (Aushändigung an den Adressaten im Ausland, § 199) bringt größeren Schutz als das System der **fiktiven Zustellung** durch remise au parquet des romanischen Rechtsbereiches: Danach werden – ähnl wie nach § 175, der aber gerade nicht für die **Verfahrenseinleitung** gilt – Zustellungen auch an im Ausland wohnhafte bzw sich aufhaltende Zustellungsadressaten im Inland „bewirkt": Danach gilt ein Schriftstück, das für eine Person im Ausland bestimmt ist, bereits in dem Zeitpunkt als zugestellt, in dem es das Zustellungsorgan (Gerichtsvollzieher) **im Gerichtsstaat** an die für die Weiterleitung ins Ausland zuständige Stelle (Staatsanwalt bzw. Ministerium des Äußeren) übergeben bzw abgesandt hat, Geimer IZPR Rn 2926; Wiehe 52, 61; Köln EuZW 1995, 381.

Zwar ist nach mehreren dieser Rechtsordnungen eine Übersendung der zugestellten Schriftstücke durch eingeschriebenen Brief und über die internationalen Rechtshilfekanäle notwendig. Die Übermittlung dient jedoch lediglich der **Unterrichtung** des Zustellungsempfängers über die bereits perfekte Zustellung. Damit laufen die Einlassungsfristen bei Klagen oder Vorladungen sowie die Fristen, innerhalb derer Rechtsmittel eingelegt werden müssen, von einem fiktiven Zeitpunkt an, und zwar grundsätzl ohne daß es auf den tatsächl Zugang des zuzustellenden Schriftstückes beim Zustellungsadressaten ankommt. Eine **vollständige Beseitigung der remise au parquet** konnte nicht erreicht werden. Die remise au parquet-Länder hielten das dt Konzept ihrerseits für eine extreme Lösung. Dieses begünstige den Bekl auf Kosten des Klägers, weil die

Zustellung im Ausland oft recht lange dauere, dt Denkschrift, BT-Drucks VII/4892-II A 1. Die gefundene Lösung wird durch Abs 2 aufgeweicht. Eine **Vorbehaltserklärung nach Art 15 II HZÜ** haben Belgien, Dänemark, Deutschland (BGBl 1993 II 703), Frankreich, Griechenland, Luxemburg, die Niederlande, Norwegen, Portugal, Spanien und das Vereinigte Königreich abgegeben. Näher Kondring 155 ff.

Ist eine Entscheidung gegen den nicht erschienenen Bekl ergangen und hat ein Bekl, der sich im Ausland befindet, von dem das Verf einleitenden Schriftstück und von der Entscheidung nicht rechtzeitig Kenntnis erlangt, so kann er nach Art 16 HZÜ innerhalb eines Jahres nach dem Erlaß der Entscheidung die **Wiedereinsetzung in den vorigen Stand** beantragen, Rn 9. **45b**

Die Schutzvorschrift des Art 15 I HZÜ gilt nur für die **Verfahrenseröffnung,** also die Klage- bzw Antragsschrift bzw Ladung oder ein entsprechendes das Verfahren einleitendes Schriftstück, nicht jedoch für andere Schriftstücke, die erst im Laufe des Verfahrens zuzustellen sind. Der Bekl, der von der Einleitung eines Verf rechtzeitig Kenntnis erhalten hat, bedarf eines besonderen Schutzes nicht mehr. **45c**

Ein weitergehender Schutz ist im HZÜ nicht vorgesehen. Insbesondere bestimmt weiterhin allein das nationale Recht des Gerichtsstaates, von welchem Zeitpunkt ab **Einlassungs- oder Rechtsmittelfristen** laufen. In den remise au parquet-Ländern wird die Zustellung weiterhin mit der Übergabe an den Staatsanwalt bewirkt. **45d**

Bilaterale Rechtshilfeverträge bestehen mit Griechenland, Tunesien, Türkei, Vereinigtem Königreich (§ 363 Rn 44), näher Bülow/Böckstiegel/Geimer/Schütze 100 ff. und Kondring 162 ff. **46**

Bajons Rn 31 leitet aus **Art 6 EMRK**, der effektiven Rechtsschutz garantiert, eine völker(vertrags)rechtl Pflicht zur Rechtshilfe ab. S auch Geimer BerDGVR 33 (1994), 234. **47**

Die vorstehenden Verträge verpflichten die Vertragsstaaten nicht, ausl Rechtshilfe in Anspruch zu nehmen, Rn 10, 14, Schack IZVR Rn 612. – BT-Drucks 8/217 S 42: „Eine verbindl Verpflichtung für einen Vertragsstaat, notwendige Zustellungen an Personen im Ausland gemäß dem Übereinkommen auch im Ausland durchführen zu lassen, wenn nach dem Recht des Vertragsstaates die Zustellung bereits im Inland bewirkt werden kann, enthält das Übereinkommen nicht." Die dt Delegation konnte sich mit ihrer Forderung nicht durchsetzen, in das innerstaatl ZustellungsR einzugreifen, insbes die remise au parquet (Rn 6) zu verbieten. Kompromiß: Art 15 HZÜ, Geimer IZPR Rn 229; Baumann 75. **48**

VII) Forderungspfändung: Lehnt ausl (nach § 199 ersuchte) Rechtshilfebehörde – oder schon dt JV (Rn 40), § 28 II ZRHO – Zustellung ab, so ist auch Weg über § 203 nicht gangbar, Koch in Schlosser, Materielles Recht und ProzeßR, 1992, 203 Fn 114. Dies kann zum Entfallen jeden Rechtsschutzes führen, Zweibrücken FamRZ 1987, 523. Problematisch, Geimer IZPR Rn 2142. **49**

VIII) Zustellung an ausländische Staaten: Hess RIW 89, 255; Pfennig 111, 123; Mann NJW 90, 618; Geimer IZPR Rn 2144. **50**

IX) Zustellung an Personen, die Immunität genießen: Nachw Geimer IZPR Rn 2146. **51**

Einstweilen frei. **52–55**

X) Zustellung von Schriftstücken im Rahmen eines vor ausländischen Gerichten anhängigen Verfahrens in Deutschland durch deutsche Rechtshilfebehörden: Sie ist weder in der ZPO noch im GVG geregelt, § 363 Rn 90 (so aber § 59 IRG für Strafsachen), Geimer IZPR Rn 2151. Sie ist **Aufgabe der Justizverwaltung** (Rn 41; § 363 Rn 90) – nach Auffassung der BReg wegen Art 32 I GG im Auftrag des Bundes, Vogler NJW 82, 469 – und erfolgt nach den in Rn 45, 46 genannten Verträgen bzw – soweit solche fehlen – nach der ZRHO (§ 66 ff). Zur **förml Zustellung** nicht nach der dt lex fori, sondern auf Wunsch des ausl Gerichts **in einer besonderen Form** – Art 3 II HZPÜ, Art 5 I Buchst b HZÜ, § 72 II ZRHO – s BGH MDR 76, 310. Um Zustellung ersuchen idR Gerichte oder Behörden. **Anträge von Privatpersonen** sind jedoch statthaft, wenn diesen – wie zB im US-Zivilprozeß übl – aufgegeben wurde, selbst für die Zustellung zu sorgen, § 2 II 2 ZRHO. **56**

Da Zustellung von Schriftstücken für ausl Gerichtsverf **keine richterl Aufgabe** (Art 97 GG) ist (§ 66 ZRHO; Pfeil-Kammerer 61; vgl auch allgemein Schlosser $RipS^2$ Rn 493), kommt § 839 II BGB nicht zur Anwendung. Daher (unbeschränkte) **Staatshaftung** (Art 34 GG, § 839 BGB, vgl Rn 40), wenn Zustellung infolge Verschuldens der dt Justizverwaltung nicht rechtzeitig durchgeführt wird, Geimer IPRax 88, 275 Fn 57, Geimer IZPR Rn 2155. **57**

Außerhalb des Anwendungsbereichs der Staatsverträge (Rn 46) fehlt **gesetzl Grundlage für „Zwangszustellungen"** (= Zustellungen an nicht annahmebereite Adressaten), § 70 II ZRHO; s § 363 Rn 90; Geimer NJW 89, 645. **58**

Im vertragslosen Verkehr ist die Bundesrepublik Deutschland **völkerrechtl** frei, Rechtshilfe zu gewähren oder abzulehnen (**Innerstaatl** ist sie jedoch – im Rahmen des Art 3 I GG – an ihre Verwaltungspraxis gebunden; darüber hinaus gebietet das Grundrecht auf effektiven Rechtsschutz, Zustellungen für ausl Gerichtsverfahren zu ermöglichen. Der derzeitige Rechtszustand ist **59** verfassungsrechtl problematisch, Schlosser FS Matscher, 1993, 388). – Im Anwendungsbereich der Verträge darf die Bundesrepublik Deutschland die Durchführung der Zustellung nur verweigern, wenn ihre **Hoheitsrechte (Souveränität) und/oder ihre Sicherheit** gefährdet würden, Art 4 HZPÜ, Art 13 HZÜ, § 59 III ZRHO, sowie die Parallelnormen in den bilateralen Verträgen. Zum Verhältnis zu § 328 I Nr 4 (ordre public) s § 328 Rn 17a und München RIW 89, 484 = IPRax 90, 175 (Stürner/Stadler 157); Frankfurt/M. RIW 91, 417. Auch Klagen, die **punitive damages** zum Gegenstand haben, betreffen eine Zivilsache (Art 1 HZÜ, vgl § 363 Rn 88) und sind zuzustellen, BVerfG RIW 95, 320 (Rn 60); Düsseldorf NJW 92, 3110 = RIW 92, 846 = IPRspr 92/215; München NJW 92, 3113 = IPRax 93, 309 (Koch/Zekoll) = EWiR 92, 1209 (Otte) = RIW 93, 70 = IPRspr 92/216; Rippert RIW 93, 626. Art 13 HZÜ kommt nicht zum Zuge. Vgl auch Heidenberger RIW 95, 705 und Heldrich in Heldrich/Kono 9. – Daß der (um Zustellung ersuchende) Gerichtsstaat aus dt Sicht **international unzuständig** ist (§ 328 I Nr 1), ist kein Grund, die Zustellung zu verweigern, selbst dann nicht, wenn Deutschland eine ausschließl internationale Zuständigkeit in Anspruch nimmt, Art 13 II HZÜ. – Die Zustellung eines ausl Urt ist auch dann durchzuführen, wenn dieses in Deutschland nicht anerkennungsfähig ist, insbes wenn es gegen dt ordre public verstößt, Walter in Grützner/Plötz § 59 IRG Rn 18. – S auch § 363 Rn 112. – Die dt Rechtshilfebehörden sind nicht verpflichtet, nach der Adresse des Zustellungsempfängers zu forschen, arg Art 1 II HZÜ, Pfeil-Kammerer 58. – Zum **Zustellungszeugnis** (Art 6 HZÜ, §§ 76 ff ZRHO) Pfeil-Kammerer 107.

60 Wann die Durchführung eines ausl Zustellungsersuchens die **Hoheitsrechte und die Sicherheit Deutschlands** gefährdet, konnte bisher niemand klar definieren, Geimer ZZP 103 (1990) 489. Nachw bei Merkt 123 ff; Schlosser EuGVÜ/HZÜ Art 13 Rn 2; Stürner FS Henckel, 1995, 866; Frankfurt/M. RIW 91, 417. §§ 28 II, 59 III Nr 1 ZRHO. Bejaht für Zustellung von **antisuit injunction** (Verbot eines ausl Gerichts, einen in Deutschland anhängigen Prozeß fortzuführen) Düsseldorf RIW 96, 237 = EuZW 96, 351 (Mansel 335) = ZZP 109 (1996), 221 (kritisch Stürner) = ZIP 96, 294, verneint für Zustellung einer **punitive damages-Klage** anhängig, BVerfG RIW 95, 320 (Morisse 370) = IPRax 96, 112 (Tomuschat 83) = EWiR 95, 161 (Geimer); Juenger/Reimann NJW 94, 3274; Koch/Diedrich ZIP 94, 1830. – Das einstw Rechtsschutzverf ist kein Vollstreckungsverf, sondern ein **summarisches Erkenntnisverf**, Nicklisch RIW 78, 639; Eilers 30, 39; Koch in Schlosser, Materielles Recht und ProzeßR, 1992, 178, 196, 201. Soweit es nur um die **Zustellung** eines ausl Arrestes oder einer einstw Verfügung geht, können die Sicherheit oder die Hoheitsrechte Deutschlands nicht betroffen sein. Im übrigen ist die internationale Unzuständigkeit kein Versagungsgrund, Rn 59. – Eine andere Frage ist, ob Deutschland völkervertragl verpflichtet ist, im Ausland erlassene Arreste und einstw Verfügungen zu vollstrecken. Dies ist nicht eine Frage der internationalen Rechtshilfe, sondern des **Anerkennungsrechts**. S Eilers 267, Geimer IZPR Rn 2162, Koch aaO 190.

61 Ähnliches gilt für die Zustellung von **Pfändungs- und Überweisungsbeschlüssen.** Die ZRHO sieht nur dann eine Gefährdung der Sicherheit bzw der Hoheitsrechte Deutschlands, wenn das Substrat der Pfändung Vermögen im Inland betrifft. Wird zB ein Erbanteil gepfändet und liegt das zum Nachlaß gehörende Vermögen ausschließl im Ausland, so ist die Zustellung auch nach der ZRHO unbedenkl. Anders ist es, wenn das von der ausl Maßnahme erfaßte Vermögen (vorwiegend) in Deutschland liegt. Auch diese Einschränkung ist logisch nicht zwingend. Denn durch die Zustellung eines ausl Pfändungs- und Überweisungsbeschlusses durch die dt Rechtshilfebehörden wird nichts ausgesagt zur Frage der **Anerkennung des ausl Pfändungsaktes** im Inland.

62 Gegen **Ablehnung des Zustellungsersuchens** des ausl Gerichts kann betroffene Partei **gerichtl Entsch** gem §§ 23 ff EGGVG beantragen, ebenso gegen **Zustellungsverfügung** und ihre Durchführung, auch wenn Zustellungszeugnis bereits ins Ausland versandt worden ist, Frankfurt/M. RIW 91, 416; Düsseldorf RIW 92, 846 = NJW 92, 3110; Geimer IZPR Rn 2168; Wiehe 124.

XI) Passive Rechtshilfe: Dulden von Zustellungen durch ausl Stellen (ohne Einschaltung dt Rechtshilfebehörden) auf deutschem Territorium (vgl auch § 363 Rn 60)

63 **1) Zustellung durch konsularische oder diplomatische Vertreter a) an eigene Staatsangehörige des Entsendestaates:** Diese ist – sofern sie ohne Anwendung von Zwang erfolgt (sog formlose Zustellung, Rn 38) und der Konsul die Grenzen seines Amtsbezirks nicht überschreitet – nach allgemeinem VölkergewohnheitsR zulässig, Bülow/Böckstiegel/Geimer/Schütze 101.8 Fn 35, Nagel IZPR Rn 490, Pfennig 35. Dies wird bestätigt durch die Haager Übereinkommen. Danach hat der Empfangsstaat kein Recht, der Zustellung an eigene Staatsbürger des Entsendestaates zu widersprechen, Art 6 I Nr 3 iVm II 2 HZPÜ, Art 8 II HZÜ. – Vgl Zusatzvereinbarungen mit Norwegen (Art 4) und Schweden (Art 2) sowie Rechtshilfeverträge mit Griechenland (Art 6), Marokko (Art 7), Tunesien (Art 16), Türkei (Art 17), Vereinigtes Königreich (Art 5).

64 **b) an Deutsche:** Eine Duldungspflicht stipuliert das VölkergewohnheitsR nicht. Die Haager Übereinkommen (Art 6 II HZPÜ, Art 8 II HZÜ) geben ein WiderspruchsR, von dem Deutschland Gebrauch gemacht hat. – Bei Doppelstaatern hat die deutsche Staatsangehörigkeit Vorrang.

c) an Staatsangehörige dritter Staaten: Es gilt das gleiche wie b), jedoch sehen einige Staatsverträge vor, daß an Personen, die die Staatsangehörigkeit des Entsendestaates und eines dritten Staates besitzen, zugestellt werden darf, zB nach Art 5 des dt-brit Abkommens, Bülow/Böckstiegel/Geimer/Schütze 520.14 Fn 68. **65**

d) an Staatenlose: es gilt das gleiche wie zu c). **66**

2) Zustellung aus dem Ausland durch die Post. a) VölkergewohnheitsR: Postzustellung zulässig, Geimer IZPR Rn 419, 2174; Linke IZPR Rn 219; bestr (Rn 3), enger Pfennig 31 ff. **67**

b) Haager Übereinkommen: Danach grundsätzl zulässig, Art 6 Nr 1 HZPÜ, Art 10 Buchst a) HZÜ, Rn 3. Art 6 II HZPÜ und Art 21 IIa HZÜ geben jedoch ein WiderspruchsR, von dem Deutschland Gebrauch gemacht hat, Braun 98; Schack IZVR Rn 608; Frankfurt/M. RIW 91, 587 = IPRax 92, 90 (Rauscher 71); für die Schweiz Egli RIW 91, 983. – Ebenso hat Deutschland der unmittelbaren Postzustellung gem Art 11 II des Europäischen Übereinkommens über die Zustellung von Schriftstücken in Verwaltungssachen v 24. 11. 1977 (BGBl 1981 II 533) widersprochen. Begr: Andernfalls könnten die dt Behörden nicht prüfen, „ob das Ersuchen den zum Schutz des Zustellungsempfängers aufgestellten Erfordernissen (Art. 5) entspricht" u „ob das Ersuchen nach Art 14 I (b) wegen eines Verstoßes gegen den ordre public abgelehnt werden muß". Dabei haben die Verf der dt Denkschr (BT-Drucks 9/68 S 32) übersehen, daß im Falle der passiven Rechtshilfe eben kein Ersuchen des ausl Staates an Deutschland (zur aktiven Rechtshilfe: hier Zustellung) ergeht; dieser nimmt die Übermittlung des zuzustellenden Schriftstücks an den in Deutschland sich aufhaltenden Zustellungsempfänger vielmehr selbst in die Hand. Die Post ist dabei nur Bote. – Dies ist mit dem offiziellen dt Souveränitätsverständnis nicht zu vereinbaren. Ausnahme: § 24 AusfG dt-österr Konkursvertrag (BGBl 1985 II 535) sowie Art 10 dt-österr Amts- u Rechtshilfevertrag in Verwaltungssachen v 31. 5. 1988 (BGBl 1990 II 358). – S auch Rn 4. **68**

c) Dt-brit Abkommen (§ 363 Rn 44): Zulässig, Art 5. Anders Frankfurt/M. RIW 91, 587 = IPRax 92, 90 (Rauscher 71). **69**

3) Zustellung durch Private: Völkergewohnheitsrecht: erlaubt; Haager Übereinkommen: bestr, Mössle 324. **70**

XII) Sanktionen

Nicht jede völkerrechtswidrige (weil von Deutschland nicht geduldete) Zustellung führt automatisch zur Nichtanerkennung der ausl Entscheidung, die aus einem Verf hervorgegangen ist, in dem diese Zustellung passiert ist, § 328 Rn 6, § 363 Rn 151 Beisp: US-Gericht hat Postzustellung der Klage zugelassen (Pfeil-Kammerer 126), obwohl Deutschland dem widersprochen hat Rn 68. S auch Fälle Frankfurt/M. RIW 91, 587; Köln OLGZ 91, 125 = RIW 90, 668 = EuZW 90, 488 = IPRspr 90/199; Karlsruhe DWiR 94, 70 (Chillagano-Busl) sowie Wiehe 201. Es ist klar zu unterscheiden zwischen den **unmittelbar staatlichen Interessen Deutschlands** und den **Interessen der Parteien.** Als dt Reaktion auf die Verletzung der dt Souveränität wäre zwar – auf der Ebene des VölkerR, und dort auch im Anwendungsbereich der Anerkennungs- und Vollstreckungsverträge – die Versagung der Anerkennung denkbar und zulässig. Sie ist aber nicht zwingend geboten. Auf innerstaatl Ebene sollte man bedenken, daß auch wir vice versa von dt Gerichten zu verantwortende völkerrechtswidrige Zustellungen hinnehmen (vgl BVerfG, Rn 43) und daß generell jede Prinzipienreiterei und jeder Justamentstandpunkt schädl sind, weil durch die Nichtanerkennung der inländ Justizapparat belastet wird (Wiederholung des im Ausland bereits entschiedenen Prozesses) und weil der völkerrechtl Konflikt nicht auf dem Rücken der Parteien ausgetragen werden sollte, die de facto die Folgen der Nichtanerkennung zu spüren bekommen – vgl zB den Scheidungsfall BGH NJW 90, 3090 = FamRZ 90, 1100 = IPRax 91, 188 (Nagel 172) = MDR 90, 1008 = IPRspr 90/220 – und nicht der Staat, der die dt Souveränität verletzt hat, Geimer IPRax 88, 275 Fn 57; Geimer IZPR Rn 2183. Die Bundesrepublik Deutschland weiß ihre Souveränität mit anderen Mitteln (Protest, Retorsionsmaßnahmen) zu verteidigen. Ebenso im Ergebnis BGH NJW 90, 3090. **71**

Die **Mitwirkung eines dt RA** bei der Übermittlung einer Klageschrift und Ladung vor ein ausl, zB ein US-Gericht (Pfeil-Kammerer 84, 123) unter Umgehung der für die Gewährung von Rechtshilfe zuständigen dt Behörden, insbesondere die Abgabe eines Affidavits (Pfeil-Kammerer 126) verstößt möglicherw gegen StandesR (bestr), ist aber **nicht als Amtsanmaßung (§ 132 StGB) strafbar.** Vgl § 363 Rn 150. AA Stürner ZVglRWiss 81 (1982) 170. – Weitergehend Art 271 Schweizer StGB: Amtliche Handlungen in der Schweiz für einen fremden Staat, Egli RIW 91, 983 Fn 72. **72**

XIII) Gebühren u Auslagen des Gerichts s § 202 Rn 3. – Wegen PKH zu einem Ersuchen nach einem Vertragsstaat des HZÜ s § 54 II ZRHO. **73**

200 *[Zustellungen an exterritoriale Deutsche]*

(1) Zustellungen an Deutsche, die das Recht der Exterritorialität genießen, erfolgen, wenn sie zur Mission des Bundes gehören, mittels Ersuchens des Bundeskanzlers.

(2) Zustellungen an die Vorsteher der Bundeskonsulate erfolgen mittels Ersuchens des Bundeskanzlers.

1 **I)** Die Zustellung an **exterritoriale Deutsche** (§ 15 Rn 4), die zu einer Mission des Bundes gehören, vermittelt für den Bundeskanzler (Abs 1) das Auswärtige Amt.

2 **II)** Zustellungen an **exterritoriale Ausländer** in der BRD erfolgen dagegen gem §§ 199, 202, hilfsweise § 203 III, soweit Staatsverträge (vgl § 199 Rn 45 f) keine Sonderbestimmungen enthalten. Nicht exterritorial sind deutsche Bedienstete und Hausgenossen von exterritorialen Ausländern in der BRD. Für diese gilt aber § 203 III.

3 **III)** Nach der ersten gem § 200 erfolgten Auslandszustellung gelten, wenn kein Zustellungsbevollmächtigter benannt wurde, die §§ 174 II, 175 (Köln MDR 86, 243 [244]), also Inlandszustellung durch Aufgabe zur Post (§ 175 Rn 2).

201 (weggefallen)

202 *[Ausführung der Zustellung im Ausland]*

(1) Die erforderlichen Ersuchungsschreiben werden von dem Vorsitzenden des Prozeßgerichts erlassen.

(2) Die Zustellung wird durch das schriftliche Zeugnis der ersuchten Behörden oder Beamten, daß die Zustellung erfolgt sei, nachgewiesen.

1 **I) Ersuchungsschreiben** (Abs 1) erfordern Zustellung im Ausland (§ 199) und an exterritoriale Deutsche (§ 200). Vorsitzender des Prozeßgerichts ist der Vorsitzende der Kammer oder des Senats, der Einzelrichter nach Übertragung (§ 348) oder der Richter des AG, bei dem der Rechtsstreit anhängig ist oder werden soll, in übertragenen Sachen der Rechtspfleger (§ 4 I RpflG), nicht der Behördenleiter. Bestimmung über Form und Inhalt des Ersuchens, Anlagen, Beförderungsweg usw trifft die Rechtshilfeordnung für Zivilsachen (ZRHO); Einzelheiten § 199 Rn 33 ff. Notarielle Urkunde und Anwaltsvergleich nach § 1044b siehe § 797 Rn 8 u 10, Gütestellenvergleich s § 797a Rn 6.

2 **II)** Das **Zustellungszeugnis** (Abs 2) hat nach seinem Zweck das Schriftstück, den Empfänger und die Zeit (nicht unbedingt den Ort) der Zustellung zu bezeichnen und die Übergabe (§ 170), bei Annahmeverzug die Zurücklassung des Schriftstücks (Colmar OLG 13, 126), auszuweisen. Es ist öffentliche Urkunde. Prüfung der Echtheit: § 438; Beweiskraft: § 418; auf Verletzung ausländischer Zustellungsvorschriften kann der Gegenbeweis jedoch nicht gestützt werden (MK/vFeldmann Rn 2; anders StJ/Roth Rn 6). Telegrafische Übermittlung ist ausreichend (RG 14, 335). Nach zwischenstaatlichen Abkommen kann alternativ ein mit Datum versehenes (und beglaubigtes) Empfangsbekenntnis zum Nachweis der Zustellung dienen (zB Art 5 I Haager ZivProzÜbereink).

3 **III) Gebühren und Auslagen** des **Gerichts:** Das Ersuchen ist gerichtsgebührenfrei (§ 1 I GKG). **Auslagen** sind zu erheben. Dazu gehören: **1)** Die sog Prüfgebühr für die verwaltungsmäßige Prüfung des Zustellungsersuchens durch die Prüfstelle (§ 9 ZRHO) nach § 50 Abs 1 und Abs 2 Nr 1 ZRHO iVm Nr 3 GebVerz zur JVwKostO; – **2)** etwa notwendige **Übersetzungs**kosten; – **3)** Gebühren und Auslagen, die den **deutschen Auslandsvertretungen** für die Erledigung von Zustellungsanträgen nach dem Auslandskostengesetz vom 21. 2. 1978 (BGBl I 301) und der Auslandskostenverordnung (AKostV) vom 7. 1. 1980 (BGBl I 21) zustehen (§ 51 ZRHO). – Wegen des Kostenansatzes hinsichtl der Gebühren u Auslagen der deutschen Auslandsvertretungen, wenn einem Beteiligten **Prozeßkostenhilfe** bewilligt ist, s § 53 II ZRHO.

203 *[Öffentliche Zustellung]*

(1) Ist der Aufenthalt einer Partei unbekannt, so kann die Zustellung durch öffentliche Bekanntmachung erfolgen.

(2) Die öffentliche Zustellung ist auch dann zulässig, wenn bei einer im Ausland zu bewirkenden Zustellung die Befolgung der für diese bestehenden Vorschriften unausführbar ist oder keinen Erfolg verspricht.

(3) Das gleiche gilt, wenn die Zustellung aus dem Grunde nicht bewirkt werden kann, weil die Wohnung einer nach den §§ 18 bis 20 des Gerichtsverfassungsgesetzes der Gerichtsbarkeit nicht unterworfenen Person der Ort der Zustellung ist.

I) Zweck: Gewährleistung des Rechtsschutzes mit Zustellungsfiktion nach öffentlicher Bekanntmachung, wenn eine andere Art der Zustellung aus sachlichen Gründen nicht oder nur schwer durchführbar ist (BGH 118, 45 [48] = NJW 92, 2280 [2281]). Unter dieser Voraussetzung ist § 203 verfassungsrechtlich unbedenklich (Art 103 I GG steht nicht entgegen, BVerfG NJW 88, 2361). 1

II) 1) Zustellung durch **öffentliche Bekanntmachung** kann erfolgen: Bei **unbekanntem Aufenthalt** einer Partei, die Zustellungsadressat ist (Abs 1), nicht somit, wenn ihrem Vertreter zuzustellen (zB §§ 171, 173, 176) oder die Partei verstorben ist. Bei unbekanntem Aufenthalt des Prozeßbevollmächtigten: § 177; unbekannter Aufenthalt des Vertreters einer nicht prozeßfähigen Person (§ 171; zB des gesetzlichen Vertreters eines Minderjährigen, Geschäftsführers der GmbH) ist gleich dem der Partei iS von Abs 1 (StJ/Roth Rn 5); hat die nicht prozeßfähige Partei keinen Vertreter, kann ihr öffentlich nicht zugestellt werden. **Partei** sind auch Streitgehilfe (§ 66) und Streitverkündungsempfänger (§ 72), in der ZwV Gläubiger und Schuldner, nicht aber Zeuge oder Sachverständiger und Drittschuldner. **Unbekannt** ist der Aufenthalt, wenn er nicht nur dem Gegner und dem Gericht, sondern allgemein unbekannt ist (RG 59, 259; Düsseldorf Rpfleger 93, 412 [413]; Hamm JurBüro 94, 630 = OLGZ 94, 451; KGR 95, 273 [274]; Koblenz NJW 53, 1797). An die Feststellung der Voraussetzungen sind (durchweg) hohe Anforderungen zu stellen (KGR 95, 273). Daher sind eingehende Ermittlungen und Nachweis durch den Antragsteller nötig (bei Zustellung im Amtsbetrieb: Amtsermittlung, BayObLG Rpfleger 78, 446; anders KGR 95, 273: Partei und Gericht haben zu ermitteln; auch Hamm aaO: Partei hat darzulegen und nachzuweisen, daß sie das Erforderliche und Mögliche für Prüfung des unbekannten Aufenthalts getan hat). Stets erforderlich: Auskunft der Meldebehörde, des letzten Vermieters (Hamm aaO) bzw früheren Hausgenossen und etwa bekannter Verwandter (Nürnberg FamRZ 60, 204); im Einzelfall kann Nachfrage beim Zustellungspostamt, bei Nachbarn und beim letzten Arbeitgeber geboten sein (s KGR 95, 273; Fischer ZZP 107 [1994] 163 [166]), ebenso Anfrage bei Haftanstalten, bei der Polizeidienststelle sowie bei Sozialversicherungsbehörden (KGR 95, 273). Der Suchdienst für ausgeschiedene Mitglieder der US-Armee ist einzuschalten (AG Landstuhl NJW-RR 94, 333). Der Aufenthalt ist auch allgemein unbekannt, wenn er von jemandem, der ihn kennt, verschwiegen wird (Celle OLG 7, 407). 2

2) Wenn eine **Auslandszustellung** (§ 199) bei bekanntem Aufenthalt der Partei (bei unbekanntem Aufenthalt gilt Abs 1) unausführbar oder nicht erfolgversprechend ist (Abs 2). Art 103 I GG kann in diesen Fällen zusätzlich Zusendung des zuzustellenden Schriftstücks (soweit möglich mit Einschreiben und gegen Rückschein) gebieten (Geimer IZPR Rn 252 u NJW 89, 2204 [2205], s auch § 199 Rn 5 u 8). **Unausführbar** ist die Zustellung, wenn ein Rechtshilfeverkehr mit dem betr Staat nicht besteht (hierzu Länderteil der ZRHO) oder Erledigung eines Rechtshilfeersuchens in absehbarer Zeit nicht zu erwarten ist (Oldenburg MDR 47, 259; 6 Monate nach Geimer NJW 89, 2204 u AG Bonn NJW 91, 1430 [s auch § 199 Rn 8]; 4 Monate zu kurz nach Hamm NJW 89, 2203), auch deshalb, weil keine Postverbindung mit dem Staat besteht. **Nicht erfolgversprechend** ist die Auslandszustellung, wenn trotz allgemeinen Rechtshilfeverkehrs im Einzelfall erfahrungsgemäß aus politischen (oder anderen) Gründen die Rechtshilfe verweigert wird (zB bei Klage politischer Flüchtlinge), nicht hingegen, weil die grundsätzlich rechtshilfebereite ausländische Behörde in der Anschrift Ortsbezeichnung ihrer Sprache verlangt (zB polnische Ortsbezeichnung für Gemeinde in früherem deutschem Gebiet; Gebrauch dieser Bezeichnung ist nicht „unausführbar" und begründet auch kein staatsrechtliches Präjudiz; aM Köln FamRZ 85, 1279, allerdings für eine Zustellung, für die aus anderem Grund keine Rechtshilfe geleistet wurde). Entsprechend gilt Abs 2 bei sonst unzumutbarer Verzögerung der Auslandszustellung, zB im Arrestverfahren (Hamm MDR 88, 589) oder im Wechselprozeß (Hamburg MDR 70, 426). 3

3) Wenn in der **Wohnung einer exterritorialen Person** (§§ 18–20 GVG) nicht zugestellt werden kann (Abs 3). Das ermöglicht öffentliche Zustellung an exterritoriale Ausländer, wenn an sie Auslandszustellung nach §§ 199, 203 II nicht möglich ist, sowie an deutsche Bedienstete und Hausgenossen (§ 200 Rn 2), an die sonst nicht zugestellt werden kann. 4

III) Unzulässig ist öffentliche Zustellung im Mahnverfahren (§ 688 II Nr 3) und an Mitglieder sowie Angehörige der NATO-Truppen (vor § 166 Rn 10). Entbehrlich ist sie in den Fällen der § 763 II, 829 II S 2, § 835 III S 1, §§ 841, 844 II, 875 II). 5

204 *[Bewilligung und Ausführung der öffentlichen Zustellung]*
(1) Die öffentliche Zustellung wird, nachdem sie auf Antrag der Partei vom Prozeßgericht bewilligt ist, durch die Geschäftsstelle von Amts wegen besorgt. Über den Antrag kann ohne mündliche Verhandlung entschieden werden.

(2) Zur öffentlichen Zustellung wird ein Auszug des zuzustellenden Schriftstücks und eine Benachrichtigung darüber, wo das Schriftstück eingesehen werden kann, an die Gerichtstafel angeheftet.

(3) Enthält das zuzustellende Schriftstück eine Ladung oder eine Aufforderung nach § 276 Abs. 1 Satz 1, so ist außerdem die einmalige Einrückung eines Auszugs des Schriftstücks in den Bundesanzeiger erforderlich. Das Prozeßgericht kann anordnen, daß der Auszug noch in andere Blätter und zu mehreren Malen eingerückt werde.

1 **I) Bewilligt** wird die öffentl Zustellung nur auf **Antrag** (Abs 1). In Verfahren mit Anwaltszwang unterliegt diesem auch der Antrag (allgemeine Ansicht, aM MK/vFeldmann Rn 1); kein Anwaltszwang besteht zB bei Zustellung eines ohne mündliche Verhandlung erlassenen Arrestbefehls (RG 91, 113).

2 **II) 1)** Bewilligung erfolgt durch das **Prozeßgericht** (Kollegialbeschluß). Das ist vor Rechtshängigkeit das Gericht, bei dem die Klage zur Terminsbestimmung eingereicht ist (keine Prüfung der Zuständigkeit durch dieses angegangene Gericht, RG 46, 391; bei offensichtlich sachlicher Unzuständigkeit aber kein Rechtsschutzbedürfnis). Die öffentl Zustellung des Urteils einer Instanz hat das Gericht, welches das Urteil erlassen hat (RG 41, 426; 68, 247 [253]), die der Rechtsmittelschrift das Rechtsmittelgericht zu bewilligen. Für die Kammer für Handelssachen entscheidet deren Vorsitzender (Frankfurt MDR 87, 414; § 349 Rn 2); der Einzelrichter entscheidet in den ihm übertragenen Verfahren (§ 348). In ZwV-Verfahren (nicht aber bereits für die zu ihrem Beginn erforderliche Titelzustellung, § 750 I) ist das Vollstreckungsgericht (§ 764) zuständig. In den ihm übertragenen Sachen bewilligt der Rechtspfleger die öffentl Zustellung (§ 4 I RpflG; München MDR 88, 679 = Rpfleger 88, 370 mwN; anders vordem unrichtig München Rpfleger 79, 346; Köln JurBüro 80, 619), so für Zustellung des Vollstreckungsbescheids (§ 699 Rn 16) und des Kostenfestsetzungsbeschlusses (§§ 103, 104 Rn 7). Notarielle Urkunde und Anwaltsvergleich nach § 1044b siehe § 797 Rn 8 u 10; Gütestellenvergleich s § 797a Rn 6. Bewilligung durch ein unzuständiges Gericht sowie Ausführung ohne Bewilligung machen die öffentl Zustellung unwirksam.

3 **2)** Für Bewilligung muß im **Einzelfall** (erfordert Bezeichnung des Schriftstücks; keine Bewilligung für den ganzen Rechtszug, RG 63, 82; 64, 44; Bamberg FamRZ 95, 1280 [1281]) die öffentl Zustellung rechtlich geboten sein. Daher ist auch die Notwendigkeit zu prüfen. Gleichzeitig bewilligt werden öffentl Zustellung des Versäumnisurteils und des Beschlusses über die Bestimmung der Einspruchsfrist (§ 339 II). Das Rechtsschutzbedürfnis für die öffentl Zustellung ist nicht abhängig von den Erfolgsaussichten der Klage; es kann aber fehlen, wo berechtigte Zweifel am Leben des Adressaten bestehen und die Todeserklärung veranlaßt wäre (KG DRZ 46, 193; anders KG FamRZ 75, 693). Unnötig ist es, daß der Adressat durch die öffentl Zustellung die Möglichkeit erhalten kann, Kenntnis vom Inhalt der Sendung zu erlangen; die Möglichkeit der Kenntnisnahme wird fingiert. Abzulehnen daher LG Bielefeld NJW 60, 1817, wonach wegen der vorauszusehenden Unmöglichkeit der Kenntnisnahme eine Zustellung ganz unterbleiben dürfe (insoweit richtig LG Berlin NJW 59, 1374). Ein Rechtsschutzbedürfnis liegt nicht vor, wenn das Verfahren ohnedies auszusetzen wäre (zB im Fall des § 247; München BayJMBl 52, 131) oder wenn es unterbrochen ist.

4 **3)** Die Bewilligung der öffentl Zustellung steht im pflichtgemäßen **Ermessen** des Gerichts (RG 59, 259 [265]), und zwar auch in den Fällen von § 203 II u III (Nürnberg MDR 57, 45; Oldenburg MDR 47, 259; anders StJ/Roth § 203 Rn 18; BL/Hartmann Rn 5; das Gesetz spricht auch hier aber nur von Zulässigkeit). Bei Ermessensausübung sind einerseits das Rechtsschutzbedürfnis des Antragstellers für Justizgewährung, andererseits das Schutzbedürfnis des Antragsgegners gegeneinander abzuwägen. Das Schutzbedürfnis des Antragsgegners, der die Ermittlung seines Aufenthalts willkürlich erschwert (zB durch Verstoß gegen Meldevorschriften) ist geringer als das eines Antragsgegners, dessen Aufenthalt wegen äußerer, nicht zu vertretender Umstände (zB Krieg, Aufruhr, politische Verfolgung, Katastrophen) ungewiß ist. Nachforschungen nach dem Aufenthalt (§ 203 Rn 2) dürfen keinesfalls durch Ermessensausübung ersetzt werden. Die Bedeutung des Streitgegenstands für die Parteien hat bei Ermessensausübung grundsätzlich ebenso außer Betracht zu bleiben wie Erwägungen über Zulässigkeit oder Begründetheit der Klage (hierüber kann ggf in einem unechten Versäumnisurteil gegen den Kläger befunden werden; vor § 330 Rn 11). Voreilige Bewilligung kann Ersatzansprüche wegen Amtspflichtverletzung auslösen.

5 **4)** Der Beschluß ist zu begründen, wenn nicht verkündet dem Antragsteller (auch bei Ablehnung, gegen die einfache Beschwerde zulässig ist, § 567 I) formlos mitzuteilen (§ 329 II S 1), dem Gegner mit dem Schriftstück selbst durch Anheftung öffentl zuzustellen. Bewilligung der öffentl

Zustellung ist unanfechtbar; ihre Unzulässigkeit kann der Zustellungsgegner (als Versagung rechtlichen Gehörs) nur mit dem Rechtsmittel gegen die Sachentscheidung, innerhalb der Jahresfrist des § 234 III mit einem Gesuch um Wiedereinsetzung bei Fristversäumung (§ 233 Rn 23 bei „Zustellung") oder sonst durch Vollstreckungsabwehrklage (§ 767) geltend machen.

III) Die **Ausführung der öffentl Zustellung** besorgt nach Anordnung der Urkundsbeamte (Abs 1 S 1). Anheftung des Schriftstücks an die Gerichtstafel kann er auch durch einen Gerichtswachtmeister oder sonstigen Bediensteten vornehmen lassen (RG 32, 400 [403]). **Angeheftet an die Gerichtstafel** (Abs 2) wird nur ein Auszug des Schriftstücks (zu diesem § 205) mit Benachrichtigung über Einsicht, nicht jedoch eine Ausfertigung oder beglaubigte Abschrift (zu beiden § 170 Rn 2 ff). Grund: Schutz des informationellen Selbstbestimmungsrechts der Parteien (vgl § 299 Rn 6). Es werden zur Wahrung des Persönlichkeitsrechts beider Parteien ausschließlich solche Angaben öffentlich kundgemacht, die der abwesenden Partei, würde sie den Aushang lesen, die hinreichende Kenntnis über die Person des Gegners und den Gegenstand des Verfahrens vermitteln können (hierzu § 205); für die Kundgabe weiterer Informationen über den Gegenstand des Verfahrens ist die ebenfalls anzuheftende Benachrichtigung geboten und ausreichend, wo das Schriftstück von dem Adressaten oder von einer iS § 299 II befugten Person eingesehen werden kann (vgl entspr § 15 VwZG). Unterschiedliche Regelung der öffentl Zustellung in Ehe- und Kindschaftssachen und in anderen Angelegenheiten (wie nach altem Recht) ist damit entbehrlich geworden. **Dauer des Aushangs:** § 206 II. Den Zeitpunkt der Anheftung hat der Urkundsbeamte auf dem anzuheftenden Schriftstück zu vermerken (gebietet § 206 II); üblich (und geboten) ist auch Vermerk über die Zeit der Abnahme. Wirksamkeitserfordernis der Zustellung ist (anders als nach § 15 III VwZG; BGH 80, 320) der Vermerk über die Anheftung jedoch nicht (RG 32, 400 [403]); Beweis kann mit allen Beweismitteln geführt werden. Schriftstück und Belegblätter werden nicht ausgehändigt (auch nicht dem Adressaten, wenn er sich meldet, Hamburg OLG 23, 141; für ihn § 299 I), sondern zu den Akten genommen. Die betreibende Partei kann Zustellungsbescheinigung erhalten (§ 213a). 6

IV) Zusätzlich hat Einrückung eines Auszugs (§ 205) in den **Bundesanzeiger** zu erfolgen (Abs 3 S 1), wenn das zuzustellende Schriftstück eine Ladung oder eine Aufforderung enthält, im Vorverfahren seine Verteidigungsbereitschaft anzuzeigen (§ 276 I S 1). Daß die öffentl Zustellung bewilligt wurde, gehört nicht in den Auszug (Engelhardt Rpfleger 65, 3 [6]; anders Celle NJW-RR 89, 572; Fischer ZZP 107 [1994] 163 [173]). Veröffentlichungen im Bundesanzeiger werden freilich nicht allgemein zur Kenntnis genommen; zugänglich sind sie nahezu nicht; wertlos sind sie für eine Partei, an die sich die Ladung unter den Voraussetzungen des § 203 richtet. Daß eine im Bundesanzeiger veröffentlichte Ladung der Partei zur Kenntnis gelangt, kann praktisch als ausgeschlossen gelten; Veröffentlichung einer Ladung in ihm ist daher zwecklos. Damit stellt sich die Frage, ob Abs 3 S 1 nicht wegen Verweigerung rechtlichen Gehörs (Art 103 I GG) als verfassungswidrig gelten muß. Weitere Veröffentlichung (zB in der örtlichen Presse, in Fachorganen) kann das Prozeßgericht anordnen (Abs 3 S 2; Ermessen). 7

V) Von der Zahlung eines Auslagenvorschusses (auch nach JVKostO für Prüfung und Erledigung) kann nur die Ausführung (§ 68 GKG), nicht aber die Bewilligung der öffentl Zustellung abhängig gemacht werden. 8

VI) Wirkung der öffentl Zustellung: §§ 206, 207. Nach öffentl Auslandszustellung (§ 203 II u III) können alle weiteren Zustellungen durch Aufgabe zur Post bewirkt werden (§ 175). Die richtig ausgeführte öffentl Zustellung ist auch gültig, wenn sich nachträglich herausstellt, daß die Voraussetzungen (auch infolge unvollständiger Angaben des Antragstellers, Köln NJW-RR 93, 446) nicht vorlagen (RG 61, 363; Köln FamRZ 95, 677 [unrichtige Auskunft des Einwohnermeldeamtes]; kritisch jedoch BGH 118, 45 [47] = NJW 92, 2280 [2281]), so selbst bei erschlichener Bewilligung (BGH 57, 108 = NJW 71, 2226). Weil dann die öffentl Zustellung im Hinblick auf den Anspruch auf rechtliches Gehör einen Rechtsmißbrauch darstellt, ist jedoch bei Fristversäumung auf Antrag Wiedereinsetzung in den vorigen Stand zu gewähren (BGH 118, 45 [48]). Ist diese nicht rechtzeitig beantragt, wird in einem neuen Verfahren (Vollstreckungsgegenklage) der Einwand der Arglist nicht mehr vorgebracht werden können. Bei Bewilligung der öffentl Zustellung auf Grund unwahrer Angaben des Antragstellers kann dieser wegen der Rechtsfolgen der sachlich nicht gerechtfertigten Zustellung gem §§ 826, 823 II BGB iVm § 263 StGB schadensersatzpflichtig sein (BGH 57, 108; RG 78, 389; München OLGZ 77, 79). 9

VII) Gebühren: 1) des **Gerichts:** Das Bewilligungsverfahren und die Entscheidung sind gebührenfrei; Beschwerdeverfahren (Rn 5): KV 1906. Nach Bewilligung: KV 1201, 9000 ff, 9004. – **2)** des **Anwalts:** Für das Verfahren um Bewilligung neben der Prozeßgebühr keine Vergütung (§ 31 I Nr 1, 37 BRAGO); bei Beschwerde wegen Ablehnung (Rn 5): § 61 BRAGO. 10

205 *[Inhalt des Auszugs bei öffentlicher Zustellung]*
In dem Auszug müssen bezeichnet werden

1. **das Prozeßgericht, die Parteien und der Gegenstand des Prozesses,**
2. **ein in dem zuzustellenden Schriftstück enthaltener Antrag,**
3. **die Formel einer zuzustellenden Entscheidung,**
4. **bei der Zustellung einer Ladung deren Zweck und die Zeit, zu welcher der Geladene erscheinen soll,**
5. **bei der Zustellung einer Aufforderung nach § 276 Abs. 1 Satz 1, Abs. 2 der Inhalt der Aufforderung und die vorgeschriebene Belehrung.**

1 **I)** Den **Inhalt des Auszugs** bestimmt § 205 für Anheftung an die Gerichtstafel (§ 204 II) und für Einrückung in den Bundesanzeiger sowie andere Veröffentlichung (§ 204 III). Die Abfassung (Formulierung) obliegt dem Urkundsbeamten (§ 204 I S 1). Beglaubigung des Auszugs ist (auch für Anheftung an die Gerichtstafel) nicht bestimmt; an dem amtlichen Charakter darf jedoch kein Zweifel aufkommen. Inhaltsmängel des Auszugs machen die öffentl Zustellung unwirksam (vor § 166 Rn 4; dort Rn 5, 6 auch zur Heilung von Zustellungsmängeln).

2 **II) Der Auszug muß enthalten: 1.** Die Angabe des Prozeßgerichts (wie § 253 II Nr 1; nicht auch des Spruchkörpers, § 253 Rn 9), der Parteien mit Familien- und Vornamen (§ 253 II Nr 1), (ehem) Wohnort (mit Zusatz „unbekannten Aufenthalts") und etwaigen Zusätzen, die sicherstellen, daß kein Zweifel an der Person besteht (nicht aber auch des Standes oder Gewerbes, gesetzl Vertreters und der Prozeßbevollmächtigten), und des allgemein zu haltenden Verfahrensgegenstandes (zB wegen Darlehensforderung, Unterlassung usw, vgl BGH NJW 82, 888), falls dieser sich nicht hinreichend aus dem Antrag oder der Entscheidungsformel ergibt; hierbei ist weitestmöglich der Persönlichkeitsschutz der Parteien (§ 204 Rn 6) zu wahren. **2.** Den Antrag, soweit ein solcher als Sachantrag (nicht notw auch Prozeßantrag) in dem zuzustellenden Schriftstück enthalten ist. **3.** Die Entscheidungsformel (vgl § 313 Rn 8; mit Nebenentscheidungen, s § 313 Rn 10), soweit eine solche zuzustellen ist (dabei auch die nach § 339 II bestimmte Einspruchsfrist). **4.** Bei Ladung (§ 214) Ort, Grund und Zeit (mit Terminsstunde) der Pflicht, zu erscheinen; die Benachrichtigung iS des § 204 II ersetzt diese im Auszug notwendige Angabe nicht. **5.** Im schriftlichen Vorverfahren die Aufforderung an den Beklagten, seine Verteidigungsabsicht (in der gesetzlichen oder bestimmten Frist) zu bekunden (§ 276 I) und die Belehrung gem § 276 II, weil sonst Zwangsmaßnahmen gegen den Beklagten gem § 331 III ausgeschlossen sind (§ 204 Rn 7, § 335 Rn 5).

206 *[Wirkungszeit der öffentlichen Zustellung]*
(1) Das eine Ladung oder eine Aufforderung nach § 276 Abs. 1 Satz 1 enthaltende Schriftstück gilt als an dem Tage zugestellt, an dem seit der letzten Einrückung des Auszugs in die öffentlichen Blätter ein Monat verstrichen ist. Das Prozeßgericht kann bei Bewilligung der öffentlichen Zustellung den Ablauf einer längeren Frist für erforderlich erklären.

(2) Im übrigen ist ein Schriftstück als zugestellt anzusehen, wenn seit der Anheftung des Auszugs an die Gerichtstafel zwei Wochen verstrichen sind.

(3) Auf die Gültigkeit der Zustellung hat es keinen Einfluß, wenn der anzuheftende Auszug von dem Ort der Anheftung zu früh entfernt wird.

1 **I) Zustellungsfiktion:** Die Fristen des § 206 können nicht abgekürzt werden. Verlängerung nach Abs 1 S 2 (nicht auch der Frist des Abs 2), hier abweichend von § 225 auch von Amts wegen, wenn das der Kenntnisnahme durch den Antragsgegner dienlich sein könnte, nur im Bewilligungsbeschluß des Prozeßgerichts (nicht durch den Vorsitzenden allein), nicht mehr nachträglich. Die Rechtsfolge des Fristablaufes tritt unabhängig davon ein, ob bzw wann der Adressat Kenntnis von der Zustellung erlangt hat oder ob die Voraussetzungen der öffentl Zustellung nach der Bewilligung entfallen sind (zB im Fall des § 1911 BGB oder weil der Aufenthalt nachträglich bekannt wird). Meldet sich der Adressat vor Ablauf der Fristen der Abs 1 u 2 auf der Geschäftsstelle, so kann eine von Amts wegen vorzunehmende Zustellung unabhängig von § 206 mit sofortiger Wirkung gem § 212b erfolgen.

2 **II) Beispiele: a)** Zustellung einer beim LG eingereichten Klage. Die letzte Einrückung des Auszugs in den Bundesanzeiger erfolgte am 4. Mai. Die Klage gilt als zugestellt mit Ablauf des 4. 6. Termin kann erst am 19. 6. stattfinden (Einlassungsfrist § 274 III). **b)** Auf Antrag des Klägers wird unter Bestimmung der Einspruchsfrist (§ 339 II) die öffentl Zustellung des amtsgerichtl Versäumnisurteils an den Beklagten angeordnet. Begl Abschrift des Urteils wird am 15. 6. an die Gerichtstafel angeheftet. Einspruchsfrist beginnt mit dem 30. 6.

III) Abs 3 stellt klar, daß selbst **unbefugte Entfernung des Aushangs** vor Fristablauf die Fiktion der Zustellung nicht beseitigt. Rechtfertigung vorzeitiger Entfernung des Aushangs durch die Geschäftsstelle (etwa wegen Überfüllung der Tafel) ist damit nicht verbunden. 3

207 *[Rückwirkung der Zustellung]*

(1) Wird auf ein Gesuch, das die Zustellung eines ihm beigefügten Schriftstücks mittels Ersuchens anderer Behörden oder Beamten oder mittels öffentlicher Bekanntmachung betrifft, die Zustellung demnächst bewirkt, so treten, insoweit durch die Zustellung eine Frist gewahrt und der Lauf der Verjährung oder einer Frist unterbrochen wird, die Wirkungen der Zustellung bereits mit der Überreichung des Gesuchs ein.

(2) Wird ein Schriftsatz, dessen Zustellung unter Vermittlung der Geschäftsstelle erfolgen soll, innerhalb einer Frist von zwei Wochen nach der Einreichung bei der Geschäftsstelle zugestellt, so tritt, sofern durch die Zustellung eine Notfrist gewahrt wird, die Wirkung der Zustellung bereits mit der Einreichung ein.

I) Zweck: Schutz vor Verzögerung bei Zustellung durch den GV, im Ausland (§§ 199, 200) und bei öffentl Zustellung (§§ 203–206), weil der Zustellende keinen Einfluß auf den Geschäftsbetrieb (uU sogar einer ausländischen Behörde) hat. Verzögerungen, die durch diesen Betrieb (nicht durch Nachlässigkeit der Partei) bedingt sind, sollen für Einhaltung einer bereits laufenden Frist bzw der Unterbrechung einer solchen Frist oder der Verjährung (also wegen § 262 nicht anwendbar für Begründung der Rechtshängigkeit oder für die Inlaufsetzung einer Frist) die Partei nicht belasten. Die Bedeutung des § 207 ist gering, weil Amtszustellung vorherrscht (vor § 166 Rn 3) und hierfür die inhaltl entsprechenden § 270 III (dort Rn 7–12), § 693 II (dort Rn 5, 6) gelten. 1

II) Anwendungsbereich: Notfristen (§ 223 III), andere prozessuale Fristen (zB §§ 234, 320, 586), Unterbrechung der Verjährung (§§ 209 ff BGB) und sonstige materiellrechtliche Fristen (zB §§ 124, 532, 937, 941, 1594 BGB, §§ 35, 36 EheG). Das § 270 Rn 12 Gesagte gilt hier entsprechend. 2

III) Die Rückwirkung auf die Zeit der Einreichung (Begriff s § 270 Rn 5–6d) des Gesuches (§§ 202, 204) setzt voraus, daß die Zustellung **demnächst bewirkt** wird, also nicht durch von der Partei zu vertretende Umstände (zB Nichteinzahlung der Auslagenvorschusses gem § 68 GKG) verzögert wird (RG 105, 427; BGH NJW 56, 1319; München NJW 66, 1518). Nachlässigkeit ihres Prozeßbevollmächtigten hat sich die Partei anrechnen zu lassen (§ 85 II; BGH 31, 342 = NJW 60, 766). Die Partei darf jedoch für die (auch telegrafisch mögliche, RG 151, 82) Einreichung des Zustellungsgesuches die laufende Frist bis zu deren letzten Tag ausschöpfen; doch trägt sie dann das Risiko der demnächstigen Bewirkung der Zustellung. Wird zB die vor Fristablauf beantragte Zustellung im Ausland wegen politisch bedingter Unausführbarkeit nicht „bewirkt“, kann nach Fristablauf nicht mehr Zustellung gem § 203 II beantragt und Rückwirkung auf die Zeit des ersten (erfolglosen) Antrages geltend gemacht werden (RG 70, 294). Vgl im übrigen § 270 Rn 5–6d. Rückwirkung auf die Zeit des ersten Antrages jedoch, wenn dieser zurückgewiesen, auf Beschwerde hin aber Zustellung bewirkt wird. 3

IV) Alle anderen Wirkungen der Zustellung (zB Rechtshängigkeit §§ 261, 253 I; Lauf der Rechtsmittelfrist §§ 516, 552) treten erst mit der wirklich erfolgten Zustellung bzw mit Ablauf der in § 206 genannten Fristen ein (vgl § 262 Rn 4). 4

II. Zustellungen von Amts wegen

208 *[Grundsatz]*

Auf die von Amts wegen zu bewirkenden Zustellungen gelten die Vorschriften über die Zustellungen auf Betreiben der Parteien entsprechend, soweit nicht aus den nachfolgenden Vorschriften sich Abweichungen ergeben.

I) Die **Zustellung von Amts** wegen ist jetzt die Regel (§ 270 I; für Vollstreckungsbescheid § 699 IV mit Ausnahme). Abgrenzung von der Zustellung im Parteibetrieb vor § 166 Rn 3. Ausgeführt wird die Amtszustellung durch den Urkundsbeamten der Geschäftsstelle (§ 209 mit GVG § 153 I); der GV wirkt nicht mit (die Justizverwaltung kann diesen jedoch mit Aufgaben des Gerichtswachtmeisters betrauen). Urschrift und Zustellungsnachweise bleiben bei den Gerichtsakten. 1

II) 1) Entsprechend anwendbar sind § 170 I (Übergabe einer Ausfertigung oder beglaubigten Abschrift, s § 210 Rn 1), §§ 171–176 (§ 176 ergänzt durch § 210a), §§ 177–189, § 195a, §§ 199–206, § 207 I. 2

3 2) **Nicht anwendbar** sind: §§ 166–169, 170 II wegen § 210, § 190, § 191 wegen § 211, § 192 wegen § 213, §§ 193, 194 und § 196 wegen §§ 211, 212, § 197 (weil Zustellung durch den GV nicht stattfindet), § 198 wegen § 212a, § 207 II (gegenstandslos wegen § 270 III).

4 3) Amtsbetrieb erübrigt Antrag für Anordnung, daß ein Zustellungsbevollmächtigter zu bestellen ist (§ 174 I), Aufgabe zur Post mit der Bezeichnung „Einschreiben" (§ 175 II), Zustellungsanordnung bei unbekanntem Aufenthalt des Prozeßbevollmächtigten (§ 177 I) und Bewilligung der öffentlichen Zustellung (§ 204 I; Köln NJW-RR 89, 609; LG Zweibrücken MDR 78, 851 L). Es besteht allgemein auch keine Verpflichtung des Urkundsbeamten, eine öffentliche Zustellung anzuregen; Amtspflicht kann dies im Einzelfall aber sein, wenn Nachteile für die Partei zu verhindern sind (BGH MDR 84, 124).

5 **III) Gebühren** für die **Zustellung von Amts wegen:** Keine. Auslagen s KV 9002. Für die Zustellung im Ausland s § 202 Rn 3. Vorschußpflicht s § 68 III S 1 GKG; die Regelung greift aber erst ein, wenn der Freibetrag (100 DM, 2 vor KV 9000) in der Instanz überschritten ist.

209 *[Bewirkung durch Geschäftsstelle]*

Für die Bewirkung der Zustellung hat die Geschäftsstelle Sorge zu tragen.

1 **I)** Der **Urkundsbeamte** (§ 153 GVG), nicht eine Hilfskraft, hat die Zustellung von Amts wegen **zu bewirken.** Er hat (eigenverantwortlich) die Zustellungsbedürftigkeit zu prüfen, die Initiative zur Vornahme erforderlicher Zustellungen zu ergreifen (RG 105, 422 [423]; BGH NJW 56, 1878 [1879]) und deren Durchführung (insbes auch den Eingang der Zustellungsurkunde oder des Empfangsbekenntnisses nach § 212a) zu überwachen (RG aaO). Anweisung des Richters (Rechtspflegers) schließt das nicht aus (BGH aaO u NJW-RR 93, 1213 [1214]); nötig ist sie jedoch nur in Sonder- und Zweifelsfällen. Der Mitwirkung des Gerichts bedarf es in den Fällen der § 177 (Zustellung an die Partei selbst), § 188 (Zustellung zu außergewöhnlicher Zeit), § 199 (Ersuchsschreiben des Vorsitzenden bei Auslandszustellung) und § 204 (Bewilligung öffentl Zustellung).

2 **II)** Zu prüfen hat der Urkundsbeamte bei Eingang eines Schriftstücks, ob dieses dem Richter vorzulegen (Terminsbestimmung) oder sogleich dem Gegner formlos mitzuteilen (vor § 166 Rn 2) oder förmlich zuzustellen ist. Letzterenfalls steht es (soweit nicht der Richter/Rechtspfleger Anordnung getroffen hat) in seinem pflichtgemäßen Ermessen (BGH NJW 69, 1298 [1299] u NJW 90, 2125), welche zulässige Art der Zustellung (§§ 211, 212a–213) er wählt.

3 **III)** Erforderliche **Abschriften** eines zuzustellenden Schriftsatzes (§ 133 I), die eine Partei nicht mit eingereicht hat, fordert der Urkundsbeamte an; wenn sie nicht vorgelegt werden, veranlaßt er ihre Fertigung (§ 299). Schreibauslagen: KostVerz Nr 9000.

4 **IV)** Zu den **Amtspflichten** des Urkundsbeamten gehört bei Zustellung durch einen Justizwachtmeister oder die Post nach Eingang der Zustellungsurkunde die Prüfung, ob sie ordnungsgemäße Ausführung der Zustellung ausweist (BGH NJW 90, 176 [177]); er hat bei nicht formgerechter Zustellung des Schriftstücks erneut und gesetzesgemäß zustellen zu lassen. Zeigen sich Bedenken gegen eine formgerechte Zustellung, kann im Einzelfall auch nur ein Hinweis an den Beteiligten zur Prüfung und Wahrung seiner Rechte geboten sein (BGH aaO). Amtspflichtwidrig handelt der Urkundsbeamte (Haftung), wenn er die eine unwirksame Zustellung ausweisende Urkunde nur zu den Akten nimmt (BGH aaO). Gleiches gilt bei Zustellung gegen Empfangsbekenntnis nach § 212a.

210 *[Beglaubigung]*

Die bei der Zustellung zu übergebende Abschrift wird durch den Urkundsbeamten der Geschäftsstelle beglaubigt.

1 **I)** Zugestellt wird von Amts wegen eine **beglaubigte Abschrift** (BGH 15, 142 [144] u 42, 94 = NJW 64, 1857) des bei den Akten verbleibenden Schriftstücks (§ 170 I), selten eine Ausfertigung (zB §§ 377, 402, 1039 II; dazu § 170 Rn 2). Vorgenommen wird die **Beglaubigung** (§ 170 II, dazu Anm dort) von dem Urkundsbeamten, soweit sie nicht bereits nach § 170 II durch den Anwalt erfolgt ist (dessen Zuständigkeit für Beglaubigung besteht auch bei Zustellung von Amts wegen). Der Urkundsbeamte hat mit dem Zusatz „als Urkundsbeamter der Geschäftsstelle" zu unterschreiben; daß ein Urkundsbeamter den Beglaubigungsvermerk unterzeichnet hat, muß jedenfalls hinreichend erkennbar sein (vgl § 170 Rn 6 u 9). Bei Beteiligung der Staatsanwaltschaft am Verfahren kann auch deren Urkundsbeamter beglaubigen (RG 33, 365). Von gerichtlichen Entscheidungen wird vielfach eine Ausfertigung zugestellt; sie ersetzt die Übergabe einer beglaubigten Abschrift (§ 170 Rn 2).

II) Mängel der Abschrift einer gerichtlichen Entscheidung wirken sich in gleicher Weise unmittelbar auf die Wirksamkeit der Zustellung aus wie bei Zustellung im Parteibetrieb Mängel der Ausfertigung (dazu § 170 Rn 3, 5 u 7). 2

210a

[Zustellung einer Rechtsmittelschrift]

(1) Ein Schriftsatz, durch den ein Rechtsmittel eingelegt wird, ist dem Prozeßbevollmächtigten des Rechtszuges, dessen Entscheidung angefochten wird, in Ermangelung eines solchen dem Prozeßbevollmächtigten des ersten Rechtszuges zuzustellen. Ist von der Partei bereits ein Prozeßbevollmächtigter für den höheren, zur Verhandlung und Entscheidung über das Rechtsmittel zuständigen Rechtszug bestellt, so kann die Zustellung auch an diesen Prozeßbevollmächtigten erfolgen.

(2) Ist ein Prozeßbevollmächtigter, dem nach Abs. 1 zugestellt werden kann, nicht vorhanden oder ist sein Aufenthalt unbekannt, so erfolgt die Zustellung an den von der Partei, wenngleich nur für den ersten Rechtszug bestellten Zustellungsbevollmächtigten, in Ermangelung eines solchen an die Partei selbst, und zwar an diese durch Aufgabe zur Post, wenn sie einen Zustellungsbevollmächtigten zu bestellen hatte, die Bestellung aber unterlassen hat.

I) Zweck: Ergänzung des § 176 für Zustellung einer Rechtsmittelschrift an den Gegner (§§ 519a, 553a II). Für wirksame Einlegung des Rechtsmittels ist die Zustellung nicht wesentlich (§ 519a Rn 1). 1

II) Reihenfolge der Zustellungsadressaten bei Rechtsmittel: 1) Prozeßbevollmächtigter der Vorinstanz, hilfsweise der ersten Instanz (Abs 1 S 1, insoweit Ausnahme von § 176). Der Zustellungsbevollmächtigte (§ 174) eines RA steht diesem gleich. 2

2) Alternativ neben 1: Prozeßbevollmächtigter der Rechtsmittelinstanz, soweit bereits hierfür bestellt (Abs 1 S 2; praktisch nur in den Fällen §§ 521, 556, denn Bestellung erfolgt idR erst, wenn Rechtsmittelschrift bereits zugestellt). Sind mehrere Urteile gleichzeitig angefochten (zB Teil-, Zwischen- und Schlußurteil), ist Bestellung jeweils neu nötig bzw zu prüfen. Ist Rechtsmittelgegner die Staatsanwaltschaft (zB Familiensachen), so ist Adressat der Behördenleiter der StA beim Rechtsmittelgericht (General- bzw Generalbundesanwalt), nicht der Oberstaatsanwalt beim Erstgericht (RG 36, 345). 3

3) Zustellungsbevollmächtigter (§ 174) des Rechtsmittelgegners (Abs 2; zB bei Wegfall des Prozeßbevollmächtigten, RG 103, 334 [336]) und letztlich 4

4) Rechtsmittelgegner persönlich, zB wenn die Bevollmächtigten 1–3 weggefallen sind (RG 103, 334 [336]). Soweit gem Abs 2 letzter Halbs an die Partei durch Aufgabe zur Post zuzustellen ist, bedarf es hierzu richterlicher Anordnung entspr § 174 I. 5

III) „Bestellung eines Prozeßbevollmächtigten" und notwendige Bekanntgabe hiervon an das Rechtsmittelgericht s § 176 Rn 5 ff. Bestellung eines Zustellungsbevollmächtigten § 174 Rn 1, § 175 Rn 1. Weggefallen ist der Prozeßbevollmächtigte durch Tod oder die anderen § 244 Rn 2–4 genannten Umstände; Mandatskündigung genügt im Anwaltsprozeß nicht (§ 176 Rn 10). Verstoß gegen § 210a wird nach § 187 I sowie § 295 geheilt (BGH 65, 114 [116]; BAG 21, 193 = NJW 69, 1366 [1367]). 6

211

[Ausführung der Zustellung]

(1) Die Geschäftsstelle hat das zu übergebende Schriftstück einem Gerichtswachtmeister oder der Post zur Zustellung auszuhändigen; ein Beamter der Justizvollzugsanstalt steht bei der Zustellung an einen Gefangenen dem Gerichtswachtmeister gleich. Die Sendung muß verschlossen sein; sie muß mit der Anschrift der Person, an die zugestellt werden soll, sowie mit der Bezeichnung der absendenden Stelle und einer Geschäftsnummer versehen sein. Sie muß den Vermerk „Vereinfachte Zustellung" tragen.

(2) Die Vorschrift des § 194 Abs. 2 ist nicht anzuwenden.

I) Der **Urkundsbeamte kann** nach pflichtgemäßem Ermessen (näher § 209 Rn 2) die Zustellung durch einen Gerichtswachtmeister oder durch die Post ausführen lassen (Abs 1); er kann gegen Empfangsbekenntnis (§ 212a) oder selbst durch Aushändigung (§ 212b) zustellen. 1

II) Zustellung der verschlossenen Sendung (wie Rn 3) durch den **Gerichtswachtmeister** (gleich steht ein Beamter der Justizvollzugsanstalt) erfolgt gem § 208 nach den Vorschriften der §§ 180–186. Der Gerichtswachtmeister muß nicht bei dem Gericht tätig sein, dessen Sendung zuzustellen ist; ausgeführt werden kann die Zustellung auch durch den Wachtmeister eines 2 anderen Gerichts, dem das Schriftstück (ebenso wie einem Beamten der Justizvollzugsanstalt) durch Übersendung ausgehändigt werden kann (StJ/Roth Rn 8). Beurkundung: § 212.

3 **III)** Der **Post** wird für Zustellung das zu übergebende Schriftstück verschlossen (in dem Umschlag nach amtlichem Muster) versehen mit Anschrift und Absender sowie Geschäftsnummer und dem Vermerk „Vereinfachte Zustellung" ausgehändigt (Abs 1; die Verwendung eines Fensterbriefumschlags ist zulässig, LG Krefeld NJW 80, 466 = Rpfleger 80, 71), und zwar zusammen mit einem Entwurf der vom Postbediensteten aufzunehmenden Zustellungsurkunde. Verschluß durch Abdruck des Dienstsiegels ist nicht erfordert. Einlieferung bei der Post: wie § 194 Rn 2. Der (wesentliche) Unterschied zur Postzustellung durch den GV (§ 194) besteht darin, daß hier weder ein Vermerk auf die zu übergebende Ausfertigung oder Abschrift noch ein Zeugnis auf die Urschrift zu setzen ist, da § 194 II keine Anwendung findet (Abs 2). „Vereinfachte Zustellung" weist den Adressaten darauf hin, daß von Amts wegen zugestellt (nicht bloß übergeben) wird (BGH NJW 69, 1298 [1300]; Karlsruhe NJW 74, 1388) und eine Abschrift der Zustellungsurkunde (§ 190 II, § 191 Nr 6) nicht beigefügt ist. Beurkundung: § 212.

4 **IV)** Ist für die Fristberechnung die Tageszeit (Uhrzeit) der Zustellung von Bedeutung, so ist auf den Briefumschlag (und den Entwurf der Zustellungsurkunde) der Vermerk zu setzen „Mit Zeitangabe zustellen". Vermerk über unzulässige Ersatzzustellung: § 185 Rn 5. Soll Nachsendung erfolgen, so ist dies auf der Sendung erkennbar zu machen.

5 **V)** Die Aushändigung des Schriftstücks an einen Gerichtswachtmeister oder die Post wird in den **Akten vermerkt.** Beispiele: „Zur Post unter der Geschäftsnummer ... am ..." oder „Zur Post durch den Gerichtswachtmeister unter Geschäftsnummer .... am ...". Der Vermerk wird vom Urkundsbeamten unterzeichnet. Er ist Erledigungsvermerk, nicht aber Beurkundungsvermerk (§ 194 II über Beurkundung auf der Urschrift findet keine Anwendung, Abs 2). Fehlen des Vermerks ist daher unschädlich.

6 **VI) Verstoß** gegen Abs 1 S 2 und 3 macht die Zustellung unwirksam, so Aushändigung einer nicht verschlossenen Sendung (Identität des Inhalts ist dann fraglich, BGH LM § 176 Nr 3), Angabe einer unrichtigen Geschäftsnummer (BGH MDR 66, 44 = Rpfleger 65, 272, gewährleistet richtigen Inhalt der Sendung nicht) oder fehlende Angabe des Aktenzeichens (Nürnberg NJW 63, 1207) und fehlender Vermerk „Vereinfachte Zustellung" (Rostock OLG 2, 422; Karlsruhe NJW 74, 1388). Heilung nach § 187 oder § 295 (vor § 166 Rn 5 u 6).

7 **VII) Auslagen** des **Gerichts:** Wenn durch Justizbedienstete zugestellt wird (§§ 211, 212), fallen die Gebühren nach § 16 I GVKostG an (KV 9002b).

212 *[Beurkundung der Zustellung]*

(1) Die Beurkundung der Zustellung durch den Gerichtswachtmeister oder den Postbediensteten erfolgt nach den Vorschriften des § 195 Abs 2 mit der Maßgabe, daß eine Abschrift der Zustellungsurkunde nicht zu übergeben, der Tag der Zustellung jedoch auf der Sendung zu vermerken ist.

(2) Die Zustellungsurkunde ist der Geschäftsstelle zu überliefern.

1 **I)** Über die Zustellung ist durch den Gerichtswachtmeister, Beamten der Justizvollzugsanstalt oder Postbediensteten, eine Urkunde aufzunehmen (§ 190 I, § 195 II S 1, je mit § 208). Die Beurkundung erfolgt nach § 195 II (Einzelheiten Anm dort) mit der Einschränkung, daß (alternative) Übergabe einer Abschrift der Zustellungsurkunde ausgeschlossen ist (Abs 1). Der Tag der Zustellung ist daher stets auf der (verschlossenen) Sendung (auch bei Verwendung eines Fensterbriefumschlags) zu vermerken (Abs 1).

2 **II)** Die Zustellungsurkunde wird der Geschäftsstelle übermittelt (Abs 2), die sie zu den Akten nimmt. Zustellungszeugnis: § 213a.

3 **III) Beweiskraft** der Zustellungsurkunde: § 190 Rn 5. **Verstoß:** Unterbleibt der Vermerk des Zustellungstages auf der Sendung, so ist die Zustellung dennoch wirksam; dann wird eine Notfrist jedoch nicht in Lauf gesetzt (wie § 195 Rn 3). Im übrigen § 191 Rn 9–11.

212a *[Zustellung an einen Anwalt, Notar usw]*

Bei der Zustellung an einen Anwalt, Notar oder Gerichtsvollzieher oder eine Behörde oder Körperschaft des öffentlichen Rechts genügt zum Nachweis der Zustellung das mit Datum und Unterschrift versehene schriftliche Empfangsbekenntnis des Anwalts oder eines gemäß der Rechtsanwaltsordnung bestellten Zustellungsbevollmächtigten, des Notars oder Gerichtsvollziehers oder der Behörde oder Körperschaft.

I) Zweck: Wie § 198 Rn 1 mit einem auf Notare etc erweiterten Adressatenkreis. 1

II) Anwendungsbereich: Zustellung von Amts wegen (§ 208) an einen **Anwalt** (zu gleichgestellten Personen § 198 Rn 3), **Notar** (gleich steht dessen Vertreter, § 39 BNotO, und ein Notarverweser, § 56 BNotO), **GV** (§ 154 GVG), eine **Behörde** (§ 273 Rn 8) oder **Körperschaft** des öffentlichen Rechts. Gleich ist, ob dem Anwalt, Notar usw als Prozeßbevollmächtigten (§ 176), sonst als Vertreter oder in eigener Sache (einer Behörde auch als Verfahrensbeteiligten) zugestellt wird. Auf andere Adressaten ist die Vorschrift nicht entsprechend anwendbar, auch nicht auf Rechtsbeistände und Prozeßagenten (Frankfurt JurBüro 86, 1893; Hamm JMBlNW 78, 101; OVG Koblenz NJW 70, 1144; LG Krefeld Rpfleger 87, 165); Ausnahme für Verbandsvertreter in Arbeitssachen nach § 50 II ArbGG. Der empfangende Anwalt kann sich durch einen anderen RA vertreten lassen (BGH 76, 10 [12, 13]; Frankfurt OLGR 96, 35 [auch wenn dieser beim Prozeßgericht nicht zugelassen ist]; Köln JMBlNW 67, 256; § 198 Rn 4), nicht aber durch einen sonstigen Bevollmächtigten (Rn 8), desgleichen der Notar durch einen bevollmächtigten anderen Notar (Hamm JurBüro 67, 611). An den Zustellungsbevollmächtigten des RA, der nach § 30 BRAO zu bestellen war (nicht aber in anderen Fällen, BGH MDR 82, 917 = NJW 82, 1649) kann (auch wenn er nicht RA ist, BGH 67, 10 [12]) wie an den RA selbst nach § 212a (auch § 198) zugestellt werden (§ 30 II BRAO). 2

III) Voraussetzungen (s BGH 30, 335 [336] = NJW 59, 2062): **1) Zustellungsabsicht** (dazu § 198 Rn 6) des Urkundsbeamten (§ 209). Wenn Zustellung durch richterliche Verfügung angeordnet ist, kommt es auf diese Willensäußerung des Richters an (BGH NJW 56, 1878). Ein Widerruf des Zustellungswillens wird in der Rückforderung des zuzustellenden Schriftstücks „zur Berichtigung" vor Abschluß des Zustellungsvorgangs nicht gesehen (BGH NJW-RR 92, 251 [252] u 93, 1213 [1214]). Wenn zusätzlich Rückleitung des (noch nicht unterzeichneten) Vordrucks für das Empfangsbekenntnis verlangt wird, muß jedoch angenommen werden, daß die Zustellung verhindert werden soll (BGH NJW-RR 92, 251 [252]), die Zustellungsabsicht somit nicht mehr fortbesteht. 3

2) Mitwirkung des Zustellungsadressaten, für eine Behörde und Körperschaft des Vorstehers (seines Vertreters) oder des nach der Aufgabenverteilung zuständigen Bediensteten (BAG NJW 95, 1916). Er muß vom Zugang des zuzustellenden Schriftstücks Kenntnis erlangen und entscheiden, ob er es als Zustellung ansieht (Empfangsbereitschaft, § 198 Rn 7 mit Einzelheiten). 4

IV) Verfahren: 1) Der Urkundsbeamte kann das zu übergebende Schriftstück dem Anwalt, Notar usw selbst aushändigen, es ihm durch Einlegen in das Schrankfach bei Gericht übermitteln (Hamburg MDR 59, 307; verschlossener Umschlag [§ 211] ist nicht erforderlich) oder durch einen Boten (auch Gerichtswachtmeister) oder durch die Post (mit einfachem Brief) zuleiten. Einzelheiten: § 198 Rn 8 u 9. 5

2) Der **Zustellungswille** (Rn 3) wird durchweg durch Mitsendung eines (vorbereiteten) Formulars für das Empfangsbekenntnis (oder durch die Bitte um Empfangsbekanntnis nach § 212a) bekundet. Eine (ausdrückliche) Erklärung der Geschäftsstelle, es werde zugestellt, ist nicht vorgeschrieben (BGH NJW 69, 1298 [1299]). Auch ein Vermerk über „Vereinfachte Zustellung" (§ 211 I S 3) wird auf dem Schriftstück (der Sendung) nicht angebracht (BGH JurBüro 78, 1489 = VersR 78, 563). 6

3) Die Zuleitung des Schriftstücks an den Adressaten wird in den **Akten vermerkt.** Beispiel: „Zur Zustellung nach § 212a ZPO mit Empfangsbekenntnis ins Schrankfach eingelegt am . . .". Der Vermerk wird vom Urkundsbeamten unterzeichnet. Er ist Erledigungsvermerk, nicht aber Beurkundungsvermerk und damit nicht Zustellungserfordernis. Fehlen des Vermerks ist daher unschädlich. 7

V) 1) Schriftliches Empfangsbekenntnis des Zustellungsadressaten (für den RA auch eines nach § 30 BRAO bestellten Zustellungsbevollmächtigten, s Rn 2) als wesentliches Erfordernis der Zustellung (BGH NJW 94, 2295 [2296]). Einzelheiten: § 198 Rn 10–13. Unterzeichnung kann auch durch eine gleichgestellte Person (zu dieser Rn 2) erfolgen, nicht aber durch einen sonstigen Bevollmächtigten (BGH MDR 82, 922 = NJW 82, 1650) und nicht durch andere (nicht nach § 30 BRAO bestellte) Zustellungsbevollmächtigte (BGH NJW 82, 1649). Für eine Behörde und Körperschaft unterzeichnet der Vorsteher (sein Vertreter) oder der nach der Aufgabenverteilung zuständige Bedienstete (BAG NJW 95, 1916). Das Empfangsbekenntnis kann (muß aber nicht, BGH MDR 94, 718 u NJW 94, 2297 sowie VersR 95, 113) auf die Zustellungskarte gesetzt werden; 8

ebenso wirksam ist auch schriftliche (briefliche) Bestätigung (Mitteilung) des RA usw, das Schriftstück zur Zustellung entgegengenommen (oder erhalten) zu haben, insbes wenn sie auf Rückfrage der Geschäftsstelle nach dem Verbleib des Empfangsbekenntnisses eingereicht wird (BGH NJW 94, 2297 = VersR 94, 959). Auch in einer Berufungsschrift oder einem Wiedereinsetzungsantrag kann (bei Unterzeichnung durch denselben RA) das Empfangsbekenntnis daher enthalten sein, wenn das Datum der Zustellung ausdrücklich genannt ist (BGH NJW 94, 2295 [2296] mwN u VersR 95, 113); es kann durch Angabe des Zeitpunkts und der Entgegennahme im Schriftsatz eines anderen (des zweitinstanzlichen) RA (auch eines Verkehrsanwalts) aber nicht nachgeholt werden (BGH MDR 95, 523 = NJW 94, 2295).

9 2) Das Empfangsbekenntnis kann auch **nachträglich ausgestellt** werden (BGH 35, 236; näher § 198 Rn 14), solange der Adressat sich bewußt ist, noch an einem in Zustellungsabsicht (Rn 3) eingeleiteten Zustellungsvorgang mitzuwirken (BGH NJW 81, 462 [463]), so wenn die Zustellung nach § 212a in die Wege geleitet (Übermittlungsweg Rn 5), es aber versehentlich unterlassen wurde, einen Vordruck für das Empfangsbekenntnis beizufügen (BGH aaO). Nach zunächst nur formloser Übersendung des Schriftstücks (ohne Zustellungsabsicht; leitet keine Zustellung ein) bewirkt spätere Unterzeichnung eines nachträglich noch zugeleiteten Formulars für das Empfangsbekenntnis Zustellung nur, wenn der Empfänger eindeutig zu erkennen gegeben (bestätigt) hat, daß er auf Einleitung der Zustellung mit nochmaliger Zuleitung des Schriftstücks verzichtet und das Empfangsbekenntnis für das bereits in seinem Besitz befindliche Schriftstück ausstellt und zurückleitet (BGH FamRZ 72, 91; dies erfordern Mitwirkung und Empfangsbereitschaft, s Rn 4).

10 **VI) Datum** der Zustellung: § 198 Rn 12. **Beweiskraft** des Empfangsbekenntnisses: wie § 198 Rn 15. **Bescheinigung** der Zustellung: § 213a (ersetzt § 198 II).

212b *[Aushändigung an der Amtsstelle]*

Eine Zustellung kann auch dadurch vollzogen werden, daß das zu übergebende Schriftstück an der Amtsstelle dem ausgehändigt wird, an den die Zustellung zu bewirken ist. In den Akten und auf dem ausgehändigten Schriftstück ist zu vermerken, wann dies geschehen ist; der Vermerk ist von dem Beamten, der die Aushändigung vorgenommen hat, zu unterschreiben.

1 **I) Zweck:** Vereinfachung der Zustellung durch Aushändigung an den Adressaten und Beurkundung durch Aktenvermerk für Amtszustellungen aller Art, auch für solche, durch die eine Notfrist in Gang gesetzt wird.

2 **II) 1) Aushändigung** an der Amtsstelle kann **in allen Fällen** an den (anwesenden) Adressaten erfolgen, auch wenn ihm als gesetzlicher Vertreter (§ 171), Generalbevollmächtigter oder Prokurist (§ 173), Zustellungs- (§ 174) oder Prozeßbevollmächtigter (§ 176) zuzustellen ist. Erfolgen muß die Aushändigung an den Adressaten persönlich. Das Schriftstück kann offen (§ 211 I S 2 gilt nicht), wenn der Vermerk nach S 2 angebracht ist aber auch in einem verschlossenen Umschlag übergeben werden (so auch MK/vFeldmann Rn 1; aA [nur offen] StJ/Roth Rn 3; Bedenken sind aber nicht gerechtfertigt). Annahmeverweigerung schließt Zustellung nach § 212b aus; § 186 gilt hier nicht. Nicht erforderlich ist, daß der Empfänger noch ausdrücklich „auf förmliche Zustellung verzichtet" (kommt in der Praxis immer wieder vor; § 212b ist gesetzlich vollwertige Form der Zustellung). Aushändigung an einen (selbst mit Empfangs- oder Abholvollmacht versehenen) Vertreter oder Einlegen in das Schrankfach des RA (wie bei § 212b) genügen nicht (BGH NJW 63, 1779).

3 **2) Amtsstelle** sind die Geschäftsräume des Gerichts, so das Geschäftsstellenzimmer, ein Sitzungssaal, auch das Arbeitszimmer des Richters oder Rechtspflegers. § 212b ist nicht nur bei zufälliger Anwesenheit des Adressaten anwendbar; er kann auch zur Zustellung auf die Geschäftsstelle (schriftlich, mündlich oder fernmündlich) bestellt (gebeten) werden (kann zweckmäßig sein und ist mitunter erwünscht); eine Pflicht zum Erscheinen besteht nicht.

4 **3) Aushändigung** durch den **Urkundsbeamten** (§ 209) oder sonst eine bestimmte Person ist nicht vorgesehen. Sie kann daher auch durch den Richter oder Rechtspfleger, einen Angestellten oder (beauftragten) Gerichtswachtmeister vorgenommen werden. Jedoch muß sie durch einen Bediensteten (s S 2 „Beamten") erfolgen, zu dessen Aufgaben die Bearbeitung von Verfahren gehört (Sachbearbeiter des Verfahrens, in dem zugestellt wird, muß er nicht sein), also nicht zB durch die Reinemachefrau, die nur Aufräumungsarbeiten vornimmt.

5 **III)** Die Aushändigung und die Zeit der Zustellung sind **in den Akten** und auf dem ausgehändigten **Schriftstück** zu **vermerken;** der Vermerk ist zu unterschreiben (S 2). Empfangsbestätigung des Adressaten ist nicht nötig (mitunter ratsam, stets aber unschädlich). Der Aktenvermerk ist (wie die Zustellungsurkunde) Beurkundungsnachweis; für die Wirksamkeit der Zustel-

lung ist er daher wesentlich (StJ/Roth Rn 5; MK/vFeldmann Rn 2; aM Hamburg MDR 57, 489; BL/Hartmann Rn 3). Wird die Zustellung auf dem ausgehändigten Schriftstück nicht vermerkt, so ist sie dennoch wirksam; dann wird eine Notfrist jedoch nicht in Lauf gesetzt (wie § 195 Rn 3).

IV) Zustellung durch Aushändigung der Urkunde kann auch erfolgen nach § 62 II BeurkG und § 60 II S 2 KJHG. 6

213 *[Zustellung durch Aufgabe zur Post und Aktenvermerk]*

Ist die Zustellung durch Aufgabe zur Post (§ 175) erfolgt, so hat der Urkundsbeamte der Geschäftsstelle in den Akten zu vermerken, zu welcher Zeit und unter welcher Adresse die Aufgabe geschehen ist. Der Aufnahme einer Zustellungsurkunde bedarf es nicht.

I) Bei Zustellung von Amts wegen (§ 208) durch Aufgabe zur Post (§ 175; zu den Voraussetzungen dort) wird eine Zustellungsurkunde (§ 192) nicht aufgenommen (S 2). An ihre Stelle tritt der **Aktenvermerk** des Urkundsbeamten (S 1). Dieser ist daher seinem Wesen nach nichts anderes als eine Zustellungsurkunde (BGH 8, 314 [316] = NJW 53, 422). Wie deren Aufnahme (§ 190 Rn 1) ist er zwingendes Erfordernis der Zustellung (BGH 8, 314; 32, 370 [372] = NJW 60, 1763; BGH MDR 66, 131 = Rpfleger 66, 143; BGH MDR 79, 126 = NJW 79, 218; BGH 73, 388 [390] = MDR 79, 750); ohne diesen Vermerk ist die Zustellung nicht wirksam (Düsseldorf NJW-RR 94, 5). 1

II) Zur **Beurkundung** der Zustellung kann der Aktenvermerk **nicht vor Aufgabe** zur Post angefertigt werden (BGH Rpfleger 66, 143 u MDR 83, 204 = NJW 83, 884). Bringt der Gerichtswachtmeister die Sendung zur Post, so hat der Urkundsbeamte von diesem die erfolgte Aufgabe zur Post bestätigen zu lassen (BGH Rpfleger 66, 143). Vorher könnte in den Akten nur vermerkt werden, daß das Schriftstück dem Gerichtswachtmeister zur Beförderung zur Post übergeben ist; das jedoch ist nicht der von § 213 erforderte Aktenvermerk, hat somit keine Zustellungswirkung (BGH NJW 79, 218). Ob die Sendung als „Einschreiben“ (möglich auch gegen Rückschein, § 175 Rn 7) aufzugeben ist (§ 175 II) bestimmt der Urkundsbeamte nach pflichtgemäßem Ermessen; Kostenübernahme der Partei ist hierfür (weil Amtszustellung) nicht erforderlich. 2

III) Der **Aktenvermerk** kann auf der Urschrift des Schriftstücks angebracht (zweckmäßig) oder unter Verwendung eines Vordrucks angefertigt werden. Er **kann lauten:** „Begl Abschrift vorstehenden Beschlusses wurde heute in einer verschlossenen, mit der Geschäftsnummer ... und mit der Adresse ... versehenen Sendung der Postanstalt hier zum Zweck der Aushändigung an den bezeichneten Empfänger übergeben ... den ... Geschäftsstelle des ... gerichts.“ 3

Der Aktenvermerk muß das zuzustellende Schriftstück (erfordert bei Verwendung eines Vordrucks auch Angabe seines Datums und Aktenzeichens) bezeichnen (sonst keine Wirksamkeit, BayObLG 75, 184 [188] = NJW 75, 2150); er muß den Tag der Aufgabe zur Post (Ablieferung bei dieser, Rn 2) nennen, nicht aber das Datum der Anfertigung des Vermerks (BGH NJW 83, 884; auch dessen Bezeichnung ist jedoch ratsam). Wirksam ist der Aktenvermerk nur, wenn er vom **Urkundsbeamten unterschrieben** ist (BGH 8, 314 u NJW 79, 218); Unterschrift eines Gerichtswachtmeisters (BGH 8, 314) oder eines (eingeschalteten) GV (Düsseldorf NJW-RR 94, 5) genügt nicht. Für eine „Einschreibe“-Sendung kann der Vermerk weder dadurch, daß der Einlieferungsschein zu den Akten genommen und dort auf die Urschrift des Schriftstücks geklebt wird (BGH 32, 370 [373]; Frankfurt NJW 60, 1954 [1955]) noch durch einen Postrückschein (BGH aaO) ersetzt werden.

IV) Der Aktenvermerk kann **nachgeholt** werden. Es genügt Fertigung des Vermerks „nach geraumer Zeit“ (BGH MDR 87, 483 = NJW 87, 1707: sogar noch nach Einlegung eines Rechtsmittels, dessen Zulässigkeit hierbei berührt wird), solange nur der Urkundsbeamte noch aus eigenem Wissen die Verantwortung für diese (dem Gegenbeweis zugängliche; vgl § 190 Rn 5) Angaben übernehmen kann (BGH MDR 83, 204 = NJW 83, 884 mwN; BGH NJW 87, 1707). 4

V) Der unrichtig schon vor Aufgabe zur Post gefertigte Aktenvermerk (s Rn 2) hat keine Wirksamkeit (BGH Rpfleger 66, 143). Fehlende oder fehlerhafte Wiedergabe des Zustellungsempfängers und dessen Anschrift (BGH Rpfleger 66, 143 u MDR 87, 483 = NJW 87, 1707) machen die Zustellung unwirksam (BGH 73, 388 u NJW 79, 218). Unrichtige Angabe der Zeit der Aufgabe zur Post oder fehlende Tagesangabe machen die Zustellung nicht unwirksam (wie § 191 Rn 10; dort aber auch zur Notfrist). Fehlende Angabe des (nicht vorgeschriebenen, Rn 3) Datums über die Zeit, wann der Vermerk angebracht wurde, ist unschädlich (BGH 83, 884), sofern feststeht, daß Beurkundung nach Aufgabe zur Post bewirkt wurde. 5

213a *[Bescheinigung der Zustellungszeit]*

Auf Antrag bescheinigt die Geschäftsstelle den Zeitpunkt der Zustellung.

1 **I) Zweck:** Zeugnis für Nachweis der bei Amtszustellung nur aus den Gerichtsakten feststellbaren Zustellung, so für Feststellung des Beginns der Rechtsmittelfrist und für ZwV (§ 750 I, § 798).

2 **II)** Zustellungsbescheinigung für alle Fälle der Amtszustellung (auch bei Aufgabe zur Post und öffentlicher Zustellung) wird nur auf **Antrag** erteilt (kein Anwaltszwang), der (konkludent) bereits im Antrag auf Erteilung einer vollstreckbaren Ausfertigung (§§ 724, 795) oder Erlaß eines Vollstreckungsbescheids (§§ 699, 796 I) enthalten ist.

3 **III)** Die Bescheinigung erteilt der **Urkundsbeamte** (§ 209). Er hat hierfür die Wirksamkeit der Zustellung zu prüfen. Zu bescheinigen ist der Zeitpunkt der Zustellung, nicht somit Zustellungsart (durch die Post, öffentlich usw) und nicht Ausführung (persönliche Zustellung, Niederlegung usw). Die Bescheinigung kann selbständig erteilt (unüblich) oder auf eine Ausfertigung oder Abschrift des zugestellten Schriftstücks (insbes eines Vollstreckungstitels) gesetzt werden. Sie muß eindeutig ergeben, von wem sie stammt, hat daher vom Urkundsbeamten handschriftlich unterzeichnet (Paraphe [Handzeichen] oder Faksimilestempel genügen nicht) und mit der Dienstbezeichnung versehen zu sein. Bezeichnung des Tages der Ausstellung und Dienststempel werden nicht erfordert (LG Berlin MDR 78, 411).

4 **IV)** In den Akten wird die Erteilung der Bescheinigung vermerkt. Ihr Wortlaut wird in den Akten nicht festgestellt.

5 **V) Rechtsbehelf** bei Untätigkeit oder unrichtiger Zustellungsbescheinigung: § 576, dann § 567.

6 **VI) Gebühren: 1)** des **Gerichts:** Keine. Beschwerdeverfahren KV Nr 1906. – **2)** des **Anwalts:** § 37 Nr 7 BRAGO. Bei Beschwerde: § 61 I Nr 1 BRAGO.

Dritter Titel

LADUNGEN, TERMINE UND FRISTEN

Vorbemerkungen

1 **I) Termin** iS der ZPO ist (entgegen allgemeinem Sprachgebrauch) vorausbestimmte Zeit zu gemeinsamem Handeln von Gericht und Parteien (vgl § 220), also regelmäßig der Termin zur mündlichen Verhandlung, zu einer Beweisaufnahme oder Sühne, zur Verkündung einer Entscheidung, zur Protokollierung eines Vergleichs. Terminbestimmung ist amtliche Förderungspflicht (§§ 216, 497).

2 **II) 1) Frist** ist ein Zeitraum, in dem die Prozeßbeteiligten Prozeßhandlungen vornehmen können oder – bei Meidung des Rechtsverlustes – müssen **(Handlungsfrist)** sowie die den Parteien als Warte- oder Überlegungsfrist eingeräumte Vorbereitungszeit (**Zwischen**frist, zB §§ 132, 217, 274 III, § 798) und die Zeit für gerichtliche Amtshandlungen (Rn 6). Unterschieden werden:

3 **2) Eigentliche Fristen** als Zeiträume zur Vornahme einer Parteihandlung (Handlungsfrist) oder als Vorbereitungszeit (Zwischenfrist, Rn 2). Für sie gelten §§ 221–226. Handlungsfristen sind Mittel zur Prozeßförderung; als Not- und Ausschlußfristen dienen sie der Rechtsklarheit. Gewahrt ist eine Handlungsfrist mit (vollständiger) Vornahme der Prozeßhandlung bis zu ihrem Ablauf (s § 222 Rn 8; ihr Verstreichen hat idR Ausschlußwirkung, §§ 230, 296), eine Zwischenfrist mit ihrem Ablauf. Eigentliche Fristen sind:

4 **a) Gesetzliche Fristen: aa) Notfristen** (§ 223 III) und **bb) sonstige** gesetzliche **Fristen:** zB die Rechtsmittelbegründungsfrist, Ladungsfrist, Einlassungsfrist, Schriftsatzfrist (§ 132) und alle übrigen im Gesetz für Parteihandlungen vorgesehenen Fristen, die nicht Notfristen sind. Die sonstigen gesetzlichen Fristen können verlängert oder verkürzt werden (§ 224), sie unterliegen der Hemmung (§ 223) und Unterbrechung (§ 249).

5 **b) Richterliche Fristen** (Dauer bestimmt Gericht) mit teilw Ausschlußwirkung, teilw Ausschlußmöglichkeit: § 56 II, §§ 89, 109, 113, 151, 244 II, § 273 II, §§ 275, 276, 283, 296, 339 II, §§ 356, 364 III, §§ 379, 428, 431, 769 II, § 771 III, § 805 IV, §§ 926, 942. Im Fall der § 276 I u § 339 II ist die richterliche Frist gleichzeitig Notfrist. Verfügt werden kann eine richterliche Frist nur mit einem bestimmten Zeitmaß (Tag, Woche usw; bis . . .), nicht aber mit einem unbestimmten Begriff („umgehend"; OVG Koblenz NJW 93, 2457).

6 **3) Uneigentliche Fristen,** das sind im Gesetz vorgesehene Zeiträume, innerhalb derer das Gericht Amtshandlungen vorzunehmen hat, zB § 216 II, § 251a II, § 310 I, § 315 II, § 544 I, § 566a VII, §§ 571, 816 I. Die Überschreitung dieser Fristen hat keine unmittelbaren prozessualen Folgen, kann aber Dienstaufsichtsbeschwerde rechtfertigen (zB § 216 Rn 21). Einhaltung dieser Fristen

ist Amtspflicht iS § 839 BGB. Zu den uneigentlichen Fristen werden, weil sie nicht der Terminierung von Parteihandlungen dienen, weiter gerechnet: die Jahresfristen der § 234 III, § 586 II, § 958 II, § 1043 II, die Dreimonatsfrist der § 320 II, § 251 II, die Monatsfrist des § 206 I, ferner die Fristen der §§ 875, 950, 994, 1015. Auf uneigentliche Fristen sind die §§ 221, 223–226 nicht, der § 222 nur entsprechend anwendbar.

IV) Fristen im ordentlichen Verfahren: 7

A) Für die Parteien: (r F = richterliche Frist)

1) Mahnverfahren:

§ 692 I Nr 3	Widerspruch gegen Mahnbescheid		2 Wochen	
§ 697 I	Begründung des Anspruchs		2 Wochen	
§ 701	Antrag auf Vollstreckungsbescheid		6 Monate	
§§ 700, 339 I	Einspruch gegen Vollstreckungsbescheid		2 Wochen	**(Notfrist)**

2) Erkenntnisverfahren:

§ 132 I	Schriftsätze; Zustellung an Gegner		1 Woche	vor Termin
§ 132 II	Erwiderung des Gegners; Zustellung		3 Tage	vor Termin
§ 134 II	Einsicht nach Urkundenvorlage		3 Tage	
§ 234	Wiedereinsetzungsgesuch		2 Wochen	
§ 251a II	Terminsantrag nach Säumnis		1 Woche	
§§ 275, 277 III	Klageerwiderung bei frühem 1. Termin	mind	2 Wochen	(r F)
§ 276 I	Anzeige der Verteidigungsabsicht bei Vorverfahren		2 Wochen	**(Notfrist)**
	Begründung der Klageerwiderung bei Vorverfahren, zugl Zulässigkeitsrügen §§ 282 III, 296 III	mind	4 Wochen	(r F)
§ 313a	Verzicht auf Urteilsbegründung		2 Tage	
§ 317 I	Zurückstellung der Urteilszustellung		5 Monate	
§ 320	Antrag auf Tatbestandsberichtigung		2 Wochen	
	spätestens		3 Monate	
§ 321	Antrag auf Urteilsergänzung		2 Wochen	
§ 339	Einspruch gegen Versäumnisurteil		2 Wochen	**(Notfrist)**
§ 516	Berufung		1 Monat	**(Notfrist)**
§ 519	-Begründung		1 Monat	
§ 520 II	-Erwiderung	mind	1 Monat	(r F)
§ 552	Revision		1 Monat	**(Notfrist)**
§ 554 II	-Begründung		1 Monat	
§ 577 II	sofortige Beschwerde		2 Wochen	**(Notfrist)**

B) Für das Gericht:

§ 128 II	Schriftliche Entscheidung		3 Monate	
§ 217	Ladungsfrist (Wechselprozeß s § 604)		1 Woche	im Anwaltsproz
		mind	3 Tage	im Parteiproz
	[bis 31. 12. 1996]	mind	24 Stunden	in Meß- und Marktsachen
§ 251a II	Entscheidung nach Aktenlage	mind	2 Wochen	
§ 274 III	Einlassungsfrist	mind	2 Wochen	
	[bis 31. 12. 1996]	mind	24 Stunden	in Meß- und Marktsachen
§ 310	Urteil nach Schlußverhandlung		3 Wochen	(Sollvorschrift)
§ 315	Begründung des Stuhlurteils		3 Wochen	(Sollvorschrift)
§ 544	Berufungsvorlage		24 Stunden	
§ 571	Beschwerdevorlage		1 Woche	

214 *[Ladung]*
Die Ladung zu einem Termin wird von Amts wegen veranlaßt.

I) Ladung ist Bekanntgabe des angesetzten Termins. Sie beinhaltet die Aufforderung an die Parteien (Beteiligten, Zeugen oder Sachverständigen) zum Erscheinen. Die Ladung ist prozeßleitende Anordnung, nicht Entscheidung. Sie wird verkündet (§ 218) oder nach § 329 II S 2 zugestellt; (formlose) Mitteilung erfolgt nur in besonderen Fällen (zB § 141 II S 2, § 497 I und für Zeugen sowie Sachverständige § 377 I, § 402). 1

II) Die Ladung der Parteien veranlaßt nach Terminsbestimmung (§§ 216, 274 I, § 495 mit § 497) der **Urkundsbeamte** (§ 153 GVG) **von Amts wegen** (wie § 209 Rn 1); für Zeugen s § 377, für Sachverständige s § 402 mit § 377 I. Er hat die Ladung auszufertigen und zuzustellen (§ 209) oder mitzuteilen (Rn 1). Ausnahmen: § 218 (verkündeter Termin) und § 497 II (Terminsmitteilung im amtsgerichtl Verfahren). Ladungsfrist: § 217. 2

3 **III) Notwendiger Inhalt** der Ladung: Angabe des Gerichts, des Rechtsstreits, der Terminszeit und des Terminsortes sowie des Zwecks (allgemeine Umschreibung genügt, zB „zur mündlichen Verhandlung"; BGH NJW 82, 888) und im Anwaltsprozeß (§ 78) die Aufforderung gem §§ 215, 520 III an die noch nicht anwaltlich vertretene Partei. Fehlt auch nur eine dieser Angaben, so ist (abgesehen von den Vorschriften über die Zustellung, §§ 166 ff) die Ladung unwirksam; Säumnisfolgen treten dann nicht ein (vgl § 335 I Nr 2). Im Gegensatz zu Zustellungsmängeln sind Mängel der Ladung aber nicht aktenkundig, bedürfen daher zur Meidung von Rechtsnachteilen der (formlos zulässigen) Rüge. § 295 ist anwendbar.

4 **IV) Soldaten der Bundeswehr** werden in derselben Weise wie andere Personen geladen. Näheres s Erlaß des Bundesverteidigungsministers v 16. 3. 1982, abgedr vor § 166 Rn 9. Ladung von **Angehörigen der Stationierungstruppen** s Art 37 Ges v 18. 8. 1961 zum NATO-Truppenstatut und zu den Zusatzvereinbarungen (BGBl 1961 II 1247) sowie vor § 166 Rn 10. Wegen der (regelmäßig unzulässigen) Ladung der **Personen mit diplomatischen Vorrechten** vgl § 216 Rn 7.

5 **V) Bekanntmachung** eines Termins als (regelmäßig) formlose Terminsnachricht (Mitteilung, daß ein Termin stattfindet) erfolgt, soweit Ladung nicht vorgeschrieben oder wenn dies besonders vorgesehen ist wie in den Fällen von § 251a II S 3, §§ 341a, 357 II, § 366 II, § 370 II, § 520 I S 1, § 555 I, § 900 III S 2 u § 1042d II.

215 *[Anwaltsprozeß: Aufforderung zur Anwaltsbestellung]*

In Anwaltsprozessen muß die Ladung zur mündlichen Verhandlung, sofern die Zustellung nicht an einen Rechtsanwalt erfolgt, die Aufforderung enthalten, einen bei dem Prozeßgericht zugelassenen Anwalt zu bestellen.

1 **I) Anwaltsprozeß:** Im Anwaltsprozeß (§ 78) bestehen Ausnahmen vom Anwaltszwang (§ 78 Rn 46–54a). Die Kenntnis, ob im Einzelfall eine Vertretung durch einen RA geboten ist bzw ob der RA beim Prozeßgericht zugelassen sein muß, kann keiner Partei unterstellt werden. Daher ist in der Ladung die **Aufforderung** notwendig, einen zugelassenen RA zu bestellen, wo Bestellung geboten ist. Die Aufforderung ist bei mehrfacher Ladung (zB wegen Terminsverlegung § 227, Vertagung § 337; nicht aber im Fall des § 218) jeweils zu wiederholen, bis ein RA bestellt ist; denn die Partei könnte aus später unterbliebener Aufforderung Entbehrlichkeit der Bestellung folgern. Fehlt die gebotene Aufforderung, ist die Ladung unwirksam (§ 214 Rn 3).

2 **II)** Die **Aufforderung ist entbehrlich,** wo Ladung an einen RA (gleich ob als Partei, als Prozeß- oder Zustellungsbevollmächtigter, §§ 174–176) erfolgt. Gleichgültig ist, ob der RA beim Prozeßgericht zugelassen ist, er muß nur iS des § 12 BRAO zugelassener RA sein. Dem RA steht gleich dessen allgemein bestellter Vertreter oder Abwickler (§§ 53, 55 BRAO), nicht jedoch ein sonstiger Bevollmächtigter (§ 157 Rn 2 ff). Sondervorschrift für Berufungsverfahren § 520 III.

216 *[Terminbestimmung von Amts wegen]*

(1) Die Termine werden von Amts wegen bestimmt, wenn Anträge oder Erklärungen eingereicht werden, über die nur nach mündlicher Verhandlung entschieden werden kann oder über die mündliche Verhandlung vom Gericht angeordnet ist.

(2) Der Vorsitzende hat die Termine unverzüglich zu bestimmen.

(3) Auf Sonntage, allgemeine Feiertage oder Sonnabende sind Termine nur in Notfällen anzuberaumen.

1 **I) Voraussetzung** der Terminsbestimmung: **1) Amtsbetrieb** und die auch dem Gericht obliegende Förderungspflicht bedingen, daß Termine von Amts wegen zu bestimmen sind (Abs 1), soweit das Verfahren eine mündliche Verhandlung erfordert (§ 128 Rn 1–8). Terminsanträge der Parteien sind insoweit entbehrlich, sie sind nur Anregung zur Amtstätigkeit. Das gilt auch nach Erlaß von Zwischenentscheidungen (auch wenn diese angefochten sind; so bei Teilurteil, Köln JMBlNW 84, 115; Frankfurt JurBüro 82, 613), soweit nicht die Fortsetzung des Verfahrens von deren formeller Rechtskraft (zB Zwischenurteil über den Grund, § 304 II, oder über prozeßhindernde Einreden) abhängt (BGH NJW 79, 2307 = ZZP 93 [1980], 177 m Anm Grunsky; vgl auch § 280 Rn 9 u 10, § 304 Rn 19).

2 **2) Terminsanträge der Parteien** sind nur nötig und vom Gericht abzuwarten, wo das Verfahren zum Stillstand kam (so bei unterbrochenem oder ausgesetztem Verfahren, § 250 [s aber § 148 Rn 8], bei ruhendem Verfahren, § 251 II) und wo diese im Gesetz vorgesehen sind (zB § 251a II S 4 für Termin statt Aktenlageentscheidung, § 696 für das Mahnverfahren nach Widerspruch). Ein-

zahlung der allgemeinen Verfahrensgebühr (§ 65 I S 2 GKG) nach Verweisung aus dem Mahnverfahren an das Landgericht (§ 697) ist ein (dem Anwaltszwang nicht unterliegender) Terminsantrag der Partei (BGH NJW 69, 1164).

3) (Sach-)**Anträge,** über die mündlich zu verhandeln ist, sind insbes die Klage, ein Rechtsmittel oder ein sonstiger Antrag, vor dessen Verbescheidung mündliche Verh geboten ist. Wegen des Verhandlungszwanges im Einzelfall vgl § 128 Rn 2 ff. 3

4) Es darf **kein Verfahrenshindernis** vorliegen. Verfahrenshindernisse in diesem Sinn sind: 4

a) **Stillstand des Verfahrens:** Unterbrechung §§ 239–245, Aussetzung §§ 246–247 (nicht §§ 148, 149), solange kein begründeter Antrag gem § 250 gestellt. 5

b) **Formelles Verfahrenshindernis:** zB fehlende Klageschrift; eine solche liegt nicht vor bei einer Eingabe, die keinen Antrag enthält oder nicht erkennen läßt, gegen wen sich die Klage richten soll (vgl § 253, unten Rn 12). Wegen der Möglichkeit, die Klageschrift ohne Terminsbestimmung zuzustellen, München NJW 65, 1518. Wegen der Terminsbestimmung auf Klage der nicht postulationsfähigen Partei s vor § 253 Rn 12 u § 253 Rn 22). In **Familiensachen** gilt das Gebot der unverzüglichen Terminsbestimmung auch; die Anhängigkeit von Folgesachen im Verbund (§ 623) ist nicht abzuwarten (Frankfurt NJW 86, 389; s aber § 624 Rn 8). 6

c) **Fehlende Gerichtsbarkeit,** zB Exterritorialität des Beklagten §§ 18–20 GVG (München NJW 75, 2144; Frankfurt FamRZ 82, 316), nicht des Klägers, weil in Klage Verzicht zu erblicken ist. Wegen der Vorrechte und Befreiungen ausländischer Diplomaten und ihnen gleichgestellter Personen vgl das Wiener Übereinkommen über diplomatische Beziehungen v 18. 4. 1961 (BGBl 1964 II 1957), das Wiener Übereinkommen über konsularische Beziehungen v 24. 4. 1963 (BGBl 1969 II 1585) sowie das Rundschreiben des Bundesministers des Inneren v 12. 4. 1970 (GMBl S 218) und die Zusammenstellung aller zwischenstaatlichen Sondervereinbarungen BayJMBl 1972 Nr 9. 7

d) **Nichteinzahlung des Kostenvorschusses** (§ 65 GKG), sofern dieser durch die Geschäftsstelle vom Kostenschuldner eingefordert war; dessen Gegner darf aber auch hier Termin vor Zahlung beantragen (RG 135, 224). Das gleiche gilt, wo der Kläger **Ausländersicherheit** (§ 110) zu leisten hat. Hat jedoch das Gericht entgegen § 65 GKG vor Einzahlung des Kostenvorschusses Termin bestimmt (so notwendig auf Antrag des Beklagten, München NJW-RR 89, 64), so darf es dem erschienen Kläger nicht allein wegen Nichtzahlung der Kosten die streitige Verhandlung versagen und auf Antrag des Beklagten Versäumnisurteil gegen den verhandlungsbereiten Kläger erlassen (BGH 62, 174 [178], insoweit gegen RG 135, 224 [227]). 8

e) **Schluß der mündlichen Verhandlung** (§ 136 Rn 4), s aber § 156. Wegen Fortsetzung eines durch Prozeßvergleich beendeten Verfahrens s § 794 Rn 15a. 9

f) Fehlende **Existenz der Parteien,** weil Prozeßhandlungen gegenüber einer nicht existierenden Partei (zB Klage des nicht rechtsfähigen Vereins) nicht wirksam, dh ein Prozeßrechtsverhältnis zwischen zwei Parteien begründend, vorgenommen werden können. Hierher gehören aber nicht die lediglich falsche Bezeichnung oder mangelhafte Vertretung einer existenten Partei, denn diese Mängel sind behebbar; im übrigen ist die Nichtbehebung eines solchen Mangels in der Entscheidung, nicht bereits bei der Terminierung, rechtlich zu würdigen. Wegen des Verfahrens bei Zweifel an der **Prozeßfähigkeit** einer Partei s vor § 253 Rn 12. 10

Überhaupt ist die **Erfolgsaussicht der Klage nicht** Vorbedingung der Terminsbestimmung, denn jede Partei hat ein Recht darauf, daß hierüber das Gericht nach streitiger Verhandlung und nicht der Vorsitzende einseitig „entscheidet" (LAG Hamm MDR 66, 272). 11

g) **Äußere Mängel der Klageschrift** wie fehlende Unterschrift (im Anwaltsprozeß notwendig Unterschrift des zugelassenen RA, vgl § 130 Rn 5), Abfassung in einer fremden Sprache (§ 184 GVG; RG 162, 288; vgl hierzu § 233 Rn 23 „Ausländer" und GVG § 184 Rn 3), ausschließlich **unsachlich oder beleidigender Inhalt** (hierzu Einl Rn 50; § 567 Rn 17; Schleswig SchlHA 58, 230; Walchshöfer MDR 75, 11), Anrufung eines funktionell unzuständigen Gerichts (zB Klage zum OLG) stehen der Terminsbestimmung entgegen (Fortenbach ZZP 8, 153). 12

5) **Terminsbestimmung bei schriftlichem Vorverfahren** (§ 276) beendet diesen Verfahrensabschnitt, denn § 276 ist Ausnahme von der Regel des § 216 (vgl § 276 Rn 2 u 18). Mit der Terminsbestimmung erwerben die Parteien das nicht mehr entziehbare Recht auf Gewährung des rechtlichen Gehörs in einer mündlichen Verhandlung vor jeder Entscheidung des Gerichts. Daher sollte das Gericht, wenn ihm wegen der Geschäftsbelastung ein alsbaldiger Verhandlungstermin ohnedies nicht zur Verfügung steht, bei der Wahl der Verfahrensart (§ 272 II) vom schriftlichen Vorverfahren absehen und statt dessen die Zeit bis zum Terminstag zu dessen Vorbereitung (§§ 139, 273, 358a) nutzen. Der Normzweck der Vereinfachungsnovelle 1976, das Verfahren zu straffen und zu beschleunigen, verbietet es insbesondere, durch Absetzung eines einmal anberaumten Verhandlungstermins in das schriftliche Vorverfahren zurückzukehren und ohne Einwilligung der Parteien im schriftlichen Verfahren (§ 128 II oder § 331 III) zu entscheiden (München MDR 83, 324 = OLGZ 83, 86; abzulehnen daher Nürnberg MDR 82, 943). 13

14 6) **Terminsbestimmung nach Mahnverfahren** durch das Prozeßgericht erfolgt erst nach Eingang der Anspruchsbegründung (§ 697 II), sonst nur auf Antrag des Schuldners (§ 697 III).

15 **II) Verfahren: 1) Zuständig** für die Terminsbestimmung ist der Vorsitzende (Abs 2), auch für Termin außerhalb des Gerichtssitzes (BAG MDR 93, 547 u BAGE 72, 320 = NJW 93, 1029 sowie MDR 94, 75), bzw Einzelrichter (§§ 348, 524), der beauftragte und der ersuchte Richter (§ 229) oder Rechtspfleger. Ausnahme: Beschluß des Kollegiums bei § 227.

16 2) **Vorprüfung** ist nur geboten, ob mündliche Verhandlung erforderlich (Rn 3) und zulässig (Rn 4 ff) ist. Keine Prüfung ist zulässig, ob die Klage erfolgversprechend und ob Prozeßvoraussetzungen gegeben sind, denn hierüber Entscheidung erst nach mündlicher Verhandlung. Unzulässige Rechtsverweigerung wäre Absehen von Terminsbestimmung wegen Nichtbesetzung einer Richterplanstelle; ggf ist Mehrbelastung im Wege der Geschäftsverteilung auszugleichen. Die unverzügliche, wenn auch langfristige Terminierung in der Reihenfolge der Eingänge ist Gebot der Gleichbehandlung und verhütet Vorwegnahme von Bagatellsachen.

17 3) **Der Termin ist,** falls kein schriftliches Vorverfahren angeordnet ist (§ 276 Rn 2) oder die Parteien schriftliche Entscheidung beantragt haben (§ 128 II), **unverzüglich** (vgl § 121 I BGB) **zu bestimmen** (Abs 2), mag er auch wegen notwendiger Vorbereitung (§ 273, s Rn 13) oder Geschäftsbelastung des Gerichts weiter hinauszurücken sein (Karlsruhe NJW 73, 1510). Vorbereitungsmaßnahmen gem § 273 erlauben es nicht (anders im Vorverfahren nach § 276), allein deshalb von der unverzüglichen (allenfalls entsprechend weiter hinausgerückten) Terminsbestimmung abzusehen. Die unverzügliche Festsetzung des frühest möglichen (§ 272 III) Termins ist eine der wichtigsten Aufgaben des Vorsitzenden. Wo sachlich gebotene Terminsvorbereitung (§§ 272, 273) einem kurzfristigen Termin (§ 272 III) entgegensteht, ist der Terminstag diesem Erfordernis entsprechend hinauszurücken (BGH NJW 79, 1988; Hamm NJW 80, 293; einschränkend BGH NJW 81, 286).

18 4) a) **Wahl von Terminstag und -stunde** steht in dem durch Abs 3 (Feiertage s § 188 Rn 2) und § 272 III gebundenen Ermessen des Vorsitzenden. Einhaltung der Ladungs- (§ 217), Einlassungs- (§ 274 III) und Erklärungsfrist (§ 132) muß gewährleistet sein. Soweit den Parteien zur Terminsvorbereitung Erklärungsfristen gesetzt wurden, sollte der Termin im Interesse des Gegners der erklärungspflichtigen Partei (ein Verfahren gem § 283 sollte Ausnahme bleiben und nicht vom Gericht provoziert werden) so bestimmt werden, daß dem Gegner unter Berücksichtigung von § 132 angemessene Zeit zur Replik verbleibt; das zu § 275 Rn 4 Gesagte gilt hier entsprechend.

19 **b)** Terminierung mehrerer Sachen auf dieselbe Terminsstunde (sog **Sammeltermin**) bei großen Gerichten mit starker Geschäftsbelastung erachtet BGH DRiZ 82, 73 für zumutbar und zulässig; zweckmäßiger und gegenüber Anwälten, Parteien und Zeugen rücksichtsvoller ist aber die (bei sorgfältiger Terminsplanung zumeist auch mögliche) zeitliche Staffelung der mehreren Termine eines Terminstages.

20 **c)** Bei öffentlicher Zustellung ist die Frist des § 206 I, bei Zustellung im Ausland deren voraussichtl Dauer zu berücksichtigen.

21 5) **Rechtsbehelfe:** Gegen Terminsbestimmung keine (Ausnahme § 252 Rn 1 u 4; Gegenvorstellung ist statthaft, BAG 72, 320 = MDR 93, 547). Gegen Ablehnung der Terminsbestimmung aus vom Gericht dargelegten sachlichen Gründen (Rn 4 ff) und auch gegen die entgegen § 272 III zu späte Terminierung: **Beschwerde** § 567 analog § 252 (Celle NJW 75, 1230; Frankfurt NJW 74, 1715 m Anm Walchshöfer NJW 74, 2291; Schleswig NJW 82, 246). Vor jedem Rechtsmittel (Rechtsschutzbedürfnis) steht das Recht der Parteien, Antrag nach § 227 zu stellen. **Dienstaufsichtsbeschwerde** gem § 26 DRiG ist (neben §§ 252, 567) nur insoweit zulässig, als die Unterlassung oder erhebliche Verzögerung der Terminsbestimmung nicht für den Einzelfall sachlich (Rn 4–12) begründet wird, sondern auf allgemein ordnungswidrigem Geschäftsablauf beruht, so zB wegen (angeblicher) Überlastung des personell unterbesetzten Gerichts (BGH 93, 238 = NJW 85, 1471); die richterliche Unabhängigkeit iS § 26 I DRiG besteht nur in der Sachbehandlung des Einzelfalls, nicht auch für die organisatorische Erledigung des allgemeinen Geschäftsanfalls (BGH MDR 91, 150 = NJW 91, 421).

22 **III) Gebühren: a)** des **Gerichts:** Keine; Beschwerde (Rn 21): KV 1906. **b)** des **Anwalts:** Seine Tätigkeit gehört zum Rechtszug (§ 37 BRAGO); Beschwerde: § 61 BRAGO.

217 *[Ladungsfrist im Anwalts- und Parteiprozeß]*

Die Frist, die in einer anhängigen Sache zwischen der Zustellung der Ladung und dem Terminstag liegen soll (Ladungsfrist), beträgt in Anwaltsprozessen mindestens eine Woche, in anderen Prozessen mindestens drei Tage, in Meß- und Marktsachen mindestens vierundzwanzig Stunden.

Hinweis auf Gesetzesänderung: Das letzte Komma und die Worte „in Meß- und Marktsachen mindestens vierundzwanzig Stunden“ sollen (ab 1. 1. 1997) gestrichen werden. Art 2 Nr 2 des (noch nicht verkündeten) Gesetzes zur Abschaffung der Gerichtsferien.

I) Die **Ladungsfrist** dient der zeitlichen Vorbereitung des Termins, also auch der Freihaltung 1
des Terminstages von sonstiger Verhinderung. Daher gilt § 217 auch für die Verlegung eines Termins (§ 227). § 217 trifft nicht zu bei Bekanntmachung der Änderung der Terminsstunde (LG Köln MDR 87, 590), bei Anberaumung eines Verkündungstermins (wegen § 312), bei Ladung von Auskunftspersonen (§§ 141, 377, 402) diesen (nicht auch den Prozeßparteien) gegenüber (StJ/Roth Rn 6) und bei verkündeten Terminen (§ 218; BGH NJW 64, 658; aM MK/Feiber Rn 1 sowie StJ/Roth Rn 4 mit dem beachtlichen Argument, der Schutzzweck des § 217 gelte auch für die einer Ladung nicht bedürfende Terminsbestimmung durch verkündeten Beschluß gem § 218, also für die Vertagung gem § 227). Jedoch ist wegen des Grundsatzes der Parteiöffentlichkeit (§ 357) der Beweisaufnahme die Ladungsfrist bei Beweiserhebung durch den beauftragten oder ersuchten Richter (§§ 361, 362) den Parteien gegenüber einzuhalten (Köln MDR 73, 856; Teplitzky NJW 73, 1675). Erfolgt Terminsladung in einer Nichtferiensache (regelwidrig) vorbehaltlich eines vom Gericht angeregten Ferienantrags in die Gerichtsferien, so läuft die Ladungsfrist erst ab Zustellung des Ferienbeschlusses (§ 200 GVG Rn 23).

II) Bei **Berechnung der Frist** werden der Zustellungstag (§ 329 II S 2) und der Terminstag 2
nicht gerechnet (§ 222 mit §§ 187, 188 BGB). Möglich ist Abkürzung (§§ 224, 226), nicht auch Verlängerung (§ 224). Bei der ein Verfahren erst **einleitenden Ladung** (zB iVm Zustellung der Klage) ist nur die Einlassungsfrist (§ 274 III, §§ 495, 520, 555) zu wahren. Nach Unterbrechung: § 239 III. Die Ladungsfrist ist auch im Schnellverfahren wegen Arrest und einstw Verfügung zu beachten, soweit hier mündliche Verh stattfindet. Keine Sonderregelung der Ladungsfrist für öffentl Zustellung und Zustellung im Ausland (anders Einlassungsfrist, s § 274 Rn 7).

III) Bei Nichteinhaltung der Frist: Kein Versäumnisurteil gegen den Gegner (§ 335), auch 3
keine Entscheidung nach Aktenlage, sondern Vertagung von Amts wegen. Heilung des Mangels bei Erscheinen des nicht zeitig geladenen Gegners: § 295.

IV) Zu beachten ist die Frist entspr ihrem Schutzzweck auch bei nur **formloser Mitteilung** der 4
Ladung (§ 497 I) und bei **Terminsbekanntmachung** ohne Ladung (§ 214 Rn 5) (allgem Ansicht; zB MK/Feiber Rn 1; StJ/Roth Rn 1). Bei Übersendung durch die Post kann für Beginn der Frist die Terminsmitteilung am folgenden (Ortsbestellverkehr) bzw am zweiten Werktage nach der Aufgabe als bewirkt angesehen werden (§ 357 II S 2 entspr).

V) § 217 letzter Halbs über die Verkürzung der Ladungs- und Einlassungsfrist soll mit sonsti- 5
gen das Verfahren in Meß- und Marktsachen beschleunigenden Bestimmungen (§§ 30, 274 III S 2, § 604 II S 2 letzter Halbs) ab 1. 1. 1997 gestrichen werden, weil sie praktische Bedeutung kaum noch hatten. Das beruht auf der Erwägung, daß wegen der seit Inkrafttreten der ZPO völlig veränderten Verkehrs- und Kommunikationsmöglichkeiten, aber auch im Hinblick auf die intensivere schriftliche Vorbereitung der Verhandlung, ein Regelungsbedürfnis für Verkürzung des Verfahrens in diesen Angelegenheiten entfallen ist (BTDr 13/5001 S 8 f).

218 *[Keine Ladung zu verkündeten Terminen]*

Zu Terminen, die in verkündeten Entscheidungen bestimmt sind, ist eine Ladung der Parteien unbeschadet der Vorschriften des § 141 Abs. 2 nicht erforderlich.

I) Zur **Voraussetzung** hat § 218, daß die Partei (das gleiche gilt für deren Prozeßbevollmächtig- 1
ten und den Streitgehilfen) zu dem Termin, in welchem der neue Termin beschlossen und verkündet wurde, richtig geladen war. Beispiel: Im ersten Verhandlungstermin wurde beschlossen: Die Verkündung einer Entscheidung erfolgt am 10. 5. Der Beklagte ist am 10. 5. nicht erschienen. Es wurde hier Beweisschluß verkündet und zur Beweiserhebung und Fortsetzung der mündlichen Verhandlung Termin auf 5. 6. bestimmt. Zu diesem Termin brauchte keine der Parteien geladen zu werden. In der Praxis zeigt sich jedoch, daß in verkündeten Terminen die bei Verkündung nicht erschienene Partei oft ausbleibt; sie meint, zu jedem Termin geladen zu werden; deshalb ist es zweckmäßig, wenn der Richter im ersten Termin die Parteien entsprechend belehrt. Zwischen Verkündungstermin und neuem Termin muß eine **Ladungsfrist** nicht eingehalten werden (§ 217 Rn 1), auch nicht, wenn trotz Verkündung (unnötige) Ladung erfolgte (BGH NJW 64, 658). Gleichgültig, ob die Verkündung des neuen Termins in einem Verkündungs- oder Verhandlungstermin erfolgte. In jedem Fall ist es Sache der Parteien, sich nach dem Ergebnis eines in ihrer Abwesenheit stattgefundenen Termins zu erkundigen (RG 41, 355).

II) **Ladung muß erfolgen** in den Fällen des § 141 II (Anordnung persönlichen Erscheinens), 2
§ 335 II, § 337 (Vertagung nach Zurückweisung des Antrags auf Versäumnisurteil oder Entscheidung nach Aktenlage), § 450 (Parteivernehmung der nicht anwesend gewesenen Partei) und

§ 612 II, § 640 I (ausgebliebenen Partei in Ehe- und Kindschaftssache). In jedem Fall zu laden sind Zeugen und Sachverständige, deren Erscheinen angeordnet ist. Der Termin zur Verkündung eines Urteils nach Lage der Akten ist der säumigen Partei formlos mitzuteilen (§ 251a II).

219 *[Terminsort]*

(1) Die Termine werden an der Gerichtsstelle abgehalten, sofern nicht die Einnahme eines Augenscheins an Ort und Stelle, die Verhandlung mit einer am Erscheinen vor Gericht verhinderten Person oder eine sonstige Handlung erforderlich ist, die an der Gerichtsstelle nicht vorgenommen werden kann.

(2) Der Bundespräsident ist nicht verpflichtet, persönlich an der Gerichtsstelle zu erscheinen.

1 **I)** Abgehalten werden dürfen Termine grundsätzlich nur an der **Gerichtsstelle** (Abs 1), das ist das Gerichtsgebäude (auch das Gebäude einer Zweigstelle), aber auch das sonst für Verhandlungen am Gerichtsort bestimmte Gebäude, auch bei nur vorübergehender Nutzung, zB für die Dauer von Umbauarbeiten. Termine außerhalb der Gerichtsstelle sind **Lokaltermine,** gleichgültig ob zur Verhandlung oder Beweisaufnahme. Sie sind nur zulässig: **a)** zum Zwecke des Augenscheins (§§ 371, 372), **b)** zur Anhörung einer am Erscheinen verhinderten (zB kranken) Person (Partei oder Zeuge), **c)** bei Undurchführbarkeit des Termins im Gerichtsgebäude, zB wenn ein größerer Sitzungssaal benötigt wird (RG JW 98, 140). Daß Auswärtstermin auch möglich sei, wenn sich aus sachlichen Gründen im Interesse der Rechtsfindung der Termin an einem auswärtigen Ort als notwendig erweist (BAG 72, 184 = NJW 93, 1029 u MDR 94, 75), dürfte nicht mehr anzunehmen sein (Rspr überholt durch § 40 I S 2 ArbGG). Gerichtsstelle ist auch der Ort, an dem sog Gerichtstage abgehalten werden (vgl Koblenz NJW 57, 796). Ortstermin im fremden Gerichtsbezirk: § 166 GVG. Sitzungen des BArbG in Erfurt: § 40 I S 2 ArbGG.

2 **II) „Erforderlich"** ist, was das Gericht (wie § 216 Rn 15) nach seinem pflichtgemäßen Ermessen (BAG MDR 94, 75) zur Herbeiführung einer gerechten Entscheidung der Streitsache für notwendig (nicht nur nützlich) hält (RG 56, 357; Lauterbach NJW 57, 797; Glombick MDR 57, 19). Bloße Kostenersparnis macht Lokaltermin nicht erforderlich und begründet für die Beteiligten keine Pflicht zum Erscheinen, daher auch keine Säumnisfolgen (§§ 330 ff) zulässig.

3 **III)** Beschwerde nach § 567 nur bei Ablehnung des Antrags einer Partei. Auch ein Gefangener muß, wenn als Partei geladen, an der Gerichtsstelle erscheinen; um seine Vorführung muß die Gefängnisverwaltung ersucht werden. Erscheint der Gefangene nicht, so kann gegen ihn Versäumnisurteil ergehen.

4 **IV)** Eine Pflicht der Parteien oder Dritter, die Abhaltung des Termins in ihrem Hause oder sonstigen Besitztum zu dulden, besteht grundsätzlich nicht (Art 13 GG; vgl § 357 Rn 1). Ein in seiner Wohnung zu vernehmender Zeuge darf den Parteien, ein zur Offenbarung gem §§ 807, 883, 889 in seine Wohnung geladener Schuldner darf dem Gläubiger die Anwesenheit nicht verbieten. Bei Verweigerung des Zutritts zur Wohnung gilt betr Partei oder Zeuge als säumig, die Beweisaufnahme als verhindert iS §§ 356, 357, 380, die Offenbarungsversicherung grundlos verweigert.

5 **V) Bundespräsident** ist nur der gem Art 54 GG Gewählte, nicht auch sein Vertreter (Art 57 GG), desgl nicht Staats- oder Ministerpräsident der Länder. Wegen der Vorrechte diplomatischer Personen s § 216 Rn 7.

220 *[Terminsbeginn]*

(1) Der Termin beginnt mit dem Aufruf der Sache.

(2) Der Termin ist von einer Partei versäumt, wenn sie bis zum Schluß nicht verhandelt.

1 **I) 1) Aufruf** der Sache (Abs 1) erfolgt im Sitzungssaal durch den Vorsitzenden (§ 136). Nichtaufruf (unter Umständen auch Aufruf nur des Aktenzeichens) kommt einer Nichtladung der Partei gleich (RG 76, 102). Wird eine größere Anzahl Terminsachen gleichzeitig aufgerufen, so ist Erlaß eines Versäumnisurteils erst zulässig, wenn der Beginn der einzelnen Verhandlung derart kenntlich gemacht ist, daß auch die zum Termin erschienene, aber im Gerichtsverfahren nicht bewanderte Partei ihn bei gehöriger Aufmerksamkeit wahrnehmen mußte (Braunschweig DJR 40, 250; LG Berlin JR 67, 264).

2 **2)** Der **Aufruf** auf dem Gang oder in dem besonderen Warteraum durch den Gerichtswachtmeister, Urkundsbeamten usw ist nur vorbereitend, jedoch **unentbehrlich,** wenn die Parteien nicht bereits im Sitzungssaal anwesend sind (BVerfG NJW 77, 1443; BVerwG NJW 86, 204). Der an der Tür des Sitzungssaales angeschlagene Hinweis, ohne Aufruf einzutreten, macht diesen Aufruf nicht entbehrlich (LG Hamburg NJW 77, 1459), ebenso nicht die Eintragung der Anwälte

in die Sitzungsliste (BVerfG aaO). Ohne Aufruf vor dem Sitzungssaal keine Säumniswirkung iS Abs 2 und §§ 330, 331 (KG MDR 74, 52). Auf den Aufruf zu der in der Ladung angegebenen Stunde hat keine Partei ein Recht; sie bezeichnet den frühesten Terminsbeginn; vorher darf die Sache nur im Einverständnis der Parteien aufgerufen werden (KG NJW 87, 1338 [1339]). „Beginn der mündl Verhandlung" s § 136 Rn 1.

3) Hat eine Partei, die zur angesetzten Terminsstunde erschienen war, sich **wieder entfernt,** 3
weil der Aufruf sich erheblich verzögert, so ist die Frage ihrer Säumnis iS Abs 2 und §§ 330, 331 sorgfältig zu prüfen; sie wird als entschuldigt iS § 337 anzusehen sein, wenn ihr weiteres Zuwarten (zB wegen anderer gleichzeitiger Terminspflichten des RA; LG Koblenz NJW 57, 305) nicht mehr zumutbar war und sie den Grund ihres Fortgehens dem Vorsitzenden mitgeteilt hat; LAG Hamm NJW 73, 1950 hält hier ein Warten nur bis zu einer Stunde für zumutbar. Hat eine Partei im Termin durch Antragstellung streitig verhandelt, so kann sie durch „Zurücknahme" dieses Antrags nicht nachträglich ihre Säumnis iS des § 333 herbeiführen (RG 10, 386 [392]; Hamm NJW 74, 1097; Frankfurt MDR 82, 153). Zur Zulässigkeit des Vortrittrechts bestimmter (landesrechtlich) privilegierter Anwälte in Sammelterminen BGH BayVerwBl 82, 221.

II) 1) Bis zum **Schluß** des Termins (identisch mit Schluß der mündlichen Verhandlung iS 4
§ 136 IV; s dort Rn 4) verbleibt der Partei die Möglichkeit, zu verhandeln (Abs 2) und dadurch den Erlaß eines Versäumnisurteils abzuwenden (BGH 4, 328 [340] u NJW 93, 861). Bei Vertagung (§ 227 I) und Wiedereröffnung (§ 156) für Säumnis maßgeblich die Untätigkeit bis zum Schluß der letzten mündlichen Verhandlung. Wegen „nicht verhandeln" s § 333 Rn 2.

2) Erscheinen bei Aufruf die Parteien nicht oder lehnen sie ab, zu verhandeln (§ 333), so kann 5
das Gericht sich den nochmaligen Aufruf vorbehalten (die Sache zurückstellen). Bei **Säumnis:** Ruhen des Verfahrens § 251a, Entscheidung nach Aktenlage §§ 251a, 331a, Vertagung § 227 I, § 335 II, § 337 oder Versäumnisurteil §§ 330, 331, 542. Ist gegen eine Partei Versäumnisurteil ergangen und erscheint sie dann, so hat, wenn beide Parteien verhandeln und das Urteil als nicht bestehend angesehen haben wollen, der Säumige zu Protokoll des Urkundsbeamten oder in der Sitzung Einspruch einzulegen; erst dann ist Verhandlung zur Sache usw möglich. Auch ist es zulässig, daß die Parteien sofort den Rechtsstreit durch gerichtlichen Vergleich erledigen; das Urteil wird damit wirkungslos (§ 794 Rn 13). Ebenso kann, wenn ein Vertagungsbeschluß verkündet oder die Sache wegen Nichtverhandelns beider Parteien als ruhend betrachtet worden ist (§ 251a), die Sache auf Antrag beider Parteien in derselben Sitzung verhandelt werden.

221 *[Fristbeginn]*

Der Lauf einer richterlichen Frist beginnt, sofern nicht bei ihrer Festsetzung ein anderes bestimmt wird, mit der Zustellung des Schriftstücks, in dem die Frist festgesetzt ist, und, wenn es einer solchen Zustellung nicht bedarf, mit der Verkündung der Frist.

I) Richterliche Fristen s vor § 214 Rn 5. Der **Lauf einer richterlichen Frist beginnt a)** an dem in 1
der richterlichen Anordnung festgesetzten Zeitpunkt (selten), **b)** mit Zustellung, **c)** mit Verkündung. Zustellung ist insbes erforderlich für die vom Gericht gem §§ 273, 275, 276 gesetzten Erklärungsfristen (§ 273 Rn 4, § 296 Rn 9); sonst keine Versäumungsfolge gem § 296. Bei Zustellung ist unterschiedlicher Fristbeginn für die beiden Parteien möglich. Zustellung an die Hauptpartei läßt die Rechtsmittelfrist (auch die Frist des § 320 II) auch für deren Streithelfer beginnen (BGH NJW 86, 257; 63, 1251; auch § 67 Rn 5). Bei Verkündung beginnt Fristlauf, auch wenn die Parteien trotz ordnungsgemäßer Ladung (§ 218 Rn 1) abwesend waren (§§ 329, 312).

II) Der **Lauf einer gesetzlichen Frist beginnt** mit der **Zustellung** der sie in Lauf setzenden 2
Entscheidung (§ 339 Einspruchsfrist, § 516 Berufungsfrist, § 552 Revisionsfrist, § 577 [mit Besonderheit] sofortige Beschwerde) im Amtsbetrieb (§ 270 I, §§ 317, 329). Rechtsmittelfristen können wegen der uU ungleichmäßigen Amtszustellung der Entscheidungen für die Parteien daher unterschiedlich zu laufen beginnen. Mit der **Verkündung** eines Urteils beginnt (auch bei fehlender oder unwirksamer Zustellung) die 5-Monats-Frist der §§ 516, 552, ebenso die Beschwerdefrist der §§ 336, 952 IV sowie § 98 ZVG, § 121 II VerglO, § 189 II KO (s auch § 577 Rn 10 aE).

222 *[Berechnung der Fristen]*

(1) Für die Berechnung der Fristen gelten die Vorschriften des Bürgerlichen Gesetzbuchs.

(2) Fällt das Ende einer Frist auf einen Sonntag, einen allgemeinen Feiertag oder einen Sonnabend, so endet die Frist mit Ablauf des nächsten Werktages.

(3) Bei der Berechnung einer Frist, die nach Stunden bestimmt ist, werden Sonntage, allgemeine Feiertage und Sonnabende nicht mitgerechnet.

1 **I) Allgemeines:** § 222 und damit §§ 187–193 BGB (wegen § 191 BGB s aber § 223 Rn 5) gelten für alle prozessualen Fristen (vor § 214 Rn 2 ff), auch für Ausschlußfristen für die Klageerhebung (RG 105, 125) und für verlängerte Fristen; fällt das Ende der Rechtsmittelbegründungsfrist auf einen Sonntag, so beginnt die verlängerte Begründungsfrist erst am folgenden Dienstag zu laufen (BGH 21, 43 = NJW 56, 1278 gegen RG 131, 337). § 222 II gilt auch, wenn das datierte Ende der Verlängerungsfrist nach dem Wortlaut der richterlichen Verfügung auf einen Sonn- oder Feiertag fällt (BVerfG Rpfleger 82, 478; BGH LM § 765 BGB Nr 1 = BB 54, 1044). Maßgebend für Verlegung des Fristendes auf den Ablauf des nächsten Werktages wegen eines allgemeinen Feiertags (Abs 2) ist das für das Gericht, bei dem die Prozeßhandlung vorzunehmen (einzureichen) ist, geltende Landesrecht (BAG NJW 89, 1181 mwN für Ende der Rechtsmittelfrist; BSG MDR 95, 955 für Ende der Frist zur Begründung einer Nichtzulassungsbeschwerde). **Widerrufsfrist für Vergleich** s § 794 Rn 10c. Wegen Fristenlauf bei Gerichtsferien s § 223.

2 **II) 1) a) Fristen nach Stunden** sind gesetzlich bestimmt, zB in §§ 217, 274 III, § 604 II; sie können auch richterlich bestimmt werden. Sie beginnen (soweit bei richterl Fristen nichts anderes festgelegt ist) mit Zustellung bzw Verkündung und endigen mit Ablauf der bestimmten Stundenzahl. § 187 I BGB findet (nach Abs 1) insoweit entspr Anwendung, als nur volle Stunden gezählt werden. Beispiel: Zustellung der Klage in einer Meß- u Marktsache (§ 274 III, § 30) am 2. Mai um 9 Uhr 33 Min; Einlassungsfrist ist gewahrt, wenn Termin auf 3. Mai 10 Uhr bestimmt.

3 **b)** Da **Sonn-** und **allgemeine Feiertage** sowie **Sonnabende** (wegen gesetzlicher Feiertage s § 188 Rn 2) nach Abs 3 nicht mitgerechnet werden, kann eine Stundenfrist an einem solchen Tag weder beginnen noch endigen. Beispiel: Wird am Freitag vorm 9 Uhr zugestellt, so endigt die Frist von 24 Stunden am Montag vorm 9 Uhr, die 48-Stunden-Frist am Dienstag vorm 9 Uhr; wird zulässigerweise (§ 188) am Sonntag zugestellt, so beginnt die Stundenfrist um Mitternacht (Beginn des Montags). Bei Einreichung von Schriftsätzen bei detachierten Kammern und Senaten (§ 93 II, § 116 II, § 130 II GVG) ist maßgeblich, ob dort (nicht am Hauptsitz des Gerichts) Feiertag ist (BAG NJW 59, 2279 u NJW 89, 1181).

4 **2) Fristen nach Tagen** zB §§ 217, 604. Der Tag der Zustellung bzw Verkündung wird nicht mitgerechnet (Abs 1 mit § 187 I BGB). Beispiel: Zustellung 2. Mai, Einlassungsfrist 3 Tage. Es müssen volle 3 Tage freibleiben; die Einlassungsfrist ist gewahrt, wenn der Termin am 6. Mai ansteht. Ist der Beginn eines Tages der für den Anfang der Frist maßgebende Zeitpunkt, so wird der Tag mitgerechnet (Abs 1 mit § 187 II S 1 BGB). Beispiel: Dem Kläger ist eine Frist von 3 Tagen gesetzt, beginnend mit dem (= am) 5. Mai. Beginn der Frist mit Anbruch des 5. Mai, Ende mit Ablauf des 7. Mai.

5 **3) Fristen nach Wochen** zB §§ 106, 132 I, § 207 II, §§ 217, 234, 320 I, § 321 II, § 339 I, § 577 II, §§ 692, 840, 873, 1029, 1031. Die Frist endet mit Ablauf des Tages, der seiner Benennung nach dem Zustellungstag entspricht (Abs 1 mit § 188 II BGB). Beispiel: Zustellung am Freitag, dem 2. Mai; die sofortige Beschwerdefrist endet mit Ablauf des Freitag, den 16. Mai. Ist der 16. Mai ein allgemeiner Feiertag, so endet die Frist erst mit Ablauf des 19. (Montag), da sie weder an dem Feiertag, noch an dem darauffolgenden Sonnabend und Sonntag endigen kann (Abs 2). Ist für den Anfang der Frist der Beginn eines Tages maßgebend, so wird dieser Tag bei der Berechnung der Frist mitgerechnet (Abs 1 mit § 187 II BGB). Beispiel: Bei Bestimmung einer richterl Frist von 2 Wochen ist gesagt, dieselbe laufe von Beginn des 2. Mai (Dienstag). Die Frist endet mit Ablauf des 15. Mai (Montag). Wäre der Tag, mit dessen Ablauf hier die Frist endigen soll, Sonnabend, Sonntag oder allgemeiner Feiertag, so endete die Frist erst mit dem Ablauf des nächstfolgenden Werktags (Abs 2).

6 **4) Fristen nach Monaten** zB § 107 II, §§ 516, 552, 586, 701, 845, 954, 958, 1022, 1023, 1043. Die Frist endet mit dem Ablauf des Tages des letzten Monats, der seiner Zahl nach dem Zustellungstag entspricht (Abs 1 mit § 188 II BGB). Beispiel: Urteilszustellung am 2. Mai, die Berufungsfrist endet mit Ablauf des 2. Juni. Fehlt dieser letzte Tag im letzteren Monat, so endet die Frist mit dem letzten Tag dieses Monats: zB Zustellung des Urteils am 31. Januar, die Frist endet mit Ablauf des 28. Februar, im Schaltjahr mit Ablauf des 29. Februar. Bei Zustellung des Urteils am 29. Februar läuft die Berufungsfrist (entgegen Celle OLGZ 79, 360) wegen § 188 II BGB am 29. März ab (BGH MDR 85, 471 = NJW 85, 495 [496]; MDR 84, 473 = NJW 84, 1358). Ist für den Anfang einer Frist der Beginn eines Tages maßgebend, so endet die Frist mit Ablauf des Tages des letzten Monats, der dem Tag vorhergeht, der seiner Zahl nach dem Anfangstag der Frist entspricht (Abs 1 mit § 187 II BGB). Beispiel: Bei einer richterlichen Frist von 2 Monaten ist bestimmt, daß sie mit dem Beginn des 30. Dez anfangen soll; Ende der Frist mit Ablauf des letzten Tages des betr Monats (Ablauf der 28. bzw 29. Febr). Wäre der Tag, mit dessen Ablauf die Frist endigen soll, ein Sonnabend, Sonntag oder allgemeiner Feiertag, so endete die Frist erst mit dem Ablauf des nächstfolgenden Werktags (Abs 2); für den 24. Dez. außerhalb eines solchen Tages gilt das nicht (OVG Hamburg MDR 93, 577 = NJW 93, 1941).

5) Für Jahresfristen (§ 234 III, § 586 II, § 958 II, § 1044 II) gilt dasselbe wie für Monatsfristen: sie gelten als Fristen von sovielmal 12 Monaten als die Frist Jahre beträgt; es findet deshalb auch die Vorschrift Anwendung, daß, wenn im letzten Monat der Tag, der für den Ablauf der Frist maßgebend wäre, nicht vorkommt, die Frist mit dem Ablauf des letzten Tages dieses Monats endet. Beispiel: Eine Notfrist endet mit Ablauf des 29. Febr (Schaltjahr); die Jahresfrist zur Wiedereinsetzung (§ 234 III) endet, wenn sie am 1. März begonnen hat, mit Ablauf des 28. Febr; denn der 29., mit dessen Ablauf sie an sich enden würde, kommt im folgenden Jahr nicht vor. 7

III) Fristen dürfen bis zuletzt ausgeschöpft werden (BVerfG NJW 75, 1405; 76, 747; 83, 1479; MDR 80, 117; BGH 2, 31 = NJW 51, 657 sowie NJW 95, 521 mwN u 95, 2230 [2231]), bei Tagesfristen also bis 24 Uhr, selbst wenn kein **Nachtbriefkasten** vorhanden (BVerfG NJW 86, 244 u NJW 64, 1239; Hamm NJW 76, 762; Frankfurt NJW 74, 1959; aM BayObLG MDR 76, 67) und selbst wenn mit einer Leerung des Gerichtsbriefkastens am selben Tag nicht mehr zu rechnen ist (BAG MDR 86, 876; BGH MDR 84, 653; vgl § 270 Rn 6a); doch muß dann der Absender den Einwurf vor 24 Uhr nötigenfalls beweisen. Unterhält das Gericht ein **Postfach** bei einem Postamt, so ist ein Schriftsatz rechtzeitig bei diesem Gericht eingegangen, sobald er von der Post in dieses Fach eingelegt wird; ob eine Leerung des Postfachs durch Gerichtspersonal am selben Tag erfolgt oder zu erwarten ist, bleibt für die Fristwahrung gleichgültig (§ 270 Rn 6a; BVerfG MDR 80, 117 = NJW 80, 580; BGH MDR 87, 134). Nichtberücksichtigung eines erst unmittelbar vor Fristablauf eingehenden Schriftsatzes ist Verletzung des rechtl Gehörs (vor § 128 Rn 8; vgl für Telegramm, Telebrief und Fernschreiben § 130 Rn 9). 8

223 *[Gerichtsferien und Notfristen]*

(1) Der Lauf einer Frist wird durch die Gerichtsferien gehemmt. Der noch übrige Teil der Frist beginnt mit dem Ende der Ferien zu laufen. Fällt der Anfang der Frist in die Ferien, so beginnt der Lauf der Frist mit dem Ende der Ferien.

(2) Die vorstehenden Vorschriften sind auf Notfristen und Fristen in Feriensachen nicht anzuwenden.

(3) Notfristen sind nur diejenigen Fristen, die in diesem Gesetz als solche bezeichnet werden.

Hinweis auf Gesetzesänderung: § 223 soll (ab 1. 1. 1997) aufgehoben werden. Art 2 Nr 3 des (noch nicht verkündeten) Gesetzes zur Abschaffung der Gerichtsferien. Bestimmung über Notfristen (Abs 3) soll dann § 224 Abs 1 S 2 treffen.

I) Anwendungsbereich: § 223 I gilt für alle prozessuale Fristen (vor § 214 Rn 2–5) mit **Ausnahme** der Not- und Ferienfristen (Abs 2), der uneigentlichen Fristen (vor § 214 Rn 6) und der in der ZPO genannten materiell-rechtlichen Fristen (zB §§ 255, 721, die Ausschlußfristen zur Klageerhebung [RG 68, 57] und die Frist zum Widerruf eines Prozeßvergleichs (vgl § 794 Rn 10). Wegen Entscheidungsverkündung nach Unterbrechung s § 249 III. 1

II) Feriensachen kraft Gesetzes oder richterlicher Anordnung: §§ 199–202 GVG (s die Anmerkungen dazu). Die Ferien dauern vom 15. 7. bis 15. 9. einschließlich, auch wenn der 15. 9. ein Feiertag ist (BGH VersR 85, 574). 2

III) Die **Ferien hemmen** (vgl § 205 BGB) den **Fristablauf,** obwohl auch während der Ferien Prozeßhandlungen wirksam vorgenommen werden können. 3

1) Fällt das die Frist in Lauf setzende Ereignis (zB Einlegung des Rechtsmittels für die Begründungsfrist) in die Ferien, so beginnt die Frist am 16. 9. zu laufen; die Monatsfrist der §§ 519, 554 läuft dann am 15. 10. ab, vgl § 187 II, § 188 II BGB (BGH 5, 277 = NJW 52, 665). 4

2) Wird der Lauf einer bereits **vor** den Ferien laufenden Frist durch die Ferien gehemmt, so ist der nach Ferienende verbleibende Rest der Frist entgegen § 191 BGB nach Tagen zu berechnen (BGH NJW 62, 347; RG 109, 305). **Beispiel:** Revision eingelegt am 8. 7. Begründungsfrist beginnt am 9. 7. (§ 187 I BGB, § 554 II ZPO). Bis zum 15. 7. sind 6 Tage der Frist abgelaufen. Restliche 25 Tage rechnen ab 16. 9. Fristende also 10. 10. Vgl Tabelle Rn 13. 5

3) Wird eine Sache während der Gerichtsferien zur Feriensache erklärt, so endet mit der Bekanntgabe (§§ 221, 329) dieses Beschlusses die Hemmung der Frist; der bisher gehemmte Teil der Frist beginnt mit dem der Bekanntgabe folgenden Tag zu laufen (BGH LM § 519 Nr 7). **Beispiel:** Ende der Revisionsbegründungsfrist fällt auf den 16. 7., also Hemmung der letzten 2 Tage. Am 24. 7. Bekanntgabe des Beschlusses betr Erklärung als Feriensache. Am 25. 7. beginnt Frist weiterzulaufen. Fristende also 26. 7. (BGH VersR 75, 663). 6

4) Erfolgt **Verlängerung** einer Frist derart, daß ihr **Ende in die Ferien fällt,** so beginnt der in die Ferien fallende Teil der Verlängerung erst ab 16. 9. zu laufen (BGH 27, 143 [145] = NJW 58, 1044, VersR 83, 757 u NJW 94, 2364 [2365]), gleichgültig ob Verlängerung vor oder in den Ferien verfügt und gleichgültig selbst, ob als Ende der Frist ein nach Datum bestimmter Ferientag genannt ist 7

(BGH 27, 143; BGH LM § 133 BGB Nr A 4; BGH VersR 94, 1493; RG 87, 210). Das gilt selbst dann, wenn Verlängerung der Berufungsbegründungsfrist bis „15. September“ (= letzter Ferientag) beantragt und bewilligt wurde (BGH NJW 73, 2110). **Beispiel:** Begründungsfrist endet am Sonntag, den 14. 7., gem §§ 222 II, 223 I also wegen eines Tages gehemmt und Fristende daher am 16. 9. Verlängerung bewilligt am 15. 7. bis 14. 8. Dann Fristende (16. 9. + 30 Tage =) am 16. 10. Wurde hier am 15. 7. Frist „bis 15. 9.“ verlängert, dann Fristende (16. 9. + 61 Tage) am 16. 11. Dagegen wird der Ablauf der vor den Gerichtsferien „bis zum 16. 9.“ (oder später) verlängerten Frist durch die Ferien nicht beeinflußt; das gilt auch, wenn zB im Juli Fristverlängerung um 1 Monat beantragt war und der Antragsteller bei einer antragsgemäß nicht kalendermäßig bestimmten Fristverlängerung um „1 Monat“ aus den oben dargelegten Gründen in den Genuß der Fristhemmung gekommen wäre (BGH VersR 82, 546).

7a Erfolgt (vor den Gerichtsferien) Fristverlängerung bis zu einem Zeitpunkt in den Ferien und wird zugleich die Sache zur Feriensache erklärt (bedarf der Zustellung), dann nimmt die Frist während der Gerichtsferien ihren Fortgang (BGH VersR 94, 1493).

8 5) Wenn während der Ferien ein nach den Ferien liegender Tag (zB 1. 10.) als Fristende bestimmt, so läuft die Frist an diesem Tag ab (BGH VersR 83, 757).

9 6) Wird die vorläufige Bezeichnung als Feriensache durch den Vorsitzenden (§ 200 IV GVG) durch das Kollegium wieder aufgehoben, so wird Hemmungswirkung rückwirkend wiederhergestellt (abw Wieczorek Anm B II); anders bei nachträgl Änderung eines Kollegialbeschlusses gem § 200 IV GVG (Johannsen Anm zu BGH LM § 200 GVG Nr 7).

10 IV) 1) **Notfristen** sind nur die in der ZPO (oder anderen Gesetzen) als solche bezeichneten Fristen. ZPO: § 276 I S 1, §§ 339, 516, 552, 577 II u IV, § 586 I, § 958 I, § 1042d I, § 1043 II, § 1044 IV. Andere Gesetze: zB §§ 59, 72a, 76, 92a, 96a, 110 III ArbGG; § 111 GenG, § 30b I, § 180 II u III ZVG. Wegen Notfristen s auch § 187 S 2 u § 233 Rn 5.

11 2) **Keine Notfristen** sind die Begründungsfristen § 340 III (dort Rn 11), § 519 II S 2, § 554 II S 2; die Frist zur Stellung des Antrages auf Wiedereinsetzung (§ 234; s aber § 234 Rn 2), selbst wenn Notfrist versäumt war (BGH 26, 99 = NJW 58, 183); die Vergleichs-Widerrufsfrist (Düsseldorf NJW 68, 111; abw Säcker NJW 68, 708; vgl auch BAG NJW 69, 110; OVG Münster NJW 71, 533). Zur Behandlung dieser und weiterer Fristen „wie Notfristen iS des § 187“, wenn ihre Versäumung Präklusionsfolgen haben kann, s § 187 Rn 10.

12 V) **Wirkung der Notfristen:** **a)** Keine Verkürzung oder Verlängerung, § 224 (jedoch Rückwirkung gem §§ 270 III, 495); **b)** Wiedereinsetzung möglich, § 233; **c)** Frist läuft trotz Ruhens des Verfahrens (§ 251) u Gerichtsferien (§ 223 II) weiter; **d)** Keine Heilung von Zustellungsmängeln (§ 187 S 2); **e)** Der Parteivereinbarung entzogen (§ 224 I).

13 VI) **Lauf der Rechtsmittelbegründungsfristen** bei Berufung (§ 519 II) und Revision (§ 554 II) vom Eingang der Rechtsmittelschrift bei Gericht ab, sofern Hemmung durch Gerichtsferien (also nicht in den Sachen gem § 200 II GVG):

Eingang	Ende	Eingang	Ende	Eingang		Ende
15. 6.	16. 9.	26. 6.	27. 9.	7. 7.		9. 10.
16. 6.	17. 9.	27. 6.	28. 9.	8. 7.		10. 10.
17. 6.	18. 9.	28. 6.	29. 9.	9. 7.		11. 10.
18. 6.	19. 9.	29. 6.	30. 9.	10. 7.		12. 10.
19. 6.	20. 9.	30. 6.	1. 10.	11. 7.		13. 10.
20. 6.	21. 9.	1. 7.	3. 10.	12. 7.		14. 10.
21. 6.	22. 9.	2. 7.	4. 10.	13. 7.		15. 10.
22. 6.	23. 9.	3. 7.	5. 10.	14. 7.		15. 10.*
23. 6.	24. 9.	4. 7.	6. 10.	15. 7.	mit 15. 9. Fristablauf	15. 10.
24. 6.	25. 9.	5. 7.	7. 10.			
25. 6.	26. 9.	6. 7.	8. 10.	* vgl Rn 15		

14 Ein Fristende am 2. 10. kommt nicht vor, weil der Monat Juni nur 30 Tage hat und der ab 16. 9. 0 Uhr (§ 187 II BGB) laufende Teil der Restfrist als Tagesfrist gerechnet wird (s Rn 4 u 5)

15 Der 15. 10. ist (wenn der Rechtsstreit nicht Feriensache ist) für alle vom 13. 7. bis 15. 9. eingelegten Berufungen und Revisionen der Schlußtag der Rechtsmittelbegründung. Für das am 13. 7. eingelegte Rechtsmittel läuft die Frist nach Ablauf ihres ersten Tages (14. 7.), weil sie „im Verlauf ihres Ablaufs“ durch die Ferien gehemmt ist, für den Rest ihres Ablaufs als Tagesfrist für die Dauer von insgesamt 31 Tagen, also ab 16. 9. restliche 30 Tage bis zum 15. 10. weiter (§ 187 II, § 188 BGB; § 191 BGB gilt hier nicht, BGH VersR 82, 651). Für das am 14. 7. eingelegte Rechtsmittel läuft die Frist (entgegen BGH 5, 275 [277]; BGH VersR 81, 459 [460]; StJ/Roth Rn 11; MK/Feiber Rn 7) erst ab 16. 9., also bis zum 15. 10. (§ 187 II, § 188 II zweite Alternative BGB), weil der 14. 7. gem § 187 I BGB nicht mitgerechnet wird, die Hemmung ab 15. 7. also nicht „im Verlauf des Fristablaufs“ eintritt (so aber BGH aaO) und deshalb der Fristablauf erstmals am 16. 9. als

Monatsfrist beginnt. Dasselbe gilt für die Begründungsfristen der vom 15. 7. bis 15. 9. eingelegten Rechtsmittel (BGH 5, 275; BGH VersR 82, 651).

Bei allen in der Tabelle genannten Fristenden ist § 222 II gesondert zu beachten (ggf entspr Verlängerung), wenn Fristende auf Feiertag fällt. 16

224 *[Abkürzung und Verlängerung von Fristen]*

(1) Durch Vereinbarung der Parteien können Fristen, mit Ausnahme der Notfristen, abgekürzt werden.

(2) Auf Antrag können richterliche und gesetzliche Fristen abgekürzt oder verlängert werden, wenn erhebliche Gründe glaubhaft gemacht sind, gesetzliche Fristen jedoch nur in den besonders bestimmten Fällen.

(3) Im Falle der Verlängerung wird die neue Frist von dem Ablauf der vorigen Frist an berechnet, wenn nicht im einzelnen Falle ein anderes bestimmt ist.

Hinweis auf Gesetzesänderung: Dem Abs 1 soll (ab 1. 1. 1997) folgender Satz 2 angefügt werden (Art 2 Nr 4 des [noch nicht verkündeten] Gesetzes zur Abschaffung der Gerichtsferien):

[2]Notfristen sind nur diejenigen Fristen, die in diesem Gesetz als solche bezeichnet sind.

I) § 224 bezieht sich nicht auf die uneigentlichen und Ausschlußfristen (s vor § 214 Rn 5, 6). 1

II) Durch **Parteivereinbarung** können richterliche und gesetzliche Fristen, nicht jedoch Notfristen und uneigentliche Fristen (zur Unterscheidung s vor § 214 Rn 3–6) abgekürzt werden (Abs 1). Fristverlängerung oder -verkürzung durch Parteivereinbarung kommt nur für die (ebenfalls von den Parteien frei vereinbarte und daher für das Gericht nicht abänderbare; BGH 61, 398) Vergleichswiderrufsfrist in Betracht (§ 794 Rn 10c; Bergerfurth NJW 69, 1799). Parteivereinbarung ist formlos und ohne Anwaltszwang möglich (vor § 128 Rn 32); Anwaltszwang besteht jedoch für Verlängerung der Vergleichswiderrufsfrist, weil Vergleichsabschluß und -widerruf gleichzeitig Prozeßhandlung ist. Eine von den Parteien selbst vereinbarte Verlängerung der Widerrufsfrist wäre iS der Verpflichtung zu neuerlichem Vergleich aber materiell wirksam. 2

III) 1) Gerichtliche Friständerung durch Vorsitzenden oder Gericht (§ 225 Rn 2a) ist unbeschränkt zulässig (Abs 2) bei richterlichen Fristen, bei gesetzlichen Fristen nur in den vom Gesetz vorgesehenen Fällen (Abkürzung § 226, Verlängerung § 206 I, § 340 III, § 519 II, § 554 II, beides zulässig § 134 II), bei Notfristen niemals. Zulässig ist Abänderung, also Verkürzung, oder Verlängerung (auch mehrmals, aber auch für einen kürzeren Zeitraum als beantragt [BGH VersR 89, 928 u 94, 622]), **nur aus erheblichen Gründen** (zu solchen § 519 Rn 19), die auf Verlangen des Gerichts glaubhaft zu machen sind (§ 294). Schlichte Parteivereinbarung wird entspr § 227 I Nr 3 kaum jemals erheblicher Grund sein, obwohl die Parteien sogar das Ruhen des Verfahrens (dann aber mit materiell-rechtlicher Konsequenz, § 211 II BGB) vereinbaren können (§ 251). Die Bewilligung der **Friständerung ist Ermessenssache,** doch ist dieses Ermessen – auch wo das nicht ausdrücklich im Gesetz gesagt ist – gebunden durch das Gebot der Verfahrensbeschleunigung und der Rücksichtnahme auf Interessen des Antragsgegners. Daher sollten Friständerungen unterbleiben, wo der Antragsteller keine erheblichen Gründe hierfür vorgetragen hat. Wegen Verfahren und Rechtsmittel bei Friständerungen s § 225. Eintritt der Wirksamkeit der Friständerung § 225 Rn 3. 3

2) Eine Frist kann noch **nach deren Ablauf** verlängert werden, wenn das **Verlängerungsgesuch vor Fristablauf** beim Gericht eingegangen ist (BGH [GrSen] 83, 217 = NJW 82, 1651); denn dem Gesuchsteller darf die Dauer des Geschäftsganges zwischen Eingang (hierzu § 270 Rn 5) und Verbescheidung seines Gesuchs nicht zum Nachteil gereichen (BVerfG MDR 80, 117). Allerdings kann extrem späte Antragstellung Anlaß geben, das Vorliegen „erheblicher Gründe" für die Fristverlängerung (Rn 3) kritisch zu würdigen (BGH aaO), so insbes bei einem Gesuch um eine wiederholte Verlängerung (§ 225 II). Ein **Verlängerungsgesuch nach Fristablauf** ist nicht mehr berücksichtigungsfähig (BGH 83, 217); es kann aber, wenn der Antragsteller sein Nichtverschulden an der Versäumung des Antrags glaubwürdig darlegt, Anlaß geben, von einer Präklusion verspäteten Vorbringens abzusehen (§ 296 Rn 23; Koblenz NJW 89, 987) oder im Anwendungsbereich des § 233 Wiedereinsetzung (gem § 236 II auch von Amts wegen) zu gewähren (StJ/Roth Rn 9; Vollkommer DRiZ 69, 244; aM nach altem Recht BGH VersR 68, 992). Zur fehlerhaften Verlängerungsverfügung § 519 Rn 20 u 22. 4

3) Mit der Zulässigkeit der **Änderung** einer Frist nach deren Ablauf, wenn nur der Antrag vor Fristablauf gestellt war (Rn 4), kommt es nicht mehr darauf an, wann dem Antragsteller die verfügte oder beschlossene Abänderung (hierzu § 225 Rn 2) **bekanntgegeben** wurde (die Rspr BGH 4, 399; 14, 148; RG 160, 309 über die Vorwirkung einer formlosen Mitteilung ist daher gegenstandslos). Es ist nicht mehr notwendig, daß der Antragsteller vor Fristablauf von der Verlängerung Kenntnis erlangt. 5

6 4) **Mitteilung** (§ 329 II S 1) ist nötig nur an den durch die Verlängerung begünstigten Antragsteller (RG 144, 260 aE); der Gegner ist nicht antragsberechtigt, selbst wenn er Anschlußberufung oder -revision (§ 522 II, § 556 II) beabsichtigt (BGH NJW 51, 605 gegen RG 156, 157); jedoch ist, obwohl hiervon die Wirksamkeit der Änderung nicht abhängt, auch der Gegner formlos zu informieren, damit er Kenntnis von der Zulässigkeit des Rechtsmittels der anderen Partei erlangt.

7 **IV)** Wird die Frist zur Begründung der Berufung oder der Revision um einen bestimmten Zeitraum verlängert und fällt der letzte Tag der ursprünglichen Frist auf einen Sonnabend, Sonntag oder allgemeinen Feiertag, so beginnt der verlängerte Teil der Frist erst mit dem Ablauf des nächstfolgenden Werktages. Eine am 25. 11. eingelegte Berufung kann daher, falls ihre Begründungsfrist um einen Monat verlängert wird, noch am 27. 1. des folgenden Jahres (Fristende: § 222 II, Verlängerung ab 28. 12. nach § 224 III) und, wenn der 27. 12. selbst ein Sonntag ist, noch am 28. 1. wirksam begründet werden (BGH 21, 43 = NJW 56, 1278 unter Abweichung von RG 131, 337), vgl auch § 223 Rn 7 „Gerichtsferien".

8 **V)** Die Bestimmung über **Notfristen** (Abs 1 S 2 nF) ist bis 31. 12. 1996 in § 223 III enthalten. Hierzu siehe daher die Erl § 223 Rn 10–13.

225 *[Verfahren bei Fristenabkürzung oder -verlängerung]*

(1) Über das Gesuch um Abkürzung oder Verlängerung einer Frist kann ohne mündliche Verhandlung entschieden werden.

(2) Die Abkürzung oder wiederholte Verlängerung darf nur nach Anhörung des Gegners bewilligt werden.

(3) Eine Anfechtung des Beschlusses, durch den das Gesuch um Verlängerung einer Frist zurückgewiesen ist, findet nicht statt.

1 **I) 1)** Das **Gesuch** (Abs 1) ist grundsätzlich (Ausnahme in mündlicher Verhandlung) **schriftlich** zu stellen (BGH 93, 300 = NJW 85, 1558); denn die Voraussetzung einer wirksamen, rechtzeitigen (§ 224 Rn 4) und begründeten Antragstellung muß eindeutig aktenkundig sein, zumal sie im Anwaltsprozeß den Förmlichkeiten des Anwaltszwanges (§ 130 Rn 5 ff) unterliegt; unwirksam ist daher insbes das nur telefonische Gesuch (BGH aaO). Jedoch heilt die wirksame Friständerung Formfehler des Gesuchs (BGH aaO).

2 2) Die **Entscheidung** über das Gesuch hat grundsätzlich so **rechtzeitig vor Ablauf der Frist** zu erfolgen, daß der Antragsteller in der Lage ist, die befristete Prozeßhandlung noch in offener Frist vorzunehmen (BGH VersR 82, 1191 [1192]; Bekanntgabe der Entscheidung s Rn 3). Nur ausnahmsweise darf die ablehnende Entscheidung zugleich mit der auf den Fristablauf gestützten Hauptsacheentscheidung ergehen (vgl entspr § 238 Rn 2), wenn der Friständerungsantrag so spät gestellt war, daß er nicht mehr vor Ablauf der Frist verbeschieden werden konnte. Zur **Erkundigungspflicht und** zum **Anwaltsverschulden** bei Versäumung einer nicht verlängerten Frist s § 233 Rn 23 „Fristenbehandlung".

2a 3) a) **Zuständig** zur Entscheidung über das Friständerungsgesuch durch Beschluß (vgl Abs 3) ist beim Kollegialgericht grundsätzlich das **Kollegium,** sofern nicht ausnahmsweise die Entscheidung dem **Vorsitzenden** (Verfügung, vgl § 226 III) übertragen ist (§ 134 II, § 226 III, § 340 III, § 519 II, § 554 II; § 53 ArbGG; zur KfH § 349 Rn 2). Danach entscheidet der Vorsitzende durch Verfügung (entgegen BGH VersR 82, 1191 [1192] ist aber auch hier ein Kollegialbeschluß zulässig und wirksam, vgl BGH VersR 80, 772) über die Abänderung der von ihm selbst gesetzten richterlichen Fristen (zB § 273 II, § 275 I, § 276 I, § 520 II) und der ihm zur Abänderung übertragenen gesetzlichen Fristen, also über die Verlängerung oder Abkürzung der Frist des § 134 II, über die Abkürzung der Frist des § 226 und über die Verlängerung der **Rechtsmittelbegründungsfrist** der § 519 II, § 554 II; entspr § 340 III. Ob der Vorsitzende auch befugt ist, die beantragte Verlängerung einer Rechtsmittelbegründungsfrist abzulehnen, ist streitig. Die Ablehnungsbefugnis des Vorsitzenden auch hierfür (also entgegen dem Wortlaut der § 519 II, § 554 II) bejahen der BGH (st Rspr, vgl VersR 82, 1191 [1192]) und Demharter (MDR 86, 797 m weit Hinw auf die Rspr; ebenso StJ/Roth Rn 1). Gegen eine solche – gar ausschließliche – Kompetenz des Vorsitzenden, an Stelle des Kollegiums die Verlängerung der Rechtsmittelbegründungsfrist zu versagen und damit die Zulässigkeit des Rechtsmittels zu präjudizieren, bestehen (abgesehen vom Wortlaut des Gesetzes auch) verfassungsrechtliche Bedenken iS der Art 20 III, 101 I, 103 I GG (ebenso Schneider Anm zu BGH EzFamR § 233 ZPO Nr 8). Da hier die Zurückweisung der für eine Fristverlängerung vorgetragenen „erheblichen Gründe" (§ 224 II, § 519 II) die Zulässigkeit des Rechtsmittels präjudiziert, darf der Vorsitzende das Kollegium nicht auf seine alleinige Meinung über die Erheblichkeit der Gründe für eine beantragte Fristverlängerung festlegen. Im übrigen ist zur **Änderung einer vom Richterkollegium gesetzten Frist** nur dieses – nicht der Vorsitzende – zuständig (BGH MDR 83, 838 = NJW 83, 2030).

b) Die **Friständerung muß ausdrücklich erfolgen,** um die gebotene Klarheit über den Fristenablauf und dessen Rechtsfolgen (§§ 230, 296) herzustellen. Enthält das Original oder auch nur die dem Antragsteller mitgeteilte Ausfertigung des fristverlängernden Beschlusses (der Verfügung) versehentlich keine datierte Angabe des neuen Fristablaufs, so ist für den Antragsteller der gesetzliche Fristablauf ersatzlos bis zur Nachholung einer Festsetzung des Endtermins aufgehoben (so für Rechtsmittelbegründungsfrist BGH 4, 389 [399]; 14, 148 [150]; BGH MDR 87, 651). Dagegen genügt „antragsgemäße" Fristverlängerung, wenn bereits der Antragsteller Verlängerung bis zu einem von ihm genannten Tag begehrt hatte. Das Schweigen des Gerichts auf den Antrag, eine Frist „stillschweigend" zu verlängern, stellt (entgegen Köln JMBlNW 84, 131) keinesfalls eine Friständerung, die Prozeßhandlung des Gerichts ist (vor § 128 Rn 14), dar und genießt auch keinen Vertrauensschutz des Antragstellers. Dagegen genießt Vertrauensschutz die fehlerhaft nur telefonisch bewilligte Friständerung durch den Vorsitzenden (BGH 93, 300), wenn nur der Vorsitzende überhaupt befugt war (s Rn 2a), die Frist selbständig zu ändern. 2b

c) Friständernde Beschlüsse oder Verfügungen bedürfen gem §§ 329, 317 II der vollen **Richterunterschrift** (Paraphe genügt nicht, BGH 76, 236 = NJW 80, 1167; vgl § 329 Rn 47), die aus der Ausfertigung ersichtlich sein muß (§ 170 Rn 5; hierzu Schneider MDR 82, 818). 2c

4) **Bekanntgabe der Entscheidung** ist **Voraussetzung der Wirksamkeit** der Friständerung (§ 329 Rn 5–7). Bekanntgabe nach Fristablauf ist unschädlich. Bekanntgabe an die antragstellende Partei genügt für Wirksamkeit der Friständerung; s aber § 224 Rn 6 wegen Mitteilung auch an Antragsgegner. Zustellung stets nötig an diejenige Partei, die eine abgekürzte Frist einzuhalten hat (§ 329 II). Dagegen bedarf die Bekanntgabe der Verlängerung einer Frist keiner förmlichen Zustellung (s auch § 519 Rn 18), denn die Verlängerung setzt iS des § 329 II keine (neue) Frist in Lauf (Müller NJW 90, 1778; BGH 93, 300 u NJW 94, 2364 [2365]; RG 156, 388; die gegenteilige Rspr BGH MDR 90, 36 = VersR 89, 1063 hat der BGH NJW 90, 1797 = VersR 90, 638 wieder aufgegeben). Zur Frage der Wirksamkeit einer Friständerung durch den unzuständigen Richter s § 519 Rn 18. Dort auch zur Wirksamkeit bei fehlerhafter Mitteilung der Verfügung. 3

II) **Anhörung des Gegners** (Abs 2) ist erforderlich nur für die Verkürzung einer richterlichen oder gesetzlichen Frist (§ 224 II) sowie für die wiederholte (zweite oder mehrfache) Verlängerung einer solchen Frist (zB § 519 II, § 554 II). Das Gesetz gebietet mit Anhörung Gewährung rechtlichen Gehörs, nicht auch die Zustimmung des Gegners. Notwendig ist allein, daß im Interesse der Verfahrensleitung und -beschleunigung eine Friständerung, die auch schutzwürdige Interessen des Gegners berührt, nicht hinter dessen Rücken ohne sachliche Abwägung der beiderseitigen Interessen verfügt oder beschlossen wird. Für die Art der Anhörung des Gegners kommt es im übrigen allein auf den Normzweck an, nicht auf die Förmlichkeit; daher genügt auch mündliche oder telefonische Anhörung, wenn hierüber ein schriftlicher Vermerk zu den Akten genommen wird (wegen §§ 512, 548). Ausnahme: § 226 III. Verstoß gegen Abs 2 macht den Beschluß nicht unwirksam (RG 150, 361). Unter Abs 2 fällt auch die Vorverlegung eines Termins; daher kein Versäumnisurteil gegen den Gegner, wenn er nicht gehört und verständigt worden war (Colmar OLG 35, 51; vgl § 337). 4

III) **Rechtsbehelfe:** Gegen Ablehnung der Abkürzung Beschwerde (§ 567 I; StJ/Roth Rn 9; aA MK/Feiber Rn 8), nicht aber in den Fällen § 567 III u IV. Die Ablehnung der Verlängerung ist nicht anfechtbar (Abs 3). Bei Bewilligung der Abkürzung oder Verlängerung für Antragsteller und Gegner keine Beschwerde (s § 567 I). Keine Dienstaufsichtsbeschwerde (MK/Feiber Rn 8; ThP Rn 4). 5

IV) Gebühren: 1) des **Gerichts:** Keine; soweit über eine Beschwerde zu entscheiden ist (s Rn 5): KV 1906. **2)** des **Anwalts:** Tätigkeit gehört zum Rechtszug (§ 37 BRAGO); Beschwerde: § 61 BRAGO. 6

226 *[Abkürzung von Zwischenfristen]*

(1) Einlassungsfristen, Ladungsfristen sowie diejenigen Fristen, die für die Zustellung vorbereitender Schriftsätze bestimmt sind, können auf Antrag abgekürzt werden.

(2) Die Abkürzung der Einlassungs- und der Ladungsfristen wird dadurch nicht ausgeschlossen, daß infolge der Abkürzung die mündliche Verhandlung durch Schriftsätze nicht vorbereitet werden kann.

(3) Der Vorsitzende kann bei Bestimmung des Termins die Abkürzung ohne Anhörung des Gegners und des sonst Beteiligten verfügen; diese Verfügung ist dem Beteiligten abschriftlich mitzuteilen.

I) **Einlassungsfrist:** § 274 III. **Ladungsfrist:** § 217, 604. **Frist für vorbereitende Schriftsätze:** §§ 132, 273 II Nr 1, § 275 I. **Abkürzung** (Abs 1) nur auf Antrag (auch im Parteiprozeß), nie von Amts wegen, wenn aber geschehen, nicht unwirksam, jedoch mit Beschwerde anfechtbar. Abs 1 trifft nicht zu auf die Widerspruchsfrist im Mahnverfahren. 1

2 **II) Antrag:** Schriftlich (§ 225 Rn 1), im Anwaltsprozeß (§ 78) Anwaltszwang. Antragsberechtigt sind beide Parteien. Die Gründe für den Antrag sind im Hinblick auf schutzwürdige Interessen auch des Antragsgegners darzulegen (vgl § 275 Rn 4), jedoch nicht notwendig auch glaubhaft zu machen. Weitherzige Auslegung; im Antrag „möglichst nahen Verhandlungstermin anzuberaumen" kann uU Antrag auf Abkürzung liegen, wenn ohne Abkürzung kein geeigneter Termin mehr anberaumt werden kann (aA MK/Feiber Rn 3; StJ/Roth Rn 2: ausdrücklicher Antrag).

3 **III)** Unter der Abkürzung der Frist darf die schriftliche Vorbereitung (§§ 129 ff) leiden (Abs 2), niemals aber die Möglichkeit der Vorbereitung überhaupt, sonst ist rechtliches Gehör versagt (BGH 27, 169; Rn 6 vor § 128; § 275 Rn 4) und ein Versäumnisurteil gem § 337 zu versagen.

4 **IV)** Bei Ladung Aufnahme der Verfügung des Richters (Abs 3) in die Ladung. Bewilligung des Antrags ist nur mit dem Urteil anfechtbar (§§ 512, 548). Gegen Ablehnung einfache Beschwerde (§ 567, aus Zeitgründen selten erfolgversprechend). Gegen Bewilligung der Fristverkürzung kann die betroffene Partei, die hierzu nicht einmal angehört werden mußte, sich im folgenden Termin (oder im Rechtsmittel gegen das Urteil) ggf auf Verkürzung ihres rechtlichen Gehörs berufen.

227 *[Änderung von Terminen]*

(1) Aus erheblichen Gründen kann ein Termin aufgehoben oder verlegt sowie eine Verhandlung vertagt werden. Erhebliche Gründe sind insbesondere nicht

1. das Ausbleiben einer Partei oder die Ankündigung, nicht zu erscheinen, wenn nicht das Gericht dafür hält, daß die Partei ohne ihr Verschulden am Erscheinen verhindert ist;

2. die mangelnde Vorbereitung einer Partei, wenn nicht die Partei dies genügend entschuldigt;

3. das Einvernehmen der Parteien allein.

(2) Über die Aufhebung sowie Verlegung eines Termins entscheidet der Vorsitzende ohne mündliche Verhandlung; über die Vertagung einer Verhandlung entscheidet das Gericht. Die Entscheidung ist kurz zu begründen. Sie ist unanfechtbar.

(3) Die erheblichen Gründe sind auf Verlangen des Vorsitzenden, für eine Vertagung auf Verlangen des Gerichts glaubhaft zu machen.

Hinweis auf Gesetzesänderung: § 227 soll (ab 1. Jan 1997) durch Art 2 Nr 5 des (noch nicht verkündeten) Gesetzes zur Abschaffung der Gerichtsferien wie folgt geändert werden:

a) Der bisherige Absatz 3 wird Absatz 2.

b) Nach Absatz 2 wird folgender Absatz 3 eingefügt:

(3) Ein für die Zeit vom 1. Juli bis 31. August bestimmter Termin, mit Ausnahme eines Termins zur Verkündung einer Entscheidung, ist auf Antrag innerhalb einer Woche nach Zugang der Ladung oder Terminbestimmung zu verlegen. Dies gilt nicht für

1. Arrestsachen oder die eine einstweilige Verfügung oder einstweilige Anordnung betreffenden Sachen,

2. Streitigkeiten wegen Überlassung, Benutzung, Räumung oder Herausgabe von Räumen oder wegen Fortsetzung des Mietverhältnisses über Wohnraum aufgrund der §§ 556 a, 556 b des Bürgerlichen Gesetzbuchs,

3. Streitigkeiten in Kindschafts- oder Familiensachen oder über eine durch Verwandtschaft begründete gesetzliche Unterhaltspflicht oder über Ansprüche nach den §§ 1615 k, 1615l des Bürgerlichen Gesetzbuchs,

4. Wechsel- oder Scheckprozesse,

5. Bausachen, wenn über die Fortsetzung eines angefangenen Baues gestritten wird,

6. Streitigkeiten wegen Überlassung oder Herausgabe einer Sache an eine Person, bei der die Sache nicht der Pfändung unterworfen ist,

7. Zwangsvollstreckungsverfahren oder

8. Verfahren der Vollstreckbarerklärung oder zur Vornahme richterlicher Handlungen im Schiedsverfahren;

dabei genügt es, wenn nur einer von mehreren Ansprüchen die Voraussetzungen erfüllt. Wenn das Verfahren besonderer Beschleunigung bedarf, ist dem Verlegungsantrag nicht zu entsprechen.

c) Der bisherige Absatz 2 wird Absatz 4.

I) Terminsänderung kann erfolgen durch **1) Aufhebung,** das ist Absetzung des Termins vor dessen Beginn (§ 220 I) ohne gleichzeitige Bestimmung eines neuen. Das bedeutet praktisch Stillstand des Verfahrens, jedoch ohne fristhemmende Wirkung des § 249. Daher, weil der Förderungspflicht des Gerichts und der Parteien widerstreitend, nur ausnahmsweise veranlaßt, so bei Änderung des Verkündungstermins in Verhandlungstermin (dann Beschluß, § 156) oder umgekehrt. 1

2) Verlegung ist Aufhebung des anberaumten Termins vor dessen Beginn unter gleichzeitiger Bestimmung eines (früheren oder späteren) anderen. 2

3) Vertagung ist Beendigung eines bereits begonnenen Termins (§ 220 I) vor dessen Schluß (§ 220 II), also insbes vor Eintritt der Entscheidungsreife (§ 300), unter gleichzeitiger Bestimmung des neuen (Fortsetzungs-)Termins. So häufig in Verbindung mit verkündetem Beweisbeschluß (§ 358) oder zur Gewährung des rechtlichen Gehörs bei erst im Termin gestellten Fragen und gegebenen Hinweisen (§§ 139, 278 III); dann gilt § 278 IV. 3

4) Jegliche Terminsänderung kommt nur in Betracht, wo mündliche Verhandlung überhaupt vorgesehen ist (§ 128). In Verfahren ohne mündliche Verhandlung gibt es nur Friständerungen (§§ 224, 225), im schriftlichen Verfahren nur Verlegung des Verkündungstermins (§ 128 II u III). Im **Säumnisverfahren** Sonderregelung in § 337. 4

II) 1) Voraussetzung jeglicher Terminsänderung ist im Interesse der Förderung und Straffung des Verfahrens das Vorliegen **erheblicher Gründe,** das sind Gründe, die aus der Sicht des Gerichts zur weiteren Vorbereitung der Entscheidung (daher niemals bei Entscheidungsreife, § 300) oder zur Gewährung des rechtlichen Gehörs (BGH 27, 163; RG 81, 321; BFH NJW 76, 1119; BVerwG NJW 95, 1441) sachlich geboten sind (so insbes im Fall §§ 139, 273, 278 III, § 358); aus der Sicht der Parteien sind Gründe erheblich, die ohne Terminsänderung ihre Säumnis iS § 337 als entschuldigt erscheinen lassen müßten. Das Fernbleiben einer Partei nur in der Erwartung, einem (nicht verbeschiedenen) Vertagungsantrag werde vom Gericht schon Rechnung getragen werden, ist aber nicht grundsätzlich (Ausnahme bei vom Gericht nachträglich erkannter Erheblichkeit des Grundes) als entschuldigt anzusehen (BGH NJW 82, 888). 5

2) Beispiele für wichtige Gründe: Nichteinhaltung von Ladungs- oder Einlassungsfrist, notwendiger Anwaltswechsel, Mandatsniederlegung durch den Prozeßbevollmächtigten (wenn der Partei keine ausreichende Zeit verbleibt, einen [vorbereiteten] neuen Bevollmächtigten zu finden, BVerwG NJW 93, 80), Erkrankung des Zeugen, Anwalts (Frankfurt AnwBl 80, 151) oder der geladenen Partei (für diese auch sonst unabweisbare Verhinderung, zB BVerwG NJW 92, 2042), Erkrankung der nicht persönlich geladenen Partei ausnahmsweise aus konkret darzulegendem Grund, so zB bei krankheitsbedingter Erschwerung oder Vereitelung der Möglichkeit, den eigenen Anwalt persönlich und mündlich über den Verfahrensgegenstand zu informieren (Köln NJW-RR 90, 1341) oder einer Beweisaufnahme gem § 357 I persönlich beizuwohnen. Erkrankt der sachbearbeitende RA einer prozeßbevollmächtigten Sozietät (hierzu § 84 Rn 1), so darf sein Antrag, den Termin zu verlegen, grundsätzlich (Ausnahme in Eilsachen, Arrest, einstw Verfügung) nicht mit der Begründung abgelehnt werden, ein anderes Mitglied der Sozietät könne und müsse den Termin wahrnehmen und sich in die Sache einarbeiten (BVerwG NJW 84, 882; s aber § 53 I BRAO). Urlaub von RA oder Partei ist regelmäßig nur bei langfristig geplanter Auslandsreise oder während der Gerichtsferien erheblich (s aber § 53 BRAO bzgl Pflicht des RA, für Vertretung zu sorgen), gleichzeitiger Termin in anderer Sache (BSG MDR 96, 633 = NJW 96, 677; hier abzuwägen, welcher der Termine leichter zu verlegen; regelmäßig Vorrang des Beweistermins vor schlichtem Verhandlungstermin, selbst wenn letzterer bei höherem Gericht; Terminkollision ist aber kein wichtiger Grund, wenn Vertretung durch einen anderen RA einer Sozietät möglich ist, BVerwG NJW 95, 1231). Gleichbehandlung der Parteien (zB nach Verlegung auf Antrag des Gegners, Celle NJW 69, 1905; Köln MDR 71, 933; Lützeler NJW 73, 1447), religiöser Feiertag für Strenggläubige. Das Beharren des Gerichts auf einem für die Partei tatsächlich unzumutbaren Termin kann Versagung des rechtlichen Gehörs (Art 103 I GG) darstellen (vor § 128 Rn 6, § 275 Rn 4; Schneider MDR 77, 793; zu streng insoweit Hartmann NJW 78, 1459). 6

3) Kein erheblicher Grund: Unentschuldigtes Fernbleiben der Partei oder ihres Anwalts; bei Fernbleiben dann §§ 251a, 330 ff. Ungenügende Terminsvorbereitung durch eine Partei, wenn nicht entschuldigt. Entschuldigt ist diese Säumigkeit regelmäßig nur, wenn das Gericht selbst seiner Förderungspflicht nach §§ 139, 273, 278 III nicht oder zu spät nachgekommen war, wenn Replik auf gegnerisches Vorbringen nicht mehr zeitgerecht möglich. Hier ist aber zu beachten, daß das Verfahren nach § 283 auch bei verspäteten Schriftsätzen eine Vertagung in aller Regel entbehrlich macht (München MDR 80, 148; vgl § 132 Rn 3). Grundsätzlich ist ungenügende Terminsvorbereitung der Partei nach § 138 III, §§ 283, 296, 333 zu ahnden und nicht durch Terminsänderung zu fördern. Parteivereinbarung: Einverständlich können die Parteien das Verfahren nur gem § 251 aufhalten, soweit das Gericht dem nicht gem § 251a begegnet. Bei beiderseitig behaupteten Vergleichsverhandlungen ist deren Ernstlichkeit vom Gericht sorgfältig zu prü- 7 fen und ggf gem § 279 zu fördern. Oft werden außergerichtliche Vergleichsbemühungen nur zur Verschleppung des Verfahrens vorgeschützt.

8 **III) 1) Verfahren:** Terminsänderung von Amts wegen oder auf Antrag (Anwaltszwang). **Antrag** (nicht notwendig schriftlich; telefonischer Antrag kann genügen) der Partei ist zu begründen; erheblicher Grund ist auf Verlangen glaubhaft zu machen (Abs 3 mit § 294; Köln NJW-RR 90, 1341). Formelhafte Begründung (zB „Arbeitsüberlastung") besagt gar nichts. Je kürzer vor dem Termin das Gesuch gestellt wird, desto kritischer ist es zu prüfen.

9 **2) Entscheidung** durch Verfügung des Vorsitzenden bei Verlegung oder Aufhebung, durch Beschluß des Gerichts (Einzelrichters) bei Vertagung (Abs 2), aber auch (in Abänderung der Verfügung des Vorsitzenden) bei Verlegung oder Aufhebung. Der Vorsitzende kann seine Verfügung auch selbst abändern. Besonders sorgfältig zu prüfen ist die Terminsaufhebung, daher für diese Beschluß anzuraten; so insbes bei widersprechenden Anträgen oder Aufhebung von Amts wegen (Schilgen DRiZ 72, 129). Anhörung der Parteien nicht vorgeschrieben aber (insbes bei Aufhebung) geboten, soweit terminlich möglich. Oft genügt Telefonat mit dem Gegner des Antragstellers. Die Entscheidung ist zu begründen (Abs 2 S 2), bei widersprechenden Anträgen soweit notwendig auch eingehend. Bekanntmachung der Entscheidung bei Vertagung durch Verkündung (§ 218), bei Aufhebung durch Mitteilung an beide Parteien (§ 329 II S 1), bei Verlegung durch Zustellung an beide Parteien (§ 329 II S 2) mit neuer Ladung. Kurz vor dem Termin erfolgende Verlegung oder Aufhebung den Parteien telefonisch vorweg mitzuteilen ist Anstandspflicht des Gerichts.

10 **3) Rechtsmittel** keines (Abs 2 S 3), selbst bei Zurückweisung eines Antrags. Jedoch kommt, wo langfristige Verlegung oder Vertagung, erst recht Aufhebung, sachlich nicht gerechtfertigt und deshalb im Ergebnis eine Rechtsverweigerung darstellt, Beschwerde entspr § 252 in Betracht (s dort Rn 1; München NJW-RR 89, 64).

11 **4) Kostenfolge** bei verschuldeter Vertagung oder Terminsverlegung § 95 und GKG § 34.

12 **IV) Zu § 227 Abs 3 idF ab 1. Jan 1977:**

1) Ein **Anspruch auf Terminverlegung** ist nach Abschaffung der Gerichtsferien (bisher GVG §§ 199–202, dort Vorbem 2) bei Terminen, die in der Zeit vom 1. Juli bis 31. August anberaumt sind (Ausnahme: Entscheidungs-Verkündungstermine), eingeführt. Anspruch auf Terminverlegung (zu dieser Rn 2) besteht auf Antrag, der keiner Begründung bedarf. Insbesondere soll damit Terminverlegung bei urlaubsbedingter Abwesenheit einer Partei oder ihres Prozeßbevollmächtigten ohne Begründungsaufwand ermöglicht werden (BTDr 13/5001 S 7).

13 **2) Voraussetzungen** der Terminverlegung: **Antrag** (nicht notwendig schriftlich, telefonischer Antrag kann genügen, wie Rn 8), für den im Anwaltsprozeß (§ 78) Anwaltszwang besteht (Rn 8). Der Antrag bedarf keiner Begründung. Gestellt sein (Eingang, bei Gericht) muß der Antrag **innerhalb einer Woche** nach Zugang der Ladung (§ 214 Rn 1) oder Terminbestimmung (§ 214 Rn 5). Das ist bei Zustellung der Ladung der Tag der Zustellung; bei formloser Mitteilung der Ladung oder Terminbestimmung durch die Post kann die Sendung am folgenden (Ortsbestellverkehr) bzw am zweiten Werktag nach der Aufgabe als bewirkt angesehen werden (§ 217 Rn 4), wenn nicht im Einzelfall ein anderer Zeitpunkt nachgewiesen wird. Bei verkündetem Termin, zu dem Ladung nicht erfolgt (§ 218), hat sich der Fristbeginn nach dem Verkündungstermin zu bestimmen. Berechnung der Frist: § 222 (dort Rn 5); sie beginnt am Tag nach der Zustellung zu laufen. Die Antragsfrist soll verhindern, daß das Antragsrecht unnötigerweise erst kurz vor dem Termin oder gar erst im Termin ausgeübt wird (BTDr 13/5001 S 8 liSp). Abkürzung oder Verlängerung der Frist sind nicht vorgesehen (§ 224 II). Findet der Termin vor Fristablauf statt (bei Ladungsfrist von nur 3 Tagen), dann kann der Antrag nur bis Beginn des Termins (§ 220 I) gestellt werden (dann kein Anspruch mehr auf Vertagung, Rn 28). Eine Belehrung über Antragsrecht und -frist erfolgt nicht. Die Frist beträgt auch dann nur sieben Tage, wenn Ladung der Partei mit Aufforderung zur Anwaltsbestellung erfolgt ist (§ 215) und die Partei einen RA erst nach einer Woche bevollmächtigt. Bei verspätetem Antrag ist Terminverlegung nur noch unter der Voraussetzung von Abs 1 möglich. Der Antrag kann (als Prozeßhandlung) bis zur Verlegung des Termins zurückgenommen werden.

14 **3) Ausnahmen:** Abs 3 S 2. Der Ausnahmekatalog trägt dem besonderen Beschleunigungsbedürfnis der Verfahren Rechnung. Inhaltlich folgt er dem Katalog von GVG § 200 II (s Erläuterungen dort), der für klare gesetzliche Abgrenzung der typischerweise eilbedürftigen Sachen jedoch verschiedentlich erweitert ist (BTDr 13/5001 S 8).

15 **a)** Zu Nr 1: **Eilverfahren:** GVG § 200 Rn 12. Der Verzicht auf die Gesetzesangaben soll keine inhaltliche Änderung bewirken.

16 **b)** Zu Nr 2: Für Streitigkeiten wegen **Überlassung,** Benutzung, Räumung oder Herausgabe von Räumen ist die Begrenzung auf mietrechtliche Angelegenheiten (GVG § 200 II Nr. 4) entfallen. Beschleunigungsbedürftig sind damit auch Streitigkeiten in solchen Angelegenheiten aus anderem Rechtsverhältnis (zB Pachtverhältnis) sowie über einen Eigentumsherausgabean-

spruch. Keine Änderung der Rechtslage bringt der mit Verzicht auf die folgenlosen Differenzierungen in GVG § 200 II Nr 4 zwischen Wohn- und anderen Räumen sowie Mieter und Untermieter vereinfachte Wortlaut (BTDr 13/5001 S 8 liSp). Streitigkeiten wegen Zurückbehaltung eingebrachter Sachen erfaßt nun Nr 6.

c) Zu Nr 3: **Familiensachen** (Begriff GVG § 23 b I S 2) fallen insgesamt unter den Ausnahme- 17
katalog. Sie unterliegen unabhängig davon, ob sie isoliert oder als Folgesachen anhängig gemacht wurden, dem Beschleunigungsbedürfnis.

d) Zu Nr 4: **Wechsel-** (§ 602) und **Scheckprozesse** (§ 605 a) sind beschleunigungsbedürftig, 18
auch wenn bereits durch Vorbehaltsurteil erkannt ist (BTDr 13/5001 S 8 reSp; abgestellt ist auf die Prozeßart), und auch, wenn mit der Klage zugleich der konkurrierende Anspruch aus dem Grundgeschäft geltend gemacht ist (Abs 3 S 2 zweiter Halbs).

e) Nr 5 über **Bausachen** entspricht unverändert GVG § 200 II Nr 8 (dort Rn 19). 19

f) Nr 6 gewährleistet Beschleunigung der Streitigkeiten wegen Überlassung oder **Herausgabe** 20
einer Sache an eine Person, bei der der Gegenstand nach §§ 811 bis 812 nicht gepfändet werden kann. Grund (auch): Ausweichen auf den nach Nr 1 beschleunigungsbedürftigen vorläufigen Rechtsschutz soll vermieden werden (BTDr 13/5001 S 8).

g) Nr 7 übernimmt die (bisher ferienlos gewesenen) **ZwV-Verfahren** (dazu GVG § 202 Rn 4 u 21
5). Dazu gehören auch alle Verfahren der Zwangsversteigerung und Zwangsverwaltung nach dem ZVG (§ 869), auch die Konkursverwalterversteigerung und -verwaltung (ZVG §§ 172–174), die Nachlaßversteigerung (ZVG §§ 175–179) und die Teilungsversteigerung (ZVG §§ 180–185), dazu Zeller/Stöber ZVG Einl Rn 33 und (zu GVG § 202) Stöber MDR 89, 12; AG Göttingen NdsRpfl 95, 41; Hintzen ImmolbiliarZwV Rn 1030. Ältere abw Ansicht zu GVG § 202 (dort Rn 5) war schon bisher nicht zutreffend und bietet keinen Anhalt mehr für Verlegung des zur bestmöglichen Veräußerung des Grundstücks oder zügigen Erlösverteilung in den Verfahren mit zahlreichen Beteiligten (ZVG § 9) zu möglichst günstiger Zeit (Zeller/Stöber § 36 Rn 3.9) unter Beachtung der Frist von ZVG § 36 II bestimmten Versteigerungstermins oder eines Verteilungstermins (ZVG § 105). Urlaubsbedingte Abwesenheit nur eines der zahlreichen Beteiligten (ZVG § 9) oder seines Anwalts hat Verlegung eines solchen Termins schon bisher nicht ermöglicht, kann somit auch Verlegung auf bloßen Antrag ohne Begründungszwang nicht rechtfertigen. Eine Ladung (im sonst üblichen Sinn) erfolgt zu einem solchen Termin überdies nicht, so daß auch eine Antragsfrist nicht in Gang kommt. Daß selbst ein Beteiligter, der sein Recht erst noch anzumelden hatte (wäre auch im Versteigerungstermin noch möglich, ZVG § 37 Nr 4), nach Zustellung der Terminbestimmung (ZVG § 41 I) noch einen Terminverlegungsanspruch haben könnte, ist nach Zweck und Wesen der Verfahren undenkbar. Die nicht aus GVG § 202 übernommenen Verfahren sind entweder nur schriftlich oder sind nun in den einzelnen Verfahrensgesetzen (KO, VerglO usw) selbständig geregelt.

h) Nr 8 trägt dem Beschleunigungsbedarf in Verfahren der **Vollstreckbarerklärung** von 22
Schiedssprüchen usw sowie für Vornahme richterlicher Handlungen im Schiedsverfahren (§ 1036) Rechnung.

4) a) Bei Verbindung **mehrerer Klageansprüche** besteht kein Anspruch auf Terminverlegung, 23
wenn auch nur einer der mehreren Ansprüche die Voraussetzungen von Abs 3 S 2 erfüllt (Abs 3 S 2 Halbs 2). Widerklage: wie GVG § 200 Rn 10.

b) Soweit ein Verfahren im **Einzelfall aus besonderen Gründen** beschleunigter Behandlung 24
bedarf, ist dem Verlegungsantrag nicht zu entsprechen (Abs 3 S 3). Es müssen erhebliche Gründe für die besondere Beschleunigung sprechen. Glaubhaftmachung (§ 294) sollte genügen, wird aber auch zu fordern sein.

5) Entscheidung über den Verlegungsantrag erfolgt durch **Verfügung des Vorsitzenden** (Abs 4 25
nF S 1) (Rn 9). Anhörung des Gegners ist nicht vorgeschrieben (Rn 9), aber möglich; sie kann im Einzelfall geboten sein (auch Rn 27). Die Verfügung ist kurz zu begründen (Abs 4 nF S 2). Bekanntmachung erfolgt bei Terminverlegung durch Zustellung an beide Parteien (§ 329 II S 2) mit neuer Ladung (wie Rn 9), bei Ablehnung des Antrags durch formlose Mitteilung an den Antragsteller (§ 329 II S 1) und den angehörten Verfahrensbeteiligten. Soweit nur formlose Terminnachricht zu erfolgen hatte (§ 214 Rn 5), wird auch die Terminverlegung nur (formlos) mitgeteilt. Rechtsmittel: keines (Abs 4 nF S 3).

6) Der bei Aufhebung des anberaumten Termins vor dessen Beginn **neu zu bestimmende** 26
andere (frühere oder spätere) **Termin** kann (nach dem durch § 216 III und § 272 III gebundenen Ermessen des Vorsitzenden, § 218 Rn 18) auch wieder in der Zeit vom 1. Juli bis 31. August anberaumt werden (dann aber neuerlicher Terminverlegungsanspruch nach Abs 3).

7) Ausgeschlossen ist der Anspruch auf Terminverlegung nur auf Antrag nach Abs 3 (nicht 27
auch der aus erheblichen Gründen nach Abs 1) für die Partei, die ihr Einvernehmen mit einem bestimmten Terminstag oder Bestimmung des Termins in einem bezeichneten Zeitraum zwischen 1. 7. und 31. 8. (zB ab 20. 7.) oder auch nur allgemein erklärt hat, daß bei Festlegung eines

Termins in dieser Zeit kein Antrag nach Abs 3 gestellt werde (auf Vertagungsantrag „verzichtet" werde). Grund: Grundsatz des prozessualen Mißbrauchsverbots (Einl Rn 57; R-Schwab/Gottwald § 65 VII 2). Auf diesem Weg kann dem Beschleunigungsinteresse der Parteien Rechnung getragen und Sicherheit über die Durchführung des Termins auch in der Sommerzeit gewährleistet werden.

28 **8)** Anspruch auf Vertagung (Rn 3) oder Aufhebung (Rn 1) eines Termins begründet Abs 3 nicht.

228 (weggefallen)

229 *[Gleiche Befugnisse des verordneten Richters]*

Die in diesem Titel dem Gericht und dem Vorsitzenden beigelegten Befugnisse stehen dem beauftragten oder ersuchten Richter in bezug auf die von diesem zu bestimmenden Termine und Fristen zu.

1 Beauftragter oder ersuchter Richter: §§ 279, 361, 362 (nicht der Einzelrichter, denn dieser ist Prozeßgericht, §§ 348, 524), hat wie das Prozeßgericht die Befugnisse gem §§ 216, 224, 227.

2 Gegen die Verfügung des kommissarischen Richters Erinnerung an das Prozeßgericht: § 576. Das Prozeßgericht kann die Akten zurückfordern oder Ersuchen bzw Auftrag wiederholen oder ändern, niemals dem kommissarischen Richter Weisungen erteilen. Beschwerde gegen die Maßnahme des Prozeßgerichtes ist entgegen § 567 II, § 577 IV nur insoweit zulässig, als die Maßnahme des kommissarischen Richters der Beschwerde unterliegen würde, wenn sie das Prozeßgericht getroffen hätte (StJ/Roth Rn 3).

Vierter Titel

FOLGEN DER VERSÄUMUNG WIEDEREINSETZUNG IN DEN VORIGEN STAND

1 **1) Versäumung** ist das Unterlassen einer Prozeßhandlung (§ 230) innerhalb der für diese gesetzten Fristen oder innerhalb des hierfür vorgesehenen Prozeßstadiums. Das ist regelm der Schluß der letzten mündl Verhandlung (§§ 136 IV, 220 II, 296a), ausnahmsw bereits die erste mündl Verhandlung (§ 39), die Antragstellung (§ 43), die nächstfolgende mündl Verhandlung (§ 295). Versäumt ist auch die zwar rechtzeitige aber unwirksame Prozeßhandlung (BGH NJW 62, 1248 bei fehlender Unterschrift unter bestimmendem Schriftsatz). Zu der Frage, ob bereits Inhaltsmängel einer im übrigen fristgerechten Prozeßhandlung als Fristversäumung anzusehen sind, vgl § 296 Rn 10. Die versäumte Frist kann eine richterliche (Rn 5 vor § 214) oder gesetzliche (zB §§ 339 I, 516, 519 II, 552, 554 II, 700, 929 II) sein. Das Prozeßstadium bestimmt die Versäumung bei §§ 274 III, 295, 296, 296a, 323 II, 528, 529, 767 II.

2 **2) Der Beweis der Fristwahrung** obliegt demjenigen, der sich auf sie beruft. Behauptet also zB der Rechtsmittelführer, rechtzeitig den Berufungsschriftsatz eingereicht zu haben, obwohl ein solcher entweder beim Gericht nicht auffindbar ist oder einen späteren Eingangsstempel trägt, so muß er diese Behauptung beweisen (BGH VersR 73, 186; näher § 518 Rn 20). Glaubhaftmachung genügt nicht, das Gericht muß volle Überzeugung vom Eingang, nach bedenkl Rechtsprechung allerdings im Freibeweisverfahren (vor § 284 Rn 7), gewinnen (BGH NJW-RR 92, 1338). Der Eingangsstempel ist öffentl Urkunde, Gegenbeweis aber zulässig. Glaubhaftmachung auch insoweit nicht ausreichend (BGH VersR 73, 186; aA mit unklarer Begründung BGH VersR 83, 491; BGH NJW 96, 2038 läßt eidesstattl Versicherung genügen). Der Beweis einer Einreichung durch Telefax kann allein mit der Vorlage des Absendeprotokolls idR nicht geführt werden, denn dieses bestätigt – abgesehen von den gegebenen Manipulationsmöglichkeiten – nur die Herstellung einer Verbindung, nicht die Übermittlung bestimmter Erklärungen (Köln NJW 95, 1228; vgl auch zu materiellrechtl Erklärungen BGH NJW 95, 665; KG NJW 94, 3172; München NJW 93, 2447; zur Unanwendbarkeit des Anscheinsbeweises vor § 284 Rn 31).

2a Kann der Beweis der behaupteten Fristwahrung (Rn 2) nicht geführt werden, so kommt – obgleich nach dem Vortrag des Einreichenden keine Versäumung vorliegt – **Wiedereinsetzung** (§ 233) in Betracht, wenn glaubhaft gemacht wird, daß der Einreichende alles getan hat, um von einem ordnungsgemäßen Eingang ausgehen zu können, so daß für ihn kein Anlaß bestand, anderweitig für den Zugang seiner Erklärung zu sorgen. Auch hierfür reicht aber *allein* die

Vorlage des Sendeprotokolls nicht aus (aA Ebnet JZ 96, 509 f; s auch § 233 Rn 23 „Telefax“). Zur Aussagekraft eidesstattl Versicherungen in solchen Fällen s BGH NJW 93, 732.

3) Sonderfall der Versäumung ist die **Säumnis**, das ist das Nichterscheinen im Termin. Auf diese sind die §§ 230–238 nicht anwendbar, weil das bloße Erscheinen nicht Prozeßhandlung iS des § 230 ist (s Rn 14 vor § 128). Daher für Säumnis Sonderregelung in §§ 141 III, 251a, 330 ff, 454, 877, 901. 3

4) **Folgen der Versäumung** sind regelmäßig (§ 230), ausnahmsweise fakultativ (§§ 296, 356, 529), der Verlust des Rechtes auf Vornahme der Prozeßhandlung. (Zur Abgrenzung der verfahrensrechtl u materiell-rechtl Folgen der Fristversäumung: § 145 Rn 15; Säcker ZZP 80, 421). In den Fällen §§ 323 II, 767 II ergreift der Rechtsverlust sogar neue Prozesse, ebenso gem § 322 die rechtskräftige Entscheidung über Folgen der Versäumung, RG 117, 68. **Weitere Folgen:** § 138 III: Geständniswirkung; §§ 95, 97 II, 238 IV: Kostennachteil; § 175: Zustellungswirkung; §§ 239 IV, 242, 244 II: Aufnahme unterbrochener Verfahren; § 267: Zulässigkeit der Klageänderung; §§ 427, 439 III, 441 III, 528 II: Beweiswirkung. Nur im Einzelfall erlaubt das Gesetz die Nachholung versäumter Prozeßhandlungen (§§ 296, 364 III, 529) oder die Wiedereinsetzung in den vorigen Stand (§§ 233 ff.). 4

5) Eine **Sonderregelung** für das säumige Vorbringen von Angriffs- u Verteidigungsmitteln enthalten die §§ 296, 528, 529; in diesen Fällen kein genereller Rechtsverlust (§ 230) und auch keine Entbehrlichkeit des rechtl Gehörs (§ 231), vgl die Anm zu §§ 296 u 528. 5

230 *[Allgemeine Versäumungsfolgen]*

Die Versäumung einer Prozeßhandlung hat zur allgemeinen Folge, daß die Partei mit der vorzunehmenden Prozeßhandlung ausgeschlossen wird.

Versäumungsfolge (vgl auch Rn 1 u 4 vor § 230) besteht grds (Ausnahme § 356 Rn 7, § 379 Rn 7) in Ausschlußwirkung, und zwar unabhängig v Verschulden, sofern nicht das Gesetz ausnahmsweise ein solches voraussetzt (zB § 95). Jedoch darf eine Frist nicht als versäumt angesehen werden, solange noch nicht über ein rechtzeitig (hierzu § 224 Rn 4) eingereichtes Verlängerungsgesuch entschieden ist (BGH VersR 82, 1191). Beschränkte Möglichkeit zur Nachholung des Versäumten in der Berufungsinstanz: §§ 527–531; dann ggf Kostenfolge nach § 97 II. 1

Begrenzt **abwendbar** sind Versäumungsfolgen bei Untätigkeit des Gegners: § 295. Heilbar (mit Kostenfolge § 238 IV) ist Versäumung von Notfristen u Rechtsmittelbegründungsfristen sowie der Frist des § 234 I durch Wiedereinsetzung in den vorigen Stand bei Nichtverschulden gem § 233, bei anderen Fristen nach §§ 296, 296a, 356, soweit das Gericht Nichtverschulden oder Unerheblichkeit feststellt und auch eine (jedenfalls verschuldete) Verfahrensverzögerung durch die Fristversäumung nicht verursacht ist (so zu §§ 296 und 356 BVerfG NJW 85, 3006 = MDR 85, 817). – Im Verfahren mit Amtsermittlungspflicht gilt § 230 regelm nicht (§§ 617, 640). 2

231 *[Keine Androhung der Versäumungsfolgen]*

(1) Einer Androhung der gesetzlichen Folgen der Versäumung bedarf es nicht; sie treten von selbst ein, sofern nicht dieses Gesetz einen auf Verwirklichung des Rechtsnachteils gerichteten Antrag erfordert.

(2) Im letzteren Falle kann, solange nicht der Antrag gestellt und die mündliche Verhandlung über ihn geschlossen ist, die versäumte Prozeßhandlung nachgeholt werden.

1) **Grundsatz:** Versäumungsfolgen treten ohne vorherige Androhung und ohne Antrag des Gegners ein. 1

2) **Ausnahmen: a) Androhung nötig:** §§ 276 II (schriftl Vorverfahren), 277 II (Klageerwiderung), 692 I 4 (Mahnbescheid), 947 II 3, 987 II, 981, 995, 997, 1002 VI, 1008 (Aufgebotsverf), 890 II (Erzwingung von Duldung u Unterlassung). 2

b) Antrag nötig: §§ 109 II (Rückgabe der Sicherheit), 113 (Ausländersicherheit), 158 (Entfernung im Termin), 239 IV, 246 II (Wiederaufnahme nach Unterbrechung), 699 I 1 (Vollstreckungsbescheid), 890 I (Verstoß gegen Unterlassungs- u Duldungsgebot), 926 (Arrestklage), 952 (Ausschlußurteil) sowie stets bei Terminsversäumung (Rn 3 vor § 230). 3

c) Sonderregelung in §§ 296, 528, 529 schließt Anwendung der §§ 230, 231 aus (Rn 5 vor § 230). 4

3) **Nachholung ist möglich** bei Antragssachen (Rn 3) bis zum Schluß der mündl Verhandlung über den Antrag (Abs II; Köln OLGZ 79, 119). Im schriftl Verfahren (§ 128 II) und im Verfahren ohne notw mündl Verhandlung (Rn 5 ff zu § 128) ist daher Nachholung möglich, bis der Gegner Antrag auf Versäumungsfolge gestellt hat (OLG 40, 369). Ohne Antrag des Gegners ist Nachholung auch bei Fristablauf möglich (JW 22, 515 im Falle des § 926). Trotz Antrags des Gegners ist Nachholung bis zur Entscheidung möglich im Fall §§ 106 u 109. § 231 nicht anwendbar bei § 1029 (RG 45, 382), weil Ernennung des Schiedsrichters keine Prozeßhandlung. 5

232 *[Versäumung und Verschulden des Vertreters]*
(§ 232 ist aufgehoben – jetzt: §§ 51 II, 85 II – durch die Vereinfachungsnovelle v 3. 12. 1976, BGBl I 3281)

233 *[Wiedereinsetzung in den vorigen Stand]*
War eine Partei ohne ihr Verschulden verhindert, eine Notfrist oder die Frist zur Begründung der Berufung, der Revision oder der Beschwerde nach §§ 621e, 629a Abs. 2 oder die Frist des § 234 Abs. 1 einzuhalten, so ist ihr auf Antrag Wiedereinsetzung in den vorigen Stand zu gewähren.

(§ 233 neu gefaßt durch VereinfNovelle 1977)

Lit: *Müller,* Typische Fehler bei der Wiedereinsetzung in den vorigen Stand, NJW 93, 681; *Säcker,* Fristenhemmung und Fristenrestitution im Zivil- und Zivilprozeßrecht, ZZP 80, 421; *Schumann,* Bundesverfassungsgericht, Grundgesetz und Zivilprozeß, ZZP 96, 137; *Vollkommer,* Die Erleichterung der Wiedereinsetzung im Zivilprozeß, FS Ostler 1983 S 97 ff.

1 **1) Begriff der Wiedereinsetzung (WE):** Die WE in den vorigen Stand, das heißt in den Verfahrensstand vor einer versäumten Prozeßhandlung, besteht darin, daß die unter bestimmten Voraussetzungen versäumte (Rn 1 vor § 230) und nachgeholte (§ 236 II 2) Prozeßhandlung (Rn 14 vor § 128) als rechtzeitig bewirkt gilt (= Fiktion, BGHZ 8, 284; also keine Verlängerung od Wiedereröffnung der abgelaufenen Frist). Sie beseitigt, wo eine Rechtsmittel- oder Einspruchsfrist versäumt wurde, die Rechtskraft der verwerfenden Entscheidung (§ 238 Rn 3); jedoch heilt die WE nur die Fristversäumung, nicht auch sonstige Mängel der verspäteten Rechtsmittelschrift (BGH VersR 74, 194).

2 **2) Gewährung der WE:** nicht vAw, sondern nur auf Antrag der säumigen Partei oder im Wege des § 236 II 2 Hs 2. Ob WE-Antrag zulässig u begründet ist, prüft das Gericht vAw, BGH 6, 369; Parteiverzicht (§ 295 I) nicht möglich, RG 136, 281. Verfahren: § 238.

3 **3) Verfassungsrechtliche Bedeutung:** Die Zulassung der WE beruht auf einer Abwägung der Erfordernisse der Rechtssicherheit gegen die Forderung der materiellen Gerechtigkeit. Sie dient unter Beachtung der rechtsstaatl Garantie wirksamen Rechtsschutzes in bürgerl Rechtsstreitigkeiten der Verwirklichung der Einzelfallgerechtigkeit und der Gewährleistung des rechtl Gehörs (Art 103 I GG). Deshalb dürfen Auslegung und Anwendung der gesetzl Vorschriften die Anforderungen zur Erlangung der WE nicht überspannen (BVerfG NJW 95, 711 mwN).

4 **4) Zulässigkeit: a) Statthaft** ist WE nur bei Versäumung von Notfristen und bestimmten weiteren Fristen durch die Partei (zum Nebenintervenienten s § 67 Rn 5).

5 **Notfristen** sind die im Gesetz als solche bezeichneten Fristen (§ 223 III; s dort Rn 10). Zur Versäumung der Notfrist nach § 276 I 1 s aber dort Rn 10a.

6 **Weitere wiedereinsetzungsfähige Fristen** sind die Fristen zur Begründung der Berufung, der Revision (BGHZ 28, 398) und der Beschwerde gemäß §§ 621e, 629a II sowie die Frist für die Beantragung der WE gemäß § 234 I. Rspr u hL beziehen auch die Frist zur Einlegung der unselbständigen Anschlußrevision (§ 556) ein (RG 156, 156; BGH LM § 233 Nr 15; StJ/Roth Rn 10; RSchwab/Gottwald § 70 I; aA MK/Feiber Rn 14).

7 **Unanwendbar** ist § 233 bei Versäumung anderer Fristen, zB der Frist des § 320 II (BGH NJW 60, 866) und des § 321 II (BGH NJW 80, 785/786) zur rechtzeitigen Beantragung einer Fristverlängerung (BGH VersR 87, 308), zur sog „Einspruchsbegründung" (§ 340 Rn 7, 11), zum Widerruf eines Prozeßvergleichs (BGH 61, 394 = NJW 74, 107; 80, 1752; 95, 521/22; MK/Feiber Rn 15; aM StJ/Roth Rn 23). Jedoch wird man den Parteien, wenn sie die Widerrufsfrist für einen bedingten Prozeßvergleich frei vereinbaren können, auch die Befugnis zugestehen müssen, für den Fall der Versäumung der Widerrufsfrist die (entspr) Anwendbarkeit der gesetzl Regeln der Wiedereinsetzung in den vorigen Stand zu vereinbaren. Zur Frage, ob auch bei dem Fehlen einer solchen Vereinbarung Treu und Glauben es im Einzelfall gebieten können, einen verspäteten Vergleichswiderruf als dennoch wirksam zu behandeln, bejahend Vollkommer zu BAG AP § 794 ZPO Nr 24 sowie BGH 61, 394/400. Dem ist mit der Einschränkung zuzustimmen, daß Billigkeitserwägungen nur beschränkt Berücksichtigung finden können, wo gerade zur Bereinigung einer zweifelhaften Sach- und Rechtslage ein Vergleich geschlossen wurde (BGH aaO).

8 Eine analoge Anwendung auf **vorprozessuale Ausschlußfristen** wird verschiedentl befürwortet, ist aber, da mit dem materiellrechtl Charakter dieser Fristen unvereinbar, abzulehnen (ebenso MK/Feiber Rn 16 mwN).

9 **b)** Nur auf **Fristversäumung** kann WE gestützt werden; nicht ausreichend für WE daher die Verkürzung der Frist (zB durch Abwesenheit des Zustellungsempfängers bis kurz vor Fristablauf), wenn Wahrung der verkürzten Frist objektiv *und* subjektiv noch möglich (§ 234 Rn 3; BGH NJW 76, 626; LG Münster MDR 85, 866); erhält Partei unverschuldet erst am letzten Tag

Kenntnis von Fristablauf, liegt WE-Grund bei schwieriger Sach- und Rechtslage vor (Bamberg MDR 96, 199). Behauptet die Partei, ein Schriftsatz sei entgegen der Annahme des Gerichts fristgerecht eingereicht worden oder die Zustellung sei unwirksam oder das Datum der Zustellung sei falsch, so ist hierüber an sich nicht im WE-Verfahren, sondern durch Beweiserhebung über die Frage der Fristwahrung zu entscheiden (MK/Feiber Rn 9; vor § 230 Rn 2), unter bestimmten Voraussetzungen kann jedoch auch der Partei, die sich auf rechtzeitigen Zugang beruft, der Weg zu einer WE eröffnet werden (s vor § 230 Rn 2a; zu eng MK/Feiber Rn 9). Versäumt ist die Frist auch, wenn die fristgebundene Prozeßhandlung zwar rechtzeitig, jedoch unwirksam vorgenommen wird, zB durch eine nicht unterschriebene Rechtsmittelschrift (BGH NJW 62, 1248; VersR 74, 194). Iü WE aber nur, wenn die rechtzeitige Vornahme der ganzen Prozeßhandlung unterblieben ist; daher keine WE für das verspätete Nachschieben einzelner Revisionsrügen bei iü rechtzeitig eingelegter Revision (RG 121, 6; BAG NJW 62, 2030).

c) Die **allgemeinen Prozeßvoraussetzungen** (s Rn 9 vor § 253) müssen vorliegen; hier außerdem ein nach Form u Inhalt dem § 236 entsprechender, innerhalb der zweiwöchigen Frist nach § 234 beim zuständigen Gericht (§ 237) gestellter **Antrag** der säumigen Partei od ihres Streitgehilfen. WE ohne Antrag ist gem § 236 II 2 möglich, falls innerhalb der Frist des § 234 die versäumte Prozeßhandlung nachgeholt wurde, gleichgültig, ob die betr Partei sich der Versäumung bewußt war oder nicht. Die **Rechtskraft** steht der WE auch dann nicht entgegen, wenn das Rechtsmittel bereits wegen Versäumung der Begründungsfrist als unzulässig verworfen wurde (vgl § 519b Rn 28), in Ehesachen auch dann nicht, wenn der andere Ehegatte inzwischen eine neue Ehe geschlossen hat, BGH 8, 284. 10

5) **Begründet** ist der Antrag auf WE dann, wenn die Partei (zum Streithelfer s § 67 Rn 5) **ohne Verschulden** an der rechtzeitigen Vornahme der fristwahrenden Prozeßhandlung gehindert war. Seit der Neufassung des § 233 durch die VereinfNovelle stellt die ZPO, ebenso wie die übr Verfahrensordnungen, nicht mehr darauf ab, ob ein „unabwendbarer Zufall" die Fristwahrung verhindert hat, also auf äußerste Sorgfalt. Die WE-Möglichkeit ist damit für die ZPO bewußt erweitert. Bei der Auswertung älterer Rspr ist daher Zurückhaltung geboten. 11

a) **Verschuldensbegriff:** Ob ein Verschulden der (notw geschäftsfähigen, BGH NJW 87, 440 = MDR 87, 315) Partei oder ihres Vertreters (vgl §§ 51 II, 85 II) vorliegt, ist nach dem objektiv-abstrakten Maßstab des § 276 BGB zu beurteilen; maßgebl ist die Sorgfalt einer ordentl Prozeßpartei (MK/Feiber Rn 21; Vollkommer, FS Ostler, S 141 u JR 87, 228; aA [stärker individualisierend] StJ/Roth Rn 45). Dies schließt es freilich nicht aus, bei großen Unternehmen, Versicherungen, Behörden usw gesteigerte Anforderungen zu stellen, zB hinsichtl der Fristenkontrolle (München VersR 93, 502; OVG Lüneburg NJW 94, 1299). 12

Dementspr ist hinsichtl des nach § 85 II zuzurechnenden **anwaltlichen Verschuldens** idR die übliche, also standesbedingt strenge Sorgfalt vorauszusetzen, so daß insoweit regelmäßig eine Fristversäumung verschuldet ist, wenn sie für einen pflichtbewußten Rechtsanwalt abwendbar gewesen wäre (BGH NJW 85, 1710 = VersR 85, 451; BAG AP § 233 ZPO Nr 12; StJ/Roth Rn 47; Förster NJW 80, 432). Fehlleistungen des Anwalts begründen aber keinen Schuldvorwurf, wenn sie im Vertrauen auf höchstrichterl Rechtsprechung begangen wurden (BVerfG NJW 89, 1147). Trifft RA an sich nicht gebotene Maßnahmen, so führt dies nicht zur Verschärfung der anwaltl Sorgfaltspflichten (BGH NJW 95, 1682). 13

Das Verschulden ist **verfahrensbezogen,** dh unter Berücksichtigung der Umstände des jeweiligen Falles, zu ermitteln. Die Ausnutzung einer Frist bis zum letzten Tag erhöht nicht den abstrakten Sorgfaltsgrad, sondern stellt höhere Anforderungen an das zur Fristwahrung (iSv § 276 I BGB) Erforderliche. 14

Einzelheiten s bei den Stichworten in Rn 23. 15

b) **Vertreterverschulden** steht der WE entgegen. Dies ist für den ges Vertreter dem § 51 II, für den Bevollm dem § 85 II zu entnehmen. Wegen der Einzelheiten s § 51 Rn 18 ff, § 85 Rn 10 ff. Der Empfänger einer Ersatzzustellung (§ 181) ist grds nicht Vertreter des Adressaten iS § 233 (BGH MDR 87, 136). 16

Mitverschulden: Das Nicht-Verschulden an der Fristversäumung muß in der Person des Vertreters gegeben sein; auf ein Verschulden der Partei selbst kommt es aber zusätzl dann an, wenn sie durch ihr Verhalten die Fristversäumung mit herbeigeführt (zB durch verspätete Information) oder nicht verhindert hat (uU Verpflichtung der Partei, einen anderen Vertreter zu bestellen). 17

Einstweilen frei. 18

c) Für **Verschulden Dritter** (zB eines Mitbewohners, Karlsruhe MDR 94, 831) haftet die Partei nicht, vielmehr begründet dieses die WE, sofern mitwirkendes eigenes Verschulden der Partei od ihres Vertreters auszuschließen ist. 19

Dritte sind alle Personen, die nicht gesetzl Vertreter (§ 51 Rn 3 ff) oder Bevollmächtigte (§ 85 Rn 16 ff) sind; also, da die ZPO insoweit keine dem § 278 BGB entspr Vorschrift kennt, auch die Angestellten der Partei und ihres Vertreters, insbes die Angestellten des RA, solange nur die 20

Partei oder ihr Vertreter nicht ihrerseits Fehlleistungen Dritter iS eines Aufsichts-, Organisations- oder Informationsverschuldens selbst zu verantworten haben.

21 **Mitverschulden** der Partei oder ihres Vertreters schließt die WE aus, so bei mangelnder Sorgfalt in Auswahl, Anweisung u Überwachung von Angestellten, mangelhafter Büroorganisation. Eigenes Verschulden trifft den RA, der einzelne ihn treffende Aufgaben zur selbständigen u eigenverantwortl Erledigung an dritte Personen überträgt, die weder zu seinem Vertreter bestellt sind, noch von ihm angeleitet und kontrolliert werden, LM § 232 Nr 24; einschränkend aber BGH VersR 84, 239 u BAG AP § 233 ZPO Nr 12 für den *anwaltschaftlichen* Gelegenheitsvertreter des Proz-Bevollmächtigten.

22 **d) Ursächlichkeit:** Nur ursächl Verschulden schließt die WE aus. Ursächl ist jedes Verschulden der Partei od ihres Vertreters (s Rn 16), bei dessen Fehlen die Frist nach dem gewöhnl Lauf der Dinge nicht versäumt worden wäre, BGH VersR 74, 1001. Ein schuldhaftes Tun oder Unterlassen ist somit dann nicht ursächl, wenn die Versäumung auch bei Anwendung der gebotenen Sorgfalt eingetreten wäre. Das kann der Fall sein, wenn die Versäumung in erster Linie auf einem Fehlverhalten Dritter, insbesondere des Büropersonals, beruht, auf die eine Obliegenheit zulässigerweise übertragen wurde. So steht zB nach BGH VersR 76, 295 ein grundsätzl der Partei anzulastender Mangel in der Büroorganisation ihres RA (Fehlen einer Anweisung, Fristen alsbald nach Fristbeginn zu notieren) der WE nicht entgegen, wenn die Versäumung darauf zurückzuführen ist, daß die Frist zwar rechtzeitig eingetragen, aber aus Verschulden des Büropersonals falsch berechnet worden war.

22a Die Ursächlichkeit entfällt nach der Rechtsprechung auch dann, wenn ein an sich schuldhaftes Verhalten seine rechtl Erheblichkeit durch ein späteres, der Partei od ihrem Vertreter nicht zuzurechnendes Ereignis verliert; in diesem Bereich wird also die Berufung auf eine *„überholende Kausalität"* zugelassen. So hat BGH VersR 74, 1001 WE gewährt, wo der Zustellungszeitpunkt des Urteils zwar aus Verschulden des RA nicht festgehalten wurde, die fehlerhafte Fristennotierung dann aber auf Grund einer unrichtigen telefonischen Auskunft der Geschäftsstelle erfolgte. Ähnlich BGH NJW 85, 1226 (wo RA versehentl Berufungsschrift nicht unterzeichnet hatte, dies jedoch rechtzeitig erkannt worden wäre, wenn das Büropersonal weisungsgemäß die ausgehende Post auf erforderl Unterschriften hin überprüft hätte), BGH VersR 93, 77 (RA übertrug die Berechnung einer durch die Gerichtsferien gehemmten Frist zu Unrecht einer Bürokraft, diese strich die wegen Hemmung nicht erledigte Frist ersatzlos), BGH NJW 63, 253 (Rechtsmittelanwalt befand sich infolge Verschuldens des Erstanwalts im Irrtum über den Lauf der Berufungsfrist, reichte die Berufungsschrift aber so rechtzeitig ein, daß die Frist bei normaler Postbeförderung nicht versäumt worden wäre) und BAG NJW 72, 735 (Berufungsschrift war so frühzeitig zur Post gegeben worden, daß sie trotz fehlerhafter Adressierung normalerweise noch rechtzeitig hätte bei Gericht eingehen müssen).

22b Dagegen sollte nach bisheriger Rechtsprechung des BGH bei Fristversäumung infolge falscher Adressierung *an ein unzuständiges Gericht* die Ursächlichkeit nicht deshalb entfallen, weil dieses noch in der Lage – und nach den in § 270 Rn 6b dargestellten Grundsätzen auch verpflichtet – gewesen wäre, die Rechtsmittelschrift im normalen Geschäftsgang an das zuständige Gericht weiterzuleiten (vgl BGH NJW 72, 684; 75, 2294; 79, 876). BGH FamRZ 88, 829/30 ist hiervon schon für den Fall abgerückt, daß das unzuständige Gericht die Weiterleitung der Akten ausreichende Zeit vor Ablauf der Frist verfügt hatte. Seit BVerfG NJW 95, 3173/75 dürfte diese Rechtsprechung, die mit den vorstehend wiedergegebenen Entscheidungen ohnehin schwer in Einklang zu bringen ist, nicht mehr haltbar sein. Das BVerfG hat dort ausgeführt, mit dem Übergang des Schriftstücks in die Verantwortungssphäre des zur Weiterleitung verpflichteten Gerichts wirke sich ein etwaiges Verschulden der Partei oder ihres ProzBev nicht mehr aus. Zwar wird dies im konkreten Fall mit einer besonderen Pflichtenstellung des in erster Instanz mit der Sache befaßten Gerichts begründet, doch dürfte sich, da die Weiterleitungspflicht allg besteht, die Verneinung der Ursächlichkeit nicht auf diesen Fall beschränken lassen.

22c **6) Feststellung des WE-Grundes:** Das fehlende Verschulden ist von der Partei darzulegen und glaubhaft zu machen (§ 236 II 1). Mißlingt die Glaubhaftmachung (hierzu § 294), bleibt also die Möglichkeit offen, daß die Fristversäumung verschuldet war, so ist der Antrag zurückzuweisen (BGH NJW 92, 574; 94, 2831; 96, 319). Sprechen die Umstände für ein Vertreterverschulden, so steht bereits die nicht ausschließbare Möglichkeit des Verschuldens der Gewährung der WE entgegen (BGH VersR 81, 959; 82, 1167; 83, 401).

23 **7) Einzelfälle** (vgl auch die Zusammenstellungen von Müller NJW 95, 3224, Walchshöfer JurBüro 89, 1481 u Ball JurBüro 92, 653)

● **Abwesenheit:** Die **der Partei** begründet die WE jedenfalls dann, wenn sie keine konkreten Anhaltspunkte dafür hatte, daß ein Verfahren gegen sie in Gang gesetzt wird, RGZ 78, 125, aber auch dann, wenn sie nicht damit rechnen mußte, daß während ihrer Abwesenheit eine mit einem fristgebundenen Rechtsmittel anfechtbare Entscheidung gegen sie ergehen würde, BVerfG NJW 76, 1537 (ergangen zu § 44 StPO). Familienangehörige, denen in diesem Fall eine Zustellung ersatzweise (§ 181) ausgehändigt wird, gelten für § 233 nicht als Vertreter der Partei (BGH MDR 87, 136). Anderes gilt uU bei Abwesenheit in einem fortgeschrittenen Verfahrensabschnitt, vgl hierzu BGH VersR 88, 835; 86, 41; 86, 95; 82, 652/653, Goerlich in NJW 76, 1526. Daher keine WE, wenn die Partei im anhängigen Verfahren ihrem Prozeßbevollm keine Anschrift angibt, unter der ihr Zustellungen mitgeteilt werden können, BGH NJW 88, 2672; VersR 75, 344; wenn sie aus eigenem Verschulden nach Berufungsauftrag für ihren ProzBev nicht erreichbar ist (BGH NJW 74, 2321; 93, 667), erst recht, wenn sie in Kenntnis des bereits ergangenen oder in Kürze zu erwartenden Urteils eine Reise antritt, ohne ihren ProzBev hiervon zu unterrichten (BGH NJW 74, 1384; VersR 92, 1373; 93, 205; 95, 810). Dasselbe gilt bei Wohnungswechsel (BGH VersR 79, 644) u Krankenhausaufenthalt, BGH VersR 72, 975; beachte aber Stichwort „Krankheit". Die Anforderungen an die Sorgfaltspflicht einer ins Ausland verzogenen Partei dürfen nicht überspannt werden, BGH VersR 69, 887. Wer aber mit unbekanntem Aufenthalt ins Ausland verzieht, ohne Vorkehrungen für evtl Zustellungen zu treffen, dessen Unkenntnis von einer öffentlichen Zustellung ist nicht schuldlos (Köln VersR 93, 1127). Die Unkenntnis von der Zustellung eines Versäumnisurteils infolge Abwesenheit ist jedenfalls dann unverschuldet, wenn die Partei bereits die Unkenntnis vom Verhandlungstermin nicht zu vertreten hatte, BAG NJW 72, 887.

Rechtsanwalt muß für die Dauer seiner Abwesenheit für Vertretung sorgen (§ 53 BRAO; München MDR 87, 590; BGH NJW 73, 901; VersR 78, 667), auch wenn er von der Residenzpflicht befreit ist (BGH VersR 66, 1141). Besondere organisatorische Maßnahmen sind für die Behandlung von Zustellungen erforderl (BGH VersR 71, 1146). Der Anwalt muß seine Kanzlei veranlassen, für den Fall seiner plötzl Verhinderung um einen Vertreter bemüht zu sein, ggf Bestellung gem § 53 BRAO zu veranlassen (BGH NJW 61, 606). Bei Krankheit (BGH VersR 81, 850; s auch unten zu „Krankheit") oder Urlaubsabwesenheit muß er Vorsorge für den Fall einer Verzögerung seiner Rückkehr treffen (BGH VersR 65, 1075; vgl § 53 I BRAO). Die (standeswidrige!) Hinterlassung von **Blankounterschriften** zur Verwendung durch das Büropersonal während der Abwesenheit des RA befreit diesen nicht von seiner eigenen Sorgfaltspflicht (§ 130 Rn 8; BGH MDR 66, 232 = ZZP 80, 315; BAG MDR 83, 610). Im übrigen darf der RA aber die Überwachung der Fristen für die Dauer seiner Abwesenheit einer zuverlässigen Bürokraft überlassen, wenn mit seiner Vertretung im Bedarfsfall ein anderer RA beauftragt ist (BGH VersR 64, 1148). Ist während der Abwesenheit des RA eine Bürokraft erkrankt, so trifft den Anwalt bei der Rückkehr eine erhöhte Sorgfaltspflicht (BGH VersR 72, 861).

● **Abwickler:** Schuldhafter Rechtsirrtum eines Abwicklers über den Umfang seiner Anwaltsbefugnisse gibt keinen WE-Grund (BGH NJW 92, 2158). Zur Überwachung der Annahme eines dem Abwickler erteilten Rechtsmittelauftrags s BGH NJW 92, 697.

● **Angestellte** (s auch „Büropersonal" und „Juristische Hilfskräfte"). Verschulden von Angestellten ist (da Verschulden Dritter, s Rn 19) von der Partei nicht zu verantworten, wenn eigenes Verschulden der Partei oder ihres Vertreters ausscheidet. – Hausangestellte müssen (ebenso wie Angehörige) angewiesen werden, eingehende Post alsbald vorzulegen, auch wenn Wohnung von Kanzlei räuml entfernt, LM § 232 Nr 6; erst recht, wenn beides im selben Haus, RG DR 39, 2175.

● **Ausgangskontrolle:** Schuldhaft ist Fristversäumung, die darauf beruht, daß Schriftsatz in der RA-Kanzlei zwar rechtzeitig angefertigt, aber nicht oder in mangelhaftem Zustand hinausgegeben wurde. RA muß Berufungs- oder Revisionsschrift persönl auf ihre richtige Adressierung u Vollständigkeit hin prüfen, BGH VersR 86, 1209; 76, 493; NJW 63, 1779 (wegen Richtigkeit der Adresse s bei „Postverkehr"); durch die Verwendung eines speziell für die Rechtsmitteleinlegung erarbeiteten Computerprogramms wird er von dieser Pflicht nicht entbunden (BGH NJW 95, 1499). Daher keine WE bei fehlender oder (iS von § 130 Rn 5 ff) unwirksamer Unterschrift (selbst wenn Schriftsatz vom RA persönl bei Gericht abgegeben wird, BGH VersR 83, 271), es sei denn, fehlende Unterschrift beruht auf Verschulden des Büropersonals (BGH NJW 85, 1226); aber Anwaltsverschulden bei falscher Adressierung, BGH NJW-RR 87, 319; NJW 51, 153, wenn für RA erkennbar, weil „Fensterkuvert" verwendet u falsche Anschrift daher aus der Berufungsschrift selbst ersichtl ist (BAG NJW 71, 1054), es sei denn, das Schriftstück wäre bei normaler Behandlung durch die Post gleichwohl rechtzeitig eingegangen (BAG NJW 72, 735). Aber kein Verschulden des RA, der die Rechtsmittelschrift trotz falscher Adressierung unterschreibt, noch bevor die einer sonst zuverlässigen Bürokraft aufgetragene Korrektur ausgeführt und ihm vorgelegt wird (so selbst bei Korrekturanweisung am letzten Tag der Frist BGH VersR 82, 471 entgegen München NJW 80, 460). Nach Korrektur ist Schriftsatz erneut auf Vollständigkeit und Richtigkeit zu kontrollieren (BGH VersR 93, 79; NJW 95, 263). Kein Verschulden, wenn Bürovorsteher entgegen der Weisung des RA Begründungsschrift vor Aufgabe zur Post nicht auf Unterschrift geprüft hat (BGH NJW 85, 1226; 96, 998; BVerfG NJW 96, 309; BAG NJW 66, 799; München OLGR 95, 158); die insoweit erforderl Ausgangskontrolle kann auch dezentral erfolgen (BGH NJW 94, 3235). Kein Verschulden, wenn Bürokraft Rechtsmittelbegründung entgegen der Weisung des RA nicht von dessen Sozius unterschreiben ließ (BGH NJW 71, 1749) oder Berufungsschriftsatz versehentl in einen nicht an das Rechtsmittelgericht bestimmten Briefumschlag einlegt (BGH NJW 94, 2958). Wegen Ausgangskontrolle bei Telefax s dort.

● **Ausländer:** Da gemäß § 184 GVG die Gerichtssprache deutsch ist, sind Schriftsätze in fremder Sprache nicht fristwahrend (RGZ 31, 428/29; BGH NJW 82, 532). Bei fehlenden Deutschkenntnissen muß der Ausländer unverzüglich für Übersetzung des Schriftstücks sorgen (BGH FamRZ 96, 347; München OLGR 95, 94). Gewährung der WE ist aber geboten, wenn die ausländ Partei ohne schuldhafte Verzögerung (vgl BGH FamRZ 90, 145) eine begl Übersetzung ihrer fremdsprachl Eingabe nachreicht (vgl § 184 GVG Rn 3; IZPR Rn 42; Geimer NJW 89, 2204; Schneider MDR 79, 534; Waldner, Aktuelle Probleme des rechtl Gehörs im Zivilprozeß, Diss Erlangen 1983, S 90/91; Frankfurt NJW 80, 1173; BayVGH NJW 76, 1048 und für großzügige Gewährung der WE in diesem Fall BGH NJW 82, 532/33; BayObLG MDR 87, 416).

● **Briefkasten:** s. „Postverkehr".

● **Büropersonal** (s auch unten „Juristische Hilfskräfte"; zur Fristenbehandlung s dort): Der RA darf (und muß im Interesse seiner eigentl anwaltschaftl Aufgaben) gewisse einfache Verrichtungen, die keine besondere Geistesarbeit oder jurist Schulung verlangen, zur selbständ Erledigung auf sein (nicht fremdes; Jena OLG-NL 96, 96) geschultes und zuverlässiges Büropersonal übertragen (BGH NJW 91, 1179; 85, 1226). Versehen dieses Personals, die nicht auf ein eigenes Verschulden des Anwalts zurückzuführen sind, hat die Partei nicht zu vertreten, RG 96, 322 (st Rspr; ebenso BVerfG NJW 96, 309). RA muß den gesamten von ihm diktierten Text auf Diktat- und Übertragungsfehler überprüfen, da insoweit eine Kontrollmöglichkeit der Schreibkraft nicht besteht (BGH NJW 96, 393). Eigenes Verschulden des RA kann insbes liegen in mangelhafter **Büroorganisation** (BGH MDR 88, 1048), zB unterlassener Abgrenzung von Zuständigkeitsbereichen (BGH NJW 92, 3176), sowie mangelnder Sorgfalt bei der Auswahl, Belehrung u Überwachung des Personals. Rspr hier äußerst streng. Insbesondere geht die etwaige Unaufklärbarkeit der Ursache eines Büroversehens und der Verantwortlichkeit des Anwalts hierfür zu Lasten der Partei, die fehlendes Anwaltsverschulden geltend macht, BGH VersR 82, 1167; 83, 401.

Als **einfache Tätigkeiten** kommen ua in Betracht: Kalenderführung (BGH VersR 93, 77); Erledigung der ausgehenden Post (BGH MDR 88, 479; VersR 79, 1028; 71, 454; NJW-RR 94, 510, auch durch zuverlässigen Lehrling), deren Überprüfung auf erforderl Unterschriften (BGH NJW 75, 56; 85, 1226; BVerfG NJW 96, 309); Einreichung eiliger Schriftstücke bei Gericht (BGH VersR 74, 908; durch Lehrling, sofern zuverlässig [BGH NJW-RR 94, 510] bzw durch zuverlässige Bürovorsteherin überwacht [BAG NJW 64, 1043]; durch Boten [BAG NJW 72, 887]); bei eilbedürftigen Schriftstücken muß RA aber für Trennung von anderer Post sorgen (BGH NJW-RR 95, 824); telegrafische Aufgabe der Rechtsmittelschrift, sofern RA zuvor den in Langschrift abgefaßten Text des Telegramms kontrolliert hat (BGH NJW 74, 1657); Absenden eines Telefax (BGH NJW 94, 329; BVerfG NJW 96, 309) und Kontrolle des Sendeprotokolls (BGH VersR 96, 778); Stellen eines Fristverlängerungsantrages (BGH VersR 74, 803); Entgegennahme von Auskünften bei Gericht (BGH NJW 68, 504; 96, 1682), bei anderem Anwalt (BGH VersR 72, 1169). WE, wenn Bürokraft die Partei oder den Korrespondenzanwalt entgegen allgemeiner Weisung nicht von der Urteilszustellung unterrichtet, BGH NJW 60, 1348, desgleichen, wo sonst zuverlässiger Bürovorsteher das Urteil dem RA nicht vorlegt, LM § 233 Fd 18, eine zuverlässige Angestellte einen Schriftsatz irrtüml als Berufungsbegründung ansieht, LM § 519 Nr 36, eine dem Gegner gewährte Fristverlängerung auf die eigene Berufung bezieht, BGH VersR 66, 937. Dagegen **keine einfachen Tätigkeiten:** Überprüfung der eingehenden Post auf Fristsachen, BGH NJW 74, 861; 80, 2261; Fertigung der Rechtsmittelschrift, diese muß RA vor Unterzeichnung auf Vollständigkeit, richtige Adressierung (BGH, VersR 93, 1381) u inhaltl Richtigkeit hin überprüfen (BGH VersR 86, 1209; 82, 191; 82, 769/770; BAG NJW 73, 1391; Köln MDR 88, 239; s aber oben Rn 22); Ausarbeitung des die Rechtsmittelunterlagen darstellenden Rechtsmittelauftrages an Anwalt des höheren Rechtszuges, BGH NJW 63, 1779; Entscheidung darüber, ob eine durch den RA eingereichte Rechtsmittelschrift bereits eine den gesetzl Erfordernissen genügende Begründung enthält, LM § 233 Fd 20; Entscheidung der Frage, ob Feriensache vorliegt (BGH NJW-RR 87, 710; NJW 53, 179; s zu letzterem auch unter „Fristenbehandlung"); alle Organisationsaufgaben, die dem Ziel der ordnungsgemäßen Fristwahrung dienen (KG NJW 95, 1434/36).

Der RA muß seine Bürokräfte sorgfältig **auswählen** und auf ihre Eignung u Zuverlässigkeit hin laufend **überwachen,** BGH VersR 72, 557 (Lehrling: BGH VersR 71, 454). Fehler, die auch demjenigen, der ansonsten sorgfältig und zuverlässig arbeitet, irgendwann einmal unterlaufen, erschüttern nicht die Zuverlässigkeit (BGH VersR 96, 388). BGH NJW 71, 2269 hält 2monatl Stichproben für erforderl; aber keine übertriebenen Anforderungen an Überwachungspflicht bei einmaligem Versehen der Hilfskraft (BGH VersR 71, 1145) und bei Übertragung einfacher Tätigkeiten (zB Botendienste, BGH MDR 88, 479; Einwurf in Postbriefkasten, BGH MDR 92, 1002). Der RA muß seine Bürokräfte eingehend **belehren,** insbes hinsichtl Zustellungen und Fristen, LM § 233 Nr 52; BGH VersR 73, 421; BGH VersR 73, 276. Der Aufgabenkreis ist den Fähigkeiten der betr Bürokraft anzupassen: BGH NJW 63, 296 gewährt WE, wo Lehrmädchen entgegen konkreter Weisung Eilbrief nicht sogleich vorlegt; dagegen keine WE gem BGH VersR 66, 191, wo RA sich für die Notierung einer verfügten Frist auf einen Lehrling, der erst drei Monate in der Kanzlei tätig ist, verläßt; ähnl BGH NJW 76, 628 (keine selbständige Fristenkontrolle durch neu eingestellte Bürovorsteherin). Setzt RA dennoch unerfahrene Bürokraft ein, kann WE-Grund bei Durchführung ausreichender Kontrollen vorliegen (BGH NJW 96, 319). Der RA muß durch allgemeine Anweisungen sicherstellen, daß einzelne Tätigkeiten, die einer besonderen Sorgfalt bedürfen, aus dem allgemeinen Tätigkeitsbereich einer Bürokraft herausgenommen werden, wenn diese die erforderl Zuverlässigkeit noch nicht besitzt, Oldenburg NJW 63, 258.

Der RA muß durch **allgemeine,** nicht notwendig schriftl (BGH NJW 88, 1853 = MDR 88, 219; 89, 443; VersR 96, 779), jedoch unmißverständl **Anweisungen** für eine einwandfreie **Büroorganisation** sorgen (BGH MDR 88, 1048; VersR 85, 503; NJW 69, 1297). Jeder Fehler im Büroablauf gibt RA Anlaß zu bedenken, ob Büroorganisation in Ordnung ist (BGH VersR 96, 388). Dazu gehören ua Anweisungen über die Abgrenzung der Aufgabenbereiche der einzelnen Angestellten untereinander, BGH VersR 77, 423; 93, 206; den genauen Inhalt des jeweiligen Aufgabenbereichs; über Aktenführung, BGH VersR 72, 557; besondere Kennzeichnung der Akten, die wegen Fristablaufs vorgelegt werden, BGH VersR 69, 450; über Behandlung der eingehenden Post (Einschreibsendungen: BGH NJW 62, 2155) und deren Überprüfung auf Fristsachen durch verantwortl Juristen, BGH VersR 71, 1022; über die Führung des Fristenkalenders (zB die Anordnung, daß Fristen alsbald nach Beginn ihres Laufs zu notieren sind, BGH VersR 71, 475; Vorkehrungen gegen versehentliche Streichung von Fristen, BGH VersR 93, 772; besonders sorgfältige Anweisungen sind erforderl für die Fälle, in denen dem Fristablauf ein oder mehrere Feiertage vorausgehen, BGH VersR 73, 747; s im übrigen unter „Fristenbehandlung"); Anweisungen darüber, aufgrund welcher Unterlagen Fristen im Falle der Zustellung nach § 212a berechnet u notiert werden, BGH NJW 69, 1297. Was für geschultes Personal selbstverständl ist, braucht er aber nicht ausdrückl zu regeln (zB daß Erledigung einer Fristnotierung erst nach tatsächl Erledigung vermerkt werden darf; Späth VersR 92, 1243 gegen BGH VersR 92, 900). Die Büroorganisation muß eine wirksame Ausgangskontrolle bei Fristsachen sicherstellen, BGH VersR 93, 378; 85, 369; 82, 300; 77, 331; s auch unter „Fristenbehandlung". Erforderl sind Anweisungen zur Vermeidung telefonischer Übermittlungsfehler, BGH VersR 70, 1133; darüber, was bei Erkrankung des RA zu geschehen hat, BGH VersR 68, 850. RA muß für den Fall der Verhinderung von Angestellten, die mit wichtigen Aufgaben betraut sind, Vorsorge durch Bestimmung von Vertretern treffen (KG NJW 95, 1434). Sind die Bürokräfte derart generell belehrt, kann eine besondere Anweisung im Einzelfall grds unterbleiben, BGH NJW 60, 1348; VersR 73, 665. Nach Erteilung klarer Anweisungen, deren Erledigung keine besonderen Schwierigkeiten erkennen läßt, braucht der RA grds nicht nachfragen, ob seine Anweisung ausgeführt ist (BGH NJW 91, 1179; VersR 96, 779; BVerfG NJW 95, 249). Eigenes Handeln des RA ist jedoch dann erforderl, wenn seine Weisungen erkennbar mißachtet werden, BGH VersR 73, 1144. Besondere organisatorische Maßnahmen sind nötig für die Unterzeichnung von fristwahrenden Schriftsätzen, wenn nicht alle Anwälte einer Sozietät auch bei den Rechtsmittelgerichten zugelassen sind, BGH VersR 75, 921; 79, 349. Ordnet der RA organisatorische Sicherungen an, die über das Gebotene hinausgehen, so führt das nicht zu einer Verschärfung seiner Sorgfaltspflichten (BGH NJW 92, 1047).

Die **eigene Sorgfaltspflicht des Anwalts erhöht sich** bei Vorliegen besonderer Umstände, die eine erhöhte Gefahr für den reibungslosen Ablauf des Kanzleibetriebes darstellen, insbes bei **Verminderung des Personalbestandes** durch Krankheit (zB bei Erkrankung von Personal während Abwesenheit des Anwalts: BGH VersR 72, 861) oder aus sonstigen Gründen (vgl BGH VersR 70, 421). In diesem Fall kann RA sich nicht darauf verlassen, daß alle Aufgaben von den verbliebenen Angestellten erledigt werden; insbesondere um Fristen muß er sich dann uU selbst kümmern, BGH VersR 65, 596, falls er keine Vorsorge durch Bestimmung von Vertretern getroffen hat (KG NJW 95, 1434). Erhöhte Sorgfaltspflicht des **RA, der in den routinemäßigen Kanzleibetrieb eingreift:** Keine WE, wenn RA selbst die Gefahr einer irrigen Fristennotierung dadurch setzt, daß er ein Empfangsbekenntnis über ein zugestelltes Urteil unterzeichnet, bevor Frist notiert ist, BGH NJW 66, 548; VersR 77, 424; desgleichen, wenn RA dem Büropersonal keine Gelegenheit läßt, eine von ihm verfügte Frist zu notieren, BGH VersR 73, 715. Hat der Anwalt die Akten vor Absendung der unterzeichneten Berufung an sich genommen, so muß er selbst für die Eintragung der Begründungsfrist sorgen, LM § 233 Nr 78. Für die Einreichung fristgebundener Schriftsätze bei Gericht oder Einwurf bei der Post ist der RA selbst verantwortl, wenn er diese zur Weiterbeförderung an sich genommen hat; bedenkl daher die Meinung des BGH (MDR 89, 443), der RA sei für die von ihm vergessene Weitergabe nicht verantwortl, weil er sein Personal (erfolglos) aufgefordert hatte, ihn bei seiner Rückkehr an die Weitergabe zu erinnern. Nimmt der RA auf der Geschäftsstelle von einer Fristverlängerung Kenntnis und verzichtet auf schriftl Mitteilung, so hat er sich selbst um die Eintragung im Fristenkalender zu kümmern, BGH NJW 51, 565. Weitere Einzelheiten unter „Fristenbehandlung".

• **Erfolgsaussichten:** Irrige Beurteilung der Erfolgsaussichten eines Rechtsmittels ist grundsätzl kein WE-Grund; jedoch trifft den RA kein Schuldvorwurf, wenn er sich bei der Einhaltung von Fristen in Übereinstimmung mit einer unveränderten höchstrichterl Rspr befindet (BVerfG NJW 89, 1147; s auch unten bei „Rechtsirrtum"). Keine WE, wenn infolge Änderung in der höchstrichterl Rspr zweites Gesuch um PKH nunmehr erfolgreich, LM § 233 Hc 8.

• **Fristenbehandlung** (s auch „Mehrere Anwälte"): Bei der **Ermittlung der Frist** muß der RA etwaige Zweifel durch Rückfrage bei Gericht oder beim RA der Vorinstanz (BGH NJW 69, 1298/1301) ausräumen, so insbes, wenn nach Urteilsverkündung wegen ausstehender Urteilszustellung der Ablauf der *absoluten* Rechtsmittelfrist der §§ 516, 552 droht (BGH MDR 89, 345/346). Durch das Gericht veranlaßter Irrtum über den Fristbeginn ist grds unverschuldet. Daher WE, wenn Gericht das (für den Beginn der Berufungsgründungsfrist maßgebl) Datum des Eingangs der Berufung versehentl falsch mitteilt, ohne daß dies für den RA bei zumutbarer Sorgfalt erkennbar war (BVerfG NJW 95, 711/12 mit sehr geringen Anforderungen an Kontrollpflicht des RA bei Vorhandensein eines Telefax-Sendeprotokolls), wenn RA zweite Urteilszustellung für maßgebend hält, die die Geschäftsstelle ausdrückl mit der irrtüml Begründung veranlaßt hat, die erste Zustellung sei unwirksam (BGH VersR 95, 680) oder wenn Gericht auf Sachstandsanfrage des nach Urteilsverkündung bestellten ProzBevollm eine falsche Auskunft hinsichtl der Urteilszustellung erteilt (BGH NJW 96, 1477: dort durch nochmalige Zustellung). Zweifeln an der Richtigkeit eines von seinem Büropersonal handschriftl geänderten Eingangsstempels oder Zustellungsvermerks muß der RA selbst nachgehen (BGH VersR 85, 1710). Auf **Erklärungen der Partei** über Fristen darf RA sich **nicht verlassen,** BGH NJW 51, 235; auf Angaben des erstinstanzl ProzBevollm jedenfalls dann nicht, wenn RA anhand der Akten Frist selbst nachprüfen kann, LM § 233 Nr 67.

Irrtum in der Fristenberechnung ist unverschuldet, wenn auf Versehen des zulässigerweise damit befaßten und hierfür vom RA sorgfältig ausgebildeten (BGH VersR 85, 67) Büropersonals oder auf ausnahmsw entschuldbaren Rechtsirrtum (s dort) zurückzuführen. Ergeben sich hinsichtl des Fristenlaufs **rechtliche Zweifel** (zB in der Frage, ob gesetzl Feriensache vorliegt), so muß RA vorsorgl den sichereren Weg gehen (BGHZ 8, 47 = NJW 53, 179); ebenso bei Berechnung der Rechtsmittelfrist nach Zugang einer Urteilsberichtigung (BGH NJW 89, 1864 = MDR 89, 534; hierzu § 319 Rn 25 und BGH MDR 91, 523 = NJW 91, 1834).

Übertragung auf Büropersonal (s auch „Büropersonal"): Der RA kann die **Berechnung** der einfachen und seinem Büro geläufigen Fristen **(Routinefristen)** einer geschulten (zu den Anforderungen an diese Schulung BGH VersR 85, 67) und zuverlässigen Bürokraft übertragen (BGH st Rspr seit BGH 43, 148 = NJW 65, 1021 = VersR 65, 498; BGH VersR 73, 961; ebenso BVerwG NJW 67, 2026; BFH NJW 69, 1504; BAG NJW 95, 3339). Er muß aber durch allgemeine Anweisungen sicherstellen, daß ihm die Feststellung von Beginn und Ende von Fristen vorbehalten bleibt, die in seiner Praxis ungewöhnl sind oder bei deren Berechnung Schwierigkeiten auftreten können, BGH 43, 148 = NJW 65, 1021; VersR 78, 944; BAG NJW 95, 3339; 96, 1302 für § 72a III ArbGG).

Letzteres ist insbesondere bei Rechtsmittelbegründungsfristen der Fall, wenn der Lauf der Frist durch die (möglicherweise demnächst abgeschafften) **Gerichtsferien** beeinflußt wird (BGH VersR 85, 889; 86, 574). Hier obliegt dem RA nicht nur die Prüfung der Frage, ob eine Feriensache vorliegt (BGH NJW 75, 262; VersR 80, 194; 82, 495; 83, 32; 83, 82; MDR 82, 653; BAG NZA 95, 494: Weisung zu diesem Zweck vorsorgl alle in Frage kommenden Sachen vorzulegen), sondern auch die Berechnung der Frist, sofern deren Lauf durch die Gerichtsferien gehemmt wird (BGH NJW 91, 2082; 96, 1349; VersR 69, 834). Außerdem muß er sicherstellen, daß dem für Fristsachen zuständigen Angestellten das Ergebnis seiner Prüfung, ob eine Feriensache vorliegt, bekannt wird (BGH VersR 96, 909). Hat der RA im konkreten Fall jedoch festgestellt, daß es sich um eine Feriensache handelt, so kann er die in diesem Fall einfache Fristenberechnung einer geschulten Bürokraft unter entsprechendem Hinweis (BGH MDR 63, 386 = VersR 63, 266: „Achtung! Wechselsache!") überlassen. BGH NJW-RR 87, 710 bejaht Anwaltsverschulden, wenn RA Fristenkontrolle nach seiner Urlaubsabwesenheit unterläßt und deshalb nicht erkennt, daß eine Familiensache (§ 200 II GVG) vom Personal als Nicht-Feriensache eingetragen wurde. Vgl hierzu die Fristentabelle § 223 Rn 13.

Der Rechtsanwalt selbst muß bei jeder an ihn erfolgten Zustellung eigenverantwortl prüfen, ob hierdurch eine (Rechtsmittel-)Frist in Lauf gesetzt wurde, den ermittelten Zustellungszeitpunkt festhalten und die rechtzeitige Wiedervorlage sicherstellen (BVerfG NJW 95, 711); insbes muß er prüfen, ob diese Frist ggf vom Büropersonal im Kalender vorgemerkt wurde (BGH MDR 80, 844; BayObLG MDR 90, 1125). Der RA muß im Rahmen der ihm obliegenden Büroorganisation (BGH MDR 88, 1048) sicherstellen, daß der **Ausgangspunkt für die Fristenberechnung** durch einen Vermerk über den Zustellungszeitpunkt **sichergestellt** wird (BGH MDR 88, 213; Vermerk auf Ausfertigung reicht nicht, wenn diese an Mandant weitergeleitet wird, BGH NJW-RR 95, 1025), insbesondere bei Entgegennahme einer Zustellung gem § 212a (hierzu BGH NJW 69, 1297; 80, 1846; 92, 574; 96, 1968; FamRZ 91, 319). Das Empfangsbekenntnis darf er grds erst unterzeichnen und zurückgeben, wenn in den Handakten die Rechtsmittelfrist festgehalten und die Notierung im Fristenkalender vermerkt ist (BGH NJW 96, 1900/01); zumindest muß er sofort durch besondere Einzelanweisung die betr Eintragungen veranlassen (BGH VersR 92, 1536; NJW-RR 93, 1213/4). Auf das vom Gericht in der Eingangsbestätigung mitgeteilte Eingangsdatum darf sich RA regelmäßig verlassen (BVerfG NJW 95, 711/12); jedoch nicht auf den vom Mandanten mitgeteilten Zustellungszeitpunkt (BGH NJW-RR 95, 825). Ist der Zeitpunkt der Zustellung zweifelhaft, muß er sich selbst um Aufklärung bemühen, BGH VersR 75, 854 (sa „Zustellung"). Zur eigenen Pflicht des RA, nach Verkündung eines Urteils den Ablauf der 6-Monats-Frist der §§ 516, 552 zu überwachen, BGH MDR 89, 345/346 u NJW 94, 459.

Eine Pflicht zur **Gegenkontrolle** (Nachberechnungspflicht) besteht – außer im Rahmen der allgemeinen Überwachungspflicht, s oben – grds **nicht**, BGH VersR 71, 1125; NJW 64, 106; insbes mutet die Rspr dem RA nicht zu, für kritische Fristabläufe (zB nach mehreren Ferientagen) einen besonderen persönlichen Fristenkalender zu führen (BGH VersR 82, 553); beachte aber unten zur Fristensicherung.

Die Sicherung der Fristwahrung durch **Führung des Fristenkalenders** (dieser muß Not-, Rechtsmittel- und Rechtsmittelbegründungsfristen deutlich idR durch rote Farbe, von anderen Fristen abheben, BGH NJW 89, 2393; Fristnotierung auf losen Blättern genügt keinesfalls, BGH VersR 85, 1184) kann der RA unter den bei „Büropersonal" dargelegten Voraussetzungen auf sein Büro übertragen (BGH VersR 83, 753; NJW-RR 95, 58). Daher WE, wenn eine von ihm verfügte oder berechnete Frist nicht oder nicht richtig eingetragen (durch Lehrling: BGH VersR 65, 188; 70, 87) oder fälschlich gelöscht wird (BGH NJW 58, 1590). Bei nur mündl Anweisung hat RA durch geeignete Organisation deren sofortige Erledigung sicherzustellen (BAG NJW 96, 1302; BGH NJW 94, 2831; 92, 574). Ist Verfügung einer Rechtsmittelfrist auf Tonträger diktiert, muß RA auf Akte und Tonträger unübersehbaren Hinweis auf Frist anbringen, um Fristeintragung zu gewährleisten (BGH NJW 94, 2831; s auch BGH FamRZ 95, 671). Verwendet er einen EDV-gestützten Fristenkalender, muß er dafür sorgen, daß vom Programm nicht ausgeführte Datensätze rechtzeitig erkannt werden; hierfür genügt Datensicherung nicht (BGH NJW 95, 1756; s zur handschriftl Ergänzung von EDV-Wochenausdrucken BGH VersR 96, 387). RA muß organisatorische Vorkehrungen gegen eigenmächtige Änderungen von Fristeintragungen durch sein Büropersonal treffen (BGH NJW 96, 1349). Die Anbringung eines Erledigungsvermerkes in den Handakten ist allgemein anzuordnen, BGH VersR 71, 1125, eine diesbezügl Gegenkontrolle aber grds nicht erforderl, BGH VersR 71, 1125; NJW 64, 106; es sei denn, daß sich Zweifel an der Fristennotierung aufdrängen, BGH VersR 73,

1144, oder daß die Akten dem RA zur Vorbereitung der fristwahrenden Prozeßhandlung vorgelegt wurden, BGH VersR 73, 186; s dazu unten zur Fristensicherung. Betreffen mehrere Verfahren dieselbe Partei oder besteht eine Namensidentität, ist unterscheidender Zusatz erforderl (BGH NJW 95, 2562).

Der RA muß veranlassen, daß jedenfalls für Rechtsmittelbegründung **Vorfristen** notiert werden (BVerfG NJW 95, 711; BGH NJW 94, 2831; 94, 2551 [ca 1 Woche]; 62, 1865; MDR 89, 444; VersR 77, 332; Vorfrist dagegen grds nicht nötig für die bloße Rechtsmitteleinlegung, BGH VersR 73, 840) und daß das mutmaßl Ende der Begründungsfrist bereits bei Absendung der Rechtsmittelschrift notiert wird (BAG NJW 65, 1295; BGH NJW 88, 568 = MDR 88, 213; VersR 77, 332). Die Eintragung hypothetischer (vom Zeitpunkt der Urteilszustellung an berechneter) Begründungsfristen ist jedoch gefährl und steht daher uU der WE entgegen, BGH VersR 77, 332. Deshalb darf – wofür der RA zu sorgen hat – die Eintragung einer Berufungsbegründungsfrist erst erfolgen, wenn mit Berufungseinlegung der Fristbeginn für die Begründung feststeht (BGH NJW 88, 568 = MDR 88, 213). Eine schon vorher eingetragene Begründungsfrist muß nach Eingang der gerichtl Mitteilung über das Eingangsdatum überprüft werden (BGH NJW 94, 458). – Stets muß auch der Ablauf der eigentl Frist eingetragen werden; die bloße Eintragung einer Vorfrist genügt nicht (BGH VersR 92, 1154; BAG NJW 93, 1350).

Der RA kann sich darauf verlassen, daß die **Einhaltung** der im Fristenkalender **notierten Fristen** von seinem Büropersonal **überwacht** wird (BGH NJW 71, 2269; 95, 1682), wobei die Zuständigkeit (einer qualifizierten Person) eindeutig zu regeln ist, BGH NJW 92, 3176; auch bei Fristausnützung bis zum letzten Tag, BGH VersR 72, 646. Er muß aber durch allgemeine Anweisung eine wirksame **Ausgangskontrolle** sicherstellen, zB daß der Fristenkalender am Abend jedes Arbeitstages von einer damit beauftragten Kraft kontrolliert wird (BGH NJW-RR 92, 1277). Ausnahmsweise kann Einzelanweisung an zuverlässige Kraft genügen (BGH NJW 96, 130). RA hat ferner sicherzustellen, daß **Fristen erst mit Erledigung** der fristwahrenden Handlung (Einreichen bei Gericht; Aufgabe zur Post; zu Telefax s dort) **gelöscht** werden, nicht schon mit Vorlage der Handakten, BGH NJW 91, 1178; 89, 1157 = MDR 91, 45; 89, 245; VersR 82, 653; 75, 715, auch nicht schon dann, wenn der RA den Rechtsmittelauftrag an anderen Anwalt weitergibt, BGH VersR 68, 494. Ausreichend ist das „Postfertigmachen“ (Bereitlegen zur Mitnahme zum Briefkasten, BGH NJW 96, 1540; VersR 83, 752), falls damit eine sichere Vorsorge verbunden ist, daß Schriftstück tatsächlich rechtzeitig hinausgeht (KG NJW 95, 1434; BAG NJW 93, 2957). Ein besonderer Ausgangskasten für Fristsachen genügt (BGH NJW-RR 94, 565). Wird die Ausgangskontrolle anhand der gerichtl Eingangsquittungen geführt, muß das Vorliegen der Quittung vor Fristablauf geprüft und bei Fehlen der Zugang überprüft oder die Handlung vorsorgl wiederholt werden (BGH MDR 91, 522). Wegen der Notwendigkeit eines gesonderten Vermerks über den Fristenlauf im Falle sich überschneidender Fristen s BGH VersR 66, 538. Weitere Einzelheiten zur Ausgangskontrolle s dort.

Die **Fristensicherung** obliegt **wieder** dem **RA selbst,** wenn ihm die Akten wegen des Zugangs einer berichtigten Urteilsausfertigung (§ 319, s dort Rn 25; BGH MDR 89, 534) oder im Zusammenhang mit der befristeten Prozeßhandlung zur Bearbeitung (BGH NJW 92, 1632, BAG NJW 96, 1302 LS) vorgelegt werden (BGH VersR 81, 551; 77, 255) nicht erst wenn er sie bearbeitet (BGH NJW 92, 841; FamRZ 94, 568; BAG NJW 95, 3339) auch dann, wenn ihm nur die fristgebundene Schrift, ohne Handakten, vorgelegt wird, BGH NJW-RR 91, 827) oder wenn dem RA die Akten bis zum Fristablauf oder einem diesem nahen Zeitpunkt vorliegen, BGH VersR 71, 1125 (nicht jedoch, wenn sie aus einem anderen Grund vorgelegt werden, BGH VersR 71, 1125; 73, 128; 73, 186; 74, 548; BGH NJW 67, 2311). Die Pflicht zur eigenen Fristensicherung durch den RA umfaßt dann die Nachberechnungspflicht, BGH NJW 76, 627; VersR 76, 1154; 77, 255; die Pflicht zur Kontrolle, ob ein Erledigungsvermerk über die Fristennotierung in den Handakten angebracht ist (den Fristeintrag selbst muß RA nicht kontrollieren!), BGH VersR 71, 1125; 72, 886; 76, 1154. Der RA muß selbst für die rechtzeitige Bearbeitung der Sache sorgen und darf sich nicht darauf verlassen, daß er von seinem Büro am letzten Fristtag nochmals daran erinnert wird, BGH NJW 92, 841; 68, 2244; VersR 72, 694.

● **Fristverlängerung:** RA muß durch **rechtzeitigen Antrag** auf Fristverlängerung dafür sorgen, daß WE-Gesuch nicht notwendig wird, BGH NJW 63, 584, es sei denn, der ihm erteilte Auftrag erstreckt sich nicht hierauf, BGH aaO. Rechtzeitig ist das Verlängerungsgesuch, wenn es vollständig ist (Vollständigkeit erfordert auch die schlüssige Angabe „erhebl Gründe“ iS §§ 224 II, 519 II, BGH VersR 84, 894) und spätestens am letzten Tag der zu verlängernden Frist beim zuständigen Gericht eingereicht (zum Begriff des Einreichens vgl § 270 Rn 6 ff) wurde (auch für die Einreichung genügt Glaubhaftmachung, BGH VersR 92, 899); ob das rechtzeitig eingereichte Gesuch noch vor Fristablauf verbeschieden wird, ist dann grds unmaßgebl (BGHZ 83, 217 = NJW 82, 1651 = MDR 82, 637 entgegen früherer Rspr; vgl § 224 Rn 4). Wurde es erst in der mündl Verhandlung abgelehnt, so kann auch nach deren Schluß noch innerhalb der Frist des § 234 I WE beantragt werden (BGH NJW 92, 1898).

Der RA ist aber mit der rechtzeitigen Einreichung seines vollständigen Fristverlängerungsgesuches noch nicht von jeglicher Sorgfaltspflicht bzgl der Einhaltung von Fristen entbunden, denn ein **Vertrauen auf die Bewilligung der beantragten Fristverlängerung** ist nur bei nachweisl vorheriger Zusage einer Verlängerung durch den Vorsitzenden oder seinen Vertreter (nicht die Geschäftsstelle, BGH VersR 93, 379) gerechtfertigt. Der BGH erkennt darüber hinaus ein solches Vertrauen auch dann an, wenn in dem Verlängerungsgesuch ein erhebl Grund iSd § 519 II 3 vorgebracht wird (VersR 85, 972; 93, 771; 95, 112; NJW 91, 1359; 93, 134; 94, 2597; ebenso BAG NJW 95, 1446; 86, 1184). Dies ist bedenkl, weil das Ausreichen der Gründe vom Vorsitzenden zu beurteilen ist. Nach BVerfG NJW 89, 1147 darf RA aber zumindest auf diese höchstrichterl Rspr vertrauen. Ist kein erhebl Grund vorgebracht, muß er sich rechtzeitig vor

Fristablauf vergewissern, ob sein Gesuch Erfolg hat. Kommt dagegen WE aus anderem unverschuldetem Grund in Betracht (zB wegen verspäteten Eingangs seines rechtzeitig abgeschickten Gesuchs infolge einer postalischen Verzögerung), so steht der Gewährung der WE nicht entgegen, daß der Antragsteller durch rechtzeitige Rückfrage beim Gericht die Fristversäumung hätte verhindern können (BGH NJW 83, 1741 = MDR 83, 662/63). Hält RA die in seinem noch nicht beschiedenen Gesuch beantragte Verlängerung nicht ein, kann WE nicht gewährt werden (BGH NJW 94, 55; vgl § 234 Rn 3).

● **Gerichtseinlauf** (s auch „Telefax"): Keine WE, wenn Schriftstück **am falschen Ort** (anderem Gericht, BGH NJW 87, 440; VersR 85, 767; 87, 49; 486; hierfür nicht bestimmten Briefkasten) eingereicht oder an eine zur Entgegennahme nicht befugte Person (Portier, Wachtmeister, Hausmeister etc) übergeben wird. Zur WE bei pflichtwidrig (s § 270 Rn 6b) unterlassener oder verzögerter **Weiterleitung** an das zuständige Gericht s Rn 22c. Keine WE, wenn RA seinen Schriftsatz am letzten Tag der Frist „kurz vor 24 Uhr" in den Nachtbriefkasten wirft, dabei aber übersieht, daß seine Uhr erhebl nachgeht (BGH VersR 85, 477/78). Zur Bedeutung verschiedener Gerichtsbriefkästen und zu den Erfordernissen einer ordnungsgemäßen **Einreichung** bei Gericht s § 270 Rn 6 ff. – Bei **Einreichen durch die Post** muß Absender auf ordnungsgemäße Adressierung, Frankierung und rechtzeitige Aufgabe achten (s „Postverkehr" und „Ausgangskontrolle"). Bei Zugang einer gerichtl Mitteilung über das Eingangsdatum einer Rechtsmittelschrift ist der rechtzeitige Eingang bei Gericht zu überprüfen (BGH NJW 92, 2098: Frist nach § 234 läuft ab Eingang der Mitteilung). Von Richtigkeit der Mitteilung darf grds ausgegangen werden (BVerfG NJW 95, 710). Keine WE, wenn Eingang der Berufungsschrift bei Gericht zweifelhaft u RA nicht vorsorgl nochmals Berufung einlegt, LM § 232 Nr 8. Mit einer Auskunft der Geschäftsstelle, die eingereichte Berufungsschrift liege dort nicht vor, darf es RA nicht bewenden lassen (BGH VersR 93, 77).

● **Geschäftsstelle:** Auf Auskunft der Geschäftsstelle über Zeitpunkt der Urteilszustellung (vgl § 213a) kann RA sich verlassen (BGH VersR 74, 1001; telefonische Anfrage genügt, BGH NJW 66, 658); desgl auf Auskunft, Fristverlängerung sei gewährt worden (BGH NJW 96, 1682) nicht dagegen auf Auskunft, eine erste Verlängerung werde gewährt (BGH VersR 93, 379; jedenfalls wenn der Antrag keine erhebl Gründe enthält); s auch „Rechtsirrtum" aE. – Ablehnung der Aufnahme von PKH-Gesuch durch Beamten der Geschäftsstelle ist WE-Grund, RG 91, 26.

● **Informationspflicht:** Sie besteht als Erkundigungspflicht: für die Partei hinsichtl möglicher Rechtsbehelfe (s unten „Rechtsirrtum"), Krankheit befreit hiervon grds nicht, BGH VersR 77, 719; für den Prozeßbevollm bei Mandatsübernahme hinsichtl Stand des bereits anhängigen Prozesses; für Erstanwalt bzgl der Frage, ob schriftl Auftrag zur Berufungseinlegung vom Rechtsmittelanwalt angenommen wurde, BGH MDR 91, 330. Informationspflicht im übrigen gegenseitig zwischen Partei und ihrem Vertreter. Der RA muß seiner Partei das Urteil unter entspr Belehrung (BGH NJW 77, 1198: Art des Rechtsmittels, Frist, zuständiges Gericht; uU Möglichkeit eines PKH-Gesuches) so rechtzeitig übersenden (hierfür genügt einfacher Brief, dessen Zugang beim Mandanten der RA nicht mehr überwachen muß, BGH VersR 85, 90), daß ihr eine ausreichende Überlegungszeit bleibt (BGH VersR 69, 635; 93, 630: mindestens 1 Woche), auch wenn nach seiner Meinung, zB wegen nicht erreichter Beschwerdesumme, ein Rechtsmittel nicht gegeben ist (BGH NJW 75, 57); er muß eine Vorfrist für die Erörterung der Rechtsmittelfrage notieren, BGH VersR 70, 133. Die Partei, ihr früherer (Korrespondenz-) und ihr neuer (Rechtsmittel-) Anwalt müssen sich gegenseitig über den Lauf der Rechtsmittel-(begründungs-)frist informieren, BGH VersR 69, 354 (vgl Stichwort „Mehrere Anwälte").

● **Irrtum** (s auch „Rechtsirrtum", „Fristenbehandlung" u „Zustellung"): Ein Irrtum über tatsächl Umstände führt dann z WE, wenn er unverschuldet ist; die Möglichkeit von Mißverständnissen (Hör- u Schreibfehler), Unrichtigkeiten von Parteiinformation (insbes über Lauf von Fristen) müssen in Betracht gezogen, bestehende Zweifel ausgeräumt werden. Bei irrtüml Rücknahme eines Rechtsmittels kann für erneute Einlegung nach Fristablauf keine WE gewährt werden (BGH NJW 91, 2839 = MDR 91, 1197).

● **Juristische Hilfskräfte** des RA sind Dritte (wie Büropersonal, s dort), deren Versehen der Partei nicht zur Last fällt, wenn eigenes Verschulden des RA ausscheidet. Jurist Hilfskräfte sind die angestellten Assessoren und Referendare (wenn nicht gem § 53 BRAO amtl bestellt, BAG NJW 73, 343; BGH VersR 64, 1307), auch sonstige mit anwaltl Aufgaben betraute Hilfsarbeiter, die nicht zur Anwaltschaft zugelassen sind, BGH VersR 66, 1139, oder die bei dem von Partei beauftragten RA als Angestellte oder freie Mitarbeiter tätigen Anwälte, die die Sache nicht selbständig bearbeiten, sondern als bloße Hilfsarbeiter der Praxis zugezogen sind (BGH NJW 65, 1020; VersR 78, 665; 79, 232; 84, 443). Ist den jurist Hilfskräften jedoch ein Prozeß zur selbständigen Bearbeitung übertragen (zur Abgrenzung BGH NJW-RR 92, 1019), sind sie Vertreter der Partei iS § 85 II (BAG AP § 233 ZPO Nr 12), mögen sie auch zum Auftreten vor dem Gericht, vor dem die Prozeßhandlung versäumt wurde, nicht zugelassen sein (BGH VersR 75, 1150).

Auch hier besteht in gewissem Umfang für RA **Weisungs- u Überwachungspflicht,** vgl LM § 232 Cc 8. Keine WE, wenn RA Fristenberechnung einem neu eingestellten, wenn auch gut beurteilten, bereits 1½ Jahre im Vorbereitungsdienst tätigen Referendar überläßt, RG JW 35, 2848. Zulässig aber selbständige Beauftragung eines bestimmten RA für die höhere Instanz durch Referendar, LM § 232 Nr 41. Nicht erforderl besonderer Hinweis auf Fristenwahrung an angestellten RA, wenn Büro hinsichtl Einhaltung von Fristen genügend organisiert (LM § 233 Nr 7; BGH MDR 69, 930).

● **Konkurs:** Kein Verschulden des Gemeinschuldners, wenn er keinen Anwalt als Zustellungsbevollmächtigten für die Aufnahmeerklärung des Gegners bestellt, BGH NJW 64, 47.

● **Krankheit:** der **Partei** ist WE-Grund, wenn sie hierdurch gehindert war, einen sachgemäßen Entschluß bzgl Rechtsmitteleinlegung zu fassen, insbes sich mit ihrem Anwalt zu beraten, BGH NJW-RR 94, 957; VersR 71, 1122; Köln OLGR 95, 94 (dagegen befreit Krankheit nur ausnahmsweise von der Pflicht, sich über Möglichkeit und formelle Voraussetzungen eines Rechtsmittels überhaupt zu informieren, BGH VersR 77, 719). Krankheitsbedingt kann ein Vergessen der Rechtsmittelfrist infolge der Nachwirkungen eines Diabetes-Schocks sein und damit die WE rechtfertigen, BGH NJW 75, 593. Krankheitsbedingt u damit unverschuldet ist auch das Vergessen der Absendung eines Schriftsatzes infolge einer schwerwiegenden seelischen Belastung oder Erregung, zB durch familiäre Sorgen (BGH VersR 85, 47) oder Bekanntgabe der ärztl Diagnose einer lebensgefährlichen Krankheit (BGH VersR 85, 393 = MDR 85, 919). Erkrankung **des Rechtsanwalts** (oder Konzentrationsschwäche wegen andauernder Arbeitsüberlastung, BGH NJW 96, 997) befreit diesen grds nicht von der Pflicht, durch geeignete Anweisungen an sein Büro für die Erledigung von Fristsachen zu sorgen u ggf einen Vertreter hinzuzuziehen (§ 53 BRAO, BGH VersR 94, 1207; 68, 850). Solche Anweisungen an sein Personal hat der RA allg schon vorsorgl zu treffen, denn er kann je nach Art seiner Erkrankung uU nicht mehr in der Lage sein, die vorher unterlassene Anweisung und Benennung eines Vertreters nachzuholen (BGH VersR 82, 802). Zu streng aber BGH VersR 77, 374 (WE versagt, obwohl Leistungsfähigkeit des RA nach schwerer Operation so abgesunken, daß er nicht mehr in der Lage war, Maßnahmen zur Fristensicherung zu treffen). Die Pflicht des Anwalts, im Krankheitsfall gemäß § 53 BRAO für eine Vertretung zu sorgen, ist aber auch an der Zumutbarkeit zu messen: die kurzfristige Bestellung eines Vertreters für die Fertigung einer Berufungsbegründung ist, wenn überhaupt möglich, kaum sachdienlich, jedenfalls unzumutbar, wenn (zB bei einer Grippeerkrankung) Abhilfe durch Bewilligung einer beantragten Fristverlängerung möglich ist (Schneider in Anm zu BGH EzFamR § 233 ZPO Nr 8). WE gewährt bei plötzlich eintretenden Kreislaufstörungen des RA (BGH MDR 67, 585; nicht dagegen, wenn schon seit Monaten erhebl Beschwerden bestanden, BGH NJW 96, 1540); ebenso bei plötzlicher Erkrankung des amtl Vertreters des RA, BGH VersR 70, 929. Nach BGH VersR 70, 441 keine WE, wenn RA bei Bearbeitung der Berufungsbegründung einschläft. – Erkrankung **des Büropersonals** verpflichtet den RA (vor allen sonstigen Aufgaben!) persönlich, die fristenüberwachende Tätigkeit selbst zu übernehmen (BGH VersR 83, 777/778; DStR 95, 1481).

● **Mehrere Anwälte:** Hat eine Partei mehrere anwaltl Vertreter, so hindert **Verschulden auch nur eines derselben** (soweit es in die Vertretungszeit fällt) die WE. Über Beginn und Ende der Vertretereigenschaft § 85 Rn 22, 23. Über die Haftung der Partei auch für Verschulden des Verkehrsanwalts BGH MDR 82, 998. Ist eine **Sozietät** beauftragt, so muß sich die Partei auch das Verschulden desjenigen Anwalts anrechnen lassen, dem die Bearbeitung der Sache im Innenverhältnis nicht obgelegen hat, und zwar unabhängig von dessen Postulationsfähigkeit (BGH LM § 675 Nr 196; VersR 75, 1028). Bei Wechsel in der Person des bearbeitenden Sozius ist durch organisatorische Maßnahmen sicherzustellen, daß keine Unklarheiten hinsichtl der Fristüberwachung auftreten (BGH VersR 94, 117).

Werden mehrere Anwälte für **verschiedene Instanzen** beauftragt, so überschneiden sich uU ihre Vertreterpflichten (sa Stichwort „Rechtsmittelauftrag"): Die Überwachung der Rechtsmittelfrist, insbes die Feststellung des Zustellungszeitpunkts der anzufechtenden Entscheidung (BGH VersR 67, 501), ist auch noch Pflicht des ProzBevollm für die Vorinstanz (BGH NJW-RR 91, 828; MDR 91, 330; 86, 469; 85, 746; VersR 94, 956). Der erstinstanzl ProzBevollm muß dem Rechtsmittelanwalt die Rechtsmittelfrist in einer jeden Zweifel ausschließenden Weise mitteilen (BGH NJW 85, 1709; NJW-RR 95, 839; VersR 80, 278; 94, 199; 94, 873; 94, 1324 [beigeordneter Berufungsanwalt]). Jedoch hat sich neben dem Anwalt der Vorinstanz der Rechtsmittelanwalt (sowie der Korrespondenzanwalt) um die Fristwahrung zu kümmern, sich insbes zu erkundigen, ob und wann das Ersturteil zugestellt wurde (BGH MDR 91, 676; 86, 469; LM § 233 Nr 1, 2, 3), mit telefonischer Rückfrage seiner Sekretärin darf er sich nicht begnügen (BGH NJW 92, 3140). Diese Erkundigungspflicht obliegt bei Bestellung mehrerer Anwälte für das Rechtsmittelverfahren (ebenso bei Wechsel der Anwälte) jedem von diesen selbständig (Karlsruhe OLGZ 83, 94). Auf die Angaben des ProzBevollm der Vorinstanz über den Zustellungszeitpunkt darf sich der Rechtsmittelanwalt jedenfalls dann nicht mehr verlassen, wenn ihm die Unterlagen übersandt worden sind, LM § 233 Nr 67.

Ist ein **Korrespondenzanwalt** eingeschaltet, so besteht zwischen diesem und dem ProzBevollm eine gegenseitige Informationspflicht. Dem ProzBevollm für die Instanz obliegt es, den Korrespondenzanwalt von der Zustellung einer mit einem Rechtsmittel anfechtbaren Entscheidung zu benachrichtigen, BGH VersR 72, 305. Der Korrespondenzanwalt, der Kenntnis vom Urteilserlaß hat, darf sich jedoch nicht darauf verlassen, daß ihm das Urteil rechtzeitig übersandt wird; er hat von sich aus Nachforschungen bzgl des Zustellungszeitpunktes anzustellen (BGH VersR 71, 961; 96, 606). Hat ProzBevollm eine Rechtsmittelanweisung der Mandanten nicht ausdrückl erbeten, obliegt Pflicht zur Nachfrage auch dem Korrespondenzanwalt (BGH VersR 96, 606). Die Fristüberwachung ist nicht mehr Pflicht des ProzBevollm, wenn sein Mandat mit der Übersendung des Ersturteils und Mitteilung der Urteilszustellung an den Korrespondenzanwalt beendet war, LM § 233 Nr 20; BGH VersR 73, 665.

Der ProzBevollm darf sich nicht darauf verlassen, daß ein **anderer Rechtsanwalt,** der nicht zu seinem Vertreter bestellt ist, für ihn die Rechtsmittelfrist wahren werde, auch wenn er mit dem anderen RA vereinbart hat, daß er die von diesem gefertigte Rechtsmittelschrift ledigl unterzeichnen u einreichen werde (LM § 232 Nr 24, s auch BGH VersR 75, 1146; 95, 194 [freier Mitarbeiter]). Jedoch ist der Berufungsanwalt nicht dafür verantwortl, daß entgegen seiner Anweisung die Berufungsbegründung von einem jur Mitarbeiter nicht nur entworfen, sondern versehentl auch unterschrieben und abgesandt wird (BGH VersR 83, 641; bedenkl im Hinblick auf die vom Anwalt selbst zu überwachende Vorlage des

Entwurfs). Keine WE, wenn sich ProzBevollm für die Berufungsinstanz darauf verläßt, daß der (inzw nicht mehr beauftragte) erstinstanzl ProzBevollm Partei über den Lauf der Revisionsfrist informiert, BGH MDR 58, 237. Der nur mit Erstellung eines Rechtsgutachtens über die materiellen Erfolgsaussichten einer Berufung beauftragte RA kann sich auf die Angaben von anderem Anwalt über Rechtsmittelfrist verlassen, LM § 233 Nr 13.

● **Niederlegung des Mandats** durch den Anwalt begründet nach LAG Frankfurt NJW 69, 156 die WE, sofern die Partei die Beendigung des Mandats nicht zu vertreten hat (ebenso BGH Beschl v 12. 7. 93 – II ZB 6/93). Auch hier wird aber Vertreterverschulden (§ 85 II) zu prüfen sein, denn grundlose Niederlegung während Fristlaufs ist schuldhaft. Hat der RA nach Niederlegung des Mandats eine Zustellung entgegengenommen, so ist er verpflichtet, die Partei hiervon in Kenntnis zu setzen (BGH VersR 88, 835); eine Verletzung dieser Pflicht des ehemaligen ProzBevollm ist aber Verschulden Dritter u belastet die Partei nicht, BGH NJW 80, 999 = MDR 80, 298. – Nach Tod des Anwalts hat die Partei ein Verschulden von dessen gem §§ 53, 54 BRAO bestelltem Vertreter nicht gem § 85 II zu verantworten (BGH NJW 82, 2324 = MDR 82, 487).

● **Postverkehr:** Absender kann sich auf zuverlässiges Arbeiten der Post verlassen (BVerfGE 50, 1 = NJW 79, 641). Daher muß Absender, der ein mit vollständiger u richtiger Anschrift versehenes, ausreichend frankiertes Schriftstück (zu den Anforderungen an die Ausgangskontrolle s dort) rechtzeitig zur Post gibt, dessen Eingang bei Gericht nicht überwachen (BVerfG NJW 92, 38; BGH 9, 118 ff = NJW 53, 824; VersR 73, 81; BAG NJW 95, 2527). Veranlaßt er gleichwohl eine solche Rückfrage, so führt dies nicht zu einer Steigerung seiner Sorgfaltspflicht (BGH NJW-RR 92, 1020). Das Risiko der Nichtannahme eines unterfrankierten Briefs durch das Gericht und Rücklaufs der Sendung hierwegen trägt der Absender als eigenes Verschulden (Zweibrücken MDR 84, 853; OVG Hamburg NJW 95, 3137). Im übrigen aber grundsätzl keine Pflicht zur Nachfrage, ob Adressat Schreiben erhalten hat (zB Mitteilung von Urteilszustellung an Partei oder Korrespondenzanwalt, BGH NJW 58, 2015; VersR 73, 665); Ausnahme bei Vorliegen besonderer Umstände (so bei Ausbleiben einer Antwort, wenn dem ProzBevollm bekannt, daß Partei Rechtsmittel einlegen wollte, BGH LM § 233 Fc 23 = MDR 63, 407; sa Stichwort „Rechtsmittelauftrag".

Als **Anschrift** genügt bei Sendungen an Gericht dessen genaue Bezeichnung u Angabe des Gerichtsortes, BGH NJW 69, 468 (anders BAG NJW 71, 1054: Auch Angabe von Straße u Hausnummer erforderl). Werden Straße und Hausnummer angegeben, müssen diese ebenso wie die Postleitzahl zutreffen (BGH VersR 94, 75). Unterhält das Gericht ein **Postfach** bei einem Postamt, darf dieses Fach als Adresse angegeben werden; mit der Einlage der Sendung in das Postfach gilt sie als beim Gericht eingegangen, mag das Fach auch vom Gerichtspersonal später geleert werden (BGH MDR 87, 134; hierzu auch § 270 Rn 6a, BVerfGE 52, 203 = NJW 80, 580 = MDR 80, 117). Zur (zulässigen) Adressierung an auswärtige Senate für Sendungen an das Stammgericht (oder umgekehrt) s § 116 GVG Rn 2. Für die Übersendung des Urteils m Zustellungsvermerk an Korrespondenzanwalt oder Partei genügt **einfacher Brief,** BGH NJW 58, 2015; VersR 85, 90; aM noch BGH NJW 52, 1137 (bei Übersendung an Partei selbst Einschreiben erforderl).

Für die Frage, ob ein Schriftstück **rechtzeitig** zur Post gegeben wurde, ist in Zeiten störungsfreien Postbetriebs maßgebend die **normale Postlaufzeit,** BVerfG NJW 95, 2546; 79, 641; 83, 1479; BGHZ 9, 118 ff = NJW 53, 824; BGH VersR 76, 88. Diese richtet sich nach den betriebl und organisatorischen Vorkehrungen der Post und muß im Zweifel bei der Post ermittelt werden (BVerfG NJW 95, 2546). Auf deren Laufzeitangaben darf sich der Absender verlassen (BGH VersR 94, 495 u 496; BAG NJW 95, 2527). **Verzögerungen in der Briefbeförderung und Briefzustellung** durch die Post dürfen dem Bürger nicht angelastet werden. Worauf die Verzögerung zurückzuführen ist, ist unerhebl; insbes sind Differenzierungen danach, ob die Verzögerung auf einer vorübergehend besonders starken Inanspruchnahme der Post (zB vor Feiertagen), auf einer zeitweise verminderten Dienstleistung (zB an Wochenenden) oder der Nachlässigkeit von Bediensteten beruht, nicht zulässig, BVerfG NJW 92, 1952; 80, 769. Ist aber im Zeitpunkt der Aufgabe (nach BGH NJW 93, 1332 auch während der Postlaufzeit) allgemein bekannt (hierzu BVerfG NJW 94, 244), daß es (zB wegen eines Streiks) an einer ordnungsgemäßen Postbeförderung mangelt, muß sich die Partei vom rechtzeitigen Eingang vergewissern (BGH NJW 93, 1332; 93, 1333), falls ihr andere sichere Übermittlungswege zumutbar sind (BVerfG NJW 95, 1210/11; aM BAG NJW 95, 548); hierzu zählt insbes die Einreichung mittels Telefax (VGH Kassel NJW 93, 750).

Wer statt des Postdienstes einen **privaten Beförderungsdienst** in Anspruch nimmt, hat bei verzögerter Übermittlung darzulegen, daß dessen Organisationsstruktur eine zeitgerechte Beförderung erwarten ließ (OVG Münster NJW 94, 402).

Partei muß ordnungsgemäße **Empfangsvorrichtung** betreiben, insbes muß Briefkasten einen jegliche Verwechslung ausschließenden Namen tragen (BGH NJW 91, 109; München OLGR 94, 177). Allein in dem Umstand, daß für 3 Haushalte nur ein gemeinsamer Briefkasten vorhanden ist, liegt noch kein Verschulden (Frankfurt OLGR 96, 47). Wer wegen Fehlens eines festen Wohnsitzes nur ein **Postfach** unterhält, hat den Eingang von Gerichtspost sorgfältig zu überwachen, falls mit einer solchen zu rechnen ist (BVerfG NJW 94, 1672).

● **Prozeßkostenhilfe:** Das durch Bedürftigkeit begründete Unvermögen einer Partei, einen RA mit der notwendigen (§ 78 I) Vertretung zur Vornahme von fristwahrenden Prozeßhandlungen zu beauftragen, stellt kein Verschulden der Partei dar, wenn sie nur alles in ihren Kräften Stehende u ihr Zumutbare getan hat, um die Frist zu wahren. Sie darf dabei nicht schlechter gestellt werden als die nicht bedürftige

Partei. **Bedürftigkeit** ist auch die (wenn nur nicht in böslicher Absicht) selbst verschuldete, BGH NJW 59, 884. Der WE-Grund der Bedürftigkeit liegt auch vor, wenn und solange (BGH FamRZ 87, 1018; Frankfurt NJW-RR 88, 255) die (obj nicht arme) Partei sich **für bedürftig halten** durfte, BGH FamRZ 88, 1153; NJW 64, 868; VersR 71, 962; 81, 854 (Darlegungen hierüber im WE-Gesuch: BGH VersR 85, 396). Diese Voraussetzung ist regelmäßig schon dann erfüllt, wenn zB bei im wesentl unveränderten Einkommensverhältnissen die Vorinstanz noch PKH bewilligt hatte (BGH VersR 84, 192; 84, 660; NJW 83, 2145), im übrigen wenn die Partei ihre Einkommens- u Vermögensverhältnisse eingehend und zutreffend dargelegt hat. Wird jedoch der Prozeß von einer „armen" Partei im Auftrag oder Interesse einer vermögenden Partei (auch Personengemeinschaft) geführt, so kann die „arme" Partei PKH-Bewilligung nicht erwarten; hier daher nach Versagung der PKH auch WE nicht zu gewähren (BGH VersR 84, 989). Andererseits kann eine objektiv unrichtige Beurteilung ihrer Vermögenslage für die Partei unverschuldet sein, wenn sie die Unrichtigkeit nach den gerade ihr möglichen Erwägungen nicht erkennen konnte, BGH VersR 63, 1126. Das Hindernis der Bedürftigkeit besteht für die **rechtsschutzversicherte Partei** (oder für die über die Gewerkschaft Rechtsschutz erhaltende, BVerfG NJW 95, 1416) bis zur Deckungszusage des Versicherers (BGH NJW 91, 109 = MDR 91, 324), wenn die Partei ohne schuldhaftes Verzögern Rechtsschutz beantragt hatte. Ein für § 233 beachtl **Unvermögen,** rechtzeitig einen **RA zu beauftragen,** liegt vor, wenn über das Gesuch um PKH nach Fristablauf oder doch so spät entschieden wird, daß Fristwahrung nicht mehr zumutbar ist. Zum Zeitpunkt des Wegfalls des Hindernisses der Bedürftigkeit s § 234 Rn 6 ff.

Partei muß ihr vollständiges **Gesuch um PKH** unter Beifügung aller erforderl **Unterlagen** (BGH MDR 89, 720; BGHZ 70, 235 = MDR 78, 472; Meyer NJW 95, 2139; aM BGH FamRZ 94, 567), wenn später PKH bewilligt wird **innerhalb der Frist** (BGH VersR 81, 61; 81, 854; 84, 660; NJW 83, 2145; auch noch am letzten Tag: BGH 16, 1 ff = NJW 55, 345 für Rechtsmittelfrist; BGH 38, 376 = NJW 63, 584 für Begründungsfrist) **beim zuständigen Gericht** (wegen Erkundigungspflicht s BGH NJW 87, 440 = MDR 87, 315) einreichen oder innerhalb der Frist des § 234 darlegen, daß sie hierzu nicht in der Lage war, LM § 233 Hb 12; BAG NJW 67, 1631. Beizufügen sind: **Nachweis des Unvermögens** (§ 117 II; erg § 119 Rn 52) sowie das **angefochtene Urteil** und Darlegungen über die Zulässigkeit des Rechtsmittels, Glaubhaftmachung der Beschwer und der Revisionssumme, BGH NJW 60, 676, LM § 114 Nr 10. Nicht erforderl ist eine sachl Begründung des PKH-Gesuches, weil Ausführungen zur Erfolgsaussicht des Rechtsmittels von ihr nicht erwartet werden können (BGH NJW 93, 732 = MDR 93, 172).

Das **Rechtsmittel** selbst braucht Partei vor Entscheidung über das PKH-Gesuch **nicht** einzulegen, BGH 16, 1 ff = NJW 55, 345 (gegen frühere Rspr). **Begründen** muß sie ein bereits wirksam eingelegtes Rechtsmittel nur dann nicht, wenn Mandat ihres Anwalts mit der Rechtsmitteleinlegung beendet ist (BGH VersR 86, 91; BGHZ 7, 280 = NJW 53, 504). Im letzteren Fall aber uU Vertreterverschulden (§ 85 II) des RA, der Partei nicht über die Notwendigkeit eines PKH-Gesuches während der laufenden Begründungsfrist belehrt, BGH aaO, oder der keine Fristverlängerung beantragt hat (BGH VersR 93, 1125), es sei denn, der ihm erteilte Auftrag hat sich nicht hierauf erstreckt (BGH NJW 63, 584).

Die **Bedürftigkeit** muß für die Fristversäumung **kausal** sein. Daraus, daß Partei nach Ablehnung ihres PKH-Gesuches **Wahlanwalt** mit der Fortführung des Prozesses **beauftragt,** kann aber nicht gefolgert werden, daß sie nicht durch ihre Bedürftigkeit zunächst an Fristwahrung gehindert war, LM § 233 Nr 56. Läßt Partei durch Wahlanwalt **vor Entscheidung über PKH-Gesuch Rechtsmittel** einlegen oder begründen, so ist WE zu erteilen, wenn in diesem Zeitpunkt Frist bereits verstrichen, weil (solange sich nichts Gegenteiliges ergibt) davon auszugehen ist, daß Partei zunächst durch ihre Bedürftigkeit an Fristwahrung gehindert war (BGH VersR 66, 267; MDR 85, 1009); Partei braucht idR nicht darzulegen, aus welchen Gründen es ihr mögl gewesen ist, schon vor Bewilligung der PKH Anwalt zu beauftragen, LM § 233 Nr 75. Lief dagegen in diesem Zeitpunkt die Frist noch und war Partei entschlossen, sie ohne Rücksicht auf die zu erwartende PKH-Entscheidung zu wahren, so ist für eine trotzdem eingetretene Versäumung die Bedürftigkeit nicht mehr kausal, BGH NJW 66, 203 (anders bei mißverständl Belehrung durch Gericht, Hamm NJW 66, 1271). Unschädl für Bewilligung der WE ist es, wenn PKH im Einzelfall nicht mangels Bedürftigkeit, sondern mangels Erfolgsaussicht des beabsichtigten Rechtsmittels abgelehnt wurde; entscheidend ist, daß die Partei sich für bedürftig halten durfte (BGH NJW 93, 732/3).

● **Rechtsanwalt:** s oben „Büropersonal" und „Fristenbehandlung" sowie § 85 Rn 10 ff. Findet Partei keinen Rechtsanwalt, der bereit ist, das Mandat zu übernehmen, liegt WE-Grund nur bei Anwaltszwang vor (Köln NJW-RR 96, 188).

● **Rechtsirrtum:** Keine WE, wo sich **Partei** nicht über Möglichkeiten, Fristen u Formerfordernisse von Rechtsmitteln informiert, BGH FamRZ 92, 300; VersR 77, 719; das gilt auch für einfache u ungewandte Partei (BGH VersR 71, 1175; BVerwG NJW 70, 733). Mißverständl Rechtsmittelbelehrung durch das Gericht kann aber WE rechtfertigen, wenn sie zu einem zumindest entschuldbaren Rechtsirrtum geführt hat (BGH NJW 92, 1700 = MDR 92, 805; NJW 81, 576). Dagegen keine WE, wenn Partei vom ProzBevollm der Vorinstanz nicht über Rechtsmittel belehrt wird (BGH NJW 77, 1198), es sei denn, Mandat ist vor Erlaß des Ersturteils niedergelegt, LM § 232 Nr 14 (aber Pflicht des RA zur Belehrung über Begründungsfrist, der Mandat nach Rechtsmitteleinlegung niederlegt, BGH 7, 280 = NJW 53, 504). Keine Ausnahme bei fremder Staatsangehörigkeit, wenn die Partei im Inland wohnt (BGH VersR 72, 861); beachte aber BGH VersR 71, 1151 (Verständigungsschwierigkeiten). Irrtum über Unterbrechung des Rechtsstreits bei Tod des RA kann WE-Grund sein; Partei muß aber unverzügl sachkundigen Rat einholen (BGH VersR 92, 636).

Falsche Einschätzung der Rechtslage durch **Rechtsanwalt** ist nur in ganz engen Grenzen WE-Grund, RG 159, 109, wenn RA die äußerste zumutbare Sorgfalt aufgewendet hat, um eine richtige Rechtsansicht zu gewinnen, BGH 8, 47 = NJW 53, 179. Daher keine WE, wenn RA keine Revision eingelegt hat – die angebracht gewesen wäre –, obwohl Berufungsgericht verkannt hatte, daß in Berufungsbegründung wirks Berufungseinlegung nachgeholt worden war, BGH NJW 66, 930. Keine WE, wo RA verkennt, daß Schriftsatz den Formerfordernissen für Berufungseinlegung nicht entspricht, LM § 232 Nr 10. Dagegen bejaht BGH NJW 63, 714 WE-Grund, wenn Gericht Ferienantrag zurückweist, anstatt ihn bei gesetzl Feriensache als gegenstandslos zu bezeichnen. Ebenso bejaht BGHZ 23, 307/312; BGH NJW 95, 1095/97; 85, 495 = MDR 85, 471 WE-Grund, wenn RA bzgl Fristenlauf die falsche Rechtsmeinung eines OLG, die auch in Handkommentaren kritiklos wiedergegeben war, vertreten hat.

Gesetzeskenntnis: Vorausgesetzt wird jedenfalls Kenntnis derj Bundesgesetze, die in einer Anwaltspraxis gewöhnl zur Anwendung kommen (BGH NJW 93, 2538/9; VersR 72, 766), daher keine WE, wenn ein in Bayern zugelassener Anwalt PKH-Gesuch beim BGH statt beim BayObLG stellt, LM § 233 Gb 1. Desgl, wenn ein bei deutschem Gericht zugelassener, im Ausland wohnender RA die im Entschädigungsverfahren geltenden deutschen Zustellungsvorschriften nicht kennt, BGH VersR 64, 1021; s auch NJW RzW 62, 470. Arbeitsüberlastung entschuldigt auch hier nicht (BGH NJW 71, 1704). Zu den (grds gleichen) Anforderungen in den neuen Bundesländern s BGH MDR 93, 910; 94, 304; NJW 93, 332 = EWiR § 85 ZPO 1/93 m krit Anm Vollkommer/Gleußner).

Vorausgesetzt wird auch, daß RA sich anhand von Entscheidungssammlungen und gängiger Literatur (nicht notwendig Spezialzeitschriften; Lektüre allg jurist Fachzeitschriften genügt, BGH NJW 79, 877) über den **Stand der neueren Rechtsprechung** unterrichtet, BGH NJW 57, 750; s auch BVerfG NJW 89, 1147; BGH VersR 86, 892. Ausnahmsw WE bei entschuldb Irrtum über Bedeutung des Leitsatzes einer veröffentl Entscheidung, BGH NJW 57, 750, oder Vertrauen auf Richtigkeit einer in Handkommentaren kritiklos zitierten, jedoch falschen Rspr eines OLG, solange richtigstellende andere Rspr noch nicht veröffentlicht (BGH NJW 85, 495 = MDR 85, 471).

Ist die **Rechtslage zweifelhaft,** so muß RA vorsorgl so handeln, wie es bei einer für seine Partei ungünst Entscheidung des Zweifels zur Wahrung ihrer Belange notwendig ist, BGH 8, 47 = NJW 53, 179 (betr die Frage, ob Rechtsstreit Feriensache), RA muß also den sichersten Weg gehen; er darf sich daher, wo abweichende Rspr veröffentl ist, nicht auf eine bestimmte, seiner Rechtsauffassung entspr Entscheidung verlassen, BGH NJW 59, 141; erst recht, wenn Rspr des BGH u überwiegende Meinung des Schrifttums entgegenstehen, BGH VersR 65, 791. Ein Irrtum über Rechtsmittelzuständigkeiten in Übergangsfällen ist nicht schuldhaft, solange keine höchstrichterl Rechtsprechung vorliegt, BGH NJW 79, 877; VersR 80, 191; 80, 193.

Ausnahmsweise WE, wenn **irrige Rechtsauffassung vom Gericht veranlaßt** (BGH NJW 63, 714) und hierdurch ein Vertrauenstatbestand geschaffen wurde (BGH NJW 96, 1900/01). Ein solcher entsteht nicht bei mißverständl formuliertem, mündl Hinweis (BGH VersR 95, 112; 95, 360). Rechtsansicht von Geschäftsstellenbeamten entschuldigt nicht (BGH 5, 275; NJW 94, 2299; MDR 94, 304); ebensowenig die des Rechtspflegers (BGH VersR 95, 71). Auf (unrichtige) Rechtsmittelbelehrung eines Landwirtschaftssenats darf sich auch RA verlassen (BGH NJW 93, 3206).

- **Rechtsmittelauftrag** (s auch „Mehrere Anwälte"): RA muß diktierten Rechtsmittelauftrag insbes im Hinblick auf Zustellungsdatum des erstinstanzl Urteils selbst nochmals überprüfen (BGH NJW 96, 853; VersR 94, 873). Der vorinstanzl RA (nach BGH NJW 94, 3101 auch die erstinstanzl nicht anwaltl vertretene Partei) muß sich die Übernahme des Auftrages durch den Rechtsmittelanwalt bestätigen lassen, bevor die eigene Fristnotierung gelöscht wird (BGHZ 105, 116/7; NJW 91, 3035; VersR 93, 770). Das Büropersonal muß entspr angewiesen sein (BGH VersR 93, 502). Bei Ausbleiben der Auftragsbestätigung ist Rückfrage vor Fristablauf geboten; ggfs ist ein Hinweis auf drohenden Ablauf der Frist erforderl (BGH VersR 69, 59; NJW 89, 594). Ausnahmsweise kann Überwachung entfallen, wenn der RA (bzw die Partei, BGH NJW 94, 3101) aufgrund genereller Absprache auf die Mandatsübernahme vertrauen durfte (BGH VersR 94, 956; NJW 91, 3035). Unterbliebene Rückfrage ferner unschädl bei überholender Kausalität durch Büroversehen beim Rechtsmittelanwalt (BGH NJW 75, 1125).
- **Sprachunkenntnis:** s „Ausländer".
- **Telefax** (sa Pape/Notthoff NJW 96, 417 f; Ebnet JZ 96, 507 f; ders NJW 92, 2988 f): Verschulden des RA, wenn er erst so kurz vor Ablauf der Frist mit der Übermittlung beginnt, daß vollständiger Ausdruck vor Fristablauf nicht mehr möglich ist (BGH NJW 94, 2097/98). Bei Wahl der Fax-Übermittlung darf darauf vertraut werden, daß eigenes Gerät nicht unerwartet ausfällt (BSG MDR 93, 904) und daß Justizbehörden auch nach Dienstschluß für Funktionsfähigkeit des Empfangsgerätes sorgen (BVerfG 69, 381/386; BGH NJW 92, 244; VGH Ba-Wü Justiz 94, 347). RA muß den Eingang bei Gericht nicht telefonisch kontrollieren (LG Hamburg NJW-RR 94, 1486; anders beim Rechtsmittelauftrag BGH NJW 89, 594; 94, 3101 [s auch oben „Rechtsmittelauftrag"]); es sei denn, daß Anzeichen für eine fehlerhafte Übermittlung vorliegen (LG Würzburg NJW-RR 92, 702). Er muß aber bei erkanntem Scheitern der Übertragung **andere zumutbare Übermittlungsmöglichkeit** wählen (BGH NJW 95, 1431/32; BAG NJW 95, 743), bei Ausnutzung der Frist bis zum letzten Tag zB Telegramm oder Übermittlung an anderen RA vor Ort, der das Rechtsmittel als Unterbevollmächtigter durch Einwurf in den Nachtbriefkasten einlegt. Nach BGH NJW 92, 244 ist die *Überbringung mit dem Auto* bei 180 und nach BGH NJW-RR 95, 442 bei 110 Entfernungskilometern unzumutbar; LAG Berlin MDR 95, 524 hält eine Autofahrt innerhalb der Großstadt und München NJW 91, 303 (aM Pape/Notthoff NJW 96, 417/23) von 55 Entfernungskilometern für

zumutbar. Diese Anforderungen gelten auch, wenn Grund des Scheiterns im Bereich des Gerichts liegt (BGH NJW 95, 1431; BAG NJW 95, 743). Fehlen anderweitiger Übermittlungsmöglichkeiten muß in der Begründung des WE-Antrags dargelegt und glaubhaft gemacht werden (BAG NJW 95, 743/44).

Ausgangskontrolle erfordert bei Stapelzuführung visuelle Kontrolle des Einzugs (Naumburg NJW 93, 2543). Eintrag im Fristenkalender darf erst gelöscht werden, wenn ein vom Absendegerät ausgedruckter Einzelnachweis (Sendeprotokoll) vorliegt (BGH NJW 93, 732; 90, 187 = MDR 90, 234; VersR 92, 638; 93, 719; 96, 778). Bietet das (veraltete) Telefaxgerät diese Kontrollmöglichkeit nicht, muß es ausgetauscht werden (BGH NJW 94, 1879). Delegiert RA die Kontrolle an zuverlässiges **Büropersonal** (BGH VersR 95, 317), muß er anordnen, daß Sendebericht ausgedruckt (BGH VersR 95, 1073; 933) sowie auf richtige Empfängernummer (BayObLGZ 94, 273 = NJW 95, 668; BAG NJW 95, 2742; aM wohl München NJW-RR 94, 1201) und Übermittlungsstörungen (BGH NJW 93, 1655 = MDR 93, 580; VersR 94, 578; OVG Koblenz NJW 94, 1815) überprüft wird. RA trägt aber die persönl Verantwortung für richtige Bezeichnung des Gerichts (BGH NJW 95, 2105).

Wurde **Sendeprotokoll** ohne Anzeige von Störungen (OK-Vermerk) ausgedruckt, so darf auf ordnungsgemäßen Zugang der Erklärung vertraut werden, dh der Übermittelnde ist nicht verpflichtet, weitere Vorkehrungen zu treffen. Eine Beweiskraft kommt dem Sendeprotokoll jedoch nur in beschränktem Umfang zu: mit ihm *allein* kann weder der rechtzeitige Zugang der Erklärung bewiesen (vor § 230 Rn 2) noch der vorgenannte Vertrauenstatbestand glaubhaft gemacht werden (vor § 230 Rn 2a).

Auf fernmündl von der Telekom erfragte **Telefaxnummer** darf sich RA nicht verlassen; sie ist gebräuchl Verzeichnissen (amtl, von Rechtsanwaltskammer herausgegebenen oder kanzleiintern geführten) zu entnehmen (BGH NJW 94, 2300; aM Pape/Notthoff NJW 96, 417/22; BGH NJW 89, 589 für fernmündl Auskunft des Gerichts). Kein WE-Grund, wenn sich Telefaxnummer des Gerichts inzwischen geändert hat; amtl Bekanntmachungen hierzu muß RA beachten (BGH NJW 94, 1660), gespeicherte Anschlüsse immer wieder konrollieren (LG Frankfurt/M NJW 92, 3043). Kein Verschulden aber, wenn RA die in den Mitteilungen der Anwaltskammer erfolgte Veröffentlichung der Änderung der Telefaxnummer nicht bemerkt, sondern sich auf Anordnung an Büropersonal verläßt, die Nummer immer wieder auf ihre Richtigkeit zu überprüfen (BGH VersR 94, 1448; aM Ebnet JZ 96, 507/11), oder wenn Telefaxnummer in gerichtl Schreiben unklar angegeben war (Koblenz MDR 92, 302).

Gibt RA seine Telefaxnummer bekannt, muß er dafür sorgen, daß die am letzten Tag der Frist zu den üblichen Bürozeiten eingehenden **Rechtsmittelaufträge** noch erledigt werden (VGH München NJW 93, 1731; aM Ebnet JZ 96, 507/12).

● **Telefon:** Daten u Zahlen aus den Gerichtsakten kann RA durch fernmündl Anfrage bei der Geschäftsstelle feststellen lassen, wenn Mißverständnisse vernünftigerweise nicht zu besorgen sind (letzteres hängt v Gegenstand der Anfrage ab), BGH NJW 66, 658. **Hörfehler** einer bewährten Bürokraft bei telef Entgegennahme von Auskünften durch Geschäftsstelle ist nicht vom RA verschuldet, wenn dieser alles getan hat, um Mißverständnisse auszuschließen, insbes Anweisung gegeben hat, Ziffern u Daten zu wiederholen, LM § 233 Ff 8a = VersR 66, 342; 80, 765. Wegen telefon Aufgabe der telegraf Rechtsmitteleinlegung s § 130 Rn 9.

● **Urlaub:** s bei „Abwesenheit“.

● **Vergessen** einer Frist od der Vornahme einer für die Fristwahrung erforderl Handlung ist **regelmäßig schuldhaft,** BGH VersR 75, 40; NJW 64, 2302; so auch bei Ablenkung durch unerwartete, die Pläne des RA empfindl berührende Mitteilung über Ausscheiden von Kollegen aus der bisherigen Bürogemeinschaft BGH aaO, ebenso bei Ablenkung von Fristeneintragung durch Telefongespräch, BGH VersR 65, 1101. Anders bei krankheitsbedingtem Vergessen: s oben bei „Krankheit“; hierzu BGH NJW 75, 593; VersR 85, 393 u 47. Leidet eine Partei (was ihr bekannt ist) an außergewöhnl Vergeßlichkeit, so handelt sie schuldhaft, wenn sie sich hinsichtl einer Rechtsmittelfrist ausnahmsweise auf ihr Gedächtnis verläßt, BGH VersR 66, 1191.

● **Verlust** von Schriftstücken begründet WE, wenn Antragsteller glaubhaft macht, daß Verlust mit großer Wahrscheinlichkeit nicht in dem Bereich, für den Partei verantwortl, eingetreten ist (daß die Art des Verlustes aufgeklärt wird, ist nicht erforderl) und daß die Frist ohne den Verlust nicht versäumt worden wäre (BGH VersR 92, 899 [Verlust des Verlängerungsantrags], LM § 233 Nr 70 = NJW 57, 790). Behauptet die Partei allerdings die rechtzeitige Einreichung der fristwahrenden Erklärung, so handelt es sich nicht um einen WE-Fall (vgl Rn 9).

● **Zustellung** (s auch „Fristenbehandlung“): **Fehlende Kenntnis** von der Zustellung einer Entscheidung begründet die WE, wenn sie unverschuldet ist. Das ist bei *öffentlicher Zustellung* nur der Fall, wenn die Partei mit ihr nicht rechnen mußte, zB weil sie dem Gegner zeitgerecht einen Zustellungsbevollm benannt hat (Köln VersR 93, 459) oder dieser sonst die öffentl Zustellung durch Falschangaben erschlichen hat (BGH MDR 92, 997), oder wenn sie aufgrund besonderer Umstände nicht in der Lage war, Kenntnis von der Zustellung zu erlangen (BGHZ 25, 11; Guttenberg MDR 93, 1049). Bei *Ersatzzustellung* WE, wenn Partei nicht damit rechnen mußte, daß ihr amtl Schreiben von Angehörigen vorenthalten werden, LM § 233 Nr 73. Hat Partei Mitteilung über Zustellung durch Niederlegung übersehen und mit Werbematerial weggeworfen, scheidet WE aus (München MDR 94, 410; LAG Köln MDR 94, 1245; einschr LAG Mannheim JZ 83, 620). Die Unkenntnis allein steht WE nicht entgegen, wenn eine regelmäßige Kontrolle der fehlerfreien Empfangsvorkehrung auf eingehende Sendungen sowie der nie vorkommende Postverlust glaubhaft gemacht werden (BGH NJW 94, 2898). Bei Zustellung *durch Aufgabe zur Post*

(§ 175 II) kann Irrtum der Partei über die Zustellungswirkung bereits mit Absendung des Urteils am Gerichtsort (§ 175 Rn 6) grds entschuldbar sein (aM BGH NJW 87, 1707 = MDR 87, 483; kritisch hierzu Schneider EzFamR § 175 ZPO Nr 1). *Für den RA* ist Unkenntnis unverschuldet, wenn sie nur auf Verschulden des sonst zuverlässigen Büropersonals zurückzuführen ist, LM § 233 Fd 18 = NJW 61, 2015. Auf Angabe des Mandanten darf er sich nicht ohne weiteres verlassen (BGH MDR 94, 837).

Irrtum über Zustellungszeitpunkt wegen Angabe des Aushändigungs- statt des Niederlegungsdatums auf dem Umschlag durch Postbeamten entschuldigt nicht (BGH NJW-RR 92, 315). RA muß den Zeitpunkt einer Zustellung, soweit er sich nicht aus dem zugestellten Schriftstück ergibt, entweder selbst durch **besonderen Vermerk** aktenkundig machen oder die Sache zu diesem Zweck einem unbedingt zuverlässigen Angestellten übergeben (BGH VersR 73, 547; FamRZ 91, 319; NJW 92, 574); es reicht nicht aus, wenn Empfangsbekenntnis mit dem Urteil in den allgemeinen Geschäftsbetrieb des Büros gelangt, BGH VersR 56, 126; NJW 69, 1297. Keine WE, wenn der Verkehrsanwalt es in Kenntnis des ergangenen Urteils unterläßt, sich beim ProzBevollm nach dem Zustellungsdatum zu erkundigen (BGH VersR 71, 961; aM BGH MDR 88, 389: Verkehrsanwalt darf Information durch ProzBevollm abwarten).

Zustellungsnachweise muß RA auf ihre Richtigkeit u Vollständigkeit hin überprüfen, RG 120, 248. Daher keine WE, wenn Irrtum darauf zurückzuführen, daß RA Übereinstimmung des tatsächl Zustellungszeitpunkt mit Bescheinigung nach § 198 II 2 nicht nachgeprüft hat, da letztere nur Beweismittel, nicht Wirksamkeitsvoraussetzung für Zustellung, LM § 233 Nr 37. Keine WE, wenn Rechtsmittelanwalt bei verschied Angaben über Zustellungszeitpunkt seitens des ProzBevollm der Vorinstanz nicht den Tag der ersten Zustellung festlegt, RG HRR 36, 567. Desgl, wenn Irrtum darauf zurückzuführen, daß RA auf schlecht lesbaren Eingangsstempel seines Büros vertraut, anstatt sich am Zustellungsvermerk zu orientieren, BGH VersR 65, 1077. Keine WE, wenn RA bei fehlendem oder unvollständ amtl Zustellungsnachweis nicht nachforscht, RG JW 31, 2365 (Nr 5), vgl auch OLG Celle MDR 59, 765.

234 *[Wiedereinsetzungsfrist]*

(1) Die Wiedereinsetzung muß innerhalb einer zweiwöchigen Frist beantragt werden.

(2) Die Frist beginnt mit dem Tage, an dem das Hindernis behoben ist.

(3) Nach Ablauf eines Jahres, von dem Ende der versäumten Frist an gerechnet, kann die Wiedereinsetzung nicht mehr beantragt werden.

1 **1)** Wenn die versäumte Prozeßhandlung fristgebunden war, muß auch die Möglichkeit zur Beseitigung der Versäumungsfolgen fristgebunden sein. Abs I setzt daher dem Säumigen eine Überlegungsfrist von 2 Wochen für den WE-Antrag. Abs III setzt aus Gründen der Rechtssicherheit außerdem eine von der Behebung des Hindernisses unabhängige Ausschlußfrist von 1 Jahr für den Antrag. – Zum notw Inhalt des fristgerechten Antrags u zum Ausschluß nachgeschobener Begründungen s § 236 Rn 6.

2 **2) Antragsfrist (Abs I):** Sie ist **keine Notfrist.** Sie wird daher in Sachen, die weder gesetzliche Feriensachen (§ 200 II GVG) noch ferienlose Sachen (§ 202 GVG; zum Mahnverfahren Köln MDR 82, 945) noch zur Feriensache erklärt worden sind (§ 200 III und IV GVG), durch die Gerichtsferien auch dann gehemmt, wenn die versäumte Frist eine Notfrist war (BGH VersR 80, 264; NJW 58, 183). Zur geplanten Abschaffung der Gerichtsferien s aber Vorbem zu §§ 199 ff GVG.

2a Die Antragsfrist beträgt 2 **Wochen,** auch wenn die versäumte Frist länger oder kürzer war. Ihr Ablauf kann nicht durch Rügeverzicht (§ 295) geheilt werden (RG 131, 262). Verlängerung ist ausgeschlossen, § 224 II. Berechnung der Frist: § 222. Fristbeginn: Rn 5 ff.

3 Bei **Wegfall des Hindernisses vor Ablauf der versäumten Frist** kann die Frist von 2 Wochen nicht in Anspruch genommen werden. Wenn die Partei zB 2 Tage vor Ablauf der Rechtsmittelfrist von der Zustellung des Urteils Kenntnis erhält, muß sie die noch zulässige Prozeßhandlung fristgerecht vornehmen (vgl Rn 5a u § 233 Rn 9; BGH NJW 76, 626) oder Fristverlängerung (soweit zulässig) beantragen (Ausnahme bei Versagung von PKH: unten Rn 8). Dies muß auch gelten, wenn die verspätet beantragte Fristverlängerung noch nicht abgelaufen ist (aA BGH NJW 96, 1350/51: Frist des § 234 I als „Mindestfrist").

4 Gegen **Versäumung der Antragsfrist** findet, obwohl keine Notfrist, gem § 233 ebenfalls die WE statt, wenn auch insoweit die Voraussetzungen des § 233 gegeben sind u das WE-Gesuch das Nichtverschulden der Versäumung der Hauptfrist u auch der Antragsfrist des Abs I nach Maßgabe des § 236 zumindest erkennen läßt (= Neufassung des § 233 im Anschluß an BVerfG NJW 67, 1267). Jedoch keine WE gegen Versäumung der Jahresfrist, Abs III.

5 **3) Fristbeginn (Abs II): a)** Die Frist für den WE-Antrag beginnt gemäß § 187 I BGB, § 222 ZPO (dort Rn 6) mit dem Beginn des Tages, der auf den **Wegfall des Hindernisses** folgt; dem Wegfall des Hindernisses entspricht auch der Eintritt von Umständen, die das Fortbestehen des

Hindernisses nunmehr als von der Partei oder ihrem Vertreter (§§ 51 II, 85 II) verschuldet erweisen (BGH NJW-RR 90, 830 = MDR 90, 413). Zum Verschulden s § 233 Rn 12 ff.

Auch der Wegfall des Hindernisses **vor Ablauf der später versäumten Notfrist** setzt (entgegen Ostler NJW 77, 2078) die Frist des § 234 in Lauf; diese Frist kann daher bei Ablauf der Notfrist verkürzt oder gar abgelaufen sein (BGH NJW-RR 90, 830; StJ/Roth Rn 3; BL/Hartmann Rn 7). Hierdurch ist die säumige Partei aber nicht unangemessen benachteiligt, denn grds ist jede Partei verpflichtet, eine unter Notfrist gestellte Prozeßhandlung in noch offener (auch verkürzter) Frist vorzunehmen, sofern ihr das nur objektiv *und* subjektiv noch möglich ist (oben Rn 3); ist ihr letzteres unverschuldet nicht mehr fristgerecht möglich, kann dieser Umstand als neuerliches Hindernis iS § 233 anerkannt und *hierwegen* WE gewährt werden. 5a

Maßgebl für den Fristbeginn iS § 234 ist, wann das Hindernis tatsächl entfiel oder hätte beseitigt werden *müssen,* nicht wann es hätte behoben werden *können.* Ausreichend, wenn RA bei Anwendung äußerster Sorgfalt Versäumung bzw Wegfall des Hindernisses erkennen konnte (BGH VersR 95, 112; 87, 52; 75, 860). War zB Rechtsmittel zurückgenommen u wurde Rücknahme widerrufen, beginnt die Frist mit Eingang des Widerrufes bei Gericht (BGH 33, 73 = NJW 60, 764). Erkennt der RA den Wegfall des Hindernisses, beginnt die Frist auch für die Partei selbst (§ 85 II; BGH VersR 76, 492; NJW 56, 1879). Bei entschuldbarem Irrtum über Zustellungsdatum beginnt Frist mit Erkenntnis der für eine Fehldatierung sprechenden Umstände (BGH VersR 75, 924; 68, 301 u 309), bei schwerer Erkrankung der Partei mit der Möglichkeit, Prozeßvollmacht zu erteilen (zu eng Köln NJW 72, 831), bei Nichtigkeit eines vor Fristablauf geschlossenen ProzVergleichs mit dessen Anfechtung (BGH NJW 69, 925). Bei Unkenntnis von der Zustellung des Urteils beginnt die Frist, wenn Partei durch Zustellung eines Kostenfestsetzungsbeschlusses erkennen kann, daß ein Urteil ergangen ist (BGH VersR 72, 667), bei unbekanntem Vaterschaftsfeststellungsurteil mit Zustellung eines Unterhaltsfestsetzungsbeschlusses (BGH FamRZ 95, 800). Hat die Partei den RA (zulässigerweise) mit einfachem Brief beauftragt, Berufung einzulegen, so Fristbeginn mit Kenntnis, daß dieser Brief nicht ankam, nicht erst vom Zugang eines erneuten Auftragschreibens ab, BGH NJW 74, 994; auch das Ergebnis von Nachforschungen bei der Post darf hier nicht abgewartet werden. Ebenso darf bei Kenntnis der Versäumung nicht die verwerfende Entscheidung (zB nach § 519b) abgewartet werden (BAG NJW 74, 517). Das Hindernis fehlerhafter Fristberechnung entfällt bei erneutem Anlaß zur Überprüfung der v Büropersonal vorgemerkten Frist (BGH VersR 74, 1001; NJW 94, 2831/32). Wegfall kommt weiter in Betracht, bei Zugang einer gerichtl Mitteilung über das Eingangsdatum der Rechtsmittelschrift, wenn sich hieraus die Verspätung ergibt (BGH NJW 92, 2098), bei auftretendem Zweifel an Eingang der Rechtsmittelschrift bei Gericht, etwa infolge Poststreiks (BGH VersR 93, 1421), bei entspr Hinweis des Gegners (BGH VersR 73, 32), bei Erhalt der Handakten zur Begründung eines vom Empfänger nicht eingelegten Rechtsmittels (BGH VersR 74, 1029). Die Partei selbst erhält diese Kenntnis, wenn sie vom RA erfährt, daß dieser das Mandat ablehnt. Kenntnis des Büropersonals des RA ersetzt dessen notw eigene Kenntnis nicht, BGH VersR 80, 678. 5b

b) Das **Hindernis der Bedürftigkeit** (vgl zu den hierbei zu stellenden Anforderungen § 233 Rn 23 unter „Prozeßkostenhilfe") entfällt mit Vermögenserwerb während eines PKH-Verfahrens (nicht erst mit Versagung der PKH aus diesem Grund; BGH FamRZ 87, 1018; Frankfurt NJW-RR 88, 255), mit Deckungszusage einer Rechtsschutzversicherung (BGH NJW 91, 109), sonst mit Bewilligung der PKH, auch teilweiser (BGH NJW-RR 93, 451); es gilt (vorbehaltl der Überlegungsfrist, s unten Rn 8) als behoben, sobald PKH versagt (BGH VersR 72, 1126). Entscheidend ist Bekanntgabe der Entscheidung auch, wenn Partei hiervon keine Kenntnis erlangt hat, aber hätte erlangen können (BGH FamRZ 91, 425). 6

Wird **Prozeßkostenhilfe bewilligt,** beginnt die Frist für das WE-Gesuch mit (formloser, BGH 30, 229; BGH VersR 85, 68; förmliche Zustellung hier aber bes zweckmäßig) Mitteilung des PKH-Beschlusses an den für die versäumte Prozeßhandlung bereits beigeordneten RA (BGH VersR 86, 580); gleichgültig, ob der RA seine Partei über die PKH-Bewilligung informiert (BGH NJW 61, 1465), selbst wenn Information wegen vorhersehbarer Krankheit des RA unterbleibt (LM § 234 Nr 18). Für eine bes Überlegungsfrist fehlt in diesem Fall jede Veranlassung (BGH NJW 78, 1920; MDR 78, 482). – War der RA für die Nachholung der versäumten ProzHandlung noch nicht bevollmächtigt, so Fristbeginn erst nach Mitteilung des PKH-Beschlusses an die arme Partei persönl bzw deren gesetzl Vertreter; Mitteilung an den durch die Beiordnung noch nicht bevollmächtigten RA genügt nicht, BGHZ 30, 228; BGH NJW 87, 440 = MDR 87, 315 (s aber einschränkend BGH NJW 78, 1920). Mitteilung an den erstinstanzl ProzBevollm, der die PKH für die Berufungsinstanz beantragt hat, genügt (BGH NJW-RR 93, 451). 7

Wird **Prozeßkostenhilfe versagt,** ist zu unterscheiden, ob der Antragsteller diesen Bescheid vor oder nach Ablauf der zu wahrenden (Rechtsmittel-) Frist erhält. Bei **Versagung vor Fristablauf** wäre grds die fristgebundene Prozeßhandlung noch in offener Frist vorzunehmen (vgl oben Rn 3); die Rspr räumt jedoch dem Antragsteller hier eine Überlegungsfrist von 3 Werktagen ein, 8 so daß bei Zurückweisung eines PKH-Gesuchs, welches der Antragsteller für erfolgversprechend halten durfte (§ 233 Rn 23 zu „Prozeßkostenhilfe"), die Gewährung von WE in Betracht kommt, wenn diese Überlegungsfrist vor Fristablauf kürzer als 4 Werktage war (BGH NJW 86, 257 = MDR 85, 657); diese Überlegungsfrist wird durch die Gerichtsferien nicht gehemmt (BGH MDR 62, 466; Schneider MDR 90, 974). Bei **Versagung nach Fristablauf** räumt die Rspr dem Antragsteller für die Überlegung, ob er ein Rechtsmittel nun auf eigene Kosten einlegen will, ebenfalls eine Überlegungsfrist von 3 bis 4 Tagen ein (BGH VersR 82, 757; 79, 444; 77, 432); hier beginnt also die 2-Wochenfrist für den WE-Antrag erst nach Ablauf der Überlegungsfrist zu laufen, sofern nur der Antragsteller begründeten Anlaß hatte, auf die Bewilligung der PKH zu vertrauen (BGHZ 26, 99 = NJW 58, 183). Das gilt auch, wenn PKH trotz Armut wegen mangelnder Erfolgsaussichten versagt wurde (BGH NJW 52, 743; MDR 53, 163). Erneutes PKH-Gesuch hemmt den Fristablauf nicht mehr, selbst wenn das zweite Gesuch (unter Berücksichtigung gewandelter Rechtsprechung des BGH) erfolgreich ist (BGH NJW 57, 263). Keine Fristhemmung auch bis zur Entscheidung über eine erfolglose Gegenvorstellung (BGH VersR 80, 86). Jedoch beginnt die 2-Wochen-Frist erneut, sobald das Beschwerdegericht PKH bewilligt oder das Erstgericht auf Grund Gegenvorstellung bei gleichbleibendem Sachverhalt (also nicht auf Grund nachgeschobener Begründung) seinen eigenen Beschluß aufhebt und die PKH bewilligt (BGH 41, 1 = NJW 64, 771; s auch Meyer NJW 95, 2139/41).

9 Wird **Prozeßkostenhilfe teilweise bewilligt**, beginnt die 2-Wochen-Frist bzgl der gesamten Prozeßhandlung grundsätzlich sofort, weil die nachzuholende Rechtsmittelschrift den Umfang des Rechtsmittels zunächst offen lassen kann (BGH NJW 63, 1780). Jedoch kann die Gewährung einer kurzen Überlegungsfrist auch hier (vgl Rn 8) gerechtfertigt sein, wenn die arme Partei das Rechtsmittel bereits eingelegt hatte, nach Zugang der PKH-Entscheidung jedoch erstmals prüfen muß, ob sie die Antragstellung und Rechtsmittelbegründung einer Teil-Bewilligung der PKH anpaßt oder das Rechtsmittel teilweise ohne PKH durchführt (Hamburg NJW 81, 2765).

10 **Auflagen im PKH-Verfahren** hemmen die Frist; jedoch Fristbeginn, sobald eine zur Erfüllung der Auflage gesetzte (richterl) Frist ungenutzt abgelaufen ist (BGH NJW 57, 1599; 62, 153), weil dann Hindernis nicht mehr unverschuldet (BAG NJW 67, 222). Anders bei Nichterfüllung unbefristeter Auflagen BGH NJW 71, 808; VersR 71, 1151 und bei Unterbrechung des PKH-Verfahrens wegen Vergleichsverhandlungen der Parteien (BGH NJW 76, 330); hier Fristbeginn erst durch Ablauf einer v Gericht gesetzten Frist z Erfüllung von Auflagen (§ 273 II 1) oder durch Entscheidung über das PKH-Gesuch.

11 **Konkurs:** Hat der Gemeinschuldner vor Konkurseröffnung um PKH nachgesucht, so hemmt Konkurseröffnung die Frist des Abs I (BGH 9, 308 = NJW 58, 1144).

12 **4) Ausschlußfrist (Abs III):** soll die Gefährdung der formellen Rechtskraft (diese entfällt rückwirkend bei Bewilligung der WE, § 238 Rn 3) beschränken und den Bestand der an ihren Eintritt geknüpften Rechte des Prozeßgegners schützen. Dieser Schutzzweck tritt nur ausnahmsweise zurück, soweit der Prozeßgegner auf den Eintritt der Rechtskraft nicht vertrauen darf und der Antragsteller den Ablauf der Ausschlußfrist auch nicht zu vertreten hat, so zB wenn über ein vor Fristablauf eingereichtes PKH-Gesuch (von dem der Gegner gemäß § 118 Kenntnis hat) erst nach Fristablauf entschieden wird (BGH NJW 73, 1373; Braunschweig NJW 62, 1823). Kein Ausnahmefall liegt dagegen vor, wenn das Rechtsmittelgericht innerhalb eines Jahres nach Ablauf der Rechtsmittelfrist noch nicht über die Unzulässigkeit des Rechtsmittels entschieden hat, denn es gibt keine Verpflichtung zu einer Vorabentscheidung über die Zulässigkeit (BGH VersR 83, 376; Düsseldorf MDR 94, 99; aA BAG MDR 82, 171; Schleswig NJW-RR 90, 1215). Gegen Versäumung der Ausschlußfrist gibt es keine Wiedereinsetzung (BGH VersR 87, 256; MDR 76, 569). Nach Ablauf dieser Frist ist auch das Nachschieben von Wiedereinsetzungsgründen unzulässig (BGH 2, 342; MDR 63, 291; RG 129, 174; JW 30, 2704); zulässig aber die nachträgl Erläuterung (§ 236 Rn 6) oder Glaubhaftmachung vor Fristablauf vorgetragener Gründe.

235 (weggefallen)

236 *[Wiedereinsetzungsantrag]*

(1) Die Form des Antrags auf Wiedereinsetzung richtet sich nach den Vorschriften, die für die versäumte Prozeßhandlung gelten.

(2) Der Antrag muß die Angabe der die Wiedereinsetzung begründenden Tatsachen enthalten; diese sind bei der Antragstellung oder im Verfahren über den Antrag glaubhaft zu machen.

Innerhalb der Antragsfrist ist die versäumte Prozeßhandlung nachzuholen; ist dies geschehen, so kann Wiedereinsetzung auch ohne Antrag gewährt werden.

1) Der **Antrag** ist eine an Form (Abs I), Frist (§ 234) u Inhalt (Abs II) gebundene Prozeßhandlung. Er ist, weil das Gericht gem § 224 II nicht befugt ist, die in § 233 genannten Fristen ohne gesetzl Ermächtigung zu verlängern, grds für die Gewährung der WE unentbehrlich. Nur ausnahmsweise erlaubt Abs II eine Gewährung der WE ohne Antrag, wenn deren Voraussetzungen bei Nachholung der versäumten Prozeßhandlung offenkundig sind (vgl Rn 3 u 5). – Der Antrag beseitigt bereits eingetretene Folgen der Versäumung noch nicht, er ist nur Voraussetzung der Folgenbeseitigung durch das Gericht; jedoch Vollstreckungsschutz gem § 707 möglich. Mit der Nachholung der versäumten Prozeßhandlung muß der Antrag nicht notw verbunden sein, wenn diese Nachholung nur (gleichfalls) in der Frist des § 234 erfolgt; geschieht das nicht, so ist der Antrag unzulässig (nicht unbegründet). Jedoch kann in dem Antrag auch die Nachholung der versäumten Prozeßhandlung erblickt werden, wenn nur deren förml Erfordernissen Genüge getan ist. 1

2) a) **Form des Antrags:** entspricht der für die versäumte Prozeßhandlung gebotenen Form, also regelm schriftl, im Anwaltsprozeß § 78, so insbes bei Einspruch (§ 340), Berufung (§ 518), Berufungsbegründung (§ 519 II), Revision (§ 553) u deren Begründung (§ 554 II), sofortige Beschwerde (§§ 577, 569) u Restitutionsklage (§ 587). Mündl Antrag zu Prot der GeschSt ausreichend, soweit die versäumte Handlung vor dem AG wahrzunehmen (§ 496). Zuständiges Gericht: § 237. 2

b) Ausdrücklicher **Antrag entbehrlich** (Abs II Satz 2), wenn entweder bei Nachholung der versäumten Handlung innerhalb der 2-Wochenfrist des § 234 Tatsache u Grund der unverschuldeten Fristversäumung von der Partei zumindest erkennbar gemacht werden (= schlüssiger Antrag) oder die eine WE rechtfertigenden Umstände aktenkundig oder sonst offenkundig (§ 291) sind (= Gewährung von Amts wegen); vgl BGH NJW-RR 93, 1092/3. 3

c) Ein **schlüssiger Antrag** liegt in der das Bewußtsein der Fristversäumung (hierzu BGH VersR 68, 992; RG 169, 199; Vollkommer DRiZ 69, 244) erkennbar machenden Darlegung von WE-Gründen (BGH 63, 389 = NJW 75, 928; hierzu Ratte JR 75, 421) zB durch Angabe des Zustellungstages (BGH NJW 52, 1415) oder Bezugnahme auf den früher nach § 519 II gestellten Antrag auf Fristverlängerung. Ausreichend der schlüssig zum Ausdruck gebrachte Wille, das Verfahren trotz Ablaufs der Frist fortzusetzen (BGH 61, 395; Vollkommer ZZP 89, 209). 4

d) **Gewährung von Amts wegen** kommt, wenn schlüssiger Antrag auch nicht im Wege der Auslegung festzustellen, nur dann in Betracht, wenn die Voraussetzungen einer WE bei Nachholung der versäumten Handlung innerhalb der Frist des § 234 I (BGHZ 62, 389; BGH VersR 78, 825; StJ/Roth Rn 4) offenkundig sind (BGH NJW 75, 257; BAG NJW 95, 2125) oder nach Ausübung der auch insoweit bestehenden Aufklärungsbefugnis des Gerichts offenkundig werden, so bei erkennbarer Verletzung der auch hier gem §§ 139, 278 III bestehenden Fürsorgepflicht des Gerichts (BGH VersR 76, 732), bei unterlassener Verbescheidung des rechtzeitigen Antrags auf Fristverlängerung (hierzu § 225 Rn 2 u 3; § 233 Rn 23 zu „Fristenbehandlung“) oder Erkenntnis, daß Fristverlängerung grundlos versagt worden war. Abs II S 2 will verhüten, daß die WE an einem Behördenverschulden jeglicher Art scheitert (vgl die entspr Regelung in § 45 II StPO, § 60 II VwGO, § 56 II FGO, § 67 II SGG, § 26 III EGGVG). Das Gericht ist aber keinesfalls ermächtigt, eine nicht beantragte WE nur wegen der Nachholung der versäumten Handlung binnen 2 Wochen nach Fristablauf zu bewilligen, wenn keinerlei WE-Grund iSd § 233 ersichtl ist. Ob das der Fall war, hat bei Verwerfung des verspäteten Rechtsmittels das hiergegen angerufene höhere Gericht zu prüfen (BGH NJW 82, 1873 = MDR 82, 471). Denn WE „kann“ nicht nur bei gegebenen Voraussetzungen gewährt werden, sie ist dann zwingend zu gewähren (StJ/Roth Rn 4; aM BAG NJW 89, 2708). 5

3) **Inhalt des Antrags:** notwendig Angabe der eine WE begründenden Tatsachen, also Fristversäumung, deren Grund sowie fehlendes Verschulden (§ 233), BGH VersR 74, 249; 78, 942; 83, 270. Nachholung dieser Angaben oder Nachschieben neuer Begründung nach Ablauf der Frist des § 234 nicht möglich (BGH NJW 91, 1892), auch nicht im Beschwerdeverfahren (BGH NJW 94, 2097/8). Ausnahme bei Aktenkundigkeit im Fall Abs II 2. Zulässig auch bloße Ergänzung fristgerechter Angaben nach Hinweis gem § 139 (BGH VersR 77, 1099), selbst wenn die Frist inzw abgelaufen (BGH VersR 76, 732; 85, 1140 u 1184); entscheidend ist, ob ursprüngl Angaben ergänzungsbedürftig: wenn nicht, handelt es sich um unzulässiges Nachschieben (BGH NJW 92, 697), erst recht, wenn ursprüngl Darstellung falsch war (BAG NJW 95, 2125). 6

4) **Glaubhaftmachung** (§ 294) nicht notwendig im Antrag, sondern ausreichend „im Verfahren“, also bis zur Entscheidung über das Gesuch möglich, also auch noch im Beschwerdeverfahren (BGH NJW 96, 1682). Daher regelm ausreichend, abzuwarten, ob das Gericht Glaubhaftmachung verlangt, denn insoweit Hinweispflicht des Gerichts (§§ 139, 278 III). Sachvortrag des RA 7

macht förml Glaubhaftmachung regelm entbehrl bei Angaben aus eigenem Wahrnehmungsbereich des Anwalts (Köln NJW 64, 1039; BVerfG NJW 74, 1902; 76, 1537). Die Glaubhaftmachung darf sich nicht in einer pauschalen Bezugnahme auf Schriftsätze erschöpfen; sie erfordert eine eigene Sachdarstellung der Auskunftsperson (BGH NJW 88, 2045 = MDR 88, 479; NJW 96, 1682). Zur mißlungenen Glaubhaftmachung s § 233 Rn 22c.

8 **5) Nachholung der versäumten Prozeßhandlung** nicht notwendig im Antrag; kann vorher oder innerhalb der Frist des § 234 auch nachher erfolgen. Einer Partei, welche die Rechtsmittelbegründungsfrist versäumt hatte, wird also zugemutet, die Begründung in der kürzeren Frist des § 234 (statt § 519 II) nachzuholen (BGH VersR 87, 308; NJW 95, 60). Der Antrag auf Verlängerung der Begründungsfrist ersetzt die fristgerechte Nachholung der Begründung nicht (BGH NJW 88, 3021; MDR 90, 413), auch nicht ein PKH-Gesuch (BGH VersR 84, 761). **Ausnahmen:** In WE-Antrag wegen Versäumung der Einspruchsfrist ist – zumindest bei nicht anwaltl vertretener Partei – zugleich Einspruch gegen das Versäumnisurteil zu sehen (BVerfG NJW 93, 1635). – Gesuch um Verlängerung der Rechtsmittelbegründungsfrist statt Vorlage der Begründung in der Frist des § 234 genügt, wenn sonst bei notwendigem Anwaltswechsel (so BGH NJW 65, 585 = VersR 65, 289 bei Abgabe einer Revision vom BayObLG an den BGH; BGH VersR 74, 656; 84, 761 läßt offen, ob das auch für andere Fälle des notw Anwaltswechsels gilt) die Begründungsfrist der §§ 519 II, 554 II verkürzt würde. – Nach Ganter (NJW 94, 166 ff) soll Verlängerungsantrag auch dann genügen, wenn der Antragsteller glaubhaft macht, die Berufungsbegründungsfrist nur deshalb versäumt zu haben, weil der Antrag auf Fristverlängerung ohne Verschulden nicht oder nicht rechtzeitig bei Gericht einging (ähnlich Vollkommer DRiZ 69, 244 ff). Die Rspr ist dem bisher nicht gefolgt.

9 Daß das Gericht das verspätete **Rechtsmittel bereits verworfen** hatte (§ 519b), macht die Nachholung nicht entbehrl, denn die Verwerfungswirkung entfällt ohne weiteres mit Gewährung der WE (§ 238 Rn 3); daher darf der Rechtsmittelführer die fristgerechte Begründung seines verspäteten Rechtsmittels nicht deshalb unterlassen, weil das Gericht innerhalb der Begründungsfrist weder das Rechtsmittel verworfen, noch über den WE-Antrag entschieden hat (BGH MDR 89, 521). Auch bei verspätet eingelegter Berufung **beginnt die Begründungsfrist** mit der Einlegung der Berufung (BGH MDR 89, 521); durch ein Gesuch um Wiedereinsetzung u die Entscheidung des Gerichts auf dieses Gesuch wird der Lauf der Frist nicht berührt.

10 Zweckmäßig ist Verbindung mit Antrag auf **einstweilige Einstellung der Zwangsvollstreckung** nach §§ 707, 719.

237 *[Entscheidung über Wiedereinsetzung]*

Über den Antrag auf Wiedereinsetzung entscheidet das Gericht, dem die Entscheidung über die nachgeholte Prozeßhandlung zusteht.

1 **1) Zuständigkeit:** Über WE entscheidet das Gericht, dem die Entscheidung über die versäumte Prozeßhandlung zukam, bei Versäumung der Berufungsfrist also das Berufungsgericht. Ist ein Rechtsmittel wegen Versäumung der Notfrist bereits als unzulässig verworfen worden, entscheidet das Gericht, das den Verwerfungsbeschl erlassen hat, RG 42, 367.

2 **2) Wiedereinsetzung nach Rechtsmittel:** Das wegen der Verwerfung des verspäteten Rechtsmittels angerufene Rechtsmittelgericht ist für die WE-Entscheidung nur zuständig, wenn der Vorderrichter zugleich die WE abgelehnt hat (vgl § 238 Rn 7 ff). Es ist zunächst die Entscheidung des nach § 237 zuständigen Gerichts herbeizuführen (BGH VersR 93, 500/1). Die Rspr läßt jedoch aus prozeßökonomischen Gründen zu, daß das höhere Gericht die WE gewährt, wenn sich deren Voraussetzungen ohne weiteres aus dem Akteninhalt ergeben (BGH NJW 85, 2650/1; 82, 1873/4), und zwar selbst dann, wenn beim zuständigen Gericht ein noch nicht verbeschiedener WE-Antrag gestellt worden ist (BGH VersR 93, 500/1).

3 **3) BayObLG:** Bei Versäumung der Revision gegen das Urteil eines bayer OLG ist das WE-Gesuch mit der nachgeholten Revision gem § 7 EGZPO beim BayObLG einzureichen (BGH NJW 65, 585; LM § 233 Nr 42), ab Zustellung des Beschlusses, mit dem das BayObLG den BGH für zuständig erklärt, bei diesem (BGH VersR 94, 75 = MDR 93, 1122).

238 *[Verbindung des Wiedereinsetzungsantrags mit dem Verfahren über die Prozeßhandlung]*

(1) Das Verfahren über den Antrag auf Wiedereinsetzung ist mit dem Verfahren über die nachgeholte Prozeßhandlung zu verbinden. Das Gericht kann jedoch das Verfahren zunächst auf die Verhandlung und Entscheidung über den Antrag beschränken.

(2) Auf die Entscheidung über die Zulässigkeit des Antrags und auf die Anfechtung der Entscheidung sind die Vorschriften anzuwenden, die in diesen Beziehungen für die nachgeholte Prozeßhandlung gelten. Der Partei, die den Antrag gestellt hat, steht jedoch der Einspruch nicht zu.

(3) Die Wiedereinsetzung ist unanfechtbar.

(4) Die Kosten der Wiedereinsetzung fallen dem Antragsteller zur Last, soweit sie nicht durch einen unbegründeten Widerspruch des Gegners entstanden sind.

1) Abs I. Verfahren: Infolge Verbindung des Wiedereinsetzungsverfahrens mit dem Verfahren über die nachgeholte Prozeßhandlung ist über den Antrag regelmäßig auf Grund mündl Verh (§ 128) zu entscheiden; bei der Berufung (§ 519b), der Revision (§ 544a), dem Einspruch (§ 341 II), der sof Beschwerde (§ 577) u der Erinnerung gegen den Kostenfestsetzungsbeschluß (§§ 104, 107) kann ohne mündl Verh entschieden werden. Vor der Entscheidung ist der Gegner zu hören, falls dies auch bei der nachgeholten Prozeßhandlung notwendig ist (s zB § 99 II), BVerfG NJW 82, 2234; 80, 1095 = MDR 80, 375. Bei Verbindung der Verfahren wird Termin zur Verh über den Wiedereinsetzungsantrag u die nachgeholte ProzHandlung (zB den Einspruch) bestimmt. Zustellung des Schriftsatzes u der Ladung von Amts wegen. Im Termin wird zunächst (vgl § 146) geprüft, ob der Wiedereinsetzungsantrag nach Form u Inhalt dem Gesetz entspricht u die Antragsfrist gewahrt ist. Ist über die verspätete ProzHandlung bereits abschließend verhandelt oder sogar entschieden worden, muß das Gericht über den WE-Antrag gleichwohl noch entscheiden, ggf wieder in die mündl Verhandlung eintreten (kein Fall des § 156; BGH NJW 92, 1898). – Das Gericht hat nicht von sich aus nach Wiedereinsetzungsgründen zu forschen, sondern muß sich bei Prüfung des Antrags auf die von der Partei rechtzeitig angeführten Gründe beschränken, soweit nicht WE-Bewilligung von Amts wegen (§ 236 Rn 3 und 5) in Betracht kommt. Aufklärungspflicht des Gerichts (§§ 139, 278 III) besteht aber auch im WE-Verf (§ 236 Rn 5; BGH VersR 76, 732). Die Erfolgsaussichten der versäumten ProzHandlung bleiben bei Prüfung des WE-Antrages ganz außer Betracht (BGH 8, 284 = NJW 53, 423). 1

2) a) Abs II. Entscheidung: Die stattgebende Entscheidung über den Antrag muß ausdrücklich erfolgen, bloße Sachentscheidung über die versäumte ProzHandlung genügt nicht. Entscheidung durch **Beschluß,** wo die Hauptsache keine mündl Verhandlung erfordert (s oben), sonst durch **Urteil** (KG NJW 67, 1865). Bei beschränkter Verhandlung (I Satz 2, § 146): **Zwischenurteil:** grds nur bei Gewährung der WE, denn bei Versagung besteht Entscheidungsreife (§ 300) auch für die Hauptsache. Ein gleichwohl (fehlerhaft; aM Zweibrücken MDR 85, 771: Zwischenurteil auf Versagung der WE sei zulässig) die WE versagendes Zwischenurteil ist mit Berufung bzw Revision anfechtbar (BGH 47, 289 = NJW 67, 1566), soweit diese Rechtsmittel auch gegen Endurteil statthaft wären. – Sonst Entscheidung bei Bewilligung im Urteilsspruch od zumindest in den Gründen (RG 67, 190) des Endurteils zur Hauptsache. Bei Versagung erfolgt Endurteil auf Zurückweisung (falls unbegründet) od Verwerfung (falls unzulässig), falls in der Hauptsache schon vorher entschieden war, andernfalls Versagung im Urteilsspruch oder in den Gründen (s oben) des die Hauptsache entscheidenden Endurteils. Versagung durch Beschluß unter gleichzeitiger Verwerfung des Rechtsmittels i Fall §§ 519b, 554a, 577. 2

b) Wirkung der Wiedereinsetzung: Die WE beseitigt die der Partei durch Versäumung einer Frist entstandenen Rechtsnachteile (§ 230) rückwirkend. Durch sie wird die **Rechtzeitigkeit** der nach Versäumung nachgeholten (§ 236 II Satz 2) **Prozeßhandlung fingiert** (BGHZ 8, 284; 98, 325 = JR 87, 236 = MDR 87, 230); die formelle Rechtskraft einer verspätet angefochten gewesenen Entscheidung entfällt rückwirkend, nicht aber auch bereits deren materielle Rechtskraft. Dagegen wird durch Gewährung der WE eine auf die Verspätung des Rechtsmittels gestützte *Prozeßentscheidung* (zB §§ 519b, 554a, 341) rückwirkend gegenstandslos, ohne daß diese noch ausdrücklich aufzuheben ist (BGHZ 98, 325; BGH NJW 82, 887; LM § 519b ZPO Nr 9 = VersR 58, 28). Durch die Rückwirkung der WE bedingt setzt eine durch WE als rechtzeitig fingierte Rechtsmitteleinlegung die Frist für die Rechtsmittelbegründung in Lauf; die Partei darf mit der Begründung daher nicht warten, bis ihr WE gewährt wird (§ 236 Rn 8; BGH MDR 89, 521; BGHZ 98, 325). – Zur Frage, ob die Gewährung der WE „Tatbestandswirkung" (Vorbem § 322 Rn 5) auf andere Verfahren oder Rechtsverhältnisse, insbesondere auch gegenüber Dritten, äußern kann, s § 244 Rn 6; grundsätzlich beschränkt sich die oben genannte Rückwirkung der WE auf das Verfahren, in welchem die Frist versäumt worden war (Vollkommer JR 87, 225). 3

c) Versäumnisurteil (nur bei notw mündl Verhandlung): Bei Säumnis des Antragstellers ist der Antrag ohne Prüfung seiner Begründung auf Antrag des Gegners durch VersUrteil zurückzuweisen; hiergegen beschränkte Revision gem §§ 566, 513 II (BGH NJW 69, 845). Zugleich VersUrteil auf Verwerfung des somit unzulässigen Rechtsmittels. Bei Ausbleiben des Antragstellers, der gegen ein VersUrteil Einspruch eingelegt hatte, ergeht VersUrteil: 1. Der Antrag auf Wiedereinsetzung wird zurückgewiesen. 2. Der Einspruch gegen das VersUrt wird als unzulässig verwor- 4 fen. – Ist der Antragsgegner nach Einspruch nicht erschienen, ergeht nach Bewilligung der WE VersUrt oder Entscheidung in der Sache selbst nach Aktenlage, bei Zurückweisung des WE-Antrags unechtes VersUrt, das den Einspruch für unzulässig erklärt, § 331 II.

5 **d)** Die von der Sachentscheidung getrennte **Entscheidung über die WE bleibt für die Instanz bindend,** gleichgültig, ob die Entscheidung in Form eines Zwischenurteils nach § 303 oder in Form eines Beschl nach § 519b ergeht (BGH NJW 1954, 880; s aber unten Rn 7).

6 **3) Rechtsmittel: a)** Gegen **Gewährung der WE** kein Rechtsbehelf für den Gegner (Abs 3), auch nicht bei Verletzung des rechtl Gehörs (BGHZ 130, 97 = NJW 95, 2497 = JZ 96, 374 m Anm Roth). Daher insoweit Bindung auch des Rechtsmittelgerichts, selbst wenn Instanzgericht WE zu Unrecht bewilligt hatte. BGHZ 130, 97 = NJW 95, 2497 läßt es jedoch zu, daß das wiedereinsetzende Gericht seine auf einer Verletzung des rechtl Gehörs beruhende Entscheidung auf Gegenvorstellung hin abändert, solange noch kein die Instanz abschließendes Urteil ergangen ist. Die vom BGH offengelassene Frage, ob dies auch vAw geschehen kann, ist zu verneinen (ebenso Roth JZ 96, 376). § 33a StPO ist insoweit auf den der Parteiherrschaft unterliegende Zivilprozeß nicht analog anwendbar. Die eine rechtzeitige Gegenvorstellung unterlassende Partei kann wegen § 90 II 1 BVerfGG auch keine Verfassungsbeschwerde mehr erheben (Roth JZ 94, 375).

7 **b) Gegen Versagung der WE** ist das Rechtsmittel zulässig, welches gegen die Hauptsacheentscheidung gegeben ist. Im Fall § 519b sofortige Beschwerde (wegen § 547 stets zulässig; in Bayern gem § 7 EGZPO beim BayObLG einzulegen, BGH VersR 69, 804). Beschwerde unzulässig, wenn LG als Berufungsgericht entschieden hat (§ 545 I, München MDR 71, 588), wenn OLG in Arrest- oder Verfügungssache entschieden hat (§ 545 II). Soweit nach Beschlußversagung fehlerhaft (s Rn 2) Urteil über die Hauptsache ergangen ist, Anfechtung nur noch mit dem gegen das Urteil zulässigen Rechtsmittel. Entgegen § 570 kann Beschwerde nicht auf neue Tatsachen gestützt werden (s. § 236 Rn 6).

8 Gegen Versagung im **Urteil** Berufung bzw Revision (mit voller Nachprüfung, ob WE zu Recht versagt wurde, BGH NJW 92, 1898), soweit in der Hauptsache statthaft (§§ 511 ff, 547), sonst unanfechtbar. Auch hier keine selbständige Anfechtung der Versagung ohne Anfechtung der verwerfenden Hauptsacheentscheidung. Gegen Zwischenurteil Berufung bzw Revision, wenn (fehlerhaft, s Rn 2) WE versagt; kein Rechtsmittel, wenn WE gewährt.

9 Gegen Versagung durch **VersUrteil** (Rn 4) Berufung oder Revision mit der sich aus §§ 513 II, 566 ergebenden Beschränkung. Während des Laufes der Frist des § 234 kann das die WE durch Beschluß versagende Gericht noch auf **Gegenvorstellung** abhelfen; anders nur bei Versagung im Urteil wegen § 318 (BAG BB 73, 755).

10 Die sofortige Beschwerde gegen einen das verspätete Rechtsmittel verwerfenden Beschluß (§ 519b II) führt nicht zur Prüfung auch der Frage einer möglichen WE, wenn nicht auch gegen den die WE versagenden späteren Beschluß als solchen Rechtsmittel eingelegt wurde; nur ausnahmsweise darf das Gericht der Verwerfungsbeschwerde die WE-Frage prüfen und bei seiner Entscheidung berücksichtigen, wenn die Vorinstanz das Rechtsmittel verworfen hatte, ohne vorweg über ein ihm bereits vorliegendes WE-Gesuch entschieden zu haben (BGH NJW 82, 887 = MDR 82, 392).

11 **4) Abs IV. Kosten:** entspricht § 344 (als Ausnahme von § 91). Daher trägt die Kosten des WE-Verfahrens und (als Ausnahme von § 97) auch des für ihn erfolgreichen Beschwerdeverfahrens (Hamm MDR 82, 501) grundsätzlich der Antragsteller; der Antragsgegner nur, soweit er unbegründet widersprochen hatte. (Der Widerspruch des Antragsgegners wird praktisch niemals Kosten verursachen, da die Voraussetzungen der WE von Amts wegen zu prüfen sind.) Wird der Antrag auf WE zurückgewiesen, findet § 91 Anwendung. Über die **Kosten der WE** ist erst in der Endentscheidung über die Hauptsache gemäß § 308 II zu erkennen (BGH VersR 79, 443); nur wenn eine solche Entscheidung bereits vorliegt (so im Fall §§ 519b, 554a, 341) und WE versagt wird, ist im Versagungsbeschluß auch über die Kostenfolge gem Abs IV zu befinden. Wurde der Kostenausspruch für das WE-Verfahren vergessen, gilt § 321. Nur ausnahmsweise ist gesonderter Kostenausspruch für das WE-Verfahren im Endurteil entbehrlich (gleichwohl zu empfehlen), wenn der Antragsteller als Unterlegener in der Hauptsache ohnedies alle Verfahrenskosten zu tragen hat. – Wie im Fall § 344 geht bei Klagerücknahme die Kostenfolge des § 269 (dort Rn 18) vor; daher trägt der Kläger hier auch die Kosten des WE-Gesuchs des Bekl (Hamm MDR 77, 233 mit abl Anm Schneider), falls nicht über diese Kosten bereits rechtskräftig entschieden war (§ 269 III 2).

12 **5) Gebühren: a) des Gerichts:** Keine Verfahrensgebühr. **Gerichtsgebührenfrei** ist auch die Entscheidung über den WE-Antrag, gleichviel, ob diese durch Beschluß oder Zwischenurteil (s dazu § 303 Rn 12) erlassen wird. War aber bereits in der Hauptsache entschieden und ist daraufhin die **Wiedereinsetzung durch** ein auf Zurückweisung oder Verwerfung lautendes **Endurteil** versagt worden, so fällt hierfür eine **Urteilsgebühr** an. Jedoch darf innerhalb der einheitl Instanz – das WE-Verfahren eröffnet keine neue Gebühreninstanz – eine Urteilsgebühr (hinsichtl eines jeden Teils des Streitgegenstands) nur einmal erhoben werden (§ 27 GKG). – Das **Versäumnisurteil,** durch das bei Säumnis des

Antragstellers auf Antrag des Gegners der WE-Antrag zurückgewiesen wird, ist ein **echtes VersUrteil** gegen die ausgebliebene Partei und löst daher **keine Urteilsgebühr** aus. Das gleiche gilt für ein VersUrteil gegen den ausgebliebenen Antragsteller, der gegen ein VersUrteil Einspruch eingelegt hatte (s Rn 4). Dagegen ist eine Urteilsgebühr anzusetzen für ein bei Ausbleiben des Antragsgegners nach Einspruch erlassenes **unechtes VersUrteil,** das unter Zurückweisung des WE-Antrags den Einspruch für unzulässig erklärt (s Rn 4). – In Prozeß- und Eilverfahren **erster Instanz** entstehen in keinem Fall Urteilsgebühren. – **b) des Anwalts:** Eine Anwaltsgebühr nach § 31 I Nr 1 BRAGO, wenn sich die Tätigkeit des RA ausschließl auf den Antrag auf Wiedereinsetzung beschränkt. War der Anwalt schon im Hauptsacheverfahren tätig, so erhält er die Prozeßgebühr nur, wenn er diese nicht bereits in derselben Instanz verdient hat, denn das Wiedereinsetzungsverfahren gehört zum Rechtszug (§ 13 II 2 BRAGO).

Fünfter Titel

UNTERBRECHUNG UND AUSSETZUNG DES VERFAHRENS

1) Dieser Titel behandelt die Hindernisse, die der Fortführung des Rechtsstreites entgegenstehen. Zu unterscheiden von diesen **rechtlichen Hindernissen** ist der nur **tatsächliche Stillstand** infolge bloßen Nichtbetreibens durch die Parteien oder (unzulässigerweise, vgl Rn 4 zu § 148) das Gericht. Der nur tatsächliche Stillstand hemmt oder unterbricht entgegen § 249 keine Fristen; s aber § 211 II BGB. 1

Unterbrechung tritt ein in folgenden Fällen: § 239: Tod der Partei, gleichbedeutend Untergang einer jur Person, s aber § 246; § 240: Konkurs der Partei, § 241: Verlust der Prozeßfähigkeit oder Wegfall des gesetzl Vertreters, § 242: Nacherbfolge im Prozeß des Vorerben, § 244: Wegfall des ProzBevollm im Anwaltsprozeß, § 245: Stillstand der Rechtspflege: Parteibehinderung durch Kriegsauswirkung; § 34 IV EGGVG: Kontaktsperre gegen gefangene Partei. 2

Aussetzungsfälle: §§ 65 (Interventionsstreit), 148 (Vorgreiflichkeit), 149 (Strafverfahren), 151–154 (Vorgreiflichkeit von Ehe- und Statusprozeß), 246 (Tod der Partei, Beendigung der jur Person ohne Liquidation, Wegfall des gesetzl Vertreters, Nacherbfolge, Nachlaßverwaltung im Fall der anwaltl Vertretung), 247 (Krieg), 578 II (Vorgreiflichkeit der Nichtigkeitsklage), 620 (Eheprozeß), 953 (Aufgebotsverfahren); Art 100 GG (Normenkontrolle). Weitere Aussetzungsfälle: Rn 2, 3 zu § 148. Die Aussetzung ist nur „auf Grund gesetzl Bestimmungen" (§ 252) zulässig, nicht auf Grund bloßer Zweckmäßigkeitserwägungen (RG 18, 364), vgl § 148 Rn 1. 3

Bei **Streit über die Frage der Unterbrechung** ist hierüber entspr § 275 auf Grund mündl Verhandlung durch Zwischenurteil (Königsberg HRR 30, 2107), bei Verneinung der Unterbrechung in den Gründen des Endurteils zu entscheiden. Ein die Unterbrechung verneinendes Zwischenurteil ist überflüssig, weil gem §§ 512, 548 nicht gesondert anfechtbar (BAG AP § 239 Nr 1). 4

Bei **Streit über die Frage der Aussetzung:** § 252. 5

Das **Ruhen des Verfahrens** ist Sonderfall der Aussetzung mit gleicher Wirkung wie diese (§ 249), jedoch ohne Unterbrechung von Notfristen und Rechtsmittelbegründungsfristen (§ 251). 6

2) Unterbrechung u Aussetzung haben im allgemeinen gleiche **Wirkung** (§ 249 I, II); nur ihre Voraussetzung u ihr Eintritt sind verschieden. Die Unterbrechung (§ 239–245) tritt kraft Gesetzes mit dem Augenblick des betr Ereignisses ein (unabhängig von Kenntnis und Willen von Parteien und Gericht), die Aussetzung wird auf Gesuch (§ 246) oder von Amts wegen (§ 247) durch das Gericht angeordnet u beginnt mit der Verkündung oder Zustellung des Beschlusses. Ist das Hindernis beseitigt, so erfolgt die „Aufnahme des Verfahrens", die zu unterscheiden ist von der Fortsetzung eines ruhenden Verfahrens (§ 251) u von der Wiederaufnahme eines durch rechtskräftiges Endurteil geschlossenen Verfahrens (§ 578 ff). 7

3) Die Vorschriften des 5. Titels setzen ein **rechtshängiges Verfahren** voraus; sie gelten aber nicht bloß für den eigentlichen Rechtsstreit, sondern auch für Verfahren, die eine mündl Verhandlung nicht voraussetzen, zB für das Mahn-, Kostenfestsetzungs- (München Rpfleger 74, 368; Büro 75, 520), Arrest- u Beschwerdeverfahren, RG 30, 410, nicht dagegen für das PKH-Verfahren, KG NJW 53, 1474; Oldenburg JW 36, 1309, das Beweissicherungs- und schiedsrichterliche Verfahren, RG 62, 24. Bezüglich der ZwVollstr bestehen besondere Vorschriften (vgl §§ 779, 727). 8

239 *[Unterbrechung durch Tod einer Partei]*

(1) Im Falle des Todes einer Partei tritt eine Unterbrechung des Verfahrens bis zu dessen Aufnahme durch die Rechtsnachfolger ein.

(2) Wird die Aufnahme verzögert, so sind auf Antrag des Gegners die Rechtsnachfolger zur Aufnahme und zugleich zur Verhandlung der Hauptsache zu laden.

(3) Die Ladung ist mit dem den Antrag enthaltenden Schriftsatz den Rechtsnachfolgern selbst zuzustellen. Die Ladungsfrist wird von dem Vorsitzenden bestimmt.

(4) Erscheinen die Rechtsnachfolger in dem Termin nicht, so ist auf Antrag die behauptete Rechtsnachfolge als zugestanden anzunehmen und zur Hauptsache zu verhandeln.

(5) Der Erbe ist vor der Annahme der Erbschaft zur Fortsetzung des Rechtsstreits nicht verpflichtet.

1 **1) Anwendungsbereich:** § 239 regelt den Fortgang des Erkenntnisverfahrens (s vor § 239 Rn 8) beim Tod oder entspr Wegfall (Rn 3 ff) einer Partei, dh einem Ereignis, das zur (oftmals unbemerkten oder ungeklärten) Rechtsnachfolge eines (oder mehrerer) Dritten in den Streitgegenstand führt. Es ist daher, jedenfalls in der Hauptsache, zB nicht anwendbar bei gleichzeitigem Untergang des Streitgegenstands und in Ehesachen (s § 619). Keine Unterbrechung (sondern Verfahrensende durch Konfusion) auch bei Rechtsnachfolge durch Gegner der verstorbenen oder sonst weggefallenen Partei. Bei Rechtsnachfolge *ohne* Tod bzw Wegfall der Partei: §§ 265, 266. Fortsetzung des Verfahrens kommt aber auch bei fehlender Nachfolge in den Streitgegenstand in Betracht hinsichtl des Kostenpunkts (StJ/Roth Rn 4).

2 **Nicht anwendbar** ist § 239, wenn die verstorbene Partei durch einen **ProzBevollm vertreten** war: § 246, doch muß dann das Mandat im Zeitpunkt des Todes noch bestanden haben (BGH 43, 137 = NJW 65, 1019); § 87 I gilt insoweit nicht. Stirbt der Revisionsbeklagte, bevor er einen ProzBevollm für die Revisionsinstanz bestellt hatte, so tritt Unterbrechung gem § 239 (nicht § 246) ein, obwohl für die Vorinstanz ein zur Entgegennahme der Rechtsmittelschrift ermächtigter (§ 210a) ProzBevollm bestellt war (BGH 2, 227 = NJW 51, 802; vgl auch RG 68, 247). Keine Unterbrechung des Schiedsgerichtsverfahrens: RG 62, 24. Trotz Unterbrechung kann ein Rechtsmittel noch verworfen werden, wenn die Voraussetzungen der Verwerfung schon vor der Unterbrechung gegeben waren (analog § 249 III, BGH NJW 59, 532).

3 **2) Tod der Partei:** Gleichbedeutend die Todeserklärung gem § 9 VerschG. Dem Tod der Partei steht gleich der Tod des streitgenössischen Streitgehilfen (§ 69), nicht des unselbständigen Streithelfers (§ 67, Celle NJW 69, 515; Hamburg NJW 61, 611).

3a Bei **Untergang von juristischen Personen** (hierunter fällt nicht die Verwandlung einer Vorgesellschaft in eine fertige Kapitalgesellschaft durch Registereintragung) und parteifähigen Personenmehrheiten (OHG; nichtrechtsf Verein als Bekl § 50 II) entspr Anwendung des § 239 (aA MK/Feiber Rn 17), soweit *Gesamtrechtsnachfolge* eintritt (StJ/Roth Rn 5). Dies ist zB der Fall bei Umwandlung durch Verschmelzung (§§ 2–122 UmwG) oder Vermögensübertragung (§§ 174–189 UmwG; aA K. Schmidt, FS Henckel, S 764 ff: § 241 analog), Eingemeindung einer Gemeinde, Anfall des Vereinsvermögens an den Fiskus (§ 46 BGB). – Keine entspr Anwendung dagegen bei der lediglich formwechselnden Umwandlung gemäß §§ 190–304 UmwG, Auflösung einer Handelsgesellschaft (mit oder ohne Liquidation) und Fortführung einer aufgelösten Gesellschaft (StJ/Roth Rn 6), Löschung gem § 2 Löschungsgesetz v 9. 10. 1934 (zur proz Behandlung dieser Fälle s § 50 Rn 4 ff).

4 Bei **Partei kraft Amtes** (hierzu Vorbem § 50 Rn 21, § 51 Rn 7) ist § 239 auf die Beendigung des Amtes durch dessen Erledigung nicht entspr anwendbar, so zB bei Aufhebung oder Abschluß des Konkursverfahrens (BGHZ 83, 102/105: jedenfalls im Anfechtungsprozeß; MK/Feiber § 240 Rn 34), der Testamentsvollstreckung (Koblenz NJW-RR 93, 462; aA BGH NJW 64, 2301) oder der Zwangsverwaltung (vgl BGH NJW-RR 90, 1213; für entspr Anwendung des § 242 RSchwab/Gottwald § 126 I 1 aE). Zu dem davon zu unterscheidenden Fall, daß nicht das Amt durch Erledigung sein Ende findet, sondern der Träger des fortbestehenden Amtes ausgewechselt wird, vgl § 241 Rn 1. – Bei Beendigung einer **gewillkürten Prozeßstandschaft** durch Tod des Prozeßstandschafters sind die §§ 239 ff nach Ansicht des BGH ebenfalls nicht entspr anwendbar; der Rechtsinhaber soll nach den Regeln des gewillkürten Parteiwechsels (§ 263 Rn 19 ff) eintreten können (BGH ZIP 93, 1412 = MDR 93, 1009; dagegen mit beachtl Gründen Schilken ZZP 107, 529 ff).

5 **3) Rechtsnachfolger** ist regelmäßig der Erbe (§ 1922 BGB), bei Mehrheit von Erben jeder von ihnen (Frankfurt MDR 66, 153). Der einzelne Miterbe darf allein aufnehmen (wenn der Gegner die übrigen nicht gem Abs II lädt), wenn er im Passivprozeß gem §§ 2058, 1967 BGB als Gesamtschuldner haftet (BGH NJW 64, 2301). Das gleiche gilt im Aktivprozeß, doch muß er dann bei Antragstellung die Rechte der übrigen Miterben berücksichtigen u gem § 2039 BGB Leistung an alle verlangen, BGH 23, 212; BGH LM § 239 Nr 6 = FamRZ 64, 360. Stirbt der Kläger der Nichtigkeitsklage, so kann der einzelne Miterbe das Verf aufnehmen, wenn das angefochtene rechtskr Urteil einen zum Nachlaß gehörenden Anspruch abgewiesen hatte (BGH 14, 251 = NJW 54, 1523). – Rechtsnachfolger kraft Todes ist (abweichend von § 325) auch der Sonderrechtsnachfolger zB der überlebende Ehegatte bei allg Gütergemeinschaft (RG 148, 246); der Abkömmling bei fortges Gütergemeinschaft; der Nacherbe im Prozeß des Vorerben (§ 242); der Anteilsberechtigte am Gesamtgut der fortges Gütergemeinschaft, wo das Gesamtgut Streitgegenstand ist

(§ 1483 BGB); der Zessionar der für den Todesfall abgetretenen Forderung (BGH NJW 64, 1125; 65, 1913), wo diese Streitgegenstand ist; der Bezugsberechtigte bei der Lebensversicherung (vgl Stuttgart NJW 56, 1073); der Gesamtrechtsnachfolger der jur Person (oben Rn 3a); der Eigentümer beim Tod des Nießbrauchers (§ 1061 BGB).

Keine Nachfolge kraft Todes: Vermächtnisnehmer (arg: § 2174 BGB), Erbschaftskäufer, Zessionar, Pfändungsgläubiger (HRR 38, 1558). 6

4) Aufnahme des Verfahrens erfolgt gem § 250 durch Schriftsatz des Rechtsnachfolgers (zur Aufnahmebefugnis des einzelnen Miterben s oben Rn 5). Mit der Zustellung dieses Schrifts an den Gegner endet die Unterbrechung. Diese Beendigung ist auflösend bedingt für den Fall der Zurückweisung des Aufnehmenden bei streitiger Rechtsnachfolge. Das Gericht lädt den Aufnehmenden und Gegner zur Verhandlung über Rechtsnachfolge und Hauptsache (Abs III). 7

5) Verfahren nach Aufnahme im anhängigen Prozeß: a) Rechtsnachfolge ist unstreitig: Der Aufnehmende ist mit der Aufnahme Partei geworden. Die mündl Verhandlung wird ohne ausdrückl Ausspruch über Rechtsnachfolge fortgesetzt. Ist der Rechtsnachfolger säumig: Versäumnisurteil (BGH NJW 72, 258) in der Hauptsache gegen ihn (bzw § 331a). Ist Gegner säumig: das gleiche Urteil gegen den Gegner auf Antrag des Rechtsnachfolgers. Die Feststellung der unstreitigen Rechtsnachfolge und Aufnahme ist, soweit gem § 313 Begründung des Urteils überhaupt geboten, in den Gründen zu treffen, RG 86, 238. 8

b) Rechtsnachfolge ist streitig: Keine Amtsprüfung; freie Beweiswürdigung § 286. Erbschein nicht erforderl, wo anderer Beweis genügt, RG 54, 94. Abgesonderte Verhandlung über die Rechtsnachfolge: § 146. An der Verhandlung sind nur der Aufnehmende und der Prozeßgegner beteiligt; zum Eintritt des wahren Rechtsnachfolgers in den Prozeß s Rn 15. Bei *Verneinung:* Endurteil auf Zurückweisung der Aufnahme mit Kostenlast des Aufnehmenden, RG 45, 362; 46, 322; damit steht Fortdauer der Unterbrechung fest. Bei *Bejahung:* Zwischenurteil hierüber oder Endurteil über die entscheidungsreife Hauptsache mit Feststellung der Rechtsnachfolge ledigl in den Gründen. Versäumnisverfahren: Ist Aufnehmender säumig, Versäumnisurteil auf Zurückweisung der Aufnahme. Ist Gegner säumig, so bei schlüssiger Behauptung der Rechtsnachfolge (§ 331 II) Versäumnisurteil über Hauptsache nach Antrag, bei unschlüssiger Behauptung der Rechtsnachfolge nur über diese unechtes Versäumnisurteil auf Zurückweisung der Aufnahme (BGH NJW 57, 1840 = LM § 330 Nr 1). 9

6) Verfahren der Aufnahme nach Urteilsverkündung: Aufnahme ist zum Zweck der Rechtsmitteleinlegung bis zum Eintritt der formellen Rechtskraft (nachher: § 731) möglich. Der Rechtsnachfolger kann die Aufnahme mit dem Rechtsmittel verbinden, dann entscheidet über beides das Rechtsmittelgericht wie im anhängigen Prozeß (Rn 8, 9; BGH 36, 258 = NJW 62, 589). Verneint das obere Gericht die Rechtsnachfolge, so ist das Rechtsmittel als unzulässig zu verwerfen, andernfalls Sachentscheidung. Die Aufnahme kann aber auch vor dem unteren Gericht erfolgen, mit dem Ziel, die Rechtsnachfolge durch ein „Ergänzungsurteil" (RG 68, 256: „Aufnahmeurteil") festzustellen (krit MK/Feiber Rn 37). Das Verfahren des unteren Gerichts bis zum Ergänzungsurteil entspricht dem gem § 146 abgesonderten Verfahren (Rn 9). Auf das Ergänzungsurteil ist § 517 Satz I nicht anwendbar, RG 140, 353. Möglich ist, dem Beklagten als Erben die Beschränkung seiner Haftung (§ 780) im Ergänzungsurteil vorzubehalten (Düsseldorf NJW 70, 1689). 10

Die Aufnahme des Rechtsstreits nach Urteilsverkündung ist für den Rechtsnachfolger auch dann geboten, wenn er kein Rechtsmittel einlegen, jedoch aus dem Urteil vollstrecken will, ohne seine Rechtsnachfolge durch Urkunden iS des § 721 I nachweisen zu können. 11

7) Vom Gegner erzwungene Aufnahme (Abs II, IV): Der Rechtsnachfolger ist auf Verlangen des Gegners zur Aufnahme verpflichtet (Frankfurt MDR 66, 153), nicht nur berechtigt. Aufnahmepflicht des Erben erst nach Annahme der Erbschaft (Abs V; vgl § 1958 BGB). 12

Bei verzögerter Aufnahme (das setzt Kenntnis von Rechtsstreit voraus, Zweibrücken NJW 68, 1635) kann Gegner den Rechtsnachfolger zur Verh u Aufnahme laden (Abs II). Der Antrag muß die die Rechtsnachfolge begründenden Tatsachen enthalten. Das Verfahren entspricht dem oben Rn 8–11 Gesagten. Bei Säumigkeit des geladenen Rechtsnachfolgers gilt die Rechtsnachfolge als zugestanden (Abs IV) und kann gem §§ 330, 331a sachl gegen ihn entschieden werden. Sind beide säumig, keine Entscheidung gem § 251a mangels Antrags (Abs IV), dann Ruhen des Verfahrens. Erscheint der Gegner nicht, kann der Rechtsnachfolger bei zugestandener Rechtsnachfolge gegen ihn VersUrteil in der Sache erwirken. 13

8) Erbe vor der Annahme: Abs V schützt wie § 1958 BGB den vorläufigen Erben, daher nicht anwendbar bei Testamentsvollstreckung u Nachlaßpflegschaft (§§ 2213 II, 1960 III BGB). Kläger mag letztere beantragen. Aufnahme des Verfahrens durch Erben beinhaltet Annahme der Erbschaft, schließt aber Haftungsbeschränkung (§§ 305, 780) nicht aus. – Abs V ist Konsequenz der 14 im BGB normierten Gesamtrechtsnachfolge (§§ 1922, 1958 BGB); daher nicht anwendbar, wenn Erbfolge abweichend nach ausländischem Recht zu beurteilen ist (Geimer IZPR, Rn 191).

15 9) **Unrichtige Annahme der Rechtsnachfolge:** Wurde der Prozeß mit einem vermeintl Rechtsnachfolger fortgesetzt, so kann der wahre seinerseits in den Prozeß eintreten, u zw in der Lage, in der er unterbrochen worden ist, ggf also in der früheren Instanz (RG 45, 359). Der Gegner kann den entspr Effekt durch Ladung des anderen (Rn 12) erzielen. Der Eintritt ist aber erst möglich, wenn das Gericht (gem Rn 9) rechtskräftig entschieden hat, daß der bisher Auftretende nicht Rechtsnachfolger geworden ist (RG 45, 359/362; Scherer JR 94, 404). Hat der scheinbare Rechtsnachfolger den Prozeß mit einem rechtskräftigen Urteil in der Hauptsache zu Ende geführt, so bleibt dem wahren Rechtsnachfolger nur die Möglichkeit, einen neuen Prozeß anzustrengen (Scherer JR 94, 402).

16 10) **Gebühren: a)** des **Gerichts:** Das Verfahren nach Aufnahme eines nach §§ 239 ff unterbrochenen Rechtsstreits bildet mit dem vorhergehenden unterbrochenen Verfahren eine einheitl Gebühreninstanz. Für ein Aufnahme-Zwischenurteil (Rn 9) keine Urteilsgebühr. Endurteil auf Zurückweisung der Aufnahme (Rn 9): Urteilsgebühr, jedoch nicht im Prozeßverfahren **erster Instanz.** Echte VU sind in allen Instanzen gebührenfrei. – **b)** des **Anwalts:** Als Tätigkeit zur Prozeß- u Sachleitung durch die Prozeßgebühr (§ 31 I Nr 1 BRAGO) mit abgegolten; für die Verhandlungsgebühr § 33 II BRAGO, sofern nicht zur Hauptsache verhandelt wird.

240 *[Unterbrechung durch Konkurs]*

Im Falle der Eröffnung des Konkurses über das Vermögen einer Partei wird das Verfahren, wenn es die Konkursmasse betrifft, unterbrochen, bis es nach den für den Konkurs geltenden Vorschriften aufgenommen oder das Konkursverfahren aufgehoben wird.

Lit: *Ackmann/Wenner*, Auslandskonkurs und Inlandsprozeß, IPRax 89, 144.

1 1) **Voraussetzungen: a) Konkurseröffnung** (§§ 108, 110 KO). Die Anordnung von Sicherungsmaßnahmen iS § 106 KO genügt nicht (BGH NJW-RR 87, 1276 = MDR 88, 124), ebenso nicht die Eröffnung des Vergleichsverfahrens oder die Zwangsverwaltung. Auf die Eröffnung des Gesamtvollstreckungsverfahrens nach dem im Beitrittsgebiet fortgeltenden Recht der ehemaligen DDR ist § 240 entspr anwendbar (BGH DtZ 92, 282). Rechtmäßigkeit der Konkurseröffnung ist unerhebl, ebenso Rechtsmittel.

1a Das Verfahren muß zur Zeit der Konkurseröffnung **rechtshängig** sein (zur Situation bei Klagezustellung nach Konkurseröffnung s § 253 Rn 26; für Vorwirkung des § 240 in diesem Fall K. Schmidt NJW 95, 911 ff).

1b Ein **Konkurs im Ausland** unterbricht den Prozeß über das Inlandsvermögen des Gemeinschuldners, sofern das ausländische Insolvenzverfahren eine entspr Verfahrensunterbrechung vorsieht (Karlsruhe ZIP 90, 665 = NJW-RR 91, 295; MDR 92, 707 [Schweiz]; München ZIP 96, 385 [Italien] m zust Anm Hanisch EWiR § 240 ZPO 1/96, 383; Düsseldorf OLGR 94, 305 [Niederlande]; LG Aachen MDR 93, 1235 [Belgien]; LG München I NJW-RR 94, 1150 [Liechtenstein]). Die gegenteilige Ansicht des BGH (NJW 88, 3096; 79, 2477; 62, 1511), des BFH (BFHE 123, 406) und eines Teils des Schrifttums (BL/Hartmann Rn 2; ThP Rn 3; weitere Nachw bei Ackmann/Wenner IPRax 90, 209; 89, 144) ist schwerlich vereinbar damit, daß der BGH in BGHZ 95, 256 (abweichend von früherer Rspr, vgl BGH NJW 60, 774 = MDR 60, 578; RGZ 100, 241) die sachl-rechtl Wirksamkeit des Auslandskonkurses auf das Inlandsvermögen des Gemeinschuldners anerkannt hat, also die Pflicht und das Recht des ausl Konkursverw, das Inlandsvermögen zur Konkursmasse zu ziehen (= Universalitätsprinzip statt Territorialitätsprinzip des Konkurses). Trotzdem hält der BGH (NJW 88, 3096 = MDR 89, 41) hinsichtl einer Verfahrensunterbrechung bei Auslandskonkurs an seiner bisherigen (verneinenden) Meinung fest, jedoch nicht mehr unter Berufung auf § 237 KO (diese Vorschrift erlaubt laut BGHZ 95, 256 die Einzelzwangsvollstreckung in Inlandsvermögen auf Grund *bestehender Titel,* also nicht auch den Inlandsprozeß zum künftigen Erwerb solcher Titel), sondern aus Gründen der *Rechtssicherheit,* denn die Kenntnis einer Konkurseröffnung werde im Ausland erschwert und ein ausländischer Konkurs könne hinsichtl seiner Beschlagnahmewirkung anders gestaltet sein als ein deutscher. Das überzeugt (auch vor dem Hintergrund des gemeins europäischen Markts) wenig. Auch der Inlandskonkurs kann dem Prozeßgericht unbekannt bleiben (keine Amtsermittlungspflicht); die Unterbrechungswirkung tritt trotzdem kraft Gesetzes ein. Die Rechtssicherheit wird im verfahrensrechtl Sinn nicht mehr berührt als im sachl-rechtl Sinn; in beider Hinsicht hat das Gericht die Aufgabe, erforderlichenfalls zu prüfen (hierzu § 293 Rn 14–22), ob der Konkurs im Ausland eine dem deutschen Konkurs entsprechende Beschlagnahmewirkung hat und ob er auch nicht (zB bei einer dem deutschen Recht fremden Confiscation) dem deutschen ordre public (§ 328 Rn 151–176) widerspricht. Gründe, die Respektierung des Konkurses im Ausland durch ein deutsches Gericht im Verfahrensrecht anders zu beurteilen als im materiellen Recht (für letzteres BGHZ 95, 256), sind nicht überzeugend erkennbar. Für diskriminierende Maßnahmen gegen das Rechts- und Wirtschaftssystem des Auslands ist der Zivilprozeß solange nicht der rechte Ort, als das nicht (wie in dem, hier aber nicht einschlägigen, § 237 KO) ausdrückl durch ein Gesetz geboten wird. Unterbrechung des Inlandsprozesses durch Konkurs im Ausland wie hier bejahend: StJ/ Roth Rn 14; Habscheid KTS 90, 403; Ackmann/Wenner IPRax 90, 209; 89, 144; Trunk ZIP 89, 279; Koch NJW 89, 3072; Lau BB 86, 1450.

b) Konkurs muß das **Vermögen einer Partei** (Kl oder Bekl) betreffen. Nachlaßkonkurs unterbricht alle Prozesse der Erben als solche (OLG 1, 446). Der Konkurs über das Vermögen einer Handelsges (§§ 209 ff KO) unterbricht nur das Verfahren betr das Gesellschaftsvermögen, der Konkurs über das Vermögen eines Handelsgesellschafters jedoch nicht das Verfahren in Ansehung des Gesellschaftsprozesses; RG 34, 363; 51, 95. Der Konkurs über die OHG (§ 209 KO) hindert nicht die Klage oder Klageerweiterung gegen die Gesellschafter (BGH NJW 61, 1066). Ein Anfechtungsprozeß außerhalb des KonkVerf wird durch Eröffnung des Konkurses über das Vermögen des Schuldners unterbrochen, auch wenn dieser nicht Partei ist, § 13 II AnfG. Gerät ein Streitgenosse in Konkurs, so tritt Unterbrechung des Verfahrens nur in bezug auf diesen ein; bei notw Streitgenossenschaft kann aber auch im übrigen nicht entschieden werden (§ 62 Rn 29). Der Konkurs über das Vermögen einer Partei kraft Amtes unterbricht den Prozeß über das verwaltete Vermögen nicht. Wegen des Todes, Wegfalls oder Wechsels der Partei kraft Amtes s Rn 3 ff zu § 239. 2

Einstweilen frei. 3

c) Verfahren muß die **Konkursmasse** betreffen, dh das der Zwangsvollstr unterliegende Vermögen des Gemeinschuldners. **Keine Unterbrechung** daher zB, wenn das Verfahren nichtvermögensrechtl Ansprüche betrifft oder die Anfechtung eines vermögensmäßig neutralen Gesellschafterbeschlusses zum Gegenstand hat (München Betrieb 94, 1464: Abberufung des Geschäftsführers). Dasselbe gilt, wenn der Gläubiger erklärt, **aus der Konkursmasse keine Befriedigung** zu suchen (BGH 25, 395 = NJW 58; 23; Schulz MDR 69, 20; abw LG Hamburg NJW 68, 1528; Bernhardt NJW 61, 810). Die Gegenmeinung läßt außer Betracht, daß § 240 seinen Rechtsgrund nur in § 12 KO findet u daher nicht anwendbar ist, wenn (was ggf im Urteil zum Ausdruck kommen muß) nicht „Befriedigung aus der Konkursmasse" gesucht wird (BGH 72, 234 = NJW 79, 162). Dementsprechend gehören Gegenstände nicht zur Konkursmasse, die der Konkursverwalter durch Erklärung gegenüber dem Gemeinschuldner freigegeben hat (RGZ 73, 277; 127, 200; zur Freigabe nach Rechtshängigkeit s § 265 Rn 5a). – Unterbrechung auch, wenn nur Teile des Streitgegenstandes in die Masse fallen (BGH NJW 66, 51; RG 151, 279). § 240 trifft auch zu, wenn die Klage nach der Konkurseröffnung auf Aussonderung (zB Herausgabe, Räumung) oder abgesonderte Befriedigung gerichtet ist (vgl § 11 KO), bei einer Unterlassungsklage die Geltendmachung eines Schadenersatzanspruchs angekündigt ist (RG 132, 362), ferner bei die Konkursmasse betreffenden Feststellungsklagen (BGH, NJW 95, 1750/51), bei Klagen auf Rechnungslegung, bei patentrechtl Unterlassungsklagen gegen den Gemeinschuldner, wenn von ihnen ein zur Masse gehörendes Recht abhängt (RG 132, 363; 141, 428; LM § 146 KO Nr 4) und bei patentrechtl Nichtigkeitsklagen durch den Gemeinschuldner, jedenfalls stets dann, wenn dieser Gewerbetreibender ist und die Nichtigkeitsklage mit Rücksicht auf den Gewerbebetrieb erhoben hat (BGH ZIP 95, 414). 4

d) Von § 240 erfaßte Verfahren sind nicht nur Erkenntnisverfahren, sondern auch Mahn-, Kostenfestsetzungs- (Stuttgart Justiz 77, 61; Hamm Rpfleger 75, 446; Behr JurBüro 79, 1105) u Zwangsvollstreckungsverfahren. Wegen Arrestverfahren im Konkurs vgl § 917 Rn 9, § 924 Rn 4; RGZ 20, 361; 56, 147; BGH NJW 62, 591, wegen gesondertem Beweisverfahren vor § 485 Rn 6, wegen Schiedsgerichtsverfahren § 1034 Rn 65. Streitwertfestsetzung bleibt unberührt (Hamm MDR 71, 495). 4a

2) Unterbrechung des Verfahrens tritt kraft Gesetzes ein etwaiger Beschluß hat nur deklaratorische Bedeutung. Sie tritt auch ein, wenn die Partei einen ProzBevollm bestellt hatte (seine Vollmacht erlischt, § 23 II KO, § 168 BGB; BGH VersR 82, 1054; RG 118, 161) oder ihren Anspruch nach Rechtshängigkeit abgetreten hat, RG 66, 182. Nicht erforderl ist, daß die Parteien oder das Gericht von der Konkurseröffnung Kenntnis hatten. Sie ist von Amts wegen zu berücksichtigen. Hat das Gericht in Unkenntnis der Konkurseröffnung ein Urteil erlassen, so ist dieses nicht nichtig; der Verstoß gegen § 240 kann von jeder Partei mit dem allg zulässigen Rechtsmittel geltend gemacht werden (BGH NJW 95, 2563). Daß aus dem vorläufig vollstreckbaren Urteil (selbst vor Konkurseröffnung) bereits vollstreckt wurde, hindert die Unterbrechung nicht (KG OLGZ 77, 364; aM Celle OLGZ 69, 368). Wegen weiterer Einzelheiten zur Wirkung der Unterbrechung s § 249. 5

3) Aufnahme des Verfahrens nach den Bestimmungen der §§ 10, 11, 144, 146, 152 KO (BGH VersR 83, 967 = ZIP 83, 952) durch Einreichung eines Schriftsatzes bei Gericht u Zustellung von Amts wegen an den Gegner. Für die Befugnis zur Aufnahme kommt es nicht auf die Parteirolle im Rechtsstreit, sondern auf den materiellen Inhalt des Begehrens an (BGH NJW 95, 1750): 6

7 a) **Ist bei Eröffnung des Konkursverfahrens der Rechtsstreit für den Gemeinschuldner anhängig,** dh verfolgt er in dem Rechtsstreit einen zur Vermehrung der Masse dienl Anspruch, so kann der Rechtsstreit zunächst nur von dem Konkursverwalter aufgenommen werden, § 10 I 1 KO. Bei Verzögerung der Aufnahme: § 239 II (§ 10 I 2 KO). Lehnt der Konkursverwalter die Aufnahme ab, so wird der Gegenstand des Rechtsstreits freies Vermögen des Gemeinschuldners; es kann dann sowohl der Gemeinschuldner als auch der Gegner den Prozeß nach § 250 aufnehmen, § 10 II KO; RG 79, 29; BGH NJW 66, 51; 73, 2065.

8 b) **Ist bei Konkurseröffnung der Rechtsstreit über eine Konkursforderung** (§ 3 KO) **gegen den Gemeinschuldner anhängig,** so kann der Kl, sofern er auf die Teilnahme am Konkursverfahren verzichtet (Rn 4), gegenüber dem Gemeinschuldner aufnehmen (BGH 72, 234); ansonsten hat er seine Forderung zunächst zur Konkursmasse anzumelden, §§ 12, 139 KO (Nürnberg OLGZ 82, 379). Bestreitet im Prüfungstermin nur der Gemeinschuldner die Forderung, so kann nur der Gläubiger den Rechtsstreit gem § 250 gegen den Gemeinschuldner aufnehmen, § 144 II KO. Wird die angemeldete Forderung, für die noch **kein vollstreckbarer Schuldtitel** vorliegt, von dem Gemeinschuldner u Konkursverwalter oder einem Konkursgläubiger oder von letzteren beiden allein bestritten, so ist zur Aufnahme des Rechtsstreits nur der Gläubiger (nicht auch der KonkVerw) befugt, BayObLGZ 73, 285; RG 86, 396; JW 31, 2104; § 146 I, III KO. – § 239 trifft nicht zu, RG 34, 409. Durch die Aufnahme ändert sich kraft Gesetzes der Gegenstand des Rechtsstreits. Auch wenn die Klage auf Verurteilung zur Leistung gerichtet war, ist jetzt nur über die Feststellung der Forderung zur Konkurstabelle, unter Umständen nur über das Vorrecht, zu entscheiden, BGH NJW-RR 94, 1251; LM § 146 KO Nr 4; RG 65, 133. War die Klage im UrkProz erhoben, so geht der Rechtsstreit kraft Gesetzes in das ordentl Verfahren über. Liegt für die Forderung bereits ein noch nicht rechtskräftiger **Vollstreckungstitel** vor, so muß der widersprechende KonkVerw den Rechtsstreit gegen den Gläubiger aufnehmen, § 146 VI KO, RG 86, 237. Wird die Aufnahme verzögert, so ist der Gläubiger zur Aufnahme (§ 250) befugt, RG 86, 237. Neuer Klage könnte die Einrede der Rechtshängigkeit entgegengehalten werden.

9 c) **Die nach Konkurseröffnung gegen den Gemeinschuldner erhobene Klage** ist ausnahmsweise zulässig, wenn der Kläger auf Teilnahme am Konkurs verzichtet hat (BGHZ 72, 234); anderenfalls ist die Klage gegen den Gemeinschuldner unzulässig (§ 6 KO). Wird diese Klage hierwegen zurückgenommen, ist der Beklagte gemäß § 269 III konkursfrei kostenerstattungsberechtigt (KG MDR 90, 831). – Betrifft der Rechtsstreit die **Aussonderung** (§ 43 KO), **Absonderung** (§ 47 KO) oder eine **Masseschuld** (§ 59 KO), so kann er sowohl vom KonkVerw als auch vom Gegner aufgenommen werden, § 11 KO. Wird die Aufnahme verzögert, so trifft § 239 II zu.

10 4) **Nach Aufhebung des Konkursverfahrens** infolge Schlußverteilung (§ 163 KO), nach Rechtskraft des Zwangsvergleichs (§ 190 KO), Einstellung des Verfahrens (§§ 202–206 KO) oder Aufhebung des Konkurseröffnungsbeschlusses durch die Beschwerdeinstanz (§ 109 KO), kann jede der früheren Parteien den Rechtsstreit fortsetzen. Die Unterbrechungswirkung (§ 249) entfällt bereits mit Wirksamwerden (§ 76 I 2 KO) des Aufhebungs- bzw Einstellungsbeschlusses, nicht erst mit dessen formeller Rechtskraft (BGH 64, 1/3 = NJW 75, 692). Zum Fortbestand der Vollmacht § 86 Rn 9; RG 73, 312. Die Beendigung des Amtes des Konkursverwalters führt nicht zu einer erneuten Unterbrechung (§ 239 Rn 4).

11 Wenn der Prozeß einen Anspruch aus **Konkursanfechtung** (§§ 29 ff KO) betraf, kommt, da diese untrennbar mit dem Amt des KV verbunden ist, Fortsetzung nicht in Betracht; die Klage wird in diesem Fall unbegründet und ist, falls nicht gemäß § 91a verfahren wird, abzuweisen (BGH 83, 102).

12 5) Bei **Freigabe** des Streitgegenstands aus der Konkursmasse kann der Prozeß wie bei der Beendigung des Konkursverfahrens vom Gemeinschuldner weitergeführt werden (BGH 46, 249; vgl § 265 Rn 5a). Keine Freigabe idS ist aber die Abtretung der streitbefangenen Forderung durch den KonkVerw an einen Dritten, BGH NJW 90, 1239.

241 *[Unterbrechung bei Verlust der Prozeßfähigkeit, Tod des gesetzlichen Vertreters usw]*

(1) Verliert eine Partei die Prozeßfähigkeit oder stirbt der gesetzliche Vertreter einer Partei oder hört seine Vertretungsbefugnis auf, ohne daß die Partei prozeßfähig geworden ist, so wird das Verfahren unterbrochen, bis der gesetzliche Vertreter oder der neue gesetzliche Vertreter von seiner Bestellung dem Gericht Anzeige macht, oder der Gegner seine Absicht, das Verfahren fortzusetzen, dem Gericht angezeigt und das Gericht diese Anzeige von Amts wegen zugestellt hat.

(2) Die Anzeige des gesetzlichen Vertreters ist dem Gegner der durch ihn vertretenen Partei, die Anzeige des Gegners ist dem Vertreter zuzustellen.

(3) Diese Vorschriften sind entsprechend anzuwenden, wenn eine Nachlaßverwaltung angeordnet wird.

1) Ist die **Partei** durch einen ProzBevollm vertreten, so tritt bei Verlust der Prozeßfähigkeit während des Verfahrens (bei ursprüngl Prozeßunfähigkeit gelten §§ 51 ff; § 56 Rn 11; vor § 253 Rn 12 und unten Rn 2) zunächst keine Unterbrechung ein, § 246; BGH MDR 64, 126. Der Partei steht gleich der streitgenössische Streitgehilfe (§ 69), nicht der unselbständige Streithelfer (§ 67). § 241 ist entspr anzuwenden, wenn eine Partei kraft Amtes (zB Testamentsvollstr) stirbt, prozeßunfähig wird oder das Amt verliert. Die Unterbrechung dauert solange, bis der Nachfolger im Amt, zB der neue Testamentsvollstr, von seiner Bestellung dem Gegner Anzeige macht oder der Gegner seine Absicht, das Verfahren fortzusetzen, dem Nachfolger im Amt anzeigt. War der Weggefallene ein Anwalt, der sich gem § 78 III selbst vertrat, so findet zugleich § 244 (nicht auch § 246) Anwendung, BGH NJW-RR 89, 255. 1

Prozeßunfähigkeit: vgl § 52 Rn 7 ff. Keine Unterbrechung: bei Aufstellung eines Pflegers gem § 53 oder eines Abwesenheitspflegers für einen Prozeßfähigen, RG 52, 224. Keine Unterbrechung (sondern auf Antrag Vertreterbestellung gemäß § 57, sonst Prozeßurteil) bei ursprüngl Prozeßunfähigkeit; zum Verfahren in diesem Fall s § 56 Rn 11 und Vorbem § 253 Rn 12; BGHZ 40, 197/99; Hager ZZP 97 [1984], 174/78). 2

Tod des gesetzl Vertreters (ebenso des Prozeßpflegers §§ 57, 58) unterbricht das Verf nur, wenn nur **ein** gesetzl Vertreter vorhanden ist; sonst ist der andere gesetzl Vertreter zur Fortführung des Rechtsstreits berufen, falls er ohne den Weggefallenen vertretungsberechtigt ist, JW 98, 280. 3

Aufhören der Vertretungsbefugnis: Der gesetzl Vertreter (auch derj des § 53) wird zB entlassen (§ 1886 BGB) oder als Organ einer jur Person ersatzlos abberufen. 4

Wird die Partei prozeßfähig, so geht der Rechtsstreit in der Lage, in der er sich befindet, ohne Unterbrechung auf sie über; RG 33, 412. Bisherige Ladung u Zustellung an den gesetzl Vertreter wirken ihr gegenüber. Die vom früheren gesetzl Vertreter erteilte Vollmacht bleibt zunächst wirksam, § 86. 5

Aufnahme des Verfahrens im Anwaltsprozeß durch Einreichung eines Schriftsatzes; im Parteiprozeß durch Einreichung einer schriftl Erklärung bei Gericht oder Erklärung zu Prot des UrkBeamten, § 250 und Zustellung durch das Gericht. Im aufgenommenen Verfahren hat das Gericht die (angebl wiedererlangte) Prozeßfähigkeit bzw neue Vertretung von Amts wegen zu prüfen (§ 56 Rn 2–9; BGH ZIP 82, 1318). 6

2) **Abs 3.** Die Rechtsstellung des Nachlaßverwalters (§ 1981 BGB) ist ähnlich der des Konkursverwalters, RG 65, 287. Wie bei der Aufhebung des Konkursverfahrens die Vertretungsmacht des Konkursverwalters endet u der Gemeinschuldner ohne weiteres an die Stelle des Konkursverwalters in den Rechtsstreit eintritt u die von diesem erteilte ProzVollm gem § 86 auch für den Gemeinschuldner wirksam bleibt, RG 73, 312, so treten mit Aufhebung der Nachlaßverwaltung die Erben des ursprüngl Klägers an dessen Stelle in den Rechtsstreit ein, ohne daß dieses von ihnen erklärt zu werden braucht; es liegt also eine unrichtige Parteiangabe vor, wenn in dem erlassenen Urteil noch der Nachlaßverwalter als Kläger bezeichnet ist. Die vom Nachlaßverwalter eingelegte Berufung wirkt trotz der Beendigung der Nachlaßverwaltung als im Namen des Erben eingelegt, JW 30, 2047. Daß der Tod des Nachlaßverwalters das Verfahren unterbricht, ergibt sich aus § 53 iVm § 241 I. In Prozessen über solche Nachlaßverbindlichkeiten, für die der Erbe ungeachtet der Nachlaßverwaltung mit seinem eigenen Vermögen haftet (§§ 1994 I, 2006 III, 2013 BGB), tritt Unterbrechung nur ein, insoweit es sich um einen Titel gegen den Nachlaß handelt, OLG 18, 411. 7

242 *[Unterbrechung durch Nacherbfolgeeintritt]*

Tritt während des Rechtsstreits zwischen einem Vorerben und einem Dritten über einen der Nacherbfolge unterliegenden Gegenstand der Fall der Nacherbfolge ein, so gelten, sofern der Vorerbe befugt war, ohne Zustimmung des Nacherben über den Gegenstand zu verfügen, hinsichtlich der Unterbrechung und der Aufnahme des Verfahrens die Vorschriften des § 239 entsprechend.

1) § 242 betrifft **nur Aktivprozesse** über Gegenstände des Nachlasses, die der Nacherbfolge (§§ 2100 ff BGB) unterliegen und über die der Vorerbe gem §§ 2112, 2120 oder 2136 BGB frei verfügen darf. Entsprechend gilt § 242, soweit Vorerbe mit Zustimmung des Nacherben (§§ 185, 2120 BGB) und deshalb mit Wirkung gegenüber diesem über den Streitgegenstand verfügt (RG 110, 95). Urteile in diesen Prozessen wirken auch gegen den Nacherben, § 326 II. Der Vorerbe verliert mit Eintritt des Nacherbfalles die Aktivlegitimation. Da aber der Nacherbe nicht Rechts- 1

nachfolger des Vorerben (sondern des Erblassers) ist, § 239 daher nicht anwendbar ist, bedarf es des § 242.

2 **2) Nicht anwendbar ist § 242,** wo der Vorerbe durch ProzBevollm vertreten war (§ 246), wo der Vorerbe stirbt (dann § 239; also § 242 nur anwendbar, wenn ein sonstiges Ereignis die Nacherbfolge auslöst vgl §§ 2101–2107 BGB), wo der nicht befreite Vorerbe klagt (dann Abweisung mangels Aktivlegitimation) und auf Passivprozesse (wegen Haftungsfortdauer des Vorerben gem § 2145 BGB). Schlägt der Nacherbe aus (§ 2142 BGB): § 239 V.

3 **3) Sonstige prozess Wirkungen der Nacherbfolge:** Die Vollstreckungswiderspruchsklage des Nacherben § 773; Rechtskraftwirkung § 326; Umschreibung der Vollstreckungsklausel § 728; relative Unwirksamkeit von Vollstreckungsmaßnahmen gegen den Vorerben § 2125 BGB, § 128 KO.

243 *[Aufnahme nach Unterbrechung bei Nachlaßpflegschaft und Testamentsvollstreckung]*

Wird im Falle der Unterbrechung des Verfahrens durch den Tod einer Partei ein Nachlaßpfleger bestellt oder ist ein zur Führung des Rechtsstreits berechtigter Testamentvollstrecker vorhanden, so sind die Vorschriften des § 241 und, wenn über den Nachlaß der Konkurs eröffnet wird, die Vorschriften des § 240 bei der Aufnahme des Verfahrens anzuwenden.

1 Stirbt eine Partei u war sie ohne ProzBevollm (§ 246), so wird gem § 239 I das Verfahren unterbrochen. Wird ein Nachlaßpfleger bestellt (§§ 1960 ff BGB) oder ist ein Testamentsvollstr vorhanden (§§ 2212, 2213 BGB), so erfolgt die **Aufnahme des unterbrochenen Verfahrens** nicht nach § 239 durch Aufnahme des unterbrochenen Verfahrens durch den Erben (Ausnahme: Aufnahmebefugnis *auch* des Erben im Passivprozeß gegen den Nachlaß, § 2213 BGB, BGHZ 104, 1 = NJW 88, 1390 = MDR 88, 566), sondern durch die Anzeige der Bestellung an den Gegner (§§ 241, 250) oder die Anzeige des Gegners an den Nachlaßpfleger oder TestVollstr, daß er das Verfahren fortsetze. § 243 ist auch anwendbar, wo die Unterbrechung durch Nacherbfolge (§ 242) erfolgte und für die Nacherben ein Nachlaßpfleger oder TestVollstr bestellt ist. Wird der **Nachlaßkonkurs** eröffnet (§§ 1975 ff BGB, §§ 214 ff KO), so erfolgt die Aufnahme des unterbrochenen Verfahrens nach den Vorschriften der KO, § 240. Ist der Konkurs beendet, so trifft § 239 zu. Die Aufhebung des Konkurses beendet die Unterbrechung noch nicht: es bedarf der Aufnahme, BGH NJW 62, 590.

244 *[Wegfall des Anwalts im Anwaltsprozeß]*

(1) Stirbt in Anwaltsprozessen der Anwalt einer Partei oder wird er unfähig, die Vertretung der Partei fortzuführen, so tritt eine Unterbrechung des Verfahrens ein, bis der bestellte neue Anwalt seine Bestellung dem Gericht angezeigt und das Gericht die Anzeige dem Gegner von Amts wegen zugestellt hat.

(2) Wird diese Anzeige verzögert, so ist auf Antrag des Gegners die Partei selbst zur Verhandlung der Hauptsache zu laden oder zur Bestellung eines neuen Anwalts binnen einer von dem Vorsitzenden zu bestimmenden Frist aufzufordern. Wird dieser Aufforderung nicht Folge geleistet, so ist das Verfahren als aufgenommen anzusehen. Bis zur nachträglichen Anzeige der Bestellung eines neuen Anwalts können alle Zustellungen an die zur Anzeige verpflichtete Partei, sofern diese weder am Ort des Prozeßgerichts noch innerhalb des Amtsgerichtsbezirkes wohnt, in dem das Prozeßgericht seinen Sitz hat, durch Aufgabe zur Post (§ 175) erfolgen.

1 **1) Allgemeines:** Da die Partei selbst (ebenso die Partei kraft Amtes) im Anwaltsprozeß (§ 78) nicht postulationsfähig ist, hat der Wegfall des Anwalts ähnliche Wirkung wie der Wegfall der Partei. Wo die Partei an Stelle des weggefallenen RA selbst handeln kann – im Parteiprozeß; ebenso im PKH-Verfahren, selbst in der Rechtsmittelinstanz, BGH NJW 66, 1126 –, tritt sie dagegen ohne Unterbrechung des Verfahrens an dessen Stelle. Vertritt sich der vertretungsunfähig werdende RA im Anwaltsprozeß selbst (§ 78 IV), wird das Verfahren unterbrochen (BGH 111, 104/7 = NJW 90, 1854). Besteht Anwaltszwang lediglich im Berufungsverfahren, so tritt Unterbrechung nur ein, wenn beim Tod des RA bereits Berufung eingelegt war (BGH VersR 92, 636).

2 **2) Zeitpunkt:** Der Wegfall muß **während der Instanz** eingetreten sein, für die der RA bevollmächtigt war, dh vor der Einlegung eines Rechtsmittels bzw dem Eintritt der formellen Rechtskraft (BAG 28, 46/50 ff; BGH NJW 95, 1095 = JZ 95, 967 m Anm W. Lüke; Schwab, FS Schnorr v Carolsfeld, S 450; RSchwab/Gottwald § 126 IV 1). Zum Kostenfestsetzungsverfahren vgl §§ 103, 104 Rn 21 „Unterbrechung". Der Tod des beigeordneten PKH-Anwalts (selbst, wenn von der Partei vorgeschlagen) unterbricht nur, wenn ihm bereits Prozßvollmacht erteilt war (BGH 2, 227 = NJW 51, 802).

3) **Wegfall** iS § 244 ist Tod, Wegfall der Geschäftsfähigkeit (BVerfG NJW 74, 1279; BGH 30, 112 = NJW 59, 1587; Rath ZZP 89, 450) oder Wegfall der Postulationsfähigkeit (zB für Abwickler § 55 BRAO mit Schluß der Abwicklung, BGH 66, 59 = MDR 76, 487), Löschung der Zulassung (§§ 34, 36 BRAO; BGH 23, 172 = NJW 57, 713), Ausschließung (§§ 114, 204 BRAO; BGHZ 98, 325 = JR 87, 236 = MDR 87, 230), Vertretungsverbot (§§ 150, 155 BRAO; RG 141, 168; BGH JZ 76, 243), Berufsverbot gem § 70 StGB (BGHZ 111, 104/106 = NJW 90, 1854). 3

Kein Wegfall, wenn für verstorbenen RA allg Vertreter gem § 53 BRAO bestellt war (BGH VersR 81, 658; BGHZ 61, 84 = NJW 73, 1501; bei Vertreterbestellung aber Wegfall mit Löschung des verstorbenen RA in der Anwaltsliste § 36 BRAO vgl BGH VersR 77, 835), wenn Sozietät bevollmächtigt u mindest ein Sozius noch vorhanden (BAG NJW 72, 1388), wenn Vertretungsverbot nur relativ wirksam (zB im Fall § 47 BRAO BGH NJW 60, 819), bei ledigl tatsächl Verhinderung des RA (RG 141, 168), bei Mandatskündigung durch die Partei (hierzu § 176 Rn 10). Keine Unterbrechung bei Tod des Verkehrsanwalts (§ 91 Rn 13 zu „Verkehrsanwalt"), Korrespondenzanwalts, Unterbevollmächtigten (§ 81; anders aber, wenn für die höhere Instanz vom dort nicht postulationsfähigen RA bestellt). 4

4) **Ende der Unterbrechung** entweder durch Anzeige (§ 250) des neu bestellten RA (regelm in vorbereitendem Schriftsatz zur Sache enthalten, BGH 30, 119; auch in Rechtsmitteleinlegung, BGHZ 111, 104 = NJW 90, 1854) oder des bisherigen Anwalts nach Wegfall des Unterbrechungsgrundes (zB Wiederzulassung nach Ausschließung) und Mitteilung hiervon an den Gegner (letzteres verzichtbar BGH 23, 172 = NJW 57, 713) oder auf Betreiben des Gegners gem Abs II. Die schlichte Mitteilung des Todes des RA durch den gem § 55 BRAO bestellten Abwickler an das Gericht stellt noch keine Aufnahme des Verf dar; anders das WE-Gesuch des Abwicklers (Köln VersR 73, 161) oder eine sonstige auf weiteres Betreiben des Verf gerichtete Prozeßhandlung. Mit der von Amts wegen erfolgenden **Ladung** der Partei ist die Aufforderung zur Anwaltsbestellung zu verbinden, §§ 215, 520 III. Erscheint in dem Termin kein Anwalt der Partei: VersUrt zur Hauptsache, §§ 330, 331, oder Entscheidung nach Aktenlage, § 331a. Ist kein Termin nötig (die Unterbrechung ist zB nach Urteilsverkündung, aber vor Urteilszustellung eingetreten), genügt statt Ladung Aufforderung der Partei (selbst) zur AnwBestellung durch von Amts wegen zuzustellenden Schriftsatz, der die Fristbestimmung des Vors in begl Abschrift trägt. Ende der Unterbrechung des Verfahrens mit Fristablauf oder Bestellungsanzeige des neuen Anwalts ohne weitere Entscheidung des Gerichts (BGH MDR 60, 396). Nach Fristablauf können bei Vorliegen des Abs II 3 Zustellungen an die Partei rechtswirksam durch Aufgabe zur Post (§ 175) erfolgen. 5

5) **Keine Rückwirkung des Wegfalls des Unterbrechungsgrundes** auf die Unterbrechungswirkung des § 249. Der BGH (BGHZ 98, 325 = JR 87, 236 = MDR 87, 230) folgert aus der Rückwirkung einer Wiedereinsetzung (§ 238 Rn 3), daß die einem Anwalt im ehrengerichtlichen Ausschließungsverfahren gewährte Wiedereinsetzung gegen den Ablauf der Frist zur Anfechtung des Ausschließungsurteils die Rechtskraft *dieses* Urteils rückwirkend beseitigt hat (dem ist für das ehrengerichtl Verf zuzustimmen) *und* damit auch die Unterbrechungswirkung (§§ 244, 249) in einem von diesem Anwalt geführten anderen Prozeß rückwirkend beseitigt habe, so daß Fristen in diesem Prozeß rückwirkend als abgelaufen anzusehen seien. Diese Meinung des BGH begegnet Bedenken: Die von Rechts wegen eingetretene Unterbrechungswirkung in einem Prozeß kann nicht durch ein außerprozessuales Ereignis (hier rückwirkende Wiedereinsetzung in einem anderen Prozeß) rückwirkend beseitigt werden, denn jedenfalls war der zunächst rechtskräftig aus der Anwaltschaft ausgeschlossene RA damit tatsächlich „unfähig, die Vertretung seiner Partei fortzuführen" und diese Rechtstatsache kann nicht rückwirkend durch die nach Wiedereinsetzung fingierte (BGHZ 8, 284/285) Fristwahrung in einem anderen Prozeß entfallen (ebenso Vollkommer, Grenzen der Rückwirkung im Zivilprozeß, JR 87, 225). 6

245 *[Unterbrechung durch Stillstand der Rechtspflege]*

Hört infolge eines Krieges oder eines anderen Ereignisses die Tätigkeit des Gerichts auf, so wird für die Dauer dieses Zustandes das Verfahren unterbrochen.

Stillstand der Rechtspflege (iustitium) infolge Krieg, Naturereignissen usw bedingt Unterbrechung, wenn die Gerichtsorganisation auf nicht absehbare Zeit lahmgelegt ist (vgl entspr § 203 BGB). Nicht ausreichend ist kriegsbedingte Behinderung der Partei (dann § 247; RG 128, 47), Tod sämtl Richter (dann § 36 Ziff 1), kriegsbedingte Verlegung des Gerichts (RG 167, 215). 1

Die **Unterbrechung endet** ohne ausdrückl Aufnahme durch die Wiederaufnahme der Gerichtstätigkeit (Breslau JW 23, 190). Jedoch Aufnahme (§ 250) nötig, soweit das Verf an einem Gericht in den 1945 verlorenen deutschen Grenzgebieten anhängig war: Zuständigkeitsergänzungsgesetz v 7. 8. 1952 (BGBl I 407). 2

246 *[Aussetzung, wenn Prozeßbevollmächtigter vorhanden]*
(1) Fand in den Fällen des Todes, des Verlustes der Prozeßfähigkeit, des Wegfalls des gesetzlichen Vertreters, der Anordnung einer Nachlaßverwaltung oder des Eintritts der Nacherbfolge (§§ 239, 241, 242) eine Vertretung durch einen Prozeßbevollmächtigten statt, so tritt eine Unterbrechung des Verfahrens nicht ein; das Prozeßgericht hat jedoch auf Antrag des Bevollmächtigten, in den Fällen des Todes und der Nacherbfolge auch auf Antrag des Gegners, die Aussetzung des Verfahrens anzuordnen.

(2) Die Dauer der Aussetzung und die Aufnahme des Verfahrens richten sich nach den Vorschriften der §§ 239, 241 bis 243; in den Fällen des Todes und der Nacherbfolge ist die Ladung mit dem Schriftsatz, in dem sie beantragt ist, auch dem Bevollmächtigten zuzustellen.

1 **1) Anwendungsbereich:** § 246 ist Folge des § 86. Die Vorschrift gilt im Anwalts- u Parteiprozeß und auch bei Vertretung durch einen postulationsfähigen (§ 157) Nicht-Anwalt oder einen gemäß § 89 zugelassenen Vertreter. Sie dient dem ungestörten Fortgang des Prozesses, aber auch dem Schutz des Bevollmächtigten (Einholung von Weisungen des Rechtsnachfolgers, neuen Vertreters usw, vgl Käfer MDR 55, 197) und gilt unabhängig davon, ob Rechtsnachfolger bereits bekannt (RG 36, 404; 46, 380). Sie gilt auch, wenn Tod oder Prozeßunfähigkeit schon vor Rechtshängigkeit eintritt (BGHZ 121, 263/6 = MDR 93, 1238). Stirbt die Partei nach Verkündung oder Zustellung des Urteils oder während der Rechtsmittelfrist, so tritt Unterbrechung des Verfahrens nicht ein, RG 68, 256. Stirbt sie dagegen nach Einlegung des Rechtsmittels durch ihren Gegner u hatte sie noch keinen Anwalt bestellt, so tritt Unterbrechung des Verfahrens ein, auch wenn sie in der Vorinstanz durch Anwalt vertreten war, RG 71, 155; 109, 48; BGH 2, 227. **Nicht anwendbar** bei Konkurs: § 240, sowie nach Liquidation der Partei als jur Person, BGH 74, 212 = NJW 79, 1592, vgl § 239 Rn 3a.

2 **2) Vorhandensein eines ProzBevollm** (§§ 78, 79): Er mußte für die Instanz (vgl §§ 176, 178), während deren Dauer der Tod usw eintritt, bestellt und postulationsfähig sein und darf das Mandat im Zeitpunkt des Todes der Partei noch nicht niedergelegt haben (BGH 43, 137 = NJW 65, 1019; RG 71, 155; für Niederlegung nach dem Tod der Partei [Kündigung gegenüber Rechtsnachfolger] gilt § 87). Der im PKH-Verfahren beigeordnete RA (selbst wenn von der Partei vorgeschlagen) hindert die Unterbrechung erst, wenn ihm ProzVollmacht erteilt ist (BGH 2, 227 = NJW 51, 802). Das PKH-Verfahren selbst ist mit dem Tod des Antragstellers erledigt und kann nicht ausgesetzt werden (Bremen OLGZ 65, 183). Die Vertretungsbefugnis des ProzBevollm überdauert zwar den Tod der Partei (§ 86), endet aber regelm mit der Instanz (§§ 176, 178), sie reicht daher nur bis zur Einlegung des Rechtsmittels, falls nicht die Bevollmächtigung dem hierfür postulationsfähigen Vertreter ausdrücklich auch für die Rechtsmittelinstanz erteilt worden war (OVG Münster NJW 86, 1707). Durch den ProzBevollm des früheren Rechtszuges ist die Partei in der Rechtsmittelinstanz iSd § 246 nicht vertreten, weil dieser gem § 210a ledigl Zustellungsempfänger für die Rechtsmittelschrift ist, ohne deshalb für die Rechtsmittelinstanz bevollmächtigt zu sein (BGHZ 43, 135/137). § 246 setzt voraus, daß derj, in dessen Person der Unterbrechungsgrund eintritt, u der ProzBevollm verschiedene Personen sind. Er findet deshalb keine Anwendung (also Unterbrechung gem § 244), wenn Partei (auch kraft Amtes), die selbst Anwalt ist, im Anwaltsprozeß sich selbst gem § 78 III vertritt, RG JW 13, 876.

2a **3) Wirkung:** Das Verfahren geht ohne Unterbrechung weiter, ist jedoch auf Antrag auszusetzen. **Wird kein Aussetzungsantrag gestellt,** so geht der Rechtsstreit wie bisher fort. Prozeßpartei ist der Rechtsnachfolger (BGHZ 121, 263/5), auch wenn der Prozeß auf den Namen der verstorbenen Partei geführt wird. Wird dem Gericht der Tod der Partei u der Name des Rechtsnachfolgers mitgeteilt, so ist die Parteibezeichnung vom Gericht auf den Rechtsnachfolger zu berichtigen, RG 50, 364. Führt der ProzBevollm den Rechtsstreit irrtüml für eine Person fort, die nicht Rechtsnachfolger ist, so kann der wahre seinen Eintritt wie bei Unterbrechung (s § 239 Rn 15) herbeiführen (RG 45, 359). Bei Eintritt der Prozeßunfähigkeit oder Wegfall des gesetzl Vertreters enthebt § 246 nicht der Notwendigkeit, für ordnungsgemäße gesetzl Vertretung zu sorgen (aA BGHZ 121, 263/5; vgl § 86 Rn 12 mwN).

3 **4) Antrag auf Aussetzung:** Er kann beim **Prozeßgericht** (§ 248) gestellt werden. Dies ist auch nach dem Erlaß eines Endurteils bis zur Einlegung eines Rechtsmittels das Instanzgericht, RG 68, 247. Der Antrag kann zu Prot der GeschSt erklärt werden (§ 248 I). In der (unrichtigen) Mitteilung des ProzBev an das Gericht, der Mandant sei verstorben, das Verfahren mithin unterbrochen, liegt noch kein Antrag auf Aussetzung (BGH VersR 93, 1375).

4 Den bis zur Rechtskraft des Urt zulässigen Antrag kann der **Bevollmächtigte** (nur er, nicht auch die von ihm vertretene Partei oder deren Streitgehilfe, RG JW 11, 99) auch dann stellen, wenn er nach dem Tod der Partei und trotz Kenntnis hiervon für die Partei aufgetreten ist, RG 46, 379 (ThP Rn 4 nimmt hier schlüssigen Antragsverzicht an; bedenkl).

Bei Tod der Partei (nicht auch ihres gesetzl Vertreters, RG 14, 436) u bei Nacherbfolge ist außer dem ProzBevollm der **Gegner antragsberechtigt.** Das Verfahren ist auch auszusetzen, wenn die Erben der verstorb Partei erklären, den Rechtsstreit aufzunehmen, RG 36, 403, falls der Gegner ein rechtl Interesse an der Aussetzung hat (zB bei Streit über die Erbfolge; dann Zwischenstreit, BGH WPM 82, 1170). 5

5) **Entscheidung: Anordnung der Aussetzung** durch nach mündl Verh (gemäß § 248 II freigestellt) zu verkündenden, sonst formlos mitzuteilenden, mit einf Beschw anfechtbaren Beschluß; bei **Ablehnung der Aussetzung** sof Beschw, § 252 (außer bei OLG, BGH VersR 93, 1375), daher förmliche Zustellung dieses Beschlusses, § 329 II. Anfechtbar auch Terminbestimmung ohne Ablehnungsbeschluß (§ 252 Rn 1). Nach München (MDR 55, 197) ist **dem Aussetzungsantrag nicht stattzugeben** (da Rechtsmißbrauch, vgl Nürnberg ZZP 64 [1951], 387), wenn ein eingelegtes Rechtsmittel unzulässig ist (aA Käfer MDR 55, 197). 6

6) **Folgen der Aussetzung: Beginn** der Aussetzungswirkung nicht bereits mit der Antragstellung, sondern erst mit der Verlautbarung durch Verkündung (nach mündl Verhandlung) bzw formlose Mitteilung (§ 329 II; BGH NJW 87, 2379 = MDR 87, 739). Daher wird eine zwischen Antrag und verlautbarter Anordnung ablaufende Frist von der Aussetzungswirkung (§ 249) noch nicht berührt (BGH aaO; RGZ 62, 26/28). Bei Aussetzung zwischen Urteil und Eintritt der formellen Rechtskraft Anordnung zum Zweck der Feststellung der Rechtsnachfolge u ggf der beschränkten Erbenhaftung (vgl § 239 Rn 10; Düsseldorf NJW 70, 1689). **Wirkung** der Aussetzung: § 249. **Ende** mit Aufnahme des Verfahrens §§ 250, 239, 241, 242, dann Terminsbestimmung vAw § 216. **Bei Tod u Nacherbfolge** ist der Aufnahmeschriftsatz und die Ladung außer dem ProzBevollm, den der Verstorbene für die Instanz bestellt hatte (RG 71, 160), den Rechtsnachfolgern bzw Nacherben zuzustellen, wobei letztere gem § 215 aufzufordern sind. 7

247 *[Aussetzung bei Krieg und Verkehrsstörung]*

Hält sich eine Partei an einem Ort auf, der durch obrigkeitliche Anordnung oder durch Krieg oder durch andere Zufälle von dem Verkehr mit dem Prozeßgericht abgeschnitten ist, so kann das Gericht auch von Amts wegen die Aussetzung des Verfahrens bis zur Beseitigung des Hindernisses anordnen.

Gilt nur **bei Behinderung der Partei** oder ihres notw Streitgenossen (RG 106, 142), nicht bei Behinderung des Zeugen (§ 356) oder des Gerichts (§ 245) und nicht im ZwangsvollstrVerfahren (OLG 31, 83). Sind von mehreren (nicht notwendigen) Streitgenossen einzelne behindert: § 145. 1

Abgeschnitten von dem Verkehr mit dem Gericht ist die Partei, die aus von ihr nicht zu vertretenden objektiven Gründen (Krieg, Kriegsnachwirkung, Überschwemmung usw) an der Ausübung ihrer prozessualen Rechte (zB § 137 IV; KG NJW 62, 542) behindert ist; nur in der Person der Partei liegende Hinderungsgründe wie Krankheit oder Auslandsreise (auch Reise in ein „abgeschnittenes" Land) usw genügen nicht. Vorhandensein eines ProzBevollm und Möglichkeit schriftl Verkehrs mit diesem u mit dem Gericht schließt Behinderung nicht grundsätzl aus. Die früher neben § 247 die Aussetzung wegen Kriegsauswirkungen regelnde Schutz-VO v 4. 12. 1943 (RGBl I 666) ist durch Gesetz v 28. 12. 1968 (BGBl I 1451) außer Kraft gesetzt. 2

Ende der Aussetzung ist durch deklaratorischen Beschluß anzusprechen (Breslau JW 15, 1075), soweit nicht durch Tätigwerden der behinderten Partei Ende offenkundig. 3

248 *[Verfahren bei Aussetzung]*

(1) Das Gesuch um Aussetzung des Verfahrens ist bei dem Prozeßgericht anzubringen; es kann vor der Geschäftsstelle zu Protokoll erklärt werden.

(2) Die Entscheidung kann ohne mündliche Verhandlung ergehen.

1) Zulässig ist das **Aussetzungsgesuch** (§§ 246, 247) bis zur Rechtskraft des Urteils (§ 239 Rn 10, § 246 Rn 7). **Kein Anwaltszwang** (wohl aber für die Beschwerde nach § 252). Antrag zu Protokoll jedes Amtsgerichts zulässig, § 129a. Das **ProzGericht** ist zuständig bis zur Rechtsmitteleinlegung, BGH NJW 77, 718; RGZ 68, 247, danach nur noch das obere Gericht (RG 60, 124; 130, 337). **Entscheidung** durch mit einf Beschw anfechtb Beschluß bei Aussetzung, sof Beschw gegen Ablehnung, § 252. Im ersteren Fall bei Nichtverkündung formlose Mitteilung (BGH NJW 87, 2379 = MDR 87, 739), im letzteren Fall Zustellung von Amts wegen, § 329 II. Zur Wirkung der Kundgabe des Beschlusses s § 246 Rn 7. Die Ablehnung der Aussetzung darf auch in der Begründung des Urteils erfolgen (BGH LM § 252 Nr 1). 1

2) Gebühren: s Rn 16 zu § 239. 2

249 *[Gemeinsame Wirkungen der Unterbrechung und Aussetzung]*
(1) Die Unterbrechung und Aussetzung des Verfahrens hat die Wirkung, daß der Lauf einer jeden Frist aufhört und nach Beendigung der Unterbrechung oder Aussetzung die volle Frist von neuem zu laufen beginnt.

(2) Die während der Unterbrechung oder Aussetzung von einer Partei in Ansehung der Hauptsache vorgenommenen Prozeßhandlungen sind der anderen Partei gegenüber ohne rechtliche Wirkung.

(3) Durch die nach dem Schluß einer mündlichen Verhandlung eintretende Unterbrechung wird die Verkündung der auf Grund dieser Verhandlung zu erlassenden Entscheidung nicht gehindert.

1 **1) Anwendungsbereich:** § 249 gilt für alle Fälle der Unterbrechung u Aussetzung (s Rn 2, 3 vor § 239 und 2, 3 zu § 148), jedoch nur teilweise (Rn 6 vor § 239) für das Ruhen des Verfahrens (§ 251 Rn 1) und nicht für die Zwangsvollstreckung (OLG 31, 83; Bamberg NJW-RR 89, 576: Schutzanträge nach §§ 719, 707), für das selbständige Beweisverf (§§ 485 ff), für das Verfahren der Prozeßkostenhilfe (BGH NJW 66, 1126; zweifelnd MK/Freiber Rn 23) und die Streitwertfestsetzung (Hamm MDR 71, 495, Neustadt NJW 65, 591). Zu den Auswirkungen auf das Kostenfestsetzungsverfahren s MK/Feiber Rn 23 mwN. Eine Gerichtsstandsbestimmung nach § 36 Nr 3 bleibt möglich (BayObLGZ 85, 314/16).

2 **2) Wirkung: a) Fristen:** Alle prozessualen Fristen (Rn 2 ff vor § 214) mit Ausnahme der uneigentlichen (Rn 6 vor § 214), RG 122, 54, hören auf zu laufen und beginnen mit der Aufnahme des Verf (im Falle des § 614 mit Ablauf des festgesetzten Zeitraums oder Aufnahme, BGH LM § 249 Nr 2) neu zu laufen. Aufnahme: § 250. Bei Rechtsmittel: Unterbrechung der Frist für die Einlegung des Rechtsmittels. Nicht anwendbar ist § 249 auf materielle Fristen, insbes Verjährungsfrist (BGH NJW 63, 2019; VersR 82, 651; RGZ 145, 240), hier beginnt die neue Verjährung (§ 211 BGB) erst, wenn die Parteien das Verfahren nach Wegfall des Unterbrechungs- oder Aussetzungsgrundes nicht weiter betreiben (§ 211 II setzt grundloses Nichtweiterbetreiben voraus, BGH NJW 87, 371 = MDR 87, 42). – Bei Eintritt der Unterbrechung u Aussetzung noch nicht begonnene Fristen beginnen auch erst nach Aufnahme zu laufen, zB die Rechtsmittelfrist bei Unterbrechungseintritt vor Zustellung eines verkündeten Urteils (BGHZ 111, 104 = NJW 90, 1854/1855 = MDR 90, 702/703). Mit festem Endtermin gesetzte richterl Frist (Rn 5 vor § 214) entfällt mit der Unterbrechung und ist nach deren Ende neu festzusetzen, BGH 64, 1 = NJW 75, 692; RG 151, 282. Endet die gesetzte Frist nach der Unterbrechung, so ist die vor Fristablauf vorgenommene Prozeßhandlung aber auch ohne erneute Fristfestsetzung rechtzeitig (BGH NJW 67, 1420). – Nach Aufnahmestreit (§ 239 Rn 9) beginnt Rechtsmittelfrist für das in der Hauptsache ergangene Urteil gegen den Rechtsnachfolger erst mit Zustellung des seine Rechtsnachfolge bestätigenden Zwischen- bzw Ergänzungsurteils (StJ/Roth Rn 12; Jonas JW 31, 1764).

3 **b) Prozeßhandlungen einer Partei gegenüber der anderen** und solche des Gerichts (BGH 43, 135/36 = NJW 65, 1019; 84, 2829/30; BGH 111, 104/107 = NJW 90, 1854/55), die die Hauptsache betreffen, sind, soweit während Unterbrechung oder Aussetzung vorgenommen, **ohne rechtliche Wirkung** (zB Ladungen, Zustellungen, Sachanträge, Rechtsmittel; wegen Entscheidungen s unten Rn 4–6). Die **Wirkungslosigkeit ist relativ** (Abs II), der Gegner kann sie durch Rügeverzicht wirksam machen, denn sie sind **nicht nichtig** (gerichtl Prozeßhandlungen sind ggü beiden Parteien unwirksam). Daher wirksam der dem Gegner erklärte (zB § 514) und von diesem angenommene Rechtsmittelverzicht (BGH 4, 314/20 = NJW 52, 705). Die relative Unwirksamkeit der Prozeßhandlung ist nicht von Amts wegen zu beachten, weil **Genehmigung gem § 295 möglich** (BGH NJW 52, 705; 69, 49; RG 66, 399), solange die Unwirksamkeit nicht zum Gegenstand einer gerichtl Entscheidung gemacht oder eine wirksame Neuvornahme erfolgt (RG 27, 350/53) ist. Genehmigen kann nur der Gegner des unterbrochenen oder ausgesetzten Verfahrens, bei Unterbrechung durch Konkurs nur der KonkVerwalter, wo einer der Streitgenossen iS des § 247 abgeschnitten ist, nur dieser. Bloße Aufnahme (§ 250) ist noch nicht Genehmigung, weil Rüge bis zur mündl Verhandlung nachholbar (§ 295), soweit mündl Verhandlung geboten. Erfolgt Rüge, ist die unwirksame Prozeßhandlung (zB das Rechtsmittel) auch schon während der Unterbrechung (nicht auch Aussetzung) zu verwerfen, soweit die Verwerfung ausschließlich auf Abs II gestützt ist, denn auch das ist Geltendmachung der Unterbrechung (RG 88, 207).

3a Prozeßhandlungen, die **gegenüber dem Gericht** vorgenommen werden, sind wirksam, sofern nur die Prozeßhandlungsbefugnis der erklärenden Partei durch den Grund der Unterbrechung (so zB durch Konkurs, Wegfall der Prozeßfähigkeit) nicht berührt wurde (ein trotz Konkurseröffnung gegen den Gemeinschuldner ergangenes Urteil kann aber von diesem angefochten werden, § 240 Rn 5). Wirksam ist daher insbesondere die dem Gericht (nicht dem Gegner) gegenüber zu erklärende *Rechtsmitteleinlegung* (BGH 50, 347/400 = NJW 69, 48/49; hierzu Grunsky JZ 69, 235/37, der maßgeblich auf den relativen Schutzzweck der Vorschrift abstellt; BGH NJW 77,

717/18; BayObLGZ 73, 283/86). Die gerichtl verfügte Zustellung wird aber nur unter den Voraussetzungen des § 295 wirksam (s auch StJ/Roth Rn 21 und 22 mwN). Die Rücknahme eines Rechtsmittels ist stets wirksam (BGHR ZPO § 249 Abs 2 Prozeßhandlung 1).

Wirksam sind auch Prozeßhandlungen **gegenüber Dritten,** zB die Klageerweiterung gegen die Gesellschafter der OHG, wo das Verfahren durch Konkurs der OHG unterbrochen war (BGH NJW 61, 1066). **3b**

Stets wirksam sind auch alle **den Stillstand des Verfahrens als solchen betreffenden** Prozeßhandlungen (RG 141, 306/8; 88, 206/8), insbesondere die Geltendmachung bzw Anfechtung der Unterbrechung, ebenso bzgl der in Rn 1 genannten **Nebenverfahren.** **3c**

c) Entscheidungsverkündung (Abs III) ist während der Unterbrechung (nicht auch Aussetzung und Ruhen des Verfahrens: BGH 43, 136 = NJW 65, 1019) zulässig, soweit der **Schluß der mündlichen Verhandlung** (Rn 4 zu § 136) vor Eintritt der Unterbrechung erfolgte, weil hier die Unterbrechung die zur Vornahme von Prozeßhandlungen nicht mehr befugten Parteien nicht mehr berührt (anders, wenn noch Schriftsatzfrist nach § 283 lief oder Wiedereröffnung nach § 156 geboten ist; MK/Feiber Rn 27). Im **schriftlichen Verfahren** entspricht dem der Zeitpunkt nach § 128 II 1 (BFH NJW 91, 2792; aA StJ/Roth Rn 26). Soweit somit schriftl Entscheidung nach Eintritt der Unterbrechung zulässig, ist diese, wenn Unterbrechung wegen Todes des ProzBevollm eintrat (§ 244), einem etwa vorhandenen Zustellungsbevollmächtigten, hilfsweise der Partei selbst zuzustellen (§§ 177, 210a II; BayObLG NJW 59, 2120). Bei Entscheidungsreife muß das Gericht von § 249 III (trotz seiner negativen Fassung) Gebrauch machen (aA MK/Feiber Rn 27: Ermessen). **4**

Analog Abs III ist es zulässig, ein vor Eintritt der Unterbrechung bereits **unzulässiges Rechtsmittel** während der Unterbrechung zu verwerfen (BGH NJW 59, 532; aA MK/Feiber Rn 28). **5**

Alle sonstigen während der Unterbrechung verkündeten Entscheidungen sind wegen Verstoßes gegen § 249 anfechtbar. Die hierauf gestützte Anfechtung kann, ebenso wie die Entscheidung des oberen Gerichts hierüber, während der Unterbrechung erfolgen (RG 141, 308; 90, 225; 88, 206; 64, 361) und rechtfertigt die Zurückverweisung gem §§ 539, 565. **6**

d) Eine während der Unterbrechung durch das Gericht oder die Parteien bewirkte Zustellung oder Ladung ist, sofern gerügt, unwirksam und nach der Aufnahme nochmals vorzunehmen (s auch Rn 3a). **7**

3) Gebühren: s Rn 16 zu § 239. **8**

250 *[Aufnahme]*

Die Aufnahme eines unterbrochenen oder ausgesetzten Verfahrens und die in diesem Titel erwähnten Anzeigen erfolgen durch Zustellung eines bei Gericht einzureichenden Schriftsatzes.

1) Die **Aufnahme ist als Prozeßhandlung** mit unmittelbarer Gestaltungswirkung nötig in den Fällen der Unterbrechung gem §§ 239, 240, 242, 243 (nur bei Nachlaßkonkurs), 246 II. In den übrigen Fällen ist von dem Wegfall des den Verfahrenstillstand bedingenden Umstandes Anzeige zu machen. **1**

Zur Aufnahme befugt ist der (Rechts-)Nachfolger der Person, durch deren Wegfall die Unterbrechung bedingt war. Kein Aufnahmerecht des Erben bei Sonderrechtsnachfolge eines Dritten in den Streitgegenstand. Wegen der Aufnahme durch einen Miterben s Rn 5 zu § 239. Nachlaßpfleger: BGH NJW 95, 2171. Aufnahme durch den Konkursverwalter, Gemeinschuldner oder Gläubiger: Rn 5, 6 ff zu § 240. Bei Verzögerung ist der Gegner zur Aufnahme befugt (§§ 239 II, 241 I, 244 II), jedoch nicht bei Unterbrechung infolge Konkurs (§§ 240, 243) oder bei Aussetzung gem § 247. Einfache Streitgenossen können jeder für sich, notwendige Streitgenossen müssen gemeinsam aufnehmen (hierfür gilt § 62). **2**

Die **Aufnahme ist entbehrlich,** wo für eine bestimmte Zeit ausgesetzt ist (zB § 614, BGH LM § 249 Nr 2) und wo das Gericht das Verfahren von Amts wegen fortsetzen darf, weil das die Aussetzung bedingende Ereignis (zB durch die rechtskr Entscheidung des vorgreiflichen Verfahrens bei § 148; BGH NJW 89, 1729 = MDR 89, 540) weggefallen ist; in diesen Fällen beginnen die unterbrochenen Fristen (§ 249) auch ohne (nur deklaratorische) Aufnahmeerklärung wieder zu laufen. **3**

2) Form der Aufnahme: Schriftsatz (§ 78; beim AG §§ 496, 129a), der den Willen zur Fortsetzung zweifelsfrei erkennen lassen muß (BGH NJW 95, 2171). Die Aufnahme kann in Verbindung mit einer anderen Prozeßhandlung (zB Rechtsmittel BGHZ 111, 104/109 = NJW 90, 1854 = MDR 90, 702; BGHZ 36, 260 = NJW 62, 590; nicht bereits PKH-Gesuch hierfür, BGH NJW 70, 1790) **4**

erfolgen, wenn darin Wegfall des Unterbrechungs- bzw Aussetzungsgrundes zumindest behauptet wird. Nicht ausreichend aber bloße sonstige Prozeßhandlung (§ 249 II), zB Zustellung eines Urteils RG 41, 403, Mitteilung des Abwicklers v Tod des RA Köln VersR 73, 161 oder Parteivereinbarung RG 66, 400. Bei Anwesenheit beider Parteien vor Gericht ist **Schriftsatz entbehrlich** u genügt mündl Aufnahme zu Protokoll RG 109, 48. Mangelhafte Aufnahme wird (vgl Rn 3 zu § 249) durch Nichtrüge (§ 295) geheilt (BGH NJW 69, 49), jedoch nicht bei Unterbrechung wegen Konkurs (§§ 240, 243). Wo der Konkursverwalter erklärt, er nehme den Aktivprozeß nicht auf, endet nicht bereits mit dieser Erklärung, sondern erst mit Aufnahmeerklärung des Gemeinschuldners die Unterbrechung des Prozesses über den nunmehr konkursfreien Gegenstand (§ 240 Rn 4, 7).

5 **3) Gericht und Verfahren:** Zur Entgegennahme zuständig ist das Prozeßgericht, bei mit Rechtsmittel verbundener Aufnahme das obere Gericht, auch wenn die Unterbrechung bereits in der Vorinstanz nach Verkündung, aber vor Zustellung des Urteils eingetreten war (BGHZ 111, 104/109; 36, 258; 30, 112 = MDR 90, 702; 62, 297; 59, 742 = NJW 90, 1854; 62, 590). Gericht stellt den Schriftsatz dem Gegner zu. Bestreitet der Gegner die Wirksamkeit der Aufnahme oder ist Unzulässigkeit der Aufnahme (bei Konkurs) von Amts wegen zu beachten, ergeht Endurteil auf Zurückweisung der Aufnahme bzw auf Verwerfung des mit dieser verbundenen Rechtsmittels. Bei Zulassung der Aufnahme Zwischenurteil hierüber oder Endurteil in der Hauptsache mit Erklärung der Zulässigkeit in dessen Gründen, RG 86, 235 (vgl Rn 7–9 zu § 239).

251 *[Ruhen des Verfahrens]*

(1) Das Gericht hat das Ruhen des Verfahrens anzuordnen, wenn beide Parteien dies beantragen und anzunehmen ist, daß wegen Schwebens von Vergleichsverhandlungen oder aus sonstigen wichtigen Gründen diese Anordnung zweckmäßig ist. Die Anordnung hat auf den Lauf der in § 233 bezeichneten Fristen keinen Einfluß.

(2) Vor Ablauf von drei Monaten kann das Verfahren nur mit Zustimmung des Gerichts aufgenommen werden. Das Gericht erteilt die Zustimmung, wenn ein wichtiger Grund vorliegt.

1 **1) Wesen und Wirkungen:** Ruhen des Verfahrens ist ein nicht rechtl, sondern tatsächl bedingter Stillstand des Verfahrens infolge Nichtbetreibens durch die Parteien. Da die Parteien die in § 233 genannten Fristen (Notfristen u Rechtsmittelbegründungsfristen) nicht beherrschen (§ 224), laufen diese weiter. Sonst Wirkung wie § 249 I u II (dort Rn 2 und 3). § 249 III ist nicht entsprechend anwendbar (BGH 43, 136 = NJW 65, 1019). Eine trotzdem während des Ruhens ergehende Entscheidung kann, wenn nicht deswegen angefochten, jedoch formell rechtskräftig werden (§ 295). Kostenfestsetzungsverfahren wird vom Ruhen der Hauptsache nur bei entspr Parteiwillen erfaßt (OLG Naumburg MDR 94, 514). Ruhen ist Nichtbetreiben iS § 211 BGB (aber nur bei grundlosem Nichtbetreiben, BGH NJW 87, 371 = MDR 87, 42), auch wenn das Ruhen nicht ausdrücklich angeordnet ist, BGH MDR 88, 214; RG 157, 382. Bei Anordnung des Ruhens ist Verjährung bis zum Ablauf der Sperrfrist des Abs II gehemmt, RG 136, 193.

2 **2) Voraussetzung:** frei widerruflicher Antrag der Parteien (nicht des einf Streitgehilfen, § 67) oder Nichterscheinen (§ 251a II) oder Nichtverhandeln (§ 333). Mit Rücksicht auf die Förderungspflicht der Parteien *und* des Gerichts müssen wichtige Gründe vorliegen. Solche Gründe fehlen stets, wo Eilbedürftigkeit des Verfahrens vorausgesetzt wird, so bei Arrest-, einstw Verfügungs- und Beweissicherungsantrag; streng zu prüfen wegen § 604 II auch im Wechsel- und Scheckprozeß. Bei Anspruchshäufung ist § 145 zu prüfen. Die Parteien können durch Nichterscheinen aber ohne Angabe von Gründen das Ruhen praktisch erzwingen, solange noch nicht streitig verhandelt war (nach streit Verh: § 251a).

3 **3) Verfahren: a) Anordnung** durch zu verkündenden oder formlos (evtl mit Terminsabsetzung zu verbindenden, § 227) mitzuteilenden Beschluß, § 329 II. Verfügung des Vorsitzenden genügt nicht, wohl aber des Einzelrichters. Erst die Anordnung unterbricht die proz Fristen (anders die Verjährung, § 211 II BGB). Ersatzlose Terminabsetzung genügt, wenn durch Antrag gem Abs I bedingt.

4 **b) Ende:** Aufnahme durch Terminsantrag der Parteien. Einseitiger Antrag genügt. § 250 ist anwendbar. Ohne Zustellung des Antrages an den Gegner ist dieser nicht verpflichtet, einer bloßen Terminsladung des Gerichts zu folgen, § 335 I 2. Wo das Gericht zulässigerweise das Verfahren von Amts wegen (zB wegen Wegfalls des Anordnungsgrundes) aufnimmt, ist hierüber durch Beschluß zu erkennen. Dagegen ist förml Aufnahme entbehrl, wo das Ruhen in der Anordnung zeitl begrenzt war.

4a **c) Terminbestimmung vor Ablauf der Dreimonatsfrist** (Abs II) ist zwar Ermessenssache, sollte jedoch nur bei Vorliegen eines wichtigen Grundes erfolgen, denn Abs II (in Neufassung durch VereinfNovelle) will einverständl Nichtbetreiben des Verf durch die Parteien, weil im Widerspruch zur Förderungspflicht stehend, erschweren. Dasselbe gilt für vorzeitige Aufnahme bei befristetem Ruhen (Köln OLGR 95, 228). **Wichtiger Grund** ist regelm nur zu bejahen, wenn auch für Antrag, das Ruhen anzuordnen (Abs I), wichtiger Grund vorgelegen hatte. Beispiele für wichtigen Grund: endgült Scheitern von Vergleichsverhandlungen der Parteien (StJ/Roth Rn 16), Vergleichsbereitschaft beider Parteien, nachträgl entstandene Dringlichkeit baldiger Entscheidung, nach Ruhen gem § 251a III auch Mitteilung des RA, daß jetzt VersUrteil dem Gegner gem § 23 der Standesrichtlinien (hierzu vgl Rn 12 vor § 330) angedroht ist, ebenso nachträgl Entschuldigung des Fernbleibens im letzten Termin (Celle NdsRpfl 75, 199; LG Berlin MDR 93, 476).

d) Rechtsbehelf: § 252, denn das Ruhen des Verfahrens entspricht insoweit einer Aussetzung (§ 252 Rn 1). Keine Beschwerde gegen die Anordnung des Ruhens, denn diese setzt hier beiderseitigen Antrag der Parteien voraus; also fehlt Beschwer. Gegen Ablehnung des Antrags, vor Ablauf der Frist des Abs II Termin zu bestimmen, einfache Beschwerde, weil sofortige Beschwerde nur gegen Ablehnung der Aussetzung, nicht gegen deren Fortdauer. 5

4) Gebühren: a) des **Gerichts:** Anordnung des Ruhens und Wiederaufnahme des Verfahrens sind gerichtsgebührenfrei. Nach der Wiederaufnahme eines ruhenden Verfahrens ist keine neue Gebühr für das Verfahren im allg (KV 1201, 1220, 1230, 1320, 1410, 1420, 1430, 1510, 1520, 1530) zu erheben. b) des **Anwalts:** Tätigkeit durch die Prozeßgebühr abgegolten. Antrag in mündl Verhandlung: § 33 II BRAGO, es sei denn, die Gebühr § 31 I Nr 2 BRAGO ist bereits verdient. Beschwerdeverfahren: § 61 BRAGO. 6

251a *[Säumnis beider Parteien; Entscheidung nach Aktenlage]*

(1) Erscheinen oder verhandeln in einem Termin beide Parteien nicht, so kann das Gericht nach Lage der Akten entscheiden.

(2) Ein Urteil nach Lage der Akten darf nur ergehen, wenn in einem früheren Termin mündlich verhandelt worden ist. Es darf frühestens in zwei Wochen verkündet werden. Das Gericht hat der nicht erschienenen Partei den Verkündungstermin formlos mitzuteilen. Es bestimmt neuen Termin zur mündlichen Verhandlung, wenn die Partei dies spätestens am siebenten Tage vor dem zur Verkündung bestimmten Termin beantragt und glaubhaft macht, daß sie ohne ihr Verschulden ausgeblieben ist und die Verlegung des Termins nicht rechtzeitig beantragen konnte.

(3) Wenn das Gericht nicht nach Lage der Akten entscheidet und nicht nach § 227 vertagt, ordnet es das Ruhen des Verfahrens an.

1) Säumnis beider Parteien: Sie setzt ordnungsgemäße Ladung zur mündl Verhandlung über die Hauptsache (wegen Beweiserhebung s § 370 I) vor dem Prozeßgericht (auch Einzelrichter) und ordnungsgemäßen Aufruf der Sache (§ 220 Rn 1f) voraus. § 332 (BGH NJW 64, 659) und § 335 I Ziff 2 u 3 gelten hier entspr. Ladungsfrist: § 217. Erscheinen beide Parteien nicht (bei Fernbleiben bloß einer Partei: § 331a) oder verhandeln sie nicht (§ 333 Rn 2; Schleswig NJW 69, 936) oder stellen sie keine Sachanträge (Abs I), so kann das Gericht wahlweise nach Aktenlage entscheiden (Abs II), vertagen (Rn 10) oder das Ruhen des Verfahrens (Rn 11) anordnen. Untunlich ist es, ohne weitere Veranlassung lediglich die Säumnis festzustellen, wodurch ein rechtloser Stillstand (Rn 1 vor § 239) einträte. Auch wenn der Anwalt einer Partei aus Standesrücksicht (vgl Rn 12 vor § 330) kein VersUrteil beantragt, ist nach § 251a zu verfahren. Wegen Säumnis eines der notw Streitgenossen s § 62; wegen Einzelheiten des Nichterscheinens s vor § 330 Rn 4. 1

2) Entscheidung nach Aktenlage: a) Die **Anordnung** ist nicht selbständig anfechtbar, denn sie weist kein Gesuch der betroffenen Partei zurück (§§ 252, 567 I); Verfahrensfehler bei Anordnung (insbes Mängel der Terminsladung) können nur durch Terminsantrag (Abs II oder § 156) oder durch auf Versagung rechtl Gehörs gestützte Anfechtung des Urteils geltend gemacht werden. 2

b) Zulässige Entscheidung: Nach Aktenlage kann jede Entscheidung ergehen, für welche der Prozeßstand ausreicht, ein **Urteil** jedoch nur bei Entscheidungsreife iS der §§ 300–305 (BVerfG MDR 85, 817 = NJW 85, 3006) und nach **vorgängiger streitiger Verhandlung** in gleicher Instanz (nicht notwendig vor den gleichen Richtern iS des § 309, RG 132, 336; MK/Feiber Rn 17; RSchwab/Gottwald § 108 III 1; aA Auernhammer ZZP 67, 256). Streitige Verhandlung vor Zurückverweisung genügt (§§ 539, 565), nicht jedoch bei Zurückverweisung an einen anderen Senat (§ 565 I Satz 2, RG 149, 157). Nicht ausreichend ist streitige Verhandlung im Vorverfahren bei Säumigkeit im Nachverfahren (§ 600), wohl aber Verhandlung vor dem Einzelrichter in der Berufungsinstanz bei Säumnis im Senatstermin (Karlsruhe MDR 95, 637). Bei Klageänderung oder -erweiterung setzt Urteil frühere streitige Verhandlung auch hierüber voraus (KG ZZP 56, 197; RG JW 30, 141; einschr Düsseldorf NJW-RR 94, 892 für Erhöhung des Zinsanspruchs). Verspätetes schriftl Vorbringen (§ 132) schließt, soweit entscheidungserhebl, Urteil aus (§ 335 I 3 3 entspr; s aber unten Rn 5 zur Nichtanwendbarkeit des § 296!). Nicht ausreichend, daß die Parteien früher in getrennten Terminen Sachanträge gestellt hatten, denn das ist keine „Verhandlung" (StJ/Roth Rn 23; MK/Feiber Rn 18; aA RSchwab/Gottwald § 108 II 4a; BL/Hartmann Rn 17; ThP Rn 3). Die **frühere streitige Verhandlung ist entbehrlich,** wenn die Parteien früher ihr Einverständnis mit schriftl Entscheidung (§ 128 II) erklärt hatten (LM Nr. 8); insoweit kein Verbrauch der Einverständniserklärung durch eine Zwischenentscheidung, sofern nur die Sachanträge gleich blieben. Auch wenn die nach Aktenlage zu treffende Entscheidung nach den für sie geltenden Vorschriften keiner mündl Verhandlung bedarf, ist eine frühere streitige Verhandlung entbehrl und darf diese Entscheidung getroffen werden, auch wenn sie als Urteil ergeht; so bei Verwerfung einer Berufung oder Revision (§§ 519 b II, 554 III; RGZ 159, 357/360). Jedoch bedarf es hier – anders als im Fall § 331a – wegen der beiderseitigen Säumnis und wegen des fehlenden Säumnisantrags einer Partei der vorgängigen streitigen Verhandlung dann, wenn nach Aktenlage über eine unzulässige oder unschlüssige Klage zu entscheiden ist, über welche bei nur einseitiger Säumnis unechtes VersUrteil (vor § 330 Rn 11) zulässig gewesen wäre (BGH NJW 62, 1149/50; RGZ 159, 357/361 läßt diese Frage offen).

4 Alle **sonstigen Entscheidungen** (Aufklärungs-, Beweisbeschlüsse, Verweisung usw) sind ohne frühere streitige Verhandlung zulässig.

5 **c) Gegenstand der Entscheidung** ist wie im schriftl Verfahren (§ 128 II) der gesamte Akteninhalt, soweit er bis zum versäumten Termin (das entspricht hier dem „Schluß der mündl Verhandlung" iS § 296a) vorliegt, und auch ein lediglich mündl Sachvortrag in früherem Termin. Daher unzulässig die Zurückweisung verspäteten Vorbringens (§ 296; RG 132, 338; StJ/Roth Rn 19; einschr StJ/Leipold § 296 Rn 29: nur in früherer mündl Verhandlung bereits verspätet gewesenes Vorbringen dürfe nach Aktenlage zurückgewiesen werden; aber die Relevanz der früheren Verspätung entfiel mit der Vertagung der früheren Verhandlung). Die Geständniswirkung des § 138 III gilt ebenso wie im schriftl Verfahren auch hier (abw StJ/Roth Rn 15: keine Geständnisfiktion ohne mündl Verhandlung über die Streitfrage), deshalb ist, wenn nur schriftl Sachanträge vorliegen, bei schlüssiger Klage eine Klageerwiderung nicht nötig. Im übrigen müssen schriftl Sachanträge dem Gegner zugestellt, sonstige Schriftsätze ihm mitgeteilt sein, sonst rechtl Gehör verletzt (MK/Feiber Rn 11; StJ/Roth Rn 15).

6 **d) Entscheidungsverkündung:** Während Beschlüsse jeder Art im versäumten Termin sofort oder in einem hierfür angesetzten späteren Termin verkündet werden dürfen, ist für Urteile ein auf mindestens 2 Wochen hinaus anzusetzender Verkündungstermin (= Einschränkung von § 310) notwendig, damit die nicht erschienene Partei (§ 333 gilt hier nicht!) Gelegenheit erhält, die Entscheidungsverkündung abzuwenden. Hierfür ist, wenn Urteil ergehen soll, der im Termin abwesenden Partei der Verkündungstermin formlos mitzuteilen; § 218 gilt insoweit nicht. Im Hinblick auf die befristete Abwendungsbefugnis (Rn 7) empfiehlt sich aber statt der im Gesetz vorgesehenen (Redaktionsfehler) formlosen Mitteilung an die säumige Partei dringend die förmliche Zustellung; die Gewährung rechtl Gehörs muß eindeutig aktenkundig sein. **Eine die Verkündung der Entscheidung ersetzende Zustellung** (wie § 310 III) **ist unzulässig,** gleichwohl aber kein „Schein- oder Nichturteil" (s § 310 Rn 7).

7 **e) Abwendungsbefugnis** (dann § 156) nur für die im Verhandlungstermin nicht erschienene Partei, nicht auch für die gem § 333 als säumig geltende. Hierfür erforderl **Antrag** binnen 7 Tagen vor dem Verkündungstermin. Gem § 222 muß also der Antrag spätestens an dem Wochentag bei Gericht eingehen, der seiner Bezeichnung nach dem Verkündungstag in der folgenden Woche entspricht. Eingang bis 24 Uhr des letzten Tages genügt (BVerfG NJW 76, 747; § 222 Rn 8). Dem Antrag ist nur bei gleichzeitiger Glaubhaftmachung (§ 294) der Gründe für nichtverschuldete Säumnis u unterlassenen Verlegungsantrag (vgl § 227 III) stattzugeben. **Entschuldigungsgründe** für Partei u deren Vertreter (§§ 51, II, 85 II) in Interesse der Verfahrensförderung streng zu prüfen: Ausreichend krankheitsbedingte Säumnis (falls nicht für RA Abhilfe nach § 53 BRAO zumutbar, BGH NJW 64, 659), uU auch Säumnis nach Entfernung wegen verzögerten Aufrufs der Sache (§ 220 Rn 3; vor § 330 Rn 4) oder iS § 132 verspätetes neues Vorbringen des Gegners im vom Antragsteller versäumten Termin. Auch ohne Antrag hat das Gericht entspr § 335 von Amts wegen den Verkündungstermin aufzuheben u nach § 156 zu verfahren, wenn es nachträgl erkennt, daß die nicht erschienene Partei nicht ordnungsgem geladen war. Die Zurückweisung des Abwendungsgesuchs (wegen nicht entschuldigter Säumnis) erfolgt (ohne Zwischenentscheidung) in der verkündeten Hauptsacheentscheidung und ist nur mit Rechtsmittel gegen diese anfechtbar (nicht § 252).

8 **f)** Das verkündete Urteil ist (als Endurteil instanzbeendendes) **kontradiktorisches Urteil.** Es ergeht „nach Lage der Akten am . . . (Tag des versäumten Termins, nicht der Verkündung!)". Dieser Tag entspricht dem „Schluß der mündl Verhandlung" iS §§ 296a, 323 II, 767 II.

9 **g)** Für die **Besetzung der Richterbank** beim Urteil gilt § 309 bedingt (vgl § 309 Rn 6). Danach entscheidet das Kollegium in der sich aus der Geschäftsverteilung ergebenden Besetzung, die mit der Terminsbesetzung nicht notwendig identisch sein muß.

3) **Vertagung** (möglichst kurzfristig, § 278 IV) kommt nur in Betracht, wenn die Voraussetzungen einer Entscheidung nach Aktenlage (Abs II) nicht erfüllt sind, aber ein erhebl Grund nach § 227 I vorliegt. Entscheidung durch Beschluß. Es gilt § 218, also Ladung u Einhaltung der Ladungsfrist entbehrl. Benachrichtigung der Parteien trotzdem zweckmäßig. 10

4) **Ruhen des Verfahrens** (s § 251) beschließt das Gericht, wenn auch Vertagung nicht in Betracht kommt. Möglich auch, wenn eine Partei erschienen ist und nur Ruhensantrag stellt, denn dies ist kein Sachantrag und damit kein Verhandeln iSd Abs I (vgl Köln MDR 91, 896). Die 3-Monats-Frist des § 251 II gilt auch hier, ebenso die Möglichkeit vorzeitiger Aufnahme mit Zustimmung des Gerichts (§ 251 Rn 4a). Gegen Anordnung des Ruhens mangels Antrags keine Beschwerde (§ 252), nur Aufnahme (§ 250) nach Ablauf der Sperrfrist (KG JW 26, 267). Gegen Ablehnung der Terminsbestimmung vor Ablauf der 3-Monats-Frist einfache Beschwerde gemäß § 252 (§ 251 Rn 5; § 252 Rn 3). 11

5) **Gebühren: a)** des **Gerichts:** S Rn 4 zu § 331a. Dazu ergänzend: **Keine** Urteilsgebühr entsteht im Falle des Abs 2 S 4, auch wenn das Urteil bei Terminsbestimmung schon abgesetzt war. – Gerichtsgebührenfrei ist die Anordnung des Ruhens des Verfahrens nach Abs 3. – **b)** des **Anwalts:** Die Verhandlungsgebühr ist bereits früher verdient worden (s § 251a II 1). Keine besondere Gebühr für den Antrag nach § 251a II 4. 12

252 *[Rechtsmittel bei Aussetzung]*

Gegen die Entscheidung, durch die auf Grund der Vorschriften dieses Titels oder auf Grund anderer gesetzlicher Bestimmungen die Aussetzung des Verfahrens angeordnet oder abgelehnt wird, findet Beschwerde, im Falle der Ablehnung sofortige Beschwerde statt.

1) **Anwendungsbereich: a)** § 252 gilt für alle Arten der Aussetzung (Rn 2, 3 zu § 148 und 2, 3 vor § 239), ebenso für alle sonstigen den **Stillstand des Verfahrens** herbeiführenden oder ablehnenden Entscheidungen (§ 251 Rn 5; § 251a Rn 7 und 11 für den Fall des Ruhens des Verfahrens) oder auch prozeßleitenden Anordnungen (dann aber § 140). Anfechtbar daher auch die entgegen einem Ruhens- oder Aussetzungsgesuch erfolgende **Terminsbestimmung** zur Sachverhandlung (München NJW-RR 89, 64; Terminsladung setzt hier die Frist des § 577 in Lauf, Frankfurt FamRZ 80, 178; 78, 919), ebenso die Aufhebung eines Termins (zB wegen vom Gericht angenommener Unterbrechung des Rechtsstreits) oder die Ablehnung der Terminsbestimmung (§ 216), die ohne rechtfertigenden Grund (zu Beweisaufnahme im Ausland s LG Aachen NJW-RR 93, 1407) unangemessen weit hinausgeschobene Terminsbestimmung (Celle NJW 75, 1230; wegen Dienstaufsichtsbeschwerde § 26 DRiG in diesem Fall s § 216 Rn 21; BGHZ 93, 238 = NJW 85, 1471), die Vertagung (§ 227, JW 99, 431), die beschlußmäßige Feststellung oder Verneinung der Unterbrechung (RG 16, 358; JW 85, 353), die Entscheidung über die Unzulässigkeit der Aufnahme (§ 250) oder die Ablehnung der Fortsetzung des Verfahrens vor Rechtskraft eines Grundurteils (§ 304, KG MDR 71, 588) oder Vorbehaltsurteils (§ 302). 1

b) Anfechtbar ist auch der praktisch einen Verfahrensstillstand herbeiführende **Beweisbeschluß,** der eine erst nach erhebl Zeitablauf durchführbare Beweisaufnahme anordnet, zB die Beweisanordnung gem § 364, Köln NJW 75, 2349, die Einholung eines erbbiologischen Gutachtens (vgl § 640 f) nach mehr als einem Jahr (Hamm FamRZ 58, 379; Köln FamRZ 60, 409; LG Bonn NJW 62, 1626; Bremen NJW 69, 1908; Schleswig SchlHA 68, 262; abw Frankfurt NJW 63, 912; Berlin JR 64, 185, die an der grundsätzl Unanfechtbarkeit von Beweisbeschlüssen festhalten, aber es darf keinen Unterschied machen, ob zum Zweck künftiger Beweiserhebung die Aussetzung oder ob ohne förml Aussetzung bereits die künftige Beweiserhebung beschlossen wird). 1a

c) Aussetzungen, die mit einer **Vorlageentscheidung** verbunden sind, sind nicht nach § 252 anfechtbar (Köln MDR 70, 852 für Art 100 GG; Köln WRP 77, 734 für Art 177 EWGV); s aber BVerfG NJW 73, 1319 für den Fall, daß die Vorlage an das BVerfG unterbleibt. 1b

d) Wird über die Ablehnung einer beantragten Aussetzung erst im **Endurteil** entschieden, so ist dies nur mittels Berufung gegen das Urteil überprüfbar, nicht im Revisionsverfahren (LM Nr 1). 1c

2) **Zulässigkeit der Beschwerde** ist durch § 567 III, IV beschränkt auf erstinstanzl Verfahren. Daß eine Berufung nach § 511a nicht zulässig wäre, steht nicht entgegen (MK/Feiber Rn 24 f). Gegeben ist: 2

a) einfache Beschwerde § 567, soweit das Verfahren entgegen Antrag zum Stillstand kommt, zB durch Zurückweisung der Aufnahme (§ 250) oder Anordnung des Ruhens §§ 251, 251a III, 3

b) sofortige Beschwerde § 577, soweit dem Verfahren in der Hauptsache (Terminsbestimmung nur zur Verhandlung über die Aussetzungsfrage genügt nicht) antragswidrig Fortgang gegeben oder ein Aussetzungsgesuch zurückgewiesen wird. Die Fortsetzung des Verfahrens gegen einen Streitgenossen kann mangelts Beschwer nicht angegriffen werden (Koblenz VersR 92, 1536). 4

c) Weitere Beschwerde ist nicht gegeben (§ 568 II). 5

6 **3) Verfahren des Beschwerdegerichts:** § 252 eröffnet nur die Verfahrensrechtsbeschwerde; dem Beschwerdegericht ist es daher verwehrt, im Rahmen dieser Beschwerde auch die Beurteilung der materiell-rechtl Sach- und Rechtslage durch das Erstgericht zu prüfen (Celle NJW 75, 2208; MK/Feiber Rn 26 ff), denn diese Prüfung bleibt dem Rechtsmittel gegen die spätere Sachentscheidung vorbehalten.

7 **4) Gebühren: a)** des **Gerichts:** KV 1906; – **b)** des **Anwalts:** § 61 I Nr 1 BRAGO.

Zweites Buch

VERFAHREN IM ERSTEN RECHTSZUGE

I) Wesen des kontradiktorischen Erkenntnisverfahrens

1 Erkenntnisverfahren ist das durch ein Rechtsschutzersuchen einer Partei eingeleitete und zu einer bindenden (§§ 318, 322) Entscheidung des Gerichts führende Verfahren. Es ist kontradiktorisch, sofern sich in dem Verfahren zwei (oder mehrere) Parteien als Gegner gegenüberstehen (insoweit im 1. bis 6. sowie im 10. Buch der ZPO geregelt), im Aufgebotsverfahren ist es dagegen einseitig ausgestaltet (9. Buch der ZPO). Die Form der gerichtl Entscheidung ist im Erkenntnisverfahren das **Urteil** (im Schiedsverfahren Schiedsspruch genannt, § 1039). Eingeleitet wird das Erkenntnisverfahren regelmäßig durch eine **Klage,** ausnahmsweise durch einen Antrag (im Gesetz auch Gesuch genannt) im Ehescheidungsverfahren (§ 1564 BGB), im Aufgebotsverfahren (§ 947), im vorausgehenden Mahnverfahren (§ 690) und in dem für den Fall mündlicher Verhandlung dem Erkenntnisverfahren zuzuordnenden Arrest- u einstw Verfügungsverfahren (§§ 921 I, 922 I). Dem Erkenntnisverfahren steht gegenüber das regelmäßig mit einem Antrag eingeleitete und mit einer Entscheidung in Beschlußform endende Verfahren der Zwangsvollstreckung und der freiwilligen Gerichtsbarkeit, das nicht notwendig kontradiktorisch ist (Habscheid ZZP 66, 193). Wegen der **allgemeinen Verfahrensgrundsätze** des kontradiktorischen Erkenntnisverfahrens s Rn 2 ff vor § 128. Die §§ 253–510b regeln das kontradiktorische Erkenntnisverfahren 1. Instanz vor dem Landgericht (§§ 253–494) und dem Amtsgericht (§§ 495–510b).

II) Arten der Klage

2 Das Erkenntnisverfahren kennt als Arten der Klage die Leistungs-, Feststellungs- und Gestaltungsklage, entsprechend den mit diesen Klagen angestrebten Leistungs-, Feststellungs- und Gestaltungsurteilen (zum Streitgegenstand der einzelnen Klagearten vgl Einl Rn 71 ff). Nicht durch den prozessualen Inhalt bestimmte Klagearten, sondern lediglich besondere Formen der Durchsetzung dieser drei Klagearten sind dagegen die Widerklage (§ 33), die Stufenklage (§ 254), die Klage auf künftige Leistung (§§ 257–259), die Nichtigkeits- u Restitutionsklage (§ 578) und die Klage im Urkunden- oder Wechselprozeß (§§ 592 ff).

3 **1) Die Leistungsklage** dient der Durchsetzung eines materiell-rechtl Anspruchs des Klägers, vom Beklagten ein Tun oder Unterlassen zu fordern. Die geschuldete Handlung kann dabei verschiedenster Art sein; am häufigsten ist die Zahlungspflicht. Weitere Beispiele: der Anspruch auf Erfüllung obligatorischer Verträge, der Gewährleistungs- oder Schadensersatzanspruch, der Anspruch auf Herausgabe von Sachen (§§ 883–885), der Anspruch auf Vornahme von physischen Handlungen (§§ 887–893), auf Abgabe von Willenserklärungen (§§ 894–898), auf Duldung (zB der Zwangsvollstreckung § 1147 BGB) oder Unterlassung (§ 890, zB im Fall des § 1004 BGB).

4 Kein notwendiges Merkmal der Leistungsklage ist die **Durchsetzbarkeit des Anspruchs** im Wege der Zwangsvollstreckung. Die Zwangsvollstreckung ist ausgeschlossen (trotzdem Rechtsschutzbedürfnis für die Klage gegeben!) im Falle des § 888 II und § 894, obwohl auch hier wie bei allen Leistungsklagen das Urteil die Feststellung der Leistungspflicht (vgl § 241 BGB) und den Leistungsbefehl an den Beklagten enthält.

5 **2) Die Feststellungsklage** begehrt die positive oder negative Feststellung des Bestehens oder Inhalts eines Rechtsverhältnisses oder der Echtheit oder Unechtheit einer ein Rechtsverhältnis bestimmenden Urkunde, § 256. Im Gegensatz zum Leistungsurteil enthält das Feststellungsurteil keinen Leistungsbefehl an den Schuldner, sondern erschöpft sich in der deklaratorischen Feststellung; es ist daher (abgesehen vom Kostenpunkt) der Zwangsvollstreckung nicht zugänglich, trotzdem aber (zur deklarat Feststellung der Rechtskraft) gem §§ 704 ff für „vollstreckbar" zu erklären. Die fehlende Vollstreckungsfähigkeit des Feststellungsurteils birgt die Gefahr des nutzlosen Selbstzwecks dieser Klage in sich. Daher setzt die Klage außer dem stets erforderl allg Rechtsschutzbedürfnis (Rn 18) noch ein dem Rechtsfrieden dienliches schutzwürdiges „Feststel-

lungsinteresse" (§ 256 Rn 7) des Klägers voraus, das regelmäßig fehlt, wo die Leistungsklage möglich ist.

Eine besondere Form der Feststellungsklage ist die **Zwischenfeststellungsklage** des § 256 II, die es aus Gründen der Prozeßökonomie ermöglicht, neben dem Leistungsbefehl eines Leistungsurteils auch die diesem Befehl zugrundeliegenden Rechtsgründe in Rechtskraft erwachsen zu lassen. Häufigster Anwendungsfall: negative Feststellungswiderklage des Beklagten im Falle der Teilklage des Klägers. 6

Bloße **(negative) Feststellungswirkung** haben alle abweisenden Urteile, daher enthält jeder Abweisungsantrag des Bekl den Anspruch auf negative Feststellung, gleich einer (neg) Feststellungsklage. 7

3) Die Gestaltungsklage erstrebt die unmittelbare Änderung eines unter den Parteien bestehenden Rechtsverhältnisses. Ein Leistungsbefehl an den Bekl ist daher entbehrlich, ebenso wie eine Leistungspflicht des Bekl. Die Gestaltungswirkung des Urteils macht eine Zwangsvollstreckung entbehrlich und (abgesehen vom Kostenpunkt) unmöglich. Da das Urteil eine unmittelbare Änderung der Rechtsverhältnisse bewirkt, wirkt es im Gegensatz zum Leistungs- und Feststellungsurteil nicht nur unter den Parteien, sondern gegenüber jedermann. Häufigster Anwendungsfall der Gestaltungsklage ist der Anspruch auf Änderung eines der Dispositionsbefugnis der Parteien entzogenen Rechtsverhältnisses, so bei der Klage (bzw Antrag) auf Ehescheidung usw gem § 606, auf Feststellung des Personenstands gem § 640. Die fehlende Dispositionsbefugnis der Parteien muß aber dort nicht vorliegen, wo das materielle Recht die Rechtsgestaltung dem Urteilsspruch übertragen hat, zB für die Klage auf Bestimmung einer Leistung gem §§ 315 III, 319 I, 2048, 2156, 2192 BGB, auf Herabsetzung einer Vertragsstrafe oder eines Maklerlohnes (§§ 343 I, 655 BGB), auf Auflösung einer Gesellschaft (§§ 133 I, 161 II HGB), auf Ausschluß eines Gesellschafters (§ 140 I HGB), auf Nichtigerklärung von Gesellschaftsbeschlüssen (§ 241 Ziff 5 AktG, § 51 GenG), auf Nichtigerklärung einer Gesellschaft (§ 275 AktG), auf Erklärung der Unzulässigkeit der Zwangsvollstreckung (§§ 767, 771 ZPO) und auf Beseitigung der Vollstreckungsklausel (§ 768 ZPO) usw. Wo der Streitgegenstand der Dispositionsfreiheit des Bekl untersteht, kann er durch Anerkennung, Verzicht oder rechtsgestaltende Willenserklärung die Hauptsache des Rechtsstreits ohne Urteil zur Erledigung (§ 91a) bringen. 8

III) Die Prozeßvoraussetzungen

1) Allgemeines: Prozeßvoraussetzungen (besser: Sachurteilsvoraussetzungen) sind diejenigen Bedingungen in sachl, persönl und formeller Hinsicht, die erfüllt sein müssen, damit das Gericht sachl über das Klagebegehren verhandeln und entscheiden kann. Sie sind in jeder Lage des Verfahrens, auch noch in der Revisionsinstanz (BGH 31, 279; 86, 184/188 = NJW 83, 997), zu prüfen; für den Erlaß eines Sachurteils kommt es auf ihr Vorliegen zZ des Schlusses der mündl Verhandlung an (zum Wegfall während des Rechtsstreits s Rn 11a). Bei Fehlen einer Prozeßvoraussetzung ist die Klage ohne Rücksicht auf ihre sachl Begründetheit durch „Prozeßurteil" **als unzulässig abzuweisen;** hierbei erwächst das abweisende Prozeßurteil nicht auch hinsichtl des Streitgegenstandes in Rechtskraft, die Klage kann daher unter geänderten Prozeßvoraussetzungen wiederholt werden. Beruht der Mangel auf behebbarem Verfahrensfehler in der ersten Instanz, kommt statt Klageabweisung durch das Rechtsmittelgericht Zurückverweisung nach § 539 in Betracht (vgl § 539 Rn 35, § 565 Rn 9). Entdeckt erst das Revisionsgericht einen Mangel, auf dessen Behebung das Berufungsgericht entgegen § 139 nicht hingewirkt hat, so muß es zurückverweisen, auch wenn die Verletzung des § 139 nicht gerügt ist (Vollkommer Anm zu BAG AP § 253 ZPO Nr 20). Das Vorliegen unverzichtbarer Prozeßvoraussetzungen, das sind alle bis auf die in Rn 20 genannten, ist, da sie dem öffentl Interesse an einer geordneten Rechtspflege dienen, **von Amts wegen** zu prüfen (StJ/Leipold vor § 128 Rn 91 ff; s auch Rn 12). Dies ist unverzichtbar (vgl § 295 Rn 4). Unaufklärbarkeit geht zu Lasten desjenigen, der eine Sachentscheidung begehrt, idR also des Kl (RSchwab/Gottwald § 96 V 2). Zur Rügepflicht der Parteien und den Folgen ihrer Verletzung s § 282 Rn 5 ff, § 296 Rn 8a. 9

Die Prüfung der Prozeßvoraussetzungen hat **Vorrang vor der Prüfung der Begründetheit** der Klage. Abzulehnen ist die Ansicht, die Prozeßvoraussetzungen seien nur gleichwertiger Teilbereich der **„Klageerfolgsvoraussetzungen"** u deshalb sei eine Feststellung der Prozeßvoraussetzungen dort entbehrl, wo die sachl Aussichtslosigkeit eines Klagebegehrens oder eines Rechtsmittels offensichtl sei (Köln NJW 74, 1515 m Anm Gottwald 2241; KG NJW 76, 2353; Rpfleger 75, 29; Grundmann, ZZP 100 [1987], 33; Grunsky, ZZP 80, 55; ders, Grundlagen des Verfahrensrechts, 1974, § 34; Rimmelspacher, Zur Prüfung von Amts wegen im Zivilprozeß, 1966; ders einschr in ZZP 88, 245; Lindacher NJW 67, 1389). Jede Partei hat ein Recht auf Beachtung der Verfahrensvorschriften durch das Gericht. Praktikabilitätserwägungen haben hier außer Betracht zu bleiben, denn sie geben der Prozeßökonomie den Vorrang vor der Gesetzmäßigkeit der Rechtsfindung. Der Vorgriff auf eine materielle Sachentscheidung unter Nichtbeachtung des Fehlens der formellen Sachurteilsvoraussetzungen beschwert die derart unterlegene Partei gesetzwidrig, denn Ver- 10 fahrensfehler sind regelm (uU in einem neuen Verfahren) behebbar, die Sachentscheidung dagegen hat volle Rechtskraftwirkung (§ 322; ebenso RSchwab/Gottwald § 96 V 6; Schwab JuS 76, 69; Berg JuS 69, 123; Sauer, Die Reihenfolge der Prüfung von Zulässigkeit u Begründetheit einer Klage im Zivilprozeß, 1974; ThP Rn 8; BL/Hartmann Grundz § 253 Rn 14; StJ/Schumann Einl 326; MK/Lüke Rn 3). Für die Prozeßvoraussetzungen des Rechtsschutzbedürfnisses (Rn 18; BGHZ 130, 390/400) und des Feststellungsinteresses (§ 256 Rn 7) sind allerdings Einschränkungen des Vorrangs vertretbar. Es wäre sinnwidrig, wenn das Gericht große Mühe auf die Prüfung dieser Voraussetzungen verwenden müßte, obwohl die sachl Unbegründetheit klar auf der Hand liegt (RSchwab/Gottwald § 96 V 6; MK/Lüke Rn 18).

11 Die Frage, in welcher **Reihenfolge** das Vorliegen der Prozeßvoraussetzungen zu prüfen ist (vgl Blomeyer ZPR § 39 III u ZZP 81, 20; Grunsky ZZP 80, 55; Harms ZZP 83, 167; Levy ZZP 20, 87; Lindacher ZZP 90 [1977], 131; Pohle ZZP 81, 161; RSchwab/Gottwald § 96 V 5; Sauer, Die Reihenfolge der Prüfung von Zulässigkeit und Begründetheit einer Klage im Zivilprozeß, 1974) ist umstritten. Im Hinblick auf die Rechtskraftfähigkeit auch des Prozeßurteils (§ 322 Rn 1) ist die Einhaltung einer Reihenfolge der zu prüfenden Prozeßvoraussetzungen, insbesondere die Prüfung, ob a) eine Klage ordnungsgemäß erhoben wurde, b) die persönlichen Prozeßvoraussetzungen der Parteien vorliegen und c) die das angerufene Gericht zu einer Entscheidung ermächtigenden Voraussetzungen gegeben sind, bedeutsam und gerechtfertigt (BAG NJW 83, 839). Andererseits schreibt das Gesetz keine Reihenfolge der Prüfung vor und die uU schwierige Prüfung einer vorrangigen ProzVoraussetzung erscheint wenig sinnvoll, wo das Fehlen einer nachrangigen bereits offen zutage liegt, zumal Verfahrensmängel bis zum Schluß der mündl Verhandlung behoben werden können. Daher ist zulässig jedenfalls, das abweisende Prozeßurteil auf den am leichtesten und schnellsten feststellbaren Verfahrensmangel zu stützen (Harms ZZP 83, 167; ThP Rn 14). Die nachfolgende Zusammenstellung der Prozeßvoraussetzungen ist daher in ihrer Reihenfolge nicht zwingend (StJ/Schumann Rn 131 empfiehlt aber, das *Prinzip möglichst geringer Präjudizierung* eines etwaigen Folgeprozesses zu beachten).

11a Tritt der Mangel einer Prozeßvoraussetzung erst während des Rechtsstreits ein, so ist dies zwar grds – bis zum Schluß der mündl Verhandlung, s Rn 9 – beachtl, führt jedoch nicht in jedem Fall zur Abweisung der Klage als unzulässig. Wegen der Folgen eines Wegfalls der Partei- oder Prozeßfähigkeit oder der Prozeßführungsbefugnis vgl § 56 Rn 10. Veränderungen bei den den Rechtsweg oder die Zuständigkeit begründenden Umständen bleiben nach § 17 I 1 GVG bzw § 263 III Nr 2 ohne Auswirkung. Fällt das Rechtsschutzbedürfnis oder das Feststellungsinteresse infolge eines Verhaltens des Bekl weg (zB er errichtet eine vollstreckbare Urkunde über die Klageforderung oder macht den mit negativer Feststellungsklage angegriffenen Anspruch mit Widerklage geltend), so kann der Kl die Hauptsache für erledigt erklären (vgl § 256 Rn 7).

12 **2) Persönliche Prozeßvoraussetzungen** sind die **Parteifähigkeit** (§ 50), **Prozeßfähigkeit** (§§ 51–57; § 52 Rn 7–15) bzw ordentliche gesetzl Vertretung (§ 56) und **Prozeßführungsbefugnis** (Rn 18 ff vor § 50). Nicht hierher gehört die Sachlegitimation (Rn 25). Für den Streit über Existenz, Parteifähigkeit und Prozeßfähigkeit einer Prozeßpartei werden diese Prozeßvoraussetzungen zunächst als gegeben unterstellt (§ 56 Rn 13; BGHZ 24, 91; 86, 184/86 = NJW 83, 996; NJW-RR 86, 157; Hager ZZP 97 [1984], 174). **Zweifeln an der Prozeßfähigkeit** der Parteien hat das Gericht vAw nachzugehen (§ 56), aber keine Amtsermittlungen anzustellen (BGH NJW 89, 2064 = MDR 89, 623; StJ/Leipold vor § 128 Rn 95, 97; RSchwab/Gottwald § 96 V 2; aA BGH NJW 96, 1059/60; vgl auch § 56 Rn 4). Die Darlegung der tatsächl Umstände ist auch hier Sache der Parteien, desgleichen im Grundsatz der Beweisantritt, jedoch bestehen die gesetzl vorgesehenen Möglichkeiten zur Beweiserhebung vAw (s vor § 128 Rn 11) auch hier. Zudem erleichtert die Rspr die Beweiserhebung durch Zulassung des sog Freibeweises (bedenkl; s vor § 284 Rn 7). Bei fortbestehenden und nicht weiter aufklärbaren Zweifeln dieser Art ist von der Prozeßunfähigkeit auszugehen (BGHZ 18, 184/190; 86, 184/89), gleichwohl aber Verhandlungstermin zu bestimmen (§ 216; s hierzu auch § 57), denn über die Rechtsfolge der Prozeßunfähigkeit einer Partei (Prozeßurteil: die Klage ist unzulässig) ist nicht im Vorfeld der Terminsbestimmung zu befinden, sondern im (auch für den Prozeßunfähigen rechtsmittelfähigen; BGH ZZP 103 [1990], 464 mit Anm Bork; NJW-RR 86, 1119; Hager ZZP 97, 174/77) Urteil; anders (Terminsbestimmung entbehrlich) ThP § 253 Rn 19; Schleswig SchlHA 58, 230 bei offenkundiger Prozeßunfähigkeit.

13 **3) Sachliche Prozeßvoraussetzungen** sind allgemeiner Art, soweit sie in jedem Prozeß, besonderer Art, soweit sie die konkret gewählte Form des Rechtsschutzbegehrens betreffen.

14 **a) Allgemeine Prozeßvoraussetzungen** sind:

die Ordnungsmäßigkeit der Klageerhebung (Süss ZZP 54, 12), §§ 253, 496 (s Rn 24 und § 253 Rn 7 ff), im Anwaltsprozeß (§ 78) durch einen beim ProzGericht zugelassenen Anwalt (zur Heilung dieses Mangels ex nunc LG Mainz MDR 80, 406).

15 **die Gerichtsbarkeit,** nämlich die Jurisdiktionsgewalt des Gerichts über den Streitgegenstand (RG 157, 394; BGH 8, 379) oder über die Person (vgl §§ 18–20 GVG); zur Indemnität der Abgeord-

neten BGH 75, 384 u Roll NJW 80, 1439. Zur hiervon zu unterscheidenden internat Zuständigkeit des Gerichts s § 1 Rn 8; IZPR Rn 37 ff.

die Zulässigkeit des Rechtsweges (§ 13 GVG). 16

die Zuständigkeit des Gerichts in internat (IZPR Rn 37 ff), örtl (§§ 12–39) und sachl (§§ 23, 71, 72, 119, 133 GVG) Hinsicht; die fehlende Zuständigkeit ist jedoch nur insoweit von Amts wegen zu beachten (vgl § 39), als das Gesetz die Zuständigkeit im Einzelfall als eine ausschließl bezeichnet hat (zB § 71 II III GVG, § 51 PatG, §§ 24, 29a I, 606, 802 ZPO; zur internat Zuständigkeit s § 39 Rn 4), im übrigen bedarf sie der Rüge des Bekl in der mündl Verhandlung; im Säumnisverfahren erfaßt die Geständnisfiktion des § 331 daher auch die (schlüssige) Zuständigkeitsbehauptung des Klägers (Geimer NJW 73, 1151/52), soweit dem nicht §§ 331 I 2, 29 II entgegenstehen. 17

das Rechtsschutzbedürfnis (vgl Frankfurt NJW 69, 1906; Allorio ZZP 67, 321; Baumgärtel ZZP 67, 423; RSchwab/Gottwald § 92 IV; Schönke AcP 150, 216). Dieses fehlt bei objektiv sinnlosen Klagen, dh wenn der Kläger kein schutzwürdiges Interesse an dem begehrten Urteil haben kann. Dies kann aber nur unter ganz besonderen Umständen bejaht werden, denn grds hat jeder Rechtsuchende einen öffentl-rechtl Anspruch darauf, daß die Gerichte sein Anliegen sachl prüfen und bescheiden. Ob Möglichkeiten zur Vollstreckung aus dem angestrebten Titel erkennbar sind, kann keine Rolle spielen, da der Titel für 30 Jahre Vollstreckungsmöglichkeiten verschafft (BGH NJW 96, 2035/37). – Das Rechtsschutzbedürfnis für die Klage ist auch klar zu trennen von der **Berechtigung des materiellen Klagebegehrens.** So stellt zB die Sittenwidrigkeit der Anspruchsgrundlage (§§ 138, 656, 817 BGB; Hamburg WRP 73, 482) oder der Mißbrauch des Anfechtungsrechts nach § 246 AktG (BGH NJW-RR 92, 1388) nur die Begründetheit der Klage, nicht bereits ihre Zulässigkeit in Frage. Wenn sich die Schutzwürdigkeit der kl Position erst aufgrund näherer Prüfung materiellrechtl Fragen beurteilen läßt, darf Rechtsschutzbedürfnis nicht verneint werden (BGH LM § 16 UWG Nr 142 m Anm Bokelmann). 18

Rechtsschutzbedürfnis kann zB fehlen, wenn über den Anspruch bereits ein Urteil (res iudicata) oder ein **sonstiger Vollstreckungstitel** vorliegt, doch schließt dies eine neue Klage nicht aus, wenn für diese ein verständiger Grund besteht, zB weil dieser Titel unersetzbar verlorenging (BGHZ 4, 314/321), die Unterbrechung der Verjährung geboten ist (BGH MDR 85, 562), die Durchsetzbarkeit des Titels zweifelhaft ist (BGH LM § 212 BEG 1956 Nr 4) oder die Auslegung des früheren Titels streitig ist (vgl § 256 Rn 8b). BGHZ 98, 127 = NJW 86, 2704/2705 = MDR 86, 931 bejaht Rechtsschutzbedürfnis für Klage auf Abgabe einer Willenserklärung (zB § 894 BGB), obwohl hierüber bereits ein vollstreckbarer Vergleich vorliegt, weil § 894 ZPO für diesen Vergleich nicht gilt (s dort Rn 3) und die „keineswegs kürzere und einfachere" Zwangsvollstreckung aus dem Vergleich gemäß § 888 dem Gläubiger nicht zumutbar sei. 18a

Entsprechendes gilt, wenn ein Titel auf **einfacherem Wege** zu erlangen ist (zB im Kostenfestsetzungsverfahren, BGH NJW 90, 2061; RGZ 130, 218; vgl § 19 BRAGO für Vergütungsanspruch des RA) oder durch Feststellung zur Konkurstabelle, sofern nicht ein besonderes Interesse daran besteht, daß der Gläubiger unter Verzicht auf Befriedigung aus der Konkursmasse gegen den Gemeinschuldner klagt (BGH NJW 96, 2035/36 zu Schadensersatzanspruch, für den Haftpflichtversicherung besteht). Auf einen verfahrensmäßig unsicheren Weg darf der Rechtsuchende aber nicht verwiesen werden (BGHZ 111, 168/171; NJW 94, 1351). Entsteht anderweitige Vollstreckungsmöglichkeit während des Prozesses (zB Bekl errichtet vollstreckbare Urkunde), entfällt das Rechtsschutzbedürfnis (aA LG Lüneburg NJW-RR 92, 1190); zu den Folgen s Rn 11a. 18b

Bei **Unterlassungs- u Beseitigungsansprüchen** schließt straf- oder verwaltungsrechtl Schutz die Klage regelm nicht aus (RG 116, 151; 156, 377; Köln MDR 94, 1121). Zur Frage des Rechtsschutzbedürfnisses für eine Unterlassungsklage trotz eines bereits vorliegenden vertragl Unterlassungsversprechens des Schuldners s BGH MDR 88, 26/27 (nur bei Vertragsstrafeverpflichtung ist Rechtsschutzinteresse regelm zu verneinen; in anderen Fällen kommt § 93 in Betracht). 18c

Zur Frage, ob das Rechtsschutzbedürfnis für eine **Klage auf Zahlung eines Minimalbetrages** verneint werden darf, s Schneider MDR 90, 893 m weiteren Hinw. Gegen eine Rechtsverweigerung für Bagatellprozesse bestehen Bedenken, solange nicht Schikane des Klägers ersichtl ist (hierzu Einl Rn 56). Hier eine betragsmäßige Zulassungssperre für die Anrufung der Gerichte anzunehmen, wäre unvereinbar mit geltendem Recht und Gesetz (Art 103 I GG). Der (evtl nur zahlungsunwillige) Schuldner wäre zu Lasten des Gläubigers begünstigt; jeder Schuldner wäre der Versuchung ausgesetzt, seine Schuld um den Sperrbetrag zu kürzen; die Höhe des Sperrbetrages träfe den armen Gläubiger schwerer als den reichen. Es ist daher nicht zu rechtfertigen, den Rechtsweg für Kleinbeträge oder -werte grundsätzl einzuschränken, solange hierzu das Gesetz schweigt (Zur gerichtl Durchsetzung von Minimalforderungen Olzen/Kerfack JR 91, 133; StJ/Schumann Rn 117; vgl schon R. v. Ihering 1919 in der Abhandlung Der Kampf um's Recht). 18d

die Klagbarkeit des Anspruches (Stech ZZP 77, 161): ein Anspruch kann, obwohl sachl begründet, nicht klagbar sein, wo das Gesetz die Erfüllungsklage allgemein (zB §§ 656, 1297 BGB) oder 19 nur unter bestimmten Voraussetzungen (zB §§ 1001, 1958 BGB) ausschließt oder erschwert (zB §§ 110, 269 IV ZPO). Auch **Prozeßverträge** (vor § 128 Rn 26) können der Klagbarkeit entgegenstehen, so insbes der Schiedsvertrag (§§ 1025, 1027a) und der Vertrag über Klagbarkeit erst nach vorprozessualem Güteversuch (BGH ZZP 99 [1986], 90; Celle NJW 71, 289; ähnlich das Sachverständigenverfahren gem § 64 VVG). Solche die Klagbarkeit eines Anspruchs modifizierenden Verträge (oft in Korporationssatzungen [vgl BGH NJW-RR 95, 290] oder allg Geschäftsbedingungen enthalten) sind in ihrer Verbindlichkeit an den §§ 138, 157, 242 BGB und an den Vorschriften des AGBG zu messen; so muß die Neutralität des Schiedsrichters (vgl § 1032) und Schlichters gewährleistet sein und darf der Vorteil alsbaldiger Rechtshängigkeit (§ 262 Rn 2–4) insbesondere bei drohender Insolvenz des Schuldners nicht unangemessen eingeschränkt werden (Prütting ZZP 99 [1986], 93). – Noch nicht fällige Ansprüche sind nur bedingt klagbar, vgl §§ 257–259.

19a **das Fehlen des Prozeßhindernisses der anderweitigen Rechtshängigkeit oder Rechtskraft** (vgl hierzu § 261 Rn 8, vor § 322 Rn 19; zur erforderl Identität der Streitgegenstände Einl Rn 61 ff).

20 **das Nichtvorliegen prozeßhindernder Einreden** (§§ 113, 269 IV, 1027a).

21 **b) Besondere Prozeßvoraussetzungen** bestimmt das Gesetz für einzelne Verfahrensarten: Widerklage §§ 33, 595 I, 610, 611, 641 II; Feststellungsklage § 256; Abänderungsklage § 323; Restitutionsklage § 578; Urkundenklage § 592; Vollstreckungsgegenklage § 767; Drittwiderspruchsklage § 771; Sachrechtsbereinigungsverfahren § 105 SachenRBerG (Anh III). Nach der Rspr ist auch die Verbandsklagebefugnis nach § 13 II Nr 2 UWG nicht nur eine Frage der materiell-rechtl Aktivlegitimation, sondern zugleich Prozeßvoraussetzung (BGH NJW-RR 91, 1138; aA Balzer NJW 92, 2726 f).

IV) Schlüssigkeit, Sachlegitimation, Begründetheit

22 Keine Prozeßvoraussetzungen, sondern nur Voraussetzung für den sachl Erfolg der Klage sind dagegen Schlüssigkeit der Klage, die Sachlegitimation des Klägers für den Klageanspruch und natürlich die Begründetheit.

23 **1) Die Klage ist schlüssig,** wenn ihr Tatsachenvortrag, seine Richtigkeit unterstellt, geeignet ist, den Klageantrag sachl zu rechtfertigen (BGH NJW 84, 2889). Der Vortrag von Einzelheiten des Sachverhalts gehört nicht zur Schlüssigkeit der Klage, kann aber durch die Substantiierungslast geboten sein (vgl § 138 Rn 8a). Ob der Gegner den Tatsachenvortrag bestreitet, ist für die Frage der Schlüssigkeit unerhebl. Nur eine schlüssige Klage rechtfertigt ein VersUrteil (§ 331 II) gegen den Bekl. Eine unschlüssige Klage ist als unbegründet abzuweisen, jedoch erst nach Hinweis gem §§ 139, 278 III u nach Einräumung der Gelegenheit, die Schlüssigkeitsbedenken des Gerichts auszuräumen, Frankfurt MDR 89, 461; München OLGZ 79, 355. Entscheidend für die Beurteilung der Schlüssigkeit ist der Vortrag im Zeitpunkt der letzten mündl Verhandlung. Früheres, erst recht vorprozessuales Vorbringen kann, sofern es nicht ausnahmsweise Bindungswirkung hat (zB nach § 290), der Klage nicht die Schlüssigkeit nehmen, sondern allenfalls für die Beweiswürdigung von Bedeutung sein (BGH NJW-RR 95, 1340; NJW 96, 394).

24 Keine Frage der Schlüssigkeit, sondern der Zulässigkeit ist dagegen die **Ordnungsmäßigkeit der Klageerhebung** iS des § 253 II (dort Rn 7 ff). Unzulässig ist insbes die Klage, die den Streitgegenstand nicht iS des § 253 II Nr 2 individualisiert, unbegründet dagegen die Klage, die nicht erkennen läßt, worauf der Kläger seinen prozessualen Anspruch stützt. In der Praxis werden diese Kategorien oft nicht klar genug unterschieden; insbes der schillernde Begriff der **fehlenden Substantiierung** führt zu Verwirrungen und damit zu prozessualen Fehlbehandlungen (vgl zB den von Düsseldorf NJW-RR 92, 1404 entschiedenen Fall). Folgende Fälle sind auseinanderzuhalten:

- die Klage läßt ihren Gegenstand nicht erkennen (fehlende Individualisierung): Zulässigkeitsmangel (s § 253 Rn 10 ff);
- mit der Klage werden nicht alle zur Begründung der beantragten Rechtsfolge erforderl Tatsachen vorgetragen (fehlende Schlüssigkeit): Begründetheitsmangel (oben Rn 23);
- trotz Bestreitens werden die Einzelheiten, aus denen sich die zur Schlüssigkeit erforderl Tatsachen ergeben, nicht vorgetragen (fehlende Substantiierung): Begründetheitsmangel (§ 138 Rn 8a).

Zur Hinweispflicht des Gerichts bei solchen Mängeln s die Erl zu § 139, zur Heilung von Mängeln § 253 Rn 23.

25 **2) Sachlegitimation,** dh Aktivlegitimation des Klägers und Passivlegitimation des Beklagten, liegt vor, wo der Kläger befugt ist, den Klageanspruch nach materiellem Recht in eigener Person (wenn auch uU mit dem Ziel der Leistung an Dritte, zB im Fall der Prozeßstandschaft, § 265 ZPO oder § 2039 BGB) geltend zu machen und der Beklagte Schuldner des Klageanspruchs ist. Bei fehlender Sachlegitimation ist die Klage als unbegründet abzuweisen; zur Frage der Prozeßführungsbefugnis im eherechtl Güterrecht s Anhang zu § 51. Hiervon unterscheide die verfahrensrechtl Prozeßführungsbefugnis (Rn 18 ff vor § 50).

3) **Begründetheit der Klage** ist die Übereinstimmung der in ihr behaupteten mit der vom Gericht nach Durchführung des Erkenntnisverfahrens festgestellten Rechtsfolge. Liegt sie vor, wird der Bekl antragsgemäß verurteilt, andernfalls wird die Klage abgewiesen. In beiden Fällen handelt es sich um ein der materiellen Rechtskraft bezügl des Streitgegenstandes fähiges Sachurteil (vgl vor § 322 Rn 8). Entscheidend ist stets die Lage im Zeitpunkt der letzten mündl Verhandlung. Daher Abweisung als unbegründet auch, wenn Klageanspruch im Laufe des Rechtsstreits erlischt (dann ggf Erledigung der Hauptsache, § 91a); dagegen Verurteilung, wenn Anspruch erst nach Rechtshängigkeit entsteht oder fällig wird (hier ggf sofortiges Anerkenntnis geboten, vgl § 93 Rn 4). Bei fehlender Fälligkeit im Zeitpunkt der letzten mündl Verhandlung Abweisung der Klage als zur Zeit unbegründet (vgl vor § 322 Rn 56, 58). Bei Fälligkeit, aber Geltendmachung eines Zurückbehaltungsrechts: Verurteilung Zug um Zug (§§ 274, 322 BGB). 25a

V) Die Wirkung der Klageerhebung

1) **Materiell-rechtl Wirkungen** sind: die Unterbrechung der Verjährung §§ 209, 211, 801 BGB; §§ 207, 270 III, 693 II ZPO; Eintritt des Verzuges § 284 I 2 BGB; Zinsanspruch § 291 BGB; Haftungsverschärfung für den Schuldner §§ 292, 818 IV, 987 II, 988, 989, 994 II, 991, 996, 1007 III, 2023 BGB; Unterbrechung der Ersitzung § 941 BGB; Übertragbarkeit von Ansprüchen § 1300 II BGB (die §§ 207, 270 III, 693 II sind hier nicht anwendbar, BGH NJW 61, 1575); Unterbrechung von Ausschlußfristen §§ 561 II, 864, 977, 1002, 1188 II, 1613 BGB, § 12 III VVG. Vgl auch § 262 ZPO. 26

2) **Prozessuale Wirkungen** sind die Rechtshängigkeit § 261, die Einschränkung der Klageänderung § 263, die Fixierung der Zuständigkeit des Gerichts (§ 261 III 2) und der Sachlegitimation des Klägers § 265, die Unzulässigkeit anderweitiger gerichtl Geltendmachung des Klageanspruchs § 261 III 1 und die Beschränkung der Klagerücknahme § 269 I. Schließlich wird durch die Klage (hinsichtl des Beklagten erst durch deren Zustellung an ihn) das öffentl-rechtl Prozeßrechtsverhältnis (Einl Rn 52 ff) begründet. 27

Erster Abschnitt

VERFAHREN VOR DEN LANDGERICHTEN

Erster Titel

VERFAHREN BIS ZUM URTEIL

253 *[Klageschrift]*
(1) Die Erhebung der Klage erfolgt durch Zustellung eines Schriftsatzes (Klageschrift).

(2) Die Klageschrift muß enthalten:

1. **die Bezeichnung der Parteien und des Gerichts;**
2. **die bestimmte Angabe des Gegenstandes und des Grundes des erhobenen Anspruchs sowie einen bestimmten Antrag.**

(3) Die Klageschrift soll ferner die Angabe des Wertes des Streitgegenstandes enthalten, wenn hiervon die Zuständigkeit des Gerichts abhängt und der Streitgegenstand nicht in einer bestimmten Geldsumme besteht, sowie eine Äußerung dazu, ob einer Übertragung der Sache auf den Einzelrichter Gründe entgegenstehen.

(4) Außerdem sind die allgemeinen Vorschriften über die vorbereitenden Schriftsätze auch auf die Klageschrift anzuwenden.

(5) Die Klageschrift sowie sonstige Anträge und Erklärungen einer Partei, die zugestellt werden sollen, sind bei dem Gericht schriftlich unter Beifügung der für ihre Zustellung oder Mitteilung erforderlichen Zahl von Abschriften einzureichen.

1) **Bedeutung der Klageerhebung:** Die Klageerhebung ist die ein Prozeßrechtsverhältnis (Einl Rn 52 ff) begründende **Prozeßhandlung.** Sie ist ein Antrag iS des § 216, über den grds (Ausn: §§ 128 II u III, 307 II, 331 III) nach mündl Verhandlung (§ 128) durch Urteil (§§ 300 ff) zu entscheiden ist. Als Prozeßhandlung ist sie grds **bedingungsfeindlich** (Rn 20 vor § 128), doch kann sie von einer sog innerprozessualen Bedingung abhängig gemacht werden (RG 144, 73). Zulässig ist es zB, einen Klageantrag hilfsweise zu stellen, dh von dem Ergebnis der Sachentscheidung des Gerichts über einen anderen Anspruch abhängig zu machen, ebenso die Eventu- 1

alwiderklage für den Fall des Obsiegens des Klägers (BGH NJW 61, 1862 für den Fall der Unzulässigkeit einer primär geltend gemachten Aufrechnung; BGH NJW 65, 440, Hilfswiderklage auf Rückzahlung der mit der Klage geforderten Zahlung aus einem erst durch den Erfolg der Klage bedingten rechtl Grund), oder die eventuelle Klageerweiterung für den Fall des erfolgreichen Hauptantrages (BAG NJW 65, 1042). Der BGH (NJW 59, 241; LM § 616 Nr 9; LM § 164 BGB Nr 15; RG 135, 17) läßt die bedingte Wider-Widerklage des Klägers zu. Dagegen wäre die unbedingte Widerklage des Klägers gegen eine Widerklage des Bekl faktisch eine Klageerweiterung mit der Kostenfolge des § 65 GKG, während für die Widerklage eine Kostenvorschußpflicht nicht besteht (Neustadt NJW 54, 1371). Unzulässig bedingt wäre eine für den Fall der Abweisung der Klage gegen einen Dritten erhobene Klage, denn hier fehlt zwischen dem Kläger u dem Dritten ein bereits bestehendes Prozeßrechtsverhältnis, das die Bedingung für die Klage gegen den Dritten als eine innerprozessuale erscheinen ließe; es gibt keine eventuelle subjektive Klagehäufung (vgl §§ 59 f Rn 10). Ebensowenig kann ein Hilfsantrag mit der Bedingung verknüpft werden, daß der Hauptantrag eine Beweisaufnahme erforderl macht (BGH NJW 95, 1353). Näher zum Hilfsantrag § 260 Rn 4.

2 Einstweilen frei.

3 2) Wegen der **Arten** der Klage s Rn 2 ff vor § 253, wegen der materiell- und verfahrensrechtl **Wirkungen** der Klageerhebung s Rn 26, 27 vor § 253 sowie die Anm zu §§ 262, 270 III.

4 3) **Der Vorgang der Klageerhebung:** Die Klage wird **erhoben** durch **Einreichung** (Abs V, hierzu näher Rn 5) eines den Erfordernissen der Abs II–IV entsprechenden Schriftsatzes (beim AG auch mündl z Prot §§ 496, 129a) **und Zustellung** desselben an den Gegner (§ 270; näher Rn 21). Die Einreichung bewirkt die **Anhängigkeit** der Klage, die Zustellung die **Rechtshängigkeit** (§ 261). Da der Kläger wegen der Zustellung im Amtsbetrieb keinen Einfluß auf den Zeitraum zwischen Anhängigkeit und Rechtshängigkeit hat, verlegt das Gesetz (§§ 207, 270 III, 696 III) die Wirkungen der Rechtshängigkeit vielfach auf den Zeitpunkt der Anhängigkeit vor. Im übrigen ist während der Dauer der Anhängigkeit der Kläger noch alleiniger Herr des Verfahrens, er kann seine Klage grds ohne die Kostenfolge des § 269 zurücknehmen, weil ein Prozeßrechtsverhältnis zu dem Bekl noch nicht besteht (§ 269 Rn 8); vgl entspr für Hauptsacheerledigung vor Rechtshängigkeit BGH NJW 82, 1598 und § 91a Rn 16, 17. Zur rechtl Bedeutung der Anhängigkeit Schilken JR 84, 446; zur Begründung der Rechtshängigkeit eines erst im Laufe des Prozesses erhobenen Anspruchs § 261 II.

5 **Die Einreichung** (vgl Rn 6 ff zu § 270) erfolgt bei dem LG ausschließl schriftl. Der Schriftsatz ist ein bestimmender (Rn 3 zu § 129). Daher (entgegen OVG Münster NJW 63, 2045; BVerwG NJW 66, 1044) ist **eigenhändige Unterschrift,** im Anwaltsprozeß die eines zugelassenen RA (§ 78), erforderl (RG 151, 82; BGH 65, 46/47 = NJW 75, 1704). Wegen der Anforderungen an eine wirksame Unterschrift s § 130 Rn 7. Die fehlende Unterschrift kann aber durch ein der Klage beiliegendes u unterzeichnetes Schriftstück ersetzt werden, das die Absicht der Klageerhebung erkennbar bestätigt (BAG NJW 76, 1285), während ein nachfolgender Schriftsatz, dem sich eine Bestätigung der gewollten Klageerhebung entnehmen läßt, allenfalls eine den Mangel heilende Wirkung (Rn 22) haben kann. Bei Klagen öffentl-rechtl Körperschaften oder Anstalten läßt die Rspr die maschinenschriftl Angabe des Verfassernamens mit Beglaubigungsvermerk genügen (GemS NJW 80, 172/174). Zur Behandlung nicht unterschriebener Klagen s Rn 22, zur gleichzeitigen Einreichung von Klageschrift und PKH-Gesuch s § 117 Rn 7 ff, zur Einreichung durch **Telegramm, Fernschreiben oder Telekopie** § 130 Rn 9 ff.

6 Einstweilen frei.

7 4) **Der notwendige Inhalt der Klageschrift** (Abs II) ist von Amts wegen zu prüfende (RG 99, 126) Prozeßvoraussetzung, deren Fehlen die Klage unzulässig macht. **Mängel der Klageschrift** können durch Berichtigung behoben werden. Berichtigung von Zulässigkeitsmängeln wirkt ex nunc, von sonstigen Mängeln ex tunc (Rn 22). Zur Behandlung grob beleidigender Klagen s Rn 21a. Sonderregelung für das Sachenrechtsbereinigungsverfahren: § 106 SachenRBerG (Anh III).

8 a) **Bezeichnung der Parteien:** Kläger und Beklagter sind so genau zu bezeichnen, daß kein Zweifel an der Person besteht. Zur Berichtigung von Falschbezeichnungen s vor § 50 Rn 6 ff. – Die Angabe der **Anschriften** schreibt § 253 nicht ausdrückl vor; sie läßt sich auch nicht aus der Verweisung in Abs IV ableiten, da der dort in Bezug genommene § 130 nur Sollvorschriften enthält (aA BGHZ 102, 332 = NJW 88, 2114 = ZZP 101, 457 m abl Anm Zeiss; KG OLGZ 91, 465; KGR 96, 108; MK/Lüke Rn 56). Daß die zustellfähige Anschrift des Bekl angegeben werden muß, ergibt sich aber denknotwendig aus dem Erfordernis der Klagezustellung. Dagegen braucht der Kl seine Anschrift entgegen der vorerwähnten Rspr nicht anzugeben, solange er über seinen ProzBevollm für Zustellungen erreichbar ist (vgl BVerfG NJW 96, 1272). Ist dies nicht gewährleistet, so kann auch eine für das Gericht erkennbar falsche Adreßangabe des Kl die Ordnungsmäßigkeit der Klage beeinträchtigen (Frankfurt NJW 92, 1178 = MDR 92, 610). – Bei prozeßunfähigen Parteien muß der **gesetzl Vertreter** angegeben werden, soweit dies für die Zustellung erfor-

derl ist (vgl § 171 mit der Vereinfachung für juristische Personen in Abs II). Namentl Bezeichnung des Vertreters ist also nicht unbedingt erforderl (BGH NJW 89, 2689; vgl § 171 Rn 7), ebensowenig die korrekte Angabe der Vertretungsverhältnisse (bei GmbH & Co KG genügt zB „vertreten durch die Geschäftsführer"; BGH NJW 93, 2811/13). Bei einer Klage gegen den Fiskus gehört die Angabe der Vertretungsbehörde nicht zu den zwingenden Erfordernissen einer ordnungsgemäßen Klage (Zweibrücken OLGZ 78, 108). – Wo **Partei kraft Amtes** klagt oder verklagt wird, ist die verwaltete Vermögensmasse (zB „als Verwalter im Konkurs des . . ." oder „als Testamentsvollstrecker über den Nachlaß des am . . . verstorbenen . . .") anzugeben, sonst ist der Verwalter selbst Partei. – Die Gesellschafter der **BGB-Gesellschaft** sind immer, die Mitglieder des **nichtrechtsfähigen Vereins** sind nur als Kläger (§ 50 II) namentl zu bezeichnen (hier bewahrt bei der Gesellschaft ggf die actio pro socio, beim Verein eine satzungsgemäße Prozeßstandschaft des Vorstands, vgl vor § 50 Rn 49, vor der Notwendigkeit, lange Mitgliederlisten in die Klageschrift aufzunehmen). – Für Klage gegen die Mitglieder einer **Wohnungseigentümergemeinschaft** ist deren namentl Angabe zunächst entbehrl; Mitgliederliste kann, weil Bestimmbarkeit genügt, nachgereicht werden (BGH NJW 77, 1686; BayObLG MDR 87, 765). – Der **Kaufmann** kann unter seiner Firma bezeichnet werden (§ 17 II HGB). Unzulässige oder falsche Firma schadet nicht, wo Identität zweifelsfrei feststeht, doch ist wegen Zustellung u Zwangsvollstreckung alsbaldige Richtigstellung geboten (RG 99, 271). Keine Berichtigung, sondern Klageänderung liegt vor, wo A als Firmeninhaber bezeichnet ist, während B der Inhaber ist (OLG 11, 77; 13, 33). Dagegen ist der tatsächl Inhaber Beklagter, wenn Firma ohne Angabe des Inhabers verklagt (München NJW 71, 1615). – Soll sich das Verfahren gegen eine **namentlich nicht bekannte Person** richten (denkbar vor allem im einstw Rechtsschutz, zB bei Hausbesetzungen), so kann die Angabe anderer Merkmale genügen, die keinen Zweifel an der Identität der Partei aufkommen lassen (vgl Oldenburg NJW-RR 95, 1164; Köln NJW 82, 1888; LG Krefeld NJW 82, 289; Raeschke-Kessler NJW 81, 663; Kleffmann, Unbekannt als Parteibezeichnung, 1983).

b) Bezeichnung des Gerichts: Anzugeben ist das Gericht als solches, nicht die Spruchabteilung. Nur die Kammer für Handelssachen ist wegen § 96 GVG in der Klageschrift anzugeben. Klage beim unzuständigen Gericht äußert alle Wirkungen iS §§ 261, 262 ex tunc, wenn nachträgl verwiesen (§ 281) oder Zuständigkeit (soweit gem §§ 38, 40 zulässig) vereinbart wird, BGH 35, 374. 9

c) Bestimmte Angabe von Gegenstand u Grund des Anspruchs sowie bestimmter Antrag sind zwingend (sonst Klage unzulässig, s Vorbem § 253 Rn 24), weil hierdurch der Streitgegenstand (Einl Rn 60 ff) bestimmt u die Entscheidungsbefugnis des Gerichts (§ 308) abgegrenzt wird. 10

aa) Gegenstand ist nicht das gegenständl Objekt der Klage (häufig fehlt ein solches), sondern der Sachverhalt (zB Vertrag, unerlaubte Handlung usw), der den Inhalt des geltend gemachten Anspruchs konkretisiert. Der Begriff ist nicht identisch mit dem des Streitgegenstands (vgl Einl Rn 60 ff), denn dieser wird durch den Antrag bestimmt. 11

bb) Grund des Anspruchs ist der vom Kläger darzulegende Sachverhalt, aus dem er den Klageanspruch herleitet (zur Bedeutung dieser Darlegung für die Bestimmung des Streitgegenstandes s Einl Rn 63 ff). Hiervon zu unterscheiden ist die rechtl Qualifizierung des Sachverhalts durch den Kläger, die weder Voraussetzung einer zulässigen Klage ist, noch das Gericht bindet (Einl Rn 71). Insbesondere kann der Kläger vom Gericht nicht verlangen, seine Klage nur unter einem bestimmten rechtl Gesichtspunkt zu prüfen (Einl Rn 84; MK/Musielak § 308 Rn 12; BAG Betrieb 75, 1226; Köln MDR 70, 686; aA MK/Lüke § 253 Rn 72). Dementsprechend unterscheidet das Gesetz auch die Tatsachenaufklärung (§ 139), die die Bestimmtheit des Streitgegenstands berührt, von der rechtl Aufklärung (§ 278 III), die auch vom Kläger „für unerhebl gehaltene" rechtl Gesichtspunkte umfaßt. 12

Der Grund ist **konkretisiert darzulegen** (RG 143, 65). Ungenügend daher „Anspruch aus Kaufvertrag", erforderl vielmehr Angabe, welche Leistung (Kaufpreis, Schadensersatz, Rückzahlung wegen Wandelung) aufgrund welchen Vertrages, welcher Vertragsverletzung usw verlangt wird. Bei Vergütungsklagen müssen die Zeiträume, für die die Vergütung gefordert wird, kalendermäßig bezeichnet werden (BAG NZA 96, 266). Allerdings ist für die Ordnungsmäßigkeit und damit Zulässigkeit der Klage nur so viel vorzutragen, daß der Klageanspruch eindeutig individualisiert ist. Ob der Kl auch alles vorgetragen hat, was zur Rechtfertigung seines Klagebegehrens erfordert ist, betrifft die Frage der Schlüssigkeit und damit der Begründetheit der Klage (vor § 253 Rn 23 f). Angabe von anspruchsbegründenden Rechtsnormen ist immer entbehrl. – Die Individualisierung durch **Bezugnahme** auf andere Schriftstücke ist nur in Grenzen zulässig (zu Bankunterlagen bei Kontokorrent s BGH ZIP 95, 1000). Im **Anwaltsprozeß** muß RA selbst Gegenstand u Grund in der Klageschrift bezeichnen, bloße Bezugnahme auf Parteivorbringen (zB im Gesuch um Prozeßkostenhilfe BGH 22, 254 = NJW 57, 263) oder auf Schriftsatz eines Dritten ist unzulässig (BGH NJW 53, 259; BVerwG NJW 62, 218). Unzureichend ist auch die nicht substantiierte Bezugnahme auf den Inhalt eines der Klageschrift beigegebenen umfangreichen Aktenstückes (zB Buchhaltungsunterlagen, vgl § 130 Rn 1a). Zulässig jedoch die Bezugnahme 12a auf Schriftsatz des RA des Streitgenossen (RG 152, 319), auf vom RA gefertigten Schriftsatz im parallelen Arrest- oder Verfügungsprozeß (BGH 13, 246 = NJW 54, 1566), doch muß dann – soweit die Bezugnahme der Individualisierung dient – Abschrift hiervon vorgelegt werden (aA möglicherweise Düsseldorf MDR 96, 416, wo nicht klar zwischen Individualisierung und Substantiierung unterschieden wird). Ausreichend auch Bezugnahme auf vom RA selbst vorgelegtes Gesuch um Prozeßkostenhilfe (BGH NJW 53, 105; MDR 59, 281; LM § 519 ZPO Nr 36) sowie auf die von der Partei selbst im vorangegangenen Mahnverfahren eingereichte Anspruchsbegründung (s BGHZ 84, 136 = NJW 82, 2002 = MDR 82, 846).

13 **cc) Bestimmter Antrag:** Der Klageantrag bestimmt Art (Rn 2 ff vor § 253) und Umfang des Rechtsschutzbegehrens (Streitgegenstand, s Einl Rn 68). Er bindet das Gericht (§ 308) und bestimmt durch Erfolg u Nichterfolg die Kostenfolge (§ 92). Daher muß er, obwohl der Auslegung (§ 133 BGB) zugängl (BGH NJW 75, 2014; RG 110, 15; näher vor § 128 Rn 25), eindeutig sein. Ein Hauptantrag muß unbedingt, ein Hilfsantrag darf durch ein innerprozessuales Ereignis (Rn 1) bedingt sein. Alternativanträge („entweder . . . oder") sind, vom seltenen Fall der Wahlschuld (§§ 262 ff BGB) abgesehen, unzulässig (§ 260 Rn 5). **Grundsätzlich ist ein Klageantrag hinreichend bestimmt,** wenn er den erhobenen Anspruch konkret (beziffert oder gegenständl) bezeichnet, den Rahmen der gerichtl Entscheidungsbefugnis (§ 308) erkennbar abgrenzt, den Inhalt und Umfang der materiellen Rechtskraft der begehrten Entscheidung (§ 322) erkennen läßt, das Risiko des (evtl teilweisen) Unterliegens des Klägers nicht durch vermeidbare Ungenauigkeit auf den Beklagten abwälzt und schließlich, wenn er die Zwangsvollstreckung aus dem Urteil ohne eine Fortsetzung des Streits im Vollstreckungsverfahren erwarten läßt (BGH MDR 91, 505). – In der Berufungsinstanz kann dem Bestimmtheitserfordernis auch dadurch Rechnung getragen sein, daß der Kl das erstinstanzl Urteil, soweit es zu seinen Gunsten ergangen ist, verteidigt (BGH NJW-RR 95, 1119 = MDR 95, 951). – Zur **Hinweispflicht** des Gerichts auf Form- und Inhaltsmängel des Klageantrags s § 139.

13a Ein **Zahlungsantrag** muß die geforderte Summe angeben. Die Berechnung darf nicht Gericht und Gegner überlassen werden. Unzulässig ist daher zB Schadensersatzklage auf Zahlung des „sich aus der RegelunterhaltsVO ergebenden Betrags abzüglich Kindergeld" (Düsseldorf VersR 93, 883). Unzulässig auch Verurteilung zu Betrag mit Indexklausel (LG Köln FamRZ 95, 238). Ist Bezifferung noch nicht möglich, bietet sich Feststellungsklage, ggf Stufenklage (§ 254) an. Mehrere Unterhaltsgläubiger dürfen ihren Klageanspruch gegen denselben Schuldner nicht in einer Summe einklagen und die Aufteilung dem Gericht überlassen (BGH NJW 81, 2462). Der Kläger darf auch ein von ihm selbst auszuübendes **Bestimmungsrecht** (zB §§ 315, 316 BGB) nicht auf das Gericht abschieben (BGH JR 73, 610 = ZZP 86, 322 m krit Anm Röhl). Der Zahlungsantrag darf auf **ausländische Valuta** lauten, wo diese als sog Valutaschuld geschuldet ist, vgl §§ 244, 245 BGB; BGH NJW 80, 2017; Köln NJW 71, 2128; RG 106, 77. Zur Zulässigkeit von Klage, Aufrechnung und Zwangsvollstreckung bei Fremdwährungsverbindlichkeiten Maier/Reimer NJW 85, 2049. – Zur Klarstellung bei Teilforderungen s Rn 15, zur ausnahmsw Zulässigkeit eines unbezifferten Antrags Rn 14.

13b Der **Unterlassungsantrag** darf sich nicht in einer Wiederholung einer gesetzl Unterlassungsnorm erschöpfen; er muß konkret gefaßt sein (von Gamm NJW 69, 85; Mattern WPM 72, 1419; Pagenberg GRUR 76, 78; BGHZ 67, 252; LM § 906 BGB Nr 5 und 38; Zweibrücken MDR 87, 1032). Die zu unterlassende Verletzungshandlung muß also so genau wie möglich beschrieben werden, zB durch wörtl oder bildl Aufnahme einer beanstandeten Werbeaussage in den Antrag; die Formulierung „ähnlich wie" macht den Antrag unbestimmt (BGH NJW 91, 1114; vgl auch NJW-RR 93, 936 [„Beiträge, die inhaltl Werbung sind"]; Hamburg NJW-RR 94, 290 [„den Eindruck zu erwecken"]; eingehend Melullis, Handbuch des Wettbewerbsprozesses Rn 321 ff). Bei wettbewerbsrechtl Unterlassungsklagen lassen sich Verallgemeinerungen jedoch oftmals nicht ganz vermeiden. In geeigneten Fällen kann durch einen mit „insbesondere" eingeleiteten Zusatz eine Konkretisierung erzielt werden (vgl Melullis aaO 328; Hamburg WRP 95, 240). Auch durch Auslegung anhand der Klagebegründung oder des sonstigen Sachvortrags läßt sich uU die ausreichende Bestimmtheit eines Unterlassungsantrags herbeiführen (BGH NJW 95, 3188; Melullis aaO 320). – Wegen der Besonderheiten der immissionsrechtl Unterlassungsklage sind in diesem Bereich Klageanträge mit dem Gebot, allgemein Störungen bestimmter Art zu unterlassen, zulässig (BGHZ 121, 248 = JR 94, 61 m Anm Roth).

13c **Weitere Fälle:** Ein **Herausgabeantrag** muß die betr Gegenstände so genau wie möglich bezeichnen, damit sie im Falle einer Zwangsvollstreckung identifizierbar sind. Unzulässig ist die Bezugnahme auf beigefügte Listen uä, aus denen die streitbefangenen Gegenstände erst herauszusuchen sind. Zur Problematik bei Software s LG Düsseldorf BB 94 Beil Nr 14 S 2 m Anm Zahrnt. – Belege, die ein **Auskunftspflichtiger** vorlegen soll (zB § 259 BGB), müssen im Klageantrag konkret bezeichnet werden (BGH MDR 83, 650; Köln MDR 93, 83). – Der auf **Vornahme einer Handlung** (§§ 887, 888) gerichtete Antrag muß deren Art und Umfang bestimmt bezeichnen (so

BGH NJW 78, 1584 für Arbeiten an einem Grundstück), ebenso der **Schuldbefreiungsantrag** Grund und Höhe der Schuld, von der freigestellt zu werden der Kläger begehrt (Düsseldorf MDR 82, 942). – Der Klageantrag auf Abschluß des nach einem Vorvertrag geschuldeten **Hauptvertrages** muß grds den gesamten Vertragsinhalt umfassen (BGH NJW-RR 94, 317). – Der Antrag auf **Beseitigung einer Störung** (§ 1004 BGB) ist im Klageantrag grds nur als beanspruchtes Beseitigungsergebnis darzustellen, denn idR bleibt die Wahl mehrerer zur Beseitigung geeigneter Mittel dem Schuldner überlassen (Schneider MDR 87, 639); erst in der Zwangsvollstreckung (§§ 887, 888) geht das Wahlrecht auf den Gläubiger über, falls nicht ausnahmsweise nur *eine* bestimmte Beseitigungsmaßnahme als erfolgversprechend und zumutbar in Betracht kommt (BGH NJW 83, 751). – Bei der Klage auf **Auflassung** eines Grundstücks (s § 894) muß (wegen § 28 GBO) der Antrag das Grundstück grds nach seiner Grundbuchstelle (BGHZ 90, 323/325 für Auflassung einer Teilfläche), zumindest aber nach einem Veränderungsnachweis (§ 2 III GBO) bezeichnen (BGH NJW 88, 415 = MDR 88, 40). – Eine Klage auf Auflassung „Zug um Zug gegen Zahlung des nach einem vertragl vorgesehenen Taxwertverfahren festzustellenden Erwerbspreises" ist unzulässig; auch eine **Zug-um-Zug-Einschränkung** muß so bestimmt sein, daß sie ihrerseits zum Gegenstand einer Leistungsklage gemacht werden könnte (BGH NJW 93, 324; 94, 586; 94, 3221). Ist dies nicht möglich, bleibt nur Übergang zur Feststellungsklage. – Begehrt der Kl wegen **Änderung der Geschäftsgrundlage** eine höhere Leistung, so ist der Klageantrag auf diese zu richten; für eine Klage auf Zustimmung zur Vertragsänderung fehlt das Rechtsschutzbedürfnis (BGHZ 91, 32/36). Der Schuldner, der eine Anpassung zu seinen Gunsten nicht nur einwendungsweise, sondern im Klagewege geltend machen will, muß den angestrebten Vertragsinhalt gleichfalls bestimmt bezeichnen; auf sachgerechten Antrag hat das Gericht nach § 139 hinzuwirken (BGH WM 69, 335/37). Wer die **Auseinandersetzung einer Gemeinschaft** im Wege der Realteilung begehrt (§§ 752, 2042, 1477 II BGB), hat den Teilungsplan in den Klageantrag aufzunehmen; er darf die gegenständl Verteilung nicht dem Gericht überlassen (BGH MDR 88, 847).

dd) Unbezifferter Zahlungsantrag: Bei Klagen auf Leistung einer Geldzahlung gehört zur Bestimmtheit iSd § 253 II Nr 2 grundsätzl die Angabe des begehrten Betrages. Die Rspr läßt hiervon eine Ausnahme zu, wenn die Bestimmung des Betrages von einer gerichtl Schätzung nach § 287 oder vom billigen Ermessen des Gerichts abhängig ist (BGHZ 4, 138/142; 45, 91). Die nötige Bestimmtheit soll hier dadurch erreicht werden, daß der Kl in der Klagebegründung die Berechnungs- bzw **Schätzungsgrundlagen** umfassend darzulegen (BGHZ 4, 138; NJW 74, 1551) und die **Größenordnung** seiner Vorstellungen, zB in Form eines Mindestbetrages, anzugeben hat (BGH VersR 77, 861; NJW 82, 340 = JR 82, 156 m Anm Gossmann); für letzteres soll bereits die Streitwertangabe des Kl oder die Höhe des eingezahlten Kostenvorschusses, ja sogar das Stillschweigen zur gerichtl Streitwertfestsetzung ausreichen (BGH NJW 84, 1807/1809). Sinn dieser Zulassung eines unbezifferten Klageantrags ist, den Kl, dessen Forderung sich wegen § 308 eher an einer Maximalhöhe orientieren müßte, nicht dem damit heraufbeschworenen Kostenrisiko auszusetzen. Er soll durch die kostengünstige Anmeldung einer Minimalforderung nicht von der Zubilligung eines höheren Betrages durch das Gericht ausgeschlossen werden. Für die zur Einlegung eines Rechtsmittels erforderl Beschwer muß er sich allerdings an seiner Angabe festhalten lassen: er kann ein Rechtsmittel also nur einlegen, wenn ihm das Gericht weniger als seine Vorstellung zugesprochen hat (BGHZ 45, 91; VersR 77, 916; NJW 93, 2875; vgl auch – teilw abw – Schneider unten vor § 511 Rn 15). In diesem Fall wird die Klage „im übrigen" abgewiesen (BGH VersR 84, 541). Eine Kostenbeteiligung nach § 92 I trifft den Kl aber jedenfalls dann nicht, wenn die Abweichung lediglich der gerichtl Ermessensausübung zuzuschreiben ist. Beruht sie dagegen darauf, daß der Kl mit einem wesentl Bemessungsgesichtspunkt beweisfällig geblieben ist oder daß eine Einwendung des Bekl durchgreift (zB Mitverschulden), oder war die Mindestforderung des Kl schon bei Zugrundelegung seines eigenen Vorbringens völlig übersetzt, so ist er billigerweise an den Kosten zu beteiligen. Zur Streitwertbemessung bei unbezifferten Klageanträgen s § 3 Rn 16. 14

Hauptanwendungsbereich dieser Rspr zum unbezifferten Klageantrag sind Schmerzensgeldklagen. Hier findet seine Zulassung auch eine gewisse Rechtfertigung darin, daß das materielle Recht einen unbestimmten, erst vom Gericht höhenmäßig zu konkretisierenden Anspruch gewährt („billige Entschädigung", § 847 I BGB); allerdings läßt sich das Kostenrisiko des Kl auch bei sachgemäßer Anwendung des § 92 II reduzieren (Gerstenberg NJW 88, 1356 ff; aA Husmann NJW 89, 3129). Eine weitergehende Zulassung unbezifferter Anträge im gesamten Anwendungsbereich des § 287 ist aber abzulehnen. Diese Vorschrift erleichtert dem Geschädigten lediglich die Beweisführung zur Schadenshöhe; sie bietet keinen Anlaß, ihm darüber hinaus auch noch die Erhebung einer konkret bezifferten Forderung zu ersparen. Hier muß der Grundgedanke des § 253 II Nr 2, für alle Beteiligten klarzustellen, worum konkret gestritten wird, Vorrang haben (für restriktive Zulassung unbezifferter Anträge auch MK/Lüke Rn 127 f; kritisch gegenüber der Rspr auch Röhl ZZP 85, 52; Bernhardt JR 68, 213; Dunz NJW 84, 1735). Dies gilt auch für Unterhaltsansprüche (Düsseldorf FamRZ 78, 134). Erkennt man jedenfalls für den Bereich des Schmerzensgel- 14a des ein Bedürfnis für die Zulassung unbezifferter Klageanträge an, so ist es indessen sinnwidrig, den Spielraum des Gerichts in der Weise zu begrenzen, daß der vom Kl genannte Betrag zB nur um maximal 20% überschritten werden darf (so zB Düsseldorf NJW-RR 95, 955; Butzer MDR 92, 541; Steinle VersR 92, 425): Bei derartigen Abweichungen ist das Kostenrisiko ohnehin nicht so hoch, daß es eine Aufgabe des zivilprozessualen Bestimmtheitsgebots rechtfertigen könnte. Erst recht gilt dies für die Ansicht, die eine Überschreitung der angegebenen Größenordnung völlig ausschließt (München NJW 86, 3089; Röttger NJW 94, 368).

15 **ee)** Bei **Teilklage** muß erkennbar sein, welcher Teil des Gesamtanspruches Gegenstand der Klage sein soll, insbesondere wo der Gesamtanspruch sich aus mehreren selbständigen Einzelforderungen zusammensetzt (BGH NJW 90, 2068; 84, 2346/2347 = MDR 85, 132; LM § 253 Nr 3), ebenso bei negativer Feststellungsklage (BGH NJW 58, 343). Ggf muß angegeben werden, in welcher Reihenfolge die Teilforderungen zur Entscheidung gestellt werden sollen (Düsseldorf MDR 93, 799). Die fehlende Abgrenzung macht die Klage mangels Individualisierung des Streitgegenstands unzulässig (BGH 11, 192; einschr Pawlowski AcP 195, 549 ff; vgl auch ders ZZP 78, 307). Nachträgliche Abgrenzung heilt rückwirkend, auch noch in der Revisionsinstanz, wenn nur alle Einzelansprüche schlüssig vorgetragen waren (BGHZ 5, 240 = NJW 52, 818; 11, 192 = NJW 54, 757), doch ist Nachholung in der Revisionsinstanz unzulässig, wo vorher Hinweis gem §§ 139, 278 III erfolgt war (BGH NJW 58, 1590). Bis zur Nachholung sind alle Einzelforderungen in voller Höhe bedingt rechtshängig (BGH NJW 59, 1819; 84, 2346/47), daher ist Verjährung (zunächst) insges unterbrochen (BGH NJW 67, 2210; iE ebenso RSchwab/Gottwald § 97 II 2c).

16 Unterbleibt Abgrenzung, so erwächst das gleichwohl ergehende Sachurteil nicht in mat Rechtskraft, weil unklar bleibt, über welche Ansprüche entschieden wurde (BGH 124, 164/6; NJW 84, 2346/47; MDR 53, 164; 58, 164; 59, 743; Zeiss NJW 68, 1305; Berg JR 67, 326; s auch vor § 300 Rn 18 f); die Verjährungsunterbrechung entfällt dann rückwirkend (BGH NJW 84, 2346/48). Die **Mithaftungsquote des Klägers** (§ 254 BGB) ist **bei Teilklage** vom Gesamtschaden, nicht vom eingeklagten Betrag abzuziehen, Schneider MDR 62, 444, RGZ 122, 351/360; Schleswig VersR 83, 932; anders, wenn der Kläger sein Mitverschulden bestreitet sowie bei Minderung (§ 634 BGB) gegenüber der Teilklage auf Werklohn, BGH BB 71, 1080; NJW 71, 1800. – Zur Zulässigkeit der **Widerklage** s oben Rn 1 sowie § 33 Rn 17 ff.

16a **ff)** Auch hinsichtl Nebenforderungen, insbes **Zinsen**, ist ein bestimmter Antrag zu stellen (vgl § 308 I 2). Anzugeben ist nicht nur die Höhe des Zinssatzes, ggf nach Zeiträumen gestaffelt, sondern auch der Beginn der Zinspflicht (daß Zinsen bis zur Zahlung, also auch über die Rechtskraft des Urteils hinaus, begehrt werden, ist hingegen selbstverständlich). Bei Prozeßzinsen nach § 291 BGB kann der Kl, da ihm das Datum der Klagezustellung nicht bekannt ist, Zinsen „ab Rechtshängigkeit" beanspruchen; das Datum ist im Urteilstenor vom Gericht einzusetzen. Hat der Bekl auf die Schuld bereits Teilzahlungen geleistet, ist der Antrag wegen der Verrechnungsvorschrift des § 367 BGB zB wie folgt zu fassen: „10 000 DM nebst 10% Zinsen hieraus seit 1. 1. 1992 abzügl am 1. 7. 1992 bezahlter 2000 DM" (s Zimmermann JuS 91, 584 mit Berechnungsbeispielen).

17 **gg)** Bzgl **Kosten und vorl Vollstreckbarkeit** ist Antrag stets entbehrl (§§ 308 II, 708–710). Erklärt der Kläger die Klage vor deren Zustellung für erledigt (§ 91a), so ist Kostenantrag des „Beklagten" als Klage auf Ersatz der außerproz Kosten zu behandeln (München NJW 66, 161).

18 **hh)** Steht dem Bekl ein **Zurückbehaltungsrecht** (§ 273 BGB, § 369 HGB) oder die **Einrede des nicht erfüllten Vertrags** (§ 320 BGB) zu, so kann nur **Zug-um-Zug-Verurteilung** erreicht werden (§§ 274 I, 322 I BGB). Um ein Teilunterliegen mit Kostennachteil (§ 92 Rn 3) zu vermeiden, ist diese Einschränkung bereits in den Klageantrag aufzunehmen (zum Bestimmtheitserfordernis s Rn 13c). Es empfiehlt sich, zugleich Antrag auf Feststellung des (etwaigen) Annahmeverzugs des Bekl zu stellen, da dann nach §§ 756, 765 ohne Vorlage weiterer Urkunden vollstreckt werden kann (vgl §§ 274 II, 322 III BGB).

19 **ii) Verfahrensanträge** fallen nicht unter Abs II Nr 2, sie sind in der Klage aber zulässig, im Fall § 96 GVG (Kammer für Handelssachen) notwendig, im übrigen zweckmäßig; so der vorsorgliche Antrag auf schriftl Anerkenntnisurteil (§ 307 II) oder Versäumnisurteil (§ 331 III) und die Erklärung zur Einzelrichterfrage (§ 253 III).

20 **5) Nicht notwendiger Inhalt der Klageschrift** (Abs III, IV) sind die Angabe des für die sachl Zuständigkeit und für die Höhe des einzufordernden Kostenvorschusses (BGH NJW 72, 1948) maßgebl Streitwerts nicht beziffeter Klagen sowie die in § 130 als „Sollvorschrift" bez Angaben, soweit diese nicht unter die zwingenden Erfordernisse des Abs II fallen (§ 129 Rn 3, § 130 Rn 1).

21 **6) Die Zustellung** der Klageschrift (§§ 270, 271, ggf zugleich mit der Terminsladung) erfolgt vAw nach Vorauszahlung der vollen Gebühr für das Verfahren im allgemeinen (§ 65 GKG iVm KV Nr 1201: 3 Gebühren) u begründet die Rechtshängigkeit (§ 261), auch wenn ohne Terminsbestimmung erfolgt (BGH 11, 175 = NJW 54, 640; näher § 271 Rn 4 ff). Sie muß an denjenigen

erfolgen, der nach der Klageschrift Bekl sein soll; das Gericht darf zB nicht von sich aus an den Konkursverwalter zustellen, wenn sich die Klage gegen den Gemeinschuldner richtet (vgl BGH NJW 94, 3232/33; zu den Folgen eines solchen Fehlers s Rn 26). Zustellung von Anwalt zu Anwalt an Stelle der Amtszustellung genügt bei Klageerweiterung oder -änderung im bereits rechtshängigen (§ 261) Verfahren (§ 198 Rn 5), nicht jedoch für die prozeßeinleitende Klageschrift, denn diese ist iS § 198 I 2 von Amts wegen mit gerichtl Anordnungen (§§ 216, 214, 271 II, 272 II, 273, 275, 276) dem Beklagten zuzustellen. Wegen Zustellung an den ProzBevollm s § 176, allgemein zur Form der Zustellung s Anm zu §§ 166–213. Zur Heilung von Zustellungsmängeln Rn 26.

Eine **Verweigerung der Klagezustellung** an den Gegner durch das Gericht berührt den Justizgewährungsanspruch des Klägers (Einl Rn 49, 50), hemmt den Eintritt der materiell-rechtl Wirkungen der Rechtshängigkeit (§ 262, so insbes bei fristgebundenen Klagen) und stellt das Grundrecht des Klägers auf rechtl Gehör (Art 103 I GG, hierzu vor § 128 Rn 3 ff) in Frage. Sie ist daher nur nach diesbezügl Abmahnung durch das Gericht (entspr § 278 III) und sodann in der Form einer Entscheidung des Gerichts (Beschluß; Anordnung des Vorsitzenden genügt nicht) zulässig, wenn die rechtl Voraussetzungen hierzu erfüllt sind. In Betracht kommen hierfür die in § 216 Rn 4–12 genannten Verfahrenshindernisse, ausnahmsweise aber auch der Fall einer Verwirkung prozessualer Rechte, so bei **ausschließlich grob beleidigender,** querulatorischer, also rechtsmißbräuchl Klageschrift (hierzu näher Einl Rn 50; Halbach, Die Verweigerung der Terminsbestimmung und der Klagezustellung im Zivilprozeß, Diss Köln 1980; vgl auch LG Stuttgart NJW 94, 1077: Klageschrift auf Briefbogen mit grundgesetzwidriger Propaganda). Daß eine Klage neben dem sachl Begehren auch ungehörige oder beleidigende Äußerungen enthält, rechtfertigt ihre Behandlung als unbeachtl oder unzulässig nicht (BFH NJW 93, 1352). Zum vorläufigen Absehen von der Zustellung s § 271 Rn 6. 21a

7) Prozessuale Behandlung und Heilung von Mängeln

a) Ob überhaupt eine wirksame Klage vorliegt (und nicht zB eine sonstige Eingabe oder ein versehentl zugesandter Entwurf) hat das Gericht bereits vor der Zustellung zu prüfen, denn ist die Klage erst einmal zugestellt, muß sie auch als solche behandelt werden, ggf durch Abweisung als unzulässig (hier kann es ggf zu einer Niederschlagung von Kosten wegen unrichtiger Sachbehandlung kommen, § 8 GKG). Bestehen daher an der Rechtsnatur als Klageschrift Zweifel, fehlt die (ordnungsgemäße) Unterschrift oder ist die Klage durch einen nicht Postulationsfähigen (zB auswärtigen Anwalt) unterschrieben, so gibt der Vorsitzende zunächst Gelegenheit zur Klarstellung bzw Behebung des Mangels. Bei Nachholung der Unterschrift (eines Postulationsfähigen) ist zu beachten, daß diese nicht zurückwirkt (so für Wahrung einer Ausschlußfrist BGH 22, 257; BAG NJW 76, 1285; für Unterbrechung der Verjährung BGH LM § 295 Nr 12; aA Vollkommer, Formenstrenge und prozessuale Billigkeit, 1973, S 419 ff). Es ist daher zu vermerken, wann die Klage mit ordnungsgemäßer Unterschrift dem Gericht zugegangen ist. Die Klage eines nicht postulationsfähigen Anwalts kann durch einen zugelassenen RA genehmigt und damit eine noch offene Klagefrist gewahrt werden (BGHZ 111, 342 = NJW 90, 3086 = MDR 91, 131; vgl § 78 Rn 3). Wurde die unwirksame Klage zugestellt und der Mangel in der mündl Verhandlung nicht gerügt, so kann es, falls der Schriftsatz den Anforderungen des § 253 II genügt, so angesehen werden, als wäre zZ der mündl Verhandlung Klage erhoben worden (BGH NJW 96, 1351). Heilung auch möglich, wenn auf Klageschriftsatz des Klägervertreters lediglich die (ordnungsgemäße) Unterschrift fehlt und beide Parteien verhandeln, aber nach BGH 65, 46 = NJW 75, 1704 ebenfalls nur mit ex-nunc-Wirkung (aA BAG MDR 86, 1053 für den Fall der Klagefrist nach § 4 KSchG). Wird über den mit PKH-Gesuch vorgelegten Klageentwurf trotz dessen unterbliebener Zustellung streitig verhandelt, tritt Heilung ex nunc ein (BGH NJW 72, 1373); auch eine zZ der mündl Verhandlung noch nicht abgelaufene Ausschlußfrist wird auf diese Weise gewahrt (BGH NJW 96, 1351). 22

b) Auf **Mängel beim notwendigen Inhalt der Klageschrift** (Rn 7 ff) hat das Gericht den Kl ebenfalls möglichst schon vor der Zustellung hinzuweisen (vgl § 139 II), damit der Formmangel rechtzeitig behoben werden kann; Nachholung ist aber jederzeit bis zum Schluß der mündl Verhandlung möglich, für Wahrung einer Klagefrist allerdings nur ex nunc (vgl BGH 22, 257 = NJW 57, 263 für fehlende Begründung). Wird das Fehlen der **Bezeichnung von Gegenstand und Grund** oder des **bestimmten Antrags** trotz Hinweises nicht behoben, ist die Klage als unzulässig abzuweisen, auch wenn sich der Bekl rügelos eingelassen hat (BGH NJW 72, 1373 aE). Fehlende Schlüssigkeit der Klage hingegen (zum Unterschied s Rn 12a) führt zur Abweisung als unbegründet; dieser Mangel kann bis zum Schluß der mündl Verhandlung rückwirkend geheilt werden (BGH NJW 67, 2210). Fehler in der **Bezeichnung des Gerichts** werden sich idR so auswirken, daß die Klage beim unzuständigen Gericht erhoben ist. Ist sie wegen einer offensichtl falsa demonstratio zum richtigen Gericht gelangt, ist der Mangel unschädl. Bei den LG München I und II besteht die (nicht unbedenkl) Übung, eine mit „LG München" adressierte Klage als an das LG München I gerichtet anzusehen. Bei (iSv Rn 8) fehlerhafter **Parteiangabe** ist von der Zustellung der Klage abzusehen; die Begründung eines Prozeßrechtsverhältnisses setzt voraus, daß die an 23 ihm Beteiligten feststehen. Nicht zuzustimmen ist der Ansicht, daß die fehlende Adressenangabe des Kl zur Abweisung der Klage als unzulässig führt (s Rn 8). Zur Parteiberichtigung s vor § 50 Rn 6 ff.

24 c) **Mängel beim nicht notwendigen Inhalt der Klageschrift** (Abs III–IV) berühren die Zulässigkeit der Klage nicht. Sie können allerdings zu Verzögerungen bei der Klagezustellung führen, zB weil das Gericht zur Bemessung des Kostenvorschusses (§ 65 GKG) wegen des Streitwerts nachfragen muß (vgl § 25 I GKG); dies kann eine Fristwahrung nach § 270 III in Frage stellen.

25 d) **Fehlende Abschriften** (Abs V) können vom Gericht gegen Berechnung von Schreibauslagen angefertigt oder – was der Regelfall sein sollte – vom Kl nachgefordert werden (BGH VersR 74, 1106/1107). Auch dadurch kann der Kl die Vorwirkung nach § 270 III aufs Spiel setzen.

26 e) **Mängel der Zustellung** (Abs I): Wurde überhaupt nicht zugestellt, fehlt die Rechtshängigkeit; dies gilt auch, wenn der Bekl auf andere Weise in den Besitz der Klageschrift gelangt ist, zB im Rahmen des PKH-Verfahrens. Dasselbe gilt, wenn an eine andere als die in der Klageschrift bezeichnete Person zugestellt wurde, zB an den Konkursverwalter statt an den verklagten Gemeinschuldner. Hier tritt keinem gegenüber Rechtshängigkeit ein, weil es beim einen an der Klage, beim anderen an der Zustellung fehlt (BGH NJW 94, 3232/33; zu den Möglichkeiten des von einer Fehlzustellung Betroffenen, gegen seine Stellung als „Scheinpartei" vorzugehen, s BGH NJW-RR 95, 764). – Rechtshängigkeit tritt aber bei *unterbliebener Zustellung* ein durch Verzicht auf die Zustellung oder rügelose Verhandlung (§ 295), und zwar im Zeitpunkt dieser Heilung (ex nunc; BGHZ 25, 66/72; NJW 72, 1373). Wenn dies noch „demnächst" iSd § 270 III geschieht, kann es auch zu einer Vorwirkung der Klageeinreichung nach dieser Vorschrift kommen (MK/Lüke Rn 171). Heilung kann aber nur eintreten, wenn der „richtige" Bekl bzw – im Anwaltsprozeß – ein von ihm bevollmächtigter RA rügelos verhandelt hat. Wurde zB bei gebotener Vertretung durch mehrere Organe (§ 171 Rn 6 aE) nur an eines von ihnen zugestellt, genügt es nicht, wenn ein nur von diesem bestellter RA verhandelt (BGHZ 70, 384/86; NJW 92, 2099/2100). Unterbliebene Zustellung ist nachzuholen; höhere Instanz hat hierzu an erste Instanz zurückzuverweisen; keine Abweisung der Klage als unzulässig (BGH NJW 92, 2099/2100). Im vorerwähnten Fall einer *fehlgeleiteten Zustellung* kann der Empfänger auch durch Zustellung einer entspr Erklärung des Kl zum Bekl werden, nicht aber dadurch, daß er sich auf die nicht gegen ihn gerichtete Klage einläßt (selbst wenn er – materiell – der richtige Bekl wäre; BGH NJW 94, 3232/33; vgl auch vor § 50 Rn 8). – Bei *fehlerhafter Zustellung* kann diese uU schon nach § 187 als bewirkt angesehen werden (§ 187 Rn 8); auch nach § 295 ist Heilung ex tunc möglich (außer bei Klageausschlußfristen oder sonst der Parteidisposition entzogenen Wirkungen, BGH NJW 84, 926).

27 **8) Gebühren: a)** des **Gerichts:** Für das Prozeßverfahren erster Instanz fällt die Gebühr KV 1201 an (3,0 Gebührensatz). Die Gebühr für das Mahnverfahren (KV 1100) wird angerechnet. Urteilsgebühren fallen nicht mehr an. Für Anträge auf Anordnung eines Arrestes oder einer einstweiligen Verfügung: KV 1310; auf Vollstreckbarerklärung und Zulassung der Zwangsvollstreckung: KV 1410. Vorauszahlungspflicht: § 65 GKG, aber nicht für die Widerklage (§ 65 I 4 GKG). Auslagenvorschuß für die Zustellung wird nicht erhoben. Ist Gegenstand des Verfahrens nicht eine Klage auf Zahlung einer bestimmten Geldsumme in inländischer Währung, ist zunächst nach § 25 I GKG zu verfahren. – Die Verfahrensgebühr kann sich auf 1,0 ermäßigen. Unbegreiflich ist, daß es nicht zur Ermäßigung kommt, wenn das Verfahren durch in mündlicher Verhandlung verkündetes oder nach § 331 III ergehendes VU endet (LG Berlin JurBüro 95, 430; Hamm OLGR 96, 72). Jeder Praktiker weiß, daß es viel mühseliger ist, eine Partei zum Anerkenntnis oder zur Klagerücknahme zu bewegen, als bei schlüssiger Klage ein VU zu erlassen. Ein Bekl in Geldnot, der dem Anspruch nichts entgegenzusetzen hatte, konnte bislang gegen sich VU ergehen lassen; jetzt muß er erscheinen und anerkennen, um 2,0 Gebühren zu ersparen; das ist schlicht unnötig. Widersprüchlich ist, daß die Rücknahme des Einspruchs gegen einen VB zur Ermäßigung führt, bei einem VU Gleiches nicht gilt. **Unfaßbar** ist die Begründung (für die Fälle des § 331 III): keine Ermäßigung, weil das Gericht eine Schlüssigkeitsprüfung anstellen mußte. Wie bringt man denn Parteien **ohne** Prüfung des Prozeßstoffes zum Anerkenntnis/zur Klagerücknahme? Für diese Fälle gilt aber die gebührenrechtliche Begünstigung, selbst wenn diese Erklärungen erst nach vieltägiger Beweisaufnahme abgegeben werden. – Die Gebührenermäßigung bei Anerkenntnis- oder Verzichtsurteil, durch Klagerücknahme oder Vergleich tritt nicht ein, wenn hierdurch der Streitgegenstand nur teilweise erledigt wird; anders aber, wenn mehrere Erledigungstatbestände in ihrer Summe den Rechtsstreit insgesamt beenden (KV 1202 aE); um Unbilligkeiten zu vermeiden, sieht es die Rspr (Nachweise § 91a Rn 59) als unschädlich an, wenn dabei ein Teil des Rechtsstreits durch an sich nicht gebührenbegünstigte übereinstimmende Erledigungserklärung beendet wird. Bedingung ist weiter, daß dem Ermäßigungstatbestand kein Urteil vorausgegangen ist. Diese Formulierung ist mißverständlich. Ergeht Teilanerkenntnisurteil und nach **Vertagung** wird im folgenden Termin die Klage, soweit noch rechtshängig, zurückgenommen, dann greift KV 1202 ein, obwohl bereits ein Urteil vorausgegangen ist. Ebenso wenn bei einer **Stufenklage** die erste Stufe anerkannt, danach in der Zahlungsstufe ein Ermäßigungstatbestand verwirklicht wird. Auch hier ist dann ein Urteil vorausgegangen. Gleiches gilt, wenn Anerkenntnis-**Vorbehaltsurteil** (s § 599 Rn 8) ergeht und im Nachverfahren Klagerücknahme, Anerkenntnis oder Verzicht erklärt werden oder die Parteien sich vergleichen. Man muß diese Einschränkung, „wenn nicht bereits ein Urteil vorausgegangen ist" so lesen, daß sie nicht gilt, wenn das vorausgegangene Urteil selbst Ermäßigungstatbestand ist. – War VU ergangen, hindert das die Ermäßigung, selbst wenn im Einspruchsverfahren der Rechtsstreit in einer in KV 1202 aufgeführten Weise beendet wird (Stuttgart Justiz 96, 85: sogar Teil-VU für den gesamten Streitwert). – Die Formulierung in KV 1202b ist zu weit, weil sie alle Anerkenntnisse erfaßt. Die Gebührenermäßigung kann aber nicht das Anerkenntnis **unter Verwahrung gegen die Kostenlast** erfassen; hier muß das Gericht im Urteil (mit Begründung und beschwerdefähig) über die Kosten entscheiden. Dieser Sachverhalt ist den § 91a-Beschlüssen vergleichbar, die nicht gebührenbegünstigt sind (Herget MDR 95, 795, 1097; Lappe NJW 96, 1186 I 2; aA Seutemann MDR 95, 122, 1069; ausf zu KV 1202 Seutemann MDR 96, 555). – **b)** des **Anwalts:** § 31 BRAGO.

254 *[Stufenklage]*
Wird mit der Klage auf Rechnungslegung oder auf Vorlegung eines Vermögensverzeichnisses oder auf Abgabe einer eidesstattlichen Versicherung die Klage auf Herausgabe desjenigen verbunden, was der Beklagte aus dem zugrunde liegenden Rechtsverhältnis schuldet, so kann die bestimmte Angabe der Leistungen, die der Kläger beansprucht, vorbehalten werden, bis die Rechnung mitgeteilt, das Vermögensverzeichnis vorgelegt oder die eidesstattliche Versicherung abgegeben ist.

Lit: *Assmann,* Das Verfahren der Stufenklage, 1990; *Kassebohm,* Die Kostenentscheidung bei der Stufenklage, NJW 94, 2728; *W. Lüke,* Die Stufenklage, JuS 95, 143.

1) **Rechtsnatur und prozessuale Besonderheiten:** Die Stufenklage ist Sonderfall (s Rn 4) der **objektiven Klagenhäufung** (§ 260) zur Vorbereitung und Durchsetzung eines dem Kl der Höhe oder dem Gegenstand nach noch unbekannten (daher entgegen § 253 II 2 noch nicht zu beziffernden) Leistungsanspruchs. Letzterer wird bereits mit Erhebung der Stufenklage in der sich später ergebenden (uU auch von der erteilten Auskunft abweichenden) Höhe **rechtshängig** (BGH NJW-RR 95, 513; MDR 61, 751; LM § 254 Nr 3; Stuttgart NJW-RR 90, 766; Düsseldorf FamRZ 96, 493; zur Verjährungsunterbrechung s § 262 Rn 3; zur nachträgl Stufenklage München FamRZ 95, 678). Da es sich um *objektive* Klagenhäufung handelt, berechtigt § 254 nicht zu einer unbezifferten Klage gegen einen Streitgenossen des Auskunftspflichtigen, auch nicht bei gesamtschuldnerischer Haftung (BGH NJW 94, 3102/03). Neben der Erleichterung für den Kl dient die Stufenklage der Prozeßökonomie. 1

Wo Stufenklage (= Leistungsklage; BGH NJW 94, 2896/97) möglich, fehlt **Rechtsschutzbedürfnis** für Feststellungsklage (BGH NJW 96, 2097/98). Die letzte Stufe kann aber auch einen Feststellungsantrag, falls dieser ausnahmsweise zulässig ist (s § 256 Rn 8; Frankfurt FamRZ 87, 175: negativer Feststellungsantrag zur Titelbeseitigung), oder Gestaltungsantrag (zB Abänderungsstufenklage nach § 323, BGH NJW 85, 195/96; Köln NJW 90, 2630; aM Hamburg FamRZ 82, 935) beinhalten. Die Stufenklage und damit die einstw Befreiung von der Bezifferungspflicht des § 253 II 2 ist nur zulässig, wo die Auskunft der **Aufklärung des Leistungsanspruchs,** nicht wo sie lediglich der Erleichterung seiner Durchsetzung dient. Unzulässig daher Klage auf Auskunft über den Verbleib der Sachen, deren Herausgabe gefordert wird; hier muß Kl auf Herausgabe klagen und gem § 883 II vollstrecken; für Klage auf Auskunft fehlt hier das Rechtsschutzbedürfnis (BGH MDR 63, 204 = LM § 254 Nr 7). – Wo Stufenklage zulässig, darf Kl trotzdem **Einzelklage,** also zB auf Auskunft bzw eidesstattl Versicherung, erheben (Zweibrücken FamRZ 69, 230; aM LG Essen NJW 54, 1289); dies kann zur Kostenbeschränkung sinnvoll sein, unterbricht aber nicht die Verjährung des Zahlungsanspruchs (Celle NJW-RR 95, 1411). 2

Beziffert der Kl den Leistungsanspruch zulässigerweise (wenn auch grundlos, s Rn 1) von vornherein im Sinne eines Mindestbetrages (Köln OLGR 96, 88; BGH Urt v 27. 3. 96 – XII ZR 83/95), so liegt der Sache nach dennoch eine Stufenklage vor, falls der Kl eine stufenweise Erledigung anstrebt (BGH WM 72, 1121). Der Ansicht des BGH (107, 236/39 = NJW 89, 2821; ebenso StJ/Schumann Rn 18), eine solche liege nur hinsichtl des Begehrens vor, das den bezifferten Zahlungsantrag übersteige, kann nicht gefolgt werden, denn dann müßte die Leistungsstufe immer abgewiesen werden, wenn der Kl nach Auskunftserteilung keinen höheren Zahlungsanspruch substantiieren kann. Ein solches Ergebnis wäre jedoch mit der Intention der Stufenklage nicht mehr vereinbar. An die vorläufige Bezifferung ist der Kl nicht gebunden (BGH Urt v 27. 3. 96 – XII ZR 83/95), jedenfalls bis zur Verhandlung über den Leistungsantrag (s Rn 7). Nichts anderes gilt für die Bezifferung im Prozeß vor Abschluß der Auskunftsstufe. Hiermit ist ein Wechsel in die höchste Stufe (s Rn 4) nur verbunden, falls der Kl sein Auskunftsbegehren fallen läßt. 3

Innerhalb der Stufenklage sind die stufenweise erhobenen Ansprüche auf Rechnungslegung, auf Abgabe der eidesstattl Versicherung und auf Leistung **prozessual selbständige Teile** (BGH 76, 9/12 = NJW 80, 1106/07; 94, 2895) eines (auch gebührenmäßig; unten Rn 18) **einheitlichen Verfahrens.** Eine **innere Verbindung** der einzelnen Stufen besteht insoweit, als der vorgeschaltete Auskunftsanspruch und der ggf nachfolgende Anspruch auf eidesstattl Versicherung ledigl Hilfsmittel zur konkreten Bezeichnung des Leistungsanspruchs sind (Düsseldorf FamRZ 96, 493). Deshalb ist der auf Antrag des Kl stets zulässige **Wechsel von der Auskunfts- zur Leistungsstufe,** weil er zB anderweitig Kenntnis über deren Umfang erhalten hat, keine Klageänderung nach § 263, sondern eine stets zulässige Klageerweiterung nach § 264 Nr 2 (BGH NJW 91, 1893; 85, 2405/07; 79, 925/26; 69, 1486; Hamm OLGZ 88, 468/69; Köln MDR 96, 637; aM München FamRZ 95, 678: konkludente Teilklagerücknahme). Zwar kann die Wechselerklärung als Prozeßhandlung nicht widerrufen werden, aber die Rückkehr des Kl in die erste Stufe ist wiederum nach § 264 Nr 2 (aM München FamRZ 95, 678/79) zuzulassen. 4

5 Die Verfahrenseinheit der Stufenklage bedingt auch die **einheitliche Kostenentscheidung** im Schlußurteil erster Instanz; dabei kann der Erfolg des Auskunftsanspruchs und die Abweisung des Leistungsantrags (wenn die geschuldete Auskunft keinen Leistungsanspruch ergab; hierzu Rn 15) zu einer Quotelung der Kosten nach Maßgabe der unterschiedl Streitwerte (§ 3 Rn 16 zu „Stufenklage") führen (aM Hamm MDR 89, 461; Zweibrücken NJW 86, 939; wie hier München MDR 88, 782; 90, 636; Rixecker MDR 85, 633/35). Erklären die Parteien den Auskunftsanspruch für erledigt (s Rn 12), so ist kein Raum für Teilbeschluß über Erledigung iS des § 91a, hierüber ist nur in den Gründen des Endurteils zu befinden (Rixecker MDR 85, 633; Koblenz NJW 63, 912). – Auch der **Streitwert** der Stufenklage (maßgebl das Interesse, BGH NJW 64, 2061) ist ein einheitl (§ 18 GKG; hierzu § 3 Rn 16 bei „Stufenklage"; München MDR 89, 646; Schneider MDR 87, 268; Rpfleger 77, 92). Wegen der **Gebühren** s Rn 18. – **Prozeßkostenhilfe** ist trotz ursprüngl Ungewißheit der Höhe des Leistungsanspruchs für die Stufenklage insgesamt zu gewähren (§ 114 Rn 37).

6 2) **Materiellrechtliche Voraussetzung:** Der Schuldner muß neben der Hauptsacheschuld kraft Gesetzes oder Vertrags einen Informationsanspruch und/oder einen Anspruch auf Abgabe einer eidesstattl Versicherung haben (§§ 259–261 BGB). Entgegen dem Gesetzeswortlaut werden **Informationsansprüche jeglicher Art** erfaßt, insbes solche zur Auskunft und Rechnungslegung (hier im weiteren Sinn der Rechenschaftslegung, RGZ 53, 252); beispielhaft seinen genannt die Pflicht zur *Rechnungslegung:* des Beauftragten § 666 BGB, des Geschäftsführers ohne Auftrag § 681 BGB, des Gesellschafters §§ 713, 740 BGB, des Pfandgläubigers § 1214 BGB, des Vormunds (bzw Betreuers § 1908i BGB) §§ 1840 ff, 1890 BGB, des Erben § 1978 BGB, des TestVollstr § 2218 BGB, des Vorerben § 2130 BGB, des Verwalters nach § 28 WEG; und die Pflicht zur *Auskunft:* des Ehegatten über das Endvermögen § 1379 BGB, des Erben §§ 2011, 2314 BGB, des Erbschaftsbesitzers § 2027 BGB, des Hausgenossen des Erbl § 2028, des Miterben § 2057 BGB, des NachlPflegers § 2012 BGB, des Vorerben § 2127 BGB, des Vormunds (bzw Betreuers § 1908i BGB) §§ 1799, 1839, 1891 BGB. – Alle Informationsansprüche müssen, um das Verfahren gemäß § 254 zuzulassen, dazu dienen, den Leistungsantrag gemäß § 253 II 2 beziffern zu können (s Rn 1). Eine Stufenklage kommt deshalb dann nicht in Betracht, wenn mit der Informationsklage ledigl Auskunft darüber erlangt werden soll, ob ein Hauptanspruch besteht, der Umfang vom Kl dann aber selbst dargelegt werden kann (Assmann aaO S 46).

7 3) **Verfahren: a) Sukzessive Verhandlung:** Die prozessuale Selbständigkeit der Einzelansprüche (s Rn 4) bedingt hier – selbst wenn die Leistungsstufe bereits vorläufig beziffert ist (BGH WM 72, 1121; Urt v 27. 3. 96 – XII ZR 83/95; s Rn 3) – abweichend von § 260, daß über jeden der Ansprüche in der vorgegebenen Reihenfolge im Wege der abgesonderten Antragstellung und Verhandlung durch Teil- bzw Schlußurteil zu befinden ist (hM Schneider MDR 69, 624; Düsseldorf NJW 73, 2034; aM Köln NJW 73, 1848), weil das frühere Teilurteil für das spätere (wenn auch nicht iS der Rechtskrafterstreckung; unten Rn 9) vorgreifl ist. Jedoch Antragstellung insgesamt unschädl (KG MDR 75, 1024; offengel von BGH NJW 75, 1409/10).

8 **b)** Wegen prozessualer Selbständigkeit wirkt die **Zurückweisung verspäteten Vorbringens** (§ 296) im Verfahren der ersten Stufe nicht auch für das Verfahren der folgenden Stufen (Karlsruhe NJW 85, 1349/50 = MDR 85, 239/40).

9 **c) Entscheidung:** Ein die Stufenklage insgesamt abweisendes **Endurteil** kommt nur bei Unzulässigkeit der Klage oder dann in Betracht, wenn sich bereits bei der Prüfung des Auskunftsanspruchs ergibt, daß dem Hauptanspruch die materiellrechtl Grundlage fehlt (BGH LM Nr 8; MK/Lüke Rn 18; aM Hamm NJW-RR 90, 709). Ansonsten ergeht **Teilurteil.** Unzulässig ist, Teilurteil über **Auskunft** (oder eidesstattl Versicherung) mit Grundurteil über die Hauptsache zu verbinden (BGH 10, 386 = NJW 54, 70), denn das Gericht weiß nicht, ob die Auskunft eine Leistungspflicht für die nächste Stufe überhaupt ergibt. Entscheidung über Auskunft äußert noch keine rechtskräftige Feststellung über den Grund des nachfolgenden Leistungsanspruchs, denn hier gilt nichts anderes als bei allen Teilurteilen (§ 301 Rn 1; BGH NJW 91, 1893/94; 85, 862; 69, 880; JR 70, 185 m Anm Baumgärtel = JZ 70, 226 m Anm Grunsky; Karlsruhe MDR 92, 804; Assmann aaO S 114–124), zumal eidesstattl Versicherung neue Anspruchsgrundlagen ergeben kann (BGH LM § 254 Nr 3 = BB 58, 4).

10 Auskunftsanspruch ist grundsätzl unbegründet, wo Auskunft ledigl unzulängl erteilt, hier nur Anspruch auf **eidesstattl Versicherung** (RG 100, 150; 167, 337). Bevor Auskunft nicht erteilt, besteht kein Anspruch auf eidesstattl Versicherung, weil letzterer von der Art der Auskunft abhängt (§ 259 II BGB; Köln FamRZ 90, 1128), trotzdem Verbindung beider (teilw bedingten) Ansprüche in der Klage zulässig (BGH 10, 385 = NJW 54, 70; hierzu kritisch Assmann aaO S 55–63).

11 **d) Fortsetzung nach Teilurteil** nur auf Antrag einer Partei (Karlsruhe NJW 85, 1349/50; Schleswig FamRZ 91, 96/7; aM MK/Lüke Rn 21). Sie setzt voraus, daß Teilurteil formell rechtskräftig ist (StJ/Schumann Rn 21; W. Lüke JuS 95, 143/45; aA MK/Lüke Rn 21) oder der Kl in der 2. Instanz auf den Leistungsanspruch übergeht, denn der gleichzeitige Streit über verschiedene Stufen ist

mit dem Grundsatz der sukzessiven Verhandlung (s Rn 7) unvereinbar, auch wenn er in verschiedenen Instanzen geführt wird (s auch BGHZ 94, 268/75 = NJW 85, 2405/07 = MDR 85, 825/26). Nach erteilter (ggf nach §§ 888, 889 erzwungener) Auskunft und eidesstattl Versicherung muß Kl den **Hauptsacheanspruch** iS des § 253 II 2 beziffern, sonst Abweisung durch Prozeßurteil (RG 84, 370; Düsseldorf NJW 65, 2352; Stuttgart NJW 69, 1216; Rixecker MDR 85, 633). Ergeben Auskunft und eidesstattl Versicherung, daß Bekl den Hauptsacheanspruch (zB auf Herausgabe) vereitelt hat, kann Kl statt dessen gem §§ 264 Nr. 3, 893 Ersatz des Interesses fordern (RG 61, 408 nimmt Klageänderung an). Zur negativen Auskunft s Rn 15 f.

e) Bei übereinstimmender **Erledigterklärung hinsichtl des Antrags auf Auskunft** (und ggf Rechnungslegung) kann Kl sofort auf bezifferten Leistungsantrag übergehen (BGH NJW 91, 1893 = MDR 91, 670; aM Köln FamRZ 84, 1029). Für einseitige Erledigterklärung bleibt aufgrund des Hilfscharakters der Ansprüche kein Raum (Köln FamRZ 84, 1029; München FamRZ 83, 629; aM Frankfurt MDR 89, 1108; StJ/Schumann Rn 31); jedenfalls fehlt aufgrund der einheitl Kostenentscheidung (s Rn 5) für die Feststellungsklage das Rechtsschutzbedürfnis (Düsseldorf FamRZ 96, 493; aM MK/Lüke Rn 23). 12

f) Entscheidung des Gerichts **2. Instanz** wird durch Anhängigkeit der verschiedenen Stufen beeinflußt. Wird der **Anspruch auf Auskunft zuerkannt,** bedarf es (zur Klarstellung jedoch empfehlenswert Celle NJW 61, 786) keiner Zurückverweisung wegen des in 1. Instanz anhängig gebliebenen (BAG NJW 63, 2142; Celle NJW-RR 96, 430/31) Zahlungsanspruchs entspr § 538 I 3 (BGH NJW 95, 2229/30). Eine solche ist nur erforderl, wenn die 1. Instanz die Stufenklage ausnahmsweise insgesamt abgewiesen hatte (RG 169, 127/28; BGH NJW 91, 1893; 82, 235/36; s Rn 9); sie erfolgt dann von Amts wegen (BGH NJW 85, 862). Beziffert der Kl seinen Leistungsanspruch noch in der 2. Instanz, muß das Berufungsgericht jedoch über den Grund des Leistungsanspruchs entscheiden (§ 304) und kann das Verfahren nur wegen dessen streitiger Höhe zurückverweisen (§ 538 Rn 21; BGH NJW 91, 1893/94 = MDR 91, 670; aM wohl Hamm OLGZ 88, 468/70), weil andernfalls dem Kl die Möglichkeit des § 264 Nr 2 im Berufungsverfahren genommen würde (BGH NJW 79, 925/27; 69, 1486). 13

Verneint Berufungsgericht den Anspruch auf Auskunft, kann es ohne die Schranke des § 525 gleichzeitig die weiteren Stufen durch einheitl Endurteil nur abweisen, wenn diesen jegliche Grundlage entzogen wurde (zB weil der Leistungsanspruch mangels Sachlegitimation oder das Grundverhältnis offenbar nicht besteht), denn das Beharren auf Zurückverweisung wäre eine prozeßunökonomische bloße Förmelei (BGH 94, 268/75 = NJW 85, 2405/07 = MDR 85, 825/26; BGH 30, 213/15 = NJW 59, 1824; NJW 59, 1827/28 m abl Anm Schwab; NJW 79, 925/26; aM Assmann aaO S 103 f; MK/Lüke Rn 28; StJ/Schumann Rn 41; s auch § 537 Rn 7; § 538 Rn 21). Dies gilt erst recht, wenn man dem Bekl zugesteht, den Zahlungsanspruch im Wege der Anschlußberufung in die 2. Instanz einzuführen (so BGH 8, 383/86 = NJW 53, 702; NJW 54, 640/41; dagegen BGH WM 74, 1162; Heyn NJW 57, 212). 14

g) **Fortsetzung nach negativer Auskunft:** Ergibt die Auskunft des Bekl, daß ein Leistungsanspruch des Kl nicht besteht, wäre der Leistungsantrag (erst nach Verhandlung über diesen!) im Schlußurteil abzuweisen. Der Kl müßte nach § 91 die Gesamtkosten tragen. Eine **Zurücknahme des Leistungsantrags** (§ 269) ist für den Kl einseitig nur vor Beginn der streitigen Verhandlung über diesen möglich; die Verhandlung der Leistungsstufe beginnt allerdings nicht bereits mit der Antragstellung zu dem noch unbestimmten Leistungsanspruch, sondern in aller Regel erst nach Abschluß der ersten Stufe durch die vom Bekl erteilte Auskunft (Assmann aaO S 68 u 90). Der Kostenfolge des § 269 III für den zurückgenommenen Leistungsantrag (für die Gesamtkosten der Stufenklage gilt wegen des Erfolges der 1. Stufe aber § 92; Assmann aaO S 127; Rixecker MDR 85, 633/35; Köln NJW-RR 92, 1480) entgeht der Kl damit aber nicht (München MDR 90, 636; Hamm NJW-RR 91, 1407; StJ/Schumann Rn 36a; Assmann aaO S 90–92; aM Stuttgart FamRZ 94, 1595; NJW 69, 1216). Diesem Kostenrisiko kann der Kl auch nicht dadurch vorbeugen, daß er den **Leistungsantrag nur eventualiter,** also bedingt für den Fall einer anspruchsbestätigenden Auskunft des Bekl stellt, denn eine solche Bedingung wäre eine außerprozessuale und daher unzulässig (Vorbem § 128 Rn 20; § 253 Rn 1; § 260 Rn 4; Assmann aaO S 19–23). 15

Die Erklärung der **Hauptsacheerledigung** des Leistungsanspruchs kommt in diesem Fall nur mit Zustimmung des Bekl in Betracht (§ 91a Rn 12), nicht auch als einseitig streitige Erledigungserklärung des Kl (§ 91a Rn 34), denn der Leistungsanspruch erweist sich durch die Auskunft des Bekl als bereits vor Rechtshängigkeit der Klage unbegründet (hierzu § 91a Rn 40; BGH NJW 94, 2895; Hamm MDR 89, 461; Stuttgart FamRZ 94, 1595; Rixecker MDR 85, 633/34; Assmann aaO S 84 ff; aM Vollkommer hier § 91a Rn 58 zu „Stufenklage"; Kassebohm NJW 94, 2728/31; vermittelnd Frankfurt MDR 89, 1108). Dieser Kostentragungspflicht, die im Widerspruch zur gesetzgeberischen Intention der Stufenklage steht (s Rn 1 und Kassebohm NJW 94, 2728/30 mwN; aM StJ/Schumann Rn 33), kann der Kl nur entgehen, indem er seinen **materiellrechtlichen Kostenerstattungsanspruch** im Wege der sachdienl Klageänderung in den Prozeß einführt (BGH NJW 94, 2895/96; Düsseldorf OLGR 96, 162/3; diese Rechtsprechung ist insofern konsequent, als sie die hM zur Erledigung vor Rechtshängigkeit für die Stufenklage fortführt; s oben § 91a Rn 40). 16

Allein hierdurch läßt sich eine differenzierte Kostenaufteilung (§§ 286, 254 BGB) erreichen. Für die **analoge Heranziehung des § 93,** wenn der Kl sofort auf den Leistungsanspruch verzichtet (so Herget hier § 93 Rn 6 zu „Stufenklage"; Rixecker MDR 85, 633/35; Assmann aaO S 92; W. Lüke JuS 95, 143/47; München MDR 88, 782), verbleibt kein Raum.

17 **h)** Bei **Säumnis des Kl** kann wegen des Grundsatzes der Gesamtrechtshängigkeit (s oben Rn 1) die Stufenklage durch VersUrteil abgewiesen werden, auch wenn der Zahlungsantrag noch nicht verhandelt und beziffert wurde (Stuttgart NJW-RR 90, 766; einschr Hamm NJW-RR 90, 709). Ein **Versäumnisurteil gegen den Bekl** ist stets nur als Teilversäumnisurteil zulässig. VersUrteil über alle Stufen wäre bzgl Hauptsache als Grundurteil (§ 304) anzusehen (nach RG 84, 371/73 Feststellungsurteil), also unzulässig (oben Rn 9).

18 **4) Gebühren: a) des Gerichts:** Die **Gebühr** für das **Verfahren im allg** ist nach dem Anspruch mit dem höchsten Wert zu berechnen (§ 18 GKG); entscheidend für die Wertberechnung ist der Zeitpunkt der Einreichung der Stufenklage (§ 15 GKG iVm § 4 I ZPO). Das Gericht verfährt nach § 25 I 1 GKG. Es gibt dabei – entgegen des Gesetzestextes – keinen Grund, die Parteien nicht anzuhören, zumal dies geeignet sein kann, Einwendungen (§ 25 I 2 GKG) zu vermeiden. Soweit eine Stufe durch **Teil**urteil erledigt wird, ist die jeweilige Entscheidung für einen Teil des Streitgegenstandes ein **Endurteil** und damit **gebührenpflichtig.** Berechnet wird vorab für jedes Teilurteil eine Urteilsgebühr nach dem gemäß § 3 ZPO zu schätzenden Wert desjenigen Klageanspruchs der Stufe, über den entschieden worden ist (§ 21 I GKG). Bei **gleichhohen Gebührensätzen** (zB wenn für sämtl Teilurteile nur der zweifache Tabellensatz anzuwenden ist) darf für alle Teilurteile im Ergebnis nur eine, und zwar keine höhere Urteilsgebühr erhoben werden, als sie sich aus dem Gesamtbetrag der einzelnen Wertteile errechnet (§§ 21 II, 27 GKG). Eine solche Berechnung wird aber kaum notwendig werden. In dem Prozeßverfahren erster Instanz erfallen keine Urteilsgebühren mehr, in den Rechtsmittelzug gelangt regelmäßig nur die jeweils beschiedene Stufe, über die idR ingesamt entschieden wird.

b) des Anwalts: Prozeßgebühr (§ 31 I Nr 1 BRAGO) nach dem höchsten Wert; Gebühren aus §§ 31 I Nr 2–4, II, 33 I BRAGO nach dem jeweiligen Wert der das Leistungsverlangen vorbereitenden Ansprüche, soweit diese Gegenstand der Anträge in der mündl Verhandlung, der Beweiserhebung oder auch der Erörterung gewesen sind. Die Obergrenze (§ 13 III BRAGO) ist zu beachten.

255 *[Fristbestimmung im Urteil]*

(1) Hat der Kläger für den Fall, daß der Beklagte nicht vor dem Ablauf einer ihm zu bestimmenden Frist den erhobenen Anspruch befriedigt, das Recht, Schadensersatz wegen Nichterfüllung zu fordern oder die Aufhebung eines Vertrages herbeizuführen, so kann er verlangen, daß die Frist im Urteil bestimmt wird.

(2) Das gleiche gilt, wenn dem Kläger das Recht, die Anordnung einer Verwaltung zu verlangen, für den Fall zusteht, daß der Beklagte nicht vor dem Ablauf einer ihm zu bestimmenden Frist die beanspruchte Sicherheit leistet, sowie im Falle des § 2193 Abs. 2 des Bürgerlichen Gesetzbuches für die Bestimmung einer Frist zur Vollziehung der Auflage.

1 **I) Allgemeines: 1)** Vielfach (s Rn 4) gibt das mat Recht dem Gläubiger für den Fall der Nichterfüllung einer Schuld die Befugnis, nach Ablauf einer v Gläubiger gesetzten Frist den Ersatz des Interesses an Stelle der Erfüllung zu fordern oder andere Rechte geltend zu machen. Vor dem AG (§ 510b) und vor dem Arbeitsgericht (§ 61 II ArbGG) kann der Gläubiger in *einer* Klage auf Vornahme einer Handlung (§§ 887, 888; nicht auf Zahlung oder Herausgabe), auf Fristsetzung und zugleich auf Entschädigung für den Fall der Nichterfüllung klagen, wobei der Bekl auf den Weg der Vollstreckungsgegenklage verwiesen ist, wenn er trotz Nichterfüllung der Hauptschuld später die Entschädigungspflicht (zB wegen §§ 285, 283 I 3, 323 BGB) oder die Höhe der vom Gericht gem § 287 festgesetzten Entschädigung bestreitet.

2 Mit Rücksicht auf das letzterwähnte Risiko für den Bekl u auf die Schwierigkeit der Ermittlung von Grund u Höhe des bedingten Entschädigungsanspruches bleibt die ZPO für landgerichtl Verf hier auf halbem Wege stehen u gestattet nur die **Verbindung des Erfüllungsanspruches u des Rechts auf Fristsetzung in einer Klage** (wobei die Fristsetzung durch das Gericht, weil insoweit keine Verurteilung des Bekl erfolgt, Akt der freiw Gerichtsbarkeit ist). Der Anspruch auf Schadensersatz usw wird mit der Klage nach § 255 noch nicht rechtshängig, er berührt daher auch den Streitwert nicht (unten Rn 6); er ist nach Fristablauf in einem neuen Prozeß zu verfolgen. In diesem neuen Prozeß sind die Parteien iS der Rechtskrafterstreckung von der Wiederholung aller im Vorprozeß verbeschiedenen oder verwirkten Einreden ausgeschlossen, Schmidt ZZP 87, 49/54.

3 **2)** § 255 schließt nicht aus, **mit der Klage auf Erfüllung der Hauptschuld und Fristsetzung bereits die Klage auf Entschädigung zu verbinden,** wo für den Entschädigungsanspruch die Voraussetzungen des § 259 gegeben sind, dh Grund u Höhe dieses bedingten Anspruches bereits feststehen. Denn von den „mehreren Ansprüchen" des § 260 darf einer auch bedingt sein iS des § 259. Dabei setzt diese Anspruchshäufung entgegen § 510b nicht voraus, daß der Hauptanspruch auf Vornahme einer Handlung gerichtet ist. Zulässig ist zB die Klage auf Nachbesserung mit der Fristsetzung und dem bedingten Anspruch auf Wandelung (§ 634

BGB) zu verbinden (RG 85, 396), ebenso die Klage auf Herausgabe mit dem (für den Fall der nicht fristgerechten Erfüllung bereits unbedingt vereinbarten) Anspruch auf Schadensersatz (Schleswig NJW 66, 1929; hierzu eingehend Bunte JuS 67, 206; Schmidt ZZP 87, 68; abw München OLGZ 65, 10), oder die Klage auf Feststellung der Höhe des Verwendungsanspruches (§§ 994 ff BGB) mit dem Antrag auf Fristsetzung gem § 1003 II BGB und zugleich mit dem bedingten (dh für den Fall fruchtlosen Fristablaufs gestellten) Antrag auf Duldung der Zwangsvollstreckung (RG, 137, 101).

II) Anwendungsfälle: Dem Gläubiger erwachsen aus Nichterfüllung nach Ablauf gesetzter Frist neue Rechte: §§ 250, 264 II, 283, 325 II, 354, 467, 527, 634, 651, 1003 II, 1052, 1133, 2128, 2193 II BGB, § 375 HGB (RG 137, 101). Nicht anwendbar ist § 255, wo Schuldner dem Gläubiger Frist setzen darf, zB §§ 355, 415 BGB. 4

III) Verfahren: Antrag auf Fristsetzung ist Sachantrag, daher bis z Schluß der mündl Verhandlung jeder Tatsacheninstanz nachholbar (§ 264 Ziff 2). Frist kann i das Ermessen des Gerichts gestellt werden. Gericht darf v Kl vorgeschlagene Frist überschreiten, wegen § 308 aber nicht unterschreiten. Die Frist ist keine prozessuale, daher nachträglich nicht veränderlich (§ 318). Wurde Fristantrag v Gericht übersehen: § 321. Besteht kein Anspruch auf Fristsetzung (Rn 3), ist der Antrag als unbegründet abzuweisen, ebenso wenn Gericht längere Frist für nötig hält, als Kl beantragt (= teilw Zurückweisung). Fristbeginn: Rechtskraft des Urteils, im übrigen §§ 187 ff BGB (Schmidt ZZP 87, 49). 5

Für die Fristbestimmung ist neben dem Streitwert des Hauptanspruchs wegen wirtschaftlicher Identität beider Ansprüche **kein gesonderter Streitwert** anzusetzen. Deshalb bestimmen auch allein Erfolg oder Mißerfolg des Hauptanspruchs die Kostenfolge des Urteils (vgl entspr § 510 b Rn 9; Schneider MDR 84, 853/54). Nur im Sonderfall der oben (Rn 3) dargelegten echten Klagenhäufung (§ 260) bzgl Hauptschuld und Entschädigung ist § 5 anwendbar und kommt Kostenteilung gemäß § 92 in Betracht. 6

256 *[Feststellungsklage]*

(1) Auf Feststellung des Bestehens oder Nichtbestehens eines Rechtsverhältnisses, auf Anerkennung einer Urkunde oder auf Feststellung ihrer Unechtheit kann Klage erhoben werden, wenn der Kläger ein rechtliches Interesse daran hat, daß das Rechtsverhältnis oder die Echtheit oder Unechtheit der Urkunde durch richterliche Entscheidung alsbald festgestellt werde.

(2) Bis zum Schluß derjenigen mündlichen Verhandlung, auf die das Urteil ergeht, kann der Kläger durch Erweiterung des Klageantrags, der Beklagte durch Erhebung einer Widerklage beantragen, daß ein im Laufe des Prozesses streitig gewordenes Rechtsverhältnis, von dessen Bestehen oder Nichtbestehen die Entscheidung des Rechtsstreits ganz oder zum Teil abhängt, durch richterliche Entscheidung festgestellt werde.

A) Feststellungsklage, Abs I

Lit: *Baltzer,* Die negative Feststellungsklage, 1980; *G. Lüke,* Zur Klage auf Feststellung von Rechtsverhältnissen mit oder zwischen Dritten, FS Henckel, 1995, S 563; *Michaelis,* Der mat Gehalt des rechtl Interesses bei der Feststellungsklage u bei der gewillkürten Prozeßstandschaft, FS Larenz, 1983, S 443; *Pawlowski,* Das Verhältnis von Feststellungs- u Leistungsklage, MDR 88, 630; *Stoll,* Typen der Feststellungsklage aus der Sicht des bürgerl Rechts, FS Bötticher, 1969, S 341.

I) Allgemeines

1 Während das Leistungsurteil neben seiner Feststellungswirkung einen Leistungsbefehl an den Bekl enthält, das Gestaltungsurteil unmittelbare Rechtsänderungen herbeiführt, erschöpft sich das Feststellungsurteil in seiner bloß deklaratorischen Feststellungswirkung (vor § 253 Rn 3–8). Es ist der Rechtskraft fähig (§ 322 Rn 6–12), jedoch (obwohl gem §§ 704 ff für vollstreckbar zu erklären) abgesehen vom Kostenpunkt nicht vollstreckungsfähig. Jedes klageabweisende u jedes Zwischenurteil ist Feststellungsurteil. Das Leistungsurteil kann nur über Ansprüche der Parteien (§ 241 BGB) befinden, das Gestaltungsurteil nur Rechte ändern. Wo Ansprüche nicht bestehen oder noch nicht nach Art und Umfang bestimmt sind und eine Rechtsänderung nicht gewollt ist, dient die Feststellungsklage der Behebung sonstiger Rechtsunsicherheit; sie dient damit dem Rechtsfrieden und der Prozeßökonomie. Diese Aufgabe bestimmt Anwendungsbereich und Zulässigkeit der Feststellungsklage.

2 Die Feststellungsklage ist als **positive** (= behauptende) oder **negative** (= leugnende) möglich. Jeder Abweisungsantrag des Bekl enthält einen negativen Feststellungsantrag. Sondervorschriften für die Feststellungsklage enthalten §§ 146–147 KO, § 9 AnfG (= Verbot der Feststellungsklage), §§ 606, 640 ZPO (hierzu BGH ZZP 86, 313). Zum **Streitgegenstand** der positiven und negativen Feststellungsklage s Einleitung Rn 77, 78. Zur materiellen **Rechtskraft** des Feststellungsurteils s § 322 Rn 6–12, zur Zulässigkeit eines **Grundurteils** § 304 Rn 3, zum **Streitwert** § 3 Rn 16 bei „Feststellungsklagen" und § 9 Rn 1.

II) Anwendungsbereich

2a Streitgegenstand der Feststellungsklage kann nur sein 1. der Streit über ein Rechtsverhältnis oder 2. die Tatfrage der Echtheit einer Urkunde.

3 1) **Rechtsverhältnis** ist die rechtl geregelte Beziehung einer Person zu einer anderen Person oder einer Sache (BGHZ 22, 43/47). Kein Rechtsverhältnis idS sind bloße Tatfragen (Ausnahme: Echtheit einer Urkunde, Rn 6) oder abstrakte Rechtsfragen. Ob ein abstrakt formulierter Feststellungsantrag (zB gerichtet auf Zulässigkeit einer Werbung) nicht doch ein Rechtsverhältnis zum Gegenstand hat (zB einen Unterlassungsanspruch), ist durch Auslegung zu ermitteln (vgl BGH ZZP 106, 527). Das Rechtsverhältnis kann privat-, prozeß- oder öffentl-rechtl Natur sein (sofern nur der Rechtsweg zulässig gem § 13 GVG). – Nur das **Rechtsverhältnis selbst,** nicht seine Vorfragen oder einzelnen Elemente, kann Gegenstand der Klage sein (BGH 68, 332 = NJW 77, 1288; 82, 1879), jedoch können einzelne Rechte, Pflichten oder Folgen eines einheitl Rechtsverhältnisses Gegenstand der Klage sein (BGH NJW 84, 1556; MDR 83, 1014; BAG NJW 69, 680; so auch bzgl der Anspruchsgrundlagen des gemäß § 1587g BGB künftigen Versorgungsausgleichs BGH NJW 82, 387). Klage auf Feststellung des Annahmeverzugs bei Zug-um-Zug-Leistung wird von der hM wegen §§ 756, 765 zugelassen (vgl § 756 Rn 10; MK/Lüke Rn 24). Kein Rechtsverhältnis ist aber zB die Frage der Geschäftsfähigkeit u der Wirksamkeit von Rechtshandlungen (BGH 37, 333) oder die Berechnungsgrundlage für einen Anspruch (BGH 22, 43/47 f; NJW 95, 1097 = MDR 95, 306).

3a Das Rechtsverhältnis muß grds ein **gegenwärtiges** sein (BGH 37, 137/144). Ein solches bejaht die nicht ganz einheitl Rspr aber auch bei betagten oder bedingten Rechtsgeschäften (BGH MDR 86, 743; NJW 84, 2950), denn sie können (was dann Frage der Begründetheit, nicht der Zulässigkeit der Feststellungsklage ist) bereits die gegenwärtigen Rechtsbeziehungen der Beteiligten zueinander berühren. Verneint wurde ein gegenwärtiges Rechtsverhältnis bei einer auf die Erbfolge nach noch lebenden Personen gerichteten Feststellungsklage (BGH 37, 137/144 = NJW 62, 1723; Lange NJW 63, 1573). Um ein gegenwärtiges Rechtsverhältnis geht es aber bei der Frage der Wirksamkeit einer Vermächtnisanordnung (BGH 37, 331/4), des Bestehens des erst beim Erbfall entstehenden Anspruchs nach § 2287 BGB gegen den vom Erblasser Beschenkten (Koblenz MDR 87, 935) oder des Bestehens der Pflichtteilsberechtigung (wegen der gegenwärtigen Entziehungsbefugnis, BGHZ 28, 177; BGH NJW 90, 911/912; 88, 977; 74, 1085; s auch Rn 11). Feststellungsklage auch zulässig hinsichtl der Frage der künftigen Entwicklung eines gegenwärtigen Rechtsverhältnisses (RG 27, 205). Zum Anspruch auf Ersatz eines für die Zukunft erwarteten Schadens s Rn 8a. Ein **vergangenes** Rechtsverhältnis kann nur Gegenstand einer Feststellungsklage sein, wenn sich aus ihm noch Rechtsfolgen für Gegenwart oder Zukunft ergeben (BGHZ 27, 190/6; BAG MDR 93, 689; NJW 94, 1751). Dies gilt ebenso, wenn das Rechtsverhältnis während des Rechtsstreits erlischt (sonst tritt Erledigung der Hauptsache ein, BAG BB 94, 290).

3b Das streitige Rechtsverhältnis muß grds **zwischen den Parteien** bestehen. Für einen Rechtsstreit über das Bestehen eines Rechtsverhältnisses zu einem Dritten oder zwischen Dritten fehlt es – von den Fällen einer Prozeßstandschaft abgesehen – an der auch hier zu fordernden Prozeßführungsbefugnis (MK/Lüke Rn 33 f; Michaelis FS Larenz [1983] S 460 f; Häsemeyer ZZP 101, 396 f u 107, 232; G. Lüke FS Henckel [1995] S 576; W. Lüke ZGR 94, 273). Der BGH geht allerdings in stRspr davon aus, daß auch ein **Drittrechtsverhältnis** Gegenstand einer Feststellungsklage sein kann, falls dieses zugleich für die Rechtsbeziehungen der Parteien untereinander von Bedeulungsinteresse nur entfallen, wenn Kl endgültig gesichert ist. Eine einseitige Erklärung des Bekl reicht hierfür nicht. Kl kann auf Anerkenntnisurteil bestehen; ggf aber § 93 anwendbar.

Erhebt der Bekl der (negativen) Feststellungsklage seinerseits **wegen desselben Streitgegenstands Leistungs(wider)klage,** so besteht das ursprüngl vorliegende Feststellungsinteresse nur ausnahmsweise fort, wenn die Feststellungsklage bereits entscheidungsreif ist, bevor im anderen Verfahren über die Leistungsklage streitig verhandelt wurde, diese Klage also gemäß § 269 I vom dortigen Kl noch einseitig zurückgenommen werden kann (BGHZ 99, 340 = NJW 87, 2680 = MDR 87, 558). Ist dagegen im Zeitpunkt der streitigen Verhandlung über die anderweitig rechtshängige Leistungsklage die Feststellungsklage noch nicht entscheidungsreif (§ 300), so entfällt das Feststellungsinteresse und der Feststellungskläger ist gehalten, seine damit unzulässig gewordene Klage für erledigt zu erklären (BGH NJW 73, 1500 = MDR 73, 925). Dies gilt ebenso, wenn auf negative Feststellungsklage der Bekl positive Feststellungs-Widerklage erhebt (Macke NJW 90, 1651; KG NJW 61, 33). Zur Problematik im internationalen Prozeßrecht Huber JZ 95, 605 ff. 7d

4) Einzelfälle: a) Feststellungsinteresse wird (ausnahmsweise; vgl Rn 7a) bejaht trotz möglicher **Leistungsklage,** wo schon Feststellungsurteil zu endgültiger Streitbeilegung führt, zB weil der Bekl erwarten läßt, daß er bereits auf Feststellungsurteil hin leisten wird (so für Behörde BGH NJW 84, 1118/19; Arbeitgeber beim Urlaubsanspruch BAG 16, 293; Bank NJW 95, 2219 und wohl auch NJW 96, 918; verneinend für Versicherungsgesellschaft Düsseldorf VersR 95, 1301, bejahend Braunschweig NJW-RR 94, 1447). Zu weitgehend lassen BGH NJW 95, 2221/22 u Stuttgart WM 94, 626 bereits das Einvernehmen der Parteien ausreichen, ihren Streitpunkt durch eine Feststellungsklage klären zu lassen; entscheidend ist, daß eine erneute Inanspruchnahme der Gerichte zur Durchsetzung des Anspruchs ausgeschlossen werden kann. Hierbei ist auch von Bedeutung, ob weitere Streitigkeiten, etwa über Einzelheiten der Rechtsbeziehung, durch ein Leistungsurteil miterledigt würden, bei einem Feststellungsurteil aber offenblieben (BGH NJW-RR 94, 1272/3). Feststellungsklage zulässig, wenn Leistungsantrag (zB auf Vorschuß) nicht den ganzen zu erwartenden Schaden abdeckt (vgl Wussow NJW 69, 481; BGH NJW-RR 86, 1026 = MDR 86, 839). Möglichkeit einer Klage auf künftige Leistung gem § 259 beseitigt Feststellungsinteresse nicht (BGH NJW 86, 2507; RG 113, 411); anders, wenn Stufenklage (§ 254) möglich (BGH NJW 96, 2097/98; JZ 56, 95). Ebenso, wenn zweifelhaft, ob Leistungsklage schon zu beziffern (BGH 28, 126; BAG NJW 64, 1044). Kein Feststellungsinteresse aber, wo Leistungsklage mögl, lediglich die künftige Höhe wiederkehrender Leistungen uU veränderl, denn hier hilft § 323 (BGH 5, 314; MDR 61, 310); trotzdem läßt BGH 36, 38 auch hier Feststellungsklage zu. 8

b) Feststellungsinteresse besteht stets zum Zwecke der **Unterbrechung der Verjährung** (BGH VersR 72, 459; NJW 52, 741; RG 100, 149), denn die unbezifferte Feststellungsklage unterbricht Verjährung (§ 209 BGB) wegen des ganzen Anspruchs (RG 75, 302; BGH JZ 54, 169). Es reicht bei Verletzung eines absoluten Rechtsguts aus, wenn künftige Schadensfolgen (wenn auch nur entfernt) *möglich,* ihre Art u ihr Umfang, sogar ihr Eintritt aber noch ungewiß sind (BGH NJW 78, 544; 91, 2707); die *Wahrscheinlichkeit* einer Schadensentstehung ist dagegen Voraussetzung der Begründetheit der Klage. Anders jedoch bei Verletzung einer Norm zum Schutz des Vermögens: hier besteht kein Feststellungsinteresse, solange der Eintritt irgendeines Schadens noch ungewiß ist und keine Verjährungsfrist läuft; hier muß der Kl also schon für die Zulässigkeit der Klage die Wahrscheinlichkeit eines auf die Verletzungshandlung zurückzuführenden Schadens substantiiert dartun (BGH NJW 93, 648/654; 96, 1062/3). München NJW 68, 2013 verneint Feststellungsinteresse, wenn Bekl die Haftung anerkannt und auf Verjährungseinrede verzichtet hat; ein solcher Verzicht (für den aber ein prozessuales Fallenlassen der Verjährungseinrede nicht ausreicht, BGHZ 22, 267/270) ist zwar vor Verjährungseintritt unwirksam gemäß § 225 (BGHZ 83, 389), er kann aber, wenn der Gläubiger im Vertrauen auf die Verzichtserklärung die verjährungsunterbrechende Klage zunächst unterlassen hatte, die Arglisteinrede gegen die prozessuale Verjährungseinrede begründen (BGH NJW 86, 1861; 81, 1551; 79, 866). Ein schriftl Anerkenntnis (vgl BGH VersR 85, 62) kann das Feststellungsinteresse entfallen lassen, doch kann die Feststellungsklage nicht deswegen als unzulässig abgewiesen werden, weil der Geschädigte noch nicht versucht habe, ein solches Anerkenntnis zu erlangen (aA Celle NZV 88, 183). Ein befristeter Verzicht auf die Verjährungseinrede beseitigt das Feststellungsinteresse nicht (Celle NZV 88, 183; München VersR 92, 213 LS). Zur Verjährung s auch Rn 17. 8a

c) Bei **Vorliegen eines Leistungstitels** kann ausnahmsweise Feststellungsinteresse bestehen, wenn dessen Auslegung streitig ist (BGH NJW 62, 109; Hamburg NJW 63, 721), denn Schuldner muß sich nicht auf § 766 verweisen lassen; ebenso bejaht der BGH (NJW 90, 834 = ZZP 103 [1990], 350 m Anm Smid; hierzu Münch Rpfleger 90, 248; Brehm JZ 90, 394) die Zulässigkeit der Feststellungsklage mit dem Ziel der „anderen rechtl Qualifizierung" eines bereits titulierten Anspruchs, wenn hierfür ein besonderes Vollstreckungsinteresse des Gläubigers besteht (§ 850f II!), dem eine Entscheidung im summarischen Vollstreckungsverfahren nicht oder nur unzureichend Rechnung tragen könnte (so bereits RGZ 147, 27; BGH 5, 189 = NJW 52, 665; ebenso 8b

Oldenburg NJW-RR 92, 573, Künzl JR 91, 91). Feststellungsinteresse auch denkbar, wo früherer Titel verloren (BGH 4, 314) oder wo mit Einwendung des Schuldners im Vollstreckungsverfahren zu rechnen ist (BGH JZ 66, 575; RG 100, 126).

9 **d)** Für **Abstammungsklagen** besteht Feststellungsinteresse immer (§ 640). Hierzu vgl die besonderen Vorschriften in §§ 640–644 ZPO, §§ 1600 ff BGB (BGH ZZP 86, 313).

10 **e)** Streit über **Recht auf Getrenntleben** der Eheleute begründet (entgegen München FamRZ 86, 807; AG Gr-Gerau FamRZ 79, 504) ein allerdings seit dem Inkrafttreten des 1. EheRG am 1. 7. 1977 nur noch begrenzt zu bejahendes Feststellungsinteresse (s § 606 Rn 22; § 621 Rn 55), denn die Berechtigung des Trennungstatbestands äußert – mag sie auch für die Ehescheidung nicht mehr maßgeblich sein – weiterhin Rechtswirkungen (zB §§ 1361b, 1610 III 2, 1672 BGB).

11 **f)** Kein Feststellungsinteresse bzgl **Erbrecht** gegenüber dem noch lebenden Erblasser (BGH = 37, 137/145 NJW 62, 1723 = MDR 62, 723), *anders* bei Streit über die Rechte aus einem Erbvertrag (Düsseldorf ZEV 94, 171), für den künftigen Herausgabeanspruch nach § 2287 BGB gegen den vom Erblasser Beschenkten (Koblenz MDR 87, 935; einschr München NJW-RR 96, 328), für die Feststellung, ob Grund für Pflichtteilsentziehung vorliegt (BGH NJW 74, 1085; hier Feststellungsinteresse für den künftigen Erblasser *und* Erben, Saarbrücken NJW 86, 1182; entfällt aber mit dem Todesfall, BGH NJW-RR 93, 391), oder für das Verhältnis der Miterben untereinander (KG JR 61, 144). Zum erbrechtl Feststellungsinteresse vgl auch Lange NJW 63, 1573; BGHZ 17, 336/338; 37, 331.

11a **g)** Bei Streit über **Bestand eines Arbeitsverhältnisses** ist Feststellungsinteresse grds gegeben. Da sich die Kündigungsschutzklage nach §§ 4, 7 KSchG nur auf Unwirksamkeit der konkret angegriffenen Kündigung bezieht, kann sie mit allg Feststellungsklage bezügl des Fortbestands des Arbeitsverhältnisses (bis zu einem bestimmten Zeitpunkt oder unbefristet, dh bis zur letzten mündl Verhandlung) verbunden werden (BAG NJW 88, 2691; zur Antragstellung in diesen Fällen Rn 15b, zur Hinweispflicht des Gerichts § 139 Rn 10). Ein Feststellungsinteresse besteht hierfür jedoch nur dann, wenn sich der Arbeitgeber weiterer Beendigungsgründe berühmt; eine „vorsorgliche Feststellungsklage" ist unzulässig (BAG NJW 94, 2780/82). Nach bedenkl Rspr des BAG soll Feststellungsinteresse jedoch auch schon dann bestehen, wenn Arbeitnehmer die Möglichkeit weiterer Beendigungsgründe (etwa einer Kündigung während des Prozesses) glaubhaft macht (BAG NJW 88, 2691/93; 1994, 2780; aA Boemke RdA 95, 225 m Nachw zum Meinungsstand im arbeitsrechtl Schrifttum). Zunächst unzulässige „vorsorgliche Feststellungsklage" wird zulässig, wenn Arbeitgeber tatsächl während des Prozesses erneut kündigt und Kl erklärt, daß er sich auch hiergegen wendet. Es soll dann unschädl sein, wenn zwischen der erneuten Kündigung und der genannten Erklärung mehr als 3 Wochen liegen; jedenfalls wenn bis zum Schluß der mündl Verhandlung erster Instanz ein Unwirksamkeitsgrund nach dem KSchG geltend gemacht wird, wird die Klagefrist des § 4 KSchG als durch den allg Feststellungsantrag gewahrt angesehen (BAG ZIP 96, 388 m abl Anm Künzl EWiR § 4 KSchG 1/96, 521). Für den Zeitraum nach der nun speziell angegriffenen Kündigung soll der vorsorgl Feststellungsantrag allerdings weiterhin als unzulässig abzuweisen sein (BAG ZIP 96, 388/90). Aufgrund dieser Rspr, die ihren Grund im Schutz des Arbeitnehmers vor einer Überrumpelung durch Prozeßkündigungen hat (BAG NJW 88, 2691/93), kann es sich empfehlen, hilfsweise doch eine „vorsorgliche Feststellungsklage" zu erheben und das Risiko in Kauf zu nehmen, daß sie bei Ausbleiben weiterer Kündigungen als unzulässig abgewiesen wird (ebenso Künzl aaO; Diller NJW 96, 2143). Die genannte Rspr erscheint jedoch verfehlt; sie schützt ohnehin nur den Arbeitnehmer, der auf den Gedanken kommt, eine „vorsorgliche Feststellungsklage" zu erheben (näher zu den kündigungsschutzrechtl Fragen Boemke RdA 95, 227 mwN). Inkonsequent ist es auch, wenn das BAG (NJW 91, 518) für den Fall, daß der Arbeitnehmer gegen „Prozeßkündigungen" mit eigenen Kündigungsschutzklagen vorgeht, das Feststellungsinteresse wieder entfallen läßt, obwohl die gesonderten Klagen doch einen weniger weit gehenden Streitgegenstand haben. Nach richtiger Auffassung ist neben einer auf das KSchG gestützten Feststellungsklage eine allg Feststellungsklage nur zulässig, wenn der Arbeitgeber sich über die konkret angegriffene Kündigung hinaus weiterer Beendigungsgründe berühmt, und muß gegen Folgekündigungen gesondert nach § 4 KSchG vorgegangen werden (ebenso Boemke RdA 95, 225 ff).

12 **h)** Im **Konkurs** (neben § 146 KO) Feststellungsinteresse zwischen Konkursverwalter u Gemeinschuldner bei Streit über Massezugehörigkeit (BGH NJW 62, 1392), bei Streit über Teilnahme am Konkurs (RG 139, 87), bei Bestreiten der angemeldeten Forderung (RG 34, 410).

13 **i)** Liegt nach Auflösung einer **Gesellschaft** Auseinandersetzungsrechnung noch nicht vor und läßt sich auch noch kein Mindestanspruch des Kl feststellen, so kann Klage darauf gerichtet und ein evtl Zahlungsantrag dahin umgedeutet werden, daß der streitige Betrag als Einzelposten in die Auseinandersetzungsrechnung eingebracht wird (BGH NJW 84, 1455; 92, 2757). Dies gilt auch bei Stufenklage (BGH NJW 95, 188). – Der Gesellschafter einer GmbH kann ein rechtl Interesse daran haben, daß die im Abschluß eines Vertrages der GmbH mit einem Mitgesellschafter liegende Treuepflichtverletzung festgestellt wird (BGH NJW 90, 2627/8; zur Problematik des

„Rechtsverhältnisses" in diesen Fällen s Rn 3b). – Gegen mehrere Ausschließungsbeschlüsse kann ein Gesellschafter auch mit mehreren Feststellungsklagen vorgehen (BGH NJW-RR 92, 227).

j) Für Klage auf Feststellung einer **Freistellungspflicht** fehlt schutzwürdiges Interesse, wenn Kl selbst eine Inanspruchnahme durch den Bekl nicht mehr befürchten muß (Hamburg VersR 86, 385; Hamm OLGR 95, 254). **13a**

k) Bei **Pfändung einer Forderung** Feststellungsinteresse des bestreitenden Drittschuldners gegenüber Pfandgläubiger und Schuldner (München NJW 58, 68), aber nicht wenn Rechtsbehelf der §§ 766, 840, 843 einfacheren Weg der Abwehr bieten (BGH NJW 77, 1881). **14**

l) Ein zur **negativen Feststellungsklage** berechtigendes **Berühmen** braucht nicht notwendig ausdrückl zu geschehen; Schweigen oder rein passives Verhalten reicht aber nur aus, wenn Kl aufgrund vorangegangenen Verhaltens des Bekl nach Treu u Glauben eine ihn endgültig sicherstellende Erklärung erwarten kann (BGH NJW 95, 2032/33). Berühmen liegt schon vor, wenn der Gegner geltend macht, aus einem bestehenden Rechtsverhältnis könne sich unter bestimmten Voraussetzungen, deren Eintritt noch ungewiß ist, ein Ersatzanspruch ergeben; dagegen reicht nicht die Ankündigung, unter bestimmten Voraussetzungen in eine Prüfung einzutreten, ob ein Anspruch gegen den Betroffenen besteht (BGH NJW 92, 436 = MDR 92, 297). Auch Streitverkündung reicht wegen ihrer rein prozeßrechtl Wirkung nicht (RG 82, 170). In Erhebung einer Leistungsklage liegt zwar Berühmung, für leugnende Feststellungsklage fehlt aber Bedürfnis, weil Bekl seine Einwendungen gegen die Klage vorbringen kann (Ausnahme nach Düsseldorf FamRZ 93, 816, wenn mit der Feststellungsklage zugleich einstw Anordnung nach § 620 S 1 Nr 6 bekämpft werden soll). Bei Teilklage kann aber wegen des vorbehaltenen Teils negative Feststellungswiderklage erhoben werden. Das Rechtsschutzbedürfnis hierfür entfällt nicht durch die einseitige Erklärung des Klägers, er werde bei rechtskräftiger Abweisung der Teilklage keine weiteren Ansprüche geltend machen (BGH NJW 93, 2609 = MDR 93, 1118). Berühmt sich der Antragsgegner einer einstw Vfg eines Schadensersatzanspruchs nach § 945, so besteht für Klage auf positive Feststellung des Verfügungsanspruchs kein Feststellungsinteresse; hier kommt nur negative Feststellungsklage in Betracht (BGH NJW 94, 2765/66 = LM Nr 183 m Anm Grunsky). **14a**

IV) Verfahren

1) Der **Klageantrag** muß das festzustellende Rechtsverhältnis **bestimmt** iS § 253 II bezeichnen, denn der Umfang der Rechtshängigkeit und späteren Rechtskraft (Vorbem § 322 Rn 40, 41; § 322 Rn 6–12) muß feststehen (BGH NJW 83, 2247/2250; NJW-RR 94, 1272; BAG JZ 62, 166). Möglich aber **Umdeutung:** So kann unbezifferter Leistungsantrag (zB auf „Ersatz allen Schadens") oder Antrag auf „Anerkennung" einer Rechtsfolge in Feststellungsantrag umgedeutet werden (RG JW 04, 296; 11, 188). Dementsprechend kann der sich als unbegründet oder unzulässig erweisende Leistungsantrag vom Gericht (trotz § 308; s dort Rn 4) als Feststellungsantrag behandelt und insoweit positiv verbeschieden werden, wenn die künftige Entstehung eines Leistungsanspruchs aus dem gegebenen Rechtsverhältnis möglich ist (BGH NJW 84, 2295 = MDR 84, 660 = VersR 84, 389/90; BGH MDR 88, 46; NJW-RR 92, 771), denn bei Identität des Streitgegenstandes ist die Feststellungsklage gegenüber der Leistungsklage kein aliud sondern ein minus und der Übergang von der Feststellungsklage auf die Leistungsklage oder umgekehrt ist Klageerweiterung bzw -beschränkung (§ 264 Nr 2) und nicht Klageänderung (BGH NJW 92, 2296). Den Wechsel von der Feststellungs- zur Leistungsklage kann der Kl auch noch im Berufungsrechtszug vollziehen (BGH NJW 92, 2296). Jedoch darf der im 1. Rechtszug erfolgreiche Feststellungskläger nicht allein zum Zweck des Übergangs auf den Leistungsanspruch Berufung einlegen, denn er ist (seinem ursprüngl Antrag entsprechend) durch das Ersturteil nicht beschwert (BGH NJW 88, 827 = MDR 88, 308; hierzu Vorbem § 511 Rn 8a). **15**

Da **negative Feststellungsklage** davon abhängt, in welcher Form der Gegner sich berühmt hat, ist hier Bezifferung des Antrags nur zu fordern, wo auch Berühmung beziffert erfolgte (BGH MDR 69, 749; RG 77, 136; E. Schneider Büro 67, 362; zu weitgehend BAG AP § 253 ZPO Nr 20 m abl Anm Vollkommer). Ergibt sich bei unbeziffertem negativen Antrag die Höhe der Berühmung aus der Klagebegründung, kann die Feststellung im Urteil (mit der Kostenfolge des § 92) auf einen best Betrag begrenzt, die Klage im übrigen abgewiesen werden (Celle NJW 65, 1722). Bei unbezifferter Berühmung des Bekl ist dagegen Klage insgesamt unbegründet, wenn dem Bekl eine Forderung zusteht. **15a**

Im **Kündigungsschutzprozeß** entscheidet die (ggf auf gerichtl Hinweis klarzustellende, auch auslegungsfähige) Fassung des Antrags darüber, ob nur die Wirksamkeit einer konkreten Kündigungserklärung oder der Fortbestand des Arbeitsverhältnisses (bis zu einem bestimmten Zeitpunkt oder bis zur letzten mündl Verhandlung) Streitgegenstand sein soll. Wird, wie häufig, beantragt, neben der Unwirksamkeit der Kündigung „den Fortbestand des Arbeitsverhältnisses zu unveränderten Bedingungen über den ... hinaus festzustellen", kann es sich sowohl um ein sinnleeres Anhängsel (BAG NJW 94, 2780/82; NZA 94, 860/61) als auch um eine gesonderte Feststellungskla- **15b** ge handeln (zu deren Zulässigkeitsvoraussetzungen s Rn 11a). Von letzterem kann idR nicht ausgegangen werden, wenn in der Klagebegründung nur die konkrete Kündigung angegriffen und zu sonstigen Beendigungsgründen nichts vorgetragen wird (BAG NZA 95, 595/96; zur richtigen Antragstellung Diller NJW 96, 2141 ff). S auch § 139 Rn 10.

16 2) Die **Rechtshängigkeit** erfaßt bei positiver und auch negativer Feststellungsklage das streitige Rechtsverhältnis. Wegen des weitergehenden Rechtsschutzziels der Leistungsklage begründet jedoch eine negative Feststellungsklage für diese keine Rechtshängigkeitssperre (BGH NJW 94, 3107/08), während umgekehrt eine nach der Leistungsklage erhobene negative Feststellungsklage über denselben Anspruch, da ihr Streitgegenstand von der Leistungsklage umfaßt wird, schon wegen der anderweitigen Rechtshängigkeit nach § 261 III Nr 1 unzulässig ist (BGH NJW 89, 2064 = MDR 89, 623; Hamm MDR 91, 546; aM Baltzer, Die negative Feststellungsklage aus § 256 I ZPO, S 149 ff). Im Anwendungsbereich des EuGVÜ greift die Sperre der Rechtshängigkeit iSv Art 21 I dagegen auch im Verhältnis zwischen negativer Feststellungsklage und in anderem Vertragsstaat erhobener Leistungsklage ein (EuGH NJW 89, 665; BGH NJW 95, 1758).

17 Bei positiver Feststellungsklage umfaßt, falls die Klage nicht ausdrückl auf abgrenzbare Teile des Rechtsverhältnisses beschränkt ist, die **Unterbrechung der Verjährung** (§ 209 BGB; hierzu oben Rn 8a u § 262 Rn 3) den ganzen Anspruch (RGZ 75, 302; BGH JZ 54, 169). Dagegen unterbricht die negative Feststellungsklage ebenso wie auch die Verteidigung gegen diese nicht die Verjährung gem § 209 BGB (BGHZ 72, 23 = MDR 78, 830; Gürich MDR 80, 359; aA Baltzer aaO § 28). Die Abweisung der negativen Feststellungsklage hat zwar die Wirkung eines positiven Grundurteils (BGH NJW 89, 105; 75, 1320); dieses gilt als „rechtskräftige Feststellung" iS § 218 BGB aber nur, soweit die Höhe der Forderung des Bekl festgestellt ist (BGH NJW 72, 1043). Positive Feststellungsklage hat ebenso wie Leistungsklage die haftungssteigernde Wirkung des § 262.

18 3) **Beweislast:** Bei **positiver Feststellungsklage** trägt sie Kläger wie bei Leistungsklage; soweit es auf Schadensentstehung ankommt, hat er aber nur deren Wahrscheinlichkeit zu beweisen (BGH ZZP 85, 245 m abl Anm Schwab; hierin liegt keine Reduzierung des Beweismaßes, sondern materiell-rechtl Besonderheit, vgl Greger, Beweis und Wahrscheinlichkeit, 1978, S 143 ff). Bei **negativer Klage** muß Kl die Berühmung u das Vorliegen aller ProzVoraussetzungen, Bekl die Berechtigung der Berühmung darlegen u beweisen. Hier muß Bekl daher Grund u Höhe des berühmten Anspruches beweisen, als wäre er Kläger; unsubstantiiertes Berühmen macht die negative Feststellungsklage begründet. Bleibt unklar, ob die streitige Forderung besteht, dann muß der negativen Feststellungsklage ebenso stattgegeben werden wie wenn das Nichtbestehen feststeht (BGH NJW 93, 1716 = MDR 93, 1118). Bei Klage wegen Echtheit einer Urkunde muß Echtheit beweisen, wer Rechte aus der Urkunde herleitet, uU also der Bekl.

19 4) Zur **Rechtskraft** des Feststellungsurteils s ausführl § 322 Rn 6–12. Abweisung wegen fehlenden Feststellungsinteresses steht erneuter Feststellungsklage nicht entgegen, wenn Interesse nachträgl entsteht. Wenn Echtheit einer Urkunde festgestellt, ist den Parteien des Feststellungsprozesses (nur diesen!) späterer Beweis der Unechtheit unmöglich (RG 148, 29).

20 5) **Gerichtsstand** s § 29 Rn 17. Demnach Gerichtsstand der negativen Feststellungsklage dort, wo der vom Bekl behauptete Anspruch zu erfüllen wäre, gem § 269 BGB daher regelm der Wohnsitz des Klägers.

B) Zwischenfeststellungsklage, Abs II

I) Zweck und Wirkung

21 Da gem § 322 I bei der Leistungsklage nur der Ausspruch über den Klageanspruch (= der Leistungsbefehl, vgl Rn 3 vor § 253) in materielle Rechtskraft erwächst, nicht aber die den Leistungsbefehl tragenden tatsächl Feststellungen u die Beurteilung vorgreifl Rechtsverhältnisse (= die sog „Elemente des Urteils"), könnten letztere in einem anderen Prozeß (zB erster Prozeß Klage auf Vertragserfüllung, später Klage auf Schadensersatz wegen Nichterfüllung) abweichend beurteilt werden. § 256 II ermöglicht es dem Kläger, durch neben oder nach der Hauptklage erhobene Zwischenfeststellungsklage, dem Bekl, durch Zwischenfeststellungs-Widerklage, einen rechtskräftigen Ausspruch auch über alle für die Hauptklage vorgreifl Rechtsverhältnisse herbeizuführen. Dadurch erwachsen auch die den Leistungsbefehl tragenden Rechtsgründe in Rechtskraft (BGH NJW 65, 689/691; BAG NJW 66, 1140; Rn 6 vor § 253), wobei es nicht darauf ankommt, ob das Gericht seine Entscheidung notwendig auch auf *diese* Gründe stützen muß (Köln MDR 81, 678). Die Rechtskraftwirkung reicht aber nicht weiter als die Vorgreiflichkeit des festgestellten Rechtsverhältnisses für die Hauptsache geht, denn Gegenstand der Zwischenfeststellungsklage ist nicht das Bestehen des Kausalverhältnisses schlechthin, sondern nur „in seiner Vorgreiflichkeit für die Hauptsache" (BGHZ 125, 251 = NJW 94, 1353/4 zu Feststellung des Kausalverhältnisses im Rahmen einer Wechselklage).

II) Besondere Prozeßvoraussetzungen

1) Ein **Urteilsverfahren über die Hauptklage** muß in einer Tatsacheninstanz (Revisionsinstanz genügt nicht: BGH 28, 131/137 = NJW 58, 1867; 61 777/779) zwischen den gleichen Parteien noch hinsichtl des Anspruchsgrundes anhängig sein. Nach Vorabentscheidung über den Grund (§ 304) ist im Betragsverfahren Zwischenfeststellungsklage nicht mehr zulässig (RG JW 39, 366); ebenso wie bei gleichzeitiger Anhängigkeit von Zwischenfeststellungsklage u Hauptklage ein Teilurteil über letztere allein unzulässig ist (München MDR 57, 425), während Teilurteil über die Zwischenfeststellungsklage vor Entscheidung über die Hauptklage zulässig ist (RG 170, 328/330; BGH NJW 55, 587; 56, 1755; 61, 75). Zwischenfeststellungsklage bezgl des Gegenstands der v Bekl hilfsweise erklärten Aufrechnung wird erst zulässig, wenn feststeht (gem § 302, wegen Anerkenntnis oder Nichtbestreitens des Hauptanspruchs), daß über die Gegenforderung des Bekl entschieden werden muß (BGH NJW 61, 75); in diesem Fall ist aber die Zwischenfeststellungsklage als (innerprozessual; hierzu Rn 20 vor § 128) bedingte Klage (für den Fall, daß über die Gegenforderung entschieden werden muß) zulässig. 22

Wie der rechtl Zusammenhang die Widerklage gegen den Kläger *und* gegen einen Dritten erlaubt (§ 33 Rn 18–23; BGH 40, 185 = NJW 64, 44; BGH NJW 71, 466), ist auch die (positive oder negative) **Feststellungswiderklage gegen** den Kläger *und* **einen Dritten** trotz insoweit nicht anhängiger Hauptklage als Zwischenfeststellungs-(Wider-)klage zulässig (BGH NJW 77, 1638); hier muß aber dem Dritten gegenüber ein Feststellungsinteresse vorliegen (vgl Rn 7); so zB gegenüber dem Zedenten oder Zessionar des teilweise abgetretenen Anspruchs (BGHZ 69, 37). 23

2) Zwischen den Parteien muß im Rahmen des Hauptanspruchs ein **Rechtsverhältnis** (vgl Rn 3) streitig sein; der Streit lediglich über Vorfragen oder Elemente dieses Rechtsverhältnisses genügt auch hier nicht (BGHZ 68, 332 = NJW 77, 1288; BGH NJW 82, 1879; MDR 85, 37/38). Daher kann (abweichend von Abs I) die Zwischenfeststellungsklage nicht auf Feststellung der Echtheit einer Urkunde gerichtet werden. 24

3) Das Bestehen oder Nichtbestehen des Rechtsverhältnisses muß für die Entscheidung der Hauptklage **vorgreiflich** sein. Die Vorgreiflichkeit fehlt, wo die Hauptklage aus formellen oder sonstigen vom Bestehen des streitigen Rechtsverhältnisses unabhängigen Gründen abweisungsreif ist (BGH NJW-RR 94, 1272 = LM Nr 181 m Anm Grunsky; LM § 280 aF Nr 2), desgleichen bei Abweisung wegen einer rechtsvernichtenden Einwendung (Hager KTS 93, 45 ff). Teilweise und eventuelle Vorgreiflichkeit genügt. Die Vorgreiflichkeit macht das sonst für die Feststellungsklage erforderliche Feststellungsinteresse entbehrl (BGH NJW 77, 1637). Nach BGHZ 125, 251 = NJW 94, 1353/4 ist für Klage aus Wechsel auch das Nichtbestehen des Kausalverhältnisses vorgreifl iSd § 256 II, weil es eine Einwendung gegen die Klage begründe; für eine evtl Klage aus dem Kausalverhältnis sei die rechtskräftige Zwischenfeststellung nicht vorgreifl; s auch Rn 21 aE. 25

4) Das Urteil über die Hauptklage darf die Rechtsbeziehungen der Parteien **nicht bereits erschöpfend regeln.** Für Abs II genügt aber die bloße Möglichkeit, daß aus dem streit Rechtsverhältnis weitere Ansprüche zwischen den Parteien erwachsen (RG 144, 59; 170, 330; BGHZ 69, 37/42 = NJW 77, 1637; BAG NJW 66, 1140). Beispiele: Die Abweisung der Räumungsklage beinhaltet noch keine rechtskr Feststellung der Unwirksamkeit der Kündigung (BGH NJW 65, 693). Das pos Unterlassungsurteil bewirkt bereits Rechtskraft für den Anspruchsgrund des künftigen Schadensersatzanspruchs wegen Zuwiderhandlung (BGH NJW 65, 689/691). Das Urteil auf Herausgabe des Schuldscheins stellt das Nichtbestehen einer Forderung des Herausgabepflichtigen noch nicht fest (BGH NJW 61, 1457). Die Erbschaftsklage stellt die Wirksamkeit des Testaments noch nicht fest (RG 150, 190). Stets zulässig ist die Zwischenfeststellungsklage, wenn mit der Hauptklage mehrere selbständige Ansprüche aus demselben Rechtsverhältnis verfolgt werden, mögen sie auch in ihrer Gesamtheit alle denkbaren Ansprüche erschöpfen, oder wenn mit Klage u Widerklage mehrere selbständige Ansprüche verfolgt werden, denn hier besteht Möglichkeit von Teilurteilen u die Zwischenfeststellung kann grundlegende Bedeutung für das Schlußurteil haben (BGH MDR 68, 36; RG 144, 54/59 ff; 170, 328/330). 26

Die Zwischenfeststellungs-Widerklage wird unzulässig (§ 91a!), wenn der Kläger im Prozeß auf alle Ansprüche aus dem Rechtsverhältnis **verzichtet** (Nürnberg BayJMBl 53, 67). Häufigster Anwendungsfall: Teilklage u neg Feststellungswiderklage hinsichtl Grund u Restbetrag der behaupteten Forderung. 27

5) Die **Prozeßart** der Hauptklage muß eine Feststellungsklage bzw -widerklage und die Verbindung beider Klagen überhaupt zulassen, daher unzulässig im Urkunden- u Wechselprozeß (§ 592 Rn 3), im Verfahren über Arrest u einstw Verfügung, im Ehe- u Kindschaftsverfahren (vgl Rn 2 zu § 260). 28

III) Verfahren

1) Die Zwischenfeststellungsklage wird **erhoben** zugleich mit der Hauptklage (§ 260), nachträglich (§ 261 II) oder als Widerklage (§ 33; auch gegen einen Dritten, oben Rn 23). Sie kann auch hilfsweise für den Fall der Abweisung des Hauptantrags erhoben werden (BGH NJW 92, 1897), ist 29

dann aber mangels Vorgreiflichkeit unzulässig, wenn das Gericht die Hauptklage wegen einer rechtsvernichtenden Einwendung abweist (Hager KTS 93, 45 ff). Im Berufungsverfahren gilt für die Widerklage § 530 I nicht (BGH 53, 92 = NJW 70, 425). Nur die Parteien selbst, nicht der Streitgehilfe, können klagen (Köln JR 55, 186). Die mündl Verhandlung über den Grund der Hauptklage darf noch nicht geschlossen (§ 136 IV) sein. Erhöht sich durch den gem § 3 zu bemessenden weiteren Wert der Klage der Streitwert über die Grenze des § 23 Nr 1 GVG, ist gem § 506 zu verweisen. Eine als solche unzulässige Zwischenfeststellungsklage (zB nach Vorabentscheidung über den Grund der Hauptklage) kann, sofern das besond Feststellungsinteresse besteht, als gewöhnl Feststellungsklage zulässig sein (evtl nach Abtrennung gem § 145). Entscheidung durch Teilurteil (s Rn 22) oder mit dem Hauptanspruch im Endurteil (RG 170, 330).

30 2) Der **Streitwert** für die negative Klage entspricht dem Gesamtwert der aus dem Rechtsverhältnis hergeleiteten (nicht nur der eingeklagten) Forderung (BGHZ 2, 276; BGH NJW 70, 2025; vgl § 3 Rn 16 zu „Feststellungsklagen"), der Wert der positiven Klage liegt regelmäßig unter dem Wert einer Leistungsklage (§ 3). Der Wert einer Klage auf Feststellung einer künftigen Leistungspflicht des Bekl wird maßgebl vom Maß der Wahrscheinlichkeit der künftigen Inanspruchnahme des Beklagten bestimmt; er kann daher die geschätzte Höhe einer künftigen Verbindlichkeit erreichen oder nur in Höhe eines „Erinnerungswertes" anzusetzen sein (BGH NJW-RR 91, 509 = MDR 91, 526).

31 3) **Rechtsmittel:** Die Entscheidung zur Hauptsache und die Zwischenfeststellung dürfen sich nicht widersprechen. Bei auf die Hauptsache beschränktem Rechtsmittel bindet die Zwischenfeststellung das Rechtsmittelgericht hinsichtl des Anspruchsgrundes (§§ 318, 512, 548), soweit die Zwischenfeststellung diesen präjudiziert. Die Zulässigkeit des Rechtsmittels in der Hauptsache erstreckt sich auf den Feststellungsausspruch (RG 166, 175/81). Anfechtung der Vorabentscheidung über die Zwischenfeststellungsklage ist vorgreifl für die Hauptsache; ein vor Rechtskraft des Feststellungsurteils in der Hauptsache (entspr § 304 II) ergehendes Endurteil ist auflösend bedingt durch Aufhebung des Feststellungsurteils.

32 C) **Gebühren:** § 253 Rn 27; es gelten keine Besonderheiten. **Immer** ist aber nach § 25 I 1 GKG zu verfahren, da keine bestimmte Summe eingeklagt wird.

257 *[Klage auf künftige Zahlung oder Räumung]*

Ist die Geltendmachung einer nicht von einer Gegenleistung abhängigen Geldforderung oder die Geltendmachung des Anspruchs auf Räumung eines Grundstücks oder eines Raumes, der anderen als Wohnzwecken dient, an den Eintritt eines Kalendertages geknüpft, so kann Klage auf künftige Zahlung oder Räumung erhoben werden.

Lit: *Roth,* Die Klage auf künftige Leistung nach §§ 257–259, ZZP 98 [1985], 287.

1 I) **Anwendungsbereich:** § 257 ist Ausnahme von dem Grundsatz, daß eine Klage als „zur Zeit unbegründet" (BGH 24, 284) abzuweisen ist, wenn der Klageanspruch lediglich noch nicht fällig ist. Nur für den Fall des befristeten, iü aber einseitigen u unbedingten Zahlungsanspruchs u Räumungsanspruchs erlaubt § 257 Klage u Urteil auf künftige Leistung mit der Vollstreckungsfolge nach § 751 I (zu Wiederkehrschuldverhältnissen s § 258). Der rechtl Grund für die **Klagbarkeit nur des befristeten, nicht auch des aufschiebend bedingten Anspruchs** gemäß § 257 beruht auf dem Umstand, daß der wirtschaftl Wert eines befristeten Rechts zuverlässiger bestimmbar ist als der Wert eines aufschiebend bedingten Rechts, dessen Fälligkeit von dem regelmäßig nicht vorhersehbaren Eintritt einer Bedingung abhängt (vgl § 916 II; Roth ZZP 98 [1985], 287/294).

2 Für Anspruch auf **künftige Räumung von Wohnraum** (egal ob aus Miete, Leihe, dingl Wohnrecht usw) gilt seit Neufassung des § 257 durch das 2. Mietrecht-ÄndG v 14. 7. 64 (BGBl I 457) nur noch § 259 iVm § 721.

3 1) Unbedingter **einseitiger Anspruch auf Geldzahlung** (also nicht auf Herausgabe oder sonstige Leistung), zB aus Darlehen, Schenkung, Hypothek, Grundschuld, Wechsel, aber auch aus gegenseitigem Vertrag, soweit Kläger spätestens bei Schluß der mündl Verhandlung (nicht notwendig bei Klageerhebung) seinerseits geleistet hat. Mietzinsforderung ist demnach einseitig nur für die i Zeitpunkt der letzt mündl Verhandlung zurückliegende Mietdauer. Keine Gegenleistung iS § 257 ist die Quittung (§ 368 BGB, Art 39 WG), wohl aber Zurückbehaltungsrecht des Bekl. Zug um Zug-Verurteilung ist begrifflich ausgeschlossen.

4 2) **Anspruch auf Räumung,** soweit nicht (auch nicht teilweise) Wohnraum. Bei Wohnraum nur § 259 möglich. Grundlage des Räumungsanspruchs (Miete, Pacht, Eigentum usw) ist unwesentlich. Nicht anwendbar auf Räumung (besser: Herausgabe) bewegl Sachen, zB Wohnwagen (insoweit § 259).

5 3) An einen **Kalendertag geknüpfte Fälligkeit** liegt vor, soweit der Leistungstag durch Vertrag (ursprünglich oder durch spätere Stundung) oder Gesetz kalendermäßig bestimmt oder, wenn auch nur mittelbar (zB ausgehend vom Zeitpunkt der Rechtshängigkeit) bestimmbar ist (RG

103, 34; 106, 89; vgl § 284 II BGB). Hängt Fälligkeit von einer Kündigung ab (zB Darlehen § 609 BGB), so liegt in der Klageerhebung die Kündigung (RG 53, 212). Der Kalendertag muß in der Klage nicht namentlich bezeichnet werden; ausreichend, wenn er durch Angabe des den Fristbeginn auslösenden Ereignisses und der Fristdauer errechnet werden kann, zB Antrag auf Zahlung „binnen 1 Monat nach Zustellung der Klage" oder „binnen 3 Monaten nach Sicht" (im Falle des Art 35 WG, wenn der Nachsichtwechsel erst i Prozeß vorgelegt wird). Anders als im Klageantrag muß aber im Urteilsspruch der Eintritt der Fälligkeit des Klageanspruchs kalendermäßig bestimmt, zumindest bestimmbar sein (Roth aaO S 296), vgl § 751 I „Kalendertag".

II) Verfahren: 1) Prozeßvoraussetzungen, daher in der Klage vorzutragen, sind die in Rn 12 ff vor § 253 genannten Bedingungen. Prüfung von Amts wegen (HRR 32, 989). Bei Fehlen: Abweisung als unzulässig, falls nicht Umdeutung iS § 259 möglich. Keine ProzVoraussetzung ist hier (anders § 259) Besorgnis künftiger Nichterfüllung (StJ/Schumann Rn 3; ThP Rn 5; aM Bittmann FamRZ 86, 420). Daher bei Anerkenntnis des Beklagten Kostenfolge des § 93 beachten! 6

2) Übergang von unbefristetem Leistungsantrag auf § 257 ist Antragsbeschränkung iS § 264 Nr 2, daher nicht zustimmungsbedürftig (§ 264 Rn 3b). Tritt Fälligkeit während des Verfahrens ein, kann ohne Antragsänderung unbedingtes Urteil ergehen (RG 88, 178). Erkennt Bekl sofort an, hat hier ausnahmsweise Kl die Beweislast für Veranlassung der Klage iS § 93 (HRR 32, 989), denn grundsätzl muß kein Schuldner vor Fälligkeit seine Erfüllungsbereitschaft spontan bekunden. § 257 darf niemals zur Schlechterstellung des Schuldners führen. Daher darf Bekl hier (m dem Ergebnis der Klageabweisung) ein Recht auf künftige Leistungsverweigerung, zB durch Ankündigung der Aufrechnung mit einer noch nicht fälligen (vgl § 387 BGB) Gegenforderung geltend machen (BGHZ 38, 122/129 = NJW 63, 244 [246]); im übr ist Bekl auf § 767 angewiesen, soweit er ein Leistungsverweigerungsrecht erst nach Schluß der mündl Verhandlung erwirbt. 7

Zwangsvollstr: § 751 I. Prozeßzinsen erst ab Fälligkeit: § 291 BGB (aber Verzugszinsen: § 284 II BGB). Vollstreckb Ausfertigung des Urteils wird vor Fälligkeit erteilt, denn befristete Vollstrekkungsfähigkeit ergibt sich aus dem Titel. § 257 ist auch im Urkundenprozeß u im Mahnverfahren anwendbar (zB Wechselzahlungsbefehl bei Sichtwechsel). 8

258 *[Klage auf wiederkehrende Leistungen]*

Bei wiederkehrenden Leistungen kann auch wegen der erst nach Erlaß des Urteils fällig werdenden Leistungen Klage auf künftige Entrichtung erhoben werden.

Lit: *Roth,* Die Klage auf künftige Leistung gemäß §§ 257–259, ZZP 98 [1985], 287.

1) Zulässigkeit: Vorausgesetzt wird ein bereits bestehender Anspruch, aus dem sich künftig wiederkehrende Leistungen ergeben (BGHZ 82, 246/251). Es muß sich nicht um Geldleistungen handeln. Häufigster Anwendungsfall: Renten- und Unterhaltsverpflichtungen. Die Verpflichtung muß einseitig, darf nicht von Gegenleistung, sondern nur vom Zeitablauf abhängig sein (BAG NZA 95, 1109 zum Urlaubsanspruch). Nicht erforderl ist, daß zugleich fällige rückständige Leistungen eingeklagt werden (BGHZ 82, 246/251). Ein besonderes **Rechtsschutzbedürfnis** wird nicht verlangt: Klage nach § 258 ist vielmehr auch dann zulässig, wenn der Schuldner bisher freiwillig und vorbehaltlos geleistet hatte, also eine Besorgnis der Nichterfüllung (wie in § 259 vorausgesetzt) fehlt, denn § 258 will den Gläubiger gerade der Notwendigkeit entheben, erst nach Eintritt der Fälligkeit – also mit Zeitverlust – auf die wiederkehrenden und idR lebensnotwendigen Leistungen klagen zu müssen (Künkel NJW 85, 2665; Saarbrücken FamRZ 85, 1280; aM Bittmann FamRZ 86, 420; Köhler FamRZ 91, 645). Das Kosteninteresse des bisher leistungsbereiten Schuldners wahrt in diesem Fall § 93 (s dort Rn 6 zu „Unterhaltssachen"). Nur ausnahmsweise fehlt der Klage das Rechtsschutzbedürfnis, wenn der Schuldner sich zur Errichtung einer vollstreckungsfähigen Urkunde bereiterklärt hat (KG FamRZ 79, 171; aA MK/Lüke Rn 15). – Die Leistungen müssen bereits der Höhe nach bestimmbar sein, dh mit ausreichender Sicherheit feststehen (RGZ 145/196; MK/Lüke Rn 10 ff; aA BAG NJW 72, 733/4), jedoch steht die bloße, noch nicht konkretisierbare Möglichkeit künftiger Einwendungen des Schuldners dem Verf gem § 258 nicht entgegen. Das Gericht hat von dem nach der Lebenserfahrung zu erwartenden Ablauf der Dinge auszugehen (RG 83, 65; 145, 196; Roth aaO S 302; abw BAG NJW 72, 733). 1

2) Wo Klage nach § 258 bei bestimmbarem künftigen Anspruch möglich, fehlt grds das Feststellungsinteresse (§ 256 Rn 7a) für **Feststellungsklage** (BGH 5, 314). Soweit aber Höhe des Anspruchs fraglich oder Einwendungen des Schuldners zu erwarten, ist mangels hinreichender Bestimmbarkeit nur § 256 möglich. Daher § 258 unzulässig wegen § 1615 f BGB für Klage des nichtehel Kindes auf Regelunterhalt über das 18. Lebensjahr hinaus (Roth aaO S 300). 2

3) Zur **Abänderung** eines Urteils nach § 258 s Erl zu § 323. 3

4) **Tenor:** Es ist anzugeben, ab wann, bis wann, zu welchem Zeitpunkt und in welcher Höhe die einzelnen Beträge zu zahlen sind. Ggf Ausspruch über Sicherheitsleistung nach § 843 II 2 BGB; 4

s auch § 324. Vorl Vollstreckbarkeit: §§ 708 Nr 8, 711. – **Streitwert:** § 9 (für Zuständigkeit) u § 17 GKG (für Kosten).

5 5) **Zwangsvollstreckung.** Vollstreckb Ausfertigung wird vor Fälligkeit erteilt. Beginn der Vollstreckung aber erst ab angegebenem Zeitpunkt (§ 751 I). Vermerk der einzelnen Leistungen auf Titel: § 757 I.

259 *[Klage bei Besorgnis nicht rechtzeitiger Leistung]*

Klage auf künftige Leistung kann außer den Fällen der §§ 257, 258 erhoben werden, wenn den Umständen nach die Besorgnis gerechtfertigt ist, daß der Schuldner sich der rechtzeitigen Leistung entziehen werde.

Lit: *Roth,* Die Klage auf künftige Leistung gemäß §§ 257–259, ZZP 98 [1985], 287.

1 1) a) **Anwendungsbereich:** § 259 ist (weitergehend als §§ 257, 258) anwendbar auf alle Arten von Ansprüchen (Geldforderungen, Vornahme von Handlungen, Herausgabe, Duldung, Unterlassung usw). Wegen vertragl Unterlassungsansprüche ist Klage idR nach der ersten Zuwiderhandlung zulässig, Köln NJW-RR 87, 360; BGH NJW 65, 690; LM § 259 Nr 2 u 3; LM § 241 BGB Nr 2. Das gleiche gilt für gesetzl Unterlassungsansprüche, soweit die Unterlassungspflicht nicht bereits gegenwärtig fällig, so zB die zu besorgende Beeinträchtigung des Kl in der künftigen Ausübung von Rechten, BGH LM § 259 ZPO Nr 2, § 241 BGB Nr 2 u 10 (einschr RSchwab/Gottwald § 92 II 2c). – Die **Ansprüche des Klägers müssen** (entsprechend einer „zur Zeit unbegründeten" Klage; vgl Vorbem § 322 Rn 31a Ende) **dem Grunde nach bereits entstanden sein, sie dürfen von einer Gegenleistung abhängig** (zB Dienstlohn, Miete) **oder bedingt sein** (BGHZ 43, 28/31 = NJW 65, 440; RGZ 168, 321/325; dann Vollstreckung des Urteils auf bedingte Leistung gemäß § 726; vgl auch Rn 3 zu § 255); ggf sind die Art der vom Kl geschuldeten Gegenleistung und die Bedingung in das Urteil aufzunehmen (RG 168, 325); so auch, wenn die Leistung eine behördliche Genehmigung voraussetzt (BGH NJW 78, 1262). Das **Rechtsschutzbedürfnis** (Vorbem § 253 Rn 18) für die vorfristig erhobene Klage wird hier durch die (deshalb vom Kläger darzulegende und zu beweisende) Besorgnis der Leistungsverweigerung (unten Rn 3) begründet. – Zulässig zB die Widerklage des Käufers auf Rückzahlung des mit der Klage geforderten Kaufpreises, wenn Aufrechnung oder Minderung vor Zahlung des vollen Kaufpreises vertragl ausgeschlossen (BGH NJW 65, 440). Grund u Höhe des Anspruchs müssen auf einem gegenwärtigen Rechtsverhältnis (§ 256 Rn 3) beruhen u zumindest bestimmbar sein (RG 168, 325), anderenfalls nur § 256. Die Klagen aus § 256 u § 259 schließen sich gegenseitig nicht aus (BGH NJW 86, 2507; RGZ 113, 412). Zulässig auch die Verbindung der Leistungsklage (zB auf Herausgabe) mit dem Hilfsantrag gem § 259 auf Wertersatz für den Fall der Nichterfüllung, wenn vereinbarungsgem Wertersatz dann bedingungslos geschuldet (Schleswig NJW 66, 1929; RG 137, 98; vgl § 255 Rn 3). – Urkundenprozeß ist möglich.

2 **b)** § 259 anwendbar auch für **Klage auf künftige Räumung einer Wohnung,** sofern nur Kl nachweist, daß Mietvertrag zu einem best künftigen Zeitpunkt beendet (hierzu beachte § 564b BGB) *und* nicht rechtzeitige Räumung zu besorgen ist (Hennsler NJW 89, 138; Karlsruhe NJW 84, 2953). Die Änderung des § 257 (dort Rn 2) sollte nur die von dieser Besorgnis unabhängige Möglichkeit der Klage auf künftige Räumung beseitigen (vgl Burkhardt NJW 65, 803; Pergande NJW 64, 1925/1934; Kallfels NJW 64, 2288; LG Bonn NJW 71, 433). Das Widerspruchsrecht des Mieters gegen die Kündigung (§ 556a BGB) wird hierdurch nicht beschnitten. Soweit bereits bestehende Widerspruchsgründe streitig sind, ist über diese im Verfahren des § 259 zu entscheiden, später entstehende Gründe sind gem § 767 geltend zu machen (bestr! vgl LG Aachen MDR 76, 848; LG Bonn NJW 71, 433; Kallfels NJW 65, 803 gegen LG Braunschweig MDR 72, 695; AG Köln MDR 72, 54; Celle NJW 66, 668; LG Hamburg MDR 71, 138 u 397). Hierwegen das Räumungsverfahren bis zur Erledigung des Widerspruchsstreits auszusetzen, hieße praktisch die Klage auf künftige Räumung nutzlos machen (so im Ergebnis Hoffmann ZMR 64, 97).

3 2) **Prozeßvoraussetzung** ist die **Besorgnis der Leistungsverweigerung.** Nicht ausreichend die Besorgnis der Vollstreckungsvereitelung (hier hilft nur Arrest, der auch *neben* der Klage gem § 259 in Betracht kommt), der künftigen Unmöglichkeit der Leistung oder der künftigen Zahlungsunfähigkeit des Schuldners (RG 90, 180). Ernstliches Bestreiten des Anspruchs kann genügen (RGZ 132, 338/40; BGH 5, 342/4); Ankündigung der Aufrechnung ist aber kein Bestreiten idS (Karlsruhe HRR 36, 699), hier hilft nur neg Feststellungsklage bzgl Aufrechnungsforderung. Stillhalteversprechen des Gläubigers schließt, wenn nachträgl Besorgnis entsteht, § 259 nicht aus (RG 90, 180). Hat Kl Begründetheit der Besorgnis nicht bewiesen, ist Klage unzulässig. Auch hier aber Sachabweisung, wenn künftige Leistung nicht erweislich geschuldet (vgl ebenso § 256 Rn 7).

4 3) **Verfahren:** Zwangsvollstreckung: §§ 721 II, 726, 751. Der Schuldner ist mit späteren Einwendungen auf §§ 767, 766 angewiesen. Bei Anerkenntnis: Kostenlast des Schuldners, soweit Besorgnis bestand (§ 93; OLG 40, 373).

260 *[Klagenhäufung]*
Mehrere Ansprüche des Klägers gegen denselben Beklagten können, auch wenn sie auf verschiedenen Gründen beruhen, in einer Klage verbunden werden, wenn für sämtliche Ansprüche das Prozeßgericht zuständig und dieselbe Prozeßart zulässig ist.

1) **Abgrenzung:** §§ 59 ff behandeln die subjektive, § 260 die objektive Klagenhäufung in einem Verfahren. Klagenhäufung liegt nur vor bei einer **Mehrheit von Streitgegenständen** (vgl Einl Rn 73 f u Rn 2 zu § 145), also nicht, wo ein einheitl Klagebegehren auf mehrfache rechtl Begründung gestützt wird, zB liegt keine Klagenhäufung vor, wo das Herausgabebegehren auf Eigentum und auf § 556 BGB gestützt wird (BGH 9, 26 = NJW 53, 663; BGH 8, 50; aM BL/Hartmann Rn 1, der hier bei einheitlichem Klageantrag, jedoch unterschiedl rechtlicher Begründung dieses Antrags entgegen BGH von mehreren iS § 260 gehäuften Streitgegenständen ausgeht; eine solche Häufung besteht aber nicht bereits bei der mehrfachen rechtlichen Begründung *eines* Anspruchs, sondern allenfalls bei einer mehrfachen rechtlichen *und tatsächlichen* Begründung eines Anspruchs, der also aus verschiedenen Lebenssachverhalten hergeleitet wird; hierzu Einl Rn 83). Ob der Kl die Ansprüche in versch Verfahren oder im Wege des § 260 verfolgt, steht in seinem Ermessen, auch wenn sich durch Klagenhäufung die Zuständigkeit des Gerichts (§ 5) ändert, die Rechtsmittelsumme erreicht wird u sich die Kostenlast des Bekl dadurch erhöht. 1

2) **Voraussetzungen der Klagenhäufung** sind Identität der Parteien, Zulässigkeit der Verbindung der Ansprüche (unzulässig: §§ 578 II, 610 II, 633, 638, 640c), **Zuständigkeit des Gerichts** für alle Ansprüche und **Gleichheit der Prozeßart;** daher unzulässig, einen Anspruch primär im Wechselprozeß (§ 262) und hilfsweise im Urkundenprozeß (§ 592) oder gar im normalen Verfahren zu verfolgen (BGH MDR 82, 297/298; 82, 992). Fehlt bei Haupt- u Hilfsantrag (Rn 4) dem Gericht die Zuständigkeit nur für den Hilfsantrag (zB bei hilfsw Verbindung von Nichtfamilien- u Familiensache), so hat es nur und erst nach Abweisung des Hauptantrags die Sache zur Entscheidung über den Hilfsantrag an das für diesen zuständige Gericht zu verweisen (BGH NJW 80, 1283 = MDR 80, 565; NJW 81, 2418 = MDR 82, 43). Bei der Wider-Widerklage (Rn 1 zu § 253), einer besonderen Form der eventuellen Klagenhäufung, ergibt sich die gemeinsame Zuständigkeit aus § 33. Unzulässig die Verbindung einer Nichthandelssache mit einer bei der Kammer für Handelssachen anhängigen Sache (Ausnahme §§ 97–99 GVG, wenn Gegner nicht widerspricht), die kumulative (= unbedingte) Verbindung einer Familiensache mit einer Nichtfamiliensache (BGH NJW 79, 426) oder die Verbindung des ordentl mit dem Urkundenprozeß. Ggf hat das Gericht abzutrennen (§ 145) oder zu verweisen (BGH NJW 56, 1358), nicht etwa als unzulässig abzuweisen. Zuständigkeit versch Spruchkörper desselben Gerichts (Geschäftsverteilung) verbietet Klagenhäufung dagegen nicht. Die notw Identität des Klägers fehlt, wo dieser teils eigene Ansprüche verfolgt, teils als Partei kraft Amtes auftritt; sie ist gegeben, wo der Kläger selbst teils aus eigenem, teils aus fremden Recht (Zession, Prozeßstandschaft) klagt (BGH MDR 60, 384). 2

3) **Formen der Klagenhäufung:** Sie ist als **ursprüngliche** oder **nachträgliche** (§ 261 II) möglich. Auf die nachträgl sind die Vorschriften über die Klageänderung entspr anzuwenden (vgl § 263 Rn 2). – Die Häufung kann **kumulativ** oder **eventuell** erfolgen (dann Haupt- u Hilfsantrag). 3

4) **Eventualklagehäufung:** Allgemein zur Zulässigkeit von **Hilfsanträgen** s § 253 Rn 1; RGZ 58, 295; Merle ZZP 83, 436; hiervon unterscheide die (stets zulässige, vgl § 253 Rn 12) Haupt- und Hilfsbegründung eines auf demselben Klagegrund beruhenden identischen prozessualen Anspruchs. Der Hilfsantrag begründet **auflösend bedingte Rechtshängigkeit** des Hilfsanspruches in der Form, daß eine Sachentscheidung nur für den Fall der Erfolglosigkeit oder des Erfolges (RG 144, 73) des Hauptantrages begehrt wird (BGH 11, 195 = NJW 54, 757); die Unterbrechungswirkung des Hilfsantrages gem § 209 BGB endet ebenso wie dessen Rechtshängigkeit rückwirkend mit Eintritt der auflösenden Bedingung (RGZ 117, 112/114; BGHZ 21, 13/16 = NJW 56, 1478; BGH NJW 68, 692/693 = MDR 68, 401; 85, 132; Oehlers NJW 70, 1486/87; aM ohne Begr Celle NJW 65, 1486/87); jedoch kann die Unterbrechungswirkung gemäß § 212 II BGB durch neue Klage binnen 6 Monaten rückwirkend erhalten bleiben (BGH aaO; insoweit aM Oehlers aaO). – Zulässig ist nachträgl Hilfsantrag in der Berufungsinstanz (BGH FamRZ 79, 573 m Anm Baumgärtl FamRZ 79, 791 zum Fall der nachträgl Eventualverbindung der Abwehrklage § 767 mit der Abänderungsklage § 323). Über das Verhältnis der Anträge als Haupt- bzw Hilfsantrag bestimmt allein der Kläger, das Gericht darf nicht umtauschen (BGH NJW 57, 575; RG 144, 73). Beide Anträge dürfen sich, ohne daß darin bereits ein Verstoß gegen die Wahrheitspflicht zu erblicken wäre, in der Begründung widersprechen (BGH 19, 390; RG 144, 71) oder gegenseitig ausschließen (KG NJW 66, 2167). Zur Unzulässigkeit einer Eventualklagehäufung mit Teilen eines einheitl Streitgegenstands s G. Lüke/Kerwer NJW 96, 2121. 4

Das Gericht darf über den für den Fall der Erfolglosigkeit des Hauptantrages gestellten Hilfsantrag nur u erst dann entscheiden, wenn der Hauptantrag abgewiesen wird (BGH 22, 276; NJW-RR 89, 650; LM § 300 ZPO Nr 1; RG 152, 296; zur Zulässigkeit eines Teilurteils § 301 Rn 8). Daher unzulässig, in einem Urteil den Haupt- und Hilfsantrag dem Grunde nach (§ 304) für 4a gerechtfertigt zu erklären, BGH MDR 75, 1007; NJW 69, 2241. Ist der Hauptantrag begründet, ergeht hierüber Endurteil, die Rechtshängigkeit des Hilfsantrages entfällt ohne Ausspruch hierüber, wenn der Hilfsantrag nur für den Fall der Abweisung des Hauptantrags gestellt war. Ist der Hauptantrag unbegründet, ist das im Urteilstenor auszusprechen (Abweisung „im übrigen"; vgl. BGH NJW 94, 2765/66; RG 152, 296). Der Kläger ist dann beschwert, selbst wenn der höherwertige Hilfsantrag Erfolg hat (BGH 26, 295 = NJW 58, 631; BGH NJW 64, 772); legt er Berufung ein, so ist nur der Hauptantrag im Berufungsverfahren anhängig, falls nicht der Bekl Anschlußberufung einlegt (§ 537 Rn 12). Legt der Bekl wegen Verurteilung nach dem Hilfsantrag Berufung ein, so fällt, falls nicht der Kläger Anschlußberufung einlegt, der abgew Hauptantrag dem Berufungsgericht nicht an (BGH 41, 38; NJW 94, 2765/66). Legt dagegen der Bekl Berufung gegen die Verurteilung nach dem Hauptantrag ein, so ist (ohne Anschlußberufung des Kl) auch der Hilfsantrag Gegenstand des Berufungsverfahrens (BGH MDR 90, 711; NJW 52, 184; RG 77, 120; 105, 242; vgl § 537 Rn 11). Über **Eventualwiderklage** s Rn 1 zu § 253 und Rn 26 zu § 33.

5 5) **Alternative Klagenhäufung** ist zulässig bei echter Wahlschuld (§ 262 BGB; vgl § 253 Rn 13), nicht in den Fällen bloßer Ersetzungsbefugnis; steht eine solche nach dem mat Recht dem Kl zu, muß er sie bereits mit der Antragstellung ausüben, steht sie dem Bekl zu, kann dieser auch nach seiner Verurteilung zu der primär geschuldeten noch die alternative Leistung erbringen (MK/Lüke Rn 23). Zu der Möglichkeit, neben dem Erfüllungsanspruch vorsorgl zugleich den Anspruch auf das Erfüllungsinteresse für den Fall der Nichtdurchsetzbarkeit des Erfüllungsanspruches geltend zu machen, s Rn 3 zu § 255 und Rn 9 zu § 510 b. Im übrigen ist alternative Klagenhäufung unzulässig. Unzulässig ist grds auch die **alternative Klagebegründung:** hier stellt der Kl nur *einen* Antrag, stützt ihn aber auf mehrere Klagegründe (zB verschiedene Rechtsgeschäfte oder eigenes und abgetretenes Recht; vgl Saenger MDR 94, 860 m umfangr Nachw). Einem solchen Antrag fehlt die von § 253 II Nr 2 geforderte Bestimmtheit. Der Kl muß (ggf auf Hinweis des Gerichts) klarstellen, in welchem Eventualverhältnis (Haupt- und Hilfsantrag) er die verschiedenen Ansprüche zur Entscheidung stellen will (vgl Einl 74). Unproblematisch ist es dagegen, wenn es sich um einen einheitl Streitgegenstand handelt und hierfür lediglich mehrere rechtl Begründungen gegeben werden (vgl zu den hierbei erforderl Differenzierungen Einl 70, 75).

6 6) **Verfahren:** Bei **kumulativer Klagenhäufung** ist grds über alle Anträge gleichzeitig zu verhandeln u zu entscheiden. Abgesonderte Verhandlung (§ 146) u Teilurteil (§ 301) sind zulässig, oft sachdienl, ebenso Abtrennung (§ 145) einzelner Ansprüche. Bei **eventueller Klagenhäufung** ist (ohne Anordnung gem § 146) zunächst über den Hauptanspruch bis zu dessen Entscheidungsreife zu verhandeln; Verhandlung auch über den Hilfsanspruch ist aber nicht ausgeschlossen (vgl entspr § 146), wenn beide Ansprüche absehbar entscheidungsreif sind. Abtrennung des Hilfsanspruches (§ 145) ist unzulässig, weil sonst das Ergebnis des abgetrennten Verfahrens von einer außerprozessualen Bedingung abhinge. Wegen Teilurteil über Hauptantrag und wegen Rechtsmittel s Rn 4. Ist wegen Unzuständigkeit des Gerichts für den Hauptanspruch zu verweisen, dann sind Haupt- *und* Hilfsantrag zu verweisen. Dagegen kommt bei Unzuständigkeit des Gerichts allein für den Hilfsantrag eine Verweisung insoweit erst nach abweisender Entscheidung über den Hauptantrag in Betracht (BGH NJW 80, 1283).

7 7) **Streitwert: Zuständigkeitsstreitwert** § 5 (s dort Rn 3 u 4), danach erfolgt Kumulation der Einzelwerte bei objektiver oder subjektiver Klagenhäufung, jedoch keine Kumulation des Haupt- u Hilfsantrags (hier bestimmt der höhere von beiden Werten die Zuständigkeit) und keine Kumulation auch bei Identität des Streitgegenstands mehrerer Werte (BGH AnwBl 76, 339; KG Rpfleger 62, 155). – Den **Gebührenstreitwert** bestimmt (über § 12 I GKG) grds ebenfalls § 5 (dort Rn 1 u 3); ein hilfsweise geltend gemachter Anspruch wird jedoch nach der am 1. 7. 1994 in Kraft getretenen Neufassung des § 19 I 2, 3 GKG mit dem Hauptanspruch zusammengerechnet, soweit eine Entscheidung über ihn ergeht und er nicht denselben Gegenstand betrifft.

8 8) Zur **Kostenentscheidung** bei unterschiedl Erfolg der mehreren Klageansprüche s § 92 Rn 8.

9 9) Bei objektiver Klagenhäufung ist, wenn nur einer der Klageansprüche gesetzl **Feriensache** ist (§ 200 II GVG), das gesamte Verfahren Nicht-Feriensache (Nürnberg MDR 81, 593), sofern der Zulässigkeit einer solchen Verbindung nicht bereits die unterschiedl Prozeßart (s Rn 2) entgegensteht.

10 **10) Gebühren: 1)** des **Gerichts:** Die Gebühr für das Verfahren im allg (KV 1201) bemißt sich – gleichviel, ob die mehreren Ansprüche mit der eingereichten Klage nebeneinander oder später nacheinander geltend gemacht werden – immer nach der Summe dieser Ansprüche. Im Falle einer Klageerweiterung ist vor Zahlung der erforderten allg Verfahrensgebühr keine gerichtl Handlung vorzunehmen (§ 65 I 3 GKG). – **2)** des **Anwalts:** Die Prozeßgebühr (§ 31 I Nr 1 BRAGO) des RA bemißt sich bei objektiver Klagenhäufung (§ 260), aber auch bei jeder Klageerweiterung, die eine Streitwerterhöhung zur Folge hat, nach dem gerichtl Gebührenstreitwert (§§ 8, 9 BRAGO), sofern die anwaltl und gerichtl Tätigkeit denselben Gegenstand betreffen. Anderenfalls muß der Wert des Gegenstandes der anwaltl Tätigkeit besonders festgesetzt werden (§ 10 I BRAGO). Zur Beweisgebühr bei Streitwerterhöhung durch nachträgl Klageerweiterung: § 3 Rn 16 „Klageerweiterung".

261 *[Rechtshängigkeit]*

(1) Durch die Erhebung der Klage wird die Rechtshängigkeit der Streitsache begründet.

(2) Die Rechtshängigkeit eines erst im Laufe des Prozesses erhobenen Anspruchs tritt mit dem Zeitpunkt ein, in dem der Anspruch in der mündlichen Verhandlung geltend gemacht oder ein den Erfordernissen des § 253 Abs. 2 Nr. 2 entsprechender Schriftsatz zugestellt wird.

(3) Die Rechtshängigkeit hat folgende Wirkungen:

1. **während der Dauer der Rechtshängigkeit kann die Streitsache von keiner Partei anderweitig anhängig gemacht werden;**
2. **die Zuständigkeit des Prozeßgerichts wird durch eine Veränderung der sie begründenden Umstände nicht berührt.**

Lit: *Bettermann,* Rechtshängigkeit u Rechtsschutzform, 1949.

I) Begriff und Bedeutung der Rechtshängigkeit: Ein materiell-rechtl Anspruch (§ 241 BGB), 1 ein Rechtsverhältnis (§ 256) oder (bei Gestaltungsklagen) ein mat Recht ist rechtshängig, solange hierüber ein kontradiktatorisches Verfahren vor einem Gericht durchgeführt wird. Das Institut der Rechtshängigkeit soll den ungestörten Ablauf des Verfahrens sichern, einen der Würde der Rechtspflege abträglichen Wettlauf um die frühere Entscheidung verhüten u die Voraussetzungen für die Endgültigkeit einer rechtskräftigen Entscheidung schaffen (München NJW 64, 980). Ohne Rechtshängigkeit gibt es keine Erledigung der Hauptsache (BGH NJW 82, 1598; streitig! vgl § 91a Rn 17), keine Kostenfolge der Klagerücknahme gemäß § 269 III (s dort Rn 8) und ist ein gegen den „Beklagten" ergehendes VersUrteil zwar nicht wirkungslos (kein Scheinurteil iS der Rn 13 vor § 300; zur Problematik vgl LG Tübingen MDR 82, 676), jedoch auch mit der Nichtigkeitsklage (§ 579 I 4) angreifbar (OLG Düsseldorf NJW-RR 95, 895). Wegen des Unterschieds zwischen Rechtshängigkeit u **Anhängigkeit** s Rn 4 zu § 253 u RG 135, 122.

II) Eintritt und Dauer der Rechtshängigkeit: 1) Die Rechtshängigkeit beginnt grundsätzl 2 (= Abs I; Ausnahme Abs II = Rn 6 und unten Rn 3 bzgl der besonderen Gerichte) mit der **Erhebung einer Klage** (§ 253 I), also erst mit Zustellung der Klage an den (in ihr bezeichneten; § 253 Rn 26) Gegner und nicht bereits mit Einreichung der Klage bei Gericht (LG Stuttgart JZ 68, 706 m einschr Anm Grunsky). Über die versch Formen der Klageerhebung s Rn 4 f zu § 253. Zum Eintritt der Rechtshängigkeit nach **Mahnverfahren** s § 696 Rn 5, 6, § 700 Rn 1. Wegen Rechtshängigkeit bei gleichz **Klage mit Gesuch um Prozeßkostenhilfe** s § 117 Rn 8. Gesuch um **Arrest oder einstw Vfg** begründet (hier ohne notw Zustellung an den Gegner, Hamburg MDR 66, 931; Teplitzky DRiZ 82, 42) Rechtshängigkeit nur für den Arrest- bzw Verfügungsanspruch als solchen, nicht für den Hauptsachenanspruch des § 926 (Vorbem § 916 Rn 5). Wegen der Rechtshängigkeit bei **Haupt- u Hilfsantrag** s Rn 4 zu § 260, bei **Stufenklage** s Rn 1 zu § 254, bei **Feststellungsklage** s Rn 16 zu § 256. Ob die Klage begründet oder zulässig ist, bleibt gleich, solange eine Klage nur formell ordnungsgemäß (Rn 7 ff zu § 253) erhoben ist (BGH NJW 67, 2304). Zur **Heilung von Zustellungsmängeln** und deren Auswirkung auf die Rechtshängigkeit s § 253 Rn 26.

Die Klage muß **vor einem Gericht** erhoben sein. Gericht in diesem Sinne ist jedes staatliche 3 Gericht und nach Maßgabe von dessen lex fori (BGH NJW 86, 662; MDR 87, 747 = NJW 87, 3083 mit krit Anm Geimer; NJW-RR 92, 642) auch ein **ausländisches Gericht.** Zur Berücksichtigung ausländischer Rechtshängigkeit im Inlandsprozeß s IZPR Rn 96 ff. – Die **Rechtshängigkeit vor einem besonderen Gericht** (Einl Rn 45, 46) wird nach dessen Verfahrensrecht begründet und wirkt fort, auch wenn das besondere Gericht die Sache wegen Unzuständigkeit an das ordentl (Zivil-)Gericht verweist (§ 270 Rn 11; § 281 Rn 15a; BGH NJW 83, 1052; BAG NJW 59, 310). Vor einem Verwaltungs-, Sozial-, Finanz- oder Strafgericht wird Rechtshängigkeit eines Anspruchs **bereits vor Zustellung** an den Gegner durch die *Einreichung* der Klage bzw des Antrags bei Gericht begründet (§§ 81 I, 90 I VwGO; §§ 90, 94 I SGG; §§ 64 I, 66 I FGO; § 404 II StPO). Das eröffnet die Möglichkeit, eine aus materiell-rechtl Gründen (§ 262) beabsichtigte vorgezogene Rechtshängigkeit durch Klageeinreichung bei einem (selbst offensichtl) unzuständigen besonderen Gericht zu erreichen und sodann Verweisung an das Zivilgericht zu beantragen (Henrichs MDR 89, 701; zur Frage der Anwaltshaftung, wenn der RA in Eilfällen von diesem prozessualen „Trick" keinen Gebrauch macht, zutreffend verneinend Schneider MDR 86, 459; zum Gebot von Treu und Glauben im Verfahrensrecht s Einl Rn 56). – Das **schiedsgerichtl Verfahren** begründet, weil nicht von Amts wegen zu beachten, keine Rechtshängigkeit (§ 1027a Rn 1; BGH NJW 58, 950).

Keine Rechtshängigkeit begründet die Anmeldung einer Forderung z Konkurstabelle oder die 4 **Aufrechnung** des Bekl im Prozeß (näher hierzu Rn 18 zu § 145).

Der **Wechsel- oder Scheckprozeß** begründet Rechtshängigkeit nur für den Anspruch aus der 5 Urkunde, nicht für den Anspruch aus dem Grundgeschäft (Karlsruhe NJW 60, 1955); anders beim sonstigen Urkundenprozeß, der sich nur in der Verfahrensart, nicht im Gegenstand vom ordentl Verfahren unterscheidet.

6 2) Beginn der **Rechtshängigkeit nach Klageerhebung (Abs II)**, also ex nunc, bei nachträgl Klageerweiterung (§§ 260, 264 Nr 2 u 3), Klageänderung (§ 263 Rn 16), Zwischenfeststellungsklage (§ 256 II), Widerklage (§ 33) u auch bei Anschlußberufung (§ 521). In allen diesen Fällen tritt Rechtshängigkeit ein entw durch Zustellung eines Schriftsatzes an den Gegner (Zustellung von Anwalt zu Anwalt genügt, s § 198 Rn 5) oder durch Antragstellung im Termin (§ 297). Auch in letzterem Fall muß Antrag den Anforderungen des § 253 II Nr 2 genügen, sonst tritt zwar Rechtshängigkeit ein, aber es ergeht, wenn der Mangel nicht geheilt wird, Abweisung als unzulässig (BAG BB 81, 1528). Bei Parteiänderung ist, da neues Prozeßrechtsverhältnis begründet wird, stets Zustellung eines Schriftsatzes erforderl; vgl § 263 Rn 19 ff. Zur Prozeßaufrechnung s Rn 4. Zur Behandlung von neuen Klageanträgen nach Schluß der mündl Verhandlung s § 296a Rn 2.

7 3) Die **Rechtshängigkeit endet** mit der formell rechtskräftigen Entscheidung (s § 705; zur Teilrechtskraft § 705 Rn 11), hinsichtlich des ursprünglichen Streitgegenstands mit der Zulassung der Klageänderung (§ 263 Rn 16), mit der Klagerücknahme (§ 269), mit der beiderseitigen Erledigterklärung (§ 91a), mit dem Ablauf der Frist des § 321 hinsichtl eines übergangenen Anspruchs, mit Wegfall der Bedingung eines Hilfsantrages (§ 260 Rn 4) und mit form Rechtskraft eines Prozeßvergleichs (BGH NJW 59, 532), auch wenn dieser inhaltl Mängel hat. Betreibt eine Partei unter Berufung auf Mängel des Vergleichs das Verf weiter (BGH 28, 171), lebt die Rechtshängigkeit mit Terminsbestimmung wieder auf. **Kein Ende** der Rechtshängigkeit: bei Vorbehaltsurteil (§§ 302, 599), Verweisung an anderes Gericht (§ 281, 506), Aussetzung, Unterbrechung oder Nichtbetreiben des Verf, auch wenn Akten inzwischen gem Aktenordnung weggelegt wurden (BGH NJW-RR 93, 898), bloß außergerichtl Vergleich oder Verzicht.

8 **III) Wirkung der Rechtshängigkeit:** Wegen der materiell-rechtl Wirkungen s § 262 u Rn 26 vor § 253. Proz Wirkungen sind (außer den in §§ 263–266, 302 IV, 600 II, 717 II u III genannten):

1) **Prozeßhindernis** (Abs III 1) für erneute Klage zwischen denselben Parteien über den selben Streitgegenstand. **Identität der Parteien** besteht, soweit die subj Rechtskraft reichen kann (§§ 325 bis 327; Koblenz NJW-RR 90, 1023; RGZ 52, 260). Entgegen RG 49, 344 keine Identität zwischen der bekl OHG (anders bei OHG als Kläger!) und ihrem bekl Gesellschafter (wegen § 129 IV HGB), doch ist hier wegen der Rechtskraftwirkung (RG 102, 303) Aussetzung gem § 148 geboten. – Wo demnach die Identität beider Parteien besteht, berührt deren **Parteirolle** die Rechtshängigkeitswirkung gemäß Abs III nicht (so zB bei negativer Feststellklage des Schuldners und Leistungsklage des Gläubigers), wie auch die subj und obj Rechtskraft der Entscheidung von der Parteirolle ganz unabhängig ist (StJ/Schumann Rn 55).

9 **Identität des Streitgegenstands:** Wegen Streitgegenstand s Einl Rn 60 ff. Nicht ausreichend ist die Identität bloßer Vorfragen, selbst wenn deren Beantwortung im Erstprozeß für den Zweitprozeß verbindlich ist (BGH NJW 64, 1318). Daher keine Identität zw Anspruch auf Herausgabe u Räumung eines Grundstücks u dem Anspruch auf Beseitigung eines v Schuldner dort errichteten Hauses (BGH 28, 153 = NJW 58, 1969), ebenso zwischen Anspruch aus Wechsel u Anspruch aus Grundgeschäft (Karlsruhe NJW 60, 1955; s aber § 262 Rn 3 wegen Verjährungsunterbrechung). Identisch aber der einerseits im Wechselprozeß andererseits im ordentl Verf erhobene Anspruch aus dem Wechsel (RG 160, 345). Nicht identisch die Klage aus dem Wechsel u die Klage auf Herausgabe des Wechsels (RG 50, 419). Zum Verhältnis von Leistungsklage und negativer Feststellungsklage s § 256 Rn 16 f; wegen weiterer Einzelheiten zur Identität des Streitgegenstands vor § 322 Rn 21 ff.

10 **Trotz Identität kein Prozeßhindernis,** wenn dem Erstprozeß ein Hindernis entgegensteht, welches ein Urteil in absehbarer Zeit nicht erwarten läßt (BGH NJW 61, 124; zu Auslandsprozeß s BGH NJW 83, 1269 u IZPR Rn 96 ff). – Teilklage (§ 253 Rn 15) begründet selbst bei Zwischenurteil über den Anspruchsgrund (insofern Identität) keine Rechtshängigkeit der Restforderung; das ergibt sich aus dem Begriff des antragsbedingten Streitgegenstands (Einl Rn 68).

11 Das ProzHindernis der Rechtshängigkeit ist **von Amts wegen zu beachten** (RG 160, 345), also unabhängig von Anträgen oder Verfahrensrügen der Parteien; das bedeutet aber keine Amtsermittlung, solange ein das Hindernis begründender Sachverhalt nicht behauptet, gerichtsbekannt (§ 291) oder zumindest erkennbar wahrscheinlich ist (BGH NJW 76, 149; 89, 2064 = MDR 89, 623). – Erhebt Kläger zwei identische Klagen gleichzeitig, sind beide unzulässig. Streitig, welches von **zwei versehentlich ergangenen Urteilen über die gleiche Sache** wirksam ist: nach RG 52, 216 das spätere, nach BGH NJW 81, 1517; BL/Hartmann Rn 26 das frühere. Richtig wohl, hier (vgl § 580 Nr 7a) eine klärende Gestaltungsklage zuzulassen (so RSchwab/Gottwald § 100 III 1d; Gaul FS für Weber 1975 S 149), die das spätere Urteil wegen der res iudicata aufhebt. Diese Klage ist im Verfahren des § 580 Nr 7a oder von der im Vorprozeß unterlegenen Partei im Verfahren des § 767 zu erheben. Die im späteren Verfahren übersehene Rechtshängigkeit derselben Sache im

früheren Verfahren wird aber zum Prozeßhindernis für das letztere, wenn im späteren Verfahren bereits entschieden wurde (BGH NJW 83, 515).

2) **Fortdauer der Zuständigkeit** (Abs III 2) aus Gründen der Prozeßökonomie (perpetuatio fori): gilt für **örtliche u sachl Zuständigkeit,** ebenso für **Verfahrenszuständigkeit** (Grunsky, Grundlagen des Verfahrensrechts § 37; Schefold NJW 73, 118/122), auch bei Zuständigkeitsänderung durch späteres Gesetz (RG 103, 103; 151, 105); jedoch anwendbar nur auf Zuständigkeitswechsel zwischen verschiedenen Gerichten, nicht auch zwischen Abteilungen desselben Gerichts (BGH NJW 81, 2464; Koblenz NJW 77, 1736). Auch durch nachträgl Parteivereinbarung (§ 38) kann dem Gericht die ursprüngl Zuständigkeit nicht mehr genommen werden (BGH NJW 53, 1140; 63, 585; LM § 263 Nr 10, § 36 Ziff 6 Nr 1; Köln NJW 62, 540; München OLGZ 1, 190; Traub NJW 63, 843; abw LG Siegen NJW 64, 872). Voraussetzung auch hier Identität des Streitgegenstands. Daher Verweisung zulässig bei nachträglicher Klageänderung (BGH NJW 90, 53/54; 62, 1819; nicht bei bloßer Änderung der Begründung BGH NJW 64, 46) und im Fall des § 506. Ermäßigung der Klage (§ 264 Nr 2) ändert die Zuständigkeit nie. Abs III 2 gilt auch für die internat Zuständigkeit (BayObLG NJW 66, 2276; RG 150, 374; 151, 105). Ein ursprüngl unzuständiges Gericht kann aber nachträglich zuständig werden; so auch durch Zuständigkeitsvereinbarung (§ 38, BGH NJW 76, 626; Zweibrücken NJW-RR 89, 716) oder rügelose Einlassung (§ 39), denn der Normzweck der perpetuatio fori bewahrt nur die Zuständigkeit, nicht auch die Unzuständigkeit des angerufenen Gerichts. Daher kann auch ein ursprünglich begründeter Verweisungsantrag unbegründet werden, wenn durch eine Veränderung der zuständigkeitsbegründenden Umstände das angerufene Gericht zuständig wird, bevor es die Verweisung (§ 281) beschlossen hat (so zB bei Wohnsitzwechsel des Beklagten in den Bezirk des angerufenen Gerichts). 12

Abs III 2 ist bzgl der Fortdauer der **Rechtswegzulässigkeit** (§ 13 GVG) geändert durch das 4. VerwGOÄndG 1990; diese perpetuatio fori ist nun inhaltsgleich statt in Abs III 2 in der Neufassung des § 17 I GVG geregelt. – Die Fortdauer der Verfahrenszuständigkeit u Rechtswegzulässigkeit steht einer gesetzlichen Neuregelung der Rechtsmittelzuständigkeit nicht entgegen; so für die durch das 1. EheRG v 14. 6. 76 ex nunc geänderte Rechtsmittelzuständigkeit in Familiensachen BGH NJW 78, 889. 13

IV) Gebühren u. Auslagen: Keine Gebühr für die Zustellung. Auslagen werden nur erhoben, soweit sie 100 DM überschreiten (Teil 9 Auslagen [2] vor KV 9000). 14

261a, 261b

(§ 261a jetzt § 274, § 261b jetzt § 270 durch die Vereinfachungsnovelle v 3. 12. 1976, BGBl I 3281).

262

[Materiell-rechtliche Wirkungen der Rechtshängigkeit]

Die Vorschrift des bürgerlichen Rechts über die sonstigen Wirkungen der Rechtshängigkeit bleiben unberührt. Diese Wirkungen sowie alle Wirkungen, die durch die Vorschriften des bürgerlichen Rechts an die Anstellung, Mitteilung oder gerichtliche Anmeldung der Klage, an die Ladung oder Einlassung des Beklagten geknüpft werden, treten unbeschadet der Vorschrift des § 207 mit der Erhebung der Klage ein.

1) Wegen der **prozessualen Wirkungen** der Rechtshängigkeit s Rn 8 ff zu § 261; wegen Auswirkung von Mängeln der Klageschrift Rn 22 ff zu § 253. 1

2) Die **mat-rechtl Wirkungen** der Rechtshängigkeit (vgl Rn 26 vor § 253) ergeben sich aus §§ 209, 210, 212a, 213, 284, 291, 292, 347, 407, 428, 528, 683, 801, 804, 818, 864, 941, 977, 987, 989, 991, 994 II, 996, 1002, 1188, 1300, 1344, 1412, 1418 III, 1431 III, 1449 II, 1456 III, 1470 II, 1587 II, 1613, 1933, 1965, 2023, 2077, 2360 BGB; Art 152 EGBGB; §§ 140, 372, 433, 440, 469, 623 HGB. 2

Unterbrechung der Verjährung (§ 209 BGB): bei Teilklage nur soweit eingeklagt (RG 93, 158; BGH NJW 84, 2346/8), bei Feststellungsklage hinsichtl des gesamten Anspruchs, soweit unbeziffert (BGH MDR 74, 1000; RG 75, 302), bei Haupt- u Hilfsantrag auch hinsichtl des Hilfsantrages (§ 260 Rn 4). Zur unsubstantiierten Teilklage aus mehreren Einzelansprüchen § 253 Rn 15. Stufenklage unterbricht Verjährung des zunächst noch unbestimmten Leistungsanspruchs nur in der Höhe, in der dieser Anspruch nach Erfüllung der seiner Vorbereitung dienenden Hilfsansprüche beziffert wird; die Unterbrechung dauert während der Vollstreckung der Hilfsansprüche und einer zur Überprüfung erteilter Auskünfte erforderl Zeit fort (BGH MDR 92, 1180). Keine Unterbrechung der Verjährung bei negativer Feststellungsklage (KG NJW 61, 33); Bestreiten durch Bekl genügt entgegen Schleswig NJW 76, 970 nicht (BGH 72, 23 = MDR 78, 830; Gürich MDR 80, 359); er muß vielmehr Widerklage erheben. Keine Unterbrechung auch durch Antrag auf Arrest oder einstw Verfügung (RG 13, 363; vor § 916 Rn 5). Mahnverfahren: § 693 Rn 3, 5. Bei (Eventual-) 3

Aufrechnung ist die Verjährung der Forderung bis zur rechtskräftigen Entscheidung über die Klageforderung im Betragsverfahren unterbrochen (§ 209 II 3 BGB; BGH MDR 81, 44). Klage aus Wechsel (§ 592) unterbricht Verjährung auch für das Grundgeschäft des Wechsels (Schaaf NJW 86, 1029), obwohl Streitgegenstand ein anderer ist (§ 261 Rn 9).

4 **3) Zeitpunkt des Wirkungseintritts:** grundsätzlich mit Zustellung der Klageschrift (§§ 261, 253 I), bei nachgeschobenen Ansprüchen mit deren Geltendmachung im Termin (§ 261 II). Ausnahmsweise Rückwirkung bei §§ 207, 270 III, 693 II (keine Rückwirkung aber, soweit Rechtshängigkeit nicht nur rechtserhaltende, sondern rechtsverstärkende oder rechtsvermehrende Wirkung hat, s § 270 Rn 12). Zum Eintritt bei Klage- und Parteiänderung s § 263 Rn 16, 22, 25.

263 *[Klageänderung]*

Nach dem Eintritt der Rechtshängigkeit ist eine Änderung der Klage zulässig, wenn der Beklagte einwilligt oder das Gericht sie für sachdienlich erachtet.

Lit: *Baumgärtel,* Die Kriterien zur Abgrenzung von Parteiberichtigung u Parteiwechsel, FS Schnorr von Carolsfeld 1973, S 19; *Gross,* Klageänderung u Klagerücknahme, ZZP 75, 93 u 447; 76, 200; *Heinrich,* Der gewillkürte Parteiwechsel, 1990; *Rosenberg,* Die gewillkürte Parteiänderung i Zivilprozeß, ZZP 70, 6; *Roth,* Gewillkürter Parteiwechsel und Bindung an Prozeßlagen, NJW 88, 2977; *Wach,* Zur Lehre der Klageänderung, Gruch Beitr 1886, 769; *Walther,* Klageänderung u -rücknahme, 1969.

I) Wesen der Klageänderung

1 **1) Definition:** § 263 ist, indem er die Klageänderung von der Einwilligung des Bekl oder einer gerichtl Prüfung ihrer Sachdienlichkeit abhängig macht, Schutzvorschrift zugunsten des Beklagten, in dessen Rechtsschutzanspruch (hierzu Einl Rn 49 ff) eingegriffen wird, wenn er in einem bereits rechtshängigen Verfahren genötigt wird, sich gegen einen geänderten Angriff zu verteidigen und auf eine Entscheidung über den ursprüngl Anspruch des Kl zu verzichten. Dieser Schutzzweck der Norm gibt den wesentlichsten Hinweis auf ihren Anwendungsbereich u damit auf die (im Gesetz fehlende) Definition der Klageänderung als eines prozessualen Vorgangs, der „nach Eintritt der Rechtshängigkeit", also in einem bereits anhängigen Verfahren eintritt. Damit ist die Klageänderung abgegrenzt gegenüber den Vorschriften über die ursprüngl subjektive (§§ 59, 60) und objektive (§ 260) Klagenhäufung sowie über die prozeßbeendende Erledigung eines ursprüngl prozessualen Anspruchs (§§ 269, 91a). Schließlich ist typisches Merkmal der Klageänderung, daß iS einer Fortsetzung des ursprüngl, lediglich geänderten Rechtsstreits die Prozeßsubstanz des ursprüngl Verfahrens auf den neuen Anspruch des Kl übernommen wird, daß also frühere Prozeßhandlungen des Gerichts (Zwischenentscheidungen, Beweiserhebungen usw) und der Parteien (zB Geständnisse, Anerkenntnisse, Verzichte, Beweisergebnisse) unter Aufrechterhaltung der perpetuatio fori wirksam bleiben, soweit sie einen Bezug auch zu der geänderten Klage haben. Als Klageänderung kommen somit folgende prozessuale Änderungen in Betracht:

2 **– Änderung des Streitgegenstandes** (= objektive Klageänderung, dh Änderung des Klageantrags oder – wo zur Bestimmung des Streitgegenstandes erforderl [Einl Rn 82] – des Klagegrundes, s Rn 7, 8). Wird dagegen ein neuer Streitgegenstand *neben* dem bisherigen eingeführt, so handelt es sich um einen Fall nachträgl Klagehäufung, auf den § 263 entspr anwendbar ist (BAG WM 76, 598/600; MK/Lüke § 263 Rn 21; aA RSchwab/Gottwald § 99 I 2b).

3 **– Änderung in der Person der Prozeßparteien** (= subjektive Klageänderung, s Rn 9): Hier tritt ein neuer Kläger oder Beklagter an die Stelle der bisherigen Partei (Parteiwechsel) oder neben diese (Parteibeitritt). Diese Änderung kann gesetzl geregelt sein (vgl zB §§ 239, 240, 250, 266, 75 ff); dann gelten die hierfür getroffenen Bestimmungen. Sie kann aber auch auf einer Entscheidung des Kl beruhen. Der BGH behandelt diese gewillkürte Parteiänderung grds als Klageänderung (BGHZ 65, 264/267), jedoch mit so erhebl Modifikationen, daß es überzeugender erscheint, sie mit der hL als prozessuales Institut eigener Art anzusehen (vgl RSchwab/Gottwald § 42 III 2

im Anschluß an de Boor, Zur Lehre vom Parteiwechsel und vom Parteibegriff, 1941). Die in Rspr und Lehre für sie herausgebildeten Regeln werden daher in Rn 19 ff gesondert dargestellt.

Eine Parteierweiterung liegt auch in der Erhebung einer **Widerklage** gegen oder durch eine bisher nicht am Rechtsstreit beteiligte Person. S hierzu BGH 131, 76 = NJW 96, 196 u § 33 Rn 18 ff. 4

– **Änderung der Verfahrensart** (s Rn 10). 5

2) **Verhältnis zur Klagerücknahme** (vgl § 269 Rn 5): In der Klageänderung liegt zwar zugleich die Aufgabe des ursprüngl Rechtsschutzbegehrens, § 263 regelt diesen Vorgang jedoch abschließend und privilegiert ihn insofern, als der Kläger sein ursprüngl Klageziel auch ohne die nach § 269 ggf erforderl Einwilligung des Bekl aufgeben kann, sofern das Gericht die Fortsetzung des Rechtsstreits mit dem geänderten Inhalt für sachdienl hält. § 269 ist daher neben § 263 nicht anwendbar, auch dann nicht, wenn die Änderung des Streitgegenstands iE zu einer quantitativen Beschränkung des Klageantrags führt (RSchwab [14. Aufl] § 102 II 3; Walther S 62 ff u NJW 94, 425 f; aA BGH NJW 90, 2682; RSchwab/Gottwald § 101 II 3; StJ/Schumann § 264 Rn 67). Die in § 269 zum Ausdruck kommende Wertung muß aber in die Beurteilung der Sachdienlichkeit einfließen. Zur reinen Klagebeschränkung (Ermäßigung des Antrags ohne Änderung des Streitgegenstands, § 264 Nr 2) s § 264 Rn 4a. 6

II) Anwendungsfälle

1) **Wechsel im Streitgegenstand** (Einl Rn 60 ff) und damit Klageänderung liegt vor, wenn der Kläger (bei gleichbleibendem Antrag) den Sachverhalt, aus dem der Klageanspruch hergeleitet wird, ändert oder wenn (bei gleichbleibendem oder geändertem) Sachverhalt der Klageantrag geändert wird. Wird aber bei gleichbleibendem Klagegrund der Antrag lediglich erweitert oder beschränkt, gilt § 263 nicht (§ 264 Nr 2), ggf aber § 269 (§ 264 Rn 4a). – Bsp für **Änderung des Klageantrags:** Schadensersatz statt Unterlassung (RG 88, 129), Unterlassung statt Widerruf (BGH MDR 94, 1143), Geld- statt Sachleistung, Minderung statt Wandelung (BGH NJW 90, 2682 = MDR 91, 137), Schadensersatz statt Auskunft, Schadensersatz statt Vorschuß (offenlassend BGH NJW 93, 597/8 mwN), Zinsen statt Kapital, Schmerzensgeld statt Schadensersatz (RG 149, 167; 170, 39); zur Klageänderung in Ehesachen s § 611 Rn 2 ff; zur einseitigen Erledigterklärung § 91a Rn 34. – Bsp für **Änderung des Klagegrundes** trotz gleichbleibenden Antrages: Auswechseln oder Nachschieben von Einwendungen bei der VollstrAbwehrklage (BGH NJW 67, 107 u 66, 1362; aA MK/Lüke Rn 17), Klage aus Abtretung statt aus eigenem Recht (RG 103, 111; 120, 192; Zweibrücken OLGZ 70, 174), Klage aus Wechsel statt aus dem Grundgeschäft (RG 160, 347; BGH NJW-RR 87, 58), Prozeßstandschaft statt Klage aus eigenem Recht (RG 58, 248). 7

Keine Klageänderung liegt vor, wenn bei gleicher Tatsachengrundlage ein anderer rechtl Gesichtspunkt geltend gemacht wird, zB deliktischer Anspruch statt Gefährdungshaftung (BGH NJW 54, 640); ungerechtfertigte Bereicherung statt des Anspruchs aus Vertrag (BGH WuW 86, 1002/04); ebenso beim Wechsel der Berechnungsweise eines Schadensersatzanspruchs (BGH NJW 92, 2753: Lizenzschaden/Verletzergewinn) oder beim Übergang vom „großen" zum „kleinen" Schadensersatz bei §§ 463, 480 BGB (BGH NJW 92, 566 = MDR 92, 231). Verschiedene Berechnungsgrundlagen innerhalb ein und derselben Schadensart sind nur unselbständige Faktoren eines einheitl Schadensersatzanspruchs und daher austauschbar, ohne daß es sich um eine Klageänderung handeln würde (BGH NJW-RR 91, 1279). Entspr verhält es sich, wenn im Verfahren auf Unterlassung von Immissionen andere, aber gleichartige Beeinträchtigungen eingeführt werden (RG 99, 172/176). Keine Klageänderung sondern -beschränkung (§ 264 Nr 2) liegt zB im Übergang von Leistungs- auf Feststellungsklage (entspr umgekehrt) bei gleichem Streitgegenstand, vgl § 256 Rn 15; Celle VersR 75, 264. Weitere Bsp: § 264 Rn 3 ff. Wegen Haupt- u Hilfsantrag s Rn 3 zu § 260. 8

2) **Wechsel in der Partei** (Rn 3 f) liegt zB vor bei Wechsel zwischen OHG und ihren Gesellschaftern (BGH 17, 342; BGH NJW 74, 750; RG 36, 141), zwischen den Mitgliedern des nichtrechtsfähigen Vereins und dem rechtsfähig gewordenen Verein (Jena JW 37, 1659), zwischen (gesetzl) Vertreter und dem Vertretenen, zwischen KG und Gesamtheit der Kommanditisten (RG 66, 244), zwischen Zwangsverwalter u Ersteher des Grundstücks (Düsseldorf MDR 91, 542), zwischen Prozeßstandschafter und Rechtsinhaber (BGH ZIP 93, 1412 = MDR 93, 1009). – **Kein Parteiwechsel** ist die **Berichtigung einer falschen Parteibezeichnung** (vgl hierzu vor § 50 Rn 7). 9

3) **Wechsel der Verfahrensart** ist zB (entgegen RG 79, 69) der Übergang vom ordentl Prozeß zum Urkundenprozeß (der allerdings kaum jemals sachdienl sein wird, BGHZ 69, 66/70). Zum umgekehrten Fall der Abstandnahme vom Urkundenprozeß s § 596, zum Wechsel vom Wechsel- oder Scheckprozeß zum Urkundenprozeß § 596 Rn 10, zum Übergang vom Verfügungs- oder Arrestverfahren in das Hauptsacheverfahren vor § 916 Rn 3. 10

III) Verfahren bei objektiver Klageänderung

1) **Vornahme der Klageänderung:** Sie kann nach § 261 II entweder durch Verlesung des – rechtzeitig durch vorbereitenden Schriftsatz (§§ 129, 130 Nr 2, 132) angekündigten – neuen Antrags in der mündl Verhandlung (§ 297) oder durch Zustellung eines bestimmenden Schriftsatzes 11

(§ 129 Rn 3) erfolgen. Zustellung von Anwalt zu Anwalt ist zulässig (s BGH NJW 92, 2235 u § 198 Rn 5, § 253 Rn 21). Einlassungsfrist (§ 274 III) ist entbehrl (§ 274 Rn 4); die erst kurz vor dem Termin oder ohne rechtzeitige Ankündigung im Termin vorgenommene Klageänderung kann jedoch Terminverlegung (§ 227) erforderl machen (§ 283 gilt hier nicht; s dort Rn 2a), was uU gegen ihre Sachdienlichkeit spricht (s Rn 13). Der neue Antrag muß den Anforderungen des § 253 entspr gefaßt und begründet sein.

11a **Erhöht sich** durch die Klageänderung **der Streitwert**, so nimmt das Gericht bis zur Einzahlung eines die höhere Verfahrensgebühr abdeckenden Vorschusses keine den geänderten Antrag betr Verfahrenshandlung vor (insbes nicht die Zustellung des Schriftsatzes, die Bestimmung eines neuen Termins). Beantragt jedoch der Bekl mit berechtigtem Interesse, dem Verfahren Fortgang zu geben, so ist dem zu entsprechen. An der Verhandlung ist der Kl zu beteiligen, er darf nicht etwa als säumig behandelt werden (BGHZ 62, 174/178). Infolge der Klageänderung kann es auch zu einer Überschreitung der amtsgerichtl Zuständigkeit kommen; es gelten dann §§ 504, 506 (s hierzu Rn 16a).

11b Die Klageänderung kann auch in der **Berufungsbegründung** vorgenommen werden. Hierbei ist jedoch zu beachten, daß die Berufung nur zulässig ist, wenn der Berufungskl den in 1. Instanz erhobenen Klageanspruch wenigstens teilweise weiterverfolgt; stellt er im Wege der Klageänderung ausschließl einen neuen Anspruch zur Entscheidung, so fehlt es an der zur Zulässigkeit der Berufung erforderl Beschwer (BGH NJW 90, 2683; 93, 597/8; 94, 2896/7; 94, 3358/9; MK/Lüke Rn 44; aA Altmeppen ZIP 92, 449 ff; s auch vor § 511 Rn 8a). Im Übergang vom Feststellungs- zu einem dasselbe Rechtsverhältnis betr Leistungsantrag liegt eine solche Auswechslung nicht (BGH NJW 94, 2896/7). Wird der erstinstanzl Antrag als Hilfsantrag weiterverfolgt, so ist die Berufung zulässig; ob über den neuen Hauptantrag zu entscheiden ist, hängt von der Zulässigkeit der Klageänderung ab (BGH NJW 96, 320). Zur Sachdienlichkeit der Klageänderung in der Berufungsinstanz s Rn 14.

12 **2) Prozeßvoraussetzung** für die Klageänderung ist entweder die Einwilligung des Bekl oder die Bejahung der Sachdienlichkeit durch das Gericht. **a) Die Einwilligung des Bekl** kann ausdrückl oder durch rügelose Einlassung (§ 267; hier gemäß § 295 Rückwirkung) erfolgen. Sie ist bedingungsfeindl und unwiderrufl. Willigt der Bekl ein, so liegt auch dann eine wirksame Klageänderung vor, wenn das Gericht sie nicht für sachdienl hält.

13 **b) Sachdienlichkeit** ist ein durch die objektive Prozeßlage (nicht durch subjektive Interessen der Parteien oder gar des Gerichts) bedingter prozessualer Begriff, dessen Beurteilung dem nur beschränkt (Rn 15) durch ein Rechtsmittelgericht nachprüfbaren pflichtgebundenen Ermessen des Gerichts unterliegt (BGH MDR 85, 741 = NJW 85, 1841/42; 75, 1229). Für sie spricht es, wenn mit der geänderten Klage unter *möglicher Verwertung des bisherigen Prozeßstoffes* (BGH MDR 85, 741) ein Streit endgültig behoben u ein neuer Prozeß vermieden werden kann (BGH NJW 75, 1229; NJW-RR 87, 58). Dem steht nicht schon entgegen, daß hierdurch der Bekl beschwert wird, zB eine Tatsacheninstanz verliert, oder das Verfahren sich verzögert (BGH 1, 77 = NJW 51, 311; BGH 21, 288 = NJW 56, 1598). Sachdienlichkeit fehlt aber idR, wenn mit dem neuen Anspruch ein völlig neuer Streitstoff eingeführt wird (LM § 523 ZPO Nr 1; BGH NJW 75, 1229; MDR 64, 28). Bei der Beurteilung der Sachdienlichkeit ist auch der Ausnahmecharakter des § 263 zu beachten, der darin liegt, daß dem Bekl die durch § 269 gewährleistete Rechtsmacht genommen wird, eine Sachentscheidung über die gegen ihn angestrengte (ursprüngl) Klage zu erzwingen (vgl Rn 6). Sachdienlichkeit kann deshalb, soweit nicht prozeßwirtschaftl Gesichtspunkte überwiegen, auch dann verneint werden, wenn Klageänderung verspätet vorgenommen wurde (Rn 11) und deshalb in sonst entscheidungsreifer Sache neuen Termin erfordern würde (ebenso BL/Hartmann § 282 Rn 6). Der Übergang zu einem unzulässigen Klageantrag kann nicht sachdienl sein, da er eine Sachentscheidung verhindert (MK/Lüke Rn 36).

14 Die Sachdienlichkeit ist in **2. Instanz** strenger zu prüfen als in der ersten (MK/Rimmelspacher § 523 Rn 5; aA MK/Lüke Rn 43), aber es stehen ihr nicht bereits der Verlust einer Tatsacheninstanz, das Unterlassen der Klageänderung in der 1. Instanz oder die Notwendigkeit erstmaliger Beweiserhebung und die hierdurch bedingte Verfahrensverzögerung entgegen, wenn nur wegen der Verwertbarkeit des bisherigen Prozeßstoffes ein neuer Prozeß vermieden wird (BGH NJW 87, 1946; 85, 1841/42; MDR 83, 1017; NJW-RR 94, 1143; ebenso für zulässige *Klageerweiterung* in 2. Instanz BGH MDR 83, 1019; vgl auch § 523 Rn 8). Auch im **Nachverfahren** der §§ 302 IV, 600 kann Sachdienlichkeit vorliegen (BGH 17, 31 = NJW 55, 790; BGH NJW 62, 1249), ohne daß damit bereits das Vorbehaltsurteil entfällt (Vollstreckungsschutz: § 707; BayObLG NJW 50, 950; Moller NJW 66, 1397). In der **Revisionsinstanz** ist Sachdienlichkeit nie gegeben (BGH 28, 131 = NJW 58, 1867), außer der Antrag wird nur beschränkt oder modifiziert und auf den in der Vorinstanz festgestellten Sachverhalt gestützt (BGH 26, 37; BGH NJW 61, 1467), so zB, wenn der Hauptantrag in der Revision nur noch hilfsweise aufrechterhalten wird (BGH Betrieb 75, 302).

15 Eine **Überprüfung der Sachdienlichkeit durch das Rechtsmittelgericht** kommt nach § 268 nur bei Nichtzulassung der Klageänderung in Betracht (s auch Rn 16a). Sie ist auch dann nur daraufhin überprüfbar, ob die Grenzen des Ermessens überschritten wurden (BGH NJW 85, 1841/42 = MDR 85, 741; MK/Lüke Rn 40). Die vom Berufungsgericht unterlassene Prüfung der Sachdienlichkeit (zB wegen Abweisung der geänderten Klage aus anderen Gründen) holt das Revisiongericht selbständig nach (BGH MDR 79, 829; ZIP 93, 1412 = MDR 93, 1009; NJW-RR 94, 1143). Hat das Berufungsgericht die Sachdienlichkeit zu Unrecht verneint, muß das Revisionsgericht zurückverweisen (BGH 3, 90 = NJW 51, 881).

3) **Wirkung:** Die Klageänderung bewirkt **Rechtshängigkeit** des neuen Streitgegenstands ex nunc ab Zustellung oder Antragstellung gemäß § 261 II (dort Rn 6) und bereits vor Entscheidung über die Zulässigkeit; diese Rechtshängigkeit endet rückwirkend (vgl entspr § 260 Rn 4 zum auflösend bedingten Hilfsantrag) erst mit rechtskräftiger Verneinung der Zulässigkeit. Die Rechtshängigkeit der ursprüngl Klage endet mit der Zulassung der Klageänderung, ggf also erst mit Erlaß des Endurteils (BGH NJW 90, 2682 = MDR 91, 137), bei Zustimmung des Bekl bereits mit dieser (BGH NJW 92, 2235/2236). Die **bisherigen Prozeßergebnisse** bleiben maßgebl. Wegen Auswirkung auf **Prozeßkostenhilfe** s § 119 Rn 14. 16

4) **Gerichtliches Verfahren:** Die Zulässigkeit der Klageänderung ist **von Amts wegen** zu prüfen. **Zulassung** durch Zwischenurteil (§ 303) oder in den Gründen des Endurteils, aber nicht notw ausdrückl; Verhandlung genügt (RG 155, 229). Sie ist **bindend,** auch für das Rechtsmittelgericht (§ 268). Über die **Nichtzulassung** kann ebenfalls durch Zwischenurteil (§ 303) oder in den Gründen des Endurteils entschieden werden. Sie kann vom Rechtsmittelgericht zusammen mit der Endentscheidung überprüft werden; zur beschränkten Überprüfbarkeit der Sachdienlicherklärung s aber Rn 15. Wird wegen der Klageänderung vom AG an das LG **verwiesen** (§ 506), liegt die Zulassung in der Verweisung (aA MK/Lüke Rn 26: Entscheidung über Zulassung durch LG). 16a

5) **Entscheidung in der Hauptsache:** Bei **Zulässigkeit der Klageänderung:** Kein Ausspruch über den ursprüngl Antrag (§ 308); ein auf den früheren Antrag gestütztes Vorbehaltsurteil ist aufzuheben (§ 269 III analog). Bei **Verneinung der Zulässigkeit** hat das Gericht zunächst aufzuklären (§ 278 III), ob der Kläger für diesen Fall seine ursprüngl Klage aufrechterhält, ob er sie zurücknimmt (§ 269, evtl auch § 306) oder ob er hierüber die Verhandlung ablehnt (= § 333). Keinesfalls kann der Kläger sich durch eine unzulässige Klageänderung einseitig dem Prozeßrechtsverhältnis bzgl der ursprüngl Klage entziehen. Daher setzt Rücknahme der ursprüngl Klage gem § 269 Einwilligung des Beklagten voraus. Fehlt diese Einwilligung oder wird insoweit Klagerücknahme verweigert, so hat das Gericht – falls nicht gemäß §§ 333, 330 verfahren wird – mit der Abweisung der unzulässig geänderten Klage auch sachlich über die ursprüngl Klage zu entscheiden (BGH NJW 88, 128; Schwab ZZP 91, 493; abw LG Nbg-Fürth ZZP 91, 490, das hier nur über die ursprüngl Klage entscheidet; so auch Blomeyer JuS 70, 229/231 ff). 17

6) **Kosten:** Die Kostenentscheidung richtet sich nach dem endgültigen Ausgang des Rechtsstreits. Anwendung des § 96 kommt in Betracht, wenn ursprüngl Klage besondere Kosten (zB einer Beweisaufnahme) verursacht hat (LG Köln NJW-RR 90, 419). § 269 ist weder unmittelbar (so Gross NJW 66, 2344) noch analog (so Moller NJW 66, 1397) anwendbar, denn § 269 setzt ersatzlose Beendigung des Prozeßrechtsverhältnisses voraus. **Ausnahme:** Wenn Kl bei unverändertem Klagegrund seinen Antrag iS § 264 Nr 2 mit notw Einwilligung des Bekl ermäßigt hat, gilt § 269 III 2 (Bremen VRS 68, 329), denn das ist nicht Klageänderung, sondern teilw Klagerücknahme (§ 264 Rn 4a). Die erfolglos versuchte Klageänderung verursacht keinerlei Mehrkosten, selbst wenn hierüber Zwischenurteil ergeht (Tschischgale NJW 62, 2136; abw Schwab ZZP 91, 494; Blomeyer JuS 70, 233 für Kostenerhöhung bei Entscheidung über die ursprüngl und die unzulässig geänderte Klage). **Streitwert:** s § 3 Rn 16 zu „Klageänderung" und Schneider JurBüro 65, 592. 18

IV) Verfahren bei Parteiänderung

1) **Allgemeines:** Für die unterschiedl Erscheinungsformen der gewillkürten Parteiänderung (vgl Rn 3 f; Einzelfälle Rn 9) gelten trotz der grds einheitl Orientierung an § 263 unterschiedl Regeln. Sie werden daher im folgenden gesondert dargestellt. 19

2) **Parteierweiterung auf der Beklagtenseite: a) Verfahren:** Will der Kläger die Klage auf einen weiteren Bekl erstrecken, so reicht er einen der Klageschrift entspr Schriftsatz (vgl § 253) ein. Dieser wird dem neuen Bekl zugestellt, sobald auch insoweit die allg Verfahrensgebühr vorausgezahlt ist (§ 65 I GKG, KV 1201; mangels Streitwerterhöhung nicht erforderl, soweit nur ein weiterer Gesamtschuldner verklagt wird). Zugleich wird der weitere Bekl nach Maßgabe der §§ 274 f zum Termin geladen und zur Erwiderung aufgefordert. 20

b) **Zulässigkeitsvoraussetzungen,** die über die allg Prozeßvoraussetzungen und die der Streitgenossenschaft (§§ 59 f) hinausgehen, bestehen in *1. Instanz* nicht. Es bedarf also keiner Zustimmung des bisherigen und des neuen Bekl (RSchwab/Gottwald § 42 III 3). Die Gegenmeinung, die auch hier Zustimmung oder Sachdienlicherklärung verlangt (MK/Lüke Rn 84) überzeugt nicht. Es handelt sich hier lediglich um die nachträgl Begründung einer Streitgenossenschaft. Der neue Streitgenosse bleibt in seiner Prozeßführung selbständig, darf sich auch in Widerspruch zu 21

Prozeßerklärungen des bisherigen Bekl setzen (§ 61 Rn 8). Das Ergebnis einer bereits durchgeführten Beweisaufnahme bleibt zwar verwertbar; trägt der neue Bekl aber relevante neue Gesichtspunkte vor, wird das Gericht dem nachgehen müssen (§ 398). Daß dem bisherigen Bekl uU ein Zeuge verloren geht (zB weil der am Unfall beteiligte Fahrer seines Kfz mitverklagt wird), ist ohne Bedeutung, denn dieselbe Situation hätte der Kläger auch durch anfängl Klagehäufung erzielen können. – In der *Berufungsinstanz* ist aber grds Zustimmung des neuen Bekl erforderl, weil dieser auf den bisherigen Prozeßverlauf keinen Einfluß nehmen konnte (BGH NJW 74, 750). Verweigerung aber unbeachtl, wenn sie rechtsmißbräuchl ist (BGHZ 21, 285). Das ist der Fall, wenn schutzwürdiges Interesse für die Weigerung fehlt und der neue Bekl keine irgendwie geartete Schlechterstellung zu befürchten hat (NJW-RR 86, 356; Köln OLGR 94, 282/3).

22 **c) Wirkung:** Rechtshängigkeit tritt für den neuen Bekl mit der Zustellung des Erweiterungsschriftsatzes ein. Er erlangt die proz Stellung eines Streitgenossen (s Rn 21). Kommt es für die Wirksamkeit der Erweiterung auf die Zustimmung des neuen Bekl an (Rn 21 aE) und wird diese nicht erteilt, so ist das Verfahren gegen ihn abzutrennen (§ 145) und die Klage wegen unzulässiger Erhebung beim Berufungsgericht als unzulässig abzuweisen (BAG NJW 71, 723; MK/Lüke Rn 93).

23 **3) Parteiwechsel auf der Beklagtenseite: a) Verfahren:** Will der Kläger den neuen Bekl nicht *neben* dem bisherigen sondern *an seiner Stelle* in den Rechtsstreit ziehen, so sollte die Zustellung des Parteiänderungsschriftsatzes an den neuen Bekl zunächst unterbleiben. Erst wenn die Wirksamkeit der Parteiänderung (s Rn 24) geklärt ist, ist entspr Rn 20 zu verfahren. Ergibt sich die Unwirksamkeit, ist zu prüfen, ob der Kläger den neuen Bekl hilfsweise neben dem alten in den Rechtsstreit hineinziehen will; dann gelten Rn 20 ff.

24 **b) Zulässigkeitsvoraussetzungen:** Der Beklagtenwechsel bedarf, sofern bereits mündl verhandelt wurde, der Einwilligung des alten Bekl, die nicht durch Sachdienlicherklärung ersetzt werden kann (arg § 269 I; BGH NJW 81, 989; MK/Lüke Rn 77). Zustimmung des neuen Bekl ist nicht erforderl (RSchwab/Gottwald § 42 III 3b, BL/Hartmann Rn 8; aA MK/Lüke Rn 78). Zur Ausnahme für die 2. Instanz vgl Rn 21 aE.

25 **c) Wirkung:** Der bisherige Bekl scheidet, soweit seine Einwilligung und – falls erforderl – die des neuen Bekl vorliegt, aus dem Rechtsstreit aus. Er kann wegen seiner außergerichtl Kosten einen Beschluß analog § 269 III beantragen. Rechtshängigkeit gegenüber dem neuen Bekl wird durch die anschließende Zustellung des Änderungsschriftsatzes an ihn begründet (war bereits zugestellt worden, entfällt die Rechtshängigkeit bei Unzulässigkeit der Parteiänderung rückwirkend; vgl Rn 16). Die bisherigen Prozeßergebnisse bleiben bei Bestand, sofern sich der neue Bekl nicht in Widerspruch zu ihnen setzt. Letzteres ist ihm indessen verwehrt, wenn er bereits vor dem Parteiwechsel auf das Verfahren maßgebl Einfluß nehmen konnte, zB als gesetzl Vertreter (Kohler JuS 93, 318).

26 **4) Parteierweiterung auf der Klägerseite: a) Verfahren:** Will der Kläger eine weitere Person auf seiner Seite in den Rechtsstreit einführen, so teilt er dies – unter gleichzeitiger oder nachträgl Einreichung der entspr Beitrittserklärung des neuen Klägers – dem Gericht mit. Die Erklärungen sind dem Bekl zuzustellen (BL/Hartmann Rn 6), denn durch sie wird ein neues Prozeßrechtsverhältnis begründet. Da der Bekl sich möglicherweise gegenüber dem neuen Kläger anders verteidigen will, ist ihm zur Terminsvorbereitung nochmals eine Erwiderungsfrist (§ 275) zu setzen. Zum Termin ist auch der neue Kläger zu laden.

27 **b) Zulässigkeitsvoraussetzungen:** nur allg Prozeßvoraussetzungen und §§ 59 f (Streitgenossenschaft; bei Fehlen: Prozeßtrennung). Zustimmung des Bekl ist nicht erforderl, außer in der 2. Instanz (RSchwab/Gottwald § 42 III 3a).

28 **c) Wirkung:** Rechtshängigkeit ab Zustellung des Beitrittsschriftsatzes. Es entsteht nachträgl Streitgenossenschaft mit Wirkung des § 60.

29 **5) Parteiwechsel auf der Klägerseite: a) Verfahren:** Wie Rn 25 mit der Maßgabe, daß der bisherige Kläger sein Ausscheiden aus dem Prozeß mitteilt.

30 **b) Zulässigkeitsvoraussetzungen:** Wurde bereits mündl verhandelt, bedarf es zum Klägerwechsel der Einwilligung des Bekl (§ 269 I analog; RSchwab/Gottwald § 42 III 3b). Diese kann nicht durch Sachdienlicherklärung ersetzt werden (aA BGHZ 65, 264/8; NJW 89, 3225; MK/Lüke Rn 71, 74 [auch für die 2. Instanz]). In der Berufungsinstanz setzt der Klägerwechsel voraus, daß der bisherige Kl eine zulässige Berufung eingeklagt hat; der Wechsel kann daher nicht sogleich in der Berufungsbegründungsschrift erklärt werden (BGH NJW 94, 3358 = LM Nr 24 m Anm Pfeiffer).

31 **c) Wirkung:** Bei zulässigem Klägerwechsel scheidet der bisherige aus; der neue tritt an seine Stelle; Rechtshängigkeit ab Zustellung der Parteiänderungsschrift. Kostenbeschluß gegen den bisherigen Kläger auf Antrag des Bekl analog § 269 III (StJ/Schuhmann Rn 124; RSchwab/Gottwald § 42 III 6; aA MK/Lüke Rn 104; s auch § 91 Rn 13 „Parteiwechsel“). Willigt der Bekl nicht ein,

wird der Rechtsstreit ohne Rücksicht auf den neuen Kläger fortgesetzt; Rechtshängigkeit erlischt rückwirkend (vgl Rn 16).

V) Gebühren: 1) des **Gerichts:** Der Begriff der Klageerweiterung umfaßt im gebührenrechtl Sinn auch denjenigen einer Klageänderung. Kostenrechtl wird eine Anhängigkeit des neuen Anspruchs – als von Anfang an bestehend – fingiert, wodurch der bisherige Anspruch gebührenrechtl seine Bedeutung verliert. An der Höhe der erhobenen allgem Verfahrensgeb (KV 1201) ändert sich durch die Klageänderung nichts, wenn der neue Klageanspruch wertmäßig mit dem alten Anspruch gleich hoch ist oder darunter liegt. Ist es durch die nun ausgetauschten Klageansprüche zu einer wertmäßigen Erhöhung der Klage gekommen, so ist die allg Verfahrensgeb neu zu berechnen und der Unterschiedsbetrag gemäß § 65 I 3 GKG vorauszuzahlen. – Das über die Zulässigkeit und damit Wirksamkeit der Klageänderung ergehende Zwischenurteil ist gerichtsgebührenfrei. Wird über die Zulässigkeit der Klageänderung erst in dem Urteil über den nachgeschobenen Klageanspruch mit entschieden (sei es als Prozeß- oder als Sachurteil), so ist dieses ein gebührenpflichtiges Endurteil. Im Prozeßverfahren erster Instanz fällt in keinem Fall eine Urteilsgebühr an. – **2)** des **Anwalts:** Da der Rechtsstreit im Falle der Anspruchsauswechselung (Klageänderung) dieselbe Angelegenheit bleibt, kann der RA für seine Tätigkeit die Gebühren nur einmal fordern (§ 13 II BRAGO). Sie sind nach dem höchsten Wert zu berechnen, nachträgliche Streitwertminderung ist unbeachtlich (§ 13 IV BRAGO). Die (dann nach § 6 I 2 BRAGO zu erhöhende) Prozeßgebühr verdient der RA nur einmal, wenn er im Fall des Parteiwechsels die alte und die neue Partei – sich zeitweilig überschneidend – vertritt (München Rpfleger 96, 261; Koblenz KoRsp BRAGO § 6 Nr 169 mit zust Anm Herget). 32

Zu 1) u 2): Verklagt der Kläger mehrere **Gesamtschuldner** (Streitgenossen), so entsteht für das Gericht nur eine allgem Verfahrensgeb (KV 1201). Dasselbe gilt, wenn der Kläger weitere Gesamtschuldner in einem schwebenden Rechtsstreit in Anspruch nimmt. Auch der Kläger-RA kann in diesen Fällen nur eine Prozeßgebühr beanspruchen. Werden die mehreren verklagten Gesamtschuldner von einem einzigen Anwalt vertreten, greift § 6 I 2 BRAGO ein.

264 *[Keine Klageänderung]*

Als eine Änderung der Klage ist es nicht anzusehen, wenn ohne Änderung des Klagegrundes

1. **die tatsächlichen oder rechtlichen Anführungen ergänzt oder berichtigt werden;**
2. **der Klageantrag in der Hauptsache oder in bezug auf Nebenforderungen erweitert oder beschränkt wird;**
3. **statt des ursprünglich geforderten Gegenstandes wegen einer später eingetretenen Veränderung ein anderer Gegenstand oder das Interesse gefordert wird.**

1) Allgemeines: Zum Begriff der Klageänderung s Rn 1 zu § 263. Da § 264 Gleichbleiben des Klagegrundes voraussetzt, bildet er eine Sonderregelung nur für Klageänderung in der Form der **Antragsänderung.** § 264 Nr 1 ist daher überflüssig, nur Nr 2 u 3 könnten Klageänderung sein. – Prüfung der Zulässigkeit einer Antragsänderung von Amts wegen; nur bei Bejahung (durch Zwischenurteil oder in den Gründen des Endurteils) ist Sachentscheidung zulässig (RG 53, 36; 149, 167). Zur Entscheidung bei unzulässiger Klageänderung s § 263 Rn 17. Wegen Kosten § 263 Rn 18. Für das Revisionsverfahren einschränkende Sonderregelung in § 561. 1

2) Nr 1: Ergänzung oder Berichtigung der tatsächl oder rechtl Ausführungen ist unschädlich, solange der Klagegrund (Rn 12 zu § 253) der gleiche bleibt. **Beispiel:** Berichtigung der Parteibezeichnung (Celle OLGZ 67, 310; Stuttgart Justiz 72, 204; RG 105, 425; 64, 401); Benennung der hinter e nichtrechtsfäh Verein oder Gesellschaft stehenden natürl Personen; Wechsel zwischen Vertreter u Vertretenem, wo die ursprüngl gemeinte Person die gleiche bleibt (zur Abgrenzung zwischen Parteiwechsel und Berichtigung der Parteibezeichnung s Vorbem § 50 Rn 6–13); Substantiierung des Anspruchs (zB bei Teilklage, § 253 Rn 15); Herstellung der Wechsellegitimation durch nachträglichen Wegfall von Nachindossamenten (RG 114, 365). Bei Änderung der Parteibezeichnung ist Rubrum-Berichtigungsbeschluß zweckmäßig, aber nicht erforderlich (RG 69, 397). 2

3) Nr 2 erfaßt Erweiterungen und Beschränkungen des Klageantrags, die nicht mit der Einführung eines anderen Streitgegenstands einhergehen (sonst gilt § 263; vgl dort Rn 6), sondern den bisherigen Streitgegenstand quantitativ oder qualitativ modifizieren. 3

a) Quantitative Änderung des Klageantrages ohne Änderung des Klagegrundes liegt zB vor, wenn die zunächst auf einen Teilbetrag der Forderung beschränkte Klage auf den Gesamtbetrag ausgedehnt, wenn die auf dieselbe Schädigung gestützte Schadensersatzforderung erhöht oder ermäßigt, die Zinsforderung geändert, das Auskunftsbegehren auf einen anderen Zeitraum ausgedehnt (Karlsruhe FamRZ 87, 297), der aus demselben Sachverhalt abgeleitete Anspruch anders berechnet wird. Sobald aber der Klagegrund, dh der Sachverhalt, auf den der Kläger seinen Anspruch stützt, geändert wird, gilt § 263. Für nachträgl Anspruchshäufung, gestützt auf einen neuen Klagegrund, gilt § 263 entspr (s dort Rn 2). 3a

b) Beispiele für eine **qualitative Änderung** des Antrages bei gleichbleibendem Streitgegenstand: Zahlung statt Auskunft (BGH NJW 79, 925/926; BGHZ 52, 169 = NJW 69, 1486 = MDR 69, 911), bevorrechtigte Befriedigung (§ 57 KO) statt Konkursforderung (RG 32, 3), Schuldbefreiung 3b statt Zahlung und umgekehrt (BGH NJW 94, 944; aA Görmer MDR 95, 240), Zug-um-Zug-Leistung statt unbedingte Zahlung, Leistung an Rechtsnachfolger statt an den Kläger (RGZ 158, 314; s § 265 Rn 6), Leistung statt Feststellung (§ 256 Rn 15; BGH NJW 92, 2296) oder umgekehrt (Celle VersR 75, 264); Rechnungslegung statt Feststellung (BGH NJW 60, 1950) oder Leistung oder umgekehrt; künftige statt sofortige Leistung (Köln OLGR 96, 36); Wiederherstellung statt Geldersatz; Bruchteilshaftung statt Gesamtschuld; Zahlung statt Duldung der ZwVollstr; Hinterlegung statt Zahlung.

3c c) Wird **einer von mehreren Ansprüchen** nicht weiterverfolgt, so handelt es sich nicht um einen Fall nach § 264 Nr 2, sondern um teilweise Klagerücknahme (MK/Lüke Rn 20; vgl § 269 Rn 8c).

4 **d) Behandlung der Klageerweiterung:** Mit Einreichung des klageerweiternden Schriftsatzes oder Antragstellung entsteht Kostenvorschußpflicht nach §§ 65, 61 GKG (bei nach dem 1. 7. 94 anhängig gewordenen Verfahren dreifache Gebühr [KV 1201], sonst einfache Gebühr [§ 73 I 1 GKG] auf der Grundlage des erhöhten Streitwerts). Zu den Folgen einer Nichtzahlung s § 263 Rn 11a. Ggf kommt es zu Veränderung der sachl Zuständigkeit (§ 506; dann Hinweispflicht nach § 504). Der erweiterte Antrag wird mit Zustellung des Schriftsatzes oder mit Antragstellung (§ 261 II) rechtshängig.

4a **e) Behandlung der Klagebeschränkung:** In ihr liegt regelmäßig *teilweise Klagerücknahme* (StJ/Schumann Rn 67; MK/Lüke Rn 23; Groß ZZP 75, 93; aA Walther NJW 94, 426), daher Zustimmung des Bekl nach § 269 I, II 1 nötig, die auch in konkludentem Verhalten liegen kann (§ 269 Rn 15), zB rügeloser Einlassung auf den ermäßigten Antrag; eine Sachdienlicherklärung durch das Gericht gegen den Willen des Bekl ist dagegen nicht möglich (aA Pawlowski FS Rowedder 322); möglich aber auch Verzicht (§ 306) oder Erledigterklärung (§ 91a); bei Zweifel insoweit Aufklärungspflicht des Gerichts (§§ 139, 278 III). Kostenentscheidung hierüber erst im Endurteil möglich (Ausnahme hinsichtl der außergerichtl Kosten bei Ausscheiden eines von mehreren Bekl s § 263 Rn 25). Die Zuständigkeit bleibt bei Beschränkung die gleiche (§ 261 III 2). Eine teilw Zurückzahlung der Verfahrensgebühr findet nicht statt, da diese mit Einreichung der Klage in der ursprüngl Höhe fällig geworden ist (§ 61 GKG).

5 **4) Nr 3: Forderung des Surrogates an Stelle des urspr geforderten Gegenstands** ist nicht Klageänderung, wenn der Anlaß für die Änderung des Antrages **nach Rechtshängigkeit** des urspr Anspruchs entstand und der Klagegrund derselbe bleibt (RG 100, 95); gleichgültig, ob der Anlaß erst später entstand (zB Untergang der herausverlangten Sache, Eintritt der Unmöglichkeit der Leistung §§ 281, 325, 326, 463, 818 II BGB) oder dem Kläger (selbst infolge Fahrlässigkeit) bekannt wurde (RG 70, 337; 39, 429). Wer die Veränderung herbeigeführt hat, ist belanglos (BGH NJW 60, 964; RG 88, 55). Beispiel: Schadensersatz statt Erfüllung (RG 109, 136); Wertersatz statt Rückgewähr (RG 39, 429); Zahlung statt Wandelung im Konkurs (RG 65, 132); Feststellung gem § 146 III KO statt Zahlung (BGH NJW 62, 154; Hamm ZIP 93, 444); Zahlung statt Schuldbefreiung, wenn Kl die Schuld nachträgl an den Drittgläubiger zahlen mußte oder er Zessionar der Forderung wurde (RG 139, 322); Bereicherungs- statt Vollstreckungsgegenklage (Schleswig MDR 91, 669).

265 *[Rechtshängigkeit, Veräußerung oder Abtretung]*

(1) Die Rechtshängigkeit schließt das Recht der einen oder der anderen Partei nicht aus, die in Streit befangene Sache zu veräußern oder den geltend gemachten Anspruch abzutreten.

(2) Die Veräußerung oder Abtretung hat auf den Prozeß keinen Einfluß. Der Rechtsnachfolger ist nicht berechtigt, ohne Zustimmung des Gegners den Prozeß als Hauptpartei an Stelle des Rechtsvorgängers zu übernehmen oder eine Hauptintervention zu erheben. Tritt der Rechtsnachfolger als Nebenintervenient auf, so ist § 69 nicht anzuwenden.

(3) Hat der Kläger veräußert oder abgetreten, so kann ihm, sofern das Urteil nach § 325 gegen den Rechtsnachfolger nicht wirksam sein würde, der Einwand entgegengesetzt werden, daß er zur Geltendmachung des Anspruchs nicht mehr befugt sei.

Lit: *Grunsky,* Die Veräußerung der streitbefangenen Sache, 1968; *Henckel,* Zur Auslegung des § 265, ZZP 82, 333; *Pohle,* Prozeßführungsrecht u Rechtskrafterstreckung bei bedingter Veräußerung, FS Lehmann 1956 Bd II S 738; *Wagemeyer,* Der gesetzl Parteiwechsel u die Prozeßstandschaft des § 265, 1954.

1 **1) Zweck:** Der Ablauf eines Prozesses soll aus Gründen der Prozeßökonomie nicht durch willkürl Verfügungen einer Partei über die streitbefangene Sache oder über den streitbefangenen Anspruch beeinträchtigt werden. Keine Partei soll sich durch eine solche Verfügung ihrer Sachlegitimation begeben u damit den Gegner zu einem neuen Prozeß gegen den Rechtsnachfolger nötigen dürfen. Daher zwingt § 265 für den Fall, daß die subj Rechtskraft des Urteils sich gem

§ 325 auf den Rechtsnachfolger erstreckt, den Rechtsvorgänger zur Fortführung des Prozesses in gesetzl Prozeßstandschaft (vor § 50 Rn 22), falls nicht der Rechtsnachfolger mit Zustimmung des Gegners (Abs II 2) die Parteirolle seines Vorgängers übernimmt. Ist der Rechtsvorgänger Kläger, muß er seinen Antrag auf Leistung an den Rechtsnachfolger ändern (Rn 6). Im übrigen kann der Vollstreckungstitel für bzw gegen den Rechtsnachfolger umgeschrieben werden (§§ 727, 731; BGH MDR 84, 385 = Rpfleger 84, 193; RGZ 57, 329; 167, 321/28). Gleichwohl ist aber der Rechtsnachfolger, selbst wenn er Streithelfer des Klägers war, nicht berechtigt, sich selbst gem §§ 724, 725 die vollstreckbare Ausfertigung des Urteils erteilen zu lassen (BGH aaO; hierzu Kion NJW 84, 1601). Für Grundstücke Sonderregelung in § 266.

Abs I spricht aus, was mat-rechtl selbstverständl ist: Der Prozeß berührt die Verfügungsfreiheit der Parteien nicht. 2

2) **Anwendungsbereich:** a) **In Streit befangene Sache** kann nicht nur ein körperl Gegenstand iSv § 90 BGB, sondern auch ein Recht sein. Streitbefangen ist die Sache, wenn auf der rechtl Beziehung zu ihr die Sachlegitimation (Rn 25 vor § 253) beruht, also insbes auf einem dingl Recht oder einem Anspruch, der dem Eigentümer als solchem (zB §§ 894, 905 ff, 985, 1004 BGB) oder dem Besitzer in dieser Eigenschaft (zB §§ 861 f BGB) zusteht. Streitbefangen ist auch der Gesellschaftsanteil bei Nichtigkeits- u Anfechtungsklage gem §§ 246, 249 AktG (BGH NJW 65, 1378) oder Geltendmachung eines gesellschaftsvertragl Anspruchs (BGH NJW 60, 964), das Grundstück bei Streit über dingliche Wirkung einer Vormerkung gem §§ 883, 888 BGB (nicht aber bei Geltendmachung des durch Vormerkung gesicherten Anspruches gegen den persönl Schuldner: BGH 39, 25 = NJW 63, 813), bei der Störungsklage aus § 1004 BGB das gestörte Grundstück (BGH 18, 223 = NJW 55, 1719), im Falle der Zustandsstörung aber auch das störende (MK/Lüke Rn 25; RSchwab/Gottwald § 102 II 1), der gepfändete Gegenstand bei der Drittwiderspruchsklage (Hamburg MDR 69, 673). Dagegen ist nicht streitbefangen iSd § 265 der einzelne Nachlaßgegenstand bei dem Erbschaftsanspruch aus § 2018 BGB (MK/Lüke Rn 32). 3

b) **Geltend gemachter Anspruch** ist das materiellrechtl subj Recht, das den Gegenstand des Rechtsstreits bildet. Dieser muß nicht auf Leistung, sondern kann auch auf Feststellung gerichtet sein (MK/Lüke Rn 20 f). 4

c) **Veräußerung oder Abtretung** der streitbefangenen Sache oder des geltend gemachten Anspruchs liegt vor bei jeder Rechtsnachfolge eines Dritten, gleichgültig ob gewillkürt, kraft Hoheitsakts oder kraft Gesetzes; Verpflichtungsgeschäft genügt nicht. Gesetzl Forderungsübergang, zB §§ 268 III, 426 II, 774 I BGB genügt (BGH NJW 63, 2067), ebenso Eigentumsverlust durch Enteignung oder Versteigerung (RG 82, 38) oder Preisgabe gem § 928 BGB (RG 103, 167), Verpfändung (JW 29, 774), Abtretung (§ 398 BGB), auch Sicherungsabtretung oder -übereignung, Überweisung im Rahmen der Zwangsvollstreckung (BGHZ 86, 337/339), zum Verlust der Sachlegitimation führende Belastung (§ 873 BGB), Umschreibung in der Patentrolle (BGHZ 117, 144 = NJW 93, 203), dagegen *nicht* der Übergang der Erbschaft vom „vorläufigen" auf den „endgültigen" Erben infolge Ausschlagung einer Erbschaft (BGH NJW 89, 2885/86 = MDR 89, 524) oder bei kumulativer Schuldübernahme gem § 419 BGB (Stuttgart NJW 69, 1493). 5

Nicht anwendbar ist § 265 im Fall der **befreienden Schuldübernahme,** weil hier der Gläubiger gem § 414 BGB dem Rechtsgeschäft zugestimmt haben muß u deshalb den prozessualen Schutz als Kläger nicht mehr verdient (BGHZ 61, 140; Zeiss JR 74, 156; Henckel ZZP 75, 325 u 88, 329; MK/Lüke Rn 55; RSchwab/Gottwald § 102 II 2; aA Schwab ZZP 87, 95; Oertmann JR 32, 193; BL/Hartmann Rn 12; KG ZZP 62, 91). IdR wird hier gewillkürter Parteiwechsel auf der Beklagtenseite helfen. Mangels Rechtsnachfolge ist § 265 nicht anwendbar bei reiner Besitzaufgabe (StJ/Schumann Rn 21) oder Einziehung des Geschäftsanteils nach § 34 GmbHG. Beruht die Rechtsnachfolge auf Tod bzw Erlöschen des Rechtsvorgängers, gilt nicht § 265, sondern § 239. Kein Fall des § 265 ist auch der Eintritt des Rechtsinhabers nach Beendigung einer Prozeßstandschaft (BGH ZIP 93, 1412 = MDR 93, 1009 = ZZP 107, 524 m Anm Schilken; vgl hierzu auch § 239 Rn 4). Dies gilt auch im Falle der Freigabe eines Gegenstandes aus der Konkursmasse durch den Konkursverwalter (BGHZ 46, 249; aA Nürnberg ZIP 94, 144 = EWiR § 265 ZPO 1/93, 1245 [Eckert]; Weber ZZP 80, 471). 5a

d) **Nach Rechtshängigkeit** (§ 261) muß die Veräußerung bzw Abtretung erfolgen (BGH NJW-RR 86, 1182), anderenfalls die Klage wegen ursprüngl fehlender Sachlegitimation abzuweisen ist (Rn 25 vor § 253). Den Zeitpunkt des Rechtsübergangs bestimmt das materielle Recht (RG 121, 381). Bei Rechtsübergang nach rechtskr Urteil bleibt die frühere Partei für die Wiederaufnahmeklage (§ 578) passiv legitimiert (vor § 578 Rn 5). 5b

3) **Rechtsfolgen:** a) **Grundsatz:** Die Rechtsnachfolge ändert nichts an der Stellung der bisherigen Parteien (Abs II S 1). Der Veräußernde bzw Abtretende wird kraft Gesetzes Prozeßstandschafter des Rechtsnachfolgers (zu den Folgen s vor § 50 Rn 33 ff). – Als **Kläger** muß er seinen Antrag auf Leistung an den Nachfolger umstellen, sonst Abweisung der Klage als unbegründet (BGH NJW-RR 86, 1182; RG 155, 51; 56, 307; aA RSchwab/Gottwald § 102 IV 2; zur Hinweispflicht 6

des Gerichts s § 139 Rn 10). Die Umstellung des Klageantrages kann auch noch in der Revisionsinstanz erfolgen (BGH 26, 31 = NJW 58, 98). Hat der Kläger seinen Anspruch verpfändet, muß er den Klageantrag auf Leistung an sich u den Pfandgläubiger gemeinsam ändern (§ 1281 BGB). Ist die streitige Forderung gepfändet u zur Einziehung überwiesen: Antrag auf Zahlung an den PfändGläubiger. Ist die Forderung im Wege des Arrestes gepfändet: Antrag auf Hinterlegung des festgestellten Schuldbetrags (RG 20, 420; 25, 427). Ist der Klageanspruch gepfändet (§ 829), jedoch dem Pfandgläubiger (noch) nicht gemäß § 835 überwiesen, muß Kläger seinen Antrag auf Feststellung ändern oder Verurteilung zur Hinterlegung beantragen; tut er das nicht, ergeht auf die Leistungsklage, sofern der Anspruch iü begründet, stattgebendes Feststellungsurteil (§ 256 Rn 15, § 308 Rn 4) unter Abweisung der Klage „im übrigen", denn die Pfändung allein berührt noch nicht die Rechtsinhaberschaft des Klägers und deshalb auch nicht sein Feststellungsinteresse (§ 256), verbietet aber ein Urteil auf Leistung an den Kläger. Will der Kläger (auch) einen nach der Zession der Klageforderung entstandenen Verzugsschaden geltend machen, muß er zu den diesbezügl Verhältnissen des Zessionars vortragen (BGH NJW 94, 3288/91). – Ist der **Beklagte** Rechtsvorgänger, darf Kläger entweder gem § 264 Nr 3 von ihm Ersatz des Interesses verlangen oder den alten Antrag aufrechterhalten u dann gem §§ 727, 731 gegen den Nachfolger aus dem Urteil vollstrecken.

7 b) Der **Rechtsnachfolger darf den Prozeß übernehmen** (bei § 266 muß er es), wenn der Gegner (nicht notw ausdrückl, § 267) zustimmt (Abs II S 2). Nach den Regeln des Parteiwechsels (§ 263 Rn 19 ff) muß auch der Rechtsvorgänger der Übernahme zustimmen (MK/Lüke Rn 93; nicht bei § 266, s dort Rn 3b). Regelmäßig wird er aus dem Grundgeschäft der Rechtsnachfolge hierzu verpflichtet sein. Verweigert nur er (nicht auch der Gegner) gleichwohl die Zustimmung, so bleibt er Partei, doch ist für den Rechtsnachfolger der Weg der Hauptintervention (§ 64) frei. Die Zustimmung des Gegners ist nicht erzwingbar und auch nicht durch Feststellung ihrer Sachdienlichkeit ersetzbar (BGH NJW 88, 3209 = MDR 88, 956). Bei Streit über die Prozeßübernahme kann das Gericht durch Zwischenurteil (§ 303) entscheiden. Erklärt das Urteil die Übernahme für unzulässig, so stellt es sich gegenüber dem übernahmebereiten Rechtsnachfolger als Endurteil dar, weil es ihn aus dem Prozeß weist; er kann es daher mit Berufung bzw Revision anfechten (BGH NJW 88, 3209). Verhältnis zum Hauptprozeß: s § 280 Rn 10.

8 **Übernimmt der Rechtsnachfolger,** so muß er alle ProzHandlungen des Vorgängers gegen sich gelten lassen. Das Urteil ergeht – auch hinsichtl der bereits vor seinem Eintritt entstandenen Kosten – nur in bezug auf ihn. Der ausgeschiedene Rechtsvorgänger kann seinen Kostenerstattungsanspruch nur gesondert nach mat Recht geltend machen (MK/Lüke Rn 101).

8a **Stimmt der Gegner** der Übernahme **nicht zu,** kann der Rechtsnachfolger nur als unselbständiger Streitgehilfe (§ 67) des Rechtsvorgängers am Prozeß teilnehmen (Abs II S 3). Wollte er das ihm abgetretene Recht gesondert einklagen, stünde § 261 III 1 entgegen. Jedoch darf der Rechtsnachfolger als Streitgehilfe hier trotz § 67 die Klage auf Leistung an sich ändern, wenn nur er Rechtsmittelführer ist (München MDR 72, 616 = OLGZ 72, 238). Wegen der schwachen Rechtsstellung des Erwerbers hat Pawlowski (JZ 75, 681 ff) verfassungsrechtl Bedenken gegen § 265 erhoben (dagegen zu Recht Henckel FS Walder 193 ff mit eingehenden Betrachtungen zur Gesetzesgeschichte und de lege ferenda).

9 4) **Einwand fehlender Sachbefugnis (Abs III):** Wirkt das Urteil keine Rechtskraft gegen den Rechtsnachfolger, weil er die streitbefangene Sache in gutem Glauben bezüglich der Rechtshängigkeit **vom Kläger** erworben hat (§ 325 II; s dort Rn 45 ff), so kann dem Gegner die Fortsetzung des Prozesses mit dem Rechtsvorgänger nicht zugemutet werden. Er kann dann den Wegfall der Aktivlegitimation des Klägers einwenden. Hierdurch wird die Klage unbegründet u ist abzuweisen, wenn der Kläger nicht für erledigt erklärt. Der Kläger kann diesem Ergebnis nur begegnen, wenn er mit Ermächtigung seines Rechtsnachfolgers (also in *gewillkürter* Prozeßstandschaft) die Klage auf Leistung an diesen ändert; diese Klageänderung wird grds sachdienlich sein (anders wenn die Ermächtigung des Rechtsnachfolgers hierzu fehlt). Bei übereinstimmender Erledigterklärung trägt der Kl trotz ursprüngl erfolgverspr Klage stets die Kosten (§ 91a), denn mit der Veräußerung hat er die Erfolgsaussicht selbst vereitelt. – Der gutgläubige Erwerber darf (anders als bei Abs II) die Klage neu erheben. Abs II S 2 greift nicht ein, dh er darf gem § 64 vorgehen (MK/Lüke Rn 109; aA StJ/Leipold § 64 Rn 11).

10 Abs III ist nicht anwendbar bei gutgläub Erwerb **vom Beklagten;** der Bekl bleibt für diesen Prozeß passiv legitimiert, die Klage ist ggf gem § 264 Nr 3 auf Schadensersatz umzustellen, falls nicht der Rechtsnachfolger mit Zustimmung des Klägers (Abs II) die Beklagtenstellung übernimmt (RG 121, 379).

11 5) **Keine Anwendung im Vollstreckungsverfahren:** § 265 gilt nicht bei Abtretung der Rechte aus einem Schiedsspruch (RG 41, 397), aus einem vollstreckbaren Urteil oder aus einer vollstreckbaren Urkunde (BGHZ 92, 347; dann §§ 727–731), wohl aber im Rechtsstreit auf Vollstreckbarerklärung eines ausländ Urteils nach § 722 (BGH NJW 92, 3096).

266 *[Rechtshängigkeit, Grundstücksveräußerung]*

(1) Ist über das Bestehen oder Nichtbestehen eines Rechts, das für ein Grundstück im Anspruch genommen wird, oder einer Verpflichtung, die auf einem Grundstück ruhen soll, zwischen dem Besitzer und einem Dritten ein Rechtsstreit anhängig, so ist im Falle der Veräußerung des Grundstücks der Rechtsnachfolger berechtigt und auf Antrag des Gegners verpflichtet, den Rechtsstreit in der Lage, in der er sich befindet, als Hauptpartei zu übernehmen. Entsprechendes gilt für einen Rechtsstreit über das Bestehen oder Nichtbestehen einer Verpflichtung, die auf einem eingetragenen Schiff oder Schiffsbauwerk ruhen soll.

(2) Diese Bestimmung ist insoweit nicht anzuwenden, als ihr Vorschriften des bürgerlichen Rechts zugunsten derjenigen, die Rechte von einem Nichtberechtigten herleiten, entgegenstehen. In einem solchen Falle gilt, wenn der Kläger veräußert hat, die Vorschrift des § 265 Abs. 3.

1) Allgemeines: Während nach § 265 II bei Rechtsnachfolge in die streitbefangene Sache der Rechtsnachfolger zur Übernahme der Parteistellung seines Vorgängers nur bei Zustimmung des Gegners befugt ist, begründet § 266 I ein Übernahmerecht auch ohne Zustimmung des Gegners, auf dessen Verlangen sogar eine Übernahmepflicht. Grund hierfür: Formbedürftigkeit, damit leichtere Erkennbarkeit, aber auch größere wirtschaftl Bedeutung des Rechtsübergangs (MK/Lüke 3). 1

2) Anwendungsbereich: Streit über dingl Rechte an Grundstücken, auch Wohnungseigentum (im Verfahren gemäß § 43 WEG vgl BayObLGZ 83, 76), eingetragenen Schiffen oder Schiffsbauwerken sowie eingetragenen Luftfahrzeugen zwischen dem dingl Berechtigten u dem dingl Verpflichteten. Nicht hierher gehört der Anspruch des dingl Berechtigten gegen einen Dritten aus sonstigem (zB obligatorischen, possessorischen) Rechtsgrund. 2

3) Voraussetzungen für Anwendbarkeit des Abs I: a) Rechtsstreit über Rechte für oder gegen ein Grundstück: er kann betreffen zB Grunddienstbarkeit, dingl Vorkaufrecht, Reallast, Hyp, Grundschuld oder Rentenschuld, auch Ansprüche aus Nachbarrecht (RG 40, 333; Karlsruhe Justiz 96, 9: Notwegrecht), denn diese sind – was für § 266 maßgebl ist – grundstücksbezogen u von der Person des jeweiligen Eigentümers unabhängig. – *Unanwendbar* ist § 266 bei Klagen des GrundstEigentümers wegen Beeinträchtigung des Eigentums, auf Schadloshaltung oder auf Beseitigung des beeinträchtigenden Zustandes (§§ 823, 1004 BGB; RG JW 12, 471), auf Zahlung der Brandentschädigung für ein abgebranntes Gebäude u auf Klagen gegen den Eigentümer wegen persönl Ansprüche, mögen diese auch durch Vormerkung im Grundbuch gesichert sein (BGH 39, 21). 3

b) Veräußerung oder Abtretung während Rechtshängigkeit: Sie kann freiwillig sein oder zwangsweise erfolgen, RG 40, 333. Näher § 265 Rn 5 ff. 3a

4) Rechtsfolgen: *Berechtigung* des Rechtsnachfolgers zur Übernahme des Rechtsstreites auch ohne Zustimmung seines Rechtsvorgängers (MK/Lüke Rn 16; aA RSchwab/Gottwald § 102 III 2) und des Gegners. Bei fortbestehender Mithaftung des (zB teilweise) Veräußernden bleibt dieser neben dem Nachfolger Partei, bei dingl Mithaftung als notwendiger, sonst als einfacher Streitgenosse. Bei mehrfacher Veräußerung besteht Übernahmepflicht nur für den Letzterwerber (RG 40, 339). *Übernahmepflicht* bei Verlangen des Gegners (nicht auch des Rechtsvorgängers). 3b

5) Verfahren: a) Die **Übernahme** erfolgt durch Erklärung in der mündl Verh, evtl nach vorheriger Ankündigung in einem Schriftsatz, der vAw zugestellt wird. Nach erfolgter Übernahme scheidet der Veräußerer aus dem Rechtsstreit aus, RG 21, 396. Er kann dann als Zeuge vernommen werden (§ 373 Rn 4, 5). Wird das Recht zur Übernahme erfolgreich bestritten, so ergeht gegen den Übernehmer ein Zwischenurteil, das wie ein Endurteil anfechtbar ist (vgl § 265 Rn 7) und in dem auch über die Kosten dieses Verfahrens entschieden wird. Der Prozeß wird dann zwischen den ursprüngl Parteien weitergeführt. 4

b) Verlangt der Gegner die Übernahme, so kann er Schriftsatz bei Gericht einreichen, das Termin ansetzt u vAw den Rechtsnachfolger lädt. Erklärt er Übernahme, ergeht keine Entscheidung. Lehnt er zu Unrecht ab, Feststellung der Verpflichtung durch nur mit dem Endurt anfechtbares Zwischenurt (RG 11, 318), im Fall der Versäumung des Termins Feststellung der Verpflichtung durch VersUrteil; gleichzeitig kann VersUrteil z Hauptsache ergehen (MK/Lüke Rn 23). Lehnt er zu Recht ab, ergeht wie Endurteil anfechtbares Zwischenurteil mit Entscheidung über die beim Herangezogenen entstandenen Kosten (MK/Lüke Rn 22). 4a

6) Unanwendbarkeit nach Abs II, wenn das Urt gegen den Rechtsnachfolger wegen dessen Gutgläubigkeit (§§ 892, 893, 1140, 2366 BGB, § 90 ZVG) nicht wirkt, also nicht auch, wenn § 325 III, IV zutrifft. In den letzteren Fällen ist § 266 I anwendbar. Im Falle des Abs II ist der veräußernde Kläger sachlich nicht mehr legitimiert. Seine Klage ist abzuweisen (RG 123, 80). Veräußert der Bekl, gilt § 265 II (MK/Lüke Rn 26 f). 5

267 *[Einwilligung in Klageänderung]*

Die Einwilligung des Beklagten in die Änderung der Klage ist anzunehmen, wenn er, ohne der Änderung zu widersprechen, sich in einer mündlichen Verhandlung auf die abgeänderte Klage eingelassen hat.

1 **1)** Die **Einwilligung** in die Klageänderung ist **Prozeßhandlung iS eines Rügeverzichts** (ähnlich § 295, s dort Rn 1); sie kann auch in Form schlüssigen Verhaltens durch rügelose Einlassung auf die geänderte Klage in der mündl Verhandlung vorgenommen werden. Ob dem Bekl bewußt war, daß es sich um eine an sich unzulässige Klageänderung (§ 263) handelte, ist belanglos, ObLG 4, 407. Einwilligungsannahme setzt jedoch Vortrag der Änderung voraus. § 267 trifft nicht zu bei Säumnis des Bekl, selbst wenn die Änderung durch Schriftsatz angekündigt war u der Bekl sich schriftl auf die geänderte Klage eingelassen hatte.

2 **2) Einlassung** ist sachl Erwiderung auf das neue Klagevorbringen in der mündl Verhandlung (bei §§ 128 II, 251a, 331a genügt schriftl Einlassung). Im Antrag, die geänderte Klage abzuweisen, liegt noch keine Einlassung auf diese, wenn der Beklagte damit (stillschweigend) auf seinen die Klageänderung als unzulässig rügenden Schriftsatz Bezug nimmt (§ 137 III; BGH NJW 75, 1229). Zweifel sind ggf gem § 139 zu beheben. Vorweggenommene Einwilligung liegt vor, wenn die Klageänderung durch die Einlassung des Bekl auf die ursprüngl Klage bedingt ist (RG 103, 422). Einwilligung auch nötig bei Klageänderung vor der ersten mündl Verhandlung (BGH NJW 60, 1950). Im Zweifelsfall wird Bejahung der Sachdienlichkeit (§ 263) helfen.

3 **3)** § 267 ist **nicht anwendbar** auf die bei gewillkürtem Parteiwechsel auf Seiten des Beklagten in der Berufungsinstanz erforderl Zustimmung (vgl § 263 Rn 21; BGH NJW 74, 750).

268 *[Klageänderung. Anfechtung]*

Eine Anfechtung der Entscheidung, daß eine Änderung der Klage nicht vorliege oder daß die Änderung zuzulassen sei, findet nicht statt.

1 **1)** Über die **Zulassung der Klageänderung** (wegen Einwilligung oder Sachdienlichkeit, § 263), ebenso über die **Feststellung, daß eine Klageänderung nicht vorliegt** (so im Fall § 264, ebenso bei wechselnder Anspruchsbegründung unter Beibehaltung des Klagegrundes und Streitgegenstandes, vgl § 253 Rn 12), entscheidet das Gericht regelmäßig im **Endurteil,** nur ausnahmsweise durch Zwischenurteil (§ 303, Blomeyer JuS 70, 229), wenn der Bekl widerspricht u die Vorabentscheidung (so bei umfangreicher Sache) sachdienlich ist. Diese Entscheidung über eine Verfahrensfrage soll nach § 268 im Interesse des Bestandes der (regelmäßig gleichzeitigen) Sachentscheidung **nicht anfechtbar** sein.

2 Dies gilt auch, wenn das Gericht angenommen hat, daß der Bekl ausdrückl oder stillschweigend in die Änderung eingewilligt hat; nicht jedoch, wenn gem §§ 76, 77, 239, 240, 265, 266, 856 der Eintritt einer neuen Person als Partei zugelassen wurde (RGZ 108, 350), da in diesen Fällen keine Klageänderung im eigentl Sinn vorliegt (§ 263 Rn 3). Ein Zwischenurteil, das den vom Kl beantragten **Parteiwechsel** auf seiten des Bekl für zulässig erklärt, ist sowohl für den ursprüngl als auch für den neuen Bekl selbständig anfechtbar (BGH NJW 81, 989; aA Franz NJW 82, 15 für den neuen Bekl), denn der gewillkürte Parteiwechsel wird zwar wie eine Klageänderung behandelt, ist aber keine „echte" Klageänderung iS des § 268 (BGHZ 65, 264 = NJW 76, 239). Dasselbe gilt bei der Zulassung einer Widerklage gegen einen Dritten (Düsseldorf OLGR 94, 247). § 268 bezieht sich nur auf Entscheidungen, die den Einwand der unzulässigen Klageänderung auf Grund §§ 263, 264, 267 als unbegründet erklären (RG 108, 350); dabei ist es, gleichgültig, ob das Gericht über den Widerspruch des Bekl, daß eine unzulässige Klageänderung vorliege, durch Zwischenurteil nach § 303 oder in den Gründen des Endurteils entschieden hat.

3 **2)** Bei **Nichtzulassung der Klageänderung** kein besonderer Rechtsbehelf, sondern nur Anfechtung mit der Endentscheidung, §§ 512, 548; zur beschränkten Überprüfbarkeit des Ermessens bei der Beurteilung der Sachdienlichkeit s § 263 Rn 15. Rechtsbehelf gegen Umgehung der Entscheidung, RG 53, 35. Wo Klageänderung absolut unzulässig (zB § 146 IV KO), gilt § 268 nicht, ebenso wenn im Sachurteil Darlegungen über Zulässigkeit der Klageänderung fehlen oder unklar ist, über welchen der Anträge entschieden wurde; insoweit Nachprüfung der Zulässigkeit der Klageänderung durch das Rechtsmittelgericht (BGH MDR 79, 829). Die vom Berufungsgericht unterlassene Prüfung der Sachdienlichkeit kann das Revisionsgericht selbständig nachholen (§ 263 Rn 15).

4 **3)** Der **Kläger** ist rechtsmittelfähig **beschwert,** wenn das Gericht die Klageänderung für unzulässig erklärt, gleichwohl aber die geänderte Klage als unbegründet abgewiesen hat. Der **Beklagte** ist rechtsmittelfähig beschwert, wenn das Gericht der geänderten Klage stattgibt, ohne über die Zulässigkeit der Klageänderung zu befinden (BGH LM § 268 Nr 1; RG 137, 324/333).

269 *[Klagerücknahme]*
(1) Die Klage kann ohne Einwilligung des Beklagten nur bis zum Beginn der mündlichen Verhandlung des Beklagten zur Hauptsache zurückgenommen werden.

(2) Die Zurücknahme der Klage und, soweit sie zur Wirksamkeit der Zurücknahme erforderlich ist, auch die Einwilligung des Beklagten sind dem Gericht gegenüber zu erklären. Die Zurücknahme der Klage erfolgt, wenn sie nicht bei der mündlichen Verhandlung erklärt wird, durch Einreichung eines Schriftsatzes.

(3) Wird die Klage zurückgenommen, so ist der Rechtsstreit als nicht anhängig geworden anzusehen; ein bereits ergangenes, noch nicht rechtskräftiges Urteil wird wirkungslos, ohne daß es seiner ausdrücklichen Aufhebung bedarf. Der Kläger ist verpflichtet, die Kosten des Rechtsstreits zu tragen, soweit nicht bereits rechtskräftig über sie erkannt ist. Auf Antrag des Beklagten sind die in Satz 1 und 2 bezeichneten Wirkungen durch Beschluß auszusprechen. Der Beschluß bedarf keiner mündlichen Verhandlung. Er unterliegt der sofortigen Beschwerde.

(4) Wird die Klage von neuem angestellt, so kann der Beklagte die Einlassung verweigern, bis die Kosten erstattet sind.

Lit: *Barz,* Das Klagezurücknahmeversprechen, 1933; *Gross,* Das Verhältnis der Klageänderung zur Klagerücknahme, ZZP 75, 93 u 447; *Hansens,* „Zurücknahme" einer noch nicht zugestellten Klage, JurBüro 86, 495; *Henckel,* Die Klagerücknahme als gestaltende Verfahrenshandlung, FS Bötticher 1969, S 173; *E. Schneider,* Über die analoge Anwendung des § 269 III vor Rechtshängigkeit, ZZP 67, 32; *ders,* Kostenrechtl Probleme bei der Klagerücknahme, MDR 61, 545 u 643; *Walther,* Klageänderung u Klagerücknahme, 1969.

1) **Begriff der Klagerücknahme:** § 269 betrifft nur die Rücknahme der bereits zugestellten Klage (RSchwab/Gottwald § 130 I 3b; StJ/Schumann Rn 7; zur Wirkung früherer Rücknahme s Rn 8). Sie stellt den (nicht endgültigen, s Abs IV) Verzicht auf gerichtl Rechtsschutz dar, ist also öffentl-rechtl wirkende Prozeßhandlung des Klägers. Den mat-rechtl Klageanspruch läßt die Klagerücknahme völlig unberührt. Dementsprechend ist Adressat der Klagerücknahme das Gericht, nicht der Gegner, auch soweit dieser uU einwilligen muß. Mit Zugang bei Gericht (§ 270 Rn 6 ff) ist die Klagerücknahme als Prozeßhandlung wirksam, daher nicht mehr widerrufl (vor § 128 Rn 18), nur noch auflösend bedingt durch Verweigerung der Einwilligung des Gegners. Die Klage kann gänzlich oder teilweise zurückgenommen werden. § 269 gilt für die Rücknahme der Klage, der Widerklage u entsprechend für die Rücknahme aller sonstiger Anträge, über die eine mündl Verhandlung zulässig ist, zB Arrest-, Verfügungsantrag (Köln NJW 73, 2071; Abs I gilt hier nicht: § 920 Rn 13), ebenso im Verf der freiwilligen Gerichtsbarkeit (KG NJW 71, 2270). Zum selbständigen Beweisverfahren s § 486 Rn 8. Für die Zurücknahme von Rechtsmitteln gilt die entspr Sonderregelung in §§ 346, 515, 566. Zum Verhältnis der Rechtsmittelbeschränkung zur (teilw) Klagerücknahme s § 519 Rn 30; BGH MDR 89, 987; Karmasin NJW 74, 982. 1

2) **Abgrenzung der Klagerücknahme** von **a) Verzicht** auf den Klageanspruch: dieser macht die Klage nicht hinfällig, allenfalls unbegründet s § 306. Der Verzicht ist matrechtl Willenserklärung (§ 397, 875, 928, 959, 1064, 1255 BGB), auch wenn er im Prozeß als Prozeßhandlung (§ 306) erklärt wird. Die Klagerücknahme ist ausschließl ProzHandlung. 2

b) Verpflichtung zur Klagerücknahme: kann (auch im Anwaltsprozeß) von den Parteien selbst, auch außergerichtl, formlos vereinbart werden (BGH NJW-RR 87, 307 = JurBüro 86, 1660); sie ist matrechtl Willenserklärung (str, vgl vor § 128 Rn 26), selbst wenn in einem Vergleich (BGH NJW 61, 460; Nürnberg NJW 66, 1666) erklärt. Sie hat noch nicht die unmittelb Wirkung des § 269. Erst auf Einwendung des Verpflichtungsempfängers ist (vorbehaltl der zulässigen Einrede der unzulässigen Rechtsausübung) die abredewidrig weiterbetriebene Klage als unzulässig abzuweisen (BGH NJW 64, 549; 61 460; Stuttgart ZZP 76, 318; RG 102, 217; 159, 186); wegen Möglichkeit der Einrede fehlt einer Klage auf Erfüllung des Rücknahmeversprechens das Rechtsschutzbedürfnis (Rn 32 vor § 128). Im Verpflichtungsgeschäft können die Parteien von Abs III abweichende Kostenverteilung vereinbaren, die vom Gericht bei seiner Kostenentscheidung zu berücksichtigen ist (KG VersR 74, 979; Bremen NJW 69, 2208). Bei Vergleich geht § 98 dem Abs III vor (BGH NJW 61, 460). 3

c) Erledigterklärung (§ 91a): beschränkt das Rechtsschutzbegehren auf den Kostenpunkt wegen Wegfalls des Rechtsschutzinteresses in der Hauptsache. Ob bei teilw Klageermäßigung (§ 264 Nr 2) § 269 oder § 91a gewollt ist, ist vAw aufzuklären (§ 139, Hamm NJW 69, 243). IdR wird § 91a vorliegen, wenn die Begründetheit des Klageanspruchs oder das RSchutzinteresse nach Rechtshängigkeit entfiel; aber auch eine begründete Klage kann zurückgenommen sein (vgl RG JW 39, 169). 4

d) Klageänderung (§ 263): bewirkt Austausch, § 269 dagegen Wegfall des Rechtsschutzbegehrens. Die Klageänderung läßt das Prozeßrechtsverhältnis (Einl Rn 52 ff) fortbestehen, § 269 been- 5 det es rückwirkend bis auf den Kostenpunkt. Klagerücknahme macht ein noch nicht formell rechtskr Urteil wirkungslos (Abs III), die Klageänderung läßt es fortbestehen (Rn 1 zu § 263). Daher ist § 269 zwar auf die **Klagebeschränkung** (§ 264 Rn 4a), jedoch im übrigen auf die Klageänderung weder unmittelbar (so Gross NJW 66, 2345) noch analog (so Moller NJW 66, 1399; Bremen VRS 68, 329; vgl § 263 Rn 6, 18) anwendbar (unklar BGH NJW 90, 2682, wo bei Übergang von Wandelung zur Minderung Klageänderung bejaht, aber eine gesonderte Beseitigung der Rechtshängigkeit hinsichtl des weitergehenden Klageantrags für nötig gehalten wird; vgl hierzu Walther NJW 94, 424). Anders bei **Parteiwechsel:** hier endet das Prozeßrechtsverhältnis zu der ausgeschiedenen Partei; § 269 ist hier entspr anzuwenden (§ 263 Rn 24, 30; München NJW 66, 112; BGH 4, 332 = NJW 52, 545; Schneider NJW 64, 1057; 59, 1168).

6 **e) Stillstand des Verfahrens infolge Nichtbetreibens:** beseitigt im Gegensatz z Klagerücknahme weder die Rechtshängigkeit der Sache noch das ProzRechtsverhältnis der Beteiligten (BGH 4, 339; RG 168, 57).

7 **f) Erklärung der Klage für zurückgenommen** (§§ 113, 635, 640): hier ersetzt die Gestaltungswirkung einer gerichtl Entscheidung die fehlende Rücknahmeerklärung des Klägers; die Einwilligung des Bekl liegt in dessen Antrag; § 269 ist anwendbar.

8 **3) Zulässigkeit: a)** Die Rücknahme ist in der Zeit **zwischen Beginn der Rechtshängigkeit** (§§ 253 I, 261) **u formeller Rechtskraft des Urteils** (§ 705, RG 65, 39); also auch noch zwischen beiden Instanzen, dh vor Ablauf der Rechtsmittelfrist (BGH MDR 95, 952; KG NJW 71, 2271) jederzeit zulässig. Eine **vor Zustellung der Klage** an den Gegner erklärte Rücknahme ist zwar ProzHandlung im weiteren Sinn (Verzicht auf Zustellung u Terminsbestimmung) u unterliegt daher gem § 78 dem Anwaltszwang, löst aber zugunsten des Gegners keine Kostenfolge iS Abs III aus (KG MDR 69, 230; NJW 73, 909); dies gilt auch dann, wenn die Klageschrift auf andere Weise (zB formlose Übersendung) in den Besitz des Bekl gelangt ist (Hamm NJW-RR 94, 63). Ein trotzdem erlassener Kostenbeschluß gem Abs III geht ins Leere (Schneider NJW 65, 1185; Hansens JurBüro 86, 495; abw Düsseldorf NJW 65, 766); der Gegner müßte seine in Erwartung der Klage gemachten Aufwendungen gesondert (zB als Anspruch wegen pos Vertragsverletzung) einklagen, denn es sind keine „Kosten des Rechtsstreits" iS § 91.

8a **Ausnahme:** § 269 ist entspr anwendbar, wenn trotz Rücknahme vor Rechtshängigkeit die Klage dem Gegner durch das Gericht (nicht ausreichend durch den Kl unmittelbar) doch noch (irrtümlich oder in Ausführung einer vorher verfügten Zustellung) zugestellt wird (Köln MDR 94, 618; Schneider ZZP 76, 32) oder der im Zeitpunkt der Rücknahme bestehende Zustellungsmangel rückwirkend geheilt wird (so bei nachträgl Vollmachtserteilung an den Anwalt, dem zugestellt wurde, Bremen NJW 69, 2243; Köln MDR 66, 848). Ebenso ist bei Rücknahme des Arrest- oder Verfügungsantrages vor Beteiligung des Gegners dieser ausnahmsweise kostenerstattungsberechtigt, wenn er bereits eine Schutzschrift (§ 937 Rn 4) eingereicht hatte (§ 91 Rn 13 zu „Schutzschrift"; Düsseldorf NJW 81, 2824 = MDR 82, 59/60; München NJW 93, 1604; Lüke FS Jahr 304). Hat der Bekl nach Klageeinreichung, aber vor Zustellung, erfüllt, empfiehlt sich statt vollständiger Klagerücknahme Beschränkung auf den materiellrechtl Kostenerstattungsanspruch (vgl hierzu BGH 83, 16 = NJW 82, 1599 = MDR 82, 658 und zum Meinungsstreit über die Zulässigkeit einer einseitigen Erledigungserklärung in diesen Fällen § 91a Rn 40 ff).

8b Nach verfahrenseinleitendem **Mahnverfahren** tritt Rechtshängigkeit und damit bei Rücknahme (§ 690 Rn 22) die Kostenfolge des § 269 III ein, sobald die Sache nach Widerspruch des Schuldners an das Prozeßgericht abgegeben ist (§ 696 Rn 5, 6); daß im Zeitpunkt dieser Abgabe die Anspruchsbegründung des Gläubigers (§ 697 I) idR noch nicht vorliegt, hindert weder den Eintritt der Rechtshängigkeit noch bei Antragsrücknahme die Kostenfolge gem § 269 III (vgl § 696 Rn 2; München OLGZ 88, 492).

8c **b)** Die Rücknahme kann **ganz** oder hinsichtl eines abtrennbaren (§ 145) **Teiles der Klage** erfolgen, insbes auch hinsichtl eines von mehreren (§ 59) Bekl. Aber auch in einer Beschränkung des Klageantrags kann eine Klagerücknahme liegen (s § 264 Rn 4a).

9 **c)** In **Familiensachen** Sonderregelung für Rücknahme des Scheidungsantrags in § 626. Bei beiderseitigem Scheidungsantrag bedarf (wegen § 630 II; dort Rn 10) die Antragsrücknahme eines der Antragsteller auch nach Beginn der mündl Verhandlung keiner Zustimmung des anderen (AG Berlin-Charlottenburg FamRZ 86, 704). Zum Beginn der mündl Verhandlung (Abs I) in Familiensachen s unten Rn 14.

10 **d)** Die Zulässigkeit der Rücknahme ist, ebenso wie ihre Kostenfolge (unten Rn 18), unabhängig von der Zulässigkeit oder gar Begründetheit der Klage. Sie ist vAw zu beachten. Die Einwilligung des Bekl ist nicht Zulässigkeits-, sondern Wirksamkeitsvoraussetzung (s Rn 13).

11 **e)** Zur Klagerücknahme durch **notwendigen Streitgenossen** s § 62 Rn 25.

12 **4) Erklärung der Rücknahme** ist Prozeßhandlung (Rn 14 vor § 128), daher bedingungsfeindl u grds unwiderrufl. Anwaltszwang gem § 78; Ausnahme im Mahnverfahren § 696 IV. Erklärung

ausdrückl oder schlüssig (BGH MDR 89, 987; VersR 65, 1153/54; BAG NJW 61, 2371; Neustadt NJW 65, 206; RG 108, 137), bloßes Nichtverhandeln genügt regelm nicht (dann könnte auch § 91a oder § 333 vorliegen). Der Wille des Klägers ist durch Befragung (§ 139), notfalls Auslegung (§ 133 BGB) zu ermitteln (vgl RG 75, 290; 152, 44; 168, 58; BGH 4, 339). Die Erklärung ist für den Kläger bindend, bis der Bekl die erforderl Einwilligung versagt (= auflösende Bedingung). Zur Vermeidung eines neuen Prozesses ist aber mit Zustimmung des Bekl erklärter Widerruf der Rücknahme zuzulassen. – Erklärung durch einen bei Gericht einzureichenden (oben Rn 1; Mitteilung nur an den Beklagten kann aber Rücknahmeverpflichtung begründen, oben Rn 3), dem Beklagten förmlich zuzustellenden (§ 270 II), bestimmenden (Rn 3 zu § 129) Schriftsatz oder in der mündl Verhandlung zu Protokoll (zu verlesen u zu genehmigen: §§ 160 III Nr 8, 162). Eintritt der Bindungswirkung bereits mit Einreichung (Rn 6 ff zu § 270). Die schriftl Rücknahmeerklärung ist notwendig im anhängigen Verfahren abzugeben; die Rücknahmeerklärung in einem anderen Verfahren genügt nicht, selbst wenn diese abschriftlich vom Beklagten im anhängigen Verfahren vorgelegt wird (BGH MDR 81, 1002; hierzu oben Rn 3). Nach Rechtsmittel des Bekl ist Rücknahme durch den RA der Vorinstanz noch zulässig, solange Kläger noch keinen RA für das obere Gericht bestellt hat (BGH 14, 210 = NJW 54, 1405; LG Bonn NJW RR 86, 223; Vollkommer Rpfleger 74, 89); auch hier ist Rücknahme nach Berufungseinlegung aber dem Berufungsgericht gegenüber zu erklären (Braunschweig NdsRpfl 70, 207). Wirksam ist Rücknahmeerklärung gegenüber dem beauftragten oder ersuchten Richter nur im Sühnetermin, §§ 279, 118 I.

5) **Einwilligung des Beklagten: a)** Sie ist zur Wirksamkeit der Klagerücknahme erforderl ab **Beginn der mündl Verhandlung** über die Hauptsache (s § 39 Rn 6–9; Ausnahmen unten Rn 14). Eine Güteverhandlung (§ 279) ist noch kein streitiges Verhandeln (§ 297) über die Hauptsache (BGH 100, 383/389 = NJW 87, 3263 = MDR 87, 829/830). Maßgebl ist, ob der Beklagte (im Anwaltsprozeß notwendig sein Anwalt) sich bereits mündl zur Sache erklärt hat. Erklärung zu Verfahrensfragen oder bloßer Säumnisantrag des Klägers (BGH 4, 328/339; ZZP 94 [1981], 328 mit einschr Anm Münzberg für den Fall des Säumnisantrags gegen den iSd § 333 nicht verhandelnden Gegner) genügt nicht, wohl aber sachl Erwiderung, Erhebung der Widerklage (RG 85, 87) und Verlesung des Abweisungsantrages (abw RG 132, 336; 151, 66), sofern dieser nicht erkennbar auf ein bloßes Prozeßurteil (zB aus Gründen der §§ 261, 282 III) abzielt, was aus der schriftsätzl Vorbereitung des Antrages zu erkennen sein müßte. Bei Säumnis des Kl genügt Antrag des Bekl auf VersUrteil, jedoch ist Einwilligung des Bekl entbehrl, wenn der Kl Einspruch gegen ein klageabw VersUrteil eingelegt hatte (BGH 4, 328). Bei Verweisung nach § 281 wirkt das Verhandeln vor dem verweisenden Gericht fort (§ 281 Rn 15a), bei Verweisung in anderen Rechtsweg sind die dort geltenden Regelungen anzuwenden (vgl MK/Lüke Rn 27). – Im **schriftl Verfahren** (§ 128 II, III) entspricht, sofern der Kläger hierzu bereits zugestimmt hatte, die Zustimmungserklärung des Bekl dem Beginn der mündl Verhandlung (Rn 17 zu § 128), falls er sich schriftl zur Hauptsache erklärt hatte. 13

b) Ausnahmen: Im Arrest- und Verfügungsverfahren (§ 920 Rn 13) sowie in Patentnichtigkeitssachen ist Einwilligung auch nach Beginn der mündl Verhandlung entbehrl (BGH NJW-RR 93, 1470 = MDR 93, 1073). In Ehesachen bedeutet Aussage des anwaltl nicht vertretenen Bekl gem § 613 noch nicht Verhandlung iS § 269, denn hier fehlt Sachantrag iS § 297 (§§ 626 Rn 1; Köln FamRZ 85, 1060; Karlsruhe Justiz 79, 102; Rosenberg ZZP 67, 385 gegen Stuttgart ZZP 67, 381 u Karlsruhe OLGZ 68, 37) und vor Antragstellung hat Bekl kein Recht auf Sachentscheidung. Bei Stufenklage (§ 254) darf Kl, wenn Auskunft des Bekl ergibt, daß kein Anspruch besteht, die Leistungsklage noch ohne Einwilligung des Bekl zurücknehmen, solange über die notwendigerweise getrennte zweite Stufe noch nicht streitig verhandelt ist (Stuttgart NJW 69, 1216; vgl § 254 Rn 15). 14

c) Die **Erklärung der Einwilligung** ist dem Gericht gegenüber vorzunehmende (Zustimmung nur dem Kläger gegenüber kann Vereinbarung iS oben Rn 3 sein) ProzHandlung, daher bedingungsfeindl (OLG 39, 54) u unwiderrufl. Für sie besteht gem § 78 Anwaltszwang (einschr StJ/Schumann Rn 15). Sie kann, ebenso wie ihre Verweigerung, konkludent erfolgen (BAG NJW 61, 2371; RG 108, 137; zB durch Kostenantrag gem Abs III, Einverständnis mit Terminsabsetzung usw). Sie ist zwar bis zum Eintritt der formellen Rechtskraft (§ 705) möglich, doch muß sie spätestens in der nächsten mündl Verhandlung nach Rücknahmeerklärung des Klägers, bei Rücknahme in der mündl Verhandlung also noch im gleichen Termin erklärt sein, anderenfalls sie als verweigert gilt. Sie kann bereits vor erfolgter Klagerücknahme erklärt werden, ist aber erst danach bindend. Bloße Untätigkeit des Bekl ist keine Einwilligung (RG 75, 290), daher kann Kläger trotz Rücknahme noch VersUrteil gegen den Bekl erwirken, wenn die Rücknahme einwilligungsbedürftig war. 15

Verweigerung der Einwilligung macht Klagerücknahme wirkungslos. Bekl kann VersUrteil gegen den Kl erwirken, wenn dieser keinen Sachantrag mehr stellt (§ 333, Stuttgart OLGZ 68, 287) und in demselben Termin vor der (erfolglosen) Rücknahmeerklärung auch noch nicht 16 gestellt hatte (Rupp/Fleischmann MDR 85, 18); hatte dagegen der Kläger in demselben Termin (vgl § 332) vor seiner erfolglosen Rücknahmeerklärung bereits einen Sachantrag gestellt, kann das Gericht auf Antrag des Bekl, auch wenn Kl seinen Sachantrag nicht wiederholt, Sachurteil erlassen (§ 333 Rn 1). Es empfiehlt sich hier für den Kl ein Verzicht gem § 306 (MK/Lüke Rn 33; Mayer MDR 85, 373).

17 6) **Wirkung der Klagerücknahme** (Abs III): **a) Die Rechtshängigkeit** entfällt rückwirkend, ebenso die Unterbrechungswirkung bzgl der Verjährung (§ 212 BGB), ein noch nicht formell rechtskräftiges **Urteil** wird wirkungslos. Die Wirkungslosigkeit eines Urteils muß nicht, darf aber durch deklaratorischen Beschluß (= „Entscheidung“ iS § 775 Nr 1) ausgesprochen werden (so in Ehesachen zur Klarstellung, daß ein bereits ergangenes Gestaltungsurteil wirkungslos ist; § 626 I 3). Ein den Prozeß betreffendes Beschwerdeverfahren wird ohne weiteres gegenstandslos (Frankfurt NJW-RR 95, 956). Eine Widerklage ist nicht mehr möglich (RG 34, 367), die vor Klagerücknahme rechtshängig gewordene bleibt es aber (LG München I NJW 78, 953; RG JW 17, 295). – Nach § 20 AGBG **Mitteilungspflicht des Gerichts** bei Rücknahme einer Verbandsklage iS §§ 13, 19 AGBG. – Soweit noch nicht geschehen, ist durch Beschluß nach § 25 II GKG der **Streitwert festzusetzen.**

18 **b) Kostentragung:** Der Kl trägt wegen seiner Klagerücknahme notwendig *alle* Kosten des Rechtsstreits (also des Hauptsache-Verfahrens über die Klage; nicht auch die Kosten einer Widerklage), soweit nicht bereits rechtskräftig (zB im Fall der subjektiven Klageänderung § 263 Rn 17) gegenteilig über diese entschieden wurde oder die Parteien eine abweichende Kostenfolge (zB in einem Vergleich) vereinbart haben. Zu den dem Kl nach Rücknahme seiner Klage aufzuerlegenden Kosten gehören (Ausnahme § 626 I in **Familiensachen**) auch solche Kosten, über welche bei streitiger Fortsetzung des Rechtsstreits und Abweisung der Klage zu Lasten des Bekl hätte entschieden werden müssen. Daher trägt der Kl gemäß Abs III auch die Kosten einer Säumnis des Bekl (§ 344 gilt hier nicht: StJ/Schumann Rn 63; ThP Rn 13; Düsseldorf MDR 83, 64; Frankfurt MDR 79, 1029; Hamm MDR 77, 233; – aM Karlsruhe MDR 96, 319; Köln VersR 93, 721 u MDR 93, 1023; LG Aachen MDR 91, 451; MK/Lüke Rn 42; BL/Hartmann Rn 34; Herget oben § 91 Rn 13 „Klagerücknahme“; Schneider MDR 77, 234 je mit weit Nachw), ebenso die Kosten eines WE-Gesuchs des Bekl (§ 238 IV gilt hier nicht, s dort Rn 11; StJ/Schumann § 238 Rn 12) und auch solche Kosten, welche bei Mißerfolg der Klage gemäß §§ 95, 96 gleichwohl dem Bekl aufzuerlegen gewesen wären (StJ/Schumann Rn 63; Celle NJW 61, 1363; Hamm MDR 77, 233/234; Bremen MDR 76, 319). Auch für eine reziproke Anwendung des § 93 ist kein Raum (Karlsruhe MDR 94, 1245). Der rückwirkende Wegfall der Rechtshängigkeit bei Klagerücknahme (oben Rn 17) gebietet es kraft Gesetzes (Abs III 2), also durch einen keiner Ermessensausübung durch das Gericht zugänglichen deklaratorischen Beschluß, dem Kl alle Kosten des Verfahrens seiner Klage aufzuerlegen, mögen diese auch im einzelnen vom Bekl verursacht gewesen sein, denn schließlich hatte der Kl dem Bekl ein mit der Klagerücknahme nutzlos gewordenes Verfahren aufgezwungen.

18a Der Kl trägt aber nicht die Kosten seines eigenen **Streitgehilfen** (KG MDR 59, 401; vgl § 101 I), jedoch die des gegnerischen (JW 04, 492). – Bei **teilw Klagerücknahme** (unten Rn 19a) und ebenso bei Rücknahme von **Klage u Widerklage** sind die Kosten entspr § 92 quotenmäßig zu verteilen (Schneider NJW 64, 1055). Wegen der Kosten der **Hilfs-Widerklage** (hierzu § 253 Rn 1) s § 19 I 2 GKG: Kein Kostenanfall insoweit, weil über diese nach Rücknahme der Klage nicht mehr zu entscheiden ist. Ausnahme: Richtete sich die Hilfs-Widerklage unzulässig ausschließlich gegen einen Dritten (§ 33 Rn 18–21) und war sie dem Dritten auch zugestellt worden, so sind nach Rücknahme der (Haupt-)Klage die Kosten der unzulässigen Hilfs-Widerklage gemäß § 91 dem Bekl aufzuerlegen (München OLGZ 84, 220/222). – Nimmt der Kl einer **Stufenklage** (§ 254) den Leistungsantrag zurück, weil die Auskunft keine Leistungspflicht des Bekl ergab, trägt der Kl die Kosten der letzten Stufe seiner Klage (§ 254 Rn 15); das führt wegen des Erfolgs der Auskunftsklage zur Kostenteilung gemäß § 92 (dort Rn 3; Hamm JurBüro 86, 106). Abweichende Kostenverteilung in einem (auch außergerichtl, München VersR 76, 395; Hamm VersR 94, 834) **Vergleich** geht der gesetzl Kostenfolge vor (BGH MDR 72, 945; NJW 61, 460; Bremen NJW 69, 2208). Bei Klagerücknahme im Vergleich ohne Ausspruch über die Kosten gilt § 98, nicht § 269 III (Bergerfurth NJW 61, 1237). Enthält dagegen der zur Klagerücknahme *verpflichtende* (auch außergerichtl) Vergleich keine Kostenregelung, gilt für die Kostenregelung der Rücknahme § 269 III (Köln MDR 86, 503). Zur Kostenfolge bei **Rücknahme vor Klagezustellung** bzw. Abgabe an Prozeßgericht s Rn 8.

18b Die Kosten, die dem Bekl im **selbständigen Beweisverfahren** entstanden sind (s hierzu § 490 Rn 5–7), werden nicht von der Kostenfolge des § 269 III umfaßt (München MDR 87, 151; Frankfurt MDR 82, 942; KG MDR 79, 406; Schleswig JurBüro 95, 36; aA Celle JurBüro 84, 1581; MK/Belz § 103 Rn 37). Der Bekl ist vielmehr hinsichtl seiner Beweissicherungskosten, die iSd § 269 III nicht im „Rechtsstreit“, sondern außerhalb in einem anderen Verfahren angefallen sind, auf deren gesonderte gerichtl Geltendmachung angewiesen, sofern hierfür eine materiell-rechtl Anspruchsgrundlage besteht (hierzu BGH MDR 88, 300/301; 83, 204; Schneider MDR 81, 353). Etwas anderes gilt nur für die Kosten der gem § 486 I vom Gericht der Hauptsache innerhalb des Hauptsacheprozesses (§ 486 Rn 3) angeordneten Beweissicherung: Diese sind Kosten des Rechtsstreits und nehmen an der Kostenfolge des § 269 III teil; über ihre Notwendigkeit iS § 91 hatte bereits das Hauptsachegericht mit seiner Bewilligung der selbständigen Beweiserhebung entschieden. Zur Rücknahme der Klage, die aufgrund einer Anordnung nach § 494a ergangen war, s dort Rn 4 aE.

Zu der Frage, ob die Kostentragungspflicht nach § 269 III 2 einem **materiellrechtlichen Anspruch** auf Erstattung dieser Kosten durch den Bekl entgegensteht, s Becker-Eberhard JZ 95, 814 ff (der die Frage entgegen BGH JZ 95, 840 zu Recht verneint) u vor § 91 Rn 13. **18c**

c) Entscheidung des Gerichts: Auf **Antrag des Beklagten** (im Ehescheidungsverfahren auch des Antragstellers, § 626 I 3) entscheidet das Gericht gemäß Abs III 3 durch **Beschluß über die verfahrensrechtl Folgen** (Rn 17) **sowie über die Kostenfolge der Klagerücknahme** (Rn 18). Der Antrag unterliegt im Anwaltsprozeß dem Anwaltszwang. Zuständig ist das (auch Rechtsmittel-) Gericht, vor dem die Rücknahme erklärt wurde. Das Gericht erster Instanz könnte daher nach Berufung über die Berufungskosten allenfalls dann (mit-)entscheiden, wenn Klagerücknahme vor dem LG nach Zurückverweisung (§§ 538, 539) erfolgt. Die Kostenentscheidung ist „andere gerichtl Entscheidung" iS § 57 GKG (anders die Kostenvereinbarung in einem Vergleich!) u erfolgt nur auf Antrag. Der Antrag ist unbegründet, wenn der Bekl sich in einer (notw unstreitigen, Frankfurt MDR 83, 675) Vereinbarung verpflichtet hatte, bei Klagerücknahme alle Kosten zu übernehmen (MK/Lüke Rn 55; aA [unzulässig] München MDR 75, 585; KG VersR 74, 979; Bremen NJW 69, 2208); ggf kann in dieser Erklärung auch ein Verzicht gesehen werden (vgl MK/Lüke Rn 56). **19**

Bei **teilweiser Klagerücknahme** ist (ebenso wie bei Teilurteil) der Kostenausspruch dem Endurteil vorzubehalten, weil eine auf die künftigen und noch ungewissen Gesamtkosten bezogene Quotelung (Rn 18a) noch nicht möglich ist; ebenso bei Ermäßigung des Klageantrags iS § 264 Nr 2 (Bremen VRS 68, 329), falls hierbei nicht Klageänderung vorliegt (dann § 263 Rn 18; § 264 Rn 4a). Unzulässig ein Beschluß „Der Kläger trägt die Kosten, soweit er die Klage zurückgenommen hat", denn hier wird die notw Quotelung unzulässigerweise in das Kostenfestsetzungsverfahren (§ 104) verlagert. Ausnahme: Der infolge teilw Klagerücknahme (so auch bei Parteiwechsel) ganz **ausscheidende Bekl** hat Anspruch auf sofortigen Kostentitel, der hinsichtl seiner außergerichtl Kosten auch sofort möglich ist (BGH 4, 332 = NJW 52, 545; Schneider NJW 64, 1057; 59, 1168; MDR 61, 545 u 643). Dabei darf der ausscheidende Streitgenosse die gesamten Anwaltskosten liquidieren, auch wenn sein Anwalt gleichzeitig den im Prozeß verbleibenden Bekl vertritt (München NJW 64, 1079; Neustadt NJW 65, 206). Auch hier ist Kostenausspruch hinsichtl der (den Bekl ohnedies nicht belastenden) Gerichtskosten dem Endurteil zu überlassen (Köln MDR 76, 496); zulässig u für den ausscheidenden Bekl ausreichend der Beschluß: „Der Kläger trägt die dem Beklagten X erwachsenen Kosten sowie die weiteren durch die Säumnis des Bekl X im Termin vom . . . verursachten Kosten." – Zu einer Ermäßigung der Verfahrensgebühr kommt es durch die teilweise Klagerücknahme nicht (§ 61 GKG). – Nimmt der Kl (zB nach einem Teilanerkenntnisurteil) die **restliche Klage** zurück, so ist über die Gesamtkosten durch Schlußurteil, nicht durch Beschluß zu entscheiden (unzutr Düsseldorf NJW-RR 94, 827). **19a**

Bei **Streit über Zulässigkeit oder Wirksamkeit** der Klagerücknahme ist mündl zu verhandeln. Das Gericht entscheidet, wenn es die Wirksamkeit **verneint,** durch Zwischenurteil nach § 303 oder in den Gründen des aufgrund der Klage ergehenden Endurteils. **Bejaht** es die Wirksamkeit, so erläßt es ein Endurteil, das die Klage für zurückgenommen erklärt und dem Kl die Kosten auferlegt (R-Schwab [14. Aufl] § 131 IV; Gaul ZZP 81, 273; aA [Beschluß nach § 269 III 3] BGH NJW 78, 1585; NJW-RR 93, 1470; MK/Lüke Rn 35; RSchwab/Gottwald § 130 IV). Die Kompetenz des Vorsitzenden der KfHS nach § 349 II Nr 4 bzw des vorbereitenden Einzelrichters nach § 524 III Nr 2 erstreckt sich auch auf diese Entscheidung (MK/Deubner § 349 Rn 12). **19b**

Rechtsmittel: Gegen den Beschluß nach Rn 19 **sofortige Beschwerde,** § 577, jedoch nur insoweit, als auch in der Hauptsache Rechtsmittel zulässig gewesen wäre (Hamburg MDR 60, 772; Celle NJW 60, 1816; StJ/Schumann Rn 71) und § 567 II u III der Beschwerde nicht entgegensteht. Gegen Ablehnung eines Antrags nach § 269 III 3 einfache Beschwerde (OLG Düsseldorf NJW-RR 95, 895). Gegen das Urteil nach Rn 19b sind die gewöhnl Rechtsmittel gegeben (R-Schwab [14. Aufl] § 131 IV); bei inkorrekter Entscheidung s Rn 28 ff vor § 511. **20**

7) Erneute Klage (Abs IV) bleibt möglich, bei teilweiser Klagerücknahme auch im noch anhängigen Verfahren (RG 152, 37/46; München OLGZ 77, 483), gibt dem Bekl aber die **Einrede mangelnder Kostenerstattung** (zur Verwirkung dieser Einrede durch Versäumung § 282 Rn 5 ff, § 296 Rn 8a), selbst wenn dem Kläger Prozeßkostenhilfe bewilligt war (JW 24, 421; § 122 I 2 gilt hier nicht), auch wenn die Wiederaufnahme durch Widerklage erfolgt (RG 28, 404). **Schutzzweck des Abs IV** ist es, den Beklagten vor der Belästigung durch mehrfache Klagen bzgl desselben **21**

Streitgegenstands wenigstens so lange zu schützen, bis die Kosten des Vorprozesses (auch etwaige Vollstreckungskosten) erstattet sind (BGH VersR 61, 860; MDR 87, 137); eine Belästigungsabsicht wird hierbei aber nicht vorausgesetzt (BGH NJW 92, 2034; München MDR 84, 501). Dieses Schutzbedürfnis des Beklagten ist auf die Identität des Streitgegenstands in den mehrfachen Klagen bezogen. Daher ist die prozeßhindernde Einrede des Beklagten begründet, auch wenn die erneute Klage vom Rechtsnachfolger des früheren Klägers (RG 33, 361) oder von einem anderen Gesamtgläubiger (§ 429 I BGB) erhoben wird, ebenso wenn der zurückgenommenen Klage im Urkundenprozeß die (gemäß § 596 schon im Vorprozeß mögliche) Klage im ordentl Verfahren nachfolgt. Der Kläger kann sich seiner Pflicht, die Kosten des Vorprozesses vor erneuter Klage zu *erstatten,* auch nicht wirksam dadurch entziehen, daß er den wiederholten Klageanspruch um den Betrag seiner Kostenerstattungspflicht mindert (also aufrechnet), oder daß er mit dem Anspruch seiner zurückgenommenen Klage im Rahmen einer Vollstreckungsabwehrklage gegen eine prozessuale Forderung des damals Bekl aufrechnet (BGH MDR 87, 137; NJW 92, 2034; Bremen NJW 92, 765). Dagegen fehlt ein Schutzbedürfnis des Bekl, der im Vorprozeß die Kosten übernommen hatte (RG 24, 421), ganz gleich aus welchem Grund das geschah.

22 **Folgen der Einrede:** Der Bekl kann die Einlassung zur Hauptsache verweigern, ohne daß gegen ihn VU ergehen kann. Erstattet der Kläger dem Bekl nach Ablauf v Gericht gesetzter Frist die Kosten des früheren Verfahrens nicht, ist die erneute Klage durch Prozeßurteil abzuweisen. Dies gilt auch im Fall der auf Aufrechnung mit der einredebehafteten Forderung gestützten Vollstreckungsabwehrklage iSv Rn 21 aE (BGH NJW 92, 2034; aA MK/Lüke Rn 68).

23 Die **Beweislast** für die Höhe der noch zu erstattenden Kosten des Vorprozesses trägt der Bekl; die Erfüllung des Kostenerstattungsanspruchs hat der Kläger zu beweisen.

24 **8) Gebühren: a) des Gerichts:** Endet das Verfahren durch Klagerücknahme, ermäßigt sich die Gebühr auf 1,0 (KV 1202). Zum gebührenerheblichen Zeitpunkt s KV 1202a). Auch bei Rücknahme vor Zustellung verbleibt es bei der Reduzierung auf 1,0; die Gebühr entfällt nicht vollständig (Oldenburg JurBüro 96, 44; Koblenz MDR 95, 1269); **Teil**klagerücknahmen sind nicht gebührenbegünstigt. Erledigungserklärungen stehen nicht gleich (s aber auch § 253 Rn 27). **Beschwerde**verfahren: KV 1900.

b) des Anwalts: Ist ein Schriftsatz mit Anträgen iS des § 32 I BRAGO für den Beklagten eingereicht, dann erhält der RA als Prozeßbevollmächtigter die volle Prozeßgebühr. Die Erklärung der Klagerücknahme sowie die Erklärung der Zustimmung des Bekl dazu stellen keine Sachanträge dar und können daher keine Verhandlungsgebühren auslösen. Der schriftl eingereichte Antrag nach Abs 3 S 3 gehört zum Rechtszug (§ 37 Nr 7 BRAGO). Wird ein solcher Antrag in der mündl Verhandlung (zB im Anschluß an die Erklärung über die Rücknahme) gestellt und über ihn verhandelt, erwächst dem RA die Verhandlungsgebühr zu $^{10}/_{10}$ bei streitiger Verhandlung (§ 31 I Nr 2 BRAGO) und zu $^{5}/_{10}$ bei nichtstreitiger Verhandlung (§ 33 I 1 BRAGO) jeweils aus dem Kostenstreitwert. Wenn vom ProzBev bereits eine volle Verhandlungsgebühr nach dem Hauptsachestreitwert verdient war, fällt für ihn aus dem Kostenstreitwert keine weitere $^{5}/_{10}$ Verhandlungsgebühr mehr an (§ 13 III BRAGO). Reicht der RA des Beklagten einen Klageerwiderungsschriftsatz bei Gericht ein, obwohl die Klage bereits zurückgenommen war, so verdient er trotzdem die volle Prozeßgebühr, wenn er die Klagerücknahme weder kannte noch kennen mußte. Wegen weiterer Einzelheiten s § 91 Rn 13 „Berufung", „Klagerücknahme", „Zurücknahme des Rechtsmittels". Beschwerdeverfahren nach Abs 3 S 5: § 61 I Nr 1 BRAGO.

270 *[Zustellung. Formlose Mitteilung]*

(1) Die Zustellungen erfolgen, soweit nicht ein anderes vorgeschrieben ist, von Amts wegen.

(2) Mit Ausnahme der Klageschrift und solcher Schriftsätze, die Sachanträge oder eine Zurücknahme der Klage enthalten, sind Schriftsätze und sonstige Erklärungen der Parteien, sofern nicht das Gericht die Zustellung anordnet, ohne besondere Form mitzuteilen. Bei Übersendung durch die Post gilt die Mitteilung, wenn die Wohnung der Partei im Bereich des Ortsbestellverkehrs liegt, an dem folgenden, im übrigen an dem zweiten Werktage nach der Aufgabe zur Post als bewirkt, sofern nicht die Partei glaubhaft macht, daß ihr die Mitteilung nicht oder erst in einem späteren Zeitpunkt zugegangen ist.

(3) Soll durch die Zustellung eine Frist gewahrt oder die Verjährung unterbrochen werden, so tritt die Wirkung, sofern die Zustellung demnächst erfolgt, bereits mit der Einreichung oder Anbringung des Antrags oder der Erklärung ein.

1 **1) Zustellungsbetrieb: a) Zustellung von Amts wegen** (§§ 208–213a) ist seit dem Inkrafttreten der VereinfNovelle am 1. 7. 77 die Regel. Sie erfolgt insbes auch zur Inlaufsetzung von Rechtsmittelfristen bei (selbst verkündeten) Entscheidungen (§§ 317, 329; s aber die Sonderregelung in §§ 516, 552!). Ebenfalls vAw erfolgen die Zustellungen von Ladungen (§ 214), bestimmenden Schriftsätzen (§ 270 II) u sonstigen eine Frist in Lauf setzenden Schriftsätzen oder gerichtl Verfügungen (insbes bei Vorbereitung der Termine §§ 273 ff), soweit nicht bei verkündeten Terminen eine Ladung ganz entbehrl ist (§ 218), die Zustellung von Anwalt zu Anwalt eine Amtszustellung entbehrl macht (§ 198) oder das Gesetz formlose Mitteilungen genügen läßt (zB § 251a II).

b) Zustellung im Parteibetrieb (§§ 166–207) gibt es nur noch im Zwangsvollstreckungsverfahren, dessen Betrieb allein Anliegen des Gläubigers ist, so zur Einleitung der ZwVollstr §§ 750 I u II, 751 II, 756, 765, 795, 798; Zustellung des Pfändungs- u Überweisungsbeschlusses §§ 829 II, 835 III, 858 IV; Zustellung von Arrest u einstw Verfügung §§ 922 II, 936; Verzicht des Gläubigers auf Pfändung u Überweisung § 843 sowie uU die Zustellung des Vollstreckungsbescheids § 699 IV 2 (zu letzterem s Bischof NJW 80, 2235). 2

c) Zur Wirkung von **Fehlern** beim Zustellungsbetrieb s Rn 4 ff vor § 166. 2a

2) **Förmliche Zustellung** (und damit Einreichung einer beglaubigten Abschrift, § 170) ist vorgeschrieben für die Klageschrift (§ 253), Schriftsätze mit Sachanträgen (§ 297) und die Klagerücknahme (§ 269). Alle sonstigen Schriftsätze sind **formlos** mitzuteilen (beglaubigte Abschrift nicht erforderl). Wo beide Parteien durch Anwälte vertreten sind, genügt Zustellung von Anwalt zu Anwalt (§ 198), falls nicht gleichzeitig eine gerichtl Anordnung mitzuteilen ist (§ 198 Rn 5, § 253 Rn 21). Im übrigen ersetzt Zustellung in Parteibetrieb die Zustellung von Amts wegen (und umgekehrt) nicht, RG 169, 282; Stuttgart NJW 61, 81 (s aber §§ 187, 295). Wegen notw Zustellung an den Prozeßbevollm s § 176. 3

Sachanträge sind solche, die sich auf den Inhalt der gewünschten Entscheidung beziehen; sonstige nur den Verfahrensablauf betr Prozeßanträge sowie die bloßen Verteidigungsanträge des Bekl bedürfen keiner förmlichen Zustellung an den Gegner; anders für Verteidigungsanträge KG NJW 70, 616, aber die Verteidigung erfordert kein Verlesen von Anträgen, BGH NJW 65, 397; 72, 1373, und deshalb keine förmliche Zustellung der sie vorbereitenden Schriftsätze (vgl Schlicht NJW 70, 1633). Wo Zustellung oder Mitteilung im Amtsbetrieb zu erfolgen hat, sind die hierfür erforderl Abschriften einzureichen (§ 133). Wegen Form u Inhalt der Schriftsätze s Anm zu §§ 129–131. Amtsgerichtl Verfahren: § 496. 4

3) **Fristwahrung durch Einreichung** (Abs III): Seit Einführung des generellen Amtsbetriebs für Zustellungen ist der Kläger nicht mehr Herr des Zustellungsbetriebs. Verzögerungen, die nur im Geschäftsgang des Gerichts ihre Ursache haben, und mögen sie noch so lang sein (StJ/Schumann Rn 47: monatelang, zB bei Zustellung im Ausland BGH VersR 83, 831/832; 75, 373), kann er selten verhindern, sie sollen ihm daher nicht zum Nachteil gereichen, zumal grundsätzl jeder, der einen Antrag rechtzeitig bei dem zuständigen Gericht einreicht, davon ausgehen darf, daß dieser nicht als verspätet behandelt werden darf (vor § 128 Rn 8; BVerfG MDR 80, 117 = Rpfleger 79, 451). Abs III verlegt daher die Wirkungen der Klage (vgl § 262) auf den Zeitpunkt der Einreichung oder Anbringung zurück, sofern die Zustellung demnächst erfolgt (zur entspr Wirkung des Mahnbescheidsantrags s § 693 II). Das gilt auch für eine bei der Gerichtskasse mit Prozeßkostenvorschuß eingereichte Klage, wenn nach der örtl Gerichtspraxis die Klage mit dem Vorschuß bei der Kasse einzureichen ist (BGH MDR 84, 665). Die Einreichung bei einem unzuständigen Gericht ist unschädl, wenn Verweisung erfolgt (§ 281 Rn 15a), ebenso bei falschem Rechtsweg (§ 261 Rn 3). – Zum **Beweis** der rechtzeitigen Einreichung s Rn 2 vor § 230. 5

a) Einreichung: Nur ein **eingereichter Schriftsatz** oder **angebrachter Antrag** äußert prozessuale Wirkung. Zur notwendigen Berücksichtigung auch eines am Tage der Entscheidung eingereichten Schriftsatzes s vor § 128 Rn 8. – Die schriftl oder mündl Erklärung muß den **richtigen Adressaten** erreichen; das ist für das Gericht der zur Entgegennahme und zur Beurkundung der Zeit des Eingangs zuständige Beamte (vgl für Vergleichswiderruf BGH NJW 80, 1752). Schriftsätze sind auf der GeschSt des Gerichts (nicht zB beim Hausmeister, Portier, Kanzleipersonal BGH 2, 31; BGH VersR 76, 1063), auf einer hierfür eingerichteten Einlaufstelle (OLG 19, 125; 35, 51; RG 76, 129) oder bei dem zuständigen u zur Annahme bereiten Richter (dieser ist zur Annahme außerhalb des Termins nicht verpflichtet!) abzugeben oder in den amtl angebrachten Gerichtsbriefkasten einzuwerfen. 6

Das Schriftstück muß jedenfalls in die **Verfügungsgewalt** des in der Adresse angegebenen Gerichts gelangen; eine Mitwirkung des Gerichts in der Form der Entgegennahme des Briefs ist hierbei nicht erforderl (BVerfGE 52, 203 = NJW 80, 580 = MDR 80, 117). Daher genügt Einwurf in den für die allgemeine Briefpost vorgesehenen **Hausbriefkasten des Gerichts** immer (BGH NJW 81, 1216; 84, 1237 = MDR 84, 653), auch wenn mit der Leerung (zB wegen Dienstschlusses des Gerichts) am gleichen Tag nicht mehr zu rechnen ist und unabhängig davon, ob auch ein sog Nachtbriefkasten vorhanden ist (BVerfG NJW 91, 2076; BGH NJW 84, 1237; zur Beweisproblematik in diesen Fällen § 222 Rn 8). Ist die Sendung aber falsch adressiert und wird sie ungeöffnet an das bezeichnete Gericht weitergeleitet, so liegt zunächst kein Eingang vor (BGH NJW 94, 1354). Entsprechend genügt das Einlegen eines fristgebundenen Schriftstücks in ein vom Gericht bei einem Postamt unterhaltenes **Postfach** (BGH MDR 87, 134) oder in ein **im Gerichtsgebäude befindliches Brieffach** für eingehende Post (BGH MDR 90, 43), nicht aber in das dem internen Austausch dienende Fach der GeschSt eines anderen Gerichts (LAG Bremen MDR 96, 417). Die Einreichung bei einer **gemeinsamen Einlaufstelle** mehrerer Gerichte begründet nur die Verfügungsgewalt des Gerichts, an das der Schriftsatz gerichtet ist, so daß ein falsch adressierter Brief 6a erst nach seiner Weiterleitung an das zuständige Gericht dort eingeht (BGH NJW 75, 2294; 83, 123; 90, 990; BAG NJW 75, 184; aA MK/Lüke Rn 38). Daß der falsch adressierte Brief mit dem richtigen Az versehen war, kann hieran entgg BGH NJW 89, 590 nichts ändern. Der Eingang eines an das Stammgericht adressierten Schriftsatzes bei einer **Zweigstelle** (§ 22 GVG Rn 5) oder einem **auswärtigen Spruchkörper** desselben Gerichts (§ 116 GVG Rn 2) wahrt die Frist ebenso wie umgekehrt (BGH NJW 67, 107; Karlsruhe OLGZ 84, 223 = NJW 84, 744). Wegen der Wirkung örtl Feiertage in diesem Fall s § 222 Rn 3.

6b Zwar hat jedes Gericht die Pflicht, bei ihm eingehende **Irrläufer** im *normalen ordnungsgemäßen* Geschäftsgang (BVerfG NJW 95, 3173; BGH NJW 87, 440 = MDR 87, 315), also ohne vorwerfbare Verzögerung, an das nun zuständige Gericht weiterzuleiten (BVerfG NJW 83, 2187), jedoch besteht eine Amtspflicht (iSd § 839 BGB) des unzuständigen Gerichts, bei ihm eingereichte Schriftstücke *sofort* an das zuständige Gericht weiterzuleiten, zugunsten der Partei grds nicht (BGH VersR 92, 1154; 81, 63; NJW 72, 684; 79, 876; BSG GS NJW 75, 1380). Zur Wiedereinsetzung in solchen Fällen § 233 Rn 22c.

6c **Mündl Anträge** oder Erklärungen sind (soweit überhaupt zulässig, vgl §§ 78 II, 44, 118, 129a, 920 usw) zu Protokoll des UrkBeamten der GeschSt oder des Rechtspflegers abzugeben.

6d Bei **fernmeldetechnischer Einreichung** (§ 130 Rn 9 ff) ist der Schriftsatz eingegangen, sobald er auf der gerichtseigenen Empfangsanlage (bei gemeinsamer Empfangsanlage mehrerer Gerichte gilt Rn 6a entspr) vollständig ausgedruckt ist, auch nach Dienstschluß des Gerichts (BGHZ 101, 276 = NJW 87, 2587 = MDR 87, 917), denn Tagesfristen dürfen bis zum Tagesende ausgenutzt werden. Ist das Schriftstück bis 24 Uhr des letzten Tages der Frist noch nicht vollständig ausgedruckt, so ist bei der Frage der Fristwahrung nur der rechtzeitig ausgedruckte Teil zu berücksichtigen (BGH NJW 94, 2097 = MDR 94, 826; wichtig, wenn notwendige Unterschrift oder Anlage noch fehlt, vgl BayObLG NJW 95, 668). Zum Beweis des Eingangs vor § 230 Rn 2 f, zur Wiedereinsetzung s § 233 Rn 23 „Telefax". Daß Ausdruck infolge einer Störung des Empfangsgeräts fehlerhaft ist, steht Eingang nicht entgegen (BGH NJW 94, 1881; BayObLG AG 95, 328). – Nach bedenkl Ansicht des BGH ist die Nachricht dem Gericht auch bereits zugegangen, wenn das Empfangspostamt sie dem Gericht telefonisch durchgibt *und* die Geschäftsstelle des Gerichts einen Aktenvermerk über den Inhalt dieser Durchgabe erstellt, mag auch der Ausdruck der Nachricht das Gericht erst nach Fristablauf erreichen (BGHSt 14, 233 = NJW 60, 1310; JZ 53, 179; aM BayObLG NJW 54, 323, das hier auf das Erfordernis der Wiedereinsetzung verweist). Diese Rspr verletzt den Gleichbehandlungsgrundsatz, denn es gibt keinen sachl Grund dafür, die Niederschrift über eine telefonische Erklärung des Prozeßbeteiligten selbst als formunwirksam, ein telefonisch aufgegebenes (s § 130 Rn 10) und zugesprochenes Telegramm dagegen als wirksam anzusehen. – Das **Nachreichen des Originals** eines bereits mit Telefax übermittelten Schriftsatzes soll nach BGH NJW 93, 3141 iZw eine erneute Einreichung darstellen, die zwar zunächst wirkungslos ist, aber dann wirksam wird, wenn die per Telefax abgegebene Erklärung (zB wegen Versäumung der Berufungsbegründungsfrist) ihre Wirksamkeit verliert. Dem ist nicht zuzustimmen; es handelt sich um ein einheitl Rechtsmittel (VGH Kassel NJW 92, 3055; offenlassend BAG NJW 96, 1365; vgl auch § 518 Rn 18c).

7 **b)** Die Klage ist nicht **demnächst zugestellt** (dem entspricht der Zugang gemäß §§ 187, 295, BGH 25, 75; BGH NJW 74, 1557), wenn der Kläger oder sein ProzBevollm (Köln NJW 67, 887; BGH 31, 347 = NJW 60, 766; § 85 II) durch **nachlässiges Verhalten** zu einer nicht nur ganz geringfügigen Verzögerung der Zustellung beigetragen hat. Leichte Fahrlässigkeit genügt (BGH NJW 91, 1745/46; 71, 891): Die Partei bzw ihr Bevollm muß alles unter Berücksichtigung der Gesamtsituation Zumutbare für die alsbaldige Zustellung getan haben (BGH NJW 92, 1820). Daß auch die GeschSt zu der Verzögerung beigetragen hat, ist unerhebl, wenn jedenfalls ihre Ursache in Nachlässigkeit des ProzBevollm liegt (BGH MDR 95, 307: falsches Aktenzeichen; hätte GeschSt bemerken können). Von einer nicht ganz geringfügigen **Verzögerung** ist idR bei mehr als 2 Wochen auszugehen (BGH NJW 86, 1347; 72, 1948; 71, 891; MK/Lüke Rn 47). Jedoch ist vorwerfbar nur eine Verzögerung **nach Ablauf der zu wahrenden Frist** (BGH NJW 93, 2320; 86, 1347; 72, 209), denn grds darf jede Frist voll ausgeschöpft werden (§ 222 Rn 8; BGH NJW 95, 3380/81; VersR 83, 831/832; MDR 84, 665). Daher keine vorwerfbare Verzögerung, wenn Klage bei Einreichung am letzten Tag der Frist und ungestörter Bearbeitung auch nicht früher zugestellt worden wäre (Hamm VersR 81, 830). Jedoch ist besondere Sorgfalt geboten, wenn die Klage erst kurz vor Fristablauf eingereicht wird (BGH NJW 63, 715). Ist ein Teil der Verzögerung nicht vom Kl zu vertreten, so muß dieser unberücksichtigt bleiben (BGH NJW 88, 1980/82). Daher ist auch nach längerer Zeit eine Zustellung noch als „demnächst" erfolgt anzusehen, wenn die Verzögerung vom Kl oder seinem ProzBevollm nicht schuldhaft herbeigeführt ist (BGH NJW 92, 1820/21f).

8 **c) Einzelfälle: aa)** Den **Gerichtskostenvorschuß** (§ 65 I GKG) braucht der Kl nicht von sich aus mit der Klage bzw dem Mahnbescheidsantrag einzuzahlen, er kann vielmehr die Anforderung durch das Gericht abwarten (BGH NJW 86, 1347; 93, 2811). Bleibt die Anforderung aus, darf er aber nicht länger als angemessen (ca 3 Wochen) untätig bleiben, sondern muß nachfragen, einzahlen oder Antrag nach § 65 VII GKG stellen (vgl BGH 69, 361/364 = NJW 78, 215; VersR 92, 433). Nach Anforderung muß er unverzügl, idR binnen 2 Wochen, einzahlen (BGH NJW 86, 1347; KG VersR 94, 922; Ausnahmefall [Behörde] Hamm NJW 77, 2364). Auf Vorschußzahlung durch seinen Rechtsschutzversicherer darf Kl nicht untätig warten (BGH VersR 68, 1062/63). Verzögerung wegen Zahlung mit Scheck ist unschädl (BGH NJW-RR 93, 429).

bb) Fehlende Streitwertangabe (§ 253 III): die durch Rückfrage des Gerichts verursachte Verzögerung ist nicht vorwerfbar (BGH NJW 72, 1948/49), es sei denn die bei zügiger Bearbeitung erforderl Zeitspanne wird um mehr als 14 Tage überschritten (BGH VersR 94, 455). 8a

cc) Die Verzögerung durch ein **Prozeßkostenhilfeverfahren** ist dann unschädl, wenn der Kl den ordnungsgemäßen, mit den Unterlagen nach § 117 II versehenen Antrag innerhalb der zu wahrenden Frist einreicht (BGH 70, 235/239 = MDR 78, 472/473), die Entscheidung in diesem Verfahren nicht aus Nachlässigkeit verzögert und unverzügl nach der (positiven oder negativen) Entscheidung die noch innerhalb der zu wahrenden Frist eingereichte Klageschrift zugestellt wird (BGH NJW 91, 1745/46). In der Klageschrift ist auf PKH-Bewilligung (mit Aktenzeichen) hinzuweisen (Karlsruhe VersR 92, 1205 LS). Eine Beschwerde gegen die Verweigerung der PKH muß, um nicht vorwerfbar verzögernd zu wirken, spätestens 2 Wochen nach Mitteilung der Entscheidung eingelegt werden (BGH NJW 91, 1745/46; einschr für den Fall einer vom Gericht zu vertretenden überlangen Dauer des PKH-Verfahrens mit fragwürdigen Erwägungen BVerfG NJW 94, 1853). 9

dd) Führen **Mängel der Klageschrift** zu Zustellungsverzögerungen, so beruhen diese idR auf Nachlässigkeit, zB bei Angabe eines falschen Vornamens (BGH NJW 92, 1820/22) oder einer falschen Anschrift (BGH FamRZ 88, 1154); anders wenn auf Verhalten des Adressaten selbst beruhend (BGH NJW 88, 411/413 = MDR 88, 119) oder wenn Kläger mit Anschriftänderung beim Bekl nicht zu rechnen brauchte (BGH NJW 93, 2614/15). Auch das **Nichtbeifügen der erforderlichen Abschriften** (§ 133 I) ist nachlässig (BGH VersR 74, 1106). 10

ee) Verzögerungen durch **Rückfragen des Gerichts,** die nicht notwendig waren, sind dem Kl nicht anzulasten (BGH NJW 84, 242). Für die Erledigung von Anfragen kann der normale Büro- und Postweg gewählt werden; der ProzBevollm ist nicht verpflichtet, sich des Telefons zu bedienen (BGH VersR 92, 433/434). 10a

d) Fristwahrung durch demnächst erfolgende Zustellung setzt grds **Identität des eingereichten mit dem zugestellten Schriftsatz** voraus; nach BGH NJW 78, 1058 sind aber geringfügige inhaltl Abweichungen bei Klageschrift unschädl, soweit darin keine Klageänderung (§ 263) liegt. 11

e) Fristen iS des Abs III sind alle materiellen oder prozessualen Fristen (insbes Ausschluß- und Notfristen), deren Ablauf durch Klageerhebung unterbrochen wird (zB Verjährung, Klagefrist im Mieterhöhungsverfahren, Anfechtungsfrist nach dem AnfG [Frankfurt OLGR 94, 263], Frist für aktienrechtl Anfechtungs- oder Nichtigkeitsklage [BGH NJW 89, 904/5], Klagefrist nach Art 12 NTS-AG [BGH VersR 79, 738; Karlsruhe NZV 90, 28]). Das Gesetz will dem Kläger das Verzögerungsrisiko der außerhalb seiner Einflußsphäre liegenden Amtszustellung abnehmen. Daher *gilt Abs III nicht* für die Wahrung von Fristen, für deren Einhaltung nicht die Klage, sondern der Zugang einer rechtsgeschäftl Willenserklärung (§ 130 BGB) erforderl ist (Raudzus NJW 83, 667; BGH NJW 82, 172/173; 75, 39; MDR 82, 315) und ausreicht. Deshalb ist Abs III insbesondere insoweit nicht anwendbar, als das Gesetz dem Eintritt der Rechtshängigkeit nicht nur rechtswahrende, sondern rechtsstärkende oder rechtsvermehrende Wirkung beilegt, zB in §§ 284, 291, 292, 347, 407 II, 818 IV, 987 ff, 996, 1002, 1384, 2023 BGB. Abs III gilt nicht für die Wahrung einer Anfechtungsfrist nach § 121 BGB (BGH NJW 75, 39), für die Wahrung der Widerspruchsfrist des § 568 BGB (Stuttgart MDR 87, 499), für die Wahrung tarifvertragl Ausschlußfristen (BAG NJW 76, 1520), für den Wegfall des Ehegattenerbrechts gem § 1933 BGB (BGH MDR 90, 907; BayObLG MDR 90, 632), für die Rechtzeitigkeit eines Vorbehalts gemäß § 16 Nr 3 II VOB/B (Raudzus NJW 83, 667 gegen BGHZ 75, 307/310 ff = NJW 80, 455/456) und für die Wahrung einer vertraglichen Ausschlußfrist (BGH NJW 82, 172 = MDR 82, 315). – BGH NJW 74, 1285 hält § 270 III für anwendbar, wenn Schuldner befristet gem § 225 BGB auf Verjährungseinrede verzichtet hat (hierzu Haase JR 74, 470). 12

4) Zustellungsauslagen des Gerichts: KV 9002, dabei ist der Freibetrag (2) vor KV 9000 zu beachten. 13

271 *[Zustellung der Klage]*

(1) Die Klageschrift ist unverzüglich zuzustellen.

(2) Mit der Zustellung ist der Beklagte aufzufordern, einen bei dem Prozeßgericht zugelassenen Rechtsanwalt zu bestellen, wenn er eine Verteidigung gegen die Klage beabsichtigt.

Abs III aufgehoben durch das RpflVereinfG; s jetzt § 277 I.

1 1) **Pflichten des Gerichts nach Eingang einer Klage: a) Festsetzung des Gebührenstreitwerts** durch Beschluß nach § 25 I GKG nF. Ausnahme: es handelt sich um einen (in inländischer Währung) bezifferten Klageantrag oder der Kläger ist von der Vorauszahlung der Verfahrensgebühr nach § 65 II, VII GKG befreit. Den Beschluß erläßt das Gericht in voller Besetzung, bei der KfHS der Vorsitzende (§ 349 II Nr 11). Keine Anhörung der Parteien. Beschwerde nach § 6 GKG.

2 **b) Anforderung des Gebührenvorschusses nach § 65 I GKG,** soweit er noch nicht (vollständig) einbezahlt ist und keine Ausnahme (§ 65 II, VII GKG) besteht. Seit 1. 7. 1994 ist die gesamte Verfahrensgebühr (3,0 Gebühren nach KV Nr 1201) vorauszuzahlen; Zustellungsauslagen werden nicht mehr berechnet. Der Vorschuß wird durch den Kostenbeamten angefordert (§ 22 II KostVfg).

3 **c) Erfüllung besonderer Mitteilungspflichten,** zB bei Klagen aus Kartellverträgen oder -beschlüssen (§ 90 I, IV GWB), Klagen nach §§ 13, 19 AGBG (§ 20 I AGBG), Klagen auf Räumung von Wohnraum nach § 554 BGB (MiZi IV/1), Ehenichtigkeits- oder -feststellungsklagen (MiZi VII/2).

4 **d) Unverzügliche Zustellung der Klage** von Amts wegen (§ 270 I), sofern kein Fall nach Rn 6 vorliegt. Verfahren: §§ 208 ff iVm 170 ff. Zuzustellen ist eine (vom RA, § 170 II, sonst vom UrkB der Geschäftsstelle, § 210) beglaubigte Abschriften der Klage. Adressat: §§ 171 ff. Ist der gesetzl Vertreter eines Bekl auch selbst Bekl, ist ihm in beiden Eigenschaften gesondert zuzustellen. Bei AG und eG ist ggf mehreren Organen zuzustellen (vgl § 171 Rn 6 aE). Ist bereits ein ProzBevollm bestellt (§ 176 Rn 5 ff), muß an diesen zugestellt werden; Zustellung sonst – heilbar – wirkungslos. – Wegen Zustellungsmängeln u deren Heilung s § 253 Rn 26. Wegen Behandlung der mit einem Gesuch um Prozeßkostenhilfe eingereichten Klage s § 117 Rn 7 ff. Zur Unwirksamkeit einer Klagezustellung von Anwalt zu Anwalt s § 198 Rn 5, § 253 Rn 21.

5 2) **Wirkung der Zustellung:** Sie begründet die Rechtshängigkeit der Sache (§ 261) mit deren prozessualer (§ 270 III) u materiellrechtl Wirkung (§ 262). Formlose Mitteilung der Klage an den Gegner, zB zur Stellungnahme zu einem Gesuch um Prozeßkostenhilfe (§ 117 Rn 8), bewirkt keine Rechtshängigkeit bis zur rügelos streitigen Einlassung des Gegners (§ 295). Zur Zustellung an eine andere als die vom Kl als Bekl bezeichnete Person s § 253 Rn 26.

6 3) **Absehen von der Zustellung** ist geboten, wenn der Kläger den Vorschuß nach § 65 I GKG (vgl Rn 2) noch nicht entrichtet hat oder wenn die nach § 133 erforderl Abschriften noch ausstehen. Ansonsten kommt Verweigerung der Zustellung nur in den in § 253 Rn 21a behandelten Fällen in Betracht. Das Fehlen von Prozeßvoraussetzungen ist grds kein Zustellungshindernis, sondern hindert nur ein Sachurteil (s vor § 253 Rn 9).

7 4) Die Zustellung der Klage ist regelm mit der **Terminsladung** (§ 216 II) zu verbinden, falls nicht ausnahmsweise bei schriftl Vorverfahren (§ 276) von der Terminsbestimmung zunächst abgesehen werden darf (§ 216 Rn 13; § 276 Rn 2). Terminsladung ohne gleichzeitige Zustellung der Klage wäre proz wirkungslos (KG NJW 63, 1408). Dagegen ist Zustellung der Klage auch ohne gleichzeitige Ladung Amtspflicht des Gerichts (§ 839 BGB) bei Glaubhaftmachung (§ 294) der Notlage des Klägers iS § 65 VII 3 u 4 GKG zur Herbeiführung der Zustellungswirkungen gem §§ 261, 262 (München NJW 66, 1518).

8 5) **Mit der Zustellung der Klage** u Terminsladung **sind** etwa erforderl Fragen, Hinweise u **Auflagen** (§§ 139, 273, 278 III) **zu verbinden.** Bei frühem ersten Termin ist der Bekl gem § 275 I zur (evtl befristeten; § 277 III) Klageerwiderung aufzufordern; bei schriftl Vorverfahren ist er aufzufordern, binnen 2 Wochen (Notfrist) seine Verteidigungsabsicht anzuzeigen (sonst § 331 III) u in einer Frist von mindestens 2 weiteren Wochen zur Meidung der Folgen des § 296 auf die Klage zu erwidern (§ 276 I u II). Die Verbindung dieser Terminsvorbereitung bereits mit der Klagezustellung ist eine der wesentlichsten Amtspflichten, welche die VereinfNovelle dem Vorsitzenden auferlegt.

9 6) **Aufforderung zu Anwaltsbestellung** (Abs II) ist nur im Anwaltsprozeß (§§ 78, 78b) geboten. Sondervorschrift für Ladung § 215, für Berufungsverf § 520 III. Ohne diese Aufforderung ist die im Anwaltsprozeß allein erscheinende Partei iS des § 335 I 2 nicht ordnungsgemäß geladen (vgl §§ 214, 215). Jedoch bleibt hiervon die Wirksamkeit der Klagezustellung unberührt.

10 7) **Gebühren:** Die Aufforderung nach Abs II wird durch die allg Verfahrensgeb abgegolten.

272 *[Bestimmung der Verfahrensweise]*

(1) Der Rechtsstreit ist in der Regel in einem umfassend vorbereiteten Termin zur mündlichen Verhandlung (Haupttermin) zu erledigen.

(2) Der Vorsitzende bestimmt entweder einen frühen ersten Termin zur mündlichen Verhandlung (§ 275) oder veranlaßt ein schriftliches Vorverfahren (§ 276).

(3) Die mündliche Verhandlung soll so früh wie möglich stattfinden.

1) Zweck des vorbereitenden Verfahrens in seinen beiden Erscheinungsformen (früher erster Termin u schriftl Vorverfahren) ist es allein, den Prozeßstoff so aufzubereiten, daß der Rechtsstreit möglichst in einem einzigen Verhandlungstermin (Haupttermin, § 278) erledigt werden kann. Es geht also in § 272 II nicht um die Einhaltung bestimmter Formalien (unsinnig daher die Durchführung sog „Durchlauftermine", mit denen nur pro forma das Gebot eines „frühen ersten" Termins erfüllt werden soll), sondern darum, daß dem Vorsitzenden zwei Instrumente für sachgerechte Verhandlungsvorbereitung an die Hand gegeben werden, zwischen denen er je nach Lage des Falles wählen kann: die mündl Vorerörterung (§ 275) oder die schriftl Aufbereitung des Verfahrensstoffes (§ 276). Entscheidender als die richtige Wahl zwischen diesen Wegen (hierzu Rn 3 ff) ist deren sinnvolle Ausgestaltung. Nur mit vorbereitenden Hinweisen und Maßnahmen nach §§ 139, 273 läßt sich idR der Prozeßstoff so konkretisieren und konzentrieren, daß der Haupttermin zur abschließenden Erledigung führt. Dies setzt eine frühzeitige Einarbeitung in den Streitstoff voraus. Die Parteien erst einmal ungelenkt „drauflosschreiben" zu lassen (was insbes beim schriftl Vorverfahren oft geschieht), erschwert nicht nur den Parteien bzw Parteivertretern, sondern wegen der Aufblähung des Schriftguts auch dem Gericht die Prozeßführung und ist als Verstoß gegen die Vorbereitungspflicht nach § 272 I verfahrensfehlerhaft. Eine Prozeßerledigung bereits im frühen ersten Termin ist keineswegs unzulässig, sondern im Gegenteil ein besonderer Erfolg ökonomischer Verfahrensgestaltung. Ein etwas später angesetzter, dafür aber gut vorbereiteter „früher erster Termin" ist im allgemeinen vorteilhafter als ein unmittelbar nach Ablauf der Klageerwiderungsfrist abgehaltener pro-forma-Termin oder ein langwieriges Hin- und Herschreiben im schriftl Vorverfahren. § 358a ermöglicht auch schon Beweisanordnungen oder -erhebungen im vorbereitenden Verfahren. Damit das Ziel der Verfahrenskonzentration nach § 272 I nicht an der mangelhaften Mitwirkung der Parteien scheitert, ist deren Untätigkeit durch § 296 mit Rechtsnachteilen bedroht. 1

Ausnahmen: Abweichend von der Regel des § 272 I ist sofortige Terminierung ohne weitere Vorbereitung nur dort zulässig, wo sie iS der Prozeßförderung sachl geboten ist, so bei offenbar klarer Sach- u Rechtslage, bei Eilsachen (Arrest, einstw Verfügung, Wechsel- oder Scheckprozeß), im übrigen auch bei ergebnislosem Ablauf der gem §§ 275, 276 gesetzten Frist zur Klageerwiderung (dann: § 331 III beachten). In Eilsachen erforderl Vorbereitungsmaßnahmen sind mit der sofortigen Terminsbestimmung zu verbinden. Die Terminsvorbereitung braucht ausnahmsweise nicht „umfassend" zu sein in den Fällen der §§ 145 III, 146, 280 I und 304. 2

2) Wahl des Verfahrensgangs: Das Gesetz bietet den frühen ersten Termin (§ 275) u den Termin nach Durchführung eines schriftl Vorverfahrens (§ 276) dem Vorsitzenden (i Fall § 348 dem ERi) grds zur Wahl nach seinem (nicht nachprüfbaren; Frankfurt MDR 83, 411) pflichtgebundenen Ermessen an. Sonderregelung für Familiensachen: §§ 611 II, 640 und in Arbeitssachen (§ 46 II ArbGG). 3

Ein **Wechsel der Verfahrensart** ist gesetzl nicht vorgesehen und, da dem Beschleunigungszweck zuwiderlaufend, grds unzulässig (Bischof NJW 77, 1897; Grunsky JZ 77, 202; aA MK/Prütting Rn 13; BL/Hartmann Rn 9; vgl § 216 Rn 13). Unbedenkl ist allenfalls ein vorzeitiger Abbruch des schriftl Vorverfahrens mit Einverständnis der Parteien (StJ/Leipold Rn 14). Hält der Vorsitzende nach Wahl des Verfahrens mit frühem ersten Termin noch schriftsätzl Aufklärung für erforderl, kann er diese ohnehin nach § 273 II Nr 1 anordnen, den Termin auch nach § 227 verlegen. Das schriftl Vorverfahren endet mit Terminsbestimmung (§ 276 Rn 18). 4

a) Früher erster Termin (§ 275) bietet sich an für einfache u eilige Sachen, für zum Sühneversuch (§ 279) geeignete Sachen, bei schriftl nicht behebbaren Mängeln der Klageschrift, aber auch bei umfangreichen Sachen, deren Aufklärung mündl erfolgversprechender erscheint als i schriftl Vorverfahren. Geeignet auch zur Einschränkung des Prozeßstoffs durch teilw Erledigung durch Teilurteil (§ 301), teilw Anerkennung (§ 307) oder Rücknahme (§ 269) sowie für zu erwartende Zwischenurteile (§§ 280, 304) oder Vorbehaltsurteile (§§ 302, 305, 599). 5

Daß eine kurzfristige Terminierung aus zeitl Gründen (zB wegen Überlastung des Gerichts) nicht möglich ist, steht der Wahl des Verfahrens nach § 275 nicht entgegen (vgl Rn 7, 8). 6

b) Schriftliches Vorverfahren (§ 276) ist nur sachgerecht bei Notwendigkeit einer umfassenden Vorbereitung des aus sachl Gründen deshalb noch nicht früh bestimmbaren Haupttermins. Das Gericht sollte hierbei – insbes wenn ein naher Termin ohnedies nicht z Verfügung steht – nicht der Versuchung erliegen, eine schwierige oder umfangreiche Sache durch schriftl Vorverfügungen vor sich herzuschieben u damit zu verschleppen. Das schriftl Vorverfahren ist daher als Ausnahme v Gebot des § 216 II nur gerechtfertigt, wenn noch nicht abzusehen ist, bis wann eine notw schriftl Vorbereitung voraussichtl beendet ist. Da auch die frühe Terminsbestimmung befristete Erklärungsauflagen (§ 275 I u IV) zuläßt, wird das nur ausnahmsweise der Fall sein. Eine zu großzügige Handhabung des schriftl Vorverfahrens kann entgegen der Absicht der VereinfNovelle zu einer Aufblähung des Prozeßstoffes u durch die Hinausschiebung der Terminie- 7 rung zu einer zeitl Rechtsverweigerung führen. – Ist absehbar, daß der Bekl sich gegen die Klage nicht verteidigen wird, so kann auch die Möglichkeit eines schriftl Versäumnisurteils nach § 331 III Anlaß zur Wahl des schriftl Vorverfahrens geben.

8 **3) Terminsbestimmung: a)** Der **Terminstag** soll möglichst bald bestimmt (§ 216 II) und nicht weiter hinausgerückt werden, als das durch gesetzl Fristen u Geschäftslast des Gerichts (hierzu BGH MDR 81, 309/310; Schleswig NJW 81, 691; Karlsruhe NJW 73, 1510) aber auch durch Erfordernisse einer je nach Sachlage veranlaßten Terminsvorbereitung (§ 273; BGH NJW 79, 1988; Hamm NJW 80, 293) geboten ist. Gesetzl Fristen hierbei: Ladungsfrist § 217, Einlassungsfrist § 274 III, Klageerwiderungsfrist § 276 I 1; richterl Fristen (§ 221): § 274 III 3, § 275, § 276, § 277 III. Wo das Gericht wegen großer Geschäftslast bereits langfristig ausgebucht ist, sollte die lange Zeit bis zum nächsten verfügbaren Termin zur umfassenden Vorbereitung genutzt werden; dies vergrößert die Chancen für eine Erledigung bereits im ersten Termin.

9 **b) Sondervorschriften** für die Terminierung von Familiensachen §§ 612 I, 640 I; s ferner § 46 II ArbGG, § 246 III 2 AktG, §§ 51, III 4, 96, 112 I 2 GenG; Mahnverfahren § 697 II, Bestimmung von Folgeterminen § 278 IV.

10 **c) Rechtsbehelfe** gegen unterlassene oder zu weit hinausgerückte Terminsbestimmung: § 216 Rn 21.

273 *[Vorbereitung des Verhandlungstermins]*

(1) Das Gericht hat erforderliche vorbereitende Maßnahmen rechtzeitig zu veranlassen. In jeder Lage des Verfahrens ist darauf hinzuwirken, daß sich die Parteien rechtzeitig und vollständig erklären.

(2) Zur Vorbereitung jedes Termins kann der Vorsitzende oder ein von ihm bestimmtes Mitglied des Prozeßgerichts insbesondere

1. **den Parteien die Ergänzung oder Erläuterung ihrer vorbereitenden Schriftsätze sowie die Vorlegung von Urkunden und von anderen zur Niederlegung bei Gericht geeigneten Gegenständen aufgeben, insbesondere eine Frist zur Erklärung über bestimmte klärungsbedürftige Punkte setzen;**
2. **Behörden oder Träger eines öffentlichen Amtes um Mitteilung von Urkunden oder um Erteilung amtlicher Auskünfte ersuchen;**
3. **das persönliche Erscheinen der Parteien anordnen;**
4. **Zeugen, auf die sich eine Partei bezogen hat, und Sachverständige zur mündlichen Verhandlung laden sowie eine Anordnung nach § 378 zu treffen.**

(3) Anordnungen nach Absatz 2 Nr. 4 sollen nur ergehen, wenn der Beklagte dem Klageanspruch bereits widersprochen hat. Für sie gilt § 379 entsprechend.

(4) Die Parteien sind von jeder Anordnung zu benachrichtigen. Wird das persönliche Erscheinen der Parteien angeordnet, so gelten die Vorschriften des § 141 Abs. 2, 3.

1 **1) Vorbereitungspflicht des Gerichts: a) Bedeutung:** § 273 ist eine der wichtigsten Vorschriften der VereinfNovelle v 3. 12. 1976 zur **Förderung des Verfahrens durch umfassende Vorbereitung des Haupttermins** (§§ 272, 278), damit dieser tunlichst den Rechtsstreit ohne weitere Termine zur Entscheidungsreife der Sache (§ 300) bringt. Die Vorschrift konkretisiert die Förderungspflicht des Gerichts; sie verbietet es ihm, Schriftsätze lediglich an den jeweiligen Gegner weiterzuleiten, den Termin mechanisch anzusetzen u bis zum Verhandlungstermin den Dingen ihren Lauf zu lassen. Nur die auf das Ziel frühestmöglicher Entscheidungsreife der Sache ausgerichtete Zusammenarbeit des Gerichts mit den Parteien vermeidet eine Verschleppung des Verfahrens und unnötige Aufblähung des Akteninhalts. Die Erfüllung dieser Förderungspflicht durch das Gericht ist auch wesentl **Voraussetzung der Ahndung prozessualer Untätigkeit** der Parteien gem § 296. IdR wird der Vorwurf prozessualen Verschuldens der Parteien nicht zu rechtfertigen sein, wenn das Gericht selbst seine in §§ 139, 273, 278 III begründeten Förderungspflichten verletzt hatte (§ 296 Rn 3; BVerfG NJW 87, 2003 = MDR 87, 814; BGHZ 76, 173; 75, 138). – Ergänzt wird § 273 durch § 358a, der auch Beweisbeschlüsse und sogar Beweisaufnahmen bereits vor der mündl Verhandlung ermöglicht.

2 **b) Grenzen:** Das Gericht ist nicht gehalten, jeden schriftl angebotenen Beweis bereits vor dem ersten Termin gem Abs II vorzubereiten bzw gem § 358a zu erheben; so insbes nicht bei beiderseits umfangreichem Beweisantritt, bei Zweifeln über Fragen der Beweislast, bei erst kurz vor dem Termin angebotenen Beweisen (so, wenn dieser Termin bereits zeitlich ausgebucht ist, Köln MDR 85, 772; Schneider MDR 86, 896) sowie bei erkennbarer Unmöglichkeit, alle notw Beweise bereits im ersten (bzw einzigen) Termin zu erheben (BGH NJW 76, 1742; 71, 1564; Köln

VersR 73, 130; Walchshöfer NJW 76, 697; aM StJ/Leipold Rn 9). Der BGH (NJW 80, 1102/1104 = MDR 80, 487) mutet dem Gericht und auch dem Gegner einer Partei nur solche Vorbereitungsmaßnahmen zu, die im „normalen Geschäftsgang" noch ausführbar sind; bei der erstmaligen Zeugenbenennung 5 Tage vor dem Terminstag werden „Eilanordnungen" idR nicht mehr zumutbar sein (so insbesondere gegen umfassende Vorbereitungspflicht des Gerichts nach einem VersUrteil gegen die schon vor diesem säumig gewordene Partei BGH NJW 81, 286 = MDR 81, 309). Zu weitgehende Aktivitäten des Gerichts können auch unnötige Kosten verursachen sowie einer Konfliktbegrenzung oder einer gütl Einigung im Wege stehen. Weitere Grenzen zieht der Beibringungsgrundsatz (s Rn 3).

2) **Befugnisse des Gerichts:** § 273 begründet nicht nur die Förderungspflicht des Gerichts, sondern enthält zugleich die Ermächtigung, sich aktiv in die Beschaffung des Prozeßstoffs einzuschalten, die nach dem im Zivilprozeß herrschenden Beibringungsgrundsatz an sich Sache der Parteien ist. Der genannte Grundsatz zieht der Beschaffungstätigkeit des Gerichts aber enge **Grenzen.** Keinesfalls darf aus § 273 eine Befugnis des Gerichts zu einer Art Amtsaufklärung abgeleitet werden; hierin läge ein grober Verstoß gegen die Neutralitätspflicht des Gerichts, die Parteifreiheit und die Parteiverantwortung im Zivilprozeß und das verfassungsrechtl Willkürverbot (BVerfG NJW 94 1210/11). Zulässig sind demnach im Grundsatz nur solche Vorbereitungsmaßnahmen, die im Vorbringen der Parteien eine Grundlage finden und, soweit sie auf die Beibringung von Beweismitteln abzielen, die für die entspr Beweiserhebungen geltenden Vorschriften der ZPO beachten. Bei Kollegialgerichten ergeben sich weitere Schranken für § 273 aus der Kompetenzverteilung innerhalb des Gerichts: Maßnahmen nach § 273 darf der Vorsitzende treffen, während die Beweiserhebung grds dem Kollegium vorbehalten ist. Bei vorbereitenden Anordnungen nach § 273 ist daher zu beachten, daß der Kollegialentscheidung über Beweislast, Beweiserheblichkeit u Eignung der Beweismittel nicht vorgegriffen wird. Im übrigen jedoch nimmt § 273 im Interesse der Verfahrensförderung in Kauf, daß der Vorsitzende nach seinem pflichtgemäßen Ermessen (Kalthoener DRiZ 75, 203; Walchshöfer NJW 76, 699) im Einzelfall Vorbereitungsmaßnahmen trifft, deren Entbehrlichkeit sich erst nachträgl herausstellt (BGH NJW 75, 1745). Im einzelnen s zu den Befugnissen und ihren Grenzen Rn 5 ff. 3

3) **Form der vorbereitenden Anordnungen: a) Außerhalb der mündlichen Verhandlung** durch Verfügung des Vorsitzenden oder eines von ihm bestimmten Mitglieds des Spruchkörpers, insbes des Berichterstatters, die der vollen **Unterschrift** (vgl BGH 76, 236 = MDR 80, 572) bedarf und bei – in der Regel gebotener – Fristsetzung in beglaubigter Abschrift zuzustellen, ansonsten formlos mitzuteilen ist. Einer Belehrung über die Folgen einer Fristversäumung bedarf es nicht (Düsseldorf MDR 85, 417). Die Anordnungen müssen nach Inhalt und Grund unmißverständl sein; inhaltlose Hinweise auf Bedenken gegen Schlüssigkeit des Sachvortrages usw erfüllen den Zweck der Terminsvorbereitung und Prozeßförderung nicht. **In der mündlichen Verhandlung** werden Anordnungen (zur Vorbereitung des nächsten Termins) beschlußmäßig getroffen (§ 275 Rn 5). 4

4) **Einzelne Anordnungen:** Abs II regelt beispielhaft („insbesondere"), welche Vorbereitungsmaßnahmen der Vorsitzende oder (ausnahmsweise!) ein von ihm hierzu bestimmtes Mitglied des Kollegiums ergreifen „kann", also darf. Die Entschließung des Vorsitzenden hierzu ist von der jeweiligen Prozeßlage, insbesondere auch von dem proz Vorbringen der Parteien abhängig. Hierbei ist der Katalog der in Abs II genannten Maßnahmen begriffl nicht erschöpfend, jedoch hat der Vorsitzende die in Rn 3 aufgezeigten Grenzen zu beachten. Anträge der Parteien, bestimmte Vorbereitungsmaßnahmen zu treffen, sind stets nur Anregungen; ein Recht auf „Entscheidung" über solche Anregungen besteht ebensowenig, wie auch die vom Vorsitzenden getroffenen oder unterlassenen Anordnungen einer Beschwerde nicht zugängl sind (§ 567; Düsseldorf MDR 61, 152). In Betracht kommen: 5

a) **Ergänzung des schriftlichen Vorbringens** (II Nr 1), insbes Erläuterungen, sowie **Vorlage von bestimmten Beweismitteln** (Urkunden, Augenscheinsobjekte). Von einem Beweisantritt ist die Anordnung grds nicht abhängig, die §§ 142, 421 ff sind aber zu beachten. Dem Beweispflichtigen darf daher nur die Vorlage solcher Urkunden aufgegeben werden, die er selbst angesprochen hat (vgl § 142 Rn 1). Eine Vorlageanordnung gegenüber dem Beweisgegner scheidet aus; hierfür gelten die Sondervorschriften der §§ 421 ff. Für Augenscheinsobjekte (vgl § 144) gilt im Grunde nur die Einschränkung, daß sich ihre Relevanz aus dem Parteivorbringen selbst ergibt und ihre Vorlage zumutbar ist; §§ 422, 423 gelten hier nicht entspr (aA StJ/Leipold Rn 25). Als Ergänzungsanordnung ist zulässig zB die Aufforderung, unübersichtl Sachvortrag zu ordnen, Zusammenstellungen zu fertigen, Berechnungen vorzunehmen, Skizzen oder Fotos anzufertigen u vorzulegen. Im Weigerungsfall kann § 427 entsprechend angewendet werden (vgl zur Beweisvereitelung § 286 Rn 14). Hierbei gesetzte Fristen sind richterl iS § 224 II, daher Verlängerung oder Abkürzung mögl. Bei Angriffs- oder Verteidigungsmitteln ggf Präklusion nach § 296 I. Bei Frist zur Nachreichung einer Zeugenanschrift gilt dagegen ausschließl § 356 (BGH NJW 93, 1926). Ein (anderwei- 6 tiger) Beweisantritt der Partei darf nicht deswegen unbeachtet gelassen werden, weil sie einer Aufforderung zur Urkundenvorlage nicht nachgekommen ist (Born NJW 95, 571).

7 **b) Einholung von behördlichen Urkunden** (hier ohne die Einschränkung des § 432 II) **oder amtlichen Auskünften** (II Nr 2). Auch hier ist zu beachten, daß eine Beweiserhebung von Amts wegen grds unzulässig ist (Vorbem § 284 Rn 2). Die Zulässigkeit solcher Anordnungen richtet sich daher nach den Beweisanträgen der Parteien (§ 432 I). § 273 II 2 bedeutet **keine Ermächtigung des Gerichts zu Amtsermittlungen.** Auch die **Beiziehung von Akten** über Verwaltungs- oder andere Gerichtsverfahren ist daher nur zulässig, wenn sich eine Partei (nicht notwendig ausdrückl, sondern wenigstens durch Ansprechen des betr Vorgangs) auf sie bezogen hat. Das Gericht darf zB nicht Akten eines Straf- oder Vollstreckungsverfahrens beiziehen, von dem es zufällig Kenntnis hat, wohl aber die Strafakte über einen Verkehrsunfall, wenn eine Partei sich auf die polizeil Unfallaufnahme bezieht (zu der hiervon zu trennenden Frage, inwieweit Vernehmungsprotokolle oder Gutachten aus solchen Akten verwertbar sind, vgl § 373 Rn 9, § 402 Rn 2). Ansonsten darf die terminsvorbereitende Einholung amtl Urkunden oder Auskünfte idR nur einer das Parteivorbringen ergänzenden Stoffsammlung dienen (zB Anforderung der Grundakten bei einer Klage aus § 894 BGB, der gemeindl Flurkarte bei einer Grenzstreitigkeit usw). Soweit eine behördl Auskunft als SV-Gutachten zu werten ist (§ 402 Rn 6; BGH LM § 402 Nr 16; zB die Auskunft des Gutachterausschusses gem § 192 BauGB, BGH 62, 93 = NJW 74, 701), bleibt sie dem Beweisbeschluß des Kollegiums (Rn 3) vorbehalten. Zur Amtshilfepflicht der Behörden und zum Verfahren bei Weigerung s die Erl zu § 432.

8 Über Begriff der **„Behörde“** s § 1 IV VwVfG und eingehend BGH NJW 64, 299–300; BayObLGZ 69, 93. Danach ist Behörde ein in den allgem Organismus der Anstalten u Körperschaften des öffentl Rechts eingefügtes Organ der Staatsgewalt, das dazu berufen ist, unter öffentlicher Autorität für die Erreichung der Zwecke des Staates unmittelbar oder mittelbar tätig zu sein. Reine Fiskalunternehmen sind, ebenso wie vom staatl Behördenaufbau losgelöste Anstalten (zB die Bundesversicherungsanstalt für Angestellte, BGH aaO; Berg NJW 85, 2294), keine Behörden. Demnach sind zB Behörden die Bundesbahn (Kunz MDR 89, 588), die Bundespost (BGH 20, 102/105), die Rundfunkanstalten (BVerfG NJW 71, 1739), ein städtisches Wasserwerk (BGH NJW 68, 639), die öffentl Sparkassen in dem ihnen gesetzl übertragenen, dem öffentl Interesse dienenden Aufgabenkreis (BVerfG MDR 87, 813; Düsseldorf MDR 91, 272; OVG Münster Sparkasse 66, 148; VGH Stuttgart Sparkasse 68, 388), die Girozentralen (KG JFG 4, 262; Hamm JMBl NRW 63, 116), Sparkassenvorstände (KGJ 42, I; BGH NJW 63, 1630 zum Sparkassenbuch als öffentl Urkunde), Kirchengemeinden (RG 59, 329; BayObLGZ 56, 341; Braunschweig FamRZ 62, 193), die Industrie- u Handelskammer (Karlsruhe Rpfleger 63, 204), die Handwerkskammer; **keine Behörden** sind dagegen jur Personen des Privatrechts, selbst wenn ihnen öffentl Aufgaben übertragen sind (BGH 3, 110), zB Rotes Kreuz, TÜV, Deutsche Versicherungs-AG als Rechtsnachfolgerin der staatl Versicherung der DDR (BGH NJW 93, 2531/34). Auch Einholung von Auskünften ausländ Behörden im Wege der Rechtshilfe ist durch § 273 II gedeckt (BGH NJW 92, 3106/07).

9 **c) Ladung von Parteien** (II Nr 3) unter den in § 141 I genannten Voraussetzungen. Daneben kommt auch hier Ladung der Parteien für Sühnegespräch (§ 279 II) u unter den Voraussetzungen der §§ 445 ff Ladung der Partei zur beweismäßigen Einvernahme in Betracht. Der jeweilige Grund der Vorladung ist der Partei mitzuteilen, denn die Folgen des Nichterscheinens sind in den Fällen der §§ 141, 279, 445 verschieden und können bei Unterbleiben der Mitteilung nicht eintreten. Die Ladung einer Partei vor deren streitiger Einlassung ist in jedem Fall unzulässig (Celle NJW 61, 1825; Köln Büro 76, 1113; Oldenburg OLGR 96, 11; MK/Prütting Rn 22; aA MK/Peters § 141 Rn 25). Für Ladung gelten nach Abs IV 2 die Vorschriften des § 141 II u III entspr.

10 **d) Ladung von Zeugen oder Sachverständigen** (II Nr 4): Zeugenladung begriffl nur möglich nach schriftl Beweisantritt einer Partei u tunlichst erst (Abs III: „sollen“), wenn das Beweisthema v Gegner bestritten ist und nach Zahlung eines Auslagenvorschusses (III 2 iVm § 379). Dem Gegner kann zur Erklärung, ob er das Beweisthema bestreitet, Frist gem Abs II 1 gesetzt werden. Im Berufungsverfahren wird Bestreiten im 1. Rechtszug regelm genügen. Ladung ohne vorheriges Bestreiten in Eilfällen zulässig; dann auch ohne Auslagenvorschuß (§ 379: „kann“). Bei Ladung ist dem Zeugen das Beweisthema mitzuteilen, sonst sind Ordnungsmittel bei seinem Fernbleiben (§ 380) unzulässig, KG NJW 76, 719; Celle OLGZ 77, 366. Wo davon auszugehen ist, daß dem Zeugen Unterlagen über das Beweisthema als Gedächtnisstütze zugänglich sind, sollte er gemäß § 378 (dort Rn 1, 2) mit der Zeugenladung aufgefordert werden, diese Unterlagen einzusehen und möglichst zum Termin mitzubringen. Eine Anhörung von Zeugen vor dem Termin ist nur gem § 358a (Beweisbeschluß des Kollegiums!) möglich. Auch die Einholung einer schrifl Zeugenaussage (§ 377 III) ist bereits Durchführung, nicht nur Vorbereitung der Beweisaufnahme und daher nicht von § 273 gedeckt (vgl § 358a S 2 Nr 3).

Sachverständige darf der Vorsitzende auch ohne Beweisantritt vAw, jedoch nur im Bestreitensfall (Abs III), laden (vgl § 144 Rn 1), jedoch nicht selbst zur Begutachtung auffordern; hierfür gilt § 358 a S 2 Nr 4. Bei Ladung vAw kein **Auslagenvorschuß** (§ 379 Rn 3; BGH FamRZ 69, 477); dagegen entfällt Auslagenvorschuß für beantragte Ladung des Sachverständigen nicht bereits deshalb, weil das Gericht diesen auch vAw laden dürfte (Düsseldorf MDR 74, 321). 11

5) **Benachrichtigung der Parteien** (Abs IV) ist Gebot rechtl Gehörs, (vgl BVerfG NJW 94, 1210/11). Ist sie unterblieben, müssen die Parteien in der mündl Verhandlung Gelegenheit zur Äußerung und evtl weiteren Anträgen erhalten, ansonsten ist Verwertung des Beweisergebnisses unzulässig. 12

6) **Gebühren: a) des Gerichts:** Keine Gerichtsgebühr für die Anordnung selbst; mit der Anordnung entfällt die Gebührenbegünstigung (KV 1202) noch nicht. – **b) des Anwalts:** Jede Maßnahme nach § 273 löst als solche keinesfalls die anwaltl Beweisgebühr nach § 31 I Nr 3 BRAGO aus. Für den RA kann allerdings die Beweisgebühr anfallen, wenn die zunächst vorbereitend eingeholte Auskunft später zum Beweis (zB im Urteil) verwertet wird (§ 34 II BRAGO), vorausgesetzt, daß der prozeßbevollmächtigte Anwalt seinen Mandanten im Beweisaufnahmeverfahren vertreten hatte. Bei vorbereitend geladenen Zeugen oder Sachverständigen entsteht die anwaltl Beweisgebühr nicht, wenn deren Vernehmung unterbleibt, mag diesen das Beweisthema oder die zu begutachtenden Punkte mitgeteilt und sogar von der Partei ein Auslagenvorschuß angefordert worden sein. Auch handelt es sich noch nicht um eine Beweisaufnahme (im gebührenrechtl Sinn), wenn der vorbereitend geladene und erschienene Zeuge oder Sachverständige einleitend zur Person befragt wird; s dazu Schneider in Anm III zu KoRsp BRAGO § 31 Ziff 3 Nr 37. Erst wenn der Zeuge oder Sachverständige im Anschluß daran durch Befragen zur Sache, sei es auch nur „informatorisch" (Hamm JurBüro 91, 682), vernommen wird, ist dies der Beginn einer Beweiserhebung. – Eine echte Beweiserhebung liegt bei der sog vorweggenommenen (vor dem Termin zur mündl Verhandlung nach § 358a angeordneten) Beweisaufnahme vor. 13

274 *[Ladung u Einlassungsfrist]*

(1) Nach der Bestimmung des Termins zur mündlichen Verhandlung ist die Ladung der Parteien durch die Geschäftsstelle zu veranlassen.

(2) Die Ladung ist dem Beklagten mit der Klageschrift zuzustellen, wenn das Gericht einen frühen ersten Verhandlungstermin bestimmt.

(3) Zwischen der Zustellung der Klageschrift und dem Termin zur mündlichen Verhandlung muß ein Zeitraum von mindestens zwei Wochen liegen (Einlassungsfrist). In Meß- und Marktsachen beträgt die Einlassungsfrist mindestens vierundzwanzig Stunden. Ist die Zustellung im Ausland vorzunehmen, so hat der Vorsitzende bei der Festsetzung des Termins die Einlassungsfrist zu bestimmen.

Hinweis: *Der Entwurf eines Gesetzes zur Abschaffung der Gerichtsferien (BTDrs 13/5001) sieht die Aufhebung des bedeutungslos gewordenen Abs III Satz 2 vor.*

1) Nach Terminbestimmung (§ 216) erfolgt **Ladung der Parteien** von Amts wegen (§§ 214, 270 I) in der Form der §§ 208–213 durch die GeschSt. Ladung nur entbehrlich im Fall §§ 218, 497 II. Soweit RA bereits bestellt, ist die Ladung diesem zuzustellen, § 176. Ladung der Parteien daneben erforderl im Fall §§ 141, 273 II 3, 279 II, 445 ff. Ladung von Streitgenossen: §§ 63, 71 III. In Kindschaftssachen Beiladung auch des nichtbeteiligten Elternteils bzw des Kindes gem § 640e. 1

2) **Zustellung der Klageschrift mit der Ladung** (§§ 253 I, 271 I) ist zwingend erforderlich, wenn der Vorsitzende gem § 272 II frühen ersten Termin (§ 275) bestimmt hat, auch wenn dieser nicht alsbald durchgeführt werden kann (§ 272 Rn 8). Vorbereitende Anordnungen iS des § 273 sind möglichst bereits mit der Zustellung der Ladung zu verbinden. Wegen notw Aufforderung, einen RA zu bestellen, s § 271 Rn 9. 2

3) **Einlassungsfrist** ist Schutzfrist zugunsten des Bekl. Sie ist gesetzliche Frist (Rn 4 vor § 214), wird gem § 222 berechnet u kann gem § 226 abgekürzt werden. Verlängerung ist ausgeschlossen (§ 224 II). Wegen Unterbrechung s § 249, Hemmung s § 223. Keine Notfrist (§ 223 II). 3

a) **Anwendungsbereich:** Gilt nur für die Zeit zwischen Zustellung der Klage oder der Rechtsmittelschrift (§§ 520, 555) und dem ersten darauf folgenden Termin. Die Frist beginnt auch zu laufen, wenn die Klageschrift ohne Terminsbestimmung zugestellt wird, BGH 11, 176. Für alle späteren Termine gilt nur noch die Frist des § 132, selbst bei Klageänderung oder -erweiterung, ebenso bei Widerklage; doch kann in diesen Fällen ein „erheblicher Grund" zur Terminsänderung (§ 227 I) vorliegen. 4

b) **Sonderregelungen:** §§ 30 (24 Stunden), 604 ZPO, § 47 ArbGG. Keine Sonderregelung für öffentl Zustellung. Abs III ist nicht anwendbar, wo mündl Verhandlung u damit Einlassung nicht erforderlich: Arrest u einstw Verfügung (§§ 921 I, 936), selbst wenn Verhandlungstermin anberaumt wird. § 217 (Ladungsfrist) gilt neben § 274 III. 5

c) **Bei Nichteinhaltung** darf Bekl (nicht der Kläger) Einlassung verweigern u ist VersUrteil gegen den Bekl (nicht gegen den Kläger) unzulässig (§ 335 I 3). Das gilt auch, wenn der Bekl zwar 6 anwesend ist, aber befugtermaßen die Einlassung verweigert, denn § 333 ist keine Ausnahme von § 335 (StJ/Leipold Rn 13). Bekl darf Vertagung beantragen. Verhandelt der Bekl, so gilt § 295. Im übrigen ist Einhaltung der Frist von Amts wegen zu überwachen u bereits bei Terminsansetzung zu berücksichtigen; insbes bei öffentl Zustellung, weil hier die Frist erst nach Ablauf der Monatsfrist des § 206 beginnt.

7 d) Bei **Zustellung im Ausland** (§ 199) ist Einlassungsfrist vom Vorsitzenden zu bestimmen. Bestimmung einer kürzeren als der gesetzl Frist wäre Ermessensmißbrauch u daher „erheblicher Grund" iS § 227, sofern nicht vom Kläger gem § 226 beantragt. Beantragt der Kläger im Termin VersUrteil, ist § 337 zu beachten. Keine „Zustellung im Ausland" ist die öffentl Zustellung sowie die Zustellung gem § 175 I 2.

8 4) Bei **Zustellung der Klageschrift ohne Ladung** (wegen § 276) beginnt die Einlassungsfrist sofort zu laufen; daher (entgegen Hamm NJW 74, 2139) kein Recht zur Einlassungsverweigerung wegen fehlender Terminsladung (Büttner NJW 75, 1349).

275 *[Früher erster Termin]*

(1) Zur Vorbereitung des frühen ersten Termins zur mündlichen Verhandlung kann der Vorsitzende oder ein von ihm bestimmtes Mitglied des Prozeßgerichts dem Beklagten eine Frist zur schriftlichen Klageerwiderung setzen. Andernfalls ist der Beklagte aufzufordern, etwa vorzubringende Verteidigungsmittel unverzüglich durch den zu bestellenden Rechtsanwalt in einem Schriftsatz dem Gericht mitzuteilen; § 277 Abs. 1 Satz 2 gilt entsprechend.

(2) Wird das Verfahren in dem frühen ersten Termin zur mündlichen Verhandlung nicht abgeschlossen, so trifft das Gericht alle Anordnungen, die zur Vorbereitung des Haupttermins noch erforderlich sind.

(3) Das Gericht setzt in dem Termin eine Frist zur schriftlichen Klageerwiderung, wenn der Beklagte noch nicht oder nicht ausreichend auf die Klage erwidert hat und ihm noch keine Frist nach Absatz 1 Satz 1 gesetzt war.

(4) Das Gericht kann dem Kläger in dem Termin oder nach Eingang der Klageerwiderung eine Frist zur schriftlichen Stellungnahme auf die Klageerwiderung setzen.

Lit: *Lange,* Der frühe erste Termin als Vorbereitungstermin, NJW 86, 1728; *ders,* Zurückweisung verspäteten Vorbringens im Vorbereitungstermin, NJW 86, 3043.

1 1) **Allgemeines:** Bestimmt der Vorsitzende gem § 272 II einen **frühen ersten Termin,** so ist die unverzügl Zustellung der Klageschrift (§ 271) mit der unverzügl Bestimmung eines möglichst baldigen (§ 272 III; beachte dort Rn 1) Termins (§ 216 II) zu verbinden (§ 274 II). Die Wahl dieser Verfahrensart (in Abgrenzung zum schriftl Vorverfahren, § 276) erfolgt auch ohne ausdrückl Deklarierung durch die (ein schriftl Vorverfahren ausschließende, § 272 Rn 4) Terminierung. Vorbereitende Anordnungen (§ 273), insbesondere Fragen und Hinweise des Gerichts (§§ 139, 278 III) sind allein wegen dieser Verfahrensart nicht ausgeschlossen, sondern im Bedarfsfall geboten (BGH NJW 83, 576). Selbst eine Beweiserhebung vor dem frühen ersten Termin gem § 358a ist, sofern die hierfür erforderl Zeit nur zur Verfügung steht, im Fall des § 275 zulässig. Wo wegen der Geschäftsbelastung des Gerichts eine kurzfristige Terminierung iS des § 272 III ohnehin nicht möglich ist, überschneiden sich die Verfahrensarten der §§ 275 und 276 und die bis zum frühest möglichen Termin verbleibende Zeit ist in beiden Fällen zur „umfassenden Vorbereitung" (§ 272 I) zu nutzen, soweit das sachl erforderl ist. Mit Recht bezeichnet es Grunsky (JZ 77, 202) als eine „ärgerliche Panne" des Gesetzgebers, in § 275 II den „Haupttermin" (§ 278) vom „frühen ersten Termin" abzugrenzen, denn die Vorschrift des § 278 ist für den frühen ersten Termin in gleicher Weise verbindl (so auch Putzo NJW 77, 3), wenn man das Ziel der Vereinfachungsnovelle, einen prozessualen Leerlauf durch unergiebige Formaltermine zu vermeiden (vgl BT-Drucksachen 7/2729 u 5250), für Ernst nimmt (s auch § 272 Rn 1).

2 2) Zum **Anwendungsbereich** des frühen ersten Termins vgl § 272 Rn 5.

3 3) **Verfahren vor dem Termin** (Abs I): Dem Bekl ist mit Zustellung der Klage u Ladung unter Belehrung gem § 277 II eine **Erklärungsfrist** von mindestens 2 Wochen (§ 277 III) zum Klagevorbringen zu setzen (das gilt nicht in Ehe- oder Kindschaftssachen, §§ 611 II, 640) oder er ist (ohne Fristsetzung) zur unverzügl Rechtsverteidigung durch einen zu bestellenden Anwalt (§ 271 II) aufzufordern. Beide wahlweise möglichen Anordnungen trifft der Vorsitzende oder ein von diesem bestimmter Beisitzer nach einem durch Umfang und Schwierigkeit der Sache bedingten Ermessen durch Verfügung, die zu unterschreiben und in beglaubigter Abschrift zuzustellen ist (§ 329 II 2). Einer ausdrückl Aufforderung an den Bekl, sich zur **Einzelrichterfrage** zu äußern

(§ 348 Rn 11), bedarf es seit dem Wegfall des § 271 III nicht mehr (vgl § 277 Rn 1a). Zur Fristsetzung gegenüber dem Kl s Rn 7 f.

Die **Dauer der Frist** ist je nach Sachlage so zu bemessen, daß dem Bekl Gelegenheit zur sachgemäßen Erwiderung unter zumutbaren Bedingungen verbleibt (BVerfG NJW 82, 1691). Daher muß die Frist von „mindestens“ 2 Wochen (§ 277 III) nicht die Regel sein, so insbes bei erkennbaren Informationsschwierigkeiten des Bekl-Vertreters und schwierigem Sachverhalt, Köln NJW 80, 2421; München MDR 80, 147; Hamm NJW 80, 294. Die Versäumung einer erkennbar zu kurz bemessenen Frist ist nicht schuldhaft iS § 296 (BGH NJW 94, 736; Deubner NJW 79, 338; Franzki NJW 79, 10; Leipold ZZP 93, 237/247 ff). Über die Folgen der Fristversäumung und die Notwendigkeit der Anwaltsbestellung ist der Bekl zu belehren (§ 277 II; s dort Rn 2). Wegen der Behandlung der Präklusionsfristen wie Notfristen und der hierdurch bedingten Form der **Zustellung** s § 187 Rn 9, § 296 Rn 8a. 4

4) **Im Verhandlungstermin** hat das Gericht (Rn 7a), sofern die Sache (zB wegen ungenügender Klageerwiderung, fehlender Stellungnahme des Klägers auf die Klageerwiderung, notwendiger Beweiserhebung oder notwendiger gerichtl Fragen oder Hinweise gem §§ 139, 278 III) nicht entscheidungsreif ist (§ 300), alle zur umfassenden **Vorbereitung des nachfolgenden Haupttermins** (= notw Vertagung iS § 227 I) gebotenen Maßnahmen beschlußmäßig zu treffen. Soweit erforderl sind nun im Termin die in § 273 genannten Anordnungen unter Fristsetzung nachzuholen. Eine nochmalige befristete Aufforderung an den Bekl, schriftl auf die Klage zu erwidern (Abs III), ist aber nicht veranlaßt, wenn dieser bereits eine ihm hierzu vor dem Termin gem Abs I gesetzte Frist versäumt hat und diese Versäumung auch nicht iS des § 277 I „nach der Prozeßlage“ und nach Maßgabe einer „sorgfältigen u auf Förderung des Verfahrens bedachten Prozeßführung“ zu entschuldigen ist; denn hier greift bei schuldhafter Versäumung bereits die Ausschlußwirkung des § 296 I durch (vgl § 296 Rn 5). 5

Eine **Fristsetzung an den Beklagten** (gem § 277 III mind 2 Wochen) zur Klageerwiderung kommt daher nur bei dessen unverschuldeter Untätigkeit in Betracht. Ist das der Fall, so hat das Gericht beschlußmäßig und nicht nur formelhaft zur Klageerwiderung aufzufordern, sondern die aus seiner Sicht gebotenen Darlegungen des Bekl im einzelnen zu bezeichnen, wie das bereits in § 273 II 1 vorgesehen ist. Die hierfür zu setzende Frist ist mit der Belehrung gem § 277 II (s dort Rn 2) zu verbinden und nach der Zeit zu bemessen, die iS § 277 I voraussichtl für eine sachgerechte Klageerwiderung benötigt wird, nicht etwa nach dem Tag des nächsten verfügbaren Gerichtstermins (sonst erhebl Grund iS § 227). 6

5) Eine **Fristsetzung an den Kläger** (Abs IV; gilt nicht in Ehe- und Kindschaftssachen, §§ 611 II, 640) zur Stellungnahme auf die Klageerwiderung kann im Termin oder außerhalb desselben (davor oder danach) erfolgen, wenn eine solche vom Bekl bereits abgegeben wurde (BGH NJW 80, 1167/1168). Zuständigkeit: Rn 7a; Mindestdauer: § 277 III, IV. Zustellung dieser Anordnung gem § 329 II 2, soweit nicht im Termin verkündet. Die Fristsetzung an den Kläger kann im Termin (so insbes bei verspäteter Klageerwiderung) **grds nur in Verbindung mit der Bestimmung eines neuen Verhandlungstermins** erfolgen (§ 128 I; vgl BVerfG NJW 87, 2734); Fristsetzung unter gleichzeitiger Bestimmung eines Verkündungstermins kommt dagegen nur unter den Voraussetzungen des § 283 oder unter den gemäß § 128 II u III zulässigen Voraussetzungen eines Übergangs in das schriftl Verfahren in Betracht. 7

6) **Anordnungsbefugnis im Termin:** Die Fristsetzung hat, um ggf Verzögerungsfolgen gemäß § 296 I auslösen zu können, **in den Fällen Abs III u IV** durch „das Gericht“, also **durch (Kollegial-) Beschluß** zu erfolgen; das ist für die Fristsetzung im Verhandlungstermin selbstverständl, für die Fristsetzung **außerhalb der mündl Verhandlung** (Abs IV 2. Alternative) aber fragwürdig (vgl § 276 III) und dürfte ein Redaktionsfehler des Gesetzes sein. Während Frankfurt MDR 90, 60, StJ/Leipold Rn 29 und Grunsky JZ 77, 200/203 für die Fristsetzung gemäß Abs IV außerhalb eines Termins die Verfügung des Vorsitzenden als wirksam und zulässig erachten, fordert Frankfurt MDR 79, 764; NJW-RR 86, 1445 dem Gesetzeswortlaut folgend auch hierfür einen Gerichtsbeschluß (ebenso BL/Hartmann Rn 15; MK/Prütting Rn 18; ThP Rn 8). Der „schwer verständlichen“ (so ThP aaO) gesetzl Regelung wird lege lata daher zu folgen sein, obwohl sie, insbes wenn die vorterminl Fristsetzung an den Kläger mit Hinweisen gemäß §§ 139, 273, 278 verbunden wird, „keinen rechten Sinn“ (so StJ/Leipold aaO) ergibt. 7a

7) Die **Bestimmung des neuen Termins** hat nur bei fehlender Entscheidungsreife (§ 300), dann entspr § 278 IV sofort u möglichst kurzfristig zu erfolgen (= Vertagung iS § 227 II); sie darf nicht einer späteren Anordnung (etwa nach Eingang von Schriftsätzen) vorbehalten bleiben, falls nicht der Ausnahmefall des § 251 vorliegt. Den Terminstag der nachfolgenden Verhandlung bestimmt maßgebl die voraussichtl Dauer der schriftl Vorbereitung dieses Haupttermins, erst in zweiter Linie die Geschäftsbelastung des Gerichts. Wegen mögl Terminsänderung s § 227. 8

9 **8) Andere Anordnungen** (Abs II), die im Termin oder auch nachträgl zu treffen sind, können insbes ein etwa veranlaßter Beweisbeschluß (§ 358) u ggf die Ladung von Zeugen, Beiziehung von Urkunden oder sonstige Maßnahmen iS des § 273 sein.

10 **9) Abschließende Entscheidung** im frühen ersten Termin sollte bei entsprechend vorbereiteten Eilsachen die Regel sein. Auch in anderen Sachen ist eine abschließende Entscheidung unter der Voraussetzung des § 300 nicht nur zulässig, sondern geboten; wegen der Erfordernisse des rechtl Gehörs auch in diesem Fall s § 278 Rn 5. Zur **Zurückweisung verspäteten Vorbringens im frühen ersten Termin** s § 296 Rn 5.

11 **10) Gebühren** des **Gerichts:** Keine; gerichtl Tätigkeiten sind durch die allg Verfahrensgeb abgegolten.

276 *[Schriftliches Vorverfahren]*

(1) Bestimmt der Vorsitzende keinen frühen ersten Termin zur mündlichen Verhandlung, so fordert er den Beklagten mit der Zustellung der Klage auf, wenn er sich gegen die Klage verteidigen wolle, dies binnen einer Notfrist von zwei Wochen nach Zustellung der Klageschrift dem Gericht schriftlich anzuzeigen; der Kläger ist von der Aufforderung zu unterrichten. Zugleich ist dem Beklagten eine Frist von mindestens zwei weiteren Wochen zur schriftlichen Klageerwiderung zu setzen. Ist die Zustellung der Klage im Ausland vorzunehmen, so bestimmt der Vorsitzende die Frist nach Satz 1; § 175 gilt entsprechend mit der Maßgabe, daß der Zustellungsbevollmächtigte innerhalb dieser Frist zu benennen ist.

(2) Mit der Aufforderung ist der Beklagte über die Folgen einer Versäumung der ihm nach Absatz 1 Satz 1 gesetzten Frist sowie darüber zu belehren, daß er die Erklärung, der Klage entgegentreten zu wollen, nur durch den zu bestellenden Rechtsanwalt abgeben kann.

(3) Der Vorsitzende kann dem Kläger eine Frist zur schriftlichen Stellungnahme auf die Klageerwiderung setzen.

1 **1) Allgemeines:** Das **schriftl Vorverfahren** zur umfassenden Vorbereitung (§ 272 I) des Haupttermins (§ 278) ist nach der Wahl des Vorsitzenden (§ 272 II) als Alternative zum frühen ersten Termin (§ 275) vorgesehen. Zur Abgrenzung der beiden Verfahrensarten vgl § 272 Rn 3 ff.

2 Bei Wahl des schriftl Vorverfahrens ist **Terminsbestimmung zunächst zurückzustellen** (§ 216 Rn 13), bis die Parteien den gerichtl Anordnungen nachgekommen sind; jedoch darf das Gericht nicht der Versuchung erliegen, eine schwierige oder umfangreiche Sache vom Terminsdruck befreit durch eine Vielzahl von Zwischenverfügungen vor sich herzuschieben u damit den Sinn der VereinfNovelle in sein Gegenteil umzukehren.

3 Das **schriftl Vorverfahren ist ausgeschlossen** in Ehe- u Kindschaftssachen, §§ 611 II, 640, und im arbeitsgerichtl Verfahren (§ 46 II ArbGG); es sollte nicht gewählt werden, wenn der nächste Termin erst zu einer Zeit verfügbar ist, bis zu der auch bei sofortiger Terminsbestimmung (§ 216 II, 272 III) eine umfassende Vorbereitung der ersten mündl Verhandlung möglich ist (§ 275 Rn 1).

4 **2) Einleitung des Verfahrens:** Der Vorsitzende hat den Bekl mit der Klagezustellung, also unverzügl § 271 I, unter Hinweis auf den ggf bestehenden Anwaltszwang (§ 78) zur **Erklärung seiner Verteidigungsbereitschaft** binnen einer Notfrist (§§ 223 II, 224 I, 233) von 2 Wochen aufzufordern. Zugleich ist er aufzufordern, bei Verteidigungsbereitschaft innerhalb einer hierfür zu setzenden weiteren (richterl) Frist von mindestens 2 Wochen (also frühestens 4 Wochen nach Zustellung der Klageschrift) seine **Klageerwiderung** (§ 277 I) einzureichen. Die **zweifache Fristsetzung** erfordert, um die Versäumungsfolgen gem §§ 230, 331 III (für die Notfrist) u des § 296 I (für die richterl Frist) auszulösen, eine **zweifache Belehrung** des Beklagten gem § 276 II (über die Möglichkeit eines VU nach § 331 III; s dort Rn 12 u § 335 I Nr 4) u § 277 II (s dort Rn 2, auch zu den Anforderungen an die Belehrung). In Verfahren mit Anwaltszwang ist auch darüber zu belehren, daß die Erklärungen nur durch bei dem Prozeßgericht zugelassene Rechtsanwälte abgegeben werden können, im amtsgerichtl Verfahren auch gem § 499. Die vom Vorsitzenden – nicht einem anderen Mitglied des Gerichts (BGH NJW 91, 2774 = MDR 92, 185) – unterschriebene Verfügung ist in beglaubigter Abschrift förmlich zuzustellen (§ 329 II 2; BGH 76, 236 = NJW 80, 1167 = MDR 80, 573). Mängel machen die Verfügung unheilbar unwirksam (BGH NJW 91, 2773 = MDR 92, 187).

5 **Zustellung der Klage im Ausland:** Mit der Bezugnahme auf § 175 in Abs 1 Satz 3 wird die Zustellung eines schriftl Versäumnis- oder Anerkenntnisurteils (§§ 276, 307 II, 331 III) durch das RpflVereinfG für den Fall des Auslandswohnsitzes des Bekl erleichtert. Unterließ dieser Bekl entgegen § 174 II die Bestellung eines Zustellungsbevollmächtigten, so konnte ihm nach früherem Recht kein Vollstreckungsbescheid, schriftl Versäumnis- oder Anerkenntnisurteil gem § 175 I vereinfacht (Aufgabe zur Post) zugestellt werden, solange dem weder eine mündl Verhandlung

vorausgegangen war, noch ein Schriftsatz des Bekl an den Kl zugestellt worden war (BGH 98, 263). Nunmehr hat der im Ausland wohnende Bekl innerhalb der ihm gesetzten Frist zur Anzeige der Verteidigungsabsicht auch einen **Zustellungsbevollmächtigten** zu benennen (§ 174 II), widrigenfalls ihm nach erfolglosem Fristablauf gem § 175 vereinfacht durch Aufgabe zur Post zugestellt werden darf. Über diese Rechtsfolge sollte – obwohl im Gesetz nicht vorgeschrieben – der Bekl bei der Fristsetzung belehrt werden (§ 174 Rn 5). Jedenfalls darf das Gericht die dem Bekl gesetzte Erwiderungs- und Einlassungsfrist (§ 274 III) nicht derart kurz bemessen, daß die Bestellung eines Prozeß- oder Zustellungsbevollmächtigten zeitl unzumutbar erschwert wird (§ 275 Rn 4). – Das Gericht darf (es muß nicht) an den Bekl im Ausland im Anwendungsfall des § 175 vereinfacht durch die Post zustellen; wo für die Anerkennung oder Vollstreckung einer derart zugestellten Entscheidung Schwierigkeiten im Ausland zu besorgen sind, sollte das Gericht die Zustellung gemäß § 199 vorziehen, wenn der Kläger das anregt.

Die gesetzlich vorgeschriebenen Mindestfristen für die Einlassung des Beklagten, die im Anwalts- u ebenso im Parteiprozeß verbindl sind, erlauben somit unter Berücksichtigung der Ladungsfrist (§ 217) dem Gericht **bei Wahl des schriftl Vorverfahrens** eine Terminsbestimmung für eine **Verhandlung frühestens 6 Wochen nach Eingang der Klage,** falls nicht eine dem Kl gem Abs III nachzulassende Stellungnahme (wegen der hierfür beachtl Frist der §§ 277 IV, 132) einen noch späteren Termin bedingt. Dieser Umstand und das (praktisch nur noch formularmäßig zu bewältigende) Erfordernis, gleichzeitig verschiedene Fristen zu setzen, Belehrungen zu erteilen sowie Hinweise zu geben (§§ 215, 271 II, 273, 276 II, 277 II), sollten den Vorsitzenden nicht veranlassen, grds die im Ladungsformular enthaltenen Mindestfristen abzuhaken. Wegen der Notwendigkeit, je nach Sachlage längere Fristen als die gesetzl Mindestfristen zu setzen, und der Folgen zu kurzer Fristbemessung vgl § 275 Rn 4. 6

Einstweilen frei. 7

Eine **Sonderregelung** des schriftl Vorverfahrens nach Überleitung des **Mahnverfahrens** in das Streitverfahren enthält § 697 II: Der Widerspruch des Schuldners gegen den Mahnbescheid wird, weil er noch in Unkenntnis der Anspruchsbegründung des Gläubigers (§ 697 I) erfolgte, noch nicht als Anzeige der Verteidigungsbereitschaft angesehen. Deshalb ist der Bekl nach Abgabe des Mahnverfahrens an das Prozeßgericht (§ 696) und nach Eingang der Anspruchsbegründung im schriftl Vorverfahren zur Klageerwiderung aufzufordern (§ 697 II) und gemäß § 276 II zu belehren (zum Inhalt dieser Belehrung s § 331 Rn 12; Holch NJW 91, 3178); diese Aufforderung sollte befristet werden, denn erst die Versäumung dieser Frist führt zur Anwendbarkeit des § 296 I oder auf Antrag des Kl zum schriftl Versäumnisurteil gegen den Bekl gem § 331 III (hierzu § 331 Rn 12; § 335 I 4). 8

3) Reaktion auf Verhalten des Beklagten: a) bei Nichterklärung der Verteidigungsbereitschaft innerhalb der Notfrist des Abs I *oder* spätestens innerhalb der verlängerten Frist des § 331 III 1 Hs 2 (dort Rn 12; zum Ablauf dieser verlängerten Frist KG MDR 89, 1003) auf Antrag des Kl **gem § 331 III Versäumnisurteil im schriftl Verfahren** (hierzu näher § 331 Rn 12, 14, § 339 Rn 4). Dies gilt auch, wenn im Anwaltsprozeß (§ 78 I) die Partei nur persönl ihre Verteidigungsabsicht bekundet. 9

Prozeßkostenhilfe-Gesuch des Anwalts beinhaltet Anzeige der Verteidigungsabsicht der Partei. PKH-Gesuch der Partei persönl muß aber – wenn es vollständig iS von §§ 114, 117 II ist – entspr § 337 (dort Rn 3) Anlaß zur Zurückstellung der Säumnisentscheidung geben, bis nach Verbescheidung des PKH-Gesuchs die Versäumung der Verteidigungsanzeige nicht mehr unverschuldet ist (StJ/Leipold Rn 43; Franzki DRiZ 77, 163; Klinge AnwBl 77, 395; Kramer ZZP 91, 71; vgl entspr § 234 Rn 6). 10

Wiedereinsetzung (§ 233) ist möglich, aber weitgehend nutzlos, denn ein bereits erlassenes VersUrteil gegen den Beklagten bleibt von der Gewährung der WE unberührt (Celle OLGR 94, 271; KG MDR 96, 634; MK/Prütting Rn 29 ff; Rastätter NJW 78, 95; aA MK/Feiber § 233 Rn 11) und kann nur noch durch Einspruch (§ 338) seine Wirksamkeit verlieren (§ 342). 10a

Stellt der Kl den Säumnisantrag (§ 331 III) nicht, ist unverzügl Termin zu bestimmen (§ 272 III). 11

b) bei Versäumung der Klageerwiderungsfrist: sofortige Terminsbestimmung (§ 272 III), ggf Versäumungsfolge gem § 296 I. 12

c) bei Anerkenntnis des Beklagten (§ 78 beachten!): auf Antrag des Kl schriftl AnerkUrteil (§ 307 II), ggf mit Kostenentscheidung nach § 93. Die (in erster Linie die Abwehr eines Versäumnisurteils bezweckende) reine Verteidigungsanzeige sollte – auch im Interesse des Gleichlaufs mit § 275 – der „Sofortigkeit" des Anerkenntnisses nicht entgegenstehen (so Meiski NJW 93, 1904 mN zur herrschenden Gegenmeinung; vgl auch Herget oben § 93 Rn 4). Wird kein Antrag gestellt: Terminsbestimmung. Anerkenntnis bleibt wirksam (Rn 16). 13

d) bei Erwiderung auf die Klage: Bestimmung des Haupttermins (§ 272 III), ggf unter vorbereitenden Hinweisen oder Anordnungen (§§ 139, 273), evtl Abwarten einer Replik des Kl (Rn 14). 13a

14 **4) Fortführung der schriftl Vorbereitung:** Der Vorsitzende kann den Kl auffordern, zur Klageerwiderung Stellung zu nehmen **(Replik).** Dies steht im Ermessen des Vorsitzenden. Regelm wird eine solche Aufforderung nur geboten sein, wo erst die Klageerwiderung dem Gericht Anlaß gibt, dem Kl Fragen zu stellen (§ 139), Hinweise zu geben (§ 278 III) oder sonstige vorbereitende Maßnahmen (§ 273) zu treffen. Die Aufforderung ist dem Kl zusammen mit der Klageerwiderung (Nürnberg MDR 91, 357) formlos mitzuteilen, bei (nicht notwendiger, aber zweckmäßiger) Fristsetzung zur Stellungnahme förml zuzustellen (§ 329 II) u stets auch dem Bekl (formlos) mitzuteilen. Frist für den Kl: mind 2 Wochen (§ 277 IV). Der BGH (NJW 80, 1167 = MDR 80, 573) erachtet es für unwirksam, dem Kl vorsorgl bereits vor Eingang einer Klageerwiderung eine Frist zur Stellungnahme zu setzen; dem ist schon deshalb zuzustimmen, weil der Ablauf dieser Frist nicht sofort feststünde und weil die Vielzahl der gesetzl vorgeschriebenen Fristen (Rn 6) nicht noch routinemäßig vermehrt werden sollte. Der Vorsitzende kann zugleich mit der Fristsetzung Haupttermin bestimmen oder die Replik abwarten, um mehr Klarheit über noch zu treffende Vorbereitungsmaßnahmen zu gewinnen. Ein weiteres Zuwarten bis zu einer Duplik des Bekl sollte es nur in Ausnahmefällen geben.

15 Bei **Untätigkeit des Klägers** in diesem Fall tritt nach Fristsetzung ggf die strenge Folge des § 296 I, ohne Fristsetzung die fakultative Folge der §§ 282 II, 296 II ein.

16 **5) Parteihandlungen:** Der Mündlichkeitsgrundsatz (§ 128 Rn 1 ff) gilt im schriftl Vorverfahren nicht. Eingereichte Schriftsätze haben daher nicht nur vorbereitenden Charakter; in ihnen enthaltene Anträge (zB auf VersUrteil nach § 331 III) oder Erklärungen (zB Anerkenntnis nach § 307 I, Erledigungserklärung, Aufrechnung) werden sogleich wirksam (StJ/Leipold Rn 4). Ein (Teil)Anerkenntnis bleibt für das weitere Verfahren wirksam, auch wenn kein AnerkUrteil beantragt wird (BGH NJW 93, 1717/18). Ein für die Hauptentscheidung bindendes Geständnis nach §§ 288, 290 kann jedoch im schriftl Vorverfahren wegen des Mündlichkeitserfordernisses in § 288 I nicht abgelegt werden. Im übrigen wird tatsächl Vorbringen zwar Gegenstand des Verfahrens, es kann aber in der nachfolgenden mündl Verhandlung revidiert werden. Übereinstimmende Erledigungserklärung ist im schriftl Vorverfahren möglich (MK/Prütting Rn 8), Abschluß eines Prozeßvergleichs nicht (StJ/Leipold Rn 52).

17 **6) Gerichtliche Entscheidungen:** In erster Linie kann der Vorsitzende vorbereitende Verfügungen erlassen, auch einen Beweisbeschluß nach § 358a, sofern er dafür zuständig ist (dort Rn 2 f; andernfalls erläßt ihn das Gericht). Gesetzl vorgesehen ist weiter der Erlaß eines Anerk- oder VU (§§ 307 II, 331 III) durch das Gericht (den Vorsitzenden nur in den gesetzl geregelten Fällen, zB § 349 II Nr 4, 5); zu dessen Erlaß § 310 III, § 331 Rn 12. Zum „unechten VU" gegen den Kl s § 331 Rn 13. Außerdem ist möglich eine Kostenentscheidung nach § 91a bei übereinstimmender Erledigungserklärung und die Verweisung des Rechtsstreits nach § 281 I.

18 **7) Ende:** Das schriftl Vorverfahren endet ohne förml Aufhebung mit der Terminsbestimmung, denn mit dieser erwerben die Parteien das ihnen nicht mehr einseitig vom Gericht entziehbare Recht auf Gehör in der mündl Verhandlung (§ 128; München OLGZ 83, 86 = MDR 83, 324; § 216 Rn 13). Deshalb ist, wenn einmal Verhandlungstermin bestimmt wurde, ein schriftliches VU (§ 331 III) nicht mehr zulässig.

277 *[Klageerwiderung, Replik]*

(1) In der Klageerwiderung hat der Beklagte seine Verteidigungsmittel vorzubringen, soweit es nach der Prozeßlage einer sorgfältigen und auf Förderung des Verfahrens bedachten Prozeßführung entspricht. Die Klageerwiderung soll ferner eine Äußerung dazu enthalten, ob einer Übertragung der Sache auf den Einzelrichter Gründe entgegenstehen.

(2) Der Beklagte ist darüber, daß die Klageerwiderung durch den zu bestellenden Rechtsanwalt bei Gericht einzureichen ist, und über die Folgen einer Fristversäumung zu belehren.

(3) Die Frist zur schriftlichen Klageerwiderung nach § 275 Abs. 1 Satz 1, Abs. 3 beträgt mindestens zwei Wochen.

(4) Für die schriftliche Stellungnahme auf die Klageerwiderung gelten Absatz 1 Satz 1 und Absätze 2 und 3 entsprechend.

Lit: *Leipold,* Prozeßförderungspflicht der Parteien und richterliche Verantwortung, ZZP 93 (1980), 237.

1 **1) Abs I** regelt den **Inhalt der Klageerwiderung** für den Fall des frühen ersten Termins (§ 275) u des schriftl Vorverfahrens (§ 276); für letzteres jedoch eigene Fristenregelung in § 276 I. Die Vorschrift konkretisiert ähnlich wie § 282 I die **Förderungspflicht** der Parteien in dem Sinn, daß das schriftl-streitige Vorbringen nicht etwa von Anfang an den gesamten auch nur möglicherwei-

se entscheidungserhebl Sach- und Streitstand wiedergeben muß (Eventualmaxime), sondern der Sachvortrag nach Maßgabe einer sorgfältigen und förderungsbedachten Prozeßführung der jeweiligen Prozeßlage angepaßt werden darf (StJ/Leipold Rn 14). Damit behält die **Dispositionsmaxime** (Rn 9 vor § 128) auch seit der VereinfNovelle ihre Gültigkeit. (BVerfG NJW 80, 1737/38; einschränkend für eine „Hinwendung zur Eventualmaxime" Leipold ZZP 93, 237/258; in StJ § 282 Rn 18 und Fußnote 11 rückt Leipold von dieser Meinung aber wieder ab). Die Parteien bleiben zur Vermeidung einer unnötigen Aufblähung des Prozeßstoffes befugt, ihr Vorbringen auf das nach Prozeßlage Notwendige zu beschränken. Dabei wird die jeweilige Prozeßlage durch das gegnerische Vorbringen aber auch durch Hinweise u Fragen des Gerichts bestimmt. Soweit im übrigen Abs I auch auf die Sorgfalt der Parteien bei Beurteilung der durch die Prozeßlage bedingten Erfordernisse abstellt, enthält die Vorschrift ein subjektives Tatbestandsmerkmal iS eines **prozessualen Verschuldens,** welches dem Gericht einen Beurteilungsspielraum einräumt, innerhalb dessen im Einzelfall die strengen Ausschlußwirkungen des § 296 hinter einer gerechten Entscheidung zurücktreten dürfen (vgl § 296 Rn 2; Grunsky JZ 77, 204). Nicht jede objektive Verzögerung des Verfahrens ist notw von den Parteien verschuldet, so insbes nicht bei Verletzung der Frage- u Hinweispflicht des Gerichts (§§ 139, 273 II 1, 278 III; § 273 Rn 1; einschränkend aber BGH MDR 91, 240: beabsichtigte Zurückhaltung des Sachvortrags, bis das Gericht diesen anfordert, kann im Einzelfall den Schuldvorwurf der Verzögerung gegen die Partei begründen). Für eine sachl gerechtfertigte Prozeßtaktik der Parteien insbes hinsichtl des Tatsachenstoffes läßt die VereinfNovelle im Interesse der Verfahrensbeschleunigung Raum, solange nur nicht im Einzelfall der Vorwurf der prozeßverschleppenden Sorglosigkeit begründet ist (hierzu Schneider MDR 77, 795 und § 296 Rn 2).

2) **Belehrungen des Beklagten** (Abs II): **a)** Einer allgemeinen Belehrung des Beklagten über seine **Prozeßförderungspflicht** bedarf es (vorbehaltl §§ 139, 273, 278 III!) nicht. Das gilt auch für die Äußerung des Bekl zur **Einzelrichterfrage** (s hierzu § 348 Rn 11); der Gewährung rechtl Gehörs hierzu ist Genüge getan, wenn nur das Gesetz die Parteien auffordert, sich zu dieser Frage zu äußern, so § 253 II für den Kl und nun §§ 275 I 2, 277 I 2 für den Bekl. 1a

b) Belehrung des Beklagten über die notw **Bestellung eines beim Prozeßgericht zugelassenen RA** (vgl §§ 215, 271 II, 276 II, 520 III; gilt nicht im Parteiprozeß § 79), **über die Folgen einer Fristversäumung** (§§ 276 II, 296, 331 III), beim Amtsgericht auch über die mögl **Folgen eines schriftl Anerkenntnisses** (§§ 499, 307 II) ist notw Voraussetzung einer Zurückweisung verspäteten Vorbringens (§ 296 I; BVerfG NJW 82, 1453/1454), eines schriftl VU (§§ 331 III, 335 I 4) bzw schriftl AnerkUrteils (§ 307 II). Für die Belehrung genügt eine formularmäßige Wiedergabe des Wortlauts von § 296 I nicht (Ausn: RA als Bekl, BGH NJW 91, 493). Der Partei ist vielmehr in aller Deutlichkeit klarzumachen, daß sie sich gegen die Klage grds nur innerhalb der gesetzten Frist verteidigen kann, daß ihr bei Versäumung der Frist im allgemeinen jede Verteidigung abgeschnitten ist und sie Gefahr läuft, den Prozeß vollständig zu verlieren (BGH 86, 218/226 = NJW 83, 822; NJW 91, 2773 = MDR 92, 187). Ohne Belehrung bleiben aber die nach §§ 282 II, III, 296 II, III möglichen Versäumungsfolgen bestehen, denn für eine dahingehende Belehrung über die in Betracht kommenden Verteidigungsmittel des Beklagten wird dem Gericht in dieser Verfahrenslage noch die Kenntnis fehlen (bei Kenntnis des Gerichts gelten aber die §§ 139, 273 II, 278 III neben § 277 II). 2

Die Belehrung des Beklagten über die Versäumungsfolgen hat auch dann zu erfolgen, wenn der Bekl im vorausgegangenen Mahnverfahren bereits anwaltl vertreten war (BGHZ 88, 180/183 = NJW 83, 2507; Düsseldorf NJW 78, 2203; Hamm MDR 81, 764; einschr BVerfGE 75, 302/311 für den Fall anwaltl Vertretung). 3

3) Wegen **Frist zur Klageerwiderung** (Abs III) s § 275 Rn 3 ff, § 276 Rn 4. Bei Unterschreitung der 2wöchigen Mindestfrist ist Fristsetzung insgesamt unwirksam; keine Umdeutung in angemessene Frist (StJ/Leipold Rn 24). 4

4) Für **Replik des Klägers** (Abs IV iVm §§ 275 IV, 276 III) gelten hinsichtl Inhalt und Frist die obigen Ausführungen zur Prozeßförderungspflicht entsprechend. Dem (durch das RpflVereinfG eingefügten) Hinweis auf die entspr Geltung der Absätze I–III auch für den Kl zufolge ist (entgegen früherem Recht) auch der Kläger über die sich aus § 296 I ergebenden Risiken einer Mißachtung der Frist für eine Replik auf die Klageerwiderung zu **belehren.** Diese Belehrung des Klägers kann zusammen mit der Fristsetzung erfolgen; sie ist im Partei- und im Anwaltsprozeß geboten. Für die Folgen einer unterbliebenen Belehrung gilt das oben in Rn 2 Gesagte für den Kl entspr. 5

5) Die gem § 277 gesetzten Fristen sind wegen ihrer Präklusionswirkung (§§ 296 I, 528 I) hinsichtl ihrer Inlaufsetzung durch notwendig **förmliche Zustellung** wie Notfristen iS des § 187 S 2 zu behandeln (§ 187 Rn 9); daher ist Heilung von Zustellungsmängeln durch tatsächl Zugang ausgeschlossen (BGHZ 76, 236 = NJW 80, 1167 = MDR 80, 573; Düsseldorf NJW-RR 86, 799/800). 6

278 *[Haupttermin]*

(1) Im Haupttermin führt das Gericht in den Sach- und Streitstand ein. Die erschienenen Parteien sollen hierzu persönlich gehört werden.

(2) Der streitigen Verhandlung soll die Beweisaufnahme unmittelbar folgen. Im Anschluß an die Beweisaufnahme ist der Sach- und Streitstand erneut mit den Parteien zu erörtern.

(3) Auf einen rechtlichen Gesichtspunkt, den eine Partei erkennbar übersehen oder für unerheblich gehalten hat, darf das Gericht, soweit nicht nur eine Nebenforderung betroffen ist, seine Entscheidung nur stützen, wenn es Gelegenheit zur Äußerung dazu gegeben hat.

(4) Ein erforderlicher neuer Termin ist möglichst kurzfristig anzuberaumen.

1 **I) Haupttermin. 1) Begriff:** § 275 II unterscheidet ausdrücklich den frühen ersten Termin vom Haupttermin. Das heißt aber nicht, daß § 278 nicht auch für den frühen ersten Termin gilt, denn auch dieser Termin kann bei entsprechender Vorbereitung (§§ 273, 275, 358a; vgl § 272 Rn 1) u Eignung der Sache zum Abschluß der Verhandlung u zur Entscheidungsreife (§ 300) führen. Wo das der Fall ist, entfällt faktisch der Unterschied zwischen Haupttermin u frühem ersten Termin u § 278 gilt seinem Normzweck entspr auch für letzteren (Grunsky JZ 77, 202; Bischof NJW 77, 1902; Schneider MDR 77, 886; StJ/Leipold Rn 27). Insbes das in Abs 3 normierte Gebot der Gewährung rechtl Gehörs (unten Rn 5–8) gilt nicht nur während des Haupttermins.

2 **2) Ablauf:** Aufruf der Sache § 220, Eröffnung der mündl Verhandlung durch den Vorsitzenden § 136, Entgegennahme der Anträge §§ 137, 297 u der Parteierklärungen §§ 138, 139 (beim Amtsgericht beachte § 504). Einführung in den Sach- u Streitstand durch das Gericht (Vorsitzender od Berichterstatter) kann vor oder nach Stellen der Anträge gegeben werden (§ 137 Rn 1). Sie erfordert nicht Vortrag der den Parteien offenbar bekannten Umstände, insbes nicht der Prozeßgeschichte u des in vorbereitenden Schriftsätzen (§ 129) bereits erörterten Tatsachenstoffes u der Rechtsansichten der Parteien. Nicht nur das Verfahren insgesamt, sondern auch der Termin soll konzentriert ablaufen. Daher Hinweispflicht des Gerichts u mündl Erörterung nur insoweit, als das zur Klärung des Sachverhalts (§ 139) u zur Offenlegung der Beurteilung der Sach- u Rechtslage durch das Gericht erforderl ist (s Rn 5). Maßstab hierfür ist die Erklärung und Erörterung alles dessen, was für einen Sühneversuch (§ 279) geeignet u erforderl ist. Soweit veranlaßt, hierbei Anhörung auch der erschienenen Parteien persönl (§ 137 II–IV), die hierfür idR zu laden sind (§ 141); Anhörung der Parteien tunlichst in Abwesenheit erschienener Zeugen.

3 **II) Beweiserhebung** (§ 284) folgt der streitigen Verhandlung unmittelbar, soweit sie nicht gem § 358a schon vorher stattgefunden hat (dann § 285). Auch ein nicht angekündigter, **präsenter Beweis** kann sofort erhoben werden (vgl BGH 86, 198/201 = NJW 83, 1495; s auch NJW 82, 1535 = MDR 82, 658; Hamm MDR 86, 766; zur Entbehrlichkeit eines Beweisbeschlusses § 358 Rn 2). Das gilt auch für mitgebrachte oder zufällig anwesende Zeugen (zu eng Schleswig NJW 91, 303 m abl Anm Gießler NJW 91, 2885). Das Gericht hat allerdings vor der sofortigen Vernehmung solcher Zeugen bei einem Widerspruch des Beweisgegners gegen diese Verfahrensweise die Erfordernisse des rechtl Gehörs (Parteiöffentlichkeit, vgl §§ 357 I, 397 II) zu prüfen und ggf (evtl auch für einen angekündigten Gegenbeweis) gemäß Abs IV einen neuen Termin zur Verhandlung und Beweisaufnahme zu bestimmen, falls nicht § 296 eingreift (§ 296 Rn 13). – Zur Beweiserhebung trotz Abwesenheit der geladenen Parteien s § 367. Eine auswärtige Beweiserhebung (§§ 361, 362, 375) muß Ausnahme bleiben, § 355. Daher ist Ladung aller wesentl (nicht sämtlicher!) Zeugen u Durchführung der weiteren in § 273 vorgesehenen Vorbereitungsmaßnahmen Pflicht des Vorsitzenden (vgl § 273 Rn 1).

4 Nach Beweiserhebung folgt sofort (§§ 285, 370; hierzu aber § 285 Rn 2!) die gemäß § 160 II protokollpflichtige (BGH NJW 90, 121 = MDR 89, 972), aber verzichtbare streitige **Erörterung des Beweisergebnisses;** evtl erneuter Sühneversuch des Gerichts § 279. Eine ausdrückl Wiederholung der Anträge nach der Beweiserhebung im selben Termin ist nicht geboten (§ 297 Rn 8).

5 **III) Rechtliches Gehör** (hierzu näher Rn 3 ff vor § 128): Die von der VereinfNovelle beabsichtigte Beschleunigung des Verfahrens darf grds nicht auf Kosten der materiell richtigen Entscheidung erfolgen (§ 296 Rn 5). Insbesondere verkennt ein Richter seinen verfassungsgemäßen (Art 20 III, 103 I GG) Auftrag zur Rechtsprechung absolut, wenn er nur um der VerfBeschleunigung willen seine schnelle Entscheidung auf rechtl Überlegungen stützt, die, obwohl entscheidungserhebl, von den Parteien nicht erkannt waren u zu denen sich zu äußern (auch das Gericht kann sich irren!) die Parteien keine Gelegenheit erhalten hatten. Mit dem in Abs III normierten u § 265 StPO angeglichenen Gebot rechtl Gehörs bestätigt das Gesetz das in der Rspr längst entwickelte **Verbot von Überraschungsentscheidungen** (BGH MDR 76, 379; VersR 63, 1149 u 71, 1021; LM § 139 Nr 3; § 295 Nr 14; hierzu Hinz NJW 76, 1187; Rosenberg ZZP 49, 38/68 ff; Schneider NJW 70, 1884). Abs III ergänzt die Pflicht zur Tatsachenaufklärung (§ 139) durch die Pflicht zum Hinweis auf von den Parteien nicht oder nicht in ihrer Erheblichkeit für die Entscheidung

erkannte **rechtliche Gesichtspunkte.** Aus dieser Aufklärungstätigkeit des Gerichts kann die Besorgnis richterl Voreingenommenheit (§ 42) nicht hergeleitet werden, wenn sie nur objektiv ausgeübt wird (BVerfGE 42, 91; Schneider MDR 77, 882).

1) Anwendungsbereich: Der rechtl Gesichtspunkt muß **entscheidungserheblich** sein (Bischof NJW 77, 1901; Schneider MDR 77, 883), sei es in mat-rechtl oder verf-rechtl Hinsicht (Beispiele: Rn 10). Der rechtl Gesichtspunkt muß von der betroffenen Partei oder ihrem Anwalt (wegen dessen evtl Schwächen die Partei nicht benachteiligt werden darf; Schneider MDR 77, 971; BGH Rpfleger 77, 359) **erkennbar übersehen** oder für unerhebl gehalten sein. Ob das der Fall ist, ergeben die Schriftsätze u auch die Einlassung im Termin. Da niemand sich selbst benachteiligen will, spricht Vermutung für das Nichterkennen eines nicht ausdrückl angesprochenen Gesichtspunkts (BGH NJW 93, 667); daher Hinweispflicht großzügig und ganz unabhängig von der Frage prozessualen Verschuldens zu handhaben (StJ/Leipold Rn 43). Unerläßl ist Hinweis, wenn erkennendes Gericht oder Vorinstanz den Eindruck erweckt hat, auf einen jetzt für maßgebl gehaltenen Gesichtspunkt komme es nicht an, denn die Partei darf darauf vertrauen, daß ihr eine Änderung der Rechtsauffassung des Gerichts mitgeteilt wird (BGH NJW-RR 94, 566). Jedoch Hinweis entbehrl, wenn nur die ohnehin begünstigte Partei nicht erkennt, daß ihr Obsiegen aus nichterkanntem Rechtsgrund erfolgt. 6

Ausnahme: Hinweispflicht entfällt im Interesse der VerfBeschleunigung (wo keine Verzögerung zu besorgen, ist die Pflicht umfassend!), wenn nur eine Nebenforderung betroffen. **Nebenforderung** idS kann eine solche wie in § 4 I genannt sein, aber auch ein wertmäßig unwesentl Teil (bis ca 15%) der Hauptsache (Schneider MDR 77, 1/3 u 884; Bauer NJW 78, 1238; Fischer DRiZ 95, 264; aM Franzki DRiZ 77, 164; vermittelnd StJ/Leipold Rn 48). 6a

2) Umfang der Hinweispflicht: das Gericht muß nicht (es darf aber) seine beabsichtigte Endentscheidung offenbaren, denn diese zu finden, bleibt der nachfolgenden Beratung (§§ 192–197 GVG) vorbehalten. Hinweis daher nötig auf alle aus seiner Sicht möglicherweise entscheidungserhebl Gesichtspunkte, die von der betroffenen Partei erkennbar übersehen oder verkannt sind. Erheblich idS kann eine Rechtsvorschrift oder eine rechtl relevante Tatsache (Schneider MDR 77, 883) sein, aber auch eine Rechtsprechung, der zu folgen das Gericht beabsichtigt. Hinweis des Gerichts entbehrlich, wo eine Partei die Rechtsfrage bereits hinreichend angesprochen hatte (BGH NJW 84, 310/311). Ob eine **Partei anwaltlich vertreten** ist, kann für den Umfang der Hinweispflicht insofern von Bedeutung sein, als die Frage der „Erkennbarkeit" (Rn 6) bei einem Anwalt oft anders zu beantworten sein wird als bei einer nicht anwaltl vertretenen Partei (vgl auch § 139 Rn 13). 7

3) Verfahren: Entgegen dem Standort des § 278 im Gesetz beginnt die Hinweispflicht nicht erst im Verhandlungstermin; das ergibt schon § 273 I. Daher Hinweise nötig auch im schriftl Vorverfahren (§ 276), im schriftl Verfahren (§ 128 II u III) u bei jeder Terminsvorbereitung iS § 273 (StJ/Leipold Rn 27). Wo Hinweis erst im Verhandlungstermin erfolgt, muß die betroffene Partei **Gelegenheit zur Äußerung** erhalten (Düsseldorf NJW-RR 92, 1404; München OLGZ 79, 355; Bischof NJW 77, 1902; Schneider MDR 77, 886). Ist sofortige Stellungnahme der Partei unmöglich oder trotz ihrer Sorgfalts- u Förderungspflicht (§ 277 I) nicht zumutbar (zur zumutbaren Erklärungsfrist, insbesondere bei erkennbaren Informationsschwierigkeiten der Partei s entspr § 285 Rn 2; BVerfG NJW 62, 1691), muß nach Abs IV vertagt werden, sofern es nicht ausreicht, in entspr Anwendung des § 283 Schriftsatzfrist zu gewähren, und diesbezügl Antrag gestellt wird (gegen entspr Anwendung des § 283, weil dieser nur die nachgereichte Erwiderung auf gegnerisches Vorbringen erlaube, StJ/Leipold Rn 60 u MK/Prütting Rn 46; Stein MDR 94, 437; wie hier aber Bischof NJW 77, 1897/1902 u MDR 93, 615; Schneider MDR 77, 881/886; BL/Hartmann Rn 20). Anders als im unmittelbaren Anwendungsbereich des § 283 (s dort Rn 3) ist die überraschte Partei jedoch nicht gezwungen, zur Vermeidung prozessualer Nachteile den Antrag auf Schriftsatznachlaß zu stellen, sondern kann auf Vertagung bestehen (aA Bischof MDR 93, 616). Ohnehin wird neuer Termin meist unumgängl sein, weil der neu eingeführte Gesichtspunkt eine Ergänzung des tatsächl Vorbringens und die Anhörung des Gegners hierzu erforderl macht; dies unterstreicht die Notwendigkeit, rechtl Hinweise bereits im Rahmen der Terminsvorbereitung zu geben. Erkennt das Gericht die Erheblichkeit eines unterlassenen Hinweises erst nach Schluß der Verhandlung (§ 136 IV, entsprechend § 128 II 3), so ist nach § 156 zu verfahren. 8

Unterlassen eines rechtl gebotenen Hinweises kann Art 103 I GG verletzen (BVerfGE 84, 188; DtZ 92, 327; s auch Rn 6a vor § 128), ist jedenfalls Verfahrensfehler iS §§ 539, 550 u kann (Ausnahme § 540) Zurückverweisung rechtfertigen (BGH NJW 82, 582). Die Klage darf nicht als unzulässig abgewiesen werden, ohne daß zu dem betr rechtl Gesichtspunkt Gelegenheit zur Äußerung und Nachbesserung gegeben wurde. Revisionsgericht muß zu diesem Zweck zurückverweisen (BGH NJW 94, 652/654). Daher sollte die Erfüllung der richterl Hinweispflicht aktenkundig gemacht werden (schriftl Verfügung gem § 273, sonst Protokollierung § 160 II, zumindest Darlegung im Tatbestand des Urteils gem § 313 II), um dem Rechtsmittelgericht die Prüfung (§ 539) zu 9 ermöglichen (§ 160 Rn 3; StJ/Leipold Rn 53). Versäumnisse des Gerichts bzgl der Hinweispflicht schließen den Vorwurf eines prozessualen (Mit-)Verschuldens gegen eine Partei oder ihren Anwalt aber nicht in jedem Fall aus (BGH MDR 91, 240/241).

10 **4) Beispiele:** Hinweis nötig, wenn das Gericht ein Parteivorbringen für verspätet erachtet (§ 296 Rn 32; BVerfG NJW 87, 485; die Partei muß Gelegenheit haben, die Verspätung zu entschuldigen), wenn es der Entscheidung einen offenkundigen (§ 291), aber von keiner Partei vorgetragenen Sachverhalt zugrunde legen will (BVerfGE 10, 182; 15, 218; 32, 197; BGH VersR 71, 1020/1021, Köln Rpfleger 85, 498), wenn es eine Klage für unschlüssig erachtet (Frankfurt MDR 89, 461; vgl Vorbem § 253 Rn 23), wenn es nach Klageabweisung wegen Verjährung und Berufung bzgl der Verjährungsfrage die Bestätigung des Ersturteils auf vom Erstgericht nicht behandelte Beweisgründe sachlicher Art stützen will (BGH NJW 87, 781), wenn es ein Verteidigungsvorbringen des Bekl zu dessen Nachteil wertet, wenn es entgegen der Annahme der Parteien ausländisches Recht anwenden will (BGH MDR 76, 379), wenn es trotz Antritt des Sachverständigenbeweises das Urteil auf eigene Sachkunde stützen will (§ 402 Rn 7; BVerfG JZ 60, 124; BGH NJW 70, 419), wenn erkennbar Beweisantritt wegen falscher Beurteilung der Beweislast unterbleibt (BGH NJW 82, 582; MDR 91, 223/224), wenn es die Gültigkeit allgemeiner Geschäftsbedingungen, auf welche die Parteien nicht eingehen, bejaht oder in Frage stellt (Düsseldorf MDR 82, 855), wenn unklar ist, ob ein früherer Beweisantritt noch aufrechterhalten wird (BVerfG NJW 82, 1637) oder wenn das Gericht das von einer Partei vorgelegte Privatgutachten (hierzu § 402 Rn 2) als hinreichend beweiskräftig ansieht. Weitere Beispiele auch bei § 539 Rn 11 und § 139 Rn 10 ff, denn Erfordernisse der Sach- u Rechtsaufklärung überschneiden sich oft.

11 **IV) Neuer Termin,** also Vertagung der Verhandlung (§ 227), ist zu bestimmen, wenn die Sache bei Ende des Haupttermins noch nicht entscheidungsreif (§ 300) ist. Der neue Termin muß so früh wie möglich angesetzt werden (§ 272 Rn 8 gilt hier entspr). Erforderliche Hinweise u Auflagen (§ 273) sind mit der Terminsbestimmung zu verbinden, zumindest sofort nachzuholen. Wegen Terminsladung s § 218.

279 *[Güteversuch]*

(1) Das Gericht soll in jeder Lage des Verfahrens auf eine gütliche Beilegung des Rechtsstreits oder einzelner Streitpunkte bedacht sein. Es kann die Parteien für einen Güteversuch vor einen beauftragten oder ersuchten Richter verweisen.

(2) Für den Güteversuch kann das persönliche Erscheinen der Parteien angeordnet werden. Wird das Erscheinen angeordnet, so gilt § 141 Abs. 2 entsprechend.

Lit: *E. Schneider,* Prozeßvergleich nach dem Recht der VereinfNovelle, JurBüro 77, 145 und JuS 76, 145; *Strecker,* Grenzen der Streitbeilegung durch Vergleich, DRiZ 83, 97; *Stürner,* Aufgaben des Richters u Anwalts bei gütlicher Streitbeilegung, JR 79, 133 und DRiZ 76, 202; *Weber,* Gütliche Beilegung u Verhandlungsstil im Zivilprozeß, DRiZ 78, 166; *Wolf,* Normative Aspekte richterlicher Vergleichstätigkeit, ZZP 89, 260.

1 I) Der **Gesetzesauftrag zum Güteversuch** ist kein Auftrag zur richterlichen Arbeitserleichterung (ein sinnvoller Vergleichsvorschlag setzt die Durcharbeitung des Prozeßstoffes voraus), sondern ein Auftrag zur Befriedung der Parteien durch das dem Urteil zumindest gleichwertige Mittel der Einigung unter Anerkennung der rechtlichen und auch wirtschaftlichen Argumentation des Gerichts (Gottwald ZZP 95 [1982], 256).

2 **II) 1) Abs I.** Das Gericht soll tunlichst (vor dem Arbeitsgericht stets, § 54 ArbGG) in jeder Prozeßlage (uU auch nach Schluß der Verhandlung; § 156 Rn 5) auf eine gütliche Beilegung des Streits durch ProzVergleich hinarbeiten (Zu Rechtsnatur, Förmlichkeit und Wirkung des Prozeßvergleichs s § 794 Rn 3–16). Nimmt das ProzGericht den Sühneversuch vor, ist Beschluß nicht nötig; verweist es die Parteien an einen beauftragten oder ersuchten Richter, geschieht es durch Beschl; mündl Verhandlung hierzu nicht Voraussetzung (München NJW 62, 1114). Jedoch darf (wegen §§ 272 III, 520, 555) die Instanz nicht ohne Termin zur Hauptsacheverhandlung zunächst mit einem Sühnetermin vor dem beauftragten oder ersuchten Richter beginnen (StJ/Leipold Rn 9). Der beauftr oder ersuchte Richter (§§ 361, 362) setzt Termin von Amts wegen an. Protokollierung e Vergleichs: §§ 160 III 1, 162, auch wenn die Parteien im AnwProz allein erschienen sind (§ 78 III, dort Rn 46), dagegen Anwaltszwang für ProzVergleich vor dem Kollegium oder Einzelrichter (Schneider NJW 71, 1043; RSchwab/Gottwald § 131 III 2g; StJ/Leipold Rn 9–13; Köln NJW 61, 786; Hamm NJW 72, 1998; München NJW 62, 351; abw Koblenz NJW 71, 1043 mit abl Anm Schneider; Neustadt NJW 64, 1329; zur Frage des Anwaltszwanges für ProzVergleich s auch § 794 Rn 7). Ausnahme: Der im Anwaltsprozeß nur für einen Prozeßvergleich beitretende Dritte unter-

liegt nicht auch dem Anwaltszwang hierfür (BGHZ 86, 160 = NJW 83, 1433 = MDR 83, 573 = Rpfleger 83, 287; hierzu kritisch Bergerfurth JR 83, 369). – Vollstreckung §§ 794 Nr 1, 795.

Das Gericht soll sein Recht aus § 279 nicht mißbrauchen. Ein gerichtl Vergleichsvorschlag darf sich – schon im Interesse der Glaubwürdigkeit des Gerichts – niemals allein von Gesichtspunkten der Prozeßökonomie leiten lassen; er sollte entspr § 91a den „bisherigen Sach- und Streitstand nach billigem Ermessen berücksichtigen". Mit der Würde des Gerichts unvereinbar wäre es, das Kostenrisiko des Verfahrens als Druckmittel gegen die wirtschaftl schwächere Partei einzusetzen, wenn deren Prozeßchancen rechtl u tatsächl günstiger sind als die Argumente des wirtschaftl stärkeren Gegners. Die Parteien dürfen die Überzeugung nicht verlieren, daß sie ihrem Recht auch ohne Vergleich zum Siege verhelfen können. Andererseits sind die Parteien gerade nach durchgeführter Beweisaufnahme, die keine völlige Klärung bringen konnte, für einen vernünftigen Vergleichsvorschlag u Anberaumung eines Sühnetermins oftmals dankbar. Ein vom Gericht den Parteien abgenötigter Vergleich ist gem § 123 BGB anfechtbar (BGH NJW 66, 2399). Zur Sittenwidrigkeit eines Prozeßvergleichs: BGH 51, 141; zur Irrtumsanfechtung eines Prozeßvergleichs und zum Verfahren hierbei: § 794 Rn 15; Celle NJW 71, 145; zur (unmöglichen) Anfechtung der Nichtausübung des Widerrufsrechts: Celle NJW 70, 48; zu den Grenzen zulässigen „Vergleichsdruckes" Wenzel NJW 67, 1587; zu den materiell-rechtl und verfahrensrechtl Folgen eines fehlerhaften Vergleichs s § 794 Rn 15 ff; zu der nach materiellem Recht gebotenen persönl Mitwirkung der Parteien (neben ihren Anwälten) bei einem Vergleich s § 137 Rn 5. Zur Frage, *wem gegenüber* der Vergleichswiderruf fristwahrend zu erklären ist, s § 794 Rn 10a; Düsseldorf OLGZ 87, 110. – Scheitert das Sühnegespräch, ist vor Urteilsverkündung stets (evtl nochmalige) Schlußverhandlung u -beratung nötig (BGH NJW 66, 2399). 3

2) **Abs II.** Die Anordnung des persönl Erscheinens (§ 141) kann hier ausnahmsweise (vgl § 141 Rn 2) auch der ersuchte oder beauftr Richter treffen. **Mitteilung** der Ladung an die Parteien **selbst,** auch wenn der Termin verkündet worden war, § 141 II; Ladungszustellung ist nicht nötig. Keine Strafandrohung. Nichterscheinen im Termin hat keine Rechtsnachteile in der Sache zur Folge; insbes können der nichterschienenen Partei deshalb keine Kosten auferlegt w. Es gilt lediglich der Sühneversuch als gescheitert. Ist das persönl Erscheinen vom Prozeßgericht *auch* zwecks Sachaufklärung angeordnet, trifft § 141 III – Androhung von Ordnungsmittel – zu, sofern in der Ladung darauf hingewiesen war (§ 141 Rn 6; Köln NJW 74, 1003). 4

280 *[Zulässigkeit der Klage, Zwischenstreit]*

(1) Das Gericht kann anordnen, daß über die Zulässigkeit der Klage abgesondert verhandelt wird.

(2) Ergeht ein Zwischenurteil, so ist es in betreff der Rechtsmittel als Endurteil anzusehen. Das Gericht kann jedoch auf Antrag anordnen, daß zur Hauptsache zu verhandeln ist.

I) Die Zulässigkeit der Klage setzt voraus, daß der beantragten Sachentscheidung keine Prozeßhindernisse entgegenstehen (Rn 9 ff vor § 253). Ob das der Fall ist, hat das Gericht teilw von Amts wegen zu prüfen (= unverzichtbare Prozeßvoraussetzungen), teilw nur auf Rüge einer Partei. Zur Abgrenzung vgl § 295 Rn 3–6. Danach wird die Zulässigkeit der Klage nicht berührt vom Fehlen verzichtbarer Sachurteilsvoraussetzung, sofern keine Partei insoweit eine Verfahrensrüge erhebt. Verzichtbar i diesem Sinn sind: die nicht ausschließliche örtliche und sachliche Zuständigkeit des Gerichts (vgl die Anm zu §§ 12–40 ZPO, § 13 GVG), die Leistung der Kostensicherheit (§§ 110–113), die Kostenerstattung im Fall § 269 IV, die Einrede des Schiedsvertrags (§ 1027a) und die Einhaltung nur dem Interesse der Parteien (nicht dem allgemein-öffentlichen Interesse an der Gesetzmäßigkeit des Verfahrens) dienender Verfahrensregeln. – Zur **Rechtzeitigkeit der Zulässigkeitsrüge** s § 282 Rn 6, zur Folge der verspäteten Rüge verzichtbarer Prozeßvoraussetzungen s § 296 Rn 8a. 1

§ 280 erfaßt sämtliche Sachurteilsvoraussetzungen ohne Unterscheidung zwischen verzichtbaren u unverzichtbaren Zulässigkeitsmängeln. Die Vorschrift dient (ähnlich § 146) der Prozeßökonomie, indem sie einen Weg eröffnet, die beim Fehlen von Zulässigkeitsvoraussetzungen nutzlose Prüfung der sachlichen Begründetheit von Klage oder Widerklage zurückzustellen, bis durch ein rechtsmittelfähiges Zwischenurteil die vorgreiflichen Zulässigkeitsfragen abschließend geklärt sind. – Sonderregelungen über andere zulässige Zwischenurteile enthalten §§ 303, 304. Zwischenstreit mit Dritten: §§ 71, 135 II, 387, 402. 2

II) Verfahren: 1) Anordnung der abgesonderten Verhandlung durch unanfechtbaren **Beschluß** des Gerichts. Anträge der Parteien hierzu sind entbehrlich; sie sind aber als Anregung zu verstehen. Die Anordnung steht im nicht nachprüfbaren Ermessen des Gerichts, (Frankfurt MDR 85, 149; RGZ 57, 417); sie dient dem Zweck, für die Dauer der Zulässigkeitsbedenken des 3

Gerichts das Verfahren auf diese Frage zu konzentrieren und den Parteien zunächst einen womöglich umfangreichen und ggf unnützen Vortrag zur Hauptsache zu ersparen. Bei fehlender Anordnung kein Recht der Parteien auf Verweigerung der Einlassung zur Hauptsache (sonst § 333) mit Ausnahme der Kosteneinrede des Beklagten gem §§ 113, 269 IV. Die Anordnung ist (regelm mit Terminsladung; dann Zustellung § 329 II 2, sofern nicht § 218 Ladung entbehrl macht) von vorheriger mündl Verhandlung hierüber nicht abhängig. Das Gericht darf seine Anordnung durch Beschluß rückgängig machen, wenn es nachträglich aus Gründen, die gem § 278 III bekanntzugeben sind, die abgesond Verhandlung für entbehrlich hält; so insbes bei Entscheidungsreife für ein Prozeßurteil gegen den Kläger (entspr § 150, Bergenroth NJW 52, 1204; StJ/Leipold Rn 5).

4 2) **Verhandlung** notw mündl (Ausnahme § 128 II). Hierbei gilt für den Streit über subjektive Prozeßvoraussetzungen (Rn 12 vor § 253) die Partei als prozeßfähig (BGH 24, 91).

5 **Beweislast** für von Amts wegen zu prüfende Prozeßvoraussetzungen hat der Kl (vor § 253 Rn 9), für das Vorliegen verzichtbarer Mängel der Bekl. Im höheren Rechtszug sind bezgl verzichtbarer Mängel die Sonderregelungen in §§ 512a, 528 II, 549 II, 551 Nr 4 zu beachten; die internat Zuständigkeit des Gerichts ist aber stets vAw zu berücksichtigen (§ 1 Rn 8; BGHZ 44, 47; 84, 18 = MDR 65, 723; 82, 835 = NJW 82, 1947). – Bei **Säumnis einer Partei** gilt § 347 II: dann beim Fehlen unverzichtbarer Prozvoraussetzungen unechtes VersUrteil gegen den Kl, sonst echtes VersUrteil gegen die Partei, welche verzichtbaren Mangel geltend machte.

6 **3) Entscheidung: a) bei Unzulässigkeit der Klage:** Endurteil auf Abweisung als unzulässig (= Prozeßurteil) oder, soweit hilfsweise beantragt, Verweisung gem §§ 281, 506 durch Beschluß. Rechtswegverweisung: § 17a II GVG. Zwischenurteil nur im Fall §§ 112, 113 (Zwischenurteil auf Leistung der Ausländersicherheit; zur Anfechtbarkeit dieses Urteils s unten Rn 8 und § 110 Rn 5) mit Anordnung von Höhe u Frist der Sicherheitsleistung (wegen deren Höhe allein nicht selbst anfechtbar, BGH NJW 74, 238).

7 **b) bei Zulässigkeit der Klage:** diese bejahendes Zwischenurteil, bis zu dessen formeller Rechtskraft vorbehaltl Abs II Verfahrensstillstand eintritt. Die Kostenentscheidung bleibt hier dem Endurteil vorbehalten. Nach Eintritt der formellen Rechtskraft Terminsbestimmung von Amts wegen (s Rn 9).

8 4) **Rechtsmittel:** Ein die Zulässigkeit der Klage bejahendes **Zwischenurteil** (Rn 7) ist, unabhängig davon, ob es auf Grund abgesonderter Verhandlung ergeht), **selbständig anfechtbar.** soweit auch das nach Prozeßlage zu erwartende End- bzw Schlußurteil rechtsmittelfähig wäre (also nicht anfechtbar in den Fällen der §§ 10, 512a, 549 II; Hamburg MDR 67, 599; ebenso bei Nichterreichen der Rechtsmittelsumme). Das die internat Zuständigkeit bejahende Zwischenurteil ist stets selbständig anfechtbar (BGH 44, 46). Nicht anfechtbar ist dagegen das die Zulässigkeit der Klage von einer vom Kläger zu erfüllenden Bedingung abhängig machende Zwischenurteil (Rn 6), mag dieses auch eine Partei zB bezügl der Höhe einer zu leistenden Sicherheit oder bezügl einer Fristsetzung hierfür beschweren (BGH 102, 232 = NJW 88, 1733 = MDR 88, 298/299; Demharter MDR 86, 186 u EWiR § 280 ZPO Nr 1/88; BGH NJW 74, 238). – **Verfahren:** Für das Rechtsmittel gelten die allg Vorschriften. Das Rechtsmittelgericht entscheidet nur über diejenigen Prozeßvoraussetzungen, auf die sich das Zwischenurteil bezieht (MK/Prütting Rn 8). – **Kostenentscheidung:** Bei erfolglosem Rechtsmittel nach § 97, ansonsten bleibt sie der Schlußentscheidung vorbehalten.

9 **III) Fortgang des Verfahrens zur Hauptsache:** Terminsbestimmung von Amts wegen (§§ 216, 272 III) nach form Rechtskraft des die Zulässigkeit der Klage bejahenden Zwischenurteils (BGH NJW 79, 2307). Schon vorher „kann" auf Antrag Verhandlungstermin zur Hauptsache bestimmt werden. Das Gericht wird, wenn dieser Antrag gestellt wird, Erfolgsaussichten eines Rechtsmittels gegen das Zwischenurteil abzuwägen sowie Dringlichkeit zu prüfen haben. Gegen Terminsbestimmung keine Beschwerde zulässig (München NJW 74, 1514; Frankfurt MDR 85, 149; aM StJ/Leipold Rn 25; Köln NJW 56, 55; Karlsruhe NJW 71, 662; KG MDR 71, 588), denn die Fortsetzung des Verfahrens ist ebenso Ermessenssache, wie es die Anordnung der abgesonderten Verhandlung und Entscheidung war (oben Rn 3); daher Ermessensprüfung allenfalls nach hierauf gestütztem Rechtsmittel gegen das Sachurteil durch das Rechtsmittelgericht. Gegen Ablehnung der sofortigen Terminsbestimmung Beschwerde entspr § 252 (Karlsruhe NJW 71, 662).

10 Bestimmt das Gericht vor form Rechtskraft des Zwischenurteils antragsgem Termin zur Hauptsache, so kann der Rechtsstreit bei Anfechtung des Zwischenurteils gleichzeitig in zwei Instanzen anhängig sein (BAG NJW 67, 648). Ein Endurteil i der Hauptsache ist dann selbst bei dessen form Rechtskraft auflösend bedingt durch Aufhebung des Zwischenurteils (StJ/Leipold Rn 28–36; BGH NJW 73, 467/468; RG 77, 95; 107, 330). Ggf ist Kläger, wenn er aus dem obsiegenden Endurteil bereits vollstreckt hatte, dem Bekl gem § 717 II schadensersatzpflichtig. Die Aufhebung des Zwischenurteils durch das Berufungsgericht kann (muß aber nicht) den deklara-

torischen Ausspruch, daß damit das Endurteil gegenstandslos ist bzw „aufgehoben" wird, enthalten (Hamburg OLG 19, 120).

IV) Der Streitwert des Zwischenstreits entspricht dem der Hauptsache (§ 3 Rn 16 zu „Zwischenstreit"), denn er kann zum Endurteil führen (Rn 6). 11

V) Gebühren: 1) des **Gerichts:** Keine für das Zwischenurteil. Bei einem auf Abweisung der Klage als unzulässig lautenden Urteil (Prozeßurteil) handelt es sich um ein gebührenpflichtiges Endurteil. Das beim Fehlen unverzichtbarer Prozeßvoraussetzungen gegen den säumigen Kläger zu erlassende **unechte VU** (s Rn 5) löst als kontradiktorisches Urteil eine Urteilsgebühr aus, sofern in der Instanz Urteilsgebühren überhaupt entstehen können. Für das **echte VU** gegen die säumige Partei (s Rn 5) fällt keine Urteilsgeb an. Zu beachten bleibt, daß Gebühren im Zwischen- und Hauptsachestreit hinsichtl desselben Streitgegenstandes nur einmal erhoben werden können (§ 27 GKG). – Der Beschluß über die Anordnung der abgesonderten Verhandlung ist gerichtsgebührenfrei. Im Prozeßverfahren erster Instanz: keine Urteilsgebühren. – **2)** des **Anwalts:** Regelgebühren des § 31 BRAGO. Die abgesonderte Verhandlung über die Zulässigkeitsrüge kann unter § 33 II BRAGO fallen, so daß dem Prozeßanwalt insoweit eine halbe Verhandlungsgebühr erwachsen kann. Wird jedoch später zur Hauptsache verhandelt, wenn auch nicht streitig, kann die Gebühr nach § 33 II neben der Verhandlungsgebühr nach dem Wert der Hauptsache nicht mehr entstehen (§ 37 Nr 3 BRAGO). 12

281 *[Verweisung an zuständiges Gericht]*

(1) Ist auf Grund der Vorschriften über die örtliche oder sachliche Zuständigkeit der Gerichte die Unzuständigkeit des Gerichts auszusprechen, so hat das angegangene Gericht, sofern das zuständige Gericht bestimmt werden kann, auf Antrag des Klägers durch Beschluß sich für unzuständig zu erklären und den Rechtsstreit an das zuständige Gericht zu verweisen. Sind mehrere Gerichte zuständig, so erfolgt die Verweisung an das vom Kläger gewählte Gericht.

(2) Anträge und Erklärungen zur Zuständigkeit des Gerichts können vor dem Urkundsbeamten der Geschäftsstelle abgegeben werden. Die Entscheidung kann ohne mündliche Verhandlung ergehen. Der Beschluß ist unanfechtbar. Der Rechtsstreit wird bei dem im Beschluß bezeichneten Gericht mit Eingang der Akten anhängig. Der Beschluß ist für dieses Gericht bindend.

(3) Die im Verfahren vor dem angegangenen Gericht erwachsenen Kosten werden als ein Teil der Kosten behandelt, die bei dem im Beschluß bezeichneten Gericht erwachsen. Dem Kläger sind die entstandenen Mehrkosten auch dann aufzuerlegen, wenn er in der Hauptsache obsiegt.

I) Allgemeines

Zulässigkeit des Rechtsweges, sachl und örtl Zuständigkeit des Gerichtes sind – soweit nicht §§ 38, 39 eine Gerichtsstandsvereinbarung zulassen oder §§ 512a, 549 II eine Zuständigkeitsrüge ausschließen – Sachurteilsvoraussetzungen, bei deren Fehlen eine Klage durch Prozeßurteil als unzulässig abzuweisen wäre. Neben § 281 schaffen zahlreiche Sondervorschriften (§§ 17–17b GVG, § 48 ArbGG, § 46 WEG, § 18 HausratsVO, § 12 LwVG) die Möglichkeit, zur Vermeidung nutzloser Zuständigkeitsstreite u Prozeßurteile einen Rechtsstreit unter Aufrechterhaltung der Rechtshängigkeit (§ 261 Rn 7; BGH NJW 61, 2259 u 53, 1139) an das zuständige Gericht (nicht an Verwaltungsbehörden!) zu verweisen. Verbleibende Lücken (insbes beim Verhältnis zwischen streitiger u freiwilliger Gerichtsbarkeit) hat die Rspr durch analoge Anwendung der §§ 17 ff GVG geschlossen (BGHZ 40, 1/6; NJW 92, 2423/26). Den mit Wirkung vom 1. 1. 1991 neu gefaßten § 17a GVG wendet der BGH inzwischen sogar dort an, wo spezialgesetzl Regelungen bestehen (NJW 95, 2851/52 zu § 46 WEG; WM 96, 1198 zu §§ 12, 23 II LwVG). 1

II) Anwendungsbereich

1) § 281 gilt unmittelbar nur für das **Urteilsverfahren,** wird aber auf **andere Verfahren der ZPO** entsprechend angewendet, so zB das Verf der Zwangsvollstreckung (BayObLG Rpfleger 86, 98), das Verf der einstw Verfügung und des Arrestes (sofern dem nicht der Eilzweck dieses Verfahrens entgegensteht, Teplitzky DRiZ 82, 42; Koblenz NJW 63, 1460), das Verfahren der Prozeßkostenhilfe (BGH NJW-RR 94, 706; zur Bindungswirkung für das Hauptsacheverfahren s unten Rn 16a), das Aufgebotsverfahren (RG 121, 20). Zum Mahnverf s § 689 Rn 5, § 696 Rn 7 ff. 2

2) **Sondervorschriften** der §§ 696 I u V, 698, 700 III für das Mahnverfahren sowie § 506 für das AG-Verfahren gelten neben § 281 (Schäfer NJW 85, 296; § 696 Rn 7–10, § 700 Rn 14, § 506 Rn 4). 3

3) Verweisung liegt nur vor u ist nur zulässig, wo ein **anderes Gericht örtlich oder sachlich zuständig** ist. Keine Verweisung, sondern formlose Abgabe nach Maßgabe der Geschäftsverteilung erfolgt zwischen versch Spruchkörpern (Kammern usw) desselben Gerichts (München NJW 64, 1282; BGH NJW 78, 1531; 64, 201) oder zwischen dem Stammgericht u dessen auswärtiger Zweigstelle, wobei den mangels Bindungswirkung der Abgabe (BGHZ 71, 264 = NJW 78, 1531) mögl Zuständigkeitsstreit das Präsidium entscheidet (RG 119, 379; dort auch über die Unzulässigkeit der Verweisung innerhalb eines Gerichts von der Berufungskammer an eine erstinstanzli- 4

che Kammer; vgl § 506 Rn 4). Sonderregelung zwischen Zivilkammer u Kammer für Handelssachen: §§ 97–99, 102, 104 GVG (Nürnberg NJW 75, 2345). Keine Verweisung zulässig an ein **ausländisches Gericht,** denn jeder hoheitl Akt endet an der Staatsgrenze. Daher auch keine Verweisung an den EuGH (Schumann ZZP 76 [1965], 93). Für die Verweisung in einen anderen **Rechtsweg** gelten §§ 17a, b GVG, ebenso seit 1. 1. 1991 für die Verweisung zu den Arbeitsgerichten (§ 48 I ArbGG). Zum Verhältnis zwischen streitiger u freiwilliger Gerichtsbarkeit s vor § 17 GVG Rn 11.

5 **4)** Für **Familiensachen** Sonderregelung in § 621 III (s dort Rn 91 ff), § 529 III (dort Rn 14) und § 549 II (dort Rn 17). Wegen der Behandlung von Zuständigkeitsmängeln im Verhältnis zwischen Streitgericht und Familiengericht s § 621 Rn 69 ff, § 23b GVG Rn 5 ff und für die Berufungsinstanz § 119 GVG Rn 3 ff.

6 **5)** In **Kartellsachen** kann Berufung gegen ein Urteil, welches den Klageanspruch unter kartellrechtl und nichtkartellrechtl Gesichtspunkten geprüft hat, auf Antrag an das für Berufungen dieser Art überörtl zuständige OLG (§ 93 GWB) verwiesen werden (BGH 49, 33 = NJW 68, 351 = MDR 68, 121; BGH 71, 367/374 = MDR 78, 609).

III) Verfahren

7 **1) Zulässigkeit: a) Rechtshängigkeit der Streitsache** (§ 261), bloße Anhängigkeit (Rn 4 zu § 253) genügt für Verweisung des Rechtsstreits nicht (BGH MDR 83, 466). Vor Zustellung der Klage ist auf Antrag des Klägers nur formlose Abgabe ohne Bindungswirkung möglich (BayObLG NJW 64, 1573). Daher auch keine Bindungswirkung, wo § 281 analog in sonstigen Verfahren angewandt wird (Rn 2). Nach Ende der Rechtshängigkeit (§ 261 Rn 7) ist eine Verweisung – etwa wegen einer noch zu treffenden Kostenentscheidung gemäß § 91a; München OLGZ 86, 67/69 – ausgeschlossen.

8 **b) Nur der Rechtsstreit als ganzer** kann verwiesen werden, nicht das Verfahren hinsichtl eines von mehreren Anspruchsgründen (RG 165, 384; Frankfurt MDR 82, 1023; BAG NJW 64, 1436; BGH 13, 145 = NJW 54, 1321; MDR 91, 227; 63, 658; NJW 64, 46; 71, 564; MK/Prütting Rn 27; aA Ritter NJW 71, 1217). StJ/Leipold Rn 13 erachtet eine Teil-Verweisung hinsichtl konkurrierender Anspruchsgründe allenfalls zugleich mit einem im Umfang der gegebenen Zuständigkeit ergehenden abweisenden Sachurteil für möglich. Die Klage ist aber nur hinsichtl des der Kompetenz des angerufenen Gerichts unterliegenden Anspruchsgrundes sachl zu entscheiden, im übrigen als unzulässig abzuweisen (BGH 13, 146 = NJW 54, 1321; NJW 71, 564); eine Zuständigkeit kraft Sachzusammenhangs (dafür Vollkommer oben § 12 Rn 20f mwN) lehnt der BGH nach wie vor ab (NJW 96, 1411/13). Eine **Teilverweisung** ist nur zulässig, wo auch die Abtrennung (§ 145) zulässig u erfolgt ist. Ggf kann in dem Ausspruch der Teilverweisung die gleichzeitige Abtrennung erblickt werden (München MDR 96, 642); es entsteht weiterer Prozeß mit der in § 145 Rn 7 beschriebenen Wirkung. Ausgeschlossen mangels Trennbarkeit daher die gesonderte Verweisung von Haupt- bzw Hilfsanspruch (Rn 6 zu § 260); hier bestimmt der Hauptanspruch die Zuständigkeit insgesamt, auch wenn das aufnehmende Gericht für den Hilfsanspruch unzuständig ist (BGH NJW 56, 1358) u eine Verweisung bzgl des Hilfsanspruches wäre erst nach Abweisung des Hauptantrages möglich (BGH NJW 80, 1283; StJ/Leipold Rn 14).

9 **c) In jeder Instanz** kann verwiesen werden (BGH 16, 345; BayObLG NJW 58, 1825), doch muß bei Unzulässigkeit des Rechtsweges oder Unzuständigkeit des Erstgerichts dann unter Aufhebung des Ersturteils (daher hier Verweisung nur durch Urteil; BGH 10, 155/163; MDR 89, 41; NJW 86, 1995) an das zuständige Gericht der ersten Instanz verwiesen werden. Das gilt auch, wenn das Erstgericht auf Zuständigkeitsrüge des Bekl hin zutreffend die Klage wegen Unzuständigkeit als unzulässig abgewiesen hat und der Kläger den Verweisungsantrag erstmals (auch hilfsweise) vor dem Berufungsgericht stellt (dann § 97 II beachten!), Köln OLGZ 89, 83; BayObLG NJW 58, 1825/1827; BAG BB 75, 1209. Nicht möglich ist eine Verweisung durch das LG als Berufungsgericht an das OLG als Berufungsgericht wegen einer in der 2. Instanz eingetretenen Überschreitung der amtsgerichtl Zuständigkeit (BGH NJW-RR 96, 891).

10 **d)** Das zuständige Gericht muß im Verweisungsbeschluß (oder -urteil) **bestimmt bezeichnet** werden. Unzulässig die Verweisung mit der Anheimgabe der Weiterverweisung für den Fall der Unzuständigkeit (Celle MDR 53, 111).

11 **2) Antrag des Klägers** ist nötig. Verweisung von Amts wegen ist unzulässig (Ausnahme in Familiensachen § 621 III u im Mahnverfahren §§ 696 I, 698, 700 III). Der Antrag kann (evtl nach Hinweis gem § 139, 278 III) hilfsweise gestellt sein (RG 108, 263; BGH 5, 107) u mit einem Rechtsmittel gegen das Prozeßurteil verbunden werden. Ausnahmsweise ist **der Beklagte antragsberechtigt** gem § 506 ZPO. Der Antrag und weitere Erklärungen der Parteien zur Zuständigkeitsfrage können **mündlich oder formlos schriftlich,** jedenfalls außerhalb eines für das Verfahren zur Hauptsache sonst bestehenden Anwaltszwangs abgegeben werden (§ 78 III). Anträge mündl zu Protokoll eines jeden Amtsgerichts sind zulässig (§ 129a). Damit entfällt die Notwendigkeit, selbst bei unstreitiger Unzuständigkeit des angerufenen Gerichts im Anwaltsprozeß allein für das Verweisungsverfahren Anwälte für beide Parteien bestellen zu müssen.

3) Entscheidung. a) Das RpflVereinfG hat das **Verweisungsverfahren vom Zwang mündlichen Verhandlung** (BVerfG NJW 82, 2367) **befreit.** Das Verfahren kann einschließl der gerichtl Entscheidung schriftl geführt werden. Die dann notwendige Gewährung des rechtl Gehörs in schriftl Form bleibt aber unverzichtbar (Vorbem § 128 Rn 6). – **Ausnahmen:** Die Freistellung vom Mündlichkeitszwang verbietet es dem Gericht nicht, eine (von der Verhandlung über die Hauptsache abgesonderte; § 280) mündl Verhandlung des Verweisungsstreit anzuordnen, wenn der Verweisungsantrag Rechtsfragen aufwirft, deren mündl Erörterung mit den Parteien dem Gericht sachdienl erscheint; diese abgesonderte mündl Verhandlung ist, soweit die Hauptsache dem Anwaltszwang unterliegt, nicht vom Anwaltszwang befreit. Wo der Verweisungsstreit in der Rechtsmittelinstanz zur Hauptsache entsteht und deshalb bei einer Verweisung des Rechtsstreits zugleich ein Urteil der Vorinstanz aufzuheben ist (Rn 9 und 13), unterliegt das einem solchen Urteil vorausgehende Verfahren auch über die Verweisungsfrage dem Zwang zur mündl Verhandlung und dem Anwaltszwang. 12

b) Die Entscheidung ergeht grds als **Beschluß,** als Urteil nur bei gleichzeitiger Aufhebung eines Urteils (Rn 9). Der Beschluß muß die eigene Unzuständigkeit (örtl, sachl oder beides) aussprechen u das zuständige Gericht bezeichnen. Er ist zu begründen; eine Kostenentscheidung darf er auch hinsichtlich der „Mehrkosten" (Abs II 2) nicht enthalten (BGH 12, 254 = NJW 54, 1001; abw BGH 13, 145 = NJW 54, 1321 bei Verweisung in einen anderen Rechtsweg; s unten Rn 18). In mündl Verhandlung ist er zu verkünden; ergeht er ohne mündl Verhandlung, genügt formlose Mitteilung an beide Parteien (§ 329 II 1). Wirksam wird er erst mit der letzten Mitteilung (BGH MDR 95, 739). 13

c) Die Verweisung ist, gleichgültig ob Beschluß oder Urteil, **unanfechtbar** (Abs II Satz 3). Dies gilt auch bei Verfahrensverstoß (BGH NJW 67, 565) u Verletzung ausschließl Zuständigkeit (RG 76, 177; Düsseldorf Rpfleger 75, 102) sowie entgegen der hM (MK/Prütting Rn 41 mwN) selbst bei offensichtl Willkür u Versagung rechtl Gehörs (Köln VersR 92, 1111; aA BGH 71, 69 = MDR 78, 650 = NJW 78, 1163; BayObLG MDR 80, 583; München NJW-RR 95, 957; Koblenz Rpfleger 74, 26; Frankfurt NJW 62, 449 mit abl Anm von Dunz NJW 62, 814; vgl auch § 567 Rn 18 ff). In solchen Fällen kann jedoch die Bindungswirkung fehlen und das Verfahren nach § 36 Nr 6 eröffnet sein (Rn 17, 17c). Unanfechtbar ist auch die Ablehnung des Antrags (Oldenburg MDR 92, 518). 14

4) Wirkung: a) Der Rechtsstreit wird **bei dem aufnehmenden Gericht anhängig;** die Anhängigkeit beim verweisenden Gericht endet (BGH NJW-RR 93, 700). Entgegen früherem Recht, wonach die verwiesene Sache „mit der Verkündung des Beschlusses" bei dem angewiesenen Gericht anhängig wurde, stellt das Gesetz für diese Anhängigkeit nun auf den **Eingang der Akten** beim angewiesenen Gericht ab (Abs II 4). Damit entfallen mögliche Unklarheiten über die Zeit des Anhängigkeitswechsels bei einem nicht verkündeten Verweisungsbeschluß; die Mitteilung an *beide* Parteien (Rn 13) ist jedoch weiterhin Wirksamkeitsvoraussetzung (BGH MDR 95, 739). Im Mahnverfahren gilt für die Abgabe nach Widerspruch Entsprechendes; s § 696 I. 15

b) Verfahrenseinheit bleibt gewahrt, frühere Prozeßhandlungen wirken fort, die Zuweisung an den Einzelrichter (§ 348) bindet auch das aufnehmende Gericht (Koblenz MDR 86, 153), Einlassungsfrist ist nicht mehr nötig; keine Unterbrechung der Rechtshängigkeit, daher wahrt Klage vor unzuständigem Gericht bei Verweisung jede Klagefrist (§ 261 Rn 3; BGH 35, 375 = NJW 61, 2259; NJW 83, 1052; BAGE 73, 30/38). Bewilligung der Prozeßkostenhilfe wirkt fort (Düsseldorf NJW-RR 91, 63). Bei Verweisung nach Einspruch gegen ein VersUrteil oder nach Widerspruch gegen Arrest- oder Verfügungsbeschluß ist zur Entscheidung über diese Rechtsbehelfe allein das angewiesene Gericht zuständig, denn die verfahrensfehlerhafte Vorentscheidung kann als im Ergebnis richtig vom nunmehr sachl zuständigen Gericht bestätigt werden (KG NJW 69, 1816; Frankfurt Rpfleger 74, 321; Nürnberg OLGZ 69, 56). Ein bereits ergangenes Teilanerkenntnisurteil hat für das angewiesene Gericht dieselbe Wirkung wie ein eigenes (BGH NJW-RR 92, 1091). 15a

c) Bindungswirkung: Die Verweisung des Rechtsstreits ist unwiderrufl für das verweisende u grds (Ausnahme s Rn 17) bindend für das aufnehmende Gericht, selbst bei Rechtsirrtum (BGH NJW-RR 92, 902) oder Verfahrensfehler (BGH 2, 278 bei fehlerhafter Besetzung des Gerichts, BGH FamRZ 90, 1226 bei Verweisung ohne Antrag und in Verkennung der eigenen Zuständigkeit, BGH NJW 62, 1819; Düsseldorf Rpfleger 75, 102; Frankfurt Rpfleger 79, 390 bei ausschließl Zuständigkeit). Das verweisende Gericht kann seinen Beschluß selbst dann nicht ändern, wenn es nachträgl seine Unrichtigkeit erkennt; eine Berichtigung ist nur unter den Voraussetzungen des § 319 möglich (BGH NJW-RR 93, 700). Die Bindung verbietet Weiter- oder Zurückverweisung (näher Rn 17c). Die Bindungswirkung geht aber **nicht über den Verweisungsgrund hinaus** (BayObLG MDR 83, 322; NJW 70, 1550; München NJW 72, 61): Die internat Zuständigkeit des aufnehmenden Gerichts kann nicht bereits durch Verweisung begründet werden (§ 1 Rn 8; BGHZ 44, 47; 84, 18; Schütze RIW 95, 631). Wird wegen sachl oder örtl Unzuständigkeit an ein Gericht desselben Rechtswegs verwiesen, so ist dieses nicht gehindert, nach § 17a II GVG an ein Gericht eines anderen Rechtswegs zu verweisen; dieses kann ggf innerhalb seines Rechtswegs 16 weiterverweisen (BAG BB 94, 2075). Die Verweisung wegen örtl Unzuständigkeit bindet nicht hinsichtl der sachl Zuständigkeit u umgekehrt (BGH NJW 78, 887; abw München NJW 58, 148). Hat AG wegen örtl Unzuständigkeit an ein anderes AG verwiesen, dieses wegen sachl Unzuständigkeit an sein übergeordnetes LG, so ist letzteres sachl und örtl gebunden (München NJW 65, 767). Bindung nur hinsichtl der Zuständigkeit, nicht hinsichtl der rechtl Begründung (zB es handele sich um eine Familiensache, BGH MDR 93, 1236; BayObLG NJW-RR 93, 10/11).

16a Verweisung im Verfahren der **Prozeßkostenhilfe** bindet nur für dieses; mangels Rechtshängigkeit (Rn 7) nicht für das Streitverfahren (BGH MDR 92, 190 = NJW-RR 92, 59 [Vorlage an GemS; erledigt durch Aufgabe abw BAG-Rspr]; BAG NZA 93, 285).

17 **Ausnahmsweise keine Bindung,** wenn der Verweisung jede rechtl Grundlage fehlt, so daß sie als *objektiv willkürlich* erscheint (BGH NJW 93, 1273). Ein bloßer Rechtsirrtum begründet noch keine Willkür (BGH NJW-RR 92, 902), wohl aber eine Häufung grober Rechtsirrtümer (BGH NJW-RR 92, 383) sowie die Verweisung durch ein zuständiges Gericht unter Übergehung einer eindeutigen Zuständigkeitsvorschrift (München NJW-RR 94, 892), auch einer bereits seit längerem geltenden Gesetzesänderung (BGH NJW 93, 1273) oder einer einhelligen Auffassung in Rechtsprechung und Schrifttum (BayObLGZ 86, 285/287) oder sonst ohne nachvollziehbare Begründung der eigenen Unzuständigkeit (BayObLG NJW-RR 94, 891 = MDR 94, 94; vgl auch Fischer NJW 93, 2417 u MDR 94, 539 mwN). Auch ein Irrtum des verweisenden Gerichts bei der Zuordnung des zuständigkeitsbegründenden Ortes zum Bezirk des angegangenen Gerichts läßt Bindungwirkung entfallen (BAG BB 95, 627). – Nicht bindend ist der Beschluß auch, wenn er auf einer *Versagung des rechtlichen Gehörs* beruht, dh das Gericht den Verfahrensbeteiligten nicht vor der Entscheidung Gelegenheit zur Stellungnahme gegeben hat (BGHZ 102, 338/341; 71, 69/72 = NJW 78, 1163; BAG NZA 92, 1049); einer Kausalitätsfeststellung bedarf es hierbei nicht, BayObLG MDR 80, 583, MK/Prütting Rn 56, aA 19. Aufl), bei *willkürlicher Entziehung des gesetzlichen Richters* (Art 101 GG; BVerfGE 22, 254; Schneider NJW 68, 96) oder wenn er wegen *fehlender Begründung* nicht erkennen läßt, ob er auf gesetzl Grundlage beruht (München FamRZ 82, 942; einschr bei Einverständnis der Parteien BGH FamRZ 88, 943, bei Erkennbarkeit der Begründung aus dem Akteninhalt Karlsruhe FamRZ 91, 90; KG MDR 93, 176). Nach Verweisung erfolgende Klageänderung (selten sachdienl iS § 263!) kann Weiter- oder Zurückverweisung rechtfertigen (BGH NJW 90, 53/54 = MDR 90, 135). Keine Bindung auch, soweit Verweisung ausnahmsweise als anfechtbar angesehen wird (entgegen Rn 14) oder wo das angewiesene Gericht sich bereits rechtskräftig für unzuständig ausgesprochen hatte (§ 11; München NJW 56, 187).

17a **Gerichtsstandvereinbarung** *nach Verweisung* rechtfertigt wegen des Prinzips der perpetuatio fori keine Weiter- oder Zurückverweisung (vgl § 261 Rn 12; BGH NJW 63, 585; München NJW 65, 767; abw Düsseldorf NJW 61, 2355; LG Siegen NJW 64, 872), desgleichen die (Zurück-)Verlegung des Wohnsitzes (BGH NJW-RR 94, 126; 95, 513). Umgekehrt kann aber Gerichtstandsvereinbarung nach einer an sich nicht bindenden Verweisung diese bindend machen (MK/Prütting Rn 57). Hatten die Parteien *vor der Verweisung* eine Gerichtsstandsvereinbarung getroffen, so entfällt die bindende Wirkung des diese unbeachtet lassenden Beschlusses nur unter den Voraussetzungen der Rn 17 (vgl BGH MDR 95, 951).

17b Zur Verweisung nach **Überleitung aus dem Mahnverfahren** s § 696 Rn 9.

17c 5) **Zurück- oder Weiterverweisung:** Hält sich das angewiesene Gericht weder nach den Zuständigkeitsvorschriften noch aufgrund der Bindungswirkung des Verweisungsbeschlusses für zuständig, so kann es seinerseits mit einem Beschluß nach § 281, also nach (erneuter) Anhörung der Parteien, zurück- oder weiterverweisen. Dieser Beschluß kann jedoch keine Bindungswirkung entfalten, wenn der erste Beschluß tatsächl bindend war. War dies nicht der Fall, beurteilt sich die Bindungswirkung des neuen Beschlusses nach Rn 16 ff. Können die Gerichte sich nicht einigen, ist nach § 36 Nr 6 zu verfahren (vgl BGH NJW-RR 94, 126; BayObLG NJW-RR 93, 10; eingehend hierzu § 36 Rn 22 ff).

IV) Kosten (Abs III)

18 Das abgebende Gericht hat über die (Mehr-) Kosten nicht zu entscheiden, soweit der Rechtsstreit trotz Verweisung in der gleichen Instanz bleibt (§§ 27, 33 GKG); anders bei Verweisung durch das Rechtsmittelgericht an das zuständige Gericht unterer Instanz (BGH 11, 58; 12, 70 = NJW 54, 311 u 554; abw für den Fall einer Verweisung wegen nachträgl Änderung des Verfahrensrechts BGH 12, 266 = NJW 54, 1001).

19 Die **Mehrkosten** (Abs III 2) sind diejenigen Verfahrenskosten, die durch die Anrufung eines unzuständigen Gerichts als Gerichts- oder außergerichtl Kosten zusätzlich angefallen sind (Hamm MDR 90, 161; München NJW 69, 1217; s auch § 91 Rn 13 zu „Mehrkosten"). Sie sind vom aufnehmenden Gericht stets dem Kläger aufzuerlegen; wurde das übersehen: Ergänzungsurteil gem § 321. Eine Korrektur der vergessenen Mehrkosten derart, daß diese im Festsetzungsverfah-

ren (§ 104) als nicht notwendig iS § 91 anerkannt werden, ist unzulässig (Koblenz NJW-RR 92, 892; München JurBüro 80, 298 m Anm Mümmler; Schmidt NJW 75, 984; Schleswig SchlHA 76, 13; abw Bremen Rpfleger 87, 33; Frankfurt MDR 88, 869; Schneider MDR 65, 799). Kosten der Säumnis (§ 344), des nicht notwendigen Anwaltswechsels (Düsseldorf MDR 80, 321) u Kosten erfolgloser Angriffs- u Verteidigungsmittel (§ 96) sind keine Mehrkosten iS Abs III 2. Auch für § 506 gilt III 2 nicht (§ 506 Rn 7). Ob die Kostenübernahme in einem Vergleich auch die (iS des § 91 nicht notwendigen) Mehrkosten des Abs III umfaßt, ist Frage der Vertragsauslegung (§ 157 BGB; Stuttgart JurBüro 86, 103; Hamm NJW 68, 403; Koblenz Büro 75, 1109 m Anm Mümmler).

Einweilen frei. **20**

Die Kostenfolge des Abs III Satz 2 gilt auch für eine Weiterverweisung im **Mahnverfahren.** Die **21** bisher abweichende Regelung in § 696 V, die auf der früheren Fassung des § 690 I 5 beruhte, ist durch das RpflVereinfG geändert worden.

V) Gebühren; 1) des **Gerichts:** Zu **§ 9 Abs 1** GKG: Der Verweisungsbeschluß ist gerichtsgebührenfrei (§ 1 I GKG), **22** dem kostenrechtl ein Abgabebeschluß (§§ 36, 696 I 1, 698, 700 III 1 ZPO, § 23b II 2 GVG, § 64a IV FGG) gleichsteht. Gerichtsgebührenfrei ist auch der Weiterverweisungsbeschluß des Gerichts, an das die Sache verwiesen (abgegeben) worden ist. Dies gilt auch für den etwaigen Zurückverweisungsbeschluß. Im übrigen ist zu unterscheiden:

a) Verbleibt die Sache bei einer **Verweisung** (Abgabe) **innerhalb des** Geltungsbereichs des **GKG** (Verweisung durch oder an ein Gericht der Verwaltungs-, der Finanz- u der Arbeitsgerichtsbarkeit), so wird der Rechtsstreit gebührenrechtl so behandelt, als wenn er von Anfang an bei dem übernehmenden Gericht anhängig gewesen wäre: Die Verfahrensabschnitte vor und nach der Verweisung bilden eine kostenrechtl Einheit. Die gebührenrechtl Behandlung richtet sich nach den für das übernehmende Gericht geltenden Kostenbestimmungen, die auch dafür maßgebend sind, ob und welche Gebührentatbestände bereits im Verfahrensabschnitt vor dem verweisenden Gericht eingetreten sind. Ist vor der Verweisung eine Gebühr zwar entstanden, aber noch nicht fällig oder nur in geringerer Höhe ausgelöst worden, so tritt mit der Verweisung die Fälligkeit ein oder ihre entsprechende Erhöhung. So zB bei der Verweisung vom Arbeitsgericht, bei dem Gebühren vor der Beendigung des Rechtszugs oder vor einer sechsmonatigen Verfahrensruhe usw nicht fällig u Prozeßkostenvorschüsse nicht erhoben werden (§ 12 IV ArbGG), an das ordentl Streitgericht. Verfahrenstrennung bei subjektiver Klagenhäufung und Verweisung eines der getrennten Verfahren löst beim Gericht, an das verwiesen wird, erneuten Gebührenanfall aus (München MDR 96, 642).

b) Bei einer **Verweisung aus dem** Geltungsbereich des **GKG** gilt der Verfahrensabschnitt vor dem verweisenden Gericht als Teil des Verfahrens vor dem übernehmenden Gericht. Dies bedeutet, daß etwa nach dem GKG oder ArbGG angefallene Gebühren nicht erhoben werden; vielmehr entscheidet allein das Kostenrecht des übernehmenden Gerichts, ob überhaupt Gebühren u welche anzusetzen sind. Allerdings sind Gebührentatbestände des Verfahrensabschnittes vor dem verweisenden Gericht auch beim übernehmenden Gericht zu berücksichtigen.

c) Bei einer **Verweisung in den** Geltungsbereich **des GKG** (von einem Gericht der freiwilligen Gerichtsbarkeit oder einem Sozialgericht) an ein Gericht der ordentl streitigen Gerichtsbarkeit, der Verwaltungs-, der Finanz- oder der Arbeitsgerichtsbarkeit werden für das gesamte Verfahren die Gebühren nach dem GKG oder dem ArbGG berechnet, wobei die vor dem verweisenden Gericht entstandenen Kosten auf die vom übernehmenden Gericht entstehenden Kosten anzurechnen sind.

Zu **§ 9 Abs 2** GKG: Entstehen durch die Anrufung eines Gerichts, zu dem der Rechtsweg nicht gegeben oder das (örtl oder sachl) unzuständig ist, sog Mehrkosten, so sind diese grundsätzl nicht zu erheben, wenn die Anrufung auf unverschuldeter Unkenntnis der tatsächl oder rechtl Verhältnisse seitens der Partei oder ihres Vertreters (§ 85 ZPO) beruht. Diese Voraussetzung wird stets gegeben sein, wenn erst das OLG die Unzulässigkeit des ordentl Rechtswegs erkannt hat. Sie wird regelmäßig nicht gegeben sein, wenn der Kläger zB bereits vor dem LG auf die Unzulässigkeit des Rechtsweges hingewiesen worden ist, er aber dennoch keinen Verweisungsantrag stellt. – Bei Verweisung ist das übernehmende Gericht insgesamt für die Festsetzung des Streitwerts zuständig. Die bei dem verweisenden Gericht vorher eingezahlten Kosten sind auf eine endgültige Kostenforderung zu verrechnen. Ein Überschuß muß zurückgezahlt werden, ein Unterschiedsbetrag ist nachzuerheben. Bei Zurückverweisung einer Sache an das Gericht des unteren Rechtszugs bildet das weitere Verfahren mit dem früheren Verfahren vor diesem Gericht eine Instanz iS des § 27 GKG, § 33 GKG. Im Hinblick auf die Instanzeinheit bleiben die früher erwachsenen Gebühren bestehen.

2) des **Anwalts:** Bei der Verweisung oder Abgabe einer Sache an ein anderes Gericht auf **derselben Ebene** bildet das Verfahren vor und nach der Verweisung (Abgabe) eine Gebühreninstanz (§ 14 S 1 BRAGO). Um eine Verweisung auf derselben Ebene handelt es sich zB, wenn vom AG an das LG als erste Instanz oder umgekehrt verwiesen wird. Auch dann bleibt die Sache in derselben Ebene, wenn an ein Gericht eines anderen Gerichtsbarkeitszweiges als erstinstanzl Gericht verwiesen wird. Bleibt der Anwalt vor und nach der Verweisung für seinen Mandanten tätig, erwachsen ihm im Hinblick auf die Einheit der Instanz die vor dem zunächst angegangenen Gericht entstandenen Gebühren nach der Verweisung (Abgabe) **nicht** ein zweites Mal. Wird nach streitiger Verhandlung verwiesen, so hat der RA die $^{10}/_{10}$ Verhandlungsgeb bereits verdient. Nur eine $^{5}/_{10}$ Verhandlungsgeb nach §§ 33 I 1, 31 I Nr 1 BRAGO steht ihm zu, wenn sogleich die Verweisung beantragt wird. Wechselt der RA, so erhält der neue Anwalt neue Gebühren entsprechend der von ihm entwickelten Tätigkeit.

Bei der Verweisung oder Abgabe einer Sache an ein **Gericht des niedrigeren Rechtszugs** gilt das weitere Verfahren vor dem Gericht, an das verwiesen (abgegeben) ist, gebührenrechtl als ein neuer Rechtszug (§ 14 S 2 BRAGO), so daß der RA die Gebühren neu erhält (§ 13 II 2 BRAGO). Nach § 14 S 2 sind vor allem Verweisungen (Abgaben) in einen anderen Zweig der Gerichtsbarkeit, aber auch Verweisungen innerhalb desselben Gerichtsbarkeitszweiges zu beurteilen, was allerdings die Ausnahme sein soll. Um eine Verweisung an ein Gericht des niedrigeren Rechtszugs handelt es sich auch, wenn die Berufungskammer des LG den Rechtsstreit wegen sachl Zuständigkeit an eine andere Kammer als erste Instanz verweist (München MDR 92, 523 = KoRsp BRAGO § 14 mit Anm Herget; Oldenburg, Rpfleger 84, 431 wendet § 15 I 1 BRAGO an). Für die Frage, ob der RA, der nach der Verweisung (Abgabe) weiterhin tätig ist, alle Gebühren nach § 14 S 2 BRAGO von neuem beanspruchen kann, kommt es darauf, ob die Verweisung prozessual zulässig war oder nicht, keinesfalls an.

282 *[Rechtzeitigkeit des Vorbringens]*
(1) Jede Partei hat in der mündlichen Verhandlung ihre Angriffs- und Verteidungsmittel, insbesondere Behauptungen, Bestreiten, Einwendungen, Einreden, Beweismittel und Beweiseinreden, so zeitig vorzubringen, wie es nach der Prozeßlage einer sorgfältigen und auf Förderung des Verfahrens bedachten Prozeßführung entspricht.

(2) Anträge sowie Angriffs- und Verteidigungsmittel, auf die der Gegner voraussichtlich ohne vorhergehende Erkundigung keine Erklärung abgeben kann, sind vor der mündlichen Verhandlung durch vorbereitenden Schriftsatz so zeitig mitzuteilen, daß der Gegner die erforderliche Erkundigung noch einzuziehen vermag.

(3) Rügen, die die Zulässigkeit der Klage betreffen, hat der Beklagte gleichzeitig und vor seiner Verhandlung zur Hauptsache vorzubringen. Ist ihm vor der mündlichen Verhandlung eine Frist zur Klageerwiderung gesetzt, so hat er die Rügen schon innerhalb der Frist geltend zu machen.

Lit: *Leipold,* Prozeßförderungspflicht der Parteien und richterliche Verantwortung, ZZP 93, (1980), 237.

I) Allgemeines zur Prozeßförderungspflicht

1 **1) Abs I** konkretisiert die **Prozeßförderungspflicht der Parteien** wie §§ 272, 273 die entspr Pflicht des Gerichts. Dabei gilt Abs I für die Erfüllung der Förderungspflicht **in der mündl Verhandlung,** während Abs II ebenso wie § 277 dieselbe Pflicht der Parteien bereits für die schriftl Vorbereitung der Verhandlung begründet. Da das Schwergewicht der „umfassenden Terminsvorbereitung" (§ 272 I) auf dem schriftl Vorbringen der Partei beruht, hat Abs I gegenüber Abs II u § 277 nur eine untergeordnete Bedeutung, denn grds ist der Verhandlungstermin schriftl vorzubereiten (§§ 129, 273, 275, 276, 277) und als eine Einheit anzusehen (vgl §§ 136 IV, 220 II, 332); von einer Verspätung mündl Vorbringens iS Abs I kann daher nur die Rede sein, wo sich die Verhandlung durch Vertagung (§§ 227, 278 IV) über mehrere Termine erstreckt u Angriffs- bzw Verteidigungsmittel erst in einem Folgetermin anstatt in der ersten mündl Verhandlung vorgebracht werden (Deubner NJW 87, 1585; 85, 1140; StJ/Leipold Rn 12), nie im ersten Termin zur mündl Verhandlung (BGH NJW 92, 1965 = MDR 92, 608).

2 **2) Angriffs- u Verteidigungsmittel** iS Abs I u II sind jegliche zur Begründung des Sachantrags (iS § 253 II 2) oder zur Verteidigung gegen diesen vorgebrachten tatsächl u rechtl Behauptungen, Einwendungen, Bestreiten, Einreden u Beweisanträge (vgl entspr §§ 146, 296). Sie sind (entgegen StJ/Leipold Rn 25) zu unterscheiden von allgemeinen Rechtsausführungen (denn iura novit curia) und vom Angriff selbst, dh vom Sachantrag (= Antrag zur Klage bzw Widerklage; BGH WPM 86, 864/866), der als solcher (vorbehaltl § 296a; s dort Rn 2) niemals wegen Verspätung zurückgewiesen werden kann (BGH, Beschl v 17. 4. 96 – XII ZB 60/95); er kann allenfalls (bei Möglichkeit eines Teilurteils) zurückgestellt oder (bei Klageänderung) wegen seiner Verspätung als nicht sachdienl (§ 263) zurückgewiesen werden. Der BGH (BGH 83, 371 = NJW 82, 1708 = MDR 82, 843) unterwirft auch die grds bis zur Berufungsverhandlung mögliche Begründung der unselbständigen Anschlußberufung (§ 522a Rn 12) dem Gebot des § 282 und damit auch des § 296 II. Auch die Geltendmachung der (vor- oder innerprozessualen) Aufrechnung gehört hierher (MK/Prütting § 296 Rn 50).

Die **Abgrenzung** der grds keiner Präklusion unterliegenden **allgemeinen Rechtsausführungen** von den dem Gebot der Rechtzeitigkeit unterliegenden **Rechtsbehauptungen** hat nach den Erfordernissen eines fairen Verfahrens (vgl zum Verbot von Überraschungsentscheidungen § 278 Rn 5) zu erfolgen. In aller Regel werden Rechtsausführungen einer Partei ausgewählte und dem Angriff bzw der Verteidigung dienende Rechtsbehauptungen darstellen, denen eine Erwiderung des Gegners nicht vorenthalten werden darf und die in diesem Fall dem Gebot der Rechtzeitigkeit unterliegen bzw bei ihrer Entscheidungserheblichkeit dem Gericht Anlaß geben, die mündl Verhandlung wieder zu eröffnen (§ 156 Rn 3; Schneider MDR 86, 903 ff).

3 **3) Rechtzeitig** vorgebracht sind Angriffs- u Verteidigungsmittel, wenn (unabhängig von § 132; BGH NJW 89, 716) nach Maßgabe eines objektiven (= Prozeßlage) u subjektiven (= sorgfältige u förderungsbedachte Prozeßführung) Tatbestands ein früheres Vorbringen nicht zuzumuten war. Das bedeutet für das Parteivorbringen keine Rückkehr zur strengen Eventualmaxime (§ 277 Rn 1, § 296 Rn 2; StJ/Leipold § 282 Rn 18; BVerfG NJW 80, 1737/38 m Hinw auf die Entstehungsgeschichte der VereinfNovelle; einschränkend für eine „Hinwendung zur Eventualmaxime" Leipold ZZP 93, 237/258). Für eine Prozeßtaktik in der Form des sukzessiven Vorbringens bleibt jedoch nur insofern Raum, als ein zunächst zurückgehaltenes Vorbringen nach der **Prozeßlage,** also maßgeblich nach dem gegnerischen Vorbringen, jedoch auch unter Berücksichtigung von Fragen, Auflagen u Hinweisen des Gerichts (§§ 139, 273, 278 III), noch nicht veranlaßt sein darf (BayVerfGH NJW-RR 92, 895). Jedes durch diese Prozeßlage bedingte Vorbringen muß unverzüg-

lich erfolgen, um Versäumungsfolgen iS § 296 II zu vermeiden (hierzu § 296 Rn 8b, 26f). **Verspätetes Vorbringen** wird daher **nur dann** als **entschuldigt iS § 296 II** anzusehen sein, **wenn die Partei nach sorgfältiger u förderungsbewußter Prüfung der Prozeßlage davon ausgehen durfte, daß ein früherer Vortrag zu einer unnötigen Ausweitung des Prozeßstoffes geführt hätte** (Schneider MDR 77, 794 ff). Daher ist jede Partei gehalten, auch die nur hilfsweise in Erwägung zu ziehenden Angriffs- und Verteidigungsmittel, also auch zB Einreden der Verjährung (BGH MDR 91, 240) oder Verwirkung und ebenso Hilfsbegründungen oder Hilfsaufrechnung, alsbald vorzutragen oder zumindest anzukündigen (ggf Frage- und Hinweispflicht des Gerichts gem §§ 139, 278 III), wenn diese geeignet sind, das Verfahren abzukürzen. Für ein Recht des Beklagten, die Verjährungseinrede bis zum Ergebnis einer Beweiserhebung zurückzuhalten (so BL/Hartmann Rn 8), ist daher grds kein Raum (Hamm MDR 93, 686; Schneider MDR 77, 793/795; zur Frage, ob das Gericht die Verjährungseinrede anregen darf s § 139 Rn 11).

4) **Reaktion des Gerichts auf Verstöße:** Neben der Auferlegung des Kostennachteils nach § 95 oder einer Verzögerungsgebühr nach § 34 GKG kommt Präklusion des verspäteten Vorbringens nach § 296 in Betracht, soweit auch die dort genannten Voraussetzungen erfüllt sind. Voraussetzung ist jedoch stets, daß das Gericht seinerseits alles getan hat, um Verfahrensverzögerungen zu vermeiden (vgl Düsseldorf MDR 95, 752: Schriftsatznachlaß gem § 283 statt Vertagung). 3a

II) Schriftliche Terminsvorbereitung

Abs II ist in Verbindung mit § 283 und § 296 II eine **Schutzvorschrift zugunsten des Gegners,** nicht auch zugunsten des Gerichts (insbes nicht zugunsten eines Gerichts, das seiner eigenen Pflicht, das Verfahren gemäß §§ 139, 273 zu fördern und hierbei Erklärungsfristen zu setzen, nicht nachgekommen ist; BGH NJW 89, 716/717; StJ/Leipold Rn 27). Abs II gilt für die **Rechtzeitigkeit vorbereitender Schriftsätze,** also grds nur im Anwaltsprozeß, im Parteiprozeß nur nach gerichtl Aufforderung gem § 129 II (auch hier genügt aber stets mündl Erklärung zu Protokoll, § 129a). Abs II ergänzt insoweit § 277, jedoch unter besonderer Berücksichtigung des Schutzes des jew Gegners vor überraschenden Angriffs- u Verteidigungsmitteln. Darin liegt eine Garantie des rechtl Gehörs. Was „rechtzeitig" ist, besagt nicht bereits § 132 (BGH NJW 89, 716), sondern das ergibt sich aus den Erfordernissen einer dem Gegner zumutbaren Replik vor oder in der mündl Verhandlung (vgl entspr vor § 128 Rn 6, § 278 Rn 8). Daher kann im Einzelfall ein 1 Woche vor dem Termin eingereichter Schriftsatz gleichwohl verspätet (vgl entsprechend § 335 I 3) sein, wenn auf seinen Inhalt vom Gegner voraussichtl nur nach Einholung von Erkundigungen erwidert werden kann (so im Fall § 138 IV), wenn diese Erkundigungen des Gegners erkennbar nicht kurzfristig möglich sind und wenn der behauptenden Partei ein früheres Vorbringen „nach der Prozeßlage bei sorgfältiger u förderungsbedachter Prozeßführung" (insoweit gilt Abs I und § 277 I u IV) möglich gewesen wäre (vgl § 132 I: „mindestens" 1 Woche vor dem Termin). Dem Gegner muß jedenfalls für eine Replik auf kurz vor dem Verhandlungstermin vorgetragene Angriffs- und Verteidigungsmittel der anderen Partei eine derart angemessene Zeit (hierzu vgl entspr BVerfG NJW 82, 1691; § 275 Rn 4) verbleiben, wie das unter Berücksichtigung von sachl und auch persönl Informationsschwierigkeiten notwendig ist. Dementsprechend kann auch ein in der Wochenfrist des § 132 erfolgender Sachvortrag iSd § 296 II verspätet sein, wenn die (evtl gemäß § 283 nachgereichte) Replik des Gegners ergibt, daß dieser Sachvortrag nur noch verfahrensverzögernd (zB wegen notwendiger Aufklärung oder Beweiserhebung) berücksichtigt werden könnte (StJ/Leipold Rn 23). Zur Verfahrensweise bei verspätetem Vorbringen s § 132 Rn 3 und § 283 Rn 3. 4

III) Zulässigkeitsrügen

Für Zulässigkeitsrügen begründet **Abs III** ausnahmsweise (vgl Rn 3) die Eventualmaxime. Hierunter fallen im Partei- u Anwaltsprozeß sämtl Behauptungen u Einwendungen, welche die Sachurteilsbefugnis des Gerichts (Rn 9 ff vor § 253) in Frage stellen; gleichgültig ob von Amts wegen oder nur auf Rüge zu prüfen (insoweit aber unterschiedl Versäumungsfolge in § 296 III; s dort Rn 8a). **Beispiele:** Unzuständigkeit des Gerichts, Unzulässigkeit des Rechtsweges (§§ 13, 17 GVG), Einrede des Schiedsvertrages (§§ 1025 ff; hierzu BGH MDR 89, 47; München BB 95, 799; Schröder ZZP 91 [1978], 302), Einrede der Rechtshängigkeit (§ 261 III Nr 1), Einrede der Rechtskraft (§§ 318, 322), Kosteneinreden (§§ 110–113, 269 IV), Einreden gegen die Parteifähigkeit, Prozeßfähigkeit oder ordnungsgemäße Vertretung des Gegners (§§ 50–56). **Sonderregelungen:** für Antrag auf Verweisung zwischen Zivilkammer und KfHS: § 101 GVG; Zuständigkeitsbegründung durch rügelose Verhandlung zur Hauptsache: § 39; vgl StJ/Leipold Rn 44). Vor dem Arbeitsgericht gilt Abs III Satz 1 nicht (§ 54 II ArbGG). 5

Alle diese **Zulässigkeitsrügen müssen** zur Meidung der in § 296 (dort Rn 8a) für **verzichtbare Rügen** vorgesehenen Versäumungsfolgen **vom Beklagten** (bzw Widerbeklagten) gleichzeitig (= Eventualmaxime) u **vor der Verhandlung zur Hauptsache** (§ 137 I) **vorgebracht werden** und zwar **a)** bei Fristsetzung zur Klageerwiderung gem §§ 275 I, 276 I, 697 III, im Fall der Widerklage gem §§ 275 IV, 276 III, innerhalb der Frist (§ 222); sonst Ausschluß gem § 296 I, **b)** ohne Fristsetzung spätestens in der Einspruchsschrift (§ 340 III), sonst im ersten Verhandlungstermin vor 6

Stellung der Sachanträge (§ 137 I); sonst Ausschluß gem § 296 III, **c)** im schriftl Verfahren (§ 128 II u III), falls nicht vorher mündl verhandelt worden war, spätestens bis zum Zeitpunkt, welcher dem Schluß der mündl Verhandlung entspricht (§ 128 Rn 18); sonst Ausschluß gem § 296 III.

7 Die durch Abs III der Eventualmaxime unterworfene Rügepflicht bzgl der Zulässigkeit der Klage oder Widerklage gilt für alle Rechtszüge (BGH NJW 81, 2646) und besteht zur Meidung der Versäumungsfolge gemäß § 296 III auch dann, wenn dem Beklagten die Klage aus sonstigen Gründen (zB wegen Unschlüssigkeit, BGH NJW 85, 743 = MDR 85, 207) unbegründet erscheint.

8 **Unverzichtbare Prozeßvoraussetzungen** (das sind alle in Rn 9–21 vor § 253 genannten mit Ausnahme der in § 296 Rn 8a genannten) hat das Gericht stets von Amts wegen zu prüfen; sie unterliegen daher nicht der strengen Präklusionsfolge des § 296 III und insoweit ist das Rechtzeitigkeitsgebot des § 282 III lex imperfecta.

283 *[Nachgereichte Schriftsätze]*

Kann sich eine Partei in der mündlichen Verhandlung auf ein Vorbringen des Gegners nicht erklären, weil es ihr nicht rechtzeitig vor dem Termin mitgeteilt worden ist, so kann auf ihren Antrag das Gericht eine Frist bestimmen, in der sie die Erklärung in einem Schriftsatz nachbringen kann; gleichzeitig wird ein Termin zur Verkündung einer Entscheidung anberaumt. Eine fristgemäß eingereichte Erklärung muß, eine verspätet eingereichte Erklärung kann das Gericht bei der Entscheidung berücksichtigen.

1 **1) Allgemeines:** § 283 dient dem Schutz der nichtsäumigen Partei vor einer Verkürzung ihres Erwiderungsrechtes auf verspätete Angriffs- oder Verteidigungsmittel des Gegners; er dient damit auch der Straffung u Beschleunigung des Verfahrens, indem er Präklusionsfolgen (vgl hierzu § 296 Rn 16) oder Vertagungen entbehrl macht. Der säumigen Partei wird für einen Tatsachenvortrag das letzte Wort entzogen, dem Gegner ein Nachschubrecht gewährt. Das Nachschubrecht des Gegners verlängert für diesen den „Schluß der mündl Verhandlung" (Rn 4 zu § 136) hinsichtl des zulässigen Erwiderungsvorbringens (nicht auch hinsichtl sonstigen Vortrags; s Rn 5) auf den Ablauf der Nachschubfrist (wichtig wegen der Präklusionswirkung der §§ 323 II, 767 II und wegen der Geständniswirkung gemäß § 138 II u III). – Wegen der Behandlung „nachgereichter Schriftsätze" im allgemeinen (also nach Schluß der mündl Verhandlung) s § 132 Rn 4 sowie Fischer NJW 94, 1315; Mayer NJW 85, 937; Walchshöfer NJW 72, 1028.

2 **2) Anwendungsbereich:** Die Vorschrift ist anwendbar auf verspätete Schriftsätze, mögen diese vor dem Termin eingereicht oder im Termin übergeben worden sein; sie ist aber auch anwendbar auf im Termin mündl vorgetragene (§§ 137 II, 160 II u IV) Argumente einer Partei, die eine Erwiderung des Gegners erfordern oder erwarten lassen, zu welcher der Gegner nicht sogleich in der Lage ist (§ 282 II). – Zur entspr Anwendung des § 283, wenn nicht der Gegner, sondern das Gericht einer Partei im Haupttermin einen Hinweis gibt (§ 139 oder § 278 III), zu dem die Partei sich nicht sofort im Termin erklären kann: § 278 Rn 8.

2a **3) Voraussetzungen des Schriftsatzrechts: a)** Das Vorbringen der säumigen Partei muß neue **Angriffs- oder Verteidigungsmittel** iS von § 282 II (dort Rn 2) enthalten, darf sich also nicht in der Wiederholung früheren Vorbringens erschöpfen; § 283 ist nicht anwendbar auf neue Sachanträge (hierzu vgl § 296 Rn 4, § 296a Rn 2), auf bloße Gegenerklärungen und Rechtsausführungen, die bis zum Schluß der mündl Verhandlung zulässig sind (Neustadt MDR 60, 406).

2b **b)** Das neue Vorbringen muß **nicht rechtzeitig vor dem Termin** erfolgt sein. Nicht rechtzeitig ist stets ein Vorbringen, das unter Abkürzung der Wochenfrist des § 132 erfolgt, mag diese Abkürzung auch auf eine Fehlleistung des Gerichts bei der Fristsetzung oder Terminplanung zurückzuführen sein (was in diesem Fall eine Terminsverlegung oder Vertagung gemäß § 227 veranlassen sollte). Die Rechtzeitigkeit kann (entgegen ThP Rn 2) aber je nach Art und Umfang des späten Vorbringens unter gebotener Berücksichtigung der für den Gegner zumutbaren Erwiderungsmöglichkeit (vgl § 132 II) auch eine längere Frist als 1 Woche vor dem Termin erfordern; Maßstab für diese Frist ist § 277 I (dort Rn 1) und § 282 II (dort Rn 2), zumal § 132 I (dort Rn 3) die Wochenfrist als „Mindestfrist" bezeichnet (StJ/Leipold Rn 13). Die in § 296 I genannten richterl Fristen haben aber (entgegen BL/Hartmann Rn 5) bei der Prüfung der Rechtzeitigkeit iS des § 283 außer Betracht zu bleiben, denn sie dienen nicht dem Schutz des Gegners vor einer Verkürzung seiner Erwiderungsmöglichkeit, sondern der allgemeinen Verfahrensbeschleunigung. Wo demnach der erwiderungsberechtigte Gegner für einen ihm 1 Woche oder noch früher vor dem Termin mitgeteilten Schriftsatz den Schutz des § 283 in Anspruch nimmt, hat er die für diesen Schutz sprechenden Umstände in seinem Antrag (unten Rn 3) darzulegen. Ob der verspätete (insbes im Termin übergebene) Schriftsatz erwiderungsbedürftige Behauptungen enthält, ist oft nicht sofort erkennbar. Das dem Gegner vorsorgl (BGH NJW 65, 297) eingeräumte

Erwiderungsrecht ist dann gegenstandslos u rechtfertigt nicht die Berücksichtigung sonstiger nachgeschobener Ausführungen (BGH NJW 51, 273).

c) Infolge der Verspätung muß die gegnerische Partei **zu einer sofortigen Erklärung außerstande** sein. Kann von ihr verlangt werden, daß sie sich sogleich zu dem neuen Vorbringen äußert, oder ist ihr vorzuwerfen, daß ihr ProzBevollm hierzu infolge mangelnder Information nicht in der Lage ist, so scheidet ein Schriftsatzrecht aus (vgl BVerfG NJW 92, 2144; Braunschweig OLGR 95, 146). 2c

d) Die nicht säumige Partei muß ein Erwiderungsrecht **beantragt** haben. Keine Anordnung von Amts wegen. Das Gericht sollte aber Antragstellung anregen (BGH 94, 195 = NJW 85, 1539/1543 = MDR 85, 754/756; Hensen NJW 84, 1672). Wird nur Vertagungsantrag gestellt, sollte es auf Klarstellung hinwirken, ob hilfsweise Schriftsatzrecht beantragt wird. Der Gegner der säumigen Partei ist nicht befugt, statt des Antrags auf Bewilligung einer Erwiderungsfrist die Einlassung auf das verspätete gegnerische Vorbringen zu verweigern, Vertagung zu beantragen oder auf Zurückweisung des gegnerischen Vorbringens als verspätet zu bestehen (BVerfG NJW 89, 705; BGH 94, 195/214; München VersR 80, 95 = MDR 80, 148; KG NJW 83, 580 = MDR 83, 235; vgl § 132 Rn 3). Das Gericht kann durch die Antragsverweigerung der nicht säumigen Partei weder gezwungen werden, zu vertagen, noch das verspätete Vorbringen der säumigen Partei gem § 296 unberücksichtigt zu lassen (vgl BVerfG NJW 80, 277). Andererseits schließt auch das Verfahren gemäß § 283 es nicht aus, das Parteivorbringen als iS der §§ 282, 296 II verspätet zu behandeln und deshalb zurückzuweisen, wenn die nachgereichte Erwiderung des Gegners ergibt, daß das verspätete Vorbringen der Partei nur verfahrensverzögernd berücksichtigt werden könnte (§ 282 Rn 4, § 296 Rn 16; StJ/Leipold Rn 6). – Wird **kein Antrag** gestellt, ist Verkündungstermin ohne Vorbehalt zu bestimmen. Ggf ist das neue Vorbringen als zugestanden zu behandeln (§ 138 II, III). Beiden Parteien die Nachreichung von Schriftsätzen nachzulassen, wäre unzulässiger Übergang in das schriftl Verfahren (BGH NJW 62, 297 aE), falls nicht beide säumig waren (zu Unrecht auch in diesem Fall gegen beiderseitige Nachfristgewährung München WRP 72, 41; StJ/Leipold Rn 8; aber das Gericht muß sich nicht beiderseitiger Prozeßverschleppung unterwerfen). 3

4) **Entscheidung: a) Liegen die Voraussetzungen des § 283 vor,** so steht es im **Ermessen** des Gerichts, ob es eine Schriftsatzfrist gewährt. Als Alternative hierzu kommt aber nur eine Vertagung der mündl Verhandlung nach § 227 I in Betracht. Ein sofortiges Schließen der mündl Verhandlung würde die antragstellende Partei im Anspruch auf rechtl Gehör verletzen (BVerfG NJW 92, 2144). 3a

b) **Form, Inhalt, Fristbemessung:** Das Gericht setzt durch Beschluß gleichzeitig Erwiderungsfrist (für deren angemessene Dauer gilt das zu § 275 Rn 4 Gesagte entspr) u bestimmt gem § 310 Verkündungstermin, Fristberechnung: §§ 221 ff. Abkürzung u Verlängerung: §§ 224, 225; die Abkürzung oder Verlängerung einer vom Richterkollegium gesetzten Frist ist Sache des Kollegiums, nicht des Vorsitzenden (BGH NJW 83, 2030). Einer Belehrung der Parteien über die Folgen des § 283 bedarf es nicht (BVerfG NJW 87, 2734). 4

c) **Sind die Voraussetzungen nicht erfüllt,** sollte das Gericht einen ausdrückl Ablehnungsbeschluß erlassen; die Folge ist allerdings dieselbe, wenn es einfach ohne Fristgewährung einen Verkündungstermin bestimmt. 4a

d) **Nicht anfechtbar** ist sowohl die positive als auch die negative Entscheidung. Die falsche Anwendung des § 283 kann aber mit dem Rechtsmittel gegen das Endurteil geltend gemacht werden. 4b

5) **Behandlung des nachgereichten Schriftsatzes: a) Nur eine Erwiderung** auf den verspäteten Sachvortrag des Gegners darf berücksichtigt werden, nicht jedoch neuer Sachvortrag, der über eine Replik hinausgeht (BGH FamRZ 79, 573/575). Nicht zu berücksichtigen daher auch nachgeschobene Anträge (München MDR 81, 502) oder prozeßhindernde Einreden (BGH 39, 384 = NJW 63, 1744). Im nachgelassenen Schriftsatz über eine Erwiderung hinausgehender (neuer) Sachvortrag, dementsprechend auch ein geänderter (§ 264 gilt hier nicht) Sach- oder Verfahrensantrag darf ohne Wiedereröffnung der mündl Verhandlung (über deren Voraussetzung § 156 Rn 2) bei der Entscheidung nicht berücksichtigt werden, selbst wenn der Schriftsatz dem Gegner förml zugestellt wurde (Hamburg MDR 95, 526: Widerklage). Er ist iSd § 296a verspätet (vgl dort Rn 2, auch zur weiteren Behandlung). Nachgeschobener (also nicht verwertbarer) neuer Sachvortrag erfordert die Wiedereröffnung (§ 156), soweit § 139 oder § 278 III verletzt war (BGH JR 58, 344; RG 102, 266). Im übrigen steht Wiedereröffnung im nicht nachprüfbaren Ermessen des Gerichts. 5

b) Die **fristgerecht eingereichte Erwiderung muß** bei der Entscheidung **berücksichtigt werden.** Der nachgereichte Schriftsatz ist dem Gegner formlos mitzuteilen, doch hat dieser wegen 6

§ 296a kein Recht, seinerseits nochmals zu erwidern. Er kann allenfalls versuchen, das Gericht von der Notwendigkeit eines Wiedereintritts in die mündl Verhandlung (§ 156) zu überzeugen.

7 c) Die **nach Fristablauf,** aber vor dem Verkündungstermin **eingereichte Erwiderung darf** bei der Entscheidung **berücksichtigt werden.** Die Frist ist also Schutzfrist für die erwiderungsbefugte Partei u hat eine durch das Ermessen des Gerichts bedingte Ausschlußwirkung. Das Gericht handelt bei der Nichtberücksichtigung der nach Fristablauf eingehenden Erwiderung nur dann ermessensfehlerhaft, wenn es seine Entscheidung ohnedies noch nicht beraten u abgesetzt hatte oder wenn Wiedereröffnung der mündl Verhandlung iS von § 156 Rn 3 geboten wäre (BGH NJW 83, 2031); nur insoweit ist das Ermessen des Gerichts gebunden, sonst im Interesse der Verfahrensbeschleunigung frei.

8 d) Soweit **Schriftsatz im Urteil nicht berücksichtigt** wird, ist der rechtl Grund hierfür (§§ 296, 296a) in den Entscheidungsgründen darzulegen.

Vorbemerkungen zu § 284

Grundzüge des Beweisverfahrens

Lit: *Baumgärtel,* Handbuch der Beweislast im Privatrecht, Band 1, 2. Aufl, 1991, Bd 2–4, 1985–88; *ders,* Beweislastpraxis im Privatrecht, 1996; *ders,* Das Beweismaß im deutschen Zivilprozeß, in: Habscheid/Beys (Hrsg), Grundfragen des Zivilprozeßrechts 1991, S 543; *Chudoba,* Der ausforschende Beweisantrag, 1993; *Greger,* Beweis und Wahrscheinlichkeit, 1978; *ders,* Praxis u Dogmatik des Anscheinsbeweises, VersR 80, 1091; *Habscheid,* Das Recht auf Beweis, ZZP 96 [1983], 306; *Hainmüller,* Der Anscheinsbeweis u die Fahrlässigkeitstat im heutigen dtsch Schadensersatzprozeß, 1966; *Heinrich,* Die Beweislast bei Rechtsgeschäften, 1996; *Hofmann,* Beweislastumkehr bei Verletzung vertragl Aufklärungs- u Beratungspflichten, NJW 74, 1641; *Larenz,* Zur Beweislastverteilung nach Gefahrenbereichen, FS Hauß, 1978, S 225; *Leipold,* Beweislastregeln u gesetzl Vermutungen, 1966; *ders,* Beweismaß und Beweislast im Zivilprozeß, 1985; *Lepa,* Der Anscheinsbeweis in der Rechtsprechung des BGH, FS Merz, 1992, S 387; *Musielak,* Die Grundlagen der Beweislast im Zivilprozeß, 1975; *ders,* Beweislastverteilung nach Gefahrenbereichen, AcP 176, 465; *ders,* Gegenwartsprobleme der Beweislast, ZZP 100 [1987], 385; *Musielak/Stadler,* Grundfragen des Beweisrechts, 1984; *Pawlowski,* Der Prima-facie-Beweis bei Schadensersatzansprüchen aus Delikt u Vertrag, 1966; *Peters,* Beweisvereitelung u Mitwirkungspflicht des Beweisgegners, ZZP 82, 200; *ders,* Der Ausforschungsbeweis im Zivilprozeß, 1966; *ders,* Die Verwertbarkeit rechtswidrig erlangter Beweise u Beweismittel im Zivilprozeß, ZZP 76, 145; *Prölss,* Beweiserleichterungen im Schadensersatzprozeß, 1966; *Prütting,* Gegenwartsprobleme der Beweislast, 1983; *Rommé,* Der Anscheinsbeweis im Gefüge von Beweiswürdigung, Beweismaß und Beweislast, 1989; *Rosenberg,* Die Beweislast, 1965; *Schneider,* Beweis und Beweiswürdigung, 5. Aufl 1994; *ders,* Die Beweiswürdigung im Zivilprozeß, MDR 65, 879; 66, 27/192/385/561; 75, 444/538; *ders,* Die Beweisvereitelung, MDR 69, 4; *ders,* Die zivilprozessuale Beweisantizipation in der neueren Rspr, MDR 69, 268; *Wahrendorf,* Die Prinzipien der Beweislast im Haftungsrecht, 1976; *Weitnauer,* Beweislastumkehr, FS Larenz, 1973, S 905.

I) Wesen des Beweises

1) Der Vorgang der Sachverhaltsermittlung: Um über die Berechtigung der vom Kl begehrten Rechtsfolge entscheiden zu können, muß das Gericht zunächst den ihm zur Entscheidung gestellten Sachverhalt feststellen. Gemäß dem im Zivilprozeß herrschenden Beibringungsgrundsatz (vor § 128 Rn 10) ermittelt das Gericht den Sachverhalt nicht selbst, sondern überläßt den Parteien die Beibringung des Prozeßstoffes. Grundlage ist hierbei das tatsächl Vorbringen des Kl. Ist es schlüssig und wird es vom Bekl nicht bestritten, so bildet es die Grundlage der Entscheidung (vgl § 138 Rn 9). Erhebt der Bekl Einwendungen, so gilt für diese spiegelbildl dasselbe. Nur wenn entscheidungserhebl Tatsachenbehauptungen des Gegners bestritten werden, gelangt der Prozeß in die sog Beweisstation. Sie hat die Aufgabe, Klarheit darüber zu schaffen, von welcher der einander widersprechenden Sachverhaltsdarstellungen das Gericht bei seiner Entscheidung auszugehen hat. Ziel ist hierbei die Begründung der Überzeugung des Gerichts von der Wahrheit der streitigen Behauptung (§ 286 Rn 17 ff). 1

2) Parteiherrschaft: Auch das Beweisverfahren unterliegt grds (Ausnahmen in Familien- und Kindschaftssachen, s § 606 I, 640 I) dem Beibringungsgrundsatz, dh der Herrschaft der Parteien. Nur soweit das Gesetz Ausnahmen ausdrücklich zuläßt (§§ 56, 144, 293, 448) darf das Gericht von Amts wegen Beweis erheben. In allen anderen Fällen setzt die Beweiserhebung einen Beweisantrag der beweisbelasteten Partei (= Beweisantritt: §§ 282, 371, 373, 403, 420, 445) voraus. Entgegen dem Wortlaut von § 282 I („hat . . . vorzubringen") besteht für keine Partei eine Beweispflicht, nur eine Beweislast entsprechend der Darlegungslast, verbunden mit dem Risiko des Prozeßverlustes bei Nichterweislichkeit der behaupteten Tatsachen (s Rn 18). Daher ist die Zurücknahme eines Beweisantritts zulässig (StJ/Leipold § 284 Rn 32; Ausnahmen: §§ 399, 436), wenn auch ihrerseits einer Beweiswürdigung zugängl (§ 286 Rn 14). 2

II) Beweisantritt 1) Form: Der Beweisantritt erfolgt im Anwaltsprozeß durch vorbereitenden Schriftsatz (§ 130 Nr 5) *und* Vortrag in der mündl Verhandlung (§ 137), jedoch genügt ausdrückl oder konkludente Bezugnahme (§ 137 III) auf den Schriftsatz. Der Vortrag einzelner Beweisanträge schließt die stillschw Bezugnahme auf die übrigen nicht aus (Ordemann NJW 64, 1308 gegen BAG NJW 63, 1843), doch kann sich die Notwendigkeit ausdrückl Vortrages früherer Beweisanträge nach langer Prozeßdauer (RG JW 38, 2367), bei bisheriger Unzulässigkeit (zB einer Parteivernehmung, § 445 Rn 6), nach erkennbar vom Gericht als erschöpfend durchgeführter Beweisaufnahme (BGH MDR 69, 746) oder in der nächsten Instanz (BGH 35, 103; NJW 61, 1458; Endemann NJW 69, 1197/1199; einschränkend aus Gründen des rechtl Gehörs, jedoch ohne ein Eingehen auf die prozeßrechtl Problematik der Dispositionsmaxime BVerfG MDR 69, 545) ergeben. Im ersten Rechtszug gestellte Beweisanträge, denen das Erstgericht wegen angenommener Unerheblichkeit (s unten Rn 9) nicht folgte, gelten grds für das Berufungsverfahren fort; pauschale Bezugnahme des Berufungsführers genügt insbes, wenn er die Beurteilung der Beweiserheblichkeit durch das Erstgericht angreift (BGH MDR 82, 29). Im Zweifelsfall hat das Berufungsgericht gemäß §§ 139, 278 III aufzuklären, ob die Parteien ihre früheren Beweisanträge aufrechterhalten (BVerfG NJW 82, 1637; BGH NJW 91, 639/640; § 527 Rn 10). Das Berufungsgericht darf die pauschale Bezugnahme einer Partei auf ihr erstinstanzliches Vorbringen nicht derart aufspalten, daß es den Sachvortrag der Partei verwertet, den hierzu erstinstanzlich angebotenen Beweis jedoch als nicht in das Berufungsverfahren gelangt betrachtet (BGH NJW-RR 90, 831). 3

2) Notwendiger Inhalt des Beweisantrags: a) Das Beweisthema = die spezifizierte Bezeichnung der Tatsachen (auch Indiztatsachen, § 286 Rn 9a), welche bewiesen werden sollen. Der Grad der Substantiierung richtet sich nach der Einlassung des Gegners (BGH NJW 72, 1710; vgl § 138 Rn 8a), aber auch nach dem Erfordernis, dem Gericht die Vorprüfung der Beweiserheblichkeit (unten Rn 9f) und der Beweistauglichkeit (unten Rn 10a) des benannten Beweismittels zu ermöglichen (BGH NJW 91, 2707). Ein Beweisantritt, dem die ausreichende Bestimmtheit der zu ermittelnden Tatsachen fehlt, ist abzulehnen (BGH NJW-RR 94, 377/78). 4

Unzulässiger Ausforschungsbeweis (hierzu Gamp DRiZ 82, 1; Arens ZZP 96 [1983], 1/4 ff; StJ/Leipold § 284 Rn 40–48) liegt vor bei einem Beweisantritt, der nicht unmittelbar oder (beim Indizienbeweis) mittelbar (§ 286 Rn 9a) dem Beweis vom Beweisführer vorgetragener Tatsachen dient, sondern der Ausforschung von Tatsachen oder der Erschließung von Erkenntnisquellen, die es vielleicht erst ermöglichen, bestimmte Tatsachen zu behaupten und sodann unter Beweis zu stellen. Für die Abgrenzung des zulässigen Beweisantrags von einem solchen unzulässigen und damit unbeachtl (Rn 11) **Beweisermittlungsantrag** ist entscheidend, ob die Partei ohne greifbare Anhaltspunkte für das Vorliegen eines bestimmten Sachverhalts **willkürliche Behauptungen „aufs Geratewohl"** oder „ins Blaue hinein" aufstellt (BGH NJW 95, 2111); im Zweifelsfall hat sie die tatsächl Anhaltspunkte oder ihre Erkenntnisquelle darzulegen (vgl BGH NJW 91, 2707; 88, 315; 84, 2889; 68, 1233). Ist die Partei für eine Tatsache darlegungspflichtig, von der sie gar keine gesicherte Kenntnis haben kann (etwa innere Tatsache bei einer anderen Person, Kausalabläufe, Verabredungen zwischen anderen), so soll nach der Rspr in der Behauptung dieser bloß 5 vermuteten Tatsache keine unzulässige Ausforschung liegen (vgl BGH NJW 95, 1160/61; NJW-RR 88, 1529). Dem kann in dieser Allgemeinheit jedoch nicht gefolgt werden. Auch in solchen Fällen sind vielmehr tatsächl Anhaltspunkte im vorstehenden Sinn zu verlangen (so wohl auch BGH NJW 95, 2111/12). Ggf muß die Partei den Beweis mittelbar führen, indem sie Indizien unter Beweis stellt. In vielen Fällen greifen bei den hier in Rede stehenden Tatsachenbehauptungen zudem ohnehin Beweiserleichterungen ein (zB Beweislastumkehr, sekundäre Behauptungslast des Gegners, Wahrscheinlichkeitsbeweis bei der Kausalität, s Rn 25–35). Die Problematik des Ausforschungsbeweises reduziert sich damit in vielen Fällen auf die Form des Beweisantritts; dies kann entspr Hinweispflichten nach § 139 begründen. Nicht um einen Ausforschungsbeweis im vorstehenden Sinne geht es dann, wenn für eine substantiierte Behauptung ein **Beweismittel** benannt wird, über welches der Beweisführer selbst nicht verfügt, sondern nur der Gegner oder ein Dritter (zB Urkunden, Augenscheinsobjekte, Name und Anschrift eines Zeugen). Inwieweit hier Vorlage- bzw Offenbarungspflichten des Gegners bestehen, richtet sich nach den entspr Vorschriften des prozessualen oder materiellen Rechts (vgl §§ 422 ff, 445 ZPO, §§ 444, 666, 716, 809, 810 BGB, uU auch § 242 BGB). Eine generelle Aufklärungspflicht der Parteien des Zivilprozesses gibt es entgegen Stürners gleichnamigem Werk ebensowenig wie ein Menschenrecht auf Zugang zu den Informationsquellen des Prozeßgegners (so aber Schlosser NJW 92, 3275 ff).

5a **Beispiele** für unzulässige Ausforschung: der Zeugenbeweis für in der Person eines Dritten bestehende innere Tatsachen ohne Darlegung, woher der Zeuge diese Kenntnis erlangt haben sollte (BGH NJW 83, 2034; 92, 2489); ein Zeugenbeweis, der erkennbar dem Zweck dient, den fehlenden konkreten Tatsachenvortrag der Partei durch die Aussage der Zeugen zu ersetzen (Köln VersR 73, 130); die Benennung von „Mehrverkehrszeugen" (§ 1600o BGB; hierzu Celle FamRZ 71, 376; Düsseldorf FamRZ 71, 377 u 379) ohne Darlegung des Umgangs dieser Zeugen mit der Kindesmutter (München NJW 66, 2125; Teplitzky NJW 65, 335; Büttner ZZP 67, 73; Habscheid MDR 54, 176); anders bei Antrag auf erbbiologische Begutachtung des Beweisführers selbst (BGH 40, 375 = NJW 64, 723) oder des Kindes (BGH NJW 64, 1179). Zum Ausforschungsverbot bei Parteivernehmung s § 445 Rn 3a.

5b Keine Voraussetzung eines schlüssigen Beweisantritts ist es, daß die Partei das Beweisergebnis iS einer vorweggenommenen Beweiswürdigung wahrscheinl macht (BGH NJW 72, 249/250; München OLGZ 79, 355).

6 **b) Das Beweismittel** muß bezeichnet werden (zum Problem des nicht in der Verfügungsgewalt des Beweisführers befindl Beweismittels s Rn 5). Nach dem Prinzip des **Strengbeweises** stehen grds nur die folgenden gesetzl normierten Beweismittel zur Verfügung: § 371 Augenschein, § 373 Zeugen, § 403 Gutachten (auch als Behördenauskunft und Meinungsumfrage, BGH NJW 62, 2152; Teplitzky WRP 90, 145), § 420 Urkunden (hierher gehört die Bezugnahme auf das Beweisergebnis anderer Verfahren, § 373 Rn 9) u § 445 Einvernahme des Gegners.

7 Daneben läßt die Rspr bei der Feststellung verfahrensrechtl relevanter Tatsachen den gesetzl nicht geregelten **Freibeweis** zu, der auf die gesetzl Beweismittel nicht beschränkt ist. Zugelassen wurde eine solche Beweisführung zB für die Prüfung der unverzichtbaren Prozeßvoraussetzungen (BGH NJW 51, 441/2; 92, 627/8), die Ermittlung ausländischer Rechtsnormen (§ 293, BGH NJW 61, 410; 66, 296) sowie für die Einlegung (BGH NJW-RR 92, 1338 = MDR 92, 1181) und Zulässigkeit von Rechtsmitteln (BGH NJW 87, 2875 = ZZP 101, 294 m abl Anm Peters; VersR 78, 155). Diese Rspr ist abzulehnen (ebenso StJ/Schumann vor § 355 Rn 21 ff m eingehenden Nachweisen; grundlegende Kritik bei E. Peters, Der sog Freibeweis im Zivilprozeß [1962]; jedenfalls für Zulässigkeitsvoraussetzungen abl RSchwab/Gottwald § 112 II 3; MK/Prütting § 284 Rn 28; der Rspr folgend dagegen BL/Hartmann Einf § 284 Rn 9; Vollkommer oben § 56 Rn 8; 19. Aufl). Das unkritisch vom Strafprozeß übernommene Rechtsinstitut stellt einen Fremdkörper im Zivilverfahren dar, das von den Grundsätzen der Parteiöffentlichkeit (§§ 357, 397) und der Beweisunmittelbarkeit (§ 355) beherrscht wird (vgl Peters ZZP 101 [1988], 297; Koch/Steinmetz MDR 80, 901). Es besteht für seine Zulassung auch keine sachl Notwendigkeit. Im Beweisergebnis unterscheidet er sich nach der Rspr ohnehin nicht vom Strengbeweis, dh er muß ebenfalls die volle Überzeugung des Gerichts (§ 286) begründen (BGH NJW-RR 92, 1338 = MDR 92, 1181).

III) Anordnung oder Ablehnung der Beweiserhebung

8 **1) Die Beweisanordnung** geschieht formlos in der mündl Verhandlung, soweit nicht ein Beweisbeschluß ergehen muß oder kann (§§ 358 ff). Vorauszugehen hat ihr die gerichtl Vorprüfung der Notwendigkeit der Beweiserhebung. Nutzlose (weil unerhebl oder ungeeignete) Beweiserhebungen sind Kardinalfehler des Gerichts. Das Gericht hat also vorweg insbes die Entscheidungserheblichkeit des Beweisthemas (s Rn 9), seine Beweisbedürftigkeit (Rn 10) sowie Eignung und Zulässigkeit des Beweismittels (Rn 10a, 11) zu prüfen:

8a **2) Beachtung von Beweisanträgen:** Anders als die StPO (vgl dort § 244) enthält die ZPO keine ausdrückl Regelung der Voraussetzungen und des Verfahrens für die Ablehnung von Beweisanträgen. Ein besonderes **Verfahren,** etwa Erlaß eines Ablehnungsbeschlusses, braucht daher nicht eingehalten zu werden. Die Ablehnung liegt schon darin, daß das Gericht einen angetretenen Beweis nicht erhebt. Es ist auch nicht erforderl, daß das Gericht in den Urteilsgründen zu jedem einzelnen der – oft sehr zahlreichen – Beweisantritte darlegt, weshalb es ihm keine Folge gegeben hat. In den meisten Fällen wird sich dies (zB die mangelnde Entscheidungserheblichkeit) schon aus dem Urteilskontext ergeben. Ist dies nicht der Fall (wird zB ein an sich erhebl Beweis nicht erhoben, weil das Gericht das Beweismittel für unzulässig hält), empfiehlt sich jedoch eine ausdrückl Darlegung der Gründe. – Durch das Fehlen einer ausdrückl Regelung wird jedoch die **Pflicht zur Erhebung angetretener Beweise** nicht in Frage gestellt. Ein entscheidungserhebl Beweisantritt darf daher nur in Ausnahmefällen unbeachtet gelassen werden (hierzu Rn 8b ff). Aus dem Justizgewährungsanspruch folgt auch ein „Recht auf Beweis" (Habscheid ZZP 96, 306 ff; Störmer JuS 94, 240). Das unberechtigte Übergehen eines Beweisantrags ist Versagung rechtl Gehörs (BVerfG NJW 91, 285; 85, 1150; 82, 1636; 79, 413) und ein Verfahrensfehler, der die Zurückverweisung durch das Berufungsgericht (§ 539 Rn 16) und die Revision rechtfertigen kann (Verletzung des § 286 I; BGH NJW 92, 1768/69). – Für das **Nichtausschöpfen** von angebotenen Beweismitteln (dh die Beweiserhebung wird vom Gericht zunächst angeordnet, dann aber nicht zu Ende geführt, also etwa der geladene Zeuge nicht vernommen) gilt dasselbe wie für die vollständige Übergehung (vgl BGH NJW 92, 1768 zur Ladung eines Auslandszeugen). – Zum **Verzicht** des Beweisführers auf Vernehmung eines Zeugen s § 399.

3) **Ablehnungsgründe:** In Betracht kommen (in Anlehnung an § 244 III–V StPO, jedoch mit zivilprozessualen Besonderheiten; vgl BGHZ 53, 245/258) insbes folgende Gründe: **8b**

a) **Fehlende Entscheidungserheblichkeit** des Beweisthemas: Unerhebl ist die Prüfung der Hauptbegründung, wo die Hilfsbegründung unstreitig oder einfacher zu beweisen. Überflüssig die Prüfung von Tatsachen, die den Anspruch nicht notw tragen. Erheblichkeit kann auch verneint werden, wo diese wegen ungenauer Bezeichnung der unter Beweis gestellten Tatsachen (Hinweispflicht!) nicht festgestellt werden kann (BGH NJW 91, 2707; näher zu den Anforderungen an die Substantiierung BGH NJW 92, 1967/68). Beim Indizienbeweis (s § 286 Rn 9a) ist besonders zu prüfen, ob der Beweisantritt schlüssig ist, dh ob die unter Beweis gestellte Tatsache überhaupt einen ausreichend sicheren Schluß auf die entscheidungserhebl zuläßt (BGH NJW 93, 1391). **9**

b) **Fehlende Beweisbedürftigkeit,** zB weil die Tatsache nicht streitig (s § 138 Rn 9 ff) oder weil sie offenkundig (hierzu s § 291) ist. Es darf aber nicht die Beweiswürdigung vorweggenommen werden. Auch vorprozessuale Äußerungen einer Partei können lediglich dort Bedeutung erlangen, nicht aber schon ihrem Prozeßvortrag die Beachtlichkeit nehmen (BGH NJW 96, 394; 96, 1541). Für die Erhebung eines **Gegenbeweises** besteht kein Bedürfnis, bevor nicht der durch die Beweislast bestimmte Hauptbeweis erbracht ist (Weber NJW 72, 896; abw Walther NJW 72, 237, der zu Unrecht der Wahrheitsermittlung den Vorrang vor den Regeln der Beweislast – Rn 15 ff – gibt), doch dürfen beide Beweise gleichzeitig angeordnet werden. Nicht beweisbedürftig sind Tatsachen u Rechte, für die eine gesetzl **Vermutung** besteht: gesetzl Tatsachenvermutungen sind zB §§ 363, 685 II, 836, 938, 1117 III, 1253 II, 1720 II, 2009, 2270 BGB; gesetzl Rechtsvermutungen sind zB §§ 891, 1006, 1362, 2365 BGB. Wegen der Widerlegung gesetzl Vermutungen s § 292. **10**

c) **Ungeeignetheit des Beweismittels:** Kann nur ausnahmsweise bejaht werden (BVerfG NJW 93, 254), zB wenn es im Einzelfall völlig ausgeschlossen erscheint, daß das Beweismittel zu dem Beweisthema sachdienl Erkenntnisse erbringen kann, etwa ein Kleinstkind oder ein Blinder, wenn es auf optische Wahrnehmungen ankommt (zum geistesschwachen Zeugen s BAG NJW 66, 2426, § 373 Rn 3) oder ein Zeuge, der sich auf sein Zeugnisverweigerungsrecht berufen hat (vgl § 386 III; § 383 Rn 7). Ungeeignet ist die Benennung von Zeugen im Ausland, wo kein Rechtshilfeverkehr besteht oder wo die Unmittelbarkeit der Beweiserhebung (§ 355) unverzichtbar ist (BGH MDR 83, 505), ebenso ein medizinisches SV-Gutachten, wenn sich hierfür die zu untersuchende Person einer lebens- oder gesundheitsgefährdenden Operation unterziehen müßte (Düsseldorf VersR 85, 457). Keinesfalls darf aber das Gericht die Beweiswürdigung vorwegnehmen, zB einen Zeugen wegen (vermuteter) Unglaubwürdigkeit als naher Angehöriger (vgl BGH NJW 88, 566 = MDR 88, 307; FamRZ 64, 152) oder wegen Unwahrscheinlichkeit der in sein Wissen gestellten Behauptung als ungeeignetes Beweismittel behandeln (vgl BGH NJW 70, 946/950; BVerwG NJW 68, 1441; Hamm VRS 72, 208; Schneider MDR 69, 268). Es muß der Partei auch freistehen, einen Beweis mit Hilfe mittelbarer Zeugen zu führen zu versuchen; so kann zB die Vernehmung mittelbarer Zeugen bezügl innerer Tatsachen bei einer bestimmten Person nicht deswegen abgelehnt werden, weil nicht auch die betr Person als Zeuge benannt wurde (BGH NJW 92, 1899). Innere Tatsachen können häufig in der Weise bewiesen werden, daß Indiztatsachen festgestellt werden, die nach der Lebenserfahrung den Schluß auf die zu beweisende Tatsache zulassen (BVerfG NJW 93, 2165). Vorübergehende Hindernisse bei der Beibringung des Beweismittels begründen keine Ungeeignetheit; hier gilt vielmehr § 356. **10a**

11 **d) Unzulässigkeit der Beweiserhebung:** Sie kann sich aus einem gesetzl Beweiserhebungsverbot ergeben (zB § 595 II für den Urkundenprozeß, § 294 II für die Glaubhaftmachung, Benennung eines der ZPO fremden Beweismittels) aber auch aus einem verfassungsrechtl Beweisverwertungsverbot (s § 286 Rn 15a ff). Auch der Beweisantrag selbst kann unzulässig sein, zB wegen fehlender Bestimmtheit (Rn 4) oder weil er aufs Geratewohl, insbes zum Zwecke der Ausforschung gestellt wurde (Rn 5). Zur Unzulässigkeit eines Beweisbeschlusses wegen Widerspruchs zu rechtskräftiger Vorentscheidung s vor § 322 Rn 22 f.

11a **e) Unerreichbarkeit des Beweismittels:** muß auf unabsehbare Zeit bestehen (sonst § 356) und ist dann gleichbedeutend mit Ungeeignetheit (s Rn 10a). Zu den Anforderungen an die Beibringung eines ausländischen Zeugen s BGH NJW 92, 1768 = ZZP 105, 500 m Anm Leipold.

12 **f) Bewiesensein der Behauptung:** Hält der Richter den Beweis bereits aufgrund anderer Beweismittel für erbracht, braucht er weiter angebotene Beweise nicht mehr zu erheben (zB bei Vielzahl benannter Zeugen); zulässig bleibt aber der Gegenbeweis (vgl BGHZ 53, 245/260).

12a **g) Wahrunterstellung** (vgl § 244 III 2 StPO) kommt im Zivilprozeß nicht in Betracht, da sie zu Lasten der anderen Partei ginge. Bei fehlender Entscheidungserheblichkeit ist dem Beweisantrag schon aus diesem Grund nicht nachzugehen (Rn 9).

13 **h) Eigene Sachkunde des Gerichts** bei angetretenem Sachverständigenbeweis: s § 402 Rn 7.

13a **i) Präklusion wegen Verspätung:** s §§ 282 I, 296, 527, 528.

13b **j) Gerichtliches Ermessen** ermöglicht eine Ablehnung angebotener Beweise im Geltungsbereich des § 287; vgl hierzu § 287 Rn 6.

IV) Beweisaufnahme und Beweiswürdigung

14 An die Anordnung des Beweises schließt sich das Beweisaufnahmeverfahren an. Dieses kann vom Gericht nicht frei gestaltet werden, sondern unterliegt den Vorschriften der §§ 355–484. Es wird insbes beherrscht von den Grundsätzen der Unmittelbarkeit (§ 355) und der Parteiöffentlichkeit (§ 357). Das Ergebnis der Beweisaufnahme wird durch anschließende Verhandlung mit den Parteien nach § 285 zum Bestandteil der mündl Verhandlung gemacht. Aufgrund des gesamten Inhalts der Verhandlungen einschließl Beweisaufnahme hat dann das Gericht im Wege freier Beweiswürdigung den Sachverhalt festzustellen (§ 286 I). Kann es von der Wahrheit einer Behauptung keine Überzeugung gewinnen, greifen die Regeln der Beweislast ein.

V) Beweislast

15 **1) Allgemeines: a)** Die Regeln der Beweislast greifen ein, wenn das Gericht trotz Ausschöpfung aller prozessual zu Gebote stehenden Beweismittel **keine Überzeugung** von der Wahrheit oder Unwahrheit einer streitigen und entscheidungserhebl Tatsachenbehauptung gewinnen kann („non liquet"), und bestimmen, zu wessen Lasten diese Unaufklärbarkeit geht. Sie sind der Rechtsnorm zu entnehmen, auf welche das streitige Parteivorbringen gestützt wird. Daher ist ein Fehler in der Beurteilung der Beweislast idR ein Fehler in der Anwendung des **materiellen Rechts;** allenfalls ein Verstoß gegen verfahrensrechtl Beweisregeln (zB §§ 355 ff, 427, 444, 445 II, 446) kann Verfahrensfehler sein und als solcher gemäß § 539 (s dort Rn 3, 19, 20) die Aufhebung des Urteils und Zurückverweisung der Sache rechtfertigen (Schneider MDR 82, 502; 89, 138). Internationales Prozeßrecht: § 363 Rn 160.

16 **Verfahrensfehlerhaft** ist aber stets der vom Gericht unterlassene Hinweis auf die von den Parteien erkennbar falsch beurteilte (auch materiellrechtl) Beweislast, wenn die Parteien von der Rechtsmeinung des Gerichts (die auch falsch sein könnte) erst im Urteil überrascht werden (vgl § 278 Rn 5–10; § 539 Rn 11, 12).

17 **b)** Der Beweislastverteilung liegen **generalisierende Risikozuweisungen** zugrunde. Sie kann daher nicht von richterl Ermessen oder im Einzelfall gegebenen Wahrscheinlichkeiten abhängig gemacht werden (MK/Prütting § 286 Rn 88, 103, 116; Leipold, Beweismaß und Beweislast im Zivilprozeß S 24 ff; eingehend zu den abw Lehren Prütting, Gegenwartsprobleme der Beweislast, S 181 ff); auch die (oftmals austauschbare) Parteirolle (zB Beklagter als Berufungskläger, Feststellungswiderkläger oder Vollstreckungsabwehrkläger) oder das Prozeßverhalten (zB Beweisvereitelung, s hierzu § 286 Rn 14) kann nicht entscheidend sein. Die Verteilung der Beweislast bedarf vielmehr normativer Regelung (zu den hierbei zu beachtenden verfassungsrechtl Vorgaben s Reinhardt NJW 94, 93 u [aA] Huster NJW 95, 112). Entsprechende Normen hat der Gesetzgeber teils ausdrückl, teils durch Verknüpfung gesetzl Tatbestände mit einer ungeschriebenen Grundregel geschaffen. Sie sind der Auslegung (zu mögl Kriterien MK/Prütting, § 286 Rn 112) und analoger Anwendung zugängl und können durch richterl Rechtsfortbildung ergänzt oder modifiziert werden.

Beispiele für **ausdrückl gesetzl Beweislastregeln** sind §§ 179 I, 282, 358, 636 II, 2336 III BGB. Die (im ersten BGB-Entwurf von 1888 enthaltene, aber als selbstverständl gestrichene) **ungeschriebene Grundregel** lautet in ihrer heute anerkannten Form: Der Anspruchsteller trägt die Beweislast für die rechtsbegründenden, der Anspruchsgegner trägt sie für die rechtsvernichtenden, rechtshindernden und rechtshemmenden Tatbestandsmerkmale (BGH NJW 91, 1052). Durch die positive oder negative Formulierung von Tatbestandsmerkmalen und durch die Konstruktion von Regel- und Ausnahmetatbeständen hat der Gesetzgeber in vielen Fällen zum Ausdruck gebracht, wer nach besagter Grundregel das Risiko der Beweislosigkeit tragen soll. Beispiele für **Rechtsfortbildung** sind in Rn 19 aufgeführt.

c) Die Rechtslehre unterscheidet zwischen **subjektiver** (= formeller) u **objektiver** (= materieller) **Beweislast** (Rosenberg aaO § 3). Danach ist subj Beweislast die den Parteien im Prozeß erwachsende Notwendigkeit, zur Abwendung des ProzVerlustes alles zu beweisen, was streitig und zur Überzeugung des Gerichts von der Richtigkeit der anspruchsbegründenden bzw anspruchsvernichtenden Tatsachen erforderlich ist. Die subj Beweislast korrespondiert daher mit der Darlegungslast u ergänzt diese; sie setzt erst ein, wenn der Darlegungslast (durch schlüssigen Sachvortrag) genügt ist (BGH NJW 79, 2142 = MDR 79, 658). Allerdings können subjektive Beweislast und Darlegungslast auch auseinanderfallen, so wenn erst die Darlegungen des Beklagten die Beweislast des Klägers auslösen; ebenso wenn die Darlegung des Sachverhalts der beweisbelasteten Partei mangels Erkenntnismöglichkeit unmöglich oder unzumutbar (hierzu unten Rn 34) ist. Die derart durch Informationsmöglichkeit und Zumutbarkeit bestimmte Modifizierung der Beweislast (hierzu Bender in Festschrift für Baur, 1981, S 247; Klauser MDR 82, 529) kann zu einem Auseinanderfallen von Beweislast und Darlegungslast führen. – Objektive Beweislast ist der der beweisfällig gebliebenen Partei drohende Rechtsnachteil des Prozeßverlustes wegen Nichterweislichkeit der den proz Anspruch tragenden Tatsachenbehauptungen. Im Geltungsbereich der Verhandlungsmaxime (Rn 10 vor § 128) treten subj u obj Beweislast nebeneinander auf, ihre Unterscheidung ist letztlich nur eine Frage der Sichtweise. Entscheidend ist die Definition: **Beweislast ist das eine Partei treffende Risiko des Prozeßverlustes wegen Nichterweislichkeit der ihren Sachantrag tragenden Tatsachenbehauptungen.** 18

2) Einzelfälle zur Verteilung der Beweislast (umfassend hierzu Baumgärtel, Handbuch der Beweislast im Privatrecht, und Heinrich, Die Beweislast bei Rechtsgeschäften): Ob ein **Vertrag** aufschiebend **bedingt** abgeschlossen wurde, fällt in die Beweislast dessen, der eine solche Vereinbarung leugnet (BGH, NJW 1985, 497), während auflösende oder nachträgl vereinbarte Bedingungen vom Anspruchsgegner zu beweisen sind (MK/Prütting, § 286 Rn 145). – Inhalt und Umfang einer **Vertragsänderung** muß derjenige beweisen, der aus ihr Rechte herleiten will (BGH NJW 95, 49). – Der den „üblichen" **Werklohn** (§ 632 II BGB) einklagende Unternehmer muß beweisen, daß kein geringerer Lohn vereinbart worden ist (BGH NJW 83, 1782; NJW-RR 92, 848; krit Mettenheim NJW 84, 776). – Der Schuldner trägt die Beweislast für die **Erfüllung** (§§ 362, 363 BGB), auch wenn der Gläubiger Rechte aus der Nichterfüllung herleitet (BGH NJW 69, 875). – Wer Rückzahlung eines **Darlehens** begehrt, trägt die Beweislast für Darlehensvertrag und Valutierung (BGH NJW 83, 931); dagegen hat Tilgung oder Nichtschuld zu beweisen, wer seine Darlehensschuld schriftl bestätigt hatte (BGH NJW 86, 2571; MDR 78, 296). – Bei **Beschädigung vermieteter Räume** muß der Vermieter beweisen, daß die Schadensursache dem Obhutsbereich des Mieters entstammt (BGHZ 126, 124 = NJW 94, 2019). – Gegenüber **Kaufpreisklage** hat Bekl Beweislast für seine Behauptung, die Ware sei ohne sein Verschulden untergegangen u er dürfe wandeln (§§ 351, 462 BGB; BGH NJW 75, 44). – Wer als Kunde den Schutz des **AGB-Gesetzes** für sich in Anspruch nimmt, trägt die Darlegungs- und Beweislast für seine Behauptung, der Vertrag stelle einen Formularvertrag iS des AGBG dar (BGH 67, 312 = NJW 77, 381; Weyer NJW 77, 2237; Heinrichs NJW 77, 1509). Wer den **Widerruf eines Haustürgeschäfts** geltend macht, hat die Voraussetzungen des § 1 I HaustürWG zu beweisen (BGH NJW 91, 1052). – Der Auftraggeber des **Maklers** trägt die Beweislast für seine Vorkenntnis des nachgewiesenen Objekts (BGH NJW 71, 1133), dagegen der Makler für die Ursächlichkeit seiner Tätigkeit. – Bei **positiver Vertragsverletzung** wendet die Rspr zum Nachweis des Verschuldens weithin § 282 BGB analog an, dh der Verletzer muß seine Schuldlosigkeit beweisen (BGH NJW 78, 2197; näher RSchwab/Gottwald § 117 II 4 mwN). Wegen des besonderen Charakters ärztl Handelns gilt dies jedoch für die Haftung aus Arztvertrag nur, soweit es sich um eine voll beherrschbare Nebenpflicht handelt (BGH NJW 78, 584 = JR 78, 372 m Anm Baumgärtel; NJW 69, 553; aA Stoll AcP 176, 155 ff). – Bei Verletzung vertragl **Aufklärungs- und Beratungspflichten** hat grds der Antragsteller zu beweisen, daß er sich dem an sich gebotenen Rat entspr verhalten hätte (Vollkommer, FS Baumgärtel, S 596; Stodolkowitz VersR 94, 12 ff; Grunewald ZIP 94, 1162 ff). Der BGH hat in Einzelfällen eine Beweislastumkehr angenommen (BGH 61, 118/121 ff; VersR 85, 265; NJW 94, 512 = DStR 94, 329 m abl Anm Goette), in anderen eine solche abgelehnt (zB VersR 80, 925/927; 83, 86; 94, 2541), in wieder anderen eine „tatsächl Vermutung" zugrunde gelegt (VersR 92, 827; MDR 94, 890) oder einen Anscheinsbeweis für möglich gehalten (so insbes jetzt für den Bereich der Rechtsberatung BGHZ 123, 311 = NJW 93, 3259 = JR 94, 463 m Anm Baumgärtel; 94, 1472; vgl auch VersR 85, 83 u Rn 30 aE). Die Rspr bedarf dringend der Vereinheitlichung (ebenso Stodolkowitz VersR 94, 11 ff m eingehenden Nachw). 19

20 Der **Deliktsgläubiger** (§ 823 BGB) hat die Beweislast für alle obj u subj Tatbestandsmerkmale des Delikts (BGH NJW 63, 953; BGH 30, 226 = NJW 59, 1732; anders aber für Beweis der Deliktsunfähigkeit iS § 827 BGB, BGHZ 98, 135 = NJW 87, 121 = MDR 86, 1013 = JZ 87, 40 m krit Anm Baumgärtel = JR 87, 238 m krit Anm Dunz). – Beim **Sportunfall** (zur Risikoverteilung hierbei Zimmermann VersR 80, 497) hat der Geschädigte neben dem (kausalen) Unfallhergang auch den Verstoß gegen die Regeln der betr Sportart durch den Beklagten zu beweisen (BGH NJW 75, 109; 76, 957; 76, 2161; Bamberg NJW 72, 1820; Deutsch VersR 74, 1045; Heinze JR 75, 288). – Bei **Produzentenhaftung** nach § 823 I BGB hat der BGH im Wege der Rechtsfortbildung die Beweislast hinsichtl des Verschuldenserfordernisses dem Hersteller auferlegt (BGHZ 51, 91 = NJW 69, 269 für Fabrikationsfehler; BGHZ 67, 359 = NJW 77, 379 für Konstruktionsfehler; BGHZ 116, 60 = NJW 92, 560 für Instruktionsfehler [zB unterlassene Warnhinweise] bei Inverkehrgabe des Produkts, nicht bei erst nachträgl entstandener Warnpflicht, BGHZ 80, 186 = NJW 81, 1603). Diese Beweislastumkehr greift nach BGH NJW 92, 1039 auch bei Kleinbetrieben ein. Bei Verletzung von Kontroll- und Befundsicherungspflichten wird weitergehend auch die Beweislast bezügl Vorliegen und Verursachen eines Produktfehlers dem Hersteller auferlegt (BGHZ 104, 323 = NJW 88, 2611 m Anm Reinelt; VersR 93, 845/48; NJW 93, 528; s auch Arens ZZP 104 [1991], 123 m Nachw; v. Westphalen NJW 90, 83/86). Die Kausalität zwischen dem Unterlassen von Warnhinweisen und dem Schaden muß der Kläger beweisen (zur Erleichterung dieses Beweises Rn 35). Zur Beweislast für die Haftung nach dem ProdHaftG vgl dessen § 1 IV.

20a Im **Arzthaftungsprozeß** (vgl Schmid NJW 94, 771 ff) obliegen grds dem klagenden Patienten Darlegung und ggf Beweis für den behaupteten ärztl Kunstfehler und für den hierdurch bedingten Folgeschaden (BVerfG NJW 79, 1925/1928; BGH NJW 88, 2949). Wegen Unzumutbarkeit dieser Beweisführung ist jedoch diese Beweislastverteilung durch Richterrecht modifiziert. Im Bereich des *Behandlungsfehlers* selbst begründen Versäumnisse bei der Dokumentation des Behandlungsverlaufs die Vermutung, daß eine nicht dokumentierte Maßnahme vom Arzt auch nicht getroffen wurde (BGH NJW 88, 2949; 89, 2330/31; zur Bedeutung ärztl Übung in diesen Fällen s BGH NJW 93, 2375). Der Verlust von Aufzeichnungen, die Auskunft über das Behandlungsgeschehen geben können, entlastet den Patienten vom Beweis eines Behandlungsfehlers, der aufgrund der Aufzeichnungen feststellbar wäre (BGH NJW 96, 779/80 f; 96, 1589). Eine Vermutung für einen schuldhaften Behandlungsfehler wird zugrunde gelegt, wenn feststeht, daß die Schädigung aus einem Bereich stammt, dessen Gefahren für den Arzt voll beherrschbar sind (BGH 89, 263/69 ff = NJW 84, 1400/01 f; 78, 1683; Köln VersR 88, 141). Der Arzt ist beweispflichtig für die (fehlende) *Kausalität,* wenn ihm ein grober Behandlungsfehler unterlaufen ist, der zur Herbeiführung des eingetretenen Schadens geeignet ist (BGH 72, 132/133 ff = NJW 78, 2337; NJW 83, 2080/81; 88, 2949/50); dies gilt aber nur, wenn wegen der besonderen Schadensneigung des Behandlungsfehlers durch ihn das Spektrum der möglichen Schadensursachen besonders verbreitert bzw verschoben wurde (BGH NJW 95, 778/79 mwN). Der grobe Behandlungsfehler kann sich auch mittelbar aus einer Verletzung der Befunderhebungs- und -sicherungspflicht ergeben, wenn für ihn eine hinreichende Wahrscheinlichkeit spricht (BGH NJW 96, 1589/90; in Eingrenzung gegenüber BGH 99, 391/95 ff = NJW 87, 1482; 88; 2949/50) oder aus einem Dokumentationsmangel, wenn dessen negative Indizwirkung auf einen groben Behandlungsfehler bzw eine die Beweislastumkehr rechtfertigende Verletzung der Befunderhebungs- und -sicherungspflicht hinweist (BGH NJW 1989, 2330/31). Dies gilt jedoch nur für die Kausalität zwischen Fehler und unmittelbarem Gesundheitsschaden, nicht in bezug auf Sekundärschäden (BGH NJW 94, 801/3). Wurde eine Operation durch einen nicht ausreichend überwachten Berufsanfänger ausgeführt, so trifft den Krankenhausträger und den verantwortl Arzt die Beweislast dafür, daß eine eingetretene Komplikation nicht auf der mangelnden Qualifikation des Operateurs bzw des Aufsichtsführenden beruht (BGH NJW 92, 1560/61). Die Beweislast für die (zur Rechtfertigung des ärztl Eingriffs durch Einwilligung erforderl) *Erfüllung der Aufklärungspflicht* trägt der Arzt (BGH 29, 176/180 = NJW 59, 814; 84, 1807/8 f), ebenso für die Behauptung, der Patient hätte auch bei hinreichender Aufklärung in den vorgenommenen Eingriff eingewilligt (BGH 90, 103/111 = NJW 84, 1397; 94, 2414). – Für die **Anwaltshaftung** lehnt der BGH eine Beweislastumkehr ab, soweit es um die Kausalität einer nicht in einem Beratungsfehler (hierzu Rn 19) liegenden (auch groben) Pflichtverletzung für den behaupteten Schaden geht (BGH 126, 217/221 = NJW 94, 3295/98). In **sonstigen Berufshaftungsfällen** wendet die Rspr die auf grobe Fehler gestützte Beweislastumkehr ebenfalls an (zB BGH NJW 62, 959 [Bademeister], 71, 241 [Krankenhauspersonal]). Ob auch insoweit von einer regelgerechten Rechtsfortbildung gesprochen werden kann, erscheint jedoch fraglich. Es dürfte sich eher um Einzelfallentscheidungen handeln. – Zum Kausalitätsbeweis im Umwelthaftungsrecht s Schimikowski ZfS 94, 193. – Vgl zu weiteren Beweiserleichterungen Rn 25 ff, zur Beweislage bei positiver Vertragsverletzung Rn 19.

21 Bei **Klage auf Widerruf** ehrenrühriger Behauptungen muß Kläger Unwahrheit beweisen, wenn Bekl Wahrheit behauptet; doch muß Bekl für die behauptete Wahrheit substantiierte Tatsachen vortragen (BGH NJW 74, 1710; zur Möglichkeit eines „eingeschränkten Widerrufs" s BGH 37,

187/190). Bei entspr **Unterlassungsklage** trägt das Beweisrisiko für den Wahrheitsbeweis nach Maßgabe von § 186 StGB der Bekl (BGH MDR 86, 43 = NJW 85, 1621; 79, 266); dgl für die Wahrnehmung berechtigter Interessen nach § 193 StGB. Zur Beweiswirkung des Strafurteils (§ 190 StGB) s § 286 Rn 3. Zur Beweislast im **Unterhaltsprozeß** s Klauser MDR 82, 529; BGH NJW 81, 923; 69, 919.

3) **Verhältnis zu den sog Beweiserleichterungen.** Die Rspr gebraucht bei schwierigen Beweislagen häufig die Wendung, dem Beweisbelasteten seien „Beweiserleichterungen bis hin zur Beweislastumkehr" zu gewähren (vgl zB BGH NJW 88, 2611; 96, 315/17). Diese Formel ist begriffl unscharf und irreführend (ebenso MK/Prütting, § 286 Rn 124). Sie erweckt den Eindruck, der Richter könne zur Linderung einer im Einzelfall bestehenden Beweisnot aus einem Katalog von Hilfsmitteln auswählen und hierbei auch zur Verlagerung der Beweislast auf die Gegenseite greifen. Entscheidungen, in denen eine Beweislastumkehr wieder rückgängig gemacht wird, wenn der Beweisbelastete die bloße Unwahrscheinlichkeit des vermuteten Verlaufs nachweist, weisen in dieselbe Richtung (vgl BGH NJW 88, 2949/50; 94, 801/3 = LM § 286 (B) ZPO Nr 98 m Anm Grunsky). All dies widerspräche aber dem normativen, abstrakt-generelle Geltung beanspruchenden Beweislastsystem (s Rn 17). Echte Umkehr der Beweislast setzt eine durch Rechtsfortbildung geschaffene Norm voraus. Andere Beweiserleichterungen mögen im Ergebnis wie eine Umkehr der Beweislast wirken, indem sie den Prozeßverlust vermeiden, haben jedoch ganz andere rechtl Grundlagen und Voraussetzungen (hierzu Rn 25 ff). 22

4) Zulässig in der Form von Individualverträgen und allg Geschäftsbedingungen (hier unter Vorbehalt des § 11 Nr 15 AGBG!) sind **Beweislastverträge,** in denen abweichend von der allgemgültigen Regelung (Rn 19) die Beweislast einer Partei zugeschoben wird (BGH Betrieb 74, 1283; Rosenberg aaO § 7 III 4; Sachse ZZP 54, 409; s auch Rn 32 vor § 128), soweit die betr Tatbestandsmerkmale der Dispositionsbefugnis der Parteien unterliegen (vgl MK/Prütting § 286 Rn 154). So überbürdet die Klausel „Kassa gegen Faktura" dem Käufer die Beweislast für Sachmängel der Ware, selbst wenn er wegen dieser Mängel die Abnahme verweigert u den Kaufpreis zurückverlangt (BGH MDR 87, 665; RG 106, 298). Beweislastverträge gehören, soweit sie sich – wie idR – auf materiellrechtl Tatbestandsmerkmale beziehen, dem materiellen Recht an u unterstehen § 242 BGB; sie können wegen **Unzumutbarkeit der Beweisführung** (BGH 8, 241; 23, 254 = NJW 53, 584; 57, 746; 59, 34; BGH NJW 62, 31) unwirksam sein, inbes einseitig diktierte Verträge in allg Geschäftsbedingungen (§ 11 Nr 15 AGBG; BGH NJW 64, 1123); vgl vor § 128 Rn 32. Stets unwirksam sind sog **Beweisverträge,** die in die freie richterl Beweiswürdigung (§ 286) eingreifen (RG 96, 59). Auch eine Herabsetzung des Beweismaßes durch Parteivereinbarung ist nicht möglich (Musielak NZV 90, 468), denn dieses steht abstrakt-generell fest (Rn 28; dies übersieht die Rspr des BGH zum Beweis für das äußere Bild eines Versicherungsfalls, vgl Rn 32). 23

5) **Der Beweis negativer Tatsachen:** Wo das materielle Recht das Nichtvorliegen von Tatsachen zur Anspruchsvoraussetzung erhebt (zB der fehlende rechtl Grund § 812 BGB, die fehlende Kenntnis §§ 407, 932 II BGB, die unterlassene Mängelrüge § 377 HGB) oder sonst nach den Gegebenheiten im konkreten Rechtsstreit das Nichtvorliegen eines Umstands bewiesen werden muß, ändert die Schwierigkeit eines Negativbeweises grds nicht die Verteilung der Beweislast; ein solcher Beweis ist nicht unmöglich (BGHZ 101, 49/55; BGH NJW 85, 264/265; VersR 68, 1059/1061). Er darf aber in einer durch die etwaige Beweisschwierigkeit bedingten Weise geführt werden. Im Rahmen des Zumutbaren kann vom Prozeßgegner das substantiierte Bestreiten der negativen Tatsache unter Darlegung der für das Positivum sprechenden Tatsachen und Umstände verlangt werden (BGH NJW-RR 93, 746/7 = LM § 14 UWG Nr 18 m Anm Marly; vgl auch Rn 34). 24

VI) Beweiserleichterungen

Kann eine Partei den ihr obliegenden Beweis nicht führen, so erscheint die durch die Beweislastregeln vorgezeichnete Konsequenz des Prozeßverlustes häufig unbillig. Der Grund hierfür kann in Besonderheiten des Einzelfalles (etwa dem fehlenden Einblick in die Verhältnisse des Prozeßgegners) oder in einer bei manchen Tatbestandsmerkmalen (etwa dem Kausalzusammenhang) typischerweise auftretenden Beweisproblematik liegen. In solchen Fällen gewährt die Rspr häufig sog Beweiserleichterungen. Dabei bedient sie sich unterschiedlichster, oft jeder gesetzl oder rechtsdogmatischen Ableitung entbehrender Methoden (krit auch MK/Prütting, § 286 Rn 124 f); dies erschwert auch die internationalrechtl Einordnung (vgl § 363 Rn 160 ff). Im einzelnen: 25

1) **Gesetzlich vorgesehene Beweiserleichterungen** bringen §§ 287 u 294 (letzterer iVm den Vorschriften, die ausdrückl eine Glaubhaftmachung genügen lassen). § 287 ist unproblematisch, soweit er den Richter ermächtigt, einen Schaden oder eine sonstige Forderung betragsmäßig zu schätzen. Die Rspr wendet ihn aber auf die haftungsausfüllende Kausalität entsprechend an; hierbei entstehen Abgrenzungsfragen (s § 287 Rn 3). 26

27 **2) Umkehr der Beweislast** kann kein Instrument der Beweiserleichterung im Einzelfall sein (vgl Rn 22). Sie ist dem Gesetzgeber und der richterl Rechtsfortbildung vorbehalten.

28 **3) Beweismaßreduzierung** bedeutet, daß das Erfordernis der richterl Wahrheitsüberzeugung durch ein Wahrscheinlichkeitsurteil ersetzt wird (häufig umschrieben damit, daß ein geringerer Grad von Gewißheit ausreiche oder daß an die Überzeugung keine allzu hohen Anforderungen zu stellen seien). Eine solche Abwandlung des Beweiskriteriums kann es angesichts des klaren Wortlauts von § 286 I („für wahr erachten") jedenfalls im Einzelfall nicht geben (ebenso MK/Prütting § 286 Rn 39). Entgegen der hM ist aber eine Beweismaßsenkung auch durch Rechtsfortbildung nicht mögl (vgl § 286 Rn 18 ff). Zwar wird im Schrifttum zutr darauf hingewiesen, daß manche materiellrechtl Anspruchsnormen leerlaufen würden, wenn auch bei typischerweise schwer zu beweisenden Tatbestandsmerkmalen ein voller Beweis verlangt würde (zB Walter, Freie Beweiswürdigung, S 259; Baumgärtel in: Grundfragen des Zivilprozeßrechts, S 556 ff), doch ist dieses Problem auf der Ebene des materiellen Rechts zu lösen (s Rn 35; zu diesem materiellrechtl Bezug auch Kargados in: Grundfragen des Zivilprozeßrechts, S 648, 680 f).

29 **4) Beweis des ersten Anscheins: a) Wesen und Rechtsnatur:** Der Anscheinsbeweis (prima-facie-Beweis) ist ungeachtet seiner fehlenden dogmatischen Ableitung gewohnheitsrechtl anerkannt und aus der gerichtl Praxis nicht wegzudenken. Er erlaubt bei typischen Geschehensabläufen den Nachweis eines ursächl Zusammenhangs oder eines schuldhaften Verhaltens ohne exakte Tatsachengrundlage, sondern aufgrund von Erfahrungssätzen. Hierfür muß zunächst ein **typischer Geschehensablauf** feststehen, dh ein Sachverhalt, bei dem nach der Lebenserfahrung auf das Hervorrufen einer bestimmten Folge oder auf die Verursachung durch ein bestimmtes Verhalten geschlossen werden kann. Dieser Sachverhalt muß entweder unstreitig oder mit Vollbeweis bewiesen sein (BGH NJW 82, 2448). Die Typizität beurteilt der Richter nach der Lebenserfahrung. Hierbei ist Vorsicht am Platze. Bloße Wahrscheinlichkeiten genügen nicht, auch auf noch so aussagekräftige Indizien kann ein Anscheinsbeweis nicht gestützt werden (unzutr daher BGHZ 100, 31). Der behauptete Vorgang muß vielmehr zu jenen gehören, die schon auf den ersten Blick nach einem durch Regelmäßigkeit, Üblichkeit und Häufigkeit geprägten „Muster" (BGH NJW 91, 230/231) abzulaufen pflegen (Lepa NZV 92, 130). Hierbei ist der Sachverhalt in seiner gesamten Breite, nicht etwa nur in einem typische Züge aufweisenden Sachverhaltskern zu betrachten: so reicht der Umstand, daß ein Kraftfahrer auf die Gegenfahrbahn geraten ist, nicht als Grundlage für einen Anscheinsbeweis seines Verschuldens aus, wenn dies auf einer plötzl Lenkbewegung beruhte und der entgegenkommende Motorradfahrer alkoholisiert und mit seinem Krad nicht vertraut war (BGH VersR 86, 343/344). In die Bewertung des Geschehens als typisch sind also alle bekannten Umstände – sei es, daß der Kläger sie selbst vorträgt oder daß sie unstreitig oder vom Gericht festgestellt sind – einzubeziehen; dies ist keine Frage der Entkräftung, sondern der Begründung des Anscheinsbeweises (BGH aaO; Lepa NZV 92, 130 f). Es ist daher fehlerhaft, mit der in der Praxis häufig anzutreffenden Wendung, für ein Verschulden (zB des Auffahrenden) spreche schon der Anscheinsbeweis, von einer näheren Sachverhaltsaufklärung abzusehen und sogleich zur Frage der Erschütterung des Anscheins durch den Beklagten überzugehen: denn die Beweislast für den typischen Geschehensablauf trägt der Kläger. Hat er dieser genügt, so ist erst ein vorläufiger Beweis erbracht, denn der Gegner kann den Anschein durch einen vereinfachten **Gegenbeweis** erschüttern. Er braucht hierzu nur die ernsthafte Möglichkeit eines anderen als des erfahrungsgemäßen Ablaufs zu beweisen. Die Tatsachen, aus denen eine solche Möglichkeit abgeleitet werden soll, bedürfen allerdings des vollen Beweises (BGH 6, 169/170; NJW 91, 230/231). Für diesen Gegenbeweis gilt § 445 II: keine Parteivernehmung! Gelingt er, muß der Kläger versuchen, das Gericht mittels normalen Beweises von der Richtigkeit seiner Behauptung zu überzeugen, gelingt er nicht, ist der Beweis bereits auf dem prima-facie-Weg erbracht. Das Beweisergebnis unterscheidet sich hierbei nicht: auch der Anscheinsbeweis führt zur richterl Überzeugung iSd § 286 (RSchwab/Gottwald § 115 III 1; MK/Prütting, § 286 Rn 51; aA Musielak, Die Grundlagen der Beweislast im Zivilprozeß, S 120 ff). Die hM ordnet ihn deshalb der **Beweiswürdigung** zu (RSchwab/Gottwald aaO; MK/Prütting § 286 Rn 54). Sie gerät hierbei freilich in Konflikt mit § 286 I u II, die den Richter von Beweisregeln freistellen. Die Regeln des Anscheinsbeweises nämlich sind für den Richter bindend: liegen seine Voraussetzungen vor, so muß er die entsprechende Überzeugung gewinnen, andernfalls hebt das Revisionsgericht auf (RSchwab/Gottwald § 115 III 5; MK/Prütting § 286 Rn 65; besonders plastisch: BGHZ 100, 31/34 f; zu den revisionsrechtl Bedenken s auch § 286 Rn 23 f). Richtig erscheint es daher, die Grundlagen des Anscheinsbeweises im materiellen Recht zu erblicken, wie dies der BGH inzwischen auch bei anderen „Beweiserleichterungen" tut (vgl Rn 35). Weist man den Anscheinsbeweis mit der hM dem Prozeßrecht zu, so gehört er zur lex fori, ist also auch bei der Anwendung ausländischen Haftungsrechts durch ein deutsches Gericht zu beachten (BGH NJW 85, 554), und seine fehlerhafte Anwendung ist ein Verfahrensmangel, den das Revisionsgericht nur auf entspr Rüge hin prüft (§ 559 II 2).

30 **b) Anwendungsbereich: aa)** Der Anscheinsbeweis wird häufig zur Feststellung eines **Ursachenzusammenhanges** herangezogen, und zwar dann, wenn ein Schadensereignis nach allgemeiner Lebenserfahrung eine typische Folge der festgestellten Pflichtverletzung darstellt. Bei der **Verletzung von Schutzgesetzen** iSd § 823 II BGB wird dies oftmals dann bejaht, wenn im Zusammenhang mit dem Verstoß gerade derjenige Schaden eingetreten ist, der mit Hilfe des Schutzgesetzes verhindert werden sollte (BGH VersR 84, 40/41; 86, 916/17; BayObLG BayVBl 95, 219). Ebenso verhält es sich bei der Verletzung von **Unfallverhütungsvorschriften** (BGH VersR 83, 440; 84, 775/76) oder **Verkehrssicherungspflichten** (BGH NJW 94, 945).

Beispiele (wegen starker Abhängigkeit von den Umständen des Einzelfalles nicht ohne weiteres verallgemeinerungsfähig!): Kausalität zwischen feuergefährl Arbeiten in Nähe leicht brennbarer Stoffe und in engem räuml und zeitl Zusammenhang ausgebrochenem Brand (BGH VersR 74, 750); zwischen Entfachen offenen Feuers bei starkem Wind und in 60 m Entfernung ausgebrochenem Dachstuhlbrand (BGH VersR 75, 379); zwischen unterlassener Absperrung einer tiefen Stelle in einer Badeanstalt und lautlosem Absinken eines Nichtschwimmers (BGH VersR 54, 143); zwischen fehlendem Treppengeländer und seitl Sturz (BGH VersR 74, 263 u 972); zwischen extremer Glätte der Treppenstufen und Sturz (BGH NJW 94, 945); zwischen mangelnder Beleuchtung eines Kfz und Auffahren eines anderen (BGH VersR 64, 296); zwischen Nichteinhalten der rechten Fahrbahnseite und Zusammenstoß mit Gegenverkehr (BGH VersR 64, 166); zwischen der fehlerhaften Bremsvorrichtung eines Fahrzeugs und einem Unfall (BGH VersR 71, 80); zwischen der Verletzung einer Unfallverhütungsvorschrift bei Herstellung einer Maschine und einem Unfall bei deren Betrieb (BGH VersR 72, 149); zwischen Verstoß gegen eine Viehseuchenverordnung und Ausbruch einer Hühnerpest (BGH VersR 61, 828); zwischen der Bluttransfusion von einem Luetiker III. Grades und einer Krankheit, welche den Schluß auf eine Luesinfektion zuläßt (BGH 11, 227); zwischen der Übertragung von Blut eines an Aids Erkrankten und der Aids-Infektion eines nicht zu einer Risikogruppe Gehörenden sowie seines Ehegatten (BGH NJW 91, 1948); zwischen Alkoholisierung und Unfall in einer Situation, die ein Nüchterner gemeistert hätte (BGH VersR 64, 846); zwischen Fahren ohne Schutzhelm und Kopfverletzungen bei Unfall eines Motorradfahrers (BGH NJW 83, 1380). **Abgelehnt** wurde Anscheinsbeweis für Kausalität zwischen Schaden und schädl Emission aus genehmigter Anlage (Köln VersR 93, 894). Für die Frage, ob die **fehlerhafte Beratung** durch einen Rechtsberater schadensursächl geworden ist, dh ob sich der Mandant bei richtiger Beratung dieser entsprechend verhalten hätte, wendet der BGH nunmehr auch die Grundsätze des Anscheinsbeweises an (BGHZ 123, 311 = NJW 93, 3259; zustimmend Grunewald ZIP 94, 1165 u Baumgärtel JR 94, 466; vgl auch Rn 19 aE): ein solches Verhalten entspreche jedenfalls dann dem typischen Ablauf, wenn bei fehlerfreier Beratung zweifelsfrei zutage gelegen hätte, daß nur eine Entscheidung sinnvoll sei; der Nachweis von Tatsachen, die für ein atypisches Verhalten des Mandanten sprechen, stehe dem Berater aber offen. Diese Rechtsprechung begegnet Bedenken, weil es im Bereich *individueller* Willensentscheidungen keine *typischen* Abläufe gibt (was die Rspr sonst auch beachtet, vgl Rn 31). Auf die Verletzung von Aufklärungspflichten, die sich auf den Abschluß riskanter Geschäfte beziehen, ist sie auch nicht übertragen worden (BGH NJW 94, 512: volle Beweislastumkehr).

30a **bb)** Wesentlich weitergehend läßt es die Rspr auch zu, mittels Anscheinsbeweises **von einem festgestellten Erfolg auf die Ursache** (zB eines Brandes, BGH VersR 91, 460; NJW-RR 93, 1117) zu schließen. Ist der eingetretene Schaden nach dem typischen Ablauf auf ein **Verschulden** des Bekl zurückzuführen, wird dieses als prima facie bewiesen angesehen. Damit wird im Grunde ein neuer, der Gefährdungshaftung angenäherter Haftungstatbestand geschaffen, denn der Bekl haftet nicht für festgestelltes, sondern nur für wahrscheinliches Fehlverhalten.

Beispiele: Verschulden des Arztes, wenn Operationsgegenstände in der Wunde zurückgeblieben sind (BGH 4, 138; VersR 52, 180; 56, 577); des Kraftfahrers, der auf ein Hindernis (BGH VersR 66, 567) oder ein vorausfahrendes Kfz auffährt (BGH VersR 64, 263; 69, 859; 82, 672; 87, 1241; NZV 89, 105), auf den Bürgersteig gerät (BGH VersR 58, 566), auf glatter Fahrbahn ins Schleudern kommt (BGH VersR 69, 895; 71, 842), mit einem Vorfahrtberechtigten (BGH VersR 76, 365) oder als Linksabbieger mit einem Entgegenkommenden zusammenstößt (BGH VersR 64, 639); des Schiffsführers, dessen Schiff beim Überholen ein anderes anfährt (BGH VersR 57, 194); des Herstellers einer Betondecke, die wenige Wochen nach der Errichtung durchbricht (BGH VersR 58, 107); Nichtangurten eines Kfz-Insassen, der hierfür typische Unfallverletzungen erlitten hat (BGH NJW 91, 230). Wegen weiterer Einzelheiten vgl die RsprÜbersichten bei Greger VersR 1980, 1092 ff und Zivilrechtl Haftung im Straßenverkehr, 2. Aufl, § 16 StVG Rn 293 ff.

31 **Nicht anwendbar** ist der Anscheinsbeweis für folgende Feststellungen: individuelle Willensentschlüsse (BGHZ 31, 351/57), zB Freitod (BGHZ 100, 214/216), vorsätzl Brandstiftung zwecks Versicherungsbetrugs (BGH NJW 88, 2040/2041; anders zu Unrecht für das gewollte Herbeiführen eines Verkehrsunfalls BGH VersR 79, 514); Arglist (BGH NJW 68, 2139); subjektive Seite der groben Fahrlässigkeit (BGH VersR 74, 593); Fahruntüchtigkeit (BGH NJW 88, 1846); Zugang

eines abgesandten (Einschreibe-)Briefs (BGHZ 24, 308; VersR 78, 671; Leipold, Beweismaß und Beweislast im Zivilprozeß, S 15 f; aA E. Schneider MDR 84, 281; Rommé S 84); Zugang eines abgesandten Telex (Karlsruhe NJW 73, 1611) oder Telefax (aA München NJW 94, 527; Burgard BB 95, 224; zu den hier bestehenden Manipulationsmöglichkeiten s Ebnet JZ 96, 507); Richtigkeit von Telefonrechnungen (LG Aachen NJW 95, 2364; aA LG Saarbrücken NJW-RR 96, 894); Richtigkeit von Eintragungen in Handelsbüchern (BGH BB 54, 1044); Begehung einer Straftat aufgrund von Indizien (unzutr BGHZ 100, 31); Wegfall der Bereicherung eines Arbeitnehmers durch Gehaltsüberzahlung (aA BAG NJW 96, 411).

32 5) Einen **Beweis für das äußere Bild** läßt der BGH in stRspr zu, wenn bei der Inanspruchnahme des Fahrzeugversicherers der Nachweis einer Kfz-Entwendung oder eines Nachschlüsseldiebstahls zu erbringen ist (BGH 79, 54/59; VersR 84, 29; NJW 91, 2493; ebenso bei Hausratversicherung für den Beweis eines Einbruchdiebstahls: BGH, VersR 87, 61; 88, 75). Es genügt hierfür der Nachweis von Anzeichen, die mit hinreichender Wahrscheinlichkeit das äußere Bild eines versicherten Diebstahls ergeben. Bei behaupteter Kfz-Entwendung muß der Versicherungsnehmer zB nur beweisen, daß er das Kfz zu einer bestimmten Zeit an einer bestimmten Stelle in verschlossenem Zustand abgestellt und es dort gegen seinen Willen nicht mehr vorgefunden hat; es obliegt dann dem Versicherer, konkrete Umstände nachzuweisen, die mit erhebl Wahrscheinlichkeit gegen die Glaubwürdigkeit des kl Vorbringens sprechen (BGH VersR 84, 29; NJW-RR 93, 719). Der BGH grenzt diese Beweiserleichterung deutlich vom Anscheinsbeweis ab (vgl zB NJW 91, 3284; NJW-RR 93, 720) und leitet sie zutr aus einer interessengerechten Auslegung des Versicherungsvertrages ab: wegen der für Entwendungsfälle typischen Aufklärungsschwierigkeiten sei davon auszugehen, daß die Parteien den Eintritt der Versicherung auch bei hinreichender Wahrscheinlichkeit eines Entwendungsfalles wollten; die Beweiserleichterung sei als dem Vertrag innewohnende materiellrechtl Risikozuweisung zu verstehen (BGH, VersR 84, 29; Knoche MDR 92, 101; Zopfs VersR 93, 141). Dem ist in Ansatz und Ergebnis zuzustimmen. Unzutr ist es jedoch, diese vertragl Vereinbarung als Herabsetzung des Beweismaßes anzusehen (so i Erg BGH VersR 84, 29 u ausdrückl BGHZ 123, 217/220 = NJW 93, 2678/79). Das Beweismaß ist der Parteidisposition entzogen (Musielak NZV 90, 468; Rn 23). Die vom BGH vorgenommene Vertragsauslegung kann sich daher nur auf die Definition des Versicherungsfalls, also das materiellrechtl Tatbestandsmerkmal beziehen; diese wirkt wie eine Beweiserleichterung, ist aber keine. – Dieselbe materielle Rechtslage ist zugrundezulegen, wenn der Versicherer eine Leistung wegen ungerechtfertigter Bereicherung zurückfordert, dh er muß beweisen, daß das „äußere Bild" eines Diebstahls nicht besteht (Hamm VersR 92, 180 mwN). Die gegenteilige Ansicht des BGH (BGHZ 123, 217 = NJW 93, 2678 = LM § 812 BGB Nr 235 m abl Anm Voit: voller Beweis des „Nichtdiebstahls") beruht auf seiner unzutr Annahme einer vertragl Beweismaßabsenkung; daß diese auch zugunsten des Versicherers gelten solle, lasse sich dem Vertrag nicht entnehmen (vgl Köln NZV 90, 466 mwN u Anm Musielak).

33 **6) Tatsächliche Vermutungen** werden von der Praxis in vielfältiger Weise herangezogen, um schwierige Beweisführungen zu erleichtern (vgl zB BGH NJW 92, 560/62: Vermutung, daß deutliche Gefahrenhinweise auf Produkten beachtet werden; NJW 91, 2021: Vermutung für Kausalzusammenhang zwischen Verletzung von DIN-Normen und Schaden; MDR 94, 910: Vermutetes Nutzungsrecht bei Eintragung im Wirtschaftskataster der DDR; zur „tatsächl Vermutung" der Wiederholungsgefahr im Wettbewerbsrecht BGH NJW 94, 1281/83 mwN u Gruber WRP 91, 368; ausführl Prütting, Gegenwartsprobleme der Beweislast, S 50 ff). Sie finden im Gesetz und im Beweislastsystem keine Stütze, fallen insb nicht unter § 292. Der irreführende, auf eine Beweislastverlagerung hindeutende Begriff sollte vermieden werden (ebenso MK/Prütting § 292 Rn 23; RSchwab/Gottwald § 114 I 4c). Es handelt sich entweder um die der freien Beweiswürdigung zuzuordnende Verwertung von Erfahrungswissen oder um richterrechtl Modifizierungen von schwer beweisbaren Tatbestandsmerkmalen des materiellen Rechts (s Rn 35).

34 **7) Modifizierungen der Darlegungslast.** Muß eine Partei Umstände beweisen, die zu dem ihrem Einblick entzogenen Bereich des Prozeßgegners gehören, so entstehen ihr erhebl Beweisprobleme, da Beweisermittlungs- und Ausforschungsanträge nicht zulässig sind (s Rn 5 f). Es wäre aber verfehlt, hier mit einer Umkehr der Beweislast zu helfen. Auch eine generelle Aufklärungspflicht der nicht beweisbelasteten Partei ist abzulehnen (so aber Stürner, Die Aufklärungspflicht der Parteien des Zivilprozesses, 1976, S 92 ff; für weitergehende Öffnung des Zugangs zu der Partei verschlossenen Informationsquellen auch Schlosser NJW 92, 3275 u – rechtsvergleichend – JZ 91, 599; dagegen BGH NJW 90, 3151 = ZZP 104, 203 m Anm Stürner = JR 91, 415 m Anm Schreiber; Arens ZZP 96, 10 ff). Es ist vielmehr im Einzelfall zu prüfen, ob es dem Prozeßgegner im Rahmen seiner Erklärungslast nach § 138 II ausnahmsweise zuzumuten ist, dem Beweispflichtigen eine prozeßordnungsgemäße Darlegung durch nähere Angaben über die betr, zu seinem Wahrnehmungsbereich gehörenden Verhältnisse zu ermöglichen („sekundäre Behauptungslast"; BGH NJW 90, 3151). So kann zB ein Unfallverletzter im Prozeß um Verdienstausfall verpflichtet sein, den für das Unterlassen anderweitiger Verwertung der Arbeitskraft nach

§ 254 BGB beweisbelasteten Schädiger über seine Arbeitsmöglichkeiten und -bemühungen zu unterrichten (BGH VersR 79, 424/425). Im Unterhaltsabänderungsprozeß darf der Bekl die klägerische Behauptung über den Anstieg seines Einkommens nicht einfach bestreiten, sondern er muß dem positive Angaben entgegensetzen (BGH NJW 87, 1201). Auch die Beweiserleichterungen beim Beweis negativer Tatsachen (Rn 24) gehören hierher. Weitere Beispiele: Verwendung von Gesellschaftsmitteln durch GmbH-Geschäftsführer (BGH NJW 87, 2008/2009); Voraussetzungen der Konkursantragspflicht des GmbH-Geschäftsführers (BGH NJW 94, 2220/24); Angaben zur Richtigkeit einer Werbebehauptung (BGH NJW 61, 826); Darlegung, daß eine Tariflohnunterschreitung nicht zur Erlangung unlauterer Wettbewerbsvorteile ausgenutzt wurde (BGHZ 120, 320); Darlegung, wie eine Bewerbung bei Unterbleiben der amtspflichtwidrigen Bevorzugung eines Mitbewerbers behandelt worden wäre (BGH NJW 95, 2344/45). Dagegen ist es unzumutbar, dem Konkurrenten im Wettbewerbsprozeß Betriebsgeheimnisse, zB die Kostenkalkulation, offenbaren zu müssen (BGH NJW 92, 1817/1819). Folge einer Nichterfüllung der sekundären Behauptungslast ist, daß die Behauptung des primär Darlegungspflichtigen trotz ihrer mangelnden Substantiierung als zugestanden iSd § 138 III gilt (§ 138 Rn 8b). Genügt der Gegner seiner Darlegungslast, ist die weitere Beweisführung wiederum Sache des an sich Beweispflichtigen. – Die Verkennung der Grundsätze über die sekundäre Behauptungslast ist Verfahrensfehler, vom Revisionsgericht also nur auf Rüge hin zu prüfen (§ 559 II 2).

8) **Beweisorientierte Auslegung oder Fortbildung des materiellen Rechts.** Ohne Eingriff in das Beweisrecht lassen sich gerechte Lösungen schwieriger Beweislagen häufig dadurch erreichen, daß das zu beweisende Tatbestandsmerkmal mit den Mitteln der juristischen Methodenlehre modifiziert wird. Ein Beispiel hierfür ist die Rspr des BGH zum Beweis für das äußere Bild eines Versicherungsfalls (s Rn 32). Auch der Anscheinsbeweis ließe sich einwandfrei auf eine materiellrechtl Legitimation zurückführen (näher Greger, Beweis u Wahrscheinlichkeit, S 179 ff, 191 ff; ders VersR 80, 1103 f; aA MK/Prütting § 286 Rn 53; Walter ZZP 93, 97 ff). So würden zB die vielfältigen Versuche, den schwierigen Nachweis eines Ursachenzusammenhangs zu erleichtern (durch Anscheinsbeweis, Ausdehnung von § 287, Beweislastumkehr, tatsächl Vermutungen usw), entbehrl, wenn akzeptiert würde, daß das Gesetz überall dort, wo es einen Kausalzusammenhang verlangt, analog §§ 119 I, 2087 I BGB nur die nach der Lebenserfahrung anzunehmende Ursächlichkeit (BGH NJW 95, 2361/2) meint (s Greger VersR 80, 1103). Weitere Vorbilder für eine im materiellen Recht angelegte Erleichterung schwieriger Beweise bieten § 252 S 2 BGB und § 1 II Nr 2 ProdHaftG. 35

284 *[Beweisaufnahme. Beweisbeschluß]*

Die Beweisaufnahme und die Anordnung eines besonderen Beweisaufnahmeverfahrens durch Beweisbeschluß wird durch die Vorschriften des fünften bis elften Titels bestimmt.

Die Vorschrift verweist lediglich auf die die Beweisaufnahme regelnden §§ 355–484. Die Gesamtheit des Beweisverfahrens, insbes die Einzelheiten zum Ablauf, und seine Grundsätze sind dargestellt in den Vorb zu § 284. 1

285 *[Verhandlung nach Beweisaufnahme]*

(1) Über das Ergebnis der Beweisaufnahme haben die Parteien unter Darlegung des Streitverhältnisses zu verhandeln.

(2) Ist die Beweisaufnahme nicht vor dem Prozeßgericht erfolgt, so haben die Parteien ihr Ergebnis auf Grund der Beweisverhandlungen vorzutragen.

1) Bei **Beweisaufnahme vor dem Prozeßgericht** (Abs I, § 355) ist der Beweistermin gleichzeitig (§§ 278 II, 370) der Verhandlungstermin, in dem die Parteien ihre Erklärungen, nämlich Beweiseinreden (auch Einreden des Beweisführers selbst BGH MDR 58, 501) und etwaige neue Beweisangebote unmittelbar (sonst § 282) vorzubringen haben; die Nachreichung einer *schriftlichen* Beweiswürdigung kann grds nicht beansprucht werden (BGH MDR 91, 343 = NJW 91, 1547/1548; zu den Ausnahmen: Rn 2). Im Verhandlungstermin nach der Beweisaufnahme muß den Parteien Gelegenheit zur Beweiserörterung gegeben werden, sonst sind sie in ihrem Anspruch auf rechtl Gehör verletzt und das Beweisergebnis darf nicht verwertet werden (BGH MDR 89, 972 = NJW 90, 121; LAG Hessen NZA-RR 96, 168). Die Verhandlung über das Beweisergebnis und die erneute Erörterung des Sach- und Streitstandes (§ 278 II 2) müssen aus dem **Protokoll** ersichtl sein (§ 160 II; BGH MDR 89, 972 = NJW 90, 121). Sind sie unterblieben oder gelten sie wegen der formellen Beweiskraft des Protokolls, die nur bei offensichtl Lückenhaftigkeit des Protokolls zurücktreten kann (BGH 26, 340/43; NJW 90, 121/22) als unterblieben, so werden sie in der 1

Berufungsinstanz nachgeholt, während der entspr Fehler im Berufungsverfahren zur Aufhebung des Urteils durch das Revisionsgericht führt, wenn er gerügt ist und das Urteil auf ihm beruhen kann (BGH NJW 90, 121/22). Die Parteien können aber auf das Recht auf Beweisverhandlung verzichten, auch durch rügeloses Verhandeln nach § 297 (BGH 63, 94/95; aA MK/Prütting Rn 6). Das nach Beweiserhebung erklärte Einverständnis mit schriftl Entscheidung (§ 128 II) ersetzt auch die Beweisverhandlung. Waren Parteien im Termin nicht anwesend (§ 367), kann ohne nochmalige Verhandlung über das Beweisergebnis gem §§ 128 II, 251a, 331a oder durch VU entschieden werden, sofern die hierfür erforderl Anträge (bei § 251a ohne Antrag) gestellt sind. Wiederholung der Sachanträge nach der Beweiserörterung ist entbehrl, BGH 63, 94/95 = NJW 74, 2322.

2 Bei **mündlicher Gutachtenserstattung im Haupttermin** ist, wenn das Gutachten zu schwierigen Fragen Stellung nimmt, der nicht sachkundigen Partei Gelegenheit zu geben, nach Vorliegen der Sitzungsniederschrift zum Beweisergebnis noch Stellung zu nehmen, BGH NJW 88, 2302; 82, 1335 = MDR 88, 953; 82, 571. Je nach Schwierigkeit der Materie kann die Frist zur Stellungnahme so zu bemessen sein, daß die Partei hierfür sachkundige Beratung einholen kann (BGH VersR 84, 661; NJW 84, 1823; MDR 85, 43). Die Partei darf ihre Stellungnahme schriftlich abgeben, sie hat hierfür aber auch das Recht auf Anhörung in mündlicher Verhandlung (BGH VersR 60, 321; dann ist gemäß § 278 V zu vertagen). Auf jeden Fall ist die (schriftliche oder mündliche) Stellungnahme der Partei in die Beweiswürdigung des Gerichts einzubeziehen, also gemäß §§ 278 II, 285 „erneut mit den Parteien zu erörtern". Abhilfe gemäß § 283 ist hierfür ausgeschlossen. Daher ist eine **Schlußverhandlung über das Gutachten und über die Stellungnahme** nur bei Einverständnis der Parteien mit dem schriftlichen Verfahren (§ 128 II) entbehrlich.

3 **2) Beweisaufnahme außerhalb des Prozeßgerichts** (Abs II; §§ 361, 363, 372 II, 375, 402, 434, 451 [beauftragter Richter]; § 362 ZPO, § 157 GVG [ersuchter Richter]) erfordert Vortrag des Beweisergebnisses durch die Parteien vor dem Prozeßgericht. Als „Vortrag" genügt (nicht notw ausdrückliche) Bezugnahme (§ 137 III) auf das Protokoll (§ 160 III Nr 4, 5), auf schriftl Gutachten (§ 411), schriftl Auskünfte (§§ 273, 358a, 377 III). Parteivortrag ist entbehrl, soweit Beweis vAw aufgenommen wurde (Rn 2 vor § 284). Folgen des Verstoßes wie bei Abs I (s Rn 1).

286 *[Beweiswürdigung]*

(1) Das Gericht hat unter Berücksichtigung des gesamten Inhalts der Verhandlungen und des Ergebnisses einer etwaigen Beweisaufnahme nach freier Überzeugung zu entscheiden, ob eine tatsächliche Behauptung für wahr oder für nicht wahr zu erachten sei. In dem Urteil sind die Gründe anzugeben, die für die richterliche Überzeugung leitend gewesen sind.

(2) An gesetzliche Beweisregeln ist das Gericht nur in den durch dieses Gesetz bezeichneten Fällen gebunden.

Lit (s auch die Nachweise vor § 284): *Baumgärtel,* Beweisvereitelung, FS Kralik, 1986, S 63; *ders,* Abgrenzung von Beweiswürdigung, Beweislast, Beweismaß, FS Uni Köln, 1988, S 165; *Bender,* Das Beweismaß, FS Baur, 1981, S 247; *Greger,* Beweis und Wahrscheinlichkeit, 1978; *Habscheid,* Beweislast und Beweismaß, FS Baumgärtel 1990, S 105; *Huber,* Das Beweismaß im Zivilprozeß, 1983; *Koussoulis,* FS Schwab, 1990, S 277; *Schwab,* Das Beweismaß im Zivilprozeß, FS Fasching, 1988, S 451; *Walter,* Freie Beweiswürdigung, 1979.

1 **1) Bedeutung der freien Beweiswürdigung.** § 286 statuiert als wesentl Verfahrensgrundsatz der ZPO die Freiheit der Beweiswürdigung. An die Stelle der weitgehend formellen Beweiserhebung nach Beweisregeln (gemeines u kanonisches Recht) tritt die freie Überzeugungsbildung des Gerichts unter Berücksichtigung des gesamten Prozeßstoffes (Rn 2). Um einer willkürlichen Überzeugungsbildung des Gerichts vorzubeugen und abzuhelfen, sind die wesentl Grundlagen der Beweiswürdigung im Urteil darzulegen (Rn 21), sonst Verfahrensmangel.

2 **2) Grundlage der Beweiswürdigung** ist das *gesamte* Ergebnis der Beweisaufnahme, darüber hinaus aber auch jede sonstige (prozeßordnungsgemäße) Wahrnehmung aus der mündl Verhandlung (s Rn 14). Zu dieser umfassenden Würdigung ist das Gericht nicht nur berechtigt, sondern auch verpflichtet. Es darf daher zB auch ein SV-Gutachten nicht einfach übernehmen,

sondern hat dieses sorgfältig und kritisch zu würdigen; legt dieses Gutachten seine tatsächl Grundlagen nicht offen (vgl § 411 Rn 3a), so ist diese umfassende Prüfung nicht möglich und ein auf das Gutachten gestütztes Urteil schon wegen Verstoßes gegen § 286 fehlerhaft (BGH NJW 92, 1817/1819). Ebenso verstößt es gegen § 286, wenn das Gericht angebotene Beweise übergeht (vgl Rn 12) oder Beweismittel unvollständig würdigt (BGH NJW-RR 92, 1392/93). Hat das Gericht unnötigerweise (zB vor abschließender Würdigung des Hauptbeweises vorsorgl; vgl vor § 284 Rn 10) auch den Gegenbeweis erhoben, so ist auch dieses Beweisergebnis in die einheitl Beweiswürdigung einzubeziehen, ohne daß dem die Regeln der Beweislast (Rn 15 ff vor § 284) entgegenstehen. Daher darf zB nicht unbeachtet bleiben, daß der Zeuge des beweisbelasteten Klägers das Beweisthema nicht, der Zeuge des Beklagten jedoch die Beweisbehauptung des Klägers überzeugend bestätigt hat. Ebenso darf die von einer Partei vorgelegte Beweisurkunde je nach ihrem Inhalt auch zum Nachteil des Beweisführers gewertet werden (BGH MDR 83, 1018). Die Regeln der Beweislastverteilung sind nur für die Beweiserhebung, nicht auch für die Beweiswürdigung verbindl; insbes begründen die Regeln der Beweislast kein Verwertungsverbot für Beweisergebnisse. Ergibt dagegen die Beweisaufnahme einen Sachverhalt, den keine der Parteien behauptet hat, und macht sich die begünstigte Partei das Beweisergebnis auch nicht zu eigen, so darf hierauf die Entscheidung nicht gegründet werden (BGH NJW-RR 90, 507; vor § 128 Rn 10). Der Inhalt beigezogener Akten darf nur insoweit verwertet werden, als die Parteien sich auf ihn berufen haben (BGH NJW 94, 3295/96; s auch Frankfurt OLGR 95, 71). Zur Verwertung von Feststellungen in einem Strafurteil s § 14 EGZPO Rn 2.

3) **Grenzen der freien Beweiswürdigung: a)** Von § 286 II ausnahmsweise zugelassene **gesetzl Beweisregeln** schränken die richterl Überzeugungsbildung (bis zum Vollbeweis des Gegenteils; BGH NJW 90, 2125 = MDR 91, 33) ein, so zB hinsichtl der Beweiskraft gewisser Urkunden: §§ 165, 314 Protokoll u Urteil, §§ 415–418 öffentl u priv Urkunden, §§ 198 II, 202 II, 212a Zustellungsurkunden. Dagegen schränken gesetzl Vermutungen (§ 292) nur die Beweisbedürftigkeit ein (Rn 10 vor § 284), nicht aber die freie Beweiswürdigung. – Abs II begründet eine Bindung des Gerichts nur „an die *in diesem Gesetz bezeichneten Beweisregeln*"; damit sollten bei Erlaß der ZPO nur die in früheren Landes-Verfahrensgesetzen enthaltenen Beweisregeln aufgehoben werden. Nicht aufgehoben wurden damit aber **Beweisregeln,** die **außerhalb der ZPO** in anderen Reichs- oder Bundesgesetzen enthalten sind, so zB die Regel des § 190 StGB über die Beweiswürdigung eines Strafurteils für die Wahrheit einer inkriminierenden Behauptung (vgl § 13 EGZPO; BGH NJW 85, 2644/46 = MDR 85, 1014). 3

b) Die **Prozeßart** kann das Gericht zwingen, das Urteil unter Nichtberücksichtigung von Zweifeln oder gegenteiliger Überzeugung auf bloßen Formalbeweis zu stützen (Urkundenprozeß §§ 592, 595 II). Jedoch ist über Prozeßverschulden des RA im Haftungsprozeß jeder Beweis zugelassen, auch wenn im Vorprozeß bestimmte Beweise nicht zugelassen waren (BGH 72, 328 = NJW 79, 819). 4

c) Beweisverwertungsverbote können der Berücksichtigung bestimmter Beweisergebnisse entgegenstehen (vgl hierzu, insbes zu den rechtswidrig erlangten Beweismitteln, Rn 15a ff). Zur Verwertung des Gutachtens eines abgelehnten Sachverständigen vgl § 406 Rn 15. 5

d) Das **Geständnis** (§ 288) zwingt, die zugestandene Tatsache als wahr zu behandeln, auch wenn das Gericht zweifelt; der Richter darf das Geständnis nur übergehen, wenn das Gegenteil offenkundig oder allein möglich ist (§ 288 Rn 6 u 7); hierauf sind die Parteien gem § 278 III hinzuweisen. 6

e) Die **Beweislast** (Rn 15 ff vor § 284) hindert die freie Beweiswürdigung niemals, denn sie setzt erst ein, wenn trotz Beweiswürdigung Zweifel fortbestehen. 7

f) Beweisverträge, die auf eine Einengung der freien Beweiswürdigung zielen, sind nichtig (RG 96, 59; LG Köln MDR 60, 846). Zur Zulässigkeit von Beweislastverträgen s Rn 23 vor § 284. 8

4) **Gegenstand der Beweiswürdigung** sind: **a) Tatsachen,** dh alle der äußeren Wahrnehmung zugängl Geschehnisse oder Zustände, aus denen das obj Recht Rechtswirkungen herleitet (RSchwab/Gottwald § 113 I), so auch sog innere Tatsachen wie Wille, Vorsatz, Einverständnis, negative Tatsachen (vor § 284 Rn 24), nur eingeschränkt dagegen die sog Rechtstatsachen (§ 138 Rn 11a; § 288 Rn 1a). Aufgabe des Richters ist es, den beweiserhebl Tatsachenvortrag der Parteien, Zeugen u sonst Auskunftspersonen von unmaßgebl Werturteilen u Tatsachenurteilen (zB die Aussage, jemand sei Eigentümer, Erbe usw, sei bösgläubig, leichtsinnig, habe eine Notlage ausgebeutet usw) zu trennen. 9

b) Indizien (hierzu Nack NJW 83, 1035; MDR 86, 366): Entscheidungserhebl und damit beweisbedürftig (vor § 284 Rn 9 u 10) sind grds nur Tatsachen, die einen unmittelbaren Bezug zum Streitgegenstand haben. Das schließt aber, insbes bei Beweisnot oder Unzumutbarkeit der Beweisführung für unmittelbare Tatsachen, die Beweiserheblichkeit auch **mittelbarer Tatsachen** nicht aus, wenn diese nur geeignet sind, logische Rückschlüsse auf den unmittelbaren Beweistat- 9a bestand – bestärkend oder entkräftend – zu ziehen. Dieser ernstl mögliche Bezug muß beim Beweisantritt schlüssig dargelegt werden, um die Beweiserhebung über solche Indiztatsachen zu rechtfertigen (BGH 53, 245/261 = NJW 70, 946/949; VersR 89, 1063; NJW 91, 1894; 84, 2040; 82, 2447). Der BGH spricht hier zutreffend vom Beweistatbestand als einem Mosaik, in welchem auch Indiztatsachen als Steinchen bedeutsam werden können (BGH NJW 83, 2034/35). Auch der **Zeuge vom Hörensagen** bekundet solche Indizien, mag auch der Beweiswert einer solchen Aussage geringer sein als die Bekundung unmittelbar eigener Wahrnehmungen (§ 373 Rn 1; BGH NJW 84, 2039; Stuttgart NJW 72, 67). – Mit dem Anscheinsbeweis (vor § 284 Rn 29) hat der Indizien- oder Anzeichenbeweis nichts zu tun. Bei jenem geht es darum, daß der Nachweis eines Ursachenzusammenhanges oder der Ursache eines Erfolges durch den Nachweis eines typischen Geschehensablaufes ersetzt wird (mit der Folge, daß insoweit keine Beweiswürdigung mehr stattfindet), während der Indizienbeweis nur die Grundlagen für die Beweiswürdigung hinsichtl irgendeines Tatbestandsmerkmals liefert. Die Unterscheidung ist wichtig vor allem im Hinblick auf die revisionsgerichtl Überprüfungskompetenz (vgl § 550 Rn 13), wird aber auch vom BGH nicht immer richtig getroffen (s zB BGHZ 100, 31).

10 c) **Rechtsnormen** dulden hinsichtl ihres Bestehens und Inhalts grundsätzl keine freie Beweiswürdigung, Art 20 III GG (s aber Art 100 GG). Der Richter hat sie vAw festzustellen ohne Rücksicht auf Vortrag, Geständnis, Bestreiten u Beweisangebot (Hamm JurBüro 66, 772; Frankfurt Rpfleger 87, 34). **Ausnahme:** Ausländisches Recht, Gewohnheitsrecht u Satzungsrecht (§ 293) bedürfen des Beweises, obwohl auch sie vAw zu ermitteln sind (§ 293 Rn 14 ff; BGH NJW 66, 1364; 61, 410). Daher sind Feststellungen des Tatrichters über Bestehen u Inhalt solcher Normen für das Revisionsgericht bindend (§§ 562, 549), revisibel ist nur die Frage, ob der Tatrichter bei der Ermittlung solcher Normen vAw alle zugängl Erkenntnisquellen ausgeforscht hat (BGH NJW 61, 411; MDR 57, 33).

11 d) **Erfahrungssätze** sind Gegenstand freier Beweiswürdigung u gewinnen in ihrer Anwendung als Grundlage des Anscheinsbeweises (vor § 284 Rn 29) besondere Bedeutung. Erkenntnisquelle kann der SVBeweis, sogar die Meinungsumfrage (§ 402 Rn 6; BGH NJW 91, 493/494; 62, 2152; MDR 87, 292; GRUR 66, 445; Schramm GRUR 68, 139; Noelle-Neumann GRUR 68, 133) oder die eig Lebenserfahrung des Gerichts sein. Bei überörtl Geltungsbereich (= „sonstige Vorschrift" iS § 549) sind Erfahrungssätze (zB Verkehrssitte, Handelsgebräuche, typische Geschehensabläufe) revisible Rechtsbegriffe (BGH NJW 65, 1854; 64, 1789).

12 5) **Vorgang der Beweiswürdigung:** a) Freiheit der Beweiswürdigung heißt nicht Freiheit in der **Beweiserhebung.** Wo eine entscheidungserhebl Frage streitig ist, sind die hierfür angebotenen Beweise, sofern sie zur Beweisführung zulässig, geeignet und von der beweisbelasteten Partei bzw gegenbeweisl von deren Gegner angeboten sind, zu erheben (vgl vor § 284 Rn 8a ff). Erst nach dieser Beweiserhebung ist Raum für die richterl Beweiswürdigung (die dann aber das gesamte Verhandlungsergebnis umfaßt, s oben Rn 2). Eine Vorwegnahme der Würdigung eines noch nicht erhobenen Beweises (etwa wegen Unglaubwürdigkeit des benannten Zeugen) ist unzulässig (BGH NJW 70, 946/950; Schneider MDR 69, 268) und verletzt ebenso wie die Nichterschöpfung der angebotenen Beweise § 286 I.

13 b) § 286 fordert den Richter hierbei auf, nach seiner **freien Überzeugung** zu entscheiden. Dies bedeutet, daß der Richter ledigl an die Denk-, Natur- und Erfahrungsgesetze gebunden ist, ansonsten aber die im Prozeß gewonnenen Erkenntnisse grundsätzl (Ausnahmen s Rn 3) **ohne Bindung an gesetzl Beweisregeln** nach seiner individuellen Einschätzung bewerten darf. Er darf also zB trotz mehrerer bestätigender Zeugenaussagen das Gegenteil einer Beweisbehauptung feststellen. Grundsätzl darf er auch vom Gutachten eines SV abweichen, doch zieht hier das Erfordernis eigener (besserer) Sachkunde des Gerichts eine Grenze (§ 402 Rn 7a). Zum anderen ist er aber auch verpflichtet, den ihm gewährten **Freiraum auszuschöpfen.** So verstößt er gegen das Postulat der „freien" Überzeugung, wenn er sich selbst an Beweisregeln bindet, zB Aussagen von Sympathisanten des Beweisführers (Angehörige, Freunde, Kollegen, Beifahrer) generell nur dann einen Beweiswert zumißt, wenn sie durch objektive Beweismittel bestätigt werden (BGH NJW 88, 566 m Anm Walter = MDR 88, 307 m Anm Reinecke MDR 89, 114; NJW 95, 955; Greger NZV 88, 13), wenn er einem Gutachten folgt, obwohl sich aus diesem selbst erhebl Zweifel an der gezogenen Schlußfolgerung ergeben (BGH NJW 93, 1524), wenn er nicht in eigener Verantwortung prüft, ob die vom Sachverständigen vermittelten Erkenntnisse auf den individuellen Fall anwendbar sind (BGH NJW-RR 95, 914), oder wenn er einer Urkunde absoluten Beweiswert beilegt, obwohl sie nur indizielle Bedeutung hat (vgl LG Darmstadt NJW 93, 2448: Telefax-Sendeprotokoll ist wegen Manipulationsmöglichkeit nur Indiz für den Zugang; s hierzu vor § 230 Rn 2). Das schließt freilich generalisierende Erwägungen zum Beweiswert eines Beweismittels nicht aus (vgl zB Köln NJW 93, 3079: hoher Beweiswert einer Bankeinzahlungsquittung), solange nur eine einzelfallbezogene Gesamtabwägung stattfindet. – Die Überzeugungsbildung begrenzende **Erfahrungsgesetze** sind nur solche, die nach menschl Erfahrung ausnahmslose Geltung beanspru-

chen (zB die Einmaligkeit jedes Fingerabdrucks), nicht die einfachen Erfahrungssätze, die nur Wahrscheinlichkeitsaussagen ermöglichen und Abweichungen im Einzelfall durchaus zulassen (hierzu Rn 16). **Denkgesetze** sind die Gesetze der Logik, also insbes das Gebot der Widerspruchsfreiheit. Ist der Schluß aus einer Indiztatsache nicht zwingend, weil sie sich auch mit dem Vortrag des Prozeßgegners vereinbaren läßt, so liegt hierin allein noch kein Verstoß gegen Denkgesetze (zu weitgehend BGH NJW 91, 1894/95; 93, 935/38). – Zur Bedeutung des Überzeugungsbegriffs für das **Beweismaß** s unten Rn 17 ff.

6) Erkenntnisquellen der Beweiswürdigung sind: **a) Der Sachvortrag und das Prozeßverhalten** der Parteien, denn nach § 286 I bezieht sich die Beweiswürdigung auf den gesamten Inhalt der Verhandlungen. Verwertbar ist deshalb der Inhalt der Schriftsätze und ihrer Anlagen (auch Fotokopien, BGH NJW 90, 1170/71; Zoller NJW 93, 433), soweit hierzu keine Beweiserhebung erforderl war (zum Privatgutachten s § 402 Rn 2), erst recht die Äußerung bei Anhörung gemäß § 141 (dort Rn 1), aber auch Art, Zusammenhang und Zeitpunkt des Vorbringens, etwa eine Verletzung der Wahrheitspflicht (§ 138 Rn 7), eine – nicht durch die Prozeßentwicklung erklärbare – Änderung des Sachvortrags (BGH NJW-RR 95, 1340/41), der Widerruf eines Beweisantritts (vor § 284 Rn 2) oder die Weigerung der Benennung bekannter Zeugen (BGH NJW 60, 821). Besondere Bedeutung hat die **Beweisvereitelung** durch den Gegner des Beweisführers (vgl §§ 444, 427, die auf alle Arten des Beweises entspr anwendbar sind), so die (selbst fahrlässige, BGH ZIP 85, 312/314; NJW 63, 389/390) Beseitigung von Beweismitteln (BGH VersR 68, 58; München OLGZ 77, 79), die Zurückhaltung von Beweisurkunden (Köln MDR 68, 674), die Verweigerung zumutbarer (unzumutbar der gesundheitsgefährdende Eingriff, Düsseldorf VersR 85, 457) ärztl Untersuchung (§ 372a Rn 15; BGH NJW 86, 2371; 72, 1133; VersR 73, 1028), das Verschweigen beweiserhebl Umstände (BGH NJW 72, 1131), die Versagung der Aussagegenehmigung (§ 385 Rn 13; BGH MDR 84, 48; 72, 495), die ProzVerschleppung, uU sogar die Ausnutzung des Bankgeheimnisses, BGH NJW 67, 2012. Zu Einzelfragen der Beweisvereitelung, bei der es immer um Beweiswürdigung, nicht um eine Umkehr der Beweislast geht (vor § 284 Rn 17), vgl MK/Prütting Rn 75 ff, Baumgärtel, FS Kralik, S 63, Peters ZZP 82, 200; Stürner ZZP 98, 237; Schneider MDR 69, 4; Gerhardt AcP 69 [169], 289 und ZZP 86, 83; Ordemann NJW 62, 1902; Bamberg VersR 71, 769; Hamburg MDR 68, 332. 14

b) Das Ergebnis der Beweisaufnahme durch die in der ZPO normierten Beweismittel, nämlich Augenschein (§§ 371–372a), Zeugen (§§ 373–401), Sachverständige (§§ 402–414), Urkunden (§§ 415–444) u Parteivernehmung (§§ 445–455). Hierher gehört auch das Verhalten der Beweispersonen (zur Würdigung einer Aussageverweigerung s § 383 Rn 7). Zur Notwendigkeit des persönl Eindrucks von einem Beweismittel § 355 Rn 1, zur urkundl verwertbaren Zeugenaussage in anderen Verfahren s § 373 Rn 9, zur Notwendigkeit erneuter Vernehmung in der Berufungsinstanz § 526 Rn 3. 15

c) Nicht jede Erkenntnis aus der Beweisaufnahme darf aber verwertet werden. Die hM erkennt heute die Existenz von **Beweisverwertungsverboten** an, die zwar nicht in der ZPO geregelt, aber aus der Verfassung abzuleiten sind. Sie greifen ein, wenn durch die Beweiserhebung in ein verfassungsrechtl geschütztes Individualrecht eingegriffen wurde und die Verwertung nicht ausnahmsweise durch Güterabwägung gerechtfertigt wird (vgl StJ/Leipold § 284 Rn 54 ff; MK/Prütting § 284 Rn 62 ff; RSchwab/Gottwald § 112 III 2b m Nachw zum Meinungsstand). 15a

Einzelfälle: Der Inhalt **heimlicher Tonbandaufnahmen** darf wegen Verletzung des Persönlichkeitsrechts grds nicht verwertet werden (BVerfG 34, 245 = NJW 73, 891; BGH NJW 88, 1016 = MDR 88, 305); Interessenabwägung kann aber, solange nicht der Kernbereich privater Lebensgestaltung (Intimsphäre) betroffen ist, zu anderem Ergebnis führen (BGH NJW 82, 277 = MDR 82, 397: einziges Mittel, rechtswidrige Telefonate zu beweisen). Daß die Gesprächsteilnehmer nach Vorhalt der Aufzeichnung den Inhalt des Gesprächs bestätigt haben, ändert an dem Verwertungsverbot auch dann nichts, wenn dies in einem Strafverfahren nach Belehrung über das Aussageverweigerungsrecht geschah; von einer „freiwilligen Offenbarung" kann hier entgegen Köln VersR 94, 213 nicht ausgegangen werden. – Das **Mithören von Telefongesprächen durch Dritte** ohne Bekanntgabe dieses Umstandes an den Gesprächspartner berührt dessen Persönlichkeitsrecht bei Gesprächen erkennbar persönl Inhalts, also mit vertraul Charakter, nicht aber bei sonstigen Gesprächen, denn das Mithören über Lautsprecher oder einen zweiten Kopfhörer ist mittlerweile derart verbreitet, daß es dem Gesprächspartner zugemutet werden kann, den Wunsch, Dritte am Gespräch nicht zu beteiligen, ausdrückl zu äußern (BGH NJW 82, 1398 = MDR 82, 845; enger wohl BVerfG NJW 92, 815/816). Auch bei dienstl Telefongesprächen kann aber nicht von einer Einwilligung in ein keinem der Gesprächspartner bekanntes Mithören, etwa durch den Arbeitgeber, ausgegangen werden (BVerfG NJW 92, 815). – **Belauschen von Gesprächen,** etwa durch Minisender, Richtmikrophone oder Sprechanlagen, begründet Verwertungsverbot, ebenso grds das Mithörenlassen eines unter vier Augen geführten Gesprächs durch einen heimlichen Zeugen (BGH NJW 91, 1180 = MDR 91, 672 = JZ 91, 929 m Anm Helle; BAG NJW 83, 15b

1691 = MDR 83, 787). Nur in besonders gelagerten Ausnahmefällen kann ein solches Verhalten durch eine Güterabwägung gerechtfertigt werden (vgl BGH NJW 94, 2289 = MDR 94, 766 m Anm Baumgärtl = JZ 94, 915 m Anm Helle: Abwehr eines existenzbedrohenden kriminellen Verhaltens). – Dasselbe gilt für die Aussage einer Person, die als **Spitzel** eine Partei in ihrer Wohnung rechtswidrig beobachten sollte (BGH NJW 70, 1848 = JZ 71, 387 m Anm Arzt = JR 71, 65 m Anm Bökelmann). – **Schriftliche Aufzeichnungen über ein vertrauliches Gespräch,** die ein Gesprächsteilnehmer gefertigt hat, dürfen verwertet werden (BGH 80, 25). – Allein der **Diebstahl von Unterlagen** begründet noch kein Verbot deren Verwertung (MK/Prütting § 284 Rn 68). – **Persönliche Aufzeichnungen** (Tagebücher, intime Briefe), deren Besitz rechtswidrig erlangt wurde, dürfen jedoch wegen des vorrangigen Persönlichkeitsrechts nicht verwertet werden (vgl BGHSt 19, 325 = NJW 64, 1139), desgleichen **Fotografien,** die unter Verletzung des Persönlichkeitsrechts entstanden sind und in deren Verwertung eine weitere Beeinträchtigung dieses Rechts läge (vgl BGH 30, 7; 35, 363). – Was eine Partei unter **Verstoß gegen eine berufliche Verschwiegenheitspflicht** einem Dritten offenbart hat, darf sie grds nicht durch diesen Dritten als Zeugen unter Beweis stellen (Köln NJW-RR 93, 1073). – Die Zulässigkeit von privat ohne Wissen des Betroffenen veranlaßten DNA-Untersuchungen erörtern Reichelt/Schmidt/Schmidtke FamRZ 95, 777. Verwertung so gewonnener Privatgutachten kommt in den bei § 402 Rn 2 gezeigten Grenzen jedenfalls dann in Betracht, wenn Beweisanordnung nach § 372a begründet wäre (zur Rechtslage bei §§ 81a, 97 StPO vgl Weiler MDR 94, 1163 mwN).

15c Ob auch der **Verstoß gegen prozeßrechtl Vorschriften** bei der Beweisaufnahme (zB unterbliebene Belehrung über Zeugnisverweigerungsrecht; Nichtvereidigung des Dolmetschers, BGH NJW 94, 941) ein Verwertungsverbot begründet, ist str. Die Frage ist nicht generell zu beantworten; sie wird bei den jeweiligen Vorschriften behandelt (vgl zB zur Beweisunmittelbarkeit § 355 Rn 1, zur Verletzung der Parteiöffentlichkeit § 357 Rn 2, zur Behandlung aussageverweigerungsberechtigter Zeugen § 383 Rn 6, 21, 22, zur Geheimhaltung von Anschlußtatsachen § 411 Rn 3a).

16 **d) Die Erfahrungssätze.** Aus den vorgenannten Erkenntnisquellen läßt sich häufig erst unter Zuhilfenahme allgemeiner Erfahrungen eine konkrete Sachverhaltsfeststellung ableiten. Auch die sog Erfahrungssätze (s schon Rn 11 zu ihrer Ermittlung) sind daher zulässige Erkenntnisquellen bei der Beweiswürdigung. Die Frage, ob der Richter aufgrund von Erfahrungssätzen bestimmte Beweisergebnisse gewinnen *muß,* führt hin zu der Problematik des Anscheinsbeweises (näher Rn 29 vor § 284).

17 **7) Ziel der Beweiswürdigung:** § 286 I regelt nicht nur den Vorgang der (freien) Beweiswürdigung, sondern zugleich deren Ziel, das **Beweismaß,** dh das Kriterium für das „Bewiesensein" der streitigen Behauptung. Auch hierauf bezieht sich das Merkmal der Überzeugung des Richters: sie soll darüber entscheiden, ob die Behauptung **für wahr zu erachten** sei. Diese Aussage bedeutet Mehrfaches:

18 **a) Weniger als die Überzeugung von der Wahrheit** reicht für das Bewiesensein nicht aus: ein bloßes Glauben, Wähnen, Fürwahrscheinlichhalten berechtigt den Richter nicht zur Bejahung des streitigen Tatbestandsmerkmals. Beweismaßlehren, die auf bloße Wahrscheinlichkeitsgrade abstellen (Kegel, Festgabe Kronstein, 1967, S 321 ff; Maassen, Beweismaßprobleme im Schadensersatzprozeß, 1975, S 153 ff) finden im Gesetz keine Stütze; sie sind auch unvereinbar mit der Aufgabe des Beweises, die größtmögl Übereinstimmung zwischen dem vom Gericht beurteilten und dem wahren Sachverhalt zu gewährleisten, führen zur Ausuferung der materiellrechtl Anspruchsgrundlagen (Baumgärtel in: Grundlagen des Zivilprozeßrechts, S 563) und verwässern das gesetzl System der Beweislast (MK/Prütting Rn 38; Leipold, Beweismaß und Beweislast im Zivilprozeß, 1985, S 8). Nach Habscheid (FS Baumgärtel, 1990, S 118 f) rühren sie an die Wurzeln des Rechtsstaats.

19 **b) Mehr als die subjektive Überzeugung** wird aber nicht gefordert. Absolute Gewißheit zu verlangen, hieße die Grenze menschl Erkenntnisfähigkeit zu ignorieren (Prütting, Gegenwartsprobleme der Beweislast, 1983, § 8). Daß die Sachverhaltsfeststellung durch das Abstellen auf das persönl Überzeugtsein mit subjektiven Einflüssen belastet wird, ist im Bereich menschl Richtens unvermeidbar. Rechtsfehlerhaft ist es daher, einen Beweis deswegen als nicht erbracht anzusehen, weil keine absolute, über jeden denkbaren Zweifel erhabene Gewißheit gewonnen werden konnte. Der Richter muß sich vielmehr mit einer „persönl Gewißheit" begnügen, welche den Zweifeln Schweigen gebietet, ohne sie völlig auszuschließen (BGH 53, 245/256 = NJW 70, 946 = MDR 70, 492; BGH 61, 169 = NJW 73, 1925; NJW 93, 935/37). Er darf sich nicht dadurch, daß ein Gutachter sich nur auf Wahrscheinlichkeitsgrade festlegt, von der Bildung einer persönl Überzeugung abhalten lassen (BGH NJW 94, 801).

20 c) Das Beweismaß der Wahrheitsüberzeugung besitzt nach § 286 I 1 **generelle Geltung.** Wer das Beweismaß je nach den Umständen des Einzelfalles auf bestimmte Wahrscheinlichkeitsfeststellungen reduzieren will (s Rn 18), der gestattet dem Richter, sich per Beweisrecht bewußt von der Wirklichkeit zu lösen, Rechtsfolgen nicht mehr an wirkl, sondern an wahrscheinl Sachverhalte

anzuknüpfen und das System der Beweislastverteilung aufzuweichen (näher Greger, Beweis und Wahrscheinlichkeit, 1978, S 101 ff; Walter, Freie Beweiswürdigung, 1979, S 173 ff; Prütting aaO, S 73 ff). Soweit die Rspr in bestimmten Fällen nur den Nachweis einer Wahrscheinlichkeit bestimmten Grades verlangt oder im Schrifttum von einer Herabsetzung des Beweismaßes die Rede ist, handelt es sich in Wirklichkeit um materiellrechtl Besonderheiten (RSchwab [14. Aufl] § 113 II; Greger aaO, S 135 ff; vgl Rn 28 ff vor § 284, auch zum sog Anscheinsbeweis, den die hM zu Unrecht als Vorgang der freien Beweiswürdigung ansieht). Die §§ 287 u 294 ZPO begründen ebenfalls keine Beweismaßreduzierungen, sondern beseitigen das Erfordernis eines Beweises überhaupt durch Zulassung einer Schätzung (§ 287 Rn 1) bzw einer Wahrscheinlichkeitsfeststellung (§ 294 Rn 1).

8) Beweiswürdigung im Urteil. Das Gericht muß im Urteil die wesentl Grundlagen seiner Beweiswürdigung zum Ausdruck bringen, insbes bei der Würdigung von Indizien (BGH NJW 91, 1894; BAG NJW 93, 612: Auseinandersetzung mit dem geringeren Beweiswert mittelbarer Beweismittel), bei bezweifelter Glaubwürdigkeit eines Zeugen (BGH NJW 91, 3284), bei sich widersprechenden Zeugenaussagen oder Gutachten (RG 162, 227; BGH NJW-RR 94, 219: auch Privatgutachten; BGH NJW 93, 269: auch gutachtl Äußerungen desselben Sachverständigen) oder wenn es aufgrund eigener Sachkunde von einem Gutachten abweicht (§ 402 Rn 7; BGH NJW 89, 2448; 93, 2378 = MDR 93, 516) oder sich bei Vorliegen zweier sich widersprechender Gutachten einem hiervon anschließt (BGH VersR 86, 467; MDR 80, 662). Nicht erforderl ist es aber, auf jedes einzelne Beweismittel ausführl einzugehen (RG 156, 315). Das Urteil muß nur erkennen lassen, daß eine umfassende Beweiswürdigung überhaupt in sachgerechter Weise stattgefunden hat (BGH 3, 175 = NJW 52, 23). Dazu gehört ggf auch die Auseinandersetzung mit dem zweifelhaften Beweiswert eines Beweismittels (zB eines Gutachtens, wenn in der Person des Sachverständigen ein Ablehnungsgrund bestand, vgl § 406 Rn 14). An der gebotenen umfassenden Beweiswürdigung fehlt es, wenn das Berufungsgericht einen Teil der Beweisaufnahme der 1. Instanz wiederholt hat und die nicht wiederholten Vernehmungen unberücksichtigt läßt (BGH NJW-RR 93, 1116). 21

9) Rechtsmittel: a) Zur **Beweiswürdigung des Berufungsgerichts** nach Beweiserhebung im ersten Rechtszug s § 526 Rn 3. 22

b) Die Nachprüfung der Beweiswürdigung in der **Revisionsinstanz** muß sich wegen der Bindung nach § 561 darauf beschränken, ob der Tatrichter sich mit dem Prozeßstoff und den Beweisergebnissen umfassend und widerspruchsfrei auseinandergesetzt hat, die Würdigung also vollständig und rechtl möglich ist und nicht gegen Denk-, Natur- oder Erfahrungsgesetze (hierzu Rn 13) verstößt (BGH NJW 87, 1557/58; 93, 935/37; näher § 550 Rn 13). Ist auf Beweisangebote, die rechtl erhebl sein können, im Urteil überhaupt nicht eingegangen worden, liegt absoluter Revisionsgrund vor (§ 551 Nr 7; BVerfG NJW 79, 413; BGH NJW 65, 498); anders bei bloßer Unvollständigkeit der Beweiswürdigung im Urteil (BGH 39, 333 = NJW 63, 2273). Bedenkl, da gegen § 286 II u § 561 verstoßend, ist es, wenn das Revisionsgericht trotz Zuordnung des Anscheinsbeweises zur Beweiswürdigung (s vor § 284 Rn 29) den Tatrichter für verpflichtet erklärt, aufgrund eines Anscheinsbeweises einen bestimmten Sachverhalt festzustellen (einen besonders markanten Fall reiner Beweiswürdigung durch das Revisionsgericht stellt das Urteil BGHZ 100, 31 dar). 23

Rechtsprechungsbeispiele: Nach zT recht weit in den Kompetenzbereich des Tatrichters eingreifenden Entscheidungen des BGH unterliegt seiner Prüfung zB die Würdigung der Beweiskraft von Indizien (BGH NJW 91, 1894 u 93, 935/38 unter bedenkl Ausdehnung des „Verstoßes gegen Denkgesetze"; vgl Rn 13), die fehlende Auseinandersetzung damit, daß dem Sachvertrag der beweislastenden Partei „jede innere Wahrscheinlichkeit" fehlt (BGH NJW 95, 966), der Begriff der Lebenserfahrung (BGH NJW 65, 1854; 64, 1789), die Frage, ob die eigene Sachkunde des Gerichts ein beantragtes SVGutachten ersetzen konnte (BGH NJW 62, 2151), die Frage, ob ein Geschehensablauf typisch ist iSd Anscheinsbeweises (BGH NJW 84, 432; 87, 1694; Redeker NJW 66, 1781), die Frage, ob ein Zeuge zu beeidigen war (§ 391 Rn 6; BGH NJW 65, 1530; Schneider NJW 66, 333), die Frage, ob das Richterkollegium die Glaubwürdigkeit eines vom Einzelrichter vernommenen Zeugen beurteilen durfte (BGH NJW 91, 3284) die Zulässigkeit der Übergehung eines Beweisangebotes (vor § 284 Rn 8a ff; BGH NJW 57, 714), die Vollständigkeit der Würdigung einer Zeugenaussage (BGH NJW-RR 92, 1392/93), zB bei schwerwiegendem Widerspruch der Aussagen in 1. und 2. Instanz (BGH NJW 95, 966), und jede sonstige Verletzung der oben dargelegten Grundsätze bei Anwendung des § 286. 24

287 *[Schadensermittlung]*

(1) Ist unter den Parteien streitig, ob ein Schaden entstanden sei, und wie hoch sich der Schaden oder ein zu ersetzendes Interesse belaufe, so entscheidet hierüber das Gericht unter Würdigung aller Umstände nach freier Überzeugung. Ob und inwieweit eine beantragte Beweisaufnahme oder von Amts wegen die Begutachtung durch Sachverständige anzuordnen sei, bleibt dem Ermessen des Gerichts überlassen. Das Gericht kann den Beweisführer über den Schaden oder das Interesse vernehmen; die Vorschriften des § 452 Abs. 1 Satz 1, Abs. 2 bis 4 gelten entsprechend.

(2) Die Vorschriften des Absatzes 1 Satz 1, 2 sind bei vermögensrechtlichen Streitigkeiten auch in anderen Fällen entsprechend anzuwenden, soweit unter den Parteien die Höhe einer Forderung streitig ist und die vollständige Aufklärung aller hierfür maßgebenden Umstände mit Schwierigkeiten verbunden ist, die zu der Bedeutung des streitigen Teiles der Forderung in keinem Verhältnis stehen.

Lit: *Arens,* Dogmatik u Praxis der Schadensschätzung, ZZP 88, 1; *Gottwald,* Schadenszurechnung u Schadensschätzung, 1979; *Klauser,* Möglichkeiten u Grenzen richterlicher Schadensschätzung, JZ 68, 167.

1 **1) Anwendungsbereich u Zweck. a)** § 287 will verhindern, daß eine Klage allein deshalb abgewiesen wird, weil der Kläger nicht in der Lage ist, den vollen Beweis für einen ihm erwachsenen Schaden zu erbringen, sei es, daß die Schadensberechnung Ermessenssache ist (zB § 847 BGB BGH VersR 72, 98) oder wegen hypothetischer Schadensberechnung (zB Gewinnentgang, § 252 BGB; BGH VersR 82, 756; 71, 472; NJW 70, 281) schwer zu beziffern ist oder die Beweiserhebung über die Schadenshöhe einen unverhältnismäßigen Aufwand erfordern müßte. In allen diesen Fällen tritt an die Stelle des Vollbeweises der Schadenshöhe das Ermessen des Gerichts, wobei in Kauf genommen wird, daß die richterl Schätzung uU mit der Wirklichkeit nicht übereinstimmt (BGH NJW 64, 589; BAG NJW 63, 926). Das Gericht kann (und muß) bei besonderer Schwierigkeit des Schadensnachweises sogar zur Schätzung eines bloßen Mindestschadens greifen (BGH NJW 94, 663; 92, 2753; 87, 909/910 = MDR 87, 401; s aber zu den Schranken beim Erwerbsschaden [keine abstrakte Berechnung!] BGH NJW 95, 1023/24). Neben dieser Beweismaßreduzierung gestattet § 287 auch eine freiere Gestaltung der Beweisaufnahme (s Rn 6). An der Beweislastverteilung ändert § 287 nichts (BGH NJW 70, 1971).

2 **b) § 287 ist anwendbar** auf die **Höhe** von Schadensersatz- (Abs I) und sonstigen vermögensrechtl Ansprüchen (Abs II), deren Aufklärung unverhältnismäßig schwierig ist, zB Ermittlung eines entgangenen Gewinns (§ 252 BGB; BGH NJW 87, 909/910 = MDR 87, 401; NJW-RR 92, 997), des durch eine Wettbewerbsverletzung hervorgerufenen Schadens (BGH NJW 92, 2753), des vom Gläubiger abstrakt nach Maßgabe des Marktzinses berechneten Verzugsschadens (BGH MDR 84, 298), des Nutzungsausfalls einerseits u Vorteilsausgleichs andererseits für die Dauer der Reparatur eines Kfz (BGH NJW 66, 1260; 63, 1400), der Verhältnismäßigkeit von Kfz-Reparaturkosten (BGH NJW 92, 302/304), des unfallbedingten Mehrbedarfs (BGH NJW-RR 92, 792), Schätzung der Enteignungsentschädigung (zB für Bebauungsbeschränkung BGH NJW 62, 1441 u 2052), der vermutl Lebensdauer des getöteten Ehemannes (BGH 1, 45 = NJW 51, 195) und der Zukunftsprognose für die Bemessung einer gemäß § 844 II BGB geschuldeten Unterhaltsrente (BGH MDR 90, 809), der angemess Lizenzgebühr bei Patent- u Warenzeichenverletzung (BGH NJW 66, 825), der angemess Entschädigung weg Verletzung des Rechts am eigenen Bild (Frankfurt NJW 66, 256), der Höhe einer Bereicherung (s aber BGH GRUR 62, 261), der Verursachungsbeiträge im Rahmen von § 254 BGB (BGHZ 121, 210/14 = NJW 93, 2674/76; doch gilt § 286 für den Beweis der ein Mitverschulden begründenden Tatsachen; BGH NJW 79, 2142; 68, 985; 67, 1420), der Höhe einer Nutzungsentschädigung für vorenthaltene Räume (BGH Betr 66, 738), der Höhe des Aufopferungsanspruches (für Impfschäden BGH 29, 99 = NJW 59, 386; dabei Schadensberechnung in Anlehnung an das BVG: BGH NJW 70, 1231; 63, 1673); Prüfung ob Schmerzensgeld in Kapital oder Rente zu gewähren ist (BGH NJW 57, 383).

3 **c)** Nach seinem Wortlaut umfaßt § 287 auch das **Ob** eines Schadens. Die Rspr folgert hieraus, daß die Beweiserleichterung auch für die Frage der **Kausalität** zwischen dem konkreten Haftungsgrund (= das anspruchsbegründende Ereignis) und der Schadensfolge gilt (BGH VersR 75, 540; NJW 92, 3298; 73, 1413; 70, 1971; 64, 663; 65, 1909; 58, 1579; 52, 301). Für den konkreten Haftungsgrund selbst einschl seiner eigenen Kausalbeziehungen (zB Hergang des Verkehrsunfalls) ist Beweis iS § 286 nötig und Schätzung gem § 287 ausgeschlossen (BGH NJW 83, 998; VersR 60, 369; MDR 87, 751; 87, 37; Schneider MDR 65, 882; nach BVerfG NJW 79, 413 läge hierin sogar ein Verstoß gegen Art 103 I GG). In Rspr u Literatur wird der Eintritt des konkreten Haftungsgrundes allerdings vielfach zu weit vorverlagert, etwa indem vom Kl nur der Beweis einer vertragswidrigen Handlung, einer Amtspflichtverletzung oder gar einer bloßen Gefährdungshandlung verlangt und bereits die Feststellung, ob er durch diese Handlung überhaupt in

einem Recht betroffen wurde, dem Ermessen nach § 287 zugewiesen wird (vgl BGH 58, 343/349; BGH VersR 57, 373; 65, 583; 74, 782; 94, 1467/69; NJW 64, 405; 93, 3073/76; Gottwald, Schadenszurechnung u Schadensschätzung, S 78 ff; RSchwab/Gottwald § 116 II 3: jede Kausalfrage sollte § 287 unterstellt werden). Der Eingriff in ein Rechtsgut, Recht oder Vermögen gehört jedoch auch in diesen Fällen zum Haftungsgrund und ist nach § 286 zu beweisen; erst die aus dieser Erstschädigung erwachsenden Schadensfolgen betreffen die Haftungsausfüllung und damit den Anwendungsbereich des § 287 (ebenso BGH 4, 192/196; RSchwab [14. Aufl] § 115 II 3; MK/Prütting Rn 10). Da auch für den Beweis der haftungsbegründenden Kausalität Beweiserleichterungen gelten (vgl vor § 284 Rn 29 ff, 35), besteht für eine systemwidrige Ausdehnung von § 287 auch kein Anlaß.

d) Schätzung ist unzulässig, wenn sie mangels greifbarer, vom Kläger vorzutragender Anhalts- 4
punkte „völlig in der Luft hängen" würde (BGHZ 91, 243/256 = NJW 84, 2216; BGH NJW 87, 909/910; 70, 1971; 64, 589; Köln MDR 80, 674; zu den ermäßigten Anforderungen beim besonders schwierigen Schadensnachweis im Wettbewerbsrecht BGH NJW 92, 2753; zum Erwerbsschaden BGH NJW 95, 1023/24). Die Schätzung darf auch nicht dazu führen, daß entgegen §§ 315, 316 BGB das Gericht anstelle der Partei die Höhe der Leistung bestimmt (BGH ZZP 86, 322).

2) **Verfahren: a)** Die Klage bedarf grundsätzl auch im Anwendungsbereich des § 287 eines 5
bezifferten Antrags (zu den Ausnahmen s Rn 14 zu § 253). – Die **Darlegungslast** ist erleichtert (BGHZ 74, 221/26; NJW 94, 663; NJW-RR 92, 792). Auch bei Lücken im Vortrag ist Schätzung vorzunehmen, soweit hierfür ausreichende Anhaltspunkte dargetan sind (BGH NJW-RR 92, 202). Wird Sachverständigengutachten angeboten, können an Mitteilung der Anknüpfungstatsachen geringere Anforderungen gestellt werden (BGH NJW-RR 95, 715/6); über bestrittene Anknüpfungstatsachen ist aber Beweis zu erheben (BGH NJW 88, 3016). – Auch bei der Schadensschätzung darf aber wesentl Parteivorbringen nicht übergangen werden; alle maßgebl Umstände müssen berücksichtigt werden (BGH VersR 92, 1410).

b) Ob und Umfang einer Beweisaufnahme stehen im Ermessen des Gerichts (Abs I S 2). Es ist 6
an Beweisanträge nicht gebunden (BGH 3, 162; BGH MDR 91, 423/424). Auch hier aber Verbot der *willkürlichen* Zurückweisung angebotener Beweise (BGH VersR 76, 389); daher ist die Zurückweisung im Urteil zu begründen (RG 130, 112; BGH 6, 62 = NJW 52, 978). Willkürlich wäre die Zurückweisung eines Beweisangebotes, das geeignet ist, tatsächl Grundlagen für die anderenfalls „in der Luft hängende" (BGH NJW 64, 589) Schätzung zu liefern. Daß das Gericht seine eigene Sachkunde nicht darlegt, macht Nichterhebung des angebotenen SV-Beweises nicht ohne weiteres ermessensfehlerhaft (zumindest in der Begründung unzutr daher BGH NJW 95, 1619). Einholung eines (weiteren) Gutachtens kann unterbleiben, auch wenn sie nach allg Regeln vAw geboten wäre. Aber Bindung an die Beweismittel der ZPO; kein Freibeweis! – Die **Parteivernehmung des Beweisführers** (= Klägers) ist in Abs I (nicht auch II) abweichend von § 448 geregelt: Es entfällt die Subsidiarität gegenüber anderen Beweismitteln und das Erfordernis einer „gewissen Wahrscheinlichkeit" (§ 448 Rn 4) des Schadenseintritts. Auch **Beeidigung** der Partei ist möglich (Abs I S 3 iVm § 452).

c) Bei **Ausübung des Ermessens** darf das Gericht zwischen abstrakter und konkreter Scha- 7
densberechnung wählen (BGH 2, 313; 29, 399; zum Erwerbsschaden s aber BGH NJW 95, 1023/24), doch wäre abstrakte Berechnung zum Nachteil des Klägers willkürlich, wo dieser Beweis für konkrete Berechnung angeboten hat (BVerfG JZ 79, 23). Ggf kann ein Mindestschaden geschätzt u zuerkannt werden (Rn 1). Im **Urteil** sind die tatsächl Grundlagen der Schätzung mitzuteilen (BGH NJW 91, 2340/2342; 89, 773).

d) Mit der **Revision** ist die Ausübung des Ermessens nur insoweit angreifbar, als sie auf grds 8
falschen oder offenbar unsachl Erwägungen beruht oder wesentl Tatsachenvortrag außer acht läßt (BGHZ 3, 162/175 f; NJW-RR 93, 795/6; 92, 1050 mwN). Ist dem Urteil eine Auseinandersetzung mit den für die Bemessung wesentl Umständen nicht zu entnehmen, unterliegt es der Aufhebung (BGH VersR 92, 1410).

288 *[Gerichtliches Geständnis]*

(1) Die von einer Partei behaupteten Tatsachen bedürfen insoweit keines Beweises, als sie im Laufe des Rechtsstreits von dem Gegner bei einer mündlichen Verhandlung oder zum Protokoll eines beauftragten oder ersuchten Richters zugestanden sind.

(2) Zur Wirksamkeit des gerichtlichen Geständnisses ist dessen Annahme nicht erforderlich.

Lit: *Orfanides,* Probleme des gerichtlichen Geständnisses, NJW 90, 3174; *E. Schneider,* Das Geständnis im Zivilprozeß, MDR 91, 297.

1 **1) Begriff:** Das Geständnis ist das gem § 290 mit einer gewissen Bindungswirkung ausgestattete **Zugestehen** der Richtigkeit **einer Tatsachenbehauptung** (§ 286 Rn 9) des Gegners (BGH MDR 90, 324). Es ist eine dem Verhandlungsgrundsatz (vor § 128 Rn 10) entsprechende, daher grds auch das Gericht an die zugestandene Tatsache bindende (Ausnahme: § 291 Rn 2) Prozeßhandlung, daher für die gestehende Partei grds (Ausnahme: § 290) unwiderrufl (vor § 128 Rn 18).

1a **Rechtsbegriffe** (zB Eigentum, Schenkung) können nicht iSv § 288 zugestanden werden (so BGH NJW 58, 1968 für Sittenwidrigkeit), auch solche „einfacher Art" (aA BGH NJW 58, 1968: Eigentum, Kaufabschluß; LM § 260 BGB Nr 1: Erbe; WM 80, 193/4: Bürgschaft; NJW-RR 87, 416: Kommanditist; Frankfurt NJW-RR 94, 530: Abnahme; Hamm OLGR 95, 50: Rechtsnachfolge), denn sie enthalten zusätzl zum geständnisfähigen Tatbestandselement (zB die Übereignungs- oder Schenkungserklärung) eine rechtl Beurteilung, die auch bei scheinbar einfachen Begriffen von Rechtsirrtum beeinflußt sein kann und dem Gericht vorbehalten bleiben muß (iura novit curia). Die eine Geständnisfähigkeit grundsätzl bejahende Rspr sieht sich auch genötigt, in Einzelfällen hiervon wieder abzurücken (s BGH NJW 92, 906: „Schenkung" in nichtehel Lebensgemeinschaft nicht geständnisfähig).

2 **2) Abgrenzung: a) Anerkenntnis** (§ 307) u **Verzicht** (§ 306) betreffen den prozessualen Anspruch als solchen, gestehen kann man nur Tatsachen (s Rn 1a).

3 **b) Bloßes Nichtbestreiten** (§ 138 III; zur Abgrenzung Schneider MDR 68, 813; 91, 298) hat regelmäßig noch keine iS des § 290 bindende Geständniswirkung, denn § 138 III fingiert lediglich eine aus dem Prozeßverhalten gefolgerte Geständniswirkung, ersetzt damit allein aber noch nicht die Prozeßhandlung des förmlichen (§ 160 III 3) Geständnisses (BGH NJW 83, 1497 = MDR 83, 661; aM München MDR 84, 321/322). Nur ausnahmsweise kann dem Nichtbestreiten förmliche Geständniswirkung zuerkannt werden, wenn es im Zusammenhang mit anderen Äußerungen der nicht bestreitenden Partei deren Willen erkennen läßt, der gegnerischen Behauptung bewußt nicht entgegentreten zu wollen (BGH NJW 91, 1683; 83, 1497 = MDR 83, 661; JZ 62, 252), zB wenn sie ausdrückl „außer Streit gestellt" wird (BGH NJW 94, 3109 = MDR 95, 90). Wo dagegen dem Verhalten der Partei ein solcher Geständniswille auch nicht konkludent zu entnehmen ist, ist das schlichte Nichtbestreiten nicht bindend; Bestreiten darf nachgeholt werden, falls es nicht aus Gründen der Verspätung (§§ 282, 296 II) unberücksichtigt bleiben muß (Köln ZIP 85, 436).

3a **c) Nachteiliger Parteivortrag** ohne die Bindungswirkung eines Geständnisses (§ 290) liegt dann vor, wenn eine Partei etwas ihr selbst Ungünstiges vorträgt, ohne daß dem eine Behauptung des Gegners gegenübersteht. Solches Vorbringen kann, sofern es nicht schon zur Unschlüssigkeit führt, im Rahmen der Beweiswürdigung Berücksichtigung finden (MK/Prütting Rn 21 f; für Gleichstellung mit Geständnis dagegen Orfanides, FS Baumgärtel, S 435 ff). Nach hM kann die Geständniswirkung allerdings dadurch eintreten, daß sich der Gegner den der anderen Seite nachteiligen Parteivortrag zu eigen macht, sog **vorweggenommenes Geständnis** (BGH NJW 78, 885; RSchwab/Gottwald § 114 I 1b; MK/Prütting Rn 23). Bis zu dieser Übernahme soll der nachteilige Vortrag widerrufl sein, danach nicht mehr (wobei es für die zeitl Abfolge nicht auf die Schriftsätze, sondern auf den Stand bei der mündl Verhandlung ankommt; vgl BGH VRS 31, 404/406). Damit kann eine vielleicht unbedachte Äußerung bei wachsamer und rascher Reaktion des Gegners sehr weitreichende Folgen haben. Ein bindendes Geständnis iSd § 288 sollte daher nur dann angenommen werden, wenn es sich auf eine vorhergehende Behauptung des Gegners bezieht. Dies entspricht auch besser dem Wortlaut der Vorschrift („zugestanden"). Ob die zugestandene Tatsache freilich gerade die rechtl Bedeutung hat, die der Gestehende sich vorstellt, oder ob der vermeintlich günstige Geständnisinhalt in einem anderen rechtl Zusammenhang zu Ungunsten des Erklärenden wirkt, ist unerhebl (BGH LM § 419 BGB Nr 8; VersR 96, 583/4, wo allerdings – zu weitgehend – formuliert wird, es sei gleichgültig, ob der Partei das Zugestehen überhaupt bewußt ist).

3b **d) Aussagen im Rahmen der Parteivernehmung** nach §§ 445 ff ZPO sieht der BGH – in Abkehr von BGHZ 8, 235 und unter Rückkehr zur Rspr des RG (JW 36, 1778; 38, 1272) – nicht mehr als Geständnisse an (NJW 95, 1432 = LM Nr 11 m Anm Wax = JR 96, 65 m Anm Preuß; ebenso StJ/Leipold Rn 12; RSchwab [14. Aufl.] § 125 I 3; Lent NJW 53, 621; Orfanides NJW 90, 3174 ff; Vollkommer/Schwaiger EWiR § 445 ZPO 1/95, 621; aA MK/Prütting Rn 26; BL/Hartmann Rn 2; RSchwab/Gottwald § 124 I 3; 19. Aufl.). Dem ist im Grundsatz zuzustimmen: die Parteivernehmung ist Beweisaufnahme, ihr Ergebnis unterliegt nach §§ 453 I, 286 der freien Würdigung. Der Sachvortrag der Partei kann jedoch nicht losgelöst von ihrer Aussage betrachtet werden. Gesteht die Partei bei der Vernehmung etwas zu, was sie im Sachvortrag bestreitet bzw durch ihren ProzBev bestreiten läßt, so muß das Gericht auf Klarstellung dringen, desgleichen der ebenfalls unter der Wahrheitspflicht nach § 138 I stehende ProzBev (§ 138 Rn 6). Häufig wird es dann zu einem ordnungsgemäßen Geständnis kommen. Selbst ein solches kann das Gericht aber unbeachtet lassen, wenn es aus dem Gesamtergebnis der Verhandlung die Überzeugung gewinnt, daß ein betrügerisches Vorgehen zum Nachteil eines Dritten (insbes – wie in den vom BGH entschiedenen Fällen – eines Haftpflichtversicherers) vorliegt (vgl Rn 7).

e) **Für Äußerungen der anwaltlich vertretenen Partei** bei ihrer Anhörung nach § 141 oder ihrer Einlassung nach § 137 IV muß, soweit Anwaltszwang besteht, das in Rn 3b Gesagte entspr gelten (vgl Hamm WM 96, 669). Als Prozeßhandlung kann ein Geständnis von der nicht postulationsfähigen Partei nicht erklärt werden (RG JW 36, 1778; RSchwab [14. Aufl] § 117 I 1 c; Vollkommer/Schwaiger EWiR § 445 ZPO 1/95, 621/2; offengelassen von BGH NJW 95, 1432; aA BGH VersR 66, 269/270; StJ/Bork § 78 Rn 40). Außerhalb des Anwaltszwangs geht das Geständnis der Partei dem Vortrag ihres ProzBev vor. Widersprechen die Äußerungen dem Vortrag des ProzBev, so kann das Gericht nur auf Klarstellung dringen und anschließend frei würdigen (BGH LM § 141 ZPO Nr 2). 3c

f) Das **außergerichtliche Geständnis** (so auch das Geständnis in einem anderen Prozeß, BGH NJW 94, 3165/67) ist bloße Erkenntnisquelle der Beweiswürdigung; zum proz Geständnis wird es erst, wenn es der Gestehende (nicht der Gegner) in der mündl Verhandlung (im Fall § 128 II u III auch schriftl möglich) ausdrücklich oder durch schlüssiges Verhalten in den Prozeß einführt. 4

3) **Erklärung:** Sie erfolgt notwendig **mündlich** (schriftl Geständnis nur bei Entscheidung ohne mündl Verhandlung, §§ 128 II, III, 251a, 331a; zum schriftl Vorverfahren § 276 Rn 16), zumindest durch Bezugnahme (§ 137 III; Braunschweig MDR 76, 673) auf Geständnis enthaltenden Schriftsatz. Bis zu diesem Zeitpunkt entfaltet also ein schriftsätzl Geständnis keine Wirkung. Enthält ein weiterer vorbereitender Schriftsatz einen „Widerruf", so liegt auch bei Bezugnahme auf die Schriftsätze kein Geständnis vor (vgl BGH VRS 31, 404/406). Als Prozeßhandlung unterliegt es ggf dem **Anwaltszwang** (s Rn 3c). – Das Geständnis ist **bedingungsfeindlich;** es gibt keine bedingte Wahrheit (§ 138). Der Zusatz „nur für die Instanz" wäre unbeachtl: § 532; möglicherweise liegt dann aber ein (auf die Instanz beschränkbares) Nichtbestreiten (§ 138 III) vor, was das Gericht gemäß §§ 139, 278 III aufzuklären hätte. – **Protokollierung** (§ 160 III Nr 3) ist nur dann Wirksamkeitsvoraussetzung, wenn vor einem beauftragten oder ersuchten Richter (also nicht vor dem Prozeßgericht) erklärt (§ 288 I 2. Alt); ansonsten ist Unterbleiben unschädl (Braunschweig MDR 76, 673). – **Inhalt:** Die Erklärung muß nicht notw ausdrückl als „Geständnis" abgegeben werden (BGH NJW 83, 1497); ausdrückl Aufgabe früheren Bestreitens oder ausdrückl Beschränkung des Bestreitens auf die Höhe des gegnerischen Anspruchs können (BGH JZ 62, 252) genügen, selbst die Erklärung einer Hauptaufrechnung (BGH NJW-RR 96, 699), nicht aber bloßes Nichtbestreiten (vgl Rn 3) und nicht die Aussage bei der Parteivernehmung (Rn 3b). Ob in der Erklärung ein Geständniswille zum Ausdruck kommt, ist revisionsgerichtl nachprüfbar (BGH NJW 91, 1683 = MDR 91, 791). – Der **Streitgehilfe** kann nicht mit Wirkung gegen seine Partei gestehen, wohl aber deren Geständnis (falls nicht die Partei widerspricht: § 67) unter den Voraussetzungen des § 290 widerrufen (BGH NJW 76, 293; Hamm NJW 55, 873). 5

4) **Wirkung: a) Bindungswirkung:** Was zugestanden ist, ist unstreitig, daher keiner Beweiserhebung mehr ausgesetzt, soweit es sich auf Tatsachen (nicht auch auf deren Wertung, BGH 8, 235) bezieht und soweit die Parteien über den Prozeßstoff verfügen dürfen. Im Verfahren nach dem Untersuchungsgrundsatz ist ein Geständnis daher unverbindl u nur gem § 286 zu würdigen: §§ 617 (Eheprozeß), 640 (Kindschaftssachen). Im übrigen ist das Gericht (auch in 2. Instanz: § 532) und im Rahmen des § 290 die gestehende Partei (nicht der Gegner, der von seiner eigenen Behauptung abrücken kann) an das Geständnis gebunden. Ob die gestehende Partei wußte, daß sie etwas ihr Ungünstiges erklärt, ist gleichgültig (LM § 419 BGB Nr 8). Die Bindungswirkung erstreckt sich nur auf den jeweiligen, nicht auf einen nachgeschobenen Klagegrund (BGH NJW 62, 1391 = LM Nr 3), denn das im Geständnis zu erblickende Einverständnis mit der Verwertung einer gegnerischen Behauptung darf nicht aus dem Zusammenhang gerissen werden. 6

b) Ausnahmsweise **keine Bindungswirkung:** bei offenkundiger Unwahrheit (§ 291; vor § 128 Rn 10; BGH MDR 79, 1001. Hier aber Hinweis gem § 278 III nötig!) und betrügerischem Zusammenwirken der Parteien zum Nachteil eines Dritten (BGH VersR 70, 826; NJW 62, 1395; Hamm NJW 55, 873; RG ZAk 37, 536) sowie bei Prozeßunfähigkeit (§ 52) der gestehenden Partei, für die nur deren gesetzl Vertreter (zB *beide* Eltern, BGH MDR 87, 659) gestehen könnte. Ob das Geständnis auch dann für die Partei und für das Gericht verbindlich ist wenn die Partei Tatsachen zugesteht, die sie gar nicht selbst wissen kann, weil diese sich außerhalb der **eigenen Wahrnehmungsmöglichkeiten der Partei** ergeben haben, ist streitig; der BGH (NJW 87, 1947; 62, 1390; VersR 70, 826) bejaht die Verbindlichkeit des Geständnisses auch in diesem Fall, Orfanides NJW 90, 3174 lehnt das ab. Geht man davon aus, daß die Parteien im Umfang des Verhandlungsgrundsatzes (vor § 128 Rn 10) den Prozeßstoff beherrschen (vgl auch § 307), muß man der Meinung des BGH hierzu folgen. Allerdings sollte das Gericht den Geständniswillen der Partei kritisch (durch Rückfrage nach der Erkenntnisquelle) prüfen, wenn die Partei etwas zugesteht, was offenbar nicht auf ihrer eigenen Erkenntnis beruht. 7

289 *[Zusätze beim Geständnis]*

(1) Die Wirksamkeit des gerichtlichen Geständnisses wird dadurch nicht beeinträchtigt, daß eine Behauptung hinzugefügt wird, die ein selbständiges Angriffs- oder Verteidigungsmittel enthält.

(2) Inwiefern eine vor Gericht erfolgte einräumende Erklärung ungeachtet anderer zusätzlicher oder einschränkender Behauptungen als ein Geständnis anzusehen sei, bestimmt sich nach der Beschaffenheit des einzelnen Falles.

Lit: *Schmidt,* Teilbarkeit u Unteilbarkeit des Geständnisses im Zivilprozeß, 1972 (hierzu *Schneider* MDR 73, 261).

1 **1) Bedeutung:** § 289 regelt die **Wirkung des modifizierten Geständnisses.** Er unterscheidet den Fall der Beifügung selbständiger Angriffs- oder Verteidigungsmittel (Abs I; zum Begriff § 282 Rn 2) und den Fall der Modifizierung durch Zusätze oder Einschränkungen (Abs II).

2 **2) Abs I** stellt klar, daß bei einer Erklärung, die aus einem Zugestehen und einer Gegenbehauptung besteht, beide Teile prozessual getrennt zu behandeln sind. **Beispiel:** Der Bekl gesteht zu, die in der Klage behauptete schädigende Handlung begangen zu haben, behauptet aber, in Notwehr oder in Notstand oder im Zustand der Unzurechnungsfähigkeit gehandelt zu haben. Das Geständnis der Tat hat volle Wirkung; Notwehr oder Notstand, die die Entstehung einer Verpflichtung zum Ersatze des Schadens mangels Widerrechtlichkeit der Handlung ausschließen sollen, muß Bekl beweisen.

3 **3) Abs II.** In diesem Fall ist im Wege der Auslegung (§ 133 BGB) zunächst der Inhalt der Erklärung, sodann im Wege der Beweiswürdigung (§ 286 ZPO) deren prozessuale Bedeutung zu ermitteln; dabei entfällt Geständniswirkung, wenn nur unselbständige Tatbestandselemente der gegnerischen Behauptung eingeräumt werden, die (aus der Sicht der behaupteten Rechtsfolge zu ermittelnde) anspruchsbegründende oder -vernichtende Tatsache als solche aber bestritten wird. **Beispiele:** A klagt auf Schadensersatz wegen Beschädigung eines Schaufensters. Der Bekl gibt zu, daß er mit seinem Stock das Fenster zerschlagen habe, behauptet aber, er sei von einem Dritten gestoßen worden. Hier ist eine wesentl Klagetatsache bestritten, die der Kl beweisen muß. Bekl gibt den behaupteten Kauf zu, behauptet aber, der Kauf sei nach Probe erfolgt, die gelieferte Ware habe der Probe nicht entsprochen; oder er gibt den behaupteten Abschluß eines Vertrages zu und behauptet, er sei unter einer aufschiebenden Bedingung erfolgt, die noch nicht eingetreten sei. Der Kl muß den unbedingten Abschluß oder den Eintritt der Bedingung beweisen (BGH MDR 85, 667; Baumgärtel JR 85, 243; vgl vor § 284 Rn 19).

290 *[Widerruf des Geständnisses]*

Der Widerruf hat auf die Wirksamkeit des gerichtlichen Geständnisses nur dann Einfluß, wenn die widerrufende Partei beweist, daß das Geständnis der Wahrheit nicht entspreche und durch einen Irrtum veranlaßt sei. In diesem Falle verliert das Geständnis seine Wirksamkeit.

1 **1) Bedeutung:** Obwohl Prozeßhandlung, ist das Geständnis – auch noch in 2. Instanz: Hamm NJW 55, 873 – einseitig widerrufl, wenn die widerrufende Partei beweist, daß das Geständnis der Wahrheit nicht entspricht **und** durch einen Irrtum veranlaßt war. Die widerrufende Partei trägt die Beweislast für die Unrichtigkeit ihres Geständnisses; materiell-rechtl Beweiserleichterungen kann sie hierfür nicht in Anspruch nehmen (Frankfurt MDR 82, 329). Widerruf mit Zustimmung des Gegners ist wegen des Verhandlungsgrundsatzes (vor § 128 Rn 10) stets zulässig.

2 **2) Irrtum** ist unbewußte Unkenntnis des wirkl Sachverhalts, gleichgültig ob Unkenntnis verschuldet oder unverschuldet (RG 11, 408). Daher kein Irrtum, wo Erklärender sich bewußt war, den Inhalt der Erklärung nicht zu kennen. Wer die Ungewißheit bewußt in Kauf nimmt, darf Geständnis nicht widerrufen (BGH VersR 70, 826). Maßgebl ist, ob derjenige geirrt hat, auf dessen Willensentschluß das Geständnis beruhte, also ist Irrtum des RA unbeachtl, wo Geständnis von der Partei selbst abgegeben (§ 288 Rn 3c) oder auf Information der Partei beruht (RG 146, 348 in Analogie zu § 166 II BGB). Gleichgültig ist, ob der Irrtum ein tatsächl oder Rechtsirrtum war; Motivirrtum reicht nicht (BGH NJW 62, 1395).

3 **3)** Das **bewußt unwahre Geständnis** kann nicht widerrufen werden. Es ist grundsätzl bindend (Ausnahmen: § 288 Rn 7). § 290 will zur Wahrheit anhalten bzw bewußte Unwahrheit ahnden (BGH 37, 154; NJW 62, 1395), vgl § 814 BGB.

4 **4) § 290 gilt nicht** für den sofortigen Widerruf gem §§ 85, 90, für das fingierte Geständnis gem § 138 III (hierzu § 288 Rn 3), für das außergerichtl Geständnis (§ 288 Rn 4) und auch nicht entspr für das prozessuale Anerkenntnis (§ 307), denn letzteres ist als gestaltende und dem Beurtei-

lungsrisiko der anerkennenden Partei unterliegende Prozeßhandlung bedingungsfeindl, grds unwiderrufl und auch nicht wegen Willensmängeln anfechtbar (BGHZ 80, 389/392 = NJW 81, 2193/2194 = MDR 81, 924; vgl Rn 6 vor § 306). – Einer Anfechtung gem § 119 BGB ist das Geständnis als ProzHandlung nicht zugängl (vor § 128 Rn 21).

5) Wegen des Widerrufs eines Geständnisses der Partei durch deren **Streitgehilfen** s § 288 Rn 5. 5

291 *[Offenkundigkeit von Tatsachen]*
Tatsachen, die bei dem Gericht offenkundig sind, bedürfen keines Beweises.

1) **Offenkundig** ist eine Tatsache, wenn sie zumindest am Gerichtsort der Allgemeinheit bekannt oder ohne besondere Fachkunde – auch durch Information aus allg zugängl, zuverlässigen Quellen – wahrnehmbar ist, wie zB geschichtl Ereignisse; örtl Gegebenheiten (Ampelanlage an einer Kreuzung) oder Gebräuche (Zeitpunkt eines Festes); geographische Verhältnisse; Gegenstände unwidersprochener Presseberichte (RGZ 102, 343); der in der Fachpresse veröffentlichte Index der Lebenshaltungskosten (BGH NJW 92, 2088); der Inhalt statistischer Jahrbücher (BGH NJW-RR 93, 1122). Offenkundig ist die Tatsache auch dann, wenn der Richter sie aus seiner jetzigen oder früheren amtl Tätigkeit, zB als Vormundschaftsrichter kennt (sog **gerichtskundige Tatsachen**), aber nur dann, wenn der Einzelrichter oder die Mehrheit des Kollegialgerichts sich nicht erst zB durch Vorlegung von Akten, Einsicht in ein Register (RGZ 82, 105) usw informieren müssen. Keine Gerichtskundigkeit begründet auch die Sachkunde, die das Gericht aus ähnlichen Verfahren gewonnen haben will, etwa über die Analyse von Unfallspuren oder über das Verständnis einer Werbeaussage bei den angesprochenen Verkehrskreisen (MK/Prütting Rn 9, Pantle MDR 93, 1168 u Lindacher BB 91, 1524 gegen BGH NJW-RR 90, 1376 = MDR 90, 899); diese hat lediglich insoweit Bedeutung, als sie ein an sich gebotenes SV-Gutachten entbehrl machen kann (s § 402 Rn 7). Was in der ersten Instanz gerichtsbekannt war, kann in der zweiten des Beweises bedürfen. Nicht offenkundig ist eine Tatsache, die zwar der Richter (zufällig) wahrgenommen hat, die aber nicht als allgemein bekannt anzusehen ist, zB Einzelwahrnehmung des Richters außerhalb seiner gerichtl Tätigkeit. Ein „privater Augenschein" des Richters kann jedoch dann eine Beweisaufnahme ersetzen, wenn er nur dazu dient, sich über eine offenkundige Tatsache im vorstehenden Sinn zu vergewissern. 1

2) **Wirkung der Offenkundigkeit:** Offenkundige Tatsachen darf das Gericht auch ohne entspr Parteibehauptung in den Prozeß einführen (MK/Prütting Rn 13). Beweiserhebung ist entbehrl, daher gegenteiliges Geständnis unbeachtl, BGH MDR 79, 1001. Gegenteiliges Klagevorbringen kann nicht zum VersUrteil gegen den Bekl (§ 331) führen. 2

3) **Rechtliches Gehör:** Soweit eine offenkundige bzw gerichtsbekannte Tatsache, obwohl entscheidungserhebl, von den Parteien nicht vorgetragen ist, darf sie das Gericht erst nach Einführung in der mündl Verhandlung verwerten (BVerfG JZ 60, 124; BGH NJW-RR 93, 1122; im Beschlußverfahren ist schriftl Hinweis des Gerichts geboten, Köln Rpfleger 85, 498), damit die Parteien etwaige Irrtümer korrigieren oder die Offenkundigkeit in Frage stellen können. Dasselbe muß auch sonst gelten, wenn das Gericht eine wegen Bestreitens der Tatsache an sich gebotene Beweiserhebung wegen Offenkundigkeit unterlassen will (MK/Prütting Rn 14). 3

4) **Feststellung der Offenkundigkeit** ist keine Beweiserhebung: Die Parteien können dazu beitragen, dem Gericht das Bewußtsein der Offenkundigkeit zu verschaffen bzw versuchen, dieses zu erschüttern. Ist letzteres gelungen, greifen die allg Beweis- und Beweislastregeln Platz. Die Offenkundigkeit als solche (bzw ihr Fehlen) kann nicht Gegenstand eines beachtl Beweisantritts sein. Dies muß aber auch für einen Antrag zum Beweis des Gegenteils der offenkundigen Tatsache gelten. § 291 verlöre seinen Sinn und würde auf die Bedeutung einer Vermutung reduziert, wenn das Gericht zur Erhebung eines solchen Gegenbeweises gezwungen wäre (Pantle MDR 93, 1166 ff; aA StJ/Leipold Rn 7; MK/Prütting Rn 19; BGH NJW-RR 90, 1376 = MDR 90, 899: in jenem Fall dürfte aber schon vom Berufungsgericht der Begriff der Offenkundigkeit verkannt worden sein). 4

5) **Revision:** An die als offenkundig festgestellte Tatsache ist das Revisionsgericht gebunden (§ 561 II). Durch Verfahrensrüge kann aber geltend gemacht werden, daß das rechtl Gehör (Rn 3) nicht gewährt oder der Begriff der Offenkundigkeit verkannt worden sei (RGZ 143, 184). Im letzteren Fall sowie dann, wenn es ausnahmsweise selbst tatsächl Feststellungen zu treffen hat, kann das Revisionsgericht die Offenkundigkeit – nach Gewährung rechtl Gehörs – selbständig bejahen; es ist nicht verpflichtet, zur Feststellung einer Tatsache zurückzuverweisen, die es selbst für offenkundig hält. 5

292 *[Gesetzliche Vermutungen]*

Stellt das Gesetz für das Vorhandensein einer Tatsache eine Vermutung auf, so ist der Beweis des Gegenteils zulässig, sofern nicht das Gesetz ein anderes vorschreibt. Dieser Beweis kann auch durch den Antrag auf Parteivernehmung nach § 445 geführt werden.

Lit: *Baumgärtel,* Die tatsächliche Vermutung im Zivilprozeß, FS Schwab 1990 S 43.

1 **1)** Gegenüber einer **gesetzl Vermutung** (Tatsachen- oder Rechtsvermutung, Beispiele in Rn 10 vor § 284) obliegt der Beweis des Gegenteils demjenigen, der Rechte aus der Unrichtigkeit der Vermutung herleitet. Ausgeschlossen ist dieser Beweis des Gegenteils nur gegenüber **gesetzl Fiktionen** (BGH NJW 65, 584; zB §§ 892, 893, 1138, 1155 BGB, §§ 39, 267, 551, 755 ZPO, § 108 KO).

2 **2)** Der **Beweis des Gegenteils** ist erst geboten, wenn der Gegner den Hauptbeweis für die Voraussetzungen der gesetzl Vermutung (zB den Besitz bei §§ 1006, 1117 III BGB) erbracht hat. Dann ist Beweis des Gegenteils mit allen in §§ 371–455 vorgesehenen Beweismitteln zulässig, auch durch Parteivernehmung (s § 445 Rn 4). Die bloße Erschütterung der gesetzl Vermutung durch Beweis ihrer möglichen Unrichtigkeit genügt nicht (BGH MDR 59, 114; Hiendl NJW 63, 1662), erforderl ist der volle Beweis (§ 286 Rn 17 ff) des Gegenteils der gesetzl Vermutung. Das Gericht muß also im Wege freier Beweiswürdigung die Überzeugung vom Gegenteil der Vermutung gewinnen; Wahrscheinlichkeit genügt nicht (MK/Prütting Rn 18). Auch beim Führen des Gegenteilsbeweises können jedoch die allgem Beweiserleichterungen, insbes die Grundsätze zur sekundären Behauptungslast (vor § 284 Rn 34), zur Anwendung kommen.

3 **3)** Von den im Gesetz aufgestellten (normierten) Vermutungen sind zu unterscheiden die von der Rspr verschiedentl herangezogenen sog **tatsächlichen Vermutungen** (s hierzu vor § 284 Rn 33).

293 *[Fremdes und Gewohnheitsrecht, Satzungen]*

Das in einem anderen Staate geltende Recht, die Gewohnheitsrechte und Statuten bedürfen des Beweises nur insofern, als sie dem Gericht unbekannt sind. Bei Ermittlung dieser Rechtsnormen ist das Gericht auf die von den Parteien beigebrachten Nachweise nicht beschränkt; es ist befugt, auch andere Erkenntnisquellen zu benutzen und zum Zwecke einer solchen Benutzung das Erforderliche anzuordnen.

I) Überblick

1 **1)** Die Kenntnis des allgemeingültigen, in Deutschland geltenden dt Rechts (dazu gehört zB auch das Steuerrecht, Tipke NJW 76, 2200, und auch das gem Art 25 bzw 59 II GG transformierte VölkerR sowie das durch ZustimmungsG übernommene **Recht der Europäischen Gemeinschaften,** BGH 1, 368; 2, 241; 8, 195; 19, 265) wird vom dt Richter bedingungslos gefordert **(iura novit curia).** § 293 macht von diesem Grundsatz eine **Ausnahme** für

2 **a) ausl Recht,** das ist das in keinem Teil Deutschlands geltende Recht, auch wenn dieses (zB im Wechselrecht oder im Einheitlichen Kaufrecht) mit dem dt übereinstimmt, BGH LM Nr 1 zu Art 92 WG; BGH RIW 78, 618. Hierzu gehören auch **Regelungswerke, die von ausl Gerichten aufgestellt worden sind,** zB Unterhaltstabellen und die Verfahrensordnungen in common law-Ländern (RSC, FRCP), Gernhuber FamRZ 83, 1072; MK/Prütting Rn 17.

3 **b) GewohnheitsR,** das ist das durch ständige Übung angewandte und von der Überzeugung der Rechtmäßigkeit und Notwendigkeit getragene (nicht geschriebene, ungesetzte) Recht (RG 75, 41). Dazu zählen nicht die sog Verkehrssitte u Erfahrungssätze, wohl aber die sog **Observanz,** das ist das örtl begrenzte GewohnheitsR.

4 **c) Statuten,** das sind autonome Satzungen der öffentl-rechtl Körperschaften, Anstalten, Stiftungen, gleichgültig, ob in- oder ausländische; hierher gehören Ortsvorschriften (zB über Streupflicht u Gehrechte), Anstaltsordnungen, Tarifverträge (BAG 4, 39), nicht aber Individual- oder Formularverträge wie zB allg Geschäftsbedingungen.

4a **d)** die **lex mercatoria,** das (angebl) übernationale HandelsgewohnheitsR, das keiner nationalen Rechtsordnung zuzuordnen ist **(transnationales Recht),** Schlosser RipS[2] Rz 193; Kappus IPRax 93, 137; Berger IPRax 93, 281; Jayme IPRax 93, 351; RIW 90, 788; v Bar IPR I Rz 100; Triebel/Petzold RIW 88, 245); Juenger FS Rittner, 1991, 233; Blaurock ZEuP 1 (1993), 247. Allerdings stellt sich für den staatl Richter die Frage der Anwendbarkeit dieses aus staatl Perspektive „nichtstaatl Rechts" allenfalls aus der Sicht der §§ 1041, 1042, 1044 im Zusammenhang mit der These von der Autonomie eines von privaten Schiedsgerichten verwalteten WelthandelsR – § 1044 Rn 7d.

2) Für das **Völkerrecht** – da gemäß Art 25 GG oder durch deutsches Transformationsgesetz (Art 59 II GG) Bundesrecht – und das **Recht der Europäischen Gemeinschaften** gilt § 293 nicht, Schütze EWS 90, 49; Sommerlad/Schrey NJW 91, 1378. Zu eng München EuR 88, 4120 (Nicolaysen) = IPRspr 88/4. Vgl aber Art 100 II GG, Geimer IZPR Rz 274, und Art 177 EGV. Etwas anderes gilt möglicherweise dann, wenn man die kollisionsrechtl Verweisung auf internationales (öffentl) Recht für zulässig hält, hierzu Reithmann/Martiny Rz 40. 5

3) Das **Recht der DDR** fiel vor der Wiedervereinigung unter § 293, StJ/Leipold § 293 Rn 28. Es ist partiell in Art 9 EinigungsV aufrecht erhalten und spielt vor allem für vor dem Beitritt „abgeschlossene Vorgänge" nach wie vor eine große Rolle, vgl zB Art 235 § 1, 236 § 1 EGBGB. 6

4) **Die Verletzung des § 293** ist revisibel, ebenso die Frage, ob das ausl Recht in der Auslegung der Vorinstanz gegen den deutschen ordre public verstößt (Art 6 EGBGB, § 328 I Nr 4). 7

5) Die unter 1a–d genannten Rechtssätze unterliegen, obwohl **von Amts wegen** zu erforschen (BGH NJW 64, 2012; 61, 410; 80, 2024), der Beweiserhebung; ihre Ermittlung läßt, soweit nicht gerichtsbekannt (§ 291), – anders als in der freiwilligen Gerichtsbarkeit (Rn 23) – die Beweisgebühr (§ 31 Ziff 3 BRAGO) anfallen, BGH NJW 66, 1364. Die **Kosten** eines vorprozessualen Privatgutachtens über das anzuwendende fremde Recht sind erstattungsfähig iSv § 91 (BayVerfGH NJW 63, 2164; Reithmann/Martiny Rn 1519). 8

6) Zur **Pflicht des RA, sich Kenntnis auch über ausl Recht zu verschaffen,** und zur Haftung gegenüber seinem Klienten Vollkommer, AnwaltshaftungsR Rn 123 ff; Koblenz NJW 89, 2699 = RIW 90, 218 = IPRax 91, 116 (Tepper 98). 8a

II) Pflicht zur kollisionsrechtl Entscheidung

1) **Das dt IPR** – das sind die von Deutschland ratifizierten kollisionsrechtl Staatsverträge und/oder, soweit solche fehlen, die Art 3 ff EGBGB – **bestimmt darüber, ob und gegebenenfalls welches ausl Recht zur Anwendung kommt.** Dabei ist eine etwaige Rück- oder Weiterverweisung des ausl Rechts zu beachten. **Die Regeln des dt IPR muß der dt Richter von Amts wegen beachten,** BGH MDR 93, 766 = NJW 93, 2305 = RIW 93, 585; Koblenz RIW 93, 939. Er muß die Regeln des dt IPR kennen. Einholung von Gutachten insoweit unzulässig, MK-BGB/Sonnenberger Einl Rz 448. Kosten hierfür können von Partei(en) nicht verlangt werden. § 293 bezieht sich nur auf den **Inhalt** der vom dt IPR berufenen ausl Rechtsordnung. – Der (entgegengesetzte) Standpunkt der lex causae (Rn 14) ist für den dt Richter unbeachtl. 9

Das dt IPR ist also in allen Fällen mit Auslandsberührung von Amts wegen zu beachten und anzuwenden. Das Gericht muß das streitige Rechtsverhältnis aus der Sicht des Forums qualifizieren und einer Kollisionsnorm des dt IPR zuordnen, BGH NJW 96, 54 = RIW 95, 1027 = EWiR 95, 1187 (Geimer). Hierzu Mäsch NJW 96, 1453. Die so ermittelte maßgebl dt Kollisionsnorm regelt den Umfang und die **Grenzen der dt Verweisung auf die maßgebl fremde Rechtsordnung** einschließl der Frage, ob eine Sachnorm- oder eine Gesamtverweisung (auch auf die Kollisionsnormen der nach dt IPR ermittelten ausl Rechtsordnung) vorliegt. 9a

2) Der dt Richter darf nicht etwa solange dt Recht anwenden, bis eine Partei oder ein sonstiger Verfahrensbeteiligter die Anwendung ausl Rechts reklamiert. **Das Kollisionsrecht ist** vielmehr **zwingend** in dem Sinne, daß der Richter **in jeder Lage des Verfahrens** von sich aus prüfen muß, ob das dt IPR die Anwendung des dt oder eines ausl Rechts vorschreibt, MK-BGB/Sonnenberger Einl Rz 118; Hantel RabelsZ 55 (1991) 149 mwN; BGH NJW 93, 2305 = RIW 93, 585. AA Flessner RabelsZ 34 (1970), 547; Sturm FamRZ 1973, 405: **Anwendung nur auf Antrag einer Partei.** Dagegen Jayme FamRZ 1971, 228 Fn 65 Abs 4; Kegel IPR § 15 II; Heldrich FS Ferid, 1978, 213. Weitere Nachw bei Körner, Fakultatives KollisionsR in Frankreich und Deutschland, 1995; Reichert-Facilides, Fakultatives und zwingendes KollisionsR, 1995. – Die Rspr nähert sich im internat SchuldR der **Theorie vom fakultativen Kollisionsrecht,** in dem sie eine Rechtswahl im Prozeß durch schlüssiges Verhalten zuläßt. Erörtern die Parteien den Rechtsstreit in 1. Instanz nach dt Recht, so liegt darin im Zweifel die Wahl dt Rechts, BGH WM 82, 1249 = IPRspr 1; BGH RR 90, 1508 = RIW 90, 929 = IPRspr 90/53; BGH FamRZ 92, 291 = IPRax 93, 97 (Jayme 80) = IPRspr 91/77. Nürnberg RIW 85, 832; Frankfurt/M RIW 91, 865 = IPRspr 91/30; Koblenz RIW 92, 491 = IPRspr 91/44; München TranspR 92, 60 = IPRspr 91/45; Köln OLGZ 93, 193 = IPRspr 91/48; LG Itzehoe IPRspr 84/271; auf den Erklärungswillen soll es dabei nicht ankommen, BGH RIW 84, 151, Lorenz RIW 92, 703. Zu Recht kritisch Schack NJW 84, 2736; IPRax 86, 272; Geimer IZPR Rz 2573. Ausführl Buchta, Die nachträgl Bestimmung des Schuldstatuts durch Prozeßverhalten, 1986; Palandt/Heldrich Art 27 EGBGB Rz 7; von Bar IPR II Rz 461. Unbestr ist die Zulässigkeit der nachträgl Rechtswahl durch ausdrückl Erklärung aller Parteien, Köln OLGZ 93, 193 = IPRspr 91/48. 10

3) Auch in **Eilfällen** – vgl §§ 620, 641d, 916 ff – ist die internationalprivatrechtl Frage zu stellen, Breuer in Rahm/Künkel VIII Rn 92. Das Gericht hat sich jedoch auf präsente Erkenntnisquellen zu beschränken, Koblenz RIW 93, 939. Der Antragsteller kann aber das (ihm günstige- 11

re) ausl Recht glaubhaft darlegen, Frankfurt/M NJW 69, 991; Nagel Rz 447; Schütze DIZPR 186. Läßt sich aber der Inhalt des ausl Rechts nicht zeitgerecht feststellen, dann kann auf das dt Recht zurückgegriffen werden. Dies ist keine Ausnahme vom Prinzip der zwingenden Anwendung des KollisionsR, vielmehr geht es um die Frage des ErsatzR (Rn 27), wenn das ausl Recht nicht (rechtzeitig) festgestellt werden kann. Sondernorm: Art 24 III EGBGB.

12 4) **Die kollisionsrechtl Frage darf der Richter offenlassen, wenn sie vom Ergebnis her nicht entscheidungserhebl ist,** BGH FamRZ 87, 463. So braucht er nicht zu entscheiden, welche von mehreren möglicherweise anwendbaren Kollisionsnormen in concreto anzuwenden ist, wenn alle diese auf das Recht des gleichen Staates verweisen, Reithmann/Martiny Rz 43. Aber auch wenn auf die Rechtsordnungen verschiedener Staaten verwiesen wird, kann die kollisionsrechtl Frage offenbleiben, wenn die in Betracht kommenden Rechtsordnungen inhaltl übereinstimmen. Bei der Feststellung einer Kongruenz ist aber behutsam vorzugehen, weil selbst bei Textgleichheit geschriebenen Rechts die Gerichte der in Betracht kommenden Staaten dieses oft unterschiedl auslegen, Rn 24.

13 Vorstehendes gilt für die **1. Instanz,** deren Entscheidung in der Berufungsinstanz voll nachgeprüft werden kann und für die **Revisionsinstanz,** weil ihre Entscheidung endgültig ist, BGH WM 80, 1085 = ZIP 80, 866; BGH NJW 87, 2161 = IPRax 88, 109 (Heßler 95); BGH NJW 91, 2214. Das gleiche ist für die **Berufungsinstanz** rechtens, wenn zwischen mehreren ausl Rechtsordnungen die Wahl offen bleibt. Steht jedoch die Anwendung dt Rechts mit auf dem Spiel, so verlangt die Rspr, daß das Berufungsgericht – sofern dessen Urt revisibel ist, Köln IPRax 90, 46 – exakt erklärt, ob es dt oder ausl Recht anwende, BGH WM 80, 1085; Frankfurt/M RIW 85, 488. Die unterlegene Partei müsse erkennen können, ob ihr bei einem Verstoß gegen dt Bundesrecht die (unbeschränkte) Revision zusteht oder ob sie im wesentl auf Verfahrensrügen hinsichtl der Ermittlung des ausl Rechts (§ 293) beschränkt ist, BGH IPRax 89, 231 (Roth 213). – Ein Urteil ist in einem Fall mit Auslandsberührung dann nicht mit Gründen versehen (§ 551 Nr 7), wenn es nicht erkennen läßt, welche Rechtsordnung zugrundegelegt worden ist. Dies gilt jedoch nur, wenn das Berufungsgericht das ausl Recht nicht erwähnt oder schlicht übersieht, nicht jedoch im Fall des bewußten Offenlassens der anwendbaren Rechtsordnung im Hinblick darauf, daß das Ergebnis nach dt wie nach ausl Recht jeweils dasselbe sei. Grundsätzl sieht der BGH in der Nichtentscheidung, welche Rechtsordnung anzuwenden sei, eine Gesetzesverletzung (§ 550), BGH NJW 63, 253. Diese muß aber – anders als beim absoluten Revisionsgrund des § 551 Nr 7 – kausal sein. Mitunter wurde auch Beschwer verneint, wenn sich die Entsch gem § 563 im Ergebnis als richtig herausstellt. – Neuerdings erklärt der BGH jede Art von **Wahlfeststellung** für unzulässig, BGH NJW 96, 54 = RIW 95, 1027 = EWiR 95, 1187 (Geimer); hierzu Mäsch NJW 96, 1453. Er beharrt darauf, daß – im Unterschied zu ihm selbst als Revisionsinstanz – die Tatsachengerichte die nach dt IPR maßgebl lex causae auch dann ermitteln müssen, wenn die Anwendung des dt und des fremden Rechts im konkreten Streitfall nicht zu unterschiedl Ergebnissen führt. Ebenso nun München RIW 96, 329 im Verhältnis zur 1. Instanz: Die Herbeiführung der Entscheidungsreife (§ 540) werde vom OLG nicht übernommen.

Dagegen befürwortet die Literatur die Zulässigkeit einer **Wahlfeststellung**, da die Ansicht des BGH zu einer **unnötigen Arbeitsmehrbelastung** der Instanzgerichte führe, Kegel IPR § 15 I; Reithmann/Martiny Rn 71; Schack, IZVR Rz 648; Staudinger/Spellenberg[12] §§ 606 ff Rz 391. Danach muß der BGH über die Revision entscheiden, wenn er von der Anwendbarkeit dt Rechts ausgeht, andernfalls hat er die Revision zu verwerfen, weil die Anwendung ausl Rechts durch die Tatsachengerichte nach § 549 I nicht revisibel ist.

Demgegenüber stellt BGH NJW 96, 54 klar heraus, daß das Berufungsgericht aufgrund einer zulässigen Berufung grundsätzl verpflichtet ist, die Anwendung des materiellen Rechts auf ein Rechtsverhältnis durch das LG von Amts wegen zu überprüfen, auch wenn die Rechtsanwendung von der Berufung nicht beanstandet wird, BGH NJW 95, 2097.

III) Pflicht, den Inhalt des vom dt IPR berufenen ausl Rechts zu ermitteln

14 1) **Ausl Rechtsnormen sind für den dt Richter Rechtssätze, nicht Tatsachen;** anders früher angelsächs und franz Doktrin (vgl nun Hantel RabelsZ 55 [1991] 143 mwN); Coester-Waltjen Rz 54 ff, 61 ff; Schütze DIZPR 116; Kegel IPR § 3 X 1b. Deshalb hat der dt Richter auch ausl Recht **von Amts wegen zu ermitteln,** BGHZ 77, 32 = NJW 80, 2022 = IPRax 81, 53 (Samtleben); BGH IPRspr 80/3; BGH NJW-RR 86, 484 = MDR 85, 1001 = EWiR 85, 151 (Köndgen); Linke IZPR Rz 269; Breuer in Rahm/Künkel VIII Rn 111.

15 2) Es steht in seinem **pflichtgemäßen,** vom Revisionsgericht (Rn 28) immer schärfer überprüften (BGH NJW 88, 648 = IPRax 227 [Gottwald 210] = IPRspr 87/1; NJW 91, 1419; BVerwG NJW 89, 3107) **Ermessen, in welcher Weise er dieser Verpflichtung nachkommen will,** BGH NJW 76, 1581, Huzel IPRax 90, 79, Rn 20. Ausführl zur Konkretisierung des richterl Ermessensspielraums

BGHZ 118, 151 = NJW 92, 2026 = MDR 92, 765 = RIW 92, 761 = EWiR 1992, 589 (Hanisch) = IPRax 93, 87 (Hanisch 69) = EuZW 93, 104 = LM § 106 KO Nr 9 (Geimer) = WuB VI B. § 106 KO Nr 1.92 (Summ) = IPRspr 92/265. **Revisibel** ist die Frage, ob das Gericht bei Ermittlung des fremden Rechts alle ihm zugängl Erkenntnisquellen ausgeschöpft hat, nicht aber die Entscheidung über das Bestehen und den Inhalt ausl Rechts (§§ 549, 562; BGH NJW 63, 252; 61, 411). Ermessensfehlerhaft und insoweit revisibel ist es, wenn das OLG, das ersichtl keine Spezialkenntnisse hat, der Anregung, **sachverständigen Rat** einzuholen, nicht folgt, BGH RIW 84, 646. Es muß auch ohne solche Anregung gem § 144 Gutachten von Amts wegen einholen, BGH NJW 87, 591 = RIW 87, 150. Es genügt nicht nur allgemein auf „Rechtsgrundlagen" einer ausl Rechtsordnung Bezug zu nehmen, BGH NJW 92, 3106.

3) **Die Parteien dürfen dem Richter bei der Ermittlung des ausl Rechts helfen;** sie dürfen Privatgutachten vorlegen. Der Richter kann die Parteien zur Mitwirkung auffordern. Zwar hat er das ausl Recht selbst zu ermitteln; die Parteien müssen ihn hierbei jedoch nach Kräften unterstützen, dies vor allem dann, wenn sie sich selbst ohne besondere Schwierigkeiten Zugang zu den Erkenntnisquellen des fremden Rechtskreises verschaffen können. Die Pflicht zur Amtsermittlung schließt nicht aus, daß das Gericht den Parteien aufgibt, dt Übersetzungen des Gesetzestextes oder rechtsvergleichende Gutachten beizubringen, wenn es selbst solche Quellen nicht findet (BGH NJW 64, 2012). Zu „Auflagebeschlüssen" Huzel IPRax 90, 77. Läßt es eine Partei an einer ihr zumutbaren Mitwirkung fehlen, so kann das Gericht zum Nachteil dieser Partei von weiteren Ermittlungen absehen und davon ausgehen, daß durchgreifend neue Erkenntnisse nicht zu gewinnen sind, BGH NJW 76, 1583. Dies dürften aber nur seltene Ausnahmefälle sein. Als **Grundsatz** gilt: **Mangels objektiver Beweislast darf keine Partei wegen Nichtbeibringung einen Nachteil erleiden**, BGH RIW 82, 199 = IPRax 83, 193; FamRZ 82, 263; Khadjavi/Gontard/Hausmann RIW 83, 8 Fn 64; Sommerlad/Schrey NJW 91, 1378 Fn 7; MK/Prütting Rn 6, 52. AA Hamm, WM 81, 882 = IPRspr 80/1: für Darlegungslast derj Partei, die sich auf die Anwendbarkeit ausl Rechts beruft. Diese müsse den Inhalt der ausl Rechtsnorm substantiiert darlegen. Ähnl BGH NJW 92, 2026 = LM § 106 KO Nr 9 (Geimer): Hat die Partei „unschwer Zugang" zur maßgebl ausl Rechtsordnung, muß sie deren Inhalt „regelmäßig konkret darstellen", BGH NJW 92, 3098 = ZIP 92, 1256. 16

4) **Ein Geständnis oder Nichtbestreiten der Parteien bindet das Gericht nicht;** denn ausl Recht ist keine Tatsache, sondern hat Rechtsnormqualität. Tragen die Parteien übereinstimmend den Inhalt des anzuwendenden ausl Rechts vor, so ist das Gericht daran nicht gebunden. Aus dem Konsens der Parteien kann nicht auf die Richtigkeit des Vorbringens über den Inhalt des ausl Rechts geschlossen werden. Wenn aber die Parteien dem Staat angehören, dessen Recht zu ermitteln ist, spricht eine starke Vermutung dafür, daß diese Darstellung des ausl Rechts zutrifft. Sieht der Richter in einer solchen Lage von der Erhebung weiterer Beweise ab, so stellt dies keinen Verstoß gegen die ihm obliegende Ermittlungspflicht dar, BAG MDR 75, 874 = RIW 521. Skeptisch MK/Prütting Rn 50. 17

5) Auch im **Versäumnisverfahren** ist der Richter der Pflicht zur Ermittlung des ausl Rechts nicht enthoben. Er muß sich von der Richtigkeit des Inhalts des anzuwendenden ausl Rechtssatzes überzeugen; eine wie auch immer geartete Geständnisfiktion greift nicht Platz, Nagel IZPR Rz 446; StJ/Leipold Rz 54; MK/Prütting Rn 55 gegen München NJW 76, 489. 18

6) Das gleiche gilt im **Arrest- und im einstw Verfügungs-Verfahren.** Allerdings wird im Hinblick auf die Notwendigkeit einer Eilentscheidung oft das maßgebl Recht nicht feststellbar sein. Es gelten die in Rn 27 dargestellten Regeln, Mankowski/Kerfack IPRax 90, 372; Karlsruhe IPRax 85, 106. Das gleiche gilt für **einstw Anordnungen** in Familien- und Kindschaftssachen, §§ 620, 641d; Staudinger/Spellenberg[12] §§ 606 ff Rz 427. S § 606a Rn 19; Rahm/Künkel/Breuer VIII Rz 92. – Für Abwägung in jedem Einzelfall zwischen Eilbedürftigkeit und „Richtigkeitsgewähr" (zutreffende Feststellung des maßgebl ausl Rechts) MK/Prütting Rn 56. 19

7) **Ob Parteivorbringen zur Ermittlung ausl Rechts nach §§ 282 I, 528 II als verspätet zurückgewiesen werden kann,** läßt BGH RIW 84, 646 offen. Verneinend RGZ 151, 44. 19a

IV) Die Ermittlung ausländischen Rechts

1) In welcher Weise der Richter seiner Pflicht zur Ermittlung des ausl Rechts nachkommt, steht in seinem pflichtgemäßen Ermessen, Rn 15. Nächstliegend, aber wenig erörtert, ist die Möglichkeit, daß **der Richter aus eigener Kenntnis das fremde Recht feststellt.** Dies setzt aber Spezialkenntnisse voraus, Luther FS Bosch, 1976, 569. Fehlt es an ausreichenden eigenen Kenntnissen, so kann der Richter **im Wege des sog Freibeweises alle ihm zugängl Erkenntnisquellen benutzen,** § 293 S 2. In Betracht kommen insbesondere amtl Auskünfte aus dem betr Land (durch Vermittlung des Justizministeriums) und Rechtsgutachten wissenschaftl Institute und von sonstigen Sachverständigen. Ein wissenschaftl Gutachten genügt aber nicht, wenn der Gutachter keine spezielle Kenntnis des ausl Rechts u der ausl Rechtspraxis hat: Ein „Lehrbuch- 20

gutachten" reicht nicht, BGH NJW 91, 1419 = RIW 91, 514 (Sommerlad 856) = IPRax 92, 324 (Kronke 303) = IPRspr 91/1. Hierzu Thode WuB VII A § 293 ZPO 2.91; kritisch Samtleben NJW 92, 3057. S auch Hetger FamRZ 95, 654.

21 2) Zwar ist es dem Ermessen des Richters überlassen, ob und inwieweit eine **Beweisaufnahme** durchgeführt wird. Hält aber das Gericht eine solche für erforderl, so muß es bei der Beweisaufnahme – obwohl das ausl Recht keine Tatsache (Rn 14) ist – **die Vorschriften der ZPO** beachten. Insoweit hat der Tatrichter keinen Ermessensspielraum, BGH IPRspr 74/1b; NJW 75, 2142 = IPRspr 75/1; Kritik bei Geisler ZZP 91 (1978), 176; Schütze DIZPR 119. Hat das Gericht zur Ermittlung ausl Rechts einen Sachverständigen zugezogen, so ist er – wie jeder Sachverständige – auf rechtzeitigen Antrag einer Partei zur mündl Verhandlung zu laden, §§ 402, 377, 397. Zu Unrecht zieht Geisler 193 den Schluß, es könnten nur mehr im Inland ladungsfähige Sachverständige beigezogen werden. Richtig ist zwar, daß ein dt Gericht das Erscheinen eines sich im Ausland aufhaltenden Sachverständigen nicht erzwingen kann; doch dürften diejenigen, die sich bereitfinden, für ein dt Gericht ein Gutachten zu erstellen, auch bereit sein, dieses mündl vor dem Gericht zu erläutern. Geschieht dies ausnahmsweise nicht, so ist das Gutachten keinesfalls wertlos. Es kann gleichwohl als Erkenntnisquelle für das zu ermittelnde ausl Recht dienen. Die Befragung des Gutachters erfolgt dann auf einem der in § 363 vorgesehenen Wege, BGH MDR 80, 931 = IPRax 81, 57 (Nagel 47). Vgl auch Fuchs RIW 95, 807.

22 3) **Europäisches Übereinkommen vom 7. Juni 1968 betreffend Auskünfte über ausl Recht,** BGBl 1974 II 938, 1975 II 300, AusfG BGBl 1974 I 1433. – Dieses Abk sieht vor, daß gerichtl Ersuchen um Auskunft über das Recht eines fremden Staates von einer **zentralen Stelle** dieses Staates beantwortet werden. Näher Schütze DIZPR 237; Otto FS Firsching, 1985, 209; Palandt/Heldrich Rz 36 vor Art 3 EGBGB; MK/Prütting Rn 33. – Zum Verfahren § 48 I ZRHO.

23 4) Eine Regel wie § 293 ist keineswegs selbstverständlich. Sie **gilt** zB **nicht** für den **Richter der freiwilligen Gerichtsbarkeit.** LG Frankenthal Rpfleger 81, 324.

V) Anwendung ausl Rechts

24 1) **Der dt Richter hat ausl Recht so anzuwenden, wie es der Richter des betr Landes auslegt und anwendet,** Samtleben NJW 92, 3060. Vor allem hat er sich zu hüten, den ausl Rechtsregeln eine eigene Interpretation zu geben. Er hat sich an die ausl Praxis und Lehre zu halten. Sonst wäre der Sinn der kollisionsrechtl Verweisung verfehlt: Das Ergebnis wäre ein fiktives, weil mit der tatsächl Handhabung des ausl Rechts nicht übereinstimmendes Normengebilde. Zu Recht verlangt deshalb der BGH nicht nur das Studium ausl Gesetzestexte. Der Richter muß vielmehr auch berücksichtigen, wie diese auf Grund der Rechtslehre und Rechtsprechung gehandhabt werden, Rn 20; BGH NJW 76, 1581; KG IPRspr 80/85; BGH RIW 82, 199 und 435; BGH NJW 91, 1419; Henrich IPRax 82, 10.

25 2) **Eine Prüfung der Vereinbarkeit eines ausl Gesetzes oder sonstiger Normen mit der Verfassung des betr Staates** darf der dt Richter nur vornehmen, wenn auch dem ausl Gericht eine solche Prüfung gestattet ist, Kegel § 15 III.

26 3) Der dt staatl Richter darf – ebenso wie der Schiedsrichter, Schiffer IPRax 91, 84 – aber auch das ausl Recht fortentwickeln für Sonderfallgestaltungen, die die Gerichte des Staates, dessen Recht anzuwenden ist, (bisher) nicht entschieden haben. Hierfür sind der Geist und die Systemzusammenhänge des ausl Rechts maßgebend. Der dt Richter darf nicht auf dem Umweg über die „Fortentwicklung" **dem ausl Recht den „deutschen Geist"** einhauchen. Das AG Charlottenburg IPRax 83, 128 (Rumpf 114) hielt es für richtig, türk Recht (Prozeßkostenpflicht unter Ehegatten) fortzuentwickeln.

VI) Ersatzrecht, wenn der Inhalt des ausl Rechts nicht festgestellt werden kann

27 Die Beweislastregeln finden keine Anwendung. Keine Partei ist beweisfällig geworden. Eine Klageabweisung bzw Verurteilung bei einem non liquet bezügl des Inhalts des ausl Rechtssatzes ist unzulässig, BGH NJW 61, 410; Schütze DIZPR 120. Ein gegenteiliger Standpunkt der lex causae (Rn 14) ist für den dt Richter ohne Bedeutung, so wohl auch mit komplizierter Begründung Coester-Waltjen Rz 384 gE. Ist trotz aller Sorgfalt der Inhalt des ausl Rechts nicht festzustellen, so will der BGH (BGHZ 69, 387 = NJW 78, 496 = MDR 78, 390) ohne große Umschweife **dt Recht** anwenden, jedenfalls dann, wenn starke Inlandsbeziehungen bestehen und die Beteiligten nicht widersprechen. Im Ergebnis auch Breuer in Rahm/Künkel VIII Rn 122. Anders die hL. Mit Kegel IPR § 15 V 2; Palandt/Heldrich Rz 36 vor Art 3 EGBGB ist die dt lex fori nur dann anzuwenden, wenn über das ausl Recht **keinerlei Informationen** zu erlangen sind, so für türk Recht Stuttgart DAVorm 84, 423 = IPRspr 1; Schleswig IPRspr 84/98. Anders, wenn **nur unvollständige Aufschlüsse über das in Betracht kommende ausl Recht zu bekommen sind.** Hier gilt der **Grundsatz der größtmögl Annäherung an den unbekannten tatsächl Rechtszustand,** Schütze DIZPR 121; Staudinger/Spellenberg[12] §§ 606 ff Rz 399; Rahm/Künkel/Breuer

VIII Rz 121. So kann etwa das luxemb Recht auch durch Heranziehung belg Urteile erhellt werden, das monegassische durch franz Rspr, Hbg IPRspr 84/24. Weitere Beispiele Heldrich FS Ferid, 1978, 217. In diese Richtung tendiert nun auch BGH NJW 82, 1215 = FamRZ 82, 263 = IPRspr 81/2. – Differenzierend nach dem Ermittlungsstand des ausl Rechts MK/Prütting Rn 65.

VII) Irrevisibilität ausländischen Rechts vgl unten §§ 549 I, 562; Geimer IZPR Rz 2603; MK-BGB/Sonnenberger Einl Rz 480. Wiedemann, Revisibilität ausl Rechts im Zivilprozeß, Diss Erlangen 1991. Gleichgültig ist, ob Haupt- oder Vorfrage nach irrevisiblem ausl Recht zu beantworten ist, BSGE 68, 184 = IPRspr 91/4. Irrevisibilität besteht auch für Vorfragen einer **von Amts wegen zu prüfenden Prozeßvoraussetzung,** BGH NJW 92, 438 = FamRZ 92, 298 = LM § 328 Nr 65 = IPRspr 91/6. Beisp: Einwand der zeitl früheren ausl Rechtshängigkeit, unklar BGH FamRZ 94, 434 = NJW-RR 94, 642 = LM, Art 17 EGBGB 1986 Nr 6 (Geimer). Zur Abgrenzung zwischen revisiblem Verfahrensverstoß u irrevisibler Anwendung bzw Auslegung ausl Rechts BGH EWiR 90, 515 (Thode) = RIW 90, 581 = IPRspr 90/1. Zur Revisibilität des dt IPR (Anwendung dt Rechts anstatt ausl) BGH NJW-RR 88, 814 = IPRspr 88/1. – Kritik (de lege ferenda) Nachw Dessauer IPRax 85, 332 Fn 21. Auch AGB, die auf der Grundlage einer ausl Rechtsordnung formuliert sind und damit deren „Gepräge" haben (= ausl AGB), sind irrevisibel, BGH MDR 86, 582; BGH RR 87, 43 = WM 86, 1115. Vgl auch BGH RIW 88, 642, BGHZ 112, 204 = NJW 91, 36 = RIW 90, 1014 = IPRax 91, 329 (Mankowski 305) = IPRspr 90/2; BGH NJW 92, 1032 = IPRspr 91/5; einschränkend BGH NJW 94, 1408 = EWiR 94, 453 (Thode); Aden RIW 89, 607; Palandt/Heldrich Rz 37 vor Art 3 EGBGB). 28

Soweit das Berufungsgericht keine Feststellungen zum Inhalt einer (aus der Sicht des BGH zur Anwendung kommenden) ausl Rechtsordnung getroffen hat, ist der BGH durch § 562 nicht gehindert, die aus seiner Perspektive relevanten ausl Rechtsnormen selbst zu ermitteln (nach den Regeln des § 293).

VIII) Kostenerstattung für Rechtsgutachten über ausl Recht Köln RIW 85, 330; München WRP 91, 513 = IPRspr 90/234. 29

IX) § 293 gilt auch in **Schiedsverfahren,** die dt Verfahrensrecht unterstehen, § 1044 Rn 4, Schütze/Tscherning/Wais Rn 604. S auch § 1034 Rn 33c. 30

X) Gebühren: 1) des Gerichts: Das Ersuchen um Auskunft über ausländisches Recht (Rn 22) ist gerichtsgebührenfrei; dies gilt auch für die dem Auskunftsersuchen beizufügende gerichtliche Genehmigung, wenn das Gericht die Abfassung des Ersuchens den Parteien überläßt (Art 4 Abs 4 Übk v 7. 6. 1968 und § 1 S 2 AusfG hierzu v 5. 7. 1974, BGBl I 1433). Entstehende Auslagen sind aber zu erheben. Dazu gehören: **a)** die sog **Prüfgebühr** (§ 50 Abs 1 und Abs 2 Nr 2 ZRHO) gemäß Nr 3 GebVerz zur JVwKostO für die verwaltungsmäßige Prüfung des Ersuchens durch die Prüfstelle (§ 9 ZRHO); **b)** die **Kosten für** die **Übersetzung des** Auskunfts**ersuchens** und seiner etwaigen Anlagen in die Amtssprache des zu ersuchenden ausländischen Staates (Art 14 Abs 1 Übk); **c)** die **Kosten** der **Übersetzung der** in der Amtssprache des ersuchten Staates abgefaßten (Art 14 Abs 1 Übk) **Antwort,** sofern nicht abweichende Vereinbarungen bestehen; **d) die** für die Beantwortung des Auskunftsersuchens etwa durch private Stellen oder rechtskundige Personen **im Ausland anfallenden Gebühren und sonstige Kosten** (s dazu Art 6 Abs Übk und §§ 2 und 3 AusfG), die zu Lasten des ersuchenden deutschen Staates gehen (vgl BT-Drucks 7/992; Nr 47 der Anlage zur Denkschrift S 16). Daneben sind Gebühren u dgl, die deutschen Auslandsvertretungen nach dem Auslandskostengesetz und der Auslandskostenverordnung, BGBl I 21, zustehen, auch dann als Auslagen zu erheben, wenn aus Gründen der Gegenseitigkeit, der Verwaltungsvereinfachung u dgl keine Zahlungen zu leisten sind (KV 9013). Teilt zB der ausländische Staat mit, daß für die Erledigung des Auskunftsersuchens mit einem bestimmten Kostenbetrag zu rechnen ist (Art 6 Abs 3 Übk) und erhält das Gericht trotzdem das Auskunftsersuchen aufrecht (§ 2 S 2 AusfG), so kann nach pflichtgemäßem Ermessen des Kostenbeamten ein Vorschuß zur Deckung dieser Auslagen gefordert werden (§ 68 III GKG). Die Vorschußerhebung kann auch das Gericht anordnen. Als Vorschußpflichtiger kann nur der Antragsteller des Verfahrens der Instanz in Betracht kommen (§ 49 S 1 GKG). – **2) des Anwalts:** Wenn das Gericht die Abfassung des Auskunftsersuchens einer Partei oder auch den Parteien überläßt, so ist diese dem Prozeßanwalt obliegende Tätigkeit durch die verdiente Prozeßgebühr (§ 31 I Nr 1 BRAGO) abgegolten. Eine Beweisgebühr entsteht durch eine Beweiserhebung, die jedenfalls dann vorliegt, wenn das Gericht die Einholung einer Auskunft über ausländisches Recht nach den Vorschriften des Übk v 7. 6. 1968 in einem Beweisbeschluß anordnet. Dagegen handelt es sich um keine Beweisanordnung, wenn das Gericht den Parteien den Nachweis von Rechtssätzen ausländischen Rechts aufgibt oder Behörden um Mitteilung des Wortlauts bestimmter ausländischer Gesetzesvorschriften oder um einschlägiges Schrifttum ersucht. Teilweise wird vertreten, auch bei Einholung von Auskünften und Gutachten über inländisches Gesetzesrecht könne eine Beweisgebühr entstehen (G/S/von Eicken § 31 Rn 84; aA Stuttgart MDR 89, 1111 mwN). 31

294 *[Glaubhaftmachung]*

(1) Wer eine tatsächliche Behauptung glaubhaft zu machen hat, kann sich aller Beweismittel bedienen, auch zur Versicherung an Eides Statt zugelassen werden.

(2) Eine Beweisaufnahme, die nicht sofort erfolgen kann, ist unstatthaft.

1) Anwendungsbereich: Grds erfordert der Beweis die Vermittlung richterl Überzeugung von der Wahrheit der streitigen Behauptung (§ 286 Rn 17 ff). An zahlreichen Stellen läßt das 1

Gesetz jedoch Glaubhaftmachung genügen (§§ 44, 71, 104, 224, 236, 251a, 296 IV, 299, 367, 386, 406, 424, 430, 435, 441, 487, 493, 494, 511a, 528, 529, 589, 605, 714, 719, 769, 805, 807, 815, 903, 914, 920, 963, 980, 986, 996, 1007, 1010). In diesen Fällen tritt an die Stelle des Vollbeweises die Feststellung **überwiegender Wahrscheinlichkeit** (BGH VersR 76, 928/929). Eine entsprechende Anwendung des § 294 auf andere Fälle der Beweisführung ist ausgeschlossen (BGH VersR 73, 186/187).

2 Wo Glaubhaftmachung zugelassen ist, gilt das auch für den **Gegenbeweis;** daher genügt Glaubhaftmachung zB im Verfahren der WE (§ 236 II) als Gegenbeweis gegen die Richtigkeit eines Eingangsstempels (BGH MDR 83, 749; KG MDR 86, 1032), während Vollbeweis erforderlich ist für die Behauptung, ein Eingangsstempel sei unrichtig und deshalb sei mangels Fristversäumung ein Gesuch um WE nicht veranlaßt (BGH VersR 73, 186).

3 **2) Zulässige Beweismittel: a) alle üblichen** (§§ 355–455), sofern sie präsent sind (Abs II), daher unzulässig das Angebot nicht mitgebrachter Zeugen (zB im Arrest- u Verfügungsverfahren), der Urkundenbeweisantritt gem § 421 oder die Bezugnahme auf vom Gericht erst einzuholende Auskünfte (BGH NJW 58, 712 = LM Nr 1). Zulässig und vom Gericht zu beachten ist ein nichtpräsenter Beweisantritt nur insoweit, als Terminsbestimmung (§ 216) erforderlich ist und das Gericht vorbereitende Anordnungen (§ 273, zB Ladung von Zeugen, Beiziehung von Akten, Einholung von Auskünften) treffen kann, ohne das Verfahren zu verzögern (§ 379 beachten!). Dann kommt auch Einvernahme des Gegners (§ 445) in Betracht, sofern dieser erscheint, ebenso Vernehmung der beweisbelasteten Partei nach §§ 447, 448 (MK/Prütting Rn 17). – Wo das Gesetz die Glaubhaftmachung nicht erfordert, sondern „genügen" läßt (§ 104 II), gilt Abs II nicht.

4 **b) Die Versicherung an Eides Statt** (vgl § 156 StGB), soweit diese nicht ausdrücklich für unzulässig erklärt ist (§§ 44, 406, 511a). Hier genügt ausnahmsweise (vorbehaltl Beweiswürdigung) eigene Versicherung des Beweisführers. Die Versicherung an Eides Statt ist nicht formbedürftig. Sie kann schriftl oder mündl abgegeben werden, auch per Telefax (BayObLG NJW 96, 406). Sie muß aber eine eigene Darstellung der glaubhaft zu machenden Tatsachen enthalten und darf sich nicht in einer „glaubhaften" Bezugnahme auf Angaben oder Schriftsätze Dritter (zB des RA) erschöpfen (BGH NJW 88, 2045 = MDR 88, 479), sonst ist sie für eine Glaubhaftmachung wertlos.

5 **c) Sonstige geeignete Mittel,** zB die sog „anwaltliche Versicherung" (BayObLG WuM 94, 296; Köln MDR 86, 152; NJW 64, 1039; einschr BGH VersR 74, 1021), schriftl Erklärungen von Zeugen (§ 377 III), Bezugnahme auf dem Gericht sofort verfügbare Akten.

6 **3) Beweiswürdigung:** Auch hier gilt der Grundsatz der freien Beweiswürdigung (§ 286 Rn 13). Dieser gebietet es nicht, den unterschiedl Beweiswert der Glaubhaftmachung gegenüber dem (vorbehaltl der notwendigen Präsenz des Beweismittels stets zulässigen) Vollbeweis zu ignorieren. Daher wird idR die nur glaubhaft bekundete Versicherung eines Zeugen den Vollbeweis des qualifizierten Urkundenbeweises oder der mündl Zeugenaussage im Termin nicht entkräften können (Köln OLGZ 81, 444 = MDR 81, 765).

295 *[Rüge von Verfahrensverletzungen]*

(1) Die Verletzung einer das Verfahren und insbesondere die Form einer Prozeßhandlung betreffenden Vorschrift kann nicht mehr gerügt werden, wenn die Partei auf die Befolgung der Vorschrift verzichtet, oder wenn sie bei der nächsten mündlichen Verhandlung, die auf Grund des betreffenden Verfahrens stattgefunden hat oder in der darauf Bezug genommen ist, den Mangel nicht gerügt hat, obgleich sie erschienen und ihr der Mangel bekannt war oder bekannt sein mußte.

(2) Die vorstehende Bestimmung ist nicht anzuwenden, wenn Vorschriften verletzt sind, auf deren Befolgung eine Partei wirksam nicht verzichten kann.

Lit: *Hagen,* Formzweck im Zivilprozeß, JZ 72, 505; *Schneider,* Heilung von Verfahrensmängeln, JurBüro 70, 222; *Vollkommer,* Formenstrenge u prozessuale Billigkeit, 1973, S 358 ff.

1 **1) Zweck:** Die Verfahrensvorschriften (im Gegensatz zu den anspruchsbegründenden oder -vernichtenden Normen des materiellen Rechts) sind formelle Garantie richtiger Sachentscheidungen. Ihre Verletzung allein kann zur Aufhebung des Urteils führen (vgl §§ 539, 550, 551). Damit sie nicht Selbstzweck werden (§ 296 Rn 2), schränkt § 295 (ebenso §§ 531, 558 für die oberen Instanzen) die Möglichkeit der Verfahrensrüge hinsichtl verzichtbarer Verfahrensvorschriften ein, soweit die Partei auf deren Anwendung nachträglich (also nur *nach* einem Verfahrensfehler) entweder **ausdrückl oder schlüssig verzichtet** (= Prozeßhandlung, s Rn 14 vor § 128) oder von der Möglichkeit der Verfahrensrüge in der nächsten mündl Verhandlung keinen Gebrauch gemacht

hat (= **fingierter Verzicht**). „Mündl Verhandlung" entspricht hier dem Verhandeln zur „Hauptsache" (vgl § 136 Rn 1); zur „Verhandlung" im schriftlichen Verfahren s unten Rn 2. Maßgeblich für die Wirkung des Verzichts oder der Nichtrüge ist das Verhalten der durch den Verfahrensfehler beschwerten Partei (oder ihres ProzBevollm, § 85).

2) **Voraussetzungen:** Einen **Verzichtswillen setzt § 295 nicht voraus,** es genügt bloße Unterlassung der möglichen Rüge, auch infolge ungenügender Aufmerksamkeit (BGH 25, 71 = NJW 57, 1517; Rosenberg JZ 58, 60; Haueisen NJW 65, 192), **sofern nur die Partei** (oder ihr Vertreter, vgl § 85) **den Verfahrensmangel kannte oder kennen mußte.** Die Kenntnis äußerlich wahrnehmbarer Verfahrensvorgänge wird unterstellt; wer nachträglich rügt, muß unverschuldete Unkenntnis dartun. § 276 BGB gilt entsprechend. Eine Aufklärungspflicht des Gerichts (§ 139) über die Folge der Nichtrüge besteht grundsätzlich nicht (Ausnahme zB §§ 504, 506), es sei denn die rechtsunkundige Partei (also niemals im Anwaltsprozeß, BGH NJW 60, 766/767; RG 165, 233; vgl § 139 Rn 13) würde sonst unzumutbar überrascht (§ 278 Rn 5; BGH NJW 58, 104). Die Rüge muß von der anwesenden Partei (RG JW 1900, 185) in der **nächsten mündl Verhandlung** erhoben werden, dh im nächsten oder im gleichen, unmittelbar an den Verfahrensfehler anschließenden Verhandlungstermin zur Hauptsache, so gem § 370 im Anschluß an die Beweisaufnahme. Bei Verfahrensfehler des vorbereitenden Einzelrichters (§ 524) genügt Rüge in der nächsten mündl Verhandlung vor dem Senat (BGH NJW 94, 801/02). Ausreichend ist rügeloser Sachantrag (§ 297), selbst in Abwesenheit des Gegners, wenn rügelos VersUrteil beantragt wird (s aber § 342!). Der rügelosen Verhandlung entspricht das Einverständnis mit Entscheidung im schriftl Verfahren (§ 128 II), sofern dieser Erklärung der Verfahrensfehler vorausgegangen war, sonst (bei nachfolgendem Verfahrensfehler) die Einreichung des dem Fehler nachfolgenden Schriftsatzes innerhalb der Frist des § 128 II bzw III (Bischof NJW 85, 1143). 2

3) **Anwendungsbereich:** Gewisse Garantien einer formell ordnungsgemäßen Rechtsprechung sind unverzichtbar; das Risiko ihrer Verletzung darf nicht auf die Parteien abgewälzt werden, eine Heilung ist daher ausgeschlossen (Abs. II). Es handelt sich hierbei teilweise um elementare Prozeßvoraussetzungen, teilweise um elementare Prozeßhindernisse. 3

a) **Unverzichtbare Normen sind:** alle dem öffentl Interesse an einer geordneten Rechtspflege dienenden Normen, so die von Amts wegen zu beachtenden Prozeßvoraussetzungen (Rn 9 ff vor § 253), also die Gerichtsbarkeit, das Rechtsschutzbedürfnis, die Klagbarkeit des Anspruchs, die ordentl Besetzung des Gerichts bei der Entscheidung (zB Entscheidung des Landwirtschaftsgerichts ohne ehrenamtl Beisitzer, BGH WM 93, 1656/58, mangelhafte Zuweisung an den streitentscheidenden Einzelrichter, BGH NJW 93, 600, nicht aber bei der Entscheidungsvorbereitung, insbes bei der Beweiserhebung, BGHZ 86, 104/113), die gesetzlichen Voraussetzungen einer Zurückweisung verspäteter Prozeßhandlungen (§ 296; BGH NJW 90, 2389/2390 = MDR 90, 1095/1096), die ausschließl Zuständigkeit, die Zulässigkeit des Rechtsweges (hierzu § 282 Rn 5 ff; vor § 253 Rn 17; § 13 GVG Rn 8–13), die Partei-, Prozeßfähigkeit u Postulationsfähigkeit der Parteien oder ihrer Prozeßbevollmächtigten (BGH MDR 91, 131), die Zustellungsvorschriften, soweit Notfristen in Lauf gesetzt werden (BGH NJW 52, 934; 94, 2295/6; vgl § 187 Rn 9); die Regeln der Wiedereinsetzung (RG 131, 262; 136, 281); die Regeln der Entscheidungsverkündung (RG 90, 297; 133, 218), sofern hier überhaupt noch eine „nächste mündl Verhandlung" stattfindet, in der gerügt werden könnte; die Vereidigung des beigezogenen Dolmetschers (§ 189 GVG; BGH NJW 87, 260); die Wiedergabe des Beweisergebnisses im Protokoll oder Urteil eines rechtsmittelfähigen Urteils (BGH NJW 87, 1200 = MDR 87, 209; s § 161 Rn 9); die Auswahl des Sachverständigen (§ 404 Rn 1). 4

Die Rspr bezeichnet auch die **Öffentlichkeit** (§ 169 GVG; RG 157, 347) und das **rechtl Gehör** (Art 103 GG; RG 93, 155; Frankfurt NJW 62, 450) als unverzichtbar. Dem ist nur insoweit zuzustimmen, als der *vorweggenommene* Verzicht einer Partei auf die gebotene Öffentlichkeit (§ 169 GVG Rn 13) und auf die Gewährung rechtlichen Gehörs (vor § 128 Rn 7a) unbeachtlich ist und keinen Freibrief für Verfahrensfehler darstellt. Anders aber die Verzichtswirkung nach einem solchen Verfahrensfehler: wer den ihm bekannten Mangel der Öffentlichkeit nicht in der nächsten mündl Verhandlung zum Anlaß nimmt, die Wiederholung der fehlerhaften ProzHandlung vorzunehmen oder zu beantragen, verzichtet wirksam (aM StJ/Leipold Rn 6, der hier aber nicht zwischen Verzicht vor bzw nach Verletzung der Öffentlichkeit unterscheidet); das rechtliche Gehör ist bereits dann gewährt, wenn die Partei überhaupt Gelegenheit erhält, sich (nicht notw sofort) mündl oder schriftl zu einem Verfahrensvorgang zu äußern (BayVerfGH NJW 61, 1523; von Winterfeld NJW 61, 849; Röhl NJW 64, 273; Rn 6 vor § 128), tut sie das in der nächsten mündl Verhandlung nicht, verzichtet sie wirksam (vgl Höfling NJW 83, 1584; StJ/Leipold Rn 6 Fn 13; BFH NJW 68, 1111; BGH NJW 65, 495; BVerwG NJW 59, 1009; BSG NJW 64, 2227), sofern ihr nur der eine Äußerung möglicherweise veranlassende Verfahrensvorgang – insoweit zwingend! – bekanntgegeben war. Also ist der Grundsatz des rechtl Gehörs für die Parteien verzichtbar, 5 unverzichtbar ist er nur für das Gericht; aber für das Gericht stellt § 295 keine Verhaltensnorm auf.

6 **b) Beispiele für verzichtbare Normen:** Die Zuständigkeit, soweit nicht ausschließlich (§§ 39, 40), die Geschäftsverteilung innerhalb des Gerichts (BGH NJW 52, 879; 64, 201), das rechtl Gehör und die Öffentlichkeit der Verhandlung (oben Rn 5); das Verbot, nach Schlußverhandlung noch Schriftsätze nachzureichen (hier ist Zustimmung des Gegners in der Schlußverhandlung zulässig, BGH NJW 65, 298); Unmittelbarkeit der Beweisaufnahme (§ 355 Rn 8; BGH NJW 79, 2518; 64, 109); Berücksichtigung nicht protokollierter Zeugenaussagen (§ 161) nach Richterwechsel (BGH ZZP 65, 267); Verfahrensfehler im selbständigen Beweisverfahren (BGH NJW 70, 1920); Prozeßhandlung während Unterbrechung des Verfahrens (§ 249 II, BGH NJW 57, 713); Recht auf Verhandlung des Beweisergebnisses (§§ 278 II 2, 285; BGH 63, 94/95); unberechtigte Aussageverweigerung eines Zeugen (BGH NJW 64, 450; LM Nr 9; vgl § 387 Rn 2); Beweisaufnahme ohne Beweisbeschluß (§ 450 Rn 1); Ladung der Partei zum Beweistermin (§ 357; LM § 295 Nr 7); Vernehmung des gesetzl Vertreters einer Partei als Zeuge (§ 373; LM § 295 Nr 2); Zustellungsregeln, soweit keine Notfrist in Lauf zu setzen ist (BGH NJW 52, 934; 84, 926; Rn 6 vor § 166; zur Zustellung der Klageschrift s § 253 Rn 26); Mängel der Klageschrift (§ 253 Rn 22); formlose Übersendung des klageerweiternden Schriftsatzes (§ 261 II; BGH VersR 67, 395; NJW 60, 820); die Einlassungsfrist (§ 274 Rn 6); die Verwertung unzulässiger Beweismittel (BGH MDR 84, 824; § 286 Rn 15a ff); das Absehen von förml Entscheidung über einen Befangenheitsantrag (BVerwG NJW 92, 1186).

7 **4) Wirkung:** Soweit Rügeverzicht zulässig, gilt Mangel als behoben, daher rückwirkende Heilung seiner Folgen (MK/Prütting Rn 44; StJ/Leipold Rn 32). Dagegen Heilung ex nunc bei Behebung unverzichtbarer Verfahrensmängel durch mangelfreie Wiederholung der Prozeßhandlung. Zum Zeitpunkt der Heilung bei Fehlen einer wirksamen Klage § 253 Rn 22, bei fehlender Klagezustellung § 253 Rn 26, bei tatsächl Zugang nach fehlerhafter Zustellung § 187 Rn 8.

296 *[Zurückweisung verspäteten Vorbringens]*

(1) Angriffs- und Verteidigungsmittel, die erst nach Ablauf einer hierfür gesetzten Frist (§ 273 Abs. 2 Nr. 1, § 275 Abs. 1 Satz 1, Abs. 3, 4, § 276 Abs. 1 Satz 2, Abs. 3, § 277) vorgebracht werden, sind nur zuzulassen, wenn nach der freien Überzeugung des Gerichts ihre Zulassung die Erledigung des Rechtsstreits nicht verzögern würde oder wenn die Partei die Verspätung genügend entschuldigt.

(2) Angriffs- und Verteidigungsmittel, die entgegen § 282 Abs. 1 nicht rechtzeitig vorgebracht oder entgegen § 282 Abs. 2 nicht rechtzeitig mitgeteilt werden, können zurückgewiesen werden, wenn ihre Zulassung nach der freien Überzeugung des Gerichts die Erledigung des Rechtsstreits verzögern würde und die Verspätung auf grober Nachlässigkeit beruht.

(3) Verspätete Rügen, die die Zulässigkeit der Klage betreffen und auf die der Beklagte verzichten kann, sind nur zuzulassen, wenn der Beklagte die Verspätung genügend entschuldigt.

(4) In den Fällen der Absätze 1 und 3 ist der Entschuldigungsgrund auf Verlangen des Gerichts glaubhaft zu machen.

Lit: *Deubner,* Zurückweisung verspäteten Vorbringens nach der Vereinfachungsnovelle, NJW 77, 921; *ders,* Die Praxis der Zurückweisung verspäteten Vorbringens, NJW 79, 337; *Grunsky,* Die Straffung des Verfahrens durch die Vereinfachungsnovelle, JZ 77, 201; *Hermisson,* Die Rspr des

BGH und des BVerfG zur Zurückweisung von verspätetem Vorbringen, NJW 83, 2229; *Kallweit,* Die Prozeßförderungspflicht der Parteien u die Präklusion verspäteten Vorbringens, 1983; *Leipold,* Prozeßförderungspflicht der Parteien und richterliche Verantwortung, ZZP 93 (1980), 237; *ders,* Zum richtigen Maß bei der Zurückweisung verspäteten Vorbringens, ZZP 97 (1984), 395; *E. Schneider,* Nichtzulassung verspäteten Vorbringens gegen den Willen der Parteien?, NJW 79, 2506; *Waldner,* Präklusion u rechtl Gehör, NJW 84, 2925; *Werner,* Die Nachholung nicht präkludierten Parteivorbringens, FS Wiedererrichtung des OLG Jena (1994), 215 ff; *Weth,* Die Zurückweisung verspäteten Vorbringens im Zivilprozeß, 1988.

I) 1) Normzweck: Die am 1. 7. 1977 in Kraft getretene Vereinfachungsnovelle will das Verfahren der ZPO zeitlich straffen und unter zielstrebiger Zusammenarbeit des Gerichts mit den Parteien eine sachgerechte Entscheidung ermöglichen. Hierfür verpflichtet das Gesetz den Richter zur **Meidung eines prozessualen Leerlaufs,** zu einer „umfassenden Vorbereitung" des Verhandlungstermins (§§ 272, 273), zu einer möglichst frühen Terminsbestimmung (§§ 216 II, 272 III, 278 IV) und zielstrebigen Terminsleitung (§§ 136 III, 278), die Parteien zu einer sorgfältigen und förderungsbewußten Mitwirkung (§§ 277, 282) und zur Einhaltung der ihnen hierfür vom Gericht gesetzten Fristen (§§ 273, 275, 276, 277). Der Vermeidung und ggf Ahndung von Verstößen der Parteien gegen diese ihre Förderungspflicht dient die in § 296 normierte Zurückweisung verspäteten Vorbringens. 1

Soweit demnach § 296 das Gericht ermächtigt, unter den normierten Voraussetzungen ein Parteivorbringen zurückzuweisen, es also bei der Sachentscheidung außer Betracht zu lassen, kollidiert diese Regelung zwar mit dem Grundrecht auf **rechtl Gehör** (Art 103 GG), sie ist aber gleichwohl verfassungsgemäß (BVerfGE 36, 119/130 = NJW 74, 133; BVerG NJW 78, 413; 80, 277 u 1737), wenn sie nur verfassungskonform gehandhabt wird (BVerfG NJW 90, 2389; 89, 705; 85, 1149; 85, 1150; 83, 1307; Waldner NJW 84, 2925 m weit Nachw; zum rechtl Gehör s auch vor § 128 Rn 3 ff). Hierbei sind folgende Grundsätze zu beachten: das **Verfahrensrecht erfüllt keinen Selbstzweck,** sondern dient nur der sachgerechten Entscheidungsfindung, also der materiellen Gerechtigkeit (BVerfGE 35, 279; 55, 72/93; 59, 330; BGHZ 77, 306; 76, 133; 75, 348; 73, 87/91; 10, 350/359; BFH NJW 74, 1582; BSG NJW 75, 1380/1383; Vollkommer in Anm zu BAG AP § 513 ZPO Nr 6; Putzo NJW 77, 5). Daher wäre die Regelung des § 296 mißbraucht, wenn sie dem Gericht als Vorwand diente, aus Gründen der Arbeitserleichterung sehenden Auges Unrecht zu sprechen. Die vom Normzweck gelöste Handhabung des Verfahrensrechts als Mittel richterl Arbeitserleichterung oder als schlichte Bestrafung des Ungehorsams gegenüber richterl Anordnungen kann im Einzelfall der Findung einer gerechten Sachentscheidung entgegenstehen und dann das Grundrecht auf rechtl Gehör verletzen (BVerfGE 75, 302 = NJW 87, 2733 = MDR 87, 904; NJW 82, 1453; 80, 277; Franke NJW 86, 3049), wenn sie erkennbar rechtsmißbräuchl ist. Das kann bereits der Fall sein, ohne daß dem Gericht Willkür vorzuwerfen ist, so zB im Fall der sog **Überbeschleunigung** durch extensive Interpretation des § 296 bei Anwendung des Begriffs der „absoluten Verzögerung" (unten Rn 20; hierzu BayVerfGH NJW 89, 215; Deubner NJW 80, 1945; 87, 2736) oder bei Prüfung des Verschuldensgrades (unten Rn 23) der säumigen Partei oder wenn verspätetes Vorbringen zurückgewiesen wird, ohne daß die Erklärung des Gegners hierzu (ggf aufgrund Schriftsatzfrist nach § 283) abgewartet wurde, die erst die Feststellung einer verzögernden Wirkung erlaubt (hierzu Rn 16 u § 283 Rn 3). Das Gericht muß auch berücksichtigen, daß die Vereinfachungsnovelle keineswegs den Beibringungsgrundsatz durch eine Eventualmaxime ersetzen will, sondern – schon zur Vermeidung einer unangemessenen Ausweitung des Prozeßstoffes – für eine sachgerechte Prozeßtaktik durchaus noch Raum läßt (BVerfG NJW 80, 1737/1738; zu den Grenzen dieser Taktik s § 282 Rn 3, § 277 Rn 1; Leipold ZZP 93, 237/258; 97, 395 und in StJ § 282 Rn 18). Gegen die Ansicht des BGH (NJW 83, 945/946; 80, 945/946), der Gesetzgeber habe es hingenommen, daß die Zurückweisung gem § 296 „unter Umständen zu einem materiell nicht befriedigenden Prozeßergebnis führt", bestehen daher Bedenken. Wenn man die Regelung des § 296 so versteht, daß sie einen Anwendungsfall der vorwerfbaren Preisgabe des rechtl Gehörs durch die säumige Partei darstellt (vgl § 295 Rn 5), kann das Prozeßergebnis unter Berücksichtigung auch des Förderungsinteresses des Gegners der säumigen Partei kaum jemals „materiell nicht befriedigend" sein. Ebenso gebietet § 296 niemals, sehenden Auges Unrecht zu sprechen, denn die Erkenntnis des Unrechts setzt Erkenntnis des Rechts, also Entscheidungsreife (§ 300) voraus, die, wo sie vorliegt, eine Verfahrensverzögerung begriffl ausschließt. – Zur (begrenzt zulässigen) **Verfassungsbeschwerde** gegen Präklusion gemäß § 296 s Einl vor § 1 Rn 109; BVerfGE 75, 302 = NJW 87, 2733; Krauß, Der Umfang der Prüfung von Zivilurteilen durch das BVerfG, 1987. 2

Schon aus diesen Grundsätzen ergibt sich, daß der **Vorwurf der Prozeßverzögerung gegen eine Partei niemals begründet ist, wo das Gericht selbst das Verfahren verzögert** oder behindert, sei es durch das Unterlassen gebotener Hinweise und Förderungsmaßnahmen (§ 273 Rn 1 ff; § 278 Rn 8; § 527 Rn 18; BVerfG NJW 92, 680; 87, 2003 = MDR 87, 814; BayVerfGH NJW-RR 92, 895; 3

BGH 76, 173; 75, 138 = NJW 79, 1988 mit Anm Walchshöfer ZZP 93 [1980], 184; BGH NJW 80, 946 u 1103; 75, 1745; Hartmann NJW 78, 1461; Knöringer NJW 77, 2337; Schneider MDR 77, 796), durch das Unterlassen der ergänzenden Vernehmung eines noch anwesenden Zeugen (BVerfG NJW-RR 95, 377) durch nicht eindeutige Anordnungen (BVerfG NJW 82, 1453; Oldenburg NJW 80, 295 m Anm Deubner) oder durch das Ansetzen unangemessen kurzer Erklärungsfristen (Köln NJW 80, 2421; vgl § 275 Rn 4), bloßer pro-forma-(„Durchlauf-")Termine (s § 272 Rn 1) oder zu kurzer Verhandlungszeit (BVerfG NJW 92, 299). Das Gericht hat auch gegenüber verspätetem Parteivorbringen zu prüfen, ob nicht eine Verzögerung des Verfahrens durch gerichtl Vorbereitungsmaßnahmen (§ 273) abgewendet werden kann (BGH MDR 87, 231; s hierzu Rn 14).

4 2) **Anwendungsbereich:** a) § 296 ahndet allein die Verzögerung von **Angriffs- und Verteidigungsmitteln** (§ 282 Rn 2), also nicht anwendbar gegen Verzögerungen bei der Beweisaufnahme (zB verspätetes Nachreichen der Anschrift eines Zeugen; hier greift § 356 ein, BGH NJW 93, 1926; zur verspäteten Einzahlung des Auslagenvorschusses s § 379 Rn 7), durch Rechtsausführungen oder (selbst verzögerl) Sachanträge (zB Widerklage, hierzu unten Rn 12; Klageänderung oder -erweiterung; anders für die Anschlußberufung BGH 83, 371 = NJW 82, 1708; hierzu Olzen JR 82, 417; Deubner NJW 82, 1708) sowie deren Begründungen (BGH WPM 86, 864/866; Karlsruhe NJW 79, 879 m Anm Deubner). Die Verzögerung muß in der Zeit zwischen der Klagebegründung (also genügt säumige Anspruchsbegründung gem § 697 I noch nicht für Zurückweisung gem Abs I, allenfalls Abs II; § 697 Rn 4; BGH NJW 82, 1533 = MDR 82, 560; Hamburg NJW 79, 376) und der (letzten) mündl Verhandlung (§ 282 I) eintreten. § 296 daher nicht anwendbar auf ein Vorbringen nach dem Schluß der mündl Verhandlung (hierfür gilt nur § 156 oder § 296a) oder nach dem Urteil (hierfür §§ 528–531). Im Verfahren des Arrestes und der einstweiligen Verfügung (§§ 916–945) ist, sofern eine mündl Verhandlung stattfindet (§ 922 Rn 15, § 937 Rn 2), § 296 *neben* § 294 II anwendbar (Schneider MDR 88, 1024; zur Erhebung eines präsenten Beweises s unten Rn 13).

5 Ob Säumigkeit bereits im **frühen ersten Termin** Folgen gem § 296 auslösen kann, richtet sich nach der Prozeßlage: auch der frühe erste Termin kann wie ein Haupttermin vorbereitet und durchgeführt werden (§ 275 Rn 1, § 278 Rn 1) und erlaubt, wo das durch Vorbereitungsmaßnahmen iS von §§ 272 I, 273 den Parteien erkennbar gemacht ist, bei Entscheidungsreife (§ 300) die Schlußverhandlung und damit die Anwendung von § 296 (BVerfG NJW 85, 1149 = MDR 85, 551; BGH 86, 31 = NJW 83, 575; BGH 98, 368 = NJW 87, 500 = MDR 87, 225; Hamm NJW 83, 401; Karlsruhe NJW 83, 403; abw Deubner NJW 87, 465; 87, 2736; 85, 1140; 83, 1026; Leipold ZZP 97 [1984], 396; Hermisson NJW 83, 2231). Anders hingegen, wenn das Gericht ohnedies dem frühen ersten Termin einen sog Haupttermin folgen läßt (zB nur einen Beweisbeschluß erlassen will; unzutr BayVerfGH NJW 90, 1653 m abl Anm Deubner), denn hier bedingt (vgl Rn 25) dieser und nicht die frühe Säumigkeit der Partei eine Verzögerung des Verfahrens (Frankfurt NJW 89, 722). Für Zurückhaltung bei der Anwendung des § 296 im frühen ersten Termin, sofern die Entbehrlichkeit eines nachfolgenden Haupttermins aus der Sicht der Parteien nicht eindeutig erkennbar war [zB bei Beweisbedürftigkeit einer schwierigen Sache, bei kurzer Zeitspanne zwischen Ende der Klageerwiderungsfrist und Termin, bei Sammeltermin für eine umfangreiche Sache] BGHZ 98, 368 = NJW 87, 500 = MDR 87, 225; BVerfGE 69, 126 = NJW 85, 1149 = MDR 85, 551; Leipold ZZP 93 [1980], 237/249; vermittelnd aber Leipold in StJ Rn 65–67). Ist der frühe erste Termin als bloßer „Durchlauftermin" konzipiert (s § 272 Rn 1), so scheitert eine Zurückweisung schon an dem darin liegenden Fehlverhalten des Gerichts (vgl Rn 3; ebenso MK/Prütting Rn 97 f).

6 b) § 296 Abs I ahndet nicht die Versäumung jeglicher richterl Frist (vgl die Tabelle in Rn 7 vor § 214). Ausschlußwirkung legt § 296 nur (also ausschließl; Franzki NJW 79, 12) der Versäumung folgender **Fristen** bei: § 273 II 1: Nichtbeachtung richterl Aufklärungsauflagen; § 275 I 1: Klageerwiderungsfrist vor dem frühen ersten Termin, III: Klageerwiderungsfrist im frühen ersten Termin, IV: Frist für Replik des Klägers auf die Klageerwiderung; § 276 I 2: Klageerwiderungsfrist im schriftl Vorverfahren, III: Frist für Replik des Klägers im schriftl Vorverfahren; § 277: Frist für Klageerwiderung vor dem Haupttermin und für Replik des Klägers. Andere Fristüberschreitungen unterliegen der Zurückweisung gem § 296 I nur, soweit das Gesetz diese Vorschrift für entsprechend anwendbar bezeichnet: §§ 340 III 2, 411 IV, 527, 697 III 2, 700 V.

7 c) Bei **Entscheidung nach Aktenlage** (§ 251a Rn 5) und im schriftl **Beschlußverfahren** und **Beschwerdeverfahren** ist § 296 auch im Wege der Rechtsanalogie nicht anwendbar (BVerfGE 59, 330 = MDR 82, 545; BVerfG NJW 85, 1149; BGH NJW 90, 2389 = MDR 90, 1095; aM StJ/Leipold Rn 21 u 27). Der Katalog der in § 296 I genannten sanktionsbedrohten Fristen, ebenso §§ 296 II, 282, machen deutl, daß § 296 nur der zügigen Vorbereitung der mündl Schlußverhandlung dient; dagegen sind im schriftl Beschlußverfahren (vgl § 570 gegenüber § 528) alle bis zum Erlaß der Entscheidung dem Gericht zugegangenen Schriftsätze zu berücksichtigen (BVerfG NJW 83, 2187; 82, 1635 = MDR 82, 545; München OLGZ 81, 489 = MDR 81, 1025; Schneider MDR 89, 513; abw Schumann NJW 82, 1609/1611 ff).

II) Einzelfälle der Zurückweisung: 1) Das Gericht muß zurückweisen (Abs I) Angriffs- und Verteidigungsmittel (Rn 4), die unter schuldhafter (Rn 23) u verfahrensverzögernder (Rn 11 ff) Mißachtung der in Rn 6 genannten richterlichen **Fristen** (§ 221) vorgebracht wurden. Die Zurückweisung ist zwingend, auch gegen den Willen der Parteien (MK/Prütting Rn 175). **8**

2) Das Gericht muß zurückweisen (Abs III) verzichtbare **Rügen zur Zulässigkeit** der Klage, die entgegen § 282 III (s dort Rn 5 ff) nicht spätestens in der ersten mündl Verhandlung oder (noch früher) nach VersUrteil innerhalb der Einspruchsfrist (§ 340 III), sonst innerhalb der gem §§ 275, 276 gesetzten Klageerwiderungsfrist vorgebracht werden. Verzichtbare Zulässigkeitsrügen idS sind nur die Rüge der mangelnden Vollmacht (§ 88; LG Münster MDR 80, 853), der fehlenden Ausländersicherheit (§ 110; BGH NJW 81, 2646), der fehlenden Kostenerstattung nach Klagerücknahme (§ 269 IV) u der Berufung auf einen Schiedsvertrag (§ 1027a; München NJW-RR 95, 127). In diesen Fällen ist die Zurückweisung, mag auch das Gericht selber das Verfahren verzögerl betreiben, zwingend und unabhängig von der Frage einer Verfahrensverzögerung vorgeschrieben, soweit nicht der Bekl seine Verspätung entschuldigt; es wird so angesehen, als habe der Bekl auf die verzichtbare Rüge verzichtet (BGH NJW 81, 2646; 85, 743/4). Auf Zulassung schuldhaft verspäteter Zulässigkeitsrüge des Bekl kann der Kl die Berufung oder Revision stützen (BGH NJW 85, 743/4). Abs III gilt (wegen Sonderregelung in §§ 39, 504) nicht für Zuständigkeitsrügen (Frankfurt OLGZ 83, 99; s auch § 39 Rn 5, § 529) und auch nicht für die (begründete) Rüge der dem Gericht fehlenden internationalen Zuständigkeit (Köln NJW 88, 2183; Vorbem § 253 Rn 15; zur Unzulässigkeit einer Verweisung in diesem Fall s § 281 Rn 4). **8a**

3) Das Gericht darf zurückweisen (Abs II) Angriffs- u Verteidigungsmittel (Rn 4), die unter grob nachlässiger **Verletzung der allgemeinen Prozeßförderungspflicht** (§ 277 Rn 1, § 282 Rn 3) verfahrensverzögernd verspätet vorgebracht werden, ohne daß dabei richterl Fristen gesetzt waren. Hier ist, weil eine mitursächl Untätigkeit des Gerichts (Verstoß gegen §§ 139, 273, 278 III) mögl ist, Zurückweisung des Vorbringens nur bei grober Nachlässigkeit der Partei (oder ihres Vertreters §§ 51 II, 85 II) zulässig (s Rn 27). Nach MK/Prütting Rn 177 u Weth S 291ff ist auch die Zurückweisung nach Abs II bei Vorliegen ihrer Voraussetzungen zwingend (aA hM, vgl BGH NJW 81, 1218: Ermessen). **8b**

III) Voraussetzungen der Zurückweisung nach Abs I

1) Die **Fristsetzung** zur Abgabe der vom Gericht als erforderl bezeichneten Erklärungen muß, um die Folge des § 296 auszulösen, **a)** durch eine **vom zuständigen Richter unterzeichnete** (nicht nur paraphierte) **Verfügung** angeordnet sein (BGHZ 76, 236 = NJW 80, 1167 = MDR 80, 573); ob der Richter später durch Abgabe oder Verweisung seine Zuständigkeit verloren hat, ist unerhebl (Frankfurt/M NJW-RR 93, 1084); unwirksam aber zB die Fristsetzung nach § 276 I 2 durch anderen Richter als den Vorsitzenden (BGH NJW 91, 2774 = MDR 92, 185), **b)** die **gesetzte Frist eindeutig erkennen lassen** (BVerfG NJW 82, 1453); die Dauer der Frist muß angemessen sein (§ 275 Rn 4), **c)** den Grund und das Ziel der vom Gericht gestellten Fragen und erteilten Hinweise **unmißverständl** erkennen lassen (§ 273 Rn 4), **d)** in den Fällen § 276 II u § 277 II die **Belehrung** des Beklagten und im Fall § 277 IV die Belehrung des Klägers (zu Form u Inhalt dieser Belehrung s § 277 Rn 2) über die Folgen der Fristversäumung enthalten (BGH 86, 218 = NJW 83, 822 = MDR 83, 383) und **e)** (falls sie nicht mündl verkündet wird) der Partei, an die sie sich richtet, **förml zugestellt** werden (§ 329 II, BGH NJW 80, 1960 u 1167 = MDR 80, 573); für die andere Partei ist formlose Mitteilung ausreichend, aber erforderl. Für die Zustellung gelten die Präklusionsfristen als Notfristen iS von § 187 S 2 (§ 187 Rn 9); daher keine Heilung von Zustellungsmängeln durch Zugang (§ 276 Rn 4, § 277 Rn 5). Jedoch dürfen diese Fristen bei Glaubhaftmachung erhebl Gründe verlängert werden (§ 224 II). Eine „Fristsetzung" nur durch die Geschäftsstelle oder ohne Erkennbarkeit der richterl Anordnung in der zugestellten Ausfertigung genügt nicht (BVerfG NJW 85, 3006 = MDR 85, 817). **9**

Die Fristsetzung zur Erwiderung auf gegnerisches Vorbringen setzt begrifflich voraus, daß ein solches überhaupt schon erwiderungsfähig vorliegt (BGH NJW 80, 1167/1168); die gerichtliche Fristsetzung „auf Vorrat" ist im Hinblick auf die Generalklausel des § 282 nicht sinnvoll, zumal ggf noch ungewiß wäre, ob und welche Erwiderung überhaupt veranlaßt ist. **9a**

2) **Versäumung der Frist** liegt vor, wenn die Partei, der für den Vortrag ihrer Angriffs- und/oder Verteidigungsmittel eine der oben in Rn 6 genannten Fristen gesetzt war, diesem Auftrag nicht wirksam (vor § 230 Rn 1) und nicht fristgerecht nachkommt. Das ist der Fall, wenn sie untätig bleibt, aber auch, wenn sie sich ihrer Pflicht nur formell (dh ohne Rücksicht auf die durch das gegnerische Vorbringen, durch die Prozeßlage und durch die Darlegungslast bedingten Erfordernisse) entledigt, insbesondere auf ihr konkret gestellte Fragen oder gegebene Hinweise nicht eingeht. Dagegen ist die Frist nicht bereits dann versäumt, wenn der Vortrag der Partei lediglich Inhaltsmängel aufweist, die dem Gericht unabhängig von der Fristsetzung Anlaß geben, sein Fragerecht auszuüben oder seine Hinweispflicht zu erfüllen (§§ 139, 278 III). Zeitlich ist im übrigen die Frist versäumt, wenn die vom Gericht geforderte Erklärung der Partei oder ihres **10**

Streithelfers (hierzu § 67 Rn 4; Schulze NJW 81, 2663; Fuhrmann NJW 82, 978) nicht innerhalb der Frist beim Gericht eingereicht wird. Was in Rn 6 ff zu § 270 zu den Erfordernissen für das „Einreichen" von Schriftsätzen ausgeführt ist, gilt hier entspr. Zu dem Recht der Partei, die gesetzte Tagesfrist bis 24 Uhr auszunutzen, s § 222 Rn 8 sowie BVerfG NJW 80, 580 = MDR 80, 117. Gelangt ein rechtzeitig eingereichter Schriftsatz nicht rechtzeitig zu den Prozeßakten, so verletzt die Nichtberücksichtigung dieses Schriftsatzes stets und ohne Rücksicht auf die Ursache dieser gerichtl Panne das rechtl Gehör des Einreichers (vor § 128 Rn 8; BVerfG NJW 82, 1453).

11 3) Eine **Verzögerung des Verfahrens** liegt vor, wenn die Fristversäumung den Prozeßablauf kausal und in erhebl Umfang (§ 528 Rn 15) verlängert (zum hierbei anzulegenden Vergleichsmaßstab s Rn 20 ff). Diese (prognostische) Entscheidung trifft das Gericht nach „freier Überzeugung".

12 a) Ob nur die Verlängerung des **gesamten Rechtsstreits** oder schon die eines durch Teil-, Vorbehalts- oder Zwischenurteil abgeschlossenen **Verfahrensabschnitts** die Zurückweisung verspäteten Vorbringens rechtfertigt, ist streitig. Der VIII. Senat des BGH (MDR 80, 50/51) läßt die Zurückweisung verspäteten Vorbringens durch ein **Zwischenurteil über den Grund** (§ 304, s dort Rn 6) zu, wenn nur „das Schwergewicht" des Streits im Anspruchsgrund liegt. Dagegen lehnt der VII. Senat des BGH (BGHZ 77, 306/308 = NJW 80, 2355 = MDR 80, 927; DtZ 93, 211; ebenso Düsseldorf NJW 93, 2543) die Zurückweisung verspäteten Vorbringens durch **Teilurteil** (§ 301) über die Klage (ebenso bei **Widerklage,** NJW 81, 1217) als unzulässig ab, weil bei Anwendung des § 296 oder der §§ 527, 528 die Verzögerung nur nach der Dauer des gesamten Verfahrens bis zum instanzbeendenden Schlußurteil zu beurteilen ist. Der durch diese Rechtsprechung ausgelöste Meinungsstreit (Deubner NJW 80, 2356; Hermisson NJW 83, 2229/32; Kallweit [Lit vor Rn 1] S 65; Prütting/Weth ZZP 98, 131; StJ/Leipold Rn 54) ist nur nach Maßgabe des Normzwecks des § 296 (oben Rn 1–3) zu entscheiden. Soweit das Gesetz zur Ordnung des Prozeßstoffs und damit auch zur Vereinfachung und Beschleunigung des Verfahrens Teil-, Vorbehalts- und Zwischenentscheidungen zuläßt (§§ 301, 302, 304), darf der Zweck solcher Entscheidungen nicht durch die Zulassung verspäteter Angriffs- oder Verteidigungsmittel vereitelt werden. Andererseits darf die Möglichkeit solcher Entscheidungen nicht dem Selbstzweck der Zurückweisung verspäteten Vorbringens dienen (oben Rn 2). Daher ist die Zurückweisung verspäteten Vorbringens bereits in einem Teil-, Vorbehalts- oder Zwischenurteil nur zulässig, wenn diese Entscheidungen unabhängig von der Zurückweisungsfrage durch die Prozeßlage zugelassen und geboten wären und wenn damit auch kein Parteivorbringen abgeschnitten wird, über welches im weiteren Verfahren bis zum instanzbeendenden Urteil ohnedies noch zu befinden ist (vgl § 528 Rn 13; BGH MDR 85, 667/668; NJW 87, 441; Hamm NJW-RR 89, 827; so im Ergebnis auch StJ/Leipold Rn 54). Nur bei dieser Wertung des Verzögerungsbegriffs entfallen Anreiz und Möglichkeit für die säumige Partei, den Normzweck der Verfahrensbeschleunigung durch eine der Verfahrensverschleppung dienende Flucht in eine nachgeschobene Klageerweiterung, Klageänderung oder Widerklage (s Rn 43) zu unterlaufen (Prütting/Weth aaO; Mertins DRiZ 85, 344). – Zur Zulässigkeit und Wirkung der Zurückweisung verspäteten Vorbringens in den Verfahrensabschnitten der **Stufenklage** s § 254 Rn 8.

13 b) Keine Verzögerung liegt vor bei **Möglichkeit sofortiger Verhandlung** über das verspätete Vorbringen, zB wenn der verspätete Sachvortrag unstreitig ist und keine weiteren Erklärungen des Gegners veranlaßt (BGH NJW 80, 945/947; Dengler NJW 80, 163/164; Schneider MDR 78, 971; vgl auch § 528 Rn 34) und auch, wenn ein verspätet angebotener, jedoch **präsenter Beweis** sofort erhoben werden kann und damit dem Gegner auch nicht die Möglichkeit des Gegenbeweises abgeschnitten ist (zur Verzögerung durch die dann **zweistufige Beweiserhebung** BVerfG NJW 90, 2373; BGHZ 83, 310/312; 86, 198/203; BGH NJW 86, 2257); hier kann allerdings der Grundsatz der Parteiöffentlichkeit (§§ 357 I, 397) aus ggf vom Gegner darzulegenden Gründen eine sofortige Beweiserhebung verbieten (§ 278 Rn 3; § 527 Rn 18; StJ/Leipold Rn 68; BGHZ 86, 198/201 = NJW 83, 1495; BGHZ 83, 310 = NJW 82, 1535 = MDR 82, 658; vgl BVerfG NJW 83, 2187/2188). Der etwaige Zeitdruck des Gerichts durch eine nicht vorgesehene Beweiserhebung im Termin kann grds dem Beweisführer nicht als dessen Verschulden angelastet werden (BGH NJW 74, 1512; 80, 1848/49; vgl unten Rn 14 und § 273 Rn 2), wenn die Beweiserhebung nicht außergewöhnl zeitaufwendig ist (Schneider MDR 85, 730).

14 c) Mangels Kausalität kann keine Verzögerung angenommen werden bei **aus anderem Grund notwendiger Vertagung** (vgl Rn 25), so bei nur formal anberaumtem frühen ersten Termin (Rn 5), bei Nichterscheinen des ordnungsgemäß geladenen Zeugen (selbst wenn der Auslagenvorschuß gemäß § 379 nicht fristgerecht eingezahlt war; BGH NJW 86, 2319; MDR 82, 1012 = NJW 82, 2559/61; Prütting ZZP 98, 136; abw Köln MDR 84, 675; Schneider MDR 84, 726; 86, 1019; Deubner NJW 82, 2561), bei Veränderung der Prozeßlage (zB wegen Klageänderung, Düsseldorf MDR 80, 943); bei Verbindung verspäteten Vorbringens mit einer Widerklage (oben Rn 12; BGH MDR 85, 667/668) oder bei unterbliebener, mangelhafter oder unvollständiger Terminsvorberei-

tung durch das Gericht (oben Rn 3). Keinesfalls darf das Gericht von einer vor dem Termin zeitl noch mögl Zeugenladung (§ 273) allein deshalb absehen, weil der Beweisantritt unter Fristüberschreitung erfolgt war (BVerfG WuM 94, 122; NJW-RR 95, 1469; BGH 75, 138 = NJW 79, 1988 m Anm Walchshöfer ZZP 93 [1980], 184; BGH NJW 80, 946 u 1103; 91, 1181/1182 = MDR 91, 518). Die Zumutbarkeit und damit Notwendigkeit der umfassenden Terminsvorbereitung (§§ 272, 273) durch das Gericht erhöht sich mit der zunehmenden Zeitdauer zwischen dem verspäteten Vortrag von Angriffs- und Verteidigungsmitteln und dem hierauf folgenden Verhandlungstermin; je später dieser Termin stattfindet, um so eher kann und muß eine entsprechend längere Zeit für die Verhandlung und Beweiserhebung eingeplant und damit die Verzögerungswirkung verspäteten Parteivorbringens durch das Gericht abgewendet werden (BVerfG NJW 90, 2373; 92, 299). Andererseits ist es dem Gericht jedoch idR nicht zumutbar, die Säumigkeit der Partei durch Vorzugsbehandlung bei der Terminierung (Celle NJW 89, 3023) oder durch Eilanordnungen auszugleichen (Schneider MDR 85, 729; 86, 896; Köln MDR 85, 772; so für einen 5 Tage vor dem Termin benannten Zeugen BGH NJW 80, 1102/1104 = MDR 80, 487). Vor einer Maßnahme nach § 273 wird oftmals Stellungnahme des Gegners zu dem neuen Vorbringen abzuwarten sein (Frankfurt OLGR 94, 176/7). Es besteht keine Pflicht des Gerichts, den Einspruchstermin nach einem VersUrteil soweit hinauszuschieben, daß unter entsprechender Terminsvorbereitung gem § 273 das verspätete Vorbringen der säumigen Partei noch in vollem Umfang berücksichtigt werden kann (BGH NJW 81, 286 = MDR 81, 309; hierzu s § 273 Rn 2 u § 340 Rn 8).

d) Das **Ansetzen eines Verkündungstermins** (§ 310 II) stellt keine Verzögerung iS des § 296 dar, selbst wenn das Gericht durch verspätetes Vorbringen an sofortiger Verkündung gehindert ist (BGH NJW 85, 1556/58). Daher ist es (entgegen Karlsruhe NJW 84, 620) auch ohne Bedeutung, ob das Gericht entgegen § 310 I 2 den Verkündungstermin erhebl über 3 Wochen hinaus ansetzt (Deubner NJW 84, 620). **15**

e) Auch die Gewährung einer **Schriftsatzfrist nach § 283** ist keine durch verspätetes Vorbringen verursachte Verzögerung (BVerfG NJW 89, 705; Frankfurt NJW-RR 92, 1405; Hamm NJW-RR 94, 958). Der Gegner der säumig gewesenen Partei hat kein Recht, durch Verweigerung jeder – selbst nachgereichten – Einlassung das Gericht zu zwingen, von dem verspäteten Vorbringen keine Kenntnis zu nehmen und dieses gem § 296 zurückzuweisen (§ 283 Rn 3). § 138 II gilt auch hier; zudem ist der Möglichkeit Rechnung zu tragen, daß das verspätete Vorbringen in sich schlüssig und unstreitig ist und den Rechtsstreit ohne Verzögerung im Sinne dieses Vorbringens entscheidungsreif macht (BGH NJW 85, 1539/43; 85, 1556/58; Schleswig NJW 86, 856; München MDR 80, 148 = VersR 80, 95; KG NJW 83, 580 = MDR 83, 235; StJ/Leipold Rn 57, 58; abw aber BL/Hartmann § 283 Rn 3; Stuttgart NJW 84, 2538). Erst die dem Gegner der säumigen Partei nachgelassene Erwiderung erlaubt die Prüfung, ob das verspätete Vorbringen zurückzuweisen ist. An der Möglichkeit der Zurückweisung ändert die Einräumung der Schriftsatzfrist nichts (vgl § 283 Rn 3). **16**

f) Wo gegen die Partei nach Überschreitung einer ihr gesetzten Erklärungsfrist **Versäumnisurteil** ergangen war, ist es ihr, obwohl das Säumnisverfahren die vorausgegangene Versäumung von Erklärungsfristen grds nicht behebt (§ 342; BGH NJW 80, 1105; 81, 286; 81, 1378), gleichwohl nicht verwehrt, das versäumte Vorbringen innerhalb der Einspruchsfrist (§ 340 Rn 7) nachzuholen, damit es tunlichst (§ 340 Rn 8) im Einspruchstermin noch berücksichtigt werden kann und muß (BGHZ 76, 173 = NJW 80, 1105 = MDR 80, 574; München OLGZ 79, 481 = NJW 79, 2619; vgl zur hierdurch gebotenen Möglichkeit zur Umgehung der Präklusion Rn 40). **17**

g) Eine völlig **unerhebliche Verzögerung** darf nach dem Übermaßverbot nicht zum Anlaß einer Präklusion genommen werden (Karlsruhe NJW 80, 296; RSchwab/Gottwald § 69 II 1a; aA Stuttgart NJW 84, 2538; MK/Prütting Rn 103). **18**

h) Als **Vergleichsgröße für das Vorliegen einer Verzögerung** kommt in Betracht **19**

– die (hypothetische) Verfahrensdauer, die sich bei rechtzeitigem Vorbringen ergeben hätte (relativer Verzögerungsbegriff),

– die (hypothetische) Verfahrensdauer, die sich bei Zulassung des verspäteten Vorbringens ergeben würde (absoluter Verzögerungsbegriff).

Welcher Begriff § 296 zugrunde liegt, ist str. Der absolute Begriff ist zweifellos praktikabler, führt aber uU zu einer vom Zweck der Präklusionsnorm nicht mehr gedeckten „Überbeschleunigung" (der Prozeß ist schneller beendet als er es selbst bei rechtzeitigem Vorbringen wäre).

Der **BGH** hat sich gleichwohl für den Begriff der **absoluten Verzögerung** entschieden (ständ Rspr: BGHZ 86, 31 = NJW 83, 576; BGHZ 75, 138; 76, 133 = NJW 79, 1988; 80, 945 = MDR 80, 393; 80, 749; ebenso MK/Prütting Rn 74 ff; Deubner NJW 79, 337/340; 77, 921; Walchshöfer ZZP 93 [1980], 184; Celle NJW 79, 377; Hamm NJW 79, 824) und eine Verfahrensverzögerung bereits bejaht, wenn die Zulassung des nach Fristablauf eingegangenen Vortrags zu irgendeiner zeitlichen Verschiebung des Verfahrensablaufs zwingt. Eine hpyothetische Berechnung, wie lange das Verfahren bei fristgerechtem Vortrag (zB wegen einer dann geboten gewesenen Beweiserhebung) **20** gedauert hätte, lehnt der BGH ab, wie er auch ein bei dieser Betrachtungsweise kaum vermeidbares materiell unbefriedigendes Prozeßergebnis ausdrückl in Kauf nimmt. In konsequenter Verfolgung dieser Meinung bejaht der BGH eine Verfahrensverzögerung, wenn die Berücksichtigung des verspäteten Vorbringens auch nur einem der säumigen Partei nachteiligen Zwischenurteil über den Grund (§ 304) entgegensteht, mag auch das Betragsverfahren noch unabsehbare Zeit erfordern (BGH MDR 80, 50; hierzu oben Rn 12).

21 Die **Gegenmeinung** beurteilt die **Verzögerung relativ** und verneint sie, wo trotz einer Fristüberschreitung das Verfahren ohnedies aus anderen Gründen noch nicht entscheidungsreif wäre, zB wegen einer noch ausstehenden Beweiserhebung auf Antrag des Gegners der säumigen Partei (Hamburg NJW 79, 1717 = MDR 79, 501; Frankfurt NJW 79, 377 u 1715; Köln VersR 79, 89; Hamm NJW 79, 1717; Leipold ZZP 93, 237/250; Rasehorn ZRP 80, 8; Schneider NJW 80, 947; 79, 2614). Bei dieser Bewertung des Verzögerungstatbestands findet – anders als nach der Rspr des BGH – insbes die Verfahrensdauer zugunsten der säumigen Partei Berücksichtigung, die bei Rechtzeitigkeit des Vorbringens ohnedies zu erwarten gewesen wäre.

22 Das **Bundesverfassungsgericht** (BVerfGE 75, 302 = NJW 87, 2733 = MDR 87, 904) nimmt zur Frage des absoluten oder des relativen Verzögerungsbegriffs einen vermittelnden Standpunkt ein: zwar sei der absolute Verzögerungsbegriff *grundsätzlich* mit dem Anspruch auf rechtl Gehör (dessen ursprüngl Gewährung § 296 ja ohnedies voraussetzt, vgl Vorbem § 128 Rn 6; § 295 Rn 5) vereinbar, doch **dürfe die Präklusion** verspäteten Vorbringens **nicht zu einer ohne weiteres erkennbaren Überbeschleunigung** eines ungeachtet dieser Verspätung zeitaufwendigen Verfahrens **führen.** Präklusion sei also unzulässig, *wenn sich ohne weitere Erwägung aufdrängt,* daß das Verfahren früher beendet wird, als das bei einem ungestörten Verlauf des Verfahrens zu erwarten war. Diese Rechtsmeinung des BVerfG gebietet also ebenfalls (wie oben Rn 21) vor Präklusion verspäteten Vorbringens eine **Abwägung der Verfahrensdauer bei Präklusion gegen die hypothetisch zu schätzende Verfahrensdauer bei rechtzeitigem Parteivorbringen,** damit tunlichst eine Überbeschleunigung vermieden wird. Dieser Auffassung ist zu folgen. Ob man sie als einen „späten Sieg der relativen Theorie“ betrachtet (Deubner NJW 87, 2736) oder sie lediglich auf das Kausalitätserfordernis zurückführt (so MK/Prütting Rn 79 f), spielt hierbei keine Rolle.

23 **4) Verschulden der Partei** oder ihres Vertreters (§§ 51 II, 85 II; wegen des Streitgehilfen s § 67 Rn 4) ist weitere Voraussetzung der Zurückweisung verspäteten Vorbringens (BVerfG NJW 87, 2003; BGH NJW 88, 60/62). Dabei genügt einfaches Verschulden (anders Abs II: grobes Verschulden nötig bei Verletzung der allg Prozeßförderungspflicht; hierzu Rn 27). An Sorgfaltspflichten des Anwalts sind strengere Anforderungen zu stellen als für die Partei selbst (vgl § 233 Rn 13; BGH VersR 72, 148). Doch muß das Gericht Informationsschwierigkeiten des Anwalts (zur Informationspflicht zwischen Anwalt und Partei vgl BGH MDR 82, 386/387) ebenso berücksichtigen wie das proz Recht, ein zunächst unmaßgebl Vorbringen so lange zurückzuhalten, bis sich seine Erheblichkeit tatsächl ergibt (Rn 2; § 277 Rn 1; § 282 Rn 3; Grunsky JZ 77, 204). Ein zu strenger Maßstab würde die Parteien zum Nachteil des Verfahrens zu gehäuftem Vorbringen evtl überflüssigen Tatsachenstoffes zwingen, was mit dem Zweck der VereinfNovelle (hierzu § 277 Rn 1, § 282 Rn 3) unvereinbar wäre. Andererseits setzt Verschulden keineswegs Verschleppungsabsicht voraus, denn das Versäumnisverschulden muß nicht auch iS einer vorwerfbaren Vorhersehbarkeit die nachfolgende konkrete Verzögerungsfolge umfassen (Schneider MDR 84, 726). Ob Krankheit oder stationäre Kur entschuldigt, hängt von den konkreten Umständen ab; Vorsorge für diesen Fall kann auch von GmbH mit Alleingeschäftsführer nicht verlangt werden (Hamm NJW-RR 92, 122).

24 Das Gesetz geht von verschuldeter Verspätung aus und verlangt eine **Entschuldigung** der Partei (vgl Rn 34). Sie sollte, muß aber nicht bereits zugleich mit dem verspäteten Vorbringen vorgetragen und glaubhaft gemacht werden (BGH NJW 86, 3193 = MDR 86, 1002; Karlsruhe Justiz 79, 14), denn grds darf die Partei den notw Hinweis des Gerichts (rechtl Gehör, Rn 32) abwarten, ob eine Zurückweisung des Vorbringens überhaupt in Betracht gezogen wird. – Eine genügende Entschuldigung erfordert auch, daß der verspätete Vortrag ohne schuldhaftes Zögern nach Wegfall des (zunächst) entschuldigenden Hinderungsgrundes **nachgeholt** wird (Werner, FS Wiedererrichtung OLG Jena, S 227 ff).

25 **5) Das Parteiverschulden muß für die Verfahrensverzögerung ursächl sein;** das ist nicht der Fall, wenn ihm ebenfalls relevante Unterlassungen oder Fehlleistungen des Gerichts (s Rn 3) gegenüberstehen oder wenn im Sinne einer überholenden Kausalität andere, von der Partei nicht verschuldete, Umstände (zB das Nichterscheinen eines geladenen Zeugen; BGH NJW 82, 2559 = MDR 82, 1012; LG Koblenz NJW 82, 289; s oben Rn 14) ohnedies eine Verfahrensverzögerung bedingen. Das Verbot der „Überbeschleunigung“ (oben Rn 2), die Ausdehnung des Verzögerungsverschuldens auch auf nicht erkannte Verspätungsfolgen (oben Rn 23) und die **wegen Art 103 I GG notw restriktive Interpretation des § 296** (oben Rn 22; BGH NJW 90, 2389) gebieten es, der säumig gewesenen Partei solche Verzögerungen des Verfahrens nicht zuzurechnen, deren

Ursachen nicht mehr in einem **adäquat-kausalen Zusammenhang** mit ihrem Prozeßverschulden stehen, weil mit ihrem Eintritt auch in einem ordnungsgemäß betriebenen Prozeß allgemein zu rechnen ist (BGH NJW 86, 2319/20; 89, 719 = MDR 86, 1017; 89, 249).

IV) Voraussetzungen der Zurückweisung nach Abs II

1) Die **Verspätung** ergibt sich hier nicht aus der Versäumung einer Frist, sondern aus der Verletzung der Prozeßförderungspflicht in den beiden Erscheinungsformen nach § 282 I u II (s dort). Hinsichtl **Verzögerungswirkung** und **Kausalität** gilt dasselbe wie zu Abs I. **26**

2) **Verschuldensgrad** ist **grobe Nachlässigkeit.** Sie liegt vor, wenn die Partei oder ihr ProzBev die proz Sorgfalt in ungewöhnl großem Maße verletzt und dasjenige unbeachtet gelassen hat, was jedem, der einen Prozeß führt, hätte einleuchten müssen (BGH NJW 87, 501; vgl § 528 Rn 23 ff; zur Beweislast s Rn 34). **27**

V) Voraussetzungen der Zurückweisung nach Abs III

1) Wegen der betroffenen **Zulässigkeitsrügen** s Rn 8a, wegen des Begriffs der **Verspätung** § 282 Rn 6. Auf eine **Verzögerungswirkung** kommt es hier nicht an (verfassungsrechtl unbedenkl, vgl MK/Prütting Rn 17). **28**

2) **Verschuldensmaßstab** ist das einfache Verschulden wie in Abs I (s Rn 23). **29**

Einstweilen frei. **30**

VI) Verfahren

1) **Form der Zurückweisung:** Die Zurückweisung verspäteten Vorbringens erfolgt ohne Vorabentscheidung hierüber erst im Urteil; sie ist in den Entscheidungsgründen zu begründen, um ggf dem Berufungsgericht (§ 528 III) die Nachprüfung der Ermessensausübung (Rn 2) zu ermöglichen (BVerfG MDR 87, 904). **31**

2) **Rechtl Gehör** in Form eines Hinweises auf die vom Gericht in Betracht gezogene Präklusion ist stets geboten (§ 278 Rn 10; StJ/Leipold Rn 123; Düsseldorf MDR 71, 670; Nürnberg NJW 72, 2274; Karlsruhe NJW 79, 879; einschränkend Deubner NJW 79, 880, der obj Erkennbarkeit der Zurückweisungsgefahr genügen läßt und BVerfG NJW 87, 2733/2736, das die Hinweispflicht gegenüber Anwälten einschränkt). Der Hinweis hat sich in allen Fällen auf die Frage des Verschuldens, in den Fällen Abs I und II auch auf die Frage der mögl Verfahrensverzögerung zu erstrecken. Entbehrl ist ein gerichtl Hinweis, wo der Gegner der säumigen Partei die Verfahrensverzögerung geltend gemacht hat (vgl § 278 Rn 7). **32**

3) **Wirkung der Zurückweisung:** Das konkrete Angriffs- oder Verteidigungsmittel – nicht etwa das Parteivorbringen insgesamt – bleibt unbeachtet, dh die Partei wird in der Sachentscheidung so behandelt, als hätte sie das verspätete Vorbringen nicht vorgetragen. Das hat ggf die Geständnisfiktion des § 138 III oder auch Beweisfälligkeit (vgl Rn 18 vor § 284) zur Folge. Keinesfalls kann aber die Klage „wegen verspäteten Vorbringens" ohne jede Sachprüfung abgewiesen werden (so die Vorinstanz beim BGH-Beschl v 17. 4. 96 – XII ZB 60/95). – Das Vorbringen ist endgültig ausgeschlossen und kann allenfalls Gegenstand des Berufungsverfahrens (s aber § 528 III: „zu Recht"?), nicht jedoch einer Abwehrklage sein (§ 767 II). Wegen der Wirkung der Zurückweisung einer Aufrechnungseinrede s aber § 145 Rn 15; hier uU keine rechtskr Aberkennung des Gegenrechts! **33**

4) **Beweislast** (hierzu Schneider MDR 87, 900): Das **Verschulden** bei Versäumung richterl (Abs I) und gesetzl (Abs III) Fristen wird grds vermutet und erfordert daher die Darlegung des Nichtverschuldens und im Streitfall den Entlastungsbeweis der säumig gewesenen Partei, wobei Glaubhaftmachung (§ 294) der Entlastungsgründe genügt (Abs IV). Hinweis auf unangemessen kurz gesetzte Fristen (vgl § 275 Rn 4) oder auf unsachgemäße Vorbereitungsmaßnahmen des Gerichts (Rn 3) kann genügen. – Keine Vermutung **grober Nachlässigkeit** iS Abs II (anders § 528 II). Die tatsächl Grundlagen der groben Nachlässigkeit müssen unter Würdigung aller, nötigenfalls gem § 139 festzustellender und von der betroffenen Partei darzulegender (Frankfurt NJW 66, 456) Umstände nachgewiesen werden. Die Gewährung rechtl Gehörs (oben Rn 32) gewinnt hier besonderes Gewicht. Sprechen die äußeren Umstände für grobe Nachlässigkeit, ist es allerdings Sache der Partei, entkräftende Tatsachen zu behaupten und zu beweisen (MK/Prütting Rn 166; weitergehend BGH NJW 82, 2560/61). – Für die **übrigen Voraussetzungen** (Verletzung der Prozeßförderungspflicht, Verzögerung, Kausalzusammenhang) trifft die Partei keine Beweislast. Das Gericht muß sie zu seiner Überzeugung feststellen, wobei es bezügl der Verzögerung (nur dieser!) in Abs I u II ausdrückl freier gestellt ist. **34**

5) **Rechtsmittel: a) Zulassung** verspäteten Vorbringens nur im Fall Abs III anfechtbar (dann gilt § 529), denn hier hat der Kläger ein Recht auf Verzichtswirkung unterlassener Verfahrensrügen des Bekl (StJ/Leipold Rn 130). Dagegen kann iü Zulassung verspäteten Vorbringens ein Rechtsmittel des Gegners nie rechtfertigen (BGH NJW 91, 1896/1897; 81, 928; Köln NJW 80, 2361; LG Freiburg NJW 80, 295), denn es dient, wenn auch verfahrensverzögernd, doch der Wahrheits- **35**

findung. Das Berufungsgericht kann daher die vom Erstgericht (selbst fehlerhaft) unterlassene Zurückweisung verspäteten Vorbringens grds (Ausnahme Abs III) nicht nachholen (vgl BGH NJW 80, 343 = MDR 80, 225) und auch nicht eine fehlerhafte Zurückweisung gemäß Abs I durch eine (vom Erstgericht nicht geprüfte) Zurückweisung gemäß Abs II ersetzen (BGH NJW 81, 2255 = MDR 81, 752; Braunschweig OLGR 95, 15).

36 **b) Nichtzulassung** mit Rechtsmittel gegen das Urteil (soweit statthaft) anfechtbar, jedoch beschränkte Nachprüfung durch das Berufungsgericht gem § 528 III; bei fehlerhafter Nichtzulassung wird idR Zurückverweisung (§ 539) geboten sein, um den Instanzenzug nicht unangemessen zu verkürzen. Die Ersetzung eines fehlerhaft angenommenen Präklusionsgrundes durch einen anderen (zB § 296 I iVm § 275 I 1 oder § 296 II iVm § 282 II statt § 296 II iVm § 282 I) ist nicht zulässig (BGH NJW 92, 1965 = MDR 92, 608). Verzögerung, Verschulden u grobe Nachlässigkeit sind revisible Rechtsbegriffe.

37 **6) Sonstige Abhilfe:** Gegen Versäumung der in Abs I genannten Fristen keine Abhilfe über § 296 hinaus durch Wiedereinsetzung in den vorigen Stand, denn diese richterl Fristen (§ 221) sind keine Notfristen iS §§ 223 II, 233 (anders nur die Anzeigefrist des § 276 I 1).

38 **7) Sondervorschriften:** §§ 39, 504 für Zuständigkeitsrüge, §§ 527–531 für Berufungsverfahren, §§ 615, 640 für Familiensachen. Im Beschwerdeverfahren geht § 570 dem § 296 vor (s oben Rn 7).

VII) Umgehung der Präklusion

39 Das Verfahrensrecht bietet eine Reihe von Möglichkeiten, eine drohende Präklusion verspäteten Vorbringens zu verhindern. Alle diese Prozeßtaktiken sind jedoch auch mit Risiken behaftet.

40 **1) Flucht in die Säumnis:** (StJ/Leipold Rn 79–81; MK/Prütting § 340 Rn 22 ff; Prütting/Weth ZZP 98, 134 ff). Hier läßt die von Zurückweisung nach § 296 I oder II bedrohte Partei (durch Nichterscheinen oder Nichtverhandeln im Termin) ein VersUrteil gegen sich ergehen und trägt ihr verspätetes Angriffs- oder Verteidigungsmittel zusammen mit dem Einspruch vor (s § 340 III). Hierdurch ändert sich zwar nichts an der Verspätung (§ 342), aber das Gericht hat im Rahmen der Vorbereitung des Einspruchstermins (§§ 273, 341a) alles Zumutbare zu unternehmen, um eine verzögerungsfreie Berücksichtigung des neuen Vortrags zu ermöglichen. Unterläßt es dies, scheidet eine Präklusion nach den in Rn 3 dargestellten Grundsätzen aus. Die Partei trägt hierbei allerdings das Risiko, daß eine volle Berücksichtigung an Art und Umfang der gegnerischen Erwiderung sowie an der Kürze der bis zum Einspruchstermin verbleibenden Zeit scheitert; auf ein Hinausschieben dieses Termins hat sie keinen Anspruch (BGH NJW 81, 286 = MDR 81, 309; s auch § 340 Rn 8). Außerdem setzt sich die Partei den kosten- und vollstreckungsrechtl Konsequenzen eines VersUrteils (§§ 344, 708 Nr 2) aus. Sofern die Anberaumung des neuen Termins nur wegen der gezielt herbeigeführten Säumnis erforderl wird und dieses Verhalten der Partei zum Verschulden gereicht, kann das Gericht gegen sie – nach Gewährung rechtl Gehörs – auch eine Verzögerungsgebühr nach § 34 GKG verhängen (zu eng, allerdings i Erg richtig Hamm NJW-RR 95, 1406). – Im Falle des § 296 III versagt die Flucht in die Säumnis: der in der schuldhaften Versäumnung einer verzichtbaren Zulässigkeitsrüge liegende Verzicht (s Rn 8a) ist endgültig (München NJW-RR 95, 127; aA ThP § 340 Rn 9).

41 **2) Flucht in die Berufung:** (MK/Prütting Rn 112; Prütting/Weth ZZP 98, 137 f). Die in eine Verspätung iSv § 296 I oder II geratene Partei kann davon absehen, ihr Vorbringen noch in das erstinstanzl Verfahren einzuführen. Damit nimmt sie zwar eine Niederlage in dieser Instanz in Kauf, kann aber nunmehr in der Berufungsbegründung entsprechend vortragen. Eine Zurückweisung des neuen Vorbringens ist dann nur unter den engen Voraussetzungen von § 528 I, II möglich, während das Vorbringen, wäre es in der ersten Instanz noch eingeführt und zurückgewiesen worden, endgültig präkludiert wäre (§ 528 III). Immerhin verbleibt das genannte Zurückweisungsrisiko.

42 Nicht möglich ist es, einen bereits eingeführten Vortrag wieder „fallenzulassen", um ihn nach Erkennen der Zurückweisungsgefahr für die zweite Instanz aufzusparen, oder ihn von vorneherein als sog **Sachvortrag auf Probe** unter die Bedingung zu stellen, daß er nicht wegen Verspätung zurückgewiesen wird (aA Deubner NJW 78, 356; 79, 343). Im ersten Fall gerät die Partei in Konflikt mit der Wahrheitspflicht, im zweiten stellt sie eine unzulässige Bedingung auf: Das Gericht entscheidet auch über die Verzögerungswirkung letztlich erst und nur im Urteil (Rn 31). Ein Vorbringen unter innerprozessualen Bedingungen, die nicht unmittelbar im Urteil beruhen, ist unserem Verfahrensrecht fremd (vgl Rn 20 vor § 128; Stuttgart NJW 71, 1090; Leipold ZZP 93, 237/253; Schneider MDR 78, 972).

43 **3) Flucht in die Klageerweiterung bzw Widerklage:** Folgt man der Ansicht in BGHZ 77, 306 (s hierzu Rn 12), daß eine Präklusion nur bei Verzögerung des gesamten Rechtsstreits (also nicht in einem Teilurteil) zulässig ist, so kann eine Zurückweisung dadurch verhindert werden, daß (seitens des Kl) die Klage erweitert bzw (seitens des Bekl) eine Widerklage erhoben wird (s Rn 4), denn dem Rechtsstreit als ganzem wird dadurch die Entscheidungsreife genommen (vgl

BGH NJW 95, 1223 m Anm Vollkommer WuB VII A. § 296 ZPO 1,95). Dies ist ein entscheidendes Argument gegen die genannte Rspr, die der BGH für die Fälle rechtsmißbräuchl Umgehungsstrategien auch bereits relativiert hat (NJW 86, 2257/2258). Vgl zum Ganzen MK/Prütting Rn 105 ff; Prütting/Weth ZZP 98, 131 ff; oben Rn 12.

4) Verständigung der Parteien: Die Zurückweisung ist zwar auch gegen den Willen beider Parteien vorzunehmen (s Rn 8). Sie können diese aber durch beidseitigen Ruhensantrag unter den Voraussetzungen des § 251 unterlaufen. Ein übereinstimmender Vertagungsantrag reicht dagegen, sofern nicht besondere Gründe hinzutreten, nicht (§ 227 I Nr 3; vgl hierzu Schneider NJW 79, 2506). 44

296a *[Angriffs- und Verteidigungsmittel nach Schluß der mündlichen Verhandlung]*

Nach Schluß der mündlichen Verhandlung, auf die das Urteil ergeht, können Angriffs- und Verteidigungsmittel nicht mehr vorgebracht werden. §§ 156, 283 bleiben unberührt.

1) Sinn der Vorschrift: Konsequenz des Verhandlungsgrundsatzes (Vorbem § 128 Rn 10) und des Grundsatzes der Mündlichkeit (§ 128 Rn 1 ff) ist, daß der Entscheidung des Gerichts ein **Schluß der mündlichen Verhandlung** (§ 136 IV; im schriftl Verfahren § 128 Rn 18; bei Entscheidung nach Aktenlage § 251a Rn 8) vorausgeht. Dieser bei Entscheidungsreife (§ 300) anzuordnende (§ 136 Rn 4) Verhandlungsschluß bietet bis zum Verkündungstermin (§ 311 IV) dem Gericht die Gelegenheit zur ungestörten Absetzung der Entscheidung und verbietet (vorbehaltl § 283) den Parteien, schriftl Angriffs- oder Verteidigungsmittel nachzureichen, zu denen sich zu äußern der Gegner keine Gelegenheit mehr hat. § 296a schützt also das rechtl Gehör des Gegners. 1

2) Anwendungsbereich: Unzulässig und deshalb vom Gericht nach Verhandlungsschluß nicht mehr in der Entscheidung zu berücksichtigen sind **Angriffs- oder Verteidigungsmittel** (Begriff: § 282 Rn 2), über die nach gesetzl notwendiger mündl Verhandlung zu entscheiden ist. Daher ist § 296a nicht anwendbar auf die in § 128 Rn 7 genannten Angelegenheiten, auf ein Vorbringen, das weder Angriffs- noch Verteidigungsmittel bzgl der Hauptsachen des Rechtsstreits ist, insbes bloße Rechtsausführungen, und auf das Vorbringen Dritter (zB Beitritt des Nebenintervenienten oder Streitgehilfen), über welches nicht notwendig in der Entscheidung zur Hauptsache zu befinden ist (zur Kostenfolge eines wegen Verspätung nutzlosen Beitritts Dritter s aber § 101 Rn 2). Will das Gericht neue rechtl Gesichtspunkte verwerten, ist wegen § 278 III uU Wiedereintritt in die mündl Verhandl erforderl. – Neue **Sachanträge** fallen nicht unter § 296a, sind aber gleichwohl unzulässig, da sie, wie aus §§ 261 II, 297 folgt, spätestens in der letzten mündl Verhandlung zu stellen waren (zB eine Widerklage, BGH NJW-RR 92, 1085, Klageänderung, Erledigungserklärung; vgl Fischer NJW 94, 1316). Allerdings kann das Gericht gem § 156 die mündl Verhandlung wiedereröffnen. Um eine Verzögerung des Verfahrens zu vermeiden, wird es dies jedoch nur ausnahmsweise tun. Sieht es hiervon ab, ist der neue Antrag nicht zuzustellen, sondern nur formlos zu übermitteln (Fischer NJW 94, 1316). Die antragstellende Partei ist von der Nichtberücksichtigung zu unterrichten und ggf zu befragen, ob der Schriftsatz als neue Klage behandelt werden soll (insbes bei Widerklage). Eine etwa doch vorgenommene Zustellung begründet keine Rechtshängigkeit (StJ/Leipold Rn 16; aA München MDR 81, 502). 2

3) Behandlung nachgereichter Schriftsätze: Das Gericht prüft zunächst, ob sie Anlaß zur **Wiedereröffnung der Verhandlung** (Rn 3–5 zu § 156) geben. Ist dies nicht der Fall, werden sie lediglich zu den Akten genommen (§ 132 Rn 4) und Abschriften formlos an den Gegner geleitet (Fischer NJW 94, 1320). Die (von Verschulden unabhängige) Nichtberücksichtigung des Vorbringens nach Verhandlungsschluß unterliegt nicht § 528 III (BGH NJW 83, 2031; 79, 2109); es kann daher – ebenso wie ein im ersten Rechtszug ganz unterbliebenes Vorbringen (§ 296 Rn 41) – unter den Voraussetzungen der §§ 528 I oder II, 529, 530 im zweiten Rechtszug noch berücksichtigt werden (dann § 97 II beachten). 3

4) Sonderregelung im schriftl Versäumnisverfahren gem § 331 III: hier ist ein verspäteter Schriftsatz sogar noch zu beachten, wenn das VersUrteil bereits unterschrieben ist. 4

297 *[Form der Antragstellung]*

(1) Die Anträge sind aus den vorbereitenden Schriftsätzen zu verlesen. Soweit sie darin nicht enthalten sind, müssen sie aus einer dem Protokoll als Anlage beizufügenden Schrift verlesen werden. Der Vorsitzende kann auch gestatten, daß die Anträge zu Protokoll erklärt werden.

(2) Die Verlesung kann dadurch ersetzt werden, daß die Parteien auf die Schriftsätze Bezug nehmen, die die Anträge enthalten.

1 **1) Anwendungsbereich:** § 297 gilt im Anwalts- u Parteiprozeß und betrifft nur **Sachanträge** iS von §§ 33, 253 II 2, 261 II, 263, 264 Nr 2 u 3, 519 II 1, 522a II, 554 III 1, also für Anträge, die iS von § 308 die Sachentscheidungsbefugnis des Gerichts abgrenzen. Daher gilt § 297 auch für die Erledigterklärung § 91a, denn sie ist Klageänderung i weiteren Sinn (§ 91a Rn 34; Habscheid JZ 63, 625), ebenso auch für den Antrag zur Vollstreckbarerklärung iS § 714.

2 Ob der **Abweisungsantrag** des (Rechtsmittel-)Beklagten Sachantrag idS ist, ist streitig (vgl BGH NJW 70, 100; Schlicht NJW 70, 1631; StJ/Leipold Rn 7; ThP Rn 2 gegen Sachantrag; München MDR 91, 165; KG NJW 70, 617; RSchwab/Gottwald § 64 I 1; BL/Hartmann Rn 5 für Sachantrag); jedenfalls ist in der mündl Verhandlung auch der Abweisungsantrag zur Meidung der Folge des § 333 mündlich zu stellen, mag hierfür auch der aus der Prozeßlage erkennbare Wille des (Wider-)Beklagten ausreichen, der Klage entgegenzutreten (BGH NJW 72, 1373) und ein ausdrückl schriftl Abweisungsantrag (§ 130 Nr 2) deshalb entbehrlich sein (StJ/Leipold Rn 7).

3 § 297 gilt nicht für **Prozeßanträge**, die nur den Verfahrensgang betreffen, falls sie nicht zugleich (so bei Säumnis §§ 330, 331) Sachanträge beinhalten. Prozeßanträge bedürfen keiner *Verlesung*, aber der Mündlichkeit oder der mündlichen Bezugnahme auf einen vorbereitenden Schriftsatz.

4 **2) Verfahren. a)** Sachanträge sind grds zu **verlesen,** also schriftl vorzubereiten (§ 130 Nr 2). Das gilt seit Streichung des § 507 durch Ges v 20. 12. 74 auch für das amtsgerichtl Verfahren, soweit dessen schriftl Vorbereitung gem § 129 II aufgegeben wurde. Die Verlesung erfolgt idR aus dem vorbereitenden Schriftsatz, ausnahmsweise auch aus einer (evtl erst im Termin erstellten) Schrift, die dann dem Protokoll als Anlage beizufügen ist (§ 160 V). Handschriftl Änderung des schriftl vorbereiteten Antrags im Termin ist zulässig (dann §§ 263, 264 beachten!), doch muß diese Änderung zwingend den Zeitpunkt u den Urheber erkennen lassen (Köln NJW 73, 1848).

5 **b)** Verlesung kann durch **Bezugnahme auf schriftl Antrag** ersetzt werden, Abs II. Einer dahin gehenden Gestattung durch das Gericht (vgl § 137 III) bedarf es nicht. Insbesondere Verlesung umfangreicher Anträge wäre unzumutbare Förmelei, wenn sie nicht im Einzelfall der Klarstellung unklarer Formulierung dient.

6 **c)** Antragstellung **zu Protokoll** (früher nur beim AG möglich) „kann" der Vorsitzende gestatten. Ob er das tut, steht in seinem freien Ermessen. Die Neuregelung darf – insbes bei umfangreichen Anträgen – nicht dazu führen, daß der Protokollführer oder im Fall § 159 I gar der Richter zum Schreibgehilfen des Anwalts wird.

7 **d) Die Sitzungsniederschrift** (vgl § 165 Rn 2) muß die Tatsache u Form der Antragstellung wiedergeben (§ 160 III 2), bei mündl zu Protokoll erklärten Anträgen auch deren Verlesung durch den Protokollführer (§ 162 I) bzw bei in Protokollanlage enthaltenen Anträgen deren Vorlage an den Gegner zur Durchsicht. Wo das nicht geschehen ist, fehlt Befugnis des Gerichts zur Sachentscheidung (§§ 165, 308). Jedoch ist unterbliebene Verlesung eines tatsächlich gestellten Antrages gem § 295 heilbar, denn die Parteien können auf mündl Verhandlung überhaupt verzichten (§ 128 II; StJ/Leipold Rn 20).

8 **e)** Bei teilweiser Antragstellung bzw Verlesung muß das Gericht aufklären, ob darin teilw Rücknahme liegt (§§ 139, 269). Einmal verlesene **Anträge müssen** in späteren Terminen, ebenso nach Beweiserhebung (vgl §§ 278 II u 370), **nicht ständig wiederholt werden,** BGH NJW 74, 2322 (anders nach Richterwechsel förmelnd BAG NJW 71, 1332; hierzu krit Kirchner NJW 71, 2158); hier genügt schlüssiges Verhalten. Die **Antragstellung** hat über das damit erklärte Rechtsschutzbegehren hinaus (§ 308) vielfach **prozeßgestaltende Wirkung** durch den Verlust des Rechts, Verfahrensfehler zu rügen (zB §§ 39, 43, 295) oder über das Prozeßrechtsverhältnis zu verfügen (§§ 263, 269, 515); im Fall des § 261 II begründet die Antragstellung die Rechtshängigkeit.

298

(§ 298 gestrichen durch Entlastungsnovelle v 20. 12. 1974; jetzt entspr § 160 II, IV u V)

299

[Akteneinsicht. Abschriften aus Akten]

(1) Die Parteien können die Prozeßakten einsehen und sich aus ihnen durch die Geschäftsstelle Ausfertigungen, Auszüge und Abschriften erteilen lassen.

(2) Dritten Personen kann der Vorstand des Gerichts ohne Einwilligung der Parteien die Einsicht der Akten nur gestatten, wenn ein rechtliches Interesse glaubhaft gemacht wird.

(3) Die Entwürfe zu Urteilen, Beschlüssen und Verfügungen, die zu ihrer Vorbereitung gelieferten Arbeiten sowie die Schriftstücke, die Abstimmungen betreffen, werden weder vorgelegt noch abschriftlich mitgeteilt.

Lit: *Hirte,* Der Zugang zu Rechtsquellen und Rechtsliteratur (1991); *Liebscher,* Datenschutz bei der Datenübermittlung im Zivilverfahren (1994); *Peglau,* Die Einsicht in Prozeßakten zu Forschungszwecken, NJ 93, 440; *Prütting,* Datenschutz und Zivilverfahrensrecht in Deutschland, ZZP 106, 427.

1) **Allgemeines:** Wegen Aktenanlage u Aktenführung der Gerichte vgl Akten-Ordnung v 28. 11. 1
34 mit landesrechtl Ergänzungen. § 299 regelt die Einsichtnahme in Akten des ordentl Prozeßgerichts durch die Parteien u Dritte. Er verdrängt die Datenschutzgesetze (Prütting ZZP 106, 456; s auch BGH VersR 88, 38). **Sondervorschriften:** § 760 Akten des GV; § 915 III Schuldnerliste des VollstrGerichts; § 42 ZVG Zwangsversteigerung; §§ 996 II, 1001, 1016, 1022 II, 1023 Aufgebotsakten; §§ 31, 99 III PatG Akten des Deutschen Patentamts (hierzu BGH NJW 66, 2056); § 100 VwGO Akten des VerwGerichts (nach OVG Lüneburg NJW 63, 1798 keine Akteneinsicht für Dritte); § 147 StPO Strafakten; § 71 GWB Akten des Kartellsenats beim OLG; § 49 OWiG VerwAkten in Ordnungswidrigkeitensachen; §§ 34, 78 FGG freiw Gerichtsbarkeit. Zum Spannungsverhältnis zwischen Datenschutz und Zivilprozeß s Prütting ZZP 106, 427.

2) **Die Parteien** haben ein Recht auf Einsicht der Akten u Anfertigung von Auszügen und 2
Abschriften (Abs I). Partei ist hier auch der Streitgehilfe, der Bekl ab Klagezustellung (Werner FS Kim S 327 ff), der Antragsgegner im einstw Verfügungsverfahren erst ab seiner tatsächl Beteiligung (vgl § 916 Rn 5a; aA Hamm OLGR 94, 96). Mit Rechtskraft des Urteils endet das Einsichtsrecht nach Abs I. – Kein Anwaltszwang. Bevollmächtigter (auch RA) muß dem UrkB der GeschSt schriftl Vollmacht nachweisen, sofern sich diese nicht zweifelsfrei aus dem Akteninhalt ergibt (weitergehend – stets schriftl Vollmacht – Liebscher 77 ff).

a) Der Akteneinsicht der Parteien (auch Streitgehilfen, nicht aber nur Streitverkündete) 3
unterliegen grds **nur die eigenen Akten** des Prozeßgerichts. Beigezogene Akten anderer Behörden oder Gerichte unterliegen dem Recht auf Einsichtnahme nur, wenn die Ursprungsbehörde dieses Recht bei Übersendung nicht verweigert hat; bei Verweigerung dürfen diese Akten im Prozeß aber auch nicht verwertet werden (näher § 432 Rn 3; BGH NJW 52, 305 = LM Nr 1).

b) Der Einsicht unterliegen **die gesamten Akten** mit Ausnahme der in Abs III genannten 4
Entwürfe (das sind auch alle noch nicht vollständig unterzeichneten sowie die noch nicht verkündeten Entscheidungen; § 317 II). Eine Vorenthaltung (etwa zur Wahrung von Geschäftsgeheimnissen) würde den Anspruch auf rechtl Gehör verletzen (Prütting ZZP 106, 456; Liebscher S 74 f). Auch dienstl Äußerungen und Selbstanzeigen von Befangenheitsgründen müssen den Verfahrensbeteiligten mitgeteilt werden (BVerfG NJW 93, 2229). Die mit einem **PKH-Gesuch** gemäß § 117 II vorgelegten Vermögensangaben und -nachweise unterliegen keinem Einsichtsrecht des Gegners (BVerfG NJW 91, 2078; BGH 89, 65 = NJW 84, 740 = MDR 84, 317; § 118 Rn 2). – Bei Verweigerung der Einsichtnahme: §§ 576, 567 (Schleswig Rpfleger 76, 108).

c) Die Parteien können nur Einsicht **auf der Geschäftsstelle** beanspruchen (BGH NJW 61, 559; 4a
BFH NJW 68, 864; LAG Hamm NJW 74, 1920; BSG MDR 77, 1051; Düsseldorf MDR 87, 768). Ob Akten zur Einsichtnahme herausgegeben oder nach auswärts versandt werden, steht im Ermessen des Vorsitzenden des ProzGerichts (BGH MDR 73, 580; Hamm FamRZ 91, 93; aM Schneider MDR 84, 108: Kollegialentscheidung); Herausgabe aber oft sachdienl, zB bei Anwaltswechsel. Versendung nach auswärts regelm nur an das örtl zust Amtsgericht zur Gewährung der Einsicht auf der dortigen GeschSt (Versendungskosten: § 64 I GKG, KV Nr 9003).

d) Recht auf **Fertigung von Abschriften, Auszügen u Ausfertigungen** (über Ausfertigung s 5
Rn 6 zu § 170) steht nur den Parteien u Streitgehilfen zu. – Wegen der auslagenfrei zu erteilenden Abschriften und der Schreibauslagen für weitere Abschriften s KV Nr 9000; zu Fälligkeit und Vorschußpflicht § 64 GKG; Rechtsbehelf: § 5 GKG.

e) **Rechtsbehelf** gegen Verweigerung der Einsicht oder der Erteilung von Abschriften usw: 5a
§ 576.

3) **Akteneinsicht durch Dritte** (das sind Antragsteller, die weder Parteien, beigetretene Streit- 6
helfer noch Prozeßbevollmächtigte des Rechtsstreits sind) gewährt grds der Behördenleiter des Gerichts (Delegation dieser Befugnis an den Vorsitzenden Richter ist zulässig und verbreitet). Die Gewährung der Einsichtnahme auf der Geschäftsstelle des Gerichts (Abs II sieht die Erteilung von Abschriften oder gar die Aktenversendung an Dritte nicht vor) ist Dritten gegenüber Angelegenheit der **Justizverwaltung.** Rechtsbehelf bei Versagung daher: § 23 EGGVG (dort Rn 12; KG OLGZ 88, 49; 76, 158); Auslagenerhebung nach § 5 I JVwKostO iVm § 137 Nr 4 KostO. Die Einsicht ist zu gewähren, sofern die Parteien einwilligen, sonst nur, wenn rechtl Interesse (Gegensatz: rein tatsächl Interesse, Neugier) glaubhaft gemacht ist (§ 294). Rechtl Individualinteresse liegt vor, wo irgendwelche persönl Rechte des Antragst durch den Akteninhalt auch nur mittelb berührt werden könnten; so zB rechtlich begründete wirtschaftliche Interessen des Dritten, sofern diese Interessen einen rechtl Bezug zum Streitstoff der Akten haben (KG MDR 76, 585; BGHZ 4, 325). Das Interesse des Dritten, durch die Akteneinsicht Tatsachen zu erfahren,

die es ihm erleichtern, einen Anspruch geltend zu machen, der in keinem rechtl Bezug zu dem Prozeßgegenstand steht, genügt also noch nicht (KG MDR 88, 590 = NJW 88, 1738). Ein dem Feststellungsinteresse des § 256 (dort Rn 7) entsprechendes unmittelbares Interesse wird für die Gewährung der Einsichtnahme durch Dritte regelmäßig (maßgebl hierbei, ob und ggf welche Rechtsnachteile für die Prozeßparteien zu besorgen sind) nicht erforderl sein. Anzuerkennen ist stets das Interesse des SV am Urteil, Jessnitzer Rpfleger 74, 423, ebenso das Interesse des Streitverkündeten zur Prüfung der Beitrittsfrage. Akteneinsichtsersuchen zu wissenschaftl Zwecken erhalten besonderes Gewicht durch Art 5 III GG (vgl Peglau NJ 93, 440 mwN). München OLGZ 84, 477 wendet sich gegen eine übertriebene Zurückhaltung bei der Gewährung der Einsichtnahme durch Dritte in Angelegenheiten, die öffentl verhandelt und entschieden wurden. Gegen eine derart weitgehende Offenbarung des Akteninhalts Dritten gegenüber allein wegen der öffentl Verhandlung und Entscheidung bestehen aber Bedenken im Hinblick auf den notwendigen **Schutz** des aus Art 1 I und 2 I GG herzuleitenden **informationellen Selbstbestimmungsrechts der Prozeßparteien** (vgl BVerfG NJW 88, 2031 u 3009). Die öffentl Verhandlung offenbart (wegen § 137 III) regelmäßig weniger als der Akteninhalt. Daher sollte Dritten – deren rechtl Interesse vorausgesetzt – allenfalls in von ihnen konkret zu bezeichnende Aktenstücke Einsicht gewährt werden und tunlichst nicht in die gesamte Prozeßakte (zur Wahrung des informationellen Selbstbestimmungsrechts gegenüber dem rechtl Interesse Dritter s Liebscher S 104 ff; Pardey NJW 89, 1647 mwN).

6a 4) Ein Recht auf **vorprozessuale Akteneinsicht** (insbes in Schutzschriften) gibt es mangels gesetzl Grundlage nicht (MK/Prütting Rn 28; Prütting ZZP 106, 458; Liebscher S 95 ff). Zum Beginn der Parteistellung s Rn 2. – **Nach Abschluß des Prozesses** gilt – auch für die früheren Parteien – Abs II (Wieczorek A I, aA Werner FS Kim S 330).

7 5) Die **Versendung von Urteilsabschriften** auf Anforderung oder auch spontan durch das Gericht ist über das in Abs II geforderte Individualinteresse hinaus gewohnheitsrechtl zulässig, soweit die Bekanntgabe des Urteils (nicht auch anderer Teile der Prozeßakten!) der Rechtswissenschaft, Rechtslehre, Rechtsfortbildung oder ausnahmsweise auch der Befriedigung eines berechtigten Allgemeininteresses dient. Hierfür kommen als Empfänger insbes Rechtslehrer an Hochschulen, Gerichte, Behörden und Verlage für Fachkommentare, Fachzeitschriften und allg zugängl Entscheidungssammlungen in Betracht (hierzu Celle NJW 90, 2570 = MDR 90, 1138; Hirte NJW 88, 1968; StJ/Leipold Rn 21). Richter brauchen die Gerichtsverwaltung nicht über solche Einsendungen zu unterrichten (OVG Berlin NJW 93, 676). Das informationelle Selbstbestimmungsrecht der Prozeßbeteiligten (hier auch der Zeugen und anderer Auskunftgeber) darf hierbei aber nicht in Gefahr öffentl Preisgabe geraten; daher ist hierfür die **Neutralisierung des Urteils** durch Unkenntlichmachung (Schwärzung) aller Namen und sonstigen Angaben nötig, die eine sachl nicht gebotene Identifizierung der Verfahrensbeteiligten ermöglichen könnten (München OLGZ 84, 477; gegen die Einsichtnahme eines RA in die nicht neutralisierte Entscheidungssammlung eines Gerichts KG OLGZ 76, 158). Unnötig ist Neutralisierung allerdings dort, wo die Identität durch Allgemeinkundigkeit, auch Presseberichte, oder wegen der Natur des Streitverhältnisses (etwa um ein Kennzeichen im Wettbewerbsrecht) nicht (mehr) schutzwürdig oder -fähig ist. Die Anonymisierung der Richternamen ist nicht geboten und kann sogar einem legitimen Informationsinteresse widerstreiten (Hirte Mitt der deutschen Patentanwälte 93, 298). Keinen vernünftigen Grund gibt es auch dafür, für Anfragen von Fachzeitschriften nach der Rechtskraft von Urteilen ein förmliches Ersuchen an den Gerichtspräsidenten zu verlangen.

8 6) **Einsichtgewährung im Rahmen der Rechts- u Amtshilfe** an Behörden (Art 35 GG, hierzu eingehend Holch ZZP 87, 14) richtet sich nach den Datenschutzgesetzen, sofern keine gesetzl Mitteilungspflicht besteht (zB § 35a FGG, § 116 AO, § 20 AGBG, § 90 I GWB; die bundeseinheitl AO über die Mitteilungen in Zivilsachen ist bloße Verwaltungsvorschrift und damit keine ausreichende Grundlage für einen Eingriff in das Recht auf informationelle Selbstbestimmung [Prütting ZZP 106, 462 f; Liebscher S 115]). Daß der Richter berechtigt ist, die **Strafverfolgungsbehörde** vom Verdacht einer Straftat im Zusammenhang mit der Prozeßführung (zB Prozeßbetrug, Falschaussage) zu unterrichten, kann nicht zweifelhaft sein (Nierwetberg NJW 96, 434 mwN); unter den Voraussetzungen des § 183 GVG ist er dazu sogar verpflichtet. Zur Behandlung von Scheidungsakten vgl BVerfG DVBl 73, 362; NJW 70, 555; Köln NJW 94, 1075. Die **Entscheidung** über die Gewährung von Amtshilfe – dazu gehört auch die Erteilung von Auskünften aus den Akten – ist während der Anhängigkeit des Rechtsstreits richterl Tätigkeit, die der Unabhängigkeitsgarantie untersteht und nicht auf Beamte oder Angestellte des Gerichts übertragen werden kann (BGHZ 51, 193 = NJW 69, 1302). Nach Abschluß des Rechtsstreits handelt es sich um eine Entscheidung der Justizverwaltung (Holch ZZP 87, 23). – **Auslagen** für Aktenversendung werden nicht erhoben (§ 5 I JVwKostO iVm § 137 Nr 4 KostO: „auf Antrag“; vgl BT-Drs 12/6962 S 90 f).

9 7) Gerichtliche **Auslagen:** Die Akteneinsicht ist kostenfrei. Bei der Versendung zur Einsicht fällt die Auslage KV 9003 an, es sei denn, es ist bereits die Gebühr KV 1645 zu erheben. Im Bereich der

Strafverteidigung wird die auch für den Zivilprozeß gleichermaßen geltende Frage diskutiert, ob bei Versendung durch Einlegen in das Gerichtsfach die Auslagen anfallen (s zB LG Frankenthal und LG Detmold NJW 95, 2801; LG Göttingen NJW-RR 96, 190; Burhoff ZAP F 24 S 299; Herget Anm zu KoRsp GKG – KostVerz. 1 und 2; Notthoff AnwBl 95, 538). Das ist nur zu bejahen, wenn die Akte nicht nur in ein Fach eingelegt wird, sondern hierzu das Gericht verlassen muß (Herget aaO). Anders als im Strafverfahren ist Auslagenschuldner im Zivilprozeß die Partei (Lappe NJW 96, 1187 I 5). Fälligkeit: § 64 I 1 GKG.

299a *[Bildträgerarchiv]*

Sind die Prozeßakten zur Ersetzung der Urschrift auf einem Bildträger nach ordnungsgemäßen Grundsätzen verkleinert wiedergegeben worden und liegt der schriftliche Nachweis darüber vor, daß die Wiedergabe mit der Urschrift übereinstimmt, so können Ausfertigungen, Auszüge und Abschriften von der Wiedergabe erteilt werden. Auf der Urschrift anzubringende Vermerke werden in diesem Fall bei dem Nachweis angebracht.

1) § 299a enthält die Ermächtigung, Akten abweichend von der AktO anstatt im Original in verkleinerter Ablichtung aufzubewahren. Die **„ordnungsgemäßen Grundsätze"** für die technische u urkundenrechtliche Durchführung **der Mikroverfilmung** werden für die Gerichte des Bundes vom BMdJ, sonst von den Landesjustizverwaltungen in Ergänzung der AktO erlassen. 1

Nach der am 1. 8. 1978 in Kraft getretenen „Richtlinie für die Mikroverfilmung von Schriftgut in der Rechtspflege und Justizverwaltung" des Bundes (Justiz 76, 231; Heuer NJW 82, 1506) ist das aufbewahrungspflichtige Schriftgut vollständig auf Roll- oder Mikroplanfilm (auf Silberhalogenbasis nach DIN 19070) aufzunehmen. Über die Vollständigkeit der Aufnahme ist eine mit dem Film zu verwahrende **Prüfungsniederschrift** zu erstellen. Die Prüfungsniederschrift ist Grundlage der **Ablichtungsbeglaubigung** des UrkBeamten der GeschSt. Die derart beglaubigte Ablichtung wird anstelle des Original-Schriftguts nach Maßgabe der AktO archiviert; erst damit sind die Voraussetzungen für eine Vernichtung der Originalakten (Ausnahmen Rn 6) gegeben. 2

Die Landesjustizverwaltungen haben bislang entsprechende Richtlinien für ihren Bereich nicht erlassen; jedoch erfolgte der Erlaß der Bundesrichtlinien in Absprache mit den Landesjustizverwaltungen, so daß von einer Allgemeingültigkeit wohl auszugehen ist. 3

2) Akteneinsicht (§ 299) in derart verfilmte Akten wird durch Einsichtnahme mittels eines Lesegeräts auf der GeschSt gewährt (vgl entsprechend § 261 HGB). Auszüge, Abschriften oder Ausfertigungen werden von der GeschSt in Form von (begl) Rückvergrößerungen erteilt; für die Erteilung von (nicht begl) Abschriften oder Auszügen kommen bei Zustimmung des A'st auch Filmduplikate in Betracht. 4

3) Ausgeschlossen von der Mikroverfilmung sind von den Parteien vorgelegte (§ 420) oder vom Gericht beigezogene (§§ 273 II 2, 358a, 432) Beweisurkunden, denn diese sind nicht dauernde Aktenbestandteile (vgl §§ 142 II, 420, 443) u unterliegen vorbehaltl der Auslieferung an andere Behörden (§ 443) der Rückgabepflicht im Original (vgl Anm zu §§ 142 u 443). 5

Das Gericht (Vors) kann anordnen, daß Akten unbeschadet ihrer Ablichtung als Archivgut von der Vernichtung ganz oder teilweise ausgeschlossen werden. 6

Zweiter Titel

URTEIL

Lit: *Furtner,* Das Urteil im Zivilprozeß, 5. Aufl 1985; *Jauernig,* Das fehlerhafte Zivilurteil, 1958; *de Lousanoff,* Zur Zulässigkeit des Teilurteils gem § 301 ZPO, 1979; vgl auch Lit zu § 313.

Vorbemerkungen

I) Arten von Entscheidungsformen

1) Urteile: Das sind Entscheidungen, die in der Regel nur auf Grund obligatorischer mündlicher Verhandlung ergehen; Ausnahmen: §§ 251a, 331a (Urteil nach Aktenlage), 128 II, III, 331 III (Urteil im schriftlichen [Vor-]Verfahren); s auch §§ 922, 936, 952, 1042a. 1

2) Beschlüsse des (erkennenden) Gerichts, des Rechtspflegers und des Urkundsbeamten; das sind Entscheidungen, die weder über den Klageanspruch noch über einzelne dafür erhebliche Streitpunkte entscheiden, also den Prozeßstoff weder ganz noch teilweise in der Hauptsache 2 erledigen. Die Beschlüsse des Gerichts können ohne oder auf Grund fakultativer mündlicher Verhandlung ergehen. Beispiel für einen Beschluß ohne mündliche Verhandlung: § 358a.

3 3) **Verfügungen:** Das sind Anordnungen des Vorsitzenden, Einzelrichters, beauftragten oder ersuchten Richters und des Urkundsbeamten, die der Prozeßleitung dienen.

II) Arten der Urteile

4 1) **Allgemeines. Welches Urteil rechtlich vorliegt,** richtet sich nicht nach seiner Bezeichnung oder der rechtlichen Auffassung des Gerichts, sondern nach dem Inhalt der Urteilsformel in Verbindung mit den Urteilsgründen (RG 102, 175). Zu den Rechtsmitteln bei inkorrekten Entscheidungen: vgl BGH 73, 89 und näher Rn 28 ff vor § 511.

5 2) **Einteilung.** Man unterscheidet: **a)** nach dem Gegenstand der Entscheidung zwischen **Sach- und Prozeßurteil.** Entscheidet das Urteil über die Sache, den Anspruch selbst, liegt ein Sachurteil vor; ist nur über die Zulässigkeit der Klage entschieden, zB über die Rüge der Unzuständigkeit, so ist ein Prozeßurteil gegeben (s dazu Grunsky ZZP 80, 55);

6 **b)** nach der Art der vorangegangenen Verhandlung zwischen streitigen **(kontradiktorischen)** und nichtstreitigen **Urteilen.** Beruht das Urteil auf dem Ergebnis einer zweiseitigen oder einseitigen streitigen mündlichen Verhandlung, so liegt ein kontradiktorisches Urteil vor; gleiches gilt bei Urteilen nach Lage der Akten (§§ 251a, 331a). Gegen eine nicht erschienene oder nicht verhandelnde Partei ergeht **Versäumnisurteil** (§§ 330, 331, 334), bei Anerkennung des Klageanspruchs (§ 307) **Anerkenntnisurteil,** bei Verzicht auf Klageanspruch **Verzichtsurteil** (§ 306);

7 **c)** nach dem sachlichen Inhalt des Urteils. **aa) Leistungsurteile** (häufigste Art), die den Beklagten zu einer Leistung (Tun oder Unterlassen) – § 241 BGB – verurteilen. Der Ausspruch des Gerichts ist ein Befehl an den Beklagten zu leisten; zB: „Der Beklagte hat an den Kläger 1000 DM zu zahlen." Auch Duldungsurteile in Haftungsklagen sind Leistungsurteile, und zwar sowohl die materiellen Haftungsklagen (§§ 772 II, 1; 1033 I 2; 1132 I 2; 1147; 1204 I BGB; § 371 III 1 HGB) wie die Klagen auf Duldung der Zwangsvollstreckung (§ 2213 III BGB, §§ 737, 743, 745 II, 748 II ZPO). Die Leistungsurteile sind vollstreckungsfähig.

8 **bb) Feststellungsurteile:** In ihnen wird nur darüber entschieden, ob zwischen den Parteien das streitige Rechtsverhältnis besteht oder nicht (positives bzw negatives – leugnendes – Feststellungsurteil) oder auch, ob eine Urkunde echt oder unecht ist und ob der Gegner zur Anerkennung der Urkunde verpflichtet ist, zB „es wird festgestellt, daß das Mietverhältnis zwischen C und Y am . . . endigt". Derartige Urteile enthalten nur einen autoritativen Ausspruch über die Rechtslage, geben keinen Vollstreckungstitel und bilden nur die Grundlage für die aus diesem Rechtsverhältnis entspringende Verpflichtung des Gegners, die aber selbständig durch Leistungsurteil auszusprechen ist. Der Vollstreckung sind – vom Kostenpunkt abgesehen – Feststellungsurteile nur ausnahmsweise und in einem weiteren Sinn fähig (zB § 16 I 1 HGB).

9 **cc) Rechtsgestaltungsurteile** führen unmittelbar eine Änderung des bestehenden Rechtszustandes herbei und sind nur möglich, wenn das materielle oder das Prozeßrecht auf Grund eines bestimmten Tatbestandes ein Recht auf Änderung des Zustandes gibt, zur Änderung selbst aber die Erklärung des Berechtigten nicht ausreicht, vielmehr eine gerichtliche Entscheidung erforderlich ist. Die Rechtsänderung tritt mit der Urteilsrechtskraft ein. Das Urteil kann je nachdem nur für die Zukunft wirken, wie zB das Ehescheidungsurteil oder mit rückwirkender Kraft ausgestattet sein, wie zB das Urteil, das die Nichtigkeit der Ehe ausspricht. Eine Vollstreckung aus Rechtsgestaltungsurteilen ist nicht möglich. Außer den Statusklagen des 6. Buches der ZPO gehören dazu zB die handelsrechtlichen Gestaltungsklagen der §§ 117, 127, 131 Nr 6, 133, 140, 142, 161 II HGB; §§ 60 I Nr 3, 61 GmbHG; §§ 246, 248, 275 AktG, die Erbunwürdigkeitsklage nach §§ 2342, 2344 BGB, weiter die Fälle der §§ 315 III 2; 319 I 2 BGB usw; die prozessualen Gestaltungsklagen der §§ 323, 722, 767, 768, 771, 785/86, nicht aber die Klage nach § 731, die eine prozessuale Feststellungsklage ist (vgl § 731 Rn 4). **Lit:** Schlosser, Gestaltungsklagen und Gestaltungsurteile, 1966; ders Jura 86, 130; Karsten Schmidt, Mehrseitige Gestaltungsprozesse bei Personengesellschaften, 1992.

10 **d)** nach der Bedeutung für die Erledigung des Rechtsstreits **aa) Endurteile.** Sie betreffen den ganzen Streitgegenstand oder einen Teil desselben (Teil-Endurteil) (§§ 300, 301).

11 **bb) Zwischenurteile.** Sie erledigen nur einen Zwischenstreit, der zur Entscheidung reif ist (§ 303), nie aber endgültig den eingeklagten Streitgegenstand. Zwischenurteile über die Zulässigkeit der Klage gelten in betreff der Rechtsmittel als Endurteile (§ 280 II). Ein Zwischenurteil besonderer Art ist das Grundurteil nach § 304. Rechtsmittel: § 304 II.

12 **cc) Vorbehaltsurteile.** Dies sind auflösend bedingte Endurteile. In ihnen wird der Beklagte zunächst verurteilt; es wird ihm aber vorbehalten, in derselben Instanz erhobene Einwendungen, die verfahrensrechtlich nicht berücksichtigt werden konnten, in einem sog Nachverfahren geltend zu machen (§§ 302 III, 599 III).

III) Fehlerhafte Entscheidungen

13 **1) Schein- oder Nichturteile. a) Begriff.** Hier liegt der bloße Anschein eines Urteils vor: Es wurde durch ein Nichtgericht – zB den ausgeschiedenen Richter (BezG Leipzig DtZ 93, 27, str; abl Jauernig DtZ 93, 173: Fall von § 579 I Nr 1; so auch HessVGH DRiZ 83, 234), den GV, den UdG, durch einen Computer (AK/Fenge Rn 16) – oder nicht in Ausübung der Gerichtsbarkeit entschieden, zB vom Amtsrichter am Stammtisch, als Leiter einer Arbeitsgemeinschaft für Referendare; es fehlt an einer – ordnungsgemäßen – Verkündung (§§ 310, 311 iVm §§ 160 III Nr 7, 165; Beispiele: BGH NJW 95, 404; Zweibrücken OLGZ 87, 372; Frankfurt NJW-RR 95, 511) oder ist ein bloßer **Entwurf** zugestellt oder formlos mitgeteilt worden (vgl Jauernig NJW 86, 117; BGH NJW 96, 1969; Frankfurt MDR 91, 63). Kein „Nichtgericht" in diesem Sinne ist das fehlerhaft besetzte Gericht (dazu § 16 GVG Rn 3).

14 **b) Rechtliche Behandlung.** Das Schein- oder Nichturteil ist völlig unbeachtlich und wirkungslos, bindet das Gericht nicht, beendet die Instanz nicht, wird weder formell noch materiell rechtskräftig, ist keine Grundlage für eine ZwV (vgl Lüke ZZP 108, 439; RSchwab/Gottwald § 62 III 2); ist diese gleichwohl erfolgt, muß die Pfandverstrickung gemäß §§ 732, 766, 768, 775, 776 angegriffen werden. Rechtsmittel sind zulässig, um den Anschein eines Urteils zu beseitigen (BGH NJW 95, 404; 96, 1969 [1970 mN]; Zweibrücken OLGZ 87, 372 mN; Frankfurt OLGZ 91, 252; NJW-RR 95, 511; Wiederholung eines eingelegten Rechtsmittels nach Existentwerden ist unnötig (BGH NJW 96, 1970; vgl zum ganzen auch Rn 34 vor § 511).

15 **2) Wirkungslose und wirkungsgeminderte Urteile.** Fallgruppen: **a)** Zwar hat ein **Gericht** entschieden, doch **fehlte** ihm **die Gerichtsbarkeit** über den Exterritorialen oder die rechtliche Handlungsmacht (Rn 3 vor § 18 GVG); hierher gehört auch die Entscheidung des Rechtspflegers in einem Fall gem § 8 IV 1 RpflG. Dagegen führt eine Entscheidung unter Verstoß gegen die Rechtswegzuständigkeit (vgl § 17 GVG) oder die Verfahrenszuständigkeit innerhalb der ordentlichen Gerichtsbarkeit (§ 17 GVG entspr, vgl dort Rn 1) nicht zur Wirkungslosigkeit (so zutr RSchwab/Gottwald § 62 IV 2a; Keidel/Zimmermann § 7 Rn 24a, str; aA zB für FGG-Entscheidung in einem der streitigen Gerichtsbarkeit zugewiesenen Streitgegenstand im FGG-Verfahren BGH 29, 223; WM 57, 1573.

16 **b)** Die Entscheidung spricht eine (als solche) **gesetz- oder sittenwidrige oder** (so hM, aber str) **dem Recht unbekannte Rechtsfolge** aus, zB Feststellung einer anderen Tatsache als der Echtheit oder Unechtheit einer Urkunde; Bestellung eines dinglichen Nutzpfandrechts an einem Grundstück; die Trennung von Tisch und Bett bei inländischer Ehe (vgl aber Art 18 IV 2 EGBGB und BGH 47, 324 – italienische Ehe; gegen die hL insoweit Jauernig § 60 III). Wird aber zu einer nur tatsächlich unmöglichen Leistung verurteilt, macht das zwar die Zwangsvollstreckung unmöglich, das Urteil aber nicht wirkungslos (vgl § 283 BGB!). Die Verurteilung zu einer Leistung, deren Unmöglichkeit feststeht, ist allerdings unzulässig (BGH NJW 86, 1676 mN); der Kläger muß hier nach § 264 Nr 3 zur Interessenklage übergehen (RG 107, 17). **Abgrenzung:** Nicht hierher gehören *materiellrechtliche Mängel* des Urteils, zB Verkennung der Sittenwidrigkeit der geltend gemachten Forderung (dazu Rn 6 ff vor § 688; § 700 Rn 15 ff).

17 **c)** Das **Urteil kann** seine **Wirkung aus tatsächlichen Gründen nicht entfalten:** Die nicht existierende Ehe wird geschieden, die nicht (oder nicht mehr) existente Partei wird zu einer Leistung verurteilt (vgl dazu Rn 11, 12 vor § 50; Hamm NJW-RR 86, 739, das Urteil ist in sich widerspruchsvoll oder unbestimmt (BGH 5, 240 [246]).

18 **d) Weitere Einzelfälle:** Entscheidung vor Rechtshängigkeit (LG Tübingen JZ 82, 474; offen Düsseldorf NJW-RR 95, 895 bei bestehender „Anhängigkeit"); Entscheidung nach Klage- oder Rechtsmittelrücknahme (KG Rpfleger 82, 304), nach verspätetem Widerruf eines Prozeßvergleichs (Stuttgart NJW-RR 87, 128; aA BL/Hartmann Rn 19) oder außerhalb des Prozeßrechtsverhältnisses, zB gegen eine Nichtpartei (dazu Vollkommer MDR 92, 642 mN); Leistungsurteil über nicht bestimmte Teilforderung (BGH 124, 166 = NJW 94, 461; sa Rn 51a vor § 322); Zwischenurteil über ein selbständiges Angriffs- oder Verteidigungsmittel; nicht aber Urteil nach Unterbrechung gem § 240 (BGH NJW 95, 2563; Köln NJW-RR 95, 891) oder entgegen § 308 I (Musielak aaO [§ 308] S 361; sa § 308 Rn 6). Unterscheide davon aber die Fälle, in denen das zunächst voll wirksame Urteil durch nachträglichen Prozeßverlauf unwirksam wird, zB das Versäumnisurteil durch spätere Klagerücknahme (vgl § 269 III 1, HS 2), ein früheres Urteil nach übereinstimmender Erledigungserklärung (§ 91a Rn 12).

19 **e) Rechtliche Behandlung.** Keine materielle Rechtskraft oder Tatbestandswirkung, doch formelle Rechtskraft (hM, s Düsseldorf NJW-RR 95, 895; MK/Musielak Rn 6, str; aA zB Arens/Lüke Rn 342; Vollkommer MDR 92, 642), Beendigung der Instanz, Bindung des Gerichts nach § 318 und § 565 II (sa § 36 Rn 30, § 318 Rn 14 [a]), Grundlage für Kostenerstattungsanspruch; normale Rechtsbehelfe, daneben Klage auf Feststellung der Unwirksamkeit und Möglichkeit, die Sache erneut rechtshängig zu machen (RSchwab/Gottwald § 62 IV 1; zT abw Blomeyer § 81 III 2a; Lüke ZZP 108, 441), Wiederaufnahme (§§ 578 ff). Eine Vollstreckungsklausel darf nicht erteilt werden;

geschieht es doch, bewirkt die Zwangsvollstreckung zwar zB keine Zwangshypothek (BGH NJW 94, 461), wohl aber die Verstrickung gepfändeter Mobilien, die der Schuldner über §§ 732, 766, 768, 775, 776 angreifen muß; bei sog wirkungsgeminderter Entscheidung (Bsp: Rn 18) kann die bestehende Vollstreckbarkeit gem § 767 I beseitigt werden (BGH 124, 170 ff = NJW 94, 461 = ZZP 107, 365 mit Anm Foerste). Ist die Nichtigkeit des Titels durch neues Urteil festgestellt, gelten §§ 766, 775 Nr 1.

20 3) **Inkorrekte Entscheidungen:** Rn 28 ff vor § 511; **greifbar gesetzwidrige Entscheidungen:** BGH 119, 374 mN; 121, 397; § 567 Rn 18 ff; § 568 Rn 16; **willkürliche Entscheidungen:** Einl Rn 101; § 281 Rn 17; § 567 Rn 41; § 17 GVG Rn 16. Sie sind nicht nichtig (Rn 14 f), sondern müssen angefochten werden, um den Eintritt der Rechtskraft zu verhindern (sa BGH 97, 345: VU ohne Säumnis; Bamberg NJW-RR 94, 459: Gesetzwidriges VU: Verstoß gegen § 612 IV).

300 *[Endurteil]*

(1) Ist der Rechtsstreit zur Endentscheidung reif, so hat das Gericht sie durch Endurteil zu erlassen.

(2) Das gleiche gilt, wenn von mehreren zum Zwecke gleichzeitiger Verhandlung und Entscheidung verbundenen Prozessen nur der eine zur Endentscheidung reif ist.

I) Endurteil (Abs I)

1 1) **Begriff.** Endurteile sind Urteile, welche die Hauptsache und somit den Rechtsstreit ganz oder teilweise (vgl § 301 Rn 1) für die Instanz endgültig entscheiden, so daß ein weiteres Urteil in demselben Rechtsstreit oder über denselben Anspruch weder erforderlich noch möglich ist.

2 2) **Voraussetzungen.** Ein Endurteil muß ergehen, wenn der Rechtsstreit entscheidungsreif ist, falls nicht die Klage zurückgenommen, durch Vergleich oder gemäß § 91a erledigt wird. **Entscheidungsreif** ist der Rechtsstreit, wenn der Sachverhalt völlig geklärt, die angebotenen Beweise erschöpft oder aber eine Partei mit noch ungeklärtem Vorbringen zulässigerweise nicht mehr zugelassen bzw zurückgewiesen wird (§§ 296, 296a, 527 ff). Für die Entscheidungsreife ist die – zutr – materielle und prozessuale Rechtslage zugrunde zu legen (vgl Rn 9 ff vor § 284); eine (weitere) Beweisaufnahme zur Umgehung schwieriger Rechtsfragen ist unzulässig (BGH 101, 249 f; aA Grunsky, Grundlagen des Verfahrensrechts, § 40 II 2). Bei (endgültig) *unschlüssigem* Vorbringen besteht Entscheidungsreife (iS einer Klageabweisung), so daß sich die Frage der Verspätung insoweit nicht mehr stellt (BGH 94, 212 f).

3 3) **Urteilsgrundlage. Zeitlich** entscheidet als Urteilsgrundlage für den **Prozeßstoff** der Schluß der mündlichen Verhandlung (BGH MDR 96, 309) – im Verfahren nach § 128 II, III der entsprechende Zeitpunkt (dazu ie § 128 Rn 18). **Für die anzuwendenden Rechtsnormen** dagegen entscheidet der Zeitpunkt der Urteilsverkündung, so daß das Revisionsgericht eine zwischen Schluß der Verhandlung und Verkündung (§ 310) erfolgte Rechtsänderung berücksichtigen muß (BGH 9, 101; LM § 549 Nr 42).

4 4) Das **Gericht prüft** zunächst, ob die Prozeßvoraussetzungen vorliegen. Fehlt es hieran, ist die Klage (als unzulässig) abzuweisen; dasselbe gilt, wenn ein Prozeßhindernis entgegensteht. Ist die Klage zulässig, aber unbegründet, ist sie (als unbegründet) abzuweisen. Es darf nicht offen bleiben, ob die Klage als unzulässig oder als unbegründet abgewiesen wird (vgl BGH NJW 78, 2031 [2032]; ie Rn 10 vor § 253). Entscheidet das seine Zuständigkeit offen lassende Gericht gleichwohl über den Sachanspruch, so ist das Urteil (nach BAG NJW 67, 648) nicht der inneren Rechtskraft fähig. Das Gericht hat die Wahl, aus welchem von mehreren schlüssigen Gründen es die Klage sachlich abweisen will (vgl München NJW 70, 2114). Greift eine Einwendung gegen den Klageanspruch durch, bedarf es nicht mehr der Prüfung, ob er an sich begründet war; Ausnahme: Aufrechnung (vgl § 145 Rn 17: „Beweiserhebungstheorie"); dies ist die Folge davon, daß hier die Rechtskraft gemäß § 322 II auch die Einwendung ergreift (s § 322 Rn 15).

II) Endurteile bei besonderen Verfahrenslagen

5 1) Bei **Haupt- und Hilfsantrag** erfolgt eine Klageabweisung nur, wenn alle Anträge unzulässig bzw unbegründet sind. Die Prüfung des Hilfsantrags ist nur zulässig, wenn der Hauptantrag erfolglos bleibt; wird dann der Hilfsantrag zugesprochen, muß die Klage „im übrigen", also wegen des abgesprochenen Hauptantrages, abgewiesen werden (s § 260 Rn 4 und § 301 Rn 4).

6 2) **Abs II** trifft zu im Fall des § 147 **(subjektive Klagehäufung),** nicht auch bei objektiver Klagehäufung des § 260. Ist von mehreren in einer Klage geltend gemachten Ansprüchen nur der eine zur Entscheidung reif, ergeht Teil-Endurteil nach § 301. Ist einer von mehreren **verbundenen** Prozessen zur Entscheidung reif, so muß insoweit ein Voll-Endurteil mit Kostenentscheidung ergehen (also kein Ermessen nach § 301 II). Durch dieses Endurteil tritt – auch ohne ausdrückli-

chen Ausspruch – eine **Trennung** der verbundenen Prozesse ein. Für die Berechnung der Urteilsgebühr kommen die Werte gesondert in Betracht (vgl auch § 147 Rn 10). Bei Streitgenossenschaft: s § 301 Rn 4.

III) Gebühren: 1) des Gerichts: Keine Urteilsgebühren im Prozeßverfahren erster Instanz und im Verfahren auf Anordnung eines Arrestes oder einer einstweiligen Verfügung erster Instanz. **Berufung:** Urteil mit Begründung: 3,0 Gebühr (KV 1226), ohne Begründung: 1,5 Gebühr (KV 1227). Grund- und Vorbehaltsurteile; 1,5 Gebühr (KV 1223). **Revision:** Urteil mit Begründung: 3,0 Gebühr (KV 1236), ohne Begründung: 1,5 Gebühr (KV 1237). Zwischenurteile sind gerichtsgebührenfrei. Die Urteilsgebühr wird in jeder Instanz hinsichtlich eines jeden Teils des Streitgegenstandes nur einmal erhoben (§ 27 GKG). In keiner Instanz werden Gebühren erhoben für ein VU gegen die säumige Partei, ein Anerkenntnis- und ein Verzichtsurteil (vor KV 1100). Urteilsgebühr aber für sog **unechte Versäumnisurteile** (s Rn 11 vor § 330), sofern in der Instanz Urteilsgebühren anfallen können. 7

Fälligkeit der Urteilsgebühr mit der Entscheidung, also idR mit deren Verkündung: §§ 61, 63 I GKG; in den Fällen, in denen die Verkündung durch Zustellung des Urteils ersetzt wird (§§ 307 II, 331 III, 310 III), mit der letzten Zustellung an die Parteien. Fälligkeit der Auslagen: §§ 63 I, 64 GKG. – Vorauszahlung: §§ 65, 68 GKG. – Schuldner: der Antragsteller: § 49 S 1 GKG, nach Kostenentscheidung daneben der Verurteilte: § 54 Nr 1 GKG. – Gesamtschuldner: §§ 58, 59 GKG.

2) des Anwalts: üblicherweise drei Regelgebühren, nämlich die **Prozeß-**, **Verhandlungs-** und **Beweisgebühr.** Bezüglich der Prozeßgebühr ist § 32 BRAGO, der Verhandlungsgebühr § 33 BRAGO und der Beweisgebühr § 34 BRAGO zu beachten. Für die Erörterung der Sache kann dem RA auch die sog **Erörterungsgebühr** des § 31 I Nr 4 BRAGO entstehen, die allerdings auf eine bereits erwachsene od noch erwachsende Verhandlungsgebühr anzurechnen ist (§ 31 II BRAGO). – Auch in **Scheidungsfolgesachen** nach § 623 I, IV, § 621 I Nrn 1 bis 3, 6, 7 und 9 entstehen – selbst wenn diese Folgesachen zum Bereich der freiwilligen Gerichtsbarkeit gehören – die gleichen Anwaltsgebühren wie in sonstigen bürgerlichen Rechtsstreitigkeiten; Voraussetzung ist nur, daß die Familiensachen als Folgesachen behandelt werden (§ 31 III BRAGO). – Die Vergleichsgebühr zu $^{10}/_{10}$ (§ 23 BRAGO) erhält der RA für einen unter seiner Mitwirkung abgeschlossenen Vergleich. – Im Berufungs- und Revisionsverfahren erhöhen sich die Anwaltsgebühren um $^{3}/_{10}$ (§ 11 I 4 BRAGO). Soweit sich die Parteien nur durch einen beim BGH zugelassenen Anwalt vertreten lassen können, erhöht sich die Prozeßgebühr und nur diese in der Revisionsinstanz um $^{10}/_{10}$, im Ergebnis also auf $^{20}/_{10}$ (§ 11 I 5 BRAGO).

301 *[Teilurteil]*

(1) Ist von mehreren in einer Klage geltend gemachten Ansprüchen nur der eine oder ist nur ein Teil eines Anspruchs oder bei erhobener Widerklage nur die Klage oder die Widerklage zur Endentscheidung reif, so hat das Gericht sie durch Endurteil (Teilurteil) zu erlassen.

(2) Der Erlaß eines Teilurteils kann unterbleiben, wenn es das Gericht nach Lage der Sache nicht für angemessen erachtet.

I) Begriff und Bedeutung

Teilurteil ist ein Endurteil, das nicht über den ganzen Streitgegenstand, sondern nur über einen individualisierbaren, selbständig zur Verbescheidung geeigneten, größenmäßig bestimmten Teil des – teilbaren – Streitgegenstandes entscheidet. Ein entspr Wille muß in der Entscheidung selbst oder wenigstens in den Begleitumständen (zB Erlaß eines Trennungsbeschlusses) zum Ausdruck kommen (BGH NJW 84, 1544; Zweibrücken NJW-RR 94, 1527). Das Teilurteil müßte auch auf eine (entspr) Teilklage (s § 253 Rn 15) als Endurteil möglich sein (BGH NJW-RR 89, 1149; BGHR-Schadensersatz 1). Dem (ersten) Teilurteil können noch weitere folgen; das letzte Teilurteil heißt **Schlußurteil.** Verbindung von Teil- und **Grundurteil** ist möglich (vgl BGH 72, 37; ie § 304 Rn 1) und uU geboten (vgl BGH 107, 242; ie Rn 4). Unzulässig ist ein *feststellendes* Teilurteil über einen *Leistungs*antrag (Karlsruhe Justiz 88, 155; Abgrenzung zum Grundurteil: § 304 Rn 3). Das Teilurteil dient der Vereinfachung und Beschleunigung des Rechtsstreits (vgl BGH 77, 310) durch eine für die Instanz abschließende Teilerledigung des Rechtsstreits. Das Gericht ist an das Teilurteil gebunden (vgl **§ 318;** BGH LM Nr 22), die Rechtskraftwirkung des („zulässigen") Teilurteils ist auf den entschiedenen Teil des Streitgegenstands beschränkt (BGH MDR 81, 216; sa Rn 7, 12, 13; ie Rn 46 vor § 322). 1

II) Voraussetzungen des Teilurteils

1) Allgemeines. Die Voraussetzungen sind nur zT dem Wortlaut des § 301 I zu entnehmen. Der Erlaß eines Teilurteils setzt ie voraus (vgl zusammenfassend BGH NJW 93, 2173): **a) Teilbarkeit des Streitgegenstands** (Rn 3); **b) Entscheidungsreife** eines und nur eines Teils des Streitverhältnisses (Rn 5); **c)** als ungeschriebenes Merkmal die **Unabhängigkeit des Teilurteils** von der Entscheidung des Rest-Streits (Widerspruchsfreiheit zum Schlußurteil; Rn 7). Bestr ist, ob den Kriterien der (fehlenden) Widersprüchlichkeit und der Unabhängigkeit neben dem Erfordernis der Entscheidungsreife selbständige Bedeutung zukommt (verneinend de Lousanoff aaO [vor § 300] S 16 ff, 40 ff, zusammenfassend 85 ff; dagegen die hM, ie MK/Musielak Rn 7 mwN). An der selbständigen Zulässigkeitsvoraussetzung gem c) ist festzuhalten, da es sich hierbei nicht nur um eine wesentliche Konkretisierung des unbestimmten Begriffs der Entscheidungsreife handelt, sondern durchaus Einzelfälle möglich sind, in denen dieses zusätzliche Erfordernis nicht zu entbehren ist (zutr Prütting ZZP 94, 106; Prütting/Weth ZZP 98, 145; ie Rn 7). 2

3 **2) Teilbarkeit des Streitgegenstands. a) Allgemeines.** Bei einer **Mehrheit** von (selbständigen) prozessualen Ansprüchen (Einl Rn 61, 70 aE, 75) ist Teilbarkeit gegeben in den Fällen objektiver (§§ 256 II, 260; vgl **I,** 1. Alt) und subjektiver Klagenhäufung bei einfacher Streitgenossenschaft (§ 59; sa Rn 4, 10) sowie bei Klage und Widerklage (§ 33; vgl **I,** 3. Alt; sa Rn 4, 9). Bei einem **einheitlichen Klageanspruch** dann, wenn über einen abgrenzbaren und eindeutig individualisierten quantitativen Teil des Anspruchs (vgl **I,** 2. Alt) entschieden werden soll (BGH NJW 92, 1770; MK/Musielak Rn 4; ThP Rn 2); Bsp: Entscheidung über Teil-Schmerzensgeld in Höhe eines Mindestbetrages (LG Köln VersR 93, 980, str; zur Abgrenzung von der – unzulässigen – Vorabentscheidung über Anspruchsgrundlagen und bloße Rechnungsposten vgl ie Rn 4 und 5). **Teilbarkeit fehlt** immer dann, wenn einheitliche Entscheidung geboten ist. Dies ist der Fall in Ehesachen (§§ 606 ff), im Verbund von Scheidungs- und Folgesachen (§ 623; anders für Versorgungsausgleich im isolierten Verfahren: Rn 4 aE) sowie idR bei notwendiger Streitgenossenschaft gem § 62 (BGH NJW 91, 101; 96, 1061; Ausnahme: Rn 4); im Kündigungsschutzprozeß (LAG Niedersachsen ZIP 91, 187; s aber Rn 4 aE) und im Hausratsverteilungsverfahren (LG Siegen FamRZ 76, 698). Nicht teilbar ist ein einheitlicher Schmerzensgeldanspruch (Celle VersR 73, 60; anders bei Mehrheit von Schmerzensgeldansprüchen aus aufeinanderfolgenden Unfällen: Oldenburg VersR 86, 926) und der Ausgleichsanspruch gem § 89b HGB (München NJW-RR 92, 1192); das gleiche gilt von im Wege einer Vermögenssaldierung gewonnenen Ausgleichsansprüchen (so Köln FamRZ 89, 296 für Zugewinnausgleich, offenlassend BGH 107, 243; OLGR Köln 96, 65 für Bereicherungssaldo; vgl auch Rn 4 und Rn 5, dort auch zu aus Einzelposten zusammengesetzten Gesamtansprüchen).

4 **b)** Ein Teilurteil ist demnach **zulässig** über einen von mehreren *gehäuften* (§ 260) Klageansprüchen, wie zB über die im Rahmen einer Stufenklage (§ 254) erhobene Auskunftsklage (BGH 107, 239), die Feststellungsklage hinsichtlich des nicht bezifferten Zukunftsschadens neben der Leistungsklage (Karlsruhe Justiz 88, 155; Koblenz NJW-RR 88, 532; zur Ausnahme bei der eventuellen Klagenhäufung vgl Rn 8), den als Teil eines umfassenden Gesamtschadens geltend gemachten Schmerzensgeldanspruch (BGH NJW 89, 2757) oder Aufopferungs-Entschädigungsanspruch (BGH NJW 93, 2173; sa Einl Rn 70 aE); ferner über einen abgrenzbaren *Teil* eines (einzigen aber) teilbaren Streitgegenstands (BGH NJW 89, 2746 = MDR 89, 1096); ist ein einheitlicher Anspruch dem Grunde nach bestritten, ist teilweise Stattgabe nur in Verbindung mit einem **Grundurteil** möglich (BGH 107, 242; NJW 92, 511 mN und 1770; 95, 2106; 96, 395; Grund: Rn 7). Bei einem *aus mehreren Einzelposten zusammengesetzten Zahlungsanspruch* ist ein Teilurteil zulässig hinsichtlich einzelner bezifferter Posten (BGH NJW 92, 1770 mN; NJW-RR 89, 1149, allgM), ohne Bezifferung nur in Verbindung mit einem Grundurteil, jedoch müssen die verschiedenen Einzelposten (notfalls in den Urteilsgründen) eindeutig konkretisiert sein; eine lediglich zeitliche Zuordnung (zB: Aufwendungen von . . . bis . . .) genügt nicht (BGH NJW 89, 2746 = MDR 89, 1096). Ist *Widerklage* (§§ 33, 256 II) erhoben, ist ein Teilurteil zulässig über die Klage oder über die Widerklage oder über je einen Teil ihres Streitgegenstandes (Einschränkungen: Rn 9). Auch ist ein Teilurteil möglich, das den Prozeß eines oder gegen einen einfachen *Streitgenossen* beendet (Rn 10); in diesem Fall ist auch eine Teilkostenentscheidung zulässig (BGH LM Nr 11). Ein Teilurteil hinsichtlich eines von mehreren notwendigen Streitgenossen ist unter den gleichen Voraussetzungen zulässig, unter denen die Einzelklage möglich ist, also wenn die übrigen vor Klageerhebung erklärt hatten, zu der mit der Klage begehrten Leistung verpflichtet und bereit zu sein (BGH LM § 62 Nr 10 = NJW 62, 1722; § 62 Rn 18, 30). Im isolierten Verfahren (anders bei Verbund: Rn 3) können auch Teilkomplexe des **Versorgungsausgleichs** durch Teilentscheidung geregelt (BGH NJW 84, 1544), nicht aber kann vorab über den Ausschluß entschieden werden (Oldenburg NJW-RR 92, 712). Bei Klagen auf **Feststellung** des Fortbestands eines Rechtsverhältnisses bis zu einem bestimmten Endzeitpunkt kann über einen früher endenden Zeitabschnitt (Mindestdauer) durch Teilurteil entschieden werden (so BAG NJW 91, 3172 bei Unsicherheit von arbeitsrechtlichen Kündigungsfristen; ie sehr str).

5 **c)** Dagegen ist ein Teilurteil **unzulässig** bei **fehlender Bestimmtheit des erledigten Teils des Klageanspruchs.** Zum möglichen Umfang eines Teilurteils vgl zunächst Rn 3. Die zur Individualisierung des abgrenzbaren Teils erforderlichen Angaben können uU noch nach Erlaß des Teilurteils durch übereinstimmende Erklärungen in der Rechtsmittelinstanz nachgeholt werden (BAG NJW 78, 2114). Unzulässig ist ein Teilurteil über einzelne Angriffs- oder Verteidigungsmittel (vgl § 146 Rn 4), über einzelne rechtliche Grundlagen desselben prozessualen Anspruchs (Klagegründe) bei mehrfach begründeter Klage (BGH NJW 78, 1920; 84, 615), einzelne Elemente des Klagegrundes (BGH NJW 93, 2173; NJW-RR 89, 1149 = MDR 89, 535; wie § 304 Rn 4), einzelne Rechtsfragen (BGH NJW 90, 1050); über einen festen Teilbetrag ohne Ausscheidung der einzelnen Posten, aus denen sich dieser Teilbetrag zusammensetzt (RG 66, 396); über nur sachlich/zeitlich, nicht ziffernmäßig bestimmte Elemente einer Schadensberechnung (BGH NJW-RR 89, 1149; vgl aber auch Rn 4); über unselbständige Rechnungsposten eines Schadensersatzanspruchs (BGH NJW-RR 91, 1469 = MDR 91, 1197; anders bei ziffernmäßiger Bestimmtheit iVm Grundurteil: BGH NJW 92, 1770; Rn 4); über einzelne Berechnungsfaktoren eines einheitlichen Entschä-

digungsanspruchs wegen enteignenden Eingriffs in den Gewerbebetrieb (BGH LM Nr 26; NJW 93, 2173); über die Abweisung ziffernmäßig nicht bestimmter Zinsansprüche, wenn über die zu verzinsende Hauptforderung nicht entschieden wird (Frankfurt MDR 75, 321); über einzelne Posten einer laufenden Rechnung, deren Saldo Streitgegenstand ist (Zweibrücken MDR 82, 1026); über die Kosten vor Erledigung der Hauptsache; über einzelne Vorwürfe bei Streit um die Rechtmäßigkeit einer Abmahnung (LAG Düsseldorf LAG-E § 611 BGB Nr 8); über untrennbare Ansprüche (RG 54, 140); unzulässig ist ferner eine teilweise Klageabweisung, wenn nicht geklärt ist, ob der eingeklagte Pflichtteilsanspruch wegen zu geringer Höhe der Aktiva oder zu hoher Passivposten nicht voll zugesprochen werden kann (BGH NJW 64, 205).

3) Entscheidungsreife. Vgl zum Begriff § 300 Rn 2. Die Entscheidungsreife muß im Zeitpunkt 6
des Erlasses des Teilurteils bereits *bestehen* und darf nicht mittels des Teilurteils erst durch Präklusion herbeigeführt werden (vgl de Lousanoff aaO S 28). Entscheidungsreife fehlt, solange noch neues Vorbringen zulässig ist, wobei der maßgebende Zeitpunkt für die Beurteilung der Verzögerung der der End-(Schluß-)entscheidung ist (BGH 77, 308 = NJW 80, 2355; dazu näher § 296 Rn 12). Unzulässig ist deshalb die Zurückweisung verspäteten Vorbringens (§§ 296, 528) durch Teilurteil, wenn es ohne Verzögerung des Schlußurteils noch berücksichtigt werden kann (zutr BGH 77, 309; 107, 246 f mwN = NJW 89, 2823; Köln OLGZ 93, 128; StJ/Leipold § 296 Rn 54; aA BL/H § 296 Rn 51; krit zur BGH-Rspr MK/Musielak Rn 12 mN; unterscheidend hier § 296 Rn 12); das gilt auch im Verhältnis von Klage und Widerklage (str, vgl § 33 Rn 9). Bei *Streitgenossenschaft* fehlt Entscheidungsreife, solange noch in *einem* Prozeßrechtsverhältnis ein für *sämtliche* Streitgenossen erhebliches Beweisthema eine Beweisaufnahme stattfinden soll (BGH NJW-RR 92, 254; München NJW-RR 94, 1278). Entscheidungsreife fehlt beim Teilurteil auch dann, wenn die (Teil-)Entscheidung von der Entscheidung im Schlußurteil noch irgendwie berührt werden kann. Diese Fragen sind im Zusammenhang mit den die Zulässigkeit von Teilentscheidungen einschränkenden Kriterien der (fehlenden) Widersprüchlichkeit und der Unabhängigkeit zu erörtern (Rn 2 und 7).

4) Unabhängigkeit von Teil- und Schlußurteil (Gebot der Widerspruchsfreiheit von Teil- und 7
Schlußurteil). Die Entscheidung über den Teil muß unabhängig davon sein, wie das Schlußurteil über den Rest des noch anhängigen Streitgegenstandes entscheidet (BGH 107, 242 und 244; NJW 91, 2699; 92, 511 und 2081 mwN; 94, 932; 96, 1478, stRspr). Es darf nicht die Gefahr bestehen, daß es im Teil- und Schlußurteil zu widersprüchlichen Entscheidungen kommt (BGH 107, 242; 120, 380; NJW 91, 570 f mN; 92, 511; NJW-RR 94, 380 mwN). Widersprüchlichkeit meint keinen Rechtskraftkonflikt (dieser tritt bei Teilentscheidungen idR nicht auf, vgl Rn 1 aE; 13 aE), sondern ist iwS zu verstehen und umfaßt bereits Fälle der **Präjudizialität:** Die Entscheidung des Rest-Streits darf nicht eine Vorfrage für den (erledigten) Teilstreit umfassen (BGH NJW-RR 92, 1053; Köln NJW-RR 92, 909; MK/Musielak Rn 7 aE; verkannt von Wax Anm LM Nr 46). In die Beurteilung ist die Möglichkeit einer abweichenden Entscheidung im Instanzenzug (Rn 12) einzubeziehen (BGH NJW 91, 2699; 96, 1478; NJW-RR 94, 380 f mwN; München NJW-RR 95, 575). Für die von Amts wegen zu berücksichtigenden Zulässigkeitsfragen gilt dies idR nicht (Köln NJW-RR 92, 892; einschr OLGR Celle 96, 119; sa Rn 9 [aa]). Weitere Bsp: **Ein Teilurteil ist unzulässig** über einen Feststellungsantrag, wenn die Frage des Feststellungsinteresses von der Entscheidung des Rest-Streits abhängt (RG 151, 384); im Prozeß über eine Mietzinsklage, wenn der Mietvertrag angefochten ist (Köln NJW-RR 92, 909); im Prozeß über Ansprüche aus einem einheitlichen Schadensereignis, wenn im weiteren Verfahren noch tatsächliche Feststellungen zu treffen sind, deren Ergebnis bei einheitlicher Entscheidung auch für den Umfang des vorweg zuerkannten Anspruchs erheblich sein kann (Köln OLGZ 76, 244 = MDR 76, 408; *anders* aber wenn ein Mindestschaden in bestimmter Höhe feststeht und nur noch über den weitergehenden Anspruch Beweis erhoben wird: BGH NJW 96, 1478); im Prozeß über die Feststellung von Versicherungsschutz, wenn der auf das Schadensereignis bezogene Vorsatz möglicherweise nicht auf einzelne (Teil-)Schadensfolgen begrenzt ist (Schleswig VersR 84, 1164); im Prozeß über Ausgleich des Zugewinns, wenn sich die abschließende Bewertung von Anfangs- und Endvermögen (noch) auf den vorab zuerkannten Beitrag auswirken kann (BGH 107, 243; vgl auch Rn 3); im Unterhaltsprozeß über einen Teil des Unterhalts *der Höhe nach* (sog „horizontales Teilurteil"), wenn eine unterschiedliche Beurteilung von für beide Anspruchs-Teile erheblichen Umständen für denselben Zeitraum in Frage kommt (Schleswig FamRZ 88, 1293; 91, 206; Hamburg FamRZ 91, 446; Hamm FamRZ 93, 1215; *anders* aber bei *zeitlicher* Eingrenzung: Nürnberg FamRZ 94, 1594 mN; zu gegenläufigen Abänderungs- und Widerklagen sogleich unten Rn 9) oder bei Klage mehrerer gleichrangiger Unterhaltsberechtigter (Frankfurt FamRZ 87, 1275). Im Entschädigungsprozeß kann über die Anwaltskosten, deren Höhe sich nach der „richtigen" Entschädigung bemißt, nicht durch Teilurteil entschieden werden (BGH 121, 87). Im Reiseprozeß ist Teilentscheidung über (gemeinsam geltend gemachten) Minderungs- und Schadensersatzanspruch (§§ 651c, 651f II BGB) ausgeschlossen (LG Frankfurt NJW-RR 90, 189), desgl die Teilabweisung des auf einen einzigen Mangel gestützten Minderungsanspruchs (LG Frankfurt NJW 89, 1935 =

MDR 89, 550). Bei Einklagung eines Teilbetrags kann eine klageabweisende Entscheidung hinsichtlich einer Mithaftungsquote nicht ergehen, solange nicht im Verfahren über die Höhe des Schadens die Möglichkeit ausgeschaltet ist, daß der zuzusprechende Anteil des Gesamtschadens den eingeklagten Teilbetrag erreicht (BGH VersR 65, 878). In den genannten Fällen ist ein **Teilurteil zulässig**, wenn durch ein zugleich erlassenes Grund-(Zwischen-, Vorbehalts-)urteil über den Restanspruch die (sonst) drohende Widersprüchlichkeit verhindert wird (BGH NJW 95, 2106; sa Rn 3, 9 aE; § 304 Rn 1, 3, 16, 18a).

5) Einzelfragen

8 **a) Eventualverhältnisse.** Bei eventueller Klagenhäufung läßt die hM eine **Abweisung des Hauptanspruchs** durch Teilurteil zu (so BGH 56, 79 = NJW 71, 1316; BGH NJW 95, 2361 mN, str; einschr BGH NJW 92, 2081 – dazu sogleich); dies ist abzulehnen, da bei Fortführung des Prozesses in zwei Instanzen einander widersprechende Entscheidungen ergehen können, ohne Rechtsmitteleinlegung gegen das Teilurteil aber der Kläger Gefahr läuft, auch mit dem Hilfsantrag im Schlußurteil abgewiesen zu werden (überzeugend gegen die hM de Lousanoff aaO S 135 f; ähnlich MK/Musielak Rn 9). Vor Erledigung des Hauptantrags darf kein Teilurteil über den **Hilfsantrag** ergehen (§ 260 Rn 4). Durch Teilurteil darf nach hM auch nicht entschieden werden, wenn bei einheitlichem Antrag mehrere Klagegründe wechselseitig im Eventualverhältnis geltend gemacht werden (BGH NJW 92, 2081 = MDR 92, 708 = LM Nr 46 mit krit Anm Wax; NJW 95, 2361; sa Einl Rn 74).

9 **b) Gegenrechte, Gegenanträge. aa) Geltendmachung von Einreden und Gegenrechten, die den ganzen Streitstoff betreffen.** Ein Teilurteil über einen Teil der Klageforderung ist unzulässig, wenn der Beklagte mit einer die gesamte Klageforderung übersteigenden Gegenforderung *aufgerechnet* hat und beide Forderungen der Höhe nach streitig sind (vgl Hamm NJW-RR 89, 828; einschr Koblenz NJW-RR 88, 533 für zusätzlichen Feststellungsantrag). Das gleiche gilt für das beide Forderungsteile umfassende *Minderungsrecht* (Hamm NJW-RR 89, 828; sa Düsseldorf MDR 90, 930), sowie im auf Zahlungsverzug gestützten Räumungsprozeß für ein verzugsausschließendes *Leistungsverweigerungsrecht* (LG Bonn NJW-RR 90, 19). Ist wegen einer Gegenforderung ein *Zurückbehaltungsrecht* geltend gemacht, kann ein Teilurteil über den Klageanspruch nur unter Berücksichtigung der Druckfunktion des Gegenrechts ergehen (BGH NJW 92, 1633 = MDR 92, 708; zur Mängeleinrede s auch Köln VersR 92, 853). Entspr gilt bei auf Einrede zu beachtenden *Zulässigkeitsrügen* (zB § 1027a, Schlichtungsklausel, §§ 110, 269 IV), soweit nicht zugleich ein Zwischenurteil gem § 280 ergeht (OLGR Celle 96, 118). **bb) Klage und Widerklage.** Kein Teilurteil darf ergehen, wenn Klage und Widerklage denselben Gegenstand betreffen (vgl BGH NJW 91, 2700; NJW-RR 92, 1340 mN), in einem unlösbaren Zusammenhang stehen (Düsseldorf NJW-RR 93, 976), insbes, wenn die gegenläufige Abänderung desselben Unterhaltstitels für denselben Zeitraum begehrt wird (BGH NJW 87, 441 = MDR 87, 301; Zweibrücken FamRZ 95, 892; Koblenz NJW-RR 89, 960 für Berufungsinstanz); kein Teilurteil über die Klage, bevor nicht über eine Inzidentfeststellungswiderklage entschieden ist (München MDR 57, 425); kein Teilurteil über die Widerklage, der gegenüber mit einem Teil der Klageforderung die *Aufrechnung* erklärt ist (BGH NJW-RR 94, 380), und umgekehrt über die Klage, der gegenüber mit der durch *Eventualwiderklage* geltend gemachten Forderung aufgerechnet ist (Düsseldorf NJW-RR 95, 575; sa oben aa). **cc) Rechtsmittelanschließung.** Unzulässig ist ein Teilurteil über ein unselbständiges Anschlußrechtsmittel (BGH 20, 311 = NJW 56, 1030; NJW 94, 2236 mwN = MDR 94, 940); anders, wenn bereits über das Hauptrechtsmittel teilweise vorab entschieden wurde (Celle NJW-RR 86, 357). Die unselbständige Anschlußrevision kann Gegenstand einer Teilentscheidung gem § 554b sein (Büttner, FS Merz, 1992, S 20 ff).

III) Entscheidung durch Teilurteil

10 1) Ob ein Teilurteil erlassen wird, steht im freien, nicht nachprüfbaren **Ermessen des Gerichts** (hM; zu beachtende Gesichtspunkte: LG Frankfurt NJW 89, 1936; NJW-RR 90, 190; vgl auch Rn 12), wenn auch die Fassung des § 301 II erkennen läßt, daß der Gesetzgeber den Erlaß als die Regel ansieht. Ein Teilurteil **muß** ergehen bei der Stufenklage des § 254, bei Teilverzicht und -anerkenntnis, §§ 306, 307 sowie bei *unzulässiger Widerklage,* die die Rechtsverfolgung des Klägers beeinträchtigt (BGH NJW 87, 3139 mit Anm Walter; § 33 Rn 27a); allg im Säumnisverfahren, insbes bei Säumnis eines einfachen Streitgenossen (MK/Musielak Rn 19). Keine Anfechtung der Zurückweisung des Antrages auf Teilurteil (RG 97, 32). Im Fall des § 300 II muß Endurteil ergehen (§ 300 Rn 6). Teilurteil ist auch als (und in Verb mit einem) **Grundurteil** (BGH NJW 93, 1782; oben Rn 4; § 304 Rn 12) sowie in der **höheren Instanz** möglich (vgl § 523; sa zB § 575 Rn 8 ff).

11 2) Das Teilurteil enthält in der Regel (Ausnahme: über die außergerichtlichen Kosten eines ausscheidenden Streitgenossen) keinen **Kostenausspruch** (allgM, aA LAG Berlin MDR 78, 345; BB 84, 1362 [LS]); über ihn wird im Schlußendurteil entschieden (so insbesondere, wenn die Entscheidung über die Widerklage dem Endurteil vorbehalten ist). Zur Kostenentscheidung beim Teilurteil und zu ihrer isolierten Anfechtung vgl § 99 Rn 10, auch BGH NJW 93, 1066 mwN.

IV) Wirkungen und Anfechtbarkeit des Teilurteils

1) Das Teilurteil **teilt** den Rechtsstreit in **zwei selbständige Verfahren** (Zweibrücken MDR 82, 1026; zum Fall des Teil-Versäumnis- und Teil-Endurteils vgl § 338 Rn 1); deshalb kann das angerufene Rechtsmittelgericht grundsätzlich nicht über einen noch beim Untergericht anhängigen Streitteil mitentscheiden, es sei denn, der Erlaß eines Teilurteils war unzulässig (BGH NJW 83, 1312 f; 87, 442; 92, 512 mN; NJW-RR 94, 381; dazu näher Rn 13) oder die Parteien sind mit der Entscheidung durch das Berufungsgericht einverstanden (BGH 97, 280; § 537 Rn 8). Es ist wie das Schlußendurteil selbständig anfechtbar, §§ 511, 545, und selbständig der Rechtskraft fähig (BGH NJW 92, 512; vgl auch unten Rn 13); die rechtzeitige Anfechtung des Teilurteils hemmt nicht den Eintritt der Rechtskraft des Schlußurteils (BGH VersR 86, 1210). Folgen: Die Berufungs- oder Revisionssumme (§§ 511a, 546) muß hinsichtlich jedes Teilurteils selbständig gegeben sein (BGH NJW 89, 2757 mwN). Erreicht das eine Teilurteil die Revisionssumme, das andere nicht, so kann gegen letzteres Revision nicht eingelegt werden, auch wenn gleichzeitig gegen das erstere Revision eingelegt wird (vgl auch BGH NJW 87, 2997). Es sind eben beide Urteile selbständige Endurteile. Allerdings kann in Fällen, in denen die Rechtmittelfähigkeit der Entscheidung davon abhängt, ein *nobile officium* des Gerichts bestehen, vom Erlaß eines Teilurteils abzusehen (so RSchwab/Gottwald § 59 II 2b; weitergehend de Lousanoff aaO S 151 f: Unzulässigkeit bei einheitlichem Anspruch wegen Ermessensreduzierung; vgl auch Rn 10). Während des Rechtsmittelverfahrens ist dem in **erster Instanz** anhängig gebliebenen Verfahrensteil – zumindest auf Antrag – Fortgang zu geben (Köln JMBlNRW 84, 115), so daß der Rechtsstreit in beiden Instanzen *zugleich* geführt werden kann. 12

2) Ein **Verstoß gegen § 301** ist ein idR zur Aufhebung des Teilurteils und zur Zurückverweisung (§ 539) führender wesentlicher Verfahrensfehler (BGH NJW 96, 395; Ausnahme – „Hochziehen" des im ersten Rechtszug anhängigen Teils –: BGH NJW-RR 94, 381; vgl ferner § 537 Rn 9; § 539 Rn 22; § 540 Rn 6). Auch bei *zulässigem* Teilurteil kommt im Fall seiner Aufhebung uU eine Abweisung der *gesamten* Klage in Frage (Köln NJW-RR 96, 699 mN; sa § 537 Rn 7). In der Revisionsinstanz ist außer in Ehesachen grundsätzlich eine Verfahrensrüge nach § 554 III Nr 3b erforderlich (BGH 16, 74; NJW 91, 2083; einschr NJW-RR 94, 381), uU ist aber der Mangel auch von Amts wegen zu berücksichtigen (so BGH NJW 91, 101 mN für Teilurteil unter Verstoß gegen § 62, vgl oben Rn 3; ferner bei zu Zweifeln über die Rechtskraft führender Unbestimmtheit: StJ/Leipold Rn 13); diese Abweichung gegenüber § 304 Rn 17, 23 erklärt sich aus der unterschiedlichen Bindungswirkung. Mängel des Teilurteils (Unbestimmtheit des Gegenstands bei Mehrheit von Klageansprüchen, vgl Rn 4; Widersprüchlichkeit iS der Rn 7) können aber uU durch entspr Klarstellung noch in der Revisionsinstanz **geheilt** werden (BAG NJW 78, 2114), in der Berufungsinstanz uU durch Zwischenfeststellungsantrag gem § 256 II (§ 523 Rn 9), ferner allg durch Verbindung der Rechtsmittelverfahren gegen Teil- und Schlußurteil zu einem einheitlichen Verfahren (BGH NJW 91, 3036 = MDR 92, 413). 13

Auch ein *unzulässiges* Teilurteil ist der vollen **Rechtskraft** fähig (BGH NJW 96, 1061). Ist ein entgegen Rn 7 ergangenes Teilurteil rechtskräftig geworden, ist bei Präjudizialität (s Rn 7) seine Rechtskraft bei der Schlußentscheidung zu berücksichtigen. Bsp: Die rechtskräftige Teilentscheidung über die Hauptforderung muß bei der Entscheidung über Nebenforderungen zugrunde gelegt werden (vgl BGH DStR 94, 512 mit Anm Goette; Teilentscheidung bei gegenläufigen Abänderungsklagen (Zweibrücken FamRZ 95, 891; sa Rn 9; § 323 Rn 41).

V) Gebühren des Gerichts: Soweit Teilurteile einen Teil des Streitgegenstandes erledigen, sind sie Endurteile und somit gebührenpflichtig, sofern in der Instanz Urteilsgebühren anfallen. Zunächst ist für jedes Teilurteil die Urteilsgebühr gesondert zu berechnen; für sämtliche Teilurteile zusammen darf jedoch im Ergebnis keine höhere Urteilsgebühr erhoben werden, als sie sich aus der Gesamtsumme der einzelnen Wertteile errechnet (§§ 21 II, 27 GKG). Bei verschiedenen Gebührensätzen ist für die einzelnen Wertteile die Urteilsgebühr ebenfalls zunächst gesondert zu berechnen; dabei ist § 21 III GKG zu beachten. 14

302 *[Vorbehaltsurteil]*

(1) Hat der Beklagte die Aufrechnung einer Gegenforderung geltend gemacht, die mit der in der Klage geltend gemachten Forderung nicht in rechtlichem Zusammenhang steht, so kann, wenn nur die Verhandlung über die Forderung zur Entscheidung reif ist, diese unter Vorbehalt der Entscheidung über die Aufrechnung ergehen.

(2) Enthält das Urteil keinen Vorbehalt, so kann die Ergänzung des Urteils nach Vorschrift des § 321 beantragt werden.

(3) Das Urteil, das unter Vorbehalt der Entscheidung über die Aufrechnung ergeht, ist in betreff der Rechtsmittel und der Zwangsvollstreckung als Endurteil anzusehen.

(4) In betreff der Aufrechnung, über welche die Entscheidung vorbehalten ist, bleibt der Rechtsstreit anhängig. Soweit sich in dem weiteren Verfahren ergibt, daß der Anspruch des Klägers unbegründet war, ist das frühere Urteil aufzuheben, der Kläger mit dem Anspruch abzuweisen und über die Kosten anderweit zu entscheiden. Der Kläger ist zum Ersatz des Schadens verpflichtet, der dem Beklagten durch die Vollstreckung des Urteils oder durch eine zur Abwendung der Vollstreckung gemachte Leistung entstanden ist. Der Beklagte kann den Anspruch auf Schadensersatz in dem anhängigen Rechtsstreit geltend machen; wird der Anspruch geltend gemacht, so ist er als zur Zeit der Zahlung oder Leistung rechtshängig geworden anzusehen.

I) Allgemeines

1 Die Möglichkeit, den Beklagten zu verurteilen, bevor über alle seine Einwendungen entschieden ist, geben die Vorbehaltsurteile nach § 302 und § 599; sie dienen der Prozeßbeschleunigung. Wegen Zulässigkeit und Wirkung der Aufrechnung im Prozeß s § 145 Rn 11 ff. Der Vorbehalt gem I ist nur in einem *Leistungsurteil* möglich (arg III, IV; vgl auch Rn 4); inwieweit in dem einem *Feststellungsurteil* nachfolgenden Leistungsverfahren (noch) die Aufrechnung möglich ist, richtet sich ausschließlich nach den Grundsätzen der Rechtskraftpräklusion (BGH 103, 366 f; Rn 66 vor § 322). Im verwaltungsgerichtlichen Verfahren ist § 302 iVm § 173 VwGO anwendbar (BVerwG NJW 87, 2530 [2533 mwN]; vgl auch § 145 Rn 19).

II) Voraussetzungen des Vorbehaltsurteils

2 1) **Aufrechnung** (§ 388 BGB) des Beklagten mit einer Gegenforderung, die mit der Klageforderung **nicht im rechtlichen Zusammenhang steht.** Ein solcher liegt vor, wenn die beiden Ansprüche in demselben rechtlichen Verhältnis oder auch in verschiedenen Rechtsverhältnissen wurzeln, diese aber nach ihrem Zweck und der Verkehrsanschauung wirtschaftlich als Ganzes, also als ein innerlich zusammengehöriges Lebensverhältnis erscheinen, so daß es treuwidrig wäre, einen Anspruch ohne Berücksichtigung des anderen durchzusetzen (BGH NJW-RR 90, 950 mN; Düsseldorf NJW 90, 2000; NJW-RR 93, 476). Der Begriff ist weit zu fassen (BGH 25, 363 f; Karlsruhe NJW-RR 87, 254), laufende Geschäftsverbindung zwischen Vertragspartnern genügt (Düsseldorf OLGZ 85, 76 = MDR 85, 60; vgl auch Rn 3). Bei rechtlichem Zusammenhang ist nur eine Beschränkung nach § 146 möglich (RG 52, 27). Ist die Gegenforderung nicht konnex, so erfolgt die Trennung nach § 145 III oder § 302.

3 **Rechtsprechung:** Ein rechtlicher Zusammenhang wird bejaht zwischen Kaufpreisforderung und Gegenforderung auf Schadensersatz wegen Verletzung von Warenzeichenrechten während der Geltung eines Abkommens über die gegenseitigen Geschäftsbeziehungen (BGH 25, 360 = NJW 58, 18); zwischen Mietzins- und mietvertraglichen Schadensersatzansprüchen (Karlsruhe NJW-RR 87, 254); zwischen dem Honoraranspruch des selbstliquidierenden Chefarztes und dem Gegenanspruch auf Schadensersatz wegen fehlerhafter Behandlung (BGH 94, 10); zwischen dem Honoraranspruch des Architekten und Schadensersatzansprüchen auf Grund von Mängeln dieses Bauvorhabens (Düsseldorf NJW-RR 93, 476); zwischen Bereicherungs- und vertraglichen Honoraransprüchen (BGH NJW-RR 90, 948, 950). Zwischen dem Anspruch auf den anerkannten Saldo und seinen Rechnungsposten besteht in aller Regel kein rechtlicher Zusammenhang (BGH LM § 355 HGB Nr 12).

4 2) Verurteilung unter Vorbehalt **(I)** setzt **Leistungsklage** (§ 253) voraus; die Klageforderung muß – abgesehen von der Einwendung der Aufrechnung – **entscheidungsreif** sein, § 300 I. Bei nicht konnexer Forderung kann auch im Grundurteil ein Vorbehalt nach § 302 gemacht werden (BGH LM § 304 Nr 6; MK/Musielak Rn 2). Feststellungsurteil steht Grundurteil nicht gleich (Rn 1).

5 3) Die **Gegenforderung** darf noch **nicht entscheidungsreif** sein; ist sie es, steht also fest, daß die Aufrechnung unzulässig ist (§§ 393 ff BGB, BGH 35, 248) oder die Gegenforderung nicht begründet ist, darf nicht nach § 302 verfahren werden, sondern muß ein Endurteil ergehen. Das Gericht muß die Erheblichkeit des Aufrechnungseinwands prüfen (MK/Musielak Rn 4). Zum Verbrauch der Gegenforderung s BGH WM 75, 795. Nach BGH 25, 360 = NJW 58, 18 ist der Beklagte, gegen den trotz Unzulässigkeit der Aufrechnung ein Vorbehaltsurteil ergangen ist, hierdurch auch dann nicht beschwert, wenn die beiden Forderungen konnex waren und das Vorbehaltsurteil auch aus diesem Grunde nicht zulässig war. Gleichgültig ist, ob für die Gegenforderung ein **anderes Gericht** ausschließlich zuständig ist (zB FamG für Unterhaltsanspruch), ein anderer Rechtsweg gegeben ist (zB VerwG bei öffentlich-rechtlicher Gegenforderung) oder ein Schiedsgericht zu entscheiden hat (s § 145 Rn 19 f; § 1025 Rn 34; § 13 GVG Rn 49); Besonderheiten bestehen insoweit nur für das **Nachverfahren** (Rn 11).

III) Ermessen beim Erlaß des Vorbehaltsurteils

Das Vorbehaltsurteil **kann** nach freiem, nicht nachprüfbarem (RG 97, 32; 144, 118) Ermessen des Gerichts erlassen werden, doch soll dies die Regel sein, wenn die Voraussetzungen oben Rn 2–5 erfüllt sind. Die Möglichkeit des § 302 ist nicht durch Parteivereinbarung abdingbar (BGH LM § 355 HGB Nr 12). Durch das Vorbehaltsurteil wird der Beklagte gemäß dem Klageantrag, aber unter dem Vorbehalt seiner Aufrechnung mit der genau zu bezeichnenden Gegenforderung verurteilt. Eine Kostenentscheidung ist notwendig, vgl **IV 2:** „anderweit" (BGH MDR 88, 227). Die vorläufige Vollstreckbarkeit richtet sich nach allgemeinen Regeln. Wird der Vorbehalt übersehen, so ist eine Urteilsergänzung nach §§ 321, 302 II möglich oder ein Rechtsmittel. 6

IV) Wirkungen des Vorbehaltsurteils

An seine Entscheidung über die Klageforderung im Vorbehaltsurteil ist das Gericht wie an ein rechtskräftiges Urteil gebunden (§ 318). Eine **Bindung** besteht auch, insoweit über die Zulässigkeit der Aufrechnung entschieden wurde, selbst wenn nicht alle Aufrechnungshindernisse geprüft wurden. Durch diese Bindungswirkung ist der Kläger beschwert; er kann das Vorbehaltsurteil mit Rechtsmitteln anfechten (BGH 35, 248 = NJW 61, 1721 = LM Nr 9/10 mit Anm Rietschel; BGH NJW 79, 1046; vgl aber auch Rn 8). Soweit der Kläger im Nachverfahren die Klageforderung zulässigerweise (BGH 37, 134 = NJW 62, 1249) erweitert, oder soweit neue Einwendungen entstanden sind, kann der Beklagte auch die Klageforderung angreifen (RSchwab/Gottwald § 59 V 5c; StJ/Leipold Rn 24; BL/Hartmann Rn 12). Zur Bindungswirkung vgl auch Bötticher JZ 62, 213. 7

V) Anfechtung des Vorbehaltsurteils

Das Vorbehaltsurteil ist selbständig anfechtbar (**III,** wie § 599 III) und Vollstreckungstitel. Mit dem Rechtsmittel kann der Beklagte auch geltend machen, daß das Vorbehaltsurteil zu Unrecht erging, zB weil Forderung und Gegenforderung im rechtlichen Zusammenhang stehen (nicht aber der Kläger, der insoweit – vgl auch Rn 7 – nicht beschwert ist; so BGH NJW 79, 1046). Die Berufung des Beklagten in solchem Fall darf nicht deshalb zurückgewiesen werden, weil das Erstgericht vorbehaltslos verurteilt hätte, wenn es über die Gegenforderung entschieden hätte (BGH LM Nr 1). Ob der Erlaß des Vorbehaltsurteils zweckmäßig war, unterliegt der Nachprüfung durch das Rechtsmittelgericht nicht (BGH WM 65, 827; sa Rn 6). War das Vorbehaltsurteil ergangen, obwohl die Forderungen konnex waren, so rechtfertigt dieser Verfahrensmangel Zurückweisung gem § 539 (dort Rn 23). Durch die Berufung gelangt hier jedoch ausnahmsweise auch der vorbehaltene Streitstoff in die zweite Instanz, die daher auch über die Gegenforderung entscheiden darf (§ 540), sofern die Parteianträge (§§ 308, 521, 536, 537) dies gestatten und über den Aufrechnungstatbestand in der Berufungsinstanz verhandelt worden ist (BGH LM Nr 4; Karlsruhe NJW-RR 87, 254; sa § 301 Rn 12). Wird im Berufungsverfahren gegen ein Vorbehaltsurteil eine konnexe Gegenforderung neu eingeführt, deren Berücksichtigung bei Widerspruch des Gegners nicht für sachdienlich zu erachten ist, so erstreckt sich der vom Berufungsgericht bestätigte landgerichtliche Vorbehalt auch auf diese Gegenforderung (München MDR 75, 324). 8

VI) Vollstreckung des Vorbehaltsurteils

Gegen die Vollstreckung eines für vorläufig vollstreckbar erklärten Vorbehaltsurteils kann sich der Beklagte bei Rechtsmitteleinlegung gemäß § 719 schützen. Auch ist in entsprechender Anwendung der §§ 707 und 719 die vorläufige Einstellung möglich, s auch § 707 Rn 2 und § 599 Rn 17; BGH NJW 67, 566; vgl aber auch Karlsruhe NJW 59, 1282 – für § 599. Nach Rechtskraft des Vorbehaltsurteils kann der Kläger Rückgabe der hinterlegten Sicherheit gemäß § 715 verlangen (RG 47, 364). 9

VII) Nachverfahren

1) Beginn. Das Nachverfahren kann vor Rechtskraft des Vorbehaltsurteils beginnen. Terminansetzung und Ladung erfolgen von Amts wegen; s § 216 Rn 1, 2. Die Ladungsfrist (§ 217) ist einzuhalten; nicht die Einlassungsfrist (§ 274 III). §§ 707, 719 entspr: Rn 9. Fortführung des Verfahrens in den bisherigen Akten; keine Neueintragung im Zivilprozeßregister des AG und des LG. 10

2) Anhängigkeit des Rechtsstreits. Wegen der vorbehaltenen Aufrechnung bleibt der Rechtsstreit mit den gleichen Parteirollen anhängig. Neues Vorbringen gegen die Klageforderung ist nicht mehr möglich; anders bei – nach §§ 263, 264 zulässiger – Klageänderung bzw -erweiterung, s oben Rn 7. Bei **Aufrechnung mit einer rechtswegfremden Gegenforderung** hat das Gericht diese zu prüfen und über sie zu entscheiden (Konsequenz aus § 17 II 1 GVG nF; so VGH Kassel NJW 95, 1107 f mwN; Schenke/Ruthig NJW 92, 2505; Drygala NZA 92, 294; Hager, FS Kissel, 1994, S 343 ff, 346; Schwab, FS Zeuner, 1994, S 499; im Verhältnis ordentliche/Arbeitsgerichtsbarkeit auch Lüke, Vollkommer, FS Kissel, 1994, S 717 ff, 734; 1201 ff, 1204, str; aA iS der bish hM BVerwG NJW 93, 2255; Rupp NJW 92, 3274: notwendige Aussetzung; sa § 145 Rn 19 f; § 13 GVG Rn 49); 11

desgleichen kann das Gericht über eine Gegenforderung, für die eine abw ausschließliche Zuständigkeit besteht, selbst entscheiden (vgl Düsseldorf FamRZ 87, 706); dagegen ist bei Zuständigkeit eines Schiedsgerichts gem § 148 auszusetzen (§ 145 Rn 20; § 1025 Rn 24).

12 **3) Beendigung des Nachverfahrens.** Das Nachverfahren wird durch das **Endurteil** geschlossen: Ist die vorbehaltene Einwendung unbegründet, so „wird das Vorbehaltsurteil aufrechterhalten, der Vorbehalt fällt weg"; andernfalls „wird das Vorbehaltsurteil aufgehoben und die Klage abgewiesen". Es ergeht eine Zusatz- oder Neuentscheidung über die Kosten. Im letzteren Fall tritt die vorläufige Vollstreckbarkeit des Vorbehaltsurteils außer Kraft, § 717 I. Beseitigt ist es erst mit Rechtskraft des Schlußurteils.

13 **4) Säumnis.** Ist der Beklagte säumig, muß sein allein noch anhängiger Gegenangriff gegen das Vorbehaltsurteil mittels Aufrechnung erfolglos bleiben. Also ist der Wegfall des Vorbehaltes auszusprechen. Ist der Kläger säumig, gilt nur das Vorbringen des Beklagten zur Gegenforderung als zugestanden, § 331. Ist es schlüssig, ist das Vorbehaltsurteil aufzuheben und die Klage abzuweisen. Die Gegenforderung bleibt aber durch die Aufrechnung verbraucht.

14 **5) Die Geltendmachung des Schadens** erfolgt durch Stellung eines diesbezüglichen Antrags (Inzidentantrags; vgl StJ/Leipold Rn 28), förmliche Widerklage oder in einem neuen Prozeß; im letzteren Fall keine Rückwirkung der Rechtshängigkeit auf den Zeitpunkt der Zahlung oder Leistung (RG 63, 369). Die Ersatzpflicht umfaßt unabhängig von einem Verschulden des Klägers (RG 91, 195 [203]) das Gezahlte oder Geleistete samt Zinsen und Kosten, die der Kläger auf Grund der Kostenfestsetzung erhielt, und jeden durch die Vollstreckung oder Leistung entstandenen weiteren Schaden. Auf den Schadensersatzanspruch finden die §§ 249 ff, 254 BGB Anwendung. S im übrigen Anm zu § 717; doch ist § 717 III nicht anwendbar (MK/Musielak Rn 16, str). Kein Ersatz immateriellen Schadens für auf Grund später aufgehobenen Vorbehaltsurteils gemäß § 901 erlittene Haft (Hamburg MDR 65, 202).

VIII) Abhängigkeit von Vorbehalts- und Schlußurteil

15 Das Vorbehaltsurteil ist in seinem Bestand von der Entscheidung im Nachverfahren abhängig (auflösend bedingt). Umgekehrt hängt der Bestand auch des nicht mehr anfechtbaren, das Vorbehaltsurteil aufrechthaltenden Schlußurteils vom Bestand des Vorbehaltsurteils ab, das ja selbständig anfechtbar ist. Hat zB das Schlußurteil das Vorbehaltsurteil bestätigt, weil die Gegenforderung nicht erweisbar war, wird es ohne weiteres wirkungslos, wenn auf die Berufung des Beklagten hin das Vorbehaltsurteil später aufgehoben und die Klage abgewiesen wird, weil die Klageforderung nicht beweisbar ist; auch im Umfang der Entscheidung über die Gegenforderung bleibt das Schlußurteil (entgegen AK/Fenge Rn 25) nicht bestehen, denn die Rechtskraftwirkung gem § 322 II setzt eine Entscheidung über den Streitgegenstand (Klageforderung) voraus.

16 **IX) Gebühren: 1) des Gerichts:** Das Nachverfahren bildet mit dem vor Erlaß des Vorbehaltsurteils liegenden Verfahren hinsichtlich der allgemeinen Verfahrensgebühr eine einheitliche Kosteninstanz iS des § 27 GKG; es darf also die Verfahrensgebühr nur einmal erhoben werden. Die Urteilsgebühr im Berufungsverfahren dagegen kann zweimal erwachsen: Einmal für das Vorbehaltsurteil (KV 1223: 1,5) und für das im Nachverfahren ergehende Endurteil (KV 1224: 1,5; Urteil mit Begründung / KV 1225: 0,75; Urteil ohne Begründung). – **2) des Anwalts:** Das Vor- und Nachverfahren gelten als eine Gebühreninstanz (§ 13 BRAGO). § 39 BRAGO findet auf das Nachverfahren im Falle des § 302 keine Anwendung (s Hamm MDR 75, 1025; Schleswig JurBüro 87, 1189). – **3)** Hinsichtl des Ergänzungsurteils im Falle des Abs 2 s § 321 Rn 12.

303 *[Zwischenurteil]*

Ist ein Zwischenstreit zur Entscheidung reif, so kann die Entscheidung durch Zwischenurteil ergehen.

I) Allgemeines

1 **1) Begriff. a)** Zwischenurteile entscheiden nicht wie das Teilurteil über einen Teil des Streitgegenstandes (§ 301 Rn 1) oder allein die Widerklage (§§ 33, 256 II; § 301 Rn 4), nicht wie das Vorbehaltsurteil auflösend bedingt über den Klageanspruch (§ 302 Rn 15), sondern über einen oder mehrere einzelne „Streitpunkte" (§ 537). Durch sie entscheidet das Gericht vorweg über ein Urteilselement (BGH NJW 87, 3265; Linnenbaum JR 84, 115). Bisweilen dienen sie ohne unmittelbaren Zusammenhang mit der Endentscheidung nur dem Fortgang des Rechtsstreits. **b) Einteilung:** „Echte" Zwischenurteile ergehen zwischen den Parteien (Rn 4 ff), sind teils selbständig (§§ 280 II, 304 II, 252), teils nur zusammen mit dem Endurteil anfechtbar (Rn 11); „unechte" Zwischenurteile ergehen gegenüber Dritten (Rn 3) und unterliegen idR der sofortigen Beschwerde (§§ 71 II, 135 III, 387 III usw). **c)** Zur **Umdeutung** anderer Urteile in Zwischenurteile und umgekehrt s Tiedtke ZZP 89, 66 ff; BGH NJW 94, 1652; BAG NJW 67, 647; Köln NJW-RR 96, 122 und dazu Deubner JuS 95, 817.

2) **Anwendungsbereich:** § 303 gilt entspr im *Beschwerdeverfahren.* Bsp: Zwischenentscheidung über die Zulässigkeit der sofortigen Beschwerde (Düsseldorf OLGZ 79, 454), ferner entspr im Beschlußverfahren über die nachträgliche Zulassung einer Kündigungsschutzklage gem § 5 KSchG (dazu BAG MDR 84, 83). 2

II) Arten von Zwischenurteilen

1) **Zwischenurteile zwischen einer Partei und einem Dritten** (unechte): §§ 71 I, II; 135 II, III; 372a; 387; 402; hier beendet das Zwischenurteil den Zwischenstreit endgültig. Es ist – außer in den Fällen des § 567 III, IV – selbständig mit sofortiger Beschwerde anfechtbar, über die durch Beschluß entschieden wird. Hierher gehört auch der Zwischenstreit mit einer **Scheinpartei** (s Rn 8 vor § 50) über deren Parteiidentität (vgl BGH NJW-RR 95, 764 = MDR 95, 1163 = Rpfleger 95, 422). 3

2) **Zwischenurteile zwischen den Parteien:** Sie ergehen nur auf Grund mündlicher Verhandlung über einzelne prozessuale Fragen, von denen der Fortgang des Rechtsstreits abhängt, nicht also über den materiellen Streitgegenstand. Zu unterscheiden sind: 4

a) **Zwischenurteile über die Zulässigkeit der Klage** (darunter zu fassende Voraussetzungen s Rn 9 ff vor § 253) gemäß **§ 280;** s Anm dort. Bsp: *Bejahung* der (internationalen) Zuständigkeit (Hamburg WM 92, 1942). *Verwerfung* der Einrede der mangelnden Prozeßkostensicherheit (BGH 102, 234 = NJW 88, 1733; zur *Stattgabe* s Rn 6). Hierher gehört auch das Zwischenurteil über die Beendigung des Rechtsstreits durch einen (widerrufenen) Vergleich (zutr Deubner JuS 95, 817 gegen Köln NJW-RR 96, 122, str; vgl dazu auch § 794 Rn 15a), die Zulässigkeit eines gewillkürten Parteiwechsels in der Form der Auswechslung des Beklagten (BGH NJW 81, 989; Roth NJW 88, 2984). Sondervorschrift für Rechtsweg: § 17a III, IV GVG. 5

b) **Zwischenurteile über sonstige prozessuale Fragen** gemäß **§ 303,** zB bei Streit über die Anordnung der Sicherheitsleistung gem § 110 (BGH 102, 232 = aaO [Rn 5]), über die Zulässigkeit der Wiedereinsetzung, § 238 (Besonderheiten hinsichtlich der Anfechtung: Rn 11), über die Unterbrechung eines Verfahrens, § 241 I (BGHR aaO [Rn 11]), seine Aufnahme, § 239; über die Zulässigkeit einer Klageänderung, §§ 263, 264, 267, 268 (Parteiwechsel ist dagegen Fall der Rn 5), oder des Einspruchs, § 341 (vgl Demharter NJW 86, 2754); über die Zulassung von Angriffs- und Verteidigungsmitteln, § 296 (zur Zurückweisung vgl sogleich unten); über die Zulässigkeit eines Rechtsmittels (BGH 102, 236; NJW 87, 3265); über die Verpflichtung zur Vorlegung einer Urkunde, §§ 422, 423 oder die Echtheit von Urkunden, §§ 440 ff; über die Zulässigkeit der objektiven oder subjektiven Klagenhäufung; Zulässigkeit oder Begründetheit der Wiederaufnahmeklage, § 590 II S 1; über den Widerruf eines Geständnisses, § 290; seit der Novelle vom 13. 2. 1924 **nicht mehr** über selbständige Angriffs- oder Verteidigungsmittel, wie zB über die Einrede der Verjährung (aA AK/Fenge Rn 19), wodurch den Gerichten ein „hervorragendes Mittel zur Vereinfachung und Gliederung verwickelter Verfahren entzogen" ist (RSchwab/Gottwald § 59 III 1c; Blomeyer § 83 III 1; vgl – im Gegensinn – Bettermann ZZP 79, 392). Das Gericht kann hier jedoch die Verhandlung auf einen oder mehrere Streitpunkte beschränken, § 146. **Nicht** über einzelne Elemente der sachlichen Begründetheit des Anspruchs (BGH 72, 38 mN), wie die Sachbefugnis (BGH 8, 383), die Beendigung einer Mitgliedschaft (vgl BGH WM 94, 313 f) oder die Nichtigkeit eines Vertrags (BGH NJW 94, 1652; aber § 256 II zu beachten, s Rn 1), auch nicht im Zusammenhang mit einer Zuständigkeitsentscheidung (Rn 10); die (Un-)Wirksamkeit eines Prozeßvergleichs (vgl Rn 5); eine Zurückweisung von Angriffs- und Verteidigungsmitteln als verspätet (§ 296) kommt nur im Rahmen eines Grundurteils in Frage (vgl § 304 Rn 6 aE). 6

3) Zwischenurteile **über den Grund des Anspruchs** nach § 304 und zurückverweisende Urteile der Rechtsmittelgerichte (vgl hierzu Blomeyer § 83 VI und Bötticher MDR 61, 805 ff); beide Gruppen fallen nicht unter § 303. Zur Bedeutung eines Grundurteils im arbeitsgerichtlichen Verfahren als Zwischenurteil iS von § 303 s BAG NJW 76, 774. 7

III) Entscheidung durch Zwischenurteil

1) Die Entscheidung **muß** durch Zwischenurteil erfolgen in den Fällen der §§ 280 II (Zulässigkeit der Klage), 347 II (Versäumniszwischenurteil über einen Zwischenstreit), 366 (Streit über die Beweisaufnahme vor einem beauftragten oder ersuchten Richter). 8

2) Ist zwar der Zwischenstreit iS von Rn 6, nicht aber schon die Hauptsache entscheidungsreif, so kann das Gericht **nach freiem,** nicht nachprüfbarem **Ermessen** ein Zwischenurteil nach § 303 erlassen; es kann aber – und tut dies in der Praxis meist – zu der Frage des Zwischenstreits auch erst in den Gründen der Endentscheidung Stellung nehmen. Seiner Rechtsnatur nach ist das Zwischenurteil regelmäßig **Feststellungsurteil** (Ausnahme: § 135 II, III). 9

IV) Wirkungen des Zwischenurteils

Die Bedeutung des Zwischenurteils liegt darin, daß das Gericht an seine Entscheidung gebunden ist, § 318, also im Endurteil nicht von ihr abweichen kann (vgl § 318 Rn 11). Ein unzulässiger- 10 weise ergangenes Zwischenurteil – etwa über die Sachbefugnis einer Partei – bindet dagegen nicht (BGH 8, 383; Tiedtke ZZP 89, 75). Keine Bindungswirkung kommt einem zuständigkeitsbejahenden Zwischenurteil (Rn 5) insoweit zu, als es bei einer mehrfach begründeten Klage die Zuständigkeit auf bestimmte Klagegründe eingrenzt (BGH VersR 85, 45). Entscheidet das Berufungsgericht über eine Berufung gegen ein Zwischenurteil trotz Unzulässigkeit des Rechtsmittels durch ein Sachurteil, das seinem Inhalt nach ebenfalls ein Zwischenurteil ist, so ist die Revision hiergegen unzulässig, auch wenn sie zugelassen ist; das Berufungsgericht ist an die von ihm erlassene unzulässige Sachentscheidung nicht gebunden (BGH 3, 244). Keine **Zwangsvollstreckung** aus dem Zwischenurteil nach § 303; keine **Kostenentscheidung.**

V) Anfechtung

11 Zwischenurteile nach **§ 303** (Rn 6) sind nie selbständig anfechtbar, auch wenn sie unzulässigerweise (zB als Rechtsmittelentscheidung) ergangen sind (s dazu Tiedtke ZZP 89, 74; BGH NJW 94, 1652 mN); also Nachprüfung nur durch ein Rechtsmittel gegen das Endurteil, §§ 512, 548 (BGH 102, 233; 124, 207; BGHR Anfechtbarkeit 1). Entscheidet das Berufungsgericht irrtümlich (vgl § 280 II 1) über ein nicht anfechtbares Zwischenurteil durch Sachurteil, ist die Revision nicht statthaft (BGH 102, 236). Eine Ausnahme besteht für das Zwischenurteil, das den Antrag auf Wiedereinsetzung gegen die Versäumung der Berufungsfrist verwirft (BGH 47, 289; VersR 79, 960); es ist selbständig mit der Revision anfechtbar (§ 238 Rn 2, 8). **Unechte Zwischenurteile** (Rn 1, 3) unterliegen der sofortigen Beschwerde, **Zwischenurteile über die Zulässigkeit der Klage** (Rn 5) und **über den Grund des Anspruchs** (Rn 7) sind wie Endurteile anfechtbar (§§ 280 II, 304 II).

12 **VI) Gebühren: 1) des Gerichts:** a) Keine – b) Für das Beschwerdeverfahren im Falle des § 71 gilt KV 1900; ansonsten KV 1906. S im einzelnen § 567 Rn 62. – **2) des Anwalts:** § 37 Nr 3 BRAGO.

304 *[Zwischenurteil über den Grund]*

(1) Ist ein Anspruch nach Grund und Betrag streitig, so kann das Gericht über den Grund vorab entscheiden.

(2) Das Urteil ist in betreff der Rechtsmittel als Endurteil anzusehen; das Gericht kann jedoch, wenn der Anspruch für begründet erklärt ist, auf Antrag anordnen, daß über den Betrag zu verhandeln sei.

I) Begriff und Bedeutung des Grundurteils

1 Die Vorabentscheidung über den Grund **(Grundurteil)** ist ein materielles Zwischenurteil besonderer Art. Es entscheidet nicht, wie das prozessuale Zwischenurteil nach § 303 über eine den Fortgang des Prozesses betreffende Prozeßfrage, nicht, wie das Teil-(End-)Urteil über einen selbständig verbescheidbaren Teil des Streitgegenstandes. Es entscheidet nur über den Grund des Anspruchs, beendet also den Rechtsstreit nicht; dies geschieht erst durch das Endurteil im Betragsverfahren. Immerhin bewirkt das Grundurteil einen deutlichen Verfahrenseinschnitt und damit eine Gliederung des Prozesses, indem es den zum „Grund“ gehörigen Prozeßstoff (ie Rn 7 f, 14 f) vom Betragsverfahren endgültig „abschichtet“ (vgl BGH 77, 309). § 304 ist Ausdruck der **Prozeßökonomie** (BGH 79, 46; NJW-RR 89, 1149; 91, 600); wird somit auch die Abgrenzung zwischen Grund und Betrag (Rn 4) eher durch praktische Gesichtspunkte als durch dogmatische Erwägungen bestimmt (BGH 108, 259; NJW-RR 91, 600; 93, 91; Karlsruhe FamRZ 94, 1122; AK/Fenge Rn 10), so dürfen doch Erwägungen der Prozeßökonomie niemals dazu dienen, sich über die Voraussetzungen des Grundurteils (Rn 2–16) hinwegzusetzen (BGH 89, 388 = NJW 84, 1226; NJW 84, 2214; vgl auch Rn 17). Ein Grundurteil sollte nur erlassen werden, wenn eine echte Vorentscheidung der Vereinfachung und Beschleunigung des Prozesses dient (BGH MDR 80, 50 und 925; NJW-RR 93, 91; ie E. Schneider MDR 78, 705). In der Praxis führt die unzweckmäßige Anwendung der Vorschrift oft zum Gegenteil; vorschneller Erlaß einer Grundentscheidung kann schutzwürdige Belange beider Parteien verletzen (vgl BGH MDR 80, 925; Schilken ZZP 95, 47). Die Verbindung von Teil- (§ 301) und Grundurteil ist möglich (s § 301 Rn 4). Bsp: Wird Ersatz des bezifferten Schadens und Feststellung hinsichtlich des Zukunftsschadens verlangt, kann hinsichtlich des entstandenen Schadens Grundurteil, iü (Feststellung) Teilendurteil ergehen (Rn 3); zum Teil-Grundurteil Rn 12.

II) Voraussetzungen des Grundurteils

2 **1) Klagezulässigkeit.** Die Klage, der dem Grunde nach *stattgegeben* werden soll (Rn 6), muß **zulässig** sein, dh die Prozeßvoraussetzungen (Rn 9 ff vor § 253) müssen vorliegen, und es dürfen keine Prozeßhindernisse (§ 282 Rn 5) bestehen.

2) Klageanspruch. a) § 304 setzt einen **bezifferten** (mengenmäßig bestimmten) **Anspruch** voraus. Streitgegenstand muß ein Anspruch auf Zahlung einer Geldsumme, auf Leistung vertretbarer Sachen (BGH NJW 91, 1048 und 1896 mN; NJW-RR 94, 319), auf Befreiung von einer auf eine bezifferte Leistung gerichteten Verbindlichkeit (BGH NJW 90, 1367 mN), auf Duldung der Zwangsvollstreckung wegen einer bestimmten Forderung (zB gem §§ 737, 748 II), auf Zahlung gerichtete Anfechtungsklage (BGH NJW 95, 1093 [1095] = MDR 95, 919; zur Abgrenzung s Rn 4), auf Einwilligung in die Auszahlung eines hinterlegten Betrages (RG JW 12, 400) uä sein; gleichgültig ist seine Rechtsnatur, auch ein Bereicherungsanspruch kommt in Frage (BGH 53, 17; aA Celle ZZP 80, 145 mit abl Anm Walchshöfer S 147). Es genügt, die Bezifferung zulässigerweise ins gerichtliche Ermessen zu stellen (Bsp: Schmerzensgeldanspruch; vgl Frankfurt NJW-RR 86, 1353; Oldenburg VersR 86, 826). Der Anspruch, über dessen Grund entschieden wird, muß Gegenstand der **Klage** oder **Widerklage** und darf nicht (nur), wie die Aufrechnungsforderung, Gegenstand einer Einwendung sein (RG 101, 41). Nach RG 49, 339 und 101, 41 muß der Gegenstand einer Widerklageforderung den der Klage übersteigen, so daß bei Verrechnung ein Überschuß bleibt. Bei einer **nicht bezifferten Feststellungsklage** scheidet ein Grundurteil wesensgemäß aus (BGH NJW 91, 1896 mwN; 93, 1642; NJW-RR 94, 319; 95, 620; nicht aber bei Feststellung bezifferter Leistungspflichten: BGH NJW 94, 3296 mN). Hat der Kläger mit der Leistungsklage auf bezifferten Schadensersatz *zugleich* den Antrag auf Feststellung der Verpflichtung zum Ersatz allen *weiteren* Schadens **verbunden** (vgl auch Rn 12), kann kein umfassendes Grundurteil ergehen (richtig: Teil-Grundurteil hinsichtlich der Leistungsklage und [ggf] stattgebendes Teil-Endurteil hinsichtlich der Feststellungsklage). Hat das Gericht nur ein „Grundurteil" erlassen, so liegt darin idR (Auslegungsfrage) nicht zugleich ein stattgebendes Feststellungsurteil (so BGH ZIP 90, 316; NJW-RR 94, 319; aA StJ/Leipold Rn 5 aE; Karlsruhe Justiz 88, 155 bei „feststellendem" Teil-Grundurteil); anders nur, wenn sich ein entsprechender Wille des Gerichts aus den Urteilsgründen ergibt (BGH 7, 333; NJW-RR 92, 531 mwN; BayObLGZ 94, 282); zur Frage einer Umdeutung s Rn 18a. Ist eine bezifferte Leistungsklage dem Grunde nach berechtigt und in Höhe eines Teilbetrages entscheidungsreif, kann ein Grund- und Teilurteil ergehen (Bsp: LG Köln VersR 93, 980; sa Rn 1 aE). 3

b) Abgrenzung. Bei **anderen** als den in Rn 3 genannten **Ansprüchen** scheidet ein Grundurteil aus. § 304 ist daher unanwendbar zB bei Klagen über unbezifferte Ansprüche (BGH NJW 90, 1367 mN), bei Herausgabe- (BGH NJW 91, 1048) und Räumungsklagen, bei Rückgewähransprüchen nach § 7 AnfG, § 37 KO, soweit sie nicht auf Geldleistung gerichtet sind (s Rn 3), bei Beseitigungs- und Unterlassungsklagen nach §§ 1004, 906 BGB (BGH 95, 308 = NJW 85, 2823), bei Klagen auf Einwilligung in einen Leistungsvorbehalt (BGH NJW 79, 2250), auf Abgabe einer Willenserklärung (zB Auflassungsanspruch, BGH WM 82, 209; Löschungsbewilligung, BGH NJW 91, 1048); bei Anspruch auf Übertragung eines Erbbaurechts (BGH NJW 84, 2213), auf Vornahme einer Handlung oder auf Duldung (RSchwab/Gottwald § 59 IV 1), auf Erteilung einer Auskunft (zB Stufenklage vor Bezifferung des Zahlungsanspruchs, BGH NJW-RR 93, 682). Das gilt auch dann, wenn gegenüber dem Klageanspruch ein Zurückbehaltungsrecht wegen eines der Höhe nach streitigen *Gegenanspruchs* geltend gemacht wird. Beispiel: Klage auf Rückübertragung des Erbbaurechts gegen Heimfallentschädigung (BGH NJW 84, 2214). 4

3) Streit nach Grund und Betrag. a) Allgemeines. Anspruchsgrund ist enger als die (jeweils die Höhe mitumfassenden) Begriffe des *Klagegrundes* (§§ 253 II Nr 2, 264) und der materiellrechtlichen *Anspruchsgrundlage* (zB gem §§ 823 I, 249, 253 BGB). Zum Grund iS von § 304 gehört der *gesamte* (Rn 6), nicht lediglich für den Betrag relevante Prozeßstoff. Die Abgrenzung (ie Rn 7 ff) ist in gewissem Umfang der Bestimmung durch das Gericht zugänglich durch konkrete Zuordnung von Streitpunkten ins Betragsverfahren durch entsprechende *Vorbehalte* (zB Rn 8, 14, 15, 18). **b) Doppelter Streit.** Der Anspruch muß nach Grund **und** Betrag **streitig** sein (BGH NJW 91, 1896; 92, 2487 mN). Also darf kein Grundurteil ergehen, wenn nur der Betrag streitig ist, wie bei Haftpflichtfällen, falls über die Schadensersatzpflicht selbst kein Streit besteht (BGH NJW-RR 89, 1149); wenn nur der Grund, nicht aber der Betrag (Frankfurt NJW-RR 86, 1353; 88, 640) oder weder Grund noch Betrag, nur die Zulässigkeit streitig ist (BGH NJW 92, 2487). Hier wird dem Rechtsschutzbedürfnis des Klägers durch ein Feststellungsurteil nach § 256 genügt. 5

4) Entscheidungsreife. Der **Streit über den Grund** muß **entscheidungsreif** sein, und zwar *vollständig* und im *bejahenden* Sinn, andernfalls erfolgt sofort Klageabweisung durch (ggf Teil-) Endurteil (vgl Rn 12). Entscheidungsreife hinsichtlich des Grundes verlangt, daß *alle* zum Grund gehörenden Fragen – nicht nur einzelne Anspruchselemente (vgl Rn 7) – erledigt werden und die Bejahung des Anspruchs nicht offenbleibt (BGH NJW-RR 91, 600). Dabei ist erforderlich, aber auch genügend, daß der geltend gemachte Anspruch auch unter Berücksichtigung der Einwendungen gegen ihn mit hoher Wahrscheinlichkeit in irgendeiner Höhe besteht (BGH 110, 201; 111, 133; 126, 219; NJW 95, 2107 und 2557; NJW-RR 95, 620; abw MK/Musielak Rn 19: Keine triftigen Gründe für Klageabweisung). Bei Schadensersatzklagen muß also hohe Wahrscheinlichkeit dafür bestehen, daß irgendein Schaden entstanden ist (BGH 110, 200 f; NJW 94, 2286; NJW-RR 91, 600). 6

Die Erleichterung des § 287 gilt (E. Schneider MDR 78, 706). Ist die Höhe des Anspruchs vereinbarungsgemäß durch Schiedsgutachten (§ 1025 Rn 40) festzustellen, fehlt es bis zur Vorlage des Schiedsgutachtens an (stattgebender) Entscheidungsreife (BGH NJW-RR 88, 1405; weitergehend Walter JZ 88, 1084; § 1027a entspr). Was ie zum **Grund** und zur **Höhe** gehört, richtet sich nach der Rechtsnatur des jeweiligen Anspruchs (BGH MDR 80, 925; Einzelheiten: Rn 7–14). Eine **Zurückweisung verspäteten Vorbringens** zum Klagegrund ist – anders als beim Teilurteil: § 301 Rn 5 – nicht ausgeschlossen (BGH MDR 80, 50); das folgt daraus, daß über den Klagegrund bereits abschließend entschieden wird (vgl BGH 77, 309 = NJW 80, 2357; krit AK/Fenge Rn 12; zust Prütting/Weth ZZP 98, 159; hier § 296 Rn 12).

7 **5) Abgrenzung von Grund und Betrag.** Als beschränkte Klagestattgabe (Rn 6) muß das Grundurteil den Prozeßstoff zum Grund *vollständig* erledigen (Rn 5). **Kein Grundurteil** ist daher möglich über einzelne **Elemente der Begründetheit des Klageanspruchs** (BGH 72, 36; 80, 224; 95, 308; 108, 259 mN = NJW 89, 2745; NJW-RR 94, 319), wie unselbständige Rechnungsposten aus einem Abrechnungssaldo (BGH NJW 91, 1048), präjudizielle Rechtsverhältnisse (BGH NJW 90, 1367), tatsächliche Elemente der Schadensberechnung bei Schadensersatzklagen (BGH NJW-RR 89, 1149: Ausmaß der Minderung der Erwerbsfähigkeit in einem bestimmten Zeitraum), einzelne „Streitpunkte" hinsichtlich des Klagegrundes (Rn 6, 7a), einzelne „Verteidigungsmittel" (Rn 16) usw; zur Frage der Möglichkeit einer Vorabentscheidung über Einzelposten einer (Gesamt-) Forderung vgl Rn 12 und der Beschränkung auf einen von mehreren Klagegründen vgl Rn 10.

7a **6) Zum Grund des Anspruchs gehören a) alle anspruchsbegründenden Tatsachen** (BGH 80, 222 [224]), also auch die, welche die Sachbefugnis (aktive und passive) begründen oder sie wieder entfallen lassen, wie der – auch nur teilweise – Forderungsübergang auf einen Dritten durch Zession oder kraft Gesetzes (§ 116 SGB X, § 67 VVG; BGH NJW 56, 1236; Schilken ZZP 95, 59 f; einschr MK/Musielak Rn 18 für Teilabtretung). Der Einwand, daß die Klageforderung gepfändet und daher nicht mehr an den Kläger zu erfüllen sei, kann dem Nachverfahren über den Betrag überlassen werden (RG 170, 283). Bei teilweisem gesetzlichem Forderungsübergang auf den Kläger genügt für ein Grundurteil Übergang in irgendeiner Höhe (BayObLGZ 65, 468).

8 **b)** Alle den Anspruchsgrund in vollem Umfang leugnenden **Einwendungen** gehören ins Verfahren über den Grund: Volle Erfüllung und Erfüllungssurrogate, Verzicht (BGH 99, 262), Leistungsbefreiung des Versicherers (einschr BGH NJW-RR 93, 91). Nur wenn der Klageanspruch die zur **Aufrechnung** gestellte Gegenforderung bei einer mindestens summarischen Prüfung übersteigt, kann ein Grundurteil ohne Rücksicht auf die Aufrechnung ergehen, sonst ist die Aufrechnungsforderung im Grundverfahren zu prüfen und zwar ohne Rücksicht auf die Konnexität der beiden Forderungen (BGH 11, 63 gegen BGH LM Nr 6; BGH NJW 62, 1618; NJW-RR 94, 380; Frankfurt NJW-RR 87, 191 = MDR 87, 62). **Vorteilsausgleichung, Mitverursachung, mitwirkendes Verschulden** (§ 254 BGB) und mitwirkende Betriebsgefahr (§ 17 StVG) können ausnahmsweise (BGH NJW 79, 1935) dem Nachverfahren vorbehalten (Form: Rn 18) werden, wenn sie, wie regelmäßig, nicht zum vollen Haftungsausschluß führen (BGH 76, 400; 79, 46; 110, 202; BayObLGZ 93, 376 f). Doch ist es nicht nur zulässig, sondern idR auch zweckmäßig und wird in der Praxis allgemein so gehandhabt, § 254 BGB (§ 17 StVG) im Grundverfahren in der Weise zu berücksichtigen, daß der Grund des Anspruchs nur zu einer bestimmten Quote zugesprochen wird (BGH 76, 400 = NJW 80, 1579; MDR 78, 384 Nr 8 aE; Koblenz VRS 68 [1985], 181; Türpe MDR 68, 628; Wittmann NJW 67, 2390). Ist der Haftungstatbestand nicht voll aufgeklärt (Möglichkeit alternativer haftungsbegründender Kausalität besteht), darf die Frage des Mitverschuldens nicht dem Betragsverfahren vorbehalten werden (BGH NJW 79, 1933 = MDR 79, 833; sa Rn 14, 15).

9 **c) Einreden.** Soweit sie zur vollen Klageabweisung führen, gehören sie ins Grundverfahren (zB Verjährung: BGH 107, 242; NJW 89, 2745; 95, 2107; vgl auch Rn 16). Daher können dem Betragsverfahren verbleiben die Einreden aus den §§ 273, 320, 478, 639 BGB (BGH 111, 400), die Einrede der Verjährung gegen nur einen Teil, wenn zu erwarten ist, daß der Kläger aus dem Rest des Klageanspruchs im Nachverfahren einen Betrag zugesprochen erhält (BGH NJW 68, 2105).

10 **7) Besonderheiten des Anspruchsgrundes bei besonderen Verfahrenslagen. a)** Bei mehrfacher rechtlicher Begründung des gleichen Streitgegenstandes **(sog Anspruchskonkurrenz)** muß das Grundurteil idR *sämtliche* Anspruchsgrundlagen erledigen (BGH 72, 36 mwN; 77, 309; NJW-RR 91, 601; RSchwab/Gottwald § 59 IV 2 i). Eine konkurrierende Anspruchsgrundlage kann aber (ausnahmsweise) dann unentschieden bleiben, wenn der festgestellte Klagegrund für die Höhe des gesamten eingeklagten Betrags ausreicht und dem anderen (nicht geprüften) Klagegrund daneben keine eigene Bedeutung zukommt (BGH 72, 36; München VersR 92, 375; MK/Musielak Rn 31). Bsp: Schadensersatz aus §§ 909, 823 II BGB und aus Eigentumsverletzung gem § 823 I BGB (vgl BGH NJW 70, 608). Ist dagegen der konkurrierende Anspruch im Verhältnis zu dem im Grundurteil bejahten der weitergehende (Bsp: Haftung gem § 823 I BGB gegenüber der aus StVG; gem Vertrag gegenüber §§ 812, 818 BGB), muß der Anspruch aus dem weitergehenden Klagegrund für unbegründet erklärt werden (BGH 72, 36; LM Nr 5; Schilken ZZP 95, 51). Es

genügt, wenn dies eindeutig in den Urteilsgründen geschieht; nach überwiegender Ansicht erfolgt dies jedoch im Urteilstenor (vgl RG 131, 347; BGH LM Nr 5 und 10; Blomeyer § 83 V; RSchwab/Gottwald § 59 IV 2 i; aA StJ/Leipold 35; MK/Musielak Rn 30: Grundurteil iVm Teilabweisung). In diesem Fall kann die Entscheidung wegen der für unbegründet erklärten weitergehenden Klagegründe mit der Berufung angegriffen werden (Frankfurt NJW-RR 87, 191 = MDR 87, 62; MK/Musielak Rn 14; vgl auch Rn 23).

Problematisch ist hier die Bindung des Gerichts im Betragsverfahren an die (eine Anspruchsgrundlage verneinende) Entscheidung im Grundurteil. Die hL verleiht der (nicht nur versehentlich erfolgten, BGH ZZP 67, 296) Einschränkung des klägerischen Anspruchs auf **einen** von mehreren Klagegründen und damit der Ausscheidung anderer Klagegründe zwar keine Rechtskraftwirkung, aber eine innerprozessuale Bindungswirkung gemäß §§ 318, 512, die im Betrags- und im Rechtsmittelverfahren zu berücksichtigen sei (BGH LM Nr 12; MK/Musielak Rn 12, 34). Die Verneinung einer von mehreren Anspruchsgrundlagen im Grundurteil scheidet diese allerdings aus dem weiteren **Betragsverfahren** aus (BGH LM Nr 12; MK/Musielak Rn 14). Für den **Rechtsmittelzug** gilt diese Bindungswirkung aber nur eingeschränkt (vgl BGH LM Nr 12, ie str). Reichen die beiden Klagegründe quantitativ gleich weit, erkennt das Gericht aber nur einen als begründet an, so ist das auf ihn gestützte Grundurteil ein voller Sieg des Klägers. Es kann daher kein Rechtsmittel für den Kläger eröffnen, daß der andere Klagegrund seiner Forderung nicht anerkannt wurde. Gerade deshalb aber ist das Rechtsmittelgericht in seinem Verfahren an den Ausschluß einer Anspruchsgrundlage im Grundurteil nicht gebunden. Bsp: Ist die Enteignungsentschädigungsklage *allein* wegen Eingriffs in den Gewerbebetrieb dem Grunde nach für gerechtfertigt erklärt worden, kann das Rechtsmittelgericht auch den im Grundurteil *verneinten* Eingriff in das Grundeigentum prüfen (BGH WM 72, 372 zu III 1). Anderes gilt – also Beschwer des Klägers und damit Rechtsmittel für ihn –, wenn der nicht anerkannte Klagegrund dem Umfang nach weiter reichte als der zuerkannte, auch wenn wegen des negierten Überschusses kein klageabweisendes Teilurteil ergangen war (zB: Aberkennung des Schadensersatzanspruchs aus § 823 BGB, Zuerkennung dem Grund nach aus § 7 StVG). Ist im (Teil-?)Grundurteil unzulässigerweise (vgl Rn 10) die Entscheidung über den erheblichen weitergehenden Klagegrund offen geblieben, ist eine saubere Trennung zwischen Grund- und Betragsverfahren nicht mehr möglich und die Entscheidung unterliegt wegen der Unklarheit ihrer Tragweite der Aufhebung (BGH 72, 36 ff). Ist im Grundurteil dem Klagebegehren aus beiden geltend gemachten Anspruchsgrundlagen stattgegeben worden, so ist die Berufung des Beklagten erfolglos, auch wenn das Obergericht eine der konkurrierenden Anspruchsgrundlagen verneinen will, wenn die andere unzweifelhaft für die Höhe des gesamten eingeklagten Schadens ausreicht; andernfalls aber kann das angefochtene Urteil in diesem Fall keinen Bestand haben; vgl BGH NJW 70, 608 = LM Nr 32; LM Art 34 GG Nr 42; eingehend – zT abw – Bötticher JZ 60, 240. 11

b) Objektive und subjektive Klagenhäufung. Sind mehrere selbständige – wenn auch in einem Leistungsantrag zusammengefaßte – Forderungen eingeklagt, so muß das Grundurteil sämtliche Ansprüche umfassen, oder die verneinten Einzelforderungen durch Teilendurteil abweisen (RG 157, 330; 158, 36; grundlegend BGH 89, 388). Ein einheitliches Grundurteil über einen „Gesamtanspruch" kann daher nicht ergehen, solange nicht feststeht, welche von mehreren in der Klage zusammengefaßten Teilansprüchen dem Grunde nach gerechtfertigt sind (BGH 89, 387 ff = NJW 84, 1226; NJW 90, 1367; BayObLGZ 94, 281). Doch kann auch eine der mehreren selbständigen Klageforderungen in einem Teil-Grundurteil bejaht werden, wenn die übrigen Streitgegenstände noch nicht entscheidungsreif sind (Schilken ZZP 96, 45 [55]; aA AK/Fenge Rn 13; offen, im Einzelfall verneinend BGH NJW-RR 92, 1053). Bei der Geltendmachung eines **einheitlichen** aus einer **Mehrheit von Einzelposten** zusammengesetzten **Anspruchs** muß hinsichtlich jedes Einzelpostens zweifelsfrei feststehen, ob er abschließend verbeschieden (§ 301) oder der Zwischenentscheidung über den Grund zugeordnet ist (BGH 108, 260 = NJW 89, 2746 = MDR 89, 1096); hierfür reicht idR eine nur zeitliche, nicht auch gegenständliche Individualisierung der Einzelposten nicht aus (BGH aaO: Aufwendungen von . . . bis . . .; vgl auch Rn 16 aE). 12

c) Auch bei **Teilklagen** ist ein Grundurteil möglich (BGH NJW 93, 1779 [1782] = MDR 93, 690). Sind mit der Teilklage selbständige Einzelforderungen gestaffelt aus einem Gesamtanspruch geltend gemacht, so kann ein Grundurteil (abw von den Grundsätzen gem Rn 12) schon dann ergehen, wenn trotz Ausfalls einzelner Forderungen eine Forderung in Höhe des insgesamt geltend gemachten Teilbetrags für möglich erachtet wird (BGH aaO). 13

d) Ein Grundurteil über den **Hilfsantrag** darf erst nach Abweisung des **Haupt**anspruches durch Teilendurteil ergehen (BGH 106, 220). Unzulässig ist daher ein Grundurteil über Haupt- und Hilfsantrag zugleich (BGH NJW-RR 92, 290 mN = MDR 92, 755), desgleichen auch ein Teilurteil, das gleichzeitig alternativ den Hauptantrag (Naturalschadensersatz) und den Hilfsantrag (Geldersatz) für dem Grunde nach gerechtfertigt erklärt (BGH NJW 69, 2241). 13a

14 **8) Einzelheiten aus der Rechtsprechung. a) Zum Grund gehört:** Die Möglichkeit *anderweitigen Ersatzes* nach § 839 BGB (RG 156, 87; s aber auch BGH WM 76, 873: Grundurteil, wenn feststeht, daß die anderweitige Ersatzmöglichkeit den Schaden nicht voll abdeckt); Aufteilung von Rentenansprüchen von Witwe und Kind des durch Unfall Getöteten, ohne welche die Klage mangels Bestimmtheit unzulässig ist. Die Festsetzung der Rentendauer kann im Grundurteil unterbleiben, muß dann aber ausdrücklich dem Leistungsverfahren vorbehalten bleiben (BGH 11, 181); die Frage des *haftungsbegründenden Kausalzusammenhangs* (BGH 89, 388 = NJW 84, 1226 = MDR 84, 567; NJW-RR 91, 600), des *Zurechnungszusammenhangs* (vgl BGH NJW-RR 91, 601) und des *Mitverschuldens* (ie Rn 8). Ist ein Schadensersatzanspruch aus mehreren, keine selbständigen Forderungen darstellenden Schadensposten zusammengesetzt, kann das Gericht über den ursächlichen Zusammenhang zwischen dem Schadensereignis und den einzelnen Posten (sog *haftungsausfüllende Kausalität*) nach freiem Ermessen entweder im Grund- oder im Betragsverfahren entscheiden (ie Rn 15); geht die Absicht des Gerichts, erst im Betragsverfahren zu entscheiden, aus dem Grundurteil nicht klar hervor, ist der Beklagte insoweit beschwert, als er den Kausalzusammenhang bestreitet (BGH NJW-RR 87, 1277 f). Bei Mitverschulden des Geschädigten wird eine Erstreckung der Quotierung im Grundurteil (Rn 8) auch auf den **Schmerzensgeldanspruch** zT für zulässig erachtet (so Bremen OLGZ 66, 413; Nürnberg NJW 67, 1516; E. Schneider JurBüro 66, 87; BL/Hartmann Rn 17, früher hM, str; aA Hamburg MDR 64, 514; MK/Musielak Rn 9; Bergerfurth ZP Rn 404); es gibt aber weder „volles" noch „gequoteltes" Schmerzensgeld (vgl BGH 18, 149). Möglich ist jedoch, im Grundurteil „unter Berücksichtigung eines Mitverschuldens des Klägers von (Quote)" angemessenes Schmerzensgeld zuzubilligen (so Celle NJW 68, 1785; Düsseldorf VersR 75, 1052; BayObLGZ 94, 282 f; Schellhammer Rn 913; ThP Rn 17; Zimmermann Rn 12; zur Frage der Zuerkennung eines Mindestbetrags durch Grund- und Teilurteil s § 301 Rn 3). Wie sich dieses *mitwirkende Verschulden* (Rn 8) dann allerdings endgültig bei der Bemessung des Schmerzensgeldes auswirkt, ist eine Frage des Betragsverfahrens (zur str Frage einer Teilabweisung der Klage im übrigen s Rn 18). – Zum **Grund gehört weiter:** Das Bestehen der Hauptschuld bei einem Bürgschaftsanspruch (BGH NJW 90, 1367 = MDR 90, 539); die Ersetzungsbefugnis des Schuldners (BGH NJW 72, 1202); eine arglistige Täuschung oder vorsätzliche Obliegenheitsverletzung des Versicherungsnehmers (BGH MDR 79, 385); das Bestehen des geltend zu machenden Anspruchs im Anwaltshaftungsprozeß (BGH MDR 80, 925); die hohe Wahrscheinlichkeit erheblicher Vorteile aus der vom Handelsvertreter geschaffenen Geschäftsverbindung beim Ausgleichsanspruch gem § 89b HGB (BGH NJW 96, 849 f); die Dauer der Mitgliedschaft und die Höhe der Beteiligungsquote eines (ausgeschiedenen) Gesellschafters, der Abfindung begehrt (BGH LM Nr 29; WM 85, 1166 f); die Frage einer beschränkten Haftung, zB gem § 158c III VVG (BGH NJW 79, 1046). Die Haftungsbeschränkung des Erben muß nach OLG Köln VersR 68, 380 im Grundurteil vorbehalten sein: dazu auch OLG Schleswig SchlHA 69, 231, wonach dies nur für die schon erfolgte, nicht aber für die erst noch zu bewirkende Beschränkung gilt. Auch bei Bereicherungsansprüchen ist ein Grundurteil zulässig (BGH 53, 17). Zur Zulässigkeit eines Grundurteils über Ansprüche aus mehreren Verträgen s BGH MDR 74, 558 = VersR 74, 587.

15 **b) Dem Nachverfahren vorzubehalten** ist dagegen die Frage, ob ein Schaden konkret oder abstrakt zu berechnen ist (RG LZ 25, 40); die Schadensminderungspflicht des Verletzten (BGH VersR 62, 964). Vorbehalten werden kann auch Beginn und Dauer einer Rente (BGH VersR 67, 1002); auch die Frage, ob der Schadensersatz als Kapital oder Rente zu leisten ist (BGH 59, 139; Zweibrücken OLGZ 88, 480). Auch Fragen der *haftungsausfüllenden Kausalität* können dem Betragsverfahren vorbehalten bleiben (BGH MDR 83, 1014 mN; NJW 95, 1550 f; NJW-RR 91, 600; vgl auch Rn 14), desgleichen die Entscheidung darüber, ob geltend gemachte Einzelposten eines Schadens *aus Rechtsgründen überhaupt ersatzfähig* sind (BGH NJW 93, 1794: Nutzungsausfallschäden bei Sachbeschädigung). Streitig gebliebene Teile des Anspruchs können dann ins Betragsverfahren verwiesen werden, wenn eine hinreichende Wahrscheinlichkeit (summarische Prüfung, s Celle NdsRpfl 73, 181) dafür besteht, daß auch in dem dem Kläger ungünstigsten Fall noch eine Forderung für ihn verbleibt (BGH VersR 67, 1002). Dies gilt vor allem für die Frage des *Mitverschuldens* (vgl ie Rn 8). Das gleiche gilt beim Anspruch gem § 906 II 2 BGB für die Zumutbarkeit aufwendiger Abwehrmaßnahmen (BGH 79, 46 = NJW 81, 1370). Bei einer Rahmengebühr braucht das Gebührengutachten (§ 12 II BRAGO) erst im Betragsverfahren eingeholt zu werden (Düsseldorf AnwBl 84, 443). Der Zinsanspruch kann auch stillschweigend dem Höheverfahren vorbehalten werden, wenn die Rechtslage, wie häufig (zB im Fall der §§ 288, 291 BGB; § 353 HGB), einfach ist (BGH WM 85, 1167; anders aber uU bei schadensersatzrechtlicher Begründung des Zinsanspruchs, vgl BGH aaO).

16 **c) Unzulässig** ist ein Grundurteil, das offen läßt, ob ein Schadensersatzanspruch aus § 989 BGB (Untergang der herauszugebenden Sache) oder aus § 284 BGB (Verzug mit Herausgabepflicht) begründet ist, da von diesen beiden selbständigen Ansprüchen nur der eine oder der andere dem Grunde nach gerechtfertigt sein kann (BGH NJW 64, 2414 = LM Nr 23); ferner ein Teil-Grundurteil, das den Klageanspruch im Rahmen der Grenzen des StVG dem Grunde nach

zuspricht, jedoch weitergehende Ansprüche aus unerlaubter Handlung offenläßt (BGH 72, 36 ff; vgl dazu Rn 10); unzulässig ist auch ein Grundurteil über einzelne „Verteidigungsmittel", zB ob die Einrede der Verjährung eingreift (BGH 80, 222 [224]). Ein Grundurteil darf ferner nicht ergehen, wenn die Tatsachen sowohl für den Grund als auch für die Höhe annähernd dieselben sind oder doch ein enger Zusammenhang zwischen ihnen besteht (BGH MDR 79, 385; Köln MDR 95, 412; Karlsruhe FamRZ 94, 1122; Hamm NZV 95, 403). Wegen **fehlender Bestimmtheit** (BGH 108, 260 = NJW 89, 2746) ist ein Grundurteil unzulässig, das den Umfang seiner Entscheidung nicht erkennen läßt (BGH NJW 94, 2349 f). Wird zugleich **Grund- und Teilurteil** erlassen, muß im Hinblick auf die unterschiedlichen Urteilswirkungen (§ 318 bzw § 322; vgl unten Rn 20; § 301 Rn 12) eindeutig feststehen, inwieweit abschließend über einen Teil des Streitgegenstandes (§ 301 Rn 1) entschieden und iS einer Vorabentscheidung bindend Prozeßstoff zum Grund erledigt ist (vgl BGH NJW-RR 87, 1277; 89, 1149; näher Rn 20); bei einem klageabweisenden Teilurteil muß der aberkannte Teil des Klageanspruchs betragsmäßig (nicht nur durch „Einzelposten", dazu Rn 7) bestimmt sein (BGH NJW 94, 2349 f); zur Entscheidung über aus mehreren Einzelposten „zusammengesetzte" Ansprüche vgl Rn 12.

III) Entscheidung durch Grundurteil

1) Ob ein Grundurteil ergehen soll, steht **im freien,** durch das Rechtsmittelgericht nicht nachprüfbaren **gerichtlichen Ermessen.** Als Versäumnisurteil kann es nicht ergehen (RG 36, 428; MK/Musielak Rn 7; StJ/Leipold Rn 11; aA Bergenroth NJW 53, 51). Als Entscheidung nach Aktenlage kann es ergehen. Ein Grundurteil kann auch im **zweiten** und **dritten Rechtszug** unter Zurückverweisung wegen des Betrags ergehen (BGH 71, 232; 111, 400; NJW 91, 1893; 95, 1093 [1095]; § 538 Rn 17 ff), auch vom Revisionsgericht an das LG (BGH NJW-RR 94, 1171 [1173]); ohne Zurückverweisung ist es (nur) Zwischenurteil (BGH NJW 90, 1303 = MDR 90, 539; StJ/Grunsky § 537 Rn 19). Die Zulässigkeitsvoraussetzungen für den Erlaß eines Grundurteils (Rn 2–13) sind **vAw** zu prüfen (BGH 88, 387; NJW 84, 2214; NJW-RR 91, 600), auch noch in der Rechtsmittelinstanz (BGH NJW 92, 2487 mN; 94, 654; 96, 849; NJW-RR 92, 290; 94, 319; BayObLGZ 94, 281). Entscheidung bei fehlerhaftem Grundurteil: Rn 23. 17

2) **Formulierung.** „Der Klageantrag ist dem Grunde nach – zur Hälfte – gerechtfertigt, soweit der Anspruch nicht auf Sozialversicherungsträger übergegangen ist"; „der Anspruch ist nur wegen Bereicherung – nur im Rahmen des Straßenverkehrsgesetzes – dem Grunde nach gerechtfertigt" (vgl RG 131, 347; MK/Musielak Rn 11; ThP Rn 15; Zimmermann Rn 10 ff). Der **Vorbehalt** muß ausdrücklich, zumindest in den Urteilsgründen ausgesprochen werden, BGH 110, 202; VersR 68, 1161 (zum Vorbehalt des Forderungsübergangs nach § 116 SGB X s Gaisbauer, VersR 69, 134). Bei gequoteltem Grundurteil („. . . zu ⅓ gerechtfertigt") ist die Klage „im übrigen" (durch Teilurteil) abzuweisen (Koblenz VRS 68, 179; E. Schneider MDR 78, 706 mwN, str; aA AK/Fenge Rn 17); ist die erforderliche Teilabweisung unterblieben, kann sie noch im Rechtsmittelverfahren nachgeholt werden (Koblenz VRS 68, 179 mN). Das Grundurteil enthält keinen Ausspruch über Kosten und Vollstreckbarkeit. 18

3) **Mängel, Abgrenzung zum Teilurteil usw.** Maßgebend ist der wahre Charakter der Entscheidung, eine *irrtümliche* Bezeichnung als „Teilurteil" ist unschädlich (BGH WM 91, 107). Die *Umdeutung* eines unzulässigen Grundurteils in ein (Teil-)Feststellungsurteil scheidet aus (BGH NJW 91, 1048; sa Rn 3); uU kann aber durch nachträgliche Klageerweiterung iS von § 256 II der Mangel in der höheren Instanz geheilt werden (vgl BGH NJW 90, 1368; sa § 308 Rn 7). 18a

IV) Wirkung des Grundurteils

1) **auf das Verfahren.** Das Grundurteil führt zu einem tatsächlichen Stillstand des Verfahrens bis zum Eintritt seiner Rechtskraft, es sei denn, daß das Gericht auf Antrag einer Partei Termin zur mündlichen Verhandlung über den Betrag anberaumt, § 304 II HS 2. Dies wird nur selten angebracht sein. Nach Eintritt der formellen Rechtskraft ist von Amts wegen Termin zur Fortsetzung des Betragsverfahrens zu bestimmen (BGH NJW 79, 2307). Lehnt das LG die Verhandlung zur Höhe bis zur Entscheidung über die Revision des Beklagten gegen das Grundurteil ab, hat der Kläger das Rechtsmittel der Beschwerde (KG MDR 71, 588; München OLGZ 75, 48 = NJW 74, 1514). Das Grundurteil führt nicht zum Beginn einer neuen 30jährigen Verjährung nach § 218 BGB (RG 117, 423). Unterbleibt die Fortsetzung des Betragsverfahrens von Amts wegen, kann dies den Parteien nicht gem § 211 II BGB angelastet werden (BGH NJW 79, 2307). 19

2) **Bindungswirkung** (vgl bereits oben Rn 11; § 318 Rn 12). Sie ist von der Rechtskraft (§ 322) zu unterscheiden (BGH NJW-RR 87, 1197 = MDR 87, 841; verkannt von Hamm NJW-RR 93, 693). **a)** Das Grundurteil bindet (§§ 318, 512, 548 iVm 304 II; vgl BGH NJW 95, 1550 f) für das Betragsverfahren, soweit es das Vorhandensein des Klageanspruchs überhaupt bejaht und soweit dessen Höhe durch den im Grundurteil anerkannten Klagegrund gerechtfertigt ist (BGH WM 82, 1280 [1281]). Bindend ist auch die rechtliche Einordnung (Hamm NJW-RR 93, 693). Die Bindung besteht aber nur, soweit das Grundurteil bindende Feststellungen und eine bindende Entschei- 20

dung von Streitpunkten treffen will (BGH NJW 85, 496 mN = MDR 84, 649; dazu Rn 21). Maßgeblicher Zeitpunkt ist die letzte mündliche Verhandlung im Grundverfahren (§ 767 II; Rn 24); bei späteren Klageerweiterungen besteht keine Bindung (BGH NJW 85, 496; BayObLGZ 92, 8). Zur Bindungswirkung bei einer Berufung gegen das Grundurteil s oben Rn 11. Ist das Grundurteil vom Rechtsmittelgericht erlassen (Rn 17), ist es (nach Zurückverweisung) im zweiten Rechtsmittelverfahren selbst gebunden (BGH NJW-RR 87, 841). Zur Beschwer bei einer Unsicherheit über den Bindungswillen vgl oben Rn 10 und 14.

21 **b) Eingeschränkte und fehlende Bindungswirkung.** Die **Auslegung** des Urteils kann einen eingeschränkten Bindungswillen (Rn 20) ergeben (BGH 110, 204; NJW 95, 1550 f). Beispiel: Trotz fehlenden notwendigen Vorbehalts (Rn 8) kann hinsichtlich einzelner Schadensposten Prüfung von Mitverschulden möglich sein (BGH aaO). Weist das Grundurteil Streitpunkte **fehlerhaft** dem Betragsverfahren zu, so sind diese dort ohne Rücksicht auf die Bindungswirkung des Grundurteils zu berücksichtigen (s Tiedtke ZZP 89, 76). Hat das Grundurteil über einen ins Betragsverfahren gehörenden Punkt unzulässig mitentschieden, so ist dies **unverbindlich** (BGH 10, 361).

22 c) Die **Bindungswirkung verhindert nicht:** die Abweisung der Klage, wenn sich erst im Betragsverfahren das Fehlen einer Prozeßvoraussetzung ergibt (RG 89, 119); die Berücksichtigung von Wiederaufnahmegründen gegen das Grundurteil (BGH LM § 578 Nr 6). Hat das Grundurteil einen Teil der Klagegründe übergangen, so kann die Entscheidung hierüber im Leistungsverfahren ohne Bindung an das Grundurteil nachgeholt werden (BGH LM § 318 Nr 2). Greift das Betragsurteil **ohne Rücksicht auf die Bindungswirkung** des Grundurteils in den bereits entschiedenen Grund des Anspruchs ein, so unterliegt es der Anfechtung.

V) Anfechtung (Abs II HS 1)

23 Bei einer Revision gegen ein Grundurteil, die sowohl als Zulassungs- als auch Annahmerevision möglich ist, erfolgt eine Prüfung von Amts wegen, ob dieses Urteil einen nach Grund und Betrag streitigen Anspruch zum Gegenstand hat (BGH NJW-RR 91, 600 mN; 92, 290; vgl auch Rn 17). Die „materiell" zu bestimmende **Beschwer** (vgl auch Rn 14 vor § 511) richtet sich nach dem Umfang der für den Rechtsmittelführer (auch den Kläger!) *negativen Bindungswirkung* (BGH WM 86, 331); zur Bestimmung vgl § 3 Rn 16 „Grund des Anspruchs"; zur Zurückverweisung gem § 538 I Nr 3 (weite Auslegung): § 538 Rn 16 ff; will das Berufungsgericht zur Höhe entscheiden (s § 537 Rn 7, 9; § 539 Rn 22), ist Hinweis gem § 139 geboten (BGH NJW 86, 183). Im **arbeitsgerichtlichen Verfahren** ist eine selbständige Anfechtung eines Grundurteils unzulässig (§ 61 III ArbGG; BAG NJW 76, 775).

VI) Betragsverfahren

24 **1) Gegenstand** ist grundsätzlich die Höhe des Anspruchs. Einwendungen, die den Grund des Anspruchs betreffen, sind daher ausgeschlossen, so eine schon im Grundverfahren geltend zu machende Aufrechnung (BGH NJW 65, 1763), die Anfechtung des klagebegründenden Vertrages (RG 138, 213), eine fehlende Genehmigung oder ein Verstoß gegen ein Verbotsgesetz oder die guten Sitten (§§ 134, 138 BGB; vgl Hamm NJW-RR 93, 693). Zu berücksichtigen sind aber Einwendungen, die erst nach dem Schluß der mündlichen Verhandlung über den Grund entstanden sind (vgl § 767 II) oder die – wenn auch fehlsam, BGH NJW 51, 1465 – dem Nachverfahren vorbehalten worden sind, weil sie etwa offensichtlich die Klageforderung nicht in vollem Umfang zu Fall brachten (§ 254 BGB; Vorteilsausgleichung: BGH 1, 36; oben Rn 8). Ist der Grund des Schadensersatzanspruchs ohne Einschränkung rechtskräftig im Grundurteil festgestellt, so kann im Betragsverfahren nicht mehr geltend gemacht werden, der Kläger habe als Aufopferung nur angemessenen Ausgleich zu verlangen (BGH 7, 331); auch nicht, daß infolge Übergangs der Klageforderung auf Kaskoversicherer nunmehr die Sachlegitimation entfallen sei (BGH VersR 68, 69). Ungeachtet des Grundurteils ist die Klage auch abzuweisen, wenn sich im Betragsverfahren ergibt, daß überhaupt kein Schaden entstanden oder noch zu erwarten ist (BGH NJW 86, 2508 Nr 9; BSG NJW 91, 380). – Erweitert der Kläger im Betragsverfahren den Streitgegenstand, so ist insoweit eine unbeschränkte Prüfung zulässig (RG 103, 220; 124, 132). Zur Entscheidung über die Rentendauer im Betragsverfahren bei entsprechendem Vorbehalt s BGH 11, 181; Nürnberg VersR 67, 91.

25 **2) Säumnis.** Ist der Kläger säumig, wird die Klage ungeachtet des Grundurteils abgewiesen (§§ 347 I, 330); ist der Beklagte säumig, ist das Versäumnisurteil gegen ihn an das Grundurteil gebunden.

VII) Kostenentscheidung

26 Über die Kosten wird erst im Endurteil über den Betrag entschieden (RG 13, 390). Dies gilt auch dann, wenn erst in der Berufungsinstanz unter Aufhebung des die Klage abweisenden Urteils erster Instanz ein Urteil über den Grund des Anspruchs ergeht (JW 09, 14; 28, 156). Wird dagegen die Berufung des Beklagten gegen das Grundurteil in vollem Umfange zurückgewiesen, so sind ihm gemäß § 97 I schon in diesem Urteil die Kosten des Berufungsverfahrens aufzuerlegen (BGH 20, 397 = NJW 56, 1235, str; aA Frankfurt NJW-RR 88, 1213; sa § 97 Rn 2).

VIII) Vollstreckung

Das im Betragsverfahren erlassene vorläufig vollstreckbare Urteil kann mit der Vollstreckungsklausel versehen werden, auch wenn die Vorentscheidung (bezüglich des Grundes) noch nicht rechtskräftig ist (RG 107, 330). **Wird das Urteil über den Grund des Anspruchs nach Erlaß des Urteils über den Betrag aufgehoben,** so verliert das letztere, auch wenn es rechtskräftig ist, seine Wirkung (RG 107, 331). Zur Abwehr einer etwaigen Zwangsvollstreckung in diesem Fall: §§ 767, 732. Zum Schadensersatz bei voreiliger Vollstreckung: § 717 II. 27

IX) Gebühren: 1) des Gerichts: Grund- und Betragsverfahren bilden gebührenrechtlich eine Instanz. Das Grundurteil löst im Berufungsverfahren eine 1,5 Gebühr aus (KV 1223). – **2) des Anwalts:** Auch hier bildet das Betragsverfahren keine neue Instanz. Ergeht das Grundurteil erst in der Berufungsinstanz od wird die Berufung gegen das Grundurteil sachlich zurückgewiesen, so liegt damit auch eine Zurückverweisung iS des § 15 I 1 BRAGO vor (sehr str Zweibrücken JurBüro 90, 479; Düsseldorf MDR 93, 1021; AGS 95, 13 = MDR 95, 323; Koblenz MDR 96, 533; Karlsruhe JurBüro 96, 136; aA Schleswig KoRsp BRAGO § 15 Nr 19 mit Anm Lappe; Saarbrücken JurBüro 90, 338; Düsseldorf JurBüro 93, 672; München Rpfleger 94, 272; Hamburg JurBüro 96, 136; sa Groll JurBüro 96, 286). Dies gilt auch dann, wenn das Berufungsgericht die Verwerfung der Zulässigkeitsrüge bestätigt oder wenn in derselben Instanz nach Erlaß des Grundurteils zunächst weiterverhandelt, aber nach Rechtsmitteleinlegung ausgesetzt wird. 28

305 *[Urteil mit Vorbehalt beschränkter Haftung für Nachlaßverbindlichkeiten usw]*

(1) Durch die Geltendmachung der dem Erben nach den §§ 2014, 2015 des Bürgerlichen Gesetzbuchs zustehenden Einreden wird eine unter dem Vorbehalt der beschränkten Haftung ergehende Verurteilung der Erben nicht ausgeschlossen.

(2) Das gleiche gilt für die Geltendmachung der Einreden, die im Falle der fortgesetzten Gütergemeinschaft dem überlebenden Ehegatten nach dem § 1489 Abs. 2 und den §§ 2014, 2015 des Bürgerlichen Gesetzbuches zustehen.

I) Rechtslage bei Ansprüchen gegen den Nachlaß

1) Nach § 1958 BGB darf ein Anspruch, der sich gegen den Nachlaß richtet, **vor Annahme der Erbschaft** durch den Erben nur gegen den auf Antrag des Berechtigten zu bestellenden Nachlaßpfleger (vgl § 1961 BGB) geltend gemacht werden; die Klage gegen den Erben ist unzulässig (Palandt/Edenhofer § 1958 Rn 1; ThP Rn 1; StJ/Leipold Rn 1; aA – unbegründet mangels Passivlegitimation: BL/Hartmann Rn 1). Insolange besteht keine Aufnahmelast, § 239 V. 1

2) Nach Annahme der Erbschaft. a) Allgemeines. Auch nach Annahme der Erbschaft ist der Erbe, sofern er nicht das Recht, die beschränkte Haftung für die Nachlaßverbindlichkeit herbeizuführen, nach §§ 2016, 1994 BGB verloren hat, berechtigt, die Berichtigung von Nachlaßverbindlichkeiten bis zum Ablauf der Frist von 3 Monaten nach der Annahme bzw bis zur Beendigung des binnen Jahresfrist beantragten und zugelassenen Aufgebots der Nachlaßgläubiger (§§ 2014, 2015) zu verweigern. 2

b) Prozessuale Konsequenzen (Abs I). Der Erbe kann zwar verklagt, es muß aber auf seinen Antrag in das Endurteil der Vorbehalt der beschränkten Haftung aufgenommen werden. Anerkennt der Erbe den Anspruch sofort mit dem Vorbehalt, treffen ihn keine Kosten (KG OLG 3, 131; 18, 318). Da der Vorbehalt **nur auf Einrede des Beklagten** zu gewähren ist, bleibt er im Versäumnisverfahren gegen den Beklagten außer Betracht, sofern nicht der Kläger selbst den Antrag auf Verurteilung unter Vorbehalt gestellt hat. Die Einrede kann bis zum Verhandlungsschluß in der Tatsacheninstanz geltend gemacht werden, ausnahmsweise auch in der Revisionsinstanz, wenn der Erbfall nach Einlegung der Revision eingetreten ist (BGH 17, 69; einschr BGH 54, 204). Der Vorbehalt ist in die Urteilsformel aufzunehmen. Unterbleibt dies trotz Einrede, dann Urteilsergänzung nach § 321 oder ein Rechtsmittel. Der Vorbehalt ist nicht notwendig in den Fällen des § 780 II. Eine entsprechende Anwendung des § 305 ist dagegen nicht möglich, wenn der Erblasser zur Zeit des Urteilserlasses noch lebte und nur das Kostenfestsetzungsverfahren gegen den Erben betrieben wird (Hamm Rpfleger 82, 354). 3

c) Die **Zwangsvollstreckung** erfolgt zunächst ohne Berücksichtigung der beschränkten Haftung; der Erbe kann jedoch, wenn der Vorbehalt im Urteil steht (§ 780), bis zum Ablauf der genannten Fristen die Beschränkung auf die zur Vollziehung eines Arrestes zulässigen Maßregeln (Pfändung) verlangen (§ 782). Für die in seiner Person entstandenen Prozeßkosten haftet der Erbe trotz Vorbehalts stets persönlich (Köln NJW 52, 1145). 4

II) Haftung des überlebenden Ehegatten bei fortgesetzter Gütergemeinschaft (Abs II)

Nach § 1489 BGB haftet der überlebende Ehegatte bei fortgesetzter Gütergemeinschaft für die Gesamtgutsverbindlichkeiten persönlich; er kann jedoch, sofern er nicht schon aus einem anderen Grund für die Verbindlichkeit persönlich haftet, ebenso wie ein Erbe die Berichtigung von Gesamtgutsverbindlichkeiten bis zum Ablauf der in den §§ 2014, 2015 BGB bestimmten Fristen verweigern. Rn 3 und 4 gilt auch hier. 5

305a

[Urteil mit Vorbehalt beschränkter Haftung für Seeforderungen]

Unterliegt der in der Klage geltend gemachte Anspruch der Haftungsbeschränkung nach § 486 Abs. 1 oder 3, §§ 487 bis 487d des Handelsgesetzbuchs und macht der Beklagte geltend, daß

1. aus demselben Ereignis weitere Ansprüche, für die er die Haftung beschränken kann, entstanden sind und

2. die Summe der Ansprüche die Haftungshöchstbeträge übersteigt, die für diese Ansprüche in Artikel 6 oder 7 des Haftungsbeschränkungsübereinkommens (§ 486 Abs. 1 des Handelsgesetzbuchs) oder in den §§ 487, 487a oder 487c des Handelsgesetzbuchs bestimmt sind,

so kann das Gericht das Recht auf Beschränkung der Haftung bei der Entscheidung unberücksichtigt lassen, wenn die Erledigung des Rechtsstreits wegen Ungewißheit über Grund oder Betrag der weiteren Ansprüche nach der freien Überzeugung des Gerichts nicht unwesentlich erschwert wäre. In diesem Fall ergeht das Urteil unter dem Vorbehalt, daß der Beklagte das Recht auf Beschränkung der Haftung geltend machen kann, wenn ein Fonds nach dem Haftungsbeschränkungsübereinkommen errichtet worden ist oder bei Geltendmachung des Rechts auf Beschränkung der Haftung errichtet wird.

I) Allgemeines

1 **1)** Eingefügt zusammen mit § 786a durch Art 3 des Zweiten Seerechtsänderungsgesetzes vom 25. 7. 1986 (BGBl I, S 1120), **in Kraft** seit dem 1. 9. 1987, vgl die Bekanntmachung vom 30. 7. 1987 (BGBl I, S 2083). Anwendbar nur auf Vorgänge, die sich nach dem 1. 9. 1987, dem zeitgleichen Inkrafttreten des Übereinkommens von 1976 über die Beschränkung der Haftung für Seeforderungen (Haftungsbeschränkungsübereinkommen, BGBl 1986 II, S 787; Bekanntmachung vom 17. 7. 1987, BGBl II, S 407) verwirklicht haben (Art 11 I 2 Zweites SeerechtsänderungsGes). **Materialien:** BT-Drs 10/3852, S 35 ff.

2 **2) Zweck und Bedeutung:** Prozessuale Ergänzung der materiellrechtlichen Vorschriften über die Haftungsbeschränkung bei Seeforderungen. Nach dem Haftungsbeschränkungsübereinkommen (Rn 1) können zur Haftungsbeschränkung berechtigte Personen (Schiffseigentümer usw) ihre der Höhe nach (unterschiedlich nach Schadensarten) begrenzte Haftung für Schäden aus einem bestimmten Ereignis durch Bildung eines Haftungsfonds mit ggf anteiliger Befriedigung mehrerer beschränken. § 305a regelt die Auswirkung der Haftungsbeschränkung auf das Erkenntnisverfahren, § 786a die Geltendmachung der vorbehaltenen Haftungsbeschränkung in der ZwV. Die Regelung unterscheidet sich wesentlich von der erbrechtlichen Haftungsbeschränkung (§§ 305, 780 ff).

3 **3) Anwendungsbereich. a) Seeforderungen** sind Forderungen, für die die Haftung nach dem Haftungsbeschränkungsübereinkommen (Rn 1) iVm den ergänzenden Vorschriften des HGB (§§ 487–487d HGB) beschränkt werden kann (**S 1** iVm § 486 I HGB). **b)** Ansprüche wegen **Ölverschmutzungsschäden** (**S 1** iVm § 486 III 1 HGB) iSv Art I Nr 6 des Ölhaftungsübereinkommens, soweit es sich um einen der folgenden Fälle handelt: **aa)** Ansprüche, die gegen *andere Personen* als den Schiffseigentümer geltend gemacht werden; **bb)** Ansprüche, für die das Ölhaftungsübereinkommen *nicht gilt.* **c) Nicht** dagegen allgemein Ansprüche nach dem – in § 486 II HGB genannten – Ölhaftungsübereinkommen, denn § 486 II HGB ist in **S 1** nicht genannt und damit eindeutig vom Anwendungsbereich der §§ 305a, 786a ausgenommen (ebenso StJ/Leipold Rn 4). Die Haftungsbeschränkung gem § 486 II HGB kann daher nicht gem § 305a berücksichtigt werden.

II) Voraussetzungen des Vorbehalts

4 **1)** Gegenstand der **Klage** muß eine Seeforderung oder eine ihr gleichgestellte Forderung iS der Rn 3 sein.

5 **2) Geltendmachung der Haftungsbeschränkung durch den Beklagten.** Als kraft Gesetzes geltende Anspruchsbegrenzung ist die geltend gemachte Haftungsbeschränkung (Rn 2) an sich im Erkenntnisverfahren zu berücksichtigen (vgl auch Rn 7). Dies kann bei einer Mehrheit von (nicht am Verfahren beteiligten) Anspruchsberechtigten zu Schwierigkeiten führen. § 305a ermöglicht dem Beklagten durch die „Geltendmachung" der materiellen Voraussetzungen der Haftungsbeschränkung den Erlaß eines Urteils unter Vorbehalt der beschränkten Haftung (S 2) anzuregen; **Voraussetzungen** hierfür sind: **a) Gläubigermehrheit** für Ansprüche iS von Rn 3 **(S 1 Nr 1); b) Eintritt der Haftungsbeschränkung** durch Überschreiten der Haftungshöchstbeträge durch die Summe aller Ansprüche **(S 1 Nr 2); c) Verfahrenserschwerung** bei Prüfung der Haftungsbegrenzung infolge Ungewißheit über Grund oder Betrag der weiteren Ansprüche **(S 1 aE).**

6 **3) Nicht** erforderlich für die Geltendmachung der Haftungsbeschränkung ist die Errichtung eines **Haftungsfonds** (§ 487c II 1 HGB; vgl demgegenüber S 2 und dazu § 786a Rn 3).

III) Entscheidung des Gerichts

1) Ermessensentscheidung. Das Gericht ist an die „Geltendmachung" des Beklagten (Rn 5) nicht gebunden, sondern entscheidet nach pflichtmäßigem Ermessen, ob es ein Urteil ohne (Rn 7) oder mit Vorbehalt (Rn 8) erlassen will. Für die Ermessensausübung dürfte die Frage der jeweiligen Entscheidungsreife (s Rn 7, 8) ausschlaggebend sein. 7

2) Bei **Entscheidung ohne Vorbehalt** ist die Haftungsbeschränkung in der Formel – notfalls betragsmäßig – zu berücksichtigen; das Gericht hat ein „hypothetisches Verteilungsverfahren" durchzuführen (vgl StJ/Leipold Rn 7 FN 8). Das Urteil unterliegt vollstreckungsrechtlich keinerlei Beschränkungen, § 786a gilt nicht (vgl dort Rn 2). 8

3) Das **Urteil unter Vorbehalt** der Haftungsbeschränkung ist kein Vorbehaltsurteil iS der ZPO (s Rn 12 vor § 300), sondern Vollendurteil. **Fassung** des Vorbehalts: **S 2;** Formulierungsvorschlag: BL/Hartmann Rn 3. ZwV: § 786a. 9

Vorbemerkungen zu §§ 306, 307

I) Allgemeines

1) Begriffe. Im **Klageverzicht** des Klägers kommt sein Wille zum Ausdruck, den prozessualen Anspruch überhaupt nicht mehr geltend machen zu wollen (RG 66, 14); damit nimmt der Kläger seine Rechtsfolgebehauptung zurück. Das Gegenstück dazu ist das **Anerkenntnis:** Der Beklagte erkennt die klägerische Rechtsfolgebehauptung als richtig an. Gegenstand von Anerkenntnis und Verzicht ist also – ganz oder teilweise – der *prozessuale Anspruch,* mag dieser leistungs-, feststellungs- oder gestaltungsbegehrend sein. Nur der prozessuale Anspruch wird anerkannt, die ihn begründenden Tatsachen aber werden gestanden (§ 288; zur Unterscheidung Rn 2). Klageverzicht ist keine Rücknahme: Diese nimmt dem Gericht die Möglichkeit zu entscheiden, jener beendet den Prozeß ebensowenig wie das Anerkenntnis, führt vielmehr zu einem – nicht kontradiktorischen (Rn 6 vor § 300) – **Sachurteil.** Die Beschränkung des Klageantrages (§ 264 Nr 2) kann Teilverzicht, wie teilweise Klagerücknahme sein; dies ist im Einzelfall zu prüfen (s § 264 Rn 4a). 1

2) Abgrenzung. a) Präjudizielle Rechtsverhältnisse sind entgegen verbreiteter Ansicht (Zeiss, ZPR, § 55 II 2; § 56 I 1 mwN; einschr RSchwab/Gottwald § 114 I 1a, str; vgl hier § 288 Rn 2) nicht geständnisfähig, können aber in verschiedener Hinsicht Gegenstand von **Anerkenntnissen** sein. Folgende Möglichkeiten sind zu unterscheiden: **aa) Prozessuales Anerkenntnis iS von § 307.** Hierfür muß das präjudizielle Rechtsverhältnis zum Gegenstand einer Zwischenfeststellungs-(wider-)klage (vgl § 256 Rn 21) gemacht werden. Über das Anerkenntnisurteil kann Feststellungswirkung (§ 322 I) herbeigeführt werden. **bb) Außerprozessuales (materiellrechtliches) Anerkenntnis.** Die Parteien können präjudizielle Rechtsverhältnisse, auch sachenrechtlicher Art (Bsp: Vorbehaltseigentum) auch zum Gegenstand eines (vergleichsähnlichen) Feststellungsvertrags machen (BGH 98, 166 = NJW 86, 2948 = MDR 86, 926; zust Henckel JZ 87, 359); die Wirkungen bestehen dann in einem (materiellrechtlichen) Einwendungsausschluß (vgl BGH aaO; allg Jauernig/Vollkommer, BGB, 6. Aufl, § 781 Anm 3c). **cc) Eingeschränktes prozessuales Anerkenntnis.** Die Parteien können im Rahmen ihrer Dispositionsbefugnisse auch ein (eingeschränktes) prozessuales Anerkenntnis unter Vorbehalt (zB einer Gegenleistung) erklären (BGH 107, 146 mwN = NJW 89, 1934 = MDR 89, 803; Anm Schilken ZZP 103, 213; abl MK/Musielak § 307 Rn 10 ff). Es bildet bei entspr Anpassung des Klageantrags die Grundlage für ein Anerkenntnisurteil (§ 307 Rn 8), iü ohne Sachprüfung Entscheidungsgrundlage im Rahmen der streitmäßigen Entscheidung (BGH 107, 147 mN = aaO). **b)** Ein **einzelner von mehreren Klagegründen** ist nicht anerkenntnisfähig iS von § 307 (Baumgärtel ZZP 87, 132), wohl aber der geltend gemachte Klageanspruch **dem Grunde nach** (s § 307 Rn 7). 2

c) Vorbehaltslose **Erfüllung** des Klageanspruchs durch den Beklagten *kann* ein Erledigungsereignis darstellen (§ 91a Rn 4, 5), ist jedoch mangels Abgabe einer entspr Erklärung (Rn 12) **kein** Anerkenntnis (BGH NJW 81, 686 = MDR 81, 399). Vgl § 306 Rn 1; § 307 Rn 2. 3

3) Anwendungsbereich. §§ 306, 307 sind **entspr** anwendbar in Verfahren mit öffentlich-rechtlichem Streitgegenstand, soweit dieser der Verfügungsbefugnis der Parteien unterliegt (BSG MDR 78, 172; VGH Mannheim NJW 91, 859); vgl auch allg § 306 Rn 2; § 307 Rn 2. 4

II) Rechtsnatur von Anerkenntnis und Verzicht

1) Anerkenntnis und Verzicht sind **reine Prozeßhandlungen,** sind daher nur wirksam, wenn die Prozeßhandlungsvoraussetzungen (Rn 17 vor § 50) gegeben sind. So die hL (vgl Baumgärtel, Prozeßhandlung, 2. Aufl, S 142 ff; StJ/Leipold § 307 Rn 11), während andere ihnen eine gemischte – prozessuale und gleichzeitig materiell-rechtliche – Rechtsnatur beilegen (zur Doppelnatur s 5

Thomas ZZP 89, 80; zur Prüfungsaufgabe des Gerichts § 306 Rn 6, § 307 Rn 4). Da sie die Prozeßlage gestalten, sind sie **Bewirkungshandlungen.** Daraus ergeben sich Folgerungen für den Bestand und die Beseitigung sowie den Umfang von Anerkenntnis und Verzicht (Rn 6, 7).

6 **2)** Nach hM gibt es **keine Anfechtung** eines Anerkenntnisses entsprechend §§ 119, 123 BGB (BGH 80, 392 mwN = NJW 81, 2194 = MDR 81, 924; Grund: Rn 5; Schwab, FS Baumgärtel, 1990, S 505 mwN; MK/Musielak § 307 Rn 21; aA M. Wolf aaO; Arens, Willensmängel bei Prozeßhandlungen, S 101 ff, 205 ff; Orfanides, Die Berücksichtigung von Willensmängeln im Zivilprozeß, 1982, S 45 ff; 72 ff); keine Rückforderung aus § 812 BGB (RG 145, 74); **keinen Widerruf** des Anerkenntnisses analog § 290 (BGH 80, 393 f; 107, 147 = aaO, Rn 2; NJW 93, 1718 = MDR 93, 1238; aA Nürnberg MDR 63, 419; Orfanides, aaO, S 74 ff, einschränkend: nur bei Irrtum über die Sachlage). Die Berufung auf ein irrtümlich abgegebenes Anerkenntnis kann aber uU **rechtsmißbräuchlich** sein (§ 242 BGB; BGH 80, 399; Frankfurt NJW-RR 88, 575; Köln FamRZ 91, 856; Hamm FamRZ 93, 78). Anerkenntnis und Verzicht können jedoch **widerrufen** werden, wenn sie durch ein Verhalten veranlaßt worden sind, das (nach rechtskräftigem Abschluß des Verfahrens) einen **Restitutionsgrund** (§ 580 Nr 2–4 und 7b) abgäbe (BGH 12, 285; 80, 394 f; NJW 93, 1718; FamRZ 94, 302; KG NJW-RR 95, 958; Schwab aaO S 507 ff) oder wenn ein **Abänderungsgrund** iS von § 323 vorliegt (dazu sogleich unten). Der Widerrufsgrund kann auch noch mit der Berufung geltend gemacht werden (s § 307 Rn 11). Ein Widerruf bis zum Urteilserlaß ist auch bei Einverständnis des Gegners möglich. Nach Karlsruhe MDR 74, 588 kann ein Anerkenntnis zurückgenommen werden, wenn und soweit es durch einen Schreibfehler oder ein klares, offensichtliches Versehen veranlaßt worden ist (§ 319 entspr, vgl Staudigl FamRZ 80, 221). Der eingeschränkte **Widerruf** eines prozessualen Anerkenntnisses, das laufende Unterhaltszahlungen betrifft, mit dem Ziel einer Anpassung iSv § 323 ist dann zuzulassen, wenn sich die für das Anerkenntnis maßgebenden Umstände wesentlich geändert haben (Änderungsgründe iSv § 323; so Bamberg NJW-RR 93, 1221; Schleswig NJW-RR 93, 1416; Staudigl FamRZ 80, 221; offengelassen BGH 80, 397); die Abänderung ist dann auch in der Berufungsinstanz möglich (Hamburg FamRZ 84, 709; Schleswig aaO; im Erg auch Düsseldorf FamRZ 83, 724; aA Karlsruhe NJW-RR 89, 1469; MK/Musielak § 307 Rn 27). Allerdings können Abänderungsgründe iSv § 323 mit der Berufung nicht in weitergehendem Umfang geltend gemacht werden als mit der Abänderungsklage (BGH 80, 397).

7 **3)** Als Prozeßhandlungen sind Anerkenntnis und Verzicht **ohne** Rücksicht auf eine **vormundschaftsgerichtliche Genehmigung** wirksam, die zu dem zugrunde liegenden materiellen Rechtsgeschäft nötig wäre (BGH LM § 306 Nr 1; aA Thomas ZZP 89, 80).

III) Zulässigkeit von Anerkenntnis und Verzicht

8 **1) Ehe- und Statussachen; Unterhaltssachen. a) Ein Klage- bzw Antragsverzicht** ist im Rahmen der Dispositionsmacht der Parteien zulässig, also für den Scheidungsantrag (BGH 97, 309 = NJW 86, 2046, zust Richter JR 87, 17; § 617 Rn 4), die Herstellungs- und Aufhebungsklage, denn der Kläger kann die aufhebbare Ehe nach materiellem Recht bestätigen, er kann also auch auf sein entstandenes Scheidungsrecht verzichten (BGH NJW 86, 2047 = FamRZ 86, 656) und sich seines Herstellungsanspruchs begeben. Im übrigen aber ist bei Ehe- (insbesondere also Nichtigkeitsklagen) und Kindschaftssachen kein Verzicht möglich. (Argument: Unterschiedliche Säumnisfolgen gem §§ 635, 638 gegenüber § 330; sa StJ/Leipold § 306 Rn 10; aA hinsichtlich Ehelichkeitsanfechtung Braunschweig FamRZ 56, 57; ThP § 306 Rn 2).

9 **b)** Ein **Anerkenntnisurteil** kann nicht ergehen: §§ 617, 640. Ein gleichwohl verfahrenswidrig ergangenes „Anerkenntnisurteil" ist unwirksam, was festgestellt werden kann (Hamm OLGZ 88, 80 für § 640; sa FamRZ 88, 854 und § 641c Rn 1).

9a **c)** Im **Unterhaltsprozeß** ist ein Anerkenntnis des Beklagten für das Gericht insoweit nicht bindend als es die Bemessung des Vorsorgeunterhalts im Verhältnis zum Elementarunterhalt betrifft (BGH NJW 85, 2713 [2716]); Grund: Fehlende Dispositionsbefugnis.

10 **2) In vermögensrechtlichen Streitigkeiten** ist die Dispositionsbefugnis der Parteien idR gegeben (ie § 307 Rn 2). Die Schlüssigkeit der Klage ist ohne Bedeutung. Ein Anerkenntnisurteil muß zB auch ergehen, wenn der auf Herausgabe aus § 985 BGB vom Nichteigentümer verklagte Eigentümer oder wenn der aus einem mündlichen (formnichtigen) Grundstückskauf auf Auflassung Verklagte anerkennt, umgekehrt ein Verzichtsurteil bei Klage auf Feststellung der Nichtigkeit eines formlosen Grundstückskaufs (so auch Schleswig NJW-RR 93, 932). Nur darf die anerkannte Rechtsfolge (bzw die Folge des Verzichts) dem positiven Recht nicht überhaupt unbekannt sein, sie darf nicht strafbar, gesetzlich verboten, sittenwidrig sein oder gegen den ordre public (Art 6 EGBGB) verstoßen (vgl BGH 10, 333; ie § 307 Rn 4 mit Beispielen).

11 Schließlich gibt es auch vermögensrechtliche Streitigkeiten, die sich der **Disposition der Parteien entziehen:** So kann ein verklagter Testamentsvollstrecker zwar anerkennen, daß seine persönliche Amtszeit abgelaufen ist, nicht aber, daß das Amt institutionell erloschen ist, da es nicht auf seinem rechtsgeschäftlichen Willen, sondern auf dem letzten Willen des Erblassers

beruht (RG 156, 70). Kein Anerkenntnis des auf Erbunwürdigkeit Verklagten (§ 2342 BGB; LG Aachen NJW-RR 88, 263 = MDR 88, 240 mN, auch zur aA), kein Verzicht des auf Feststellung seines Erbrechts Klagenden (Blomeyer MDR 77, 675). Das Klauselerteilungsverfahren (§ 731) läßt Raum für (eingeschränkte) Anerkenntnisse (ie str, s Münzberg NJW 92, 206; § 731 Rn 4). Ob die beklagte AG im Beschlußanfechtungsverfahren gem §§ 246 ff AktG anerkennen kann, ist wegen der Gestaltungswirkung des Urteils (§ 248 AktG) zweifelhaft (bejahend mwN Gehrlein AG 94, 105; offen BGH NJW-RR 93, 1254 mwN); Gegenmittel für Gesellschafter: § 69 Rn 7.

IV) Erklärung von Anerkenntnis und Verzicht

Anerkenntnis und Verzicht werden **durch einseitige Prozeßhandlung dem Gericht gegenüber** 12
erklärt und zwar in der mündlichen Verhandlung mündlich – auch vor dem Einzelrichter, § 349 II Nr 4 –, nicht aber vor dem ersuchten Richter (JW 04, 260), im Verfahren nach § 128 II und III schriftlich. Die Erklärung unterliegt im Anwaltsprozeß (§ 78) dem **Anwaltszwang** (BGH 127, 377 = NJW 95, 320; NJW 88, 210 = MDR 88, 51; § 78 Rn 12). Eine ausdrückliche Erklärung ist (trotz § 160 III Nr 1) nicht erforderlich (dazu sogleich); erfolgt Anerkenntnis oder Verzicht durch schlüssiges Verhalten, so muß dies eindeutig sein (BL/Hartmann § 307 Rn 9; ThP § 307 Rn 3; Merz ZMR 83, 365). Möglich auch in den Rechtsmittelinstanzen, nicht aber zwischen den Instanzen (arg § 318), vgl Schwab, FS Schnorr v. Carolsfeld, 1973, S 454. Die (ordnungsgemäße) **Protokollierung** nach §§ 160 III Nr 1, 162 ist keine Wirksamkeitsvoraussetzung (BGH 107, 145 f = NJW 89, 1934 = aaO [Rn 2]; Frankfurt NJW-RR 88, 575; Hamm WRP 92, 253, str; aA Düsseldorf FamRZ 83, 721); unterbleibt die Feststellung, kann die Erklärung in anderer Form nachgewiesen werden (BGH aaO). Im sozialgerichtlichen Verfahren ist die Verlesung der Niederschrift nicht erforderlich (BSG NJW 69, 77; abl Schmidt S 814). Eine Beschränkung der Prozeßvollmacht ist auch mit Außenwirkung möglich, § 83 I. Einer Annahme durch den Gegner bedürfen weder Verzicht noch Anerkenntnis; der Gegner braucht nicht einmal anwesend zu sein. Nur die Parteien, nicht ein Streitgenosse für den anderen, nicht der Nebenintervenient können verzichten oder anerkennen. Nicht Verzicht und Anerkenntnis beendigen die Instanz (so aber M. Wolf, Das Anerkenntnis im Prozeßrecht, 1969), sondern erst das sodann ergehende Urteil (vgl RSchwab/Gottwald § 133 IV 5a; StJ/Leipold § 307 Rn 20; Arens ZZP 83, 356; Schilken ZZP 90, 157).

V) Anerkenntnis- bzw Verzichtsurteil bei fehlendem entsprechendem Antrag

1) Fehlender bzw unrichtiger Antrag. Beantragt der Gegner des Verzichtenden bzw Anerken- 13
nenden kein Verzichts- bzw Anerkenntnisurteil, sondern verlangt er ausdrücklich – etwa zur Klärung einer Rechtsfrage – ein streitiges Sachurteil, so fehlt diesem Begehren das Rechtsschutzbedürfnis. Wenn die übrigen Voraussetzungen vorliegen, ergehen Verzichts- bzw Anerkenntnisurteil gleichwohl (BGH 10, 333; 49, 216; 107, 147; NJW 93, 1718, str; dazu MK/Musielak § 307 Rn 23, 24 mwN). Der Antrag auf streitige Sachentscheidung ist im Vergleich zu dem gem §§ 306, 307 weitergehend iS von §§ 92, 97, so daß die auf kontradiktorischer Entscheidung beharrende Partei teilweise unterliegt (so BGH 76, 53); bedenklich, denn auch das Urteil gem §§ 306, 307 ist Sachurteil (oben Rn 1; irreführend insoweit BGH aaO), es liegt nur eine Abweichung vom Verfahrensantrag vor, der sich kostenmäßig nicht auswirken dürfte. So – nach BSG JZ 79, 199; LG Mainz VersR 72, 78, – auch bei Teilanerkenntnis, dagegen Mes ZZP 85, 334, da materiell der Schuldner zur Teilleistung nicht berechtigt sei. Die Lösung gemäß BGH 10, 333 gilt auch im Verhältnis des Widerklägers zum Widerbeklagten (Stuttgart JVBl 68, 284). Wenn die Parteien vereinbart hatten, einen **Musterprozeß** zu führen (vgl Kempf ZZP 73, 348 ff), kann, wenn sich eine Partei dem durch Verzicht oder Anerkenntnis entziehen will, dem die Einrede der Arglist entgegengehalten werden (ebenso Johannsen Anm LM § 307 Nr 1; aA MK/Musielak § 307 Rn 19: Anerkenntnisurteil hat zu ergehen; allg zum Musterprozeß vgl § 325 Rn 43b). Nach aA ist der Kläger, der nach Anerkenntnis des Beklagten den Antrag aus § 307 nicht stellt, als säumig zu behandeln, nachdem sein Antrag auf Erlaß eines streitigen Urteils durch Beschluß als unzulässig zurückgewiesen wurde (so Bötticher JZ 54, 243; Knöpfel ZZP 68, 450 ff). Diese Lösung ist abzulehnen, denn die Sachanträge bleiben ja gestellt (zutr RSchwab/Gottwald § 133 IV 5b). Nach Schleswig SchlHA 66, 14 soll, auch wenn der Kläger ein VU beantragt, Anerkenntnisurteil (als unechtes VU oder als Entscheidung nach Aktenlage) ergehen, wenn dessen Voraussetzungen erfüllt sind (ebenso StJLeipold § 307 Rn 29).

2) Geänderter Antrag. Der Antrag muß inhaltlich der anerkannten Rechtsfolge genau entspre- 14
chen; ein Anerkenntnisurteil kann daher nicht mehr ergehen, wenn der Kläger den (anerkannten) Klageanspruch später geändert hat. Beispiel: Geht der Kläger nach Anerkenntnis von der zunächst geltend gemachten Feststellungsklage zur Leistungsklage über, kann kein Anerkenntnis-Leistungsurteil ergehen (Frankfurt MDR 78, 583; vgl auch § 307 Rn 8).

VI) Verkündung von Anerkenntnis- und Verzichtsurteil und Urteilsgründe

Gemäß § 311 II S 2 können Anerkenntnis- und Verzichtsurteile verkündet werden, auch wenn 15
die Urteilsformel noch nicht schriftlich abgefaßt ist. In der Praxis ist dies gefährlich (Beispiel:

Zweibrücken OLGZ 87, 371), da hierbei häufig die Nebenansprüche und die Kosten nicht hinreichend genau geprüft werden. **Erleichterungen** hinsichtlich der Urteilsabfassung: § 313b.

16 **VII)** Die nach dem KostRÄndG 1994 bestehende **Gebührenbegünstigung** (s § 306 Rn 13; § 307 Rn 12; Berechnungsbeispiele bei Enders JurBüro 95, 505 f) schafft einen gebührenrechtlichen Anreiz zur Rechtsstreiterledigung durch Anerkenntnis- und Verzichtsurteil. Beispiel: Nicht „übereinstimmendes" Erledigungsanerkenntnis (§ 91a Rn 37).

306 *[Verzicht auf den Anspruch]*

Verzichtet der Kläger bei der mündlichen Verhandlung auf den geltend gemachten Anspruch, so ist er auf Grund des Verzichts mit dem Anspruch abzuweisen, wenn der Beklagte die Abweisung beantragt.

I) Allgemeines

1 **1) Abgrenzung.** Ob die Erklärung (s allg Rn 12 vor § 306) einen (teilw) Klageverzicht, eine Klagerücknahme (§ 269) oder eine Erledigungserklärung (§ 91a Rn 34) enthält, ist jeweils im Einzelfall zu ermitteln (Rn 1 vor § 306). Der Verzicht muß eindeutig erklärt sein. Beantragt der Kläger gleichzeitig, dem Gegner die Kosten aufzuerlegen, so hat das Gericht gemäß § 139 zu klären, ob der Kläger nicht eine Erledigungserklärung nach § 91a abgeben wollte (s auch München MDR 57, 298). Erkennt der Kläger im zweiten Rechtszug den Antrag des Beklagten und Berufungsklägers auf Klageabweisung an, so ist dies ein Klageverzicht (Braunschweig NdsRpfl 61, 245). Fallenlassen eines Auflösungsantrags gem § 9 I KSchG im Kündigungsschutzprozeß ist teilweiser Klageverzicht (vgl BAG NJW 80, 1485).

2 **2) Anwendungsbereich.** § 306 findet auch im Verfahren des Arrests oder der einstweiligen Verfügung Anwendung; auf Antrag erfolgt ihre Aufhebung (Koblenz NJW-RR 86, 1443).

II) Wirksamkeitsvoraussetzungen

3 **1)** Der Klageverzicht ist als Prozeßhandlung wirksam, auch wenn die nach materiellem Recht notwendige **Genehmigung des Vormundschaftsgerichts** nicht vorliegt (BGH FamRZ 55, 359; ie Rn 7 vor § 306).

4 **2)** Die **Feststellung des Verzichts im Protokoll** und dessen Verlesung ist nach den §§ 160 III Nr 1; 162 notwendig, aber keine Wirksamkeitsvoraussetzung (ie Rn 12 vor § 306).

5 **3)** Der **Antrag auf Erlaß des Verzichtsurteils** („Kläger wird mit dem . . . Anspruch abgewiesen") unterliegt im Anwaltsprozeß dem Anwaltszwang (BGH NJW 88, 210); er ist, ebenso wie im Fall des § 307 (vgl dazu auch Rn 13 vor § 306) Verfahrensantrag (ebenso BL/Hartmann Rn 4; StJ/Leipold Rn 11, § 307 Rn 29, str; aA Schilken ZZP 103, 217 mN: Sachantrag); daß er zum klageabweisenden Sachurteil führt, steht nicht entgegen (aA 15. Aufl). Die Prozeßvoraussetzungen und im Rechtsmittelzug die Voraussetzungen für die Zulässigkeit des Rechtsmittels müssen geprüft werden. Zu den Folgen bei Nichtvorliegen s Rn 6. Einem Antrag auf streitiges Urteil fehlt das Rechtsschutzbedürfnis; die Klage ist gleichwohl durch Verzichtsurteil abzuweisen (vgl Rn 13 vor § 306).

III) Folgen der Unwirksamkeit

6 **1) Fehlen die Prozeß- oder Rechtsmittelvoraussetzungen** (s dazu Rn 5), ist die Klage als unzulässig abzuweisen, das Rechtsmittel als unzulässig zu verwerfen. Ob dies auch dann gilt, wenn der Klage aus § 256 nur das Feststellungsinteresse fehlt, ist zweifelhaft, wird aber nunmehr im Anschluß an BGH 12, 308 überwiegend bejaht (dazu näher § 256 Rn 7).

7 **2)** Ist der **Verzicht wegen mangelnder Dispositionsmacht des Klägers unwirksam,** so ist der Antrag auf Verzichtsurteil durch Beschluß zurückzuweisen (aA MK/Musielak Rn 5); auch ein Zwischenurteil (§ 303) über die Wirksamkeit des Verzichts wird für zulässig gehalten (so MK/Musielak Rn 5). Ist die sich aus dem Verzicht ergebende Rechtsfolge gesetz- oder sittenwidrig, so darf das Gericht kein klageabweisendes Verzichtsurteil erlassen; so wenn der Kläger beantragt hatte, festzustellen, daß ein sittenwidriger Anspruch nicht bestehe. Der unwirksame Verzicht (zum Anerkenntnis vgl § 307 Rn 4) ist vielmehr in eine Klagerücknahme umzudeuten (so Blomeyer § 62 III; StJ/Leipold Rn 10 aE). Stimmt der Beklagte nicht zu und wird der Kläger säumig, ist § 635 entspr anzuwenden.

IV) Prozessuale Besonderheiten

8 **1)** Bei Teilverzicht **muß** entgegen § 301 II **Teilurteil** ergehen.

9 **2)** Das Verzichtsurteil kann gemäß § 313b **in erleichterter Form abgefaßt** werden: Nach Abs I bedarf es nicht des Tatbestandes und der Entscheidungsgründe. Abs II enthält weitere Erleichterungen. **Verkündung** vor schriftlicher Abfassung der Urteilsformel: § 311 II S 2.

3) Das Verzichtsurteil ist gemäß § 708 Nr 1 ohne Sicherheitsleistung **vorläufig vollstreckbar.** 10

4) Die **Kostenentscheidung** im Verzichtsurteil folgt aus § 91; entspr Anwendung von § 93 bei „sofortigem" Verzicht lehnt die hM ab, vgl Hamm MDR 82, 676 mN; Koblenz NJW-RR 86, 1443 mN; MK/Musielak Rn 7, str; **aA** zB Frankfurt OLGZ 93, 481 = NJW-RR 94, 62; Becker-Eberhard aaO (§ 91a Rn 40), S 306 ff; vgl auch § 93 Rn 2; § 91a Rn 25 und 41. 11

V) Anfechtung

Gegen das Verzichtsurteil sind die normalen Rechtsmittel statthaft. Der Kläger ist durch die Klageabweisung beschwert. Die Bindungskraft des Verzichts wirkt aber auch in der zweiten Instanz, so daß das Rechtsmittel nur aussichtsreich ist, wenn der Verzicht beseitigt werden kann (siehe Rn 6 vor § 306). Verzichtet der Kläger im Berufungsverfahren auf einen Teil seines Anspruchs, wird dadurch die Berufung auch dann nicht unzulässig, wenn der Restanspruch unter der Berufungssumme bleibt (RG 165, 85). 12

VI) Gebühren: 1) des Gerichts: das Verzichtsurteil ist durch die allgemeine Verfahrensgebühr in allen Instanzen abgegolten (vor KV 1100). Sie ermäßigt sich in Prozeß- und Eilverfahren erster Instanz auf 1,0 (KV 1202b; 1312b). – **2) des Anwalts:** Verzichtet der Kläger nach § 306 auf den Klageanspruch und beantragt der Beklagte die Abweisung der Klage, so liegt ein Fall der nichtstreitigen Verhandlung iS des § 33 I 1 BRAGO vor. 13

307 *[Anerkenntnis]*

(1) Erkennt eine Partei den gegen sie geltend gemachten Anspruch bei der mündlichen Verhandlung ganz oder zum Teil an, so ist sie auf Antrag dem Anerkenntnis gemäß zu verurteilen.

(2) Erklärt der Beklagte auf eine Aufforderung nach § 276 Abs. 1 Satz 1, daß er den Anspruch des Klägers ganz oder zum Teil anerkenne, so ist er auf Antrag des Klägers ohne mündliche Verhandlung dem Anerkenntnis gemäß zu verurteilen. Der Antrag kann schon in der Klageschrift gestellt werden.

I) Allgemeines

1) Zum **Begriff** des Anerkenntnisses s Rn 1, 2 vor § 306; zur **Rechtsnatur,** Anfechtung und Widerruf Rn 5 vor § 306; zur **Zulässigkeit** Rn 8 ff vor § 306 und zum Anerkenntnisurteil bei **fehlendem entsprechendem** oder **geändertem Antrag** Rn 13 und 14 vor § 306. 1

2) **Anwendungsbereich.** Das Anerkenntnisurteil ist auch zulässig bei Arrest und einstweiliger Verfügung (wie § 306 Rn 2; zur Beschränkung auf den Verfügungsanspruch vgl Hamm NJW-RR 86, 1232), bei der Verbandsklage gegen den AGB-Verwender (BGH NJW 89, 1675) sowie in Verfahren mit öffentlich-rechtlichem Streitgegenstand (VGH Mannheim NJW 91, 859); vgl auch Rn 4 und Rn 11 vor § 306. § 307 ist **nicht anwendbar** in *Ehe- und Statussachen* (vgl Rn 9 vor § 306; auch nicht im Verfahren auf Gestattung des Getrenntlebens: Frankfurt FamRZ 84, 1123) im Umfang des Grundsatzes der *Amtsprüfung des Gerichts* (§ 139 Rn 14; Nürnberg MDR 89, 363) und im Rahmen der Geltung des *Untersuchungsgrundsatzes* (wie im Verfahren gem §§ 81 ff PatG, vgl § 87 PatG; vgl BGH GRUR 95, 577 mN), ferner nicht im *Adhäsionsverfahren* nach der StPO (BGH NJW 91, 1244 = MDR 91, 365; krit Meyer JurBüro 91, 1153). Eine **entspr** Anwendung von § 307 scheidet aus, wenn der Kläger nach vorbehaltloser Erfüllung des Beklagten (vgl Rn 3 vor § 306) den Rechtsstreit einseitig für erledigt erklärt (BGH NJW 81, 686 = MDR 81, 399; vgl auch § 91a Rn 44, 47). 2

II) Erklärung

Die Anerkenntniserklärung unterliegt dem Anwaltszwang, soweit § 78 I eingreift (Rn 12 vor § 306). Sie kann erfolgen **a)** in der **mündlichen Verhandlung, b)** im **schriftlichen Vorverfahren (Abs II)** auf eine Aufforderung nach § 276 I S 1 hin (ie BGH NJW 93, 1718; auch nach der Verteidigungsanzeige, su), ebenso im schriftlichen Vorverfahren gem § 697 II 1 nF. Nach Nürnberg NJW 78, 832 (mit krit Anm von E. Schneider Rpfleger 1978, 103) wird in diesem Fall ein Anerkenntnisurteil erst mit der letzten amtswegigen Zustellung existent und beginnt die Rechtsmittelfrist erst in diesem Zeitpunkt zu laufen (ebenso Frankfurt NJW 81, 291 mwN, str). Bei schriftlichem Vorverfahren schließt nach hM die Verteidigungsanzeige (§ 276 I) idR „sofortiges" Anerkenntnis (vgl § 93) aus (vgl § 93 Rn 4; aA Bamberg NJW-RR 96, 393; Meiski NJW 93, 1904 mwN), so daß Anerkenntnis in Klageerwiderung uU nicht mehr rechtzeitig (aA Bamberg aaO). **c)** im **schriftlichen Verfahren** nach § 128 II, III. **d) Partei:** *Beklagter* hinsichtlich des Klageanspruchs, *Kläger* und Widerbeklagter hinsichtlich des durch Widerklage geltend gemachten Anspruchs. 3

III) Wirkung des Anerkenntnisses

4 **1) Gerichtliche Prüfung.** Das Gericht prüft nur die unverzichtbaren Prozeß-(Rechtsmittel-) Voraussetzungen (BGH 10, 335; NJW 94, 945), da eine Rüge der verzichtbaren durch das Anerkenntnis ausgeschlossen ist. Nicht mehr wird geprüft, ob die Klage schlüssig und begründet ist (München NJW 69, 1815; Schleswig NJW-RR 93, 932). Unterliegt der Streitgegenstand allerdings nicht der Dispositionsmacht der Parteien (Statusprozeß), so ist der Antrag auf Anerkenntnisurteil durch Beschluß zurückzuweisen (Schumann, FS Larenz 1983, 585). Begehrt der Kläger eine gesetz- oder sittenwidrige Leistung, so ist seine Klage trotz Anerkenntnisses durch Sachurteil abzuweisen; Grund: Die Schranken der Privatautonomie (§§ 134, 138 BGB) setzen sich im Prozeß als entsprechende Beschränkungen der Parteiherrschaft (Dispositionsmaxime) fort (im Erg allg Meinung; vgl Kohte NJW 85, 2227 f; Köln NJW 86, 1352; vgl auch allg Grün aaO [§ 700] S 175 ff und hier Rn 9 vor § 128). Bei Streit um die Wirksamkeit des Anerkenntnisses wird auch ein Zwischenurteil nach § 303 hierüber für zulässig erachtet (Schleswig NJW-RR 93, 932; ThP Rn 10).

5 **2) Erlaß eines Versäumnisurteils.** Hatte der Beklagte anerkannt, war aber nicht sofort Anerkenntnisurteil ergangen, so kann gleichwohl ein VU auf Klageabweisung gegen den Kläger ergehen, der im nächsten Termin säumig ist. Ist in diesem Termin der Beklagte säumig, dann ist allerdings streitig, ob ein echtes VU ergeht (so BL/H Rn 15) oder ein unechtes auf das Anerkenntnis hin (so StJ/Leipold Rn 29). Folgt man dem Rechtsgedanken aus BGH 10, 333, wird man der letzteren Ansicht zustimmen müssen; sa Rn 13 vor § 306 aE.

IV) Prozessuale Besonderheiten

6 1) Ein **Teilanerkenntnisurteil muß** in Abweichung von § 301 II ergehen (BAG NJW 82, 1119); die Kostenentscheidung erfolgt dann im Endurteil. Wegen der Rechtsmittel, auch bei inkorrekter Entscheidung, s näher § 99 Rn 6 ff.

7 2) Ein Anerkenntnisurteil kann auch als **Grund-** (§§ 304, 307) und **Vorbehaltsurteil** (§§ 302, 307, 599) ergehen. Dies folgt daraus, daß der teilweisen – beschränkten – Erledigung des Streitgegenstandes und Gliederung des Prozeßstoffs durch streitige Entscheidung (§§ 301 ff) die übereinstimmende Parteitätigkeit in Form eines eingeschränkten Anerkenntnisses (Rn 2 [cc] vor § 306) und eines entsprechenden Antrags gleichstehen muß. Die dem widersprechende Formel, wonach das Anerkenntnis „unumschränkt" sein müsse und keinerlei Einschränkungen und Vorbehalte vertrage (zB BL/Hartmann Rn 2; Düsseldorf MDR 89, 825), geht daher zu weit und ist nicht zu billigen (ebenso BGH 107, 146 f). Erkennt der Beklagte an, daß der Klageanspruch dem Grunde nach besteht, bestreitet er aber die Höhe, ist auf Antrag ein **Anerkenntnis-Grundurteil** zu erlassen (ebenso LG Mannheim MDR 92, 898; RSchwab/Gottwald § 133 IV 2, str; aA MK/Musielak Rn 12; StJ/Leipold Rn 9). Zulässig ist auch der **Vorbehalt** beschränkter Haftung oder der Ausführung der Rechte im Nachverfahren (§§ 599 f); gibt der nach § 3 Nr 1 PflVersG in Anspruch genommene Haftpflichtversicherer ein Anerkenntnis dem Grunde nach ab, so ist dieses auch ohne ausdrückliche Erwähnung auf den Umfang der gesetzlichen Leistungspflicht beschränkt (Schleswig VersR 80, 726). Im Urkunden-(Wechsel-)prozeß kann das Anerkenntnis des Beklagten mit dem Widerspruch gem § 599 I verbunden werden, so daß ein Anerkenntnis-Vorbehaltsurteil ergeht (ebenso Schwarz JR 95, 1 mwN; RSchwab/Gottwald § 133 IV 2; MK/Musielak Rn 7, str; offen in Karlsruhe NJW-RR 91, 1151; vgl näher § 599 Rn 8). Unschädlich ist es, wenn sich der anerkennende Beklagte gegen die Kosten verwahrt (vgl § 93).

8 3) Erkennt der Beklagte an, die geforderte Leistung zu schulden, aber nur **Zug um Zug** gegen eine Gegenleistung des Klägers, und paßt dieser seinen Antrag diesem Vorbehalt an, so hat eine Zug-um-Zug-Verurteilung durch Anerkenntnisurteil zu ergehen (BGH 107, 146 = NJW 89, 1935 = MDR 89, 803 mit Anm Schilken ZZP 103, 213, hM, str; aA MK/Musielak Rn 9 ff; sa Rn 2 [cc] vor § 306).

9 4) **Hilfsweise Anerkenntnis** ist neben dem Klageabweisungsantrag in der Weise möglich, daß der Beklagte die (ohnehin von Amts wegen zu prüfenden: Rn 4) Prozeßvoraussetzungen rügt und das Anerkenntnis nur für den Fall der Zulässigkeit der Klage erklärt (BGH JZ 76, 607 = MDR 76, 838; Hamm WRP 92, 252; RSchwab/Gottwald § 133 IV 2; str; aA zB BL/Hartmann Rn 7). Bsp: Hilfsweise Anerkenntnis neben der Rüge der (internationalen) Unzuständigkeit des Gerichts (BGH JZ 76, 607) oder neben Bestreiten des Vorliegens des Rechtsschutzbedürfnisses für eine negative Feststellungsklage (Karlsruhe WRP 79, 223). Ein Anerkenntnis kann auch in der Weise „hilfsweise" erklärt werden, daß es sich bei eventueller Klagenhäufung (§ 260 Rn 4) auf einen Hilfsantrag bezieht; erweisen sich die nicht anerkannten Anträge als unbegründet, ist durch Teil-Anerkenntnisurteil iVm Klageabweisung „im übrigen" zu entscheiden (vgl Zweibrücken OLGZ 87, 371).

10 **5) Erlaß und Vollstreckung.** Das Anerkenntnisurteil kann gemäß § 313b in erleichterter Form (ohne Tatbestand und Entscheidungsgründe) erlassen werden. Das Urteil kann vor schriftlicher Abfassung der Urteilsformel verkündet werden, § 311 II S 2. Die vorläufige Vollstreckbarkeitser-

klärung erfolgt gemäß § 708 Nr 1 von Amts wegen ohne Sicherheitsleistung. Bei der Kostenentscheidung ist § 93 zu beachten.

V) Anfechtung

Das Anerkenntnisurteil ist ein Endurteil und wie ein solches anfechtbar (KG OLGZ 78, 114) 11
und vollstreckbar (vgl die umfangreichen Nachw bei LAG Berlin EzA ArbGG § 64, 5 mit Anm Dütz). Für den anerkennenden Beklagten fehlt nicht etwa die erforderliche Beschwer (Koblenz NJW-RR 93, 462; aA LAG Berlin aaO mit abl Anm Dütz), denn die Beschwer ist materiell zu bestimmen (Koblenz aaO; Dütz aaO; Rn 17 vor § 511 mN). Zum beschränkten Prüfungsumfang in der Rechtsmittelinstanz vgl Rn 6 vor § 306. Ein Grund, der zum Widerruf des Anerkenntnisses berechtigt, kann auch mit der Berufung gegen das Anerkenntnisurteil geltend gemacht werden (BGH 80, 394 = NJW 81, 2194 = MDR 81, 924; Schleswig NJW-RR 93, 1416; KG NJW-RR 95, 958; Rn 6 vor § 306). Stellt sich die Unwirksamkeit des Anerkenntnisses in der Rechtsmittelinstanz heraus, so erfolgt eine Zurückverweisung analog § 538 I Nr 5 (München MDR 91, 795; KG NJW-RR 95, 958; sa § 538 Rn 27). Eine isolierte Anfechtung des **Kostenausspruchs** des Anerkenntnisurteils ist gem **§ 99 II** mit der *sofortigen* Beschwerde möglich (näher § 99 Rn 6; verneinend bei eingeschränktem Anerkenntnis [Rn 2 vor § 306] Düsseldorf MDR 89, 825). Hat der Beklagte unter Verwahrung gegen die Kosten anerkannt, kann die gem **§ 93** zu treffende Kostenentscheidung **abgetrennt** werden (s näher § 93 Rn 5).

VI) Gebühren: 1) des Gerichts: Das Anerkenntnisurteil ist durch die allgemeine Verfahrensgebühr abgegolten. Diese ermäßigt sich auf 1,0 (KV vor 1100; 1202 b). Das gilt nicht bei einem Anerkenntnis unter Verwahrung gegen die Kostenlast (Herget MDR 95, 795, 1097; Lappe NJW 96, 1186 I 2; aA Seutemann MDR 95, 122, 1096). **2) des Anwalts:** Außer der $^{10}/_{10}$ Prozeßgebühr fällt eine halbe Verhandlungsgebühr an, wenn nicht vorher schon streitig verhandelt worden war (§ 33 I BRAGO). Ergeht auf Antrag des Klägers ohne mündliche Verhandlung ein Anerkenntnisurteil: § 35 BRAGO. 12

308 *[Bindung an die Parteianträge]*

(1) Das Gericht ist nicht befugt, einer Partei etwas zuzusprechen, was nicht beantragt ist. Dies gilt insbesondere von Früchten, Zinsen und anderen Nebenforderungen.

(2) Über die Verpflichtung, die Prozeßkosten zu tragen, hat das Gericht auch ohne Antrag zu erkennen.

I) Allgemeines und Anwendungsbereich

§ 308 ist Ausdruck der den Zivilprozeß beherrschenden Dispositionsmaxime (BAG 62, 104; 1
Rn 9 vor § 128). Er gilt auch im Kostenfestsetzungsverfahren (Hamm JurBüro 69, 769 mit Anm E. Schneider), im Beschwerdeverfahren (vgl Köln OLGZ 80, 352 = NJW 80, 1531), im selbständigen Beweisverfahren (Frankfurt NJW-RR 90, 1024), im arbeitsgerichtlichen Beschlußverfahren (BAG 62, 104; NZA 92, 989) sowie (mit Einschränkungen) für Arrest und einstweilige Verfügung (s § 938 Rn 2; Stuttgart WRP 73, 608; aA Grunsky ZZP 96, 399), nicht bei einstweiliger Anordnung nach § 620 S 1 Nr 1 (vgl § 620 S 2). Im Verfahren (auch in der Rechtsmittelinstanz) über den öffentlich-rechtlichen Versorgungsausgleich gilt § 308 nicht (BGH 92, 8 f), desgl nicht bei Durchführung des schuldrechtlichen Versorgungsausgleichs nach §§ 1587 ff BGB (Düsseldorf FamRZ 85, 720). Zur entsprechenden Geltung im Wohnungseigentumsverfahren s BayObLG Rpfleger 74, 268. Im Verfahren nach dem SachenRBerG ist die Antragsbindung (Rn 2 ff) stark gelockert (§ 106 I aaO).

II) Bindung des Gerichts an die Parteianträge (Abs I)

1) Grundsatz. Das Gericht darf einen Anspruch, den es für unbegründet hält, nicht durch 2
einen anderen ersetzen, den es für begründet hält, der aber nicht Gegenstand der Klage ist. Es darf einen Anspruch nicht aberkennen, den der Kläger nicht (mehr) zur Entscheidung gestellt hat (BGH NJW 91, 1684 = MDR 91, 673; Köln FamRZ 95, 888). Das Gericht ist an den Wortlaut des Klageantrags und etwa an die Berechung einzelner der Klage zugrundeliegender Posten nicht gebunden (§ 139 I 1!); nötig ist nur, daß die Urteilsformel sachlich mit dem entspr dem Sachvortrag auszulegenden (BGH NJW 94, 790; BAG NZA 93, 562) Klageantrag übereinstimmt bzw diesen nicht überschreitet (s Rn 4). Soweit zulässigerweise „unbezifferter Klageantrag" (§ 3 Rn 16) gestellt werden kann (§ 253 Rn 14), verstößt eine im Rahmen der zu ziehenden „Größenordnung" ergehende Entscheidung nicht gegen § 308 (Düsseldorf NJW-RR 95, 955: ± 20%; aA München NJW 86, 3090, zust Röttger NJW 94, 368: Obergrenze erforderlich). Das Gericht darf qualitativ nichts anderes, quantitativ nicht mehr, wohl aber weniger als begehrt zusprechen. Ist ein Antrag nur **hilfsweise** gestellt, darf über ihn nicht entschieden werden, bevor die Erfolglosigkeit des vorgehenden Hauptantrags feststeht (BGH WM 78, 194; Zweibrücken OLGZ 87, 373; näher mwN § 260 Rn 4). **Ausnahmen** vom Grundsatz des Abs I stellen die §§ 308 II, 308a, 620 S 2, 641h und § 17 Nrn 3 und 4 AGBG dar.

3 **2) Einzelfälle. a)** Hat der Kläger nicht beantragt, mehrere Beklagte samtverbindlich zu verurteilen, so verstößt das Gericht nicht gegen § 308, wenn es dies gleichwohl tut, falls sich aus der Klagebegründung die gesamtschuldnerische Haftung ergibt. Das Gericht darf bei der Grenzscheidungsklage nach § 920 BGB eine andere Grenzlinie festsetzen, als die vom Kläger beantragte, doch darf ihm hierdurch nicht mehr zugesprochen werden als er begehrte (BGH NJW 65, 37). Im Rentenprozeß keine Kapitalabfindung statt Rente (RG 136, 375); das Gericht darf auch nicht über die für einen bestimmten Zeitraum geforderten Rentenbeträge hinausgehen (BGH MDR 90, 533). Nicht Ehenichtigkeit statt Scheidung, nicht Schadensersatz in Geld statt in Natur (zweifelnd MK/Musielak Rn 9), nicht laufender nachbarrechtlicher Ausgleich (§ 906 II 2 BGB) statt abw berechnetem Schadensersatz (§§ 823 I, 249 ff; vgl BGH NJW 93, 928), nicht Ersatz *anderer* Schadensart (BGH NJW 94, 442: Umzugskosten statt erhöhtem Steueraufwand), nicht Herausgabe statt Zahlung und umgekehrt, nicht Leistung an den Kläger statt an einen Dritten (BGH NJW-RR 95, 572), nicht Zahlung in ausländischer statt inländischer Währung und umgekehrt (BGH WM 93, 2011; sa BGH 101, 296 [307]: bei fehlender Umrechnungsvereinbarung „Abweisung", nicht Verurteilung in der tatsächlich geschuldeten Währung), nicht Abgabe von Rückübertragungserklärung statt Zustimmung zur Grundbuchberichtigung (Köln NJW-RR 95, 1535), nicht Einwilligung in die Entfernung der (gefälschten) Signatur statt Kennzeichnung des Bildes als Fälschung (BGH 107, 394), nicht zur Abgabe einer Willenserklärung mit anderem Inhalt (Köln MDR 92, 613: Abw Laufzeit von Miete bei Klage aus einem Vorvertrag), nicht Vollstreckungsschutz für Beklagten (§ 712 I), wenn nicht beantragt.

4 **b) Zulässig** aber, ein in dem beantragten „Mehr" steckendes „Weniger" unter Klageabweisung im übrigen (BGH 117, 3) zuzusprechen (ausf Musielak, FS Schwab, 1990, S 354 ff): bei Leistungsklage Feststellungsurteil (das sich der Höhe nach im Rahmen des Leistungsbegehrens halten muß: BGH 118, 81 f mwN), nicht umgekehrt; auf künftige statt auf sofortige Leistung, wenn die Voraussetzungen der §§ 257 ff erfüllt sind; auf Hinterlegung oder uU unvertretbare Handlung statt auf Zahlung (vgl BGH 111, 258); auf Freistellung statt auf Zahlung (Frankfurt FamRZ 90, 49); auf Ausgleich (§ 906 II 2 BGB) statt auf Schadensersatz (Stuttgart NJW 89, 1224; offenlassend BGH 111, 161); eingeschränkte Verurteilung, zB Zug um Zug (§§ 274, 320, 322 BGB; BGH 117, 3 mwN = NJW 92, 1173; 118, 229 [242] = NJW 92, 2160 [2163]); Vorbehalt beschränkter Haftung (§§ 305, 780); auf Duldung der Zwangsvollstreckung gem §§ 7, 9 AnfG statt auf Leistung der Sache (BGH NJW 95, 2849) oder auf Zahlung; auf Duldung der Herausgabe statt auf Herausgabe (offenlassend Zweibrücken JurBüro 83, 1866); Quotierung statt Feststellung uneingeschränkter Schadensersatzpflicht (Bsp bei Schellhammer Rn 742); bei Anpassung von Erbbauzinsen Erhöhung nur in geringerer Höhe als beantragt oder zu einem späteren Zeitpunkt (BGH 94, 260 = NJW 85, 2524). Bei negativer Feststellungsklage Stattgabe wegen bestehender Verjährung statt wegen Nichtbestehens des Anspruchs (BGH NJW 83, 392 f) oder (eingeschränkte) positive Feststellung (BL/H Rn 10; dazu BAG WM 88, 1516). Bei Klage auf rückständigen und künftigen Mietzins können fällig gewordene Beträge in einer Summe zusammengefaßt werden (BGH ZIP 86, 583 [586]). Setzt sich der einheitliche Streitgegenstand aus einzelnen (unselbständigen) Posten zusammen, so darf das Gericht die Einzelposten verschieben, wenn nur die Endsumme nicht überschritten wird (zB einzelne Unterhaltsposten: BGH NJW-RR 89, 387; ie Wosgien FamRZ 87, 1104); unzulässig ist die Einbeziehung von Schadensposten, deren Umfang erst im Weg der Stufenklage aufzuklären ist (BGH MDR 90, 698 = NJW-RR 90, 998). Ein Verstoß gegen § 308 I ist auch nicht gegeben, wenn statt zwei höheren Gebühren aus einem niedrigeren Streitwert eine niedrigere Gebühr aus einem höheren Streitwert zuerkannt wird (Nürnberg JurBüro 75, 771). Bei *Unterlassungsanträgen* kommt uU eine Einschränkung eines zu weit gefaßten Verbots in Frage (BL/Hartmann Rn 9; Melullis, Handb des Wettbewerbsprozesses, 2. Aufl, Rn 345; einschr BAG EzA § 40 BetrVG Nr 67), jedoch darf das Gericht dem Verbot keinen dem Kläger unerwünschten Inhalt geben (Stuttgart WRP 92, 132) oder es erweitern. Bsp: Auf den Klageantrag, Geräuschimmissionen über einen bestimmten Schallpegel hinaus zu unterlassen, kann nicht zu zeitlicher Einschränkung des Flugbetriebs verurteilt werden (BGH 69, 118); jedoch können bei einem Antrag, durch geeignete Maßnahmen wesentliche Lärm- und Geruchsbeeinträchtigungen zu verhindern, im Urteil bestimmte Grenzwerte festgelegt werden (BGH WM 93, 1479). Anstelle der beantragten Androhung kann sofort Zwangsgeld gem § 888 festgesetzt werden (Köln NJW-RR 95, 1406). Bei der Unterlassungsklage gem § 13 f AGBG ist das Gericht durch § 308 nicht gehindert, im Rahmen des Klageantrags weitere Klauseln zur Überprüfung der beanstandeten Klausel einzubeziehen (BGH 106, 263).

5 **3) Abgrenzung. Abs I** betrifft nur den **Sachantrag** des Klägers (vgl § 297 Rn 1), nicht auch die rechtliche Begründung dafür; diese hat das Gericht (ohne Bindung an die Rechtsansicht der Parteien) selbständig zu finden (vgl BAG BB 75, 609 [L]). Unschädlich ist es, wenn der Kläger anders begründet hatte; das Gericht kann etwa dem geltend gemachten *Unterlassungsanspruch* auch auf Grund einer Verbotsnorm stattgeben, auf die sich der Kläger nicht (ausdrücklich) gestützt hat (Hamm WRP 87, 398). Zur Frage, ob der Kläger sein Rechtsfolgebegehren auf eine

von mehreren materiellrechtlichen Anspruchsgrundlagen beschränken kann, vgl Einl Rn 84. Eine Bindung wird ausnahmsweise bei einem besonderen Interesse anzuerkennen sein (Bsp: Vollstreckung gem § 850f II beabsichtigt; Konsequenz aus BGH 109, 275 = NJW 90, 834).

4) Folgen eines Verstoßes. a) Amtsprüfung und Rechtsbehelfe. Ein Verstoß gegen § 308 ist (auch) vom Revisionsgericht ohne Rüge von Amts wegen zu beachten (BGH NJW 93, 928; NJW-RR 90, 1096; 91, 1346; 95, 10; BAG NZA 94, 261). Er führt zur Aufhebung und Zurückverweisung durch das Rechtsmittelgericht (Köln JurBüro 70, 177). Möglich ist nur die Anfechtung des Urteils mit dem zulässigen Rechtsmittel (Hamm MDR 85, 241). Str ist, ob (welche) Rechtsbehelfe nach Rechtskraft in Frage kommen (ie Musielak, FS Schwab, 1990, S 359 ff). Gegen den Weg der Vollstreckungsgegenklage (so Schneider NJW 67, 23) Johlen NJW 67, 1262, der entsprechend § 579 III S 1 aF die Nichtigkeitsklage geben will; Klette ZZP 82, 93 will bei versehentlichem Verstoß mit entsprechender Anwendung des § 321 helfen. Neben der auf Art 103 I GG zu stützenden Verfassungsbeschwerde (vgl BVerfG 28, 385; MK/Musielak Rn 21) ist der letztgenannte Weg wohl der praktikabelste (so auch RSchwab/Gottwald § 133 I 1b; Waldner Rn 553; aA Musielak aaO S 361 f, 365). Im Beschlußverfahren (vgl Rn 1) eröffnet der Verstoß gegen § 308 I als neuer selbständiger Beschwerdegrund iS von § 568 II die weitere Beschwerde (Köln OLGZ 80, 353 = NJW 80, 1531). Zum **Streitwert** bei Verstoß gegen § 308 vgl E. Schneider MDR 71, 437. 6

b) Heilung eines Verstoßes durch **Nichtrüge** (§ 295) ist nicht möglich (BGH LM Nr 7), wohl aber uU bei nachträglicher **Genehmigung** des Klägers. Beantragt nämlich der Kläger, dem mehr zugesprochen wurde, als er im ersten Rechtszug beantragt hatte, das Rechtsmittel des Beklagten zurückzuweisen, so wird durch die darin liegende Genehmigung der Mangel geheilt, denn im Sichzueigenmachen der gegen § 308 verstoßenden Entscheidung liegt eine (noch in der Berufungsinstanz mögliche) Klageerweiterung (BGH 111, 161; 124, 370; NJW-RR 91, 1127; BAG 62, 105; NZA 93, 562). Dies gilt aber nicht, wenn das Berufungsgericht mehr zugesprochen oder eine nicht beantragte Feststellung (§ 256 II) getroffen hatte, da eine Klageerweiterung in der Revisionsinstanz nicht mehr möglich ist (BGH NJW 90, 1368; 93, 928; NJW-RR 91, 1347; BAG 62, 105; NJW 95, 1375; einschr BGH NJW 91, 1684; MK/Musielak Rn 18). 7

III) Amtswegige Kostenentscheidung (Abs II)

1) Notwendige Kostenentscheidung: Bewilligung der PKH oder Gebührenfreiheit machen den Kostenausspruch nicht entbehrlich. Über die Kosten eines **selbständigen Beweisverfahrens** ist mitzuentscheiden (Düsseldorf MDR 94, 201; § 490 Rn 7). Im **Prozeßkostenhilfeverfahren** bedarf es keiner Kostenentscheidung (§ 118 Rn 26); auch wenn nach § 118 I ein Vergleich geschlossen wird, ist nicht erforderlich, daß eine Bestimmung hinsichtlich der Kostentragung aufgenommen wird, da der Vergleich im Verfahren zustande kommt. Keiner Kostenentscheidung bedürfen idR auch die Entscheidungen über **erfolgreiche Rechtsmittel,** wenn das Rechtsmittelgericht nicht in der Sache selbst entscheidet (vgl BGH VersR 79, 443 für Erteilung der Wiedereinsetzung durch Beschluß des Revisionsgerichts; vgl auch § 97 Rn 7 ff); das gleiche gilt für gewisse **Nebenverfahren** (auch in der höheren Instanz), wie zB bei einstweiligen Anordnungen nach § 769 (LG Frankfurt Rpfleger 85, 208). **Fehlt** eine Kostenentscheidung, so erfolgt eine **Urteilsergänzung** gemäß § 321 (dort Rn 2 f). Nach Ablauf der dort bezeichneten Frist ist eine neue Klage auf Ersatz der Kosten nicht zulässig (vgl Becker-Eberhard aaO [§ 91a Rn 40] S 317 f mwN, einschr aber S 400). Eine **Berichtigung** der Kostenentscheidung ist möglich (§ 319 Rn 15), uU auch eine **Anpassung** (vgl BGH NJW-RR 95, 1211). 8

2) Kostenentscheidung ohne Antragsbindung in jeder Instanz (BGH NJW-RR 95, 1211). In der Rechtsmittelinstanz gilt das Verbot der „reformatio in peius“ (vgl § 536 Rn 4 ff) insoweit nicht (so BGH 92, 139; WM 93, 589; MDR 81, 928; Musielak, FS Schwab, 1990, S 356 mN, hM; aA KG FamRZ 94, 1608; Kirchner NJW 72, 2295). Eine Korrektur der Kostenentscheidung kann uU sogar durch Nichtannahmebeschluß (§ 554b) erfolgen (BGH NJW-RR 95, 1211). 9

308a *[Entscheidung ohne Antrag in Mietsachen]*

(1) Erachtet das Gericht in einer Streitigkeit zwischen dem Vermieter und dem Mieter oder dem Mieter und dem Untermieter wegen Räumung von Wohnraum den Räumungsanspruch für unbegründet, weil der Mieter nach den §§ 556a, 556b des Bürgerlichen Gesetzbuches eine Fortsetzung des Mietverhältnisses verlangen kann, so hat es in dem Urteil auch ohne Antrag auszusprechen, für welche Dauer und unter welchen Änderungen der Vertragsbedingungen das Mietverhältnis fortgesetzt wird. Vor dem Ausspruch sind die Parteien zu hören.

(2) Der Ausspruch ist selbständig anfechtbar.

I) Bedeutung: Die Vorschrift ist eine Ausprägung des „sozialen Zivilprozeßrechts“ (dazu allg Einl Rn 1, 6 f). Sie zeigt, wie etwa auch die §§ 1365, 1368, 1369 BGB, daß der Gesetzgeber im 1

Interesse der Verwirklichung eines sozialstaatlich geprägten Rechtsschutzes bereit ist, auch systemwidrige Ausnahmeregelungen zu schaffen (vgl Musielak, FS Schwab, 1990, S 358 f). Um den Schutz durch die Sozialklausel zugunsten des Mieters nicht an formellen Fehlern scheitern zu lassen, durchbricht er die dem Richter durch § 308 gezogenen Schranken und ermächtigt ihn, private Rechtsverhältnisse zu gestalten, ohne daß ein Rechtsfolgebegehren erhoben wurde.

2 **II) Voraussetzungen:** Vorliegen muß eine **Räumungsklage** des Vermieters gegen den Mieter (oder des Mieters gegen den Untermieter), die abzuweisen ist, weil die Voraussetzungen der Sozialklausel gemäß §§ 556a, 556b vorliegen, der Mieter also eine Fortsetzung des Mietverhältnisses „verlangen kann" (s **I**). Hierfür ist ein tatsächliches Fortsetzungsverlangen des Mieters nicht erforderlich (so aber AK/Fenge Rn 5, dagegen StJ/Leipold Rn 4), freilich wird es meist von dem materiellrechtlich idR nötigen fristgemäßen Widerspruch des Mieters (§ 556a I, VI 1 BGB) mitumfaßt sein. Bei der **Fortsetzungsklage** des Mieters (mit unbestimmtem Verlängerungsantrag) gilt § 308a entspr (MK/Musielak Rn 2).

3 **III) Folgen: 1)** Auch ohne Antrag des Mieters – erst recht natürlich auf die diesbezügliche Gestaltungswiderklage des beklagten Mieters oder auf seinen Inzidentantrag analog § 717 III S 2 – **muß** das Gericht durch **Gestaltungsurteil** (Pergande NJW 1964, 1934; Palandt/Putzo § 556a Rn 27) im Tenor aussprechen, für welche Dauer und unter welchen Änderungen der Vertragsbedingungen das Mietverhältnis fortgesetzt wird. Gegen den Willen des Mieters ergeht der Ausspruch nicht (so MK/Musielak Rn 3).

4 **2) Nebenentscheidungen: a) Streitwert:** § 16 III, IV GKG. **b) Kosten:** §§ 91 ff, vor allem die Sondernormen des § 93b. **c) Vorläufige Vollstreckbarkeit:** § 708 Nr 7. **d)** Ist § **308a übersehen** worden, so erfolgt eine Urteilsergänzung nach § 321.

5 **IV) § 308a im Säumnisverfahren:** Zur Anwendung des § 308a im Versäumnisverfahren s Hoffmann MDR 65, 171. Ist der Beklagte säumig, gilt § 331, also Prüfung des Vorbringens des Klägers auf Schlüssigkeit im Sinne auch der §§ 556a, 556b BGB. Wenn auch die das Eingreifen der Sozialklausel begründenden Tatsachen nicht von Amts wegen ermittelt werden (so auch MK/Musielak Rn 6), können sie doch auf Vortrag des Klägers berücksichtigt werden. Ohne Anhörung des säumigen Mieters wird allerdings der Sachvortrag des Klägers kaum je schlüssig im Sinne einer Umgestaltung der Vertragsbedingungen sein; so auch StJ/Leipold Rn 15.

6 **V) Anfechtung (Abs II):** Der Ausspruch ist selbständig anfechtbar, sicherlich für den Kläger, für den als Passivbetroffenen die materielle Beschwer entscheidet. Da der Beklagte keinen Antrag stellt, kann er nicht formell beschwert sein. Sein Rechtsmittel ist also zulässig, wenn er eine günstigere Gestaltung als ausgesprochen begehrt.

7 **VI) Gebühren: 1) des Gerichts:** Neben der Gebühr für das Verfahren fällt im Prozeßverfahren erster Instanz keine Urteilsgebühr an. – Für den Fall einer Urteilsergänzung, wenn also § 308a übersehen worden ist, s § 321 Rn 12. – **2) des Anwalts:** Es können für ihn alle Gebühren des § 31 BRAGO erwachsen, soweit dies nicht schon früher der Fall war.

309 *[Besetzung des Gerichts]*

Das Urteil kann nur von denjenigen Richtern gefällt werden, welche der dem Urteil zugrunde liegenden Verhandlung beigewohnt haben.

1 **1) Lit:** *B. Schmidt,* Richterwegfall und Richterwechsel . . ., Diss Hannover 1993. Ein Urteil fällen bedeutet seinen Inhalt festlegen. Das dürfen nur diejenigen Richter, die der letzten, dem Urteil vorausgehenden mündl Verhandlung (Schlußverhandlung) und der Entscheidungsberatung (§§ 192–197 GVG) beigewohnt haben. Daher keine Entscheidungsbefugnis des Einzelrichters, wenn Verhandlung nur vor der Kammer stattgefunden hatte (Köln NJW 77, 1159), im umgekehrten Fall keine Kollegialentscheidung nach Verhandlung vor dem Einzelrichter (dazu § 348 Rn 19). § 309 ist ein **Niederschlag der Verfahrensgrundsätze der Mündlichkeit und Unmittelbarkeit der Verhandlung.** Eine Beweisaufnahme *vor* Richterwechsel braucht allerdings idR nicht wiederholt zu werden (Hamm MDR 93, 1235); jedoch ist § 309 verletzt bei Verwertung nichtprotokollierter Aussagen (§ 161) nach Richterwechsel (BGH NJW 62, 960). Zu weitgehend BAG NJW 71, 1332, wonach Anträge (§ 297) nach jedem Richterwechsel notwendig zu wiederholen seien (zu Recht abl Kirchner NJW 71, 2158; s § 297 Rn 8). Die Grenze des insoweit Notwendigen ist Art 101 GG zu entnehmen.

2 Das Kollegialgericht fällt sein Urteil nach notwendig streitiger mündlicher Verhandlung (Ausnahmen §§ 128 II u III, 251a, 330, 331, 331a) auf Grund geheimer Beratung und Abstimmung (§ 192 ff GVG). Die Urteilsfällung geht der Verkündung (§ 310) voraus und ist durch schriftliche Niederlegung der Urteilsformel abgeschlossen. Verkündet darf das Urteil von anderen Richtern werden (§ 310; BGH NJW 74, 144). Zur schriftlichen Niederlegung des gefällten Urteils ist die Unterschrift der Richter erforderlich, die an der Entscheidung mitgewirkt haben. Bei Kollegialge-

richten kann jedoch die Unterschrift eines – verhinderten, gestorbenen – Richters nach Maßgabe des § 315 I 2 ersetzt werden. Die Unterschriften der Richter brauchen bei Verkündung noch nicht vorzuliegen. Notwendig ist nur, daß Urteilsformel schriftlich festliegt, damit diese verlesen werden kann (§ 311). Die Urteilsgründe kann wirksam nur unterzeichnen, wer in diesem Zeitpunkt selbst Richter ist, BayObLG JR 67, 389 = NJW 67, 1578; Stuttgart Rpfleger 76, 258; abw Vollkommer NJW 68, 1309; vgl § 315 Rn 1.

2) **Bis zur Urteilsverkündung** nach § 310 bleibt das gefällte Urteil noch ein **Internum** des Gerichts (Entwurf iS § 299 III). Die Bindung nach § 318 besteht noch nicht. Das Gericht kann daher (bei Kollegialgerichten nach erneuter Beratung und Abstimmung) das Urteil revidieren und eine andere Entscheidung fällen. 3

3) Kann infolge **Richterwechsels** (oder Verhinderung, vgl MK/Musielak Rn 12; zur Abgrenzung Vollkommer NJW 68, 1310) § 309 nicht eingehalten werden, muß die mündliche Verhandlung wieder aufgenommen werden (§ 156). Durch eine Neuaufnahme der mündlichen Verhandlung nach Richterwechsel werden bindende Prozeßlagen nicht in Frage gestellt, wie zB rügelose Einlassung, Nichtgeltendmachung von verzichtbaren prozeßhindernden Einreden, Nichtrüge von verzichtbaren Prozeßmängeln (§ 295), Geständnis, Anerkennung und Verzicht sowie Beweisaufnahmen; doch kann das Gericht deren Wiederholung anordnen, was es bei entscheidenden Beweisthemen wegen der Unmittelbarkeit der Beweisaufnahme tun sollte. 4

4) Ein **Verstoß** gegen § 309 macht das Urteil nicht nichtig, stellt aber einen absoluten Revisions- und Nichtigkeitsgrund dar, §§ 551 Nr 1, 579 I Nr 1 (BVerfG NJW 56, 545; 64, 1020; Arndt NJW 64, 1668; Vollkommer NJW 68, 1311). 5

5) § 309 findet nicht Anwendung, wenn **Urteil im schriftl Verfahren** (§ 128 II, III; BGH 11, 27; NJW-RR 92, 1065 mN = LM Nr 3 mit Anm Wax) oder als **Entscheidung nach Aktenlage** (§§ 251a, 331a) ergeht (vgl MK/Musielak Rn 6, str; offen BGHZ 11, 27); Grund: die Verfahrensmaximen der Mündlichkeit und Unmittelbarkeit der Verhandlung entfallen (BGH MDR 68, 314; aM Volmer NJW 70, 1300). Die Besetzung des Richterkollegiums in diesen Fällen ist damit aber nicht dem Belieben überlassen; sie ergibt sich dann aus Art 101 GG iVm der Geschäftsverteilung gemäß §§ 21e, 21g GVG. Hierzu s § 128 Rn 15. 6

6) 309 gilt auch für **Beschlüsse,** die auf Grund mündlicher Verhandlung ergehen (§ 329 Rn 5–14), auch für Beschlüsse nach mündlicher Verhandlung im FGG-Verfahren (BayObLGZ 83, 384; **abw** Köln FamRZ 92, 200 f; KG NJW-RR 94, 278). 7

310 *[Urteilsverkündung, Zeit]*

(1) Das Urteil wird in dem Termin, in dem die mündliche Verhandlung geschlossen wird, oder in einem sofort anzuberaumenden Termin verkündet. Dieser wird nur dann über drei Wochen hinaus angesetzt, wenn wichtige Gründe, insbesondere der Umfang oder die Schwierigkeit der Sache, dies erfordern.

(2) Wird das Urteil nicht in dem Termin, in dem die mündliche Verhandlung geschlossen wird, verkündet, so muß es bei der Verkündung in vollständiger Form abgefaßt sein.

(3) Bei einem Anerkenntnisurteil und einem Versäumnisurteil, die nach § 307 Abs. 2, § 331 Abs. 3 ohne mündliche Verhandlung ergehen, wird die Verkündung durch die Zustellung des Urteils ersetzt.

I) Um rechtl existent zu sein, muß das Urteil wie jeder andere Staatsakt aus dem inneren Bereich des handelnden Organs, hier also des Gerichts, heraustreten. Es muß, nachdem es iS des § 309 „gefällt" (= inhaltl festgelegt) ist, den Parteien kundgemacht werden. Erst dieser Vorgang ist **„Erlaß des Urteils"** iSv § 318 und damit (vorbehaltlich §§ 319–321) bindend. Solange das nicht geschehen ist, liegt das Urteil nur als noch abänderbarer Entwurf (§ 299 III) vor, selbst wenn es bereits unterschrieben sein sollte (BGHZ 14, 39; VersR 84, 1192; Frankfurt OLGZ 91, 253 = MDR 91, 63; NJW-RR 95, 511). § 310 sieht für den Erlaß des Urteils grds (also auch für Urteil im schriftlichen Verfahren und nach Aktenlage; § 128 Rn 20; § 251a Rn 6) die Verkündung , in Abs III ausnahmsweise für schriftl Anerkenntnis- und Versäumnisurteil iS §§ 307 II, 331 III die Zustellung an Verkündungs Statt vor, die dann (entgegen § 317 I 1) an beide Parteien erfolgen muß (vgl § 331 Rn 12). 1

II) Verkündung des (vorher gemäß § 309 gefällten; dort Rn 1, 2) **Urteils** – ebenso **Beschluß** nach mündl Verhandlung, § 329 I – erfolgt stets – also auch nach nichtöffentlicher Verhandlung – **öffentlich** (§ 173 GVG) und zwar entweder am Schluß der mündl Verhandlung (§ 136 IV) oder in einem bei Verhandlungsschluß zwingend anzuberaumenden (§ 278 IV) besonderen Verkündungstermin (zu letzterem unten Rn 4, 5). Auch im schriftlichen Verfahren und bei Entscheidung nach Aktenlage ist das Urteil mündlich zu verkünden (§ 128 Rn 20; § 251a Rn 6); nur im Ausnah- 2 mefall des Abs III (unten Rn 6) kann (nicht muß!) die Urteilsverkündung durch die Zustellung des schriftlichen Urteils ersetzt werden. Zu den Förmlichkeiten der Verkündung s §§ 136 IV, 160 III 6 und 7, 311, 312. Da die **Verkündung durch Verlesung der Urteilsformel** (§ 311 II) zu erfolgen hat, muß zumindest diese Formel bei der Verkündung schriftlich vorliegen. Dagegen müssen Urteilsformel *und* Tatbestand *und* Entscheidungsgründe bei dem in einem besonderen Termin verkündeten Urteil bereits vorliegen (= „in vollständiger Form abgefaßtes Urteil" iS von §§ 310 II, 313, 315 II, 516, 552; zur Vollständigkeit idS unten Rn 5; München OLGZ 85, 491 = MDR 86, 62; Tonband genügt nicht). Die Verkündung setzt – auch bei Verstoß gegen § 310 I u II, § 315 I – die 5-Monatsfrist der §§ 516, 552 in Lauf, wenn sie beweiskräftig protokolliert ist (§§ 165, 160 III 7; BGH NJW 89, 1156/1157; 85, 1782 = MDR 85, 396; vgl § 160 Rn 11 und unten Rn 5). – Die durch die Prozeßlage gebotene Verkündung in einem hierfür anberaumten gesonderten Termin stellt keine Verfahrensverzögerung iS § 296 dar (§ 283 Rn 3; § 296 Rn 15; BGH NJW 85, 1556/58).

3 **III) Verkündungszeit:** entweder im Termin der letzten mündl Verhandlung, auch „am Schluß der Sitzung", dh noch im Laufe des Sitzungstages (krit Fischer DRiZ 94, 97) oder in einem für die Verkündung sofort anzuberaumenden neuen Termin (Ladung entbehrlich, § 218), der nur aus wichtigem Grund (zB Umfang oder Schwierigkeit der Sache, aber auch Überlastung des Gerichts) über 3 Wochen hinaus angesetzt werden „soll" (vgl BVerfG NJW-RR 93, 253: Ermessensfrage). Die sofortige Verkündung (sog Stuhlurteil) sollte die Ausnahme bleiben, zB bei ganz einfach gelagerten Fällen. Im übrigen dient ein späterer Verkündungstermin der sorgfältigen Beratung (§§ 192–197 GVG) und damit der Qualität des Urteils. Schon oft hat die spätere Begründung eines Stuhlurteils unüberwindbare Probleme bereitet. Zur Frist für die nachträgliche schriftliche Begründung des in der Schlußverhandlung verkündeten (Stuhl-) Urteils s § 315 II und dort Rn 5.

4 **Unangemessene Überschreitung der 3-Wochenfrist,** ebenso spätere Verlegung des Verkündungstermins (§ 227), kann Beschwerde gem § 252 begründen, wenn hierfür erheblicher Grund fehlt (§ 216 Rn 21).

5 **Abs II:** Das in einem besonderen **Verkündungstermin** vom Gericht oder vom Vorsitzenden allein (§ 311 IV) verkündete **Urteil** muß bei der Verkündung bereits **in vollständiger Form** abgefaßt sein, also mit Urteilsformel, Tatbestand, Entscheidungsbegründung und Unterschriften der Richter vorliegen (oben Rn 2). **Abs II** will das Gericht zur zügigen Absetzung des vollständigen schriftlichen Urteils in der Frist bis zum Verkündungstermin anhalten; sie ist aber nur **Ordnungsvorschrift** für das Gericht und stellt bei ihrer Verletzung die Wirksamkeit der – wenn auch fehlerhaften – Urteilsverkündung nicht in Frage (BGH NJW 89, 1156 = VersR 89, 209; NJW 88, 2046 = MDR 88, 567/568). Das derart fehlerhaft verkündete Urteil bedarf, falls auch seine Zustellung gemäß § 317 nicht erfolgt, zur Abwendung des Eintritts seiner (hier aber von der Protokollierung der Verkündung abhängigen; oben Rn 2) formellen Rechtskraft der Anfechtung in der gemäß §§ 516, 552 verlängerten Rechtsmittelfrist, zumal das Gericht die **Absetzung des vollständigen Urteils nach dessen Verkündung** nachholen kann (vgl § 551 Nr 7: das Fehlen der Begründung ist Revisionsgrund). Eine solche Nachholung der Absetzung (und Zustellung, § 317) des vollständigen Urteils darf vom Gericht aber nicht beliebig verschleppt werden; sie muß, um nicht die Rechtsmittelfrist für die Parteien zu verkürzen, **spätestens binnen 5 Monaten nach der Verkündung** (GemS NJW 93, 2603; BAG NJW 96, 870 mN; BVerwG NJW 94, 273; BSG NJW 95, 1983 und 2511; BFH NJW 94, 1752; 95, 1048 jeweils LS) erfolgen, anderenfalls das Rechtsmittelgericht das Urteil als „nicht mit Gründen versehen" behandeln muß, selbst wenn die Urteilsbegründung nach Rechtsmitteleinlegung nachgeholt wurde (BGH aaO; verfassungsrechtliche Grenzen: BayVerfGH NJW 91, 2414). Lediglich die Nachholung der Unterschriften (§ 315) unter einem im übrigen vollständigen Urteil steht einer Sachentscheidung des Rechtsmittelgerichts nicht entgegen (§ 315 Rn 2; BGHZ 18, 351; RGZ 150, 147), denn dieser Mangel verkürzte das rechtliche Gehör des Rechtsmittelführers nicht. – Zur Auswirkung der verzögerten Absetzung und Zustellung des vollständigen Urteils auf die Berichtigungsfrist des § 320 II s dort Rn 8 und Schneider MDR 88, 640.

6 **IV) Zustellung an Verkündungs Statt** zulässig nur gem **§§ 307 II, 331 III (Abs III)**; sonst (auch im schriftl Verfahren und bei Entscheidung nach Aktenlage, § 128 Rn 20, § 251a Rn 6) Verfahrensfehler (s Rn 9). Das ohne vorherige Verkündung zugestellte Urteil ist aber (entgegen Koblenz GRUR 89, 75) nur dann kein „Nichturteil" oder „Scheinurteil" (hierzu Rn 13 vor § 300; Rn 34 vor § 511), wenn das Gericht die Zustellung an Verkündungs Statt als Verlautbarung des Urteils vorgenommen hat (zur Unterscheidung Frankfurt NJW-RR 95, 511). Auch die derart fehlerhafte Zustellung setzt die Rechtsmittelfrist in Lauf (Frankfurt MDR 80, 320 mwN; StJ/Leipold § 128 Rn 105, § 310 Rn 3 und 26, § 311 Rn 10). Die Einspruchsfrist beginnt erst nach Zustellung des **schriftlichen VU** an *beide* Parteien (BGH NJW 94, 3360 mN; 96, 1969 [1970]; sa § 317 Rn 1; § 331 Rn 12; § 339 Rn 4 aE); *vorher* ist es nicht „existent" (BGH NJW 96, 1970).

7 **V) Mängel der Verkündung** (ie Fischer DRiZ 94, 97 f): **1) Vor Verlautbarung des Urteils** durch Verkündung oder Zustellung an beide Parteien liegt eine Entscheidung überhaupt nicht vor (RG

161, 63; s Rn 1), daher bleibt die Sache noch in der Instanz anhängig. Hier kein Rechtsmittel gegen die (noch fehlende) Entscheidung, sondern allenfalls gem § 252 ZPO, § 26 II DRiG gegen die Untätigkeit des Gerichts (RG 120, 245; 110, 170; vgl entspr § 216 Rn 21). **Fehler bei Verkündung oder Zustellung eines Urteils** (Rn 9 u 10) können, falls Verlautbarung vom Gericht beabsichtigt war oder von den Parteien als derart beabsichtigt verstanden werden durfte, Verkündungswirkung haben, also die Entscheidung als instanzbeendigend und rechtsmittelfähig existent werden lassen (StJ/Leipold Rn 4). Wo diese **Mindestanforderungen an eine Verlautbarung der Entscheidung** aber nicht erfüllt sind, bleibt die nicht verlautbarte Entscheidung Entwurf iS § 299 III (BGHZ 14, 39; 41, 337) oder Nichturteil (Rn 13, 14 vor § 300). Die Rspr läßt die Anfechtung einer solchen nicht verlautbarten Entscheidung trotzdem zu, wo das geboten erscheint, um den Anschein eines Urteils zu beseitigen (BGH VersR 84, 1192; Frankfurt NJW-RR 95, 511; Rn 34 vor § 511), so bei einem formlos übersandten (BGH NJW 64, 248 = MDR 64, 43) oder vom Richter mitgeteilten Urteil (Frankfurt OLGZ 91, 253 = MDR 91, 63).

2) **Nach Verlautbarung des Urteils** durch Verkündung oder Zustellung an beide Parteien ist dieses instanzbeendigend und vollstreckungsfähig existent, allenfalls fehlerhaft, jedenfalls anfechtbar, für das erkennende Gericht bindend gem § 318 und der formellen Rechtskraft fähig, selbst wenn die Entscheidungsbegründung noch fehlt (Abgrenzung von Nichturteilen: RSchwab/Gottwald § 62 III 1 b; sa Rn 13 vor § 300 sowie Fischer DRiZ 94, 97 f). 8

a) Fehlerhafte Verkündung ist Verfahrensfehler, setzt aber die verlängerte Rechtsmittelfrist (§§ 516, 552, 577) in Lauf (oben Rn 2) und führt, soweit angegriffen (sonst § 295; anders RGZ 161, 61/63; StJ/Leipold Rn 3), zur Aufhebung und regelm zur Zurückverweisung der Sache (§§ 539, 550, 551), jedoch nur insoweit als die Entscheidung auf dem Verfahrensfehler beruht oder zumindest beruhen kann (RG 97, 165; 114, 371; BAG NJW 66, 175). Das Urteil beruht nur dann auf dem Fehler, wenn dieser den Rechtsmittelführer sachl benachteiligt hat, so insbes bei Beschneidung des rechtl Gehörs. Bei formalen Verkündungsmängeln wird das kaum der Fall sein (so BAG NJW 66, 175 bei Zustellung statt Verkündung; Hamburg MDR 56, 234 bei Verkündung in falschem Raum; BGH 14, 39 bei Verkündung am falschen Tag; Hamm FamRZ 95, 945 bei Verkündung unter Ausschluß der Öffentlichkeit; RG 161, 61 und Düsseldorf MDR 77, 144 bei Verkündung durch hierzu nicht befugten Richter des erkennenden Gerichts; BGH 17, 118; MDR 60, 388; OLGR Frankfurt 95, 153 bei Verkündung statt Zustellung oder umgekehrt). Verkündungsfehler können grundsätzlich durch **Nachholung** der Verkündung oder nachfolgende fehlerfreie Zustellung bis zur Entscheidung der Rechtsmittelinstanz **geheilt** werden (Frankfurt NJW-RR 95, 511; Fischer DRiZ 94, 98; ThP Rn 4; BFH BB 93, 1000 [LS]; sa § 311 Rn 3). 9

b) Fehlerhafte Zustellung: Urteil unwirksam, falls nicht verkündet (Rn 7), solange nicht an beide Parteien zugestellt (§ 516 Rn 17). Im übrigen stellen nur grundlegende, die Partei benachteiligende Zustellungsmängel die Wirksamkeit des Urteils in Frage (Hamm NJW-RR 95, 187), so Zustellung eines noch nicht unterschriebenen Urteils (aber Unterschrift nachholbar, BGH 42, 94), fehlender Zustellungsvermerk § 213 (nachholbar: BGH 32, 371), fehlende Übereinstimmung der zugestellten Ausfertigung mit der Urschrift (Hamm aaO mwN, ie str). Wegen der Wirkung von Zustellungsmängeln im allgemeinen Rn 4 vor § 166. – **Rechtsmittelfrist:** Trotz fehlerhafter Zustellung beginnt der Lauf der Berufungs- und Revisionsfrist spätestens 5 Monate nach der Verkündung (§§ 516, 522; hierzu § 516 Rn 18, 19). Das setzt aber eine ordnungsgemäße, in der Sitzungsniederschrift festgestellte Verkündung voraus (oben Rn 2). 10

VI) § 310 I gilt gem § 329 I entsprechend für die **Verkündung von Beschlüssen**, die auf Grund mündlicher Verhandlung ergehen (§ 329 Rn 31). 11

311 *[Urteilsverkündung. Form]*

(1) Das Urteil ergeht im Namen des Volkes.

(2) Das Urteil wird durch Verlesung der Urteilsformel verkündet. Versäumnisurteile, Urteile, die auf Grund eines Anerkenntnisses erlassen werden, sowie Urteile, welche die Folge der Zurücknahme der Klage oder des Verzichts auf den Klageanspruch aussprechen, können verkündet werden, auch wenn die Urteilsformel noch nicht schriftlich abgefaßt ist.

(3) Die Entscheidungsgründe werden, wenn es für angemessen erachtet wird, durch Vorlesung der Gründe oder durch mündliche Mitteilung des wesentlichen Inhalts verkündet.

(4) Wird das Urteil nicht in dem Termin verkündet, in dem die mündliche Verhandlung geschlossen wird, so kann es der Vorsitzende in Abwesenheit der anderen Mitglieder des Prozeßgerichts verkünden. Die Verlesung der Urteilsformel kann durch eine Bezugnahme auf die Urteilsformel ersetzt werden, wenn in dem Verkündungstermin von den Parteien niemand erschienen ist.

1 **I)** Daß das Urteil **„Im Namen des Volkes"** ergeht, folgt aus Art 20 II GG. Die Formel verweist auf die demokratische Legitimation der Rspr und die aus ihr folgende Kontrollierbarkeit durch die Öffentlichkeit (vgl Kroitzsch NJW 94, 1033; vgl auch § 313 Rn 2). Ihr Fehlen ist prozessual belanglos.

2 **II) Verlesung** des Urteils (Ausnahme Abs IV) durch den Vorsitzenden (§ 136 IV) setzt voraus, daß die Urteilsformel (= Tenor, vgl § 313 I 4) schriftlich vorliegen muß (näher § 310 Rn 2 u 5; BGH NJW 85, 1782 = MDR 85, 396; aM Jauernig NJW 86, 117), soweit nicht folgende **Ausnahmen** vorliegen: VersUrteil: §§ 330, 331; hierher gehören nicht unechte VersUrteile (Rn 11 vor § 330), Anerkenntnisurteil: § 307, Verzichtsurteil: § 306 oder Urteile, welche die Wirkung der Klagerücknahme (§ 269 III; nicht anwendbar bei Urteilen, welche die Wirksamkeit einer Klagerücknahme iS § 269 Rn 11 aussprechen) oder des Verzichts (§ 306) aussprechen; entsprechend die Entscheidung nach Rücknahme von Einspruch und Rechtsmittel, §§ 346, 515 III, 566.

3 Verkündung ist stets im **Protokoll** festzustellen, §§ 160 III 6 u 7, 165; erst diese Niederschrift beweist (§ 165) die Verkündung und setzt die erweiterte Rechtsmittelfrist gemäß §§ 516, 552, 577 in Lauf (§ 160 Rn 10, 11; BGH NJW 89, 1156/1157; 85, 1782). Das verlesene Urteil ist als Anlage zum Protokoll zu nehmen (ggf auch das nachträglich hergestellte vollständige Urteil: BGH NJW 94, 3358; sa Rn 5), sonst (= Ausnahmen Rn 2 oben) ist die Entscheidungsformel wörtl in das Protokoll aufzunehmen. Der Verkündungsvermerk (§ 315 III) ersetzt fehlendes Protokoll nicht (BGH VersR 89, 604; NJW 89, 1156; Frankfurt NJW-RR 95, 511). Fehlende Protokollierung kann rückwirkend **nachgeholt** werden (BGH NJW 58, 1237; Frankfurt aaO; einschr Zweibrücken FamRZ 92, 973; vgl auch BGH 10, 327 zur Behandlung der Protokollanlage). Wegen der Folge von Verkündungsmängeln s § 310 Rn 9.

4 **III)** Verkündung der **Entscheidungsgründe** stets entbehrlich. Angemessen ist diese Verlautbarung allenfalls, wenn Parteien persönl anwesend und Rechtsmittelverzicht in Betracht kommt. Sonst sollte mündl Begründung schon wegen der Gefahr späterer (unschädlicher) Widersprüche zur schriftl Begründung (nur diese ist maßgeblich) unterbleiben. – Wegen Notwendigkeit und Rechtzeitigkeit der schriftlichen Urteilsbegründung s § 310 Rn 2 und 5.

5 **IV) Bezugnahme statt Verlesung** durch den Vorsitzenden (oder dessen Vertreter) genügt, wenn Verkündung in Abwesenheit der Parteien und ihrer Bevollmächtigten in einem besonderen Verk-Termin erfolgt. Hier wäre Verlesung der Urteilsformel sinnlose Förmelei; Jauernig NJW 86, 117 erachtet sogar eine *ausdrückliche* Bezugnahme für entbehrlich. Beide Verlautbarungsformen (II 1, IV 2) sind gleichwertig, Unterscheidung im Protokoll ist unnötig (BGH NJW 94, 3358 = MDR 95, 198). In beiden Fällen braucht das vollständig abgefaßte Urteil noch nicht vorzuliegen (BGH aaO; sa Rn 3).

6 Die Anwesenheit der beisitzenden Richter bei der Verkündung im gesonderten Verkündungstermin (§ 310 II) ist entbehrlich. Wegen Verkündung durch unzuständigen Richter s § 310 Rn 9.

312 *[Anwesenheit der Parteien]*

(1) Die Wirksamkeit der Verkündung eines Urteils ist von der Anwesenheit der Parteien nicht abhängig. Die Verkündung gilt auch derjenigen Partei gegenüber als bewirkt, die den Termin versäumt hat.

(2) Die Befugnis einer Partei, auf Grund eines verkündeten Urteils das Verfahren fortzusetzen oder von dem Urteil in anderer Weise Gebrauch zu machen, ist von der Zustellung an den Gegner nicht abhängig, soweit nicht dieses Gesetz ein anderes bestimmt.

1 **1) Abs I.** Verkündung des Urteils ist Prozeßhandlung des Gerichts (vor § 128 Rn 17) nach Schluß der Verhandlung (§ 136 IV), also ohne weitere Handlungsbefugnis der Parteien (§ 136 Rn 4, § 296a Rn 2, § 156 Rn 2 u 4); deshalb wird Urteil existent, auch wenn Parteien bei der Verkündung des Urteils nicht anwesend sind. Ein Urteil, das nicht in dem zur Verkündung anberaumten Verkündungstermin, sondern in einem anderen, den Parteien nicht bekanntgegebenen Termin verkündet worden ist, ist ein wirksames Urteil, BGH GSZ 14, 39. Fehler (nichtgehörige Bekanntmachung des neuen Verkündungstermins) ist nur auf Rüge zu beachten (§ 554 Rn 14); er führt nur dann zur Aufhebung des fehlerhaft verkündeten Urteils, wenn Urteil auf dem Verfahrensmangel beruht, was selten der Fall ist.

2 Kommt es nach materiellem Recht auf die Kenntnis des Urteilserlasses einer Partei an, so ist der Zeitpunkt der Verkündung maßgebend, der Zeitpunkt der tatsächlichen Kenntnisnahme ist irrelevant. Vgl RG 32, 424.

3 **2) Abs II.** Wird im Verkündungstermin die Wiedereröffnung der mündl Verh beschlossen (§ 156 Rn 6) und neuer Termin anberaumt, so bedarf es keiner Zustellung des Beschlusses von Amts

wegen (§ 218). – Das Urteil muß nach Verkündung noch zugestellt werden, um die Notfristen (§§ 339, 516, 552, 577) in Lauf zu setzen, um die ZwV (§ 750 I) betreiben zu können und die Frist für den Antrag auf Urteilsergänzung (§ 321 II) in Lauf zu setzen. Verkündung ohne nachfolgende Zustellung setzt aber die gemäß §§ 516, 552 um 5 Monate verlängerte Rechtsmittelfrist in Lauf (hierzu § 310 Rn 2, 5, 9). Der Arrestbefehl oder die einstw Verfügung kann nach Ablauf 1 Monats seit Verkündung oder Zustellung an den Antragsteller nicht mehr vollzogen werden, § 929 II. – **Urteilszustellung** von Amts wegen, § 317. Daneben Zustellung im Parteibetrieb nur noch in den bei Rn 3 vor § 166 genannten Fällen (vgl auch § 270 Rn 2). Wegen der Gleichwertigkeit der Amtszustellung und der Zustellung im Parteibetrieb für die Zwangsvollstreckung (§ 750) s § 317 Rn 1. – Zur Fortsetzung des Verfahrens nach einem Teil- oder Zwischenurteil s § 280 Rn 9, 10, § 301 Rn 12, § 304 Rn 19, § 544 Rn 1, § 600 Rn 3.

313 *[Form und Inhalt des Urteils]*

(1) Das Urteil enthält:

1. **die Bezeichnung der Parteien, ihrer gesetzlichen Vertreter und der Prozeßbevollmächtigten;**
2. **die Bezeichnung des Gerichts und die Namen der Richter, die bei der Entscheidung mitgewirkt haben;**
3. **den Tag, an dem die mündliche Verhandlung geschlossen worden ist;**
4. **die Urteilsformel;**
5. **den Tatbestand;**
6. **die Entscheidungsgründe.**

(2) Im Tatbestand sollen die erhobenen Ansprüche und die dazu vorgebrachten Angriffs- und Verteidigungsmittel unter Hervorhebung der gestellten Anträge nur ihrem wesentlichen Inhalt nach knapp dargestellt werden. Wegen der Einzelheiten des Sach- und Streitstandes soll auf Schriftsätze, Protokolle und andere Unterlagen verwiesen werden.

(3) Die Entscheidungsgründe enthalten eine kurze Zusammenfassung der Erwägungen, auf denen die Entscheidung in tatsächlicher und rechtlicher Hinsicht beruht.

Lit: *Fischer,* Bezugnahmen – insbes pauschale Bezugnahmen – in Tatbeständen usw, 1994; *Furtner,* Das Urteil im Zivilprozeß, 5. Aufl 1985; *Sattelmacher/Sirp,* Bericht, Gutachten und Urteil, 31. Aufl 1989; *Tempel,* Mustertexte zum ZP, Bd I und II, 4. Aufl 1995/96; *Weitzel,* Tatbestand und Entscheidungsqualität, 1990; sa Lit vor § 300.

I) Allgemeines: Bei der Auswertung des älteren Schrifttums ist die auf Vereinfachung zielende Neufassung der §§ 313 bis 313b durch die VereinfNovelle 1976 (Einl Rn 10), das RpflEntlG 1993 (Einl Rn 16) sowie die Einfügung des § 495a durch das RpflVereinfG 1990 (Einl Rn 14) zu beachten (s Balzer NJW 95, 2449, 2452); weitere Erleichterungen enthalten §§ 543, 565a. § 313 gilt für alle Urteile, nicht für Beschlüsse (hierzu s § 329 Rn 24). Soweit nicht ohnehin geboten (§ 313b I 2), ist es zweckmäßig, als Überschrift (s Rn 3) die **Art des Urteils** im Urteilskopf anzugeben (Rn 3): End-, Zwischen-, Teil-, Schluß-, Versäumnis-, Anerkenntnis-, Verzichts- oder Vorbehaltsurteil. Nur das End-, Schluß-, Anerkenntnis- oder Verzichtsurteil beendet die Instanz unbedingt. In den übrigen Fällen ist weiteres Verfahren in gleicher Instanz teilw möglich (VU § 342), teilw nötig (Vorbehaltsurteil §§ 599, 600 I, 302 IV, Teilurteil § 301, Zwischenurteil im Fall §§ 280, 303, 304). Bei unrichtiger Überschrift (zB „Urteil“ statt „VU“) gilt für die Anfechtung der Meistbegünstigungsgrundsatz (Hamm NJW-RR 95, 186; hier Rn 29 vor § 511). 1

Aufgabe des Urteils ist es, über die in der Urteilsformel **(I Nr 4)** enthaltene Entscheidung hinaus die Parteien von deren Richtigkeit zu überzeugen und dem Rechtsmittelgericht die Nachprüfung in materieller und formeller Hinsicht zu ermöglichen. Darüber hinaus dient die schriftl Darstellung von Tatbestand und Gründen der Selbstkontrolle des erkennenden Gerichts, aber auch der Kontrollierbarkeit der Rspr durch die Öffentlichkeit (§ 311 Rn 1). Alles weitere, insbesondere die schriftl Wiedergabe von Nebensächlichkeiten und Selbstverständlichkeiten sowie die Anreicherung mit Hinweisen auf Rechtsprechung und Schrifttum sollte auf das wirkl Notwendige beschränkt bleiben (krit Lüke NJW 95, 174). Literarische Gemeinplätze geben dem schlechten Urteil zu Unrecht den Anstrich der wissenschaftl Leistung, lenken oft vom tatsächl Problem ab und überzeugen den Leser nicht (vgl § 543 Rn 13 ff; Schneider MDR 78, 90; Hartmann NJW 78, 1462). Das Urteil sollte in klarer, schlichter und prägnanter Sprache abgefaßt sein (Rn 19). 2

II) Inhalt des streitigen Urteils. Überschrift: § 311 I. Die Bezeichnung als **„Urteil“** gehört (anders als bei § 313b I) nicht zu den Formerfordernissen (vgl Oldenburg MDR 91, 159; OLGR 3

Frankfurt 96, 11; MK/Musielak Rn 6), sollte aber nie fehlen (ie Rn 1). Das sog **Rubrum** (= Kopf) des Urteils enthält die zur Identifizierung des Rechtsstreits erforderlichen Angaben, daher (im Gesetz nicht bes erwähnt) auch das Aktenzeichen (§ 4 AktO), im übrigen die Angaben zu **I Nr 1–3.** Eine *Rechtsmittelbelehrung* ist nicht allg vorgeschrieben („noch" nicht verfassungswidrig: BVerfG NJW 95, 3173; sa Einl Rn 57a); Ausnahmen zB § 692 I Nr 4; § 9 V ArbGG.

4 **1) Bezeichnung der Parteien:** Zwecks Vermeidung von Schwierigkeiten bei der ZwV ist möglichst genaue Parteibezeichnung ratsam. Ist eine Partei nach Klageerhebung gestorben, so sind im Urteil alle Erben anzugeben: die Bezeichnung „. . . 'sche Erben, vertreten durch . . . als Generalbevollm" genügt nicht. Ist ein TestVollstr in den Prozeß eingetreten, so ist er Partei, nicht der Erbe. Ist eine Firma verklagt, hat der Richter festzustellen, ob es sich um eine Handelsgesellschaft oder um einen Einzelkaufmann handelt, OLGZ 27, 85. Bei einer Einzelfirma wird im Urteil zweckmäßig auch der Inhaber angegeben; denn wenn auch Verurteilung unter dem Namen der Firma erfolgte, so gilt doch als Partei, wer zur Zeit der Klageerhebung Firmeninhaber war (§§ 17 ff HGB). Bei jur Personen sind die (dh alle) gesetzl Vertreter mit Namen zu bezeichnen. Unterlassen jedoch unschädlich (LG Mönchengladbach MDR 60, 1017). Neben den Parteien sind deren Streitgehilfen (nicht die Personen, die trotz Streitverkündung nicht beigetreten sind: Wieczorek/Schütze/Mansel § 74 Rn 14; das ist im Tatbestand wegen § 74 III zu erwähnen) zu benennen, sonst fehlt insoweit Kostentitel (ie Schneider MDR 66, 811). Unrichtige Angabe der Prozeßbevollm ist unschädlich, wenn das Urteil dem richtigen Prozeßbevollm gem § 176 zugestellt worden ist. Der Bevollm wird im Urteilskopf genannt, wenn er aufgetreten; dies ist hier Nachweis der Vollmacht zB im Kostenfestsetzungsverfahren (s § 80 Rn 8). Mehrere Bevollm (zur Sozietät s § 80 Rn 6) sind aufzuführen (vgl Balzer NJW 95, 2448). Unrichtige Bezeichnung der Parteien, gesetzl Vertreter oder Prozeßbevollm führt zur Urteilsberichtigung nach § 319 (näher § 319 Rn 14 ff, 21). Zu den Grenzen einer zulässigen **Berichtigung der Parteibezeichnung** und deren Abgrenzung vom Parteiwechsel s § 253 Rn 8; § 263 Rn 9; Rn 7 ff vor § 50. Der UrkBeamte darf die im Urteil enthaltene Parteibezeichnung usw nicht eigenmächtig abändern, JW 30, 2765.

5 **2) Bezeichnung des Gerichts:** Das Gericht ist (wegen §§ 551, 565) als Spruchkörper (1. Zivilkammer, Kammer für Handelssachen usw) zu bezeichnen. Die im **Eingang** des Urteils (= Rubrum) aufgeführten Richter müssen sich mit denen, die das Urteil gem § 315 unterschrieben haben, decken; sonst ist Urteilsausfertigung unmöglich. Trotzdem erfolgte Ausfertigung führt zu ungültiger Zustellung (RG 90, 173). Unterschriftsnachholung ist zulässig (RG 58, 118, vgl § 315 Rn 2), ebenso Berichtigung (BGH 13, 350). Die Angabe der Namen der Richter wird durch die Unterschrift ersetzt, wenn auf sie im Urteilskopf mit den sprachwidrigen Worten „durch die unterzeichneten Richter" Bezug genommen wird (vgl BGH FamRZ 77, 124). Die Unterschriften müssen in diesem Fall leserlich sein, was auch dadurch erreicht wird, daß der Name mit Maschinenschrift unter die Unterschrift gesetzt wird (s Balzer NJW 95, 2448 f). Zur richtigen Wiedergabe der Unterschriften in der Urteilsausfertigung s § 170 Rn 4. Entbehrlich ist die Angabe der Namen der Richter im Rubrum des Urteils (also nicht auch deren Unterschrift, § 315) gemäß § 313b II 2 bei Versäumnis-, Anerkenntnis- und Verzichtsurteilen.

6 **3) Tag des Schlusses der mündl Verhandlung:** Wegen Schluß der mündl Verhandlung s §§ 136 IV, 156, 296a. Bei Entscheidung nach §§ 251a, 331a ist anzugeben: „nach Lage der Akten am . . ." (= Tag des versäumten Termins); bei schriftl Entscheidung: „nach der Sachlage am . . ." (= der dem Schluß der mündl Verhandlung entspr Tag gem § 128 II u III, vgl dort Rn 18, 24); im Fall § 307 I: „nach dem Anerkenntnis des Beklagten vom . . ."; im Fall § 331 III: „wegen Versäumung der Einlassung des Beklagten am . . ." (= Ablauf der Frist des § 276 I 1).

7 Der Tag der Schlußverhandlung (bzw der entspr Tag im schriftl Verfahren) setzt die Frist des § 313a in Lauf und ist wegen der Präklusionswirkung wesentlich gem §§ 323 II, 767 II.

8 **4) Die Urteilsformel: Lit:** *Schneider,* Einzelfragen zur Fassung des Tenors, MDR 67, 94; *Balzer* NJW 95, 2449. Die Formel hat in möglichst knapper und genauer Form die Entscheidung des Gerichts zu enthalten. Die Bestimmtheit iS von § 253 II Nr 2 gilt wegen § 308 auch für das Urteil (BGH GRUR 93, 566 und 570; sa Rn 31 vor § 322). Mangel in der **Urteilsformel** ist unschädlich, wenn der Sinn gleichwohl klar ist, RG 15, 422; JW 31, 1892; BGH NJW 94, 1415. Widersprechen sich Urteilsformel und Gründe, so ist die erstere maßgebend, OLG 35, 73. Schon im Hinblick auf die Erteilung der abgekürzten Ausfertigung (§§ 317, 750) muß die Formel ohne Tatbestand und Gründe aus sich heraus verständlich sein und die ZwV ermöglichen. Sie muß erschöpfend (§ 308) über die Anträge erkennen (sonst § 321), soll aber keine Elemente der Entscheidungsgründe (zB . . . aus Darlehen) enthalten (s aber § 313a Rn 3 zur Fassung der Urteilsformel bei einem Urteil ohne Tatbestand und Begründung). Jedoch ist bei Urteil gegen einen Bürgen wegen dessen gem § 767 BGB bedingter Haftung der Zusatz „als Bürge des Hauptschuldners NN" in die Urteilsformel aufzunehmen (BGH WM 68, 916/918). Geldbeträge sind in DM anzugeben, soweit nicht ausländische Valuta geschuldet (§§ 244, 245 BGB; hierzu § 253 Rn 13; Maier/Reimer NJW 85, 2049). Die Verurteilung zur Zahlung „einer Verletztenrente auf Grund einer Erwerbsminderung

von 40% nach dem BEG" entbehrt der für ein Urteil erforderlichen Bestimmtheit und ist daher unwirksam (BGH RzW 1957, 203/293); desgleichen die Verurteilung nach einem variablen nichtamtlichen Zinssatz (Frankfurt NJW-RR 92, 685; anders dagegen bei Verzugszins gem § 11 I VerbrKrG, dazu v. Westphalen/Emmerich/Kessler, VerbrKrG, 1991, § 11 Rn 24). Bei Unterlassungsurteilen muß der Tenor den Gegenstand des Verbots deutlich bezeichnen (BGH NJW 92, 1692 mwN = MDR 92, 657); die Wiedergabe des gesetzlichen Verbotstatbestandes genügt idR dem Bestimmtheitserfordernis nicht (BGH aaO). Andererseits wurde auf dem Gebiet der Immissionen ein im Tenor enthaltenes Gebot, allgemein Störungen bestimmter Art, beispielsweise durch Geräusche oder Gerüche zu unterlassen, als ausreichend angesehen, BGH NJW 58, 1776. Ein unbestimmter, widerspruchsvoller oder der ZwV nicht zugänglicher Tenor führt, sofern er auch nicht als Feststellungsausspruch zu verstehen ist (vgl § 256 Rn 15), im Rechtsmittelzug zur Aufhebung. Ein solches Urteil ist – sofern es formell rechtskräftig wird – der materiellen Rechtskraft und der Vollstreckbarkeit nicht fähig (vor § 322 Rn 31). Es muß neue Klage erhoben werden (BGH NJW 72, 2268; 62, 109). Zur Klage auf Feststellung des Inhalts eines Urteils: § 256 Rn 4. Die Wiedergabe der Urteilsformel ist entbehrlich im Fall § 313b II; hier genügt Bezugnahme auf Schriftsatz.

Bei stattgebendem Leistungsurteil ist der Schuldner zu „verurteilen", nicht festzustellen, daß 9
er „schuldig ist . . .". Gleichwohl ist die Urteilsformel in Verbindung mit den Entscheidungsgründen der Auslegung zugänglich (BGH 5, 240; ie Rn 31 vor § 322). Bei Klageabweisung bedarf es der Angabe „als unbegründet" oder „als unzulässig" in der Urteilsformel nicht; das ergibt die Begründung. Ein Rechtsmittel ist aber bei Unbegründetheit „zurückzuweisen", bei Unzulässigkeit zu „verwerfen".

Teil der Urteilsformel ist die von Amts wegen zu treffende Kostenentscheidung (§ 308 II) und 10
Entscheidung über die Vollstreckbarkeit des Urteils (§§ 708 ff), beim Berufungsurteil auch die Angabe der Beschwer (§ 546 II) und ggf die Zulassung der Revision (§ 546 I). Soweit Sicherheitsleistung angeordnet wird (§§ 709, 711, 712) ist diese und auch die etwa beantragte Art der Sicherheit (§ 108) in die Urteilsformel aufzunehmen, denn für die ZwV genügt die Ausfertigung des Urteils in abgekürzter Form, also ohne Gründe (§§ 317 II 2, 724). – Wegen Berichtigung oder Ergänzung der Urteilsformel s §§ 319, 321. – Eine Sonderregelung für den Inhalt der Urteilsformel bei Unterlassungs- und Widerrufsklagen nach § 13 AGBG enthält § 17 AGBG.

5) Der Tatbestand (Abs I Nr 5 und II; § 543 II): Lit: *Balzer* NJW 95, 2449; *Weitzel* aaO (Lit- 11
Verz). Der Tatbestand beurkundet (gem § 320 berichtigungsfähig, gem § 314 beweiskräftig; hierzu vgl § 165 Rn 1) das schriftl und mündl Vorbringen der Parteien; er bildet damit Grundlage der Nachprüfung durch das Rechtsmittelgericht, ob das streitige Vorbringen umfassend gewürdigt wurde (vgl § 561). Da **Abs II** hierfür aber (auch summarische, nicht notwendig ausdrückliche: BGH NJW 92, 2148; NJW-RR 96, 379; Hamm NJW-RR 95, 510; zust Oehlers NJW 94, 712, str) Bezugnahme auf das (nur!) schriftliche Vorbringen der Parteien fordert (= Sollvorschrift), soll im Tatbestand nur der wesentliche Streitstoff wiedergegeben werden, soweit dieser in den Entscheidungsgründen dann auch rechtl gewürdigt wird. Alles andere – besonders eine umfassende Prozeßgeschichte – ist überflüssiges Schreibwerk und gehört, ebenso wie eine pauschale **Bezugnahme** auf die Schriftsätze, nicht in den Tatbestand (Hamburg MDR 88, 974; Oldenburg MDR 89, 551; Fischer JuS 95, 537; ThP Rn 25, str; aA Balzer NJW 95, 2452; ie Fischer aaO S 24 ff). Fehlende Angaben im Tatbestand können durch entsprechende Angaben in den Entscheidungsgründen ersetzt werden (BGH NJW 85, 1784/1785; 91, 3038 = MDR 92, 188; Grenzen: Weitzel aaO S 62 ff). Zur **Beweiskraft des Tatbestands** im Urteil gegenüber der Sitzungsniederschrift s § 161 Rn 9; § 314 Rn 1 f. – Ganz entbehrlich ist der Tatbestand in den Fällen der §§ 313a, 313b, 495a, 543 I.

Aufbau des Tatbestands: a) Einleitende, möglichst in einen Satz gekleidete, Angabe des 12
Streitstoffs, zB: „Gegenstand der Klage ist die Forderung des Klägers als Bauherr gegen den Beklagten als Unternehmer auf Schadensersatz (§ 635 BGB) wegen Mängeln an einem am . . . in . . . errichteten Wohnhaus".

b) Unbestrittener Tatbestand = der von beiden Parteien übereinstimmend vorgetragene tat- 13
sächl und rechtl Sachverhalt, soweit dieser entscheidungserheblich ist. Hierher gehört auch, was zugestanden (§ 288, 138 III) oder anerkannt (§ 307) ist, jedoch nicht eine (den Entscheidungsgründen vorbehaltene) Beweiswürdigung. Beweistatsachen gehören in den Tatbestand nur, soweit ihre Wiedergabe die gem § 161 unterbliebene Protokollierung ersetzt (auch hier aber Beweiswürdigung nur in den Entscheidungsgründen).

c) Streitiges Vorbringen des Klägers = Tatsachen- und Rechtsbehauptungen, denen der Bekl 14
nach dem Stand der letzten mündl Verhandlung entgegengetreten ist. Soweit möglich kann hier (vorwegnehmend) bereits die Erwiderung des Klägers auf die Rechtsverteidigung des Bekl (vgl §§ 275 IV, 276 III) dargestellt werden.

d) Anträge beider Parteien (vgl **Abs II;** dazu BGH NJW 91, 3038 = aaO), **vollständig** (BGH 15
NJW-RR 94, 362) und idR in wörtlicher Wiedergabe (nur des zuletzt gestellten) Klageantrages iS

§§ 253 II 2, 308. Nur Sachanträge, keine Prozeßanträge, auch keine (von Amts wegen zu entscheidenden) Anträge hinsichtl der Kosten und der Vollstreckbarkeit.

16 e) Streitige Erwiderung des Beklagten, ggf auch zur Widerklage; Gliederung hierbei zweckmäßig nach tatsächl Bestreiten, Einwendungen, Einreden.

17 f) Streitige Replik des Klägers (soweit nicht bereits oben zu c) dargestellt).

18 g) Prozeßgeschichte: nur soweit nach Maßgabe der Entscheidungsgründe entscheidungserheblich; stets bei Zurückweisung von Angriffs- oder Verteidigungsmitteln gem §§ 296, 296a (§ 296 Rn 31). Wegen Zurückweisung von Beweisanträgen allgemein s Rn 8a ff vor § 284. Anzugeben ist, welche Beweise erhoben und welche Beweisanträge unerledigt geblieben sind (Weitzel JuS 90, 923). Auf das Ergebnis der Beweiserhebung darf (und sollte) Bezug genommen werden, sofern es aktenkundig ist. Rechtsmeinungen der Parteien: nur soweit zum Verständnis unerläßlich.

19 **6) Die Entscheidungsgründe (Abs I Nr 6 und III): Lit:** *Balzer* NJW 95, 2452 ff; *Scheuerle,* Methodenehrlichkeit in jur Begründungen, ZZP 78, 32. *Schneider,* Zur Zulässigkeit und ihrer Begründung im Urteil, MDR 65, 632. Verhandlungsvorgänge gehören in den Tatbestand; sie gelten jedoch auch dann als festgestellt, wenn sie in die Gründe aufgenommen wurden (oben Rn 11; BGH NJW 83, 1901). Nicht nötig ist, daß jede Einzelheit des Parteivorbringens erörtert wird (BVerfG NJW 80, 278; BayVerfGH NJW 77, 243; BGH NJW 68, 2292), jedoch müssen die Gründe nachvollziehbar sein und eine Überprüfung der Entscheidung durch die höhere Instanz ermöglichen (Saarbrücken FamRZ 93, 1099; s auch Rn 2). Nr 6 ist nur dann verletzt, wenn das Urteil überhaupt keine Entscheidungsgründe enthält (näher § 551 Rn 8, 9), ein Klageanspruch übergangen ist, wesentlicher Sachvortrag ersichtlich nicht zur Kenntnis genommen und erwogen wurde (BVerfG NJW 85, 1149; 82, 1453; vgl Rn 6 vor § 128), nicht auf sämtliche selbständigen Angriffs- und Verteidigungsmittel eingegangen ist (BGH NJW-RR 95, 701; 96, 379), vom eindeutigen Normwortlaut oder von der Auslegung einer gesetzlichen Vorschrift iS der hRspr ohne Angabe von Gründen abgewichen wurde (BVerfG NJW 95, 2911) oder eine Auseinandersetzung mit entscheidungserheblichen umstrittenen Rechtsfragen unterblieben ist (BVerfG NJW-RR 95, 1033). Bezugnahme auf die Gründe eines anderen Urteils ist zulässig, wenn den Parteien diese Gründe bekannt sind und das Urteil genau bezeichnet wird (BGH NJW 71, 39; NJW-RR 91, 830: im Einzelfall unzulässig). Nach BAG (NJW 58, 119) liegt ein Verstoß gegen Nr 6 jedoch dann vor, wenn das Berufungsgericht ohne eigene Begründung lediglich auf die Urteilsgründe des Erstgerichts Bezug nimmt; seit der Neufassung von § 543 gilt das nur noch beschränkt (vgl § 543 II 1 und dazu BGH WM 93, 2011; eingehend Fischer aaO S 37 ff). Nicht nötig ist, daß im Urteil die in Frage kommenden Rechtsgrundlagen erschöpfend nennt (so aber wohl MK/Musielak Rn 15); viel wichtiger ist klare, schlichte, auch für den Nichtjuristen verständliche Begründung in gutem Deutsch (Jasper MDR 86, 198); das Urteil soll den Unterlegenen überzeugen, aber weder ihn noch seinen Prozeßbevollmächtigten verletzen. Der Zivilrichter ist weder Dozent noch Sittenrichter. Wegen der Zwecke der Revision (s §§ 546 I, 554b I) gelten für die Urteile der Revisionsgerichte Besonderheiten (nicht genügend beachtet von Balzer NJW 95, 2452 ff).

20 Zweckmäßige **Gliederung der Gründe: a)** Prozeßrechtliche Darlegungen, soweit notwendig (so die Darlegung streitiger Prozeß- u Sachurteilsvoraussetzungen, ebenso die Darlegungen, welches Parteivorbringen aus welchem – objektiven und subjektiven – Grund als verspätet zurückgewiesen wurde, § 296 Rn 31, und welcher Beweisantritt aus welchem Grund unberücksichtigt blieb, Rn 8a ff vor § 284),

21 **b)** Vorwegnahme des Ergebnisses unter Angabe der anspruchsbegründenden oder – vernichtenden Rechtsnorm (zB: Die Klage ist begründet, weil der Beklagte als nicht berechtigter Besitzer dem Kläger als Eigentümer zur Herausgabe verpflichtet ist, § 985 BGB; der Beklagte ist den ihm obliegenden Beweis für ein Recht zum Besitz, § 986 BGB, schuldig geblieben),

22 **c)** Darlegung des vom Gericht für festgestellt (insoweit Beweiswürdigung) erachteten Sachverhalts und dessen Subsumtion unter das (oben b bezeichnete) Gesetz, schließlich

23 **d)** die Begründung der Nebenfolgen des Urteils (Kosten, Vollstreckbarkeit).

24 Fehlen der Gründe: **Kein Beginn** der regelmäßigen **Rechtsmittelfrist** gem §§ 516, 552 („in vollständiger Form abgefaßtes Urteil"; vgl BGH NJW-RR 91, 255; § 516 Rn 7); **absoluter Revisionsgrund,** § 551 Nr 7, soweit nicht Begründung gem §§ 313a, 313b, 495a, 543 I entbehrlich (vgl dazu auch § 310 Rn 5; § 315 Rn 5). Zur **Verfahrensrechtsfolge der** nach Verkündung **nachgeschobenen Urteilsbegründung** s § 315 Rn 5 (bei Verkündung im Verhandlungstermin) und § 310 Rn 2 und 5 (bei Verkündung außerhalb der mündl Verhandlung). – Verurteilung aus wahlweisem Haftungsgrund ist zulässig, vgl BGH LM § 313 Abs 1 Nr 3 (Amtshaftung oder enteignungsgleichem Eingriff).

313a *[In abgekürzter Form zulässige streitige Urteile]*

(1) Des Tatbestandes bedarf es nicht, wenn ein Rechtsmittel gegen das Urteil unzweifelhaft nicht eingelegt werden kann. Das gleiche gilt für die Entscheidungsgründe, sofern die Parteien zusätzlich spätestens am zweiten Tag nach dem Schluß der mündlichen Verhandlung auf sie verzichten.

(2) Absatz 1 ist nicht anzuwenden

1. **in Ehesachen, mit Ausnahme der eine Scheidung aussprechenden Entscheidungen;**
2. **in Kindschaftssachen;**
3. **im Falle der Verurteilung zu künftig fällig werdenden wiederkehrenden Leistungen;**
4. **wenn zu erwarten ist, daß das Urteil im Ausland geltend gemacht werden wird; soll ein ohne Tatbestand und Entscheidungsgründe hergestelltes Urteil im Ausland geltend gemacht werden, so gelten die Vorschriften über die Vervollständigung von Versäumnis- und Anerkenntnisurteilen entsprechend.**

Abs I idF von Art 1 Nr 4 des RpflEntlG vom 11. 1. 1993 (BGBl I S 50), in Kraft seit 1. 3. 1993.

I) Allgemeines

1 **1) Zweck.** Die Einschränkung **(I 1)** oder völlige Durchbrechung des Begründungszwangs **(I 2)** hat Entlastungsfunktion. Das Gericht soll von der Verpflichtung zur Herstellung eines Urteils in vollständiger Form freigestellt sein, soweit dies von den Zwecken des Begründungszwangs nicht geboten ist. Der weniger zur Unterrichtung der Parteien, sondern für eine effektive Rechtsmittelkontrolle bestimmte Tatbestand (s § 313 Rn 2, 11) ist entbehrlich, wenn die Entscheidung unzweifelhaft einer Nachprüfung in der höheren Instanz nicht unterliegt. Unter dieser Voraussetzung kann auch auf eine Urteilsbegründung völlig verzichtet werden, wenn die Parteien übereinstimmend auf die Übermittlung von Entscheidungsgründen keinen Wert legen. Dies wird seit Inkrafttreten des KostRÄndG 1994 (s dazu Rn 6) kaum mehr der Fall sein (vgl Städing MDR 95, 1103 f).

2 **2) Anwendungsbereich.** § 313a gilt für alle streitigen **Urteile** sämtlicher Instanzen; **Sondervorschriften** bestehen für nichtstreitige Urteile (§ 313b), für „verkürzte" Urteile des AG (§ 495a II; dazu Städing NJW 96, 695; zur Abgrenzung ders MDR 95, 1102) und für Berufungsurteile (§ 543; zur Abgrenzung dort Rn 2). § 313a gilt entspr für **Beschlüsse,** die sonst zu begründen wären, insbes für Entscheidungen gem § 91a (Franzki DRiZ 77, 167; Frankfurt NJW 89, 841); der Begründungsverzicht enthält im Zweifel keinen Rechtsmittelverzicht (§ 91a Rn 27; § 329 Rn 34).

3 **3) Grenzen der Freistellung vom Begründungszwang.** Auch wo nach **Abs I** Tatbestand und Begründung entbehrlich sind, ist eine vollständige Begründung doch nicht untersagt; auch wo eine solche unterbleibt, ist gleichwohl zur **Feststellung** des Umfangs der **materiellen Rechtskraft** der Entscheidung (§ 322) oder auch im Fall des § 850f II (dort Rn 9) eine kurze Darstellung des Streitgegenstandes nicht nur zulässig, sondern zu empfehlen. Das kann entweder im Urteilstenor geschehen (zB: Die Klage auf Schadensersatz wegen des Verkehrsunfalls des Klägers am ... wird abgewiesen) oder in einer Kurzbegründung (E. Schneider MDR 78, 3), die ggf die Kostenbegünstigung (unten Rn 6) nicht in Frage stellt (E. Schneider MDR 85, 906).

II) Streitiges Urteil ohne Tatbestand (I 1)

4 Die ins Ermessen des Gerichts gestellte („bedarf ... nicht") Weglassung des Tatbestands setzt voraus, daß das zu begründende Urteil aus der Sicht des erlassenden Gerichts zweifelsfrei keinem Rechtsmittel unterliegt. **Nicht rechtsmittelfähige Entscheidungen** sind: Alle Endurteile des AG und erstinstanzliche Endurteile des LG in vermögensrechtlichen oder nicht vermögensrechtlichen Sachen, bei denen für keine Partei die Berufungssumme von 1500 DM erreicht ist (§ 511a; bei Streitwert bis 1200 DM § 495a beachten); alle Berufungsurteile des LG (vgl § 545 I); alle Berufungsurteile des OLG in nicht vermögensrechtlichen Streitigkeiten, bei denen die Revision nicht zugelassen ist, in vermögensrechtlichen Streitigkeiten, bei denen die Revisionssumme nicht erreicht ist (§ 546, Ausnahme: § 547) und in Eilverfahren gem § 545 II; BGH-Urteile (für weitgehende Anwendung Balzer NJW 95, 2452; abzulehnen: § 313 Rn 19); hierher gehören auch die Fälle des **Rechtsmittelverzichts** (§ 514 Rn 1–3). Dagegen ist § 313a I nicht anwendbar auf die beschwerdefähigen Zwischenurteile oder Beschlüsse in den Fällen der §§ 71 II, 91a II, 99 II, 269 III 5, 387 III, 402, soweit nicht beim OLG § 567 IV 1 Anwendung findet. An der **Offensichtlichkeit** kann es fehlen, wenn die Rechtsmittelzulässigkeit wertabhängig und die Bewertung im Einzelfall nicht zweifelsfrei ist (vgl die Fallgestaltung in BGH NJW 82, 3038 zu § 543 I). Zur Rechtsfolge der **vom Gericht verkannten Rechtsmittelfähigkeit** seines Urteils s unten Rn 12. Eine kostenmäßige Vergünstigung ist mit der Weglassung (lediglich) des Tatbestands nicht verbunden (ie Rn 6).

III) Streitiges Urteil ohne Tatbestand und Entscheidungsgründe (I 2)

5 Voraussetzung für eine gänzliche Nichtbegründung des Urteils ist außer der fehlenden Rechtsmittelfähigkeit (Rn 4) ein entspr Parteiverzicht (Rn 5), der mit einer Kostenbegünstigung verbunden ist (Rn 6).

1) Der **Verzicht** der Parteien (Verzicht nur einer Partei, selbst der urteilsbeschwerten, genügt nicht) auf die Begründung des Urteils ist unwiderrufliche Prozeßhandlung (Rn 17–18 vor § 128; Frankfurt NJW 89, 841 = MDR 89, 168) und muß ausdrücklich erfolgen, also in mündl Verhandlung mündlich (= Antrag iS § 160 II 2), sonst aus Gründen der Rechtsklarheit schriftlich (Rn 17a vor § 128; vgl entspr § 225 Rn 1). Daher genügen telefonischer Verzicht oder gar schlüssiges Verhalten nicht. Die **2-Tagesfrist** wird gemäß § 222 berechnet; ihr Lauf beginnt gemäß § 187 I BGB mit Schluß der mündl Verhandlung (§ 136 Rn 4, bei schriftl Verfahren § 128 Rn 18, bei Entscheidung nach Aktenlage § 251a Rn 5). Zweck dieser Frist ist es, dem Gericht wegen §§ 310 II, 315 II alsbald Gewißheit zu verschaffen, ob das Urteil mit Gründen abzusetzen ist, und zu vermeiden, daß ein mit Gründen abgesetztes Urteil durch spätere Verzichtserklärung der Parteien überflüssig wird; die Frist ist also Schutzfrist zugunsten des Gerichts. Daher bleibt **Verzichtserklärung nach Fristablauf** analog § 283 S 2 (E. Schneider MDR 85, 906) wirksam, wenn das Gericht sie annimmt und das Urteil abgekürzt absetzt (was das Gericht darf, nach Fristablauf aber nicht muß, zB weil das Urteil bereits vollständig abgesetzt ist; wie hier MK/Musielak Rn 4; ThP Rn 3; aM BL/Hartmann Rn 7). Unbeachtlich für das Gericht ist der Verzicht im Berufungsverfahren bei einem gemäß § 539 aufhebenden und zurückverweisenden Urteil, weil sonst die das Erstgericht bindende Rechtsauffassung des Berufungsgerichts (§ 539 Rn 33) nicht erkennbar wäre (vgl Keller MDR 92, 435 mN).

6 2) Seit Inkrafttreten des KostRÄndG 1994 (Einl Rn 17) gibt es für erstinstanzliche Urteile ohne Begründung keine Gebührenbegünstigung mehr (s Rn 13). Ein Anreiz, auf die Urteilsbegründung zu verzichten, ist damit entfallen (Städing MDR 95, 1103 f; NJW 96, 695 Fn 46; unten Rn 13).

IV) Ausnahmsweise Abfassung des Urteils in vollständiger Form (II)

7 **Überblick.** Tatbestand und Entscheidungsgründe sind **unverzichtbar** für Urteile, die in Ehe- und Kindschaftssachen in ihrer Bedeutung über das Interesse der unmittelbaren Verfahrensbeteiligten hinausgehen, die in einem Folgeverfahren (zB § 258, 323) einer Prüfung ausgesetzt sein können und die nach den Regeln des internationalen Verfahrensrechts (vgl zB § 32 AVAG) einer Begründung bedürfen, um im Ausland anerkannt zu werden. Über die **Fälle** der Rn 8–11 hinaus kann eine (knappe) Begründung angebracht sein (s Rn 3).

8 **Nr 1** betrifft die Ehesachen, in denen im öffentlichen Interesse eine schriftliche Urteilsbegründung erforderlich erscheint. Hiervon sind ihrerseits die eine Scheidung aussprechenden Urteile ausgenommen, deren Begründung in den Fällen einverständlicher Scheidung lediglich formelhaften Charakter hat. Für Scheidungsurteile in Verfahren mit einem Ausländer gilt hingegen die Nr 5. Zur notw Darlegung der Berechnung des Versorgungsausgleichs (Abs I gilt hierfür nicht): Hamm FamRZ 79, 168.

9 **Nr 2** erfaßt mit Kindschaftssachen Verfahren, die in ihrer Bedeutung auch Dritten gegenüber dem Eheverfahren nicht nachstehen.

10 **Nr 3** sieht für die Fälle der Verurteilung zu künftig fällig werdenden wiederkehrenden Leistungen (§ 258) stets die schriftliche Urteilsbegründung vor. In derartigen Fällen ist es sinnvoll, die Grundlage des Urteils festzuhalten, damit bei einer künftigen Abänderungsklage nach § 323 ZPO beurteilt werden kann, ob eine wesentliche Änderung der Verhältnisse eingetreten ist.

11 **Nr 4** regelt als weitere Ausnahme vom Verzicht auf schriftliche Urteilsbegründung die Fälle, in denen zu erwarten ist, daß es auf eine Vollstreckung oder Anerkennung des Urteils im Ausland ankommen wird (entspr § 313b Rn 5). In derartigen Fällen ist nach den Regelungen des internationalen Rechtsverkehrs im allgemeinen ein vollständig begründetes Urteil vorzulegen, das auch erkennen lassen muß, welche Rechtsordnung das Gericht seinem Urteil zugrunde gelegt hat (BGH NJW 88, 3097). Durch Nr 4 werden auch solche Scheidungsurteile erfaßt, an denen ein Ausländer beteiligt ist, selbst wenn dieser zusätzlich die deutsche Staatsangehörigkeit besitzen sollte. Der zweite Halbsatz stellt klar, daß ein ohne Tatbestand und Entscheidungsgründe hergestelltes Urteil nach den in Ausführungsgesetzen zu internationalen Verträgen enthaltenen Vorschriften über Versäumnis- und Anerkennungsurteile zu vervollständigen ist, wenn sich die Voraussetzungen der Nr 4 erst nachträglich herausstellen.

V) Nichtbegründung als Verfahrensmangel

12 Eine **Nachholung** der Urteilsbegründung für Fälle, in denen das **Gericht die Rechtsmittelfähigkeit seines Urteils verkannt** hatte, sieht das Gesetz nicht vor. Hier ist vom Rechtsmittelgericht

ggf gemäß §§ 539, 540, 551 Nr 7 zu verfahren (BGH 32, 24 = MDR 60, 644; E. Schneider MDR 78, 1/4; 85, 906/907; BL/Hartmann Rn 11; aM StJ/Leipold Rn 18: Nachholung der Urteilsbegründung solle man zulassen). Gegen eine rechtsanaloge (hierzu Einl Rn 97) Zulassung der Vervollständigung des Urteils (wie im Fall des Auslandsbezugs, oben Rn 9, § 313b Rn 5) werden Bedenken erhoben, wenn (auch) gerade wegen der fehlenden Urteilsbegründung ein zulässiges Rechtsmittel eingelegt wurde (vgl § 543 Rn 6). Mit der Zustellung des „in vollständiger Form abgefaßten Urteils" würde aber die Rechtsmittelfrist (§§ 516, 552) idR erstmals in Lauf gesetzt (s § 313 Rn 24 mN); die gerade im Begründungsmangel liegende Rechtsmittelbeschwer entfiele.

VI) Gebühren: 1) des Gerichts a) erste Instanz: ohnehin nie eine Urteilsgebühr. Es fehlt jetzt jeder Anreiz, gemäß § 313a I 2 zu verzichten. **b) Berufung:** KV 1225, 1227; **c) Revision:** KV 1237. In den Fällen b und c reicht der Verzicht nicht aus; es muß hinzukommen, daß das Urteil auch tatsächlich keine Gründe enthält. **2) des Anwalts:** Der Verzicht auf die Urteilsbegründung iS des § 313a I ist durch die verdiente Prozeßgebühr abgegolten. – Das gleiche gilt für den Antrag auf Vervollständigung der im Ausland geltend zu machenden Entscheidung; der Antrag gehört zum Rechtszug (§ 37 Nr 6a BRAGO). Hat der RA, der nicht ProzBev war oder ist, nur den Auftrag, den schriftsätzl Verzicht auf die Abfassung der Urteilsbegründung abzugeben, so erhält er dafür $^{2}/_{10}$ Schriftsatzgebühr nach § 56 III iVm § 120 I BRAGO. 13

313b *[Versäumnis-, Anerkenntnis-, Verzichtsurteil in abgekürzter Form]*

(1) Wird durch Versäumnisurteil, Anerkenntnisurteil oder Verzichtsurteil erkannt, so bedarf es nicht des Tatbestandes und der Entscheidungsgründe. Das Urteil ist als Versäumnis-, Anerkenntnis- oder Verzichtsurteil zu bezeichnen.

(2) Das Urteil kann in abgekürzter Form nach Absatz 1 auf die bei den Akten befindliche Urschrift oder Abschrift der Klage oder auf ein damit zu verbindendes Blatt gesetzt werden. Die Namen der Richter braucht das Urteil nicht zu enthalten. Die Bezeichnung der Parteien, ihrer gesetzlichen Vertreter und der Prozeßbevollmächtigten sind in das Urteil nur aufzunehmen, soweit von den Angaben der Klageschrift abgewichen wird. Wird nach dem Antrag des Klägers erkannt, so kann in der Urteilsformel auf die Klageschrift Bezug genommen werden. Wird das Urteil auf ein Blatt gesetzt, das mit der Klageschrift verbunden wird, so soll die Verbindungsstelle mit dem Gerichtssiegel versehen oder die Verbindung mit Schnur und Siegel bewirkt werden.

(3) Absatz 1 ist nicht anzuwenden, wenn zu erwarten ist, daß das Versäumnisurteil oder das Anerkenntnisurteil im Ausland geltend gemacht werden soll.

I) Tatbestand und Entscheidungsgründe entbehrlich über die Regelung in §§ 313a, 495a, 543, 565a hinaus und ohne die Einschränkung gem § 313a II, wenn ganz oder auch nur im Teilurteil durch echtes VU (§§ 330, 331; gilt nicht für Entscheidung nach Aktenlage § 331a und nicht für unechtes VU, BGH NJW-RR 91, 255; Rn 11 vor § 330) gegen Kläger oder Beklagten sowie durch Anerkenntnis- (§ 307) oder Verzichtsurteil (§ 306) entschieden wird. Soweit demnach Tatbestand und Begründung für Urteile entbehrlich sind, geht § 313b als Sonderregelung dem § 551 Nr 7 vor. 1

Ob das Gericht von dieser Ausnahmeregelung Gebrauch macht, steht in seinem Ermessen. Zulässig, aber nicht angebracht, ist abgekürztes VersUrteil auch bei unbeziffertem Antrag (§ 287; vgl § 253 Rn 14, § 331 Rn 7); eine kurze Begründung jedenfalls insoweit verbietet § 313b nicht. Wegen zweckm Begründung des klageabweisenden VersUrteils vgl § 330 Rn 9; das zu § 313a Rn 3 Gesagte gilt hier entsprechend. Zur trotz § 313b notwendigen Begründung eines späteren VersUrteils nach Einspruch gegen ein früheres VersUrteil s § 341 Rn 8. 2

Der **Kostenausspruch im Anerkenntnisurteil** (§ 307) bedarf stets einer Begründung, wenn die Parteien wegen § 93 hierzu streitige Anträge gestellt haben (Bremen NJW 71, 1185; MK/Musielak Rn 4). Anderenfalls wäre bei der hier zulässigen Kostenbeschwerde (§ 99 II) das Rechtsmittelgericht nicht in der Lage, diese Entscheidung sachl nachzuprüfen. Das Beschwerdegericht hat die nicht begründete Kostenentscheidung entspr § 551 Nr 7 aufzuheben und zurückzuverweisen (§ 575); es kann aber auch (obwohl § 571 wegen § 577 III hier nicht anwendbar ist) dem Erstrichter Gelegenheit geben, die Begründung seiner Kostenentscheidung nachzuholen und dann – nach Gewährung des rechtl Gehörs zu der nachgeholten Begründung des Erstrichters – sachlich über die Kostenbeschwerde unter Berücksichtigung von § 93 entscheiden. 3

Abgekürztes Urteil zulässig auch, wo ohne Benachteiligung des Klägers von dessen Antrag abgewichen wird: zB durch Terminierung der Prozeßzinsen § 291 BGB, durch Bestimmung der Sicherheitsleistung § 709, durch (nicht beantragten) Kostenausspruch § 308 II, durch Abweichung von der Form (nicht vom Inhalt) des Klageantrags. Unschädlich auch bei AnerkUrteil Vorbehalte zugunsten des Bekl aus §§ 302 IV, 308a, 599, 711, 721, denn diesen gesetzl Vorbehalten unterwirft sich der Kläger mit dem Antrag nach § 307. 4

Wo das Urteil **Auslandsbezug** hat, ist es in abgekürzter Form regelm im Ausland nicht anerkennungsfähig (vgl § 313a Rn 7 und 11). **Abs III** (angefügt durch Ges v 30. 5. 88, BGBl I 662) fordert daher entsprechend § 313a II Nr 4 (das dort zu Rn 7 und 11 Gesagte gilt hier entspr) auch für 5

Versäumnis-, Anerkenntnis- und Verzichtsurteile die Absetzung mit Tatbestand und Entscheidungsgründen, wenn ihre Geltendmachung (= Vollstreckung oder sonstige Verwertung im Rechtsverkehr) erwartungsgemäß im Ausland erfolgen wird; das ist, falls nicht beide Parteien die Geltendmachung des Urteils ausschließlich im Inland versichern, idR „zu erwarten", wenn Partei im Ausland wohnt, der Streitgegenstand im Ausland belegen ist oder der Zahlungsantrag auf ausländ Valuta (s § 253 Rn 13 aE) lautet. In Zweifelsfällen hat das Gericht den Kläger zu fragen (§ 139). Wo der Auslandsbezug des Urteils zunächst nicht erkannt wurde, ist nachträgliche Vervollständigung zulässig und geboten (vgl §§ 32, 33 des AusfGes zum EG ÜbK v 30. 5. 88, BGBl I 662).

6 **II) Verfahren:** Das abgekürzte Urteil kann auf die Klageschrift oder auf den Mahnbescheid (vgl § 697 V) gesetzt und so gem § 317 IV ausgefertigt werden. Tenor dann: „Es wird nach Klageantrag im Schriftsatz vom . . . erkannt". **Bezeichnung als „VersUrteil"** usw dann aber unverzichtbar (Hamm NJW-RR 95, 187; OLGR Köln 96, 7 f; aA MK/Musielak Rn 7; sa § 313 Rn 1, 3). Notw Inhalt der Ausfertigung, soweit nicht aus begl Abschrift der Klageschrift ersichtlich: Bezeichnung des Gerichts, der Parteien, der Art des Urteils, des Tages der letzten mündl Verhandlung (wie § 313 I 3), Urteilsformel (mit den oben zu I dargelegten zulässigen Abweichungen oder Ergänzungen), Verkündungsvermerk (§ 315 III). Entbehrlich ist gemäß Abs II 2 die namentliche Bezeichnung der beteiligten Richter im Urteilsrubrum (§ 313 I 2), nicht jedoch die Unterschrift dieser Richter (§ 315), die auch in der Ausfertigung des Urteils (§ 317 II) wiederzugeben sind. Zu den Förmlichkeiten der Ausfertigung s auch § 170 Rn 4 ff. Zur Fassung der Sitzungsniederschrift bei den Urteilen des § 313b s § 160 Rn 10.

7 **III) Gebühren: 1) des Gerichts:** In allen Instanzen keine Urteilsgebühr für (echte) Versäumnisurteile gegen die säumige Partei sowie für Anerkennntnis- und Verzichtsurteile, gleichviel ob in abgekürzter Form nach § 313b hergestellt oder nicht (vor KV 1100). – Ist für die zu erwartende Geltendmachung im Ausland ein solches Versäumnis- od Anerkenntnisurteil nicht schon gleich nach Erlaß mit Tatbestand u Entscheidungsgründen versehen worden und muß es daher nachträglich diesbezüglich ergänzt werden (vgl § 32 AVAG), so werden für die erforderliche Vervollständigung keine Gerichtsgebühren (wohl aber Auslagen) erhoben.

2) des Anwalts: Der Antrag auf Vervollständigung gehört zum Rechtszug, § 37 Nr 6a BRAGO.

314 *[Bedeutung des Tatbestandes]*

Der Tatbestand des Urteils liefert Beweis für das mündliche Parteivorbringen. Der Beweis kann nur durch das Sitzungsprotokoll entkräftet werden.

1 1) Der **Tatbestand** (§ 313 II) ist eine öffentliche Urkunde (§§ 415, 417, 418), deren **Beweiskraft** bezüglich des mündlichen Parteivorbringens (iS von § 137 III; nicht auch bzgl der Wiedergabe anderer Prozeßtatsachen, BGH NJW 83, 2030, wie zB Beschluß gem § 348; für diese s §§ 160, 165) nach § 314 dadurch gesteigert wird, daß der Gegenbeweis erheblich erschwert wird. Der Tatbestand beweist, *daß* die Parteien etwas mündlich vorgetragen (nicht auch: *wann;* s BL Rn 4), sein Schweigen, daß sie etwas nicht vorgetragen haben (BGH MDR 91, 36; 83, 384 = NJW 83, 885), soweit sich nicht bei zulässiger – auch stillschweigender – Bezugnahme (s mN § 313 Rn 11) Abweichendes aus dem Akteninhalt ergibt (BGH NJW-RR 96, 379; Oehlers NJW 94, 712, str; aA Schumann NJW 93, 2786, je mN; zur übergangenen Aufrechnung sa § 321 Rn 4); daher sollten die Parteien bei wesentlichen Auslassungen usw im Tatbestand gemäß § 320 Ergänzung oder Berichtigung des Tatbestands beantragen, soweit das für ein Rechtsmittel geboten ist (BGH NJW 93, 1852; WM 95, 1193). Der Tatbestand ergibt auch, ob ein Vortrag in der Berufungsinstanz neu ist oder nicht (BAG NJW 60, 166). § 314 hindert aber das Berufungsgericht nicht, neue Tatsachen in den Grenzen der §§ 527, 528 zu berücksichtigen (BGH NJW-RR 92, 1214). Er beweist nur Tatsachen. Über die daraus zu ziehenden rechtlichen Folgerungen sagt er nichts aus. Auch bei schriftl Entscheidung (§ 128 II u III) ist der in einer früheren mündl Verhandlung vorgetragene Prozeßstoff zu berücksichtigen und demgemäß in den auch insoweit beweiskräftigen (vgl KG NJW 66, 601) Tatbestand aufzunehmen, sofern die Entscheidung von denselben Richtern gefällt wird, die an der mündl Verhandlung teilgenommen haben (BGH NJW 56, 945). Die *Möglichkeit* der Berichtigung als solche oder die Aufhebung des Urteils beseitigen die Beweiskraft nicht (RG 77, 29), anders nur bei Aufhebung auch des Verfahrens, § 539. Zum Tatbestand gehören auch die in den Urteils-Gründen getroffenen tatsächl Feststellungen (§ 313 Rn 11; BGH 119, 301; NJW 92, 1108; 93, 535 und 1582). Dagegen geht der eindeutige Tatbestand einer tatsächl Unterstellung in den Entscheidungsgründen vor (BAG NJW 72, 789; aA MK/Musielak Rn 5). – Keine Beweiskraft des Tatbestands, soweit dieser in sich widerspruchsvoll ist (BGH NJW 93, 2530 [2531 mN]; NJW-RR 94, 1341 mN; 95, 1060; StJ/Grunsky § 561 Rn 31); das ist auch der Fall, wenn sich Tatbestand und die in den Urteilsgründen getroffenen Feststellungen widersprechen (BGH NJW 92, 1108). Durch Berichtigung des Tatbestands (§ 320) kann die Grundlage für den Erfolg einer Berufung oder Revision geschaffen werden, jedoch ist umgekehrt durch eine Berufung keine Berichtigung des Tatbestands des Ersturteils zu erreichen (Stuttgart NJW 69, 2056). Da § 314

Beweis nur für das mündl Parteivorbringen vor dem erkennenden Gericht erbringt (BGH LM § 320 Nr 2), hat der Tatbestand des Berufungsurteils keine Beweiskraft für das Parteivorbringen im 1. Rechtszug (BGH WM 96, 90; Stuttgart NJW 73, 1049).

2) **Der durch den Tatbestand gelieferte Beweis kann nur durch** die im **Sitzungsprotokoll** (§ 160 II und IV, dort Rn 3 ff, 14) getroffenen ausdrücklich oder doch unzweideutig widersprechenden Feststellungen **entkräftet werden** (vgl BGH NJW 93, 3067). Wird im Tatbestand auf vorbereitende Schriftsätze Bezug genommen (§ 313 II, dort Rn 11), so kann der Nachweis, daß ihre Behauptungen nicht Gegenstand der mündl Verh waren, durch das Sitzungsprotokoll geführt werden (S 2; vgl JW 29, 325 f); iü kommt Vorgehen gem § 320 (so Fischer aaO S 123), nicht aber nach § 553 III Nr 3b in Frage (BGH NJW 93, 1852). Auf andere Feststellungen und Zeugenaussagen bezieht sich § 314 nicht. **Als Sitzungsprotokoll** iS des § 314 kommt nur das Protokoll über die Verhandlung in Betracht, auf Grund deren das Urteil ergangen ist, sofern es iS des § 165 beweiskräftig ist und es sich um den gesetzl vorgeschriebenen Inhalt (§§ 160, 162) handelt. Durch den widersprechenden Inhalt eines früheren Sitzungsprotokolls wird der Tatbestand des Urt nicht entkräftet (RG 15, 353); anders, wenn im Tatbestand zB ausgeführt ist: „Im Termin v . . . hat der Kläger vorgetragen“ und diese Feststellung dem Sitzungsprotokoll widerspricht, das über diesen Termin geführt wurde, auch wenn dies ein früheres Sitzungsprotokoll ist. Enthält das Sitzungsprotokoll über den strittigen Punkt überhaupt nichts, dann kein Widerspruch und keine Entkräftung des Tatbestands (BGH 26, 340; hierzu § 165 Rn 4). 2

315

[Unterschrift der Richter]

(1) Das Urteil ist von den Richtern, die bei der Entscheidung mitgewirkt haben, zu unterschreiben. Ist ein Richter verhindert, seine Unterschrift beizufügen, so wird dies unter Angabe des Verhinderungsgrundes von dem Vorsitzenden und bei dessen Verhinderung von dem ältesten beisitzenden Richter unter dem Urteil vermerkt.

(2) Ein Urteil, das in dem Termin, in dem die mündliche Verhandlung geschlossen wird, verkündet wird, ist vor Ablauf von drei Wochen, vom Tage der Verkündung an gerechnet, vollständig abgefaßt der Geschäftsstelle zu übergeben. Kann dies ausnahmsweise nicht geschehen, so ist innerhalb dieser Frist das von den Richtern unterschriebene Urteil ohne Tatbestand und Entscheidungsgründe der Geschäftsstelle zu übergeben. In diesem Falle sind Tatbestand und Entscheidungsgründe alsbald nachträglich anzufertigen, von den Richtern besonders zu unterschreiben und der Geschäftsstelle zu übergeben.

(3) Der Urkundsbeamte der Geschäftsstelle hat auf dem Urteil den Tag der Verkündung oder der Zustellung nach § 310 Abs. 3 zu vermerken und diesen Vermerk zu unterschreiben.

1) a) **Abs I:** Sämtl Richter, die bei der Fällung des Urteils (§ 309) mitgewirkt haben, müssen das vollständig abgefaßte Urteil mit ihrem vollen Familiennamen unterschreiben (auch Vornamen bei Namensgleichheit, vgl Felix NJW 96, 1723 f; Handzeichen oder Paraphe genügt nicht; vgl entspr § 170 Rn 4, § 130 Rn 7), und zwar auch die bei der Beratung des Urteils überstimmten Richter. Haben andere Richter das Urteil verkündet, so sind deren Unterschriften weder erforderlich noch ausreichend. Bei Kollegialgerichten (also nicht bei Urteilen des Einzelrichters; Koblenz VersR 81, 688) ist die Unterschrift eines verhinderten Richters ersetzbar gem **Abs I 2**. Die **Ersetzung der Unterschrift** eines an der Unterschriftsleistung (keinesfalls aber der Mitwirkung bei der Urteilsfällung § 309!) verhinderten Richters macht deren Nachholung (s unten) überflüssig (Schneider MDR 77, 748). Zweckmäßig, daß der Vorsitzende (bzw älteste Beisitzer) den **Verhinderungsvermerk** gesondert unterschreibt (BGH NJW 61, 782; Einzelheiten: Fischer DRiZ 94, 96). Es genügt aber, wenn sich aus der Stellung und der Fassung des Vermerks zweifelsfrei ergibt, daß der Vermerk vom Vorsitzenden (ältesten Beisitzer) stammt. Ausreichend, wenn sich Vermerk über der Unterschrift des Vorsitzenden (ältesten Beisitzers) befindet und mit „und zugleich für...“ beginnt (BGH VersR 78, 138). Der Vermerk muß die Tatsache und den Grund der Verhinderung angeben. Die Angabe des Verhinderungsgrundes enthält regelmäßig schlüssig die der Verhinderung, so zB die Wendung: „zugleich für den aus der Kammer (Senat) ausgeschiedenen NN“ oder (logisch richtiger, denn § 315 fingiert keine Vollmacht zur Unterschriftsleistung): „Richter NN ist wegen . . . an der Unterschriftsleistung verhindert“. Es genügt allgemeine Angabe des Verhinderungsgrundes, so wenn vermerkt wird, der Richter sei krank (Fischer aaO) oder beurlaubt (BGH NJW-RR 94, 1406 = MDR 94, 1239). Die Art der Krankheit braucht nicht angegeben zu werden, ebenso nicht der Grund, warum die Krankheit den Richter am Schreiben verhindert. Die Rechtsmittelgerichte dürfen nur nachprüfen, ob die Tatsache, die als Verhinderungsgrund angegeben wird, einen solchen darstellen kann, nicht auch, ob der angegebene Verhinderungsgrund tatsächlich vorlag (BGH NJW 61, 782 = MDR 61, 391; MDR 83, 421). Jedoch muß ein Verhinderungsgrund überhaupt vermerkt sein (ungenügend etwa: „Abwesenheit“; vgl OLGR Frankfurt 96, 34); 1

wo diese Angabe fehlt, hat das Rechtsmittelgericht keine Prüfungsmöglichkeit. Daher setzt die Zustellung einer Urteilsausfertigung (zu deren förml Erfordernissen s § 170 Rn 4 ff und § 317 Rn 4, 5) **ohne Angabe des Verhinderungsgrundes keine Rechtsmittelfrist** in Lauf (BGH VersR 78, 138; NJW 80, 1849 = MDR 80, 842); beachte dann aber die 5-Monatsfrist der §§ 516, 552, denn die Verkündungswirkung ist von der Unterschriftsleistung unabhängig (BGH NJW 89, 1156/1157; vgl § 310 Rn 2; ferner unten Rn 2). Die Unterschriftsverweigerung eines anwesenden Richters ist keine „Verhinderung" (BGH NJW 77, 765). Nach BGHSt MDR 94, 1072; BayObLG NJW 67, 1578; BVerwG NJW 91, 1192; Fischer DRiZ 94, 96 darf ein nach Verkündung aus dem Richterdienst ausgeschiedener Beamter sein eigenes Urteil nicht mehr unterschreiben; aM Vollkommer NJW 68, 1309; hierzu und zur Unterschriftsbefugnis des versetzten Richters vgl entspr § 163 Rn 8. Nicht verhindert ist der zwischenzeitlich bei der Staatsanwaltschaft verwendete Richter auf Probe (BGHSt v 19. 8. 92, vgl MDR 93, 9; Fischer aaO). – „Ältester" Beisitzer ist der dienstälteste, bei gleichem Dienstalter der lebensälteste (vgl §§ 21f II, 197 GVG; BL/Hartmann Rn 3; aM für Lebensalter StJ/Leipold Rn 7); bei **Verhinderung sowohl des Vorsitzenden als auch des ältesten Beisitzers** genügt die Unterschrift des jüngeren Beisitzers mit Verhinderungsvermerk für beide anderen Richter (BGH VersR 92, 1155; eingehend zum ganzen mwN Fischer aaO).

2 **b) Fehlende Unterschriften** der Richter können jederzeit nachgeholt werden (vgl § 310 Rn 5), auch nach Einlegung von Rechtsmitteln, auch noch in der Revisionsinstanz; als äußerste zeitliche Grenze kommt die 5-Monatsfrist gem § 516 in Frage (so OLGR Frankfurt 96, 34). Ebenso kann die Unterschriftsleistung eines nicht beteiligten Richters durch die Unterschrift des beteiligten Richters ersetzt werden. Ist das Urteil eines Kollegialgerichts von einem Richter mitunterschrieben, der an der Beratung und am Erlaß des Urteils nicht beteiligt war, und enthält das Urteil weiter diese unrichtige Angabe, ist Berichtigung nach § 319 möglich (Düsseldorf NJW-RR 95, 636; Fischer DRiZ 94, 96; ie § 319 Rn 13). Diese Mängel können selbst dann noch behoben werden, wenn die Revision eine Verfahrensrüge darauf gestützt hat (BGH 18, 350).

3 **c)** Fehlen die nach § 315 I erforderlichen Unterschriften, so ist das Urteil im Fall der Verkündung existent geworden; auf die Unterzeichnung durch die Richter kommt es hierfür nicht an (§ 310 Rn 2; BGH NJW 89, 1156/1157). Im Fall der Verkündung durch Zustellung (§ 310 III) ist es unerläßlich, daß im Zeitpunkt der Zustellung das Urteil dem § 315 I entsprechend unterschrieben ist, BGH 8, 303; sonst liegt kein existentes Urteil vor, das Gegenstand eines Rechtsmittelverfahrens sein kann (ebenso MK/Musielak Rn 12). Das Rechtsmittelgericht hat dies von Amts wegen zu prüfen, da davon die Zulässigkeit des Rechtsmittels abhängt. Durch dienstliche Befragung der Richter kann sich das Rechtsmittelgericht den Nachweis verschaffen. – Wegen der Form der **Wiedergabe der Richter-Unterschriften in der Ausfertigung** des Urteils s § 170 Rn 5. Die fehlende Wiedergabe der (tatsächl abgegebenen) Unterschriften in der Urteilsausfertigung macht deren Zustellung unwirksam und setzt keine Rechtsmittelfrist (§§ 516, 552, ebenso bei Beschlüssen § 577 II) in Lauf (BGH VersR 83, 874; 77, 1129; NJW 53, 622; 61, 782; RG 159, 25). Für die Zulässigkeit eines Rechtsmittels ist das aber ohne Bedeutung, denn es kann, wenn nur Verkündung erfolgt war, schon vor Zustellung wirksam eingelegt werden, wie auch fehlende Unterschrift nach Rechtsmitteleinlegung noch nachgeholt werden kann.

4 **d)** Bei **Wegfall des Einzelrichters** oder Amtsrichters nach Urteilsverkündung durch Tod vor Unterschriftsleistung kommt eine Ersetzung der Unterschrift durch Dritte nicht in Betracht (Koblenz VersR 81, 688). Das Urteil ist durch seine Verkündung zwar rechtsmittelfähig existent geworden (§ 310 Rn 1), jedoch auf Rechtsmittel zwingend aufzuheben (Fischer DRiZ 94, 96 mN), denn auch das derart fehlerhafte Urteil hat die Instanz beendet.

5 **e) Anwendungsbereich von Abs I:** Für **Beschlüsse** gilt **I 1** nur eingeschränkt: § 329 Rn 36; zuletzt offenlassend BGH NJW-RR 94, 1406; **I 2** gilt auch für Beschlüsse der Patentabteilung (BGH aaO). **Sondervorschriften** bestehen bei Mitwirkung von **ehrenamtlichen Richtern. I 1** gilt (uU entspr) bei KfH (BGH 42, 175; § 105 GVG Rn 3), LAG und BAG (§§ 69 I 1, 75 II ArbGG); der Unterschrift der ehrenamtlichen Richter bedarf es nicht beim ArbG (§ 60 IV 1 ArbGG) und LwGericht (§ 48 I 2, HS 2 LwVerfG idF des RpflVereinfG v 17. 12. 1990, BGBl I, 2847).

6 **2) Abs II: Das vollständig** mit Gründen (zur Vollständigkeit § 313 I; § 310 Rn 2 und 5; München MDR 86, 62) **abgefaßte Urteil** „ist", wenn es bei Verkündung im Verhandlungstermin noch nicht in vollständiger Form vorlag, binnen 3 Wochen nach der letzten mündlichen Verhandlung der GeschSt zu übergeben. Die Frist entspricht der des § 310 I (dort für Verkündung in besonderem Termin) und ist, wie aus Abs II 2 und 3 ersichtlich, keine Ausschlußfrist. Gleichwohl läuft für die Parteien die Ausschlußfrist des § 320 II 3 für Antrag auf Berichtigung des Tatbestandes. Deshalb sollte zumindest Absetzung des vollständigen Urteils binnen 3 Monaten erfolgen. Wegen der Folgen der Fristüberschreitung gilt Rn 4 zu § 310 entsprechend. Ist fristgerechte Übergabe des vollständigen Urteils ausnahmsweise nicht möglich (zB wegen Überlastung des Gerichts oder bes Schwierigkeit der Begründung), muß binnen 3 Wochen jedenfalls das Urteil ohne Tatbestand und Gründe, aber unterschrieben, der GeschSt vorgelegt werden. Deshalb ist es angebracht, jedes

Stuhlurteil bereits vor der Verkündung (hand-)schriftlich abzusetzen und zu unterschreiben; dieses ist dann als Anlage zum Protokoll zu nehmen (§ 160 V). Das Urteil ist (iS von § 539, 551 Nr 7) als „nicht mit Gründen versehen" anzusehen, wenn die schriftliche Begründung 5 Monate nach Urteilsverkündung noch nicht vorliegt (GemS NJW 93, 2603; § 310 Rn 5), denn die Parteien müssen zumindest in der 5-Monatsfrist der §§ 516, 552 Klarheit darüber haben, ob und mit welchen Gründen sie gegen das (noch nicht begründete) Urteil ein Rechtsmittel einlegen sollen (GemS NJW 93, 2604; BGH NJW 87, 2446; 91, 1547, stRspr).

3) **Abs III: Verkündungsvermerk:** Nichtbeachtung hat keine Rechtsnachteile zur Folge; bewiesen wird die Verkündung nur durch das Sitzungsprotokoll (BGH VersR 89, 604), nicht durch den Verkündungsvermerk (Frankfurt NJW-RR 95, 511). Auch das Fehlen des Verkündungsvermerks auf der zugestellten Urteilsausfertigung macht die Zustellung und ZwV nicht ungültig (RG 140, 351; BGH 8, 303). Den Verkündungsvermerk kann statt des Protokollführers auch ein anderer UrkB auf Grund des Sitzungsprotokolls unterschreiben. – Wo an Verkündungsstatt zugestellt werden darf (§ 310 III), tritt der Zustellungsvermerk an die Stelle des Verkündungsvermerks. 7

316 (weggefallen)

317 *[Urteilszustellung und -ausfertigung]*

(1) Die Urteile werden den Parteien, verkündete Versäumnisurteile nur der unterliegenden Partei zugestellt. Eine Zustellung nach § 310 Abs. 3 genügt. Auf übereinstimmenden Antrag der Parteien kann der Vorsitzende die Zustellung verkündeter Urteile bis zum Ablauf von fünf Monaten nach der Verkündung hinausschieben.

(2) Solange das Urteil nicht verkündet und nicht unterschrieben ist, dürfen von ihm Ausfertigungen, Auszüge und Abschriften nicht erteilt werden. Die von einer Partei beantragte Ausfertigung eines Urteils erfolgt ohne Tatbestand und Entscheidungsgründe; dies gilt nicht, wenn die Partei eine vollständige Ausfertigung beantragt.

(3) Die Ausfertigung und Auszüge der Urteile sind von dem Urkundsbeamten der Geschäftsstelle zu unterschreiben und mit dem Gerichtssiegel zu versehen.

(4) Ist das Urteil nach § 313b Abs. 2 in abgekürzter Form hergestellt, so erfolgt die Ausfertigung in gleicher Weise unter Benutzung einer beglaubigten Abschrift der Klageschrift oder in der Weise, daß das Urteil durch Aufnahme der in § 313 Abs. 1 Nr. 1 bis 4 bezeichneten Angaben vervollständigt wird. Die Abschrift der Klageschrift kann durch den Urkundsbeamten der Geschäftsstelle oder durch den Rechtsanwalt des Klägers beglaubigt werden.

I) **Amtszustellung** der Urteile (ebenso Beschlüsse § 329 II u III) ist seit 1. 7. 1977 an die frühere Zustellung im Parteibetrieb getreten (vgl Rn 3 vor § 166; § 270 Rn 2; zu den Folgen von Zustellungsmängeln vgl Rn 4 vor § 166 und § 187 mit Anm); zuzustellen ist, mit Ausnahme der in abgekürzter Form zulässigen Urteile (**IV** iV mit § 313b), das *vollständige* Urteil. Die Zustellung setzt, auch wo sie gem § 310 III ausnahmsweise die Verkündung ersetzt, die Rechtsmittel(behelfs)fristen in Lauf (§§ 339, 516, 552, 577 II) und erfüllt (neben oder an Stelle der Urteilszustellung im Parteibetrieb; s § 750 Rn 16) die Vollstreckungsvoraussetzung des § 750 (Frankfurt OLGZ 82, 251; München OLGZ 82, 101/103). Grundsätzlich ist beiden Parteien zuzustellen; bei Zustellung von VersUrteilen (dann mit Hinweis gem § 340 III 4; über die Folgen eines fehlenden Hinweises vgl § 340 Rn 12) genügt Zustellung an die unterlegene Partei. Zustellung an beide Parteien aber bei unechtem VersUrteil (Rn 11 vor § 330) und bei Zustellung an Verkündungs Statt (vgl § 331 Rn 12). Das die Klage eines vollmachtslosen Vertreters (hierzu § 88 Rn 6) aus diesem Grund abweisende Urteil ist der Partei persönlich (nicht dem „Vertreter") zuzustellen (Zweibrücken MDR 82, 586). § 317 gebietet **Zustellung des Urteils nur an die Parteien;** Zustellung auch an deren **Streithelfer** ist nicht geboten und setzt – wenn doch erfolgt – keine Rechtsmittelfrist für Streithelfer (gesondert) in Lauf (BGH NJW 86, 257 = MDR 86, 36). 1

Zurückstellung der Zustellung bis längstens 5 Monate nach Verkündung muß („kann" ist nur Zuständigkeitsregelung) der Vorsitzende bewilligen (durch Verfügung an GeschSt unter formloser Mitteilung an die Parteien), wenn beide Parteien das zur Hinausschiebung der Rechtsmittelfrist (zB wegen Vergleichsgesprächen oder notw Einholung von Informationen über Rechtsmittelfrage; beachte aber § 516 u § 552!) übereinstimmend beantragen. Bei unterschiedlichen Anträgen ist von Übereinstimmung hinsichtl der kürzeren Frist auszugehen. Antrag ist Prozeßhandlung, daher bindend (Rn 18 vor § 128) und Anwaltszwang § 78. Nachträgl Verlängerung der am Tag nach der Verkündung beginnenden Frist ist gem § 224 II zulässig bis längstens zum Ablauf von 5 Monaten (wegen der 5-Monatsfrist der §§ 516, 552). Fristberechnung § 222 I ZPO, § 188 2

BGB. Entgegen BL/Hartmann Rn 5 gilt § 222 II, denn die Ausführung der Amtszustellung an einem Feiertag kommt ohnedies nicht in Betracht (vgl auch § 188). – Gegen Fristverlängerung oder Versagung Beschwerde § 567. **Keine Zurückstellung der Zustellung** zulässig in Ehe- (§ 618), Familien- (§ 621c), Kindschaftssachen (§ 640 I) sowie gem § 50 I ArbGG im arbeitsgerichtl Verfahren.

3 Die Zustellung des Urteils folgt dessen „Erlaß" (§ 310 Rn 1) nach.

4 **II) 1) Ausfertigung** (über Begriff und notw Form der Ausfertigung s § 170 Rn 3–7) von Urteilen (entspr Beschlüssen) darf der UrkBeamte der GeschSt (**Abs III;** § 210) erst erteilen, wenn die Entscheidung verkündet bzw im Fall § 310 III an Verkündungs Statt zugestellt ist und wenn sie auch im Fall der Verkündung gem § 315 unterschrieben ist (**Abs II 1;** Einzelheiten zur Wiedergabe der Richterunterschriften: Fischer DRiZ 94, 96 f). Grundsätzlich wird abgekürzte Ausfertigung (ohne Tatbestand und Gründe) erteilt, vollständige nur auf Antrag, denn eine solche wurde ja schon von Amts wegen zugestellt (vgl §§ 516, 552). **Verstoß** gegen **Abs II 1** kann uU zur Unwirksamkeit der Zustellung führen (vgl BGH NJW-RR 93, 956 = MDR 94, 206 im Einzelfall bejahend), nicht aber schon unwesentliche Mängel des Ausfertigungsvermerks gem **Abs III** (BGH MDR 93, 383).

5 **2)** Ausfertigung von **abgekürzten Versäumnis-, Anerkenntnis- und Verzichtsurteilen** kann entspr § 313b II unter Verwendung einer (vom RA oder vom UrkBeamten) beglaubigten Abschrift (hierzu § 170 Rn 8) der Klageschrift oder des Mahnbescheids (§ 697 V) erteilt werden (zum Verfahren hierbei § 313b Rn 6). Enthält die Sitzungsniederschrift (§ 160 III 6) dagegen den Urteilsspruch im Wortlaut ohne Bezugnahme auf eine Antragsschrift, so ist sie zugleich Ausfertigung des Versäumnis-, Anerkenntnis- oder Verzichtsurteils und ist in vollstreckbarer Ausfertigung den Parteien (VersUrteil nur der unterlegenen Partei) zuzustellen.

6 **Unrichtigkeiten** der von ihm erteilten **Ausfertigung** kann der UrkBeamte selbst berichtigen (entspr § 319; vgl BGH NJW-RR 93, 1214); Berichtigung jedoch nur durch das Gericht, wenn die Urschrift des Urteils Fehler iS § 319 enthält.

7 **Rechtsbehelf** gegen Versagung der Erteilung einer Ausfertigung: §§ 576, 567.

8 **III) Auszüge und Abschriften von Urteilen** werden nach Maßgabe von § 299 (s dort) erteilt. Insoweit entspricht § 317 II 1 dem § 299 III.

9 **IV) Mitteilung des Urteils** an Dritte hat, soweit vorgeschrieben (vgl MiZi v 1. 10. 67; § 299 Rn 6 ff), spätestens mit Erteilung von Ausfertigung an die Parteien zu erfolgen.

318 *[Bindung des Gerichts an seine Entscheidung]*

Das Gericht ist an die Entscheidung, die in den von ihm erlassenen End- und Zwischenurteilen enthalten ist, gebunden.

Lit: *Tiedtke,* Die innerprozessuale Bindungswirkung von Urteilen der obersten Bundesgerichte, 1976; *Werner,* Rechtskraft und Innenbindung zivilprozessualer Beschlüsse usw, 1983.

I) Anwendungsbereich

1 **1)** § 318 gilt nur für **Urteile.** Allerdings darf das Gericht **ausnahmsweise** die von ihm erlassenen Urteile selbst aufheben und abändern, wenn das Gesetz es ausdrücklich zuläßt oder der Sachzusammenhang es zwingend ergibt:

2 **a)** Das **Versäumnisurteil,** gegen das Einspruch eingelegt ist, § 343.

3 **b)** Das **Vorbehaltsurteil** auf Grund des Nachverfahrens, §§ 302, 599, 600; doch bindet das *Vorbehaltsurteil im Urkundenprozeß* im Nachverfahren insoweit, als es nicht auf den eigentümlichen Beschränkungen der Beweismittel im Urkundenprozeß beruht (BGH NJW 88, 1468 = MDR 88, 207 = JR 88, 230 mit krit Anm Bilda; NJW 93, 668; NJW-RR 89, 803; ie § 600 Rn 19 ff und ausf Bilda NJW 83, 142), die Verurteilung *unter Vorbehalt der Aufrechnung* hinsichtlich der Bejahung der Zulässigkeit der Aufrechnung (BGH NJW 79, 1046 = MDR 79, 479; vgl ie § 302 Rn 7).

4 **c)** Urteile, die ein Rechtsmittel wegen nicht fristgemäßer Einlegung oder Begründung verwarfen, wenn **Wiedereinsetzung in den vorigen Stand** gewährt wird.

5 **d)** Jedes Endurteil auf Grund einer **Wiederaufnahmeklage.**

6 **e)** Wenn nach Erlaß des Urteils, aber vor Einlegung des Rechtsmittels das Verfahren durch Tod einer Partei unterbrochen ist, kann ein die Rechtsnachfolge bejahendes **Zusatzurteil** ergehen (RG 68, 247 [256]).

f) Durch Urteil angeordneter **Arrest** oder **einstweilige Verfügung** bei Änderung der Verhältnisse, § 927 (ie Baur, Studien zum einstweiligen Rechtsschutz, 1967, S 91 f). 7

g) Eine Durchbrechung der Bindungswirkung von **Urteilen** mittels *Gegenvorstellung* (vgl dagegen Rn 9a) ist nur bei offenkundiger Grundrechtsverletzung (Art 101 I 2, 103 I GG denkbar (offen: BVerwG NJW 95, 2053); Ansätze für außerordentliche Rechtsbehelfe: § 128 Rn 19; § 513 Rn 5. 7a

2) Beschlüsse und Verfügungen binden das sie erlassende Gericht grundsätzlich nicht (BGH NJW 92, 983; 95, 2107; Düsseldorf NJW-RR 96, 189; vgl das Nichtzitat von § 318 in § 329 I 2, dort aber Rn 28, 38; s auch §§ 124, 150, 155, 620b I, 925 II, 927). Das Gericht kann sie, solange es instanziell mit der Sache befaßt ist, aufheben oder ändern; von Amts wegen, wenn sie von Amts wegen ergangen sind, sonst nur auf Antrag und auf Grund neuer Tatsachen (vgl Bauer NJW 91, 1714). Beschlüsse sind nach § 571 auch abänderbar, wenn eine einfache Beschwerde eingelegt ist, jedoch nicht mehr, wenn sie durch das Rechtsmittelgericht bestätigt oder bereits ausgeführt oder sonst prozessual überholt sind. 8

Unabänderlich und damit grundsätzlich **bindend** sind Beschlüsse, die ihrer Art nach der sofortigen Beschwerde unterliegen, § 577 III (so auch Schumann, FS Baumgärtel, 1990, S 496; MK/Musielak § 329 Rn 10; aA Bauer NJW 91, 1713), auch wenn sie im Einzelfall nicht anfechtbar sind; dies gilt auch für die Beschlüsse, gegen die die befristete Beschwerde zulässig ist (§§ 621e II 2, 629a II 1); ferner die auf sofortige Beschwerde ergangenen Entscheidungen (vgl BGH NJW 93, 333 aE) sowie alle urteilsähnlichen Beschlüsse. **Bindungswirkung** entfalten zB die Ablehnung eines Richters (§ 46), Verweisungsbeschlüsse (§§ 281, 506; § 102 GVG), der Vollstreckungsbescheid im Mahnverfahren (§ 700 I); der Kostenfestsetzungsbeschluß (Hamburg MDR 86, 244); der Beschluß, durch den die Wiedereinsetzung in den vorigen Stand gewährt (vgl BGH 130, 98 mwN = NJW 95, 2497) oder abgelehnt wird (BAG MDR 84, 83) sowie die Beschlüsse, durch die die Berufung oder Revision nach den §§ 519b II, 554a II verworfen wird (BGH NJW 91, 1116 f; NJW-RR 95, 765; aA Bauer NJW 91, 1712 f, 1714), sofern nicht nachträglich Wiedereinsetzung in den vorigen Stand gewährt wird; in den Grenzen von § 124 die PKH bewilligenden Beschlüsse (Hamm FamRZ 86, 583); im arbeitsgerichtlichen Verfahren die Beschlüsse über die nachträgliche Zulassung (Nichtzulassung) einer verspäteten Kündigungsschutzklage gem § 5 KSchG (BAG 42, 300 = MDR 84, 83 = AP Nr 4 zu § 5 KSchG mit teilw zust Anm Grunsky). Zur Bindungswirkung einer Beschwerdeentscheidung nach § 575 vgl BGH 51, 131 und näher § 575 Rn 24 ff. 9

Soweit letztinstanzliche oder nicht (mehr) anfechtbare Beschlüsse ausnahmsweise (noch) einer Abänderung (Korrektur) unterliegen, ist auch ihre **Bindungswirkung** entsprechend **eingeschränkt.** Es handelt sich um die Fälle (Grenzen fließend und ie str) des von der Rspr entwickelten formlosen Behelfs der *Gegenvorstellung* (vgl BVerfG 73, 327 ff mwN; BGH 130, 99 = NJW 95, 2497; Schumann, Bauer, jeweils aaO [Rn 9]; einschr BSG MDR 92, 386; näher hier § 567 Rn 22 ff), der gebotenen *Selbstkorrektur* von Verfassungsverstößen (dazu Einl Rn 98, 101) durch die Fachgerichte (Einl Rn 103 mwN); und die Fälle *greifbarer Gesetzwidrigkeit* von Beschlüssen (BGH NJW 93, 135 mwN = MDR 93, 80; näher hier § 567 Rn 18 ff und § 568 Rn 16 ff). Gemeinsamer Grundgedanke: Die Beseitigung *groben prozessualen Unrechts* soll nicht an der Bindungswirkung scheitern (vgl BVerfG 63, 77 [78]; 69, 233 [242]; 73, 322 [326]; Köln NJW-RR 95, 894; zust Zuck JZ 85, 923 ff; wohl auch Schumann, Bundesverfassungsgericht, Grundgesetz und ZP, 1983, S 74 mwN in Fn 269; Waldner Rn 520 ff; vgl hierzu ferner § 281 Rn 17; § 707 Rn 22). 9a

II) Innenbindung

Das Gericht ist an die im Urteil gefällte Entscheidung in zweierlei Hinsicht gebunden: **1) Abänderungsverbot.** Das Gericht kann das von ihm erlassene Urteil grundsätzlich weder aufheben noch ändern oder ergänzen. So darf das Gericht über einen bei der Fällung des Urteils vergessenen Anspruch nicht bei Abfassung des schriftlichen Urteils entscheiden (nur nach § 321). Nur eine Berichtigung offenbarer Unrichtigkeiten ist nach Maßgabe von § 319 zulässig. Aufgehoben und geändert wird das Urteil grundsätzlich im Rechtsmittelverfahren. Daran kann auch durch Vereinbarung der Parteien nichts geändert werden (Baumgärtel MDR 69, 173; StJ/Leipold Rn 6; ThP Rn 5; str; aA Schlosser, Einverständliches Parteihandeln im Zivilprozeß, 1968, S 16 ff; AK/Fenge Rn 10). 10

2) Abweichungsverbot. Die in einem Teilurteil, Vorbehaltsurteil (s dazu Rn 3) oder in einem Zwischenurteil enthaltene Entscheidung ist für das Gericht im weiteren maßgebend, dh es muß den Inhalt der Entscheidung zu Grunde legen, ohne Rücksicht darauf, ob es seine frühere Entscheidung für richtig oder falsch hält. Das Gericht darf neues Parteivorbringen zu den entschiedenen Streitpunkten nicht mehr zulassen. Die Bindung besteht auch dann, wenn nach Erlaß eine Gesetzesänderung mit rückwirkender Kraft ergeht (zust MK/Musielak Rn 5). Diese Bindungswirkung ist kein Ausfluß der mat Rechtskraft, die nur nach form Rechtskraft (Unanfechtbarkeit mit ordentlichen Rechtsmitteln) eintritt und zu der (echte) Zwischenurteile ja nicht 11 fähig sind (BAG MDR 84, 83), sondern sie ist eine innerprozessuale Feststellungswirkung besonderer Art (vgl § 303 Rn 10; § 304 Rn 20; zur Abgrenzung s Werner aaO S 31 ff). Inhaltlich entspricht sie jedoch der materiellen Rechtskraftwirkung (BGH NJW 94, 1222; Hamm NJW-RR 93, 693; vgl zur Unterscheidung auch Rn 6 vor § 322 und Jauernig MDR 82, 286). Gegenstand der Bindung ist lediglich der aus Urteilsformel und -gründen zu ersehende Ausspruch des Gerichts zu den konkret entschiedenen Streitpunkten analog § 322, nicht jedoch die rechtliche Begründung oder die tatsächlichen Feststellungen im Urteil (BGH aaO; Hamm NJW-RR 93, 915 [918]). Voraussetzung für den Eintritt des Abweichungsverbots ist, daß das Urteil prozessual statthaft war, zB bindet ein nach § 303 nicht zulässiges Zwischenurteil das Gericht nicht (BGH 8, 383: Zwischenurteil über Sachbefugnis; ie § 303 Rn 10; vgl auch § 304 Rn 22). Keine Bindung an die in den Gründen eines Teilurteils geäußerte Ansicht zur Begründung eines im Hinblick auf Gegenforderungen nicht zuerkannten Teilanspruchs (BGH NJW 67, 1231). Die auf eine Stufenklage (§ 254) zunächst zur Rechnungslegung oder Auskunftserteilung verurteilende Entscheidung bindet das Gericht nicht bezüglich des Rechtsgrundes des Hauptanspruchs (BGH 107, 242; WM 87, 773 mwN). Die nachträgliche Aufteilung der im Urteil angeordneten Sicherheitsleistung auf die einzelnen Ansprüche ist, außer unter den Voraussetzungen des § 319, nicht zulässig (Frankfurt OLGZ 70, 172).

12 3) **Zeitliche und objektive Grenzen der Bindung.** Voraussetzung für den **Eintritt der Bindungswirkung** ist der wirksame Erlaß der Entscheidung (vgl dazu Rn 11). Zeitlich tritt die Bindungswirkung nach § 318 bei **Urteilen** mit dem Erlaß, also mit Verkündung bzw Zustellung gem § 310 III, bei **Beschlüssen** mit Existentwerden (s ie § 329 Rn 8) ein; sie endet mit der Aufhebung der Entscheidung im Instanzenzug (BGH 106, 221); deshalb ist das OLG nach Zurückverweisung (§ 565 I) nicht an seine (erste) Entscheidung und damit seine frühere Rechtsauffassung gebunden (BGH NJW 95, 1673). Bei einem Grundurteil (§ 304) erstreckt sich die Bindungswirkung nur auf den (ursprünglichen) Umfang des Anspruchs, wie er zur Zeit der letzten mündlichen Verhandlung im Grundverfahren anhängig war (BGH NJW 85, 496 = MDR 84, 649; ZIP 90, 1142), nicht aber auch auf den einer späteren Klageerweiterung (§ 304 Rn 20). Bei Vorliegen eines Restitutionsgrundes ist die Bindungswirkung bei Beschlüssen ausnahmsweise **beschränkt** (BGH 102, 236 für § 580 Nr 7b).

III) Begriff des Gerichts. Weitere Fälle von Bindungswirkung

13 1) **Gericht** iSv § 318 ist der Spruchkörper der Instanz, in der das Urteil erging. Ein Wechsel in der Richterbesetzung ist bedeutungslos. Das Kollegialgericht ist auch an die Urteile seines Einzelrichters gebunden, die Berufungskammer (im Rahmen von Rn 9) an die Beschlüsse der Beschwerdekammer desselben Gerichts (BAG 42, 295 [300] = MDR 84, 83).

14 2) **Bindung im Instanzenzug. a)** Die Bindung an Urteile der **Rechtsmittelgerichte,** die ein Urteil der Vorinstanz aufheben und die Sache zurückverweisen, ist in § 565 II besonders geregelt. § 565 II enthält einen allgemeinen Rechtsgedanken, der auch auf das Verhältnis zwischen Berufungsgericht und Gericht erster Instanz anzuwenden ist (BGH 51, 135; NJW 92, 2832 = MDR 92, 1180). Aus dem Instanzenaufbau folgt allgemein, daß die untere Instanz an die in derselben Sache ergangene Entscheidung der höheren im Sinne des Abänderungsverbots gebunden ist (Werner aaO S 24). Die Bindung ist von der sachlichen Richtigkeit der aufhebenden und zurückverweisenden Entscheidung unabhängig; die Vorinstanz ist auch dann gebunden, wenn sie die Rechtsauffassung des Rechtsmittelgerichts für (evident) falsch hält (BGH MDR 94, 1144; sa § 36 Rn 30). Eine Bindung des unteren Gerichts besteht allerdings dann nicht, wenn sich in der Tatsacheninstanz ein **neuer Sachverhalt** ergibt, für den die bisherige rechtl Beurteilung nicht zutrifft (BGH NJW 85, 2030 mN = MDR 85, 747; vgl ie § 565 Rn 4–6). An die eigene Entscheidung bleibt das untere Gericht gemäß § 318 auch nach Zurückverweisung insoweit gebunden, als diese vom Rechtsmittelgericht *nicht* aufgehoben wurde (RG 35, 40), iü entfällt eine Bindung (Rn 12). **b)** Eine Bindung des Rechtsmittelgerichts an die Entscheidung des **unteren Gerichts** gemäß § 318 besteht nicht, da ja das Rechtsmittelgericht zu deren Überprüfung berufen ist. Eine Beschränkung der Prüfungbefugnis des Rechtsmittelgerichts gemäß den §§ 512, 548 ist nicht Ausfluß der innerprozessualen Bindung gemäß § 318. Auch ist das Rechtsmittelgericht an die Entscheidung des unteren Gerichts insoweit gebunden, als diese nicht angefochten wurde. Doch ist dies eine Auswirkung der beschränkten Prüfungsbefugnis und von der Frage der Bindung nach § 318 systematisch zu trennen (so auch BGH NJW-RR 87, 250). Wird gegen ein Urteil der unteren Instanz, die nach Zurückweisung durch das Rechtsmittelgericht erneut in der Sache entschieden hat, wieder Berufung oder Revision eingelegt, so ist das Berufungs- bzw das Revisionsgericht an die in seiner ersten Rechtsmittelentscheidung enthaltene Rechtsauffassung grundsätzlich gebunden (Einschränkung bei Rspr-Änderung, vgl BGH 129, 185 = NJW 95, 1610; insoweit zust Roth NJW 95, 2399; ie str, vgl Tiedtke JZ 95, 275 mwN; hier § 565 Rn 4). Diese Bindung beruht nach richtiger Ansicht nicht auf § 318 (so aber BGH NJW 92, 2832 = aaO; NJW-RR 87, 1197), sondern auf dem Gedanken des Vertrauensschutzes, der eine notwendige Ergänzung von § 565 II

ist (vgl Blomeyer § 102 II; krit Tiedtke JZ 95, 279; offen Hamm FamRZ 94, 574). **c)** Das Revisionsgericht ist (entgegen früherer Rechtsprechung) gem § 546 I 3 nF auch an eine offensichtlich fehlerhafte **Revisionszulassung** gebunden (vgl BGH NJW 86, 376).

319 *[Berichtigung des Urteils]*

(1) Schreibfehler, Rechnungsfehler und ähnliche offenbare Unrichtigkeiten, die in dem Urteil vorkommen, sind jederzeit von dem Gericht auch von Amts wegen zu berichtigen.

(2) Über die Berichtigung kann ohne mündliche Verhandlung entschieden werden. Der Beschluß, der eine Berichtigung ausspricht, wird auf dem Urteil und auf den Ausfertigungen vermerkt.

(3) Gegen den Beschluß, durch den der Antrag auf Berichtigung zurückgewiesen wird, findet kein Rechtsmittel, gegen den Beschluß, der eine Berichtigung ausspricht, findet sofortige Beschwerde statt.

I) Allgemeines

1) Bedeutung. Die §§ 319 ff stellen eine Ausnahme vom Grundsatz der innerprozessualen Bindung des Gerichts an seine Entscheidungen (§ 318) dar (BGH 127, 79). Eine solche Bindung ist nämlich nur dann sinnvoll, wenn der in der Entscheidung enthaltene Ausspruch mit dem Gewollten übereinstimmt. §§ 319 ff bieten dem Instanzgericht eine Möglichkeit, unterlaufene Unrichtigkeiten und Versehen zu korrigieren und so die Parteien vor den Folgen „technischer Fehlleistungen“ zu schützen (BVerfG NJW 92, 1496; ihm folgend BAG NJW 96, 675). 1

2) Abgrenzung. Zu unterscheiden ist zwischen offenbaren und sonstigen Unrichtigkeiten. Für offenbare gilt **§ 319,** für sonstige Unrichtigkeiten **§ 320.** Im Rahmen des § 319 kann das gesamte Urteil in allen seinen Bestandteilen berichtigt, nach § 320 jedoch nur der Urteilstatbestand ergänzt werden. Unter den Voraussetzungen des § 319 kann theoretisch der Tenor selbst in sein Gegenteil verkehrt werden (BGHR I, Urteilsformel 2; sa BGH BB 76, 1643; Bsp: Rn 25 Fallgruppe 1). Kann die Unrichtigkeit der Entscheidung mangels Vorliegen der Voraussetzungen nach Rn 4 ff nicht gem § 319 berichtigt werden, kann gegenüber der Geltendmachung der Entscheidung uU § 8 GKG oder § 826 BGB (vgl Rn 72 ff vor § 322) in Frage kommen (zutr E. Schneider MDR 80, 763). **§ 321** kommt zur Anwendung, wenn ein geltend gemachter Anspruch völlig übergangen wurde, dh überhaupt nicht Gegenstand der Entscheidung war; ergibt sich dagegen eindeutig aus den Urteilsgründen, daß eine Entscheidung über den Anspruch gewollt war, wurde aber der Urteilsausspruch (insoweit) in der Formel unterlassen, kommt nur eine Berichtigung gem § 319 in Frage (Stuttgart FamRZ 84, 403 mwN; vgl auch Rn 15). Soweit der „Entscheidungsmangel“ offenbar im Wege des § 319 behebbar ist, kann anderen Rechtsbehelfen das Rechtsschutzbedürfnis fehlen (so Zweibrücken FamRZ 85, 614; einschr StJ/Leipold Rn 13; MK/Musielak Rn 17, hM; zur Feststellungsklage sa Rn 20). 2

3) Anwendungsbereich: Urteile **(Abs I)** und Beschlüsse (vgl § 329 Rn 39); Bsp: Verweisungsbeschluß (BVerfG 29, 50; BGH NJW-RR 93, 700), VB (§ 700; s Köln MDR 88, 150; Frankfurt NJW-RR 90, 768, nicht: MB, vgl München Rpfleger 90, 28), Kostenfestsetzungsbeschluß (München NJW-RR 96, 51; s auch Rn 20), Schiedsspruch (OLG 41, 271), Berichtigungsbeschluß nach § 319 (Köln FamRZ 93, 457), auch Tatbestandsberichtigungsbeschlüsse nach § 320 (BGH NJW-RR 88, 408 = MDR 88, 389). § 319 gilt auch im ZVG-Verfahren (Hamm Rpfleger 76, 146: Zuschlagsbeschluß), als allg Rechtsgrundsatz ferner **entspr** im FG-Verfahren (BGH 106, 372 mwN = NJW 89, 1281 = MDR 89, 531; BayObLG FamRZ 92, 1327, allgM) und zwar auch **III** (so BGH 106, 372 für WEG-Verfahren, insoweit str). **Unanwendbar** ist § 319 auf Prozeßvergleiche; hier kommt allenfalls eine Protokollberichtigung nach § 164 in Betracht (Frankfurt MDR 86, 153); zur Frage der entspr Anwendung von § 319 III bei Protokollberichtigung vgl unten Rn 27 aE und § 164 Rn 11. § 319 gilt ferner nicht für Parteiberichtigung in einem MB (Rn 20). 3

II) Voraussetzungen der Berichtigung

1) Unrichtigkeit des Urteils. Darunter fallen alle unrichtigen und unvollständigen Verlautbarungen des vom Gericht Gewollten im Urteil. Die Erklärung des richterlichen Willens hinsichtlich der Entscheidung muß von der bei der Urteilsfällung vorhandenen Willensbildung abweichen. Es handelt sich nur um Fälle der Unstimmigkeit zwischen Willen und Erklärung des Gerichts. Mit Hilfe einer Urteilsberichtigung kann also nicht das vom Gericht bei der Urteilsfällung Gewollte geändert werden. Eine falsche Willensbildung des Gerichts kann nicht nach § 319 korrigiert werden (BGH 106, 373 = NJW 89, 1281; NJW 85, 742 = MDR 84, 824; Zweibrücken OLGZ 94, 582 = MDR 94, 832; offenlassend BGH 127, 79 = NJW 94, 2833 = MDR 94, 1142). Eine fehlerhafte Willensbildung, also **falsche oder unterlassene Subsumtionstätigkeit** (falsche Gesetzesanwendung durch falsche Gesetzesauslegung, durch Übersehen gesetzlicher Bestimmungen oder durch Übergehen von 4

Streitstoff) kann nicht nach § 319 korrigiert werden. Darin läge ein Verstoß gegen § 318 (BGH NJW 85, 742) und – soweit das Urteil bereits rechtskräftig ist – eine verbotene Durchbrechung der Rechtskraft (vgl Hamm MDR 70, 1018; Düsseldorf NJW 73, 1132 = MDR 73, 505; ie Pruskowski NJW 79, 931 mwN; Braun NJW 81, 427). Oft macht die Unterscheidung zwischen falscher Willenserklärung (die berichtigungsfähig ist) und falscher Willensbildung (die nicht berichtigt werden kann) Schwierigkeiten (krit Köln FamRZ 93, 457; LAG München MDR 85, 170 = LAG-E § 319 Nr 1). Die Rspr tendiert, um nachträgliche Angriffspunkte zu beseitigen, dazu, auch Fälle der offensichtlich falschen Willensbildung in § 319 miteinzubeziehen (vgl zB LG Stade NJW 79, 168: „Berichtigung" bei Entscheidung über ein nicht eingelegtes Rechtsmittel – mit abl Anm von Pruskowski S 931, zust Waldner Rn 551 f; Braunschweig NJW-RR 94, 35: „Berichtigung" von [nicht beantragter] MwSt auf Zinsen); bei offensichtlich auf bloßer Gedankenlosigkeit beruhenden Fehlern wird dem zuzustimmen sein (vgl Zweibrücken MDR 94, 831; offen mwN BGH 127, 79 = NJW 94, 2834; s Rn 29) Bsp von berichtigungsfähigen Fehlern: Rn 8 ff. **Fehlende Bindungswirkung** bei fehlerhafter Berichtigung: Rn 28, bes bei berichtigungsweiser Revisionszulassung: Rn 16.

5 2) **Offenbare Unrichtigkeit. a) Anforderungen an die „Evidenz" des Fehlers.** Die Unrichtigkeit ist dann offenbar, wenn sie sich für den Außenstehenden aus dem Zusammenhang des Urteils oder aus Vorgängen bei Erlaß und Verkündung ohne weiteres ergibt (BGH 20, 192; 78, 22; 106, 373; 127, 80 = NJW 94, 2834). Gleichzeitig mitverkündete Parallelentscheidungen können dabei mit berücksichtigt werden (BGH 78, 23), desgleichen andere außerhalb des Urteils liegende „offenbare" Umstände, wie zB Tabellen (BFH DB 84, 2602), öffentliche Register (LAG München MDR 85, 170; LG Stuttgart Rpfleger 96, 166) usw. Im allgemeinen genügt für die Offenkundigkeit nicht, daß der Fehler „für einen Rechtskundigen" erkennbar war (Runge BB 77, 472; aA wohl MK/Musielak Rn 7). Unrichtigkeiten im Rubrum des Urteils (falsche Bezeichnung der Richter, Parteien, Prozeßbevollmächtigten usw) sind bereits dann offenbar, wenn sie dies für die beteiligten Richter sind (Anm Fischer LM Nr 3 zu BGH 18, 350). Für die Offenkundigkeit eines Rechenfehlers kommt es auf dessen *sofortige* Erkennbarkeit nicht an (vgl BGH 127, 81); auch die Notwendigkeit der Überprüfung umfangreichen Rechenwerks steht der Berichtigung nicht entgegen, wenn nur kein Zweifel besteht, daß das Gericht, hätte es den Fehler rechtzeitig bemerkt, einen bestimmten anderen Betrag zu- oder aberkannt hätte (BGH NJW 95, 1033 mN; aA AK/Fenge Rn 4). Unerheblich ist auch, wer die offenbare Unrichtigkeit verursacht hat (Parteiversehen oder Versehen des Gerichts, vgl LAG München MDR 85, 170; LG Bonn JurBüro 91, 125 mN; MK/Musielak Rn 5). Bsp: Übernahme von versehentlichen Falschangaben in der Klageschrift (OLGR Düsseldorf 95, 203).

6 **Wann** eine Unrichtigkeit offenkundig ist, wird in der Rechtsprechung allerdings nicht stets einheitlich beantwortet; zugelassen wird die Berichtigung unrichtiger Angaben über die Mitwirkung eines Richters am Erlaß einer Entscheidung (Rn 13, 14), obwohl die Unrichtigkeit doch nur den beteiligten Richtern erkennbar ist (BGH 18, 350; sa Rn 5; restriktiv dagegen die Rspr zur Rechtsmittelzulassung, vgl Rn 16; dazu Paulus ZZP 71, 205 f). Hat das Berufungsgericht versehentlich eine Klage abgewiesen, obwohl es die Berufung gegen das der Klage stattgebende Urteil zurückweisen wollte, so kann es nach BAG AP Nr 45 zu § 616 BGB jedenfalls dann die Urteilsformel berichtigen, wenn es die Revision gegen sein Urteil zugelassen hatte; anders aber LAG Düsseldorf NZA 92, 427, wenn sich die irrtümliche Verkündung eines vom Beratungsergebnis abweichenden Urteilstenors noch *vor* der Absetzung der Entscheidungsgründe herausstellt.

7 **b) Fehlende Evidenz der Unrichtigkeit.** Keine *offenbare* Unrichtigkeit ist ein gerichtsintern gebliebenes Versehen, das nicht ohne Beweiserhebung überprüft werden kann (BGH NJW 85, 742). Bei fehlender Offenkundigkeit der Unrichtigkeit **bindet** ein gleichwohl erfolgter Berichtigungsbeschluß das Rechtsmittelgericht **nicht** (hierzu Rn 29). Eine vom Erstrichter nach sachlicher Prüfung *verneinte* Unrichtigkeit ist nicht mehr „offenbar" (BGH 106, 374; arg III HS 1).

8 3) **Fallgruppen** berichtigungsfähiger Fehler. **Schreibfehler:** In die Urteilsformel wurde versehentlich eine falsche Grundbuchnummer des streitigen Grundstücks aufgenommen; gilt auch bei versehentlicher Falschangabe (*falsa demonstratio*) durch den Kläger (KG JW 36, 1479); anders aber, wenn ein unrichtiges Grundstück bezeichnet worden war (Identitätsirrtum); ist in einem solchen Fall eine Verurteilung zur Duldung der Zwangsvollstreckung erfolgt, ist nur eine neue Klage unter Bezeichnung des richtigen Grundstücks möglich (RG JW 02, 588).

9 Möglich ist die Berichtigung der Urteilssumme und des Kostenausspruchs, wenn die Unrichtigkeiten auf einem **Rechenfehler** beruhen (Bsp: Hamm NJW-RR 87, 188; Köln FamRZ 93, 457; vgl auch unten „Tenorierungsfehler").

10 Auch **Auslassungen** und **Unvollständigkeiten** können unter § 319 fallen, wenn sie versehentlich sind und dies sich aus dem Gesamtzusammenhang zwischen Urteilsformel und -gründen ersehen läßt (Beispiel bei Hamm MDR 75, 764). Ergeben die Entscheidungsgründe, daß das Gericht über einen Anspruch entschieden hat, ist jedoch diese Entscheidung in der Formel des Urteils nicht zum Ausdruck gekommen (zB Abweisung einer Widerklage in den Gründen), so kann die Formel berichtigt werden (BGH NJW 64, 1858; NJW-RR 91, 1278). Ebenso kann nach Bremen VersR 73,

226 das Berufungsgericht, wenn das LG die Klage nur zu einem Bruchteil dem Grunde nach für gerechtfertigt erklärt hat, die im übrigen gebotene Abweisung der Klage nachholen. Eine unterbliebene, nicht iS von § 321 „übergangene" Kostenentscheidung kann gem § 319 nachgeholt werden (Hamm NJW-RR 86, 1444; Abgrenzung: § 321 Rn 2).

Widersprüche zwischen Formel und Gründen: Das Urteil ist richtig verkündet, aber versehent- 11
lich anders abgefaßt worden (vgl auch unten „Tenorierungsfehler"). Hierher gehören auch **Verwechslungen** von einzelnen Positionen, wenn sich die Klage aus einer Vielzahl von Positionen zusammensetzt (sog Punktesache). Bsp: Das Gericht, das wegen der verjährten Forderungen klageabweisendes Teilurteil erlassen will, verwechselt die verjährten und nicht verjährten Forderungen (vgl BGH NJW 85, 742). Dagegen begründet ein Widerspruch zwischen der als sog Stuhlurteil verkündeten Formel und den *nachträglich* abgesetzten Entscheidungsgründen keine „aus dem Urteil" ersichtliche Unrichtigkeit (München OLGZ 86, 484 = MDR 87, 63).

Ungenauigkeiten und Inkorrektheiten im Ausdruck und in der Fassung. Bsp: Zahlendifferen- 12
zen bei betragsmäßig gleichen Posten (BGH ZIP 93, 624); irrtümliche Verwendung des Ausdrucks „Offenbarungseid" statt „eidesstattliche Versicherung" (§ 807; Köln MDR 71, 56); von „Hinterlegungsstelle des LG" statt „Hinterlegungsstelle des AG" (§ 1 II HinterlO; Zweibrücken MDR 94, 831). Eine Berichtigung ist auch möglich, wenn das Urteil zunächst auf Zahlung eines Betrages nebst Zinsen „jeweils vom Fälligkeitstag ab" lautet und hernach durch Bezeichnung der Fälligkeitstage nach dem Kalender vervollständigt wird (RAG 24, 98).

Unterschriftsfehler: Das Urteil eines Kollegialgerichts ist von einem Richter irrtümlich mitun- 13
terzeichnet worden, der bei der Beratung und Beschlußfassung nicht mitgewirkt hat. Der Mangel kann dadurch beseitigt werden, daß die Unterschrift des Richters gestrichen und die unrichtige Angabe über die Mitwirkung des Richters durch Berichtigungsbeschluß richtiggestellt wird (BGHZ 18, 350 = NJW 55, 1919; Düsseldorf NJW-RR 95, 636; sa § 315 Rn 2). Ein unvollständiger Schriftzug kann jederzeit in eine ordnungsgemäße Unterschrift berichtigt werden (Frankfurt NJW 83, 2395 [2396]).

Rubrumsfehler, insbesondere unrichtige Parteibezeichnung. Die Richter, Parteien, ihre ge- 14
setzlichen Vertreter oder die Prozeßbevollmächtigten sind nicht oder unrichtig bezeichnet (BayObLGZ 86, 399: Rüge von § 309; Abgrenzung bei Spruchkörper: Rn 17, 29), oder die richtige Bezeichnung der Partei hat sich im Laufe des Prozesses geändert (vgl Raeschke-Keßler NJW 81, 665). – Im Urteil ist als Partei die Firma eines Einzelkaufmanns aufgeführt, obwohl sie während des Prozesses gelöscht worden war; an die Stelle der Firma kann der Name des Kaufmanns gesetzt werden (OLG 23, 172), bei Naturalpartei idR „Herr" statt „Frau" (LG Köln MDR 88, 150 = Rpfleger 87, 508) und umgekehrt (LG Stuttgart Rpfleger 96, 166), der zutr Vorname (s BGH MDR 91, 523; LG Dresden JurBüro 96, 95), auch des einen Ehegatten statt des anderen (vgl BGH 113, 228). Die beklagte Firma ist als OHG bezeichnet; ihr Inhaber ist ein Einzelkaufmann (RG 99, 270; 157, 375; AG Hagen NJW-RR 95, 486). – Es genügt, daß eine Partei bereits in der Klage unrichtig bezeichnet war und sich die Unrichtigkeit (erst) aus dem Handelsregister ergibt (LAG München MDR 85, 170 = LAG-E Nr 1). Eine Berichtigung ist möglich, wenn feststeht oder erkennbar ist, wer als Partei gemeint war und Interessen Dritter durch die Berichtigung nicht berührt werden (Frankfurt NJW-RR 90, 768 mwN = MDR 90, 639; LG Dresden JurBüro 96, 95). Voraussetzung ist nur, daß die *Identität der Partei* feststeht und durch die Berichtigung gewahrt bleibt (LG Köln MDR 88, 150; Zweibrücken ZMR 87, 232; LAG München MDR 85, 170; zur Frage der Berichtigung eines Urteils bei einer nicht eingetragenen Firma s Düsseldorf MDR 57, 749; Koblenz WRP 80, 576). Eine Berichtigung ist **nicht** möglich, wenn eine einstweilige Verfügung gegen (50) „nicht bekannte Personen" erlassen ist und der Antragsteller dann Namen von (12) Personen nennt, die Antragsgegner seien (Düsseldorf OLGZ 83, 351). Ist die **unrichtige Bezeichnung** der Schuldnerseite in einem VB darauf zurückzuführen, daß die wahren Schuldner sich im Handelsverkehr einer ihnen nicht zustehenden Firmenbezeichnung bedient haben, ist Berichtigung nach § 319 möglich (AG Hagen NJW-RR 95, 486); die Verjährung tritt nicht ein, wenn der VB zugestellt war (§ 218 BGB). Eine Berichtigung des Rubrums ist nach Hamm WM 75, 46 bei einer Klage gegen eine in Gründung befindliche GmbH u Co KG möglich; ebenso nach Düsseldorf VersR 77, 260, wenn eine Handelsgesellschaft ihre Rechtsform und damit ihren Firmennamen geändert hat und die neue Firma sich auf den gegen die nicht mehr existente Firma gerichteten Prozeß eingelassen hat. Allerdings ist es nicht Sinn des § 319, das Rubrum jeweils auf den neuesten Stand zu bringen (s LG Berlin Rpfleger 73, 31). Eine Berichtigung des Klagerubrums ist jedoch **nicht** möglich, wenn als Klagepartei eine KG aufgetreten ist, die bereits im Zeitpunkt der Rechtshängigkeit nicht mehr bestand; eine Ersetzung durch die Angabe der BGB-Gesellschaft (nicht parteifähig: § 50 Rn 26) oder der einzelnen Gesellschafter (dann Parteiwechsel: § 263 Rn 9) scheidet im Rahmen des § 319 aus (Nürnberg JurBüro 80, 144), ebenso eine Ersetzung des Gemeinschuldners durch den Konkursverwalter und umgekehrt (vgl BGH 127, 75, 81 = NJW 94, 2833); das gleiche gilt, wenn *für* eine „falsche Partei" Klage erhoben wurde (LG Frankfurt

NJW-RR 91, 1470: Der als Kläger Bezeichnete war zZ der Klageerhebung bereits verstorben; Abgrenzung bei Klageerhebung *gegen* einen Verstorbenen: Rn 12 vor § 50). Zur Zulässigkeit, die Parteibezeichnung im Schuldtitel zu berichtigen, vgl auch BGH WarnR 1969, 363, zur Abgrenzung zum Parteiwechsel vgl näher Rn 13 vor § 50.

15 **Tenorierungsfehler:** Sie ergeben sich idR aus einem Vergleich zwischen Tenor und Entscheidungsgründen, Sitzungsprotokoll uä objektiven Kriterien, nicht schon bloßen Entwürfen oder Vorgängen in der mündlichen Verhandlung (LAG Düsseldorf NZA 92, 427; sa Rn 6 aE). Bsp: Im Urteilstenor fehlt ein Anspruch, über den das Gericht nach den Gründen erkannt hat, BGH NJW 64, 1858; Stuttgart FamRZ 84, 403 mN; aA BAG NJW 59, 1942, wonach nur eine Berichtigung nach § 321 zulässig sein soll. – Weitere Bsp: Bei Klägermehrheit Abweisung der Klage des einen anstelle des – wie richtig – anderen Klägers (Rn 16, 25 mN); bei Beklagtenmehrheit Verurteilung des einen anstelle des – wie richtig – anderen (Rn 25); Irrtum über die Höhe des aberkannten Betrags: Klageabweisung in Höhe von rd 10000 DM anstatt von – wie richtig – 20000 DM (BGH 89, 184 [188] = NJW 84, 1041 = MDR 84, 387 = LM Nr 11); Mehrwertsteuer auf Zinsen (Rn 4). Dem obsiegenden Kläger sind nach der Urteilsformel die Kosten auferlegt, während sie nach den Gründen als selbstverständlich der Beklagte zu tragen hat. Die **Kostenentscheidung** kann nach Hamm VersR 76, 95 (L) = MDR 75, 764 auch berichtigt werden, wenn die Kostenquoten offenbar nach Maßgabe des beiderseitigen Unterliegens bemessen werden sollten, das Gericht aber einen dem Beklagten gutzubringenden Schadensersatzposten in der Beratung und im Tenor des Urteils vergessen hat; zur Berichtigungsfähigkeit einer unterbliebenen Kostenentscheidung vgl Rn 10. Ein berichtigungsfähiger **Quotierungsfehler** liegt auch vor, wenn das Gericht bei der Bildung der **Kostenquote** eine falsche Bezugsgröße (Streitwert) zugrundegelegt hat (Hamm MDR 86, 594; München JurBüro 93, 680; aA MK/Musielak Rn 8), wie bei der Abänderungsklage den Gesamtunterhalt statt des streitigen Mehrbetrages (Köln FamRZ 93, 457); zur Anpassung der Quote an geänderte Streitwertfestsetzung s Rn 18. – In einem Versäumnisurteil ist über die Kosten nicht entschieden (DRpfl 36 Nr 469); das Gericht hat nur über einen Teil der außergerichtlichen Kosten eines von mehreren Beklagten im Tenor entschieden, nicht aber über den verbleibenden Teil (Hamburg JurBüro 85, 1560). – **Keine Unrichtigkeit**, wenn das Gericht übersehen hat, dem siegreichen Kläger die Kosten nach § 281 III S 2 aufzuerlegen (Hamm MDR 70, 1081); wenn es versehentlich eine zurückgenommene Widerklage bei der Kostenentscheidung nicht berücksichtigt (E. Schneider gegen Köln MDR 80, 762); wenn es versehentlich über ein nicht eingelegtes Rechtsmittel eines Streitgenossen erster Instanz entschieden hat (Pruskowski gegen LG Stade NJW 79, 168, 931). Ebenso ist eine Berichtigung iS einer Ergänzung des Kostenausspruchs nach § 319 unzulässig, wenn in Lit und Rspr str ist, ob eine Entscheidung eine entsprechende besondere Kostenentscheidung enthalten darf (Celle JurBüro 76, 1254: Kein Versehen).

16 **Unterbliebene oder fehlerhafte Rechtsmittelzulassung** (§ 546; §§ 64 II, 72 I ArbGG): War die Zulassung der Revision beschlossen, aber versehentlich nicht ins Urteil aufgenommen worden, kann dieses gem § 319 berichtigt werden, wenn der Wille des Gerichts, die Revision zuzulassen, schon bei Urteilserlaß in Erscheinung getreten ist (BGH 20, 188; 78, 22 = NJW 80, 2813 = MDR 81, 41; ThP § 546 Rn 23; vgl auch BVerfG NJW 92, 1496; einschr StJ/Leipold Rn 6, str); das kann etwa der Fall sein bei Revisionszulassung in zusammenhängender, gleichzeitig entschiedener Parallelsache (BGH 78, 23) oder in einer vom Berufungsgericht mitverkündeten Rechtsmittelbelehrung (vgl BAG NJW 91, 1197); auch Diskrepanz zwischen Entscheidungsgründen und (allein verkündetem) Urteilstenor kann uU genügen (BVerfG aaO; zust BL/Albers § 546 Rn 20, str; aA – *Verkündung* erforderlich – die frühere BAG-Rspr; einschr – uU *auch* Zulassung in den Gründen – BAG NJW 96, 674; dazu Zimmer NJW 96, 500; Schranken: Rn 29). Berichtigungsfähig ist auch eine bei der Revisionszulassung unterlaufene Parteiverwechslung (Revisionszulassung für den Beklagten anstatt den Kläger und umgekehrt, vgl BGH 89, 187 f = NJW 84, 1041 = MDR 84, 387). Zur Bindungswirkung der fehlerhaften Rechtsmittelzulassung vgl § 546 I 3 und dazu § 318 Rn 14, § 321 Rn 5, § 546 Rn 56. Irrige Nichtzulassung eines Rechtsmittels kann nicht im Wege nachträglicher Berichtigung korrigiert werden (BAG NJW 87, 1222; vgl auch hier § 321 Rn 5; § 546 Rn 54).

17 **Abgrenzung: Andere Unrichtigkeiten,** Auslassungen, Lücken und Mängel können uU gem §§ 320, 321 berichtigt oder ergänzt werden, ggf iVm einem Rechtsmittel (s Rn 20 aE; § 320 Rn 3; § 321 Rn 2). **Einzelfragen:** Nicht berichtigungsfähig sind (auch offenbare) **Fehler bei der Rechtsfindung** (allg Rn 4) des Gerichts (dann Rechtsmittel); desgleichen nicht Fehler bei der zutr Erfassung des Tatsachenstoffs: Das Gericht behandelt Streitiges als unstreitig und umgekehrt (uU aber Fall von § 320, vgl BGH NJW-RR 88, 408; anders bei bloßen Verlautbarungsfehlern), übergeht Streitstoff überhaupt, zB eine *Aufrechnungsforderung* (Frankfurt NJW-RR 89, 640; kein Fall von § 321, dort Rn 4) oder verkennt bei der Verweisung den Wohnsitz des Beklagten (BGH NJW-RR 93, 700). *Nachträgliches Parteivorbringen* rechtfertigt keine Berichtigung (Köln NJW-RR 91, 1536 [zu § 320]; vgl auch Celle JurBüro 67, 839). Die Aufteilung einer im Urteil angeordneten *Sicherheitsleistung* auf einzelne Ansprüche kann uU im Weg der Berichtigung vorgenommen werden (Frankfurt Rpfleger 69, 395). Eine übersehene *Teilkostenentscheidung* gem § 281 III 2

kann nicht „berichtigt" (München OLGZ 86, 484 = MDR 87, 63), wohl aber gem § 321 „nachgeholt" werden (§ 321 Rn 3); eine Entscheidung des AG als *Familiengericht* kann nicht in eine des *Streitgerichts* „berichtigt" werden (BGH MDR 93, 382; FamRZ 94, 1520; NJW-RR 95, 379; sa Rn 29).

Umstr ist, ob bei nachträglicher Änderung der Streitwertfestsetzung eine **Anpassung der Kostenentscheidung** an das nunmehrige Unterliegensverhältnis möglich ist (so Düsseldorf 19. ZS NJW-RR 92, 1407, str; **aA** 9. ZS OLGZ 93, 100 = NJW-RR 92, 1532; Köln OLGZ 93, 447, je mwN; hier 15. Aufl). Da die Kostenentscheidung im Zeitpunkt des Urteilserlasses „richtig" war, liegt ein Fall von § 319 nicht vor, jedoch sollte zur Vermeidung von unkorrigierbaren Rechtsnachteilen eine entspr Anwendung von § 319 zugelassen werden (ebenso München JurBüro 93, 680; StJ/Leipold Rn 9). 18

Auch bei **offensichtlichen Verfahrensmängeln** – versehentliche Nichtberücksichtigung eines Schriftsatzes – scheidet eine Berichtigung gem § 319 idR aus (Braun NJW 81, 427). Betrifft der Mangel die *Verkündung der Entscheidung* – Erlaß von Anerkenntnisurteil anstelle von Teilend- und Anerkenntnisurteil – scheidet eine Berichtigung gem § 319 aus (Zweibrücken OLGZ 87, 373); ist tatsächlich „richtig" verkündet worden, ist gem § 164 vorzugehen. 19

III) Gegenstand der Berichtigung

§ 319 ermöglicht die Berichtigung eines jeden Urteilsbestandteils; er ist auch anwendbar bei Beschlüssen (ie Rn 3), zB Kostenfestsetzungsbeschluß. Ein Fall offenbarer Unrichtigkeit kann vorliegen, wenn der Rechtspfleger bei der Kostenfestsetzung versehentlich von einer falschen Kostenquote ausgegangen ist (München Rpfleger 92, 217 mwN, auch zur aA = JurBüro 92, 247) oder bei Rechnungsfehlern (vgl München NJW-RR 96, 51). Abgrenzung zur Korrektur im Instanzenzug: BGH NJW-RR 95, 1211 und § 308 Rn 9. Ein unterschriebenes Protokoll kann nur vom Vorsitzenden und Protokollführer gemeinsam berichtigt werden (§ 164 Rn 5 ff). Fehler einer Ausfertigung sind von dem Urkundsbeamten, der die Ausfertigung erteilt hat, zu berichtigen (§ 317 Rn 6). Wo § 319 versagt, greift evtl § 321 ein; sonst ist Klage auf Feststellung des Urteilsinhalts gegeben, wenn dieses wegen der ungenauen Bezeichnung im Tenor nicht vollstreckt werden kann (BGH NJW 72, 2268; vgl auch allg Rn 19 vor § 300 mwN). 20

IV) Verfahren (Abs II)

1) Die **Einleitung** des Berichtigungsverfahrens geschieht **von Amts wegen (I)** oder auf Antrag. Es besteht zwar Anwaltszwang (§ 78), jedoch löst auch jede Anregung die Amtsprüfung aus (vgl Hamm NJW-RR 87, 188). Die Berichtigung ist „jederzeit zulässig", also auch nach Einlegung eines Rechtsmittels oder nach Eintritt der Rechtskraft (Hamm NJW-RR 87, 188 mwN), allerdings kann der Anspruch auf Berichtigung uU verwirkt werden (Hamm NJW-RR 87, 189; einschr MK/Musielak Rn 12). Die Rechtsmittelfrist wird durch die Berichtigung grundsätzlich nicht gehemmt; die Frist beginnt mit der Zustellung des unberichtigten Urteils auch dann, wenn die Berichtigung eine andere Urteilsformel zur Folge hat; zu den Ausnahmen vgl näher Rn 25. **Bei Ergänzung des Urteils** s § 321 und dort Rn 10. Statt eines Berichtigungsantrags ist auch Rechtsmitteleinlegung möglich, wenn die sonstigen Voraussetzungen vorliegen (RG 110, 429). Allerdings hat nach § 97 I der Rechtsmittelführer die Kosten zu tragen, wenn in der Zwischenzeit eine Berichtigung nach § 319 erfolgt. Die nach Anbringung eines Rechtsmittels vorgenommene Protokollberichtigung ist wirksam, wenn sie den durch das Rechtsmittel gerügten Mangel beseitigt (OGH 1, 286; Vollkommer Rpfleger 76, 259 mwN). Der Beschluß nach § 319 fällt unter § 249 III (ThP § 249 Rn 8). 21

2) **Zuständig** zur Berichtigung ist das Gericht, welches das Urteil (der Rechtspfleger, der den KFB) erlassen hat (vgl Düsseldorf NJW-RR 91, 1471). Die Mitwirkung desselben Richters ist nicht erforderlich (BGH 78, 23; 106, 373 = NJW 89, 1281 = MDR 89, 531). Nach Verweisung des Rechtsstreits kann die Berichtigung noch durch das Gericht erfolgen, das das Urteil gefällt hat (Stuttgart MDR 60, 930). Das Kollegium darf das Urteil des Einzelrichters nicht berichtigen und umgekehrt. Solange der Rechtsstreit in der Rechtsmittelinstanz schwebt, ist auch das mit der Sache befaßte Rechtsmittelgericht zur Berichtigung zuständig (BGH 106, 373; ZIP 93, 624; BayObLG FamRZ 92, 1328; Düsseldorf NJW-RR 91, 448 und 1471; FamRZ 92, 190; Hamm NJW-RR 94, 1509). 22

3) Die **Entscheidung** ergeht auf Grund freigestellter mündlicher Verhandlung stets durch Beschluß (**II 2;** zur Formverfehlung vgl Rn 28). Die Anhörung der Parteien ist idR geboten (BL/Hartmann Rn 28), bei Parteiberichtigung (Rn 14) unerläßlich (Art 103 I GG; LG Köln Rpfleger 87, 508). Der Berichtigungsbeschluß ist auf das Urteil zu setzen oder mit ihm zu verbinden. Zweckmäßig ist die Rückforderung der erteilten Ausfertigung, um auf sie die Ausfertigung des Beschlusses setzen zu können. Erzwungen kann die Rückgabe nicht werden. Dann erfolgt die Zustellung des Berichtigungsbeschlusses vAw an beide Parteien. Die Berichtigung obliegt gem §§ 319 ZPO, 46 II und 53 I S 1 ArbGG dem Vorsitzenden des ArbG (LAG Hamm MDR 69, 170). 23

4) Die **Kosten** des Berichtigungsbeschlusses sind Kosten des Rechtsstreits, s § 91 Rn 9. 24

V) Wirkung der Berichtigung

25 Die Berichtigung wirkt auf den Zeitpunkt der Urteilsverkündung zurück; von nun an ist ausschließlich das Urteil in der Fassung des Berichtigungsbeschlusses maßgebend (BGH 89, 186 = NJW 84, 1041 = MDR 84, 387; 127, 81 mN = NJW 94, 2834 = MDR 94, 1142 = LM Nr 19 mit Anm Heinrich). Die Zustellung des Berichtigungsbeschlusses setzt grundsätzlich keine neue Rechtsmittelfrist in Lauf; maßgeblich ist vielmehr die Zustellung der (unberichtigten) Urteilsfassung (BGH 89, 186 mwN; NJW 86, 936; NJW-RR 93, 1213 f; 95, 574, stRspr; einschr BGH 113, 231 = NJW 91, 1834 = MDR 91, 523; NJW 95, 1033 f = MDR 95, 196; krit zur Rspr E. Schneider MDR 86, 377, 379: § 517 entspr). Dies gilt auch dann, wenn nicht die Urteilsurschrift, sondern die den Parteien erteilte Ausfertigung zu berichtigen ist (BGH 67, 284 = NJW 77, 297). Ausnahmsweise ist jedoch die Zustellung des Berichtigungsbeschlusses für die Rechtsmittelfrist maßgebend, wenn die unberichtigte Urteilsfassung nicht klar genug war, um die Grundlage für die Entschließungen und das weitere Handeln der Partei zu bilden (BGH NJW 95, 1033; NJW-RR 93, 1214). In Frage kommen namentlich folgende **Fälle:** **(1)** Erst aus der berichtigten Fassung des Urteils geht hervor, welche (daß die) Partei beschwert ist – Fall der Parteiverwechslung in Form der Klageabweisung bei einer Mehrheit von Klägern oder Beklagten (BGH 17, 149; 89, 187); Fall der Berichtigung (teilweiser) Klagestattgabe in Klageabweisung (BGH NJW 95, 1033). **(2)** Erst aus der berichtigten Urteilsfassung geht hervor, gegen wen das Rechtsmittel zu richten ist – Fall der Parteiverwechslung beim Gegner der beschwerten Partei (BGH 113, 231 = aaO; krit Novak JR 91, 423). **(3)** Bei einem nur bei Zulassung anfechtbaren Urteil unterläuft Parteiverwechslung bei der Entscheidung über die Rechtsmittelzulassung (BGH 89, 187 f; VersR 81, 548; s auch Rn 16). **(4)** Den Fällen (1) bis (3) steht die Fallgestaltung gleich, daß zugleich mit dem Urteil ein (später wieder aufgehobener) Berichtigungsbeschluß zugestellt wird, durch den der Verurteilungsbetrag (zugunsten des Beklagten) ermäßigt wird; mit der Zustellung des Aufhebungsbeschlusses beginnt dann für den Beklagten hinsichtlich der Zusatzbeschwer eine neue Rechtsmittelfrist zu laufen (BGH NJW 86, 935 = MDR 85, 835). (5) Ist dagegen im unberichtigten Urteil die Klage zu einem geringeren Teil abgewiesen worden als sie nach dem – aus den Entscheidungsgründen erkennbaren – Willen des Gerichts abgewiesen werden sollte (zB Abweisung in Höhe von 10000 DM statt – wie richtig – 20000 DM, vgl BGH 89, 188), bleibt es beim Grundsatz. Entsprechendes gilt für die Verurteilung des Beklagten zu einem niedrigeren als dem berichtigten Betrag (BGH VersR 92, 636).

Diese Rspr bedarf folgender **Klarstellung:** Unterliegt bereits das unberichtigte Urteil der Anfechtung, stellt aber erst die Berichtigung das volle Ausmaß des Unterliegens klar, so ist für die Anfechtung auf den Berichtigungsbeschluß abzustellen, wenn die Unrichtigkeit vorher für die Partei nicht offenkundig war (wohl auch Hamm FamRZ 92, 1452). Grund: Gerade das *Ausmaß* des Unterliegens kann für den Rechtsmittelentschluß bestimmend sein; die Rechtsmittelmöglichkeiten einer Partei dürfen aber nicht durch einen Fehler des Gerichts beeinträchtigt oder vereitelt werden (BGH 113, 231 mN = aaO; NJW 95, 1033, stRspr, vgl allg Einl Rn 99). Zumindest ist aber in solchen Fällen anzunehmen, daß jedenfalls für die „Berichtigungsbeschwer" eine neue Rechtsmittelfrist in Gang gesetzt wird (zutr E. Schneider MDR 86, 378 f). Ab Erlaß des Berichtigungsbeschlusses kann die Zwangsvollsteckung nur nach Maßgabe der berichtigten Fassung des Urteils betrieben werden; sonst Erinnerung nach § 766. Das auf Grund der alten Titelfassung Beigetriebene kann gegebenenfalls nur durch eine neue Klage, nicht nach § 717 II zurückgefordert werden (str; sa § 717 Rn 4 aE).

VI) Anfechtung (Abs III)

26 **1) Gegen** die **Berichtigung** ist die sofortige Beschwerde gegeben (§ 577). Sie dient der Nachprüfung des Vorliegens der Berichtigungsvoraussetzungen (Rn 4, 5), führt im Fall der Stattgabe zur Beseitigung *unzulässiger* Berichtigungen und damit niemals zu einer Entscheidung in der Hauptsache (Köln FamRZ 93, 457; verkannt in Hamm NJW-RR 86, 739 = MDR 86, 417). Berichtigungsbeschlüsse des OLG sind gem § 567 IV nicht anfechtbar (offenlassend BGH NJW 89, 2625 = MDR 89, 893; NJW-RR 90, 893 bei „greifbarer Gesetzeswidrigkeit"), desgleichen gem § 567 III 1 nicht die des LG im Berufungs- und Beschwerdeverfahren; eine weitere Beschwerde findet nicht statt (§ 568 II 1). Das RpflVereinfG brachte gegenüber der bish Rechtslage (s 16. Aufl) eine Einschränkung der Beschwerdebefugnis. Nach Rechtskraft des Berichtigungsbeschlusses ist dieser auch für die Berufungs- und Revisionsinstanz grundsätzlich bindend (BGH 127, 76 = NJW 94, 2833; NJW 95, 1033; zur Ausnahme bei offenkundigen schweren Mängeln s Rn 29), das Rechtsmittelgericht darf deshalb nur das berichtigte Urteil ändern, nicht jedoch den Berichtigungsbeschluß als solchen (BGH NJW 85, 743). Die Beschwerdefrist beginnt mit der Zustellung des Beschlusses von Amts wegen, auch bei Verkündung des Beschlusses (vgl § 329 III).

27 **2)** Gegen die **Abweisung** des Berichtigungsantrags ist grundsätzlich keine Beschwerde gegeben (vgl **III, HS 1**); ausnahmsweise die einfache Beschwerde, wenn der Ablehnungsbeschluß keine sachliche Entscheidung über den Antrag enthält, sondern die Berichtigung aus prozessualen Gründen, zB infolge Verkennung des Begriffs der „ähnlichen offenbaren Unrichtigkeit" iS des

I ablehnt (Hamm NJW-RR 87, 188 mwN; LG Frankfurt NJW-RR 91, 1470; LG Dresden JurBüro 96, 95 mN, hM; einschr MK/Musielak Rn 20), oder wenn der Zurückweisungsbeschluß von einem unzuständigen oder gesetzwidrig besetzten Gericht erlassen wurde (JW 26, 246). Im Fall der „greifbaren Gesetzeswidrigkeit" (vgl Rn 20 vor § 300; § 567 Rn 41) ist gegen die Ablehnung der Berichtigung die sofortige Beschwerde gegeben (Koblenz FamRZ 91, 101). Zur Beschwerde gegen eine Entscheidung über eine *Protokollberichtigung* vgl Celle MDR 61, 1021; LG Frankfurt JurBüro 93, 744; ie § 164 Rn 11.

3) Bei **Formverfehlung** (Berichtigung durch Urteil statt Beschluß) gilt **III, HS** 2 gleichwohl (Hamm NJW-RR 86, 739 = MDR 86, 417). **28**

VII) Fehlerhafte Berichtigungsbeschlüsse

Sind die Voraussetzungen des § 319 und dessen Rechtsgedanke gewahrt, so sind andere Gerichte (insbesondere auch das Vollstreckungsgericht) **an den berichtigten Beschluß gebunden.** Soweit Berichtigungsbeschlüsse den entscheidenden Teil des Urteils bestimmen (Tenorierungsberichtigung), sind sie selbst der materiellen Rechtskraft fähig (BGH NJW 85, 742 [743]). Da die Berichtigungsbeschlüsse keine Entscheidung in der Sache treffen (s Rn 26), werden die Grundsätze über fehlerhafte Entscheidungen (allg Rn 15 ff vor § 300) auf sie nicht angewendet; **fehlerhafte Berichtigungsbeschlüsse,** die erkennbar keine gesetzliche Grundlage haben, sollen daher trotz formeller Rechtskraft keine verbindliche Wirkung haben (BGH 20, 188; NJW 95, 1033 mN; NJW-RR 93, 700; BAG NJW 69, 1871 und AP Nr 17; RSchwab/Gottwald § 61 I 3a, str; **aA** StJ/Leipold Rn 16; MK/Musielak Rn 18; unterscheidend BGH 127, 76, insoweit krit Heinrich Anm LM Nr 19); Grund: Fall von „wirkungsloser Entscheidung" (vgl Braun JuS 86, 366 mN). Bsp: Bindungswirkung fehlt, wenn eine offenbare Unrichtigkeit nicht aus dem Urteil selbst oder aus Vorgängen bei seiner Verkündung erkennbar ist (BGH 20, 192 f; BAG NJW 96, 675); wenn durch den Berichtigungsbeschluß nachträglich der Instanzenzug eröffnet oder geändert wird, wie durch den Austausch von Spruchkörpern bei formeller Rechtsmittelanknüpfung (vgl BGH 127, 76 mN; oben Rn 17 aE) oder bei nachträglicher erstmaliger Rechtsmittelzulassung (BGH aaO); wenn der Berichtigungsbeschluß nicht die unrichtige Schuldnerbezeichnung richtigstellt, sondern eine andere Person in die Entscheidung einführt (LG Koblenz Rpfleger 72, 458 mit zust Anm Petermann: keine Bindung für das Vollstreckungsorgan); wenn die Rubrumsberichtigung in Wahrheit einen unzulässigen Parteiwechsel vollzieht (Bsp: Frankfurt NJW-RR 90, 1471; Vollkommer MDR 92, 642; anders bei Beseitigung eines Urteils gegen die „falsche" Partei gem § 319: BGH 127, 81); wenn ein auf eine bestimmte Währung lautender Zahlungstitel in eine andere Währung umgerechnet wird (Hamm Rpfleger 60, 298 mit zust Anm Berner); wenn der zuviel zugesprochene Betrag wieder gekürzt wird (Köln NJW 60, 1471); wenn eine unrichtige Kostenentscheidung im Gewand eines Berichtigungsbeschlusses nachträglich korrigiert werden soll (Schneider MDR 80, 762 gegen Köln ebenda). **29**

VIII) Gebühren: 1) des Gerichts: Die Berichtigung ist durch die Verfahrensgebühr mit abgegolten. Ausfertigungen od Abschriften des Berichtigungsbeschlusses sind nach Maßgabe von KV 9000 Ziff 3 frei von gerichtlichen Schreibauslagen. – **2) des Anwalts:** Die Tätigkeit ist durch die Regelgebühr des § 31 BRAGO abgegolten (§ 37 Nr 6 BRAGO). – Bei sofortiger Beschwerde (Abs 3) s § 567 Rn 69. **30**

320 *[Tatbestandsberichtigung]*

(1) Enthält der Tatbestand des Urteils Unrichtigkeiten, die nicht unter die Vorschriften des vorstehenden Paragraphen fallen, Auslassungen, Dunkelheiten oder Widersprüche, so kann die Berichtigung binnen einer zweiwöchigen Frist durch Einreichung eines Schriftsatzes beantragt werden.

(2) Die Frist beginnt mit der Zustellung des in vollständiger Form abgefaßten Urteils. Der Antrag kann schon vor dem Beginn der Frist gestellt werden. Die Berichtigung des Tatbestandes ist ausgeschlossen, wenn sie nicht binnen drei Monaten seit der Verkündung des Urteils beantragt wird.

(3) Auf den Antrag ist ein Termin zur mündlichen Verhandlung anzuberaumen. Dem Gegner des Antragstellers ist mit der Ladung zu diesem Termin der den Antrag enthaltende Schriftsatz zuzustellen.

(4) Das Gericht entscheidet ohne Beweisaufnahme. Bei der Entscheidung wirken nur diejenigen Richter mit, die bei dem Urteil mitgewirkt haben. Ist ein Richter verhindert, so gibt bei Stimmengleichheit die Stimme des Vorsitzenden und bei dessen Verhinderung die Stimme des ältesten Richters den Ausschlag. Eine Anfechtung des Beschlusses findet nicht statt. Der Beschluß, der eine Berichtigung ausspricht, wird auf dem Urteil und den Ausfertigungen vermerkt.

(5) Die Berichtigung des Tatbestandes hat eine Änderung des übrigen Teils des Urteils nicht zur Folge.

I) Allgemeines

1 **1) Zweck und Bedeutung.** Da der Tatbestand eines Urteils gem § 314 Beweis allein für das mündliche Parteivorbringen liefert, soll durch § 320 verhindert werden, daß unrichtig wiedergegebener Parteivortrag infolge der Beweiskraft zur fehlerhaften Entscheidungsgrundlage des Rechtsmittelgerichts wird (BGH NJW 83, 2030 [2032]; Fischer aaO [Lit zu § 313] S 85 ff; weitergehend Weitzel aaO [Lit zu § 313] S 80 ff).

2 **2) Anwendungsbereich.** § 320 gilt entspr für im Beschwerde-(Beschluß-)verfahren ergehende Endentscheidungen (BGH 65, 36 = NJW 75, 1837, str; aA Köln MDR 76, 848; MK/Musielak Rn 13), nicht aber für Tatbestandsberichtigungsbeschlüsse (BGH NJW-RR 88, 408 = MDR 88, 389). Zur Anwendbarkeit des § 320 auf Revisionsurteile vgl Rn 5. Eine entspr Anwendung im FG-Verfahren setzt voraus, daß mündliches Vorbringen im „Sachverhalt" zu berücksichtigen war (BayObLGZ 89, 52).

3 **3) Verhältnis a) zur Urteilsberichtigung** gem § 319: Kann nach § 319 verfahren werden, dann versagt § 320. Es gibt **keine** Tatbestandsberichtigung **von Amts wegen,** sondern nur auf Antrag (Rn 6). **b) zu Rechtsmitteln:** Die Berichtigung des Tatbestands kann die Grundlage für eine erfolgreiche Anfechtung oder Ergänzung (vgl § 321 I HS 1) des Urteils schaffen (Rn 1), doch kann durch Rechtsmittel (insbes Verfahrensrüge gem §§ 554 III Nr 3b, 559 II) keine Berichtigung des Tatbestands des Ersturteils erreicht werden (BGH NJW 93, 1852; 94, 519; WM 95, 435, stRspr; teilw abw Fischer aaO [Rn 1] S 122 f; vgl auch Rn 4). **c) zur Protokollberichtigung:** § 164.

II) Gegenstand der Berichtigung (Abs I)

4 § 320 behandelt nur die **Berichtigung des Tatbestandes,** nicht auch der Urteilsformel und Entscheidungsgründe (RG 122, 334). Zum Tatbestand gehören jedoch auch das in den Entscheidungsgründen enthaltene tatsächliche Vorbringen (BGH NJW 93, 1852; 94, 519; MK/Musielak Rn 5; offenlassend Köln OLGZ 89, 80 mN; sa Rn 5; § 314 Rn 1), soweit ihm verstärkte Beweiskraft gem § 314 zukommt (BGH NJW 83, 2032); dies gilt nicht für bloßes Prozeßgeschehen (BGH aaO). „Unrichtigkeiten", „Dunkelheiten" usw liegen nicht vor, wenn das Parteivorbringen sinngemäß zutr (wenn auch nicht wörtlich) wiedergegeben ist (AG Hattingen MDR 90, 729). Eine nach § 161 nicht protokollierte, aber im Tatbestand oder in den Entscheidungsgründen des Urteils beurkundete Aussage eines Zeugen oder Sachverständigen kann gemäß § 320 berichtigt werden (Celle NJW 70, 53; aA MK/Musielak Rn 4). Soweit sich der Tatbestand aus der (als ausdrückliche Erklärung überflüssigen) Inbezugnahme auf vorbereitende Schriftsätze usw (vgl § 313 II 2) ergibt (§ 314 Rn 1), ist für eine Berichtigung kein Raum (LAG Köln MDR 85, 172; Oldenburg MDR 89, 551; Oehlers NJW 94, 713; krit Fischer aaO [Rn 1] S 117; Weitzel aaO [Rn 1] S 89 ff); anders aber, wenn von den Schriftsätzen abweichendes mündliches Parteivorbringen – auch (nur) in den Entscheidungsgründen – berücksichtigt wird (vgl oben und LAG Köln, Oldenburg, Oehlers, jeweils aaO). Parteivorbringen nach Verhandlungsschluß ist nicht Prozeßstoff und gehört daher nicht zum Tatbestand (Köln NJW-RR 91, 1536: nicht gem § 283 nachgelassener Schriftsatz). Widersprüche zwischen Tatbestand und Gründen können nur durch Rechtsmitteleinlegung beseitigt werden (RG 80, 174 und JR 26 Nr 637). Ist ein selbständiges Verteidigungsmittel im Tatbestand und in den Gründen übergangen, so kann zwar der Tatbestand, nicht aber die Gründe oder die Urteilsformel berichtigt werden (vgl **Abs V**); auch § 319 ist dann nicht anwendbar; möglich ist nur eine Rechtsmitteleinlegung (RG 122, 332); dasselbe gilt, wenn sich nach der Tatbestandsberichtigung ein Verstoß gegen § 308 ergibt (BGH NJW-RR 95, 572 = MDR 95, 739). Bei Beschlüssen ist eine Abhilfe nur durch Beschwerde möglich.

5 Die **Berichtigung des Tatbestandes des Revisionsurteils** kann nach § 320 nur insoweit verlangt werden, als die unrichtigen Teile für das Verfahren urkundliche Beweiskraft nach § 314 haben. Das trifft in der Regel bei der zusammengefaßten Wiedergabe des Sachverhaltes und der in den Vorinstanzen gestellten Anträge **nicht** zu (BGH NJW 56, 1480 = LM Nr 2; BAG AP Nr 5); desgleichen nicht bei Parteivorbringen in den Entscheidungsgründen tatbestandsloser Berufungsurteile (Köln OLGZ 89, 78 = MDR 88, 870). Keine Berichtigung des Tatbestandes eines **Berufungsurteils,** soweit dieser das mündliche Parteivorbringen in früherem Rechtszug lediglich berichtend wiedergibt (Stuttgart NJW 73, 1049); LAG Köln MDR 85, 172).

III) Antrag auf Berichtigung (Abs I, II)

6 **1) Form:** Im Anwaltsprozeß (§ 78 I) ist ein bei Gericht einzureichender Schriftsatz erforderlich (Abs I); im Parteiprozeß ist auch Erklärung zu Protokoll des Urkundsbeamten möglich. Die Zustellung des Antrags an den Gegner erfolgt mit der Ladung von Amts wegen (Abs III; Einhaltung der Ladungsfrist, § 217).

2) Frist. a) Zweiwochenfrist. Für den Antrag besteht eine **zweiwöchige (gesetzliche) Frist** (Abs I, letzter Hs). Sie beginnt mit **(vollständiger)** Urteilszustellung (Abs II S 1). Die Frist kann abgekürzt, nicht verlängert werden, § 224. Ein Verzicht auf sie ist nicht möglich (JW 1899, 92; § 224 I, II). Die Beachtung der Fristeinhaltung erfolgt von Amts wegen. **Unbedingtes Fristende:** Abs II S 3 (vgl Rn 8). 7

b) Dreimonatsfrist (Abs II S 3). Sie beginnt mit der Verkündung des Urteils (§§ 310, 311), bei nicht zu verkündenden Urteilen (vgl § 310 III) mit der Zustellung der Urteilsformel (RG 90, 296). Gegen die Versäumung der nicht abkürzbaren oder verlängerbaren Ausschlußfrist ist **Wiedereinsetzung nicht zulässig,** auch dann nicht, wenn entgegen § 315 II selbst innerhalb der Dreimonatsfrist die Abfassung und Übergabe der Urteilsgründe unterbleibt (BGH 32, 17). Kann die Dreimonatsfrist nicht gewahrt werden, weil Tatbestand und Gründe vor Ablauf dieser Frist noch nicht vorlagen, so bildet die behauptete Fehlerhaftigkeit des Tatbestandes nur dann einen Revisionsgrund, wenn sie entscheidungserheblich (§ 563) ist. Der absolute Revisionsgrund des § 551 Nr 7 ist nicht gegeben (GemS NJW 93, 2604 f; vgl ie § 310 Rn 5; § 543 Rn 5; § 551 Rn 9). 8

Für den **Streithelfer** beginnt die Frist mit der Zustellung des vollständigen Urteils an eine der Parteien (§ 221), nicht erst mit der Zustellung an ihn (BGH LM Nr 5). 9

3) Das **Rechtsschutzbedürfnis** für den Berichtigungsantrag ist bei allen anfechtbaren Entscheidungen ohne weiteres gegeben (vgl Rn 3 unter b; LAG Köln MDR 85, 171 für Nichtzulassungsbeschwerde), im Hinblick auf die stets gegebene Möglichkeit der Verfassungsbeschwerde aber auch bei den keinem Rechtsmittel mehr unterliegenden Entscheidungen (ArbG Hanau BB 96, 539; Weitzel aaO [Rn 1] S 86). Zum Rechtsschutzbedürfnis bei gleichzeitiger Richterablehnung vgl Rn 12. 10

IV) Entscheidung (Abs III, IV)

1) durch **Beschluß.** Die Entscheidung erfolgt auf Grund mündlicher Verhandlung, aber ohne Beweisaufnahme (RG 149, 312) durch zu verkündenden Beschluß. Beim Ausbleiben einer oder beider Parteien erfolgt Beschlußfassung nach Lage der Akten; kein Versäumnisverfahren. Beim Ausbleiben des Gegners hat das Gericht die Einhaltung der Antragsfrist von Amts wegen zu prüfen (RG 47, 393). Der Beschluß nach § 320 fällt unter § 249 III (Schleswig SchlHA 71, 18). 11

2) **Entscheidungsorgan:** nur die an der zu ergänzenden Entscheidung mitwirkenden Richter **(Abs IV 2).** Sind alle Richter oder der Amtsrichter verhindert, kann eine Tatbestandsberichtigung nicht erfolgen; der Begriff der **Verhinderung** (Abs IV 3) ist deshalb enger als in den §§ 315, 163 (zutr Hirte JR 85, 138 mN; aA Schmidt JR 93, 459; MK/Musielak Rn 8). Eine Entscheidung nach § 320 kann nicht mehr ergehen, wenn der Antragsteller die urteilenden Richter erfolgreich wegen Befangenheit abgelehnt hatte (BAG NJW 70, 1624 – L); Ablehnung ist auch nach Urteilserlaß möglich, soweit der Ablehnungsgrund gerade in den Entscheidungsgründen liegt (s § 42 Rn 4); doch wird dann wegen Abs IV S 2 idR das Rechtsschutzinteresse für den Ablehnungsantrag fehlen (so Frankfurt MDR 79, 940; aA MK/Musielak Rn 8 Fn 31; vgl auch § 42 Rn 6). Ist der Vorsitzende der Kammer für Handelssachen verhindert, so entscheiden die Handelsrichter allein (ebenso ArbG Hanau BB 96, 539 für Arbeitsrichter). 12

3) **Keine Kostenentscheidung.** Kostenrechtlich gehört das Berichtigungsverfahren (anders das Verfahren nach § 321) zu der Instanz, deren Urteil berichtigt wird. Eine Entscheidung über die Kosten ist daher nicht geboten (MK/Musielak Rn 12; BAG AP Nr 5). 13

V) Keine Anfechtung (Abs IV 4)

Der Berichtigungsbeschluß ist nur anfechtbar, wenn in ihm sachlich nicht entschieden, also zB aus prozessualen Gründen eine Entscheidung über den Antrag überhaupt abgelehnt (§ 567) oder der Antrag zB wegen Nichteinhaltung der Frist (RG 47, 398) oder Richterverhinderung (Hirte JR 85, 139 mN) zurückgewiesen wurde (offenlassend BGH NJW-RR 88, 408 mN); insoweit ist der Beschluß zu begründen (Hirte aaO 140; Schmidt JR 93, 460). Keine Anfechtung des Berichtigungsbeschlusses durch Rechtsmitteleinlegung, §§ 512, 548. 14

VI) Gebühren des Gerichts und des Anwalts: wie Rn 30 zu § 319. 15

321 *[Urteilsergänzung]*

(1) Wenn ein nach dem ursprünglich festgestellten oder nachträglich berichtigten Tatbestand von einer Partei geltend gemachter Haupt- oder Nebenanspruch oder wenn der Kostenpunkt bei der Endentscheidung ganz oder teilweise übergangen ist, so ist auf Antrag das Urteil durch nachträgliche Entscheidung zu ergänzen.

(2) Die nachträgliche Entscheidung muß binnen einer zweiwöchigen Frist, die mit der Zustellung des Urteils beginnt, duch Einreichung eines Schriftsatzes beantragt werden.

(3) Auf den Antrag ist ein Termin zur mündlichen Verhandlung anzuberaumen. Dem Gegner des Antragstellers ist mit der Ladung zu diesem Termin der den Antrag enthaltende Schriftsatz zuzustellen.

(4) Die mündliche Verhandlung hat nur den nicht erledigten Teil des Rechtsstreits zum Gegenstande.

I) Anwendungsbereich

1 § 321 I findet auf Beschlüsse entsprechende Anwendung (Stuttgart Justiz 84, 19; Hamm Rpfleger 73, 409), nicht auch Abs II im Rahmen der entsprechenden Anwendung im Kostenfestsetzungsverfahren (KG Rpfleger 80, 158; München Rpfleger 87, 263 mN). Darüber hinaus wird § 321 kraft ausdrücklicher gesetzlicher Bestimmung oder ohne solche entsprechend für anwendbar erklärt; Beispiele hierfür in Rn 3. Eine Ergänzung **von Amts wegen** ist **unzulässig.**

II) Voraussetzungen

2 § 321 setzt eine **Entscheidungslücke** voraus, die durch die Ergänzung – ohne Verstoß gegen § 318 – ausgefüllt werden kann (BGH NJW 80, 840). § 321 trifft zu, wenn ein (laut dem – auch berichtigten – Tatbestand erhobender) **Haupt- oder Nebenanspruch** oder der **Kostenpunkt** oder sonst ein Anspruch im Urteil **versehentlich,** nicht rechtsirrig, bewußt (BGH MDR 53, 165) **übergangen** ist; im letzteren Fall ist nur ein Rechtsmittel zulässig. Zu beachten ist jedoch, daß ein Rechtsmittel als solches nicht auf Ergänzung gerichtet sein kann; eine Beschwer liegt nämlich nicht in der getroffenen, sondern in der unterlassenen Entscheidung (BAG NJW 94, 1429). In die Berufungsinstanz kann aber im Wege der Klageerweiterung der Anspruch, über den die 1. Instanz nicht entschieden hat, erneut geltend gemacht werden (ie Rn 8). Sind die Voraussetzungen des § 321 gegeben, kann eine Änderung des Urteils nicht durch Rechtsmitteleinlegung verlangt werden; denn zunächst muß das Instanzgericht über den Anspruch entscheiden. Anders, wenn das Urteil durch die Unterlassung im Sinne von § 321 nicht nur unvollständig, sondern inhaltlich falsch wird (so in den Fällen der §§ 302, 599, oder falls die Entscheidung über die Kosten oder über die vorläufige Vollstreckbarkeit übergangen ist). In diesen Fällen ist theoretisch auch der Rechtsmittelweg eröffnet, was praktisch wird, wenn die Antragsfrist des § 321 II abgelaufen ist (vgl StJ/Leipold Rn 15); im Wege der isolierten Kostenbeschwerde kann die unterbliebene Kostenentscheidung nicht nachgeholt werden (LG Essen NJW 70, 1688; Düsseldorf JurBüro 70, 780); uU kann Fehlen von Kostenentscheidung auch berichtigungsfähiger Mangel sein (zur Abgrenzung: Hamm NJW-RR 86, 1444). Zu den Folgen des Fristablaufs ie Rn 8.

III) Beispiele zulässiger Urteilsergänzung und Abgrenzung

3 Das Gericht hat einen weiteren selbständigen Klagegrund (Anspruch iS von Einl Rn 74) versehentlich übergangen (BGH NJW 91, 1684; sa NJW-RR 92, 1060; Abgrenzung: Rn 4). Das Urteil wurde versehentlich nicht für vorläufig vollstreckbar erklärt (vgl § 716). Es wurde übersehen, dem Beklagten eine angemessene Räumungsfrist (§ 721) oder Vollstreckungsschutz zu gewähren, §§ 711, 712 (BGH NJW 84, 1240; FamRZ 93, 50) oder im Arrestbefehl die Lösungssumme (§ 923) zu bestimmen (Hamburg NJW 58, 1145). Dem Erben wurde die beschränkte Haftung, §§ 305, 768; dem Beklagten versehentlich die Ausführung seiner Rechte im Nachverfahren nicht vorbehalten, §§ 302, 599. Der Rechtspfleger hat versehentlich nicht über alle angemeldeten Kosten entschieden (KG Rpfleger 80, 158; München Rpfleger 87, 263). Die Frist des § 255 wurde übersehen. – Ein Arrestbefehl, in dem die Lösungssumme fehlt, ist ein wirksamer Vollstreckungstitel; er kann nach § 321 ergänzt werden (Hamburg NJW 58, 1145). – Es wurde übersehen, dem siegreichen Kläger die Kosten nach **§ 281 III 2** (Koblenz NJW-RR 92, 892; StJ/Leipold Rn 5), der säumigen Partei die Mehrkosten im Fall des § 344 (Stuttgart Justiz 84, 19) aufzuerlegen oder über die Kosten der Streithilfe selbständig zu entscheiden (LG Itzehoe AnwBl 85, 215). Der Kostenpunkt ist nicht übergangen, wenn die Entscheidung darüber dem Schlußurteil vorbehalten wurde (HRR 33, 1619); desgleichen nicht, wenn über die gesamten Kosten des Rechtsstreits zwar vollständig, aber sachlich falsch entschieden worden ist (E. Schneider MDR 80, 762).

4 **Unzulässig** ist ein Ergänzungsurteil namentlich bei versehentlichem Übergehen von einzelnen Angriffs- und Verteidigungsmitteln (BGH NJW-RR 96, 379; Frankfurt NJW-RR 89, 640 – übergangene Aufrechnungsforderung); bei versehentlicher Nichtberücksichtigung von „Einwendungen"; bei unrichtiger Auslegung des prozessualen Begehrens einer Partei (BGH NJW 80, 840). Grund: Wegen § 137 III ohnehin Prozeßstoff (s § 314 Rn 1).

5 Nach hM (BGH NJW 81, 2755 [2756]; NJW 83, 928 [929]; MDR 85, 43; BAG BB 81, 616; Rostock OLGR Brandenburg usw 95, 204; ThP Rn 8; hier § 546 Rn 55) ist die Frage, ob eine im Berufungsurteil unterbliebene **Zulassung der Revision** nach § 321 nachgeholt werden kann, zu verneinen. Nachdem der BGH nunmehr bei verkannter Zulassungsbedürftigkeit gem § 546 die „Prüfung der Revisionswürdigkeit" selbst nachholt (BGH 98, 41 [44]), bestehen um so weniger Bedenken gegen eine Urteilsergänzung gem § 321 durch das OLG (ebenso StJ/Leipold Rn 11; Waldner

Rn 554). Zur Möglichkeit der Berichtigung nach § 319 in diesem Fall vgl dort Rn 16. Eine *bewußte* Nichtverkündung der in den Gründen erfolgten Revisionszulassung beeinträchtigt die berechtigten Interessen der Partei und verstößt gegen das prozessuale Fairneßgebot (BVerfG NJW 91, 418). Ergibt sich aus den Urteilsgründen, daß eine Entscheidung über einen Anspruch gewollt war, und ist der entsprechende Ausspruch in der Urteilsformel nur aus Versehen unterblieben, dann erfolgt eine Berichtigung nach § 319 (BGH NJW 64, 1858; § 319 Rn 4).

IV) Antrag auf Urteilsergänzung (Abs II, III)

1) Frist. a) Allgemeines. Die zweiwöchige Frist ist keine Not-, sondern eine gesetzliche Frist; eine Abkürzung durch Parteivereinbarung ist möglich, nicht aber eine Verlängerung, § 224. Eine **Wiedereinsetzung** gegen die Fristversäumung wurde von der Rspr bisher nur beiläufig mit dem Hinweis verneint, die Frist gehöre nicht zu den in § 233 bezeichneten Fristen (so zB BGH FamRZ 80, 669 [670]). Die in zunehmendem Maße analog gewährte Wiedereinsetzung auch bei Versäumung anderer als nur in § 233 genannter Fristen (s dazu § 233 Rn 8) muß zur Vermeidung der sich sonst für den Rechtsuchenden ergebenden Unzuträglichkeiten auch für die hier genannte Frist gelten. Andernfalls bestünde die Gefahr, daß ein Fehler des Gerichts oder zB eine unklare Rechtslage – etwa wegen unterschiedlicher Qualifizierung einer Rechtsstreitigkeit durch OLG und BGH – auf dem Rücken des Rechtssuchenden ausgetragen wird (wie hier Walter FamRZ 79, 673; abl BGH NJW 80, 786; MK/Musielak Rn 10; sa allg BVerfG aaO [Rn 5]). 6

b) Fristbeginn: mit Urteilszustellung, bei Zustellung in abgekürzter Form aber nur, wenn sich daraus die Ergänzungsbedürftigkeit der Entscheidung ergibt (MK/Musielak Rn 10). Zulässig ist jedoch die Antragstellung schon vor Urteilszustellung. War zunächst der Tatbestand zu berichtigen (§ 320), beginnt die Frist des § 321 erst mit der Zustellung des Berichtigungsbeschlusses (BGH NJW 82, 1821 [1822] = MDR 82, 663; RSchwab/Gottwald § 61 I 4a; StJ/Leipold Rn 14). Hat das Gericht die Entscheidung über die durch die Streithilfe verursachten Kosten (§ 101) übergangen, beginnt die Frist für die Ergänzung des Kostenpunktes bei einem noch nicht rechtskräftigen Urteil erst mit der Zustellung an den Streithelfer (BGH NJW 75, 218 = MDR 75, 222); nach Köln OLGZ 92, 245 gilt dies auch bei einem rechtskräftigen Urteil. Soll ein Berufungsurteil durch eine Anordnung nach § 711 ergänzt werden, beginnt die Antragsfrist erst mit der Zustellung des Beschlusses, durch den das Revisionsgericht (ab 1. 4. 1991) den Wert der Beschwer auf mehr als 60 000 DM festgesetzt hat (BGH NJW 84, 1240 = MDR 84, 669 = LM Nr 10). 7

c) Folgen bei Fristversäumung. Ist die Frist gem Abs **II** abgelaufen, so ist ein **neuer Prozeß** nötig und möglich (KG Rpfleger 80, 158; AG Castrop-Rauxel ZMR 93, 229). Grund: Rechtshängigkeit des übergangenen Anspruchs erlischt (BGH NJW 91, 1684). Gegenstand eines Berufungsverfahrens kann der übergangene Anspruch daher nur unter den Voraussetzungen einer (zulässigen) Klageänderung sein (BGH aaO mN; s zum ganzen § 537 Rn 3). Eine Ausnahme besteht nur bezüglich des Kostenpunktes. Hier ist die Geltendmachung in einer neuen Klage ausgeschlossen, da das Rechtsmittelgericht auch über die Kosten der ersten Instanz entscheiden muß, § 308 II (vgl RG 22, 421; 30, 285; OLG 25, 217; StJ/Leipold Rn 16). Im Kostenfestsetzungsverfahren (vgl Rn 1) können übergangene Posten ohne weiteres neu geltend gemacht werden (München Rpfleger 87, 263 mN). 8

2) Form. Der Antrag aus § 321 ist bei dem Gericht zu stellen, welches das Urteil erlassen hat; er unterliegt dem Anwaltszwang (§ 78); im Parteiprozeß gilt § 496. Der Ergänzungsschriftsatz ist mit der Ladung zum Termin (§ 214) vor dem Gericht 1. Instanz von Amts wegen zuzustellen (Abs III). 9

V) Entscheidung (Abs III, IV)

Über den Ergänzungsantrag ist, auch bei seiner Ablehnung, nach **mündlicher Verhandlung** (oder gemäß § 128 II, III) durch selbständig anfechtbares **Urteil** (RG 23, 422; BGH WM 82, 491), bei Säumnis einer Partei durch Versäumnisurteil zu entscheiden. Auch ein Anerkenntnisurteil nach § 307 ist möglich. Das Urteil muß einen selbständigen Ausspruch im Kostenpunkt enthalten (§ 308 II). Wird dem Antrag stattgegeben und unterbleibt ein Kostenausspruch, so ist anzunehmen, daß das Gericht die Kostenentscheidung des ergänzenden Urteils gelten lassen will. Enthält das Ergänzungsurteil nur den Ausspruch im Kostenpunkt, so ist es mit dem Urteil zur Hauptsache anfechtbar (RG 68, 301). An dem Ergänzungsurteil können auch Richter teilnehmen, die bei dem Haupturteil nicht mitgewirkt haben (RG 30, 345). 10

VI) Anfechtung

Das Ergänzungsurteil des § 321 ist hinsichtlich des Rechtsmittels (idR) als selbständiges Urteil anzusehen (BGH NJW 80, 840; ZIP 84, 1107 [1113]; zu möglicher Ausnahme sogleich). Die Rechtsmittelfrist läuft von der Zustellung des Ergänzungsurteils ab auch bezüglich des zuerst ergangenen Urteils von neuem (RG 75, 293; BGH VersR 81, 57), sofern das Ergänzungsurteil vor Ablauf der Berufungsfrist für das ergänzte Urteil erlassen ist, § 517 S 1; anders bei Urteilsberichtigung, § 319 (ie dort Rn 25). § 517 ist analog für die Revision anzuwenden (BGH LM Nr 1 zu 11

§ 517). Die Berufungs- bzw Revisionssumme für das angefochtene Ergänzungsurteil ist selbständig zu berechnen (BGH ZIP 84, 1107 [1113]); betrifft das Ergänzungsurteil nur die Kostenentscheidung, dann ist die Revision (unabhängig vom Wert der Beschwer) hiergegen zulässig, wenn sie es auch gegen das vorausgegangene Urteil ist (BGH aaO). Ist zu Unrecht ein Ergänzungs*beschluß* ergangen, ist er nach dem Meistbegünstigungsgrundsatz (Rn 29 vor § 511) mit der Beschwerde anfechtbar, jedoch nur in den Grenzen des Rechtsmittels (LG Bielefeld MDR 87, 941 zu § 511a).

12 **VII) Gebühren: 1) des Gerichts:** Das Verfahren ist durch die Verfahrensgebühr mit abgegolten. Nach der Ergänzung wird der ganze Rechtsstreit besteuert, als wenn von vornherein über den übergangenen Teil mitverhandelt u entschieden worden wäre. Die beiden Urteile sind kostenrechtl als Teilurteile zu behandeln, wobei das Ergänzungsurteil als Schlußurteil u das ursprüngliche Hauptturteil als Teil(end)urteil anzusehen sind. Anzuwenden ist § 21 GKG, nach dessen Abs 1 zunächst einmal die allgemeine Verfahrens- und Urteilsgebühr von dem durch das erste Verfahren betroffenen Streitgegenstandsteil und des weiteren von dem durch das Ergänzungsverfahren betroffenen Wertteil einzeln zu berechnen sind, die Gesamtsumme aber sowohl der Verfahrensgebühr als auch der Urteilsgebühr evtl auf den Betrag zu ermäßigen ist, der zu erheben gewesen wäre, wenn nur *eine* allgemeine Verfahrens- und nur *eine* Urteilsgebühr aus dem Gesamtbetrag der Wertteile zu berechnen gewesen wären (§ 21 II GKG). Bei verschiedenen Gebührensätzen für die einzelnen Gegenstandswerte der beiden Teilurteile ist § 21 III GKG zu beachten. Handelt es sich bei dem Ergänzungsantrag um Nebenforderungen od um den Kostenpunkt, so sind, da diese neben dem Hauptanspruch streitwertmäßig unberücksichtigt bleiben müssen (§ 22 I GKG), neue Gebühren nicht zu erheben. Dasselbe gilt, wenn zB die Erklärung der vorläufigen Vollstreckbarkeit (§ 716), die Gewährung von Vollstreckungsschutz (§§ 711, 712) od einer Räumungsfrist (§ 721 I 3) uä übergangen sind; denn in allen diesen Fällen wäre, wenn schon im ersten Verfahren die Entscheidung getroffen worden wäre, keine Erhöhung der Gebühren eingetreten. Stets ist Voraussetzung, daß im Verfahren überhaupt Urteilsgebühren erhoben werden. – Wird der **Antrag** auf Urteilsergänzung **zurückgewiesen,** so wird eine Gebühr nicht erhoben; anders, wenn im Ergänzungsverfahren des § 321 bezügl des übergangenen Anspruchs durch Klageabweisung entschieden wird. – **2) des Anwalts:** Keine besondere Gebühr.

Vorbemerkungen zu § 322

Lit: *Bötticher,* Kritische Beiträge zur Lehre von der materiellen Rechtskraft im Zivilprozeß, 1930, Neudruck 1970; *Braun,* Rechtskraft und Restitution, Teil 1: Der Rechtsbehelf gem § 826 BGB gegen rechtskräftige Urteile, 1979; Teil 2: Grundlagen des geltenden Restitutionsrechts, 1985; *Koussoulis,* Beiträge zur modernen Rechtskraftlehre, 1986; *Werner,* Rechtskraft und Innenbindung zivilprozessualer Beschlüsse im Erkenntnis- und summarischen Verfahren, 1983; *Zeuner,* Die objektiven Grenzen der Rechtskraft im Rahmen rechtlicher Sinnzusammenhänge, 1959. S auch die Lit-Hinweise zu § 323, § 325 und § 700 vor Rn 15.

I) Urteilswirkungen

1) Bindungswirkung. Das Gericht ist grundsätzlich daran gehindert, sein Urteil im laufenden Verfahren wieder aufzuheben oder (in einem Nachverfahren gleicher Instanz) von ihm abzuweichen (§ 318 mit Anm). Zum Zusammenwirken mit der formellen und materiellen Rechtskraft s Rn 6. Bei Verstoß gegen Bindungswirkung: § 580 Nr 7a; hierzu auch Rn 78. 1

2) Vollstreckbarkeit im eigentlichen Sinn kommt (rechtskräftigen oder vorläufig vollstreckbaren) Leistungsurteilen, ferner der Kostenentscheidung eines jeden Urteils zu. 2

3) Die **materielle** („innere") **Rechtskraft** hindert abweichende Entscheidungen desselben oder eines anderen Gerichts innerhalb bestimmter **objektiver, subjektiver** und **zeitlicher** Grenzen. 3

4) Eine **Gestaltungswirkung** kommt hierauf gerichteten sogenannten Gestaltungsurteilen auf Grund geschriebener oder ungeschriebener Normen des materiellen Rechts zu (vgl Schlosser, K. Schmidt, jeweils aaO [Rn 9 vor § 300]; MK/Gottwald Rn 19). Beispiele: § 69 Rn 3; Rn 9 vor § 300; Abgrenzung zu den Fällen erweiterter Rechtskraftwirkung: § 325 Rn 29, 30, 43. 4

5) Eine **Tatbestandswirkung** kann jedem Urteil durch eine Norm des materiellen Rechts beigelegt sein, ohne daß das Urteil hierauf gerichtet ist; Beispiele: §§ 283, 775 I Nr 4, 864 II BGB; §§ 302 IV S 3, 717 II, III, 1042c II ZPO. Abgrenzung zur Rechtskrafterstreckung: § 325 Rn 43. **Lit:** *Gaul,* Die „Bindung" an die Tatbestandswirkung des Urteils, FS Zeuner, 1994, S 317. 5

6) Diese Urteilswirkungen treten teilweise erst ein, wenn das Urteil nicht mehr auf einen gewöhnlichen Rechtsbehelf hin aufgehoben werden kann, wenn es also formell rechtskräftig ist. Die **formelle Rechtskraft** (s § 705 Rn 1) ist also im Gegensatz zu der materiellen Rechtskraft nicht Urteilswirkung, sondern Voraussetzung von Urteilswirkungen (vgl Rn 1 bis 5). Hingegen ist das erlassende Gericht nach **§ 318** bereits im laufenden Verfahren an sein Urteil **gebunden,** und zwar schon bevor es formell rechtskräftig wird (sog **Innenbindung,** s ie § 318 Rn 12). 6

II) Allgemeines zur materiellen Rechtskraft

1) Maßgebliches Recht. Für die objektiven und subjektiven Grenzen der Rechtskraft und ihren Eintritt ist das Prozeßrecht maßgebend, das für den Erlaß des Ersturteils galt. Wegen der (in engen Grenzen vorbehaltenen) Fortgeltung landesrechtlicher Vorschriften zu den subjektiven Grenzen der Rechtskraft vgl StJ/Leipold § 322 Rn 50. Zur Anerkennung ausländischer Urteile vgl die Anm zu § 328. Über Art und Umfang der Einwirkung der Rechtskraft auf das spätere Verfahren entscheidet dessen Recht. 7

2) Rechtskraftfähige Entscheidungen. a) Der materiellen Rechtskraft fähig sind deutsche (vgl im übrigen § 328) **Zivilurteile,** soweit sie eine Rechtslage feststellen. Letzteres ist bei allen **klageabweisenden Entscheidungen** der Fall (vgl ie § 322 Rn 11, 12), ferner bei **Leistungs-** und **Feststellungsurteilen,** die einer Klage stattgeben (vgl ie § 322 Rn 6). Der Inhalt der Entscheidung ist für die Frage nach der Rechtskraftfähigkeit ohne Bedeutung; insbesondere ist auch ein **Prozeßurteil,** das eine Klage als unzulässig abweist, der materiellen Rechtskraft fähig (BAG NJW 55, 476; MK/Gottwald Rn 26; s auch § 322 Rn 1). Der materiellen Rechtskraft fähig sind nicht nur streitige, sondern auch **Versäumnisurteile** (BGH 35, 338; NJW-RR 87, 832 mN), **Anerkenntnis-** und **Verzichtsurteile,** die endgültig ganz oder teilweise entscheiden (vgl Karlsruhe NJW-RR 91, 1151). Letzteres ist nicht der Fall bei Vorbehaltsurteilen (§ 599 Rn 18) sowie bei Urteilen, die nur über einen Rechtsbehelf entscheiden (vgl BAG JZ 63, 925); sie können formell, aber nicht materiell rechtskräftig werden. Ein Berufungsurteil, das aufhebt und zurückverweist, bindet das Erstgericht innerhalb des anhängigen Verfahrens (vgl § 538 Rn 7), äußert aber keine materielle Rechtskraft (BGH DB 73, 868). Das summarische Verfahren gem §§ 916 ff, §§ 935 ff schließt eine materielle Rechtskraft von **Arrest-** und **Verfügungsurteilen** nicht aus (KG MDR 79, 64), ist jedoch beim Umfang der Rechtskraftwirkung zu berücksichtigen (vgl Rn 13 vor § 916). **Zwischenurteile** sind der materiellen Rechtskraft nur ausnahmsweise fähig, soweit sie im Verhältnis zu Dritten endgültig entscheiden (§§ 71, 135, 387, 402; vgl iü § 303 Rn 10; § 304 Rn 20). – Verurteilungen zu künftig fällig werdenden wiederkehrenden Leistungen (Urteile gem § 323) entfalten in die Zukunft reichende Rechtskraft (BGH 82, 250; ie § 323 Rn 40). – Besonderheiten bestehen bei klageabweisenden **Statusurteilen** (§ 640h S 1 und dort Rn 3 ff; vgl auch allg § 322 Rn 3). 8

b) Soweit **Beschlüsse** formell rechtskräftig werden und sachliche Entscheidungen enthalten, die der materiellen Rechtskraft fähig sind, können sie materielle Rechtskraftwirkung entfalten (vgl ie Werner aaO, insbes S 84 ff). Zur materiellen Rechtskraft der Entscheidungen im ZwV-Verfahren s Peters ZZP 90, 145. Bsp: Verwerfungsbeschlüsse gem §§ 519b, 554a (BGH NJW 91, 1117 mN; DtZ 93, 54); Ablehnung der Wiedereinsetzung in den vorigen Stand (RG JW 31, 1808) oder Zurückweisung der nachträglichen Klagezulassung gem § 5 IV KSchG (BAG 42, 301 f); Ermächtigungsbeschlüsse gem § 887 (BGH NJW 95, 3190); Zuschlagsbeschluß in der Zwangsversteigerung (RG 138, 127); Beschlüsse im arbeitsgerichtlichen Beschlußverfahren, §§ 80 ff ArbGG (BAG DB 83, 1601 mwN); weitere Bsp § 329 Rn 42. 9

9a c) **Abgrenzung. Prozeßvergleichen** (§ 794 Rn 3 ff) kommt keine der Rechtskraft ähnliche Wirkung zu (BGH 86, 186; NJW-RR 86, 22 = MDR 85, 923, allgM).

10 3) **Rechtskraftwirkung und verschiedene Gerichtsbarkeiten.** An die Rechtskraftwirkung gebunden sind jedenfalls die **ordentlichen Gerichte,** und zwar grundsätzlich auch im Verfahren der freiwilligen Gerichtsbarkeit (eingehend: BayObLGZ 87, 329 ff; 91, 336 f), ferner die **Arbeitsgerichte;** die abw Ausgestaltung ihres Verhältnisses zu den ordentlichen Gerichten als Rechtsweg (Rn 10 vor § 17 GVG) hat daran nichts geändert (vgl Rn 11).

11 Für **Verwaltungs-, Finanz-** und **Sozialgerichte** gilt zwar im Grundsatz das gleiche (BGH 77, 341 mN = NJW 80, 2814), aber sie werden nur selten über einen Streitgegenstand (und sei es auch nur als Vorfrage) zu entscheiden haben, der bereits einem Zivilprozeß zugrunde lag; sollte dies doch der Fall sein, so wird es meist an der Identität der Prozeßparteien (vgl umgekehrt wegen der subjektiven und objektiven Grenzen der Bindung des Zivilrichters an rechtskräftige Verwaltungsgerichtsurteile, zB BGH 86, 232 mN; NJW 92, 314 mN; NJW-RR 94, 1274) fehlen (ie § 13 GVG Rn 44). Beispiele: Bildet im Entschädigungsprozeß die Rechtmäßigkeit des Verwaltungsakts – Enteignungsbeschluß – eine „Vorfrage", so ist das ordentliche Gericht an die rechtskräftige Bejahung der Rechtmäßigkeit der Enteignung durch das Verwaltungsgericht gebunden (BGH 95, 35 ff; Schwager/Krohn WM 91, 54), ebenso bei Klage auf Rückforderung von Erschließungsbeiträgen an den rechtskräftigen Beitragsbescheid (BGH NJW 87, 773); desgl besteht im Amtshaftungsprozeß eine Bindung des Zivilgerichts an die rechtskräftige Entscheidung des Verwaltungsgerichts über die Rechtswidrigkeit der Amtshandlung (BGH 95, 242; 113, 20; 118, 268; MDR 94, 774, stRspr). Ist in einem Zivilurteil rechtskräftig zwischen zwei Privatrechtssubjekten entschieden, wer Eigentümer der Sache ist, so kann sich die siegreiche Partei in einem verwaltungs-, finanz- oder sozialgerichtlichen Verfahren dem Staat oder anderen Körperschaften des öffentlichen Rechts gleichwohl nicht darauf berufen (ebenso MK/Gottwald Rn 70, der aber Fall von Tatbestandswirkung [dazu oben Rn 5] annimmt; str).

12 Aus denselben Gründen kommt eine Bindung der **Strafgerichte** an Zivilurteile kaum je in Betracht (vgl BGHZ 5, 106 und Stuttgart FamRZ 61, 180 zu § 170b StGB). Umgekehrt besteht im Wiederaufnahmeverfahren (§§ 580 Nr 1–5, 581 I) keine Bindung des Zivilgerichts an ein Strafurteil, es hat vielmehr selbständig zu prüfen, ob ein Restitutionsgrund vorliegt und die Straftat tatsächlich begangen worden ist (BGH 85, 35 ff; ie str; sa Braun ZZP 97, 71 ff; § 581 Rn 1; § 14 EGZPO Rn 2). Soweit danach Gerichte an die Rechtskraft eines Zivilurteils gebunden sind, ist diese **von Amts wegen zu beachten** (ie Rn 20); es gelten insbesondere die Regeln über den sogenannten Freibeweis. Keine Bindung besteht dagegen an tatsächliche Feststellungen eines Gerichts eines anderen Rechtszweigs (FG Berlin NJW 83, 1080).

13 Die Rechtskraft einer **ausländischen,** gem § 328 anzuerkennenden Entscheidung steht nach der Rspr des BGH einer neuen (inländischen) Klage, die auf eine inhaltlich übereinstimmende Sachentscheidung gerichtet ist, nicht entgegen (so BGH NJW 87, 1146 = MDR 87, 393; Hamm FamRZ 91, 718; vgl auch unten Rn 20a sowie – aA – Geimer § 328 Rn 30). Zur Rechtskraft von Urteilen der Gerichte der früheren DDR s unten Rn 79.

III) Lehrmeinungen zur materiellen Rechtskraft

14 1) **Allgemeines und Bedeutung.** Die materielle Rechtskraft hindert die Gerichte daran, in einem neuen Verfahren abweichend vom rechtskräftigen Urteil des Vorprozesses zu entscheiden. Ob sich die Wirkung der materiellen Rechtskraft in dieser negativen Funktion erschöpft oder – weitergehend – auch die materielle Rechtslage ergreift, war und ist Gegenstand des Streites der sogenannten **Rechtskrafttheorien** (Rn 15 ff). Der Theorienstreit ist allerdings ohne wesentliche praktische Bedeutung (so auch Blomeyer § 88 III 3; Zeiss § 70 III 2b; MK/Gottwald Rn 12; einschr Gaul, FS Flume, S 443, 519, 521; diesem zust Koussoulis aaO S 4, 69 f).

15 2) **Materielle Rechtskrafttheorien. a) Inhalt.** Die Vertreter dieser Lehre in ihrer älteren Ausgestaltung (Savigny, Kohler, Pagenstecher, Mendelssohn-Bartholdy, urspr auch das RG, zB RG 46, 336) sahen in einem rechtskräftigen Zivilurteil einen Entstehungs- oder Erlöschenstatbestand für das in dem Urteil festgestellte oder verneinte materielle subjektive Recht. Im einzelnen gingen die Ansichten über Inhalt und Umfang der so begründeten oder erloschenen materiellen Rechte auseinander. Selbstverständlich ist allerdings, daß keine Verdoppelung eines Anspruchs eintritt, wenn der Gläubiger für diesen einen zweiten Titel erreichte (BAG MDR 68, 180). Wegen §§ 325 ff bekannten sich die materiellen Rechtskrafttheorien allerdings dazu, daß die materiellen Wirkungen nur in den subjektiven Grenzen der genannten Bestimmungen einträten, dh daß Rechte nur relativ, im Verhältnis zwischen den Prozeßparteien, entstünden oder erlöschten.

16 **b) Bedeutung.** Heute werden die materiell-rechtlichen Rechtskrafttheorien in der ursprünglichen Form nur mehr vereinzelt vertreten (vgl zB LG Stuttgart ZZP 79, 183), wohl aber moderne Varianten; hier einzuordnen ist die Lehre, das rechtskräftige Urteil schaffe eine unwiderlegbare Vermutung für die in ihm festgelegte Rechtsfolge (vgl Pohle, GS Calamandrei, 1958, S 377 ff;

J. Blomeyer JR 68, 409); diese Vermutung gehört nämlich dem materiellen Recht an, da ihr Gegenstand eine Rechtsfolge materiell-rechtlicher Art ist (zutr Koussoulis aaO S 25 mwN).

3) Herrschend ist derzeit die **prozessuale Rechtskrafttheorie.** Sie wurde begründet durch Stein, Hellwig, Rosenberg und Bötticher und später auch von der Rspr übernommen (zB RG 129, 248; 167, 334; BGH 3, 86). **a) Überblick.** Im Gegensatz zur materiellen Theorie (Rn 15) leugnet sie, daß das rechtskräftige Urteil – vom Gestaltungsurteil abgesehen – auf das materielle Recht einwirkt und sieht das Wesen der materiellen Rechtskraft zunächst darin, daß die Gerichte in einem späteren Verfahren die rechtskräftige Entscheidung zu beachten haben (vgl StJ/Leipold § 322 Rn 37: „verbindliche Festlegung einer konkreten Rechtsfolge"). Über die Wirkungskraft und die Folgen dieser Bindung herrscht wiederum Streit (Rn 18 f; ausf: Koussoulis aaO S 26 ff). 17

b) Prozessuale Bindungslehre. Nach einer **Mindermeinung** (StJ/Pohle, 18. Aufl, § 322 Anm II 3; Blomeyer § 88 III; Pohle, JurBlätter 57, 113; Hellwig, System I, 777; Schönke/Schroeder/Niese, Lehrbuch 8. Aufl, § 73 V 1; hier 10. Auflage) erschöpft sich die Wirkung der materiellen Rechtskraft in dieser Bindung; vor der Wiederholung der gleichen Klage schützt den Gegner der Mangel des Rechtsschutzbedürfnisses an erneuter Rechtsverfolgung. Hier liegt also ein einheitlicher Rechtskraftwirkungsbegriff zugrunde. 18

c) Ne bis in idem-Lehre. Nach der heute in der Rspr (BGHZ 34, 337; 36, 365; 93, 288 f mwN; 123, 34 = NJW 93, 2942, stRspr) und im Schrifttum (RSchwab/Gottwald § 151 II 3; StJ/Leipold § 322 Rn 39; ThP § 322 Rn 7; MK/Gottwald Rn 13; Jauernig § 62 III 1; Schellhammer Rn 835; Gaul, FS Flume, 1978, S 513 ff mwN; Mädrich MDR 82, 455) **herrschenden Ansicht** (ne bis in idem) ist zu unterscheiden: **aa)** In den seltenen Fällen, in denen der **Streitgegenstand** des zweiten Rechtsstreits mit dem des ersten **identisch** ist (vgl Rn 21), ist die Rechtskraft eine **negative Prozeßvoraussetzung,** dh sie verbietet nicht nur eine abweichende Entscheidung, sondern macht das neue Verfahren und eine Entscheidung darin schlechthin unzulässig (BGH 93, 289; 123, 34; NJW 89, 394; 93, 334; 95, 1757 und 2993), ohne das Rechtsschutzbedürfnis bemühen zu müssen. **bb)** In der Mehrzahl der Fälle, in denen die im Vorprozeß entschiedene Rechtsfolge nur **Vorfrage** für die Entscheidung des nachfolgenden Rechtsstreits ist (s Rn 22 ff), erschöpft sich auch nach hM die Wirkung der Rechtskraft in der **Bindung des später entscheidenden Gerichts** an die Vorentscheidung (BGH NJW 83, 2032; 85, 2535 f; 95, 1757 und 2993); dieses Ergebnis kann freilich auch als eine modifizierte Geltung des ne bis in idem-Grundsatzes verstanden werden (RSchwab/Gottwald § 151 III 2; Jauernig § 62 III 2; vgl auch Gaul, FS Flume, S 513 ff). 19

d) Amtsprüfungsgrundsatz und fehlende Parteidisposition. aa) Als negative Prozeßvoraussetzung (Rn 19 [aa]) aber auch im Rahmen ihrer Bindungswirkung bei Präjudizialität (Rn 19 [bb]) ist die Rechtskraft in jeder Lage des Rechtsstreits **von Amts wegen** zu beachten (BGH 36, 367; 93, 290; 123, 32; NJW 93, 3205; ThP Rn 13; MK/Gottwald Rn 36, 52; eingehend Gaul, FS Flume, S 504 ff, 512 f; 519 ff; Konsequenz der prozessualen Auffassung, vgl Rn 17). **bb)** Sowohl die formelle wie die materielle Rechtskraft (nicht natürlich das rechtskräftig festgestellte Rechtsgut selbst) sind der **Parteidisposition** entzogen (vgl BGH NJW-RR 87, 643; RSchwab/Gottwald § 151 III 4; StJ/Leipold § 322 Rn 222, 224; MK/Gottwald Rn 53; abw Schlosser, Einverständliches Handeln im Zivilprozeß, 1968, S 12 ff; ie hier § 325 Rn 43a, b) 20

e) Besonderheiten. Besteht in **Ausnahmefällen** ein schutzwürdiges Bedürfnis nach dem **nochmaligen Erlaß eines Titels,** löst die Mindermeinung dieses Problem, indem sie für diese Fälle das sonst verneinte Rechtsschutzbedürfnis bejaht, während die hM hier ihren Grundsatz ne bis in idem durchbrechen und ein neues Verfahren zulassen muß (so BGH 93, 290 = NJW 85, 1711 = MDR 85, 562 mit Anm Hagen LM Nr 103). Anerkannt sind folgende **Fälle:** Verlust des nicht wieder herstellbaren Titels (BGH 4, 321; NJW 57, 1111; 64, 1626); berechtigtes Interesse an nochmaliger Feststellung des Inhalts eines für die Zwangsvollstreckung zu unbestimmt tenorierten Urteils (BGH 36, 14; NJW 72, 2268); Notwendigkeit erneuter Feststellungsklage, um den Eintritt der Verjährung zu verhindern, so etwa im Fall der Verurteilung zu wiederkehrenden Leistungen (§ 258), deren Verjährung gem § 218 II BGB von der rechtskräftigen Feststellung unberührt blieb (BGH 93, 289 ff = aaO; nach Jauernig § 62 III 1 liegt im Hinblick auf die Verschiedenheit der Anträge – §§ 258, 256 – gar kein Ausnahmefall vor); Notwendigkeit erneuter Klage zur Feststellung eines privilegierten Klagegrundes (BGH 109, 277 = NJW 90, 834 zu **§ 850 f II**; ie str, vgl Smid ZZP 102, 22 [43 ff]; Künzl JR 91, 91; Hager KTS 91, 1; Behr JurBüro 95, 8; sa Rn 35; § 850 f Rn 9). Zur **umstr** Frage, ob bei **Auslandsurteilen** eine Klagewiederholung zulässig ist, vgl oben Rn 13 und näher § 328 Rn 30. 20a

IV) Wirkung der Rechtskraft in späteren Prozessen

Folgt man der prozessualen Rechtskrafttheorie (Rn 19), so gilt: **1)** In den seltenen Fällen der **Identität der Streitgegenstände** (s allg Einl Rn 60 ff) der beiden Verfahren ist **jede erneute Verhandlung und Entscheidung unzulässig** (Rn 19 [aa]). Das gilt nicht nur, wenn der nämliche Streitgegenstand zwischen den nämlichen Parteien rechtshängig gemacht wird (der Kläger klagt denselben Anspruch ein zweites Mal ein); vielmehr sind die Streitgegenstände auch identisch, 21 wenn im Zweitprozeß der Ausspruch des **kontradiktorischen Gegenteils** einer im Erstprozeß festgestellten Rechtsfolge begehrt wird (BGH 123, 139 = NJW 93, 2685; NJW 95, 968 und 1757; 96, 396; sa § 322 Rn 11). **Beispiele** (vgl auch Doderer NJW 91, 879): Ein Prätendent nimmt mit einer Feststellungsklage ein absolutes oder relatives (gegen einen Dritten gerichtetes) Recht für sich in Anspruch, das im Vorprozeß bereits dem nunmehrigen Beklagten rechtskräftig zuerkannt worden war. Der im Erstprozeß auf positive Feststellungsklage hin unterlegene Beklagte klagt erneut auf negative Feststellung der nämlichen Rechtsfolge gegen den Erstkläger. Aus der **Rspr:** Der mit der auf uneingeschränkte Verurteilung gerichteten Unterlassungsklage (voll) unterlegene Kläger erstrebt nunmehr (vom ursprünglichen Klageantrag mitumfaßte) eingeschränkte Verurteilung (BGH NJW 93, 334). Der im Vorprozeß uneingeschränkt zum Schadensersatz Verurteilte verlangt im Zweitprozeß Bereicherungsausgleich für unberücksichtigt gebliebene Schadensminderungsposten (Koblenz WM 92, 245). **Identität** besteht auch zwischen der Klage auf Verzicht auf ein Sicherungsrecht und auf Unterlassung der Geltendmachung der Rechte daraus (BGH NJW-RR 87, 683 [685]). Teilweise Identität der Streitgegenstände besteht, wenn nach einer Verurteilung des Beklagten zur Zahlung von Zinsen ab 1. 1. 1990 der Kläger später – wegen §§ 218 II, 197 BGB – Klage auf Feststellung erhebt, daß der Beklagte zur Zahlung von Zinsen seit dem 1. 1. 1994 verpflichtet ist (BGH 93, 288, str; vgl Rn 20). Nimmt der im Vorprozeß zur Auflassung verurteilte Verkäufer im Folgeprozeß den Käufer auf Zustimmung zur Löschung der Auflassungsvormerkung in Anspruch, macht er das **kontradiktorische Gegenteil** geltend (BGH NJW 96, 396); das gleiche trifft zu, wenn die im Vorprozeß zur Auflassung verurteilte Partei im Folgeprozeß Rückauflassung aufgrund eines Erwerbstatbestands verlangt, der zur Zeit des Vorprozesses bereits verwirklicht war (BGH NJW 95, 968). Ist die Klage eines Grundstückseigentümers auf Unterlassung der Benutzung seines Grundstücks als Weg abgewiesen worden, weil dem Beklagten ein Wegerecht zusteht, so ist die spätere Klage des Eigentümers auf Feststellung, daß dem Beklagten kein die Bebauung des Grundstücks durch den Kläger hinderndes Recht zustehe, auf das kontradiktorische Gegenteil des ersten Urteils gerichtet (BGH NJW 65, 42). Ist im Vorprozeß gegenüber sämtlichen Miterben die Beendigung eines mit dem Erblasser geschlossenen Pachtverhältnisses festgestellt worden, kann der einzelne Miterbe in einem Zweitprozeß nicht mehr das Fortbestehen des Pachtverhältnisses geltend machen (allgM, s Schilken NJW 91, 281); ist im Vorprozeß dem einzelnen Miterben gegenüber die Beendigung des Pachtverhältnisses rechtskräftig festgestellt worden, kann er später nicht mehr gemeinsam mit den übrigen Miterben auf Feststellung dessen Fortbestands klagen (BGH NJW 89, 2133), anders aber, wenn die Erstklage gegen ihn als Einzelrechtsnachfolger gerichtet war (Schilken aaO, sa § 62 Rn 31). Ist im Prätendentenstreit im Vorprozeß die Klage auf Einwilligung in die Auszahlung abgewiesen worden, steht die Auszahlungsberechtigung des nunmehrigen Klägers (damaligen Beklagten) noch nicht rechtskräftig fest, denn mit der Aberkennung des Rechts des einen ist die Berechtigung des anderen nicht positiv festgestellt (Zweibrücken OLGZ 80, 238; s auch § 75 Rn 8).

22 **2)** In der Mehrzahl der Fälle, in denen die rechtskräftig erkannte Rechtsfolge für den zweiten Rechtsstreit nur vorgreiflich ist (**Präjudizialität,** s Rn 19 [bb]), **hindert** die Rechtskraft das nachentscheidende Gericht nach beiden prozessualen Rechtskrafttheorien **nur an einer abweichenden Entscheidung.**

23 **a)** Unter **Entscheidung** in diesem Sinne ist allerdings nicht nur eine solche Prozeßhandlung (Urteil oder Beschluß) des Gerichts zu verstehen, in der die richterliche Tätigkeit in einem neuen Verfahren förmlichen Ausdruck findet, sondern zu „entscheiden" hat das Gericht auch schon immer dann, wenn es eine Rechtsfrage beurteilen muß, um eine solche Prozeßhandlung vorzubereiten. Die materielle Rechtskraft bindet also in einem neuen Verfahren auch dann, wenn das Gericht in einem zweiten Prozeß die bereits rechtskräftig entschiedene Frage nur als **Vorfrage** zu beurteilen hat (Rn 24); sie besagt ferner, daß das Gericht nicht nur bei **Urteilen,** sondern auch bei **Beschlüssen** und **Verfügungen** an rechtskräftige Entscheidungen gebunden ist, falls von der rechtskräftig entschiedenen Frage das Ob oder das Wie von Beschlüssen und Verfügungen abhängig ist. Es darf zB kein Beweisschluß ergehen, demzufolge über Tatsachen Beweis erhoben werden soll, die (nur) im Hinblick auf ein bereits rechtskräftig zu- oder aberkanntes Recht entscheidungserheblich sein können; das Gericht darf von einer rechtskräftigen Entscheidung nicht nur nicht abweichen, sondern es darf auch nicht die bloße Möglichkeit abweichender Entscheidung einem Beweisbeschluß zugrunde legen.

24 **b)** Hat das Gericht im Zweitprozeß den **Streitgegenstand** des rechtskräftig entschiedenen **Erstprozesses als Vorfrage** erneut zu prüfen, hat es den Inhalt der rechtskräftigen Entscheidung seinem Urteil zugrunde zu legen (BGH NJW 93, 3205; RSchwab/Gottwald § 151 III 2; MK/Gottwald Rn 46). Wann der Streitgegenstand des Erstprozesses in einem Zweitprozeß entscheidungserheblich ist, bestimmt das anzuwendende sachliche Recht, das je nach dem Streitgegenstand des Zweitprozesses auch Prozeßrecht sein kann, so bei den prozessualen Gestaltungsklagen der §§ 771 ff. Es kommt darauf an, ob das im Zweitprozeß anzuwendende sachliche Recht (StJLeipold § 322 Rn 204; Blomeyer § 89 V 2) das Bestehen oder Nichtbestehen des im Erstprozeß rechtskräftig zu- oder aberkannten subjektiven Rechts oder des im Erstprozeß rechtskräftig

bejahten oder verneinten Rechtsverhältnisses voraussetzt. Nicht zu verwechseln hiermit ist die Frage, inwieweit Vorfragen des Erstprozesses in Rechtskraft erwachsen (ie Rn 34, 36).

aa) Präjudizielle Bedeutung hat der Streitgegenstand des Erstprozesses, wenn der zunächst auf Grund einer vertraglichen Leistungspflicht verurteilte Beklagte aus § 812 BGB auf **Rückzahlung** dessen klagt, was er **auf Grund des Urteils geleistet** hat oder was auf Grund des Urteils **beigetrieben** wurde (BGH NJW-RR 87, 831; Zeuner S 55; MK/Gottwald Rn 41), anders wenn die Rückforderung zB bei Verurteilung zu laufenden Leistungen wegen später eingetretener Umstände anstelle der „überholten" Klage gem § 767 verlangt wird (BGH 83, 280; NJW 84, 127). Ebenso liegt es, wenn der zur Zahlung des Kaufpreises rechtskräftig verurteilte Käufer die Forderung zunächst erfüllt, später jedoch den Betrag nach § 467 BGB oder §§ 327, 346 BGB zurückverlangt; der im Zweitprozeß eingeklagte Anspruch setzt voraus, daß der Kaufpreisanspruch nicht (und zwar: nicht mehr; wegen der zeitlichen Komponente des Problems vgl Rn 60, 61) besteht; teilweise (vgl RSchwab/Gottwald § 154 II 1) werden diese Fälle allerdings der Gruppe Rn 21 (Identität des Streitgegenstandes/kontradiktorisches Gegenteil) zugeordnet; wie hier zutr Zeuner aaO, S 14, 55; MK/Gottwald Rn 41. 25

bb) Rückforderung bei Doppelleistung (freiwillig und im Wege der ZwV). Hat der Schuldner vorprozessual seine Schuld freiwillig bezahlt und gelingt es dem Gläubiger gleichwohl, ein rechtskräftiges Urteil auf Zahlung zu erwirken, aus dem er nunmehr die geschuldete Summe ein zweites Mal im Wege der ZwV erlangt, ist die Rückforderung des *beigetriebenen* Betrags durch die Rechtskraft ausgeschlossen (Rn 25), soweit nicht die Voraussetzungen des Urteilsmißbrauchs (§ 826 BGB) vorliegen (Rn 73) oder die Wiederaufnahme (zB gem § 580 Nr 7b) Erfolg hatte. Eine Rückforderung des *freiwillig* Geleisteten dürfte schon aus materiellrechtlichen Gründen scheitern, da die spätere Verurteilung keinen Fall der nachträglichen Zweckverfehlung der freiwillig erbrachten Leistung iS von § 812 I 2, 2. Fall BGB bewirkt (str; vgl mwN 17. Aufl); jedenfalls steht die Rechtskraft der Verurteilung auch der Weiterverfolgung des erfolglosen Erfüllungseinwands mit der Rückforderungsklage entgegen (zutr Zeuner aaO S 91 ff). – Bei der erfolglos, weil zB verspätet erklärten Aufrechnung, hilft die hL mit deren materieller Wirkungslosigkeit (vgl BGH 16, 140; RSchwab/Gottwald § 105 III 2; Blomeyer § 60 II 4c; StJ/Leipold § 145 Rn 56 ff, vgl auch Rn 69). 26

c) Weitere Fälle von Präjudizialität des Streitgegenstandes des Erstprozesses aus der neueren **Rechtsprechung:** Die Abweisung der **Räumungsklage** hindert den Erfolg einer Klage auf Vertragsstrafe wegen angeblich verspäteter Räumung (BGH LM Nr 23 zu § 322); dagegen steht durch die Abweisung der Räumungsklage nicht schon auch rechtskräftig fest, daß die Kündigung, auf die die Klage gestützt war, das Mietverhältnis nicht beendet hat (BGH 43, 144 = NJW 65, 693); umgekehrt wirkt das Räumungsurteil Rechtskraft im Rechtsstreit, in dem der Kläger Ansprüche gegen den Räumungsschuldner daraus herleitet, daß dieser nicht geräumt hat (BGH NJW 69, 1064), zB auf Nutzungsentschädigung gem § 987 BGB (BGH NJW 85, 1553; Hackspiel NJW 86, 1148). – Ist eine Unterlassungspflicht (wettbewerblicher Art) vertraglich begründet, wirkt das **Unterlassungsurteil** nach BGH 42, 340 = LM § 322 Nr 54a, Anm Bock, Rechtskraft für einen späteren Schadensersatzprozeß, jedenfalls für die Zeit ab Erhebung der Unterlassungsklage; dies sollte – so Bock aaO – auch bei Unterlassungsurteilen wegen Verletzung von Schutzrechten, Verstoßes gegen das UWG und wegen unerlaubter Handlung (also bei gesetzlichen Unterlassungspflichten) gelten (ebenso MK/Gottwald Rn 50). Die Rechtskraft eines Unterlassungsurteils schließt auch die Feststellung ein, daß kein dem Unterlassungsanspruch entgegenstehendes Recht besteht (LG Hagen MDR 69, 851; zum ganzen auch § 322 Rn 13 [c]). Ist im Vorprozeß rechtskräftig die Unwirksamkeit einer fristlosen Kündigung festgestellt worden, so kann im folgenden Zahlungsprozeß die **fristlose Kündigung** nicht nachträglich in eine fristgemäße umgedeutet werden (BAG DB 70, 1182; BAG AP Nr 3 zu § 13 KSchG 1969 mit insoweit krit Anm Vollkommer). Ist die prozeßbeendigende Wirkung eines **Prozeßvergleichs** rechtskräftig festgestellt, so kann in einem neuen Prozeß grundsätzlich auch nicht die materiellrechtliche Unwirksamkeit des Vergleichs geltend gemacht werden (BGH 79, 71 = NJW 81, 823 = MDR 81, 492). – Zur Bindungswirkung des **Haftpflichtprozesses** für den Deckungsprozeß s Celle VersR 70, 314. Wird im Haftpflichtprozeß neben dem Schädiger auch der Versicherer unmittelbar in Anspruch genommen, so muß der im ersten Rechtszug mitverurteilte Versicherer im Berufungsverfahren das gegen den Versicherten rechtskräftig gewordene Urteil gegen sich gelten lassen (LG Berlin VersR 76, 580). Ein Herausgabeurteil aus § 985 BGB bindet in einem Zweitprozeß wegen eines Nutzungsanspruchs nach § 987 BGB (BGH LM Nr 14 zu § 322); dies gilt auch dann, wenn diese Klage rechtskräftig abgewiesen wurde (BGH NJW 81, 1517; krit Braun NJW 82, 149); keine Bindung entfaltet ein solches Urteil für den Nutzungsanspruch gem § 988 (BGH NJW 83, 165); die Tarifeinstufung in der Gehaltsklage des Arbeitnehmers ist präjudiziell für den späteren Gehaltsanspruch (BAG NJW 66, 2330; näher zum Eingruppierungsprozeß Zimmerling NZA 89, 418); ist im **Kündigungsschutzprozeß** der Klage stattgegeben worden, kann in einem späteren Prozeß das Fehlen eines Arbeitsverhältnisses überhaupt nicht mehr geltend gemacht werden (BAG NJW 77, 1895; anders bei Klageabweisung: BAG ZIP 91, 885; s auch § 322 Rn 13 [a]); wird der Besitz an einem Sparbuch zugesprochen, ist dies nicht vorgreiflich für die Gläubigerschaft am Sparguthа- 27 ben (BGH NJW 72, 2268). Ist der Schuldner rechtskräftig zur Rechnungslegung verurteilt worden, steht im späteren Prozeß auf Urkundenvorlage die Rechnungslegungspflicht bindend fest (Köln NJW-RR 89, 567 [568]). Ist umgekehrt die zunächst erhobene Klage auf Feststellung eines Arbeitsverhältnisses rechtskräftig abgewiesen worden, ist dies für die spätere Leistungsklage auf Zahlung betrieblichen Ruhegelds präjudiziell (LAG Berlin LAG-E § 322 ZPO Nr 1). Ist die auf einen Betriebsunfall gestützte **Schadensersatzklage** rechtskräftig abgewiesen worden, kann im Folgeprozeß derselbe Beklagte nicht wegen einer zum Verlust des Erstprozesses führenden Amtspflichtverletzung in Anspruch genommen werden, da diese die rechtskräftig verneinte Schadensersatzpflicht gerade voraussetzt (BGH NJW 93, 3204). Ist die Klage auf Feststellung der Schadensersatzpflicht aus unbefugter Bildveröffentlichung rechtskräftig abgewiesen worden, steht im Folgeprozeß auf Ersatz bezifferten Schadens die fehlende Ersatzpflicht bindend fest (BGH NJW 89, 393). Die rechtskräftige Abweisung der auf den Eintritt *gesetzlicher Erbfolge* gestützten Klage eines Miterben auf Einwilligung in eine entsprechende **Berichtigung des Grundbuches** hindert diesen Kläger nicht, mit einer neuen Klage die Berichtigung des Grundbuches mit der Behauptung zu verlangen, nicht der Eingetragene, sondern er habe den Erblasser kraft *Verfügung von Todes wegen* allein beerbt (BGH NJW 76, 1095 = MDR 76, 302 mit zust Anm Schwab FamRZ 76, 268).

28 3) **Nicht gebunden** ist das Gericht des Zweitprozesses, wenn nicht der Streitgegenstand, sondern nur eine Vorfrage des Erstprozesses im Zweitprozeß präjudiziell ist, wenn also **beiden Prozessen** lediglich eine **gemeinsame Vorfrage** zugrunde liegt. Die materielle Rechtskraft wirkt hier nicht, weil sie sich auf präjudizielle Rechtsverhältnisse nicht erstreckt (vgl Rn 34). Schulbeispiel: Die Zinsklage ist abgewiesen, weil das Darlehen nicht bestehe. Die Rechtskraft dieses Urteils hindert nicht, eine neue Zinsrate im Zweitprozeß zuzusprechen, da das Darlehen bestehe. Hierher gehört auch die Klage des Partners eines **gegenseitigen Vertrages,** der einen Teil der ihm hieraus gebührenden Leistungen einklagt; alsdann wird weder über den gegenseitigen Vertrag als solchen, noch über die nicht eingeklagten Ansprüche aus ihm rechtskräftig entschieden (BGH 34, 339; BAG AP Nr 8 zu § 322; zur Teilklagenproblematik näher Rn 44 f). Weitere **Bsp:** Wird der Käufer im Erstprozeß mit dem Anspruch auf Rückzahlung des bar entrichteten Kaufpreisteils abgewiesen, weil der Kaufvertrag bestehe, ist das Gericht im späteren Prozeß auf Zahlung des Restkaufpreises nicht gehindert, die Klage wegen Unwirksamkeit des Kaufvertrags (Widerruf gem § 1b AbzG) gleichfalls abzuweisen (vgl BGH 91, 17). Diese Grundsätze verkennt Celle (NJW 60, 2152), das sich angesichts einer Mietzinsklage für einen bestimmten Zeitraum durch das abweisende Urteil für einen früheren Mietzeitraum zu Unrecht für gebunden hielt; dort wird übersehen, daß von einer Präklusionswirkung (vgl Rn 68) nur für den Streitgegenstand die Rede sein kann, über den entschieden ist (BGH LM Nr 30 zu § 322 = NJW 61, 1772). Aus den gleichen Gründen wird auf eine **Klage wegen Unterhalts** *für eine bestimmte Zeit* nicht über die Unterhaltspflicht des Beklagten schlechthin, sondern nur über die eingeklagten Raten entschieden (vgl LG Münster MDR 57, 682; MK/Gottwald Rn 96; anders dagegen bei Verurteilung für *unbestimmte Zeit:* BGH NJW-RR 87, 642 – Änderung nur über § 323). Mit der Entscheidung über die Vorschußklage der Wohnungseigentümer (vgl § 633 III BGB) ist nicht bindend über die Vorfrage der Einordnung bestimmter Gebäudebestandteile als Sonder- oder gemeinschaftliches Eigentum entschieden (BGH NJW-RR 87, 525, zust Zeiss JR 87, 460), mit der Klage auf Rechnungserteilung gem § 14 I UStG nicht bindend über die Steuerpflichtigkeit der zugrundeliegenden Leistung (BGH 103, 294), mit der Stattgabe der Feststellungsklage auf „Auflösung" eines Pachtverhältnisses nicht bindend über den Gestaltungsgrund (BGH NJW-RR 1988, 199).

29 Gelegentlich bereitet es Schwierigkeiten, diese Fälle richtig einzuordnen. In einem Erstprozeß war ein Schuldner zur Geldzahlung verurteilt worden (Abwandlung von BGH LM Nr 27 zu § 322 = NJW 60, 1460, wo ein außergerichtlicher Titel vorlag); später erhob er **Vollstreckungsgegenklage,** die rechtskräftig abgewiesen wurde, worauf der Gläubiger die Urteilssumme beitrieb. In einem Drittprozeß begehrte der Schuldner Schadensersatz, weil der Anspruch zur Zeit der Vollstreckung bereits erloschen gewesen sei, allerdings aus einem Grund, der auch schon zur Zeit des Zweitprozesses vorgelegen hatte. Der BGH wies die Schadensersatzklage ab, da ihr die Rechtskraft des Zweiturteils entgegenstehe; dieses habe die titulierte Forderung rechtskraftfähig bestätigt. In Wirklichkeit ist der Zahlungsanspruch des Beklagten im Prozeß der Vollstreckungsgegenklage nur Vorfrage; er nimmt an der Rechtskraft des die Klage aus § 767 abweisenden Urteils nicht teil; dieses verneint rechtskräftig lediglich den prozessualen Gestaltungsanspruch aus § 767 (zutr nunmehr BGH 85, 371; NJW 92, 1899 f; MDR 85, 138; sa § 322 Rn 13 aE; § 767 Rn 5). Im Ergebnis ist dem BGH (für die hier gebildete Abwandlung) gleichwohl zuzustimmen: Grund dafür ist § 767 III und damit die Rechtskraft des Leistungsurteils. Eine Bindung zu bejahen ist jedoch in einem Fall, in dem ein Kläger zunächst erfolglos **Schadensersatz in Natur** und später in einem Zweitprozeß **Schadensersatz in Geld** gefordert hatte (BGH NJW 91, 2014 mN; aA RSchwab/Gottwald § 154 I; MK/Gottwald Rn 38, 93), denn der rechtskräftig verneinte Schadensersatzanspruch auf Naturalrestitution (§ 249 S 1 BGB) ist präjudizielles Rechtsverhältnis für den

Anspruch auf Geldersatz (§ 249 S 2 BGB: „statt"). Ist umgekehrt der Beklagte rechtskräftig zur Herstellung verurteilt worden (§ 249 S 1 BGB), kann er später den Geldersatzanspruch des Geschädigten (§ 249 S 2 BGB) nicht mehr dem Grunde nach bestreiten (BGH NJW 91, 2014). Zutreffend und lehrreich ist auch die Entscheidung des BGH LM Nr 48 zu § 322.

V) Objektive Grenzen der Rechtskraft

1) Allgemeines. Die Rechtskraft des Sachurteils (Prozeßurteil vgl Rn 8 und § 322 Rn 1) bindet, wenn der **Streitgegenstand** des Erstprozesses in einem Zweitprozeß erneut zur Entscheidung steht. Zunächst einmal gilt es (Rn 31), die Entscheidung über den Streitgegenstand von ihren Gründen abzugrenzen, da diese an der materiellen Rechtskraft nicht teilnehmen (zum Umfang der Rechtskraft in rechtsvergleichender Sicht s Habscheid, FS Fragistas, Bd I S 529 und Ritter ZZP 87, 138). Da sich die objektiven Grenzen der Rechtskraft eines Urteils nur an Hand des Streitgegenstands bestimmen lassen (dazu Rn 37; grundsätzlich BGH 85, 367 [374] = NJW 83, 390 [391]; BayObLGZ 87, 333) stellt sich schließlich die Frage, ob zwischen Streit- und Urteilsgegenstand ein qualitativer (Rn 38 ff) oder quantitativer (Rn 44 ff) Unterschied besteht. 30

2) Rechtskraftfähiger Inhalt der Entscheidung. a) Beschränkung auf den Entscheidungssatz. Nur der Entscheidungssatz erwächst in Rechtskraft. Die Abgrenzung des Entscheidungssatzes von den tatsächlichen und rechtlichen Zwischenergebnissen, auf denen er beruht („Urteilselemente"; s BGH 93, 335 mN; 107, 243; 123, 140 = NJW 93, 2685; NJW 95, 968; Mädrich MDR 82, 455), ist eine Frage der objektiven Grenzen der Rechtskraft. Unzutreffend wird oft gesagt, daß die Urteilsformel im Sinn von § 313 I Nr 4 im Gegensatz zu den „Entscheidungsgründen" im Sinn von § 313 I Nr 6 in Rechtskraft erwüchse. In Wirklichkeit müssen die **Entscheidungsgründe** und bei nicht streitigen und bestimmten streitigen Urteilen ohne Entscheidungsgründe (vgl §§ 313a, 313b, 495a II) das Parteivorbringen (BGH 35, 338; 124, 166; NJW 83, 2032 mN; BAG NJW 95, 2310) und Parteierklärungen (Köln NJW-RR 93, 1407: Umfang der Anerkenntniserklärung) **herangezogen** werden, wenn der Streitgegenstand und damit der Umfang der Rechtskraft abgegrenzt werden sollen (vgl zB BGH 82, 254; 92, 304; 93, 335 f; 124, 166; NJW 85, 2826 mN; 94, 1223; 95, 967; BAG NJW 94, 2781; vgl auch Schwab, FS für Bötticher 1969, S 321; bei Inkongruenz von Tenor und Gründen sind §§ 319, 321 zu beachten; näher Lindacher ZZP 88, 64); das gilt stets, wenn eine Klage als unzulässig oder unbegründet **abgewiesen** wird (BGH NJW 85, 2535; 86, 1046; 93, 334 und 3205; 95, 1757); ist zB die Klage gegen einen mittelbaren Besitzer auf Herausgabe abgewiesen, so kann damit auch über den Anspruch auf Abtretung des Herausgabeanspruchs gegen den unmittelbaren Besitzer rechtskräftig erkannt sein (BGH 2, 164; vgl weiter BGH NJW 65, 42; J. Blomeyer NJW 69, 587 und Rn 42 aE). Das gilt aber auch, wenn eine Leistungs- oder Feststellungsklage wegen Gattungsverbindlichkeiten Erfolg hat. Es gilt also, den durch Auslegung des ganzen Urteils zu gewinnenden Entscheidungssatz von den **Urteilselementen** abzugrenzen, die nicht in Rechtskraft erwachsen (BGH 92, 335; 123, 140; NJW 83, 2032; 93, 3205; 95, 967 und 2993 mN). Ist der Klage dagegen voll stattgegeben worden, so soll der Kläger durch einschränkende Gründe der Entscheidung nicht beschwert sein (so Celle OLGZ 79, 195; in dieser Allgemeinheit bedenklich; aA auch BGH NJW 79, 1047). Ist umgekehrt die Klage abgewiesen, so ist auch der Beklagte durch ihm nachteilige Feststellungen nicht beschwert (BGH 82, 253 = NJW 82, 579); etwas anderes gilt freilich, wenn es sich nur um eine eingeschränkte Klageabweisung handelt. Bsp: Abweisung als „zur Zeit unbegründet" (BGH 82, 254 = NJW 82, 580; dazu näher Rn 56 ff). 31

b) Nicht rechtskraftfähige Urteilsbestandteile. aa) Tatsachen, von denen das Gericht als unstreitigem oder erwiesenem Prozeßstoff ausgeht, werden niemals rechtskräftig festgestellt (BGH 123, 140; NJW 83, 2032 mN; 94, 1222 f; zur davon zu unterscheidenden Tatsachenpräklusion s unten Rn 70), zB die Annahme von Vorsatz durch den Berufungsrichter an Stelle von Fahrlässigkeit durch das Erstgericht (BGH LM § 322 Nr 2), die Begehung einer arglistigen Täuschung durch eine Vertragspartei (BGH NJW-RR 88, 199), die Beendigung des ArbVerh aus Verschulden des Arbeitnehmers (BAG NZA 92, 1086 [1088]). Dies gilt auch, wenn nach sachlichem Recht die getroffene Entscheidung ohne die zugrunde gelegte Tatsache keinesfalls hätte ergehen dürfen. Ausnahme: Bei der Feststellungsklage (§ 256) über die Echtheit oder Unechtheit einer Urkunde. 32

bb) Auch **abstrakte Rechtsfragen** (BGH NJW 83, 2032 mN; BL/Hartmann § 322 Rn 17), über die das Gericht befinden muß, um zu einer Entscheidung über den Streitgegenstand zu gelangen, sind nicht Gegenstand der rechtskraftfähigen Entscheidung, können also ebenso wie der Tatsachenstoff in einem neuen Prozeß zwischen den Parteien abweichend beurteilt werden. Berechnung des Pflichtteils nach Ertrags- oder Verkehrswert (BGH NJW 92, 66). Das gleiche gilt für die vom Gericht gezogenen **rechtlichen Folgerungen** (BGH NJW-RR 87, 526 = MDR 87, 574; Bsp: Rn 28). 33

cc) Präjudizielle Rechtsverhältnisse und Vorfragen werden nur rechtskraftfähig festgestellt, wenn sie Streitgegenstand waren (zB bei Feststellungsklage, insbes gem § 256 II, oder ein schuldrechtlicher Anspruch bei Leistungsklagen), nicht dagegen wenn über sie nur als **Vorfragen** zu entscheiden war (BGH 46, 145; 93, 335; 94, 33; 123, 140 mN = NJW 93, 2685; NJW 95, 2993; 96, 34

58; vgl die Beispiele in Rn 28, 36). Daraus ergeben sich wichtige Konsequenzen für die Rechtskraft von **Teilurteilen** (Rn 46 ff).

34a **dd) Einwendungen, Einreden, Gegenrechte** (zB gem §§ 273, 320, 348, 478, 639 BGB) nehmen idR nicht an der Rechtskraft teil (arg § 322 II, dort Rn 15; BGH NJW 95, 967; eingehend: Doderer NJW 91, 878; Batschari/Durst NJW 95, 1650; Foerste aaO [Rn 36]). Bsp: Bei einer Verurteilung **Zug um Zug** (§§ 274, 322 BGB) wird der Anspruch auf die Gegenleistung nicht rechtskräftig festgestellt (BGH 117, 2 f mwN = NJW 92, 1172 = MDR 92, 293 = LM § 322 Nr 133 mit Anm Grunsky). Rechtskräftig festgestellt wird aber bei gleichzeitiger Teilabweisung der uneingeschränkt erhobenen Klage die aus dem Bestehen des Gegenanspruchs sich ergebende Beschränkung des Klageanspruchs (BGH 117, 4 = aaO im Anschluß an Zeuner aaO S 75 ff); dies gilt nicht, wenn der Kläger von vorneherein auf eingeschränkte Leistung geklagt hat (BGH 117, 3 = aaO, zust Grunsky aaO). Zur Präklusion nicht ausgeübter Gestaltungsrechte s Rn 62 ff.

35 **c) Bestimmung durch den Streitgegenstand. Anknüpfungspunkt** für die objektiven Grenzen der Rechtskraft sind also weder Tatsachen noch Rechtsfragen noch Rechtsverhältnisse, sondern ist ausschließlich der **Streitgegenstand,** über den im Erstprozeß tatsächlich *entschieden* wurde (BGH 85, 374 = NJW 83, 390; 94, 33 = NJW 85, 2481; 117, 5 = aaO [Rn 34a]; 124, 166 = NJW 94, 460; NJW 93, 2938; BayObLGZ 87, 333 ff). Wird er in einem neuen Verfahren als Vor- oder Hauptfrage erneut zur Entscheidung gestellt, so hindert die Rechtskraft das Gericht an einer abweichenden Beurteilung bzw macht den Prozeß unzulässig. Soweit ausnahmsweise die rechtliche Einordnung des Streitgegenstands diesen individualisiert (Zusprechung des Zahlungsanspruchs aus § 826 BGB, weil ihm gegenüber die Aufrechnung unzulässig ist, § 393 BGB, oder weil eine Vollstreckung gem § 850 f II beabsichtigt ist), kann auch diese Einordnung in Rechtskraft erwachsen (vgl dazu StJLeipold Rn 124 ff mwN, insbes Rn 130; Konsequenz aus BGH 109, 276 = NJW 90, 834 = Rpfleger 90, 246 mit Anm Münch, ie str; aA MK/Gottwald Rn 86; s dazu Lit oben Rn 20; § 322 Rn 9).

36 **d) Beispiele für nicht von der Rechtskraft erfaßte präjudizielle Rechtsverhältnisse. Lit:** *Foerste* ZZP 108, 167. Der Grundsatz gem Rn 34 führt bei „Ausgleichszusammenhängen" zu deren Zerreißung (krit Foerste aaO, der für Rechtskrafterstreckung auf gemeinsame Vorfragen eintritt, aaO S 175 ff), wird aber iü in Rechtsprechung und Literatur nicht immer konsequent beibehalten. So wird von der hL (RG JW 36, 3047; Zeuner 143 ff; Blomeyer § 89 V 4d; StJLeipold § 322 Rn 92 und 220; MK/Gottwald Rn 95) angenommen, es sei über das **Eigentum** rechtskraftfähig erkannt, wenn über eine auf Eigentum gestützte **Klage aus § 894 BGB** entschieden sei. In Wahrheit ist aber das Eigentum für einen Anspruch aus § 894 BGB ebenso nur präjudizielles Rechtsverhältnis wie bei einem Anspruch aus § 985 BGB, wo allgemein anerkannt ist, daß die Entscheidung über das Eigentum nicht in Rechtskraft erwächst (anders allerdings auch hier Zeuner aaO). Ist die Klage des Grundeigentümers auf Löschung der Hypothek abgewiesen worden, so steht die Rechtskraft dieses Urteils nur der Vollstreckungsklage wegen des dinglichen Anspruchs, nicht aber wegen der persönlichen Forderung entgegen (BGH LM § 322 Nr 16). Die Abweisung der Klage des Grundeigentümers auf Rückabtretung der Grundschuld wirkt nach BGH LM § 322 Nr 47 auch Rechtskraft, wenn der Erstbeklagte nun aus § 1147 BGB gegen den Eigentümer klagt. In beiden Fällen wird zu Unrecht einer Vorfrage Rechtskraft zugeschrieben. Um ein präjudizielles Rechtsverhältnis handelt es sich auch bei **gegenseitigen Verträgen,** wenn ein bestimmter Anspruch aus einem solchen eingeklagt wird. Über das Vertragsverhältnis wird hier grundsätzlich nicht entschieden, so daß ein Gericht in einem zweiten Prozeß über die Gegenleistung des Klägers des Erstprozesses nicht gebunden ist (MK/Gottwald Rn 51, 87; StJLeipold Rn 217; str; aA Foerste aaO S 175 ff im Anschluß an Zeuner aaO S 75 ff; sa Blomeyer § 89 V 4a; R-Schwab 14. Aufl § 155 III 2; zweifelhaft BGH 117,4). Bsp: Ist eine Partei aus einem gegenseitigen Vertrag rechtskräftig zur Leistung verurteilt worden, steht deswegen im Zweitprozeß über die Gegenleistung die Wirksamkeit des Vertrags noch nicht bindend fest (aA Foerste aaO S 190). Ist das im Kündigungsschutzstreit ergangene **Beschäftigungsurteil** rechtskräftig geworden, so steht nur die *Verpflichtung des Arbeitgebers,* den Arbeitnehmer bis zur rechtskräftigen Beendigung des Rechtsstreits zu beschäftigen, rechtskräftig fest, *nicht* dagegen die Dienstleistungspflicht des Arbeitnehmers, *nicht* auch die Lohnzahlungspflicht des Arbeitgebers aus § 615 BGB (vgl BAG NJW 86, 1832). Zu Unrecht aA ist Blomeyer (§ 89 V 4a); er beruft sich auf den von Zeuner (S 75 ff) geprägten Begriff des „Sinnzusammenhangs", der aber zu unbestimmt ist, um mit seiner Hilfe die Grenzen der Rechtskraft abstecken zu wollen (zutr MK/Gottwald Rn 48 ff; iS von Zeuner aber nunmehr Foerste aaO). Besteht für eine Partei das Bedürfnis nach rechtskraftfähiger Entscheidung über vorgreifliche Rechtsverhältnisse, so muß und kann sie den Weg des § 256 II gehen (skeptisch Foerste aaO S 174 f). – Das der **Ehelichkeitsanfechtungsklage** des Mannes stattgebende Urteil stellt nur den Status des Kindes als nichtehelich fest. Im folgenden Vaterschaftsfeststellungsprozeß steht die Rechtskraft des Urteils im Anfechtungsprozeß der Verteidigung des als Erzeuger in Anspruch genommenen Mannes, das Kind stamme doch vom Ehemann der Mutter ab, nicht entgegen (BGH 83, 394 f = NJW 82, 1653 = MDR 82, 749;

MK/Gottwald Rn 90, str; aA München NJW 77, 341). – Wegen weiterer Beispiele für präjudizielle Rechtsverhältnisse, über die nicht rechtskraftfähig entschieden wird, vgl Rn 28, 46 f und StJ/Leipold § 322 Rn 89 ff. Mit der im Arrestprozeß ergangenen Kostenentscheidung nach § 91a wird keine Rechtskraftwirkung bezüglich der Rechtmäßigkeit des Arrests geschaffen (BGH WM 66, 192).

3) Das **Urteil entscheidet rechtskraftfähig darüber, ob eine bestimmte Rechtsfolge eingetreten ist** oder nicht (BGH 42, 349; NJW 93, 3205 mN; 95, 967). Das gilt einheitlich für das Urteil nach Leistungs-, nach Feststellungsklagen; für Gestaltungsurteile vgl § 322 Rn 4; für Prozeßurteile vgl § 322 Rn 1, 2. **Rechtsfolge** im Sinn des Streitgegenstandsbegriffs kann sowohl ein Leistungsanspruch gegen den Beklagten sein, um den in einem Leistungsprozeß gestritten wird, als auch ein absolutes Recht oder Rechtsverhältnis, das gemäß § 256 I, II festgestellt werden soll. Für den Streitgegenstandsbegriff belanglos ist es, ob die Rechtsfolge (wirklich oder angeblich) auf Grund einer oder mehrerer konkurrierender Normen des sachlichen Rechts eingetreten ist; der prozessuale Streitgegenstandsbegriff ist von dem Begriff des materiellen subjektiven Rechts zu lösen (vgl zB BGH 36, 368; MK/Gottwald Rn 102). Handelt es sich um eine Rechtsfolge, die ihrer Art nach einmalig ist, so bedarf es keiner weiteren Abgrenzungsmerkmale (Blomeyer § 89 III 2). Ist dagegen die **Rechtsfolge ihrer Art nach wiederholbar,** wie zB ein Anspruch auf Übereignung und (oder) Übergabe von Gattungssachen, so dient der dem Erstprozeß zugrunde liegende **Lebenssachverhalt** dazu, die streitgegenständliche Rechtsfolge zu individualisieren. Ihrer Art nach wiederholbar sind auch andere zahlenmäßig bestimmte Rechtsfolgen, zB der Anspruch auf Einräumung eines bestimmten Miteigentumsanteils an einer Sache (vgl BGH 36, 368). Keine rechtskraftfähige Entscheidung liegt vor, wenn ein Zahlungsanspruch auf verschiedene Lebenssachverhalte gestützt wurde, das Gericht aber nicht klarstellt, welcher Streitgegenstand verbeschieden ist (Hamm NJW-RR 92, 1279; dazu Einl Rn 74). 37

4) Beschränkung der Rechtskraft auf den „Urteilsgegenstand"? a) Fragestellung. Wird die streitige Rechtsfolge bejaht, so stimmen Streitgegenstand und Urteilsgegenstand überein. Verneint dagegen das Urteil die Rechtsfolge, so ist umstritten, ob dieses Urteil ausnahmslos bindet, oder ob in einem Zweitprozeß wenigstens solche rechtlichen Gesichtspunkte erneut geprüft werden dürfen, die das Urteil des ersten Verfahrens nicht behandelt hat. 38

b) Grundsätzliche Identität von Urteils- und Streitgegenstand. Der ersteren Ansicht ist zuzustimmen. Der Streitgegenstand, über den *entschieden* wird, ist auch für die Grenzen der Rechtskraft kein anderer als er den Begriffen der Klagehäufung, Klageänderung und Rechtshängigkeit zugrunde liegt (Schwab, Der Streitgegenstand, S 139 f; Habscheid, Streitgegenstand, S 284 ff; Jauernig § 37 VII 3, § 63 III 6; RSchwab/Gottwald § 153 I 1; MK/Gottwald Rn 104, str; aA zB StJ/Leipold § 322 Rn 104; vgl. auch Einl Rn 61). Zur Bindung an die materiell-rechtliche Einordnung des Klageanspruchs vgl Rn 35, zu Einschränkungen des Grundsatzes s oben Rn 31 aE sowie unten Rn 42 f, 58. 39

Das der Leistungsklage **stattgebende Urteil** stellt fest, daß die bejahte Rechtsfolge mit allen in Betracht kommenden Gegennormen vereinbar ist, daß ihr gegenüber also keine solche Gegennorm durchgreift (zB nicht § 254 BGB gegenüber einem rechtskräftig festgestellten Schadensersatzanspruch, BGH NJW 82, 2257), gleichgültig, ob das Gericht alle Gegennormen geprüft hat (BGH NJW 82, 2257; 88, 2375 f = MDR 88, 944). 40

Umgekehrt stellt das **klageabweisende Urteil** nach einer Leistungs- oder positiven Feststellungsklage fest, daß die streitige (nur der Gattung nach bestimmte) Rechtsfolge unter keinem denkbaren rechtlichen Gesichtspunkt aus diesem Lebenssachverhalt hergeleitet werden kann, mag auch das Gericht die rechtlichen Gesichtspunkte nicht vollzählig geprüft haben (BGH NJW 95, 1758). Wird in einem Prozeß wegen eines Kaufpreisanspruches vorgetragen, daß die Ware dem Beklagten geliefert und von ihm inzwischen verbraucht wurde, die Klage aber gleichwohl abgewiesen, so kann der Kläger diesen Geldanspruch in einem späteren Prozeß auch nicht mehr unter den Gesichtspunkten des Schadensersatzes oder der §§ 812 ff BGB durchsetzen, mag auch das Gericht im Erstprozeß diese Gesichtspunkte nicht geprüft (übersehen) haben (BGH NJW 90, 1796 = MDR 90, 607 [LS]; Köln MDR 84, 151, hM; aA Blomeyer § 89 III 4; vgl hierzu auch Einl Rn 70). Wird ein beziffertер Leistungsantrag abgewiesen, erfaßt die Klageabweisung auch den unbezifferten Hilfsantrag (BGH NJW-RR 91, 1278). Wird in einem Urteil die Unterhaltsklage wegen fehlender Bedürftigkeit des Klägers oder mangelnder Leistungsfähigkeit des Beklagten abgewiesen, so steht die Rechtskraft dieser Entscheidung der Erhebung einer neuen Leistungsklage nicht entgegen, wenn die fehlenden Anspruchsvoraussetzungen später eintreten (BGH 82, 250 f; NJW-RR 90, 391 mwN; bei der Abänderungsklage bestehen insoweit keine Besonderheiten: Hamm NJW 95, 2043). 41

c) Einschränkungen. Die Gegenansicht wird teils damit begründet, daß der Streitgegenstand mit dem materiellen subjektiven Recht gleichzusetzen sei (vgl dazu die Ausführungen über den Begriff des Streitgegenstandes, Einl Rn 62), teils damit, daß der Begriff des prozessualen Streitgegenstandes zu vage sei, um die objektiven Grenzen der materiellen Rechtskraft abzustecken 42

(Blomeyer § 89 III 2). Diese Lehrmeinungen sind abzulehnen. Auch eine Beschränkung des Urteilsgegenstands (gegenüber einem weitergehenden Streitgegenstand) durch Zuständigkeits- und Rechtswegnormen scheidet aus (ie Einl Rn 85; § 12 Rn 21; § 32 Rn 20); das zulässig angegangene Gericht hat vielmehr den Rechtsstreit umfassend „unter allen in Betracht kommenden rechtlichen Gesichtspunkten" zu entscheiden (§ 17 II GVG nF; dazu BGH 114, 1 = NJW 91, 1686). Zu einer *Einschränkung der Rechtskraft* kann es aber ausnahmsweise noch kommen, wenn das Gericht in der klageabweisenden Entscheidung ausdrücklich sagt, daß es einen oder mehrere rechtliche Gesichtspunkte nicht geprüft hat, etwa weil der Kläger (zulässiger- oder unzulässigerweise, vgl dazu Einl Rn 84) verlangt hatte, die streitgegenständliche Rechtsfolge nur unter ganz bestimmten rechtlichen Gesichtspunkten zu prüfen oder sie unter bestimmten Gesichtspunkten nicht zu prüfen. Ferner kann ein Gericht auch deswegen einen Gesichtspunkt bewußt ungeprüft lassen, weil es einen materiell-rechtlichen Streitgegenstandsbegriff zugrunde legt (ebenso MK/Gottwald Rn 112). Stets aber ist erforderlich, daß das Gericht **einen rechtlichen Gesichtspunkt bewußt ausgespart** hat (zu entspr Vorbehalten s Rn 43); keinesfalls ermangelt die formell rechtskräftige Klageabweisung deshalb der umfassenden materiellen Rechtskraft, weil das Gericht eine Anspruchsnorm übersehen hat, mag dies auch darauf beruhen, daß der Kläger diesen Anspruchsgrund nicht in den Prozeß eingeführt hat. Jura novit curia!

43 Um die objektiven Grenzen der Rechtskraft des klageabweisenden Urteils zu bestimmen, darf also nicht geprüft werden, welche klagebegründenden Normen das Gericht untersucht und abgelehnt hat. Vielmehr muß umgekehrt gefragt werden, welche Gesichtspunkte des materiellen Rechts das Gericht ausnahmsweise bewußt – wenn auch vielleicht zu Unrecht – außer Betracht gelassen hat. Ergibt sich derartiges aus den Entscheidungsgründen nicht, so ergreift die materielle Rechtskraftwirkung den Streitgegenstand in vollem Umfang (vgl Jauernig § 63 III 6; BGH VersR 78, 59). **Einschränkungen** dieses Grundsatzes können sich jedoch bei einem *fehlerhaften Verfahren* des Gerichts ergeben. Bsp: Hat das Gericht zu Unrecht entspr einer Mindermeinung entgegen der Vorrangregel (Rn 10 vor § 253) die *Zulässigkeit der Klage* bewußt ungeprüft gelassen, weil die Unbegründetheit der Klage ohne weiteres feststehe, so erwächst das (alternativ begründete) klageabweisende Urteil nicht in Rechtskraft (vgl Grundmann ZZP 100, 37 ff, 39; aA MK/Gottwald Rn 161). Ebenso ist eine Einschränkung der Rechtskraft anzunehmen, wenn das Gericht – zu Unrecht – durch einen entspr *Vorbehalt* eindeutig zum Ausdruck bringt, keine „umfassende", sondern nur eine in bestimmte Richtung eingeschränkte Entscheidung treffen zu wollen (offenlassend BGH NJW 89, 393 [394]). Auch ohne ausdrücklichen Vorbehalt kann im Einzelfall die *Auslegung* des Urteils (s allg Rn 31) ein Zurückbleiben des Urteils- gegenüber dem (umfassenden) Streitgegenstand ergeben. Bsp: Ist auf Feststellung der KG-Mitgliedschaft geklagt und ist die klageabweisende Entscheidung auf die Verneinung eines (erbrechtlichen) Erwerbs eines KG-Anteils gestützt, ist die Stellung als Mitglied aufgrund eines (fortbestehenden) originären KG-Anteils nicht rechtskräftig aberkannt (BayObLGZ 87, 335).

44 **5) Umfang der Rechtskraft bei Teilentscheidungen und Entscheidung über Teilklagen. Lit:** *Leipold*, Teilklagen und Rechtskraft, FS Zeuner, 1994, 431. **a) Allgemeines.** Der Urteilssatz, der mit Hilfe der Entscheidungsgründe auszulegen ist (s Rn 31), bestimmt Inhalt und Umfang der bejahten oder verneinten Rechtsfolge. Geht das Gericht hierbei über die Anträge der Parteien hinaus, so liegt zwar wegen § 308 ein Verfahrensverstoß vor, aber die Rechtskraft eines solchen Urteils ist gleichwohl in vollem Umfang zu beachten (BGH 34, 339; Hamm MDR 85, 241). Schwierigkeiten können dagegen entstehen, wenn das (zusprechende) Urteil **hinter dem Streitgegenstand** (Rn 46) oder jedenfalls hinter dem (nicht in vollem Umfang) eingeklagten **materiellen subjektiven Recht** (Rn 47 ff) **zurückbleibt.** Insoweit ist nach der Art der eingeklagten Rechtsfolge zu unterscheiden. Soweit sie ihrer Art nach unwiederholbar ist, wirft die quantitative Abgrenzung des Urteilsgegenstandes keine Probleme auf; Ansprüche anderer Art, die im Erstprozeß nicht Streitgegenstand waren, darf der siegreiche Kläger auch auf Grund desselben Sachverhalts in einem Zweitprozeß unbeschränkt geltend machen.

45 Anders liegt es bei **ihrer Art nach wiederholbaren und deshalb zahlenmäßig bestimmten Ansprüchen.** Häufigster Fall sind Ansprüche auf Übergabe und Übereignung von Geld und anderen vertretbaren Sachen („Teilklagen"; dazu Zeiss NJW 68, 1305 ff; Leipold aaO S 434). Hierher gehört aber zB auch ein Anspruch auf Einräumung eines zahlenmäßig bestimmten Bruchteils an einer Sache (Rn 37, str; abw BGH 36, 368: einheitlicher Anspruch). Macht in solchen Fällen der im Erstprozeß siegreiche Kläger einen weiteren Anspruch derselben Art in einem Zweitprozeß zusätzlich geltend, so fragt es sich, ob dem die Rechtskraft des ersten Urteils entgegensteht. Das Problem der Rechtskraft gegen den siegreichen Kläger stellt sich nur, wenn der zusätzliche Anspruch und der rechtskräftig zugesprochene Anspruch, wären sie zusammen in der ersten Klage geltend gemacht worden, einen einheitlichen Streitgegenstand (also keinen Fall der objektiven Klagenhäufung) gebildet hätten, insbesondere also, wenn der zusätzliche Anspruch auf demselben Sachverhalt beruht wie der zunächst eingeklagte. Nicht erhebt sich das Problem, wenn der Streitgegenstand des zweiten Rechtsstreits zwar auf dem gleichen Lebens-

sachverhalt beruht, sich jedoch nach Art und Inhalt vom Streitgegenstand des Erstprozesses unterscheidet; nicht erhebt es sich, wenn ein zwar gleichartiger Anspruch erhoben wird, dieser aber einem anderen Lebenssachverhalt entspringt (vgl BGH LM § 322 Nr 4; BAG NJW 63, 925). Wegen der danach verbleibenden Fälle eines gleichartigen Anspruchs aus demselben Sachverhalt ist zwischen offenen und verdeckten Teilklagen, voll stattgebenden und die Teilklage (teilweise) abweisenden Urteilen zu unterscheiden (Rn 47–50).

b) Materielle Rechtskraft bei Teilentscheidungen. § 301 erlaubt dem Gericht, ein **Teilendurteil** zu erlassen, also in seinem Urteil zunächst quantitativ hinter dem Streitgegenstand zurückzubleiben. Der Restanspruch bleibt dann in der Instanz anhängig (BGH NJW 67, 1231), wobei das Teilurteil für den Rest keine Rechtskraft wirkt (BGH 85, 373 f; NJW 67, 1231; 85, 2826), selbst wenn sich das Urteil darüber ausläßt (BGH 93, 334 mwN; NJW 94, 3166; § 301 Rn 1). Anders, wenn der Streitgegenstand des rechtskräftigen Teilurteils (Deckungsanspruch des Versicherungsnehmers) vorgreiflich für die Widerklage (Rückgriffsanspruch des Versicherers) ist; dann besteht eine Bindung, auch wenn sich inzwischen die höchstrichterliche Rspr geändert hat (Frankfurt VersR 70, 217); zu Bindungswirkungen kann es auch bei *unzulässigen* Teilurteilen kommen (s § 301 Rn 13). Entscheidet das Gericht in einem als (Voll-)Endurteil bezeichneten Urteil versehentlich über den Streitgegenstand nicht in vollem Umfang, so steht dem Kläger der Weg des § 321 und daneben nach hM auch die Möglichkeit einer neuen Klage offen, wenn die Rechtshängigkeit erloschen ist, § 321 II; näher dazu § 321 Rn 2, 8. 46

c) Materielle Rechtskraft bei Teilklagen und Nachforderungsklagen. Wo dagegen das Urteil den Streitgegenstand der Klage quantitativ ausschöpft **(Vollendurteil)**, entsteht das Problem, ob die Rechtskraft *stets* auf den geltend gemachten Anspruchsteil *beschränkt* bleibt oder, namentlich bei teilweiser oder völliger Klageabweisung, eine *Rechtskrafterstreckung* auf den Gesamtanspruch zu Lasten des Klägers anzuerkennen ist. Zwei Fallgestaltungen sind zu unterscheiden: **(1)** Bei der **offenen Teilklage** wird überwiegend vertreten (vgl BGH 85, 373 f = NJW 83, 390 [391] = MDR 83, 394 [395]; NJW 94, 3165 mN = MDR 95, 69; ThP § 322 Rn 22 ff; StJ/Leipold § 322 Rn 161 ff; RSchwab/Gottwald § 154 V; Batsch ZZP 86, 254; MK/Gottwald Rn 117, wohl auch BAG MDR 72, 83, zust Zeuner), daß der siegreiche Kläger durch das rechtskräftige Urteil nicht gehindert sein kann, Ansprüche der gleichen Art aus demselben Sachverhalt zu erheben (zur Abgrenzung s Rn 48). Für diese Meinung wird angeführt, daß die Klage den Streitgegenstand quantitativ umgrenzt und weitere Ansprüche nicht Gegenstand des Erstprozesses waren (grundsätzlich BGH 85, 373 f; NJW-RR 87, 525 [526]). Umgekehrt bedeutet die rechtskräftige Bejahung des eingeklagten Teils noch keine Bindungswirkung hinsichtlich des (rechtskraftfreien) Rests (BGH 34, 339, ganz hM; aA Leipold aaO 445 ff: § 304 entspr; abzulehnen: § 308 I). Aber auch bei dem die Teilklage (voll oder teilweise) *abweisenden* Urteil ist die Rechtskraft auf den geltend gemachten Anspruchsteil beschränkt (Rosenberg/Schwab/Gottwald § 154 V; Jauernig § 62 II; Schellhammer Rn 858; ThP § 322 Anm 6a, hM; aA Zeiss Rn 581; AK/Fenge § 322 Rn 21; eingehend Leipold FS Zeuner, S 439 ff), der Kläger also an einer neuen Klage auf den Rest nicht gehindert (Bsp: BAG aaO [Rn 49]). Die Gegenansicht verstößt gegen § 308 (dort Rn 2) und den Grundsatz der Parteiherrschaft, der auch eine risikobeschränkende Prozeßführung gewährleistet; der Beklagte kann gem § 256 II vorgehen. Beispiele: Rn 49, 50. 47

(2) Anders ist in den Fällen der sog **verdeckten Teilklagen** zu entscheiden, wo der Kläger mit der Klage den Eindruck erweckt, es handle sich um die einmalige Geltendmachung eines Gesamtanspruchs. So bejaht der BGH (34, 337; 36, 365; ebenso Celle WM 88, 354; Schleswig DNotZ 87, 384) die Rechtskrafterstreckung auf den nicht beschiedenen Teil des Anspruchs, wenn die Klage nicht als Teilklage (gegen diesen Begriff in diesem Zusammenhang Batsch ZZP 86, 254) erkennbar war, insbesondere also, wenn sich der Kläger nicht Mehrforderungen vorbehalten hat (so auch BL/Hartmann § 322 Rn 53; Bötticher MDR 62, 724; Jauernig § 63 II; offengelassen BGH 85, 305 = NJW 82, 1154 [1155]; **einschr** BGH NJW 94, 3166; **aA** Düsseldorf NJW 93, 803; MK/Gottwald Rn 119). Eines Vorbehalts bedarf es hiernach nur dann nicht, wenn der Anspruch entweder nach der Art des Anspruchsgrundes naturgemäß nicht auf eine bestimmte Geldsumme gerichtet ist oder wenn er aus sonstigen Gründen nicht üblicherweise in einer einzigen Klage voll geltend gemacht wird (zur Abgrenzung BGH NJW 94, 3166). Ohne Vorbehalt zulässig ist danach eine sog Nachforderung in erster Linie bei Vorschuß- (Rn 47) und bei Schadensersatz- und Ausgleichsansprüchen (Rn 49); auch hier ist aber jeweils zu prüfen, ob das Unterlassen eines Vorbehalts durch den Kläger in dem ersten Prozeß nicht als Verzicht auf weitergehende Ansprüche aufzufassen war (sa Rn 50). Angesichts der streitigen Rechtsfrage wird es sich in der Praxis jedenfalls empfehlen, Teilklagen als solche zu kennzeichnen. Dies ist besonders bei Geltendmachung von **Unterhaltsansprüchen** zu beachten, bei denen die Vermutung gegen eine Teilklage spricht (BGH 96, 213; NJW 94, 3166 mN, stRspr; Bsp: Rn 49; vgl hierzu auch § 323 Rn 20 ff). 48

d) Einzelne Fallgruppen von Nachforderungsklagen (Bsp zu Rn 47, 48). Hat der Kläger aus einem höheren Gesamtanspruch auf **Vorschuß** nur einen Teilbetrag eingeklagt, der ihm voll 49 zugesprochen wurde, so steht einer Nachforderungsklage nicht entgegen, daß das Gericht den Gesamtanspruch (gerade) nur in Höhe des eingeklagten Teils als berechtigt angesehen hat (vgl BGH NJW-RR 87, 525 = MDR 87, 574, zust Zeiss JR 87, 460, abw aber jetzt ZPR Rn 581); das gleiche gilt, wenn der Kläger den (vermeintlich) vollen **Kostenvorschuß** zur Mängelbeseitigung geltend gemacht und zugesprochen erhalten hat (München NJW-RR 94, 785). – Hat der Kläger nur **einzelne Raten** eines umfassenden Anspruchs geltend gemacht, steht die auf Verneinung des Stammrechts gestützte Abweisung der Einzelraten einer neuen (Einzel-)Klage und einer abw Beurteilung des Stammrechts nicht entgegen (BAG EzA § 5 BetrAVG Nr 16, S 4). – Bei fehlender Kennzeichnung der **Unterhaltsforderung** als „Elementarunterhalt" im Erstprozeß kann nicht Nachforderung von „Vorsorgeunterhalt" im Folgeprozeß geltend gemacht werden (Hamm FamRZ 84, 393; Karlsruhe NJW 95, 2795). – War im Vorprozeß **Zugewinnausgleich** erkennbar nur als Teilklage erhoben, ist Nachforderung von weiterem Zugewinnausgleich zulässig (BGH NJW 94, 3166; FamRZ 96, 853). – Ist der **Schmerzensgeldklage** stattgegeben worden, so kann nicht mit der Begründung, die eingetretenen Verletzungsfolgen seien nicht zutreffend gewürdigt, eine „Nachforderungsklage" erhoben werden (BGH NJW 88, 2300 mN = MDR 88, 951; Düsseldorf OLGZ 94, 547: Einlegung von Rechtsmittel geboten). Die Rechtskraft des ersten Urteils steht jedoch der Klage auf weiteres Schmerzensgeld dann nicht entgegen, wenn Verletzungsfolgen geltend gemacht werden, die bei der ursprünglichen Bemessung noch nicht eingetreten waren oder mit deren Eintritt nicht oder nicht ernstlich zu rechnen war (BGH NJW 80, 2754 mN; 95, 1614 mN; vgl auch Rn 57). – Ist aufgrund eines vertraglichen Wettbewerbsverbots eine zeitlich beschränkte **Unterlassung** verlangt und zugesprochen worden („Unterlassung bis..."), so ist über den Unterlassungsanspruch in seiner Gänze und nicht nur zum Teil entschieden worden, so daß der Geltendmachung einer zeitlichen Erstreckung der Unterlassungspflicht mit einer neuen Klage die Rechtskraft des Unterlassungsurteils entgegensteht (Koblenz GRUR 88, 478).

50 Die Klageabweisung in der Hauptsache umfaßt auch den **Zinsanspruch** (BGH FamRZ 87, 352), so daß dessen nachträgliche gesonderte Geltendmachung ausscheidet. Sind dagegen im Vorprozeß Zinsen in bestimmter Höhe als „mindestens" entstandener Zinsschaden *zugesprochen* worden, kann eine Nachforderung von **Mehrzinsen** im Zweitprozeß aus materiellrechtlichen Gründen (Verzicht; § 242 BGB) unbegründet sein (BGH NJW 79, 720; abw Köln BB 94, 1814: Fall von § 322).

51 e) **Sonderproblem.** Fehlt bei einer aus mehreren Einzelposten zusammengesetzten Teilklage die erforderliche Aufteilung auf die Klagesumme (vgl § 253 Rn 15; sog **nicht individualisierte Teilklage**), kommt einem stattgebenden Urteil keine materielle Rechtskraft zu (BGH 124, 166 mwN = NJW 94, 460; dazu krit Pawlowski AcP 195, 548; Rn 18 vor § 300); verneint das Gericht *ohne Teilabweisung* einzelne Posten, die es aus der Gesamtforderung ergänzt, so wirkt das Urteil hinsichtlich der verneinten Posten keine Rechtskraft gegen den Kläger (Zeiss JR 87, 460 in zust Anm zu BGH NJW-RR 87, 525).

VI) Subjektive Grenzen der Rechtskraft

52 Das Urteil wirkt grundsätzlich nur im Verhältnis der (tatsächlichen) Parteien zueinander (§ 325 Rn 3); wegen der Ausnahmen vgl Anm zu §§ 325 ff.

VII) Zeitliche Grenzen der Rechtskraft und Präklusion

53 1) **Allgemeines.** Das Zivilurteil berücksichtigt grundsätzlich nur Tatsachen, die vor der letzten mündlichen Tatsachenverhandlung eintreten. Im Fall des § 128 II, III ist der entsprechende Zeitpunkt maßgebend, s Rn 18 zu § 128. Daraus ergeben sich die **sogenannten zeitlichen Grenzen der Rechtskraft:** Die unterlegene Partei kann nicht gehindert sein, in einem Zweitprozeß geltend zu machen, die Rechtslage habe sich gegenüber dem Stand zu dem genannten Zeitpunkt geändert. In §§ 767 II, 796 II ist eigens ausgesprochen, daß Einwendungen auf Grund von „neuen" Tatsachen (aber auch **nur** auf Grund solcher) durch Vollstreckungsgegenklage geltend gemacht werden können. Dieser Grundsatz gilt indessen ganz allgemein (BGH NJW 84, 127 mN = MDR 83, 1010), also nicht nur für Vollstreckungsgegenklagen gegenüber Leistungsklagen, sondern für jeden Zweitprozeß, in dem die Rechtskraft eines Ersturteils zu beachten ist (vgl zB BGH 83, 280 = NJW 82, 1148 = MDR 82, 562 und BGH NJW 84, 126 [127] = MDR 83, 1010 für Bereicherungsklage; BGH NJW 85, 2825 [2826] für Beseitigungsklage; BGH NJW 95, 2993 für Unterlassungsklage). Er gilt für beide Parteien des Erstprozesses und für alle rechtserheblichen Tatsachen, also gleichgültig, ob sie auf Grund einer rechtsbegründenden oder einer Gegennorm für die streitgegenständliche Rechtsfolge erheblich sind. Die Maßgeblichkeit des genannten Zeitpunkts für die der Entscheidung zugrundezulegende Sach- und Rechtslage schließt nicht aus, daß die Rechtskraft nach Maßgabe des jeweiligen *Streitgegenstandes* auch in die Vergangenheit (ie Hackspiel NJW 86, 1148) oder in die Zukunft (vgl §§ 257 ff, 323) wirken kann. **Abgrenzung:** Ein Wandel der Rechtsprechung läßt die Rechtskraftwirkung früherer Urteile unberührt (BGH 89, 121; BAG DB 90, 2271).

2) Neue Tatsachen bei neuem Streitgegenstand. Neue Tatsachen können den auf sie gestützten Anspruch zu einem – in Beziehung zum Erstprozeß – neuen Streitgegenstand machen. Tatsachen, die mit dem im Erstprozeß festgestellten Lebenssachverhalt nicht im Zusammenhang stehen, können daher in einem Zweitprozeß vorgebracht werden. Wird etwa eine Darlehensklage rechtskräftig abgewiesen und gewährt später der Kläger dem Beklagten ein zweites Darlehen in gleicher Höhe, so betrifft eine zweite, hierauf gestützte Klage einen anderen Streitgegenstand auf Grund eines anderen Lebenssachverhalts. Das hier meist gebrachte Beispiel des mit der Kaufpreisklage abgewiesenen Verkäufers, der im Zweitprozeß die erfüllungshalber eingegangene Wechselforderung einklagt (vgl Schwab S 173; ThP § 322 Rn 42), bietet nach der hier vertretenen Ansicht vom Streitgegenstand (s Einl Rn 82) kein Problem, da Kaufpreisforderung und Wechselanspruch zwei verschiedene Streitgegenstände sind. Da im Wechselprozeß auch hilfsweise andere Ansprüche nicht verfolgt werden können, kann auch die Rechtskraft des Wechselurteils nicht weiter reichen (BGH WM 72, 461). 54

3) Neue Tatsachen bei gleichem Streitgegenstand. Das Problem der zeitlichen Grenzen der Rechtskraftwirkung stellt sich nur dann, wenn die neuen Tatsachen als Teil des **Lebenssachverhalts** (unter den die umstrittene konkrete Rechtsfolge subsumiert werden soll; zur Schwierigkeit der Abgrenzung insoweit vgl BGH 84, 127; 117, 5 f = aaO [Rn 34a] und StJ/Leipold Rn 229 f, 232 f) des Erstprozesses erscheinen und deshalb im Zweitprozeß über denselben Streitgegenstand wie in einem Erstprozeß zu entscheiden ist. Das kommt vor allem in Betracht, wenn ein bejahtes Rechtsverhältnis nachträglich erlischt (dazu Rn 60). Umgekehrt ist es aber auch möglich, daß ein zunächst erfolglos erhobener Anspruch in einer zweiten Klage erneut geltend gemacht wird, ohne daß seine Identität bestritten werden könnte, etwa mit der Begründung, er sei zwischen den beiden Prozessen fällig geworden. In diesem zuletzt genannten Fall ist das rechtskräftige Urteil zu beachten. 55

a) Nachträgliches Begründetwerden eines aberkannten Anspruchs. aa) War **im Erstprozeß** ein **Anspruch uneingeschränkt verneint** worden, so kann eine Zweitklage wegen derselben Rechtsfolge nicht mit der Begründung erfolgreich erhoben werden, der (abgewiesene) Anspruch sei **inzwischen fällig** geworden (Abgrenzung: Rn 57). Ob das Urteil den Anspruch uneingeschränkt verneint hatte (weil er nicht entstanden oder erloschen oder mit einer dauernden Einrede behaftet war), ist aus den Gründen zu entnehmen. Schon daraus folgt, daß das Urteil nicht ungeklärt lassen darf, ob ein Anspruch uneingeschränkt oder nur mangels Fälligkeit oder aus einem sonstigen, durch neue Tatsachen innerhalb eines Lebenssachverhalts behebbaren Grund abzuweisen ist. Das Gericht muß mindestens in den Gründen des Urteils sagen, daß es den Anspruch als (nur) **zur Zeit unbegründet** abweist (Walchshöfer, FS Schwab, 1990, S 521; ie Rn 58). Ein klageabweisendes **Versäumnisurteil** nach § 330 ist stets als unbeschränkte Klageabweisung zu verstehen, auch dann, wenn der in der Klageschrift und in der Klageerwiderung vorgetragene Sachverhalt auf einen bestehenden, lediglich noch nicht fälligen Anspruch hindeutet; Zweck des § 330 ist es nämlich, den säumigen Kläger wegen seines Anspruchs **endgültig** auszuschließen (BGH 35, 341). **Neue Tatsache** kann auch eine gerichtliche Entscheidung sein (BGH NJW 95, 2993: Bestehen eines öffentlichen Wegs wird vom Verwaltungsgericht verneint; su Rn 57). 56

bb) Es gibt aber auch Fälle, in denen aberkannte Ansprüche durch **nachprozessuale Tatsachen** (die jedoch die Identität des Streitgegenstandes nicht berühren, weil sie demselben Lebenssachverhalt im obigen Sinne zugehören) **nachträglich begründet werden** können: Eine Rechtsgutverletzung nach § 823 BGB ist eingetreten, die Schadensfolgen haben sich jedoch noch nicht oder nicht voll realisiert (so insbesondere bei Verkehrsunfällen, wo aber praktisch meist mit Feststellungs- oder Nachforderungsklagen – vgl BGH NJW 80, 2754 und näher Rn 44, 47 ff – gearbeitet wird). Ferner: Es erweist sich erst nachträglich, daß der Kläger eines Anspruchs aus § 839 BGB mit einer anderweitigen Ersatzmöglichkeit nicht zum Ziel gelangt (BGH 37, 375). Hat der Kläger im Erstprozeß eine abgetretene Forderung eingeklagt und ist mangels wirksamer Abtretung (also wegen fehlender Aktivlegitimation) abgewiesen worden, so kann er die gleiche Forderung aufgrund einer nachträglich (§ 767 II) erfolgten wiederholten Zession erneut einklagen (Grund: neue Tatsache; vgl BGH NJW 86, 1046 = MDR 86, 312); das gilt auch dann, wenn die Abtretung noch vor dem maßgeblichen Zeitpunkt (§ 767 II) hätte herbeigeführt werden können (BGH NJW 86, 1047 = aaO; vgl auch allg Rn 62); ist die Klage wegen Fehlens der *fälligkeits*begründenden Schlußrechnung (Architekt, Bauunternehmer usw) abgewiesen worden, kann sie nach Erstellung einer ordnungsgemäßen Schlußrechnung wiederholt werden (Düsseldorf NJW 93, 803 [nur iE abw]; Löffelmann/Fleischmann BauR 87, 34 ff; allg für nachträglich eingetretene Fälligkeit auch BGH WM 89, 1897 [1899]; Walchshöfer, FS Schwab, 1990, S 533); ist die auf eine Wegedienstbarkeit gestützte Klage abgewiesen worden, weil ohnehin ein öffentlicher Weg bestehe, kann sie nach Verneinung eines öffentlichen Wegs durch das Verwaltungsgericht wiederholt werden (BGH NJW 95, 2993); **dagegen** steht der Zweitklage die Rechtskraft des Ersturteils entgegen, wenn die – im Erstprozeß nicht vorgetragene oder bekannte – Zweitzession bereits vor 57

Verhandlungsschluß erfolgt ist (BGH MDR 76, 136 = ZZP 89, 330 mit abl Anm Greger; iErg zust Flieger MDR 78, 534); desgleichen der Zweitklage auf uneingeschränkte Leistung die Rechtskraft des Zug-um-Zug-Urteils unter Abweisung der weitergehenden Klage, wenn der Untergang der Gegenleistung bereits im Erstprozeß geltend gemacht werden konnte (BGH 117, 1 = aaO [Rn 34a]). Endlich gehört hierher der Fall, daß wegen nachträglicher Unmöglichkeit der Erfüllung eines rechtskräftig festgestellten Anspruchs an dessen Stelle ein Anspruch anderen Inhalts tritt (Problem in BGH 38, 146 nicht klar erkannt).

58 **cc)** Weist ein rechtskräftiges Urteil einen **Anspruch** in einem solchen Fall als (nur) **zur Zeit unbegründet** ab, so ist in einem Zweitprozeß das Gericht hieran insofern gebunden, als es nicht annehmen darf, schon das Erstgericht hätte den Anspruch unbeschränkt abweisen müssen. Dagegen ist das Zweitgericht frei in der Entscheidung darüber, ob die im Erstprozeß noch nicht vorhandenen Voraussetzungen der Begründetheit des Anspruchs inzwischen eingetreten sind. Das Ersturteil bindet insbesondere nicht hinsichtlich der Einzelheiten der noch erforderlichen Anspruchsvoraussetzungen, denn die Urteilsgründe erwachsen nicht in Rechtskraft; das Zweitgericht ist zB nicht an die Ansicht des Erstgerichts über den Fälligkeitszeitpunkt des als zur Zeit unbegründet rechtskräftig abgewiesenen Anspruchs gebunden (so auch BGH WM 89, 1897; MK/Gottwald Rn 143; Walchshöfer, FS Schwab, 1990, S 533; aA Brox ZZP 81, 389).

59 **dd)** Läßt das rechtskräftige Urteil unzulässigerweise (vgl Rn 56) **offen, ob** der **Anspruch schlechthin oder nur mangels nachholbarer Voraussetzungen,** insbesondere mangels Fälligkeit, **abzuweisen war,** so bindet die Rechtskraft nur insofern, als im Zweitprozeß nicht angenommen werden darf, der Anspruch habe schon zur Zeit des Erstprozesses als fälliger bestanden. Im übrigen hat das Gericht im Zweitprozeß drei Möglichkeiten, über die es – evtl nach Beweisaufnahme – entscheiden muß: Es kann den Anspruch schlechthin abweisen oder mangels nachholbarer Voraussetzungen als zur Zeit unbegründet abweisen oder es kann der Klage mit der Begründung stattgeben, der Anspruch sei zwischen den Prozessen fällig geworden oder es seien zwischen den Prozessen sonstige Begründetheitsvoraussetzungen nachträglich eingetreten.

60 **b)** Praktisch weit häufiger als durch nachträgliches Wirksamwerden eines zunächst erfolglos eingeklagten Anspruchs ändert sich die Rechtslage dadurch, daß **nach dem Erstprozeß ein rechtskräftig festgestellter Anspruch untergeht.** Die im Erstprozeß unterlegene Partei kann dies durch negative Feststellungsklage oder durch Vollstreckungsgegenklage (§ 767) geltend machen. Das Gericht darf in einem solchen Zweitprozeß zwar über den Streitgegenstand erneut entscheiden, aber nur auf der **Basis des vorliegenden rechtskräftigen Urteils.** Es kann also zB die negative Feststellungsklage abweisen oder es kann ihr bzw der Klage gem § 767 stattgeben, weil der rechtskräftig festgestellte Anspruch **inzwischen** erloschen ist. Dagegen bleibt das Gericht im Zweitprozeß insofern gebunden, als es nicht etwa offenlassen darf, ob der Anspruch nachträglich erloschen sei, weil er von vornherein nicht bestanden habe.

61 Im Gegensatz zur Rechtslage bei den objektiven und subjektiven Grenzen der Rechtskraft besagen ihre zeitlichen Grenzen niemals, daß das Ersturteil völlig außer Betracht bleiben dürfte, sondern ermöglichen eine neue Entscheidung nur, soweit auch das Gericht des Erstprozesses von seinem Standpunkt aus unter Berücksichtigung der neuen Tatsachen zu einer solchen hätte kommen müssen.

62 **4) Präklusion von Gestaltungsrechten. a) Neue Tatsachen** können auch dann nachträglich geltend gemacht werden, wenn die Partei schon vor der letzten mündlichen Tatsachenverhandlung des Erstprozesses auf den Zeitpunkt des Eintritts dieser Tatsachen Einfluß hätte ausüben können (BGH 94, 29 [34 mN] = NJW 85, 2481 = MDR 85, 574; NJW 86, 1046 [1047] = MDR 86, 312 [dazu Rn 57]; Stuttgart NJW 94, 1226; einschr wohl BGH ZZP 89, 330, vgl Greger dort S 334). Dies gilt jedoch grundsätzlich dann nicht, wenn die Partei schon während des Erstprozesses durch eine Erklärung oder sonstige Handlung die Rechtslage zu ihren Gunsten hätte **gestalten** können; macht sie von dieser Möglichkeit erst nach der letzten mündlichen Tatsachenverhandlung Gebrauch, so ist die **Gestaltungsfolge idR präkludiert** (Ausnahmen: Rn 67; Präklusion von Kündigungsgründen: Rn 70).

63 **aa) Meinungsstand.** Allerdings ist die Frage streitig. Die hM in der Rechtsprechung folgt der hier vertretenen Ansicht (BGH 24, 98; 34, 274; 42, 37; [einschr] 93, 34 mN = aaO [Rn 62]; 125, 353; WM 95, 635), entscheidet aber meist nur für Einzelfälle, insbesondere solche des § 767 II, ordnet also die Frage nicht in den größeren Zusammenhang der zeitlichen Grenzen der Rechtskraft ein. Das Schrifttum steht überwiegend auf dem anderen Standpunkt; wie hier Henckel ZZP 74, 172; BL/Hartmann § 767 Rn 52 ff; Nikisch § 107 I 2 (aber zweifelnd in FS H. Lehmann II S 787); Doderer NJW 91, 879 ff; **gegen eine Präklusion** nicht ausgeübter Gestaltungsmöglichkeiten: Wieczorek Anm D IIIb 1 zu § 767; MK/Gottwald Rn 152; RSchwab/Gottwald § 155 I; ThP § 767 Rn 22; StJM § 767 Rn 30 ff; Arens JZ 85, 752 und ZPR Rn 591). Auch Mittelmeinungen werden vertreten. So wollen StJSchL 19. Aufl § 322 Anm X 2 aus dem Rechtsgedanken ua der § 767 III ZPO; § 145 PatG auch hier darauf abstellen, ob der Rechtsinhaber im Vorprozeß von seiner Gestaltungsmög-

lichkeit Gebrauch machen konnte (abw StJ/Leipold 20. Aufl Rn 235); ähnlich R-Schwab 14. Aufl § 156 I, der den Ausschluß nur anerkennt, wenn der Inhaber des Gestaltungsrechts dessen Ausübung schuldhaft unterlassen hat.

bb) Stellungnahme. Für das hier vertretene Ergebnis sprechen nicht nur prozeßökonomische, sondern auch rechtssystematische Gründe: So wird für die Frage der Verspätung in den Fällen der §§ 296, 296a, 523, 527, 528 allgemein darauf abgestellt, wann die Gestaltungsmöglichkeit entstanden ist, nicht dagegen darauf, wann von ihr Gebrauch gemacht wurde. Folgerichtig muß das gleiche auch für die zeitlichen Grenzen der Rechtskraft gelten, denn es geht nicht an, daß derjenige schlechter steht, der sein Gestaltungsrecht zwar verspätet im Sinn der §§ 296 usw, aber immerhin noch während des Erstprozesses ausübt, als derjenige, der von seiner Gestaltungsmöglichkeit erst nach der letzten mündlichen Tatsachenverhandlung des Erstprozesses Gebrauch macht. Ferner ist unstreitig, daß zB die Einrede der Stundung oder des Zurückbehaltungsrechts nach §§ 273, 320 BGB nicht nachträglich durch Vollstreckungsgegenklage erhoben werden darf, wenn dies im Erstprozeß versäumt wurde. **Abzulehnen** sind die Ansichten, die eine Präklusion nur bejahen wollen, wenn der Gestaltungsberechtigte die maßgebenden Tatsachen während des Erstprozesses gekannt hatte. Es kommt nämlich auch sonst für die Grenzen der Rechtskraft auf **subjektive Momente** nicht an. Eine Tatsache kann nicht deshalb zu einer abweichenden Entscheidung im Zweitprozeß führen, weil die Partei, zu deren Gunsten sie rechtserheblich ist, sie im Erstprozeß nicht gekannt hat (RG 144, 220; StJ/Leipold § 322 Rn 234; Jauernig § 62 IV; Otto aaO S 80 ff; ders JA 81, 625; Zeiss § 73 III; Blomeyer § 90 II 1; Schwab, Streitgegenstand, § 16; Foerste NJW 96, 347 f). Auch für den speziellen Fall der Gestaltungsmöglichkeiten darf daher nicht darauf abgestellt werden, ob die berechtigte Partei sie während des Vorprozesses kannte oder kennen mußte (BGH 34, 274; 125, 353; aA Stuttgart NJW 55, 1562); ebenso ist es belanglos, ob sie die zugrunde liegenden Tatsachen hätte beweisen können (Foerste aaO 348). Eine Ausnahme gilt allerdings für bestimmte *vertragliche Gestaltungsrechte* und verbraucherschützende *Widerrufsrechte* (näher Rn 67); insoweit ist dann der Zeitpunkt der Gestaltungserklärung maßgebend. 64

b) Anwendungsbereich der Präklusion. Die Präklusion der Gestaltungsmöglichkeiten greift selbstverständlich nur in den objektiven und subjektiven Grenzen der Rechtskraft Platz (BGH LM Nr 37 zu § 322), insoweit aber uneingeschränkt und nicht etwa nur gegenüber einer Vollstreckungsgegenklage als dem unmittelbaren Anwendungsbereich des § 767 II. 65

c) Beispielsfälle. Präkludiert sind in erster Linie *gesetzliche Gestaltungsrechte,* die durch Willenserklärung ausgeübt werden, also (bei im Vorprozeß bestehender Aufrechnungslage) die **Aufrechnung** (BGH 103, 366 = NJW 88, 2542 = MDR 88, 667), und zwar ohne Rücksicht auf die Zeit der Kenntniserlangung des Schuldners von seiner Gegenforderung (BGH 34, 279; 125, 353; näher § 767 Rn 12 „Aufrechnung“, 14), die **Anfechtung** (ebenfalls ohne Rücksicht auf die Kenntnis von der arglistigen Täuschung, BGH 42, 37 = LM § 767 Nr 27 Anm Rietschel), das **gesetzliche Rücktrittsrecht** (teilw abw Dresden Rspr 16, 292), das Recht der **außerordentlichen Kündigung** aus wichtigem Grund (zu § 627 BGB s Rn 67) sowie die Möglichkeit, eine reine **Potestativbedingung** herbeizuführen, insbesondere einen sog verhaltenen Anspruch auszulösen (Problem nicht klar erkannt in BGH LM Nr 39 zu § 322). Das gleiche gilt für mittelbare und versteckte Gestaltungsmöglichkeiten, von denen nicht durch eine Erklärung, sondern durch Klage Gebrauch gemacht wird, also (nach umstr Ansicht) zB in den Fällen der Wandelung (RG SeuffA 83 Nr 176) und Minderung; vgl hierzu Larenz II/1 § 41 IIa, b. Endlich wird präkludiert auch die Möglichkeit, eine Rechtsfolge durch Gestaltungsurteil herbeizuführen, etwa im Fall des § 343 BGB. Die verbraucherschützenden **Widerrufsrechte** nach dem **VerbrKrG** und dem **HWiG** sind zwar nicht als Gestaltungsrechte ausgestaltet, unterliegen aber als (durch den Widerruf aufrechterhaltene) rechtshindernde Einwendung gleichfalls der Präklusion (BGH 131, 82 = NJW 96, 58 = MDR 96, 247 mN, auch zur aA; Lorenz NJW 95, 2258, str). 66

d) Einschränkung. In allen diesen Fällen verliert die gestaltungsberechtigte Partei die Möglichkeit, frei darüber zu entscheiden, wann und ob sie überhaupt die Rechtsfolge in dem abgekürzten Zeitraum herbeiführen will. Dieses Ergebnis kann und muß (aA vor allem Lent DR 42, 868 ff) jedenfalls dann in Kauf genommen werden, wenn es sich bei der zeitlichen Wahlfreiheit des Berechtigten nur um eine Nebenfolge, nicht dagegen um das Hauptmotiv für die Existenz des Gestaltungsrechts handelt (vgl BGH 103, 366). Ist es dagegen Hauptzweck des Gestaltungsrechts, dem Gestaltungsberechtigten die **Wahl des Zeitpunkts** zu überlassen, so greift die Präklusion nicht Platz (BGH 94, 29 [34 f] = aaO [Rn 62]; krit zur Unterscheidung Arens JZ 85, 752). Dieser Ausnahmefall ist gegeben bei dem **vertraglichen Rücktrittsrecht,** bei dem Recht der **ordentlichen Kündigung,** der außerordentlichen Kündigung bei Vertrauensstellung gem **§ 627 BGB** (LG Bielefeld NJW-RR 91, 182 = NJW 91, 929 [LS]) und dem in einem Mietvertrag vereinbarten (Verlängerungs-)**Optionsrecht** (BGH 94, 29 = aaO mit im Erg zust Anm Arens JZ 85, 751). Anders ist es dagegen, wenn der Vertrag den Rücktritt oder die ordentliche Kündigung nur unter bestimmten Voraussetzungen zuläßt und diese Voraussetzungen nach Meinung der 67

Vertragspartner auch das wirtschaftliche Motiv des Rücktritts bzw der Kündigung bilden werden, nicht etwa nur den Anfangstermin, von dem an der Berechtigte zeitlich freie Wahl haben soll; in diesen Fällen muß also unter Umständen durch Vertragsauslegung geklärt werden, ob die Präklusion Platz greift.

68 **5) Rechtsfolgen der Präklusion. a) Verhältnis zur Rechtskraft.** Die Präklusion in diesem Sinne entfaltet ihre Wirkung nicht neben der Rechtskraft; ohne sie würde die tatsächliche Grundlage für den Rechtsfolgeschluß des Urteils und damit dessen Bestand, also auch die Rechtskraft entfallen (vgl RSchwab/Gottwald § 155 II 1). Bezeichnet man eine bestimmte Tatsache als präkludiert (ausgeschlossen), muß man sich darüber klar sein, daß es sich um eine Folge der Rechtskraftwirkung handelt und daß deshalb die Präklusion von Tatsachen stets nur bezüglich des **Streitgegenstandes** des Erstprozesses eintritt (BGH LM Nr 37 zu § 322), nicht dagegen, wenn dieselbe Tatsache für die Entscheidung über einen anderen Streitgegenstand entscheidungserheblich wird. Das Gesagte gilt auch für die obige Formulierung, ein Gestaltungsrecht oder eine sonstige Gestaltungsmöglichkeit sei präkludiert. Sie besagt nur, daß der Gestaltungsberechtigte eine abweichende Entscheidung über den Streitgegenstand nicht mit der Begründung erwirken kann, nach dem Erstprozeß sei die Gestaltungswirkung eingetreten. Hingegen kann nicht die Rede davon sein, daß etwa die Gestaltungsmöglichkeit als solche, insbesondere also das materielle Gestaltungsrecht, erloschen sei. Das bedeutet, daß alle Rechtswirkungen des Gestaltungsaktes, die nicht den rechtskräftig beurteilten Streitgegenstand betreffen, nach wie vor eintreten und gerichtlich geltend gemacht werden können.

69 **b) Materiell-rechtliche Rechtsfolgen bei Präklusion von Gestaltungsrechten.** Schwierigkeiten entstehen, wenn die Gestaltungsfolge nur insoweit präkludiert ist, wie sie dem Gestaltungsberechtigten nützt, während sein Gegner sich auf eine dem Gestaltungsberechtigten nachteilige Wirkung nach wie vor im Prozeß berufen kann, so zB auf den Verbrauch der Gegenforderung des aufrechnenden Schuldners oder auf die Vernichtung des eigenen Anspruchs durch denjenigen, der einen gegenseitigen Vertrag wegen arglister Täuschung anficht. In der 17. Aufl wurde eine allgemeine Lösung über § 812 I 2, 2. Fall BGB befürwortet. Soweit die gestaltungsberechtigte Partei im Prozeß gehindert ist, die vorteilhafte Wirkung im Prozeß geltend zu machen, soll der mit dem Rechtsgeschäft bezweckte Erfolg nicht eingetreten und der Gegner verpflichtet sein, die dem Gestaltungsberechtigten nachteilige Wirkung rückgängig zu machen; aus prozeßökonomischen Gründen sollte dem Gestaltungsberechtigten gestattet sein, im Rechtsstreit seinen Antrag so zu stellen, als sei die Rechtslage durch den Gegner bereits pflichtgemäß wiederhergestellt worden (vgl auch Rn 26 der 17. Aufl). Nach **hM** (Blomeyer § 90 III; Wieczorek Anm C IIa 10 zu § 767; RGRK Anm 19 vor § 387 BGB; StJM § 767 Rn 39; RSchwab/Gottwald § 105 III 2), ist eine prozessual präkludierte Gestaltungserklärung **materiell unwirksam;** dem ist jedenfalls für den wichtigsten Fall der Aufrechnung zu folgen (so jetzt auch BGH 125, 354; § 322 Rn 18).

70 **6) Präklusion von Tatsachen. a) Präklusion durch Rechtskraft** bedeutet: Die im Vorprozeß unterlegene Partei kann sich in einem neuen Rechtsstreit nicht mehr auf solche Tatsachen berufen, die in den Grenzen des Streitgegenstands zu dem „abgeurteilten" Lebensvorgang gehören und im maßgeblichen Zeitpunkt (§ 767 II) bereits vorgelegen haben (vgl BGH 98, 358 f; 101, 382 f; 117, 6 f = aaO [Rn 34a]; 123, 141 = NJW 93, 2685; NJW 93, 3204; 95, 968 und 1758; vgl auch allg Rn 53, 62). Die Präklusion durch Rechtskraft tritt ohne Rücksicht auf die subjektive Kenntnis des Betroffenen von der präkludierten Tatsache während des Prozesses ein (StJ/Leipold § 322 Rn 234; offen BGH 117, 7 = aaO [Rn 34a]); sie ist auch von einem Verschulden (Kennenmüssen) der Partei und einer Erkennbarkeit der Tatsache unabhängig (Foerste NJW 96, 347 f; vgl auch Rn 64 mwN). *Beispiele:* Ist der Käufer mit seiner auf „Zusicherung" einer Eigenschaft gestützten Klage rechtskräftig abgewiesen worden, kann er nicht mehr mit der Begründung, der Verkäufer habe ihr Fehlen „arglistig verschwiegen", neu klagen (vgl LG Berlin MDR 93, 2032). Ist über eine Abrechnungsklage rechtskräftig entschieden worden, können in den Saldo einzubeziehende Forderungen nicht mehr geltend gemacht werden (BGH 123, 141 = NJW 93, 2684). Ist ein bestimmter Kündigungssachverhalt rechtskräftig als Kündigungsgrund verneint worden, kann der im Vorprozeß Unterlegene in einem neuen Rechtsstreit eine wiederholte Kündigung nicht mehr auf den rechtskräftig aberkannten Kündigungsgrund stützen (BAG NJW 93, 473). **b) Rechtskraftfremde Präklusion.** Von der allgemeinen Präklusion durch Rechtskraft unterscheidet der BGH (grundlegend 45, 329 = NJW 66, 1509 = LM § 322 Nr 56 Anm Johannsen; ihm folgend die nunmehr hM – vgl RSchwab/Gottwald § 155 II 2) eine zusätzliche, in Einzelfällen gesetzlich angeordnete (rechtskraftfremde, nach Otto aaO S 67 rechtskraftergänzende) Präklusion (heute vor allem in § 767 III, früher auch § 616 aF; durch BGH 61, 26 zweifelhaft geworden; vgl Flieger MDR 78, 535). Im Gegensatz zur Präklusion durch Rechtskraft (vgl oben a) ist das subjektive Moment in der genannten Vorschrift zugunsten des Betroffenen berücksichtigt. Im Schrifttum wird teilweise die entsprechende Anwendung des (subjektiv bestimmten!) Gedankens aus § 767 III, § 616 aF auf andere Gestaltungsklagen (gesellschaftsrechtliche Auflösungsklagen) befürwor-

tet (so zB Blomeyer § 89 VII; abl StJ/Leipold § 322 Rn 235; MK/Gottwald Rn 155); dessen bedarf es nicht, wenn man dem engeren Streitgegenstandsbegriff insoweit folgt (vgl Einl Rn 80 f).

VIII) Durchbrechung der Rechtskraft bei sachlich unrichtigen Urteilen

1) Grundsatz. Auch das sachlich unrichtige Urteil (wegen des fehlerhaft ergangenen s Rn 13 ff vor § 300) wirkt materielle Rechtskraft; die Rechtskraft verbietet es gerade, die Frage der Richtigkeit oder Unrichtigkeit nochmals aufzuwerfen (BGH NJW 85, 2535). Von diesem Grundsatz macht das Gesetz Ausnahmen in §§ 36 Nr 5 und 6, 233 ff, 323, 324, 578 ff, 641i. Ein Umkehrschluß aus diesen Vorschriften ergibt, daß in anderen als den gesetzlich geregelten Fällen die Rechtskraft grundsätzlich nicht beseitigt oder umgangen werden darf. Die Rechtsstaatlichkeit des Verfahrens gebietet die Rechtsbeständigkeit des Abschlusses von Rechtsstreitigkeiten (BVerfG 54, 291, 293; BGH 89, 120). Rechtsfriede und Rechtssicherheit sind so hohe Rechtsgüter, „daß um ihretwillen die Möglichkeit einer im Einzelfall unrichtigen Entscheidung in Kauf genommen werden muß" (BGH 89, 121 unter Hinweis auf BVerfG 2, 403; zuletzt BVerfG NJW 93, 1125). „Die Möglichkeit, daß infolge der Rechtskraft eine unrichtige Entscheidung maßgeblich bleibt, ist geringer zu veranschlagen als die Rechtsunsicherheit, die ohne die Rechtskraft bestehen würde" (BAG NJW 94, 475). 71

2) Durchbrechung der Rechtskraft gemäß § 826 BGB. a) Ausgangspunkt. Seit langem folgt aber die höchstrichterliche Rechtsprechung gegen den früher überwiegenden Widerspruch des Schrifttums dem eindrucksvoll formulierten Grundsatz des Reichsgerichts (RG 61, 359 [365]; 78, 389 [393]), „die Rechtskraft müsse zessieren, wo sie bewußt rechtswidrig zu dem Zweck herbeigeführt ist, dem was nicht recht ist, den Stempel des Rechts zu geben" (ebenso BGH 40, 133; 50, 120). Die vom BGH 1987 geprägte und seitdem ständig verwendete Formel lautet: *„Die Rechtskraft muß zurücktreten, wenn es mit dem Gerechtigkeitsgedanken schlechthin unvereinbar wäre, daß der Titelgläubiger seine formelle Rechtsstellung unter Mißachtung der materiellen Rechtslage zu Lasten des Schuldners ausnutzt"* (BGH 101, 383; 103, 46, stRspr, zuletzt NJW 93, 3205; 96, 49; WM 95, 311). Der „Rechtsbehelf gem § 826 BGB" gegen erschlichene usw rechtskräftige Urteile ist damit auf das Mißbrauchsverbot und letztlich auf den alle Rechtsgebiete beherrschenden Grundsatz von Treu und Glauben (§ 242 BGB) zurückgeführt (so bes klar BGH NJW 93, 3205 = MDR 94, 724; vgl auch allg Jauernig/Vollkommer, BGB, § 242 Anm I 3 sowie ferner unten Rn 75 f). Eine umfassende und kritische Darstellung der Lehrmeinungen gibt Braun, Rechtskraft und Restitution, 1979, Teil 1, S 128 ff, der selbst den „Rechtsbehelf gem § 826 BGB" als geltendes Restitutionsrecht verteidigt (vgl auch MK/Braun Rn 10 ff, 31 vor § 578); im gleichen Sinne bejaht Gottwald eine gesicherte richterliche Rechtsfortbildung (MK/Gottwald Rn 204; RSchwab/Gottwald § 162 III 3; abl BL/Hartmann Rn 30, 32 vor § 322; Prütting/Weth aaO [§ 700 vor Rn 15] Rn 176 ff, 183 ff mwN). 72

b) Anwendungsbereich. Die Klage aus § 826 BGB ist gegenüber den Vorschriften über die Restitutionsklage nicht subsidiär (BGH 50, 115 [120]; vgl auch Rn 17 § 578). § 581 gilt auch dann nicht entsprechend, wenn die Behauptung, der Kläger habe das Urteil erschlichen, den Vorwurf einer strafbaren Handlung enthält (BGH 50, 115 [124] in Abweichung von BGH LM § 826 (Fa) BGB Nr 15 = NJW 64, 1672). Allerdings gebietet der Ausnahmecharakter des Behelfs gem § 826 BGB eine entspr Anwendung von § 582 (vgl BGH NJW 89, 1285 [1286 mN]; vgl auch Rn 74 [aa]). 73

c) Voraussetzungen. Nach der Rechtsprechung des BGH setzt die Beseitigung der Rechtskraft aus § 826 BGB voraus (vgl zuletzt BGH NJW 94, 592 mN; 96, 49 und 59 mN): **aa) Objektive Unrichtigkeit** (BGH 101, 384; 103, 46) und Unanfechtbarkeit des Urteils; die Beweislast hierfür (strenge Anforderungen!) trägt der Kläger (BGH 40, 134; MDR 70, 134). Die Unrichtigkeit darf nicht auf nachlässiger Prozeßführung des Betroffenen beruhen (BGH NJW 96, 59; NJW-RR 88, 957). **bb) Kenntnis** der vollstreckenden (bzw sich einredeweise auf die Rechtskraft „berufenden": Rn 75) Partei hiervon (BGH 40, 132; 101, 385; 103, 47), auch wenn diese Kenntnis erst nach Rechtskraft erlangt wird (BGH 101, 385; 103, 47). **cc) Zusätzliche besondere Umstände**, die die Vollstreckung (Ausnutzung) des Titels durch den Gläubiger als mißbräuchlich erscheinen lassen (BGH 101, 385; 103, 47; NJW 94, 592; 96, 49 und 59, jeweils mN). Anerkannte **Fallgruppen** des Urteilsmißbrauchs sind: **(1)** Arglistige *Urteilserschleichung* durch Irreführung des Gerichts (Mißbrauchstatbestand); Bsp: Verfahrensmißbrauch, -manipulation; kollusives Verhalten (zB BGH NJW 96, 658); **(2)** *Ausnutzung* des (nicht erschlichenen) Urteils *in sittenwidriger Weise* (Ausnutzungstatbestand; zB BGH 26, 396; 40, 132; 112, 54 mit krit Anm Vollkommer NJW 91, 31). Diese zusätzlichen Kriterien beruhen auf der Achtung vor der Rechtskraft, die nur in besonders schwerwiegenden Fällen durchbrochen werden darf (BGH 112, 58 mN; NJW 91, 1885; 96, 49 und 59). Weitergehend – objektive Unrichtigkeit des Urteils genügt – zT die instanzgerichtliche Rspr (zB LG Hannover NJW 79, 221; dazu krit Spellenberg JuS 79, 554), für **Extremfälle**, wie bei offenbaren Fehlurteilen (vgl BGH JZ 79, 533; NJW 83, 2317) oder bei evident krasser Sittenwidrigkeit der titulierten Forderung (vgl BGH 101, 386), auch der BGH (einschr BGH 112, 57 = NJW 91, 30). Zur Frage einer **erleichterten Durchbrechung der Rechtskraft** von Vollstreckungsbescheiden 74 insbes in Ratenkreditfällen s § 700 Rn 15 und von Verurteilungen zu wiederkehrenden Leistungen, insbes von unrichtig gewordenen Unterhaltstiteln s § 323 Rn 22a.

75 **d) Rechtsfolgen.** Der in solchen Fällen gewährte Schadensersatzanspruch aus § 826 BGB geht bei Leistungsurteilen auf Unterlassung der Zwangsvollstreckung und Herausgabe des Titels (BGHZ 26, 398; 103, 45; NJW 83, 2317), im übrigen auf Schadensersatz, zB in Geld, wie in BGH LM § 826 (Fa) Nr 7; Bsp: Rückforderung des Beigetriebenen (LG Bochum NJW-RR 93, 302). War die Einlegung von Rechtsmitteln versäumt worden, gilt § 254 BGB (Palandt/Thomas § 826 Rn 50). Der mit § 826 BGB zu rügende Urteilsmangel kann nicht nur *klageweise,* sondern auch *einredeweise* gem § 242 BGB geltend gemacht werden (Braun aaO S 302; MK/Braun Rn 17 vor § 578), zB wenn sich nach – unrichtiger – Klageabweisung die begünstigte Partei in einem Folgeprozeß auf die Rechtskraftwirkung des erschlichenen oder als unrichtig erkannten Urteils „beruft" (BGH NJW 93, 3205 = MDR 94, 724; Fall der *exceptio doli praesentis,* vgl BGH MDR 79, 835).

76 **e) Stellungnahme.** Die Dogmatiker des Zivilprozesses haben diese Rspr seit eh und je leidenschaftlich bekämpft. Zu Unrecht! Denn nur bei offensichtlichen, gravierenden Verstößen gegen die Gerechtigkeit wird das Erfordernis der Rechtssicherheit (Rechtskraft) hintangesetzt (so auch BGH 101, 383 f mwN). Das Institut der Rechtskraft hat aber keinen absoluten Selbstwert und -zweck (arg: § 323; vgl dort Rn 2) und ist, wie jede formale Rechtsposition, nur in den Grenzen von Treu und Glauben (s Einl Rn 57) durchsetzbar (BGH NJW 93, 3205; Rn 75). Obwohl nun die soviel geschmähte höchstrichterliche Rechtsprechung seit über hundert Jahren praktiziert wird (bereits vor 1900, vgl RG 46, 79), ist eine Erschütterung der Rechtssicherheit aus **diesem** Grunde nicht erkennbar, vielmehr hat sie sich als unverzichtbare Rechtsfortbildung erwiesen.

77 Einstweilen frei.

IX) Kollision mehrerer rechtskräftiger Entscheidungen

78 Sind in derselben Sache einander widersprechende Urteile ergangen, so geht nach § 580 Nr 7a die Rechtskraft des älteren der des jüngeren vor (BGH NJW 81, 1517 [1518]; BAG NJW 86, 1832). Dies gilt jedoch nur, wenn die zweite Entscheidung unter Verstoß gegen die Rechtskraft der ersten erlassen wurde (Gaul, FS F. Weber 1975, 155 [171 f]; Mädrich MDR 82, 456). Sonst entfaltet die zuletzt ergangene, dem gegenwärtigen Erkenntnisstand zeitnähere Entscheidung bindende Geltung für weitere Verfahren, da insoweit die *lex posterior*-Regel auch für entgegengesetzte Entscheidungen gilt (RG 52, 215 [218]; AG Gummersbach NJW-RR 86, 1391; Mädrich MDR 82, 456; aA Gaul, Möglichkeiten und Grenzen der Rechtskraftdurchbrechung, 1986, S 34 f).

X) Neue Bundesländer

79 Entscheidungen von Gerichten der früheren DDR, die vor dem 3. 10. 1990 rechtskräftig geworden sind, bleiben wirksam (Art 18 I 1 EinigungsV). Ihnen kommen damit die Urteilswirkungen (Rn 1 ff), insbes Rechtskraft und Vollstreckbarkeit zu. Sie bilden (ohne weiteres) einen Vollstrekkungstitel, der keines besonderen Anerkennungsaktes zugänglich ist. Die Vollstreckung richtet sich nach der ZPO (Art 18 I 1 EinigungsV; Übergangsvorschrift: ZPO-Maßgabe k). Die fortgeltenden Entscheidungen unterliegen nur (BGH FamRZ 91, 795 [796]; DtZ 94, 151) den außerordentlichen Rechtsbehelfen gegen rechtskräftige Entscheidungen (ZPO-Maßgabe i iVm §§ 323, 324, 579 ff, 767 ff); dazu gehört auch der richterrechtlich entwickelte Behelf gem § 826 BGB (aA BGH WM 95, 313 = MDR 95, 631 = DtZ 95, 98 = LM § 826 BGB Nr 14 mit Anm Wasmuth). Die Fristen richten sich nach der ZPO (ZPO-Maßgabe i S 2 unter Verdrängung von Allg Maßgabe h).

322 *[Urteilsrechtskraft]*

(1) Urteile sind der Rechtskraft nur insoweit fähig, als über den durch die Klage oder durch die Widerklage erhobenen Anspruch entschieden ist.

(2) Hat der Beklagte die Aufrechnung einer Gegenforderung geltend gemacht, so ist die Entscheidung, daß die Gegenforderung nicht besteht, bis zur Höhe des Betrages, für den die Aufrechnung geltend gemacht worden ist, der Rechtskraft fähig.

I) Einzelheiten zur materiellen Rechtskraft

Die materielle Rechtskraft von Urteilen wurde systematisch in der Übersicht vor § 322 behandelt. Zur Ermittlung ihres Umfangs bei **nichtstreitigen Urteilen** (Anerkenntnis-, **Versäumnisurteil**) s Rn 31 vor § 322, hinsichtlich des Inhalts und der Wirkungen (Rn 14 ff, 21 ff vor § 322) bestehen keine Besonderheiten (zB BGH NJW 96, 49 und 1061). Im folgenden sind noch einige Einzelfragen zu erörtern. Zur materiellen Rechtskraft von Beschlüssen s Rn 9 vor § 322; § 329 Rn 42.

1) Materielle Rechtskraft bei Prozeßurteilen. Die materielle Rechtskraft des Prozeßurteils besagt nicht nur, daß die abgewiesene Klage unzulässig war, sondern, daß die Klage mit dem damals anhängigen Streitgegenstand unter den damals gegebenen prozessualen Umständen mindestens aus dem in den Entscheidungsgründen genannten Grund unzulässig war und ist. Eine neue Klage über denselben (vgl Einl Rn 67) Streitgegenstand kann also nur als zulässig behandelt werden, wenn sich die prozessualen Umstände in dem fraglichen Punkt gegenüber dem Vorprozeß geändert haben (anderer Rechtsweg, anderes Gericht, anderes Alter oder geänderter Geisteszustand der früher prozeßunfähigen Partei, nunmehr vorliegendes Rechtsschutzbedürfnis [Frankfurt OLGZ 85, 379] usw; vgl auch Grundmann ZZP 100, 37). 1

Außerdem hat das Gericht in einem Zweitprozeß zu prüfen, ob nicht die Klage noch aus einem weiteren – gegenüber dem Erstprozeß unveränderten – Grund unzulässig ist, denn das Erstgericht durfte sich damit begnügen, die Klage aus einem bestimmten Grund als unzulässig abzuweisen; es brauchte nicht zu prüfen, ob noch weitere Prozeßhindernisse bestanden. Das Prozeßurteil entscheidet also rechtskraftfähig nur über die Prozeßfrage, auf die es gestützt ist (BGH NJW 85, 2535; 91, 1116; München OLGZ 86, 67 [70] = MDR 86, 61 f; Nürnberg JurBüro 95, 592; ThP Rn 3; sa Jauernig JZ 55, 235). Wurde das sachlich klageabweisende Ersturteil im 2. Rechtszug durch ein Prozeßurteil ersetzt, so ist das Ersturteil auf Abweisung der Klage (Sachentscheidung) nicht mehr materieller Rechtskraft fähig (BGH NJW 71, 1844 = WM 71, 1513). – **Besonderheiten** gelten, wenn eine Klage wegen entgegenstehender Rechtskraft als unzulässig (Rn 19 [aa]) abgewiesen wurde; hier scheidet eine erneute Klageerhebung unter Vermeidung des prozessualen Mangels schlechthin aus; die Identität der Streitgegenstände im ersten und zweiten Prozeß (Rn 21) steht für jedes künftig befaßte Gericht bindend fest. **Beschränkte Rechtskraft** der Klageabweisung bei Kognitionsschranken: Einl Rn 85; **keine Rechtskraft** bei alternativer Klageabweisungsbegründung (als unzulässig *oder* unbegründet): Rn 43 vor § 322. 2

Ist ein **Rechtsmittel** als unzulässig verworfen worden (§§ 519b, 554a), ergreift die Rechtskraft der Verwerfungsentscheidung nur den konkreten Unzulässigkeitsgrund; sie steht einer *Wiederholung* des Rechtsmittels unter Vermeidung dieses Mangels nicht entgegen (BGH NJW 91, 1116; sa § 318 Rn 9). 2a

2) Materielle Rechtskraft bei Gestaltungsurteilen (vgl Schlosser, Gestaltungsklagen und Gestaltungsurteile, 1966). **a) Gestaltungswirkung.** Ergeht auf eine begründete Gestaltungsklage ein Gestaltungsurteil, so ist es von jedermann zu beachten. Darin unterscheidet sich die Wirkung des Gestaltungsurteils von der Rechtskraftwirkung des Leistungs-, Feststellungs- oder Abweisungsurteils. Das Gestaltungsurteil führt eine Rechtslage erst herbei (oder erlaubt dem Kläger, sich auf sie zu berufen, vgl etwa § 23 EheG, §§ 1564, 2342 ff BGB, §§ 243, 246 AktG; dazu RSchwab/Gottwald § 94 II; Schlosser aaO S 62; Becker AcP 188, 30 f, 50 ff), während sonstige Urteile eine schon bestehende Rechtslage feststellen. Praktisch ist dieser Unterschied aber nicht allzu bedeutsam (vgl Jauernig § 65 II), denn Gestaltungsurteile binden nicht auch dahin, daß die neugestaltete Rechtslage bis dahin noch nicht bestanden hätte. Wird durch Gestaltungsurteil eine OHG aufgelöst, so steht nicht etwa bindend fest, daß die OHG zuvor existiert hatte. Wird durch Gestaltungsurteil eine Vertragsstrafe um 50% herabgesetzt, so steht nicht etwa bindend fest, daß die Vertragsstrafe zunächst in doppelter Höhe vereinbart gewesen war. Vielmehr ist die zunächst bestehende und zu gestaltende Rechtslage im Gestaltungsprozeß nur Vorfrage, über die nicht rechtskräftig entschieden wird. 3

b) Ob **zusprechende Gestaltungsurteile** neben dieser Gestaltungswirkung auch noch eine nur zwischen den Parteien wirkende **materielle Rechtskraft** entfalten, ist str, wird aber von der hM bejaht (vgl StJ/Leipold Rn 66, 121; ThP Rn 3; RSchwab/Gottwald § 94 III 2; Jauernig § 65 II; MK/Gottwald Rn 172; Becker AcP 188, 52 f; BAG NJW 94, 475). Hiernach wird rechtskräftig festgestellt, daß das Rechtsfolgebegehren des Klägers auf Rechtsgestaltung begründet war; dadurch werden Schadensersatz- oder Bereicherungsansprüche ausgeschlossen, die später mit der Begründung erhoben werden könnten, der Kläger habe kein Gestaltungsrecht gehabt, die Gestaltungswirkung sei also zu Unrecht eingetreten (vgl MK/Gottwald Rn 172; Blomeyer § 94 IV). 4

c) Wird eine Gestaltungsklage **abgewiesen,** steht rechtskräftig fest, daß der Kläger zur Zeit der letzten mündlichen Tatsachenverhandlung des Erstprozesses die begehrte Gestaltung (im Rahmen des Streitgegenstandes, Einl Rn 80) nicht verlangen konnte (BAG NJW 94, 475 mwN). **Besonderheiten** gelten für die Rechtskraft von Entscheidungen in Familien- und Kindschaftssachen; Fälle erweiterter Rechtskraftwirkung: § 325 Rn 29; Fälle eingeschränkter Rechtskraftwirkung: Abweisung der Klage auf Anfechtung eines Vaterschaftsanerkenntnisses (Düsseldorf NJW 80, 2760); der Ehelichkeitsanfechtungsklage des Mannes stattgebendes Urteil (ie § 640h Rn 4); zur Rechtskraft von (abweisenden) non-liquet-Entscheidungen in Kindschaftssachen vgl Arens, FS Müller-Freienfels, 1986, 15 ff; hier § 640h Rn 10 f. 5

6 3) **Materielle Rechtskraft bei Feststellungsurteilen. a)** Hat eine **positive Feststellungsklage Erfolg,** so wird festgestellt, daß das in dem Urteil bezeichnete Recht oder Rechtsverhältnis besteht, und zwar unabhängig davon, ob das Gericht alle einschlägigen Aspekte gesehen und zutreffend gewürdigt hat (BGH NJW 82, 2257 mN = MDR 83, 47). Es kann sich um ein absolutes, ein relatives oder ein Gestaltungsrecht handeln. Die Divergenz zwischen dem Streitgegenstand als dem prozessualen und dem diesem zugrunde liegenden materiellen (§ 241 BGB) Anspruch ist für die Feststellungsklage nicht praktisch. Streitgegenstand des Feststellungsprozesses kann nach dem Wortlaut des § 256 ein behauptetes materielles Recht sein. Soweit an dem festgestellten Rechtsverhältnis Dritte beteiligt sind, wirkt die Rechtskraft des Feststellungsurteils gleichwohl nur in den Grenzen der §§ 325 ff. Das ist besonders zu beachten, wenn absolute Rechte festgestellt werden. Gegenstand der Feststellungsklage und des Feststellungsurteils sind **materielle Rechte oder Rechtsverhältnisse,** dagegen nicht abstrakte Rechtsfragen, mögen sie auch für ein bestimmtes Rechtsverhältnis Bedeutung haben. Daraus ergeben sich wichtige Folgerungen:

7 **aa)** Das Gericht darf sich bezüglich eines umstrittenen Rechts nicht auf **bestimmte Streitpunkte** beschränken (zu Unrecht zweifelnd OGH NJW 50, 502).

8 **bb)** Die Rechtskraft erstreckt sich nicht auf den **Entstehungsgrund** des festgestellten Rechts (BGH NJW-RR 88, 200; entspr nicht auf den Auflösungsgrund des verneinten; s auch Rn 32 ff vor § 322), uU aber auf einen in der Vergangenheit liegenden **Entstehungszeitpunkt** (vgl Hackspiel NJW 86, 1149 mN; s auch Rn 53 aE vor § 322). Zum Umfang der Präklusion von Entstehungsgründen bei verneinter Feststellung s Rn 12.

9 **cc)** Bei relativen Rechten ist zu beachten, daß bei einer Mehrheit von materiellen Ansprüchen gleichen Inhalts **(„Anspruchskonkurrenz")** das Urteil die Existenz speziell eines dieser Ansprüche feststellen kann; ein Rechtsschutzbedürfnis hierfür kann – **anders als bei Leistungsklagen,** mit deren Hilfe Rechtsfolgen (daher sind nur sie Streitgegenstand) realisiert werden sollen – in Fällen gegeben sein, in denen an einen der Ansprüche besondere Rechtsfolgen geknüpft sind (vgl zB § 848 BGB für Ansprüche aus unerlaubter Handlung und § 393 BGB für Ansprüche aus vorsätzlicher unerlaubter Handlung). Handelt es sich dagegen **(Gesetzeskonkurrenz)** materiellrechtlich um einen einheitlichen Anspruch, so erwächst die Ansicht des Gerichts über den Entstehungsgrund nicht in Rechtskraft. Beachte im obigen Zusammenhang auch die Privilegierung eines konkurrierenden Anspruchs durch § 850 f II (vgl dazu Oldenburg NJW-RR 92, 573 und zum ganzen auch Rn 20, 35 vor § 322).

10 **dd)** Ist im Feststellungsurteil eine unbegrenzte Haftung des Beklagten ausgesprochen, kann im nachfolgenden Leistungsprozeß der Einwand **begrenzter Haftung** (zB gem § 3 Nrn 1, 4 und 6 PflVersG, § 158c III VVG) nicht mehr geltend gemacht werden (BGH NJW 79, 1047 = MDR 79, 484); dagegen ist die Beschränkung der Haftung (auf eine bestimmte Haftungsmasse) im Folgeprozeß möglich, wenn im Vorprozeß nur über eine Vorfrage der Haftung entschieden wurde (BGH NJW-RR 90, 702 = MDR 90, 815); ausgeschlossen sind der (schon im Zeitpunkt des Feststellungsprozesses gegebene) Einwand des *Mitverschuldens* (BGH NJW 89, 105 = MDR 88, 1048), der *Aufrechnung* (BGH 103, 366 = NJW 88, 2542; Rn 66 vor § 322) sowie alle Einwendungen und Einreden, die sich auf bereits im Feststellungsprozeß bestehende Tatsachen stützen (BGH NJW 89, 105; StJ/Leipold Rn 229). Ist umgekehrt in dem die umfassende Ersatzpflicht aussprechenden Feststellungsurteil – trotz insoweit fehlender Entscheidungsreife – eine **Einschränkung** vorgenommen (Bsp: Eigenbeteiligung des Ersatzberechtigten), so entfaltet diese im Folgeprozeß uU keine betragsmäßige Bindung (BGH NJW-RR 88, 1044 = MDR 88, 1049 betr „Sowieso"-Kosten).

11 **b)** Wird eine **negative Feststellungsklage** aus Sachgründen **abgewiesen,** so hat das Urteil im allgemeinen das Rechtsverhältnis zu bezeichnen, das es entgegen der Ansicht des Klägers bejahen will; die Rechtskraftwirkung entspricht dann derjenigen eines Urteils, das einer umgekehrten positiven Feststellungsklage des Beklagten stattgegeben hätte (BGH NJW 86, 2508 Nr 9 = MDR 86, 741; NJW 95, 1757; BayObLGZ 87, 334; Frankfurt ZMR 92, 381; Habscheid NJW 88, 2643, insoweit allgM, vgl auch Rn 21 vor § 322). Dies soll auch dann gelten, wenn die negative Feststellungsklage unter Verkennung der Beweislast abgewiesen wurde (so BGH NJW 86, 2509 = MDR 86, 1016; zust Habscheid NJW 88, 2641; Kapp MDR 88, 710, str), abzulehnen: Es geht hier (entgegen Habscheid aaO S 2643 f) nicht um die Frage der Rechtskraft einer (unrichtigen) Beweislastentscheidung (s Rn 14), sondern um die gebotene (Rn 43 vor § 322) Berücksichtigung des (wenn auch fehlerhaft getroffenen) eingeschränkten Entscheidungsinhalts (zutr Tiedtke JZ 86, 1031; NJW 90, 1697; Lepp NJW 88, 806; Künzl JR 87, 57; MK/Gottwald Rn 170). Einzelheiten: Ist die Klage auf Freistellung von der Unterhaltsverpflichtung im Vorprozeß rechtskräftig abgewiesen worden, steht die Unterhaltspflicht im Folgeprozeß bindend fest (Braunschweig FamRZ 79, 928). Negative Feststellungsklagen gegen unbezifferte Ansprüche sind möglich und können abgewiesen werden, ohne daß der Gegner seinen Anspruch beziffert haben müßte; eine solche

Abweisung ist rechtskräftig, besagt aber nichts über die Höhe des bejahten, aber nicht bezifferten Anspruches, ist also einem Grundurteil vergleichbar (BGH NJW 86, 2508).

c) Hat eine **negative Feststellungsklage Erfolg** oder wird eine **positive Feststellungsklage abgewiesen,** so ist dem Tenor und den Gründen des Urteils zu entnehmen, welches Recht oder Rechtsverhältnis rechtskraftfähig verneint wurde (vgl zB BGH NJW 94, 659; BayObLGZ 87, 333 ff; Rpfleger 95, 406). Verneint werden jedenfalls nicht etwa nur die in den Gründen erörterten und verneinten Entstehungsgründe, sondern das umstrittene materielle Recht schlechthin; es kann also nicht in einem Zweitprozeß geltend gemacht werden, das streitige Recht habe schon zur Zeit des Erstprozesses aus einem in diesem Verfahren nicht vorgetragenen Grund bestanden (aA Schwab, S 174; StJ/Leipold Rn 106; Brox JuS 62, 125; wie hier zB Henckel, Parteilehre und Streitgegenstand im Zivilprozeß, 1961, S 284; Celle NdsRpfl 76, 196). 12

4) Materielle Rechtskraft bei verschiedenen weiteren Klageformen (vgl auch Rn 21 ff vor § 322). **a)** Bei der **Schmerzensgeldklage** ist eine Prognoseentscheidung erforderlich, deren erleichterte Korrektur uU durch die Zulassung von Nachforderungsklagen ermöglicht wird (s mN Rn 49, 57 vor § 322; § 323 Rn 21). **b)** Bei der **Kündigungsschutzklage** mit dem Antrag gem § 4 S 1 KSchG ist Gegenstand der rechtskräftigen Feststellung die Frage, ob das Arbeitsverhältnis aus Anlaß einer ganz bestimmten Kündigung aufgelöst ist oder nicht (vgl BAG 7, 36; NJW 94, 605 mwN, stRspr; zum sog „punktuellen" Streitgegenstand dieser Klage vgl auch Einl Rn 79), nicht aber der Bestand des Arbeitsverhältnisses zum Kündigungstermin (str; vgl BAG NJW 95, 2311; München NJW-RR 95, 741; sa Rn 27 vor § 322). **Lit:** *Ascheid,* FS Stahlhacke, 1995, 1; *Weißenfels* BB 96, 1326. **c)** Wird bei der **Stufenklage** (§ 254) der Auskunftsklage (Stufe I) stattgegeben, schafft dies keine Rechtskraft für den Grund des Leistungsanspruchs (BGH NJW 92, 2428; Karlsruhe MDR 92, 804; § 254 Rn 3); wird sie mit der Begründung abgewiesen, daß ein Leistungsanspruch nicht bestehe, steht die Rechtskraft dieses die Stufenklage *insgesamt* abweisenden Urteils der Weiterverfolgung des (nunmehr bezifferten) Leistungsanspruchs (Stufe II) entgegen (BGH NJW-RR 90, 390 = FamRZ 90, 864; anders, wenn über die II. Stufe nicht mitentschieden wurde: Oldenburg MDR 86, 62). **d)** Die Rechtskraft eines **Unterlassungsurteils** beschränkt sich – bei gesetzlicher Unterlassungspflicht – auf das konkrete Unterlassungsgebot (Düsseldorf OLGZ 94, 224) und erstreckt sich nicht auf die zugrundeliegende Verpflichtung (RSchwab/Gottwald § 154 III 1; Frankfurt OLGZ 85, 207 f; Gloy/Seibt, Handbuch des Wettbewerbsrechts, 1986, § 70 Rn 1, 3; sa oben Rn 27 vor § 322). Die Rechtskraft eines Unterlassungsurteils nach §§ 13, 17 AGBG umfaßt nicht die Feststellung der Unwirksamkeit der AGB-Klausel (so Schilken, in: Recht und Wirtschaft, Ringvorlesung, Osnabrück 1985, S 121 mwN, str). **e)** Die Rechtskraft eines die **Vollstreckungsgegenklage** abweisenden Urteils erstreckt sich nicht auf das Bestehen des (titulierten) Anspruchs (BGH MDR 85, 138; vgl auch Rn 29 vor § 322), die des stattgebenden oder abweisenden Urteils umfaßt nicht die erhobenen Einwendungen (BGH NJW 92, 1900). Besonderheiten gelten wegen **II** für den **Aufrechnungseinwand** (dazu Düsseldorf NJW-RR 92, 1216; KGR 95, 152 und näher Rn 24). 13

5) Die materielle Rechtskraft fehlerhafter Urteile. a) Grundsatz. Urteile, die auf Verstößen gegen materielles oder Verfahrensrecht beruhen, sind gleichwohl rechtskräftig; insbes kommt idR auch (fehlerhaften) non-liquet-Entscheidungen volle Rechtskraftwirkung zu (insoweit zutr Habscheid NJW 88, 2643; zu Ausnahmen sogleich unter b). Wegen der Rechtskraft sachlich unrichtiger Urteile s Rn 71 vor § 322. Noch weniger hindert ein Verfahrensverstoß den Eintritt der Rechtskraft (grundlegend BGH NJW 96, 1061 f: Verstoß gegen § 62, s dort Rn 21), und zwar grundsätzlich auch dann nicht, wenn eine Prozeßvoraussetzung gefehlt hatte; in einigen Fällen (zB wenn eine Partei nicht prozeßfähig war) helfen §§ 579 ff. Deshalb ist die Rechtskraft eines Urteils der ordentlichen Gerichte zu beachten, wenn ein Arbeitsgericht zuständig gewesen wäre (Karlsruhe ZZP 68, 195; daran hat die Einordnung als Rechtsweg – s Rn 10 vor § 17 GVG – nichts geändert), wenn das Urteil sich nicht im Rahmen des § 308 I hält (BGH 34, 339; Hamm MDR 85, 241) oder wenn das Prozeßhindernis des § 261 nicht beachtet worden ist (BGH LM Nr 6). **b) Einschränkung.** Betrifft der Verfahrens- oder Beweislastfehler aber gerade den *Entscheidungsinhalt,* so kommt dem Urteil nur *eingeschränkte,* uU überhaupt keine Rechtskraftwirkung zu. **Bsp:** Alternativ begründete Klageabweisung (Rn 43 vor § 322); bewußtes Offenlassen einzelner Streitpunkte durch entspr Vorbehalte (Rn 43 vor § 322); Entscheidung bei nicht individualisierter Teilklage (BGH 124, 166 = NJW 94, 460; s Rn 18 vor § 300; Rn 51a vor § 322; § 253 Rn 15); Abweisung negativer Feststellungsklage bei non liquet (Rn 11) usw. 14

II) Sonderfall der materiellen Rechtskraft bei der Aufrechnung (Abs II)

1) a) Abs **II** regelt eine **Ausnahme** von dem Grundsatz, daß über Vorfragen und insbesondere über Einwendungen des Beklagten nicht rechtskräftig entschieden wird (Rn 34a vor § 322). Die Gleichbehandlung von Klage- und Aufrechnungsforderung hinsichtlich der Rechtskraft gebietet die gleichmäßige Verteilung des Prozeßrisikos (so Zeuner JuS 87, 356 f; ähnlich Niklas MDR 87, 99). Abs II gilt nur für die **Aufrechnung** (vgl § 145 Rn 11 ff) und ist als Ausnahmenorm eng 15 auszulegen (vgl BGH 89, 352 f; NJW 92, 318; NJW-RR 93, 388, str; **aA** Foerste ZZP 108, 178 f, 191). Rechnet also der Beklagte nicht auf, sondern macht er lediglich ein *Zurückbehaltungsrecht* wegen einer Gegenforderung geltend, so ist Abs **II** nicht etwa analog anzuwenden; die Gegenforderung, auf die das Zurückbehaltungsrecht gestützt wird, kann nicht dadurch rechtskraftfähig aberkannt werden, daß das Gericht den Beklagten uneingeschränkt verurteilt (BAG AP Nr 2 zu § 314); sie wird umgekehrt durch eine Zug-um-Zug-Verurteilung nicht festgestellt (Rn 34a vor § 322). Auch die „Abrechnung" kann nicht unter § 322 II subsumiert werden (BGH NJW 92, 318 mN = MDR 92, 73; NJW-RR 93, 388; WM 95, 634 mN), desgleichen nicht die „Anrechnung", zB bei Vorteilsausgleichung (s BAG MDR 94, 177). **II** gilt **entspr** im Streitverfahren der freiwilligen Gerichtsbarkeit (Stuttgart NJW-RR 89, 841) sowie zT bei der Aufrechnung des **Klägers** (vgl dazu Rn 24).

16 **b)** Ferner macht Abs **II** eine Ausnahme von dem Grundsatz, daß die **Entscheidungsgründe** nicht **in Rechtskraft** erwachsen (s Rn 31 vor § 322). Im Hinblick auf Abs **II** muß vielmehr den Entscheidungsgründen entnommen werden, ob die Klage aus sonstigen Gründen oder aber gerade wegen der Aufrechnung abgewiesen wurde, oder ob der Klage trotz Aufrechnung stattgegeben wurde, weil die Gegenforderung nicht besteht oder weil die Aufrechnung nicht wirksam erklärt oder unzulässig war. Im einzelnen ist zwischen den Fällen der Klagestattgabe (Rn 17 f) und der Klageabweisung (Rn 20 f) zu unterscheiden.

17 **2) Der Klage stattgebendes Urteil. a) Nichtbestehen der Gegenforderung.** Wird der Klage trotz Aufrechnung stattgegeben, weil die Gegenforderung nicht bestehe, so ist die Gegenforderung rechtskraftfähig aberkannt. Die **Beschwer** des Beklagten ist dann die Summe von Klage- und Gegenforderung (BGH 48, 212; vgl auch NJW 92, 318; 94, 1538; NJW-RR 94, 827). Wird die ua mit Aufrechnung begründete Vollstreckungsgegenklage (§ 767) abgewiesen, ist der Kläger sowohl in Höhe der titulierten Forderung als auch der aberkannten Aufrechnungsforderung beschwert (BGH 48, 356; MDR 95, 407 = NJW-RR 95, 508). Bestreitet der Beklagte die Hauptforderung nicht, rechnet er aber mit einer Gegenforderung auf (Primäraufrechnung), so ist er durch ein der Klage stattgebendes Urteil nur in Höhe des Betrages beschwert, zu dessen Zahlung er verurteilt ist (BGH 57, 301; MDR 95, 407 = aaO). – Wegen des Kostenwerts vgl § 3 Rn 16 „Aufrechnung" und BGH GrSZ 59, 17 = LM § 5 Nr 10 Anm Mormann.

18 **b) Unzulässigkeit der Aufrechnung. Abgrenzung.** Das Gericht kann der Klage auch mit der Begründung stattgeben, daß die Aufrechnung nicht rechtswirksam erklärt oder nicht zulässig sei. In diesen Fällen ist über die Gegenforderung nicht rechtskraftfähig entschieden (BGH NJW 84, 129 = MDR 83, 1018; NJW 88, 3210 = MDR 88, 956; NJW 94, 2770); das gleiche gilt, wenn die Aufrechnung wegen *mangelnder Substantiierung* (besser: *Individualisierung*) der Gegenforderung *als unzulässig* zurückgewiesen wurde (§ 253 II Nr 2 entspr); anders liegt es dagegen, wenn die unsubstantiierte Gegenforderung als unschlüssig und damit als *unbegründet* behandelt wurde (zur Unterscheidung näher BGH NJW 94, 1538 mN; zum ganzen auch § 145 Rn 16, 16a). Wie im letztgenannten Fall verhält es sich, wenn das Gericht der Aufrechnung den Erfolg deswegen versagt, weil es an der Gegenseitigkeit oder Gleichartigkeit oder Fälligkeit der Gegenforderung fehle, denn in diesen Fällen wird eben die Existenz einer gegen den Kläger gerichteten Forderung des im Prozeß geltend gemachten Inhalts endgültig oder (wenn die Fälligkeit fehlt) zur Zeit verneint; diese Entscheidung erwächst nach § 322 II in Rechtskraft. Jedenfalls wird ein vom Gericht *verkannter* Mangel der Gegenseitigkeit von der Rechtskraft gem Abs II gedeckt (vgl Reinicke/Tiedtke NJW 84, 2791). Zur Auswirkung der Zurückweisung des Aufrechnungseinwands aus prozessualen Gründen, zB gem § 530 II vgl BGH 125, 351 = NJW 94, 2769; näher Musielak JuS 94, 820 ff und zum ganzen auch § 145 Rn 15 f, insbes zur Aufrechnung mit einer *rechtswegfremden Gegenforderung* dort Rn 19 und § 302 Rn 11. Fehlt dem Gericht der Klage die *internationale Zuständigkeit* zur Entscheidung über die Gegenforderung, ist die Aufrechnung unzulässig (BGH NJW 93, 2753; Bsp für deren Vorliegen: BGH WM 93, 1216).

19 **c) Gemeinsames zu a und b.** Bejaht das Gericht die Klageforderung, so darf es die Zulässigkeit der Aufrechnung und die Rechtsgültigkeit ihrer Erklärung (vgl oben b) nicht unentschieden lassen (BGH NJW 84, 128 [129]; 94, 2770; NJW-RR 91, 972). Verstößt das Gericht gegen diese Regel und gibt es der Klage statt, weil die Gegenforderung – unabhängig von der Zulässigkeit usw der Aufrechnung – „jedenfalls nicht bestehe", so ist über die Gegenforderung nicht etwa rechtskraftfähig (verneinend) entschieden (BGH NJW 88, 3210), denn § 322 II ist nur anwendbar, wenn sich aus den Gründen des Urteils mit Sicherheit ergibt, daß die Entscheidung über die Klageforderung auf der negativen Entscheidung über die Gegenforderung beruht. Verneint das Gericht die Zulässigkeit der Aufrechnung und stützt seine Entscheidung hierauf, so sind zusätzliche Ausführungen zur Begründetheit der Aufrechnung als nicht vorhanden zu behandeln (BGH NJW 84, 128 [129]; 94, 2770). Weist das Gericht die Klageforderung ab, weil die Aufrechnung durchgegriffen habe, obwohl also die Klageforderung bestanden habe, so ist der Verbrauch der Gegenfor-

derung auch dann rechtskraftfähig festgestellt, wenn das Gericht die Frage der Zulässigkeit der Aufrechnung bewußt oder unbewußt nicht geprüft hat, obwohl dies geboten gewesen wäre.

3) Abweisung der Klage. a) Nichtbestehen der Klageforderung. Wird die Klage abgewiesen, weil die Klageforderung, gegen die vorsorglich auch aufgerechnet worden war, aus anderen Gründen nicht bestehe, so ist über die Gegenforderung nicht entschieden. Wegen § 322 II **muß** das Gericht zunächst alle sonstigen Einwendungen gegen den Bestand der Klageforderung erledigen (BGH 80, 97 [99]): Beweiserhebungs- gegen Klageabweisungstheorie (sa § 300 Rn 4 aE). 20

b) Durchgreifen der Aufrechnung. Wird die Klage abgewiesen, weil die Aufrechnung durchgreife, so steht rechtskraftfähig fest, daß die Gegenforderung verbraucht und dadurch erloschen ist (StJ/Leipold Rn 169 mN). Ist die Klage nur wegen der Aufrechnung durch den Beklagten abgewiesen worden, so ist die Forderung des Klägers rechtskräftig festgestellt, wenn nur er ein Rechtsmittel eingelegt hat (BGH 109, 188 ff = NJW 90, 449; NJW-RR 95, 241 f). Das Gericht darf unstreitig (BGH LM Nr 21) nicht in dem Sinn entscheiden, daß es die Klage ohne Rücksicht darauf abweise, ob die Klageforderung bestehe, weil jedenfalls die Aufrechnung durchgreife (Köln NJW-RR 92, 260 mwN; s Rn 20 aE). Ergeht ein solches Urteil gleichwohl, so ist es einer umfassenden materiellen Rechtskraft nicht fähig. Über den Bestand der Klageforderung bis zur Aufrechnung ist nicht rechtskräftig entschieden (aA StJ/Leipold Rn 170; MK/Gottwald Rn 181). Die Gegenforderung ist nicht rechtskraftfähig aberkannt. Die Gegenforderung ist endlich auch nicht etwa rechtskraftfähig als bestehend festgestellt, denn die Ausnahmenorm des Abs II gilt nach ihrem Wortlaut nur, wenn über die Gegenforderung negativ entschieden wird, dh dahin, daß sie **nicht** oder **nicht mehr** besteht (Zeuner JuS 87, 355; StJ/Leipold Rn 169). 21

c) Doppelte Begründung. Das Gericht darf eine Klageabweisung auch nicht etwa doppelt in dem Sinn begründen, daß es die Klageforderung verneint und außerdem die zur Aufrechnung gestellte Gegenforderung bejaht. Tut das Gericht dies dennoch, so erwächst nur die Negation der Klageforderung in Rechtskraft. Die Gegenforderung ist dagegen rechtskraftfähig weder zu- noch aberkannt, denn § 322 II ermöglicht eine rechtskraftfähige Entscheidung über die Gegenforderung nur, wenn auf ihr auch die Entscheidung über die Klageforderung beruht. Desgleichen darf das Gericht nicht zugleich die Aufrechnung für unzulässig und die Gegenforderung für unbegründet erklären (vgl BGH NJW 94, 2770; sa Rn 19). 22

4) Offenlassen der Berechtigung zur Aufrechnung im Teilurteil. Ist in den Gründen des Teilurteils ausgeführt, ein – begründeter – Anspruch werde nur deshalb nicht zuerkannt, weil die aufgerechnete Gegenforderung noch der Prüfung bedürfe, kann das Gericht, wenn es kein Urteil nach § 302 erließ, später den Klageanspruch als unbegründet abweisen (BGH NJW 67, 1231). – Keine Bindung nach § 318. 23

5) Aufrechnung des Klägers. Für sie gilt nach hM Abs **II** grundsätzlich nicht (vgl BGH 89, 352 = NJW 84, 2790; NJW 92, 983 mwN = MDR 92, 611; zust Tiedtke NJW 92, 1473; krit Zeuner NJW 92, 2870; Foerste NJW 93, 1183; Grunsky Anm LM Nr 132). In den Fällen der Aufrechnung des *klagenden Schuldners* werden Ausnahmen zugelassen: **a)** Die Rechtskraft eines der **Vollstreckungsgegenklage** stattgebenden oder sie abweisenden Urteils ergreift auch die Zu- oder Aberkennung einer Gegenforderung, mit der der Kläger gegen die titulierte Forderung aufrechnete (BGH 48, 356; 89, 352; NJW 92, 983; 94, 2770; Karlsruhe MDR 95, 643). **b)** Dem gleich steht der Fall der **negativen Feststellungsklage**, wenn das Nichtbestehen der geleugneten Forderung mit der vom Kläger erklärten Aufrechnung begründet wird (BGH NJW 92, 983 mN = aaO; Tiedtke NJW 92, 1474). Dem ist zuzustimmen, denn bei Vollstreckungsgegen- und negativer Feststellungsklage sind nur die Parteirollen vertauscht und der *Schutz des Gegners* (Inhaber der titulierten oder geleugneten Forderung) gebietet die Erweiterung der Rechtskraft entspr Abs **II.** Überzeugend befürwortet Zeuner weitergehend eine Rechtskrafterstreckung **entspr Abs II** auf die Gegenforderung *zugunsten* des mit seiner Klage abgewiesenen *aufrechnenden Gläubigers* (NJW 92, 2870; ähnlich Foerste NJW 93, 1183; Grunsky Anm LM Nr 132; MK/Gottwald Rn 180, 187). 24

323 *[Abänderungsklage]*

(1) Tritt im Falle der Verurteilung zu künftig fällig werdenden wiederkehrenden Leistungen eine wesentliche Änderung derjenigen Verhältnisse ein, die für die Verurteilung zur Entrichtung der Leistungen, für die Bestimmung der Höhe der Leistungen oder der Dauer ihrer Entrichtung maßgebend waren, so ist jeder Teil berechtigt, im Wege der Klage eine entsprechende Abänderung des Urteils zu verlangen.

(2) Die Klage ist nur insoweit zulässig, als die Gründe, auf die sie gestützt wird, erst nach dem Schluß der mündlichen Verhandlung, in der eine Erweiterung des Klageantrages oder die

Geltendmachung von Einwendungen spätestens hätte erfolgen müssen, entstanden sind und durch Einspruch nicht mehr geltend gemacht werden können.

(3) Das Urteil darf nur für die Zeit nach Erhebung der Klage abgeändert werden.

(4) Die vorstehenden Vorschriften sind auf die Schuldtitel des § 641p, des § 642c, des § 642d in Verbindung mit § 642c und des § 794 Abs. 1 Nr. 1 und 5, soweit darin Leistungen der im Absatz 1 bezeichneten Art übernommen worden sind, entsprechend anzuwenden.

(5) Schuldtitel auf Unterhaltszahlungen, deren Abänderung im Vereinfachten Verfahren (§§ 641l bis 641t) statthaft ist, können nach den vorstehenden Vorschriften nur abgeändert werden, wenn eine Anpassung im Vereinfachten Verfahren zu einem Unterhaltsbetrag führen würde, der wesentlich von dem Betrag abweicht, der der Entwicklung der besonderen Verhältnisse der Parteien Rechnung trägt.

Lit: *Braun,* Grundfragen der Abänderungsklage, 1994; *ders* ZZP 108, 319 (Zinstitel); *Brüggemann,* Gesetz zur vereinfachten Abänderung von Unterhaltsrenten, Kommentar, 1976; *Göppinger,* Unterhaltsrecht, 5. Aufl 1987; *Jakoby,* Das Verhältnis der Abänderungsklage gem § 323 zur Vollstreckungsgegenklage gem § 767, 1991; *Köhler,* Handbuch des Unterhaltsrechts, 7. Aufl 1987; *Niklas,* Das Erfordernis der wesentlichen Änderung der Verhältnisse in § 323 I ZPO, 1988.

I) Allgemeines

1 **1) Bedeutung.** Die Verurteilung zu künftig fällig werdenden wiederkehrenden Leistungen (vgl **Abs I;** zur Klagezulässigkeit s § 258) verlangt vom Richter vielfach eine vorausschauende Prognose zur künftigen Entwicklung von individuellen, aber auch allgemein wirtschaftlichen Verhältnissen (BGH 79, 192 = NJW 81, 819 = MDR 81, 306; BGH 82, 250 = NJW 82, 579; NJW 85, 1345). Bsp: Festsetzung von Ersatz- und Unterhaltsrenten gem §§ 843–845 BGB; §§ 10, 11 StVG; § 9 ProdHaftG; Bemessung von Unterhaltsansprüchen gem §§ 1360, 1361, 1602, 1603 BGB usw. § 323 ermöglicht aus Billigkeitsgründen (BGH 98, 359; krit Braun ZZP 108, 323) die notwendige Korrektur derartiger Verurteilungen (BGH 96, 207; Köhler FamRZ 80, 1088; Rn 2); er ist Ausdruck des allgemeinen Rechtsgedankens der *clausula rebus sic stantibus* für den Bereich des Zivilprozesses (vgl BGH 34, 115 f; 78, 136; FamRZ 79, 695; Köln FamRZ 87, 847). § 323 ist rechtspolitisch – und zT auch in seiner Geltung – umstr (abw zB RSchwab/Gottwald § 158 I 3; Braun aaO S 9 ff, 173 ff, 202 ff; NJW 95, 936; vgl auch mN Rn 22a, 40, 42 aE).

2 **2) Rechtsnatur.** § 323 gibt einen prozessualen Rechtsbehelf zur Beseitigung der innerprozessualen Bindung (§ 318) und (nach Eintritt der formellen Rechtskraft) der materiellen Rechtskraft (BGH NJW-RR 92, 1475; Karlsruhe FamRZ 95, 894; Jauernig § 63 VI, str; aA Gottwald in RSchwab/Gottwald § 158 I 3 und MK Rn 7 mN: Bestätigung der allg Rechtskraftgrenzen; Änderung nur der Vollstreckungsfähigkeit; Braun aaO S 202 ff: „Vorausentscheidung" mit geringerer Rechtskraft-„Intensität"; vgl auch Rn 13). Es handelt sich also insoweit um eine **prozessuale Gestaltungsklage;** sie ist Leistungsklage, soweit mit ihr die Neufestsetzung der Leistungspflicht erstrebt wird (BGH NJW 86, 3142 f; StJ/Leipold Rn 34; sa unten Rn 41). Einer Feststellungsklage fehlt das Rechtsschutzinteresse (BGH aaO; StJ/Leipold aaO; ThP Rn 14, str). Der innere Grund für die Möglichkeit, die (in die Zukunft reichende) Rechtskraft zu durchbrechen (BGH 82, 250 = NJW 82, 579; NJW 90, 2753), liegt darin, daß das Festhalten an der einmal getroffenen Entscheidung (Argument der Rechtssicherheit) in den Fällen des § 323 mit der materiellen Gerechtigkeit und dem materiellen Recht (Grundsätze des Wegfalls der Geschäftsgrundlage, s BGH – GSZ – 85, 67 = NJW 83, 228 = MDR 83, 189) schlechthin unvereinbar wäre. § 323 will den Weg zu einer „materiell gerechten Entscheidung" eröffnen (BGH 101, 243 f mN). Umgekehrt ist – wegen § 323 – die Verurteilung zu einer den allgemeinen Lebenshaltungskosten angepaßten „dynamischen" Rente unzulässig (vgl BGH 79, 194 = NJW 81, 820; BGH DNotZ 79, 19 – „keine automatische Erhöhung" –; vgl aber auch Rn 33).

3 **3) Anwendungsbereich.** § 323 trifft eine **Sonderregelung** für alle Fälle, in denen bei einer Verurteilung zu künftig fällig werdenden wiederkehrenden Leistungen nachträglich weitergehende Ansprüche wegen einer eingetretenen Veränderung der Verhältnisse geltend gemacht werden; unerheblich ist, ob im Einzelfall eine Rechtskraftwirkung entgegensteht oder nicht („weiter" Anwendungsbereich, vgl BGH 34, 115; 98, 357, hM, str). § 323 enthält einen allgemeinen, entsprechender Anwendung fähigen Rechtsgedanken (BGH 28, 337), so daß der Kreis der abänderbaren Schuldtitel nicht auf die in Abs I, IV und V genannten beschränkt ist (Rn 8, 9). **a)** Der Abänderung unterliegen in **unmittelbarer** Anwendung der Abs **I, IV** und **V** folgende auf *künftig wiederkehrende Leistungen* gerichtete Schuldtitel:

aa) Verurteilungen; das sind Leistungsurteile (streitige Endurteile; Anerkenntnis- [BGH 80, 397] und Versäumnisurteile) auf eine Klage gem § 258; VB (MK/Gottwald Rn 8); gleichgestellt sind **ausländische Urteile,** soweit sie im Inland anerkannt werden (Rn 12a).

4 **bb) Unterhaltstitel** nach §§ 642c, d, § 641 p iVm Abs III und IV; vgl Rn 48, 49.

cc) Prozeßvergleiche und **vollstreckbare Urkunden** (§ 794 I Nrn 1, 5 iVm Abs **III**) vgl Rn 43, 44. 5

dd) Schiedssprüche (§ 1040 iVm Abs **I**). 6

ee) Schiedsvergleiche (§ 1044a; MK/Gottwald Rn 10). 7

ff) Für vollstreckbar erklärte **Anwaltsvergleiche** (§ 1044b). 7a

b) In **erweiternder Auslegung** von § 323 wird eine Abänderbarkeit ferner in folgenden Fällen befürwortet (zT str): **aa)** Unter gewissen Voraussetzungen auch für **klageabweisende Urteile** (Rn 26), für **Feststellungs-** und **Unterlassungsurteile** (Rn 27, 29), sowie für **Urteile auf Kapitalabfindung** (Rn 28); für rechtskräftige Beschlüsse des Entschuldungsamts (BGH 28, 330); 8

bb) unter Umständen auch **außergerichtliche Vergleiche** (Rn 44). 9

c) Keine Anwendung findet § 323 auf **aa) einstweilige Verfügungen** und **Anordnungen;** dann sind die §§ 620 ff, 936, 927 maßgebend (BGH NJW 83, 1331; NJW-RR 91, 1155; MK/Gottwald Rn 41 f); 10

bb) Entscheidungen über den öffentlichrechtlichen **Versorgungsausgleich** (BGH NJW 82, 1646 [1647]); Abänderung aber gem § 10a VAHRG und Art 4 VAwMG; dazu MK/Gottwald Rn 100. 11

cc) Privatschriftliche Vereinbarungen (Zweibrücken FamRZ 82, 303). 12

4) Internationaler Rechtsstreit. Gegenüber anzuerkennenden **ausländischen Urteilen** ist die Abänderungsklage gem § 323 zulässig (BGH NJW 83, 1976 = MDR 83, 1007; allg mwN Leipold, FS Nagel, 1987, S 189). Dies gilt zB im Verhältnis zu Jugoslawien (BGH aaO), Polen (BGH NJW-RR 93, 5 = MDR 93, 54 = FamRZ 92, 1060 = LM Nr 66 mit Anm Kronke; Celle NJW 91, 1429; NJW-RR 93, 652; KG FamRZ 94, 759), Rumänien (Nürnberg FamRZ 96, 353) und der Türkei (KG NJW-RR 94, 139). **Abs III** ist zu beachten (Düsseldorf, Celle NJW-RR 93, 138 und 652, str; offen KG NJW-RR 94, 140 mN). Die internationale Zuständigkeit ergibt sich nach den allg Grundsätzen (BGH aaO; Linke, Internationales ZPR, 1990, Rn 176; dazu Rn 35). Zu Unterhaltsurteilen und Änderung der Verhältnisse im Geltungsbereich der EuGVÜ s Schlosser FamRZ 73, 426. Im Vollstreckbarerklärungsverfahren können Abänderungsgründe iS von § 323 nicht geltend gemacht werden (BGH NJW 90, 1420 = MDR 90, 718; KG NJW 91, 645, str; einschr Gottwald FamRZ 90, 1377; sa allg § 722 Rn 51 ff). 12a

II) Abgrenzung zu anderen Rechtsbehelfen

1) Rechtsmittel und Einspruch: a) Die Abänderungsklage gem § 323 ist kein spezifisches Mittel zur **Beseitigung der Rechtskraft.** Die Rechtskraft des abzuändernden Urteils ist nicht Zulässigkeitsvoraussetzung (BGH 34, 116; 94, 146, stRspr, str; aA zB Roth NJW 88, 1236; s auch Rn 3), wohl aber, daß überhaupt ein Urteil (Rn 25 ff) oder ein gleichgestellter Titel (vgl Rn 43 ff) vorliegt. Die Klagemöglichkeit nach § 323 kann daher mit der Möglichkeit zur **Rechtsmitteleinlegung** konkurrieren, wenn sie auf Gründe gestützt wird, die nach dem Schluß der mündlichen Verhandlung im Vorprozeß entstanden sind; insoweit hat die abänderungsberechtigte Partei eine *Wahlmöglichkeit,* solange es nicht zu einem **Berufungsverfahren** kommt (BGH 96, 207 ff) und die Abänderungsgründe im Wege zulässiger Anschließung und Klageerweiterung geltend gemacht werden können (Diener FamRZ 91, 211 f mwN; ie Rn 34). Wenn als Rechtsmittel die **Revision** in Betracht kommt, ist die Möglichkeit der Abänderungsklage nicht beschränkt, da mit der Revision die Änderung der tatsächlichen Verhältnisse nicht gerügt werden kann (§ 561), andererseits aber eine Änderung des Urteils erst ab Klageerhebung (§ 323 III) möglich ist (Rn 42). Wollte man die Parteien nur auf die Rechtsmittelmöglichkeit verweisen, so wäre die Änderung für die Zeit des Revisionsverfahrens für immer ausgeschlossen (wie hier StJ/Leipold Rn 11, 30; MK/Gottwald Rn 32). 13

b) Gegen ein Versäumnisurteil ist jedoch die Abänderungsklage nur dann zulässig, wenn eine **Einspruchsmöglichkeit** nicht oder nicht mehr besteht (**Abs II** aE; BGH FamRZ 82, 793 mN; Maurer FamRZ 89, 450; vgl auch Rn 31, 34). 14

2) Vollstreckungsabwehrklage: a) Abänderungs- und Vollstreckungsgegenklage (§ 767) **schließen sich gegenseitig aus** (RSchwab/Gottwald § 158 IV; MK/Gottwald Rn 28 mwN; Jakoby aaO S 235 ff, 254; Grunsky AcP 192, 352; aA zB BL/Hartmann Rn 3; Meister FamRZ 80, 864; offen BGH NJW-RR 89, 322). Dies ist die Folge der bestehenden grundlegenden **Unterschiede:** Die Vollstreckungsgegenklage dient der Durchsetzung rechtsvernichtender und rechtshemmender Einwendungen, mit der Abänderungsklage wird dagegen geltend gemacht, daß der rechtsbegründende Tatbestand, der dem abzuändernden Urteil zugrunde liegt, sich anders entwickelt habe, als im Urteil angenommen. Die Klage nach § 767 will nur die Vollstreckbarkeit des Urteils beseitigen, nicht dessen Rechtskraft (vgl § 767 II), während die Klage nach § 323 die Rechtskraft des Urteils, sofern vorhanden, durchbrechen will (vgl Rn 2, 13). Die Vollstreckungsgegenklage steht nur dem verurteilten Beklagten zur Verfügung (ausschließlicher Gerichtsstand §§ 767, 802), die Abänderungsklage dagegen **beiden** Parteien (allgemeiner Gerichtsstand: Rn 35). Es kann eine Erhöhung oder Verminderung der Leistungspflicht (durch Veränderung ihrer Höhe oder 15 ihrer zeitlichen Dauer) verlangt werden (zB auch im Anerkenntnis- oder VU). Allg **Abgrenzung:** § 323 ist die (auch stufenlos verlaufende) Änderung in den wirtschaftlichen Verhältnissen, § 767 sind diejenigen (punktuellen) Ereignisse zuzuordnen, bei denen über den Einfluß auf den Anspruch und den Zeitpunkt ihres Eintritts idR keine Unklarheit besteht; § 767 wirkt für die Vergangenheit (§ 767 II), bei versäumter Vollstreckungsgegenklage ist Rückforderung möglich; Abänderung kann nur ab Rechtshängigkeit verlangt werden (§ 323 III), Versäumung der Abänderungsklage schließt Nachforderungen für die Vergangenheit oder Rückforderung überzahlter Beträge idR (s aber Rn 22a) aus (ebenso StJ/Leipold Rn 44; ie Jakoby aaO S 240 ff; Braun aaO S 25 ff; vgl auch BGH 83, 282; Frankfurt FamRZ 87, 1271; Karlsruhe FamRZ 91, 352; hier § 767 Rn 2).

16 **b) Hilfen und Einzelfragen.** Die **Umdeutung** einer Abänderungsklage in eine Vollstreckungsgegenklage ist möglich (BGH NJW-RR 91, 899; allg NJW 92, 439; Rn 20 aE). Auch vom Standpunkt gegenseitiger Ausschließung (Rn 15) aus ist eine **hilfsweise Verbindung** von Abänderungs- und Vollstreckungsgegenklage zulässig (BGH FamRZ 79, 575); liegen sowohl Einwendungen iS von § 767 als auch Abänderungsgründe vor, ist eine **kumulative** Verbindung beider Klagen zulässig (MK/Gottwald Rn 28; ebenso München FamRZ 92, 213 für Prozeßvergleich; Hamm FamRZ 93, 582). Grund: Entlastung des Klägers vom Abgrenzungsrisiko gem §§ 323, 767 (sa BGH – GSZ – 85, 74; NJW 92, 439). **Beispiele** für **Einwendungen** iS von **§ 767:** Erfüllung, Verjährung, Stundung, Aufrechnung, Kapitalabfindung, Abänderung durch Vergleich, Verzicht, Erlöschen (Hamm FamRZ 93, 1476 f); Anrechnung von Unterhaltssurrogaten auf Unterhaltsleistungen, zB Kindergeld (BGH 70, 151) oder Rente auf Grund eines durchgeführten Versorgungsausgleichs (BGH 83, 281 f; FamRZ 88, 1156; aA Karlsruhe FamRZ 88, 197; *ab Rechtshängigkeit* läßt BGH NJW-RR 90, 1410 mN Abänderungsklage jedoch zu); Tod des Unterhaltsberechtigten oder (uU) -verpflichteten (Hamm FamRZ 92, 583); Scheidung der Ehe bei Unterhaltstitel für die Zeit des Getrenntlebens (BGH 78, 130 = NJW 80, 2811; 81, 978; FamRZ 81, 441); Feststellung der Nichtehelichkeit bei Unterhaltstitel gem § 1570 BGB (AG Lahnstein FamRZ 84, 1236); Verwirkung von Unterhaltsansprüchen (BGH FamRZ 87, 261; 91, 1175 = NJW-RR 91, 1155; Karlsruhe FamRZ 93, 1456; aA Frankfurt FamRZ 88, 62; Karlsruhe FamRZ 91, 353); Herabsetzung gem § 1579 BGB (BGH NJW-RR 90, 1410 = FamRZ 90, 1095). Im Wege der **Abänderungsklage** ist geltend zu machen: Änderung der wirtschaftlichen Verhältnisse, des Zinsniveaus (BGH 100, 213, s Rn 25), Wegfall der Geschäftsgrundlage (Karlsruhe FamRZ 91, 353), Anpassung aufgrund Wertsicherungsklausel (AG Charlottenburg FamRZ 93, 1105), Wegfall der Bedürftigkeit des Unterhaltsberechtigten (Bamberg FamRZ 80, 617), Änderung (Wegfall) der Leistungsfähigkeit (Zweibrücken NJW-RR 93, 1218), Änderung der Einkommensverhältnisse der Parteien (Zweibrücken FamRZ 79, 929), bestimmungswidrige Verwendung des zugesprochenen Unterhalts (BGH FamRZ 87, 684; aA Hamm FamRZ 91, 1056); Herabsetzung aus Billigkeitsgründen (Bamberg FamRZ 92, 718); Möglichkeit der Inanspruchnahme eines vorrangig Unterhaltspflichtigen usw (zum ganzen näher mit Bsp Hahne FamRZ 83, 1191 f und Hoppenz FamRZ 87, 1097 [für Vorrang von § 323]).

17 **3) Abänderungsanträge: a)** Der durch einstweilige Anordnung geregelte Ehegatten-(Kindes-)unterhalt (§ 620 Nrn 4, 6) kann nur auf **Antrag** gem § 620b geändert werden. Er schließt als der speziellere Behelf die Abänderungsklage aus, eine entsprechende Anwendung von § 323 IV kommt nicht in Betracht (BGH NJW 83, 1330 [1331]; Flieger MDR 80, 803; vgl auch Rn 10; ie § 620b Rn 17).

18 **b)** Der **Abänderungsantrag** gem §§ 641m, 642b im vereinfachten Regelunterhaltsanpassungsverfahren geht der Abänderungsklage idR vor (vgl näher Rn 49).

19 **4) Selbständige Klagen: a) Unterhaltszusatzklage.** Darunter versteht man die (erneute) Klage, mit der der im Vorprozeß voll obsiegende Kläger den Unterschiedsbetrag zwischen dem (zu niedrig) titulierten Unterhaltsbetrag und dem (materiellrechtlich geschuldeten) „vollen“ Unterhalt geltend macht. Vom Standpunkt des zur Anerkennung gelangten weiten Anwendungsbereichs (Rn 3) der Abänderungsklage aus wird die Möglichkeit einer „freien“ Zusatz-(Nachforderungs-)klage gem § 258 ganz überwiegend zu Recht abgelehnt (so BGH 34, 110; 94, 146 mN; 98, 357, stRspr; zust die seit langem hM im Schrifttum, vgl Niklas FamRZ 87, 870 mwN; aA Roth NJW 88, 1236). Ist mit der ersten Klage nicht erkennbar nur ein *Teil*betrag (dann Rn 20), sondern schlechthin Unterhalt (in zu geringer Höhe) verlangt worden (Fall von sog verdeckter Teilklage, dazu allg Rn 48 vor § 322), können nicht vorbehaltene Teile später nur gem § 323 geltend gemacht werden (BGH 34, 110; 98, 357 mwN; Hamm FamRZ 90, 300, stRspr und hM). Dies bedeutet allerdings für den Unterhaltskläger keinen endgültigen Rechtsverlust; nach Eintritt der wesentlichen Änderung **(I)**, kann er „vollen“ (nicht nur: anteilig erhöhten) Unterhalt verlangen; die Beschränkung gem **II** gilt nicht (so ausdr BGH 98, 357 ff; NJW 87, 1553 f = MDR 87, 653, neuere Rspr, str; vgl dazu näher Niklas FamRZ 87, 869; Roth NJW 88, 1236; Gottwald FamRZ 92, 1377).

20 **b) Nachforderungsklage.** Raum für eine Nachforderungsklage nach **§ 258** ohne die Voraussetzungen des § 323 verbleibt nur dann, wenn der Anspruch im Vorprozeß unter Zugrundelegung

der seinerzeitigen Verhältnisse **nur teilweise** geltend gemacht worden ist (grundlegend: BGH 93, 334 ff = NJW 85, 1340; vgl auch 94, 147 = NJW 85, 1701). Bsp: Zeitlich begrenzter Unterhalt (Koblenz NJW-RR 86, 1457); nur „Elementarunterhalt" (vgl Hamm FamRZ 90, 300); Klage auf eine Unterhaltsrente „über einen freiwillig bezahlten Betrag hinaus" (BGH NJW 91, 430; MDR 93, 650 f). Rechtskräftig festgestellt wird in diesem Fall die Unterhaltsschuld nur in Höhe des titulierten Betrages, nicht jedoch die Gesamthöhe des insgesamt geschuldeten Unterhalts (BGH 93, 335 ff = aaO; NJW 91, 430 mwN; MDR 93, 651; FamRZ 95, 730; Zweibrücken NJW-RR 93, 1218; vgl allg Rn 47 vor § 322). Mehrforderungen sind nicht mit der Abänderungs- (§ 323), sondern mit der Nachforderungsklage (§ 258) geltend zu machen (BGH 93, 336 f = aaO). Der Anspruch ist dann im vollen Umfang nach Grund und Höhe anhand der beim Schluß der mündlichen Verhandlung des zweiten Prozesses maßgebenden Verhältnisse zu beurteilen, und zwar ohne Bindung an die Beurteilung des titulierten Forderungsteils als über den „Grund- oder Sockelbetrag" hinausgehender „Spitzenbetrag" (BGH 93, 335 ff; NJW 91, 430, jeweils aaO; vgl ferner Künkel NJW 85, 2672 f; krit Hahne FamRZ 83, 1190 f). Macht der Kläger *ohne* (erkennbaren) *Vorbehalt einer Nachforderung* Unterhalt geltend, liegt **keine** (die Nachforderungsklage eröffnende) **Teilklage** vor (BGH 94, 147 mN; FamRZ 87, 368 mN = NJW-RR 87, 642; 90, 390; aA Roth NJW 88, 1237). Hat daher ein Ehegatte seinen vollen Unterhalt eingeklagt, dabei aber unterlassen, (auch) Vorsorgeunterhalt (s §§ 1361 I 2, 1578 II, III BGB) zu verlangen, so kann der Erhöhungsbedarf *nur* unter den Voraussetzungen des § 323 geltend gemacht werden (BGH 94, 145 = aaO; Hamm FamRZ 90, 300; krit Gottwald FamRZ 92, 1377 und in MK Rn 20). Das Problem, wie überhaupt § 323, hat erheblich an praktischer Bedeutung verloren durch die Einführung des (abänderbaren) Regelunterhalts (§§ 642, 642b; s die Erläuterungen dort), sowie des Vereinfachten Verfahrens zur Abänderung von Unterhaltstiteln (§§ 641l–641t); vgl unten Rn 48, 49. Die **Umdeutung** einer „Abänderungsklage" in eine Leistungs- (Nachforderungs-)klage ist möglich (BGH FamRZ 86, 662 mN); das gleiche muß grundsätzlich auch umgekehrt gelten (BGH NJW 92, 439 f mN = MDR 92, 710; MDR 93, 54 = aaO [Rn 12a]; Hamm NJW-RR 94, 4; Celle FamRZ 93, 838).

c) Neue Unterhaltsklage. aa) Hat die Änderung der Verhältnisse zugleich zu einer **Änderung des Streitgegenstands** geführt (s Einl Rn 76), so kann nicht Anpassung gem § 323 verlangt (Rn 16), sondern muß Neuklage gem § 258 erhoben werden. Nach zwar umstrittener (vgl die Kritik von Mutschler FamRZ 80, 1101 mwN), aber nunmehr gefestigter Rspr des BGH bilden der Anspruch auf ehelichen Unterhalt während des Getrenntlebens (§ 1361) und der Anspruch auf nachehelichen Unterhalt nach Scheidung (§§ 1569 ff BGB) prozessual verschiedene Streitgegenstände, so daß nach Scheidung der Ehe durch Neuklage ein neuer Unterhaltstitel beschafft werden muß (vgl BGH 78, 130 = NJW 80, 2811 = MDR 81, 125; 93, 335 = NJW 85, 1340, stRspr). Demgegenüber ist der Unterhaltsanspruch des minderjährigen Kindes identisch mit dessen Unterhaltsanspruch nach Eintritt der Volljährigkeit (BGH NJW 84, 1613 gegen Hamm FamRZ 83, 206), auch wenn sich zwischenzeitlich der Leistungsinhalt (Trennungs- statt Naturalunterhalt) geändert hat (Karlsruhe FamRZ 95, 938). Eine die Neuklage ermöglichende Veränderung des Streitgegenstands kann auch bei Eintritt von nicht vorhersehbaren Spätfolgen eines Verletzungsschadens in Frage kommen (vgl hierzu Rn 49 und 57 vor § 322; allg zum Problem BGH MDR 76, 299); dagegen greift bei bloßem Prognosefehler § 323 ein (Karlsruhe FamRZ 92, 938). Neuklage ist zu erheben, wenn über einen zeitlich begrenzten Teil des Anspruchs sachlich entschieden wurde (BGH NJW 67, 2403 f). 21

bb) Ist eine **Unterhaltsklage** wegen fehlender Bedürftigkeit des Klägers oder mangels Leistungsfähigkeit des Beklagten **abgewiesen** worden, so liegt nach der Auffassung des BGH (zusammenfassend mwN BGH NJW 85, 1345; zust Hamm NJW-RR 95, 578; Karlsruhe FamRZ 95, 894; Gottwald FamRZ 92, 1376 und in MK Rn 24 mwN) keine Änderung maßgeblicher Umstände vor, die im Wege des § 323 geltend zu machen wären, wenn die fehlenden Anspruchsvoraussetzungen später eintreten; vielmehr müsse eine neue Leistungsklage erhoben werden, da der Unterhaltsanspruch erst mit Eintritt der bisher fehlenden Anspruchsvoraussetzungen erstmals entsteht. Gegen diese Auffassung bestehen jedoch Bedenken, da sie einerseits auf einer Verkennung der Bedeutung und Tragweite von § 258 beruht (Wax FamRZ 82, 348) und andererseits bei Teilabweisungen und bei Verurteilungen „über einen freiwillig geleisteten Betrag hinaus" zu Schwierigkeiten führt (Wax aaO; sa Hamm FamRZ 82, 920); deshalb kann die Änderung maßgeblicher Umstände auch bei klageabweisenden Unterhaltsurteilen nur gem § 323 geltend gemacht werden (ebenso Karlsruhe FamRZ 80, 1125; 81, 389; KG FamRZ 80, 892; Hahne FamRZ 83, 1190; offenlassend Köln FamRZ 87, 617). Neuerdings schränkt der BGH seine Rspr dahin ein, daß in Fällen, in denen gem § 323 titulierte Unterhaltsansprüche im Wege der Abänderungsklage (ganz oder teilweise) *aberkannt* worden sind, bei einer erneuten Veränderung der Verhältnisse Unterhaltsansprüche nur mit der Abänderungsklage geltend gemacht werden können (BGH NJW 85, 1346; ebenso Zweibrücken FamRZ 92, 974). 22

d) Schadensersatz- und Rückforderungsklagen gem §§ 826, 812 BGB. Sie kommen in Frage (s allg Rn 74 vor § 322), wenn nach zwischenzeitlicher Veränderung der Verhältnisse (zB Wegfall 22a der Bedürftigkeit) unrichtig gewordene Unterhaltstitel weiterhin ausgenutzt werden; vgl dazu BGH NJW 86, 1751; NJW-RR 87, 642 und 1032; Celle NJW-RR 92, 1412; Bamberg NJW-RR 94, 455; Oldenburg FamRZ 96, 804; AG Gifhorn FamRZ 95, 1072; Hoppenz FamRZ 89, 338 ff; Braun aaO S 138 ff; Jakoby aaO S 250 f, 255; Vollkommer/Steindl FamRZ 89, 1209. Bei *„fortwirkendem"* betrügerischen Verhalten (Fall von § 580 Nr 4) läßt die Rspr § 323 zu (Rn 40a; sa § 767 Rn 12). Bsp: Verschweigen des Wegfalls von unterhaltsbegründenden Tatsachen. Der Grund für diese Erleichterungen liegt in der geringeren Rechtskraft-„Intensität" von „Vorausentscheidungen" (zutr MK/Braun Rn 26 vor § 578; § 580 Rn 57 f; Braun aaO S 202 ff).

III) Zulässigkeitsvoraussetzungen der Abänderungsklage

23 **1) Die allgemeinen Prozeßvoraussetzungen** müssen vorliegen; s dazu Anm vor § 253 und zur Zuständigkeit bes unten Rn 35. Das Rechtsschutzbedürfnis für eine Abänderungsklage des Unterhalts*schuldners* fehlt, wenn lediglich ein über einen freiwillig bezahlten Teil hinausgehender Unterhaltsteil tituliert ist und der Veränderung durch Einschränkung der freiwilligen Leistungen Rechnung getragen werden kann (vgl BGH NJW 85, 1344 f; MDR 93, 651).

24 **2) Besondere Prozeßvoraussetzungen** sind das Vorliegen einer abzuändernden Entscheidung (Rn 25–29), die Identität der Streitgegenstände, der Parteien (Rn 30), die Behauptung einer wesentlichen Veränderung der Verhältnisse nach dem maßgeblichen Zeitpunkt (Rn 31) und die Nichtbeendigung der Vollstreckung (KG FamRZ 88, 310).

25 **a) Abzuändernde Entscheidung.** Es muß ein (nicht notwendig rechtskräftiges, s dazu Rn 13) **Urteil** (Rn 3; wegen gleichgestellter Titel vgl Rn 43 ff) vorliegen, dessen Gegenstand in den Anwendungsbereich des § 323 fällt, dh **aa)** nach der Formulierung des § 323 ist eine Verurteilung zu **künftig wiederkehrenden Leistungen** iS von § 258 erforderlich. Dies sind nur solche einseitigen Leistungen, deren Fälligkeit lediglich vom Zeitablauf abhängt, nicht aus zweiseitigen Verträgen, die von einer gleichzeitigen oder vorgängigen Gegenleistung abhängig sind. Auf wiederkehrende Leistungen iS von **I,** § 258 gerichtet ist auch die Verurteilung zu **Verzugszinsen** (BGH 100, 213 = NJW 87, 3266; Karlsruhe NJW 90, 1738, zust Kahlert S 1716; Brehm ZZP 101, 456; Braun ZZP 108, 321 ff; Münzberg JuS 88, 345, str; krit Zimmermann JuS 91, 676 f; aA: § 767); ebenso die Verurteilung zur Zahlung eines **betrieblichen Altersruhegeldes.** Die rechtsgeschäftliche (hilfsweise richterliche: § 242 BGB) Anpassung der Betriebsrenten an die gestiegenen Lebenshaltungskosten ist vorgeschrieben in § 16 BetrAVG (BGBl 1974 I S 3610; dazu grundlegend BAG NJW 76, 1861; 77, 2370; 81, 190).

26 **bb)** Gleiches muß jedoch auch für **klageabweisende Urteile gelten,** die eine Klage wegen Schadensrente nur deshalb abweisen, weil derzeit kein Schaden vorhanden sei (RG 162, 281; BGH NJW 61, 871; KG FamRZ 80, 892 mwN; Karlsruhe FamRZ 92, 938 mN; StJ/Leipold Rn 8; aA MK/Gottwald Rn 23 f); zum klageabweisenden Urteil in Unterhaltssachen s Rn 22. Die wiederholte Abänderungsklage findet jedenfalls statt, soweit die Leistungspflicht auf Abänderungsklage weggefallen ist und nun ihr Wiederaufleben geltend gemacht wird (BGH NJW 85, 1345; RSchwab/Gottwald § 158 II 3).

27 **cc)** Ebenso für **Feststellungsurteile** über die in § 323 I genannten Ansprüche, soweit die Voraussetzungen der Änderungen bei einem Leistungsurteil gleichen Inhalts gegeben wären (BGH NJW-RR 96, 65; Köln NJW-RR 87, 834; Hamm FamRZ 94, 387 = NJW-RR 94, 1417; MK/Gottwald Rn 11; aA BL/Hartmann Rn 13; differenzierend StJ/Leipold Rn 13); sonst wäre nämlich das Gericht trotz relevanter Veränderung der Verhältnisse im Leistungsprozeß an die Feststellung gebunden (vgl BGH NJW 68, 2011).

28 **dd) Urteile auf Kapitalabfindung** an Stelle einer Rente (§ 843 III, 844 II S 1 BGB) sind abänderbar (R-Schwab 14. Aufl § 159 III 2; BL/Hartmann Rn 79); die gegenteilige Ansicht des BGH (BGH 79, 192 f mN = NJW 81, 818 = MDR 81, 306 im Hinblick auf das in der Verurteilung zur Kapitalleistung liegende „Abfindungsmoment"; auch MK/Gottwald Rn 13; StJ/Leipold Rn 7; Schlund BB 93, 2030) ist nicht überzeugend, da die vom BGH verlangte Mitberücksichtigung der zukünftigen Entwicklung bei der Schätzung angesichts der weitreichenden Zeiträume den Tatrichter häufig überfordern und spekulative Entscheidungen begünstigen dürfte.

29 **ee)** § 323 gilt auch für **Unterlassungsurteile** (Koblenz GRUR 88, 480 mN; LG Kleve NJW-RR 96, 207; aA StJ/Leipold Rn 14).

30 **b) Identität der Streitgegenstände und der Parteien.** Der Abänderungsklage muß derselbe Streitgegenstand wie im Vorprozeß zugrundeliegen (BGH 78, 136; Düsseldorf FamRZ 94, 1536 mN; StJ/Leipold Rn 34, str; aA RSchwab/Gottwald § 158 I 3); ebenso müssen die Parteien des Vorprozesses, zwischen denen die abzuändernde Entscheidung ergangen ist, und die der Abänderungsklage die gleichen sein (BGH NJW 83, 685; 92, 1626; FamRZ 86, 254; KG FamRZ 94, 760). Andernfalls ist die Abänderungsklage unzulässig. Den Parteien stehen diejenigen gleich, auf die sich die Rechtskraft erstreckt (BGH NJW 83, 685; NJW-RR 93, 5 = aaO [Rn 12a]; KG FamRZ 94, 760; NJW-RR 94, 139). Zur Erhebung der Abänderungsklage befugt sind daher die Kinder im Fall

von § 1629 III 2 BGB nach Beendigung der gesetzlichen Prozeßstandschaft (vgl BGH NJW 83, 1976 mwN, unten Rn 36 sowie allg Rn 24, 37 vor § 50); ferner der Zessionar kraft Gesetzes (zB im Fall des § 116 SGB X; vgl BGH NJW 70, 1319; NJW 83, 685). Klageberechtigt sind außerdem Dritte, denen der abzuändernde Titel (zB Vergleich) eigene Rechte in der Form eines echten Vertrags zugunsten Dritter verschafft hat (Bamberg FamRZ 79, 1060; StJ/Leipold Rn 33, str; aA Hamburg FamRZ 82, 322 mN; offengelassen BGH NJW 83, 685 mwN = MDR 82, 740 = FamRZ 82, 587). Umgekehrt kann die Abänderungsklage auch vom Schuldner gegen den Rechtsnachfolger des Gläubigers erhoben werden (Düsseldorf FamRZ 94, 765: § 323 gegen Sozialamt nach Überleitung des Unterhaltsanspruchs).

c) Behauptete wesentliche Veränderungen der Verhältnisse nach Verhandlungsschluß (Abs I mit II). Der Kläger muß eine wesentliche **Veränderung** der für die Bejahung oder Verneinung des Anspruchs oder für seinen Inhalt oder Umfang maßgebenden Umstände **behaupten** (vgl Bamberg NJW-RR 92, 1414); die Änderungen müssen erst **nach Schluß der letzten Tatsachenverhandlung** (iS von *Sach*verhandlung; näher Köln FamRZ 96, 355) oder **Erlaß des Versäumnisurteils** (Hamm FamRZ 87, 1286) **eingetreten** sein (Rn 34; anders bei Rückforderung wegen Doppelzahlung, Frankfurt FamRZ 87, 1270) und dürfen durch **Einspruch** nicht mehr geltend gemacht werden können (Abs **II**; ie Rn 34). Bei einem Versäumnisurteil ist für den Vergleich von den *tatsächlichen* Verhältnissen bei Urteilserlaß, nicht von den gem § 331 I 1 fingierten auszugehen (Oldenburg FamRZ 90, 188; Hamm FamRZ 90, 773 mN; NJW-RR 90, 841; wohl auch Frankfurt FamRZ 95, 735, str; aA Stuttgart FamRZ 82, 92; MK/Gottwald Rn 55). Fehlt eine Behauptung derartiger Tatsachen, wird die Klage als unzulässig abgewiesen (BGH 80, 397 = NJW 81, 2193 [2195]; 93, 1795; Schleswig FamRZ 88, 417; RSchwab/Gottwald § 158 V 2). 31

IV) Begründetheitsvoraussetzungen der Abänderungsklage

1) Wesentlichkeit (Abs. I; Lit: *Braun* NJW 92, 1593 und aaO S 245 ff [krit im Hinblick auf Art 103 I GG und die materielle Rechtsverkürzung]; *Niklas* aaO; sa Rn 42 aE). Es muß eine **wesentliche Veränderung** der für den Grund, den Betrag oder die Dauer der Leistung bedeutsamen, bei der früheren Verurteilung **maßgebend** gewesenen Verhältnisse vorliegen. Die Beweislast liegt beim Kläger (Karlsruhe FamRZ 87, 504; eingehend Baumgärtel/Laumen, Beweislast Bd 2, vor § 1601 Rn 8–9 mwN), dagegen beim Beklagten für Tatsachen, die die Aufrechterhaltung des Titels rechtfertigen (BGH NJW 90, 2753 = MDR 90, 625). Voraussehbare Veränderungen scheiden idR aus (einschr KG FamRZ 90, 1122 mN; Hamburg FamRZ 82, 322; überhaupt gegen Berücksichtigung der Voraussehbarkeit RSchwab/Gottwald § 158 V 2; offen gelassen in BGH VersR 81, 281); nicht genügt eine Änderung der **Beurteilung** der maßgebend gewesenen (nicht geänderten) Verhältnisse (BGH NJW-RR 86, 938 mwN; 92, 1092; Hamm NJW-RR 95, 457, hM), zB eine veränderte Anschauung der Medizin über Unfallfolgen (vgl BGH VersR 81, 281) oder die abweichende Bewertung eines Grundstücks (BGH NJW-RR 86, 938). Vielmehr müssen sich die Tatsachen geändert haben, Hamm NJW 84, 315 = FamRZ 83, 1040 mN; BGH VersR 69, 236 (kein Angriff gegen die festgestellte Unfallbedingtheit eines Leidens, wohl gegen den Umfang seiner Auswirkungen). Ausreichend ist aber eine **Änderung der höchstrichterlichen Rechtsprechung** (BGH 25, 390; 58, 362; 70, 295; NJW 96, 1469 f, str; offenlassend BGH NJW 90, 3022 mN) oder eine Änderung der Rechtslage, zB durch Gesetzesänderung (BGH NJW-RR 91, 514; Gießler FamRZ 87, 1276; für Sonderfall aA Bamberg FamRZ 92, 185) oder durch Nichtigerklärung (BGH NJW 88, 2377) oder abw verfassungskonforme Auslegung einer Norm durch das BVerfG (BGH NJW 90, 3022); zur Änderung durch das UÄndG die besondere Übergangsvorschrift des Art 6 Nr 1 (s 15. Aufl Anh nach § 323). Allg zur Bindungswirkung des Ersturteils näher Rn 40. Ist die abzuändernde Entscheidung ein **Versäumnisurteil,** kommt es auf die *tatsächliche* Veränderung der Verhältnisse selbst an (str, vgl Rn 31). 32

2) Beispiele (vgl zunächst Rn 16 aE): Wegfall einer bei der zugesprochenen Entschädigung berücksichtigten Unfallrente; Wiederheirat des unterhaltspflichtigen Ehegatten; Entstehen neuer Unterhaltspflichten; Verfestigung einer außerehelichen Beziehung (Hamm FamRZ 87, 1266; Düsseldorf NJW-RR 91, 1347); erheblicher Kaufkraftverlust der Währung der titulierten Geldleistung (BGH MDR 93, 54 = aaO [Rn 12a]); Änderung einer Unterhaltstabelle als Ausdruck geänderter wirtschaftlicher Verhältnisse (BGH NJW 95, 536 = MDR 95, 606 = LM Nr 72 mit Anm Wax); nachhaltige Arbeitslosigkeit des Unterhaltsschuldners (KG NJW 85, 869); (vorzeitiges) Ausscheiden aus dem Erwerbsleben (Koblenz FamRZ 91, 574); Veränderung der steuerlichen Einstufung (FamRZ 86, 1130); wesentliche Einkommensverringerung oder Einkommenssteigerung; eine schematische Grenze („10%-Schwelle“) bei der Anpassung von Unterhaltsrenten besteht aber nicht (BGH NJW 86, 2055; 92, 1622), insbes kann bereits eine Rentenabweichung unter 10% „wesentlich“ iS von **I** sein (Düsseldorf NJW-RR 94, 520: UU 7%; vgl auch BGH aaO zu Abs IV; insges krit Braun aaO S 249 f und ZZP 108, 329). Die neuere Rspr läßt eine Anpassung von wiederkehrenden Leistungen aus Verträgen mit Versorgungscharakter unter dem Gesichtspunkt des Wegfalls der Geschäftsgrundlage in gewissem Umfang an die **gestiegenen Lohn- und** 33

Preisverhältnisse zu (grundlegend BGH 61, 31: Ruhegeldanpassung bei 40%iger Teuerung; zur Anpassung der Betriebsrenten vgl mwN der BAG-Rspr Rn 25). Der BGH sieht in § 323 geradezu das gesetzliche Instrument für eine **„Dynamisierung" der Renten** (BGH 79, 194 = NJW 81, 820 = MDR 81, 306), da die Verurteilung zu einer dynamischen Rente unzulässig ist. Allerdings dürfte die bloße generelle Entwicklung der Einkommen und Lebenshaltungskosten ohne eine individuelle Änderung der Verhältnisse idR nicht für eine Rentenanpassung ausreichen (anders aber BGH 101, 243 bei Titeln minderjähriger Unterhaltsgläubiger gem Rn 49). Soweit gerichtliche Tabellen-(richt-)sätze der tatsächlichen wirtschaftlichen Entwicklung angepaßt werden, stellt deren Änderung einen Abänderungsgrund dar (BGH NJW 95, 535 mwN = MDR 95, 605 mit zust Anm Wax LM Nr 72, str). Ebenso sind Änderungen der Regelsätze nach § 1612 II BGB (beachte aber Rn 49) und §§ 22, 23 BSHG iVm RegelsatzVO sowie der Pfändungsfreigrenzen (§ 850c) zu behandeln. Ein Abänderungsgrund ist auch das im Vorprozeß nicht unmittelbar bevorstehende Vorrücken in eine höhere Altersstufe der Düsseldorfer Tabelle (BGH NJW 95, 536 = aaO; KG FamRZ 90, 1122 f mN, str). Zur Anwendung des § 323 im Falle der Gefährdung eines Unternehmens durch Fortzahlung von Versorgungsbezügen vgl BAG NJW 72, 723.

34 **3) Nachträgliche Veränderung.** Die Präklusionsnorm des **Abs II** (vgl dazu bereits Rn 31) entspricht § 767 II. Maßgebend ist allein der Zeitpunkt der **Entstehung** der „Abänderungstatsachen", spätere Kenntniserlangung steht dem nicht gleich (Köln FamRZ 87, 846). Diese Änderungen müssen bereits eingetreten sein **(Abs I)**; es genügt nicht, daß die dem Urteil zugrundeliegende Prognose der künftigen Verhältnisse aus nachträglicher Sicht anders zu treffen wäre (BGH 80, 397 = NJW 81, 2193 = MDR 81, 924; NJW 93, 1795); andererseits schließt Vorhersehbarkeit der später eingetretenen Tatsachen die Abänderungsklage nicht aus (BGH NJW 92, 364; MK/Gottwald Rn 60). Wegen des im schriftlichen Verfahren entsprechenden Zeitpunkts vgl § 128 Rn 18. Ist **Berufung** eingelegt, entscheidet der Zeitpunkt der Sachverhandlung in der Berufungsinstanz (BGH 96, 209 = NJW 86, 383; NJW 88, 2473 = MDR 88, 569). Nach Zweibrücken (FamRZ 89, 304) gilt dies auch bei Rücknahme der Berufung. Bei nachträglich entstandenen Abänderungstatsachen ist Geltendmachung durch die abänderungsberechtigte Partei mit der Berufung nicht erforderlich (vgl Rn 13), aber zulässig (Koblenz FamRZ 88, 1072; sa KG FamRZ 90, 1123 mit Anm Diener FamRZ 91, 211); ist aber vom Gegner Berufung eingelegt, muß die Veränderung wegen **Abs II** mit der *Anschlußberufung* geltend gemacht werden (grundlegend BGH 96, 209 ff = aaO; weitergehend Hoppenz FamRZ 86, 227 f; wegen II, § 522 zusätzlich Abänderungsklage), soweit die Partei noch am Verfahren beteiligt ist (BGH NJW 89, 3225); verliert die Anschließung wegen § 522 ihre Wirkung, **wirkt** die nunmehr zu erhebende Abänderungsklage auf den Zeitpunkt der Anschließung **zurück;** Abs **II** steht bei engem zeitlichem Zusammenhang nicht entgegen (BGH 103, 393 = NJW 88, 1734; NJW 88, 2102; Rn 42). Ist allerdings bereits ein *rechtskräftiges* Teilurteil ergangen, hat die abänderungsberechtigte Partei die *Wahl,* ob sie im Rahmen des Berufungsverfahrens über das Schlußurteil gegen das Teilurteil mit der Abänderungswiderklage vorgehen oder selbständige Abänderungsklage erheben will (BGH NJW 93, 1795; Saarbrücken FamRZ 93, 1477). Von der **Einspruchsmöglichkeit** muß stets Gebrauch gemacht werden (Rn 14), deshalb sind auch nur Abänderungsgründe zu berücksichtigen, die *nach Ablauf* der Einspruchsfrist entstanden sind (BGH NJW 82, 1812 = FamRZ 82, 793 mwN; abw Maurer FamRZ 89, 450: *auch* unbekannte Alttatsachen; Rn 31); bei unverschuldeter Unkenntnis gilt § 233 (Maurer aaO). Für den **Gegner** der Abänderungsklage gilt **Abs II** jedoch nicht (BGH 98, 360 = NJW 87, 1203; NJW 88, 2372; 90, 2889; 92, 366; Oldenburg FamRZ 96, 367; krit Gottwald FamRZ 92, 1379 und in MK Rn 71, 73; offen Frankfurt FamRZ 93, 437). Zur **Mitberücksichtigung von Alttatsachen** vgl Rn 40a.

V) Verfahren und Entscheidung

35 1) Nötig ist eine **neue Klage** oder **Widerklage,** in der Rechtsmittelinstanz auch mittels *Anschlußberufung* und *Berufungserweiterung* (BGH NJW 85, 2030; vgl auch § 530 und Rn 34). Auch die Verbindung von Auskunftsklage und unbezifferter Abänderungsklage in einer *Stufenklage* ist zulässig (BGH NJW 85, 196; 93, 1920, str; vgl ie Braun aaO S 139 mN).

a) Zuständig ist das nach den allgemeinen Vorschriften der ZPO und des GVG sachlich und örtlich zuständige Gericht, zB gem §§ 12 ff, 32 (vgl BGH NJW-RR 93, 700), nicht notwendig das Gericht des Vorprozesses; § 767 I trifft hier nicht zu (RG 52, 347; für entspr Anwendbarkeit StJ/Leipold Rn 68). Bei Klage des abänderungsberechtigten Unterhaltsschuldners gegen mehrere Unterhaltsgläubiger mit verschiedenen Wohnsitzen (§§ 12, 13) ist gem § 36 Nr 3 vorzugehen (BGH NJW 86, 3209 = MDR 86, 921); zweckmäßigerweise wird das Gericht, das die abzuändernden Titel erlassen hat, bestimmt (BGH aaO). Schwebt der Unterhaltsrechtsstreit in der *Berufungsinstanz,* kann unter den Voraussetzungen von § 530 Abänderungsantrag (Widerklagegerichtsstand gem § 33) gestellt werden (BGH NJW 85, 2030). Für die Abänderung von Unterhaltstiteln ist ggf das **Familiengericht** (vgl § 23b I Nr 5 und 6 GVG) zuständig (BGH FamRZ 79, 573; KG FamRZ 78, 528 [529]).

b) Sachbefugt sind die Parteien des zu dem abzuändernden Titel führenden Rechtsstreits, auch diejenigen, auf die sich dessen Rechtskraft erstreckt (vgl Rn 30 mwN). Im Fall eines nach dem 1. 7. 1977 gem § 1629 III BGB zugunsten der Kinder geschlossenen Unterhaltsvergleichs sind die Kinder insoweit gem § 323 klagebefugt, als der Vergleich ihnen gegenüber „wie ein Urteil" wirkt (zu diesem Rn 30) und die gesetzliche Prozeßstandschaft des Elternteils nicht mehr besteht (Hamm FamRZ 90, 1376; Palandt/Diederichsen § 1629 Rn 36). Solange die Scheidungssache anhängig ist, kann die Abänderungsklage auch bezüglich des Kindesunterhalts von dem Elternteil im Rahmen seiner gesetzlichen Prozeßstandschaft gem § 1629 III BGB erhoben werden. Die gesetzliche Prozeßstandschaft endet mit dem Verbundverfahren (vgl § 1629 III 1), jedenfalls aber mit Eintritt der Volljährigkeit des Kindes. Ab diesem Zeitpunkt muß das Kind die Abänderungsklage selbst als Partei führen; eine Prozeßführung im eigenen Namen (dh gewillkürter Prozeßstandschaft) durch den Elternteil, bei dem das Kind lebt, ist idR unzulässig (Frankfurt FamRZ 79, 175). Bei einer zugunsten des (volljährig gewordenen) Kindes errichteten vollstreckbaren Urkunde (Abs IV) ist die Abänderungsklage gegen dieses zu richten (Düsseldorf NJW-RR 92, 1030). Empfang von Sozialhilfe in Höhe des erstrebten Erhöhungsbetrages ändert an der Klagebefugnis nichts (Hamm NJW-RR 95, 708). 36

c) Der Prozeßbevollmächtigte des Vorprozesses bedarf neuer **Vollmacht** (StJ/Leipold Rn 68; aA BL/Hartmann Rn 43). 37

d) Durch die Klage des § 323 kann nur die Erhöhung (Herabsetzung) der **künftig** fällig werdenden wiederkehrenden Leistungen erreicht werden (zum Abänderungszeitpunkt näher Rn 42); die Unzulässigkeit der ZwV wegen **rückständiger** Leistungen kann nur bei Vorliegen der Voraussetzungen des § 767 geltend gemacht werden. Durch die Klage nach § 767 kann jedoch die in § 323 vorgesehene Beschränkung der Abänderungsmöglichkeit für die Zeit nach Klageerhebung nicht umgangen werden; Hilfe bietet uU § 826 BGB oder eine Einschränkung von Abs III (dazu mwN Rn 22a). Die Rechtshängigkeit der Abänderungsklage führt (bei rückwirkender Abänderung) nicht zu einer verschärften Haftung gem **§ 818 III, IV BGB** für den Rückzahlungsanspruch (vgl Zweibrücken FamRZ 95, 175 mwN). 38

2) In entspr Anwendung des § 769 darf das Gericht im Klageverfahren nach § 323 die **vorläufige Einstellung der Zwangsvollstreckung** anordnen (s BGH LM Nr 1; FamRZ 86, 793 [794]; Hamburg NJW-RR 90, 7; Brandenburg FamRZ 96, 356); dagegen ist sofortige Beschwerde zulässig (Schleswig FamRZ 90, 303; Saarbrücken FamRZ 94, 1539 mit Anm Gottwald; Zweibrücken FamRZ 95, 307, str; aA Brandenburg FamRZ 96, 356 mwN; vgl § 769 Rn 13). Ist ein vorläufig vollstreckbares ermäßigendes Abänderungsurteil ergangen, so ist ohne weiteres eine ZwV aus dem abgeänderten Titel in einem weitergehenden Umfang unzulässig, § 775 Nr 1 (Zweibrücken FamRZ 86, 376). 39

3) Prüfungsumfang und Bindung an das Ersturteil. Hinsichtlich der Prozeßvoraussetzungen des Abänderungsverfahrens gem § 323 (s Rn 23) gilt der Amtsprüfungsgrundsatz (BGH 82, 247 f). Die wesentliche Veränderung der Verhältnisse gibt zwar ein Recht zur Erhebung der Abänderungsklage (die Klage ist *zulässig*), aber noch keinen Anspruch auf Abänderung der früheren Entscheidung. Das Gericht hat vielmehr zu prüfen, ob nicht dennoch die frühere Entscheidung aufrechtzuerhalten, dh ob die Änderungsklage auch sachlich begründet ist. Die *sachliche Begründetheit* richtet sich nach den Grundsätzen des materiellen Rechts, soweit es um vertragliche Rentenansprüche geht, also nach den Grundsätzen über den Wegfall (die Änderung) der Geschäftsgrundlage (BGH NJW 86, 2054 zu Abs IV). Zwar mag nach den Vorstellungen des historischen Gesetzgebers (§ 323 I–III wurde eingefügt durch die BGB-Novelle 1898, dazu Einl Rn 3, § 323 IV durch das Änderungsgesetz 1919) die Abänderungsklage in diesen Fällen nicht nur als Rechtsschutzform, sondern *zugleich* als materiell-rechtliche Anspruchsgrundlage für die begehrte Abänderung zu verstehen gewesen sein. Nach der zwischenzeitlichen Entwicklung der materiellrechtlichen Geschäftsgrundlage-Lehre besteht für ein (auch) materiell-rechtliches Verständnis von § 323 kein Grund mehr (so auch BGH GZS 85, 64 [67 f, 73]). Im Abänderungsverfahren hat das Gericht bei der Prüfung, inwieweit das frühere Urteil aufrecht zu erhalten bzw abzuändern ist, außer den zulässigerweise zu berücksichtigenden (**Abs II**) und selbst festzustellenden **neuen** Tatsachen die im Ersturteil festgestellten unverändert gebliebenen *„Verhältnisse"* (vgl Wortlaut von **I**) samt ihrer rechtlichen Bewertung als maßgeblich zugrundezulegen. Der Grund hierfür liegt darin, daß die Abänderungsklage **keine freie** von der bisherigen Höhe unabhängige **Neufestsetzung** ermöglicht, sondern nur eine den zwischenzeitlich eingetretenen veränderten Verhältnissen **„entsprechende"** (vgl Wortlaut von **I** aE) **Anpassung** des Titels; im übrigen ist der über die Abänderungsklage entscheidende Richter an das Ersturteil gebunden (so BGH 78, 136 = NJW 80, 2812; NJW 86, 2054; 92, 365; NJW-RR 90, 194 mN; 92, 1092; 94, 1156, stRspr seit 1979; Zweibrücken NJW 94, 527, str; **aA** zB Frankfurt FamRZ 79, 238; Gottwald in RSchwab/Gottwald § 158 VI 2 und MK Rn 73, 74: freie Fehlerkorrektur; MK/Braun § 580 Rn 57 f und Braun aaO S 202 ff: Geringere Rechtskraft-„Intensität" von „Vorausentscheidung"; krit zur hM ferner ders 40

FamRZ 94, 1145). **Beispiel:** Im Ersturteil wurde der unterhaltspflichtige Ehemann zur Zahlung einer monatlichen Unterhaltsrente von DM 1200 (= 2/5 seines Einkommens) verurteilt; das Gericht hat dabei das Einkommen des Mannes mit DM 3000 angesetzt, obwohl es seinerzeit bereits DM 4000 betragen hat. Hat sich jetzt das Einkommen des Mannes um DM 400 (= 10%) auf DM 4400 erhöht, so ist die Abänderungsklage zulässig; die Unterhaltsrente ist allerdings nicht – in „freier Neufestsetzung" – auf DM 1760 (Berechnung: 2/5 von DM 4400) festzusetzen, sondern nur – in „entsprechender Abänderung" – auf DM 1320; Berechnung: 2/5 aus DM 3300 (DM 3000 + 300 [= 10%]). Hat sich umgekehrt das Einkommen des Mannes um DM 400 auf DM 3600 ermäßigt, ist auf die Abänderungsklage der neue Unterhaltsbetrag in entsprechender Abänderung auf DM 1080 (Berechnung: 2/5 aus DM 2700), nicht in „freier Neufestsetzung" auf DM 1440 (Berechnung 2/5 aus DM 3600) anzupassen. Dies ist die Folge davon, daß die Abänderungsklage die Korrektur einer Prognoseentscheidung sichert (BGH 96, 207), nicht aber – wie ein Rechtsmittel – der Behebung von Fehlern der ursprünglichen Entscheidung dient (BGH NJW-RR 92, 1092). Zu den von der Bindungswirkung umfaßten Urteilselementen gehören nicht die vom Erstrichter angewendeten Rechtsgrundsätze als solche und die zu ihrer Ausfüllung entwickelten Anwendungshilfen, wie Unterhaltsrichtlinien (Abgrenzung: Rn 33), Tabellen, Verteilungsschlüssel und sonstige Berechnungsmethoden (BGH NJW 86, 2056; 90, 2887; FamRZ 87, 258; 90, 982; 94, 1101 = NJW-RR 94, 1156; Koblenz FamRZ 94, 1609; Düsseldorf FamRZ 92, 574). **Keine Bindung** besteht ferner *ausnahmsweise* dann, wenn die Grundlagen der früheren Leistungsbemessung nicht feststellbar sind (BGH MDR 87, 392; 93, 54 = aaO [Rn 12a]; AG Groß-Gerau MDR 87, 1024), wie zB uU bei einem Anerkenntnisurteil (Bamberg FamRZ 86, 702; aA Karlsruhe NJW-RR 94, 69), bei einem VU (vgl Rn 31), bei einem ausländischen Urteil (Hamm FamRZ 94, 764; sa Rn 50) und allgemein dann, wenn sie zu *untragbaren Ergebnissen* führen würde (Schleswig FamRZ 88, 419; Hamm FamRZ 92, 842). Sog *Alttatsachen* (Rn 40a) können bei der Entscheidung nur (mit-)berücksichtigt werden, soweit sie nicht präkludiert sind (ie Rn 40a). Ist ein **Prozeßvergleich** über eine Unterhaltsverpflichtung bereits einmal Gegenstand eines Abänderungsverfahrens gewesen (dazu grundlegend BGH NJW 86, 2054), so ist für die zeitlich nachfolgende Neubemessung des Unterhalts nunmehr der ursprüngliche Parteiwille im Verständnis und in der Ausgestaltung des vorausgegangenen rechtskräftigen Abänderungsurteils maßgebend (BGH NJW 83, 1118 [1119 mN]; 92, 365).

40a **4) Tatsachenpräklusion.** Insoweit ist zu unterscheiden (ie str, vgl Niklas FamRZ 87, 869; v. Olshausen JR 87, 464): **a)** Im Kernbereich von § 323 (Rn 2) kann der Kläger nach allg Grundsätzen (Rn 70 vor § 322) die Abänderungsklage nicht auf Tatsachen, die zZ des Vorprozesses bereits eingetreten, aber nicht geltend gemacht waren (sog Alttatsachen) stützen (BGH 98, 358; einschr Schleswig FamRZ 88, 418 f). Ausnahmen gelten bei der Anwendung von Unterhaltstabellen (BGH NJW 95, 536 = MDR 95, 605), ferner bei Tatsachen, die bereits zur Zeit des Vorprozesses eingetreten waren, aber noch *fortwirken* (BGH NJW-RR 90, 1411 = FamRZ 90, 1095). Bsp: Nach dem Vorprozeß fortgesetztes betrügerisches Verhalten (BGH aaO). **b)** Im erweiterten Anwendungsbereich (Rn 3, 19) kann der Abänderungskläger die gem **II** für die Zulässigkeit der Abänderungsklage notwendigen Behauptungen (Rn 31) nicht auf Alttatsachen stützen; ist allerdings die Abänderungsklage unabhängig von ihnen zulässig, können Alttatsachen im Wege der Anschluß-Korrektur des Urteils mit berücksichtigt werden (Konsequenz aus BGH 98, 357 f). **c)** Der **Gegner** unterliegt bei der Geltendmachung von Alttatsachen keinen Schranken, soweit er den Bestand der abzuändernden Entscheidung verteidigt (BGH 98, 360 f; Rn 34).

41 **5) Entscheidung. a) Inhalt:** Das **Urteil** lautet entweder auf Abweisung der Klage oder auf Aufhebung des alten Urteils und anderweitige Entscheidung über den Streitgegenstand, zB Verurteilung in anderer Höhe. Es ist für vorläufig vollstreckbar zu erklären, §§ 708 ff (näher hierzu Scheffler FamRZ 86, 532). Über gegenläufige Abänderungsverlangen darf nur einheitlich entschieden werden (BGH NJW 87, 441; Zweibrücken FamRZ 88, 420; 95, 892; Düsseldorf FamRZ 94, 1536; Oldenburg FamRZ 96, 367); werden sie in getrennten Verfahren verfolgt, ist § 261 III Nr 1 zu beachten (Düsseldorf FamRZ 94, 1536; § 301 Rn 9, 13). Prüfungsumfang und Bindung an das Ersturteil: Rn 40.

42 **b) Ausschluß rückwirkender Urteilsabänderung.** Die Abänderung ist nur für die Zeit **nach** der **Klageerhebung** (vgl §§ 253 I, 261) zulässig (**Abs III**). Diese Regelung beruht auf Zweckmäßigkeitserwägungen und dem Gedanken des Vertrauensschutzes für den Gegner (für entspr teleologische Reduktion Gottwald FamRZ 92, 1375 f und in MK Rn 81 f; ähnlich KG FamRZ 95, 893: auch § 242 BGB); sie ist nicht Ausdruck eines Grundsatzes, daß eine weiter zurückwirkende Änderung mit dem Wesen der Rechtskraft nicht vereinbar wäre (BGH 96, 211 f = aaO [Rn 34]; NJW 83, 2317 [2318]). Eine Vorwirkung auf den Einreichungszeitpunkt gem § 270 III soll nicht stattfinden (Köln FamRZ 87, 618; so aber §§ 641p I 2; 642b I 3). Die Abänderung ist mit dem Tag der Klagezustellung möglich (BGH NJW 90, 710 mwN auch zur aA; Zweibrücken NJW 94, 528), nicht erst am Tag danach (§ 187 BGB ist nicht anwendbar, BGH aaO) oder von dem auf die Zustellung folgenden Fälligkeitstag (so zB Hamm FamRZ 87, 1304; StJ/Leipold Rn 37). Bei der Klageerweiterung ist der Zeitpunkt der Zustellung (Geltendmachung) des weitergehenden Antrags maßgebend (§ 261 II), beim Parteiwechsel (Bsp: Wegfall der gesetzlichen Prozeßstandschaft gem § 1629 III BGB, vgl Rn 36) wegen der Identität des Prozeßrechtsverhältnisses (vgl Einl Rn 58) aber nicht der Zeitpunkt der Begründung des Prozeßrechtsverhältnisses mit der neu eintretenden Partei (ie § 263 Rn 6, 9), sondern der der ursprünglichen Klageerhebung. War die Abänderung bereits vor der Erhebung der Abänderungsklage im Rahmen eines **Berufungsverfahrens** mittels gem § 522 unwirksam gewordener *unselbständiger Anschließung* geltend gemacht worden, sind die Wirkungen der Klageerhebung auf den Zeitpunkt der Anschließung zurückzubeziehen; **III** steht nicht entgegen, da der Zwang zur Geltendmachung von Abänderungsgründen mittels unselbständiger Anschließung (so Rn 34) sich nicht zum Nachteil der abänderungsberechtigten Partei auswirken darf und die Zwecke des Abs **III** bereits durch die Anschließung erreicht sind (zutr BGH 96, 211 f; 103, 396 ff = NJW 88, 1734; MK/Gottwald Rn 35, str). Ist ein **Prozeßkostenhilfeverfahren** vorangegangen, so ist der Zeitpunkt des Zugangs des Antrags an den Gegner maßgebend (Koblenz FamRZ 79, 294; Frankfurt FamRZ 79, 963; MK/Gottwald Rn 80 mN; Maurer FamRZ 94, 346, str; **aA** BGH NJW 82, 1051 mN = MDR 82, 565; NJW 82, 1813; FamRZ 84, 355; Nürnberg NJW 87, 265; Köln FamRZ 88, 1077 mN; Bamberg FamRZ 93, 66; StJLeipold Rn 36; Hilfe: § 65 VII Nr 4 GKG). Unerheblich ist, ob der Antrag erfolgreich war und aus welchem Grunde er ggf zurückgewiesen wurde. Bei unverschuldeter Unmöglichkeit früherer Klageerhebung soll **Wiedereinsetzung** in die „Null-Frist" des Abs III ausscheiden (hM; krit Braun aaO S 150 ff). Zur Anwendung des **Abs III** auf – im Wege des § 323 abgeänderte – Prozeßvergleiche s Rn 43. Grundsätzliche Kritik an dem **Rückwirkungsverbot** gem **Abs III** üben Gottwald (FamRZ 92, 1375 und in MK Rn 82: Widerspruch zur materiellrechtlichen Regelung) und Braun (NJW 92, 1593; 95, 936; JuS 93, 353 und aaO S 170 ff: Verstoß gegen Art 103 I GG; dagegen Waldner NJW 93, 2085; einschr zu **III** auch KG FamRZ 95, 893: Rückwirkende Abänderung bis zur Höhe des zuvor freiwillig bezahlten Betrags, im Erg Behandlung als Fall der Rn 19).

VI) Abänderungsklage bei anderen Schuldtiteln (Abs IV, V)

1) Allgemeines. Durch die Abs IV und **V** wird der Anwendungsbereich der Abänderungsklage auf andere Schuldtitel als das Urteil erweitert. Nach **Abs IV** kann, wenn die Partei in einem gerichtlichen **Prozeßvergleich** (§ 794 I Nr 1; s näher Rn 44), in einem Vergleich im Prozeßkostenhilfeverfahren (§ 118 I 3), in einer vor dem 3. 10. 1990 gerichtlich bestätigten Unterhaltseinigung (dazu Rn 50), in einer **vollstreckbaren Urkunde** (§ 794 I Nr 5; s näher Rn 47), in einem Vergleich nach §§ 620 ff die Verpflichtung künftig fällig werdender Leistungen übernommen hat, von ihr oder ihrem Gegner die Herabsetzung oder Erhöhung der Leistungen im Wege der Klage verlangt werden, wenn die materiellrechtlichen Voraussetzungen dafür (Wegfall oder Änderung der Geschäftsgrundlage) vorliegen; **Abs I** hat insoweit keine praktische Bedeutung mehr (BGH – GSZ – 85, 73 = NJW 83, 230; BGH 128, 323 = NJW 95, 1346, stRspr; krit Grunsky ZZP 96, 260, 264). Gleiches gilt gem **Abs IV** für **Schuldtitel der §§ 641p, 642c, 642d iVm 642c** (näher Rn 48). Bei **Schuldtiteln auf Unterhaltszahlungen** an Minderjährige, deren Abänderung im **vereinfachten Verfahren** verlangt werden kann, ist gem **Abs V** die Abänderungsklage nur eingeschränkt möglich (näher Rn 49). Auf privatschriftliche oder sonstige **außergerichtliche Vergleiche** ist **Abs IV** nicht anzuwenden, weil es hier am abzuändernden Titel fehlt (vgl MK/Gottwald Rn 10; sa oben Rn 12); anders bei einem für vollstreckbar erklärten Anwaltsvergleich (§ 1044b iVm § 794 I Nr 4a), ferner, wenn sich die Parteien vergleichsweise der Regelung des § 323 vertraglich unterworfen haben (BGH FamRZ 60, 60; Köln FamRZ 86, 1018). Die **Zuständigkeit** für die Abänderungsklage folgt §§ 12 ff (vgl Rn 35), § 797 V ist unanwendbar; zur Zuständigkeit des FamG bei Abänderung von Unterhaltsvereinbarungen: BGH Rpfleger 78, 366 Nr 353; München FamRZ 78, 601; Werner JA 82, 109). 43

2) Ein **Prozeßvergleich** kann im Wege der Abänderungsklage an geänderte Verhältnisse angepaßt werden (**Abs IV** iVm § 794 I Nr 1). Hinsichtlich des Umfangs der Abänderung entspricht er privatrechtlichen Rechtsgeschäften, insbesondere außergerichtlichen Vergleichen (BGH – GSZ – 85, 73), maßgebend hierfür ist allein das materielle Recht (BGH aaO; NJW 95, 1892; für DDR-Altfälle s BGH 128, 323 ff = NJW 95, 1346 ff mit abl Anm Dieckmann FamRZ 95, 548 und Anm Leipold JZ 95, 833). Entscheidend ist, ob die Vertragsteile den Vergleich unabänderlich und von allen Veränderungen unabhängig abschließen wollten oder nicht. Bei der Anpassung einer in einem Vergleich vereinbarten Rente muß die Grundlage des Vergleichs gewahrt bleiben (BGH NJW 86, 2054 f; 92, 1622; Bamberg NJW-RR 95, 325: Anpassung gem § 242 BGB; vgl auch oben Rn 40); fehlgeschlagene einseitige Erwartungen genügen nicht (Bamberg FamRZ 84, 301). Die Parteien können eine von Abs **I abweichende** Regelung der Änderungsvoraussetzungen *vereinbaren* (BGH NJW-RR 95, 129; Hamburg FamRZ 88, 742; Zweibrücken FamRZ 92, 839). Ein Vergleich, der einen Verzicht auf künftige Unterhaltsgewährung enthält, steht der Klage aus § 323 nur entgegen, wenn auf den Unterhalt für die Zukunft verzichtet werden konnte (zB Unterhaltsverzicht der geschiedenen Ehefrau nach Erlaß des Scheidungsurteils, § 1585c BGB; s auch LG 44

Hamburg NJW 75, 2074); sonst ist wegen § 1614 I BGB die Klage aus § 323 zulässig. Problematisch ist damit, welches die „vorstehenden Vorschriften" sind, die gem **Abs IV** auch auf den Prozeßvergleich entsprechend anzuwenden sind (vgl Vollkommer/Steindl FamRZ 89, 1208). Ist der Prozeßvergleich bereits durch Urteil abgeändert oder bestätigt worden, gelten **I–III** unmittelbar (vgl Rn 40 aE und 45, 46).

45 **a) Abs II** ist bei einem Prozeßvergleich **nicht anwendbar,** da die Norm die Rechtskraftwirkung unanfechtbar gewordener Entscheidungen sichern soll und dieser Zweck bei gerichtlichen Vergleichen nicht in Betracht kommt (BGH - GSZ - 85, 73 f = NJW 83, 230; NJW 95, 536). Ist der Prozeßvergleich durch Urteil abgeändert worden, gilt Abs **II** für die *erneute Abänderung* (BGH NJW 95, 536 mwN), nicht aber auch allg dann, wenn die frühere Abänderungsklage *abgewiesen* worden ist (BGH NJW 95, 536); bei einer *Wiederholung* der *abgewiesenen* Abänderungsklage gelten die allg Rechtskraftgrundsätze (Düsseldorf FamRZ 89, 1207 mit zust Anm Vollkommer/Steindl; insoweit offen BGH aaO). Für entspr Anwendung *auch* von **§ 767 III** Hamm FamRZ 93, 582.

46 **b)** Auch die **Zeitschranke des Abs III** gilt nach überwiegender Ansicht nicht für Prozeßvergleiche, diese sind vielmehr rückwirkend abänderbar (BGH - GSZ - 85, 64 mN; NJW 90, 710; NJW-RR 91, 514 = FamRZ 91, 542; Düsseldorf FamRZ 95, 743; Hamm NJW 95, 2042, stRspr; RSchwab/Gottwald § 158 V 4b; krit Grunsky ZZP 96, 260 ff; Deisenhofer/Göhlich FamRZ 84, 229 f). Jedoch können materiell-rechtliche Gründe einer rückwirkenden Abänderung entgegenstehen (Karlsruhe FamRZ 83, 1157), zB § 242 BGB (Köln NJW 90, 2630; Düsseldorf FamRZ 95, 743). Ist der Vergleich bereits einmal durch Urteil abgeändert worden (§ 323), ist auf eine erneute Abänderungsklage **Abs III** anzuwenden (so Hamm FamRZ 80, 1127), desgleichen bei der Abänderung eines durch vergleichsweise Rechtsmittelrücknahme rechtskräftig gewordenen Urteils (BGH NJW 90, 710 = MDR 90, 525). Die Rechtshängigkeit der Abänderungsklage ersetzt nicht die des Rückforderungsanspruchs (s Rn 38).

47 **3) Vollstreckbare Urkunden** können ebenfalls im Wege des § 323 an veränderte Verhältnisse angepaßt werden (**Abs IV** iVm § 794 I Nr 5). Hierzu zählen außer **notariellen Urkunden** (dazu BGH NJW-RR 93, 773) auch **Jugendamtsurkunden** gem §§ 59, 60 KJHG (bisher §§ 49, 50 JWG; BGH NJW 85, 64; Karlsruhe NJW-RR 94, 69). Nicht anwendbar ist **Abs IV,** wenn die Unterhaltspflicht in einer vollstreckbaren Urkunde durch einseitiges Schuldbekenntnis übernommen wurde; hier Zusatzklage ohne Anwendung des § 323 (vgl Stuttgart FamRZ 80, 919; StJ/Leipold Rn 53, str; aA Köln NJW-RR 93, 394; differenzierend Zweibrücken FamRZ 92, 841; AG Charlottenburg FamRZ 91, 859). Genau wie beim Prozeßvergleich ist die Anwendung von **Abs II** auf vollstreckbare Urkunden ausgeschlossen (BGH 101, 238 = NJW 87, 2999; NJW 85, 65 f; s ie Rn 45), gleiches gilt für die Zeitschranke des **Abs III** (BGH NJW 90, 3274 mN = MDR 90, 1008; Karlsruhe NJW-RR 94, 69; RSchwab/Gottwald § 158 V 4b, hM).

48 **4) Schuldtitel über Regelunterhalt** (vgl § 1615 f BGB) **nichtehelicher Kinder.** Die in **Abs IV** genannten Schuldtitel des **§ 642c** und des **§ 642d** iVm § 642c unterliegen der vereinfachten Abänderung gem §§ 642a, 642b; daneben findet bei Änderung der individuellen Verhältnisse die Abänderungsklage (§ 323) statt (ie § 642b Rn 14). Ferner unterliegen die im Vereinfachten Abänderungsverfahren gem §§ 641l ff (s Rn 49) ergangenen **Anpassungsbeschlüsse** gem **§ 641p** der Abänderungsklage (vgl **Abs IV;** dazu Petermann Rpfleger 76, 414).

49 **5)** Bei **Schuldtiteln auf Unterhaltszahlungen** an (eheliche) Minderjährige, deren Abänderung im **Vereinfachten Verfahren** (§§ 1612a BGB, 641l bis 641t ZPO) begehrt werden kann, ist die Abänderungsklage - Ausnahme: § 641p; ie Rn 48 - nur eingeschränkt zulässig (**Abs V**). Der im Vereinfachten Verfahren festgesetzte oder festzusetzende Betrag muß wesentlich (dazu MK/Gottwald Rn 39) von dem Betrag abweichen, der den individuellen Parteiverhältnissen Rechnung trägt (s § 641q I); in diesem Fall ist § 323 anwendbar (Hamburg FamRZ 85, 729). Auch bei annähernder Gleichheit der Erhöhungsbeträge ist die Abänderungsklage gegen einen Prozeßvergleich zulässig, wenn rückwirkende Anpassung verlangt wird (vgl § 641p I 2 gegenüber oben Rn 46; ie Karlsruhe FamRZ 87, 847). Nach § 641q II ist die Abänderungsklage auch dann zulässig, wenn die Parteien über die Anpassung inzwischen eine abweichende Vereinbarung getroffen haben. Darüber hinaus kann der Unterhaltsberechtigte zunächst eine Anpassung des Unterhaltstitels im Vereinfachten Verfahren erwirken und dann, gestützt auf vorher entstandene Abänderungsgründe, eine Abänderung gem § 323 verlangen (BGH MDR 82, 1004; Bremen FamRZ 82, 1036 mN, str; aA Celle FamRZ 81, 585 f; Klauser MDR 81, 714: Keine Berücksichtigung von Abänderungsgründen, die vor dem Beschluß im Vereinfachten Verfahren entstanden sind). Soweit eine Abänderung im Vereinfachten Verfahren nicht stattfindet, ist die Abänderungsklage (§ 323) ohne die Einschränkung des Abs V zulässig (BGH 101, 243; NJW 95, 535 zu § 1612a IV aF). **Zusammentreffen** von Vereinfachtem Verfahren und Abänderungsklage: § 641o II und dort Rn 6 ff.

VII) Neue Bundesländer

Die Abänderungsklage findet seit 3. 10. 1990 als „Rechtsbehelf" gegen rechtskräftige Entscheidungen von DDR-Gerichten statt (vgl ZPO-Maßgabe i), dh die Rechtsschutzform des § 323 I im verfahrensrechtlichen Sinn ist anwendbar (BGH NJW 94, 1002; Karlsruhe FamRZ 95, 937). **Lit:** *Adams,* Zur Fortgeltung und Abänderung von DDR-Unterhaltstiteln nach Wiederherstellung der Rechtseinheit, Bonner Diss 1995; *Brudermüller* FamRZ 95, 915; *Maurer* DtZ 93, 130, 134 f; FamRZ 94, 338, 344 ff. Auch soweit sich die Abänderung nach materiellem DDR-Recht richtet, ist ein Rückgriff auf § 242 BGB (Wegfall der Geschäftsgrundlage, clausula rebus sic stantibus) als Anpassungsmaßstab (vgl Rn 1, 40) nicht ausgeschlossen (BGH 128, 334 = aaO [Rn 44]). Abs **I** führt bei Unterhaltstiteln idR (über eine bloße Anpassung hinaus) zu einer Neufestsetzung (Maurer FamRZ 94, 346). Str ist, ob bei Anwendbarkeit materiellen DDR-Rechts (Unterhaltsstatut) auch die Rückwirkungssperre gem Abs **III** gilt (bejahend Hamm FamRZ 93, 1477; Düsseldorf FamRZ 94, 1345; verneinend Vogel DtZ 91, 339; RSchwab/Gottwald § 158 V 4c; MK/Gottwald Rn 98; offen BGH NJW-RR 92, 1475 = MDR 93, 148). Nach allgM gilt die Abänderungsklage **ohne** die Schranken der Abs **II** und **III** (vgl Rn 44–47) entspr Abs **IV** auch für die vor dem 3. 10. 1990 zustandegekommenen nicht urteilsmäßigen Titel, insbes gerichtlich bestätigte „Einigungen" (BGH 128, 322 = aaO [Rn 44]) und vollstreckbare Verpflichtungsurkunden, zB des Jugendamts (AG Charlottenburg FamRZ 92, 858; Maurer FamRZ 94, 344). Soweit Unterhaltsansprüche **minderjähriger Kinder** in Entscheidungen oder „Einigungen" im Verhältnis zwischen den Eltern geregelt wurden, ist seit dem 3. 10. 1990 das Kind selbst zur Abänderungsklage befugt (Frankfurt FamRZ 91, 1478; Karlsruhe FamRZ 95, 937, stRspr; vgl dazu Brudermüller FamRZ 95, 917 sowie – abl – Maurer FamRZ 94, 344; sa Rn 36). Die für die Zulässigkeit der **vereinfachten Verfahren** zur Anpassung des Individualunterhalts ehelicher wie nichtehelicher Kinder nach § 1612a BGB, § 641l wie auch für die Festsetzung des Regelunterhalts nichtehelicher Kinder nach § 1615 f BGB, §§ 642 ff erforderlichen Rechtsverordnungen sind erlassen und in Kraft getreten (vgl dazu Maurer FamRZ 94, 345 mwN; sa BVerfG FamRZ 94, 751). Damit gelten für die Abänderungsklage die Schranken gem Abs V (Maurer aaO; s Rn 49). 50

VIII) Gebühren: 1) des Gerichts: Für das Verfahren nach § 323 und einer Klage nach § 641q I, II richtet sich die Verfahrensgebühr nach KV 1201. Bei einer Klage nach § 641q I, II wird die Gebühr KV 1800 angerechnet. Für das Prozeßverfahren besteht bei allen Abänderungsklagen Vorauszahlungspflicht (§ 65 I GKG). Keine Besonderheit gilt für die **Urteilsgebühr.** – **2) des Anwalts:** Für das Verfahren nach § 323 erhält der RA die Regelgebühren des § 31 BRAGO. Dasselbe gilt für das Verfahren nach § 641q. War der Anwalt bereits im vorausgehenden „Vereinfachten Verfahren" zur Abänderung von Unterhaltstiteln (§§ 641l–641t ZPO) tätig und hat er dafür die $^{5}/_{10}$ Gebühr nach § 43a I BRAGO verdient, so muß er sich diese auf die nach § 31 I Nr 1 BRAGO im nachfolgenden Klageverfahren des § 641q anfallende $^{10}/_{10}$ Prozeßgebühr anrechnen lassen (§ 43a II BRAGO). Dies bedeutet, daß dem RA in diesem Fall für beide Verfahren im Ergebnis nur eine **volle Prozeßgebühr** zusteht. 51

324 *[Sicherheitsleistung, Nachforderung]*

Ist bei einer nach den §§ 843 bis 845 oder §§ 1569 bis 1586b des Bürgerlichen Gesetzbuchs erfolgten Verurteilung zur Entrichtung einer Geldrente nicht auf Sicherheitsleistung erkannt, so kann der Berechtigte gleichwohl Sicherheitsleistung verlangen, wenn sich die Vermögensverhältnisse des Verpflichteten erheblich verschlechtert haben; unter der gleichen Voraussetzung kann er eine Erhöhung der in dem Urteil bestimmten Sicherheit verlangen.

1) Anwendungsbereich. In Betracht kommende Fälle: §§ 843–845 BGB: Geldrente wegen Körperverletzung oder Tötung des Ernährers; §§ 1569 ff BGB: Geldrente für Unterhalt bei Ehescheidung; § 618 III BGB: Anwendung der §§ 843–845 BGB bei Verletzung der dem Dienstberechtigten in Ansehung des Lebens und der Gesundheit des Verpflichteten obliegenden Verpflichtungen; § 62 III HGB; § 8 III HaftpflG; § 13 III StVG; § 38 III LuftVG; § 30 III AtomG; § 9 II ProdHaftG; § 14 II UmweltHG. Gilt in den neuen Bundesländern auch für vor dem 3. 10. 1990 rechtskräftig gewordene Entscheidungen (ZPO-Maßgabe i). 1

2) Verfahren. Das **Verlangen** des Berechtigten erfolgt durch neue Klage (neue Prozeßvollmacht) auch nach Rechtskraft des ersten Urteils (Zusatzklage). Ziel der Klage ist die Anordnung oder Erhöhung der Sicherheit für die Zukunft (ab Rechtskraft oder vorläufiger Vollstreckbarkeit); demgemäß Höhe der auszusprechenden Sicherheitsleistung. Sinngemäß besteht ein Recht des Verpflichteten bei Besserung seiner Vermögensverhältnisse nachträgliche Entbindung von der Sicherheitsleistung bzw Ermäßigung zu verlangen (MK/Gottwald Rn 8). 2

325 *[Subjektive Grenzen der Urteilswirkung]*

(1) Das rechtskräftige Urteil wirkt für und gegen die Parteien und die Personen, die nach dem Eintritt der Rechtshängigkeit Rechtsnachfolger der Parteien geworden sind oder den Besitz der in Streit befangenen Sache in solcher Weise erlangt haben, daß eine der Parteien oder ihr Rechtsnachfolger mittelbarer Besitzer geworden ist.

(2) Die Vorschriften des bürgerlichen Rechts zugunsten derjenigen, die Rechte von einem Nichtberechtigten herleiten, gelten entsprechend.

(3) Betrifft das Urteil einen Anspruch aus einer eingetragenen Reallast, Hypothek, Grundschuld oder Rentenschuld, so wirkt es im Falle einer Veräußerung des belasteten Grundstücks in Ansehung des Grundstücks gegen den Rechtsnachfolger auch dann, wenn dieser die Rechtshängigkeit nicht gekannt hat. Gegen den Ersteher eines im Wege der Zwangsversteigerung veräußerten Grundstücks wirkt das Urteil nur dann, wenn die Rechtshängigkeit spätestens im Versteigerungstermin vor der Aufforderung zur Abgabe von Geboten angemeldet worden ist.

(4) Betrifft das Urteil einen Anspruch aus einer eingetragenen Schiffshypothek, so gilt Absatz 3 Satz 1 entsprechend.

Lit: *Berger,* Die subj Grenzen der Rechtskraft bei der Prozeßstandschaft, 1992; *Bettermann,* Die Vollstreckung des Zivilurteils in den Grenzen seiner Rechtskraft, 1949; *Calavros,* Urteilswirkungen zu Lasten Dritter, 1978; *Jauernig,* Subj Grenzen der Rechtskraft und Recht auf rechtl Gehör, ZZP 101, 361; *Koussoulis,* Beiträge zur modernen Rechtskraftlehre, 1986; *W. Lüke,* Die Beteiligung Dritter im Zivilprozeß, 1993; *Marotzke,* Urteilswirkungen gegen Dritte und rechtliches Gehör, ZZP 100, 164; *Schwab,* Zur Drittwirkung der Rechtskraft, FS H. U. Walder, Zürich 1994, S 261.

I) Allgemeines

1 **1) Bedeutung.** § 322 behandelt den Umfang der Wirkung des rechtskräftigen Urteils. § 325 (§§ 326 und 327) regelt die Frage, für und gegen wen das rechtskräftige Urteil wirkt und ergänzt damit § 265. Wirkt ein Urteil nach § 325 für oder gegen einen Dritten, so ist damit noch nicht gesagt, daß für oder gegen ihn auch sofort aus dem Urteil vollstreckt werden kann. Nötig ist vielmehr, daß der Dritte die Umstellung der Vollstreckungsklausel auf sich erwirkt bzw der Kläger die Vollstreckungsklausel gegen den Dritten umstellen läßt (§ 727). Das rechtskräftige Urteil wirkt nur in Ansehung der Hauptsache, nicht auch bezüglich der Kosten gegenüber dem Rechtsnachfolger (str; aA zB StJ/Leipold Rn 18; unterscheidend MK/Gottwald Rn 13).

2 **2) Grundsatz der subjektiven Begrenzung.** Die Rechtskraft wirkt grundsätzlich nur zwischen den Parteien des rechtskräftig entschiedenen Prozesses. Das bestreitet freilich Schwab (ZZP 77, 124 [160]; R-Schwab 14. Aufl § 157 II; FS Walder aaO); nach ihm ist die Rechtskraft auch in Prozessen zwischen Dritten stets zu beachten, wenn der rechtskräftig beurteilte Streitgegenstand für den Dritten als Vor- oder Hauptfrage Bedeutung erlangt. Nach Schwab sind die Träger eines streitigen Rechtsverhältnisses die „richtigen" Prozeßparteien (legitimi contradictores) für

eine gerichtliche Klärung mit Wirkung für und gegen jeden, demgegenüber das Rechtsverhältnis Wirkungen äußert (aaO 139 ff); das gleiche gilt nach Schwab (aaO 148 ff) für das Urteil zwischen mehreren Prätendenten einer Rechtsstellung. Er unterscheidet die Rechtskrafterstreckung auf Dritte von der Drittwirkung der Rechtskraft. Der Ansicht Schwabs kann de lege lata nicht schlechthin gefolgt werden (abl auch BGH NJW 96, 396; StJ/Leipold Rn 80; MK/Gottwald Rn 8; Bettermann ZZP 90, 128 f; ders, FS Baur, 1981, S 273 [290]; Calavros aaO S 172 ff; Schack NJW 88, 872; Jox NZA 90, 427; Prütting RdA 91, 263 f; grundsätzlich zust dagegen Koussoulis aaO S 117 ff mwN; bei Sonderfällen im Erg auch BGH NJW 88, 828 f; BAG 56, 304; BB 92, 2083), obwohl sie in vielen Zweifelsfragen zu klaren Ergebnissen führt (s näher Rn 41 f). Gegen eine Drittwirkung der Rechtskraft spricht der Umkehrschluß aus §§ 68, 72 ff, 325 ff, § 9 TVG, § 21 AGBG sowie Art 103 I GG.

II) Beschränkung der Rechtskraft auf die Parteien des Rechtsstreits

3 **1) Allgemeines.** Grundsätzlich wirkt die Rechtskraft also nur zwischen den **(formalen) Parteien** des rechtskräftig entschiedenen Rechtsstreits (RG 148, 169; BGH 123, 33 f; 124, 95; NJW 84, 127; Lüke aaO S 116). Wer *tatsächlich* Partei ist, bestimmt die (objektiv auszulegende) Klageschrift (s Rn 8 f vor § 50), nicht die unzutr Vorstellung des Gerichts (Nürnberg OLGZ 87, 486). Ein „Strohmann" steht der rechtskräftig abgewiesenen Partei gleich (BGH 123, 35). Dies gilt grundsätzlich auch, wenn Dritte von dem rechtskräftig beurteilten Rechtsverhältnis betroffen oder wenn sie an ihm beteiligt sind. Fälle ausnahmsweiser Rechtskrafterstreckung auf Dritte: Rn 28 ff.

4 **2) Einzelfälle.** So erstreckt sich die Rechtskraft nicht auf einfache **Streitgenossen** der Parteien, nicht auf notwendige Streitgenossen bei Verstoß gegen § 62 (dort Rn 31), nicht auf ihre gesetzlichen oder gewillkürten **Vertreter,** nicht **zugunsten des Dritten,** wenn der Versprechensempfänger eines Vertrages zugunsten Dritter gegen den Versprechenden ein Urteil erwirkt hatte (BGH LM Nr 1; abl MK/Gottwald Rn 73 und Schwab aaO S 149, der hier Drittwirkung annimmt); ein Urteil auf Feststellung eines Rechtsverhältnisses zwischen Dritten oder zwischen einer Prozeßpartei und einem Dritten wirkt für oder gegen den Dritten nicht Rechtskraft (BGH LM Nr 4).

5 Dies gilt auch für **akzessorische** Verbindlichkeiten oder Haftungen (des Bürgen, des Schuldbeitretenden, des Hypothekenschuldners), soweit diese **vor** Rechtskraft des Urteils gegen den Primärschuldner begründet worden sind (wegen der **nach** Rechtskraft begründeten akzessorischen Haftung siehe unten Rn 34). Im einzelnen: Wird der (Haupt-)Schuldner verurteilt, so ist hieran der **Bürge** (BGH 76, 230 f = NJW 80, 1461; 107, 96 = NJW 89, 1276), der Vermögensübernehmer nach § 419 BGB (BGH NJW 84, 793 [794]), oder der **Eigentümer** der mit einer Hypothek belasteten unbeweglichen oder einer verpfändeten beweglichen Sache nicht gebunden; der Bürge kann zB einwenden, der Hauptschuldner habe vor dem rechtskräftig entschiedenen Prozeß wirksam aufgerechnet, mag auch dem Hauptschuldner die Gegenforderung nach § 322 II wirksam aberkannt sein (RG 122, 148), oder (§ 770 II BGB) der Hauptschuldner sei mit einer vor dem Erstprozeß erworbenen Gegenforderung aufrechnungsberechtigt, mag auch der Hauptschuldner durch § 767 II die Aufrechnungsmöglichkeit verloren haben (zT abw in der Begründung BGH 24, 98). **Umgekehrt** kann sich der Bürge nach § 768 I BGB auf das die Klage gegen den Hauptschuldner abweisende rechtskräftige Urteil berufen (BGH NJW 70, 279; 96, 396; NJW-RR 87, 685; eingehend Fenge NJW 71, 1920 mwN); ähnlich der Eigentümer der verpfändeten Sache oder des hypothekarisch belasteten Grundstücks gem §§ 1137 I, 1211 I BGB (BGH NJW 96, 396), dagegen nicht umgekehrt der persönliche Schuldner auf die abweisende Entscheidung im Verhältnis zum Eigentümer (vgl LG Frankenthal Rpfleger 83, 163).

6 Der **Nachlaßgläubiger** kann wegen einer Nachlaßforderung auch gegen eine Person klagen, die zuvor in einem Feststellungsprozeß um das Erbrecht gegen einen anderen Prätendenten rechtskräftig unterlegen ist (aA Schwab aaO 148). Ob der beklagte **Nachlaßschuldner** das Erbrecht des Klägers auch dann noch bestreiten kann, wenn dieser in einem rechtskräftig entschiedenen Vorprozeß mit einer Klage auf Feststellung des Erbrechts durchdrang, ist bestritten. Ja: die hL, StJ/Leipold Rn 99; s aber unten Rn 42.

7 Über den Rang einer Forderung **nach § 60 KO** kann zwischen dem Konkursverwalter und einem Massegläubiger nicht mit Wirkung gegen andere Massegläubiger entschieden werden (RG 66, 329).

8 Über den Bestand einer **Hypothek** kann zwischen dem Grundstückseigentümer und dem eingetragenen Hypothekar nicht mit Wirkung gegen einen vor Rechtskraft schon eingetragenen nachrangigen Hypothekar entschieden werden. Nicht zu verwechseln damit ist der Fall, daß der auf Wiedereintragung einer gelöschten Hypothek verklagte Grundstückseigentümer während des Rechtsstreits eine weitere Hypothek bestellt; dies ist ein Fall der Rechtskrafterstreckung kraft Rechtsnachfolge, dazu siehe unten Rn 20.

9 Das Urteil gegen einen **Gesamtschuldner** (§ 425 II aE BGB; BGH NJW 84, 794; 92, 2413; Düsseldorf NJW-RR 92, 923), **Gesamtgläubiger** (§§ 429 III, 425 I, II BGB; BGH NJW 84, 127) oder gegen einen **Miteigentümer** (§§ 1011, 432 II BGB) wirkt nicht gegen die übrigen Gesamtschuldner oder Miteigentümer; beachte die erweiterte Geltung des § 425 II BGB durch §§ 429 III, 431, 432 II BGB. Bsp: Wird die Grundbuchberichtigungsklage des einen Miteigentümers abgewiesen, erwächst das klageabweisende Urteil nicht in Rechtskraft zu Lasten des anderen Miteigentümers (BGH 79, 245 = NJW 81, 1097 = MDR 81, 481); das gleiche gilt bei Abweisung der Klage des einen Miteigentümers auf Unterlassung der Benutzung des Grundstücks (BGH 92, 354).

10 **3) Hinweis auf Sonderfragen. a)** In welchem Umfang demgegenüber die Vorgreiflichkeit einer rechtskräftig festgestellten Rechtsfolge über die Rechtsbeziehungen eines Dritten zu einer Partei sich zur Rechtskraftwirkung verstärkt (Fälle der **Rechtskrafterstreckung auf Dritte**), wird im einzelnen unten zu Rn 28 ff dargelegt.

11 **b)** Beim **Leasingvertrag** wirkt das im Verhältnis zwischen Leasingnehmer und Lieferant ergangene klageabweisende Urteil über die abgetretenen Gewährleistungsansprüche *für* den Leasinggeber (München NJW-RR 93, 123).

12 **c)** Zur Frage, ob einem **Musterprozeß** kraft Parteivereinbarung Rechtskrafterstreckung beigelegt werden kann, vgl näher Rn 43b.

III) Rechtskrafterstreckung auf Rechtsnachfolger

13 **1) Allgemeines.** Hauptfall: §§ 265, 325, also **Rechtsnachfolge im Sinn des § 325 I,** und zwar sowohl in den noch streitbefangenen – *rechtshängigen* – Streitgegenstand im Sinne des § 265 (Rechtskrafterstreckung aus prozessualem Grund), wie die Rechtsnachfolge nach *rechtskräftig abgeschlossenem* Prozeß (vgl BGH 114, 364; NJW 81, 1517; 83, 2032; nach Bettermann aaO S 94 ff und MK/Gottwald Rn 12: Rechtskrafterstreckung aus materiell-rechtlichem Grund). Voraussetzung für die Rechtskrafterstreckung nach § 325 I: **Rechts- oder Besitznachfolge in den streitbefangenen Gegenstand** (zu diesem Begriff s § 265 Rn 3). Zur Rechtskrafterstreckung im Verhältnis von **Prozeßstandschaftern zum Rechtsträger** vgl Rn 34 ff, 54 vor § 50; **Lit:** Berger aaO.

14 **2) Gesamtrechtsnachfolge nach Rechtshängigkeit a)** bei **natürlichen Personen: aa) Erbfolge.** Daß rechtskräftige Entscheidungen für und gegen den Erben wirken, ergibt sich schon aus § 1922 BGB. Aber der Erbe ist nur in dieser Eigenschaft, nicht wegen seines persönlichen Vermögens und auch nicht insoweit gebunden, als er vor Rechtskraft des Vorprozesses und vor der Gesamtrechtsnachfolge eine selbständige Rechtsstellung hinsichtlich der umstrittenen Sache erworben hatte (BGH MDR 56, 542 = LM Nr 6; BL/Hartmann Rn 26). Hatte also einer von zwei Miteigentümern eine negative Feststellungsklage gegen einen Dritten erhoben, der sich des Alleineigentums berühmt, war die Klage rechtskräftig zugesprochen worden und beerbt dann der andere Miteigentümer den Kläger jenes Prozesses, so kommt diesem das rechtskräftige Urteil nur hinsichtlich des geerbten Anteils zugute, während im übrigen im Streitfall neu zu entscheiden ist. Haftet dagegen ein Erbe für eine rechtskräftig titulierte Nachlaßverbindlichkeit unbeschränkbar auch persönlich, so muß er das rechtskräftige Urteil auch mit Wirkung gegen sein persönliches Vermögen gelten lassen. Ist der Erblasser rechtskräftig zur Rechnungslegung (§§ 259, 260 BGB) verurteilt worden, kann die geschuldete Auskunft vom Erben erzwungen werden (München MDR 87, 416).

15 **bb) Gesamtnachfolge unter Lebenden** liegt im Ergebnis auch vor beim Ein- oder Austritt eines **Gesamthänders** aus der Gesamthand im Gesellschaftsrecht (einschr MK/Gottwald Rn 17), ferner wenn eine OHG dadurch vollbeendet wird, daß ein Gesellschafter durch Vertrag oder durch Gestaltungsurteil gemäß § 142 HGB das Geschäft ohne Abwicklung mit Aktiven und Passiven übernimmt (vgl Hueck, Die offene Handelsgesellschaft, 4. Aufl § 31 VI und § 33 1c Fn 6; BGH NJW 71, 1844 = WM 71, 1513; vgl hierzu auch ThP § 239 Rn 3). Gesamtrechtsnachfolger sind weiter die Abkömmlinge bei fortgesetzter Gütergemeinschaft (§ 1483 BGB; aber § 745 beachten). Zur Frage der Rechtskrafterstreckung auf den **Übernehmer** eines Vermögens (§ 419 BGB), Betriebs (§ 613a BGB) oder einer Firma (§ 25 HGB) s unten Rn 26.

16 **b)** Für und gegen den Gesamtrechtsnachfolger wirkt das Urteil auch, wenn das gesamte Vermögen einer **juristischen Person** auf eine andere übergeht, so bei **Verschmelzung** von Aktiengesellschaften (§§ 339 ff AktG) untereinander oder mit einer KGaA oder mit einer GmbH (§§ 354 ff AktG), von zwei Versicherungsvereinen auf Gegenseitigkeit miteinander (BayObLG NJW 67, 52), bei Vermögensübertragungen nach §§ 359 ff AktG, bei der Umwandlung von Kapitalgesellschaften und bei dem Anfall eines Vereinsvermögens an den Fiskus (§ 46 BGB).

17 **3) Einzelrechtsnachfolge nach Rechtshängigkeit: a) Allgemeines.** § 325 I baut auf § 265 I auf. Die Einzelrechtsnachfolge während des Prozesses ändert nichts an der Prozeßführungsbefugnis des Veräußerers, der den Prozeß weiterhin im eigenen Namen führt (BGH WM 82, 1313; vgl auch vor § 50 Rn 22). Im Interesse des Gegners muß das Urteil auch für und gegen den Rechtsnachfolger wirken. Tritt die Rechtsnachfolge schon vor Rechtskraft ein, so kommt es für § 325 I nicht

darauf an, ob das zusprechende Leistungsurteil auf Leistung an den Kläger oder an den Rechtsnachfolger lautet; wegen der Vollstreckbarkeit vgl §§ 727 ff.

b) Veräußerung der streitbefangenen Sache oder des geltend gemachten Anspruchs (Abs I 18
iVm § 265 I): **aa) Übergang des materiellen Rechts,** aus dem auf Leistung oder auf dessen Feststellung geklagt war, auf einen anderen Rechtsträger, sei es durch Vertrag (Abtretung der eingeklagten Forderung, § 398 BGB), durch Gesetz (zB § 67 VVG; §§ 268, 412 BGB) oder durch Hoheitsakt; Bsp: Pfändungsbeschluß (§§ 829, 835 ZPO; vgl BGH 86, 337 [339]; WM 88, 1462 f); Überleitungsanzeige gem § 90 BSHG. Hierher gehören auch die Fälle, daß eine auflösende Bedingung oder ein Endtermin eintreten (§§ 158 II, 163 BGB): hier kein originärer, sondern abgeleiteter Rechtserwerb (str; aA StJ/Leipold Rn 24; BL/Hartmann Rn 23). Dagegen ist nicht Rechtsnachfolger, wer durch wirksame Anfechtung wieder in die alte Rechtsstellung einrückt.

Ist der **Rechtsübergang aufschiebend bedingt** vereinbart, so ist streitig, ob Rechtsnachfolge im 19
Sinn von §§ 265, 325 schon im Zeitpunkt der bedingten Verfügung (so StJ/Leipold Rn 22 mwN) oder erst mit der Bedingung eintritt (so RSchwab/Gottwald § 102 II 5; ThP § 265 Rn 11; MK/Gottwald Rn 35; Flume, Allgemeiner Teil II, § 393; im Erg vermittelnd Henke, Bedingte Übertragungen im Rechtsverkehr und im Rechtsstreit, 1959, S 104 ff). Da der Eintritt der aufschiebenden Bedingung ungewiß ist, wird man erst in diesem Zeitpunkt Rechtsnachfolge annehmen können. In dem praktisch wichtigsten Fall des § 455 BGB erwirbt allerdings der Käufer regelmäßig schon zur Zeit der Einigung den Besitz der gekauften Sache (überdies die Anwartschaft: Rn 20) und ist damit Rechtsnachfolger (BL/Hartmann Rn 23).

bb) Einzelrechtsnachfolge ist auch der **Erwerb minderer Rechtsstellung.** Rechtsnachfolge in 20
diesem Sinne ist daher auch gegeben, wenn die Partei, nachdem ihr Eigentum streitbefangen wurde, Dritten daran ein Pfandrecht, eine Hypothek, einen Nießbrauch bestellte. Rechtsnachfolger ist auch, wer (über § 455 BGB) ein Anwartschaftsrecht erwirbt (MK/Gottwald Rn 21, str; dazu Henke aaO [Rn 19] S 92 ff). Demnach löst sich auch der Fall, daß der auf Wiedereinräumung einer Hypothek verklagte Eigentümer während des Rechtsstreits die Eintragung einer Zwangshypothek auf seinem Grundstück hinnehmen muß. Der Zwangshypothekar als minderer Rechtsnachfolger muß das gegen den Eigentümer ergehende Urteil gegen sich gelten lassen (Blomeyer § 92 III 1b); entspr gilt für den VollstrGl bei Pfändung einer rechtshängigen Forderung (vgl Brehm JZ 96, 527).

cc) Rechtsnachfolge iS von **I Alt 1** liegt ferner vor, wenn das Eigentum, die Inhaberstellung, 21
ein beschränktes Recht oder der Besitz an einer in Streit befangenen beweglichen oder unbeweglichen Sache oder an einem sonstigen in Streit befangenen Recht (Gegenstand) nach Rechtshängigkeit oder auch erst nach Rechtskraft (BGH NJW 83, 2032 mN; ZIP 91, 873; Jauernig ZZP 101, 375) erworben wird (BGH 114, 309; NJW 81, 1517 für Eigenbesitz gem § 872 BGB; krit Braun NJW 82, 149). Mit Recht weist Bettermann aaO darauf hin, daß in den Fällen des Besitzwechsels nach Rechtskraft die Rechtskrafterstreckung ihren Grund in der rein materiellrechtlichen Rechtsnachfolge hat; ein Prozeßrechtsverhältnis des Rechtsvorgängers besteht nicht mehr. Trat die Rechtsnachfolge dagegen bei bestehender Rechtshängigkeit ein, hat sie ihren Grund in der gesetzlichen Prozeßführungsmacht des Rechtsvorgängers nach § 265, also im Prozeßrecht.

c) Mittelbarer Besitzer (§ 868 BGB) ist zB der Vermieter und Verpächter. Der Nießbraucher, 22
Pächter, Mieter, Pfandgläubiger, Verwahrer haben unmittelbaren Besitz. Die Rechtskraft des Urteils wirkt gem **Abs I Alt 2** auch gegen den, der vom Nießbraucher, Pächter oder Mieter, der selbst Partei ist, gepachtet oder gemietet (Untermieter, ie Rn 38) oder von ihm die Sache in Verwahrung genommen hat. Auf Besitzdiener (Dienstboten des Mieters) im Sinne des § 855 BGB, gegen die das Urteil ohne weiteres ohne Umstellungen der Vollstreckungsklausel vollstreckt werden kann, ist § 325 nicht anwendbar.

d) Schuldnachfolge. Hier ist zunächst zu unterscheiden: **aa)** Ist die Schuldnachfolge nur eine 23
Folge einer Rechtsnachfolge, so ist die Rechtskrafterstreckung zu bejahen. Dies ist unzweifelhaft bei Schuldnachfolge im Wege der Gesamtrechtsnachfolge (Erbgang), aber auch dann, wenn sie nur die Folge einer Rechtsnachfolge in ein dingliches Recht ist. Dies ergibt sich zunächst schon aus § 266 I 1 („dinglicher Schuldner“) ausdrücklich. Weitere Beispiele (vgl Blomeyer § 47 I 3): Der vom Nachbar auf Beseitigung eines Überbaues oder vom Mieter auf Mängelbeseitigung verklagte Eigentümer veräußert sein Grundstück während des Rechtsstreits: Die schuldrechtliche „Last“ obliegt hier dem Erwerber, wie seinem Rechtsvorgänger. Anders natürlich im Fall BGH 18, 223; rein persönliche Verpflichtung.

bb) Sehr umstritten ist die Rechtskrafterstreckung bei **befreiender Schuldübernahme** (§§ 414, 24
415 BGB). α) War zu ihrem Zeitpunkt das **Ersturteil schon rechtskräftig,** so ist die im Interesse des Gläubigers gebotene Rechtskrafterstreckung dem Neuschuldner zumutbar (Bettermanns entscheidender Gesichtspunkt), und zwar auch dann, wenn er von dem Ersturteil nichts wußte: Er übernahm ja eine seiner Vorstellung nach existente Schuld (vgl Bettermann aaO 134 ff;

Blomeyer § 93 II und ZZP 75, 21; BL/Hartmann Rn 7 iVm § 265 Rn 9; aA BGH 61, 140; ThP § 265 Rn 10; RSchwab/Gottwald § 102 II 2). Dies ist ein Fall der **Rechtskrafterstreckung kraft materiell-rechtlicher Abhängigkeit** (vgl Rn 34 ff).

25 β) **Hat der Neuschuldner die Schuld übernommen, während der Rechtsstreit** gegen den alten Schuldner **noch rechtshängig war,** so beruht nach der hier vertretenen Ansicht die Rechtskrafterstreckung des zwischen den alten Parteien ergehenden Urteils auf den §§ 265, 325 (Bettermann aaO; aA insoweit Blomeyer § 47 I 3, Henckel, Parteilehre und Streitgegenstand, S 166/167; MK/Gottwald Rn 28; Schack NJW 88, 867 Fn 46; BGH NJW 96, 396). Auch nach der Gegenmeinung (vgl StJ/Leipold Rn 30, 90) ist hier die Möglichkeit, die Rechtskrafterstreckung durch vertragliche Abrede zu vereinbaren, zu beachten: Häufig ist der Übernahmevertrag so auszulegen, daß der Übernehmer das rechtskräftige Urteil eines ihm bekannten laufenden Prozesses gegen sich gelten lassen will.

26 **cc)** Schuldnachfolge, die den Nachfolger und den bisherigen Schuldner zu Gesamtschuldnern macht **(Schuldmitübernahme, Vermögensübernahme** nach § 419 BGB): soweit sie nach Rechtshängigkeit, aber vor Rechtskraft erfolgt, gilt § 425 II BGB, also keine Rechtskrafterstreckung (BGH LM § 419 BGB Nr 8; NJW-RR 89, 1055 [1056]; Bettermann aaO S 137; Baumgärtel DB 90, 1906 f). Bei Betriebsübergang gem **§ 613a BGB** nach Rechtshängigkeit wirkt das gegen den alten Arbeitgeber ergehende Urteil auch für und gegen den neuen (BAG BB 77, 395; MDR 91, 648 = DB 91, 1938; NZA 94, 261). Für den Fall der Schuldnachfolge nach Rechtskraft siehe unten Rn 34.

27 **4) Abgrenzung zur Rechtsnachfolge vor Rechtshängigkeit.** Die Rechtskrafterstreckung findet ihre Grenzen in einer **vor Rechtshängigkeit** des Vorprozesses und vor der Gesamtrechtsnachfolge **erworbenen** selbständigen **Rechtsstellung des Beklagten** (vgl oben Rn 14 zu BGH MDR 56, 542 = LM Nr 6). **Ausnahmen** bestehen in bestimmten Fällen des **Forderungsübergangs:** § 407 II BGB (vgl dazu BGH 52, 152; 64, 127; LM Nr 1 zu § 1169 BGB Anm Pritsch), §§ 408, 412, 413 BGB; § 372 II HGB; § 55 IV MarkenG. Über den Tatbestand des § 407 II BGB hinaus befürwortet v. Olshausen einen weiteren Fall der Rechtskrafterstreckung insoweit, als sich der Schuldner einer abgetretenen Forderung unter gewissen Voraussetzungen dem Zessionar gegenüber auf die Rechtskraft eines Urteils berufen können soll, das ihm eine **Gegenforderung** gegen den Zedenten zuspricht (JZ 76, 85; aA BGH NJW 94, 253 mwN, hM). Zur Rechtskrafterstreckung bei Übergang der vom gesetzlichen Vertreter geltend gemachten Forderung auf diesen vgl Rn 30. Hat der Unfallverletzte gegen den Schädiger ein rechtskräftiges Urteil wegen dessen Ersatzpflicht erzielt, so wirkt dies nicht Rechtskraft für und gegen den Sozialversicherungsträger, auf den die Ansprüche des Verletzten vor Klageerhebung übergegangen sind (BGH MDR 64, 588).

IV) Rechtskrafterstreckung auf Dritte

28 **1) Allgemeines.** Die dogmatische Begründung und Abgrenzung der zur Gruppe der **Rechtskrafterstreckung infolge rechtlicher Abhängigkeit** (vgl dazu Bettermann S 79 ff; Blomeyer § 91 II und § 93 mwN) gehörigen Fälle (Rn 31 ff) ist sehr umstritten (vgl auch Schwab NJW 60, 2169; ZZP 77, 124 und FS Walder S 282; RSchwab/Gottwald § 156 II 4, III; Nikisch § 108 VI aE; ThP Rn 5; StJ/Leipold Rn 47 ff). Die Einordnung schwankt von echter Rechtskraft-, über Reflex- oder Tatbestands- und „privatrechtliche Nebenwirkung des Zivilurteils" (Kuttner) bis zur Drittwirkung (vgl Bettermann S 113 ff und Schwab aaO; Koussoulis aaO S 163 ff). Daß das Gesetz selbst neben der Drittwirkung des Urteils aus prozessualen Gründen (Rechtsnachfolge in den Prozeßgegenstand, Fälle der Prozeßstandschaft) auch die Rechtskrafterstreckung aus materiell-rechtlichen Gründen eingeplant hat, ergibt sich aus den folgenden Einzelfällen (Rn 29–40).

29 **2) Rechtskrafterstreckung auf Dritte kraft ausdrücklicher gesetzlicher Vorschriften. a)** In bestimmten **Ehe- und Statussachen** ist die Rechtskraftwirkung (nicht Gestaltungswirkung; bei ihr verstünde sich die umfassende Drittwirkung von selbst) für und gegen alle angeordnet: §§ 636a, 638 S 2; 640h, 641k. Der von der Rechtskraftwirkung erfaßte Personenkreis ist nach Calavros (aaO S 116) trotz des umfassenden Wortlauts („für und gegen alle") auf Personen einzuschränken, die entweder neben den Parteien klageberechtigt sind oder zu den Parteien in einem von der Urteilsrechtslage abhängigen Rechtsverhältnis stehen (vgl näher Jauernig ZZP 101, 379 ff sowie die Anm zu den genannten §§). Beachte, daß zB im Fall des § 636a auch das klageabweisende (Sach-)Urteil Rechtskraft- (nicht Gestaltungs-)wirkung für und gegen alle hat, nicht auch die Klageabweisung als unzulässig (BGH 30, 140; NJW 64, 1853; vgl auch § 636 Rn 2). Im Fall des § 640h beschränkt sich die Drittwirkung wie die Rechtskraft selbst auf den „nichtehelichen Status" des Kindes; nicht in Rechtskraft erwachsen als bloße Urteilselemente die zugrundeliegenden Tatsachen (BGH 83, 394 f mwN; 92, 278). Zum Drittschutz (Einschränkung der erweiterten Rechtskraftwirkung oder Anfechtungsrechte) bei Nichtbeteiligung von Drittbetroffenen vgl näher zB Häsemeyer ZZP 101, 407 ff gegen Marotzke ZZP 100, 207 f; Lüke aaO S 124 ff.

30 **b) Weitere Fälle:** Konkursfeststellungsklage (§§ 145 II, 146, 147 KO; s auch Rn 31); Drittschuldnerklage bei mehreren Pfändungsgläubigern (§ 856 IV; vgl dort Rn 5); aktienrechtliche

Anfechtungs- und Nichtigkeitsklage (§§ 248, 249 AktG); versicherungsrechtliche Direkt- und Haftpflichtklage (§ 3 Nr 8 PflVersG; BGH NJW 82, 996 [999], Einordnung str; sa Rn 39). Hierher gehören auch die oben Rn 27 genannten Fälle gem § 407 II BGB usw, § 1357 BGB (vgl Baur, FS Beitzke, 1979, 118; s auch § 62 Rn 15) sowie – bei Einordnung als Fall der Rechtskrafterstreckung – § 21 AGBG (Rn 11). Zu einer Rechtskrafterstreckung – auf den Inhaber des geltend gemachten Anspruchs kommt es bei **gewillkürter Prozeßstandschaft** (vgl Rn 54 vor § 50), **gesetzlicher Prozeßstandschaft** (Rn 34 ff vor § 50), ferner bei **gesetzlicher Vertretung**, wenn die für den Vertretenen geltend gemachte Forderung bereits auf den gesetzlichen Vertreter übergegangen war (vgl München NJW-RR 95, 1240; sa Rn 27).

3) Rechtskrafterstreckung auf Dritte infolge materiell-rechtlicher Abhängigkeit. a) Konkurs- und vollstreckungsrechtliche Fälle. aa) Wer als **Konkursgläubiger** einen Widerspruch gegen eine titulierte Forderung gemäß § 146 VI KO verfolgt, ist auf die Angriffsmittel des Gemeinschuldners beschränkt und daher – wie dieser – an die Rechtskraft des angegriffenen Titels gebunden (Wiederaufnahme, Vollstreckungsgegenklage, § 767 II; zutr Koussoulis aaO S 184 f). Das gleiche Problem stellt sich im Verhältnis des Anfechtungsbeklagten nach **§ 7 AnfG,** der – ebenfalls in den Grenzen des § 767 II – die Forderung des Anfechtungsklägers gegen den Vollstreckungsschuldner nicht mehr bestreiten kann (BGH LM § 2 AnfG Nr 1 und 2; zust Koussoulis aaO S 186; abw Gaul, FS Schwab, 1990, S 134 ff: Tatbestandswirkung). **Abgrenzung:** Die Verurteilung im Anfechtungsprozeß gegen den Zessionar wirkt **nicht** gegen den Drittschuldner; dieser kann vielmehr noch befreiend an den (gem § 7 AnfG zur Rückgewähr verurteilten) Zessionar leisten (BAG NJW 93, 2699, 2701 mN). 31

bb) Dieser Prätendentenstreit zwischen konkurrierenden Gläubigern begegnet auch in der **Einzelzwangsvollstreckung (§§ 878 ZPO, 115 I ZVG).** Er ist auch hier im Sinn des § 767 II zu lösen, so daß die durch diese Vorschrift präkludierten Einwendungen des Vollstreckungsschuldners auch dem Kläger aus § 878 abgeschnitten sind. Auch dies ist eine Folge der Rechtskrafterstreckung auf Dritte infolge materiell-rechtlicher Abhängigkeit (s BGH 63, 62; NJW 88, 829 = MDR 88, 314; Bettermann aaO S 173 ff; Blomeyer § 93 I 2; ThP § 878 Rn 5; im Erg auch MK/Eickmann § 878 Rn 22; hier § 878 Rn 11, str; nach Koussoulis aaO S 183 Fall von Drittwirkung). 32

cc) Ähnlich stellt sich das Problem, wenn ein Gläubiger gegen den anderen auf **vorzugsweise Befriedigung nach § 805** klagt. Dem Beklagten kommt die Rechtskraft eines Urteils zugute, das den Anspruch des Klägers gegen den Vollstreckungsschuldner verneint hat. Der Kläger kann sich dem Beklagten gegenüber auf die Rechtskraft seines gegen den Vollstreckungsschuldner obsiegenden Urteils nur berufen, wenn die Rechtskraft vor der für den Beklagten ausgebrachten Pfändung eingetreten ist (Bettermann S 182 ff). 33

b) Fälle akzessorischer Schuld und Haftung. aa) Ist eine akzessorische Schuld oder Haftung erst **nach** Rechtskraft des Urteils gegen den primären Schuldner begründet worden (Unterschied zu Rn 5, 26), so muß der Bürge, der Schuldmitübernehmer, der Verpfänder, der Besteller der sichernden Hypothek, der Vermögensübernehmer, der Übernehmer eines Handelsgeschäftes die Rechtskraft dieses Urteils gegen sich gelten lassen, und zwar ohne Rücksicht auf die Kenntnis hiervon. Er hat sich ja in der Vorstellung verbürgt usw, die Hauptschuld bestehe; also ist ihm die Bindung an das dies aussprechende Urteil zuzumuten (für den Fall der Prozeßbürgschaft iErg ebenso BGH NJW 75, 1119 [1121]). Dies hat Bettermann (aaO S 135, 139, 141, 192, 196) nachgewiesen; ihm folgen ua Blomeyer § 93, Brehm JZ 96, 527; anders die hM, vgl etwa StJ/Leipold Rn 92; MK/Gottwald Rn 61; Baumgärtel DB 90, 1907 mwN; offenlassend BGH NJW 87, 2863 für § 419 BGB, wenn die Vermögensübernahme nach Rechtskraft des Titels erfolgte; verneinend BGH WM 70, 1291 im umgekehrten Fall. Ebensowenig aber wie der Schuldner die Stellung des Sichernden nachträglich verschlechtern kann, vermag er dies durch die Rechtskraft eines nach schlechtgeführtem Prozeß ergangenen Urteils; Argument: §§ 1210 I 2, 1211; 1137 II; 767 I S 3, 768 II BGB; vgl oben Rn 5 und Erman/Räfle § 1137 Rdnr 7. Ist dagegen für eine schon rechtskräftig festgestellte Schuld eine Hypothek usw bestellt worden, so haftet das Grundstück für sie in ihrer rechtskräftig festgestellten Form, erstreckt sich also die Rechtskraft auf den Eigentümer. 34

bb) Ausdrücklich bestimmt **§ 129 I HGB** die Erstreckung der Rechtskraft (insoweit offen BGH 54, 254) des Urteils gegen die OHG auf ihren Gesellschafter, und zwar sowohl zu seinen Gunsten, wie zu seinen Ungunsten, indem er die Einwendungen nicht mehr geltend machen kann, die der OHG durch die Rechtskraft abgeschnitten sind (BGH 64, 156; 73, 224; NJW 81, 175). Diese Grundsätze gelten auch für die Schein-OHG und -KG (BGH NJW 80, 784). Der Gesellschafter braucht sich allerdings das gegen die OHG ergangene Urteil nicht entgegenhalten zu lassen, wenn er vor Klageerhebung aus dieser ausgeschieden war (BGH 44, 229). 35

cc) Umgekehrt ist ein im Gesellschafterprozeß ergangenes Urteil über die Grundlagen des Gesellschaftsverhältnisses für die OHG bindend, wenn in ihrem Prozeß gegen einen Gesellschafter der Fortbestand der OHG Vorfrage ist (BGH 48, 174). – Hat von zwei Gesellschaftern einer OHG einer gegen den anderen rechtskräftig seine Gewinnbeteiligung feststellen lassen, kann die 36 auf Auszahlung verklagte OHG deren Höhe nicht mehr bestreiten (vgl U. Huber JuS 72, 627 im Anschluß an BGH).

37 **dd)** Ist auf eine **Auflösungsklage** eine **GmbH** aufgelöst worden (vgl § 61 I GmbHG), wirkt das Urteil auch gegen den nicht beteiligten Mitgesellschafter Rechtskraft (so BVerfG 60, 7 [9, 14 f]; dazu Marotzke ZZP 100, 208 f; vgl auch Häsemeyer ZZP 101, 406 ff: Rechtskraftbeschränkung; ferner auch Waldner, Der Anspruch auf rechtliches Gehör, 1989, Rn 424; Lüke aaO S 127 f, 144 f). Umgekehrt wirkt ein nur zwischen den Gesellschaftern der GmbH ergangenes Urteil über die Gesellschafterstellung einer Partei keine Rechtskraft gegenüber der GmbH (Düsseldorf ZIP 94, 624 mwN).

38 **ee)** Aus den **§§ 556 III, 604 IV BGB** ergibt sich, daß die Rechtsstellung des Untermieters (Unterentleihers) materiell völlig von der des Mieters (Entleihers) abhängt. Das muß zur Rechtskrafterstreckung insoweit führen, daß Untermieter und Unterentleiher dem aus § 556 III oder § 604 IV BGB Klagenden gegenüber die Beendigung des Hauptmiet-(Leih-)verhältnisses nicht mehr bestreiten können (vgl Bettermann S 217 ff; Blomeyer § 93 III 2b; AG Hamburg NJW-RR 92, 1487; LG Karlsruhe, das hier § 727 anwendet, abl dazu Berg NJW 53, 30; offen BL/H Rn 34. Schwab nimmt hier wie bei § 129 HGB Drittwirkung an; ebenso Koussoulis aaO S 168 f). Überwiegend wird hier eine Rechtskrafterstreckung abgelehnt (vgl StJ/Leipold Rn 91; MK/Gottwald Rn 72; Palandt/Putzo § 556 Rn 23). Soweit bei gewerblicher Zwischenvermietung von Wohnraum dem Untermieter Kündigungsschutz auch gegenüber dem Hauptvermieter zukommt (vgl dazu BVerfG 84, 197; Langenberg MDR 93, 102; sa § 29a Rn 6), scheidet „materiellrechtliche Abhängigkeit" (und damit Rechtskrafterstreckung) aus (abgrenzend zu uneigennütziger Zwischenvermietung AG Hamburg NJW-RR 92, 1487).

39 **ff)** Im Fall von **§ 3 Nr 8 PflVersG** wirkt das zugunsten des Versicherers ergehende Urteil auch zugunsten des Versicherungsnehmers und umgekehrt (vgl BGH NJW 82, 996 f und 999; Karlsruhe MDR 90, 729; zur Einordnung **Lit:** *Gerhardt,* FS Henckel, 1995, 280). Die Bindungswirkung besteht aber ausschließlich im Verhältnis Versicherungsnehmer/Versicherer; die rechtskräftige Abweisung der Klage gegen den Versicherungsnehmer (Halter) hindert den Kläger daher nicht, einen neuen gegen den (schädigenden mitversicherten) Fahrer und insoweit auch gegen den Haftpflichtversicherer zu führen (BGH 96, 22 = ZIP 86, 32 = JZ 86, 342 mit zust Anm Prölss). § 3 Nr 8 PflVersG gilt auch, wenn Versicherer und Versicherungsnehmer gleichzeitig verklagt worden sind (vgl Köln VersR 92, 1276), greift aber nicht ein, wenn vor der klageabweisenden Entscheidung bereits die Leistungspflicht eines Gesamtschuldners rechtskräftig festgestellt worden ist (BGH MDR 85, 923). Eine rechtskraftfremde Bindungswirkung entfaltet (uU) das *stattgebende* Urteil im Haftpflichtprozeß gegenüber dem Versicherer (BGH 117, 350 f; 119, 278 = NJW 93, 68 = MDR 93, 30; eingehend Gottwald, FS Mitsopoulos, Athen/Komotini 1993, S 492 ff; Gottwald/Adolphsen NZV 95, 129).

40 **gg)** Nicht anerkannt ist eine allg Rechtskrafterstreckung des auf eine **Verbandsklage** ergehenden Urteils (dazu MK/Gottwald Rn 80). **§ 21 AGBG** hat deshalb einem Urteil, das die Verwendung von AGB auf eine Verbandsklage hin untersagt, eine besondere „Feststellungsdrittwirkung kraft Einrede" zuerkannt (Gilles ZZP 98, 25); ihre Einordnung ist umstr (vgl mwN Ulmer/Brandner/Hensen, 7. Aufl Rn 11; Wolf/Horn/Lindacher, 3. Aufl Rn 3, jeweils zu § 21 AGBG).

41 **4) Allgemeiner Grundsatz?** Aus den einzelnen Beispielen der Rn 29–40 ergibt sich das folgende **Prinzip** (im Anschluß an Bettermann und Blomeyer jeweils aaO; s dazu auch die Übersicht von Lüke aaO S 102 ff, 104 ff): **Voraussetzung für die Erstreckung der Urteilsrechtskraft auf einen Dritten** ist zunächst, daß der entschiedene **Streitgegenstand präjudiziell** (vorgreiflich) für das Rechtsverhältnis des Dritten zu einer Partei ist. Vorgreiflich ist der Urteilsgegenstand für den Rechtsnachfolger, den Schuldübernehmer und für kraft Vertrages oder Gesetzes akzessorisch Haftende (Bürge, Verpfänder, Hypothekenbesteller, Schuldmitübernehmer, Unterentleiher, die Gesellschafter einer OHG). Hieraus allein allerdings würde sich eine unzumutbar weite Ausdehnung der Rechtskraft ergeben. Die praktikable **Abgrenzung** wird verschiedenartig versucht: Nach Schwab (ZZP 77, 160; R-Schwab 14. Aufl § 157 II; FS Walder S 261) sind die Träger eines streitigen Rechtsverhältnisses die richtigen Prozeßparteien für eine gerichtliche Klärung mit Wirkung für und gegen jeden, demgegenüber das Rechtsverhältnis Wirkung äußert; das gleiche gilt nach Schwab (aaO S 148 ff) für das Urteil zwischen mehreren Prätendenten einer Rechtsstellung (vgl auch Rn 2). – Nach Blomeyer erfordert die Rechtskrafterstreckung eines Urteils für und gegen Dritte außer der Vorgreiflichkeit, daß die Rechtskrafterstreckung für den Dritten **zumutbar** ist (§§ 91 II, 93). Diese Zumutbarkeit sei der Grund für die Erstreckung auf Rechtsnachfolger, die § 325 I anordnet. Dabei beruhe die Rechtskrafterstreckung gegenüber der unterlegenen Partei darauf, daß sie über das Rechtsverhältnis prozessiert hat und ihr darum zuzumuten sei, daß das Urteil dies bindend feststelle. Dies rechtfertige ganz allgemein eine Rechtskrafterstreckung **zugunsten** jedes Dritten, dessen Rechtsverhältnis von der entschiedenen Rechtslage abhängt. Eine Rechtskrafterstreckung **zuungunsten** Dritter setze – von den Ehe- und Statusurteilen mit gesetz-

licher Rechtskraftwirkung für und gegen alle abgesehen – voraus, daß das vom Urteilsgegenstand abhängige Rechtsverhältnis des Dritten erst **nach** Rechtskraft begründet worden sei; nur wenn das materielle Recht eine Verschlechterung der Rechtslage des Dritten durch Vertrag zwischen den Parteien des Hauptschuldverhältnisses anerkenne, müsse der Dritte auch eine nach Begründung seines (abhängigen) Rechtsverhältnisses ergangene rechtskräftige Entscheidung zu seinen Ungunsten hinnehmen (Blomeyer § 91 II und § 93).

Bettermann (aaO S 101 ff) engt den die Rechtskrafterstreckung allerdings unbegrenzt ausweitenden Begriff der bloßen Vorgreiflichkeit dadurch praktikabel ein, daß er mit dem Teilbegriff der **Abhängigkeit** arbeitet: Nur dann wirkt die Rechtskraft des Urteils über die vorgreifliche Frage auch für und gegen Dritte, wenn deren Rechtsverhältnis durch das vorweg entschiedene bedingt, von ihm abhängig sei. Entsprechend der Rechtslage bei der Rechtsnachfolge ist eine Rechtskrafterstreckung auf Dritte immer dann geboten, wenn die Parteien auch durch Rechtsgeschäft eine entsprechende Wirkung für oder gegen den Dritten herbeiführen können. **Beispiele:** Sei auch das Bestehen der Hauptschuld stets für die **Bürgenschuld** vorgreiflich, sei diese nicht von jener voll abhängig, wie § 767 I S 3 und § 768 II BGB zeigten; das Urteil im **Gläubigerprätendentenstreit** bindet den Schuldner (aA BGH NJW-RR 87, 1440), nicht aber das im Schuldnerprätendentenstreit (mehrere Erben gegenüber dem Nachlaßgläubiger) den Gläubiger. Der Schuldner ist nämlich hinsichtlich der Sachlegitimation des Gläubigers von ihm abhängig, da dieser ihm jederzeit durch Zession (also auch durch Unterliegen nach schlechtgeführtem Prozeß gegen den Mitprätendenten) einen anderen Gläubiger aufzwingen kann; nicht aber umgekehrt. Die Aberkennung des **Rentenstammrechts** des Arbeitnehmers entscheidet auch über den Versorgungsanspruch des **Hinterbliebenen** (BAG FamRZ 91, 58 = DB 90, 2271). Die hier entwickelten Lehren stimmen nicht in allen Punkten mit der **hL** (vgl BGH NJW 96, 396; StJ/Leipold Rn 84 ff; MK/Gottwald Rn 3, 4; Schack NJW 88, 872; Jox NZA 90, 426; Prütting RdA 91, 263 f, 267; Lüke aaO S 116 ff) überein, die eine Rechtskrafterstreckung für und gegen Dritte über § 325 I hinaus grundsätzlich nur in den gesetzlich ausdrücklich vorgesehenen Fällen anerkennt; dagegen kommt der hier befürworteten Abhängigkeitslehre die jüngst vom BAG entwickelte „präjudizielle Bindungswirkung“ nahe (s BAG 56, 307; BB 92, 2083; näher Konzen, FS Zeuner, 1994, S 401, 422 ff). 42

5) **Abgrenzung der Rechtskrafterstreckung.** Nicht zu verwechseln mit der Rechtskrafterstreckung auf Dritte sind: **a)** Die **Tatbestandswirkung** eines Urteils: Sie besteht darin, daß das Vorliegen eines Zivilurteils Tatbestandsmerkmal einer materiell-rechtlichen Norm ist (vgl Kuttner, Die privatrechtlichen Nebenwirkungen des Zivilurteils 1908, S 2; Bettermann aaO, S 114; Gaul, FS Zeuner, 1994, S 317; Schack NJW 88, 868; Vollkommer JR 87, 228; BSG NJW 89, 2011); Beispiele: §§ 283, 775 I Nr 4 BGB; §§ 302 IV S 2 und 3; 717 II ZPO; § 864 II BGB. **b)** Die **Interventionswirkung:** s Anm zu § 68. **c)** Die **Gestaltungswirkung** eines Gestaltungsurteils. Sie tritt erst mit der formellen Rechtskraft des Gestaltungsurteils ein und ist von dessen materieller Rechtskraft zu unterscheiden; diese ist auf die Parteien beschränkt und bezieht sich auf den Gestaltungsgrund (ausf K. Schmidt JuS 86, 38 ff). **d)** Zur – umstr – sog **Drittwirkung** der Rechtskraft s oben Rn 2. 43

V) Rechtskrafterstreckung durch Parteivereinbarung

1) **Allgemeines.** Bei der Frage des Parteieinflusses auf die subjektiven Grenzen der Rechtskraft ist zwischen materiell-rechtlichen und öffentlich-rechtlichen (prozessualen) Rechtsfolgen zu unterscheiden. **a)** Bei den rein **materiellen Rechtswirkungen** des Urteils sind in erster Linie private Interessen der Parteien betroffen (vgl Koussoulis aaO S 49). Die Anerkennung der Parteidisposition in diesem Bereich (so bereits RG 46, 336) bedeutet der Sache nach keinen „Eingriff“ in die Rechtskraft, sondern ist nur die Folge davon, daß die Parteien den Streitgegenstand, soweit er ihrer Verfügung unterliegt, anders regeln können als er in dem rechtskräftigen Urteil festgestellt ist (RSchwab/Gottwald § 151 III 4). Davon ist auch für das Verhältnis zu Dritten auszugehen (dazu sogleich unter c). **b)** Dagegen sind die **öffentlich-rechtlichen Wirkungen** der Rechtskraft der Parteivereinbarung schlechthin entzogen (StJ/Leipold § 322 Rn 222; Koussoulis aaO S 50 mwN); insbesondere kann auf die Rechtskraft des Urteils nicht ohne Änderung der materiellen Rechtsbeziehungen verzichtet werden, nur um eine neue gerichtliche Entscheidung über denselben Streitgegenstand zu ermöglichen (BVerfG MDR 62, 427; BSG JZ 61, 504; Rn 20 [bb] vor § 322; aA Schlosser, Einverständliches Parteihandeln, 1968, S 14, gegen ihn zutr Koussoulis aaO S 51 Fn 157). **c)** Die Möglichkeit einer vertraglichen Erweiterung der Rechtskraft durch die *Parteien des Rechtsstreits* auf **Dritte** ist nicht anzuerkennen, da eine Dispositionsbefugnis der Parteien (vgl oben a) nur innerhalb der durch das Urteil gezogenen subjektiven Grenzen der Rechtskraft besteht (RSchwab/Gottwald § 151 III 4; MK/Gottwald Rn 76; Koussoulis aaO S 51). 43a

2) **Musterprozeßvereinbarung. a) Musterprozeß** ist ein Rechtsstreit, in dem ein „Modellfall“, dessen Sachverhalt (im wesentlichen) mit einer Mehrzahl von Streitfällen übereinstimmt, als prozessuales Exempel dienen soll (vgl Kempf ZZP 73, 342; Hirte ZZP 104, 55; RSchwab/Gottwald § 156 IV). **b)** Eine Musterprozeßvereinbarung kann verschiedenartigen Inhalt haben (ie Linda- 43b

cher JA 84, 404 ff); Beispiele: BGH 92, 14; BAG DB 92, 2249. Es geht um die Herbeiführung einer „Breitenwirkung" der im Musterprozeß entschiedenen Rechtsfrage für eine Vielzahl von Betroffenen. Eine in AGB enthaltene Musterprozeßvereinbarung kann gem § 9 AGBG unwirksam sein, wenn sie durch ihre konkrete Ausgestaltung den Kläger in seiner Rechtsverfolgung unangemessen benachteiligt und einseitig die Interessen des Verwenders an einer Reduzierung des Kostenrisikos und alsbaldiger Streiterledigung wahrt (BGH 92, 13 = NJW 84, 2408 = JR 85, 150 mit teilw zust Anm Lindacher); dann entfällt auch die erweiterte Verjährungshemmung entspr §§ 202, 203 BGB (BGH NJW 88, 197; zur Auswirkung auf Ausschlußfristen: BAG DB 92, 2249). Eine Rechtskrafterstreckung ist durch Musterprozeßvereinbarung nicht möglich (Kempf ZZP 73, 365 ff; Dütz BB 78, 214; s auch Rn 43a [c]). **c) Sonderregelung:** § 93a VwGO.

VI) Schutz des gutgläubigen Rechtsnachfolgers (Abs II, III)

44 **1) Bedeutung.** Das zwischen den ursprünglichen Parteien des Rechtsstreits ergangene Urteil wirkt nach § 325 I immer **für** den Rechtnachfolger, also immer dann, wenn der Rechtsvorgänger den Prozeß gewonnen hat. Es wirkt grundsätzlich auch **gegen** den Rechtsnachfolger, also dann, wenn der Rechtsvorgänger den Rechtsstreit verloren hat. **Abs II** macht bei Gutgläubigkeit des Rechtsnachfolgers eine Ausnahme von der Rechtskrafterstreckung **gegen** ihn. Str ist, ob **Abs II** stets einen **Erwerb vom Nichtberechtigten** voraussetzt (so StJ/Leipold Rn 33 ff, 38; MK/Gottwald Rn 84, 88, hM; ie v. Olshausen JZ 88, 584 ff; unten Rn 45) oder auch beim Erwerb vom Berechtigten anwendbar ist (so BL/Hartmann Rn 9; ThP Rn 8; Lüke, Fälle zum Zivilverfahrensrecht I, 1979, Fall 6, S 68); in diesem Fall käme auch ein gutgläubiger „Wegerwerb" allein der in der Rechtshängigkeit (Rechtskraft) liegenden Belastung in Frage (vgl Lüke aaO).

45 **2) Voraussetzungen. a) Erstreckung des guten Glaubens auch auf die Rechtshängigkeit.** Wer als Einzelnachfolger (an sich) ein Urteil **gegen** sich gelten lassen muß, das dem Rechtsvorgänger das übertragene Recht abspricht, kann sich gleichwohl auf die Vorschriften zum **Schutz des gutgläubigen Erwerbs** (zB §§ 135 II, 405, 932 ff, 936, 892 f, 1032, 1138, 1155, 1207 f, 1244, 1357, 1412, 2113 III, 2129 II, 2211 II, 2366, 2368 III, 2370 BGB; 363 f, 366 HGB; Art 17 WechselG, § 7 KO) berufen; jedoch muß sich der gute Glaube zur Zeit des Erwerbs **auch auf die Rechtshängigkeit** eines Prozesses bzw auf die Existenz eines rechtskräftigen Urteils erstrecken (BGH 114, 309 mwN = NJW 91, 2420), sog „doppelte Gutgläubigkeit" (ie v. Olshausen JZ 88, 584 ff); ausnahmsweise begründet auch die Unkenntnis der Rechtshängigkeit keinen guten Glauben (vgl Rn 48).

46 **b) Grad der Kenntnis bzw Unkenntnis.** § 325 II begründet keinen Gutglaubensschutz, sondern bestätigt nur, daß gutgläubiger Erwerb auch möglich ist, wenn die Nichtberechtigung des Rechtsvorgängers rechtskräftig festgestellt ist oder in einem anhängigen Prozeß behauptet wird; § 325 II erhöht lediglich die Anforderungen an den guten Glauben in dem bezeichneten Sinn. Ob dem Rechtsnachfolger nur positive Kenntnis oder schon grob fahrlässige Unkenntnis schadet, ist in jedem Fall den materiellen Schutzvorschriften zu entnehmen. Die Kenntnis der Rechtshängigkeit ist erforderlich im Fall des § 892 I BGB (Stuttgart OLGZ 79, 303). Der gute Glaube an die Gläubigerstellung eines Zedenten wird in der Regel nicht (vielmehr nur in den seltenen Fällen des § 405 BGB) geschützt (KG MDR 81, 940).

47 **c) Geschützter Personenkreis.** § 325 II regelt die Stellung des Rechtsnachfolgers der in einem Prozeß unterlegenen Partei. Nicht geschützt wird in der Regel der gute Glaube des Prozeßgegners an die Legitimation der unterlegenen Partei. Ausnahmen gelten nur in den Fällen, in denen das materielle Recht ausnahmsweise generell den guten Glauben an eine bestimmte Rechtsstellung eines anderen schützt: §§ 409, 1058, 1245 BGB und § 11 III WZG.

48 **3) Ausschluß eines gutgläubigen Erwerbs (Abs III S 1).** § 325 III S 1 durchbricht die Regel des Abs II und schließt für gewisse Fälle jeden gutgläubigen Erwerb entgegen dem rechtskräftigen Urteil völlig aus. Wer ein Grundstück erwirbt, das mit einem eingetragenen Recht belastet ist, muß dieses Recht gegen sich gelten lassen, auch wenn er keine Einsicht in das Grundbuch genommen hatte und das Recht nicht kannte. Besteht das Recht in einer Reallast, Hypothek, Grundschuld oder Rentenschuld, so muß er nach Abs III S 1, wenn der Gläubiger auf Grund derselben auf Zahlung aus dem Grundstück geklagt hat und infolgedessen die Vollstreckbarkeit des Anspruchs in das Grundstück eintritt, dieses Urteil auch dann gegen sich gelten lassen, wenn er die Rechthängigkeit nicht gekannt hat. Derjenige, der ein mit einem solchen Rechte belastetes Grundstück erwirbt, muß daher von vornherein mit der Möglichkeit rechnen, daß ein Rechtsstreit bezüglich desselben anhängig ist oder gar – was zwar in Abs III nicht zum Ausdruck gebracht, aber selbstredend ist – daß bereits ein rechtskräftiges Urteil vorliegt. Der Hypotheken- – usw – Gläubiger kann sich deshalb eine vollstreckbare Ausfertigung gegen den Erwerber erteilen lassen (§ 727), jedoch nur in Ansehung des Grundstücks. Ist der Veräußerer auch persönlich (zur Zahlung schlechthin) verklagt, so wirkt insoweit das Urteil gegen den Erwerber nicht. Ebensowenig findet § 325 Anwendung bei vollstreckbaren Urkunden nach § 794 I Nr 5, es sei denn, daß die sofortige Vollstreckbarkeit eingetragen ist (§ 800). Hat die Zwangsversteigerung oder die Zwangsverwaltung des Grundstücks wegen des Anspruchs aus dem eingetragenen

Recht schon begonnen, dh ist wegen derselben die Beschlagnahme bewirkt, so geht nach § 26 ZVG das Verfahren (auch ohne neue Vollstreckungsklausel gegen den Erwerber) weiter, und zwar richtet es sich auch fernerhin gegen den alten Schuldner; der neue Eigentümer gilt nur, wenn er seinen Erwerb anmeldet, als Beteiligter im Sinne des § 9 ZVG; auch ist ihm dann ein etwaiger Erlösüberschuß auszuzahlen.

4) Anmeldung der Rechtshängigkeit bei Zwangsversteigerung (Abs III S 2). Bei der Zwangsversteigerung bleiben die Hypotheken usw, die dem Anspruch des betreibenden Gläubigers vorgehen, bestehen, §§ 48 I, 53, 91 I ZVG. Der Ersteher erwirbt also das Grundstück mit jenen Rechten belastet. Verlangen die Gläubiger dieser Hypothek usw später Befriedigung aus dem Grundstück, so muß der Ersteher die Zwangsvollstreckung in dasselbe dulden. Dazu gehört ein vollstreckbarer Titel gegen ihn auf Zahlung aus dem Grundstück. Nach Abs III S 1 wäre ein gegen den früheren Eigentümer in einem anhängigen Rechtsstreit ergehendes oder bereits ergangenes rechtskräftiges Urteil auch gegen den Ersteher wirksam, und der Gläubiger könnte sich nach § 727 eine vollstreckbare Ausfertigung gegen ihn erteilen lassen. Um aber den Ersteher vor Täuschung zu bewahren, bestimmt schon § 54 ZVG, daß eine von dem seitherigen Eigentümer dem Gläubiger oder von diesem dem seitherigen Eigentümer erklärte Kündigung (§ 1141 BGB) und andere die vorzeitige Fälligkeit der Hypothek usw herbeiführende Tatsachen dem Ersteher gegenüber nur wirksam werden, wenn sie vor der Aufforderung zur Abgabe von Geboten angemeldet wurden; Abs III S 2 führt diesen Grundsatz konsequent durch, indem er auch die Wirksamkeit des Urteils dem Ersteher gegenüber an diese Voraussetzung knüpft. Die Anmeldungen werden im Versteigerungstermin verlesen, so daß die Bieter wissen, woran sie sind. Die Anmeldung ist auch dann erforderlich, wenn der Ersteher die Rechtshängigkeit kennt (RG 122, 158). 49

5) Eintragungsfähigkeit der Rechtshängigkeit. Die hM nimmt mit Recht an, daß die Rechtshängigkeit immer dann eine in das Grundbuch eintragungsfähige Tatsache darstellt, wenn eine Prozeßpartei dartun kann, daß sie Gefahr läuft, die Wirkungen eines obsiegenden Urteils durch gutgläubigen Erwerb einzubüßen (Zweibrücken OLGZ 89, 261 mwN; Schleswig FamRZ 96, 176; zur Abgrenzung s Braunschweig MDR 92, 74; Koblenz Rpfleger 92, 102); wird in solchen Fällen die Eintragung der Rechtshängigkeit nicht bewilligt, so kann sie unter den Voraussetzungen des § 935 durch einstw Verfügung angeordnet werden. Doch kann die Rechtshängigkeit auch im Wege der Grundbuchberichtigung (§§ 19, 22, 29 GBO) eingetragen werden (vgl Palandt/Bassenge § 892 Rn 13, 21; Stuttgart OLGZ 79, 304 ff; Schleswig NJW-RR 94, 1498 = MDR 94, 832). 50

VII) Rechtskraftwirkung gegenüber anderen Zweigen der Gerichtsbarkeit

Die Rechtskraft des Zivilurteils ist **von allen Zweigen der Gerichtsbarkeit** zu beachten, soweit die rechtskräftig beurteilte Frage als Vorfrage erneut zu entscheiden ist (vgl bereits Rn 11, 12 vor § 322); Voraussetzung ist jedoch, daß das andere Gericht über Rechte der Parteien des Vorprozesses im Verhältnis zueinander oder zu sonst (vgl oben Rn 1–43) von der Rechtskraft betroffenen Personen zu befinden hat. Eine „absolute Geltung der relativen Feststellung“ (Schwab ZZP 77, 160) des rechtskräftigen Urteils ist also auch im Verhältnis zu anderen Zweigen der Gerichtsbarkeit abzulehnen. Unerheblich ist dagegen, ob an dem Verfahren der anderen Gerichtsbarkeit alle oder nur einige von der Rechtskraft betroffene Personen oder nur eine einzelne Person beteiligt ist; letzteres kommt vor allem in der freiwilligen Gerichtsbarkeit vor und ändert an der Bindung an das rechtskräftige Urteil nichts. Hat A in einem Feststellungsprozeß um das Alleinerbrecht gegen B ein siegreiches Urteil erstritten, so darf der Nachlaßrichter keinesfalls B, wohl aber dem C einen Erbschein erteilen; denn A darf er den Erbschein nicht mit der Begründung versagen, B sei Erbe, wohl aber weil C Erbe geworden sei. 51

326 *[Rechtskraft bei Nacherbfolge]*

(1) Ein Urteil, das zwischen einem Vorerben und einem Dritten über einen gegen den Vorerben als Erben gerichteten Anspruch oder über einen der Nacherbfolge unterliegenden Gegenstand ergeht, wirkt, sofern es vor dem Eintritt der Nacherbfolge rechtskräftig wird, für den Nacherben.

(2) Ein Urteil das zwischen einem Vorerben und einem Dritten über einen der Nacherbfolge unterliegenden Gegenstand ergeht, wirkt auch gegen den Nacherben, sofern der Vorerbe befugt ist, ohne Zustimmung des Nacherben über den Gegenstand zu verfügen.

1) Allgemeines. Da der Nacherbe nicht Rechtsnachfolger des Vorerben, sondern des Erblassers ist, wirken für oder gegen den Vorerben ergangene rechtskräftige Urteile für und gegen den Nacherben nur, weil und soweit § 326 dies ausdrücklich anordnet. Kein Rechtsnachfolger ist auch der endgültige Erbe im Verhältnis zum vorläufigen im Fall der Ausschlagung (BGH 106, 364 f = 1

NJW 89, 2885), so daß nur eine **entspr** Anwendung von § 326 in Frage kommt (mit Einschr dafür StJ/Leipold Rn 2).

2 2) Bei **Prozessen um eine Nachlaßverbindlichkeit** (Ansprüche gegen den Erben als solchen) wirkt nach § 326 I das dem Vorerben **günstige** Urteil auch **für** den Nacherben, wenn die Nacherbfolge nach Rechtskraft des Urteils eingetreten ist. War dagegen die Erbfolge vor Rechtskraft eingetreten oder ist das Urteil zuungunsten des Vorerben ergangen, so ist der Nacherbe von der Rechtskraft nicht betroffen. Enthält ein Urteil für den Vorerben teils günstige und teils ungünstige Feststellungen, so dürfen die günstigen rechtskräftigen Feststellungen nur dann gesondert betrachtet werden, wenn über ihren Gegenstand ein Teilurteil zulässig gewesen wäre.

3 3) Bei **Prozessen um einen Nachlaßgegenstand** wirkt ebenfalls das dem Vorerben günstige Urteil zugunsten des Nacherben, wenn die Nacherbfolge nach Rechtskraft eingetreten ist; vgl im übrigen § 242. Ist das Urteil für den Vorerben **ungünstig**, so wirkt es **gegen** den Nacherben nur, wenn der Vorerbe über den Gegenstand verfügen durfte; tritt die Nacherbfolge vor Rechtskraft ein, so gelten auch insoweit §§ 242, 239. Beachte § 728.

327 *[Urteilsrechtskraft bei Testamentsvollstreckung]*

(1) Ein Urteil, das zwischen einem Testamentsvollstrecker und einem Dritten über ein der Verwaltung des Testamentsvollstreckers unterliegendes Recht ergeht, wirkt für und gegen den Erben.

(2) Das gleiche gilt von einem Urteil, das zwischen einem Testamentsvollstrecker und einem Dritten über einen gegen den Nachlaß gerichteten Anspruch ergeht, wenn der Testamentsvollstrecker zur Führung des Rechtsstreits berechtigt ist.

Lit: *Keßler,* Der Testamentsvollstrecker im Prozeß, DRiZ 65, 195; 67, 299; *Heintzmann,* Die Prozeßführungsbefugnis, 1970.

1 **1) Allgemeines.** Der Testamentsvollstrecker führt Nachlaßprozesse im eigenen Namen (als Partei kraft Amtes), sonst hätte es des § 327 nicht bedurft. Zur Prozeßführung kraft Amtes vgl allgemein Rn 21 vor § 50.

2 2) Rechtskräftige **Urteile,** die **für oder gegen den Testamentsvollstrecker** ergangen sind, wirken Rechtskraft für und gegen den Erben, falls das streitige, zum Nachlaß gehörige Recht der Testamentsvollstreckung unterlag (§ 2212 BGB; § 327 I), bzw falls der Testamentsvollstrecker bezüglich des gegen den Nachlaß erhobenen Anspruchs prozeßführungsberechtigt war (§ 2213 BGB; § 327 II). Zur Zwangsvollstreckung: vgl §§ 728 II, 748. In allen Fällen des § 327 kann also der Erbe gegenüber der Rechtskraft eines gegen den Testamentsvollstrecker ergangenen Urteils noch geltend machen, das rechtskräftige Urteil habe die Prozeßführungsbefugnis des Testamentsvollstreckers zu Unrecht bejaht und binde daher den Erben nicht.

3 3) Ergeht **für oder gegen den Erben** ein rechtskräftiges **Urteil** betreffend den Nachlaß, so ist wegen einer Bindung des Testamentsvollstreckers wie folgt zu unterscheiden: **a)** Betrifft der Prozeß ein **zum Nachlaß gehöriges Recht** und unterliegt dieses der Testamentsvollstreckung, so ist der Erbe nicht prozeßführungsbefugt, seine Klage deshalb unzulässig, es sei denn, der Testamentsvollstrecker hat ihn zur Prozeßführung ermächtigt oder dieser zugestimmt (vgl BGH 31, 279; 38, 287; Palandt/Edenhofer § 2212 Rn 5 mwN). Liegen diese Fälle nicht vor, so wirkt ein gleichwohl ergangenes Urteil weder für noch gegen den Testamentsvollstrecker.

4 **b)** Ist eine **Nachlaßverbindlichkeit** (§§ 1967, 1968 BGB) gegen den Erben geltend gemacht (was, solange er persönlich haftet, möglich ist, vgl § 728 II S 2) so wirkt die Rechtskraft dieses Urteils zwar für, nicht aber gegen den Testamentsvollstrecker (vgl § 748 I).

328 *[Anerkennung ausländischer Urteile]*

(1) Die Anerkennung des Urteils eines ausländischen Gerichts ist ausgeschlossen:

1. **wenn die Gerichte des Staates, dem das ausländische Gericht angehört, nach den deutschen Gesetzen nicht zuständig sind;**
2. **wenn dem Beklagten, der sich auf das Verfahren nicht eingelassen hat und sich hierauf beruft, das verfahrenseinleitende Schriftstück nicht ordnungsmäßig oder nicht so rechtzeitig zugestellt worden ist, daß er sich verteidigen konnte;**
3. **wenn das Urteil mit einem hier erlassenen oder einem anzuerkennenden früheren ausländischen Urteil oder wenn das ihm zugrunde liegende Verfahren mit einem früher hier rechtshängig gewordenen Verfahren unvereinbar ist;**

4. wenn die Anerkennung des Urteils zu einem Ergebnis führt, das mit wesentlichen Grundsätzen des deutschen Rechts offensichtlich unvereinbar ist, insbesondere wenn die Anerkennung mit den Grundrechten unvereinbar ist;

5. wenn die Gegenseitigkeit nicht verbürgt ist.

(2) Die Vorschrift der Nr. 5 steht der Anerkennung des Urteils nicht entgegen, wenn das Urteil einen nicht vermögensrechtlichen Anspruch betrifft und nach den deutschen Gesetzen ein Gerichtsstand im Inland nicht begründet war oder wenn es sich um eine Kindschaftssache (§ 640) handelt.

Lit: *Acocella,* Internationale Zuständigkeit und Vollstreckung ausländischer Entscheidungen in Zivilsachen im schweizerisch-italienischen Rechtsverkehr, 1989; *Baumann,* Die Anerkennung u Vollstreckung ausl Entscheidungen in Unterhaltssachen, 1989; *Baumert,* Europäischer ordre public und Sonderanknüpfung zur Durchsetzung von EG-Recht unter besonderer Berücksichtigung der sog. mittelbaren horizontalen Wirkung von EG-Richtlinienbestimmungen, 1994; *Bittighofer,* Der internationale Gerichtsstand des Vermögens. Eine rechtsvergleichende Studie zur Zuständigkeit deutscher Gerichte aufgrund inländischer Vermögensbelegenheit, 1994; *Boll,* Die Anerkennung des Auslandskonkurses, 1990; *Braun,* Der Beklagtenschutz nach Art 27 Nr 2 EuGVÜ, 1992; *Eilers,* Maßnahmen des einstw Rechtsschutzes im europäischen Zivilrechtsverkehr, 1991; *Fricke,* Anerkennungszuständigkeit zwischen Spiegelbildgrundsatz u Generalklausel, 1990; *Geimer,* Zur Prüfung der Gerichtsbarkeit und der internationalen Zuständigkeit bei der Anerkennung ausl Urteile, 1966, (zitiert Geimer); *ders,* Anerkennung ausl Entscheidungen in Deutschland, 1995; *Goetze,* Vouching-In und Third Party-Practice, 1993 (bespr v de Lousanoff ZZP 109 [1996], 237); *Gottwald* ZZP 103 (1990), 257; *Hausmann,* Die kollisionsrechtl Schranken der Gestaltungskraft von Scheidungs-Urteilen, 1980; *Karl,* Die Anerkennung von Entscheidungen in Spanien, 1993; *Matthias Koch,* Unvereinbare Entscheidungen iSd Art 27 Nr 3 und 5 EuGVÜ und ihre Vermeidung, Diss Hamburg 1993; *Koshiyama,* Rechtskraftwirkungen u Urteilsanerkennung nach amerikanischem, deutschem u japanischem Recht, 1996; *Krefft,* Vollstreckung und Abänderung ausländischer Entscheidungen der freiwilligen Gerichtsbarkeit, 1993; *Martiny* in Hdb IZVR III Kap I u II; *ders,* GemeinschaftsR, ordre public, zwingende Bestimmungen u Exklusivnormen in *von Bar,* Europäisches GemeinschaftsR und IPR, 1991, 211; *Marx,* Der verfahrensrechtl ordre public bei der Anerkennung u Vollstreckung ausl Schiedssprüche in Deutschland, Diss Münster 1994; *Matscher* ZZP 103 (1990), 294; *Markus Meier,* Grenzüberschreitende Drittbeteiligung, 1994; *Pera,* Anwaltshonorare in Deutschland und den USA, 1995; *Richardi,* Die Anerkennung u Vollstreckung ausl Akte der freiwilligen Gerichtsbarkeit unter besonderer Berücksichtigung des autonomen Rechts, Diss Konstanz 1991; *Schack,* Einf in das US-amerikanische ZPR, 2. Aufl., 1996; *M. J. Schmidt,* Die internationale Durchsetzung von Rechtsanwaltshonoraren, 1991; *Schütze,* Die Anerkennung und Vollstreckung ausl Zivilurteile in der BRepD als verfahrensrechtl Problem, Diss Bonn 1960; *ders* Deutsches IZPR, 1985; *ders* Rechtsverfolgung im Ausland 1986; 36; *Staehlin,* Die Anerkennung ausl Konkurse u Nachlaßverträge in der Schweiz, 1989; *Staudin-*

ger/Spellenberg[12], § 328 ZPO, 1992; *Stojan,* Die Anerkennung und Vollstreckung ausl Zivilurteile in Handelssachen, Diss Zürich 1986; *Weinschenk,* Die Anerkennung u Vollstreckung bundesdeutscher Urt in den Vereinigten Staaten, 1988; *Zekoll,* US-Amerikanisches ProdukthaftpflichtR vor dt Gerichten, 1987. Weitere Lit-Nachw vor IZPR.

A) Überblick

1 **I) Völkergewohnheitsrecht.** Nach **allg Völkergewohnheitsrecht** ist kein Staat verpflichtet, ausl Urteile anzuerkennen. Soweit keine Staatsverträge geschlossen sind, ist jeder Staat frei; er kann also bestimmen, ob ausl Urteile anerkannt werden und gegebenenfalls unter welchen Voraussetzungen; Martiny I Rn 156; MK-BGB/Sonnenberger Einl Rn 94; Bleckmann JZ 85, 1073.

2 Eine Ausnahme ist jedoch **aus der Perspektive der Menschenrechte** zu machen für **gerichtl Entscheidungen, die den Status einer Person betreffen,** Geimer BerDGVR 33 (1994), 219. Bejaht man zB ein im allg Völkerrecht wurzelndes Menschenrecht auf Eheschließung, so kann es nicht der Willkür der Staaten überlassen bleiben, ob sie ein Scheidungsurteil anerkennen. Sie müssen es akzeptieren und die Geschiedenen wieder heiraten lassen, wenn das Urteil dem internationalen Standard für gerichtl Verfahren entspricht: ausreichender kompetenzrechtl Bezug zum Entscheidungsstaat, ordnungsgemäßes Verfahren und kein Verstoß gegen den ordre public des Anerkennungsstaates. Zustimmend Matscher FS Neumayer, 1986, 473 Fn 31; Koch AK 2. – Noch unklar, ob sich aus Art 6 EMRK eine Anerkennungspflicht ergibt; dafür Matscher ZZP 103 (1990), 318; Geimer IPRax 92, 10 Fn 80a; dagegen Richardi 28.

3 Außer den in Rn 2 behandelten Menschenrechtsfällen ist eine völkerrechtl Pflicht zur Anerkennung außerhalb des Anwendungsbereichs von einschlägigen Verträgen zu verneinen. Auch die **comitas gentium** begründet keine Völkerrechtspflicht zur Anerkennung.

4 Es liegt jedoch im eigenen Interesse der Staaten, ausl Urteile anzuerkennen. Die Folge der Nichtanerkennung ist nämlich, daß den Parteien – soweit ein Rechtsschutzinteresse im Inland besteht – Gelegenheit gegeben werden muß, ihren Streit in einem neuen Erkenntnisverf vor inländischen Gerichten auszutragen. Dadurch wird der inländische Justizapparat unnötig belastet. Geimer 56 bei Fn 142; Geimer/Schütze I 1367; Martiny I Rn 75 ff; Schack IZVR Rn 787.

5 **II) Vertragsrecht.** Im Anwendungsbereich eines Vertrages gilt das VertragsR jedenfalls insoweit, als es **anerkennungsfreudiger** als das autonome Recht ist, dh im konkreten Fall an die Anerkennung weniger strenge Voraussetzungen als das autonome Recht stellt (Hamm RIW 78, 689 = IPRspr 78/162). Soweit das autonome Recht anerkennungsfreudiger ist als das Vertragsrecht, ist zu prüfen, ob nach dem Willen des dt Gesetzgebers, der den Vertrag in innerstaatl Recht transformiert hat, das Vertragsrecht eine abschließende Regelung darstellt oder nicht, Geimer/Schütze I 1383; StJ/Schumann 41; ähnl Habscheid Schweizer ZPR[2] Rn 533; Matscher ZZP 103 (1990), 311; Schack IZVR Rn 807 (anders aber für Verhältnis zu GVÜ); Karl 243; MK/Gottwald Rn 12; Hamm RIW 78, 689 = IPRspr 78/162; BGH FamRZ 87, 582 (Gottwald) = IPRax 89, 104 (Siehr 96) = NJW 87, 3083 (Geimer) = IPRspr 87/145; BayObLG RR 90, 842 = FamRZ 90, 898 = IPRspr 90/218. Vgl auch Stojan 33 u § 1044 Rn 10. Zurückhaltender Spickhoff ZZP 108 (1995), 480. Soweit das GVÜ zur Anwendung kommt, kann insoweit nicht auf den durch Art 55 GVÜ außer Kraft gesetzten bilateralen (anerkennungsfreundlicheren) Anerkennungsvertrag zurückgegriffen werden, BGH NJW 93, 2688 = RIW 93, 673 = EuZW 93, 579 = IPRax 93, 396 (Rauscher 376) = EWiR 93, 982 (Bungert). Zu den Perspektiven eines weltweiten Anerkennungs- und Vollstrekkungsübereinkommens Schack ZEuP 1 (1993) 306.

6 **III) Völkerrechtl Anerkennungsverbote.** Das **Völkergewohnheitsrecht** verbietet allen Staaten, gerichtl Entscheidungen anzuerkennen, die unter Verletzung der Regeln über die Immunitäten, Exemtionen und sonstigen Befreiungen von der Gerichtsbarkeit erlassen wurden, es sei denn, der betr Staat hat die Verletzung seiner Souveränität pardoniert. Geimer RIW 75, 82; Geimer/Schütze I 1361, 1487; Martiny I Rn 160. Geimer IZPR Rn 2768. – Kein Anerkennungsverbot besteht jedoch, wenn einzelne Verfahrenshandlungen in dem Verf, das zu dem anzuerkennenden ausl Urteil geführt hat, (möglicherweise) als Eingriff in die Souveränität eines anderen Staates zu bewerten sind, wie zB Zeugenladungen, unmittelbare Zustellung (unter Umgehung der Zustellungs-/Rechtshilfeorgane des Staates, in dem sich der Zustellungsempfänger aufhält), Pfennig 87, Verstoß gegen Art 6 HZPÜ/Art 10 HZÜ (Postzustellung trotz Widerspruchs Deutschlands, vgl auch BGH FamRZ 90, 1100 = StAZ 90, 296).

7 Die **Staatsverträge über die Anerkennung und Vollstreckung** begründen idR nur eine Verpflichtung zur Anerkennung (wenn kein Versagungsgrund vorliegt), stellen jedoch **keine Anerkennungsverbote** auf. Auch wenn ein Versagungsgrund vorliegt, ist der Zweitstaat völkerrechtl nicht verpflichtet, dem Urteil die Anerkennung zu verweigern, Geimer 58 ff. Er kann „freiwillig", dh ohne auf Grund des einschlägigen Vertrages verpflichtet zu sein, die Anerkennung aussprechen, Geimer IZPR Rn 2769; ders IPRax 92, 718 Fn 42, 45; Baumann 107.

8–9 Einstweilen frei.

Wurde in einem völkerrechtl Vertrag die **internationale Entscheidungszuständigkeit** geregelt, so bedeutet dies noch nicht, daß alle anderen Staaten verpflichtet wären, Urteilen die Anerkennung zu verweigern, die unter Mißachtung dieser Zuständigkeitsregeln erlassen wurden, Geimer IZPR Rn 2770. AA Matscher JBl 79, 245; Bajons ZfRV 1971, 106. 10

Matscher, FS Neumayer, 1986, 477 stützt ein Anerkennungsverbot auf die **EMRK**, wenn durch Anerkennung eine konventionswidrige Situation herbeigeführt werden würde oder wenn das Urteil in einem gegen EMRK (insb Art 6) verstoßenden Verfahren zustandegekommen ist. Weitergehend Matscher ZZP 103 (1990), 316. Vgl auch Boll 35 Fn 189, Marx 88 u Rn 145e, 159d. 11

Kein Beurteilungsmonopol des Auswärtigen Amtes (Art 32 I GG) hinsichtl (völkerrechtl Teilaspekte [zB Rn 93]) der Anerkennung/Nichtanerkennung ausl Hoheitsakte: Geimer IZPR Rn 272, 522; ders ZfRV 92, 414; MK-BGB/Kreuzer Anh III nach Art 38 EGBGB Rn 12 Fn 35. 12

IV) Verfassungsrechtl Anerkennungsverbote ergeben sich daraus, daß das GG und insbes dessen Grundrechtsschutz nicht vor Sachverhalten mit Auslandsberührung haltmacht. Sie werden rechtstechnisch über § 328 I Nr 4 durchgesetzt. Dies hebt Nr 4 nF ausdrückl hervor, Rn 153. Treffend betont aber BVerfG NJW 88, 1462, daß der Betroffene alles ihm Zumutbare im ausl Urteilsstaat unternehmen muß, um die angebl Mängel des erststaatl Verfahrens bereits dort zu beseitigen, gegebenenfalls im Rechtsmittelwege. – Aus Art 25 GG folgt nach BVerfGE 75, 1, 19 die Verpflichtung für alle dt Gerichte und Behörden, „alles zu unterlassen, was einer unter Verstoß gegen allgemeine Regeln des Völkerrechts vorgenommene Handlung nichtdeutscher Hoheitsträger im Geltungsbereich des GG Wirksamkeit verschafft". Auf diese Weise ist der vom VölkergewohnheitsR umfaßte menschenrechtl Mindeststandard durchzusetzen, Rn 159d; Geimer ZfRV 92, 332, 407. Hierzu gehört auch die Zuziehung eines Dolmetschers. – Nicht der gesamte Bestand der Verfahrensgrundrechte ist im Anerkennungsstadium mit der gleichen Intensität durchzusetzen, wie man es in Verf vor dt Gerichten täte, vgl BGE 103 Ia 532; Staehlin 61. Ohne Abstriche wird jedoch auch im Anerkennungsstadium Art 103 GG durchgesetzt, Geimer IPRax 92, 14 Fn 111b. Vgl auch BGH RIW 90, 494 = IPRax 91, 246 (Schlosser 218): „Diesbezügl . . . gelten für inländische u ausl . . . Verf dieselben Regeln." – Zur Durchsetzung des verfassungsrechtl Grundsatzes der Verhältnismäßigkeit im Rahmen der ordre public-Prüfung (Rn 160 ff) BGH NJW 92, 3105. 13

V) Anerkennung erfolgt ohne **Rücksicht auf die Staatsangehörigkeit der Parteien**, Geimer/Schütze I 1402. Denkbar sind jedoch Differenzierungen bei den Anerkennungsvoraussetzungen bzw Versagungsgründen. ZB schützten § 328 I Nr 2 und 3 aF nur dt Staatsangehörige. Auch bei der internationalen Anerkennungszuständigkeit wird auf die Staatsangehörigkeit in Statussachen abgestellt, §§ 606a, 640a II. 14

VI) Die Anerkennung ausl Entscheidungen ist nur denkbar auf dem Hintergrund der **Fiktion der Gleichwertigkeit der Gerichte in aller Welt.** Es handelt sich um eine Fiktion, weil die Verschiedenheit der Rechts- und Gerichtssysteme auf dieser Welt auf der Hand liegt. Die Anerkennung setzt nicht voraus, daß die ausl Entscheidungen in ihrer Qualität inländischen Urteilen entsprechen. § 328 setzt Unterschiede bezügl der verfahrensmäßigen Standards und Garantien für die Gerichte und Parteien voraus und enthält deshalb eine Reihe von Schutzvorschriften, Martiny I Rn 120. Toleranzgrenze ist der inländische ordre public (§ 328 I Nr 4). 15

VII) Auswirkungen der Anerkennung auf IPR in Folgeverfahren: Ist ein ausl Urteil anzuerkennen, so hat dies uU auch Auswirkungen auf die kollisionsrechtl Anknüpfung in dt Folgeverfahren. So ausdrückl Art 18 IV EGBGB. Näher Geimer IZPR Rn 2754. 16

VIII) Unterhaltstitel im Anwendungsbereich des AUG – AuslandsunterhaltsG – hierzu Böhmer IPRax 87, 139; Baumann 107; s Rn 69, 179; Rahm/Künkel/Breuer VIII Rn 227. Das AUG führt eine **förml Gegenseitigkeitserklärung** ein. Der Generalbundesanwalt nimmt als Zentrale Behörde die Interessen der ausländischen Unterhaltsgläubiger (kostenlos) wahr, § 12 AUG. – Die Bestimmungen des dt autonomen Rechts (§§ 328, 722, 723) mußten nicht geändert werden, da sie dem Registriersystem des Uniform Enforcement of Support Act (URESA) im wesentl entsprechen, BT-Drucks 10/3662 S 15. §§ 10, 11 AUG bringen ledigl für **„support orders"** und **„provisional maintainance orders"** besondere Bestimmungen. 17

IX) Anerkennung ausl Strafurteile: §§ 54, 55 BZRG, hierzu BVerfG NJW 88, 1462. Ein ausl Urteil, das zu **punitive damages** verurteilt, ist kein Strafurteil (Summe fließt nicht in Staatskasse, sondern an den Geschädigten). Es fällt daher in den Anwendungsbereich des § 328, Rn 77. Auch die im common law-Bereich übliche Methode der mittelbaren Vollstreckung von gerichtl Entscheidungen durch **contempt of court-Strafen** ist zivilrechtlich zu qualifizieren. Es handelt sich um Vollstreckungsmaßnahmen (Rn 81a). 17a

B) Begriff der Anerkennung

18 **I) Gegenstand der Anerkennung** sind die **Wirkungen des ausl Urteils,** und zwar diejenigen Wirkungen, die das ausl Urteil nach dem Recht des Urteilsstaates hat, Geimer IZPR Rn 2776; Koshiyama 104. Diese Urteilswirkungen sind für den dt Richter – da auf dem Recht eines ausl Staates beruhend – an sich unbeachtl. Sie sind für ihn nur dann relevant, wenn dies das dt Recht anordnet, also die Wirkungen des ausl Urteils auf das Inland erstreckt. Diese **Erstreckung der einem ausl Urteil nach dem Recht des Erststaates zukommenden Wirkungen auf das Inland** durch das dt Recht und die darauf basierende Beachtlichkeit der ausl Entscheidung nennt man Anerkennung. Geimer 25; Geimer/Schütze I 1385. Aus der Wirkungserstreckung folgt, daß der Umfang der Wirkungen eines im Inland anerkannten ausl Urteils nach dem Recht des Erststaates zu beurteilen ist. So zu den objektiven und subjektiven Grenzen der Rechtskraft ausdrücklich RG Seuff A 83 Nr 215 S 368 und Saarbrücken NJW 58, 1046. Beispiel: Nach einigen ausl Rechtsordnungen wirkt die im Scheidungsverfahren der Eltern getroffene Regelung des Kindesunterhalts für und gegen das Kind; hierzu BGH FamRZ 83, 806. Zur Rechtskrafterstreckung auch auf das Kind bei Abweisung der gegen die Mutter gerichteten Abstammungsklage KG ROW 84, 96 = IPRspr 83/185. Nachw: Geimer 27; StJ/Schumann 8; Geimer/Schütze I 1011, 1020, II 22; IPG 76 Nr 46 (Hamburg) sub B I 1; Spellenberg IPRax 84, 306; Martiny I Rn 367; Boll 44. AA Matscher, JBl 1960, 270 und FS Schima, 1969, 277 ff sowie ZZP 103 (1990), 307; ihm folgend die österr Lehre, Nachw bei Musger IPRax 92, 111 Fn 29. Danach sollen sich die prozeßrechtl Wirkungen einer anzuerkennenden Entscheidung im Zweitstaat nach dessen Prozeßrecht richten **(Nostrifizierungstheorie).** Koch AK 14; rechtsvergl Martiny I Rn 353, 375 ff, 381 ff. Lapidar (ohne Erörterung der Problematik) BGH NJW 83, 1977 = FamRZ 806 = IPRspr 95 = IPRax 84, 320 (krit Spellenberg 306). **Die Gleichstellungstheorie ist zutreffend nur für die Vollstreckbarerklärung ausl Titel.** Zu den Anerkennungstheorien ausführl Bungert IPRax 92, 225, Geimer IZPR Rn 2779.

19 **II) Grenzen der Wirkungserstreckung.** Jedoch können im Inland nur solche **Urteilswirkungen** anerkannt werden, **die als solche dem dt Recht bekannt** sind, wenn sie auch nicht im einzelnen mit den Wirkungen eines dt Urteils übereinzustimmen brauchen, Schütze DIZPR 133; Martiny I Rn 370; v Bar IPR I Rn 382; Stojan 175; Geimer IZPR Rn 2780; Geimer/Schütze I 1391; Schack IZVR Rn 796; aA Gottwald ZZP 103 (1990), 262; StJ/Schumann 3.

20 Soweit die **erststaatl Urteilswirkung umfangreicher** ist als die **vergleichbare dt,** scheitert nicht etwa die Anerkennung des Urteils im Ganzen. Nicht anerkannt wird ledigl die dem dt Recht unbekannte Wirkung; im übrigen ist eine Anerkennung mögl, Geimer IZPR Rn 2782. – Diese Begrenzung der ausl Urteilswirkungen gilt jedoch nicht für die **Gestaltungswirkung.** Von Gestaltungsurteilen ein Stück abzuschneiden und den Rest bei der Anerkennungskontrolle passieren zu lassen, macht wenig Sinn, Schlosser RIW 83, 480 sub III 2.

21 **Ausnahme:** Die vorbeschriebenen Begrenzungen durch das Recht des Zweitstaates gelten nicht für den Bereich des GVÜ. Vgl Geimer RIW 76, 141; Geimer/Schütze I 1 § 128; I 2 § 184 II; Linke IZPR Rn 334. – AA Schack IZVR Rn 796.

21a Sind nach dem Recht des Erststaates die **Wirkungen** der gerichtl Entscheidungen **auf das Gebiet des Erststaates beschränkt,** was im Zivilprozeß praktisch nicht vorkommt, da die res iudicata-Wirkung und Gestaltungswirkung aus der Sicht des Erststaates universell gelten sollen (Ausnahme: Gegenständlich beschränkter Konkurs), so ist kraft Anerkennungsbefehl des dt Rechts gleichwohl Wirkungserstreckung möglich.

22 **III)** Maßgebl sind allein die **Wirkungen nach dem Recht des Urteilsstaates** (Rn 18). Das **Recht dritter Staaten** kommt deshalb nur dann zum Zuge, wenn das Recht des Urteilsstaates auf dieses verweist, zB wenn sich die Grenzen der res iudicata-Wirkung gemäß der erststaatl Rechtsordnung nach der lex causae richten, vgl Rn 66.

23 **IV)** Ein ausl Urteil kann nicht qua Anerkennung im Inland **mehr Wirkungen** hervorrufen **als im Erststaat.** So kann ein ausl Ehetrennungsurteil nicht als Scheidungsurteil im Inland anerkannt werden, Hamburg IPRspr 83, 184. Vgl auch Rn 40, 242.

23a **V) Für die Anerkennung relevant ist das ausl Sachurteil** (Rn 33) **in der Fassung der letzten Rechtsmittelentscheidung;** denn Gegenstand der Anerkennung sind die Wirkungen der ausl (zur Anerkennung anstehenden) Entscheidung, so wie sie nach dem Recht des Erststaates eintreten, Rn 18. Die Anerkennungsfrage wird also nicht für die Urteile der einzelnen Instanzen separat gestellt, Geimer JZ 69, 16 sowie IZPR Rn 1548, 2752. – Anders ist es jedoch hinsichtl Entscheidungen, die in einem neuen (separaten) Verf ergangen sind. So wird zB für Abänderungsurteile (§ 323) die Anerkennungsfrage selbständig gestellt. Fragl, ob dies auch für (kassatorische) Entscheidungen im Wiederaufnahmeverf gilt. – Vgl auch § 1044 Rn 36.

C) Qualifikation der Urteilswirkungen

Gemäß § 328 können nur **prozeßrechtl Urteilswirkungen** anerkannt werden. Ob ein ausl Urteil auf dem Gebiet des materiellen Rechts eine Wirkung (Tatbestandswirkung) hervorrufen kann oder nicht, ist eine Frage der einschlägigen materiellen Rechtsordnung, die nach den Kollisionsnormen des dt IPR zu bestimmen ist. Vgl unten Rn 56. 24

Die Qualifikation richtet sich nach dt Recht, Geimer/Schütze I 1392; Martiny I Rn 373; StJ/Schumann 6, 104. Ob das Recht des Erststaates eine Urteilswirkung als prozessual oder materiell-rechtl qualifiziert, ist gleichgültig. So spielt es zB keine Rolle, daß das angelsächsische Recht die Frage der Bindung an die Entscheidung des Vorprozesses (Rechtskraft) als Beweisproblem sieht. Zu **estoppel by record** Coester-Waltjen Rn 299; Geimer IZPR Rn 2297, 2287; Martiny I Rn 358. 25

D) Anerkennungsfähige Urteilswirkungen

Anerkennungsfähig sind grundsätzl **alle prozeßrechtl Urteilswirkungen,** die die gerichtl Entscheidung nach dem Recht des Erststaates hervorbringt, so die Feststellungswirkung (materielle Rechtskraft), Präklusionswirkung, Gestaltungswirkung, Streitverkündungs- und Interventionswirkung. Soweit die ausl Entscheidung keine anerkennungsfähige Wirkung entfaltet, kommt eine Anerkennung (mangels auf das Inland erstreckungsfähiger erststaatl Wirkungen) nicht in Betracht. – Entscheidungen ausl Gerichte, die die Berichtigung des ausl Personenstandsregisters anordnen, sind als solche nicht Gegenstand einer Anerkennung. Die Wirkung des Urteils erschöpft sich in der Berichtigung des ausl Registers. Ihm kommt daher keine weitergehende Wirkung als die berichtigte Eintragung selbst zu. Sie dient als Beweismittel bei der Feststellung der Richtigkeit der beurkundeten Tatsache, zB des Geburtsdatums, BSG IPRax 85, 352 (Henrich). 26

Nicht anerkennungsfähig ist die Vollstreckungswirkung (Vollstreckbarkeit) nach dem Recht des Erststaates. Vgl § 722 Rn 2. Nicht anerkennungsfähig sind per definitionem **innerprozessuale Bindungswirkungen.** Diese haben nur innerhalb des schwebenden Verfahrens im Erststaat Bedeutung; Schack IZVR Rn 811. 27

Nicht anerkennungsfähig sind schließl die **Tatbestandswirkungen** (Rn 24, 56) sowie die Wirkungen von **Entscheidungen über prozessuale Punkte** (Rn 33, Geimer/Schütze I 986, 1415). Von § 328 nicht erfaßt wird auch die Beweiswirkung des ausl Urteils, §§ 415, 438, vgl Rn 277. 28

Ausl Beweisbeschlüsse/Beweisurteile/Beweisaufnahmen entfalten keine rechtl Wirkungen, die Gegenstand einer selbständigen Anerkennung sein könnten, Schlosser-Bericht Nr 187; Geimer/Schütze I 987; Stürner IPRax 84, 301. Es geht nicht um die Frage der „Anerkennung", sondern darum, ob die Ergebnisse der ausl Beweisaufnahme **Gegenstand freier Beweiswürdigung** (§ 286) sein können. Dies ist jedenfalls zu bejahen, soweit Ladung zum bzw Benachrichtigung vom Beweisaufnahmetermin entspr §§ 493 II, 364 IV, 357 II 2 unter Beachtung der Souveränität Deutschlands bzw dritter Staaten erfolgt ist und kein Verwertungsverbot besteht. – Vgl Rn 72. 29

E) Anerkennung der materiellen Rechtskraft (Feststellungswirkung)

I) Überblick. 1) Das Vorliegen einer rechtskräftigen ausl Entscheidung führt in einem inländischen Rechtsstreit zwischen denselben Parteien über denselben Streitgegenstand zur Klageabweisung als unzulässig, also nicht zu einem neuen mit der ausl Entscheidung inhaltl übereinstimmenden Sachurteil, Geimer IZPR Rn 2801; ausführl 19. Aufl. AA BGH NJW 87, 1146 = IPRspr 86/183; BGH NJW 86, 2193 = IPRspr 86/95; Zweibrücken DAVorm 74, 531 = IPRspr 74/185; LG München II DAVorm 79, 67 = IPRspr 77/164. Praktisch hat der BGH die ne bis in idem-Lehre für ausl Urteile außer Kraft gesetzt. Er erläßt ein zweites, mit dem ausl inhaltl übereinstimmendes Sachurteil. Dies ist nicht gerechtfertigt. Auch bei Vorliegen eines ausl Urteils muß gelten, daß für den Erlaß eines zweiten (mit dem ausl Urteil inhaltl übereinstimmenden) Sachurteils ein besonderes Rechtsschutzbedürfnis dargetan werden muß. Der Umstand, daß das erste Urteil im Ausland ergangen ist, reicht hierfür nicht aus, Geimer/Schütze I 1698, Martiny I Rn 1614, Geimer IZPR Rn 2801, zumal die Vollstreckbarerklärung nach AVAG und den sonstigen AusführungsG (§ 722 Rn 19) in einem vereinfachten Verfahren erfolgt. AA Schlosser FS Schwab (1990) 443. – **Klageabweisung als unzulässig aber nur bei Identität des Streitgegenstandes**, ansonsten ist bei Präjudizialität (von Vorfragen) das dt Gericht an ausl res iudicata gebunden; s auch § 722 Rn 57. 30

2) Maßgebl Recht: Recht des Erststaates, nicht dt Recht als Recht des Anerkennungsstaates, auch nicht lex causae (nach dt IPR), Rn 18, 19; Martiny I Rn 375; MK/Gottwald Rn 125. AA MK-BGB/Siehr Art. 18 Anh I Rn 319. Das Recht des Erststaates regelt auch den Konflikt mehrerer erststaatl Urteile. – Hinweise zu ausl Rechtskraftlehren bei Geimer/Schütze I 1017 u Matthias Koch 104 ff. 31

3) Wurde gegen die Klageforderung im Erstverfahren eine Gegenforderung zur **Aufrechnung** gestellt und erstreckt sich nach dem Recht des Erststaates die Rechtskraft der ausl Entschei- 32 dung auch auf die Gegenforderung, so ist auch diese Urteilswirkung anerkennungsfähig, da sie dem dt Recht (§ 322 II) als solche auch bekannt ist. Alle Anerkennungsvoraussetzungen müssen jedoch auch hinsichtl der Gegenforderung gegeben sein. So scheidet zB eine Anerkennung aus, wenn die Gegenforderung öffentlich-rechtl Natur ist oder wenn aus dt Sicht (§ 328 I Nr 1) der Erststaat für die Entscheidung über das Bestehen der Gegenforderung international nicht zuständig war, Geimer/Schütze II 25.

33 **II) Anerkennungsfähig sind nur rechtskräftige Sachentscheidungen,** Geimer IZPR Rn 2788; Linke IZPR Rn 348. Hierher gehören vor allem Erkenntnisse, die der Klage stattgeben oder diese als unbegründet abweisen. **Nicht anerkennungsfähig sind Prozeßabweisungen oder sonstige Entscheidungen (Zwischenurteile) über prozessuale Fragen,** auch wenn diese nach dem Recht des Erststaates in materielle Rechtskraft erwachsen sollten. Für den dt Richter sind sie ohne Bedeutung. AA Stürner ZZP 109 (1996), 228. Zu den Sachentscheidungen zählen auch ausl Urteile, die – in § 323 vergleichbaren Fällen – ein dt oder drittstaatl Urteil abändern, Geimer/Schütze I 459, Martiny I Rn 307. Vgl auch AG Gelsenkirchen FamRZ 95, 1160 (Abänderung eines dt Unterhaltsvergleichs). Ob eine Sachentscheidung oder ein Prozeßurteil vorliegt, ist nach dt Rechtsvorstellungen einzuordnen, Geimer IZPR Rn 2790; Furtak 197. – Zu ausl Entscheidung, die einen Schiedsrichter ernennt oder absetzt oder einen Schiedsspruch aufhebt bzw die Aufhebungsklage abweist, s § 1029 Rn 5 u § 1044 Rn 27.

Ausl Rechtsmittelentscheidungen, die auch aus dt Sicht (§ 328) relevante Punkte tangieren, sind nicht selbständig anerkennungsfähig, Geimer JZ 69, 16; Geimer IZPR Rn 2791.

34 **III) Ausl Entscheidungen über Vollstreckungsmaßnahmen:** Rn 81a. Nicht überzeugend Stojan 67.

35 **IV)** Keine Sachentscheidung in dem eben erörterten Sinne sind Entscheidungen ausl Gerichte, durch die es einer Partei untersagt wird, während eines (im Erststaat laufenden) Zivilrechtsstreits in einem anderen Land (Deutschland oder in einem Drittstaat) Klage zu erheben. Solche Verbote sind vor allem im angelsächs Bereich übl **(injunctions restraining foreign proceedings),** Geimer IZPR Rn 2792; Mansel EuZW 96, 335.

36 **V) Steht das Recht des Urteilsstaates auf dem Standpunkt der materiell-rechtl Rechtskrafttheorie** oder der prozessualen Rechtskrafttheorie in der Form des Widerspruchsverbots, so hat sich gleichwohl der dt Richter die in Deutschland herrschende ne-bis-in-idem-Lehre zu eigen zu machen, Geimer NJW 77, 2023; Geimer IZPR Rn 2808; Geimer/Schütze I 1698; Martiny I Rn 391.

37 **VI)** Auf die Anerkennung bzw Nichtanerkennung der **Rechtskraft** eines ausl Urteils hat es **keinen Einfluß, ob nach dem dt IPR die Rechtsordnung des Erststaates für die Beurteilung des Streitgegenstandes maßgebl ist oder nicht,** Geimer IZPR Rn 42. Sind die Anerkennungsvoraussetzungen nicht gegeben, so kann das ausl Urteil auch dann nicht anerkannt werden, wenn auf den Streitfall das Recht des Erststaates nach dt IPR anzuwenden wäre; selbst dann nicht, wenn nach dem Recht des Erststaates die **materiell-rechtl Rechtskrafttheorie** maßgebl ist, ausführl Geimer IZPR Rn 2809. Zustimmend MK/Gottwald Rn 130. Anders die **Lehre von der kollisionsrechtl Relativität der Rechtskraft;** Nachw Geimer NJW 74, 1027 Fn 12; Geimer/Schütze I 1020, 1401; Furtak 211. Vgl Rn 47. Der **Streit- und Urteilsgegenstand** wird durch das vom Erstrichter in concreto angewandte Kollisionsrecht nicht begrenzt, Geimer IZPR Rn 362; Geimer/Schütze I 1699; Martiny I Rn 386. Ausnahme: Wenn erststaatl Entscheidung nur kollisionsrechtl Streit über Frage der anwendbaren Rechtsordnung entscheidet. Hierbei handelt es sich wohl meist nicht um eine Sachentscheidung (Rn 33).

38 Die Grundsätze über das Verhältnis der Rechtskraft eines ausl Urteils zu dem nach dt IPR anzuwendenden materiellen Recht gelten nicht nur, wenn **Identität des Streitgegenstandes** vorliegt, sondern auch dann, wenn die Entscheidung des ausl Gerichts **präjudiziell** für die Entscheidung des dt Richters im zweiten Prozeß ist. Liegen die Anerkennungsvoraussetzungen vor, so hat der dt Richter die Rechtskraftwirkung des ausl Urteils auch dann zu beachten, wenn der Inhalt der ausl Entscheidung im Widerspruch steht zu der rechtl Beurteilung des Sachverhalts nach derjenigen Rechtsordnung, die nach dt IPR für die Beurteilung des Sachverhalts maßgebl ist. Zustimmend Martiny I Rn 190; vgl Rn 48.

Wegen der **Auswirkungen der Anerkennung auf die kollisionsrechtl Anknüpfung für Folgeverfahren** s Rn 16. – Als Grundsatz ist jedoch festzuhalten: Die „Überlagerung" und Verdrängung des IPR durch das AnerkennungsR findet nur statt, soweit der Umfang der anerkannten ausl Rechtskraft reicht. Im übrigen gilt die vom dt IPR berufene lex causae, Martiny I Rn 384; Kohler IPRax 92, 281.

39 **VII)** Den **Zeitpunkt,** wann die erststaatl Entscheidung Rechtskraftwirkung entfaltet, **bestimmt** ausschließl der **Erststaat.** Die meisten Prozeßrechtsordnungen kennen eine dem § 705 vergleichbare Regel, wonach Entscheidungen erst nach Eintritt der Unanfechtbarkeit mit ordentl

Rechtsmitteln der materiellen Rechtskraft fähig sind. Abweichende Standpunkte werden jedoch in Frankreich und im angloamerikanischen Rechtsbereich vertreten, Geimer RIW 76, 142; ders IZPR Rn 2804. Im gleichen Zeitpunkt, in dem die res iudicata-Wirkung im Erststaat nach dem dort geltenden Recht eintritt, wird sie auf das Inland erstreckt, Geimer/Schütze I 1015, 1392, 1602; Martiny I Rn 298; Linke IZPR Rn 366. AA Schütze NJW 66, 1599 (Eintritt einer „Inlandsbeziehung"). – Rechtsvergleichend Schack IZVR Rn 911 ff.

VIII) Nach vielen Prozeßordnungen ist die Rechtskraft nur auf **Einrede der begünstigten Partei** zu beachten. Auch in solchen Fällen gilt, daß ein Urteil im Zweitstaat keine stärkere Wirkung haben darf als im Erststaat, Rn 23. Der dt Zweitrichter darf also die ausl Rechtskraftwirkung nur auf Rüge einer Partei beachten, auch wenn das Institut der Rechtskraft vom Rechtsstaatsprinzip gefordert wird, BVerfGE 15, 319. AA Martiny I Rn 392. Noch nicht geklärt ist, ob und gegebenenfalls in welchem Umfang im dt Zweitverf die **Präklusionsvorschriften** der §§ 282 III, 296 I + III, 527, 528 anzuwenden sind; dagegen spricht § 580 Nr 7a. Vgl Geimer/Schütze I 1022, 1701. 40

Einstweilen frei. 41

IX) Die zeitl Grenzen der Rechtskraft. Auch diese sind nach dem Recht des Erststaates zu beurteilen. Rechtsvergleichend Habscheid FS Fragistas, 1969 III, 551. 42

F) Anerkennung der Präklusionswirkung

Soweit ein ausl Urteil nach dem Recht des Urteilsstaates eine von der materiellen Rechtskraft zu unterscheidende Präklusionswirkung entfaltet, ist diese grundsätzl anerkennungsfähig; Geimer RIW 76, 143; ders Anerkennung 152; Richardi 62. 43

G) Anerkennung der Gestaltungswirkung

I) Daß die Gestaltungswirkungen ausl Urteile im Inland gemäß § 328 anerkennungsfähig sind, ergibt sich mittelbar schon aus Art 7 FamRÄndG 1961. 44

II) Dabei kommt es nicht darauf an, ob das **anzuerkennende Urteil von demjenigen Staat erlassen wurde, dessen Rechtsordnung nach dt IPR auf das zu gestaltende Rechtsverhältnis anwendbar wäre,** auch nicht darauf, ob das in einem dritten Staat erlassene Urteil von dem Staat, dessen Rechtsordnung nach dt IPR anzuwenden wäre, anerkannt wird, § 606a Rn 30; Richardi 72. 45

III) Anders die **materiell-rechtl Theorie (lex causae-Theorie);** danach kann die Gestaltungswirkung eines ausl Urteils nur dann anerkannt werden, wenn das Urteil in demjenigen Staat wirksam ist, dessen Rechtsordnung nach dt IPR zur Entscheidung über den Streitgegenstand maßgebl ist, wenn also das Urteil in diesem Staat ergangen ist, oder wenn das Urteil aus einem dritten Staat von dem genannten Staat anerkannt wird. So könnte zB nach dieser Meinung ein ausl Scheidungsurteil nur dann in Deutschland anerkannt werden, wenn das Urteil im lex-causae-Staat (Art 17 EGBGB) erlassen wurde oder wenn dieser die in einem dritten Staat ergangene Ehescheidung anerkennt, Nachw Geimer NJW 74, 1027; 75, 1077; FamRZ 75, 583; Geimer/Schütze I § 226; Isenburg/Epple 215; Martiny I Rn 279, 405; Oelkers 270; MK-BGB/Sonnenberger IPR Einl 323; BayObLGZ 80, 354. Vgl auch Frankenstein III 398 (für Urt, das ehel Güterstand für beendet erklärt). – Diese Ansicht verkennt, daß es bei der Anerkennung ausl Urteile wie auch sonst im IZPR keinen Gleichlauf zwischen internationaler Zuständigkeit und dem anwendbaren materiellen Recht gibt. Aus dem Fehlen dieses Gleichlaufs ergibt sich die selbständige Anerkennungsfähigkeit von Urteilen aus Drittstaaten ohne Rücksicht auf die Haltung desjenigen Staates zur Frage der Anerkennung, dessen Recht nach dt IPR anwendbar wäre, zust StJ/Schumann Rn 11. – Vgl auch Rn 250. 46

IV) Keine kollisionsrechtl Relativität der Gestaltungswirkung. Eine kollisionsrechtl Begrenzung der Gestaltungswirkung ist abzulehnen, Geimer/Schütze I 1401, Isenburg-Epple 231; Kropholler IPR § 32 V, § 60 IV 3e; Linke IZPR Rn 363; Schack IZVR Rn 779; StJ/Schlosser § 606a Rn 8. Für Scheidungsurteile wird die hier vertr Auffassung auch durch Art 13 II Nr 3 EGBGB bestätigt. – S auch von Bar IPR II Rn 266 Fn 801. 47

V) Reichweite der Gestaltungswirkung. Die vom Erstgericht ausgesprochene Gestaltung ist zwar abstrakt und isoliert von einer konkreten Rechtsordnung anzuerkennen, insbesondere ohne Rücksicht auf die Frage, ob der Erstrichter sein IPR richtig angewandt hat und ob dieses mit den kollisionsrechtl Vorschriften des dt IPR übereinstimmt. Die vom Erstrichter zugrundegelegte Rechtsordnung ist jedoch heranzuziehen, soweit es um die **Bestimmung des Urteilsinhalts** geht, vor allem auch deshalb, um zu klären, ob es sich um ein Gestaltungs- oder ein Feststellungsurteil handelt, Martiny I Rn 413. Ausführl Geimer IZPR Rn 2816. 48

Einstweilen frei. 49–50

VI) Zeitpunkt: Die Gestaltungswirkung tritt kraft Anerkennung im Inland zu dem gleichen Zeitpunkt wie im Erststaat ein: Prinzip der automatischen Urteilsanerkennung, Rn 39, 272. 51

H) Anerkennung der Streitverkündungs- und Interventionswirkung

52 I) Streitverkündungs- und Interventionswirkungen eines ausl Urteils sind anerkennungsfähig, sofern diese Wirkungen nach dem Recht des Urteilsstaates im großen und ganzen den §§ 66 ff vergleichbar sind. Problematisch ist nur, welche Anerkennungsvoraussetzungen hierfür erfüllt sein müssen. Die Voraussetzungen in § 328 I Nr 1–5 sind primär auf die Anerkennung der Rechtskraft und der Gestaltungswirkung zugeschnitten. Man wird sich mit dem Vorliegen der internationalen Zuständigkeit (§ 328 I Nr 1) und mit der Vereinbarkeit mit dem ordre public (§ 328 I Nr 4) begnügen können, Geimer IZPR Rn 2820. Anders die hM, die das Vorliegen sämtl Voraussetzungen des § 328 verlangt, vgl Milleker ZZP 80, 288 ff; Martiny I Rn 400; Schack IZVR Rn 923; Karl 31 Fn 68. Differenzierend Mansel in Wieczorek/Schütze[3] § 68 Rn 32 ff.

53 II) Anerkennungsfähig sind auch Urteile, die auf Grund einer **Garantieklage** (Gewährleistungsklage: Danach kann der Bekl des Hauptprozesses gegen einen Dritten, den er im Falle des Unterliegens seinerseits regreßpflichtig machen will, Garantieklage [assignation en garantie] erheben) ergangen sind. Das Garantieurteil entfaltet gegenüber dem Dritten die gewöhnl Urteilswirkungen, näml Rechtskraftwirkung und Vollstreckbarkeit. Es geht also nicht um die Anerkennung einer Streitverkündungswirkung nach dem Modell des dt Rechts; jedoch sind Garantieurteile in ihrer prozessualen Auswirkung für den in den Hauptprozeß hineingezogenen Dritten vergleichbar mit der dt Streitverkündungswirkung. Entgegen BGH NJW 70, 387 (Geimer) = IPRspr 68–69/229 u Karlsruhe NJW 74, 1059 = IPRspr 73/155 sowie hL (Goetze 169) kommt es nur darauf an, daß die internationale Zuständigkeit für den Hauptprozeß (in Richtung gegen den Bekl = Garantiekläger) gegeben ist, Geimer/Schütze I 1506 Fn 49, 1706; Geimer IZPR Rn 2821. Diese potentiell unbeschränkte Gerichtspflichtigkeit des Streitverkündungsempfängers kann durch Prozeßvertrag ausgeschlossen werden, Geimer ZZP 85 (1972), 196, 206; Mansel ZZP 109 (1996), 61, 65.

54 Einstweilen frei.

55 Fehlt in Richtung gegen den **Streitverkündungsempfänger** eine von Amts wegen zu prüfende Anerkennungsvoraussetzung (zB Streitverkündung an Immunen, Geimer IZPR Rn 639) oder liegt ein Versagungsgrund vor, den er auch geltend macht (Rn 126, 144, 182), dann entfällt die Anerkennung der Streitverkündung, Rn 145a, nicht jedoch automatisch die der anderen Urteilswirkungen; zB ist die inter partes wirkende Rechtskraft anerkennungsfähig, wenn kein Versagungsgrund vorliegt bzw die betroffene Partei sich auf diesen nicht beruft, vgl zB Nr 2.

I) Nichtanerkennung von Tatbestandswirkungen

56 Inwieweit ein ausl Urteil Tatbestandswirkungen im Inland entfaltet, beurteilt sich nicht nach ProzeßR, sondern nach **materiellem Recht,** Frankenstein I 599; Geimer Anerkennung 42; Martiny I Rn 432. Hierbei ist zunächst zu klären, welche Rechtsordnung nach dt IPR auf das zu beurteilende Rechtsverhältnis zur Anwendung kommt. Die jeweils anwendbare Rechtsordnung (lex causae) hat über die Frage der Anerkennung der ausl Tatbestandswirkungen zu entscheiden, Karlsruhe DR 41, 209 = IPRspr 35–44/458 (**„materiellrechtl Anerkennung"**, Mansel Rn 476). Vgl IPG 72 Nr 37 (Hamburg) 378. Für das dt Recht wird die Auffassung vertreten, daß ein ausl Urteil nur dann im Inland eine Tatbestandswirkung entfalten kann, wenn die Voraussetzungen des § 328 vorliegen. So für Verjährungsunterbrechung hM, Nachw Taupitz IPRax 96, 145. Dagegen Geimer IPRax 84, 83 u IZPR Rn 2827 u MK/Gottwald Rn 139.

57–65 Einstweilen frei.

J) Anerkennung in dritten Staaten

66 **Maßgebl für die Anerkennung sind ledigl die Wirkungen, die einem Urteil nach dem Recht des Erststaates zukommen,** Geimer IZPR Rn 2848. Wirkungen, die einem ausl Urteil von der Rechtsordnung eines dritten Staates beigelegt werden, kommen für die Anerkennung im Inland nicht in Betracht; so kann zB ein Exequaturuteil, durch das ein ausl Urteil in einem dritten Staat für vollstreckbar erklärt wird, nicht anerkannt werden, Geimer Anerkennung 87. – Nicht hierher gehört die staatl Delibation (vorher zivilrechtl unbeachtl) kirchl Entsch, Rn 78, sowie die Verurteilung zur Zahlung der Kosten des drittstaatl Exequaturverf, Geimer IPRax 90, 192. AA („Doppelexequierung" befürwortend): Schütze DIZPR 134. Würde man der Gegenansicht folgen, so würden die vom dt Recht aufgestellten Anerkennungsvoraussetzungen umgangen werden, Geimer/Schütze I §§ 153 I, 193 XII, 209 XII, II 61; Martiny I Rn 371; II Rn 64; Wähler Rn 82. Vgl auch § 722 Rn 11 u § 1044 Rn 7a.

K) Anwendungsbereich des § 328

Maßgebend ist allein das dt Recht, Martiny I Rn 436.

67 **I) Urteil.** 1) Unter § 328 fallen nicht nur Urteile im technischen Sinne, sondern **alle gerichtl Entscheidungen, die einen Rechtsstreit zwischen Parteien auf Grund eines rechtl geordneten Verfahrens in der Sache (Rn 33) rechtskraftfähig entscheiden bzw eine Gestaltung (Rn 44) vornehmen.** Unerhebl ist: ob es sich um ein Feststellungs- oder ein Leistungs- oder ein Gestal-

tungsurteil handelt, ob zu einem Handeln oder Unterlassen verurteilt wurde, ob die Entscheidung mit Gründen versehen ist oder nicht, Düsseldorf RIW 91, 594. Kein Urteil iSv § 328 sind **Entscheidungen während des Laufes des erststaatl Verfahren,** wie Ladungen, Beweisbeschlüsse (Schlosser-Bericht Nr 187), also solche, die zeitl vor der Sachentscheidung (Rn 33) liegen. (Diese entfalten übrigens keine anerkennungsfähigen Wirkungen, Rn 30 ff). Auch klageabweisende Urteile sind anzuerkennen, sofern sie der materiellen Rechtskraft nach dem Recht des Erststaates (Rn 18) fähig sind und eine Sachentscheidung (Rn 33) enthalten (unabhängig davon kann die Kostenentscheidung für vollstreckbar erklärt werden, § 722 Rn 12). Auf die **Klageart** kommt es dabei nicht an. Anerkennungsfähig sind deshalb auch Entscheidungen, die in einem summarischen Verfahren (AG Hamburg IPRax 86, 114 = IPRspr 85/71) oder in einem Verfahren ohne Beweiserhebung erlassen wurden, wie zB Vollstreckungsbescheide, Wechselzahlungsaufträge des österr Rechts, Versäumnis- und Anerkenntnisurteile sowie Vorbehaltsurteile, soweit sie der Rechtskraft fähig sind, ebenso support-orders amerik Gerichte, Rn 17b, 69; IPG 72 Nr 44 (Heidelberg), Martiny I Rn 467, **nicht jedoch Entscheidungen einer Verwaltungsbehörde,** wie zB Beitrags-Resolutionen des dänischen Rechts, durch die der Nichtehelichenkindsunterhalt festgesetzt wird, Martiny I Rn 520. AA Schleswig DAVorm 78, 687 = IPRspr 77/140. Jedoch sollte man bei behördl Unterhaltsentscheidungen großzügig qualifizieren und diese in Übereinstimmung mit der Konventionspraxis (Art Va Prot GVÜ, Hamburg ZfJ 92, 547 = IPRspr 92/230b, Geimer/Schütze I 183, 982; Art 12 UVÜ, Verwilghen-Bericht Nr 30, Baumann 17) unter § 328 subsumieren.

Als **Urteil** definiert die hM **jede Entscheidung, die nach geordnetem Verfahren endgültig über eine aufgestellte Rechtsbehauptung ergeht,** wobei Form und Bezeichnung der Entscheidung ohne Bedeutung sind; sie muß jedoch von einem „Gericht" erlassen sein, also einer mit staatl Autorität bekleideten Stelle, die nach den ausl Gesetzen zur Entscheidung von privatrechtl Streitigkeiten berufen ist; BGHZ 20, 323, 329 = IPRspr 54–55/63; Geimer IZPR Rn 2852; ders Anerkennung 97. 68

2) **Unanfechtbarkeit (formelle Rechtskraft)** ist – anders als bei der Vollstreckbarerklärung (§ 723 II 1) – nicht erforderl, zust nun StJ/Schumann 110; aA hM, Baumann 169 mwN; Schack IZVR Rn 821; BayObLG FamRZ 90, 898. Es kommt ledigl darauf an, wann nach dem Recht des Erststaates die Urteilswirkungen eintreten. So entfalten in vielen vom Code de procédure civile beeinflußten Staaten Urteile bereits mit ihrem Erlaß (nicht erst nach Beendigung des Rechtsstreits) autorité de la chose jugée. Ähnl ist es im angelsächsischen Bereich. Vgl Rn 39 und Geimer/Schütze I 1 § 107 V, Schlosser RIW/AWD 83, 480 sub III 1. AA Martiny I Rn 487. Auch die hM macht für Unterhaltstitel, die nach erststaatl Recht jederzeit abänderbar sind, Abstriche vom Erfordernis der Unanfechtbarkeit, AK Koch Rn 24. **Lex specialis für support orders: § 10 II AUG** (Rn 17b, 179), BT-Drucks 10/3662 S 15: Anerkennung nur dem Grunde nach, Abänderungsmöglichkeit hinsichtl Höhe nach dt lex fori (§ 323), nicht nach lex causae. 69

3) Bei **Entscheidungen, die in einem einstweiligen Verfügungs-, Anordnungs- oder Arrestverfahren ergangen sind,** kommt es darauf an, ob sie nach dem Recht des Urteilsstaates geeignet sind, die Streitsache endgültig zu erledigen. Tun sie dies, so fallen sie unter § 328, Geimer IZPR Rn 2857, zustimmend Baumann 112; vgl auch Stojan 45 u Eilers 223. – § 722 Rn 8. 70

4) Zur Abgrenzung gegenüber **ausländischen Schiedssprüchen** s § 1044 Rn 3. 71

5) **Beweisbeschlüsse** sind keine Urteile iSv § 328, Rn 29, 67, Hamm RIW 89, 566. Ebenso nicht die an eine Beweisperson gerichtete Ladung eines ausl Gerichts, dort zu erscheinen, § 363 Rn 149a. 72

6) **Kostenentscheidungen** sind anerkennungsfähig, sofern sie die Kostenerstattungspflicht zwischen den Parteien rechtskraftfähig feststellen (andernfalls fehlt es an einer anerkennungsfähigen Urteilswirkung, Rn 26). In jedem Fall kann ihnen das Exequatur (§ 722) erteilt werden (anders bei Kostenanforderungen des Gerichtsstaates wegen der Gerichtskosten, da diese Titel öffentlich-rechtl zu qualifizieren sind). Unrichtig LG Hamburg IPRspr 85/196. Vgl auch Stojan 50. Zu den Vollstreckbarerklärungsvoraussetzungen Martiny I Rn 480, Geimer IPRax 86, 215; 90, 190; § 722 Rn 12. Vgl auch RGZ 109, 387; OG Danzig RabelsZ 10 (1936) 108 = IPRspr 35–44/640a. 73

7) **Ausländische Urteile, die einen dt Titel abändern,** sind anerkennungsfähig, AG Landstuhl IPRax 84, 102 = IPRspr 83/177; § 722 Rn 62, Geimer IZPR Rn 2859. 74

8) Kein Urteil liegt vor, wenn es sich um ledigl eine **Urkundstätigkeit des Gerichts** handelt, wie zB bei Berichtigung von Personenstandsregistern. Vgl zu türk Lebensalterfeststellung LAG Schleswig-Holstein DB 89, 1827 = IPRspr 89/242. Näher Geimer IZPR Rn 2860. 75

9) Die **Grenze zwischen Prozeßvergleich und gerichtl Entscheidung** ist fließend. In einigen Ländern wird der Vergleich in das richterl Urteil aufgenommen. Dieses Urteil bildet dann den Vollstreckungstitel. Es ist einem dt Anerkenntnisurteil vergleichbar, Baumann 23; Verwilghen-Bericht Nr 29. Gerichtl Vergleiche kommen für Anerkennung nicht in Betracht, da sie idR 76

(Rn 76c) keine anerkennungsfähigen Wirkungen zeigen; das gleiche gilt für vollstreckbare Urkunden (§ 794 I Nr 4). Mögl ist jedoch Vollstreckbarerklärung, aA hM (Martiny Rn 543), § 722 Rn 8.

76a **10)** Hat das ausl Gericht die Vereinbarungen der Parteien nicht nur bestätigt, sondern unter eigener Verantwortung geprüft, liegt ein Urteil iSv § 328 (bzw eine Entscheidung iSv § 16a FGG) vor, Breslau DR 39, 869 (Lauterbach) = IPRspr 35–44/313. Zur Vollstreckbarerklärung eines finnischen vom Sozialamt bestätigten Unterhaltsvertrages LG Bielefeld DAVorm 92, 1371 = IPRspr 92/231.

76b **11)** Die „Anerkennung" der (materiellrechtl) Wirkungen **rechtsgeschäftl Akte**, insbesondere von Statusveränderungen (Vertragsadoption, Privatscheidung etc) fällt nicht unter § 328, § 16a FGG. Maßgebend ist vielmehr die vom dt IPR bestimmte **lex causae (materiellrechtl Anerkennung)**, Mansel Rn 477. Vgl. Rn 236.

76c **12) Ausländische Vergleiche:** Eine Anerkennung käme nur dann in Betracht, wenn der Vergleich nach dem Recht des Erststaates prozeßrechtl Wirkungen hat, die einer Anerkennung fähig sind, insbes eine res iudicata-Wirkung (die das dt Recht Vergleichen nicht beilegt); näher Geimer IZPR Rn 2864. – S auch Rn 150c.

77 **II) Zivilrechtl Streitgegenstände.** § 328 betrifft nur Urteile, durch die über zivilrechtl Ansprüche iwS (einschließl der arbeits- und handelsrechtl Ansprüche) entschieden wird. Der Begriff „Zivilsache" wird von der dt lex fori bestimmt. Er ist weit zu fassen. Darunter fallen alle bürgerlich-rechtl Streitigkeiten iSv § 13 GVG, **nicht jedoch die Zivilprozeßsachen kraft Zuweisung.** Es handelt sich materiell um öffentlich-rechtl Streitigkeiten, aA Martiny I Rn 503. – Zu den Zivilsachen gehören auch **Entscheidungen in Kartellsachen,** soweit sie Ansprüche unter Privatpersonen betreffen, insbes wegen Rückabwicklung nichtiger Verträge oder Schadensersatzansprüche wegen wettbewerbswidrigen Verhaltens. US-Entscheidungen, die den Bekl zu dreifachem Schadensersatz (treble damages) oder zu **punitive damages** verurteilen, sind nicht nur nach amerikanischer Auffassung, sondern auch nach der Qualifikation des dt Rechts Zivilurteile, BGH NJW 92, 3102 (Koch 3073) = ZIP 92, 1256 (Bungert 1714) = EWiR 92, 827 (Geimer). Eine andere Frage ist, ob der Abschreckungseffekt des dreifachen Schadensersatzes mit dem dt ordre public zu vereinbaren ist, Rn 169; Coester/Waltjen in Heldrich/Kono 15; Stiefel/Stürner VersR 87, 837. Differenzierend Staudinger/von Hoffmann[12] Art 38 EGBGB Rn 206. Zu den US-Urteilen auf der Basis des Racketeer Influenced Corrupt Organizations Act (RICO) Stiefel/Bungert ZIP 94, 1905 und FS Trinkner, 1995, 749. Nachw auch bei Rosengarten, Punitive damages und ihre Anerkennung und Vollstreckung in der BRepD, 1994; ders NJW 96, 1935; Zekoll ZZP 109 (1996), 117.

78 **III) Gericht.** Die Entscheidung muß von einem staatl Gericht erlassen worden sein. Dabei sind an den Begriff des Gerichts nicht die strengen Anforderungen des Art 92 GG zu stellen. Ein Urteil eines ausl Gerichts liegt bereits dann vor, wenn die Entscheidung von einer mit staatl Autorität bekleideten Stelle erlassen worden ist, die nach den betr ausl Gesetzen auf Grund eines förml Verfahrens zur Entscheidung von privatrechtl Streitigkeiten berufen ist, Rn 68. Es muß sich dabei nicht um ein Zivilgericht im technischen Sinne handeln; unter § 328 fallen auch die Entscheidungen von Arbeits- und Handelsgerichten, ja sogar von Straf- und Verwaltungsgerichten, sofern diese (etwa im **Adhäsionsverfahren**) über zivilrechtl Ansprüche entscheiden, Geimer IZPR Rn 2871. **Völkerrechtl Anerkennung des Urteilsstaates** ist nicht Voraussetzung für Anwendung des § 328. **Sprüche privater Gerichte**, zB von Vereinsgerichten, fallen nicht unter § 328, aber uU unter § 1044. Ebenso nicht **Entscheidungen geistl (kirchl) Gerichte.** Ausnahme: Wenn sie im staatl Auftrag (kraft erststaatl Delegation) tätig werden, Rn 235; Karl 117; Geimer IZPR Rn 2872.

79 **IV) Streitige Gerichtsbarkeit.** Unter § 328 fallen nur Entscheidungen der streitigen Zivilgerichtsbarkeit im materiellen Sinne; **Akte der freiwilligen Gerichtsbarkeit scheiden aus,** Rn 90.

80–81 Einstweilen frei.

81a **V) Ausländische Vollstreckungsakte: 1) Einzelzwangsvollstreckung:** § 328 nicht unmittelbar anwendbar (da er Sachentscheidung im Erkenntnisverf [Rn 33] im Auge hat), aber analog ohne Nr 2 (arg § 178, vgl Rn 143) u Nr 5, Geimer IZPR Rn 2795 mwN.

82 **2) Konkursrechtl Entscheidungen. a) Autonomes Recht:** Einem ausl Insolvenzverf wird die Anerkennung im Inland nicht mehr verweigert, BGH NJW 85, 2897; Zweibrücken RIW 90, 56; Art 102 EGInsO; Geimer IZPR Rn 3500, Prütting ZIP 96, 1281. – Keine Unterbrechung nach § 240 bei ausl Konkurseröffnung, BGH NJW 88, 3096 = IPRspr 88/229, hierzu Trunk ZIP 89, 279; Riegel RIW 90, 546, bei Passivprozeß. AA München ZIP 96, 385; Karlsruhe aaO für Aktivprozeß des Gemeinschuldners.

83 **b) EG-Insolvenzübereinkommen** vom 23. 11. 1995 noch nicht in Kraft. Zum (als Ergänzung, nicht als Konkurrenz konzipierten) Europarat-Übereink v 1990 Arnold IPRax 86, 133.

84 **c) Bilaterale Anerkennungs- und Vollstreckungsverträge:** Konkursrechtl Entscheidungen werden meist ausgeklammert. Nachw Geimer/Schütze I 2 § 193 X 6; Karl 123. – Mit Österreich besteht jedoch ein Vertrag (BGBl 85 II 410; dt AusfG BGBl 85 I 535).

L) Entscheidungen internationaler Gerichte

Solche sind in Zivilsachen selten; meist ist die Anerkennung solcher Urteile durch bi- oder multilaterale Vertr geregelt. Ist jedoch Deutschland nicht Vertragsstaat des Übereinkommens, durch das das internationale Gericht errichtet wurde, so ist § 328 anwendbar; denn auch das internationale Gericht ist ein „ausländisches". Fragl ist, ob die Gegenseitigkeit zu allen Vertragsstaaten verbürgt sein muß; nach StJ/Schumann 119 reicht die Verbürgung der Gegenseitigkeit im Verhältnis zu dem Staat aus, dem die Partei angehört, die im Inland Rechte aus dem internationalen Gerichtsurteil ableitet. 85

Einstweilen frei. 86–89

M) Anerkennung auf dem Gebiet der freiwilligen Gerichtsbarkeit

I) Die Anerkennung ausl Akte der freiw Gerichtsbarkeit regelt § 16a FGG. – Qualifikation erfolgt nach dt lex fori. Ob in concreto eine FG-Entscheidung vorliegt und somit § 16a FGG und nicht § 328 anzuwenden ist, ist nach dt Rechtsvorstellungen zu beurteilen. So hängt die Anerkennung einer ausl Entmündigung (zB eines Deutschen) nicht davon ab, daß die Gegenseitigkeit verbürgt ist, da Entmündigung Akt der fürsorgenden Gerichtsbarkeit auch dann, wenn sie im Zivilprozeß erfolgt ist, Staudinger/Beitzke Art 8 Rn 17; aA Frankenstein I 429, 441; Reithmann/Martiny/Hausmann Rn 1159. Umgekehrt gilt für ausl Ehescheidung, Eheaufhebung oder Ehenichtigerklärung auch dann § 328, wenn diese im Ausland in FG-Verf erfolgten, aA Frankenstein III 25. – Allgemein zu § 16a FGG Geimer FS Ferid 80, 1988, 89; ders in Kralik/Rechberger, Symposion Außerstreitverfahren, 1992, 114. S auch Karl 109 sowie Oelkers 268 ff. Vgl Rn 80 und § 722 Rn 66. Zu Anerkennung von Sorgerechtsregelung und Herausgabeanordnung Bamberg FamRZ 87, 185 = IPRspr 86/89 (Italien) und BGH RR 86, 1130 = IPRax 87, 317 (Mansel 298). Zu ausl Aufhebung der Adoption Düsseldorf FamRZ 96, 699. 90

II) **Ausl Erbscheine** können nicht anerkannt werden, selbst dann nicht, wenn ausl Gericht einen „dt Erbschein" nach BGB erteilt hat, Geimer FS Ferid, 1988, 89, 117 Fn 23. Beispiele bei Geimer IZPR Rn 2885; Richardi 77 ff. 90a

N) Anerkennungsvoraussetzungen (hierzu Geimer/Schütze I § 139 und § 195)

I) Wirkungen eines ausl Urteils können auf das Inland nur dann erstreckt werden, wenn sie **nach der Rechtsordnung des Erststaates überhaupt eintreten.** Urteile, die nach dem Recht des Erststaates nichtig oder unwirksam (ungültig) sind, können nicht Grundlage der Anerkennung sein, Geimer Anerkennung 111. AA Düsseldorf RIW 91, 594. Bloße Anfechtbarkeit (Aufhebbarkeit) im Erststaat genügt nicht, BGHZ 118, 312 = NJW 92, 3096, 3098 (Koch 3073) = RIW 93, 132 (Schütze) = JZ 93, 261 (Deutsch) = ZIP 92, 1256 (Bungert 1707 sowie ZIP 93, 815) = EuZW 92, 705 = EWiR 92, 827 (Geimer) = LM Nr 38/39/40 zu § 328 ZPO (Kronke) = ZZP 106 (1993), 79 (Schack) = IPRax 93, 310 (Koch/Zekoll 288) = IPRspr 92/218b; Hamm RIW 94, 335. 91

Das gleiche gilt für **Entscheidungen, die nach dem Recht des Erststaates noch nicht wirksam geworden sind.** Vgl Rn 251. 92

II) **Gerichtsbarkeit des Erststaates.** Voraussetzung für die Anerkennung ist, daß dem Erststaat für den Streitgegenstand Gerichtsbarkeit (facultas iurisdictionis) zukam. Diese Anerkennungsvoraussetzung ist analog § 328 I Nr 1 zu fordern; Geimer Anerkennung 113. 93

Ein Urteil, das die Normen des VölkerR über die Befreiung gewisser Personen von der Gerichtsbarkeit des Urteilsstaates verletzt, ist völkerrechtswidrig. Das VölkerR verbietet allen Staaten, ein solches Urteil anzuerkennen, Rn 6; Geimer RIW 75, 84 und RIW 76, 146. 94

Bei der Prüfung der Gerichtsbarkeit des Erststaates findet weder eine Präklusion neuer Tatsachen noch eine Bindung an die tatsächl Feststellungen des Erstgerichts statt. Es ist vielmehr mit Hilfe der Untersuchungsmaxime der Sachverhalt von Amts wegen aufzuklären, Geimer 84 ff und Geimer/Schütze I 1492; Schack IZVR Rn 827. Eine Fehlentscheidung des Zweitrichters (unrichtige Bejahung der Gerichtsbarkeit) ist nicht nichtig. 95

III) Internationale Zuständigkeit des Erststaates. 1) Grundsatz der Kongruenz zwischen Entscheidungs- und Anerkennungszuständigkeit. – „Spiegelbildgrundsatz" (hierzu verteidigend Fricke 117; kritisch Gottwald ZZP 103 [1990] 272, Basedow IPRax 94, 183. Vgl Rn 130a. Zur Entstehungsgeschichte Fricke, Die autonome Anerkennungszuständigkeitsregel im dt Recht des 19. Jahrhunderts, 1993). **a)** Die Anerkennung setzt voraus, daß der **Erststaat nach dt Recht international zuständig war.** Für die internationale Zuständigkeit fremder Staaten stellt das dt Recht keine besonderen Normen auf (Ausnahme § 606a II); § 328 I Nr 1 verweist auf die für dt Gerichte geltenden Vorschriften. Das dt Recht billigt also grundsätzl den fremden Staaten den gleichen Jurisdiktionsbereich zu, den es für die dt Gerichte in Anspruch nimmt, aber auch nur diesen. Dies ist wissenschaftlich nicht zwingend (Geimer/Schütze I 1499, 1505, 1710; Martiny I Rn 644), aber geltendes Recht (Ausnahme: § 606a II), Rn 130a; ausführl Fricke 81; Geimer IZPR Rn 938. Die internationale Zuständigkeit des Erststaates ist also immer dann und nur dann 96 gegeben, wenn bei Anwendung der dt Zuständigkeitsvorschriften irgendein Gericht des Erststaates zuständig wäre. Dies führt in vermögensrechtl Streitigkeiten im Hinblick auf § 23 zu einer sehr großzügigen Bejahung der internationalen Zuständigkeit fremder Staaten; Geimer 116; Hausmann IPRax 82, 55; Fricke 107; Schack IZVR Rn 836; Frankfurt/M MDR 81, 237 = IPRax 82, 71 = IPRspr 80/160. Offen ist, ob der BGH seine restriktive Auslegung des § 23 (BGH 115, 93; krit Geimer NJW 91, 3072; Schack JZ 92; Schütze DWiR 91, 239) auch auf die internationale Anerkennungszuständigkeit „spiegeln" wird, Basedow IPRax 94, 186; Grothe RabelsZ 58 (1994), 720.

97 **b)** Ist der Erststaat international zuständig, so ist es gleichgültig, welchem seiner Gerichte er die Rechtsprechungsaufgabe zuweist. **Die örtl Zuständigkeit und die Zulässigkeit des Rechtsweges sind ein reines Internum des fremden Staates.** Von Bedeutung ist nur, ob „die" Gerichte ausl Staaten (dh irgendeines von ihnen) zuständig sind, RG 51, 137, Schack IZVR Rn 836. Für die Anerkennung ohne Bedeutung ist, ob der Erstrichter sein Zuständigkeitsrecht richtig angewandt hat. Eine Anerkennung kommt also auch dann in Betracht, wenn der Erstrichter – nach seinem Recht – gar nicht zur Sache hätte entscheiden dürfen. Ausnahme: Der Verstoß gegen das erststaatl Kompetenzrecht führt zur Nichtigkeit der Entscheidung (Rn 91), eine Hypothese, die in der Praxis wohl kaum vorkommt. Zustimmend StJ/Schumann 143.

97a Bei **Mehrrechtsstaaten mit jeweils eigenem Gerichtsaufbau** (zB USA) genügt Zuständigkeitsbezug zum gesamten Hoheitsgebiet des Urteilsstaates, Geimer IZPR Rn 2900. AA Sieg IPRax 96, 77, 79.

98 **c)** Die Prüfung der örtl Zuständigkeit ist dem dt Zweitrichter auch dann verboten, wenn die internationale Zuständigkeit des Erststaates auf einer **Zuständigkeitsvereinbarung** (Prorogation) der Parteien beruht, Geimer 117; ders ZZP 85 (1972), 196 Fn 2; Geimer/Schütze I 1538. Unzutreffend in BGHZ 52, 30 ff = NJW 69, 1536 = IPRspr 68–69/225: „Als zuständiges Gericht des Staates New York kommt hier nur das Stadtgericht New York in Betracht, in dessen Bezirk die Klägerin ihr Domizil hat." Die Zulässigkeit und Wirksamkeit der Zuständigkeitsvereinbarung wird nach dt Recht beurteilt (aA Kallmann 79 Fn 13). – Noch ungeklärt, welches Recht anzuwenden ist, wenn die Jurisdiktionssphäre Deutschlands durch Zuständigkeitsvereinbarung gar nicht berührt ist, der Derogations- bzw Prorogationseffekt also nur zwei fremde Staaten betrifft. Muß auch hier der (strenge) § 38 via § 328 I Nr 1 durchgesetzt werden?, Geimer/Schütze I 1541 Fn 150; für liberale Handhabung Stojan 115. – Beispiel: Ein New Yorker und ein Stockholmer vereinbaren die Zuständigkeit der AG Helsinki. – Haben die Gerichte des nach §§ 12 ff an sich international zuständigen Erststaates die Derogationsvereinbarung zu Unrecht nicht beachtet, so ist gleichwohl anzuerkennen, wenn dies Bekl im Erststaat nicht gerügt hat, Rn 129. S auch Hau, Positive Kompetenzkonflikte im Internationalen Zivilprozeßrecht – Überlegungen zur Bewältigung von multi-fora disputes, 1996.

99 **d)** Zur Begründung der internationalen Zuständigkeit durch **Einlassung** (§§ 328 I Nr 1, 39) Geimer WM 77, 63; Geimer 151; BGH NJW 93, 1073 = WM 93, 524 = ZZP 107 (1994), 67 (krit Schack 75) = IPRax 94, 204 (Basedow 183, Geimer 187) = WuB VII A § 328 1.93 (krit Schütze) = JR 94, 275 (von Mohrenfels) = LM Nr 43 zu § 328 ZPO (Pfeiffer) = WuB VII A. § 328 ZPO Nr 1.93 (Schütze) = MDR 93, 473 = IPRspr 92/229. Weitere Nachw 19. Aufl.

100 **α) Wer sich ausdrückl** der fremden Jurisdiktion unterworfen hat, hat auf den Schutz des § 328 I Nr 1 verzichtet. Geimer RIW 79, 641; Geimer Anerkennung 119.

101 **β) Die Unterwerfung des Bekl unter die Jurisdiktion des Urteilsstaates kann auch konkludent** erklärt werden. Hat sich der Bekl auf den ausl Rechtsstreit eingelassen, ohne die internationale Unzuständigkeit des Erststaates zu rügen, so wird unwiderleglich vermutet, der Bekl habe sich der Jurisdiktion des Erststaates unterworfen. Eine konkludent erklärte Unterwerfung unter die Zuständigkeit des Erststaates liegt aber nur dann vor, wenn der Bekl nach der dortigen lex fori die Möglichkeit gehabt hätte, die internationale Unzuständigkeit geltend zu machen. War der Erststaat nach seinem Recht **kraft Gesetzes international zuständig,** so bestand für den Bekl keine Möglichkeit, die Abweisung der Klage wegen internationaler Unzuständigkeit zu erreichen, BGHZ 120, 334 (Rn 99) = IPRax 94, 204 (Basedow 183, Geimer 187) = WuB VII A § 328 1.93 (krit Schütze).

102 **γ) Bekl muß die nach dem Recht des Erststaates gegebene internationale Unzuständigkeit im Erstprozeß rügen.** Der Bekl muß – wenn er sich überhaupt am erststaatl Verfahren beteiligt – für die Abweisung der Klage wegen internationaler Unzuständigkeit kämpfen. Die Einlassung vor dem engl Gericht ist dann nicht „freiwillig", wenn der Bekl alle ihm nach engl Recht zur Verfügung stehenden Rechtsbehelfe ergriffen hat, um die Zuständigkeit zu bestreiten.

103 **δ) Im Zweitverfahren trifft den erststaatl Bekl die Behauptungs- und Beweislast** dafür, daß er die nach dem Recht des Erststaates mögl Rechtsbehelfe wahrgenommen hat, um die internationale Unzuständigkeit geltend zu machen.

104 **ε) Zur Wahrung seiner Rechte im Zweitverfahren ist der Beklagte jedoch nicht verpflichtet, im Erstprozeß Rechtsmittel** zu einer höheren Instanz einzulegen, um die Rüge der internationa-

len Unzuständigkeit weiterzuverfolgen. Legt er jedoch Rechtsmittel ein, so muß er auch in der Rechtsmittelinstanz die internationale Unzuständigkeit geltend machen, sofern dies nach der lex fori statthaft ist. Tut er dies nicht, beschränkt er sich zB auf die Rüge der materiellrechtl Unrichtigkeit des erstinstanziellen Urteils, so liegt darin eine Unterwerfung unter die fremde Jurisdiktion, §§ 328 I Nr 1, 39.

ξ) **Der Beklagte muß sich nicht am ausl Prozeß beteiligen.** Läßt er ein Versäumnisurteil gegen sich ergehen, dann kann er gegen dessen Anerkennung im Inland einwenden, der Urteilsstaat sei nach §§ 12 ff bzw den Parallelvorschriften der Anerkennungs- und Vollstreckungsverträge international unzuständig. Er ist nur präkludiert mit dem (auch nach dem Recht des Erststaates schlüssigen) Einwand der Derogation und der Schiedsgerichtsabrede, Rn 129. **105**

ι) Zu Recht hält Frankfurt (NJW 79, 1787) §§ 39 S 2, 504 für nicht „internationalisierungsfähig". Die Belehrungspflicht in dieser Bestimmung ist eine Eigenart der dt lex fori, deren Einhaltung wir von ausl Gerichten nicht erwarten können. **106**

e) Stützt sich die internationale Zuständigkeit des Erststaates auf den Gerichtsstand des **Erfüllungsortes** (§§ 328 I Nr 1, 29), so ist nach dem IPR des Erststaates (nicht nach dt IPR) die maßgebl lex causae zu bestimmen, Geimer NJW 75, 1088. AA Martiny I Rn 679. Fragl, ob § 29 II auch für die internationale Anerkennungszuständigkeit (§ 328 I Nr 1) heranzuziehen ist. **107**

Die internationale Anerkennungszuständigkeit auf Grund des im **Erststaat gelegenen Handlungs- bzw Erfolgsortes für deliktische bzw quasideliktische Klagen** umfaßt den **gesamten Schaden,** nicht nur den im Erststaat entstandenen. Auch besteht kein Gleichlauf zwischen forum und ius: Die auf §§ 328 I Nr 1, 32 gestützte internationale Zuständigkeit des Erststaates wird ohne Rücksicht darauf anerkannt, welches Recht das Erstgericht seiner Entscheidung zugrunde gelegt hat bzw welches Recht aus der Sicht des dt IPR anzuwenden wäre. – Beisp: LG München I RIW 88, 738 = IPRspr 88/188. – Der Begriff der unerlaubten Handlung ist nach dt materiellem Zivilrecht, nicht nach der vom dt IPR berufenen lex causae zu bestimmen, LG Heilbronn RIW 91, 343 = IPRax 91, 262 = IPRspr 91/201; BGH RIW 94, 331, 333 = NJW 94, 1413 = LM § 32 Nr 15 (Geimer). **108**

f) Internationale Anerkennungszuständigkeit für **Immobiliarklagen** (§ 24): Geimer IZPR Rn 939, 1433. **109**

g) Internationale Anerkennungszuständigkeit in **Mietsachen** (§ 29a): Geimer IZPR Rn 1438. **110**

h) Ob der **Wohnsitz des Beklagten** (§ 12) im Erststaat liegt, ist nach deutschem Recht zu beurteilen. Geimer 130 Fn 151; Geimer/Schütze I 1518 (Ausnahmen gelten für Staatsvertr). Auch §§ 15, 16 sind anwendbar, Martiny I Rn 668, Baumann 113. **111**

i) Zur internationalen Anerkennungszuständigkeit in **Ehesachen** s unten § 606a Rn 95 ff, 107. **112**

j) Zur internationalen Anerkennungszuständigkeit in **Kindschaftssachen** s unten § 640a Rn 19 ff und BGH NJW 79, 1105; München DAVorm 83, 246 = IPRspr 82/167; Baumann 174. Zur internationalen Anerkennungszuständigkeit in **Unterhaltssachen** (§ 328 iVm §§ 23a, 621) Baumann 114; Düsseldorf FamRZ 89, 98. **113**

Zur internationalen Anerkennungszuständigkeit bei **Abänderung eines dt Titels** durch ausl Gericht: Geimer/Schütze I 1535; AG Landstuhl IPRax 84, 102 = IPRspr 83/177, bei **Übergang von der Erfüllungsklage zu Schadensersatz** (§ 893 II): Martiny I Rn 659 Fn 629; Geimer EWiR 85, 586. **114**

k) Auch der **Notgerichtsstand** (§ 606a Rn 85) trägt internationale Anerkennungszuständigkeit, er kann also die internationale Zuständigkeit des Erststaates begründen. Ebenso Schröder 213. Ob wir mit dem Inhalt der ausl, im Notgerichtsstand ergangenen Entscheidung einverstanden sind, ist eine andere (nach § 328 I Nr 4 zu beantwortende) Frage. **115**

l) Unbeachtlichkeit einer **Zuständigkeitsverweisung** des nach deutschem Recht (§ 328 I Nr 1) international zuständigen Staates auf den Erststaat s unten § 606a Rn 89 und Geimer NJW 75, 1078; NJW 74, 1029 sub V 3; Geimer Anerkennung 57; Martiny I Rn 648. **116**

m) Ausnahmen vom Grundsatz der Kongruenz zwischen Entscheidungs- und Anerkennungszuständigkeit: Geimer IZPR Rn 939; Fricke 104. **117**

n) Internationale Anerkennungszuständigkeit in Konkurssachen (hierzu Rn 82 f): § 71 KO ist spiegelbildlich anzuwenden: Der Gemeinschuldner muß zum Zeitpunkt der ausl Entscheidung bzw bei Beginn des ausl Insolvenzverfahrens seine Hauptniederlassung bzw seinen allgemeinen Gerichtsstand im Erststaat haben. Dagegen ist die Anwendung des § 238 KO via § 328 I Nr 1 bestr, Schlosser RIW 83, 478. BGH RIW 85, 729 = NJW 2897 zieht auch § 238 KO heran. Künftig gilt Art 102 I Nr. 1 EGInsO. **118**

o) Internationale Anerkennungszuständigkeit für **Wiederaufnahmeverfahren,** § 584, BGH NJW 76, 1590 = IPRspr 151; Martiny I Rn 660. **119**

119a **p) Internationale Anerkennungszuständigkeit für die Umwandlung von Schiedssprüchen in staatl Urteile** (doctrine of merger), § 1044a Rn 7a) ergibt sich meist aus § 39, Fricke 113.

119b **q) Kein forum non conveniens:** Ist eine Zuständigkeitsanknüpfung (§ 328 Nr 1 iVm §§ 12 ff, insbes § 23, § 39) gegeben, kann die internationale Zuständigkeit des Erststaates und damit die Gerichtspflichtigkeit des Bekl vor dem erststaatl Gericht nicht aus **Billigkeitserwägungen für den konkreten Einzelfall** verneint werden. Die Lehre vom forum non conveniens (IZPR Rn 55) kommt auch im Anerkennungsstadium nicht zur Anwendung, Geimer IZPR Rn 1082. AA offenbar StJ/Schumann 242 Fn 166.

119c **r) Ausschließl internationale Zuständigkeit Deutschlands:** Geimer IZPR Rn 878. S auch Rn 129a.

119d s) Zur Frage, ob die Vereinbarung der Erledigung des Rechtsstreits durch ein (ausl) Schiedsgericht zur internationalen Unzuständigkeit Deutschlands führt, Geimer/Schütze I 1046, 1563. S auch Rn 129 u § 1025 Rn 14.

119e t) Das **Gegenseitigkeitserfordernis** (Rn 178) führt nicht automatisch zu einer Reduzierung der an sich nach § 328 I Nr 1 zu bejahenden internationalen Anerkennungszuständigkeit. Es ist vielmehr ein Gesamtvergleich erforderl, Geimer IZPR Rn 2909; ders Anerkennung 125. AA BGHZ 120, 334 = NJW 93, 1073 = IPRax 94, 204 (Basedow 183; Geimer 187).

119f u) **Rechtspolitisches** bei Schack ZEuP 1 (1993) 319.

120 2) **Positive Zuständigkeitsprüfung.** Die Prüfung nach § 328 I Nr 1 ist nicht nur eine negative in dem Sinne, daß nur geprüft wird, ob eine dt ausschließl internationale Zuständigkeit der Anerkennung im Wege steht. Vielmehr ist positiv zu prüfen, ob nach dt Auffassung gerade der Urteilsstaat international zuständig ist. Stellt sich heraus, daß für den Urteilsstaat nach dt Recht keine Zuständigkeitsanknüpfung gegeben ist, daß vielmehr ein dritter Staat international zuständig ist, dann ist die Anerkennung auf Rüge des Beklagten zu verweigern, auch wenn der dritte Staat sich nicht für ausschließl international zuständig hält. Zustimmend MK/Gottwald Rn 59.

121 Vorstehendes galt auch für die **internationale Zuständigkeit in Ehesachen.** § 328 I Nr 1 wurde nicht durch § 606a aF verdrängt; BayObLGZ 75, 341 = NJW 76, 1037 (Geimer) = IPRspr 75/181; BayObLGZ 80, 353 = IPRspr 80/175. Seit 1. 9. 1986 gilt der großzügige § 606a II.

122 Abzulehnen auch die **Lückentheorie** des OLG Düsseldorf FamRZ 75, 584 (Geimer) = IPRspr 75/175; zust BayObLGZ 80, 351; Otto StAZ 75, 183; Bürgle StAZ 75, 331. Zu Unrecht wird behauptet, der dt Gesetzgeber habe nicht für jedwede Ehescheidung auf dieser Welt die internationale Zuständigkeit positiv regeln wollen. Das Gegenteil ergibt sich aus § 328 I Nr 1 iVm § 606a II.

123 **3) Zweck der Zuständigkeitsprüfung ist der Beklagtenschutz,** Geimer 121; Geimer IZPR Rn 2901; Geimer FS Nakamura, 1996, 169; zustimmend BGHZ 120, 334 = NJW 93, 1073 = ZZP 107 (1994), 67, 70 (Schack 75) = IPRax 94, 204 (Basedow 183, Geimer 187). Nur deshalb belassen wir es nicht bei der Prüfung, ob unsere eigene Jurisdiktionssphäre gewahrt ist. Über die positive Prüfung der internationalen Zuständigkeit des Erststaates setzen wir die **dt Vorstellungen über die Gerichtspflichtigkeit des Bekl** durch. Indem wir unsere Zuständigkeitsnormen zugrunde legen, fixieren wir denjenigen Staat bzw diejenigen Staaten, vor deren Gerichten es dem Bekl zugemutet werden kann, sich gegen die Klage zu verteidigen, Geimer 123; ders Anerkennung 48; ZZP 87 (1974), 336; Geimer/Schütze I 1369, 1549; StJ/Schumann 21, 165. Vgl auch Stojan 107: Neben dem Beklagtenschutz diene die Prüfung internationaler Anerkennungszuständigkeit dem Schutz vor „Rechtsimperialismus", dh der Durchsetzung allgemein anerkannter Kompetenzabgrenzungen. Nachw bei Karl 70.

124 4) **Maßgebl Zeitpunkt für das Vorliegen der Zuständigkeitstatsachen** ist der Zeitpunkt der ausl Klageerhebung. Jedoch § 261 III Nr 2 analog anwendbar, BayObLGZ 90, 219 = FamRZ 90, 1265 = IPRspr 90/222; Richardi 115. AA StJ/Schumann 149; vgl auch BayObLGZ 80, 355 (Zeitpunkt des Anerkennungsverf nach Art 7 FamRÄndG). Zur späteren Abmilderung der dt Versagungsgründe Martiny I Rn 774; MK/Gottwald Rn 65. Vgl Rn 273.

125 5) **Prüfung der internationalen Zuständigkeit nur auf Rüge** (Geimer NJW 74, 1028, ZZP 87 [1974], 336): **Der Kläger** (der das ausl Erkenntnisverfahren in Gang gesetzt hat) **kann sich nicht auf die nach dt Recht gegebene internationale Unzuständigkeit des Erststaates berufen** Geimer IZPR Rn 2903; Geimer NJW 68, 800, RIW 80, 307; Schütze DIZPR 162; StJ/Schumann Rn 165; StJ/Schlosser § 606a Rn 22; Gottwald ZZP 103 (1990), 274; MK/Gottwald Rn 64. AA Fricke 102; Schack IZVR Rn 882.

126 **Nur auf Rüge des Bekl (des ausl Erstverfahrens) oder seines Rechtsnachfolgers darf die positive Prüfung der internationalen Zuständigkeit des Erststaates erfolgen.** Wir wollen den Bekl nicht gegen seinen Willen schützen. Dies gilt nicht nur für die Anerkennung von Urteilen in vermögensrechtl Streitigkeiten, sondern auch für die Anerkennung aller sonstigen Entscheidungen, auch solcher in Ehesachen. Wenn nach den via § 328 Nr 1 spiegelbildl angewandten dt

Zuständigkeitsnormen nicht der Urteilsstaat, sondern ein dritter Staat für die Scheidung international zuständig wäre, der Bekl dies aber nicht rügen will (weil er es bei der Scheidung belassen will), dann haben die dt Gerichte und Behörden keine Veranlassung, ex officio „internationalpädagogisch" iS Schröders (778) auf dem Rücken der Parteien, die die Folgen der hinkenden Scheidung tragen müssen, tätig zu werden und durch die Nichtanerkennung ein Zeichen für eine bessere Zuständigkeitsverteilung in dieser Welt zu setzen. – § 1041 Rn 45c.

Umgekehrt kann nur der Kläger (= Widerbeklagter) rügen, der Erststaat sei für die Widerklage international nicht zuständig, Geimer NJW 72, 2180. 127

6) Im Rahmen der vorstehend umschriebenen Prüfung der internationalen Zuständigkeit des Erststaates ist der dt Zweitrichter **an die rechtl und/oder tatsächl Feststellungen des ausl Erstgerichts nicht gebunden,** erst recht nicht an ein ausl Zwischenurteil (Rn 33), es sei denn, ein Staatsvertrag schreibt ausdrückl eine Bindung vor; so zB Art 28 II GVÜ, Art 9 UVÜ (Baumann 31), Art 5 I dt-belg Abk (BGHZ 60, 344 = ZZP 87 [1974], 332 [Geimer] = IPRspr 73/153), Art 5 I dt-niederl Vertr, Art 8 II dt-israel Vertr, Art 9 III dt-norw Vertr, Art 9 II dt-span Vertr, Art 3 II dt-österr Konkurs- und Vergleichsvertr. Der Zweitrichter darf neue Beweise erheben. Stets für Bindung grundsätzl Spickhoff ZZP 108 (1995), 486. Die internationale Anerkennungszuständigkeit des Erststaates ist auch dann selbständig festzustellen, wenn die sie begründenden Tatsachen zugleich die Klageforderung inhaltlich stützen. Die schlüssige Behauptung der **doppelrelevanten Tatsachen** genügt insoweit nicht, Geimer 142, 153; Geimer/Schütze I 1575; BGH NJW 94, 1413 = RIW 94, 129, 331 (Jakob) = LM § 32 Nr 15 (Geimer) = ZZP 108 (1995),359 (Koch); München RIW 95, 1026. 128

Eine **Präklusion** neuer, im Erstverf nicht vorgebrachter Tatsachenbehauptungen findet grundsätzl nicht statt, Geimer 139 ff; BGH RIW 94, 331. Dies gilt vor allem dann, wenn der Bekl im Erstverf nicht vertreten war und daher Versäumnisurteil erging, Geimer 142, NJW 72, 2181; Geimer/Schütze I 1564; Geimer Anerkennung 123. Etwas anderes gilt, wenn der Bekl am erststaatl Verf teilgenommen, es aber unterlassen hat, auch nach dem Recht des Erststaates relevante Tatsachen geltend zu machen. Denn dann beruht die Bejahung der internationalen Entscheidungszuständigkeit durch das ausl Erstgericht auf der **nachlässigen Prozeßführung des Bekl,** Geimer/Schütze I 1571. Auch kann der Einwand, die an sich gegebene internationale Zuständigkeit des Erststaates sei durch Parteivereinbarung derogiert worden, im Zweitverfahren nur geltend gemacht werden, wenn der (auch nach dem Recht des Erststaates schlüssige) **Einwand der Derogation** schon im Erstverfahren vorgebracht wurde, Reiser 142. AA Martiny I Rn 714. Das gleiche gilt für den Einwand, die internationale Zuständigkeit des Erststaates sei durch die **Vereinbarung eines Schiedsgerichts** ausgeschlossen, Geimer ZZP 87 (1974), 336; Celle RIW 79, 131 = IPRspr 77/155; Martiny II Rn 172. AA Schlosser FS Kralik (1986) 299; ders RipS^2 Rn 400 gE; Spickhoff ZZP 108 (1995) 488. 129

7) Keine ausschließl internationale Zuständigkeit Deutschlands: hierzu ausführl Geimer IZPR Rn 878. Anders zB MK/Gottwald Rn 59 bei Fn 72; Richardi 114. – Nach hM kann die **Auflassung** eines dt Grundstücks nur vor einem dt Notar erklärt werden, Palandt/Heldrich Art 11 Rn 9, 22; KG OLGZ 86, 319 = RR 86, 1462 = MDR 87, 86 = DNotZ 87, 44 = IPRspr 86/26. Daraus folgt nicht, daß die Verurteilung zur Abgabe der (verweigerten) Auflassungserklärung (Palandt/Bassenge § 925 Rn 5) mit der Folge des § 894 nur von einem dt Gericht ausgesprochen werden kann. Die Annahme des anderen Beteiligten kann jedoch nur vor einem dt Notar beurkundet werden. Auch kann die Auflassung nicht in einem Vergleich vor einem ausl Gericht beurkundet werden. 129a

8) Im Bereich des **GVÜ** wird die internationale Zuständigkeit des Erststaates grundsätzl nicht geprüft. Ausnahme Art 28 I, 54 II sowie Parallelvorschriften in den Beitrittsübereinkommen. Ebenso nach dem dt-österr und dt-griech Vertr, Geimer/Schütze I 1507, Geimer IPRax 87, 144. 130

9) Das **Kongruenzprinzip** des § 328 I Nr 1 und § 16a Nr 1 FGG (Rn 96, § 606a Rn 4) ist wissenschaftl nicht zwingend, aber geltendes Recht, Geimer NJW 88, 651; MK/Gottwald Rn 55; Richardi 111; Karl 77. Daher ist bei Fehlen der Voraussetzungen der § 328 Nr 1 – auf Rüge des Bekl/Antragsgegners (Rn 125) – die Anerkennung auch dann zu versagen, wenn die Zuständigkeitsanknüpfung des Urteilsstaates keineswegs exorbitant und durchaus sinnvoll ist. Auch § 16a Nr 1 FGG und Art 102 Nr 1 EGInsO halten am Spiegelbildgrundsatz fest. 130a

IV) Fehlende Einlassung des Beklagten. Ausführl Nachw bei Braun 62 ff; Geimer IZPR Rn 2914 ff; Stürner JZ 92, 328. 131

1) a) § 328 I Nr 2 trifft vornehml, aber nicht nur auf Versäumnisurteile zu. Der Versagungsgrund des § 328 I Nr 2 ist **nur auf Rüge der betroffenen Partei zu prüfen.** Dies stellt die Neufassung ausdrückl klar. Erhebt der Bekl die Rüge im Verfahren vor dem Zweitrichter nicht rechtzeitig, so ist er analog §§ 295, 529, 558 präkludiert. AA Wiehe 212. Dies gilt auch für Anerkennungsverf nach Art 7 FamRÄndG mit der Maßgabe, daß mit dem Antrag auf gerichtl Entscheidung (Rn 264) der Versagungsgrund nicht mehr gerügt werden kann, wenn er im LJV-Verfahren nicht geltend gemacht wurde. Etwas anderes gilt, wenn der Kläger durch vorsätzl Machenschaften

Zustellung an Gegner simuliert hat, LJV BadWürtt IPRspr 87/163. S auch Rn 175a sowie die von Krzywon StAZ 89, 100 mitgeteilten Fälle.

132 **b)** Für den Anwendungsbereich des **HZÜ** ist auf den besonderen Rechtsbehelf nach **Art 16** hinzuweisen. Danach kann und muß (aus der Sicht des Zweitrichters) sich der Bekl rechtl Gehör im Erststaat verschaffen, Geimer NJW 73, 2142 Fn 48 und Linke RIW 72, 201.

133 **c)** Die Neufassung lehnt sich an **Art 27 Nr 2 GVÜ** an, so daß beide Vorschriften gleich ausgelegt werden können, BGH LM § 328 Nr 42 (Geimer). – Trotz anderen Wortlauts als § 328 I Nr 2 ist der Versagungsgrund des Art 27 Nr 2 nur auf **Rüge des betroffenen Bekl** zu prüfen, nicht von Amts wegen. Anders die hM, Nachw bei Braun 178; Stürner JZ 92, 326.

134 **2) Zweck** des § 328 I Nr 2 ist es, den Grundsatz des rechtl Gehörs auch im internationalen Rechtsverkehr zu gewährleisten und durchzusetzen, soweit dies mit den rechtl Mitteln des Zweitstaates überhaupt mögl ist. § 328 I Nr 2 schreibt ebenso wie Art 27 Nr 2 EuGVÜ eine **doppelte Prüfung** vor: Erstens muß die Zustellung der Ladung bzw des das Verfahren einleitenden Schriftstücks nach dem Recht des Urteilsstaates wirksam erfolgt sein. Zum zweiten kann die Anerkennung selbst bei ordnungsgemäßer Ladung versagt werden, wenn die Ladung dem Bekl nicht so rechtzeitig zugestellt worden ist, daß er sich verteidigen konnte. Auch wenn feststeht, daß die Zustellung ordnungsgemäß erfolgt ist, besteht also im Hinblick auf fehlende Verteidigungsmöglichkeiten des Bekl ein Versagungsgrund. Bei der Auslegung des § 328 I Nr 2 stehen unmittelbare Staatsinteressen nicht auf dem Spiel. Vielmehr sind (nur) die **widerstreitenden Interessen der Parteien** abzuwägen: Der Bekl will nur solche Urteile gegen sich gelten lassen, die in Verf ergangen sind, von denen er so rechtzeitig Kenntnis erlangen konnte, daß er sich verteidigen konnte. Andererseits will der siegreiche Kläger nicht um die Früchte seines Sieges gebracht werden, nur weil das Gericht oder das Zustellungsorgan irgendeinen von ihm nicht zu vertretenden und von ihm auch nicht abwendbaren Formfehler begangen hat. Schließl widerspräche es dem Grundanliegen des § 328, die internationale Urteilsanerkennung zu fördern, wollte man die Anerkennung an bloßen Formfragen scheitern lassen, obwohl feststeht, daß der Bekl rechtzeitig vom Prozeß Kenntnis erlangt hat. Deshalb darf die Auslegung des § 328 I Nr 2 nicht in Förmelei erstarren. Eine teleologische Reduktion ist erforderl, Geimer IPRax 85, 6; 88, 271; EuZW 91, 447; Linke RIW 86, 409; ders IZPR Rn 408. Allein Fairneß, nicht die Zustellungstechnik zählt, wie Schack IZVR Rn 849 so schön formuliert (aber bei seinen Schlußfolgerungen leider doch zu zaghaft ist).

134a **Kritik:** Entgegen der von der hM vertretenen Linie fragt es sich, ob es im Hinblick auf das Erfordernis der Rechtzeitigkeit (Rn 140) sinnvoll ist, bei der Prüfung der Ordnungsmäßigkeit der Klagezustellung auf das im Erststaat geltende ZustellungsR abzustellen. Zustimmend Schack ZEuP 1 (1993) 328; Wiehe 205. Denn diese Prüfung ist umständl und zeitraubend und überfordert nicht selten den Zweitrichter. Vor allem hat sie nur akademische Bedeutung. Denn sie entscheidet letztl nicht über Anerkennung oder Nichtanerkennung. Trotz ordnungsgemäßer Zustellung (nach dem Recht des Erststaates) kann die Anerkennung an dem „Rechtzeitigkeitserfordernis" scheitern, zum anderen ist eine Anerkennung trotz Zustellungsmängeln möglich, wenn feststeht, daß der Zustellungsempfänger das zuzustellende Schriftstück (rechtzeitig) erhalten hat. Entscheidend ist vielmehr, ob das auch im Anerkennungsstadium durchzusetzende Recht des Beklagten/Antragsgegners auf rechtl Gehör im Erstprozeß gewahrt worden ist. AA EuGH EuZW 90, 352 (Geimer) (Rn 137); Braun 155.

135 **3) Ordnungsgemäße Zustellung: a)** Diese ist nach dem im Erststaat geltenden ZustellungsR einschließl der dort geltenden Staatsverträge zu beurteilen, Braun 90, Wiehe 200. Wenn aber der Bekl von dem das Verfahren einleitenden Schriftstück so rechtzeitig Kenntnis erhalten hat, daß er sich hätte verteidigen können, dann kann er – entgegen der hM nicht die Versagung der Anerkennung verlangen, auch wenn die Zustellung nach dem maßgebl ZustellungsR mangelhaft war. Unerhebl ist, ob dieses eine Norm wie § 187 kennt. AA EuGH EuZW 90, 352 (Geimer) = IPRax 91, 177 (Rauscher 155); BGHZ 120, 305 = NJW 93, 598 = RIW 93, 232 = FamRZ 93, 311 = JZ 93, 618 (Schack) = JR 93, 410 (Rauscher) = ZZP 106 (1993), 391 (Schütze = LM § 328 ZPO Nr. 42 (Geimer) = EWiR 93, 201 (Otte) = IPRspr. 92/239; Hamm RIW 88, 131 (krit Mezger 477) = IPRspr 87/159; Stürner FS Nagel, 1987, 453; Baumann 51; Karl 167; Braun 164; LJV BadWürtt FamRZ 90, 1018. Evtl **Zustellungsmängel** sind also entspr § 187 als **geheilt** anzusehen, wenn der Bekl das zuzustellende Schriftstück tatsächl erhalten hat, Geimer NJW 72, 1625; 73, 2143; IPRax 85, 6; Kondring 298 ff, 323; Martiny I Rn 849; MK/Gottwald Rn 71; Richardi 131; Schumacher IPRax 85, 268; BayObLG FamRZ 75, 215 (Geimer) = IPRspr 74/181; BayObLG NJW 76, 1032 = IPRspr 75/184; BayObLG IPRspr 78/176; LG Berlin DAVorm 83, 755 = IPRspr 99; Martiny I Rn 849; LG Heilbronn RIW 91, 344 = IPRax 91, 262 = IPRspr 91/201 s Rn 6. Vgl auch BGHZ 65, 291 = NJW 76, 478 = IPRspr 75/170; BGH StAZ 90, 296 = FamRZ 90, 1100. Hierzu Geimer EuR 77, 344 Fn 11: Danach ist das Zustellungszeugnis nach Art 6 HZPÜ kein notwendiger Bestandteil der bei der Zustellung im Inland zu beachtenden Förmlichkeit. Seine Fehlerhaftigkeit macht die

Zustellung nicht unwirksam. – Hierzu auch Stadler IPRax 92, 148. AA LJV Baden-Württemberg FamRZ 90, 1015 = IPRspr 90/219. § 328 Nr 2 verlangt – ebensowenig wie Art 27 Nr 2 GVÜ – **keine Zustellung (= körperliche Übergabe) an den Beklagten persönlich. Es genügt Ersatzzustellung** an Hausgenossen etc. Verlangt jedoch Recht des Erststaates Zustellung „zu eigenen Händen", wie zB das österr Recht, dann ist Zustellung nicht ordnungsgemäß iSv Nr 2. Es ist jedoch – ohne Rücksicht auf Heilungsmöglichkeit nach dem Recht des Erststaates (so aber EuGHE I 90, 2725 = RIW 90, 927 EuZW 90, 352 = IPRax 91, 177; BGH NJW, 641; BGH NJW 93, 2688 = RIW 93, 673 = IPRax 93, 396 [Rauscher 376]); vgl auch Karlsruhe RIW 91, 859) Heilung analog § 187 möglich. **Zustellung an Bevollmächtigten genügt.** Bedenkl weit jedoch Düsseldorf RIW 91, 594. Danach soll Zustellung an Strafverteidiger des Bekl genügen. Sieht das Recht des Erststaates die Zustellung an einen vom Erstgericht aufgestellten Zustellungsbevollmächtigten, Verfahrenspfleger oder Kurator vor, dann ist Zustellung – da konform mit dem Recht des Erststaates – ordnungsgemäß iSv Nr 2. Doch fehlt es idR an der Rechtzeitigkeit, weil sich der Beklagte die Kenntnis des „Zwangsvertreters" nicht zurechnen lassen muß, Hamm FamRZ 96, 951. Ist die Zustellung an den „Zwangsvertreter" durch das Recht des Erststaates nicht gedeckt, besteht Heilungsmöglichkeit nach § 187, wenn der vom ausl Gericht bestellte **Verfahrenspfleger** (Kurator) die prozeßeinleitende Ladung oder Verfügung dem Bekl durch Post oder sonstwie übermittelt hat. AA BayObLG IPRspr 78/176; Hamm MDR 79, 680 = IPRspr 79/195 und 203; Köln MDR 80, 1030 = IPRspr 80/164. Da Deutschland der Postzustellung (Art 6 HZPÜ, Art 10 HZÜ) widersprochen hat (§ 199 Rn 68), ist eine gleichwohl veranlaßte Zustellung durch die Post völkerrechtswidrig. Trotzdem ist Anerkennung nicht grundsätzl ausgeschlossen, § 199 Rn 71. Vielmehr ist Heilung nach § 187 zu prüfen. AA Köln RIW 90, 668 = EuZW 90, 488 = IPRspr 90/199.

b) Der Versagungsgrund der Nr 2 entfällt, wenn der Bekl von dem gegen ihn laufenden erststaatl Verf Kenntnis erlangt hat und es ihm nach dem Recht des Erststaates mögl gewesen war, noch in den Prozeß durch Einlegung von Rechtsbehelfen gegen eine bereits ergangene gerichtl Entscheidung einzugreifen, Geimer NJW 73, 2143; EuZW 90, 352; 91, 445; LM § 328 Nr 42; Geimer IZPR Rn 2921. AA Schack JZ 93, 622; Karl 169; EuGH Rs 123/91 – Minalmet/Brandeis EuZW 93, 39 = IPRax 93, 394 (Rauscher 376) = RIW 93, 65; BGH NJW 93, 2688 = IPRax 93; BGHZ 120, 305 (Rn 135) = RIW 93, 232 = LM § 328 Nr 42 (Geimer); Frankfurt/M RIW 91, 587 = MDR 91, 800 = OLGZ 91, 453 = IPRax 92, 90 (Rauscher 71) = IPRspr 91/202. In Betracht kommen nicht nur ordentl Rechtsmittel, sondern auch der außerordentl Rechtsbehelf gem Art 16 HZÜ, vgl Rn 6, 158; Geimer IPRax 88, 271; EuZW 91, 445; Bungert EWiR 93, 982 kritisch wie hier gegen EuGH u BGH: „Hier schöpft der Schuldner einen wertungsmäßig nicht begründbaren Vorteil aus der nationalen Spaltung der Justizapparate . . ." **136**

Einstweilen frei. **137**

c) Die Ladung bzw das verfahrenseinleitende Schriftstück braucht nur in der **Gerichtssprache des Erststaates** übermittelt worden sein, auch wenn das im Erststaat maßgebl ZustellungsR bzw das einschl Übereinkommen eine Übersetzung vorschreibt, Geimer IZPR Rn 2925. Allerdings ist in solchen Fällen die Rechtzeitigkeit der Zustellung genau zu prüfen; denn dem Bekl muß der **für eine Übersetzung notwendige Zeitraum** zur Verfügung gestanden haben. Ähnlich Baumann 72. Mit diesem Regulativ lassen sich viel bessere und sachgerechtere Ergebnisse erzielen als mit der starren Linie des EuGH Lancray/Peters RIW 90, 927. Hierzu ausführl Kondring 324 ff. **138**

d) Bei der **remise au parquet** liegt ordnungsmäßige Zustellung nach dem Recht des Erststaates vor. Jedoch greifen die Rn 140 dargestellten Grundsätze ein, Geimer IPRax 88, 273. Anders Baumann 76. – Zur Ersatzzustellung nach franz Recht LG Hamburg MDR 91, 1089 = RIW 91, 767 = IPRspr 91/205; Oldenburg RIW 91, 950 = IPRax 92, 169 (Nagel 150) = EuZW 92, 63 = IPRspr 91/209. **138a**

e) Verfahrenseinleitendes Schriftstück ist das nach der jeweiligen Verfahrensordnung vorgesehene Schriftstück, durch das der Bekl/Antragsgegner offiziell von dem gegen ihn eingeleiteten Verfahren Kenntnis erlangen soll, Geimer IZPR Rn 2927, zB die Ladung nach Art 53 franz Nouveau Code de proc civ, dagvading nach belg und niederl Recht (= Klageschrift, verbunden mit der Ladung zum Termin), Art 700 belg CJ, Art 1 niederl RV. Über den Inhalt des verfahrenseinleitenden Schriftstücks sagt Nr 2 ebenso wie Art 27 Nr 2 GVÜ nichts. Eine bloße Ladung genügt. Wichtig zB für Verfahren vor brit und irischen Gerichten (Ladung von Ausländern durch notice of writ, RSC Order 11 rule 3, Schlosser-Bericht Nr 182). Anders Art 6 UVÜ, wonach das verfahrenseinleitende Schriftstück „mit den wesentl Klagegründen" zugestellt worden sein muß, Verwilghen-Bericht Nr 70, Baumann 45. **138b**

Ist das erststaatl Verf – konform mit Nr 2 – ordnungsgemäß eröffnet, dann ist der Schutzbereich der Nr 2 „erschöpft". Weitere Kontrolle des erststaatl Verf nach Nr 4, Rn 155. Nr 2 gilt auch nicht für **klageerweiternde bzw klageändernde Schriftsätze,** BGH IPRax 87, 237 (Grunsky); Braun 73; Schack IZVR Rn 852. MK/Gottwald Rn 68. AA Stürner JZ 92, 333. An die Rechtzeitigkeit der Mitteilung müssen aber **strenge Anforderungen** gestellt werden. Ähnl Wiehe 229. – Auch **138c** der Vollstreckungsbescheid fällt nicht mehr unter Nr 2, EuGHE 1981, 1593 Rn 9 - Klomps ./. Michel. Zustellung der Strafklage genügt nicht, wenn (nachher) im Adhäsionsverf auch zivilrechtl Ansprüche geltend gemacht werden, Stürner JZ 92, 333 s aber Rn 139 aE. – Beispiele: Zustellung aus Belgien: Koblenz RIW 91, 668; aus Frankreich: Oldenburg RIW 91, 950.

139 f) Der Begriff **Einlassung** ist im Hinblick auf den Normzweck weit auszulegen. Einlassung ist jede Handlung, durch die der Bekl sich gegen den Angriff des Klägers verteidigt, aber auch jede über die bloße Passivität hinausgehende Reaktion des Bekl, aus der sich ergibt, daß er von der gegen ihn erhobenen Klage Kenntnis erlangt hat. Ob die Handlung des Bekl nach dem Recht des Erststaates relevant ist oder nicht, spielt keine Rolle. Beispiel: Gegen einen im Inland ansässigen Bekl wird im Ausland Klage erhoben. Der Anwalt des Bekl schreibt dem Anwalt des Klägers, seine Partei erkenne den Klageanspruch an; im Interesse der Kostenersparnis werde er keinen Anwalt im Gerichtsstaat beauftragen, es solle vielmehr Versäumnisurteil ergehen. Zustimmend MK/Gottwald Rn 76. Nach hM liegt dagegen noch keine Einlassung vor, wenn Bekl im erststaatl Verf nur die nach dem Recht des Erststaates mangelhafte Zustellung rügt, LJV Baden-Württemberg FamRZ 90, 1015 = IPRspr 90/219; München RIW 95, 1026; Braun 88, 174; Karl 165; Wiehe 203. – Die für den Bekl von einem ohne sein Wissen und/oder gegen seinen Willen vom ausl Gericht bestellten **Verfahrenspfleger (Kurator)** vorgenommenen Prozeßhandlungen stellen keine Einlassung dar, auch wenn dieser außerhalb des Verfahrens mit einem von dem Bekl bevollmächtigten Anwalt korrespondiert hat, BayObLG IPRspr 78/176. Zu prüfen ist aber, ob nicht eine Heilung nach § 187 eingetreten ist, Rn 135, MK/Gottwald Rn 77. – Zu Recht betont Hamm RIW 78, 689 = IPRspr 162, daß aus jeder „Meldung" bei dem ausl Gericht klar wird, daß die bekl Partei die Ladung erhalten hat. – Hat sich der Bekl im vorstehenden Sinne eingelassen, dann entfällt das Anerkennungshindernis des § 328 I Nr 2, ohne Rücksicht darauf, ob er sich am Verf beteiligt hat, BGH RIW 78, 411 = NJW 78, 1115; Hamm RIW 94, 244; Karl 164. Dies gilt auch, wenn der vom Bekl beauftragte RA im Laufe des Verf sein Mandat niederlegt und deshalb Versäumnisurteil ergeht, Karlsruhe RIW 91, 859. Vgl Rn 157. – Einlassung auch für Zivilklage zu bejahen, wenn sich Bekl im Adhäsionsverf nur gegen **Strafklage** verteidigt, Art 27 GVÜ Rn 24.

140 4) **Nicht rechtzeitige Ladung:** Trotz ordnungsgemäßer Zustellung ist nicht auszuschließen, daß der Bekl von dem Erstprozeß keine Kenntnis erhalten hat und ihm deshalb das rechtl Gehör bei Eröffnung des Verf abgeschnitten wird. In Betracht kommen vor allem die Fälle der öffentl Zustellung, der remise au parquet oder der Ersatzzustellung. Deshalb sieht § 328 I Nr 2 eine zusätzl Sicherung vor: Die Anerkennung ist zu versagen, wenn das den Erstprozeß einleitende Schriftstück dem Bekl nicht so rechtzeitig zugestellt worden ist, daß er sich hätte verteidigen können. Es handelt sich um eine **Ausnahmevorschrift, die im Interesse der Rechtssicherheit eng auszulegen ist:** Sobald feststeht, daß die Möglichkeit bestand, sich rechtl Gehör zu verschaffen, scheidet dieser Versagungsgrund aus; anders EuGH RIW 81, 781 = IPRax 81, 14 (Nagel) sowie EuGH Rs C-123/91 RIW 93, 65 = EWS 92, 385 = IPRax 93, 394 (Rauscher 376) = EuZW 93, 39. Danach kommt es ledigl auf den Zeitraum an, über den der Bekl verfügte, um den Erlaß eines Versäumnisurteils zu verhindern. Die Möglichkeit, sich durch Einlegung von Rechtsmitteln gegen die Versäumnisentscheidung rechtl Gehör zu verschaffen, wird dabei nicht erwogen; ebenso BGH RIW 86, 302 = IPRax 86, 366 (Walter 349) = NJW 86, 2197 = MDR 86, 752 = IPRspr 86/171; Koblenz RIW 88, 476 = IPRspr 87/149 = IPRax 88, 97 (Dubois 85); Koblenz RIW 87, 708 = IPRspr 87/148; Hamm RIW 87, 871 = IPRax 88, 289 = IPRspr 87/155; hierzu kritisch Geimer IPRax 88, 271 und Mezger RIW 88, 477. – Beispiele: 3 Wochen ausreichend, nur Übersetzung zu beschaffen und sich auf den Termin vorzubereiten, Koblenz RIW 91, 669; Hamm RIW 93, 148 und 764 sowie RIW 94, 335; Köln RIW 93, 149; Saarbrücken RIW 93, 418. – Nachw zur Kasuistik bei Braun 114 und Wiehe 218. Zur rechtzeitigen Zustellung beim franz Mahnbescheid Saarbrücken IPRspr 92/219.

141 Wurde die verfahrenseinleitende Zustellung durch Niederlegung vollzogen und hat deshalb das zuzustellende Schriftstück den Bekl nicht erreicht, hat aber der Kläger während des erststaatl Erkenntnisverf von der **neuen Adresse des Bekl** erfahren, dies aber dem Gericht nicht mitgeteilt, so daß ein erneuter Zustellungsversuch unterblieb und Versäumnisurteil erging, so will EuGH RIW 85, 976 ebenfalls auf die Umstände des Einzelfalls abstellen. Zur fraudulösen **Wohnsitzverlegung** des Bekl § 199 Rn 12; Kallmann 294; StJSchlosser § 1044 Rn 48 aE. Zu den Fällen, in denen der Bekl nicht erreichbar sein wollte, BGH NJW 92, 1239 = IPRax 93, 324 (Linke 295) = MDR 92, 515 = IPRspr 91/210; Geimer IPRax 92, 11. S auch § 199 Rn 12.

142 Bei der Prüfung des § 328 I Nr 2 ist der dt Richter an die **Feststellungen des Erstrichters** nicht gebunden, EuGH IPRax 85, 25 (Geimer 6); MK/Gottwald Rn 78; Braun 190. Vgl auch Rn 159.

143 5) **Verfahrenseinheit:** Wurde die verfahrenseinleitende Ladung oder Verfügung für ein **Vorverfahren** dem Bekl ordnungsgemäß zugestellt, dann hat er selbst dafür zu sorgen, daß er in dem anschließenden Verfahren gehört wird. Eine erneute Prüfung der Kautelen des § 328 I Nr 2 in bezug auf das anschließende Verfahren ist nicht erforderl, Geimer NJW 73, 2141; Geimer IZPR Rn 2935.

6) Rüge des Bekl: § 328 I Nr 2 dient ausschließl dem Schutz des Bekl. Es besteht daher kein Anlaß, daß der Zweitrichter von Amts wegen den Versagungsgrund prüft, Geimer NJW 73, 2142, Geimer/Schütze I 1481. Auch der Kläger des erststaatl Erkenntnisverf kann nicht unter Berufung darauf, daß seinem Gegner das rechtl Gehör verweigert wurde, die Nichtanerkennung des Urteils betreiben. Art 27 Nr 2 GVÜ ist im gleichen Sinne auszulegen. AA Kropholler Art 27 Rn 36; Koblenz RIW 91, 668 = IPRspr 91/207; Egli RIW 91, 983 Fn 73. Will sich der Bekl im Zweitverfahren auf § 328 I Nr 2 bzw Art 27 Nr 2 GVÜ berufen, so muß er dies **in limine litis** tun. Sonst ist er präkludiert, Rn 131. – Zum Nachweis der ordnungsgemäßen Ladung Rn 145 f. **144**

Wenn über den Anerkennungs- bzw Klauselerteilungsantrag im einseitigen Verfahren (ohne Beteiligung des Antraggegners) nach Art 26 II, Art 34 GVÜ zu entscheiden ist, wird nicht geprüft, ob die Ladung des Bekl zum erststaatl Verfahren ordnungsgemäß war. Es bleibt vielmehr dem Bekl vorbehalten, durch Beschwerde zum OLG (Art 37) die Rüge der nicht ordnungsgemäßen Ladung zu erheben. Tut er dies, so trägt der Kläger des erststaatl Verf (Antragsteller) die Darlegungs- und Beweislast für die ordnungsgemäße Zustellung. Kann dieser die Zustellungsurkunde bzw die Abschrift (Art 46 Nr 2) nicht vorlegen, so bleibt es ihm unbenommen, andere Beweismittel beizubringen, Art 48, Rn 145 f; Geimer IPRax 85, 8. AA Martiny II Rn 129. S auch Köln OLGZ 93, 68 = RIW 93, 149 = IPRspr 91/208 und Koblenz RIW 91, 667 = IPRspr 91/207. Zum Rügeverlust im Verf nach Art 7 FamRÄndG BGH NJW 90, 3090 = FamRZ 90, 1100 = IPRspr 90/220 gegen KG FamRZ 88, 641 (Gottwald) = IPRspr 88/202. **145**

7) Streitverkündung: Nr 2 schützt nur den Bekl. AA Kallmann 295. Der Anspruch des Streitverkündungsempfängers auf rechtl Gehör ist über Nr 4 beachtl. Im Falle der Verletzung, die mit erststaatl Rechtsmitteln und Rechtsbehelfen (Rn 158) nicht beseitigt werden konnte, entfällt ledigl die Anerkennung der Streitverkündungswirkung (Rn 55), nicht aber der sonstigen Wirkungen (res iudicata, Gestaltungswirkung) inter partes, wenn nicht insoweit auch ein Verfahrensmangel vorliegt. Das gilt auch für den Bekl einer **Garantieklage (third party procedure).** **145a**

8) Widerklage: Nr 2 gilt auch nicht für Widerbeklagten (= Kläger/Antragsteller), verfahrensrechtl Mindeststandard ist ebenfalls über Nr 4 durchzusetzen. Vgl Rn 159c. **145b**

9) Das Verbot der **révision au fond** (Rn 151) gilt auch für ausl **Versäumnisentscheidungen.** Der Bekl, der sich im Urteilsstaat nicht eingelassen hat, kann also – soweit Nr 2 nicht gegeben ist – die Wiederaufrollung des Prozesses im Inland nicht erzwingen. **145c**

10) Eine **Nachholung des rechtl Gehörs im dt Zweitverfahren** kommt – wenn der Bekl die Rüge gem Nr 2 rechtzeitig (Rn 144) erhoben hat – nicht in Betracht, LG Frankfurt/M RR 86, 742 = IPRspr 86/173. – Vgl aber auch Geimer ZZP 103 (1990), 483 und Rn 159b. **145d**

11) Der vorstehende Prüfungsumfang wird durch Art 6 EMRK nicht erweitert. Zwar ist Art 6 EMRK auch im Anerkennungsstadium durchzusetzen und begründet daher gegebenenfalls – selbständig neben § 328 – ein Anerkennungshindernis, Rn 11. Doch genügt die vorstehende Handhabung der Nr 2 den Anforderungen des Art 6 EMRK. Das gleiche gilt für Art 103 GG, Rn 13. Vgl BVerfG NJW 88, 1462 u Rn 159d. **145e**

12) Nachweis der ordnungsgemäßen Zustellung nach dem Recht des Erststaates kann mit allen Beweismitteln geführt werden. – Dies gilt auch im Anwendungsbereich der Verträge; die dort enthaltenen Bestimmungen über die Vorlage von Zustellungsurkunden (bei Versäumnisentscheidungen), wie zB Art 46 Nr 2 EuGVÜ (s auch Nachw bei Geimer/Schütze I 1458 Fn 4), wollen nur die Beweisführung für den Antragsteller erleichtern, nicht jedoch andere Beweismittel ausschließen, Geimer/Schütze II 143. AA Koblenz RIW 91, 667 + 860. **145f**

Nr 2 bzw Art 27 Nr 2 verlangt nicht die **Zustellung** der zur Anerkennung anstehenden bzw für vollstreckbar zu erklärenden **Entscheidung des ausl Gerichts.** Liegt nach dem Recht des Erststaates (noch) kein existentes Urteil vor, kann dieses keine Wirkungen entfalten, die Gegenstand der Anerkennung sein könnten, Rn 92. Ist jedoch trotz fehlender (wirksamer) Zustellung nach dem Recht des Erststaates eine wirksame Entscheidung gegeben, taucht allenfalls die Frage auf, ob das erststaatl Verf ordre public-widrig ist. Dies ist idR zu verneinen, Geimer ZZP 103 (1990), 490. AA unter Hinweis auf Art 47 Nr 1 GVÜ Koblenz RIW 91, 669. **145g**

Nachweis über Zustellung des Urteils (Art 47 Nr 1 GVÜ) fällt nicht unter Nr 2. Fehlender Nachweis steht Anerkennung nicht entgegen, Hamm RIW 93, 148. **145h**

V) 1) Vorrang bei Kollision mehrerer Entscheidungen. Nr 3 ist Art 27 Nr 3 und 5 GVÜ nachgebildet. Hierzu Martiny I Rn 1132; Geimer/Schütze I 995, 1648; Wolf FS Schwab (1990) 567; Karl 158. – Zu § 16a Nr 3 FGG Richardi 133. – Das **Prioritätsprinzip** gilt nur bei Konkurrenz mehrerer ausl Entscheidungen; inländische Entscheidungen, auch wenn sie bewußt die frühere ausl Rechtshängigkeit mißachtet haben, sollen immer Vorrang haben. Diese Bevorzugung inländischer Urteile ist nicht gerechtfertigt. Besser wäre es gewesen, die Kollision nach den gleichen Grundsätzen zu lösen, die gem § 580 Nr 7 bei Vorliegen zweier inländischer Entscheidungen über den gleichen Streitgegenstand gelten; StJ/Schumann 199 Fn 114; Baumann 42. **Mißachtung der zeitl früheren Rechtshängigkeit** in Deutschland ist Anerkennungshindernis, nicht jedoch Nicht- **146**

beachtung der zeitl früheren Rechtshängigkeit in einem Drittstaat; es kommt auf Eintritt der Urteilswirkungen an, Rn 272.

147 2) Endet das **inländische Verfahren ohne Entscheidung in der Sache,** so entfällt das Anerkennungshindernis für die ausl Entscheidung, wenn das Erstgericht die Priorität des inländischen Verfahrens nicht beachtet hat. Wird zB das inländische Verf durch Klagerücknahme oder Prozeßurteil (Prozeßabweisung wegen internationaler Unzuständigkeit oder wegen Prozeßunfähigkeit) erledigt, so ergibt sich keine Konkurrenz zwischen den Wirkungen verschiedener Urteile, Geimer/Schütze I 1668. Es stehen unmittelbare Staatsinteressen nicht auf dem Spiel. Deshalb kann ausl Urteil, das auf Grund eines später als der deutsche Rechtsstreit anhängig gemachten (Scheidungs)Verf ergangen ist, anerkannt werden, wenn der Bekl es unterlassen hat, das ausl Gericht auf die zeitl Priorität des dt Verf hinzuweisen (sofern im Inland noch keine rechtskräftige Entscheidung vorliegt), LJV NJW IPRspr 84/185.

148 3) **Unvereinbarkeit:** Zunächst sind die Wirkungen der in Betracht kommenden Urteile nach dem Recht des jeweiligen Erlaßstaates zu ermitteln. Decken sie sich, so wird das Kollisionsproblem praktisch nicht aktuell, jedoch ist vom dogmatischen Standpunkt aus festzuhalten, daß auch in diesem Falle das zeitl spätere Urteil bei Konkurrenz mehrerer ausl Entscheidungen bzw das ausl Urteil bei Konkurrenz mit einer inländischen Entscheidung nicht anerkannt werden kann. – Zum weiten Unvereinbarkeitsbegriff des EuGH (Kernpunkttheorie) s unten Anh I GVÜ Art 21 u 27 Nr 3.

149 Die amtl Begründung betont, daß die **Identität der Parteien nicht erforderl** sei, weil „Unvereinbarkeit nach dt ProzeßR auch über die unmittelbare Beteiligung hinaus in Frage kommt“. Dies ist zumindest mißverständl. Zu prüfen sind die subj Grenzen der Urteilswirkungen nach dem jeweiligen Recht des Erlaßstaates. Wirkt zB das Urteil des Staates X nur zwischen den Parteien A und B und das Urteil des Staates Y nur zwischen den Parteien C und D Rechtskraft, so liegt keine Unvereinbarkeit vor, auch wenn die Feststellungen des Gerichtes X im logischen Widerspruch stehen zu den Feststellungen des Gerichtes Y. Problematisch, ob auf **formellen Parteibegriff** bei Prozeßstandschaft (zB § 1629 III 1 BGB; AG Lahnstein NJW-RR 86, 560, Düsseldorf FamRZ 82, 632) abzustellen ist, mit der Folge, daß materiellrechtl Inhaber (zB Kind im Fall des § 1629 BGB) einen zweiten Prozeß zulässigerweise beginnen könnte, oder ob das Merkmal der Parteiidentität vom erhobenen Anspruch her zu bestimmen ist, Baumann 39.

150 Die **Versagung der Prozeßkostenhilfe** entscheidet nicht über die Sache. Der Umstand, daß ein dt Gericht für eine Klage mangels Aussicht auf Erfolg keine PKH bewilligt hat, steht der Anerkennung einer ausl Entscheidung in der Sache nicht entgegen, BGH JZ 83, 903 (Kropholler).

150a 4) In **Unterhaltssachen** will AG Gummersbach NJW-RR 86, 1391 = IPRax 86, 235 (Schack 218) = IPRspr 85/178 die spätere im ausl Scheidungsverfahren erlassene Unterhaltsentscheidung anerkennen und nach der lex posterior-Regel (Rn 78 vor § 322) dem deutschen Unterhaltstitel vorziehen; dieser verliere seine Rechtskraftwirkung. Für diese Ansicht läßt sich – sofern es sich nicht um ein Abänderungsurteil handelt, Rn 288 – auch bei großzügigster Betrachtungsweise keine Rechtsgrundlage finden. Sympathien jedoch bei Musger IPRax 92, 109, weil Unterhaltsentscheidungen „ihrem Wesen nach nicht endgültig“ seien.

150b 5) **Beispiele:** LG Rottweil gegen TGI Straßburg, IPRax 89, 45 (Lüderitz 25); LJV Baden-Württemberg FamRZ 90, 1019.

150c 6) Wurde erster Prozeß durch **Vergleich** erledigt, hat eine Partei jedoch gleichwohl ihren Anspruch (erneut) eingeklagt und hat das ausl Gericht Vergleich nicht gekannt bzw ignoriert, so liegt kein Fall der Nr 3 vor, es sei denn, der gerichtl Vergleich bewirkt nach dem maßgebl Verfahrensstatut anders als im dt Recht res iudicata-Wirkung, Rn 76c; vgl 16. Aufl IZPR Rn 46; Habscheid Schweizer ZPR[2] Rn 430; Meier in Schwander, Lugano-Übereink, 1990, 185. Abzulehnen österr OGH IPRax 92, 103 (insoweit kritisch Musger 108, 116), der Vergleich mit gerichtl Entscheidung gleichsetzt. Der Bekl hätte es ja im zweiten Prozeß im Ausland in der Hand gehabt; den materiellrechtl Einwand der „verglichenen Sache“ (Musger IPRax 92, 114 Fn 53) zu erheben, dh darauf hinzuweisen, daß die materielle Rechtslage sich durch den Vergleich geändert habe. Allenfalls greift § 328 I Nr 4 durch, wenn das Erstgericht diesen Einwand aus unsachlichen Gründen ignoriert hat. – Wie hier nun auch EuGH 2.6.94 Rs C-414/92 – Solo Kleinmotoren GmbH/Emilio Boch Slg 1994 I 2237 = NJW 95, 38 = JZ 94, 1007 (Schlosser) RIW 95, 1030 = EWS 94, 247 = NdsRpfl 94, 239.

151 **VI) Ordre public** (vgl Geimer IZPR Rn 23 ff; Geimer/Schütze I § 198; Martiny I Rn 958; vgl auch § 1041 Rn 52). **1) Verbot der révision au fond:** Grundsätzl darf der dt Richter die Richtigkeit der ausl Entscheidung nicht nachprüfen. Er darf weder das dem ausl Urteil vorausgegangene Verfahren noch die tatsächl oder rechtl Feststellungen im Urteil selbst nachprüfen. Eine sog révision au fond ist verboten. § 723 I gilt auch für die Anerkennung. Fehler im Verfahren oder in der Urteilsfindung sind grundsätzl für die Anerkennung belanglos. Fehlerhafte ausl Urteile sind genauso hinzunehmen, wie fehlerhafte inländische. Es kann näml nicht erwartet werden, daß die

ausl Gerichte weniger fehlerhafte Urteile erlassen als die inländischen, Geimer 41; Martiny I Rn 321; Karl 134; Furtak 203; BGH NJW 92, 627 = MDR 92, 187 = LM Nr 3/4 zu AVAG = IPRspr 91/204; LG Paderborn DAVorm 93, 99 = IPRspr 92/233. Vgl Rn 145c. – § 1041 Rn 37.

2) Vom **Grundsatz der Unnachprüfbarkeit der ausl Entscheidung** ist jedoch dann eine Ausnahme zu machen, wenn höherwertige Interessen eine Durchbrechung dringend erfordern. Diese Fälle werden durch § 328 I Nr 4 generalklauselartig umschrieben. Die **Neufassung** der ordre public-Klausel durch das IPR-ReformG bringt inhaltl keine Änderung mit Ausnahme der im Anschluß an die Haager Konventionspraxis eingefügte Vokabel „offensichtlich“ (die in Art 27 Nr 1 GVÜ fehlt). Daraus ließe sich ableiten, daß Nr 4 nF die Toleranzschwelle des ordre public zugunsten der Anerkennung verschiebt. Eine aussagekräftige und vor allem randscharfe Abgrenzung ist auch nach der Neufassung nicht mögl. Die Tatsache allein, daß ein ausl Urteil zwingendes dt Recht nicht beachtet oder falsch anwendet, reicht nicht aus, um § 328 I Nr 4 zu bejahen, BGH NJW 93, 3269 = IPRax 94, 118 (Basedow 85); BayObLGZ 92, 118 = RR 92, 1354 = FamRZ 93, 452 = IPRspr 92/234. Die nichtbeachtete bzw falsch angewandte deutsche Norm muß vielmehr vom Standpunkt der Werteordnung des dt Rechts schlechthin von elementarer Bedeutung sein und deshalb absolute Durchsetzung erheischen. Hervorzuheben ist, daß der ordre public-Vorbehalt nur in ganz krassen Fällen eingreifen kann, Saarbrücken IPRax 89, 38 (H. Roth 18). Im Verhältnis zur kollisionsrechtl Vorbehaltsklausel des Art 6 EGBGB (vgl § 1041 Rn 51a) ist zu beachten, daß auch in den Fällen, in denen die Anwendung eines ausl Gesetzes durch den dt Richter wegen Art 6 EGBGB ausscheidet, die Anerkennung eines ausl Urteils, das auf einem solchen Gesetz beruht, nicht von vornherein ausgeschlossen ist *(ordre public atténué);* Geimer IZPR Rn 27; Geimer/Schütze I 2 § 198 III 1; Coester-Waltjen Rn 248 Fn 864; MK-BGB/Sonnenberger Art 6 EGBGB Rn 21; Stojan 153; M. J. Schmidt 152, 160; Wunderer 127, 146. – Vgl auch BGH RIW 90, 494 = IPRax 91, 244 (Schlosser 218), der ausl Entscheidung einem „weniger strengen Regime“ unterwirft. Andererseits ist der Anwendungsbereich des § 328 I Nr 4 gegenüber Art 6 EGBGB weiter, weil über Nr 4 Deutschland auch sein international zwingendes Recht durchsetzt, also jene Normen, die der inländische Richter – hätte er den Prozeß anstelle des ausländ Richters entscheiden müssen – ohne Rücksicht auf die lex causae aufgrund Sonderanknüpfung angewandt hätte, ohne Art 6 EGBGB heranzuziehen, Geimer IZPR Rn 26; IPRax 87, 146. 152

3) Die Werteordnung des dt Rechts wird entscheidend durch die **Grundrechte** geprägt. Diese müssen – zumindest in ihrem Kernbereich – auch gegenüber ausl Entscheidungen über die ordre public-Klausel durchgesetzt werden, Rn 13, § 1041 Rn 62; Karl 152. Dies hebt Nr 4 nF ausdrückl hervor. So kann zB Art 14 GG gegen ausl Entscheidungen eingesetzt werden, die eine entschädigungslose Enteignung – auch incidenter – bestätigen. Vgl Rn 174. Art 103 I GG beeinflußt nicht nur die Auslegung des § 328 I Nr 2 sondern auch die Fixierung des über den ordre public durchzusetzenden Mindeststandards für ein faires Verfahren (Rn 155). Nachw Martiny I Rn 172. Zur **Dispositionsmaxime** als Schutz vor rechtl Bevormundung Stiefel/Stürner VersR 87, 830. – Allgemein zum verfassungsrechtl Kern des anerkennungsrechtl ordre public Geimer ZfRV 92, 407. 153

4) Die ordre public-Prüfung bezieht sich sowohl auf das dem ausl Urteil vorangegangene Verfahren (zB schwerer Verstoß gegen das Gebot des rechtl Gehörs oder gegen elementare Grundsätze für rechtsstaatl Verfahren) (Rn 155) als auch auf die Urteilsfindung selbst (Rn 160 ff). Auch die irrtüml Auslegung bzw falsche Anwendung eines dt Gesetzes kann vom Ergebnis her gesehen im Einzelfall gegen den ordre public verstoßen, BGH 22, 24; Rn 160. 154

5) **Überprüfung des ausl Verfahrens. a)** Zur Prüfung des erststaatl Erkenntnisverf auf seine Vereinbarkeit mit dem ordre public Geimer/Schütze I 1053, 1468; Zekoll 137. Aus Nr 2 läßt sich nicht ableiten, daß die Überprüfung des erststaatl Verfahrens – außerhalb des Stadiums der Verfahrenseinleitung (Rn 138b) – auf seine ordre public-Konformität verboten wäre. Dies gilt auch für Art 27 Nr 1 GVÜ. **Die Anerkennung ist zu verweigern, wenn das erststaatl Verfahren mit grundlegenden Verfahrensmaximen des dt ProzeßR unvereinbar ist,** BGHZ 48, 327. BGH RIW 78, 410 = NJW 1115 = IPRspr 77/151; Hamburg RIW 85, 490. Der BGH hebt richtig hervor, daß nicht bestimmte dt Verfahrensrechtssätze Gegenstand der ordre public-Prüfung sind, sondern die hinter dem positiven Verfahrensrecht stehenden grundlegenden Verfahrensmaximen. Angesichts der Verschiedenheiten, die die einzelnen Verfahrensrechtsordnungen aufweisen, kann nicht erwartet werden, daß die ausl Gerichte ihre Verfahren nach gleichen oder ähnl Regeln gestalten wie dt Gerichte. Es sind deshalb erhebl und wesentl Abweichungen des ausl Rechts von dem dt Prozeßrecht hinzunehmen. Beispiele bei Geimer IZPR Rn 2946. Es wäre verfehlt, wollte man das gesamte zwingende dt VerfahrensR zum Inhalt des dt ordre public erklären. Der ordre public-Vorbehalt steht vielmehr nur in besonderen Ausnahmefällen der Anerkennung entgegen, nämlich nur dann, **wenn das ausl Erstverfahren gegen grundlegende Forderungen prozessualer Gerechtigkeit verstößt, von denen wir einfach nicht abgehen können, ohne daß unser Rechtsgefühl auf das tiefste verletzt würde.** Zu grundlegenden Verfahrensgrundsätzen, die wir auch gegenüber ausl Urt durchsetzen, gehören alle, die ihre Wurzel in den Forderungen der Rechts- 155

staatlichkeit haben, so insbes der Grundsatz der **Unabhängigkeit und Unparteilichkeit** (§ 1041 Rn 44) **des Gerichts** sowie der Grundsatz des **rechtl Gehörs,** BGH RIW 78, 411 = NJW 78, 1115; Koblenz FamRZ 91, 460; Stiefel/Stürner VersR 87, 830; § 1034 Rn 7, und darüber hinaus der Grundsatz, daß jede Partei einen Anspruch auf ein **faires Verfahren** (Einl 102) hat. Sie muß in der Lage sein, auf den Verfahrensablauf aktiv Einfluß zu nehmen. Es kommt jedoch nur auf die Gelegenheit an, sich am ausl Gerichtsverf zu beteiligen. Ob die (unterlegene) Partei tatsächl hiervon Gebrauch gemacht hat, ist für die Anerkennung nicht relevant. Sonst könnte zB jeder Bekl seine (auch nach dt Recht [§ 328 I Nr 1] bestehende) Gerichtspflichtigkeit dadurch unterlaufen, daß er sich am ausl Verf nicht beteiligt, BGHZ 118, 312 (Rn 91, 167) = NJW 92, 3099 = ZIP 92, 1256 (Bungert 1707) = EWiR 92, 827 (Geimer).

156 Besteht im erststaatl Verfahren **Anwaltszwang,** so haben die Parteien für ihre anwaltschaftl Vertretung selbst zu sorgen, und zwar auch dann, wenn das Recht des Erststaates **wesentl strengere Voraussetzungen für die Gewährung von Prozeßkostenhilfe** aufstellt als das dt. Ein ordre public-Verstoß kann jedoch vorliegen, wenn das erststaatl Recht Minderbemittelten überhaupt keine Möglichkeit gibt, einen RA im Wege der PKH beigeordnet zu erhalten und er daher de facto außerstande ist, im erststaatl Verf ordnungsgemäß vertreten zu sein. Offen gelassen von BGH RIW 94, 329, 334 = NJW 94, 1413 = LM § 32 Nr 15 (Geimer) = RIW 94, 331 (Jakob).

157 Im Fall der **Mandatsniederlegung** ihres Anwalts muß die betroffene Partei bemüht sein, für ihre weitere Vertretung zu sorgen. Sie kann nicht damit rechnen, daß das Erstgericht den Verhandlungstermin auf längere Zeit verlegt, Geimer IZPR Rn 2950. Der ordre public ist nicht verletzt, wenn **persönl Erscheinen** vor Erstgericht nicht mögl war, Rn 286, ebenso wenn erststaatl Verfahrensrecht Anwaltszwang nicht vorsieht, BayObLG NJW 74, 418 (Geimer) = IPRspr 73/156. – Im ausl Anwaltsprozeß genügen – ebenso wie im dt (§ 176) – Ladungen u Zustellungen den Prozeßbevollmächtigten, BGHZ 118, 312 (Rn 91, 167) = NJW 92, 3099 = IPRspr 92/218b.

157a Kein Grund, den ordre public anzuwenden, wenn **ausl Gericht nur mit Laien besetzt** ist, wie zB die franz Handelsgerichte (Geimer/Schütze I 126), oder wenn **Öffentlichkeit** nicht in dem Umfang des § 169 GVG gewährleistet ist, Saarbrücken IPRax 89, 37 (Roth 17) = NJW 88, 3100 = IPRspr 87/156.

157b **Ausforschungsverbot:** Unklar, ob und gegebenenfalls mit welcher Intensität das Ausforschungsverbot international durchzusetzen ist. Näher Geimer IZPR Rn 2953.

157c Sieht das Recht des Erststaates grundsätzl **keine Kostenerstattung zugunsten der obsiegenden Partei** vor, so ist dies für sich allein noch kein Grund, das ausl Verf in Bausch und Bogen für ordre public-widrig zu erklären und die Anerkennung zu verweigern. So für die sog **American rule of costs** BGHZ 118, 312 (Fn 91, 167) = NJW 92, 3099 (Koch 3073) = ZIP 92, 1707 (Bungert 1720) = EWiR 92, 827 (Geimer). AA Schütze WM 79, 1176. Nachw bei Pera 165 ff.

157d Zu großzügig ist LG Kiel DAVorm 90, 835 = IPRspr 90/206, das fehlende Anhörung des Unterhaltsschuldners im norwegischen Unterhaltsverf für vereinbar mit dt ordre public hält, weil dieser zuvor am Vaterschaftsfeststellungsverf beteiligt war.

158 **b)** Ein Verstoß gegen die ordre public-Maximen kann jedoch im Zweitverf nicht mehr gerügt werden, wenn er nicht schon im Erstverf (erfolglos) geltend gemacht wurde. **Es muß also die Beseitigung des Verfahrensfehlers bereits im Erstprozeß mit den Mitteln des erststaatl Prozeßrechts versucht worden sein,** Geimer JZ 69, 14 ff; Geimer IZPR Rn 2955; Geimer/Schütze I 1055, 1478 Fn 33 und II, 83 f. Die Partei, die von dem Verfahrensverstoß betroffen ist, muß alle ihr zur Verfügung stehenden Rechtsmittel und Rechtsbehelfe im erststaatl Verfahren ausgeschöpft haben; H. Roth IPRax 89, 17 Fn 51; Martiny S 513; MK/Gottwald Rn 89; StJ/Schlosser § 1044 Rn 42; Saarbrücken IPRax 89, 39; so nun auch deutl BGH FamRZ 90, 869 = RIW 575 = NJW 2201 = IPRax 92, 33 (Geimer 5) = IPRspr 90/207, der hervorhebt, „daß es in erster Linie Sache der Parteien ist, durch aktive Teilnahme am Verfahren auf die Vermeidung sie benachteiligender Fehler des Gerichts hinzuwirken oder hierwegen ein Rechtsmittel einzulegen". Vgl auch BGH NJW 92, 627 = MDR 92, 187 = IPRspr 91/204 (Präklusion der Rüge der fehlenden Parteifähigkeit, wenn diese im Erstverf nicht erhoben wurde) § 1041 Rn 66, § 1044 Rn 17a.

159 **c) Verneint ausl Rechtsmittelgericht einen Verfahrensverstoß oder die Ursächlichkeit** desselben für die angefochtene Entscheidung, so ist der dt Zweitrichter daran nicht gebunden. Geimer JZ 1969, 16; Geimer IZPR Rn 2956. – S auch Rn 142. Der dt Zweitrichter darf den Bekl nicht auf die Wiederaufnahmeklage im Erststaat verweisen, Geimer/Schütze I 1057. Vgl Rn 33.

159a **d)** Das ordre public-widrige erststaatl Verf führt nicht von Amts wegen zur Nichtanerkennung. Vielmehr ist – wie bei internationaler Unzuständigkeit (Rn 126) und nicht ordnungsgemäßer Verfahrenseröffnung (Rn 144) – eine Rüge der betroffenen Partei erforderl, Geimer IZPR Rn 2957.

159b **e) Kausalität des ordre public-widrigen Verf für Urteilsinhalt:** Bei Rüge der Verletzung rechtl Gehörs muß die beschwerte Partei schlüssig darlegen, was sie bei ordnungsgem Gewährung rechtl Gehörs vorgetragen hätte und was dementspr ausl Gericht bei seiner Entscheidung in Betracht hätte ziehen müssen, § 1041 Rn 66.

Widerklage: Vorstehendes, insbes Rn 158 ff, gilt vice versa auch für Einwendungen des Klägers gegen die Verurteilung aufgrund Widerklage, Hamburg RIW 91, 155. **159c**

Die vorstehende Auslegung genügt den Anforderungen des Art 6 EMRK, des Art 103 GG sowie des vom BVerfG entwickelten verfassungsmäßigen Rechts auf ein faires Verfahren (Einl Rn 51), vgl auch Rn 145e und Geimer IPRax 91, 10, 13 Fn 80a, 110. **159d**

Fehlende bzw mangelhafte Zustellung der ausl Entscheidung ist für sich allein kein Grund, die Anerkennung unter Berufung auf den deutschen ordre public zu verweigern. **159e**

6) **Überprüfung der ausl Urteilsfindung** (Geimer/Schütze I 2 § 198). **a)** Ein Verstoß gegen den dt ordre public ist auch dann nicht ausgeschlossen, wenn das ausl Gericht seiner Entscheidung dt Recht zugrunde gelegt hat. Die Gegenansicht (Melchior, IPR, 1932, 330) würde dazu führen, daß im Anerkennungsstadium der Inhalt des ausl Urteils überhaupt nicht überprüft werden dürfte. Vielmehr ist Anerkennung zu versagen, wenn das Erstgericht durch falsche Auslegung des dt Rechts zu einem Ergebnis kommt, das dem dt ordre public widerspricht, Geimer NJW 74, 420; ders IZPR Rn 29a; Geimer/Schütze I 1483. AA Mann NJW 84, 2742. Zum **maßgebl Zeitpunkt** Geimer/Schütze I 1602; Martiny I Rn 1149; LJVNRW IPRspr 84/184; abw StJ/Schumann 23. **160**

b) Bei der Prüfung, ob der Inhalt des ausl Urteils gegen den dt ordre public verstößt, ist nach hM ausschließl der vom ausl Gericht festgestellte Tatsachenstoff maßgebl. **Neue Tatsachen dürfen nicht vorgebracht werden.** Der dt Zweitrichter ist an die ausl tatsächl Feststellungen gebunden, Spickhoff ZZP 108 (1995), 489 ff; StJ/Schumann 227; MK/Gottwald Rn 86. Diese Ansichten sind zu undifferenziert. Näher Rn 181. **161**

c) Andersartigkeit des erststaatl Beweisrechts ist kein Grund für den Einsatz des ordre public, Geimer IZPR Rn 2962. Dies gilt zB für **Beweisverbote,** die das dt Recht nicht kennt, auch wenn man mit Habscheid Schweizer ZPR² Rn 559 grundsätzl in jedem Beweisverbot (Beisp bei Geimer IZPR Rn 2293) einen Verstoß gegen das Rechtsstaatsprinzip u den Gleichheitssatz sehen will. Mit dem ordre public werden aber **untragbare Abweichungen des erststaatl Beweisrechts von elementaren dt Grundsätzen** abgewehrt. Beispiele bei Geimer IZPR Rn 2964. Voraussetzung ist jedoch, daß der Bekl alle nach dem Recht des Erststaates möglichen/statthaften Rechtsmittel/Rechtsbehelfe eingelegt hat. – US-amerikanische Entscheidungen, die auf **pretrial discovery** (Rippert RIW 93, 626) beruhen, sind grundsätzl anerkennungsfähig, BGHZ 118, 312 (Rn 91, 167) = NJW 92, 3099 (Koch 3073) = ZIP 92, 1256 (Bungert 1707) = EWiR 92, 827 (Geimer) = IPRax 93, 310 (Koch/Zekoll 288) = RIW 93, 132 (Schütze) = IPRspr 92/218b. AA Schütze FS Stiefel (1987) 697. Vgl Rn 157b. – S auch § 1044 Rn 18a. **162**

d) Keine kollisionsrechtl Kontrolle. Die Anerkennung darf nicht schon deswegen verweigert werden, weil das Erstgericht den Rechtsstreit nach einer anderen Rechtsordnung entschieden hat, als nach derjenigen, die nach dem inländischen (= zweitstaatl) Kollisionsrecht maßgebl gewesen wäre, Geimer IZPR Rn 41, 2965. Beispiel: Die Verweigerung der Anerkennung einer ausl Scheidung kann nicht damit begründet werden, daß nach dt Recht kein Scheidungsgrund vorgelegen hat. AA Frankfurt OLGZ 85, 227 = IPRspr 885/185. Anders die **franz Rspr:** Danach muß der franz Richter „verifier l'application de la loi compétente d'après les règles françaises de conflit.", Cass civ 7. 1. 1964, J.C.P. 1964 II 135.90. Hierzu v. Bar IPR I Rn 399 Fn 395. **163**

Damit weicht das dt autonome AnerkennungsR von den Regelungen der meisten Staatsverträge ab, vgl zB Art 27 Nr 4 GVÜ. Deutschland ist nicht verpflichtet, diese staatsvertragl vereinbarten Versagungsgründe anzuwenden, sondern vielmehr berechtigt, das eigene **anerkennungsfreundlichere autonome Recht** zur Geltung zu bringen (favor recognitionis), Geimer/Schütze I 994; zustimmend Baumann 95; Karl 179; Schack Rn 808, 870; BGH NJW 87, 3083 (Geimer) = IPRax 89, 104 (Siehr 93) = IPRspr 87/145. Vgl aber § 39 II AVAG, Baumann 11. AA Linke IZPR Rn 419.

Das **Fehlen einer kollisionsrechtl Kontrolle** führt (indirekt) zu einer Erstreckung des ausl Kollisionsrechts auf das Inland, Martiny I Rn 135. Man spricht auch von einem **verkappten zweiten Kollisionsrechtssystem des Anerkennungsstaates,** Wengler RdC 104 (1961 III) 434 = Picone/Wengler 436; Beitzke RabelsZ 48 (1984), 629; v Bar IPR I Rn 322, 400; Kohler IPRax 92, 281; Geimer IZPR Rn 2966. **164**

Das **Beiseiteschieben der von dem dt IPR berufenen lex causae durch das erststaatl Urteil** gilt jedoch nur so weit, als das erststaatl Urteil eine Entscheidung fällt. Soweit diese Entscheidung reicht, werden ihre (erststaatl) Wirkungen auf das Inland erstreckt. Im übrigen gilt weiterhin die vom dt IPR bestimmte lex causae. Dies kann zu Spannungen führen: Das ausl Gericht erläßt nach einer bestimmten Rechtsordnung ein Gestaltungsurteil. Nach welcher Rechtsordnung ist das Rechtsverhältnis im Inland „fortzusetzen"? Beispiel: Ausl Scheidung und inländisches Scheidungsfolgenstatut (Martiny I Rn 384) oder: Wurde im Ausland nach einer bestimmten Rechtsordnung durch Urteil eine Adoption ausgesprochen, so wird das Adoptionsverhältnis im Inland **165** nach der vom dt IPR berufenen lex causae fortgesetzt. Aus dem Erststaat wird also ledigl der ausl Adoptionsakt übernommen. Die weiteren Wirkungen des Adoptionsverhältnisses richten sich nach der vom dt IPR bestimmten lex causae, Martiny Rn 140. – Vgl Rn 16.

166 Wird im Ausland ein Rechtsverhältnis aufgehoben, das vom inländischen Standpunkt her nie bestanden hat, so ist zwar eine Anerkennung mögl, gleichwohl gegenstandslos: Wird zB im Ausland eine Ehe geschieden, die aus der Sicht des Inlandes ein matrimonium non existens ist, so ist allein der inländische Standpunkt, daß eine Ehe nie existiert hat, maßgebend. Auch gibt es keine Scheidungsfolgen, da aus inländischer Sicht keine Ehe bestanden hat. Andere fordern als Voraussetzung der Anerkennung das Bestehen einer für das Inland gültigen Ehe. Fehle es daran, so müsse die Anerkennung scheitern, Martiny I Rn 141.

167 **e)** Nach hM setzt die Anwendung des ordre public eine **Inlandsbeziehung** voraus, Martiny I Rn 1077. Der Inlandsbezug wird nicht dadurch hergestellt, daß es sich um die Anerkennung im Inland handelt. Wunderer 130. AA Marx 21. Vielmehr hat der Zweitrichter – genauso wie wenn er im Erkenntnisverfahren den Fall selbst zu entscheiden hätte – zu prüfen, ob der dem ausl Urteil zugrundeliegende Sachverhalt die nötige Inlandsbeziehung aufweist. Möglicherweise muß zur Anwendung des § 328 I Nr 4 die Binnenbeziehung (Beziehung zum Zweitstaat) enger sein als im (hypothetischen dt) Erkenntnisverf (Art 6 EGBGB), um die Verweigerung der ausl Entscheidung wegen Verstoß gegen den ordre public zu begründen (ordre public atténué), Rn 152 aE; BGHZ 98, 70 = NJW 86, 3028 = RIW 86, 816 = MDR 86, 917 = JZ 87, 154 (Walter) = IPRspr 86/198; ihm folgend Bamberg RIW 87, 541 (Gerth) = IPRspr 86/185: Dem ordre public seien „mit Rücksicht darauf, daß der Inlandsbezug sich im wesentl auf die **Vollstreckung** beschränkt, enge Grenzen gezogen". Zum Erfordernis des Inlandsbezuges BGHZ 118, 312 = NJW 92, 3096, 3098 (Koch 3073) = RIW 93, 132 (Schütze) = JZ 93, 261 (Deutsch) = ZIP 92, 1256 (Bungert 1707 sowie ZIP 93, 815) = EuZW 92, 705 = EWiR 92, 827 (Geimer) = LM Nr 38/39/40 zu § 328 ZPO (Kronke) = ZZP 106 (1993), 79 (Schack) = IPRax 93, 310 (Koch/Zekoll 288) = IPRspr 92/218b. – S auch § 1044 Rn 18 sowie zum Parallelproblem im internationalen EnteignungsR MK-BGB/Kreuzer Anh III nach Art 38 EGBGB Rn 42 Fn 148. S auch Pera 164. Es gibt aber sicher auch Fälle, in denen trotz fehlender Inlandsbeziehung eine Anerkennung ausl Urteile ausgeschlossen ist. So bei **Anwendung absolut unmoralischen Rechts.** Verstöße gegen fundamentale Gerechtigkeitsvorstellungen, insbesondere gegen elementare Menschenrechte, können nicht hingenommen werden. Der **ordre public universel** sichert ein Minimum an Gerechtigkeit im naturrechtl Sinn, Nachw Geimer/Schütze I 1590.

168 **f)** Mit dem ordre public sollen ledigl die Grundwertungen der inländischen Rechtsordnung durchgesetzt werden. Daraus folgt, daß eine Anerkennung nicht mit der Begründung verweigert werden kann, sie verstoße gegen den **ordre public eines dritten Staates.** Dies gilt im Anwendungsbereich der Verträge, wenn als Versagungsgrund nur ein Verstoß gegen die **öffentl Ordnung des Zweitstaates** zugelassen ist. Unvereinbarkeit mit der öffentl Ordnung eines dritten Staates wäre demnach unbeachtl. Allerdings entfallen diese Bedenken, wenn der Zweitrichter überzeugend darlegt, daß die Unvereinbarkeit mit dem drittstaatl ordre public auch den eigenen (zweitstaatl) ordre public tangiert. Soweit keine völkervertragsrechtl Bindung besteht, also im Anwendungsbereich des § 328 I Nr 4, ist der ordre public eines anderen (befreundeten) Staates dann zu beachten, wenn der Zweitrichter bei eigener Rechtsanwendung, also wenn er im Erkenntnisverfahren anstelle des ausl Erstrichters den Rechtsstreit hätte entscheiden müssen, den ausl ordre public durchgesetzt hätte, Geimer/Schütze I 1592; enger Martiny I Rn 986.

168a **g) Europäischer ordre public:** Aus Art 27 Nr 1 GVÜ ergibt sich klar, daß auch im Europäischen Binnenmarkt die ordre public-Prüfung gegenüber Entscheidungen aus anderen EU-Staaten nicht entfällt. Auch ist die **Prüfungsdichte gegenüber solchen Entscheidungen im Vergleich zu denen aus Drittstaaten** nicht geringer, § 1044 Rn 18d. Es wird aber auch nicht schärfer geprüft, obwohl die Wendung „offensichtl" in Art 27 Nr 1 GVÜ fehlt. Über den dt ordre public wird auch **international zwingendes europäisches Gemeinschaftsrecht** durchgesetzt, § 1044 Rn 18c.

169 **h) Beispiele:** Geimer IZPR Rn 2970. Spricht ausl Richter **Schadensersatz wegen vertragl oder außervertragl Unrechts** zu, obwohl dies die vom dt IPR berufene lex causae nicht oder nicht in diesem Umfang vorsieht, so ist dies für sich allein kein Grund, die Anerkennung zu verweigern, Rn 163. Art 38 EGBGB ist gegenüber ausl Urt nicht durchzusetzen, BGHZ 118, 312 (Rn 91, 167) = NJW 92, 3100 (Koch 3073) = ZIP 92, 1256 (Bungert 1712) = EWiR 92, 827 (Geimer) = RIW 93, 132 (Schütze). Näher Geimer IZPR Rn 2973. Das **Verbot des Ersatzes immaterieller Schäden** (§ 253 BGB) wird bereits bei reinen Inlandsfällen von der Rspr aufgelockert. Es ist keinesfalls „blindlings" gegenüber ausl Entscheidungen durchzusetzen. Zu Recht erachtet BGHZ 118, 313 (Rn 91, 167) = NJW 92, 3101 ein US-Urteil, das fiktive Heilungskosten zuspricht, für vereinbar mit der dt öffentl Ordnung. Ähnl Frankfurt/M EWiR 92, 829 (Geimer). **Exorbitante Abweichungen des ausl Deliktsrechts** vom dt können über § 328 I Nr 4 abgewehrt werden, so zB horrende Schadensersatzsummen zur Sühne immaterieller Schäden, wie sie von US-Gerichten festgesetzt werden, durch Reduzierung auf den aus dt Sicht erträgl Teil, Nachw bei Geimer IZPR Rn 2974; Schütze

FS Nagel (1987) 392. So BGHZ 118, 312 (Rn 91, 167) für pauschale Verurteilungen zu **punitive damages**, es sei denn, das ausl Urteil enthält (in seiner Begründung) plausible und nachvollziehbare Feststellungen, aus denen sich ergibt, daß mit der Verhängung von Strafschadenersatz restliche, nicht besonders abgegoltene oder schlecht nachweisbare wirtschaftl Nachteile pauschal ausgeglichen oder vom Schädiger durch die unerlaubte Handlung erzielte Gewinne abgeschöpft werden sollen. Im Hinblick auf das Verbot der révision au fond (§ 723 I ZPO) darf der dt Zweitrichter – bei Fehlen eindeutig nachvollziehbarer Hinweise des ausl Gerichts für die Motive zur Verurteilung zu punitive damages – die tatsächl Beweggründe des ausl Gerichts nicht selbst erforschen, also nach **strafzweckfremden Funktionen** der Verurteilung zu punitive damages suchen. Für Anerkennung aber Rosengarten NJW 96, 1935. Großzügiger auch (aber vom BGH insoweit overruled) Frankfurt/M EWiR 92, 829 (Geimer). Vgl auch LG Heilbronn RIW 91, 344; Coester-Waltjen in Heldrich/Kono 33; Staudinger/von Hoffmann[12] Art 38 EGBGB Rn 206. Rn 276b (Rückforderung des im Ausland gezahlten nichtanerkennungsfähigen Betrags). – Dem sich in Deutschland aufhaltenden Schuldner darf nicht zugemutet werden, daß er vom ausl Gericht zu Schadensersatz deshalb verurteilt wird, weil er sich den dt Gesetzen, insbes Verbotsgesetzen, und/oder dem EG-Recht entsprechend verhalten hat. Daher Nichtanerkennung eines ausl Urteils, das Schuldner zu Schadensersatz wegen Nichterfüllung verurteilt, wenn dieser deshalb nicht geleistet hat, weil ihm dies durch dt Verbotsgesetze verboten war bzw die erforderl behördl Genehmigung nicht erteilt worden ist, Geimer IZPR Rn 2972 mwN. Anders jedoch, wenn Schuldner Garantie für Beschaffung der (an sich möglichen) Genehmigung übernommen hat, § 1044 Rn 18, oder wenn sie sich um Genehmigung nicht bemüht hat, § 1041 Rn 59. – Nicht ordre public-widrig ist die Zuerkennung einer 40%igen quota litis für den ausl Prozeßbevollmächtigten der obsiegenden Partei, BGHZ 118, 312 (Rn 91, 167) = NJW 92, 3096, 3101, obwohl vice versa die **Vereinbarung eines Erfolgshonorars** mit einem deutschen RA nach § 138 I BGB nichtig wäre. – Bestr, ob Verurteilung aufgrund **class action** von vorneherein wegen § 328 I Nr 4 nicht anerkennungsfähig ist. So Mann NJW 94, 1189. AA Stiefel/Stürner VersR 87, 830.

Zur Frage der **Durchsetzung des § 61 BörsG** BGH RR 93, 1519 = WM 93, 2121 = WuB I G 5 Börs 2.94 (Thode); Assmann/Schütze, Kapitalanlagerecht (1990), 290, 499, 507; Kiel, Internationales Kapitalanlegerschutzrecht (1994), 333. S auch § 1044 Rn 18d. – Zum internationalen Geltungsanspruch des **zwingenden deutschen Kartellrechts** (§ 98 II GWB) BGH IPRax 83, 21 (Rehbinder 7); § 1044 Rn 18. Zur Durchsetzung international zwingenden DevisenR (= idR gleichbedeutend mit Art VIII Abschn 2(b) IWF-Abk, hierzu Geimer IZPR Rn 234), Ebke, Internationales DevisenR, 1991, 214, Ebenroth/Neiss RIW 91, 625 und Hamburg EWiR 92, 1291 (Geimer). – Gegenüber ausl Urteilen sind auch die – zumindest elementaren – Grundsätze des **dt Verbraucherschutzrechts** durchzusetzen, soweit dieses internationale Geltung beansprucht (Art 29 EGBGB), Geimer IZPR Rn 2978. **170**

Auch gegenüber ausl Urteilen zur Geltung zu bringen ist § 1614 BGB: Hält das ausl Gericht einen **Verzicht auf Unterhalt** für die Zukunft für wirksam (so für türkisches Recht Koblenz IPRax 86, 40 [Henrich 24] = IPRspr 85/92), so ist das ausl Urteil nicht anzuerkennen. Umgekehrt ist § 1613 BGB (Verbot für die Vergangenheit Unterhalt zu verlangen) über § 328 I Nr 4 nicht auch gegenüber ausl Urteilen durchzusetzen, Baumann 34, Düsseldorf DAVorm 80, 762. Auch sonst hat sich die dt Rspr bei Anwendung des ordre public sehr zurückgehalten, Nachw Geimer IZPR Rn 2982, so zB bei Verurteilung des Stiefvaters zu Kindesunterhalt, LG Düsseldorf FamRZ 91, 581 (Gottwald) = IPRspr 91/212. **171**

Nichtbeachtung des Art 34 GG durch ausl Gericht (Verurteilung eines dt Beamten persönlich zu Schadensersatz wegen Amtspflichtverletzung) verstößt nicht gegen dt ordre public, jedoch Verurteilung einer Person, die nach §§ 636, 637 RVO von der Haftung freigestellt ist, BGH NJW 93, 3269 = IPRax 94, 118 (Basedow 85) = JZ 94, 254 (Eichenhofer). **171a**

Berücksichtigt das Erstgericht einen **Pfändungs- und Überweisungsbeschluß** nicht, so ist dies kein Grund, die Anerkennung zu verweigern, BGH IPRax 85, 154 (Prütting 140). **172**

Das **Fehlen schriftlicher Urteilsgründe** ist für sich allein kein Verstoß gegen den ordre public. Allerdings wird die Prüfung des erststaatl Urteils auf seine Vereinbarkeit mit dem dt ordre public erschwert. Ein non liquet geht zu Lasten der siegreichen Partei, Geimer IZPR Rn 2970. Zum engl Recht, wo der Master die Gründe getrennt vom eigentl Urteil abfaßt, Oldenburg RIW 86, 555 = IPRspr 85/179. – Enger Bajons ZfRV 1971, 269 Fn 88. Vgl auch M. J. Schmidt 136. Wie hier BGHZ 118, 312 (Rn 91, 167) = NJW 92, 3096, 3098 (Koch 3073) = RIW 93, 132 (Schütze) = ZIP 92, 1256 (Bungert 1707 sowie ZIP 93, 815) = EWiR 92, 827 (Geimer) = IPRax 93, 310 (Koch/Zekoll 288) = IPRspr 92/218b. **173**

Einen Verstoß gegen den dt ordre public bejaht LG Braunschweig, GRUR Int 72, 92 = IPRspr 71/144, gegenüber einem ital Urteil, das das einem Deutschen erteilte ital Patent wegen dreijähriger Nichtausübung für verfallen erklärt, die wegen Verletzung des Patents erwirkte Beschlagnahme aufhebt und den dt Patentinhaber verurteilt, dem betroffenen ital Unternehmen Schadenser- **174** satz wegen unrechtmäßiger Beschlagnahme zu leisten, weil die Verfallserklärung der Pariser Verbandsübereinkunft zuwiderläuft. Darin liege eine entschädigungslose Enteignung, die nicht hingenommen werden könne. Vgl Rn 153 sowie MK-BGB/Kreuzer Anh III nach Art 38 EGBGB Rn 17 Fn 48, 23.

175 Eine **Scheidung ohne Einhaltung der Trennungsfrist** des dt Rechts (§ 1566 BGB) verstößt nicht gegen den dt ordre public, BayObLG IPRspr 78/175. – Eine einvernehml herbeigeführte Scheidung, um die **Ausreiseerlaubnis aus einem Ostblockland** zu erhalten, verstieß grundsätzl nicht gegen ordre public, LJVNRW IPRspr 84/184. Hierzu Krzywon StAZ 89, 101. – Ordre public greift jedoch ein, wenn ausl Urteil Bigamie-Verbot ignoriert, LJV Bad-Württ FamRZ 90, 1016, oder wenn von Behörden des Auslandes erhebl Druck ausgeübt worden ist, um Scheidung zu erzwingen, BayObLGZ 92, 195 = RR 92, 1478 = FamRZ 93, 451 = IPRspr 92/235.

175a Die Anerkennung ist nach § 328 I Nr 4 zu versagen, wenn die zur Anerkennung anstehende Entscheidung das Ergebnis **betrügerischer Machenschaften** ist. Betrug erfordert **Vorsatz.** Er muß im ausl Erstprozeß selbst begangen worden sein, zB durch Vorlage gefälschter Urkunden oder Falschaussage. Er muß kausal für die Entscheidung sein, BGH IPRax 87, 237; BGH NJW 78, 1115, BGH NJW 93, 1270 = RIW 93, 591 = IPRax 93, 321 (Geimer 292) = MDR 93, 907 = LM Nr 2 dt-österr Anerkennungsvertrag-Zivilsachen; Hamburg IPRspr 81/182, Saarbrücken IPRax 89, 39 (Roth 14), Martiny II Rn 360, 1160 Baumann 38; Geimer IZPR Rn 2986. Er muß substantiiert im Verf vor dem dt Zweitrichter vorgetragen werden und ist nur dann relevant, wenn Prozeßbetrug während Erstverf nicht mit ordentl Rechtsmitteln bzw -behelfen geltend gemacht werden konnte, Rn 158, LG Heilbronn RIW 91, 343. – Betrügerische Machenschaften sind – einer Tradition der common law folgend – in einigen Abk neben dem ordre public ein eigener Versagungsgrund, Art 5 Nr 2 UVÜ 1973; hierzu Verwilghen-Bericht Nr 65, Art 5 I Nr 3 dt-israel Vertrag, Geimer/Schütze I 1056, 1478, II 380.

175b Beispiel für **Urteilserschleichung:** BGH RR 87, 377 = IPRax 87, 236 (Grunsky 219) = IPRspr 86/182. Vgl auch Rn 131.

Auch bei **unrichtiger Anwendung deutschen Rechts durch das ausl Gericht** kann das Anerkennungshindernis der Nr 4 eingreifen, wenn das vom ausl Gericht gefundene Ergebnis aus der Sicht der deutschen Rechtsordnung schlechthin unerträglich ist, Geimer IZPR Rn 29. S auch Prinzing, Fehlanwendung des Rechts des Anerkennungsstaates als Anerkennungshindernis im internationalen Verfahrensrecht, Diss Konstanz 1990.

175c **Maßgebender Zeitpunkt** ist derjenige, zu dem die Wirkungen der ausl Entscheidung eintreten, Rn 272, Geimer/Schütze I 1603. Hamm FamRZ 87, 506 zu § 16a Nr 4 FGG: Zeitpunkt, in dem über Anerkennung befunden wird. Ähnl Marx 33.

176 7) Eine **Fehlentscheidung des Zweitrichters zur Frage der ordre public-Widrigkeit** (unrichtige Verneinung eines Verstoßes gegen den ordre public) ist wirksam, nicht nichtig.

177 **VII) Gegenseitigkeit** (Schütze RV 177; Geimer/Schütze I 2 §§ 238 ff): Gegenseitigkeit ist gewährleistet, wenn die Anerkennung und Vollstreckung eines dt Urteils in dem Urteilsstaat auf keine wesentl größeren Schwierigkeiten stößt als die Anerkennung und Vollstreckung dieses Urteils in Deutschland. Im Hinblick auf die verschiedenartigen nationalen Rechtsordnungen kann eine **völlige Übereinstimmung des jew ausl Anerkennungsrechts mit dem dt nicht verlangt werden,** Köln FamRZ 95, 306; Geimer IZPR Rn 2879. – Hinweise zur Verbürgung der Gegenseitigkeit unten Anh III.

178 Die Feststellung der Gegenseitigkeit erfordert einen **Vergleich des erststaatl AnerkennungsR mit dem deutschen.** Dieser umfaßt das materielle und das Verfahrensrecht. Völlige Deckungsgleichheit ist nur theoretisch denkbar und deshalb nicht zu fordern. Erschwerungen in dem einen Bereich können durch Erleichterungen in anderer Hinsicht ausgeglichen werden. Es genügt **partielle Verbürgung** für die in Betracht kommende **Urteilsgattung.** Es reicht aber partielle Verbürgung bezügl einzelner Urteilswirkungen (zB nur für die Rechtskraft) nicht aus, Schütze DIZPR 145. Die internationale Anerkennungszuständigkeit aus der Sicht des Erststaates braucht nicht so liberal zu sein wie vice versa die deutsche, Rn 119e. – Die Gegenseitigkeit muß tatsächl verbürgt sein. Verbürgung nur nach dem Wortlaut des Gesetzes oder nach Lehrbüchern reicht nicht aus. Maßgebend ist **die tatsächl Übung.** Allerdings führt der Mangel an Erfahrung mit einem (neuen) Gesetz nicht zu einer Verneinung der Gegenseitigkeit. In solchen Fällen wird unterstellt, daß der ausl Richter sein Recht so anwendet, wie es sich aus dem Gesetzestext ergibt. Auch ist nicht erforderl, daß der Erststaat mit der Urteilsanerkennung vorangeht. Sonst wäre in allen Fällen, in denen das erststaatl Recht auch das Gegenseitigkeitserfordernis kennt, eine Pattsituation vorhanden, bei der jeder Staat dem anderen den Vortritt lassen würde. Gegenseitigkeitsfeststellungen der Justizverwaltung binden nicht, vgl die Feststellung bezüglich Israel und der früheren ČSFR JMBlNRW 59, 6; Justiz 73, 426.

179 **Ausnahmen vom Gebot der Verbürgung der Gegenseitigkeit:** § 328 II (ergänzt hinsichtl der Kindschaftssachen [§ 640 II] durch 1. EheRG; Beispiel: BGH NJW 86, 2193 = FamRZ 86, 665 =

IPRax 87, 247 = IPRspr 86/95) und Art 7 § 1 I 2 FamRÄndG (Rn 220). – Im **Anwendungsbereich des AUG** (Rn 17, 69; BLAH § 168 GVG Anh III) wird die richterl Prüfung der Gegenseitigkeit ersetzt durch die **Feststellung des BJM,** § 1 II AUG. Liste bei Reichel FamRZ 90, 1330. – Auf **DDR-Urteile** wurde vor dem 3. 10. 90 Nr 5 nicht (analog) angewandt, Rn 286. – Verbürgung der Gegenseitigkeit – anders als in § 328 – nicht Anerkennungsvoraussetzung in § 16a FGG und § 1044. S auch § 1044 Rn 27, 36, 41. Die Anerkennung eines ausl Konkurses, Gesamtvollstrekkungs- oder sonstigen Insolvenzverfahrens hängt nicht von der Verbürgung der Gegenseitigkeit ab, Art 102 EGInsO; Zweibrücken IPRax 91, 186 (Gottwald 169).

Nach Schlosser IPRax 92, 143 verstößt es „gegen die Verfassungsgarantie des fairen Verfahrens, 180 auch ein zu Gunsten eines Angehörigen oder Bewohner Deutschlands ergangenes ausl Urteil nur deswegen nicht anzuerkennen, weil die Gegenseitigkeit nicht verbürgt ist."

Einstweilen frei. 181

O) Prüfung der Anerkennungsvoraussetzungen

Man sollte unterscheiden zwischen Anerkennungsvoraussetzungen, die dem **Schutz unmittelbarer Staatsinteressen** dienen, und solchen, die die **Durchsetzung eines Mindeststandards an inländischen Gerechtigkeitsvorstellungen** und damit den Schutz der Parteien, meist des Beklagten, bezwecken, Geimer IZPR Rn 2991. Nur soweit unmittelbare Staatsinteressen auf dem Spiele stehen, kann eine Prüfung von Amts wegen oder sogar eine Tatsachenermittlung von Amts wegen (Inquisitionsmaxime) in Betracht kommen. In den sonstigen Fällen besteht kein Anlaß, die Verhandlungsmaxime auszuschalten, Geimer/Schütze I 1600; zustimmend Marx 23/24. So ist zB von Amts wegen und ggf auch durch Beweiserhebung von Amts wegen zu untersuchen, ob ein ausl Urt gegen zwingendes dt Kartell- oder Devisenrecht verstößt, soweit es im Anerkennungsstadium internationale Geltung beansprucht, (Ebke, Internationales DevisenR, 1991, 214, der aber leider – anders als BGHZ 22, 24 – Aspekte des ordre public atténué, Rn 152, nicht in Erwägung zieht). Insoweit geht es um unmittelbare Staatsinteressen, die auch international durchgesetzt werden müssen. Der dt Zweitrichter hat jedoch nicht ohne Rüge zu untersuchen, ob einem Zahlungsurteil eine Spielschuld oder ein wucherisches Darlehen zugrunde liegt. Hier geht es vornehml um Parteiinteressen. Der Einwand der Spielschuld ist nur beachtl, wenn ihn der Bekl des Erstverf im dt Zweitverf rechtzeitig (§ 295) vorbringt. War der Einwand auch nach dem Recht des Erststaates relevant, so ist der Bekl mit der Rüge der ordre public-Widrigkeit im dt Zweitverf präkludiert, wenn er ihn nicht schon im ausl Erstverf (vergebl) vorgebracht hatte, § 1041 Rn 47; § 1044 Rn 18; StJ/Schlosser § 1044 Rn 15, 42, 67. AA Schütze DIZPR 162; Kallmann 340 Fn 26. – Ausführl 19. Aufl. 182

Im Anwendungsbereich der Verträge ist eine Bindung mitunter ausdrückl vorgeschrieben. 183 Nachw bei Geimer 50 ff, 149 f, Geimer/Schütze I 1559, 1565, 1574 und Rn 128.

§ 328 formuliert ebenso wie Art 27 GVÜ die Anerkennungsvoraussetzungen negativ als Versa- 184 gungsgründe. Daraus kann aber nicht geschlossen werden, daß eine **Vermutung zugunsten der Anerkennung** besteht. Hat zB das zur Anerkennung anstehende Urteil zwingendes dt Devisenrecht, das internationale Geltung beansprucht und daher auch gegenüber ausl Urteilen durchgesetzt wird, nicht beachtet, so ist die Anerkennung ex officio zu versagen. Auf eine Rüge des Bekl kommt es nicht an, Geimer/Schütze I 1031; Kropholler IPR § 60 III 1c. Ähnl Schack IZVR Rn 884. Umgekehrt spricht auch **keine Vermutung gegen die Anerkennung.**

Vorstehende Regeln sind immer anzuwenden, auch wenn der Richter **vorfragenweise** über die 185 Anerkennung in einem Prozeß zu befinden hat, in dem nach dt IPR ausl Recht zur Anwendung kommt. Anders Coester-Waltjen Rn 284, die die lex causae anwenden will, wenn diese einer Partei die Beweislast für die Anerkennungsfähigkeit eines ausl Urteils auferlegt.

P) Anerkennung unmittelbar kraft Gesetzes ohne Durchführung eines Anerkennungsverfahrens (Geimer/Schütze I 2 § 200; rechtsvergleichend Martiny I Rn 1585)

I) Die Wirkungen eines ausl Urteils werden – soweit die Anerkennungsvoraussetzungen gege- 186 ben sind – ipso iure auf das Inland erstreckt, ohne daß es eines besonderen Anerkennungsaktes bedarf. Man spricht deshalb auch von **automatischer Anerkennung,** Karl 181.

Einstweilen frei 187

II) Bedürfnis nach rechtskraftfähiger Klärung der Anerkennungs- bzw Nichtanerkennungsfä- 188 higkeit. Das Prinzip der automatischen Anerkennung bewirkt, daß die Frage, ob ein bestimmtes ausl Urteil im Zweitstaat anzuerkennen ist, als Präjudizialpunkt jeweils von Fall zu Fall entschieden werden muß. Eine Bindungswirkung für nachfolgende Verfahren entsteht nicht, BGH NJW 86, 2193 = IPRspr 86/95. Dadurch entsteht die Gefahr widersprechender Entscheidungen, Geimer IZPR Rn 2994.

III) Feststellungsklage. Das dt Recht kennt für die Feststellung der Anerkennungsfähigkeit 189 eines ausl Urteils kein bes Verfahren, sieht man von Art 7 FamRÄndG (Rn 222 ff) ab. Die Feststellungsklage gemäß § 256 reicht aus, das Bedürfnis nach rechtskraftfähiger Klärung der

Anerkennungsfähigkeit zu befriedigen, Geimer JZ 77, 146; Geimer FS Ferid, (1988) 110 (zu § 16a FGG); Martiny I Rn 1610; Baumann 125; StJ/Schumann 27; Linke IZPR Rn 427. MK/Gottwald Rn 11. **Feststellungsklage** (insbes nach § 256 II) **und Klage nach § 722** schließen sich nicht aus, Rn 209. AA StJ/Schumann 28.

190 **IV) Feststellungsverfahren nach Art 26 GVÜ.** Das GVÜ iVm §§ 27, 28 AVAG stellt ein vereinfachtes Feststellungsverf zur Verfügung, Art 26 II; § 722 Rn 21; Geimer/Schütze I 1 § 146. Der Feststellungsantrag kann mit dem Antrag auf Klauselerteilung (Art 31) verbunden werden.

191 Ein **negativer Feststellungsantrag** ist nach Art 26 II nicht zulässig. Dies ist mit dem Gleichheitssatz nicht vereinbar; der Partei, die sich der Anerkennung widersetzt, muß deshalb das gleiche vereinfachte Verfahren zur Verfügung gestellt werden, Geimer/Schütze I 1106; Martiny II Rn 239; Karl 182.

192 **Verhältnis zum Klauselerteilungsverfahren:** Hat der Kläger im Erststaat ein Leistungsurteil erstritten, so kann er neben dem Antrag, die Klausel zu erteilen, auch die Feststellung beantragen, daß die Rechtskraftwirkung anzuerkennen ist, Geimer IZPR Rn 3014. Zustimmend Baumann 190. Das Rechtsschutzbedürfnis entfällt nicht deswegen, weil das Urteil nach § 722 bzw der Beschluß nach Art 31 ff GVÜ der materiellen Rechtskraft fähig ist: Dieser stellt für nachfolgende Verf bindend fest, daß die Voraussetzungen für die Vollstreckbarerklärung gegeben sind. Geht es in einem späteren Verf um die Frage, ob die Rechtskraftwirkung eines nach Art 31 ff für vollstreckbar erklärten Urteils zu beachten ist, so ist das Gericht an die Rechtskraft des Exequatururteils bzw -beschlusses insoweit gebunden, als die Anerkennungs- mit den Vollstreckbarerklärungsvoraussetzungen identisch sind. Dies ist zwar die Regel (§ 723 II 2; Art 34 II GVÜ). Es sind aber auch Fälle denkbar, in denen Anerkennungs- und Vollstreckbarerklärungsvoraussetzungen auseinanderfallen, zB wenn die Vollstreckbarerklärung abgelehnt wurde, weil der Bekl die Urteilsschuld bezahlt hat (§ 13 AVAG; § 722 Rn 51). Mit dem Erlöschen der Schuld und dem Wegfall der Voraussetzungen für die Zwangsvollstreckung im Zweitstaat muß jedoch nicht automatisch jedes Feststellungsinteresse des Klägers entfallen. Die Feststellungswirkung des Urteils wirkt fort. Dem Kläger ist daran gelegen, daß außer Zweifel bleibt, daß die im erststaatl Urteil festgestellte Verbindlichkeit (vor Tilgung) bestanden hat. Dies kann trotz Erfüllung noch Gegenstand eines Feststellungsverf (Art 26 II) sein; denn sonst könnte sich der Kl nicht gegen den Einwand des Bekl wehren, er habe sine causa bezahlt; Geimer/Schütze I 1108, II 221; Martiny I Rn 426, II Rn 234; s Rn 276. – Wurde die **Vollstreckbarerklärung rechtskräftig verweigert**, so will BGH NJW 87, 1146 = FamRZ 87, 370 = RIW 87, 312 = IPRspr 86/183 gleichwohl eine **Leistungsklage** aus ausl Urteil (§ 722 Rn 57) zulassen. Dabei ist jedoch das zweite Gericht an die materielle Rechtskraft des Versagungsbeschlusses gebunden, soweit die Anerkennungsvoraussetzungen mit den Vollstreckbarerklärungsvoraussetzungen übereinstimmen. AA BGH aaO. – Vgl auch § 1041 Rn 27.

193–219 Einstweilen frei.

220 **V) Feststellende Entscheidung zur Anerkennung einer ausl Entscheidung auf dem Gebiet der freiwilligen Gerichtsbarkeit:** Zulässig, sofern Feststellungsinteresse zu bejahen, Hamm OLGZ 75, 179; BayObLGZ 76, 178; Staudinger/Kropholler Rn 619 vor Art 18, Art 19 Rn 300; Mitzkus 334; Geimer FS Ferid 80, 1988, 110.

221 **VI) Feststellung des Vorliegens der** (zur Disposition der Parteien stehenden) **Anerkennungsvoraussetzungen durch Schiedsgericht** möglich, § 1025 Rn 60.

Q) Anerkennungsverfahren für Entscheidungen in Ehesachen (Art 7 § 1 FamRÄndG)

222 **I) Monopolisierung der Entscheidung über die Anerkennung. 1) Zweck** der Einführung eines besonderen Anerkennungsverf für ausländ Entscheidungen in Ehesachen ist die Monopolisierung der Entscheidung über das Vorliegen bzw Nichtvorliegen der Anerkennungsvoraussetzungen bei einer Instanz. Deshalb hat die Entscheidung der Landesjustizverwaltung (LJV), die nach Art 7 § 1 (2a) an einen **OLG-Präsidenten** delegiert werden kann, eine **umfassende Feststellungswirkung**, Art 7 § 1 VIII FamRÄndG. Sie ist für alle Gerichte und Verwaltungsbehörden bindend. – Diese Feststellungskompetenz der LJV steht nicht zur Disposition der Beteiligten; sie können sie nicht durch Vereinbarung auf die staatl Gerichte oder ein Schiedsgericht (§ 1025 Rn 60) übertragen. – Gegen die Entscheidung der LJV bzw des OLG-Präsidenten kann **Antrag auf gerichtl Entscheidung beim OLG (in Bayern: BayObLG)** gestellt werden, Art 7 § 1 V–VII.

223 **2) Sinn des Anerkennungsverfahrens** ist es, ein für allemal Klarheit darüber zu schaffen, ob ein bestimmtes ausl Urteil in Ehesachen im Inland anzuerkennen ist oder nicht.

224 **3) Verhältnis des Anerkennungsverfahrens vor der LJV zu den gerichtl und Verwaltungsverfahren:** Ist die Anerkennung einer ausl Entscheidung in Ehesachen **Streitgegenstand,** wird also eine Klage auf Feststellung der Wirksamkeit der ausl Entscheidung im Inland erhoben, so ist die Klage als unzulässig abzuweisen; denn der Rechtsweg zu den ordentl Gerichten ist nicht gegeben. Es handelt sich zwar um eine bürgerl Rechtsstreitigkeit iSv § 13 GVG, aber die Entscheidung

ist den ordentl Gerichten entzogen und einer Verwaltungsbehörde übertragen; eine Verweisungsmöglichkeit besteht nicht.

Ist die Anerkennung einer ausl Entscheidung **Vorfrage** in einem gerichtl Verf (zB Unterhaltsprozeß der geschiedenen Ehefrau gegen ihren früheren Ehemann, von dem sie im Ausland geschieden wurde) oder in einem Verwaltungsverf, zB vor dem Standesbeamten oder beim Finanzamt im Einkommensteuerveranlagungsverf, so darf das Gericht bzw die Verwaltungsbehörde nicht darüber entscheiden, weder im positiven noch im negativen Sinne. Es **darf auch keine negative Entscheidung getroffen,** dh es darf nicht von der Unwirksamkeit der ausl Entscheidung ausgegangen werden; denn sonst entstünde wieder die Gefahr widersprechender Entscheidungen. Die Anerkennungsfrage ist **auch als Vorfrage** den Gerichten und Verwaltungsbehörden entzogen. Sie müssen ihr Verf aussetzen und die Entscheidung der LJV abwarten. – Zur Vorgehensweise des Notars Geimer DNotZ 90, 525. 225

4) Die Monopolisierung der Entscheidung über das Vorliegen oder Nichtvorliegen der Anerkennungsvoraussetzungen im Verf vor der LJV begründet für jedes dt Gericht und für jede dt Behörde, für deren Entscheidung die Frage der Anerkennung von Bedeutung ist, **ein Verfahrenshindernis,** Geimer NJW 67, 1401; 74, 1631, zustimmend MK/Gottwald Rn 166, 168; Karlsruhe FamRZ 91, 92 = IPRspr 90/223. Mißverständl ist der von der hM verbreitete Satz: Solange seine Anerkennung im Inland nicht festgestellt sei, könne ein ausl Scheidungsurteil im Inland keine Wirkungen entfalten, Martiny I Rn 1674; LJV NRW IPRax 86, 167. Diese Formulierung verleitet zur falschen Schlußfolgerung, daß das dt Gericht bzw die dt Behörde von der Nichtanerkennung der ausl Entscheidung ausgehen könne, solange kein positiver Bescheid der LJV vorliegt. Gerade die Frage, ob die ausl Entscheidung im Inland Wirkungen entfaltet, ist im Anerkennungsverf vor der LJV zu klären, Henrich IPRax 84, 218. Verfehlt BGHZ 64, 19 = NJW 75, 1072 (Geimer 2141) = IPRspr 75/98. Der BGH setzte nicht aus, weil die Verletzung des Art 7 nicht gerügt worden war. **Das Aussetzungsgebot ist aber in allen Lagen des Verfahrens von Amts wegen zu beachten.** Eine Heilung nach § 295 ist ausgeschlossen, Geimer NJW 75, 2141. Abzulehnen auch Frankfurt IPRspr 80/159; BGH NJW 83, 514 = IPRspr 82/170. 226

5) Die Aussetzungspflicht besteht auch in den Fällen, in denen die Rechtslage völlig klar ist. Auch wenn feststeht, daß ein (unverzichtbares) Anerkennungshindernis (das unmittelbare Staatsinteressen schützt, Rn 182) besteht, ist nach Art 7 FamRÄndG zu verfahren. Ebenso im umgekehrten Fall. Abzulehnen BGH FamRZ 82, 1203 = IPRax 83, 292 (Basedow 278; Bürgle 281) sowie Düsseldorf IPRax 93, 251 (Henrich 236). Der **BGH will nur auf Antrag** (§ 151) aussetzen, im übrigen nach Ermessen (§ 148). Dabei seien prozeßökonomische Erwägungen als auch eine **Prognose des wahrscheinl Ergebnisses der LJV-Entscheidung** in Betracht zu ziehen. Damit höhlt der BGH den Gesetzeszweck (Rn 222) aus, Geimer/Schütze I 1721; Martiny I Rn 1664; Schack IZVR Rn 898. AA StJ/Schlosser § 606a Rn 5. 227

6) Aussetzung des Verfahrens ist nicht erforderl, wenn die Anerkennungsfrage nicht entscheidungsrelevant ist, Martiny I Rz 1665. Wurde bereits vor der ausl Entscheidung die Scheidung durch ein dt Gericht ausgesprochen, so hat das inländische Urteil Vorrang, § 328 I Nr 3. Die Rechtsgestaltung ist – jedenfalls für den dt Hoheitsbereich – durch das dt Scheidungsurteil vorgenommen. Ob die Anerkennungsvoraussetzungen des zeitl später wirksamen ausl Urteils gegeben sind oder nicht, spielt keine Rolle. Aus dt Sicht ist hier das Eheband bereits durch die frühere inländische Entscheidung gelöst. – Aussetzung auch nicht erforderl, wenn die zweite Eheschließung auf jeden Fall **bigamisch** wäre, weil sie vor Rechtskraft des ausl Scheidungsurteils geschlossen wurde, Schleswig IPRspr 66–67/260, Martiny I Rn 665. Fragl ist die Aussetzungspflicht, wenn Ehegatten im Ausland durch gerichtl Urteil bereits **von Tisch und Bett getrennt** sind, nun aber in Deutschland auf Scheidung geklagt wird. Sie ist jedenfalls dann zu bejahen, wenn nach dem vom dt IPR berufenen Scheidungsstatut die Ehetrennung in eine Scheidung umzuwandeln ist; denn hier ist die Anerkennung des Trennungsurteils Voraussetzung für die Umwandlung. AA Frankfurt FamRZ 75, 632 = IPRspr 74/173. 228

7) Ist bereits LJV-Bescheid ergangen, so sind die Gerichte daran gebunden. Sie können die Fortsetzung des bei ihnen anhängigen Verf nicht mit der Begründung verweigern, die Beteiligten sollten Antrag auf gerichtl Entscheidung stellen, BayOLGZ 73, 251 = NJW 74, 1628 (Geimer) = IPRspr 73/157. Wenn jedoch Antrag auf gerichtl Entscheidung gestellt ist, kann das Gericht weiterhin aussetzen. 229

II) Nebenentscheidungen, die nicht die Scheidung selbst betreffen, sondern deren Folgen, unterliegen nicht dem Feststellungsmonopol der LJV, Geimer IZPR Rn 3018. Dies gilt auch dann, wenn das ausl Gericht über die Scheidungsfolgen (Unterhalt, Regelung der elterl Sorge etc) uno actu zusammen mit der Scheidung im Entscheidungsverbund erkannt hat; Geimer NJW 75, 2141. Jedoch gibt es **keine Anerkennung der Scheidungsfolgen ohne Anerkennung der Scheidung,** BGHZ 64, 19 = NJW 75, 1072 (Geimer 2141); Martiny I Rn 1667; Geimer/Schütze I 991, 1723; StJ/Schumann 419; Baumann IPRax 90, 29; Rn 201; Schack IZVR Rn 892. Vgl auch Koblenz 230

FamRZ 91, 459. – Wenn nun aber vorfrageweise zu prüfen ist, ob die ausl Scheidung im Inland anzuerkennen ist, so besteht hinsichtl dieser Frage das Aussetzungsgebot; IPG 76 Nr 46 (Hamburg). **Dies gilt auch, wenn für die Anerkennung der Scheidungsfolgen ein Staatsvertrag maßgebl ist.** So zB für Art 25 ff GVÜ Geimer JZ 77, 147; für Art 7 MSA Frankfurt/M OLGZ 77, 141; Goerke StAZ 76, 273; Staudinger/Kropholler Rn 625 vor Art 18; Geimer/Schütze I § 112, § 234 IV Fn 22; MK/Gottwald Rn 172. AA MK-BGB/Siehr Art 19 EGBGB Anh Rn 2.93; Hausmann IPRax 81, 6; Mitzkus 361. – Wurde im Eheurteil auch über die gesetzl Unterhaltsansprüche der Kinder mitentschieden, so besteht die vorgenannte Vorgreiflichkeit nicht, da der **Unterhalt der Kinder** gegen die Eltern vom Bestehen der Ehe unabhängig ist, München IPRspr 82/173 = DAVorm 490; AG Hamburg-Altona FamRZ 92, 82 (Gottwald) = IPRspr 91/191. AA Celle FamRZ 90, 1390 = IPRax 91, 62 (Henrich).

231 **III) 1)** Die Sachentscheidung der LJV bzw des OLG-Präsidenten (Art 7 § 1 [2a]) und die gerichtl Entscheidung des OLG (in Bayern: des BayObLG) entfalten **Feststellungswirkung erga omnes** (Art 7 § 1 VIII). Dies gilt **auch für Zurückweisungen** als unbegründet, Geimer IZPR Rn 3019. Wie hier BayObLG NJW 74, 1628 (Geimer) = IPRspr 73/157; BayObLGZ 76, 147; 80, 353; Hausmann 154 Fn 49; StJ/Schumann 485. Weniger deutlich BayObLGZ 92, 195 (Rn 175). AA KG FamRZ 69, 97 = NJW 69, 383 (Geimer 801) = IPRspr 68–69/236. MK/Gottwald Rn 179, da nicht allen Beteiligten rechtl Gehör gewährt werden könne. Dies muß aber geschehen. – Für Zulässigkeit der Wiederholung des Anerkennungsantrags auf Grund neuer Tatsachen BayObLG IPRspr 78/175 und BayObLGZ 80, 352 = IPRspr 80/175.

232 **2)** Legt man auch der sachl Antragszurückweisung Feststellungswirkung zu, so hat dies für das Verfahren vor der LJV weittragende Auswirkungen: **Der positive wie der negative Anerkennungsantrag betreffen den gleichen Verfahrensgegenstand,** Düsseldorf FamRZ 88, 198 = IPRspr 87/165. Stellt der eine Ehegatte einen positiven Anerkennungsantrag, so kann der andere nicht mit einem negativen Feststellungsantrag nachfolgen. Dieser ist analog § 261 III Nr 1 unzulässig wegen Identität des Verfahrensgegenstandes. Der zweite Antrag ist jedoch in einen Zurückweisungsantrag umzudeuten. – Da sich auch die Antragszurückweisung auf das Statusverhältnis der im Ausland geschiedenen Ehegatten unmittelbar rechtserhebl auswirkt, ist das LJV-Verfahren so auszugestalten, daß jedem Ehegatten bzw seinem Rechtsnachfolger rechtl Gehör gewährt wird, Geimer NJW 74, 1630 und 1632.

233 **3)** Auch **offensichtl Fehlentscheidungen** der LJV entfalten Feststellungswirkung, solange sie vom OLG nicht aufgehoben worden sind. Dies gilt auch dann, wenn die LJV ihre sachl Zuständigkeit überschritten hat, also Fälle entschieden hat, in denen ein Anerkennungsverfahren gar nicht vorgesehen ist (vgl Rn 245 f). Unentschieden BGH FamRZ 83, 358. **Ausnahme:** Keine Bindung, wenn Verwaltungsakt der LJV nichtig ist (Rn 263). Es handelt sich aber um extreme Ausnahmefälle. Aber auch dann besteht die Aussetzungspflicht (Rn 226) fort.

234 **IV) Anwendungsbereich. 1)** Das Anerkennungsverf vor der LJV bzw vor dem OLG-Präsidenten ist vorgeschrieben für alle Entscheidungen, durch die im Ausland eine Ehe für nichtig erklärt, aufgehoben, dem Bande nach oder unter Aufrechterhaltung des Ehebandes geschieden wurde oder durch die das Bestehen oder Nichtbestehen einer Ehe zwischen den Parteien festgestellt ist.

235 **a)** „Entscheidungen" sind auch **Akte nichtgerichtl Behörden des Auslands.** Der Begriff ist weit auszulegen. Es fallen darunter Akte der freiw Gerichtsbarkeit, Verwaltungsakte, Gnadenakte, ja sogar Gesetze. Es muß sich aber in jedem Fall um **Hoheitsakte ausl Staatsgewalt** handeln. Privatscheidungen, dh Scheidungen auf Grund **rechtsgeschäftl Handelns,** fallen ebensowenig unter Art 7 FamRÄndG, wie Urteile **kirchl Ehegerichte,** sofern diese als rein geistl fungieren, Rn 78. – In diesen Fällen kann gem §§ 606 ff auf Feststellung des Bestehens bzw Nichtbestehens der Ehe geklagt werden, BGH FamRZ 82, 44 = IPRspr 71/191; AG Hamburg IPRspr 82/66A will auch Feststellung der Wirksamkeit der Privatscheidung zulassen. **Art 7 findet aber Anwendung, wenn ausl Behörde bei Privatscheidung mitwirkt,** Rn 238.

236 **b)** Die Anerkennung einer Privatscheidung beurteilt sich nicht wie bei einem gerichtl Urt nach dt IZPR, sondern nach den Normen des IPR. Maßgebend ist das Scheidungsstatut, Art 17 EGBGB nF, BGHZ 110, 267 = NJW 90, 2194 = MDR 90, 624 = FamRZ 90, 608 = IPRspr 90/216; BayObLG FamRZ 94, 1263.

237 **c)** Ist nach dt IPR dt materielles ScheidungsR maßgebl, so kann eine Privatscheidung nicht anerkannt werden, auch wenn diese außerhalb Deutschlands vorgenommen wurde. Dem steht näml der auch international durchzusetzende Grundsatz entgegen, daß eine Ehe nur durch richterl Urteil geschieden werden kann, § 1564 BGB, BGH FamRZ 90, 609; BGH FamRZ 94, 434 = LM Art 17 EGBGB 1986 Nr 6 (Geimer)-Rabbinatsscheidung. Dem dt Recht ist eine Privatscheidung, dh eine Scheidung, die nur auf der Willenserklärung eines oder beider Ehegatten beruht, fremd, Rn 241. Der BGH will **§ 1564 BGB auch bei ausl Scheidungsstatut** anwenden und betrachtet daher Scheidungen durch Rechtsgeschäft von Ausländern, die im Inland (hierzu KG StAZ 84, 309 [Bürgle 85, 104] = IPRspr 84/44) vorgenommen werden, als unwirksam, BGHZ 82,

34. Ebenso BayObLG FamRZ 85, 1259; Düsseldorf IPRax 86, 305 = IPRspr 86/186; Stuttgart IPRax 88, 172 (Beule 150) = IPRspr 87/162. Er qualifiziert § 1564 BGB unzutreffend als Verfahrensnorm. Methodisch richtig wäre Art 6 EGBGB, Kegel IPRax 83, 23. Vgl auch Henrich IPRax 85, 108, 218, Schack IZVR Rn 897; MK/Gottwald Rn 161 sowie Rn 271a.

d) **Das Feststellungsverfahren vor der LJV** kommt auch **für Privatscheidungen** (Scheidungen durch Rechtsgeschäft) zum Zuge, **wenn bei der Privatscheidung eine ausl Behörde mitgewirkt hat,** zB durch Eintragung in ein behördl Register, BGHZ 82, 43; BayObLG IPRax 85, 108 (Henrich) = FamRZ 85, 75 = IPRspr 84/187; BayObLG RR 86, 5 = FamRZ 85, 1258 = IPRspr 85/186; BayObLG FamRZ 94, 1263; Koblenz IPRax 88, 178 = IPRspr 87/166; Frankfurt/M NJW 90, 646; Celle IPRspr 90/215 LJV NRW StAZ 92, 46 = IPRspr 91/216 (Verstoßung nach marokkanischem Recht). Ebenso für nach StammesR erfolgte und im ghanaischen Ehescheidungsregister eingetragene Auflösung einer nach StammesR geschlossenen Ehe, Frankfurt/M RR 90, 778 = IPRspr 90/217. Ausführl Krzywon StAZ 89, 102. 238

e) Art 7 FamRÄndG gilt auch dann, wenn **alle Tatbestandsmerkmale der Privatscheidung im Inland** erfüllt worden sind (zB Thai-Scheidung in Bonner Botschaft; zum Thai-Recht Fuhrmann IPRax 83, 137), Stuttgart StAZ 80, 152 = IPRax 81, 213 (Beitzke 202 und Otto Rpfleger 80, 419) sowie BGHZ 82, 34 = FamRZ 82, 44 = MDR 82, 126 = IPRax 83, 38 (Kegel 22) = NJW 82, 517; BayObLG IPRax 86, 180 = IPRspr 85/186. Diese weite Auslegung ist im Interesse der Rechtssicherheit erforderl, um widersprechende Entscheidungen zu vermeiden (Rn 222 ff). 239

f) **Rein rechtsgeschäftl Scheidungen** ohne Mitwirkung einer Behörde fallen nicht unter Art 7 FamRÄndG (Rn 235). Anders MK/Gottwald Rn 160. 240

g) Zur Nichtanerkennung von **Privatscheidungen Deutscher im Ausland** BayObLGZ 81, 353 = IPRax 82, 104 (Henrich) = IPRspr 81/193; BGHZ 110, 267 = NJW 90, 2194 = FamRZ 90, 607 = MDR 90, 624 = IPRspr 90/216; vgl Rn 237. 241

h) Ein ausl **Ehetrennungsurteil** kann nicht als **Scheidungsurteil** anerkannt werden, Hamburg IPRspr 83/184, Rn 23. – Zum **talâq** (Verstoßung der Ehefrau durch den Ehemann: II. Sure, Vers 227 ff) Nachw bei Hessler Sachrechtl Generalklausel und internationales FamilienR, 1985, 90; zum marokkanischen Recht AG Hamburg IPRax 86, 114 = IPRspr 85/71. – Eine talâq-Scheidung verstößt nicht per se gegen dt ordre public, Celle IPRspr 90/215. 242

i) Für die **Anerkennungsprognose in Zusammenhang mit der Beachtung ausl Rechtshängigkeit** (Rn 288) besteht **keine Aussetzungspflicht,** solange im ausl Verfahren kein (Scheidungs-)Urteil ergangen ist, Geimer NJW 84, 527, Geimer/Schütze I 1660; Schumann IPRax 86, 15 Fn 8; Martiny I Rn 1665. Nach Erlaß des Urteils besteht jedoch Aussetzungspflicht, und zwar auch dann, wenn dieses noch keine Wirkungen hervorbringt, zB weil es noch nicht formell rechtskräftig ist. Zwar ist noch keine Anerkennung mögl, weil noch keine Wirkungen nach dem Recht des Erststaates eingetreten sind, die auf das Inland erstreckt werden könnten (Rn 18). Die diffizile Frage, ob das ausl Urteil bereits Wirkungen entfaltet, sollte man aber der LJV überlassen. 243

j) **Beispiele:** Zur Anerkennung einer Privatscheidung nach ghanaischem Stammesrecht Düsseldorf IPRspr 83/183, Frankfurt/M NJW-RR 90, 778 = StAZ 90, 195 = IPRspr 90/217, nach dem Recht von Bangladesh JM NRW IPRspr 83/2, nach pakistanischem Recht Celle IPRspr 90/215. 244

2) **Ausnahmen: a) Urteile des Heimatstaates beider Ehegatten,** Art 7 § 1 I 3 FamRÄndG: Hier hängt die Anerkennung nicht von der Feststellung der LJV ab, wenn ein Gericht (für Entscheidungen nicht richterl Instanzen ist Feststellungsverfahren durchzuführen, Hamm IPRax 89, 107 = IPRspr 88/203) desjenigen Staates entschieden hat, dem beide Ehegatten zur Zeit der Entscheidung angehört haben. In diesem Fall prüft das jeweils befaßte Gericht bzw die Behörde selbst die Anerkennungsvoraussetzungen, Hamm FamRZ 95, 886. Das Anerkennungsverf ist auch nicht fakultativ zulässig, Geimer NJW 71, 2138; Schack IZVR Rn 893; Frankfurt/M NJW 71, 1528. AA hM, BGHZ 112, 127 = NJW 90, 3081 = IPRspr 90/221; MK/Gottwald Rn 162. Offen gelassen von BayObLG RR 90, 842 = FamRZ 90, 897 = IPRspr 90/218. – Diese Regelung ist rechtspolitisch verfehlt. Auch bei Urteilen, die vom alleinigen Heimatstaat beider Parteien erlassen wurden, besteht die Möglichkeit der Nichtanerkennung, etwa wegen Verstoßes gegen ordre public, Hamm FamRZ 96, 951. Wie bei allen anderen Urteilen in Ehesachen gibt es auch hier ein Bedürfnis nach Klärung der Rechtslage, Mansel Rn 474, Geimer NJW 67, 1400. – 245

Maßgebl Zeitpunkt für die Tatbestandsvoraussetzungen des Art 7 § 1 I 3 ist der Erlaß des ausl Urteils; Staudinger/Spellenberg[12] § 328 Rn 580. Hat Ehefrau mit Eheschließung die Staatsangehörigkeit des Mannes erworben, aber ihre bisherige (dt) behalten, liegt kein sog Heimatentscheidung vor, BayObLGZ 1977, 180 = FamRZ 78, 243 = IPRspr 77/163; die dt StA eines Mehrstaaters schließt Anwendung des Art 7 § 1 I 3 immer aus, LJV NRW IPRspr 84/184 u 185, BayObLG FamRZ 90, 898 = IPRspr 90/218, auch wenn ausl Staatsangehörigkeit die effektive ist. AA Bremen IPRax 85, 296 = IPRspr 84/92; unentschieden BGH NJW 83, 514 = IPRax 83, 292 (Basedow 278, Bürgle 281). – Bestehen Zweifel, ob die Eheleute zum Zeitpunkt des Erlasses des ausl Schei- 245a dungsurteils nur die Staatsangehörigkeit des Urteilsstaates gehabt haben, so ist das LJV-Verf durchzuführen, Hamburg IPRspr 82/181. Voraussetzung für die Anwendung dieser Ausnahmeregel ist also, daß ein Gericht des Staates entschieden hat, der der **alleinige Heimatstaat** beider Ehegatten ist. Bei **Mehrstaatern** greift sie also ohne Rücksicht auf Effektivität nicht ein, Mansel Rn 474, LJV Baden Württ IPRax 90, 52. Anders StJ/Schumann 446.

246 **b) Antrags- bzw Klageabweisungen:** Für klageabweisende Urteile bzw den Scheidungsantrag abweisende Entscheidungen ist ein Anerkennungsverf nicht vorgeschrieben. Sofern diese nach dem Recht des Erststaates Wirkungen entfalten, werden diese unmittelbar kraft Gesetzes anerkannt, sofern die Anerkennungsvoraussetzungen gegeben sind; Beisp: Frankfurt NJW 89, 671 = IPRspr 88/180. Ausnahme, wenn die Klageabweisung nach dem Recht des Erststaates eine rechtskräftige Feststellung über das Bestehen/Nichtbestehen der Ehe enthält. Für die Anerkennung solcher Urteilswirkungen ist die Durchführung des Anerkennungsverfahrens erforderl.

247 c) Das Anerkennungsverf ist nur für diejenigen Urteilswirkungen vorgeschrieben, deren Herbeiführung das ausl Verf intendierte, Geimer IZPR Rn 3023. Das sind die Gestaltungswirkung bei Ehenichtigkeits-, Eheaufhebungs- und Scheidungsverf und die materielle Rechtskraftwirkung bei Klagen auf Feststellung des Bestehens oder Nichtbestehens einer Ehe. Für die Anerkennung der im ausl Eheurteil enthaltenen **Nebenentscheidungen,** wie zB Schuldausspruch (bestr, dafür Praxis der LJVen, Krzywon StAZ 89, 96), Verurteilung zur Kostenzahlung oder zur Zahlung von Unterhalt an die geschiedene Ehefrau, Regelung der elterl Sorge, ist das Anerkennungsverfahren vor der LJV nicht konzipiert; BayObLG IPRspr 78/175; Koblenz IPRspr 85/173 A. Die in den Verurteilungen enthaltene rechtskräftige Feststellung des Bestehens des Leistungsanspruchs wird unmittelbar kraft Gesetzes anerkannt, soweit die Anerkennungsvoraussetzungen gegeben sind, Rn 186. Die Vollstreckbarkeit für den Bereich des Inlands muß den ausl Entscheidungen nach §§ 722, 723 verliehen werden. Auch wenn wegen der Hauptsacheentscheidung (zB Scheidung) ein LJV-Anerkennungsverf bereits erfolgreich durchgeführt worden ist, wird die Vollstreckbarerklärung nicht überflüssig, Geimer NJW 67, 1400. Wegen ausl Sorgerechtsentscheidungen s Rn 230 und Geimer IPRax 92, 7.

248 **d) DDR-Urteile** (Rn 286) waren nie ausl Urteile. Daher war Art 7 FamRÄndG nicht anzuwenden, BGHZ 34, 134 = FamRZ 82, 1189, Oldenburg FamRZ 83, 94 = IPRspr 82/171; MK/Gottwald Rn 158.

249 e) Soweit das Verf vor der LJV nicht statthaft ist, kann die Anerkennungsfrage durch eine **Klage auf Feststellung des Bestehens/Nichtbestehens der Ehe (§ 606)** geklärt werden, Geimer NJW 71, 2139; Martiny I Rn 1623.

f) Einstw Maßnahmen auch vor Entscheidung der LJV zulässig, Geimer NJW 67, 1401; Martiny I Rn 1666.

250 **g) Exkurs:** Das Feststellungsmonopol der LJV wird durch die (abzulehnende) **lex causae-Theorie** (Rn 46) stark reduziert, Geimer IZPR Rn 44. Danach befindet die LJV ledigl über die prozessuale Anerkennung nach § 328, nicht hingegen über die die Gestaltungswirkung auslösende kollisionsrechtl Anerkennung, Hausmann 265, unter Hinweis auf die unselbständige Anknüpfung der Vorfrage. Die Bedeutung des Art 7 erschöpft sich dann im wesentl in einem Verbot der prozessualen Inzidentanerkennung. Die Vorfragenkompetenz der LJV besteht nur, soweit die Anerkennungsvoraussetzungen des § 328 überhaupt erfüllt sein müssen. Dies ist nach der lex causae-Theorie nur dann der Fall, wenn über den Eintritt der Rechtsgestaltung nach dt materiellem Recht zu befinden ist, dh die Vorfrage der Scheidung nach dt Recht zu beurteilen ist, oder wenn es in einem inländischen Verfahren auf die materielle Rechtskraft des ausl Scheidungsurteils ankommt. Geht es aber darum, ob das Scheidungsurteil eine Änderung der materiellen Rechtslage herbeigeführt hat, so kann jede mit dieser Frage befaßte Stelle darüber nach der jeweiligen lex causae incidenter entscheiden, Hausmann 269, 274, Hoyer JBl 1982, 641. Da die (modifizierte) lex causae-Theorie in allen Fällen, in denen ein Deutscher an der Auslandsscheidung beteiligt ist, ebenfalls eine prozessuale Anerkennung verlangt, ergeben sich praktische Auswirkungen nur bei einer gemischt-nationalen Ausländerehe. **Stellungnahme:** Art 7 § 1, der auf § 328 Bezug nimmt, läßt deutl erkennen, daß es nur eine einheitl bindende Anerkennungsfeststellung geben soll. Der Sinn des Feststellungsverf wäre verfehlt, wenn trotz der Feststellung jedes Gericht und jede Behörde eine abweichende Entscheidung treffen könnte, indem sie von einer (anderen) lex causae ausgeht, Martiny I Rn 1662; MK/Gottwald Rn 167.

251 **V) Wirksamkeit der ausl Entscheidung nach dem Recht des Erststaates.** Nach dessen Recht muß die Ehe aufgelöst bzw für nichtig erklärt bzw aufgehoben sein, BayObLGZ 82, 257 = IPRspr 82/185. – Die Anerkennung setzt voraus, daß die ausl zur Anerkennung anstehende Entscheidung nach dem Recht des Erststaates wirksam geworden ist (Rn 92). Ist nach dem Recht des Erststaates die Eintragung des Scheidungsurteils in ein Register Voraussetzung für den Eintritt der

Scheidung, so muß geprüft werden, ob die Registrierung erfolgt ist, BayObLGZ 1977, 71 = IPRspr 77/161.

VI) Verwaltungsverfahren. 1) Antragsberechtigung (Richter/Krzywon IPRax 88, 349; Krzywon StAZ 89, 96): Nach Art 7 § 1 III 2 kommen auch Sozialversicherungsträger (KG NJW 70, 2169 = FamRZ 70, 664) und auch Staatsanwaltschaften (im Fall des § 24 EheG). Das rechtl Interesse muß ein unmittelbares sein, Geimer IZPR Rn 3029. **Nicht antragsberechtigt** sind **Gerichte, Notare und Standesbeamte,** auch wenn für deren Entscheidung die Frage der Anerkennung oder Nichtanerkennung als Vorfrage von Wichtigkeit ist. Die Antragsberechtigung setzt **keine Beschwer im formellen Sinn** voraus. Der siegreiche Kläger kann Antrag auf Nichtanerkennung der ausl Entscheidung stellen, während umgekehrt der unterlegene Beklagte, der im ausl Verf Antrag auf Klageabweisung gestellt hatte, Antrag auf Anerkennung stellen kann, Geimer NJW 67, 1402. 252

2) **Die Antragsberechtigung kann nicht verwirkt werden.** Wer sich jahrelang mit der ausl Scheidung abgefunden hat, ohne etwas zu unternehmen, kann gleichwohl einen negativen Feststellungsantrag stellen. AA Düsseldorf FamRZ 88, 198 = IPRspr 87/165. Eine andere Frage ist, ob dieser Antrag begründet ist. So kann es vorkommen, daß der Antragsteller sich infolge des Zeitablaufs nicht mehr auf den einen oder anderen Versagungsgrund berufen darf, weil dies treuwidrig wäre, Geimer IZPR Rn 3030; LJV Baden-Württemberg FamRZ 95, 1411. 253

3) Rechtl Interesse an der Feststellung der Anerkennungsfähigkeit einer ausl Entscheidung fehlt, wenn sie eine Ehe scheidet, die aus dt Sicht eine **Nichtehe** ist, BayObLG IPRax 82, 250. 254

4) Die am Anerkennungsverfahren Beteiligten müssen der **dt Gerichtsbarkeit** (§§ 18 ff GVG) unterworfen sein, näher Geimer IZPR Rn 3032. 255

5) **Nichtigkeit (= Unwirksamkeit) der Entscheidung der LJV** ist ganz selten gegeben. Es gelten die gleichen Grundsätze wie für gerichtl Urteile. Im Zweifel führen Verfahrensfehler und Fehler bei der Entscheidungsfindung nur zur Anfechtbarkeit, Geimer IZPR Rn 3033. 256

Stellt die LJV das Vorliegen der Anerkennungsvoraussetzungen fest, so teilt sie dies dem (inländischen) **Standesbeamten,** bei dem die Ehe geschlossen wurde (§ 211 IV DA), zur **Beischreibung** (§ 18 PStV) mit, näher Geimer IZPR Rn 3034. 257

Einstweilen frei. **258–269**

VII) Abänderung. Wird ein Antrag auf Abänderung eines LJV-Bescheides gestellt, so findet Art 7 § 1 kraft Sachzusammenhangs auch auf das Abänderungsverfahren Anwendung. Wendete man §§ 23 ff EGGVG an, so führte dies zu einem vom Gesetzgeber sicher nicht beabsichtigten Auseinanderfallen der Zuständigkeiten, BayObLGZ 75, 301 = MDR 76, 232 (Geimer) = IPRspr 75/180; BayObLG FRES 6, 421 = IPRspr 80/173. 270

VIII) Verfassungsmäßigkeit. Es bestehen schwere verfassungsrechtl Bedenken; Geimer NJW 74, 1630; FamRZ 75, 588; Geimer IZPR Rn 264; zust StJ/Schumann 410; Linke IZPR Rn 428 Fn 215; Bajons ZfRV 1971, 264 Fn 60. AA BGHZ 82, 34 = NJW 82, 517 = MDR 82, 126. – Art 7 FamRÄndG ist auch mit der von Deutschland völkerrechtlich vereinbarten (Staaten-)Verpflichtung aus Art 6 EMRK nicht zu vereinbaren, Matscher ZZP 103 (1990), 321. 271

IX) Inlandsscheidung wegen Verweigerung der Anerkennung der ausländischen Ehescheidung s Rn 283 und § 606a Rn 85. 271a

R) Zeitpunkt der Anerkennung

Aus dem System der automatischen Urteilsanerkennung kraft Gesetzes (Rn 186) folgt, daß die Wirkungen des erststaatl Urteils im gleichen Zeitpunkt, zu dem sie im Erststaat eintreten, auf den Zweitstaat erstreckt werden, Rn 39, 51. Es kommt also nicht auf den Zeitpunkt an, in dem die Frage der Anerkennung geprüft wird, Geimer/Schütze I 1015, 392, 1603; Martiny I Rn 298; MK/Gottwald Rn 7; Schack IZVR Rn 880. AA Schütze DIZPR 163, der auf den Zeitpunkt der „Inlandsbeziehung" abstellt. 272

S) Intertemporales Recht

Vorstehendes (Rn 272) ist auch zu beachten, wenn **ausdrückl Übergangsvorschriften** fehlen. Dies gilt insbes für Änderung der Nr 5 (Rn 179) und der Nrn 2 und 3 sowie des § 606a II durch IPR-ReformG; vgl Rn 124. Art 220 I EGBGB bringt eine Überleitungsnorm nur für IPR, nicht für internationalverfahrensrechtl Vorschriften, jedoch entspr anwendbar; KG NJW 88, 649 (Geimer) = FamRZ 87, 603 = IPRspr 87/164; MK-BGB/Schwimann Art 13 EGBGB Anh Rn 142; Boll 34. AA BayObLG NJW 88, 2178 (krit Geimer) = FamRZ 88, 860 = IPRspr 87/168; Rahm/Künkel/Breuer VIII Rn 212.1; Schack IZVR Rn 881. Gegen Vertrauensschutz in Nichtanerkennbarkeit MK/Gottwald Rn 7 bei Fn 18. Unentschieden Krzywon StAZ 89, 102. Für großzügige Anerkennung, „sofern dadurch Vertrauenstatbestände nicht enttäuscht werden StJ/Schlosser § 606a Rn 23, der aber ordre public in Härtefällen anwenden will. Ein Rekurs auf die schillernde ordre public-Klausel 273 sollte aber vermieden werden. – In keinem Fall darf der Gesetzgeber die Anerkennungsvoraussetzungen mit Rückwirkung verschärfen, BGH NJW 90, 3090.

T) Folgen der Versagung der Anerkennung

274 **I) Nichtbeachtung der ausl Entscheidung.** Liegen die Anerkennungsvoraussetzungen nicht vor, so ist dem ausl Urteil die Anerkennung im Inland zu versagen (soweit keine Heilung durch Rügeverzicht stattfindet). Die ausl Urteilswirkungen (Rn 26) werden nicht auf das Inland erstreckt, Geimer IZPR Rn 3051.

275 Dabei spielt es keine Rolle, ob alle Anerkennungsvoraussetzungen oder ob nur eine oder mehrere fehlen, während die übrigen Anerkennungsvoraussetzungen gegeben sind. Die Nichtanerkennung bedeutet, daß die Wirkungen des ausl Urteils, die dieses nach dem Recht des Erststaates entfaltet, auf das Inland nicht erstreckt werden. Die nach dem Recht des Erststaates eintretenden Urteilswirkungen sind also von den dt Gerichten und den dt Verwaltungsbehörden nicht zu beachten. Dies gilt auch dann, wenn auf den vom ausl Gericht entschiedenen Streitfall nach dt IPR das Recht des Erststaates Anwendung findet und wenn im Urteilsstaat die materiellrechtl Rechtskrafttheorie gilt, Rn 37. § 328 hat Vorrang vor der kollisionsrechtl Verweisung auf das Recht des Erststaates. Wollte man anders entscheiden, so würde § 328 umgangen werden. Zustimmend Martiny I Rn 338.

276 Es wird mitunter behauptet, die ausl, im Inland nicht anzuerkennende Verurteilung schaffe eine **Naturalobligation.** Wenn auch die Verurteilung zu einer Leistung im Inland nicht anerkannt und vollstreckt werden könne, so entspreche doch ihre Erfüllung einer sittl Pflicht. Das aufgrund des ausl Urteils Geleistete könne daher in keinem Fall im Inland zurückgefordert werden, § 814 BGB, Matscher JBl 54, 54; Schack IZVR Rn 1029. Dem ist nicht zu folgen, Geimer Anerkennung 105. Ausführl 19. Aufl.

276a Für die evtl **Rückforderungsklage** gilt hinsichtl des Verfahrens die **dt lex fori**, Geimer IZPR Rn 3054.

276b Mögl ist auch eine teilw Rückforderung mit der Begründung, die im Ausland gezahlten Schadenersatzbeträge **(multiple damages)** seien überzogen, die ausl Verurteilung könne nur in Höhe eines Teilbetrages in Deutschland anerkannt werden, Rn 169, Geimer IZPR Rn 3055. Gegen **„claw back"** Schack IZVR Rn 1032. **Fazit:** Bei Maßgeblichkeit dt Bereicherungsrechts ist aus dt Sicht ein Rückforderungsanspruch unbestreitbar und muß auf Klage hin auch von den dt Gerichten nach Maßgabe der allg Vorschriften tituliert werden. AA MK/Gottwald Rn 148.

277 **II) Beweiskraft:** Das im Inland nicht anerkannte ausl Urteil entfaltet unter den Voraussetzungen des § 438 Beweiskraft für seine Existenz; die Feststellungen unterliegen der freien Beweiswürdigung des dt Gerichts, Geimer IZPR Rn 3056.

278 **III) Parteivereinbarungen.** Die Frage, ob ein ausl Urteil im Inland anzuerkennen ist, kann nicht unmittelbar Gegenstand von Parteivereinbarungen sein (Ausnahme: Steht die Geltendmachung eines Versagungsgrundes im Belieben einer Partei, Rn 125, 131, 159a, 182, können die Parteien – auch im vorhinein, vgl § 1041 Rn 24 – vereinbaren, daß der Versagungsgrund nicht geltend gemacht werden darf), Geimer IZPR Rn 3057. Zustimmend MK/Gottwald Rn 145. Eine solche Parteivereinbarung kann jedoch **materiellrechtl Bedeutung** haben, sofern die Parteien wirksam über den Streitgegenstand verfügen können. Sie kann je nach Sachlage als Verzicht oder Novation bzw Anerkennung des Anspruchs oder als Vergleich ausgelegt werden. Zustimmend Martiny I Rn 296; StJ/Schumann 31.

279–284 Einstweilen frei.

U) Teilanerkennung

285 Hinsichtlich eines jeden im ausl Urteil entschiedenen (selbständigen) Anspruchs (Streitgegenstands) sind die Anerkennungsvoraussetzungen gesondert zu prüfen, mit der Folge, daß hinsichtl des einen die Anerkennungsvoraussetzungen vorliegen können und hinsichtl des anderen nicht. In diesem Fall ist eine Teilanerkennung mögl. Denkbar ist auch eine **Teilteilanerkennung,** also Anerkennung eines Teils eines Anspruchs, Bungert ZIP 92, 1724. Offen gelassen von BGH NJW 92, 3105 = EWiR 92, 827 (Geimer) = RIW 93, 132 (Schütze) = ZIP 92, 1256 (Bungert 1719). Näher Matscher, FS Reimer, 1976, 33; Geimer/Schütze I 1641; Stiefel/Stürner VersR 87, 843. Schack IZVR Rn 1022. Bestr, ob Anerkennung der Unterhaltsentscheidung Anerkennung der Statusentscheidung (Scheidung, Vaterschaftsfeststellung) voraussetzt, Rn. 230. Die Teilanerkennung setzt keinen Antrag voraus, sondern erfolgt von Amts wegen, wenn das Gericht zu dem Ergebnis gelangt, daß die Anerkennung in dem beantragten Umfang nicht erfolgen kann, BGH NJW 92, 3105; Bungert ZIP 92, 1725.

V) Anerkennung von Entscheidungen der DDR-Gerichte

286 S Art 18 EinigungsV. Hierzu Brandenburg FamRZ 95, 503; Andrae IPRax 94, 223. Zu dem davor geltenden Richterrecht s 16. Aufl Rn 286. Urteile von Gerichten der DDR (einschließl Ost-Ber-

lins) waren in der Zeit der Teilung Deutschlands auch nach Inkrafttreten des Grundlagenvertrages (BGBl 1973 II 423; hierzu BVerfGE 36, 1; 37, 57) dt, also keine ausl Urteile, BVerfG NJW 88, 1314 (Gussek 1304), BGH NJW 82, 1947 = RIW 82, 592 = IPRax 83, 33 (Beitzke 16). § 328 war deshalb nicht direkt anwendbar, Baumann 168.

Einstweilen frei. 287

W) Anerkennungsprognose bei ausl Rechtshängigkeit (vgl IZPR Rn 96)

Die Rechtshängigkeit, die auf einer im Ausland erhobenen Klage beruht, ist dann im Inland zu 288 beachten, wenn das ausl Urteil voraussichtl anerkannt werden wird, Geimer IZPR Rn 2688; StJ/Schumann 321; Kerameus FS Schwab (1990) 258. Enger Schütze ZZP 104 (1991) 136.

X) Aufhebung und Abänderung ausl Urteile durch dt Gerichte setzt logisch die Anerkennung 289 voraus, Martiny I Rn 304; Köln IPRax 89, 53 (Henrich); Hamm FamRZ 91, 718. Wurde ein dt Urteil in § 323 vergleichbaren Fällen im Ausland abgeändert, so ist dieses ausl Abänderungsurteil anerkennungsfähig, Martiny I Rn 307; Geimer/Schütze I 459.

Y) Seerechtl Sonderregelung: § 738a II HGB verdrängt als lex specialis § 328. 290

Z) Gebühren: 1) des Gerichts: a) Für die **Feststellungsklage** (Rn 189) allgemeine Verfahrensgebühr nach 291 KV 1201. Sie beträgt den dreifachen Tabellensatz u wird fällig mit dem Eingang der Klageschrift bei Gericht (§ 61 GKG). Die Gebühr für das Verfahren im allgemeinen wird in jeder Instanz hinsichtl eines jeden Teiles des Streitgegenstandes nur einmal erhoben (§ 27 GKG). Urteilsgebühr s Rn 7 zu § 300. **b)** Für das **Feststellungsverfahren** nach Art 26 II GVÜ (Rn 190) wird eine Festgebühr erhoben (KV 1426); ebenso für das Verfahren auf Aufhebung oder Änderung (KV 1427). Bei Verbindung des Anerkennungsfeststellungsverfahrens mit dem Verfahren auf Vollstreckungsklauselerteilung (Art 31, 50, 51 GVÜ) entsteht die Festgebühr nicht ein zweites Mal; beide Verfahren bilden kostenrechtl eine Instanz iSd § 27 GKG. Dies gilt auch, wenn dem Verf auf Vollstreckungsklauselerteilung das Feststellungsverf auf Anerkennung vorausgeht. Der Ausgang des Verf berührt die Höhe der Gebühr nicht. Die durch die Einreichung des Antrags einmal entstandene u fällig (§ 61 GKG) gewordene Verfahrensgebühr kann durch eine nachfolgende Antragszurücknahme nicht wieder wegfallen. Keine Vorauszahlungspflicht (vgl § 65 GKG). Kostenschuldner: bei Antragsablehnung der Antragsteller (§§ 10 S 3, 27 AVAG; Einschränkung: §§ 41 II, 49 AVAG), bei antragstattgebender Entscheidung der Antragsgegner (§ 28 S 1 AVAG; Einschränkung: §§ 41 II, 49 AVAG), daneben auch der Antragsteller (§ 49 S 1 GKG); im Verhältnis zum Antragsteller (Gläubiger) ist der Vollstreckungsschuldner nicht Erstschuldner iSd § 58 II GKG. Schuldner der Gerichtsauslagen: §§ 49 S 1, 54, 58 II 1 GKG. KV 1426 entspricht KV 1096 aF. Neu eingefügt ist KV 1427 für das besondere Verfahren über den Antrag des Sch auf Aufhebung oder Änderung der Beschlüsse (§§ 29, 31 AVAG). – **Beschwerdeverfahren:** Die alten Nummern KV 1097, 1098 sind in den Hauptabschnitt IX des KV eingestellt (KV 1901 ff). S dazu § 567 Rn 62.

2) des Anwalts: a) Bei der **Feststellungsklage** (Rn 189) entsteht die $^{10}/_{10}$ Prozeßgebühr, daneben können auch die Verhandlungs- u die Beweisgebühr, uU die Erörterungsgebühr erwachsen (§ 31 Abs 1 Nr 1–4 BRAGO). Bezügl der Verhandlungsgebühr ist § 33 BRAGO, der Beweisgebühr § 34 BRAGO u der Erörterungsgebühr § 31 II BRAGO zu beachten. – Im Berufungs- u Revisionsverfahren erhöhen sich die Gebühren um $^{3}/_{10}$ (§ 11 I 2 BRAGO). **b)** Im Verfahren der **Feststellung nach Art 26 II GVÜ** (Rn 190) erhält der RA die in § 31 BRAGO bestimmten Gebühren, auch wenn nur durch Beschluß entschieden wird. Auch §§ 32 ff BRAGO sind anwendbar; Gegenstandswert ist der Teil des Schuldtitels, der vollstreckt werden soll (ohne Zinsen). – Im **Beschwerdeverfahren** erwachsen die gleichen Gebühren wie im 1. Rechtszug. Nur wenn die Beschwerde gegen eine andere als die instanzbeendende Entscheidung eingelegt wird, fällt die $^{5}/_{10}$ Beschwerdegebühr nach § 61 I Nr 1 BRAGO an. AM BGH NJW 83, 1270, der dem RA für die Vertretung im Rechtsbeschwerdeverfahren nach Art 37 I, 41 GVÜ über § 2 BRAGO $^{13}/_{10}$ Gebühren nach § 11 I zubilligt (zust G/S/von Eicken § 47 Rn 5: § 66 III BRAGO, nicht § 47 II BRAGO). **c)** Für die Tätigkeit im Verfahren der **Anerkennung ausländischer Entscheidungen in Ehesachen** erhält der RA Gebühren nach § 118 BRAGO. Für die Einreichung des Antrags auf Feststellung der Anerkennung durch die LJV verdient er die Geschäftsgebühr des § 118 I Nr 1 BRAGO. – Gegen die Feststellung oder Ablehnung durch die LJV kann die Entscheidung des OLG – in Bayern: des BayObLG – beantragt werden. Hinsichtl der Anwaltsgebühren für das Verfahren vor dem OLG (BayObLG) soll § 66a BRAGO anzuwenden sein (Hartmann, KostGes KostO § 98 Anhang II FamRÄndG Art VII § 2 Anm 2 aE). § 66a gilt aber nur für Verfahren nach §§ 23 ff EGGVG, nicht für das Sonderverfahren nach Art 7 FamRÄndG. Für den RA kommt daher auch für das gerichtl Verfahren vor dem OLG nur eine Liquidierung nach § 118 BRAGO in Betracht. Da es sich aber in den Verfahren vor der LJV (Verwaltungsverfahren) u vor dem OLG (gerichtl Verfahren) um dieselbe Sache handelt, ist die im Verwaltungsverfahren angefallene Geschäftsgebühr (§ 118 II BRAGO) anzurechnen.

329

[Beschlüsse und Verfügungen]

(1) Die auf Grund einer mündlichen Verhandlung ergehenden Beschlüsse des Gerichts müssen verkündet werden. Die Vorschriften der §§ 309, 310 Abs. 1 und des § 311 Abs. 4 sind auf Beschlüsse des Gerichts, die Vorschriften des § 312 und des § 317 Abs. 2 Satz 1, Abs. 3 auf Beschlüsse des Gerichts und auf Verfügungen des Vorsitzenden sowie eines beauftragten oder ersuchten Richters entsprechend anzuwenden.

(2) Nicht verkündete Beschlüsse des Gerichts und nicht verkündete Verfügungen des Vorsitzenden oder eines beauftragten oder ersuchten Richters sind den Parteien formlos mitzuteilen. Enthält die Entscheidung eine Terminsbestimmung oder setzt sie eine Frist in Lauf, so ist sie zuzustellen.

(3) Entscheidungen, die einen Vollstreckungstitel bilden oder die der sofortigen Beschwerde oder der befristeten Erinnerung nach § 577 Abs. 4 unterliegen, sind zuzustellen.

I) Allgemeines

1 **1) Begriffe. a) Verfügungen** sind alle Prozeßhandlungen des Gerichts, die der Vorsitzende des Kollegialgerichts oder ein ersuchter oder beauftragter Richter allein vornehmen kann. Sie betreffen prozeßleitende Anordnungen von untergeordneter Bedeutung (s auch Rn 3 vor § 300). **Beispiele** für Entscheidungen durch Verfügung: §§ 216 II, 273 II, 519 II 3; § 200 IV 2 GVG.

2 **b)** Bedeutendere prozeßleitende Anordnungen und zT auch Entscheidungen ergehen durch **Beschluß** des Gerichts (Rn 2 vor § 300). **Beispiele:** Erledigungsbeschluß (§ 91a), Kostenfestsetzungsbeschluß (§ 104), Bewilligung von Prozeßkostenhilfe (§ 119), Verweisungsbeschluß (§ 281), Beweisbeschluß (§§ 358 ff), Klageverbindung und -trennung (§§ 145 ff), Aussetzung (§ 248) usw.

3 Durch Urteil wird über das Rechtsschutzgesuch des Klägers, insbesondere über den Streitgegenstand entschieden, während die Form des Beschlusses hauptsächlich Akten der Prozeßleitung vorbehalten ist. Doch ist diese Regel nicht ohne Ausnahme. Zwischenstreitigkeiten über prozessuale Streitpunkte können durch Zwischenurteil (§ 303) entschieden werden; es besteht sogar ein Zwang zum (unechten) Zwischenurteil, sofern Dritte beteiligt sind, vgl §§ 71, 135, 387, 402. Die Entscheidung über die Hauptsache ergeht jedoch immer durch Urteil. Diese Regel gilt jedoch schon nicht mehr für Rechtsmittelentscheidungen. So kann die Verwerfung eines Rechtsmittels vor mündlicher Verhandlung durch Beschluß erfolgen (§§ 519b; 554a; vgl auch § 341). Auf den Inhalt der Entscheidung hat die gewählte Entscheidungsform keinen Einfluß. Der praktische Unterschied zeigt sich am deutlichsten in der verschiedenen Ausgestaltung der Regeln über Urteile (§§ 309 ff) und Beschlüsse (§ 329) und ihrer Anfechtung.

4 **2) Bedeutung.** § 329 enthält nur **unvollständige Vorschriften** über Beschlüsse und Verfügungen; die für Urteile geltenden Bestimmungen sind zum großen Teil **entsprechend** anzuwenden (hierzu näher Rn 23, 28 ff, 44).

5 **3) Unterscheidungen und Zeitpunkte.** Die hM (vgl RSchwab/Gottwald § 60 III 2b; StJ/Schumann Rn 42 ff; MK/Musielak Rn 5 ff; krit Karstendiek DRiZ 77, 276 mwN) unterscheidet den Erlaß des Beschlusses, dh das **Existentwerden** (Rn 6), von dem Zeitpunkt des **Wirksamwerdens** (Rn 7) und schließlich (in den Fällen des Abs III) dem der **Zustellung** des Beschlusses (Rn 11). Die Zeitpunkte gem Rn 6 und 7 können zusammenfallen (Rn 8).

6 **a) Voraussetzungen. aa) Existent** geworden und damit „erlassen" ist der Beschluß, wenn er aus dem inneren Bereich des Gerichts herausgelangt ist, das Gericht sich also des Beschlusses entäußert hat (BGH FamRZ 87, 922 mN; BayObLG NJW-RR 94, 1429; Braunschweig MDR 93, 1116; Köln FamRZ 93, 1227; Zweibrücken NJW-RR 87, 576; sa § 567 Rn 3); für die Existenz des Beschlusses nicht erforderlich ist sein Zugang an die Parteien; ihnen wird ein bereits existenter Beschluß mitgeteilt. Das Datum des Beschlusses ist bei Erlaß im schriftlichen Verfahren nicht maßgebend (BayObLG Rpfleger 81, 144). Einzelheiten: Rn 13 und 18.

7 **bb)** Für das **Wirksamwerden** des Beschlusses ist darüber hinaus idR erforderlich, daß der Beschluß den Parteien, für die er bestimmt ist, zugegangen ist (vgl BVerfG NJW-RR 94, 255). Inwieweit die Einhaltung einer gesetzlich vorgeschriebenen Verlautbarungsform (zB **Zustellung**) wesentlich ist, kann nur von Fall zu Fall entschieden werden. Im einzelnen str; vgl Rn 19 ff und 26.

8 **cc)** Die Zeitpunkte des Existent- und Wirksamwerdens fallen bei **verkündeten** Beschlüssen zusammen (Rn 13). Bei nicht verkündeten (formlos mitzuteilenden oder zuzustellenden) Beschlüssen sollte die Unterscheidung jedenfalls bei lediglich begünstigenden Entscheidungen (Prozeßkostenhilfebewilligung; Fristverlängerung; Einstellung der Zwangsvollstreckung) aufgegeben werden, zumal im Prozeßrecht eine dem § 130 BGB entsprechende Vorschrift fehlt; maßgebender Zeitpunkt für das Wirksamwerden wäre damit idR der des Existentwerdens (so BGH 25, 63; Köln Rpfleger 76, 102; Karstendiek DRiZ 77, 277; Vollkommer Rpfleger 74, 339 und Anm AP Nr 28 zu § 519 ZPO; vgl auch unten Rn 15 und 19).

9 **b) Rechtsfolgen.** Die durch Existentwerden und Zustellung bestimmten Zeitpunkte sind von Bedeutung für die Anfechtbarkeit und Abänderbarkeit (Bindung des Gerichts) des Beschlusses.

aa) Vom Zeitpunkt des Existentwerdens an kann die Partei den Beschluß mit dem bestehenden Rechtsbehelf **anfechten** (Koblenz NJW-RR 86, 935 = NJW 86, 2063 [LS]).

10 **bb)** Vom Existentwerden an ist das Gericht (im Rahmen der bestehenden Vorschriften, vgl Rn 11 zu § 318) an den Beschluß **gebunden** und kann ihn nicht mehr (wie bis zu diesem Zeitpunkt als bloßes Internum) abändern (BGH FamRZ 87, 922 mwN). **Bis** zu diesem Zeitpunkt eingegangene Schriftsätze sind in nicht verkündeten Beschlüssen noch zu berücksichtigen (Düsseldorf NJW-RR 88, 319 = MDR 88, 62; Zweibrücken NJW-RR 87, 576); Grund: Art 103 I GG.

11 **cc)** Mit Wirksamwerden des Beschlusses treten seine bestimmungsgemäßen Rechtsfolgen ein, etwa die Unterbrechungswirkung bei Aussetzung (vgl § 249 I; dazu BGH NJW 87, 2379). Die Zustellung hat insbes auch Bedeutung für die Inlaufsetzung der Rechtsmittelfrist und den Beginn der Zwangsvollstreckung (Abs III und Rn 13, 14 sowie Rn 16, 19 ff).

II) Beschlüsse aufgrund mündlicher Verhandlung (Abs I)

1) Verkündung. Beschlüsse, die auf Grund einer (notwendigen oder freigestellten) mündlichen Verhandlung (RSchwab/Gottwald § 82 II 2) oder gemäß § 251a ergehen, müssen verkündet werden (§§ 329 I, 310 I, 311 IV; vgl auch Rn 31 f). Verkündet werden müssen gemäß § 128 II S 2 und III S 2 auch **Entscheidungen im schriftlichen Verfahren.** Protokollierung: § 160 III Nrn 6, 7. Soweit die verkündeten Beschlüsse nicht dem Protokoll als Anlage beigefügt sind (§ 160 V), sind sie mit dem vollen Wortlaut der Beschlußformel in die Verhandlungsniederschrift aufzunehmen (§§ 160 III Nr 6, 165; gilt auch bei Verkündung mittels Tonträgers: § 160 Rn 10), doch nicht bereits dies, sondern erst die Verkündung macht den Beschluß existent. 12

2) Zusätzliche Erfordernisse. Wie Urteile sind auch Beschlüsse mit der Verkündung existent und den Parteien gegenüber wirksam; Ausnahme: § 629d (Folgesachen bei der Ehescheidung). Allerdings ist die **Amtszustellung** unter den Voraussetzungen des Abs III notwendig, vor allem also, um die Rechtsbehelfsfristen des § 577 II S 1, IV in Lauf zu setzen (s auch KG OLGZ 69, 37). Zur Einleitung des Zwangsvollstreckungsverfahrens genügt nach §§ 794 I Nr 3, 795, 750 I nach wie vor die Zustellung im Parteibetrieb. 13

3) Mängel. Wird der Beschluß, statt verkündet zu werden, fehlerhaft zugestellt, ist er wirksam geworden. Die Notfristen laufen aber erst ab Zustellung (Schleswig SchlHA 57, 158; München MDR 62, 224 mN; Köln Rpfleger 82, 113; Wieczorek Anm B Ib 4). Wird statt Verkündung nur formlos mitgeteilt, so kann der Empfänger zwar mit Rechtsmitteln angreifen (Rn 9), Notfristen beginnen aber auch in diesem Fall nicht zu laufen (Wieczorek Anm 9; vgl auch § 187 S 2). 14

III) Beschlüsse ohne mündliche Verhandlung (Abs II)

1) Form der Mitteilung. a) Formlose Mitteilung. II S 1 läßt grundsätzlich die formlose Mitteilung genügen. **Beispiele:** Übersendung durch die Post, Einwurf in den Wohnungsbriefkasten, in das Abholfach bei Gericht; auch eine fernmündliche Mitteilung kann ausreichen (BGH 14, 148; BGH LM Nr 2 zu § 329; BAG AP Nr 28 zu § 519, stRspr; anders noch RG 144, 258; ähnlich Hamm MDR 68, 156), sogar ohne einen entsprechenden Aktenvermerk (BGH 14, 152 im Fall der Mitteilung über die bewilligte Verlängerung der Berufungsbegründungsfrist). Die Aufhebung des Endtermins einer Rechtsmittelbegründungsfrist ist wirksam, wenn die Mitteilung darüber an den Rechtsmittelkläger zur Post gegeben war (BGH 4, 399; NJW-RR 89, 1404). Nicht notwendig ist, daß die Verlängerungsverfügung des Vorsitzenden noch vor Ablauf der Frist beim Rechtsmittelkläger oder seinem Prozeßbevollmächtigten eingeht (Köln JMBlNRW 70, 198; Vollkommer in Anm zu AP Nr 28 zu § 519 und Rpfleger 74, 339; hierzu näher Rn 46). Mitzuteilen ist die Entscheidung *im ganzen*, im Fall des § 11 II 4 RPflG auch die (in Bezug genommene) Nichtabhilfeentscheidung (Karlsruhe Rpfleger 95, 402). 15

b) Zustellung. Nach **II S 2** ist eine Zustellung erforderlich, wenn die Entscheidung **aa)** eine **Terminsbestimmung** enthält; Ausnahme: § 497 I S 1 (Ladung des Klägers zum ersten Verhandlungstermin vor dem AG); **bb)** eine (echte) **Frist** (auch richterliche) **in Lauf setzt;** s dazu BGH NJW 1977, 718: Bei der Aussetzungsfrist nach § 614 IV handelt es sich nicht um eine echte Frist iSd § 329 II S 2. Der Beschluß über die Bewilligung der Prozeßkostenhilfe setzt nicht iS von II 2 die Frist nach § 234 in Lauf (BGH VersR 85, 69; 86, 580 mN; aA BGH VersR 85, 148); auch bei der Fristverlängerung bedarf es für die Aufhebung des ursprünglichen Fristendes keiner Zustellung (Rn 15), wohl aber für die Festsetzung eines neuen Endtermins (BGH NJW-RR 89, 1404; s auch Rn 47). Verweisungsbeschlüsse nach § 17a GVG nF sind zuzustellen (vgl § 17a IV 3 GVG nF). **cc)** wenn der Beschluß ein **Gebot** oder **Verbot** an den Schuldner enthält (zB §§ 936, 938; dazu BGH Rpfleger 82, 306 = Betrieb 82, 1109; § 938 Rn 12). 16

c) Mängel. Zuzustellen ist eine Ausfertigung oder beglaubigte Abschrift des Beschlusses (§ 170 I); fehlt dem Ausfertigungsvermerk die Unterschrift des Urkundsbeamten, ist nicht wirksam zugestellt (BGH 100, 237 mwN; ie § 170 Rn 4 ff). 17

2) Existentwerden. Beschlüsse werden – als bereits beschwerdefähige (Rn 9) – Entscheidungen existent (Rn 6), wenn sie mit dem Willen des Gerichts aus dem inneren Geschäftsbetrieb (BGH NJW 82, 889) heraustreten (s BGH FamRZ 87, 922 mN; Köln NJW-RR 92, 127), wenn also zB der unterzeichnete (sonst Entwurf, s Rn 36) schriftliche Beschluß in das Fach des Anwalts oder in das Auslauffach der Geschäftsstelle eingelegt (RG 90, 279; 96, 351; 156, 385; 160, 308; Koblenz NJW-RR 86, 935), zur Zustellung an den Empfänger zur Post gegeben (Zweibrücken NJW-RR 87, 576) oder der Partei formlos (statt Zustellung) zugeschickt wird (Köln MDR 76, 497); er darf also kein Akteninternum mehr sein (BGH Rpfleger 82, 305 [306]). Von diesem Zeitpunkt der „Hinausgabe" an ist der Beschluß von allen Gerichtsorganen zu beachten (BGH 25, 62). Wegen der Bindung des Gerichts und der Abänderbarkeit der Entscheidung vgl Rn 10, 38 und § 318. 18

3) Wirksamwerden gegenüber den Parteien. Nach hM (Rn 7) werden Beschlüsse den Parteien gegenüber wirksam mit ihrer formlosen Mitteilung bzw Zustellung nach Abs **II** (Koblenz GRUR 84, 611, str; aA: formlos mitzuteilende Beschlüsse bereits mit der Hinausgabe der Entscheidung, 19 s etwa BL/Hartmann Rn 27; sa oben Rn 8). Bsp: Der ein allgemeines Veräußerungsverbot enthaltende (zuzustellende) Beschluß (zB gem § 106 I 3 KO) wird nicht bereits mit Entäußerung durch das Gericht (so aber Gerhardt KTS 79, 261 [265 ff]), sondern im Interesse der Rechtssicherheit erst mit Zustellung wirksam (BGH Rpfleger 82, 305 [306]); der PfÜB erst mit Zustellung gem § 829 III. In jedem Fall ist ein die Zwangsvollstreckung einstellender Beschluß bereits von seiner Existenz an von den Vollstreckungsorganen zu beachten (s dazu BGH 25, 62; Stöber, Forderungspfändung, 10. Aufl, Rn 609, 610).

20 Ob der Beschluß **beiden Parteien** gegenüber erst mit der Mitteilung an beide oder aber schon mit der Mitteilung an eine von ihnen wirksam wird, muß von Fall zu Fall untersucht werden. Mit E. Schneider (NJW 78, 833) ist davon auszugehen, daß zum Wirksamwerden des Beschlusses grundsätzlich die erste Zustellung genügt. Für den Beginn der Rechtsmittelfrist ist dagegen für jede Partei die jeweilige Zustellung an sie maßgeblich (nicht etwa stets die letzte Zustellung wie beim VU gem § 331 III, s BGH NJW 94, 3360; § 310 Rn 6).

21 **a)** Wirksamkeit gegenüber beiden mit **Mitteilung an eine der Parteien:** § 37, Ablehnung des Antrags auf Prozeßkostenhilfe, nicht aber seine Bewilligung, Entziehung, nicht Nachzahlungsanordnung – wegen § 122 II; Entscheidungen zu § 204; die Zurückweisung von Anträgen (nach §§ 691, 1042 II), vor allem auch im Zwangsvollstreckungsverfahren: wie die des Antrags auf Erlaß eines Pfändungs- und Überweisungsbeschlusses; die Zurückweisung der Erinnerung nach § 766; die Abweisung von Rechtsbehelfen, wie bei §§ 519b, 554a; die Zurückweisung des Gesuchs um Arrest oder einstweilige Verfügung; der diese anordnende Beschluß ist dem Antragsteller förmlich zuzustellen, der ihn dann im Parteibetrieb dem Gegner zustellen läßt, §§ 922 II, 936; die Zurückweisung des Antrags nach § 926. – Notfalls, in „eilbedürftigen" Sachen (BGH 25, 62) genügt zur Wirksamkeit gegenüber beiden Parteien schon die Mitteilung der Entscheidung an das Vollstreckungsorgan (§ 775). Beachte aber, daß in vielen der genannten Fälle an beide Parteien mitgeteilt wird, obwohl schon die einseitige Mitteilung den Beschluß vollwirksam macht.

22 **b)** Anders zB bei § 281 II S 1: Die Verweisung wird erst **mit der letzten Mitteilung wirksam** (BGH NJW-RR 95, 641 = MDR 95, 739).

23 **4) Form, Inhalt und Mitteilung der Entscheidung. a) Sinngemäße Anwendung der Urteilsvorschriften.** In welcher Form ein Beschluß schriftlich abgesetzt werden muß, ist im Gesetz nicht ausdrücklich gesagt. Über die Form einer Entscheidung enthält nun § 313 für das Urteil zwingende Vorschriften, die in der Praxis sinngemäß auf Beschlüsse angewendet werden. Voraussetzung für die Wirksamkeit einer Entscheidung selbst und ihrer Zustellung ist aber nicht die Angabe des Aktenzeichens. Das Aktenzeichen ist nur ein verwaltungstechnisches Mittel für die Aktenordnung des Gerichts zur Erleichterung des Schriftverkehrs (s § 313 Rn 3).

24 **b)** Nicht allgemein vorgeschrieben (Sondervorschriften: § 620d S 2; § 17a IV 2 GVG) sind auch (volles) Rubrum, Tatbestand (Sachverhalt) und **Entscheidungsgründe** (näher Rn 34); doch müssen Beschlüsse, die einem (auch nur uU statthaften: Hamm FamRZ 93, 719) **Rechtsmittel unterliegen,** begründet werden (allgM; s BGH NJW 83, 123; FamRZ 88, 943; NJW-RR 95, 701; Hamm MDR 91, 452 mwN; NJW-RR 95, 1213; Köln OLGZ 80, 2; NJW-RR 87, 1152; 91, 1280; MK/Musielak Rn 4; AK/Wassermann Rn 4), so Kostenfestsetzungsbeschlüsse, die der Durchgriffserinnerung unterliegen (München Rpfleger 81, 157; Frankfurt Rpfleger 84, 77; LG Aachen Rpfleger 90, 348; vgl auch §§ 103, 104 Rn 5 und 21 – „Begründungszwang"), Nichtabhilfeentscheidungen (Düsseldorf Rpfleger 91, 104), richterliche Durchsuchungsanordnungen gem §§ 758, 761, die mit der sofortigen Beschwerde angreifbar sind (LG Hagen DGVZ 85, 75); andernfalls liegt ein Verfahrensmangel vor, der zur Aufhebung und Zurückverweisung führen kann (Köln NJW-RR 87, 1152; einschr KG OLGZ 87, 119 ff; vgl auch § 122 II VwGO; § 113 II FGO). In der Begründung müssen die wesentlichen der Rechtsverfolgung und Rechtsverteidigung dienenden Tatsachenbehauptungen verarbeitet werden (arg: Art 103 I GG; so BVerfG 47, 189; 54, 46; 58, 357; Köln NJW-RR 87, 1152; Seetzen NJW 82, 2337). Auch § 568 II 2 zwingt mittelbar zur Begründung. Die gebotene Begründung ist (außer in den Fällen der sofortigen Beschwerde) spätestens im Rahmen der Abhilfeentscheidung nachzuholen (KG NJW 74, 2010). Eine **Ausnahme** vom Begründungszwang besteht, wenn die Begründung unmittelbar aus dem Gesetz folgt, auf einer gefestigten Rechtsprechung beruht oder sich ohne weiteres aus dem Streitstoff ergibt (BayObLG NJW-RR 91, 188; Frankfurt Rpfleger 84, 477; Karlsruhe FamRZ 91, 90). Bsp: Verweisungsbeschluß auf übereinstimmenden Antrag (BGH FamRZ 88, 943); iü genügen aber formelhafte Wendungen nicht (BAG BB 93, 2536). Zur Begründung eines stattgebenden bzw zurückweisenden Beschlusses nach § 46 II (Richterablehnung) s dort Rn 9; eines Arrestbeschlusses oder einer einstw Verfügung s § 922 Rn 10, § 936 Rn 3; eines Pfändungsbeschlusses im Falle der Billigkeitspfändung s Stöber, Forderungspfändung, Rdn 1352 und Köln NJW 89, 2956. Bei **letztinstanzlichen Entscheidungen** folgt aus Art 3 I, 20 III GG eine Begründungspflicht, wenn vom eindeutigen Wortlaut oder von der höchstrichterlichen Auslegung einer Norm abgewichen wird und der Grund hierfür den Beteiligten weder bekannt noch erkennbar ist (sa BVerfG NJW 87, 1619; 94, 574) oder wenn die Entschei-

dung nicht nachvollziehbar und damit objektiv willkürlich ist (BVerfG NJW 93, 1909; 95, 2911). Das Fehlen einer fallbezogenen Begründung allein verletzt aber nicht schon ohne weiteres Art 103 I GG (KG OLGZ 87, 120); zur Begründungspflicht unter verfassungsrechtlichen Gesichtspunkten vgl ferner Brüggemann, Die richterliche Begründungspflicht, 1971, S 94 ff, 172; Waldner, Der Anspruch auf rechtliches Gehör, 1989, Rn 185 ff. Zur Unterzeichnung s Rn 1 zu § 315. **Widersprüchliche** Gründe gelten als fehlende: BGH MDR 78, 928. Begründungszwang schließt die ergänzende **Bezugnahme** auf die Gründe einer den Parteien bekannten Parallelentscheidung nicht aus (vgl Köln OLGZ 80, 1), deshalb ist Bezugnahme auf eine nicht veröffentlichte, aber in Abschrift beigefügte Entscheidung des BGH zulässig (BGH NJW 83, 123). Bei Fehlen neuen Vorbringens kann auch die Bezugnahme „auf die zutreffenden Gründe der angefochtenen Entscheidung" ausreichen (Köln VersR 83, 252); nicht genügt die Bezugnahme auf einen nicht unterschriebenen, aus sich heraus für die Parteien nicht verständlichen Computerausdruck (Hamm FamRZ 93, 719: Unterhaltsberechnung). Ein **Verzicht** der Parteien auf die Begründung ist möglich (Hamm NJW-RR 93, 827 zu § 91a), hat aber idR keine Auswirkungen für die Anfechtbarkeit (Rn 34).

c) § 329 I S 2 verweist nicht auf § 317 II S 2, woraus die **Unzulässigkeit einer abgekürzten** 25
Ausfertigung folgt (s StJ/Schumann Rn 38 und 73; BL/Hartmann Rn 15 „§ 317").

5) Mängel. Wird formlos mitgeteilt, wo zugestellt werden mußte (vgl Rn 27), ist der Beschluß 26
zwar existent geworden (s Köln MDR 76, 497 = KTS 76, 303 = Rpfleger 76, 101; vgl auch § 577 Rn 10), jedoch ist hinsichtlich seiner Wirksamkeit zu unterscheiden (keine Regelung der Frage durch § 329, vgl auch Rn 2). Ohne die vorgeschriebene Zustellung wird eine Rechtsmittelfrist nicht in Gang gesetzt (vgl §§ 170, 187 S 2). Ist der Beschluß lediglich im Interesse der Partei ergangen, so wird er **zu ihren Gunsten** sofort wirksam (RG 144, 261); die Wirksamkeit von der Partei **nachteiligen** Beschlüssen hängt dagegen idR von der Zustellung ab; Ausnahmen können sich aus der Art des Beschlusses ergeben, zB bei Eilmaßnahmen (Gerhardt KTS 79, 265 ff zu dem Bsp oben Rn 21). Die Zustellung im Parteibetrieb ersetzt die Amtszustellung nicht (Rn 27).

IV) Beschlüsse, die einen Vollstreckungstitel bilden oder der sofortigen Beschwerde oder befristeten Erinnerung unterliegen (Abs III)

In diesen Fällen (zB §§ 46 II, 91a II, 99 II, 269 III, 319 III, 793; § 17a IV GVG; § 73 III KO) ist, 27
gleich ob es sich um einen verkündeten oder nicht verkündeten Beschluß (s Unterscheidung zwischen Abs I und II) handelt, die **amtswegige Zustellung** notwendig (§ 270 I). Durch eine Parteizustellung wird insbes eine Rechtsbehelfsfrist nicht in Gang gesetzt (Ausnahme: § 699 Rn 15). Die Unanfechtbarkeit nicht (fehlerhaft) zugestellter Beschlüsse dürfte entspr § 516 eintreten (so BayObLGZ 94, 62; NJW-RR 92, 597; Hamm JurBüro 92, 394).

V) Entsprechende Anwendung von Urteilsvorschriften auf Beschlüsse (Abs I S 2)

Die gesetzliche Aufzählung ist **nicht abschließend**, deshalb kein Umkehrschluß aus Abs I S 2, 28
sondern weitergehende entspr Anwendung auch von nicht genannten Vorschriften (Rn 2):

§ 308: Keine Entscheidung über die gestellten Anträge hinaus. Die Kostenentscheidung ergeht 29
von Amts wegen, sofern sie wegen der Selbständigkeit des Verfahrens notwendig ist.

§ 309: Mitwirkung nur derjenigen Richter, die der mündlichen Verhandlung beigewohnt haben; 30
im übrigen entscheidet das Gericht in seiner gesetzlichen Besetzung (GVG, Geschäftsverteilung). §§ 192 ff GVG sind anwendbar.

§ 310: Abs I wird in § 329 I S 2 für anwendbar erklärt; dies gilt für die gemäß § 329 I S 1 31
verkündeten Beschlüsse (s Rn 12). Bei Bestimmung eines Termins zur Verkündung einer „Entscheidung" kann Urteil oder Beschluß ergehen (BGH VersR 83, 1082). Wegen der im schriftlichen Verfahren erlassenen vgl Rn 15 ff. Verkündung in dem Termin, in dem die Verhandlung geschlossen wird oder in einem sofort anzuberaumenden Termin, der nur über drei Wochen hinaus angesetzt werden darf, wenn wichtige Gründe dies erfordern; zur Wirksamkeit der Verkündung eines Beweisbeschlusses am Schluß der Sitzung „seinem wesentlichen Inhalt nach" vgl Frankfurt NJW 86, 731.

§ 311 I–III, der die Art der Verkündung von Urteilen betrifft, ist nicht für anwendbar erklärt; 32
doch ist bei Beschlüssen, deren Verkündung Rechtsmittelfristen in Lauf setzt (§§ 952 IV, 577 II 1), analoge Anwendung von § 311 II 1 erwägenswert (vgl LG Frankfurt Rpfleger 76, 257). **§ 311 IV** ist gemäß § 329 I S 2 anwendbar.

§ 312: Anwendbar; die Verkündung ist ohne Rücksicht auf Parteianwesenheit und nachträgli- 33
che Zustellung wirksam.

§§ 313, 313a sind in **I 2** nicht genannt, gelten aber entspr bei urteilsvertretenden Beschlüssen 34
und Vollstreckungstiteln; dann ist auch volles Rubrum erforderlich (Bsp: KFB), nicht aber zB bei §§ 269 III, 513 III (vgl Balzer NJW 95, 2448; sa oben Rn 23, 24). Im Verzicht auf Begründung (Rn 24 aE) allein liegt idR nicht zugleich ein Rechtsmittelverzicht (Hamm NJW-RR 95, 1213; 96, 63, str; vgl § 91a Rn 27 mwN).

35 **§ 314** gilt nicht (Konsequenz aus nicht vorgeschriebenem Tatbestand).

36 **§ 315** gilt ebenfalls nicht, jedoch muß der Beschluß die Namen sämtlicher Richter, die an ihm mitgewirkt haben, erkennen lassen (arg § 309, Art 101 I 2 GG; BGH NJW-RR 94, 1406 = MDR 94, 1239; Koblenz Rpfleger 74, 260) und überhaupt unterzeichnet sein (BGH 76, 241 für Fristsetzungsverfügung, vgl Rn 47); eine bloße Billigung des Beschlusses durch konkludentes Verhalten kann die fehlende Unterschrift des Richters nicht ersetzen (BGH WM 86, 332 = Rpfleger 86, 147 für Konkurseröffnung; einschr LG Halle ZIP 95, 1758 f). Ein weitergehendes Erfordernis, wonach zur Formwirksamkeit des Beschlusses die Unterschrift sämtlicher mitwirkender Richter notwendig sei (dafür zB MK/Musielak Rn 3; BL/Hartmann Rn 8; StJ/Schumann Rn 16), läßt sich aus dem Gesetz nicht begründen (Düsseldorf MDR 80, 943; ebenso Düsseldorf MDR 84, 164 für Strafprozeß; offen BGH NJW-RR 94, 1406 = aaO). Das Unterschriftsgebot gem § 317 II 1 (genannt in § 329 I 2) dient der Abgrenzung zum Entwurf (Köln OLGZ 88, 460 = NJW 88, 2805; Rpfleger 91, 198); ihm ist genügt, wenn die auf dem Beschluß befindlichen Unterschriften ersichtlich abschließend gemeint sind. Die vielfach übliche Praxis, die Unterschrift des Vorsitzenden und des Berichterstatters genügen zu lassen (so schon RG 3, 400; entspr die Übung des BGH; vgl auch Düsseldorf MDR 80, 943 mwN – Unterzeichnung des Beweisbeschlusses durch den Vorsitzenden), verstößt daher nicht gegen das Gesetz (ThP Rn 11). Freilich entspricht die Unterzeichnung durch sämtliche Richter gutem Brauch (vgl auch StJ/Schumann Rn 14). Bloßes Handzeichen (Paraphe) genügt als Unterschrift nicht (ie Köln OLGZ 88, 460 = aaO; Rpfleger 91, 198; BSG NJW 90, 2084; anders bei Verfügung: OVG Münster NJW 91, 1628).

37 **§ 317 I:** s Rn 13 und 16; **§ 317 II S 1:** Vor Verkündung und Unterzeichnung keine Erteilung von Ausfertigungen, Auszügen und Abschriften; zur Anwendung von § 317 II S 2, s oben Rn 25. **§ 317 III:** Unterzeichnung der Ausfertigungen durch den Urkundsbeamten. **§ 317 IV** (abgekürzte Fassung) unanwendbar (LG Stade Rpfleger 87, 253).

38 **§ 318** ist teilweise anwendbar (BAG 42, 294 [300] = MDR 84, 83). Grundsätzlich darf das Gericht seine Beschlüsse ändern und aufheben; vgl § 571. Abänderbar sind insbes ablehnende Beschlüsse im Prozeßkostenhilfeverfahren (BVerfG 56, 139 [154]; § 127 Rn 16). Über die Ausnahmefälle, in denen das Gericht gebunden ist, siehe § 318 Rn 8 ff. Bsp: Bindung besteht an Übertragungsbeschluß gem § 348 II 1 (vgl Schleswig NJW 88, 69), nicht dagegen an Mahnbescheid (Karlsruhe Rpfleger 87, 422; § 699 Rn 12).

39 **§ 319:** Anwendbar, vgl dort Rn 3; Beispiel für Rubrumsberichtigung (BGH NJW-RR 95, 574 = MDR 95, 925), für Berichtigung eines offenbaren Rechenfehlers in einem Kostenfestsetzungsbeschluß (Hamm Rpfleger 77, 218; E. Schneider MDR 84, 461); einer falschen Kostenquote (München Rpfleger 92, 217; § 319 Rn 20); einer offenbaren Falschbezeichnung des Adressatgerichts in einem Verweisungsbeschluß (BVerfG 29, 50; sa § 319 Rn 3). Zur Berichtigung von Pfändungs- und Überweisungsbeschlüssen vgl Stöber, Forderungspfändung, Rdn 523.

40 **§ 320:** Gilt entspr für im Beschlußverfahren ergehende Endentscheidungen: § 320 Rn 2.

41 **§ 321:** Anwendbar (E. Schneider MDR 84, 461; München Rpfleger 87, 263). Fristbeginn mit Zugehen (Stuttgart ZZP 69, 428; Hamm Rpfleger 73, 409).

42 **§§ 322–327** gelten, sofern der unanfechtbare (BGH WM 86, 333 = Rpfleger 86, 147 f) Beschluß eine sachliche Entscheidung enthält, die der Rechtskraft fähig ist (vgl BGH NJW 85, 1336; WM 94, 994; BAG NJW 84, 1710; sa vor § 322 Rn 9). Beispiele: Kostenfestsetzungsbeschluß (BGH 111, 170; §§ 103, 104 Rn 21 – „Rechtskraft"); Beschlüsse nach § 91a hinsichtlich der Entscheidung über die Kostenlast (Smid ZZP 97, 281 f; § 91a Rn 28); Beschlüsse im Richterablehnungsverfahren (BayObLGZ 87, 367; § 46 Rn 1); Verwerfungsbeschlüsse gem §§ 519b, 554a (BGH NJW 91, 1116); Beschlüsse im Zwangsvollstreckungsverfahren gem §§ 887, 888, 891 (LG Wiesbaden NJW 86, 939), zT Beschlüsse gem § 766 (i.e. str; eingehend mwN Peters ZZP 90, 145; Werner aaO [vor § 322], bes S 84 ff); Beschlüsse gem § 807 (LG Kassel Rpfleger 91, 118) und gem § 28 EGGVG (BGH WM 94, 994); Ablehnung der nachträglichen Zulassung der Kündigungsschutzklage gem § 5 IV KSchG (BAG 42, 301); Entscheidung über die Konkurseröffnung (BGH WM 86, 333 = aaO); Beschlüsse im arbeitsgerichtlichen Beschlußverfahren (BAG NJW 84, 1710). Nicht rechtskraftfähig sind PfÜB (Köln Rpfleger 94, 426).

43 **§ 328** ist anwendbar, zB auf ausländische Kostenfestsetzungsbeschlüsse.

§§ 514, 516, 552 sind entspr anwendbar, s BAG DB 92, 2040 und Rn 27.

§ 705 ist anwendbar bei der sofortigen Beschwerde unterliegenden Beschlüssen (§ 705 Rn 1).

§§ 578 ff: Nichtigkeitsantrag erforderlich (BAG NJW 95, 2125: „Klage" entspr umzudeuten; sa Rn 14 vor § 578).

VI) Verfügungen

44 1) Für Verfügungen des Gerichts gilt das für Beschlüsse Gesagte entsprechend. Jedoch brauchen Verfügungen, auch wenn sie auf Grund mündl Verhandlung ergehen, nicht verkündet zu

werden. § 329 I, Bekanntmachung gemäß § 329 II, III genügt. Im einzelnen: §§ 309, 310 sind nicht anwendbar; **§ 312** ist anwendbar (s § 329 I S 2). – § 329 I S 2 erklärt **§ 317 II S 1, III** auch für Verfügungen für anwendbar; **§ 315** (nicht genannt) gilt jedenfalls für Fristsetzungsverfügungen (Rn 47), auch Zwischenverfügungen (BayObLG Rpfleger 96, 148; vgl auch Rn 36 aE). **§ 318** gilt grundsätzlich nicht, doch kann auch die durch eine Verfügung einer Partei erwachsene günstige Prozeßlage ihr nur in den gesetzl vorgesehenen Fällen wieder entzogen werden; Beispiel für Bindung: Fristverlängerung (vgl MK/Musielak Rn 15). – **§ 319 I, II,** nicht aber III ist anwendbar (Wieczorek Anm D II); § 320 entfällt; § 321 ebenso. **§§ 322 ff** sind nicht anwendbar.

2) **Einzelne Verfügungen. a) Terminsverfügung:** Unterzeichnung mittels Paraphe genügt (BSG MDR 92, 685). **b)** Die Verfügung des Vorsitzenden, durch die eine Sache als **Feriensache** bezeichnet wird, bedarf wegen § 223 II zu ihrer Wirksamkeit der förmlichen Zustellung an den Rechtsmittelkläger (s § 329 II 2). § 187 S 1 ist unanwendbar (BGH 28, 398; NJW 94, 2364). 45

c) Die Verlängerung einer Rechtsmittelbegründungsfrist (vgl §§ 519 II 3, 554 II 2) ist auch wirksam, wenn die **Fristverlängerungsverfügung** erst nach Fristablauf ergeht und zugestellt (mitgeteilt) wird (BGH GSZ 83, 217 [219 f]), nicht aber, wenn der Antrag erst nach Fristablauf gestellt wurde (BGH 116, 378 = MDR 92, 407; aA noch BGH 102, 39 f = NJW 88, 268; sa Rn 15, 16). Ob die Verlängerungsverfügung einer schriftlichen Festlegung bedarf, hat der BGH bisher offen gelassen (vgl BGH 93, 304 f; aA mit Recht Schellhammer Rn 957), jedenfalls besteht kein Zustellungserfordernis gem **II 2;** für die Verlautbarung genügt formlose – auch fernmündliche – Mitteilung gem **II 1** (BGH 93, 305, stRspr, zuletzt BGH NJW 90, 1797 und 2389; 94, 2365; NJW-RR 94, 444; Müller NJW 90, 1778); Grund: Keine Fristinlaufsetzung; anders bei gleichzeitiger Erklärung zur Feriensache: Rn 45. 46

d) Für **Fristsetzungsverfügungen** ist förmliche Zustellung erforderlich (§ 329 II), da durch sie Präklusionsfristen (vgl §§ 273 II Nr 1; 275 I, II, IV; 276 I 2, III; 528 I) in Lauf gesetzt werden; bloße Mitteilung genügt nicht; eine Heilung gem § 187 S 1 scheidet wegen S 2 aus (stRspr, zB BGH 76, 239; zuletzt BGH NJW 90, 2389 mwN). Wurde bereits ein Prozeßbevollmächtigter bestellt, hat die Zustellung an diesen zu erfolgen (§ 176), fehlende Postulationsfähigkeit ist unerheblich (Düsseldorf MDR 85, 852). Die Fristsetzungsverfügung bedarf der **Unterschrift des Richters** (BGH NJW 81, 1217 und 2255; BVerwG NJW 94, 746; § 329 I 2 in Verb mit § 317 II 1), eine bloße Paraphe genügt nicht (BGH 76, 241; NJW 90, 2390; Schneider MDR 82, 818). Wird eine Frist zur Klageerwiderung gesetzt, so ist die Partei auch über die Folgen einer Fristversäumung **zu belehren** (§§ 277 II; 340 III 4; 697 II). Die Belehrung muß in deutlicher, leicht verständlicher Sprache abgefaßt sein, die auch dem rechtsunkundigen Bürger die möglichen Konsequenzen einer Fristversäumung verdeutlicht (einschr bei anwaltlicher Vertretung: Hamm NJW 84, 1566). Ist die gesetzlich vorgeschriebene **Belehrung** über die Folgen der Fristversäumung **unterblieben,** scheidet eine **Zurückweisung** von Vorbringen gem § 296 I aus (BGH 88, 183 ff); dies gilt auch dann, wenn die Partei bei Zustellung der Fristsetzungsverfügung bereits durch einen Rechtsanwalt vertreten war (BGH 88, 183 f), wie zB bei vorangegangenem Mahnverfahren im Fall des § 697 III aF (vgl BGH aaO 183; einschr Hamm NJW 84, 1566). 47

Auch formlos übermittelte Fristsetzungen für Parteivorbringen sind für das *Gericht* iS einer *Wartepflicht* **bindend;** frühere Entscheidung verletzt Art 103 I GG (BVerfG NJW 88, 1773 f). 48

Dritter Titel

VERSÄUMNISURTEIL

I) Abgrenzung Versäumung – Versäumnis: Versäumung ist die Unterlassung einzelner Prozeßhandlungen innerhalb gesetzter Frist oder bis zum Eintritt bestimmter gesetzlicher Prozeßlagen (so insbes §§ 277, 282, 296, 296a); hierzu s Rn 1–4 vor § 230. Versäumnis ist das Nichterscheinen oder Nichtverhandeln (§ 333) einer Partei in einem zur mündl Verhandlung anberaumten Termin. Im Fall des § 454 können Versäumung u Säumnis zusammentreffen. 1

II) Voraussetzung der Säumnis iS der §§ 330–347: **1)** Es muß ein Termin zur notw **mündl Verhandlung vor dem Prozeßgericht** bestimmt worden sein (§ 216). Verhandlungstermin idS ist nicht der Gütetermin (§ 279), wohl aber der Beweistermin (§ 370) u der Termin zur mündl Verhandlung über ein Arrest- oder Verfügungsgesuch (§§ 921 I, 937 II). Gleichgültig ist, ob der Verhandlungstermin der erste oder ein späterer ist (§ 332). Der Termin muß zur mündlichen Verhandlung der Hauptsache bestimmt sein; zur Säumnisfolge im Zwischenstreit § 347 II. Prozeßgericht ist auch der Einzelrichter (§§ 348, 349, 524), nicht der beauftragte (§ 361) oder ersuchte (§ 362) Richter. 2

2) Die Partei (im Anwaltsprozeß der RA, § 176) muß zum **Termin ordentlich geladen** sein (§ 335 I 2). Die Ladung muß unter Einhaltung der Ladungsfrist (§ 217) der Partei ordentl zuge- 3

stellt (§§ 166 ff) worden sein. Ladung ohne Klageschrift ist unwirksam (§ 271 Rn 7; KG NJW 63, 1408). Terminsverkündung ersetzt Ladung (§ 218). Ladungsmängel sind unschädlich, wenn die Partei erschienen ist u ledigl nicht verhandelt (§ 333).

4 **3)** Die Partei darf **nicht erschienen** sein. Ob das der Fall ist, kann nur und erst nach Aufruf der Sache frühestens zur angesetzten Terminsstunde (§ 220, s dort Rn 1) festgestellt werden, denn die Partei darf den Aufruf außerhalb des Sitzungssaales abwarten, selbst wenn sie sich in der Sitzungsliste eingetragen hatte (BVerfG NJW 77, 1443). Als erschienen zu behandeln ist auch die Partei, die sich vor Aufruf der Sache beim Vorsitzenden abmeldet, weil ihr ein längeres Warten (zumutbar ist idR eine Stunde, vgl § 220 Rn 3; LAG Hamm NJW 73, 1950) aus triftigem Grund nicht länger zumutbar ist. Im übrigen liegt aber Säumnis auch bei vorzeitiger Entfernung vor Schluß der mündl Verhandlung vor (§§ 220 II, 333), so auch bei zwangsweiser Entfernung (§ 158), bei Wortentzug im Wiederholungsfall (§§ 157 II, 158 Satz 2) und auch bei Verweigerung der Verhandlung durch die erschienene Partei (§ 333); jedoch bedarf es nach streitiger Verhandlung keiner förmlichen Wiederholung der Anträge, nachdem im selben Termin Beweis erhoben wurde (§ 297 Rn 8). – Im **Anwaltsprozeß** kommt es nur auf das Nichterscheinen des zugelassenen Anwalts an (§ 78); Terminsabsprachen der Anwälte untereinander binden das Gericht nicht, doch bleibt dann zu prüfen, ob nicht gemäß § 337 zu verfahren ist (BGH NJW 76, 196 mit Anm Peters NJW 76, 675; Karlsruhe NJW 74, 1096; Frankfurt MDR 76, 585; s unten Rn 12). – Erscheinen des notw **Streitgenossen** (§ 62) oder Streithelfers (§ 67) wendet Säumnis der Partei ab. – VU unzulässig gegen den anwesenden u verhandlungsbereiten Kläger nur wegen **Nichteinzahlung des Kostenvorschusses** § 65 GKG: BGH 62, 178.

5 **4)** Es darf kein **Vertagungsgrund** iS §§ 335, 337 vorliegen (RG 166, 246).

6 **5)** Das Verfahren darf nicht (mehr) **unterbrochen** sein (§§ 239 ff).

7 **6)** Im **schriftl Säumnisverfahren** des § 331 III muß der Beklagte unter Fristsetzung (§ 276 I) und Belehrung (§ 276 II) zur Erklärung seiner Verteidigungsbereitschaft aufgefordert worden sein und seine Anzeige der Verteidigungsbereitschaft darf im Zeitpunkt der Übergabe des VU an die Geschäftsstelle nicht nachgereicht sein (§ 331 III).

8 **7) Wo die Voraussetzungen eines VU fehlen** (Rn 2–7), ist gem §§ 335, 337 der Prozeßantrag durch Beschluß zurückzuweisen (Ausnahme: im schriftl Verfahren des § 331 III sind die Voraussetzungen vom Gericht nachzuholen; vgl § 335 Rn 5) und unter Ladung der abwesenden Partei (§ 218 gilt hier nicht) neuer Termin zu bestimmen. Jedoch darf u muß das Gericht **trotz eines Säumnisantrags** durch **streitiges Urteil** entscheiden, wo die sachlichen (§ 300) u formalen Voraussetzungen für ein streitiges Urteil vorliegen; so zB, wenn eine Partei sich in einem Termin nach Antragstellung während oder nach der anschließenden Beweisaufnahme entfernt oder die (überflüssige) Wiederholung der im selben Termin bereits gestellten Anträge verweigert (§ 297 Rn 8; § 333 Rn 1; BGH NJW 74, 2322); ebenso, wenn Kl nach Antragstellung im selben Termin die Klage zurücknimmt, der Bekl jedoch die Einwilligung in die Klagerücknahme verweigert (§ 269 Rn 15) oder wenn die Voraussetzungen eines unechten VU (unten Rn 11) erfüllt sind.

9 **III) Folgen der Säumnis: 1) Säumnis beider Parteien:** gem § 251a Entscheidung nach Aktenlage, Vertagung oder Ruhen des Verfahrens. **2) Säumnis einer Partei:** auf Antrag VU (§§ 330, 331) oder Entscheidung nach Aktenlage (§ 331a), soweit zulässig iS § 335, andernfalls Vertagung. War der Termin für gegenständl beschränkte Verhandlung bestimmt (§ 146), ist VU nur insoweit zulässig (§ 347 II). Beschränkt zulässig (nur gegen den Kläger) ist VU im Ehe-, Kindschaftsverfahren (§§ 612 IV, 640), im Bauland- (§ 227 III BauGB) und im Entschädigungsverf (§ 209 III BEG).

10 **IV) Das Versäumnisurteil** (Hölzer, Das Versäumnisverfahren im Zivilprozeß, JurBüro 91, 163) ist ein echtes oder sog unechtes: **1) Das echte Versäumnisurteil** ist das auf Grund der Säumnis gegen die säumige Partei ergehende Sachurteil. Es ist der formellen (§ 705) u materiellen (§ 322) Rechtskraft fähiges (BGH NJW 61, 1969: auch bei Klageabweisung, vgl § 330 Rn 6) u gem § 708 Nr 2 (im Nachverfahren nach Einspruch dann ggf § 709 S 2) für vorläufig vollstreckbar zu erklärendes Endurteil. Es bedarf keiner Begründung (§ 313b, Ausnahme bei Auslandsbezug, s dort Rn 5), wird nur der unterlegenen Partei zugestellt (§ 317 I) u unterliegt dem bes Rechtsbehelf des Einspruchs (§ 338), soweit nicht gem §§ 345, 513 II beschränkt die Berufung gegen das zweite VU zugelassen ist.

11 **2) Unechtes Versäumnisurteil** ist das gegen den anwesenden Kl mangels Zulässigkeit oder Schlüssigkeit der Klage ergehende (§ 331 II 2. Halbs) und das gegen den zwar abwesenden (oder nicht verhandelnden, § 333) Kläger ergehende, jedoch nicht auf die Säumnis, sondern auf unbehebbare Verfahrensmängel (wegen der behebbaren Mängel s § 335 Rn 2) gestützte abweisende Prozeßurteil (BGH MDR 86, 998 = NJW-RR 86, 1041 StJ/Schumann Rn 29 vor § 330; ThP Rn 12 vor § 330; R-Schwab § 107 II). Nur ausnahmsweise ist das gegen den abwesenden Kl ergehende abweisende ProzUrteil ein echtes VU, wenn im Fall des § 239 IV die Rechtsnachfolge des Säumigen fingiert wird (LM § 330 Nr 1 = NJW 57, 1840), denn hier beruht das Urteil auf Verfahrensmän-

geln **und** Säumnis. Das auf Unschlüssigkeit oder sonstige Mängel der Klageerhebung (vgl Rn 14 vor § 253) gestützte unechte VU gegen den anwesenden Kl setzt voraus, daß dieser vorher vom Gericht (falls nicht bereits durch den Bekl geltend gemacht) auf diese verfahrensrechtl Bedenken hingewiesen wurde (rechtl Gehör, vgl Rn 3 ff vor § 128; Rn 23 vor § 253; Rn 5 zu § 278; BGH ZIP 86, 740). – Wegen der Unzulässigkeit des *schriftl* unechten VU gegen den Kl s § 331 Rn 13. – **Das unechte VU ist, ebenso wie die Entscheidung nach Aktenlage, kontradiktorisches Endurteil,** daher im Urteil nicht als VU zu bezeichnen (s aber § 330 Rn 9) und nur mit Berufung und Revision anfechtbar.

V) Sind beide Parteien anwaltl vertreten, so kann dem Erlaß eines VU die unverschuldete Abwesenheit (§ 337) der säumigen Partei entgegenstehen, wenn ihr Anwalt unter gebotener Berücksichtigung seiner anwaltschaftlichen Verpflichtungen (so insbesondere bei gleichzeitiger Ladung zu mehreren Gerichtsterminen) am Erscheinen schuldlos verhindert ist. Hierfür genügt aber (entgegen BGH NJW 76, 196 = MDR 76, 136; hierzu kritisch Peters NJW 76, 676) nicht bereits die Regelung in § 23 der Richtlinien für die Ausübung des RA-Berufs vom 21. 6. 1973, wonach der Antrag eines RA auf Erlaß eines VU gegen eine anwaltschaftl vertretene Partei standeswidrig sei, wenn er dem gegnerischen Anwalt nicht vorher angekündigt war. **Standesrecht** der Anwälte bindet das Gericht nicht (BVerfG NJW 93, 121; NJW 88, 191 und 194 = MDR 88, 110 und 111; hierzu Kleine-Cosack NJW 88, 164; zustimmend Mennicke MDR 92, 221; kritisch Zuck NJW 88, 175; MDR 88, 106; sa Hartung, Das anwaltliche Verbot des VU, 91, 1 ff; Foerste NJW 93, 1309); insbesondere gibt es keine das Gericht bindenden „Kollegialgrundsätze" für Anwälte (Kleine-Cosack NJW 88, 172) und die vom Anwalt wahrzunehmenden Interessen seines Mandanten haben Vorrang vor kollegialer Rücksichtnahme (BGH NJW 91, 42; MDR 78, 132; München MDR 79, 501; Stuttgart NJW 94, 1884 und KG KGR 95, 36 zum zweiten VU; BL/Hartmann § 337 Rn 10; ThP § 337 Rn 4). Das Gericht muß daher (auch) im Anwaltsprozeß dem Säumnisantrag (§ 330 Rn 5; § 331 Rn 5) des anwesenden Anwalts gegen den anwaltschaftlich vertretenen Gegner ohne Rücksicht auf Standes- oder Kollegialgebräuche der Anwälte grundsätzlich stattgeben, solange ihm nicht (ggf nach Ausübung des Fragerechts gemäß § 139 II; s dort Rn 14) konkrete in der Person der abwesenden Partei oder ihres Anwalts liegende Umstände bekannt sind, die gemäß §§ 335, 337 dem Erlaß eines VU entgegenstehen (BGH MDR 91, 328; Frankfurt MDR 76, 585). Das schließt aber die Berücksichtigung anwaltstypischer Verhinderungsgründe bei Prüfung der Verschuldensfrage des § 337 nicht gänzlich aus: die Berufspflicht des Anwalts, zur Vermeidung der Säumnis das ihm nach Lage des Falls vernünftigerweise zuzumutende äußerste Maß an Sorgfalt und Vorsicht anzuwenden (BGH MDR 78, 132; 76, 136), kann im Einzelfall durchaus unverschuldet erfolglos bleiben, so bei unvorhersehbarer Verzögerung eines anderen Gerichtstermins am gleichen Tage, bei nicht eingehaltener Zusicherung des Gegners, im Termin einen anderen Anwalt um Vertretung des verhinderten Anwalts zu bitten (Karlsruhe NJW 74, 1096), bei unzumutbarer Verzögerung des Aufrufs der Sache (oben Rn 4; § 220 Rn 3) oder bei unvorhersehbar verfrühtem Aufruf der Sache, obwohl früher terminierte Sachen noch nicht aufgerufen wurden (§ 513 Rn 7; Peters NJW 76, 675) und schließlich auch bei der Erkenntnis des Gerichts, einen Terminsverlegungsantrag des säumigen Anwalts trotz des Vortrags wichtiger Gründe hierfür (§ 227 Rn 6) zu Unrecht zurückgewiesen zu haben. 12

330 *[Versäumnisurteil gegen Kläger]*

Erscheint der Kläger im Termin zur mündlichen Verhandlung nicht, so ist auf Antrag das Versäumnisurteil dahin zu erlassen, daß der Kläger mit der Klage abzuweisen sei.

I) Über Voraussetzungen der Säumnis s Rn 2 ff vor § 330, über ihre Folgen, wenn kein VU beantragt wird, s Rn 9 vor § 330. Dem Bekl bleibt es überlassen, ob er VU beantragt oder (unter Voraussetzung einer früher stattgefundenen mündl Verhandlung, § 251a) ein kontradiktorisches Urteil nach Aktenlage (§ 331a); beantragt er gar nichts, gilt auch er als säumig (§ 333) und das Gericht wählt unter den in Rn 9 vor § 330 genannten Maßnahmen. Ein Vertagungsantrag der anwesenden Partei ist kein „Verhandeln" u bindet das Gericht nicht. Zu den Voraussetzungen eines VU gegen den Kl nach dessen erfolglos einseitiger Klagerücknahme s § 269 Rn 15. 1

II) Versäumnisurteil gegen den Kläger setzt voraus:

1) die allgem Prozeßvoraussetzungen (Rn 9 ff vor § 253). 2

2) Säumnis des Kl trotz ordentl Ladung zur mündl Verhandlung vor dem Prozeßgericht (vor § 330 Rn 3, 4). 3

3) Nichtvorliegen der in § 335 u § 337 genannten Hindernisse. 4

4) Antrag des Bekl. Ob der Antrag ausdrücklich als Säumnisantrag gestellt sein muß, ist bestr; BGH 37, 79/83 entnimmt dem in Abwesenheit des Gegners gestellten Sachantrag zugleich den 5

Antrag, durch VU zu erkennen (kritisch Münzberg JuS 63, 220). Der Bekl darf den Säumnisantrag auch auf einen iS § 301 trennbaren Teil der Klage beschränken; dann Teil-VU, im übrigen § 251a.

6 5) Sind die Voraussetzungen zu Rn 2–4 erfüllt, ergeht ohne sachliche Prüfung der zulässigen Klage (bei unzulässiger Klage s unten Rn 7, Vorbem § 330 Rn 11; München OLGZ 88, 488) **echtes VU** auf Klageabweisung (vor § 330 Rn 10) mit der Folge der materiell rechtskräft Aberkennung des Klageanspruchs (BGH JZ 62, 496 m Anm Zeuner; abw Dietrich ZZP 84, 419/436; StJ/Schumann Rn 19; danach soll erneute Klage aufgrund einer *nachträglichen* Veränderung der anspruchsbegründenden Umstände zulässig sein. Das ist aber keine Frage der Rechtskraft des VU, vgl Vollkommer Vorbem § 322 Rn 55–59). Dieses VU entscheidet, selbst wenn der Bekl sich nur mit einer Primäraufrechnung verteidigt hatte, nur über den Klageanspruch, nicht auch (iS § 322 II) über ein Verbrauch der aufgerechneten Forderung des Bekl; denn das echte VU auf Klageabweisung ergeht nur auf Grund der Säumnis, also ohne Prüfung der sachlichen Erfolgsaussichten der Klage (BGH NJW 61, 1969). Ausnahme: Die Klage wird „für zurückgenommen erklärt" (kann also gem § 269 IV erneut erhoben werden), wenn der klagende Ausländer mangels Kostensicherheit nicht zur Verhandlung zugelassen wurde (§ 113), im Eheverfahren gem §§ 635, 638, in Kindschaftssachen gem § 640 und bei Widerspruchsklage gegen den Teilungsplan gem § 881.

7 6) Fehlen die Voraussetzungen zu Rn 2, ist trotz Versäumnisantrags des Bekl die Klage bei nicht behebbaren Verfahrensmängeln durch **kontradiktorisches unechtes VU** (Rn 11 vor § 330; so zB bei fehlender Klagebegründung, München OLGZ 88, 488) als unzulässig abzuweisen, denn der Kl soll mit seiner unzulässigen Klage nicht allein deshalb besser gestellt sein (s §§ 338, 342), weil er auch noch säumig ist (BGH NJW-RR 86, 1041). – Fehlen die Voraussetzungen zu Rn 3 oder 4, ist der Antrag auf VU durch Beschluß (§ 336) zurückzuweisen u unter Ladung des Säumigen (§ 218 gilt hier nicht) zu vertagen (§ 337), so auch wenn der im PKH-Verfahren beigeordnete RA des Kl an der Übernahme des Mandats verhindert u ein neuer RA noch nicht beigeordnet ist (RG 87, 298). Wird gegen den ein VU verweigernden Beschluß mit Erfolg sofortige Beschwerde (§ 336) erhoben, kann das BeschwGericht das VU nicht selbst erlassen, sondern nur den Erstrichter anweisen (vgl § 336 Rn 3).

8 **III)** § 330 gilt auch für die erhobene **Widerklage.** Es kann dann der erschienene Kl u Widerbekl Erlaß des VU gegen den Bekl u Widerkläger bezügl des Klageanspruchs nach § 331 u bezüglich des Widerklageanspruchs nach § 330 beantragen. Ist der Kl nicht erschienen u hat der Bekl die Erhebung der Widerklage in einem vAw oder gemäß § 198 (dort Rn 3) zugestellten Schriftsatz angekündigt, so kann er die Widerklage auch beim Ausbleiben des Kl im Termin „erheben" u VU bezügl des Klageanspruchs nach § 330 u bezügl des Widerklageanspruchs nach § 331 beantragen, sofern für die nachweislich zugestellte Widerklage die Einlassungsfrist (§ 274 III) gewahrt ist. Auch in Ehe- und Personenstandssachen ist VU gegen den Kl gem § 330 (nicht gegen den Bekl gemäß § 331) zulässig (oben Rn 6).

9 **IV) Das VU** ist als solches zu bezeichnen (§ 313 Rn 1), jedoch bleibt es auch bei fehlender Bezeichnung ein solches, wenn es sich nach seinem Inhalt als VU darstellt; Köln OLGR 96, 7; ebenso ist das unechte VU ein streitiges Urteil, selbst wenn es falsch als VU bezeichnet wurde (BGH FamRZ 88, 945). Das echte VU ist nur der unterlegenen Partei zuzustellen (§ 317 I); die obsiegende Partei erhält Ausfertigung gem § 317 II. Zustellung des unechten VU jedoch an beide Parteien nötig (§ 317 Rn 1). Die Verkündung des VU ist möglich vor schriftl Abfassung (§ 311 II). Es bedarf (vorbehaltlich Auslandsbezug) keiner Begründung (§ 313b), äußert aber (entgegen Dietrich ZZP 84, 419) in gleichem Umfang die Wirkungen der materiellen Rechtskraft (§ 322) wie ein kontradiktorisches Urteil (BGH 35, 339). Der Streitgegenstand ist, wenn Rechtskraft später eingewendet wird, an Hand der Akten zu ermitteln.

10 **V) Gebühren: 1) des Gerichts:** Das **echte Versäumnisurteil** ist durch die allg Verfahrensgebühr abgegolten (vor KV 1100). Keine Gerichtsgebühr auch für den Beschluß, der den Antrag auf Erlaß eines Versäumnisurteils zurückweist. – Die **Urteilsgebühr** fällt an für das **unechte** Versäumnisurteil gegen den Kläger, jedoch nicht im Prozeßverfahren, Arrest und Verfügungsverfahren erster Instanz. Erledigung durch VU ist kein Ermäßigungstatbestand (vgl KV 1202 und § 253 Rn 27; LG Berlin JurBüro 95, 430; Hamm OLGR 96, 72; zum VU im schriftlichen Vorverfahren, § 331 III: KV 1202a Fall 4). Ergangenes VU hindert Ermäßigung, wenn im Einspruchverfahren der Rechtsstreit gemäß KV 1202 beendet wird; nach Stuttgart (Justiz 96, 85) sogar Teil-VU auch für den übrigen Streitwert. – **2) des Anwalts:** §§ 33 I, 38 II BRAGO.

331 *[Versäumnisurteil gegen Beklagten]*

(1) Beantragt der Kläger gegen den im Termin zur mündlichen Verhandlung nicht erschienenen Beklagten das Versäumnisurteil, so ist das tatsächliche mündliche Vorbringen des Klägers als zugestanden anzunehmen. Dies gilt nicht für das Vorbringen zur Zuständigkeit des Gerichts nach § 29 Abs. 2, § 38.

(2) Soweit es den Klageantrag rechtfertigt, ist nach dem Antrag zu erkennen; soweit dies nicht der Fall, ist die Klage abzuweisen.

(3) Hat der Beklagte entgegen § 276 Abs. 1 Satz 1, Abs. 2 nicht rechtzeitig angezeigt, daß er sich gegen die Klage verteidigen wolle, so trifft auf Antrag des Klägers das Gericht die Entscheidung ohne mündliche Verhandlung; dies gilt nicht, wenn die Erklärung des Beklagten noch eingeht, bevor das von den Richtern unterschriebene Urteil der Geschäftsstelle übergeben ist. Der Antrag kann schon in der Klageschrift gestellt werden.

I) Versäumnisurteil gegen den Beklagten setzt voraus: **1)** allgem Prozeßvoraussetzungen (Rn 9 ff vor § 253), die vom Kl darzulegen u nötigenfalls (so bei Zweifeln an der Prozeßfähigkeit des Bekl; hierzu vor § 253 Rn 12; BGH NJW 61, 2207) zu beweisen sind, soweit sie vAw zu beachten sind (§ 335 I 1). 1

2) Säumnis des Bekl trotz ordentl Ladung zur mündl Verhandlung vor dem Prozeßgericht (Rn 2–4 vor § 330). 2

3) Nichtvorliegen der in § 335 und § 337 genannten Hindernisse. Wegen Sonderregelung im Ehe- und Kindschaftsverfahren s vor § 330 Rn 9. 3

4) Schlüssigkeit der Klage (Rn 23 vor § 253). Auf die Geständnisfiktion des Abs I kann Schlüssigkeit nur gestützt werden, soweit ein Geständnis überhaupt wirksam wäre (vgl § 288 Rn 7). Materiell-rechtl (evtl vorprozessuale) Einwendungen des Bekl können, wenn vom Kl selbst vorgetragen, der Schlüssigkeit der Klage entgegenstehen (Nierwetberg ZZP 98 [1985], 442; Düsseldorf NJW 91, 2089). 4

5) a) Antrag des Klägers auf VU; der Antrag ist, soweit er den Inhalt der gewünschten Entscheidung betrifft, Sachantrag iS § 297, daher im Anwaltsprozeß zu verlesen, soweit er die Form der Entscheidung betrifft, Prozeßantrag (Rn 1 zu § 297). Ohne den Prozeßantrag wäre, selbst wenn Sachantrag verlesen, VU unzulässig (RG 28, 398; bestr: vgl BGH 37, 79/83; NJW 62, 1149/50). Der Antrag darf auf einen Teil der Klage (§ 301) beschränkt werden. Dann: TeilVU, im übrigen § 251a. Erklärt der Kl schon vor dem Termin oder erstmals in ihm die Hauptsache für erledigt, ergeht bei Schlüssigkeit VU: „Die Hauptsache ist erledigt" (StJ/Schumann Rn 35–37). 5

b) Sind die Voraussetzungen Rn 1–5 erfüllt, ergeht **echtes VU** (Rn 10 vor § 330) nach Klageantrag, soweit der Sachvortrag des Kl das Urteil rechtfertigt und ein VU gegen den Bekl nicht unzulässig ist (hierzu s Rn 9 vor § 330). Der Sachvortrag des Kl gilt als zugestanden (wie §§ 138 III, 288), selbst wenn er in einem früheren Termin oder schriftl bestritten war (§ 332 Rn 1). Jedoch **keine Geständnisfiktion** hinsichtlich der Behauptungen des Kl über einen vereinbarten sachlichen, örtlichen oder internationalen Erfüllungsort als Anknüpfungspunkt **für die Zuständigkeit** des Gerichts oder für eine Gerichtsstandsvereinbarung gem §§ 29 II, 38 (Geimer NJW 73, 1151), denn die Zuständigkeit des Gerichts unterliegt nur beschränkt der Parteiherrschaft und ist gem § 335 I 1 „nachzuweisen"; insoweit muß das Gericht vAw prüfen (§ 286 gilt aber auch hier), ob der Kl zuständigkeitsbegründende Tatsachen schlüssig vorgetragen hat u ob diese ggf den in §§ 29 II, 38 gesetzten Rahmen einer zulässigen Vereinbarung nicht überschreiten. Die kaufm Prorogation (§§ 29 II, 38 I) setzt also grds den Nachweis sowohl der Vereinbarung von Erfüllungsort bzw Gerichtsstand als auch den (ggf bereits aus der Firmierung ersichtlichen, Frankfurt MDR 75, 232) Nachweis der Kaufmannseigenschaft voraus. Die Vorlage eines Handelsregisterauszuges ist dafür nicht unentbehrlich (so aber Vollkommer Rpfleger 74, 139 u 252), jedoch zulässig u bei fortbestehenden Zweifeln zwingend nötig (Reinelt NJW 74, 2310; so auch für den Urkundenprozeß Frankfurt MDR 75, 232). – Wegen der beschränkten Geständnisfiktion hinsichtl des Inhalts des vom Kl behaupteten **ausländ Recht** s Rn 17, 18 zu § 293 sowie Küppers NJW 76, 489. 6

c) Bei **unbeziffertem Antrag** (Rn 5 zu § 287) ist Schätzung der Anspruchshöhe im VU (gem § 313b ohne notw Begründung!) zulässig (BGH NJW 69, 1427; Stuttgart MDR 60, 930). Das gilt aber nur, wo das Gericht aufgrund der vorgetragenen Tatsachen ohne Beweiserhebung selbst schätzen kann, Koblenz MDR 79, 587, und seine Schätzung mit der vom Kl angegebenen Größenordnung seines Anspruchs (§ 287 Rn 5) übereinstimmt oder diese übersteigt. Wo letzteres nicht der Fall ist, der Kl also iS einer Teilabweisung seiner Klage beschwert ist (§ 287 Rn 9), müßte gegen den Bekl durch Teil-VU, im übrigen gegen den Kläger durch unechtes VU (vor § 330 Rn 11) entschieden werden. 7

d) Im **Urkunden- u Wechselprozeß** ist VU gegen den Bekl (wegen § 597 II) unzulässig, wenn der Klageanspruch nicht vollständig urkundlich belegt ist (§ 592 Rn 12, § 597 Rn 11, 12; BGHZ 62, 290), denn eine Geständnisfiktion auch für die Verfahrensart ist dem § 331 nicht zu entnehmen. Im übrigen ist im Urkunden- und Wechselprozeß nur vorbehaltsloses VU möglich (s § 599 Rn 6; aA Naumburg NJW-RR 95, 1087). Daher wäre Antrag auf Versäumnisvorbehaltsurteil zurückzuweisen (§ 336). 8

9 e) Bei **Stufenklage** ist VU gegen Bekl nur als Teilurteil über eine Stufe zulässig (vgl § 254 Rn 6; RG 84, 372).

10 **Bei Haupt- u Hilfsantrag** ist Abweisung des Hauptantrages Voraussetzung einer Entscheidung über den Hilfsantrag (§ 260 Rn 4a). Zulässig wäre es daher, gleichzeitig den Hauptantrag, sofern dieser unzulässig oder unschlüssig ist, durch unechtes VU (Rn 11 vor § 330) abzuweisen und dem Hilfsantrag durch echtes VU stattzugeben. Gegen dieses Urteil kann hinsichtl Hauptantrag der Kl Berufung, hinsichtl Hilfsantrag der Bekl Einspruch einlegen; ebenso auch bei Teil-VU unter sachl Abweisung eines Teils des Klageanspruchs.

11 f) Ein **Versäumnisgrundurteil** (§ 304) ist unzulässig (Koblenz MDR 79, 587).

12 **II) 1) Schriftliches Versäumnisurteil gegen den Beklagten** (Abs III) ergeht, wenn dieser bei schriftl Vorverfahren (also nicht mehr nach Terminsbestimmung; München MDR 83, 324; vgl § 216 Rn 13; § 276 Rn 18; auch nicht im schriftl Verfahren, **§ 128,** BVerfG NJW 93, 2864, geboten) gem § 276 I 1 zur befristeten (Notfrist!) Erklärung über seine Verteidigungsbereitschaft unter Hinweis auf die Möglichkeit des § 331 III (§ 276 II) aufgefordert worden war (sonst § 335 I 4) und der Bekl bis zur Übergabe des gem § 315 unterschriebenen VU an die GeschSt (zur Zustellung gem § 317 I) seine Verteidigungsbereitschaft nicht angezeigt hat (KG MDR 89, 1003). Der Hinweis auf § 331 III reicht als „Warnung" aus. Der Antrag auf Erlaß eines VU muß zwar gestellt, aber nicht vor Erlaß des VU dem Bkl übermittelt werden (KG KGR 94, 71; BL/Hartmann Rn 20; Th/P Rn 2; aA München MDR 80, 235; MK/Prütting Rn 48). Die Anzeige wird zur Abwendung des schriftlichen VU auch nicht dadurch entbehrlich, daß der Sch im vorausgegangenen **Mahnverfahren Widerspruch** gegen den MB erhoben hatte. Erst die in Kenntnis der Anspruchsbegründung (§ 697 I) unterlassene Anzeige der Verteidigungsbereitschaft des Bekl begründet die Zulässigkeit des schriftlichen VU gegen den Bekl; hierauf ist er mit der Fristsetzung zur Klageerwiderung gemäß §§ 276 I, II; 697 II nach vorausgegangenem Mahnverfahren besonders hinzuweisen. Die Verkündung des VU wird hier (abweichend von §§ 310, 311 II und auch von § 128 II) durch die Zustellung (§ 310 III, dort Rn 6) ersetzt. Daher hier entgegen § 317 I 1 Zustellung an beide Parteien nötig, um das schriftliche Urteil existent werden zu lassen (vgl BGH 8, 307; 32, 370). Wegen des Beginns der Einspruchsfrist in diesem Fall vgl § 339 Rn 4. – Wiedereinsetzung wegen Versäumung der Notfrist möglich (aA KG MDR 96, 634), aber praktisch nutzlos (§ 276 Rn 10a). – **Prozeßkostenhilfe-Gesuch des Beklagten** im Anwaltsprozeß: vgl § 276 Rn 10.

13 **2) Ein schriftliches VU gegen den Kläger,** das nur bei unzulässiger oder unschlüssiger Klage als unechtes VU denkbar wäre (Rn 11 vor § 330), sieht § 331 III nicht vor (StJ/Schumann § 331 Rn 66–73; Nürnberg MDR 80, 235; Grunsky JZ 77, 203; Putzo NJW 77, 2; aM Köln OLGZ 89, 83; Frankfurt MDR 84, 322; Celle NJW 80, 2140; Kniestedt NJW 80, 2141; Bischof NJW 77, 1898; Kramer NJW 77, 1657; Bergerfurth JZ 78, 299; Hartmann NJW 78, 1462); hier hat das Gericht den Kl gem § 278 III auf seine Bedenken gegen die Zulässigkeit oder Schlüssigkeit der Klage hinzuweisen u Termin zu bestimmen. Erst im Termin könnte bei unveränderter Prozeßlage und Säumnis des Bekl unechtes VU gegen den Kl ergehen. Denn § 331 III befreit von dem Grundsatz der notw mündl Verhandlung (§ 128) nur für den Fall, daß der *Beklagte* durch Nichtanzeige der Verteidigungsbereitschaft (§ 276) auf Wahrnehmung seines Rechts auf (weiteres) Gehör schlüssig verzichtet (Rn 6 vor § 128). Ein entsprechender Verzicht des Kl auf mündl Verhandlung ist dagegen allein der Unzulässigkeit oder Unschlüssigkeit seiner Klage nicht zu entnehmen.

14 Einstweilen frei.

15 **III) Unechtes VU gegen den anwesenden Kläger** (Rn 11 vor § 330) ergeht, wenn entweder die Klage unzulässig (Rn 1) oder unschlüssig (Rn 4) ist, so zB wenn der Bekl nicht prozeßfähig (BGH NJW-RR 86, 1041), die Klage nicht substantiiert oder unschlüssig ist (§ 253), Anspruchsgrund ein formnichtiger Vertrag (§ 125 BGB) ist. Das Gericht muß aber vorher auf seine Bedenken hinweisen (§§ 139, 278 III). Das Urteil ist kontradiktorisch, daher nicht Einspruch, sondern Berufung u Revision (Rn 11 vor § 330). – Zur Frage der „Parteirolle" iS §§ 330, 331 nach Wiederaufnahme eines durch Prozeßvergleich beendeten Verfahrens s NJW 56, 1909; 57, 408 („Kläger" ist, wer die Gültigkeit des Prozeßvergleichs bestreitet u deshalb das Verfahren neu betreibt).

16 **IV) Fehlen die Voraussetzungen eines VU,** so ist der Prozeßantrag des Kl durch Beschluß gem § 335 oder § 337 zurückzuweisen u neuer Termin zu bestimmen (§ 216), falls nicht die Voraussetzungen für ein streitiges Urteil vorliegen (Rn 8 vor § 330).

17 **V) Gebühren: 1) des Gerichts:** Keine Urteilsgebühr für das **echte** Versäumnisurteil. Dies gilt für alle Instanzen. Auch ein unechtes VU ist gebührenfrei in erster Instanz und in den Eilverfahren (§§ 916 ff) erster Instanz. – Für die Berufungsinstanz s Rn 19 zu § 542. – **2) Für den Antrag des Anwalts:** §§ 33 I 1, 35, 38 BRAGO.

331a *[Entscheidung nach Aktenlage]*

Beim Ausbleiben einer Partei im Termin zur mündlichen Verhandlung kann der Gegner statt eines Versäumnisurteils eine Entscheidung nach Lage der Akten beantragen; dem Antrag ist zu entsprechen, wenn der Sachverhalt für eine derartige Entscheidung hinreichend geklärt erscheint. § 251a Abs. 2 gilt entsprechend.

1) **Zweck:** Die Möglichkeit der **Entscheidung nach Aktenlage** will der Gefahr vorbeugen, daß eine Partei unter Inkaufnahme des relativ ungefährlichen (§§ 342, 719; s aber wegen der Kosten § 330 Rn 10 aE) VU in Verschleppungsabsicht dem Termin fernbleibt. Wo diese Absicht des Säumigen erkennbar ist, sollte das Gericht bei entscheidungsreifer Sache (§ 300) Antrag gem § 331a anregen. Doch muß die anwesende Partei vor Antragstellung beachten, daß hier (anders als bei § 331) kein Geständnis des Säumigen fingiert wird, vielmehr früheres Bestreiten die Beweislast auslöst (RGZ 132, 330). 1

2) **Verfahren:** § 331a gilt für alle Instanzen (§§ 542 III, 557). Voraussetzung ist Säumnis einer Partei (bei beiders Säumnis: § 251a) trotz ordentl Ladung zur mündl Verhandlung vor dem Prozeßgericht (Rn 2 ff vor § 330). Ausreichend, wenn der versäumte Termin in einem früheren Termin, zu dem ordentl geladen war, durch ledigl verkündeten Beschluß (§ 218) ohne erneute Ladung bestimmt worden war (§ 332, BGH NJW 64, 658). – Für die Entscheidung gilt das in Rn 3–9 zu § 251a Gesagte entsprechend. **Besonderheiten gegenüber § 251a:** Erforderlich ist **Antrag** der anwesenden Partei. Der Antrag ist Sach- und Prozeßantrag (wie Rn 5 zu § 331) und muß als Prozeßantrag ausdrücklich gestellt werden (RGZ 159, 357/60). Ohne Antrag: §§ 333, 251a. Ob und wie (Urteil oder Beschluß) das Gericht dem Antrag stattgibt, steht in seinem nicht nachprüfbaren (§ 336 II) Ermessen (aA MK/Prütting Rn 10: Rechtsfrage). Bei Ablehnung muß vertagt werden; Ruhen des Verfahrens wäre (anders § 251a III) unzulässig. Die Notwendigkeit einer früheren streitigen Verhandlung als Voraussetzung eines Urteils nach Aktenlage (§ 251a II 1) entfällt hier, soweit die zu treffende Entscheidung nach den für sie geltenden Vorschriften keiner mündlichen Verhandlung bedarf, so bei Verwerfung einer Berufung oder Revision (§§ 519b II, 554 III; vgl § 251a Rn 3), auch unter Versagung der Wiedereinsetzung in den vorigen Stand (§ 238 Rn 1). Vorherige streitige Verhandlung ist aber (insoweit anders als im Fall § 251a, s dort Rn 3) auch entbehrlich, wenn die Voraussetzungen für ein unechtes VU (vor § 330 Rn 11) gegen die anwesende Partei wegen deren unzulässiger oder unschlüssiger Klage (auch Widerklage oder Rechtsmittel) gegeben sind (StJ/Schumann Rn 14: keine Aktenlageentscheidung, sondern kontradiktorisches Urteil); daß die anwesende Partei statt eines VU eine Entscheidung nach Aktenlage beantragt hat, steht dem nicht entgegen (BGH NJW 62, 1149/50). Auch hier hat aber das Gericht vor seinem Urteil nach Aktenlage die Partei auf seine Bedenken gegen die Erfolgsaussichten der Klage (bzw des Rechtsmittels) hinzuweisen (vor § 330 Rn 11). – Für die Besetzung des Gerichts bei der Entscheidung gilt § 309 nicht (s aber § 128 Rn 14, § 251a Rn 9, § 309 Rn 6). Zuständigkeit des Vorsitzenden der KfHs: § 349 II 5, des Einzelrichters beim Berufungsgericht: § 524 III 3. Vorläufige Vollstreckbarkeit: § 708 Nr 2 (s § 708 Rn 4). Das Urteil ist kontradiktorisch, daher Berufung (nicht Einspruch) statthaft. Für die Entscheidungsverkündung gelten § 251 Rn 6 und 7 entsprechend; keine Zustellung an Verkündungs Statt. 2

3) Die Anordnung, nach Aktenlage zu entscheiden, ist (weil kein Gesuch zurückgewiesen wird, § 567 I) nicht selbständig anfechtbar. Verfahrensfehler bei der Anwendung des § 331a (vgl § 335) können daher mit dem **Rechtsmittel** gegen die Hauptsacheentscheidung gerügt werden. 3

4) **Gebühren: a) des Gerichts:** Neben der allgemeinen Verfahrensgebühr Urteilsgebühr nur dann, wenn ein auf Grund mündlicher Verhandlung erlassenes Urteil gebührenpflichtig wäre. Daher zB keine Urteilsgebühr für Zwischenurteile, sowie für Anerkenntnis- u Verzichtsurteile; ohnehin gebührenfrei sind alle Urteile in Prozeß- und Eilverfahren erster Instanz. Gerichtsgebührenfrei ist der Beschluß, durch den der Antrag auf Erlaß einer Entscheidung nach Aktenlage zurückgewiesen wird (§ 1 I GKG). – **b) des Anwalts:** Der RA der erschienenen Partei erhält für den Antrag auf Entscheidung nach Lage der Akten die volle Verhandlungsgebühr (§ 33 I 2 Nr 1 BRAGO). 4

332 *[Begriff des Verhandlungstermins]*

Als Verhandlungstermin im Sinne der vorstehenden Paragraphen sind auch diejenigen Termine anzusehen, auf welche die mündliche Verhandlung vertagt ist oder die zu ihrer Fortsetzung vor oder nach dem Erlaß eines Beweisbeschlusses bestimmt sind.

1) § 332 durchbricht den Grundsatz der Einheitlichkeit der mündl Verhandlung, indem er der Säumnisfolge den Vorrang vor bereits gewonnenen Prozeßergebnissen gibt. **Jeder** – nicht nur der erste – **Termin zur (notwendigen) mündlichen Verhandlung** kann Grundlage eines VU oder einer Entscheidung nach Aktenlage (BGH NJW 64, 658) sein. Es kann daher in einem späteren Termin ein VU im Widerspruch zu den bisherigen Prozeßergebnissen ergehen. Die Behauptungen der säumigen Partei, die Geständnisse der anwesenden Partei, ihre Anerkenntnisse und Verzichte, 1

die noch nicht zu Urteilen nach §§ 306, 307 geführt haben, Beweisaufnahmen in früheren Terminen, haben unbeachtet zu bleiben, außer (wegen § 318) früher ergangene End- oder Zwischenurteile. Ausnahme: Bleibt der Kl aus, ist trotz stattgebenden Grundurteils (§ 304) auf Antrag gemäß § 330 die Klage abzuweisen. § 330 ist somit anwendbar, selbst wenn die Beweisaufnahme alle Behauptungen des Kl als richtig dargetan, ebenso § 331 auch dann, wenn sämtliche Klagebehauptungen widerlegt sind. Einschränkend Brandenburg (MDR 95, 1262), wonach das Gericht nicht sehenden Auges unrichtigen Vortrag zugrundelegen dürfe. Dem kann man zustimmen, wenn sich der Verdacht des Prozeßbetruges geradezu aufdrängt. Ansonsten wird Früheres nur berücksichtigt bei der Entscheidung nach Lage der Akten (§ 331a). Außerdem behält – auch bei VU – früher erfolgte Heilung von Verfahrensmängeln (§§ 39, 295) ihre Wirksamkeit.

2 2) Ist ein **Termin zur Beweisaufnahme** u zugleich zur Fortsetzung der mündl Verh bestimmt, so kann ein VU erst ergehen, wenn die Beweisaufnahme stattgefunden hat (§ 367); ist aber der Termin auf Einspruch der säumigen Partei gegen ein sie treffendes VU anberaumt worden, so ist VU auf Verwerfung des Einspruchs (§ 345) ohne vorhergehende Beweisaufnahme zulässig, da das Gericht, bevor es sich mit der Sache selber befaßt (also auch vor der Beweisaufnahme), über den Einspruch zu verhandeln hat, §§ 340a, 341. Nach Beweisaufnahme ist nochmalige ausdrückl Antragstellung entbehrl; ihr Unterbleiben hat keine Säumnisfolgen, BGH NJW 74, 2322 m Anm Bassenge JR 75, 199; Hamm MDR 74, 407; kritisch Schneider MDR 92, 827.

333 *[Nichtverhandeln ist Ausbleiben]*

Als nicht erschienen ist auch die Partei anzusehen, die in dem Termin zwar erscheint, aber nicht verhandelt.

1 1) **Verhandeln** wendet Säumnisfolgen ab. Bei bloßem Erscheinen ohne Verhandeln wird Säumnis fingiert. Das Verhandeln erfordert in dem ersten Termin die Stellung der Sachanträge (§ 137 I); Bamberg (NJW-RR 96, 317) läßt beim Bekl ein Verhalten ausreichen, das auf eine Entscheidung in der Sache gerichtet ist. Wiederholung dieser Anträge in späteren Terminen ist entbehrlich (Rn 4 vor § 330; BAG NJW 71, 1332; RG 31, 424), daher ist in späteren Terminen (§ 332) bloße Erörterung der Sache ausreichend für Verhandeln. Andererseits läßt RG 132, 336 bloße Antragstellung als Verhandeln noch nicht genügen; richtig wird aber in der Verlesung der Sachanträge (§ 297) regelmäßig die Bezugnahme auf schriftl Vorbringen (§ 137 III) liegen, was für Verhandlung genügt. § 220 II fordert Verhandeln „bis zum Schluß", das heißt nur, daß Erklärungen nach Schließung der Verhandlung (§ 136 IV) nicht mehr berücksichtigt werden, nicht aber, daß im Termin ständig verhandelt werden muß. Ist im Termin einmal verhandelt, kann aus Verweigerung weiterer Erklärungen keine Säumnisfolge abgeleitet werden (Celle MDR 61, 61; kritisch Schneider MDR 92, 827; vgl § 269 Rn 15, § 332 Rn 2 am Ende). Insbesondere kann eine Partei nach Antragstellung im Termin ihre Säumnis nicht dadurch herbeiführen, daß sie diesen Antrag „zurücknimmt" (Frankfurt MDR 82, 153).

2 2) **Nichtverhandeln** iS § 333 ist völlige (vgl § 334) Verweigerung der Einlassung zur Sache. Daher Säumnis bei bloßem Vertagungsantrag (RG 31, 424) oder sonstigen bloßen Verfahrensanträgen (zB auf Aussetzung, Trennung, Verbindung; wegen Richterablehnung s BGH NJW-RR 86, 1252 und § 43 Rn 4), auch wenn dabei hilfsweise ein Sachantrag gestellt wird (Frankfurt WM 92, 1088). Dagegen ist Beweisantrag oder Erklärung zu Prozeßvoraussetzungen (OLG 39, 55), sachl Behaupten oder Bestreiten und auch Verhandeln über die Zuständigkeit (BGH NJW 67, 728; s auch Rn 2 zu § 345) echte Verhandlung. Im Termin kann die Säumnis durch Nichtverhandeln bis zum Schluß des Termins beendet werden, wenn sich der Säumige noch zum Verhandeln entschließt (BGH NJW 93, 861 = MDR 93, 1124).

3 3) **Teilweises Verhandeln:** Während bei lediglich unvollständigem Verhandeln (s § 334 Rn 1) gemäß § 334 Säumnisfolgen ausgeschlossen sind und allenfalls (mit der zu § 282 Rn 1 dargelegten Einschränkung) Versäumungsfolgen in Betracht kommen (zur Unterscheidung Säumnis/Versäumung s Vorbem § 330 Rn 1), liegt teilweises Verhandeln vor, wenn der Streitstoff mehrere einer Abtrennung (§ 145 Rn 2) oder einem Teilurteil (§ 301 Rn 2–4) zugängliche Ansprüche umfaßt und eine anwesende Partei nur über einen dieser Ansprüche verhandelt (hierbei § 137 Rn 3 beachten!). Nur im letzteren Fall ist **Teil-VU** gegen eine anwesende Partei zulässig (ggf nach Hinweis auf diese Zulässigkeit gem § 278 Rn 5–8).

334 *[Unvollständiges Verhandeln]*
Wenn eine Partei in dem Termin verhandelt, sich jedoch über Tatsachen, Urkunden oder Anträge auf Parteivernehmung nicht erklärt, so sind die Vorschriften dieses Titels nicht anzuwenden.

1) Unterscheide unvollständiges Verhandeln vom **Verhandeln über einen Teil** des Klageanspruchs. Beschränkt sich das Verhandeln einer Partei auf einen selbständigen (dh iS §§ 145, 301 abtrennbaren) Teil der Klage oder Widerklage, so ist sie im übrigen säumig iS § 333, soweit sie die Einlassung ausdrücklich (§ 139!) verweigert. 1

2) **Unvollständiges Verhandeln** wendet gem § 334 Säumnisfolgen insgesamt ab, denn die Parteien sind nicht verpflichtet, häufig auch nicht in der Lage, in jedem Termin den gesamten Streitstoff zu erörtern (§ 333 Rn 1). Daher unschädlich das Nichterklären zu einzelnen Tatsachenbehauptungen des Gegners, das gem § 286 bei der streitigen Entscheidung frei zu würdigen ist, vgl §§ 138, 427, 439, 446, 453, 454, 510. An die Stelle des VU kann bei unvollständigem Verhandeln iS § 334 Versäumungsfolge gem §§ 282, 296 II treten. 2

335 *[Versagung eines Versäumnisurteils oder einer Entscheidung nach Aktenlage]*
(1) Der Antrag auf Erlaß eines Versäumnisurteils oder einer Entscheidung nach Lage der Akten ist zurückzuweisen:

1. **wenn die erschienene Partei die vom Gericht wegen eines von Amts wegen zu berücksichtigenden Umstandes erforderte Nachweisung nicht zu beschaffen vermag;**
2. **wenn die nicht erschienene Partei nicht ordnungsmäßig, insbesondere nicht rechtzeitig geladen war;**
3. **wenn der nicht erschienenen Partei ein tatsächliches mündliches Vorbringen oder ein Antrag nicht rechtzeitig mittels Schriftsatzes mitgeteilt war;**
4. **wenn im Falle des § 331 Abs. 3 dem Beklagten die Frist des § 276 Abs. 1 Satz 1 nicht mitgeteilt oder er nicht gemäß § 276 Abs. 2 belehrt worden ist.**

(2) Wird die Verhandlung vertagt, so ist die nicht erschienene Partei zu dem neuen Termin zu laden.

I) Der Antrag auf VU oder auf Entscheidung nach Aktenlage ist durch Beschluß (unten Rn 6) zurückzuweisen, wenn die **Voraussetzungen** hierfür (Rn 2 ff zu § 330 u 331, Rn 2 zu § 331a) **fehlen, jedoch noch herbeigeführt werden können.** Dagegen keine Zurückweisung durch Beschluß, sondern unechtes VU (Rn 11 vor § 330), wenn der Mangel der Sachurteilsvoraussetzung nicht behebbar ist oder seine Behebung durch die Partei trotz Aufforderung hierzu verweigert wird. Nicht behebbare Mängel sind zB fehlende Partei- oder Prozeßfähigkeit (BGH NJW 61, 2207), Gerichtsbarkeit (Rn 15 vor § 253), Rechtsschutzbedürfnis, fehlende Klagbarkeit des Anspruchs, anderweitige Rechtshängigkeit, Unzulässigkeit des Rechtsmittels. Der Mangel muß für die erschienene Partei behebbar sein; daher ist, weil den Verweisungsantrag der Kl stellen müßte (§ 281), bei dessen Säumigkeit die fehlende Zuständigkeit u die Unzulässigkeit des Rechtswegs für den Bekl nicht behebbar und führt auf Antrag zum unechten VU oder zum abw Prozeßurteil nach Aktenlage. Bei Säumigkeit des Bekl wird die Zuständigkeitsbehauptung des Kl nur im Rahmen des § 331 I 2 (vgl § 331 Rn 6) von der Geständnisfiktion umfaßt (Geimer NJW 73, 1151; Reinelt NJW 74, 2310). Zur entsprechenden Anwendung: Hamm NJW-RR 91, 703 (Gebot des fairen Verfahrens). 1

Nr 1: Gilt für alle vAw zu beachtenden, **behebbaren Verfahrensmängel,** zB Nachweis der Zuständigkeit im Fall § 331 I 2, Mangel der Vollmacht § 88 II, Nachweis der Kostensicherheit (§ 110) oder Kostenerstattung (§ 269 IV), soweit diese vom Gegner bereits beantragt war. Werden Nachweise von der erschienenen Partei nicht angeboten, ist die Klage durch (unechtes) VU als unzulässig abzuweisen, falls nicht bei Unzuständigkeit Verweisungsantrag §§ 281, 506 vom Kl gestellt wird. 2

Nr 2: Gilt nur bei echter Säumigkeit, nicht im Fall des § 333. Die erschienene, aber nicht verhandelnde Partei gilt auch bei fehlerhafter **Ladung** als säumig. Ebenso gilt Nr 2 nicht, wo Ladung überhaupt entbehrlich war: § 218 und für das schriftliche VU gemäß § 331 III. In allen anderen Fällen ist vor Erlaß eines VU vAw zu prüfen u im Protokoll festzustellen, ob die abwesende Partei säumig iS Rn 4 vor § 330 ist, insbes ob sie unter Mitteilung der Klageschrift (sonst Ladung z ersten Termin wirkungslos, KG NJW 63, 1408) u Einhaltung der Einlassungsfrist § 274 III rechtzeitig (§§ 217, 604 II, 239 III) u formgerecht (§§ 166 ff, 497) geladen ist. Unwirksam ist die Terminsladung zur Verhandlung über die Hauptsache in einem unterbrochenen oder 3 ausgesetzten Verfahren (§§ 239 ff) vor Aufnahme (§ 250; BGH NJW-RR 89, 255/256). Zur Säumnisfolge bei Terminsladung lediglich in einem Zwischenstreit s § 347 II.

4 **Nr 3:** Ist nur bei Säumnis des (Rechtsmittel-) Bekl zu beachten, denn nur Angriffsmittel müssen rechtzeitig, dh unter Wahrung der Wochenfrist des § 132 u vor dem ersten Termin auch der Einlassungsfrist (§ 274 III) vorgebracht sein. § 282 ist hier nicht zu beachten, weil er Gegenerklärung, also Anwesenheit des Bekl voraussetzt. Nur **Sachanträge u Tatsachenvortrag müssen rechtzeitig erfolgt sein;** Prozeßanträge (Rn 3 zu § 297) bedürfen keiner Ankündigung. Was in einem früheren Termin (selbst bei Abwesenheit des Gegners, soweit der Vortrag im Protokoll festgehalten oder dem Gericht erinnerlich ist) vorgetragen wurde, ist immer rechtzeitig. Das ergibt sich schon aus der Einheitlichkeit der mündl Verhandlung, die in § 332 zwar für den Inhalt, nicht aber für die Zulässigkeit des VU durchbrochen ist (RGZ 28, 409; R-Schwab § 107 III 2c [3]). Entbehrlich ist vorherige Mitteilung eines iS von § 264 Nr 2 ermäßigten Antrages, zB Feststellung statt Leistung (§ 256 Rn 15). Nr 3 gilt nicht für Anträge des Berufungsgegners auf Zurückweisung des Rechtsmittels (Celle MDR 93, 686; s näher § 542).

5 **Nr 4: Schriftl VU** gegen den Bekl gem § 331 III setzt voraus, daß ihm vor einer Terminsbestimmung (§ 276 Rn 16) im schriftl Vorverfahren die Fristsetzung § 276 I zur Erklärung der Verteidigungsbereitschaft mit Rechtsfolgenbelehrung nach § 276 II (zu deren notw Form und Inhalt § 273 Rn 4) mit der Klageschrift zugestellt worden war. Sind diese notw Handlungen des Gerichts unterblieben, so ist nicht der Antrag des Kl auf VU „zurückzuweisen" (= Redaktionsfehler), sondern die Maßnahmen nach § 276 I u II sind vAw nachzuholen. Wegen der nach **Widerspruch des Beklagten im vorausgegangenen Mahnverfahren** notwendigen Belehrung des Beklagten über die zur Abwehr eines schriftl VU notwendige Anzeige der Verteidigungsbereitschaft s § 331 Rn 12, § 276 Rn 8; § 697 Rn 8.

6 **II) Verfahren:** Die Ablehnung des VU erfolgt nach Gewährung des rechtlichen Gehörs zu den deshalb dem Antragsteller bekanntzugebenden Hindernissen in den Fällen I 1–3 (wegen Nr I 4 s dort!) durch gem § 336 anfechtbaren, die Ablehnung der Entscheidung nach Aktenlage durch unanfechtbaren (§ 336 II) Beschluß unter gleichzeitiger Bestimmung eines neuen Termins. Terminsbestimmung allein genügt. Die Amtspflicht zur Terminsbestimmung ergibt sich aus § 216 (bestr; aA BL/Hartmann Rn 9), daher kein Stillstand des Verfahrens (aM StJ/Schumann Rn 24 und ThP Rn 8: Danach soll durch Vertagung vAw nicht einer Beschwerdeentscheidung nach § 336 vorgegriffen werden. Zweckmäßig wird das Gericht erfragen, ob sofortige Beschwerde beabsichtigt, u ggf nach § 251a verfahren). Im Vertagungsantrag der erschienenen Partei liegt Verzicht auf sofortige Beschwerde. Dann besteht kein Grund, entgegen §§ 216, 278 IV Vertagung zu versagen und damit einen Druck zum Säumnisantrag auszuüben. Die abwesende Partei (nicht die nichtverhandelnde iS § 333) ist hier entgegen § 218 stets zu laden (LG Mannheim NJW 59, 2071; BL/Hartmann Rn 9), daher Ladungsfrist (§§ 217, 604 II, 239 III) beachten, München VersR 74, 674. Keine Ladung des Säumigen nötig, wenn die Vertagung aus anderen als den in I genannten Gründen erfolgt, RG 41, 355, so insbes zur Behebung behebbarer Verfahrensmängel (Rn 2), wenn die anwesende Partei hierwegen keinen Säumnisantrag gestellt hatte. Dagegen ist der Säumige stets zu laden, wenn VU durch Beschluß versagt wurde, denn § 335 ist Schutzvorschrift zugunsten des befugt Säumigen. – Zur Zulässigkeit eines streitigen Urteils entgegen dem Säumnisantrag vgl Rn 8 vor § 330. Der gem § 335 zurückgewiesene Säumnisantrag des Kl ist kein Verhandeln iS § 269 I (dort Rn 13) oder § 515 I (dort Rn 14, 15; BGH MDR 87, 1011).

336 *[Anfechtung der Zurückweisung eines Versäumnisurteils]*

(1) Gegen den Beschluß, durch den der Antrag auf Erlaß des Versäumnisurteils zurückgewiesen wird, findet sofortige Beschwerde statt. Wird der Beschluß aufgehoben, so ist die nicht erschienene Partei zu dem neuen Termin nicht zu laden.

(2) Die Ablehnung eines Antrages auf Entscheidung nach Lage der Akten ist unanfechtbar.

1 **1) Abs I** regelt nur das Verfahren nach einem das beantragte VU versagenden Beschluß oder (dem Beschluß gleichbedeutend, Hamm NJW-RR 91, 703) nach einer antragswidrigen Vertagung; auf das bei gleicher Prozeßlage auch mögliche unechte VU (Rn 11 vor § 330) ist § 336 nicht entsprechend anwendbar (BGH NJW 87, 1204).

2 **a)** Aus welchem Grund der Antrag – sei es auch nur gegen einen Streitgenossen, RGZ 55, 310 – zurückgewiesen oder statt Zurückweisung vAw vertagt wurde, ist gleichgültig (Hamm NJW-RR 91, 703; Nürnbg MDR 63, 507; abw LAG Düsseldorf NJW 61, 2371). Wurde wegen eines Mangels der in § 335 Nr 1 bezeichneten Art nicht nur der Antrag des Kl auf Erlaß eines VU, sondern darüber hinaus die Klage abgewiesen (vor § 330 Rn 11), so ist nur Berufung möglich. – § 336 gilt auch dann, wenn der Beschluß vom LG (nicht vom OLG: § 567 III) als Berufungsgericht erlassen

ist. Beantragt die erschienene Partei nach Ablehnung des VU neuen Termin, so verzichtet sie damit auf sof Beschwerde.

b) Sofortige Beschwerde, zulässig binnen 2 Wochen nach der Verkündung, 577 II (Brandenburg MDR 95, 1262); das gilt (Braunschweig MDR 92, 292 gegen LG Köln MDR 85, 593) auch, wenn die Verkündung entspr § 310 I in einem hierzu anberaumten Verkündungstermin erfolgt, auf dessen (vorauszusehendes) Ergebnis sich im Hinblick auf die Sonderregelung in § 577 II einzustellen der antragstellenden Partei zumutbar ist. Die sofortige Beschwerde kann nur darauf gestützt werden, daß der Erlaß des VU zu Unrecht abgelehnt worden sei. Im Beschwerdeverf wird der Gegner nicht gehört, RG 37, 398. – Das Beschwerdegericht kann das VU nicht selbst erlassen, muß vielmehr die Sache in die vorige Instanz zurückgeben (Hamm NJW-RR 91, 703); diese hat neuen Termin anzuberaumen u der im früheren Termin erschienenen, nicht auch der säumigen Partei (KG MDR 83, 412), vAw bekannt zu machen. Der Termin ist zur Nachholung des Erlasses des VU bestimmt, die im Termin wiederholend beantragt werden muß. Erscheint im neuen Termin der Beschwerdeführer nicht oder beantragt er jetzt kein VU mehr: § 251a. Erscheint die säumige Partei trotz Nichtladung in dem neuen Termin, so ist sie zur Verhandlung zuzulassen, denn das VU soll nicht zur bloßen Prozeßstrafe wegen Säumigkeit ausarten; die erschienene Partei würde ohnedies sofort Einspruch einlegen u hätte lediglich Kosten wegen eines derart sinnlosen Verfahrens (wie hier: StJ/Schumann Rn 7; ThP Rn 1; jetzt auch R-Schwab § 107 III 2c [3]). 3

2) **Abs II.** Nach Ablehnung des Antrags auf Entscheidung nach Aktenlage kann die erschienene Partei VU beantragen; zweckmäßig ist Stellung eines Hilfsantrags. Wird kein weiterer Antrag gestellt, so ist zu vertagen, nicht nach § 251a zu verfahren. 4

3) Gebühren: a) des Gerichts: Für den zurückweisenden Beschluß: Keine Gebühr; für das Beschwerdeverfahren: KV 1906 – **b) des Anwalts:** Für das Beschwerdeverfahren 5/10 der Gebühren des § 31 BRAGO; keine Ermäßigung bei vorzeitiger Erledigung des Auftrags (§ 61 I Nr 1 u III BRAGO). 5

337 *[Vertagung von Amts wegen]*

Das Gericht vertagt die Verhandlung über den Antrag auf Erlaß des Versäumnisurteils oder einer Entscheidung nach Lage der Akten, wenn es dafür hält, daß die von dem Vorsitzenden bestimmte Einlassungs- oder Ladungsfrist zu kurz bemessen oder daß die Partei ohne ihr Verschulden am Erscheinen verhindert ist. Die nicht erschienene Partei ist zu dem neuen Termin zu laden.

1) § 337 ist Anwendungsfall des Anspruchs der unverschuldet säumigen Partei auf rechtliches Gehör (vor § 128 Rn 6), daher nur anwendbar bei Abwesenheit der geladenen Partei, nicht auch, wenn die *erschienene* Partei iS § 333 nicht verhandelt; die erschienene Partei bleibt aber befugt, die unangemessene Kürze einer richterlich gesetzten Einlassungsfrist zu rügen und hierwegen Vertagung zu beantragen (§ 227 I 2, dort Rn 6). **Das Gericht muß vertagen,** wenn dem Antrag auf VU oder auf Entscheidung nach Aktenlage aus den Gründen des § 335 I Nr 1–3 (Rn 2–7 vor § 330) ein Hindernis entgegensteht, also **a)** die richterlich bestimmte **Einlassungs- u Ladungsfrist** (§§ 226, 239 III, 274 III 3, 339 III, 520 II 2, 555 II) nach den Umständen des Falles zu kurz bemessen war, oder **b)** die **Partei unverschuldet am Erscheinen verhindert** ist und **c)** ein **streitiges Urteil** (unechtes VU) trotz des Säumnisantrags nicht möglich ist (Rn 8 vor § 330). 1

Zu a–c: Zu kurz bemessen können nur richterliche Fristen (Begriff: Rn 5 vor § 214) sein, niemals die gesetzlichen Fristen der §§ 217, 274 III 1 u 2, 520 III, 555 II. Dabei sind diese Fristen nach Prozeßlage zu kurz bemessen, wenn ein iS des § 227 „erheblicher Grund" zur Vertagung erkennbar vorliegt (vgl § 227 Rn 5, § 275 Rn 4). 2

Unverschuldet ist das Fernbleiben einer Partei nur, wenn ein erheblicher Verhinderungsgrund entweder offenkundig (§ 291) ist oder von der abwesenden Partei dem Gericht vorher mitgeteilt worden war und glaubhaft (BL/Hartmann Rn 2) ist; ausreichend ist, wenn die Entschuldigung nach Schluß der Verhandlung, aber noch vor Verkündung mitgeteilt wird (LG Berlin MDR 95, 1067). Das Fernbleiben in der Erwartung, das Gericht werde einem Vertagungsgesuch (hierzu § 227 Rn 5 f) schon Rechnung tragen, entschuldigt aber die Säumnis grundsätzlich nicht (BGH NJW 82, 888); ebensowenig das bloße Hinlegen der Akte in den Verhandlungsraum (LG Duisburg NJW-RR 91, 1022). Beispiele für erheblichen Grund: Gesuch um PKH ist noch nicht verbeschieden (LG Münster MDR 91, 160) oder erst unmittelbar vor dem Termin zurückgewiesen worden (Schneider MDR 85, 377; Dresden OLGR 96, 71; abw Koblenz MDR 90, 255); das entspricht dem „Hindernis" des § 234 (vgl dort Rn 6–10). Verzögerung des Aufrufs der Sache (vgl § 220 Rn 3 und Rn 4 vor § 330). Unmöglichkeit, einen übernahmebereiten RA zu finden (Karlsruhe OLGZ 68, 292). Urlaub des RA oder der Partei, wenn vorher angezeigt u kein Fall des § 53 BRAO vorliegt (vgl BVerfGE 25, 166). Krankheit des RA oder der anwesenheitsberechtigten (§§ 137 IV, 357, vgl 3

Köln NJW-RR 90, 1341) Partei. Vgl auch die Verschuldensbeispiele in Rn 12 ff zu § 233 und die Beispiele für Nichtverschulden des Anwalts in Vorbem § 330 Rn 12. **Keine Vertagung,** sondern Nachholung der vom Gericht selbst bereiteten Hindernisse des VU im Fall § 331 III (vgl § 335 Rn 5).

4 2) **Verfahren:** Vertagung durch Beschluß. Darin liegt Ablehnung des VU, daher sof Beschwerde gem § 336 zulässig (Nürnberg MDR 63, 507; abw LAG Düsseldorf NJW 61, 2371). Die sof Beschwerde ist begründet, auch wenn das Hindernis dem Erstgericht nicht erkennbar war, denn ein trotzdem ergehendes VU wäre gesetzwidrig iS § 513 II (RG 166, 248). – Bei Vertagung ist (anders als zur etwaigen Verhandlung über die sof Beschwerde) die abwesende Partei vAw zu laden. (Das zu § 335 Rn 6 am Ende Gesagte gilt hier entsprechend). In den Fällen der §§ 239 III, 274 III, 339 II, 520 III, 555 II ist die Einlassungs- und Ladungsfrist neu festzusetzen; die Einlassungsfrist läuft aber ab Zustellung der ersten Ladung.

338 *[Einspruch]*

Der Partei, gegen die ein Versäumnisurteil erlassen ist, steht gegen das Urteil der Einspruch zu.

1 1) **Anwendungsbereich:** Der Einspruch ist der bes Rechtsbehelf der säumigen Partei gegen ein echtes VU (Rn 10 vor § 330). Ob das Urteil iS der §§ 335, 337 zulässig als VU erlassen wurde, ist gleichgültig, BGH MDR 94, 199 = NJW 94, 665; Düsseldorf MDR 85, 1034; der Grundsatz der Meistbegünstigung (vor § 511 Rn 29) gilt für die (wenn auch fehlerhaft) als VU ergangene Entscheidung nicht. Ob ein solches vorliegt, richtet sich nach der Art des Zustandekommens und nach dem Inhalt des Urteils, nicht nach seiner Bezeichnung, BGH VersR 74, 1099; 76, 251; FamRZ 94, 1521. Daher ist ein Urteil, das teilweise auf Grund der Säumnis ergeht, teilweise trotz der Säumnis die Klage abweist (= unechtes VU: Rn 11 vor § 330), teils mit Einspruch u teils mit Berufung anfechtbar (BAG NJW 66, 612). Zulässig auch, den Einspruch auf einen abtrennbaren (§§ 145, 301) Teil des VU zu beschränken (zulässig auch noch im Einspruchstermin, Donau MDR 55, 23), dann tritt im übrigen formelle Rechtskraft ein (Celle NJW 72, 1867). Gegen ein mangels ordnungsgemäßer Zustellung noch nicht existentes VU im schriftl Vorverfahren (§ 331 III, 310 III) gibt es den Einspruch, um den geschaffenen Rechtsschein zu beseitigen (Brandenburg NJW-RR 96, 766: vollstreckbare Ausfertigung war schon erteilt). Da der Einspruch keine Anfechtung des VU mit dem Ziel der Prüfung seines sachlichen Inhalts darstellt, sondern ausschließlich Verfahrenswirkung (§ 342) hat, ist er entgegen § 99 I auch nur wegen des Kostenausspruchs im VU zulässig.

2 **Unzulässig ist der Einspruch:** für die nicht säumig gewesene Partei, wenn gegen sie (unechtes) VU erging (Rn 11 vor § 330); kein Einspruch, sondern Berufung bzw Revision gegen das echte zweite VU (§§ 345, 513 II, 566) und bei Entscheidung nach Aktenlage (§ 331a); unzulässiger Einspruch im Fall des § 238 II; Einspruch oder Berufung, wenn statt erstem VU falsch ein zweites erlassen wurde, Köln MDR 69, 225; Frankfurt NJW-RR 92, 1468 (§ 345 Rn 5); überhaupt immer, wenn Unsicherheiten verbleiben, ob das Urteil ein VU ist (Köln OLGR 96, 7; Hamm NJW-RR 95, 186; Rn 29a vor § 511).

3 2) **Verfahren:** Der Einspruch entbehrt des Devolutiveffekts; er stellt, wenn er fristgerecht (§ 339) eingelegt (§ 340) wird, ohne Rücksicht auf die inhaltliche (Un-)Richtigkeit des Urteils u den Grund der Säumnis den vor der Säumnis bestehenden Verfahrensstand wieder her. Bis zur Aufhebung des VU dauert dessen mat Rechtskraft fort (kein Suspensiveffekt). Vollstreckungsschutz auf Antrag: § 719. Der Sachantrag (§ 297), das VU aufzuheben bzw aufrechtzuerhalten sollte ausdrücklich gestellt werden, doch genügt die Wiederholung der insoweit auslegungsfähigen ursprüngl Sachanträge. Entscheidung nach Einspruch: § 343.

339 *[Einspruchsfrist]*

(1) Die Einspruchsfrist beträgt zwei Wochen; sie ist eine Notfrist und beginnt mit der Zustellung des Versäumnisurteils.

(2) Muß die Zustellung im Ausland oder durch öffentliche Bekanntmachung erfolgen, so hat das Gericht die Einspruchsfrist im Versäumnisurteil oder nachträglich durch besonderen Beschluß, der ohne mündliche Verhandlung erlassen werden kann, zu bestimmen.

1 1) a) **Abs I. Einspruchsfrist** 2 Wochen (nach § 59 ArbGG 1 Woche, hierzu BVerfG NJW 74, 847) ab Zustellung (zur Auslandszustellung § 276 Rn 5), gleich ob Anwalts- oder Parteiprozeß (auch gegen VB § 700) u gleichgültig ob VU zulässig war, BGH VersR 73, 715 (s aber § 338 Rn 2 und vor

§ 511 Rn 29 wegen Meistbegünstigung bei inkorrektem VU). Fristberechnung: §§ 222, 223 II (interne Ermittlungsprobleme des Empfängers sind unbeachtlich, ArbG Regensburg JurBüro 91, 434). **Notfrist:** Verlängerung u Abkürzung unzulässig: § 224 I. Keine Heilung von Zustellungsmängeln durch Nachweis des tatsächl Zugangs: § 187 S 2. Gegen Versäumung: Wiedereinsetzung § 233. Die 5-Monatsfrist der §§ 516, 552 gilt für den Einspruch nicht (StJ/Schumann Rn 5).

Einlegung vor Urteilszustellung ist zulässig (RG 40, 392), nicht aber vor Urteilsverkündung, RG 110, 169 (einschränkend StJSch Rn 7 für den Fall des irrtümlich angenommenen, tatsächl aber erst in einem späteren Termin verkündeten VU). Urteilszustellung § 317; hierbei Hinweispflicht des Gerichts gemäß § 340 III (dort Rn 12). Wegen der notwendigen Zustellung an den bestellten ProzBev der säumig gewesenen Partei (sonst Zustellung unwirksam!) s § 176 Rn 6 ff. Aufhebung des VU durch Parteivereinbarung ist unwirksam. Ist zB die säumige Partei nach Urteilserlaß erschienen u der Gegner mit sofort Verhandlung einverstanden, muß vorher Einspruch eingelegt werden (zum Sitzungsprotokoll). 2

Die **Einhaltung der Einspruchsfrist** hat das Gericht vAw zu prüfen. Parteivereinbarung hierüber wäre unwirksam. Entscheidung bei versäumter Frist: § 341. 3

b) Im Fall des gem §§ 276, 331 III, 310 III an Verkündungs Statt zugestellten **VU im schriftl Vorverfahren** beginnt die Einspruchsfrist nicht vor der Ausführung der Amtszustellung des Urteils an *beide* Parteien (so selbst, wenn die Zustellung an den obsiegenden Kl der Zustellung an den Bekl nachfolgt), denn hier ersetzt gemäß § 310 III erst die letzte Zustellung die Verkündung, ohne die keine Einspruchsfrist zu laufen beginnt (Zugehör NJW 92, 2261; BGH MDR 95, 308 = NJW 94, 3359 mwN; Frankfurt NJW 81, 291; Nürnberg NJW 78, 832 mit krit Anm Schneider). 4

2) a) Abs II. War der Bekl im Inland ordnungsgemäß zum Termin geladen u ist er dann in das **Ausland** verzogen oder sind Klage u Ladung öffentl zugestellt worden, so ist die Einspruchsfrist im VU oder nachträglich vAw durch Beschluß des Gerichts (nicht ausreichend Vfg des Vors) zu bestimmen, der bei nachträgl öffentl Zustellung mit dem sie bewilligenden Beschluß zu verbinden ist, RG 63, 84. Wurde dem Bekl die Klage mit Terminsladung bereits im Ausland zugestellt, kommt eine Zustellung des VU gemäß § 199 ff nicht in Frage; denn der Bekl war verpflichtet, einen Zustellungsbevollm zu bestellen, §§ 174, 175 (§ 276 Rn 5). Hat er es unterlassen, kann ihm das VU durch Aufgabe zur Post (§ 175, BGH MDR 86, 244: Inlandszustellung!) zugestellt werden, München Rpfleger 83, 75. Wurde hier, obwohl nicht nötig, die Einspruchsfrist vom Gericht bestimmt (was Roth IPRax 90, 90 als Gebot eines fairen Verfahrens bezeichnet), so ist sie auch bei Zustellung durch Aufgabe zur Post einzuhalten, RGZ 98, 139. Die vom Gericht bestimmte Einspruchsfrist ist ebenfalls Notfrist iS Abs I, daher einer Abänderung nicht zugänglich (§ 224 I). Enthalten VU und Belehrung unterschiedliche Angaben zur Frist, dann gilt die längere (BGH MDR 92, 805). 5

b) Der die Einspruchsfrist nachträgl bestimmende, unanfechtbare Beschluß ist der Partei, die das VU beantragt hat, zu übersenden, der säumigen Partei mit dem Urteil zuzustellen. Die Einspruchsfrist läuft erst von der Zustellung des Beschlusses ab, RG 63, 82. War eine nach Abs II notwendige Fristbestimmung unterblieben, so wird das VU trotz Ablaufes der Frist des Abs I nicht rechtskräftig, RG 63, 85. Wird nach Fristbestimmung gem Abs II im Inland zugestellt (so auch im Fall § 175 Rn 3), so wird damit die Fristbestimmung nicht hinfällig; es läuft vielmehr die verlängerte Einspruchsfrist. 6

340 *[Einspruchseinlegung]*

(1) Der Einspruch wird durch Einreichung der Einspruchsschrift bei dem Prozeßgericht eingelegt.

(2) Die Einspruchsschrift muß enthalten:

1. die Bezeichnung des Urteils, gegen das der Einspruch gerichtet wird;

2. die Erklärung, daß gegen dieses Urteil Einspruch eingelegt werde.

Soll das Urteil nur zum Teil angefochten werden, so ist der Umfang der Anfechtung zu bezeichnen.

(3) In der Einspruchsschrift hat die Partei ihre Angriffs- und Verteidigungsmittel, soweit es nach der Prozeßlage einer sorgfältigen und auf Förderung des Verfahrens bedachten Prozeßführung entspricht, sowie Rügen, die die Zulässigkeit der Klage betreffen, vorzubringen. Auf Antrag kann der Vorsitzende für die Begründung die Frist verlängern, wenn nach seiner freien Überzeugung der Rechtsstreit durch die Verlängerung nicht verzögert wird oder wenn die Partei erhebliche Gründe darlegt. § 296 Abs. 1, 3, 4 ist entsprechend anzuwenden. Auf die Folgen einer Fristversäumung ist bei der Zustellung des Versäumnisurteils hinzuweisen.

1 **I) Einspruch wird eingelegt** durch einen fristgerechten (§ 339), bei versäumter Frist mit dem Gesuch um Wiedereinsetzung verbundenen (§ 236), Schriftsatz bei dem Gericht, welches das (echte; vgl Rn 10 vor § 330) VU oder den VB (§ 700) erlassen hat. Einspruch zu richterlichem Protokoll unter Bezugnahme auf einen eingereichten Schriftsatz läßt der BGH genügen (MDR 89, 62; zust MK/Prütting Rn 2; anders bei mündlichen Äußerungen: MDR 95, 308); weitergehend sieht Zweibrücken (MDR 92, 998) beim LG die Protokollerklärung als gleichwertigen Ersatz für die Einspruchsschrift an (zu Recht abl MK/Prütting Rn 2; BL/Hartmann Rn 1; ThP Rn 1). Beim AG genügt gem §§ 496, 129a Einlegung zu Protokoll jedes AG, doch ist bei Erklärung zu Protokoll eines auswärtigen AG (§ 129a) die Frist nur bei rechtzeitigem Eingang beim Prozeßgericht gewahrt.

2 Der Schriftsatz ist ein bestimmender (§ 129 Rn 3), daher Unterschrift, im Anwaltsprozeß Unterschrift des RA nötig (BGH MDR 87, 930 = NJW 87, 2588; § 130 Rn 5; dort auch zur Möglichkeit telegrafischer Einlegung und zu den Folgen fehlender Unterschrift).

3 **II) Notwendiger Inhalt** des Einspruchs: **1) Bezeichnung des VU** (VB § 700) nach Gericht, Datum und Aktenzeichen. Hier gilt das in § 518 Rn 33 Gesagte entsprechend; daher sind formale Mängel der Einspruchsschrift unschädlich, wenn nur der Schriftsatz fristgerecht zu den Verfahrensakten gelangt und unter Heranziehung dieser Akten als Einspruch zu verstehen ist. Eine Verzögerung hierbei durch Angabe eines falschen Aktenzeichens ist jedoch vom Einspruchsführer zu vertreten (BGH VersR 83, 250).

4 2) Erklärung, daß **Einspruch** eingelegt wird. Das Wort „Einspruch“ ist nicht zwingend vorgeschrieben; es genügt jeder Ausdruck (zB „Widerspruch“ oder „Berufung“), der erkennen läßt, daß die Partei das VU nicht gegen sich gelten lassen will (RG 141, 347; BGH MDR 95, 308); dabei sind mündl Äußerungen für die Auslegung nicht zu berücksichtigen (BGH aaO). BAG NJW 71, 1479 läßt „Entschuldigung“ der Säumnis nicht als Einspruch gelten; das ist wohl zu streng, jedenfalls durch Rückfrage (§ 139) ggf rückwirkend aufklärbar. Ein Schriftsatz, der vom Bekl in Unkenntnis des gegen ihn ergangenen VU eingereicht wird, kann nicht in einen Einspruch umgedeutet werden (BL/Hartmann Rn 3; LG Leipzig MDR 96, 418; aA Braunschweig OLGR 94, 296 = FamRZ 95, 237).

5 3) Erklärung, inwieweit Einspruch eingelegt wird **(Umfang des Einspruchs)**, so insbes Bezeichnung des Einspruchsführers u -gegners bei Urteil gegen bzw für Streitgenossen (München VersR 66, 42; KG KGR 95, 256; entsprechend bei Rechtsmittel BGH VersR 71, 1145). Zu weitgehend sieht BAG BB 75, 842 Einspruch des nicht verurteilten Gesellschafters als für den verurteilen wirksam an. – Zulässig ist der auf einen Teil der Verurteilung beschränkte Einspruch (§ 338 Rn 1).

6 4) **Inhaltsmängel** (iS von Rn 3–4) haben – ebenso wie Versäumung der Frist des § 339 – die Unzulässigkeit des Einspruchs zur Folge. Da diese Mängel innerhalb der Frist des § 339 behebbar sind, sollte das Gericht den Einspruchsführer auf den Mangel hinweisen (§§ 139, 278 III), sofern das noch fristgerecht möglich. – Die Unzulässigkeit des Einspruchs führt (erst nach Ablauf der Einspruchsfrist!) zur Verwerfung gem § 341. Wiedereinsetzung möglich, § 233.

7 **III) Begründung des Einspruchs** (Abs III; hierzu Kabath DAVorm 93, 621): **1)** Der Einspruch gegen VU (ebenso VB § 700) ist kein Rechtsmittel, sondern Rechtsbehelf besonderer Art (vgl Rn 3 zu § 338). Dementsprechend bedarf er entgegen dem mißverständl Wortlaut des Gesetzes (III 2) keiner Begründung, denn er greift das VU nicht inhaltlich an, sondern in seinem Verfahrensbestand (BGH NJW 79, 1988; NJW-RR 93, 1408, auch zur **Parteiänderung** in der Einspruchsschrift). **Abs III fordert** daher **keine Begründung des Einspruchs, sondern konkretisiert die Prozeßförderungspflicht** der bereits einmal säumig gewesenen Partei (StJ/Schumann Rn 11; BGH NJW-RR 92, 957; MDR 79, 928/929 mit Anm von Schneider NJW 79, 2614; München NJW 77, 1972). Der Ablauf dieser Frist hat daher die gleiche Wirkung des § 296 I wie der Ablauf einer hierfür gem §§ 273, 275, 277 gesetzten Frist; war eine derart richterl gesetzte Frist bereits versäumt, so kann die säumig gewordene Partei durch Hinnahme eines VU die Rechtsfolge des § 296 faktisch unterlaufen („Flucht in das VU“, vgl § 296 Rn 40), wenn sie nur die „Gnadenfrist“ des Abs III zur Nachholung des zunächst versäumten Vorbringens nutzt, mag auch das Säumnisverfahren wegen § 342 die vorausgegangene Versäumung von Erklärungsfristen nicht aufheben und bereits eingetretene Versäumungsfolgen grds nicht beheben (BGH NJW 81, 286 und 1378). Bei den verzichtbaren Zulässigkeitsrügen (§§ 282 III, 296 III) hilft „Flucht in das VU“ aber deswegen nicht, weil es auf die Frage einer Verzögerung gar nicht ankommt; ausschließlich genügende Entschuldigung rechtfertigt die Zulassung. Ist die Verspätung unentschuldigt, bleibt die Rüge daher auch im Einspruchsverfahren unbeachtlich (München MDR 94, 1244 = NJW-RR 95, 127: Einrede des Schiedsvertrags; § 296 Rn 40; aA ThP Rn 9; BL/Hartmann § 342 Rn 2), denn Vorbringen, das im Zeitpunkt der Terminssäumnis verspätet war, bleibt trotz Flucht in die Säumnis verspätet (MK/Prütting Rn 24; hier § 296 Rn 17, 40), so daß nicht schon das Unterbleiben einer Verzögerung seine Berücksichtigung rechtfertigt, weil Zulassungskriterium für dieses nach wie

vor verspätete Vorbringen allein die Entschuldigung ist (aA ThP Rn 9: die versäumte Frist sei überholt).

§ 340 III ist lex specialis gegenüber § 296 und enthebt auch nicht das Gericht der Aufgabe, den **Einspruchstermin** (§ 341a) **sachgerecht** (§ 273) **vorzubereiten** und zeitlich so anzusetzen, daß er iS des § 272 I umfassend vorbereitet ist (BGH MDR 80, 574; München NJW 79, 2619; Hamm NJW 80, 293; Deubner NJW 79, 342; Fastricht NJW 79, 2598; Messer NJW 78, 2558; Schneider MDR 79, 710). Für eine willkürliche Abkürzung der „Gnadenfrist“ durch kurzfristige Terminierung gibt das Gesetz (entgegen Deubner NJW 80, 294) keinen Raum; der BGH (MDR 81, 309) vertritt hierzu die vermittelnde Meinung, daß der Einspruchstermin zwar auch gem § 273 vorzubereiten ist, jedoch bei umfangreichem Vorbringen der säumig gewesenen Partei nicht so weit hinausgeschoben werden muß, daß in ihm noch jegliches Vorbringen „in vollem Umfang“ berücksichtigt werden kann. Wo danach die Grenze einer Zulassung zu ziehen ist, läßt der BGH nicht klar erkennen; hierzu vgl BVerfG NJW 90, 2373: maßgeblich ist, was dem Gericht als Terminsvorbereitung zeitlich noch zugemutet werden kann. Celle MDR 89, 1003 terminiert die Einspruchsverhandlung auf den im normalen Geschäftsgang nächstmöglichen Termin. 8

2) Hatte die säumig gewesene Partei sich schon vor ihrer Säumnis den Erfordernissen der §§ 277, 282 entsprechend (schriftl) streitig eingelassen, so bedarf es keiner Wiederholung dieser Einlassung in der Einspruchsschrift (Kramer NJW 77, 1659; BGHZ 105, 197 läßt Bezugnahme auf früheren Schriftsatz genügen). Wo das noch nicht der Fall ist, ist diese streitige Einlassung in der Frist des § 339 nachzuholen oder zumindest in dieser Frist (entsprechend § 519 II 3) **Fristverlängerung** hierfür (nicht für den Einspruch selbst, weil insoweit Notfrist: § 224 I) zu beantragen. Kabath (DAVorm 93, 621) unterscheidet weiter das Vorbringen (§ 340 III 1, zwingend in der Einspruchsschrift) und dessen Begründung (§ 340 III 2, nur hierfür Fristverlängerung möglich). Verlängerungsantrag nach Ablauf der Einspruchsfrist ist verspätet; jedoch kann der vor Fristablauf gestellte Antrag noch nach Fristablauf positiv beschieden werden (§ 224 Rn 4). Für die Förmlichkeiten der Fristverlängerung gilt das zu § 225 und zu § 519 (dort Rn 16 ff) Gesagte entsprechend. 9

3) Entgegen dem Gesetzeswortlaut (III 1) muß die noch fehlende streitige Einlassung nicht „in der Einspruchsschrift“, sondern innerhalb der Einspruchsfrist (§ 339) bei Gericht eingereicht werden. Das ergibt sich schon daraus, daß auch Einspruchsmängel in dieser Frist behoben werden könnten. Daher keine Verkürzung der Einlassungsfrist des Abs III durch frühzeitig eingelegten Einspruch (München NJW 77, 1972; BGHZ 75, 138). 10

4) Folgen der Fristversäumung iS Abs III: Die Frist für die streitige Einlassung der säumig gewesenen Partei ist, obwohl sie der Notfrist für die Einspruchseinlegung entspricht, entgegen Hartmann NJW 88, 2659 (hierzu zutreffend kritisch Wedel MDR 89, 512) **keine Notfrist** (oben Rn 7), sondern eine verlängerungsfähige gesetzliche Einlassungsfrist (Frankfurt NJW-RR 93, 1151; vgl auch Kabath DAVorm 93, 621). Daher kommt bei Überschreitung dieser Frist eine Präklusion gemäß § 296 in Betracht und nicht die strenge Ausschlußfolge des § 230. Auch eine Wiedereinsetzung in den vorigen Stand kommt bei Versäumung dieser Frist nicht in Betracht (§ 296 Rn 37, § 233 Rn 7), sondern das Absehen von einer Präklusion, wenn die Versäumung nicht verschuldet ist oder das Verfahren nicht verzögert. Dementsprechend ist der fristgerechte Einspruch zulässig iS § 342, auch wenn die Frist des Abs III versäumt wurde (BGH NJW-RR 92, 957); das VU ist jedoch (falls nicht bei nochmaliger Säumnis § 345 gilt) durch streitiges Urteil gem § 343 aufrechtzuerhalten, wenn die Voraussetzungen der Zurückweisung verspäteten Vorbringens gem § 296 I, III vorliegen (StJ/Schumann Rn 11, 15; ThP Rn 5, 8; BGH NJW 79, 1988). 11

Ausnahmen: Keine Zurückweisung gem § 296 I, wenn die säumige Partei bei Zustellung des VU (§ 317 I, IV) nicht auf die Erklärungsfrist (§§ 339, 340 III) u die mögl Versäumnisfolge hingewiesen worden war; eine Präklusion im Einspruchstermin ist dann ausgeschlossen. 12

Abs III gilt nicht bei Einspruch gegen VB (§ 700 III 3), denn bei dessen Erlaß liegt eine erwiderungsfähige Klagebegründung noch nicht vor (vgl §§ 692 I 2, 697 I). 13

340a

[Zustellung der Einspruchsschrift]

Die Einspruchsschrift ist der Gegenpartei zuzustellen. Dabei ist mitzuteilen, wann das Versäumnisurteil zugestellt und Einspruch eingelegt worden ist. Die erforderliche Zahl von Abschriften soll die Partei mit der Einspruchsschrift einreichen.

1) Da das VU gem § 317 I nur der unterlegenen Partei (vAw § 270) zugestellt wird (Ausnahme § 339 Rn 4, § 317 Rn 1), erfährt die obsiegende Partei – vorbehaltl einer Anfrage beim Gericht (§ 213a) – erst durch **Zustellung der Einspruchsschrift** (§ 340) von Tatsache u Zeitpunkt der 1

Urteilszustellung. Mitteilung der Zustellungszeit durch die Geschäftsstelle des Prozeßgerichts entbehrlich, wenn sich diese richtig aus der Einspruchsschrift ergibt.

2 2) § 340a dient (entsprechend § 519a) der Vorbereitung des Einspruchstermins (§ 341a). Die **Begründung** (§ 340 III) **bestimmt für den Gegner die Prozeßlage** iS §§ 277 IV, 282, 296 u damit seine Erwiderungspflichten. Im übrigen gilt § 340a unabhängig davon, ob der Einspruch als solcher zulässig oder unzulässig ist. Im letzteren Fall ist vor dem Verwerfungsbeschluß (§ 341 II) beiden Parteien unter Hinweis auf die Zulässigkeitsbedenken des Gerichts (§ 278 III) rechtl Gehör zu geben (BGH VersR 75, 899). Ist mündl Verhandlung (§ 341a) vorgesehen, so ist die Terminsladung mit der Zustellung der Einspruchsschrift gem § 340a zu verbinden.

3 3) **Abschriften** der Einspruchsschrift für den Gegner: vgl Anm zu § 133.

341 *[Einspruchsprüfung]*

(1) Das Gericht hat von Amts wegen zu prüfen, ob der Einspruch an sich statthaft und ob er in der gesetzlichen Form und Frist eingelegt ist. Fehlt es an einem dieser Erfordernisse, so ist der Einspruch als unzulässig zu verwerfen.

(2) Die Entscheidung kann ohne mündliche Verhandlung durch Beschluß ergehen. Sie unterliegt in diesem Falle der sofortigen Beschwerde, sofern gegen ein Urteil gleichen Inhalts die Berufung stattfinden würde.

1 1) Die **Prüfung** umfaßt: **a) Statthaftigkeit des Einspruchs:** § 338; unstatthaft ist der Einspruch für die nicht säumig gewesene Partei, außerdem der Einspruch gegen ein unechtes VU (Rn 11 vor § 330), gegen ein zweites VU § 345 u im Fall des § 238 II (dort Rn 4);

2 **b) formgerechte Einlegung** § 340 Abs I u II;

3 **c) fristgerechte Einlegung** § 339;

4 **d) Nichtvorliegen von Verzicht oder Rücknahme** § 346, hier macht auch der **vor** Erlaß des VU vereinbarte (nicht der einseitig erklärte) Verzicht den Einspruch unzulässig (abw Habscheid NJW 65, 2375, der vorherigen Verzicht auf Einspruch für generell unwirksam ansieht; zu derartigen Prozeßvereinbarungen s Rn 26 ff vor § 128; § 514 Rn 2; § 515 Rn 12).

5 e) Der Einspruchsführer trägt grds die **Beweislast** bei Zweifeln an der Zulässigkeit, insbesondere Rechtzeitigkeit seines Einspruchs (BGH VersR 80, 90/91). Begrenzt wird die Beweislast aber auch hier durch subjektive Unmöglichkeit und Zumutbarkeit (Rn 22 ff vor § 284), so bei Ungewißheit innergerichtl Geschehensabläufe (BGH NJW 81, 1674/1675 und 85, 1782 = MDR 85, 396).

6 f) Die **Prüfung obliegt dem Prozeßgericht vor jeder sonstigen Prozeßhandlung.** Daher hat das AG die Zulässigkeit des Einspruchs zu prüfen u das Ergebnis der Prüfung im Protokoll festzustellen (§ 160 III Nr 6), bevor es gem §§ 281, 504, 506, an das LG verweist; ist das unterblieben, hat das LG wegen der Bindungswirkung des Verweisungsbeschlusses (§ 281 II) die Einspruchsprüfung selbst vorzunehmen (BGH NJW 76, 676). Im übrigen ist die Zulässigkeit des früheren Einspruchs stets, also auch noch vom Revisionsgericht (BGH NJW 76, 1940; RG 110, 169) zu überprüfen, weil Unzulässigkeit die formelle Rechtskraft des VU herbeiführt, also ein fortdauerndes Verfahrenshindernis ist; § 295 ist hier nicht anwendbar. Deshalb hat das Berufungsgericht das auf das VU folgende Endurteil der Vorinstanz aufzuheben u den Einspruch durch Urteil zu verwerfen, wenn es ihn als unzulässig erachtet.

7 2) **Verfahren:** Das Gericht kann frei wählen, ob es über den Einspruch mündlich verhandelt (dann § 341a) oder nach Gewährung rechtl Gehörs (s § 340a Rn 2) über die Unzulässigkeit des Einspruchs gem Abs II durch Beschluß entscheidet.

8 **a) Entscheidung nach mündl Verhandlung: Bei zulässigem Einspruch** ist die Zulässigkeit, ggf auch nach gem § 146 beschränkter Verhandlung, durch Zwischenurteil (§ 341a Rn 3), sonst in der Begründung des Endurteils festzustellen. Bei Terminsbestimmung ohne Beschränkung gem § 146 ist der Termin gleichzeitig Termin zur Hauptsache (§ 341a Rn 3); nur in diesem Fall ist ein zweites VU (§ 345) möglich. Bei Säumnis des Einspruchsgegners (er ist aber nur unter gleichzeitiger Mitteilung der Einspruchsschrift ordnungsgemäß geladen! § 335 I 2) kann gegen diesen im Hauptsachetermin auf Antrag des Einspruchsführers (erstes) VU ergehen, in dessen (insoweit entgegen § 313b notwendiger) Begründung die Zulässigkeit des Einspruchs festzustellen ist. Zum Termin sind die Parteien u deren Streitgenossen zu laden. Ladung der unterstützten Partei notw auch, wenn nur deren Streitgehilfe (zulässig gem § 67) Einspruch eingelegt hatte. Aber keine Ladung solcher Parteien, auf die sich der persönlich beschränkte Einspruch (§ 340 Rn 5) nicht erstreckt.

9 **Bei unzulässigem Einspruch** Verwerfung des Rechtsbehelfs ohne jede Sachprüfung durch kontradiktorisches Endurteil. Hier ist bei Säumnis des Einspruchsführers nicht gem § 345 durch

zweites VU zu erkennen (weil hierfür ein zulässiger Einspruch Voraussetzung wäre), sondern durch unechtes VU (Rn 11 vor § 330) die Verwerfung auszusprechen, denn diese Verfahrensentscheidung ergeht unabhängig von der Säumnis des Einspruchsführers (BGH NJW 95, 1561; LAG Hamburg NJW 75, 952; MK/Prütting Rn 13; aA BL/Hartmann Rn 7 mwN).

b) Entscheidung ohne mündl Verhandlung zulässig (entsprechend § 519b II) bei unzulässigem Einspruch (zB Köln OLGR 94, 167: fehlende Postulationsfähigkeit); dann nach notw Gewährung des rechtl Gehörs (BGH VersR 82, 246; 75, 899) Verwerfung. Der Beschluß ist, weil mit sofortiger Beschwerde anfechtbar (§ 577), notw zu begründen u beiden Parteien zuzustellen (§ 329 III). 10

Eine beschlußmäßige Feststellung der *Zulässigkeit* des Einspruchs (die nicht selbständig anfechtbar ist) ist im Gesetz nicht ausdrücklich vorgesehen; sie ist nur in Verbindung mit einem Verweisungsbeschluß veranlaßt (oben Rn 6), aber auch in anderen Fällen aus Gründen der Rechtsklarheit nicht unzulässig (Demharter NJW 86, 2754). 11

3) Rechtsmittel: a) Unanfechtbar das die Zulässigkeit bejahende Zwischenurteil, weil auch ein solcher Beschluß gem Abs II 2 nicht selbständig anfechtbar ist. Hier sind Einwände gegen die Zulässigkeit des Einspruchs nur mit der Berufung gegen das Sachurteil geltend zu machen. Auch ohne solche Einwände hat das Rechtsmittelgericht die Zulässigkeit des Einspruchs von Amts wegen zu prüfen (oben Rn 6). 12

b) Anfechtbar das verwerfende Urteil mit dem allgem zulässigen Rechtsmittel (Berufung bzw Revision, soweit gem §§ 511a, 513 II, 545, 546 zulässig); der verwerfende Beschluß ist, wenn vom AG oder LG erlassen, mit **sofortiger Beschwerde** (§ 577) uU anfechtbar, soweit Verletzung des rechtlichen Gehörs gerügt wird (LG Zweibrücken MDR 80, 675; § 567 Rn 18 ff), sonst gemäß Abs II nur anfechtbar, wenn auch ein Urteil gleichen Inhalts anfechtbar wäre. Gegen Beschluß des OLG sofortige Beschwerde zulässig unter den entsprechenden Voraussetzungen des § 567 III 2. Also Beschwerde unbedingt zulässig, wenn in vermögensrechtlichen Sachen Beschwer höher als 60000,– DM (BGH NJW 78, 1437), sonst wenn das OLG gemäß §§ 568a, 546 die sofortige Beschwerde zugelassen hat (BGH NJW 82, 1104 = MDR 82, 473) oder wenn das OLG die Erstbeschwerde als unzulässig verworfen hat (§§ 568a, 547: BGH NJW 79, 218). Einlegung der sofortigen Beschwerde: § 569; in Bayern gegen Beschluß des OLG Einlegung gem § 7 VI EGZPO (s dort). 13

Weitere sof Beschwerde gegen Beschluß des LG unzulässig, soweit das LG als Berufungsgericht entschieden hat (weil hier auch das Berufungsurteil nicht mehr anfechtbar wäre), sonst zulässig unter der Voraussetzung des § 568 II, gegen Beschluß des OLG nach Maßgabe des § 568a. Daher weitere Beschwerde gegen Beschluß des OLG nur auf Zulassung (§ 546), sofern nicht der vermögensrechtl Hauptsachewert 60000,– DM übersteigt. Das OLG hat deshalb stets im Beschluß die Beschwer (= Hauptsachewert) festzusetzen u über die Zulassung der (weiteren) sofortigen Beschwerde gem § 546 II zu entscheiden. 14

4) Gebühren: a) des Gerichts: Durch die allgemeine Verfahrensgebühr wird das gegen die säumige Partei erlassene VU abgegolten. Legt der Gegner Einspruch (§ 338) ein und erledigt sich der Prozeß durch Anerkenntnis-, 2. VU (§ 345) od gerichtl Vergleich, der nicht über den Streitgegenstand des Prozesses hinausgeht, entsteht keine weitere Gebühr; im übr liegt beim Verfahren nach Einspruch gegen ein VU dieselbe Instanz vor. Das VU hindert im Einspruchsverfahren eine Ermäßigung der Gebühr auf 1,0 (s § 330 Rn 10). Wird durch Endurteil entschieden, so ist allerdings im Rechtsmittelrechtszug noch die Urteilsgebühr zu erheben (KV 1226, 1227; 1236, 1237). Der **Beschluß,** durch den ein **unzulässiger Einspruch** gegen ein VU ohne mündl Verhandlung verworfen wird (§ 341 I 2, II 1), ist **gebührenfrei.** Die dagegen eingelegte sofortige Beschwerde ist aber gebührenpflichtig, wenn sie verworfen od zurückgewiesen wird (KV 1906). Gleiches gilt für die weitere sofortige Beschwerde (§ 568a). – **b) des Anwalts:** Dieser erhält eine volle Prozeßgebühr und eine $^{5}/_{10}$ Verhandlungsgebühr für den Antrag auf Erlaß des VU, falls eine Verhandlungsgebühr überhaupt noch nicht verdient ist. Wird der Einspruch **zurückgenommen** od **verworfen,** so gilt das Verfahren über den Einspruch als besondere Angelegenheit, jedoch wird die Prozeßgebühr auf die gleiche Gebühr des Verfahrens über den Einspruch angerechnet (§ 38 I BRAGO). Wird nach Einspruch zur Hauptsache verhandelt oder die Hauptsache erörtert, so erhält der RA, der das VU erwirkt hat, die Gebühr für die Verhandlung besonders, soweit auf diese das VU ergangen ist (§ 38 II BRAGO). Erörterung (§ 31 I Nr 4 BRAGO) vor Erlaß des VU und str Verhandlung nach Einspruch lassen insgesamt nicht mehr als 15/10 Gebühr entstehen (§ 31 II BRAGO; Hamm MDR 93, 1135). 15

341a *[Einspruchstermin]*

Wird der Einspruch nicht durch Beschluß als unzulässig verworfen, so ist der Termin zur mündlichen Verhandlung über den Einspruch und die Hauptsache zu bestimmen und den Parteien bekanntzumachen.

1) Bei **Unzulässigkeit des Einspruchs** erlaubt § 341 Entscheidung ohne mündl Verhandlung oder nach Wahl des Gerichts auch Terminsbestimmung. 1

2 Bei **Zulässigkeit des Einspruchs** ist wegen dessen Wirkung (§ 342) **Terminsbestimmung zwingend:** § 216. Der Termin ist vom Vorsitzenden oder Einzelrichter unverzüglich (§ 216 II) und so früh wie möglich (§ 272 III) zu bestimmen. Da aber auch der Einspruchstermin iS der §§ 272 I, 273 unter Berücksichtigung der sog Einspruchsbegründung (§ 340 III) umfassend vorzubereiten ist, hat das Gericht bei der Wahl des Termintages den Erfordernissen dieser Vorbereitung Rechnung zu tragen (Hamm NJW 80, 293; einschränkend BGH MDR 81, 309; vgl § 340 Rn 8). Ladung beider Parteien (§§ 274 I, 270 I) unter Einhaltung der Ladungsfrist (§ 217; München VersR 74, 674) und Angabe des Zwecks der Ladung (BGH NJW 82, 888). Dem Einspruchsgegner ist spätestens mit der Ladung die Einspruchsschrift zuzustellen (§ 340a), sonst ist seine Ladung fehlerhaft iS § 335 I 2. Zu laden sind außer den Parteien auch deren Streitgehilfen. Jedoch bei persönlich beschränktem Einspruch (§ 340 Rn 5) keine Ladung der Partei, für die das VU unanfechtbar geworden ist.

3 2) Die **Terminsbestimmung** kann entspr § 146 auf die „mündliche Verhandlung über den Einspruch" beschränkt werden. Dann nur Zwischenurteil (nach § 303, nicht aber nach § 280; MK/Prütting Rn 1) über die Zulässigkeit des Einspruchs möglich (§ 347 II). Bei unbeschränkter Ladung gilt diese für die Verhandlung sowohl über den Einspruch als auch über die Hauptsache (BGH NJW 82, 888). – Mit der Terminsbestimmung sind bei zulässigem Einspruch vorbereitende Maßnahmen (§ 273) soweit veranlaßt zu verbinden; hierzu s § 340 Rn 8.

4 Für Verfahren in Familiensachen Sonderregelung in § 629 II, im arbeitsgerichtl Verfahren § 46a VI ArbGG (hierzu LAG Bremen MDR 88, 1083).

342 *[Wirkung des Einspruchs]*

Ist der Einspruch zulässig, so wird der Prozeß, soweit der Einspruch reicht, in die Lage zurückversetzt, in der er sich vor Eintritt der Versäumnis befand.

1 **Wirkung des zulässigen Einspruchs a) auf das Versäumnisurteil:** Das Urteil bleibt bis zu seiner Aufhebung (gem § 343 durch Urteil) bestehen, ledigl der Eintritt der formellen Rechtskraft ist gehemmt: § 705. Zwangsvollstreckung ohne Sicherheitsleistung (§ 708 Nr 2) bleibt zulässig, doch kann auf Antrag (§§ 719, 707) die ZwV einstweilen eingestellt werden.

2 **b) auf das Verfahren:** der Status vor Eintritt der Säumnis wird im Umfang des Einspruchs (§ 340 Rn 5) wieder hergestellt. Daher entfällt insoweit die Bindungswirkung des VU (§ 318) für das erkennende Gericht. Unter Wegfall der Wirkung des § 332 (dort Rn 1) werden alle vor dem VU gewonnenen Prozeßergebnisse wieder erheblich: Zwischenurteile werden wieder bindend (§ 318), Verzicht, Anerkenntnis, Geständnis werden wieder relevant, ebenso bereits gewonnene Beweisergebnisse. Die Präklusionswirkungen der §§ 39, 43, 76 I, 93, 267, 269 I, 295, 296 treten wieder ein (zur Versäumungsfolge des § 296 s aber § 340 Rn 7). Soweit diese Wirkungen an früheres Verhandeln anknüpfen, ist zu berücksichtigen, daß auch der Antrag auf Erlaß eines VU einen Sachantrag (§ 297 Rn 3) enthält und damit ein Verhandeln zur Sache iS der vorgenannten Vorschriften. Daher darf zB der Bekl, wenn er Säumnisantrag gestellt hatte, nicht mehr die fehlende Zuständigkeit, die Unzulässigkeit der Klageänderung, das Fehlen verzichtbarer Prozeßvoraussetzungen rügen (§§ 39, 267, 282 III, 296), Verfahrensrügen erheben (§ 295) oder das Gericht ablehnen (§ 43). Andererseits darf der säumig gewesene Bekl, soweit er früher nicht verhandelt hatte, jetzt die ihm offen gebliebenen Einreden nachholen (s § 340 Rn 7) und es ist auch zu prüfen, ob § 93 zu seinen Gunsten eingreift (sa § 93 Rn 6 „Versäumnisurteil"; MK/Belz § 93 Rn 13 „Versäumnisurteil"). Maßgeblich ist immer, wer den Säumnisantrag gestellt hatte u gegen wen sich die Präklusionswirkung richtet. Jedoch hindert der Säumnisantrag des Kl diesen nicht, vor streitiger Einlassung des Bekl (Einspruch genügt hierfür nicht) die Klage einseitig zurückzunehmen, denn die Präklusionswirkung des § 269 setzt eine kontradiktorische Verhandlung voraus (BGH MDR 87, 1011; § 269 Rn 13; zu allem vgl Münzberg, Die Wirkungen des Einspruchs im Versäumnisverfahren, 1959).

343 *[Entscheidung nach Einspruch]*

Insoweit die Entscheidung, die auf Grund der neuen Verhandlung zu erlassen ist, mit der in dem Versäumnisurteil enthaltenen Entscheidung übereinstimmt, ist auszusprechen, daß diese Entscheidung aufrechtzuerhalten sei. Insoweit diese Voraussetzung nicht zutrifft, wird das Versäumnisurteil in dem neuen Urteil aufgehoben.

1 1) **Das VU bleibt wirksam** u läßt die ZwV zu, **solange nicht ein neues Urteil** (Endurteil, auch neues VU) **an seine Stelle tritt,** das den Rechtsstreit zumindest hinsichtlich des Anspruchsgrundes gegenteilig entscheidet. Daher Aufhebung des VU im positiven Grundurteil (§ 304) oder Vorbehaltsurteil (§§ 302, 599) nach abweisendem VU, nicht aber bereits im Zwischenurteil (§§ 71,

135 III, 303, 387 III) nach stattgebendem VU, weil dadurch eine Änderung oder Aufhebung des VU noch nicht präjudiziert wird. Keine Aufhebung des VU auch bei Verweisung des Rechtsstreits (§ 281), wohl aber bei Abgabe in eine andere Verfahrensart (§ 46 WEG, § 18 HausratsVO), in welcher eine Entscheidung durch Urteil nicht in Betracht kommt (s § 281 Rn 9). Wegen Einstellung der ZwV s Rn 1 zu § 342.

2) Fassung des neuen Urteils: a) Bei abweichendem Prozeßergebnis ist das VU im neuen Urteil aufzuheben; damit entfällt seine Vollstreckbarkeit (§ 717 I), wird trotzdem weiter vollstreckt: §§ 775 Nr 1, 766. Ist Aufhebung im neuen Urteil vergessen, ist Berichtigung gem § 319 (nicht § 321) zulässig, weil „offenbare Unrichtigkeit" vorliegt. Dagegen gilt § 321, wenn ein Ausspruch über die den Säumigen trotz seines Obsiegens gem § 344 treffenden Kosten des Säumnisverfahrens unterblieben ist (§ 321 Rn 3). 2

b) Bei teilweise abweichendem Prozeßergebnis ist das VU aufrechtzuerhalten, soweit es inhaltlich (wenn auch aus geändertem Rechtsgrund) mit dem zu erlassenden kontradiktorischen Urteil übereinstimmt, denn bei einer Aufhebung des VU insgesamt wären gem §§ 775, 776 sonst die von der obsiegenden Partei getroffenen Vollstreckungsmaßregeln rückwirkend mit Verlust des Vollstreckungsrangs (§§ 804, 829) und mit der Folge des § 717 II unwirksam (Köln NJW 76, 113). Fassung der Urteilsformel: „Das VU vom . . . wird mit der Maßgabe aufrechterhalten, daß der Beklagte verurteilt wird, an den Kläger . . . zu zahlen. Im übrigen werden das VU aufgehoben und die Klage abgewiesen." Nur so (nicht bei einer völligen Aufhebung des VU zur Klarstellung der Formel) bleiben vom Gl bereits getroffene Vollstreckungsmaßregeln im Umfang des Endurteils von Anfang an wirksam (StJ/Schumann Rn 3a). 3

c) Bei gleichbleibendem Ergebnis ist das VU im neuen Urteil aufrechtzuerhalten, so auch bei völlig abweichender Begründung, zB wenn an die Stelle des sachl abweisenden VU ein abweisendes Prozeßurteil tritt oder wenn die Klage geändert wurde (§ 263), jedoch der Urteilsspruch inhaltlich gleich bleibt. Der **Ausspruch über die vorl Vollstreckbarkeit** des aufrechterhaltenden Endurteils ergibt sich aus § 709 S 2; damit bleiben die gem § 708 Nr 2 ohne Sicherheitsleistung bereits bewirkten Vollstreckungsmaßregeln bestehen u eine Nachleistung der Sicherheit kann unterbleiben; jedoch ist eine Fortsetzung der Zwangsvollstreckung (zB Verwertung des Pfändungspfandrechts) von der nunmehr erforderlichen Sicherheitsleistung (sonst § 775) abhängig. Das gilt auch bei Aufrechterhaltung des VU durch unechtes VU oder durch Aktenlageentscheidung gegen die nichtsäumige Partei. Jedoch bleibt die unbedingte Vollstreckbarkeit gem § 708 Nr 2 bestehen bei Aufrechterhaltung des VU durch ein zweites VU (§ 345) gegen die säumige Partei. Außerdem gilt § 709 S 2 nur für Urteile, die, würden sie nicht ein VU aufrechterhalten, unter § 709 S 1 fielen; für alle anderen Urteile verbleibt es bei §§ 708 Nr 4–11, 711 S 1; sa § 709 Rn 8. 4

3) Endet der Prozeß ohne Urteil, zB durch Klagerücknahme, Erledigung der Hauptsache, Vergleich, so berührt das das VU in seiner formalen Wirksamkeit noch nicht. Zweckmäßig daher, in den Vergleich einen Verzicht auf die Rechte aus dem Urteil aufzunehmen. Bei Klagerücknahme ist die mat Wirkungslosigkeit des Urteils (§ 269 III 1) auf Antrag durch deklaratorischen Beschluß (zweckmäßig zugleich mit dem Kostenausspruch) auszusprechen (Celle OLGR 95, 216 im Fall einer Teilrücknahme). 5

Erklärt der Kl in der mündlichen Verhandlung die Hauptsache für erledigt und erwirkt sodann gegen den säumigen Bekl Erledigungs-VU, so ist nach Einspruch des Bekl, sofern dieser sich der Erledigungserklärung anschließt, nach § 91a durch Beschluß zu entscheiden. Die Wirkungslosigkeit des VU kann auf Antrag ausgesprochen werden (sa § 91a Rn 12). Widerspricht der Bekl der Erledigung, ist über das VU durch Urteil nach § 343 zu entscheiden. 6

4) In Familiensachen Sonderregelung § 629 II bei Zusammentreffen von Einspruch gegen VU (nur möglich gem §§ 612 II, 635 und bei Unterhalts- und Güterrechtsklagen) mit Berufung gegen sonstige Entscheidungen. 7

344 *[Versäumniskosten]*

Ist das Versäumnisurteil in gesetzlicher Weise ergangen, so sind die durch die Versäumnis veranlaßten Kosten, soweit sie nicht durch einen unbegründeten Widerspruch des Gegners entstanden sind, der säumigen Partei auch dann aufzuerlegen, wenn infolge des Einspruchs eine abändernde Entscheidung erlassen wird.

1) § 344 ist eine Ausnahme von § 91, ähnlich einer Prozeßstrafe für die Säumnis. Danach hat die säumig gewesene Partei, selbst wenn sie letztlich obsiegt, die durch ihre Säumnis bedingten ausscheidbaren Mehrkosten zu tragen, wenn u soweit **a)** gegen sie **ein echtes VU in gesetzlicher Weise ergangen** ist, das später gem § 343 ganz oder teilweise aufgehoben wird. Wird das VU bestätigt, so trägt der unterlegene Säumige gem § 91 ohnedies alle Kosten. (Nochmaliger Kosten- 1 ausspruch im Endurteil wegen der weiteren Kosten nötig). Ebenso gilt für das unechte VU (Rn 11 vor § 330) nur § 91, denn es beruht nicht auf der Säumnis, sondern erging trotz dieser. Das VU ist in gesetzlicher Weise ergangen, wenn die Voraussetzungen der §§ 330 ff erfüllt sind. **Ungesetzlich** ist danach ein VU, wenn es bei fehlender Säumnis (Rn 4 vor § 330), trotz des Fehlens von Prozeßvoraussetzungen (zB der Prozeßfähigkeit des Säumigen, BGH NJW 61, 2207), trotz Unschlüssigkeit der Klage (§ 331 II; RG 115, 310), trotz wenn auch nur unvollständigen Verhandelns § 334 (Celle MDR 61, 61), trotz Vorliegens der in §§ 335, 337 genannten Hindernisse ergangen ist oder die Säumnis vom Gegner verschuldet war, zB wenn beiderseitiges Nichterscheinen vereinbart war. Ob dem Gericht das Fehlen der gesetzl Voraussetzungen bei Erlaß des VU bekannt war, ist gleichgültig (BGH aaO);

2 **b) Mehrkosten infolge der Säumnis** entstanden sind: ob das der Fall ist, ist erst im Kostenfestsetzungsverfahren (§ 104) zu ermitteln. Die Kostenauferlegung gem § 344 ist immer nötig, auch wenn der Anfall von Mehrkosten ungewiß ist. Für die Kostenfestsetzung gilt dann: kausale Mehrkosten sind insbes die Kosten der Terminswahrnehmung durch den Gegner (Reisekosten zB im Hinblick auf § 137 IV), die Kosten nochmaliger Ladung von Zeugen, auch Kosten kausalen Zeitausfalls. **Keine Kosten der Säumnis** sind Mehrkosten infolge Verweisung (Rn 19 zu § 281), Kosten der Zustellung des VU u der ZwV aus diesem (Frankfurt Rpfleger 75, 260) u Kosten infolge eines unbegründeten Widerspruchs des Gegners gegen die Zulässigkeit des Einspruchs (zB bei Beweisaufnahme über Zeitpunkt der Zustellung des VU). Kein Vorrang der Kostenfolge des § 269 III 2 (Klagerücknahme) gegenüber § 344 (str; s § 91 Rn 13 „Klagerücknahme"; wie hier Gummer unten § 515 Rn 24; aA Greger oben § 269 Rn 18). Für Kosten eines Prozeßvergleichs ist § 98 lex specialis gegenüber § 344; auch die von § 98 abweichend vereinbarte Kostenregelung im Vergleich geht dem § 344 vor; s näher §§ 103, 104 Rn 21 „Prozeßvergleich" e) Säumniskosten.

3 **2) Verfahren:** Urteilsfassung: 1) Das VU vom ... wird aufgehoben. 2) Die Klage wird abgewiesen (oder: Der Bekl wird verurteilt ...). 3) Der Kl (oder Bekl) hat die Kosten des Verfahrens zu tragen mit Ausnahme der durch die Säumnis im Termin vom ... bedingten Kosten, welche der Bekl (oder Kl) zu tragen hat. 4) Vollstreckbarkeit: a) Klageabweisung nach VU gegen Bekl: Bekl kann wegen seiner Kosten des Rechtsstreits, Kl wegen seiner Mehrkosten vollstrecken. Ob nach §§ 708 Nr 11 Alt 2, 711 S 1 (ggfs 713) oder § 709 S 1 richtet sich für jede Partei nach der Höhe ihrer Kosten. b) Stattgebendes Urteil nach VU gegen Kl: Kl kann wegen Hauptforderung, Zinsen und seinen Kosten des Rechtsstreits nach §§ 708, 711 S 1 (ggfs 713) oder nach § 709 S 1 vollstrecken; Bekl wegen seiner Mehrkosten nach §§ 708 Nr 11 Alt 2, 711 S 1 (ggfs 713) oder nach § 709 S 1, je nach der Höhe seiner Kosten. – Wurde § 344 im Urteil übergangen, gilt § 321. Außerdem kommt im Festsetzungsverfahren eine Korrektur in Betracht (aA die wohl hM; sa §§ 103, 104 Rn 21 „Prozeßvergleich" e) und § 281 Rn 19).

4 **3) Gebühren:** Wird das Verfahren infolge des Einspruchs gegen das VU fortgesetzt, so gilt das weitere Verfahren mit dem früheren als eine Instanz; s näher § 341 Rn 15.

345 *[Zweites Versäumnisurteil]*

Einer Partei, die den Einspruch eingelegt hat, aber in der zur mündlichen Verhandlung bestimmten Sitzung oder in derjenigen Sitzung, auf welche die Verhandlung vertagt ist, nicht erscheint oder nicht zur Hauptsache verhandelt, steht gegen das Versäumnisurteil, durch das der Einspruch verworfen wird, ein weiterer Einspruch nicht zu.

1 **1) Anwendungsbereich:** Gegen eine Partei können in einer Instanz mehrfach weitere (BGH VersR 86, 288) VU ergehen, welche dann jeweils iS des § 343 das vorhergehende VU bestätigen u jeweils mit Einspruch angefochten werden können. Gegen eine derartige Prozeßverschleppung hilft der Antrag auf die kontradiktorische Entscheidung nach Aktenlage (§ 331a), die aber nur bei einer früheren streitigen Verhandlung zum instanzbeendigenden Urteil führt. – § 345 schafft für den Fall **zweimaliger aufeinanderfolgender Säumnis** Abhilfe durch die Möglichkeit des nicht mehr durch Einspruch und nur noch bedingt durch Rechtsmittel (§§ 513 II, 566) anfechtbaren sog **technisch zweiten VU.**

2 **2) Voraussetzung:** Die durch echtes VU (Rn 10 vor § 330) oder VB (§ 700) verurteilte Partei muß Einspruch eingelegt haben und in dem hierauf gem § 341a zur Verhandlung über den Einspruch **und** die Hauptsache anberaumten Termin wiederum säumig (Rn 4 vor § 330) gewesen sein oder nicht zur Hauptsache verhandelt (§ 333) haben. Ob der Termin der nächste nach dem VU ist oder ein gem §§ 227, 335 II, 337 vertagter, bleibt gleich, wenn nur der Säumige zwischen beiden VU nicht zur Hauptsache verhandelt (§ 333 Rn 1) hat. Säumnisantrag gegen den Gegner ist Verhandeln zur Hauptsache (LAG Bremen NJW 66, 1678), ebenso Verhandeln über die Zuständigkeit (BGH NJW 67, 728; LG Kiel NJW 63, 661), nicht aber bloßes Verhandeln über die Zulässigkeit des Einspruchs, vgl Münzberg ZZP 80, 484.

3) Verfahren: a) § 345 behandelt nur die Folgen des zulässigen Einspruchs (§§ 339, 340); die Verwerfung des unzulässigen Einspruchs ergibt sich bereits aus § 341. – Daß der zulässige Einspruch bei nochmaliger Säumnis des Einspruchsführers zwingend zu verwerfen sei, besagt schon der Wortlaut des § 345 nicht; ihm ist nur zu entnehmen, daß das bestätigende zweite VU auf „Verwerfung des Einspruchs" zu lauten habe (nicht auf „Zurückweisung als unbegründet"), weil der Einspruch nicht Rechtsmittel, sondern gem § 342 ein besonderer Rechtsbehelf ist. Zu berücksichtigen ist daher die Restitutionswirkung des zulässigen Einspruchs (§ 342), die das Gericht unter Wegfall der Bindungswirkung des ersten VU (§ 342 Rn 2) erneut vor die Frage stellt, ob ein zweites VU, das sich vom ersten nur durch die Rechtsmittelbeschränkung (§§ 345, 513 II) unterscheidet, iS der §§ 330 ff überhaupt zulässig ist. 3

b) Entgegen einer verbreiteten Meinung (Hamm NJW 91, 1067; Marcelli NJW 81, 2558; Blunk NJW 71, 2040; Prütting JuS 75, 150; Jacobsen/Keim/Waas MDR 77, 631; MK/Prütting Rn 9; BL/Hartmann Rn 3) ist daher bei Säumnis des Einspruchsführers im Termin des § 341a **zu prüfen, ob das (erste) VU gesetzmäßig ergangen war,** ob ihm also kein Verfahrenshindernis iS von § 330 Rn 2–5, § 331 Rn 1–5 entgegenstand. Die Prüfung umfaßt bei einem VU gegen den Kl die allgemeinen Prozeßvoraussetzungen (Vorbem § 253 Rn 9 ff; fehlen diese, ist das erste VU durch ein unechtes VU gemäß Vorbem § 330 Rn 11 zu ersetzen) und die besonderen Säumnisvoraussetzungen (Vorbem § 330 Rn 2–6). Bei einem VU gegen den Bekl ist *zusätzlich* zu prüfen, ob die Klage schlüssig ist (Vorbem § 253 Rn 23) und ob ggf die Voraussetzungen eines schriftl VU (Vorbem § 330 Rn 7) vorlagen (zur Prüfungspflicht vor Erlaß eines technisch zweiten VU wie hier: R-Schwab § 107 VI; StJ/Schumann Rn 7–9; ThP Rn 4; BAG NJW 71, 1198; 74, 1103; MDR 95, 201 = JZ 95, 523 mit Anm Braun; Stuttgart MDR 76, 51; LAG Hamm BB 75, 745; LAG Frankfurt NZA 93, 816; Orlich NJW 80, 1782; 73, 1350; eingehend Hoyer, Das technisch zweite VU, 1980, S 124 ff und Vollkommer ZZP 94 [1981], 91 sowie in Anmerkung zu BAG AP § 345 ZPO Nr 3 u AP § 513 ZPO Nr 6). Verfahrensvorschriften sind nicht Selbstzweck und nicht formale Mittel zur Verhinderung einer materiell gerechten Entscheidung (BGHZ 73, 87/91; 10, 350/359; BVerfGE 35, 279; BFH NJW 74, 1582; BSG NJW 75, 1380/1383); sie dürfen nicht dazu dienen, daß einer Partei durch Verfahrensfehler des Gerichts bei Erlaß des ersten VU gesetzwidrig das rechtl Gehör versagt wurde und dasselbe Gericht trotz Erkenntnis seines früheren Fehlers diesen dadurch verstärkt, daß es durch ein zweites VU das fehlerhafte erste VU festschreibt. Etwas Gegenteiliges läßt sich auch nicht der Neufassung des § 700 VI entnehmen: dort ist, weil der Mahnantrag (§ 690) eine bestimmte Angabe des Anspruchsgegenstands und -grundes nicht mehr erfordert (vgl § 697 I), die Bestätigung eines VB durch Verwerfung des Einspruchs gem § 345 bei unschlüssigem Anspruch ausdrücklich verboten. Diese Vorschrift des § 700 VI bestätigt nur das soeben dargestellte Ergebnis, sie zwingt nicht etwa im Umkehrschluß zu dem mit Art 103 I GG unvereinbaren Ergebnis, aus formalen Gründen wegen des Fehlens einer ausdrücklichen Regelung auch dieser Fallgestaltung im Gesetz den zu Lasten einer Partei gemachten Verfahrensfehler des Gerichts, obwohl dieser erkannt ist, bestätigend zu wiederholen (StJ/Schumann Rn 8; ThP Rn 4). Einen solchen Gesetzespositivismus verbietet die Bindung des Richters an Gesetz **und** Recht (Art 20 III GG; hierzu Kirchhof NJW 86, 2275) sowie der Vorrang der Verfassungsnormen vor Verfahrensvorschriften (vgl BVerfG NJW 73, 1225). Daher ergeht **technisches zweites VU nur bei Bestätigung eines zulässigen ersten VU** nach zulässigem Einspruch, anderenfalls unter Aufhebung des unzulässigen ersten VU oder VB (letzterer ist zB unzulässig, wenn bei seinem Erlaß ein Widerspruch gegen den MB bereits vorlag; vor § 128 Rn 8; BGH NJW 82, 888) bei nochmaliger Säumnis ein technisch erstes (echtes oder unechtes; Rn 10, 11 vor § 330) VU. 4

c) Rechtsmittel: Gegen das fehlerhaft als „zweites VU" bezeichnete technisch erste VU ist Revision (hier gilt §§ 566, 513 II, also Zulassung § 546 oder Erreichung der Revisionssumme nicht nötig, BGH NJW 79, 166 m Anm Grunsky ZZP 92, 370), Berufung (§ 513 II; LG Wuppertal NJW 85, 2635) und auch Einspruch (§ 338 Rn 2) zulässig (Grundsatz der Meistbegünstigung; vgl Rn 29 vor § 511; Nürnberg OLGZ 83, 448; Köln MDR 69, 225; BAG NJW 84, 254); gegen das richtige technisch zweite VU nur beschränkte Berufung (§ 513 II; zum **Prüfungsumfang** BGH MDR 86, 928; 91, 146, wenn zweites VU nach VB erging; § 513 Rn 6) bzw Revision (s oben). Der nicht statthafte Einspruch gegen ein zweites VU ist durch kontradiktorisches Endurteil (§ 341) zu verwerfen; er hemmt auch die Berufungsfrist (§§ 513 II, 516) nicht. Die Kostenfolge des § 344 löst nur ein zulässiges VU aus. 5

4) Kein zweites VU, sondern erneutes erstes VU unter Aufhebung des früheren Urteils ergeht, wenn der Einspruchsgegner wechselt (Karlsruhe NJW-RR 93, 383); wenn und soweit der Einspruchsgegner rechtzeitig (neue Einlassungsfrist!) vor dem Termin des § 341a seine Klage geändert hat; hat er sie erweitert, ergeht zweites VU über den bereits titulierten Betrag, erstes VU über den Betrag der Erweiterung (zweites TeilVU und erstes SchlußVU). 6

5) Gebühren: a) des Gerichts: Für das zweite VU keine Urteilsgebühr, weil es ebenfalls gegen die säumige Partei ergeht (s vor KV 1100). **b) des Anwalts:** § 38 BRAGO. 7

346 *[Einspruchsverzicht, Zurücknahme]*
Für den Verzicht auf den Einspruch und seine Zurücknahme gelten die Vorschriften über den Verzicht auf die Berufung und über ihre Zurücknahme entsprechend.

1 Anwendung finden §§ 514, 515. **Einspruchsverzicht** vor Erlaß des VU ist, soweit er einseitig erklärt wurde, unbeachtlich (Rimmelspacher JuS 88, 955; MK/Prütting Rn 4; vgl § 514 Rn 1; aM StJ/Schumann Rn 2). Wirksam ist aber entspr dem pactum de non petendo der vor Urteilsverkündung vereinbarte Verzicht auf Einspruch; der trotzdem eingelegte Einspruch ist dann gem § 341 als unzulässig zu verwerfen (vgl Rn 26 vor § 128, § 341 Rn 4 und § 514 Rn 2; abw Häsemeyer ZZP 85, 225; Habscheid NJW 65, 2375, der vorherigen Verzicht für generell unwirksam ansieht). Der Verzicht nach Urteilserlaß kann formlos dem Gericht oder Gegner gegenüber erklärt werden, BGH NJW 74, 1248; RG 59, 348; 105, 352. Nach Einspruchseinlegung muß die Verzichtserklärung vAw zugestellt werden. Erklärung der Einspruchszurücknahme dem Gericht gegenüber (§ 515). Kostenausspruch auf Antrag des Gegners (§ 515 III) durch unanfechtbaren Beschluß. Nach Beginn der Verhandlung über den Einspruch und die Hauptsache ist die Zurücknahme des Einspruchs nur mit Zustimmung des Gegners möglich, § 515 I.

347 *[Widerklage, Zwischenstreit]*
(1) Die Vorschriften dieses Titels gelten für das Verfahren, das eine Widerklage oder die Bestimmung des Betrages eines dem Grunde nach bereits festgestellten Anspruchs zum Gegenstand hat, entsprechend.

(2) War ein Termin lediglich zur Verhandlung über einen Zwischenstreit bestimmt, so beschränkt sich das Versäumnisverfahren und das Versäumnisurteil auf die Erledigung dieses Zwischenstreits. Die Vorschriften dieses Titels gelten entsprechend.

1 **1) Abs 1. a)** Erscheint der Widerkläger nicht, so kann VU gegen ihn nur ergehen, wenn Widerklage gem § 261 II erhoben war. Dagegen kann beim Ausbleiben des Widerbeklagten der Widerkläger die rechtzeitig und ordnungsmäßig in einem Schriftsatz angekündigte, vAw oder von Anwalt zu Anwalt (§§ 133 II, 198; BGH 17, 234) zugestellte Widerklage im Termin erheben und VU beantragen, soweit nur die Widerklage zur Zeit des Termins noch an sich und in der gegebenen Verfahrensart zulässig ist (vgl § 330 Rn 8).

2 **b)** Ist der **Anspruch seinem Grund nach** durch **Zwischenurteil** festgestellt (vgl § 304) u wird, sei es nach dessen Rechtskraft oder auf Grund Anordnung gem § 304 II schon vor derselben über die Höhe des Anspruchs verhandelt, so finden §§ 330, 331 Anwendung. Erscheint der Kl nicht, so ergeht nach § 330 VU auf Abweisung der Klage. Das Zwischenurteil steht nicht im Weg, da es dem Kl noch nichts zuspricht. Erscheint der Bekl nicht, so sind die Behauptungen des Kl bezüglich der Höhe als zugestanden anzunehmen; es ist nach § 331 zu verfahren.

3 **2) Abs 2. Zwischenstreit** unter den Parteien (zB §§ 146, 280, s auch Rn 3 zu § 341a; Gegensatz: Zwischenstreit mit Dritten, wo es kein VU gibt; sa § 303 Rn 3). Zur Hauptsache verhandelt werden kann hier erst nach Ablauf der Einspruchsfrist oder nach Erledigung des Einspruchs gegen das Versäumnis-Zwischenurteil. Voraussetzung hierfür ist, daß die Ladung der Parteien *ausdrücklich* nur zur Verhandlung des Zwischenstreits erfolgt war; eine Ladung ohne diese ausdrückliche Einschränkung ist als Ladung zur Verhandlung von Hauptsache *und* Zwischenstreit anzusehen (§ 341a Rn 3; BGH NJW 82, 888).

Vierter Titel

VERFAHREN VOR DEM EINZELRICHTER

1 Seit dem Inkrafttreten der Entlastungsnovelle vom 20. 12. 1974 (BGBl I 3651; dazu amtl Begründung BT-Drs 7/2769) am 1. 1. 1975 ist bei der Zivilkammer des ersten Rechtszugs der **entscheidungsbefugte Einzelrichter** an die Stelle des früher grds nur vorbereitungsbefugten getreten; gleichzeitig wurden in § 349 die Entscheidungsbefugnisse des Vorsitzenden der Kammer für Handelssachen (§§ 93, 105 GVG) und in § 524 die Befugnisse des Einzelrichters im Berufungsverfahren erweitert. Für das arbeitsgerichtl Verfahren s §§ 55, 64 VI ArbGG.

2 Mit der Ermächtigung der Zivilkammern, die Entscheidungskompetenz für alle nicht „besonders schwierigen" und nicht „grundsätzlichen" Sachen (§ 348 I) vom Kollegium auf den Einzelrichter zu übertragen, verfolgte der Gesetzgeber das Ziel einer Entlastung der Gerichte durch rationelleren Personaleinsatz und Verfahrensbeschleunigung. Allerdings machten die Zivilkam-

mern von dieser Entlastungsmöglichkeit in sehr unterschiedl Umfang und nicht immer in Übereinstimmung mit den Intentionen des Gesetzgebers Gebrauch (vgl Rottleuthner, Rechtstatsächl Untersuchung zum Einsatz des Einzelrichters, 1992). Durch das Gesetz zur Entlastung der Rechtspflege vom 11. 1. 1993 (BGBl I 50) hat der Gesetzgeber daher versucht, mittels Verwandlung der bisherigen Kann- in eine Sollvorschrift auf einen gleichmäßigeren und großzügigeren Gebrauch dieser Ermächtigung hinzuwirken, wobei er den ohnehin rein appellativen Charakter dieser Vorschrift aber durch den unnötigen und mißverständl Zusatz „in der Regel" (Einschränkung oder Verstärkung des Sollens?) verwässert hat. Die ungewöhnl Normfassung ist Produkt der Beratungen im Rechtsausschuß des BT (vgl BT-Drs 12/3832; Thomas DRiZ 93, 219), wo die Forderung im Gesetzentwurf des Bundesrates (BT-Drs 12/1217), für vermögensrechtl Klagen bis zu 30 000 DM Streitwert die grundsätzl Zuständigkeit des Einzelrichters zu begründen, auf den Widerstand der Befürworter des Kollegialprinzips stieß. Daß Letztere sich im Ergebnis durchgesetzt haben, ist zu begrüßen. Das Kollegialprinzip bietet – bei richtiger Handhabung – die größere Gewähr für abgewogene und richtige Entscheidungen in erster Instanz und entlastet dadurch die Rechtsmittelinstanzen. Nur zur Entlastung des Kollegiums von Routinesachen sollte der Einzelrichter eingesetzt werden. Kammern, die hiervon keinen oder nur unzureichenden Gebrauch machen, handeln nach der Neufassung des § 348 I ebenso gesetzwidrig wie es jene, die ohne Rücksicht auf Schwierigkeit und Bedeutung der Sache auf den Einzelrichter übertragen, schon nach der bisherigen Fassung taten (vgl hierzu die Ergebnisse der rechtstatsächl Untersuchung von Rottleuthner aaO u DRiZ 89, 166 ff; näher zu der Handhabung des Überweisungsermessens § 348 Rn 3).

Verfassungsrechtliche Bedenken, die anfangs gegenüber der Übertragungsmöglichkeit nach § 348 I laut wurden (vgl zB Baur ZZP 91, 330; Bettermann ZZP 91, 393; Kramer JZ 77, 15), haben sich nicht durchgesetzt (weiterhin krit aber BL/Hartmann § 348 Rn 6). Daß die Bestimmung des gesetzl Richters iSv Art 101 I 2 GG einem sachl abgrenzbaren Beurteilungsermessen nicht verschlossen ist, hat das BVerfG mehrfach bestätigt (BVerfG NJW 57, 337; 64, 1020; 65, 1219; 67, 99). Lediglich eine verfahrensfehlerhafte Handhabung des § 348 im Einzelfall kann mit Art 101 GG kollidieren (vgl § 348 Rn 15). 3

In § 21g III 2 GVG ist durch das in Rn 2 genannte Gesetz klargestellt worden, daß auch der **Vorsitzende** der Zivilkammer in angemessenem Umfang Aufgaben des Einzelrichters zu übernehmen hat. 4

348 *[Einzelrichter, Zivilkammer 1. Instanz]*

(1) Die Zivilkammer soll in der Regel den Rechtsstreit einem ihrer Mitglieder als Einzelrichter zur Entscheidung übertragen, wenn

1. die Sache keine besonderen Schwierigkeiten tatsächlicher oder rechtlicher Art aufweist und

2. die Rechtssache keine grundsätzliche Bedeutung hat.

(2) Über die Übertragung auf den Einzelrichter kann die Kammer ohne mündliche Verhandlung entscheiden. Der Beschluß ist unanfechtbar.

(3) Der Rechtsstreit darf dem Einzelrichter nicht übertragen werden, wenn bereits im Haupttermin vor der Zivilkammer zur Hauptsache verhandelt worden ist, es sei denn, daß inzwischen ein Vorbehalts-, Teil- oder Zwischenurteil ergangen ist.

(4) Der Einzelrichter kann nach Anhörung der Parteien den Rechtsstreit auf die Zivilkammer zurückübertragen, wenn sich aus einer wesentlichen Änderung der Prozeßlage ergibt, daß die Entscheidung von grundsätzlicher Bedeutung ist. Eine erneute Übertragung auf den Einzelrichter ist ausgeschlossen.

1) **Regelungsinhalt und Anwendungsbereich:** § 348 I ermöglicht die Übertragung der Entscheidungskompetenz auf den Einzelrichter durch die **Zivilkammer im ersten Rechtszug.** Abweichende Regelungen bestehen für das Berufungsverfahren (§ 524) und für die Kammer für Handelssachen (§ 349). **Ausgeschlossen** ist die Bestellung von Einzelrichtern im Revisionsverfahren (§ 557a), in Baulandsachen (§ 220 BauGB; BGH 86, 105/112), im Vollstreckungsverfahren des Prozeßgerichts (falls nicht das Urteil vom Einzelrichter erlassen war, München MDR 83, 499; Frankfurt MDR 81, 504) und im Verfahren der freiwilligen Gerichtsbarkeit (KG MDR 79, 681; Frankfurt NJW 83, 2335). Für das Beschwerdeverfahren sieht das Gesetz die Bestellung eines Einzelrichters nicht vor (§ 524 Rn 66). Für das arbeitsgerichtl Verfahren Sonderregelung in §§ 55, 64 VI Satz 2 ArbGG. 1

Durch die Übertragung tritt der Einzelrichter voll an die Stelle der Kammer als **Prozeßgericht** (näher Rn 13). Die Übertragung ist im Prinzip endgültig; nur unter den Voraussetzungen des Abs IV ist **Rückübertragung** an die Kammer möglich. Unvereinbar mit § 348 ist es daher, den 2

Rechtsstreit einem Mitglied der Kammer (gleichgültig, ob als Einzelrichter bezeichnet) nicht „zur Entscheidung", sondern **„zur weiteren Vorbereitung"**, evtl auch **„zur Durchführung der Beweisaufnahme" zuzuweisen;** dieses Ziel kann nur durch eine Beauftragung nach §§ 372 II, 375 I u Ia, 402, 434, 451 unter den dort genannten Voraussetzungen erreicht werden. Ist ersteres (wie nach altem Recht üblich) doch geschehen, so liegt eine Übertragung zur Entscheidung iS des § 348 nicht vor; die Kammer ist dann der gesetzl Richter geblieben (das übersieht Köln NJW 76, 1101 = MDR 76, 409) und ihr derart beauftragtes Mitglied hat keinerlei Entscheidungskompetenz, seine Befugnisse sind an §§ 355, 361, 375 zu messen (BGH NJW 80, 2307). Im Rahmen dieser Befugnisse kann der Richter tätig werden und das Fehlen der Voraussetzungen des § 375 ist als (gem § 295 verzichtbarer; BGH 40, 179 = NJW 64, 108) Verfahrensfehler zu werten (Frankfurt NJW 77, 301; Köln NJW 77, 249; MK/Deubner Rn 19; abzulehnen daher die gegenteilige Annahme eines unverzichtbaren Verfahrensfehlers durch Köln NJW 76, 1101 u Düsseldorf NJW 76, 1103; vgl Müller MDR 76, 849; Dinslage NJW 76, 1509; Schultze NJW 77, 409). Ein derart begrenzt beauftragter Richter ist, selbst wenn er fehlerhaft als „Einzelrichter" bezeichnet ist, wegen unwirksamer Übertragung iS § 348 nicht gesetzl Richter geworden (BGH NJW 80, 2307; zu den Folgen s Rn 15).

3 **2) Ermessensentscheidung:** Ob die Kammer von der Übertragungsmöglichkeit Gebrauch macht, steht, solange keiner der in Rn 5 ff genannten Hinderungsgründe eingreift, in ihrem Ermessen. Daran hat die am 1. 3. 1993 in Kraft getretene Änderung durch das Rechtspflegeentlastungsgesetz („soll in der Regel" statt „kann") nichts geändert (vgl hierzu Rn 2 vor § 348). Die Neufassung bezweckt zwar einen verstärkten Einsatz des Einzelrichters, gestattet der Kammer aber, hiervon im Einzelfall nach ihrem Ermessen abzusehen (vgl den Bericht des BT-Rechtsausschusses, BT-Drs 12/3832 S 39, wo als Gründe hierfür die Vermeidung unterschiedl Rechtsanwendung und die Integration der Berufsanfänger genannt werden). Von der Einzelrichterübertragung generell abzusehen (wie dies in der Vergangenheit einzelne Kammern praktizierten), ist mit der jetzigen Gesetzesfassung nicht vereinbar, hat allerdings keine rechtl Auswirkungen. Ergeht kein Überweisungsbeschluß (hierzu Rn 11), so verbleibt es bei der Zuständigkeit des Kollegiums, ohne daß dies ausgesprochen oder begründet werden müßte.

4 **3) Hinderungsgründe für Übertragung** können sich aus dem Verfahrensstand ergeben (hierzu Rn 8 ff), aber auch aus den in Abs I Nr 1 u 2 genannten materiellen Gründen. Dies war nach der bisherigen (negativen) Fassung der Vorschrift („kann übertragen, wenn nicht . . .") unzweifelhaft, während die jetzige (positive) Formulierung „soll in der Regel übertragen, wenn . . ." (vgl hierzu vor § 348 Rn 2) die Auslegung zuläßt, daß die genannten Gründe lediglich das Sollen konkretisieren. Da aber außerhalb von § 348 I keine Übertragungsermächtigung besteht, wirken die in Nr 1 u 2 normierten Voraussetzungen des Sollens zugleich als Beschränkungen des Könnens. Im Ergebnis bleibt es also dabei, daß besondere Schwierigkeiten oder grundsätzl Bedeutung der Sache einer Übertragung auf den Einzelrichter entgegenstehen.

5 **a)** Für besondere **Schwierigkeit** der Sache in tatsächl oder rechtl Hinsicht ist nicht bereits ausreichend der besondere Umfang der Sache (zB Bauprozeß) oder die Notwendigkeit der Beweiserhebung. Die Sache muß qualitativ, nicht nur quantitativ schwierig sein; die quantitative Entlastung des Kollegiums ist gerade Normzweck des § 348. Qualitativ schwierig idR unübersichtl Sachverhalt, der eine Wertung widersprüchl Beweisergebnisse erwarten läßt, ebenso Arzthaftungsprozeß (BGH NJW 94, 801; Köln VersR 87, 164) oder Beurteilung komplizierter wirtschaftl Zusammenhänge. Besondere (nicht jede!) rechtl Schwierigkeit besteht idR bei Maßgeblichkeit von in Rspr u Lehre unterschiedl beurteilten Rechtsfragen, mögen diese auch nicht von grundsätzl Bedeutung (Rn 7) sein.

6 Einstweilen frei.

7 **b) Grundsätzliche Bedeutung** kann rechtl (vgl § 546 Rn 31 ff), aber auch tatsächl, insbes wirtschaftl Art sein, zB Musterprozeß über Auslegung typischer Vertragsklauseln (BAG JZ 55, 549). Voraussetzung aber Bedeutsamkeit über den Einzelfall hinaus; wirtschaftl Bedeutung für die Parteien allein genügt nicht. Die Entscheidung muß iS der Rechtseinheit oder Rechtsfortbildung von allgemeinem Interesse sein (BGH 2, 396). Eine ursprüngl grundsätzl bedeutsame Sache verliert diese Eigenschaft aber, wenn die bedeutsame Rechtsfrage bereits höchstrichterl geklärt ist und die Kammer keine gegenteilige Meinung vertritt (BGH MDR 75, 927; BVerwG NJW 75, 2037).

8 **c) Entscheidungsreife** (§ 300) verbietet schon vom Normzweck her (Rationalisierung) Abgabe an Einzelrichter. Das gilt auch, wenn in einfacher Sache vor dem Kollegium VersUrteil beantragt wird; Übertragung auf den Einzelrichter dann erst, wenn Einspruch (§ 338) eingelegt wurde.

9 **d) Durchführung des Haupttermins** (§§ 272 I, 278). „Haupttermin" idS ist jeder gem § 272 I „umfassend vorbereitete" Termin (Düsseldorf NJW-RR 96, 638) und auch der dem Schluß der mündl Verhandlung entsprechende Termin im schriftl Verfahren (§ 128 Rn 18; München NJW-RR 88, 1512). Das Gesetz (§ 275 II) grenzt diesen Haupttermin vom „frühen ersten Termin" des § 275

ab. Daß diese Abgrenzung nicht allgemeingültig ist und insbes die Regeln des § 278 auch für den frühen ersten Termin gelten, ist in Rn 1 zu § 275 und Rn 1 zu § 278 dargelegt. Dem Normzweck entsprechend ist Abs III daher so zu verstehen, daß eine Übertragung der Sache an den Einzelrichter wegen der sonst bestehenden Verzögerungsgefahr nicht mehr zulässig ist, wenn diese nach umfassender Vorbereitung und Durchführung der Beweisaufnahme vor dem Kollegium streitig verhandelt wurde. Dabei ist als „streitige Verhandlung" jegliche auf den Streitstoff selbst, auf die Beweislage und iSd § 278 auf die „rechtlichen Gesichtspunkte" erstreckte Verhandlung zu verstehen, durch welche die Weichen für den weiteren Verfahrensgang für die Parteien und das Gericht erkennbar gestellt sind. Das kann (entgegen Düsseldorf MDR 80, 943) auch im frühen ersten Termin geschehen sein (vgl § 278 Rn 1; BGH NJW 83, 575 = MDR 83, 393; Oldenburg MDR 82, 856; München MDR 85, 679; NJW 86, 1001). Die Bezeichnung des Termins durch den Vorsitzenden ist daher unerhebl (Köln NJW-RR 95, 512; MK/Deubner Rn 29), ebenso der Umstand, daß ein schriftl Vorverfahren (§ 276) durchgeführt wurde (MK/Deubner Rn 28; aA StJ/Schumann Rn 22). Maßstab ist die ratio des Abs III: Der Einzelrichter soll nicht nur ausführendes Organ für die vorher im Kollegium getroffene Weichenstellung sein, sondern in den gemäß Abs I hierfür als geeignet bezeichneten Sachen eigenverantwortl und selbständig an die Stelle des Kollegiums treten.

Die Durchführung eines Haupttermins hindert die Übertragung aber dann nicht, wenn er lediglich zu einem **Vorbehalts-, Teil- oder Zwischenurteil** des Kollegiums geführt hat; insbes, wenn das Kollegium nur über einzelne Angriffs- u Verteidigungsmittel (§§ 146, 280), über den Anspruchsgrund (§ 304; das nachfolgende Betragsverfahren ist selten qualitativ schwierig oder grundsätzlich) oder über einen unwesentlichen Teil des Klageanspruchs gem §§ 301, 302 oder gem § 599 verhandelt u entschieden hat; erst recht bei Entscheidung durch VU. – Ein vor dem AG durchgeführter Haupttermin steht, wenn die Sache sodann an das LG verwiesen wird, der Zuweisung an den Einzelrichter nicht entgegen. 10

4) Übertragungsverfahren: a) Die Zuweisung erfolgt durch **Beschluß der Kammer** (nicht des Einzelrichters, Frankfurt NJW 77, 301) ohne bestimmende Mitwirkung der Parteien u ohne notw mündl Verhandlung. Begründung ist nur erforderl, wenn Einwendungen erhoben wurden. In mündl Verhandlung Verkündung, ansonsten formlose Mitteilung des Beschlusses (§ 329 I, II 1). **Rechtl Gehör** ist den Parteien gem § 253 III u § 277 I gewährt (s Anm dort). Nochmalige Anhörung sieht nur Abs IV für Zurückgabe durch den Einzelrichter vor. Zuweisungsbefugt ist nur das Kollegium, nicht der Vorsitzende allein (zu den Folgen eines Verstoßes s Rn 15). Der Vorsitzende bestimmt lediglich gem § 21g GVG die Geschäftsbereiche der (möglichen) Einzelrichter; daher ist namentl Bezeichnung des Einzelrichters im Zuweisungsbeschluß nicht erforderl (Düsseldorf MDR 80, 943; sa Rn 14). Die Mehrheit der Beisitzer kann damit Zuweisung an Einzelrichter verhindern oder erzwingen. 11

b) Zuweisung darf erst erfolgen, wenn der Beklagte sich gem § 277 I auf die Klage streitig eingelassen hat, denn regelmäßig wird erst die Einlassung des Beklagten die Schwierigkeit oder Bedeutung der Sache erkennen lassen. Deswegen, im übrigen wegen §§ 216 II, 271 I, wird Entscheidung über die Zuweisungsfrage im frühen ersten Termin (§ 275) vor der Kammer die Regel sein. Dafür spricht auch, daß erfahrungsgemäß nicht-streitige Erledigungen, die eine Zuweisung an Einzelrichter nicht erfordern, vorwiegend im ersten Termin erfolgen. Der Vorsitzende bleibt damit stets zu dem von seiner bes Erfahrung u Verantwortung getragenen Sühnegespräch (§ 279) berufen. Ausnahmsweise wird bei erkennbar einfachen Sachen bereits der erste Termin (ggf unter Aufhebung des Kammertermins § 227 u alsbaldiger Zuweisung an den Einzelrichter) vor dem Einzelrichter stattfinden können, doch besteht hierbei Gefahr der Verzögerung, die zu vermeiden Normzweck des § 348 ist. 12

5) Wirkung der Zuweisung: Der Rechtsstreit ist in **vollem Umfange,** auch für Nach- und Nebenverfahren, in die **Entscheidungsgewalt des Einzelrichters** übergegangen u – vorbehaltl Abs IV – endgültig dem Kollegium entzogen. Er allein ist erkennendes Gericht und gesetzl Richter. Vor ihm ist vor seiner Entscheidung mündl zu verhandeln (Köln NJW 77, 1159); Anwaltszwang wie vor der vollbesetzten Kammer. An seine Zwischenentscheidung ist gem § 318 auch im Fall Abs IV (Zurückübertragung) die Kammer gebunden. Kein Instanzenzug zwischen Einzelrichter und Kammer; auch § 140 gilt insoweit nicht. Wo der Einzelrichter in der Hauptsache entschieden hat, ist er auch Vollstreckungsgericht im Fall §§ 887, 890 (anders, wenn im Prozeß nur das Kollegium verhandelt und entschieden hatte, Frankfurt MDR 81, 504; München MDR 83, 499) sowie zuständig für die Erinnerung im Kostenfestsetzungsverfahren (Hamm MDR 93, 384). Seine Kompetenz umfaßt auch das Nachverfahren gem §§ 302, 600. Nach Zurückverweisung gemäß §§ 538, 539 gelangt die Sache wieder an ihn (s aber § 350 Rn 2). Kein Rückfall an das Kollegium auch bei Richterwechsel in der Person des Einzelrichters u auch, wenn der Einzelrichter die Sache nicht bewältigt oder verschleppt. Weisungen des Vorsitzenden an den Einzelrichter wären Eingriff in dessen richterl Unabhängigkeit, vgl auch § 26 DRiG. Verweist der Einzelrichter 13 die Sache an ein anderes Gericht (§ 281), so ist auch bei diesem wegen der fortbestehenden Prozeßlage der Einzelrichter zuständig (§ 281 Rn 15a; Koblenz MDR 86, 153).

13a Zu einer **Teilübertragung** des Rechtsstreits kann es nur kommen, wenn vorher eine Prozeßtrennung nach § 145 I vorgenommen wird. Die **Identität des Verfahrens** bleibt gewahrt. Der Prozeß geht in dem Stand über, in dem er sich befand; die bisherigen Ergebnisse bleiben bei Bestand. Klageerweiterungen und -änderungen, Parteiänderungen und Widerklagen lassen die Verfahrensidentität und damit die Zuständigkeit des Einzelrichters ebenfalls unberührt (MK/Deubner Rn 11; irrig München NJW-RR 92, 123, wonach bei Parteierweiterung in der mündl Verhandlung vor dem Einzelrichter der Rechtsstreit bzgl des neuen Bekl vor der Kammer anhängig werden soll).

13b 6) **Fehlen eines Übertragungsbeschlusses** begründet für Verfahren des Einzelrichters unheilbaren Verfahrensmangel (BGH NJW 93, 600; OLGR München 95, 115/6).

14 7) Die **Person des Einzelrichters** bestimmt nach § 21g Abs III GVG (s dort Rn 13 ff) der Geschäftsverteilungsplan nach ausschließl sachl Gesichtspunkten (zur Tätigkeit des Vorsitzenden als Einzelrichter s vor § 348 Rn 4). Deshalb muß der Zuweisungsbeschluß des Kollegiums den Einzelrichter nicht namentl bezeichnen (§ 21g GVG Rn 17) bzw muß, wenn er diese Bezeichnung (zulässigerweise) doch enthält, derjenige Richter als Einzelrichter benannt werden, der nach der Geschäftsverteilung ohnedies der gesetzl Richter (Art 101 GG) für diese Sache ist (Schuster NJW 75, 1495; Holch DRiZ 75, 275; Kramer JZ 77, 11). Scheidet der Einzelrichter aus der Kammer aus, tritt ipso iure der im Geschäftsverteilungsplan als Nachfolger Bestimmte an seine Stelle. Bei Verhinderung ist der regelmäßige Vertreter zuständig.

15 8) **Anfechtung der Zuweisung** ist grds ausgeschlossen, Abs II 2, so auch bei Verstoß gegen Abs III (Düsseldorf NJW 81, 352) und selbst bei offensichtl Verkennung der Schwierigkeit oder Bedeutung der Sache durch die Kammer. Das Gesetz geht hier im Interesse der Verfahrensbeschleunigung von der Gleichwertigkeit des Kollegiums u des Einzelrichters als gesetzl Richter aus, zumal in Grenzfällen Abhilfe gem Abs IV möglich ist. – Die Unanfechtbarkeit gilt gemäß § 512 grds auch für das **Berufungs- und Revisionsverfahren** (§ 548). – Beruht die Zuweisung jedoch auf **willkürlichem Gesetzesverstoß,** so entzieht sie die Parteien dem gesetzl Richter nach Art 101 I 2 GG (vgl BVerfG 29, 45/48; 58, 1/45 = NJW 82, 507; BGH NJW 83, 671). Die hM gewährt in diesen Fällen daher ein außerordentl Beschwerderecht gegen den Übertragungsbeschluß (MK/Deubner Rn 63; StJ/Schumann Rn 37; BL/Hartmann Rn 17; Seidel ZZP 99, 65; s auch unten § 567 Rn 18 ff). In Betracht kommt dies, wenn der Beschluß nicht von der Kammer (sondern zB vom Vorsitzenden alleine) oder unter Verstoß gegen Abs III oder IV 2 erlassen wurde, während es bei fehlerhafter Bejahung der Voraussetzungen nach Abs I idR an der Greifbarkeit der Gesetzesverletzung und damit dem Anhalt für Willkür mangeln wird. Auch Unterlassung des rechtl Gehörs reicht nicht aus (OLGR Celle 94, 239). Eine Überweisung „nur zur Vorbereitung der Entscheidung" (s Rn 2) wird im allgemeinen als Beauftragung iSd § 355 I 2 angesehen werden können; fehlen deren Voraussetzungen, liegt lediglich ein (durch Rügeverzicht heilbarer) Verfahrensfehler vor (s § 355 Rn 8). Mit **Berufung** gegen das Urteil des Einzelrichters kann der Mangel des Überweisungsbeschlusses auch in den Willkürfällen nicht angegriffen werden (§ 512); hat die Partei keine Beschwerde eingelegt, sondern vor dem Einzelrichter verhandelt, kann dessen Unzuständigkeit nicht mehr geltend gemacht werden (MK/Deubner Rn 68 f; aA Schleswig NJW 88, 69; Nürnberg NJW-RR 93, 573 unter unzutr Berufung auf MK/Deubner), wegen der Subsidiarität nach § 90 II 1 BVerfGG auch nicht mit Verfassungsbeschwerde (MK/Deubner Rn 69).

16 9) **Zurückübertragung durch den Einzelrichter an die Kammer: a) Voraussetzung:** Sie widerspricht grds dem Normzweck, daher nur zulässig, wenn sich entgegen ursprüngl Erwartung aus einer wesentl **Veränderung der Prozeßlage** nach dem Übertragungsbeschluß – zB durch Klageänderung oder durch einen gänzlich neuen Sach- oder Rechtsvortrag der Parteien; Veränderung in der Beurteilung der im wesentl unveränderten Prozeßlage genügt nicht! – die **grundsätzliche Bedeutung** der zu treffenden Entscheidung (Rn 7) ergibt. Veränderung im Grad der Schwierigkeit (I 1) genügt nicht; maßgebl allein das übergeordnete Interesse an möglichst ausgewogener Rechtsprechung in Grundsatzfragen.

17 b) **Entscheidung** trifft nach (nicht notwendig mündl) Anhörung der Parteien der Einzelrichter alleinverantwortl nach seinem Ermessen. Daher **Rückgabebeschluß des Einzelrichters** für das Kollegium **bindend** (Abs IV 2) und für die Parteien **unanfechtbar** (Köln NJW 76, 680), auch wo seine Voraussetzungen fehlen; Abs II 2 gilt entspr. Zu Begründung und Bekanntmachung gilt Rn 11 entspr. Eine formlose oder konkludente Rückgabe (zB durch Mitwirkung des Einzelrichters an einer Kollegialentscheidung der Kammer) ist nicht möglich (aA Frankfurt NJW 77, 813).

18 c) Zu einer **Teilrückgabe** kann es nur nach Prozeßtrennung (§ 145 I) kommen.

19 d) **Wirkung der Rückgabe:** Jegliche Entscheidungsbefugnis des Einzelrichters endet; das gilt auch für seine Befugnis zu Ordnungsmaßnahmen gegen vorher vor ihm aufgetretene Zeugen iS

von §§ 380, 381 I 2, 390 (Köln MDR 74, 238). Vom Einzelrichter bereits getroffene Zwischenentscheidungen und gewonnene Beweisergebnisse bleiben aber auch für das weitere Verfahren vor der Kammer wirksam, denn das Verfahren verliert seine Einheit weder durch die Zuweisung an den Einzelrichter noch durch die Rückgabe. Die Kammer darf eine Sachentscheidung erst nach mündl Verhandlung treffen (§ 309), falls nicht Entscheidung ohne mündl Verhandlung gem § 128 II, III zulässig ist.

10) **Erneute Übertragung** durch die Kammer auf den Einzelrichter ist ausgeschlossen (IV 2), auch dann, wenn die vom Einzelrichter zum Anlaß der Rückgabe genommene grundsätzl Bedeutung der Sache durch Vorbehalts-, Teil- oder Zwischenentscheidung erledigt ist (aA StJ/Schumann Rn 52). Einer Beauftragung nach § 355 I 2 steht IV 2 aber nicht entgegen. 20

11) **Gebühren des Gerichts:** Keine; Beschlüsse werden durch die Gebühr für das Verfahren im allg abgegolten. 21

349 *[Vorsitzender der Kammer für Handelssachen]*

(1) In der Kammer für Handelssachen hat der Vorsitzende die Sache so weit zu fördern, daß sie in einer mündlichen Verhandlung vor der Kammer erledigt werden kann. Beweise darf er nur insoweit erheben, als anzunehmen ist, daß es für die Beweiserhebung auf die besondere Sachkunde der ehrenamtlichen Richter nicht ankommt und die Kammer das Beweisergebnis auch ohne unmittelbaren Eindruck von dem Verlauf der Beweisaufnahme sachgemäß zu würdigen vermag.

(2) Der Vorsitzende entscheidet

1. **über die Verweisung des Rechtsstreits;**
2. **über Rügen, die die Zulässigkeit der Klage betreffen, soweit über sie abgesondert verhandelt wird;**
3. **über die Aussetzung des Verfahrens;**
4. **bei Zurücknahme der Klage, Verzicht auf den geltend gemachten Anspruch oder Anerkenntnis des Anspruchs;**
5. **bei Säumnis einer Partei oder beider Parteien;**
6. **über die Kosten des Rechtsstreits nach § 91a;**
7. **im Verfahren über die Bewilligung der Prozeßkostenhilfe;**
8. **in Wechsel- und Scheckprozessen;**
9. **über die Art einer angeordneten Sicherheitsleistung;**
10. **über die einstweilige Einstellung der Zwangsvollstreckung;**
11. **über den Wert des Streitgegenstandes;**
12. **über Kosten, Gebühren und Auslagen.**

(3) Im Einverständnis der Parteien kann der Vorsitzende auch im übrigen an Stelle der Kammer entscheiden.

(4) § 348 ist nicht anzuwenden.

Lit: *Bergerfurth* NJW 75, 331.

I) 1) In der **Kammer für Handelssachen** (§§ 93 ff GVG) ist eine Bestellung der Handelsrichter zu Einzelrichtern begrifflich (vgl für die Aufgaben ehrenamtl Richter allg BGH 42, 163/172 ff), eine Bestellung des Vorsitzenden zum Einzelrichter ausdrücklich (Abs IV) ausgeschlossen; der Ausschluß nach Abs IV ist bedingt durch die vom Gesetz vorausgesetzte besondere Sachkunde der Handelsrichter (vgl § 114 GVG), die dem Verfahren in Handelssachen (§ 95 GVG) nicht vorenthalten werden soll. Deshalb überträgt § 349 dem Vorsitzenden der Kammer für Handelssachen zur selbständigen Erledigung alle Aufgaben bis auf diejenigen, für die es „auf die besondere Sachkunde der Handelsrichter ankommt". Diese Arbeitsteilung entlastet die Handelsrichter weitgehend durch die Beschränkung ihrer Inanspruchnahme auf die sachkundige Mitwirkung bei der Urteilsfindung. Daneben kommt, soweit hierfür ein sachliches Bedürfnis besteht, eine selbständige richterl Tätigkeit einzelner Handelsrichter nur noch als beauftragte Richter gem §§ 361, 375 in Betracht, also zur sachkundigen Einvernahme von Zeugen, Sachverständigen (§ 402) und auch Parteien (§ 451). Kollegialentscheidung ist (vorbehaltl § 309) auch dort zulässig und wirksam, wo Alleinentscheidungskompetenz des Vorsitzenden besteht. 1

2) **Dem Vorsitzenden obliegt** die umfassende **Vorbereitung des Haupttermins** (§§ 272, 273), also die Terminsbestimmung (§ 216), evtl auch -änderung (§ 227), die Veranlassung der in § 273 II vorgesehenen Förderungsmaßnahmen, das Setzen und Abändern (§ 224) von Erklärungsfristen 2

für den Beklagten (§§ 275 I u III bzw 276) u den Kläger (§§ 275 IV bzw 276 III) mit den hierfür erforderlichen Hinweisen (§§ 276 II, 277 II u IV), die Anberaumung u Durchführung eines Sühnetermins (§ 279), in begrenztem Umfang die Beweiserhebung (Abs I) sowie gem Abs II u III auch die selbständige Entscheidung in bestimmtem Umfang. Im übrigen kann u soll der Vorsitzende selbständig über Verbindung oder Trennung (§§ 145, 147), über Anordnung u Durchführung der selbständigen Beweiserhebung (§§ 486, 490), über die Zulassung von Streithelfern (§ 71; vgl Frankfurt NJW 70, 817), über die Bewilligung einer öffentlichen Zustellung (§ 204; Frankfurt MDR 87, 414), über die Berechtigung der Zeugnisverweigerung (§ 387) und über die ihm durch § 944 ausdrückl übertragenen Arrest- u Verfügungssachen (Bergerfurth NJW 75, 334) entscheiden; denn in allen diesen Angelegenheiten kommt es auf die besondere Sachkunde der Handelsrichter nicht an.

3 3) Zur **Beweiserhebung** (hierzu gehört bereits die Beweisanordnung, § 359) ist der Vorsitzende allein nur befugt, soweit es sowohl für die Frage der Entscheidungserheblichkeit des Beweisthemas, der Beweisbedürftigkeit und der Eignung des Beweismittels (Rn 9 ff vor § 284) als auch für die Beweiserhebung selbst auf die besondere Sachkunde der Handelsrichter nicht ankommt. Weitere Voraussetzung ist, daß die Handelsrichter abweichend von dem Grundsatz des § 355 (dort Rn 1) zur Würdigung des Beweisergebnisses voraussichtlich i der Lage sind. Daher **darf der Vorsitzende allein Beweise nur erheben, wo Abweichung v Grundsatz der Beweisunmittelbarkeit** von Anfang an **sachl vertretbar.** Kein Ermessensspielraum des Vorsitzenden, wo besondere Sachkunde der Handelsrichter erkennbar schon für Beweiserhebung (nicht nur für Beweiswürdigung) wesentlich ist. Verstoß hiergegen ist Verfahrensfehler iS §§ 286, 355, 549; jedoch Verlust des Rügerechts gem § 295 möglich (BGH 40, 179 = NJW 64, 108).

4 Wo sich die Maßgeblichkeit der bes Sachkunde der Handelsrichter erst während der Beweiserhebung des Vorsitzenden ergibt, besteht Anlaß für eine Wiederholung der Beweisaufnahme vor der Kammer (§ 398). Beweiserhebung durch den Vorsitzenden ohne Protokollierung (§ 161) verschließt den Handelsrichtern die Möglichkeit sinnvoller Beweiswürdigung u ist daher unzulässig (vgl BGH NJW 62, 960), falls der Vorsitzende nicht gem Abs III allein entscheidet.

5 **II) Der Vorsitzende allein entscheidet** (fakultativ neben der auch hier bestehenden Entscheidungskompetenz der Kammer, Rn 1 aE), solange die Entscheidung nicht nach mündlicher Verhandlung vor dem Kollegium allein durch dieses zu treffen ist (Bergerfurth NJW 75, 334; Ausnahme Abs III),

1) über **Verweisungen,** § 281 ZPO, §§ 97, 99 GVG, auch § 17 III GVG;

6 2) über **Zulässigkeit der Klage,** soweit hierüber abgesondert verhandelt wird, §§ 146, 280 (hierzu beachte §§ 282 III, 296 III);

7 3) über **Aussetzung** des Verf gem §§ 65, 148, 149, 246, ebenso über das Ruhen des Verf §§ 251, 251a und über dessen Unterbrechung §§ 239 ff; hierzu gehört die Entscheidung über die Beendigung des VerfStillstands §§ 150, 250. Zur Aussetzung gem Art 100 GG (§ 148 Rn 3) ist der Vorsitzende nur nach Ermächtigung gem Abs III berufen (aM StJ/Schumann Rn 19);

8 4) über **Klagerücknahme** (§ 269 III 3), Rücknahme des Einspruchs bzw Verzicht auf diesen (§ 346), Verzicht auf den Klageanspruch (§§ 306, 313b), Anerkenntnis (§§ 307, 313b), Berufungsrücknahme (§§ 515, 524 III 2);

9 5) bei **Säumnis** der Parteien durch echtes oder unechtes VersUrteil (Rn 10, 11 vor § 330), bei einseitiger oder beiderseitiger Säumnis auch Urteil nach Aktenlage §§ 251a, 331a bzw Anordnung des Ruhens des Verf §§ 251, 251a; Entscheidung über Zulässigkeit des Einspruchs §§ 303, 341, 345 u über Wiedereinsetzung i den vorigen Stand §§ 233, 238 II;

10 6) über Kosten nach unstreitiger **Erledigung der Hauptsache,** § 91a;

11 7) über ein Gesuch um **Prozeßkostenhilfe** §§ 114 ff, nötigenfalls auch Beweiserhebung § 118 II;

12 8) durch Vorbehaltsurteil im **Wechsel- u Scheckprozeß** §§ 602, 605a; jedoch nicht im Nachverfahren § 600 u nicht im allg Urkundenprozeß (§ 592; Bergerfurth NJW 75, 333), falls nicht Einverständnis der Parteien (Abs III) hierfür vorliegt;

13 9) über Art der **Sicherheitsleistung** § 108, entsprechend auch über deren Höhe §§ 108, 112 u über Rückgabe §§ 109, 715 (soweit nicht der Rechtspfleger zuständig, § 20 RpflG);

14 10) über **Einstellung der Zwangsvollstreckung** § 707, 719, 769;

15 11) über den **Streitwert** §§ 3–9 ZPO, §§ 24, 25 GKG;

16 12) über **Kosten,** Gebühren u Auslagen (§§ 104 III, 379), soweit hierüber nicht im Endurteil der Kammer oder durch den Rechtspfleger (§ 21 RpflG) zu entscheiden ist.

17 **Der Katalog des Abs II ist nicht erschöpfend.** Teilweise ergibt sich eine weitergehende Entscheidungsbefugnis aus dem Gesetz selbst (zB § 944 für Arrest und einstw Verfügung, § 200 IV GVG für Feriensachen), teilweise mittelbar aus dem allgemeinen Förderungsauftrag in Abs I, der

alle „die besondere Sachkunde der ehrenamtlichen Richter" nicht erfordernden Vor- und Zwischenentscheidungen umfaßt, welche die Hauptsacheentscheidung nicht präjudizieren (Bergerfurth NJW 75, 331; vgl die Beispiele oben Rn 2).

Rechtsmittel bei Überschreitung der Entscheidungskompetenz zu 1 bis 12: § 350. 18

III) Mit **Einverständnis der Parteien** ist der Vorsitzende zu jeder sonstigen Entscheidung an 19
Stelle der Kammer für Handelssachen allein befugt. Das Einverständnis verschafft ihm daher die Rechte u Pflichten eines entscheidenden Einzelrichters wie im Fall § 348. In allg Prozeßsachen, die nur wegen der Kaufmannseigenschaft der Parteien vor die Kammer für Handelssachen gelangen, wird sich die Einholung dieses Einverständnisses durch den Vorsitzenden zur Entlastung der Handelsrichter empfehlen. – Die Einverständniserklärung ist wie im Fall § 128 II (s dort Rn 12) unwiderrufl Prozeßhandlung; jedoch ist abweichend von § 128 II das Einverständnis nicht durch die nächstfolgende (Zwischen-)Entscheidung verbraucht; es bleibt wirksam für die Endentscheidung u über diese hinaus auch für die dem Prozeßgericht obliegenden Entscheidungen im Verf der Zwangsvollstreckung (Karlsruhe OLGZ 73, 373). – Eine analoge Anwendung der Vorschrift (zB auf die Landwirtschaftsgerichte) ist nicht möglich (BGH WM 93, 1656).

350 *[Rechtsmittel]*

Für die Anfechtung der Entscheidungen des Einzelrichters (§ 348) und des Vorsitzenden der Kammer für Handelssachen (§ 349) gelten dieselben Vorschriften wie für die Anfechtung entsprechender Entscheidungen der Kammer.

1) Einzelrichter u Vorsitzender der Kammer für Handelssachen repräsentieren in Ausübung 1
der ihnen gesetzl übertragenen Befugnisse (§§ 348, 349) **das Kollegium,** sie sind der gesetzl Richter u ihre Entscheidungen binden das Kollegium (§ 318). Daher sind gegen ihre Entscheidungen dieselben Rechtsmittel statthaft wie im Fall der Kollegialentscheidung. Eine dem § 140 entspr Möglichkeit, gegen Entscheidungen des ERi das Kollegium anzurufen, gibt es nicht.

2) Überschreitung der Befugnisse durch Einzelrichter u Vorsitzenden der Kammer für Han- 2
delssachen macht deren Entscheidungen nicht nichtig, sondern nur mit den allg Rechtsmitteln anfechtbar. Grundsätzl sind kompetenzüberschreitende Verfahrensfehler verzichtbar gem § 295; das ergibt sich für den Einzelrichter aus der Unanfechtbarkeit seiner Bestellung (§ 348 II 2), für den Vorsitzenden der Kammer für Handelssachen aus der Ermächtigungsbefugnis gem § 349 III. Zur Beschwerdemöglichkeit wegen gesetzwidriger Zuweisung an den Einzelrichter s § 348 Rn 15. Wo auf Kompetenzüberschreitung die Berufung gestützt wird, hat das OLG bei **Zurückverweisung** gem §§ 538, 539 bei Fehlern des Einzelrichters an diesen, sonst an die Kammer zurückzuverweisen (§ 539 Rn 5; nach StJ/Schumann Rn 2, BL/Hartmann Rn 2, Karlsruhe Justiz 79, 15 stets an die Kammer; nach ThP § 348 Rn 6 nur „an das LG"). **Ausnahme:** Eine Zurückverweisung an den Einzelrichter kommt nicht in Betracht, wo dieser als entscheidender Einzelrichter nicht wirksam bestellt wurde u deshalb entschieden hat, ohne gesetzl Richter zu sein, so zB bei Bestellung des Einzelrichters durch den Vorsitzenden der Kammer statt durch Kollegialbeschluß (Düsseldorf NJW 76, 114; vgl § 348 Rn 11) oder bei fehlerhafter Übertragung der Sache an den Einzelrichter nur „zur weiteren Vorbereitung" oder „zur Durchführung der Beweisaufnahme" (Dinslage NJW 76, 1509), entsprechend bei Endurteil des Vorsitzenden der Kammer für Handelssachen trotz fehlender Ermächtigung gem § 349 III.

351–354 (weggefallen)

Fünfter Titel

ALLGEMEINE VORSCHRIFTEN ÜBER DIE BEWEISAUFNAHME

1) Wegen der **Grundzüge des Beweisverfahrens** s die Vorbemerkungen vor § 284 insbes zu den 1
Problemen des Ausforschungsbeweises (Rn 5), der unter dem Vorbehalt der Entscheidungserheblichkeit u Beweisbedürftigkeit stehenden Beweisanordnung (Rn 8), der Verwertbarkeit rechtswidrig erlangter Beweismittel (Rn 12), der Beweislast (Rn 15), der Unzumutbarkeit der Beweisführung und der Zulässigkeit von Beweislastvereinbarungen (Rn 23). Wegen der Voraus-

setzungen für die zulässige Abweisung eines Beweisantrags s vor § 284 Rn 8a ff, wegen der Grundsätze der Beweiswürdigung Rn 1 ff zu § 286, wegen der Folgen der Beweisvereitelung Rn 14 zu § 286, wegen der Voraussetzungen des Indizienbeweises Rn 9a zu § 286 und wegen der Regeln des Anscheinsbeweises Rn 29 vor § 284. – Die notw Protokollierung der Beweisaufnahme ist in §§ 159–162 geregelt. Zur Wiedergabe der Beweisanträge u des Beweisergebnisses im Urteil s § 313 Rn 18, 22.

2 2) **Beweismittel** sind der Augenschein (§§ 371–372a), der Zeugenbeweis (§ 373–401), der Beweis durch Sachverständige (§§ 402–414), der Urkundenbeweis (§§ 415–444) und die Parteivernehmung (§§ 445–455). Die zulässige Einholung amtl Auskünfte oder Urkunden von Behörden (§ 273 II 2) kann Zeugen-, Sachverständigen- oder Urkundenbeweis sein. Zu dem auf die vorgenannten Beweismittel nicht beschränkten Freibeweis s vor § 284 Rn 7. Zur Abgrenzung des Zeugenbeweises von der urkundl Auswertung der Zeugenaussagen in fremden Verfahren s § 355 Rn 4 und § 373 Rn 9.

3 3) Grundsätzlich ist der **Beweisantritt** Sache der Parteien (Beibringungsgrundsatz oder Dispositionsmaxime, vgl Rn 9 vor § 128). Die Beweiserhebung von Amts wegen sieht das Gesetz im Geltungsbereich des Beibringungsgrundsatzes als Ausnahme nur in § 144 (= Augenschein und Sachverständige) und § 273 II 2 (Urkunden u amtl Auskünfte) vor. Im Geltungsbereich des Ermittlungsgrundsatzes (§ 293 ausländisches Recht, §§ 616, 640 I, 640d Ehe- und Kindschaftsverfahren sowie §§ 946 ff Aufgebotsverfahren) darf u soll das Gericht Beweise von Amts wegen erheben.

4 4) **Literatur** zum Beweisrecht: s Anm vor § 284 u vor den einzelnen Titeln des zweiten Buches.

355 *[Beweisaufnahme, Unmittelbarkeit]*

(1) Die Beweisaufnahme erfolgt vor dem Prozeßgericht. Sie ist nur in den durch dieses Gesetz bestimmten Fällen einem Mitglied des Prozeßgerichts oder einem anderen Gericht zu übertragen.

(2) Eine Anfechtung des Beschlusses, durch den die eine oder die andere Art der Beweisaufnahme angeordnet wird, findet nicht statt.

Lit: *Weth,* Der Grundsatz der Unmittelbarkeit der Beweisaufnahme, JuS 91, 34.

1 1) **Bedeutung:** § 355 normiert den **Grundsatz der Beweisunmittelbarkeit.** Er hängt zusammen mit dem Grundsatz der freien Beweiswürdigung nach § 286, denn eine sachgerechte Beweisaufnahme u Beweiswürdigung setzt voraus, daß grds die Beweiserhebung vor dem Prozeßgericht selbst erfolgt; vgl auch §§ 278 II, 370 I, 375. Verfassungsrang hat der Grundsatz der Beweisunmittelbarkeit aber nicht (BVerfGE 1, 418/429 = NJW 53, 177).

1a 2) **Anwendungsfälle: a)** Die Einvernahme von Zeugen, Sachverständigen, Parteien oder die Einnahme des Augenscheins durch einen **beauftragten oder ersuchten Richter** (§§ 361, 362) ist nur in den gesetzl geregelten Ausnahmefällen (§§ 372 II, 375, 402, 434, 451) zulässig (Köln NJW 76, 2218 m Anm Schneider NJW 77, 301); s auch § 524 II zum Einzelrichter in der Berufungsinstanz, § 363 zur Beweisaufnahme im Ausland (hierzu Leipold ZZP 105, 507). Auch in diesen Fällen wirkt der Grundsatz insofern weiter, als Eindrücke von dem Zeugen und seiner Glaubwürdigkeit vom erkennenden Gericht nur verwertet werden dürfen, wenn sie aktenkundig gemacht und den Parteien mitgeteilt, also zB im Protokoll niedergelegt wurden (BGH NJW 91, 3284; NJW-RR 95, 1210). Oft wird es in diesen Fällen aber schon an der Voraussetzung der Entbehrlichkeit des unmittelbaren Eindrucks (s §§ 524 II 2, 375 I, Ia) fehlen, so daß die Beweisaufnahme dem erkennenden Spruchkörper zu überlassen ist (s Rn 6). Erscheint ein Auslandszeuge nicht vor dem Prozeßgericht, so kann aber nicht unter Berufung auf den Unmittelbarkeitsgrundsatz von seiner Vernehmung im Rechtshilfewege abgesehen werden (Leipold ZZP 105, 510 f).

2 **b)** Das **Sachverständigengutachten** setzt grds voraus, daß der zu begutachtende Sachverhalt (= die sog Anschlußtatsachen) vom Prozeßgericht selbst ermittelt wird (§ 404a III). Dabei kann es sich als sachdienl erweisen, den SV bereits zu dieser Beweiserhebung (idR durch Zeugen, evtl auch Augenschein oder Urkundenbeweis) hinzuzuziehen und ihm hierbei ein Fragerecht einzuräumen; hierzu § 402 Rn 5, § 411 Rn 2 und § 359 Rn 3. Nur wenn bereits diese Ermittlung besondere Sachkunde voraussetzt (BGH NJW 74, 1710; 68, 1233; 62, 1770) oder die Parteien mit der Ermittlung durch den SV einverstanden sind (BGH 23, 214), darf sie dem SV überlassen werden. In diesem Fall ist es dem SV nicht schlechthin verboten, zur Vorbereitung seines Gutachtens auch solche Tatsachen festzustellen, welche die Parteien noch nicht in den Prozeß eingeführt hatten; er muß nur die Art und das Ergebnis seiner sachkundigen Ermittlungen nachprüfbar offenlegen (BGH VersR 60, 998/99). Zu den Sorgfaltspflichten des SV bei dieser Tatsachenfest-

stellung, insbes zur Frage der notw Beteiligung der Parteien hierbei s § 411 Rn 3; München Rpfleger 83, 319. Grds hat aber Zeugen das Gericht zu vernehmen, nicht der SV (RG 156, 334; BGH 23, 213 = NJW 57, 906; BGH NJW 70, 1919/1921; 55, 671). Köln (NJW 62, 2161) hält die Einholung u Verwertung von Behördenauskünften durch den SV für zulässig; dem ist zuzustimmen, wenn die schriftl Auskunft Bestandteil des Gutachtens ist. Zur Vorladung des SV zur mündl Erläuterung seines schriftl Gutachtens s § 411 Rn 5 und 5a.

c) Keine Verletzung der Beweisunmittelbarkeit, wenn die um **amtliche Auskunft** ersuchte Behörde (§ 273 II 2) ihre Auskunft auf eine Meinungsumfrage stützt (LM Nr 3). 3

d) Beweisergebnisse anderer Verfahren dürfen als Urkundenbeweis in den Prozeß eingeführt werden (s Rn 9 zu § 373), so die Beweiserhebung im Verfahren der Prozeßkostenhilfe, § 118 II (BGH NJW 60, 862) oder im Strafverfahren (BGH VersR 70, 375; 81, 1127 mit krit Anm Hartung VersR 82, 141; Wussow VersR 60, 582). Beantragt jedoch eine Partei die Anhörung eines Zeugen, so darf diese nicht durch die Verwertung der im anderen Verfahren protokollierten Aussage ersetzt werden (BGH VersR 92, 1028 = MDR 92, 803). Ein „anderes Verfahren" idS ist auch das Berufungsverfahren über das Teilurteil gegenüber dem Berufungsverfahren über das Schlußurteil (LM Nr 6); dagegen setzt das Berufungsgericht nach der Zurückverweisung (§ 565) das alte Verfahren fort, ebenso das Erstgericht im Fall der §§ 538, 539. Zum selbständigen Beweisverfahren s § 493 Rn 1. 4

3) **Prozeßgericht** iS des § 355 ist das gesamte Kollegium, in den Fällen der §§ 348, 524 (mit den dort vorgesehenen Maßgaben) auch der Einzelrichter. Wegen des Vorsitzenden der Kammer für Handelssachen s § 349 Rn 3. Zum beauftragten Richter s Rn 1a. Unzulässig ist die Beweisaufnahme durch zwei Mitglieder des Kollegiums (zB Vorsitzenden und Berichterstatter; BGH 32, 233/36 = NJW 60, 1252; Brüggemann JZ 52, 173; Johannsen LM Nr 5). 5

Ein **Richterwechsel** nach einer Beweiserhebung erfordert nicht grds deren Wiederholung (BGHZ 53, 245/257; aA Wax LM § 309 ZPO Nr 3), denn eine frühere Aussage könnte, wenn sie nur zuverlässig – nötigenfalls auch bzgl der für die Glaubwürdigkeit des Zeugen sprechenden Umstände – protokolliert ist (§ 160 III 4), auch urkundenbeweisl verwertet werden (§ 373 Rn 9). Entspr gilt für den Augenscheinsbeweis. Nicht ins Protokoll aufgenommene Eindrücke dürfen aber nicht verwertet werden, wenn auch nur einer der an der Entscheidung mitwirkenden Richter an der Beweisaufnahme nicht teilgenommen hat; kommt es auf solche Eindrücke an, ist die Beweiserhebung nach einem Richterwechsel daher zu wiederholen (BGH NJW 91, 1180; NJW-RR 94, 1537). Geschieht das nicht, ist der Verfahrensfehler aber grds verzichtbar iS § 295 (dort Rn 6 und unten Rn 8). 6

Zu den Anforderungen an Beweiserhebung u -würdigung durch das **Berufungsgericht** s § 526 Rn 3. 6a

4) Rechtsmittel: a) Eine selbständige **Anfechtung des Beschlusses** über die Form der Beweiserhebung ist gem Abs II ausgeschlossen. Ausnahmsweise anfechtbar ist der Beweisbeschluß in den in § 252 Rn 1 behandelten Fällen. Wegen des Rechtsbehelfs im Falle von § 372a s dort Rn 13. 7

b) Revision: Ein Verstoß gegen § 355 ist zugleich ein revisibler Verstoß gegen § 286 (StJ/Schumann Rn 25; st Rspr, vgl BGH NJW 91, 1302); jedoch kann die Verletzung des § 355 grds nicht mehr geltend gemacht werden, wenn eine Rüge nicht in der nächsten mündl Verhandlung erfolgte (§ 295; BGH 40, 179 = NJW 64, 109; BGH NJW 79, 2518; MDR 79, 567; Düsseldorf VersR 77, 1131). Dies kann aber nicht gelten, wenn den Parteien erst aus dem Urteil erkennbar wurde, daß eine unzulässige Verwertung persönl Eindrücke stattgefunden hat (BGH LM Art 14 [Cb] GG Nr 60; NJW 91, 1180). 8

356 *[Frist bei Hindernis in der Beweisaufnahme]*

Steht der Aufnahme des Beweises ein Hindernis von ungewisser Dauer entgegen, so ist eine Frist zu bestimmen, nach deren fruchtlosem Ablauf das Beweismittel nur benutzt werden kann, wenn nach der freien Überzeugung des Gerichts dadurch das Verfahren nicht verzögert wird. Die Frist kann ohne mündliche Verhandlung bestimmt werden.

1) a) Anwendungsbereich: § 356 will der Prozeßverschleppung durch Verzögerung der Beweisaufnahme vorbeugen. Ist bereits der Beweisantrag verspätet, erfolgt Zurückweisung gem §§ 282, 296 II; § 356 ist im übrigen Anwendungsfall des auch bei Zurückweisung gem § 296 gebotenen rechtl Gehörs hierzu (§ 296 Rn 32). Daher ist die ausdrückliche (§ 296) oder stillschweigende Übergehung eines Beweisantrags wegen eines Hindernisses iS § 356 ein Verstoß gegen Art 103 I GG, wenn das Gericht es unterlassen hat, der Partei Gelegenheit zu geben, innerhalb der 1 richterlich gesetzten Frist das Hindernis zu beheben (BVerfG NJW 85, 3006 = MDR 85, 817). Wegen der Zurückweisung ungeeigneter, unzulässiger oder nicht verfügbarer Beweismittel s vor § 284 Rn 10a ff.

2 **b) Hindernis** iS § 356 kann sein die Nichteinzahlung des Auslagenvorschusses (§ 379; s dort Rn 6, 7 und den Lit-Hinweis vor Rn 1), die Nichtbekanntgabe der Anschrift des Zeugen (BGH NJW 74, 188), die Weigerung, sich einer zu Beweiszwecken angeordneten und ihrer Art nach zumutbaren (Düsseldorf VersR 85, 457) ärztl Untersuchung zu unterziehen (BGH NJW 72, 1133 = MDR 72, 508; München NJW 67, 684), die Weigerung des Beweisführers, der Verwertung ärztlicher Untersuchungsergebnisse zuzustimmen (BGH NJW 81, 1319 = MDR 81, 836), die Weigerung des Beweisführers, sein Recht gegen einen Dritten auf dessen notwendige Mitwirkung bei einer Beweiserhebung durchzusetzen (Nürnberg MDR 83, 942 zieht hier eine Klage des Beweisführers gegen den Dritten und Aussetzung des Verfahrens in Betracht) usw. Voraussetzung der Anwendung des § 356 ist, daß das Hindernis in der Risiko- und Einflußsphäre des Beweisführers liegt (zur Abgrenzung von der Beweisvereitelung durch den Beweisgegner: Gerhardt ZZP 86, 63). Ob das Hindernis vom Beweisführer verschuldet, ist gleichgültig (BGH NJW 72, 1133; 89, 227 = MDR 89, 54), wenn es für ihn nur überhaupt behebbar ist (bei fehlender Behebbarkeit: § 284 Rn 10a, 11a). Daher Hindernis auch die Krankheit eines Zeugen.

3 Das Hindernis muß aber **von ungewisser Dauer** sein, dh seine Behebung muß überhaupt möglich u absehbar sein; lediglich der Zeitpunkt der Behebung darf ungewiß sein, anderenfalls Zurückweisung des Beweisantrages wegen Unerreichbarkeit (vor § 284 Rn 11a). Andererseits keine Fristsetzung, wo Dauer des Hindernisses bereits bekannt. Hier ist der Beweistermin entsprechend weit hinauszusetzen, ggf gem § 640 f das Verfahren auszusetzen.

4 c) Die von § 356 vorausgesetzte **Behebbarkeit des Hindernisses** gibt auch den Maßstab dafür, ob das Gericht eine Frist zu dessen Behebung zu setzen hat, welcher Partei die Frist zu setzen ist (unten Rn 6) und welche Frist hierfür als angemessen anzusehen ist. So insbes im Fall der prozessualen Unsitte, für eine Behauptung den **„Zeugen NN“** anzubieten. Ein solcher „Beweisantritt“ ist gem § 373 grundsätzlich (für den Beweisführer erkennbar) sinnlos u daher unbeachtlich (RG 97, 126; BGH NJW 87, 3077; 89, 227/228 = MDR 89, 54; ZIP 83, 685/689; Düsseldorf MDR 69, 673; VersR 93, 1167); das Gericht könnte nicht einmal feststellen, welche Frist hier zur Behebung (welchen?) Hindernisses angemessen wäre. Ein zulässiger Beweisantritt muß daher erkennen lassen, warum der „Zeuge NN“ noch nicht mit Name u Anschrift bekannt ist, daß also der Beweisantritt nicht ins Blaue hinein (StJ/Schumann § 356 Fußnote 8; vgl BGH NJW 52, 142; 68, 1233/1234) erfolgt. Wo das nicht der Fall ist, wäre der Zwang zur Fristsetzung eine nutzlose, den Gegner benachteiligende u den Prozeß verschleppende Förmelei. Der Beweisführer bedarf hierfür keines weiteren Hinweises als durch die Übergehung seines „Beweisantritts“ bei der Terminsladung (eingehend Reinecke MDR 90, 767 mwN). Dagegen ist gem § 356 **Fristsetzung für Bekanntgabe von Namen u Anschrift** des Zeugen in allen übrigen Fällen geboten, wo die Behebbarkeit des Hindernisses dem Beweisantritt zu entnehmen ist (Stephan in Anm zu BAG AP § 373 ZPO Nr 1). – Einer (nochmaligen) Fristsetzung bedarf es nicht, wenn bereits der Beweisbeschluß befristete Auflagen (zB gem § 273) enthalten hatte und die betroffene Partei hiergegen keine Einwendungen (unten Rn 6) erhoben hat.

5 **d) Sondervorschriften:** § 379 Auslagenvorschuß, § 431 Urkundenbeweis, § 611 Familiensachen.

6 **2) Verfahren: Adressat der Fristsetzung** ist die Partei, welche das Beweishindernis zu vertreten hat, oder es beheben könnte; das wird idR der Beweisführer sein, dessen angebotenes Beweismittel tauglich und verfügbar sein muß (vor § 284 Rn 10a ff). Aber auch der Beweisgegner kann Adressat der befristeten Anordnung sein, wenn er die Beweiserhebung vereitelt (§ 286 Rn 14). Für die **Form der Fristsetzung** gilt das zu § 296 Rn 8a Gesagte entsprechend. Außerhalb der mündl Verhandlung ist wegen der verschuldensunabhängigen Wirkung (unten Rn 7) des Fristablaufs **förmliche Zustellung** der Anordnung nötig; § 187 ist hierbei nicht anwendbar (BGH NJW 89, 227 = MDR 89, 54). Zuständig für die Fristsetzung ist das **Gericht,** also ist ein **Beschluß** nötig (StJ/Schumann Rn 13; BL/Hartmann Rn 9). Verfügung des Vorsitzenden oder der den Gerichtsbeschluß nicht wiedergebende (s § 170 Rn 4) Hinweis des GeschStelle genügen nicht (BVerfG MDR 85, 817). Die Fristsetzung erfolgt **von Amts wegen;** Antrag hierzu nicht nötig. Die Frist ist eine richterliche (Rn 5 vor § 214) und muß den Umständen nach (solche Umstände hat ggf die betroffene Partei vorzutragen) zeitlich angemessen sein (vgl entspr § 275 Rn 4). Berechnung nach § 222, Verlängerung u Abkürzung zulässig § 224. Gegen Einräumung unangemessen langer Beibringungsfrist Beschwerde entspr § 252, wenn das faktisch zur Aussetzung des Verfahrens führt (Köln FamRZ 60, 409).

7 Bei **Versäumung der Frist** gilt § 230 sowie § 231; auf ein Verschulden der säumigen Partei kommt es hierbei nicht an, denn die objektive Nichtverfügbarkeit des Beweismittels bedingt die Zurückweisung des Beweisantritts (vor § 284 Rn 11a; BGH NJW 89, 227 = MDR 89, 54; Reinecke

MDR 90, 769; aM Sass MDR 85, 96/98, der hier analog § 296 auf Verschulden abstellt). Jedoch keine Ausschlußwirkung, denn die Fristversäumung kann durch die nachgeholte Beseitigung des Hindernisses behoben werden, solange hierdurch das Verfahren nicht verzögert wird (vgl entspr § 296 Rn 11 ff) und insbes in der nächsten Instanz (Karlsruhe NJW-RR 94, 512). – Mißachtung von § 356 durch das Gericht (zB Übergehen eines Beweisantritts trotz dessen behebbarer Unvollständigkeit) ist Verfahrensfehler u als solcher geeignet, die Anfechtung des Urteils zu rechtfertigen (BGH NJW 74, 188). Ist das Urteil nicht mehr anfechtbar, kann Verstoß gegen § 356 die Verfassungsbeschwerde begründen (BVerfG NJW 85, 3006 = MDR 85, 817; NJW 84, 1026).

357

[Grundsatz der Parteiöffentlichkeit]

(1) Den Parteien ist gestattet, der Beweisaufnahme beizuwohnen.

(2) Wird die Beweisaufnahme einem Mitglied des Prozeßgerichts oder einem anderen Gericht übertragen, so ist die Terminsbestimmung den Parteien ohne besondere Form mitzuteilen, sofern nicht das Gericht die Zustellung anordnet. Bei Übersendung durch die Post gilt die Mitteilung, wenn die Wohnung der Partei im Bereich des Ortsbestellverkehrs liegt, an dem folgenden, im übrigen an dem zweiten Werktage nach der Aufgabe zur Post als bewirkt, sofern nicht die Partei glaubhaft macht, daß ihr die Mitteilung nicht oder erst in einem späteren Zeitpunkt zugegangen ist.

Lit: *Höffmann,* Die Grenzen der Parteiöffentlichkeit, insbes beim SV-Beweis, Diss Bonn 1989; *Schnapp,* Parteiöffentlichkeit bei Tatsachenfeststellung durch den SV, FS Menger, 1985, S 557.

1) Grundsatz der Parteiöffentlichkeit: Die Verhandlung u Beweisaufnahme vor dem erkennenden Gericht ist grundsätzlich (Ausnahmen §§ 170–172 GVG) allgemein-öffentlich: § 370 I; § 169 GVG. – § 357 normiert darüber hinaus zugunsten der Parteien, ihrer Streitgehilfen und der Prozeßbevollmächtigten den Grundsatz der Parteiöffentlichkeit: Auch bei fehlender Allgemein-Öffentlichkeit (so in den Fällen der §§ 170–172 GVG, bei der Beweisaufnahme vor dem beauftragten (§ 361) oder ersuchten (§ 362) Richter und bei gemäß § 219 außerhalb des Gerichtsgebäudes durchgeführten Beweisterminen ohne gleichzeitig mündliche Verhandlung, bei Ortsbesichtigung (nicht aber ärztl Untersuchung) durch den Sachverständigen (hierzu § 411 Rn 3; Schnapp FS Menger S 557), ebenso im Verfahren der freiw Gerichtsbarkeit: BayObLG NJW 67, 1867) haben die Parteien das (gem § 367 verzichtbare) Recht auf Anwesenheit im Beweistermin, denn regelmäßig bedarf es ihrer Mitwirkung zur sachgerechten Beweiserhebung durch Ausübung des Fragerechtes (§ 397). Die Ausübung dieses Rechts darf die Partei auch einem Vertreter übertragen (Düsseldorf MDR 79, 409). Im Anwaltsprozeß wird die Partei zwar nicht persönl geladen (RG 100, 174), doch darf sie neben dem Anwalt, allein oder mit einem anderen Vertreter (E. Schneider MDR 91, 828) erscheinen (vgl §§ 367 I, 397 II). Verweigert der in seiner Wohnung zu vernehmende (Rn 4 zu § 219) Zeuge den Parteien oder die zu vernehmende Partei ihrem Gegner das Betreten der Wohnung, so liegt grundlose Aussageverweigerung (§§ 390, 446, 454) vor; erzwungen kann der Zutritt in die Wohnung nicht werden (Koblenz NJW 68, 897; Nürnberg MDR 61, 62). Mit § 357 I und dem dahinter stehenden Anspruch auf rechtl Gehör ist es auch nicht vereinbar, in einem Gutachten Unterlagen einer Partei zu verwerten, die vor der anderen und dem Gericht geheimgehalten werden (Kürschner NJW 92, 1804; zu dieser Problematik s § 411 Rn 3a). Dagegen bestehen keine Bedenken dagegen, daß ein Beweis, der an sich durch Zeugenvernehmung zu erbringen wäre, wegen schutzwürdiger Belange des Zeugen mittelbar angetreten wird, zB durch Zwischenschaltung einer Vertrauensperson (Notar), wie dies das BAG für den Nachweis des Vertretenseins einer Gewerkschaft im Betrieb zugelassen hat (NJW 93, 612; bestätigend BVerfG NJW 94, 2347; Wagner ZZP 108 [1995] 210 ff; dagegen Prütting/Weth NJW 93, 576). 1

Verletzung der Parteiöffentlichkeit macht die Beweisaufnahme unwirksam (RG 136, 299), gebietet deren Wiederholung (§ 398 Rn 5) und rechtfertigt die Aufhebung des Urteils (§§ 539, 550, 564), sofern dieses auf der fehlerhaften Beweiserhebung beruht oder beruhen kann (BGH VersR 84, 946); letzteres, nämlich die Beweiserheblichkeit der durch den Verfahrensfehler verwehrten Fragen oder Hinweise der Partei persönlich, hat die Rechtsmittelbegründung zu ergeben. Die Wiederholung der Beweisaufnahme kann das Gericht ablehnen, wenn nach Lage der Sache unter Berücksichtigung der Fragen, welche die nicht rechtzeitig benachrichtigte Partei angeblich dem Zeugen bei ihrer Anwesenheit vorgelegt hätte, festzustellen ist, daß die Wiederholung keine wesentl Änderung des Beweisergebnisses herbeiführen würde, RG 118, 384. Die von der Zeugenvernehmung nicht benachrichtigte Partei braucht allerdings zur Begründung in der Regel nicht zu beweisen, daß der Zeuge anders ausgesagt hätte, wenn sie zugegen gewesen wäre u Fragen hätte stellen können, RG 136, 299. Ohne Verfahrensrüge ist die Verletzung der Parteiöffentlich- 2 keit aber schon wegen § 367 verzichtbarer Verfahrensmangel (§ 295, BGH ZZP 67 [1954], 295/297; LM § 13 StVO Nr 7).

3 Über die **Erstattungsfähigkeit der Anreisekosten** einer Partei s § 91 Rn 13 bei „Reisekosten". Wegen Reisekostenvorschuß s § 122 Rn 27.

4 2) **Mitteilung des Beweistermins** ist entbehrlich, soweit der den Terminstag und -ort enthaltende Beweisbeschluß verkündet (§ 218) wurde. In den übr Fällen, so insbes bei Terminsbestimmung durch den beauftragten oder ersuchten Richter (§§ 229, 361 II), müssen die Parteien, im Anwaltsprozeß ihre Prozeßbevollmächtigten (§ 176; dann keine Ladung auch der Parteien persönlich, falls diese nicht gem § 141 oder § 450 zu laden sind) rechtzeitig vom Termin verständigt werden. Ladung gemäß § 329 II; die Einhaltung der Ladungsfrist ist entgegen RG JW 32, 1137 nötig (StJ/Schumann Rn 10, 11; Teplitzky NJW 73, 1675; Köln MDR 73, 856).

5 3) Zulässige **Ausnahmen** von § 357: Sitzungspolizeiliche Maßnahmen gem §§ 177 ff GVG, vgl auch § 157 II. Daneben zulässig die vorübergehende Entfernung eines Berechtigten analog § 247 StPO zur Herbeiführung einer ungehemmt wahrheitsgetreuen Aussage (StJ/Schumann Rn 22); auch dann aber anschließende Unterrichtung über den Inhalt der Aussage u Gewährung des Fragerechts (§ 397).

6 4) Das Gebot der Parteiöffentlichkeit kann der Verwertung eines präsenten, jedoch nicht rechtzeitig angekündigten Beweises entgegenstehen (§ 278 Rn 3).

Zum Recht der Parteien auf Anwesenheit bei der Tatsachenfeststellung des SV vor seinem schriftlichen Gutachten s § 411 Rn 3.

357a *[Sofortige Beweiserhebung]*

(§ 357a im Hinblick auf § 278 II aufgehoben durch die VereinfNovelle)

358 *[Beweisbeschluß, besonderes Verfahren]*

Erfordert die Beweisaufnahme ein besonderes Verfahren, so ist es durch Beweisbeschluß anzuordnen.

1 1) **Bedeutung:** Der Beweisbeschluß geht zurück auf die den früheren deutschen Zivilprozeß kennzeichnende Trennung zwischen Behauptungs- und Beweisverfahren (vgl Engel, Beweisinterlokut und Beweisbeschluß im Zivilprozeß S 133 ff). Diese besteht heute nicht mehr. Das Gericht ist vielmehr angehalten, Verhandlung und Beweisaufnahme möglichst in einem Haupttermin durchzuführen (§ 278 II) und dies durch vorbereitende Anordnungen sicherzustellen (§ 273 II). Ein Beweisbeschluß ist daher nur noch in wenigen Situationen erforderl. Die immer noch häufig anzutreffende Praxis, Beweisaufnahmen durch einen verkündeten Beweisbeschluß anzuordnen, entspricht nicht dem Beschleunigungs- und Konzentrationsgebot der heutigen ZPO.

2 2) **Erforderlichkeit:** Ein förmlicher Beweisbeschluß ist nur erforderl bei Anordnung einer Parteivernehmung (§ 450), einer vortermінl Beweisaufnahme (§ 358a) sowie dann, wenn die Beweisaufnahme ein besonderes Verfahren erfordert (§§ 358, 284). Letzteres ist zB bei Anordnung einer Beweisaufnahme im Rechtshilfewege oder einer schriftl Begutachtung der Fall. Zur Ernennung des Sachverständigen durch Beweisschluß s § 404 Rn 6. Daß für die Beweisaufnahme ein neuer Termin bestimmt werden muß, begründet dagegen kein „besonderes Verfahren" (aA RGZ 10, 370/71; RSchwab/Gottwald § 118 IV 1b; Engel aaO S 142); das Gericht kann in diesem Fall ebensogut durch eine Anordnung nach § 273 II die benötigten Beweismittel herbeischaffen. Allerdings kann es manchmal der Klarheit dienen, einen förmlichen Beweisbeschluß zu erlassen, zB bei komplizierter Beweislastverteilung oder gegenläufigen Beweisantritten. Sind die Beweismittel bereits präsent (etwa in Verfahren des einstw Rechtsschutzes mitgebracht oder infolge einer Anordnung nach § 273 II), so bedarf es (vom Fall des § 450 abgesehen) keinerlei förmlicher Anordnung der Beweiserhebung. Der in der Praxis vielfach übliche Beschluß, der Zeuge . . . sei zu . . . zu vernehmen, ist zwar unschädl, aber überflüssig (Engel aaO S 168 mwN).

3 3) **Erlaß:** Wenn der Beweisbeschluß aufgrund mündl Verhandlung ergeht, ist er nach § 329 I zu verkünden. Zur Vermeidung von Verzögerungen sollte dies sogleich im Termin, nicht in einem Verkündungstermin geschehen (vgl § 310 I), und nur dann, wenn nach Rn 2 ein förmlicher Beweisbeschluß wirklich erforderl ist. Andernfalls verdient das Vorgehen nach § 273 den Vorzug. Auch im schriftl Verfahren muß ein förmlicher Beweisbeschluß verkündet werden (§ 128 II 2,

III 2). Im vereinfachten Verfahren nach § 495a gibt es insoweit keine Formalitäten. Zum vorterminl Beweisbeschluß s § 358a Rn 2. – Wegen des Inhalts s § 359, wegen Aufhebung und Änderung die Erl zu § 360.

4) Rechtsmittel: Der Beschluß ist nicht selbständig anfechtbar (§ 355 Rn 7). **Ausnahme:** selbständig anfechtbar ist gemäß § 252 der einen Verfahrensstillstand herbeiführende Beweisbeschluß (§ 252 Rn 1) und die Beweisanordnung im Fall § 372a (s dort Rn 13). Das Unterlassen eines gebotenen Beweisbeschlusses kann nur im Rahmen des Rechtsmittels gegen das Urteil gerügt werden (MK/Musielak Rn 7). Der Verstoß ist jedoch heilbar (§ 295 Rn 6). 4

5) Gebühren: s § 359 Rn 8. 5

358a *[Beweisaufnahme vor der mündlichen Verhandlung]*

Das Gericht kann schon vor der mündlichen Verhandlung einen Beweisbeschluß erlassen. Der Beschluß kann vor der mündlichen Verhandlung ausgeführt werden, soweit er anordnet

1. **eine Beweisaufnahme vor dem beauftragten oder ersuchten Richter,**
2. **die Einholung amtlicher Auskünfte,**
3. **eine schriftliche Beantwortung der Beweisfrage nach § 377 Abs. 3,**
4. **die Begutachtung durch Sachverständige,**
5. **die Einnahme eines Augenscheins.**

1) Normzweck: Im Regelfall erfolgt die Beweiserhebung im Verhandlungstermin (§ 278 II, 370 I), also aufgrund von Terminsvorbereitungen des Vorsitzenden (§ 273) oder aufgrund eines in einer früheren Verhandlung ergangenen Beweisbeschlusses (§ 358 Rn 2). Zwecks Verfahrensbeschleunigung bietet § 358a S 1 die Möglichkeit, einen solchen Beweisbeschluß bereits vor der ersten mündl Verhandlung zu erlassen. Darüber hinaus können nach § 358a S 2 bestimmte Beweiserhebungen bereits in diesem Verfahrensstadium ausgeführt werden. Die praktische Bedeutung dieser Vorschriften ist gering, denn häufig wird sich die Beweisbedürftigkeit erst nach mündl Verhandlung (und dem Versuch einer gütl Einigung) abschließend beurteilen lassen (anders kann es zB liegen, wenn schon nach Aktenlage feststeht, daß ein schriftl Gutachten eingeholt werden muß). An die Stelle eines vorterminl Beweisbeschlusses kann idR eine Anordnung nach § 273 treten. 1

2) Vorterminlicher Beweisbeschluß: Für den Inhalt gilt § 359. Erlassen wird er durch das Gericht, anders als die Anordnung nach § 273 nicht durch den Vorsitzenden allein. Gericht ist auch der Einzelrichter nach Übertragung gem § 348 I, der Vorsitzende der KfHS im Rahmen seiner Kompetenz nach § 349 I, der Einzelrichter im Berufungsverfahren nach Maßgabe von § 524. Der Beschluß wird den Parteien formlos mitgeteilt, nur bei Termins- oder Fristbestimmung (zB nach §§ 356, 402, 379) zugestellt (§ 329 II), wegen der Ablehnungsfrist nach § 406 II auch bei der Ernennung eines Sachverständigen (vgl § 404 Rn 6). Wegen Aufhebung s § 360 Rn 1, wegen Änderung § 360 Rn 3. 2

3) Vorterminliche Beweisaufnahme: Zulässig sind nur die in S 2 aufgeführten Beweiserhebungen, eine Zeugenvernehmung also zB nur vor dem beauftragten oder ersuchten Richter (§§ 361 ff, 375), nicht vor dem erkennenden Gericht (anders Augenschein, Nr 5). Der Grundsatz der Parteiöffentlichkeit (§ 357) gilt auch hier. 3

4) Rechtsmittel: Der Beweisbeschluß ist nicht anfechtbar. Eine in Widerspruch zu § 358a angeordnete oder ausgeführte Beweiserhebung kann mit Rechtsmittel gegen das Urteil gerügt werden, sofern nicht Heilung nach § 295 eingetreten ist. § 295 ist auch anwendbar, wenn der Beweisbeschluß fälschlich vom Vorsitzenden allein erlassen worden ist (MK/Musielak, Rn 7; aA BL/Hartmann Rn 5). 4

5) Gebühren: a) des Gerichts: Keine; jedes Beweisaufnahmeverfahren ist mit der Gebühr für das Verfahren im allgemeinen mit abgegolten (s dazu § 359 Rn 8). – **b) des Anwalts:** Die vor dem Termin angeordnete Beweisaufnahme ist echte Beweiserhebung und löst die $^{10}/_{10}$ Beweisgebühr des § 31 I Nr 3 BRAGO aus. 5

359 *[Beweisbeschluß, Inhalt]*
Der Beweisbeschluß enthält:

1. **die Bezeichnung der streitigen Tatsachen, über die der Beweis zu erheben ist;**
2. **die Bezeichnung der Beweismittel unter Benennung der zu vernehmenden Zeugen und Sachverständigen oder der zu vernehmenden Partei;**
3. **die Bezeichnung der Partei, die sich auf das Beweismittel berufen hat.**

1 1) **Bedeutung des Beweisbeschlusses:** Der förmliche Beweisbeschluß (über seine Notwendigkeit s §§ 358 u 358a) ist prozeßleitende Anordnung, daher für das Prozeßgericht nicht bindend (s § 360); bindend ist er nur für den beauftragten (§ 361) oder ersuchten (§ 362; § 158 GVG) Richter. **Erlaß** eines Beweisbeschlusses (hierzu § 358 Rn 2) ist nur zulässig, wenn die Notwendigkeit der Beweiserhebung feststeht, also nicht: a) solange die Klage nicht schlüssig ist, b) soweit keine Beweisbedürftigkeit besteht (Rn 10 vor § 284), c) soweit nur von der Partei Beweis angeboten wurde, welche keine Beweislast (Rn 15 ff vor § 284) trägt, schließlich d), wo der Verfahrensstand eine Beweiserhebung noch nicht erlaubt, zB Stufenklage (§ 254), Hilfsantrag (§ 260 Rn 4), Eventualaufrechnung (§ 145 Rn 13). Wegen der Unzulässigkeit des Ausforschungsbeweises s Rn 5 vor § 284. Wegen der Zulässigkeit der Ablehnung eines Beweisantrages s Rn 8a ff vor § 284. – Das Gericht kann in einer Instanz mehrere Beweisbeschlüsse erlassen. Wo die Notwendigkeit weiterer Beweiserhebung ein bestimmtes anderes Beweisergebnis voraussetzt, sollte idR zunächst nur der primäre Beweis beschlossen u erhoben werden.

2 2) Der **Inhalt des Beweisbeschlusses** ist besonders erheblich, wo die Beweisaufnahme nicht vor dem Prozeßgericht stattfindet. Wegen der Folgepflicht des ersuchten Richters s § 158 GVG.

3 **Nr 1: Das Beweisthema** (Rn 4 vor § 284) muß im Beweisbeschluß substantiiert angegeben sein (Engel aaO S 154). Darunter ist die zu beweisende Parteibehauptung zu verstehen. Unzureichend ist es zB, Beweiserhebung „über den Hergang des Unfalls vom . . .“ anzuordnen, denn hierbei wird nicht ersichtl, welche Umstände das Gericht für beweisbedürftig hält und von wem sie unter Beweis gestellt wurden. Das Gericht braucht jedoch nicht alle Einzelheiten eines umfangreichen Beweisantritts im Beschluß wiederzugeben; hier empfiehlt sich eine Bezugnahme auf das in einem bestimmten Schriftsatz oder Protokoll enthaltene substantiierte Beweisangebot der Partei. Dagegen genügt für die Ladung des Zeugen (§ 377 II 2) die summarische Bezeichnung des streitigen Sachverhalts (Reinecke MDR 90, 1062; Düsseldorf OLGZ 74, 492; s § 377 Rn 3). Zur Frage, ob der Rechtshilferichter ein Ersuchen wegen ungenügender Bezeichnung des Beweisthemas ablehnen darf, s § 158 GVG Rn 1. – Bei Anordnung einer **Begutachtung** sollte der Beweisbeschluß dem SV deutlich machen, von welchen Anschlußtatsachen er auszugehen hat (§ 404a III, dort Rn 3).

4 **Nr 2: Das Beweismittel** (Rn 6 vor § 284). Zeugen u Sachverständige sind nach Namen u ladungsfähiger Anschrift zu bezeichnen, soweit nicht die Auswahl des SV gem §§ 372 II, 405 dem kommissar Richter überlassen wird. Ist Anschrift noch unbekannt, ggf Fristsetzung nach § 356 (s dort Rn 4). Den Parteien u der Auskunftsperson muß klar gesagt werden, ob diese als Zeuge, sachverständiger Zeuge oder SV vernommen wird (wegen Ablehnungsrecht u Gebühren), Köln OLGZ 66, 188; § 414 Rn 2, 3.

5 **Nr 3: Der Beweisführer** ist zu benennen, denn nur ihm steht das Verzichtsrecht (§ 399) zu; er ist Schuldner für den Auslagenvorschuß (§ 379; § 68 GKG). Ist ein Beweismittel von beiden Parteien benannt, so empfiehlt sich Angabe, welche Partei den Haupt- und welche den Gegenbeweis angetreten hat (denn Vorschußpflicht trifft den Beweislastträger, § 379 Rn 4). Ansonsten sind Angaben zur Beweislast unnötig. Erfolgt Beweiserhebung von Amts wegen (§§ 144, 448), ist das z Ausdruck zu bringen (dann kein Auslagenvorschuß, § 379 Rn 1).

6 **Sonstiger Inhalt des Beweisbeschlusses:** Terminsbestimmung, Aufgabe der Einzahlung eines etwa erforderl Auslagenvorschusses (bei Bewilligung von PKH für den Kläger die einstweilige Kostenbefreiung *beider* Parteien beachten! § 122 Rn 21 f) binnen einer zu setzenden Frist (§ 379), ggf Anordnungen gegenüber dem Zeugen nach § 378.

7 3) Eine **Begründung** enthält der Beweisbeschluß nicht.

8 **4) Gebühren: a) des Gerichts:** Das Verfahren der Beweisaufnahme ist durch die Gebühr für das Verfahren im allgemeinen mit abgegolten. – **b) des Anwalts:** $^{10}/_{10}$ Beweisgebühr, wenn ein Beweisaufnahmeverfahren stattgefunden hat (§ 31 I Nr 3 BRAGO), das nicht bloß in der Vorlegung der in den Händen des Beweisführers oder des Gegners befindlichen Urkunden besteht (§ 34 I BRAGO) und in welchem der RA seine Partei vertreten hat. Auf das Maß der vom RA entfalteten Tätigkeit kommt es nicht an; es genügt bereits die Empfangnahme des Beweisbeschlusses, seine Prüfung und die Weitergabe an die Partei oder die Überprüfung des Gutachtens, wenn der ProzBev erst nach dessen Eingang bestellt wurde (Stuttgart Justiz 93, 120); auch nach Niederlegung des Mandats kann der ProzBev die Beweisgebühr noch verdienen (§ 87 I; Karlsruhe MDR 95, 531).

360 *[Änderung des Beweisbeschlusses]*

Vor der Erledigung des Beweisbeschlusses kann keine Partei dessen Änderung auf Grund der früheren Verhandlungen verlangen. Das Gericht kann jedoch auf Antrag einer Partei oder von Amts wegen den Beweisbeschluß auch ohne erneute mündliche Verhandlung insoweit ändern, als der Gegner zustimmt oder es sich nur um die Berichtigung oder Ergänzung der im Beschluß angegebenen Beweistatsachen oder um die Vernehmung anderer als der im Beschluß angegebenen Zeugen oder Sachverständigen handelt. Die gleiche Befugnis hat der beauftragte oder ersuchte Richter. Die Parteien sind tunlichst vorher zu hören und in jedem Falle von der Änderung unverzüglich zu benachrichtigen.

1) **Aufhebung oder Nichtausführung des Beweisbeschlusses:** Das Gericht ist durch seinen Beweisbeschluß noch nicht zur Beweiserhebung verpflichtet (Rn 1 zu § 359); es kann ganz oder teilw von der Erledigung des Beschlusses absehen u (Begründung dann im Urteil nötig) Termin zur Urteilsverkündung ansetzen (RG 97, 126; HRR 30, 1765). § 360 betrifft nur die Zulässigkeit der Beweiserhebung in Abweichung vom Beweisbeschluß. Den Parteien muß aber Gelegenheit gegeben werden, sich zur Entbehrlichkeit der Beweiserhebung (vor § 284 Rn 8a ff) zu äußern (Köln NJW-RR 92, 719); das ist Gebot des rechtl Gehörs (BVerwG NJW 65, 413), vgl § 278 III. 1

2) **Abänderung des Beweisbeschlusses** durch Beschluß des Prozeßgerichts; bei Zustimmung beider Parteien auch durch Beschluß des beauftragten oder ersuchten Richters, hier jedoch vorbehaltl eines abweichenden Auftrags des Prozeßgerichts. Die Entscheidung ergeht ausdrückl durch verkündeten oder mitgeteilten (§ 329) abändernden Beweisbeschluß, vor dessen Erlaß die Parteien „tunlichst" (sachgemäß aber: stets) zumindest schriftl anzuhören sind; ausnahmsweise kann ein förmlicher Beschluß entbehrl sein, wenn nur das Gericht seinen Willen zur abgeänderten Beweiserhebung unmißverständl bekannt gibt (so BGH NJW 85, 1399 für den Austausch des gemäß § 404 bestimmten SV gegen einen anderen, der das schriftl Gutachten tatsächl erstellt hatte). 2

a) **Vor der mündlichen Verhandlung** (also im Falle des § 358 a) ist jede Änderung zulässig; § 360 ist nicht anwendbar (MK/Musielak Rn 11). 3

b) **Aufgrund mündlicher Verhandlung** ist jede Änderung des Beweisbeschlusses möglich. 4

c) **Ohne mündliche Verhandlung** ist bei Zustimmung beider Parteien jede Änderung möglich. 5
Bei einseitiger Zustimmung (Antrag) oder von Amts wegen ist nur zulässig die Berichtigung oder Ergänzung des Beweisthemas, die zusätzl Ladung oder der Austausch von Zeugen oder SV, auch der Austausch einer Partei (§§ 447, 448) gegen einen Zeugen u umgekehrt oder der Austausch des beauftragten Richters gegen einen anderen Richter, ebenso die Beauftragung eines kommissarischen Richters mit der Beweiserhebung an Stelle des Prozeßgerichts u umgekehrt. Dagegen ist es unzulässig, bei fehlender Zustimmung beider Parteien ohne mündl Verhandlung das Beweisthema auf weitere neue Tatsachen zu erstrecken oder es gegen ein anderes auszutauschen (StJ/Schumann Rn 3). – Die vorherige Anhörung u nachträgl Benachrichtigung der Parteien (S 4) ist verzichtbare (§ 295) Ordnungsvorschrift.

d) **Im Beweistermin** kann die Beweiserhebung (Befragung des Zeugen oder Sachverständigen) auch ohne ausdrückl Änderung des Beweisbeschlusses durch das Prozeßgericht über das gemäß § 359 beschlossene Beweisthema hinaus ausgedehnt werden, soweit sich das als sachlich geboten erweist. Einwendungen einer Partei hiergegen sind nur begründet, wenn hierdurch entweder ihr Mitwirkungsrecht verletzt wird (vgl §§ 357, 367 II, 397) oder die Befragung der Auskunftsperson über von den Parteien nicht vorgetragene Tatsachen den Beibringungsgrundsatz (Rn 2 vor § 284; Rn 10 vor § 128) verletzt, also in eine unzulässige Amtsermittlung ausartet. 6

361 *[Beweisaufnahme durch beauftragten Richter]*

(1) Soll die Beweisaufnahme durch ein Mitglied des Prozeßgerichts erfolgen, so wird bei der Verkündung des Beweisbeschlusses durch den Vorsitzenden der beauftragte Richter bezeichnet und der Termin zur Beweisaufnahme bestimmt.

(2) Ist die Terminsbestimmung unterblieben, so erfolgt sie durch den beauftragten Richter; wird er verhindert, den Auftrag zu vollziehen, so ernennt der Vorsitzende ein anderes Mitglied.

1) **Der beauftragte Richter** ist Mitglied des Prozeßgerichts (anders der ersuchte Richter § 362), also nur beim Kollegialgericht und nicht im Verfahren des Einzelrichters denkbar. Vom Einzelrichter der Zivilkammer unterscheidet ihn der nur auf Sühneversuch (§ 279) und vorbestimmte Beweiserhebung (§§ 372 II, 375 I, 402, 434, 451, 613 I) beschränkte Geschäftsauftrag ohne Übertragung einer Entscheidungsbefugnis (s § 366). Er repräsentiert nicht das Prozeßgericht, vor ihm gibt es keine mündl Verhandlung iS § 128 (vgl § 370 I), daher auch keinen Anwaltszwang (§ 78 II), keine förmliche Ladung (§ 357 II) jedoch Ladungsfrist (Köln MDR 73, 856; Teplitzky NJW 73, 1

1675). In Erfüllung seines Auftrages bestimmt er gleich einem Vorsitzenden (§ 229) den Geschäftsbetrieb. Er ist Sitzungspolizei (§ 180 GVG), kann Ordnungsstrafen verhängen (gem § 400 auch gegen säumige Zeugen); Geständnisse entgegennehmen (§ 288) und darf gem § 365 im Bedarfsfall den Auftrag an ein anderes Gericht weitergeben.

2 **2) Verfahren:** Die Beauftragung eines beauftragten oder ersuchten (§ 362) Richters erfolgt, soweit die Zulässigkeitsvoraussetzung des § 375 erfüllt ist, in dem Beweisbeschluß oder durch Änderungsbeschluß gem § 360. Der beauftragte Richter ist im Beschluß namentlich zu bezeichnen (BL/Hartmann Rn 1). Einen für die Beweiserhebung erforderl Auslagenvorschuß erhebt das Prozeßgericht (§ 379); der Richterkommissar darf die Ausführung des Auftrags nicht von der Einzahlung abhängig machen. Er veranlaßt – soweit die Terminsbestimmung nicht bereits im Beweisbeschluß erfolgte – die Ladung zum Beweis- evtl auch (§ 279) Sühnetermin durch formlose Terminsmitteilung (§ 357 II). Terminsprotokoll: § 159 II. Wegen Rechtsbehelf gegen Entscheidung des beauftr Richters s § 576. Zur Frage, ob der Einzelrichter sich selbst zum Sühneversuch (gem §§ 78 II dann außerhalb des Anwaltszwanges) „beauftragen" kann, s bejahend Koblenz NJW 71, 1043; Köln NJW 73, 907; das ist abzulehnen, vgl § 279 Rn 1; dort auch zur Frage des Anwaltszwanges für einen Prozeßvergleich. – Die Beweiserhebung ist nicht notwendig allgemeinöffentlich (§ 169 GVG), jedoch parteiöffentlich iSd § 357. Die Beweiserörterung erfolgt nur und erst vor dem Prozeßgericht (§ 285 Rn 3).

362 *[Beweisaufnahme durch ersuchten Richter]*

(1) Soll die Beweisaufnahme durch ein anderes Gericht erfolgen, so ist das Ersuchungsschreiben von dem Vorsitzenden zu erlassen.

(2) Die auf die Beweisaufnahme sich beziehenden Verhandlungen übersendet der ersuchte Richter der Geschäftsstelle des Prozeßgerichts in Urschrift; die Geschäftsstelle benachrichtigt die Parteien von dem Eingang.

1 **1) Ersuchter Richter** ist der vom Prozeßgericht im Wege der Rechtshilfe (§§ 156–164 GVG) in Anspruch genommene Richter eines anderen (auswärtigen) Gerichts. Das andere Gericht kann nur ein Amtsgericht sein: § 157 GVG. Die Aufgaben und Befugnisse des ersuchten Richters entsprechen denen des beauftragten Richters (s bei § 361). Das Ersuchen ist eine Durchbrechung des Grundsatzes, der Beweisunmittelbarkeit (§ 355), daher nur in den gesetzl bestimmten Fällen (§§ 372 II, 375 I, 402, 434, 451, 613 I) zulässig. Das Ersuchen darf nicht abgelehnt werden (§ 158 GVG), sofern es nicht unzulässig iS § 159 GVG ist (zB wegen Verstoßes gegen prozess Grundsätze). Daher kommt es auf Bedenken des ersuchten Richters gegen die Sachdienlichkeit seiner Beauftragung (zB wegen örtl Nähe des Prozeßgerichts) nicht an, Frankfurt Rpfleger 79, 426. Bedenken gegen die Zulässigkeit des Ersuchens sind, sofern das Prozeßgericht ihnen nicht abhilft, durch das OLG bzw den BGH (§ 159 GVG) zu klären. Wegen der Ablehnung des Ersuchens um Erhebung eines Ausforschungsbeweises (Begriff: Rn 5 vor § 284) bei unsubstantiiertem Beweisthema s Rn 4, 5 zu § 158 GVG sowie Koblenz NJW 75, 1036; München NJW 66, 2125. Zur Befugnis, das Ersuchen an ein anderes Gericht weiterzugeben, s § 365.

2 **2) Verfahren:** Die Beweisanordnung ist Aufgabe des Prozeßgerichts; das Ersuchungsschreiben des Vorsitzenden setzt einen Beweisbeschluß voraus und leitet dessen Vollzug ein. Ob das Prozeßgericht dem ersuchten Richter die Prozeßakten übersendet, oder nur den Beweisbeschluß, ist Ermessenssache. In keinem Fall ist der ersuchte Richter verpflichtet, sich den Beweisstoff aus den Akten selbst zusammenzusuchen (Rn 2 zu § 359). Nur hinsichtl des Beweisthemas (§ 359 Nr 1) ist der beauftragte Richter an den Beweisbeschluß gebunden (= übertragener Wirkungskreis). Hinsichtl der Beweismittel (§ 359 Nr 2) ist die Bindung durch § 360 beschränkt. In Ausübung der Änderungsbefugnis gem § 360 und seiner sonstigen Geschäftsaufgaben (§§ 229, 400, 365; § 180 GVG) ist der ersuchte Richter vom ProzGericht unabhängig (= eigener Wirkungskreis). Auch im eigenen Wirkungskreis ist als Rechtsbehelf gegen Entscheidung des ersuchten Richters jedoch die Anrufung des ProzGerichts, hierauf erst die Beschwerde zu dem dem ProzGericht übergeordneten Gericht möglich: § 576 (RG 68, 66; abw LG Frankenthal NJW 61, 1363, wonach hier Beschwerde z örtl übergeordneten Gericht zulässig sein soll). Unmittelb Beschwerde z örtl übergeordneten Gericht nur gegen sitzungspol Maßnahmen (§ 181 GVG) u Gebührenfestsetzung (§ 401). – Vor dem ersuchten Richter kein Anwaltszwang, § 78 III und keine notwendig öffentliche Verhandlung (§ 169 GVG; wohl aber Parteiöffentlichkeit gem § 357). Protokoll: § 159 II. Zur Vergleichskompetenz des ersuchten Richters § 279 Rn 2, § 794 Rn 5.

363 *[Beweisaufnahme im Ausland]*

(1) Soll die Beweisaufnahme im Ausland erfolgen, so hat der Vorsitzende die zuständige Behörde um Aufnahme des Beweises zu ersuchen.

(2) Kann die Beweisaufnahme durch einen Bundeskonsul erfolgen, so ist das Ersuchen an diesen zu richten.

Lit: *Beckmann* IPRax 90, 201; *von Bodungen/Jestaedt* FS Stiefel, 1987, 65; *Brinkhaus,* Das britische Abwehrgesetz von 1980; *Geimer,* Konsularische Beweisaufnahme, FS Matscher, 1993, 133; *Habscheid* (Hrsg), Der Justizkonflikt mit den Vereinigten Staaten von Amerika, 1986; *Junker,* Discovery im dt-amerik Rechtsverkehr, 1987; *Kersting,* Der Schutz des Wirtschaftsgeheimnisses im Zivilprozeß – eine rechtsvergl Untersuchung anhand der FRCP und der ZPO, 1995; *Koch* IPRax 90, 257; *McClean,* International Judicial Assistance, 1992; *Mössle,* Extraterritoriale Beweisbeschaffung im internationalen Wirtschaftsrecht, 1990; *Nagel,* Nationale u internationale Rechtshilfe, 1971; *Pfennig,* Die internationale Zustellung, 1988; *Pfeil-Kammerer,* Dt-amerik Rechtshilfeverkehr, 1987; *Schlosser,* Der Justizkonflikt zwischen USA u Europa, 1985; *ders* IPRax 1987, 153; *Stadler,* Der Schutz des Unternehmensgeheimnisses im dt und US-amerik Zivilprozeß und im Rechtshilfeverfahren, 1989; s auch L'entraide judiciaire internationale en matière pénale, civile, administrative et fiscale, 1986; *Teske,* Der Urkundenbeweis im franz u dt Zivil- u ZivilprozeßR, 1990; *Welp* RabelsZ 54 (1990), 364.

A) Überblick

Die **Beweisaufnahme** erfolgt nach der dt ZPO – wie sonst auch in Kontinentaleuropa; anders die common law-Staaten, Rn 53 – durch das Gericht. Sie ist **hoheitl Tätigkeit.** Dt Gerichte dürfen daher auf dem Gebiet fremder Staaten nicht tätig werden, es sei denn, der betroffene Staat erteilt hierzu seine Zustimmung, Schlosser IPRax 87, 153; Stürner JZ 87, 45; Rahm/Künkel/Breuer VIII Rn 47; Geimer IZPR Rn 120, 442, Mössle 319; besonders großzügig sind die USA, Junker 434, 437. Aber auch im Falle der Zustimmung des ausl Staates bedarf das dt Gericht der Genehmigung der BReg, da die Pflege der auswärtigen Beziehungen (Art 32 I GG) tangiert ist, Rn 6. § 38a ZRHO; BGH NJW 86, 664; Geimer IZPR Rn 257, 2347; ders Rabels Z 57 (1993, 750). 1

Zu Beweisaufnahmen in ihrem jew Empfangsstaat sind die **dt Konsuln** idR befugt, dazu Geimer FS Matscher, 1993, 133. Noch sehr vage Art 15 HZPÜ, konkreter Art 15, 16 HBÜ sowie die Rechtshilfeverträge (Rn 50) mit Belgien (Art 7), mit Frankreich (Art 7), Griechenland (Art 14), Marokko (Art 12), Niederlande (Art 7), Norwegen (Art 8), Österreich (Art 6), Polen (Art 7), Tunesien (Art 26), Türkei (Art 17 II), Vereinigtes Königreich (Art 11, Rn 44). Daher sieht § 363 II primär diesen Weg vor. Dieser hat den Vorteil, daß der dt Konsul nach **dt VerfahrensR** verfährt (Rn 14) und daß die zeitl Verzögerung des dt Prozesses sich idR in Grenzen hält, Junker 354, 431; Linke IZPR Rn. 324. Jedoch sind die dt Konsuln nicht befugt, **Zwang** auszuüben und werden oft auch von den (Gerichts-)Behörden des Empfangsstaates nicht mit Zwangsmaßnahmen unterstützt. Art 18 HBÜ (Rn 66) ist mehr ein idealistisches Programm denn geltender Standard. Zudem ist den dt Konsuln meist die **Vernehmung von Angehörigen des Empfangsstaates und dritter Staaten untersagt,** Rn 13. Daher bleibt nur die Möglichkeit, den ausl Staat, in dem sich die zu vernehmende Person aufhält bzw der Beweisgegenstand sich befindet, um Rechshilfe zu ersuchen, § 363 I, Geimer IZPR Rn 2349. **Nach VölkergewohnheitsR sind die Staaten zu einer solchen Zusammenarbeit nicht verpflichtet,** Rn 84. Ein völkerrechtl Anspruch Deutschlands besteht nur im Rahmen der völkerrechtl Verträge, Rn 29, Geimer IZPR Rn 2350. 2

Wie sehr die strikte Handhabung der Souveränität durch die kontinentaleuropäischen Staaten – die common law-Staaten sind da viel großzügiger, da sie die Vernehmung durch den Richter nicht kennen (adversary system) und daher die hoheitl Qualifikation ablehnen – den internatio- 3 nalen Rechtsverkehr behindert und die **Wahrung prozessualer Grundrechte** gefährdet oder sogar unmöglich macht, hat Nagel (Rechtshilfe 49) eindringl dargestellt; ebenso Pfennig 22; Geimer NJW 89, 2177; ders IZPR Rn 2351. Die Folgen gegenseitiger Behinderung von Beweisaufnahmen und anderer gerichtl Handlungen tragen nicht die beteiligten Staaten, die Folgen tragen vielmehr die Parteien (idR die beweispflichtige Partei): Beweisaufnahmen, die für den Ausgang des Prozesses von eminenter Bedeutung sein können, unterbleiben oder finden nur mit erhebl Verzögerung statt. Die Ergebnisse der ausl Beweisaufnahmen sind für das Prozeßgericht nicht oder nur schwer verwertbar (so insbes für engl oder US-Gerichte, wenn nicht nach deren ProzeßR verfahren worden ist, Rn 47). Folge: Der Rechtsstreit wird nicht aufgrund des wahren sondern eines fiktiven Sachverhalts entschieden.

B) Beschaffung von Beweismitteln aus dem Ausland

4 Bestr, inwieweit Maßnahmen des dt Gerichts die Souveränität des Staates, aus dem die Beweismittel beschafft werden sollen, beeinträchtigen (**völkerrechtl Problem;** Nordmann, Die Beschaffung von Beweismitteln aus dem Ausland durch staatl Stellen, 1979, 43 ff, 65 ff; Immenga/Mestmäcker GWB[2], 1992, § 98 Abs 2 Rn 304; Stürner ZVglRWiss 81 [1982] 170 Fn 47 mwN; Gottwald FS Habscheid [1989] 125, 128; von Bodungen/Jestaedt FS Stiefel [1987] 75; Stadler 275) und inwieweit – auf innerstaatl Ebene – das Gericht in die Prärogative der BReg zur Pflege der ausw Beziehungen (Art 32 I GG) eingreift (**verfassungsrechtl Problem,** Geimer NJW 89, 2205 sowie RabelsZ 57 [1993], 750). §§ 363, 364 schränken die **Entscheidungsfreiheit der dt Gerichte** hinsichtl Herbeischaffung von Beweismitteln aus dem Ausland nicht ein, Geimer IZPR Rn 2380, Schleswig RIW 89, 910 = IPRspr 88/183 ebenso nicht das HBÜ, Rn 39 (bestr Junker 402).

5 **Schriftl Befragung** (§ 377 III und IV) von im Ausland sich aufhaltenden Beweispersonen (Parteien, Zeugen, Sachverständige) durch das dt Gericht ist völker-, verfassungs- und dienstrechtl zulässig, Geimer IZPR Rn 437, 2384; Linke IZPR Rn 311; Mann NJW 90, 619; Schack IZVR Rn 721; Breuer in Rahm/Künkel VIII Rn 48; aA hM (§ 39 I 2 ZRHO), „da der ausl Staat darin einen unzulässigen Eingriff in seine Hoheitsrechte erblicken kann", StJ/Schumann Rn 5; Stürner in Habscheid, Justizkonflikt 23; Stadler 279; Hamm NJW-RR 88, 703 = IPRspr 87/146; BGH NJW 84, 2039 = IPRspr 84/164. Vgl. auch Walter in Grützner/Plötz, Rn 6 vor § 68 IRG. Auch **telefonische Vernehmung** wäre völkerrechtl zulässig, jedoch fehlt innerstaatl eine Rechtsgrundlage – anders zB in USA, Junker 360: FRCP 30 (b) 7. Auch die Anordnung der Vorlage von Urkunden, die sich im Ausland befinden (vgl § 90 II AO, Stürner in Habscheid Justizkonflikt 25 mwN), die Beauftragung von Sachverständigen, die sich im Ausland aufhalten, ist zulässig, Junker 402, ebenso das Tätigwerden von Sachverständigen im Ausland, die das dt Gericht hierzu beauftragt hat, Rn 155; Geimer IZPR Rn 440 ff. Anders § 40 I ZRHO. Auch nach Schlosser EuGVÜ/HBÜ Art 1 Rn 6 unbedenkl nur, wenn betr Staat insoweit seine Souveränität nicht tangiert sieht oder wenn Sachverständiger im „Privatauftrag" beider Parteien tätig sei. Beisp (Hamm RIW 89, 566 [Bloch] = IPRspr 88/187): Handelsgericht Paris erläßt ordonnance de référé expertise, wonach ein franz SV beauftragt u ermächtigt wird, eine gewerbl Anlage in Essen zu besichtigen. Schließl ist auch die **Ladung von dt Staatsangehörigen, die sich im Ausland aufhalten,** – kraft Personalhoheit der Bundesrepublik Deutschland, die auch nicht von der Gebietshoheit des Aufenthaltsstaates überlagert/verdrängt wird – mit (einfachem) Postbrief (= Nichteinschaltung/„Umgehung" der ausl Rechtshilfebehörde, also nicht nach § 199) zulässig, Geimer IZPR Rn 381, 427, 2388; Schack IZVR Rn 715; Damrau MK Rn 5. Anders die hM, zB Stürner in Habscheid 21; StJ/Schumann § 377 Rn 33; Leipold, Lex fori, Souveränität, Discovery-Grundfragen des IZPR, 1989, 46; StJ/Leipold 21 vor § 402; Linke IZPR Rn 311, der aber betont, daß die direkte, formlose, postalische Ladung nicht völkerrechtswidrig ist; Hamm NJW-RR 88, 703 = IPRspr 87/146. Die Zustellung via § 199 an Deutsche kann idR auch durch die dt Auslandsvertretung erfolgen, BGH IPRax 92, 319 (Nagel 301). Des weiteren ist die formlose Bitte/Anfrage an Ausländer, freiwillig ins Inland zu kommen, völkerrechtskonform, Geimer IZPR 437, Gottwald FS Habscheid 128. Vgl auch BGH NJW 90, 3090. In der Praxis überläßt man dies meist der beweispflichtigen Partei, Linke IZPR Rn 310. Die – aufgrund Ladung/Aufforderung des dt Gerichts – aus dem Ausland anreisenden Zeugen haben keinen **Anspruch auf freies Geleit,** BGH MDR 88, 598. Anders Art 12 Europ Übereink über Rechtshilfe in Strafsachen (BGBl 1960 II 1347, 2319). Jedoch kann dt Gericht nach § 295 StPO nach pflichtgemäßem Ermessen sicheres Geleit zusichern, BGH NJW 91, 2500. – Beweispersonen können – im Wege der dt Rechtshilfe (§§ 156 ff GVG) – auch von einem grenznahen AG vernommen werden, Schleswig RIW 89, 910.

5a Die Praxis geht nicht selten den völkerrechtl Problemen der hM scheinbar (Leipold Lex fori 66) dadurch aus dem Weg, daß sie der (beweispflichtigen) Partei gestattet, selbst eine **schriftl Erklärung des Zeugen** im Ausland einzuholen, die dann als **Urkunde** vorgelegt wird, StJ/Schumann § 363 Rn 8. Dies setzt aber – da Verstoß gegen Grundsatz der unmittelbaren Beweisaufnahme – Einverständnis (§ 295!) beider Parteien voraus, Schack IZVR Rn 723.

Wurden aus dem Ausland unter Verstoß gegen Völkerrecht oder gegen dt Recht Beweise beschafft, besteht Verwertungsverbot, FG Bad-Württ RIW 91, 178. **5b**

C) Die Beweisaufnahme für deutschen Zivilprozeß im Ausland

Sie erfolgt aus den in Rn 1 dargestellten Gründen nur ausnahmsweise durch das Prozeßgericht oder einen beauftragten Richter selbst, Art 17 HBÜ, § 361, Junker 432, 437 (Rechtstatsächliches 435). **Das Prozeßgericht kann – nach pflichtgemäßem Ermessen** (Koch AK 6; StJ/Schumann § 364 Rn 2 Fn 3) – **das Betreiben der Beweisaufnahme** – anstatt nach § 363 I zu verf – **dem Beweisführer überlassen.** Der Weg nach § 364 (Rn 1) steht alternativ, nicht nur subsidiär zur Verfügung. Maßgebend sind Gesichtspunkte der Zweckmäßigkeit. Empfehlenswert besonders in common law-Staaten. Auch wenn der ausl Beweisaufnahmestaat grundsätzl gegen die **Anwesenheit von dt Richtern** keine Einwendungen hat (Art 8 HBÜ), wie zB die USA, kann ein dt Richter Beweisaufnahmen im Ausland nur mit **Genehmigung der BReg,** die über die Landesjustizverwaltung einzuholen ist (Einzelheiten: Junker DRiZ 85, 161), selbst durchführen oder an Beweisaufnahmen der von ihm ersuchten ausl Rechtshilfebehörde (Art 8 HBÜ) teilnehmen, § 38a ZRHO; Rn 1. Dies gilt auch dann, wenn der dt Richter bei einer Vernehmung durch den dt Konsul oder dipl Vertreter (§ 363 II) zugegen sein will. Art 97 GG ist nicht verletzt, BVerfG DRiZ 79, 219. – Nach Auffassung der BReg handelt es sich bei einem Ersuchen an einen fremden Staat um Rechtshilfe „um ein Teilgebiet der Pflege der auswärtigen Beziehungen iSd Art 32 I GG". Es ist daher „ausschließl Sache des Bundes, in Rechtshilfeangelegenheiten mit auswärtigen Staaten zu verkehren". Die Rechtshilfeverträge werden von den Ländern „nicht als eigene Angelegenheit ausgeführt". „Die Länder nehmen insoweit nur Befugnisse des Bundes wahr." BT-Drucks IV/382 S 49, 7/2836 S 14. S auch Geimer IZPR Rn 264a, 2395, 2453, 2465. **6**

Die Beschlußfassung über die im Ausland durchzuführende Beweisaufnahme ist eine von der **Unabhängigkeitsgarantie des Art 97 I GG** gedeckte richterl Handlung. Allerdings steht die Ausführung unter dem Vorbehalt des Art 32 I GG, vgl auch § 199 Rn 39. Fazit: Ein dt Prozeßgericht darf Beweiserhebung im Ausland beschließen. Die Exekutive kann jedoch die Ausführung verweigern, Junker 437. Dagegen können die Parteien (nicht aber das Gericht) gem §§ 23 ff EGGVG vorgehen. Vgl vice versa Rn 92. **7**

Das dt Gericht hat den Antrag auf Beweiserhebung im Ausland abzulehnen, wenn feststeht, daß der ausl Staat dem Rechtshilfeersuchen nicht nachkommen wird, Köln FamRZ 83, 825 (Grunsky). Es muß aber versuchen, mit dem Zeugen unmittelbar Kontakt (schriftl Befragung) aufzunehmen, Rn 5. – Zur Frage, welche Anstrengungen das dt Gericht zur Erreichung eines Zeugenbeweises im Ausland unternehmen muß, BGH NJW 92, 1768; hierzu Nagel IPRax 92, 301. **8**

Von dem Beweistermin im Ausland sind die Parteien zu verständigen, § 357, Art 11 II HZPÜ, Art 7 HBÜ Rn 20, 26. Ist die Verständigung unterblieben, steht es im Ermessen des Gerichts, ob es das Beweisergebnis verwendet (BGH 33, 63 = NJW 60, 1950), soweit die Belange der nicht verständigten Partei (Fragerecht, § 397) nicht beeinträchtigt sind. Weiter LG Göttingen IPRspr 83/170. Vgl auch BGH NJW 88, 2187 (Strafsache) und Linke IZPR Rn 327. – Die Kosten für die Teilnahme am ausl Beweistermin sind erstattungsfähig, Koblenz MDR 86, 764 = IPRspr 86/192. **Nach Durchführung der Beweisaufnahme durch den dt Konsul (§ 363 II) oder die ausl Rechtshilfebehörde (§ 363 I)** sind die Parteien entspr § 362 zu benachrichtigen; gemäß § 285 ist Termin zur mündl Verhandlung zu bestimmen. Zur Zulässigkeit von Beweisaufnahmen im Ausland vor mündl Verhandlung BGH NJW 80, 1849 (unentschieden). **9**

Die Beweisaufnahme durch nicht richterl Personen (dt Konsul; nicht richterl Rechtshilfebehörde des ersuchten ausl Staates, Rn 25 zB USA, Junker 411: Erledigung durch US Attorney) ist verfassungsgemäß, Geimer IZPR Rn 260, 2352; StJ/Schumann Rn 112. S auch Rn 14. **10**

Zur Anwendung des § 528 II **(Zurückweisung von Beweisantritten),** wenn die Zeugen im Ausland zu laden sind, BGH NJW 80, 1848 = MDR 80, 735; Rn 2; zur Bedeutung von Verfahrensfehlern des ausl Gerichts bei der Beweisaufnahme LG Frankfurt IPRax 81, 218 = IPRspr 60/158 A. **11**

Verwertung der Ergebnisse der ausl Beweisaufnahme: Verletzung der ausl lex fori unbeachtl, § 369; Coester-Waltjen Nr 472–477; Nagel BeweisR 424; Junker 335 Fn 11; Pfeil-Kammerer 336. – Wiederholung der Zeugenvernehmung, wenn das Protokoll des ausl Rechtshilferichters über Zeugenvernehmung farblos, BGH NJW 90, 3089 = MDR 91, 239 = IPRspr 90/197. **12**

I) Beweisaufnahme durch deutsche Konsularbeamte: Diese Beweisaufnahmemethode (ohne Inanspruchnahme ausl Rechtshilfebehörden, Rn 22) ist nach dem Gesetz (§ 363 II) der Regelfall (anders § 13 I 2 ZRHO: „ausnahmsweise", krit zu dieser Verwaltungsvorschrift Junker 431), in der Praxis jedoch die Ausnahme, weil die meisten Staaten nur die Vernehmung dt Staatsangehöriger, allenfalls Angehöriger dritter Staaten gestatten, nicht jedoch die Vernehmung der eigenen, Geimer IZPR Rn 447, 2349. Zudem darf der Konsul keinen Zwang anwenden. Einzelheiten zur konsularischen Beweisaufnahme bei Hecker, Handb der konsularischen Praxis, 1982, 376 (D 30). **13**

14 Beweisaufnahme nach § 363 II vorteilhaft, weil Beweisaufnahme nach dt Recht erfolgt (§ 15 III 1 KonsularG, vgl vice versa Rn 78) und Ergebnis der Beweisaufnahme deshalb für dt Prozeß leichter verwertbar, Nagel IZPR Rn 544. **Konsularbeamter tritt anstelle des Richters,** §§ 15, 19 KonsularG; Pfeil-Kammerer 181, 286, Junker 354, auch wenn Mitglied des dt Prozeßgerichts angereist ist, Geimer IZPR Rn 262. Dies ist (noch) verfassungskonform, Rn 10. – Wenngleich die Ausführung der Beweisaufnahme durch Konsuln ohne die (freiw) Mitwirkung der zu vernehmenden Person scheitert, so führt dieser Weg – bei Mitwirkungsbereitschaft – sehr schnell zum Erfolg. Um nicht unnötige Zeit zu vergeuden, sollte die beweispflichtige Partei vorab klären, ob die zu vernehmende Person zur Aussage vor einem dt Konsul bereit ist.

15 Konsul darf Zeugen vernehmen, selbständig schriftl Auskünfte (§ 377 III) einholen und den Eid abnehmen. Konsuln sind nur für Beweisaufnahmen zuständig (Art 15, 16 HBÜ), **nicht für andere gerichtl Handlung** (Art 1 I HBÜ), vgl aber Rn 17.

16 Wenn es dem ersuchenden Gericht für die Beweiswürdigung auf bestimmte Einzelheiten ankommt, so muß es dies dem Konsul mitteilen, BGH NJW 84, 2039 = RIW 740 = IPRspr 84/164. – Mögl ist auch, den dt Konsularbeamten, der die Vernehmung durchgeführt hat, als Zeugen über seine Eindrücke und Wahrnehmungen zu vernehmen, Rn 12.

17 Auf der **Ebene des VölkerR** sind **Befugnisse der dt Konsuln** in Art 5j WÜK, Art 15, 16 HBÜ nicht abschließend geregelt wegen der vielen Vorbehaltsmöglichk (Art 33 HBÜ), von denen (leider) Deutschland ausgiebigen Gebrauch gemacht hat. Die restriktive dt Haltung ist aber für den dt Prozeßrichter ohne Bedeutung; entsch ist vielmehr die **Haltung des ausl Beweisaufnahmestaates:** Hat dieser keine Vorbehalte nach Art 33 HBÜ erklärt, gelten **Art 15, 16 HBÜ als Mindeststandard.** Der Empfangsstaat (= Beweisaufnahmestaat) ist nicht gehindert, liberaler zu sein, Art 27 lit b HBÜ. Besonders großzügig sind die USA, Junker 430, Pfeil-Kammerer 180, 261, 288. Überblick im Länderteil der ZRHO, vgl auch StJ/Schumann Rn 41 ff; Geimer FS Matscher, 1993, 133.

18–21 Einstweilen frei.

22 **II) Einschaltung ausländischer Rechtshilfebehörden:** Wo der konsularische Weg versagt, zB wegen größerer örtl Entfernung des Konsulats vom Wohnsitz des Zeugen oder wegen der Unzulässigkeit der Einvernahme nichtdt Personen durch den dt Konsul oder weil der Empfangsstaat nach Art 18 HBÜ gegen (widerspenstige) Beweispersonen keinen Zwang anwendet (Geimer IZPR Rn 450), erfolgt die Beweisaufnahme durch Ersuchen der ausl Behörde um Beweisaufnahme, § 363 I, Geimer IZPR Rn 2412. Bei Zweifeln, ob Beweiserhebung durch dt Konsul mögl ist, **Eventualersuchen** zulässig, § 13 IV ZRHO.

23 **Form und Inhalt des Ersuchens des dt Gerichts:** Hierzu Geimer IZPR Rn 2413.

24 Die **ausl Rechtshilfebehörde** (Richter, Verwaltungsbeh, andere neutrale Person zB Anwalt, Notar) **bestimmt das Recht des ersuchten Staates** (auch das HBÜ, Rn 30, enthält insoweit keine Festlegung). **Vernehmung durch Richter schreibt § 363 nicht vor,** Rn 10, aber nach dem Gesamtkonzept der dt ZPO erstrebenswert, Junker 414. Legt dt Gericht auf richterl Vernehmung Wert, sollte es – zumindest im common law-Bereich – ausdrückl darum ersuchen. Für USA s 28 U.S.C. § 1782(a). Theoretisch (§ 38a ZRHO) könnte der dt Richter zum commissioner des US District Court bestellt werden und so sein eigenes Rechtshilfeersuchen ausführen. Dann wäre aber der Weg des Art 17 HBÜ vorzuziehen (dt Gericht ernennt Beauftragten, Rn 80). – Zur Anwendbarkeit der §§ 153 ff StGB bei Auslandstaten Stoffers JA 94, 77.

25 Nach dt Recht kann nur die Aussage von Dritten (nicht der Parteien) erzwungen werden, §§ 380, 390. Von § 372a abgesehen, darf das dt Gericht im übrigen **unmittelbaren Zwang gegenüber Parteien und Dritten** nicht anordnen. Es kann weder Urkundenvorlage noch Duldung der Augenscheineinnahme erzwingen, Junker 327, 418. Ein dt Gericht darf auf dem Umweg über ein ausl Rechtshilfeersuchen nach der dortigen lex fori (zB USA, Rn 142) nicht mehr Zwang mobilisieren, als es dies nach dt ProzeßR könnte, § 434 Rn 3.

26–28 Einstweilen frei.

D) Staatsverträge betr die internationale Rechtshilfe (ausführl Nachw bei Bülow/Böckstiegel/Geimer/Schütze, Intern Rechtsverkehr, 3. Aufl, 1985 ff, A 100 ff; Schütze DIZPR 241; Geimer IZPR Rn 2353 ff)

29 **I) Das Haager Zivilprozeßübereinkommen (HZPÜ) v 1. 3. 1954** (BGBl 58 II 576 u 59 II 1388, vgl § 199 Rn 45) regelt in Art 8–16 den Rechtshilfeverkehr, ergänzt durch bilaterale Zusatzvereinbarungen (Rn 50).

30 **II) Das Haager Übereinkommen v 18. 3. 1970 über die Beweisaufnahme im Ausland in Zivil- und Handelssachen (HBÜ)** (BGBl 1977 II 1472, 1979 II 780, AusfG BGBl 1977 I 3105). Ziel des neuen Übereinkommens war es vor allem, den common law-Ländern den Beitritt zu ermöglichen.

Diese Länder kennen die **Beweisaufnahme durch Gerichtsbeauftragte (commissioners)**, Rn 46, 52, 80; Art 17 HBÜ, § 12 AusfG; Nagel Rn 611; Geimer IZPR Rn 458.

Einstweilen frei. 31–36

Das HBÜ verpflichtet die Vertragsstaaten nicht, auf Ersuchen eines anderen Vertragsstaates einen Zeugen oder Sachverständigen vor ein ausl Gericht (= Gericht des ersuchenden oder eines dritten Staates) zu laden und im Weigerungsfall Zwangsmittel (nach der lex fori des ersuchten Staates) anzuwenden. Auch kennt das HBÜ – anders als Art 10 des Europ Rechtshilfeübereink in Strafsachen (Rn 89), hierzu BT-Drucks IV/382 S 45 – keine Verpflichtung für den ersuchten Staat – neben der Zustellung der Ladung des ausl Gerichts (hierfür gilt nicht HBÜ, sondern HZÜ bzw HZPÜ) – den Zustellungsempfänger (Zeugen, SV) nochmals selbst aufzufordern, vor dem ausl Gericht zu erscheinen (= Befehl des ersuchten Staates). 37

Das HBÜ erfaßt nur Beweisaufnahmen im Ausland. Ob eine solche notwendig ist, entscheidet allein das dt autonome Recht. Insoweit ist Deutschland durch HBÜ nicht gebunden, Geimer IZPR Rn 2363; Junker 361, 401; Schack IZVR Rn 725, 742; US Supreme Court, Aerospatiale v US District Court for the Southern District of Jowa, JZ 87, 984. AA Heidenberger RIW 88, 310; Mössle 288, 447, 456; Rechtshilfeweg sei zwingend, wenn Inlandsbezug zum Gerichtsstaat nicht besteht. 38

Das HBÜ findet keine Anwendung, wenn Beweisaufnahme zwar Personen außerhalb des Gerichtsstaates betrifft, jedoch im Inland (Forumstaat) stattfindet, Drobnig in Habscheid Justizkonflikt 114; Pfeil-Kammerer 201. Es verbietet insbes nicht 39

– Anordnungen gegenüber Parteien, Urkunden, die im Ausland liegen, vorzulegen oder Beweispersonen aus dem Ausland vor das Prozeßgericht zu schaffen. Bestr, ob Anordnung der Urkundenvorlage Beweisaufnahme im Forumstaat darstellt (also keine Beweisaufnahme im Ausland, so vor allem der US-amerik Standpunkt) oder ob die Beweisaufnahme im Lagestaat der Urkunde zu lokalisieren ist, in dessen Gebietshoheit völkerrechtswidrig eingegriffen wird, Junker 367, Pfeil-Kammerer 209; Mössle 343. 40

Deutschland vertritt die Auffassung, die völkerrechtl relevante Handlung finde auf dt Boden statt, wenn ein ausl Gericht (zB US District Court) die Vorlage von Urkunden anordnet. Es handle sich also um eine Beweisaufnahme im Ausland. Das ausl Gericht greife auf Sachen zu, die ausschließl dt Hoheitsgewalt (Gebietshoheit) unterliegen. Maßgebend sei nicht die Verwertung, sondern das Sammeln von Beweismaterial, Junker 209, 368, 375, 392. Vgl auch Stürner ZVglRWiss 81 (1982) 211; Zekoll 142. – Problematisch wird dieser Standpunkt jedenfalls bei EDV-Datenspeicherung und -übermittlung. Zu „Datenoasen" im Ausland Mössle 326. Auch hat die BReg (DB 83, 1086) in anderem Zusammenhang die Auslandsbelegenheit von Dokumenten keineswegs als Hindernis für dt Vorlageverlangen erachtet, Mössle 354, 443. 41

– Anordnungen gegenüber ausländischen Dritten, die sich im Gerichtsstaat (Deutschland) befinden, als Auskunftsperson zur Verfügung zu stehen, („Zeugnispflicht", Geimer IZPR Rn 380), auch wenn sie sich nur vorübergehend im Inland aufhalten, zB bei Besuch einer Messe oder einer Konferenz oder anläßl eines Ferienaufenthaltes oder auch nur anläßl einer Durchreise. AA Stürner in Habscheid Justizkonflikt 20. 42

Problematisch, inwieweit dt Gericht Personen, die sich im Ausl aufhalten, zu Handlungen/Mitwirkungen im Rahmen des dt Beweisverfahrens auffordern darf; zu differenzieren ist zwischen dt Staatsangehörigen und Ausländern, Geimer IZPR Rn 427, Schlosser Justizkonflikt 17, 20. 43

III) UN-Übereinkommen vom 20. 6. 1956 über die Geltendmachung von Unterhaltsansprüchen im Ausland (BGBl 1959 II 150): Art 7. 43a

IV) Dt-brit Abk über den Rechtsverkehr v 20. 3. 1928 (RGBl II 623, BL/Albers Einl IV Rn 6) ist von großer praktischer Bedeutung, weil es auch in den meisten Staaten gilt, die aus den ehedem zum British Empire gehörenden Kolonien/Territorien entstanden sind: Wichtig Art 11, 12, Geimer IZPR Rn 449, 2371; Junker 354. 44

Einstweilen frei. 45–49

V) Sonstige Rechtshilfeabkommen: Nachw bei Bülow/Böckstiegel/Geimer/Schütze Internat Rechtsverkehr, 3. Aufl, 102 ff: Griechenland (Abk v 11. 5. 1938); Tunesien (Vertr v 19. 7. 1966); Türkei (Abk v 28. 5. 29); sowie die Zusatzvereinbarungen zum HZPÜ mit Belgien (25. 4. 1959), Frankreich (6. 5. 1961), Marokko (29. 10. 1985), Niederlande (30. 8. 1962), Norwegen (23. 11. 1979), Österreich (6. 6. 1959). Die Zusatzabk mit Dänemark (1. 6. 1910), Luxemburg (1. 8. 1909), Polen (14. 12. 1992), Schweden (1. 2. 1910), Schweiz (30. 4. 1910) regeln nur den unmittelbaren Behördenverkehr (Rn 98), sind aber ansonsten für die Beweisaufnahme ohne Bedeutung. – Bajons Rn 31 leitet aus Art 6 EMRK (Recht auf effektiven Rechtsschutz) eine Pflicht zur Rechtshilfe her. 50

Einstweilen frei. 51–52

E) Beweisaufnahme in Deutschland für im Ausland anhängige Verfahren

53 Während nach den kontinentaleuropäischen Rechtsordnungen das Gericht die Beweiserhebung (auf Antrag der Parteien) anordnet (Beweisbeschluß, Beweisurteil, Geimer IZPR Rn 2268, Pfeil-Kammerer 182) und selbst die Beweise erhebt, Rn 1, ist diese Methode den common law-Ländern fremd. Wollte der Richter zB Zeugen selbst vernehmen, so wäre dies in den Augen eines angelsächsischen Juristen ein schwerer Mangel bei der Wahrheitsfindung. Denn „dann steigt er sozusagen hinunter in die Arena, und es kann sein, daß ihm der aufgewirbelte Staub die Sicht nimmt", engl Court of Appeal zitiert bei Schlosser ZPR I Rn 153. Zum US-Verfahrensverständnis Stürner FS Stiefel (1987) 763.

54 Die Beweisaufnahme ist vielmehr grundsätzl Sache der Parteien und ihrer Anwälte, FRCP 26 ff, und zwar auch dann, wenn die Beweisaufnahme im Ausland erfolgen soll. Werden Parteivertreter oder Dritte als Beauftragte des Gerichts (commissioner) tätig, betrachten dies die civil law-Staaten als Verletzung ihrer Souveränität, Pfeil-Kammerer 173, 182, 263.

55 Aber auch wenn kein Auftrag des (ausl) Gerichts in concreto vorliegt, soll pretrial discovery (durch die Parteien/Vertreter) völkerrechtswidrig sein, weil gerichtsverwertbare Beweisstücke (FRCP 32) produziert werden, Stürner in Habscheid Justizkonflikt 23, auch wenn der Betroffene freiwillig mitwirkt. Stürner ZVglRWiss 81 (1982) 170, 202 Fn 242: „Nur die schriftl Bitte einer Prozeßpartei an Dritte um Auskunft oder Urkundenübersendung, die sich völlig außerhalb der Förmlichkeiten des ‚pretrials' bewegt und ohne jede gerichtl ‚order' erfolgt, wird man als unbedenkl bezeichnen dürfen." Vgl auch aaO 211. Großzügiger gegenüber **„Beweisaufnahmen auf eigene Faust"** (private Beweisaufnahme) Rudolf BDGesVR 11 (1973) 33; Junker 373; Geimer IZPR Rn 462.

56 Anders die US-Sicht: Danach ist die **discovery ohne Gerichtsbeauftragten (Art 17 HBÜ) reine Privatsache** (solely private matter), solange die Zeugenvernehmung freiwillig und ohne staatl Zwang stattfindet (discovery does not need judicial attention), Actes et Documents IV (1970) 55/56; Rn 83, Geimer IZPR Rn 2425. Junker 368; Pfeil-Kammerer 180, 264.

57–59 Einstweilen frei.

I) Beweisaufnahme ohne Einschaltung deutscher Stellen (Rechtshilfebehörden) – Direktmethode

60 **1) Überblick:** Hier wird die Beweisaufnahme nicht von dt Justizorganen durchgeführt. Aus der Sicht Deutschlands handelt es sich um **passive Rechtshilfe:** Sie duldet das Tätigwerden ausl Amtsträger/Beauftragter auf ihrem Territorium. Vgl auch § 199 Rn 63. Damit taucht die Frage der Kontrolle dieser – vom ausl Gericht initiierten – Tätigkeiten (Rn 55) auf. Aus dt Sicht wäre es „beruhigender", wenn die eigenen Gerichte als Rechtshilfebehörden (Rn 84) tätig werden, Rapport de la commission speciale, Actes et Documents IV (1970) 55.

61 In Deutschland wird die **Beweisaufnahme durch ausl Konsuln oder diplomatische Vertreter nur hinsichtl eigener Staatsangehöriger (= des ausl Entsendestaates) von den dt Justizbehörden nicht überwacht,** obwohl ein entspr Vorbehalt nach Art 15 II HBÜ mögl wäre. Auch unter Hinweis auf die Gefährdung ihrer Hoheitsrechte oder ihrer Sicherheit kann dem ausl Konsul die Vernehmung eigener Staatsangeh nicht verboten werden(im Kap II des HBÜ findet sich keine Verweisung auf Art 12 I lit b HBÜ).

62 Der Schutz dieser Beweispersonen (Zeugen etc) durch Deutschland ist nicht erforderl, weil der Konsul den Schutz seiner Staatsangehörigen selbst zu wahren imstande ist, Art 5 lit a WÜK, Pfeil-Kammerer 181.

63 Dagegen wird die **Vernehmung drittstaatl Staatsangehöriger** (sofern diese nicht gleichzeitig Angehörige des Entsendestaates sind) und von **Staatenlosen** von den dt Rechtshilfebehörden kontrolliert, Art 16 HBÜ, § 11 S 2 und 3 AusfG, Junker 234. Insbes können Auflagen gemacht werden: So kann zB eine dt Kontrollperson installiert werden. Das gleiche gilt in verstärktem Maße für die Beweisaufnahme durch Beauftragte des ausl Gerichts, Art 17 HBÜ (Rn 80). Dieser Art der im common law-Bereich übl Beweisaufnahme (Rn 46) steht Deutschland besonders skeptisch gegenüber. Zu recht kritisch gegenüber diesen dt „Souveränitätsängsten" Schack IZVR Rn 618, 733.

64 **Eigene Staatsangehörige will Deutschland auf dt Boden auf keinen Fall durch ausl Organe vernehmen lassen oder sonst einer Beweisaufnahme aussetzen,** Art 16 HBÜ, § 11 S 1 AusfG. Verboten ist diese Beweisaufnahme, auch wenn sich **dt Beweispersonen kooperationsbereit** zeigen. Anders Art 11 lit a dt-brit Rechtshilfevertrag und der dt-amerik Notenwechsel, Rn 77.

65 Man will auf diese Weise eigene Staatsangehörige schützen und Hoheitsrechte wahren, BT-Drucks 7/4892 S 51, Nagel Rz 124. Ein absolutes Verbot ist jedoch vom GG nicht vorgeschrieben

und rechtspolitisch übertrieben. Es würde zum Schutz der dt Beweisperson eine Überwachung durch geeignete Auflagen genügen, Geimer FS Matscher, 1993, 142.

Deutschland unterstützt ausl Konsul und Beauftragte nicht mit Zwangsmaßnahmen (Art 18 HBÜ). Ausnahme: **Verf nach Art 12 lit a (2) des dt-brit Abk, Art 2 II–IV dt AusfVO** (Rn 79). 66

Einstweilen frei. 67–69

Konsuln und Beauftragte dürfen nur **Beweisaufnahmen** durchführen, nicht aber **„andere gerichtl Handlungen"**, Art 1 I und III HBÜ (zB Sühnetermin in Ehesachen, Anhörung der Parteien) vornehmen. Insoweit ist der Anwendungsbereich des Kap II des HBÜ enger als der des Kap I. Jedoch kann Deutschland „großzügiger" sein, Art 27 lit c HBÜ. 70

Da man den Begriff der Beweisaufnahme nach dem Recht des ersuchten Staates einordnet, können Konsuln und commissioners – anders als in Ländern, die Bluttests zur Vaterschaftsfeststellung nicht kennen – in Deutschland **Bluttests** durchführen (sofern die notwendige medizinische Betreuung sichergestellt ist). Anders die bilateralen Vereinbarungen (Rn 2); diese beziehen sich idR nur auf „Rechtshilfeersuchen, aufgrund deren eigene Staatsangehörige vernommen oder zur Vorlegung von Urkunden angehalten werden sollen", zB Art 6 der dt-österr Vereinbarung oder Art 12 des dt-marokk Rechtshilfevertr. S auch StJ/Schumann Rn 91 mwN. 71

Einstweilen frei. 72–76

Schutz der Beweispersonen bei Beweisaufnahmen durch nichtdeutsche Stellen (Konsuln oder Beauftragte): Art 19–21 HBÜ: Benachrichtigung der Zentralen Behörde vom Beweisaufnahmetermin, Art 19 S 2 HBÜ; Anwesenheit eines dt Aufpassers, Art 19 S 2 HBÜ, § 12 AusfG, (Junker 356 Fn 63, 437 Fn 194); Beiziehung eines Rechtsberaters, Art 20, 21 lit c HBÜ; Ladung in dt Sprache, Art 21 lit b HBÜ; Belehrung in Ladung, daß Beweisperson nicht erscheinen muß, Art 21 lit c HBÜ; Hinweis auf Weigerungsrechte, Art 11, 21 lit e HBÜ. 77

2) Beweisaufnahme durch diplomatische oder konsularische Vertreter: Der ausl Konsul verfährt grundsätzl nach dem Recht des ausl Prozeßgerichts (= seines Entsendestaates), Art 21 lit d HBÜ, Junker 360; anders das dt RechtshilfeG, das grundsätzl nach dt Recht verfährt, Art 9 I HBÜ. Ausnahme: Art 9 II HBÜ, Rn 128, 134. Der Konsul darf nur in seinem Amtsbezirk amtieren und nur für Gerichte seines Entsendestaates Beweise erheben **(Grundsatz der strikten Bilateralität,** Geimer DNotZ 78, 13); so darf zB der ital Konsul nicht Zeugen vernehmen, deren Aussagen in einem Prozeß vor einem engl Gericht benötigt werden. 78

Der Konsul darf keinen Zwang anwenden, auch nicht androhen, Art 15, 18 HBÜ; Geimer IZPR Rn 448 ff; Junker 235; Pfeil-Kammerer 296. Sträubt sich die Beweisperson, kommt nur Rechtshilfe in Betracht, da Deutschland zum Einsatz von Zwangsmitteln nicht verpflichtet, Art 18 HBÜ; Junker 236, 324, 359; v Hülsen RIW 82, 232; Pfeil-Kammerer 267, 294. Anders Art 12 lit a dt-brit Rechtshilfeabk iVm § 2 II–IV AusfVO, Nagel Rechtshilfe 85, Junker 354. Anders auch die USA, die mit Zwangsmaßnahmen konsularische Beweisaufnahme unterstützen, Pfeil-Kammerer 298. 79

3) Beweisaufnahme durch Beauftragte des ausl Prozeßgerichts (Rn 46): Während die Zuständigkeit eines Konsuls auf seinen Amtsbezirk beschränkt ist, ist der commissioner geographisch unbegrenzt, Junker 234 Fn 63, Pfeil-Kammerer 300. Er darf mit Genehmigung der dt Zentralen Behörde auch dt Staatsbürger vernehmen. Wie wäre es nun, wenn zB ein US District Court einen US-Konsul zum commissioner ernennt, FRCP 28 (b) (2)?, Junker 353. Dann ist wohl Art 17 HBÜ anzuwenden, nicht Art 16 HBÜ. 80

Der Beauftragte verfährt – wie der Konsul (Rn 78) –, soweit keine Verbote der dt Rechtsordnung (Junker 337) entgegenstehen, nach dem Recht des ausl Prozeßgerichts, Art 21 lit d HBÜ. Ist zB das Ausgangsverfahren vor einem US District Court anhängig, findet eine **Vernehmung durch die Anwälte nach FRCP** statt; Junker 360. 81

4) Beweisaufnahme durch das ausl Prozeßgericht: Diese Hypothese ist im HBÜ nicht vorgesehen, sondern nur die Variante, daß das ausl Prozeßgericht eines seiner Mitglieder zum Beauftragten ernennt, Art 17 HBÜ. Will es in voller Besetzung in Deutschland Beweise erheben, ist die Zustimmung der BReg erforderl, die wohl aufgrund Delegation (ZRHO) von der Landesjustizverwaltung zu erteilen ist. Nur diese Art der Beweisaufnahme kann das Postulat der Unmittelbarkeit der Beweisaufnahme verwirklichen; sie ist keineswegs nur „Zukunftsmusik". Unzutreffend Schack IZVR Rn 730. 82

5) Beweisaufnahme durch Private ohne Auftrag des ausl Gerichts (pretrial discovery): In HBÜ nicht geregelt (vgl. für den umgekehrten Fall § 364 Rn 1). Die Souveränität Deutschlands wird durch Aktivitäten Privater nicht berührt, Rn 56, auch wenn die Ergebnisse später einem ausl Gericht als „Beweise" präsentiert werden, Geimer IZPR Rn 463; Junker 373; Pfeil-Kammerer 267; Mössle 319. Anders ist jedoch, wenn anwaltl Ermittlungen aufgrund gerichtl discovery order erfolgen, Stadler 277. 83

II) Erledigung ausl Ersuchen um Beweisaufnahme durch die dt Stellen (Aktive Rechtshilfe)

84 1) **Rechtsgrundlagen. a) Völkerrecht:** Das VölkergewohnheitsR verpflichtet die Staaten nicht zu gegenseitiger Rechtshilfe Rn 2. Eine solche Verpflichtung besteht nur aufgrund und im Rahmen der bestehenden völkerrechtl Verträge. Das wichtigste ist das HBÜ (Rn 30), das das HZPÜ (Art 8–Art 16) ablöst.

85 Die Verträge gelten nur für Ersuchen in **Zivil- und Handelssachen.** Dieser Begriff ist nach dem Recht des ersuchten Staates, also nach dt Recht zu qualifizieren, Geimer IZPR Rn 2443 (bestr).

86–87 Einstweilen frei.

88 Rechtshilfe ist daher – da eine Zivilsache nach dt Rechtsvorstellung (§ 1 I ZRHO) – zu gewähren auch in Konkurssachen sowie wenn im Ausgangsverfahren in den USA **punitive damages** (§ 199 Rn 59; Nachw München NJW 92, 3113; Bungert ZIP 92, 1708; Siehr RIW 91, 705) oder **treble damages** Streitgegenstand sind, München ZZP 94 (1981) 464; RIW 89, 484 = NJW 89, 3102 (Greger) = IPRax 90, 157 (Stürner/Stadler); Stürner ZVglRWiss 81 (1982) 198; Junker 263; Pfeil-Kammerer 190 (bestr); s § 328 Rn 77. Ausnahme: Wenn US-Bundesstaat als parens patriae dreifachen Schadensersatz begehrt, der „seiner Wirtschaft" als Ganzes zugefügt wurde.

89 In **Verwaltungssachen** gilt das Europäische Übereinkommen über die Erlangung von Auskünften und Beweisen in Verwaltungssachen im Ausland v. 15. 3. 1978, BGBl 81 II 553; dazu AusfG BGBl 81 I 665; Junker 257; Schütze DIZPR 234; Stürner ZVglRWiss 81 (1982) 174; Pfeil-Kammerer 192; Jellinek NVwZ 82, 535; Mössle 304. – In **Strafsachen** ist das Europäische Übereinkommen über Rechtshilfe in Strafsachen vom 20. 4. 1959 (BGBl 64 II 1369, 1386, in Kraft seit 1. 1. 1977, BGBl 76 II 1799) einschlägig. – Besonders intensiv ist die internationale **Zusammenarbeit der Finanz- und Zollbehörden.** Dabei taucht die (im IZVR sich nicht stellende) Frage auf, ob ein Datenaustausch ohne Wissen der Betroffenen gegen Art 103 I GG oder das Rechtsstaatsprinzip verstößt, Schwochert RIW 91, 843.

90 **b) Innerstaatliche Ebene:** Eine gesetzl Regelung findet sich weder in der ZPO noch im GVG, sondern nur in den AusfG zu den völkerrechtl Vertr. Vgl auch § 199 Rn 58. Das bedeutet, daß nur im **vertragl geregelten Bereich Zwangsmittel gegen sich sträubende Betroffene** eingesetzt werden können, daß also nur in diesem Bereich eine **Beweisaufnahme gegen den Willen des Betroffenen** mögl ist, Rn 140, § 83 ZRHO, Geimer IZPR Rn 2445; StJ/Schumann Einl Rn 897. Treffend hebt Stürner ZVglRWiss 81 (1982) 202 hervor, daß das dt AusfG zum HBÜ nur eine **gesetzl Grundlage für Formen der Beweisaufnahme gibt, die im HBÜ vorgesehen sind,** nicht jedoch für sonstige nach dt Recht (im Verfahren vor dt Gerichten) mögliche, Art 27 lit c HBÜ. – Weiter kann man bezweifeln, ob für die Vernehmung in „besonderen Formen" (Art 9 II HBÜ, ausführl Schlosser ZZP 94 [1981], 387), die nicht etwa durch Verweis auf das Recht des ersuchten (oder eines dritten) Staates konkretisiert sind, eine ausreichende Gesetzesgrundlage vorhanden ist, denn dem dt AusfG fehlt es an jeder Bestimmtheit, Geimer IZPR Rn 2446. – Vgl Rn 140.

91 Einstweilen frei.

92 2) **Abgrenzung zwischen Justizverwaltung und Judikative:** Gem Art 32 I GG obliegt die Pflege auswärtiger Beziehungen dem Bund, § 199 Rn 39. Hieraus leitet die hM (Arnold MDR 57, 385 Fn 2; Nehlert JR 58, 121; Schack IZVR Rn 171; BL/Albers § 168 GVG Anh II Rn 3; Geimer IZPR Rn 257; Geimer NJW 1989, 645, 2177, 2205; Pfennig 47; Habscheid, FG, 7. Aufl 1983, § 11 VI 2; StJ/Schumann Einl Rn 888; krit Puttfarken NJW 1988, 2156; Linke IZPR Rn 459; vgl auch Walter in Grützner/Plötz § 60 IRG Rn 2) ab, daß nicht die Judikative, sondern die Exekutive über die Zulässigkeit und Durchführung der internationalen Rechtshilfe (Gewährung von Rechtshilfe für ausl Gerichtsverfahren) zu entscheiden hat. Der BGH als oberstes Richterdienstgericht (§§ 61 ff DRiG) interpretiert Art 97 GG auf dem Gebiet der internationalen Rechtshilfe sehr restriktiv, BGHZ 71, 92 = NJW 78, 1428; BGHZ 78, 385 = NJW 83, 2769; BGH NJW 86, 664, Nagel IPRax 1984, 140 sowie die Kommentare zu § 26 DRiG. Das BVerfG hat noch nicht Stellung genommen, ob **Beweisaufnahme für ausl Gerichtsverfahren Rspr iSv Art 97 GG** ist; Geimer NJW 89, 2177, 2205; bejahend wohl StJ/Schumann Rn 888; Schlosser GS Constantinesco, 1983, 653 unter Hinweis auf lex lata (Rn 94). Da bleibt aber die Frage offen, ob der Gesetzgeber auch eine andere Lösung hätte vorziehen dürfen. – Dezidiert Schack IZVR Rn 171: Die Ausführung des Ersuchens durch das Amtsgericht sei „originäre Rechtsprechung". Konträr Junker 339: „Rechtshilfe ist kein ‚gerichtliches Verfahren', sondern Angelegenheit der Justizverwaltung." Vgl auch aaO 406 Fn 11.

93 Wenn die Beweisaufnahme für ausl Gerichtsverfahren durch dt Organe im Wege der Rechtshilfe Verwaltungsangelegenheit ist, dann ist es verfassungsrechtl wohl auch nicht zwingend, die Erledigung den Gerichten (Rn 94) zuzuweisen. Es wäre auch mögl, andere Stellen (Verwaltungsbehörden) oder neutrale Personen zu beauftragen. Die Lösung des § 2 I AusfG zu HZPÜ und § 8 AusfG zu HBÜ sowie der AusfVO/AusfG zu den bilateralen Rechtshilfeverträgen (Rn 124) wäre dann von Verfassungs wegen nicht zwingend vorgeschrieben.

Zuständig für die Ausführung der von der Zentralen Behörde/Prüfungsstelle angeordneten Beweisaufnahme ist das AG, in dessen Bezirk die Amtshandlung vorzunehmen ist, Rn 124; § 82 I ZRHO. Krit und de lege ferenda für Kammern für Rechtshilfesachen beim LG Mössle 466. Wo die Amtshandlung vorzunehmen ist, entscheidet – für das AG bindend – die Zentrale Behörde. **Die Garantie des gesetzl Richters** (Art 101 GG) greift hier nicht ein, da kein gerichtl Verfahren, das auf eine (in richterl Unabhängigkeit = Weisungsfreiheit) zu treffende Sachentscheidung (Entscheidung eines Rechtsstreits) abzielt, Geimer NJW 89, 645. AA Stürner JZ 81, 524; Pfeil-Kammerer 273, die §§ 12, 13 ZPO (= Wohnsitz der zu vernehmenden Person) heranziehen wollen. Dies ist systemwidrig, weil im dt Zivilprozeß die „Gerichtspflichtigkeit" des Zeugen geographisch (innerhalb Deutschlands) grundsätzl unbegrenzt ist. S auch Schleswig RIW 89, 910. 94

Zur **Weisungsfreiheit des Richters gegenüber Zentraler Behörde** Rn 127. Geimer IZPR Rn 2462; Pfeil-Kammerer 89 Fn 60, 273; Stürner JZ 81, 524. 95

3) Die 5 Abschnitte der Internationalen Rechtshilfe. a) Erster Abschnitt: Das ersuchende ausl Gericht erläßt ein Rechtshifeersuchen: Ob und unter welchen Voraussetzungen das ausl Gericht innerstaatl hierzu befugt ist, ist eine Sache der dortigen lex fori, Art 1 HBÜ, Junker 238. Die dt Rechtshilfebehörde/Zentrale Behörde hat diesen Punkt nicht nachzuprüfen. Ausführl 17. Aufl u Geimer IZPR Rn 2454. 96

Einstweilen frei. 97–100

b) Zweiter Abschnitt: Die dt Rechtshilfebehörde (im Anwendungsbereich des HBÜ die Landesjustizverwaltung als Zentrale Behörde, Art 2, 24 II HBÜ, § 7 AusfG, § 57 IV ZRHO, Junker 230; im übrigen die Prüfungsstellen = im Zweifel Landgerichtspräsident, §§ 57 I ZRHO) **nimmt das ausl Ersuchen entgegen und entscheidet, ob Rechtshilfe zu gewähren ist,** Geimer IZPR Rn 2459. 101

Die Zentrale Behörde/Prüfungsstelle (§§ 9, 57 ZRHO) kann die Erledigung eines ausl Rechtshilfeersuchens ablehnen mit der Begründung (Geimer IZPR Rn 2470 ff): 102

- die Erledigung des Ersuchens falle in Deutschland **nicht in den Bereich der Judikative,** Art 12 I lit a HBÜ, Art 11 III Nr 2 HZPÜ, Art 22 I Nr 2 dt-tunes Vertr, Nagel IZPR Rn 537; 103
- das ausl Verfahren, für das um Beweisaufnahme ersucht wird, betreffe **keine Zivil- oder Handelssache,** Rn 85, Pfeil-Kammerer 213; unberührt bleibt die Verpflichtung Deutschlands zur Rechtshilfe nach den in Rn 89 genannten Übereinkommen; 104
- es sei nicht sichergestellt, daß der Beweis nur für das Ausgangsverfahren (Zivilverfahren) bestimmt sei. Der ersuchende Staat darf das ihm im Wege dt Rechtshilfe zur Verfügung gestellte Material nur für das Ausgangsverfahren verwenden, nicht zB (anschließend) für einen Strafprozeß und/oder ein Verwaltungsverfahren. Die dt zuständige Justizbehörde darf daher eine **Spezialitätszusage** verlangen, Stürner ZVglRWiss 81 (1982) 198; Junker 248, 274, Pfeil-Kammerer 194, 206, 213; Mössle 169. 105
- das Ersuchen gehe **nicht von einer gerichtl Behörde aus;** 106
- es **liege kein Ersuchen um Beweisaufnahme** vor. Die Briten grenzen „Beweisfischzüge" = bloße Beweisermittlung (Mössle 104,368) aus Art 1 I HBÜ aus, anders die dt Praxis, Junker 282; 107
- der **dt Vorbehalt gegen discovery of documents** (Rn 115) verbiete die Erledigung, Art 23 HBÜ, § 14 I AusfG, ausführl Junker 285. Pfeil-Kammerer 233 ff, 253; Stadler 349. Bestr, ob dt Rechtshilfegericht Urkunde entgegennehmen und weiterleiten darf, wenn Dritter freiwillig Urkunde vorlegt. Dafür Schlosser ZZP 94 (1982), 397. Dagegen vHülsen RIW 82, 549; Stürner ZVglRWiss 81 (1982) 202; Junker 333; Art 23 HBÜ begründe ein Erledigungsverbot, das auch bei freiwilliger Mitwirkung zu beachten sei. 108
- der **Inhalt des Ersuchens genüge nicht den Bestimmtheitsanforderungen an das Beweisthema** (Art 3 lit f HBÜ) **oder an das Beweismittel** (Art 3) lit e, g HBÜ), Rn 117, Junker 307. 109
- die Erledigung des Ersuchens gefährde Hoheitsrechte oder die Sicherheit der Bundesrepublik Deutschland, Art 12 lit b HBÜ, Art 11 III Nr 3 HZPÜ; Art 10 III dt-griech Vertr, Art 22 I Nr 3 dt-tunes Vertr. Art 32 dt-marokk Vertr, hierzu Mössle 310. Beisp: Ersuchen um Zeugenvernehmung oder Vorlage von Dokumenten, die Aufschluß über Staatsgeheimnisse geben sollen, Riezler IZPR 472 Fn 21, Nagel IZPR Rn 538. 110

Bestr, ob über diesen Ablehnungsgrund auch **staatl Wirtschaftsinteressen der Bundesrepublik Deutschland** gewahrt werden können. Dies gilt vor allem für Beweisaufnahmeersuchen im Zuge von Produkthaftpflichtprozessen, Kartellverfahren, Patentverletzungs- und Umweltschutzprozessen, Geimer IZPR Rn 2484. 111

Verhältnis zu § 328: Eine Beweisaufnahme darf jedenfalls dann nicht abgelehnt werden, wenn das im ausl Prozeß zu erwartende Urteil, für das die Beweisaufnahme benötigt wird, Aussicht auf Anerkennung in Deutschland hat. Aber auch, wenn der anerkennungsrechtl ordre public atténué 112

(§ 328 Rn 152) verletzt und damit eine Anerkennung ausgeschlossen ist, ist damit noch nicht automatisch der Ausschluß dt Rechtshilfe begründet, Geimer IZPR Rn 2487; Stürner ZVglRWiss 81 (1982) 205; München RIW 89, 484 = NJW 3102 (Greger) = IPRax 90, 175 (Stürner/Stadler) = WuB VII BZ-Nr 2.90 (Welter) = IPRspr 89/205; BGH NJW 92, 3096; München NJW 92, 3113; Düsseldorf NJW 92, 3110; Bungert ZIP 92, 1708. S auch § 199 Rn 59. Die Unzumutbarkeitsgrenze ist vielmehr noch höher anzusetzen, wie zB auch Art 12 II HBÜ beweist. Ein ausl Ersuchen um Beweisaufnahme ist vielmehr nur dann abzulehnen, wenn die Beweisaufnahme durch dt Richter Beihilfe zu völkerrechtswidrigem – Beisp: ersuchender Staat hat völkerrechtswidrig Gerichtsgewalt über Person (Immuner) oder Sache (Staatsschiff) in Anspruch genommen – oder zu absolut unmoralischem Verfahren bedeutete, das jedes – wie auch immer gearteten – Bezugs zur Rechtsidee ermangelt. – Zur These Rechtshilfe für ausl Gerichte, sei aus der Sicht des GG ein „neutraler Akt" in anderem Zusammenhang (Auslieferung) Vogler NJW 94, 1433, 1434.

113 Unberührt bleibt aber der **Grundrechtsschutz der Beweisperson,** genauer: aller, die Objekte der Beweisaufnahme für ausl Gericht sind. Bestr, ob und inwieweit das **Ausforschungsverbot des dt Zivilprozesses** (Rn 5 vor § 284; Stürner JZ 81, 521 Fn 2, 6; StJ/Leipold § 284 Rn 40) über Art 12 I lit b HBÜ gegenüber ausl Rechtshilfeersuchen durchzusetzen ist. S auch § 328 Rn 157b.

114 Einstweilen frei.

115 US-amerikanische Ersuchen um **pretrial discovery of documents** scheitern bereits am Vorbehalt Deutschlands gem Art 23 HBÜ, Rn 108; Geimer IZPR Rn 2489; Mössle 472. Der dt Vorbehalt macht aber **Zeugenvernehmungen über den Inhalt von Urkunden** nicht unzulässig, Schlosser ZZP 94 (1981) 395, Pfeil-Kammerer 244.

116 **Andere Formen von pretrial discovery** (Rippert RIW 93, 626; Reimann IPRax 94, 152) dürfen nicht unter Hinweis auf das dt Ausforschungsverbot nach Art 12 I lit b HBÜ abgelehnt werden.

117 In vielen Fällen hilft bereits ein **Rekurs auf Art 3 HBÜ,** der eine genaue Bezeichnung von Beweismitteln und -thema verlangt, Rn 109. Es handelt daher nicht um eine bloße Ordnungsvorschrift, sondern auch um eine **Schutznorm zugunsten der Beweisperson** (vor zu weitem Eindringen in deren Freiheitssphäre), Pfeil-Kammerer 253. Obwohl gem Art 11 I lit a HBÜ das dt Rechtshilfegericht die Aussageverweigerungsrechte und -verbote des dt Rechts beachten muß, Rn 135, darf die Zentrale Behörde die Erledigung des Rechtshilfeersuchens unter Hinweis auf das Ausforschungsverbot nicht von vorneherein ablehnen, Geimer IZPR Rn 2482.

118 • das **dt Rechtshilfegericht dürfe keine Beweisaufnahme durchführen, die es im eigenen Zivilprozeß nicht anberaumen dürfe.** Ein solcher Vorbehalt findet sich weder im Text des HBÜ noch ist er mit dessen Sinn und Zweck zu vereinbaren, Junker 282, 322. AA wohl Stürner ZVglRWiss 81 (1982) 201; vHülsen RIW 82, 554 Fn 141;

119 • einem Ersuchen nach Beweisaufnahme in einer besonderen Form stehe ein **Ablehnungsgrund nach Art 9 II HBÜ, Art 14 II HZPÜ** entgegen, Rn 134.

120 Einstweilen frei.

121 **Lehnt die Zentrale Behörde die Erledigung des Rechtshilfeersuchens ab,** so ist Deutschland **völkerrechtl** verpflichtet, dies dem ersuchenden Staat mitzuteilen, Art 13 II HBÜ, Art 13 HZPÜ. **Innerstaatl kann die negative Entscheidung der Justizverwaltung der interessierte Betroffene nach §§ 23 ff EGGVG anfechten,** Geimer IZPR Rn 2495. Rechtsmittelbefugt ist also die im ausl Verf beweispflichtige und/oder in sonstiger Weise an der Durchführung der Beweisaufnahme in Deutschland interessierte Partei (Nachw Junker 248), **nicht aber auch der ausl Staat, dessen Gericht um Rechtshilfe ersucht hat;** Geimer NJW 89, 2177.

122 **§§ 23 ff EGGVG kommen auch zum Zuge, wenn die Zentrale Behörde/Prüfungsstelle die Erledigung des Rechtshilfeersuchens für zulässig erklärt,** Stürner JZ 81, 522; ZVglRWiss 81 (1982) 232, Geimer IZPR Rn 2496. Die Durchführung der genehmigten Zeugenvernehmung kann auch in die Rechtssphäre des Arbeitgebers der als Zeuge in Betracht kommenden Arbeitnehmer eingreifen, wenn betriebl Vorgänge Beweisthema sind. Tangiert ist dessen absolutes Recht am eingerichteten und ausgeübten Gewerbebetrieb (Geheimhaltung vor Wettbewerbern), München OLGZ 81, 235 = RIW 81, 555 = JZ 81, 540 (Mann 840) = ZZP 94 (1981) 462 = IPRspr 80/161a; Schlosser ZZP 94 (1981) 369. – Das für die Durchführung der von der Justizverwaltung bewilligten Beweisaufnahme zuständige Rechtshilfegericht (Rn 94) hat kein **Remonstrationsrecht oder eine sonstige Möglichkeit, die Entscheidung des OLG herbeizuführen,** Rn 126. Anders in Strafsachen § 61 I 1 IRG, Stuttgart NJW 89, 3104. Vgl auch Düsseldorf NJW 91, 647; BVerwG NJW 91, 649.

123 Ein **betroffener Dritter** ist auf das Verfahren nach §§ 23 ff EGGVG nicht beschränkt, er kann auch gegen die Beweisperson (Zeugen) auf Unterlassen der Aussage klagen bzw einstw Verfügung beantragen, LG Kiel, RIW 83, 206 (hierzu Stürner in Habscheid Justizkonflikt 8, 31)

skeptisch Stiefel/Petzinger RIW 83, 247. Ausführl Schlosser Justizkonflikt 37; Stürner 52; Geimer IZPR Rn 1113, 2502.

124 **c) Dritter Abschnitt: Durchführung der Beweisaufnahme:** Zuständig ist – de lege lata (Rn 93) – das AG auch für Angelegenheiten, die zB zur Arbeitsgerichtbarkeit gehören, vgl im vertragl geregelten Rechtshilfeverkehr § 2 I AusfG HZPÜ, § 8 AusfG HBÜ, Art 1 und 2 AusfVO dt-brit Abk, § 1 AusfVO dt-griech Abk, § 1 AusfVO dt-türk Abk, § 3 I AusfG dt-tun Vertr. Im vertragslosen Rechtshilfeverkehr gilt das gleiche aufgrund Verwaltungsauftrags, § 82 I 2 ZRHO.

125 Nach § 82 II ZRHO finden die **Vernehmungen stets vor dem Richter statt.** Von der Ermächtigung des § 10 I GVG ist nicht Gebrauch zu machen; ein Referendar soll mit der Vernehmung nicht beauftragt werden.

126 Die Zentrale Behörde bzw die Prüfungsstelle (§ 9 ZRHO) **entscheidet** für das Rechtshilfegericht (AG) **verbindlich** (Rn 122): **aa) über Zulässigkeit der Rechtshilfe:** bei Ablehnung wird AG überhaupt nicht befaßt. Bei Bejahung kann AG nicht gegenteilige Auffassung vertreten, vgl auch § 59 VI ZRHO. (Rechte der Betroffenen sind durch §§ 23 ff EGGVG geschützt, Rn 122.) So kann zB das AG – entgegen der Rechtsauffassung der Justizverwaltung – nicht in Zweifel ziehen, daß eine Zivil- und Handelssache (Rn 85) vorliegt, Martens RIW 81, 730, Junker 254, und damit keine (völkerrechtl) Verpflichtung Deutschlands zur Gewährung von Rechtshilfe gegeben ist und daher auch keine gesetzl Grundl zu zwangsweisem Vorgehen, Rn 90. **bb) über** das **Beweisthema** (Art 3 HBÜ, Rn 109) **u den Umfang der Beweisaufnahme,** Stürner ZVglRWiss 81 (1982) 206 Fn 267. – **cc) Über Art der Durchführung:** Die Zentrale Behörde/Prüfungsstelle kann dem AG bindende Anweisungen geben bzgl anzuwendenden Rechts, Art 9 HBÜ, Rn 128. Es kann dem AG auch vorschreiben, daß Auskunftsperson zu vereidigen (sofern kein Weigerungsrecht in concreto gegeben ist, Rn 127), daß ein **Wortprotokoll** (Martens RIW 81, 733) anzufertigen ist, Rn 134, und daß ein **Kreuzverhör** zugelassen wird, Rn 134.

127 Die Zentrale Behörde/Prüfungsstelle hat keine Weisungsbefugnis bzgl Weigerungsrechte (Art 11 HBÜ), Geimer IZPR Rn 2464. Differenzierend Schlosser EuGVÜ/HBÜ Art 11 Rn 1.

128 **Die Beweisaufnahme für das ausl Gerichtsverfahren erfolgt nach dt Recht,** Rn 134, **sofern nicht ausdrückl im ausl Ersuchen besondere Wünsche geäußert werden, deren Erfüllung nicht zwingende dt Vorschr entgegenstehen,** § 83 I 1 ZRHO, Art 14 HZPÜ, Art 9 HBÜ, Art 9 lit i) dt-brit Abk, Art 13 dt-griech Abk, Art 13 II dt-türk Abk, Art 21 II dt-tunes Vertr, Junker 413, Pfeil-Kammerer 307. Kosten: Art 14 II, 26 HBÜ, § 97 ZRHO, Junker 421.

129–131 Einstweilen frei.

132 **d) Vierter Abschnitt: Rückgabe der Akten nach der Erledigung an Rechtshilfebehörde bzw Zentrale Behörde,** § 64 II ZRHO.

133 **e) Fünfter Abschnitt: Rückleitung der Akten durch Rechtshilfebehörde/Zentrale Behörde an ersuchenden Staat,** § 88 ZRHO. Die Verwertung der vom dt Rechtshilfegericht aufgenommenen Beweise erfolgt nach der dortigen lex fori.

134 **4) Das bei der Beweisaufnahme anzuwendende Recht:** Die Beweisaufnahme durch das dt Rechtshilfegericht erfolgt grundsätzl nach dt Verfahrensrecht, Rn 128; Art 9 I HBÜ, Art 14 I HZPÜ, § 83 I ZRHO, Nagel IZPR Rn 522. Zur Beweisaufnahme in besonderen Formen (Art 9 II HBÜ, Art 14 II HZPÜ) Geimer IZPR Rn 2505.

135 **5) Weigerungsrechte der Beweispersonen:** Diese können sich wahlweise auf die dt lex fori oder auf das Recht des ersuchten Staates berufen, Art 11 I HBÜ, Rn 120, Junker 417, Pfeil-Kammerer 350; Nagel IZPR Rn 354, 526, 601; Stürner ZVglRWiss 81 (1982) 204; Schlosser ZZP 94 (1981) 398; Stadler 329, Mössle 475. Eine Erklärung nach Art 11 II HBÜ, wonach auch drittstaatl Weigerungsrechte anerkannt werden, hat Deutschland nicht abgegeben. Rechtsvergleichendes bei Mössle 137.

136–139 Einstweilen frei.

140 **6) Zwangsmittel** sind nur im vertragl geregelten Rechtshilfeverkehr zulässig, § 83 I 2 ZRHO, Rn 90 und zwar nicht nur in den Fällen des Art 9 I HBÜ (Beweisaufnahme nach dt Recht Rn 134), sondern nach hM auch in der Alternative des Art 9 II HBÜ (Beweisaufnahme in den vom ausl Gericht gewünschten besonderen Formen), Martens RIW 81, 729; Pfeil-Kammerer 277; Mössle 152. – S aber Rn 90 gE.

141 In beiden Fällen jedoch Zwang nur insoweit, als dt Recht bekannt, Pfeil-Kammerer 278. Maßgebend ist also das dt Recht, Art 10 HBÜ, Pfeil-Kammerer 314 ff, 327. In Betracht kommen Ordnungsgeld und Ordnungshaft, wenn Zeuge (= Dritter = Nicht-Partei) nicht erscheint, nicht aussagt oder den Eid verweigert, §§ 380, 390. Die gleichen Zwangsmittel kann das Rechtshilfegericht gegen jede Person (auch Parteien) ergreifen, welche die Untersuchung zur Abstammungsfeststellung (= Sonderform der Augenscheinvereinnahme) verweigert. Zur Blutentnahme für

ausl Abstammungsprozeß Frankfurt/M NJW-RR 88, 714 = IPRspr 88/182. Der Streit über Weigerungsgründe ist analog § 389 II von dt RechtshilfeG zu entscheiden.

142–148 Einstweilen frei.

149 **Keine Ladung von Beweispersonen vor ausl Gerichte eigens durch dt Rechtshilfebehörden/Gerichte.** Der Befehl an eine sich in Deutschland aufhaltende Beweisperson, vor einem ausl Gericht zu erscheinen, stammt von diesem, nicht von einer dt Behörde bzw einem dt Gericht. Die dt Rechtshilfebehörden beschränken sich auf Zustellung der ausl Ladung (Rn 37; § 328 Rn 72; § 722 Rn 12b), enthalten sich aber einer eigenen Aufforderung an die Beweisperson, vor dem ausl Gericht zu erscheinen.

F) Kein Verbot der freiwilligen Mitwirkung an einer vom ausl Gericht – ohne Einschaltung der dt Rechtshilfeorgane – angeordneten/veranlaßten Beweisaufnahme, die (angebl) die Souveränität der Bundesrepublik Deutschland verletzt

150 Auf keinen Fall macht sich eine Partei oder ein Zeuge wegen Beihilfe zur Amtsanmaßung (§ 132 2. Alt StGB) strafbar, der freiwillig die Anordnungen des ausl Gerichts befolgt, Geimer IZPR Rn 2532; Schack Einführung 48; Beckmann IPRax 90, 205 Fn 54. AA Böhmer NJW 90, 3054. Vgl § 199 Rn 72.

G) Nichtanerkennung ausländischer Entscheidungen, die auf einem völkerrechtswidrigen Beweisverfahren (ohne Mitwirkung deutscher Stellen) beruhen?

151 I) Hat das erststaatl Gericht nach der „Direktmethode" – unter **Umgehung der deutschen Rechtshilfebehörden** – völkerrechtswidrig – dh unter Verletzung des einschlägigen völkerrechtl Vertrages bzw des VölkergewohnheitsR – eine Beweisaufnahme in Deutschland durchgeführt oder durch Konsuln oder Gerichtsbeauftragte durchführen lassen, so sollte man darauf nicht pauschal die Nichtanerkennung der ausl Entscheidung stützen, § 199 Rn 71. § 328 Rn 6. Vielmehr sollte man – angesichts der Unsicherheiten im VölkervertragsR und erst recht im VölkergewohnheitsR – nach der Schwere und Tragweite des „Übergriffs" differenzieren und stets in Betracht ziehen, daß es nicht zwingend geboten ist, den Makel der Völkerrechtswidrigkeit von dem einzelnen (vielleicht bei der Gesamtschau der Dinge unbedeutenden) Beweisaufnahmeakt „durchschlagen" zu lassen auf die vom ausl Gericht erlassene Sachentscheidung. Weitergehend Schütze FS Stiefel (1987) 697.

152 Auch muß man dogmatisch klar unterscheiden, welches **Schutzziel** mit der Nichtanerkennung verfolgt werden soll, Geimer IZPR Rn 2537. Wahrung unmittelbarer staatl Interessen (Justizhoheit Deutschlands als Ausfluß ihrer Souveränität) oder **Schutz der Bewohner des Inlands** (nicht nur dt Bürger). So behauptet Stürner FS Nagel (1987) 455, „daß staatl Souveränität nicht nur Gemeinwohlinteressen artikuliert, sondern einen Schutzschild für den einzelnen Bürger darstellt, um ihn vor Übergriffen eines ihm fremden Rechtes zu bewahren, das er weder kennt noch in demokratischem Verfahren beeinflussen kann". Dagegen § 199 Rn 71.

153 II) Zwar gilt im IZPR – und speziell im internationalen AnerkennungsR – nicht das St. Florians-Prinzip, aber bei **Verletzung drittstaatl Justizhoheit** sollte man mit der Nichtanerkennung noch vorsichtiger hantieren, als bei der Verletzung der eigenen.

H) Beweisaufnahme für schiedsgerichtl Verfahren

154 Die private Schiedsgerichtsbarkeit ist zwar echte Rspr, § 1025 Rn 1. Die Schiedsrichter üben aber keine (vom Staat delegierten) Hoheitsfunktionen aus. Daher ist der Beweisaufnahme durch die Schiedsrichter vom VölkerR keine territoriale Schranke gesetzt. Ersuchen sie jedoch das staatl Gericht (§ 1036) um Zwangsmaßnahmen, muß das dt Gericht nach § 363 verfahren, also im Zweifel Rechtshilfe durch den Staat, in dem sich der Zeuge etc befindet, erbitten. Näher Schütze/Tscherning/Wais Rn 601.

J) Beweissicherung

155 Zur internationalen Zuständigkeit Deutschlands für selbständige Beweisverfahren (außerhalb eines anhängigen Rechtsstreits) s § 486 II u III. Hierzu Schütze RV 146, Linke IZPR Rn 329; Geimer IZPR Rn 1246, 1756, 1781, 2540. GVÜ insoweit nicht anwendbar, Geimer/Schütze I 215. – IdR wird Einleitung eines ausl Beweissicherungsverfahrens zweckmäßiger sein. Das Ergebnis kann aber im dt Hauptsacheverfahren nur im Wege des Urkundenbeweises verwertet werden, § 486 Rn 5a. Erfolgt Beweisanordnung durch dt Gericht im Verfahren nach §§ 485 ff, kommen §§ 363, 364 zur Anwendung. Der vom dt Gericht ernannte (in- oder ausl) **Sachverständige** darf im Ausland frei agieren, Rn 5. Er übt **keine hoheitl Tätigkeit** aus.

K) Anhang: Fragen des internationalen Beweisrechts im Spannungsfeld zwischen lex causae und lex fori (Geimer IZPR Rn 2260; von Bar IPR II Rn 552)

I) Beweisbedürftigkeit (§§ 138 III, 288, 291) richtet sich grundsätzl nach lex fori, Schack IZVR Rn 660. Andere Rechtsordnungen behandeln das Geständnis als Beweismittel, Schack IZVR Rn 683 mwN. 156

Die **Wechselbeziehung zwischen materiellem Recht und Prozeßrecht** wird erhebl tangiert, wenn die lex causae die Grenzen der (prozessualen) Dispositionsfreiheit enger zieht als das dt Recht; dann müssen – zB über §§ 617, 640 hinaus – auch unstreitige Tatsachen beweisbedürftig bleiben, Coester-Waltjen Rn 282, 606; Schack IZVR Rn 661. 157

II) Darlegungslast und Umfang der Substantiierungspflicht: lex fori, Geimer IZPR Rn 1994; dagegen für lex causae BGH WM 77, 793 = IPRspr 77/17; Celle RIW 88, 137 = IPRspr 87/17. 158

III) Die lex causae bestimmt das **Beweisthema:** Sie fixiert die darzulegenden und gegebenenfalls zu beweisenden Tatsachen. *Was* zu beweisen ist, legt die lex causae fest. Dagegen sagt die dt lex fori, *wie* zu beweisen ist, also die Zulässigkeit der Beweismittel und die technische Durchführung der Beweiserhebung; Schütze DIZPR 83; Geimer IZPR Rn 2260; MK-BGB/Siehr Art 18 EGBGB Anh I Rn 308; MK-BGB/Kreuzer Art 38 EGBGB Rn 297; MK-BGB/Martiny Art 32 EGBGB Rn 54. 159

IV) Die **Beweislast** richtet sich grundsätzl nach der lex causae, vorbehaltl der aus dem Prozeßverhalten sich ergebenden Fragen; Frankenstein I 363; Riezler 465; Birk 144 FN 37; Nagel IZPR Rn 328; Geimer IZPR Rn 2340; Otto IPRax 96, 23. Celle RIW 88, 137 = IPRspr 87/17; Köln IPRax 90, 46 (Armbrüster 25) = IPRspr 88/57; vgl auch Art 41 II CMR. – **Verträge** über die Beweislast: Im dt Recht werden Verträge über die Verteilung der Beweislast, über Beweisvermutungen, über Einschränkungen der freien richterl Beweiswürdigung und über Beweismittelbeschränkungen für zulässig erachtet, Schlosser, Einverständl Parteihandeln, 1968, 23. Dabei können die Parteien die dt Regelung durch eine ausl ersetzen. Jedoch können sie Beweismittel, die das dt Recht nicht kennt, nicht durch die Hintertür der Wahl ausl Rechts einführen, Riezler IZPR 43. ZB die Zuschiebung des Parteieides, Coester-Waltjen Rn. 4. **Beweislastumkehr bei schuldhafter Vereitelung der Beweisführung:** Dieser gewohnheitsrechtl Verfahrensrechtssatz des dt Zivilprozeßrechts gilt auch bei ausl lex causae. **Gesetzl Vermutungen** sind der lex causae zu entnehmen, Birk 149; Geimer IZPR Rn 2285; Schack IZVR Rn 674; Reithmann/Martiny Rn 265. So ausdrückl für Verträge Art 32 III 1 EGBGB. **Prima-facie-Beweis:** Maßgebl lex causae Geimer IZPR Rn 2291; Staudinger/von Hoffmann[12] Art 38 EGBGB Rn 203. Dagegen hM für lex fori: BGH RIW 85, 149 (CMR-Fall); Riezler 466; Birk 153 ff. Birk 157 jedoch für lex causae, wenn es sich um Tatbestände handelt, die nur Beziehungen zu einem einzigen Territorium aufweisen. Vgl auch IPG 74 Nr 7 (Köln). 160

V) Beweismaß: Lex causae, jedoch ist § 287 auch bei ausl lex causae anzuwenden, Geimer IZPR Rn 2334. Für lex fori (dt Recht) generell Schack Rn 696. 161

VI) Beweiswürdigung: Ebenfalls lex fori maßgeblich; Riezler 466; Birk 154 FN 71; Coester-Waltjen Rn 539 FN 1688; Geimer Rn 2338; Schack IZVR Rn 693. 162

VII) Schadensschätzung nach § 287: Für lex fori Riezler 466; Geimer IZPR Rn 2337; BGH NJW 88, 648 = IPRax 88, 227 (Gottwald 220) = IPRspr 87/1; Hamm FamRZ 87, 1307 = IPRspr 87/69; für lex causae Birk 163 bei FN 114; Niederländer RabelsZ 20 (1955) 33, 51; Staudinger/von Hoffmann[12] Art 38 EGBGB Rn 204. 163

VIII) Beweismittel: 1) Zeugen: a) Verbot des Zeugenbeweises (Art 1341 1985 Cc): Frankenstein I 364; Neuner, Der Sinn der international-privatrechtl Norm, 1932, 118 ff; Schoch 147 ff; Coester-Waltjen Rn 149 Fn 553; 446 ff; Schütze DIZPR 16; Staudinger/Firsching Art 11 Rn 87; Geimer IZPR Rn 2329. Man hat vor dem 1. 9. 1986 den Ausschluß des Zeugenbeweises für Vertr über 5000 FF (Art 1341 Cc) als Formvorschrift qualifiziert und kam zur Anwendung der lex causae. Jetzt schreibt Art 34 III 2 EGBGB **alternativ** die Anwendung des **Formstatuts** und der **lex fori** vor, Geimer IZPR Rn 2317. Ebenso im Ergebnis (mit anderer Begr) Schack IZVR Rn 687. **b) Fähigkeit, Zeuge sein zu können:** Lex fori bestimmt, wer Zeuge sein kann. Auf das HeimatR der Zeugen kommt es nicht an, ebenso nicht auf lex causae; Ausnahme: Beschränkungen der Zeugnisfähigkeit von Abkömmlingen in Scheidungsprozessen nach der lex causae sind auch im dt Verf zu beachten, Coester-Waltjen Rn 590 Fn 1824. Enger Schack IZVR Rn 682. **c) Zeugnisverweigerungsrecht.** Maßgebend ist die lex fori; Coester-Waltjen Rn 539 Fn 1691; Schack IZVR Rn 689. Ausnahme: Art 11 HBÜ; Rn 135. 164

2) Augenschein: lex fori, ebenso **Pflicht, eine Blutprobe zu dulden.** Vgl § 640a Rn 31. 165

3) Urkunden: Das dt Gericht kann auch bei ausl lex causae gegenüber Dritten nicht die Vorlage von Urkunden anordnen, § 429. Vielmehr muß die interessierte Partei den Dritten auf Vorlage verklagen. Anders in Frankreich. Hier kann der Richter auch von Dritten die Vorlage von 166

Urkunden verlangen, Art 11 Nr 2 Code de procédure civile, Rn 157. Noch viel weiter gehen US-amerik Gerichte, München ZZP 94 (1981), 462 (Schlosser 339) = RIW 81, 557 (Metz 80, 73; Martens 1025). Für lex causae Schlosser, Justizkonflikt, 12. Zur **Pflicht, Urkunden vorzulegen,** Nagel Rn 375 ff. Zur Beweiskraft ausl Urkunden Schack IZVR Rn 700.

167 4) **Parteieid** – da in Deutschland 1933 abgeschafft – untaugl Beweismittel. Maßgebl allein dt lex fori, Schack IZVR Rn 684. Ausnahme: **Eideszuschiebung an Schuldner** trotz Ablauf der Verjährungsfrist (Art 2275 Cc) Frankenstein I 369 u MK-BGB/Spellenberg Rn 201 vor Art 11. Hier sind im Wege der Anpassung §§ 448, 452 anzuwenden.

168 **IX) Beweislasturteile:** Jede Rechtsordnung sieht sich mit dem Problem konfrontiert, wie zu entscheiden ist, wenn sich der tatsächl Geschehensablauf nicht aufklären läßt. In solchen Situationen könnte das Gesetz zB vorschreiben, daß die Klage mangels Beweises als zur Zeit noch unbegründet abzuweisen ist und es den Parteien vorbehalten bleibt, den alten Streit nochmals mit besseren Beweismitteln zu wiederholen. Die dt ZPO geht jedoch einen anderen Weg. Auch wenn die Wahrheit nicht mehr aufgeklärt werden kann, muß das dt Gericht sofort und endgültig den Streit entscheiden. Wenn nach der ausl lex causae der Richter eine der Rechtskraft nicht fähige **absolutio ab instantia** aussprechen müßte, ist dies für den dt Richter unbeachtlich.

169 **L) Gebühren: 1)** des **Gerichts:** Wie nach Art 16I HZPÜ (1954) darf auch nach Art 14 Abs 1 HBÜ grundsätzl keine Erstattung von Gebühren u Auslagen irgendwelcher Art für die Erledigung eines Rechtshilfeersuchens verlangt werden; wegen der Ausnahmen s unten c) u d). Als **Gerichtsauslagen** des Rechtsstreits sind jedoch anzusetzen: **a)** die Rahmengebühr von 15–100 DM für die verwaltungsmäßig Prüfung des Ersuchens durch die Prüfstelle (§ 9 ZRHO) Nr 3a GebVerz (Anl zu § 2 Abs 1 JVerwKO); im Regelfall sind 60 DM zu erheben, die nur dann überschritten werden sollen, wenn es sich um eine Sache von außergewöhnl Umfang, mit hohem Streitwert oder von besonderer Bedeutung handelt (§ 50 Abs 1 u 2 ZRHO); – **b)** die Kosten der Abfassung oder Übersetzung des Ersuchens in die Amtssprache der ersuchten ausl Behörde – zumindest in franz oder engl Sprache – (Art 4 I, II, V Übk), wobei bei Erledigung des Ersuchens durch die dt Auslandsvertretung eine Übersetzung meist entbehrl sein dürfte (vgl. § 26 ZRHO); – **c)** die von einem ausl Staat an Sachverständige einschl Dolmetschern gezahlten u erstattet verlangten Entschädigungen sowie die wegen der Anwendung einer nach dem Recht des ersuchten Staates erforderl bes Form des Beweisaufnahme (Art 9 II Übk) veranlaßten Kosten (Art 14 II, aaO, sowie Denkschrift S 56 zu II des Art 14); – **d)** die durch sog examiners oder commissioners entstehenden Kosten, wenn das ersuchende dt Gericht in Kenntnis der zu erwartenden u ihm mitgeteilten Kosten der Benennung des examiners etc zugestimmt hat (Art 14 III Übk sowie Denkschrift hierzu S 56); – **e)** die den dt Auslandsvertretungen zustehenden Gebühren u Auslagen nach dem AKostG u AuslKostV.

2) des **Anwalts:** $^{10}/_{10}$ Beweisgebühr nach § 31 I Nr 3 BRAGO. Zwar beginnt das Beweisaufnahmeverfahren bereits mit dem Beweisbeschluß nach § 358 ZPO, erforderlich ist aber, daß der Prozeßanwalt seine Partei durch irgendeine Tätigkeit in Richtung auf das Beweisaufnahmeverfahren vertreten hat. Für die Auslösung der Beweisgeb genügt die Überprüfung des Beweisbeschlusses auf seine Vollständigkeit, seine etwaige Ergänzung oder Berichtigung.

364 *[Beweisaufnahme im Ausland auf Betreiben des Beweisführers]*

(1) Wird eine ausländische Behörde ersucht, den Beweis aufzunehmen, so kann das Gericht anordnen, daß der Beweisführer das Ersuchungsschreiben zu besorgen und die Erledigung des Ersuchens zu betreiben habe.

(2) Das Gericht kann sich auf die Anordnung beschränken, daß der Beweisführer eine den Gesetzen des fremden Staates entsprechende öffentliche Urkunde über die Beweisaufnahme beizubringen habe.

(3) In beiden Fällen ist in dem Beweisbeschluß eine Frist zu bestimmen, binnen der von dem Beweisführer die Urkunde auf der Geschäftsstelle niederzulegen ist. Nach fruchtlosem Ablauf dieser Frist kann die Urkunde nur benutzt werden, wenn dadurch das Verfahren nicht verzögert wird.

(4) Der Beweisführer hat den Gegner, wenn möglich, von dem Ort und der Zeit der Beweisaufnahme so zeitig in Kenntnis zu setzen, daß dieser seine Rechte in geeigneter Weise wahrzunehmen vermag. Ist die Benachrichtigung unterblieben, so hat das Gericht zu ermessen, ob und inwieweit der Beweisführer zur Benutzung der Beweisverhandlung berechtigt ist.

1 Für die Beweisaufnahme im Ausland muß das Gericht zunächst den Weg nach § 363 II versuchen **(Vernehmung durch dt Konsul).** Ist dieser nicht möglich, so hat das Gericht nach pflichtgem Ermessen darüber zu entscheiden, ob es **von Amts wegen nach § 363 I** verfährt oder ob es den Beweisführer die Erledigung des Rechtshilfeersuchens selbst betreiben läßt, StJ/Schumann Rn 2; Koch AK 2; aA BGH RIW 89, 818 = MDR 89, 233 = IPRspr 88/177; Junker 225 mwN. § 364 ermächtigt das Gericht aber nicht, die Erhebung der Beweise – wie im common law-Bereich – den Parteien zu übertragen **(keine privaten Beweiserhebungen),** Junker 432. Befragungen durch Partei(en) oder deren Vertreter sind keine förml Beweise, Junker 438. Eine schriftl Äußerung des Zeugen kann jedoch als Urkundenbeweis (§ 416) verwertbar sein. Vgl Junker 125 Fn 99, 438.

Die Beweisaufnahmemethode des § 364 wird selten praktiziert, § 36 ZRHO; Nagel Rechtshilfe 144; Hamm RR 88, 703 = IPRspr 87/146; sie ist jedoch empfehlenswert vor allem in common law-Staaten, Cohn ZZP 1967, 234, (England), Pfeil-Kammerer 261 (USA). Da Art 1 I HBÜ und Art 8 HZPÜ verlangen, daß das **Ersuchen vom Gericht ausgeht,** lehnen einige Staaten die Erledigung ab, wenn Partei das Ersuchen übermittelt, § 363 Rn 96. 2

Für die **Fristsetzung** (Abs 3) gilt § 356 entsprechend. Die Beteiligung des Gegners an der Beweiserhebung (vgl § 357) wird trotz Benachrichtigung (Abs 4) selten durchführbar sein. War sie das nicht oder ist Benachrichtigung unterblieben, so steht die Verwendung des Beweisergebnisses im Ermessen (§ 286) des Gerichts (BGH 33, 63 = NJW 60, 1950). Nach Eingang der Beweisurkunde Benachrichtigung des Gegners (§ 362 II entspr) unter Terminbestimmung z Verhandlung gem §§ 285, 370. Näher BGH RIW 84, 740 = NJW 2039 = IPRspr 84/164. 3

Bei **Ermessensmißbrauch** des Gerichts Beschwerde, Köln NJW 75, 2349. 4

Gebühren: Die Tätigkeit des Prozeßanwalts wird durch die verdiente Prozeßgebühr des § 31 I Nr 1 BRAGO abgegolten. Eine Beweisgebühr scheidet nach § 34 I BRAGO aus, weil die Beweisaufnahme lediglich in der Vorlage der in den Händen des Beweisführers befindl Urkunde besteht. Um eine Urkunde „in den Händen“ einer Partei handelt es sich auch, wenn die Urkunde von der Partei erst beschafft werden muß (München JurBüro 94, 221). 5

365 *[Abgabe durch verordneten Richter an anderes Gericht]*

Der beauftragte oder ersuchte Richter ist ermächtigt, falls sich später Gründe ergeben, welche die Beweisaufnahme durch ein anderes Gericht sachgemäß erscheinen lassen, dieses Gericht um die Aufnahme des Beweises zu ersuchen. Die Parteien sind von dieser Verfügung in Kenntnis zu setzen.

Über den beauftragten u ersuchten Richter s §§ 361, 362. Über die Verbindlichkeit des Ersuchens s § 158 GVG u Rn 2 zu § 362. 1

§ 365 will vermeiden, daß bei behebbaren Hindernissen der Beweiserhebung erst die Entschließung des ProzGerichts veranlaßt u abgewartet werden muß. Daher darf der verordnete Richter (zB bei falscher Anschrift oder Wohnungswechsel des Zeugen) das Ersuchen direkt an das zuständige Gericht weitergeben. Weitergabe an eine ausländische Behörde (§ 363) steht aber nur dem ProzGericht zu. Von einer Weitergabe soll der verordnete Richter das ProzGericht u die Parteien unverzügl verständigen. Ob die Hindernisse sich „später ergeben“ oder nur später erkannt werden, ist gleichgültig. Nicht § 365, sondern § 36 gilt bei Streit über Verhinderung des Gerichts aus Rechtsgründen (RG 44, 394). Der Anrufung des höheren Gerichts (§ 36) bedarf es nicht für Abgabe der Sache durch den ersuchten Richter an das zuständige AG im Einvernehmen mit dem ProzGericht. Für Abgabe durch die ersuchte ausländische Behörde (§ 364) an eine andere gilt nicht § 365, sondern Art 12 HBÜ (§ 363 Rn 30 ff). **Rechtsbehelf** s § 362 Rn 2. 2

366 *[Zwischenstreit]*

(1) Erhebt sich bei der Beweisaufnahme vor einem beauftragten oder ersuchten Richter ein Streit, von dessen Erledigung die Fortsetzung der Beweisaufnahme abhängig und zu dessen Entscheidung der Richter nicht berechtigt ist, so erfolgt die Erledigung durch das Prozeßgericht.

(2) Der Termin zur mündlichen Verhandlung über den Zwischenstreit ist von Amts wegen zu bestimmen und den Parteien bekanntzumachen.

1) Der verordnete Richter (§§ 361, 362) darf nur im eigenen Wirkungskreis (Rn 2 zu § 362) selbst entscheiden, also in den Fällen §§ 229, 360, 365, 400, 401, 402, 405, 406 IV u § 180 GVG die zur Ausführung des Ersuchens des Prozeßgerichts erforderlichen Maßnahmen ergreifen. Alle anderen Zwischenentscheidungen (insbes §§ 387, 389, 393, 397 III, 434, 479) hat das Prozeßgericht zu treffen, dem die Akten noch vor Erledigung der Beweiserhebung bei Entstehen eines Zwischenstreits (zwischen den Parteien oder zwischen einer Partei u einem Zeugen oder Sachverständigen, auch zwischen den Beteiligten u dem verordneten Richter) sofort zu übersenden sind. – **Rechtsbehelf:** § 576 (Rn 5 zu § 400). 1

2) Das Prozeßgericht (Einzelrichter) entscheidet nach mündl Verh durch Zwischenurteil (§ 303) über die ihm vorbehaltenen Fragen der Pflicht zur Aussage, Erstattung des Gutachtens, Eidesleistung u Vorlegung von Urkunden. VersUrteil im Zwischenstreit: § 347 II. 2

367 *[Ausbleiben der Partei bei Beweisaufnahme]*

(1) Erscheint eine Partei oder erscheinen beide Parteien in dem Termin zur Beweisaufnahme nicht, so ist die Beweisaufnahme gleichwohl insoweit zu bewirken, als dies nach Lage der Sache geschehen kann.

(2) Eine nachträgliche Beweisaufnahme oder eine Vervollständigung der Beweisaufnahme ist bis zum Schluß derjenigen mündlichen Verhandlung, auf die das Urteil ergeht, auf Antrag anzuordnen, wenn das Verfahren dadurch nicht verzögert wird oder wenn die Partei glaubhaft macht, daß sie ohne ihr Verschulden außerstande gewesen sei, in dem früheren Termin zu erscheinen, und im Falle des Antrags auf Vervollständigung, daß durch ihr Nichterscheinen eine wesentliche Unvollständigkeit der Beweisaufnahme veranlaßt sei.

1 1) **Abs I.** Bewirkung der Beweisaufnahme, einerlei, ob vor dem beauftragten oder ersuchten Richter oder vor dem ProzGer (RG 13, 400). Das Gericht darf u muß auch in Abwesenheit der Parteien bzw im Anwaltsprozeß in Abwesenheit der Anwälte die Beweisaufnahme durchführen. Voraussetzung ist nur, daß die ausgebliebene Partei vom Termin ordnungsgemäß (§§ 176, 218, 357 II) benachrichtigt ist (RG 6, 353) u der Termin zur Beweisaufnahme bestimmt ist; darum keine Beweisaufnahme, wenn die Zeugen lediglich auf Grund einer den Parteien nicht bekanntgegebenen Anordnung nach § 273 II 4 zur Stelle sind; doch kann, wenn der Termin vor dem Prozeßgericht stattfindet (§ 370), sofort Beweisbeschluß nach Aktenlage erlassen werden (§ 251a oder § 331a) und der gemäß § 273 geladene Zeuge oder Sachverständige gleich vernommen werden, wenn die Parteien gem § 273 IV benachrichtigt waren. Kann die Beweisaufnahme wegen Nichterscheinens einer Partei nicht durchgeführt werden, (zB weil die Partei Urkunden vorlegen sollte oder weil der Termin auf Antrag der säumigen Partei zur Anhörung des Sachverständigen gem § 411 III anberaumt war), dann ist die säumige Partei für die Instanz vorbehaltlich Abs II mit dem Beweismittel ausgeschlossen, falls sie beweisbelastet ist; ist die Beweisaufnahme wegen Nichterscheinens der nichtbeweispflichtigen Partei unmöglich, dann freie Würdigung der Säumnis (§ 286 Rn 14). – Zur Ausübung des Fragerechts der im Anwaltsprozeß ohne ihren Anwalt erschienenen Partei s § 137 Rn 4, § 397 Rn 1. – **Vor Erledigung des Beweisbeschlusses kein VersUrteil,** wohl aber nachher, wenn der Termin zur Fortsetzung der mündlichen Verhandlung bestimmt war (§ 370 Rn 1). Zu den Voraussetzungen der Säumnis in diesem Fall s § 332 Rn 2. – Sondervorschrift für Säumnis bei Parteivernehmung: § 454, für Wiederholung der Zeugenvernehmung aus sonstigen Gründen: § 398.

2 2) **Abs II.** Ob das Prozeßgericht oder der verordnete Richter (§§ 361, 362) den Beweistermin wiederholt, steht in seinem Ermessen. Der **Antrag auf Wiederholung** ist in der nächsten mündl Verhandlung (sonst gem § 295 verwirkt; BGH LM § 13 StVO Nr 7) vor dem Prozeßgericht zu stellen. Dem Antrag ist (entsprechend § 296) nur stattzugeben, wenn dadurch keine Verzögerung eintritt oder wenn die Säumnis genügend entschuldigt wird (§ 294) oder wenn der Gegner zustimmt. Dem **Antrag auf Ergänzung** der Beweisaufnahme ist darüber hinaus nur dann (also hier zusätzl Zulässigkeitsvoraussetzung!) stattzugeben, wenn wesentl Unvollständigkeit der Beweisaufnahme glaubhaft (§ 294) gemacht wird. – **Entscheidung:** Stattgegeben wird dem Antrag durch Beweisbeschluß. Zurückgewiesen wird er durch Zwischenurteil oder i den Gründen des Endurteils. Eine *selbständige* **Anfechtung** der Zurückweisung ist nicht möglich (§ 355 II, vgl entspr § 296 Rn 36).

368 *[Neuer Beweistermin]*

Wird ein neuer Termin zur Beweisaufnahme oder zu ihrer Fortsetzung erforderlich, so ist dieser Termin, auch wenn der Beweisführer oder beide Parteien in dem früheren Termin nicht erschienen waren, von Amts wegen zu bestimmen.

1 Die Ausführung des Beweisbeschlusses erfolgt – auch bei Abwesenheit der Parteien § 367 – im Amtsbetrieb. Daher sind die §§ 251a, 330 ff erst anwendbar, wenn der Beweis erhoben und sodann gem §§ 278 II 2, 370 in die mündl Verh eingetreten wurde (§ 332 Rn 2). Vorher (dh vor Ausführung des Beweisbeschlusses) sind für die Beweisaufnahme erforderliche Termine (zB bei Ausbleiben der Zeugen, ebenso bei Zwischenstreit gemäß § 387) von Amts wegen zu bestimmen. Zeugen sind dann erneut zu laden, § 377. Ladung der Parteien entbehrlich (trotzdem sachdienlich!) bei verkündetem neuen Termin (§ 218). Bei unterbliebener Verkündung sind die Parteien vor dem Prozeßgericht förmlich (§ 329 II; wegen § 370 I), vor dem verordneten Richter formlos (§ 357 II) zu laden.

369 *[Beweisaufnahme im Ausland]*

Entspricht die von einer ausländischen Behörde vorgenommene Beweisaufnahme den für das Prozeßgericht geltenden Gesetzen, so kann daraus, daß sie nach den ausländischen Gesetzen mangelhaft ist, kein Einwand entnommen werden.

Die Förmlichkeiten einer Beweisaufnahme im Ausland regeln die §§ 363, 364. § 369 bestimmt nur die formelle Verwertbarkeit im Ausland gewonnener Beweisergebnisse. Danach erfolgt die Beweisaufnahme im Ausland nach dem für die ersuchte ausl Behörde geltenden Recht. Ist dieses strenger als das deutsche Recht, so genügt doch die Erfüllung der deutschen Norm, Grunsky ZZP 89, 243. Ist auch den deutschen Verfahrensnormen nicht genügt, gilt § 295, bei Verfahrensrüge § 286. 1

370 *[Fortsetzung der mündlichen Verhandlung]*

(1) Erfolgt die Beweisaufnahme vor dem Prozeßgericht, so ist der Termin, in dem die Beweisaufnahme stattfindet, zugleich zur Fortsetzung der mündlichen Verhandlung bestimmt.

(2) In dem Beweisbeschluß, der anordnet, daß die Beweisaufnahme vor einem beauftragten oder ersuchten Richter erfolgen solle, kann zugleich der Termin zur Fortsetzung der mündlichen Verhandlung vor dem Prozeßgericht bestimmt werden. Ist dies nicht geschehen, so wird nach Beendigung der Beweisaufnahme dieser Termin von Amts wegen bestimmt und den Parteien bekanntgemacht.

1) Abs I. Im Regelfall (§ 355) der **Beweisaufnahme vor dem Prozeßgericht** (vgl § 278 II u § 285 Rn 1) müssen die Parteien im Anschluß an die Beweisaufnahme „zum Schluß" (§ 220 II) verhandeln; idR wird sich diese Verhandlung in der Beweiserörterung erschöpfen (§ 285 Rn 1, § 332 Rn 2, § 333 Rn 1). Das gilt auch für Termin außerhalb der Gerichtsstelle (§ 219). Ein Recht auf Vertagung besteht nur, wenn sonst (zB nach unvorhersehbarem Beweisergebnis) einer Partei das rechtl Gehör versagt wäre (§ 278 Rn 3, § 285 Rn 2). Der Beweis wird gem § 367 auch beim Ausbleiben einer Partei erhoben; auf Antrag ergeht gegen sie erst nach der Beweiserhebung (§ 332 Rn 2) VersUrteil oder Urteil nach Lage der Akten. Bei VersUrteil keine Berücksichtigung des Beweisergebnisses, denn gem § 331 hat die Säumnis Geständniswirkung. Ausnahme: Beantragt der Kläger VersUrteil gem § 331, obwohl die Beweisaufnahme sein Klagevorbringen als bewußt unwahr erwiesen hat, wird regelm die Schlüssigkeit der Klage (§ 331 Rn 4) u die fehlende Geständniswirkung (§ 288 Rn 7) streng zu würdigen sein, was ggf unechtes VersUrteil gegen den Kläger zur Folge haben kann (StJ/Schumann Rn 6). Ist keine Partei erschienen, so kann das Gericht (erst nach restlos durchgeführter Beweisaufnahme vgl § 368) nach Lage der Akten entscheiden (unter Berücksichtigung des Beweisergebnisses!), neuen Termin ansetzen oder das Ruhen des Verfahrens anordnen §§ 251a, 331a. Erfolgt die Terminsbestimmung oder -verlegung vor dem ProzGer erst **nach** Verkündung des Beweisbeschlusses, so ist der neue Termin den Parteien von Amts wegen unter Einhaltung der Ladungsfrist (§ 217) bekanntzumachen, § 329 II. 1

2) Abs II S 1. Nur wenig üblich, da Erledigung des Beweisbeschlusses und Rückkunft der Akten gewöhnl nicht vorauszusehen ist. Bei Anwendung keine besondere Ladung mehr zum Termin vor dem ProzGer. Im Falle des **S 2:** Bekanntmachung des Termins an die Parteien bzw ProzBev von Amts wegen, § 329 II, unter Einhaltung der Ladungsfrist (§ 217), RG 81, 322. Im nachfolgenden VerhTermin Vortrag des Beweisergebnisses gem § 285 II. 2

Sechster Titel

BEWEIS DURCH AUGENSCHEIN

371 *[Beweisantretung]*

Der Beweis durch Augenschein wird durch die Bezeichnung des Gegenstandes des Augenscheins und durch die Angabe der zu beweisenden Tatsachen angetreten.

1) Begriff: Die Einnahme des Augenscheins steht im (pflichtgebundenen; § 144 Rn 1 u 2) Ermessen des Gerichts; maßgeblich ist, ob diese Beweiserhebung zur Wahrheitsermittlung „erforderlich" ist. § 244 V StPO gilt entsprechend (BGH NJW 70, 949). Der Beweis durch Augenschein soll dem Gericht die Überzeugung von der Richtigkeit streitiger Behauptungen durch eigene **gegenständliche Wahrnehmung** vermitteln. Objekt des Augenscheins können Personen oder Sachen (§ 90 BGB) hinsichtl ihrer Existenz und Substanz sowie hinsichtl der durch sie 1 ausgelösten Vorgänge (zB Straßenschmutz als Verkehrsgefährdung) sein. Ob die gegenständl Wahrnehmung ausschließl optisch oder auch durch Betasten, Beriechen, Anhören oder genußmäßiges Kosten erfolgt, bleibt gleich; in allen diesen Fällen liegt ein „Augenschein" im technischen Sinn vor, den auch der blinde Richter nehmen könnte (hierzu Rn 8). Objekt des Augenscheins (und nicht des Urkundenbeweises; vgl Rn 2 vor § 415) sind auch **Tonband, Schallplatte** und EDV-Datenträger (zu den Anforderungen an die Beweisführung durch elektronische Dokumentation s Bergmann/Streitz (CR 94, 77 ff). – Zur Verwertbarkeit rechtswidrig erlangter Beweismittel s § 286 Rn 15a ff. Den Parteien ist die Anwesenheit beim Augenschein stets zu gestatten (§ 357; München Rpfleger 83, 319); zum Anwesenheitsrecht beim Ortstermin des SV s § 411 Rn 3.

2 2) Die **Abgrenzung von anderen Beweismitteln** liegt in der gegenständlichen Wahrnehmung einer Person oder Sache im Gegensatz zur Wiedergabe eines Gedankeninhalts. Eine Person wäre Gegenstand des Augenscheins hinsichtlich der Frage, **ob** sie sprechen kann (zB ein Kind), dagegen Zeuge oder SV hinsichtlich dessen, **was** sie sagt. Der Sachverständigenbeweis wird idR einen Augenschein voraussetzen, wobei das Gericht die Einnahme des Augenscheins dem SV überlassen darf (§ 355 Rn 3; § 402 Rn 5; § 411 Rn 3; BGH NJW 64, 1179; Hiendl NJW 63, 1663). Ebenso beinhaltet der Urkundenbeweis einen Augenschein an der vorgelegten (§§ 420, 421) Urkunde hinsichtl ihrer gegenständl Existenz (§ 419) unabhängig von ihrem gedankl Inhalt. Zur Abgrenzung der Fotografie (= Augenschein) von der Fotokopie (= Urkunde, wenn beglaubigt) s BGH MDR 76, 304. Zum Urkundenbegriff s Rn 2 vor § 415. Eine dem Gericht vorgelegte **Fotografie kann den gegenständlichen Augenschein entbehrlich machen,** wenn keine Partei deren Unzulänglichkeit als Beweismittel konkret darlegt (BGH NJW-RR 87, 1237 = MDR 88, 42; Köln NZV 94, 279).

3 **3) Verfahren:** Die Einnahme des Augenscheins kann von Amts wegen (§ 144) oder auf Antrag (§ 371) erfolgen. Der den Augenschein anordnende Beweisbeschluß (notwendig gemäß § 358; entbehrlich bei präsentem Augenscheinobjekt) muß das Beweisthema (§ 359 Nr 1) enthalten, da sonst eine Abgrenzung der zulässigen Beweiserhebung von der unzulässigen Beweisermittlung und Ausforschung nicht möglich wäre (Rn 5 vor § 284; das zu § 360 Rn 6 Gesagte gilt hier aber entsprechend). Wegen der Zulässigkeit, den Antrag zu übergehen oder zurückzuweisen, s Rn 8a ff vor § 284. Für das **Erfordernis, einen Augenschein** (ggf auch im 2. Rechtszug) **zu wiederholen,** gilt § 398 (s dort Rn 4, 5) entspr (BGH MDR 86, 220). – Der Beweisantritt setzt voraus, daß die wahrzunehmende Person oder Sache dem Gericht angeboten wird, dh daß die Wahrnehmung ermöglicht wird. Eine **Pflicht zur Vorstellung** besteht mit Ausnahme der §§ 372a, 654 I nicht; auch hier gibt es nur eine Beweislast, keine -pflicht. Jedoch hat die **Verweigerung des Augenscheins** verschiedene Folgen, je nach dem, wem die Vorstellung möglich gewesen wäre:

4 **a) Weigerung des Beweisführers,** bzw bei Augenschein von Amts wegen Weigerung des Beweislastträgers (Rn 15 ff vor § 284), hat Beweisfälligkeit zur Folge, weil das Beweismittel nicht verfügbar ist (vgl § 356 Rn 2). Der Grund der Weigerung ist dabei gleichgültig.

5 **b) Weigerung des Gegners,** zB sich körperl untersuchen oder sein Grundstück betreten zu lassen (Koblenz NJW 68, 897), kann entspr § 444 wie ein Zugeständnis der streitigen Behauptung gewertet werden, soweit der Augenschein zumutbar (bei körperlicher Untersuchung beachte Art 1 I GG und Düsseldorf VersR 85, 457 zur Unzumutbarkeit gesundheitsgefährdender Untersuchungsmethoden) war oder eine materiellrechtl Duldungs- oder Vorstellungspflicht (zB §§ 495 II, 809, 810 BGB; § 418 HGB) bestand (Peters, Beweisvereitelung u Mitwirkungspflicht des Beweisgegners, ZZP 82, 200; BGH NJW 63, 389/90). Das Gericht kann das Bestehen einer – auch aus der prozessualen Förderungspflicht herzuleitenden – Duldungspflicht im Rahmen der Beweiswürdigung prüfen (§ 286 Rn 14).

6 **c) Weigerung eines Dritten** macht das Beweismittel ungeeignet iS Rn 10a vor § 284, hat also Beweisfälligkeit des Behauptenden zur Folge. Kein Dritter ist zur Mitwirkung durch Duldung verpflichtet; die öffentl-rechtl Zeugnispflicht mit der Möglichkeit von Sanktionen (§ 380) gilt hier nicht entsprechend (Schulte NJW 88, 1009). Ausnahme nur § 372a. Wo ein materiell-rechtl Duldungsanspruch des Beweisführers gegen den Dritten besteht (zB §§ 495 II, 809–811 BGB, §§ 45–47a, 418 HGB), darf u sollte (so insbes bei willkürl Weigerung) das Gericht dem Beweisführer entspr § 431 gem § 356 Gelegenheit geben, den Duldungsanspruch klageweise durchzusetzen. Handelt der Dritte bei der Weigerung im Einvernehmen einer Partei, so ist a oder b anwendbar.

7 Bei **Streit über die Identität** des Augenscheinsgegenstandes entscheidet das Gericht gem §§ 286, 366. Die Beweislast für die Identität entspricht der Beweislast für die streitige Tatsache.

8 **4) Unfähigkeit zur Einnahme des Augenscheins** infolge eines körperl Gebrechens (zB Blindheit, Taubheit) hindert den Richter nur an der persönl Durchführung dieser Beweiserhebung; er kann sich das für die Entscheidung benötigte Wissen aber im Wege des § 372 II vermitteln lassen (vgl § 372 Rn 2). Nach Frankfurt OLGR 94, 166/7 können auch die weiteren Mitglieder des Spruchkörpers als Augenscheingehilfen fungieren.

5) **Gebühren: a) des Gerichts:** Keine; Auslagenvorschuß: § 68 GKG. – **b) des Anwalts:** Die Beweisgebühr fällt nur an, soweit der Augenschein der beweismäßigen Klärung streitigen Vorbringens dient; bloße Information des Gerichts genügt nicht (Herget Anm zu Hamburg KoRsp BRAGO § 31 Ziff 3 Nr 180). 9

372 *[Beweisaufnahme]*

(1) Das Prozeßgericht kann anordnen, daß bei der Einnahme des Augenscheins ein oder mehrere Sachverständige zuzuziehen seien.

(2) Es kann einem Mitglied des Prozeßgerichts oder einem anderen Gericht die Einnahme des Augenscheins übertragen, auch die Ernennung der zuzuziehenden Sachverständigen überlassen.

1) Die **Einnahme des Augenscheins** erfolgt **grundsätzlich durch das Prozeßgericht** selbst (§ 355), auch wenn die Beweisaufnahme nicht an der Gerichtsstelle, sondern nur „an Ort u Stelle" (§ 219; § 166 GVG) möglich ist. Die Parteien sind anwesenheitsberechtigt, § 357 (einschränkend bei körperlicher Besichtigung einer Person Saarbrücken OLGZ 80, 37). Die Zuziehung eines Sachverständigen hierbei ist Ermessenssache, jedoch dringend geboten, wenn das Ergebnis des Augenscheins Grundlage eines SV-Gutachtens werden soll oder kann (§ 355 Rn 2, § 402 Rn 5). Das Ergebnis (nicht die beweismäßige Würdigung) des Augenscheins ist im Protokoll (§ 160 III 5) festzuhalten (Ausnahme § 161, RG JW 28, 2417), doch genügt Feststellung im Tatbestand des Urteils, wenn das Gericht in gleicher Besetzung (§§ 370, 309) entscheidet (RG HRR 34, 963; BAG NJW 57, 1492). Zur Wahrung der Öffentlichkeit s § 169 GVG Rn 2 ff. 1

2) Dem **beauftragten oder ersuchten Richter** (§§ 361, 362) darf der Augenschein ohne die Einschränkung des § 375 übertragen werden (BGH MDR 91, 33/34). Protokollierung (§ 160 III 5) ist dann unentbehrlich. Ob der verordnete Richter einen Sachverständigen hinzuzieht (Auswahl § 405), steht in seinem Ermessen, falls nicht das Prozeßgericht die Zuziehung angeordnet hat. – Zulässig ist auch, die Einnahme des Augenscheins einem **Sachverständigen** allein (= begrenzt zulässige Durchbrechung des Grundsatzes der Beweisunmittelbarkeit; hierzu § 355 Rn 2, § 371 Rn 2, § 411 Rn 3) zu überlassen, soweit hierfür bereits Sachkunde erforderlich ist. Der Sachverständige ist dann hinsichtlich seiner tatsächl Feststellung sachverständiger Zeuge (§ 414) und kann in dieser Eigenschaft nicht gem § 406 abgelehnt werden (BGH NJW 65, 1492; MDR 74, 382); zur Berechtigung der Parteien, in diesem Fall der Besichtigung durch den SV beizuwohnen, s § 411 Rn 3, § 404a Rn 4. 2

372a *[Untersuchungen zur Feststellung der Abstammung]*

(1) Soweit es in den Fällen der §§ 1591 und 1600o des Bürgerlichen Gesetzbuchs oder in anderen Fällen zur Feststellung der Abstammung erforderlich ist, hat jede Person Untersuchungen, insbesondere die Entnahme von Blutproben zum Zwecke der Blutgruppenuntersuchung, zu dulden, soweit die Untersuchung nach den anerkannten Grundsätzen der Wissenschaft eine Aufklärung des Sachverhalts verspricht und dem zu Untersuchenden nach der Art der Untersuchung, nach den Folgen ihres Ergebnisses für ihn oder einen der im § 383 Abs. 1 Nr. 1 bis 3 bezeichneten Angehörigen und ohne Nachteil für seine Gesundheit zugemutet werden kann.

(2) Die Vorschriften der §§ 386 bis 390 sind entsprechend anzuwenden. Bei wiederholter unberechtigter Verweigerung der Untersuchung kann auch unmittelbarer Zwang angewendet, insbesondere die zwangsweise Vorführung zum Zwecke der Untersuchung angeordnet werden.

Lit: *Sautter*, Die Pflicht zur Duldung von Körperuntersuchung nach § 372a, AcP 161, 215.

1) **Allgemeines:** § 372a erlaubt (ähnlich §§ 81a–d StPO) erzwingbare (Abs II) Eingriffe in das durch Art 2 GG als Grundrecht geschützte Recht auf körperliche Integrität. Die Vorschrift entspricht der Verfassung (BVerfGE 5, 13 = NJW 56, 986); ihr sind die Parteien u am Verfahren nicht beteiligte Dritte unterworfen. Jedoch sind die Verfahrensvoraussetzungen wegen der Kollision mit Art 2 II GG von Amts wegen streng zu prüfen. Zur Anwendbarkeit des § 372a gegenüber Ausländern bzw im Ausland s Anm zu § 640a und unten Rn 12. Zur Verwertbarkeit privat ohne Wissen des Betroffenen veranlaßter DNA-Untersuchungen § 286 Rn 15b. 1

2) **Anwendungsbereich:** Anwendbar ist § 372a nur zum **Nachweis der Abstammung**, hier aber nicht nur im Statusverfahren der §§ 640–644, § 1591 BGB, sondern auch „in anderen Fällen" zB im Unterhaltsprozeß, im Erbrechtsstreit oder im Streit um das Recht zur Namensführung, auch im FGG-Verfahren (§ 15 FGG). Ob die Abstammung Streitgegenstand oder bloße Vorfrage ist, 2

bleibt gleich; doch ist die Frage der Erforderlichkeit u Zumutbarkeit dann uU verschieden zu beantworten.

3 **3) Eingriffsvoraussetzungen: a) Erforderlichkeit:** Die Feststellung der Abstammung einer Person muß entscheidungserhebl und beweisbedürftig (Rn 10 vor § 284) sein. Daher fehlt die Erforderlichkeit außerhalb des Statusprozesses im Fall des § 1593 BGB, zB bei Geltendmachung der Nichtehelichkeit eines Kindes. Erforderlichkeit fehlt auch, solange nicht alle anderen Beweismöglichkeiten erschöpft sind (Zeugenbeweis: BGH MDR 90, 919) und wo der Beweisantritt als Ausforschung (Rn 5 vor § 284) unzulässig ist. Wegen des Umfangs der Substantiierungspflicht bei Beweisantritt für Nichtehelichkeit des Kindes BGH NJW 64, 1179; der BGH neigt entgegen früherer Rspr (RG 169, 284) dazu, entspr dem Fortschritt der erbbiologischen Forschung u der steigenden Beweiskraft solcher Gutachten die Zulässigkeit u Erforderlichkeit des Beweises gem § 372a zu bejahen (BGH NJW 73, 1925; 76, 367 u 369; ebenso Hamburg FamRZ 75, 107). Nürnberg FamRZ 71, 590 hält wegen maßgebl Beweiskraft erbbiologischer Gutachten im Statusprozeß den Vorwurf der Ausforschung für niemals begründet; beim Fehlen jeglicher Anhaltspunkte für Zweifel an der Abstammung, insbes außerhalb des Statusprozesses, geht das zu weit (Celle NJW 71, 1086; Karlsruhe Justiz 72, 357; Bamberg FamRZ 75, 51), ebenso bei Benennung von Mehrverkehrszeugen ohne Angabe konkreter Verdachtsgründe für deren intime Beziehungen zur Kindesmutter (Stuttgart NJW 72, 2226; MK/Damrau Rn 5; sehr weitgehend KG NJW 87, 2311 m abl Anm Mutschler DAVorm 88, 61: Untersuchung aller männl Mitglieder einer Wohngemeinschaft). Wiederholung einer Beweiserhebung nach § 372a kann erforderl sein (Nürnberg FamRZ 61, 492; BGH NJW 64, 1184), so insbes bei Entdeckung neuer wissenschaftl Erkenntnisquellen.

4 **b) Geeignetheit,** dh **anerkannte wissenschaftliche Methode** der Begutachtung, insbes die Blutgruppenuntersuchung, die erbbiologische Untersuchung (Stuttgart FamRZ 61, 490), die serostatistische Zusatzberechnung (Essen-Möller-Verfahren; BGH 61, 171; BGH NJW 74, 1428 u 2046; 76, 368; Scholl NJW 79, 1913; 80, 1323), Tragezeitbestimmung u die Feststellung der Zeugungsunfähigkeit (BGH NJW 74, 1428). Zur forensischen Verwertbarkeit der Genom-Analyse nach dem DNA-Verfahren s Simon MDR 91, 5; Keller NJW 89, 2289; Rademacher NJW 91, 735; BGH NJW 91, 749/51. Die von der Arbeitsgemeinschaft der Sachverständigen für Abstammungsgutachten herausgegebenen Richtlinien für die Erstattung solcher Gutachten sind abgedr in FamRZ 94, 872 ff. Im folgenden können zu den Begutachtungsmethoden nur einige Hinweise gegeben werden.

5 Das **Blutgruppengutachten** eignet sich (nur) zum Ausschluß der Vaterschaft (vgl BGH NJW 64, 1179; zur Möglichkeit, daß die Ausschlußkonstellation auf einer Neumutation an einem Gen beruht s BGH NJW 91, 749/50). Die **serostatische Zusatzberechnung** ermöglicht, wenn ein Ausschluß nicht festgestellt werden kann, eine Aussage über die Wahrscheinlichkeit der Vaterschaft. Ab 99,8% ist sie praktisch erwiesen (BGHZ 61, 165). Niedrigere Wahrscheinlichkeitsgrade können im Zusammenwirken mit anderen Umständen Beweiskraft haben. Auch bei sehr hoher Wahrscheinlichkeit darf aber ein Gegenbeweis nicht abgelehnt werden (BGHZ 61, 165/172).

6 **Erbbiologische Gutachten** sind für den negativen und positiven Abstammungsbeweis verwertbar, teilweise aber nur iVm Blutgruppengutachten (BGH NJW 87, 2296 = MDR 87, 747; BGHZ 2, 13; 7, 120). Das erbbiologische Gutachten kann die (eidliche) Zeugenaussage entkräften (BGH NJW 74, 606; 64, 1179), während das Blutgruppengutachten das erbbiologische entkräftet (BGH NJW 51, 558; Schleswig NJW 68, 1188). Daher wird regelm ein erbbiologisches Gutachten erst erforderl (Rn 3), wenn das Blutgruppengutachten ergebnislos blieb, BGH 61, 165/171. Wegen der Möglichkeit, das **Verfahren auszusetzen,** bis ein Kind das für die Untersuchung erforderliche Alter hat, s § 640 f.

7 Die **DNA-Analyse** („genetischer Fingerabdruck“) ist geeignet, die serologischen Befunde zu ergänzen. Insbes wenn sich bei der herkömml Untersuchung zweifelhafte Ausschlußkonstellationen ergeben, sind ihre Ergebnisse im Rahmen der Beweiswürdigung heranzuziehen (BGH NJW 91, 749/751 f).

8 Das **Tragezeitgutachten** dient der Eingrenzung des Zeugungszeitpunkts. Zu einem Nachweis der Vaterschaft kann es nur zusammen mit serostatischen oder erbbiologischen Untersuchungen führen. Im Zusammenhang mit Erkenntnissen über den Zeitpunkt des Geschlechtsverkehrs kann es schwerwiegende Zweifel an der Vaterschaft (§ 1600 o II 2 BGB) begründen. Zur Aussagekraft eines Gutachtens zur **Zeugungsunfähigkeit** s BGH NJW 74, 1428.

9 **c) Zumutbarkeit** muß vorliegen hinsichtl der Art der Untersuchung und hinsichtl der mögl Folgen des Ergebnisses für die Testperson u ihre Angehörigen iS § 383 I 1–3. Eine darüber hinausgehende allg Zumutbarkeitsprüfung (iS einer Abwägung der Belange) sieht § 372a nicht vor (MK/Damrau Rn 13; aA BL/Hartmann Rn 23). Die häufig als Gesichtspunkt der Zumutbarkeit genannte Nachrangigkeit gegenüber anderen Erkenntnisquellen (vgl zB MK/Damrau Rn 14) ergibt sich schon aus dem Merkmal der Erforderlichkeit (Rn 3).

Der Art nach unzumutbar ist der Beweis gem § 372a, wo gesundheitl Schäden der Testperson zu befürchten sind (Düsseldorf VersR 85, 457). Wegen Art 1 GG unzumutbar stets die unfreiwillige ejaculatio seminis zu Untersuchungszwecken (Sautter AcP 161, 235). Keine Unzumutbarkeit der Blutentnahme für Zeugen Jehovas, Düsseldorf FamRZ 76, 51. Zu weitgehend wohl Koblenz NJW 76, 379, wonach schon psych Unbehagen die Blutentnahme für die Kindsmutter unzumutbar machen soll. 10

Dem Ergebnis nach unzumutbar ist die Begutachtung, wo ihr mögliches Ergebnis gegenüber dem Streitgegenstand höherwertige Interessen des zu Untersuchenden oder seiner Angehörigen verletzen kann. Das Risiko strafgerichtl Verfolgung der Testperson selbst (zB wegen Inzestes) beseitigt die Zumutbarkeit nach BGH NJW 64, 1469/1471, Frankfurt NJW 79, 1257 u Köln NJW 93, 474 nicht, wenn die Testperson Partei ist; anders aber, wenn sie nur Zeuge ist oder sonst am Verf nicht beteiligt ist u ihre eigene Konfliktsituation daher nicht zu vertreten hat (BGH aaO; Köln NJW 52, 149). Unzumutbarkeit für Kindesmutter wegen Möglichkeit der Aufdeckung eines Inzestes wurde verneint von Karlsruhe FamRZ 92, 334. Gefahr der Strafverfolgung wegen Unrichtigkeit einer Zeugenaussage (Hamm MDR 53, 114) macht die Untersuchung nie unzumutbar, KG NJW 69, 2208; Nürnberg FamRZ 70, 597; Frankfurt NJW 79, 1257. Das Risiko des Verlustes von Unterhaltsansprüchen beseitigt die Zumutbarkeit nicht (Frankfurt NJW 79, 1257; Karlsruhe FamRZ 62, 395; Köln NJW 52, 102; Nürnberg NJW 55, 1883). 11

d) **Zeugnisverweigerungsrecht** ist unbeachtl, denn § 372a ist Beweis durch Augenschein und SV-Gutachten, kein Zeugenbeweis (Hamburg NJW 53, 1873; kritisch hierzu wegen der abweichenden Regelung in § 81c III StPO – die hier aber nicht gilt, Frankfurt NJW 79, 1257 – Sieg MDR 80, 24). 11a

4) **Anordnung des Beweises** erfolgt durch Beweisbeschluß (§ 358) des Prozeßgerichts (dem verordneten Richter darf die Ausführung der Anordnung übertragen werden; BGH NJW 90, 2936) auf Antrag (§ 371) oder gem § 144 vAw, jedoch nicht vor mündl Verhandlung (§ 358a), da erst aufgrund dieser die Erforderlichkeit beurteilt werden kann (MK/Damrau 19). Beschluß muß Gegenstand des Gutachtens und einzubeziehende Personen bezeichnen (Celle OLGR 95, 224). Zum Verfahren des deutschen Gerichts auf Ersuchen eines ausländischen Gerichts Frankfurt NJW-RR 88, 714 (maßgebl § 372a als lex fori; vgl StJ/Schumann Rn 31). Die Anordnung ist **nicht anfechtbar** (§ 355 II); die Testperson kann jedoch uU ein Weigerungsrecht geltend machen (s Rn 13). 12

5) **Weigerungsrecht:** Ein solches kann von der Testperson entspr §§ 386–389 geltend gemacht werden. Sie kann es mit dem Bestreiten jeglicher Verfahrensvoraussetzungen (Rn 3 ff) begründen; insoweit ist entgegen § 355 II auch die Erforderlichkeit zu prüfen, sonst läge Eingriff in ein Grundrecht durch nicht nachprüfbare Ermessensentscheidung vor (München NJW 77, 341; Stuttgart FamRZ 61, 490; aA MK/Damrau Rn 22; offengelassen in BGHZ 121, 266/276 = NJW 93, 1391/93). Über die **Rechtmäßigkeit der Weigerung** wird im Zwischenstreit gem § 387 durch Zwischenurteil entschieden. Hiergegen sofortige Beschwerde (§§ 387 III, 577), auch wenn das LG als Berufungsgericht entschieden hat, s § 567 III; wegen OLG s § 567 IV. Im Zwischenstreit kein Anwaltszwang für die Testperson, die nicht Partei ist (§§ 387 II, 569 II 2). Erst nach die Duldungspflicht bejahendem rechtskräftigem Zwischenurteil dürfen die **Zwangsmittel** gem §§ 386–390 verhängt oder die zwangsweise Vorführung angeordnet werden (s Rn 15). Macht die Testperson ein Weigerungsrecht nicht nach § 386 geltend, kommt es nicht zum Verfahren nach § 387 ff, so insbes bei einfachem Fernbleiben (BGH NJW 90, 2936 = MDR 91, 33/34; hierzu Rn 15). – Eine Belehrung über das Weigerungsrecht ist nicht vorgeschrieben (MK/Damrau Rn 22). 13

Das **Weigerungsrecht Minderjähriger** (hierzu Bosch, Grundsatzfragen des Beweisrechts, 1963 S 61 ff; BGH NJW 67, 360; BayObLG NJW 67, 207) wird bis zur Erlangung der hierfür erforderlichen Verstandesreife (idR mit 14 Jahren) durch gesetzl Vertreter, wo dieser Partei ist durch einen Pfleger, ausgeübt. Entbehrlich ist die Beteiligung des gesetzl Vertreters bzw Pflegers, wenn das Gericht bereits die eigene Weigerung des Kindes als berechtigt anerkennt; § 383 Rn 4. 14

6) **Nichtberechtigte Weigerung:** Erscheint die im Beweisbeschluß bezeichnete (Rn 12) Testperson auf eine den Anforderungen des § 377 genügende Ladung hin nicht zur Untersuchung, ohne ein Weigerungsrecht nach § 386 geltend zu machen oder nach rechtskräftiger Verneinung eines solchen (Rn 13), so können auf Anordnung des Prozeßgerichts oder des Richterkommissars (§ 400; vgl BGH NJW 90, 2936 = MDR 91, 33/34) die Zwangsmittel gem § 390 verhängt werden (Köln FamRZ 76, 548). Die in § 372a II 1 angeordnete entspr Anwendung des § 390 deckt auch den Fall des bloßen Nichterscheinens ohne Angabe von Gründen (MK/Damrau Rn 29; aA StJ/Schumann Rn 26). In diesem Fall gilt bei nachträgl Entschuldigung § 381, bei nachträgl Geltendmachung eines Weigerungsrechts ist über dieses im Zwischenstreit nach § 387 und über das Ordnungsmittel gesondert zu entscheiden. – Rechtsbehelf: § 390 III. 15

Bei **wiederholter Verweigerung** kann (unabhängig von Verhängung und Durchsetzung von Ordnungsmitteln) unmittelbarer Zwang angeordnet werden (§ 372a II 2), insbes Vorführung 16 durch den Gerichtsvollzieher (LG Regensburg DGVZ 80, 171), nötigenfalls mit polizeil Hilfe. Ist die zwangsweise Durchsetzung nicht möglich (zB wegen Auslandsaufenthalts oder aus gesundheitl Gründen), darf der die Untersuchung unberechtigt verweigernde und entspr belehrte Bekl unter dem Gesichtspunkt der Beweisvereitelung so behandelt werden, als hätte die Untersuchung keine schwerwiegenden Zweifel an der Vaterschaft nach § 1600 o II 2 BGB erbracht (BGHZ 121, 266 = NJW 93, 1391 = LM Nr 3 [Wax]; NJW 86, 2371; s auch § 640 Rn 44).

Siebenter Titel

ZEUGENBEWEIS

373 *[Antretung des Beweises]*

Der Zeugenbeweis wird durch die Benennung der Zeugen und die Bezeichnung der Tatsachen, über welche die Vernehmung der Zeugen stattfinden soll, angetreten.

1 **1) Begriff des Zeugen:** Zeuge ist eine am Verfahren nicht selbst als Partei oder als gesetzl Vertreter einer Partei unmittelbar beteiligte Auskunftsperson, welche auf Antrag einer Partei durch **Aussage über Tatsachen** u tatsächliche Vorgänge Beweis erbringen soll. Zum Begriff der Tatsachen und zur Unzulässigkeit des Ausforschungsbeweises s Vorbem § 284 Rn 4, 5 und § 286 Rn 9 u 9a, zur Beweisfähigkeit von Rechtstatsachen § 288 Rn 1a. Durch die Beschränkung auf den Bericht über Tatsachen (dazu gehört die Aussage über Äußerungen Dritter vorbehaltl ihres geringeren Beweiswertes, § 286 Rn 9a; BGH NJW 84, 2039/40; Stuttgart NJW 72, 67) unterscheidet sich der Zeuge vom Sachverständigen; letzterer vermittelt Fachwissen zur Beurteilung von Tatsachen (BGH LM Nr 14). Der sachverständige Zeuge (§ 414) ist echter Zeuge, der seine bes Sachkunde zur Wahrnehmung der bekundeten Tatsachen verwendet hat (BGH MDR 74, 382). – Die Abgrenzung des Tatsachenvortrags von der (dem Zeugen verwehrten) Wertung ist wesentl Aufgabe der Vernehmungstechnik. Der zu Wertungen u Hypothesen neigende Zeuge verliert an Glaubwürdigkeit. Trotzdem ist eine Tatsachenbekundung ohne jede Wertung oft unmöglich; die meisten Eigenschaftsworte setzen Wertungen voraus. Die Grenzziehung ist letztlich Frage der Beweiswürdigung (§ 286).

2 **2) Die Zeugnispflicht** ist öffentl-rechtl Verpflichtung zur Mitwirkung am Prozeß anderer. Sie obliegt jeder der dtsch Gerichtsbarkeit unterworfenen Person (§§ 18–20 GVG) u besteht in der erzwingbaren (§ 380) Pflicht zum Erscheinen, zur wahrheitsgemäßen Aussage (§ 390) u zur Eidesleistung, nicht jedoch zur Abgabe schriftl Erklärungen iS § 377 III, auch nicht zur eigenen Ermittlung von dem Zeugen unbekannten Tatsachen (RG 48, 395; Köln NJW 73, 1983). Das schließt aber nicht aus, daß der Zeuge verpflichtet ist (§ 163 StGB), sein Wissen an Hand von Aufzeichnungen zu überprüfen u sein Gedächtnis aufzufrischen (§ 378, 273 II 4; Peters ZZP 87, 485). Von einer bürgerl-rechtl Pflicht zur Auskunftserteilung ist die Zeugnispflicht völlig unabhängig. Die Datenschutzgesetze stehen der Zeugenbenennung auch dann nicht entgegen, wenn die Personalien aus Dateien erhoben werden (Prütting ZZP 106, 459). Wegen Entschädigung des Zeugen s § 401.

3 **3) Die Zeugnisfähigkeit:** Aussagetüchtig u damit aussagepflichtig ist ohne Rücksicht auf Alter u Geschäftsfähigkeit jede Person, welche die Verstandesreife besitzt, tatsächliche Wahrnehmungen zu machen, diesbezügl Fragen zu verstehen u zu beantworten. Die Fähigkeit zur selbstverantwortlichen Ausübung eines Aussageverweigerungsrechtes ist keine Voraussetzung der Aussagetüchtigkeit (BGHSt 14, 161 = NJW 60, 1396; BGH NJW 67, 360); nötigenfalls bedarf es in den Fällen des § 383 (dort Rn 4) der Zustimmung des gesetzl Vertreters zur Aussage (nicht notw zur Verweigerung, BayObLG NJW 67, 207). Auch ein 14jähriges schwachsinniges Kind kann uU aussagetüchtig sein (BGH NJW 67, 360; vgl § 393). – Wegen der Zeugenaussage des Richters und Urkundsbeamten s §§ 41 Nr 5, 49. Zur Zeugnisfähigkeit des Prozeßbevollmächtigten (grds bejahend) Bürck NJW 69, 906.

4 **4) Zeugenstellung Prozeßbeteiligter:** Im Prozeß kann Zeuge sein, wer zur Zeit seiner Einvernahme nicht als Partei zu vernehmen ist, also jede natürl Person mit Ausnahme der prozeßfähigen Partei selbst, des gesetzl Vertreters der prozeßunfähigen Partei (§ 52) und der gesetzl Vertretungsorgane der parteifähigen (§ 50) jurist Person u Personenmehrheit (BGH NJW 65, 2253/2254).

5 **a)** Also ist **als Zeuge zu vernehmen:** die nicht selbst prozeßfähige Partei (BGH NJW 65, 2254; § 383 Rn 2; Ausnahme nur § 455 II, s dort Rn 3); bei der KG der Kommanditist (BGH aaO entgegen RG 32, 398 u 82, 133); der Komplementär der Liquidations-KG, der nicht selber Liquidator ist (BGH 42, 230 = NJW 65, 106); der durch Gesellschaftsvertrag von der Vertretungsmacht ausgeschlossene Gesellschafter der OHG (§ 125 HGB; BGH NJW 65, 2254; Kämmerer

NJW 66, 805); der Aktionär im Prozeß der AG (JW 99, 673); der im Zeitpunkt der Vernehmung bereits ausgeschiedene frühere Gesellschafter der OHG (RG 49, 425) oder sonstige frühere gesetzl Vertreter einer Partei (RG 29, 370), falls nicht die Aufgabe der Vertretungsmacht z Zwecke der Erschleichung der Zeugenstellung erfolgte; der gesetzl Vertreter einer Partei, der als solcher im Prozeß nicht auftritt, zB der Pfleger des Prozeßfähigen (s § 53); der Vormund in Sachen, für die ein Pfleger bestellt ist (§ 1794 BGB); der Betreuer außerhalb seines Aufgabenkreises (§ 1902 BGB); der Erbe im Prozeß des Testamentvollstreckers; der Gemeinschuldner im Prozeß des KonkVerw (RG 8, 413; 29, 29 u 382); falls er nicht als dessen streitgenössischer Nebenintervenient auftritt (§ 69; RG 46, 405); der Prozeßbevollmächtigte, auch unter Fortdauer dieser Eigenschaft (Hamm MDR 77, 142; Bürck NJW 69, 906); der (Inkasso-)**Zedent** (BGH WPM 76, 424; RGZ 44, 374; 81, 161; die erkennbar prozeßtaktische Abtretung kann aber gemäß § 286 die Beweiswürdigung beeinflussen (StJ/Schumann Vorbem § 373 Rn 12); der am Ausgang des Prozesses nicht formell, aber materiell beteiligte Dritte, zB Miterbe im Nachlaßprozeß.

Der einfache **Streitgenosse** ist als Zeuge zu vernehmen, soweit er als Partei nicht selbst betroffen ist (BGH WPM 83, 729; MDR 84, 47; KG OLGZ 77, 244; Düsseldorf MDR 71, 56; BAG JZ 73, 58; abw RG 91, 38). Betroffen idS ist der als Zeuge benannte Streitgenosse im Fall der Anspruchshäufung (§ 260) bei Identität des Streitgegenstands der mehreren Klageansprüche; dabei genügt für Betroffenheit bei unterschiedl Klageansprüchen aber bereits Identität des Anspruchsgrundes (so BGH MDR 84, 47 selbst nach Teilurteil über einen der Ansprüche und Rechtsmittel hiergegen). Ob für die „Betroffenheit", also Zeugenunfähigkeit, bereits genügt, daß der Streitgenosse (zB nach Teilurteil) zwar nicht streitgegenständl, jedoch hinsichtl der noch ausstehenden Entscheidung über die Kosten des Verfahrens betroffen ist (so Schneider MDR 82, 372; Celle NJW-RR 91, 62; KG MDR 81, 765; RGZ 91, 38; aA Celle OLGR 96, 45), erscheint fraglich. Geht man – wie hier – davon aus, daß niemand Zeuge in eigener Sache sein kann, so ist „Sache" idS nur der Streitgegenstand in seinem Bezug zum Beweisthema (vgl BGH NJW 83, 2508). Die hiervon zu trennende Frage, ob einem Zeugen zuzutrauen ist, über den ihn nicht (mehr) selbst betreffenden Gegenstand seiner Aussage allein aus Gründen der Kostenkonsequenz nicht mehr unbefangen und glaubwürdig auszusagen, ist Gegenstand der Beweiswürdigung, nicht der Zeugenfähigkeit; daß das Kosteninteresse als mittelbares Vermögensinteresse die Zeugenfähigkeit des vom Beweisthema selbst nicht mehr betroffenen Streitgehilfen nicht in Frage stellt, ergibt sich auch aus § 384 Nr 1, wonach in diesem Fall nicht einmal ein Aussageverweigerungsrecht besteht. 5a

b) **Als Partei ist zu vernehmen** der gesetzl Vertreter (das ist aber nicht der Sondervertreter iSv § 30 BGB; Barfuß NJW 77, 1273) der nicht prozeßfähigen Partei; die nicht prozeßfähige Partei selbst nur im Fall des § 455 II; der streitgenössische Nebenintervenient (§ 69; RG 46, 405); der notwendige Streitgenosse (§ 62); der Bürgermeister einer Gemeinde (LM Nr 1); der Konkursgläubiger im Konkursverfahren (Düsseldorf NJW 64, 2357). In allen diesen Fällen ist aber Voraussetzung, daß die Vertretungsmacht gerade den Streitgegenstand umfaßt. Daher ist zB Zeuge der ges Vertreter in Sachen, für die ein Pfleger bestellt ist (Karlsruhe FamRZ 73, 104), das Vorstandsmitglied im Fall des § 112 AktG, das Gemeinderatsmitglied im Prozeß der Gemeinde (BayObLGZ 62, 361). Andererseits sind bei Gesamtvertretung alle Vertreter als Partei zu vernehmen, mögen auch nur einzelne als Vertreter im Prozeß auftreten (StJ/Schumann Vorbem § 373 Rn 8). 6

c) **Änderung der Eigenschaft:** Maßgebl bei Wechsel in der Vertretungsmacht ist, wer im Zeitpunkt der Aussage Vertreter ist; gewillkürter Wechsel im Prozeß ist gem § 286 zu würdigen. Eine zulässige Aussage des Zeugen oder der Partei bleibt als solche wirksam, auch wenn die Eigenschaft als Zeuge oder Partei sich nach der Aussage ändert (StJ/Schumann Vorbem § 373 Rn 13). 6a

d) **Umdeutung** eines nach Vorstehendem unzulässigen Beweisantrags in einen solchen mit zutreffendem Inhalt ist in Erwägung zu ziehen. So kann Antrag auf Vernehmung eines gesetzl Vertreters als Antrag nach § 448 aufzufassen sein (BGH NJW-RR 94, 1143/44). 6b

e) **Verwertung der Aussage:** Die Einvernahme der Partei als Zeuge oder umgekehrt ist gem § 295 verzichtbarer Verfahrensmangel (BGH NJW 65, 2254; differenzierend StJ/Leipold vor § 445 Rn 9). Bestehen Zweifel, ob eine Person noch gesetzl Vertreter einer Partei ist, so darf das Gericht dennoch die Aussage verwerten, obwohl offen bleibt, ob als Zeugen- oder Parteiaussage (LM Nr 3). Zweifel insofern sind nur bei der Beweiswürdigung (§ 286) zu berücksichtigen (BGH NJW 65, 2254). Hat das Gericht der Aussage keine höhere Wertigkeit beigemessen als die ihr richtigerweise zukommende, ist die Beweiswürdigung nicht fehlerhaft (BGH WM 68, 1099; krit StJ/Leipold vor § 445 Rn 9 aE). Eingehend zu diesen Fragen Münks, Vom Parteieid zur Parteivernehmung, S 182. 7

5) Der **Beweisantritt** erfordert die individualisierende Benennung des Zeugen (wegen „Zeuge NN" s § 356 Rn 4) unter Angabe des Beweisthemas (§ 377 II 2). Die Angabe der ladungsfähigen Anschrift kann nachgeholt werden (BGH NJW 93, 1926/27); hierfür Fristsetzung gem § 356 8

möglich. Der Beweisführer hat die unter Beweis gestellte Tatsache und ihre Beweiserheblichkeit schlüssig und widerspruchsfrei darzulegen (entspr § 138, BGH MDR 88, 133) und nötigenfalls (zur Vermeidung eines Ausforschungsbeweises; vgl vor § 284 Rn 5) die Erkenntnisquelle seiner Behauptung anzugeben (BGH NJW 83, 2034). Bezugnahme auf anderweitigen, ausformulierten Beweisantritt ist zulässig (Celle NJW-RR 92, 703). Auf Mängel des Beweisantritts hat das Gericht unter Fristsetzung zu deren Behebung (§ 356, BVerfG NJW 85, 3006 = MDR 85, 817; BGH MDR 89, 54 = NJW 89, 227) hinzuweisen. Erst nach Ablauf einer solchen Frist darf das Gericht das Beweisangebot unbeachtet lassen; § 296 II ist nicht anwendbar (BGH NJW 93, 1926/27).

9 **6) Verwertung von Aussagen in anderen Verfahren:** Die protokollierten Zeugenaussagen können – vorbehaltl verfahrensgerechter Beweiserhebung im anderen Verfahren (so BGH NJW 85, 1470 = MDR 85, 567 bzgl Belehrung über ein Aussageverweigerungsrecht) – durch Bezugnahme hierauf als Urkundenbeweis in das Verfahren eingeführt werden (§ 418 I). Einer Zustimmung des Gegners zu diesem Beweisantritt bedarf es nicht (BGH VersR 83, 667). Nunmehrige Zeugnisverweigerung steht nicht entgegen (vgl § 383 Rn 6). Der **Beweiswürdigung dieses Urkundenbeweises** sind aber Grenzen gesetzt: Aus der Urkunde nicht ersichtl Umstände können grds keine Zweifel an der Richtigkeit dieser protokollierten Aussage rechtfertigen (BGH NJW 82, 580 = MDR 82, 211; VersR 92, 1028 = MDR 92, 803); andererseits darf das Protokoll nicht wie ein Zeugenbeweis gewertet werden (BGH NJW 95, 2856/57), denn es beweist nur, was der Zeuge im anderen Verfahren ausgesagt hat, nicht zwingend jedoch auch die Richtigkeit und Vollständigkeit dieser Aussage (Hartung VersR 82, 142). Eine Glaubwürdigkeitsbeurteilung ist nicht möglich; sie verstieße auch gegen den Grundsatz der Beweisunmittelbarkeit (BGH NJW 95, 2856/57; vgl § 355 m Erl). Daher darf der Richter Zweifel an der Richtigkeit solcher protokollierten Aussagen auf alle nach Sachlage erkennbaren Umstände stützen, insbesondere auf die Wertung anderer Beweismittel, die dem Gebot der Beweisunmittelbarkeit (§ 355) gerecht werden, zB andere Urkunden oder Zeugenaussagen vor dem Prozeßgericht (Hällmayer NZV 92, 482). Auf solche Bedenken gegen die Überzeugungskraft des urkundl eingeführten Beweisergebnisses anderer Verfahren hat das Gericht gemäß § 278 III hinzuweisen (BGH NJW 83, 999/1000), denn **dieser Urkundenbeweis berührt nicht das Recht der Parteien, die unmittelbare** (§ 355) **Anhörung des Zeugen zu beantragen** (BGHZ 7, 116 = NJW 52, 1171). Daher ist die ausschließl Verwertung der protokollierten Aussage unzulässig, wenn auch nur eine Partei die Vernehmung des Zeugen im anhängigen Verfahren beantragt (BGH VersR 71, 177; 92, 1028 = MDR 92, 803). Die zunächst nur den Urkundenbeweis antretende beweisbelastete Partei darf, sobald sie Zweifel an der Überzeugungskraft der Urkunde erkennt, diesen Antrag stellen, ohne sich dem Vorwurf der Verfahrensverzögerung auszusetzen (BGH NJW 83, 999 = MDR 83, 301). Der Gegner kann den Gegenbeweis gegen die Urkunde antreten, indem er die Anhörung dieses (oder anderer) Zeugen beantragt (BGH VersR 70, 322; WPM 73, 560; BAG NJW 68, 957); ein bloßer Widerspruch gegen die Verwertung des Protokolls genügt nicht (Hällmayer NZV 92, 482; aA Köln VersR 93, 1366). § 398 steht für beide Parteien hier dem Antrag auf unmittelbare Zeugenvernehmung nicht entgegen (BGH NJW-RR 88, 1527).

10 Einstweilen frei.

11 7) **Amtliche Auskünfte von Behörden** (s § 273 Rn 7) sind weder Zeugen- noch Sachverständigenbeweis (doch können sie ein Sachverständigengutachten beinhalten), trotzdem vollwertiges Beweismittel. Wegen Beiziehung behördl Akten s § 432.

12 8) Jeder Zeuge ist befugt, seine Aussage vor Gericht von der **Anwesenheit seines eigenen Rechtsbeistandes** (auch in nichtöffentlicher Sitzung) abhängig zu machen, BVerfG NJW 75, 103 = MDR 75, 290. Ein eigenes Fragerecht (wie gem § 397 II) und einen Anspruch auf Unkostenerstattung durch Gericht oder Gegner seines Mandanten hat dieser Beistand nicht (StJ/Schumann Vorbem § 373 Rn 47).

13 9) **Haftung des Zeugen:** Der Zeuge haftet für Schäden, die einem Prozeßbeteiligten durch eine vorsätzliche Falschaussage entstehen, nach § 823 II BGB iVm §§ 153 f, 263 StGB, bei Fahrlässigkeit nur im Falle seiner Beeidigung (§ 163 StGB; aA Prange S 73 ff, die der ZPO eine allg Wahrheitspflicht als ungeschriebenes Schutzgesetz entnimmt, die Zeugenhaftung dann aber [S 122 ff] auf grobe Fahrlässigkeit zurückführt). Die materielle Rechtskraft des unrichtigen Urteils steht einer Inanspruchnahme des Zeugen wegen ihrer subjektiven Grenzen (§ 325) nicht entgegen, jedoch kann die geschädigte Partei ein Mitverschulden treffen, wenn sie nicht alle Möglichkeiten zur Verhinderung und Beseitigung des Urteils (Rechtsmittel, Restitution) ausgeschöpft hat (Prange S 101 ff).

374 (weggefallen)

375 *[Beweisaufnahme durch den kommissarischen Richter]*
(1) Die Aufnahme des Zeugenbeweises darf einem Mitglied des Prozeßgerichts oder einem anderen Gericht nur übertragen werden, wenn von vornherein anzunehmen ist, daß das Prozeßgericht das Beweisergebnis auch ohne unmittelbaren Eindruck von dem Verlauf der Beweisaufnahme sachgemäß zu würdigen vermag, und

1. **wenn zur Ausmittlung der Wahrheit die Vernehmung des Zeugen an Ort und Stelle dienlich erscheint oder nach gesetzlicher Vorschrift der Zeuge nicht an der Gerichtsstelle, sondern an einem anderen Ort zu vernehmen ist;**
2. **wenn der Zeuge verhindert ist, vor dem Prozeßgericht zu erscheinen;**
3. **wenn dem Zeugen das Erscheinen vor dem Prozeßgericht wegen großer Entfernung unter Berücksichtigung der Bedeutung seiner Aussage nicht zugemutet werden kann.**

(1a) Einem Mitglied des Prozeßgerichts darf die Aufnahme des Zeugenbeweises auch dann übertragen werden, wenn dies zur Vereinfachung der Verhandlung vor dem Prozeßgericht zweckmäßig erscheint und wenn von vornherein anzunehmen ist, daß das Prozeßgericht das Beweisergebnis auch ohne unmittelbaren Eindruck von dem Verlauf der Beweisaufnahme sachgemäß zu würdigen vermag.

(2) Der Bundespräsident ist in seiner Wohnung zu vernehmen.

Abs I geändert und erweitert, Abs Ia eingefügt durch RpflVereinfG.

I) Die Vernehmung von Zeugen (entspr Sachverständige und Parteien, §§ 402, 451) durch den kommissarischen Richter (§§ 361, 362) ist eine der in § 355 zugelassenen **Ausnahmen vom Grundsatz der Beweisunmittelbarkeit.** Das Bestreben, die (Kollegial-)Gerichte zu entlasten, darf aber nicht dazu führen, daß die Ausnahme der mittelbaren Beweiserhebung zum Regelfall wird und derart der durch die Vereinfachungsnovelle abgeschaffte, nur den Beweis erhebende Einzelrichter (§ 348 Rn 2) als regelmäßig beauftragter Richter (§ 361) wieder erscheint. Der für die Beweiswürdigung der Zeugenaussage oft ausschlaggebende persönliche Eindruck vom Aussageverhalten des Zeugen darf dem Richterkollegium nur im Ausnahmefall vorenthalten werden. Deshalb hat das RpflVereinfG den Einleitungssatz des Abs I durch die Einschränkung modifiziert, daß (wie schon bisher in § 524 II) die kommissarische Zeugenvernehmung die begründete Prognose des Richterkollegiums bei Anordnung des Beweisbeschlusses (§ 358) voraussetzt, ein unmittelbarer Eindruck aller Richter des Kollegiums vom Verlauf der Beweisaufnahme erscheine von vornherein als entbehrlich. Erweist sich die Prognose nachträgl als unrichtig, ist nach § 398 zu verfahren, denn die freie Überzeugung (§ 286) bei der kollegialen Beweiswürdigung darf nicht der Absicht zum Opfer fallen, die Gerichte zu entlasten. – Ein Ausnahmefall iS § 375 liegt nicht vor, wo das Gericht durch einen Lokaltermin (§ 219) dem Grundsatz der Beweisunmittelbarkeit Rechnung tragen kann; doch genügt bereits hoher Geschäftsanfall, um statt eines Lokaltermins die Inanspruchnahme des verordneten Richters als „dienlich" erscheinen zu lassen. – Bei mittelbarer Beweisaufnahme ist die genaue Niederschrift (§ 160 III 4 u § 162) unentbehrlich. Wegen der Form des Rechtshilfeersuchens und seiner Verbindlichkeit für den ersuchten Richter s § 362 Rn 1 u 2. 1

II) Dem **verordneten Richter** (§§ 361, 362) darf die Beweiserhebung übertragen werden: **1)** Bei **Sachdienlichkeit der Einvernahme außerhalb des Gerichtsbezirks** (§ 166 GVG), zB wenn die Aussage am Tatort oder unter Gegenüberstellung (§ 394 II) eines am Erscheinen verhinderten (Nr 2) anderen Zeugen zweckmäßig ist. Örtlich zuständig ist dann das Amtsgericht des Tatortes oder des Wohn- bzw Aufenthaltsortes des Zeugen, uU daher ein ausländisches Gericht (§ 363), selbst wenn der Zeuge nahe der dtsch Grenze wohnt (München NJW 62, 57). – Sondervorschriften für den Bundespräsidenten (Abs II; auch hier gelten aber §§ 357, 397) u für Regierungsmitglieder u Abgeordnete (§ 382). Keine Zeugnispflicht für der dtsch Gerichtsbarkeit nicht unterstehende Personen (§§ 18–20 GVG). 2

2) Am Erscheinen verhindert ist der **kranke Zeuge,** sofern Ende der Krankheit nicht abzuwarten ist. Keine Verhinderung durch Reisekosten (§ 401 Rn 6). Zur Frage, ob der Zeuge das Betreten seiner Wohnung dulden muß: § 219 Rn 4, § 357 Rn 1. 3

3) Große Entfernung (auch schlechte Verkehrsverbindung) rechtfertigt die kommissarische Vernehmung, wenn die Bedeutung der Sache im Verhältnis zum Zeit- u Kostenaufwand einer Reise zum Prozeßgericht gering ist. Die besondere Bedeutung der Aussage für Beweiswürdigung und Prozeßausgang kann die Zumutbarkeit für den Zeugen vor dem Prozeßgericht auszusagen, erheblich erweitern und dann die mittelbare Beweiserhebung verbieten. Eine Anreise innerhalb des Gerichtsbezirks des LG oder OLG als Prozeßgericht wird in aller Regel zumutbar u geboten sein. Wegen Reisekostenvorschuß s § 14 ZuSEG. Wegen Beweiserhebung im Ausland s §§ 363, 364. 4

5 **Abs Ia** schränkt den Grundsatz der Beweisunmittelbarkeit (§ 355) noch weitergehend ein als Abs I: Während Abs I außer der Entbehrlichkeit eines unmittelbaren Eindrucks des Prozeßgerichts für den mittelbar erhobenen Beweis kumulativ auch noch das Vorliegen zumindest einer der in Nr 1–3 genannten Tatsachen voraussetzt, entfällt letztere Voraussetzung in Abs Ia bei der Zeugenvernehmung (ebenso §§ 402, 451 für Sachverständigen und Partei) durch den beauftragten Richter (§ 361; nicht auch im Fall des § 362!) aus Zweckmäßigkeitsgründen zur Vereinfachung des Verfahrens. Dieser Vorrang der Prozeßökonomie vor dem Grundsatz der Beweisunmittelbarkeit steht zwar unter dem Vorbehalt der Präambel des Abs I (= Prognose der Entbehrlichkeit des unmittelbaren Eindrucks); er stellt aber letztlich einen gefährlichen Rückfall in die mit der Vereinfachungsnovelle aufgegebene Praxis des nur „vorbereitenden Einzelrichters" dar (§ 348 Rn 2), zumal die Entbehrlichkeitsprognose sich bedenklich der grds unzulässigen Vorabwürdigung eines Beweises (§ 286 Rn 12) nähert. Dann erscheint es schon konsequenter, den Rechtsstreit gleich an den Einzelrichter zu verweisen.

6 **III) Verfahren:** Die auswärtige Beweisaufnahme läßt den Grundsatz der Parteiöffentlichkeit (§ 357) unberührt. § 357 II sieht für die Bekanntgabe des Beweistermins zwar nur formlose Mitteilung an die Parteien vor (im Anwaltsprozeß Mitteilung an die Anwälte nötig u ausreichend, § 176), doch gilt hierfür im Interesse des Mitwirkungsrechts der Parteien an der Beweisaufnahme (§ 397) § 217 (Ladungsfrist) entsprechend (Teplitzky NJW 73, 1675), wie überhaupt statt der wenig zweckmäßigen Regelung in § 357 II Ladung der Parteien zu empfehlen ist. – Die mittelbare Beweiserhebung in Abweichung von § 375, also unter Verletzung des Grundsatzes der Beweisunmittelbarkeit, ist ein iS des § 295 verzichtbarer Verfahrensfehler (BGH MDR 79, 567). Zur Befugnis des verordneten Richters (gem § 78 II ohne Anwaltszwang), Sühnegespräche zu führen u einen Prozeßvergleich entgegenzunehmen § 279 Rn 2. Zur Eidesleistung vor dem verordneten Richter s § 479 und § 391 Rn 6.

376 *[Vernehmung bei Amtsverschwiegenheit]*

(1) Für die Vernehmung von Richtern, Beamten und anderen Personen des öffentlichen Dienstes als Zeugen über Umstände, auf die sich ihre Pflicht zur Amtsverschwiegenheit bezieht, und für die Genehmigung zur Aussage gelten die besonderen beamtenrechtlichen Vorschriften.

(2) Für die Mitglieder der Bundes- oder einer Landesregierung gelten die für sie maßgebenden besonderen Vorschriften.

(3) Eine Genehmigung in den Fällen der Absätze 1, 2 ist durch das Prozeßgericht einzuholen und dem Zeugen bekanntzumachen.

(4) Der Bundespräsident kann das Zeugnis verweigern, wenn die Ablegung des Zeugnisses dem Wohl des Bundes oder eines deutschen Landes Nachteile bereiten würde.

(5) Diese Vorschriften gelten auch, wenn die vorgenannten Personen nicht mehr im öffentlichen Dienst sind, soweit es sich um Tatsachen handelt, die sich während ihrer Dienstzeit ereignet haben oder ihnen während ihrer Dienstzeit zur Kenntnis gelangt sind.

1 **1) Allgemeines:** § 376 (ebenso § 54 StPO, § 98 VwGO, § 46 ArbGG) löst ebenso wie §§ 383, 384, 408 II die Konfliktsituation zwischen obj Wahrheitsfindung u Geheimnisschutz zugunsten der Verschwiegenheit (Ausnahme: § 28 II BVerfGG u entspr Verfassungsgerichtsgesetze der Bundesländer). Während bei §§ 383, 384 geschütztes Rechtsgut der Persönlichkeitsschutz (Art 2 GG) der Auskunftsperson und ihrer Angehörigen ist, wird durch §§ 376, 408 II das öffentl Interesse an der Geheimhaltung der dem Gemeinwohl dienenden Geheimnisse geschützt. Ob im Einzelfall eine Aussage das Gemeinwohl gefährdet, soll der Entscheidung der Aufsichtsbehörde, nicht dem Zeugen oder dem Gericht überlassen bleiben (§§ 61, 62 BBG = unten Rn 7). Strafandrohung: § 353b StGB. Die Verschwiegenheitspflicht des Beamten usw ist Amtspflicht iS § 839 BGB.

1a **2) Betroffener Personenkreis: a)** § 376 gilt nur für Personen, die **nach bundesdeutschem Recht** in einem entspr Amtsverhältnis stehen. Nach dem Recht der ehemaligen DDR begründete Schweigepflichten bestehen mangels einer entspr Regelung im EinigungsV nicht fort (eingehend hierzu Rein/Hilger DtZ 93, 261 ff). Zur Verschwiegenheitspflicht der **Angehörigen ausländ Streitkräfte** s Art 18 Zusatz-Abk zum NTS (BGBl 61 II 1218), der **Bediensteten der Europäischen Gemeinschaft** s VO des Rates der EG v 29. 2. 68, ABl EG Nr L 56 S 1 (entspricht § 61 BBG).

2 **b) Richter** sind die in § 1 DRiG genannten Berufsrichter und ehrenamtlichen Richter des Bundes u der Länder. Über deren Verschwiegenheitspflicht s §§ 43, 45 I DRiG bzgl Beratung u Abstimmung in Rechtssachen. Eine weitergehende den beamtenrechtl Vorschriften angeglichene Verschwiegenheitspflicht über sonstige dienstl Belange besteht nur für die Berufsrichter nach Maßgabe des § 383 I 6 (dort Rn 19) und der Richtergesetze der Länder. Dem Beratungsgeheimnis

unterliegen auch Schiedsrichter (BGH 23, 141; RG 129, 17) u die Mitglieder des Ehrengerichts der Rechtsanwälte (RG JW 31, 1069); eine Befreiung von dieser Verschwiegenheitspflicht setzt die Aussagebewilligung aller Beteiligten, also der Parteien und der übrigen Mitglieder des Spruchkörpers voraus.

c) **Beamte** sind die nach den Beamtengesetzen des Bundes und der Länder zu Beamten auf Lebenszeit, auf Probe und auf Widerruf ernannten Bediensteten des Bundes, der Länder, der Gemeinden u Gemeindeverbände, sowie der Körperschaften, Stiftungen u Anstalten des öffentl Rechts. 3

d) **Andere Personen des öffentl Dienstes** sind die Arbeiter u Angestellten der in Rn 3 genannten Körperschaften, Anstalten, Stiftungen usw sowie nach dem VerpflichtungsG v 2. 3. 1974 (BGBl I 469 [547]) verpflichtete Personen, zB V-Leute der Polizei (vgl BGHSt 31, 148/156 f; NStZ 81, 70 zum gleichlautenden § 54 I StPO). Die Anwendung des § 376 auf diese Personen kann nicht mit der Begründung verneint werden, daß ihre Verschwiegenheitspflicht sich nicht aus „besonderen beamtenrechtl Vorschriften" (sondern aus Tarifvertrag, Anstellungsvertrag, Verpflichtung) ergibt (so aber BayObLG FamRZ 90, 1012/13; StJ/Schumann Rn 56; aA – allerdings unter der unzutr Annahme, alle Arbeiter und Angestellten des öffentl Dienstes würden nach dem VerpflichtungsG zur Geheimhaltung verpflichtet – MK/Damrau Rn 5). Die Verweisung auf die beamtenrechtl Vorschriften bezieht sich vielmehr nur auf die Erteilung bzw Versagung der Aussagegenehmigung (Löwe/Rosenberg/Dahs StPO 24. Aufl § 54 Rn 8). – Zur amtl Verschwiegenheitspflicht der **Notare** s § 18 BNotO, der **Soldaten** s § 14 des Ges v 22. 4. 1969, BGBl III 51–1. 4

e) **Regierungsmitglieder,** soweit sie nicht ohnedies Beamte sind (für Mitgl der Bundesregierung § 6 des BundesministerG idF v 27. 7. 1971, BGBl I 1166; entspr Regelungen enthalten die Landesgesetze; StJ/Schumann Rn 71, 72). Wegen der Schweigepflicht der parlamentarischen Abgeordneten s § 383 Rn 16. 5

3) **Gegenstand der Verschwiegenheitspflicht** sind alle den in Rn 2–5 genannten Personen bei Ausübung ihrer amtl Tätigkeit bekanntgewordenen Angelegenheiten. 6

4) Die **beamtengesetzl Regelung der Verschwiegenheitspflicht** ist nach dem BBG und aufgrund § 39 BRRG den Beamtengesetzen der Länder im wesentlichen inhaltsgleich, ebenso in den sonstigen vorgenannten Vorschriften. Die **§§ 61, 62** des **BBG** idF v 27. 2. 1985, BGBl I 480, lauten: 7

§ 61. (1) Der Beamte hat, auch nach Beendigung des Beamtenverhältnisses, über die ihm bei seiner amtlichen Tätigkeit bekanntgewordenen Angelegenheiten Verschwiegenheit zu bewahren. Dies gilt nicht für Mitteilungen im dienstlichen Verkehr oder über Tatsachen, die offenkundig sind oder ihrer Bedeutung nach keiner Geheimhaltung bedürfen.

(2) Der Beamte darf ohne Genehmigung über solche Angelegenheiten weder vor Gericht noch außergerichtlich aussagen oder Erklärungen abgeben. Die Genehmigung erteilt der Dienstvorgesetzte oder, wenn das Beamtenverhältnis beendet ist, der letzte Dienstvorgesetzte.

(3) Der Beamte hat, auch nach Beendigung des Beamtenverhältnisses, auf Verlangen des Dienstvorgesetzten oder des letzten Dienstvorgesetzten amtliche Schriftstücke, Zeichnungen, bildliche Darstellungen sowie Aufzeichnungen jeder Art über dienstliche Vorgänge, auch soweit es sich um Wiedergaben handelt, herauszugeben. Die gleiche Verpflichtung trifft seine Hinterbliebenen und seine Erben.

(4) Unberührt bleibt die gesetzlich begründete Pflicht des Beamten, Straftaten anzuzeigen und bei Gefährdung der freiheitlichen demokratischen Grundordnung für deren Erhaltung einzutreten.

§ 62. (1) Die Genehmigung, als Zeuge auszusagen, darf nur versagt werden, wenn die Aussage dem Wohle des Bundes oder eines deutschen Landes Nachteile bereiten oder die Erfüllung öffentlicher Aufgaben ernstlich gefährden oder erheblich erschweren würde.

(2) Die Genehmigung, ein Gutachten zu erstatten, kann versagt werden, wenn die Erstattung den dienstlichen Interessen Nachteile bereiten würde.

(3) Ist der Beamte Partei oder Beschuldigter in einem gerichtlichen Verfahren oder soll sein Vorbringen der Wahrnehmung seiner berechtigten Interessen dienen, so darf die Genehmigung auch dann, wenn die Voraussetzungen des Absatzes 1 erfüllt sind, nur versagt werden, wenn die dienstlichen Rücksichten dies unabweisbar erfordern. Wird sie versagt, so hat der Dienstvorgesetzte dem Beamten den Schutz zu gewähren, den die dienstlichen Rücksichten zulassen.

(4) Über die Versagung der Genehmigung entscheidet die oberste Aufsichtsbehörde.

5) **Verfahren:** Für die Vernehmung der genannten Personen, gleichgültig ob als Partei, Zeuge oder Sachverständiger, hat das Prozeßgericht schon vor der Ladung der Auskunftsperson die Aussagegenehmigung der zuständigen Aufsichtsbehörde einzuholen (Abs III). – Bis zur Erteilung der amtl Aussagegenehmigung, die das Beweisthema decken muß, besteht ein unverzichtbares Vernehmungsverbot. Das Beweismittel ist ungeeignet iS vor § 284 Rn 10a, doch obliegt die Behebung des Hindernisses dem Gericht. Die einmal erteilte Aussagegenehmigung gilt grds für alle Rechtszüge (BGH Betrieb 69, 703). Sie ist der Auskunftsperson mit der Ladung mitzuteilen, andernfalls ihr Fernbleiben bei schriftl Aussageverweigerung als entschuldigt gilt (§ 386 III). Gegen die Versagung der Aussagegenehmigung steht den Parteien, nicht dem Prozeßgericht, der 8

Verwaltungsrechtsweg offen (BVerwG NJW 71, 160; ggf Aussetzung des Verfahrens nach Ermessen des Gerichts und Fristsetzung nach § 356). Das Prozeßgericht hat insoweit kein Prüfungsrecht (abw § 28 II BVerfGG) u muß das Beweismittel als nicht verfügbar (vor § 284 Rn 11a) behandeln.

9 Aus der Versagung dürfen bei der **Beweiswürdigung** Schlüsse gezogen werden. Unter Verstoß gegen § 376 gemachte Aussage unterliegt keinem Verwertungsverbot (BGH NJW 52, 151).

377 *[Zeugenladung]*

(1) Die Ladung der Zeugen ist von der Geschäftsstelle unter Bezugnahme auf den Beweisbeschluß auszufertigen und von Amts wegen mitzuteilen. Sie wird, sofern nicht das Gericht die Zustellung anordnet, formlos übersandt.

(2) Die Ladung muß enthalten:

1. die Bezeichnung der Parteien;

2. den Gegenstand der Vernehmung;

3. die Anweisung, zur Ablegung des Zeugnisses bei Vermeidung der durch das Gesetz angedrohten Ordnungsmittel in dem nach Zeit und Ort zu bezeichnenden Termin zu erscheinen.

(3) Das Gericht kann eine schriftliche Beantwortung der Beweisfrage anordnen, wenn es dies im Hinblick auf den Inhalt der Beweisfrage und die Person des Zeugen für ausreichend erachtet. Der Zeuge ist darauf hinzuweisen, daß er zur Vernehmung geladen werden kann. Das Gericht ordnet die Ladung des Zeugen an, wenn es dies zur weiteren Klärung der Beweisfrage für notwendig erachtet.

Abs III geändert, Abs IV gestrichen durch das RpflVereinfG.

1 1) **Bedeutung:** Ladung soll sicherstellen, daß der Zeuge erscheint und ggf Zwangsmittel (§ 380) gegen ihn ergriffen werden können. Sie ist aber nicht Voraussetzung der Vernehmung; auch mitgebrachte oder aus sonstigen Gründen präsente Zeugen können vernommen werden (s hierzu § 278 Rn 3). Die Vorschrift stellt zudem klar, daß die Zeugenladung Aufgabe des Gerichts ist; eine Ladung durch die Partei kennt die ZPO nicht (anders § 220 StPO). Das Gericht kann deshalb einer Partei auch nicht aufgeben, einen Zeugen herbeizuschaffen; wohl aber kann es auf ein entspr Anerbieten eingehen.

1a 2) **Form der Ladung:** Grundsätzl formlose Terminsmitteilung durch die Geschäftsstelle. Förmliche Ladung nur auf bes Anordnung des Gerichts (zB bei Besorgnis unentschuldigten Fernbleibens). Die Ladung soll von der Einzahlung des Auslagenvorschusses (§§ 379, 401; § 68 GKG) abhängig gemacht werden. Ladung im **Ausland** befindl Zeugen vor ein deutsches Gericht ist im Rechtshilfeweg zulässig (§ 199), aber nicht gem § 380 erzwingbar, daher selten zweckmäßig (vgl München NJW 62, 57 über die grundsätzl Unzulässigkeit, Ausländer mit grenznahem Wohnsitz vor das nächstgelegene dtsch Gericht zu laden, anstatt gem § 363 zu verfahren). Zur Ladung von Deutschen im Ausland s § 363 Rn 5. Ladung (in der Form des Ersuchens, sich bereit zu halten) ist auch nötig, wenn die Beweisaufnahme gem §§ 219, 375 I 2 in der Wohnung des Zeugen erfolgt (so auch bei Ladung des Bundespräsidenten § 375 II, der Regierungsmitglieder u Abgeordneten § 382 und der aussagebereiten Exterritorialen § 18 GVG). Wegen der Ladung von Truppenangehörigen s Rn 9 f vor § 166. Minderjährige Zeugen (hierzu Rn 3 zu § 373) sind zweckmäßig zu Händen ihres gesetzl Vertreters zu laden (Folgen des Ausbleibens dann: § 380 Rn 7).

2 3) **Inhalt der Ladung: a) Bezeichnung der Parteien** (vgl § 253 II 1);

3 **b) Angabe des Vernehmungsgrundes:** es genügt die summarische Bezeichnung des streitigen Sachverhalts, soweit das erforderl ist, um dem Zeugen eine Vorbereitung der Aussage (zum Umfang der Vorbereitungspflicht s §§ 378, 373 Rn 2) zu ermöglichen. Angabe des förml Beweisthemas (§ 359 Nr 1) ist entbehrl, bei am Ausgang des Rechtsstreits persönl interessierten Zeugen uU sogar untunlich, wenn damit dem Zeugen eine Parteibehauptung „in den Mund gelegt" würde (Reinecke MDR 90, 1061). Auch bei vorbereitender Ladung (§ 273 II 4) ist Bekanntgabe des Beweisthemas Voraussetzung für Anwendung von Ordnungsmitteln (§ 380), s § 273 Rn 10.

4 **c) Hinweis auf die Säumnisfolge** gem § 380.

4a **d) Inhaltliche Mängel der Ladung** befreien nicht von der Pflicht, zu erscheinen und auszusagen, sie verbieten aber Zwangsmaßnahmen gem § 380 und sind Entschuldigungsgrund iS § 381.

4b 4) **Zeitpunkt der Ladung:** Eine Ladungsfrist ist nicht vorgeschrieben. Das Gericht ist nicht gehindert, einen Zeugen ganz kurzfristig, ggf telefonisch am Sitzungstag, herbeizurufen. Auf die Belange des Zeugen ist jedoch Rücksicht zu nehmen. Eine Ladung muß unterbleiben, wenn dem Zeugen nach den konkreten Umständen nicht zugemutet werden kann, sich noch auf den Termin einzustellen; jedenfalls ist der Zeuge als entschuldigt anzusehen (Düsseldorf OLGR 94, 170; vgl § 381 Rn 1).

5) **Schriftliche Beantwortung der Beweisfrage** kann das Gericht anordnen (Abs III). 5

a) **Wesen:** Sie ist Zeugen-, nicht Urkundenbeweis (anders die Verwertung einer bereits vorliegenden schriftl Äußerung). Auch bei vorbereitender Anordnung gem § 358a ist sie bereits Durchführung u nicht nur Vorbereitung der Beweisaufnahme (Hamm NJW 66, 1370), setzt daher streitige Einlassung des Gegners voraus. Zur schriftl Befragung von Zeugen im Ausland s § 363 Rn 5. Unanwendbar bei Parteivernehmung (§ 451). 5a

b) **Absehen von beantragter Vernehmung:** Das Gericht darf (gemäß § 358a Nr 3 auch vor der mündl Verhandlung) in **Durchbrechung des Grundsatzes der Beweisunmittelbarkeit** (§ 355) **und** der **Parteiöffentlichkeit** (§ 357) von einer Vorladung des Zeugen (zunächst) absehen und die Beweisfragen vom Zeugen schriftl beantworten lassen. Ein vorheriges Einverständnis der Parteien (so früher Abs IV) ist hierfür nicht Voraussetzung, doch bleibt das Fragerecht der Parteien (§ 397; dort Rn 2) unberührt, zu dessen Ausübung der Zeuge idR zur mündl Beantwortung vor das Prozeßgericht (§ 375 ist hierfür anwendbar) zu laden ist. Ebenso kommt gemäß § 398 eine Vorladung des Zeugen in Betracht, wenn seine schriftl Auskunft Mängel aufweist (BGH LM § 377 ZPO Nr 4). 6

c) **Voraussetzungen: aa) Eignung der Beweisfrage:** Ihr Inhalt muß die Abweichung vom grds fortbestehenden Grundsatz der Beweisunmittelbarkeit rechtfertigen. Das kann der Fall sein bei der Beweiserhebung über Nebenforderungen (§ 278 Rn 6a) aber auch bei anderen Beweisfragen, die voraussichtl eine Vereidigung des Zeugen (§ 391 Rn 3), eine Gegenüberstellung von Zeugen (§ 394 II), weitere Vorhaltungen oder Fragen des Gerichts (§ 396 II, III) sowie unmittelbare Fragestellungen der Parteien (§ 397) nicht erfordern werden. Die Beschränkung der Beweisfrage auf den Gegenstand von in Büchern oder Aufzeichnungen festgehaltenen Tatsachen (Abs III früherer Fassung) ist entfallen. Die Beweisfrage ist zur schriftl Beantwortung nur geeignet, wenn sie im Beweisbeschluß (§ 359 Nr 1) und in der Aufforderung (§ 377 II 2) für den Zeugen unmißverständl darstellbar ist und dargestellt wurde. 7

bb) **Eignung des Zeugen:** Er muß die Erwartung einer zuverlässigen und der Beweiswürdigung (§ 286) zugängl Beantwortung der Beweisfrage rechtfertigen. Der Zeuge muß daher – was nötigenfalls der Beweisführer darzulegen hat – über die allgemeine Aussagetüchtigkeit (§ 373 Rn 3) hinaus die für eine schriftl Auskunft vorauszusetzende besondere Erkenntnis- und Erklärungsfähigkeit sowie auch Vertrauenswürdigkeit besitzen; forensische Erfahrung des Zeugen ist aber nicht vorausgesetzt. Bei Zeugen, die in näherer Verbindung zu einer Partei stehen (Angehörige, Freunde, Mitarbeiter) wird schriftl Befragung idR ausscheiden. Ein Mindestalter des Zeugen (hierzu § 373 Rn 3) ist nicht gefordert, nachdem die früher obligatorische eidesstattl Versicherung der Richtigkeit der schriftl Auskunft durch das RpflVereinfG entfallen ist (vgl § 393). 8

d) **Anordnung** nur durch das Prozeßgericht, niemals durch den verordneten Richter (§§ 361, 362), denn dieser hat den Auftrag (der doch bei schriftl Befragung überflüssig gewesen wäre) so auszuführen, wie er erteilt ist (§ 158 GVG). Sie kann, muß aber nicht mit einer Terminsbestimmung verbunden werden. 9

e) **Belehrungen, Hinweise:** Der Zeuge ist in der Aufforderung darauf hinzuweisen, daß er ungeachtet der schriftl Auskunft vor das Prozeßgericht geladen werden kann; das ist tunlichst mit dem (formularmäßigen) Hinweis zu verbinden, daß diese Vorladung für den Fall vorbehalten bleibt, daß die schriftl Auskunft nicht, verspätet oder unzulängl erteilt wird. Hinzuweisen ist der Zeuge außerdem in der Aufforderung auf einen dem Gericht bekannten Grund für die (auch für die schriftl Auskunft geltende) Zeugnisverweigerung iS § 383 II und auf seine Wahrheitspflicht (§ 395). Zu den Folgen unterbliebener Belehrung s § 383 Rn 21, § 395 Rn 1. 9a

f) **Verfahren:** Der Zeuge muß keine schriftl Auskunft geben. Lehnt er es ab oder geht die Auskunft nicht innerhalb gesetzter Frist ein, ist er zum Termin zu laden (falls das nicht bereits vorsorgl geschehen war). Bei Eingang der Auskunft ist diese sofort den Parteien (formlos) mitzuteilen u unverzügl (§ 216 II) ein alsbaldiger (§ 272 III) Termin zur mündl Verhandlung u Beweiserörterung (§ 285) zu bestimmen. Persönl **Ladung des Zeugen nach erteilter schriftl Auskunft** ist nach § 398 zu behandeln, jedoch regelm notwendig, wenn das aus Gründen der §§ 355, 391, 394 II, 397 oder wegen Unzulänglichkeit der schriftl Auskunft (§ 286) geboten ist. Wo das Gericht die **Beeidigung des Zeugen** für nötig erachtet (§ 391 Rn 3), kann die Vorladung nicht durch eine eidesstattl Versicherung des Zeugen ersetzt werden; in Betracht kommt hier allenfalls eine Vereidigung des Zeugen gem § 479. 10

g) Die **Verwertung einer schriftl Auskunft ohne vorherige Anordnung** ist möglich, wenn die Parteien einverstanden sind. Es handelt sich dann um Urkunden-, nicht Zeugenbeweis. Dagegen ist es (entgegen Koblenz MDR 94, 410) nicht zulässig, ein Schreiben, das der geladene Zeuge zum Zwecke seiner Entpflichtung einsendet, durch nachträgl Anordnung zu einer Aussage iSv § 377 III zu machen. 11

12 6) **Auslagen:** Keine für die formlose Ladung. Nur für die förmliche Ladung ist das für den Postzustellungsauftrag zu entrichtende Leistungsentgelt als Gerichtsauslage zu erheben (KV 9002a). Die durch Justizbedienstete nach §§ 211, 212 ausgeführten Zustellungen stehen jetzt nicht mehr den Zustellungen durch die Post gleich, sondern sind an § 16 I GvKostG gekoppelt. Bei der Auslagenerhebung ist der Grenzwert in (2) vor KV 9000 zu beachten.

378 *[Pflicht des Zeugen, die Aussage vorzubereiten]*

(1) Soweit es die Aussage über seine Wahrnehmungen erleichtert, hat der Zeuge Aufzeichnungen und andere Unterlagen einzusehen und zu dem Termin mitzubringen, wenn ihm dies gestattet und zumutbar ist. § 429 bleibt unberührt.

(2) Kommt der Zeuge auf eine bestimmte Anordnung des Gerichts der Verpflichtung nach Absatz 1 nicht nach, so kann das Gericht die in § 390 bezeichneten Maßnahmen treffen; hierauf ist der Zeuge vorher hinzuweisen.

§ 378 eingefügt durch das RpflVereinfG.

1 **1) Vorbereitungspflicht des Zeugen** (Abs I): Der Zeuge hat Wahrnehmungen zu bekunden, die er ohne gerichtl Auftrag getroffen hat. Keinesfalls obliegt es aber dem Zeugen, Tatsachen, die er vor Gericht bekunden soll, erst zu erforschen (RGZ 48, 395; Köln NJW 73, 1983), insbes aus Büchern, Aufzeichnungen oder anderen Unterlagen zu ermitteln (Peters ZZP 87, 485). Das schließt aber nicht aus, daß es dem Zeugen zugemutet wird, sein Wissen vor der Einvernahme an Hand von ihm zugänglichen oder in seinem Besitz befindlichen Aufzeichnungen zu überprüfen und sein Gedächtnis aufzufrischen, ohne jedoch hierbei verpflichtet zu sein, solche Aufzeichnungen (auch Fotos, Skizzen usw) erst selbst anzufertigen oder zu beschaffen. Auf die Pflicht zur Vorbereitung kann der Zeuge allgemein (zB im Ladungsformular) oder durch „bestimmte Anordnungen" (die dann nach Abs II erzwingbar sind) hingewiesen werden.

2 **2) Keine Vorlagepflicht:** Es besteht keine Pflicht des Zeugen, zur Gedächtniserforschung verwendete Unterlagen dem Gericht oder den Prozeßparteien vorzulegen oder auszuhändigen. Eine solche Vorlage anläßl der Einvernahme des Zeugen mag sachdienl sein und deshalb vom Gericht angeregt werden, der Zeuge ist hierzu aber allein wegen seines Besitzes an den Unterlagen noch nicht öffentlich-rechtl verpflichtet; er könnte nur aufgrund einer etwaigen materiellrechtl Vorlagepflicht gemäß §§ 428, 429 durch Klage des Beweisführers zur Vorlage oder Herausgabe gezwungen werden.

3 **3) Zwangsmaßnahmen gegen den Zeugen** (Abs. 2) bei dessen Weigerung, ihm zugängl Unterlagen zur Auffrischung des Gedächtnisses zu verwenden und/oder zum Termin mitzubringen, sind entspr § 390 nur zulässig, wenn

a) das Gericht eine *bestimmte* Anordnung gegen den Zeugen iS Abs I getroffen hatte; die unsubstantiierte Aufforderung durch das Gericht, etwa vorhandene Unterlagen unbestimmter Art zu verwerten, genügt also nicht;

b) die Aufforderung an den Zeugen zu Abs I muß vor dem Beweistermin, tunlichst mit der Ladung gem § 377, verbunden mit der Androhung der etwaigen Zwangsmaßnahme gem § 390 dem Zeugen zugegangen sein (hierzu § 273 II 4) und

c) der Besitz oder Zugang des Zeugen zu konkret zu bezeichnenden Unterlagen iS des Abs I muß für das Gericht (regelm durch den Inhalt des Beweisantritts) außer Zweifel stehen; dafür kann es genügen, daß der Zeuge Besitz oder Zugang zu solchen ihm konkret genannten Unterlagen nicht oder unsubstantiiert bestreitet.

Unzulässig sind Zwangsmaßnahmen gegen den Zeugen, der von einem Zeugnisverweigerungsrecht Gebrauch macht.

4 4) Kein **Rechtsmittel** des Zeugen oder der Parteien gegen die Anordnung gemäß Abs I: § 355 II. Der Zeuge darf und sollte aber dem Gericht durch Gegenvorstellung etwaige Hindernisse für die Befolgung der Anordnung alsbald anzeigen, um dem Beweisführer ggf den Weg des § 429 zu eröffnen. – Zum Rechtsmittel gegen Maßnahmen gemäß Abs II s § 390 Rn 10.

5 **5) Revision:** Das Gericht ist zu Anordnungen nach § 378 grds nicht verpflichtet; das Unterlassen begründet daher keinen Verfahrensfehler. Anders kann es liegen, wenn sich bei der Vernehmung ergibt, daß der Zeuge (nur) anhand seiner Unterlagen genauere Angaben machen kann; dann handelt es sich um einen Fall von Nichtausschöpfen eines Beweismittels (Verstoß gegen § 286; vgl Rn 8a vor § 284; BGH ZIP 93, 1307/08).

379 *[Auslagenvorschuß]*
Das Gericht kann die Ladung des Zeugen davon abhängig machen, daß der Beweisführer einen hinreichenden Vorschuß zur Deckung der Auslagen zahlt, die der Staatskasse durch die Vernehmung des Zeugen erwachsen. Wird der Vorschuß nicht innerhalb der bestimmten Frist gezahlt, so unterbleibt die Ladung, wenn die Zahlung nicht so zeitig nachgeholt wird, daß die Vernehmung durchgeführt werden kann, ohne daß dadurch nach der freien Überzeugung des Gerichts das Verfahren verzögert wird.

1) **Anwendungsbereich:** § 379 gilt nur für Zeugen- u Sachverständigenladung (§ 402), ebenso für die Einholung eines schriftl Gutachtens (§ 411), BGH 6, 398; BGH NJW 64, 658. Daneben entsprechende Vorschußpflicht der Parteien gem § 68 GKG für alle sonstigen mit notw Auslagen verbundenen Prozeßhandlungen des Gerichts, so für Einnahme des Augenscheins § 371, Durchführung von Terminen außerhalb der Gerichtsstelle (§§ 219, 375); ebenso für Schreibauslagen (zB § 299). Für die Inanspruchnahme von Dolmetschern u Übersetzern fremdsprachlicher Zeugenaussagen gilt § 379 entsprechend (§ 402 ZPO, § 17 II ZuSEG); nur ausnahmsweise besteht keine Vorschußpflicht für die Hinzuziehung eines Dolmetschers zur gemäß § 141, 279 angeordneten Verhandlung mit der ausländischen Partei, denn hier ist gemäß § 185 GVG die Ladung des Dolmetschers Amtspflicht (KG MDR 73, 325; aM StJ/Schumann Rn 6 und Schmid, MDR 82, 94/97, der § 379 ganz allgemein nicht auf Dolmetscher und Übersetzer anwenden will). 1

2) Anordnung der Vorschußleistung steht im **Ermessen des Gerichts.** Bei Ausübung des Ermessens sind einerseits das Beschleunigungsbedürfnis des Verfahrens, andererseits das fiskalische Interesse der Justizkasse u auch das Schutzbedürfnis des Klägers gegenüber kostspieligen Beweisanträgen des Bekl (s § 49 GKG) gegeneinander abzuwägen (Röbke NJW 86, 237; Schmid MDR 82, 94). Vorschußpflicht des Beweisführers entfällt nicht bereits deshalb, weil im Rahmen des § 144 die beantragte Beweisaufnahme auch von Amts wegen erfolgen dürfte (Düsseldorf MDR 74, 321; strenger BGH MDR 76, 396; Pietzcker GRUR 76, 213; vgl § 144 Rn 1). Zurückhaltung ist geboten bei vorschußfrei angeordneter Beweisanordnung gem § 358a vor dem Haupttermin; hier ist (besonders bei Einholung kostspieliger SV-Gutachten) die Beweisbedürftigkeit u Entscheidungserheblichkeit (Rn 9, 10 vor § 284) streng zu prüfen. – Andererseits darf das Gericht eine Beweiserhebung nicht bereits wegen der damit verbundenen Kosten (zB bei geringem Streitwert) als „unökonomisch" ablehnen (BVerfG NJW 79, 413). Das Prozeßrisiko gegen das Kostenrisiko abzuwägen ist allein Sache der beweisbelasteten Partei. – Bei **Verbürgung eines Rechtsanwalts** für die Kostenhaftung besteht idR kein Anlaß mehr, auf einer Vorschußzahlung zu bestehen. Der Anwalt wird weiterer Kostenschuldner iSd § 54 Nr 2 GKG (Düsseldorf MDR 91, 161). 2

3) **Keine Vorschußpflicht** besteht, wo *Kostenfreiheit* gilt, so für den Fiskus gem § 2 GKG und soweit Prozeßkostenhilfe bewilligt wurde; hier ggf im Rahmen des § 122 II auch zugunsten des Gegners der armen Partei, falls nicht die Beweisaufnahme ausschließlich dessen Widerklage betrifft: RG 55, 270; KG OLGZ 71, 424. Gegen Vorschußanforderung trotz PKH-Bewilligung ist Gegenvorstellung oder auch (trotz § 355 II) Beschwerde gemäß § 127 zulässig (StJ/Schumann Rn 11; RGZ 55, 268). *Verzichtserklärung* des Zeugen (über deren Widerruflichkeit vgl Varrentrapp NJW 62, 903 u München NJW 75, 2108) beseitigt Vorschußpflicht, auch wenn Vorschußleistung bereits angeordnet war (BVerfG NJW 86, 833); der Verzicht des Zeugen kann bei Wegfall der Geschäftsgrundlage, zB wenn er erkennbar in Erwartung einer Einvernahme vor dem Wohnsitzgericht ausgesprochen wurde, für den Zeugen widerrufl sein (Düsseldorf MDR 91, 66). Der Verzicht muß aber unverzügl nach Eintritt der maßgebl Umstände und jedenfalls vor der Vernehmung dem Gericht gegenüber erklärt werden (München OLGR 95, 94). Keine Vorschußpflicht, soweit das Gericht die *Beweiserhebung von Amts wegen* anordnet (BGH FamRZ 69, 477; KG MDR 62, 744; RG 109, 67; 155, 39), zB gem § 144 (s dort Rn 1); § 68 GKG gilt hier nicht. Der BGH (LM Nr 1 = MDR 64, 502) bejaht Vorschußpflicht für die Partei, welche die *Ladung des Sachverständigen* zur mündl Erläuterung des Gutachtens (§ 411) beantragt; das gilt aber nicht (vom BGH offengelassen), wo die Partei gem §§ 402, 397 dem Sachverständigen Fragen bezüglich eines von Amts wegen eingeholten schriftlichen Gutachtens stellen will (Rn 1 zu § 144). Keine Vorschußpflicht auch für die *Ladung der Partei* gem § 445, weil die Partei ihre hierbei anfallenden Auslagen erst gem §§ 91, 104 liquidieren kann. 3

4) **Schuldner des Vorschusses** ist der Beweisführer, das ist ohne Rücksicht auf die Beweislast (Stuttgart MDR 87, 1035) die Partei, welche den Beweis angeboten hat (§ 359 Nr 3). Die Beweislast bestimmt den Schuldner aber, wenn beide Parteien den Beweis angeboten haben (Schmid MDR 82, 96; aM Bachmann DRiZ 84, 401, der hier beide Parteien uneingeschränkt als vorschußpflichtig ansieht, und Düsseldorf MDR 74, 321, das hier beide Parteien als Gesamtschuldner ansieht). Beweisantritt des Streitgehilfen macht nicht diesen, sondern die unterstützte Partei zum Schuldner. Wer die Anhörung des Sachverständigen (§ 411 III) beantragt, trägt insoweit die Vorschußlast, auch wenn das schriftl Gutachten vom Gegner beantragt worden war (BGH MDR 4

64, 502). Das BVerfG (NJW 82, 983) hat die auf einer Verwechslung der Parteien bzgl der Vorschußpflichtigkeit beruhende Entscheidung wegen Verstoßes gegen Art 3 GG aufgehoben.

5 5) Die **Höhe des Vorschusses** ist in der Anordnung zu beziffern. Nachträgl Erhöhung ist zulässig, München OLGZ 78, 484 = MDR 78, 412. Der Vorschuß soll ausreichen, die voraussichtlichen Auslagen (über deren Höhe s ZuSEG) zu decken. Daher abzulehnen Frankfurt OLGZ 68, 436, wonach der einmal eingeforderte Auslagenvorschuß für SV-Gutachten nicht nachträglich erhöht werden dürfe, obwohl er tatsächlich nicht ausreicht. Wegen der Maßgeblichkeit der Höhe des Vorschusses für den Gebührenanspruch des Sachverständigen s § 413 Rn 6 und § 407a III.

6 6) Die **Anordnung der Vorschußleistung** obliegt dem Prozeßgericht, dem verordneten Richter nur im Falle des § 405. Mit der Anordnung soll die Fristsetzung verbunden werden (RG JW 38, 3136), dann ist wegen der Wirkung der Fristversäumung (unten Rn 7) förml Zustellung geboten (§ 329 II; vgl entspr § 356 Rn 6). Anordnung und Fristsetzung sind (ohne mündliche Verhandlung) jederzeit nachholbar, nach Frankfurt OLGZ 68, 438 jedoch nicht mehr nach erfolgter Ladung. Das schließt aber nicht aus, einen weiteren Vorschuß anzuordnen, wenn sich dieser (so insbes bei SV-Gutachten) nachträglich als erforderlich erweist (Rn 5). Die Frist ist eine richterliche iS § 224 II, daher Verlängerung und Abkürzung möglich (§ 356 Rn 6). Im Anwaltsprozeß ist eine Frist von weniger als 3 Wochen idR unangemessen kurz (Frankfurt NJW 86, 732). – **Anfechtbar** ist die Anordnung nur, wo sie trotz Bewilligung der Prozeßkostenhilfe ergeht: § 127 (RG 55, 268). In allen übrigen Fällen bleibt bei unberechtigter Anordnung (zB in unangemessener Höhe, in unzumutbar kurzer Frist oder bei Belastung des Gegners des Beweisführers) nur die Gegenvorstellung (Abhilfe gem § 360) oder Anfechtung des Urteils, KG OLGZ 71, 424; Frankfurt Rpfleger 73, 63. Zum Rechtsbehelf gegen zu hoch festgesetzte (§ 104) Kosten für Zeugen oder Sachverständige s § 401 Rn 5 und § 5 GKG.

7 7) **Folgen der Fristversäumung:** Die Ladung unterbleibt (§ 230, also auch ohne Androhung der Ausschlußfolge, Frankfurt OLGZ 68, 436; vgl entspr § 356 Rn 7), der Termin bleibt aber bestehen. Die Partei kann den Zeugen zum Termin stellen; er ist dann trotz unterbliebener Vorschußleistung zu vernehmen (Frankfurt OLGZ 68, 436; s aber zu den Rechten des Beweisgegners, sich einer sofortigen Vernehmung präsentierter Zeugen zu widersetzen, § 278 Rn 3) und hat dann (nach Stuttgart MDR 64, 857 sogar bei unterbliebener Vernehmung; s insoweit aber § 401 Rn 2) gem § 1 ZuSEG einen Entschädigungsanspruch. Die Partei kann auch ihren Antrag auf Ladung des Zeugen ausdrückl aufrechterhalten. Das Gericht hat dann darüber zu entscheiden, ob es ihm noch stattgibt oder ihn unter den Voraussetzungen des § 296 II zurückweist (BGH NJW 82, 2559/60). Bei berechtigter Zurückweisung ist der Antrag dann auch für die zweite Instanz präkludiert (§ 528 III), nicht aber wenn die Vernehmung nur wegen der Nichtzahlung des Vorschusses unterblieb (BGH NJW 80, 343 = MDR 80, 225).

7a Wird der Vorschuß **nach Fristablauf** noch eingezahlt (oder Gebührenverzichtserklärung vorgelegt), so unterbleibt die Ladung, wenn die Vernehmung nicht mehr ohne Verzögerung des Verfahrens durchgeführt werdn kann (Satz 2). Ist Ladung zum bestimmten Termin noch möglich, muß sie dagegen ausgeführt werden, denn die Versäumung der Zahlungsfrist hat noch keine Ausschlußwirkung (BVerfG NJW 86, 833; München OLGR 94, 214; Hamm NJW-RR 95, 1151; abw Weber MDR 79, 799); § 296 I gilt für diese Frist nicht. Durch „Flucht in die Säumnis" kann die Verzögerungswirkung uU umgangen werden; vgl aber zu den Nachteilen und Risiken § 296 Rn 40 u Hamm NJW-RR 95, 1038 (Sonderfall).

8 Wurde mangels Vorschußzahlung der Zeuge im ersten Rechtszug nicht geladen, so ist er bei **Zahlung im Berufungsverfahren** – vorbehaltlich § 528 II – zu laden; jedoch kommt ein Ausschluß gemäß § 528 II nicht bereits dann in Betracht, wenn der Zeuge trotz Vorschußzahlung und Ladung aus einem anderen Grund, den dann der Beweisführer nicht zu vertreten hat, nicht erscheint (BGH NJW 82, 2560 m abl Anm Deubner; hierzu § 296 Rn 25, § 528 Rn 32).

380 *[Folgen des Ausbleibens des Zeugen]*

(1) Einem ordnungsgemäß geladenen Zeugen, der nicht erscheint, werden, ohne daß es eines Antrages bedarf, die durch das Ausbleiben verursachten Kosten auferlegt. Zugleich wird gegen ihn ein Ordnungsgeld und für den Fall, daß dieses nicht beigetrieben werden kann, Ordnungshaft festgesetzt.

(2) Im Falle wiederholten Ausbleibens wird das Ordnungsmittel noch einmal festgesetzt; auch kann die zwangsweise Vorführung des Zeugen angeordnet werden.

(3) Gegen diese Beschlüsse findet die Beschwerde statt.

1 1) **Ordnungsmäßig geladen** ist der Zeuge, wenn ihm die Ladung rechtzeitig (§ 377 Rn 4b) und mit dem in § 377 II vorgeschriebenen Inhalt übermittelt wurde (§ 377, also formlose Mitteilung

ausreichend), oder wenn er, was zulässig ist, nach Kenntnisnahme vom Termin durch Erklärung gegenüber dem Gericht auf Ladung verzichtet hat. Zur ordnungsgemäßen Ladung gehört auch die den Anforderungen nach § 377 Rn 3 genügende Bekanntgabe des Beweisthemas (Celle OLGZ 77, 366; OLGR 94, 286; Frankfurt MDR 79, 236). Wegen Reisekostenvorschuß s § 401 Rn 6. – Wegen **Ladung von Soldaten** s Nr B 17 ff des Erlasses des BMVert v 16. 3. 1982, abgedruckt in Rn 9 vor § 166. – Gegenüber Zeugen, die im Ausland geladen wurden (zur Zulässigkeit § 363 Rn 5), findet § 380 keine Anwendung.

2) **Nichterschienen** ist der Zeuge, wenn er trotz Erscheinenspflicht (Ausnahme hiervon §§ 375 II, 377 III, IV, 382, 386 III) nicht erscheint, in einem die Vernehmung unmöglich machenden (zB betrunkenen) Zustand erscheint (Bergerfurth aaO S 85; Kaiser NJW 68, 185), sich vor Aufruf wieder entfernt (§ 220 II) oder seine sitzungspolizeil Entfernung (§ 158; § 177 GVG) notwendig gemacht hat; im letzteren Fall kommen auch die schärferen Maßnahmen nach § 178 GVG in Betracht. 2

3) **Folgen der Säumnis:** Bei Vorliegen der Voraussetzungen nach Rn 1 und 2 ist **von Amts wegen** durch (begründeten) Beschluß des Gerichts (nicht des Vors allein, LAG Bremen MDR 93, 1007), ggf gem § 400 des verordneten Richters, der säumige Zeuge zur Kostentragung u zur Zahlung des Ordnungsgeldes zu verpflichten. Die Anordnung ist zwingend, steht nicht im Ermessen des Gerichts und darf auch dann nicht unterbleiben, wenn mit einer nachträgl Entschuldigung zu rechnen ist (MK/Damrau Rn 5) oder wenn sich die Vernehmung als entbehrl erweist, selbst wenn der Beweisführer auf den Zeugen verzichtet (Frankfurt OLGZ 83, 458). Die Rspr läßt aber entspr § 153 I StPO, § 47 OWiG bei geringem Verschulden Absehen von Ordnungsgeld zu, wenn Ausbleiben des Zeugen ohne nachteilige Auswirkung auf das Verfahren (Frankfurt NJW 72, 2093; Grüneberg MDR 92, 328 ff). Die Kostenfolge muß jedoch auch in diesem Fall ausgesprochen werden (Grüneberg MDR 92, 329 f; aA Koblenz MDR 79, 424). Ob Mehrkosten entstanden sind, prüft das Gericht nicht (unzutr Celle OLGR 94, 286/7). 3

a) **Kostenfolge,** zB Reisekosten für den vergeblichen Termin. Insoweit sind die Parteien antrags- u bei Ablehnung beschwerdeberechtigt. Festsetzung der Kosten gegen den Zeugen gem §§ 104, 794 I 2. Der Beschluß gem § 380 (ebenso §§ 89, 390, 409) ist VollstrTitel iS § 103. Soweit er über säumnisbedingte Mehrkosten befindet, können diese gem §§ 91, 104 gegen die in der Hauptsache unterlegene Partei nur u erst dann festgesetzt werden, wenn dem Rechtspfleger (§ 104) die Uneinbringlichkeit der dem Zeugen auferlegten Kosten (durch Pfandabstandsprotokoll, Mitteilung über unbekannten Aufenthalt usw) glaubhaft gemacht u der Anspruch gegen den Zeugen von der obsiegenden an die unterlegene Partei abgetreten wird; München JurBüro 68, 645 = NJW 68, 1727. – Wegen der Kosten der erfolgreichen Beschwerde s unten Rn 10. 4

b) **Ordnungsgeld:** 5 bis 1000 DM. München OLGR 94, 202 hält aufgrund eines verfehlten Vergleichs mit Bußgeldern für Verkehrsordnungswidrigkeiten 200 DM bei einem Arzt für angemessen. Für Höhe, Beitreibung, Stundung, Umwandlung in Ordnungshaft u Verjährung gelten die **Art 6–9** des **EGStGB** v 2. 3. 1974 (BGBl I 469): 5

Art 6. (1) Droht das Bundesgesetz Ordnungsgeld oder Zwangsgeld an, ohne dessen Mindest- oder Höchstmaß zu bestimmen, so beträgt das Mindestmaß fünf, das Höchstmaß tausend Deutsche Mark. Droht das Landesgesetz Ordnungsgeld an, so gilt Satz 1 entsprechend.

(2) Droht das Gesetz Ordnungshaft an, ohne das Mindest- oder Höchstmaß zu bestimmen, so beträgt das Mindestmaß einen Tag, das Höchstmaß sechs Wochen. Die Ordnungshaft wird in diesem Fall nach Tagen bemessen.

Art 7. (1) Ist dem Betroffenen nach seinen wirtschaftlichen Verhältnissen nicht zuzumuten, das Ordnungsgeld sofort zu zahlen, so wird ihm eine Zahlungsfrist bewilligt oder gestattet, das Ordnungsgeld in bestimmten Teilbeträgen zu zahlen. Dabei kann angeordnet werden, daß die Vergünstigung, das Ordnungsgeld in bestimmten Teilbeträgen zu zahlen, entfällt, wenn der Betroffene einen Teilbetrag nicht rechtzeitig zahlt.

(2) Nach Festsetzung des Ordnungsgeldes entscheidet über die Bewilligung von Zahlungserleichterungen nach Abs 1 die Stelle, der die Vollstreckung des Ordnungsgeldes obliegt. Sie kann eine Entscheidung über Zahlungserleichterungen nachträglich ändern oder aufheben. Dabei darf sie von einer vorausgegangenen Entscheidung zum Nachteil des Betroffenen nur auf Grund neuer Tatsachen oder Beweismittel abweichen.

(3) Entfällt die Vergünstigung nach Abs 1 Satz 2, das Ordnungsgeld in bestimmten Teilbeträgen zu zahlen, so wird dies in den Akten vermerkt. Dem Betroffenen kann erneut eine Zahlungserleichterung bewilligt werden.

(4) Über Einwendungen gegen Anordnungen nach den Abs 2 und 3 entscheidet die Stelle, die das Ordnungsgeld festgesetzt hat, wenn einer anderen Stelle die Vollstreckung obliegt.

Art 8. (1) Kann das Ordnungsgeld nicht beigetrieben werden und ist die Festsetzung der für diesen Fall vorgesehenen Ordnungshaft unterblieben, so wandelt das Gericht das Ordnungsgeld nachträglich in Ordnungshaft um. Das Gericht entscheidet nach Anhörung der Beteiligten durch Beschluß.

(2) Das Gericht ordnet an, daß die Vollstreckung der Ordnungshaft, die an Stelle eines uneinbringlichen Ordnungsgeldes festgesetzt worden ist, unterbleibt, wenn die Vollstreckung für den Betroffenen eine unbillige Härte wäre.

Art 9. (1) Die Verjährung schließt die Festsetzung von Ordnungsgeld und Ordnungshaft aus. Die Verjährungsfrist beträgt, soweit das Gesetz nichts anderes bestimmt, zwei Jahre. Die Verjährung beginnt, sobald die Handlung beendet ist. Die Verjährung ruht, solange nach dem Gesetz das Verfahren zur Festsetzung des Ordnungsgeldes nicht begonnen oder nicht fortgesetzt werden kann.

(2) Die Verjährung schließt auch die Vollstreckung des Ordnungsgeldes und der Ordnungshaft aus. Die Verjährungsfrist beträgt zwei Jahre. Die Verjährung beginnt, sobald das Ordnungsmittel vollstreckbar ist. Die Verjährung ruht, solange

1. nach dem Gesetz die Vollstreckung nicht begonnen oder nicht fortgesetzt werden kann,
2. die Vollstreckung ausgesetzt ist oder
3. eine Zahlungserleichterung bewilligt ist.

6 Der Anordnung der Ersatz-**Ordnungshaft** von 1 Tag bis höchstens 6 Wochen steht Art 7 des 1. StrRG v 25. 6. 1969 (BGBl I 645) nicht entgegen (Hamm NJW 73, 1133; Düsseldorf MDR 73, 592). Zuständig für die Beitreibung des Ordnungsgeldes u Vollstreckung der Ordnungshaft ist gem § 31 III RPflG vorbehaltl des richterlichen Weisungsrechts der Rechtspfleger (hierzu Mümmler Büro 75, 582).

7 **c)** Gegen **minderjährige Zeugen** (§ 373 Rn 3) sind Zwangsmaßnahmen nur auszusprechen, soweit von ihrer Schuldfähigkeit (niemals unter 14 Jahren) auszugehen ist (LG Bremen NJW 70, 1430; Hamm NJW 65, 1613; StJ/Schumann Rn 15). Für Maßnahmen gegen die Eltern des Kindes fehlt eine gesetzliche Grundlage.

8 **4) Wiederholtes Ausbleiben** (Abs II): Ist der Zeuge wegen Ausbleibens schon einmal bestraft u bleibt er in ders Sache wieder aus, so kann mehrfach (nicht nur ein zweites Mal KG NJW 60, 1726 = MDR 60, 768; abw StJ/Schumann Rn 24; Celle OLGZ 75, 372; Karlsruhe NJW 67, 2166) auf Ordnungsgeld erkannt und daneben auch die **zwangsweise Vorführung** (gemäß § 191 GVGA durch den Gerichtswachtmeister oder -vollzieher auf Grund Vorführungsbefehls des Vorsitzenden) angeordnet werden, Gebühr § 26 GVKostG. In einem anderen Gerichtsbezirk wohnende Zeugen führt der GV des Wohnsitzes des Zeugen vor; so selbst bei großer Entfernung zum Prozeßgericht LG Regensburg DGVZ 80, 171. Ihm ist zu übersenden: VorführBeschluß, Vorschuß u Vorführ-Auftrag. Zur Überwindung von Widerstand ist nach Landesrecht Zuziehung polizeilicher Vollzugsorgane möglich (Bay GVBl 1953, 189). – Wegen der Vorführung von Soldaten s Nr C 29 des Erlasses vom 16. 3. 1982, abgedruckt in Rn 9 vor § 166.

9 Die **Kosten** des GV für die Vorführung (§§ 26, 35, 37 GVKostG) gelten als Auslagen des Gerichts, § 3 III GVKostG; sie sind gemäß § 379 vom Beweisführer vorzuschießen. Der GV teilt seine Kosten dem Gericht mit, das sie einzuziehen und nach Eingang an den GV auszuzahlen hat, §§ 4 GVKostG, 77a GVO, 21, 27 VII KostVfg. Die Reisekosten und Schreibgebühren kann der GV bereits beim Anfall aus der Staatskasse verlangen, § 11 Nr 10 GVO.

10 **5) Beschwerde** (Abs III): Einlegung schriftl oder zu Protokoll des UrkBeamten § 569 II; aufschiebende Wirkung § 572. Gegen die Entscheidung des beauftragten oder ersuchten Richters Herbeiführung der Entscheidung des ProzGer, §§ 400, 576 (abw LG Frankenthal NJW 61, 1363: Beschwerde zum örtl übergeordneten Gericht). Beschwerdeberechtigt ist auch die Partei, wenn dem Zeugen „die durch sein Ausbleiben verursachten Kosten" nicht auferlegt sind, nicht dagegen wegen Nichtverhängung eines Ordnungsgeldes (keine Beschwer). Die Verbindung der Beschwerde mit der Entschuldigung nach § 381 (dort Rn 4) ist zulässig. Keine Beschwerde gegen Beschl des OLG § 567 IV, wohl aber gegen eine Entscheidung des LG als Berufungsgericht, § 567 III. – Weitere Beschwerde ist nicht zulässig (§ 568 II). – Die **Kosten** der erfolgreichen Beschwerde des Zeugen (das können nur dessen Auslagen sein; wegen Gerichtskosten s Rn 11) sind nicht der Staatskasse aufzuerlegen (so aber Hamm MDR 80, 322; Bamberg MDR 82, 585; ThP Rn 12 in Analogie zu § 46 OWiG, § 467 StPO). Sie gehen als Auslagen gemäß § 11 ZuSEG zu Lasten der nach dem Urteil kostenpflichtigen Partei. Einer Kostenentscheidung im Verfahren der erfolgreichen Beschwerde bedarf es daher nicht (Zweibrücken MDR 96, 533; Düsseldorf MDR 85, 60; Celle Nds Rpfl 82, 45).

11 **4) Gebühren: a) des Gerichts:** Keine; Beschwerdeverfahren: KV 1906. – **b) des Anwalts:** § 61 I Nr 1 BRAGO.

381 *[Nachträgliche Entschuldigung des Zeugen]*

(1) Die Festsetzung eines Ordnungsmittels und die Auferlegung der Kosten sowie die Anordnung der zwangsweisen Vorführung unterbleiben, wenn der Zeuge glaubhaft macht, daß ihm die Ladung nicht rechtzeitig zugegangen ist, oder wenn sein Ausbleiben genügend entschuldigt ist. Erfolgt die Glaubhaftmachung oder die genügende Entschuldigung nachträglich, so werden die gegen den Zeugen getroffenen Anordnungen wieder aufgehoben.

(2) Die Anzeigen und Gesuche des Zeugen können schriftlich oder zum Protokoll der Geschäftsstelle oder mündlich in dem zur Vernehmung bestimmten neuen Termin angebracht werden.

1) Unterbleiben bzw Aufhebung einer Anordnung nach § 380 ist in zwei Fällen vorgesehen: 1

a) Glaubhaftmachung eines Ladungsmangels (§ 294 iVm § 377). Da die Ladung nach § 377 I 2 1a idR in einfachem Brief übersandt wird, können an die Glaubhaftmachung keine hohen Anforderungen gestellt werden. Wenn der Zeuge eidesstattl versichert, die Ladung nicht (rechtzeitig) erhalten zu haben, wird dies bei Fehlen von Gegenanzeichen als ausreichend anzusehen sein. Die Rechtzeitigkeit (§ 377 Rn 4b) beurteilt das Gericht nach den Umständen (Düsseldorf OLGR 94, 170). Das Gericht ist nicht verpflichtet, vor dem Erlaß des Ordnungsgeldbeschlusses Ermittlungen zur Ordnungsmäßigkeit der Ladung anzustellen. Zur Vermeidung eines Aufhebungsverfahrens empfiehlt es sich aber, anhand der Akten die Ausführung der Ladungsverfügung und die Beachtung der inhaltl Anforderungen zu überprüfen. Ein Anruf bei dem Zeugen kann oftmals nicht nur Klarheit über den Grund des Ausbleibens bringen, sondern uU auch den Beweisaufnahmetermin retten.

b) Genügende Entschuldigung: Ob eine solche vorliegt, entscheidet das Gericht bzw der 2 beauftragte oder ersuchte Richter. Es ist weder eine Glaubhaftmachung noch ein Beweis von Hinderungsgründen vorgeschrieben. „Genügend" ist die Entschuldigung aber nur dann, wenn der Zeuge Tatsachen vorträgt, die es dem Gericht möglich machen, zu prüfen, ob die vorgebrachten Gründe das Ausbleiben des Zeugen rechtfertigen (Frankfurt NJW 57, 1725). Über Art und Umfang seiner Ermittlungen entscheidet das Gericht (Freibeweis, vor § 284 Rn 7). Es kann die Vorlage von ärztl oder behördl Zeugnissen verlangen, ggf auch amtsärztl Ermittlungen veranlassen. Nicht genügend ist eine nachträgl Entschuldigung auch dann, wenn sie schuldhaft **verspätet** erfolgt, zB pflichtwidrig erst nach dem Termin od so spät geltend gemacht wurde, daß der Termin nicht mehr abgesetzt und die Beteiligten nicht mehr rechtzeitig abgeladen werden konnten (Düsseldorf MDR 69, 149; aA Karlsruhe NJW 72, 589; differenzierend [nur Auferlegung der Kosten, kein Ordnungsgeld] MK/Damrau Rn 12).

Beispiele: Krankheit (jedoch dann nicht, wenn sich Verhinderung durch zumutbare medikamentöse Einstellung hätte vermeiden lassen, KGR 94, 239), Betriebsstörung der Straßenbahn, Unkenntnis von der Zustellung der Ladung an Ersatzperson (Düsseldorf NJW-RR 95, 1341), schwere Erkrankung od Tod des nächsten Angehörigen des Zeugen; unaufschiebbare Geschäfte (einschr Hamm MDR 74, 330). Dagegen rechtfertigt der Umstand, daß der als Zeuge geladene Anwalt zur Terminszeit anderweit vor Gericht beschäftigt ist, sein Nichterscheinen im Vernehmungstermin nicht, da die Zeugnispflicht seinen Berufspflichten vorgeht (einschr BFH NJW 75, 1248). Hat der Zeuge vor dem Termin dem Gericht angezeigt, daß er aus irgendeinem Grund nicht erscheinen könne, so gilt er als entschuldigt, wenn er auf seine rechtzeitige Anzeige keine Antwort erhält (ähnl Köln VersR 93, 718: Absehen von Ordnungsgeld wegen geringer Schuld). „Vergessen des Termins" ist keine Entschuldigung, es sei denn, wichtige Ereignisse waren die Ursache hierfür (so auch München NJW 57, 306). 3

Der Zeuge hat die **Wahl zwischen nachträglicher Entschuldigung und Beschwerde** gem § 380 4 III. Mit letzterer können auch Entschuldigungsgründe vorgebracht werden, über die das Instanzgericht zunächst nach § 381 befinden kann (zur Kostenentscheidung in diesem Fall LG Mainz Rpfleger 74, 74). Wird die nachträgliche Entschuldigung verworfen, so steht dem Zeugen immer noch die Beschwerde zu.

2) Verfahren bei Aufhebung: Anordnung durch dem Zeugen u den Parteien mitzuteilenden 5 Beschluß; wenn verkündet, Mitteilung nur an den Zeugen. Hat ein beauftragter oder ersuchter Richter die Anordnung erlassen, so kann sie entweder vom Prozeßgericht oder auch vom verordneten Richter (§ 400) abgeändert oder aufgehoben werden. Lehnt der verordnete Richter die Aufhebung ab, ist erst Abhilfe beim Prozeßgericht nachzusuchen (§ 576 I), erst dann Beschwerde wie Rn 3 zu § 380. Der die Anordnung aufhebende Beschluß kann nur von den Parteien hinsichtl des Ausspruchs wegen „Auferlegung der Kosten" mit Beschwerde angefochten werden. – Bei Aufhebung kann der Zeuge nur **Rückzahlung** des Ordnungsgeldes, nicht auch Zinsen u Porto verlangen, RG JW 95, 598.

382 *[Vernehmung an bestimmtem Ort]*

1) Die Mitglieder der Bundesregierung oder einer Landesregierung sind an ihrem Amtssitz oder, wenn sie sich außerhalb ihres Amtssitzes aufhalten, an ihrem Aufenthaltsort zu vernehmen.

(2) Die Mitglieder des Bundestages, des Bundesrates, eines Landtages oder einer zweiten Kammer sind während ihres Aufenthaltes am Sitz der Versammlung dort zu vernehmen.

(3) Zu einer Abweichung von den vorstehenden Vorschriften bedarf es:

für die Mitglieder der Bundesregierung der Genehmigung der Bundesregierung,

für die Mitglieder einer Landesregierung der Genehmigung der Landesregierung,

für die Mitglieder einer der im Absatz 2 genannten Versammlungen der Genehmigung dieser Versammlung.

1 1) Die Vernehmung der Regierungsmitglieder u Abgeordneten hat „an ihrem **Amtssitz**", dh an der für diesen Sitz örtl zuständigen Gerichtsstelle (§ 219), nicht im Regierungs- oder Parlamentsgebäude zu erfolgen. Ausnahme nur gem § 375 II für den Bundespräsidenten. Eine „zweite Kammer" kennt nur die BayerVerf (Art 34: Senat).

2 2) **Abweichungen** von Abs I u II bedürfen – auch bei Zustimmung des Zeugen – der durch das Prozeßgericht einzuholenden Genehmigung der jew Regierung bzw des Parlaments, denn das Vorrecht ist für das einzelne Mitglied (wie Art 46 GG) unverzichtbar. Die entgegen § 382 vom Zeugen freiwillig vor dem Prozeßgericht geleistete Aussage ist gleichwohl verwertbar (StJ/Schumann Rn 5). Zum Aussageverweigerungsrecht der Abgeordneten s § 383 Rn 16 sowie Art 47 GG u die entspr Vorschriften i den Landesverfassungen. Zur Verschwiegenheitspflicht der Regierungsmitglieder s § 376 Rn 5.

3 Abs II gilt für Abgeordnete **nicht außerhalb der Sitzungswochen** oder Ausschußtermine des Parlaments. Daher zweckmäßig Einholung des Zeitplans der Sitzungswochen von der Parlamentsverwaltung u Terminsbestimmung auf sitzungsfreie Zeit.

383 *[Zeugnisverweigerung]*

(1) Zur Verweigerung des Zeugnisses sind berechtigt:

1. **Der Verlobte einer Partei;**
2. **der Ehegatte einer Partei, auch wenn die Ehe nicht mehr besteht;**
3. **diejenigen, die mit einer Partei in gerader Linie verwandt oder verschwägert, in der Seitenlinie bis zum dritten Grad verwandt oder bis zum zweiten Grad verschwägert sind oder waren;**
4. **Geistliche in Ansehung desjenigen, was ihnen bei der Ausübung der Seelsorge anvertraut ist;**
5. **Personen, die bei der Vorbereitung, Herstellung oder Verbreitung von periodischen Druckwerken oder Rundfunksendungen berufsmäßig mitwirken oder mitgewirkt haben, über die Person des Verfassers, Einsenders oder Gewährsmanns von Beiträgen und Unterlagen sowie über die ihnen im Hinblick auf ihre Tätigkeit gemachten Mitteilungen, soweit es sich um Beiträge, Unterlagen und Mitteilungen für den redaktionellen Teil handelt;**
6. **Personen, denen kraft ihres Amtes, Standes oder Gewerbes Tatsachen anvertraut sind, deren Geheimhaltung durch ihre Natur oder durch gesetzliche Vorschrift geboten ist, in betreff der Tatsachen, auf welche die Verpflichtung zur Verschwiegenheit sich bezieht.**

(2) Die unter Nr. 1 bis 3 bezeichneten Personen sind vor der Vernehmung über ihr Recht zur Verweigerung des Zeugnisses zu belehren.

(3) Die Vernehmung der unter Nr. 4 bis 6 bezeichneten Personen ist, auch wenn das Zeugnis nicht verweigert wird, auf Tatsachen nicht zu richten, in Ansehung welcher erhellt, daß ohne Verletzung der Verpflichtung zur Verschwiegenheit ein Zeugnis nicht abgelegt werden kann.

1 **I) 1) Das Recht der Zeugnisverweigerung** enthält – mit Ausnahme von § 383 I 5 und anders als § 376 – kein von Amts wegen zu beachtendes Vernehmungsverbot, sondern ein verzichtbares Recht des Zeugen. Das Gericht ist lediglich verpflichtet, den Zeugen in den Fällen der Nr 1 bis 3 über das (gem § 385 I eingeschränkte) Recht zu belehren (Abs II). In den Fällen der Nr 4 bis 6 entfällt die Belehrungspflicht, weil die Schweigepflicht des im öffentl Dienst stehenden Zeugen ohnedies gem § 376 von Amts wegen zu beachten ist, und das Schweigerecht aus privatgewerblichen Gründen als dem Zeugen hinreichend bekannt unterstellt wird. **Macht der Zeuge von seinem** für ihn verzichtbaren **Verweigerungsrecht** (unverzichtbar im Fall § 376 und § 383 I 5) **keinen Gebrauch,** so ist seine Aussage als Beweismittel zu verwerten (§ 286), solange er nur nicht

durch verfahrenswidrige Maßnahmen des Gerichts oder einer Partei zur Aussage veranlaßt wurde (BGH NJW 77, 1198; 90, 1735 = MDR 90, 610/611; vgl unten Rn 22). Zur Verwertbarkeit einer Aussage bei späterer Verweigerung s Rn 6.

Das durch die persönliche Beziehung des Zeugen zu einer Partei bestimmte Zeugnisverweigerungsrecht **(Abs I Nr 1–3) gilt unabhängig vom Beweisthema** allgemein, denn es dient (vorbehaltlich § 385) der Vermeidung einer Konfliktsituation innerhalb der Familie. **Anders** das durch die berufliche Funktion des Zeugen bedingte Zeugnisverweigerungsrecht **(Abs I Nr 4–6):** hier **ist darauf abzustellen, ob in dem durch das Beweisthema bestimmten Einzelfall** die Aussage in einen **Konflikt mit** dem durch **Berufspflichten des Zeugen** bedingten Vertrauenstatbestand geraten könnte. Ein solcher Konflikt besteht insbesondere dann nicht, wenn das Beweisthema eine Tatsache betrifft, deren Offenlegung dem wirklichen oder (nach dem Tod der geschützten Person) mutmaßlichen (hierzu § 385 Rn 12) Willen der durch § 383 geschützten Person entspricht. Daher ist zB der bei Abfassung eines Testaments mitwirkende Notar (Köln OLGZ 82, 1/4) oder Rechtsanwalt (Köln Rpfleger 85, 494) auch ohne Ermächtigung gemäß § 385 II über die Willensbildung des Testators aussagepflichtig. BayObLG NJW 87, 1492 = MDR 87, 66 u NJW-RR 91, 1287 bejaht Aussagepflicht des Arztes über Testierfähigkeit seines verstorbenen Patienten. 1a

2) Zur Aussageverweigerung **berechtigt ist nur der Zeuge und** (§ 402) **Sachverständige,** niemals die Partei im Fall der §§ 445 ff, sofern sie nicht wegen Prozeßunfähigkeit als Zeuge in eigener Sache zu vernehmen ist (BGH NJW 65, 2254; Rn 5 zu § 373), auch nicht die auskunftspflichtige Partei im Offenbarungsverfahren (abw Belzer NJW 61, 446 gegen die dort zit Rspr). Wo das Schweigerecht aus der **persönl Beziehung des Zeugen zu einer Partei,** bei einer jur Person zu deren Vertretungsorgan, hergeleitet wird (Nr 1–3), genügt die entspr Beziehung zu ledigl einem von mehreren Streitgenossen, falls dieser von der Beweisfrage tangiert wird (OLG 19, 113), ebenso zu einem (auch unselbst) Streitgehilfen. Beziehung zum bloßen Streitverkündeten genügt vor dessen Beitritt nicht, ebensowenig Beziehung zur Partei kraft Amtes (vgl § 51 Rn 7), weil gegenüber letzterer die in § 383 vorausgesetzte persönl Konfliktslage fehlt (aM StJ/Schumann Rn 28). Daher gilt hier § 383 analog nur für das Verhältnis des Zeugen zu der amtl vertretenen Person, zB zum Gemeinschuldner im Prozeß des Konkursverwalters, Lent ZZP 52 (1927), 14/17 ff. 2

3) Als Ausnahme v Grundsatz der Aussagepflicht (§ 380) läßt § 383 (ebenso § 384) **keine Ausweitung auf andere Fälle der Schweigepflicht** zu, insbes sind vertragl vereinbarte Schweigepflichten vor Gericht nicht zu berücksichtigen (JW 30, 767). Unzulässig ist auch die Aussageverweigerung wegen eines im Gerichtssaal befindlichen Kreuzes (trotz § 481 II; Nürnberg NJW 66, 1926; anders nur für Juden BVerfG NJW 73, 2196). 3

4) Der **minderjährige Zeuge** darf von einem Aussageverweigerungsrecht selbständig Gebrauch machen (Düsseldorf FamRZ 73, 547); will er trotzdem aussagen, so bedarf der Verzicht auf das Weigerungsrecht der Genehmigung des gesetzl Vertreters (§ 385 Rn 10); im Scheidungsprozeß muß ein hierfür zu bestellender Pfleger genehmigen (BayObLG NJW 67, 207; Stuttgart MDR 86, 58; FamRZ 65, 516; Hamm OLGZ 72, 158; vgl auch BGH St 12, 240; 14, 159). Das Kind ist zu belehren, daß es die Aussage ungeachtet der Bewilligung des gesetzl Vertreters verweigern darf (BayObLG NJW 67, 2273). Ist nur ein Elternteil Partei, muß der andere der Aussage des Kindes zustimmen (Stuttgart NJW 71, 2237), soweit nicht bei Interessenkollision (§ 1629 BGB) ein Pfleger zu bestellen ist (noch weitergehend Schoene NJW 72, 931). Nur ausnahmsweise bei vom Gericht kritisch zu würdigender Verstandesreife des mdj Zeugen (BayObLGZ 85, 53) hat dessen Aussagebereitschaft den Vorrang vor der fehlenden Zustimmung des gesetzl Vertreters; ein absolutes Vetorecht des gesetzl Vertreters bis zur Erreichung der Volljährigkeit gibt es nicht (StJ/Schumann Rn 6). Wegen Zwischenstreit s § 387 Rn 3. Wegen der Aussagefähigkeit minderjähriger Zeugen allgem s Rn 3 zu § 373. 4

5) Der **Tod des Vertrauensgebers** berührt das standesrechtl bedingte Schweigerecht (Abs I Nr 4–6) grundsätzlich nicht (so für den Arzt BGH NJW 84, 2894 = MDR 84, 919; LSG München NJW 62, 1789; für den RA BayObLG NJW 66, 1664; Düsseldorf NJW 59, 821; für den Steuerberater Stuttgart MDR 83, 237); s aber für Aussagen des Arztes über die Testierfähigkeit des Verstorbenen oben Rn 1a. Die Erben sind zur Entbindung von der Schweigepflicht nur insoweit gem § 385 II berechtigt, als das geschützte Rechtsgut mit dem Nachlaß auf sie überging (§ 385 Rn 10; § 1922 BGB), regelm daher nur im vermögensrechtl Bereich u nicht hinsichtl der persönl Intimsphäre des Verstorbenen (LG Augsburg NJW 64, 1189; Stuttgart MDR 83, 236 mwN). Nürnberg MDR 75, 937 bejaht Aussageverweigerungsrecht der Witwe im Interesse der Ehre des Ehemannes. 5

6) Die **Aussageverweigerung** ist zulässig bis zum Abschluß der Vernehmung, sie **kann** daher **auf einen Teil der Aussage u auf die Eidesleistung beschränkt werden.** Hat der Zeuge trotz Belehrung über das Verweigerungsrecht (Abs II) ausgesagt, so darf, wenn er in einem späteren Verfahren die Aussage über das gleiche Thema verweigert, die frühere Aussage doch verwertet werden (zu dieser urkundenbeweislichen Verwertung § 373 Rn 9), mag sie auch in diesem Fall 6

wegen des mögl Motivs des Meinungswechsels besonders kritisch zu würdigen sein (§ 286); die Vorschrift des § 252 StPO gilt hier nicht entsprechend (Köln VersR 93, 335).

7 7) Der Beweisführer hat keinen Einfluß auf die Ausübung des Aussageverweigerungsrechtes durch den Zeugen (vgl aber § 385 II!); eine ihm nachteilige **Beweiswürdigung der Verweigerung** ist daher grds unzulässig, sofern nicht besondere, konkret festgestellte Indizien Rückschlüsse für die einer Partei nachteilige Beweiswürdigung rechtfertigen (BGHZ 26, 391/400; Hamm VersR 83, 870). Das Beweismittel ist als ungeeignet (vor § 284 Rn 10a) zu behandeln. Ladung des Zeugen entfällt mit Erklärung der Aussageverweigerung (§ 386 III). Erneute Ladung dann nur, wenn der Beweisführer durch schriftl Erklärung des Zeugen nachweist, daß der Zeuge nunmehr aussagebereit (Köln NJW 75, 2074).

8 **II) Einzelfälle: Nr 1: Verlöbnis** (§ 1297 BGB) erfordert ein ernstliches u noch bestehendes (RG 31, 142) Eheversprechen. Es darf nicht gegen Gesetz u Sitte verstoßen. Minderjährigkeit des Zeugen hindert nicht, außer die Genehmigung des gesetzl Vertreters (§ 3 EheG) ist bereits versagt (RG 61, 270). Ehefähigkeit (§§ 1–3 EheG) ist nicht erforderlich. Ein behebbares Ehehindernis (§§ 4–10 EheG) hindert nicht, außer die Bewilligung der Befreiung hiervon ist bereits rechtskr versagt. Stets unbeachtlich ist das „Verlöbnis" mit einer noch verheirateten oder anderweitig verlobten Person (RG 105, 245); einschränkend Schleswig SchlHA 69, 198 für das Verlöbnis der Ehefrau eines Vermißten vor dessen Todeserklärung.

9 **Nr 2: Ehe,** auch nach Scheidung u Nichtigerklärung (RG 56, 427) u während einer Doppelehe (RGSt 41, 114). Nicht ausreichend die Beziehung der nichtehel Mutter zum Erzeuger des Kindes und das Bestehen einer (selbst gefestigten) nichtehel Lebensgemeinschaft.

10 **Nr 3: Verwandtschaft** (§ 1589 BGB): in gerader Linie gibt unbeschränktes, in der Seitenlinie gibt ein auf den 1. bis 3. Grad beschränktes Recht z Aussageverweigerung. **Schwägerschaft** (§ 1590 BGB): wie bei Verwandtschaft, jedoch Aussagepflicht i der Seitenlinie bereits ab 3. Grad. **Adoption** begründet nach Maßgabe der §§ 1754, 1764 BGB (also nicht mehr nach deren Aufhebung für die Folgezeit betreffende Tatsachen) Verwandtschaft. Ebenso bewirkt die erfolgreiche Anfechtung der Ehelichkeit (§ 1599 BGB) den Wegfall des Aussageverweigerungsrechts nur für die Folgezeit betreffende Tatsachen. Das gleiche gilt für das Verwandtschaftsverhältnis zwischen dem **nichtehelichen Kind** und seinem Vater (§§ 1589, 1600a–n BGB).

A = Zeuge, Sachverst. B = Ehegatte des A. Die römische Ziffer bedeutet den Grad der Verwandtschaft oder Schwägerschaft.

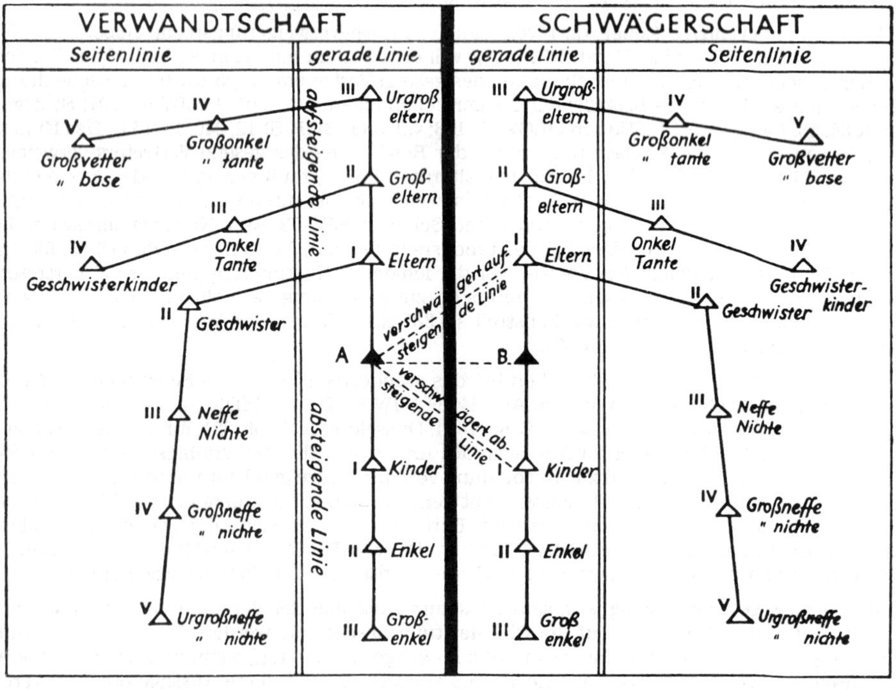

Nr 4: Geistliche sind nur die Seelsorger anerkannter Religionsgemeinschaften (Art 140 GG, Art 137 WeimVerf, Art 143 BayVerf; wegen der auch bei Sekten gleichliegenden Konfliktsituation gilt nur Nr 6). Das Recht zur Aussageverweigerung ist beschränkt auf **Angelegenheiten der Seelsorge.** Keine Seelsorge ist die ausschließlich karitative, erzieherische u verwaltende Tätigkeit (Dallinger JZ 53, 436; Nürnberg FamRZ 63, 260). Geschützt ist, was dem Geistlichen als Seelsorger **anvertraut** ist; hierfür ist vertrauliche Mitteilung nicht nötig (BGH NJW 84, 2894), ausreichend ist die Kenntniserlangung von obj vertraulichen Tatsachen bei Gelegenheit der Amtsausübung (BGH 40, 288 = NJW 64, 450; RG 54, 361). Soweit Verweigerungsrecht besteht, sollen einschlägige Fragen an den Zeugen nicht erst gestellt werden (Abs III). **Ausnahme:** Aussagepflicht besteht nach Entbindung gem § 385 II. Jedoch ist Entbindung unbeachtlich gem Art 9 RKonkordat v 20. 7. 33 (RGBl II 679) für kath Geistliche (in Bayern gem Art 144 III BayVerf auch für sonstige Geistliche, LG Nbg-Fürth FamRZ 64, 513; s a SJZ 50, 826; JR 53, 372). Kein Verweigerungsrecht des Geistlichen über den Inhalt eigener Mitteilungen an Dritte (RG SA 39, 91; JW 83, 195). 11

Nr 5: Mitarbeiter an period Druckwerken u Rundfunksendungen waren bis zum Inkrafttreten des Ges v 25. 7. 75 (BGBl I 1973) nur durch I 6 und § 384 Nr 3 (diese Vorschriften gelten konkurrierend weiter für Journalisten usw), also mit der sich aus § 385 II ergebenden Beschränkung geschützt. Dieser auf bestimmte Tatsachen (I 6) und auf Kunst- oder Gewerbegeheimnisse beschränkte (§ 384) Schutz genügte den Erfordernissen des Art 5 GG nicht. Nach BVerfGE 20, 162 = NJW 66, 1603 („Spiegel"-Urteil) sind Presse u Rundfunk als Kontrollorgane der Demokratie unverzichtbar; ihre Funktionsfähigkeit in diesem Sinn erfordert ein Vertrauensverhältnis zwischen ihnen und ihren Informanten, das nur durch ein dem Redaktionsgeheimnis entsprechendes unverzichtbares (daher gilt § 385 II insoweit nicht; vgl dort Rn 9) Zeugnisverweigerungsrecht garantiert ist (vgl BVerfG NJW 84, 1742 = MDR 84, 729; München NJW 89, 1226). 12

a) **Anwendungsbereich:** Nr 5 gilt nur für Mitarbeiter an **Rundfunk,** Fernsehen u **periodischen Druckwerken,** also Zeitungen, Zeitschriften, Magazine, Bücher nur bei regelm wiederholtem Erscheinen, wenn auch in unregelm Abständen (Skibbe DRiZ 76, 159). Nicht ausreichend daher einmaliges Flugblatt oder Buch usw. – **Geschützt ist nur der redaktionelle Inhalt,** also nicht zB der Werbefunk, der Inseratenteil einer Zeitschrift, eine der redaktionellen Bearbeitung nicht zugängliche Anzeige trotz ihren informativen Inhalts. Dagegen bleibt für redaktionellen Inhalt gleich, ob dieser politischer oder rein unterhaltender Natur ist, denn hier kann Abgrenzung zur polit Meinungsfreiheit schwer sein. Nur ausnahmsweise kann über den redaktionellen Inhalt hinaus unter Beachtung des Grundsatzes der Verhältnismäßigkeit auch der Inseratenteil einer Zeitung dem Zeugnisverweigerungsrecht aus Gründen des Art 5 I GG unterliegen; so für das Chiffre-Geheimnis BVerfG NJW 90, 701; 84, 1101 = MDR 83, 993 (hierzu Fezer JZ 83, 797; Rath-Glawatz AfP 83, 387). 13

b) **Zeugnisverweigerungsberechtigt sind** alle gegenwärtigen u früheren beruflichen (Nebenberuf genügt, Entgeltlichkeit nicht erforderlich, also auch der sog freie Mitarbeiter; Löffler NJW 78, 913) Mitarbeiter im redaktionellen Bereich wie Verleger, Redakteur, Schriftleiter, Journalist, Rechercheur, Drucker, Sendeleiter, Reporter, Kameramann, Cutter usw. 14

c) **Umfang des Zeugnisverweigerungsrechts:** Keine Aussagepflicht über **Person** des Verfassers, Informanten, Einsenders, Gewährsmannes (das gilt bereits bei Fragen, deren Beantwortung die Identifizierung dieser Personen mittelbar ermöglichen könnte, BGH NJW 90, 525) sowie über den **Inhalt** der von diesen Personen erlangten Auskünfte, Unterlagen oder sonstigen Mitteilungen. Geschützt ist also nur das dem Journalisten von dritter Seite zugetragene, nicht auch das von ihm selbst recherchierte Material (BVerfG MDR 88, 200). Im übrigen keine Beschränkung auf best Informationsinhalt, insbes gilt das Verweigerungsrecht auch für Informationen mit kriminellem Hintergrund (Groß NJW 75, 1764; Kunert MDR 75, 885; München NJW 89, 1226). 15

Nr 6: Amts-, Standes- u Gewerbegeheimnis; a) Allgemeines: Für Geheimnisträger i öffentl Dienst besteht über § 383 hinaus eine von Amts wegen zu beachtende Schweigepflicht: § 376; für Abgeordnete des Bundestags s Art 47 GG (hierzu Nolte MDR 89, 514), entspr für den Abgeordneten der Länderparlamente (Art 29 BayVerf). Außer diesem Personenkreis, dessen Schweigepflicht dem Gemeinwohl dient, sind gem § 383 Nr 6 weitere Zeugen zur – nicht zwingend von Amts wegen zu beachtenden: Lenckner NJW 65, 325 – Aussageverweigerung berechtigt, deren Amts- oder Berufsausübung die schutzwürdige Vertrauenssphäre Dritter (nicht notw der Parteien) berührt. Da insoweit (anders als bei § 376) Individualinteressen geschützt sind, läßt § 385 II hier die Entbindung von der Schweigepflicht durch die geschützte Person zu. Wegen der Schweigepflicht nach dem **Tod des Vertrauensgebers** s oben Rn 5. 16

Die Schweigebefugnis kraft Amt, Stand oder Gewerbe steht, da der Vertrauensgeber u nicht der Amtsträger geschützt werden soll, auch den berufl Gehilfen und Bediensteten des Amtsträgers zu (vgl § 203 III StGB, § 53a StPO; OLG 17, 160; 23, 180; RG 54, 361), ebenso den Rechts- 17 nachfolgern des Amtsträgers. Über den Begriff dessen, was **anvertraut** ist, s oben Rn 11 und (für § 18 BNotO) München OLGZ 81, 322 = MDR 81, 854.

18 **b) Berechtigter Personenkreis: Heilberufe:** Ärzte (nicht Tierärzte, BVerfG NJW 75, 588), Zahnärzte, Psychologen (BVerfG NJW 75, 588; Kaiser NJW 71, 491), Drogenberater, Sozialarbeiter (StJ/Schumann Rn 81), Apotheker, Heilpraktiker, Hebammen, Bedienstete von Krankenkassen (vgl § 141 RVO), Krankenpflegepersonal, med-techn Gehilfen. Eine „staatl geregelte Ausbildung" wie in § 203 StGB ist hier nicht vorausgesetzt, weil diese mit der Schutzwürdigkeit der Intimsphäre Dritter nichts zu tun hat. Keine Schweigebefugnis des zur Pflichtuntersuchung des Angeklagten bestellten ärztlichen Sachverständigen im Strafprozeß, wohl aber im späteren Zivilprozeß (BGH 40, 288 = NJW 64, 449). Über die Befugnis zur Vorlage von Krankenblättern und zur Auskunft aus diesen s Göppinger NJW 58, 241; Nürnberg NJW 58, 272. Über die ärztliche Schweigepflicht im Bereich der Sozialgerichtsbarkeit Schmidt NJW 62, 1745. Über die begrenzte Schweigepflicht des Truppenarztes BDH NJW 63, 409. Wegen der Fortdauer nach dem Tod des Patienten s Rn 5. Über Geschlechtskrankheit seines Patienten darf der Arzt zwar dessen Ehegatten Auskunft geben, trotzdem Schweigerecht bei Zeugenaussage (RG 53, 317). Gefahr für ein höherwertiges Rechtsgut kann den Arzt von der Schweigepflicht befreien, BGH NJW 68, 2290.

19 **Rechtspflegeberufe:** Richter (§ 383 gilt *neben* §§ 43, 45 DRiG und § 376, s dort Rn 2), Rechtsanwälte (Düsseldorf MDR 85, 507; Köln MDR 73, 857; zu § 76 BRAO Eich MDR 91, 385; zum Syndikusanwalt Roxin NJW 92, 1129), Patentanwälte, Notare (§ 18 BNotO; zu der Beschränkung dieses Schweigerechts auf „bekanntgewordene Angelegenheiten", also nicht auch auf eigene Erklärungen des Notars, insbesondere auf dessen Belehrungen gemäß § 17 BeurkG München OLGZ 81, 322 = MDR 81, 854 = DNotZ 81, 709 m krit Anm Kanzleiter DNotZ 81, 662; Köln OLGZ 82, 3; Saarbrücken NJW 65, 2114), Verteidiger in Strafsachen, Dolmetscher, Übersetzer, Steuer- u Wirtschaftsberater (§ 83 StBerG; § 64 WPO; BGH MDR 84, 48; Stuttgart OLGZ 83, 6 = MDR 83, 236; Schroer DStR 94, 1173), jeweils einschließl des Büropersonals (RG 54, 361). Notar auch, wenn er beide Parteien beraten hatte (RG 53, 168). **Ausnahme:** Aussagepflicht besteht über Tatsachen, deren Kundgabe an Dritte von der rechtlich beratenen Person gewollt war (oben Rn 1a).

20 **Sonstige Berufe,** deren Ausübung die Kenntnis schutzwürdiger Geheimnisse Dritter bedingt, zB Aufsichtsratsmitglieder und Vorstandsmitglieder einer AG (§§ 116, 93 I 2 AktG; BGHZ 64, 325 = NJW 75, 1412; Säcker NJW 86, 803; Spieker NJW 65, 1937), Abschlußprüfer (§ 168 AktG), Auskunfteien (RG 53, 15; OLG 17, 160; 27, 97; SA 66, 210; JW 36, 2941), Banken (Müller NJW 63, 835; Sichtermann MDR 52, 143; Köln MDR 68, 931), Gewerkschaftssekretär (bezügl Gewerkschaftszugehörigkeit bestimmter Arbeitnehmer, LAG Hamm BB 95, 51). – Aber kein Verweigerungsrecht für alle in § 203 StGB genannten Geheimnisträger (zB Sozialpädagogen, vgl Blau NJW 73, 2234), denn diese sagen als Zeugen grds nicht „unbefugt" aus. – **Grundsatz:** Wer sich in Verfolgung schutzwürdiger Individualinteressen einem hierzu durch Amt, Stand oder Gewerbe bestimmten Dritten – zur Inanspruchnahme von dessen Rat oder Tat – anvertraut, darf darauf vertrauen, daß der Dritte hierüber ohne Zustimmung des Informanten nicht als Zeuge aussagen muß (vgl BVerfG NJW 72, 2214).

21 **III) Belehrung (Abs II)** ist nötig nur über Aussageverweigerungsrecht wegen Verlöbnis, Ehe, Verwandtschaft, Schwägerschaft u Verwandtschaft kraft Adoption. Belehrung Minderjähriger u Geschäftsunfähiger s Rn 4. Belehrung kann bereits in der Ladung erfolgen, bei schriftl Auskunft (§ 377 III) muß das geschehen. Ist Belehrung unterblieben, so ist auf Rüge hin (§ 295 gilt! BGH NJW 85, 1158; MDR 84, 824) die Aussage nicht verwertbar (Revisionsgrund BayObLG 56, 389 = NJW 57, 386); dasselbe gilt für die Verwertbarkeit der Niederschrift über eine frühere Aussage in einem anderen Verfahren (§ 373 Rn 9; BGH NJW 85, 1470 = MDR 85, 567).

22 **IV)** Bei Verweigerungsrecht kraft Amtes, Standes oder Gewerbes (Abs I Nr 4 bis 6) ist **Belehrung** (Abs II) **entbehrlich;** doch soll das Gericht insoweit selbst bei Aussagebereitschaft des Zeugen Fragen nur stellen bzw zulassen, als gem § 385 II Aussagegenehmigung erteilt ist. Das Gericht soll nicht zum Gehilfen oder Anstifter bei offensichtlicher („erhellt") Verletzung der Schweigepflicht werden. Wird eine trotzdem gestellte Frage beantwortet, so ist die Antwort trotz Parteirüge verwertbar (BGH NJW 77, 1198; hierzu kritisch Gießler NJW 77, 1185). Abs III ist lex imperfecta (Lenckner NJW 65, 325). Im Interesse höherwertiger Rechtsgüter kann Fragestellung sogar geboten u die Ausübung eines formell vorhandenen Aussageverweigerungsrechtes unzulässig sein (RG 89, 13; Kohlhaas NJW 53, 401); vgl zur Frage der Verwertbarkeit rechtswidrig erlangter Beweismittel § 286 Rn 15a ff.

384 *[Zeugnisverweigerung]*
Das Zeugnis kann verweigert werden:

1. **über Fragen, deren Beantwortung dem Zeugen oder einer Person, zu der er in einem der im § 383 Nr. 1 bis 3 bezeichneten Verhältnisse steht, einen unmittelbaren vermögensrechtlichen Schaden verursachen würde;**
2. **über Fragen, deren Beantwortung dem Zeugen oder einem seiner im § 383 Nr. 1 bis 3 bezeichneten Angehörigen zur Unehre gereichen oder die Gefahr zuziehen würde, wegen einer Straftat oder einer Ordnungswidrigkeit verfolgt zu werden;**
3. **über Fragen, die der Zeuge nicht würde beantworten können, ohne ein Kunst- oder Gewerbegeheimnis zu offenbaren.**

1) **Umfang des Verweigerungsrechts:** Die Vorschrift gibt (anders als zB § 383 Nr 1–3) kein Recht, das Zeugnis insgesamt zu verweigern; sie gestattet dem Zeugen nur, solche Fragen nicht zu beantworten, die ihn in die beschriebene Konfliktlage bringen können. Dies kann zwar im Einzelfall dazu führen, daß er zur Sache gar nichts auszusagen braucht. Voraussetzung ist aber, daß ihm zunächst einmal Fragen gestellt werden; es liegt dann bei ihm, sich auf sein Aussageverweigerungsrecht zu berufen. Daher ist es verfahrensfehlerhaft, den sich auf § 384 berufenden Zeugen ohne Befragung sogleich zu entlassen (BGH NJW 94, 197 = MDR 94, 92). – Zur Beschränkung auf die Eidesverweigerung s § 391 Rn 1. 1

2) **Es besteht keine Belehrungspflicht** des Gerichts (Köln OLGZ 86, 61), doch ist Hinweis zweckmäßig (RG 38, 320). 1a

3) **Begründung der Verweigerung:** § 386 gilt nur eingeschränkt. Der Zeuge (gem § 402 auch der SV; jedoch niemals die Partei, vgl Rn 2 zu § 383) braucht nur die allg Voraussetzungen des Weigerungsrechtes iS Nr 1–3 darzutun, die sich oft schon aus der Frage selbst ergeben werden; eine Angabe des konkreten Weigerungsgrundes (zB seines evtl unehrenhaften Verhaltens oder seiner evtl Strafbarkeit) ist ihm bereits nicht mehr zuzumuten, weil sonst der Schutzzweck des Gesetzes illusorisch wäre (RG JW 96, 130). Daher besteht das Recht z Zeugnisverweigerung auch dann, wenn die wahrheitsgemäße Aussage nichts Schadensverursachendes, Unehrenhaftes oder Strafbares offenbaren könnte (BGH 26, 391 = NJW 58, 826; Hamburg FamRZ 65, 277); die Frage nach der Begehung einer Straftat braucht der Zeuge auch dann nicht zu beantworten, wenn er die Tat nicht begangen hat (MK/Damrau Rn 4). 2

4) **Beweiswürdigung:** Weitergehend als bei § 383 (dort Rn 7) kann die Tatsache der Aussageverweigerung hier gem § 286 beweiswürdigend gewertet werden (Dillenburger/Pauly MDR 95, 342). Dabei ist aber vorsichtige Abwägung der mögl Motive für die Weigerung geboten, denn es ist zu berücksichtigen, daß das Aussageverweigerungsrecht unabhängig vom tatsächl Vorliegen des Verweigerungsgrundes besteht (Rn 2). 3

5) **Die Anwendungsfälle: a) Drohender Vermögensschaden** (Nr 1) für den Zeugen oder für dessen Angehörige (iS § 383 Nr 1–3) muß die unmittelbare Folge der Aussage sein. Nicht ausreichend mittelb Schaden durch nachteiligen Prozeßausgang oder bloße Möglichkeit eines noch nicht erkennbaren Schadens (RG 32, 381), zB in den Beförderungsaussichten eines Beamten (Nürnberg BayJMBl 63, 10) oder in der Gefährdung einer eigenen Forderung des Zeugen gegen eine Partei durch deren Unterliegen im Prozeß u dadurch beeinträchtigte Zahlungsfähigkeit. Für die Annahme einer die Zeugnisverweigerung rechtfertigenden Vermögensgefährdung genügt es, daß durch die Aussage entweder die tatsächl Voraussetzungen einer Haftung des Zeugen (oder seiner Angehörigen) als Schuldner, Bürge usw erst begründet werden könnten oder daß hierdurch die Durchsetzung einer bereits bestehenden Schuldverpflichtung des Zeugen nur erleichtert werden könnte (StJ/Schumann Rn 3; BL/Hartmann Rn 2; ThP Rn 2; Karlsruhe NJW 90, 2758 = MDR 90, 639 [Zeugnisverweigerungsrecht des Mehrverkehrszeugen wegen Möglichkeit der Inanspruchnahme des nichtehel Vaters]; Stuttgart NJW 71, 945; aM RGZ 32, 381). Der Schaden muß dem Zeugen oder den in Nr 1 genannten Angehörigen selbst drohen. Ein Schaden, welcher der durch den Zeugen organschaftl vertretenen jur Person droht, genügt nicht, denn hier droht dem Zeugen allenfalls mittelbarer Schaden (StJ/Schumann Rn 4; streitig!). Ausnahme: § 385 I. 4

b) Unehre (Nr 2) ist ein in den Augen der Mitmenschen des Zeugen unmoralisches Verhalten. Die Aussage müßte also das Ansehen des Zeugen spürbar herabsetzen (MK/Damrau Rn 8; nach Dillenburg/Pauly MDR 95, 341 soll bereits Möglichkeit einer solchen Herabsetzung genügen). Hierbei kommt es nicht auf die Empfindlichkeit des einzelnen an, sondern es ist ein generalisierender Maßstab anzulegen (Dillenburger/Pauly MDR 95, 341); örtl Verhältnisse u Anschauungen sind zu berücksichtigen, nicht jedoch atypische Gruppeninteressen (OVG Lüneburg NJW 78, 1493). Außerehel Geschlechtsverkehr kann Verheirateten (Karlsruhe NJW 94, 528; zu Unrecht einschr Dillenburger/Pauly MDR 95, 342), nicht aber einem unverheirateten Paar oder einer Prostituierten den Vorwurf der Unehre einbringen. Für die Witwe genügt Ehrenschutz für den verstorbenen Ehemann (Nürnberg MDR 75, 937). Unehre infolge Vorwurfs falscher (früherer) 5

Aussage genügt niemals. Keine Aussagepflicht auch über Vorstrafe wegen Meineides (BGHSt 5, 25 = NJW 53, 1922).

6 **c)** Gefahr der **Strafverfolgung** (Nr 2) ist unabhängig von der tatsächl Begehung der Straftat (vgl Rn 2). Gefahr der **ehrengerichtlichen oder dienststrafrechtlichen Verfolgung** (auch wegen nicht unehrenhafter Vorgänge) genügt ebenfalls (StJ/Schumann Rn 9; streitig! einschr BL/Hartmann Rn 5: nur bei ehrenrührigen Vorgängen), denn sie belastet den Zeugen jedenfalls mehr als die hier ebenfalls geschützte Gefahr, wegen einer schlichten **Ordnungswidrigkeit** mit einem Bußgeld belegt zu werden (Baumann, FS Kleinknecht, 1985, S 19). Genügend auch Gefahr der Wiederaufnahme eines früheren oder der Beweiserleichterung für ein bereits anhängiges Strafverfahren. Die Strafverfolgung muß aufgrund der Aussage zum Beweisthema drohen. Das mit jeder Zeugenaussage verbundene Risiko der Strafverfolgung wegen eines Aussagedelikts (§§ 153 ff StGB) genügt also nicht für eine Aussageverweigerung (BGHSt bei Dallinger MDR 58, 14), denn dieses Risiko kann der Zeuge stets zumutbar durch Erfüllung seiner Wahrheitspflicht abwenden und bei Anerkennung eines iS § 384 Nr 2 schutzwürdigen Strafverfolgungsrisikos wegen eines Aussagedeliktes könnte jeder Zeuge die Aussage verweigern. Das gilt ebenso, wenn der Zeuge mehrfach vernommen wird (§ 398, zB in verschiedenen Rechtszügen) und er damit evtl Gefahr läuft, bei der späteren Aussage die Unrichtigkeit seiner ersten Aussage offenbaren zu müssen; einem solchen Schutzbedürfnis trägt die Regelung in § 158 StGB hinreichend Rechnung. Die öffentl-rechtl Zeugnispflicht (§ 373 Rn 2) darf nicht (auch nicht bei wiederholter Einvernahme) durch eine vom Beweisthema gelöste Anerkennung von Aussageverweigerungsgründen in Frage gestellt werden. Eine Aussetzung des Verfahrens (§ 149) bis zum rechtskräftigen Abschluß des Strafverfahrens gegen den Zeugen, um diesen sodann zu vernehmen, lehnt KG MDR 83, 139 zutreffend ab.

7 **d) Kunst- oder Gewerbegeheimnis** (Nr 3): Zum Normzweck des Schutzes für Gewerbegeheimnisse im Prozeß Stadler NJW 89, 1202; Stürner JZ 85, 453; Gottwald BB 79, 1780. Geheimnisträger und damit Schutzberechtigter muß hier der Zeuge selbst oder ein Dritter sein, dem der Zeuge gesetzl oder vertragl zur Geheimhaltung verpflichtet ist (Schlosser ZZP 95 [1982], 365); ein Geheimnisschutz zugunsten der Parteien genügt jedoch nicht. Grund ist die Unzumutbarkeit der Inkaufnahme eigener berufl oder gewerbl Nachteile für den Zeugen durch die Aussage. Hier genügt mittelbar drohender Nachteil, zB für den Arbeitnehmer durch Schädigung des arbeitgebenden Unternehmens, sofern dieses nicht dem Kläger oder Bekl gehört. Häufig wird gleichzeitig § 383 I 5 oder 6 gegeben sein, so bei Aufsichtsrat, Abschlußprüfer, Auskunftei, Bank, Presse u Verlag (zu allem s Rn 12 ff zu § 383). Gewerbegeheimnis sind nicht nur (noch nicht allg bekannte) technische Arbeitsmittel u -methoden, sondern auch wirtschaftl Betriebsgeheimnisse wie Preiskalkulation, Kreditumfang, Geldgeber, Teilhaber, Bankverbindung, Informationsquellen, sofern die Offenbarung gewerbl oder wettbewerbl Nachteil auslösen kann (RG 53, 42; 54, 325; Hamburg OLG 21, 84; 33, 69; 27, 97).

385 *[Ausnahmen vom Zeugnisverweigerungsrecht]*

(1) In den Fällen des § 383 Nr. 1 bis 3 und des § 384 Nr. 1 darf der Zeuge das Zeugnis nicht verweigern:

1. **über die Errichtung und den Inhalt eines Rechtsgeschäfts, bei dessen Errichtung er als Zeuge zugezogen war;**
2. **über Geburten, Verheiratungen oder Sterbefälle von Familienmitgliedern;**
3. **über Tatsachen, welche die durch das Familienverhältnis bedingten Vermögensangelegenheiten betreffen;**
4. **über die auf das streitige Rechtsverhältnis sich beziehenden Handlungen, die von ihm selbst als Rechtsvorgänger oder Vertreter einer Partei vorgenommen sein sollen.**

(2) Die im § 383 Nr. 4, 6 bezeichneten Personen dürfen das Zeugnis nicht verweigern, wenn sie von der Verpflichtung zur Verschwiegenheit entbunden sind.

1 **I) Abs I: Anwendungsbereich:** Wo das Recht zur Zeugnisverweigerung aus dem Schutz von Individualinteressen hergeleitet ist, nämlich aus den persönl Beziehungen des Zeugen zu einer Partei (§ 383 I 1–3) oder aus dem Schutz eigener Vermögensinteressen des Zeugen (§ 384 Nr 1) haben diese Individualinteressen zurückzutreten, wenn **1)** der Zeuge über einen Vorgang aussagen soll, für dessen Bezeugung er sich vorher zur Verfügung gestellt hatte (arg: Verbot des venire contra factum proprium), **2)** die Aussage Angelegenheiten des Familienstandes betrifft (arg: diese sind wertneutral u lösen daher keinen schutzwürd Interessenkonflikt aus), **3)** die Auskunft familienrechtl Vermögensangelegenheiten betrifft (hier soll nicht auf Familienangehörige als die bestinformierten Zeugen verzichtet werden müssen) und **4)** die Auskunft eigene Rechtsgeschäf-

te des Zeugen betrifft, aus denen durch einen anderen im Prozeß Rechte oder Pflichten hergeleitet werden.

2 **Nr 1:** Der Zeuge muß **„als Zeuge"** bei dem Rechtsgeschäft, also zum Zweck von dessen Bezeugung im Bestreitensfall „zugezogen" gewesen sein. **Zugezogen** idS ist der Zeuge nur, wenn er sich bei dem Rechtsgeschäft bewußt war oder wenigstens den Umständen nach damit rechnen mußte, als Zeuge des Rechtsgeschäfts in Anspruch genommen worden zu sein (BayObLGZ 84, 141 = MDR 84, 1025). Das ist auch der Fall, wenn ein Rechtsanwalt bei Abfassung eines Testaments, wegen dessen Verlustes er den Inhalt dieser Verfügung bekunden soll, behilflich war (Köln Rpfleger 85, 494; OLGZ 82, 1/4; vgl § 383 Rn 1a). Gegenüber der Aussageverweigerung des Zeugen hat der Beweisführer die „Zuziehung als Zeuge" zu beweisen (OLG 20, 326). Zuziehung nur zu Vorverhandlungen genügt idR nicht (RG SA 56, 329).

3 **Nr 2:** Aussagepflicht über **Angelegenheiten des Familienstands** des Zeugen und seiner eigenen Familienangehörigen. Zur Familie gehören alle Verwandten und Verschwägerten (vgl das Schema § 383 Rn 10), nicht bloße Hausgenossen. Nur das den Familienstand gestaltende Ereignis ist Gegenstand der Aussagepflicht, nicht seine Voraussetzungen, Ursachen u Begleitumstände (zB nicht die Zeugung hinsichtl der Geburt, RG 169, 48; nicht die Todesursache).

4 **Nr 3: Hierunter fallen** zB ehel Güterstand, Gatten- u Kindererbrecht, Ausschlagung der Erbschaft seitens einer Partei (RG JW 91, 179), Unterhalt der Eltern, Aussteuerversprechen des Vaters, Altenteil, Übergabe einschl Abfindung u Verzicht. Die Beweistatsache muß mit der durch den Familienverband (RG 40, 345) bedingten Vermögensangelegenheit in einem tatsächl Zusammenhang stehen. Der Zeuge selbst muß dem Familienverband angehören, denn erst darin liegt die Zumutbarkeit der Aussage (abw BL/Hartmann Rn 3, wie hier StJ/Schumann Rn 4).

5 **Nr 3** betrifft nur das Familienverhältnis *unmittelbar* berührende Vermögensangelegenheiten wie güterrechtliche Verträge, Mitgiftversprechen, Unterhaltsvereinbarungen (Düsseldorf FamRZ 80, 617), Übergabeverträge, Erbverzicht; dagegen nicht Angelegenheiten, die nicht durch das Familienverhältnis „bedingt" sind, so wenn es sich um die Höhe des Eheeinbringens der Frau (RG 40, 345), den Beischlaf mit der außerehelichen Kindsmutter (RGZ 169, 48), die Höhe des Pflichtteils, Vermögensverschleppung, gewöhnl Rechtsgeschäfte mit dem anderen Gatten handelt.

6 **Nr 4:** Unter **„Handlungen"** ist nicht nur die Begründung neuer Rechtsverhältnisse zu verstehen, sondern Handlungen aller Art, die für das fragl Rechtsverhältnis von Bedeutung sind, RG 47, 430. Wahrnehmungen fallen nicht darunter, OLG 17, 162. **Rechtsvorgänger:** egal, ob Einzel- oder Gesamtrechtsnachfolge (vgl § 325 Rn 13–21). **Vertreter** im weitesten Sinn, zB der frühere ges Vertreter, auch der Bote (JW 92, 180). Köln (NJW 55, 1561; ebenso BL/Hartmann Rn 4) versteht unter Vertreter in diesem Sinn nur den Vertreter im Rechtssinn, nicht dagegen zB auch eine Person, die die Partei nur zu ihrer Unterstützung als Beistand zugezogen hat; das ist zu eng, denn „Handlungen" idS sind nicht nur Rechtsgeschäfte. Andererseits Aussagepflicht nur über Handlungen, nicht Wahrnehmungen des Zeugen. – Gegenüber der Aussageverweigerung des Zeugen (§ 386) obliegt es dem Beweisführer, das Handeln des Zeugen als Rechtsvorgänger oder Vertreter einer Partei schlüssig vorzutragen und ggf zu beweisen (vgl RGZ 53, 111; StJ/Schumann Rn 9 erachtet dahingehenden *Beweis* für entbehrl).

7 **II)** Nach **Abs II** darf sich der Zeuge auf ein ausschließl dem Schutz Dritter dienendes Aussageverweigerungsrecht nicht mehr berufen, wenn der geschützte Dritte selbst auf diesen Schutz verzichtet hat. Daher Verzicht des Dritten unbeachtl, wo Schweigepflicht im Interesse der Allgemeinheit besteht.

8 **1) Anwendungsbereich: a) geistlicher Seelsorger** iS § 383 I 4, jedoch mit der Einschränkung gem Art 9 RKonkordat (§ 383 Rn 11), daher weitgehend gegenstandslos, weil die Schweigepflicht des Geistlichen über den Schutz des einzelnen hinaus zur institutionellen Garantie erhoben ist.

9 **b) Schweigepflicht kraft Amt, Stand u Gewerbe** iS § 383 I 6 (§ 383 Rn 16–20); § 385 gilt aber nicht für den Medienbereich des § 383 I 5, in dem die Vertraulichkeit Verfassungsrang hat und deshalb unverzichtbar ist (§ 383 Rn 12, 13).

10 **2) Zur Aussageermächtigung befugt** ist nur der Inhaber des geschützten Rechts persönl, der Erbe oder sonstige Rechtsnachfolger nur insoweit, als der Schutzzweck vermögensrechtl Natur und damit übertragbar ist (Stuttgart MDR 83, 236/237). Daher entfällt weg der höchstpersönl Natur des Vertrauensverhältnisses zwischen Arzt u Patient mit dem Tod des Patienten jede Möglichkeit der Aussageermächtigung des Erben für den Arzt (LSG München NJW 62, 1790; Rn 5 zu § 383). Ausschließl der Patient selbst ist zur Ermächtigung des Arztes befugt, auch wenn ein Dritter den Arzt zugezogen oder beauftragt hatte (Karlsruhe NJW 60, 1392). Für Minderjährige kann u muß der gesetzl Vertreter ermächtigen, bei höchstpersönl Schutzzweck (zB Arzt) jedoch nicht gegen den erklärten Willen des Mdj (BayObLG NJW 67, 207). Ein nicht voll Geschäftsfähiger kann ohne (oder entgegen) Mitwirkung seines gesetzl Vertreters den Arzt von

dessen Schweigepflicht (§ 383 Rn 18) selbst entbinden und auch einer ärztl Untersuchung (zum Beweis der Willensfähigkeit) wirksam zustimmen, wenn er hierfür eine ausreichende „natürliche" Einsichts- und Urteilsfähigkeit besitzt (BayObLGZ 85, 53), denn diese Zustimmung ist keine rechtsgeschäftl Willenserklärung, sondern Prozeßhandlung (vor § 128 Rn 14). Bei vermögensrechtl Schutzzweck darf der Generalbevollmächtigte (Celle NJW 55, 1844), auch der Konkursverwalter (RG 59, 85; Düsseldorf ZIP 93, 1807) ermächtigen. Prozeßvollmacht genügt nicht, denn das Recht, auf den Persönlichkeitsschutz zu verzichten, ist höchstpersönlich (München OLG 23, 182). Der Inhaber des geschützten Rechts kann die Befugnis zur Aussageermächtigung auf einen Dritten übertragen; Übertragung für den Todesfall formlos zulässig, soweit der Schutzzweck ausschließl höchstpersönl u daher nicht Nachlaßgegenstand ist (so für RA München AnwBl 75, 159). Das Gericht kann niemals ermächtigen. Sonderregelung der Ermächtigung öffentl Bediensteter enthält § 376. Bei Beamten kann daher neben der Genehmigung des Vorgesetzten noch die Genehmigung des Inhabers des geschützten Rechts erforderl sein. Vgl auch §§ 61, 62 BBG, § 18 BNotO.

11 3) Die **Erklärung der Aussageermächtigung** durch den Berechtigten kann dem Zeugen, den Parteien oder dem Gericht gegenüber erfolgen. Letzterenfalls ist die Ermächtigungserkl der hierzu befugten Partei Prozeßhandlung (Rn 14 vor § 128) u daher unwiderruflich (BayObLG FamRZ 90, 1012/13; abw Celle NdsRpfl 62, 260 im Hinblick auf § 399). In der Benennung des Zeugen durch die befugte Partei liegt ohne weiteres Aussageermächtigung. Die Erklärung muß ausdrücklich, dh in Kenntnis des Weigerungsrechtes erfolgen.

12 Eine **„mutmaßliche Einwilligung"** der durch § 383 I 4 und 6 geschützten und daher ermächtigungsbefugten Person (oben Rn 10) in die Zeugenaussage des Vertrauensempfängers ist (insbes nach dem Tod des Vertrauensgebers; § 383 Rn 1a und 5) grds nicht ausreichend, den Zeugen zur Aussage zu zwingen, denn für einen nicht zum Ausdruck gebrachten Willen des Menschen gibt es grds keine Vermutung (Lenckner NJW 64, 1188); ausnahmsweise kann aber der objektive Geschehensablauf den Rückschluß auf ein konkludent geäußertes Einverständnis mit der Zeugenaussage rechtfertigen (BayObLG MDR 87, 66; vgl § 383 Rn 1a und 5). Wo der Beweisführer einen klagbaren Anspruch auf Aussagegenehmigung gegen einen Dritten hat, sollte ihm Gelegenheit gegeben werden, diesen vor der Beweiserhebung durchzusetzen (dann § 148; StJ/Schumann Rn 27).

13 4) Eine der ermächtigungsbefugten Partei nachteilige **Beweiswürdigung** der unterlassenen Aussageermächtigung ist zulässig gem § 286 (BGH MDR 84, 48; RG JW 15, 1361). Darauf sollte das Gericht die verweigernde Partei gemäß § 278 III zur Vermeidung einer Überraschungsentscheidung hinweisen.

386 *[Begründung der Zeugnisverweigerung]*

(1) Der Zeuge, der das Zeugnis verweigert, hat vor dem zu seiner Vernehmung bestimmten Termin schriftlich oder zum Protokoll der Geschäftsstelle oder in diesem Termin die Tatsachen, auf die er die Weigerung gründet, anzugeben und glaubhaft zu machen.

(2) Zur Glaubhaftmachung genügt in den Fällen des § 383 Nr. 4, 6 die mit Berufung auf einen geleisteten Diensteid abgegebene Versicherung.

(3) Hat der Zeuge seine Weigerung schriftlich oder zum Protokoll der Geschäftsstelle erklärt, so ist er nicht verpflichtet, in dem zu seiner Vernehmung bestimmten Termin zu erscheinen.

(4) Von dem Eingang einer Erklärung des Zeugen oder von der Aufnahme einer solchen zum Protokoll hat die Geschäftsstelle die Parteien zu benachrichtigen.

1 1) **Abs I.** Für die Erklärung des Zeugen, die Aussage zu verweigern, besteht kein Anwaltszwang (§ 387 II). Glaubhaftmachung: § 294. Versicherung an Eides Statt ist aber nicht nur „zugelassen" iS § 294; das Gericht darf und sollte sie in zweifelhaften Fällen (BGH NJW 72, 1334: Verlöbnis) verlangen. Ergibt sich das Recht der Zeugnisverweigerung schon aus dem Inhalt der Beweisfrage (zB bei Behauptung der Ehezerrüttung §§ 1565 ff BGB), so bedarf es keiner Glaubhaftmachung der Tatsachen. Entschädigung des Zeugen (§ 2 ZSEG) ist unabhängig von Zeugnisverweigerung im Termin. § 386 findet auch auf Sachverst Anwendung (§ 402).

2 2) **Abs III** befreit von der Pflicht zum Erscheinen (§ 373 Rn 2) u den Folgen des § 380 nur, wenn das Verweigerungsrecht das gesamte Beweisthema (§ 377 II 2) umfaßt (soweit es auf dieses ankommt, vgl § 383 Rn 1a). Ob die Verweigerung letztlich berechtigt erfolgt, ist grundsätzlich gleichgültig. Ausnahme: Ist die Verweigerung offensichtlich unbegründet u mußte der Zeuge dies erkennen, dann Ahndung gemäß § 380, falls er zum Termin nicht erscheint, bei Erscheinen § 390. Bei Weigerung schriftlich auszusagen, keine Möglichkeit für Ordnungsmittel, weil keine Pflicht (§ 377 Rn 10).

3) **Abs IV.** Benachrichtigung durch einfachen Brief. Die Benachrichtigung beinhaltet den Hinweis auf die mangelnde Eignung des Beweisantritts (vgl vor § 284 Rn 10a) u soll zur Prüfung anregen, ob eine Entbindung iS § 385 II in Betracht kommt oder ob Erklärungen zur Einleitung des Zwischenstreits (§ 387) geboten sind. Erneuter Antrag, den Zeugen zu laden, setzt Nachweis voraus, daß dieser jetzt aussagebereit ist (Köln NJW 75, 2074). 3

4) Zur (mögl) teilweisen Zeugnisverweigerung, der nach erfolgter Aussage erklärten Verweigerung und der Aussagebereitschaft nach zunächst erklärten Verweigerung s § 383 Rn 6. 4

387 *[Entscheidung über Zeugnisverweigerung]*

(1) Über die Rechtmäßigkeit der Weigerung wird von dem Prozeßgericht nach Anhörung der Parteien entschieden.

(2) Der Zeuge ist nicht verpflichtet, sich durch einen Anwalt vertreten zu lassen.

(3) Gegen das Zwischenurteil findet sofortige Beschwerde statt.

1) **Zwischenstreit:** Die Aussage- oder Eidesverweigerung des Zeugen (gem § 402 auch des Sachverständigen) führt zu einem Zwischenstreit, gleichgültig ob die Weigerung auf §§ 383–385 oder sonstige Gründe (zB wegen eines Kreuzes im Gerichtssaal, BVerfG MDR 74, 24; Nürnberg NJW 66, 1926) gestützt ist. 1

2) **Voraussetzungen des Zwischenstreites: a) Begründung der Weigerung** durch den Zeugen (im Termin mündl oder gem § 386 III); sonst § 390; **b) keine rügelose Verhandlung** zur Sache (§ 295; BGH NJW-RR 87, 445; LM § 295 Nr 9; Frankfurt OLGR 95, 274/6); **c) Antrag** des Beweisführers; Rüge der Unzulässigkeit der Aussageverweigerung bedeutet Antrag. Im Unterlassen des Antrags (bzw der Rüge) liegt Verzicht auf den Zeugen (RGZ 20, 380). Dann ist gem § 399 der Gegner antragsberechtigt, wenn er auf Vernehmung besteht (Nürnberg NJW 66, 1926). Kein Zwischenstreit von Amts wegen (aM StJ/Schumann Rn 2; BL/Hartmann Rn 2), denn ohne Antrag oder (gleichbedeutend) Unzulässigkeitsrüge einer Partei (auch des Beweisgegners, vgl § 399) ist der die Aussage verweigernde Zeuge ohne sachl Prüfung seiner Weigerungsgründe – solange diese nur dem Gesetz gemäß behauptet sind (hierzu § 390 Rn 2) – im Umfang des Beibringungsgrundsatzes (Vorbem § 284 Rn 1, 2) als nicht verfügbares Beweismittel (§ 356) anzusehen; lediglich die *Durchführung* des antragsgemäß eingeleiteten Zwischenstreits erfolgt wegen der öffentlrechtl Zeugnispflicht (§ 373 Rn 2) im Amtsbetrieb ohne Mitwirkungszwang für den Zeugen und die Parteien (§ 388), denen aber rechtl Gehör zu gewähren ist. 2

3) **Verfahren des Zwischenstreits:** Zuständig ist nur das Prozeßgericht, auch der Einzelrichter (auch des OLG, § 524 Rn 51) und der Vorsitzende der Kammer für Handelssachen (§ 349 Rn 2), soweit er Beweis erhebt, niemals der verordnete Richter (§§ 366, 389). Parteien des Zwischenstreits sind der Zeuge (hier entgegen § 52 auch der minderjährige Zeuge ohne gesetzl Vertretung, vgl § 383 Rn 4, § 385 Rn 10) und der Beweisführer, im Fall des § 399 dessen Gegner (Hamburg FamRZ 65, 277). Im Anwaltsprozeß nur für die Parteien des Hauptprozesses Anwaltszwang, nicht für den Zeugen: Abs II u § 569 II. Notwendige mündl Verhandlung, jedoch (wegen § 388) niemals Versäumnisurteil. Entscheidung i schriftl Verfahren (§ 128 II) nur zulässig, wenn auch der Zeuge dem zustimmt (Frankfurt NJW 68, 1240). Der Zeuge ist (abweichend von § 377) ebenso wie die anderen Parteien gem §§ 214, 218 zu laden, falls nicht sofort bei Weigerung des anwesenden Zeugen entschieden wird. Vor Erledigung des Zwischenstreits keine Fortsetzung der Verhandlung z Hauptsache (s Anm zu § 368). Der Zeuge erhält, weil hier Partei, für s Anwesenheit im Zwischenstreit keine Zeugengebühren (RG 43, 409), jedoch bei Obsiegen Ersatz seiner notw Auslagen gem § 91 ZPO, § 11 ZuSEG (München Rpfleger 69, 358; vgl entspr § 380 Rn 10). Der Streitwert des Zwischenstreits entspricht der Hauptsache, soweit sich die Aussage auf diese erstreckt (KG NJW 68, 1937; vgl § 3 Rn 16 zu „Zeugnisverweigerung"). 3

4) **Die Entscheidung** ergeht durch Zwischenurteil, gleichgültig ob Weigerung für berechtigt oder unberechtigt erklärt (RG JW 96, 130). Entscheidung im Endurteil unzulässig, weil dieses eine erst nach Schluß der Beweisaufnahme zulässige Schlußverhandlung zur Hauptsache voraussetzt (§§ 285, 370). Mit der Behauptung, das rechtskräftige Zwischenurteil sei falsch, kann das Endurteil nicht angefochten werden (§ 548; BGH MDR 66, 915). Kosten (München RPfleger 69, 358) trägt gem § 91 bei unberechtigter Weigerung der Zeuge, sonst der Beweisführer oder im Fall des § 399 dessen Gegner (entgegen RG 28, 439 nicht beide Hauptparteien als Streitgenossen im Zwischenstreit, denn der Beweisgegner ist im Zwischenstreit nicht Partei; er könnte sogar dem Zeugen als Streithelfer beitreten, Köln JMBl NRW 73, 209). 4

Im **Konkursverfahren** nicht Zwischenurteil, sondern Beschluß ohne notw mündl Verhandlung (Düsseldorf NJW 64, 2357). 5

6 Die **Rechtskraft des Zwischenurteils** erfaßt nur den geltendgemachten Weigerungsgrund. Die Geltendmachung anderer Gründe bleibt zulässig und darf auch nicht als verspätet zurückgewiesen werden (StJ/Schumann § 386 Rn 6).

7 5) **Rechtsmittel:** sofortige Beschwerde (§ 577). Kein Rechtsmittel gegen Zwischenurteil des OLG: § 567 IV. Aber sof Beschwerde auch zulässig, wenn das LG als Berufungsgericht entschieden hat (§ 567 III). Sofortige Beschwerde auch, wo unzulässig im Endurteil entschieden wurde (RG 106, 58). Die BeschwFrist (§ 577 II) beginnt mit Zustellung des Zwischenurteils im Amtsbetrieb, § 317. Beschwerdeberechtigt nur der unterlegene Beweisführer (i Fall des § 399 dessen Gegner) bzw der Zeuge, dessen Aussageverweigerung für unberechtigt erklärt wurde (im letzteren Fall nicht auch der Gegner der beweisführenden Partei, Frankfurt MDR 83, 236). Für den Zeugen kein Anwaltszwang, § 569 II, aber der Zeuge darf stets (auch bei seiner Einvernahme) einen Anwalt zuziehen, § 79; BVerfG MDR 75, 290. Keine weitere Beschwerde (§ 568 II).

8 Nach **Rechtskraft** Fortsetzung der Verhandlung zur Hauptsache im Amtsbetrieb (§ 370) bei berechtigter Weigerung, anderenfalls Forts der Beweisaufnahme u evtl Zwangsmittel gegen den Zeugen gem § 390 nach nochmaliger Ladung (§ 377).

9 6) **Gebühren: a) des Gerichts:** Das Zwischenurteil ist gebührenfrei, s § 303 Rn 12. Beschwerdeverfahren: KV 1906. **b) des Anwalts:** Das Verfahren über den Zwischenstreit gehört zur Instanz (§ 37 Nr 3 BRAGO). Für das Beschwerdeverfahren: $\frac{5}{10}$ Gebühr (§ 61 I Nr 1 BRAGO; krit Lappe Anm zu LG Würzburg KoRsp ZSEG § 11 Nr 12: § 118 BRAGO). Beschränkt sich die Tätigkeit des RA als Vertreter des Zeugen auf den Zwischenstreit über die Berechtigung zur Zeugnisverweigerung, so wird er als Bevollmächtigter in einem Rechtsstreit tätig u verdient daher die Gebühren des § 31 BRAGO aus dem Wert des Zwischenstreits (Hamburg MDR 87, 947).

388 *[Schriftliche Zeugnisverweigerung]*

Hat der Zeuge seine Weigerung schriftlich oder zum Protokoll der Geschäftsstelle erklärt und ist er in dem Termin nicht erschienen, so hat auf Grund seiner Erklärungen ein Mitglied des Prozeßgerichts Bericht zu erstatten.

1 Der Zeuge ist, wenn nur die Aussageverweigerung ordentlich (§ 386) erklärt wurde, zum Erscheinen im Termin des Zwischenstreits (§ 387) nicht verpflichtet. Daher auch keine Säumnisentscheidung gegen ihn oder gegen eine Partei. Bei seiner Abwesenheit entscheidet das Gericht über den vom Berichterstatter vorzutragenden Weigerungsgrund.

389 *[Zeugnisverweigerung vor verordnetem Richter]*

(1) Erfolgt die Weigerung vor einem beauftragten oder ersuchten Richter, so sind die Erklärungen des Zeugen, wenn sie nicht schriftlich oder zum Protokoll der Geschäftsstelle abgegeben sind, nebst den Erklärungen der Parteien in das Protokoll aufzunehmen.

(2) Zur mündlichen Verhandlung vor dem Prozeßgericht werden der Zeuge und die Parteien von Amts wegen geladen.

(3) Auf Grund der von dem Zeugen und den Parteien abgegebenen Erklärungen hat ein Mitglied des Prozeßgerichts Bericht zu erstatten. Nach dem Vortrag des Berichterstatters können der Zeuge und die Parteien zur Begründung ihrer Anträge das Wort nehmen; neue Tatsachen oder Beweismittel dürfen nicht geltend gemacht werden.

1 1) Den Zwischenstreit entscheidet, auch wenn die Weigerung vor dem beauftragten oder ersuchten Richter (§§ 361, 362, 375) erfolgte, stets das Prozeßgericht; das kann i Fall des ersuchten Richters auch der Einzelrichter sein. Der beauftragte oder ersuchte Richter hat gem Abs I nur das Verfahren vor dem Prozeßgericht vorzubereiten.

2 2) **Abs II.** Nicht § 389, sondern nur § 387 findet Anwendung, wenn vor dem Einzelrichter (auch des OLG, § 524 Rn 51) oder dem Vors der Kammer für Handelssachen (§ 349 Rn 2) das Zeugnis verweigert wird; denn er ist selbst ProzGer. – **Mündl Verh** vor dem ProzGer, es sei denn, der Beweisführer verzichtet (§ 399) auf den Zeugen. **Ladung** des Zeugen von Amts wegen als Partei im Zwischenstreit, nicht mit dem gewöhnlichen Zeugenladungsformular, RG 67, 343. Der Zeuge ist auf die Unschädlichkeit s Ausbleibens hinzuweisen (Form der Ladung: „Ihr Erscheinen ist nicht nötig. Zeugengebühren werden nicht vergütet. Es wird im Termin nur über das Zeugnisverweigerungsrecht auf Grund der Akten entschieden".). Kein Zeugengebührenanspruch auch bei Erscheinen des Zeugen im Termin über den Zwischenstreit, in dem er auf das Zeugnisverweigerungsrecht verzichtet u dann vom ProzGer vernommen wird, RG 43, 409. Ist Ladung des Zeugen nicht ordnungsgemäß erfolgt (zB mit Zeugenladungsformular), ist Unbegründetheitserklärung

der Zeugnisverweigerung durch Zwischenurteil unzulässig, RG 67, 343. – § 389 ist im Falle des § 372a entsprechend anzuwenden (§ 372a Rn 15).

3) Neue, nicht schon vor dem beauftragten Richter vorgebrachte **Tatsachen** u Beweismittel dürfen zu dem bisherigen WeigGrund weder von dem Zeugen noch von den Parteien geltend gemacht werden, auch wenn sie erst nachträgl entstanden oder bekanntgeworden sind, OLG 29, 121. Andere rechtl Begründung auf Grund der vorgebrachten Tatsachen ist dagegen zulässig. 3

4) Für das Verfahren des Zwischenstreits gilt das zu § 387 Gesagte. – Bestimmt das Gericht fehlerhaft vor Entscheidung des Zwischenstreits Termin z Verhandlung über die Hauptsache, gilt § 295. 4

390 *[Zwangsmittel bei Zeugnisverweigerung]*

(1) Wird das Zeugnis oder die Eidesleistung ohne Angabe eines Grundes oder aus einem rechtskräftig für unerheblich erklärten Grund verweigert, so werden dem Zeugen, ohne daß es eines Antrages bedarf, die durch die Weigerung verursachten Kosten auferlegt. Zugleich wird gegen ihn ein Ordnungsgeld und für den Fall, daß dieses nicht beigetrieben werden kann, Ordnungshaft festgesetzt.

(2) Im Falle wiederholter Weigerung ist auf Antrag zur Erzwingung des Zeugnisses die Haft anzuordnen, jedoch nicht über den Zeitpunkt der Beendigung des Prozesses in dem Rechtszuge hinaus. Die Vorschriften über die Haft im Zwangsvollstreckungsverfahren gelten entsprechend.

(3) Gegen die Beschlüsse findet die Beschwerde statt.

I) Während § 380 das bloße Fernbleiben des Zeugen (oder Sachverständigen § 402) ahndet, ist in § 390 unabhängig vom Erscheinen die vor oder im Termin unbefugt erklärte Aussage- oder Eidesverweigerung Voraussetzung der Anwendung von Ordnungsmitteln. § 390 setzt also eine Einlassung des Zeugen auf die Ladung (§ 377) voraus. Im übrigen unterscheidet sich § 380 von § 390 dadurch, daß § 390 mehrfaches Ordnungsgeld nicht zuläßt u die Beugehaft nach Abs II nur auf Antrag angeordnet wird, weil sie keine Ersatzfreiheitsstrafe ist. – Entspr anwendbar ist § 390 auf den Sachverst (§ 402) u für den Abstammungsbeweis gem § 372a II (BGH NJW 90, 2936 = MDR 91, 33). 1

II) Voraussetzung des Zeugniszwangs (Abs I): Verweigerung der Aussage oder Eidesleistung 1) ohne jede Begründung; dem Fehlen einer Begründung entspricht (entgegen HRR 33, 775) auch eine abwegige, dh nicht aus §§ 383, 384 herzuleitende (nicht hieraus hergeleitet, trotzdem aber nicht abwegig nach BVerfG MDR 74, 24 = NJW 73, 2197; Nürnberg NJW 66, 1926 die Weigerung, unter einem Kruzifix auszusagen) Begründung, zB Zeitmangel (Bamberg Bay JMBl 52, 237) oder **2)** nach Verwerfung der Aussageverweigerung durch rechtskr Zwischenurteil gem § 387, es sei denn, der Zeuge macht zulässigerweise (§ 387 Rn 6) einen neuen (anderen!) Weigerungsgrund geltend. – Keine Zwangsmittel gegen Strafunmündige (LG Bremen NJW 70, 1429). 2

Ob die bloße **Eidesverweigerung** rechtmäßig ist (§ 393), ist mangels gesetzl Vorschrift ohne Zwischenurteil zu prüfen (Rn 1 zu § 391). Die Eidespflicht entfällt außer gem § 393 nur, wenn der Beweisführer **und** dessen Gegner auf Beeidigung verzichten (§ 391 letzter Hs). 3

III) Die Festsetzung von Ordnungsgeld, ersatzweise Ordnungshaft, spricht das Prozeßgericht oder nach fehlender Begründung (§ 386) bzw nach Zurückweisung (§ 387) der Aussageverweigerung auch der verordnete Richter (§ 400) aus (BGH NJW 90, 2936 = MDR 91, 33/34). Die Anordnung erfolgt von Amts wegen, solange nicht wirksam (§ 399) auf den Zeugen verzichtet wird. Frühere Maßnahmen gemäß § 380 stehen der Anordnung gemäß § 390 nicht entgegen (StJ/Schumann Rn 5). Ersatzhaft darf (ebenso wie in § 380) trotz Art 7 StrRG weiter angeordnet werden (s § 380 Rn 5, 6). 4

1) Die Ahndung **erstmaliger Weigerung** entspricht der des § 380 (dort Rn 3–7), obwohl beide voneinander unabhängig sind. Anordnung u Vollstreckung von Amts wegen. Der Beweisführer kann vor Erlaß des Beschlusses auf das Zeugnis verzichten (§ 399). Nach Erlaß des Beschlusses hindert Verzicht den Vollzug nicht mehr. Zugleich mit der Festsetzung des Ordnungsgeldes (also vor Rechtskraft u Vollstreckung) ist neuer Termin z Forts der Beweisaufnahme z bestimmen (§ 368). Der Zeuge ist, auch wenn er bei Verkündung anwesend ist, neu zu laden. Dem abwesenden Zeugen u den abwesenden Parteien (letzteren, weil sie Anspruch auf **Kostenausspruch** haben) ist die Anordnung von Amts wegen zuzustellen; § 329 II 2 u III. 5

2) Bei **wiederholter Weigerung (Abs II)** wird **nur auf Antrag** (Ausnahme: §§ 653 II, 680 III) des Beweisführers (nach dessen Verzicht oder Untätigkeit gem § 399 auch des Gegners) **Beugehaft** angeordnet. Unterlassener Haftantrag bedeutet Verzicht auf den Zeugen. 6

7 Die Verhängung eines zweiten Ordnungsgeldes (wie in § 380 II) ist unzulässig. **Haftanordnung** (Beugehaft = Zwangsmaßregel im Parteibetrieb) durch Beschluß, der keine zeitliche Begrenzung der Haft enthält und zu verkünden oder dem Zeugen zuzustellen ist. Verweigert ein Zeuge, über den in 1. Instanz wegen wiederholter Zeugnisverweigerung bereits die Haft verhängt war, auch in der 2. Instanz das Zeugnis über die gleichen Fragen oder die Eidesleistung, so darf er wiederum verhaftet werden; doch darf die Haft (1. und 2. Instanz) wegen § 913 zusammen nicht mehr als 6 Monate betragen. Bei Weigerung des Zeugnisses über neue Tatsachen und auf Grund eines neuen Beweisbeschlusses kann die Haft abermals in voller Höhe verhängt werden.

8 **Vorschriften über die Haft im ZwV-Verfahren:** §§ 904–913. Neben dem die Haft anordnenden Beschluß erläßt das Gericht den Haftbefehl, in dem der Zeuge und der Grund der Verhaftung zu bezeichnen sind. Verhaftung erfolgt durch den GV. Die Haft endigt, wenn der Zeuge aussagt, wenn das Prozeßgericht instanzbeendigend über das Beweisthema entschieden hat oder der Beweisführer auf das Zeugnis verzichtet. Der Prozeßgegner hat dagegen kein Widerspruchsrecht. Der Zahlung eines Auslagenvorschusses für den Haftvollzug durch den Antragsteller bedarf es seit Änderung des § 911 durch Ges v 1. 2. 1979 nicht mehr.

9 **IV)** Die neben den Zwangsmitteln auszusprechende **Kostenfolge** entspricht der des § 380 (s dort Rn 4).

10 **V) Abs III:** Einfache **Beschwerde** des Zeugen (§ 567) mit aufschiebender Wirkung, § 572. Schriftl Einreichung oder Erklärung zu Prot des UrkB, § 569 II. Gegen Ablehnung oder Aufhebung der Haft nach Abs II hat die betroff Partei das Recht der sof Beschwerde gem § 793; gegen unterbliebenen Kostenausspruch dagegen einfache Beschwerde. Beschwerde statthaft, auch wenn das LG als Berufungsgericht entschieden hat (§ 567 III), jedoch keine Beschwerde gegen Beschluß des OLG (§ 567 IV). Eine Haftentschädigung entspr dem StrEG v 8. 3. 71, BGBl I 157, ist der ZPO fremd, BGH NJW 90, 397.

11 **VI) Gebühren: a) des Gerichts:** Keine. – **b) des Anwalts:** abgegolten mit Beweisgebühr § 31 I 3 BRAGO; für Beschwerde $^{5}/_{10}$ Gebühr, § 61 I 1 BRAGO; § 387 Rn 9.

391 *[Zeugenbeeidigung]*

Ein Zeuge ist, vorbehaltlich der sich aus § 393 ergebenden Ausnahmen, zu beeidigen, wenn das Gericht dies mit Rücksicht auf die Bedeutung der Aussage oder zur Herbeiführung einer wahrheitsgemäßen Aussage für geboten erachtet und die Parteien auf die Beeidigung nicht verzichten.

1 **1)** Die **Pflicht zur Eidesleistung** (über das Verfahren der Eidesabnahme s §§ 478–484) besteht für jeden zur Aussage verpflichteten Zeugen, soweit kein Eidesverbot iS § 393 besteht. Zumindest zur eidesgleichen Bekräftigung (§ 484) ist jeder Zeuge öffentl-rechtl verpflichtet. Den Vorbehalten des BVerfG (NJW 72, 1183) ist mit der Neufassung von § 484 durch das Ges v 20. 12. 1974 Genüge getan. Wegen Recht zur Aussageverweigerung s §§ 376, 383–385. Der zur Aussageverweigerung befugte Zeuge darf den Eid verweigern, selbst wenn er bereits ausgesagt hat (BGH 43, 368); seine Aussage wird damit aber wertlos. Wegen der Folgen unbefugter Eidesverweigerung s § 390 Rn 3. Einen Zwischenstreit iS des § 387 über die Befugnis bloßer Eidesverweigerung, soweit diese nicht auf §§ 383, 384 gestützt wird (also Teil der befugten Aussageverweigerung ist), sieht das Gesetz nicht vor, das Gericht entscheidet gem § 286 nach freiem Ermessen über die Weigerungsbefugnis.

2 **2)** Eine **Pflicht zur Abnahme des Eides** kennt i Gegensatz zu § 59 StPO die ZPO **nicht** mehr (Novelle v 27. 10. 1933). Die Beeidigung ist als Teilbereich der freien richterl Beweiswürdigung (§ 286) in das pflichtgebundene Ermessen des Prozeßgerichts (nicht des verordneten Richters, dieser soll nur auf Weisung des ProzGerichts beeidigen) gestellt. Ermessensmißbrauch ist (soweit nicht § 295 eingreift) revisibler Verfahrensfehler.

3 **Grundsätze der Ermessensausübung** (grundsätzl BGH 43, 368 = NJW 65, 1530 = JZ 65, 453; BGH DRiZ 67, 361; H. Schneider NJW 66, 333; E. Schneider MDR 69, 429; Grunsky ZZP 79, 141): Die Beeidigung ist wichtiges Mittel der Wahrheitserforschung, das nicht willkürlich unbenutzt bleiben darf. Daher ist grundsätzlich zu beeidigen bei entscheidungserheblichen Aussagen, an deren Richtigkeit noch Zweifel bestehen, selbst wenn dem Zeugen ein Meineid zuzutrauen ist. Ausnahme: Der Eid ist subjektives Druckmittel zur Herbeiführung einer Aussage nach bestem Wissen u Gewissen; daher ist er entbehrlich, wo die Aussage zwar nicht glaubhaft ist, der Zeuge aber erkennbar glaubwürdig sein subjektives Wissen kundgegeben hat (BGH DRiZ 67, 361). Der Eid ist auch entbehrlich, wo die – selbst unglaubwürdige – Aussage nicht entscheidungserheblich ist (BGH NJW 72, 584) und wo das Gericht das Gegenteil einer unglaubwürdigen Aussage bereits aus den eidlichen Aussagen anderer Zeugen entnehmen konnte (E. Schneider MDR 69, 429; BGH NJW 65, 1530/1531). Das Gericht kann in Grenzfällen die für die Unterlassung der Beeidigung

nötigen Erkenntnisse meistens aus dem Ergebnis einer Gegenüberstellung der Zeugen (§ 394 II) gewinnen. Zulässig (u sehr zu empfehlen! RSchwab/Gottwald § 122 VI) auch, die Beeidigung ledigl eines Teils der Aussage anzuordnen.

Im **arbeitsgerichtl Verf** ist Beeidigung die Ausnahme (§ 58 II ArbGG). Für das **verwaltungsgerichtl Verf** s BVerwG VerwRspr 66, 1012. 4

3) Verzicht auf Beeidigung hat, wenn von beiden Parteien erklärt, Verbot der Beeidigung zur Folge. Obwohl als Prozeßhandlung unwiderruflich (Rn 14 vor § 128), wird durch nach Verzicht erklärten Beeidigungsantrag analog § 398 das Gericht zur Beeidigung ermächtigt, jedoch niemals verpflichtet. Der Verzicht erfaßt nur den seiner Erklärung vorausgehenden Teil der Aussage. Er wirkt nur für die Instanz, daher kann in nächster Instanz die Beeidigung der früheren Aussage ohne nochmalige Vernehmung z Sache nachgeholt werden. (Auch hier ist Entscheidungserheblichkeit Voraussetzung, BGH NJW 72, 584). Verzichtserklärung ausdrücklich oder durch schlüssiges Verhalten (zB Nichtrüge der Nichtbeeidigung, RG 17, 380). Unzulässig bzw unbeachtl ist der Verzicht gem §§ 617, 640 in Ehe- und Kindschaftssachen (Amtsermittlung). 5

4) Verfahren: Über die Beeidigung entscheidet ausschließl das Prozeßgericht durch Beschluß (Peters NJW 90, 1832). Das kann auch der Einzelrichter (auch des OLG, § 524 Rn 51, § 387 Rn 3) sein, ebenso im Umfang seiner beschränkten Beweiserhebungskompetenz (§ 349 Rn 3, 4) der Vorsitzende der Kammer für Handelssachen; die Nichtbeeidigung durch letzteren und durch den Einzelrichter des OLG hindert aber das Kollegium, wo ihm die Hauptsacheentscheidung obliegt, nicht daran, die unterbliebene Beeidigung nach Maßgabe seiner ihm obliegenden Beweiswürdigung (§ 286) nachzuholen. – Der verordnete Richter ist, obwohl gem § 400 zu Zwangsmaßnahmen iS des § 390 selbst befugt, zur Beeidigung ohne Anweisung durch das ProzGericht nicht berechtigt, weil Anordnung der Beeidigung Teil der Beweiswürdigung ist; StJ/Schumann Rn 21 und BL/Hartmann Rn 7 halten aber den verordneten Richter bei fehlender Anweisung durch das Prozeßgericht für beeidigungsbefugt. Jedenfalls ist regelwidrige Beeidigung nicht iS des § 286 unbeachtlich; sie ist in die Beweiswürdigung einzubeziehen. Jedoch ist eine trotz Eidesverbots iS § 393 beeidigte Aussage als unbeeidigte zu werten. – Nach BGH NJW 52, 384 soll es zulässig sein, die unterbliebene Beeidigung einer entscheidungserhebl Aussage im Urteil nicht zu **begründen** (in BGH 43, 368 = NJW 65, 1530 offen gelassen); das ist abzulehnen, weil sonst fehlerhafte Ermessensausübung (Rn 3) nicht nachprüfbar wäre (ebenso Schneider NJW 66, 334). Daher ist Begründung nur entbehrl, wo kein Antrag auf Beeidigung gestellt war. Abnahme des **Zeugeneides statt des SachverstEides** (§ 410) oder umgekehrt ist gleichbedeutend mit unterbliebener Beeidigung. **Eidesbelehrung** § 395, 480. **Verfahren** der Eidesabnahme: §§ 478–484. **Verstoß** gegen § 391 verletzt § 286 und ist revisibel (BGH 43, 368), soweit nicht Heilung durch Rügeverzicht, § 295. **Zeugeneid im Ausland:** § 363 Rn 15. 6

392 *[Zeugeneid nach Vernehmung]*

Die Beeidigung erfolgt nach der Vernehmung. Mehrere Zeugen können gleichzeitig beeidigt werden. Die Eidesnorm geht dahin, daß der Zeuge nach bestem Wissen die reine Wahrheit gesagt und nichts verschwiegen habe.

Abnahme des Nacheides: §§ 478–484; in fremder Sprache: § 188 GVG. Wegen der religiösen Form des Eides vgl § 481 u § 484 (s § 391 Rn 1). Wird der Zeuge vor der Vernehmung beeidigt, so ist die Aussage (entgegen StJ/Schumann Rn 1; Kassel OLG 23, 184) ebenfalls als wirksam beeidigt anzusehen (vgl RGSt 70, 366), denn § 392 ist, soweit Nacheid vorgeschrieben, Ordnungsvorschrift. Das schließt bei Voreid aber vorsorgl (obwohl entbehrl) Abnahme der Versicherung gemäß § 398 III nach der Aussage nicht aus. Verlesung der Aussage vor Eidesleistung: §§ 160 III 4, 162 (s § 162 Rn 5). Bei Ergänzung der Aussage nach Eidesleistung: § 398 III. 1

393 *[Uneidliche Vernehmung]*

Personen, die zur Zeit der Vernehmung das sechzehnte Lebensjahr noch nicht vollendet oder wegen mangelnder Verstandesreife oder wegen Verstandesschwäche von dem Wesen und der Bedeutung des Eides keine genügende Vorstellung haben, sind unbeeidigt zu vernehmen.

1) Allgemeines über Pflicht zur Eidesleistung s Rn 1 zu § 391, über Pflicht zur Abnahme des Eides Rn 2 zu § 391, über das Verfahren zur Eidesabnahme s §§ 478–484. Sonderregelung für Vereidigung der Parteien: § 455 II. 1

2 2) Die **Eidesmündigkeit** beginnt mit Vollendung des 16. Lebensjahres; sie fehlt auch dauernd Geistesschwachen, welche (obwohl uU noch aussagetüchtig, vgl Rn 3 zu § 373, BGH NJW 67, 360) die Einsicht der besonderen Bedeutung eines Eides nicht besitzen. Wegen der Strafbarkeit des Meineides eines nicht Eidesmündigen: RGSt 36, 278; BGHSt 10, 142/144 (Strafbarkeit bejaht bei Strafmündigkeit). Die von einem nicht Eidesmündigen beeidigte Aussage ist als unbeeidigte zu werten. Bei vorübergehend Mangel der Einsichtsfähigkeit (zB Trunkenheit) ist zu vertagen (z betrunkenen Zeugen s § 380 Rn 2). – Entfallen ist die frühere Nr 2 (betraf die uneidliche Vernehmung eidesunfähiger Personen) wegen der Aufhebung von § 161 StGB durch Art 40 StRRG v 25. 6. 1969, BGBl I 645.

394 *[Zeugenvernehmung]*

(1) Jeder Zeuge ist einzeln und in Abwesenheit der später abzuhörenden Zeugen zu vernehmen.

(2) Zeugen, deren Aussagen sich widersprechen, können einander gegenübergestellt werden.

1 **Abs I:** Das Gebot der Einzelvernehmung ist nur Ordnungsvorschrift (Düsseldorf MDR 79, 409); Verstoß ist nicht revisibel (RG JW 28, 1857). § 394 gilt nicht für Sachverständige, wohl aber für sachverständige Zeugen (§ 414). Nach beendeter Aussage darf der Zeuge aus Gründen des § 169 GVG (gilt nur für das Prozeßgericht!) während der Einvernahme anderer Zeugen anwesend bleiben. Die Aussage ist aber erst mit Entlassung durch den Vorsitzenden beendet. Bei Entfernung vor Entlassung gilt § 380. Entlassung des Zeugen sollte nur mit Zustimmung der Parteien erfolgen. Oft wird sich die Frage der Beeidigung (§ 391) erst nach Vernehmung aller Zeugen beantworten lassen. Gemeinsame Beeidigung: § 481 IV. – Anwesenheitsrecht der Parteien: § 357. Fragerecht der Parteien: § 397.

2 **Abs II:** Gegenüberstellung – gilt auch für Sachverständigen – ist Recht des Gerichts, auch des verordneten Richters, nicht der Parteien (vgl § 398 I). Obwohl in § 451 nicht erwähnt, ist Gegenüberstellung auch bei Parteivernehmung zulässig (RSchwab/Gottwald § 124 IV 3). Gegenüberstellung ist Frage des grds nicht nachprüfbaren Ermessens (BAG NJW 68, 566).

395 *[Wahrheitsermahnung; Vernehmung zur Person]*

(1) Vor der Vernehmung wird der Zeuge zur Wahrheit ermahnt und darauf hingewiesen, daß er in den vom Gesetz vorgesehenen Fällen unter Umständen seine Aussage zu beeidigen habe.

(2) Die Vernehmung beginnt damit, daß der Zeuge über Vornamen und Zunamen, Alter, Stand oder Gewerbe und Wohnort befragt wird. Erforderlichenfalls sind ihm Fragen über solche Umstände, die seine Glaubwürdigkeit in der vorliegenden Sache betreffen, insbesondere über seine Beziehungen zu den Parteien, vorzulegen.

1 1) **Ermahnungen und Belehrungen** (Abs I): Außer nach § 395 ist der Zeuge vor Einvernahme gem § 383 II u § 480 zu belehren. Jedoch ist § 395 bloße Ordnungsvorschrift wie § 394. Belehrung über Strafbarkeit (§§ 153, 154 StGB) ist zweckmäßig. Oft wird es sich auch empfehlen, den Zeugen darauf hinzuweisen, daß er sich uU erhebl Schadensersatzansprüchen aussetzt, wenn als Folge einer Falschaussage einer Partei ein Schaden entsteht (vgl § 373 Rn 13).

2 2) Die **Vernehmung zur Person** (Abs II S 1) dient der Feststellung der Identität und der Eidesfähigkeit (Alter) des Zeugen. Auch hierauf erstrecken sich die Wahrheitspflicht iS §§ 153, 154 StGB und das Zeugnisverweigerungsrecht (§§ 383, 384; RG JW 11, 189). Die fehlende Vernehmung des Zeugen zu seiner Person ist kein Hindernis für die Beweisverwertung, solange kein Zweifel an der Identität der Person besteht. – Über die Pflichtangaben des Abs II S 1 hinaus sollte die Befragung zur Person nicht ausgedehnt werden. Es besteht insbes kein Grund, den Zeugen in öffentl Sitzung seine volle Privatanschrift (vorgeschrieben ist nur die Angabe des Wohnorts) und seinen Familienstand (unter „Stand" iSv II 1 ist nur die berufl Stellung zu verstehen) offenbaren zu lassen. Kommt es hierauf an, gehört die entspr Angabe zur Vernehmung zur Sache. Unzulässig ist Frage nach der Religion (Art 140 GG, Art 136 III WRV). Bei Gefährdung des Zeugen kann analog § 68 S 2 StPO auch die Angabe des Wohnorts unterbleiben.

3 3) **Fragen zur Glaubwürdigkeit** (Abs II S 2) sind Ermessenssache. Wegen Auskunft über Vorstrafen, insbes Eidesdelikt des Zeugen s Rn 5 zu § 384. – Zweckmäßig zur Wahrheitsermittlung ist es, den Zeugen zunächst über seine Wissensquellen, erst dann gem § 396 über das Beweisthema zu befragen.

396 *[Vernehmung zur Sache]*

(1) Der Zeuge ist zu veranlassen, dasjenige, was ihm von dem Gegenstand seiner Vernehmung bekannt ist, im Zusammenhang anzugeben.

(2) Zur Aufklärung und zur Vervollständigung der Aussage sowie zur Erforschung des Grundes, auf dem die Wissenschaft des Zeugen beruht, sind nötigenfalls weitere Fragen zu stellen.

(3) Der Vorsitzende hat jedem Mitglied des Gerichts auf Verlangen zu gestatten, Fragen zu stellen.

Abs I. § 396 ist nicht nur Ordnungsvorschrift; Verletzung macht – sofern nicht § 295 vorliegt – die Aussage unverwertbar (BGH NJW 61, 2168). Unzulässig ist zB die bloße Bezugnahme auf eine mitgebrachte schriftl Erklärung, die nicht verlesen wird (§§ 160 III 4, 162) oder die bloße Beantwortung gestellter Fragen mit „ja" oder „nein"; letzteres kann und soll bereits das Gericht bei der Fragestellung verhindern (keine Suggestivfragen wie „ist es richtig, daß . . .?"). Die Ausübung des Fragerechtes (§ 397) sollte erst zugelassen werden, wenn der Zeuge zusammenhängend spontan ausgesagt hat (BAG NJW 83, 1691/1693). Wegen Vernehmung stummer Zeugen s § 186 GVG, § 483 ZPO. Zur Zulässigkeit, die Befragung des Zeugen über das im Beweisbeschluß angegebene Beweisthema (§ 359 Nr 1) hinaus zu erstrecken, s § 360 Rn 6. 1

Der Zeuge muß sich **vor seiner Vernehmung genau informieren,** insbesondere schriftl Aufzeichnungen zur Auffrischung seines Gedächtnisses einsehen (s § 373 Rn 2; § 378); Nachforschungen mit außergewöhnl Zeitaufwand braucht er jedoch nicht zu machen, RG 48, 392. Zulässig ist: Überreichung der **schriftl niedergelegten Aussage,** deren Vortrag u Erklärung, daß Zeuge das schriftl Aufgezeichnete zum Inhalt s Aussage mache (dann nach Vorlesung u Genehmigung Protokollanlage), RGZ 16, 116; JW 28, 1957. Bei derart schriftl vorbereiteten Aussagen ist hinsichtlich ihrer Urheberschaft äußerste Vorsicht geboten; die Frage nach dem Verfasser und dem Grund der Niederschrift u nach den Wissensquellen ist hier unerläßlich. Die Verwertung derart schriftl Aussagen darf nicht großzügiger gehandhabt werden, als es nach § 377 III zulässig wäre. Niederschrift der Aussage: §§ 160, 161, 162, 165. 2

Im **Zusammenhang.** Man lasse den Zeugen grundsätzlich erst alles erzählen, was er glaubt angeben zu müssen, u nehme die Aussage nach Weglassung dessen, was nicht zum Beweisthema (§ 359 Nr 1) gehört, zu Protokoll. Das gilt besonders für das auf Tonträger aufgenommene Protokoll (s Rn 3 zu § 160a). Unklarheiten können dabei vom **Gericht** durch Befragen richtig- oder klargestellt werden. Erst nach Niederschrift dieser Aussage hat man nach Abs II durch **Vorhaltungen** ggf weitere Klärung herbeizuführen; zur Protokollfassung in diesem Fall s § 160 Rn 8. 3

Abs II u III betrifft Aufklärungs- u Fragepflicht des Gerichts. Erst nach Erfüllung dieser Amtspflicht setzt das Fragerecht der Parteien (§ 397) ein. Bei Beanstandung richterl Fragen durch die Partei gilt § 140, beim beauftragten u ersuchten Richter § 400. – Verbreitet ist die (Un-)Sitte, dem Zeugen (selbst bei längerer Aussage) das Sitzen zu verwehren; diese physische Anstrengung dient weder der Wahrheitsermittlung noch der Würde des Gerichts. 4

Jeder Zeuge ist befugt, seine Aussage von der Anwesenheit seines eigenen **Rechtsbeistands** (auch in nichtöffentl Sitzung) abhängig zu machen, BVerfG NJW 75, 103 = MDR 75, 290. Die ihm hierdurch erwachsenden Kosten hat der Zeuge selbst zu tragen. 5

397 *[Befragung durch Parteien]*

(1) Die Parteien sind berechtigt, dem Zeugen diejenigen Fragen vorlegen zu lassen, die sie zur Aufklärung der Sache oder der Verhältnisse des Zeugen für dienlich erachten.

(2) Der Vorsitzende kann den Parteien gestatten, und hat ihren Anwälten auf Verlangen zu gestatten, an den Zeugen unmittelbar Fragen zu richten.

(3) Zweifel über die Zulässigkeit einer Frage entscheidet das Gericht.

1) **Das Fragerecht** der Partei ist die notw Ergänzung des Grundsatzes der Parteiöffentlichkeit (§ 357). Frageberechtigt sind neben der Partei deren Streithelfer. Die Partei kann das Recht auch im Anwaltsprozeß persönlich ausüben (über die Erstattungsfähigkeit der Reisekosten der Partei s München NJW 64, 1480; Frankfurt MDR 80, 500; 72, 614; Koblenz MDR 77, 673), doch ist die Partei selbst nur zur „Vorlage" von Fragen, der RA dagegen zur unmittelbaren Befragung des Zeugen (Abs II) berechtigt. Neben dem Fragerecht der Parteien persönlich steht deren Recht, sich gemäß § 137 IV (s dort Rn 4) persönlich zur Sache zu äußern; hierzu sollte das Gericht jedoch den Parteien erst nach Einvernahme aller Zeugen im Rahmen der Beweiserörterung (§§ 285, 370) Gelegenheit geben, um eine Beeinflussung der Zeugen zu vermeiden. Anders als im Fall § 137 IV steht das Fragerecht der Partei auch dann zu, wenn die Beweisaufnahme im Anwaltsprozeß in 1

Abwesenheit ihres Anwalts (§ 367) erfolgt; gerade in diesem Fall sollte das Gericht bei der Gestattung von Fragen der Partei nicht kleinlich sein.

2 **§ 397 gilt entsprechend** für den SachverstBeweis (§ 402 Rn 8, § 411 Rn 5a), bei Parteieinvernahme (§ 451), im selbständigen Beweisverfahren (§ 492), im Verf der freiw Gerichtsbarkeit (§ 15 FGG; KG NJW 62, 2114). Nach schriftl Anhörung des Zeugen (§ 377 III; dort Rn 6) und nach urkundenbeweisl Verwertung der Zeugenaussage in einem anderen Verfahren (§ 373 Rn 9) kann zur Ausübung des Fragerechts die Vorladung dieses Zeugen beantragt werden; § 398 (dort Rn 2 und 5) steht dem nicht entgegen.

3 Ausübung des Fragerechts **nur im gleichen Termin,** und erst *nach* Ausübung des Fragerechts des Gerichts (§ 396 II); ob spätere Fragen zugelassen werden, ist Ermessenssache iS § 398 (BGH 35, 370 = NJW 61, 2308).

4 **2) Umfang des Fragerechts** (zusfassend H. von Lanzenauer DRiZ 66, 223): Zweck der Befragung ist die Ausschöpfung des Beweismittels; daraus ergeben sich die Grenzen des Fragerechtes: **Unzulässig sind Fragen,** die mit dem Beweisthema (§§ 359 Nr 1, 377 II 2) nichts zu tun haben, Ausforschungsfragen (Rn 5 vor § 284), iS § 383 III u § 376 unzulässige Fragen, Suggestivfragen, welche die Antwort bereits beinhalten u nur mit „ja" oder „nein" zu beantworten sind, Fragen, welche Werturteile u nicht tatsächl Wahrnehmungen des Zeugen z Gegenstand haben. Wegen der Behandlung in ungebührl Form gestellter Fragen s § 157 II ZPO u §§ 177, 178 GVG.

5 Bei **Streit über die Zulässigkeit von Fragen** entscheidet das Prozeßgericht (auch der Einzelrichter) durch nicht selbst anfechtbaren Beschluß. Für den Zulässigkeitsstreit vor dem Richterkommissar gelten §§ 398 II, 400. Zweckmäßig (obwohl keine Pflicht des Gerichts; vgl § 160 Rn 14) ist im Streitfall, die nicht zugelassene Frage wörtlich im Protokoll festzuhalten.

398 *[Wiederholte und nachträgliche Vernehmung]*

(1) Das Prozeßgericht kann nach seinem Ermessen die wiederholte Vernehmung eines Zeugen anordnen.

(2) Hat ein beauftragter oder ersuchter Richter bei der Vernehmung die Stellung der von einer Partei angeregten Frage verweigert, so kann das Prozeßgericht die nachträgliche Vernehmung des Zeugen über diese Frage anordnen.

(3) Bei der wiederholten oder der nachträglichen Vernehmung kann der Richter statt der nochmaligen Beeidigung den Zeugen die Richtigkeit seiner Aussage unter Berufung auf den früher geleisteten Eid versichern lassen.

1 **1) Die wiederholte Vernehmung (Abs I)** eines Zeugen, eines Sachverständigen (§ 402) oder einer Partei (§ 451) liegt nur vor, wenn der Zeuge usw über das gleiche Beweisthema (RG 48, 386; Schleswig OLGZ 80, 58) in dem gleichen Prozeß – wenn auch in früherer Instanz (BGH 35, 370; NJW 61, 2308; 68, 1138; 72, 584) oder im selbständigen Beweisverfahren (§§ 485, 493; BGH NJW 70, 1920) – bereits einmal ausgesagt hatte. Nicht anwendbar ist § 398, soweit frühere Aussagen aus anderen Verfahren als Urkundenbeweis in den Prozeß eingeführt wurden u danach Ladung des gleichen Zeugen beantragt wird (BGHZ 7, 116/122; hierzu § 373 Rn 9). Ob die frühere Vernehmung vor dem ProzGericht oder dem verordneten Richter stattfand, bleibt gleich (§ 400).

2 § 398 ist nicht anwendbar bei erneuter Anhörung der Auskunftsperson aufgrund eines inhaltl anderen Beweisbeschlusses. Ob letztere veranlaßt ist, hat das Gericht gem §§ 282, 296 II, 367 II zu prüfen. Ebenso ist die Vorladung des Sachverständigen gem § 411 III sowie des Zeugen nach schriftl Auskunft gem § 377 III nicht nur Ermessenssache, sondern (wegen §§ 355, 397) grds notwendig, soweit beantragt (§ 411 Rn 5a; § 377 Rn 10).

3 Die erneute Vernehmung steht im **Ermessen des Gerichts.** Die Ermessensausübung ist pflichtgebunden (BGH NJW 76, 1742; Schneider NJW 74, 841). Für das **Berufungsgericht** s § 526 Rn 3. Ansonsten richtet sie sich nach folgenden Grundsätzen:

4 **a) Erneute Vernehmung entbehrlich,** wenn die erste Vernehmung, obwohl prozessual richtig durchgeführt (hierzu §§ 355, 357, 396, 397), lediglich unergiebig blieb (Schleswig OLGZ 80, 58); wenn ein Verfahrensfehler bei der früheren Anhörung (zB Verstoß gegen §§ 355, 375) ungerügt blieb (§§ 295, 531).

5 **b) Erneute Vernehmung geboten,** wenn die erste Vernehmung verfahrensfehlerhaft erfolgte und die Partei das rechtzeitig rügt; wenn die Vernehmungsniederschrift mehrdeutig ist (BGH MDR 79, 481); aus Gründen der **Beweisunmittelbarkeit** (§ 355 Rn 6, § 526 Rn 3), wenn es für die Beurteilung der Glaubwürdigkeit eines nicht vom erkennenden Gericht vernommenen Zeugen auf dessen persönlichen Eindruck ankommt (BGH NJW 84, 2629; 82, 2875; MDR 88, 42; 82, 220; 79, 481; so auch nach Vernehmung des Zeugen im Rechtshilfeweg im Ausland BGH NJW 90, 3089;

MDR 91, 239) oder aus Gründen des § 391 eine Vereidigung des Zeugen notwendig wird; ebenso wenn nachträgl eine Gegenüberstellung (§ 394 II) notwendig wird; wenn die Aussage nicht (§ 161) oder unzulänglich protokolliert ist (BGH MDR 87, 751; NJW 82, 1052; 68, 1138) u zB die Besetzung des Gerichts wechselt (§ 355 Rn 6); wenn eine Partei schuldlos verhindert war, an der Beweisaufnahme teilzunehmen (§ 367 II).

Anordnung der wiederholten Vernehmung durch – nicht selbst anfechtbaren (§ 355 II) – Beschluß des ProzGerichts. Versagung i den Gründen des Endurteils ausreichend. 6

2) Die **nachträgliche Vernehmung (Abs II)** über bereits früher gestellte, jedoch zu Unrecht nicht zugelassene Fragen (§ 397 III) nimmt entweder das ProzGericht selbst vor oder es ordnet die Vernehmung durch den verordneten Richter verbindlich (§ 158 GVG) an. In diesem Fall ist der Beweisführer zu nochmaligem Auslagenvorschuß (§ 379) nicht verpflichtet (§ 8 GKG). 7

3) Die **Beeidigung** der späteren Aussage steht ebenso wie bei der ersten Vernehmung im pflichtgebundenen Ermessen des Gerichts (Rn 2 zu § 391). Soweit (zB nach Ergänzung einer beeidigten früheren Aussage) nochmalige Beeidigung geboten, genügt – nach nochmaliger Belehrung gem §§ 383 II, 395 I, 480 – die Versicherung der Richtigkeit unter **Berufung auf den früheren Eid.** Nochmalige Beeidigung ist aber auch zulässig, bei nachträgl Erweiterung des Beweisthemas sogar notwendig (RG 48, 387), bei großem zeitl Abstand beider Aussagen zweckmäßig (JZ 55, 267). Bloßer Hinweis des Richters auf den früheren Eid genügt nicht (RG 58, 302). Strafbarkeit: § 155 Nr 2 StGB. 8

399 *[Verzicht auf Zeugen]*

Die Partei kann auf einen Zeugen, den sie vorgeschlagen hat, verzichten; der Gegner kann aber verlangen, daß der erschienene Zeuge vernommen und, wenn die Vernehmung bereits begonnen hat, daß sie fortgesetzt werde.

1) Der Beweisantritt (§ 373) ist Prozeßhandlung, jedoch widerruflich (vor § 284 Rn 2). § 399 gestattet den Widerruf in der Form des Verzichtes. **Zulässig ist der Verzicht,** solange der Zeuge (ebenso die Partei, BAG NJW 74, 1349) noch nicht ausgesagt hat. Keinesfalls kann durch nachträgl einseitigen Verzicht das Gericht an der Verwertung einer Aussage gehindert werden. Jedoch kann der Beweisführer noch während der Einvernahme auf weitere Befragung des Zeugen verzichten; dann ist, wenn der Gegner nicht die Fortsetzung der Befragung verlangt, der Zeuge zu entlassen. Wird er trotzdem (weiter) befragt, so ist diese unter Verletzung des Grundsatzes der Parteiherrschaft (Rn 2 vor § 284) erlangte Aussage bei Widerspruch des Beweisführers (§ 295 gilt auch hier) im Urteil nicht verwertbar. 1

2) Die **Verzichtserklärung** ist Prozeßhandlung, unterliegt dem AnwZwang (§ 78). Schlüssiges ProzVerhalten, zB widerspruchslose Hinnahme des den Parteien erkennbaren Schließens der Beweisaufnahme, einer Aussageverweigerung oder der Entfernung des Zeugen, kann genügen (BGH NJW 94, 329 = MDR 94, 200; MDR 88, 49). Im Zweifelsfall muß das Gericht fragen (§ 139). Bloßes Nichtverlesen eines schriftl Beweisangebotes ist regelm noch kein Verzicht (Rn 3 vor § 284). Kein Verzicht auch das Einverständnis mit der Nichterhebung weiterer angebotener Beweise für den Fall, daß das Gericht den Beweis als bereits erbracht ansieht, denn Verzicht iS § 399 bedeutet Verwahrung gegen die Beweiserhebung. 2

3) **Wirkung des Verzichts:** Der Zeuge wird abgeladen bzw vor Anhörung entlassen. Verlangt der Gegner die Anhörung, so wird er Beweisführer u damit Partei im etw Zwischenstreit gem § 387 (Hamburg FamRZ 65, 277). Der Verzicht wirkt nur für die Instanz. Bei späterer nochmaliger Benennung des Zeugen zum gleichen Beweisthema gelten §§ 282, 296, 528 (BAG NJW 74, 1349/1350). Unbeachtlich ist der Verzicht der Parteien, wo das Gericht Beweise von Amts wegen erhebt (vor § 284 Rn 2). 3

400 *[Befugnisse des verordneten Richters]*

Der mit der Beweisaufnahme betraute Richter ist ermächtigt, im Falle des Nichterscheinens oder der Zeugnisverweigerung die gesetzlichen Verfügungen zu treffen, auch sie, soweit dies überhaupt zulässig ist, selbst nach Erledigung des Auftrages wieder aufzuheben, über die Zulässigkeit einer dem Zeugen vorgelegten Frage vorläufig zu entscheiden und die nochmalige Vernehmung eines Zeugen vorzunehmen.

1) Mit der Beweisaufnahme betraut ist der **beauftragte** (§ 361) u **ersuchte** (§ 362) **Richter** (= verordnete Richter). Über deren Befugnisse i allg s Anm zu §§ 361, 362, 366, 389. § 400 will die Befugnisse des verordneten Richters nicht abgrenzen, sondern in drei bes Fällen klarstellen: 1

2 **a) Nichterscheinen des Zeugen:** Zwangsmaßnahmen gem § 380, auch deren Aufhebung oder Abänderung gem § 381.

3 **b) Aussage- oder Eidesverweigerung:** Zwangsmaßnahmen gem § 390 nur, sofern die Weigerung ohne Angabe von Gründen (auch mit abwegiger Begründung, vgl Rn 2 zu § 390) erfolgt oder nach mit Begründung versehener Weigerung, sobald das Prozeßgericht im Zwischenstreit gem §§ 387–389 die Weigerung rechtskräftig (§ 387 III) zurückgewiesen hat (BGH NJW 90, 2936 = MDR 91, 33/34).

4 **c) Zulässigkeit von Fragen:** Vorläufige Zulassung oder Zurückweisung gem § 397 II, solange nicht bei fortdauerndem Streit das Prozeßgericht gem § 398 verbindliche (§ 158 GVG) Anordnungen über die Zulassung der Frage trifft.

5 2) **Rechtsbehelf** gegen alle Entscheidungen des verord Richters gem § 576 Anrufung des Prozeßgerichts, Beschwerde erst gegen dessen Entscheidung (RG 68, 66; abw LG Frankenthal NJW 61, 1363). Unmittelbare Beschwerde zu dem dem verord Richter örtl übergeordneten Gericht nur gegen sitzungspol Maßnahmen (§ 181 GVG) u Gebührenfestsetzung (§ 401, § 16 II ZuSEG). Bei sonstigen (also nicht oben Rn 2–4 genannten) Hindernissen für die Beweisaufnahme s § 366.

401 *[Zeugengebühren]*

Der Zeuge wird nach dem Gesetz über die Entschädigung von Zeugen und Sachverständigen entschädigt.

1 1) Ges üb die Entschädigung von Zeugen u SV (ZuSEG) idF v 1. 10. 1969 (BGBl I 1757), zuletzt geändert am 24. 6. 1994 (BGBl I 1325). **Der Entschädigungsanspruch** des Zeugen u SV ist – ebenso wie die Pflicht zum Erscheinen u Aussagen (§§ 380, 390, 407, 409) – öffentl-rechtl Natur u nach Grund und Höhe abschließend durch das ZuSEG geregelt, auch soweit der im unmittelbaren Auftrag einer Partei erschienene Zeuge von dieser gem § 670 BGB Ersatz seiner Aufwendungen verlangt (s unten). Zur Abgrenzung der Entschädigung des SV von der Entschädigung des sachverständigen Zeugen s § 414 Rn 2 und 3.

2 2) a) Weder § 401 noch § 1 ZuSEG unterscheiden zwischen dem v Gericht geladenen (§ 377) u dem **mitgebrachten oder freiwillig erschienenen Zeugen.** Entgegen RG 43, 411 ist nicht nur der geladene Zeuge entschädigungsberechtigt. Maßgeblich für den Entschädigungsanspruch ist nur, ob der Zeuge oder Sachverst vom Gericht iS § 1 ZuSEG **zu Beweiszwecken herangezogen,** dh entweder vom Gericht geladen oder (falls mitgebracht) einvernommen wird (KG NJW 75, 1423). Weitergehend Stuttgart MDR 64, 857, wonach sogar der mitgebrachte Zeuge, dessen Vernehmung (zB wegen Klagerücknahme oder Vergleich im Termin) unterbleibt, vom Gericht zu entschädigen sei, wenn er nur für eine entscheiderhebl Aussage benannt war; hier fehlt es aber an einer Heranziehung durch das Gericht, deshalb ist dieser Zeuge auf Ersatzansprüche (§ 670 BGB) gegen „seine" Partei zu verweisen. Mit Recht schränkt Koblenz NJW 67, 1866 den Entschädigungsanspruch des ohne Ladung erschienenen und einvernommenen Zeugen aber dann ein, wenn der Zeuge nicht am Gerichtsort wohnt u die Einvernahme vor dem Prozeßgericht (wegen § 362) nicht notwendig war. Hat eine Partei den iS § 91 notwendigen Zeugen selbst entschädigt, so sind diese Auslagen gem §§ 91, 104 erstattungsfähig (KG NJW 75, 1423), sofern nicht die Entschädigung des Zeugen durch die Partei nach Maßgabe des ZuSEG überhöht war oder gar einer Beeinflussung des Zeugen diente oder gedient haben konnte (Hamburg MDR 87, 147; 72, 247).

3 Soweit ein Zeuge vom Gericht geladen war, ist sein Entschädigungsanspruch unabhängig von der Zweckmäßigkeit der Ladung u von einer tatsächl Einvernahme. Der Zeuge hat auf Ladung zu erscheinen; eine Prüfung der Zweckmäßigkeit seines Erscheinens steht ihm nicht zu. Einschränkend Naumburg HRR 38, 124, wonach die erkennbar irrtümlich als Zeuge geladene Partei keinen Entschädigungsanspruch haben soll.

4 b) **Entschädigung** wird **nur auf Verlangen** gewährt, § 15 ZuSEG. Das Verlangen ist unbegründet, wo vorher **Gebührenverzicht** erklärt war (§ 379 Rn 3). Dann aber Erstattungsfähigkeit der von der Partei dem Zeugen bezahlten Auslagen im oben (Rn 2) dargelegten Umfang (Koblenz MDR 73, 859; München MDR 58, 47). Über die grundsätzl Unwiderruflichkeit der Verzichtserklärung s Varrentrapp NJW 62, 903. Der in Erwartung der kommiss Einvernahme vor dem Wohnsitzgericht erklärte Verzicht des Zeugen verliert idR seine Verbindlichkeit bei Vorladung vor das (entfernte) Prozeßgericht (Düsseldorf MDR 91, 66). – Gemäß § 15 II ZuSEG **erlischt** der Entschädigungsanspruch, wenn er nicht binnen 3 Monaten nach der Vernehmung erhoben wird. Bei schriftl Zeugenaussage (§ 377 III) u Gutachten beginnt die Frist ab Eingang der Schrift beim Gericht (LG Celle, JMBl NRW 59, 54). Die Frist ist Ausschlußfrist, Verlängerung (§ 224 II) oder

Wiedereinsetzung (§ 233) sind ausgeschlossen. **Verjährung des Anspruchs** nach rechtzeitiger Geltendmachung in 2 Jahren: §§ 196 Nr 17, 201 BGB.

c) Verfahren der Festsetzung: Die Berechnung der Entschädigung erfolgt zunächst ohne richterl Festsetzung in Form der Kostenanweisung durch die UrkBeamten der GeschSt. Einwendungen hiergegen sind als Antrag auf gerichtl Festsetzung (§ 16 ZuSEG) zu behandeln. Gegen die richterl Festsetzung einfache Beschwerde, sofern die Beschwerdesumme 100,– DM übersteigt und sofern nicht ein OLG festgesetzt hat (§ 16 II ZuSEG). Beschwerdeberechtigt ist der Zeuge bzw SV und die Staatskasse, nicht der Kostenschuldner (vgl § 16 IV ZuSEG). Der Kostenschuldner hat den Rechtsbehelf gem § 5 GKG gegen den Kostenansatz; in diesem Verfahren ist die Berechtigung der Festsetzung ohne Bindung an das Verfahren nach dem ZuSEG in vollem Umfang nachzuprüfen (BGH NJW 84, 870/1). 5

d) Vorschuß an mittellose Zeugen: § 14 ZuSEG. Das Verfahren ist bundeseinheitl geregelt durch VerwAnordnung v 1. 8. 1977 (BayJMBl 77 S 199). Danach erfolgen Bewilligung und Anweisung des Auslagenvorschusses durch den UrkB der GeschSt des ladenden Gerichts, in Eilfällen des AG am Aufenthaltsort. Bei Ablehnung: Erinnerung (§ 576 I); gegen Entscheidung des Gerichts Beschwerde gem §§ 14 III, 16 ZuSEG bei Beschwerdewert über 100,– DM. 6

3) Wegen des **Verlustes des Entschädigungsanspruchs des Sachverständigen** bei von ihm zu vertretender Unbrauchbarkeit des Gutachtens usw s § 413 Rn 2–8. 7

4) **Entschädigung** des Zeugen: Zeugen werden nach dem ZSEG entschädigt. Der Betragsrahmen liegt bei 4–25 DM/Stunde (§ 2 ZSEG idF des KostRÄndG 1994). Zusätzlich kann der Zeuge Ersatz der Fahrtkosten (§ 9 ZSEG), Entschädigung für Abwesenheit vom Aufenthaltsort (§ 10 ZSEG) und Ersatz sonstiger Aufwendungen (§ 11 ZSEG; zB Stornogebühren bei notwendigem Reiserücktritt, Celle Rpfleger 90, 273) verlangen. Vorschuß für die Reisekosten: § 14 I ZSEG. Die Kosten für eine Bahncard sind erstattungsfähig bis zur Höhe des vollen Fahrpreises (Hamm OLGR 96, 156). 8

Achter Titel

BEWEIS DURCH SACHVERSTÄNDIGE

402 *[Anwendbarkeit der Zeugenvorschriften]*
Für den Beweis durch Sachverständige gelten die Vorschriften über den Beweis durch Zeugen entsprechend, insoweit nicht in den nachfolgenden Paragraphen abweichende Vorschriften enthalten sind.

Lit: *Jessnitzer/Frieling,* Der gerichtl Sachverständige, 10. Aufl 1992; *K. Müller,* Der Sachverständige im gerichtl Verfahren, 3. Aufl 1988.

1) Begriff des Sachverständigen: Während der **Zeuge** (Rn 1 zu § 373) dem Gericht über eigene Wahrnehmung von Tatsachen u tats Vorgängen berichtet, ohne diesen Bericht durch Schlußfolgerungen auszuwerten, unterstützt der (im Gegensatz zum Zeugen austauschbare, § 404 I 3; BGH NJW 85, 1399) SV das Gericht bei der Auswertung vorgegebener Tatsachen, indem er auf Grund seines Fachwissens subj Wertungen, Schlußfolgerungen u Hypothesen bekundet. Über die Zulässigkeit der Tatsachenermittlung durch den SV s unten Rn 5 und § 355 Rn 2. 1

Kein SV-, sondern Urkundenbeweis (aber nicht iS des § 592, Frankfurt WPM 75, 87) ist das von einer Partei vorgelegte **Privatgutachten.** Es wird zum SV-Beweis iSd §§ 402 ff auch nicht durch Zustimmung der anderen Partei (aA BGHZ 98, 32/40; NJW-RR 94, 255), denn diese Vorschriften unterliegen nicht der Disposition der Parteien. Das Gericht kann das Privatgutachten aber als urkundl belegtes Parteivorbringen verwerten, wenn es dieses (worauf das Gericht hinzuweisen hat, Karlsruhe NJW 90, 192 = MDR 89, 1109) gem § 286 für ausreichend hält, um die Beweisfrage zuverlässig zu beantworten (BGH NJW 82, 2874; VersR 87, 1007; 81, 576; LM § 286 E Nr 7). Soweit demnach die urkundenbeweisl Verwertung des Privatgutachtens in Betracht kommt, ist es Sache des Gegners der vorlegenden Partei, den Gegenbeweis durch Antrag auf Einholung eines neuen Gutachtens anzutreten (vgl entspr § 373 Rn 9) oder die Anhörung des Privatgutachters gemäß § 411 III zu beantragen (BGH VersR 62, 450/451). Für den Antritt des Gegenbeweises durch das Gutachten eines anderen SV sind im Beweisantritt die in § 412 Rn 1 genannten Voraussetzungen darzulegen. Das Gericht ist gemäß § 278 III gehalten, seine Absicht, das Privatgutachten als überzeugenden Beweis zu verwerten, erkennbar zu machen, wenn der Gegner ohne eigenen Beweisantritt dessen Verwertbarkeit widerspricht. Eine weitergehende Wirkung hat der bloße Widerspruch dagegen nicht. 2

Der **sachverständige Zeuge** (§ 414) ist echter Zeuge, der lediglich die zu bekundenden Tatsachen erst auf Grund seiner bes Sachkunde ohne gerichtl Auftrag hierzu festgestellt hat (so BGH MDR 3

74, 382 für den Privatgutachter einer Partei); zum SV wird er jedoch, wenn er aus den derart festgestellten Tatsachen auch noch Wertungen ableitet. Zur Kompetenzabgrenzung zwischen SV und sachverständigen Zeugen s näher § 414 Rn 2 u 3. Ebenso wie der Privatgutachter einer Partei, dessen Gutachten iS § 412 I als „ungenügend" erachtet wird, kann auch der abgelehnte Gerichtssachverständige (§ 406) über seine (Anschluß-)Tatsachenfeststellungen (hierzu § 355 Rn 2, § 411 Rn 3) als sachverst Zeuge einvernommen werden (BGH NJW 65, 1492).

4 **Der Schiedsgutachter** (s § 1025 Rn 40 und Kurth NJW 90, 2038 ff) ist im Gegensatz zum gerichtl bestellten SV ein von den Parteien durch Schiedsgutachtervertrag bestellter Dritter, dem die – auch für das Gericht verbindliche – Feststellung entscheidungserhebl Tatsachen übertragen ist (BGH NJW 82, 1879; BGHZ 6, 335 = NJW 52, 1296; Zweibrücken NJW 71, 943). Auch die Entscheidung vorgreiflicher Rechtsfragen kann von den Parteien dem Schiedsgutachter übertragen werden (BGH 48, 25 = NJW 67, 1804 für die Frage der veränderten Verhältnisse bei Wertanpassungsklauseln). Für ihn gelten die §§ 402 ff nicht (Düsseldorf OLGR 95, 12). Zur Frage der auf alle Fälle grober Unbilligkeit beschränkten gerichtl Nachprüfung von Schiedsgutachten s BGH MDR 82, 36; Bulla NJW 78, 397.

5 **2) Feststellung der Tatsachengrundlagen:** Inhalt eines SV-Gutachtens können und dürfen grds nur die auf Grund besonderen (dem Gericht fehlenden; s unten Rn 7) Fachwissens des SV getroffenen Wertungen, Schlußfolgerungen und Hypothesen sein, welche der SV auf der Grundlage ihm vorgegebener Tatsachen zu treffen hat. Die Feststellung dieser Tatsachen (sog Anschluß- oder Anknüpfungstatsachen) ist wegen des Grundsatzes der Beweisunmittelbarkeit (§ 355) Aufgabe des Gerichts selbst (§ 404a III); allenfalls darf das Gericht zu dieser ihm obliegenden Tatsachenfeststellung, insbesondere bei der Einvernahme von Zeugen, den SV zur Vorbereitung dessen Gutachtens hinzuziehen (näher § 355 Rn 2). Nur ausnahmsweise darf das Gericht die Feststellung streitiger Anschlußtatsachen dem SV allein überlassen, wenn bereits hierfür die dem Gericht fehlende besondere Sachkunde des SV in Anspruch genommen werden muß (BGHZ 37, 389 = NJW 62, 1770; Jessnitzer/Frieling Rn 296). Im Rahmen von § 287 kann die Ermittlung der Anknüpfungstatsachen in weiterem Umfang dem SV überlassen werden (vgl BGH NJW-RR 95, 715/6). Unverwertbar ist ein Gutachten aber dann, wenn Gericht und Parteien keine Möglichkeit haben, die vom SV zugrundegelegten Befundtatsachen zu überprüfen (BVerfG NJW 95, 40). – Wo das Gericht streitige Anschlußtatsachen selbst festgestellt hat, muß (§ 404a III) bereits der im Beweisbeschluß enthaltene Gutachtensauftrag an den SV deutlich machen, von welchen Tatsachen der SV nach der (insoweit bereits offenzulegenden) Beweiswürdigung des Gerichts auszugehen hat (§ 359 Rn 3). Bei Unaufklärbarkeit von Anschlußtatsachen gelten die allg Beweilastregeln. Soweit die Feststellung ausnahmsweise dem SV überlassen wird, muß auch dieser die Beweislast beachten; entspr Hinweise sind zu empfehlen. – Zur Wahrung des Grundsatzes der Parteiöffentlichkeit (§ 357) bei der Tatsachenfeststellung durch den SV s § 411 Rn 3 f; zur Einnahme des Augenscheins durch den SV § 371 Rn 2; 372 Rn 2.

6 **3) Person des Sachverständigen:** SV kann sein, wer nicht Partei ist u als **Einzelperson** sein persönl Fachwissen sowie seine aus diesem Wissen hergeleiteten subjektiven Wertungen dem Gericht als dessen Gehilfe zur Verfügung stellt. Die Parteien haben wegen des großen Einflusses der Begutachtung auf die Meinungsbildung des Gerichts und damit auf das Urteil grds ein Recht darauf, die Person des SV schon vor dessen Begutachtung zu kennen, um sich eine Meinung über dessen Qualifikation und Unbefangenheit (§ 406) bilden zu können, zumal sie befugt sind, diesen SV nach schriftl Begutachtung persönl zur Erläuterung des Gutachtens (§ 411 III) vorladen zu lassen oder dem Gericht einen (ihrer Meinung nach) geeigneten anderen SV vorzuschlagen (§ 404 IV). Daher ist grds nur eine – oder auch mehrere, dann aber jeweils allein für ihr (Teil-)Gutachten verantwortl (s § 404 Rn 1) – vom Gericht im Beweisbeschluß zu benennende natürl Person zur Begutachtung aufzufordern (§ 404; München NJW 68, 202; StJ/Leipold § 404 Rn 8; Jessnitzer NJW 71, 1075; Friederichs NJW 72, 1115), die dann auch die persönl Verantwortung für ihr Gutachten trägt (näher § 404 Rn 1a). Auch wo die vom Gericht benötigte Sachkunde eines (wissenschaftl) Instituts, einer Anstalt oder Körperschaft in Anspruch genommen werden soll, ist der Gutachtensauftrag grds einem Mitglied dieses Instituts usw persönl zu erteilen; nötigenfalls kann sich das Gericht durch Voranfrage bei dem Institut usw die geeignetste und verfügbare Person benennen lassen. Nur so kann der Unsitte vorgebeugt werden, daß der Institutsleiter ein von seinem Gehilfen erstelltes Gutachten abzeichnet, zur mündl Erläuterung des Gutachtens (§ 411 III) aber den Gehilfen entsendet (zur fehlenden Gutachtereigenschaft solcher Gehilfen und zur beschränkt statthaften Übertragung einzelner Begutachtungstätigkeiten auf einen solchen s § 404 Rn 1a).

Nur ausnahmsweise gestattet es das Gesetz im Zivilprozeß (anders zB § 83 III StPO), **Fachbehörden** als solche (also ohne Beauftragung einer bestimmten Person) zur Abgabe auch gutachtl und als SV-Gutachten zu wertender Auskünfte zu beauftragen (vgl § 273 Rn 7), wenn es um die Verwertung amtl Erkenntnisse geht, so zB das Patentamt (§ 29 PatG, § 21 I GebrMG, § 58 I

MarkenG), den Gutachterausschuß gemäß §§ 192 ff BauGB für Grundstückswerte (BGHZ 62, 93 = NJW 74, 701), die RA-Kammer gemäß § 12 II BRAGO für Anwaltshonorare (unten Rn 7), den Rentenversicherungsträger für die Errechnung des Versorgungsausgleichs (Hamm Rpfleger 79, 433; Lappe Rpfleger 80, 240). Vereinzelt geht der BGH noch weiter und erachtet die Einholung von sachkundigen **Auskünften privater Unternehmen** für zulässig, so die Auskunft eines Meinungsforschungsinstituts (BGH MDR 87, 292 = NJW-RR 87, 350; JZ 63, 225) und die gutachtl Auswertung eines Fahrtschreiberdiagramms durch die Herstellerfirma (BGH NJW 63, 586).

4) Notwendigkeit eines SV-Gutachtens: a) Sie ist dann gegeben, wenn aus feststehenden Tatsachen kraft besonderer Fachkunde Schlußfolgerungen gezogen werden müssen, um dem Gericht die Überzeugung von der streitigen Behauptung zu verschaffen, wenn es also um die **Vermittlung von Fachwissen** geht. Diese Funktion kann durch die Vernehmung von Zeugen nicht ersetzt werden (BGH NJW 93, 1796/97 = MDR 93, 579; vgl § 373 Rn 1). 6a

b) Privatgutachten können den SV-Beweis nur nach Maßgabe von Rn 2 entbehrl machen. Haben beide Parteien Privatgutachten kompetenter SV vorgelegt, die einander in wesentl Punkten widersprechen, so darf das Gericht bei Fehlen eigener Sachkunde grds nicht ohne Einholung eines gerichtl SV-Gutachtens einem der beiden Privatgutachten den Vorzug geben (BGH NJW 93, 2382 = MDR 93, 797). 6b

c) Gutachten aus anderen Verfahren (auch Straf- oder Verwaltungsverfahren) dürfen, auch vAw und ohne Zustimmung der Parteien, beigezogen und verwertet werden (BGH NJW 82, 2874). Es handelt sich dann um Urkundenbeweis (BGH NJW 83, 121/22; vgl § 373 Rn 9 für den Zeugenbeweis). Das Gericht muß seine Verwertungsabsicht gem § 278 III aber deutlich machen, damit die Partei ggf die mündl Anhörung des SV nach § 411 III oder die Einholung eines neuen Gutachtens (unter den Voraussetzungen des § 412) beantragen kann (BGH NJW 83, 121/22). Reichen die Ausführungen des in einem anderen Verfahren erstatteten Gutachtens nicht aus, um die von einer Partei dazu gestellten aufklärungsbedürftigen Fragen zu beantworten, dann muß das Gericht einen SV hinzuziehen und eine schriftl oder mündl Begutachtung anordnen (BGH NJW 95, 1294 = MDR 95, 954). Kein „anderes Verfahren" idS ist aber das selbständige Beweisverfahren (§ 485); seine Verwertung im Prozeß ist SV-Beweis (§ 493 Rn 1). 6c

d) Eigene Sachkunde des Richters macht die Einholung eines SV-Gutachtens entbehrl; ein entspr Beweisantrag kann abgelehnt werden (vor § 284 Rn 13). Ob das Gericht die eigene Sachkunde für ausreichend erachtet (das bedarf der Bekanntgabe an die Parteien, BVerfG JZ 60, 124; BGH NJW 70, 419, und der Darlegung der eigenen Sachkunde im Urteil, BGH VersR 93, 749; NJW 89, 2948; 82, 2874; BayObLGZ 83, 310) ist seinem Ermessen überlassen (RG 110, 49; BGHZ 89, 114/119; BGH NJW 62, 2151; 63, 1739; einschr BGH NJW 82, 109; VersR 76, 389; 71, 129 bei schwierigen technischen oder medizinischen Fragen; insbes genügt der Hinweis auf medizinische Fachliteratur nicht, BGH MDR 94, 890 = VersR 94, 984/86). Zu den Voraussetzungen, unter denen die Auffassung der angesprochenen Verkehrskreise bei Klagen nach § 3 UWG aufgrund eigener Sachkunde beurteilt werden kann, s BGH NJW-RR 95, 676/77 mwN. Bei Kollegialgerichten genügt es, wenn wenigstens eines der Mitglieder die erforderliche Sachkunde besitzt (BGH MDR 61, 784). Zwingend vorgeschrieben (§ 12 II BRAGO) ist im Verfahren der Honorarklage des RA das (gebührenfreie, München NJW 75, 884) **Gebührengutachten der RA-Kammer** über die angemessene Höhe (nicht auch über den Anspruchsgrund! Düsseldorf AnwBl 84, 443; Schneider NJW 61, 2198) einer streitigen Rahmengebühr (zB §§ 6 I, 20 I, 118 I BRAGO); dieses Gutachten kann (§ 358a) und sollte schon vor der mündl Verhandlung eingeholt werden, wenn der Anspruchsgrund nicht streitig ist. 7

5) Das Gutachten unterliegt der freien Beweiswürdigung (§ 286 Rn 13). Von einem als unvollständig oder unverständl erscheinenden SV-Gutachten darf das Gericht wegen seiner eigenen (besseren?) Sachkunde aber nicht beweiswürdigend abweichen, ohne von der Möglichkeit Gebrauch zu machen, das Gutachten vom SV ergänzen oder erläutern zu lassen (BGH NJW 81, 2578 = MDR 82, 45) oder gemäß § 412 einen weiteren SV zu beauftragen (BGH MDR 89, 902; 84, 660). Auf die Aufklärung von Widersprüchen zwischen mehreren SV oder innerhalb eines Gutachtens muß das Gericht hinwirken (vgl BGH NJW 94, 1596; VersR 95, 195; s auch § 412 Rn 3). Das Eigenstudium von Fachliteratur berechtigt das Gericht nicht, von einem SV-Gutachten abzuweichen, ohne diese „eigene" Sachkunde den Parteien bekanntgegeben und mit dem SV erörtert zu haben (BGH NJW 84, 1408 = MDR 84, 660). Überhaupt sollte das Gericht, trotz seiner Pflicht zur kritischen Würdigung des Gutachtens bis zur Erlangung seiner „persönlichen Gewißheit" (§ 286 Rn 3), sich davor hüten, wegen vermeintl besserer Sachkunde von einem Gutachten abzuweichen, obwohl doch gerade das Fehlen solcher Sachkunde Anlaß gab, ein Gutachten überhaupt einzuholen (Schneider MDR 85, 199; Pieper ZZP 84, 28). – Will ein Gericht aus Erkenntnissen über die Sachkunde und das Verhalten eines SV bei der Gutachtenerstattung, die es aus Rechtsstreitigkeiten zwischen anderen Parteien gewonnen hat, bei der Beweiswürdigung Bedenken herleiten, so muß es diese Erkenntnisse zuvor prozeßordnungsgemäß in den Rechtsstreit einführen und den Prozeßbeteiligten Gelegenheit 7a zur Stellungnahme geben (BGH NJW 93, 2382 = MDR 93, 797). Dagegen ist es jedenfalls dann, wenn die Kompetenz des SV im Rechtsstreit nie in Frage stand, unschädl, wenn das Gericht ohne vorherigen Hinweis im Urteil ausführt, der SV sei ihm aus anderen Verfahren als kompetent und zuverlässig bekannt. – Zur abweichenden Würdigung eines Gutachtens in der Berufungsinstanz s § 526 Rn 3.

8 **6) Anwendbare Vorschriften über den Zeugenbeweis: §§ 375, 377** (ohne Abs III, insoweit gilt § 411, BGH 6, 399), **379** (jedoch nicht bei Beweiserhebung von Amts wegen; vgl Rn 1 zu § 379), **381–384, 386–389, 391, 394** (jedoch ohne Abs I) – **400.**

9 **7)** Eine **Haftung des SV** für Schaden durch falsches Gutachten kann sich für den **Privatgutachter** aus dem Vertragsrecht ergeben (§§ 276, 635 BGB; BGH NJW 67, 719; Jessnitzer/Frieling Rn 674). Auch Deliktshaftung (§§ 823, 826 BGB) kommt insoweit in Betracht.

10 Der **gerichtl bestellte SV** steht in keiner vertragl Beziehung zum Gericht u zu den Parteien; für ihn kommt daher allenfalls eine Deliktshaftung in Betracht (StJ/Leipold Vorbem § 402 Rn 43–53; München MDR 83, 403), die ggf nur den SV persönlich u nicht gem Art 34 GG, § 839 BGB den Staat trifft, denn der SV übt ungeachtet des gerichtl Auftrags kein hoheitl Amt aus (BGH 59, 315 = NJW 73, 554), falls er nicht ausnahmsweise in beamteter Eigenschaft zugezogen wurde (so Jessnitzer/Frieling Rn 697 für den Landgerichtsarzt in Bayern u für Anstaltsärzte). Deliktshaftung des gerichtl SV besteht vorbehaltlos nach allg Regeln (§ 823 BGB), wenn er **bei Gelegenheit der Gutachtertätigkeit** einen Dritten schädigt, zB durch Körperverletzung bei der Untersuchung (BGH 59, 310), durch Sachbeschädigung bei einer Ortsbegehung, durch Verletzung der Schweigepflicht § 203 StGB (Jessnitzer/Frieling Rn 694). Es kommt aber auch eine Deliktshaftung des gerichtl SV für Vermögensschäden aufgrund des (unrichtigen) **Inhalts des Gutachtens** in Betracht, so nach § 826 BGB, wenn es durch „gewissenlose Verletzung von Berufspflichten" zu einer schadenstiftenden Fehlbegutachtung gekommen ist (BGH MDR 57, 29 m Anm Pohle; BB 66, 1324; s auch Gerber NZV 1991, 299, der in dieser Rspr eine Ausweitung des § 826 BGB auf den Bereich grober Fahrlässigkeit sieht) oder bei einem (zumindest bedingt) vorsätzl Eidesdelikt (§ 823 II BGB in Verbindung mit § 410 ZPO, §§ 153–156 StGB). Eine Haftung aus § 823 I BGB wird im Zivilprozeß aus Gutachtensmängeln nicht abzuleiten sein, da solche kaum jemals zur Verletzung eines absoluten Rechts führen dürften (vgl zur Unzulässigkeit einer Haftungsbeschränkung auf Vorsatz in diesen Fällen BVerfG NJW 79, 305 = MDR 79, 201 gegen BGHZ 62, 54).

11 Zur Frage der Verwirkung des Honoraranspruchs wegen Mängeln des Gutachtens s Rn 2–8 zu § 413. Zwangsmittel gegen den säumigen SV sehen §§ 409, 411 II vor.

403 *[Beweisantretung]*

Der Beweis wird durch die Bezeichnung der zu begutachtenden Punkte angetreten.

1 **1)** § 403 entspricht nur scheinbar dem § 373. Tatsächlich ist der **Antritt des SV-Beweises nur Anregung an das Gericht,** ein Gutachten einzuholen, denn das Gericht darf u muß von Amts wegen (§§ 3, 144, 287, 372, 442; uU sogar schon vor der mündl Verhandlung § 358a) ein Gutachten einholen, wo seine eigene Sachkunde zur Auswertung oder ausnahmsweise auch Ermittlung (BGH NJW 62, 1770) der anspruchsbegründenden oder -vernichtenden Tatsachen nicht ausreicht. Andererseits kann (was beim Zeugenbeweis nicht in Betracht kommt) das Gericht bei eigener Sachkunde den Parteiantrag auf Einholung eines SV-Gutachtens übergehen (Rn 7 zu § 402).

2 **2)** Für die **Bezeichnung der zu begutachtenden Punkte** genügt beim Beweisantritt (anders als im Beweisbeschluß § 359 Nr 1; s dort Rn 3) die summarische Bezeichnung der streitigen Frage. Von Bedeutung kann ein dem SV zu weit gesteckter Rahmen jedoch aus Kostengründen sowie aus den in Rn 5 zu § 402 dargelegten Gründen werden.

3 **3) Sonderregelung** für den Beweisantrag im selbständigen Beweisverfahren: § 487.

404 *[Sachverständigenauswahl]*

(1) Die Auswahl der zuzuziehenden Sachverständigen und die Bestimmung ihrer Anzahl erfolgt durch das Prozeßgericht. Es kann sich auf die Ernennung eines einzigen Sachverständigen beschränken. An Stelle der zuerst ernannten Sachverständigen kann es andere ernennen.

(2) Sind für gewisse Arten von Gutachten Sachverständige öffentlich bestellt, so sollen andere Personen nur dann gewählt werden, wenn besondere Umstände es erfordern.

ermitteln ist (hierzu § 407a III Satz 2) und wenn das Gericht befürchtet, die Beweisfrage mangels eigenen Fachwissens falsch oder mißverständlich zu formulieren.

Die Anhörung des Sachverständigen gemäß Abs II bedarf keines „besonderen Termins" (wie Abs V), keiner Hinzuziehung der Parteien; sie kann auch telefonisch erfolgen und ihr Ergebnis sollte in einem Aktenvermerk festgehalten werden. Zur Beteiligung des SV an einer Beweiserhebung vor der Begutachtung s unten Rn 4 und § 355 Rn 2.

3) Abs III: Die dem Gutachten zugrundezulegenden (Anschluß-)**Tatsachen** (§ 355 Rn 2, 359 Rn 3, § 402 Rn 5) können aktenkundig unstreitig sein und sich auch gegenständlich aus dem Akteninhalt ergeben; dann ist ihre nochmalige Darstellung im Beweisbeschluß oder im Gutachtensauftrag regelmäßig entbehrlich, denn das Aktenstudium des SV ist selbstverständlich. Nur bei streitigen oder aus den Gerichtsakten nicht hinreichend erkennbaren Anschlußtatsachen ist das Gericht gehalten, diese Grundlagen eines einzuholenden Gutachtens vorab (ggf auch durch Beweiserhebung) festzustellen und dem SV mitzuteilen. Die Mitteilung kann im Beweisbeschluß (§ 359 Nr 1) oder auch in der Zuleitungsanordnung des Vorsitzenden enthalten sein; sie ist im letzteren Fall zwingend auch den Parteien bekanntzugeben (rechtl Gehör gemäß Abs V 1) und muß, falls die Tatsachen vorab beweismäßig festgestellt wurden, die Beweiswürdigung des Gerichts hierzu offenbaren (§ 359 Rn 3). Bei noch nicht abgeschlossener Beweiswürdigung kommt auch ein alternativer Gutachtensauftrag in Betracht; ein alternatives Gutachten kann dem nicht selbst sachkundigen Gericht bei der abschließenden Beweiswürdigung hilfreich sein. 3

4) Abs IV: Zur **Aufklärung der Beweisfrage,** insbes auch der Anschlußtatsachen (oben Rn 3), ist der SV ausschließlich dann durch das Gericht zu ermächtigen und zu beauftragen, wenn bereits hierfür eine dem Gericht fehlende besondere Sachkunde erforderlich ist (§ 402 Rn 5 mwHinw). Eine solche Aufklärungsbefugnis ist dem SV im Beweisbeschluß, nötigenfalls auch nachträglich, konkret abgegrenzt zu erteilen. In Betracht kommt insbes die Einnahme des Augenscheins (§ 371) und das hierbei geführte Gespräch des SV mit den Parteien. Eine Einvernahme von Zeugen durch den SV außerhalb des Gerichts ist grds abzulehnen; solche Zeugen kann und muß das Gericht – nötigenfalls in Anwesenheit des SV, dem ein Fragerecht erteilt werden kann – selbst vernehmen (näher § 355 Rn 2 mwHinw). 4

Wo der SV zur Vorbereitung eines Gutachtens demnach überhaupt zur selbständigen Gegenstands- oder **Ortsbesichtigung** befugt ist, hat auch er den Grundsatz der **Parteiöffentlichkeit** (§ 357) zu beachten und den Parteien das Recht zur Anwesenheit und Rede einzuräumen (näher § 357 Rn 1; § 411 Rn 3). Ein Recht auf Anwesenheit in der Wohnung, dem Büro oder Labor des SV haben die Parteien aber grds nicht.

5) Abs V bekräftigt den Anspruch der Parteien auf **rechtliches Gehör** (vor § 128 Rn 3 ff) bei der Einweisung des SV durch das Gericht. Dieses Recht, das auch dem Grundsatz der Parteiöffentlichkeit (§ 357) der Beweisaufnahme zugrundeliegt, dient hier der sachdienlichen Mitwirkung der Parteien bei der Beweiserhebung und mindert die Gefahr einer Ablehnung des Richters oder Sachverständigen wegen des Verdachts der Befangenheit (§ 406 Rn 8). 5

405

[Ermächtigung des verordneten Richters zur Sachverständigenernennung]

Das Prozeßgericht kann den mit der Beweisaufnahme betrauten Richter zur Ernennung der Sachverständigen ermächtigen. Er hat in diesem Falle die Befugnisse und Pflichten des Prozeßgerichts nach den §§ 404, 404a.

1) Soweit das Prozeßgericht die Beweisaufnahme einem verordneten Richter überträgt (§§ 375, 361, 362), kann es diesem die Ernennung des SV (§§ 404, 404a) überlassen. Auch hier ist aber vorausgesetzt, daß eine Beweiserhebung durch SV vom Prozeßgericht überhaupt angeordnet (§ 359 Nr 2) ist, denn der verordnete Richter ist zu selbständigen Anordnungen gem § 144 I nicht befugt. § 405 ist nur Ausnahme von § 404 I 1. 1

2) Wo der verordnete Richter den SV ernennen durfte, bestimmt er die Anzahl der Gutachter (§ 404 I), darf er den Gutachter wechseln (§ 360), ist er gem § 404 IV an Vorschläge der Parteien gebunden und entscheidet er über ein Ablehnungsgesuch (§ 406 IV); im letzteren Fall gegen seine Entscheidung Anrufung des Prozeßgerichts (§ 576). 2

3) Der BGH (LM § 209 BEG Nr 73 u 88 = NJW RzW 65, 466 u 67, 229) hält es entsprechend § 405 auch für zulässig, daß die Auswahl u Ernennung eines **Sachverständigen i Ausland** der dortigen dtsch Auslandsvertretung überlassen wird, denn die Auswahl sei kein Richterprivileg (§ 404 III u IV) und das Recht der Parteien, den derart ausgewählten SV abzulehnen, bleibe erhalten. Die mündliche Anhörung eines solchen SV (§ 411 III) hat, falls er nicht freiwillig vor Gericht erscheint, gemäß § 363 zu erfolgen (BGH Betrieb 80, 1794 = MDR 80, 931). 3

406 *[Ablehnung des Sachverständigen]*
(1) Ein Sachverständiger kann aus denselben Gründen, die zur Ablehnung eines Richters berechtigen, abgelehnt werden. Ein Ablehnungsgrund kann jedoch nicht daraus entnommen werden, daß der Sachverständige als Zeuge vernommen worden ist.

(2) Der Ablehnungsantrag ist bei dem Gericht oder Richter, von dem der Sachverständige ernannt ist, vor seiner Vernehmung zu stellen, spätestens jedoch binnen zwei Wochen nach Verkündung oder Zustellung des Beschlusses über die Ernennung. Zu einem späteren Zeitpunkt ist die Ablehnung nur zulässig, wenn der Antragsteller glaubhaft macht, daß er ohne sein Verschulden verhindert war, den Ablehnungsgrund früher geltend zu machen. Der Antrag kann vor der Geschäftsstelle zu Protokoll erklärt werden.

(3) Der Ablehnungsgrund ist glaubhaft zu machen; zur Versicherung an Eides Statt darf die Partei nicht zugelassen werden.

(4) Die Entscheidung ergeht von dem im zweiten Absatz bezeichneten Gericht oder Richter; eine mündliche Verhandlung der Beteiligten ist nicht erforderlich.

(5) Gegen den Beschluß, durch den die Ablehnung für begründet erklärt wird, findet kein Rechtsmittel, gegen den Beschluß, durch den sie für unbegründet erklärt wird, findet sofortige Beschwerde statt.

1 1) **Anwendungsbereich:** § 406 ist anwendbar auch im Bewilligungsverfahren der Prozeßkostenhilfe gem § 118 II (BGH VRS 29, 430) sowie im **selbständigen Beweisverfahren** (Köln VersR 93, 72; Frankfurt OLGZ 93, 330; aA BL/Hartmann Rn 2); jedoch tritt das Ablehnungsrecht des Antragsgegners hinter dem Eilzweck der Beweissicherung zurück, wenn sonst Gefahr der Beweisvereitelung droht. Ggf ist er daher auf sein Recht zu verweisen, ein eigenes Beweissicherungsgesuch anzubringen (§ 485 Rn 3) und seine Einwände gegen den gegnerischen SV im Hauptsacheprozeß geltend zu machen. Soweit demnach eine Ablehnung des SV im selbständigen Beweisverfahren zulässig ist, hat sie bereits in diesem Verfahren zu erfolgen und ist sie im Fall § 493 für das Prozeßgericht bindend (Frankfurt NJW-RR 90, 768; MDR 85, 853); eine bis zum späteren Hauptsacheverfahren zurückgestellte Ablehnung ist grds verspätet (vgl unten Rn 10), also unzulässig (Köln VersR 93, 1502). – Zur Beendigung der Zuständigkeit des gemäß § 486 III tätig gewordenen Amtsgerichts, im selbständigen Beweisverfahren über eine Ablehnung des SV zu entscheiden, s § 486 Rn 7.

2 **Nicht anwendbar** ist § 406 auf Hilfskräfte des SV (§ 404 Rn 1a), auf behördliche Auskunftspersonen (zB auf den Gutachterausschuß gem §§ 192 ff BauGB Hamm NJW-RR 90, 1471; Stuttgart NJW-RR 87, 190; KG NJW 71, 1848) und auf den sachverständigen Zeugen (§ 414), soweit dieser nicht zusätzl als SV in Anspruch genommen wird, Rn 3 zu § 402 (RG 59, 169). Als sachverständiger Zeuge kann sogar der erfolgreich abgelehnte SV vernommen werden (BGH NJW 65, 1492; MDR 74, 382).

3–6 Einstweilen frei.

7 2) **Ablehnungsgründe** sind – mit Ausnahme von § 41 Nr 5 (unten Rn 9; BGH LM Nr 37 zu § 209 BEG 1956) – die gleichen wie bei der Richterablehnung, also die Ausschließungsgründe wegen persönl Beziehungen zu einer Partei (§ 41) und die Besorgnis der Befangenheit (§ 42). Daraus ergibt sich bereits, daß **nur eine natürliche Person,** nicht aber eine um ein Gutachten ersuchte Behörde oder sonstige Institution (Rn 6 zu § 402) abgelehnt werden kann (oben Rn 2).

8 **Beispiele für Besorgnis der Befangenheit:** Es genügt jede Tatsache, die ein auch nur subjektives Mißtrauen der Partei (auf ein Mißtrauen ihres Anwalts kommt es nicht an) in die Unparteilichkeit des SV vernünftigerweise rechtfertigen kann (BGH NJW 75, 1363), so zB wenn er den Eindruck erweckt, eine streitige Behauptung zu Lasten einer Partei für bewiesen zu halten (München NJW 92, 1569). Die Besorgnis wird regelm begründet sein gegenüber dem Hausarzt einer Partei (Stuttgart MDR 62, 910; OLG 19, 114; 25, 111), gegenüber dem Arzt, der bereits eine privatärztl Diagnose über das Beweisthema erstattet hat (Celle Nds RPfl 66, 197), gegenüber dem Arzt des Geschädigten, der sich dem Versicherer des Schädigers zur Begutachtung des Schadensfalles erboten hat (Stuttgart NJW 58, 2122), gegenüber dem Konkurrenten (RG 64, 430; aM München MDR 89, 828 für den öffentl bestellten SV), Gläubiger (OLG 9, 139) oder Arbeitnehmer bzw -geber einer Partei, desgleichen bei langjähriger wissenschaftl Zusammenarbeit mit einer Partei (Köln VersR 93, 72) oder wenn der SV verschweigt, daß er einen umfangreichen Bauauftrag für eine Partei ausführt (Celle OLGR 96, 46). Besorgnis begründet auch gegenüber dem SV, der zur Vorbereitung des Gutachtens (Ortstermin, Materialsammlung) lediglich eine der beiden Parteien hinzuzieht (§ 411 Rn 3; BGH NJW 75, 1363; Hamm MDR 73, 144; LG Wuppertal MDR 60, 1017; München Rpfleger 83, 319; NJW 63, 1682; Hamburg MDR 69, 489), der Beweisthemen umformuliert und substantiierten Vortrag einer Partei gänzlich unberücksichtigt läßt (Bamberg MedR 93, 351), der für eine Partei ein entgeltl Privatgutachten erstattet hat (Frankfurt MDR 69,

225; BGH NJW 72, 1134) oder eine Partei über Möglichkeiten eines Vergleiches berät. Ablehnung kann auch begründet sein, wenn der SV es ablehnt, einen Ortstermin in Gegenwart eines technischen Beraters einer Partei durchzuführen (Düsseldorf MDR 79, 409).

Dagegen rechtfertigt die Ablehnung nicht, daß der SV in der Vorinstanz oder in einem früheren Verfahren bereits ein (selbst nachteiliges) Gutachten erstattet hatte (BGH LM Nr 37 zu § 209 BEG 1956; München VersR 94, 704; ebenso Stuttgart MDR 64, 63 u Köln MDR 90, 1121 für das parallele Strafverfahren, Nürnberg NJW 78, 954 für Verfahren wegen einstw Verfügung) oder als Zeuge vernommen wurde (BGH MDR 61, 397; abw Kahlke ZZP 94 [1981], 50/60). Ablehnung unbegründet auch, wenn SV auf heftige Angriffe einer Partei scharf reagiert, denn Ablehnungsgrund darf nicht provoziert werden (Düsseldorf BB 75, 627). Daher auch unschädlich, wenn SV weg tatsächl erfolgter Beleidigung Strafantrag gegen die ihn provozierende Partei stellt (entspr für Richterablehnung München NJW 71, 384). Keine Ablehnung des SV allein weil sein Gutachten Rechtsausführungen enthält (Karlsruhe MDR 94, 725), wegen eigener Ermittlungstätigkeit (Stuttgart NZV 96, 323; hierzu aber § 402 Rn 5), wegen überhöhter Honorarforderung oder wegen mangelnder Qualifikation (München Rpfleger 80, 303). Bei Bedenken gegen die Sachkunde greifen nur § 404 (Verfahrensrüge wegen fehlerhafter Auswahl) und § 412 ein. Der ärztl SV kann nicht mit Erfolg abgelehnt werden, weil er zur ärztl Untersuchung einer Partei nicht deren Gegner geladen hatte (Art 1, 2 GG; Saarbrücken OLGZ 80, 37; Köln NJW 92, 1568; vgl § 411 Rn 3), weil er eine Partei (ohne Begründung eines besonderen Vertrauensverhältnisses) einmalig behandelt hat (Köln VersR 92, 517), weil er schon in wirtschl Beziehungen zu einer Partei stand (Köln MDR 59, 1017) oder weil er (ohne wirtschaftl Abhängigkeit) bereits wiederholt für die bekl Versicherung (Koblenz NJW-RR 92, 1470) oder den Haftpflichtversicherer des bekl Arztes tätig war (Köln VersR 92, 849). 9

3) Verfahren: a) Der Ablehnungsantrag ist Prozeßhandlung (vor § 128 Rn 14) und nur befristet zulässig (Abs II). Der Lauf der **2-Wochenfrist** für die Ablehnung beginnt bereits mit der Bekanntgabe der Ernennung des SV (§ 404 Rn 6). Die Frist läuft auch, wenn die Ernennung nur formlos mitgeteilt wurde, diese Mitteilung aber der Partei zugegangen ist (§ 187; aA Köln VersR 94, 1086 LS). Hemmung durch Gerichtsferien nach § 223. In jedem Fall ist der Antrag vor der Vernehmung des SV zu stellen (Abs II 1). Der Ablauf der 2-Wochenfrist ist unschädl, wenn der Antragsteller seine unverschuldete Verhinderung an einer früheren Ablehnung glaubhaft macht (Abs II 2), insbes wenn der Ablehnungsgrund aus dem Inhalt des Gutachtens hergeleitet wird (Köln VersR 89, 210). Der Antrag ist in diesem Fall unverzügl (§ 121 BGB entspr) nach Kenntnis von dem Ablehnungsgrund zu stellen (Celle NJW-RR 95, 128; BayObLG MDR 95, 412/3). Eine vom Gericht gesetzte Frist für die Stellungnahme zu dem Gutachten ist hierfür nicht maßgebend (Frankfurt OLGR 95, 139). Eine angemessene Prüfungs- und Überlegungszeit steht der Unverzüglichkeit aber nicht entgegen (Koblenz NJW-RR 92, 1470; MDR 94, 1147; BayOblG MDR 95, 412/3). § 223 (Gerichtsferien) ist auf diese Überlegungsfrist nicht anwendbar (Celle NJW-RR 95, 128; MK/Feiber § 223 Rn 3; aA Köln VersR 95, 1508). Eine Pflicht, nach möglichen Ablehnungsgründen zu forschen, besteht entgegen RGZ 64, 432 nicht (MK/Damrau Rn 7). – Die 2-Wochenfrist unterliegt weder dem § 233 noch dem § 296; bei ihrer verschuldeten Versäumung gilt § 230, der Antrag wird also unzulässig. – Der Antrag kann nicht von einer **Bedingung** abhängig gemacht werden (zB von der Beweiswürdigung des Gerichts, Stuttgart NJW 71, 1090). 10

Der Antrag unterliegt nicht dem Anwaltszwang (§ 78 III), wohl aber die sof Beschwerde. Die **Ablehnungsgründe sind glaubhaft zu machen** (§ 294), jedoch genügt eidesstattl Versicherung der Partei nicht. Anzubringen ist das Gesuch beim **Prozeßgericht,** im Fall des § 405 beim verordneten Richter, dem dann auch vorbehaltl nachträgl Anrufung des ProzGerichts (§ 576) die Entscheidung zusteht. 11

b) Verlust des Ablehnungsrechts: Haben sich die Parteien auf einen SV geeinigt (§ 404 IV), so verzichten sie damit auf die bis zur Einigung bekannten Ablehnungsgründe (RG JW 03, 385); ebenso der Beweisgegner, der in Kenntnis des Umstandes, daß der SV für den Beweisführer bereits als Privatgutachter tätig war, erklärt, er habe gegen dessen Beauftragung keine Einwände (Köln VersR 93, 1502). Verhandlung zur Sache oder über das Beweisergebnis (§ 285) hat Verlust des Ablehnungsrechts wegen bis dahin bekannter Gründe zur Folge (Karlsruhe NJW 58, 188; Düsseldorf MDR 94, 620; aA MK/Damrau Rn 7). Erlaß des Sachurteils hindert Ablehnung nicht (Düsseldorf MDR 56, 305), wohl aber formelle Rechtskraft. Der SV erster Instanz kann im Berufungsverfahren nur noch wegen dort neu zutage getretener Gründe abgelehnt werden (Düsseldorf WPM 70, 1305). 12

c) Weiteres Verfahren: Die Anbringung des Gesuches rechtfertigt **nicht die Verweigerung der Einlassung zur Sache** (§ 333) bis zur Entscheidung über das Gesuch (Werthauer NJW 62, 1235 gegen KG RzW 62, 135; vgl die ähnliche Situation in § 280 II 2. Hs, § 304 II 2. Hs). – **Keine notwendige mündliche Verhandlung** über das Gesuch (Abs IV Hs 2). – **Rechtliches Gehör** ist nur insoweit zu gewähren, als die Entscheidung Rechte der Beteiligten berühren kann: die ablehnen- 13 de Partei hat das Recht, sich vor der Zurückweisung ihres Gesuchs zu der Erwiderung des Gegners oder des SV zu äußern; der Gegner der ablehnenden Partei ist anzuhören, wenn das Gericht der Ablehnung stattzugeben beabsichtigt (aA MK/Damrau Rn 11); der SV ist anzuhören, soweit das zur sachl Prüfung des Gesuchs erforderl ist (Karlsruhe OLGZ 84, 105; Schultz MDR 85, 854) und soweit bei einer begründeten Ablehnung sein Persönlichkeitsrecht berührt oder sein Honoraranspruch in Frage gestellt wird (zu letzterem s § 413 Rn 7). Für die Stellungnahme erhält er keine Entschädigung (§ 413 Rn 1).

13a 4) **Entscheidung** ergeht durch Beschluß (nicht in den Urteilsgründen, Abs V). Er ist, soweit nicht verkündet, der ablehnenden Partei im Fall der Zurückweisung förmlich zuzustellen (§ 329 III), im übrigen formlos mitzuteilen. Endurteil macht Entscheidung nicht entbehrl. Unterbliebene Entscheidung zwingt zur Aufhebung des auf dem Gutachten beruhenden Urteils (BSG MDR 96, 94; BAG JZ 60, 606; Köln MDR 74, 761). Hat unzulässigerweise das Berufungsgericht statt des Erstgerichts entschieden, gilt § 10 (Hamburg NJW 60, 874 u 1260). – StJ/Leipold Rn 21 hält ein Ablehnungsgesuch nach Beendigung der Instanz nur zum Rechtsmittelgericht für möglich, weil der Instanzrichter aus der begründeten Ablehnung keine Folgerungen mehr ziehen könne. Gegen diese Ansicht spricht Abs II 1, im übrigen auch die Folge, daß dann nach Einlegung der Revision nachträgl bekanntgewordene Ablehnungsgründe (wegen § 549) nicht mehr geltend gemacht werden könnten. Daß der Instanzrichter noch Folgerungen aus der erfolgreichen Ablehnung ziehen könnte, fordert, solange sein Urteil nur nicht formell rechtskräftig ist, das Gesetz nicht (wie hier ThP Rn 7; MK/Damrau Rn 12; BL/Hartmann Rn 26; Hamburg NJW 60, 874; Düsseldorf MDR 56, 305; aM Köln MDR 77, 57).

14 5) **Rechtsmittel:** sofortige Beschwerde (§ 577) nur gegen Zurückweisung des Ablehnungsantrags. Die erfolglos ablehnende Partei ist auch gegen Beschluß des Berufungsgerichts beschwerdeberechtigt (§ 567 III), falls nicht das OLG entschieden hat (§ 567 IV). Auch wenn das OLG unzulässig (RG 60, 110) über das Gesuch nur im Urteil entschieden hat, ist insoweit kein Rechtsmittel zulässig (LM § 404 Nr 3 = NJW 59, 293; KG NJW 65, 1086). Wo die Ablehnung unterblieben oder rechtskr für unbegründet erklärt ist, kann der Ablehnungsgrund auch nicht mehr als Verfahrensfehler bei Auswahl des SV (§ 404 I) geltend gemacht werden (BGH 28, 303 = NJW 59, 434), wohl aber als Angriff gegen die Überzeugungskraft des Gutachtens (BGH NJW 81, 2009 = MDR 81, 739/740; RG 43, 402; 64, 434). Keine weitere Beschwerde (§ 568 II). – Gegen Entscheidung des verordneten Richters (§ 405) zunächst Anrufung des Prozeßgerichts: § 576 (RG 64, 431), aber ebenfalls nur, wenn die Ablehnung für unbegründet erklärt wurde.

15 6) **Folgen der Ablehnung:** Das Gutachten des erfolgreich abgelehnten SV darf nicht mehr (auch nicht zugunsten der ablehnenden Partei) verwertet werden. Das Gericht muß, sofern die Beweisfrage noch erheblich, gem § 404 einen neuen SV beauftragen. Der abgelehnte SV darf als sachverständiger Zeuge über sachkundig festgestellte Tatsachen vernommen werden (Rn 2). Gebührenanspruch des SV entfällt, wenn er den Grund seiner Ablehnung zu vertreten hat (Rn 7 zu § 413).

16 7) **Folgen unterbliebener oder erfolgloser Ablehnung:** Der Ablehnungsgrund kann grds (auch in höherer Instanz) nicht mehr geltend gemacht werden, auch nicht als Verfahrensfehler bei Auswahl des SV (§ 404 Rn 1). Dem Gericht bekannte Umstände, die Anlaß zu einer begründeten Ablehnung hätten geben können, sind jedoch bei der Beweiswürdigung zu berücksichtigen und können Anlaß zur Einholung eines weiteren Gutachtens geben (§ 412; vgl BSG NJW 93, 3022 = MDR 93, 907; MK/Damrau Rn 17 mwN).

17 **8) Gebühren: a) des Gerichts:** Keine. Für das Beschwerdeverfahren: KV 1906. – **b) des Anwalts:** § 37 Nr 3 BRAGO. Beschwerdeverfahren: § 61 I Nr 1 BRAGO. Beschränkt sich die Tätigkeit des RA auf den Zwischenstreit, so entstehen die Gebühren des § 31 BRAGO aus dem Wert des Zwischenstreits.

407 *[Begutachtungszwang]*

(1) Der zum Sachverständigen Ernannte hat der Ernennung Folge zu leisten, wenn er zur Erstattung von Gutachten der erforderten Art öffentlich bestellt ist oder wenn er die Wissenschaft, die Kunst oder das Gewerbe, deren Kenntnis Voraussetzung der Begutachtung ist, öffentlich zum Erwerb ausübt oder wenn er zur Ausübung derselben öffentlich bestellt oder ermächtigt ist.

(2) Zur Erstattung des Gutachtens ist auch derjenige verpflichtet, der sich hierzu vor Gericht bereit erklärt hat.

1 1) Während jedermann zur Aussage als Zeuge, auch als sachverständiger Zeuge (§ 414), verpflichtet ist (§ 373 Rn 2), erstreckt sich die Pflicht zur Erstattung von Gutachten u damit die Anwendbarkeit der Zwangsmittel gem §§ 409, 411 II nur auf folg Personenkreis:

a) öffentlich bestellte Sachverständige (§ 404 II), das sind die durch Behörden (regelm Landes- oder Fachbehörden, zB IHK, Handwerkskammer) für best Sachgebiete ernannten, allgemein beeidigten (§ 410 II) u in Gutachterlisten erfaßten Personen (vgl § 404 Rn 2), 2

b) Gewerbetreibende, das sind hier über den Gewerbebegriff der GewO hinaus alle Personen, die sich öffentlich, dh der Allgemeinheit gegenüber, zur entgeltl Berufsausübung erbieten (RG 50, 391), gleichgültig ob für eigene oder fremde Rechnung (also auch Arbeitnehmer), zB Kaufleute, Fabrikanten, Landwirte, Schriftsteller, 3

c) Lizenzträger, zB Ärzte, Rechtsanwälte, Lehrer; aktive Berufsausübung ist hier nicht Voraussetzung (zB pensionierte Amtsärzte, Professoren usw) und 4

d) Personen, die sich zur Erstattung von Gutachten **bereit erklärt** haben; hier genügt Entgegennahme des gerichtl Ersuchens ohne unverzügl Ablehnung. 5

2) Zulässige Weigerungsgründe: § 408. Folgen unzulässiger Weigerung: §§ 409, 411 II. 6

407a *[Pflichten des Sachverständigen]*

(1) Der Sachverständige hat unverzüglich zu prüfen, ob der Auftrag in sein Fachgebiet fällt und ohne die Hinzuziehung weiterer Sachverständiger erledigt werden kann. Ist das nicht der Fall, so hat der Sachverständige das Gericht unverzüglich zu verständigen.

(2) Der Sachverständige ist nicht befugt, den Auftrag auf einen anderen zu übertragen. Soweit er sich der Mitarbeit einer anderen Person bedient, hat er diese namhaft zu machen und den Umfang ihrer Tätigkeit anzugeben, falls es sich nicht um Hilfsdienste von untergeordneter Bedeutung handelt.

(3) Hat der Sachverständige Zweifel an Inhalt und Umfang des Auftrages, so hat er unverzüglich eine Klärung durch das Gericht herbeizuführen. Erwachsen voraussichtlich Kosten, die erkennbar außer Verhältnis zum Wert des Streitgegenstandes stehen oder einen angeforderten Kostenvorschuß erheblich übersteigen, so hat der Sachverständige rechtzeitig hierauf hinzuweisen.

(4) Der Sachverständige hat auf Verlangen des Gerichts die Akten und sonstige für die Begutachtung beigezogene Unterlagen sowie Untersuchungsergebnisse unverzüglich herauszugeben oder mitzuteilen. Kommt er dieser Pflicht nicht nach, so ordnet das Gericht die Herausgabe an.

(5) Das Gericht soll den Sachverständigen auf seine Pflichten hinweisen.

§ 407a ist eingefügt durch das RpflVereinfG. Die Vorschrift korrespondiert mit dem Pflichtenkatalog für das Gericht bei Ernennung und Anweisung des Sachverständigen in § 404a.

Abs I dient der Beschleunigung und Rationalisierung des Beweisverfahrens. Die Prüfung seiner eigenen Sachkunde für die Beweisfrage ist die erste Aufgabe des SV, damit eine Verzögerung des Verfahrens durch unzulängliche Gutachten, ein hierdurch bedingter Austausch des SV (§ 404 I 3; dort Rn 1) und Probleme bei der Honorierung des SV (§ 413 Rn 4) tunlichst vermieden werden. – Die **Hinzuziehung weiterer SV** ist ggf nur vom Gericht zu veranlassen (zu den Voraussetzungen hierfür § 404 Rn 1, § 412 Rn 1–3). Dem Zweck, die Notwendigkeit weiterer Gutachten sowie eine hierdurch bedingte Verfahrensverzögerung und Kostensteigerung zu vermeiden, dient die Verpflichtung des SV, die Grenzen seiner eigenen Sachkunde dem Gericht unverzüglich (§ 121 BGB entspr) anzuzeigen. 1

Abs II: Den SV bestimmt und beauftragt ausschließlich **das Gericht** selbst, im Fall § 405 ausnahmsweise der verordnete Richter. Der SV darf daher den ihm erteilten Auftrag nicht auf einen anderen übertragen, selbst wenn er seine eigene unzulängliche Sachkunde erkennt oder sich außerstande sieht, das Gutachten in angemessener Frist zu erstatten (§ 404 Rn 1a; BVerwG NJW 84, 2645). Auch die verdeckte (dem Gericht und den Parteien verschwiegene) Hinzuziehung eines anderen Gutachters durch den ernannten SV ist unzulässig und könnte dessen Ablehnung (§ 406), auch ein Eidesdelikt (§ 410) zur Folge haben. – Zulässig ist dagegen die **Hinzuziehung von Gehilfen durch den SV** in einem die Eigenverantwortlichkeit des SV für sein Gutachten nicht in Frage stellenden Umfang (näher m Nachw § 404 Rn 1a). Abs II unterscheidet zwischen der Hinzuziehung von Gehilfen des SV **für untergeordnete und andere** (also wohl wesentliche und deshalb anzeigepflichtige) **Hilfsdienste.** Das ist zumindest mißverständlich, denn die Inanspruchnahme der Mitwirkung Dritter in *wesentlichem* Umfang der Begutachtung muß dem Beweiserhebungsmessen des Gerichts iS §§ 404 I, 412 überlassen bleiben und liegt außerhalb der Kompetenz des allein ernannten SV, zumal die Prozeßparteien schon vor Erstattung des Gutachtens in der Lage sein müssen, Einwendungen gegen die Person und Sachkunde eines in wesentlichem 2

Umfang hinzugezogenen Mitarbeiters (der als Gehilfe des SV nicht einmal formell abgelehnt werden könnte; Zweibrücken MDR 86, 417) zu erheben.

Abs II überläßt dem SV die Unterscheidung zwischen anzeigepflichtigen wesentlichen und nicht anzeigepflichtigen unwesentlichen Mitarbeiten Dritter am Gutachten; er überläßt es dem SV auch, ob er wesentliche Mitarbeiter dem Gericht vor der Begutachtung oder erst nachträglich benennt. Damit scheint die gesetzliche Regelung, deren bisheriges Fehlen zu keinen erheblichen Unzuträglichkeiten in der Beweiserhebungspraxis geführt hat, von zweifelhaftem Nutzen zu sein.

3 **Abs III:** Dem Gericht und den Parteien werden **Zeitaufwand und Kosten eines SV-Gutachtens** oft zunächst unklar sein; selbst der zwischen Gericht und SV gem § 404a II abgesprochene Auslagenvorschuß (§ 379) ist für die tatsächl anfallenden Kosten nicht verbindl (vgl § 379 Rn 5). Abs III gebietet daher dem SV, das Gericht zu informieren, wenn die Wirtschaftlichkeit der Begutachtung unter Berücksichtigung des Streitwertes in Frage steht oder der Vorschuß erhebl (ca 20%; Zimmermann Rn 3) überschritten wird. Das Gericht hat bei einer beantragten Begutachtung nicht zu prüfen, ob sie im Hinblick auf den Streitwert noch ökonomisch ist (BVerfG NJW 79, 413; § 379 Rn 2). Die Parteien (insbesondere der Beweisführer) haben aber ein schutzwürdiges Interesse daran, ihr Prozeßrisiko gegen das Kostenrisiko abwägen zu dürfen (das sollte das Gericht auch bei der Einholung eines Gutachtens vAw gemäß § 144 berücksichtigen). Diesem Interesse dient vornehml die Anzeigepflicht des SV gemäß Abs III, zumal schon mancher Prozeßvergleich durch die Erkenntnis der Prozeßökonomie beflügelt wurde. Wird der Beweisantrag aufrechterhalten, fordert das Gericht eine Aufstockung des Vorschusses an. – Zum Entschädigungsrisiko des SV bei Überziehung des Auslagenvorschusses s § 413 Rn 6.

4 **Abs IV:** Das Gericht hat das SV-Gutachten kritisch und eigenverantwortl zu prüfen (§ 402 Rn 7, § 411 Rn 5); es darf sich nicht kritiklos einem Entscheidungsvotum des SV unterwerfen. Deshalb und auch wegen der Prüfungsbefugnis der Parteien (§ 411 Rn 5a) oder eines ggf gemäß § 404 I Satz 3 oder § 412 in Anspruch genommenen anderen oder weiteren SV hat der SV dem Gericht auf Verlangen neben dem Gutachten auch die diesem zugrundeliegenden **Bearbeitungsunterlagen** (zB Krankengeschichten, Röntgenaufnahmen, Lichtbilder, Aufzeichnungen) herauszugeben oder – falls der Schutz von Persönlichkeitsrechten (hierzu Prütting ZZP 106, 460) oder sonstige Rechte eines Dritten der Herausgabe entgegenstehen – mitzuteilen. Das **Herausgabeverlangen** nach S 1 kann der Vorsitzende stellen, die **Anordnung der Herausgabe** oder Mitteilung (S 2) geschieht durch Beschluß des Gerichts, der nicht anfechtbar ist (MK/Damrau Rn 19). Ein Zurückbehaltungsrecht des SV an den Gerichtsakten, seinem Gutachten und hierzu gehörenden Unterlagen (etwa bis zur Zahlung seiner Entschädigung) besteht nicht. Bei unbegründeter oder gemäß §§ 408, 387 für unbegründet erklärter **Verweigerung der Herausgabe:** Kostenfolge und Ordnungsgeld gemäß § 409 I (hiergegen Beschwerde nach § 409 II) sowie Zwangsmittel gemäß § 1 I Nr. 2b JBeitrO (hiergegen Erinnerung nach § 766 iVm § 6 I Nr 1 JBeitrO).

5 **Abs V:** Die **Hinweispflicht des Gerichts** auf die Pflichten des SV gemäß § 407a I–IV ergibt sich bereits aus § 404a; ihr Inhalt und Umfang richtet sich nach Umständen des Einzelfalls. Gegenüber forensisch erfahrenen öffentl bestellten SV (§ 404 Rn 4) kann ein besonderer Hinweis entbehrl sein. In anderen Fällen kann ein mit dem Gutachtensauftrag oder der Ladung des SV verbundener Abdruck von § 407a I–IV zu empfehlen sein, falls nicht im Bedarfsfall noch besondere Hinweise veranlaßt sind.

408 *[Gutachtenverweigerungsrecht]*

(1) Dieselben Gründe, die einen Zeugen berechtigen, das Zeugnis zu verweigern, berechtigen einen Sachverständigen zur Verweigerung des Gutachtens. Das Gericht kann auch aus anderen Gründen einen Sachverständigen von der Verpflichtung zur Erstattung des Gutachtens entbinden.

(2) Für die Vernehmung eines Richters, Beamten oder einer anderen Person des öffentlichen Dienstes als Sachverständigen gelten die besonderen beamtenrechtlichen Vorschriften. Für die Mitglieder der Bundes- oder einer Landesregierung gelten die für sie maßgebenden besonderen Vorschriften.

(3) Wer bei einer richterlichen Entscheidung mitgewirkt hat, soll über Fragen, die den Gegenstand der Entscheidung gebildet haben, nicht als Sachverständiger vernommen werden.

1 1) Der **Sachverständige ist zur Verweigerung des Gutachtens berechtigt** (auch im selbständigen Beweisverfahren, OLG 9, 138), **a)** soweit gem § 407 kein Begutachtungszwang besteht,

2 **b)** soweit er als Zeuge die Aussage verweigern dürfte: vgl §§ 383–385 und § 376,

c) soweit das Beweisthema Gegenstand einer richterl Entscheidung war, an der der SV als Berufsrichter oder ehrenamtl Richter (zB Schöffe, Beisitzer eines Ehrengerichts, Schiedsrichter iS § 1025) mitgewirkt hat: §§ 43, 45 III DRiG. 3

2) Verfahren bei Verweigerung: a) Das Gericht kann – im Fall § 404 IV nur nach Anhörung der Parteien – den SV formlos entlassen u gem § 360 einen anderen benennen. Der Beschluß ist nicht anfechtbar. Befugt hierzu ist auch der verordnete Richter, soweit er den SV ernannt hatte: §§ 405, 404 I. Von dieser Möglichkeit sollte wegen der Austauschbarkeit von SV weitherzig Gebrauch gemacht werden, um den Prozeß von Zwischenstreitigkeiten zu entlasten. 4

b) Wo kein anderer SV verfügbar, ist durch das Prozeßgericht (auch ERi, aber nicht verordneter Richter) der Zwischenstreit gem §§ 386–389 durchzuführen. Erst nach Rechtskraft des Zwischenurteils (§ 387 III) – bei Verweigerung ohne Angabe von Gründen auch ohne Zwischenstreit – sind die Zwangsmittel der §§ 409, 411 II anzuwenden. 5

409 *[Folgen des Ausbleibens oder der Gutachtenverweigerung]*

(1) Wenn ein Sachverständiger nicht erscheint oder sich weigert, ein Gutachten zu erstatten, obgleich er dazu verpflichtet ist, oder wenn er Akten oder sonstige Unterlagen zurückbehält, werden ihm die dadurch verursachten Kosten auferlegt. Zugleich wird gegen ihn ein Ordnungsgeld festgesetzt. Im Falle wiederholten Ungehorsams kann das Ordnungsgeld noch einmal festgesetzt werden.

(2) Gegen den Beschluß findet Beschwerde statt.

1) Voraussetzung der Zwangsmittel: a) Pflicht zur Begutachtung § 407, **b)** im Fall erklärter Weigerung: rechtskräftige Zurückweisung der behaupteten Weigerungsgründe §§ 408, 387 III, falls eine Begründung für die Weigerung überhaupt vorgetragen war (§ 386 I), **c)** im Fall persönl Vorladung: Nichterscheinen trotz ordentl (§ 377) Ladung u Pflicht z Erscheinen. Keine Pflicht: §§ 375 II, 382, 386 III. Entfernung vor Aufruf (§ 220 II) oder sitzungspolizeiliche Entfernung (§ 158) sind ebenso wie unbefugte Verweigerung der Herausgabe von (Prozeß-)Akten oder von sonstigen Unterlagen (§ 407a IV) hier gleichbedeutend mit Nichterscheinen. **d)** Fehlende Entschuldigung, § 381. – Nicht § 409, sondern § 411 II gilt bei der Verzögerung des schriftl Gutachtens. 1

2) Ordnungsmittel und Kostenfolge entsprechen dem zu § 380 Gesagten mit folg Ausnahmen: Keine Haft und zwangsweise Vorführung, wohl aber mehr als zweimaliges Ordnungsgeld zulässig (KG NJW 60, 1726; aM StJ/Leipold Rn 7; Celle OLGZ 75, 372; vgl entspr § 380 Rn 8). Der Beschluß ist zu verkünden u dem Abwesenden (wegen BeschwRecht hinsichtl des Kostenausspruchs auch der abwesenden Partei) formlos mitzuteilen, § 329 II. 2

3) Rechtsbehelf: für den SV, hinsichtl unterbliebenem Kostenausspruch auch für die Parteien, einfache Beschwerde mit aufschieb Wirkung § 572. Beschwerdeeinlegung gem § 569, daher niemals Anwaltszwang für den SV. Keine Beschwerde gegen Beschluß des OLG § 567 IV, wohl aber gegen Beschluß des LG als Berufungs- oder Erstbeschwerdegericht (§ 567 III). Im übrigen s Rn 10 zu § 380. 3

410 *[Beeidigung]*

(1) Der Sachverständige wird vor oder nach Erstattung des Gutachtens beeidigt. Die Eidesnorm geht dahin, daß der Sachverständige das von ihm erforderte Gutachten unparteiisch und nach bestem Wissen und Gewissen erstatten werde oder erstattet habe.

(2) Ist der Sachverständige für die Erstattung von Gutachten der betreffenden Art im allgemeinen beeidigt, so genügt die Berufung auf den geleisteten Eid; sie kann auch in einem schriftlichen Gutachten erklärt werden.

1) Für die **Notwendigkeit der Beeidigung** gilt das in Rn 3 zu § 391 Gesagte mit folgender Einschränkung: Soweit der SV subj Werturteile u Schlußfolgerungen aus Lehrmeinungen bekundet, ist der Eid auch bei Zweifeln des Gerichts kaum geeignet, deren Überzeugungskraft zu erhärten; in solchen Fällen ist § 412 der bessere Weg zur „Wahrheit“. Beeidigung des SV ist daher nur geboten, wo subjektiv falsche Begutachtung bzw Begünstigung einer Partei zu besorgen ist. Verzicht der Parteien macht wie bei § 391 (dort Rn 5) Beeidigung unzulässig. – Wo das Prozeßgericht (niemals der verordnete Richter: Rn 6 zu § 391) Beeidigung anordnet, besteht **Eidespflicht.** § 393 wird niemals in Frage kommen. 1

2) Verfahren: Anordnung der Beeidigung (ebenso für Abs II) durch Beschluß des Prozeßgerichts (Peters NJW 90, 1832). Bei Eidesverweigerung gilt § 409. Wahlweise Vor- oder Nacheid. Der Voreid deckt schriftl u mündl Gutachten einschließl späterer Erläuterung (§ 411 III). Zeugeneid 2

(§ 392) ersetzt den SV-Eid niemals, ist jedoch zusätzlich nötig, wo der SV neben oder in dem Gutachten auch Zeugenaussagen (entspr § 414) macht, zB über äußere Wahrnehmungen anläßlich einer vom Gutachtensauftrag unabhängigen (Hamm NJW 54, 1820) Ortsbesichtigung. Über die Abnahme des Eides s §§ 478–484. **Dolmetschereid** s § 189 GVG (Bay Ges v 1. 8. 1981, GVBl 324).

3 Dem Eid gleichwertig (vgl § 155 Nr 2 StGB) ist die **Berufung auf den allg Eid** (Abs II; vgl entspr § 398 III), auch wo diesen eine VerwBehörde (§ 404 Rn 2) abgenommen hat. Voraussetzung aber, daß der allg Eid sich auch auf Gutachten der betr Art erstreckt (vgl BGH MDR 85, 27; oft Vereidigung nur auf Verschwiegenheit oder gewisse gewerbl Tätigkeit, vgl Jessnitzer, Der gerichtl Sachverständige, 1988 S 161). Wegen **eidesstattl Versicherung** s § 411 Rn 4. – Wo der SV sich auf seine allg Beeidigung beruft, besteht kein Anlaß für eine (nochmalige) Ermahnung gem § 395.

4 3) § 410 ist **kein Schutzgesetz iS § 823 II BGB** (BGH 42, 313 = NJW 65, 298; Celle NJW 60, 387; Hamm VersR 85, 842), daher keine Schadensersatzpflicht des SV gegenüber einer Partei bei nur objektiv schlechtem oder falschem Gutachten (abw Andresen NJW 62, 1760), s aber § 402 Rn 10, § 413 Rn 8.

411 *[Schriftliche Begutachtung]*

(1) Wird schriftliche Begutachtung angeordnet, so hat der Sachverständige das von ihm unterschriebene Gutachten auf der Geschäftsstelle niederzulegen. Das Gericht kann ihm hierzu eine Frist bestimmen.

(2) Versäumt ein zur Erstattung des Gutachtens verpflichteter Sachverständiger die Frist, so kann gegen ihn ein Ordnungsgeld festgesetzt werden. Das Ordnungsgeld muß vorher unter Setzung einer Nachfrist angedroht werden. Im Falle wiederholter Fristversäumnis kann das Ordnungsgeld in der gleichen Weise noch einmal festgesetzt werden. § 409 Abs. 2 gilt entsprechend.

(3) Das Gericht kann das Erscheinen des Sachverständigen anordnen, damit er das schriftliche Gutachten erläutere.

(4) Die Parteien haben dem Gericht innerhalb eines angemessenen Zeitraums ihre Einwendungen gegen das Gutachten, die Begutachtung betreffende Anträge und Ergänzungsfragen zu dem schriftlichen Gutachten mitzuteilen. Das Gericht kann ihnen hierfür eine Frist setzen; § 296 Abs. 1, 4 gilt entsprechend.

1 1) **Das schriftliche Gutachten** wird regelm die zweckmäßigere Form der Erhebung des SV-Beweises sein: es gibt dem SV die Möglichkeit gründlicher Ausarbeitung der Beweisfragen unter Verwendung von Fachliteratur (RG 150, 356), die Parteien u das Gericht können ihrerseits die notw Verhandlung über das Beweisergebnis (§ 285) besser vorbereiten als im Fall des § 370 (zum rechtlichen Gehör bei einem nur mündlich erstatteten Gutachten s § 285 Rn 2; BGH NJW 82, 1335 = MDR 82, 571), die Notwendigkeit einer (oft unzulänglichen) Protokollierung des mündl Gutachtens (§ 160 III 4) entfällt und die mündl Befragung des SV bleibt dennoch möglich. Allerdings verursachen schriftl Gutachten erhebl Zeit- und Kostenaufwand. Daher ist im Einzelfall genau zu prüfen, ob eine mündl Gutachtenserstattung nicht doch ausreicht. – Wegen Kostenvorschuß s Rn 2a, wegen der Verwertung von Privatgutachten u schriftl Gutachten aus anderen Verfahren s § 402 Rn 2, 6b, 6c. – Celle NJW 73, 203 und Frankfurt MDR 83, 327 halten § 411 (insbes Abs III) für nicht anwendbar auf das gem § 12 II BRAGO einzuholende Gutachten der RA-Kammer über die Angemessenheit von Rahmengebühren; anders aber BGHZ 62, 95 für die Vorladung des Mitglieds eines Gutachterausschusses gemäß § 192 BauGB (vgl § 402 Rn 6).

2 a) **Die Anordnung** der schriftl Begutachtung steht im **Ermessen des Gerichts**, einer Zustimmung der Parteien bedarf es nicht, wie andererseits die erkl Zustimmung den späteren Antrag auf Vorladung des SV nicht ausschließt (BGH 6, 398 = NJW 52, 1214). Dem Gutachten muß die Anordnung iS Abs I vorausgehen, weil erst sie die besond Wahrheitspflicht des § 410 für den SV begründet. Die Verwendung eines ohne Anordnung gefertigten Gutachtens wäre Urkundenbeweis (BSG NJW 65, 368), das gilt insbes für Privatgutachten (Rn 2 zu § 402).

2a b) Erteilung des Gutachtensauftrags ist idR von Einzahlung eines zur Deckung der voraussichtl Auslagen ausreichenden **Vorschusses** abhängig zu machen (§ 379 iVm § 402). Einzelheiten bei § 379. Wird Vorschuß innerhalb der gesetzten Frist nicht gezahlt und vom Gericht daher Termin zur Fortsetzung der mündl Verhandlung bestimmt, so kann der Beweisführer die Einholung des Gutachtens – jedenfalls für diese Instanz – nicht mehr erzwingen, da sie verfahrensverzögernd wirken würde (§ 379 S 2; vgl § 379 Rn 7 ff).

3 c) Der **Niederschrift des Gutachtens** sind grundsätzlich die unstreitigen oder vom Gericht selbst festzustellenden **Anschlußtatsachen** (hierzu § 355 Rn 2; § 404a III) vom SV zugrunde zu

legen. Das schließt nicht aus, daß der SV zu seiner eigenen Information (auch zur zulässigen Anmeldung sachkundig festgestellter Bedenken gegen die vorgegebenen Anschlußtatsachen) eine **Stoffsammlung** (zB Fachliteratur, auch Einholung von Auskünften, die dann im Gutachten offenzulegen sind, Köln NJW 62, 2161; RGZ 151, 349/356) vornimmt oder eine Ortsbesichtigung durchführt (so regelm in Bausachen). Ob die **Orts- oder Gegenstandsbesichtigung** des SV eine **Hinzuziehung der Parteien** (unzulässig die Hinzuziehung nur einer Partei, § 406 Rn 8) erfordert, ist nach der jeweiligen Sachlage unter Berücksichtigung des Rechts der Parteien auf Waffengleichheit und auf ein faires Verfahren (BVerfGE 38, 105/111 = MDR 75, 291) zu entscheiden (grds für Hinzuziehung der Parteien Düsseldorf BauR 74, 72; MDR 79, 409; Köln MDR 74, 589; Jessnitzer BauR 75, 73/76; einschränkend BGH VersR 60, 998/999; RG Warn 1912 Nr 376; Jessnitzer Betrieb 73, 2497/2498). Unverzichtbar ist jedenfalls die Hinzuziehung beider Parteien, wenn das Objekt der Vorbesichtigung sich im Besitz einer Partei befindet (BGH ZZP 67, 295/297; München NJW 84, 807; BAG AP § 402 ZPO Nr 1; Koblenz MDR 78, 148), wenn eine Partei das wünscht (Düsseldorf MDR 79, 409), wenn die Anwesenheit *einer* Partei am Ort der Besichtigung zu erwarten ist oder die Besichtigung Informationen durch eine Partei erfordert (BAG AP § 402 ZPO Nr 2; eingehend München Rpfleger 83, 319 = OLGZ 83, 355 = ZSW 83, 214 m Anm Müller). Keine Parteiöffentlichkeit bei Untersuchung durch ärztl SV (München NJW-RR 91, 896); dies gilt auch für den bekl Arzt bei Untersuchung seines kl (ehemaligen) Patienten (Köln NJW 92, 1568).

Eine **Geheimhaltung von Anschlußtatsachen,** die der SV in der Sphäre einer Partei gewonnen hat (zB betriebswirtschaftl Daten, Konstruktionspläne) vor der anderen Partei und dem Gericht ist mit dem Prinzip der Parteiöffentlichkeit (§ 357 Rn 1), dem Anspruch auf rechtl Gehör (vor § 128 Rn 3 ff) und der Pflicht zu umfassender Beweiswürdigung (§ 286 Rn 2) nicht vereinbar (BGHZ 116, 47 = NJW 92, 1817/1819; Kürschner NJW 92, 1804 f; aA RSchwab/Gottwald § 118 V 3). Das dadurch für die an Geheimhaltung ihrer Interna vor dem Gegner interessierte Partei entstehende Dilemma, entweder den Prozeß zu verlieren oder ihr Geheimnis (Stadler NJW 89, 1202), kann jedoch im Einzelfall Unzumutbarkeit begründen. Es ist daher nach einer sachgerechten Einschränkung der Parteiöffentlichkeit zu suchen (bei einer körperl Untersuchung der Partei hat der Gegner auch kein Anwesenheitsrecht!). Es sollte zugelassen werden, daß die andere Partei ihr Mitwirkungsrecht durch einen zu berufl Verschwiegenheit – auch ihr gegenüber – verpflichteten Mittler (zB Wirtschaftsprüfer) ausübt und daß der gerichtl SV die von ihm zugrundegelegten Anschlußtatsachen nur diesem und – in einer gesonderten Niederschrift – dem Gericht mitteilt (vgl Stadler NJW 89, 1204; Stürner, Die Aufklärungspflicht der Parteien des Zivilprozesses, 1976, § 14 III 5; aA Köln OLGR 95, 327). Ein solches Geheimverfahren hinterläßt zwar Unbehagen, ist aber das kleinere Übel gegenüber einer Rechtsverweigerung zu Lasten der auf Geheimhaltung ihrer Interna angewiesenen Partei. 3a

Das Gutachten muß vom SV eigenhändig unterschrieben sein; so auch bei zulässiger (BGH VersR 72, 927; Celle NJW 72, 1524) Mitwirkung von Hilfskräften (näher § 404 Rn 1a). Wo das Gericht eine **Beeidigung des SV** für notwendig erachtet (§ 410 Rn 1), ist der SV vor das Prozeßgericht oder gemäß § 479 vor den kommissarischen Richter zu laden. Das Gericht ist seit der Änderung des gem § 402 insoweit entspr anwendbaren § 377 (dort Rn 10) nicht mehr befugt, dem SV zur Meidung einer Vorladung zur Eidesabgabe die **schriftliche eidesstattliche Versicherung** der Begutachtung nach bestem Wissen und Gewissen abzuverlangen. Wo das Gericht vereidigen darf (hier § 410), darf es sich nicht statt dessen mit einer nur eidesstattl Versicherung begnügen (StJ/Leipold Rn 5; Jessnitzer Der SV 91, 38). Dementsprechend ist eine vom SV (evtl gewohnheitsmäßig) spontan abgegebene eidesstattl Versicherung ohne Beweiswert (Peters NJW 90, 1832), jedenfalls ungeeignet, den gebotenen Eid entbehrl zu machen. 4

d) Die mündliche Erläuterung des schriftl Gutachtens (Abs III) „kann" das Gericht nach seinem eigenen und von Anträgen der Parteien unabhängigen Beweiserhebungsermessen (§ 144 Rn 1 u 2) anordnen; auf Antrag einer Partei ist es hierzu verpflichtet (Rn 5a). Der Anordnung vAw steht nicht entgegen, daß ein entspr Antrag einer Partei wegen Verspätung zurückzuweisen wäre (BGH MDR 89, 535), denn das Ermessen des Gerichts ist gebunden durch Erfordernisse der Beweiserhebung und -würdigung. Ein unzulängl, unvollständiges oder dem Gericht unverständl schriftl Gutachten gibt dem Gericht (auch dem Berufungsgericht, selbst nach Anhörung des SV im ersten Rechtszug, BGH MDR 87, 751; NJW 86, 2886/87) keine Ermessensfreiheit, von der Anhörung des SV (evtl auch nach einem schriftl Ergänzungsgutachten) abzusehen, so bei Zweifeln und Unklarheiten des Gutachtens (§ 402 Rn 7; BGH NJW 82, 2874; 81, 2578), bei Widersprüchen im Gutachten (BGH VersR 82, 849) oder bei einem Mißverständnis des SV bzgl der ihm vorgegebenen Anschlußtatsachen (§ 402 Rn 5, § 355 Rn 2; BGH NJW 81, 2009). Auch Einwände gegen das Gutachten in einem Parteigutachten können Vorgehen nach § 411 III gebieten (BGH MDR 92, 407). Zur Protokollierung der Erläuterung des Gutachtens s § 160 Rn 8 und BGH MDR 87, 751. 5

5a **Auf Antrag einer Partei** ist das Gericht unabhängig von § 411 III zur Vorladung des SV verpflichtet (BGHZ 6, 398; 26, 391/98 = NJW 52, 1214; 58, 826; BGH NJW 83, 340/41). Das Antragsrecht der Partei beruht auf § 402 iVm § 397 (dort Rn 2); ihm steht § 398 und auch ein früher erklärtes Einverständnis mit schriftl Begutachtung nicht entgegen, denn bei der Anhörung des SV soll das Gutachten nicht wiederholt, sondern erläutert oder ergänzt werden. Hat das Erstgericht dem Antrag nicht entsprochen, muß ihm das Berufungsgericht stattgeben (BGH MDR 96, 92/93). **Beschränkungen** des Antragsrechts ergeben sich aus den Gesichtspunkten **des Rechtsmißbrauchs** (Einl Rn 57) **und der Prozeßverschleppung** (§§ 282, 296) (BGHZ 35, 370 = NJW 61, 2308; BGH NJW 83, 340; 82, 2874). Als mißbräuchl zurückgewiesen werden darf (im Urteil) ein Antrag, wenn das schriftl Gutachten vollständig und überzeugungsfähig ist, der Antrag aber gleichwohl nicht begründet wird (BGHZ 24, 9/14; BAG MDR 68, 529; Oldenburg OLGZ 70, 481; Rixecker NJW 84, 2135/37; Ankermann NJW 85, 1204/05) oder in seiner Begründung die Ankündigung abwegiger oder beweisunerhebl Fragen enthält (Hamm MDR 85, 593; vgl § 397 Rn 4).

5b Eine **Mitwirkungspflicht der Parteien** bei der Prüfung der Tauglichkeit des Gutachtens wurde durch das RpflVereinfG von 1990 in Abs IV normiert. Sie müssen innerhalb eines angemessenen Zeitraums ihre Einwendungen, Anträge und Fragen zu dem schriftl Gutachten mitteilen. Die Angemessenheit dieser Frist ist einerseits an den schutzwürdigen Interessen der Parteien (hierfür gilt das in § 285 Rn 2 Gesagte entsprechend), andererseits an den Erfordernissen der Prozeßförderung (§ 282) zu messen. Das Gericht muß *möglichst kurzfristig* (§ 278 IV) Kenntnis davon erhalten, ob und wann ein neuer Termin anzuberaumen ist, ob der SV zu diesem Termin zu laden und zur Vorbereitung seiner Anhörung über die Beweiseinreden der Parteien zu informieren ist oder ob zur Vorbereitung eines (noch zurückgestellten) Termins zunächst ein schriftl Ergänzungsgutachten anzufordern ist. Der den Parteien zuzugestehende Zeitraum für Beweiseinreden wird daher maßgebl durch die objektive Schwierigkeit der Beweisfrage und Verständlichkeit des schriftl Gutachtens bestimmt. Wo der Einzelfall keine Schwierigkeit der Beweiserörterung (§§ 278 II, 285) erwarten läßt, kommt eine Terminsbestimmung ohne Fristsetzung gemäß Abs IV ausnahmsweise in Betracht; in aller Regel sollte jedoch das Gericht bereits mit der Zusendung des schriftl Gutachtens an die Parteien eine Frist für etwaige Anträge oder Beweiseinreden bzgl des Gutachtens setzen, denn nur bei Versäumung einer derart gesetzten Frist (für deren Förmlichkeiten das zu § 273 Gesagte entspr gilt) ist § 296 anwendbar (§ 296 Rn 6). Die Fragen müssen nicht abschließend ausformuliert werden. Auch ein erst in der mündl Verhandlung gestellter Antrag ist nicht verspätet, wenn sich der Grund zur Antragstellung erst aus dem Ergebnis einer in dieser Verhandlung erfolgten Zeugenaussage ergibt, denn die Zurückweisung des Antrags als verspätet setzt eine schuldhafte Verfahrensverzögerung voraus (§ 282 Rn 3, § 296 Rn 23).

5c Den **Auslagenvorschuß** (§ 379) für die Ladung des SV hat der Antragsteller (nicht notwendig der Beweisführer, BGH MDR 64, 502) einzuzahlen; aber kein Vorschuß einzufordern, wenn das schriftl Gutachten von Amts wegen eingeholt worden war (§ 144 Rn 1, § 379 Rn 3). § 379 ist aber eine Kann-Vorschrift (dort Rn 2); bei Kürze der Zeit bis zum bereits anberaumten Termin darf daher die (sonst noch mögliche) Ladung des SV nicht vom rechtzeitigen Eingang des Vorschusses abhängig gemacht werden.

5d Ist der SV nach seinem schriftlichen Gutachten verstorben, muß das Gericht für die Erläuterung des Gutachtens einen anderen SV heranziehen (BGH NJW 78, 1633 = MDR 78, 829/30). Zu den Möglichkeiten der Anhörung eines im Ausland wohnenden SV s § 405 Rn 3. Zur notwendigen Protokollierung der mündl Erläuterung des Gutachtens § 160 Rn 8 und BGH MDR 87, 751.

6 2) **Fristsetzung u Zwangsmittel** (Abs II): § 409 ahndet die Säumnis des vorgeladenen SV und die grundlose Weigerung zur Begutachtung, § 411 II dagegen die bloße Verzögerung bei Vorlage des schriftl Gutachtens. **Voraussetzung** daher: **a)** der SV muß zur Begutachtung verpflichtet sein (§ 407), zumindest also den Auftrag vorbehaltlos entgegengenommen haben (Rn 5 zu § 407), **b)** das Gericht (auch der Vorsitzende; aM Neustadt ZZP 69, 80 = MDR 56, 175 das Kollegium) muß unter Androhung eine Nachfrist gesetzt haben. Über Verlängerung u Abkürzung dieser richterl Frist s §§ 224, 225.

7 **Ordnungsgeld:** über Höhe u Beitreibung, wiederholte Anordnung u Rechtsbehelf s Rn 5–7 zu § 380; jedoch hier keine Haftanordnung (vgl § 409 Rn 2). Vorführung des SV ist begrifflich ausgeschlossen, solange schriftl Begutachtung angeordnet bleibt. – Die mit Arbeitsüberlastung begründete Verzögerung des Gutachtens mit Ordnungsgeld zu ahnden (so Celle NJW 72, 1524), ist kaum nützlich; hier ist besser, den SV ohne Honorar zu entlassen u gem § 360 einen anderen zu bestellen (Franzki DRiZ 74, 307).

8 **Rechtsmittel:** Beschwerde des SV ist zulässig gegen die Anordnung von Zangsmitteln (Abs II iVm § 409 II), aber auch bereits gegen die Fristsetzung zur Vorlage des schriftl Gutachtens; denn es ist dem SV nicht zuzumuten, erst die Festsetzung eines Ordnungsgeldes abzuwarten, bis er die unangemessene Kürze der ihm gesetzten Frist geltend machen kann (Müller, Der SV im gerichtl

Verfahren, 3. Aufl 1988, Rn 437; München VersR 80, 1078 = MDR 80, 1029). Beschwerde gegen Entscheidung des LG als Berufungs- oder Beschwerdegericht ist statthaft (§ 567 III). Keine Beschwerde – dann aber Gegenvorstellung – gegen Anordnungen des OLG, § 567 IV.

3) Gebühren: a) des Gerichts: Keine. – **b) des Anwalts:** Beweisgebühr des § 31 I Nr 3 BRAGO; s Schneider Anm II 3 zu KoRsp BRAGO § 31 Ziff 3 Nr 26; Stuttgart Justiz 93, 120 und Düsseldorf JurBüro 93, 604: Die Beweisgebühr entsteht auch dann noch, wenn der ProzBev erst nach Gutachteneingang bestellt wird. 9

412 *[Neues Gutachten durch andere Sachverständige]*

(1) Das Gericht kann eine neue Begutachtung durch dieselben oder durch andere Sachverständige anordnen, wenn es das Gutachten für ungenügend erachtet.

(2) Das Gericht kann die Begutachtung durch einen anderen Sachverständigen anordnen, wenn ein Sachverständiger nach Erstattung des Gutachtens mit Erfolg abgelehnt ist.

1) Die Würdigung des SV-Gutachtens steht im **Ermessen des Gerichts** (§ 286 Rn 13, § 402 Rn 7a). Wo es zur Überzeugung (nicht notwendig auch der Parteien) nicht ausreicht, ist nach § 411 III (dort Rn 5) zu verfahren. Erst wenn eine mündliche Erläuterung erfolglos blieb oder nicht erfolgversprechend ist, kommt unabhängig von Anträgen der Parteien ein weiteres Gutachten oder ein sog Obergutachten (zur Abgrenzung: Jessnitzer/Frieling, Der gerichtl SV, 10. Aufl 1992, Rn 541 ff; Walter/Küper NJW 68, 184) in Betracht, wenn **a)** das erste Gutachten mangelhaft (unvollständig, widersprüchlich, nicht überzeugend) ist, **b)** das erste Gutachten von falschen tatsächl Voraussetzungen ausgeht, **c)** der SV erkennbar oder erklärtermaßen nicht die notw Sachkunde hat, **d)** die sog Anschlußtatsachen (§ 355 Rn 2, § 402 Rn 5, § 411 Rn 3) sich durch neuen Sachvortrag ändern oder **e)** ein anderer SV über überlegene Forschungsmittel oder Erfahrung verfügt. 1

Ob diese Voraussetzungen vorliegen, hat das Gericht gem § 286 und entspr § 244 IV StPO ohne Bindung an Anträge (BayObLGZ 1971, 147; BGHZ 53, 245/258 = NJW 70, 949), jedoch unter Berücksichtigung substantiierter (evtl auch durch Privatgutachten erhärteter) Einwendungen der Parteien gegen das erste Gutachten (BGH NJW 86, 1928/1930), selbständig zu prüfen. Ein Vergleichsmietengutachten, das die Vergleichsobjekte und -preise nicht nennt, ist aber wegen Verletzung des rechtl Gehörs stets mangelhaft (BGH MDR 94, 941). Daß die Kosten weiterer Gutachten im Mißverhältnis z Streitwert stehen, schließt ihre Notwendigkeit nicht aus, doch sollte ggf dem Beweisführer Gelegenheit gegeben werden, der Beweislast (Rn 15 ff vor § 284) den Vorrang vor der Kostenlast zu geben (vgl § 407a Rn 3). 2

Liegen über dasselbe Beweisthema bereits mehrere v Gericht eingeholte Gutachten sich trotz übereinstimmender Anschlußtatsachen (BGH NJW 87, 442 = MDR 87, 226) widersprechender Sachverständiger vor, so gebietet dieser Widerspruch allein noch nicht die Einholung eines weiteren (Ober-)Gutachtens; auch in diesem Fall darf das Gericht sich in freier Beweiswürdigung (§ 402 Rn 7a) einem der Gutachter anschließen, wenn dessen Gutachten vollständig und überzeugend ist (BGH VersR 80, 533 = MDR 80, 662) und das Urteil Darlegungen darüber enthält, *warum* das Gericht dem anderen Gutachten nicht folgt (BGH VersR 86, 467). 3

2) **Verfahren:** Der Austausch von Sachverständigen (§§ 360, 404, 405) wie auch die Anordnung eines ergänzenden oder weiteren Gutachtens erfolgen ohne notw mündl Verhandlung durch (nicht selbst anfechtbaren, § 355 II) Beschluß des Prozeßgerichts (BGH NJW 85, 1399), des verordneten Richters nur beim Austausch § 405, denn ihm obliegt keine Beweiswürdigung. Auslagenvorschuß des Beweisführers (§ 379) auch hier erforderlich, falls nicht Beweiserhebung von Amts wegen (§ 379 Rn 1) erfolgt. – Der abgelehnte SV (Abs II) *muß* gegen einen anderen ausgetauscht werden (§ 406 Rn 15; das Wort „kann" ist Redaktionsfehler in Abs II); er kann noch sachverständiger Zeuge (§ 414) sein (BGH NJW 65, 1492). – Nicht § 412, sondern § 398 gilt, wenn nicht das Gericht, sondern eine Partei eine weitere Begutachtung für notwendig hält. Verstoß gegen § 412 ist revisibler Verfahrensfehler (BGH VersR 81, 371). 4

413 *[Sachverständigengebühren]*

Der Sachverständige wird nach dem Gesetz über die Entschädigung von Zeugen und Sachverständigen entschädigt.

1) Zum **Verfahren** u zur Höhe der dem SV zu gewährenden Entschädigung s § 401. Aus der öffentl-rechtl Gutachtenspflicht (§ 407) folgt, daß der SV seine Leistung nicht von einer Vorleistung seiner Entschädigung abhängig machen darf. Jedoch hat er gem § 14 ZuSEG ein Recht auf Vorschuß hinsichtlich seiner Barauslagen und seines kausalen Verdienstausfalls (Jessnitzer, aaO S 258). – Zur Frage, wann dem SV der in § 3 ZuSEG vorgesehene Höchstbetrag der Entschädi- 1

gung zugebilligt werden darf, s eingehend BayObLGZ 1970, 249; Düsseldorf Rpfleger 85, 333. Zur Möglichkeit, eine bestimmte Entschädigung oder einen bestimmten Stundensatz im Einverständnis mit den Parteien festzusetzen s § 7 ZuSEG. Zur Zulässigkeit, bei der Bemessung der Entschädigung nicht nur die Schwierigkeit des Gutachtens, sondern auch dessen schnelle (= arbeitsintensive) Erstattung zu berücksichtigen, München NJW 77, 1109 = MDR 77, 589. Keine Entschädigung des SV für seine Vorprüfung, ob er zur Erstattung des Gutachtens in der Lage ist, BGH MDR 79, 754. Dagegen ist die dem SV vom Gericht aufgegebene Vorprüfung der voraussichtlichen Gutachtenskosten selbständig zu entschädigen, wenn diese Vorprüfung einen erheblichen Arbeitsaufwand erfordert (KG MDR 88, 330) und dann das Gutachten nicht in Auftrag gegeben wird (Stuttgart Rpfleger 85, 213). Für eine Stellungnahme zum Ablehnungsantrag einer Partei erhält der SV keine Entschädigung (München MDR 94, 1050; Düsseldorf MDR 94, 1050; Köln VersR 95, 1508).

2 2) **Verlust des Entschädigungsanspruchs** (hierzu Jessnitzer/Frieling, Der gerichtl SV, 10. Aufl 1992, Rn 849 ff; Hesse NJW 69, 2263): Das ZuSEG geht von einer bestimmungsgemäßen Leistung aus (§ 3 aaO). Die Wirkung von Leistungsstörungen ist im Gesetz nicht geregelt u wegen der besonderen öffentl-rechtl Beziehung zwischen SV und Gericht (§ 401 Rn 1) auch nicht dem BGB zu entnehmen. Die Leistungsstörung kann aber wegen des Grundsatzes von Treu und Glauben (München NJW 71, 258) nicht ohne Auswirkung auf den Entschädigungsanspruch des SV bleiben:

3 a) Wird das **Gutachten ganz oder teilweise nicht erstattet,** ohne daß der SV das zu vertreten hat (Rücknahme des Auftrags durch das Gericht, nicht vorhersehbare Erkrankung des SV, objektive Unmöglichkeit der Feststellung der Anschlußtatsachen, § 402 Rn 5), ist der SV ohne Rücksicht auf den Nutzen seiner Vorleistung nach der tatsächl erbrachten Leistung zu entschädigen.

4 b) Leistungsstörung infolge **Übernahmeverschulden** (hier genügt leichte Fahrlässigkeit des SV, Hesse NJW 69, 2266) mindert oder beseitigt den Entschädigungsanspruch. So bei Verletzung der Pflicht, dem Gericht die fehlende Sachkunde mitzuteilen (§ 407a I), beim Abweichen von gerichtl Ausführungsanweisungen (§ 404a I; Hamm NJW 70, 1240; KG NJW 70, 1241; LG Oldenburg NJW 69, 1861), soweit dadurch seine Leistung unbrauchbar ist oder der Leistungsaufwand das Notwendige übersteigt (Koblenz Rpfleger 81, 248); i letzt Fall teilw Entschädigung.

5 c) **Inhaltliche Mängel des Gutachtens,** insbes seines Beweiswerts, berühren den Entschädigungsanspruch grunds nicht, denn der SV hat das Gutachten nur nach subj bestem Wissen u Gewissen (§ 410) zu erstatten (BGHZ 62, 54/59 = MDR 74, 300; Köln Rpfleger 67, 98). Anders, wenn das Gutachten unverständlich u daher unverwertbar ist (Hamm MDR 84, 964; LG Bremen NJW 77, 2126) oder wenn der Mangel auf Übernahmeverschulden (oben b) beruht oder dem SV als zumindest grob fahrlässig Verstoß geg die Pflicht zur sachgerechten Leistung vorzuwerfen ist (zu weitgehend Frankfurt NJW 63, 400, wonach Verschulden i letzteren Fall unmaßgeblich; wie hier Hesse NJW 69, 2266; Düsseldorf MDR 90, 453; BGH MDR 76, 575 = NJW 76, 1154; nach Jessnitzer/Frieling aaO, Rn 852, genügt leichte Fahrlässigkeit).

6 d) **Überziehen des Auslagenvorschusses** (§ 379) berührt den Entschädigungsanspruch nicht, wenn die Mehrleistung für ein sachgerechtes Gutachten nötig war, KG MDR 83, 678 = Rpfleger 83, 371; Hamburg MDR 81, 327. Anders bei Mehrkosten durch Abweichen vom gerichtl Auftrag oder wenn ausdrückl Leistung bis zur Erschöpfung des Vorschusses gefordert war, sowie bei **Verstoß gegen die Anzeigepflicht** nach § 407a III (Düsseldorf MDR 88, 874; NJW 70, 1980; München NJW 72, 2053; Kamphausen JurBüro 82, 7).

7 e) **Ablehnung des SV** (§ 406) u hierdurch bedingte Unverwertbarkeit des Gutachtens vernichtet den Entschädigungsanspruch nur bei verschuldetem Ablehnungsgrund. Hier genügt leichte Fahrlässigkeit bei Übernahmeverschulden (Rn 4), so bei Entgegennahme des Auftrags unter Verschweigen eines dem SV bereits bekannten, in seiner Person liegenden Ablehnungsgrundes. Dagegen schadet bei später entstandenen Ablehnungsgründen nur Vorsatz oder grobe Fahrlässigkeit (BGH NJW 76, 1154; Hamburg MDR 87, 333; VGH Mannheim Justiz 85, 149; Stuttgart Rpfleger 76, 189; Frankfurt NJW 77, 1502), denn § 407 zwingt den SV in eine Konfliktsituation, die nicht selten mit scharfen Angriffen der Parteien gegen seine Leistung u Person verbunden ist, denen sich nicht jeder reibungslos entziehen kann (München NJW 71, 258; Hesse NJW 69, 2267). Trotz erfolgreicher Ablehnung des SV behält dieser den Honoraranspruch, wenn die Parteien sich dessen Gutachten im Prozeß zu eigen gemacht haben (LG Bayreuth JurBüro 91, 437).

8 f) Zum **Verfahren bei Versagung oder Entziehung der Vergütung** s § 16 ZuSEG. Für dieses Verf ist die vorausgegangene Entscheidung über die Ablehnung des SV nicht bindend (KG MDR 73, 325), wenn die Staatskasse den öffentl-rechtl Rückerstattungsanspruch (§ 818 III BGB gilt für diesen nicht, Hamm NJW 73, 574) i notw gesondertem Prozeß geltend macht. – Zu den Voraussetzungen einer Rückforderung der überhöht ausgezahlten Vergütung (§ 16 ZuSEG, § 1 I 8 JBeitrO) s Jessnitzer Rpfleger 80, 216. Nach Ablauf eines Jahres ist entsprechend § 7 GKG eine Rückforderung des Honorars nicht mehr zulässig (KG MDR 82, 63; Rpfleger 81, 456; JurBüro 81,

1871). Die Partei, der im Urteil die Verfahrenskosten auferlegt wurden, kann ihr Recht, von den Kosten des Gutachtens eines erfolgreich abgelehnten SV befreit zu werden, nur gemäß § 5 GKG (nicht mit einer Schadensersatzforderung gegen den SV) geltend machen (BGH NJW 84, 870 = MDR 84, 305). – Zu Schadensersatzansprüchen gegen den SV s § 402 Rn 10, § 410 Rn 4.

414 *[Sachverständige Zeugen]*

Insoweit zum Beweis vergangener Tatsachen oder Zustände, zu deren Wahrnehmung eine besondere Sachkunde erforderlich war, sachkundige Personen zu vernehmen sind, kommen die Vorschriften über den Zeugenbeweis zur Anwendung.

1) Der **sachverständige Zeuge** ist echter Zeuge, der ledigl die zu bekundenden Wahrnehmungen auf Grund seiner bes Sachkunde gemacht hat, zB der Arzt am Unfallort. Er ist von einer Partei zu benennen (§ 373), als Zeuge zu beeidigen (§ 392) u zu entschädigen (§ 401). Ablehnung (§ 406) ist ausgeschlossen (BGH MDR 74, 382; RG 59, 169). Beim sachverständigen Zeugen muß das Gericht besonders sorgfältig die Bekundung v Wahrnehmungen von (unzulässigen, vgl § 373 Rn 1, § 402 Rn 3) Wertungen trennen. 1

2) **Verfahren:** Ob eine Auskunftsperson i Einzelfall sachverständiger Zeuge oder SV ist, richtet sich zunächst nach dem ihr v Gericht erteilten Auftrag, i übrigen nach dem Inhalt ihrer Bekundung (BGH MDR 74, 382; Düsseldorf VersR 83, 544; Frankfurt NJW 52, 717; Hamm NJW 72, 2003). Die Aussage über sachkundig ohne gerichtl Auftrag getroffene Feststellungen ist immer Zeugenaussage. Sie kann mit einem späteren SV-Gutachten zusammentreffen u erfordert ggf zweifache Beeidigung (§ 410 Rn 2). Abgrenzungsschwierigkeiten ergeben sich erst bei der Wiedergabe von erst nach gerichtl Auftrag sachkundig getroffenen Feststellungen. Wo das Beweisthema (§ 377 II 2, § 359 Nr 1) sachkundige Wertungen erfordert, wird regelm ein Gutachtensauftrag vorliegen, der die Tatsachenermittlung iS der Rn 5 zu § 402 umfaßt. Kein Zeuge ist gehalten, allein wegen seiner Zeugenladung ihm bisher unbekannte Tatsachen erst zu ermitteln (§ 373 Rn 2). Erfolgte gleichwohl Ladung als „Zeuge", ist es Sache sowohl der Parteien als auch des „Zeugen" (des letzteren schon im Gebühreninteresse), das Gericht zur Klarstellung aufzufordern. Der erfolgreich abgelehnte SV kann über seine sachkundig getroffenen Tatsachenfeststellungen noch als sachverständiger Zeuge vernommen werden (BGH NJW 65, 1492). 2

3) Für die **Entschädigung des sachverständigen Zeugen** (§ 401) als solchen oder als SV ist darauf abzustellen, ob er nach dem Inhalt der Ladung (§ 377 II 2) und dem Gegenstand seiner Befragung durch das Gericht im Ergebnis als Zeuge, also über seine (selbst sachkundig wahrgenommenen) Tatsachenkenntnisse einvernommen wurde oder als Sachverständiger Fragen des Gerichts über auf seiner Sachkunde beruhende subjektive Wertungen, Schlußfolgerungen oder Hypothesen (§ 402 Rn 1) zu beantworten hatte (Düsseldorf VersR 83, 544; München JurBüro 81, 1699 m Anm Mümmler). Die Sachkunde des sachverst Zeugen allein hat dessen Entschädigung als SV noch nicht zur Folge. In Grenzfällen (hierzu Beispiele bei Jessnitzer aaO S 9–11) sollte der nach gutachtlichen Bewertungen befragte sachverst Zeuge daher das Gericht bereits bei der Befragung darauf hinweisen, daß er solche gutachtliche Bewertungen (zulässigerweise) von der Zusage der Honorierung als Sachverständiger abhängig macht. 3

Neunter Titel

BEWEIS DURCH URKUNDEN

Lit: *Haegele/Schöner/Stöber,* Grundbuchrecht[10], 1993, Rz 161 ff; *Reithmann,* Allgemeines UrkundenR, 1972; *ders,* Vorsorgende Rechtspflege durch Notare und Gerichte, 1989; *Reithmann/Röll/Geßele,* Hb der notariellen Vertragsgestaltung[7], 1995; *Schreiber,* Die Urkunde im Zivilprozeß, 1982; *Teske,* Der Urkundenbeweis im französischen und dt Zivil- und ZivilprozeßR, 1990.

I) Die §§ 415–444 enthalten neben den **Verfahrensvorschriften** für die Führung des Urkundenbeweises (§§ 420–436, 444) in den §§ 415–419 **gesetzliche Beweisregeln,** welche den Grundsatz der freien Beweiswürdigung (§ 286) weitgehend einschränken (Rn 3 zu § 286). Voraussetzung dieser Ausschlußwirkung ist die Echtheit und Unversehrtheit (§ 419) der Urkunde; für die Prüfung der Echtheit gelten die §§ 437–443. – Das Beweisverfahren nach §§ 415 ff findet nach dem lex fori-Prinzip (IZPR Rn 5) auch dann Anwendung, wenn in der Sache ausl Recht anzuwenden ist, § 363 Rn 159. Dies ist deshalb von großer praktischer Bedeutung, weil das dt Recht (§§ 427, 429) keinen unmittelbaren Zwang zur Vorlage von Urkunden kennt, während viele ausl Rechtsordnungen (zB 1

USA, FRCP 34, 45) Zwang gegen Parteien u Dritte für zulässig erklären. Auch über den Umweg des Ersuchens um ausl Rechtshilfe (§ 363 I) darf im dt Zivilprozeß nicht mehr Zwang mobilisiert w als in einem dt Beweisaufnahmeverf zulässig, § 434 Rn 3.

2 **II) Begriff der Urkunde:** Urkunde iS der §§ 415 ff sind durch Niederschrift verkörperte Gedankenerklärungen, die geeignet sind, Beweis für streitiges Parteivorbringen zu erbringen (BGH 65, 300 = MDR 76, 304). Noch deutlicher Schreiber 42: Schriftl Verkörperung einer Gedankenerklärung durch solche Lautzeichen, die einer objektiven Deutung allein auf Grund ihrer Wahrnehmung zugängl sind. Die Abgrenzung zum Augenscheinobjekt liegt im Merkmal der Verkörperung einer Gedankenerklärung, während Augenschein die gegenständl Wahrnehmung von Personen und Sachen bezweckt, § 371 Rn 2; Teske 113. Obwohl zur Wiedergabe von Worten geeignet, können **Tonband** u **Schallplatte** als Urkunde iS der §§ 415 ff, 592 ff nicht angesehen werden, weil ihnen die Verkehrsfähigkeit, idR auch die äußere Beweiskraft fehlen (vgl Rn 1 zu § 371). Keine Urkunden im Sinne der ZPO (wohl aber iS des StGB, zB BGHSt 16, 94) sind gegenständliche **Beweiszeichen,** zB Grenzsteine, Siegelabdrucke, Fahrzeug- u Motornummern usw, weil bei ihnen der Aussagezweck hinter dem Kennzeichnungszweck zurücktritt; insoweit gilt § 371. Die **Fotokopie** einer Urkunde ist als solche nicht auch selbst Urkunde (BGH NJW 92, 829 = LM § 416 Nr 8), sie wird zu einer solchen erst durch den Beglaubigungsvermerk (§ 435), aA BLAH Übers § 415 Rn 1; MK-Schreiber Rn 7. Ausführl Zoller NJW 93, 429. – Die **Fotografie** ist nicht Urkunde, sondern Gegenstand des Augenscheins § 371 (BGH 65, 300). – Grundsätzlich keine Urkunde, sondern Gegenstand des Augenscheins, sind der **EDV-Datenträger** und auch dessen ausgedruckter Datenbestand („output“, vgl §§ 239 IV, 261 HGB für Handelsbücher), denn hierdurch wird keine originäre menschliche Gedankenäußerung bekundet, sondern nur die Tatsache der Eingabe und Programmierung von Daten (Baltzer, Festschrift für Bruns, 1980, S 80; ders ZZP 89 [1976], 406; aA BLAH Übers § 415 Rn 3; differenzierend MK-Schreiber Rn 8).

3 **III) Arten der Urkunden:** ZPO unterscheidet **1) Privaturkunden** (§ 416), das sind von Privatpersonen erstellte und unterschriebene Erklärungen, auch wenn die Unterschrift öffentl beglaubigt ist. Wo die Urheberschaft der Urkunde aus deren sonstigem Inhalt erkennbar ist, stellt die Unterschrift kein notw Wesensmerkmal einer Urkunde dar. §§ 126, 127 BGB fordern die Unterschrift nur zur Wirksamkeit der Urkunde in bestimmten Fällen.

4 **2) Öffentliche Urkunden** (§§ 415, 417, 418), das sind von Behörden oder hierfür öffentl bestellten Personen (Notare, Konsuln usw) erstellte Zeugnisse über (privat- oder öffentl-rechtl) Erklärungen Dritter (§ 415), über behördl Erklärungen u Entscheidungen (§ 417) u über Wahrnehmungen (§ 418). Das Verfahren u die Zuständigkeit für die Erstellung öffentl Urkunden regelt das BeurkG. Zur Schriftform, notarieller Beurkundung, öffentl Beglaubigung sowie zur Urkundsfunktion der Niederschrift eines gerichtl Vergleichs s auch §§ 126–129 BGB.

5 **IV) Beweiskraft: 1)** Die **äußere oder formelle Beweiskraft** erstreckt sich auf das Zeugnis für die Abgabe der beurkundeten Erklärung, also auf die Feststellung der Urheberschaft der in der Urkunde enthaltenen Erklärung. Die formelle Beweiskraft privater Urkunden ist in § 416, öffentl Urkunden in § 417 geregelt. Wegen Vermutung der Vollständigkeit u Richtigkeit s RG 68, 15.

6 2) Die **innere oder materielle Beweiskraft** betrifft die Richtigkeit der beurkundeten Erklärung. Voraussetzung der Beweiskraft ist die Echtheit der Urkunde, wofür die §§ 437–440 Vermutungen, die §§ 441–442 Beweisverfahrensregeln aufstellen. Wo die Echtheit der Urkunde (insoweit § 286 anwendbar) erwiesen ist, ist ein **Gegenbeweis** nur noch beschränkt zulässig: unzulässig ist er bzgl der äußeren Beweiskraft bei Privaturkunden u bei den öffentl Urkunden des § 417, bzgl der inneren Beweiskraft bei den öffentl Urkunden des § 418 II.

7 **V) Ersatz zerstörter u abhanden gekommener Urkunden:** § 46 BeurkG. – Die VO v 18. 6. 1942, RGBl I 395 = BGBl III 315–4 gilt nach § 57 X BeurkG nur noch für Urkunden, die nicht öffentl Urkunden iS des BeurkG sind, also für gerichtliche Urkunden u Entscheidungen. – S auch § 6 ZuStErgG (BGBl 1952 I 407) – Zum Geltungsbereich des BeurkG (§ 1 II) Keidel/Kuntze/Winkler FG Teil B[12], 1986, § 1 BeurkG Rn 23. Der Verlust privater Urkunden macht den Beweis ihres Inhalts mit den allgemeinen Beweismitteln (Rn 6 vor § 284) erforderlich.

8 **VI)** Zum Urkundenbeweis durch **Verwertung von Vernehmungsniederschriften** u Gutachten aus anderen Verfahren s § 355 Rn 4, § 373 Rn 9, § 402 Rn 2.

9 **VII) Verhältnis zu anderen Beweismitteln:** Das Gesetz erachtet den Urkundenbeweis als das **sicherste Beweismittel.** Daher läßt es bei Auffinden einer entscheidungserhebl Urkunde Restitutionsklage zu, § 580 Nr 7b, nicht jedoch bei nachträgl Auftauchen anderer Beweismittel, zB eines neuen Zeugen, Schlosser ZPR[2] I Rn 351. Die dt ZPO ist jedoch zurückhaltender als manche ausl Rechtsordnung, die für bestimmte Rechtsgeschäfte bzw rechtl relevanten Vorgänge den Zeugenbeweis ausschließt (§ 363 Rn 164) u damit urkundl Fixierung erzwingt.

VIII) Grundbuchverfahren: Zur Anwendung der §§ 415 ff im Anwendungsbereich des § 29 GBO BayObLG IPRax 94, 122 (H. Roth 86). 10

415 *[Beweiskraft öffentlicher Urkunden]*

(1) Urkunden, die von einer öffentlichen Behörde innerhalb der Grenzen ihrer Amtsbefugnisse oder von einer mit öffentlichem Glauben versehenen Person innerhalb des ihr zugewiesenen Geschäftskreises in der vorgeschriebenen Form aufgenommen sind (öffentliche Urkunden), begründen, wenn sie über eine vor der Behörde oder der Urkundsperson abgegebene Erklärung errichtet sind, vollen Beweis des durch die Behörde oder die Urkundsperson beurkundeten Vorganges.

(2) Der Beweis, daß der Vorgang unrichtig beurkundet sei, ist zulässig.

I) § 415 betrifft öffentl Urkunden, welche die Abgabe von Erklärungen gegenüber einer Behörde bezeugen. **Voraussetzung ihrer Beweiskraft** ist: 1

1) Es muß eine **Urkunde** (Rn 2 vor § 415) vorliegen, welche den gesetzl **Formvorschriften** entspricht; vgl die Vorschriften des BeurkG u der DONot für notarielle Urkunden, Art 80 ff WG für d Wechselprotest, §§ 159, 190 ff für Protokolle u Zustellungs-Urkunden u entsprechende Verfahrensvorschriften. Die Urkunde muß von dem zuständigen Beamten unterschrieben u gesiegelt sein, BGH 45, 362, 372. Die Erfüllung aller Formerfordernisse muß aus der Urkunde selbst ersichtlich sein (RG 86, 390). Wo die Form der öffentl Urkunde gewahrt ist, kann die Urkundseigenschaft durch den Inhalt nicht in Frage gestellt werden; der Inhalt kann öffentl oder privatrechtl sein (BayObLGZ 54, 329; BGH 6, 307 = NJW 52, 1211; 66, 1808). Daher ist zB das Sparkassenbuch einer öffentl Sparkasse (über deren Behördeneigenschaft s § 273 Rn 8) ungeachtet der privatrechtlichen Beziehungen zu ihren Kunden eine öffentl Urkunde (BGH NJW 63, 1630). Eine Urkunde, die als öffentl Urk gewollt war, als solche weg Formmängeln aber unwirksam ist, kann als Privaturkunde (§ 416) noch wirksam sein (BGH NJW 62, 1152). 2

2) Eine **Behörde** oder öffentl **UrkPerson** muß die Urkunde erstellt haben. Über Begriff der Behörde s Rn 8 zu § 273. Auch ausländische Behörde möglich, vgl § 438. UrkPersonen sind Notare, Konsuln (KonsularG v 11. 9. 74, BGBl I 2317), Urkundsbeamte der Gerichte, Standesbeamte, Postbedienstete (§ 191), Gerichtsvollzieher. Die UrkPerson muß die beurkundete Erklärung selbst entgegengenommen haben (BGH NJW 63, 1012; einschränkend RG 61, 98, wonach Entgegennahme u Verlesung durch einen Gehilfen des lediglich anwesenden UrkBeamten genügt). Die Postbank ist auch nach der Postreform öffentl Behörde, BayObLG NJW 93, 2947. Die **öffentl Beglaubigung** einer Privaturkunde (§ 65 BeurkG, § 129 BGB) macht diese über den Beglaubigungsvermerk (über dessen Beweiskraft BGH 37, 79/86) hinaus noch nicht zu einer öffentl Urkunde (BGH MDR 80, 299; BayObLG DNotZ 85, 220); ebenso nicht die öffentl Verwahrung einer Privaturkunde (zB Testament). – Zum (geringen) Beweiswert der Urkunden des MfS (lagernd bei Gauck-Behörde) BGH NJW 92, 1975 = MDR 92, 692; Lausnicker/Schwirtzek DtZ 93, 108. 3

3) Die Behörde muß **innerhalb ihrer Amtsbefugnis** handeln, also keine Urkundenqualität von Niederschriften über Feststellungen innerdienstl Art (BGH 6, 307; LM Nr 1 = RzW 62, 260; BayObLGZ 75, 229). Die sachl Zuständigkeit der Behörde muß gegeben sein. Dagegen kann das Fehlen der örtl Zuständigkeit nur die innere Beweiskraft in Frage stellen. 4

II) Beweiskraft: Unter Ausschluß richterl Beweiswürdigung (§ 286) wird voller Beweis für die Abgabe der beurk Erklärung, nicht für deren inhaltl Richtigkeit bewirkt (BGH JZ 87, 522; NJW 80, 1000; Frankfurt MDR 90, 641). Bewiesen ist also, daß die in der Urkunde bezeichnete Person zur angegebenen Zeit, am angegebenen Ort vor der ausstellenden Behörde usw eine Erklärung des wiedergegebenen Inhalts abgegeben hat (= äußere oder formelle Beweiskraft). Über den Umfang der Beweiskraft **notar Urkunden** s BGH NJW 63, 1012, LG Berlin DNotZ 63, 250 (Beweis auch für Personenidentität des Erklärenden, vgl § 10 BeurkG) und BGH DNotZ 86, 78 (Reithmann) (Beweis für Vollständigkeit und Richtigkeit der beurkundeten rechtsgeschäftl Willenserklärung). Unrichtig ist daher – wie der BGH aaO, S 79 betont – den Notar darüber zu vernehmen, ob vielleicht neben den niedergelegten Vereinbarungen noch andere Absprachen getroffen worden sind. – S auch Keidel/Kuntze/Winkler, § 1 BeurkG Rn 12. 5

Keine formelle Beweiskraft, wo die Voraussetzungen Rn 2–4 fehlen, wo die Echtheit der Urkunde fraglich (Rn 6 vor § 415), die Urkunde schadhaft (§ 419) und wo der **Gegenbeweis** (Abs II) der Falschbeurkundung (= obj Tatbestand des § 348 I StGB) erbracht ist. Durch Antrag auf Parteivernehmung kann der Gegenbeweis wegen § 445 II nicht geführt werden (BGH NJW 65, 1714 = MDR 65, 818). Bloße Zweifel an der Richtigkeit genügen für den Gegenbeweis nicht (BGH 16, 227; RG 85, 125; 131, 288). RG 50, 422 läßt den Gegenbeweis zu, daß der Erklärende einen Teil 6 der beurk Erklärung beim Verlesen überhört oder falsch verstanden habe. Das wäre aber richtig als Erklärungsirrtum iS § 119 BGB zu behandeln, BGH 71, 262 = NJW 78, 1480; MK/Schreiber Rn 25. Nach RG 77, 312; 88, 282 schließt Unterzeichnung bzw Genehmigung einer Urkunde in bewußter Unkenntnis von deren Inhalt Anfechtung weg Irrtums aus; anders bei irriger Vorstellung über den Inhalt. – Für den Gegenbeweis gegen die Echtheit der Urkunde (§ 437) und gegen die Richtigkeit ihres Inhalts (= materielle Beweiskraft; Rn 6 vor § 415) gilt nicht Abs II, sondern freie Beweiswürdigung, § 286 (RG 50, 422). Zunächst spricht die Vermutung für Vollständigkeit u Richtigkeit der Urkunde (RG 68, 15).

7 Wegen **Beweiskraft der Sitzungsprotokolle** s §§ 165, 314. Diese bes Beweisregeln gelten nur für das Verfahren, in dem die gerichtl Urkunden erstellt wurden, u nur für das Instanzgericht, das die Gesetzmäßigkeit des Verfahrens zu prüfen hat, nicht jedoch für den Beweis außerhalb dieses oder in einem anderen Verfahren (BGH NJW 63, 1060/1062).

8 Zur Beweiskraft notarieller Urkunden Reithmann/Röll/Geßele Rn 264.

416 *[Beweis durch Privaturkunden]*

Privaturkunden begründen, sofern sie von den Ausstellern unterschrieben oder mittels notariell beglaubigten Handzeichens unterzeichnet sind, vollen Beweis dafür, daß die in ihnen enthaltenen Erklärungen von den Ausstellern abgegeben sind.

1 **1) Privaturkunden** sind alle nichtöffentl Urkunden. Eine als öffentliche gewollte, wegen Formmängeln als solche aber unwirksame Urkunde, kann immer noch als Privaturkunde wirksam sein, zB ein Testament (BGH 37, 90 = NJW 62, 1152). Die Urkunde muß vom Aussteller unter dem Schluß des Textes (BGH NJW 91, 487 = MDR 91, 335/336) unterschrieben sein, falls sich nicht die Person des Ausstellers aus dem sonstigen Inhalt bereits ergibt (vgl § 439 II). **Unterschrift** auch mit Bleistift oder mittels Handstützung (RG 58, 387) möglich. Die Unterzeichnung ist nach hM **hand**schriftlich vorzunehmen, also nicht mittels Schreibmaschine, Faksimilestempel (§§ 126 ff BGB). Danach scheiden auch aus Telegramme und Vervielfältigungen von unterschriebenen Schriftstücken, wie zB Fax-Ausdrucke. Dagegen MK/Schreiber Rn 5: § 126 BGB verlange zwar handschriftl Unterzeichnung, nicht jedoch § 416; differenzierend BLAH Rn 3. Schreibhilfe eines Dritten bei der Unterschriftsleistung des Ausstellers der Urkunde steht der Annahme einer eigenhändigen Unterschrift nicht entgegen, solange nicht die Unterschrift einer passiven und willenslosen Person nur noch durch die Herrschaft und Leitung des „Gehilfen“ bestimmt ist (BGH NJW 81, 1900/1901). Nicht unbedingt erforderlich ist die Angabe von Ort u Zeit (RG 15, 310; 31, 397), Vor- u Zuname; es genügt Familienname, Künstlername, bei Kaufleuten die Firma, § 17 HGB, Unterschrift des Vertreters mit dem Namen der Vertretenen. Anders als § 126 BGB verlangt § 416 **keine Namensunterschrift.** Es genügt, daß sich die Person des Ausstellers unter Zuhilfenahme der Unterschrift ermitteln läßt. Ausreichend sind Familienbezeichnungen („Deine Mutter“, „Dein einziger Bruder“), wenn sich der Aussteller iVm dem übrigen Urkundeninhalt ermitteln läßt. Das gleiche gilt für Abkürzungen, Initialen, Verweisungen („Der Obige“) sowie Titel, Amts- oder Berufsbezeichnungen, MK/Schreiber Rn 6.

1a Für den Beweis des Datums gilt der Grundsatz der freien Beweiswürdigung, RG 15, 309; 16, 436. Keine Beseitigung der Beweiskraft bei **Blankounterschrift,** BGH NJW 86, 3086; BGH 40, 65/68; 104, 177; 113, 48. Gegenbeweis ist aber zulässig, wobei den Blankettmißbrauch zu beweisen hat, wer lediglich die Echtheit seiner Unterschrift zugesteht (§§ 440 II, 292; BGH MDR 88, 770), während die Beweislast für die Echtheit der Unterschrift gemäß § 440 I demjenigen obliegt, der für sich Rechte aus der Urkunde herleitet. Gleiches gilt für e Urk mit Vordruck, JW 96, 204; RG 37, 66; 64, 406. Die Unterschrift deckt den Text nur insoweit, als sie unter diesem steht (§ 440 II), BGH 113, 48; NJW 92, 829. Daher keine Beweiskraft für unter der Unterschrift stehende Zusätze, wohl aber für nachträgl gefertigte Einschaltungen, die erkennbar von der Unterschrift gedeckt sind (BGH NJW 74, 1083 für Testament). Maßgebl für die Echtheit u damit für die Beweiskraft der Urkunde ist deren äußeres Bild. Keine Beweiskraft, wo auch nur der Verdacht einer nachträgl Einschaltung (§ 419) besteht, zB infolge nicht in das Schriftbild oder in den Zeilenabstand passender Zusätze (BGH NJW 66, 1657). Was unter einer Unterschrift zu verstehen ist, ergibt sich aus dem Sprachgebrauch und dem Zweck der Formvorschrift. Den Anforderungen ist genügt, wenn ein die Identität des Unterschreibenden ausreichend kennzeichnender **individueller Schriftzug vorliegt, der einmalig ist, entsprechende charakteristische Merkmale aufweist,** sich als Wiedergabe eines Namens darstellt und die Absicht einer vollen Unterschriftsleistung erkennen läßt, BGH NJW 94, 55; BGH FamRZ 96, 543. Paraphe genügt nicht, ausreichend bei Doppelnamen jedoch idR Zeichnen eines Namensteils. Die Unterschrift muß nicht unbedingt lesbar sein, wenn sie nur individuelle Merkmale erkennen läßt (vgl § 130 Rn 7). – Zur Wirkung des vom RA blanko unterschriebenen Schriftsatzes im Prozeß s § 130 Rn 8.

2) **Aussteller** ist nicht, wer die Urkunde tatsächlich niederschreibt, sondern wer die in der Urkunde enthaltenen Erklärungen abgibt. Oft sind beide Personen verschieden, so zB die zulässige (RG 74, 69) Vertretung in der Unterschrift u die von einem Dritten erstellte, vom Aussteller nur unterschriebene Urkunde. Handelt ein Vertreter, stellt dieser, nicht der Vertretene die Urkunde aus, MK/Schreiber Rn 3. 2

3) **Handzeichen,** in der Regel aus drei Kreuzen bestehend. Wegen Beglaubigung von Handzeichen s § 129 BGB, § 40 VI BeurkG (LG Bonn BWNotZ 63, 19: Der Unterzeichner hat die Wahl zwischen Unterschrift und dem stets vor dem Notar zu vollziehenden Handzeichen). Als Handzeichen sind auch nicht allgemein verständliche Schriftzeichen zu behandeln, zB unleserliche Unterschrift (vgl § 130 Rn 7, § 170 Rn 4; BGH MDR 88, 128; NJW 82, 1467 = MDR 82, 735; BGH NJW 94, 55 = MDR 94, 91; Düsseldorf BB 59, 1186), chinesische oder stenografierte Zeichen. 3

4) **Vollen Beweis** erbringt die echte (§ 440) Privaturkunde nur in formeller Hinsicht (Vorbem § 415 Rn 5), nicht auch bezügl des materiellen Inhalts; bezügl letzterem freie Beweiswürdigung, BGH RR 93, 1379. Die formelle Beweiskraft der Urkunde beinhaltet aber noch nicht den Beweis ihrer Begebung (zB bei Verlust eines Entwurfs, aA MK/Schreiber MK Rn 8; **Abgabe** der in der Urkunde enthaltenen Erklärung iSv § 416 umfasse auch den Umstand, daß der Aussteller die Erklärung willentlich in den Verkehr gebracht hat) und ihres Zugangs iS §§ 130 ff BGB. Dasselbe gilt für den zulässigen Beweis, der anscheinend klare und eindeutige Inhalt der Urkunde gebe den (gemäß §§ 133, 157, 242 BGB stets ermittlungsfähigen) tatsächl Erklärungswillen des Ausstellers falsch wieder (BGH 86, 41/46 = MDR 83, 293; BGH MDR 84, 295). Wer mündl Vereinbarungen gegen den Inhalt der Urkunde behauptet, muß beweisen, daß die Urkunde unrichtig oder unvollständig sei und auch das mündlich Besprochene Gültigkeit haben solle, RG 52, 26; 68, 15; 88, 370; BGH VersR 60, 812; NJW 80, 1680; Köln JMBl NRW 70, 154; KG OLGZ 77, 487. Der Aussteller einer Urkunde ist nicht mit der bloßen Behauptung zu hören, daß er die Urkunde unterschrieben habe, ohne sie zu lesen: wer vorbehaltlos unterschreibt, einerlei, ob der Text schon vorgeschrieben war oder erst nachher darübergesetzt wurde, ohne vom Inhalt der Urkunde Kenntnis zu nehmen, unterwirft sich damit ohne weiteres der in der Urkunde ausgedrückten Verpflichtung, wie solche auch immer lauten möge, BGH NJW 68, 2102; 73, 282 (Wechselurkunde); RG 57, 68; 64, 406; 77, 312. Sein Einwand kann nur erheblich sein, wenn er nachweist, daß er sich über den Inhalt im Irrtum befunden habe oder getäuscht worden sei, RG 88, 282; JW 86, 227. Zur Haftung aus Rechtsschein bei Mißbrauch einer Blankounterschrift: BGH NJW 63, 1971; 64, 654/656. Durch Antrag auf Parteivernehmung kann wegen § 445 II der Gegenbeweis gegen die formelle Beweiskraft der Urkunde nicht geführt werden (BGH MDR 65, 818). Parteivernehmung des Gegners ist wegen § 292 aber zulässig zur Widerlegung der gesetzl Vermutung der Echtheit und Verbindlichkeit des über der Unterschrift stehenden Urkundeninhalts (§§ 440 II, 292; BGH 104, 172 = NJW 88, 2741 = MDR 88, 770). Zur Beweiskraft des von einem RA abgegebenen Empfangsbek BGH NJW 90, 2125; VersR 94, 371; zur Beweiskraft einer Quittung BGH WM 88, 524. 4

5) Die **Beweiskraft anderer als** der im § 416 behandelten Privaturkunden, zB nicht unterschriebener Urkunden (Handelsbücher, Rechnungen, Quittungen, Notizen, Traktate, Vermerke, Tabellen und Kontoauszüge, zu letzteren Hamm NJW 87, 964) unterliegt der freien Beweiswürdigung, § 286, BGH LM Nr 1, MK/Schreiber Rn 9 Fn 54. Wegen des Beweiswertes des Tonbandes u der sog Beweiszeichen s Rn 2 vor § 415. Möglich ist, die sachl Beweiskraft zu vereinbaren (zB Postschein als Quittung), vgl Rn 23 vor § 284. 5

6) **Privaturkunden sind** (anders öffentl Urkunden: § 435) **grundsätzlich im Original vorzulegen,** falls nicht das Gericht gem § 286 begl Abschrift genügen läßt (BGH NJW 80, 1047 = MDR 80, 299). 6

417 *[Beweiskraft von Behördenurkunden]*

Die von einer Behörde ausgestellten, eine amtliche Anordnung, Verfügung oder Entscheidung enthaltenden öffentlichen Urkunden begründen vollen Beweis ihres Inhalts.

§ 417 betrifft **öffentl Urkunden über eigene Willenserklärungen einer Behörde,** zB Urteile, Beschlüsse, auch Strafbefehl, Erbschein usw. 1

Die Urkunde – ihre Unversehrtheit (§ 419) u Echtheit (§ 437) vorausgesetzt – erbringt unwiderlegbaren Beweis, *daß* die Behörde die beurkundete Erklärung usw abgegeben hat (= äußere oder formelle Beweiskraft). Der **Gegenbeweis** kann sich nur gegen die innere (= materielle) Beweiskraft richten und ist, wenn die Urkunde einen rechtsmittelfähigen Inhalt hat, nur durch Einlegung des Rechtsmittels (dann ggf Aussetzung § 148) zu führen; § 415 II gilt hier nicht entsprechend. Denn bei wirkenden Urkunden – diese enthalten die Erklärung selbst – besteht Gefahr einer Falschbeurkundung nicht, MK/Schreiber Rn 6. Jedoch ist bei Ausfertigungen u begl Ab- 2 schriften der Gegenbeweis zulässig, daß sie objektiv falsch sind, dh mit der Urschrift nicht übereinstimmen.

3 Nur der Inhalt der Entscheidung usw wird von der Beweiskraft der Urkunde erfaßt, nicht dagegen die Motive der Behörde. Daher beweist der Erbschein nur das Erbrecht, nicht die dieses begründenden Tatsachen wie Abstammung, Testament usw (BGH NJW 64, 558); das Negativattest des Finanzamtes über das Nichtbestehen einer öffentl Last (§ 128 LAG) beweist nicht, daß die umgestellte Hypothek nicht valutiert war (Neustadt NJW 64, 2163). Für den (Gegen-)Beweis dieser Entscheidungsmotive wie auch für den Beweis der (Un-)Echtheit gilt § 286.

418 *[Beweiskraft öffentlicher Urkunden über Vorgänge]*

(1) Öffentliche Urkunden, die einen anderen als den in den §§ 415, 417 bezeichneten Inhalt haben, begründen vollen Beweis der darin bezeugten Tatsachen.

(2) Der Beweis der Unrichtigkeit der bezeugten Tatsachen ist zulässig, sofern nicht die Landesgesetze diesen Beweis ausschließen oder beschränken.

(3) Beruht das Zeugnis nicht auf eigener Wahrnehmung der Behörde oder der Urkundsperson, so ist die Vorschrift des ersten Absatzes nur dann anzuwenden, wenn sich aus den Landesgesetzen ergibt, daß die Beweiskraft des Zeugnisses von der eigenen Wahrnehmung unabhängig ist.

1 **1)** § 418 betrifft **öffentl Urkunden über Wahrnehmungen oder Handlungen** einer Behörde oder Urkundsperson (Rn 3 zu § 415), also Urkunden, die weder Erklärungen Dritter (§ 415) noch Willenserklärungen der Behörde selbst (§ 417) bezeugen. Die Wahrnehmungen können solche der Behörde, im Fall des Abs III auch solche eines Dritten sein; im letzteren Fall ist die Beweiskraft beschränkt auf bes gesetzl Beweisregeln, zB Feststellung der Personenidentität in notar Urkunden gem § 10 BeurkG (BGH NJW 63, 1012), Personenstandsurkunden gem §§ 60, 66 PStG. – Urkunden iS § 418 sind zB Sitzungsprotokolle (§§ 159, 165), Tatbestand des Urteils (§ 314), Zustellungsurkunden (§§ 190–192, 198 II, 212, 212a), Rechtskraftzeugnis (§ 706), Protokoll üb VollstrHandlungen (§ 762), Wechselprotest (Art 80 WG), Eingangsstempel, Unterschriftsbeglaubigung (§§ 40–42 BeurkG, § 129 BGB), amtliche Auskünfte (§ 273 II 2). Nicht hierher gehören öffentl Urkunden mit rechtsbestätigendem oder -gestaltenden Inhalt (= § 417) sowie die öffentl Beurkundungen fremder Erklärungen (= § 415).

2 **Eine Urkunde kann teilweise nach § 418, teilweise nach §§ 415, 417 einzuordnen sein,** zB das notar Testament mit Feststellung des Notars über Person u Testierfähigkeit des Erblassers. Die innere Beweiskraft ist dann nicht einheitlich. Zur Unterscheidung zwischen Feststellungs- u Erklärungsinhalt der notariellen Niederschrift (§ 9 BeurkG) Reithmann/Röll/Geßele Rn 115, 286, 1044. S auch Bohrer in Beck'sches Notarhb, 1992, L Rn 26.

3 **2) Beweiskraft:** Die Urkunde beweist – vorbehaltlich ihrer Unversehrtheit, § 419, und Echtheit, § 437 – alle in der Urkunde bezeugten Tatsachen, soweit diese (Ausnahme des Abs III) auf eigenen Wahrnehmungen der Urkundsperson beruhen. Daher beweist zB die Sterbeurkunde gem Abs III iVm §§ 60, 66 PStG den Tod, nicht aber die Todesursache (BGH NJW 62, 1770 a E). Das notar Testament beweist gem § 415 die Abgabe der test Erklärung, gem § 418 III in Verbindung mit §§ 10, 28 BeurkG die Identität des Testators (Rn 1), gem § 418 I die Feststellung der eigenhändigen Unterschriftsleistung, aber nicht die vom Notar in der Urkunde festgestellte Geschäfts- oder Testierfähigkeit (§§ 11, 28 BeurkG; BayObLG DNotZ 75, 555). Zur Beweiskraft der Postzustellungsurkunde BGH 123, 268; NJW 92, 1963; WM 94, 225. – Zur nach § 184 II unzulässigen Ersatzzustellung BGH NJW 93, 2688.

4 **Der Gegenbeweis** (Abs II) ist zulässig, soweit er nicht gesetzlich ausgeschlossen oder beschränkt ist (zB §§ 165, 314). Er ist über schlichtes Bestreiten hinaus *substantiiert* anzutreten (BVerwG NJW 86, 2127; 85, 1179 für Beweis gegen die Richtigkeit der Zustellungsurkunde), soweit das dem Beweisführer zumutbar ist (der substantiierte Beweisantritt gegen die richtige Beurkundung innergerichtlicher oder postalischer Vorgänge kann uU unzumutbar sein, vgl Rn 25 vor § 284). Gegenbeweis durch Parteivernehmung ist wegen § 445 II ausgeschlossen (BGH MDR 65, 818). Durch bloße Zweifel an der Richtigkeit der urkundlichen Feststellungen ist der Gegenbeweis noch nicht erbracht; Beweis des Gegenteils nötig (BGH MDR 91, 33; Köln MDR 86, 765; RG 85, 125; 131, 288). Jedoch genügt Glaubhaftmachung (§ 294 Rn 2) für den Gegenbeweis, wo das Gesetz statt des Vollbeweises Glaubhaftmachung genügen läßt (so BGH FamRZ 96, 1004 für die Widerlegung der Richtigkeit eines gerichtl Eingangsstempels im Verfahren der Wiedereinsetzung gemäß § 236 II).

5 **Einzelfälle:** Genehmigungsvermerk iS § 162 ZPO: RG 108, 398; iS § 2245 BGB: BayObLG NJW 66, 57; Zustellungsurkunde: BVerwG NJW 86, 2127; BGH NJW 76, 149; BSG NJW 66, 1382;

Rechtskraftzeugnis: LM § 418 Nr 1; RG 46, 360; Sparbuch einer öffentl Sparkasse: BGH NJW 63, 1631; Zeitangaben auf Telegramm: RG 105, 258; Eingangsstempel des Gerichts (BGH VersR 88, 1140; FamRZ 93, 313; BGH FamRZ 96, 1004; BVerwG NJW 69, 1730 für Nachtbriefkasten). Rückzahlungsschein des Postamtes OVG Hamburg NJW 93, 277. – S auch die Zusammenstellung bei Freund JuS 94, 305 (aus der Perspektive des § 348 StGB).

419

[Urkunden mit Mängeln]

Inwiefern Durchstreichungen, Radierungen, Einschaltungen oder sonstige äußere Mängel die Beweiskraft einer Urkunde ganz oder teilweise aufheben oder mindern, entscheidet das Gericht nach freier Überzeugung.

1 § 419 gilt gleichermaßen für öffentl u für Privaturkunden, BGH NJW 92, 512. – **Sonstige äußere Mängel:** Risse, Verschiedenheit der Tinte, auch Auffälligkeiten im Schriftbild und dessen Anordnung auf dem Papier (BGH NJW 80, 893 = MDR 80, 385), Verdacht nachträgl Durchstreichung oder Zahlenänderung (zB Änderung des Datums in Empfangsbekenntnis des RA: BGH VersR 68, 309; MDR 87, 821; hierzu § 212a Rn 4). Einschaltungen sind äußerlich (zB durch unregelmäßigen Zeilenabstand) erkennbare Einfügungen, u zwar nicht nur bei erwiesener nachträgl Ergänzung, sondern sogar, wenn das nach dem Erscheinungsbild der Urkunde nur möglich ist (BGH NJW 80, 893; 66, 1657). Dagegen keine Minderung der Beweiskraft durch förmlich beurkundete Ergänzungen oder Berichtigungen (Form: § 30 DONot; BGH DNotZ 56, 643; NJW 94, 2768); wegen Berichtigung gerichtl Protokolle s Anm zu § 164. – Nach BGH NJW 74, 1083 Einschaltung unbedenklich, wenn diese erkennbar von der Unterschrift gedeckt ist. – Weitere Einzelheiten bei Keidel/Kuntze/Winkler, § 1 BeurkG Rn 15 sowie Reithmann/Röll/Geßele Rn 251.

2 In allen diesen Fällen greift unter Ausschluß der gesetzl Beweisregeln der §§ 415–418 wieder die freie, von Parteivereinbarungen unabhängige (RG 95, 72), **richterl Beweiswürdigung** ein (§ 286; BGH NJW 88, 60/62). Die freie Beweiswürdigung beschränkt sich nicht auf die verdächtigen Stellen der Urkunde, sondern betrifft Beweiskraft der ganzen Urkunde insgesamt, BGH NJW 80, 893. Folge: Erachtet das Gericht die Beweiskraft für gemindert, so ist Gegenbeweis zulässig; sonst bleibt es bei den gesetzl Beweisregeln. Bei notariellen Urkunden ist – entgegen BGH DNotZ 56, 643 – § 419 nur auf die betroffenen Teile der Niederschrift anzuwenden, Reithmann/Röll/Geßele Rn 268. – Beweiskraft der Handelsbücher: § 239 HGB. Zum Wegfall der Beweiskraft einer Postzustellungsurkunde, wenn im Adreßfeld ohne besondere Begründung Änderungen vorgenommen sind, BGH NJW 96, 1075.

3 Zur Frage, ob jede handschriftl Änderung eines Urkundenentwurfs bei Beurkundung einer besonderen Unterzeichnung durch die Urkundsperson bedarf, u ob ein Verstoß gegen dieses Gebot der Urkunde die volle Beweiskraft nimmt, s BGH DNotZ 56, 643 u NJW 66, 1747 (verneinend wegen § 440 II). Jedoch greift § 419, also ein Wegfall der Beweiskraft nicht erst ein, wenn die nachträgl Veränderung usw feststeht; es genügt, daß eine solche Veränderung naheliegend mögl ist (BGH NJW 66, 1657; 80, 893).

420

[Beweisantretung durch Vorlegung]

Der Beweis wird durch die Vorlegung der Urkunde angetreten.

1 **1)** Der schriftsätzliche oder mündl Hinweis auf den Inhalt einer Urkunde ist noch kein **Beweisantritt.** Erforderlich ist deren **Vorlegung** gem §§ 420, 131, 134 in Urschrift (so grundsätzl bei Privaturkunden, BGH NJW 92, 829 = LM § 416 Nr 8) oder begl Abschrift vor dem Prozeßgericht (§ 435), nur ausnahmsweise (§ 434) vor dem kommissarischen Richter, und die Bezugnahme (§ 137 III) auf ihren Inhalt. Die bloße Ankündigung der Vorlage genügt nicht, BGH RR 93, 691. Bei umfangreichen Urkunden (zB Büchern) sind die Bezugsstellen genau zu bezeichnen (BGH DRiZ 63, 60; NJW 56, 1878). Wegen des Verbleibs der Urkunde s § 142 II sowie § 299a Rn 5.

2 **Keine Vorlagepflicht** des Beweisführers, wenn die Urkunde im Besitz einer Behörde (dann § 432, s aber dort Abs II), des Gegners (dann §§ 421–427) oder eines Dritten (dann §§ 428–431) ist. – Zur Verwendbarkeit rechtswidrig erlangter Urkunden im Prozeß s § 286 Rn 15b.

3 **Wird eine Urkunde** als Beweismittel benannt, jedoch entgegen § 420 **nicht vorgelegt,** so ist die Partei auf Antrag des Gegners gemäß § 423, sonst auch gemäß § § 134, 139 zur Vorlage aufzufordern (BGH NJW 86, 428/429); Fristsetzung hierfür gem § 356. Erst bei Fristversäumung gilt § 296 I iVm § 273 II 1 (§ 356 Rn 7; BVerfG NJW 85, 3006 = MDR 85, 817).

4 **2) Gebühren: a) des Gerichts:** Keine. – **b) des Anwalts:** Die Beweisgebühr kann beim Urkundenbeweis erwachsen; § 34 II BRAGO.

421 *[Vorlegung durch Gegner]*

Befindet sich die Urkunde nach der Behauptung des Beweisführers in den Händen des Gegners, so wird der Beweis durch den Antrag angetreten, dem Gegner die Vorlegung der Urkunde aufzugeben.

1 **Gegner** als unmittelbarer Besitzer: Ausreichend ist, weil es hier auf die Vorlagemöglichkeit ankommt, mittelbarer Besitz, wenn das Besitzmittlungsverhältnis dem Gegner die Vorlage der Urkunde ohne weiteres ermöglicht; zB wenn der Gegner die Urkunde einem Dritten in Verwahrung gegeben hat (StJ/Leipold Rn 5). Ausreichend ist auch die Möglichkeit der Besitzerlangung ohne Besitzmittlungsverhältnis, weil es nur auf tatsächl Verfügungsgewalt ankommt, MK/Schreiber § 420 Rn 2. Anders hM und 17. Aufl. Der Nebenintervenient gilt, sofern er nicht gem § 69 Streitgenosse ist, nicht als Gegner, sondern als Dritter, § 428. Hat der Gegner die Urkunde nicht in seiner Verfügungsgewalt, gilt § 428.

2 Der **Antrag** (§ 424; BGH NJW 89, 717) ist in der mündl Verhandlung zu stellen; er fällt nicht unter § 297. Bei schriftl Verfahren u Verfahren nach Aktenlage genügt Antrag im Schriftsatz. Inhalt des Antrages: §§ 420, 424. Form der Anordnung: unanfechtb Beweisbeschl, § 425. Die Anregung, das Gericht möge gem §§ 142, 143 verfahren, ersetzt den Antrag nach § 424 nicht. Antragsbefugt ist auch der Streithelfer (§ 66 I), MK/Schreiber Rn 3.

3 Wo Antrag nach § 421 mögl, wird einer (Wider-)**Klage auf Herausgabe oder Vorlage** der Urkunde regelm das Rechtsschutzbedürfnis fehlen; Frankfurt MDR 80, 228 deutet eine solche Widerklage in einen Antrag des § 421 um.

4 Ausgeschlossen ist der Vorlegungsantrag im Urkunden- u Wechselprozeß § 595 III, ohne die Wirkung des § 427 (= Unterstellung als erwiesen bei Nichtvorlage) ist er im Amtsbetrieb des Eheverfahrens, § 617. AA MK/Schreiber Rn 2.

422 *[Vorlegungspflicht nach bürgerlichem Recht]*

Der Gegner ist zur Vorlegung der Urkunde verpflichtet, wenn der Beweisführer nach den Vorschriften des bürgerlichen Rechts die Herausgabe oder die Vorlegung der Urkunde verlangen kann.

1 **Der Gegner** des Beweisführers **ist zur Vorlage** (§ 142 II u III gilt entspr) von Beweisurkunden **verpflichtet,** wenn **a)** der Beweisführer Vorlegungsantrag (§§ 421, 424) stellt, **b)** der Gegner den unmittelb Besitz an der Urkunde einräumt (sonst § 426), **c)** ein mat-rechtl Anspruch des Beweisführers auf Vorlage besteht und **d)** das Gericht die Vorlage wegen Beweiserheblichkeit (Rn 9, 10 vor § 284) gem § 425 anordnet. – Wegen § 355 ist grundsätzlich dem Prozeßgericht vorzulegen; Ausnahme § 434. – Folgen der Nichtvorlage: §§ 427, 444.

2 Ein **mat-rechtl Anspruch auf Vorlage** besteht, wo der Beweisführer Auskunft u Rechnungslegung (§ 259 I BGB) oder Herausgabe verlangen kann. Beispiele: BGB §§ 402 (Pflicht des bisherigen Gläubigers zur Auslieferung der zum Beweis der Forderung dienenden Urkunde), 444 (gleiche Pflicht des Verkäufers); 675 (Herausgabepflicht bei Geschäftsbesorgung); 667, 681 (Pflicht des Geschäftsführers zur Herausgabe); 716 (bei Gesellschaft); 810 (bei rechtl Interesse); 952 (Pflicht des Eigentümers e Schuldscheins zur Herausgabe); 1799 (bei Vormundschaft); vgl ferner BGB §§ 896, 1145; HGB §§ 118, 157, 166, 258–261; AktG §§ 131, 170, 175 II, 340d. Über Vorlage ärztl Krankenpapiere s BGH NJW 78, 2337; 63, 389; Uhlenbruck NJW 80, 1339; Wasserburg NJW 80, 617/620; Daniels NJW 76, 345/349. Beschränkte Vorlagepflicht des Haftpflichtversicherers im Regreßprozeß: Wussow NJW 62, 423.

3 **Keine Pflicht zur Vorlage** ledigl zum eigenen Gebrauch erstellter Gedächtnishilfen u Notizen (BGH 60, 275/292) oder dem Gegner vertraulich erteilter Papiere. S auch § 286 Rn 15b sowie Reithmann/Röll/Geßele Rn 80. Wo eine mat-rechtl Pflicht des Gegners zur Vorlage nicht besteht, kann eine solche – auch nicht iS der Beweiswürdigung des Prozeßverhaltens, § 286 Rn 14 – nach hM nicht bereits aus der prozessualen Mitwirkungs- u Förderungspflicht hergeleitet werden, MK/Schreiber Rn 1; aA Stürner, Die Aufklärungspflicht der Parteien des ZP, 1976, 92; AK-Rüßmann Rn 4; Schlosser JZ 91, 608 mwN.

4 **Grenzen der Pflicht zur Vorlage einer Urkunde:** §§ 383 I, 384 entspr anwendbar, MK/Schreiber Rn 5.

5 **Folge der Nichtvorlage:** § 427. Entspr anzuwenden, wenn in den Fällen der §§ 131, 134, 142, 273 II Nr 1 nicht vorgelegt wird, MK/Schreiber Rn 7.

423 *[Vorlegungspflicht bei bezuggenommenen Urkunden]*

Der Gegner ist auch zur Vorlegung der in seinen Händen befindlichen Urkunden verpflichtet, auf die er im Prozeß zur Beweisführung Bezug genommen hat, selbst wenn es nur in einem vorbereitenden Schriftsatz geschehen ist.

§ 423 begründet (neben dem materiell-rechtl Anspruch nach § 422) einen selbständigen prozessualen Anspruch auf Vorlage einer Urkunde. Der Gegner muß sich zum Zwecke der **Beweisführung** auf die Urkunde berufen haben. Bezugnahme lediglich auf den **Inhalt** genügt nicht (RG 69, 405); desgleichen nicht, wenn ein Zeuge auf die Urkunde Bezug genommen hat. § 423 gilt auch für den Streitgehilfen. Verzicht des Gegners auf die Verwertung der einmal von ihm gem § 131 in Bezug genommenen Urkunde beseitigt die prozessuale Vorlagepflicht (vgl §§ 131, 142) nicht mehr. Niederlegung von Urkunden zur Einsicht auf der GeschSt: §§ 134, 142 II. 1

Folge der Nichtvorlage: § 427, MK/Schreiber Rn 3. 2

424 *[Vorlegungsantrag]*

Der Antrag soll enthalten:

1. **die Bezeichnung der Urkunde;**
2. **die Bezeichnung der Tatsachen, die durch die Urkunde bewiesen werden sollen;**
3. **die möglichst vollständige Bezeichnung des Inhalts der Urkunde;**
4. **die Angabe der Umstände, auf welche die Behauptung sich stützt, daß die Urkunde sich in dem Besitz des Gegners befindet;**
5. **die Bezeichnung des Grundes, der die Verpflichtung zur Vorlegung der Urkunde ergibt. Der Grund ist glaubhaft zu machen.**

§ 424 handelt vom Inhalt des Antrags (§ 421) im vorbereitenden Schriftsatz. In der mündl Verh wird das „soll" zum „muß". Der Antrag braucht nicht verlesen zu werden, da er kein Sachantrag iSd § 297 ist. Fehlt hier eines der Erfordernisse, so ist der Antrag durch (selbständig nicht anfechtbares) Zwischenurteil oder im Endurteil zurückzuweisen, RG JW 98, 71. 1

Zu Nr 1–3: Die Angaben sind notwendig, um dem Gericht die Prüfung der Entscheidungserheblichkeit, Beweiserheblichkeit u Eignung des Beweismittels (Rn 10a vor § 284) zu ermöglichen, insbesondere den Ausforschungsbeweis (Rn 5 vor § 284) auszuschließen (BGH WM 89, 278). Kein Ausforschungsbeweis aber, wenn die mat-rechtl Vorlegungspflicht gerade dem Interesse an der Prüfung der Rechte des Beweisführers dient (so insbes §§ 259, 810 BGB), wenn also die Voraussetzungen einer Stufenklage (§ 254) gegeben wären. Die Substantiierungspflicht des Beweisführers (hierzu KG NJW 93, 2879) gewinnt bes Bedeutung durch § 427 S 2. 2

Zu Nr 4: §§ 422, 423. Bestreitet der Gegner den Besitz: § 426. 3

Zu Nr 5: Glaubhaftmachung (§ 294) erforderlich hinsichtlich des Grundes der mat-rechtl Vorlegungspflicht des Gegners, § 422. Sonderregelung für Handelsbücher: §§ 258–261 HGB. 4

425 *[Anordnung der Vorlegung]*

Erachtet das Gericht die Tatsache, die durch die Urkunde bewiesen werden soll, für erheblich und den Antrag für begründet, so ordnet es, wenn der Gegner zugesteht, daß die Urkunde sich in seinen Händen befinde, oder wenn der Gegner sich über den Antrag nicht erklärt, die Vorlegung der Urkunde an.

Auf den Beweisantrag hin (§ 424) **prüft das Gericht,** ob die Urkunde **a)** entscheidungserheblich, **b)** beweiserheblich und **c)** als Beweismittel geeignet ist, erst dann, ob **d)** der Gegner im Besitz der Urkunde und **e)** vorlegungspflichtig ist (vgl die Anm zu §§ 422–424). Fehlen die Voraussetzungen zu a–c, unterbleibt Beweisbeschluß, was im Endurteil, zulässig auch in einem Beschluß oder Zwischenurteil § 303, zu begründen ist. Erst die Bejahung der Fragen zu a–c löst den eigentl Vorlegungsstreit aus, wenn Besitz oder Vorlegungspflicht bestritten werden. 1

Gesteht der Gegner Besitz u Vorlegungspflicht (§ 138 III genügt), ergeht Beweisbeschluß (Anordnung der Vorlage). 2

Bestreitet der Gegner den Besitz der Urkunde, so ist, wenn das Gericht die mat-rechtl Vorlegungspflicht (§ 422) bejaht, nach § 426 zu verfahren. 3

Steht der Besitz des Gegners fest (§ 426), bestreitet der Gegner aber die **Erheblichkeit** u s Vorlegungspflicht und wird die Vorlegung der Urkunde angeordnet, so setzt sich die Entscheidung zusammen aus einem nach § 303 mit Gründen zu versehenen **Zwischenurteil** über den 4

Zwischenstreit hinsichtlich der Verpflichtung zur Vorlegung und aus einem Beweisbeschluß bezüglich der Vorlegung; letzterer bedarf keiner Begründung. Ist der Gegner in dem Termin, in dem auch über die Hauptsache verhandelt werden sollte (§§ 330, 331, 370), nicht erschienen, ergeht gegen ihn VersUrteil hinsichtl der Hauptsache, andernfalls hinsichtl des Vorlegungsantrages VersZwischenurteil, § 347. Das Zwischenurteil ist nur mit dem Urteil in der Hauptsache anfechtbar. Selbständig anfechtbar ist jedoch das über einen streitgegenständl Vorlegungsanspruch (zB § 810 BGB) entscheidende Teilurteil (zur Abgrenzung BGH ZZP 92 [1979], 362 [Gottwald]).

5 Zurückweisung des für unbegründet befundenen Antrags durch unanfechtb Beschl. Unbegründet ist der Antrag, wenn entweder die im Rn 2 ff zu § 284 genannten Voraussetzungen der Ablehnung vorliegen oder der Gegner nach der Überzeugung des Gerichts nicht im unmittelb Besitz der Urkunde ist (§ 426).

426 *[Vernehmung des Gegners über Verbleib der Urkunde]*

Bestreitet der Gegner, daß die Urkunde sich in seinem Besitz befinde, so ist er über ihren Verbleib zu vernehmen. In der Ladung zum Vernehmungstermin ist ihm aufzugeben, nach dem Verbleib der Urkunde sorgfältig zu forschen. Im übrigen gelten die Vorschriften der §§ 449 bis 454 entsprechend. Gelangt das Gericht zu der Überzeugung, daß sich die Urkunde im Besitz des Gegners befindet, so ordnet es die Vorlegung an.

1 **1) Voraussetzungen der Vernehmung** des Gegners: **a)** Beweisantritt gem § 421, **b)** Gegner muß den unmittelb Besitz der Urkunde bestritten haben, **c)** Vorlegungsantrag gem § 424, **d)** Entscheidungserheblichkeit u Beweisbedürftigkeit der durch die Urkunde zu beweisenden Tatsache (Rn 9, 10 vor § 284) und **e)** Überzeugung des Gerichts, daß es die Urkunde überhaupt gibt, denn die Vernehmung soll nicht deren Existenz, sondern nur deren Verbleib aufklären (RG 92, 225).

2 **2) Verfahren:** Fehlt eine der in Rn 1 genannten Voraussetzungen oder sind die antragsbegründenden Tatsachen iS § 424 nicht glaubhaft gemacht, so ist der Antrag auf Vernehmung des Gegners durch nicht selbst anfechtbaren Beschluß, Zwischenurteil (§ 303) oder in den Gründen des Endurteils zurückzuweisen. Andernfalls: Beweisbeschluß (§ 450 I) auf Vernehmung des Gegners (bei Streitgenossen § 449), evtl seines ges Vertreters (§ 455), über den Verbleib der Urkunde Vernehmung durch Prozeßgericht oder verord Richter (§ 451). Beeidigung freigestellt § 452. Beweisthema ist nicht nur der Besitz, sondern auch der Verbleib der Urkunde, daher im Fall des früheren Besitzes auch die Frage, an wen der Gegner die Urkunde weitergegeben hat, gleichgültig ob ein Besitzmittlungsverhältnis (hierzu § 421 Rn 1) besteht. Bestr, ob Vernehmung stets darauf auszudehnen, welche Nachforschungen der Beweisgegner angestellt hat. Verneinend MK/Schreiber Rn 3.

3 **3) Beweisergebnis:** Die durch die Urkunde zu beweisende Tatsache gilt als erwiesen (§ 427), wenn das Gericht vom Besitz des Gegners überzeugt ist (möglich auch bei Aussageverweigerung, § 453 II), sodann die Vorlage gem § 425 anordnet u der Gegner nicht vorlegt. – Ist Besitz nicht bewiesen (§ 286), unterbleibt die Vorlegungsanordnung (Begründung dann im Endurteil) oder ist die Anordnung durch unanfechtb Beschl abzulehnen.

4 **4) Gebühren: a) des Gerichts:** Keine. – **b) des Anwalts:** Die Beweisgebühr fällt mit der Anordnung der Vernehmung des Gegners über den Verbleib der Urkunde an (§ 31 I Nr 3 BRAGO); dagegen entsteht die Beweisgebühr nicht, wenn das Gericht die Vorlegung der Urkunde durch Beweisbeschluß aufgibt (München KoRsp BRAGO § 34 Nr 92 m Anm Herget) oder wenn die Vorlegung freiwillig geschieht (§ 34 I BRAGO). Unerheblich ist, ob sich die Partei die Urkunde erst beschaffen muß (München aaO).

427 *[Folgen der Nichtvorlegung usw]*

Kommt der Gegner der Anordnung, die Urkunde vorzulegen, nicht nach oder gelangt das Gericht im Falle des § 426 zu der Überzeugung, daß er nach dem Verbleib der Urkunde nicht sorgfältig geforscht habe, so kann eine vom Beweisführer beigebrachte Abschrift der Urkunde als richtig angesehen werden. Ist eine Abschrift der Urkunde nicht beigebracht, so können die Behauptungen des Beweisführers über die Beschaffenheit und den Inhalt der Urkunde als bewiesen angenommen werden.

1 § 427 normiert (ebenso wie § 444) einen das gesamte Beweisverfahren beherrschenden Grundsatz: die Beweisführung darf dem Gegner nicht in arglistiger Weise erschwert werden (§ 286 Rn 14; BGH NJW 63, 389/90). Daher gilt § 427 entsprechend bei Nichtbefolgung einer gerichtl Anordnung gem § 134 (dort Rn 3), § 142 (dort Rn 2) oder § 273 II 1 (dort Rn 6).

Die Vorlage der Urkunde durch den Gegner ist nicht erzwingbar. Unterbleibt sie, obwohl der Besitz der Urkunde nicht bestritten oder gem § 426 nachgewiesen ist, oder ist das Gericht der Überzeugung, daß der Gegner seiner Nachforschungspflicht (§ 426) nicht nachgekommen ist, so muß wegen dieses Prozeßverhaltens der Gegner sich so behandeln lassen, als wäre der angetretene Beweis durch die Urkunde erbracht, vgl BAG Betrieb 76, 1020. Gegenbeweis durch Parteivernehmung des Beweisgegners ist ausgeschlossen, § 445 II. Für nochmalige Vernehmung im zweiten Rechtszug gilt § 533. Anwendungsbeispiele bei Staudinger/Spellenberg[12] § 328 ZPO Rn 253. 2

428 *[Vorlegung durch private Dritte; Beweisantritt]*

Befindet sich die Urkunde nach der Behauptung des Beweisführers in den Händen eines Dritten, so wird der Beweis durch den Antrag angetreten, zur Herbeischaffung der Urkunde eine Frist zu bestimmen.

1) Die Beischaffung einer im Besitz eines Dritten befindl Urkunde ist (Ausnahme § 432) **Sache des Beweisführers** selbst. Er hat nur auf Antrag Anspruch auf eine vom Gericht zu bestimmende (§ 431) Schonfrist (= praktisch Aussetzung des Verfahrens), bis zu deren Ablauf er die Urkunde notfalls im Wege der Klage gegen den Dritten beizuschaffen hat. Inhalt des Antrages: § 430. 1

2) **Dritter** ist jeder, der nicht ProzGegner des Beweisführers ist, also auch der Nebenintervenient und der Streitgenosse des Beweisführers. Streitgehilfen eines Gegners sind Dritte, sofern nicht § 69 zutrifft. Streitgenossen des Gegners (§ 61) sind Dritte, soweit das Beweisthema sie selbst nicht unmittelbar betrifft. Notwendige Streitgenossen (§ 69) sind niemals Dritte. **Antrag** auf Fristbestimmung kann in der mündl Verh oder schriftl gestellt werden. Entscheidung: § 431. Unzulässig ist es, den Dritten als Zeugen zu laden mit der Aufford, die Urkunde vorzulegen (§ 429). § 428 ist im Urkundenproz nicht anwendbar, § 595 III, wohl aber im Ehe- u Familienstandsprozeß. 2

429 *[Vorlegungspflicht Dritter]*

Der Dritte ist aus denselben Gründen wie der Gegner des Beweisführers zur Vorlegung einer Urkunde verpflichtet; er kann zur Vorlegung nur im Wege der Klage genötigt werden.

Die **Vorlagepflicht des Dritten** setzt einen mat-rechtl Anspruch (Rn 2 zu § 422) voraus, der sich durch Beweisantritt gem § 428 u Fristsetzung gem § 431 inhaltl nur insoweit ändert, als die **Klage auf Vorlage der Urkunde** vor dem Gericht zu richten ist u der Dritte die Einsichtnahme auch des Gegners dulden muß. Ob vor dem ProzGericht oder dem verordneten Richter vorzulegen ist, bestimmt das ProzGericht gem § 434 zugl mit der Frist des § 431. Im übr obliegen Klage u Zwangsvollstreckung (§§ 883, 899) allein dem Beweisführer. Kein bes Gerichtsstand für die Klage. ZwV nach § 883, wenn sich Urkunde in Deutschland befindet, ansonsten nach §§ 888, 913, wenn eine Urkunde aus dem Ausland beizuschaffen ist, Geimer ZfRV 92, 336. 1

430 *[Vorlegungsgesuch bei Vorlegung durch Dritte]*

Zur Begründung des nach § 428 zu stellenden Antrages hat der Beweisführer den Erfordernissen des § 424 Nr. 1 bis 3, 5 zu genügen und außerdem glaubhaft zu machen, daß die Urkunde sich in den Händen des Dritten befinde.

Der Beweisantritt zum Urkundenbeweis durch die im Besitz eines Dritten befindliche Urkunde erfolgt in der Form des § 424 mit der Abweichung bzgl der dortigen Nr 4. Inhaltlich bedeutet der Beweisantritt das Gesuch um Gewährung der Schonfrist (§ 428 Rn 1) zur Durchführung des selbständigen Prozesses gegen Dritte als vorlegungspflichtigen Urkundenbesitzer. Für die vom Gericht hierauf zu treffenden Maßnahmen gilt § 425 Rn 1 entsprechend. Jedoch tritt hier an die Stelle des Beweisbeschlusses die Fristsetzung gem § 431. 1

Glaubhaftmachung: § 294. Glaubhaft zu machen ist nicht nur der Besitz des Dritten, sondern „außerdem" die Existenz einer Urkunde mit beweiserheblichem Inhalt sowie der gegenwärtige Anspruch des Beweisführers gegen den Besitzer auf Vorlage. Das Bemühen, nach dem Verbleib der Urkunde zu forschen oder die Voraussetzungen eines Vorlageanspruchs erst zu schaffen, genügt keinesfalls. 2

431 *[Frist für Vorlegung durch Dritte]*

(1) Ist die Tatsache, die durch die Urkunde bewiesen werden soll, erheblich und entspricht der Antrag den Vorschriften des vorstehenden Paragraphen, so hat das Gericht eine Frist zur Vorlegung der Urkunde zu bestimmen. Die Frist kann ohne mündliche Verhandlung bestimmt werden.

(2) Der Gegner kann die Fortsetzung des Verfahrens vor dem Ablauf der Frist beantragen, wenn die Klage gegen den Dritten erledigt ist oder wenn der Beweisführer die Erhebung der Klage oder die Betreibung des Prozesses oder der Zwangsvollstreckung verzögert.

1 1) Voraussetzung der **Fristsetzung** ist der Antrag gem §§ 428, 430 u die Bejahung der Beweisbedürftigkeit u -erheblichkeit (Rn 9, 10 vor § 284). Die Frist ist eine richterliche iS der Rn 5 vor § 214, daher Abkürzung u Verlängerung gem § 224 II zulässig. § 431 ist lex specialis gegenüber § 356. Da die Fristsetzung (vorbehaltl Abs II) einen befrist Stillstand des Verfahrens zur Folge hat, hat der Gegner des Beweisführers analog § 252 (s dort Rn 1) **Beschwerde** gegen zu lange Frist oder Versagung der gem Abs II beantragten vorzeitigen Fortsetzung, StJ/Leipold Rn 4; BL/Hartmann Rn 2; MK/Schreiber Rn 3. Gegen Verweigerung der Fristsetzung Beschwerde (§ 567) des Beweisführers. Das Beschwerdegericht hat die Zulässigkeit der Fristsetzung in formeller Hinsicht (§§ 430, 431) und die angemessene Dauer (ausreichend für Klage geg den herausgabepflichtigen Urkundenbesitzer) zu prüfen, nicht aber die Frage der Beweisbedürftigkeit u -erheblichkeit, die das Prozeßgericht selbständig zu beantworten hat.

2 2) Die Bestimmung der Frist erfolgt durch Beschluß ohne notw mündl Verhandlung. **Folgen der Versäumung;** § 356, falls ein vom Beweisführer behebbares Hindernis für die Beischaffung der Urkunde besteht; sonst auf Antrag Fristverlängerung unter der Voraussetzung des § 224 II; bei nicht behebbarem Hindernis gilt § 230 (vgl auch Rn 11a vor § 284, § 244 III StPO analog; § 356 Rn 1 und 7). **Fortsetzung vor Fristablauf** auf jederzeit mögl Antrag des Beweisführers (= Verzicht auf den Beweisantritt); auf Antrag des Gegners gem Abs II nur bei offensichtl Verschleppung. **Nach Fristablauf** ist Termin von Amts wegen zu bestimmen (§ 216 Rn 1; StJ/Leipold Rn 7; aM BL/Hartmann Rn 3 u ThP Rn 3, die Terminsantrag der Parteien für erforderlich halten).

432 *[Vorlegung durch öffentliche Behörden]*

(1) Befindet sich die Urkunde nach der Behauptung des Beweisführers in den Händen einer öffentlichen Behörde oder eines öffentlichen Beamten, so wird der Beweis durch den Antrag angetreten, die Behörde oder den Beamten um die Mitteilung der Urkunde zu ersuchen.

(2) Diese Vorschrift ist auf Urkunden, welche die Parteien nach den gesetzlichen Vorschriften ohne Mitwirkung des Gerichts zu beschaffen imstande sind, nicht anzuwenden.

(3) Verweigert die Behörde oder der Beamte die Mitteilung der Urkunde in Fällen, in denen eine Verpflichtung zur Vorlegung auf § 422 gestützt wird, so gelten die Vorschriften der §§ 428 bis 431.

1 1) **Allgemeines:** Für die Einführung von Beweisurkunden, die sich im Besitz einer Behörde (Begriff: § 273 Rn 8) oder eines Beamten in dessen dienstl Eigenschaft (nicht ausreichend Privatbesitz des Beamten) befinden, mögen es öffentliche (§§ 415, 417, 418) oder private sein, in den Prozeß gibt es 4 Möglichkeiten: **a)** formlose Anregung, die Urkunde gemäß § 273 II 2 vorbereitend anzufordern, **b)** Vorlage vom Beweisführer zu beschaffender Ausfertigungen, Auszüge oder begl Abschriften öffentl Urkunden (§ 435) oder originaler Privatkunden, soweit die besitzende Behörde zur Erteilung bzw Herausgabe an den Beweisführer bereit ist, **c)** Antrag gem Abs I auf Vorlageersuchen des Gerichts an die Behörde (nur zulässig, soweit b) nicht durchführbar) und **d)** Antrag gem § 428 auf Fristsetzung (§ 431) zur (nötigenfalls klageweiser) Durchsetzung des Vorlageanspruchs (§ 422) durch den Beweisführer gegen die Behörde.

2 Alle diese Möglichkeiten setzen voraus, daß die Behörde oder der Beamte Dritter iS Rn 2 zu § 428 ist; anderenfalls (auch wenn das durch die Behörde oder den Beamten vertretene Gemeinwesen Partei ist) gelten nur §§ 420–426. Im Urkundenprozeß gilt § 432 nicht: § 595 III. Der Beweisantritt muß auch im Fall des § 432 substantiiert iS § 424 Nr 1–3 erfolgen, soweit das dem Beweisführer zumutbar ist. Es ist nicht Aufgabe des Gerichts, aus beigezogenen Akten das wesentliche selbst herauszusuchen (Teplitzky JuS 68, 72).

3 2) **Verfahren: a) Abs I** setzt voraus, daß keine Vorlegungspflicht nach § 429, 422 besteht (sonst Abs III), daß also nur Amtshilfe der Behörde ggüber dem Gericht in Frage steht. Anordnung der Erholung von Urkunden, Akten (dazu Arnold NJW 1953, 1283), amtl Auskünften durch Beweisbeschluß (§ 358) oder nach § 273 II Nr 2. Geht das Gericht auf den Antrag nicht ein, so bedarf es keines Ablehnungsbeschlusses (Gründe in den Urteilsgründen mitzuteilen); gegen eine

ausgesprochene Ablehnung kein Beschwerderecht (§ 355 II). Ersuchschreiben durch den Vorsitzenden (Einzelrichter). Ob die Behörde verpflichtet ist, dem Ersuchen des Gerichts zu entsprechen, richtet sich nach öffentl Recht. Grundsätzl gegenseitige Beistandspflicht der Behörden, Art 35 GG, bei landesrechtl Regelung: § 168 GVG; § 99 VwGO (Vorlagepflicht der Behörden) ist nur im Bereich des Untersuchungsgrundsatzes (§§ 606–644) entsprechend anwendbar (BVerwGE 30, 154 = MDR 69, 75; OVG Münster MDR 66, 83). Außerhalb der bei Beweisantritt einer Partei nicht maßgeblichen Amtshilfe und beim Fehlen der in Abs II gemeinten gesetzlichen Vorlageregeln (Rn 5) steht die Vorlage von Verwaltungsakten im pflichtgemäßen Ermessen der aktenführenden Behörde (BVerwG DÖV 68, 836 = MDR 69, 75). Geheimhaltung öffentl Urkunden und Behördenakten kann aus Gründen des öffentl Wohls (vgl § 96 StPO) oder mit Rücksicht auf berechtigte Interessen Dritter (zB Steuergeheimnis, § 30 AO oder Schutz des Persönlichkeitsrechts Dritter, BVerfG NJW 60, 555) gerechtfertigt sein. Zivilgericht kann selbst nicht darüber entscheiden, ob Ablehnung seines Ersuchens gerechtfertigt ist (kein Fall des § 159 GVG). Gericht auch daran gebunden, wenn Behörde ihre Urkunden (Akten) nur unter Beschränkungen der Einsicht und Verwertung zur Verfügung stellt; aus § 299 ergibt sich kein Recht der Parteien zur Einsicht in beigezogene Akten fremder Behörden (BGH NJW 1952, 305). Was hiernach den Parteien nicht zugängl gemacht werden darf, kann bei der Entscheidung nicht verwertet werden. Gegen Ablehnung des gerichtl Ersuchens oder Beschränkungen bei der Verwertung ggfs Aufsichtsbeschwerde zur vorgesetzten Behörde, uU verwaltungsgerichtl Klage des Beweisführers auf Vorlegung, falls ihm ein öffentl-rechtl Anspruch darauf zusteht oder Behörde durch ihre Ablehnung ermessensmißbräuchl handelt (Fristsetzung des Gerichts nach § 356). Wegen der Einsicht in staatsanwaltschaftl Ermittlungs- u Strafakten s Nr 182–189 der Richtlinien für das Strafverfahren und das Bußgeldverfahren (RiStBV). S auch Uhlenbruck KTS 89, 539.

Kommt die Behörde dem Ersuchen nach, so teilt Geschäftsstelle den Parteien den Eingang entspr § 362 II formlos mit; Vorlegung in der mündl Verhandlung oder nach § 434 bzw Verwertung in der schriftl Entscheidung. 4

b) Abs II trifft zB zu bei Ausfertigung von Urteilen und notariellen Urkunden sowie bei standesamtl u pfarramtl Urkunden, Grundbuch- u Handelsregisterauszüge, auf deren Erteilung der Beweisführer (Recht des Gegners genügt nicht) ein Recht hat. Wegen Patenterteilungsakten s RG 84, 142. Können sich die Parteien die Urkunden selbst beschaffen, erfolgt die Antretung des Beweises nach § 420. – Der die Urschrift der öffentl Urkunde verwahrende Notar (§ 25 BNotO) kann zur Herausgabe nicht veranlaßt werden. Das gleiche gilt für das AG (§ 34 BeurkG). – Der Kreis der Berechtigten, die ein Recht auf Ausfertigungen, Abschriften u Einsicht haben (§ 51 BeurkG), kann durch § 432 nicht erweitert werden. 5

c) Abs III. Auch hier Voraussetzung, daß Behörde bzw Beamter Dritter. Wird Vorlagepflicht nach §§ 422, 429 behauptet, dann Verf nach §§ 428 ff zwecks Klageerhebung durch den Beweisführer (RG JW 1898, 159), soweit Rechtsweg gegeben. 6

3) Gebühren: a) des Gerichts: Keine. – **b) des Anwalts:** § 34 BRAGO. 7

433 (weggefallen)

434 *[Vorlegung vor verordnetem Richter]*

Wenn eine Urkunde bei der mündlichen Verhandlung wegen erheblicher Hindernisse nicht vorgelegt werden kann oder wenn es bedenklich erscheint, sie wegen ihrer Wichtigkeit und der Besorgnis ihres Verlustes oder ihrer Beschädigung vorzulegen, so kann das Prozeßgericht anordnen, daß sie vor einem seiner Mitglieder oder vor einem anderen Gericht vorgelegt werde.

1) Unter **Durchbrechung des Grundsatzes der Beweisunmittelbarkeit** (§ 355) darf das Gericht bei Urkunden, deren Verlust bei Versendung eine unzumutbare Gefahr darstellt, entweder selbst die Urkunde an Ort u Stelle einsehen (§ 219) oder gem § 434 einen verordneten Richter (§§ 361, 362) in Anspruch nehmen (vgl Rn 1 zu § 375). Vor dem verordneten Richter kein Anwaltszwang, § 78 III. 1

2) **Anordnung** durch Beweisbeschluß (§ 358) nach mündl Verh; nach §§ 358a, 360 auch ohne mündl Verh. Die Anordnung steht im Ermessen des Gerichts. Keine selbst Anfechtung § 355 II. Die Vorlegung der Urkunde vor dem beauftragten oder ersuchten Richter besteht nur in der Vorweisung der Urkunde: Der Richter wird daher, um dem ProzGericht eine genaue Kenntnis zu verschaffen, eine begl Abschrift oder Ablichtung der Urkunde oder der Teile der Urkunde zu den Akten nehmen und seine Feststellungen über die Echtheit der ihm vorgelegten Urkunde zu Protokoll treffen (vgl § 439). Weiteres Verfahren §§ 362 II, 367, 370. 2

3 3) Befindet sich Urkunde im **Ausland,** dann kann Gericht in den Fällen des § 434 eines seiner Mitglieder beauftragen, ins Ausland zu reisen, sofern BReg (Art 32 I GG) hierzu ihre Zustimmung erteilt, § 363 Rn 6, und der betr ausl Staat einverstanden ist. Dieses Einverständnis darf nicht das Gericht einholen, arg Art 32 I GG. Das Gericht wird aber idR nach § 363 verfahren u den dt Konsul (§ 363 II) beauftragen oder – was der übliche Weg ist – den ausl Staat, in dem sich die Urkunde befindet, um Rechtshilfe ersuchen. Wünscht dt Gericht Vorlage an einen ausl Rechtshilfe*richter,* dann sollte dies im Rechtshilfeersuchen ausdrückl erwähnt werden, § 363 Rn 25. Kennt die ausl lex fori – anders als das dt Recht (§§ 427, 429) – die Möglichkeit, die Partei oder den Dritten mit unmittelbarem Zwang zur Vorlage zu veranlassen, so darf um diese an sich nach Art 10 HBÜ zulässige Maßnahme nicht ersucht werden, weil es nicht systemkonform ist, über den Umweg des Ersuchens um ausl Rechtshilfe mehr Zwang einzusetzen als in einem reinen Inlandsbeweisaufnahmeverf zulässig. Das dt ZustimmungsG zum HBÜ ist insoweit keine lex specialis zu §§ 427, 429, die die Zwangsbefugnisse erweitert, wenn die Urkunde im „zwangsbereiteren" Ausland zu lokalisieren ist, § 363 Rn 26.

435 *[Gleichstellung öffentlicher Urkunden mit beglaubigten Abschriften]*

Eine öffentliche Urkunde kann in Urschrift oder in einer beglaubigten Abschrift, die hinsichtlich der Beglaubigung die Erfordernisse einer öffentlichen Urkunde an sich trägt, vorgelegt werden; das Gericht kann jedoch anordnen, daß der Beweisführer die Urschrift vorlege oder die Tatsachen angebe und glaubhaft mache, die ihn an der Vorlegung der Urschrift verhindern. Bleibt die Anordnung erfolglos, so entscheidet das Gericht nach freier Überzeugung, welche Beweiskraft der beglaubigten Abschrift beizulegen sei.

1 1) **Privaturkunden** (§ 416) sind beim Beweisantritt (§ 420) **im Original** vorzulegen, sofern nicht der Gegner durch Nichtbestreiten des Inhalts vorgelegter Abschriften (§ 138 III) den Beweis für die Echtheit und Existenz des Originals (§§ 439 ff) entbehrlich macht. Auch hier kann das Gericht aber Vorlage des Originals gem § 142 anordnen. Der Gegner hat das Recht zur Einsichtnahme auf die Geschäftsstelle (§§ 134, 142 II), daneben ein Recht auf Aushändigung von Abschriften gem §§ 131, 299.

2 2) Bei **öffentl Urkunden** (§§ 415, 417, 418) genügt – weil die Urschrift regelm in amtl Verwahrung ist – Vorlage **öffentl beglaubigter Abschriften,** falls nicht das Gericht Vorlage des Originals anordnet (BGH NJW 80, 147 = MDR 80, 299; Verfahren dann: § 432). Über den Begriff der begl Abschrift s Rn 8 zu § 170 sowie § 129 BGB. Urschriften von notariellen Urkunden werden in der Urkundensammlung des Notars verwahrt. Angeordnet werden kann bei ihnen nur die Vorlage einer Ausfertigung, die die Urschrift im Rechtsverkehr vertritt, s §§ 45 I, 47 BeurkG. Beglaubigungsorgane sind: die Behörde, welche die betr öffentl Urkunde ausgestellt hat, der UrkBeamte der Geschäftsstelle (§ 299 I), der Notar (§ 42 BeurkG), jedoch (weil hier öffentliche Beglaubigung der öffentlichen Urkunde gefordert) nicht auch der RA (zur Beglaubigungsbefugnis des RA im übrigen s § 170 Rn 12). Wie bei Privaturkunden (Rn 1) kann aber auch bei öffentl Urkunden das Nichtbestreiten die Beglaubigung vorgelegter Abschriften entbehrlich machen. Zur Urkundenvorlage im Urkundenprozeß s § 593 Rn 6 ff.

436 *[Verzicht auf vorgelegte Urkunde]*

Der Beweisführer kann nach der Vorlegung einer Urkunde nur mit Zustimmung des Gegners auf dieses Beweismittel verzichten.

1 Der Beweisantritt (§§ 282, 420) ist Prozeßhandlung, daher, sofern die Urkunde bereits gemäß § 420 vorgelegt wurde (Ankündigung der Vorlage ist frei widerruflich), grundsätzlich unwiderruflich. § 436 gestattet – ähnlich § 399 – Widerruf in Form des Verzichts nur mit Zustimmung des Gegners. Verzicht (Rn 2 zu § 399) und Zustimmung sind ihrerseits unwiderrufl Prozeßhandlungen und haben zur Folge, daß das Gericht die Urkunde trotz Kenntnis von deren Inhalt bei der Entscheidung nicht berücksichtigen darf. Wo das zu einem dem mat Recht widersprechenden Ergebnis führen würde, ist Abhilfe durch Beweiserhebung von Amts wegen gem §§ 142, 143 (Beweisbeschluß §§ 358, 358a nötig; keine Anordnung des Vorsitzenden! vgl § 273 Rn 7) möglich, falls nicht die Umstände ergeben (§§ 133, 157 BGB), daß mit dem beiders Verzicht auf die Beweisführung zugleich auf das in der Urkunde verbriefte mat Recht verzichtet wurde. Ob ein solcher Verzichtswille der Parteien besteht, hat das Gericht durch deren Befragung (§§ 139, 278 III) aufzuklären; nur wenn der Verzichtswille feststeht, wäre ein Beharren des Gerichts auf der Urkundenvorlage ein unzulässiger Verstoß gegen den Beibringungsgrundsatz (Rn 1 vor § 284; Rn 10 vor § 128; StJ/Leipold Rn 2; aM unter Hinweis auf in jedem Fall zu beachtenden Beibringungsgrundsatz BL/Hartmann Rn 1; ThP Rn 1). Für unumschränkte Anwendung der §§ 142, 143 MK/Schreiber Rn 2.

437 *[Echtheit inländischer öffentlicher Urkunden]*

(1) Urkunden, die nach Form und Inhalt als von einer öffentlichen Behörde oder von einer mit öffentlichem Glauben versehenen Person errichtet sich darstellen, haben die Vermutung der Echtheit für sich.

(2) Das Gericht kann, wenn es die Echtheit für zweifelhaft hält, auch von Amts wegen die Behörde oder die Person, von der die Urkunde errichtet sein soll, zu einer Erklärung über die Echtheit veranlassen.

Inländische öffentl Urkunden haben, sofern sie keine äußere Mängel aufweisen (§ 419) u wenn 1
die in Rn 2 zu § 415 genannten Voraussetzungen erfüllt sind, die **Vermutung** dafür, daß der vom Beweisführer als Urheber der Urkunde Bezeichnete der Aussteller ist (= Echtheit). Daher hat der Gegner des Beweisführers die Beweislast für die behauptete Unechtheit (§ 292). Bei Zweifeln des Gerichts gilt Abs II. **Dienstl Erklärung** der Behörde, des Notars oder Konsularbeamten ausreichend. Daher Vernehmung als Zeuge nicht veranlaßt. – Zur Echtheitsvermutung notarieller Urkunden Reithmann/Röll/Geßele Rn 259. – Über Klage auf Feststellung der Echtheit s § 256 Rn 6. Verfahren z Prüfung der Echtheit: §§ 441, 442, 286. Die Echtheit der Urkunde ist Voraussetzung der Beweiskraft (Rn 6 vor § 415). Jedoch erstreckt sich die Echtheitsvermutung des § 437 nicht auch auf den Inhalt der Urkunde; insoweit gelten §§ 415, 417, 418.

438 *[Echtheit ausländischer öffentlicher Urkunden]*

(1) Ob eine Urkunde, die als von einer ausländischen Behörde oder von einer mit öffentlichem Glauben versehenen Person des Auslandes errichtet sich darstellt, ohne näheren Nachweis als echt anzusehen sei, hat das Gericht nach den Umständen des Falles zu ermessen.

(2) Zum Beweis der Echtheit einer solchen Urkunde genügt die Legalisation durch einen Konsul oder Gesandten des Bundes.

Lit: *Bindseil,* Internationaler Urkundenverkehr, DNotZ 92, 275; *Langhein,* Kollisionsrecht der Registerurkunden: Anglo-amerikanische notarielle Beglaubigungen, Bescheinigungen und Belehrungen im deutschen Registerrecht, 1995; *ders* Rpfleger 96, 45; *Luther,* Beglaubigung u Legalisation im zwischenstaatlichen Rechtsverkehr, MDR 86, 10, *Reithmann,* Beurkundung, Beglaubigung, Bescheinigung durch inländische u ausländische Notare, DNotZ 95, 360; *Reithmann/Martiny* Rn 614; *Schack* IZVR Rn 699 ff.

1) Für die Echtheit **ausländ öffentl Urkunden** (das sind von ausländ Amtspersonen ausgestell- 1
te Urkunden, auch wenn Ausstellung im Inland erfolgte) spricht grundsätzlich keine gesetzl Vermutung (vgl § 437), solange sie nicht legalisiert sind. Die **Legalisation** (= Bestätigung der Echtheit; Luther MDR 86, 10; Wagner DNotZ 75, 581; Bülow DNotZ 55, 9) erfolgt durch den dt Konsularbeamten, in dessen Bezirk die ausländ Urkunde errichtet wurde (§ 13 KonsularG v 11. 9. 74, BGBl I 2317; Bek BayJM v 18. 1. 89 BayJMBl 89, 13). Vielfach ist in Staatsverträgen über den Rechtshilfeverkehr die Legalisation als entbehrlich vereinbart; so durch Art 49 **GVÜ**, durch das **Europ Übereinkommen vom 7. 6. 1968** (BGBl 71 II 85 und 1023; hierzu Arnold NJW 71, 2109 u DNotZ 75, 581), durch das **Haager Übereinkommen vom 5. 10. 1961** (BGBl 65 II 875; hierzu Weber DNotZ 67, 469; Blumenwitz DNotZ 68, 728) und durch **bilaterale Verträge** mit Belgien, Dänemark, Frankreich, Griechenland, Italien, Luxemburg, Österreich und Schweiz (Nachweise bei H. Schmidt in Bülow/Böckstiegel/Geimer/Schütze 760 ff u BayJMBl 89, 13). Abweichend von den übrigen oben genannten Verträgen genügt nach Art 3, 4 des Haager Übereinkommens vom 5. 10. 1961 für die Anerkennung einer in einem Mitgliedsstaat des Übereinkommens erstellten öffentl Urkunde eine **Apostille** = Bestätigung der Echtheit der Unterschrift (auch des Stempels oder Siegels) durch die hierfür zuständige Behörde des Herkunftslandes in dessen Sprache (vgl BGBl 1965 II 883/884 und VO v 23. 2. 66, BGBl I 138) an Stelle der dann entbehrlichen Legalisation. – Wo Legalisation entbehrlich, gilt § 437 entsprechend. Im übrigen „genügt" (Abs II) die Legalisation für den Beweis der Echtheit; auch ohne Legalisation kann daher (§ 286) eine ausl öffentl Urkunde als echt angesehen werden. Auf Bestreiten oder Zugestehen der Echtheit kommt es hierbei (anders § 439) nicht an.

2) Wo die ausl öffentl Urkunde als echt angesehen wird, entspricht ihre **Beweiskraft** (Rn 1, 5 2
vor § 415) derj einer dt öffentl Urkunde (§§ 415, 417, 418; BVerwG NJW 87, 1159 = IPRspr 86/159). Die Echtheit einer ausl öffentl Urkunde hat das deutsche Gericht wie bei der Feststellung der Geltung ausl Rechts von Amts wegen zu ermitteln. Es ist auch nicht an die in der ZPO behandelten Beweismittel gebunden. Übereinstimmende Parteierklärungen sind für das Gericht nicht bindend. Das Gericht kann auch die zuständigen dt Auslandsvertretungen einschalten, LAG Hamm BB 89, 2191 = IPRspr 89/68.

3 3) Wegen **Übersetzung** ausländischer Urkunden s § 142 III und VO v 21. 11. 1942 (RGBl I 609).

4 4) Zur **Beweiskraft ausländischer gerichtlicher Entscheidungen:** § 328 Rn 75, 277.

5 5) Grundbuchverfahren (§ 29 GBO): BayObLG IPRax 94, 122 (H. Roth 86).

6 6) Zum strafrechtl Schutz ausl Urkunden Stoffers JA 94, 78.

439 *[Erklärung über Echtheit einer Privaturkunde]*

(1) Über die Echtheit einer Privaturkunde hat sich der Gegner des Beweisführers nach der Vorschrift des § 138 zu erklären.

(2) Befindet sich unter der Urkunde eine Namensunterschrift, so ist die Erklärung auf die Echtheit der Unterschrift zu richten.

(3) Wird die Erklärung nicht abgegeben, so ist die Urkunde als anerkannt anzusehen, wenn nicht die Absicht, die Echtheit bestreiten zu wollen, aus den übrigen Erklärungen der Partei hervorgeht.

1 **Privaturkunden** (§ 416; s auch Rn 1 zu § 435) haben anders als öffentl Urkunden (§ 437) keine Vermutung der Echtheit. Die Vorlage der Urkunde (§ 420) beinhaltet daher die Parteibehauptung ihrer Echtheit. Der Gegner hat die Last der Behauptung der Unechtheit.

2 **Nichtbestreiten** (Rn 9 zu § 138) gilt als Geständnis mit der Wirkung gem §§ 440 II, 416, 288 (RG 97, 164). Wegen Nachholung des Bestreitens in Berufungsinstanz s § 528 II (dort Rn 26). Sonderregelung des Nichtbestreitens im amtsgerichtl Verf (§ 510) u im Ehe- und Kindschaftsverfahren (Rn 9 zu § 138). Nur bei ausdrückl Anerkennung der Echtheit der Urkunde gilt § 290, denn das Bestreiten iS § 439 III kann (vorbehaltlich § 296) bis zum Schluß der letzt mündl Verh erfolgen. Bei verspäteter Erklärung des Gegners gelten §§ 282, 296. Jedoch darf der Gegner die Echtheit der Urkunde im Nachverfahren (§ 600) noch bestreiten, wenn er im Urkundenverfahren (§ 592) hierzu geschwiegen hatte (BGH 82, 115 = NJW 82, 183 = MDR 82, 209). Zur Zwischenfeststellungsklage bzgl Echtheit einer Urkunde s § 256 Rn 24.

440 *[Beweis der Echtheit einer Privaturkunde]*

(1) Die Echtheit einer nicht anerkannten Privaturkunde ist zu beweisen.

(2) Steht die Echtheit der Namensunterschrift fest oder ist das unter einer Urkunde befindliche Handzeichen notariell beglaubigt, so hat die über der Unterschrift oder dem Handzeichen stehende Schrift die Vermutung der Echtheit für sich.

1 1) Die **Beweiskraft der Privaturkunde** (§ 416) setzt Unversehrtheit des Papiers (§ 419), Echtheit der Unterschrift (hierfür keine gesetzl Vermutung, also Vollbeweis nötig; BGH MDR 88, 770) und Echtheit des Textes voraus. Im Gegensatz zu öffentl Urkunden haben Privaturkunden keine (v Gegner zu widerlegende, § 292) Vermutung der Echtheit (§ 437) ihres gesamten Inhalts. Lediglich der *über*, nicht der neben oder unter der Unterschrift stehende Text (BGH 113, 48; NJW 92, 829) wird als echt und dem Willen des Ausstellers entsprechend vermutet, wenn die Echtheit der Unterschrift (infolge Nichtbestreitens iS § 439, öffentl Beglaubigung iS § 129 BGB oder sonstigen Beweises) feststeht (BGH NJW 91, 487 = MDR 91, 335/336; BayObLG Rpfleger 85, 106). Wegen Beweiskraft von Blankounterschriften, nachträgl Einschaltungen sowie von Unterschriften bei bewußter oder unbewußter Unkenntnis vom Urkundeninhalt s § 416 Rn 4, § 419 Rn 1.

2 2) **Beweislast: a) Der Beweisführer** hat zunächst nur die Echtheit der Unterschrift unter der vorgelegten Privaturkunde zu beweisen. Eine dahin gehende Beweisführung ist entbehrlich, wenn die Echtheit der Unterschrift unstreitig oder nur unsubstantiiert (RG 72, 292) bestritten ist. Der Beweis für die Echtheit der Unterschrift ist ggf vom Beweisführer durch Zeugenbenennung des Ausstellers oder gemäß §§ 441, 442 anzutreten. Zur Zulässigkeit des Beweises durch Parteivernehmung des Gegners s § 416 Rn 4.

3 **b) Der Beweisgegner** trägt, wenn die Echtheit der Unterschrift feststeht (§ 286), die Last des Gegenbeweises gegen die gesetzlich vermutete (§ 292) Übereinstimmung des Urkundentextes mit dem Willen des Ausstellers. Er hat also, soweit ihm nicht bereits Urkundenmängel iS des § 419 die Beweislast abnehmen, behauptete Inhaltsmängel der Urkunde zu beweisen, zB den Ausstellerwillen in Frage stellende Begebungsmängel, Willensmängel iS der §§ 104 ff BGB, Urkundenfälschung, Blankettmißbrauch (BGH 104, 172; RR 89, 1323; MDR 88, 770); näher § 416 Rn 4.

441 *[Schriftvergleichung]*

(1) Der Beweis der Echtheit oder Unechtheit einer Urkunde kann auch durch Schriftvergleichung geführt werden.

(2) In diesem Falle hat der Beweisführer zur Vergleichung geeignete Schriften vorzulegen oder ihre Mitteilung nach der Vorschrift des § 432 zu beantragen und erforderlichenfalls den Beweis ihrer Echtheit anzutreten.

(3) Befinden sich zur Vergleichung geeignete Schriften in den Händen des Gegners, so ist dieser auf Antrag des Beweisführers zur Vorlegung verpflichtet. Die Vorschriften der §§ 421 bis 426 gelten entsprechend. Kommt der Gegner der Anordnung, die zur Vergleichung geeigneten Schriften vorzulegen, nicht nach oder gelangt das Gericht im Falle des § 426 zu der Überzeugung, daß der Gegner nach dem Verbleib der Schriften nicht sorgfältig geforscht habe, so kann die Urkunde als echt angesehen werden.

(4) Macht der Beweisführer glaubhaft, daß in den Händen eines Dritten geeignete Vergleichungsschriften sich befinden, deren Vorlegung er im Wege der Klage zu erwirken imstande sei, so gelten die Vorschriften des § 431 entsprechend.

1) Die **Schriftvergleichung** ist neben allen anderen ebenfalls zulässigen Beweismitteln 1
(Rn 10a, 11a vor § 284) der bessere Beweis für die Echtheit einer Urkunde, skeptisch aber MK/Schreiber Rn 1. Vergleicht das Gericht selbst, liegt Beweis durch Augenschein (§ 371) vor, anderenfalls Beweis durch (Schrift-) Sachverständige (§ 402). Über die Beweislast s § 440 Rn 2, 3.

2) **Beweisverfahren:** Gem Abs II untersteht der Beweis durch Schriftvergleichung ausschließl 2
der Parteiherrschaft (Rn 2 vor § 284), auch wo Sachverständige zugezogen werden; §§ 144, 372 sind für die Beischaffung von Vergleichsurkunden nicht anwendbar. Das schließt aber die Verwertung bereits in den Akten oder Beiakten befindl Urkunden nicht aus, auch wenn keine Partei hierauf Bezug nimmt (StJ/Leipold Rn 7). Die Verwertung derartiger Vergleichsurkunden erfordert jedoch deren Bekanntgabe (rechtl Gehör, RG JW 16, 964; 32, 944).

Der Aussteller einer Privaturkunde kann nicht angehalten werden, zur Herstellung einer Ver- 3
gleichungsschrift eigenhändig etwas zu schreiben. Dies unterfällt nicht der Zeugnispflicht (soweit Dritte betroffen sind), MK/Schreiber Rn 5. Wird aber eine Schriftprobe vom Gegner ohne hinreichenden Grund verweigert, so wird das Gericht dieses Verhalten nach § 446 (nicht nach § 444) frei würdigen.

442 *[Würdigung der Schriftvergleichung]*

Über das Ergebnis der Schriftvergleichung hat das Gericht nach freier Überzeugung, geeignetenfalls nach Anhörung von Sachverständigen, zu entscheiden.

Freie Beweiswürdigung gem § 286 (BGH NJW 82, 2874 = MDR 83, 35). Die Zuziehung von 1
Schriftsachverständigen steht (obwohl meistens zweckmäßig) im pflichtgemäßen Ermessen des Gerichts, gleichgültig ob sie beantragt war oder nicht (BGH NJW 93, 539). Die Parteien haben ein Recht auf Anwesenheit, § 357, auch wenn die Vergleichung ausnahmsweise (§ 434) vor einem verordneten Richter erfolgt. Schriftl Gutachten des SV (§ 411) zulässig. München NJW 70, 1925 erachtet Echtheitsbeweis durch SV-Gutachten für überzeugend, obwohl „Aussteller" unter Eid die Unechtheit der Unterschrift behauptet hatte. Zur Würdigung solcher Vergleichsgutachten BGH aaO und MDR 82, 862; Langenbruch JR 50, 212; Deitigsmann JZ 53, 494.

443 *[Verwahrung verdächtiger Urkunden]*

Urkunden, deren Echtheit bestritten ist oder deren Inhalt verändert sein soll, werden bis zur Erledigung des Rechtsstreits auf der Geschäftsstelle verwahrt, sofern nicht ihre Auslieferung an eine andere Behörde im Interesse der öffentlichen Ordnung erforderlich ist.

Die von den Parteien vorgelegten Urkunden werden nicht Bestandteil der Gerichtsakten, auch 1
dann nicht, wenn sie zum Zweck der Verwahrung zu den Akten genommen werden. Vgl auch § 952 BGB. Die Rückgabe der niedergelegten Urkunde bildet keinen Bestandteil des Verfahrens der Parteien vor dem Gericht. Etwaige Auslagen hat mit Erledigung des Antrages der Antragsteller zu zahlen. Die Rückgabe als solche gehört zwar zu den selbständigen Obliegenheiten der GeschSt; diese hat aber doch stets die Einwilligung des Richters einzuholen, weil dieser über die Zeitdauer der Zurückbehaltung der Urkunde zu befinden hat. Vgl §§ 142, 299. Nach Erledigung des Prozesses sind auch die zurückbehaltenen Urkunden dem Beweisführer zurückzugeben,

sofern nicht die öffentl Ordnung die Auslieferung der Urkunde an eine Behörde erforderlich macht (zB an die StA bei Verdacht der Fälschung; dann auch Aussetzung gem § 149 zulässig).

444 *[Beweis bei beseitigten Urkunden]*

Ist eine Urkunde von einer Partei in der Absicht, ihre Benutzung dem Gegner zu entziehen, beseitigt oder zur Benutzung untauglich gemacht, so können die Behauptungen des Gegners über die Beschaffenheit und den Inhalt der Urkunde als bewiesen angesehen werden.

1 **1) Grundsatz:** § 444 ist (ebenso wie § 427) ein Anwendungsfall des jegliche Beweisaufnahme (auch Zeugen-, SachverstBeweis, Augenschein, Parteivernehmung) beherrschenden Grundsatzes, daß auch das prozessuale Verhalten einer Partei Gegenstand der Beweiswürdigung sein kann (Rn 14 zu § 286). Vereitelt oder erschwert eine Partei der anderen arglistig die Benützung eines Beweismittels, so kann das Gericht hieraus in freier Beweiswürdigung auf die Wahrheit des gegn Vorbringens schließen (BGH NJW 63, 389/90; 52, 867; LM § 282 Nr 2; RG 128, 125; zur **Beweisvereitelung:** München OLGZ 77, 79; Peters ZZP 82, 200; E. Schneider MDR 69, 4; Gerhardt AcP 169, 289 u ZZP 86, 63). UU kann bereits Fahrlässigkeit hierfür genügen (BSG NJW 73, 535; Ordemann NJW 62, 1902). Dabei muß eine Partei sich das Verschulden eines Dritten anrechnen lassen, der auf ihre Anordnung oder mit ihrem Einverständnis tätig geworden ist, sei es während des oder vor dem Prozeß (RG 101, 198). Eine „Umkehrung der Beweislast" tritt hierdurch nicht ein, lediglich eine der vereitelnden Partei nachteilige Beweiswürdigung des gegnerischen Vorbringens.

2 **2) Vereitelung des Urkundenbeweises** liegt insbes vor, wenn der gem §§ 422, 423 zur Vorlage verpflichtete Gegner die Vorlage oder Verwendung der Urkunde unmöglich macht. Auf Eigentum an der Urkunde (zB § 952 BGB), sachl Verfügungsmacht, Rechtswidrigkeit oder Strafbarkeit (§§ 133, 274 StGB) kommt es nicht an, s auch § 427.

3 Ersetzung zerstörter oder abhanden gekommener Urkunden s Rn 7 vor § 415.

4 **3) Beispiele:** Staudinger/Spellenberg[12] § 328 ZPO Rn 254.

Zehnter Titel

BEWEIS DURCH PARTEIVERNEHMUNG

Lit: *Münks,* Vom Parteieid zur Parteivernehmung in der Geschichte des Zivilprozesses, 1992;

1 **1)** Neben der **Parteivernehmung als Beweismittel** (§§ 445–455, 287, 426, 595 II, 613, 640) kennt die ZPO die **Anhörung einer Partei zur Aufklärung** des Sachvortrags (§§ 118, 141); letztere ist keine Beweiserhebung im techn Sinn, weil sie nicht dem Beweis streitiger Tatsachen dient, sondern der bloßen Information des Gerichts über den (nicht notw streitigen) proz Sachverhalt (Rn 1 zu § 141). Nur die Parteivernehmung iS §§ 445 ff löst die Beweisgebühr aus (jedoch auch, wenn sie verfahrenswidrig in der Form des § 141 erfolgte, München NJW 65, 2112; aM Stuttgart MDR 86, 860). Wegen der besonderen Zulässigkeitsvoraussetzungen der Parteivernehmung (Rn 5 ff) ist darauf zu achten, daß die stets zulässige (§ 139) informative Befragung einer Partei nicht in eine Parteivernehmung ausartet, wo deren Voraussetzungen fehlen, BGH MDR 67, 834; RGZ 149, 63; BAG NJW 63, 2340. Im Eheprozeß Sonderregelung in § 613.

2 **2) Als Partei kann vernommen werden,** wer zur Zeit seiner Einvernahme (BGH MDR 65, 287) selbst Kläger oder Beklagter und prozeßfähig ist, ebenso das Vertretungsorgan der prozeßunfähigen Partei (§ 455 I). Daher sind der minderjährige oder sonst geschäftsunfähige Kläger oder Bekl – sofern nicht die Ausnahme des § 455 II vorliegt – als Zeuge, der gesetzl Vertreter u ebenso das Vertretungsorgan der jur Person als Partei zu vernehmen. Zur Abgrenzung zwischen Partei u Zeuge und hierbei unterlaufenen Fehlern s Rn 5 ff zu § 373.

3 **3) Antragsrecht und Person des zu Vernehmenden** sind abhängig von der Beweislast für die streitige Behauptung. Der **Beweispflichtige** kann die Vernehmung des Gegners (unter den Voraussetzungen des § 445) beantragen, desgleichen die eigene Vernehmung (die aber nach § 447 vom Einverständnis des Gegners und dem Ermessen des Gerichts abhängig ist). Der **Gegner des Beweispflichtigen** kann nur dessen Vernehmung beantragen, die zudem von dessen Einverständnis und dem gerichtl Ermessen abhängig ist (§ 447). **Von Amts wegen** kann **jede Partei** ohne Rücksicht auf die Beweislast vernommen werden, wenn die Voraussetzungen des § 448 vorliegen. Zur Streitgenossenschaft s § 449. Der Drittwiderbeklagte (§ 33 Rn 18 ff) teilt, sofern er nicht in bezug auf die Klage als Zeuge zu vernehmen ist (§ 373 Rn 5a), die Parteirolle des Klägers.

4) Verfahrensgrundsätze: a) Es gelten die **allg Grundsätze der Beweisaufnahme** für Beweisantritt, Beweisthema, Beweisanordnung, Beweislast, wie in Rn 3 ff vor § 284 ausgeführt, soweit nicht die nachfolgenden Sonderregeln eingreifen: 4

b) Subsidiarität der Parteivernehmung (§§ 445, 450 II; Rn 3 zu § 448): Die Parteivernehmung ist erst nach Ausschöpfung aller sonstigen Erkenntnisquellen zulässig, denn die Partei soll der Last der Aussage u evtl Beeidigung u dem hiermit verbundenen Interessenkonflikt nur im Notfall ausgesetzt werden (Lent ZZP 52 [1927], 14); vgl den gleichen Zweck der Vorschrift des § 383 I Nr 1–3. – Zum Begriff der Subsidiarität s § 445 Rn 1 und 3. Für Aufgabe des Subsidiaritätsprinzips Nagel FS Habscheid S 195 ff (rechtsvergleichend). 5

c) Keine Aussagepflicht der Partei aus den in b) genannten Gründen; lediglich eine Aussagelast in Form nachteiliger Beweiswürdigung der Weigerung, §§ 446, 453, 454. 6

d) Unzulässig ist die Parteivernehmung im Verfahren der Prozeßkostenhilfe (nur informative Anhörung, § 118), zum Beweis des Gegenteils bereits erwiesener Tatsachen, zB zur Entkräftung gesetzl Beweisregeln (§ 445 II; BGH MDR 65, 818; vgl Rn 10 vor § 284). Beschränkt zulässig ist die Parteivernehmung im Urkundenprozeß (§ 595 II) und im Wiederaufnahmeverfahren gem § 581; im letzteren Fall ist nur die Vernehmung vAw zulässig (§ 448; BGH 30, 60 = NJW 59, 1369). 7

e) Auf Antrag ist die Parteivernehmung gem §§ 445, 447, **von Amts wegen** in den Fällen der §§ 287, 448, 613, 640 zulässig. 8

f) Über die **Beteiligtenvernehmung im Verwaltungsrechtsstreit** s Kretschmer NJW 65, 383; im **Verf der freiw Gerichtsbarkeit** s §§ 12, 15 II FGG, BayObLG NJW 60, 2287; im **Konkursverfahren** s LG Nbg-Fürth NJW 61, 834; im **Verfahren der einstw Verfügung** s Düsseldorf MDR 60, 850. 9

g) Zur Frage der **Geständniswirkung der Parteiaussage** s Rn 3b zu § 288. 10

5) Die **Verwertung von Protokollen über frühere Aussagen der Partei** (zB als Zeuge in einem Strafverfahren) ist Urkundenbeweis (vor § 415 Rn 8) und unterliegt somit nicht den Regelungen der Parteivernehmung. Eine beantragte Parteivernehmung darf durch sie aber nicht ersetzt werden. 11

445 *[Antrag auf Vernehmung des Gegners]*

(1) Eine Partei, die den ihr obliegenden Beweis mit anderen Beweismitteln nicht vollständig geführt oder andere Beweismittel nicht vorgebracht hat, kann den Beweis dadurch antreten, daß sie beantragt, den Gegner über die zu beweisenden Tatsachen zu vernehmen.

(2) Der Antrag ist nicht zu berücksichtigen, wenn er Tatsachen betrifft, deren Gegenteil das Gericht für erwiesen erachtet.

1) Die Parteivernehmung ist, sofern sie unter Berücksichtigung der bes Verfahrensvorschriften durchgeführt wird, ein **vollwertiges Beweismittel,** welches in gleicher Weise wie die übrigen Beweismittel der richterl Beweiswürdigung (§ 286) dient; vgl § 453 I. Wo die Partei eine Behauptung des beweispflichtigen Gegners bestätigt, hat das höheren Beweiswert als alle sonstigen Beweismittel (zur Frage der Geständniswirkung s § 288 Rn 3b). Eine Qualifizierung der Parteivernehmung als Beweismittel geringeren Wertes ist ebensowenig gerechtfertigt wie eine Abwertung der Zeugenaussage naher Verwandter der Partei (§ 286 Rn 13). Die Besonderheit des Beweismittels besteht ledigl in seiner beschränkten Anwendbarkeit. 1

2) Zulässigkeit des Beweisantrages: a) Nur die **beweisbelastete Partei hat Anspruch auf Vernehmung des Gegners,** also nur die Partei, welche die formelle Beweislast (Rn 18 vor § 284) für ihr Vorbringen trägt. Wegen des Antragsrechts der nicht beweisbelasteten Partei und der Vernehmung des Beweisführers s § 447; wegen der Verwertung einer fehlerhaften Einvernahme der beweisbelasteten Partei Rn 7. 2

b) Grundsatz der Subsidiarität: Die Parteivernehmung setzt voraus, daß zunächst alle anderen Möglichkeiten des Beweises ausgeschöpft wurden (§ 450 II), daß also entweder andere Beweismittel nicht zur Verfügung stehen oder keinen Beweis erbracht haben (BGH 33, 66 = NJW 60, 1950). Das Gesetz nimmt hier Rücksicht auf den Interessenkonflikt der nicht beweisbelasteten, gleichwohl zur Vernehmung aufgeforderten Partei (s Rn 5 vor § 445), wie auch sonst eine Beweisführung wegen Unzumutbarkeit unzulässig sein kann (BGH 8, 241; 23, 291; 28, 254 = NJW 53, 584; 57, 746; 59, 34; 71, 241). In diesem Schutzzweck erschöpft sich aber der Grundsatz der Subsidiarität. Deshalb ist nach erfolgter Parteieinvernahme weiterer (nachträgl) Beweis zulässig; ebenso setzt die Parteivernehmung nach § 445 (anders als jene nach § 448) auch keinen vorherigen sonstigen Beweis oder auch nur Glaubhaftmachung oder Wahrscheinlichkeit der unter Beweis gestellten Behauptung voraus (BGH 33, 66 = MDR 60, 830). 3

3a c) **Unzulässige Ausforschung:** Bei der Parteivernehmung liegt ein Mißbrauch zu Ausforschungszwecken besonders nahe. Es ist daher zu prüfen, ob der Beweisantrag nicht nur zu dem Zweck gestellt wurde, den Prozeßgegner zur Verschaffung von Erkenntnissen zu zwingen, die dem Antragsteller einen substantiierten Vortrag erst ermöglichen. Ein solcher Antrag wäre als Beweisermittlungsantrag unbeachtl (vgl vor § 284 Rn 5 u [zu dem hiervon zu unterscheidenden Problem der sekundären Behauptungslast] 34). An den Beweisantritt dürfen aber keine übersteigerten Anforderungen gestellt werden, insbes darf die Beweiserhebung nicht davon abhängig gemacht werden, daß Anhaltspunkte für die Wahrheit der unter Beweis gestellten Tatsache vorliegen oder die Partei ihre Behauptung sogar wahrscheinl macht (BGH NJW-RR 91, 888/890). Der Beweisführer ist auch nicht gehindert, Tatsachen zu behaupten, über die er keine genauen Kenntnisse hat, die er aber nach Lage der Dinge für wahrscheinl hält; ein unzulässiger Ausforschungsbeweis liegt erst dort vor, wo die Partei ohne greifbare Anhaltspunkte für das Vorliegen eines bestimmten Sachverhalts willkürlich Behauptungen „aufs Geratewohl" oder „ins Blaue hinein" aufstellt (BGH NJW-RR 91, 891).

4 d) **Unzulässig ist die Parteivernehmung** (Abs II), wenn das Gegenteil bereits anderweitig erwiesen ist, sei es infolge Offenkundigkeit (§ 291), Würdigung anderer Beweise (§ 286) oder gesetzl Beweisregeln (Rn 7 vor § 445). Grund: Keiner Partei ist es zumutbar, trotz des Erfolges der eigenen Beweisführung bzw Mißerfolges der gegnerischen Beweisführung, dieses ihr günstige Prozeßergebnis durch eine eigene Aussage in Frage zu stellen. Zulässigkeit der Parteivernehmung setzt somit eine abschließende Würdigung der bisherigen Beweisaufnahme voraus. Dagegen hindern gesetzl Vermutungen (§ 292 S 2), bloße Wahrscheinlichkeit des Gegenteils oder bloßer Indizienbeweis (Rn 9a zu § 286) die Parteivernehmung nicht (BGH 33, 65). Wegen weiterer Beschränkungen der Zulässigkeit s Rn 7 vor § 445.

5 3) **Antrag:** Er muß auf Vernehmung des Gegners gerichtet sein und die zu beweisende Tatsachenbehauptung genau bezeichnen. Der in Schriftsätzen häufig anzutreffende, stereotype Antrag auf „Parteivernehmung" ist bis zu näherer Konkretisierung, wer vernommen werden soll, unbeachtl (ggf Hinweis nach § 139). Namentl Bezeichnung des Gegners ist nicht erforderl; bei Streitgenossen hat das Gericht dann die Wahl (§ 449). Bei jur Personen oder Geschäftsunfähigen bezieht sich Antrag auf den ges Vertreter (§ 455). Der Antrag kann entspr § 399 zurückgenommen u (vorbehaltl §§ 282, 296) wiederholt werden (BAG NJW 74, 1349).

6 4) **Verfahren:** Anordnung durch Beweisbeschluß (§ 450; näher dort). Wird gleichzeitig anderer (zB Zeugen-) Beweis angeboten, so muß die Anordnung der Parteivernehmung unterbleiben (Rn 3) u ggf nach Erhebung der anderen Beweise wiederholt werden (RG 154, 229; Oldenburg NJW-RR 90, 125); stillschweigende Bezugnahme (Rn 3 zu § 137) genügt hier nicht. Antrag auf Parteivernehmung hat aber Vorrang vor dem Antrag auf urkundl Verwertung einer Parteiaussage in einem anderen Prozeß (BGH VersR 59, 46/48), es sei denn, der Antrag betrifft Tatsachen, deren Gegenteil das Gericht durch andere Beweismittel als die frühere Aussage für erwiesen erachtet (BGH FamRZ 66, 566). – Bei Unzulässigkeit Zurückweisung des Antrags (ausreichend in den Urteilsgründen). Im Fall des Abs II muß das Urteil erkennen lassen, worauf die Überzeugung vom Gegenteil beruht, sonst revisibler Verfahrensfehler. Vernehmung ohne förml Beweisbeschluß ist verzichtbarer Verfahrensfehler (§ 450 Rn 1). Protokollierung der Aussage gem § 160 III 4. Die Art der Protokollierung entscheidet bei Zweifeln, ob die Partei zu Beweiszwecken gem § 445 oder nur informativ gem § 141 gehört wurde (BAG NJW 63, 2340); über den Unterschied beider Arten der Parteibefragung s Rn 1 vor § 445 und Rn 1 zu § 141.

7 5) **Verwertung und Würdigung der Aussage:** Wird verfahrenswidrig die beweisbelastete Partei vernommen, so hat ihre – selbst beeidigte – Aussage keinen Beweiswert, es sei denn, der Gegner der beweisbelasteten Partei stimmt nach Belehrung (§ 278 III) über die Beweislast der Verwertung ausdrücklich zu: § 447. Jedoch stellt ein vorweggenommener Antritt des Gegenbeweises auf Vernehmung des beweisbelasteten Gegners noch keine Zustimmung iS des § 447 dar (Born JZ 81, 775). Bei Zweifeln an der Partei- oder Zeugeneigenschaft eines Vertreters darf dessen Aussage verwertet werden, obwohl diese Zweifel nicht ausgeräumt sind (§ 373 Rn 7; BGH LM § 373 Nr 3). Die Aussage des Gegners ist unbeschränkt verwertbar (§ 286), auch soweit sie das Gegenteil des v Beweisführer Behaupteten ergibt (Grundsatz der Einheitlichkeit der Beweiswürdigung, § 286 Rn 2; Stuttgart VersR 58, 649) oder über das Beweisthema hinausgeht (s auch § 453).

8 4) **Gebühren: a) Für das Gericht:** Keine. – **b) Für den Anwalt:** Im Gegensatz zu der rein informatorischen Befragung gemäß § 141 löst die Parteivernehmung für den RA ohne weiteres – wenn durch Beweisbeschluß angeordnet u der RA dabei irgendwie tätig geworden – die Beweisgebühr aus, gleichviel ob die Parteivernehmung zulässig war, aber auch selbst ohne förmlichen Beweisbeschluß, wenn sie – der beweismäßigen Klärung dienend (LAG Düsseldorf JurBüro 91, 381) – in der Form des § 141 erfolgte.

446 *[Freie Beweiswürdigung bei Widerstand des Gegners]*

Lehnt der Gegner ab, sich vernehmen zu lassen, oder gibt er auf Verlangen des Gerichts keine Erklärung ab, so hat das Gericht unter Berücksichtigung der gesamten Sachlage, insbesondere der für die Weigerung vorgebrachten Gründe, nach freier Überzeugung zu entscheiden, ob es die behauptete Tatsache als erwiesen ansehen will.

1) § 446 ist – ähnlich wie § 444 – ein Anwendungsfall des Grundsatzes, daß auch das prozessuale Verhalten einer Partei Gegenstand der Beweiswürdigung sein kann (Rn 14 zu § 286). **Beweiswürdigung zum Nachteil der sich weigernden Partei** setzt Zulässigkeit der Anordnung ihrer Vernehmung voraus (Rn 2–4 zu § 445). Andererseits muß aus der Weigerung nicht notwendig Nachteiliges für die Partei gefolgert werden, denn die Weigerung kann achtenswerte Motive haben, zB Drohung Dritter, Besorgnis außerproz Nachteile, Scham, vgl § 384. Nur unmotivierte Weigerung rechtfertigt nachteilige Schlüsse (StJ/Leipold Rn 8); unmotiviert idS ist auch die Erklärung, nichts zu wissen, wenn der Gegner darlegt, worauf das Wissen der Partei beruhen kann. Anders bei erkennbarer Ausforschung (§ 445 Rn 3a). Im übrigen erfordert der Beweisantritt aber keine Glaubhaftmachung des Wissens der zu vernehmenden Partei (BGH 33, 63 = MDR 60, 830). 1

2) **Verfahren:** Weigerung ausdrücklich oder durch Unterlassen. Die Weigerung ist zu protokollieren, §§ 160 II u IV, 510a. Spätere Bereitwilligkeit z Aussage ist trotzdem zu berücksichtigen, sofern nicht Verschleppungsabsicht anzunehmen (§§ 282, 296; insoweit aM StJ/Leipold Rn 11); wegen Nachholung der Aussage in 2. Instanz s § 533. 2

447 *[Vernehmung der beweispflichtigen Partei]*

Das Gericht kann über eine streitige Tatsache auch die beweispflichtige Partei vernehmen, wenn eine Partei es beantragt und die andere damit einverstanden ist.

1) Abweichend von § 445 (dort Rn 2) ist die **Vernehmung der beweisbelasteten Partei** über deren eigene Behauptung zulässig, wenn beide Parteien das übereinstimmend wünschen. Von welcher Partei der Antrag gestellt wird, ist unerhebl; es kann also auch die Vernehmung des Beweispflichtigen zum Zweck des Gegenbeweises beantragt werden. Vernehmung steht im Ermessen des Gerichts. Voraussetzungen des § 445 müssen auch hier erfüllt sein. Näheres, auch zu Antrag u Verfahren, s dort. 1

2) **Einverständnis des Gegners** muß ausdrückl erklärt werden; Antrag gemäß § 445 in Verkennung der Beweislast genügt nicht (Born JZ 81, 775). Daher ggf Belehrung über die Verteilung der Beweislast (§§ 139, 278 III). Das Gericht ist aber nicht verpflichtet, auf eine ausdrückl Erklärung des Prozeßgegners zum Antrag nach § 447 hinzuwirken (VerfGH Berlin JR 94, 499/500). Protokollierung und Verlesung der Einverständniserklärung gem §§ 160 III 3, 510a, 162. – Das Einverständnis gilt für die ganze Instanz, ist aber mit einmaliger Vernehmung der Partei verbraucht. 2

3) **Rücknahme, Widerruf:** Der Antragsteller kann seinen Antrag zurücknehmen (StJ/L Rn 2; RSchwab/Gottwald § 124 II 4b), nach Beginn der Parteivernehmung jedoch nicht, wenn der Gegner auf der Fortsetzung beharrt (entspr § 399). Das Einverständnis des Gegners des Antragstellers ist dagegen unwiderrufl Prozeßhandlung (StJ/L Rn 2; RSchwab/Gottwald § 125 II 4b; aA MK/Schreiber Rn 2). 3

4) Für die **Verwertung und Würdigung** gilt das in § 445 Rn 7 u § 453 Rn 1 Gesagte entspr. Aus der Verweigerung des Einverständnisses dürfen keine nachteiligen Schlüsse gezogen werden. Wurde Partei trotz fehlenden Einverständnisses vernommen und war die Vernehmung auch nicht nach § 448 statthaft, so darf die Aussage nicht verwertet werden, sofern der Verfahrensfehler nicht nach § 295 geheilt wurde (gegen Heilung Münks [Lit vor § 445] S 186). 4

448 *[Anordnung von Parteivernehmung von Amts wegen]*

Auch ohne Antrag einer Partei und ohne Rücksicht auf die Beweislast kann das Gericht, wenn das Ergebnis der Verhandlungen und einer etwaigen Beweisaufnahme nicht ausreicht, um seine Überzeugung von der Wahrheit oder Unwahrheit einer zu erweisenden Tatsache zu begründen, die Vernehmung einer Partei oder beider Parteien über die Tatsache anordnen.

1) **Dogmatische Einordnung:** § 448 ist **Ausnahme vom Beibringungsgrundsatz** (Rn 1 vor § 284, vgl § 144 Rn 1), daher nur unter Beachtung seiner einschränkenden Voraussetzungen (Rn 3 ff) anzuwenden. Wegen der Abgrenzung von der gem §§ 139, 141 unbeschränkt zulässigen Anhörung der Parteien zur Aufklärung (nicht zum Beweis) des streitigen Sachverhalts vgl § 141 Rn 1 und 1

Rn 1 vor § 445. Die antragsunabhängige Einvernahme (nur) der beweisbelasteten Partei über einen Schadenseintritt regelt § 287 I; hierfür gilt – ebenso § 581 Rn 9 und § 613 Rn 5 – der Grundsatz der Subsidiarität (§ 445 Rn 3) nicht umfassend (vgl § 287 Rn 6).

2 2) **Normzweck:** § 448 will u darf nicht die beweisbelastete Partei von den Folgen der Beweisfälligkeit (Rn 15 ff vor § 284) befreien; sein Zweck besteht vielmehr darin, dem Gericht dann, wenn nach dem Ergebnis der Verhandlung eine gewisse Wahrscheinlichkeit für die Richtigkeit der streitigen Behauptung spricht und andere Erkenntnisquellen nicht mehr zur Verfügung stehen, ein Mittel zur Gewinnung letzter Klarheit an die Hand zu geben. Die Vorschrift trägt damit dem Umstand Rechnung, daß in vielen Fällen die Parteien selbst die engsten, oft sogar die einzigen Wissensträger sind, und verhindert, daß die Nutzbarmachung dieses Wissens im Prozeß an den starren Regeln der §§ 445, 447 scheitert. Auf der anderen Seite stellt sie durch das Erfordernis eines gewissen Anfangsbeweises (Rn 4) und den Vorbehalt des richterl Ermessens (Rn 4a) sicher, daß nicht in jedem Fall die Parteien als Beweismittel in eigener Sache auftreten können. Dies soll vielmehr wegen des damit möglicherweise verbundenen Interessenwiderstreits die Ausnahme bleiben (für weitergehende Zulassung aus Gründen der prozessualen Waffengleichheit aber Schlosser NJW 95, 1404 unter Heranziehung einer zum früheren niederländischen Prozeßrecht ergangenen, auf das deutsche Beweisrecht nicht übertragbaren Entscheidung des EGMR).

3 3) **Voraussetzungen: a) Erhebung aller angebotenen, zulässigen und erheblichen Beweise** (BGH VersR 84, 665/6; MK/Schreiber Rn 2; aA Münks [Lit vor § 445] S 191 ff). Auch Beweismittel, die das Gericht von sich aus heranziehen kann (§§ 144, 273 II 2), müssen vorher ausgeschöpft werden. Ob noch nicht benannte (weitere) Zeugen existieren, kann jedoch keine Rolle spielen, da wegen des hier uneingeschränkt geltenden Beibringungsgrundsatzes das Gericht keine Nachforschungsmöglichkeiten hat; uU kann es ihm verschaffte Kenntnisse über die Vorenthaltung eines Zeugen aber bei der Ermessensausübung berücksichtigen.

4 b) **Nicht ausreichendes Beweisergebnis:** Dies besagt zweierlei: Zum einen darf die Würdigung des Verhandlungsergebnisses **noch keine Überzeugung** des Gerichts begründen, und zwar weder von der Wahrheit noch von der Unwahrheit der zu beweisenden Behauptung; es muß eine echte non-liquet-Situation bestehen. Zum anderen muß aber die richterl Gesamtwürdigung von Verhandlung und bisheriger Beweisaufnahme eine gewisse, nicht notwendig hohe **Wahrscheinlichkeit für die Richtigkeit der streitigen Behauptung** erbringen, dh es muß mehr für als gegen sie sprechen, bereits „einiger Beweis" erbracht sein (BGH NJW 89, 3222/3; sog Anfangsbeweis oder Anbeweis). Abzustellen ist aber nicht nur auf die unmittelbaren Beweise; auch die Würdigung einzelner Beweisanzeichen (BGH 110, 363/366 = NJW 90, 1721/22), ja sogar die allgemeine Lebenserfahrung (BGH NJW-RR 91, 983/984 = VersR 91, 917/918) und erst recht eine vorangegangene Parteianhörung nach § 141 oder die urkundenbeweisl verwertete Aussage der Partei in einem anderen Verfahren (MK/Schreiber Rn 3; aA StJ/Leipold Rn 2) kann die erforderl Wahrscheinlichkeit begründen, nicht aber die Vorlage von vorprozessualen Schreiben, in denen die streitige Tatsache lediglich behauptet wird (BGH NJW 89, 3222/3). Daß eine Wahrscheinlichkeit für die *Un*wahrheit der zu beweisenden Behauptung spricht, genügt entgegen dem etwas irreführenden Wortlaut des § 448 nicht (Münks [Lit vor § 445] S 188 f); da der Gegenbeweis bereits geführt ist, wenn die Bildung einer Überzeugung beim Gericht verhindert wird, bedarf es einer Verstärkung dieser Wahrscheinlichkeit zum Beweis der Unwahrheit auch gar nicht.

4a 4) **Ermessen:** Auch wenn die tatbestandl Voraussetzungen des § 448 (im einzelnen Rn 3 f) vorliegen, ist das Gericht zur Parteivernehmung vAw nicht verpflichtet („kann"). Für die Ausübung dieses Ermessens wird insbes von Bedeutung sein, ob das Gericht von der Parteivernehmung eine Ausräumung seiner Restzweifel erwartet. Dies beurteilt sich nach dem Grad der Wahrscheinlichkeit, die bereits für die zu beweisende Behauptung spricht, einerseits und dem voraussichtl Überzeugungswert der Parteiaussage andererseits; eine „vorweggenommene Beweiswürdigung" ist insofern ausnahmsweise zulässig (vgl BGH WM 68, 406/407; B. Schmidt MDR 92, 638). Irreführend ist es, die Beweisnot der Partei oder den Umstand, daß sie einen Antrag auf Vernehmung nach § 448 gestellt hat, in Verbindung mit der Ermessensausübung zu bringen, wie dies in Entscheidungen des BGH immer wieder geschieht (vgl BGH 110, 363 = NJW 90, 1721/22; NJW-RR 87, 1381; dagegen auch B. Schmidt MDR 92, 638 f): Der Gesichtspunkt der „Beweisnot" hat in § 448 bereits seine Ausprägung als Anwendungsvoraussetzung gefunden; der Parteiantrag ist im Rahmen von § 448 nichts anderes als eine Prüfungsanregung an das Gericht.

5 5) **Welche Partei** das Gericht vernimmt, steht ohne Rücksicht auf die Verteilung der Beweislast (RG 145, 273; BGH VersR 59, 199) gleichfalls in seinem Ermessen. Maßgebl ist, welche Partei zum Beweisthema überhaupt eigene Wahrnehmungen bekunden könnte, ggf auch von welcher Partei nach dem bisherigen Prozeßverlauf die höhere Glaubwürdigkeit zu erwarten ist (BGH VersR 69, 220; WPM 68, 406). Die Vernehmung beider Parteien ist nicht unzulässig (nur die Beeidigung, § 452 I 2), im Interesse der Sachaufklärung und der Waffengleichheit oft sogar angezeigt (MK/Schreiber Rn 5; vgl Hamburg MDR 70, 58).

6) **Verfahren:** Anordnung erfordert Beweisbeschluß (§ 450). Abgrenzung des Beweisthemas (§ 359 Nr 1) hier besonders wichtig, denn die Vernehmung ist uU nur für bestimmte Fragen zulässig. Ob § 141 oder § 448 gewollt ist, muß klar erkennbar sein (BAG NJW 63, 2340). Die Zurückstellung anderer angetretener Beweise zu derselben Behauptung ist unzulässig. Im Urteil ist der Inhalt der Aussage vom streitigen Sachvortrag zu trennen; die Zulässigkeit der Parteivernehmung, ggf auch des Absehens hiervon, ist darzulegen. Letzteres gilt insbes dann, wenn die Vernehmung von einer Partei beantragt, dh angeregt, wurde oder wenn das Gericht trotz Vorliegens der Voraussetzungen (Rn 3 f) sein Ermessen (Rn 4a) im negativen Sinn ausgeübt hat (BGH NJW 83, 2033; 90, 1721). Wurde Parteivernehmung durchgeführt, obwohl Voraussetzungen nicht vorlagen, darf ihr Ergebnis nicht verwertet werden (Celle OLGR 94, 254, allerdings unter unzutr Berufung auf § 286 II); der Verfahrensfehler ist jedoch nach § 295 heilbar. – Berufungsverfahren: § 533. 6

7) **Revision:** Für das Revisionsgericht überprüfbar sind die gesetzl Voraussetzungen nach § 448, die Ermessensausübung nur auf Mißbrauch. Ein solcher kann darin liegen, daß der Tatrichter sein Ermessen unsachgemäß ausgeübt, die Grenzen seines Ermessens überschritten oder, obwohl eine Anwendung des § 448 in Betracht kam, ein Ermessen überhaupt nicht hat walten lassen (BGH NJW-RR 94, 1143/44). Grds ist zwar bei Schweigen der Urteilsgründe davon auszugehen, daß sich der Tatrichter der Möglichkeit der Parteivernehmung vAw bewußt war, also kein Ermessensfehler durch Nichtgebrauch vorliegt. Ergibt sich aber aus der Darstellung des Beweisergebnisses, daß die Voraussetzungen des § 448 vorlagen, nicht aber der Grund für das Unterbleiben der Parteivernehmung, so unterliegt das Urteil der Aufhebung (BGH NJW-RR 94, 1143/44; B. Schmidt MDR 92, 639; ähnlich MK/Schreiber Rn 7; jeweils mN der uneinheitl Rspr). 7

8) **Gebühren:** Wegen der Beweisgebühr s § 445 Rn 8. 8

449 *[Parteivernehmung bei Streitgenossen]*

Besteht die zu vernehmende Partei aus mehreren Streitgenossen, so bestimmt das Gericht nach Lage des Falles, ob alle oder nur einzelne Streitgenossen zu vernehmen sind.

1) Der **Beweisführer kann,** wo ihm mehrere Prozeßgegner gegenüberstehen (einfache § 61, notw Streitgenossenschaft § 62 oder streitgenössische Nebenintervention § 69), den zu vernehmenden **Gegner namentlich bezeichnen;** dann ist bei der gemäß § 445 beantragten Parteivernehmung nur diese benannte Partei zu vernehmen. Anderer Streitgenosse kann von Amts wegen (hierzu § 448 Rn 4) erst dann vernommen werden, wenn die vom Beweisführer benannte Partei vernommen wurde (StJ/Leipold Rn 2). 1

2) **Fehlt namentliche Bezeichnung,** so hat das Gericht die Wahl, welchen der streitigen Gegner es vernimmt; es darf auch alle vernehmen. Nachträgl Änderung des Beweisbeschl (§ 450) ist jederzeit möglich (§ 360). 2

3) Bei **einfacher Streitgenossenschaft** (§ 61) muß das Gericht prüfen, ob das Beweisthema den namentl benannten Gegner selbst betrifft, weil dieser andernfalls **als Zeuge** zu vernehmen ist (§ 373 Rn 5a; Düsseldorf MDR 71, 56). 3

450 *[Beweisbeschluß]*

(1) Die Vernehmung einer Partei wird durch Beweisbeschluß angeordnet. Die Partei ist, wenn sie bei der Verkündung des Beschlusses nicht persönlich anwesend ist, zu der Vernehmung unter Mitteilung des Beweisbeschlusses persönlich durch Zustellung von Amts wegen zu laden.

(2) Die Ausführung des Beschlusses kann ausgesetzt werden, wenn nach seinem Erlaß über die zu beweisende Tatsache neue Beweismittel vorgebracht werden. Nach Erhebung der neuen Beweise ist von der Parteivernehmung abzusehen, wenn das Gericht die Beweisfrage für geklärt erachtet.

1) **Abs I: Beweisbeschluß** (Inhalt: § 359) ist verzichtbare (BGH LM § 450 ZPO Nr 1; § 516 BGB Nr 3; BGH FamRZ 65, 212) Voraussetzung der Parteivernehmung. Formlose Vernehmung (zB verfahrenswidrig ausgedehnte Befragung gem § 141; Rn 1 vor § 445) löst, wenn im Urteil als Beweis verwertet, Beweisgebühr aus (München NJW 65, 2112). 1

Der Beweisbeschluß muß das **Beweisthema** genau bezeichnen und abgrenzen (§ 445 Rn 5, § 448 Rn 6), um das in der Einvernahme des Gegners liegende Beweisrisiko für den Beweisführer nicht über dessen Antrag hinaus zu vergrößern. Der Beschluß ist, sofern nicht in Anwesenheit aller Beteiligten (auch der zu vernehmenden Partei) verkündet, mit Terminsladung **förmlich zuzustellen** (wegen §§ 446, 454). Die zu vernehmende Partei ist, sofern bei Verkündung abwesend, 2 persönlich (also nicht zu Händen ihres ProzBevollm BGH NJW 65, 1598) förmlich zu laden. Ersatzzustellung (§§ 181–186) ist zulässig. Androhung der Folgen des Ausbleibens (§§ 446, 454) entbehrl. Für die Partei muß aber aus Beweisbeschluß u Ladung erkennbar sein, daß ihre Einvernahme Beweiszwecken dient, worüber sie aussagen soll und auf wessen Betreiben (§ 445 oder § 448) das geschieht; anderenfalls sind §§ 446, 453 II nicht anwendbar.

3 2) **Abs II** ist Konsequenz der Subsidiarität der Parteivernehmung (Rn 3 zu § 445). Das Gericht soll (es muß nicht; vgl „kann") nachträgl angebotene sonstige Beweise, sofern diese nicht gem §§ 282, 296 als verspätet zurückgewiesen werden, vor Durchführung der Parteivernehmung erheben. Dann **Aussetzung** der Parteivernehmung entweder durch ausdrückl Beschluß (unanfechtbar) oder stillschw durch Anordnung der anderen Beweiserhebung. Der mit der Parteivernehmung beauftragte Richter (§§ 451, 375) hat in diesem Fall Weisung des ProzGerichts einzuholen.

4 Hält das Gericht nach Erhebung der neuen Beweise die Beweisfrage für geklärt, so hat es (zwingend! BGH NJW 74, 56) von der Parteivernehmung abzusehen, mag diese auch bereits angeordnet gewesen sein. Es ist zulässig, ohne förml Aufhebung des Beweisbeschlusses lediglich in den Urteilsgründen zu erörtern, warum die Vernehmung der Partei unterblieb.

451 *[Ausführung der Vernehmung]*

Für die Vernehmung einer Partei gelten die Vorschriften der §§ 375, 376, 395 Abs. 1, Abs. 2 Satz 1 und der §§ 396, 397, 398 entsprechend.

1 1) **Bei der Parteivernehmung sind anwendbar: § 375:** Vernehmung durch das Prozeßgericht; die Vernehmung durch einen beauftragten oder ersuchten Richter ist nur in den Fällen des § 375 Nr 1–3 zulässig; Verstoß hiergegen ist verzichtbarer Verfahrensfehler, BGH NJW 64, 108. **§ 376:** Vernehmung von Beamten (im Fall § 376 Rn 6) nur mit Genehmigung der vorgesetzten Dienstbehörde; **§ 395 I:** Ermahnung zur Wahrheit u Hinweis auf mögl Beeidigung; **§ 395 II S 1:** Befragung über Vor- u Zuname, Alter, Stand oder Gewerbe u Wohnort. Obwohl S 2 nicht in Bezug genommen ist, müssen auch Fragen, die die Glaubwürdigkeit betreffen, zulässig sein; **§ 396:** Die Partei ist zu veranlassen, was ihr vom Gegenstand der Vernehmung bekannt ist, im Zusammenhang anzugeben; sodann Fragestellung zur Aufklärung u Vervollständigung der Aussage; **§ 397:** Befragung durch die Gegenpartei u die Anwälte, auch den eigenen; **§ 398:** wiederholte u nachträgl Vernehmung (für Berufungsinstanz s erg § 526 Rn 3 f). – **Protokoll:** §§ 160 III Nr 4 u 5, 161, 162.

2 2) **Keine Anwendung finden: § 377 III:** keine schriftliche Auskunft; **§ 394 I:** Sind beide Parteien zu vernehmen, hat die eine das Recht, der Vernehmung der anderen beizuwohnen (§ 357 I); **§ 399:** Verzicht auf die Vernehmung. Nimmt aber eine Partei den Antrag auf Parteivernehmung zurück, so wirkt dies wie ein Verzicht (BAG NJW 74, 1349; s aber § 447 Rn 3); **§ 401:** Die der Partei durch die Vernehmung entstandenen Kosten sind notwendige Kosten iS des § 91 I; sie sind daher erst nach abschließender Kostenentscheidung (§ 308 II) und -festsetzung (§ 104) erstattungsfähig. Wegen des Reisekostenvorschusses für die arme Partei s Nr 9008 KV zu § 11 GKG sowie die bundeseinheitl Verw-AO v 1. 8. 1977 über die Bewilligung von Reiseentschädigung an mittellose Personen (BayJMBl 77 S 199); vgl entsprechend § 401 Rn 6.

452 *[Beeidigung bei Parteivernehmung]*

(1) Reicht das Ergebnis der unbeeidigten Aussage einer Partei nicht aus, um das Gericht von der Wahrheit oder Unwahrheit der zu erweisenden Tatsache zu überzeugen, so kann es anordnen, daß die Partei ihre Aussage zu beeidigen habe. Waren beide Parteien vernommen, so kann die Beeidigung der Aussage über dieselben Tatsachen nur von einer Partei gefordert werden.

(2) Die Eidesnorm geht dahin, daß die Partei nach bestem Wissen die reine Wahrheit gesagt und nichts verschwiegen habe.

(3) Der Gegner kann auf die Beeidigung verzichten.

(4) Die Beeidigung einer Partei, die wegen wissentlicher Verletzung der Eidespflicht rechtskräftig verurteilt ist, ist unzulässig.

1 1) Eine **Pflicht zur Eidesleistung besteht für die Partei nicht,** weil sie auch nicht aussagepflichtig ist (§ 453 II). Belehrung hierüber ist nicht vorgeschrieben, ggf empfiehlt sich aber Hinweis auf Folge der Eidesverweigerung gem §§ 453 II, 446.

2 2) Eine **Pflicht zur Abnahme des Eides besteht für das Gericht nicht.** Die Beeidigung ist als Teilbereich der freien richterl Beweiswürdigung (§ 286) in das pflichtgebundene Ermessen des Prozeß-

gerichts (nicht des verordneten Richters, dieser darf nur auf Weisung des ProzGerichts vereidigen) gestellt. Wegen der Grundsätze der Ermessensausübung gilt das in Rn 3 zu § 391 Gesagte. Ermessensmißbrauch kann unterbliebene Beeidigung der Parteiaussage über einen nur der Partei bekannten Sachverhalt sein, wenn das Gericht an der Richtigkeit der Aussage zweifelt (BGH MDR 64, 490 = NJW 64, 1027 = LM Nr 1). Das Gericht muß dann im Urteil darlegen, warum es die Möglichkeit der Beeidigung nicht wahrgenommen hat, sonst revisibler Verfahrensfehler (RG JW 37, 233).

3) **Unzulässig ist die Beeidigung:** bei **Verzicht** des Gegners (vgl Rn 5 zu § 391) sowie bei rechtskräftiger **Vorstrafe der Partei** (gilt nicht für Zeugen) wegen eines wissentl, also vorsätzl, **Eidesdelikts** (§§ 154–156, 159, 160 StGB; BL/Hartmann Rn 6; aM StJ/Leipold Rn 13, der Abs IV wegen der Aufhebung des entspr § 161 StGB als obsolet ansieht). Ob ein solches Delikt begangen und bestraft wurde, ist zwar vAw festzustellen; eine dahingehende Amtsermittlung (Zentralregisterauskunft) ist aber nur zu verlangen, wenn dem Gericht Anhaltspunkte für eine solche Vorstrafe bekannt oder erkennbar sind. **Keine Beeidigung beider Parteien** bei widersprüchl Aussage (Abs I 2); zu beeidigen ist dann, wenn überhaupt, idR der Gegner der beweisbelasteten Partei (Rn 15 ff vor § 284), dagegen die beweisbelastete Partei selbst, wenn deren Aussage mit Rücksicht auf sonstigen Beweis glaubwürdiger ist; hierzu Sonderregelung für das Berufungsverfahren § 533 II. **Unzulässigkeit der Parteivernehmung** macht auch die Beeidigung unzulässig. – Wegen Vereidigung **Prozeßunfähiger** s § 455 II und entsprechend § 393. 3

4) **Entscheidung:** Anordnung durch Beschluß des Prozeßgerichts (näher § 391 Rn 6) nach Anhörung des Gegners (unerläßl schon wegen der Möglichkeit des Verzichts nach Abs III). Bei Nichtbeeidigung kein Beschluß erforderl. War Antrag auf Beeidigung gestellt, ist im Urteil zu begründen, weshalb ihm nicht gefolgt wurde. 4

5) **Eidesleistung:** s § 481 u Abs II. Eidesbelehrung § 480. 5

6) **Würdigung:** Auch die beeidigte Aussage unterliegt der freien Beweiswürdigung nach §§ 453 I, 286 (MK/Schreiber Rn 3). Das Gericht ist nicht gehindert, weiter an der Richtigkeit zu zweifeln (aA Nagel FS Habscheid S 196 f). 6

453 *[Beweiswürdigung bei Parteivernehmung]*

(1) Das Gericht hat die Aussage der Partei nach § 286 frei zu würdigen.

(2) Verweigert die Partei die Aussage oder den Eid, so gilt § 446 entsprechend.

1) Nicht nur der Inhalt der Aussage, auch die äußeren Umstände ihrer Abgabe (Rn 14 zu § 286) oder Verweigerung (Rn 1 zu § 446) unterliegen der freien Beweiswürdigung (§ 286). Obwohl § 394 für die Partei nicht anwendbar (s § 451), kann der Beweiswert der Aussage gemindert sein, wenn die Partei bei Einvernahme von Zeugen anwesend war. Zur Frage der Geständniswirkung einer Parteiaussage s § 288 Rn 3b. Erfolgt ausnahmsweise die Parteivernehmung vor dem verordneten Richter, so dürfen über den Aussageinhalt (Protokoll: §§ 160 III 4, 162) hinausgehende Wahrnehmungen (zB Nervosität der Partei, Berichtigungen usw) beweiswürdigend nur berücksichtigt werden, wenn sie im Protokoll festgehalten sind (vgl § 355 Rn 1). – Wegen des besonderen Gewichts des persönl Eindrucks der Partei während ihrer Aussage, wird Anhörung vor dem Prozeßgericht (§ 355) idR unverzichtbar bzw nachzuholen sein (BGH LM § 398 Nr 7). 1

2) **Abs II:** Die Eidesverweigerung macht es dem Gericht unmöglich, gleichwohl die Aussage zugunsten der verweigernden Partei zu verwerten (MK/Schreiber Rn 2). Iü gilt für die Würdigung ihres Verhaltens das zu § 446 Gesagte. – Zwangsmaßnahmen gegen die Partei wegen Aussageverweigerung gibt es nicht. 2

454 *[Ausbleiben der zu vernehmenden oder zu beeidigenden Partei]*

(1) Bleibt die Partei in dem zu ihrer Vernehmung oder Beeidigung bestimmten Termin aus, so entscheidet das Gericht unter Berücksichtigung aller Umstände, insbesondere auch etwaiger von der Partei für ihr Ausbleiben angegebener Gründe, nach freiem Ermessen, ob die Aussage als verweigert anzusehen ist.

(2) War der Termin zur Vernehmung oder Beeidigung der Partei vor dem Prozeßgericht bestimmt, so ist im Falle ihres Ausbleibens, wenn nicht das Gericht die Anberaumung eines neuen Vernehmungstermins für geboten erachtet, zur Hauptsache zu verhandeln.

1) **Für die Aussage- oder Eidesverweigerung der anwesenden Partei** gelten §§ 446, 453 II. 1

2) Abs I betrifft nur das **Ausbleiben der Partei** in einem für ihre Einvernahme anberaumten (§ 450 Rn 2) späteren Termin. Dieses rechtfertigt eine **nachteilige Beweiswürdigung** (§ 446 Rn 1) 2

ihrer Säumnis nur, wenn **a)** die Parteivernehmung überhaupt **zulässig** wäre (Rn 2, 3 zu § 445 und Rn 1 zu § 446),

3 **b)** die Partei persönlich ordentlich (Rn 2 zu § 450) **geladen** war. Ladungsfrist (§ 217) muß gewahrt sein. Ladung des ProzBevollm genügt nicht, ebensowenig Ladung iS §§ 141, 273 II 3, 279 II, und

4 **c)** die Partei bis zum Schluß des Termins (§ 220 II) nicht erscheint, obwohl ihre Säumnis **nicht entschuldigt** ist. Eine ungenügende Entschuldigung (zB Vergessen) erlaubt nachteilige Beweiswürdigung aber nur, wenn sie erkennbar nur als Vorwand für die tats gewollte Aussageverweigerung gebracht wird. Im Zweifel daher Vertagung geboten unter Hinweis auf das mit nochmaliger Säumnis verbundene Beweisrisiko (StJ/Leipold Rn 6, 7). Zur Möglichkeit der Anordnung sicheren Geleits (§ 295 StPO) bei einer strafrechtl verfolgten Partei BGH MDR 91, 882.

5 Einstweilen frei.

6 **3) Abs II: Weiteres Verfahren:** Das Gericht bestimmt, wenn unverschuldete Säumnis zu vermuten ist, neuen Vernehmungstermin. § 356 ist dann anwendbar. Die Partei ist gem § 450 erneut zu laden; § 218 gilt für sie nicht.

7 Liegen die Voraussetzungen nach Rn 2–4 vor, so gibt der verordnete Richter die Akten dem Prozeßgericht zurück. Fand der Termin vor dem Prozeßgericht statt, so ist **sofortige Verhandlung zur Hauptsache** zulässig, vgl § 370 I. Mit dem Eintritt in die Verhandlung zur Hauptsache gilt der Beweisbeschluß als erledigt u ist **VersUrteil** zulässig, wenn die Partei auch nicht vertreten ist; vgl Rn 1 zu § 367. Auch der ProzBevollm der säumigen Partei kann gegen den ebenfalls abwesenden Gegner nach Maßgabe der §§ 330 ff VersUrteil erwirken. – Erscheint die säumige Partei in einem späteren Termin, so ist sie zu vernehmen. Einen Anspruch auf nochmalige Ladung hat sie nicht.

8 **4) Ordnungsmittel** gegen die nicht erscheinende Partei und eine **Kostenfolge des Fernbleibens** (wie § 380) sieht das Gesetz (im Gegensatz zu § 141 III) nicht vor (vgl Rn 6 vor § 445 sowie zur Kostenneutralität des Fernbleibens Oldenburg Rpfleger 65, 316); die einzige Konsequenz der Aussageverweigerung ist die nachteilige Beweiswürdigung dieser Beweisvereitelung (§§ 446, 453 II; hierzu vgl § 286 Rn 14). Auch § 95 ZPO, § 34 GKG sind (entgegen StJ/Leipold Rn 7; BL/Hartmann Rn 3; wie hier MK/Schreiber Rn 1) wegen dieser Beweisvereitelung nicht anwendbar, denn für die Partei gibt es keine Aussagepflicht, nur eine Aussagelast entsprechend ihrer objektiven Beweislast (vor § 284 Rn 18).

455 *[Prozeßunfähige Partei; Vernehmung ihres gesetzlichen Vertreters]*

(1) Ist eine Partei nicht prozeßfähig, so ist vorbehaltlich der Vorschrift in Abs. 2 ihr gesetzlicher Vertreter zu vernehmen. Sind mehrere gesetzliche Vertreter vorhanden, so gilt § 449 entsprechend.

(2) Minderjährige, die das sechzehnte Lebensjahr vollendet haben, können über Tatsachen, die in ihren eigenen Handlungen bestehen oder Gegenstand ihrer Wahrnehmung gewesen sind, vernommen und auch nach § 452 beeidigt werden, wenn das Gericht dies nach den Umständen des Falles für angemessen erachtet. Das gleiche gilt von einer prozeßfähigen Person, die in dem Rechtsstreit durch einen Betreuer oder Pfleger vertreten wird.

1 **1) Nur die prozeßfähige Partei** kann (vorbehaltl Abs II) parteiverantwortl einvernommen werden. Wegen Prozeßfähigkeit s §§ 52, 53. Bei fehlender Prozeßfähigkeit ist die Partei selbst (soweit sie natürl Person ist) als Zeuge, ihr ges Vertreter als Partei zu vernehmen, vgl Rn 6 zu § 373; BGH NJW 65, 2254. Wegen der Vernehmung geschäftsunfähiger (zB geistesschwacher) Personen s Rn 3 zu § 373. Bei Zweifeln an der Partei- oder Zeugeneigenschaft der vernommenen Person darf die Aussage trotzdem beweiswürdigend verwertet werden (LM § 373 Nr 3).

2 **2) Ausnahme** (Abs II): Über eigene Handlungen (vgl ebenso § 385 Rn 6) oder Wahrnehmungen darf nach freiem Ermessen des Gerichts die prozeßunfähige Partei parteiverantwortl vernommen werden, wenn sie **a)** als Minderjähriger das 16. Lebensjahr vollendet hat oder **b)** trotz bestehender Prozeßfähigkeit für den Rechtsstreit unter Pflegschaft oder Betreuung (vgl § 53) gestellt ist.

3 Wo die prozeßunfähige Partei als solche vernommen wird, kann ihr Vertreter Zeuge sein. Maßgebl für die Frage, ob die Partei als solche vernommen werden darf, sind die Verhältnisse im Zeitpunkt der Einvernahme. Der frühere Vertreter kann stets Zeuge sein (s aber § 373 Rn 5).

456–477 (weggefallen)

Elfter Titel

ABNAHME VON EIDEN UND BEKRÄFTIGUNGEN

1 Die Vorschriften des elften Titels beziehen sich auf alle zivilproz Eide, also auf den Zeugen-, Sachverständigen-, Dolmetschereid u den Eid bei Parteivernehmung. Sie gelten gem § 807 II entsprechend für die eidesstattliche Offenbarungsversicherung (vgl auch §§ 883 IV, 889 I). Zur Glaubhaftmachung durch **Versicherung an Eides Statt** s § 294.

2 Zur Strafbarkeit des Meineids, fahrlässigen Falscheides, falscher eidesgleicher Versicherungen u falscher Versicherungen an Eides Statt s §§ 154 ff StGB. Zur Frage, ob diese Strafnormen Schutzgesetze iS § 823 II BGB sind, vgl (grundsätzlich bejahend) BGH MDR 59, 116, LM § 823 BGB (Be) Nr 8; s aber Rn 10 zu § 402.

3 Das BVerfG unterstellt die Beeidigungsnormen des Verfahrensrechts dem Vorrang des Art 4 GG (NJW 72, 1183); dem hat die Fassung des § 484 durch Ges v 20. 12. 1974 Rechnung getragen.

478 *[Eidesleistung in Person]*

Der Eid muß von dem Schwurpflichtigen in Person geleistet werden.

1 1) **Schwurpflichtig** ist, wer das 16. Lebensjahr vollendet hat (§§ 393, 455 II), zur Erkenntnis von Wesen u Bedeutung des Eides geistig in der Lage ist, zur Aussageverweigerung u damit zur Verweigerung des Eides nicht kraft Gesetzes (§§ 383 ff) berechtigt ist (berechtigt ist vorbehaltlich §§ 446, 453 II stets die Partei) und vom Gericht gem §§ 391, 410, 452 zur Eidesleistung aufgefordert wird.

2 2) Eine **Vertretung bei Ableistung des Eides ist ausgeschlossen,** auch bei gesetzl Vertretung der Auskunftsperson, vgl §§ 393, 455 II. Wegen der Ausübung des Aussage- u Eidesverweigerungsrechtes nicht geschäftsfähiger Personen s § 383 Rn 4. – Über den **Inhalt der Eidesnorm** s für Zeugen § 392, für Sachverständige § 410, für Dolmetscher § 189 GVG, für Parteien § 452 II, für die eidesstattliche Versicherung des Vollstreckungsschuldners § 807 II, des Herausgabeschuldners § 883 II, des Rechenschaftspflichtigen §§ 259 II, 260 II BGB, § 889 ZPO.

3 3) **Folgen der Eidesverweigerung:** Zeugen § 390, Sachverständige § 410 Rn 2, Partei § 453 II, Dolmetscher keine Zwangsmittel, Schuldner §§ 888, 889 II.

479 *[Eidesleistung vor dem verordneten Richter]*

(1) Das Prozeßgericht kann anordnen, daß der Eid vor einem seiner Mitglieder oder vor einem anderen Gericht geleistet werde, wenn der Schwurpflichtige am Erscheinen vor dem Prozeßgericht verhindert ist oder sich in großer Entfernung von dessen Sitz aufhält.

(2) Der Bundespräsident leistet den Eid in seiner Wohnung vor einem Mitglied des Prozeßgerichts oder vor einem anderen Gericht.

1 1) Wo das Prozeßgericht die Beweiserhebung dem beauftragten oder ersuchten Richter (§§ 361, 362) überträgt (§§ 375, 402, 451), ist diesem Richter die Entscheidung der Beeidigungsfrage vorenthalten (§ 391 Rn 6). § 479 regelt den (seltenen) Fall, daß allein die Beeidigung vor dem Richterkommissar erfolgt. Die Voraussetzungen entsprechen denen des § 375 (s dort); sie sind als Durchbrechung des Grundsatzes der Beweisunmittelbarkeit streng zu prüfen (§ 355).

2 2) **Verfahren:** Anordnung auch ohne mündl Verhandlung (RG 16, 411) durch unanfechtb Beschluß, RG 46, 366, der, wenn nicht verkündet, den Parteien von Amts wegen mitzuteilen ist. Abänderung: § 360. – § 479 ist grundsätzlich auf Eidesabnahme im Ausland anwendbar, RG 46, 368. Rechtshilfeersuchen: § 157 GVG. Bei Streit über die Eidespflicht gilt § 366.

480 *[Eidesbelehrung]*

Vor der Leistung des Eides hat der Richter den Schwurpflichtigen in angemessener Weise über die Bedeutung des Eides sowie darüber zu belehren, daß er den Eid mit religiöser oder ohne religiöse Beteuerung leisten kann.

1 Feststellung der Belehrung in der Niederschrift, § 160 II. Unterlassung des Hinweises bewirkt nicht Ungültigkeit des Eides. Befragung über die persönl Verhältnisse nicht vorgeschrieben, aber Feststellung der Identität erforderlich; s aber §§ 395, 402, 451. Belehrung über Strafbarkeit

(§§ 153 ff StGB) nicht ausdrücklich vorgeschrieben, aber stets veranlaßt. Ermahnung durch die Partei (RG 76, 103) ersetzt die Eidesbelehrung durch das Gericht nicht. Ohne Hinweis auf die Möglichkeit, statt des Eides die eidesgleiche Bekräftigung gem § 484 zu wählen, wäre die Auskunftsperson befugt, ohne nachteilige Folgen aus Glaubensgründen die Eidesleistung zu verweigern (BVerfG NJW 72, 1183).

481 *[Art der Eidesleistung]*

(1) Der Eid mit religiöser Beteuerung wird in der Weise geleistet, daß der Richter die Eidesnorm mit der Eingangsformel:

„Sie schwören bei Gott dem Allmächtigen und Allwissenden"
vorspricht und der Schwurpflichtige darauf die Worte spricht (Eidesformel)
„Ich schwöre es, so wahr mir Gott helfe."

(2) Der Eid ohne religiöse Beteuerung wird in der Weise geleistet, daß der Richter die Eidesnorm mit der Eingangsformel:

„Sie schwören"
vorspricht und der Schwurpflichtige darauf die Worte spricht (Eidesformel):

„Ich schwöre es."

(3) Gibt der Schwurpflichtige an, daß er als Mitglied einer Religions- oder Bekenntnisgemeinschaft eine Beteuerungsformel dieser Gemeinschaft verwenden wolle, so kann er diese dem Eid anfügen.

(4) Der Schwörende soll bei der Eidesleistung die rechte Hand erheben.

(5) Sollen mehrere Personen gleichzeitig einen Eid leisten, so wird die Eidesformel von jedem Schwurpflichtigen einzeln gesprochen.

1 1) **Die Eidesleistung** besteht aus: a) **Vorspruch des Richters,** bestehend aus Eingangsformel und Eidesnorm. Beispiel für Zeugeneid: „Sie schwören bei Gott dem Allmächtigen und Allwissenden (= Eingangsformel), daß Sie nach bestem Wissen die reine Wahrheit gesagt und nichts verschwiegen haben (= Eidesnorm gem § 392)".

2 Eidesnormen für Sachverständige, Dolmetscher u Parteien s Rn 2 zu § 478. Gleichzeitige Vereidigung mehrerer Zeugen oder Sachverständigen: §§ 392, 402. Zum Vor- bzw Nacheid: §§ 392, 410.

3 b) **Eidesformel des Schwörenden:** „Ich schwöre es, so wahr mir Gott helfe".

4 2) Bei der Ableistung des Eides sollen alle Anwesenden (auch die Richter) stehen. Die Aufforderung, aufzustehen, ist Ordnungsbefehl iS § 177 GVG. Der Schwörende „soll" (Abs IV) während der Eidesformel die rechte Hand heben. Ausziehen der Handschuhe ist üblich. Der Ausspruch der Worte „Ich schwöre es" ist unabdingbar (sonst § 484).

5 Die **religiöse Beteuerungsformel** im Vorspruch des Richters („bei Gott dem Allmächtigen und Allwissenden") u in der Eidesformel („so wahr mir Gott helfe") kann auf Wunsch des Schwörenden entfallen. Zulässig sind konfessionelle Zusätze (RG St 10, 181) oder Gebräuche, zB Kopfbedeckung bei Juden (Jünemann MDR 70, 727) oder der Schwur „beim Worte Allahs" bei Mohammedanern (Leisten MDR 80, 636). – Beteuerungsformeln religiöser oder weltlicher Bekenntnisgemeinschaften (zu den letzteren Heimann/Trosien JZ 73, 612) sind, soweit damit nicht offenbar eine Verhöhnung des Gerichts beabsichtigt ist (dann § 178 GVG), zuzulassen. – Zur Zulässigkeit der Weigerung, unter einem Kreuz auszusagen, BVerfG NJW 73, 2197 und § 383 Rn 3.

482 (weggefallen)

483 *[Eidesleistung Stummer]*

(1) Stumme, die schreiben können, leisten den Eid mittels Abschreibens und Unterschreibens der die Eidesnorm enthaltenden Eidesformel.

(2) Stumme, die nicht schreiben können, leisten den Eid mit Hilfe eines Dolmetschers durch Zeichen.

Gilt entsprechend für Taube, denen der Vorspruch (Rn 1 zu § 481) schriftl vorzulegen ist. Wo keinerlei Verständigungsmöglichkeit besteht, ist das Beweismittel ohnedies als untauglich zurückzuweisen (Rn 10a vor § 284). 1

484 *[Eidesgleiche Bekräftigung]*

(1) Gibt der Schwurpflichtige an, daß er aus Glaubens- oder Gewissensgründen keinen Eid leisten wolle, so hat er eine Bekräftigung abzugeben. Diese Bekräftigung steht dem Eid gleich; hierauf ist der Verpflichtete hinzuweisen.

(2) Die Bekräftigung wird in der Weise abgegeben, daß der Richter die Eidesnorm als Bekräftigungsnorm mit der Eingangsformel:

„Sie bekräftigen im Bewußtsein Ihrer Verantwortung vor Gericht"
vorspricht und der Verpflichtete darauf spricht:

„Ja".

(3) § 481 Abs. 3, 5, § 483 gelten entsprechend.

Die Verweigerung religiöser Beeidigungsformeln oder des Eides überhaupt braucht wegen Art 4 GG nicht mehr mit der Zugehörigkeit zu bestimmten Religions- oder Bekenntnisgemeinschaften motiviert zu werden. Jeder (auch der Christ) darf aus behaupteten (praktisch nicht nachprüfbaren) Glaubens- oder Gewissensgründen statt des Eides die Bekräftigung wählen. Wo auch diese verweigert wird, gilt § 390. – Strafbarkeit § 155 Nr 1 StGB. 1

Zwölfter Titel

SELBSTÄNDIGES BEWEISVERFAHREN

Lit: *Kleine-Möller/Merl/Oelmaier,* Handbuch des privaten Baurechts, 1992 (zit: Oelmaier §, Rn); *Weise,* Praxis des selbständigen Beweisverfahrens, 1994; *Zwanziger,* Das selbständige Beweisverfahren in der Arbeitsgerichtsbarkeit, ZZP Bd 109 (1996), 79.

Das bis zum Inkrafttreten des **RPflVereinfG** (1. 4. 1991) geltende Recht der **Beweissicherung** diente grundsätzlich nur der Abwendung des Risikos der Beweisfälligkeit für einen Beweisführer, dessen Beweismittel vor oder während eines Rechtsstreits verlorenzugehen oder unbrauchbar zu werden drohte. Der drohende Beweisnachteil war damit Zulässigkeitsvoraussetzung eines Beweissicherungsverfahrens; nur ausnahmsweise war bei Zustimmung des Gegners der drohende Beweisnachteil vom Antragsteller nicht notwendig darzulegen und glaubhaft zu machen. Das Beweissicherungsverfahren alten Rechts diente damit allein dem Zweck, die Beweisführung des Antragstellers in einem künftigen oder bereits anhängigen Prozeß zu sichern oder zu verbessern; dieses Verfahren eröffnete aber keine Möglichkeit, einen solchen Prozeß darüber hinaus auch noch entbehrlich zu machen, denn die Zulässigkeit und Vollstreckungstauglichkeit eines Vergleichs im Beweissicherungsverfahren war umstritten. Darüber hinaus hatte das frühere Beweissicherungsverfahren den Nachteil, daß der Antragsteller selbst einen von ihm ausgewählten SV zu benennen hatte (was das Risiko der Ablehnung dieses SV durch den Gegner erhöhte) und daß für die prozessuale Beweissicherung stets ein AG und nicht das potentielle Hauptsachegericht zuständig war (was den Grundsatz der Beweisunmittelbarkeit, § 355, beeinträchtigte und das Risiko einer Wiederholung der Beweiserhebung gemäß §§ 398, 402, 411 III, 412 erhöhte). 1

Das nun geltende Recht verzichtet im Interesse einer Entlastung der Gerichte von vermeidbaren Prozessen und einer Erleichterung bzw Beschleunigung der Prozesse **für den Sachverständigenbeweis im Fall § 485 II auf die Zulässigkeitsvoraussetzung des drohenden Beweisverlustes;** es überträgt die **Auswahl der Person des SV** dem Gericht (§§ 492 I, 404 I 1) und stellt klar (§§ 492 III, 794 I 1), daß im sBV eine **mündliche Erörterung** des Streites sowie der Abschluß eines vollstreckbaren **Vergleichs** zulässig sind (§ 492 Rn 6). Letzteres wird insbesondere bei Streitigkeiten, die maßgeblich von der Klärung tatsächlicher Fragen abhängen, eine Entlastung der Gerichte von vermeidbaren Prozessen erwarten lassen (so insbes bei Streitigkeiten über Gewährleistungs- oder Schadensersatzansprüche). 2

Das **Verfahren** der selbständigen Beweiserhebung (Schrifttum: Cuypers NJW 94, 1985; Bischof JurBüro 92, 779: Streitwert und Kosten; Börstinghaus ZAP F 13 S 97, 105; Hansens NJW 91, 953; Herget MDR 91, 314: zu § 494a; Hochstein ZAP F 5 S 55; Mugler BB 92, 797; Quarck BauR 91, 278; Schreiber NJW 91, 2600; Thieme MDR 91, 938) ist nicht zwingend kontradiktorisch (§§ 491 II, 3

494); jedoch setzt die rechtserhaltende Wirkung des Verfahrens (§§ 477 II, 480 I 2, 490 I 2, 493, 515, 524 II S 3, 639, 651 BGB) voraus, daß Antragsteller der Gläubiger ist und daß ein Gegner vorhanden ist, der – soweit namentlich bekannt – am Verfahren beteiligt wird (BGH NJW 80, 1458 = MDR 80, 663). Zur Dauer der Unterbrechungswirkung („Beendigung des Verfahrens" iS §§ 211, 477, 639 BGB) s § 492 Rn 4.

4 Für den **Verfahrensantrag** besteht **kein Anwaltszwang** (§§ 486 IV, 78 III), jedoch unterliegt die Durchführung des Verfahrens dem Anwaltszwang, sofern sie vor einem diesem Zwang unterliegenden (§ 78) Gericht erfolgt (§ 487 Rn 1; MK/Schreiber § 487 Rn 1; BL/Hartmann § 486 Rn 1; Cuypers NJW 94, 1988 III 1).

5 Als **Beweismittel** kommen im Fall § 485 I (Beweissicherung) **nur Augenschein, Zeugen oder Sachverständige** in Betracht (also kein Urkundenbeweis und keine Parteivernehmung, Hamm MDR 94, 307), im Fall § 485 II ausschließlich SV-Beweis in Form eines schriftlich einzuholenden Gutachtens (hier also kein mündliches Gutachten, allenfalls im Fall § 492 III eine mündliche Erläuterung des Gutachtens gemäß § 411 III, s dort Rn 5a). Zur grds zulässigen **Ablehnung des Sachverständigen** s § 487 Rn 5.

6 Durch den Eilzweck des Verfahrens (§ 485 I) und durch das zu keiner streitigen Entscheidung führende Verfahren bedingt sind die Vorschriften über eine **Aussetzung oder Unterbrechung des Verfahrens** (§§ 148 ff, 239 ff) auf das sBV nicht anwendbar.

7 Die **Verwertung des** im sBV gewonnenen **Beweisergebnisses im Hauptsacheprozeß** erfolgt, sobald sich die beweisbelastete Partei auf Tatsachen beruft (§ 493 Rn 1), über die selbständiger Beweis erhoben wurde; eines Beweisantrags bedarf es hierfür nicht mehr. Das Ergebnis der selbständigen Beweiserhebung ist dann **wie eine vor dem Prozeßgericht durchgeführte Beweisaufnahme** zu behandeln (§ 493 I). Die Partei kann daher im Prozeß neue oder andere Beweismittel nur gemäß §§ 360, 368, 398, 412 einführen; das Recht, die mündliche Erläuterung eines schriftlichen Gutachtens zu beantragen (§ 411 Rn 5a), bleibt aber unberührt.

8 **Zur Verwertbarkeit des Beweisergebnisses in anderen Zweigen der Gerichtsbarkeit** (s § 486 Rn 2).

9 **Wegen der Kosten und Gebühren** des selbständigen Beweisverfahrens sowie wegen der (zulässigen) Gewährung von **Prozeßkostenhilfe** s §§ 493 Rn 6, 494a und § 490 Rn 5–9.

485 *[Selbständiges Beweisverfahren]*

(1) Während oder außerhalb eines Streitverfahrens kann auf Antrag einer Partei die Einnahme des Augenscheins, die Vernehmung von Zeugen oder die Begutachtung durch einen Sachverständigen angeordnet werden, wenn der Gegner zustimmt oder zu besorgen ist, daß das Beweismittel verlorengeht oder seine Benutzung erschwert wird.

(2) Ist ein Rechtsstreit noch nicht anhängig, kann eine Partei die schriftliche Begutachtung durch einen Sachverständigen beantragen, wenn sie ein rechtliches Interesse daran hat, daß

1. der Zustand einer Person oder der Zustand oder Wert einer Sache,

2. die Ursache eines Personenschadens, Sachschadens oder Sachmangels,

3. der Aufwand für die Beseitigung eines Personenschadens, Sachschadens oder Sachmangels

festgestellt wird. Ein rechtliches Interesse ist anzunehmen, wenn die Feststellung der Vermeidung eines Rechtsstreits dienen kann.

(3) Soweit eine Begutachtung bereits gerichtlich angeordnet worden ist, findet eine neue Begutachtung nur statt, wenn die Voraussetzungen des § 412 erfüllt sind.

§ 485 geändert durch das RpflVereinfG (Vorbem Rn 1).

1 **1) Abs I dient der Abwehr eines dem Antragsteller drohenden Rechtsnachteils durch den zu befürchtenden Verlust eines Beweismittels** oder die Erschwerung seiner Eignung, in einem Rechtsstreit vom Antragsteller verwertet zu werden (zur Abgrenzung von der einstw Verfügung s § 940 Rn 8 „Gewerblicher Rechtsschutz"). Als Beweismittel kommen hierbei nur der Augenschein (§ 371), der Zeugenbeweis (§ 373) und das (schriftliche oder mündliche) Sachverständigengutachten (§§ 402, 411) in Betracht; eine Beweissicherung durch Urkundenbeweis (§§ 415 ff) oder Parteivernehmung (§ 445) ist also ausgeschlossen, selbst wenn hierfür ein Sicherungsbedürfnis bestünde (dann können aber die Folgen einer Beweisvereitelung angebracht sein; Schneider MDR 69, 4). Die **Beweissicherung ist während oder außerhalb eines Streitverfahrens** möglich, so zB wenn im rechtshängigen Verfahren die Beweiserhebung noch nicht angeordnet wurde (nach Anordnung gilt Abs III) und innerhalb der durch den Sicherungszweck gebotenen Zeit auch nicht zu erwarten ist. In jedem Fall muß der Antragsteller neben der Darlegung und Glaubhaft-

machung der Beweisgefährdung (§ 487 Nr 4) auch ein **rechtliches Interesse** an der Beweissicherung darlegen; das ergibt bereits das erklärte Ziel des Verfahrens, die „Benutzung des Beweismittels" in einem gegenwärtigen oder zu erwartenden „Streitverfahren" zu sichern. Das **rechtliche Interesse** an der Beweissicherung ist gegeben, wenn ein Rechtsstreit des Antragstellers (als Kläger oder Beklagter) mit einem Dritten, mag dieser iS des § 494 auch noch nicht bekannt sein, auf der Grundlage einer bereits gegebenen rechtlichen Ausgangslage bereits anhängig (§ 486 I) oder möglicherweise zu erwarten ist und wenn das zu sichernde Beweismittel in diesem Rechtsstreit zumindest möglicherweise (unten Rn 4) iS des § 493 „benutzt" werden kann. Dieses rechtliche Interesse ist als Verfahrensvoraussetzung stets zu prüfen (aA BL/Hartmann Rn 6), während bei Zustimmung des Gegners die Prüfung eines drohenden Beweisverlustes entbehrlich wird.

2) **Antrag und Verfahren:** Zuständigkeit § 486, notw Inhalt des Antrags § 487. 2

Die **Zustimmung des Gegners** ist ggf dem Gericht vorzulegen oder vor diesem selbst zu erklären, mindestens glaubhaft zu machen, §§ 294, 487 (BL/Hartmann Rn 3; abw Schilken ZZP 92 [1979], 238/266, der Vollbeweis der Zustimmung verlangt). Als Prozeßhandlung ist die Zustimmung unwiderruflich und nicht wegen Willensmängeln anfechtbar (MK/Schreiber Rn 5; Wussow NJW 69, 1401).

Der **Gegner** darf (anstelle einer ausdrückl Zustimmung) einen eigenen **Gegenantrag** stellen, zB eine Erweiterung der Beweisfrage oder Beweismittel beantragen oder Gegenbeweis antreten (Oldenburg MDR 77, 499; Köln OLGR 94, 232; KG KGR 96, 94; München OLGR 96, 81; Weinkamm BauR 84, 29; Röthlein, Bausachen, 1991, Rn 80 ff mwN; Düsseldorf BauR 95, 430: jedenfalls dann, wenn der Gegenantrag nur das Beweisthema präzisiert; aA München BauR 93, 365; Cuypers NJW 94, 1992 IV 3; BL/Hartmann § 487 Rn 6). Der Gegenantrag ist aber unzulässig, wenn das Gericht bei Identität beider Beweisthemen bereits einen gemäß § 404 ernannten SV zur Begutachtung beauftragt hatte (Abs III; Hamm NJW-RR 88, 384). 3

Das Gericht prüft die Verfahrensvoraussetzungen seiner Zuständigkeit (§ 486), des allgemeinen rechtlichen Interesses, des besonderen Beweisverlustrisikos (dessen Prüfung bei Zustimmung des Gegners entbehrlich ist) und die Zulässigkeit der angebotenen Beweismittel. Dagegen außerhalb des Hauptsacheverfahrens keine Prüfung, ob das Beweismittel für den Hauptprozeß erheblich ist (BGHZ 17, 117; RGZ 49, 388; Düsseldorf OLGR 95, 75; MK/Schreiber Rn 7). Ist das Beweismittel aber offensichtlich ungeeignet, einen erheblichen Beweis überhaupt zu erbringen, kann der Antrag als nutzlos zurückgewiesen werden, so zB bei Verneinung der Beweisbedürftigkeit oder Entscheidungserheblichkeit durch das Gericht der letzten Tatsacheninstanz (München OLGZ 74, 52). – Bei Ablehnung des Gesuchs einf **Beschwerde** § 567 (§ 490 Rn 4); der stattgebende Beschluß ist unanfechtbar gemäß § 490 II. 4

Besorgnis des Verlustes oder der erschwerten Benutzung des Beweismittels: zB schwere und lebensgefährliche Erkrankung eines Zeugen, Verderblichkeit einer als Beweismittel benötigten Sache wie überhaupt die drohende (aber auch die geplante, Köln MDR 94, 94: Beseitigung von Baumängeln) Veränderung einer Sache, ebenso der unzumutbare Erhaltungsaufwand oder das Bedürfnis alsbaldiger Veräußerung oder Beseitigung einer schadhaften bzw zerstörten Sache (zB der beschädigte Pkw nach einem Unfall). Das hohe Alter eines Zeugen begründet idR nur bei entspr reduziertem Gesundheitszustand die Besorgnis seines alsbaldigen Todes (Nürnberg BayJMBl 53, 36; KG OLG 15, 145; abw KG JurBüro 77, 1627 bei 92-jährigem Zeugen). Bevorstehende Verjährung rechtfertigt nicht die Besorgnis (Oelmaier § 17 Rn 113; MK/Schreiber Rn 11); ebenso nicht, wenn Unterlagen sicher und langfristig aufbewahrt werden (Frankfurt NJW 92, 2837: mikroverfilmte Kontounterlagen). **Inhaltlich** kann in den Fällen des § 485 I Alt 2 Beweis erhoben werden über den Mangel, seine Ursachen (sa Hesse BauR 84, 23), den Beseitigungsaufwand (vgl Oelmaier § 17 Rn 105 mwN), die Verantwortlichkeit für die Mängel (Bamberg JurBüro 92, 629; Hochstein ZAP F 5 S 58). Es decken sich dabei § 485 II und § 485 I Alt 2 (Oelmaier § 17 Rn 105; aA MK/Schreiber Rn 12, der § 485 II als abschließende Regelung ansieht, die insoweit § 485 I Alt 2 ausschließt). 5

3) **Abs II** ermöglicht ein von einem Beweissicherungsbedürfnis (Abs I) unabhängiges **selbständiges Beweisverfahren durch Erhebung** (nur) **des Sachverständigenbeweises.** Dieses Verfahren ist **ausschließlich vorprozessual** zulässig (Düsseldorf NJW-RR 96, 510), denn es soll mit seinem Beweisergebnis die Voraussetzung für ein erfolgversprechendes Güteverfahren (§ 492 III) schaffen, also unter Meidung eines sonst zu erwartenden Prozesses eine gütliche Einigung der Parteien in einem vereinfachten und beschleunigten Verfahren ermöglichen. Der sonst zu besorgende Hauptsacheprozeß muß nicht mit Sicherheit zu erwarten oder gar vom Gegner bereits angedroht sein; schon die aus der Rechtslage herzuleitende Möglichkeit eines solchen Prozesses genügt und begründet das rechtliche Interesse, ihn durch das sBV des Abs II entbehrlich zu machen. Ziel des Verfahrens ist die Entlastung der Gerichte von Prozessen, deren Streitfragen weniger rechtlicher als tatsächlicher Art sind und für deren Entscheidung daher das Fachgutachten eines SV eine maßgebliche (oft sogar allein ausschlaggebende) Bedeutung hat, so insbesondere bei Gewährleistungs- oder Schadensersatzprozessen. Keinesfalls dient das sBV dazu, erst die Voraussetzungen für eine Klage zu schaffen (Köln FamRZ 95, 369: Restitutionsklage). 6

7 4) **Zulässigkeitsvoraussetzungen** des selbständigen SV-Beweises sind im Fall § 485 II: **a)** der **Rechtsstreit** in der Hauptsache darf **noch nicht anhängig** sein. Wird nach Einleitung des selbständigen SV-Beweisverfahrens in derselben Sache der Hauptsacheprozeß anhängig, entfällt die Zulässigkeit des Verfahrens, falls es nicht unter den Voraussetzungen des Abs I fortgesetzt werden kann; es ist einzustellen (nicht etwa der Hauptsacheprozeß auszusetzen) und (nach Köln OLGR 95, 215) an das Hauptsachegericht abzugeben.

7a **b)** Notwendig ist ein **rechtliches Interesse** des Antragstellers. Steht zB Verjährung bevor, ist es gegeben (Oelmaier § 17 Rn 121; MK/Schreiber Rn 13). Erklärt der Antragsgegner, er lehne jegliche gütliche Einigung ab, kann dennoch rechtliches Interesse bestehen, bleibt das sBV zulässig (Oldenburg MDR 95, 746; LG Köln WuM 95, 490; aA LG Hannover, Celle JurBüro 92, 496); ebenso, wenn er seine Einstandspflicht leugnet (Düsseldorf OLGR 95, 75). Dafür spricht der Wortlaut des § 485 II 2, denn es heißt nicht: „ist **nur** anzunehmen" (Zweibrücken MDR 92, 1178); Frankfurt (MDR 91, 989) und Celle (BauR 92, 405) sehen in der Formulierung daher auch nur ein gesetzliches Beispiel für rechtliches Interesse (ebenso Thieme MDR 91, 938; Hochstein ZAP F 5 S 59). Die Gegenmeinung übersieht weiter, daß der Antragsteller bei einem ihm negativen Ergebnis des sBV es unterlassen wird, einen risikoreichen Prozeß anzustrengen, so daß auch bei einem nicht vergleichsbereiten Gegner das sBV einen Rechtsstreit durchaus vermeiden helfen kann (LG Passau NJW-RR 92, 767). § 485 II 2 bestimmt also nur, wann das Gericht ein rechtliches Interesse nicht verneinen darf („ist anzunehmen"), läßt aber Spielraum in anderen Fällen das Interesse auch zu bejahen (sa Oelmaier § 17 Rn 119; MK/Schreiber Rn 13; ähnlich KG BauR 92, 403: Eignung zur Prozeßvermeidung ist im weitesten Sinne zu verstehen; Weyer BauR 92, 313, 318 Nr 2: „rechtliches Interesse" ist nicht restriktiv auszulegen). Die neuere Rspr verneint das rechtliche Interesse dementsprechend nur dann, wenn kein Rechtsverhältnis, kein möglicher Prozeßgegner oder kein Anspruch ersichtlich ist (Köln NJW-RR 96, 573; Rpfleger 95, 303; Bamberg NJW-RR 95, 893), befindet sich dabei aber stets in Gefahr unzulässiger (s Düsseldorf JurBüro 92, 426) Schlüssigkeits- oder Erheblichkeitsprüfung. Wo ein Gegner benannt wurde, ist dessen Verhandlungs- und Vergleichsbereitschaft nicht notwendig bereits im Antrag darzulegen oder gar glaubhaft zu machen; das wird dem Antragsteller selten möglich sein. Die gütliche Erledigung der Sache ist erst auf der Grundlage des erhobenen SV-Beweises zu erwarten und soll dann (entspr § 279) auf dem Weg des § 492 III vom Gericht gefördert werden.

8 **c) Zulässiges Beweismittel** ist im Verfahren des Abs II ausschließlich das **schriftliche SV-Gutachten;** das Gesetz will die Durchbrechung des Grundsatzes der Beweisunmittelbarkeit (§ 355) im selbständigen SV-Beweisverfahren auf das hiervon am wenigsten betroffene schriftliche Gutachten beschränken. Das schließt es aber nicht aus, das schriftliche Gutachten in der gemäß § 492 III anberaumten Güteverhandlung zu erörtern, evtl auch gem §§ 402, 397 vom SV erläutern oder auch ergänzen zu lassen, wenn das einer gütlichen Einigung dienlich ist.

9 **d) Zulässige Beweisthemen** des selbständigen SV-Beweisverfahrens sind ausschließlich die in Abs II Nr 1–3 genannten Beweisfragen (ausf Cuypers NJW 94, 1986 I 3). Auch hier soll die Durchbrechung des Grundsatzes der Beweisunmittelbarkeit (§ 355) auf solche einem SV-Gutachten zugängliche Themen begrenzt werden, die auf der Grundlage eines Gutachtens am ehesten eine gütliche Einigung erwarten lassen. Zu Recht lehnt Düsseldorf (MDR 92, 807) es ab, Geräuschimmissionen feststellen zu lassen (§ 485 II Nr 1), wenn deren Ausmaß je nach Maschinenbetrieb wechselt. Bei Nr 1 sind die Feststellungen nicht auf den gegenwärtigen Zustand beschränkt (KG KGR 94, 130; Oldenburg MDR 95, 746; s auch MK/Schreiber Rn 13; aA BL/Hartmann Rn 10).

10 5) **Abs III** verbietet zur Meidung von mehreren, sich uU sogar widersprechenden, Gutachten die Einholung eines Gutachtens im sBV, wenn ein inhaltsgleiches Gutachten bereits gerichtlich angeordnet wurde und auch die Voraussetzungen des § 412 für eine erneute Begutachtung fehlen.

486 *[Antrag; Zuständigkeit]*

(1) Ist ein Rechtsstreit anhängig, so ist der Antrag bei dem Prozeßgericht zu stellen.

(2) Ist ein Rechtsstreit noch nicht anhängig, so ist der Antrag bei dem Gericht zu stellen, das nach dem Vortrag des Antragstellers zur Entscheidung in der Hauptsache berufen wäre. In dem nachfolgenden Streitverfahren kann sich der Antragsteller auf die Unzuständigkeit des Gerichts nicht berufen.

(3) In Fällen dringender Gefahr kann der Antrag auch bei dem Amtsgericht gestellt werden, in dessen Bezirk die zu vernehmende oder zu begutachtende Person sich aufhält oder die in Augenschein zu nehmende oder zu begutachtende Sache sich befindet.

(4) Der Antrag kann vor der Geschäftsstelle zu Protokoll erklärt werden.

§ 486 neu gefaßt durch das RpflVereinfG.

1) Über Form und Inhalt des Antrags s § 485 Rn 2, § 487; über seine materiell-rechtliche Wirkung s Vorbem § 485 Rn 3. Der Antrag darf in jedem Fall zu Protokoll der Geschäftsstelle des Gerichts gestellt werden, also des gemäß Abs I bis III zuständigen Gerichts oder auch eines sonstigen AG (§ 129a). Für den Antrag besteht gemäß § 78 III kein Anwaltszwang, jedoch unterliegt die mündliche Verhandlung im sBV dem Anwaltszwang, sofern sie vor einem diesem Zwang gemäß § 78 ausgesetzten Gericht erfolgt (Rn 4 vor § 485; MK/Schreiber § 487 Rn 1 mwN). Rechtshängigkeit (§ 261) begründet der Antrag nicht, denn er zielt (noch) auf keine Sachentscheidung ab (abw Schilken ZZP 92 [1979], 238/251 ff). Zur Streitverkündung s § 487 Rn 3. Wegen Aussetzung oder Unterbrechung s Vorbem § 485 Rn 6. 1

2) Zuständigkeit. a) Rechtsweg: § 486 setzt für das sBV die Zulässigkeit des Rechtsweges zu den ordentlichen Gerichten (§ 13 GVG) voraus. Bei fehlender Zulässigkeit des Rechtsweges, ebenso bei sachlicher oder örtlicher Unzuständigkeit des angerufenen Gerichts, ist bei Einverständnis des Antragstellers Abgabe an das zuständige Gericht (keine dieses bindende Verweisung gemäß § 281), sonst Zurückweisung des Antrags durch Beschluß geboten. Wurde fehlende Zuständigkeit im sBV nicht beachtet, kann das Beweisergebnis gleichwohl in jedem Zweig der Gerichtsbarkeit verwendet werden. 2

b) Sachliche und örtliche Zuständigkeit: Abs I: Ist der Rechtsstreit über die **Hauptsache bereits anhängig** (Rechtshängigkeit nicht nötig, Frankfurt NJW 65, 306; Anhängigkeit eines Arrest- oder Verfügungsverfahrens genügt nicht, Frankfurt NJW 85, 811 = MDR 84, 1034), so ist grundsätzlich (Ausnahme Abs III) das **Gericht der Hauptsache** auch für die Sicherung des Beweises (§ 485 I; wegen § 485 II s dort Rn 7) zuständig; ggf also auch das Berufungsgericht, jedoch grds nicht das Revisionsgericht (BGHZ 17, 117 = NJW 55, 908; BVerwG NJW 61, 1228); während des Revisionsverfahrens bleibt das Berufungsgericht zuständig (StJ/Leipold Rn 7), falls die Beweistatsache nicht ausnahmsweise (§ 561 Rn 4–9) vom Revisionsgericht festzustellen ist. Zulässigkeitsvoraussetzung für das sBV ist hierbei, daß derselbe Beweis nicht bereits im Hauptsacheverfahren angeordnet worden war (§ 485 III; wo der Beweissicherungsgrund das gebietet, kann Vorverlegung des Beweistermins gemäß § 227 beantragt werden). Die staatlichen Gerichte sind auch zuständig, wenn die Parteien eine **Schiedsgericht**svereinbarung getroffen haben (Frankfurt BauR 93, 504). Nach Antragseingang in Kraft tretende **Gesetzes**änderungen berühren die einmal begründete Zuständigkeit nicht (München BauR 93, 502). Spätere **Klagerücknahme** im Hauptsacheverfahren beseitigt die Zuständigkeit des Hauptsachegerichts für die selbständige Beweiserhebung nicht, kann aber ebenso wie eine rechtskräftige Hauptsacheentscheidung (LG Berlin MDR 93, 1015) das rechtliche Interesse (§ 485 Rn 1 und 7) beseitigen. Ein **Rechtsmittel** gegen das Urteil des Hauptsachegerichts, welches die selbständige Beweiserhebung angeordnet hatte, beseitigt die Zuständigkeit dieses Gerichts für die Beweiserhebung bis zu deren Ausführung solange nicht, als das Berufungsgericht das selbständige Beweisergebnis noch nicht gemäß § 493 I zum Gegenstand seiner Beweiserhebung gemacht hat (vgl entspr unten Rn 7), denn das Rechtsmittel kann zu einer Zurückverweisung der Sache führen (§§ 539, 565); überdies duldet der Sicherungszweck des sBV (§ 485 Rn 4) grds keine Verzögerung durch Abgabe. – Das für die selbständige Beweiserhebung zuständige Gericht (aber keinesfalls das Amtsgericht im Fall Abs III) darf diese unter den Voraussetzungen der §§ 361, 362, 375 einem **verordneten Richter** übertragen, sofern dem keine Gründe hinsichtlich des auch hier zu beachtenden Grundsatzes der Beweisunmittelbarkeit (§ 355) entgegenstehen. Für sBV in WEG-Sachen (BayObLG MDR 96, 144) ist die **WEG-Abt** des AG zuständig, denn sie ist „Prozeßgericht"/„Gericht der Hauptsache" iS von § 486 I, II 1 (überholt LG Berlin MDR 88, 322); dies entspricht dem Grundsatz der Beweisunmittelbarkeit. 3

Abs II: Ist ein **Rechtsstreit über die Hauptsache noch nicht anhängig** (§ 485 I und II), so ist der Antrag auf selbständige Beweiserhebung bei dem Gericht zu stellen, das nach der Darlegung und Behauptung des Antragstellers (§ 487 Nr 4) zur künftigen Entscheidung in der Hauptsache berufen wäre. Im Bereich um 10000 DM Streitwert (AG oder LG zuständig?) eine mißliche Regelung. Maßgebend ist der Hauptsachewert ohne Abschlag (§ 3 Rn 16 „Selbständiges Beweisverfahren"). Das Gericht muß darauf dringen, daß der Antragsteller seinen Anspruch (zB Wandlung oder Minderung) nennt (Cuypers NJW 94, 1990). Danach ist der Wert gemäß § 3 zu ermitteln, bei Zweifeln auch durch SV-Beweis. Der Antragsteller kann sich im Interesse der fortdauernden Beweisunmittelbarkeit (§ 355) in einem späteren Hauptsacheverfahren auf die etwa fehlende Zuständigkeit des von ihm selbst gemäß §§ 486 II, 487 Nr 4 als für beide Verfahren zuständig bezeichneten Gerichts nicht berufen. Doch darf der Antragsgegner, selbst wenn er im sBV die Zuständigkeit des für dieses Verfahren angerufenen Gerichts nicht beanstandet hatte, im späteren Hauptsacheverfahren die Unzuständigkeit desselben Gerichts rügen, denn eine **Prorogation** gemäß § 39 gibt es im sBV nicht. Die somit bestehende Bindung nur des Antragstellers an die von ihm geltend gemachte Zuständigkeit des (künftigen) Hauptsachegerichts muß dem Gericht Anlaß geben, die Angaben des Antragstellers über die Zuständigkeit des im sBV angerufenen Gerichts auch für das Hauptsacheverfahren zu prüfen, um einer späteren Zuständigkeitsrüge des 4

Antragsgegners oder gar einer vom Antragsgegner erhobenen Hauptsacheklage vor einem anderen Gericht vorzubeugen. Zum Verfahren bei Unzuständigkeit des angerufenen Gerichts gilt das in Rn 2 Gesagte entsprechend. Zum Verfahren, wenn vor Erledigung des selbständigen SV-Beweises (§ 485 II) die Hauptsacheklage anhängig wird, s § 485 Rn 7 und unten Rn 7.

5 **Abs III:** Im Fall der **akuten Gefahr des Verlustes des Beweismittels,** also im Anwendungsfall des § 485 I Alt 2 bei einer das dort (§ 485 Rn 4) vorausgesetzte Verlust- oder Beeinträchtigungsrisiko übersteigenden Dringlichkeit, eröffnet Abs III die **Sonderzuständigkeit des Amtsgerichts der Belegenheit des gefährdeten Beweismittels.** Wo das Beweismittel im Bezirk des Gerichts der Hauptsache belegen ist (Abs I oder II; hier bleibt es also gleichgültig, ob der Hauptsache-Rechtsstreit bereits anhängig ist), wird die Sonderzuständigkeit des AG gemäß Abs III daher kaum jemals zu bejahen sein, es sei denn, das gemäß Abs I oder II zuständige Gericht läßt aus bestimmten Gründen die gebotene sofortige Beweiserhebung nicht erwarten; diese Gründe hat der Antragsteller gemäß § 487 Nr 4 in seinem Antrag darzulegen und glaubhaft zu machen. Auch bei **Auslandsbelegenheit des Beweismittels** kommt (etwa wegen des Wohnsitzes eines Sachverständigen im Bezirk des AG) schon wegen der Zeitaufwendigkeit des Verfahrens in diesem Fall die Sonderzuständigkeit des AG kaum jemals in Betracht. Überhaupt sollte diese Zuständigkeit nur zurückhaltend bejaht werden, denn hier ist (anders als in den Anwendungsfällen der Abs I und II) die grundsätzlich zu wahrende Beweisunmittelbarkeit (§ 355) nicht gegeben.

6 Wo demnach die Sonderzuständigkeit des AG gegeben ist (zB bei Anhörung eines schwerkranken Zeugen, Augenscheinnahme und/oder Begutachtung leicht verderblicher Güter außerhalb des Bezirks des Hauptsachegerichts; außergewöhnliche Überlastung des Hauptsachegerichts wird kaum mehr hinreichender Grund sein; dem steht die gleichmäßige Überlastung aller Gerichte entgegen und die Zeit, zumindest nach § 362 I zu verfahren, müßte jedem Gericht noch gegeben sein), hat der **Antragsteller** das **Wahlrecht,** ob er seinen Antrag an das (gegenwärtige oder künftige = Abs I oder II) Hauptsachegericht oder an das gemäß Abs III zuständige AG richtet. Bei **Belegenheit** der verlustbedrohten **Beweismittel in mehreren Amtsgerichtsbezirken** kann im letzteren Fall gemäß § 36 Nr 3 die Bestimmung eines gemeinsam zuständigen Amtsgerichts beantragt werden (RGZ 164, 308; BayObLG MDR 88, 60; München Rpfleger 86, 263/264), falls der Antragsteller es nicht vorzieht, im Interesse der Verfahrensbeschleunigung mehrere Anträge bei den jeweils zuständigen AG zu stellen oder – besser – das Hauptsachegericht (das gemäß § 362 verfahren kann) gemäß Abs I oder II anzurufen.

7 **Wird die Hauptsache nachträglich anhängig,** so bleibt das AG zunächst zuständig bis zur Beweisverwertung im Hauptsacheprozeß. Die (Hilfs-)**Zuständigkeit des Amtsgerichts endet** mit Anordnung der Beiziehung der Beweissicherungsakten durch das Gericht der Hauptsache gemäß § 493; von nun ab kann und darf das AG in die auf das Gericht der Hauptsache übergegangene Beweiserhebungskompetenz weder durch Anordnungen (zB Ergänzungen oder mündliche Erläuterung eines Gutachtens gemäß § 411 III) noch durch Entscheidungen (zB über ein Ablehnungsgesuch) eingreifen (München OLGZ 82, 200/201; aM StJ/Leipold Rn 5; Braunschweig NdsRpfl 83, 141: Zuständigkeitswechsel bereits mit Anhängigkeit der Hauptsache und erneute Zuständigkeit des AG nach Rücknahme der Hauptsacheklage).

Zur Beendigung der mat-rechtl Wirkungen des Beweisverfahrens s § 492 Rn 4.

8 3) **Zurücknahme** des Gesuchs bedarf keiner Zustimmung des Gegners (RG 66, 368). Zur Kostenfolge der Rücknahme: § 91 Rn 13 „Selbständiges Beweisverfahren".

9 4) Wegen **Kosten** s § 490 Rn 5 ff, § 493 Rn 6 und § 494a.

487 *[Inhalt des Antrags]*

Der Antrag muß enthalten:

1. **die Bezeichnung des Gegners;**
2. **die Bezeichnung der Tatsachen, über die Beweis erhoben werden soll;**
3. **die Benennung der Zeugen oder die Bezeichnung der übrigen nach § 485 zulässigen Beweismittel;**
4. **die Glaubhaftmachung der Tatsachen, die die Zulässigkeit des selbständigen Beweisverfahrens und die Zuständigkeit des Gerichts begründen sollen.**

§ 487 geändert durch das RpflVereinfG.

1 I) **Form des Antrags:** Kein Anwaltszwang (§ 486 IV; dort Rn 1), wohl aber Anwaltszwang für die Verhandlung und das weitere Verfahren, soweit es gemäß § 486 vor einem Gericht iS des § 78 I und II stattfindet. Antragstellung auch vor einem unzuständigem AG zulässig, § 129a. Der

Antrag ist bestimmender Schriftsatz (§ 129 Rn 3), daher Unterschrift nötig (§ 130 Rn 5, 10), sonst keine materiellrechtl Wirkung des Antrags (Vorbem § 485 Rn 3; RGZ 66, 368). Angabe des Wertes: § 23 GKG (Streitwert § 3 Rn 16). Gebühr: KV 1600. Auslagenvorschuß: § 68 I 1, 2 GKG. – Bei Mängeln des Antrags: § 490 Rn 3.

II) Inhalt des Antrags: Die Angaben zu Nr 1 bis 4 sind Zulässigkeitsvoraussetzungen des sBV. 2
Bei Antragsmängeln gelten für das Gericht aber auch in diesem Verfahren die Hinweispflichten des § 139 und (entsprechend) des § 278 III vor einer Zurückweisung des Antrags.

Zu Nr 1: Sowohl im Verfahren des § 485 I als auch im Fall des § 485 II ist die **Benennung eines** 3
Gegners nicht Zulässigkeitsvoraussetzung (§ 494 Rn 1), doch ist dann jedenfalls im Antrag darzulegen und glaubhaft zu machen, wer als Gegner in Betracht kommt und warum dieser im Antrag (noch) nicht bekanntgegeben werden kann (§ 494 I). Kommen mehrere Personen (zB neben dem Gewährleistungspflichtigen der Bürge, Frankfurt MDR 91, 938) als Gegner in Betracht (so zB oft im Baumängelprozeß, Frankfurt BauR 95, 275), sind alle zu benennen. **Streitverkündung** ist zulässig (s § 66 Rn 2a; Koblenz MDR 94, 619; BauR 93, 364; München NJW 93, 2756; Frankfurt BauR 95, 426; Jena OLGR 96, 69; Hamm OLGR 94, 71; Köln MDR 93, 575; NJW 93, 1661; Hoeren ZZP Bd 108 (1995), 343; Kunze NJW 96, 102; zweifelnd Hochstein ZAP F 5 S 60 mwN; aA Hamm OLGR 92, 113; Saarbrücken NJW-RR 89, 1216; Oelmaier § 17 Rn 10 mwN; MK/Schreiber § 485 Rn 22; Cuypers NJW 94, 1991). – Ohne Benennung und Verfahrensbeteiligung des Gegners treten die materiellrechtl Wirkungen des sBV (Vorbem § 485 Rn 3) diesem gegenüber nicht in Kraft (BGH NJW 80, 1458).

Zu Nr 2: Bezeichnung der Beweisfrage entspricht §§ 359 Nr 1, 371, 373, 377 II Nr. 2, 403. Grds 4
gilt zwar das Verbot des **Ausforschungsbeweises** bei unsubstantiiertem Vortrag (Düsseldorf JurBüro 92, 426; LG Köln BauR 92, 118; MK/Schreiber Rn 2). Das Gericht darf aber nicht zu hohe Anforderungen an die Darlegung stellen (KG MDR 92, 410), zumal eine Partei zB über die Ursache eines Schadens keine oder völlig falsche Vorstellungen haben kann (vgl BGH MDR 92, 780). Über die „normale" Substantiierungspflicht würde die Partei aber gerade in Bausachen dann gezwungen sein, um eine Zurückweisung ihres Antrags zu vermeiden, vorab erst einmal privat Gutachten in Auftrag zu geben. Daher sollte das Gericht bei Bewilligung der Beweissicherung nicht zu zurückhaltend sein, was auch der Zielsetzung des § 492 III nur dienlich sein kann. Beweisthema kann daher auch sein, die Leistung verstoße gegen anerkannte Regeln der Technik (München BauR 94, 275); zu weit geht es aber, die Beantwortung von Rechtsfragen in das sBV zu verlagern (München OLGR 93, 252). Der Gegner kann (auf seine Kosten, §§ 379, 402, Köln OLGR 94, 232) **Gegenbeweis** antreten (§ 485 Rn 3; aA München MDR 93, 380), denn das Ziel der gütlichen Einigung läßt sich eher erreichen, wenn die Behauptungen aller Beteiligten berücksichtigt/überprüft werden. Die Gegenmeinung (zB BL/Hartmann Rn 6) verlangt ein eigenes sBV des Gegners und läßt Verbindung zu.

Zu Nr 3: Bezeichnung des Beweismittels: Das Beweismittel ist in Verbindung mit dem Sach- 5
vortrag so zu bezeichnen, daß dem Gericht die Prüfung der Tauglichkeit des Beweises für den Zweck des sBV ermöglicht wird; eine Prüfung auch der Beweiserheblichkeit für ein (späteres) streitiges Verfahren findet aber im sBV noch nicht statt (§ 485 Rn 4). Bei der Benennung einer Vielzahl von Beweismitteln (zB mehrere Zeugen) für dieselbe Beweisfrage sollte das Gericht durch Rückfrage beim Antragsteller (entspr § 139) klären, ob nicht eine Beschränkung der Beweismittel dem Zweck dieses selbständigen Verfahrens (auch § 492 III) genügt. – Der Antragsteller hat (nur) Zeugen zu *benennen,* alle anderen Beweismittel zu *bezeichnen.* Daher wird die **Person des Sachverständigen vom Gericht bestimmt** (§§ 492 I, 404; Frankfurt OLGR 94, 179; Celle OLGR 94, 288; Brandenburg OLGR 95, 34; hiergegen keine Beschwerde, Frankfurt NJW-RR 93, 1341), falls sich die Verfahrensbeteiligten nicht auf einen bestimmten SV geeinigt haben (§ 404 IV). Diese (vom früheren Recht abweichende) Regelung der Auswahl des SV verringert das Risiko einer Ablehnung des SV (§ 406) durch den Gegner und einer damit verbundenen Verzögerung. Der Gegner darf die **Anhörung** des SV beantragen (Oldenburg OLGR 94, 342; §§ 492 Rn 1; 411 Rn 5a) und ihn wegen der Besorgnis der **Befangenheit** ablehnen (Köln NJW-RR 93, 63; München BauR 93, 636; Frankfurt OLGZ 93, 330; Hamm OLGR 95, 179; Celle NJW-RR 95, 1404; ZMR 96, 211; Oldenburg OLGR 94, 341: jedenfalls im Verfahren nach § 485 II).

Zu Nr. 4: Der Antragsteller hat schließlich in seinem Antrag alle Tatsachen darzulegen, die die 6
Zulässigkeit des selbständigen Beweisverfahrens (§ 485) und die **Zuständigkeit des angerufenen Gerichts** (§ 486) begründen, also insbesondere im Fall § 485 I die für die Gefahr des Beweismittelverlustes sprechenden Umstände bzw die Zustimmung des Gegners (§ 485 Rn 2), im Fall § 486 I die Bezeichnung des bereits anhängigen Verfahrens, im Fall § 486 II die Gründe für die Zuständigkeit des Gerichts auch für einen etwaigen Hauptsacheprozeß, im Fall § 486 III die akute Gefahr (§ 486 Rn 5, 6), welche einer Anrufung des gegenwärtigen oder künftigen Hauptsachegerichts entgegensteht und in jedem Fall die das rechtliche Interesse (§ 485 Rn 1, 7) am sBV begründenden Umstände.

Das Gesetz bezeichnet die **Glaubhaftmachung** (§ 294) der gemäß Nr 4 darzulegenden Tatsachen als zwingend geforderten Teil des Antrags („muß enthalten"); diese Glaubhaftmachung ist bei im übrigen vollständigem und schlüssigem Antrag zunächst entbehrlich, wenn der Gegner dem Verfahren zugestimmt hat (§ 485 Rn 2, 7) oder der Sachvortrag zugestanden ist (Oldenburg OLGR 95, 135). Auch Sachvortrag des RA kann Glaubhaftmachung entbehrlich machen (§ 294 Rn 5; § 236 Rn 7). Da überdies die Glaubhaftmachung Beweismittel ist (§ 294 Rn 1), also dem Beweis vom Gegner bestrittener oder vom Gericht als nicht überzeugend erachteter Tatsachen dient, hat das Gericht zunächst zur Glaubhaftmachung aufzufordern, bevor es den Antrag wegen fehlender Glaubhaftmachung zurückweist.

488, 489 (weggefallen)

490 *[Entscheidung]*

(1) Über den Antrag kann ohne mündliche Verhandlung entschieden werden.

(2) In dem Beschluß, durch welchen dem Antrag stattgegeben wird, sind die Tatsachen, über die der Beweis zu erheben ist, und die Beweismittel unter Benennung der zu vernehmenden Zeugen und Sachverständigen zu bezeichnen. Der Beschluß ist nicht anfechtbar.

1 **1) Die Entscheidung** ergeht durch Beschluß nach freigestellter mündl Verhandlung. Wegen Feriensache s Rn 5 vor § 485. Schriftl Anhörung des Gegners ist notwendig (rechtl Gehör; Karlsruhe MDR 82, 1026), soweit nicht der Eilzweck eines sBV sofortige Entscheidung über den Antrag gebietet (§ 491 I). Auch im letzteren Fall sind Antrag und Entscheidung dem Gegner mitzuteilen. Über Rechte des Gegners s § 485 Rn 3; § 487 Rn 4.

2 **Der stattgebende Beschluß** entspricht inhaltlich (Abs II) einem Beweisbeschluß (§ 359) und ist wie ein solcher nicht anfechtbar. (Köln OLGR 95, 173); das gilt auch für den Beschluß, mit dem die Aufhebung des stattgebenden Beschlusses abgelehnt wird (Frankfurt OLGR 96, 83). Einer Begründung bedarf der Beschluß nur, soweit er vom Antrag (auch des Gegners) abweicht (einschr LG Frankfurt JR 66, 182). Anordnung des Gegenbeweises zulässig (§ 485 Rn 3). Wird gleichzeitig Termin zur Beweisaufnahme bestimmt, ist der Beschl förmlich zuzustellen (§ 329 II), sonst formlos mitzuteilen. Wegen Zulässigkeit schriftl Gutachten s § 492 Rn 1.

3 **Abweisender Beschluß** ergeht **a)** bei iS §§ 485–487 unzulässigem Gesuch, **b)** bei fehlender Zuständigkeit (Rn 3 zu § 486), **c)** bei Ungeeignetheit des Beweismittels (Rn 5 zu § 284). Jedoch grds keine Abweisung wegen fehlender Entscheidungserheblichkeit (Düsseldorf JurBüro 92, 426) oder Beweisbedürftigkeit (§ 485 Rn 4), denn deren Prüfung bleibt dem Hauptsacheprozeß vorbehalten (RG 49, 388), soweit nicht das rechtl Interesse (§ 485) in Frage steht.

4 **2) Rechtsbehelf:** Beschwerde (§ 567) gegen (auch nur teilweise) Abweisung oder Verschleppung (§ 252 Rn 1) der beantragten Beweiserhebung, ebenso aber auch gegen Änderung, Ergänzung oder Aufhebung des Beschlusses (Hamburg OLGZ 93, 320; ausführlich Oelmaier § 17 Rn 156, 157 mwN), wenn hierin die Abweisung eines Antrags zu sehen ist. Kein Beschwerderecht, wenn das Gericht bei der Auswahl des SV nicht dem Vorschlag der Partei folgt (München MDR 92, 520; § 487 Rn 5) oder es ablehnt, nach §§ 398, 402, 412 zu verfahren (Frankfurt OLGR 96, 82). – Entgegen Karlsruhe OLGZ 80, 62 keine Beschwerde statthaft gegen Hinweise des Vorsitzenden auf Bedenken gegen Zulässigkeit oder Erfolgsaussicht des Antrags, denn solche Hinweise (vgl § 278 III) sind noch keine Entscheidung iS § 567.

5 **3)** Eine **Kostenentscheidung** ist (abgesehen von § 494a und vom Beschwerdeverfahren; hier gilt § 97) nicht veranlaßt, weil eine Kostenerstattung grundsätzlich nur und erst im Hauptsacheprozeß möglich ist (Düsseldorf OLGR 95, 32). Zu den Ausnahmen s § 91 Rn 13 „Selbständiges Beweisverfahren". Die Gewährung von **Prozeßkostenhilfe** für das sBV bedarf auch bei Anhängigkeit des Hauptsacheprozesses (§ 486 I) der gesonderten Bewilligung (vgl § 122 III 3 BRAGO). Diese Bewilligung ist (entgegen LG Bonn MDR 85, 415) auch außerhalb eines bereits anhängigen Rechtsstreits nicht ausgeschlossen (Köln Rpfleger 95, 303; LG Augsburg WuM 96, 233; LG Bayreuth JurBüro 91, 398; LG Kiel SchlHA 89, 44; LG Köln NJW-RR 87, 319; LG Saarbrücken BauR 85, 607; LG Düsseldorf MDR 86, 857; LG Aurich MDR 86, 504); sie setzt aber über die Darlegung und ggf Glaubhaftmachung der Zulässigkeitsvoraussetzungen eines sBV (§ 487 Rn 6) hinaus die Darlegung der besonderen Gründe voraus, welche einer gleichzeitigen und erfolgversprechenden (§ 114) Klage noch entgegenstehen. Das LG Karlsruhe (MDR 93, 914) versagt dem Gegner PKH, wenn der Antrag nach Bescheidung des Beweissicherungsantrags gestellt wird.

Außerhalb des Hauptsacheprozesses ist Kostenschuldner der Antragsteller, § 49 GKG, bei Gegenbeweis also der Gegner (LG Stade NJW 65, 1813). Kommt es zu keinem Hauptsacheprozeß, muß der Antragsteller seine Kosten gegen den Gegner in einem gesondert Verf geltend machen, sofern hierfür eine mat-rechtl Anspruchsgrundlage (zB positive Vertragsverletzung, culpa in contrahendo, Verzugsschaden) besteht (s Rn 11 vor § 91; LG Stade 95, 1270 gegen Celle MDR 93, 914). Allein die Erfolgschance eines letztlich unterbliebenen Hauptsacheprozesses genügt als Anspruchsgrundlage nicht. Dementsprechend genügt das Unterbleiben des Hauptsacheprozesses auch nicht als mat-rechtl Anspruchsgrundlage eines KE des Gegners (Düsseldorf MDR 91, 259). 6

Kommt es zum **Hauptsacheprozeß,** so sind die Kosten des sBV Teil der Kosten dieses Rechtsstreits und nach Maßgabe der Notwendigkeit zu erstatten. S näher § 91 Rn 13 „Selbständiges Beweisverfahren". 7

Die **Festsetzung des Streitwerts** obliegt im Fall § 486 I und II dem Gericht des sBV, im Fall § 486 III dem AG (aber nur bis zur Beweisanordnung des Prozeßgerichts gemäß § 493; s § 486 Rn 7) bzw dem diesem übergeordneten LG als Beschwerdegericht (Hamm NJW 76, 116). Zur Höhe des Streitwerts s § 3 Rn 16 „Selbständiges Beweisverfahren". 8

4) Gebühren: a) des Gerichts: Für das Verfahren nach §§ 485 ff erwächst – gleichviel ob es innerhalb eines Prozesses od isoliert davon eingeleitet wird – nach KV 1600 eine halbe Gebühr. Diese Gebühr erhöht sich nicht, wenn der Antrag in höherer Instanz (§ 486 I) gestellt wird. Durch die Gebühr wird das gesamte Verfahren abgegolten, also auch die Bestellung eines Vertreters für den unbekannten Gegner (§ 494 II). Das selbständige Beweisverfahren ist gebührenrechtlich ein selbständiges Verfahren, so daß die nach KV 1600 entstandene Gebühr neben den im Hauptprozeß bezüglich desselben Gegenstandes anfallenden Gebühren zu erheben ist. – Mehrere nacheinander gestellte Beweisanträge leiten jeweils besondere Verfahren ein, so daß für jeden Antrag eine besondere Gebühr entsteht, und zwar selbst dann, wenn über die mehreren Anträge nach Verbindung eine gemeinsame Entscheidung ergeht. Ergänzung od Berichtigung eines gestellten Antrags ist nicht gebührenpflichtig. Wird in einem selbständigen Beweisverfahren die (nicht anhängige) Hauptsache verglichen, so fällt neben der halben Gebühr nach KV 1600 die gerichtl Vergleichsgebühr (KV 1660) an. Für die Vergleichsgebühr haftet derjenige, der die Kosten im Vergleich übernommen hat (§ 54 Nr 2 GKG); als „Antragsteller der Instanz" haftet aber jeder am Vergleichsabschluß als Partei Beteiligter (§ 49 S 1 GKG). – Die Zurücknahme des Antrags ist ohne Einfluß auf die einmal angefallene Gebühr des KV 1600. Die Gebühr wird auch erhoben, wenn das selbständige Beweisverfahren nicht durchgeführt wird. – Beschwerdeverfahren nach KV 1906 gebührenpflichtig. – **b) des Anwalts:** § 48 BRAGO; ist die Hauptsache anhängig oder wird sie es noch: § 37 Nr 3 (Hansens NJW 91, 1137, 1143 III 3). 9

491 *[Ladung des Gegners]*

(1) Der Gegner ist, sofern es nach den Umständen des Falles geschehen kann, unter Zustellung des Beschlusses und einer Abschrift des Antrags zu dem für die Beweisaufnahme bestimmten Termin so zeitig zu laden, daß er in diesem Termin seine Rechte wahrzunehmen vermag.

(2) Die Nichtbefolgung dieser Vorschrift steht der Beweisaufnahme nicht entgegen.

1) Abs I. Die Ladung soll dem Gegner (§ 487 Nr 1) die Wahrnehmung seiner Rechte gem §§ 357, 397, 402 (s auch § 487 Rn 3) ermöglichen. Ladung vAw § 214. Einhaltung der Ladungsfrist nicht vorgeschrieben, aber wegen des Mitwirkungsrechts der Parteien (§§ 397, 402) sachl geboten (vgl § 375 Rn 5; Teplitzky NJW 73, 1675). Ladung der Zeugen und SV vAw: §§ 377, 278. Mangel eines Gegners: § 494. – Erfordert die Beweissicherung keinen Termin (so bei schriftl Gutachten), genügt mangels Ladung die formlose Mitteilung des Beweisbeschlusses, BGH NJW 70, 1919/1921. Dennoch ist förmliche Zustellung aus Gründen des Zugangsbeweises dringend anzuraten im Hinblick sowohl auf die rechtserhaltende Wirkung des Gesuchs (Rn 2 vor § 485) als auch auf die Beweisverwertungsvoraussetzung gemäß § 493 II und die Kostenfolge im Hauptsacheprozeß (§ 490 Rn 7). 1

2) Abs II. Keine Benützung des Ergebnisses des sBV, wenn Abs I nicht beachtet wurde (§ 493 II; s aber dort Rn 5, 6). Ist der Gegner trotz Ladung nicht erschienen, gilt § 367. 2

492 *[Beweisaufnahme]*

(1) Die Beweisaufnahme erfolgt nach den für die Aufnahme des betreffenden Beweismittels überhaupt geltenden Vorschriften.

(2) Das Protokoll über die Beweisaufnahme ist bei dem Gericht, das sie angeordnet hat, aufzubewahren.

(3) Das Gericht kann die Parteien zur mündlichen Erörterung laden, wenn eine Einigung zu erwarten ist; ein Vergleich ist zu gerichtlichem Protokoll zu nehmen.

Abs III eingefügt durch das RpflVereinfG.

1 1) **Abs I.** Es gelten die allg Vorschriften der §§ 355–371, daneben für den Augenschein §§ 371–372a, für Zeugen §§ 373–401, für Sachverständigen §§ 402–414. Wegen **Ablehnung** des Sachverständigen s § 487 Rn 5. Schriftl Sachverständigengutachten (§ 411) ist zulässig (in § 485 II vorgeschrieben), vorbehaltl Antrag einer Partei auf Anhörung des SV (§ 411 Rn 5a; LG Frankfurt MDR 85, 149). Die **Anhörung** des SV kann im sBV (Düsseldorf BauR 93, 637; MDR 94, 939; München BauR 94, 663; Saarbrücken NJW-RR 94, 787; Köln OLGR 96, 111), sonst jedenfalls noch im Hauptsacheprozeß von allen Parteien und jeweils in der gebotenen Unverzüglichkeit (§ 411 Rn 5a; LG Frankfurt MDR 85, 150) beantragt werden. Dasselbe gilt für die Anhörung von Zeugen nach deren auch hier gemäß § 377 III zulässigen schriftlichen Auskunft (vgl § 377 Rn 10).

2 Im Termin kann der Gegner **Einwendung** gegen das Verfahren selbst (Zuständigkeit des Gerichts, Ordnungsmäßigkeit des Gesuchs) vorbringen. Entscheidung hierüber durch Beschluß des die Beweisaufnahme anordnenden Gerichts, RG 97, 132. Anfechtung s § 490 Rn 4. Das Gericht kann die Beweisaufnahme vAw vertagen, um dem Gegner Gelegenheit zur Äußerung zu geben.

3 Die **Vereidigung** von Zeugen oder Sachverständigen kann, wenn die Hauptsache anhängig ist, nur das ProzGer nach mündl Verh anordnen. Ist die Hauptsache nicht anhängig, so entscheidet das Gericht des sBV, RGZ 97, 132. Die Beeidigung eines Zeugen im sBV wird nur ganz ausnahmsweise geboten sein, denn die Frage der Notwendigkeit einer Vereidigung ist Teil der (dem sBV fremden) Beweiswürdigung (§ 391 Rn 2).

4 Das **selbständige Beweisverfahren ist beendet** iS §§ 477, 639 BGB mit Verlesung der mündl Aussage des Zeugen oder SV im Termin (§ 162) bzw mit Zustellung des schriftlichen Gutachtens, wenn eine mündliche Erläuterung nicht stattfindet (BGH MDR 93, 979; München OLGR 95, 140; ein Antrag auf Ergänzung/Erläuterung ist in engem zeitlichen Zusammenhang mit der Zustellung des Gutachtens zu stellen: Frankfurt BauR 94, 139; Braunschweig BauR 93, 251); sonst mit Zurückweisung oder Zurücknahme des Gesuchs (BGH NJW 73, 698). Zur Beendigung der Ausnahmezuständigkeit des AG (§ 486 III) s § 486 Rn 7. Für eine Unterbrechung oder Aussetzung des Verfahrens ist im sBV kein Raum, Rn 6 vor § 485.

5 2) **Abs II.** Protokoll: (§ 160) bleibt bis zur Beiziehung durch das Prozeßgericht (§ 493), dann wieder nach Abschluß des Hauptsacheverfahrens, beim anordnenden Gericht; § 13 AktO.

6 3) **Abs III:** Grundsätzlich erfordert das sBV keine mündliche Verhandlung (§ 490 I) und daher auch keinen notwendigen Beweiserörterungstermin (iS § 285). § 492 macht aber deutlich, daß dennoch im Regelfall einer im Termin stattfindenden Beweiserhebung die Parteien ihre Rechte wahrnehmen, also das Beweisergebnis erörtern dürfen. Abs III fordert (entspr § 118 I 3, § 279) das Gericht auf, eine solche **Erörterung** in beiden Verfahrensarten (§§ 485 I und II) **mit dem Ziel einer gütlichen Einigung** durchzuführen, damit zur Befriedung der Beteiligten und Entlastung der Gerichte ein Hauptsacheprozeß möglichst entbehrlich wird. Im Erörterungstermin dürfen die Beteiligten sich rechts- oder auch sachkundigen Beistands bedienen, doch kommt hierfür eine Kostenerstattung nicht in Betracht, falls sie nicht im Vergleich vereinbart wird (LG Stade MDR 95, 1270).

7 Für den **Erörterungstermin** besteht im Fall § 78 I, II Anwaltszwang (§ 486 Rn 1), falls der Termin nicht zulässigerweise (§§ 279, 361, 362, 372 II, 375 gelten entsprechend für die Beweiserörterung und Herbeiführung einer „gütlichen" Einigung) vor dem **beauftragten oder ersuchten Richter** stattfindet (dann § 78 III). Am LG kann ein Einzelrichter für das sBV bestellt werden (Geffert NJW 95, 506; abw Voraufl).

8 Das Beweisergebnis (§ 160 III Nr 4, 5) und ein etwaiger **Vergleich** (§ 160 III 1) sind im **Protokoll** festzustellen. Die vollstreckbare Ausfertigung (§ 724) des Vergleichs ist **Vollstreckungstitel** gemäß § 794 I Nr 1.

9 Zwangsmittel für das persönl Erscheinen der Beteiligten im Erörterungstermin sind, obwohl das Gericht das persönl Erscheinen anordnen kann (§ 279 II entspr), nicht gegeben (§ 279 Rn 4).

10 Wegen der **Kosten und Gebühren** s § 493 Rn 6, § 494a II und § 490 Rn 5–9.

493 *[Benutzung des Beweisergebnisses im Prozeß]*

(1) Beruft sich eine Partei im Prozeß auf Tatsachen, über die selbständig Beweis erhoben worden ist, so steht die selbständige Beweiserhebung einer Beweisaufnahme vor dem Prozeßgericht gleich.

(2) War der Gegner in einem Termin im selbständigen Beweisverfahren nicht erschienen, so kann das Ergebnis nur benutzt werden, wenn der Gegner rechtzeitig geladen war.

§ 493 geändert durch das RpflVereinfG.

1) Abs I: Das Beweisergebnis des selbständigen Beweisverfahrens dient (falls dieses Verfahren nicht gem § 492 III zu einer gütlichen Einigung geführt hat) der Vorbereitung und beweismäßigen Vereinfachung des Hauptsacheverfahrens; es ist daher **bei Identität der Beteiligten** beider Verfahren **und bei Beteiligung des Gegners** am sBV (§ 491; vgl § 487 Rn 3) **wie ein vor dem Prozeßgericht erhobener Beweis zu behandeln,** nicht etwa als Urkundenbeweis (hierzu unten Rn 6). Eines Beweisantrags der Parteien oder eines förmlichen Beweisbeschlusses des Prozeßgerichts (§ 359) bedarf es hierfür nicht; ausreichend, aber erforderlich, ist die im Protokoll festzustellende (§ 160 III) Beweisverwertung und ggf Beweiserörterung (§ 285 I, sofern diese nicht bereits hinreichend gemäß § 492 III stattgefunden hat). Den Parteien des Hauptsacheprozesses ist es nicht freigestellt, ob sie das (ihnen evtl nachteilige) Ergebnis des sBV in den Prozeß einführen; beruft sich eine Partei auf Tatsachen, über welche selbständiger Beweis erhoben worden war, so erfolgt die **Beweisverwertung im Prozeß von Amts wegen.** Die hierfür vorausgesetzte Kenntnis des Prozeßgerichts vom sBV wird in den Fällen § 486 I und II wegen der Identität des Gerichts beider Verfahren zu erwarten sein; im Fall § 486 III ist davon auszugehen, daß sich jedenfalls die Partei, der das Beweisergebnis günstig ist, im Prozeß hierauf beruft. 1

Die Gleichbehandlung des (gemäß § 492 I verfahrensgerecht erzielten) selbständigen Beweisergebnisses mit einer vor dem Prozeßgericht durchgeführten Beweiserhebung hat zur Folge, daß für eine **Wiederholung oder Fortsetzung der Beweiserhebung über dasselbe Beweisthema vor dem Prozeßgericht** im Interesse der Verfahrensbeschleunigung die Einschränkungen gemäß §§ 360, 398, 411 IV, 412 gelten (BGH NJW 70, 1919). Demnach kommt eine Wiederholung oder Fortsetzung der Beweiserhebung durch das Prozeßgericht nur ausnahmsweise in Betracht, wenn die selbständige Beweiserhebung iS § 492 I fehlerhaft war (unten Rn 3), wenn sie – obwohl dem Zweck des sBV genügend – dem Prozeßgericht ergänzungsbedürftig erscheint (§ 398 Rn 5, § 411 Rn 5), wenn sie (insbesondere im Fall § 486 III) aus Gründen der Beweisunmittelbarkeit geboten ist (§ 355 Rn 6), wenn eine Vereidigung nachzuholen ist (§§ 391, 410) oder wenn der SV erfolgreich abgelehnt wurde; die rein tatsächlichen Feststellungen des erfolgreich abgelehnten SV anläßlich seiner Begutachtung können aber Anlaß geben, ihn als sachverständigen Zeugen zu vernehmen (§ 414, BGH NJW 65, 1492); ebenso wenn das sBV, in dem der SV sein Gutachten erstellte, nicht zwischen den Parteien des Rechtsstreits stattfand (BGH MDR 91, 236). 2

Verfahrensfehler im selbständigen Beweisverfahren sind vom Prozeßgericht insoweit nicht zu beachten, als sie die Zulässigkeit dieses Verfahrens betrafen (§ 485 Rn 4–9). Zu berücksichtigen sind auf Beweiseinrede einer Partei (sonst gilt § 295; s dort Rn 6) aber Verfahrensfehler hinsichtlich der Gesetzmäßigkeit der Beweiserhebung iS der §§ 492 I, 355 ff, so insbesondere die antragswidrige Mißachtung des Fragerechts (§§ 397, 411), des Anwesenheitsrechts (§ 397; § 411 Rn 3) und vor allem das Recht auf Beteiligung der Parteien (Abs II; § 491) im sBV; die letztgenannten Verfahrensfehler können eine Wiederholung oder Fortsetzung der Beweiserhebung vor dem Prozeßgericht gebieten; vom SV begangen, können sie zum Verlust seines Vergütungsanspruchs führen (Frankfurt OLGR 94, 69). 3

2) Abs II: Wurde der Gegner am selbständigen Beweisverfahren nicht beteiligt, so wäre er, falls er diese Nichtbeteiligung nicht selbst zu vertreten hat, durch die Verwertung des Beweisergebnisses im Hauptsacheprozeß in seinem Recht auf Mitwirkung an der Beweiserhebung (§§ 492 I, 357, 397, 411 III und IV) und damit in seinem Grundrecht auf Anhörung (Vorbem § 128 Rn 3–8) verletzt. Die Gleichsetzung des selbständigen Beweisergebnisses mit einem vor dem Prozeßgericht erzielten (Abs I) setzt daher voraus, daß der Gegner im sBV durch rechtzeitige (§§ 217, 491 I; vgl § 357 Rn 4) und nachweisbare (daher entgegen § 357 II hier förmliche Ladung unverzichtbar; Ersatzzustellung oder öffentliche Zustellung genügen aber) Ladung Gelegenheit hatte, an einem im sBV anberaumten Termin mitzuwirken oder, falls ohne Terminsladung lediglich ein schriftliches Gutachten eingeholt wurde, seine Mitwirkungsrechte in der bei § 411 Rn 3 und 5a näher dargestellten Art auszuüben. 4

Abs II entspricht für den Fall, daß der Gegner zum Beweistermin trotz Ladung nicht erschienen war, dem § 367; daß aber die Terminsladung des Gegners nicht unabdingbare Voraussetzung des sBV und der Verwertbarkeit seines Ergebnisses ist, ergeben die §§ 491, 494. **§ 493 II enthält** daher **kein absolutes Beweisverwertungsverbot;** die Vorschrift befreit lediglich den zur selbständigen Beweiserhebung nicht rechtzeitig (§ 491 I) geladenen Gegner des Antragstellers von der Regelung in § 493 I, eröffnet ihm also das ungeschmälerte Recht zum Beweisantritt im Hauptsacheprozeß. Der **Antragsteller bleibt in diesem Fall aber befugt, das Ergebnis des selbständigen Beweisverfahrens urkundenbeweislich in den Hauptsacheprozeß einzuführen** (so § 373 Rn 9 für den Zeugen- und Frankfurt MDR 85, 853 für den SV-Beweis). 5

3) Zur **Kosten- und Gebührenfolge** der Verwertung der selbständigen Beweiserhebung im Hauptsacheprozeß s § 490 Rn 7. Die halbe **Gerichtsgebühr** (KV 1600) fällt ohne die Möglichkeit einer späteren Verrechnung auf die Gerichtsgebühren des Prozesses bereits im selbständigen Beweisverfahren an und ist, falls sie nicht in die Kostenentscheidung des Prozeßgerichts einbezogen wird, vom Antragsteller zu tragen. Die **Anwaltsgebühren** des selbständigen 6

Beweisverfahrens gemäß §§ 48, 31 BRAGO (idF des RpflVereinfG je eine volle Gebühr für Verfahren, Beweisaufnahme und ggf [§ 492 III] Verhandlung, Erörterung [Schleswig JurBüro 96, 374], Vergleich) fallen bereits in diesem Verfahren an und sind bei Identität des Gegenstandes und der Parteien beider Verfahren auf die entspr Gebühren für den Hauptsacheprozeß anzurechnen, auch wenn dieser (im Fall § 486 II und III) erst nach dem selbständigen Beweisverfahren anhängig wird (§ 37 Nr 3 BRAGO).

494 *[Verfahren ohne Gegner]*

(1) Wird von dem Beweisführer ein Gegner nicht bezeichnet, so ist der Antrag nur dann zulässig, wenn der Beweisführer glaubhaft macht, daß er ohne sein Verschulden außerstande sei, den Gegner zu bezeichnen.

(2) Wird dem Antrag stattgegeben, so kann das Gericht dem unbekannten Gegner zur Wahrnehmung seiner Rechte bei der Beweisaufnahme einen Vertreter bestellen.

1 1) **Abs I.** Ein sBV ohne Beteiligung eines Gegners kommt nicht nur im Fall des § 485 I, sondern auch im Fall des § 485 II in Betracht, denn II setzt nicht zwingend einen vergleichsbereiten Gegner voraus (s § 485 Rn 7). – Unverschuldete Unkenntnis des Gegners zB bei Schadensfeststellung, wenn Täter noch unbekannt. Verletzung zumutbarer Nachforschungspflicht ist schuldhaft. Nichtbeteiligung des Gegners beeinträchtigt dessen Rechte nachhaltig; daher strenger Maßstab bei Verschuldensprüfung. Glaubhaftmachung: § 294.

2 2) **Abs II.** Eine Vertreterbestellung (§ 51) ist auch zulässig, wenn der Gegner gestorben oder sein gesetzl Vertreter weggefallen ist (BL/Hartmann Rn 2; MK/Schreiber Rn 2). – Eine Verpflichtung zur Übernahme des Amtes besteht nicht; findet sich niemand, der die Vertretung unentgeltlich übernimmt, so hat die Kosten einstweilen der Antragsteller zu tragen. Sie bilden für den nachfolgenden Prozeß einen Teil der außergerichtlichen Prozeßkosten. Die Staatskasse haftet dem Vertreter für seine Kosten nicht, daher keine Vorschußpflicht gemäß § 68 GKG.

3 **3) Gebühren: a) des Gerichts:** Die Gebühr für das selbständige Beweisverfahren (§ 493 Rn 4) umfaßt auch die Bestellung eines Vertreters für den unbekannten Gegner. – **b) des Anwalts:** § 37 Nr 3 BRAGO.

494a *[Fristsetzung zur Klageerhebung]*

(1) Ist ein Rechtsstreit nicht anhängig, hat das Gericht nach Beendigung der Beweiserhebung auf Antrag ohne mündliche Verhandlung anzuordnen, daß der Antragsteller binnen einer zu bestimmenden Frist Klage zu erheben hat.

(2) Kommt der Antragsteller dieser Anordnung nicht nach, hat das Gericht auf Antrag durch Beschluß auszusprechen, daß er die dem Gegner entstandenen Kosten zu tragen hat. Die Entscheidung kann ohne mündliche Verhandlung ergehen. Sie unterliegt der sofortigen Beschwerde.

Lit: *Notthoff/Buchholz,* Kostenlastentscheidungen im selbständigen Beweisverfahren, JurBüro 96, 5 ff.

1 **Abs I:** Das sBV ist auch gebührenrechtlich ein selbständiges Verfahren, in dem die Gerichtsgebühr gemäß § 49 GKG der Antragsteller (das kann bei Gegenbeweis mit eigenem Streitwert auch der Gegner sein; § 490 Rn 6) zu tragen hat, während ihre außergerichtlichen Kosten die Verfahrensbeteiligung jeweils selbst zu tragen haben. Ein Kostenausgleich entspr §§ 91 ff findet im sBV, das zu keiner Streitentscheidung führt und daher keine obsiegende oder unterlegene Partei kennt, grds nicht statt (§ 490 Rn 5). Erst im Hauptsacheprozeß können und sollen die Kosten des sBV in die Entscheidung über die Prozeßkosten einbezogen werden (§ 490 Rn 7).

2 Die selbständige Beweiserhebung erfüllt keinen Selbstzweck und darf insbesondere nicht der ausschließlich außerprozessualen Ausforschung von Tatsachen dienen. Erst die erkennbare Absicht des Antragstellers, durch diese Beweiserhebung einen Prozeß vorzubereiten (§ 485 I) oder gemäß §§ 485 II, 492 III zu verhindern, begründet das für das sBV vorausgesetzte rechtliche Interesse (§ 485 Rn 1, 7). Deshalb und auch wegen des grds nur in einem Hauptsacheprozeß möglichen Kostenausgleichs für den Antragsgegner, gibt das Gesetz diesem das Recht, den Antragsteller durch das Gericht unter Fristsetzung zur Erhebung der **Hauptsacheklage** auffordern zu lassen. Die Klage auf Kostenerstattung steht nicht gleich (Nürnberg DAR 93, 277); nach Düsseldorf (MDR 94, 201; hierzu auch Herget MDR 91, 314 Nr 4) auch nicht die Benutzung des Beweisergebnisses zur **Aufrechnung.**

3 Die **Anordnung des Gerichts zur Klageerhebung** ergeht nach notw Anhörung des Antragstellers des Beweisverfahrens (rechtl Gehör) ohne mündliche Verhandlung durch einen Beschluß, der dem Betroffenen gemäß § 329 II 2 förmlich zuzustellen ist. Hat sich der Antragsgegner aber

durch eigenständige Beweisanträge in die Rolle eines Antragstellers begeben, gilt § 495a I auch für ihn, so daß ihm Klageerhebung aufgegeben werden kann. Hatte die eine Partei zB eine Leistungsklage vorbereitet, müßte die andere negative Feststellungsklage erheben. Bei der **Fristsetzung** hat das Gericht etwaigen vom Betroffenen vorgetragenen Umständen, die einer alsbaldigen Klageerhebung noch entgegenstehen, tunlichst Rechnung zu tragen (vgl entspr § 275 Rn 4). Bei der Prüfung der Rechtzeitigkeit einer Klageerhebung ist § 270 III zu beachten (Hamm OLGR 94, 141).

Rechtsmittel gegen die befristete Anordnung: gegen Ablehnung der Anordnung einfache Beschwerde des Beweisgegners (§ 567). Kein Rechtsmittel gegen stattgebende Anordnung und auch keines, wenn die gesetzte Frist verlängert wird (Düsseldorf JurBüro 93, 622).

Abs II: Unterläßt der von der Androhung betroffene Beweisführer die Erhebung der Klage innerhalb gesetzter Frist (für diese gilt § 270 III), so sind ihm nach (nicht notwendig mündlicher) Anhörung **auf Antrag** die gegnerischen **Kosten des selbständigen Beweisverfahrens** aufzuerlegen, auch die des **Streithelfers** des Antragsgegners (Oldenburg NJW-RR 95, 829). Hat der Antragsteller wegen des eindeutigen Ergebnisses der Beweiserhebung ausdrücklich auf seine Ansprüche verzichtet, verneint Karlsruhe (JurBüro 96, 375) das Rechtsschutzbedürfnis für den Antrag nach Abs I, erläßt dann ohne Fristsetzung Kostenbeschluß in analoger Anwendung von Abs II (ebenso Köln OLGR 96, 148). Das überzeugt, weil es Förmelei wäre, Frist zu setzen, wenn die Partei schon erklärt hat, sie werde keinesfalls klagen. LG Mainz (MDR 95, 1271) weist dagegen in solchen Fällen den Kostenantrag jedenfalls zurück, wenn die Kosten des Antragsgegners erst verursacht wurden, nachdem der Antragsteller wegen zu erwartender Erfolglosigkeit vom Verfahren Abstand genommen hatte. Das Gericht vermengt hier Fragen der Kostenentscheidung (unterlassene Klageerhebung) und der Kostenfestsetzung (notwendige Kosten). **Klageverzicht** des Antragstellers und **Erfüllung** durch den Antragsgegner sind, richtig verstanden, spiegelbildlich Folgen des Ergebnisses der Beweisaufnahme. Der Verzichtende unterläßt die Klageerhebung und hat deshalb die Kosten des Antragsgegners zu tragen; der Erfüllende „vereitelt“ die Klageerhebung und kann daher nicht zu seinen Gunsten einen Kostenbeschluß erwirken (unten Rn 5). 4

Der Beschluß ist für den Antragsgegner des sBV Vollstreckungstitel iS § 103 I, der dem Grunde nach die Kostenerstattungspflicht dem Antragsteller für die gesamten dem Antragsgegner im sBV erwachsenen Kosten, Gebühren und Auslagen auferlegt. Der Beschluß spricht die Kostenfolge der unterlassenen Klageerhebung (ähnlich § 269 III 2; dort Rn 18) so aus, wie Abs II das vorgibt, also insgesamt zu Lasten des Beweisführers. Sind beide Parteien Beweisführer gewesen (Rn 3), müssen die Kosten gequotelt werden. **Teil**kostenentscheidung ist zu treffen, wenn nur bezüglich eines Streitwertteils Klage erhoben wird (Herget MDR 91, 314, auch zu weiteren Zweifelsfragen; BL/Hartmann Rn 11; München OLGR 92, 94; LG Osnabrück MDR 94, 1052; ähnlich Koblenz JurBüro 93, 552; aA Düsseldorf BauR 93, 370; München OLGR 94, 212; Cuypers NJW 94, 1990; sa Bischof JurBüro 92, 779, 781 4b). Wird Hauptsacheklage zwar nicht in der Frist des Abs I, jedoch noch vor einer Kostenentscheidung gemäß Abs II erhoben, ist die Entscheidung gemäß Abs II abzulehnen (Celle OLGR 96, 23). – Nach dem Bericht des Rechtsausschusses des Bundestages zu § 494a (BT-Drucks 11/8283 Seite 56) soll diese Vorschrift auch die Fälle erfassen, in denen die **Hauptsacheklage** zwar erhoben, jedoch **zurückgenommen oder als unzulässig abgewiesen** wurde; auch in diesen Fällen sollte daher das Prozeßgericht die Kosten des sBV dem Kläger auferlegen, obwohl die dahingehende und durchaus sachgerechte Absicht des Gesetzgebers in § 494a II keinen Ausdruck gefunden hat. Diese offensichtliche Lücke im Gesetz ist der Ausfüllung im Wege der Analogie zugänglich (Einleitung Rn 92–97). Daher ist § 494a II auf den Fall der Klagerücknahme oder der unzulässigen Klage entsprechend anwendbar. Wo dagegen mangels Antrages des Beweisgegners eine Anordnung gemäß § 494a I nicht ergangen ist, ist für eine Entscheidung des Prozeßgerichts bzgl der Kosten des sBV nach Klagerücknahme oder einem abweisenden Prozeßurteil kein Raum. 4a

Ausnahme: Die Kostenentscheidung zugunsten des Gegners im sBV unterbleibt trotz unterlassener Hauptsacheklage, wenn a) aufgrund Erfüllung des Hauptsacheanspruchs durch den Beweisgegner die beabsichtigte Klage gegenstandslos geworden ist (Düsseldorf MDR 94, 201; OLGR 95, 217; Frankfurt OLGR 95, 155; LG Osnabrück BauR 95, 281; krit Düsseldorf BauR 95, 27a) oder b) der Beweisführer darlegt und glaubhaft macht (entspr § 487), daß die ihm für die Klageerhebung gesetzte Frist unangemessen kurz ist (zB wegen eines PKH-Antrags oder wegen einer noch gebotenen Prozeßvorbereitung; vgl entspr § 275 Rn 4) und deshalb unverschuldet nicht eingehalten werden konnte. Im Fall a) ist der Kostenantrag des Beweisgegners abzuweisen, im Fall b) ist unter Zurückstellung der Kostenentscheidung eine neue Frist für die Hauptsacheklage zu setzen. – Schließlich ist der ausschließlich der Kostenerstattung an den Beweisgegner dienende **Antrag nach Abs I und II unzulässig,** wenn bereits im sBV in den Sonderfällen der Unzulässigkeit dieses Verfahrens, der Zurücknahme oder der Erledigterklärung des dortigen 5

Beweisantrags eine Kostenentscheidung zugunsten des Beweisgegners getroffen wurde (§ 490 Rn 5), die im Verfahren des § 494a weder wiederholt noch (entsprechend § 269 III Satz 2 Halbsatz 2) abgeändert werden darf.

6 **Anwaltszwang:** Die Anträge nach I und II unterliegen im sBV vor dem LG dem Anwaltszwang (Zweibrücken MDR 95, 744; ThP Rn 1; MK/Schreiber Rn 2; aA Stuttgart BauR 95, 135; Schmitz BauR 96, 340; BL/Hartmann Rn 4); Umkehrschluß aus § 486 IV.

7 **Rechtsmittel:** Gegen den Beschluß des Abs II ist vorbehaltlich § 567 II, IV die sofortige Beschwerde (§ 577) statthaft. Für die **Festsetzung der Höhe** der dem Beweisgegner zu erstattenden Kosten gelten die §§ 103, 104.

8 **Gebühren:** a) des **Gerichts:** Keine. Beschwerdeverfahren: KV 1906. b) des **Anwalts:** Antrag nach Abs 1 ist durch die Prozeßgebühr abgegolten. Ebenso der Antrag nach Abs 2, es sei denn, hierüber wurde mündlich verhandelt; dann bei str Verhandlung $^{10}/_{10}$, bei nichtstr $^{5}/_{10}$ Verhandlungsgebühr aus dem Kostenwert. Beschwerdeverfahren: § 61 Abs 1 Nr 1 BRAGO.

Zweiter Abschnitt

VERFAHREN VOR DEN AMTSGERICHTEN

495 *[Allgemeine Vorschrift]*

Für das Verfahren vor den Amtsgerichten gelten die Vorschriften über das Verfahren vor den Landgerichten, soweit nicht aus den allgemeinen Vorschriften des ersten Buches, aus den nachfolgenden besonderen Bestimmungen und aus der Verfassung der Amtsgerichte sich Abweichungen ergeben.

1 **1)** Die **Zuständigkeit der Amtsgerichte** ist im GVG geregelt, §§ 23–27 GVG (wegen Einzelheiten s dort), § 157 GVG (Rechtshilfe). Darüber hinaus wird in der ZPO und in anderen Prozeßordnungen die Zuständigkeit des AG bestimmt (s die Übersicht § 27 GVG Rn 1).

2 Zur Erschleichung des Gerichtsstands durch mehrere Teilklagen § 1 Rn 23; Zeiss, Die arglistige Prozeßpartei, 1967, S 81 ff.

3 **2) Verfahren der Amtsgerichte:** Das amtsgerichtliche Verfahren entspricht, soweit nicht bereits die Besetzung des Gerichts durch **Einzelrichter** (§ 22 GVG) Abweichungen bedingt, seit der VereinfNovelle 1976 weitgehend dem landgerichtl Verfahren. Besonderheiten bestehen mit Rücksicht auf die relativ geringere Bedeutung (ein Argument, das mit jeder Wertgrenzenerhöhung fragwürdiger wird) bzw auf die Eilbedürftigkeit der oben genannten Zuständigkeiten insoweit, als (mit Ausnahme der Ehe- u Familiensachen) **kein Anwaltszwang** besteht (§§ 78, 79) und der Prozeß nicht notw schriftlich vorzubereiten ist (§§ 496, 129, 129a). Dem hierdurch bedingten höheren **Fürsorgebedürfnis der Parteien** will das Gesetz Rechnung tragen: Die Parteien können den Prozeß ohne Vertretung betreiben, eine Prozeßvollmacht ersatzlos kündigen (§ 87) und sich (ganz oder teilweise § 83 II) nicht-anwaltschaftlicher Beistände bedienen (§ 90); die Vollmacht und Postulationsfähigkeit solcher Beistände hat das Gericht vAw zu prüfen (§§ 88 II, 157). Anträge und Erklärungen können zu Protokoll jedes AG (nicht notw Gericht der Hauptsache, § 129a) abgegeben werden. Wesentliche Parteierklärungen in der Verhandlung sind (abweichend v § 160 IV) vAw in der Sitzungsniederschrift festzuhalten (§ 510a). VAw zu belehren sind die Parteien über Zuständigkeitsmängel, deren Bedeutung und Verzichtbarkeit (§§ 504, 39 Satz 2), sowie über die Folgen eines schriftlich erklärten Anerkenntnisses (§§ 499, 307 II). Vom Gegner vorgelegte Urkunden sind abweichend von § 439 III nur dann als stillschweigend anerkannt anzusehen, wenn die Partei zur Erklärung über die Echtheit der Urkunde aufgefordert worden war (§ 510). Die Aufklärungspflicht des Gerichts gem §§ 139, 278 III erhält im amtsgerichtl Verfahren ein besonderes Gewicht. Sie beinhaltet aber auch ein besonderes Risiko. Jede Partei will gewinnen; aus der Sicht der einen Partei schadet ihr jeder Hinweis, der der nicht oder schlecht vertretenen Partei von Vorteil ist. Hier ist stets zwischen dem noch notwendigen Hinweis und der schon begründeten Besorgnis der Befangenheit wegen übersteigerter Fürsorge abzuwägen.

4 Nicht der Fürsorge für die Parteien, sondern der **Vereinfachung und Beschleunigung des Verfahrens** dient die gem § 217 abgekürzte Ladungsfrist von mindestens 3 Tagen und die Vereinfachung der Ladungen gem § 497 (wenig zweckmäßig!). Die perpetuatio fori (§ 261 III 2) ist eingeschränkt durch § 506. Schließlich kann – weitergehend als in § 255 – die Verurteilung zur Vornahme einer Handlung (§§ 887, 888) für den Fall der Nichterfüllung bereits mit der bedingten

Verurteilung zur Schadensersatzleistung verbunden werden (§ 510b); die Erzwingungsvollstreckung nach §§ 887, 888 ist dann ausgeschlossen (§ 888a).

495a *[Verfahren nach billigem Ermessen]*

(1) Das Gericht kann sein Verfahren nach billigem Ermessen bestimmen, wenn der Streitwert eintausendzweihundert Deutsche Mark nicht übersteigt. Auf Antrag muß mündlich verhandelt werden.

(2) Das Gericht entscheidet über den Rechtsstreit durch Urteil, das keines Tatbestandes bedarf. Entscheidungsgründe braucht das Urteil nicht zu enthalten, wenn ihr wesentlicher Inhalt in das Protokoll aufgenommen worden ist.

Lit: *Fischer* MDR 94, 978; *Kunze,* Das amtsgerichtliche Bagatellverfahren nach § 495a ZPO, 1995; NJW 95, 2750; *Kuschel/Kunze* DRiZ 96, 193; *Städing* MDR 95, 1102; NJW 96, 691.

I) Normzweck: § 495a wurde – zunächst mit einer Wertgrenze von 1000 DM – eingefügt durch das RpflVereinfG 1990. Für ab 1. 3. 93 anhängig gewordene Verfahren hat das Gesetz zur Entlastung der Rechtspflege den Anwendungsbereich ausgedehnt auf Werte bis 1200 DM. In der Begründung der Beschlußempfehlung des Rechtsausschusses heißt es dazu optimistisch – und wenig realistisch –, die Verfahrensvereinfachungen hätten sich in der Praxis bewährt. Es ist aber immer nur die gleiche Automatik. Die Zuständigkeit des AG wird erweitert, was die Rechtspflege schon entlasten und vereinfachen werde. Da die Kapazitäten nicht zugleich hinreichend aufgestockt werden, muß § 495a dann als Erledigungsüberdruckventil herhalten. Richtig angewandt, kann § 495a aber kaum echte Entlastung bringen; der Versuchung, ihn mißbräuchlich anzuwenden, muß der Richter widerstehen (vgl BL/Hartmann Rn 3). 1

II) Anwendungsbereich: 1) Anwendbar ist § 495a auf sog **Bagatellverfahren** (BL/Hartmann: Kleinverfahren). Dieser Begriff ist irreführend. Nach Beweisaufnahme und Streiturteil bei einem Streitwert von 1200 DM und anwaltlich vertretenen Parteien stehen insgesamt mehr als 2000 DM zur Entscheidung. Man sollte daher von Verfahren im unteren Streitwertbereich sprechen (ähnlich MK/Deubner Rn 1; krit Kunze NJW 95, 2751 III: Verfahren zweiter Klasse). § 495a gilt in seinem Anwendungsbereich für das gesamte Verfahren (BL/Hartmann Rn 11; enger MK/Deubner Rn 13: nur für die Sachverhaltsfeststellung). 2

2) Der Streitwert darf 1200 DM nicht übersteigen. Abzustellen ist auf den **Zeitpunkt der Klageeinreichung** (§ 4 I); jedoch folgt die Möglichkeit, das vereinfachte Verfahren anzuwenden, dann Änderungen (Erhöhungen, Reduzierungen) des Wertes (BL/Hartmann Rn 5; MK/Deubner Rn 8; aA Schneider ZAP F 13 S 199 III 4b für Streitwertminderungen), wenn hiermit zugleich eine Änderung des Streitgegenstandes verbunden ist. 3

Rechtlich fehlerfrei vorgenommene Prozeßhandlungen und bereits erhobene Beweise bleiben nach Übergang in das Normalverfahren voll wirksam/verwertbar (BL/Hartmann Rn 5; aA MK/Deubner Rn 10), gleichgültig, ob das Gericht von sich aus, wozu es jederzeit berechtigt ist, die Verfahrensart wechselt oder hierzu durch eine Klageerweiterung veranlaßt wird.

3) Das Gesetz sieht keine Beschränkung auf vermögensrechtliche Klagen oder auf das Erkenntnisverfahren vor (MK/Deubner Rn 6; aA Bergerfurth NJW 91, 962; widersprüchlich BL/Hartmann Rn 7, 36 „Arrest, einstweilige Verfügung"). Daß § 495a nicht im Ersten Buch steht, ist kein Hindernis (aA BL/Hartmann Rn 7), denn systematisch gehört die Vorschrift eben nicht zum Allgemeinen Teil, sondern zum „Verfahren vor den Amtsgerichten" und gilt dann auch im Rahmen der Zuständigkeit des AG für alle Verfahren. Außerdem wäre es ein unverständlicher Widerspruch, in vorläufigen oder summarischen Verfahren den Richter weitergehend zu binden als im Hauptsacheprozeß (oder im Nachverfahren, hierzu Bergerfurth NJW 91, 961, 962). Eigenheiten eines Verfahrens (zB Wechselprozeß, Arrest, PKH) gehen als leges speciales jedoch vor. 4

4) Mit dem Streitwert ist der **Zuständigkeitswert der ZPO** gemeint (§§ 2 ff). Mißlich ist, daß sich zB bei Stufenklage, Widerklage und Hilfsaufrechnung Zuständigkeits-, Gebührenwert und Beschwer unterschiedlich errechnen können (vgl § 5; §§ 18, 19 GKG). 5

Eine **Widerklage** kann im Ergebnis zu einer Beschwer von 2400 DM führen (zur Berechnung § 5 Rn 2), das vereinfachte Verfahren ist aber zulässig. Bei mehrfach gestaffelten und beschiedenen (§ 322 II) **Hilfsaufrechnungen** kann die Beschwer sogar viele Tausend DM erreichen; an der Behandlung als „Bagatelle" ändert sich nichts (ausführlich Schneider ZAP F 13 S 199 III 4). Mit § 495a läßt sich das Problem nicht lösen; im Zweifel sollte er nicht angewandt werden, denn auch insoweit ist das Ermessen frei; § 495a erlaubt, ihn zu ignorieren (womit in solchen unzweifelhaft rechtsmittelfähigen Sachen auch einer Aufhebung und Zurückverweisung vorgebeugt werden kann).

6 5) Unabhängig vom Streitwert und einer Mindestbeschwer ist **Berufung** möglich in den Fällen des § 511a II. Hier sollte idR das Normalverfahren gewählt werden.

7 6) Ob § 495a im **PKHVerfahren** gilt, ist str (ablehnend Schneider ZAP F 13 S 199 III 3), sollte mit BL/Hartmann (Rn 66) bejaht werden; meistens wird man aber auch ohne § 495a über § 118 II 1, 2 zum gleichen Ermittlungsverfahren kommen können. Die Zielsetzung der PKH (Sozialhilfe) darf allerdings in keinem Fall außer acht gelassen werden (s Rn 4).

8 **III) Verfahrenserleichterungen (Abs 1 S 1):** Seit Geltung des § 495a ist das Schrifttum auf der Suche nach Möglichkeiten eines vereinfachten Verfahrens (vgl Schneider ZAP F 13 S 199; Bergerfurth NJW 91, 961; BL/Hartmann Rn 34 ff). Das AG Nordenham (hierzu Bartels DRiZ 92, 106) hat sogar eine „BaBagVfo" entwickelt, wobei diese Verfahrensordnung eher deutlich macht, daß echte Vereinfachungen nicht möglich sind. Praktikabel sind die Verfügungsvorschläge von Kuschel/Kunze DRiZ 96, 195 III und Fischer MDR 94, 983 (der Hinweis zum VU in Nr 3 ist aber irreführend, weil sich nicht beim VU, sondern nur beim Anerkenntnis die Verfahrensgebühr reduziert; vgl § 253 Rn 27). Deubner (MK Rn 2) weist völlig zu Recht darauf hin, daß der Grundsatz des rechtlichen Gehörs die Ermessensfreiheit letztlich wieder auf die Anwendung der ZPO einschränkt; anderenfalls besteht konkrete Gefahr, daß das BVerfG regelmäßig zur dem AG übergeordneten „Berufungsinstanz" mutiert.

9 Entlastungsvorschläge wirken daher durchweg recht hilflos: Das Gericht kann **Fristen verkürzen.** Aber: Jede Frist muß angemessen sein, weil sonst rechtliches Gehör nicht gewährt wird. Eine Verkürzung darunter ist in jedem Fall unzulässig, eine Verlängerung darüber hinaus ist auch ohne § 495a nicht geboten.

10 Das Gericht kann **frei Beweis erheben.** Hierin wird der Schwerpunkt einer Vereinfachung gesehen; insbesondere ist jetzt die telefonische Beweisaufnahme zulässig (Fischer MDR 94, 981), aber nicht praktikabel. Gerade beim Zeugenbeweis, der ohnehin hinreichend problematisch ist, stellt sich dann die Frage des Beweiswertes besonders deutlich. Aber auch das Verfahren ist zu schwerfällig: Das Gericht muß die ProzBev zunächst vom Inhalt des Gesprächs informieren. Dies am besten schriftlich, denn die Büroorganisation läßt idR nicht zu, daß der RA am Telefon auf Mitteilungen der Gerichte zu möglicherweise umfangreichen Befragungen wartet, anwesende Mandanten um reichlich Geduld bittet. Die ProzBev müssen sodann Stellung nehmen können, eingehende Schriftsätze werden zur wechselseitigen Kenntnisnahme weitergereicht, ergänzende Befragung muß erlaubt sein. Solch ein telefonisch/schriftlicher Beweisaufnahmezwitter kostet Zeit, belastet Schreibdienste und birgt kaum die Chance einer Einigung. Wie viel einfacher ist da doch ein Termin zur Beweisaufnahme vor dem Prozeßgericht (Protokollierung unterbleibt nach § 161 I Nr 1 = Entlastung).

11 Allerdings kann das Gericht durch Anträge der Parteien nicht zu einem solchen Vorgehen gezwungen werden; § 495a I 2 bezieht sich nämlich nur auf die mündliche Verhandlung. Jedoch können übereinstimmende Anträge der Parteien zur Art des Beweisaufnahmeverfahrens die Ermessensfreiheit des Gerichts einengen, denn diese ist nicht Selbstzweck, sondern kann immer nur mit Rücksicht auf die konkrete Prozeßsituation ausgeübt werden. Ermessensfehlgebrauch kann allerdings, wenn überhaupt (s näher § 511a Rn 1), nur dann eine zweite Instanz eröffnen, wenn darin zugleich die Verletzung rechtlichen Gehörs liegt (LG Köln MDR 93, 906; LG Essen NJW-RR 93, 576; LG Hannover NJW-RR 94, 1088; BL/Hartmann Rn 30; zum Beschwerderechtsweg LG Baden-Baden NJW-RR 94, 1088).

12 **IV) Das Urteil (Abs 2)** muß nicht verkündet werden (allgem Meinung; zB MK/Deubner Rn 46; Fischer MDR 94, 982). 1) Eine gewisse Entlastung liegt darin, daß auf die Abfassung eines Tatbestandes verzichtet werden kann (II 1; s aber Stollmann NJW 91, 1719: Verstoß gegen das Rechtsstaatsgebot; hierzu auch Hennrichs NJW 91, 2815). Jedoch werden der Verständlichkeit wegen idR Tatbestandsteile in die Gründe einfließen müssen, weshalb der Entlastungseffekt nur teilweise erreicht werden kann.

13 2) Nach II 2 bedarf es keiner **Entscheidungsgründe,** wenn deren wesentlicher Inhalt in das Protokoll aufgenommen wurde. Der Sinn oder Vorteil dieser Regelung bleibt im dunkeln. Ist der Hinweis im Protokoll gesetzmäßig, dh vollständig (wesentlicher Inhalt!), und setzt er sich mit den Argumenten der Parteien auseinander, dann taugt er ebenso als Entscheidungsgrund. Gerade in frühen ersten Terminen wird oftmals die Muße fehlen zum Diktat, weil auch noch das Ergebnis der Erörterungen zu überdenken ist (sa BL/Hartmann Rn 26), andere Verfahren schon auf ihren Aufruf warten. Gegenüber der Ruhe am Ende der Sitzung ist für einen eiligen, evtl gar unüberlegten, jedenfalls aber nur vorläufigen Hinweis im Termin nur selten Bedarf. Dieser Hinweis kann ja auch noch am Ende der Sitzung ergehen und in das Protokoll aufgenommen werden; dann idR in Abwesenheit der übrigen Beteiligten, was unschädlich ist, denn ihre Anwesenheit beim Diktat ist nicht vorgeschrieben. Wie und wann sie vom Hinweis Kenntnis erlangen, läßt § 495a II offen. Von daher ist auch unverständlich, warum im Protokoll über den Termin zur Verkündung einer

Entscheidung im schriftlichen Verfahren der Hinweis nicht zulässig sein soll (zB Schneider ZAP F 13 S 199 IV 3). Einerseits gilt freies Ermessen; andererseits wird ohne erkennbaren Nutzen genau vorgeschrieben, wo der Hinweis zu plazieren ist. Da jedoch Hinweis und Entscheidungsgründe gleicher Qualität sein müssen (MK/Deubner Rn 44; anders BL/Hartmann Rn 87: „wesentlicher Inhalt" in II 2 bedeute wesentlich knapper als die „kurze Zusammenfassung" in § 313 III. Aber schon die kurze Zusammenfassung kann sich auf den wesentlichen Inhalt beschränken), ist die Diskussion letztlich so überflüssig wie II 2 selbst (krit auch Kunze NJW 95, 2751 II 2). Unwillen erregen deshalb auch nur die nichtssagenden und formelhaften Hinweise, mit denen ungenügend auf die Sache eingegangen wird. Ein solches Vorgehen ist von § 495a II 2 natürlich nicht gedeckt und kann ihm ebensowenig angelastet werden wie andere Willkürurteile dem § 313 II, III.

3) Entsprechend anwendbar ist § 495a II – ebenso wie § 313a – auf **verfahrensbeendende** 14 **Beschlüsse** (zB § 91a) und auf **Verweisungen** (§ 281), wenn der Hauptsachewert 1200 DM nicht übersteigt. Er sollte nicht angewandt werden bei Urteilen mit Auslandsbezug (§§ 313a II 4, 313b III) und solchen, die rechtsmittelfähig sind (s Rn 5, 6); unzulässig wäre dies aber nicht.

V) Kosten und formelle Rechtskraft der Entscheidung: Die gemäß §§ 91 ff zu treffende Ko- 15 stenentscheidung ist zwingend; eine Kostenaufhebung aus Vereinfachungsgründen wäre willkürlich, daher unzulässig. Für den Eintritt der formellen Rechtskraft der Entscheidung gilt das in § 705 Rn 5 Gesagte auch im vereinfachten Verfahren. Ein Urteil wird daher unabhängig von der Statthaftigkeit einer Berufung erst mit Ablauf der (ggf fiktiven) Rechtsmittelfrist formell rechtskräftig.

VI) Gebühren: 1) des **Gerichts:** Endurteil löst keine Urteilsgebühr aus, weil diese Gebühren im Prozeß- und 16 Eilverfahren erster Instanz überhaupt nicht mehr entstehen. **2)** des **Anwalts:** Bei mündlicher Verhandlung nach Abs 1 S 2: §§ 31 ff BRAGO. Beim Verfahren ohne mündliche Verhandlung ist § 35 BRAGO idF des KostRÄndG 1994 einschlägig.

496 *[Schriftsätze oder Erklärungen zu Protokoll]*

Die Klage, die Klageerwiderung sowie sonstige Anträge und Erklärungen einer Partei, die zugestellt werden sollen, sind bei dem Gericht schriftlich einzureichen oder mündlich zum Protokoll der Geschäftsstelle anzubringen.

Die Partei hat vor dem AG (auch im Anwaltsprozeß des § 78 II) die **Wahl,** ob sie bestimmende 1 Anträge oder sonstige Erklärungen schriftlich einreicht oder mündl zu Protokoll der Geschäftsstelle anbringt. Nur durch gerichtl Anordnung gem § 129 II kann, wo das sachl geboten ist, das Wahlrecht der Parteien eingeschränkt werden.

1) Soweit **Schriftsätze** eingereicht werden, gelten für deren Form und Inhalt die §§ 130–133 2 und § 253 entsprechend. Inhaltsmängeln hat das Gericht durch Fragen und Hinweise (§§ 139, 278 III), notfalls durch Anordnung (§ 129a) ergänzender Angaben zu Protokoll zu begegnen. Über die Erfordernisse der „Einreichung" von Schriftsätzen beim richtigen Adressaten sowie über die fristwahrende Wirkung einer Einreichung s § 270 Rn 5, 6 ff.

2) **Erklärungen zu Protokoll** der Geschäftsstelle (§ 153 GVG) können gem § 129a I vor jedem 3 beliebigen AG (nicht nur Gericht der Hauptsache) abgegeben werden. Zur Entgegennahme und Protokollierung telefonischer Erklärungen ist die Geschäftsstelle berechtigt, aber nicht verpflichtet. Der Urkundsbeamte der Geschäftsstelle (§ 153 GVG), in den Angelegenheiten des § 24 RpflG der Rechtspfleger, ist zur Entgegennahme und Niederschrift sowie zur unverzüglichen Vorlage bzw Übersendung des Protokolls an das zuständige Prozeßgericht amtl verpflichtet (§ 129a II). Soweit die Klage entgegengenommen wird, muß deren Inhalt den Erfordernissen des § 253 genügen (vgl § 498); die unverzügliche Weitergabe an das Prozeßgericht erhält hier durch § 270 III besondere Bedeutung (§ 498 Rn 1). Bei Niederschrift sonstiger Erklärungen soll der Urkundsbeamte auf den in §§ 130, 131 für Schriftsätze vorgeschriebenen Inhalt hinwirken. Zur Niederschrift eines wörtlichen Diktats ist der Urkundsbeamte bei verworrenen oder gar beleidigenden Erklärungen nicht verpflichtet; Inhaltsprotokoll genügt regelmäßig. Im übrigen sieht aber das Gesetz eine Zurückweisung des mündl Vorbringens wegen dessen Umfangs oder querulatorischen Inhalts (wie in § 157 III) mit Rücksicht auf das Fürsorgebedürfnis im Parteiprozeß nicht vor. Hier kann aber, soweit § 270 III nicht Entgegennahme der Klage gebietet, Hinweis auf die Möglichkeit des Gesuchs um PKH helfen. Zur zulässigen Verbindung der Klage mit dem Gesuch um PKH s § 117 Rn 7, 8.

Sondervorschrift für das **Mahnverfahren: § 702.** 4

3) Kosten des Gerichts: Wird die Klage zu Protokoll der Geschäftsstelle angebracht, so ist die Aufnahme des 5 Protokolls (Original) nicht gebührenpflichtig. Mit dem Abschluß des Protokolls (durch Vorlesen bzw eigenes Durchlesen des Antragstellers und Genehmigung) entsteht und wird zugleich fällig die Gebühr für das Verfahren im allgemeinen (§ 61 GKG). Schreibauslagen für Ausfertigungen und Abschriften: KV 9000 (2), (5).

497 *[Ladungen]*
(1) Die Ladung des Klägers zu dem auf die Klage bestimmten Termin ist, sofern nicht das Gericht die Zustellung anordnet, ohne besondere Form mitzuteilen. § 270 Abs. 2 Satz 2 gilt entsprechend.

(2) Die Ladung einer Partei ist nicht erforderlich, wenn der Termin der Partei bei Einreichung oder Anbringung der Klage oder des Antrages, auf Grund dessen die Terminsbestimmung stattfindet, mitgeteilt worden ist. Die Mitteilung ist zu den Akten zu vermerken.

1 **1) Abs I. Der Termin wird von Amts wegen bestimmt** (unanfechtbar), sofern nicht eines der in Rn 4–12 zu § 216 genannten Verfahrenshindernisse vorliegt. Eines Antrags bedarf es im amtsgerichtl Verfahren nur, wenn die Partei ein ruhendes Verfahren aufnehmen (§§ 251, 251a) nach einem Zwischenurteil nach § 304 über den Grund, nach einem Vorbehaltsurteil im Nachverfahren (§ 600) oder nach Widerspruch im Mahnverf über den Anspruch verhandeln will, § 696, vgl Rn 2 zu § 216. Bei Zurückweisung des Terminsantrags einf Beschwerde, § 567.

2 Die **Ladung** erfolgt durch die GeschSt (vgl § 214 Rn 2, 3). Dem Bekl wird mit der Ladung eine beglaub Abschrift der Klage (des Einspruchs usw) formell zugestellt, § 498. Dem Kl wird, wenn nichts Gegenteiliges angeordnet ist, die **Ladung formlos** ausgehändigt oder übersandt (= Ausnahme von § 329 II 2). Die formlose Ladung des Kl „gilt" im Ortsbereich am nächsten, sonst am übernächsten Werktag nach Aufgabe des Briefs „als bewirkt" (§ 270 II 2), kann also auch die Rechtzeitigkeit iS des § 335 I 2 und damit die Zulässigkeit eines VU gegen den Kl indizieren (hierzu unten Rn 3). Termin iS des § 497 I 1 ist nur der frühe erste Termin (§§ 272 II, 275). Auch bei seiner Verlegung handelt es sich dann noch um den „auf die Klage bestimmten Termin" (AK/Menne Rn 1; aA MK/Deubner Rn 3). Ein rechter Sinn dieser von der notw förmlichen Ladung des Bekl (§ 498) abweichenden Regelung der Ladung des Kl ist nicht ersichtlich; das Gericht sollte daher zur Meidung von Schwierigkeiten im Säumnisfall stets auch den Kl förmlich laden (vgl auch § 212b). Keiner Ladung bedarf es bei Terminsbestimmung in verkündeter Entscheidung (§ 218). Wegen Terminsverlegung s § 227. Ladungsfrist s § 217; Einlassungsfrist § 274 III; Abkürzung dieser Fristen: § 226; ohne Mitteilung der Abkürzung mit der Ladung kein VU, § 335 I 2.

3 **2) Abs II.** Dem Kl kann bei Anbringung der Klage, dem Bekl bei Einlegung des Einspruchs der Termin (mit Abkürzung der Einlaß- oder Ladungsfrist) sofort (formlos) bekanntgegeben werden. Daß dies geschehen ist, ist in den Akten zu vermerken und von dem Beamten zu unterzeichnen (vgl § 212b). Unterschrift der Partei ist nicht nötig. Zweckmäßig: Aushändigung einer schriftl Terminsnotiz. Im übrigen genügt Übersendung der Terminsmitteilung an Kl bzw seinen ProzBev. Abs II gilt auch für Nebenintervent. Bei Nichterscheinen des Kl kann VU erlassen werden; legt Kl Einspruch ein und macht er Nichtempfang der Ladung (Terminsmitteilung) glaubhaft, so sind die Gerichtskosten niederzuschlagen, § 8 GKG, wenn Zugang der formlosen Terminsmitteilung nicht feststellbar (vgl BVerfG NJW 74, 133). Daher treffen in diesem Fall Anwaltskosten des Gegners diesen; denn das VU ist nicht in gesetzl Weise ergangen (§ 344). Entscheidung nach Aktenlage ist bei Ausbleiben des Kl ohne Vorliegen eines Ladungsnachweises nicht möglich.

4 **3) Gebühren:** Vor der Zustellung der Klage ist die Gebühr für das Verfahren im allgemeinen (KV 1201, dreifacher Tabellensatz) vorauszuzahlen (§ 65 I 1 GKG). Es handelt sich dabei zwar um eine Sollvorschrift, ist aber Amtspflicht für das Gericht. – Die Vorauszahlungspflicht fällt weg, wenn **a)** dem Antragsteller die Prozeßkostenhilfe bewilligt ist (§ 65 VII Nr 1 GKG), oder **b)** ihm Kosten- bzw nur Gebührenfreiheit zusteht (§ 65 VII Nr 2 GKG) oder **c)** er glaubhaft macht, daß ihm aa) die alsbaldige Zahlung der Kosten mit Rücksicht auf seine Vermögenslage od aus sonstigen Gründen Schwierigkeiten bereiten würde (§ 65 VII Nr 3 GKG) oder bb) eine Verzögerung einen nicht od nur schwer zu ersetzenden Schaden bringen würde, wobei hier zur Glaubhaftmachung die Erklärung des zum ProzBev bestellten RA genügt (§ 65 VII Nr 4 GKG). In den letzten beiden Fällen aa) bis bb) muß der Antragsteller, auch wenn die jeweiligen Voraussetzungen vorliegen, die Vorauszahlung leisten, wenn die beabsichtigte Rechtsverfolgung aussichtslos oder mutwillig erscheint. – Die Einforderung der vorauszuzahlenden Kosten wird vom Kostenbeamten selbständig veranlaßt. Die Klage ist jedoch nach Eingang zunächst dem Richter (oder ein Antrag bei funktioneller Zuständigkeit des Rechtspflegers diesem) vorzulegen, wenn sich daraus ergibt, daß die Erledigung der Sache ohne Vorauszahlung angestrebt wird (§ 22 II KostVfg). In den Fällen des § 25 I 1 GKG geht der Gebührenanforderung eine **vorläufige** Wertfestsetzung voraus.

498 *[Zustellung der protokollierten Klage]*
Ist die Klage zum Protokoll der Geschäftsstelle angebracht worden, so wird an Stelle der Klageschrift das Protokoll zugestellt.

1 Die vor dem AG gem § 496 **zu Protokoll gegebene Klage** entspricht nach Zweck und Inhalt dem § 253 (vgl § 496 Rn 3). Erst ihre Zustellung an den Gegner begründet Rechtshängigkeit §§ 253 I, 261. Wegen Vorwirkung der Klageeinreichung, wenn Zustellung „demnächst" erfolgt, s § 270 III. Bei Protokollierung der Klage durch GeschSt eines anderen AG als des Prozeßgerichts (§ 129a) ist diese erst mit Zugang des Protokolls beim Prozeßgericht bei diesem „eingereicht" iS von § 270

III und damit anhängig (§ 129a II 2; § 253 Rn 4). Erst das Prozeßgericht veranlaßt die Zustellung des Klageprotokolls an den Bekl gem § 271 und trifft hierbei die Anordnungen gem §§ 272 ff, ggf mit Hinweisen gem §§ 499, 504, 510.

Bei **Mängeln des Klageprotokolls** ist gem §§ 139, 278 III zu verfahren, die mangelhafte Klage aber gleichwohl unverzüglich (§ 271 I) zuzustellen, weil rückwirkende Heilung möglich (§ 253 Rn 22) ist. 2

499 *[Belehrung über Anerkenntnisfolgen]*

Mit der Aufforderung nach § 276 ist der Beklagte auch über die Folgen eines schriftlich abgegebenen Anerkenntnisses zu belehren.

Vor dem AG gelten die Vorschriften über die Vorbereitung des frühen ersten Termins oder des Haupttermins (§§ 272 ff) entsprechend. Bei Wahl des schriftl Vorverfahrens § 276 ist der Bekl wegen seines Fürsorgebedürfnisses im Parteiprozeß (§ 495 Rn 3) unabhängig von den durch § 276 gebotenen Hinweisen (vgl § 276 Rn 6) auf die **Möglichkeit des schriftl Anerkenntnisurteils** (§ 307 II) besonders hinzuweisen. Dieser Hinweis ist geboten, auch wenn der Kl den (nachholbaren) Antrag nach § 307 noch nicht gestellt hat und auch wenn der Bekl durch RA vertreten ist (wegen erweiterter Möglichkeit zur Kündigung der Vollmacht § 87). Eines Hinweises auch auf die mögliche Form des Anerkenntnisses (§§ 496, 129a) und auf dessen Kostenfolge (§ 93) bedarf es nicht (StJ/Leipold 20 Aufl Rn 4). 1

Fehlender Hinweis nach § 499 verbietet schriftl Anerkenntnisurteil, nicht aber ein solches in mündl Verhandlung. 2

499a–503 (weggefallen)

504 *[Hinweis auf Unzuständigkeit]*

Ist das Amtsgericht sachlich oder örtlich unzuständig, so hat es den Beklagten vor der Verhandlung zur Hauptsache darauf und auf die Folgen einer rügelosen Einlassung zur Hauptsache hinzuweisen.

1) Grundsätzlich wird der Mangel der sachl oder örtl Zuständigkeit dadurch behoben, daß der Bekl ohne Geltendmachung der Unzuständigkeit des Gerichts mündl zur Hauptsache verhandelt (§ 39 u § 282 III). Das gilt ohne Rücksicht darauf, ob der Bekl die an sich veranlaßte Verfahrensrüge bewußt oder in Rechtsunkenntnis unterlassen hat. Um eine **Erschleichung der amtsgerichtl Zuständigkeit** unter Ausnutzung der Rechtsunkenntnis des Bekl zu verhüten (vgl Schneider MDR 89, 606), gebietet § 504 die Belehrung des Bekl über Zuständigkeitsmängel und über die Rechtsfolge der rügelosen Einlassung zur Hauptsache. Solange diese Belehrung unterblieben ist, tritt die Rechtsfolge des § 39 nicht ein (§ 39 S 2) und kann die zunächst unterbliebene Verfahrensrüge abweichend von § 282 III nachgeholt werden. Die Vorschrift will dem bes Fürsorgebedürfnis der Parteien im amtsgerichtl Verfahren (§ 495 Rn 3) Rechnung tragen. 1

2) Die Belehrungspflicht besteht im amtsgerichtl Verfahren unabhängig davon, ob der Bekl anwaltschaftl vertreten ist (Stuttgart FamRZ 80, 384/385) oder gem § 78 vertreten sein muß. Belehrung hat gem § 273 schriftl oder spätestens mündl im Verhandlungstermin – dann wegen der verfahrensrechtl Bedeutung gem § 160 II Protokollierung geboten – vor Eintritt in die streitige mündl Verhandlung (§ 137 I) zu erfolgen. Die zunächst **unterbliebene Belehrung** kann und muß vom Gericht bis zum Schluß der mündl Verhandlung (LG Hannover MDR 85, 772) nachgeholt werden, so auch bei iSd § 506 nachträgl Wegfall der amtsgerichtl Zuständigkeit (§ 506 Rn 3); dann gilt § 39 S 1 ex nunc. Die durch verspätete Belehrung bedingten gerichtl Mehrkosten (bei Verweisung § 281 nach fortgeschrittenem Verfahren) sollten gem § 8 GKG niedergeschlagen werden. 2

3) Sonderregelung für das Mahnverfahren § 696. Im arbeitsgerichtl Verf gilt § 504 nicht (BL/Hartmann § 39 Rn 5; § 504 Rn 1). Über Belehrung bei internat Unzuständigkeit s Katholnigg BB 74, 395 (§ 39 S 1 gilt hier nur vorbehaltlich vertragl abweichender Regelung, zB Art 18 GVÜ). 3

505 (weggefallen)

506 *[Nachträgliche sachliche Unzuständigkeit]*
(1) Wird durch Widerklage oder durch Erweiterung des Klageantrages (§ 264 Nr. 2, 3) ein Anspruch erhoben, der zur Zuständigkeit der Landgerichte gehört, oder wird nach § 256 Abs. 2 die Feststellung eines Rechtsverhältnisses beantragt, für das die Landgerichte zuständig sind, so hat das Amtsgericht, sofern eine Partei vor weiterer Verhandlung zur Hauptsache darauf anträgt, durch Beschluß sich für unzuständig zu erklären und den Rechtsstreit an das zuständige Landgericht zu verweisen.

(2) Die Vorschriften des § 281 Abs. 2, Abs. 3 Satz 1 gelten entsprechend.

1 **1) Anwendungsbereich:** § 506 ist **Ausnahme von der Regel der perpetuatio fori** (§ 261 III 2) und will (insofern ähnlich § 504) der Erschleichung der amtsgerichtl Zuständigkeit durch Klageerweiterung erst nach Begründung der amtsgerichtl Zuständigkeit dadurch vorbeugen, daß Verweisung an das Landgericht trotz ursprüngl sachl Zuständigkeit des AG zulässig bleibt. Dementsprechend gilt § 506 nur (BGH NJW-RR 96, 891) bei gem § 261 II nachträglicher Veränderung der die sachliche Zuständigkeit des AG (§ 23 Nr 1 GVG) begründenden Umstände durch Klageerweiterung (§ 264 Nr 2 und 3), streitwerterhöhende Klageänderung (§ 263), Widerklage (§ 33) oder nachträgl Zwischenfeststellungsklage (§ 256 II).

2 Dem Normzweck entsprechend, die perpetuatio fori nur im sachl gebotenen Umfang zu durchbrechen, **gilt § 506 nicht:** bei ursprüngl sachl oder örtl Unzuständigkeit (dann nur §§ 504, 281) und bei Eintritt anderer zuständigkeitsverändernder Umstände als den in § 506 genannten (keine extensive Auslegung der Ausnahmevorschrift!), also bei streitwerterhöhender nachträgl Klageerweiterung oder Widerklage in den Fällen § 302 IV 4, § 510b, § 600 II, § 717 II 2, § 1042c II oder bei Prozeßverbindung (§ 147, s aber dort Rn 8 und Sonderregelung für Verbindung von Anfechtungsklagen nach § 112 II GenG).

3 **2) Verfahren: a)** Da das Schutzbedürfnis des Bekl (§ 504 Rn 1) bei nachträgl Wegfall der amtsgerichtl Zuständigkeit nicht geringer ist als bei ursprüngl Unzuständigkeit des AG, besteht auch hier die Hinweispflicht des Gerichts, ohne deren Erfüllung die Prorogationswirkung der rügelosen Einlassung (§ 39 Rn 10) nicht eintritt; § 39 in der Fassung der Novelle vom 21. 3. 1974 will den Bekl in jedem Fall vor der Wirkung einer unbewußten Prorogation bewahren (Vollkommer Rpfleger 74, 129; Löwe NJW 74, 473; Diederichsen BB 74, 377). Dem Umstand, daß § 39 S 2 nur auf § 504 verweist und nicht auch auf § 506 ist entgegen LG Hamburg MDR 78, 940 keine den Normzweck einschränkende Bedeutung beizumessen, denn auch mit nachträgl Wegfall der amtsgerichtl Zuständigkeit „ist" das AG unzuständig (geworden) iS des § 504. Der Unterschied des § 506 von § 504 erschöpft sich in der von § 281 abweichenden Regelung, daß jede der Parteien den Verweisungsantrag stellen kann und Abs II nur Einzelregelungen des § 281 übernimmt (wie hier Müller MDR 81, 11 und JuS 86, 135; aM BL/Hartmann § 504 Rn 1).

4 **b)** Bei Zuständigkeitsrüge **Verweisung** (§ 281) **nur auf Antrag** und nur, wenn dieser Antrag vor streitiger Einlassung zur zuständigkeitsverändernden Hauptsache gestellt wird (sonst § 39). Den Verweisungsantrag kann abweichend von § 281 jede Partei stellen, auch bei Säumnis des Gegners. Der Antrag kann auch auf Verweisung an die KfHs gerichtet werden (§ 96 II GVG), nicht jedoch auf Verweisung an ein besonderes Gericht (zB Arbeitsgericht; an dieses verweist ggf das LG weiter). Vor dem **LG als Berufungsgericht** ist Antragstellung nur mit dem Ziel der Verweisung an Zivilkammer erster Instanz unmöglich (RGZ 119, 379; LG Zweibrücken MDR 94, 620; BL/Hartmann Rn 4; Butzer NJW 93, 2652; abw Oldenburg NJW 73, 810 und die LGe Hannover MDR 85, 329, Aachen, Stuttgart, beide NJW-RR 90, 704, die verkennen, daß § 506 nur im amtsgerichtl Verfahren gilt und die Zuständigkeitsabgrenzung der Zivilkammern eine nur funktionelle ist); auch eine Verweisung vom Berufungs-LG an das **OLG als Berufungsgericht** kommt nicht in Frage (BGH NJW-RR 96, 891). Jedoch darf das LG als Berufungsgericht, wenn das hilfsweise beantragt ist, *unter Aufhebung des Ersturteils* des unzuständigen AG die Sache (im Urteil oder durch Beschluß neben dem Urteil) antragsgemäß an die Zivilkammer (zur Wiederholung des ersten Rechtszuges) *abgeben* (so im Ergebnis auch StJ/Leipold 20. Aufl Rn 16).

5 Wird der **Verweisungsantrag nicht gestellt,** erfolgt insoweit bei Verfahrensrüge Prozeßabweisung durch Urteil des AG.

6 **c) Entscheidung:** Der unbegründete Verweisungsantrag (zB im Fall § 39 S 1) ist durch Zwischenurteil (§ 280) oder in den Gründen des Endurteils zurückzuweisen. Bei begründetem Antrag Verweisung durch Beschluß, der gem § 281 II nicht anfechtbar und für das angewiesene LG hinsichtl seiner sachl Zuständigkeit bindend ist, soweit nicht Weiterverweisung an ein besonderes Gericht veranlaßt ist (zB Arbeitsgericht). Eine Bindung des LG hinsichtl seiner örtl Zuständigkeit führt der Beschluß nach § 506 nicht herbei; jedoch ist das LG auch örtlich an die Verweisung gebunden, wenn das AG (was zulässig ist) mit der Verweisung nach § 506 antragsgemäß eine solche nach § 281 an das örtl zuständige LG verbindet oder wenn das gem § 506 verweisende AG

bereits durch eine frühere örtl Verweisung durch ein anderes AG gem § 281 II insoweit gebunden war (München OLGZ 65, 187).

d) **Kostenfolge** der Verweisung: § 281 III 2 gilt bei nur sachl Verweisung gem § 506 nicht, denn der Kläger hatte hier ja beim ursprüngl sachl zuständigen AG geklagt. Jedoch gilt § 281 III 2, wo das AG zugleich gem § 281 (oben Rn 6) an ein anderes als das ihm örtl übergeordnete LG verweist (StJ/Leipold 20. Aufl Rn 14). 7

3) **Gebühren: a) des Gerichts:** Der Verweisungsbeschluß ist gebührenfrei. Das Verfahren vor dem AG und LG gilt gebührenrechtlich als eine Instanz iS der §§ 27, 9 I GKG. – Für das auf Abweisung erkennende Prozeßurteil (s oben Rn 5) fällt keine Urteilsgebühr an. – Wird ein Zwischenurteil erlassen (oben Rn 6), so ist dieses gerichtsgebührenfrei. – **b) des Anwalts:** Dem vor u nach der Verweisung tätigen RA erwachsen im Hinblick auf die Einheit der Instanz die vor dem AG verdienten Gebühren nicht ein zweites Mal nach der Verweisung (§ 14 S 1 BRAGO). 8

507–509 (weggefallen)

510 *[Erklärung über Urkunden]*

Wegen unterbliebener Erklärung ist eine Urkunde nur dann als anerkannt anzusehen, wenn die Partei durch das Gericht zur Erklärung über die Echtheit der Urkunde aufgefordert ist.

1) § 510 gilt nur für **Privaturkunden** (§ 416), denn für die Echtheit öffentl Urkunden (§ 415) spricht die vom Gegner zu widerlegende gesetzl Vermutung (§ 437). Dagegen unterliegt die Frage der Echtheit von Privaturkunden der Parteidisposition (§ 439). 1

2) Im Parteiprozeß erhöht § 510 den Schutz des (oft rechtsunkundigen) Beweisgegners, indem die Geständnisfiktion (§§ 138 III, 439 III) von einem dahin gehenden Hinweis des Gerichts (= Anwendungsanfall von § 278 III) abhängig gemacht wird. Die Nachprüfbarkeit der Beweiswürdigung durch das Berufungsgericht bedingt, daß die gerichtl Aufforderung im Sitzungsprotokoll oder im Tatbestand des Urteils festgestellt wird. Nachholung des Bestreitens in der Berufungsinstanz kann nur dann iS § 528 II verspätet sein, wenn das Amtsgericht den Beweisgegner zur Stellungnahme gemäß §§ 510, 439 aufgefordert hatte (RGZ 97, 164). 2

510a *[Sitzungsprotokoll]*

Andere Erklärungen einer Partei als Geständnisse und Erklärungen über einen Antrag auf Parteivernehmung sind im Protokoll festzustellen, soweit das Gericht es für erforderlich hält.

§ 510a erweitert mit Rücksicht auf das Fürsorgebedürfnis der Parteien im amtsgerichtl Verf (§ 495 Rn 3) die Vorschrift des § 160 IV, da auch ohne bes Antrag wesentliche „Vorgänge oder Äußerungen" von Amts wegen in die Sitzungsniederschrift aufzunehmen sind. Im Hinblick auf § 160 II hat § 510a keine besondere praktische Bedeutung. 1

510b *[Urteil auf Vornahme einer Handlung]*

Erfolgt die Verurteilung zur Vornahme einer Handlung, so kann der Beklagte zugleich auf Antrag des Klägers für den Fall, daß die Handlung nicht binnen einer zu bestimmenden Frist vorgenommen ist, zur Zahlung einer Entschädigung verurteilt werden; das Gericht hat die Entschädigung nach freiem Ermessen festzusetzen.

I) **Allgemeines:** § 510b ist ein auf das amtsgerichtl Verfahren beschränkter Anwendungsfall der objekt Klagenhäufung (§ 260), wobei der (nicht etwa als Hilfsanspruch bedingt gestellte) Entschädigungsanspruch unbedingt erhoben und rechtshängig wird, obwohl er materiell ein künftiger Anspruch (vgl § 259) und durch die Nichterfüllung des Hauptanspruchs bedingt ist (Köln OLGZ 76, 477). Die Gefahr dieses Verfahrens liegt in der hypothetischen Schadensermittlung und -berechnung durch das Gericht, für den Kl im Verlust der Vollstreckungsbefugnis bezgl des Hauptanspruchs (§ 888a) und in der dem Sch aufgezwungenen Notwendigkeit der späteren Vollstreckungsabwehrklage (§ 767), falls er die Nichterfüllung des Hauptanspruchs nicht zu vertreten hat (§§ 283 I 3, 285, 323 BGB) oder die Höhe der zuerkannten Entschädigung bestreitet. Wegen der Entbehrlichkeit des Nachweises einer Besorgnis der Nichterfüllung des bedingten EntschädAnspruchs geht § 510b über § 259 hinaus und gefährdet auch insoweit den Sch. Um diese Risiken für den Sch abzugrenzen, ist das Verfahren auf die amtsgerichtl Zuständigkeit (wegen Landgericht s Rn 1 u 2 zu § 255), insoweit aber auch auf das Berufungsverfahren vor dem Landgericht beschränkt und keiner erweiternden Auslegung zugänglich. Im arbeitsgerichtl Verfahren entspricht § 61 II ArbGG dem § 510b. 1

2 **II) Verfahren. 1) Anwendungsbereich:** Klage auf Vornahme einer vertretbaren oder unvertretbaren Handlung iS §§ 887, 888, 889. Nicht anwendbar auf Unterlassungs-, Duldungs- oder Herausgabeansprüche (arg: § 888a; Köln MDR 50, 432; BAG 5, 78 zu § 61 II ArbGG). Ob die Handlung durch ZwV erzwingbar ist (vgl § 888 II), ist gleichgültig; die Nichtvornahme muß nur Entschädigungsansprüche (auch Vertragsstrafe) auslösen können. Das AG (bzw ArbG) ist zuständig, auch wenn der Entschädigungsanspruch seine Zuständigkeit übersteigt (Rn 9).

3 2) **Antrag:** „. . . den Beklagten zu verurteilen, binnen einer vom Gericht zu setzenden Frist (oder: bis spätestens am . . . usw) das Hindernis auf dem X-Weg zu beseitigen und nach ergebnislosem Fristablauf an den Kläger eine hinsichtl ihrer Höhe in das Ermessen des Gerichts gestellte Entschädigung (oder: 2000,– DM als Entschädigung) zu zahlen". Der Antrag auf Fristsetzung und Entschädigung kann auch nachträgl (selbst in der Berufungsinstanz) gestellt (§ 261 II) werden, jedoch nicht mehr nach Verweisung gem § 506 (für das erstinstanzl Verf vor dem LG s Rn 1 u 2 zu § 255). Darlegung einer Besorgnis der Nichterfüllung (§ 259) ist entbehrlich. Bezifferung der Entschädigung ist (wie bei § 287) entbehrlich, zur Begründung späterer Rechtsmittelbeschwer (BGH VersR 63, 185; NJW 66, 780) aber zweckmäßig. Für den Antrag auf Fristsetzung gilt das in Rn 5 zu § 255 Gesagte. Der Antrag begründet Rechtshängigkeit (§ 261 I) des Entschädigungsanspruchs.

4 3) **Entscheidung:** Das Gericht muß über den Hauptanspruch und (insoweit gilt § 255) über die Fristsetzung entscheiden. Teilurteil nur über den Hauptanspruch ist unzulässig („zugleich"), weil dann dessen Vollstreckungsfähigkeit (§ 888a) ungewiß bliebe. **Entscheidung über die Entschädigung steht** (vgl „kann") **im Ermessen des Gerichts;** das Gericht darf von einer sachl Entscheidung insoweit absehen, wenn über Grund u Höhe der Entschädigung umfangreiche Beweiserhebung nötig wäre (ThP Rn 6; MK/Deubner Rn 10; aA BL/Hartmann Rn 5). Da nur der Hauptanspruch den Streitwert bestimmt (§ 5 gilt hier ähnlich wie bei dem Inzidentantrag gem § 717 II 2 nicht; s unten Rn 9), wäre Verweisung gem § 506 wegen Höhe der Entschädigung unzulässig und für das Landgericht nicht bindend.

5 a) Sieht das Gericht von einer Sachentscheidung über die Entschädigung ab, so ist das nur in den Urteilsgründen darzulegen; kein Ausspruch insoweit im Urteilstenor. Trotzdem ist Kl dann beschwert; er kann den Entschädigungsanspruch mit (Anschluß-) Berufung vor dem LG weiterverfolgen. Tut er das nicht, entfällt Rechtshängigkeit des Entschädigungsanspruchs mit form Rechtskraft (§ 705) des Urteils.

6 b) Der **Entschädigungsanspruch** ist als **unzulässig** (im Urteilstenor) abzuweisen, wenn die in Rn 2 genannten Voraussetzungen fehlen.

7 c) Der **Entschädigungsanspruch** ist als **unbegründet** abzuweisen – selbst bei begründetem Hauptanspruch –, wo seine materiell-rechtl Voraussetzungen fehlen, sei es daß die Nichterfüllung der Handlungspflicht keine Ersatzpflicht auslöst oder (trotz hypothetischer Schadensermittlung) ein geldwerter Schaden nicht denkbar ist.

8 d) Der **Entschädigungsanspruch** ist **begründet,** wo das Gericht – notfalls in Anwendung von § 287 – seine Voraussetzungen bejaht.

9 e) In jedem Fall der Zuerkennung oder auch der Nichtannahme (oben Rn 5) bzw Abweisung des Entschädigungsanspruchs (als unzulässig oder unbegründet) bleibt *dieser* Ausspruch ohne **Kostenfolge** im Urteil. Das ist notwendige Konsequenz der hier uneigentlichen (dh nur zum Zweck der ZwV erfolgten) Anspruchshäufung. Bei Erlaß des Urteils ist noch ganz ungewiß, ob die Bedingung, unter welcher der Entschädigungsanspruch steht (= Nichterfüllung des Hauptanspruchs), überhaupt eintreten wird (oben Rn 1). Dementsprechend bestimmt auch allein der Hauptanspruch den **Streitwert** des gesamten Verfahrens erster Instanz, selbst wenn der (hypothetische) Entschädigungsanspruch einen höheren Wert haben sollte; § 5 (dort Rn 8) gilt hier nicht (Schneider MDR 84, 853).

10 **III) Zwangsvollstreckung:** Das Urteil ist in vollem Umfang für vorläufig vollstreckbar (§§ 708–710) zu erklären. Vollstreckungsklausel (§ 725) ist sofort (nicht erst nach Ablauf der gesetzt Frist; § 726 gilt hier nicht) zu erteilen. Ist auf Entschädigung erkannt, so ist (auch vor Fristablauf) ZwV auf Vornahme der Handlung ausgeschlossen: § 888a; vollstreckt Kl trotzdem gem §§ 887, 888, hat Bekl hiergegen sof Beschwerde, § 793.

11 Alle **Einwände** gegen Vollstreckung der Entschädigung muß Sch gem § 767 geltend machen (zB rechtzeitige Vornahme der Handlung, Nichtvertretenmüssen der Nichtvornahme gem §§ 283 I 3, 323 BGB, nachträglich (§ 767 II!) entstandene Einwände geg Grund oder Höhe der Entschädigung oder Aufrechnung).

510c **(weggefallen; s jetzt § 495a)**

Drittes Buch

RECHTSMITTEL

Vorbemerkungen

I) Rechtsmittel im Sinne der ZPO sind nur Berufung, Revision und Beschwerde, insbesondere nicht Einspruch (§§ 338 ff), Nichtigkeits- und Restitutionsklage (§§ 578 ff), Erinnerung (§§ 104, 576, 766). 1

Rechtsmittel ist ein Rechtsbehelf, durch den eine Entscheidung vor ihrer Rechtskraft zur Nachprüfung einer höheren Instanz gestellt wird. Zum Wesen des Rechtsmittels gehört der **Devolutiveffekt** (Anfallwirkung: die Sache geht zur Verhandlung und Entscheidung auf die höhere Instanz über) und der **Suspensiveffekt** (Hemmungswirkung: der Eintritt der formellen Rechtskraft wird aufgeschoben). Zufolge der weitergehenden Hemmungswirkung hindert die Berufungseinlegung auch den Eintritt der Rechtskraft bezüglich derjenigen Streitgegenstandsteile, die nicht angefochten werden (BGH NJW 92, 2296 = VersR 92, 1110). Den Ausgleich schafft die vorläufige Vollstreckbarerklärung nach § 534. 2

Mit der Einlegung der Berufung wird die Zwangsvollstreckung nur hinausgeschoben, wenn das Urteil nicht für vorläufig vollstreckbar erklärt ist, § 704 II. 3

II) Zulässig ist ein Rechtsmittel: 1) wenn es statthaft ist, das heißt, wenn eine mit diesem Rechtsmittel anfechtbare Entscheidung vorliegt und das Rechtsmittel von einer hierzu berechtigten Beteiligten (Partei oder Dritten) eingelegt ist (BGH MDR 78, 307 [auch ein Dritter, der irrtümlich im Rubrum als Partei genannt ist]). 4

2) wenn bei der Einlegung - bei Berufung und Revision auch bei der Begründung - **Form und Frist gewahrt sind;** 5

3) eine Beschwer des Rechtsmittelklägers vorliegt **und die Beschwerdesumme** (§§ 511a, 546) **erreicht wird.** Materiellrechtliche Fehler des Urteils können diese Voraussetzungen nicht ersetzen (Waldner NJW 80, 218; Lüke NJW 79, 2049; Kahlke ZRP 81, 268), auch nicht bei Vorliegen einer greifbaren Gesetzwidrigkeit (BGH VersR 89, 1065 = NJW 89, 2758). 6

Fehlt eine der Voraussetzungen, ist das Rechtsmittel als unzulässig zu verwerfen (§§ 519b, 554a, 574). Umdeutung in zulässige Anschlußberufung oder -revision möglich (BGH ZZP 71, 1958, 84). 7

III) Beschwer (s dazu Bettermann ZZP 82, 1969, 24). **1)** Die Zulässigkeit eines Rechtsmittels setzt eine Beschwer des Rechtsmittelklägers voraus, die nicht allein im Kostenpunkt bestehen darf (Düsseldorf FamRZ 91, 350; s § 99 Rn 4), sowie das **Bestreben, diese Beschwer** mit dem Rechtsmittel **zu beseitigen** (std Rspr, zB BGHZ 85, 142; BGH NJW-RR 88, 959). Das vorinstanzliche Begehren muß also zumindest teilweise weiter verfolgt werden; es darf nicht ausschließlich ein neuer Anspruch geltend gemacht werden (BGH WM 90, 1748; NJW 93, 597; 94, 3358; 96, 527; Köln OLGR 95, 174). Es genügt auch nicht, daß das ursprüngliche Klageziel hilfsweise mit der Berufung weiterverfolgt wird (BGH RR 94, 1404; 96, 765) – insoweit aA für den Fall des Parteiwechsels BGH NJW 96, 320. Tauscht der Berufungsführer innerhalb derselben Schadensart Berechnungsfaktoren aus, dann bleibt er innerhalb der Beschwer (BGH NJW-RR 91, 1279). 8

Ob die Beschwer vorliegt, bestimmt sich nach dem rechtskräftigen Inhalt der Entscheidung, wobei die Gründe zur Auslegung heranzuziehen sind (BGH NJW 86, 2703). Sie ergibt sich nicht schon aus dem Rechtsmittelkläger unerwünschten Feststellungen, zB der gerichtlichen Bestätigung des bereits rechtskräftigen Versäumnisurteils (Celle NJW 80, 2140 m Anm Kniestedt) oder einer von seinem Vortrag abweichenden Begründung (Düsseldorf MDR 79, 956; Celle OLGZ 79, 194). Erst recht genügt nicht, daß die Urteilsbegründung einem Streithelfer nachteilig (Köln NJW 75, 2108) oder daß nur bei einem anderen Streitgenossen die Beschwer zu bejahen ist (Köln VersR 73, 641; s auch BGH MDR 91, 427 = NJW-RR 91, 186 = KoRsp ZPO § 5 Nr 86 m Anm Schneider u Lappe). Die Beschwer fehlt daher, wenn der Verkehrsunfallgeschädigte denselben Haftpflichtversicherer wegen des Schädigers A in Anspruch nimmt und nach Klageabweisung mit der Berufung auf den Schädiger B überwechselt (BGH VersR 88, 859). Andererseits steht der Beschwer nicht entgegen, daß sie sich nicht vollstreckungserschwerend auswirkt (BGH JurBüro 82, 377). Eine gegebene Beschwer entfällt auch nicht, weil die verurteilte Partei vor Berufungseinlegung den Anspruch des Gegners zur Abwendung der Zwangsvollstreckung erfüllt (Karlsruhe OGLZ 79, 351); deshalb darf auch mit der Berufung die Rückzahlung des geleisteten Betrages aus § 812 BGB gefordert werden (Schleswig MDR 91, 669).

8a Die Beschwer muß im **Zeitpunkt der Rechtsmitteleinlegung** vorliegen (BGHZ 1, 29). Sie kann nicht durch Klageerweiterung im zweiten Rechtszug (§ 519 Rn 31) geschaffen werden, wenn nicht wenigstens ein Teilstück des ursprünglichen Begehrens mit dem Rechtsmittel weiterverfolgt wird; denn die Erweiterung setzt ebenso wie die **Klageänderung** ein zulässig eingelegtes Rechtsmittel voraus (BGH NJW 88, 827; 92, 2296), also die Weiterverfolgung eines vorinstanzlich aberkannten Anspruchs oder Anspruchsteils, denn die Beschwer kann sich nur in Bezug auf den Streitgegenstand der ersten Instanz ergeben (BGHZ 24, 370; NJW-RR 87, 124; 91, 1279; NJW 93, 597; MDR 94, 305). Allerdings ist bei **Wechsel in der Begründung** des Anspruchs zu unterscheiden, ob der Lebenssachverhalt ausgewechselt (= Klageänderung, somit keine Beschwer) oder nur ergänzt wird oder gar nur eine (weitere) rechtliche Begründung nachgeschoben wird, die den Streitgegenstand nicht verändert (s BGH MDR 94, 305). Unzulässig ist daher die Berufung, die – nach der insoweit maßgeblichen Berufungsbegründung (§ 519 III Nr 2) – nur das Ziel verfolgt, einen in erster Instanz noch nicht geltend gemachten Anspruch zur Entscheidung zu stellen, mögen hierfür auch Gründe der Prozeßökonomie im Einzelfall sprechen (aA Altmeppen, ZIP 92, 449, der gegen die hM die Auffassung vertritt, daß es in den einschlägigen Fällen nur darauf ankomme, ob die zweitinstanzliche Klageänderung nach §§ 523, 263, 264, 267 zulässig sei; werde das bejaht, dann fehle es nicht an der Bekämpfung der erstinstanzlich gesetzten Beschwer; im Erg dem folgend StJ/Grunsky vor § 511 Rn 73). Entsprechendes gilt, wenn nach Klageabweisung mangels Aktivlegitimation ein Dritter im Wege des Klägerwechsels Berufung einlegt. Auch hier wird das erstinstanzliche Klageziel (Leistung an den Kläger) nach dem Parteiwechsel nicht weiter verfolgt, ganz abgesehen von den Problemen bei der Rechtsmittelbegründung (vgl dazu BGH NJW 94, 3358 u § 519 Rn 30).

8b Wer mit einer **Feststellungsklage** obgesiegt hat, kann nicht Berufung einlegen, um zur Leistungsklage überzugehen, weil das eine reine Klageerweiterung wäre (BGH MDR 88, 308 = NJW 88, 827). Wohl darf ein Kläger, der erstinstanzlich mit dem Leistungsantrag unterlegen ist und mit dem Feststellungsantrag obgesiegt hat, zweitinstanzlich von der Feststellung zur Leistungsklage übergehen, wenn er zugleich die erstinstanzliche Abweisung seines Leistungsantrages angreift, weil er dadurch beschwert ist und der Wechsel zur (weiteren) Leistungsklage nur eine Klageerweiterung, keine Klageänderung ist (BGH NJW 92, 2296; 94, 2098). Ist die Feststellungsklage als unbegründet abgewiesen worden, dann kann der Kläger nach Berufungseinlegung zur Leistungsklage übergehen (§ 264 Nr. 2 ZPO; vgl BGH NJW 85, 1784; 92, 2297; 94, 2098), muß aber bei Klagenhäufung auch das nachteilige Feststellungsurteil durch zulässige Berufung oder Anschlußberufung angreifen (BGH NJW-RR 87, 249), allerdings kann dies während des Berufungsverfahrens, ggf sogar noch nach Zurückverweisung nachgeholt werden, da durch die Teilanfechtung die Rechtskraft insgesamt gehemmt wird (vgl BGH NJW 92, 2296 u B v 8. 6. 94, VIII ZR 178/93). Ist die Feststellungsklage vorinstanzlich als unzulässig abgewiesen worden, dann bleibt der Kläger innerhalb seiner Beschwer, wenn er Berufung mit einem Leistungsantrag einlegt; er geht aus demselben Sachverhalt wegen desselben materiellen Anspruchs vor (Frankfurt NJW-RR 87, 1536). Die abw Ansicht Köln NJW-RR 90, 1085 verkennt, daß der Leistungsantrag die schon vorinstanzlich behauptete Begründetheit des Feststellungsbegehrens voraussetzt und einschließt. Auch prozeßökonomisch erscheint die Verneinung der Beschwer in diesem Fall verfehlt. Würde die Beschwer in diesem Fall verneint, wäre der Kläger gezwungen, eine neue Klage einzureichen oder zweitinstanzlich Hauptantrag und Hilfsantrag zu stellen.

8c Von dem Erfordernis, daß der Berufungskläger die vorinstanzlich gesetzte Beschwer zumindest teilweise beseitigen will, also zweitinstanzlich nicht neue Anträge verfolgen darf, ist dann eine Ausnahme zu machen, wenn **zwischen den Instanzen** die Voraussetzungen des **§ 264 Nr 3 ZPO** eintreten. Geschieht dies in der ersten Instanz, darf der Kläger seinen Antrag ändern; geschieht es erst nach Verkündung des erstinstanzlichen Urteils, muß er die erforderliche Antragsänderung mit der Berufung verfolgen dürfen, da er anderenfalls rechtlos gestellt würde (s BGH MDR 91, 42; NJW-RR 92, 1033; Schleswig NJW-RR 92, 192; Hamm WPM 92, 641). Es handelt sich dabei um Fälle wie Schadensersatz statt Wandelung wegen Veräußerung der Kaufsache zwischen den Instanzen oder Umstellung der Vollstreckungsgegenklage auf eine Bereicherungsklage oder Herausgabe an einen Dritten statt an sich. Unzulässig ist es nur, mit der Berufung eine Antragsänderung zu verfolgen, die nach § 264 Nr 3 ZPO bereits vorinstanzlich möglich gewesen wäre (s dazu Schneider MDR 87, 811).

Tritt **Rechtsnachfolge** ein (§ 265) und wird der übernahmebereite Nachfolger zurückgewiesen, kann er als Rechtsmittelkläger nur die Beschwer verfolgen, den Prozeß anstelle des Vorgängers zu übernehmen (BGH MDR 88, 956 = Warneyer 1988 Nr 120). Wird während einer Elternklage (§ 1629 III BGB) nach Urteilserlaß, aber vor Ablauf der Berufungsfrist das Kind volljährig, dann beschwert das klageabweisende Urteil nur das Kind, so daß der Elternteil nicht Berufung mit dem Ziel der Klageerweiterung einlegen kann (Zweibrücken FamRZ 89, 194). **Geänderte Antragsfassung** macht die Berufung nicht unzulässig (BGH WRP 89, 478 = Warneyer 1988 Nr 302: betr Widerrufs- u Unterlassungsanträge). **8d**

2) Trotz gegebener formeller Beschwer kann ein Rechtsmittel ausnahmsweise unzulässig sein, weil es aus anderen Gründen am **Rechtsschutzinteresse** fehlt (BGHZ 50, 263; 57, 225; NJW 58, 995), zB weil der Beschwerdeführer keine Beseitigung seiner Beschwer erstrebt (Karlsruhe FamRZ 80, 682). Eine ursprünglich vorhandene Beschwer kann auch entfallen, etwa wenn der zur Auskunft verurteilte Beklagte die Auskunft zwischen den Instanzen erteilt und dennoch Berufung einlegt (Schleswig FamRZ 84, 174) oder wenn eine fehlerhafte Vorentscheidung höherinstanzlich nicht mehr korrigierbar ist, etwa bei fälschlicher Aufhebung eines Arrestbeschlusses und Verweisung nach dem Hilfsantrag (Schleswig SchlHA 91, 94; s auch zum Beschwerdeverfahren § 567 Rn 10). Regelmäßig ergibt sich aus der Beschwer aber zugleich das Rechtsschutzbedürfnis (BGHZ 57, 225). Es fehlt, wenn das Gericht den Klageanspruch zugesprochen und ihn nur anders als in der Klage geschehen rechtl eingeordnet hat (BGHZ 50, 263; MDR 59, 486). Ob es vorliegt, wenn das Gericht einen Klagegrund oder Klageabweisungsgrund gegen den Willen der Partei vorgezogen hat, ist str (vgl BGH LM § 511 Nr 6) und dann zu bejahen, wenn dadurch der Streitgegenstand (prozessualer Anspruch) mit der Folge betroffen wird, daß der Kläger mit seinem Antrag nicht so durchdringt, wie er gestellt ist (Rn 14; ausführlich Melissinos, Bindung des Gerichts an Parteianträge nach § 308 I ZPO, 1983, S 73 ff). **9**

3) Die Frage, ob der Rechtsmittelkläger beschwert ist, ist nach seiner **Parteirolle** in der Vorinstanz zu beantworten. Ein nicht beschwerter Streitgenosse kann aber nicht die Zulässigkeit der von ihm eingelegten Berufung aus der Beschwer des anderen Streitgenossen herleiten (Schleswig SchlHA 78, 198; Köln VersR 73, 641). **10**

a) Beim **Kläger** wird regelmäßig eine **formelle Beschwer** (BGH NJW 91, 704) vorausgesetzt. Sie ist gegeben, wenn die Verurteilung keinen vollstreckungsfähigen Inhalt hat (Habscheid NJW 64, 237gg Bremen NJW 64, 259, denn dem Rechtsschutzbegehren des Klägers ist dann in der Sache nicht entsprochen) oder dem Klageantrag nicht in vollem Umfang stattgegeben ist (vgl BGH NJW 58, 995), was ggf durch Auslegung an Hand der Gründe zu ermitteln ist (BGH NJW 86, 2703). Dies gilt auch dann, wenn das Gericht über einen evtl vorgetragenen Klageantrag oder Klagegrund, der weniger weit als der in erster Linie vorgebrachte geht, vor Erledigung dieses Antrags oder Klagegrundes entscheidet (Rn 9), oder wenn es unter Verstoß gegen § 308 I über mehr oder weniger erkennt, als beantragt war (BGH MDR 91, 329 = NJW 91, 703, 704 zu 3; s auch Rn 29 zur „Meistbegünstigung"). Hat der Kl voll obsiegt, so fehlt es an einer Beschwer auch dann, wenn ein prozeßordnungswidriges Anerkennungsurteil vorliegt (BGH NJW 94, 2697). Aus der Maßgeblichkeit der formellen Beschwer folgt andererseits, daß eine Teilabweisung der Anträge des Klägers im Tenor auch dann beschwert, wenn die Entscheidungsgründe ergeben, daß in Wahrheit der Klage ganz stattgegeben wurde (BGH NJW 93, 2052). **11**

Die Beschwer des Klägers, der mit **Haupt- u Hilfsantrag** abgewiesen wird, berechnet sich durch Addition aller wirtschaftlich selbständigen Anträge (BGH NJW-RR 94, 701), auch wenn einem weiteren Hilfsantrag stattgegeben wird (BGHZ 26, 295). Eine Ausnahme gilt, wenn Haupt- u Hilfsantrag gleichwertig sind (BGHZ 50, 261; vgl a BGH LM § 511 Nr 6; s dazu Kion, Eventualverhältnisse im Zivilprozeß, 1971, insbes S 181 ff); das ist nicht der Fall, wenn der Kläger Schmerzensgeldrente, hilfsweise einen Kapitalbetrag verlangt, selbst wenn Kapital und Rente wertgleich sind (BGH MDR 85, 40 = JR 84, 501 m Anm Lindacher). Ist der im Berufungsverfahren gestellte geringerwertige Hauptantrag nicht berufungsfähig, wohl aber der höherwertige Hilfsantrag, dann ist das Rechtsmittel insgesamt zulässig; die Reihenfolge der Anträge ist unerheblich (KG OLGZ 79, 348).

b) Eine formelle Beschwer des Klägers liegt auch vor, wenn entgg seinem Antrag, die **Hauptsache für erledigt** zu erklären, die Klage abgewiesen wird, selbst wenn es ihm nur auf eine **12**

Abänderung der ihn belastenden Kostenentscheidung ankommt (BGHZ 57, 224 m Anm Zeiss JR 72, 68; WPM 81, 386). Zur Erledigung **zwischen den Instanzen** s Rn 21.

13 **c)** Der Kläger ist ferner beschwert: wenn statt begehrter Sachentscheidung in einen **anderen Rechtsweg** verwiesen wird (BGHZ 28, 349) oder wenn die verfahrensrechtl gebotene Kostenentscheidung zwischen den Parteien unterblieben ist, die Kosten vielmehr in der irrigen Annahme, es bestehe keine rechtsfähige Klagepartei, dem als ihr gesetzl Vertreter aufgetretenen Dritten auferlegt wurden (BGH NJW 59, 291).

14 **d)** Das uneingeschränkte **Grundurteil** beschwert den Beklagten in Höhe des eingeklagten Betrages. Bei gequoteltem Grundurteil ist für Kläger und Beklagten die Beschwer nach dem belastenden Bruchteil zu berechnen, wobei gleichgültig ist, ob teilweise abgewiesen worden ist (Schmitt NJW 68, 1127). Im Haftpflichtprozeß beschwert auch die Beschränkung auf Gefährdungshaftung im Grundurteil, wenn Ansprüche verfolgt werden, die oberhalb der Haftungsgrenzen bei Gefährdungshaftung liegen und nur bei Bejahung von Verschuldenshaftung durchsetzbar sind (BGH VRS 22, 419). Ebenso kann es wegen § 818 III BGB liegen, wenn ein Vertragsanspruch nur aus Bereicherungsrecht dem Grunde nach zugesprochen wird (Frankfurt MDR 87, 62 = NJW-RR 87, 191; s auch Rn 9). Die in der Rechtsfolge abschwächende Anspruchsgrundlage schafft die Beschwer, auch wenn eine mit dem Grundurteil zu verbindende Teilabweisung versäumt worden ist. Stellt ein Grundurteil nicht klar, ob Mitverschulden oder bestrittener Kausalzusammenhang zwischen Schadensereignis und einzelnen Schadenspositionen dem Betragsverfahren überlassen worden ist, dann wird der Beklagte dadurch beschwert (BGH NJW 68, 1968).

15 **4)** Die Frage der **Beschwer bei unbezifferten Klageanträgen,** also insbesondere bei Schmerzensgeldansprüchen (zu den Streitwertfragen s § 3 Rn 16 unter „unbezifferte Klageanträge") ist unabhängig davon zu beantworten, welche Anforderungen an den „unbezifferten Antrag" unter dem Gesichtspunkt der Zulässigkeit der Klage (§ 253 II S 2, s dort Rn 14) gestellt werden. Denn auch die Klageabweisung wegen zu unbestimmten Antrags beschwert den Kläger. Allerdings kann es – zumal bei der keineswegs einheitlichen Rechtsprechung in der Zulässigkeitsfrage – zu Überschneidungen der Problemkreise kommen, etwa wenn aufgrund eines an sich zu unbestimmten Antrags verurteilt wird, der Kläger den zugesprochenen Betrag aber für zu niedrig hält. Es ist zu unterscheiden:

15a **a) Hat der Kläger keine (oder keine ausreichenden) Angaben** zur Höhe gemacht, so muß bei Klageabweisung die Beschwer nach dem höchstmöglichen Betrag bemessen werden, der für den unbestimmten Antrag obj in Betracht kommt, denn es fehlt ja gerade an hinreichenden Anträgen, nach denen die Beschwer bemessen werden könnte. Soweit dem Kläger in einem solchen Fall ein Anspruch zuerkannt wurde, fehlt es dagegen an einer Beschwer (BGHZ 45, 91; NJW 82, 340); eine Ausnahme wird allerdings bei offensichtlich unangemessen niedriger Festsetzung zu machen sein (vgl BGHZ 45, 91/94).

15b **b) Ist ein Mindestbetrag angegeben,** was nicht im Klageantrag selbst geschehen muß (vgl etwa BGH NJW 92, 311), so ist für die Berechnung der Beschwer des Klägers von diesem Mindestbetrag auszugehen. Eine Beschwer besteht nur, soweit dieser unterschritten wurde (BGH NJW 93, 2875). Nennt der Kläger einen Rahmen („ca 5 000–7 000 DM"), so ist der bezifferte Mindestbetrag für die Berechnung der Beschwer maßgebend. Dies folgt aus dem Sinn der Zulässigkeit des unbezifferten Klageantrags, der es dem Gericht ermöglicht, den vom Kläger verbindlich genannten Betrag (Mindestbetrag) im Rahmen einer gewissen Bandbreite zu überschreiten (BGH VersR 77, 861; NJW 93, 2875).

15c **c)** Hat der Kläger dagegen nur **einen Mittelwert** angegeben („ca 7 000 DM"), so ist dieser maßgeblich, da der Kläger mangels anderer Bezifferung hierdurch den Umfang seines Begehrens begrenzt, ebenso StJ/Grunsky vor § 511 Rn 81.

15d **d)** Dagegen kommt es nicht darauf an, ob das angefochtene Urteil den unbezifferten Antrag auch teilweise abgewiesen hat, denn auch **ohne Teilabweisung kann Beschwer vorliegen** (BGH MDR 79, 748; vgl auch NJW 89, 2757). Bei Teilabweisung allerdings ergibt sich die (ausreichende formelle) Beschwer des Klägers bereits aus dieser, auch wenn ihm in der Sache der Mindestbetrag zuerkannt wurde.

16 **5) Einzelfragen. a)** Eine Beschwer des Klägers ergibt sich nicht daraus, daß (gesetzwidrig) durch Versäumnisurteil entschieden wurde, denn daß dem Kläger das Begehrte verfahrensfehlerhaft zugesprochen wurde, beschwert ihn materiell nicht (OLG Bamberg NJW-RR 94, 459). **b)** Zur Berechnung der Beschwer hinsichtlich einer abgewiesenen Zinsforderung (Endzeitpunkt!) s Köln NJW-RR 93, 1215.

17 **6) Für den Beklagten** ist in der Literatur umstritten, ob auch von der formellen Beschwer auszugehen ist (RS/Gottwald § 136 II 3a; StJ/Grunsky Einl V vor § 511 Rn 84 ff m zahlreichen Nachweisen; für materielle Beschwer: BL/Albers Rn 19, ThP Rn 19, je vor § 511; Koblenz NJW-RR 93, 462).

a) Der Beklagte kann jedenfalls auch gegen ein **Anerkenntnisurteil** Berufung einlegen (BGH NJW 55, 545; Koblenz NJW-RR 93, 462). Es ist daher sinnvoll und sachgerecht, die Beschwer des Beklagten jedenfalls grundsätzlich danach (materiell) zu bestimmen, ob er ganz oder zum Teil verurteilt wurde, mag er dem widersprochen haben oder nicht. **17a**

b) Hiermit vereinbar ist es auch, daß die neuere Rechtsprechung (BGH NJW 94, 735) es in besonderen Fällen (hier Verurteilung zur Beseitigung einer Eigentumsstörung) für möglich hält, daß der Wert der **Beschwer des Beklagten den Wert des Streitgegenstandes übersteigt.** Tatsächlich können aber die Nachteile, die der beklagten Partei aus der Erfüllung eines Anspruchs entstehen, größer sein, als das Erfüllungsinteresse der Klagepartei (BGH aaO: Kosten der Ersatzvornahme bei Beseitigungsanspruch). Dem Zweck, der mit dem Begriff der Beschwer im Rechtsmittelrecht verbunden wird, entspricht es, bei einem Rechtsmittel des Beklagten auch die Nachteile abzustellen, die ihm aus dem Urteil entstehen (materielle Beschwer). **17b**

c) Nach st Rspr des BGH ist bei einer **Verurteilung zur Erteilung einer Auskunft,** zur Rechnungslegung oder dergleichen grundsätzlich das nach freiem Ermessen zu schätzende Interesse des Beklagten maßgeblich, die Handlungen nicht vorzunehmen, in erster Linie also, welcher Aufwand an Zeit und Kosten für die Erteilung erforderlich ist (BGH WM 84, 180; RR 92, 697; 93, 1468). Entsprechendes gilt, wenn die Richtigkeit der Auskunft an Eides Statt zu versichern ist (BGH RR 94, 898). Dabei können die für eine einzusetzende Hilfskraft entstehenden Kosten angesetzt werden (BGH RR 92, 697; 94, 660 = MDR 94, 507). Ein besonderes Geheimhaltungsinteresse kann berücksichtigt werden (BGH RR 95, 764). Das Interesse des Beklagten, den von der Auskunft betroffenen Hauptanspruch nicht erfüllen zu müssen, bleibt dagegen außer Betracht. Diese Rechtsprechung (kritisch schon KG RR 88, 1214) hatte der II. Zivilsenat des BGH (NJW 94, 2176) dem großen Senat zur Überprüfung vorgelegt insbes mit Hinweis auf die unterschiedliche Bewertung der Beschwer bei Anfechtung durch den abgewiesenen Kläger einerseits und durch den verurteilten Beklagten andererseits. Diese Unterscheidung ist in der Tat schwer einsehbar und führt zu Ungereimtheiten gegenüber einer ähnlichen Problematik bei der negativen Feststellungsklage. Der große Senat (BGHZ 128, 85 = NJW 95, 2020) hat jedoch die gefestigte Rechtsprechung bestätigt, so daß von dieser weiterhin auszugehen ist. **17c**

d) Bei **Klageabweisung** in der Vorinstanz ist der Bekl dagg nicht beschwert, es sei denn, daß Prozeß- statt Sachabweisung ergangen ist (BGHZ 28, 349; BAG NZA 86, 480). Im umgekehrten Fall keine Beschwer des Bekl, weil Sachabweisung weiter reicht als Prozeßabweisung (Bremen DRZ 49, 308; BAG MDR 86, 961). Auch ein Vorbehaltsurteil beschwert trotz der damit verbundenen Verzögerung nicht, wenn es keine im Nachverfahren gem § 318 bindende nachteilige Sachentscheidung enthält (BGHZ 25, 366 f; BGH NJW 79, 1046; Karlsruhe NJW-RR 87, 254). **18**

e) Der Bekl kann auch nicht Rechtsmittel einlegen, um die gleiche Art der **Abweisung mit anderer** Begründung zu erreichen (Köln Rpfleger 86, 184), etwa um materielle Anspruchsgrundlagen oder gar unerwünschte Formulierungen auswechseln zu lassen. Verfehlt ist es jedoch, die Prozeßabweisung mangels Rechtsschutzbedürfnisses derjenigen wegen Unzulässigkeit des Rechtsweges gleichzusetzen (Bettermann ZZP 82, 1969, 57 f). Die aus 1954 stammende abw Entscheidung BGH LM § 511 ZPO Nr 6 dürfte durch die Rechtsentwicklung in der Verwaltungsgerichtsbarkeit überholt sein. Beschwert ist der Beklagte, der volle Klageabweisung beantragt hat, wenn die Klage nur mit einer ihm nachteiligen Einschränkung abgewiesen wird, zB als zur Zeit unbegründet (BGHZ 24, 279; siehe dazu Walchshöfer FS Schwab 1990 S 521 ff), in einen anderen Rechtsweg verwiesen wird (BGHZ 28, 349), entgegen seinem Antrag die Hauptsache für erledigt erklärt wird, er zum vollen Schadensersatz statt nur zur angemessenen Entschädigung verurteilt wird (BGHZ 22, 43). **19**

7) Beschwer nur wegen der **Kosten** ist nach § 99 I unbeachtlich. Ist aber das Rechtsmittel zulässig und nur unbegründet, dann darf eine falsche Kostenentscheidung von Amts wegen berichtigt werden, weil § 308 II die Antragsbindung aufhebt (BGH WPM 81, 46 [48 zu V]; s § 536 Rn 11). Nach teilweiser Hauptsacheerledigung und einheitlicher Kostenentscheidung im Endurteil ist auch der Kostenpunkt berufungsfähig (KG MDR 86, 241). Zum Kostenangriff bei **Teilurteilen** s § 99 Rn 3, 9. **20**

8) Bei **Eintritt eines die Hauptsache erledigenden Ereignisses** nach der letzten mündl Verhandlung erster Instanz, aber **vor Rechtsmitteleinlegung,** entfällt die Beschwer, wenn der zugesprochene Anspruch erfüllt ist und es dabei sein Bewenden haben soll (BGH NJW 51, 274; LM § 91a ZPO Nr 4; Hamm NJW-RR 91, 1343; LG Oldenburg RR 95, 717 mN). Anderenfalls kann ein Rechtsschutzbedürfnis dafür bestehen, im Berufungsverfahren die Erledigung der Hauptsache zu erklären, um so die ursprüngliche Begründetheit des Anspruchs inzidenter feststellen zu lassen (BGH NJW-RR 92, 1033; NJW 58, 995; siehe ferner Düsseldorf OLGZ 72, 39; Hamburg NJW-RR 89, 570; KG OLGZ 1989, 330. Unzulässig ist es, trotz zwischenzeitlicher Erledigung die Sachanträge weiterzuverfolgen, anstatt das Rechtsmittel auf den Kostenpunkt zu beschränken (BGH FamRZ 87, 469). Die Erledigung während des Rechtsmittelverfahrens macht ein Rechts- **21**

mittel nicht unzulässig (Hamburg VersR 83, 1040 m Nachw); der Rechtsmittelkläger muß die Hauptsache für erledigt erklären (BGH NJW 67, 564). In der neueren Rspr wird auch die auf das Rechtsmittel beschränkte Erledigungserklärung für zulässig erachtet, um eine angemessene Kostenentscheidung zu ermöglichen (KG OLGZ 1986, 359; Hamm FamRZ 87, 1056; Frankfurt FamRZ 89, 195; s auch § 91a Rn 19). Zur Erledigung, wenn der **Haftpflichtversicherer** die Urteilssumme zahlt, s Rn 25.

22 **9)** Die Berufung des **Streithelfers** wirkt für die unterstützte Partei und bringt diese in die Stellung des Rechtsmittelklägers (BAG NZA 84, 167), auch wenn die Hauptpartei auf Berufungseinlegung verzichtet (Hamburg OLGZ 1989, 115 = NJW 89, 1362), sofern nicht der Beitritt als Streitgehilfe zurückgewiesen worden ist (BGH Warneyer 1982 Nr 47). Dispositionsbefugnis über den Streitgegenstand hat der Streithelfer nicht; insbesondere kann er nicht wirksam neue Sachanträge verlesen, die Klage ändern oder erweitern, Widerklage oder Zwischenfeststellungsklage erheben (Schneider MDR 90, 505 mit Nachw), auch nicht die Anfechtungseinrede aus § 41 Abs. 2 KO erheben (BGH JR 89, 499, zust Bork S 494). Für die Berufungseinlegung ist nur die für die Hauptpartei laufende Rechtsmittelfrist maßgebend (BGH VersR 88, 417; NJW 90, 190), so daß auch eine von ihr erwirkte Verlängerung der Begründungsfrist dem Streithelfer zugute kommt (BGH MDR 82, 744 = NJW 82, 2069; BAG ZIP 91, 335). Eigene Beschwer ist nicht erforderlich; es genügt die Beschwer der unterstützten Partei, so daß zB auch der angebliche außereheliche Erzeuger als Nebenintervenient zur Unterstützung des beklagten Kindes Berufung gegen ein der Anfechtung stattgebendes Urteil einlegen kann (BGH Rpfleger 80, 220; Hamm FamRZ 84, 810 = MDR 84, 851).

Widerspricht die Hauptpartei im voraus der Berufungseinlegung durch den Streithelfer, dann ist dessen Berufung gem § 519b zu verwerfen; widerspricht sie einer bereits eingelegten Berufung, dann kann sie das Rechtsmittel mit der Kostenfolge des § 515 III zu Lasten des Streithelfers zurücknehmen (str, aA – immer nur Verwerfung – Hamm FamRZ 84, 810 mit Nachw zum Streitstand). Hat sich die Hauptpartei sachlich an der Berufung des Streithelfers beteiligt, dann ist sie bei erfolgloser Berufung kostenpflichtig (Hamburg VersR 87, 376, 379 m Nachw). Haben Hauptpartei und Streithelfer selbständig Berufung eingelegt, dann handelt es sich um ein einheitliches Rechtsmittel (BGH MDR 82, 744 = NJW 82, 2069; BAG ZIP 91, 334).

Haben Hauptpartei und Streithelfer Berufung eingelegt, so handelt es sich gleichwohl nur um ein **einheitliches Rechtsmittel**, über das einheitlich zu entscheiden ist (BGH NJW 93, 2944). Erklärt die Hauptpartei Berufungsrücknahme, obwohl sie weiterhin am Verfahren beteiligt sein will, kann der Streithelfer die Berufung alleine fortführen (BGH NJW 89, 1357; 93, 2944). Hat sich die Hauptpartei mit dem Gegner ohne Beteiligung des Streithelfers außergerichtlich verglichen und nimmt sie dann die Berufung zurück, ist der Streithelfer daran gebunden (BGH MDR 88, 44 = NJW 88, 712). Zu den Risiken des nicht unterstützten Streithelfers s Pantle MDR 88, 924. Daß die **Urteilsgründe** dem Streithelfer **nachteilig** sind, schafft keine Beschwer (Köln NJW 75, 2108). Bei mehreren Streitgenossen als Gesamtschuldnern ist einfach, anderenfalls doppelt zu bewerten (§ 546 Rn 14). Ist ein Streitgenosse nur im Kostenpunkt beschwert, so wird seine Berufung nicht dadurch zulässig, daß ein anderer Streitgenosse bei hinreichender Sachbeschwer Berufung eingelegt hat (Köln VersR 73, 641).

23 **10)** Bei der **Ehescheidung** ist im Interesse der Aufrechterhaltung der Ehe eine Beschwer nicht erforderlich, wenn die Partei, deren Antrag stattgegeben worden ist, Berufung einlegt, um die im ersten Rechtszug erklärte Zustimmung zur Scheidung zu widerrufen und Abweisung des Scheidungsantrages zu erreichen (BGHZ 89, 325) oder um auf ihren Scheidungsantrag zu verzichten (BGH FamRZ 87, 264 = Warneyer 1986 Nr 358). Jedoch gilt dies nicht in Kindschaftssachen (München NJW-RR 87, 259 = FamRZ 87, 171) und auch im Scheidungsverfahren nicht bei verschiedenen Streitgegenständen: das Rechtsmittel gegen ein Verbundurteil wegen der ungünstigen Entscheidung zum Versorgungsausgleich ermöglicht nicht, über den erstinstanzlich nach Antrag zuerkannten Unterhalt hinaus zweitinstanzlich höheren Unterhalt zu beantragen; dazu fehlt die Beschwer (Celle FamRZ 81, 379).

24 **11)** Verteidigt sich der Beklagte mit **Aufrechnung** (anders bei Abrechnung, bei der nur die Differenz Klagegegenstand ist, BGH NJW 92, 317), dann gilt folgendes: **a)** Rechnet er gegen eine unstreitige Klageforderung auf **(Primäraufrechnung)** und erreicht er Klageabweisung, dann wird er in Höhe der Aufrechnungsforderung beschwert, die er mit Eintritt der Rechtskraft verliert (§ 322 II). Bestreitet er die Klageforderung und erreicht er deren Abweisung, ohne daß über seine bestrittene Gegenforderung entschieden wird, fehlt es an einer Beschwer. Wird die Gegenforderung mit der streitigen Klageforderung verrechnet und deshalb die Klage abgewiesen, dann ist der Beklagte entgegen seiner Auffassung doch Schuldner und verliert seine eigene Forderung. Gleichwohl ist er nur einfach beschwert, weil er den Verurteilungsbetrag statt mit bar gezahltem oder überwiesenem Geld durch den Verlust seiner Forderung begleicht (§ 389 BGB). Allein in diesem Verlust liegt seine Beschwer, so wie sie bei Barzahlung oder Überweisung im Verlust des

Geldes oder des Guthabens liegt. Der Beklagte kann aber seine Berufung auf die Abwehr der Klage unter Verzicht auf die Aufrechnung oder die Aufrechnung unter Anerkennung der Klageforderung beschränken.

b) Bei **Eventualaufrechnung** sind, wenn die Klage wegen dieser abgewiesen wird, beide Parteien in Höhe der Klageforderung beschwert, der Beklagte wegen § 322 Abs 2 (BGHZ 26, 295); wird der Beklagte trotz der Hilfsaufrechnung verurteilt, so liegt eine doppelte Beschwer des Beklagten vor, die sich aus der Summe der zuerkannten Hauptforderung zuzüglich der gem § 322 Abs 2 rechtskräftig aberkannten Aufrechnungsforderung ergibt (BGHZ 48, 212; NJW 88, 3210, 92, 317). Wird in einem derartigen Fall die Klage mangels bestehender Hauptforderung abgewiesen, so ist nur der Kläger – und dieser nur einfach – beschwert (vgl dazu auch RS/Gottwald § 136 II 4a). **24a**

c) Wird die **Aufrechnung**, gleichgültig ob sie primär oder hilfsweise erklärt wird, **als unzulässig zurückgewiesen,** so tritt hinsichtlich der Aufrechnungsforderung mangels rechtskraftfähiger Sachentscheidung (§ 322 Abs 2) eine Beschwer nicht ein (BGH NJW 94, 1538); wird die Aufrechnungsforderung „mangels substantiierten Vortrags" zurückgewiesen, so kann entweder eine bloße prozessuale Zurückweisung vorliegen oder eine rechtskräftige Aberkennung der Gegenforderung als unschlüssig – im Zweifel ist von letzterem auszugehen (BGH aaO). Läßt das Berufungsgericht die Zulässigkeit der Aufrechnung ausdrücklich offen, weil „die Gegenforderung jedenfalls unbegründet sei", so liegt über diese keine rechtskraftfähige Entscheidung vor, so daß sie die Beschwer nicht erhöht (BGH NJW 88, 3210). **24b**

Entgegen § 5 berechnet sich die Beschwer des zu **Klage und Widerklage** unterlegenen Beklagten nach addierten Streitwerten (Schneider Streitwert-Komm Rn 3714, 3715). Der Gesamtwert ist auch insoweit maßgeblich, als sich die Berufung gegen einen weiteren Widerbeklagten richtet und in diesem Punkt selbständig nicht berufungsfähig wäre (Oldenburg NJW-RR 93, 827).

d) Wenn in der höheren Instanz nur noch die **Zug um Zug** zu erbringende Gegenleistung streitig ist, ist die Beschwer danach zu berechnen. Der Wert des Klageanspruches begrenzt jedoch nach oben (BGH MDR 75, 398); das Interesse an der Aufrechterhaltung des Vorteils der Zug-um-Zug-Leistung erhöht die Beschwer nicht (BGH MDR 86, 1007 = NJW-RR 86, 1062). Bei teilweiser Abweisung und teilweisem Obsiegen Zug um Zug sind die Werte der Teilabweisung und der Gegenleistung zusammenzurechnen, wiederum begrenzt durch den Wert des Klageanspruchs (BGH MDR 85, 1022). **24c**

12) Bei **Zahlung** nach vorläufig vollstreckbarer Verurteilung vor Rechtsmitteleinlegung ist zu unterscheiden: **a)** Die Beschwer bleibt bestehen bei Zahlung lediglich zur Vollstreckungsabwehr (BGH MDR 76, 1005; WPM 68, 923), zB bei Überweisung „unter Vorbehalt" oder gleichzeitig mit Rechtsmitteleinlegung (Karlsruhe OLGZ 79, 353) oder wenn Bekl nach Urteilserlaß zahlt, weil er von einem späteren Fälligkeitstermin ausgeht als der Kläger (BGH MDR 75, 388). **b)** Beschwer fällt weg bei endgültiger Zahlung (BGH LM § 91a ZPO Nr 4; MDR 76, 473). Das kann sich aus ausdrücklicher Erklärung ergeben, aber auch aus den Umständen, zB wenn zugleich mitgeteilt wird, es werde kein Rechtsmittel eingelegt (BGH MDR 76, 473). Fehlen solche Umstände oder ergeben sie kein eindeutiges Ergebnis, so ist – jedenfalls für die Rechtsmittelfrage – davon auszugehen, daß eine die Beschwer aufhebende vorbehaltslose Zahlung nicht vorliegt (BGH MDR 76, 1005; NJW 94, 942). **c)** In Haftpflichtsachen entfällt für die Berufung des Versicherungsnehmers das Rechtsschutzbedürfnis, wenn sein Versicherer die Urteilssumme für ihn erfüllt (BGH MDR 76, 473), nach Frankfurt (MDR 85, 60 = VersR 85, 956) dagegen nicht, wenn der Versicherer auch als Mithaftender gem § 3 PflVG die eigene Verpflichtung erfüllt. **25**

13) Wird eine Berufung mangels Beschwer verworfen (§ 519b), muß im Berufungsurteil das Fehlen der Beschwer wegen der dann stets möglichen Revision (§ 547) begründet werden. Bei fehlender Begründung kann der BGH nicht prüfen, ob alle Bewertungsgesichtspunkte beachtet worden sind (BGH FamRZ 91, 315), so daß ein Verfahrensmangel vorliegt (BGH FamRZ 91, 316 = NJW-RR 91, 325), der nur dann nicht zur Aufhebung und Zurückverweisung führt, wenn den Umständen nach eine Fehlbewertung ausscheidet (Gedanke des § 563; s BGH FamRZ 91, 317 = NJW-RR 91, 325). **26**

14) Ohne Beschwer ist zur Rechtsmitteleinlegung befugt die Stelle, die einen Verwaltungsakt erlassen hat, der durch Antrag auf gerichtl Entscheidung durch das **Baulandgericht** angegriffen worden ist, §§ 222 I 2 BauGB, 157, 162 I 2 BBauG (BGH MDR 75, 827). **27**

IV) Inkorrekte Entscheidungen. In der Regel ist eindeutig, welche Entscheidung gewollt ist. Zweifel sind durch Auslegung aller Urteils- oder Beschlußteile zu ermitteln. Überschrift (Teil-, Grund-, Schluß-, Endurteil usw) nicht maßgebend. Daher Teilurteil, wenn versehentlich ein Antrag nicht verlesen und beschieden worden ist, auch wenn Gericht meinte, Vollendurteil zu erlassen und dementsprechend die Kosten voll verteilt hat. **28**

1) Rechtsmittel bei inkorrekten Entscheidungen. Hat ein Gericht eine Entscheidung abweichend von der im Gesetz vorgesehenen Form als Urteil oder Beschluß erlassen, dann darf der **29**

Fehler des Gerichts nicht zu Lasten der Parteien gehen (BGH VersR 81, 548 [549]); deshalb ist sowohl das Rechtsmittel gegeben, das der erkennbar gewordenen Entscheidungsart entspricht, wie dasjenige, das der Entscheidung entspricht, für die die Voraussetzungen gegeben waren (**Grundsatz der Meistbegünstigung:** BGH FamRZ 91, 549; BGHZ 98, 364 f). Er ist, vergleichbar der Berufung gegen die Abweisung eines nicht gestellten Antrages (BGH NJW 91, 703, 704), Ausprägung der verfassungsrechtlichen Grundsätze der allgemeinen Gleichberechtigung und des Vertrauensschutzes (BGHZ 90, 3; BGH WPM 86, 1098, 1099). Der Meistbegünstigungsgrundsatz greift auch ein, wenn statt eines Versäumnisurteils ein Endurteil verkündet wird (München FamRZ 89, 1204) oder ein Versäumnisurteil irrig als „zweites" bezeichnet wird (BGH VersR 84, 287; § 513 Rn 4). Wird durch Urteil entschieden, wo Beschlußform vorgesehen ist, gibt es daher Berufung und Beschwerde (Hamm MDR 86, 417; Zweibrücken NJW-RR 92, 904), etwa wenn eine Klage als unzulässig abgewiesen wird, anstatt nach § 17a I 1 GVG zu verweisen (LG Trier NJW-RR 92, 1533). Ergeht Beschluß statt des gebotenen Urteils oder Zwischenurteils, ist Berufung und Beschwerde gegeben.

29a Über die Fälle inkorrekter (unklarer – zur Unterscheidung vgl RS/Gottwald S 807) Entscheidung hinaus ist der Grundsatz der Meistbegünstigung immer dann anzuwenden, wenn für den Rechtsmittelführer eine **Unsicherheit besteht, welches Rechtsmittel er wo einlegen soll,** die auf einem Fehler oder eine Unklarheit der Entscheidung beruht, die angefochten werden soll (vgl BGH DtZ 94, 72 = WM 94, 180 – instruktiver Fall). Ebenso: ist bei Zulassung der Revision (§ 546 I 2) durch ein bayerisches OLG nicht gesagt, ob der BGH oder das BayObLG zuständig sei (s dazu § 546 Rn 26), dann darf der Rechtsmittelführer wählen, wo er einlegt (s § 7 EGZPO Rn 5). Wird statt der beantragten einstweiligen Anordnung eine einstweilige Verfügung erlassen, dann gibt es dagegen wahlweise Widerspruch oder sofortige Beschwerde (Karlsruhe Justiz 92, 390 = MDR 92, 808). Zur **Urteilsberichtigung** s Schneider MDR 86, 377 u § 516 Rn 6.

30 2) Die in ihrer Form dem Gesetz nicht entspr Entscheidung kann allerdings **keinen weiteren Rechtsmittelzug** eröffnen, wenn gg die formgerecht ergangene Entscheidung desselben Inhalts kein (weiteres) Rechtsmittel zulässig wäre (BGHZ 40, 267; 46, 113; BGH WM 90, 2135; Brandenburg MDR 96, 635), zB ist bei Beschluß statt Urteil über einen Ergänzungsantrag nach mdl Verhandlung die Beschwerde nur zulässig, wenn die Berufungssumme erreicht ist (LG Bielefeld MDR 87, 941). Ebenso bei gewolltem Versäumnisurteil statt Streiturteil (BGH FamRZ 88, 945; Düsseldorf MDR 85, 1034: nur Einspruch). Dem ist nicht uneingeschränkt zu folgen. Wenn das Rechtsmittel, das nach der äußeren Form der angefochtenen Entscheidung gegeben wäre, auch nicht zu einer zweitinstanzl Entscheidung in der Sache führen kann, auf die bei richtiger Entscheidungsform kein Anspruch bestünde, so kann es doch zulässig sein, um die Beseitigung der angegriffenen falschen Entscheidung zu ermöglichen. So ist die Berufung gg ein Urteil gegeben, das als Teilurteil bezeichnet u gewollt war, in Wirklichkeit aber ein unzulässiges Zwischenurteil darstellt (Hamburg MDR 57, 743). **Vermischung** offener Rechtsmittelwege ist unzulässig; daher keine Berufung mit der Beschwer des § 567 II oder der Frist des § 577 II. Der Beschwerdeführer darf zwar wählen, muß dann aber auch die Voraussetzungen des gewählten Rechtsmittels erfüllen.

31 3) **Überleitung ins richtige Verfahren.** Wird das der äußeren Form der Vorentscheidung entsprechende Rechtsmittel eingelegt, so braucht das Rechtsmittelgericht dem Untergericht nicht auf dem eingeschlagenen falschen Weg zu folgen, sondern kann das Verfahren selbst in die richtige Bahn lenken (Überleitung eines Berufungs- in ein Beschwerdeverfahren: BGH MDR 66, 232; Düsseldorf FamRZ 80, 811; eines Beschwerdeverfahrens in ein Urteilsverfahren oder umgekehrt: Köln OLGZ 72, 42; Karlsruhe OLGZ 86, 129; Zurückführung eines fehlerhaften Endurteils in das Säumnisverfahren: München FamRZ 89, 1204).

32 4) **Falsches Kostenurteil.** Berufung zulässig gg ein „Urteil", das nach Erledigung der Hauptsache nur über die Kosten entschieden hatte (BGH MDR 59, 554; 66, 232; BGHZ 98, 362 MDR 87, 221 = JR 87, 192 m Anm Rimmelspacher; Hamm FamRZ 89, 877; Düsseldorf FamRZ 87, 497 = OLGZ 1987, 367 s a Pohlmann NJW 57, 1197 gg München NJW 57, 836). Ebenso, wenn bei der Stufenklage der mangels Bezifferung unzulässig gewordene Leistungsantrag nicht abgewiesen, sondern statt dessen nur ein Kostenschlußurteil erlassen wird (Zweibrücken FamRZ 83, 1154). Im Hinblick auf § 515 III S 3 keine Revision gg Verlustigkeits„urteil" nach § 515 (BGHZ 46, 112).

33 5) **Beschluß im Urteil.** Kein Fall der inkorrekten Entscheidung liegt dann vor, wenn eine Entscheidung, die in selbständiger Beschlußform hätte ergehen sollen, in ein Endurteil mit aufgenommen worden ist (zB Streitwertfestsetzung; Entscheidung über Prozeßkostenhilfe). Hier handelt es sich lediglich um eine äußere Verbindung zweier an sich selbständiger Entscheidungen, die nach den je für sie geltenden Bestimmungen anfechtbar sind.

34 6) Noch nicht existent gewordene **Scheinurteile,** zB Aufnahme einer Nichtpartei ins Rubrum (Vollkommer MDR 92, 642; § 516 Rn 6 zu 3d) können mit den normalen Rechtsmitteln angegriffen werden, um die Scheinwirkung zu beseitigen (BGH VersR 84, 1192; BGHZ 32, 370; NJW 95,

404; 96, 1969), zB bei fehlender Verkündung und Zustellung, aber formloser Übersendung (Frankfurt MDR 91, 63; OLGR 95, 35). Die Zustellung eines Scheinurteils, etwa eines nicht verkündeten Entwurfs, setzt die Berufungsfrist des § 516 nicht in Lauf (BGH VersR 84, 1192, 1193 m Nachw). Erlangt ein so angefochtenes Urteil – zB durch nachträgliche Zustellung – Wirksamkeit, so braucht es nicht noch einmal angefochten werden (s § 516 Rn 2). Nicht jeder Mangel bei der Verkündung oder Zustellung nach § 310 III hat aber zur Folge, daß nur der Schein eines Urteils vorliegt (BGHZ 15, 39; 42, 94).

V) **Umdeutung von Rechtsmittelerklärungen** kann ausnahmsweise zulässig sein, wenn sich Erklärtes und Beabsichtigtes nach Ziel und Wirkung entsprechen (BGH VersR 86, 785, 786: verneint für Wiedereinsetzung und sofortige Beschwerde; s auch § 577 Rn 15). Umdeutung der verspäteten Begründung einer unselbständigen Anschlußberufung in zulässige Wiederholung der Anschlußberufung: BGH NJW 54, 109; einer nach Ablauf der Berufungsbegründungsfrist, aber noch innerhalb der Berufungsfrist eingegangenen Berufungsbegründung in zulässige Wiederholung der Berufung: BGH NJW 58, 551; einer als selbständiges Rechtsmittel eingelegten Revision in Anschlußrevision: BGH JZ 55, 218; einer in einer Baulandsache eingelegten Revision in eine zulässige Berufung: BGH NJW 62, 1820; einer Beschwerde in eine Anschlußberufung: BGHZ 40, 272. Die nur fälschl Benennung eines Rechtsmittels ist immer unschädl (RGZ 170, 387), zB irrige Bezeichnung einer Beschwerde als Einspruch. Anders für Klageverzicht statt Erledigung BGH NJW 86, 588: „Es besteht keinerlei Anlaß, der Prozeßhandlung einer anwaltschaftlich vertretenen Partei, die sich ausdrücklich auf ein nicht verwechselbares prozeßrechtliches Rechtsinstitut bezieht, einen anderen Sinn beizumessen, als sie nach ihrem Wortlaut hat.“ 35

VI) Gegen dieselbe Entscheidung können uU **verschiedenartige Rechtsmittel** gegeben sein, je nachdem von welcher Seite sie eingelegt werden (vgl BGHZ 40, 271). Zum Nebeneinander mehrerer Rechtsmittel derselben Partei gg dasselbe Urteil (Kostenmischentscheidung) vgl München NJW 70, 761. **Mehrmalige Einlegung** des gleichen Rechtsmittels durch dieselbe Partei gegen dieselbe Entscheidung wird als Gebrauchmachen von einem einheitlichen Anfechtungsrecht gewertet, über das einheitlich – und nur einmal – zu entscheiden ist; es handelt sich nicht um mehrere Rechtsmittel (BGHZ 24, 179; NJW 93, 3141; vgl im übrigen § 518 Rn 3 und § 519b Rn 5). 36

VII) **Rechtsmittelbelehrungen:** Im zivilprozessualen Verfahren sind Rechtsmittelbelehrungen nicht vorgesehen. Dies entspricht der Tradition und dem Verständnis seit Inkrafttreten der ZPO sowie deren grundsätzlicher Ausrichtung auf den Anwaltsprozeß. Anders ist es in den Verfahrensordnungen der Fachgerichtsbarkeiten, auch im arbeitsgerichtlichen Verfahren (§ 9 Abs 5 ArbGG, auch § 58 VwGO, § 66 SGG, § 55 I 2 FGO). Obwohl nicht recht einzusehen ist, warum über 100 Jahre nach Inkrafttreten der ZPO das Fehlen einer Regelung, die Rechtsmittelbelehrungen vorschreibt, zu rechtsstaatlichen Zweifeln Anlaß gibt, sind solche aufgrund einer jüngsten Entscheidung des Bundesverfassungsgerichts (NJW 95, 3173) entstanden. Zwar hat das Bundesverfassungsgericht in der Sache entschieden, daß die Erteilung einer Rechtsmittelbelehrung für Urteile in zivilrechtlichen Klagen von Verfassungs wegen nicht geboten ist, es brachte aber ein gewisses Mißbehagen hieran zum Ausdruck, in dem es seinen Leitsatz mit dem Zusatz einschränkte, ein entsprechendes Gebot bestehe „jedefalls derzeit noch“ nicht. Für die Rechtspraxis ist die tragende Aussage der Entscheidung, nicht das dabei mitschwingende Mißbehagen maßgeblich (§ 31 I BVerfGG). Alles weitere ist Sache des Gesetzgebers. Es wird sich auch zwischen dem Mißbehagen des Bundesverfassungsgerichts und der Gefahr zu entscheiden haben, durch Vorschreiben von Rechtsbehelfsbelehrungen die Zahl der ohnehin schon die Ressourcen übersteigenden Rechtsmittel weiter zu erhöhen. 37

Erster Abschnitt

BERUFUNG

511 *[Statthaftigkeit der Berufung]*

Die Berufung findet gegen die im ersten Rechtszuge erlassenen Endurteile statt.

I) 1) **Endurteile** sind auch Anerkenntnis- (KG OLGZ 1979, 114), Verzichts-, Vorbehalts-, Teil- und Ergänzungsurteile (§§ 306, 307, 302 III, 599 I, III, 301, 321) u Urteile im Eilverfahren (§§ 925 I, 936). Wenn sie ordnungsgemäß verkündet oder nach § 310 III zugestellt worden sind, erledigen sie den Rechtsstreit in der Instanz vollständig oder hinsichtlich eines Teiles des Streitgegenstandes (§§ 300, 301); ein Verstoß gg § 310 II macht das verkündete Urteil nicht unwirksam (s § 516 Rn 2). Bezüglich des Versäumnisurteils vgl § 513. Den Gegensatz bilden die **Zwischenurteile** (§ 303), die in der Regel nur mit dem Hauptsacheurteil anfechtbar sind; andere wieder sind hinsichtlich der 1

Rechtsmittel den Endurteilen gleichgestellt, §§ 280 II, 302, 304, 599 III (BGH MDR 79, 297; JZ 81, 147; Hamburg VersR 79, 847). Berufungsfähig sind auch **Scheinurteile,** auf die § 539 anzuwenden ist (Frankfurt MDR 91, 63 = FamRZ 91, 100: weder Verkündung noch Zustellung).

1a Berufungsfähig sind **nur Urteile der ersten Instanz.** Diese Voraussetzung ist nicht erfüllt, soweit das Berufungsgericht über einen im Wege der Klageerweiterung im Berufungsverfahren erstmals anhängig gemachten Anspruch entscheidet. Das hierzu ergehende Urteil ist eines der „zweiten Instanz" und daher nicht seinerseits mit der Berufung anfechtbar (BGH NJW-RR 94, 61).

2 2) Der Berufung eines Klägers, dessen Klage in erster Instanz entgg seinem Antrag, die **Hauptsache** für **erledigt** zu erklären, abgewiesen wurde, steht § 99 auch dann nicht entgg, wenn es ihm mit dem Rechtsmittel nur auf die Änderung der ihn belastenden Kostenentscheidung ankommt (Rn 12 vor § 511). Zur Verfolgung materiellrechtlicher Kostenerstattungsansprüche mit der Berufung vgl BGH MDR 68, 407 u KG WRP 89, 659. Rechtsmittel gg inkorrekte Entscheidungen: s Vorbem 28 ff.

3 3) **Berechtigt zur Berufung** sind die Hauptparteien erster Instanz sowie diejenigen, die in erster Instanz oder im Laufe der Rechtsmittelfrist als Gesamtnachfolger oder Sondernachfolger, Parteiwechsel oder Parteibeitritt (§ 856 III) in den Prozeß eingetreten sind oder deren Eintritt durch Urteil abgelehnt wurde. Der zugelassene (BGH MDR 82, 650) Streithelfer darf Berufung für die Hauptpartei einlegen (zu seiner Beschwer s Rn 22 vor § 511). Diese Befugnis hat jedoch nicht ein interessierter Dritter, selbst wenn er wegen der Urteilswirkung nach Art 103 I GG hätte gehört werden sollen (Wolf JZ 71, 406). Wird ein Dritter hingegen irrtümlich im Rubrum aufgeführt, dann darf er Berufung einlegen, um sich vor ungerechtfertigter Vollstreckung zu schützen (BGH MDR 78, 307); er ist nicht auf die Berichtigung nach § 319 verwiesen. Zum **Parteiwechsel** in der Berufungsinstanz s § 528 Rn 11.

4 4) Von mehreren **Streitgenossen** kann jeder für sich Berufung einlegen; den übrigen Streitgenossen kommt die Berufung nur bei notwendiger Streitgenossenschaft zugute. Im Verhältnis Hauptpartei zu Streithelfer (s Rn 22 vor § 511) genügt es, wenn bei verspäteter Berufungseinlegung der Partei die Begründung innerhalb der Frist für die fristgerecht eingelegte Berufung des Streithelfers eingeht (BGH MDR 85, 751). Zur Beschwer s § 511a Rn 17 u § 546 Rn 14.

5 5) Zur Rechtsmitteleinlegung befugt ist auch eine Partei, die sich gg ihre Behandlung in der Vorinstanz als **prozeßfähig** u gg die dort ergangene Sachentscheidung wendet, ebenso wie umgekehrt die Partei, der wegen angenommener Prozeßunfähigkeit eine Sachentscheidung verweigert wurde (BGHZ 35, 6; 110, 294 = NJW 90, 1734; LAG München NZA 89, 233). Das gleiche gilt beim Streit um die **Parteifähigkeit** oder rechtl **Existenz** überhaupt; die nicht parteifähige Partei kann ein Rechtsmittel einlegen, um die gg sie ergangene Sachentscheidung zu beseitigen, die in der Vorinstanz für nicht parteifähig gehaltene, um das Gegenteil feststellen zu lassen (BGHZ 24, 91; vgl a BGHZ 51, 27). Eine nicht wirksam vertretene prozeßunfähige Partei kann jedoch nicht die Fortsetzung des Berufungsverfahrens wegen nichtigen Prozeßvergleichs (Köln WRP 83, 453) beantragen (BGHZ 86, 184, abl Hager ZZP 97, 1984, 174 ff; s auch § 56 Rn 13). Die allgemeinen Rechtsmittelvoraussetzungen, insbes die Beschwer, müssen gegeben sein (anderenfalls kommt nur Nichtigkeitsklage nach § 579 Nr 4 in Betracht). Löschung einer GmbH im Verlaufe des Berufungsverfahrens läßt Parteifähigkeit entfallen und macht Berufung ab dann unzulässig (Karlsruhe WRP 85, 714).

Wurde eine Person als vermeintl (gesetzl oder bevollmächtigter) **Vertreter** der zu verklagenden Partei vor Gericht gezogen, so kann seine durch das Urteil beschwerte Partei durch ihren wirkl Vertreter Berufung einlegen, um den Rechtsstreit unter Genehmigung der bisherigen Prozeßführung fortzusetzen oder um durch Klarstellung des Vertretungsmangels die Abweisung der Klage als unzulässig zu erreichen (RG JW 16, 130; vgl BGHZ 40, 198). Es kann auch der vermeintl Vertreter für seine Partei Berufung einlegen, um entgg deren Auffassung seine Vertretungsmacht bestätigt zu erhalten oder um durch Feststellung des Vertretungsmangels Aufhebung des gg die Partei ergangenen Urteils und Klageabweisung zu erwirken (RGZ 86, 340; Saarbrücken NJW 70, 1664; LG München VersR 71, 615). Zu beachten ist jedoch, daß diese Grundsätze nur für die gesetzliche, nicht für die gewillkürte Vertretung gelten (BGH VersR 90, 993 = NJW 90, 3152), und erst recht nicht, wenn nach Erlaß eines abweisenden Sachurteils die beschwerte Partei Berufung einlegt, das Rechtsmittel jedoch verworfen wird, weil das Berufungsgericht sich nicht von der Prozeßfähigkeit überzeugen kann (BGHZ 110, 294 = NJW 90, 1734 = ZZP 103, 1990, 464 m Anm Bork); dann aber Revision nach § 547.

6 6) **Zu richten ist das Rechtsmittel** gegen die dem Berufungskläger gegenüberstehende Hauptpartei oder deren Rechtsnachfolger; bei der **notwendigen Streitgenossenschaft** (§ 62) gg alle Streitgenossen (BGHZ 23, 73). Gegen **Nebenintervenienten** kann die Berufung nicht gerichtet werden, weil sie nicht Partei sind; wohl kann der Nebenintervenient selbst sof Beschwerde (§ 71

II) gegen eine Zurückweisung seines Beitritts in der Entscheidung zur Hauptsache einlegen (BGH MDR 82, 650).

Zur Rechtsmitteleinlegung gg eine in **Konkurs** gefallene Partei, die vor Konkurseröffnung ein obsiegendes Urteil erstritten hatte, vor Aufnahme des Rechtsstreits durch den Konkursverwalter s BGHZ 50, 397, Grunsky JZ 69, 235. 7

II) Berufungsgericht: Für die Berufung gg AG-Urteile das LG (Zivil- bzw Handelskammer, §§ 72, 94 ff GVG), dessen Zuständigkeit erhalten bleibt, wenn durch Klageerweiterung die Wertgrenze des § 23 Nr 1 GVG überschritten wird (§ 506 Rn 4). Zu **Kindschafts-** und **Familiensachen** s unten Erl zu § 119 GVG; für die Berufungseinlegung ist maßgebend, welches Gericht erstinstanzlich entschieden hat (BGH MDR 91, 342). 8

III) Gebühren: 1) des **Gerichts:** Die Verfahrensgebühr beträgt den 1,5fachen Tabellensatz (KV 1220). Sie ermäßigt sich auf die 0,5 (KV 1221), wenn die Berufung zurückgenommen wird vor Ablauf des Tages, an dem entweder ein Beweisbeschluß unterschrieben oder ein Termin zur mündlichen Verhandlung unterschriftlich bestimmt ist. Vorbereitende Anordnungen nach § 273 sind für die Gebührentatbestände unbeachtlich. Teilrücknahme der Berufung führt nicht zum (teilweisen) Wegfall der Verfahrensgebühr. Fälligkeit: § 61 GKG: Erledigungserklärungen stehen der Rücknahme nicht gleich. – **2)** des **Anwalts:** Im Berufungsverfahren erhöhen sich die Gebühren des § 31 BRAGO um $^{3}/_{10}$ (§ 11 I 4 BRAGO). 9

511a *[Berufungssumme; Mietrechtsentscheid]*

(1) Die Berufung ist unzulässig, wenn der Wert des Beschwerdegegenstandes eintausendfünfhundert Deutsche Mark nicht übersteigt. Der Berufungskläger hat diesen Wert glaubhaft zu machen; zur Versicherung an Eides Statt darf er nicht zugelassen werden.

(2) In Streitigkeiten über Ansprüche aus einem Mietverhältnis über Wohnraum oder über den Bestand eines solchen Mietverhältnisses findet die Berufung auch statt, wenn das Amtsgericht in einer Rechtsfrage von einer Entscheidung eines Oberlandesgerichts oder des Bundesgerichtshofes abgewichen ist und die Entscheidung auf der Abweichung beruht.

Geändert durch Art. 1 Nr. 7 RpflEntlastungsG v. 11. 1. 93 BGBl 50 mit Wirkung v. 1. 3. 93, Übergangsregelung in Art. 14 Nr. 1 aaO.

I) Die sog **Erwachsenheitssumme** (ab 1. 3. 93 von 1200 DM auf 1500 DM erhöht) ist zwingende Zulässigkeitsvoraussetzung. Wirtschaftliche Bedeutung der Sache ersetzt sie nicht (Waldner NJW 80, 217). Eine Ausnahme gilt bei mit Berufung anfechtbaren **Versäumnisurteilen** (§ 513 Abs 2 S 2); im **schriftlichen Verfahren** ist mangels Einspruchsmöglichkeit Berufung trotz Fehlens der Erwachsenheitssumme analog § 513 II zulässig, wenn kein rechtl Gehör gewährt wurde (s § 513 Rn 5). 1

Dagegen eröffnet die Rüge, der Anspruch auf **rechtliches Gehör sei verletzt,** nicht generell den Rechtsmittelzug ohne daß die Berufungssumme erreicht sein müßte. Einzelnen anderslautenden Entscheidungen (Schleswig NJW 88, 67; LG Münster NJW-RR 89, 381; LG Hannover NJW-RR 89, 382) kann nicht gefolgt werden, da von Verfassung wegen ein Rechtsmittelzug nicht eröffnet sein muß (BVerfGE 28, 96; 42, 248) und daher gesetzlich geregelte Zugangsvoraussetzungen für ein Rechtsmittel nicht deshalb aus den Angeln gehoben werden können, weil eine bestimmte Rechtsgutverletzung gerügt wird. Der hM (BGH NJW 90, 838 u 1795; BayObLG NJW 88, 72; Frankfurt MDR 88, 503; BL/Albers Rn 8; StJ/Grunsky § 513 Rn 20; ThP § 513 Rn 7) ist daher zu folgen. 2

II) Das Erfordernis der Berufungssumme gilt seit 1. 3. 93 in gleicher Weise für vermögensrechtl und **nichtvermögensrechtl Streitigkeiten.** Die bis dahin andere Regelung ist durch das RpflEntlG aufgehoben worden (s auch § 23 GVG Rn 3). Dies ist sachlich gerechtfertigt, da nur in weniger bedeutsamen nichtvermögensrechtl Streitigkeiten der Wert von 1500 DM nicht erreicht wird (so auch BL/Albers Rn 4). 3

III) Beschwerdegegenstand ist der Betrag, um den der Berufungskläger (nur dieser! Rn 9) durch das Urteil der ersten Instanz in seinem Recht verkürzt zu sein behauptet und in dessen Höhe er mit seinem Berufungsantrag Abänderung des Urteils beantragt. Zunächst ist durch einen Vergleich der in der Vorinstanz zuletzt gestellten Anträge mit dem angefochtenen Urteil der Umfang des Unterliegens und damit der durch das Urteil erlittenen Beschwer zu ermitteln. Der Beschwerdegegenstand ergibt sich sodann aus den **Berufungsanträgen,** mit denen die ganze oder teilweise Beseitigung der erlittenen Beschwer verlangt wird (s § 519 Rn 31). Maßgebend für seinen Wert ist das Interesse des Berufungsklägers an der Abänderung des angefochtenen Urteils (BGHZ 57, 302; NJW 73, 654), wobei wirtschaftl Betrachtung geboten ist (BGH NJW 92, 1513). Deshalb ist auch ein fehlerhafter Wortlaut des Urteilstenors nicht maßgebend; ebenfalls können die Entscheidungsgründe eine Beschwer offenlegen (Zweibrücken FamRZ 92, 972). Beschwer 4 und Wert des Beschwerdegegenstands können sich mit dem Streitwert der ersten Instanz decken oder hinter ihm zurückbleiben, aber grundsätzlich nicht höher sein als dieser (zum Gebührenstreitwert § 14 II 1 GKG); neue Ansprüche, die im Berufungsverfahren durch Klageerweiterung geltend gemacht werden, zählen also bei Berechnung der Beschwer nicht mit (BGH VersR 83, 1160).

5 **IV)** Der Umfang der Beschwer ist grundsätzl nach dem **Zeitpunkt der Berufungseinlegung** zu berechnen (BGHZ 1, 29; MDR 83, 388 = NJW 83, 1063; ausführlich Frank Anspruchsmehrheiten im Streitwertrecht 1986 S 111 ff). Nachträgliche Klageerweiterung ist für die Berechnung der Beschwer unbeachtlich (BGH VersR 83, 1160). Die **nachträgl Minderung** ist für die Zulässigkeit des eingelegten Rechtsmittels unschädl, sofern der Rechtsmittelkläger nicht durch willkürl Ermäßigung seiner Anträge oder teilweise Klaglosstellung des Gegners bewirkt, daß die Rechtsmittelsumme nicht mehr erreicht ist (BGH NJW 83, 1063; Koblenz FamRZ 96, 557).

6 **1)** So ist die Berufung nicht unzulässig, wenn der Kläger die hinreichende Beschwer ausnutzt, um sein wirtschaftliches Ziel zu erreichen, daß die ihn belastende Kostenentscheidung abgeändert wird (BGHZ 57, 224; ZIP 91, 42; NJW 92, 1513); und sie wird nicht unzulässig, wenn der Berufungskläger seine Anträge der vom Gegner geschaffenen prozessualen Lage anpaßt, um eine Abweisung als unbegründet zu vermeiden, und mit den Anträgen nun hinter der Berufungssumme zurückbleibt, s dazu Frank Anspruchsmehrheiten im Streitwertrecht 1986 S 112 ff.

7 **2)** Umgekehrt kann der Kläger nicht durch **Verzicht auf einen Teil des Klageanspruchs** die bisher zulässige Berufung des Beklagten unzulässig machen (RGZ 165, 87).

8 **3)** Die Berufung des **Beklagten** wird unzulässig, wenn er der mit der Berufung bekämpften Leistungspflicht während des Berufungsverfahrens **freiwillig genügt**, so daß die Urteilsbeschwer wegfällt (BGH NJW 51, 274; s dazu Frank Anspruchsmehrheiten im Streitwertrecht 1986 S 112 f mwNachw). Beispiel: Im Rahmen einer Stufenklage ergeht Teilurteil auf Auskunftserteilung, gegen das der Beklagte Berufung einlegt, in der Berufungsbegründung dann aber die Auskunft erteilt; damit nimmt er sich die Beschwer (der Kläger muß die Hauptsache der ersten Stufe für erledigt erklären). Anders aber bei Erfüllung wegen Fälligwerdens erst während des Berufungsverfahrens (BGH NJW 66, 59; vgl auch Rn 25 vor § 511) oder wenn der Kläger auf die Berufung des vorbehaltslos verurteilten Beklagten freiwillig die von diesem verlangte Gegenleistung erbringt und der Beklagte daraufhin nur noch Abänderung der erstinstanzlichen Kostenentscheidung beantragt (Frankfurt NJW 67, 1811; vgl auch Rn 12 vor § 511). Die Berufung des zur Unterlassung verurteilten Beklagten wird auch nicht unzulässig, wenn das mit der Berufung bekämpfte Verbot während des Rechtsmittelverfahrens durch Zeitablauf endet, der Berufungskläger nun die Erledigterklärung abgibt u nur noch Abänderung der erstinstanzl Kostenentscheidung verlangt; auch dann handelt es sich nicht um eine Beschränkung des Rechtsmittelantrags aus freien Stücken (BAG NJW 57, 478). Verteidigt sich ein Wettbewerber gegen eine Abmahnung mit negativer Feststellungsklage und erhebt später der Abmahnende in einem selbständigen Verfahren Unterlassungsklage, dann besteht das Feststellungsinteresse des Abgemahnten auch in höherer Instanz fort, solange nicht über die Unterlassungsklage rechtskräftig entschieden worden ist (Hamm NJW-RR 86, 923).

9 **4)** Die Berufungssumme wird auch erreicht, wenn der Berufungsführer nach uneingeschränkt eingelegter Berufung und Stellung eines zu niedrigen Berufungsantrages den Antrag noch innerhalb der Begründungsfrist auf die Erwachsenheitssumme erweitert, sofern nicht der vorangegangene Antrag einen Berufungsverzicht enthält (s § 519 Rn 31).

10 **5)** Der Rechtsmittelkläger kann sich bei fehlender Rechtsmittelsumme **nicht** auf ein **höheres Interesse des Gegners** berufen (BGHZ 23, 205). Das wird insbesondere bei der Berufung eines zur **Auskunft** verurteilten Beklagten praktisch (Rn 17 vor § 511).

11 **V) Der Wert des Beschwerdegegenstandes. 1)** Er bestimmt sich nach den Wertverhältnissen zur Zeit der Berufungseinlegung; Wertveränderungen bei gleichbleibendem Streitgegenstand nach diesem Zeitpunkt bleiben außer Betracht. Der Wert ist **glaubhaft** zu machen. Das Berufungsgericht stellt ihn ohne Bindung an den für die erste Instanz festgesetzten Streitwert fest. Der Wert kann durch Zwischenurteil (§ 303) festgesetzt werden.

12 **2)** Die **Wertberechnung** richtet sich nach §§ 3–9, auch in Mietstreitigkeiten (§ 8 Rn 1). Abzustellen ist auf das Interesse des Rechtsmittelführers, seine erstinstanzliche Verurteilung zu beseitigen (BGH WPM 78, 335). Das Interesse des Gegners ist also unbeachtlich (BGH WPM 92, 1369). Die Kosten und Zinsen bleiben nach § 4 neben der Hauptsachebeschwer außer Ansatz (BGH RR 95, 706) und sind nicht isoliert berufungsfähig (§ 99 I). Kostenpunkt ausnahmsweise selbständig anfechtbar, wenn nach Teilurteil über die Hauptsache Schlußurteil über die Kosten ergeht; jedoch müssen dann beide Urteile angefochten werden (§ 99 Rn 10). Bei unbezifferten Zahlungsansprüchen – meist handelt es sich dabei um „angemessenes Schmerzensgeld" – ist auf die

erstinstanzl Betragsvorstellung des Klägers abzustellen und zu fragen, inwieweit ihr durch das angefochtene Urteil entsprochen worden ist (s Rn 15–15d vor § 511).

Maßgeblich ist die Beurteilung **durch das Berufungsgericht,** das an eine Streitwertfestsetzung in der ersten Instanz nicht gebunden ist (BGH NJW-RR 88, 837); sie kann auch erst in den Gründen der Endentscheidung geschehen; eine Vorabentscheidung über den Wert des Beschwerdegegenstandes durch gesonderten Beschluß ist nicht anfechtbar (KG MDR 87, 852). Die Festsetzung ist jedoch, soweit die Revision statthaft ist (§ 547), vom Revisionsgericht überprüfbar, bei Ermessenentscheidungen (§ 3) allerdings nur auf Ermessensfehler (BGH NJW 92, 2020; NJW-RR 91, 326. **12a**

3) Die zwischen Einreichung der Klage und Rechtsmitteleinlegung fällig gewordenen Bezüge an **wiederkehrenden Leistungen** (zB bei Unterhaltsurteilen) dürfen bei Berechnung der Berufungssumme nicht zu dem nach § 9 zu bezeichnenden Kapital hinzugerechnet werden (wohl aber für den Gebührenstreitwert die verlangten Rückstände aus der Zeit vor Anhängigkeit, § 17 IV GKG). Titulierte, aber unstreitige freiwillige Zahlungen sind nur mit einem gemäß § 3 ZPO zu schätzenden Teilwert zu berechnen (BGH WPM 85, 279). **13**

4) Bei **Klage und Widerklage** entfällt eine Zusammenrechnung für die Eingangszuständigkeit (§ 5). Wenn jedoch das Rechtsmittel einer Partei Klage und Widerklage betrifft, sind deren Werte **zusammenzurechnen**, sofern sie nicht denselben Streitgegenstand betreffen (BGH NJW 94, 3292). Gebührenrechtlich ist die Konsequenz dieser materiellen Beschwer in § 19 I GKG zum Ausdruck gekommen; die Vorschrift gilt deshalb sachlich auch für die Ermittlung der Beschwer. Die neuerdings vertretene Anwendung des § 5 auch auf die Beschwer bei Unterliegen mit Klage und Widerklage ist nicht haltbar (s § 5 Rn 2). **14**

5) Die früher umstrittene Frage, ob es zur Wertaddition führt, wenn der Beklagte sich mit **Eventualaufrechnung** verteidigt, ist jetzt gebührenrechtlich in § 19 III GKG beantwortet: Streitwertaddition, wenn über die Gegenforderung mit Rechtskraftwirkung nach § 322 II ZPO entschieden wird; die Höhe der Klageforderung begrenzt den ansetzbaren Wert der Gegenforderung. Die GKG-Regelung gilt entsprechend für die Berechnung der Beschwer. Gebührenstreitwert und Rechtsmittelbeschwer unterliegen hier denselben Bewertungsgrundsätzen. Ein Kläger, der seine Klageforderung durch Eventualaufrechnung des Beklagten verliert, ist nur in der Höhe der Klageforderung beschwert, da diese zuerkannt wird; der Beklagte dagegen ist in doppelter Höhe beschwert (BGHZ 48, 212; 59, 20 f; BGH KoRsp GKG § 19 Nr 33). **15**

6) Teilweise Anfechtung hemmt die Rechtskraft des ganzen Urteils (§ 705 Rn 11), jedoch die Anfechtung eines Teilurteils nicht den Eintritt der Rechtskraft des Schlußurteils (BGH VersR 86, 1210). Bei Berufung gegen **mehrere Teilurteile** (zu den Wirkungen s § 301 Rn 12) muß der Wert des Beschwerdegegenstandes für jedes Teilurteil die Erwachsenheitssumme erreichen (BGH VersR 83, 1082). Wird gegen ein Teilurteil zulässig Berufung eingelegt, so kann die zugehörige Kostenentscheidung im Schlußurteil auch dann angefochten werden, wenn die Beschwer hinter der Erwachsenheitssumme zurückbleibt (s § 99 Rn 9–12). Das Gericht kann einer Sache durch Teilurteile die Rechtsmittelfähigkeit nehmen, was insbesondere im Verhältnis von OLG zum BGH von Bedeutung sein kann. Da es sich um Ausübung von Verfahrensermessen handelt (§ 301), muß die betroffene Partei dies hinnehmen. Verfassungsbeschwerden sind aussichtslos; daher ist auch ein darauf gestützter Aussetzungsantrag zurückzuweisen (Köln MDR 77, 938). Faktische Präjudizierung der Haftungsquote im Teilurteil für das Schlußurteil ersetzt nicht die fehlende Erwachsenheitssumme (BGH MDR 89, 903 = VersR 89, 818: Teilurteil über Sachschaden, Schlußurteil über Schmerzensgeld). Abweichend von der hier vertretenen hM ist Lousanoff (Zur Zulässigkeit des Teilurteils gemäß § 301 ZPO, 1979) der Auffassung, daß das Gericht kein Teilurteil erlassen darf, wenn es dadurch die Rechtsmittelfähigkeit beseitigt. **16**

7) Wenn nur ein **Streitgenosse** Berufung einlegt, ist seine Beschwer maßgebend (vgl RG JW 33, 2216; Schleswig SchlHA 78, 198). Hingegen sind bei mehreren Streitgenossen ihre Beschwerungen, soweit sie sich nicht decken, zusammenzurechnen (BGHZ 23, 333/338; LG Köln VersR 89, 1160; ggf auch im Baulandverfahren, BGH WPM 89, 324). Nimmt ein Streitgenosse sein Rechtsmittel zurück oder verzichtet er darauf oder erklärt er für seine Person wegen eines insoweit abgeschlossenen Vergleichs die Hauptsache für erledigt, so wird das Rechtsmittel der übrigen unzulässig, wenn der Wert des Beschwerdegegenstands damit unter die Erwachsenheitssumme sinkt (BGH NJW 65, 761; DB 73, 521; s dazu Frank Anspruchsmehrheiten im Streitwertrecht 1986 S 117 f, 140, der dagegen begründete Bedenken vorbringt). **17**

Bei **Streitgenossen als Berufungsbeklagten** verhält es sich entsprechend. Die gegen mehrere Streitgenossen gerichtete Berufung schafft einen einheitlichen Beschwerdegegenstand, der als solcher zu bewerten ist; es ist deshalb unschädlich, wenn die gegen einen Streitgenossen geltend gemachte Forderung die Berufungssumme nicht erreicht (Celle NdsRpfl 69, 111). Zur **Teilabweisung** im Streitgenossenprozeß mit anschließender **Teilberufung** s BGH NJW-RR 91, 186 = KoRsp ZPO § 5 Nr 86 m Anm Schneider = ZAP F 24 S 85 m Anm Lappe. **18**

19 **8)** Bei einem Rechtsmittel des Beklagten gegen ein entgegen seinem Antrag die **Erledigung aussprechendes Urteil** richtet sich der Wert des Beschwerdegegenstandes nach dem Hauptsachewert, nicht nach dem Kosteninteresse oder einem nach § 3 ZPO zu schätzenden Feststellungsinteresse; die Frage ist jedoch äußerst umstritten, zumal der BGH auf das Kosteninteresse abstellt (s Schneider, Streitwert-Kommentar Rn 1505 ff). Jedenfalls bleibt die Hauptsache Streitgegenstand (BGHZ 23, 340; 37, 142). Nach BGH ist auf das Kosteninteresse auch abzustellen bei einem Rechtsmittel des Klägers gg ein Urteil, das entgg seiner Erledigungserklärung dem Antrag auf Klageabweisung stattgegeben hatte (BGH NJW 61, 1210; 69, 1173). Hatte sich der Rechtsstreit in der Hauptsache zum Teil erledigt u hat das Urteil über den nicht erledigten Teil der Hauptsache u zugleich über die Kosten des erledigten Teils entschieden, so ist die Berufung nur zulässig, wenn der nicht erledigte Teil der Hauptsache die Berufungssumme erreicht; die Kosten des erledigten Teils bleiben außer Betracht (BGH WPM 91, 658). Auch bei unzulässigem Teil-Erledigungsurteil in der Auskunftsstufe (s dazu Rixecker MDR 85, 633) ist Berufung zulässig, wenn die Erwachsenheitssumme erreicht wird (Köln FamRZ 84, 1029 = KoRsp GKG § 18 Nr 17 m Anm Schneider).

20 **9)** Wird der Kläger mit **Hauptanspruch und Hilfsanspruch** oder mit mehreren Hilfsansprüchen abgewiesen, so ist für die Beschwer der Wert aller Ansprüche zusammenzurechnen, sofern sie nicht wirtschaftl identisch sind (BGH WPM 83, 1320 = MDR 84, 208 = KoRsp ZPO § 5 Nr 54 m Anm Schneider), wodurch BGHZ 26, 295 überholt ist (ausführlich dazu Frank Anspruchsmehrheiten im Streitwertrecht 1986 § 16).

21 Verfolgt der Rechtsmittelkläger Haupt- und Hilfsantrag, dann ist das Rechtsmittel zulässig, wenn auch nur einer der Anträge die Beschwerdesumme erreicht; welcher, ist gleichgültig, weil die Reihenfolge der Anträge unerheblich ist (KG OLGZ 79, 348; Schumann NJW 82, 1272).

22 **10)** Hat der Kläger einen bestimmten Geldbetrag als **Teilbetrag** einer behaupteten Forderung gg den Beklagten, hilfsweise als Teilbetrag einer anderen Forderung eingeklagt und erhält er auf Grund der hilfsweise geltend gemachten Forderung einen Teilbetrag der Klagesumme zugesprochen, so ist er nach BGHZ 26, 295 in Höhe der vollen Klagesumme, nicht nur in Höhe der Differenz zwischen dieser und dem zugesprochenen Betrag beschwert.

23 **11)** Hat der Kläger statt vorbehaltsloser Verurteilung des Beklagten nur eine solche gg eine **Zug um Zug** zu erbringende Gegenleistung erreicht, so bemißt sich für seine Berufung hiergegen der Wert nach dem Wert dieser Gegenleistung, nach oben begrenzt durch den Wert seines Klageanspruchs (BGH NJW 73, 654; RR 95, 706); daß der Vorbehalt die Vollstreckung nicht hindert, ist für die Beschwer unerheblich (BGH NJW 82, 1048 = Warneyer 1987 Nr 126). Ändert das Berufungsgericht das angefochtene Urteil dahin ab, daß es die Verurteilung ohne die Leistung Zug um Zug bestätigt, dann fällt die Gegenleistung als Beschwer weg (BGH WPM 92, 376). Wird nur die **Art der Gegenleistung** angegriffen und statt der zuerkannten eine andere verlangt, dann entspricht die Beschwer auch dann den vollen Mängelbeseitigungskosten, wenn zugesprochene und verlangte Gegenleistung hinsichtlich der Höhe der aufzuwendenden Kosten nicht voneinander abweichen (BGH Warneyer 1985 Nr 254 = WPM 85, 1457). Bei teilweiser Abweisung der Klage und Verurteilung Zug um Zug wegen des zuerkannten Restes sind Teilabweisung und Gegenleistung bis zur Höhe des ursprünglichen Klageantrages zu addieren (BGH Warneyer 1985 Nr 61).

24 **12)** Ist der **Zinsanspruch** höher als der Hauptanspruch und wird das Rechtsmittel nur wegen der Zinsen eingelegt, kommt es für die Beschwer auf den Betrag der Zinsen an (RGZ 47, 256). Zinsen aus einem nur zum Teil erledigten Hauptanspruch sollten dagegen nicht als Hauptforderung angesehen werden (BGH LM ZPO § 4 Nr 1; von Lübtow NJW 58, 2041; aA BGHZ 26, 174). Der Kläger kann jedoch den Zinsanspruch dadurch zur Hauptsache machen, daß er hinsichtlich der Hauptforderung Klagerücknahme (§ 269 I) oder Verzicht (§ 306) erklärt oder den Rechtsmittelantrag auf das Zinsbegehren beschränkt. Dadurch kann auch bei einer nicht rechtsmittelfähigen Abweisung des Hauptanspruchs der Zinsanspruch rechtsmittelfähig werden (RGZ 47, 258; von Lübtow NJW 58, 2041, 2044; auch hier aA BGHZ 26, 177).

25 **VI) Glaubhaftmachung: § 294,** unter Ausschluß der eidesstattl Versicherung, zB durch Bezugnahme auf den in der Vorinstanz festgesetzten Streitwert.

26 Einstweilen frei.

27 **VII) Divergenzberufung nach Abs 2** steht im Zusammenhang mit § 541, durch den der Rechtsentscheid in Mietsachen (früher Art III des 3. MietrechtsänderungsG, BGBl I 1967, 1248 u 1980, 657) in die ZPO übernommen worden ist. Die Regelung entspricht der Grundsatz- und Divergenzrevision des § 546 I 2. Gegenüber der früheren Rechtslage ist neu, daß der Verfahrensmangel unabhängig vom Wert des Beschwerdegegenstandes mit der Berufung gerügt werden kann, also auch dann, wenn mangels Erreichens der Erwachsenheitssumme des § 511a I die Sache nicht an das LG gelangen kann und deshalb auch kein Rechtsentscheid eingeholt werden könnte (LG

Köln WuM 92, 264). Dadurch ist der Rechtsschutz bei Abweichung und die Sicherung einer einheitlichen Rspr lückenlos gewährleistet: Bei Abweichung des LG als Berufungsgericht gem § 541 Zwang zur Einholung eines Rechtsentscheids; bei Abweichung des AG Berufung zulässig.

Voraussetzung der Zulässigkeit ist aber die schlüssige Darlegung der entscheidungserheblichen Abweichung des AG durch das angefochtene Urteil spätestens in der Berufungsbegründungsschrift (LG Nürnberg-Fürth NJW-RR 93, 1487; LG Köln RR 94, 1424). Fehlt es daran, ist die Berufung gem § 519b zu verwerfen.

Zum Erfordernis des **Beruhens** vgl § 550 Rn 6–9. Wegen der Einzelheiten des Verfahrens siehe die Erläuterungen zu § 541.

512 *[Vorentscheidungen des ersten Rechtszuges]*

Der Beurteilung des Berufungsgerichts unterliegen auch diejenigen Entscheidungen, die dem Endurteil vorausgegangen sind, sofern sie nicht nach den Vorschriften dieses Gesetzes unanfechtbar oder mit der Beschwerde anfechtbar sind.

I) 1) Die dem angefochtenen Urteil vorausgegangenen **Entscheidungen** (nicht auch deren Begründung und Folgerungen daraus: BGH MDR 75, 569) sollen durch das Berufungsgericht nachprüfbar sein. Manchmal muß das Berufungsgericht aber die vorausgegangenen Entscheidungen (ggf samt ihrer Abänderung im Rechtsmittelweg) hinnehmen, zB den Beschluß, durch den die Ablehnung eines Richters (§ 46 II; KG FamRZ 86, 1023 m Nachw) oder Sachverständigen für unbegründet erklärt wurde (§ 406 V; BGHZ 28, 305) oder die verfahrenswidrige Zulassung verspäteten Vorbringens (Köln JMBlNRW 80, 232). Dem Endurteil vorausgegangen u nur mit ihm anfechtbar sind Beweis- (§§ 358a, 359), Verbindungs- u Trennungsbeschlüsse (§§ 145, 147; München NJW 84, 2227) sowie das Zwischenurteil über einen Zwischenstreit (§ 303). Wenn dem angefochtenen Urteil ein **Versäumnisurteil** vorausgegangen war, hat das Berufungsgericht auch die Zulässigkeit des Einspruchs zu prüfen. Keine nachprüfbare Vorentscheidung ist auch die Übertragung auf den Einzelrichter gem § 348 I 1 (Saarbrücken VersR 92, 765); im Arzthaftungsprozeß liegt dann jedoch ein wesentlicher Verfahrensmangel vor (§ 539 Rn 20). 1

2) Über den Wortlaut des § 512 hinaus ist das Berufungsgericht auch an Entscheidungen der Vorinstanz gebunden, die **selbständig** der Berufung unterliegen (Teilurteil, Zwischenurteil über prozeßhind Einreden § 280 II, über den Grund des Anspruchs § 304, das Vorbehaltsurteil im Urkundenprozeß, § 599); vgl RGZ 136, 277. 2

II) Unanfechtbare Entscheidungen sind auch für das Berufungsgericht bindend. Um schwere Rechtsverletzungen korrigieren zu können, hat die Rspr die Ausnahmebeschwerde wegen sog „greifbarer Gesetzeswidrigkeit" (§ 567 Rn 41) zugelassen, etwa bei §§ 707, 719, 769 (s auch § 511a Rn 1). 3

III) Mit **Beschwerde** anfechtbare Entscheidung: s § 567; Zwischenurteile §§ 71, 135, 387, 408. Auch insoweit ist das Berufungsgericht gebunden. 4

512a *[Örtliche Zuständigkeit]*

Die Berufung kann in Streitigkeiten über vermögensrechtliche Ansprüche nicht darauf gestützt werden, daß das Gericht des ersten Rechtszuges seine örtliche Zuständigkeit mit Unrecht angenommen hat.

I) Örtl Zuständigkeit: 1) §§ 12–35, auch die **ausschließl** (RGZ 110, 57) u **vereinbarte.** § 512a gilt, gleichviel ob Vorderrichter seine örtl Zuständigkeit in einem Urteil oder stillschweigend durch Eingehen auf die Sache selbst angenommen hat. Im ersteren Fall findet gg das Urteil überhaupt keine Berufung statt (BGH NJW 53, 222), während Entscheidungen, die außerdem noch andere Fragen erledigen, insoweit angefochten werden können (BGH aaO). § 512a schließt aber nicht aus, daß das Berufungsgericht anstelle des in erster Instanz tätig gewordenen AG den Rechtsstreit an das örtlich ausschließl zuständige AG verweist (LG Hannover NJW 71, 1847; aA LG Berlin NJW 75, 2041; sehr str; s AK-ZPO-Ankermann Rn 3). § 512a ist nicht anzuwenden, wenn gerügt wird, daß ein Anspruch bei verschiedenen Gerichten eingeklagt worden ist und das zuletzt angegangene Gericht seine Zuständigkeit für Eilmaßnahmen nach § 937 I unter Verkennung seiner Unzuständigkeit wegen anderweitiger Rechtshängigkeit bejaht hat (Hamburg MDR 81, 1027) oder bei offensichtlich verfahrenswidriger Übertragung auf den Einzelrichter, § 348 (Schleswig NJW 88, 69; Seidel ZZP 99, 1986, 86). Prüft das LG eine nur auf unerlaubte Handlung gestützte Klage auch nach vertraglichen oder vertragsähnlichen Ansprüchen, dann verliert der Beklagte durch diese Überschreitung der örtlichen Zuständigkeit in zweiter Instanz sein Rüge- 1 recht nicht, wenn der Kläger seine Berufung auch auf diese Übermaßprüfung stützt (BGH WPM 86, 657 = MDR 86, 667). Bedenklich ist es, das Recht zur Gerichtsstandswahl (§ 35) entgegen § 512a wegen fehlenden Rechtsschutzinteresses einzuschränken, weil der Kläger damit die Anwendung einer ihm günstigen Rspr erstrebt (so aber Hamm MDR 86, 858 = OLGZ 1987, 336).

2 2) Nur die **Bejahung** der örtlichen Zuständigkeit durch das erstinstanzliche Gericht ist durch § 512a der Nachprüfung entzogen. Wird die Zuständigkeit **verneint**, dann ist § 512a unanwendbar (BGH DB 66, 1516); diese Entscheidung ist berufungsfähig.

3 3) In **nichtvermögensrechtlichen** Streitigkeiten ist § 512a ebenfalls unanwendbar. In diesen prüft das Berufungsgericht bindungsfrei die Bejahung und Verneinung der örtlichen Zuständigkeit durch das erstinstanzliche Gericht (Koblenz DAVorm 76, 147). Werden im selben Rechtsstreit vermögensrechtliche und nichtvermögensrechtliche Ansprüche geltend gemacht, ohne daß der eine aus dem anderen hergeleitet ist (vgl § 12 III GKG), dann darf im Berufungsrechtszug die örtliche Zuständigkeit des erstinstanzlichen Gerichts nur hinsichtlich der nichtvermögensrechtlichen Ansprüche überprüft werden (Schleswig FamRZ 78, 428).

4 **II) 1)** Auf die **sachl Zuständigkeit** findet § 512a keine Anwendung (dazu § 529), desgleichen nicht auf das Verhältnis Zivilkammer/Kammer für Handelssachen (Zweibrücken JZ 89, 103; Gaul JZ 84, 564). Jedoch ist § 10 zu beachten, wonach das Urteil eines LG nicht mit der Begründung angefochten werden kann, das AG sei zuständig gewesen.

5 2) Bei Streit darüber, ob die **internationale Zuständigkeit** der deutschen Gerichte gegeben ist, ist § 512a nicht anzuwenden (Karlsruhe NJW-RR 89, 187; München IPRax 84, 319); hier kann also die Berufung darauf gestützt werden, daß das Erstgericht zu Unrecht seine internationale Zuständigkeit angenommen oder (bei Klageabweisung) verneint habe (BGHZ 44, 46; Düsseldorf WPM 91, 1697). Macht der ausländische Beklagte von seinem Rügerecht keinen Gebrauch, so kann das als stillschweigende Gerichtsstandsvereinbarung gedeutet werden (Karlsruhe OLGZ 73, 479).

6 Auch gg ein **Zwischenurteil,** das die Einrede der fehlenden internationalen Zuständigkeit verworfen hat, ist die Berufung zulässig (Frankfurt NJW 70, 1010).

7 Die durch § 512a ausgeschlossene Rüge fehlender örtl Zuständigkeit des erstinstanzl Gerichts kann nicht in die Rüge fehlender internationaler Zuständigkeit gekleidet werden, wenn statt des Gerichts der Vorinstanz ein anderes gleichgeordnetes deutsches Gericht örtl u international zuständig wäre, da es nur auf die internationale Zuständigkeit der deutschen Gerichte insgesamt ankommt (BAG NJW 71, 2143 mit Anm Geimer NJW 72, 407).

8 Von Amts wegen ist die internationale Zuständigkeit der deutschen Gerichte im Verhältnis der Vertragsstaaten des EWG-Gerichtsstands- u Vollstreckungsübereinkommens v 27. 9. 68 (BGBl 72 II 773, 73 II 60) zu prüfen (Art 19, 20 des Übereinkommens).

9 3) § 512a auch nicht anwendbar bei Streit darüber, ob **völkerrechtl Befreiung von der deutschen Gerichtsgewalt** vorliegt (RGZ 157, 392; dazu Pagenstecher JW 38, 2293).

10 **III)** § 512a ist im **Beschwerdeverfahren** entspr anwendbar (BGH WPM 92, 415, 416), aber nur, soweit der Beschwerdeführer die fehlende Zuständigkeit in erster Instanz rügen konnte (BGH RR 86, 2436; Köln OLGZ 93, 370 zu § 5 AVAG).

11 **IV)** Die sich aus § 512a ergebende Beschränkung ist auch bei der Berufungsbegründung (§ 519 Abs 3) zu beachten. Eine **Berufung, die allein auf die fehlende örtliche Zuständigkeit gestützt** wird, ist unzulässig; dies gilt auch im Rahmen des § 513 (vgl Celle OLGR 95, 29).

513 *[Versäumnisurteile erster Instanz]*

(1) Ein Versäumnisurteil kann von der Partei, gegen die es erlassen ist, mit der Berufung nicht angefochten werden.

(2) Ein Versäumnisurteil, gegen das der Einspruch an sich nicht statthaft ist, unterliegt der Berufung insoweit, als sie darauf gestützt wird, daß der Fall der Versäumung nicht vorgelegen habe. § 511a ist nicht anzuwenden.

1 **I) Abs 1.** Nur das **Versäumnisurteil** im echten Sinn, also das gegen die säumige Partei auf Grund dieser Säumnis ergehenden Urteil (StJ/Grunsky Rn 2) ist gemeint: Näheres s bei §§ 330 ff. Ob es vorliegt, richtet sich nicht nach vorhandener oder fehlender Überschrift, sondern nach dem Entscheidungsinhalt (BGH VersR 74, 1099; 76, 251; München MDR 88, 973). Maßgeblich ist der Standpunkt des Gerichts, das das Urteil erlassen hat, und nicht, wie es richtig hätte entscheiden müssen (BGH NJW 94, 665); das – zu Recht oder zu Unrecht (Düsseldorf MDR 85, 1034) – gegen den Säumigen erlassene Versäumnisurteil (echtes Versäumnisurteil) ist nur mit Einspruch anfechtbar; insbesondere kann das als solches gewollte (da keine Säumnis vorlag, aber inhaltlich

unrichtige) technisch erste Versäumnisurteil nicht unter Berufung auf den Grundsatz der Meistbegünstigung (s Rn 4) mit Berufung angegriffen werden (BGH NJW 94, 665). Bei Teil-Versäumnisurteil und Teil-Streiturteil gegen dieses Berufung auf Grund selbständiger Zulässigkeitsprüfung (BGH FamRZ 86, 897). Gegen das bei Ausbleiben des Beklagten die Klage ganz oder teilweise abweisende Versäumnisurteil (unechtes Versäumnisurteil, § 331 II) ist Berufung nach § 511 zulässig (München MDR 88, 973); das gleiche gilt von dem beim Ausbleiben einer Partei (§ 331a) oder beider Parteien (§ 251a) erlassenen Urteil nach Aktenlage.

II) Abs 2. Lit: *Hoyer,* Das technisch zweite Versäumnisurteil, 1980. **1) Einspruch** gegen das Versäumnisurteil ist nicht statthaft, wenn die säumige Partei im Einspruchstermin wieder nicht erschienen ist u der Einspruch durch neues Versäumnisurteil verworfen wurde (§ 345) oder unter Verwerfung eines Wiedereinsetzungsgesuches neues Versäumnisurteil ergeht (§ 238 II). 2

2) Das den Einspruch verwerfende Urteil ist nur mit Berufung nach § 513 anfechtbar, und zwar auch dann, wenn die Berufungssumme des § 511a nicht erreicht ist (Abs 2 S 2). Die Berufung kann schon vor Zustellung wirksam eingelegt und begründet werden (LAG Frankfurt LAGE ZPO § 513 Nr 4). Str ist, ob Abs 2 S 2 auch im arbeitsgerichtl Verfahren gilt, oder ob § 64 Abs 2 ArbGG vorgeht (so BAG NJW 89, 2644 gegen hM m Lit, vgl StJ/Grunsky Rn 22). 3

3) Wahlweise Einspruch oder Berufung ist nach dem **Grundsatz der Meistbegünstigung** (Rn 29 vor § 511) gegeben (BGH VersR 84, 287), wenn bei zwei ersten Versäumnisurteilen das zweite irrig als „Zweites Versäumnisurteil" bezeichnet wurde (Köln MDR 69, 225; Nürnberg OLGZ 1982, 447; Frankfurt NJW-RR 92, 1468). 4

4) **Abs 2 S 2 ist entsprechend anwendbar,** Berufung zulässig auch ohne das Erreichen der Berufungssumme (§ 511a), wenn dem Beklagten im **schriftlichen Verfahren (§ 128 II, III)** kein rechtliches Gehör gewährt worden ist, obwohl es nicht um Versäumnisurteile im technischen Sinn geht (so LG Zweibrücken JZ 89, 51; LG Frankfurt NJW 85, 1171; LG Kiel AnwBl 84, 502; LA Hamburg WuM 92, 124; LG Aachen MDR 92, 899; LG Berlin JurBüro 92, 567 – auch wenn schriftliches Verfahren nicht ausdrücklich angeordnet ist –; aA LG Bonn NJW 85, 1170; LG Flensburg NJW-RR 90, 127; s ferner § 128 Rn 19 u BGH B v 3. 2. 94, V ZR 275/93). Das BVerfG hat die bejahende Rspr gebilligt (BVerfGE 60, 99; 61, 119), aber nicht als verfassungsrechtlich bindend vorgeschrieben (BVerfGE 72, 119 = NJW 86, 2305). – Dagegen kann die entsprechende Anwendung des Abs 2 S 2 nicht auf alle Fälle der Verletzung des Anspruchs auf **rechtl Gehör** ausgedehnt werden, soweit eine dem Säumnisverfahren vergleichbare Verfahrenslage nicht besteht. Die gegenteilige vereinzelte Rspr (Schleswig NJW 88, 67; LG Münster NJW-RR 89, 381) macht aus einer Sondervorschrift einen allg Grundsatz, der dem System der ZPO gerade nicht entspricht (BGH NJW 90, 838; StJ/Grunsky Rn 20; LG München II RR 95, 1022). 5

III) Voraussetzungen. 1) Berufung gegen das zweite Versäumnisurteil ist nur zulässig, wenn die säumige Partei behauptet, ein Fall der Versäumnis habe (beim zweiten Versäumnisurteil) nicht vorgelegen. Beim ersten hätte Einspruch eingelegt werden müssen. Ein solcher Sachverhalt ist in der Berufungsinstanz vollständig vorzutragen (BGH NJW 67, 728; BAG NJW 72, 790), jedoch nicht notwendig vollständig innerhalb der Begründungsfrist, wenn die Berufung aufgrund anderer Darlegungen ordnungsgemäß begründet worden ist (s Schneider MDR 85, 376 m Nachw). 6

a) In BGHZ 73, 87 (ebenso WPM 82, 601) hat der BGH erkannt, daß beim zweiten Versäumnisurteil, das den **Einspruch gegen einen Vollstreckungsbescheid** (auch Frankfurt OLGR 95, 152) verwirft, die Berufung wegen nicht gesetzmäßigen Ergehens des Vollstreckungsbescheides eröffnet ist. Ebenso liegt es beim ersten und zweiten Versäumnisurteil, so daß § 513 II auch dann anwendbar ist, wenn verkannt worden ist, daß die **Klage unzulässig oder unschlüssig** war, und auch das zweite Versäumnisurteil auf diesem Gesetzesverstoß beruht (BGHZ 112, 367 = NJW 91, 43; einschränkend BAG JZ 95, 523 dazu kritische Anm Braun). Die vor BGHZ 112, 367 liegende abweichende Rspr der Berufungsgerichte ist überholt. Entgegen Hamm (NJW 91, 1067 = VersR 91, 1193) macht es keinen Unterschied, ob die Partei oder ihr Anwalt im Termin überhaupt nicht erschienen oder erschienen, aber nicht aufgetreten ist. 6a

b) Eine Partei kann also ein zweites Versäumnisurteil mit der Berufung angreifen, wenn **das erste Versäumnisurteil nicht hätte ergehen dürfen** und dieser Fehler vom Gericht bei Erlaß des zweiten Versäumnisurteils nicht berücksichtigt worden ist (im einzelnen sehr str, vgl dazu § 345 Rn 4). Nach der hier vertretenen weiten Auslegung kann auch gerügt werden, daß die Partei bei Erlaß des ersten Versäumnisurteils nicht säumig gewesen sei, zB weil sie darauf vertrauen durfte, daß eine unschlüssige Klage durch unechtes Versäumnisurteil abgewiesen werde (aA Hamm NJW 91, 1067) oder wegen nicht ordnungsgemäßer Ladung (insoweit aA BGHZ 97, 341 = NJW 86, 2113; BAG NJW 94, 3181). Zu den möglichen Prozeßsituationen s Schneider (MDR 85, 376). Sehr weitgehend Celle (FamRZ 93, 1220), das Berufung eröffnet, weil das erste VU in Wahrheit ein TeilVU gewesen sei, das nach § 301 so nicht hätte ergehen dürfen. Mit Hamm (NJW-RR 91, 703) 6b können Verstöße gegen grundrechtlich abgesicherte Verfahrensgebote, zB § 278 III, dem Erlaß eines VU entgegenstehen und damit § 513 II anwendbar machen.

7 2) Nach dem Wortlaut des Abs 2 S 1 kann die Berufung nur darauf gestützt werden, daß ein **Fall der Säumnis nicht vorgelegen habe,** so daß deshalb ein Versäumnisurteil nicht hätte ergehen dürfen (vgl vor § 330 Rn 3 ff). In Betracht kommen insbesondere Ladungsmängel (auch irreführende Ladung), BGH WM 82, 601) und Fehler beim Aufruf der Sache (Hamm NJW 77, 1459).

7a Im Hinblick auf § 337 ist der fehlenden Säumnis die **unverschuldete Säumnis** gleichzusetzen, bei der die Partei mit der Vertagung von Amts wegen rechnen konnte. Hierher gehören im Grundsatz alle Fälle unverschuldeter Verhinderung, etwa wegen plötzlicher Erkrankung (LG Düsseldorf MDR 88, 362; LAG Köln MDR 94, 1046) wegen Verkehrsbehinderung (Autopanne, Streik der öffentlichen Verkehrsmittel uä), wohl auch, wenn der Prozeßbevollmächtigte wegen anderer Termine nicht mehr länger (über 1 Stunde) warten kann (LAG Hamm NJW 73, 1950). Dabei wird in der Rechtsprechung das objektive Vorlegen eines solchen Vertagungsgrundes unabhängig von der Kenntnis des Gerichts als ausreichend angesehen (LAG Frankfurt NJW 73, 1719; LAG Köln AnwBl 84, 159; s auch StJ/Grunsky Rn 8). Eine im Hinblick auf § 337 ZPO der fehlenden Säumnis gleichzusetzende unverschuldete Säumnis liegt jedoch nur vor, wenn die Partei den ihr bekannten Hinderungsgrund **dem Gericht rechtzeitig mitgeteilt** hat und dadurch die Vertagung mindestens ermöglicht hat, es sei denn, eine solche Mitteilung war der Partei nicht – mehr rechtzeitig – möglich oder zumutbar (BAG AP § 513 ZPO Nr 5; LAG Köln MDR 94, 1046; Düsseldorf OLGR 95, 267; ebenso StJ/Grunsky Rn 9).

7b Schließlich werden in der Rechtsprechung der fehlenden Säumnis Fälle gleichgesetzt, in denen die Partei bzw ihr Prozeßbevollmächtigter aufgrund **kollegialer Zusage** (Karlsruhe NJW 74, 1096) oder **örtlichen Anwaltsbrauchs** (BGH NJW 76, 196; nicht mehr ausreichend das Vertrauen auf anwaltliche Standesrichtlinien, BGH NJW 91, 42) nach dem Grundsatz der fairen Verfahrensgestaltung darauf vertrauen konnte, daß ein Versäumnisurteil nicht beantragt oder nicht ergehen werde. Ähnliches muß gelten, wenn ein **Antrag auf Bewilligung der Prozeßkostenhilfe** rechtzeitig gestellt, aber nicht beschieden wurde (vgl Schneider MDR 85, 377; LG Münster MDR 91, 160; Düsseldorf OLGR 95, 267).

8 3) Die Partei, die sich auf die fehlende Säumnis oder einen gleichzubehandelnden Fall trotz Bestehen der Säumnis beruft, hat die **Darlegungslast** hierfür (BGH VersR 85, 453; BAG § 513 ZPO Nr 5). Der entsprechende Vortrag gehört zur Schlüssigkeit des Rechtsmittels (LAG Köln MDR 94, 1046; s auch Rn 9). Der Säumige trägt auch die **Beweislast** der die fehlende oder unverschuldete Säumnis begründenden Tatsachen.

9 4) Wird das Nichtvorliegen eines Falles der Versäumung nicht (innerhalb der Berufungsbegründungsfrist: LG Münster MDR 88, 681; LG Karlsruhe MDR 88, 870; Saarbrücken RR 95, 1279) schlüssig vorgetragen, so ist die Berufung als unzulässig zu verwerfen (BGH VersR 85, 542, 543; NJW 91, 43) Ergänzung in der Revisionsinstanz also ausgeschlossen (BGH ZIP 90, 1629). Erweist sich die Behauptung als richtig: Aufhebung des Versäumnisurteils u Zurückverweisung in die erste Instanz (§ 538 Nr 5) oder eigene Entscheidung nach § 540. Erweist sie sich als unrichtig: Zurückweisung der Berufung als unbegründenden (RGZ 51, 197). Voraussetzung des § 513 II ist weiter, daß gg die Entscheidung, wenn sie in Form eines kontradiktorischen Urteils ergangen wäre, ein Rechtsmittel zulässig wäre; § 513 II soll einen vorinstanzlichen Fehler beseitigen, nicht aber eine auch bei richtiger Entscheidung verschlossene Instanz eröffnen.

10 **IV) Berufungssumme (Abs II 2).** Als Zulässigkeitsvoraussetzung ist nur irgendeine Beschwer erforderlich; die Erwachsenheitssumme (§ 511a) braucht nicht erreicht zu werden. Entsprechend ist auch die sof Beschwerde an den BGH gegen einen OLG-Beschluß, durch den der Einspruch gegen ein Versäumnisurteil als unzulässig verworfen worden ist, ohne Mindestbeschwer zulässig (BGH ZZP 92 [1979], 370 m Anm Grunsky) und darf nicht nach § 554b abgelehnt werden (BGH WPM 78, 336).

11 V) **Ehesachen:** siehe § 612 IV: Versäumnisurteil gegen Beklagten unzulässig.

12 VI) Anschlußberufung gg Versäumnisurteil: siehe § 521 II.

13 **VII) Gebühren: 1)** des **Gerichts:** Wird gegen ein Versäumnisurteil Berufung eingelegt: KV 1220; für das Urteil KV 1226, 1227. – **2)** des **Anwalts:** Die Beträge der sich aus § 11 I 1, 2 BRAGO ergebenden Gebühren erhöhen sich im Berufungsverfahren um 3/10 (§ 11 I 4 BRAGO).

514 *[Berufungsverzicht]*

Die Wirksamkeit eines nach Erlaß des Urteils erklärten Verzichts auf das Recht der Berufung ist nicht davon abhängig, daß der Gegner die Verzichtsleistung angenommen hat.

I) 1) Der vor Urteilsverkündung erklärte Verzicht ist in der ZPO nicht berücksichtigt. Eine vor Urteilserlaß ggüber Gericht oder Gegner abgegebene Erklärung ist nach hM wirkungslos (vgl BGHZ 28, 48; Heintzmann FamRZ 80, 114). Entgegen früher hM (zB Celle NdsRpfl 81, 197; Hamm Rpfleger 82, 111) macht der BGH (FamRZ 84, 372; 86, 1089, 1090) die Wirksamkeit eines im Anschluß an die Urteilsverkündung in der mündlichen Verhandlung erklärten Rechtsmittelverzichts nicht von ordnungsmäßiger Protokollierung (§ 162 I) abhängig, sondern sieht darin nur eine auf andere Weise ersetzbare Beweismöglichkeit. 1

2) Mögl ist schon vor Urteilserlaß eine **Vereinbarung** zwischen den Parteien, kein Rechtsmittel einzulegen (BGH MDR 86, 313; WPM 89, 868). Eine solche Vereinbarung begründet nur eine Verpflichtung hierzu. Sie ist formfrei (Nürnberg VersR 81, 887), für sie besteht kein Vertretungszwang (BGH MDR 86, 313). Der Vertrag begründet eine **prozessuale Einrede,** die vom Gegner geltend zu machen ist und zur beschlußmäßigen (BGH WPM 84, 484) Verwerfung der Berufung führt (BGHZ 28, 52; BGH WPM 84, 484; BGH NJW-RR 87, 307). Die Rücknahmeverpflichtung kann bedingt erklärt werden und führt auf Einwendung des Gegners ebenfalls zur Verwerfung, wenn der Bedingungseintritt treuwidrig verhindert worden ist (BGH WPM 89, 868 = WuB IV A § 162 BGB 1.89 – Messer). 2

Die Vereinbarung braucht nicht als „Verzicht" bezeichnet zu werden, muß nur den eindeutigen Willen ausdrücken, es bei dem Urteil belassen zu wollen (BGH WPM 85, 739). Diese Erklärung kann nicht einseitig widerrufen werden (BGHZ 28, 54), außer wenn die Gegeneinrede der Arglist durchgreift (Rn 11) oder ein Restitutionsgrund vorliegt (BGH MDR 86, 139). Ein Verstoß gegen § 138 I genügt nur, wenn er auch die Arglistvoraussetzungen erfüllt (BGH MDR 86, 139). 3

In Scheidungssachen kann zwar auch die nicht beschwerte Partei Berufung mit dem Ziel der Aufrechterhaltung der Ehe einlegen (s Rn 23 vor § 511). Ein wirksamer Verzicht schließt diese Möglichkeit jedoch aus (BGHZ 89, 325, 327; FamRZ 88, 1158, 1159). 4

II) Berufungsverzicht nach Erlaß des Urteils. 1) Er kann vor oder nach Einlegung der Berufung erklärt werden (BGH VersR 91, 1421; NJW 94, 737). Der Berufungsverzicht nach Einlegung der Berufung entspricht im Ergebnis einer Berufungsrücknahme (§ 515) unter Rechtsmittelverzicht (eingehend dazu BGH NJW 94, 737 = ZZP 107, 237 m Anm Kohler); über seine Wirksamkeit kann aber nicht nach § 515 III entschieden werden (BGHZ 27, 60 = NJW 58, 868; NJW 94, 737/739). Teilverzicht bewirkt nur dann Teilrechtskraft des angefochtenen Urteils, wenn damit ein Rechtsmittelverzicht verbunden wird (BGH MDR 88, 1033 = WPM 88, 1465). 5

2) Der Verzicht kann **einseitig** von einer Partei erklärt werden. Daneben ist ein außergerichtlicher **vertraglicher Rechtsmittelverzicht** zulässig. Der Berufungsverzicht kann dem Gericht und Gegner gegenüber erklärt werden (BGHZ 2, 112; WPM 85, 739). Die Erklärung gegenüber dem Gericht unterliegt im Anwaltsprozeß dem **Anwaltszwang,** diejenige gegenüber dem Gegner nicht (BGH WPM 85, 739; 86, 1061, 1062; NJW-RR 94, 386), mag sie auch in Anwesenheit des Gerichts abgegeben werden (BGHZ 2, 112). Auch der Rechtsmittelverzicht eines Anwalts, der lediglich zu diesem Zweck beauftragt wird (sog Verzicht „zwischen Tür und Angel"), ist wirksam (München OLGZ 67, 23; Zeiss NJW 69, 170; aA Zweibrücken OLGZ 66, 26; Bergerfurth, Der Anwaltszwang und seine Ausnahmen, 1981, S 110). 6

3) Inhalt und Reichweite eines gegenüber dem Gericht erklärten Rechtsmittelverzichts bestimmen sich danach, wie er bei objektiver Betrachtung zu verstehen ist (BGH NJW 81, 2816; FamRZ 86, 1089). Er braucht **nicht ausdrücklich** erklärt zu sein (Rn 3), bezieht sich aber immer auf das Rechtsmittel als Ganzes. Eine Verzichtserklärung durch schlüssige Handlung kann nur angenommen werden, wenn die Handlung bei objektiver Betrachtung (BAG BB 82, 151) **unzweideutig** erkennen läßt, daß die Partei auf das Rechtsmittel verzichten wollte (BGHZ 4, 314; VersR 59, 806). Erklärung „Kläger legt keine Berufung ein" genügt im allg (BGH LM § 514 ZPO Nr 6), desgleichen ein Verzicht hinsichtlich der Klage in der Erklärung, die Berufung werde nur wegen der Widerklage durchgeführt (BGH MDR 89, 728 = VersR 89, 602), auch Verzicht auf die Begründung eines Kostenbeschlusses nach § 91a kann einen Rechtsmittelverzicht enthalten (Hamm MDR 89, 910, RR 96, 509, s auch § 567 Rn 15). Wird bei Abweisung mehrerer Klageanträge Berufung mit dem Zusatz eingelegt, sie sei auf einen konkreten Antrag beschränkt, dann liegt darin ein teilweiser Rechtsmittelverzicht, der mangels Anfechtbarkeit der Prozeßhandlung nicht mit dem Hinweis in der Berufungsbegründung berichtigt werden kann, es habe sich um einen Schreibfehler gehandelt (BGH VersR 90, 172 = NJW 90, 1118 = MDR 90, 533). Nicht ausreichend, daß der Berufungskläger in der mündlichen Verhandlung nur PKH-Bewilligung beantragt (Hamm OLGR Hamm 92, 191) oder erklärt, daß Rechtsmitteleinlegung nicht beabsichtigt sei (BGH FamRZ 58, 180), oder Formulierung eines Rechtsmittelantrages, der hinter der Beschwer zurückbleibt (BGH Warneyer 84 Nr 303 S 644; 81 Nr 226 = NJW 81, 2360, 2361). Ob in der kommentarlosen Zahlung der Urteilssumme ein Rechtsmittelverzicht liegt, ist nach den Umständen des Einzelfalles zu beurteilen; dann zu verneinen, wenn die Zahlung zur Abwendung einer möglichen Vollstreckung geleistet wird (BGH NJW 81, 1729 [1730 zu I]; München AnwBl 80, 504). 7

Teilt dagegen ein Beklagter dem Kläger nach Urteilserlaß schriftl mit, er habe den Urteilsbetrag zur Zahlung angewiesen und bitte deshalb, von Zwangsvollstreckungsmaßnahmen abzusehen, so kann darin die Erklärung eines Verzichtswillens gesehen werden (Hamm MDR 75, 496; s auch BGH MDR 76, 473). Unter Umständen kann auch Rechtsmittelverzicht gegen das ergangene Urteil in einem danach abgeschlossenen Vergleich gesehen werden (BGH MDR 69, 477).

8 **4)** Der **gegenüber dem Berufungsgericht erklärte Rechtsmittelverzicht** ist als Prozeßhandlung unwiderruflich und unanfechtbar (Rn 14), bedarf nicht der **Zustimmung des Berufungsbekl,** außer wenn dieser bereits mündl verhandelt hat; § 515 Abs 1 ist auf den Verzicht entsprechend anzuwenden, da sonst dessen Schutz dadurch umgangen werden könnte, daß statt der Rücknahme ein Verzicht erklärt wird (BGH NJW 94, 737 = ZZP 107, 237 m Anm Kohler, unter eingehender Darstellung von Entstehungsgeschichte und Meinungsstand). Rechtsmittelverzicht ist uU auch wirksam, wenn Verfahren nach § 249 unterbrochen ist (BGHZ 4, 314). Der Verzicht durch den Prozeßbevollmächtigten ist auch dann wirksam, wenn er weisungswidrig erfolgt (BGH FamRZ 94, 300), er ist jedoch unwirksam, wenn ihn der gesetzl Vertreter einer juristischen Person unter offensichtl Mißbrauch seiner Vertretungsmacht erklärt (BGH MDR 62, 374). Der Berufungsverzicht der Hauptpartei macht die vom Streithelfer eingelegte Berufung nicht unzulässig (Hamburg OLGZ 1989, 115 = NJW 89, 1362; s auch Rn 22 vor § 511).

9 **5)** Ein Berufungsverzicht kann wirksam auch **dem Gegner** erklärt werden und gibt diesem dann die **Einrede des Rechtsmittelverzichts** (BGHZ 28, 52; VersR 91, 1421 = NJW-RR 91, 1213). Anwaltszwang besteht für diese Verzichtserklärung nicht (BGHZ 2, 114; Hamm WRP 92, 337, 338).

10 **a)** Aus dieser Wirkung des Verzichts ergibt sich, daß er – anders als die Zurücknahme der Berufung – vor Ablauf der Rechtsmittelfrist mit Zustimmung des Gegners **widerruflich** ist (BGH WPM 85, 1375 = MDR 85, 830) und daß der Gegner auf diese Einrede **verzichten** kann (RGZ 150, 392 [394]; BGH JZ 53, 153). Die Erörterung der Sach- und Rechtslage vor der Antragstellung (s § 137 I) hindert die Rücknahme ohne Einwilligung nicht (Nürnberg RR 94, 1343). Einseitiger Widerruf möglich bei Vorliegen eines Restitutionsgrundes, nicht aber mit der Behauptung eines Verstoßes gegen die Wahrheitspflicht, § 138 I (BGH WPM 85, 740).

11 **b)** Der Einrede des Verzichts kann mit der **Gegeneinrede der Arglist** begegnet werden (BGH WPM 85, 740; BGH JR 85, 423 m Anm Zeiss = ZZP 100, 1987, 79 m Anm Orfanides aaO S 63). Sie kann etwa bei einer unter Druck oder in einem Depressionszustand ohne anwaltschaftl Beratung übereilt abgegebenen Verzichtserklärung in Betracht kommen (BGH NJW 68, 794).

12 **c)** Greift die Einrede, so ist die Berufung als unzulässig zu verwerfen (BGHZ 28, 52), was durch Beschluß geschehen kann (BGH WPM 84, 484).

13 **d)** Wird der Rechtsmittelverzicht gegenüber dem Berufungsgericht erklärt, so kann die Berufung von Amts wegen durch Beschluß als unzulässig verworfen werden (BGHZ 27, 60; Celle NJW 65, 1113).

14 **e) Anfechtung des Verzichts** ist **unzulässig** (BGH JR 85, 423 m abl Anm Zeiss = ZZP 100, 1987, 79 m Anm Orfanides aaO 63; FamRZ 86, 1089). Er ist auch nicht frei widerruflich (BGH MDR 86, 139 = Warneyer 1985 Nr 80 u 141; NJW-RR 86, 1327). Ausnahme: Bei Einverständnis des Gegners (Rn 10) oder Vorliegen eines Restitutionsgrundes (BGH WPM 85, 1375 = MDR 85, 830; FamRZ 86, 1089; 88, 1158). Dann muß das Rechtsmittel innerhalb der Frist des § 586 eingelegt werden, es genügt nicht der bloße Widerruf innerhalb dieser Frist (Celle MDR 66, 1009).

15 **6)** Dem **Anschluß an Rechtsmittel der Gegenpartei** steht der Verzicht auf eigenes Rechtsmittel nicht entgegen (§ 521 I); wohl kann die Auslegung ergeben, daß damit auch auf Anschlußrechtsmittel verzichtet worden ist (Hamm FamRZ 79, 944; FRES 5, 93).

16 **III)** Ebenso wie eine Berufungsbeschränkung von Anfang an (§ 519 Rn 29) und eine teilweise Berufungsrücknahme (§ 515 Rn 6) ist auch ein **Teilverzicht** möglich, soweit er sich auf einen abtrennbaren Teil des Streitgegenstands bezieht (BGHZ 7, 144; München DAR 69, 41). Ankündigung eines beschränkten Rechtsmittelantrags ist jedoch noch kein Verzicht auf weitergehende Anfechtung (BGHZ 7, 144; WPM 85, 144). Bei beschränkten Berufungsanträgen u gleichzeitigem Rechtsmittelverzicht im übrigen kann die Berufung hinsichtlich des nicht angefochtenen Teils des Streitgegenstands nicht als unzulässig verworfen werden, weil die Sache insoweit beim Berufungsgericht nicht anhängig geworden ist (BGH NJW 68, 2106; J. Blomeyer NJW 69, 50).

17 **IV) Gebühren: 1)** des **Gerichts:** Keine. – **2)** des **Anwalts:** Der ausdrückl auf die Abgabe des Rechtsmittelverzichts beschränkte Auftrag des RA löst eine Gebühr nach § 56 I BRAGO aus (Schneider Anm zu Hamm KoRsp BRAGO § 32 Nr 7; Zweibrücken KoRsp BRAGO § 56 Nr 7 m Anm Schneider).

515 *[Zurücknahme der Berufung]*

(1) Die Zurücknahme der Berufung ist ohne Einwilligung des Berufungsbeklagten nur bis zum Beginn der mündlichen Verhandlung des Berufungsbeklagten zulässig.

(2) Die Zurücknahme ist dem Gericht gegenüber zu erklären. Sie erfolgt, wenn sie nicht bei der mündlichen Verhandlung erklärt wird, durch Einreichung eines Schriftsatzes.

(3) Die Zurücknahme hat den Verlust des eingelegten Rechtsmittels und die Verpflichtung zur Folge, die durch das Rechtsmittel entstandenen Kosten zu tragen. Auf Antrag des Gegners sind diese Wirkungen durch Beschluß auszusprechen; hat der Gegner für die Berufungsinstanz keinen Prozeßbevollmächtigten bestellt, so kann der Antrag von einem bei dem Berufungsgericht nicht zugelassenen Rechtsanwalt gestellt werden. Der Beschluß bedarf keiner mündlichen Verhandlung und ist nicht anfechtbar.

I) **Zurücknahme der Berufung** ist erst nach Berufungseinlegung (§ 518) möglich; davor nur Verzicht (§ 514). Erklärung gegenüber dem **zuständigen** Gericht; zwischenzeitliche Zuständigkeitsveränderung muß nicht entgegenstehen (BGH MDR 91, 668). Von der Rechtsmittelrücknahme zu unterscheiden ist die **Zurücknahme der Klage** im Berufungsverfahren (s auch § 269 Rn 12): Einwilligungserfordernis des § 269 I wirkt fort (Batsch NJW 74, 300 f). In der Beschränkung des Rechtsmittelantrages liegt noch keine Klagerücknahme (Rn 6). Zurücknehmen kann nur der Instanzanwalt, im höheren Rechtszug also nicht mehr der vorinstanzliche Prozeßbevollmächtigte. Da die Klagerücknahme eine Prozeßhandlung ist, deren Wirksamkeit sich über alle Instanzen erstreckt, ist keine zusätzliche Rechtsmittelrücknahme mehr erforderlich (vgl RG JW 11, 51 Nr 46); Kostenfolge aus § 269 III 2 erstreckt sich auch auf die Kosten des Berufungsverfahrens. 1

1) Zurücknahme **mit Einwilligung des Gegners** ist bis zur Beendigung des Berufungsverfahrens oder bis zur Rechtskraft, also noch während der Revisionsfrist bis zur Einlegung der Revision zulässig (nicht mehr aber nach deren Einlegung). 2

2) Auch eine **unzulässige Berufung** kann zurückgenommen werden (aA für die Rücknahme der Streithelfer-Berufung durch die Hauptpartei Hamm FamRZ 84, 810 = MDR 84, 851; s Rn 1). 3

3) Wird bei Vorliegen **mehrerer Berufungserklärungen** desselben Berufungsklägers eine Berufungszurücknahme erklärt, so bedeutet sie nicht notwendig ein Rückgängigmachen der Anfechtung überhaupt (RGZ 102, 364; BGHZ 24, 179). Da jedoch trotz mehrfacher Einlegung der Berufung nur ein einziges Rechtsmittelverfahren anhängig werden kann (Rn 37 vor § 511; § 518 Rn 3), ist mangels entgegenstehender Indizien im Zweifel davon auszugehen, daß die Rücknahmeerklärung sämtliche Einlegungsakte erfaßt (München MDR 79, 409). 4

4) Eine **Erledigterklärung** des Berufungsklägers kann die Bedeutung einer Berufungsrücknahme haben (BGHZ 34, 200). 5

5) Die Zurücknahme kann entsprechend der Möglichkeit, die Berufung von vornherein zu beschränken (§ 519 Rn 29), auch bezügl eines zum Erlaß eines Teilurteils geeigneten **Teils des Streitgegenstandes** erklärt werden (RGZ 134, 132; 142, 65). In der bloßen Beschränkung des Berufungsantrags ist nicht ohne weiteres eine Teilrücknahme zu finden (BGH WPM 1354, 1356 = MDR 89, 987; NJW-RR 89, 992 = FamRZ 89, 1064), wohl aber im Zweifel bei nachträglicher Antragsbeschränkung (Frankfurt FamRZ 84, 406). 6

6) Nach dem Tode eines Ehegatten kann jedoch die Berufung gegen ein Scheidungsurteil nicht mehr zurückgenommen werden, § 619 (Koblenz FamRZ 80, 717). 7

7) Weisungswidrige Rücknahme ist wirksam (BGH VersR 88, 526 = FamRZ 88, 496), jedoch unwirksam, wenn sie vom **gesetzl Vertreter** einer juristischen Person unter offensichtl Mißbrauch seiner Vertretungsmacht erklärt wird (BGH MDR 62, 374). Die Rechtsmittelzurücknahme durch eine **prozeßunfähige,** aber für prozeßfähig gehaltene Partei ohne gesetzl Vertreter ist wirksam; nur Nichtigkeitsklage nach § 579 I 4 (BGH FamRZ 63, 131; Rosenberg FamRZ 58, 95). 8

8) Die Rücknahmeerklärung ist **bedingungsfeindlich** (BGH VersR 90, 327 = Warneyer 1989 Nr 296). Keine **Anfechtung** wegen Willensmängeln (RGZ 152, 324). Auch mit Einverständnis des Gegners kann die Zurücknahme nicht **widerrufen** werden (RGZ 150, 395). **Ausnahmen:** Die Rechtsmittelrücknahme beruhte auf einem vom Prozeßgegner verursachten Irrtum (LG Hannover NJW 73, 1757); der Irrtum war für Gericht und Gegner ganz offensichtl (BGH VersR 77, 574; 88, 526 = FamRZ 88, 496). Dann steht der Berufung auf die Wirkungen der Rücknahme der Einwand entgegen, gegen Treu und Glauben zu verstoßen. Jedoch gibt es keine Wiedereinsetzung für eine erneut verspätet eingelegte Berufung, weil die erste irrtümlich unverschuldet zurückgenommen worden war; dann kann nur noch der Widerruf (Rn 10) helfen (BGH MDR 91, 1197). 9

9) Widerruf bei **Vorliegen von Wiederaufnahmegründen:** BGHZ 12, 294; 33, 73. Ein etwa ergangener Verlustigkeitsbeschluß nach III hindert diesen Widerruf nicht. War die Rechtsmittelzurücknahme durch eine strafbare Handlung veranlaßt, so setzt Wirksamkeit des Widerrufs das 10

Vorliegen der Voraussetzungen des § 581 voraus (BGHZ 12, 284; 33, 75 gg RGZ 150, 396). UU kann der Rechtsstreit aber ausgesetzt werden, bis das Strafverfahren durchgeführt ist (BGHZ 33, 76; RGZ 150, 396). Der Widerruf ist nur innerhalb eines Monats seit Kenntnis der hierzu berechtigenden Tatsachen möglich, auch wenn das Strafverfahren zu diesem Zeitpunkt noch nicht durchgeführt ist (BGHZ 33, 73). Nach Ablauf von 5 Jahren seit Rechtskraft des Urteils kann die vom Gegner durch Täuschung veranlaßte Rechtsmittelzurücknahme nicht mehr widerrufen werden (BGH NJW 58, 670). Wenn Rechtsmittelzurücknahme widerrufen wurde, beginnt die Frist zur Wiedereinsetzung in die versäumte Begründungsfrist ohne Rücksicht auf die Wirksamkeit des Widerrufs mit dem Tag zu laufen, an dem der Widerruf dem Gericht mitgeteilt wurde (BGHZ 33, 73).

11 10) Zum Widerruf einer einseitigen Berufungserledigungserklärung durch den Berufungskläger, wenn Berufungsbeklagter den Antrag auf Zurückweisung der Berufung aufrechterhält, s Frankfurt NJW 67, 1811; vgl auch Ulmer NJW 67, 2330.

12 II) Eine Partei kann sich frei vom Anwaltszwang auch außergerichtlich zur Rechtsmittelrücknahme verpflichten (BGH WPM 89, 868 = WuB IV A § 162 BGB 1.89 – Messer), sogar noch der Kläger gegenüber dem beklagten Drittschuldner nach Pfändung der Klageforderung durch einen Gläubiger des Klägers (BGH Warneyer 1988 Nr 152). Dann kann der Gegner daraus eine **prozessuale Einrede** herleiten, die zur Verwerfung der gleichwohl aufrechterhaltenen Berufung führt (BGH MDR 84, 302 = NJW 84, 805; FamRZ 85, 48; 89, 268); nach aM ist in diesem Fall die Berufung durch Urteil als zurückgenommen zu erklären. Bei bedingter Verpflichtung zur Rechtsmittelrücknahme kann treuwidriger Bedingungseintritt im Rechtsstreit einredeweise geltend gemacht werden (BGH WPM 89, 868 = WuB IV A § 162 BGB 1.89 Messer).

13 **III) Einwilligung des Gegners** ist mit Rücksicht auf die Möglichkeit der Anschließung von Bedeutung. Einwilligung kann schlüssig erklärt, aber auch konkludent verweigert werden, zB durch Antrag auf Zurückweisung der Berufung (BGH VersR 81, 1135). Einwilligung vor Rücknahmeerklärung beachtlich, sofern sie bei Rücknahme noch aufrechterhalten wird, da Widerruf bis dahin möglich ist (RGZ 159, 293 [295]).

14 1) **Mündl Verhandlung** des Berufungsbekl meint nur die Verhandlung zur Hauptsache. Verlesung des Antrags auf Zurückweisung der Berufung genügt (Koblenz FamRZ 90, 894); dem entspricht, im schriftlichen Verfahren der Eintritt der Entscheidungsmöglichkeit nach § 128 II (Stuttgart FamRZ 84, 402 m Nachw), zB nicht ein Güteversuch gem § 279 (BGHZ 100, 383 = JR 88, 113 m Anm Rimmelspacher = MDR 87, 829). Die Erörterung der Sach- und Rechtslage vor der Antragstellung (s § 137 I) hindert die Rücknahme ohne Einwilligung nicht (Nürnberg RR 94, 1343). Einseitige Verhandlung reicht aus, sei es, daß beide Parteien erscheinen, der Rechtsmittelführer aber keinen Sachantrag stellt (BGH MDR 67, 32) oder säumig ist (BGH ZZP 94 [1981], 330 m insoweit abl Anm Münzberg). In dem Verlesen des Antrags auf Verwerfung der Berufung als unzulässig liegt noch nicht der Beginn der mündl Verhandlung des Berufungsbekl; es ist also auch noch nach Stellung dieses Antrags Zurücknahme der Berufung zulässig (RGZ 85, 88; 103, 124; Stuttgart FamRZ 84, 402). Hat aber der Berufungsbekl außer dem Antrag auf Zurückweisung der Berufung den Berufungsanschließungsantrag verlesen, so kann die Berufung ohne Einwilligung des Berufungsbekl nicht mehr wirksam zurückgenommen werden (RGZ 85, 86).

15 2) Dadurch, daß gegen den im ersten Termin ausgebliebenen Rechtsmittelkläger **Versäumnisurteil auf Zurückweisung** der Berufung ergangen ist, ist der Rechtsmittelkläger nicht gehindert, nach eingelegtem Einspruch die Berufung ohne Einwilligung des Berufungsbekl zurückzunehmen (Düsseldorf MDR 88, 681 = OLGZ 1989, 71). Das gilt erst recht, wenn einem Antrag des Gegners auf Erlaß eines Versäumnisurteils wegen § 335 I nicht entsprochen worden ist (BGH NJW 80, 2313 = ZZP 94 [1981], 328 m Anm Münzberg; MDR 87, 1011 = NJW-RR 87, 1534).

16 3) Auch nach **Zurückweisung** durch das Revisionsgericht an das Berufungsgericht kann die Berufung noch (mit Einwilligung des Gegners) zurückgenommen werden. Die Einwilligung kann auch konkludent erklärt werden, zB durch Stellung des Antrags aus § 515 III 2 (Stuttgart FamRZ 84, 402).

17 4) Haben die Parteien Antrag auf **schriftl Entscheidung** gestellt, so ist Zurücknahme der Berufung nur noch mit Zustimmung des Gegners mögl (Stuttgart FamRZ 84, 402).

18 5) Wenn die Berufungszurücknahme mangels Einwilligung des Gegners **unwirksam** ist, können die fallengelassenen Berufungsanträge wieder aufgenommen werden.

19 IV) Zurücknahmeerklärung muß an das Gericht gehen. Die Rücknahme in einer Binnenschifffahrtssache wird erst mit dem Eingang bei dem zuständigen Gericht wirksam (BGH VersR 77, 574).

20 1) Zurücknahmeerklärung **gegenüber dem Gegner** ist unwirksam, kann aber als Verpflichtung zur Zurücknahme oder als Verzicht auf den Anspruch gewertet werden (s Rn 12).

2) Die Erklärung gegenüber dem Gericht (in der mündl Verhandlung oder durch Schriftsatz) unterliegt dem **Anwaltszwang.** Mandatskündigung steht der wirksamen Rücknahme bis zur Bestellung eines neuen Prozeßbevollmächtigten (§ 87 I) nicht entgegen (BGH VersR 90, 328). Hat jedoch die Partei selbst oder ein nicht postulationsfähiger Anwalt das Rechtsmittel eingelegt, kann der Betreffende selbst zurücknehmen (BGH NJW-RR 94, 759). 21

3) Der Rücknahmeschriftsatz ist durch die Geschäftsstelle **zuzustellen,** § 270. 22

V) **Verlust des Rechtsmittels.** Da der Berufungskläger durch die Zurücknahme nur des eingelegten Rechtsmittels verlustig geht, nicht aber das Recht auf Berufung überhaupt verliert (sofern mit der Rücknahme kein Verzicht verbunden ist), kann die Berufung innerhalb der Einlegungsfrist erneut eingelegt werden (BGHZ 27, 60; NJW 94, 737/738). Zurücknahme innerhalb der Einlegungsfrist führt daher nicht Rechtskraft des angefochtenen Urteils herbei. Spätere Zurücknahme führt die Rechtskraft herbei, so daß die gleichwohl weiterverfolgte Berufung unzulässig geworden ist (RGZ 150, 395; BGHZ 15, 398; 46, 112). Bezieht sich die Zurücknahme nur auf eine von mehreren Berufungserklärungen (s vor § 511 Rn 36), so ist sie auf den Fortgang des Berufungsverfahrens ohne Einfluß (BGHZ 24, 179). 23

VI) Der Rechtsmittelkläger, der sein Rechtsmittel zurücknimmt, hat die durch das Rechtsmittel entstandenen **Kosten** zu tragen (ohne Säumniskosten des Gegners: Köln MDR 90, 256). Bei Rücknahme auf Grund außergerichtlichen Vergleichs gilt § 98, sofern die Parteien nicht die Geltung des angefochtenen Urteils auch im Kostenpunkt wollten (BGH WPM 88, 1460 = WuB VII A § 98 ZPO 1.88 Schneider). 24

1) Der Antrag kann sich auf die Kostenfolge oder die Verlustfolge beschränken. Er unterliegt einem **beschränkten Anwaltszwang.** Der Antrag kann zwar nur von einem Rechtsanwalt gestellt werden, es muß sich dabei aber nicht um einen am Berufungsgericht zugelassenen Anwalt handeln (BGH RR 95, 574). War die erste Instanz das AG, dann muß der dort nicht vertretene Berufungsbeklagte für den Rücknahmeantrag einen Anwalt bestellen. Die ältere kontroverse Rspr zum Erfordernis der Postulationsfähigkeit ist durch die Neufassung des § 515 III 2 überholt. 25

2) Falls ein Anwalt **ohne Vollmacht** Berufung eingelegt hatte, sind die Kosten ihm aufzuerlegen (Köln NJW 72, 1330). Siehe dazu Schneider Rpfleger 76, 229 ff. 26

3) Die Kostenfolge des III tritt aber nicht ein bei Rücknahme einer nur zur Fristsicherung bestimmten zweiten Berufung (BGH MDR 58, 508). 27

4) Haben beide Parteien Berufung eingelegt und werden **beide Berufungen zurückgenommen,** so sind die Kosten nach § 92 verhältnismäßig zu verteilen. Nimmt nur eine von beiden Parteien die Berufung zurück, so ist auch über die Kosten dieser Berufung im Endurteil, unter Anwendung des § 92, zu entscheiden; eine Vorwegnahme der Entscheidung über die Kosten ist zwar durch Kostenteilung nach Zeitabschnitten möglich, aber nur ausnahmsweise zulässig, wenn dafür ein schutzwürdiges Interesse besteht, insbesondere der erstattungsberechtigten Partei droht, daß bei Aufschieben der Teilkostenentscheidung ihr Anspruch nicht mehr realisierbar ist (s BGH MDR 91, 330 = NJW-RR 91, 187 m Nachw). Zu Berufung u **Anschlußberufung** s § 521 Rn 32. 28

5) **Rechtsschutzbedürfnis** für den Verlustigkeitsbeschluß besteht auch, wenn nach der Berufungszurücknahme ein Vergleich mit Kostenregelung geschlossen wurde (BGH MDR 72, 945); für den Kostenbeschluß gilt dies nicht, wenn die Kosten auf Grund des Vergleichs bereits bezahlt sind (BGH aaO). Nach Karlsruhe (Justiz 78, 105) soll das Rechtsschutzbedürfnis fehlen, wenn dem Gegner vor Zurücknahme keine Kosten entstanden seien, weil der Berufungsanwalt nur mit dem erstinstanzlichen Anwalt korrespondiert habe. Diese Auffassung ist abzulehnen. So läßt sich das Rechtsschutzbedürfnis nur verneinen, wenn vorgreifliche Gebührenfragen (Abgeltungsbereich der §§ 31 I Nr 1; vgl KG KoRsp BRAGO § 37 Nr 12) entschieden werden; das aber ist ein unzulässiger Vorgriff des Berufungsgerichts in das Kostenfestsetzungsverfahren. 29

6) **Entscheidung** über den Antrag: § 515 III 2, 3. Mündl Verhandlung praktisch nur, wenn Wirksamkeit der Zurücknahme zweifelhaft. Wird sie bejaht, ist durch Beschluß nach § 515, nicht durch Urteil zu entscheiden (BGHZ 46, 112 = ZZP 81, 1968, 271 m abl Anm Gaul: durch Urteil). Auch diese Entscheidung ist nach § 515 III 3 unanfechtbar (BGHZ 46, 113; NJW 78, 1558; 90, 840). Selbst wenn das Berufungsgericht irrtümlich durch Urteil entschieden hat, gibt es dagegen keine Revision (BGHZ 46, 112), vielmehr ist über den Streit über die Wirksamkeit der Rücknahme im Verfahren nach § 515 Abs 3 abschließend zu entscheiden (BGH NJW 95, 2229). 30

Der Beschluß ist im **Kostenfestsetzungsverfahren** als Grundentscheidung bindend (KG JurBüro 76, 628). Ist er gegen die Erben ergangen, darf er nicht nachträglich geändert werden, weil die Erbschaft ausgeschlagen worden sei (BAG AP § 246 ZPO Nr 2). 31

32 Hat der Rechtsmittelkläger die Berufung zurückgenommen und ist daraufhin antragsgemäß Kostenbeschluß ergangen, dann behält dieser ebenso wie ein nach ihm abgewickeltes Festsetzungsverfahren seine Wirksamkeit, auch wenn später erneut Berufung eingelegt und auf diese hin ein Sachurteil mit Kostenentscheidung erlassen wird (Frankfurt JurBüro 78, 1409).

33 **7)** Bei Verlustigerklärung richtet sich der **Streitwert** nach BGHZ 15, 394 (gegen RGZ 155, 382) nicht nach der Hauptsache, sondern nach dem Betrag der Kosten, die in der Rechtsmittelinstanz bis zum Antrag auf Verlustigerklärung und Kostenentscheidung entstanden sind (ebenso zB Schleswig SchlHA 76, 142; Bamberg JurBüro 75, 770 u 76, 337).

34 **VII)** Abs 3 ist auf die **Beschwerde** entspr anzuwenden (Rn 64 zu § 567), desgl auf die Zurücknahme einer Erinnerung (Bamberg JurBüro 73, 348) und die Rücknahme des Widerspruchs gegen einstweilige Verfügung (Celle NdsRpfl 64, 111) sowie entsprechend bei Versäumnisurteil und Vollstreckungsbescheid (§§ 700 I, 346).

35 **VIII) Gebühren: 1)** des **Gerichts:** Wegen Ermäßigung der allgemeinen Verfahrensgebühr KV 1221. Für das Verfahren über Anträge nach § 515 III wird eine Gebühr nicht erhoben. – **2)** des **Anwalts:** Der Antrag nach § 515 III gehört zum (zweiten) Rechtszug (§ 37 Nr 7 BRAGO): Gebühr in Höhe von $^{13}/_{10}$ bei streitiger (§§ 31 I Nr 2, 11 I S 2 BRAGO), in Höhe von $^{13}/_{20}$ bei nichtstreitiger Verhandlung (§§ 33, 11 I 2 BRAGO); bei Entscheidung ohne mündliche Verhandlung durch die Prozeßgebühr abgegolten.

516 *[Berufungsfrist]*

Die Berufungsfrist beträgt einen Monat; sie ist eine Notfrist und beginnt mit der Zustellung des in vollständiger Form abgefaßten Urteils, spätestens aber mit dem Ablauf von fünf Monaten nach der Verkündung.

1 **I)** Auf zustellungsbedürftige, aber nicht oder fehlerhaft zugestellte **Beschlüsse** ist § 516 entsprechend anzuwenden.

2 **II)** Die Berufung setzt wie jedes Rechtsmittel an sich die rechtliche Existenz des angefochtenen Urteils voraus (RGZ 110, 70). **Vor der Verkündung oder der Zustellung** (in den Fällen des § 310 Abs 3) liegt kein Urteil, sondern lediglich dessen Entwurf vor; eine Berufungsfrist kann nicht zu laufen beginnen (BGH VersR 82, 597; 84, 1192; 85, 45). Von einem solchen wirkungslosen Urteil können aber ebenso wie vom Scheinurteil (s vor § 511 Rn 34) die scheinbar unterlegene Partei gefährdende und damit beschwerende Wirkungen ausgehen. Es ist deshalb anerkannt, daß ein Rechtsmittel auch zulässig ist, um den Anschein eines wirksamen Urteils zu beseitigen (BGHZ 10, 346; NJW 95, 404). Dies ist im übrigen auch deshalb notwendig, weil nicht jeder Verstoß bei Verkündung oder Zustellung den Eintritt der Urteilswirkungen ausschließt (vgl BGH NJW 88, 2046, VersR 87, 680 zu fehlendem Verkündungsvermerk auf der zugestellten Ausfertigung und VersR 90, 638 bei mangelhaftem Vermerk).

Umstritten ist, ob ein zulässigerweise gegen ein Scheinurteil eingelegtes Rechtsmittel sich auch auf das Urteil selbst erstreckt, wenn der Verkündungs- oder Zustellungsmangel nachträglich geheilt wird. Dies ist mit dem BGH (NJW 94, 248; 96, 1969) trotz rechtssystematischer Bedenken (vgl Jauernig NJW 94, 722; StJ/Grunsky vor § 511 Rn 45) zu bejahen. Allerdings wird sich für die anwaltliche Praxis die vorsorgliche erneute Rechtsmitteleinlegung empfehlen.

3 **III)** Die **Verlautbarung** des Urteils muß äußerlich erkennbar und gewollt sein, anderenfalls nur der Schein eines Urteils gesetzt wird (Rn 34 vor § 511). Jedoch reicht dazu nicht aus, daß die Verkündung lediglich mit einem Mangel behaftet ist (vgl BGHZ 15, 142; 42, 94).

4 **IV) Fristlauf. 1)** Die **Monatsfrist** wird nach §§ 222 ZPO, 187 I, 188 II, III BGB berechnet, endet also mit dem Ablauf des Tages des auf die Zustellung folgenden Monats, der seiner Zahl nach dem Zustellungstag entspricht, falls nicht § 222 II ZPO oder § 188 III BGB eingreift. Beispiel für den Normalfall: Urteilszustellung 3. 5. – Ende der Berufungsfrist 3. 6. Begründungsfrist einer innerhalb der Gerichtsferien eingelegten Berufung endet am 15. 10., auch wenn der 15. 9. auf ein Wochenende fällt (BGH VersR 85, 574; AnwBl 85, 514). Wird ein Urteil am 28. 2. zugestellt, läuft die Berufungsfrist gem § 188 II BGB am 28. 3. ab (BGH VersR 84, 162 = MDR 84, 473). Am letzten Tag darf die Frist bis 24 Uhr ausgenutzt werden, und zwar unabhängig davon, ob noch am selben Tag mit einer Entgegennahme oder Leerung des Gerichtsfachs oder Postfachs des Gerichts zu rechnen ist (BGH WPM 86, 1396 = NJW 86, 2646; s auch § 518 Rn 9 ff). Allgemeine Feiertage (§ 193 BGB) wirken nur, wo das Landesrecht einen gesetzlichen Feiertag vorsieht (BAG NJW 89, 1181).

5 **2)** In **Entschädigungssachen** beträgt die Berufungsfrist 3 bzw 6 Monate (§ 218 II BEG).

6 **3) Urteilsberichtigung und -ergänzung: a)** Nach § 321: neuer Fristbeginn, § 517. **b)** Nach § 320: Unerheblich, da keine Änderung der Beschwer. **c)** Nach § 319: Berichtigungsbeschluß wirkt grundsätzlich auf Verkündung zurück, so daß die berichtigte Entscheidung als verkündet fingiert wird (BGHZ 89, 184; MDR 91, 523; NJW-RR 93, 1213). S dazu § 319 Rn 25. **d)** Bei **fehlerhafter**

Berichtigung, die tatsächlich Parteiwechsel ist, beginnt die Monatsfrist nach Düsseldorf (MDR 90, 930) nicht mit Zustellung an den fälschlich ausgeschiedenen Beklagten und die Frist von fünf Monaten nicht vor der „Berichtigung". Richtiger Ansicht nach beginnt sie für den nicht informierten „neuen Beklagten" überhaupt nicht; er kann nicht durch einen Berichtigungsbeschluß Partei werden (Vollkommer MDR 92, 642).

4) Da ein **in vollständiger Form abgefaßtes Urteil** zugestellt werden muß, ist die ältere Rspr des BGH (BGHZ 2, 347; NJW 70, 424; VersR 72, 590) überholt, wonach Unkenntnis der Entscheidungsgründe bei Zustellung einer abgekürzten Urteilsausfertigung den Fristlauf nicht hinderte. Da § 313b nicht für **unechte Versäumnisurteile** gilt, setzt auch die Zustellung eines solchen Urteils ohne Tatbestand und Gründe die Berufungsfrist nicht in Lauf (BGH VersR 91, 85; MDR 91, 236). 7

a) Nach wie vor ist jedoch Voraussetzung des Beginns der Frist eine **ordnungsmäßige** Zustellung (§ 317 I), auch wenn der unzuständige Urkundsbeamte der Geschäftsstelle ausgefertigt hat (BAG NJW 86, 1008). Keine wirksame Zustellung, solange ein Verfahren unterbrochen ist (BGHZ 111, 104 = VersR 90, 758: Berufsverbot eines sich selbst vertretenden RA). Parteizustellung ersetzt die Amtszustellung nicht. Zustellung einer beglaubigten Abschrift, der keine Ausfertigung zugrunde liegt, genügt nicht (s § 317 Abs 3, BGH NJW 59, 2117; aA MK/Rimmelspacher Rdn 9, 20). Die Namen der mitwirkenden Richter müssen angegeben sein (BGH Rpfleger 73, 15); Maschinenschriftliche Angabe ohne Zusatz genügt (BGH VersR 81, 576), jedoch nicht, wenn die Richternamen auf der Ausfertigung in Klammern gesetzt sind ohne Hinweis darauf, daß die Richter auch unterschrieben haben (BGH NJW-RR 87, 377). Sind nur die Unterschriften zweier Richter wiedergegeben und fehlt hinsichtlich des dritten Richters ein wirksamer Verhinderungsvermerk (oder ist der Verhinderungsgrund nicht angegeben: BGH VersR 84, 586), dann liegt nur ein Urteilsentwurf vor u beginnt die Berufungsfrist nicht zu laufen (BGH VersR 78, 138; MDR 80, 842). Der Vermerk, ein beisitzender Richter sei an der Unterzeichnung des Urteils verhindert gewesen, muß seinen Urheber erkennen lassen (BGH NJW 61, 782). Der Beglaubigungsvermerk (§ 170 II) muß handschriftlich vollzogen werden (BGHZ 24, 116); besonderer Wortlaut nicht erforderlich (BGHZ 31, 36). 8

b) Bei Bezugnahme auf ein anderes zwischen den Parteien erlassenes Urteil muß dieses bereits zugestellt sein, bevor die Zustellung des bezugnehmenden Urteils fristauslösend wirken kann. Anderenfalls wäre der Sinn des § 516, vollständige Information zu gewährleisten, bevor Rechtsmittelüberlegungen anzustellen sind, nicht gewahrt. 9

5) Wesentl Zustellungsmängel können **nicht** durch Verzicht **geheilt** werden (RGZ 103, 339; BGH NJW 52, 934). Zustellung an nicht prozeßfähige, aber bisher für prozeßfähig gehaltene Partei ist nach der Rspr des BGH wirksam und setzt die Rechtsmittelfrist in Lauf (BGH NJW 70, 1681). 10

6) Die Berufungsfrist beginnt bei **Streitgenossen** für jeden Streitgenossen selbständig mit der Urteilszustellung zu laufen (BGH VersR 80, 928), auch bei notwendiger Streitgenossenschaft (RGZ 48, 417; 49, 427). Beim **Nebenintervenienten** ist Zustellung an die Hauptpartei genügend und erforderl, da er nicht selbst Partei ist, sondern nur fremde Rechte wahrnehmen kann, wenn er ein Rechtsmittel einlegt (BGH WPM 89, 1588 = VersR 89, 932); es gibt also keine gesonderte Rechtsmittelfrist für den Streithelfer (BGH Warneyer 85 Nr 199). Es genügt, wenn er die Berufung der Partei fristgerecht begründet (BGH MDR 85, 751 = Warneyer 1985 Nr 108). Jedoch keine Berufung gegen den Willen der Hauptpartei (BGHZ 49, 188). Beim **streitgenössischen Nebenintervenienten** (§ 69) ist auf die Zustellung an ihn selbst abzustellen (RGZ 108, 132); und bei ihm hindert auch ein entgegenstehender Wille der Partei nicht die Rechtsverfolgung. Zustellung an **Beistand des § 1685 BGB** wirkt nicht fristauslösend, da er nicht Vertreter ist (BGH DAVorm 81, 751). Bei Urteil teils auf Säumnis, teils kontradiktorisch beeinflußt Einspruchseinlegung nicht den Lauf der Rechtsmittelfrist (BGH MDR 87, 39 = NJW-RR 86, 1326). 11

7) Hat eine Partei **mehrere Prozeßbevollmächtigte,** beginnt die Rechtsmittelfrist mit der ersten Zustellung an einen von ihnen zu laufen (BVerwG NJW 80, 2269). 12

V) 1) Die Monatsfrist ist eine **Notfrist.** Abkürzung oder Verlängerung ist ausgeschlossen (§ 224). Unkenntnis von der fehlenden Möglichkeit einer Verlängerung schadet nach BGH (VersR 70, 863) auch einem Ausländer. 13

2) Die Frist läuft während der **Gerichtsferien** (§ 223 II; zu diesen s vor § 199 GVG). **Unterbrechung** und **Aussetzung:** § 249 (s auch Rn 8). Zum Beginn der Berufungsfrist für den **Erben** nach Aussetzung gemäß § 246 siehe auch BGH NJW 72, 258. Konkurseröffnung unterbricht Einlegungs- und Begründungsfrist, hindert aber nicht wirksame Einlegung (BGH VersR 82, 1054). 14

VI) Beweis. Für den **Zustellungsbeweis** gilt freie Beweiswürdigung (§ 286 ZPO). Freibeweis ist zulässig (BGH VersR 78, 155; MDR 88, 136). S näher § 518 Rn 20. 15

16 **Beweislast:** Ist Zustellung oder fristwahrender Eingang der Berufungsschrift urkundl belegt, muß der Berufungsbeklagte eine frühere Zustellung darlegen und beweisen (BGH VersR 77, 967; 80, 90; NJW 81, 1789). Zu Einzelheiten s § 518 Rn 20.

17 **VII) Fehlende oder mangelhafte Zustellung** läßt die Berufungsfrist nicht beginnen. Der letzte Hs des § 516 verhindert, daß deswegen nie Rechtskraft eintritt. Entsprechend der ratio der Regelung, die an die **Verkündung** anknüpft, genügt es, daß diese **wirksam war,** mangelfrei muß sie nicht sein (vgl BGH NJW 85, 1782; 89, 1156; NJW-RR 94, 127).

18 **1)** Ist nicht oder nicht wirksam zugestellt (zB weil Zustellungsurkunde nicht unterschrieben, BGH VersR 81, 101 m abl Anm Klässel S 289, oder die Postzustellungsurkunde nicht eindeutig ausgefüllt, BVerwG NJW 83, 1976, oder das Zustellungsdatum entgegen § 212 I nicht auf der Sendung vermerkt ist, Hamburg MDR 83, 410 oder das Verfahren unterbrochen war, BGH NJW 90, 1854) oder läßt sich eine Zustellung nicht nachweisen, beginnt die Berufungsfrist mit Ablauf von **fünf Monaten seit der Verkündung** oder dem Verkündungsersatz (§ 310 III). Die Einlegungsfrist endet dann längstens sechs Monate ab Verlautbarung des Urteils. Auf die 5-Monats-Frist ist § 222 II unanwendbar, so daß gleichgültig ist, ob der letzte Tag der Frist ein Werktag oder ein Samstag, Sonntag, gesetzlicher Feiertag ist (Frankfurt NJW 72, 2313). Die Frist von 5 Monaten ersetzt die Zustellung und ist deshalb keine „Rechtsmittelfrist", bei der Versäumung Wiedereinsetzung möglich wäre (RG HRR 41 Nr 902), vielmehr kann diese nur hinsichtlich der dann beginnenden Monatsfrist in Betracht kommen. **Berechnungsbeispiel:** Urteilsverkündung am 19. 4.; Beginn der Berufungsfrist spätestens am 19. 9.; letzter Tag zur Berufungseinlegung 19. 10. – Auch die 6-Monatsfrist muß vom Anwalt von vornherein überwacht werden, um Verschulden iS v § 233 auszuschließen (BGH NJW 94, 459).

19 **2)** Wurde das Urteil vor Ablauf von 5 Monaten seit Verkündung zugestellt, endigt die Berufungsfrist einen Monat nach Zustellung (Bamberg VersR 72, 445). Eine Verlängerung der Frist ist nicht möglich. **Unterbrechung** und **Verfahrensaussetzung** nach Verkündigung sind auf den Fristenlauf ohne Einfluß. Unterbrochen wird nur die im Anschluß an die fünf Monate laufende einmonatige Berufungsfrist (§ 249; RGZ 122, 54; Celle Rpfleger 57, 85).

20 **3)** Entsprechende Anwendung des § 516 auf die sofortige Beschwerde, nicht aber auch auf Einspruch gegen Versäumnisurteil (BGHZ 30, 300; BAG NJW 57, 518); ein Versäumnisurteil wird ohne Zustellung nicht rechtskräftig. Ebenso liegt es bei Vollstreckungsbescheiden (BGHZ 104, 111; LG Wuppertal NJW 72, 636) und bei der Haftanordnung (Koblenz JurBüro 90, 537). Für weitergehende Analogie Rimmelspacher FS Schwab 1990 S 421 ff.

517 *[Urteilsergänzung und Berufungsfrist]*

Wird innerhalb der Berufungsfrist ein Urteil durch eine nachträgliche Entscheidung ergänzt (§ 321), so beginnt mit der Zustellung der nachträglichen Entscheidung der Lauf der Berufungsfrist auch für die Berufung gegen das zuerst ergangene Urteil von neuem. Wird gegen beide Urteile von derselben Partei Berufung eingelegt, so sind beide Berufungen miteinander zu verbinden.

1 **I)** Das **Ergänzungsurteil** (§ 321) ist ein selbständiges Teilurteil; gegen jedes der beiden Urteile findet (bei Vorliegen der allgemeinen Rechtsmittelvoraussetzungen hinsichtl jeden Urteils) selbständig Berufung mit besonderer Berufungsfrist statt, wobei sich die Beschwer des Ergänzungsurteils nur nach diesem berechnet (BGH VersR 80, 263). Ist das Ergänzungsurteil fehlerhaft, weil in Wirklichkeit kein Antrag übergangen worden war, dann richtet sich das Rechtsmittel gegen das Haupturteil gleichwohl in seiner durch das Ergänzungsurteil gestalteten Fassung; danach ist die Beschwer zu berechnen, so daß die Gesetzwidrigkeit des Ergänzungsurteils unbeachtlich ist (BGH VersR 80, 263). „Innerhalb der Berufungsfrist" bedeutet: vor Ablauf der Berufungsfrist (BGH MDR 62, 127); § 517 daher auch anwendbar, wenn das Ergänzungsurteil vor Beginn der Berufungsfrist gegen das Haupturteil ergeht.

2 **II)** War bei Erlaß des Ergänzungsurteils die Berufungsfrist für das Haupturteil bereits abgelaufen, so verbleibt es dabei. Die neue Rechtsmittelfrist für das ergänzte Urteil beginnt auch dann, wenn das Ergänzungsurteil für sich allein (zB wegen fehlender Beschwer oder Nichterreichens der Beschwerdesumme) nicht anfechtbar ist (RGZ 151, 308). Jedoch ist § 517 nicht anwendbar, wenn der Antrag auf Ergänzungsurteil **abgelehnt** wird (RGZ 151, 309).

3 **III)** Bei **Berichtigungen nach §§ 319, 320** läuft die Rechtsmittelfrist ab Zustellung des Urteils, sofern nicht eine rechtsmittelfähige „Berichtigungsbeschwer" gesetzt wird (s § 516 Rn 6). Werden zur selben Zeit zwei Urteile zwischen denselben Parteien verkündet und nimmt das eine Urteil teilweise auf das andere Urteil Bezug (zulässig: BGH NJW 71, 39), dann muß § 517 als anwendbar angesehen werden. Das ergibt sich aus der Neufassung des § 516, wonach die Berufungsfrist erst

mit Zustellung des **in vollständiger Form** abgefaßten Urteils zu laufen beginnt. Die Berichtigung des später zugestellten bezogenen Urteils wirkt auf die frühere Zustellung zurück. Zur (fehlenden) Bindungswirkung von Berichtigungsbeschlüssen s BGH VersR 88, 268.

IV) Wird vor dem **Tod einer Partei** ein vollständiges Urteil verkündet, danach ein zweites, das die Rechtsnachfolge feststellt (§ 239 IV), dann ist § 517 unanwendbar (RGZ 140, 353). 4

V) Im Revisionsverfahren ist § 517 entspr anwendbar (BGH VersR 80, 263). Zur Urteilsberichtigung nach Revisionszulassung (§ 546) für den falschen Beklagten vgl BGH VersR 81, 548. 5

VI) Verbindung (§ 517 S 2) entgegen § 147 zwingend. Entsprechend anwendbar, wenn nach Teilurteil zur Hauptsache das Kostenschlußurteil angefochten wird (s § 511a Rn 16). 6

518 *[Berufungseinlegung]*

(1) Die Berufung wird durch Einreichung der Berufungsschrift bei dem Berufungsgericht eingelegt.

(2) Die Berufungsschrift muß enthalten:

1. die Bezeichnung des Urteils, gegen das die Berufung gerichtet wird;

2. die Erklärung, daß gegen dieses Urteil Berufung eingelegt werde.

(3) Mit der Berufungsschrift soll eine Ausfertigung oder beglaubigte Abschrift des angefochtenen Urteils vorgelegt werden.

(4) Die allgemeinen Vorschriften für die vorbereitenden Schriftsätze sind auch auf die Berufungsschrift anzuwenden.

I) Einlegung. 1) Maßgebend ist das Gewollte, Umdeutung also zulässig (BGH NJW 87, 1204: sofortige Beschwerde = Berufung). Die Berufung kann nicht an eine **Bedingung** geknüpft werden (allg M, Karlsruhe OLGZ 86, 200), auch nicht daran, daß das gleichzeitig eingereichte PKH-Gesuch bewilligt wird, ist daher unzulässig (s § 114 Rn 14); wohl kann die Einreichung eines PKH-Gesuchs zugleich unbedingte Berufungseinlegung sein (BGH FamRZ 86, 1087; 90, 995), aber auch die „Berufung" einer Partei ein bloßes PKH-Gesuch (BGH VersR 91, 1424). Zu vermeiden ist der Eindruck, eine künftige Prozeßhandlung solle nur angekündigt und von der PKH-Bewilligung abhängig gemacht werden (BGH NJW-RR 87, 376 = EzFamRZ ZPO § 518 Nr 1). Wird zusammen mit PKH-Gesuch für die Berufungsinstanz auch eine Berufungsschrift eingereicht, so ist klarzustellen – vom Rechtsmittelführer, sonst durch Auslegung: BGH VersR 78, 181 –, ob die Berufung damit eingelegt sein soll oder ob die Berufungsschrift nur einen Entwurf darstellt, dessen Inhalt zur näheren Begründung des PKH-Gesuchs dienen soll (vgl BGH VersR 86, 40). Keine unzulässige Bedingung die Bitte, den Berufungsschriftsatz zunächst zu den Akten zu nehmen und vorab 1 über den PKH-Antrag zu entscheiden (BGH MDR 88, 394 = NJW 88, 2046). Über Berufungseinlegung für den Fall der Bewilligung von Wiedereinsetzung siehe BGH VersR 74, 194.

2 2) Wird ein Rechtsmittel unter **Vorbehalt der Erweiterung der Anträge** zunächst nur für einen Teilbetrag eingelegt, dann wird die Rechtskraft des angefochtenen Urteils voll gehemmt (BGHZ 7, 143; NJW 65, 2055).

3 3) **Mehrfache Einreichung** einer Rechtsmittelschrift ist mögl (BGHZ 24, 179; 45, 380/383; 72, 1/5; NJW 85, 2480; 93, 3141; Pantle NJW 88, 2773). Es liegt nur ein Rechtsmittel vor, das zulässig ist, wenn durch eine einzelne Rechtsmittelschrift (die anderen sind dann gegenstandslos; Düsseldorf OLGZ 79, 454) oder aber erst durch mehrere zusammen die Zulässigkeitsvoraussetzungen erfüllt sind. Zur Einlegung durch Telefax mit nachgesandtem Original s Rn 18a ff. Der Lauf der Begründungsfrist ist für jede Einlegung gesondert zu berechnen; wird die Frist bezügl der ersten Einlegung versäumt, so verliert diese ihre Bedeutung; die Begründung kann dann bezogen auf die zweite Einlegung (vorausgesetzt diese war für sich nach § 516 fristgerecht) noch innerhalb der ab deren Einlegung neu berechneten Frist des § 519 II 2 eingereicht werden (BGH NJW 93, 3141; BAG NJW 96, 1365). Wird wegen Zweifeln an der Wirksamkeit der ersten Berufung eine zweite eingereicht, so sind beide nur Gebrauchmachen von einem einheitl Rechtsmittelrecht (s Rn 36 vor § 511). Wenn die erste Berufung zurückgenommen oder sonst wirkungslos ist, zB wegen verspäteter Begründung, ist auf Grund der zweiten Berufungsschrift über das Rechtsmittel zu entscheiden; die früher eingelegte Berufung darf nicht isoliert verworfen werden (BGHZ 45, 380). Der wiederholten Berufungseinlegung kann jedoch die Rechtskraft einer Verwerfung entgegenstehen (BGH Warneyer 1981 Nr 144), so daß zB nach Verwerfung wegen Fristversäumnis die zweite Berufung nicht darauf gestützt werden kann, die Frist habe mangels wirksamer Zustellung noch nicht zu laufen begonnen (Frankfurt NJW 83, 2395). Wiederholte Berufungseinlegung wegen nur vermeintlichen **Verkündungsmangels** ändert nichts am Fristablauf (BGH VersR 87, 680).

4 Ist die Berufungsfrist noch nicht abgelaufen, weil das Urteil noch nicht zugestellt ist, dann ist eine nach Ablauf der Berufungsbegründungsfrist eingegangene Berufungsbegründung als zulässige Wiederholung der Berufung aufzufassen (BGH VersR 70, 184; 78, 720).

5 4) Die **einem Wiedereinsetzungsantrag beigefügte Berufungsbegründung** enthält zugleich eine Wiederholung der Berufungseinlegung (BGH VersR 62, 218).

6 5) Über den **Verlust eines Rechtsmittelschriftsatzes** siehe BGHZ 23, 291.

7 6) Wenn für die Berufung ein **auswärtiger Senat** des OLG zuständig ist, genügt auch fristgemäßer Eingang beim OLG-Stammgericht (BGH NJW 67, 107; Karlsruhe OLGZ 84, 223).

8 **II) Einlegung** der Berufung zum **Sitzungsprotokoll** der Vorinstanz oder zu Protokoll eines **Urkundsbeamten** ist ausgeschlossen.

9 1) Die **Frist** zur Einlegung von Rechtsmitteln endet um 24.00 Uhr des Tages, mit dessen Ablauf die Frist endet (§ 516 Rn 4). Daraus ergeben sich praktische Probleme:

10 2) Das Gericht muß durch entsprechende Organisation sicherstellen, daß der Rechtsmittelführer auch **nach Dienstschluß** bis 24.00 Uhr ein Schriftstück in die Verfügungsgewalt des Gerichts bringen kann (BVerfGE 52, 203).

11 3) Bei **Briefkasteneinwurf** erleichtert der **Nachtbriefkasten** (s Borgmann AnwBl 79, 223) den Eingangsbeweis, ohne daß es auf die Leerung am selben Tag ankommt (BGH VersR 84, 388 = NJW 84, 1237). Aber auch jeder beliebige andere Zugang der Berufungsschrift beim Gericht bis 24.00 Uhr des letzten Tages wirkt fristwahrend (BVerfGE 52, 213; BGH MDR 81, 576).

12 4) Bei der „Einreichung“ handelt es sich um eine Prozeßhandlung, die nicht der **Mitwirkung eines Bediensteten** des Gerichts bedarf (BVerfGE 52, 208; 57, 120). Die frühere gegenteilige Rspr ist überholt (BGH WPM 86, 1396 = WuB VII A § 577 ZPO 1.87 Johlke = VersR 86, 1204 = MDR 87, 132).

13 5) Der bei einer gemeinsamen Einlaufstelle eingereichte Schriftsatz ist bei dem Gericht eingegangen, an das er adressiert ist (BGH MDR 83, 214 = NJW 83, 123; VersR 87, 486; FamRZ 90, 866; BAG NJW 88, 3229; krit AK-ZPO-Ankermann § 518 Rn 4, der bei Befolgung der BGH-Rspr großzügige Wiedereinsetzung empfiehlt). Die Gerichte müssen jedoch auslegend mitdenken; rechtzeitige Berufung daher, wenn ein Schriftsatz an das LG adressiert, aber mit einem Berufungsaktenzeichen – U – versehen ist (BGH VersR 89, 105, 106) oder wenn sich das zuständige Berufungsgericht ohne ausdrückliche Benennung eindeutig auf Grund der genauen Bezeichnung des angefochtenen Urteils zuordnen läßt (BGH NJW 92, 1047 = VersR 92, 984). Nicht heilbar jedoch der rechtzeitige Einwurf bei versehentlicher Adressierung an eine Anwaltskanzlei und Weiterleitung an diese (BGH VersR 90, 799 = NJW 90, 2822). Es genügt auch nicht, daß er in einen offenstehenden unbesetzten Raum eines anderen Gerichts abgelegt wird, selbst wenn das Berufungsgericht in demselben Gebäude untergebracht ist (BGH VersR 85, 87). Entscheidend ist

nicht die Anschrift, sondern daß der Schriftsatz in die Verfügungsgewalt des Rechtsmittelgerichts kommt (KG FamRZ 86, 1024; BAG EzA ZPO § 519b Nr 4 S 8). Dazu genügt immer der Eingang bei der gemeinsamen Annahmestelle, so daß es nicht auf die fristgerechte Weiterleitung ankommt (BGH NJW 92, 1047 = VersR 92, 984). Eine **falsche Adressierung** ist bei Einlegung in ein Fach oder Einwurf in Nachtbriefkasten unschädl, wenn die Einrichtung nur einem einzigen Gericht dient. Gleiches gilt bei richtiger Adressierung für eine für mehrere Gerichte eingerichtete gemeinschaftl Briefannahmestelle (BGH AnwBl 81, 499; MDR 86, 876) oder einen gemeinsamen Briefkasten (BAG NJW 69, 766); ebenso, wenn der als Urkundsbeamter der angeschlossenen Gerichte bestellte Kanzleibeamte die Schrift entgg der fälschl Adressierung an das zuständige Gericht weiterleitet, auch wenn sie dort erst nach Fristablauf eingeht (BGH NJW 61, 361). Leitet sie der Beamte entspr der Adressierung an das unzuständige Gericht weiter, so nützt der fristgemäße Eingang bei der gemeinsamen Briefannahmestelle nach BGH (NJW 61, 361; RR 96, 443) nichts, weil der Kanzleibeamte dann als Urkundsbeamter des unzuständigen Gerichts tätig geworden ist; diese Auffassung ist mit der Einschränkung zutreffend, daß der Begriff der „Einreichung" nicht durch das Erfordernis der Mitwirkung eines zur Entgegennahme zuständigen Beamten eingeschränkt werden darf (BVerfGE 52, 208).

Die Berufung gegen das Urteil eines Schiffahrtsgerichts ist nach BGH (MDR 79, 475) verspätet, wenn die Berufungsschrift vor Fristablauf beim OLG eingereicht wird, aber erst nach Fristablauf an das Schiffahrtsobergericht gelangt; unvereinbar mit BVerfGE 52, 302, da Zugang nicht von der Entgegennahme durch einen zuständigen Beamten abhängt; kein Zugang daher nur, wenn Schiffahrtsobergericht in einem anderen Gebäude als das OLG untergebracht ist.

Wird eine **fristwahrende Klageschrift** beim unzuständigen Gericht eingereicht, so muß dieses zustellen, weil die Fristwahrung nicht von der Zulässigkeit der Klage abhängt. Wird statt dessen formlos abgegeben und beim zuständigen Gericht die jetzt nicht mehr von einem postulationsfähigen RA unterschriebene Klage zugestellt, sollte die Abgabe wie eine Verweisung behandelt werden (so BGHZ 34, 230, 235; aA BGH VersR 84, 471).

Wird die Einlegung beim unzuständigen Gericht erkannt, ist aus prozessualer Fürsorgepflicht die Rechtsmittelschrift umgehend im normalen Geschäftsgang unter Hinweis auf die Eilbedürftigkeit an das zuständige Gericht weiterzuleiten, um einer Fristversäumung vorzubeugen; Verstoß kann Wiedereinsetzung begründen (Karlsruhe OLGZ 81, 241). Der BGH ist gegenteiliger Meinung (VersR 85, 767; EzFamRZ ZPO § 233 Nr 10 S 44; VersR 92, 1154; ebenso Stuttgart DAVorm 88, 283). Da die richterliche Fürsorgepflicht verfassungsrechtlich anerkannt ist (BVerfGE 81, 273 m Nachw), kann diese restriktive Ansicht nur als Ausdruck überholten obrigkeitsstaatlichen Denkens gewertet werden, ähnlich wie bei der vom BVerfG kassierten „Dienststunden-Rspr" (§ 518 Rn 12). Die rechtzeitige Weiterleitung wirkt fristwahrend, weil sie dem wirklichen Willen des Prozeßbevollmächtigten entspricht und deshalb ein ausdrücklicher Auftrag zur Weiterleitung überflüssig ist (BGH NJW 81, 1673 [1674]). 14

III) Fristwahrung außerhalb der Dienststunden. Ist während der Dienststunden kein zuständiger Beamter zur Empfangnahme von Rechtsmittelerklärungen anzutreffen, so ist das grundsätzlich belanglos, weil es zur Einreichung der Berufungsschrift der Mitwirkung eines Bediensteten des Gerichts nicht bedarf (BVerfGE 52, 208); da die Frist gewahrt ist, bedarf es nicht der Einleitung eines Wiedereinsetzungsverfahrens (BVerfGE 52, 213). Auch wenn der Anwalt weiß, daß nach Dienstschluß keine Gelegenheit zur Ablieferung mehr besteht, ist er nicht gehalten, die Berufungsschrift während der Dienststunden einzureichen (BVerfGE 52, 203; BGH MDR 81, 576). 15

IV) Die gesamte ältere Rspr muß unter Beachtung der vom **BVerfG herausgearbeiteten Grundsätze** gelesen und an dem „Gebot einer rechtsstaatlichen Verfahrensgestaltung" (BVerfGE 69, 385) gemessen werden. Sie lassen sich wie folgt zusammenfassen: Der Bürger darf jede ihm gesetzte Frist bis zur Grenze ausnutzen. Er darf darauf vertrauen, daß alle Behörden die organisatorisch gebotenen Vorkehrungen zur Beförderung und Annahme von Schriftstücken treffen und beachten. Für fremdes Fehlverhalten hat er nicht einzustehen, auch nicht für Verzögerungen in Stoßzeiten (BVerfG NJW 92, 1952: Weihnachtszeit). In einschlägigen Fällen ist nicht von der älteren ZPO-Rspr, sondern von der neuen Rspr des BVerfG auszugehen und jede zweifelhafte Fristentscheidung daran zu messen. 16

V) Rechtsmitteleinlegung. 1) Rechtsmitteleinlegung durch **Telegramm** ist zulässig (BGHZ 24, 300; VersR 80, 331; BAG NJW 95, 743), auch wenn der normale Postweg ausreichen würde (BAG NJW 71, 2190); Abweichung von dieser Rspr ist verfassungswidrig (BVerfG NJW 87, 2067). Das Telegramm muß erkennen lassen, welcher Rechtsanwalt für den Text verantwortlich ist und die Aufgabe des Telegramms veranlaßt hat (BAG EzA ZPO § 518 Nr 29) und den an eine ordnungsmäßige Rechtsmitteleinlegung zu stellenden Anforderungen (Rn 21 ff) genügen: Angabe der Parteien, ladungsfähige Anschriften, angefochtenes Urteil (vgl BGH VersR 77, 1101). Maßgebend das zum Gericht gelangende Ankunftstelegramm (BGHZ 24, 300). Fernmündl Auf- 17 gabe des Telegramms wird zugelassen (BGHZ 24, 300), uU sogar durch einen Beauftragten des Prozeßbevollmächtigten (BGH VersR 65, 852). Bei Verstümmelung des Textes im Bereich der Justiz ist fristwahrend zu rekonstruieren (BGH NJW 88, 2788).

18 2) **Fernschriftl** Rechtsmitteleinlegung ist ebenfalls zulässig (BGH NJW 82, 1470; Wolf NJW 89, 2592). Eingangszeitpunkt ist der (vollständige: LAG Hamm LAGE ZPO § 518 Nr 3) Ausdruck im Empfängerapparat (BGHZ 101, 276 = MDR 87, 917); Textverstümmelung im Bereich der Justiz erfordert fristwahrende Rekonstruktion (BGH NJW 88, 2788; WPM 91, 2080 = FamRZ 92, 296).

18a 3) Entsprechend den allgemeinen Grundsätzen für bestimmende Schriftsätze ist auch die Einlegung mittels **Telekopie (Telefax)** zulässig (BGH NJW 89, 589; 90, 188; 92, 244; 93, 1655; 93, 3141; 94, 1879; 94, 2097; BAG NJW 95, 1432; BAG NJW 95, 743; BayObLGZ 94, 274; Ebnet NJW 92, 2985; Pape/Notthoff NJW 96, 417; Laghzaoui/Wirges MDR 96, 233) Erforderlich ist dabei, daß die Vorlage dem zuständigen Gericht direkt (ohne Einschaltung eines privaten Zwischenempfängers, BGH NJW 89, 589) zugeleitet wird (zu den Einzelheiten s § 130 Rn 10).

Außer Frage steht, daß ein neues technisches Hilfsmittel wie die Telekopie auch für den Verkehr mit Gerichten anwendbar sein muß und daß daher auch Rechtsmittel auf diesem Weg eingelegt werden können. Dabei ist bei der Telekopie von besonderem Vorteil, daß die Übermittlungszeit nicht nur wesentlich verkürzt, sondern für den Empfänger unmittelbar überprüfbar ist. Andererseits weist bereits Greger (§ 130 Rn 10) auf die Widersprüche mit der Rechtsprechung zur Unterschrift unter den Originalschriftsatz und zur Verwendung von Faksimile-Unterschriften hin. Es ist aber schon heute nicht nur technisch möglich, sondern auch durchaus gebräuchlich, im Wege der Telekopie abgespeicherte und daher nicht individuell für das Schriftstück geleistete Unterschrift mittels Rechner oder Scanner anzufügen und zu übertragen (vgl. auch Melullis, MDR 94, 109/114).

18b a) Seit der Grundsatzentscheidung des RG zum Telegramm (Z 151, 82) liegt der Rechtsprechung zur Form bestimmender Schriftsätze, die mittels moderner Technik übermittelt werden, als Ausgangspunkt zugrunde, daß die Benutzung dieser Techniken auch im Rechtsverkehr mit den Gerichten eröffnet wird, soweit der technische Standard, den diese Technik erlaubt, eingehalten wird. Bei der Telekopie liegt die Besonderheit darin, daß die **vorhandene schriftliche Originalunterlage** auf elektronischem Weg binnen Sekunden übermittelt wird. Die Telekopie **betrifft somit nicht die Herstellung der Rechtsmittelschrift, sondern nur die Art einer verkürzten Übermittlung,** deren technischer Sinn der Zeitersparnis besteht. Demgemäß wäre es aber mit dem Sinn dieser technischen Einrichtung durchaus zu vereinbaren, die Bedeutung der telekopischen Übermittlung auf die Fristfrage zu beschränken, im übrigen aber auf die Originalschrift abzustellen. Erforderlich wäre aber entgegen der Rspr des BGH (NJW 93, 3141; ebenso hM), daß diese Originalschrift nachträglich zu den Akten gegeben werden muß, wofür im übrigen auch Gründe der Aktensicherung sprechen und wie es in der Praxis auch weitgehend üblich ist. Maßgeblich wäre dann der Originalschriftsatz, lediglich der Zeitpunkt des Eingangs bestimmt sich nach demjenigen der elektronischen Übermittlung durch Telekopie, wobei diese dem Original entsprechen muß.

18c b) Bei einer derartigen Anwendung der Technik der Telekopie, die deren technischem Wesen voll entspräche, würde auch die Ungereimtheit vermieden, die sich aus der Rechtsprechung des BGH zur **Mehrfacheinlegung des Rechtsmittels mittels Telefax und Originalschriftsatz** ergeben (BGH NJW 93, 3141; offengelassen BAG NJW 96, 1365). Diese Entscheidung, nach der die Grundsätze der Mehrfacheinlegung des Rechtsmittels (s vor § 511 Rn 36 und § 518 Rn 3) auf den nachgereichten Originalschriftsatz angewendet werden, stellt die technischen Abläufe und den Willen des Rechtsmittelführers auf den Kopf. Es kann keine Rede sein, daß dieser das gleiche Rechtsmittel zweimal einlegt, indem er den Rechtsmittelschriftsatz vorweg mittels Telefax und zugleich im herkömmlichen Postweg übermittelt. Es liegt vielmehr ein und dieselbe (einzige) Rechtsmittelerklärung vor, die jedoch – in der Regel aus Gründen der Frist – vorweg elektronisch übermittelt wird.

18d c) Bei Einrichtung einer **gemeinsamen Einlaufstelle** ist jedes angeschlossene Gerät Empfängergerät; das Schriftstück ist (nur) bei dem Gericht eingereicht, an das es gerichtet ist (BGH NJW 90, 990). Jedoch fristwahrende Einlegung auch dann, wenn auf einem Gerichtsbriefbogen eine Telefaxnummer angegeben ist, die einer anderen Justizbehörde gehört, von der aus die Rechtsmittelschrift an das Rechtsmittelgericht weitergeleitet wird (BGHZ 101, 276).

18e d) Zu den Organisationspflichten eines Rechtsanwalts bei Übermittlung fristbarer Schriftsätze per Telefax (Berücksichtigung von Fehlerquellen bei der technischen Übermittlung) s BGH NJW 93, 732 u 94, 1879; NJW 93, 732; 93, 1655; 94, 1879; 95, 2105 sowie BayObLGZ 94, 273 = NJW 95, 668. Treten Übermittlungsfehler auf, so ist zu unterscheiden, ob diese die elektronische Datenübermittlung als solche betreffen, die dem Bereich des Absenders zuzurechnen ist, oder ob der Fehler beim Ausdruck durch das Empfangsgerät bei Gericht entstehen (so zutreffend BGH NJW 94, 1881 u 2097; MDR 95, 310; NJW 95, 1431). Jedoch wird der auf BGHZ 101, 276 (280) zurückgehende Ansatz, daß die Schrift als in dem Zeitpunkt eingegangen gilt, in dem sie im Empfangsapparat ausgedruckt wird, den technischen Gegebenheiten zum Telefax nicht mehr gerecht. Eingegangen ist die Erklärung mit dem vollständigen Empfang der technischen Signale durch das Empfangsgerät des Gerichts. Der Vorgang des Ausdrucks selbst hat mit dem ordnungsgemäßen Empfang nichts mehr zu tun, sondern ist gerichtsinterne Wiedergabe (ähnlich BGH MDR 95, 310). Sie mag in der Praxis aus Beweiszwecken von Bedeutung sein, rechtlich maßgeblich ist sie nicht. Der durch einen Papierstau im Empfangsgerät ausgelöste Ausdruckfehler ist, wenn das Gerät die Übermittlung als solche vollständig angenommen hat, rechtlich nicht erheblich, es kommt nämlich darauf an, wann die Erklärung bei Gericht einging, nicht wann sie dort „weiterbearbeitet" wird. Auch insoweit würden zahlreiche Schwierigkeiten von selbst gelöst, die die Rechtsprechung mit Übermittlungsfehlern im Telefaxbereich hat, wenn für den Inhalt der Schrift selbst – wie oben (Rn 18b) vertreten – auf die Originalschrift abgestellt würde, die als in dem Zeitpunkt zugegangen angesehen wird, zu dem ein vollständiger Empfang durch das Empfangsgerät des Gerichts vorliegt (so im Erg. auch BGH NJW 94, 2097 u 95, 1431). Allerdings beweist der sog Sendebericht des Absenders den Zugang des Telefax beim Empfänger nicht (vgl München NJW 93, 2447; Berlin KGR 94, 155).

e) Maßgeblich für die Frage des **rechtzeitigen Zugangs beim Telefax** ist der Zeitpunkt der Übermittlung der abschließenden, die Unterschrift enthaltenden Seite (vgl BGH NJW 94, 2097). 18f

f) Hinsichtlich der Pflichten eines RAs bei **Ermittlung des richtigen Telefaxanschlusses** des Gerichts s BGH NJW 94, 1660; 94, 2300; 95, 2106; BAG NJW 95, 2742; BayObLGZ 94, 273 = NJW 95, 668 (dazu eingehend Laghzaoui/Wirges MDR 96, 234). Es gelten die für Ermittlung, Zuordnung und Prüfungspflicht bei der Addressierung entwickelten Grundsätze entsprechend; im Detail ist aber manches unklar oder umstritten. 18g

4) Berufungseinlegung durch **Telefon** genügt auch dann nicht der Schriftform, wenn bei Gericht ein Vermerk über das Gespräch aufgenommen wird (vgl BGH NJW 81, 1627). 19

VI) Beweis des Eingangs. Die **Beweislast** für die Fristwahrung hat der Berufungskläger (BGH VersR 91, 896), bei Briefkastenbenutzung auch für den rechtzeitigen Einwurf (BGH NJW 81, 1789, 1790); aM Vollkommer Rpfleger 71, 228 unter Hinweis auf RGZ 106, 265; anders auch BSG NJW 73, 535 für den Fall, daß der Gesichtspunkt der Beweisvereitelung eingreift. Freibeweis (BGH MDR 88, 136 = ZZP 101, 1988, 295 m Anm Peters; NJW-RR 92, 1338, 1339) ist anwendbar; Glaubhaftmachung genügt nicht (BGH VersR 86, 60), auch nicht, wenn das Gericht auf einem VU den Zustellungszeitpunkt attestiert hat (LAG Düsseldorf JurBüro 87, 1565). 20

Der Rechtsmittelführer trägt nicht die Beweislast für Vorgänge, die er nicht aufklären kann, weil sie sich ausschließlich im gerichtsinternen Bereich abgespielt haben und die Unaufklärbarkeit deshalb allein in den Verantwortungsbereich des Gerichts fällt (BVerfG NJW 91, 2076). Ist der Zustellungsnachweis **im Bereich des Gerichts verlorengegangen** und nicht mehr rekonstruierbar, dann muß die Frist als gewahrt angesehen werden (BGH NJW 81, 1673, 1674; VersR 80, 90, 91; Köln Rpfleger 76, 110); desgleichen wenn die Angabe des Datums im Empfangsbekenntnis unleserlich und deswegen eine (frühere) Zustellung nicht feststellbar ist (BGH VersR 81, 354); eine Beweislast der Partei kann nur für Ungewißheiten bejaht werden, die in ihren Sorgfalts- und Nachweisbereich fallen (BVerfGE 69, 385; BGH FamRZ 91, 548; Köln MDR 76, 497; s ferner Vollkommer Rpfleger 71, 228 und Schneider JurBüro 76, 430 – zu „Irrläufern"). Auf jeden Fall muß sich das Gericht intensiv bemühen, Klarheit über den Fristbeginn zu gewinnen, um der Partei effektiven Rechtsschutz zu gewähren (BGH VersR 80, 91). Dazu gehört, daß alle aktenmäßig feststellbaren Indizien ausgewertet werden (BGH VersR 88, 1140) und die Parteien auch Gelegenheit bekommen, sich dazu zu äußern; uU kommt sogar die Möglichkeit einer Beweislastumkehr in Betracht (angedeutet in BGH VersR 80, 91).

Der **Verkündungsbeweis** (§ 165) wird durch ein mangelhaftes oder fehlerhaft berichtigtes (§ 164) Protokoll entwertet (BGH VersR 86, 487).

Beurkundung des Eingangs durch **Eingangsstempel:** § 418 I (vgl BGH VersR 82, 652; EzFamR ZPO § 418 Nr 1), bei Überstempelung § 419 (BGH WPM 91, 2008). Gegenbeweis ist zulässig (§ 418 II; BGH VersR 83, 491; 84, 442; EzFamR ZPO § 418 Nr 1), und zwar ohne irgendwelche erschwerenden Beweisregeln (BGH VersR 77, 721; 74, 1021).

Bei Zustellung gegen **Empfangsbekenntnis** (§ 212a) ist von der Datierung durch den Anwalt auszugehen. Gegenbeweis unrichtiger Datierung ist zulässig (LAG Köln MDR 87, 699). Wirksame Datierung nicht durch Kanzleiangestellte, sondern nur durch RA möglich; in diesem Fall aber maßgebend die Angabe in der Berufungsschrift (BGH NJW 87, 2679). Äußere Mängel durch Überstempeln einer Datierung mit anderem Eingangsdatum macht die Beweisregel des § 418 I unanwendbar (BGH WPM 80, 340), beweisen aber nicht das ungünstige Datum (BGH WPM 87, 1234 = MDR 87, 821). **Zustellungsurkunde über Niederlegung bei der Post** erbringt Vollbeweis dafür, daß die Benachrichtigung in den Briefkasten eingeworfen worden ist, so daß die Zustellung ohne Rücksicht auf Empfängerbekenntnis wirksam ist (Köln MittRAK Köln 92, 26).

21 **VII) Inhalt der Berufungsschrift, Abs 2.** Mangel eines wesentl Punktes bewirkt Unzulässigkeit (§ 519b I); Nachholung nach Fristablauf ist nutzlos (BGH DB 77, 1684). Fehlende Prozeßvollmacht ist rückwirkend genehmigungsfähig (Rn 24). Die Rspr legt bei den Inhaltserfordernissen einen strengen Maßstab an. Dies rechtfertigt sich deshalb, weil die Berufungsschrift nicht nur ein fristgebundener bestimmender Schriftsatz ist, sondern auch noch von unmittelbarer Auswirkung auf die Rechtskraft ist.

22 1) Die Berufungsschrift muß – von einem postulationsfähigen Anwalt – **eigenhändig unterschrieben sein** (BGH NJW 85, 328; BVerwG NJW 91, 120). Deshalb läßt die hM (München MDR 80, 61) es nicht genügen, daß bei fehlender Unterschrift den Umständen zu entnehmen ist, der Schriftsatz werde vom Einreicher voll verantwortet, etwa weil er ihn selbst abgegeben hat und sich die Einreichung durch einen Einlaufstempel hat bestätigen lassen oder die Berufungsschrift durch Einschreiben/Rückschein versandt worden ist (BVerwG NJW 91, 120). Zu den Besonderheiten für Telegramm, Fernschreiben und Telefax s Rn 17 ff.

23 2) **Unterschrift** ist ein Schriftzug individuellen Charakters, aus dem ein Dritter den Namen, den er kennt, noch herauszulesen vermag (BGH VersR 83, 273 [274]; NJW 94, 55). Beim Doppelnamen genügt ein Namensteil (BGH NJW 96, 997). **Lesbarkeit** ist nicht geboten, wohl aber ein aus Buchstaben abgeleiteter, charakteristischer Schriftzug; Paraphe oder Faksimilestempel genügen nicht. Die Bemühungen der Rspr, „hakenförmige Zeichen", „Linien" oder „Auf- und Abstriche" zu deuten, entbehren im einzelnen oft nicht der Komik. Insgesamt hat sich gegenüber manch überzogenem Formalismus eine gewisse (angebrachte) Großzügigkeit durchgesetzt (vgl auch BGH NJW 87, 1333); zu den Einzelheiten s bei § 130 (Rn 7).

24 3) Die Unterschrift muß von einem beim Berufungsgericht im Zeitpunkt der Unterzeichnung (BGH NJW 90, 1305 = Warneyer 1989 Nr 284) **zugelassenen** (s dazu BGH NJW 92, 2706) **Anwalt** stammen (BGH VersR 73, 86) und muß die Wirksamkeitserfordernisse (Rn 30 ff) abdecken. Bei Zweifeln ist amtswegige Klärung erforderlich (BGH MDR 92, 1179); fernmündliche „Klarstellung" reicht nicht aus (BGH NJW 85, 2650 = VersR 85, 1092 = MDR 86, 309). Wer mit „i. A." statt „i. V." unterzeichnet, übernimmt nicht die Verantwortung für die Rechtsmittelschrift (s § 130 Rn 8; BGH NJW 88, 210, praktisch gegenteilig aber NJW 93, 2056), wohl aber derjenige postulationsfähige Unterbevollmächtigte, der „für" den Hauptbevollmächtigten handelt (BAG NJW 90, 2706). Auch muß der Anwalt bevollmächtigt sein; eine einmal erhobene Rüge fehlender Vollmacht wirkt für alle Instanzen, braucht also im höheren Rechtszug nicht wiederholt zu werden (BGH WPM 86, 1128). Die Tatsache der Vollmacht darf nachträglich nachgewiesen werden, selbst noch im Revisionsverfahren (Rn 8). Bei fehlender Vollmacht oder Untervollmacht gilt folgendes: Ist der Prozeßbevollmächtigte postulationsunfähig, zB der LG-Anwalt legt OLG-Berufung ein, dann ist die Einlegung unwirksam und nicht rückwirkend genehmigungsfähig. Besteht hingegen Postulationsfähigkeit, zB der OLG-Anwalt legt vollmachtlos Berufung ein, kann die vollmachtlos vorgenommene Rechtshandlung noch nach Ablauf der Einlegungsfrist mit rückwirkender Heilung genehmigt werden (Rn 29).

25 4) Unterschriftsbefugt ist auch der nach § 53 BRAO **allgemein bestellte Vertreter** (BGH NJW 66, 1362); das kann auch ein Referendar sein (München AnwBl 85, 589). Der Zusatz „i.V." ist unschädlich (Koblenz MDR 91, 1097). Wenn der amtl bestellte Vertreter den Berufungsschriftsatz noch während der Vertretungszeit unterzeichnet u in Auslauf gibt, schadet es nicht, daß der Schriftsatz erst nach Ablauf der Vertretungszeit bei Gericht eingeht (Frankfurt DAVorm 81, 683; JurBüro 85, 151); Entäußerung ist maßgebend, nicht der Eingang (BGH VersR 90, 65). Einmaliger Hinweis auf vertretendes Tätigwerden genügt (BGH NJW 91, 1175). Unterschriftsbefugt ist für alte Aufträge nach §§ 55 II 3 BRAO auch der zum **Abwickler der Kanzlei** eines verstorbenen RA bestellte Anwalt (BGH NJW 66, 1362), und zwar auch insoweit als der vertretene Anwalt seinerseits Vertreter ist, da der allgemeine Vertreter sämtliche Befugnisse des Anwalts hat, den er vertritt (BGH MDR 81, 753 = NJW 81, 1740). Für neue Berufungen ist die 6-Monats-Frist des § 55 II 1 BRAO zu beachten (BGH NJW 92, 2158 = VersR 92, 1420). Bei Wiedereinsetzung gegen den Ausschuß aus der Anwaltschaft bleiben frühere Prozeßhandlungen wirksam (BGHZ 98, 325 = WM 87, 154 = WuB VII A § 244 ZPO 1.87 Messer; dazu Vollkommer JR 87, 225).

26 5) **Blankounterschrift** genügt nicht, auch nicht echte Unterschrift auf einem Klebestreifen, den ein anderer später unter einen Schriftsatz klebt (BFH DB 83, 2041). Ausnahmsweise kann Blankounterschrift des Berufungsanwalts durch Büroangestellten genügen, der auf Anweisung des Anwalts in dessen Abwesenheit die Berufungschrift fertigt (BGH NJW 66, 351 = MDR 66, 232; München NJW 89, 1166). Eine fehlende Unterschrift wird nicht dadurch ersetzt, daß in einem weiteren (unterzeichneten) Schriftsatz bemerkt wird, der andere (nicht unterzeichnete) Schriftsatz enthalte die Rechtsmittelerklärung (BGHZ 37, 156; kritisch dazu § 519 Rn 8).

6) Einreichung einer nicht unterzeichneten Berufungsschrift zusammen mit einem **unterzeichneten Anschreiben** genügt (BGH NJW 74, 1582), auch die **Unterschrift unter den Beglaubigungsvermerk** der beigefügten Abschrift der Berufungsschrift (BGH LM § 519 Nr 14; BAG NJW 79, 183); allerdings nur wenn der Beglaubigungsvermerk von demselben RA herrührt, der die Berufungsschrift verfaßt hat (BAG NZA 93, 655). 27

7) Auch die Unterschrift eines **zur Vertretung befugten Anwalts** genügt, er darf mit dem Namen des Vertretenen unterschreiben (BGH VersR 76, 830); zu „i. A." vgl Rn 24. Voraussetzung ist jedoch, daß er selbst postulationsfähig ist (BGH VersR 76, 689). 28

8) **Mangel der Vollmacht** ist rückwirkend heilbar (BGHZ 91, 116; VersR 84, 781; Frankfurt OLGZ 84, 193 = MDR 84, 763). Zwischenzeitlicher Fristablauf schadet also nicht, wohl Verwerfung des Rechtsmittels (BGHZ 91, 113). Zum **Fehlen** der Vollmacht: Rn 24. 29

VIII) Einzelangaben. Zweck der Rechtsmittelschrift ist es, dem Rechtsmittelgericht, bei dem sie einzureichen ist (§ 518 Abs 1), und dem Rechtsmittelgegner, die sie zuzustellen ist (§ 519a), **Klarheit über den Gegenstand und die Beteiligten** des Rechtsmittelverfahrens zu verschaffen. Dabei ist von besonderer Bedeutung, daß das Rechtsmittelgericht nicht im Besitz von Verfahrensakten ist, an Hand derer sich Zweifel aufklären lassen. Die Rechtsmittelschrift und die ihr beigefügten Anlagen (vgl insbesondere die nach Abs 3 beizufügende Urteilsabschrift) müssen dem Rechtsmittelgericht innerhalb der Rechtsmittelfrist die erforderliche Klarheit verschaffen. Die Rechtsprechung (BGHZ 21, 168; 65, 114; NJW 93, 2943; 94, 1879) hat daher zutreffend (aA Westerhoff JR 86, 269) über den Wortlaut des Abs 2 hinaus an den Inhalt der Berufungsschrift entsprechende Anforderungen gestellt, deren Nichterfüllung die Unzulässigkeit der Rechtsmitteleinlegung zur Folge hat. Diese Erfordernisse dienen einem geregelten und zügigen Ablauf des Verfahrens, der Rechtssicherheit und den berechtigten Interessen des Rechtsmittelgegners an alsbaldiger vollständiger Unterrichtung durch Zustellung der Rechtsmittelschrift (BGH NJW 85, 2651; 94, 1879). Gerade in einem notwendigerweise auch von Förmlichkeiten geprägten Rechtsmittelverfahren kann hierauf nicht verzichtet werden (vgl auch BVerfGE 74, 234). 30

Die notwendigen Angaben können, wenn sie nicht vollständig in der Rechtsmittelschrift enthalten sind, auch aus dem beigefügten Urteil oder aus anderen vom Rechtsmittelkläger bis zum Ablauf des Rechtsmittelfrist angereichten Unterlagen entnommen werden (BGH NJW 93, 2943). Diese müssen aber die erforderlichen Angaben eindeutig ergeben, ergänzende **mündliche** Quellen kommen nicht in Betracht (BGH NJW 85, 2650; B v 9. 6. 94 - IX ZR 133/93).

1) Nötig ist die Angabe des **Berufungsklägers** (BGHZ 21, 168; NJW 91, 2775), die allerdings auch durch Auslegung ermittelt werden darf (BGH VersR 82, 769); auch bei Berufungseinlegung durch Telegramm oder Fernschreiben (BGH VersR 77, 1101). Die Reihenfolge der Parteibezeichnungen reicht dazu nicht aus (BAG NJW 72, 1440). Schädlich die Verwechslung der Parteien, wenn beide beschwert sind (Celle NJW-RR 90, 801). Das Fehlen einer ausdrückl Angabe ist unschädl, wenn die Person des Rechtsmittelführers eindeutig aus den sonstigen während der Notfrist bei Gericht eingereichten Unterlagen zweifelsfrei zu entnehmen ist (BVerfG NJW 91, 3140; BGH NJW 93, 2943). Der Rückschluß aus dem Tenor des angefochtenen Urteils (volle Klageabweisung) genügt nicht (München OLGR 95, 129). Die Möglichkeit der Ermittlung aus den Gerichtsakten reicht nicht aus, wenn diese dem Berufungsgericht innerhalb der Notfrist nicht vorliegen (BGHZ 21, 168; VersR 71, 763, 1145). Das Rechtsmittelgericht ist ohnehin nicht verpflichtet, die Berufungsschrift unverzüglich nach Eingang daraufhin zu überprüfen, ob sie dem Gesetz genügt (BAG NJW 73, 1391). **Ladungsfähige** Anschrift des Berufungsklägers ist keine Zulässigkeitsvoraussetzung (BGHZ 102, 332). 30a

2) Der **Rechtsmittelbeklagte** muß mindestens bestimmbar bezeichnet sein oder wenigstens innerhalb der Rechtsmittelfrist erkennbar werden (BGH VersR 84, 1093; 86, 471). Das kann sich auch aus den schon in der Berufungsschrift enthaltenen Anträgen ergeben (BGH Warneyer 1991 Nr 163) oder aus dem Zusammenhang mit der Nennung des Rechtsmittelklägers und der Bezeichnung des angefochtenen Urteils (BGH NJW 91, 2775; 96, 320). Fehlt die in Bezug genommene Urteilsablichtung, dann muß von der Berufungsverwerfung darauf hingewiesen werden (BGH MDR 91, 1198 = NJW 91, 2081). Nicht ordnungsgemäß ist eine Berufungsschrift, die als Rechtsmittelbeklagten nicht den wirklichen Berufungsbeklagten, sondern den hinter ihm stehenden Haftpflichtversicherer (BGH VersR 92, 761) oder ein mit diesem nicht identisches Unternehmen benennt, ohne daß der gemeinte erstinstanzliche Beklagte innerhalb der Berufungsfrist erkennbar wird (BGH VersR 85, 570). **Ladungsfähige** Anschrift wie beim Berufungskläger (Rn 30) nicht erforderlich (BGHZ 65, 114; BAG MDR 87, 347), desgleichen nicht die Anschrift des Prozeßbevollmächtigten (BGH LM § 518 Abs 2 Ziff 1 ZPO Nr 6 m Anm Doerry), wenn sonstige Umstände zur zweifelfreien Identifizierung führen (BGH MDR 89, 730 = VersR 89, 646). 31

3) Höhere Anforderungen an die Angabe des Rechtsmittelbeklagten aber bei Vorhandensein mehrerer Gegner (BGH NJW 61, 2347). Bei der Bezeichnung streitgenössischer **Rechtsmittelbe-** 32

klagter ist die Rspr großzügiger. Die uneingeschränkt eingelegte Berufung richtet sich im Zweifel gegen alle Streitgenossen, wenn diese in der Berufungsschrift alle angeführt sind (BGH NJW 69, 929; 94, 514; Bremen RR 95, 1023). Soll sich die Berufung nur gg einzelne richten, ist die Beschränkung der Anfechtung dadurch klarzustellen, daß in der Rechtsmittelschrift nur diese genannt werden. Ist nur der im Klagerubrum an erster Stelle stehende Streitgenosse in der Berufungsschrift angeführt, kann die Auslegung gleichwohl ergeben, daß die Berufung sich gegen alle Streitgenossen richtet (BGH NJW 69, 928). Genügend auch die Angabe „Fa. Bauherrengemeinschaft X", wenn der Berufungsschrift eine Abschrift des angefochtenen Urteils beigefügt wird, in dessen Rubrum die gesamten „Bauherren" namentlich aufgeführt sind (BGH VersR 89, 276). Zu den Anforderungen, wenn eine **Wohnungseigentümergemeinschaft** Rechtsmittelführer ist s BGH NJW 93, 2943.

33 4) Die **Bezeichnung des Urteils** muß das Rechtsmittelgericht (BGH VersR 84, 870) eindeutig darüber informieren, welches Urteil angefochten wird (BGHZ 22, 272; VersR 86, 574). Zur vollständigen Bezeichnung gehört: AktenZ, Verkündungsdatum, Zustellungsdatum (BGH FamRZ 89, 1063, 1064; NJW 91, 2081). Fehlt eine dieser Angaben oder ist sie fehlerhaft, ist dies unschädlich, wenn dadurch keine unbehebbaren Identitätszweifel auftreten (BGH NJW 93, 1719/1720; BAG BB 81, 1037), zB weil sich aus einer beigefügten Urteilsausfertigung das erstinstanzliche Gericht ergibt (BGH VersR 86, 574; NJW-RR 89, 958). Werden in verbundenen Sachen Teilurteile unter verschiedenen AktenZ zur selben Zeit verkündet, macht die Angabe des falschen AktenZ die Berufung unzulässig (BGH VersR 81, 854; Frankfurt OLGR 94, 202), ebenso wenn bei Teilurteil u Schlußurteil das AktenZ des Teilurteils u das Zustellungsdatum des Schlußurteils angegeben wird (BGH MDR 78, 308).

Berichtigungen helfen nicht weiter, weil Schreibfehler nur beachtlich korrigiert werden können, wenn sie einen Erklärungsinhalt bestätigen, den die Berufungsschrift bei sinnvoller Auslegung schon von Anfang an hatte (BGH MDR 78, 308).

Anhand der Prozeßakten kann das Berufungsgericht häufig Fehler erkennen und unschädlich machen (BGH VersR 84, 870); meist gehen aber die Akten erst nach Fristablauf ein, so daß Fehlererkenntnis zu spät kommt; selbst bei früherem Eingang der Akten ist das Gericht nicht gehalten, sofort die Individualisierungsangaben der Berufungsschrift mit dem Akteninhalt zu vergleichen. Ratsam daher, bei Erlaß mehrerer Urteile im selben Rechtsstreit zusätzlich eine kurze Kennzeichnung beizufügen, etwa „Unterhaltsurteil" oder „Schlußurteil" usw; noch besser, die Sollvorschrift des § 518 III zu beachten (Rn 38)! Das Berufungsgericht muß aber alle Erkenntnismittel ausschöpfen. Aufschlußreich BGH NJW 89, 2395 = Warneyer 1989 Nr 89: Trotz falscher Bezeichnung des erstinstanzlichen Gerichts war an Hand der Anschriften der Parteien und der Prozeßbevollmächtigten das gemeinte Gericht eindeutig zu bestimmen. Allerdings handelt es sich dabei um einen Ausnahmefall (anders daher BGH NJW-RR 87, 319: München I und II; NJW 89, 2396: AG Detmold und Blomberg; Schleswig SchlHA 90, 88: LG Kiel und Lübeck).

34 5) Angabe des **Prozeßbevollmächtigten des Berufungsbeklagten** ist angebracht, Fehlen aber nicht schädl, wenn der Berufungsbeklagte selbst genannt ist (BAG VersR 76, 104; BB 77, 100 u 1607; NJW 78, 2120).

35 6) Fehlende Angabe des **Nebenintervenienten** unschädl: BAG NJW 78, 392.

36 7) **Anträge** braucht die Schrift nicht zu enthalten. Der unbedingte Wille zur Rechtsmitteleinlegung muß klar erkennbar sein (BGH LM § 233 ZPO Nr 21); Gebrauch des Worts Berufung aber nicht unbedingt nötig (BGH NJW 62, 1820). War die Berufungseinlegung wegen Unterbrechung des Verfahrens ohne Rechtswirkung, so kann im Aufnahmeschriftsatz eine zulässige Wiederholung der Berufung gesehen werden (BGHZ 36, 259).

37 8) **Heilung** mögl, wenn Mängel vor Fristablauf beseitigt werden (BGH VersR 83, 250; BAG MDR 82, 965 = NJW 83, 903) oder Lücken durch Heranziehung anderer Unterlagen geschlossen werden können (BAG BB 75, 1439). Dagegen ist es bedeutungslos, daß das Berufungsgericht einen Mangel nicht erkannt oder nicht als solchen bewertet hat (BAG DB 74, 392). Durch Wiedereinsetzung können Form- und Inhaltsmängel nicht geheilt werden (BFH DB 77, 1684).

38 **IX) Beglaubigte Ausfertigung, Abs 3:** Ordnungsvorschrift, die zu wenig beachtet wird, obwohl sie manche mangelhafte Berufung retten könnte (BGH FamRZ 89, 1063; Köln WRP 85, 46). Bei den heutigen Vervielfältigungsmöglichkeiten sollte die Beifügung einer Ablichtung des angefochtenen Urteils zur Büroroutine werden. **Abs 4:** Zu den vorbereitenden Schriftsätzen vgl §§ 129 ff. Die Berufung kann auch schon in der Berufungsschrift begründet werden.

39 **X) Gebühren des Gerichts:** Die allgemeine Verfahrensgebühr (KV 1220) wird mit dem Eingang der Rechtsmittelschrift beim Berufungsgericht fällig (§ 61 GKG). § 61 GKG idF des KostRÄndG 1994 stellt klar, daß es für die Fälligkeit nicht auf den erst in der Begründung gestellten Rechtsmittelantrag ankommt.

519 *[Berufungsbegründung]*

(1) Der Berufungskläger muß die Berufung begründen.

(2) Die Berufungsbegründung ist, sofern sie nicht bereits in der Berufungsschrift enthalten ist, in einem Schriftsatz bei dem Berufungsgericht einzureichen. Die Frist für die Berufungsbegründung beträgt einen Monat; sie beginnt mit der Einlegung der Berufung. Die Frist kann auf Antrag von dem Vorsitzenden verlängert werden, wenn nach seiner freien Überzeugung der Rechtsstreit durch die Verlängerung nicht verzögert wird oder wenn der Berufungskläger erhebliche Gründe darlegt.

(3) Die Berufungsbegründung muß enthalten:

1. die Erklärung, inwieweit das Urteil angefochten wird und welche Abänderungen des Urteils beantragt werden (Berufungsanträge);

2. die bestimmte Bezeichnung der im einzelnen anzuführenden Gründe der Anfechtung (Berufungsgründe) sowie der neuen Tatsachen, Beweismittel und Beweiseinreden, die die Partei zur Rechtfertigung ihrer Berufung anzuführen hat.

(4) In der Berufungsbegründung soll ferner der Wert des nicht in einer bestimmten Geldsumme bestehenden Beschwerdegegenstandes angegeben werden, wenn von ihm die Zulässigkeit der Berufung abhängt.

(5) Die allgemeinen Vorschriften über die vorbereitenden Schriftsätze sind auch auf die Berufungsbegründung anzuwenden.

Lit: *Oehlers* MDR 96, 447: Der Zweck der „Berufungsgründe".

I) Begründung ist nötig, auch wenn die Gründe für den Standpunkt der Partei schon in erster Instanz erschöpfend vorgebracht wurden oder die Rechtslage einfach ist (Celle NdsRpfl 82, 64). Sie kann schon in der Berufungsschrift enthalten sein, aber auch in besonderem Schriftsatz eingereicht werden (II 1). Er muß nicht von einem beim OLG zugelassenen Rechtsanwalt verfaßt worden sein; es genügt, daß er den vorbereiteten Text überprüft, billigt und die Verantwortung dafür übernimmt (BGH VersR 86, 816 = MDR 86, 667), wobei auch flüchtiges Lesen genügt (BGH NJW 89, 3022 = AnwBl 89, 617). Verhandlungstermin ist erst nach Eingang der Begründung anzuberaumen (Celle NdsRpfl 92, 90). 1

1) § 519 I–V gilt für jede Berufung, auch für die in **Arrestsachen,** § 922 I. 2

2) Die von der Hauptpartei eingelegte Berufung kann auch vom **Streitgehilfen** begründet werden (§ 67 Hs 2) u umgekehrt. 3

4 3) **Zuordnungsvermutung.** Zu vermuten ist, daß die Begründung von der Partei stammt, die Berufung eingelegt hatte, nicht von einem namensgleichen Dritten, der in 1. Instanz nicht beteiligt war, aber als wirkliche Sachpartei in Betracht kommen könnte (BGH VersR 71, 230).

5 4) **Anwaltszwang** (§ 78). Hat der RA eine von der Partei gefertigte Begründungsschrift unterzeichnet, so ist der Vorschrift des § 519 Genüge getan, wenn der RA seine Unterschrift auf Grund einer von ihm selbst vorgenommenen Prüfung u unter Übernahme der vollen Verantwortung für den Inhalt geleistet hat (BGHZ 37, 156); inwieweit er den Prozeßstoff selbst durchgearbeitet hat, ist im Regelfall ohne Bedeutung (BGH VersR 72, 787; NJW 89, 3022 = AnwBl 89, 617). Wörtl Wiedergabe der Ausführungen des beim Berufungsgericht nicht zugelassenen Korrespondenzanwalts kann genügen (BGH VersR 62, 1204). Mit der Unterschrift übernimmt der Anwalt die Verantwortung für die Rechtsmittelbegründung, sofern er sie nicht gleichzeitig unmißverständlich ablehnt (BGH FamRZ 89, 162 = WPM 89, 322 = WuB VII A § 130 ZPO 1.89 - Huff). Das gilt auch für den nicht sachbearbeitenden Sozius (BAG NZA 88, 175).

6 5) Der Wille zur Berufungseinlegung kann auch in einem dem § 519 III genügenden Einstellungs- oder PKH-Antrag zum Ausdruck kommen (BGH FamRZ 89, 849). Bei der Auslegung kommt es auf den **Zeitpunkt der Einreichung** des Schriftsatzes an (BGH FamRZ 89, 849, 950). **Nachträgl Erklärungen** des Prozeßbevollmächtigten haben keine Wirkung (BGH NJW 59, 725).

7 **II) Einreichungsformalien.** 1) Eingang beim zuständigen Gericht erforderlich (zur falschen Adressierung s § 518 Rn 13). **Eingereicht** ist ein Schriftsatz, wenn er in die Verfügungsgewalt des Gerichts gelangt, gleichgültig ob dabei ein Bediensteter des Gerichts mitwirkt (BVerfGE 52, 208 f, s § 518 Rn 12). Ein mit der nicht unterschriebenen Berufungsbegründung eingereichtes unterschriebenes Exemplar der für die Handakten des RA bestimmten sog zweiten Urschrift genügt (Schleswig VersR 83, 65). AktZ darf fehlen oder falsch sein (BGH VersR 82, 673). Ebenso wie bei § 518 (s dort Rn 17, 18) wirkt auch telegrafische oder fernschriftliche Begründung trotz fehlender Unterschrift fristwahrend (BVerfGE 74, 228 = MDR 87, 728). **Telekopie (Telefax)** ist ebenfalls zulässig, sofern sie die Unterschrift des Prozeßbevollmächtigten wiedergibt (s im einzelnen § 518 Rn 18a ff).

8 2) Der **Nachweis,** daß eine Berufungsbegründung von einem beim Berufungsgericht zugelassenen Anwalt stammt, kann nur **durch die Unterschrift** (dazu § 518 Rn 23), auch des postulationsfähigen Unterbevollmächtigten (§ 518 Rn 24), geführt werden (BGHZ 37, 156). Eigenhändig unterzeichnete beglaubigte Abschrift kann als Urschrift genommen werden (BGH VersR 86, 868), sofern nicht lediglich die Übereinstimmung der Abschrift mit einer Begründung aus fremder Feder beglaubigt wird (BAG AP § 518 ZPO Nr 42). Gibt der Anwalt die Begründungsschrift selbst bei Gericht ab, kann dadurch trotz fehlender Unterschrift hinreichender Zuordnungsbeweis nicht geführt werden (BGH NJW 80, 291 = JR 80, 205 m zust Anm Zeiss; VersR 80, 765; aA Saarbrücken NJW 70, 434; Frankfurt VersR 77, 339 = NJW 77, 1246; LG Krefeld AnwBl 73, 209; dagegen Hagen SchlHA 73, 57; gegen den BGH Späth VersR 77, 339; 78, 605 m Nachw; s auch § 518 Rn 22). Nach BGH VersR 73, 636, soll es nicht einmal genügen, wenn die nicht unterschriebene Begründung einer unterschriebenen Berufungsschrift beigeheftet ist. Diese Entscheidung dürfte schwerl in Einklang zu bringen sein mit dem Gebot, jeden Schriftsatz unter Heranziehung weiterer Urkunden zu deuten, zB einem beigefügten handschriftl Anschreiben (BFH NJW 74, 1582) oder einer unterschriebenen Abschrift der Begründungsschrift (BAG MDR 73, 794). BGH VersR 73, 636 dürfte mittlerweile auch überholt sein durch BGHZ 97, 251 = VersR 86, 816 = MDR 86, 667), wonach es ausreicht, wenn die nicht unterschriebene Berufungsbegründung mit einem unterzeichneten Begleitschreiben fest verbunden ist, zB einer Loch-Heftleiste. Sind in einem Anwaltsbüro **mehrere an verschiedenen Gerichten zugelassene Rechtsanwälte** tätig, darf selbstverständlich nur der postulationsfähige unterschreiben, was feststellbar sein muß.

9 3) Die Berufungsbegründungsfrist ist **keine Notfrist** (§ 223; Berechnung: § 222). Gegen ihre Versäumung ist aber gleichwohl Wiedereinsetzung mögl (§ 233). Tod des Prozeßbevollmächtigten unterbricht den Fristlauf bis zur Aufnahme (BGH VersR 81, 658). Wenn die Berufung zurückgenommen war und die Zurücknahme wegen behaupteter Wiederaufnahmegründe widerrufen wird, beginnt die Frist zur Wiedereinsetzung in die versäumte Begründungsfrist an dem Tag zu laufen, an dem der Widerruf dem Gericht mitgeteilt wird (BGHZ 33, 73).

10 4) Eine in der Berufungsinstanz vorgenommene **Klageerweiterung** ist nicht an die Frist des § 519 gebunden (BGH FamRZ 88, 603 = Warneyer 1988 Nr 53), jedoch nur im Rahmen der fristgerecht eingereichten Begründung möglich; zu ihrer Rechtfertigung dürfen keine neuen Gründe nachgeschoben werden (Rn 31).

11 **III) Fristbeginn** mit **Einlegung** der Berufung, die schon vor Urteilszustellung möglich ist (§ 518). Während der **Gerichtsferien** (s dazu aber Vorbem zu § 199 GVG) läuft die Begründungsfrist nur in Feriensachen. Bei Berufungseinlegung vor Ferienbeginn und Erklärung zur Feriensache in den Gerichtsferien läuft keine neue Frist an, sondern die bis dahin gehemmte Frist läuft

weiter (BGH VersR 75, 663). Bei einer während der Gerichtsferien in einer Nichtferiensache eingelegten Berufung beginnt die Begründungsfrist mit dem Anfang des 16. 9. (BGH VersR 82, 651). Wird die Sache während der Gerichtsferien als Feriensache bezeichnet (§ 200 IV GVG), so beginnt mit der Zustellung dieser Verfügung die Begründungsfrist zu laufen (BGHZ 28, 398; LM § 519 ZPO Nr 7) oder eine gehemmte Frist weiterzulaufen (BGH VersR 91, 1270). Zur Verlängerung in den Ferien s Rn 26.

1) Wird wegen Zweifeln an der Wirksamkeit der ersten Berufungseinlegung fristgerecht eine **zweite Berufungsschrift** eingereicht u die erste, tatsächl wirksame Berufung dann zurückgenommen, so bestimmt sich die Begründungsfrist nach dem Eingang der zweiten Berufungsschrift (BGHZ 24, 179). Bei nur vorsorglicher Wiederholung einer bereits zulässig eingelegten Berufung bestimmt diese den Fristlauf (§ 518 Rn 3). Bei Berufungseinlegung durch Partei und Streithelfer handelt es sich nur um ein Rechtsmittel; deshalb braucht nur eine fristgerechte Einlegung mit einer fristgerechten Begründung zusammenzutreffen (s § 511 Rn 4). 12

2) Wenn die **Begründungsfrist versäumt** wurde, die Berufungsfrist aber noch nicht abgelaufen war, weil das angefochtene Urteil noch nicht zugestellt war, ist die nach Ablauf der Begründungsfrist eingegangene Berufungsbegründung als zulässige Wiederholung der Berufung mit gleichzeitiger Begründung aufzufassen (BGH NJW 58, 551). Ein Verlängerungsantrag (Rn 16) ersetzt nicht die fristgerechte Nachholung der Begründung (BGH VersR 87, 16). 13

3) Auch wenn die **Berufung verspätet eingelegt** wurde, beginnt die Frist mit der Einlegung zu laufen (BGH VersR 77, 137). Durch ein Gesuch um Wiedereinsetzung in die Berufungseinlegungsfrist u durch die Entscheidung des Gerichts hierüber wird der Ablauf der Begründungsfrist nicht berührt (BGH MDR 89, 521 = NJW 89, 1155), desgleichen nicht durch Beschlußverwerfung (BGH VersR 78, 841). Legt der Berufungskläger mit dem Wiedereinsetzungsgesuch eine neue Berufungsschrift vor, statt auf die bereits eingereichte Bezug zu nehmen (§ 236), so ist für den Beginn der Begründungsfrist nur die verspätet eingelegte erste Berufung maßgebend (BGH VersR 71, 349; 77, 137). Durch Verwerfung der Berufung u ein nachfolgendes Beschwerdeverfahren wird die Berufungsbegründungsfrist nicht unterbrochen (BGH VersR 75, 421; 77, 573). Diese Grundsätze gelten auch, wenn gegen einen Verwerfungsbeschluß eines OLG Verfassungsbeschwerde eingelegt wird, weil dagegen gem § 519b II die sofortige Beschwerde gegeben ist, der Verwerfungsbeschluß den Rechtsstreit also noch nicht endgültig abschließt. Anders verhält es sich bei der Beschlußverwerfung durch ein LG als Berufungsgericht (§ 519b Rn 9, 14), die Rechtskraft wirkt. In diesem Fall beseitigt eine erfolgreiche Verfassungsbeschwerde die Rechtskraft. Bei Verwerfung der Berufung innerhalb der Begründungsfrist und Kassation auf Verfassungsbeschwerde hin darf der Berufungskläger noch innerhalb „sachangemessener" Frist begründen (BVerfGE 74, 220 = NJW 87, 1191; Vorentscheidung NJW 86, 2101). Die Rechtsmittelfristen sind bis zur Bekanntgabe der Entscheidung des Verfassungsgerichts unterbrochen (Clausnitzer AnwBl 88, 136), womit sich Wiedereinsetzung erübrigt (str, s Wagner NJW 86, 2933; 87, 1184; Bernards NJW 87, 764). 14

IV) Fristende mit Ablauf des Tages des auf die Berufungseinlegung folgenden Monats, der seiner Zahl nach dem Tag der Berufungseinlegung entspricht, falls nicht § 222 II eingreift (Beispiel für Regelfall: Einlegung 10. 5., Ende der Begründungsfrist 10. 6.). 15

V) Fristverlängerung. 1) Nur auf **Antrag** (BGH NJW-RR 90, 68) mit Anwalts- und Schriftformzwang (BGHZ 93, 300 = NJW 85, 1558). Auslegung – etwa bei offensichtlichem Irrtum („Berufungserwiderungsfrist" statt „Berufungsbegründungsfrist") – ist möglich (BGH NJW-RR 94, 568). Telefax genügt, wobei technische Fehler des Empfangsgeräts unschädlich sind (BGH FamRZ 91, 548; vgl § 518 Rn 18e). Angabe erforderlich, bis wann die Frist verlängert werden soll (BAG DB 73, 288; s aber Rn 18). Ungenügend nach BGH (NJW 90, 2628) die Bitte, die Berufsbegründung bei Scheitern laufender Vergleichsverhandlung bis zu einem bestimmten Datum ergänzen zu dürfen. Verlängerung für Streithelfer wirkt zugunsten der Hauptpartei (BGH MDR 82, 744 = NJW 82, 2069; BAG ZIP 91, 335). Auf Verlangen Glaubhaftmachung nötig (§ 224 II). 16

Der **Verlängerungsantrag muß vor Fristablauf** gestellt werden. Dies folgt schon daraus, daß eine einmal abgelaufene Frist nicht verlängert werden kann. Der Ablauf der Begründungsfrist führt unmittelbar zur Unzulässigkeit des Rechtsmittels und hat daher unmittelbare Auswirkungen auf die Rechtskraft (BGH 116, 377 = NJW 92, 842 unter Aufgabe der gegenteiligen Auffassung im BGHZ 102, 37; ebenso StJ/Grunsky Rn 18). Eine gleichwohl gewährte Fristverlängerung ist unwirksam und gegebenenfalls im Revisionsverfahren von Amts wegen zu berücksichtigen (§ 559 Rn 8). Abhilfe wäre allenfalls durch Auslegung des verspäteten Verlängerungsantrags als Antrag auf Wiedereinsetzung (s Rn 22) möglich. 16a

2) Verlängerungsverfügung des Vorsitzenden: Die Begründungsfrist kann **nicht unbestimmt** (unbefristet, undatiert) verlängert werden, etwa bis zur Entscheidung über ein PKH-Gesuch (s dazu BGH VersR 86, 91). Wird die Verlängerung befristet, dann ist es allerdings unschädlich, daß zugleich mit der Datierung eine zu erwartende prozessuale Maßnahme erwähnt wird (zB Verlän- 17 gerung bis zur Entscheidung über das PKH-Gesuch am 3. 4.). Keine stillschweigende Verlängerung (BGH VersR 90, 327 = NJW-RR 90, 68).

17a **Schriftl Verfügung** des Vorsitzenden (mit Unterschrift) ist grundsätzlich nötig (BGHZ 76, 236, s aber auch BGHZ 93, 304 u § 329 Rn 46), wegen des Vertrauensschutzes (s Rn 20) ist aber in der Praxis entscheidend, ob und was dem Berufungsführer mitgeteilt wurde. Im übrigen kann die Verlängerung – auch nach Fristablauf – nachgeholt werden, wenn sie mangels Unterschrift unwirksam wäre. Kürzere Verlängerung als beantragt ist gleichbedeutend mit teilweiser Ablehnung (BGH MDR 90, 45 = NJW-RR 89, 1278). Zurückweisung des Verlängerungsgesuchs ist unanfechtbar, § 225 III (BGH VersR 80, 772).

18 3) **Die Verlängerungsverfügung muß nicht zugestellt werden,** da keine Frist in Lauf gesetzt wird (BGH NJW 90, 1797 = MDR 90, 718; FamRZ 94, 302; s auch § 329 Rn 46). Hieraus folgert die Rspr (BGHZ 93, 304 und aaO), daß auch fernmündliche Mitteilung durch die Geschäftsstelle genügt. Dies bedingt wiederum, daß der fernmündlich mitgeteilte Wortlaut (Endzeitpunkt!) maßgeblich sein soll, da der Empfänger an die Richtigkeit der Mitteilung vertrauen könne. Letztlich wird Hörfehlern Tür und Tor geöffnet (vgl BGH FamRZ 94, 302; zu Recht vertritt der BGH in anderem Zusammenhang eine äußerst zurückhaltende Linie, wenn es um den Schutz des Vertrauens in die Richtigkeit telephonischer Auskünfte der Geschäftsstelle geht, vgl BGH MDR 95, 1250). Die Rspr ist ein Beispiel, wie letztlich jeder sichere Boden verlassen wird – vermeintlicher Einzelfallgerechtigkeit wegen. Den Vorsitzenden kann nur empfohlen werden, schriftliche Zustellung anzuordnen und fernmündliche Auskünfte der Geschäftsstelle zu untersagen.

19 4) Fristverlängerung ist zu gewähren, wenn dadurch keine Verzögerung droht oder erhebliche Gründe dargelegt werden. Wird der Verlängerungsantrag nicht begründet, dann darf der Anwalt nicht darauf vertrauen, daß der Vorsitzende keine Verzögerung annimmt (BGH NJW 92, 2426). **Erhebliche Gründe** sind zB Arbeitsüberlastung, Erkrankungen des Personals, Urlaube, festgelegte Kur, Beschaffungsschwierigkeiten bei Beweisurkunden oder Gutachten, fehlende Information (BGH VersR 85, 972, 973); Rücksprache mit der Partei, deren Notwendigkeit sich erst aus Einsicht in die Gerichtsakten ergibt (BGH NJW 91, 1359; nicht dagegen „Einverständnis des Gegners", es sei denn wegen schwebender außergerichtl Vergleichsverhandlungen; nach Düsseldorf (MDR 87, 768) auch nicht wegen Verweigerung der Aktenüberlassung in die Praxisräume, was aber dann zweifelhaft ist, wenn die Ablehnung Vertrauen auf eine abweichende Übung verletzt (s auch Schneider MDR 84, 108). Wird ein **üblicherweise als erheblich eingestufter Grund** angegeben, dann verstößt es gegen das Gebot der Gewährung fairen Verfahrens, wenn der erste Verlängerungsantrag wegen mangelnder Substantiierung zurückgewiesen wird (BGH RR 89, 1280; NJW 91, 2081; BAG NJW 95, 150 u 1446). Die restriktive Handhabung der Verlängerungsvorschriften durch einen bestimmten Vorsitzenden ist nicht vorhersehbar und rechtfertigt die Wiedereinsetzung.

20 5) **Fehlerhafte Verlängerung:** Zuständig ist der Vorsitzende, auch wenn er die Verlängerung ablehnt (Demharter MDR 86, 797). Antragsteller genießt Vertrauensschutz. Er darf sich auf den objektiven Inhalt der ihm zugehenden Erklärung verlassen. Verlängerung über den beantragten Zeitraum hinaus darf ausgenutzt werden (BGH MDR 63, 588). Fristverlängerung auch wirksam, wenn sie vom Vorsitzenden eines nach der Geschäftsverteilung unzuständigen Senats verfügt wird (BGHZ 37, 125). Verlängerung durch den dafür unzuständigen Berichterstatter wirkt zugunsten der Partei, nicht jedoch dessen Ablehnung, weil keine Partei durch angemaßte Zuständigkeit verschlechtert werden darf. Unbeanstandete Antragsmängel schaden nicht (BGH LM § 554 ZPO Nr 3). Eine undatierte Verlängerungsverfügung (Rn 16) schützt bis zur Datierung, die aber nicht rückwirkend oder unzumutbar kurz sein darf (Art 103 I GG); nach BGH (MDR 87, 651 = NJW-RR 87, 1277) läuft überhaupt keine Frist, wenn der verfügte neue Endtermin versehentlich nicht in die Ausfertigung aufgenommen worden ist.

20a 6) Die **vorherige Anhörung** des Gegners (ist nur bei wiederholter Verlängerung nötig (s § 225 II). Dessen Interessen und Belange müssen jedoch berücksichtigt werden. Die Unterlassung einer gebotenen Anhörung des Gegners beeinträchtigt die Wirksamkeit der Verlängerung nicht (RG 150, 361; BAG VersR 79, 947).

21 7) Eine Verlängerungsverfügung kann zugleich für die **selbständige Berufung des Gegners** gelten; dies muß jedoch der Verfügung selbst zu entnehmen sein (BGH VersR 72, 1128).

22 8) Wird der Verlängerungsantrag innerhalb laufender Frist gestellt, **kann er noch nach deren Ablauf positiv beschieden werden** (BGHZ 83, 217 = MDR 82, 637). Bevor über den Verlängerungsantrag nicht entschieden ist, darf eine Berufung nicht verworfen werden (BGH FamRZ 88, 831). Berufungsverwerfung wegen Fristversäumung jedoch im Ergebnis gerechtfertigt, wenn die Berufung auch nicht innerhalb der begehrten Fristverlängerung begründet worden ist (BGH VersR 83, 248). Bei fristgerecht gestelltem Verlängerungsantrag obliegt dem Anwalt keine Erkundigungspflicht (BGH VersR 86, 787); er darf darauf vertrauen, daß die Berufung nicht vor Bescheidung des Verlängerungsantrages verworfen wird (BGH VersR 86, 166: Ausnahme bei

rechtsmißbräuchlicher Wiederholung von Verlängerungsanträgen). Bei rechtzeitig gestelltem Antrag darf der Anwalt auf die Beachtung einer jahrelangen Bewilligungspraxis vertrauen (BGH VersR 85, 972; vgl auch BVerfGE 79, 372 = NJW 89, 1147). Ist ein Verlängerungsantrag gestellt, muß er – irgendwann – beschieden werden, sei es auch nach Ablauf von fünf Monaten (BGHZ 102, 37 = JR 88, 280 m Anm Teubner) oder noch nach Aufhebung und Zurückverweisung auf Grund einer Revisionsbeschwerde gem § 519b II (BGH NJW-RR 88, 581).

9) Gegen die Versäumung eines verspätet gestellten Verlängerungsantrags gibt es **keine Wiedereinsetzung** (BGH VersR 87, 308); das Risiko der Ablehnung der Verlängerung trägt der Rechtsmittelführer (s aber Rn 21). Geht der Anwalt davon aus, die Begründungsfrist laufe noch, so kann jedoch in einem Verlängerungsantrag ein stillschweigender Antrag auf Wiedereinsetzung gesehen werden (Vollkommer DRiZ 69, 244; aA BGH MDR 68, 1004: Umdeutung nicht möglich). 23

10) Eine **Abkürzung der Frist** durch Parteivereinbarung mögl, nicht durch das Gericht (§ 224 II; Schleswig SchlHA 76, 28); auch die verlängerte Frist kann nicht wieder abgekürzt werden (Hamburg MDR 52, 561). 24

11) Wegen des **Ablaufs der verlängerten Frist** s a Anm zu § 224. Genaue Datierung ist anzuraten; bei Verlängerung nach Zeiträumen (Woche, Monat) schließt die Verlängerungsfrist an den Ablauf der vorhergegangenen Frist an, § 224 III (KG VersR 81, 1075). Wenn bei Verlängerung um einen bestimmten Zeitraum der letzte Tag der ursprüngl Frist auf einen Sonntag (allg Feiertag) fällt, so beginnt der verlängerte Teil der Frist erst mit Ablauf des nächstfolgenden Werktages (BGHZ 21, 43). Fällt das Ende der vom Vorsitzenden um einen bestimmten Zeitraum oder bis zu einem Endzeitpunkt verlängerten Frist nach dem Wortlaut der Verlängerungsverfügung auf einen Samstag, Sonntag oder allg Feiertag, so ist § 222 II anzuwenden (BGH LM § 765 BGB Nr 1). Wirkung einer Unterbrechung des Verfahrens auf die verlängerte Begründungsfrist: BGH NJW 67, 1420. Nach BAG NJW 57, 1942 kann die Begründungsfrist auch nach Tagen u Stunden verlängert werden, so daß sie zu einer bestimmten Uhrzeit des folgenden Tages abläuft. 25

12) Wird die Begründungsfrist in einer Nichtferiensache so verlängert, daß der Endtermin in die **Gerichtsferien** (dazu aber Vorbem zu § 199 GVG) fällt, so beginnt der in die Ferien fallende Teil der Frist erst nach dem Ende der Gerichtsferien zu laufen (BGHZ 27, 143); dies gilt auch, wenn das Fristende datumsmäßig bezeichnet ist, selbst dann, wenn als Endzeitpunkt der 15. 9. bestimmt wird (BGH NJW 73, 2110). Ist dagegen der Endzeitpunkt der verlängerten Frist datumsmäßig auf den 16. 9. oder einen Zeitpunkt danach festgelegt, so läuft die Frist zu dem bestimmten Tag aus (BGH VersR 82, 546; 83, 757), da davon auszugehen ist, daß die Ferien bei der Fristberechnung berücksichtigt wurden. 26

VI) Inhalt der Begründung, Abs 3. Zwingend: Nichtbeachtung führt zur Verwerfung der Berufung als unzulässig, § 519b I. Es genügt zur (Gesamt)Zulässigkeit, wenn die Begründung zu einem einzigen Streitpunkt eines prozessualen Anspruchs rechtzeitig eingereicht wird. Erforderlich ist jedoch, daß dadurch das gesamte Urteil in Frage gestellt wird (BGH NJW-RR 92, 1340, 1341). Bei mehreren prozessualen Ansprüchen (Klagenhäufung) ist eine entsprechende Begründung für jeden Anspruch nötig (Müller-Rabe NJW 90, 284; Schneider MDR 85, 21; unten Rn 37). 27

1) Zu Nr 1. a) Die **Berufungsanträge,** dh die Erklärung, inwieweit das Urteil angefochten u welche Abänderung des Urteils beantragt wird, müssen bestimmt genug sein, um dem Gericht unter Berücksichtigung der Anfechtungsgründe eine Entscheidung möglich zu machen (BGH FamRZ 85, 631), und zwar materiellrechtlich, so daß eine Berufung mangels eines auf Abänderung des Urteils gerichteten Antrags unzulässig ist, wenn mit ihr **lediglich** beantragt wird, die Sache wegen eines Verfahrensmangels aufzuheben und zurückzuweisen (Hamburg NJW 87, 783; München VersR 78, 1027; Düsseldorf OLGR 95, 30). Nur scheinbar abweichend BGH WPM 90, 2129; dort wird mit Recht vermutet, daß ein solcher Antrag grundsätzlich als Rechtsmittelziel die Weiterverfolgung des in der Vorinstanz gestellten Sachantrags erkennen lasse (ebenso BGH FamRZ 93, 1192; RR 95, 1154). Was beantragt wird, kann sich auch ohne förmlichen Antrag aus der Begründungsschrift ergeben, wobei die mögliche Absicht einer Klageerweiterung den Antrag nicht unbestimmt macht, wenn jedenfalls klar ist, daß die volle Beschwer bekämpft werden soll (BGH NJW 92, 698; verkannt von Nürnberg MDR 91, 1091 mit abl Anm Schneider). 28

Es reicht aus, daß der Sachantrag „hilfsweise" gestellt wird, weil dann der Anfechtungswille eindeutig erklärt wird, da der (vermeintliche) Hauptantrag nur eine Anregung ist, die fälschlich als Antrag formuliert worden ist und den Berufungsantrag nicht unter eine Bedingung stellt (was zur Unzulässigkeit der Berufung führen würde). Es ist nicht einmal erforderlich, daß der „hilfsweise" Sachantrag ausdrücklich formuliert wird. Das Sachbegehren kann sich auch konkludent aus dem Zusammenhang ergeben (RGZ 145, 38; BGH LM ZPO § 519 Nr 1; VersR 75, 48), etwa bei Zurückverweisungsantrag wegen eines absoluten Revisionsgrundes (BGH VersR 85, 1164). Der Berufungskläger braucht sich bei der Berufungseinlegung noch nicht über den Umfang der

Anfechtung auszusprechen, sondern kann dies der Berufungsbegründung vorbehalten. Bei abgewiesener Zugewinnklage verstößt die Umstellung auf eine Stufenklage in der Berufung nicht gegen die Antragsbestimmtheit (Karlsruhe FamRZ 87, 607). Zu **unbezifferten** Schmerzensgeldanträgen s Rn 15 vor § 511. Will der Beklagte nach einer Schmerzensgeldverurteilung Herabsetzung erreichen, muß er für Gericht und Gegner klarstellen, inwieweit er anficht und welche Abänderung er beantragen will (BGH MDR 87, 579 = NJW 87, 1335).

29 **b)** Der Berufungskläger kann die Anfechtung auf einen Teil des Streitgegenstands **beschränken** (ausführlich dazu Müller-Rabe NJW 90, 283 ff), zB auf einen von mehreren Ansprüchen, einen quantitativ abgegrenzten Teil des Streitgegenstands, auf den Grund bei streitig bleibender Höhe, bei einander gegenüberstehenden Ansprüchen auf den einen oder den anderen, mag die Gegenforderung nun widerklagsweise, im Weg der Aufrechnung oder zurückbehaltungsweise geltend gemacht werden (vgl BGHZ 45, 289; 53, 154). Darin liegt aber noch keine teilweise Klagerücknahme (§ 515 Rn 6). Beschränkung der Berufung auf einzelne Urteilselemente ist unzulässig (Gilles AcP 177, 242 f; aA Bamberg NJW 79, 2316 im Anschluß an Grunsky ZZP 84 [1971] 129 ff). Bamberg sieht sich genötigt, die Einschränkung zu machen, „soweit keine Interessen des Rechtsmittelbeklagten entgegenstehen"; damit wird die Zulässigkeit nicht nur von einem Werturteil abhängig gemacht, sondern kann auch nicht ohne Berücksichtigung der Stellungnahme des Gegners (Art 103 I GG) geklärt werden, was mit dem Gebot der Rechtsmittelklarheit schwerlich zu vereinbaren ist.

30 Zur Beschränkung der Anfechtung auf einen die Erwachsenheitssumme nicht erreichenden Teil (s § 511a Rn 5). Daß die Erwachsenheitssumme durch Abschluß von Teilvergleichen unterschritten wird, berührt die Zulässigkeit nicht (KG FamRZ 88, 520); ebenso bei Teilverzicht, wenn nicht auch Rechtsmittelverzicht erklärt wird (BGH NJW 89, 170). Besondere Probleme ergeben sich bei **Klageänderung zwischen den Instanzen** daraus, daß das Rechtsmittel nur zulässig ist, wenn der in erster Instanz erhobene Anspruch wenigstens teilweise weiterverfolgt wird (s dazu vor § 511 Rn 8, 8a). Dies muß sich aus der Rechtsmittelbegründung ergeben. An diesen Grundsätzen scheitert es insbesondere, nach Klageabweisung mangels Aktivlegitimation im Wege der Berufung einen Parteiwechsel durchzuführen (vgl BGH NJW 94, 3358), denn der neu auftretende Rechtsinhaber hat den Anspruch im Wege einer neuen Klage, nicht im Wege des Rechtsmittels durchzusetzen.

31 **c)** Da Teilanfechtung die Rechtskraft des angefochtenen Urteils insgesamt hemmt, sind die angekündigten Anträge nicht endgültig und dürfen innerhalb der Beschwer (s Rn 8 vor § 511; Schneider MDR 82, 626) bis zum Ablauf der Begründungsfrist **erweitert** werden (BGHZ 7, 144; 12, 67; MDR 83, 388 = NJW 83, 1063; FamRZ 85, 631; WPM 85, 1373 = WuB § 519 ZPO 1. 86 m abl Anm Messer; FamRZ 86, 254, 256), selbst durch Einbeziehung einer Widerklage (BGH NJW 85, 3079 = Warneyer 84 Nr 303 S 644). Erweiterung noch zulässig bis zum Schluß der mündlichen Verhandlung (BGH NJW 61, 1115; 63, 444; 71, 34), sofern sich der Berufungskläger im Rahmen der ursprünglichen Berufungsbegründung hält und nicht neue Gründe nachschieben muß (BGHZ 88, 360, 364; WPM 85, 1373; FamRZ 86, 254, 256; NJW-RR 92, 1033; Messer Anm zu WuB § 519 ZPO 1.86; Koblenz WRP 81, 115). Weitergehend BGH FamRZ 88, 603 = 88, 658: soweit die Klageänderung Ansprüche in den Rechtsstreit einführt, mit denen das erstinstanzliche Gericht nicht befaßt war, Nachschieben neuer Gründe nach Fristablauf zulässig; Koblenz FamRZ 89, 992 = NJW-RR 89, 1024: Erweiterung zulässig, soweit sie auf Umständen beruht, die erst nach Ablauf der Begründungsfrist eingetreten sind.

Auf die **Berechnung der Erwachsenheitssumme** hat die Erweiterung keinen Einfluß (§ 511a Rn 4). Ist die Berufung wegen hinreichender Beschwer zulässig, hält sich der Berufungsantrag in der Begründungsschrift aber unterhalb der Beschwer, darf der Antrag bis zum Schluß der mündlichen Verhandlung erweitert werden, um die Berufung zulässig zu machen (BGHZ 12, 67 f; NJW 61, 1115 = Warneyer 1961 Nr 4; w Nachw bei Frank Anspruchsmehrheiten im Streitwertrecht 1986 S 136–140, der selbst aA ist). Damit ist nicht zu verwechseln der Fall, daß ein angekündigter Berufungsantrag oberhalb der Beschwerdesumme nur mit einem Anspruchsteil unterhalb der Beschwer begründet wird; dann ist die Berufung zu verwerfen (BGH BB 76, 815; oben Rn 30). Zulässigkeit kann auch nicht durch Stellung von Anträgen geschaffen werden, für die es an jeder Möglichkeit der Begründung fehlt (BGH LM § 91a ZPO Nr 1), auch nicht durch Erhebung einer von vornherein unzulässigen Feststellungs- oder Feststellungswiderklage (BGH NJW 73, 370) oder durch Einbeziehen außergerichtlicher Kosten in den Antrag (Saarbrücken JurBüro 77, 1276). Eine während der Begründungsfrist auf die Kosten beschränkte Berufung kann, weil unzulässig, danach nicht mehr auf die Hauptsache erstreckt werden (RG JW 26, 253; offenlassend BGH NJW 61, 1115).

Wenn sich aus der Berufungsschrift ergibt, daß bezügl eines bestimmt bezeichneten Teils des Streitgegenstands auf Anfechtung verzichtet wird, so ist eine **spätere Erweiterung** ausgeschlossen; das angefochtene Urteil wird dann insoweit rechtskräftig (BGHZ 7, 144; NJW 89, 170), so daß die Berufung nicht teilweise verworfen werden darf (§ 514 Rn 16). Der Zwang, sich bei einer späteren Antragserweiterung im Rahmen der Berufungsbegründung zu halten, kann nicht durch eine vorsorgliche Zusatzbegründung in der Berufungsrechtfertigung umgangen werden.

d) Ein **förml Berufungsantrag** ist **nicht nötig;** es muß aber aus der Berufungsschrift oder Berufungsbegründung zu entnehmen sein, in welchem Umfang das erste Urteil angegriffen wird und welche Abänderungen erstrebt werden (BGH VersR 83, 974; FamRZ 89, 849; LAG Hamm LAGE § 519 Nr 5; s auch Rn 28). So kann sich aus der Wiederholung des Sachvortrags erster Instanz, wo Klageabweisung beantragt war, ergeben, daß derselbe Antrag wieder gestellt wird (BGH NJW 66, 933). Kein Verstoß, wenn Berufungskläger den Teilbetrag einer Gesamtforderung, den er im Berufungsverfahren weiterverfolgen will, nicht in der Begründungsschrift auf die einzelnen selbständigen Ansprüche aufteilt (BGHZ 20, 219); das kann noch in der mündl Verhandlung geschehen. Zum unbezifferten Leistungsantrag vgl Rn 15 vor § 511. Bloßer Antrag auf Aufhebung und Zurückverweisung ohne Sachantrag ist unzulässig (Rn 28). Ist der Berufungsbegründung eindeutig zu entnehmen, daß der Berufungsführer seinen prozessualen Anspruch jedenfalls zu einem bestimmten Teil weiterverfolgen will, dann bleibt die Berufung selbst dann zulässig, wenn die Berufungsanträge wegen weitergehender Ansprüche noch unklar sind (BGH NJW 75, 2013). Darin darf also nicht etwa ein Verzicht gesehen werden, nicht einmal wenn zunächst nur ein Kostenantrag gestellt wird (LG Mannheim NJW 74, 505). 32

2) Zu Nr 2: Die Berufungsbegründung soll sicherstellen, daß das Rechtsmittel nur nach Überprüfung des Prozeßstoffes durch einen beim Berufungsgericht zugelassenen Anwalt weiterverfolgt wird, also die Erfolgsaussichten konkret überprüft werden; ferner soll sie dem Berufungsgericht den Prozeßstoff und den Streitstand schon zu Beginn überschaubar darstellen (vgl StJ/Grunsky Rn 29). Die Begründung muß daher konkret auf den Streitstand zugeschnitten sein und muß erkennen lassen, aus welchen Gründen das Ersturteil in rechtlicher oder/und tatsächlicher Hinsicht unrichtig sein soll (s BGH NJW 90, 2628; 92, 3244; 95, 1560). **a)** Durch die Begründung soll die **Zusammenfassung und Beschleunigung** des Rechtsstreits in der Berufungsinstanz ermöglicht werden, ein **Zweck,** der allerdings nicht immer zu erreichen ist, weil die Angriffe gg das angefochtene Urteil im Laufe des Berufungsverfahrens (in den Schranken des § 528) weitgehend ausgewechselt werden können (vgl Vollkommer AP Nr 25 zu § 519 ZPO). Der Berufungsantrag kann die Begründung nicht ersetzen; ausnahmsweise reicht er dazu aus, wenn der Beklagte mit der Berufung lediglich Verurteilung unter Vorbehalt im Urkundenprozeß anstrebt (Hamm MDR 82, 415) oder wenn wegen eines absoluten Revisionsgrundes Aufhebung und Zurückweisung beantragt wird (BGH VersR 85, 1164). Ein den gesetzlichen Erfordernissen genügender Begründungsschriftsatz muß auch zur Begründung bestimmt sein (BGH VersR 86, 91). Daran fehlt es, wenn sich ein entsprechender Wille nicht aus Inhalt, Überschrift oder Begleitschreiben ergibt, etwa wenn der Schriftsatz lediglich die hinreichende Erfolgsaussicht gem § 114 für PKH-Bewilligung darlegt (s Rn 40) oder nur Begründungsverlängerung beantragt wird (BGH VersR 86, 91; 88, 1163). Die Rechtsfolge ungenügender Begründung ist Verwerfung der Berufung (§ 519b I), auch dann, wenn ein die Beschwer erreichender Berufungsantrag nur mit einem Anspruchsteil unterhalb der Beschwer begründet wird (BGH BB 76, 815; Schleswig SchlHA 78, 198). 33

b) Daß die Ausführungen in der formell ordnungsmäßigen Berufungsbegründung tatsächlich oder rechtlich neben der Sache liegen, macht die Berufung nicht unzulässig (BGH VersR 64, 949). Weder **Schlüssigkeit** noch auch nur **Vertretbarkeit** der Begründung sind Zulässigkeitsvoraussetzungen (BGH VersR 77, 152; NJW 91, 1106). Ungeachtet der erst in der mündl Verhandlung vorzunehmenden rechtl Würdigung gibt es jedoch untere Grenzen, unterhalb deren nicht mehr von einer Begründung im Sinne einer wenigstens versuchten Darlegung der Urteilskritik gesprochen werden kann, etwa wenn das angefochtene Urteil nur als „irrig" oder „unhaltbar" eingestuft wird (BFH DStR 77, 287). Eine kurze, auf die wesentlichen Gesichtspunkte beschränkte Darlegung ist daher unerläßlich (BGH VersR 80, 580), und zwar auch in einfachen Streitfällen (BGH FamRZ 81, 534). 34

c) Von einer Begründung ist zu verlangen, daß sie auf den zur Entscheidung stehenden **Streitfall zugeschnitten** ist und erkennen läßt, aus welchen tatsächl oder rechtl Gründen das angefochtene Urteil unrichtig sei (BGH VersR 87, 101; MDR 90, 1003 = NJW 90, 2628). Formularmäßige Sätze und allg Redewendungen genügen nicht (BGH NJW 95, 1560). Werden nur die erstinstanzlichen Rechtsausführungen angegriffen, dann muß die eigene Rechtsansicht dargelegt werden (BGH MDR 84, 310 = NJW 84, 177; LAG Berlin AP ZPO § 519 Nr 31); es reicht nie aus, die Auffassung des Erstrichters als falsch oder die Anwendung einer bestimmten Vorschrift als irrig zu rügen (BGH VersR 85, 67; NJW 95, 1560), auch nicht die bloße Angabe von Richtlinien, unter denen die Überprüfung des Urteils erfolgen soll (BGH VersR 76, 588). Der Umfang eines Schriftsatzes kann seinen unzureichenden Inhalt nicht ersetzen (Karlsruhe AnwBl 92, 88: unzulässig trotz 21 Seiten „Begründung"). Zumindest ist nötig, daß die Ausführungen auf den Streitfall hin konkretisiert (BGH NJW 75, 1032) und diskutiert werden (BGH NJW-RR 92, 383). Zielrichtung 35 und Gründe des Angriffs müssen kenntlich gemacht werden (BGH NJW-RR 92, 1340, 1341). Wie weit dabei zu gehen ist, hängt vom Einzelfall ab. Genügend, wenn zu den Gründen Stellung genommen wird, aus denen die Vorinstanz abgewiesen hat (BGH NJW 75, 1032). Schlechthin ungenügend: „Gerügt werden mit der Berufung die tatsächliche und rechtliche Würdigung des Verhaltens des Beklagten“ (BGH VersR 78, 182). Wird die Berufung jedoch ausschließlich auf **neue Tatsachen und Beweise** gestützt, erübrigt sich eine Auseinandersetzung mit den vorinstanzlichen Gründen (BGH MDR 67, 755; BAG NZA 90, 825).

36 **d) Gebot der Klarheit:** Für das Berufungsgericht u den Berufungsbekl soll ausreichend klar gestellt werden, in welchen Punkten und mit welchen Gründen das Ersturteil angegriffen wird (BGH VersR 83, 974). Die Ausführungen des Berufungskl müssen erkennen lassen, in welchen Streitpunkten er die Ansicht des Erstrichters bekämpft (BGH VersR 81, 531). Eine Berufungsbegründung, die sich nur auf den Satz beschränkt, die Verletzung eines bestimmten ziffernmäßig bezeichneten Paragraphen werde gerügt, ist unzureichend (BAG AP § 511 ZPO Nr 3). Eine erschöpfende sachl-rechtl Begründung der Berufungsanträge ist aber nicht erforderl, wenn der Erstrichter wegen mangelnder Zuständigkeit abgewiesen hatte und die Berufungsbegründung sich damit eingehend auseinandersetzt (Düsseldorf OLGZ 66, 431). Das Übergehen eines Beweisantritts muß ausdrückl beanstandet werden (BGHZ 35, 103).

37 Bei **Mehrheit** mit der Berufung **verfolgter Ansprüche** ist Begründung für jeden nötig (Rn 27; BGHZ 22, 272; WPM 91, 601; NJW 93, 307). Es genügt jedoch der Angriff gegen einen Rechtsgrund, wenn dieser im angefochtenen Urteil hinsichtlich aller Ansprüche als für die Abweisung durchgreifend angesehen wurde (vgl BGH NJW 94, 2289). Auch die Angriffe wegen der im ersten Rechtszug primär geltend gemachten u dort abgewiesenen, im zweiten Rechtszug nur noch hilfsweise geltend gemachten Ansprüche sind zu begründen (BGHZ 22, 278).

Bei **einheitlichem Streitgegenstand** mußte sich die Berufungsbegründung nach bisher hM auf alle Teile des Urteils erstrecken, deren Abänderung verlangt wurde, widrigenfalls das Rechtsmittel für den nicht begründeten Teil unzulässig war (BGH WPM 68, 96; 71, 419 = NJW 71, 807 m krit Anm Dehner = ZZP 84, 1971, 443 m abl Anm Schwab; dagegen auch Mittenzwei MDR 72, 486 u Gilles AcP 177, 1977, 224 ff; wie der BGH zB KG DAR 71, 237; München WRP 76, 393). Nach neuerer Rspr kommt es nicht auf den Umfang der Begründung an. Die Berufung ist vielmehr insgesamt zulässig, wenn sie in einer den ganzen Anspruch erfassenden Rüge zureichend begründet worden ist, so daß uU ein einziger Satz genügen kann, zB die **Erhebung der Verjährungseinrede** (BGH NJW-RR 91, 1186, 1187; MDR 84, 310 = NJW 84, 177; s dazu ausführlich Schneider MDR 85, 21; Müller-Rabe NJW 90, 287 ff) oder das **Bestreiten der Fälligkeit** (BGH FamRZ 85, 1023) oder die Rüge, ein erheblicher Beweisantrag sei übergangen, ein Schriftsatz entgegen Art 103 I GG nicht berücksichtigt worden. Die infolgedessen zulässige Berufung hindert den Rechtsmittelkläger nicht, vorgebrachte Berufungsgründe fallenzulassen oder auszutauschen (BGH FamRZ 85, 1023, 1024; WPM 85, 1301 = NJW 85, 2828) oder sein Vorbringen nach Ablauf der Begründungsfrist zu ergänzen; insoweit unterliegt er jedoch den Zulassungsbeschränkungen der §§ 296 I, 523, 527, 528.

Die neue Rspr des BGH (wieder abweichend davon BGH NJW-RR 92, 1340, 1341; MDR 94, 766 = NJW 94, 2289) ist bedenklich und höhlt den Begründungszwang entgegen der Zielsetzung des § 519 III Nr 2 weitgehend aus (Schneider MDR 85, 22). Lepp (NJW 84, 1944) hat diese Praxisänderung überzeugend kritisiert. Die frühere Rspr des BGH sollte wieder aufgenommen werden (aA Müller-Rabe NJW 90, 290). Dann gilt folgendes: Wird bei mehreren möglichen Rügen nur eine Rüge gesetzmäßig erhoben, dann ist die Berufung zwar zulässig, die anderen Rügen können jedoch nicht mehr nachgeschoben werden, weil sie keine Angriffsmittel sind, sondern der den Streitgegenstand bestimmende Angriff selbst. Neues Vorbringen kommt dann nur noch für die erhobene Rüge in Betracht und ist nach §§ 527, 296 zu beurteilen. Abweichend von beiden vorstehenden Auffassungen hat der BGH (NJW 90, 1184) eine Berufung in einem Fall als unzulässig angesehen, in dem das Erstgericht die Klage mit doppelter tragender Begründung wegen fehlenden Verschuldens und wegen Verjährung abgewiesen hatte und die Berufungsbegründung nur auf die Verschuldensfrage, nicht auf die Verjährung eingegangen war. Das dürfte entgegen der Annahme des BGH in Widerspruch zu BGH MDR 84, 310 = NJW 84, 177 stehen.

Grund und Höhe: Wird nur zum Grund begründet, obwohl Höhepositionen aberkannt worden sind, dann ist die Berufung zulässig und die Höhe nur an Hand des in Bezug genommenen erstinstanzlichen Vorbringens zu überprüfen. Nachgeschobene Höhebegründung fällt unter §§ 527, 528. Zu **Aufrechnung** und **Zurückbehaltungsrecht** s Müller-Rabe NJW 90, 286.

37a Hat dagegen das Erstgericht die Abweisung eines einheitlichen Klageanspruchs auf **zwei rechtlich voneinander unabhängige Gründe** gestützt, von denen jeder für sich die Abweisung trägt, so liegt eine hinreichende Berufungsbegründung nur vor, wenn beide Gründe – in für sich ausreichender Weise – angegriffen werden. Stellt der Revisionskläger nur einen der beiden Gründe in Frage, so ist sein Rechtsmittel unzulässig (vgl BGH RR 96, 572).

e) Zinsbegehren. Bei Forderungsklagen werden meist mehr als 4 % gesetzl Zinsen geltend gemacht. In der Berufungsbegründung des unterlegenen Beklagten finden sich dann oft keine Ausführungen zum Zinsanspruch. Ist die Berufung im übrigen zulässig, aber unbegründet, so müßte sie streng genommen insoweit zurückgewiesen und wegen des Zinsbegehrens verworfen werden (zust Müller-Rabe NJW 90, 284). Denn ein uneingeschränkter Berufungs-Abänderungsantrag auf Zurückweisung der Klage erfaßt auch das Zinsbegehren. Dieses ist ein prozessual selbständiger Anspruch (der Grund dafür, warum er für die Wertberechnung ausdrückl als unbeachtl erklärt worden ist, §§ 3 ZPO, 22 I GKG); er ist auch teilurteilsfähig und müßte deshalb nach § 519 III 2 selbständig begründet werden. In der Praxis wird jedoch der Begründungsmangel beim Zinsbegehren unter die Beurteilungsform der Hauptsache gefaßt und die Berufung insgesamt „als unbegründet" zurückgewiesen (vgl BGH NJW 94, 1656/1657; wie hier jedoch ausdrücklich BGH FamRZ 95, 1138). Der **Kostenpunkt** braucht weder angegriffen noch seine Beanstandung begründet zu werden, weil amtswegige Entscheidung geboten ist (§ 308 I). Anders liegt es, wenn bei Mischkostenentscheidungen (§ 99 Rn 7 ff) Berufung wegen eines streitigen Hauptsacherestes und wegen der Kostenquote eingelegt wird, die auf den endkräftig beschiedenen Hauptsacheteil entfällt. Das ist ein isolierter Rechtsmittelangriff (§§ 91a II, 99 II; s § 99 Rn 11) wegen eines selbständigen Streitgegenstandes, so daß auch eine zusätzliche Begründung nötig ist. Sie liegt allerdings regelmäßig in den ohnehin vorgebrachten Sachausführungen, da die Kostenverteilung deren rechtlicher Beurteilung grundsätzlich folgt. 38

f) Ein **Prozeßkostenhilfe-Gesuch,** das innerhalb der Berufungsbegründungsfrist beim Rechtsmittelgericht eingeht und den Begründungsanforderungen genügt, wird in der Regel auch dazu bestimmt sein, als Berufungsbegründung zu dienen (BGH VersR 77, 570; NJW-RR 89, 184; NJW 95, 2113). Es ist nicht erforderl, daß dies ausdrückl hervorgehoben wird; dies kann auch dem Zusammenhang und den Begleitumständen entnommen werden. Läßt sich ein entsprechender Wille nicht feststellen, zB weil der Schriftsatz die Überschrift „Entwurf" trägt, dann ist die Berufung unzulässig (Rn 33). Ungenügend ist die Begründung durch Bezugnahme auf das vom Prozeßbevollmächtigten erster Instanz unterzeichnete Gesuch um Bewilligung von PKH (BGH FamRZ 81, 534). Ein vor der Berufungseinlegung eingereichtes PKH-Gesuch macht die Berufungsbegründung nicht entbehrl (BGH NJW 51, 442). Die in Bezug genommenen Ausführungen ersetzen die Berufungsbegründungen nur, wenn das Gesuch vom Berufungsanwalt unterzeichnet ist, sich auf das angefochtene Urteil bezieht, sich in denselben Akten befindet u inhaltl den Anforderungen einer Berufungsbegründung entspricht (BGH MDR 59, 282; BAG NJW 68, 1739; LAG Nürnberg LAGE ZPO § 519 Nr 1). Nicht ausreichend, wenn Berufungsführer außer der (unzulässigen) Bezugnahme auf ein PKH-Gesuch, das von einem beim Berufungsgericht nicht zugelassenen Anwalt herrührt, selbst ledigl ausführt, das Urteil werde nur in rechtl Hinsicht angefochten (BGH LM Nr 20 zu § 519 ZPO; VersR 81, 531). – Entsprechendes gilt, wenn im Rahmen eines **Antrags auf Einstellung der Zwangsvollstreckung** eine hinreichende Auseinandersetzung mit dem angefochtenen Urteil erfolgt (BGH NJW 95, 2112). 39

g) Weitgehend durch Kasuistik geprägt ist die Rechtsprechung dazu, ob **Bezugnahme** als Berufungsbegründung ausreichen (zu der Problematik vergleiche eingehend Frank O. Fischer, Bezugnahme in Tatbeständen und Schriftsätzen im Zivilprozeß, Diss. Frankfurt/Main 1993, Europäische Hochschulschriften II Bd 1552, insbesondere S 47 ff; sowie Oehlers MDR 96, 447/449). Die Problematik hat auch wiederholt das BVerfG (E36, 99; 46, 320; 60, 311; 70, 295 = NJW 87, 485; NJW 92, 495) beschäftigt. Übereinstimmung besteht, daß die pauschale Bezugnahme auf den Sachvortrag (Rechtsausführung) in erster Instanz keine ausreichende Berufungsbegründung darstellt, selbst wenn der Streitstoff einfach liegt und nur eine einzige Rechtsfrage zu entscheiden ist (BGHZ 7, 170; RR 91, 1186; NJW 93, 3333; 95, 1560; RR 96, 572). Dabei ist unerheblich, ob die Parteien in beiden Rechtszügen durch den selben Anwalt vertreten werden (BGH ZZP 71, 147). Ferner ist zu beachten, daß die **Bezugnahme auf Ausführungen Dritter** (Rechtsgutachten, Sachverständigengutachten, Stellungnahme der Partei; BGH NJW 94, 1481 = MDR 94, 506; zur Bezugnahme auf gerichtliche Entscheidung s Rn 42) mit dem Wesen der Berufungsbegründung generell unvereinbar ist; sie muß von einem beim Berufungsgericht zugelassenen Anwalt stammen und den Schluß rechtfertigen, daß dieser nach Durcharbeitung des Prozeßstoffes die einzeln angeführten Anfechtungsgründe persönlich dem Gericht vorträgt (BGHZ 111, 339/344 = NJW 90, 3085; NJW-RR 94, 569). Dagegen sind im Rahmen einer im übrigen zulässigen Berufungsbegründung hinweisende konkrete Bezugnahmen – auch auf einzelne Schriftsätze des ersten Rechtszugs (BGHZ 35, 106; VersR 66, 1138) – möglich. Die pauschale Bezugnahme auf erstinstanzliches Vorbringen ist ausnahmsweise als zulässig anzusehen, wenn dieses Vorbringen von der Vorinstanz aus Rechtsgründen nicht behandelt wurde (BGH WM 85, 1361, 1364: Eventualaufrechung, auf die es nicht ankam), als rechtlich unerheblich oder unsubtantiiert behandelt oder gänzlich übergangen wurde. In diesen Fällen ist es unter dem Gesichtspunkt der Verfahrensförderung nicht geboten, das alte Vorbringen nur zu wiederholen (vergl dazu auch die oben zitierte Rechtsprechung des BVerfG sowie BGH NJW 93, 3333). Überflüssig ist schließlich die Bezugnahme, 40 soweit es sich um in erster Instanz angegebene Erklärungen mit Gestaltungswirkung handelt (zB Aufrechnung: BGH MDR 86, 578; Zurückbehaltungsrecht: BGH WM 86, 841; Rüge des Mangels der Vollmacht: BGH WM 86, 1127).

41 Jedoch bleiben in Bezug genommene erstinstanzliche **Beweisanträge** erheblich (KG NJW 90, 844), nach Peters (Richterliche Hinweispflichten und Beweisinitiativen im Zivilprozeß, 1983, 124 f) sogar ohne Bezugnahme, weil der Streitstoff erster Instanz in die Berufungsinstanz fortwirke. Unzulässig ist die Aufspaltung einer pauschalen Bezugnahme auf erstinstanzliches Vorbringen dahingehend, daß der Sachvortrag verwertet wird, die zugehörigen Beweisanträge jedoch unberücksichtigt bleiben (BGH NJW-RR 90, 831). Globale Bezugnahme auf erstinstanzliches Vorbringen reicht aber nicht aus, um das Berufungsgericht über Art 103 I GG zu verpflichten, vorinstanzliche Schriftsätze auf Beweisanträge oder ergänzendes Vorbringen zu durchforschen (München WRP 76, 393; 77, 432 m Anm Kiethe S 508); anders, wenn vorinstanzlich unter Beweis gestelltes Vorbringen dort als unerheblich behandelt worden ist und der Berufungskläger gerade diese Rechtsauffassung angreift, worin ihm das Berufungsgericht folgen will (BVerfGE 60, 311; BGH MDR 82, 29).

42 Zulässig ist im Hauptsacheprozeß Bezugnahme auf die vom selben Anwalt unterzeichnete Berufungsbegründung in einer **einstweiligen Verfügungssache,** die denselben Sachverhalt betrifft, wenn eine beglaubigte Abschrift dieser Begründung mit eingereicht wird (BGH VersR 85, 67), oder unter denselben Voraussetzungen auf die Begründung eines Schriftsatzes, mit dem in derselben Sache Einstellung der Zwangsvollstreckung beantragt worden war (BGHZ 13, 244). Zur Berufungsbegründung in **Parallelprozessen** s BGH MDR 66, 665; VersR 77, 1004. – Die Bezugnahme auf eine im Berufungsverfahren ergangene **gerichtliche Entscheidung** (mit Gründen versehene Bewilligung der PKH) wird ausnahmsweise aus Gründen der Prozeßökonomie zugelassen (BGH NJW 93, 3333).

43 **h)** An den **Inhalt** der schriftl Begründung der erst in der mündl Verhandlung erhobenen **Anschlußberufung** werden geringere Anforderungen gestellt, weil hier eine Vorbereitung des Rechtsstreits für die mündl Verhandlung nicht in Betracht kommt (BAG NJW 58, 358).

44 **VII) Neues Vorbringen** (neue Tatsachen, Beweismittel, Beweiseinreden) ist bei Meidung der Folgen der §§ 520, 527 in der Berufungsbegründung mitzuteilen. Dies bezieht sich nur auf neues Vorbringen zum bisherigen Streitstoff, nicht auf Vorbringen zur Begründung von Ansprüchen, die in der Berufungsinstanz neu geltendgemacht werden sollen (s § 528 Rn 3). Auch Vorbringen, das in der ersten Instanz als verspätet zurückgewiesen worden war (§ 296), muß in der Berufungsbegründung gebracht werden, wenn der Berufungskläger darauf zurückkommen und die Präklusionsentscheidung angreifen will.

45 **VIII) Abs 4** ist eine Sollvorschrift: wegen § 511a. – **Abs 5:** Vorbereitender Schriftsatz: §§ 129 ff. **Vorauszahlungspflicht:** § 65 I 3 GKG.

46 **IX)** Zum **Beweis** der Wahrung **der Berufungsbegründungsfrist** s § 518 Rn 20.

47 **X)** Zu den **Folgen inhaltl Lücken** der schriftl Berufungsbegründung s bei § 527.

519a *[Zustellung von Berufungsschrift und -begründung]*

Die Berufungsschrift und die Berufungsbegründung sind der Gegenpartei zuzustellen. Mit der Zustellung der Berufungsschrift ist der Zeitpunkt mitzuteilen, in dem die Berufung eingelegt ist. Die erforderliche Zahl von beglaubigten Abschriften soll der Beschwerdeführer mit der Berufungsschrift oder der Berufungsbegründung einreichen.

1 **I) 1) Zustellung** (§ 210a). Ihre Urschrift bleibt ebenso wie diejenige der Berufungsschrift und die Berufungsbegründung bei den Akten. Es muß eine Zustellung von Amts wegen erfolgen (§ 208), Zustellung von Anwalt zu Anwalt genügt nicht (s § 198 Rn 5 mwN). Wirksame Einlegung hängt nicht von der Zustellung ab (BGHZ 17, 235).

2 **2)** Bei mehreren **Streitgenossen** Zustellung an alle, wenn nicht die Berufung auf einzelne beschränkt wird.

3 **3)** Zustellung auch an bereits aufgetretenen **Nebenintervenienten.**

4 **4)** Zustellungsempfänger: § 176 oder § 210a oder § 198 (Rn 1).

5 **5)** Mängelheilung nach § 295 möglich (BGHZ 50, 400; 65, 116).

6 **II) Satz 2** will dem Berufungsbekl wegen einer evtl Anschlußberufung ermöglichen, den Zeitpunkt des Ablaufs der Berufungsbegründungsfrist (§ 519 II) festzustellen.

7 **III) Satz 3:** Sollvorschrift (BGHZ 65, 116).

519b

[Prüfung der Zulässigkeit der Berufung]

(1) Das Berufungsgericht hat von Amts wegen zu prüfen, ob die Berufung an sich statthaft und ob sie in der gesetzlichen Form und Frist eingelegt und begründet ist. Mangelt es an einem dieser Erfordernisse, so ist die Berufung als unzulässig zu verwerfen.

(2) Die Entscheidung kann ohne mündliche Verhandlung durch Beschluß ergehen; sie unterliegt in diesem Falle der sofortigen Beschwerde, sofern gegen ein Urteil gleichen Inhalts die Revision zulässig wäre.

I) Eine sachl Entscheidung über die Begründetheit der Berufung setzt Feststellung (BGH VersR 78, 960) ihrer **Zulässigkeit** voraus. **Beweislast** und **Beweisführung:** § 518 Rn 20. 1

1) **Gegenstand der Prüfung:** Entscheidungszuständigkeit des angerufenen Gerichts; Statthaftigkeit, also Vorliegen eines Urteils, gegen das Berufung an sich gegeben ist (§ 511), u Berufungsberechtigung (§ 511 Rn 3); ferner Beschwer (Rn 8 ff vor § 511) u Berufungssumme in den Fällen des § 511a I, Form und Frist der Berufungseinlegung u der Berufungsbegründung. Zu den Rechtsfragen der **Streithelfer-Berufung** s Rn 22 vor § 511; zu Zweifeln an der Prozeßfähigkeit oder der gesetzlichen Vertretung s § 511 Rn 5. Solange ein **Verlängerungsantrag** noch nicht beschieden ist, darf nicht verworfen werden (§ 519 Rn 21). 2

2) Bei **Wiedereinsetzungsantrag** wegen Versäumung der Berufungsfrist oder der Begründungsfrist gehört die Entscheidung hierüber (§ 238) zur Entscheidung über die Zulässigkeit der Berufung (BGH VersR 85, 1143). Heilung von Zulässigkeitsmängeln ist nicht dadurch mögl, daß das Berufungsgericht die Zulässigkeit irrtüml bejaht (BAG AP § 518 ZPO Nr 18, 22). 3

3) Betrifft die Berufung **Klage und Widerklage,** so ist Teilentscheidung mögl (RGZ 122, 54). Gewährung der Wiedereinsetzung beseitigt vorausgegangene Verwerfungsentscheidung (Rn 29). 4

4) Hat der Rechtsmittelkläger die **Berufung wiederholt,** dann handelt es sich um ein einheitliches Rechtsmittel (BGH NJW 85, 2834). Darüber muß einheitlich entschieden werden; es darf also nicht die zuerst eingelegte Berufung isoliert verworfen werden, weil die zweite zulässig sein könnte mit der Folge, daß eine Verwerfung überhaupt nicht in Betracht kommt (BGHZ 45, 380; VersR 78, 720 u 765; NJW 93, 269). Ebenso, wenn eine verfristet begründete Berufung wegen selbständiger Berufung des Gegners noch in unselbständige Anschließung umgedeutet werden kann (BGH FamRZ 87, 154; B v 2. 7. 96, IX ZB 53/96). Genügt eine Berufungsschrift den Zulässigkeitserfordernissen, dann ist auf die Zulässigkeit der übrigen nicht mehr einzugehen. Ist die zuerst eingelegte Berufung bereits als unzulässig verworfen oder zurückgenommen worden, dann hindert das nicht, eine Sachentscheidung über die während noch laufender Einlegungsfrist wiederholte Berufung zu treffen, falls diese den Zulässigkeitsanforderungen entspricht (BGH WPM 91, 882 = NJW 91, 1116). Jedoch kann die Bindungswirkung einer Verwerfungsentscheidung entgegenstehen, wenn derselbe Sachverhalt zu beurteilen ist (BGH Warneyer 1981 Nr 144; Frankfurt NJW 83, 2395; s auch Rn 10). Bei Berufung durch Hauptpartei und Streithelfer ebenfalls nur ein Rechtsmittel, das nicht teils verworfen, teils sachlich beschieden werden darf (BGH MDR 82, 744). 5

II) Mündliche Verhandlung. Die Entscheidung über die Zulässigkeit mit oder ohne mündl Verhandlung ergeht je nachdem durch Urteil oder durch (von Amts wegen zuzustellenden, § 329 III; BGH MDR 66, 757) Beschluß; vorheriges rechtliches Gehör sowohl für Gegner (BGH VersR 82, 246), wie für Rm-Kläger (BGH NJW 94, 392) nötig. Zuständig ist nur das angegangene Gericht; die (unzulässige: Düsseldorf DAVorm 88, 441) Weiterleitung einer an das LG gerichteten Berufungsschrift an das OLG ohne Verweisungsbeschluß begründet für das OLG keine Zuständigkeit (BGH VersR 78, 626). 6

1) Eine die Zulässigkeit **bejahende Entscheidung** wird **in den Gründen des Endurteils** oder durch Zwischenurteil nach § 303 getroffen. 7

2) Eine die **Zulässigkeit verneinende Entscheidung** lautet auf Verwerfung der Berufung (ggfalls nach oder in Verbindung mit Versagung der Wiedereinsetzung, vgl § 238 I). Daß die Parteien schon zur Sache verhandelt hatten, steht der Verwerfung durch Beschluß nicht entgegen (BGH MDR 79, 836). Vor Bescheidung eines Verlängerungsantrages darf nie verworfen werden (BGH FamRZ 88, 831). 8

9 **III)** Der Verwerfungsbeschluß steht einem entsprechenden Urteil gleich und bindet deshalb das Berufungsgericht (§ 318 ZPO analog). Es kann ihn selbst dann nicht aufheben, wenn er mit zulässiger Beschwerde angefochten wird (vgl § 577 Abs 3; BGH VersR 74, 1110; RR 95, 765; s auch Jauernig MDR 82, 286). Eine Berichtigung nach § 319 ist jedoch zulässig (Hamm FamRZ 86, 1136).

10 **1)** Vereinzelt wird die **Selbstkorrektur fehlerhafter Verwerfungsbeschlüsse** – insbesondere in Fällen der Verletzung des rechtlichen Gehörs – zugelassen (Frankfurt NJW 70, 715; Schneider JurBüro 75, 1502; 76, 430; ebenso Vorauflagen). Mit dem BGH (VersR 74, 1110; RR 95, 765; ebenso BAG NJW 71, 1823) kann dies nicht gebilligt werden. Die Öffnung des § 519b für die Korrektur im Wege der Gegenvorstellung führt zu Unklarheiten in der Rechtskraftfrage (so eindrucksvoll der im BGH RR 95, 765 dargestellte Sachverhalt). Für die Selbstkorrektur besteht auch selbst dann kein Bedürfnis, wenn wegen eines in der Sphäre des Gerichts liegenden Irrtums zu Unrecht verworfen wurde, weil dem Berufungskläger die sofortige Beschwerde offensteht und ihm in Fällen gerichtlich verursachter Fristversäumung Wiedereinsetzung zu gewähren ist.

11 **2)** Ergeht ein unrichtiger Verwerfungsbeschluß, weil dem Berufungsgericht eine den Fristablauf hindernde **Verfahrensunterbrechung nicht bekannt** war, dann ändert das nicht den gesetzl Fristlauf. Es muß Wiedereinsetzung bewilligt werden, obwohl in Wirklichkeit keine Frist versäumt worden ist (BAG NJW 71, 1822; Köln OLGZ 73, 41; LG Bochum MDR 85, 239). Die zugunsten des Rechtsmittelführers als versäumt zu fingierende Prozeßhandlung braucht nicht wiederholt zu werden (Köln OLGZ 73, 41).

12 **3)** Bloße **Änderung einer höchstrichterlichen Rechtsprechung** oder der Rechtsanschauung ist kein Grund, einen Verwerfungsbeschluß abzuändern (Schleswig SchlHA 56, 145).

13 **IV) Verwerfungsbeschluß. 1)** Bevor er ergeht, muß der richterlichen Hinweispflicht entsprochen werden, weil sonst eine unzulässige Überraschungsentscheidung ergeht (BGH MDR 91, 1198 = NJW 91, 2081). Der Verwerfungsbeschluß eines **Oberlandesgerichts** ist, außer im Fall des § 545 II, ohne Rücksicht auf den Wert des Beschwerdegegenstandes (BGH VersR 62, 163) mit der sofortigen Beschwerde (§ 567 III 2) anfechtbar, da gegen ein Urteil gleichen Inhalts ohne Rücksicht auf den Wert des Beschwerdegegenstandes die Revision zulässig wäre (§ 547). Anfechtbar ist auch ein Beschluß, durch den eine Anschlußberufung ohne gesetzliche Grundlage für wirkungslos erklärt wird, § 522 I (BGH Warneyer 1984 Nr 174).

14 **2)** Gegen Verwerfungsbeschlüsse der **Landgerichte** als Berufungsgerichte gibt es keine Beschwerde.

15 **3)** Der Beschluß des OLG, durch den die **Wiedereinsetzung** gegen die Versäumung der Berufungsfrist oder Berufungsbegründungsfrist **versagt** wird, ist praktisch ein die Berufung verwerfender Beschluß und daher gemäß § 238 II 1 wie dieser durch sofortige Beschwerde an das Revisionsgericht anfechtbar (BGHZ 21, 147; 26, 99; MDR 73, 126); auch dann, wenn das Berufungsgericht verfahrenswidrig (Rn 3) bereits vor seiner Entscheidung über das Wiedereinsetzungsgesuch die Berufung als unzulässig verworfen hatte und dagg kein Rechtsmittel eingelegt wurde (BGH VersR 65, 898). Die Entscheidung über die Berufung selbst wird durch den ledigl die Wiedereinsetzung verweigernden Beschluß noch nicht entbehrl, während durch die nachträgliche Gewährung der Wiedereinsetzung der Verwerfungsbeschluß gegenstandslos wird.

16 **4)** Ein als Wiedereinsetzungsantrag bezeichnetes Gesuch kann in eine sofortige Beschwerde gegen den Verwerfungsbeschluß **umgedeutet** werden (BGH Warneyer 74 Nr 168). Ist ein Verlängerungsantrag mit vom Anwalt selbst gesetzter Frist fälschlich abgelehnt und die Berufung deshalb verworfen worden, dann ist die sofortige Beschwerde dagegen unbegründet, wenn die Berufung auch innerhalb der selbst gesetzten Frist nicht begründet worden ist (BGH FamRZ 91, 548).

17 **5)** Aussichtslos ist es, die **Verwerfungsbeschwerde auf Wiedereinsetzungsgründe zu stützen** (BGH VersR 77, 817; 82, 95). Ist die Wiedereinsetzung abgelehnt worden, so muß auch dagegen Beschwerde eingelegt werden, weil anderenfalls der BGH an die rechtskräftige Ablehnung des Wiedereinsetzungsantrages gebunden wäre (BGH MDR 73, 126). Siehe unten Rn 21.

18 **V)** Die **Frist** für die sofortige Beschwerde gegen Verwerfungsbeschluß des OLG beginnt mit der Amtszustellung (BGH MDR 66, 757). **Beweis** und zur **Beweislast:** § 518 Rn 20.

19 **1)** Die Beschwerde kann **beim OLG eingelegt** werden (§§ 569 I, 577 II; auch in Bayern, BGH NJW 62, 1617; VersR 69, 804). Dann Vertretung durch den beim Berufungsgericht zugelassenen Prozeßbevollmächtigten mögl (BGH VersR 67, 231), der uU auch in PKH beigeordnet werden kann (§ 121 Rn 8). Sonst Einlegung beim BGH, in Bayern beim BayObLG (§ 7 VI EGZPO). Nach §§ 569 II 2, 519b II, 547 kein Anwaltszwang, wenn erstinstanzlich anwaltliche Vertretung nicht erforderlich war (Bergerfurth FamRZ 88, 601; zust BGH FamRZ 88, 1159), wohl aber bei Revision gegen Entscheidungen der Kreisgerichte (BGH Warneyer 1991 Nr 174).

2) Die Beschwerde kann auf **neue Tatsachen** und Beweise gestützt werden (BGH MDR 59, 210; VersR 70, 184). Wenn das OLG irrig angenommen hatte, die Berufung sei verspätet eingelegt, danach aber die Begründungsfrist versäumt wurde, ist die Beschwerde zu verwerfen (BGH NJW 59, 724). Anwaltszwang im Rahmen des § 78 (BGH NJW 84, 2413). 20

3) Über **Wiedereinsetzungsgründe** hat auf entspr Antrag das OLG zu entscheiden (§ 238 I; Rn 17). Bewilligung der Wiedereinsetzung macht den Verwerfungsbeschluß gegenstandslos (Rn 29), während gg den ablehnenden Beschluß gemäß § 238 II 1 die sofortige Beschwerde zulässig ist. Wird diese selbständige Anfechtungsmöglichkeit versäumt, keine Nachprüfung der behaupteten Wiedereinsetzungsgründe durch das Revisionsgericht mehr (BGH MDR 73, 126; VersR 82, 95 u 673). Offen ist die Frage, ob der BGH selbst wiedereinsetzen kann, wenn die Vorinstanz darüber nicht entschieden hat, Wiedereinsetzungsgründe aber offensichtlich gegeben sind. Prozeßwirtschaftliche Gründe sprechen dafür, erst recht verfassungsrechtliche, wenn anderenfalls ein Grundrecht des Rechtsmittelführers verletzt würde. 21

VI) Das Endurteil eines Oberlandesgerichts, durch das eine Berufung verworfen wird, ist vorbehaltlich des § 545 II (BGH NJW 68, 699) mit der Revision anfechtbar, § 547, desgleichen ein die Wiedereinsetzung versagendes Urteil eines Oberlandesgerichts (Rn 15). 22

1) **Bei Ausbleiben des Berufungsklägers** in der mündl Verhandlung wird das unzulässige Rechtsmittel regelmäßig (Ausnahme s BGH NJW 57, 1840) durch unechtes Versäumnisurteil (BGH NJW 61, 829; 69, 845) verworfen (Revision nach § 547). 23

2) Wird dagg sein Gesuch um **Wiedereinsetzung** in die versäumte Berufungs- oder Begründungsfrist bei seinem Ausbleiben in der mündl Verhandlung **verworfen,** so handelt es sich um ein echtes Versäumnisurteil (keine Nachprüfung der Wiedereinsetzungsgründe), gegen das jedoch gemäß § 238 II 2 kein Einspruch gegeben ist (Revision kann gemäß §§ 566, 513 II nur darauf gestützt werden, daß keine Säumnis vorgelegen habe, BGH NJW 69, 845). 24

3) Das Endurteil eines **Landgerichts als Berufungsgericht,** das die Berufung als unzulässig verwirft, ist mit Verkündung rechtskräftig; kein Rechtsmittel (oben Rn 14). 25

VII) 1) Die **bejahende Zulässigkeitsentscheidung** bindet das Berufungsgericht (§ 318) hinsichtl der einzelnen Zulässigkeitserfordernisse, über die darin befunden ist (BGH NJW 54, 880; BGHZ 26, 99). 26

2) Ein die **Berufung zulassender Beschluß** oder ein entspr Zwischenurteil des OLG ist nicht selbständig, sondern nur zusammen mit dem Endurteil durch Revision anfechtbar (§ 548). Die Revision ist dann nicht ohne Rücksicht auf den Wert des Beschwerdegegenstandes zulässig (§ 547). 27

VIII) Eine die Berufung verwerfende Entscheidung (Endurteil oder Beschluß) wird durch die Erteilung der Wiedereinsetzung in den vorigen Stand gegen die Versäumung der Berufungsfrist oder der Berufungsbegründungsfrist gegenstandslos, ohne daß es einer ausdrückl Aufhebung bedarf (BGHZ 45, 384; VersR 82, 95). Davon zu unterscheiden ist der Sachverhalt, daß eine Berufung verworfen wird, daraufhin erneut Berufung eingelegt und nunmehr für diese Wiedereinsetzung gewährt wird, da dann die Wiedereinsetzung nur die zweite, nicht verworfene Berufung betrifft; die erste Berufung bleibt beschwerdefähig (BGH MDR 78, 753). 28

1) Trotz der Verwerfung der Berufung als unzulässig ist die **Wiederholung der Berufung** bis zum Ablauf der Berufungsfrist zulässig, vorausgesetzt, daß der Mangel vermieden wird, der zur Verwerfung der ersten Berufung geführt hatte (BGHZ 45, 380; NJW 68, 49 mit Anm Vollkommer S 1092). Die Frage ist insbesondere dann von praktischer Bedeutung, wenn die Berufung vor Zustellung des Urteils eingelegt und die Berufungsbegründungsfrist versäumt wird. Dann kann durch nochmalige Einlegung der Berufung innerhalb der Berufungsfrist eine neue Begründungsfrist in Lauf gesetzt werden. 29

2) Der Verwerfungsbeschluß ist nach § 794 I Nr 3 ohne besonderen Ausspruch **vollstreckbar.** Eine analoge Anwendung des § 708 Nr 10 mit der Folge, daß eine erstinstanzl ausgesprochene Sicherheitsleistung (§ 709) entfallen würde, ist nicht mögl (LG Stuttgart NJW 73, 1050). 30

IX) Gerichtsgebühren: Keine, wenn durch Beschluß das Rechtsmittel als unzulässig verworfen wird. Die beschlußmäßige Verwerfung hat auch keine Ermäßigung der allgemeinen Verfahrensgebühr zur Folge. Bei Verwerfung des Rechtsmittels als unzulässig auf Grund mündlicher Verhandlung durch Endurteil ist eine Urteilsgebühr zu erheben. Für ein in 2. Instanz ergehendes Urteil, das beim Ausbleiben des Berufungsklägers in der mündl Verhandlung dessen Gesuch um Wiedereinsetzung in die versäumte Berufungsfrist oder Berufungsbegründungsfrist verwirft, ist keine Urteilsgebühr zu erheben, weil hier ein echtes Versäumnisurteil gegen die säumige Partei vorliegt (s oben Rn 24; Vorbemerkung vor KV 1100); dagegen ist ein Urteil, das beim Ausbleiben des Berufungsklägers in der mündl Verhandlung dessen Berufung als unzulässig verwirft, ein unechtes Versäumnisurteil (s oben Rn 23) und daher gebührenpflichtig – Keine Urteilsgebühr fällt für ein die Zulässigkeit des Rechtsmittels bejahendes Zwischenurteil nach § 303 (s oben Rn 7) an. Auch ein die Berufung zulassender Beschluß ergeht gebührenfrei. 31

520 *[Terminsbestimmung; Einlassungsfrist]*

(1) Wird die Berufung nicht durch Beschluß als unzulässig verworfen, so ist der Termin zur mündlichen Verhandlung zu bestimmen und den Parteien bekanntzumachen. Von der Bestimmung eines Termins zur mündlichen Verhandlung kann zunächst abgesehen werden, wenn zur abschließenden Vorbereitung eines Haupttermins ein schriftliches Vorverfahren erforderlich erscheint.

(2) Der Vorsitzende oder das Berufungsgericht kann dem Berufungsbeklagten eine Frist zur schriftlichen Berufungserwiderung und dem Berufungskläger eine Frist zur schriftlichen Stellungnahme auf die Berufungserwiderung setzen. Im Falle des Absatzes 1 Satz 2 wird dem Berufungsbeklagten eine Frist von mindestens einem Monat zur schriftlichen Berufungserwiderung gesetzt. § 277 Abs. 1 Satz 1, Abs. 2, 4 gilt entsprechend.

(3) Mit der Bekanntmachung nach Absatz 1 Satz 1 oder der Fristsetzung zur Berufungserwiderung nach Absatz 2 Satz 2 ist der Berufungsbeklagte darauf hinzuweisen, daß er sich vor dem Berufungsgericht durch einen bei diesem Gericht zugelassenen Rechtsanwalt vertreten lassen muß. Auf die Frist, die zwischen dem Zeitpunkt der Bekanntmachung des Termins und der mündlichen Verhandlung liegen muß, sind die Vorschriften des § 274 Abs. 3 entsprechend anzuwenden.

Hinweis: Abs 3 S 1 geändert durch Art 3 Nr 6 des Ges v 2. 9. 94 (BGBl I 2278) mit Wirkung vom 1. 1. 2000/2005 – im Text noch nicht berücksichtigt.

1 **I)** Über § 523 gelten die Verfahrensvorschriften des ersten Rechtszuges auch in der Berufungsinstanz, vorbehaltlich zweitinstanzlicher Sonderregelungen. Eine davon ist § 520. Mit der Fristsetzung soll das Verfahren beschleunigt werden. Deshalb sind möglichst schon mit ihr Hinweise zu geben, zB dazu, daß das Berufungsgericht von der Ansicht des Erstrichters abweichen will und damit vorinstanzliche Beweisangebote nunmehr entscheidungserheblich werden können (BGH MDR 82, 29).

2 **II) Verfahrensweisen. 1) Früher erster Termin** kann nach §§ 523, 272 II, 275 bestimmt werden. Terminsbestimmung dann „unverzüglich" (§ 216 II), jedoch erst nach Eingang der Berufungsbegründung (Celle NdsRpfl 92, 90).

3 **Ladungsfrist** für den Berufungskläger (§ 217) mindestens eine Woche. **Einlassungsfrist** für den Berufungsbeklagten (§§ 520 III 2, 274 III) mindestens zwei Wochen. Grundsätzl zu kurz, jedenfalls dann, wenn auch noch erwidert werden muß (siehen unten Rn 7).

4 **2) Schriftliches Vorverfahren** (§§ 520 I 2, 276) angebracht, wenn anderenfalls nicht damit zu rechnen ist, daß die Sache in einem einzigen Haupttermin (§ 278) erledigt oder doch weitgehend gefördert wird. Haupttermin wird bestimmt, wenn Berufungserwiderung und gfls Replik darauf vorliegen (die Sache „ausgeschrieben" ist).

5 **3)** In der Berufungspraxis werden die Möglichkeiten des § 520 oft nicht ausgeschöpft. Der Berufungsbeklagte erhält eine Erwiderungsfrist gesetzt, die Parteien werden persönl geladen, angeführte Akten werden beigezogen, aber **die eigentl Vorarbeit wird zu spät geleistet,** nämlich erst kurz vor dem Termin. Zu Hinweisen nach §§ 139, 278 III ist es dann oft zu spät; die Anwälte haben keine hinreichende Gelegenheit, sich damit zu befassen. In manchen Fällen kommen diese Hinweise sogar erst im Termin selbst und lösen dann Schriftsatznachlässe aus. Bei diesem Verfahren „wie früher" kommt es in Wirklichkeit nicht zu einem Haupttermin.

6 **III) Fristen. 1)** Bei Anberaumung eines **frühen ersten Termins** (Rn 2) steht es im **Ermessen** des Vorsitzenden oder des Gerichts, dem Berufungsbeklagten eine Frist zur schriftl Berufungserwiderung zu setzen, auf die der Berufungskläger gfls nach weiterer Fristsetzung, die mit derjenigen an den Berufungsbeklagten verbunden werden kann, replizieren muß.

7 **a)** Bei der Fristsetzung sollte **großzügig** verfahren werden. Bei der Dauer der Prozesse kommt es nicht darauf an, ob ein Termin um ein, zwei Wochen länger vorbereitet wird. Das dient letzten Endes der Sache, nicht dagegen, daß ein Anwalt unter Zeitdruck inhaltlich unvollkommene Schriftsätze anfertigen muß.

8 **b)** Im Gesetz ist keine bestimmte Frist für die **Erwiderung** vorgesehen. § 277 III, der die Vorschrift des § 275 insoweit konkretisiert, ist in § 520 nicht bezogen, so daß der Vorsitzende im Berufungsverfahren freier gestellt ist. Man wird § 277 III aber insofern sinngemäß anwenden müssen, als jedenfalls keine kürzere Erwiderungsfrist als zwei Wochen gesetzt werden darf.

9 **2)** Bei **schriftl Vorverfahren muß** (arg § 520 II 2: „wird") dem Berufungsbeklagten eine Erwiderungsfrist von mindestens einem Monat gesetzt werden. Durch Bezugnahme auf § 277 ist klargestellt, daß er seine Verteidigungsmittel entsprechend sorgfältig beachteter Prozeßförderungspflicht vorzubringen hat, und zwar durch einen beim Berufungsgericht zugelassenen Anwalt, worüber er zu belehren ist. Damit ist das Berufungsverfahren dem erstinstanzl Verfahren ange-

paßt worden. Auch bei dieser Verfahrensweise **kann** (nicht muß!) dem Berufungskläger Frist für eine Replik gesetzt werden (Rn 6).

3) Alle Fristen können (bei Antragstellung vor Fristablauf: Koblenz NJW 89, 987) **verlängert** werden, wenn „erhebliche Gründe" dies erfordern und sie glaubhaft gemacht worden sind (§ 224 II). Die Parteien dürfen nicht ungleich behandelt werden (Prinzip der „Waffengleichheit": Köln MDR 71, 933; Celle NJW 69, 1905). Jedoch ist es kein erheblicher Verlängerungsgrund, daß die Partei den Berufungsanwalt verspätet beauftragt hat (Schleswig SchlHA 78, 117). Anders wenn die Partei aus zureichenden Gründen an früherer Anwaltsbestellung gehindert war. 10

4) **Versäumung** der Erwiderungsfristen löst die prozessualen Nachteile aus, die in § 296 Abs 1, 4 festgelegt sind (§ 527). Außerdem gilt das Novenrecht der §§ 527, 528. 11

5) **Gerichtsferien** (dazu s aber Vorbem zu § 199 GVG) hemmen den Lauf der Frist gem § 223 I 1. 12

IV) Bekanntmachung. Terminsbestimmung und Fristsetzungen sind bekanntzumachen (§ 520 I 1, II 2), wobei der Berufungsbeklagte auf den Anwaltszwang hinzuweisen ist. 13

V) Maßnahmen. Unabhängig von der Verfahrensart besteht die **Förderungspflicht** des Gerichts, das alle durch die §§ 139, 278 III gebotenen und durch § 273 ermöglichten Anregungen und Mitwirkungshandlungen ausschöpfen sollte. Hat zB der Berufungsführer auf vorinstanzlich gestellte Beweisanträge nur pauschal Bezug genommen, weil sie vom Erstrichter als unerheblich angesehen worden sind, das Berufungsgericht sie aber als erheblich behandeln will, dann muß es rechtzeitig vor mündlicher Verhandlung auf seine abweichende Beurteilung hinweisen (BGH Warneyer 1981 Nr 88). 14

VI) Berufungserwiderung. Abweichend von § 519 III ist kein Mindestinhalt zwingend vorgeschrieben. Da Anwaltszwang besteht, gelten jedoch dieselben Unterschriftsanforderungen (§ 518 Rn 22 ff). Auch muß die Erwiderungsschrift erkennen lassen, daß sie das Werk des zweitinstanzlichen Prozeßbevollmächtigten ist. Unzulässig daher dessen bloßes Unterschreiben der vom erstinstanzlichen Anwalt gefertigten Erwiderungsschrift; desgleichen keine zulässige Bezugnahme auf fremde Schriftstücke als Inhalt der Erwiderung. Wer vorinstanzlich obgesiegt hatte, braucht jedoch als Berufungsbeklagter seinen früheren Vortrag nicht zu wiederholen, sondern kann sich auf die Verteidigung des Urteils beschränken (BGH FamRZ 86, 1086). 15

521 *[Berufungsanschließung]*

(1) Der Berufungsbeklagte kann sich der Berufung anschließen, selbst wenn er auf die Berufung verzichtet hat oder wenn die Berufungsfrist verstrichen ist.

(2) Die Vorschriften über die Anfechtung des Versäumnisurteils durch Berufung sind auch auf seine Anfechtung durch Anschließung anzuwenden.

1 **I)** Der **Berufungsbeklagte** kann durch Anschlußberufung erreichen, daß nicht allein die Anträge des Berufungsklägers die Grenzen bestimmen, innerhalb deren der Rechtsstreit neu zu verhandeln ist, kann also das Verschlechterungsverbot ausschalten. Zweck des § 521 ist es, diejenige Partei zu schützen, die in Unkenntnis des Rechtsmittels der Gegenpartei die Rechtsmittelfrist im Vertrauen auf den Bestand des Urteils verstreichen läßt.

2 Er **muß** sich **anschließen,** wenn er ohne eigenes Rechtsmittel mehr erreichen will als Verwerfung oder Zurückweisung der Hauptberufung (vgl BGH NJW-RR 88, 185). Daß die Anschlußberufung den Streitgegenstand der Rechtsmittelinstanz erweitern soll, muß im Anschluß-Schriftsatz eindeutig erklärt werden (BGH WPM 90, 30). Genügend etwa Vorbehaltsloserklärung eines verfahrenswidrig erlassenen Vorbehaltsurteils (Karlsruhe NJW-RR 87, 254), sei es auch nur eine Verbesserung der Vollstreckbarkeitsentscheidung, § 718 (Düsseldorf FamRZ 85, 307; er kann dann auch Anträge nach §§ 707, 719 stellen).

Mit der Anschlußberufung kann nicht derselbe Antrag wiederholt werden, dem das angefochtene Urteil stattgegeben hat (Koblenz WRP 80, 646), wohl ist Klageänderung zulässig, etwa trotz Obsiegens in der Stufenklage vorsorgliches Zurückgehen auf einen Anspruch früherer Stufe (Saarbrücken OLGZ 1988, 233). Überflüssig ist die Anschlußberufung, wenn lediglich das Ziel verfolgt wird, die Zurückweisung der Berufung mit der Maßgabe zu erreichen, daß abweichend vom erstinstanzlichen Urteil Zahlung nicht an den Kläger, sondern an dessen Zessionar zu erfolgen habe (BGH MDR 78, 398 = ZZP 91 [1978], 314 m Anm Grunsky).

Im Scheidungsprozeß ist Anschlußberufung mit dem Ziel des Angriffs auf Scheidungsanspruch zulässig, auch wenn der Rechtsmittelführer sich nur gegen eine Folgeentscheidung wendet, den Scheidungsanspruch also nicht durch das Berufungsgericht nachprüfen lassen will (BGH FamRZ 80, 233 mit Nachw). Berufung gegen ein die Scheidung aussprechendes Urteil ist nach dem **Tode eines Ehegatten** nicht mehr möglich; mit der Anschlußberufung kann aber immer noch Feststellung der Hauptsacheerledigung (§ 619) erreicht werden (Koblenz FamRZ 80, 717). Will ein **Unterhaltsberechtigter** als Berufungsbeklagter Umstände erhöhter Bedürftigkeit geltend machen, kann er der Präklusion des § 323 II nur durch Anschlußberufung ausweichen (BGH JR 86, 331 m Anm Wax = NJW 86, 383).

3 Anschlußberufung mit dem Ziel, einen **Hilfsantrag** zu stellen oder einen erstinstanzlich abgewiesenen Hauptantrag nunmehr als Hilfsantrag weiterzuverfolgen, ist möglich (Schneider JurBüro 78, 490); dagegen keine Anschließung zur Stellung eines Hilfsantrages, wenn Kläger erstinstanzlich schon mit dem Hauptantrag erfolgreich war, weil er dann bereits erstinstanzlich alles bekommen hat, was er primär erstrebt hat (Rn 20; ebenso Köln FamRZ 81, 486 Ls 3, der aber durch die in VersR 81, 266 abgedruckten Gründe nicht getragen wird).

4 **II)** Nach BGH (vgl BGHZ 4, 233; MDR 84, 569) ist die Anschließung „nicht selbst ein Rechtsmittel, sie ist nur ein auch angriffsweise wirkender Antrag innerhalb der fremden Berufung", in ihrem Verhältnis zur Hauptberufung nur akzessorisch (BGH WPM 84, 349 = NJW 84, 1240). Folgerungen ergeben sich für die Notwendigkeit einer Beschwer (Rn 20).

5 **III)** Die **Form** der Anschließung regelt § 522a (s dort). Die Anschlußberufung ist entweder **unselbständig oder selbständig** (s Schopp ZMR 88, 323).

6 **1)** Im ersteren Fall – unselbständig – ist sie abhängig von der Berufung; wird diese zurückgenommen oder als unzulässig verworfen, dann wird auch die Anschlußberufung ohne weiteres hinfällig, § 522 I. Selbständige Anschlußberufung dagegen liegt vor, wenn sie innerhalb der Berufungsfrist eingelegt worden ist (§ 522 II); ihr Schicksal ist unabhängig von dem der Berufung.

7 **2)** Wird die **Hauptberufung** zurückgenommen oder als unzulässig verworfen, so wird die **selbständige Anschlußberufung** so behandelt, als hätte der Berufungsbeklagte selbständig Berufung eingelegt (§ 522 II); sie kann also nach Wegfall der Hauptberufung weiterbetrieben werden. Es müssen dann aber auch sämtl Erfordernisse einer Berufung erfüllt sein; wegen der Förmlichkeit bleibt § 522a maßgebend (RGZ 156, 243).

8 **3) Umdeutung:** Eine selbständige, wegen fehlender Beschwer oder Nichterreichung der Berufungssumme unzulässige Berufung kann als Anschlußberufung aufrechterhalten werden (vgl BGH JZ 55, 218; Z 100, 388 = NJW 87, 3263; 95, 2362). Auch eine selbständige, aber wegen Fehlens einer ordnungsgemäßen Begründung unzulässige Berufung kann uU als unselbständige Anschlußberufung aufrechterhalten werden, da dort die Begründung im günstigsten Fall (s § 522a Rn 12) bis zum Schluß der mündl Verhandlung nachgeholt werden kann (BGH NJW 95, 1560). Allerdings kann eine „Anschlußberufung" in Wirklichkeit auch eine zulässige Berufungserweiterung sein (München FamRZ 84, 492); eine unzulässige Anschlußberufung kann in die zulässige Neufassung des Klageantrages umgedeutet werden (BGH NJW 91, 3028 = MDR 92, 189).

9 **4)** Solange die Hauptberufung nicht zurückgenommen oder verworfen ist, werden selbständige und unselbständige Anschlußberufung **gleichbehandelt** (RGZ 156, 242; § 522 Rn 6). Beschwer

und Erreichung der Berufungssumme sind solange nicht erforderl (BGHZ 4, 234). Auf die Anschließung darf nicht verzichtet worden sein (§ 514).

IV) Die **Anschlußberufung** kann auch **bedingt** erhoben werden, dh für den Fall, daß dem in erster Linie gestellten Antrag auf Verwerfung oder Zurückweisung der Berufung nicht entsprochen werden sollte, sog Hilfsanschlußberufung (BGH NJW 84, 1240). Unzulässig aber Anschlußberufung unter der Bedingung, daß ein anderer Streitgenosse im Rechtsstreit unterliege (BGH MDR 89, 899). 10

V) Angriffsziel. 1) Die Anschlußberufung ist nur Antragstellung innerhalb einer fremden Berufung und kann sich deshalb **nur gegen den Berufungsführer** richten, nicht gegen Dritte (BGH MDR 89, 522; NJW 91, 2569), etwa um die Klage auf den Konkursverwalter persönlich auszudehnen (BGH ZIP 91, 42), oder auf den Streithelfer der Berufungskl (BGH NJW 95, 198). Dritter ist auch der Beklagte, gegen den die Klage schon in erster Instanz abgewiesen wurde (Hamm OLGR 95, 38). Deshalb ist es einer Partei, die im ersten Rechtszug beteiligt war, auch nicht möglich, mit Hilfe einer Anschlußberufung in die zweite Instanz zu gelangen, wenn sich die Hauptberufung nicht gegen sie richtet (BGH NJW 91, 2569 = VersR 92, 75). Umstritten ist, ob bei Berufung im Eilverfahren mit der Anschlußberufung Neuerlaß der noch nicht vollzogenen ersten einstweiligen Verfügung erwirkt werden kann, damit kein neuer Antrag beim Eingangsgericht gestellt werden muß (gg die überwiegende Rspr zu bejahen, s Hegmanns WRP 84, 120; Schneider MDR 85, 112, 114; aA Schleswig SchlHA 89, 74 m ausführl Nachw). 11

2) Anschließung nicht an Anschlußberufung, um das eigene Rechtsmittel zu erweitern (s dazu Frankfurt FamRZ 85, 821, 822), sondern **nur an** die **vom Gegner eingelegte Hauptberufung** oder selbständige Anschlußberufung (BGHZ 88, 360 = ZZP 97, 1984, 476 m abl Anm Grunsky = JZ 84, 476 m abl Anm Fenn, der mit Recht auf die darin liegende Benachteiligung des Berufungsklägers hinweist; s auch BGH MDR 86, 658 = NJW 86, 1494 u Bergerfurth FamRZ 86, 940). Unselbständige Anschlußberufung der Hauptpartei an eine Berufung, die ihr **eigener Streitgenosse eingelegt** hat, ist unzulässig (KG VersR 75, 452). Jedoch Umdeutung in eigene (selbständige) Berufung zu erwägen; anderenfalls Vorbringen der Hauptpartei als Unterstützung der Berufung des Streithelfers zugunsten der Hauptpartei zu beachten. Im Streitgenossenprozeß können sich Verschachtelungen ergeben, die nicht immer überschaut werden. Beispiel: A, B und C klagen als Streitgenossen gegen D je eigene Ansprüche ein. Die Klagen des A und des B werden abgewiesen, C obsiegt. D legt Berufung gegen seine Verurteilung ein. Dann können A und B nur selbständige Berufung einlegen. Anschließen können sie sich nicht (Klamaris, Das Rechtsmittel der Anschlußberufung, 1975, S 196 f). 12

VI) 1) Bei einer Berufung des Beklagten gegen ein **Teilurteil** kann der Kläger nicht mit der Anschlußberufung erreichen, daß über den Teil des Anspruchs entschieden wird, der noch in erster Instanz anhängig ist (BGHZ 30, 213; FamRZ 83, 459 = Warneyer 1983 Nr 39). Jedoch darf das Berufungsgericht den in erster Instanz noch anhängenden Teil des Rechtsstreits mitbescheiden, wenn das erstinstanzl Gericht unzulässigerweise durch Teilurteil entschieden hat (siehe BGH MDR 60, 219; Schneider MDR 76, 95). 13

2) Nach **rechtskräftiger Teilabweisung** eines mit Teilklage verfolgten Anspruchs darf der mit Anschlußberufung beanspruchte Mehrbetrag noch nicht Gegenstand des Rechtsstreits gewesen sein, da sonst die Rechtskraft der Teilabweisung unbeachtet bliebe (BGH NJW 61, 1813). 14

3) Ist ein Teilanspruch erstinstanzlich abgewiesen worden, dann ist der Kläger nicht gehindert, ihn durch Anschließung an die Berufung des Beklagten im zweitinstanzlichen **Nachverfahren** weiter geltend zu machen (BGHZ 37, 131). 15

4) Gibt das Gericht der Klage durch Teilurteil statt und weist es im Schlußurteil, das auch die Kostenentscheidung enthält, die restliche Klage ab, dann muß der Beklagte, wenn er die Kostenentscheidung angreifen will, Berufung gegen das Teilurteil und gegen das Schlußurteil einlegen (§ 99 Rn 10). In diesem Fall kann der Kläger entgegen KG (MDR 90, 160) wegen des abgewiesenen Teiles seiner Klage unselbständige Anschlußberufung einlegen. 16

VII) Akzessorietät. 1) Die Anschlußberufung ist **zulässig, solange** das Verfahren über die Hauptberufung schwebt, unzulässig, wenn die Anschlußberufungsschrift erst nach Schluß der mündl Verhandlung eingeht (BGH NJW 61, 2309). Dann kann die Anschlußberufung auch nicht mehr erweitert werden (BGH MDR 84, 1014 = NJW 84, 2951). Nach Urteilserlaß oder Zurücknahme der Hauptberufung keine Anschlußberufung mehr (RGZ 55, 276 BGHZ 17, 399; Düsseldorf FamRZ 82, 921). 17

2) Anschluß des Säumigen (§ 521 II) ist nur mit der Begründung des § 513 II zulässig. 18

VIII) Ein **Verzicht** des Berufungsklägers auf die **Berufung** (s zu § 514) hindert die Anschließung nicht (§ 521 I). Der Verzicht auf die **Anschlußberufung** ist vor Einlegung des Hauptrechtsmittels unwirksam (BGH NJW 84, 2829, Köln FamRZ 83, 854 gg Stuttgart FamRZ 83, 1152; 19

Hamm FamRZ 83, 823). Zur Anschließung bei Verbundurteil s BGH FamRZ 84, 467 = MDR 84, 829; Koblenz FamRZ 85, 822); Indizwirkung des Verzichts auf Tatbestand und Gründe: BGH NJW 81, 2816; Köln FamRZ 86, 482).

20 **IX) Beschwer. 1)** Da die Anschlußberufung nicht als Rechtsmittel angesehen wird (Rn 4), wird allgemein eine Beschwer als Zulassungsvoraussetzung nicht gefordert (BGHZ 4, 234; NJW 80, 702; Saarbrücken OLGZ 88, 235); gegen diesen Ansatz, der in der Praxis auch nicht durchgehalten wird, wendet sich Grunsky (StJ Rn 6) mit überzeugenden Gründen. Nach BGH (MDR 96, 522) ist Voraussetzung, daß eine Abänderung des angefochtenen Urteils zugunsten des Anschlußrechtsmittelklägers mindestens möglich ist; ferner muß das Begehren des Anschlußrechtsmittels auf mehr gehen als das, was das angefochtene Urteil bereits zugesprochen habe (BGH RR 88, 185).

21 2) Nicht zulässig ist Anschließung zwecks **Änderung der Urteilsgründe.** Verfolgt der Kläger seinen als unzulässig abgewiesenen positiven Feststellungsantrag zweitinstanzlich weiter mit dem zusätzlichen Hilfsantrag auf Zahlung, dann darf der Beklagte Anschlußberufung mit dem Ziel der Abweisung des Feststellungsbegehrens als unbegründet einlegen, ist damit jedoch abzuweisen, wenn auch das Berufungsgericht die Feststellungsklage als unzulässig ansieht; Düsseldorf MDR 87, 1032 hält den Anschlußberufungsantrag in diesem Fall für unzulässig.

22 3) Wegen der Entbehrlichkeit einer Beschwer kann sich der in erster Instanz voll durchgedrungene Kläger der Berufung des Beklagten zur **Klageerweiterung** anschließen (BGHZ 4, 234; Warneyer 1985 Nr 107; BAG NZA 94, 761); auch, um vom ursprüngl Feststellungsanspruch zum Zahlungsanspruch überzugehen (KG VersR 69, 190).

23 **4) Zahlt der Beklagte** nach Berufungseinlegung, aber vor Einlegung der Anschlußberufung, dann kann er dadurch die Anschlußberufung nicht unzulässig machen (KG OLGZ 76, 361). Auf diese hin ist vielmehr sachl zu erkennen.

24 5) Die Anschließung ist auch zulässig, wenn sie **auf den Kostenpunkt beschränkt** wird (BGHZ 17, 397), ist aber nicht erforderlich, weil die Kostenentscheidung ohnehin unter Ausschluß des Verschlechterungsverbots (BGH MDR 81, 928; Köln NJW 89, 721; BAG KoRsp ZPO § 308 Nr 5; BSG MDR 88, 260; BVerwGE 14, 174, 175) von Amts wegen insgesamt zu überprüfen ist (BGH WPM 81, 46 [48 zu V]; KoRsp ZPO § 308 Nr 4 m Anm Lappe; Musielak FS Schwab 1990 S 357; so schon früher RG JW 13, 696, nach BGH auch bezügl eines am Rechtsmittelverfahren nicht beteiligten Streitgenossen (VersR 81, 1033 m Nachw auch zur Gegenmeinung, vor allem Köln JMBlNRW 79, 149), der bei Verschlechterung jedoch gehört werden muß, Art 103 I GG (vgl BGH VersR 81, 1035). Gilles (ZZP 92 [1979], 158 f) hält deshalb sogar die Anschließung lediglich im Kostenpunkt für unzulässig (ebenso Musielak FS Schwab 1990 S 356 f). Bei teilweiser Annahme der Revision (§ 554b) hält auch der BGH (MDR 86, 664) eine Überprüfung des rechtskräftig gewordenen Kostenteils des Berufungsurteils für unzulässig; das widerspricht seiner übrigen Rspr.

25 6) Zulässig ferner Anschlußberufung gegen die Entscheidung zur **vorläufigen Vollstreckbarkeit** des erstinstanzl Urteils (Düsseldorf FamRZ 85, 305; Frankfurt MDR 87, 1033).

26 7) Weiter kommt Anschließung in Betracht wegen der **unter § 264 Nr 2, 3 fallenden Antragsänderungen** (RGZ 61, 254).

27 8) Anschließung an Berufung des Beklagten auch mögl, wenn nur dem **Hilfsantrag** entsprochen war, um diesen durchzusetzen (BGHZ 41, 38; s auch Schneider JurBüro 78, 490), jedoch nicht umgekehrt (Köln FamRZ 81, 486).

28 9) Der Beklagte kann sich auch zur Erhebung einer **Widerklage** anschließen (RGZ 156, 242; BGHZ 4, 234). Sind Klage und Widerklage abgewiesen worden, so ist Anschließung zur **Weiterverfolgung der Widerklage** zulässig (RGZ 46, 373), selbst wenn der Beklagte und Widerkläger eine von ihm vorher selbständig eingelegte Berufung zurückgenommen (§ 515) oder auf sie verzichtet (§ 514) hatte (RGZ 38, 430); gleich steht der Fall, daß diese Berufung bereits als unzulässig verworfen worden war (RGZ 153, 348).

29 10) Ist die Klage erstinstanzl **als zur Zeit unbegründet** abgewiesen worden, kann die Anschließung darauf gerichtet werden, endgültige Klarheit zu erreichen (BGHZ 24, 279).

30 11) Zur Verfolgung von **Einwendungen,** die im ersten Rechtszug erfolglos vorgebracht worden sind, bedarf es keiner Anschlußberufung, weil dies zur Schlüssigkeitsprüfung gehört, zu der die Berufung zwingt (siehe BGH NJW 55, 825). Nach BGH MDR 78, 398 gilt das auch, wenn nach Berufung des Beklagten der Kläger deren Zurückweisung mit der Maßgabe beantragen will, der Beklagte möge (nicht zur Zahlung an den Kläger – so erste Instanz, sondern) zur Zahlung an einen Abtretungsempfänger verurteilt werden.

X) Entscheidung: Über die unselbständige Anschlußberufung kann (außer bei Anträgen nach § 718: Düsseldorf FamRZ 85, 307) nicht durch Teilurteil vorweg entschieden werden (BGHZ 20, 311), auch nicht, wenn diese unheilbar unzulässig ist (BGH MDR 94, 940). Bei Teilversäumnisurteil darf kein streitiges Teilurteil über die Anschlußberufung des Gegners ergehen (Koblenz FamRZ 89, 770 = NJW-RR 89, 960). Ein Verstoß dagegen stellt einen erhebl Verfahrensmangel dar, der vom Revisionsgericht auch ohne Verfahrensrüge von Amts wegen beachtet wird (BGHZ 16, 74). **Ausnahme,** wenn das Berufungsgericht Teilurteil zur Hauptberufung erläßt, weil dann die Anschlußberufung durch Rücknahme der restlichen Berufung nicht mehr wirkungslos werden kann; danach darf auch über die Anschlußberufung durch Teilurteil entschieden werden, dessen Zulässigkeitsvoraussetzungen (§ 301 Rn 6 ff) vorausgesetzt (Celle NJW-RR 86, 357). Eine **unzulässige** unselbständige Anschlußberufung ist ohne Zustellung und Antragstellung in der mündlichen Verhandlung zu verwerfen (BGH MDR 91, 422 = NJW-RR 91, 510). 31

XI) Kostenentscheidung (Finger MDR 86, 881; Maurer NJW 91, 72 u § 556 Rn 9). **1)** Wird die **Hauptberufung** vor Beginn der mündl Verhandlung **zurückgenommen,** wenn auch mit Einwilligung des Gegners (München MDR 85, 943), so treffen den Berufungskläger auch die **Kosten** der damit wirkungslos gewordenen unselbständigen Anschlußberufung (BGHZ 4, 241; Düsseldorf MDR 83, 64; München NJW-RR 89, 575; Frankfurt NJW-RR 91, 128). Wird die Hauptberufung nach Beginn der mündl Verhandlung mit Zustimmung des Berufungsbeklagten (§ 515 I) zurückgenommen, so hat letzterer die Kosten seiner Anschließung zu tragen (BGHZ 4, 241 f; Frankfurt NJW-RR 87, 1087; München MDR 89, 552; Düsseldorf OLGR 95, 14). Die Kosten von Berufung und Anschließung sind nach § 92 I auszuquoteln (Karlsruhe Justiz 79, 61). Das gleiche gilt, wenn sich der Berufungsbeklagte einer von vornherein unzulässigen Hauptberufung angeschlossen hatte (BGHZ 4, 240; Nürnberg MDR 89, 648; LAG Hamm LAGE ZPO § 97 Nr 1), oder wenn die Hauptberufung vor der Anschließung (wenn auch ohne Wissen des Berufungsbeklagten) wieder zurückgenommen war (BGHZ 17, 398). 32

Die Kosten einer wegen eigener Mängel unzulässigen Anschlußberufung treffen den Anschließenden (BGHZ 4, 240), ebenso die Kosten einer sachl unbegründeten oder zurückgenommenen Anschlußberufung, §§ 92, 97, 515 III (BGHZ 4, 240 f; LAG Hamm LAGE ZPO § 97 Nr 1). Kostenpflichtig ist der Anschlußberufungskläger auch, wenn seine selbständige Berufung wegen Versäumung der Begründungsfrist unzulässig war und in eine Anschlußberufung umgedeutet worden ist, der Berufungskläger dann aber seine Berufung zurücknimmt (§ 522 I; Frankfurt NJW-RR 87, 1087; aA München OLGR 96, 141). Kostenbelastung ferner, wenn die infolge Zurücknahme der Hauptberufung wirkungslos gewordene Anschlußberufung weiterverfolgt und deshalb als unzulässig verworfen wird (BGHZ 100, 388 = MDR 87, 829 = JR 88, 113 u Rimmelspacher ebenda S 93).

2) Voraussetzung ist jedoch, daß die Anschlußberufung den Streitgegenstand betrifft, der zwischen Kläger und Beklagtem verhandelt wird. Benutzt der Beklagte die Anschlußberufung, um Widerklage gegen einen am Rechtsstreit nicht beteiligten Dritten zu erheben, dann darf der Kläger bei Zurücknahme der Berufung nicht mit den dadurch erfallenen (Mehr)Kosten belastet werden (Köln VersR 77, 62). Ist der Anschlußberufungskläger jedoch aus verfahrensrechtlichen Gründen gezwungen, Widerklage zu erheben (zB bei der Abänderungsklage, § 323 Rn 34), dann trägt der Berufungskläger auch diese Kosten (aA KG FamRZ 88, 1301). 33

XII) Gebühren: 1) des **Gerichts:** Werden von beiden Parteien gegen dasselbe Urteil eingelegte Rechtsmittel in einem Verfahren verhandelt, so entsteht die allgemeine Verfahrensgebühr (KV 1220) nur einmal, und zwar: von dem einfachen Wert, wenn derselbe Streitgegenstand vorliegt, von dem zusammengerechneten Wert der Streitgegenstände, wenn diese verschieden sind (§ 19 I, II GKG). **Rücknahme der Anschlußberufung** ist gebührenrechtlich folgenlos, wenn die Rechtsmittel denselben Gegenstand betreffen oder die Anschlußberufung nicht den höheren Wert hat (§§ 19 I 3, II GKG). Hat sie einen höheren Wert oder sind die Gegenstände verschieden, fallen die nach der Rücknahme entstehenden Gebühren (zB für das Urteil) nur noch aus dem Wert der Berufung an (§ 21 GKG). Die sich aus den addierten Werten (§ 19 I 1, II GKG) oder dem höheren Wert der Anschlußberufung (§ 19 I 3, II GKG) errechnete Verfahrensgebühr 1,5 (KV 1220) ermäßigt sich nach KV 1221 auf 0,5 (Berechnung nach § 21 III GKG) bezogen auf den zurückgenommenen Wertteil. Anders als im Prozeßverfahren erster Instanz setzt die Gebührenermäßigung im Berufungsverfahren nämlich nicht die Beendigung des gesamten Verfahrens voraus. – **2)** des **Anwalts:** Wenn gegen das gleiche Urteil Rechtsmittel beider Parteien in demselben Prozeß verhandelt werden, liegt nur eine Gebühreninstanz vor. Die Anschlußberufung löst daher keine besondere Gebühr aus. Im übrigen gilt § 33 I 2 BRAGO auch für den ProzBev des Anschlußrechtsmittelklägers, der daher für seinen Antrag auf Erlaß eines VU wegen Nichterscheinens des Gegners eine $^{13}/_{10}$ Verhandlungsgebühr erhält. 34

522 *[Anschließung, Unwirksamwerden]*
(1) Die Anschließung verliert ihre Wirkung, wenn die Berufung zurückgenommen oder als unzulässig verworfen wird.

(2) Hat der Berufungsbeklagte innerhalb der Berufungsfrist sich der erhobenen Berufung angeschlossen, so wird es so angesehen, als habe er die Berufung selbständig eingelegt.

1 **I) Abs 1.** Die unselbständige Anschließung ist nur **zulässig,** wenn die Berufung zur Zeit der Anschließung noch anhängig ist.

2 1) Sie **verliert ihre Wirkung,** wenn die Berufung vor Beginn der mündl Verhandlung – oder nachher mit Einwilligung des Gegners – **zurückgenommen** oder als unzulässig **verworfen** wird. Insoweit genießt der Anschlußkläger keinen Vertrauensschutz (BGH NJW 95, 2362). Deshalb darf über die Anschlußberufung nicht durch Teilurteil vorweg entschieden werden (§ 521 Rn 31). Einseitige Zurücknahme der Berufung ist noch möglich, wenn trotz Säumnis des Berufungsklägers der Antrag auf VU zurückgewiesen oder ihm entgegen § 335 I stattgegeben und dagegen Einspruch eingelegt wird (BGH NJW 80, 2313). **Übereinstimmende Hauptsacheerledigung** steht der Berufungsrücknahme nicht gleich. Die Anschlußberufung wird dadurch nicht wirkungslos, weil bei der noch ausstehenden Kostenentscheidung gem § 91a die Erfolgsaussichten des Hauptrechtsmittels zur Erledigung zu prüfen sind, was zu einer Abänderung der vorinstanzlichen Kostenregelung zum Nachteil des Anschlußberufungsklägers führen kann (BGH NJW 86, 852; MDR 64, 143; aA AK-ZPO-Ankermann § 522 Rn 5 m Nachw).

3 2) Eine Anschlußberufung verliert entsprechend § 522 I auch dann ihre Wirkung, wenn die Parteien sich vergleichen. Erhält der Berufungsbeklagte trotzdem seine unselbständige Anschlußberufung aufrecht, dann ist sie zu verwerfen (BGH Warneyer 1984 Nr 174 = NJW 84, 852; BAG MDR 76, 961).

4 3) Die Anschließung **verliert ihre Wirkung nicht,** wenn der Berufungskläger nach dem Verlesen der Anträge und nach Erklärung der Anschließung die Berufung ohne Einwilligung des Gegners zurücknimmt (RGZ 85, 83: Rücknahme unwirksam, § 515 I) oder der Berufungskläger im Verhandlungstermin auf seinen Anspruch nach § 306 verzichtet (RGZ 45, 409) oder seine Berufung durch VersUrt zurückgewiesen wird (RGZ 103, 125).

5 4) Da die Verlustwirkung kraft Gesetzes eintritt, hat ein Ausspruch darüber nur deklaratorische Bedeutung und ist unanfechtbar (BGH NJW 90, 841). Anders jedoch, wenn die Entscheidung gerade einen Streit über die Wirksamkeit der Zurücknahme des Hauptrechtsmittels klären will; dann ist die Revisionsbeschwerde gem § 519b II zulässig (BGH Warneyer 1986 Nr 174 = NJW 86, 852).

5a 5) Aus der Abhängigkeit gem Abs 1 folgt, daß über eine unselbständige Anschlußberufung **nicht durch Teilurteil** vorweg entschieden werden darf. Dies gilt selbst dann, wenn die Anschlußberufung unheilbar unzulässig ist (BGH NJW 94, 2235).

6 **II) Abs 2.** Ist der die Anschließung enthaltende Schriftsatz innerhalb der Berufungsfrist eingegangen, so gilt die Anschließung als **selbständige Berufung;** mögl ist deshalb auch die Anschließung an eine solche (selbständige) Anschlußberufung (RGZ 17, 47; Stuttgart NJW 60, 1161). Nimmt der Berufungskläger seine Berufung zurück oder wird sie als unzulässig verworfen, so bleibt die selbständige Anschlußberufung wirksam, wenn die Berufungssumme erreicht ist (RG JW 32, 3617).

7 Erst nach Wegfall der Hauptberufung wird die Anschließung nach § 522 II als selbständige Berufung behandelt. Auch ein früherer Verzicht auf Berufung (§ 514) ist in diesem Fall zu beachten; § 521 I gilt nur für die unselbständige Anschlußberufung.

8 **III)** Zur **Kostenentscheidung** siehe Rn 32, 33 zu § 521.

9 **IV)** Wegen der **Gebühren**ermäßigung s Rn 34 zu § 521.

522a *[Form und Begründung der Anschließung]*
(1) Die Anschließung erfolgt durch Einreichung der Berufungsanschlußschrift bei dem Berufungsgericht.

(2) Die Anschlußberufung muß vor Ablauf der Berufungsbegründungsfrist (§ 519 Abs. 2) und, sofern sie nach deren Ablauf eingelegt wird, in der Anschlußschrift begründet werden.

(3) Die Vorschriften des § 518 Abs. 2, 4, des § 519 Abs. 3, 5 und der §§ 519a, 519b gelten entsprechend.

I) Anschließung möglich bis zur letzten mdl Verhandlung; Begründung wird aber nach Verspätungsrecht, §§ 528 II u 523, 296 II, 282 II, beurteilt (BGHZ 83, 371 = NJW 82, 1708 m Anm Deubner = JR 82, 414 m Anm Olzen; s auch Anm Bliesener LM § 521 ZPO Nr 13). 1

1) **Bezeichnung** als „Anschlußberufung" unnötig (BGH NJW 90, 449). **Stillschweigende Anschlußberufung** dadurch mögl, daß der Berufungsbeklagte seinerseits einen Antrag auf Abänderung des angefochtenen Urteils stellt (BGH NJW 54, 266). Bloßer Antrag auf „kostenpflichtige Zurückweisung der Berufung" genügt nicht (BGH FamRZ 84, 657). Notwendig ist, daß sich eindeutig bestimmen läßt, in welchem Umfang das Urteil angegriffen oder der Klageanspruch erweitert werden soll; der Anschlußwille sollte grundsätzlich durch einen entsprechenden Sachantrag ausgedrückt werden (ausführl BGH NJW 90, 449). Umgekehrter Fall: Der Rechtsmittelgegner überschreibt seine Berufungserwiderung auch mit „Anschlußberufung", stellt jedoch keinen Abänderungsantrag. Dann kommt es auf die Begründung an. Greift er darin ihm ungünstig entschiedene erstinstanzliche Positionen an, spricht das für Anschließung. Schon vor mündlicher Verhandlung, spätestens in ihr (Saarbrücken OLGZ 1988, 235) ist auf Klarstellung hinzuwirken (§§ 139, 278 III). 2

2) **Wirksam** wird die Anschlußberufung mit der Stellung des Antrages in der mündl Verhandlung; daher nach Schluß der mündl Verhandlung keine wirksame Anschließung mehr (BGH NJW 61, 2309; aA Düsseldorf FamRZ 82, 921: formgerechte Einlegung genügt). 3

3) **Ledigl** durch **mündl Antrag** in der Berufungsverhandlung kann eine Anschlußberufung nicht erhoben werden (BGHZ 33, 173; MDR 89, 522 = WPM 89, 503). Nach Einreichen eines Schriftsatzes, der den zu stellenden Antrag nebst Begründung enthält und in dem Anschlußberufung vorbehalten wird, genügt aber die Erklärung in der mündl Verhandlung, daß Anschlußberufung eingelegt werde, und die Stellung des angekündigten Antrags (BGHZ 33, 169). Unterzeichnung des Schriftsatzes nötig wie bei § 518. 4

4) **Zustellung** von Anschlußschrift und Begründungsschrift von Amts wegen (dazu § 519a), außer wenn die Abschrift dem Gegner in der mündl Verhandlung übergeben werden kann (BGH FamRZ 65, 556); jedoch nur Ordnungsvorschrift (Düsseldorf FamRZ 82, 922). 5

5) Von einer **Frist** ist die Zulässigkeit der Anschließung nicht abhängig, solange das Verfahren über die Hauptberufung noch nicht beendet ist (RGZ 170, 20). 6

6) Wird die Anschlußberufung innerhalb der Frist für die Einlegung der Hauptberufung eingelegt, so gilt sie als **selbständig** (§ 522 II). Jedoch gibt es dann **keine Verlängerung** der Begründungsfrist (Köln JMBlNRW 75, 265). Die **verspätete Begründung** einer unselbständigen Anschlußberufung kann eine zulässige Wiederholung der unzulässigen ersten Anschlußberufung sein (BGH NJW 54, 109). Eine **zurückgenommene Anschlußberufung** kann bis zum Schluß der mündl Verhandlung wiederholt werden (RAG JW 35, 2229). 7

II) **Begründung.** 1) Die Anschlußberufung muß entspr dem § 519 III **begründet** werden, außer wenn sie der in erster Instanz siegreich gebliebene Kläger nur zur Erweiterung des Klageantrags, der in erster Instanz erfolgreiche Bekl nur zur Erhebung einer Widerklage eingelegt hat, weil dann das erstinstanzl Urteil nicht angegriffen wird (RGZ 150, 249; 153, 104; JW 38, 895). 8

2) **Bestimmte Anträge** (§ 519 III Nr 1) sind erforderlich. 9

3) Wird die Anschlußberufung vor Ablauf der **Begründungsfrist für die Hauptberufung** eingelegt, so muß die Begründung gleichfalls innerhalb dieser Frist (gfls der verlängerten, s Rn 11) eingehen. Das gilt auch für die innerhalb der Berufungsfrist eingelegte (und daher selbständige) Anschlußberufung (RGZ 156, 240). Wann die Hauptberufung eingelegt wurde, ersieht der Berufungsbekl aus der Mitteilung des Berufungsgerichts nach § 519a S 2, die er bei Zustellung der Berufungsschrift erhält. 10

4) **Verlängerungen** der Begründungsfrist für die Hauptberufung kommen auch dem Anschlußberufungskläger zugute (BGH BGHZ 100, 388 = MDR 87, 829 = JR 88, 113 u Rimmelspacher ebenda S 93); sie sind dem Gegner ebenfalls mitzuteilen. 11

5) Ist die Anschlußberufung erst **nach Ablauf der Begründungsfrist** für die Hauptberufung eingelegt, so muß sie nach II in der Anschlußfrist zugleich begründet werden. Da eine spätere Begründung aber als wiederholte Anschließung gilt, kann praktisch die Begründung bis zum Schluß der Verhandlung über die Hauptberufung nachgeholt werden (BGH NJW 95, 1560), jedoch mit dem Risiko der Zurückweisung nach §§ 528 II u 523, 296 II, 282 II (oben Rn 1). 12

6) Auch für die erst **in der mündl Verhandlung erhobene** unselbständige Anschlußberufung genügt mündl Begründung nicht (BAG NJW 58, 357); da der Gesichtspunkt der Vorbereitung der mündl Verhandlung entfällt, sind hier an den Inhalt der Berufungsbegründung geringere Anforderungen zu stellen (BGH LM Nr 15 zu § 519 ZPO). 13

7) **Unterbleibt** die **Begründung,** so ist die Anschlußberufung unzulässig. Das steht (s Rn 12) aber erst nach Schluß der Verhandlung über die Hauptberufung fest. Vorher daher auch keine 14

Verwerfung der Anschlußberufung als unzulässig (BGH NJW 54, 109; 56, 1030). Bleibt die Begründung nach Verspätungsrecht unbeachtet (Rn 1), dann ist die Anschlußberufung als unbegründet zurückzuweisen.

15 **III) Abs 3. § 518 II:** Inhalt der Anschlußschrift; **§ 518 IV:** Anwendung der allg Bestimmungen über die vorbereitenden Schriftsätze; **§ 519 III:** Inhalt der Anschlußbegründung; **§ 519 V:** Anwendung der allg Bestimmungen über die vorbereitenden Schriftsätze. **§ 519a:** Zustellung von Anschlußberufung und Begründung von Amts wegen; **§ 519b:** Prüfung der Zulässigkeit von Amts wegen.

523 *[Verfahren wie beim Landgericht]*

Auf das weitere Verfahren sind die im ersten Rechtszug für das Verfahren vor den Landgerichten geltenden Vorschriften entsprechend anzuwenden, soweit sich nicht Abweichungen aus den Vorschriften dieses Abschnitts ergeben.

1 **I)** Die Vorschriften des ersten Buches (§§ 1–252) gelten unmittelbar für das **Berufungsverfahren,** die Regelungen der §§ 253–494 sind, soweit das Berufungsverfahren nicht Sonderregelungen enthält, entsprechend anwendbar (vgl BGH MDR 57, 229). – Besondere Regelungen für das Berufungsverfahren enthalten etwa § 528 (Zulassung neuer Angriffs- und Verteidigungsmittel) und § 530 (Widerklage und die erstmals in der Berufung geltend gemachte Aufrechnung).

2 **II)** Ausgeschlossen ist der **Übergang von Berufungsverfahren in das erstinstanzliche Verfahren** durch Verweisung von der Berufungskammer zur erstinstanzlichen Zivilkammer, wenn im Berufungsverfahren die Klage über die Zuständigkeitsgrenze des Amtsgerichts hinaus erweitert wird und das Berufungsgericht dies als sachdienlich zuläßt. § 506 ist als Sonderregelung des amtsgerichtlichen Verfahrens im Berufungsverfahren nicht anwendbar (str, s § 506 Rn 4). Im Berufungsverfahren vor dem LG kann weder an das OLG als Berufungsgericht (BGH RR 96, 891) noch an die erstinstanzliche Zivilkammer (zutreffend LG Zweibrücken RR 94, 1087 gegen OLG Oldenburg NJW 73, 810) verwiesen werden.

3 **III)** Besondere Regelungen für die Erhebung einer **Widerklage** und die Geltendmachung einer **Eventualaufrechnung** erstmals im zweiten Rechtszug enthalten § 530 I, II.

4 **IV) Einzelne Hinweise: 1)** Rechtl Gehör: erstinstanzl Versäumnisse können durch nachträgl Gewährung geheilt werden (BVerfGE 5, 24). **Überraschungsentscheidungen** rechnen hierher (BGH MDR 76, 379; s § 139 Rn 10; § 278 Rn 5) sowie hinweislose Anwendung des § 296 (Kinne DRiZ 85, 15). Zur **erneuten Beweisaufnahme** bei Abweichung von der erstinstanzlichen Zeugenbeurteilung s § 526 Rn 3.

5 **2)** Über **verspätete** nachgelassene **Schriftsätze** (§ 283) siehe Landsberg MDR 76, 726.

6 **3) Berufung des Gemeinschuldners** nach Konkurseröffnung vgl Düsseldorf DB 74, 2001: wirksam, Eintritt des Konkursverwalters ist Klageänderung.

7 **4)** Volles oder teilweises Anerkenntnis (§ 307) des Bekl und BerKl in zweiter Instanz bestätigt die Klage, so daß die Berufung als unbegründet zurückzuweisen ist.

8 **5) Sachdienlichkeit einer Klageänderung** in der Berufungsinstanz: BGH WPM 81, 657; MDR 83, 1017. Zur revisionsrechtlichen Überprüfung siehe § 550 Rn 15. Nur ausnahmsweise zu verneinen, insbesondere wenn Bejahung zur Beurteilung eines völlig neuen Streitstoffes nötigen würde, ohne daß dafür das Ergebnis der bisherigen Prozeßführung verwertet werden könnte. Maßgeblicher Gesichtspunkt der Gedanke der **Prozeßwirtschaftlichkeit** (BGH MDR 83, 1017; WPM 86, 1200), wobei es allein darauf ankommt, ob und inwieweit die Zulassung geeignet ist, den Streitstoff im Rahmen des anhängigen Rechtsstreits auszuräumen und weiteren Rechtsstreitigkeiten vorzubeugen. So liegt es zB, wenn der Kläger sich zweitinstanzlich das Verteidigungsvorbringen des Beklagten hilfsweise zu eigen macht (BGH MDR 85, 741 = NJW 85, 1841) oder der Kläger vom Wechselprozeß Abstand nimmt und die Klage ergänzend auf Darlehen stützt (BGH WPM 86, 1200 = WuB VII A 263 ZPO 1.86 – Messer).

Gegen Sachdienlichkeit spricht zB, wenn über das neue Begehren keine abschließende zweitinstanzliche Entscheidung möglich ist, weil ohnehin wegen eines Aufrechnungseinwandes zurückzuverweisen ist (BGH NJW 84, 1552, 1555). Unerheblich ist, ob noch Erklärungen der Parteien und Beweiserhebungen notwendig sind, ob Zulassung also verzögern würde, oder ob die Parteien eine Tatsacheninstanz verlieren (BGH WPM 83, 604 u 769 zu VI; 86, 1200, 1201). Jedoch sollte Sachdienlichkeit verneint werden, wenn die Klageänderung zur Zuständigkeitseinrede führen würde, die eine kostenaufwendige Verweisung nach sich zöge oder die endgültige Beilegung des Streits nicht fördern würde (Hamm FamRZ 81, 1200).

Bei Bejahung der Sachdienlichkeit muß das Berufungsgericht selbst entscheiden (BGH MDR 83, 1018; NJW 84, 1552). Die Verneinung ist gleich Zurückweisung der neuen Klageansprüche, macht also das Rechtsmittel selbst nicht unzulässig, so daß kein Fall des § 547 gegeben ist (BGH WPM 83, 1090). **Vertrauensschutz**, wenn die Partei einer Anregung des Gerichts zur Klageänderung folgt (BGH MDR 88, 223 = WPM 87, 1470).

Dagegen ist es praktisch kaum möglich, im Wege der Rechtsmitteleinlegung zugleich einen **Parteiwechsel** zu vollziehen. Dies scheitert in der Regel schon an der Zulässigkeit des Rechtsmittels, das voraussetzt, daß das mit der Klage verfolgte Ziel mindestens teilweise weiterverfolgt wird (s vor § 511 Rn 8, 8a sowie eingehend BGH NJW 94, 3358). **8a**

6) Hat das Erstgericht ein **Teilurteil** erlassen, das wegen Divergenzmöglichkeit zum Schlußurteil **unzulässig** ist (s Schneider MDR 76, 93), dann kann dies im zweiten Rechtszug durch Zwischenfeststellungsantrag nach § 256 II geheilt werden, dessen Bescheidung die Möglichkeit eines Widerspruchs zwischen Teilurteil und Schlußurteil ausräumt (Köln VersR 73, 89). **9**

7) § 358a, **vorgezogener Beweisbeschluß** gilt auch im Berufungsverfahren. **10**

523a (aufgehoben; siehe jetzt die neue Fassung des § 524)

524 *[Einzelrichter]*

(1) Zur Vorbereitung der Entscheidung kann der Vorsitzende oder in der mündlichen Verhandlung das Berufungsgericht die Sache dem Einzelrichter zuweisen. Einzelrichter ist der Vorsitzende oder ein von ihm zu bestimmendes Mitglied des Berufungsgerichts, in Sachen der Kammern für Handelssachen der Vorsitzende.

(2) Der Einzelrichter hat die Sache so weit zu fördern, daß sie in einer mündlichen Verhandlung vor dem Berufungsgericht erledigt werden kann. Er kann zu diesem Zweck einzelne Beweise erheben; dies darf nur insoweit geschehen, als es zur Vereinfachung der Verhandlung vor dem Berufungsgericht wünschenswert und von vornherein anzunehmen ist, daß das Berufungsgericht das Beweisergebnis auch ohne unmittelbaren Eindruck von dem Verlauf der Beweisaufnahme sachgemäß zu würdigen vermag.

(3) Der Einzelrichter entscheidet

1. **über die Verweisung nach § 100 in Verbindung mit den §§ 97 bis 99 des Gerichtsverfassungsgesetzes;**
2. **bei Zurücknahme der Klage oder der Berufung, Verzicht auf den geltend gemachten Anspruch oder Anerkenntnis des Anspruchs;**
3. **bei Säumnis einer Partei oder beider Parteien;**
4. **über die Kosten des Rechtsstreits nach § 91a;**
5. **über den Wert des Streitgegenstandes;**
6. **über Kosten, Gebühren und Auslagen.**

(4) Im Einverständnis der Parteien kann der Einzelrichter auch im übrigen entscheiden.

I) Innerhalb des Kollegiums sind nach § 21g GVG die Geschäfte für das gesamte Geschäftsjahr im voraus grundsätzl unabänderl auf die Mitglieder des Spruchkörpers zu verteilen. Die dadurch bestimmten „Berichterstatter" übernehmen meist zugleich die Aufgabe des Einzelrichters, ohne daß dies gerichtsverfassungsrechtlich zwingend geboten wäre. **1**

In **Baulandsachen** ist durch §§ 220 I 3, 229 I 3 BauGB der Einzelrichter für die erste u zweite Instanz ausgeschlossen. Verstoß aber gem § 295 I heilbar (BGHZ 86, 105). **2**

II) Vom Einzelrichter ist der **beauftragte** und der **ersuchte Richter** zu unterscheiden (siehe dazu Schneider DRiZ 77, 13 ff). **3**

III) Zuweisung ist in jeder Lage des Verfahrens mögl, also auch, wenn bereits Termin anberaumt oder durchgeführt oder sogar Teilbeweis erhoben worden ist. **4**

1) Die **Zuweisungsbefugnis des Vorsitzenden** besteht nur vor Beginn der mündl Verhandlung. Ab dann ist nur noch das Berufungsgericht zuständig, eine Sache dem Einzelrichter zuzuweisen (§ 524 I 1). **5**

2) Die Zuweisung durch den Vorsitzenden geschieht durch **Verfügung**, diejenige durch das Kollegium in **Beschlußform.** **6**

7 3) **Stillschweigende Zuweisung** einer Sache an den Einzelrichter sollte es nicht geben (München BayJMBl 53, 183 fordert ausnahmslos Schriftlichkeit).

8 4) **Welches Kollegialmitglied** die Tätigkeit des Einzelrichters auszuüben hat, bestimmt auch bei Übertragung durch das Prozeßgericht (§ 524 I 1) der Vorsitzende (s aber Rn 1).

9 5) Ist der Einzelrichter einmal bestellt, dann **konkurriert seine Zuständigkeit** nur noch mit derjenigen des Kollegiums. Der Vorsitzende darf die Sache nicht an den Senat zurückholen.

10 a) Streitig ist, ob er die **Person** des tätig werdenden Kollegialmitglieds **auswechseln** darf. Man wird ihm diese Befugnis dann ohne Verstoß gegen Art 101 I 2 GG einräumen dürfen, wenn **gewichtige sachl Gründe** dafür sprechen, etwa Überlastung oder Erkrankung des bisherigen Einzelrichters oder auch, weil sich zeigt, daß im konkreten Fall besondere Sachkunde notwendig ist, über die ein anderes Mitglied des Kollegiums besser verfügt, oder daß mit einer weiter eingegangenen Berufung ein rechtl oder tatsächl Sachzusammenhang besteht, der Anlaß gibt, die Bearbeitung einem einzigen Richter zu überlassen.

11 b) **Scheidet der bestellte Einzelrichter generell aus,** zB weil er einer anderen Kammer oder einem anderen Senat zugeteilt worden ist, dann ist das Bestimmungsrecht des Vorsitzenden ohne jede Einschränkung gegeben. Praktisch tritt aber nur der neue Berichterstatter an die Stelle des ausgeschiedenen und führt dessen begonnene Tätigkeit zu Ende.

12 c) Das Kollegium darf eine Sache jederzeit vom Einzelrichter an die Kammer oder an den Senat **zurückholen.** Das Kollegium hat immer „das letzte Wort" (so § 349 II 4 aF).

13 6) Den **Parteien** ist jeder **Einfluß** auf die Zuweisung und Bestimmung des Einzelrichters **versagt** (RG JW 32, 646).

14 7) Die **Bekanntgabe der Person** des Einzelrichters ist nicht vorgesehen. Sie ergibt sich aber ohne weiteres aus seinem Tätigwerden.

15 **IV) Aufgabe des Einzelrichters.** Sein erstes Ziel wird sein, eine **gütliche Regelung** herbeizuführen. Gelingt das nicht, dann soll er den Prozeßstoff klären, Unterlagen zusammentragen, Berechnungen mit den Parteien abstimmen usw und auf diese Weise die Sache so nachhaltig fördern, daß sie vom Berufungsgericht in einem Haupttermin abgeschlossen werden kann.

16 Verfassungswidrig (Art 101 I 2 GG) ist es, wenn der Einzelrichter seine die Entscheidung des Kollegiums vorbereitende Tätigkeit **„in Abstimmung mit dem Vorsitzenden"** ausübt.

17 **V) Befugnisse des Einzelrichters. 1) Grundsatz:** Nur Erörterung und Klärung des gesamten Streitstoffes mit den Parteien, um Entscheidungsreife vor dem Kollegium herbeizuführen. **Ausnahme:** Erhebung einzelner Beweise, soweit das diesem Zweck dienl ist und gewiß ist, daß eine zuverlässige Beweiswürdigung durch das Kollegium ohne persönl Eindruck möglich sein wird (§ 524 II 2). Verlagerung der Beweisaufnahme auf den Einzelrichter kann verfahrenswidrig sein und das Revisionsgericht zur Aufhebung und Zurückverweisung veranlassen (BGH ZSW 81, 36: Arztprozeß mit schwieriger Begutachtung).

18 2) Die **Vernehmung von Zeugen** durch den Einzelrichter ist nicht grundsätzlich ausgeschlossen. Ist jedoch eine umfangreiche Beweisaufnahme nötig oder ist die Beweiswürdigung voraussichtlich Kernpunkt der Entscheidung, so kann die Zeugenvernehmung nicht dem Einzelrichter übertragen werden. So hat der BGH (VersR 85, 353; MDR 94, 303) in Arzthaftungsprozessen wiederholt die Durchführung umfänglicher Zeugenvernehmung durch den Einzelrichter beanstandet. Anders dürfte es bei Verfahren liegen, die sich aus vielen Einzelpunkten zusammensetzen (Bauprozeß). Zu beachten ist auch der Grundsatz, daß im Verhältnis zur unteren Instanz abweichende Würdigung ohne erneute Vernehmung verfahrenswidrig ist (§ 526 Rn 3).

19 3) Der **Beweisbeschluß** (§§ 358, 358a), auf Grund dessen der Einzelrichter tätig wird, kann vom Kollegium oder von ihm selbst erlassen werden. Er kann nach Erhebung einzelner Beweise an das Kollegium zurückzuverweisen, wenn er dies nach § 524 II 2 für sachdienl hält.

20 4) **Meinungsverschiedenheiten** darüber, ob die Beweisaufnahme durch den Einzelrichter angebracht und/oder noch gesetzmäßig ist, können auftreten. Wie sie zu lösen sind, sagt das Gesetz nicht. Der Einzelrichter ist grundsätzl an den Beschluß des Kollegiums gebunden. Hält er die Zuweisung für gesetzwidrig, so kann er es ablehnen, die Beweisaufnahme durchzuführen, und die Sache an das Kollegium zurückverweisen.

5) Über eine **Befangenheitsablehnung** des Einzelrichters entscheidet das Kollegium, soweit es ohne den Einzelrichter noch beschlußfähig ist (§ 45 I). 21

6) Anders als vor dem beauftragten oder ersuchten Richter besteht vor dem Einzelrichter **Anwaltszwang,** auch für Vergleichsabschlüsse. 22

7) **Zwischenentscheidungen** des Einzelrichters **binden** ihn selbst und das Kollegium nach § 318, da die Tätigkeit des Einzelrichters die Einheit der mündl Verhandlung nicht aufhebt. 23

8) Bei jeder **Zeugenvernehmung** durch den Einzelrichter sollte dieser Vorgänge in der Beweisaufnahme, eigene Wahrnehmungen, das Verhalten von Zeugen usw, auf das es für die Gesamtwürdigung ankommen kann, im Protokoll festhalten. Anderenfalls dürfen diese Umstände vom Berufungsgericht bei der Beweiswürdigung nicht verwertet werden. 24

9) **Ein Verbot eidl Vernehmung** durch den Einzelrichter ist im Gesetz nicht vorgesehen. Es ergibt sich aber mittelbar aus § 524 II. Beeidigung setzt nach § 391 voraus, daß sie „mit Rücksicht auf die Bedeutung der Aussage oder zur Herbeiführung einer wahrheitsgemäßen Aussage für geboten erachtet" wird. Dies aber ist gleichbedeutend damit, daß eine Glaubwürdigkeitsprüfung nicht ohne unmittelbaren Eindruck (§ 524 II 1) durchführbar ist. 25

10) **Parteivernehmung** durch den Einzelrichter erscheint immer unangebracht (so auch BGH FamRZ 65, 212 [213]); sie gehört grundsätzl in die mündl Verhandlung des Kollegiums. Unzulässig ist es, dies zu umgehen und bloße Anhörung später als Parteivernehmung zu würdigen (BGH WPM 87, 1562; Meyke MDR 87, 358). 26

VI) Entscheidungsbefugnis. Der Einzelrichter soll nur die Endentscheidung **vorbereiten;** er darf sie deshalb grundsätzl nicht selbst treffen. Die Parteien können ihn jedoch dazu ermächtigen (§ 524 IV). 27

1) Das Einverständnis. a) Es muß **erklärt** werden. Dazu ist eine eindeutige Stellungnahme der Parteien notwendig, mündl zu Protokoll in der Verhandlung, sonst schriftsätzl. 28

b) Stillschweigendes Einverständnis der Parteien wird für mögl gehalten (München NJW 53, 187). Als Voraussetzung ist dann jedenfalls zu fordern, daß das Prozeßverhalten der Parteien keine andere Deutung zulassen darf als die einer Zustimmung. Wenn es aber schon soweit kommt, indiziert das ein mangelhaftes Verfahren. Zweifel sind nicht durch nachträgl Deutungen, sondern durch **rechtzeitiges Befragen** auszuräumen. 29

c) Kein Einverständnis liegt darin, daß der Einzelrichter eine Sache „zum Spruch" nimmt und die Parteien nicht widersprechen. Daher bestehen auch Bedenken gegen die Auffassung des OLG Köln in JMBlNRW 73, 93, durch **rügelose Einlassung** könne auf die Beschränkungen des Einzelrichters **verzichtet** werden. Es geht nicht an, schweigenden Parteien zu unterstellen, was der Einzelrichter an Zustimmung wünscht. Er hat, wenn er prozeßordnungsmäßig verfährt, zu fragen; unterläßt er solche Fragen, dann darf **Schweigen grundsätzl nicht in Zustimmung umgedeutet** werden. 30

d) Im Streitgenossenprozeß muß die Erklärung von allen Genossen abgegeben werden. Gegen den nicht zustimmenden (gleichbedeutend: schweigenden) Streitgenossen wirkt die Einzelrichter-Entscheidung anderenfalls nicht. 31

e) Einwilligung des Streithelfers wirkt nicht für die Hauptpartei. Erklärt jedoch ein Streitgenosse sein Einverständnis mit Wissen der Hauptpartei und widerspricht diese nicht, so wird darin deren eigene Zustimmung zu sehen sein. Auch hier ist fragen besser als deuten! 32

2) Geltungsbereich des Einverständnisses. Welche Verfahrensspanne von der Einverständniserklärung gedeckt wird, ist umstritten (s Karlsruhe Justiz 73, 320; Köln JMBlNRW 72, 228). Richtig erscheint es, die Reichweite des Einverständnisses **nur auf die der Erklärung folgende nächste Sachentscheidung** zu beziehen. Sachentscheidung in diesem Sinne ist ein Urteil oder jede das Urteil unmittelbar vorbereitende Entscheidung, die über Sachanträge der Parteien ergeht, nicht also eine lediglich prozeßleitende Maßnahme. 33

3) Widerruf. Die Frage der Widerruflichkeit des Einverständnisses überschneidet sich mit derjenigen nach seiner Reichweite (Rn 33). Es sind Fälle denkbar, in denen die bis zur nächstfolgenden Sachentscheidung bindende Einverständniserklärung vorzeitig widerrufen werden kann. Eine sachgerechte Lösung bietet sich an, indem **§ 128 II 1 entspr angewandt** wird mit der Folge, daß die Einverständniserklärung **„bei einer wesentl Änderung der Prozeßlage widerrufl** ist" (zust BGHZ 105, 270 = MDR 89, 242). 34

4) Bindung. a) Das Einverständnis berechtigt den Einzelrichter, **verpflichtet ihn** aber **nicht,** seine Entscheidungsmöglichkeiten auszuschöpfen. Er kann in jedem Stadium des Verfahrens seine Zuständigkeit durch Rückgabe der Sache an das Kollegium beenden (Rn 20). 35

b) Auch soweit der Einzelrichter wegen Sachzusammenhangs (Rn 47) ohne Einverständnis der Parteien Zwischenentscheidungen treffen darf (zB nach §§ 135, 360, 366, 387, 391, 406), bleibt 36 er bindungsfrei. Er darf die Entscheidung des Kollegiums darüber herbeiführen, und er wird es sogar dann tun, wenn es sich um zweifelhafte, umstrittene oder wichtige Vorgänge im Rechtsstreit handelt. Darin liegt keine Abgabe der Sache insgesamt an das Kollegium, die die Zuständigkeit des Einzelrichters beenden würde (Rn 78 f). Nach der Zwischenentscheidung des Kollegiums darf er ohne erneute Zuweisung weiter tätig werden.

37 **VII) Fehlerhaftes Vorgehen** des Einzelrichters kann im weiteren Rechtsstreit gerügt werden. **1)** Ist sein Tätigwerden als **unrichtige Sachbehandlung** einzuordnen, so dürfen die dadurch ausgelösten Gerichtskosten nicht erhoben werden (§ 8 I 1 GKG; Frankfurt NJW 71, 1757).

38 2) Erläßt ein Einzelrichter ein **Urteil, ohne** von den Parteien dazu **ermächtigt** worden zu sein, dann ist die Entscheidung fehlerhaft, aber beachtl; es liegt **kein Nichturteil** vor. Nichtigkeitsklage nach § 579 I 1 mögl u vorrangig vor Verfassungsbeschwerde (BayVerfGH NJW 86, 372). Daß das Kollegium an Stelle des Einzelrichters entscheidet, ist stets unschädl, zumal darin das konkludente Ansichziehen der Sache liegt, das dem Kollegium in jeder Lage des Verfahrens gestattet ist (siehe Rn 12).

39 3) **Verstöße gegen** eine von § 524 II 2 nicht mehr gedeckte **Beweiserhebung** des Einzelrichters – praktisch immer umfassende Vernehmung von Zeugen – sind nach der Rspr unanfechtbar (§ 355 II) und einem Rügeverzicht (§ 295) zugängl. Jedoch hat der BGH (MDR 94, 303 mN) trotz Fehlens einer speziellen Verfahrensrüge nach § 554 III Nr 3b wegen schwerer Fehler der Beweiserhebung aufgehoben und zurückverwiesen und dabei die Beweisaufnahme durch den Einzelrichter als „ein erstes Anzeichen" dafür gewertet, daß das Berufungsgericht der Tatsachenfeststellung nicht die gebührende Bedeutung beigemessen habe. Zu den revisionsrechtlichen Risiken der ER-Beweisaufnahme s Pantle NJW 91, 1279).

40 4) Erweist sich erst in der Beweisaufnahme, daß ein persönl Eindruck des Berufungsgerichts für eine sachgerechte Beweiswürdigung unerläßl ist, dann sollte sofort darauf hingewiesen, spätestens aber nach Schluß der Beweisaufnahme ein **Antrag auf wiederholte Vernehmung** durch das Kollegium (§ 398 I) gestellt werden. Die Wiederholung kann allerdings nicht erzwungen werden.

41 **VIII) Entscheidungszuständigkeit** des Einzelrichters **ohne Partei-Einverständnis** ist durch den Katalog in § 524 III klargestellt. Es handelt sich im einzelnen um: **1) Verweisungen** zwischen Zivilkammer und Kammer für Handelssachen (Nr 1). Auf Abgaben oder „Verweisungen" zwischen Familiengericht und anderen Spruchkörpern desselben Gerichts ist § 524 III Nr 1 entspr anzuwenden.

42 2) **Zurücknahme** der Klage (§ 269) oder der Berufung (§ 515); Verzicht (§ 306) und Anerkenntnis (§ 307), Nr 2.

43 3) **Säumnisentscheidungen** nach § 524 (Nr 3) einschl **unechter Versäumnisurteile.**

44 4) **Kostenentscheidungen** nach übereinstimmender Erklärung der Hauptsache für erledigt, § 91a (Nr 4). Zuständigkeit des Einzelrichters aber natürl nur, wenn die Hauptsache ihm gegenüber für erledigt erklärt worden ist. Bei Erklärung gegenüber dem Kollegium muß dieses entscheiden.

45 5) **Streitwertfestsetzung** (Nr 5). Immer, soweit es sich um Vorgänge handelt, die der Einzelrichter bearbeitet hat; darüber hinaus alle Wertfestsetzungen, die der Förderung und Beschleunigung des Verfahrens dienen, zB um die Beweiskosten abschätzen zu können.

46 6) Entscheidungen über **Kosten, Gebühren und Auslagen** (Nr 6); gemeint sind Entscheidungen zu Vorgängen, die vom Einzelrichter bearbeitet und erledigt worden sind.

47 **IX) Sachzusammenhang.** Unabhängig von dem Katalog des § 524 III ist der Einzelrichter für alle Entscheidungen zuständig, die im Rahmen der ihm übertragenen und von ihm ausgeführten Tätigkeit liegen, zB Entscheidung nach § 534 (s dort Rn 6). Insoweit hat er insbesondere zu entscheiden über:

48 1) **Prozeßverbindung und Prozeßtrennung** nach §§ 147, 145 (Stuttgart Rpfleger 74, 118).

49 2) Anträge auf **Wiedereinsetzung** in den vorigen Stand, wenn es sich um Fristen handelt, die ihm gegenüber versäumt worden sind.

50 3) Zulassung oder Zurückweisung eines **Streithelfers** nach § 71 (Frankfurt NJW 70, 817).

51 4) Alle **Maßnahmen im Rahmen der** von ihm durchgeführten **Beweiserhebung,** also etwa Zuziehung eines Sachverständigen zum Augenscheinstermin (§ 372), Festsetzung von Ordnungsgeld gegen Zeugen (zum Vorbehalt der Bestrafung siehe Rn 68), auch deren zwangsweise Vorführung (§ 380), Zwischenentscheidungen über die Rechtmäßigkeit einer Zeugnisverweigerung, § 387 (Köln MDR 74, 238), Sachverständigenablehnung (§ 406) usw.

52 5) **Hinweise** nach §§ 139, 278 III in mündl Verhandlungen oder durch Beschluß.

53 6) Anberaumung eines **Sühnetermins** nach § 279.

7) Wiedereröffnung einer mündl Verhandlung nach § 156, solange die Sache noch bei ihm bearbeitet wird. 54

8) Verhängung einer **Verzögerungsgebühr** nach § 34 GKG (Königsberg JW 26, 865). 55

9) Behandlung einer Sache als **Feriensache** (§ 200 IV GVG). 56

10) Ausübung der **Sitzungspolizei** (§§ 176 ff GVG). 57

11) Anrufung des BVerfG, wenn die verfassungsrechtl Vorfrage eine Entscheidung betrifft, die in seine Kompetenz fällt (BVerfGE 8, 248 ff; 54, 163). 58

X) Abgrenzungsprobleme. 1) Weder vom Katalog des § 524 III (Rn 41–46) noch vom Sachzusammenhang gedeckte Entscheidungen (Rn 47–58) des Einzelrichters bedürfen des Einverständnisses der Parteien (siehe dazu Rn 27 f). Wie allerdings die Abgrenzung zu verlaufen hat, ist im Gesetz nicht geregelt und schwierig zu klären. 59

2) Aus der **Fassung** des § 524 IV **„im übrigen"** läßt sich für die Auslegung nicht viel herleiten. Diese Begrenzung ist nur **relativ.** Es ist daher nötig, von Fall zu Fall die Zuständigkeit zu bestimmen. Dabei sind vor allem auseinanderzuhalten die Fragen: welche Zuweisungen an den Einzelrichter mögl und welche ausgeschlossen sind, sowie die davon unabhängige Frage, welche Befugnisse er innerhalb einer rechtmäßigen Zuweisung ausüben darf. Eine generelle Abgrenzung ist nicht mögl, weil es notwendig auch darauf ankommt, in welchem Umfang der Einzelrichter jeweils mit der Sache verfahrensrechtl befaßt ist. Bei Zweifeln ist die **Tendenz der Vereinfachungsnovelle** zu beachten, die Stellung des Einzelrichters zu stärken. 60

3) Vorbehaltl der notwendigen konkreten Prüfung und weitherzigen Rechtsanwendung läßt sich folgende **Auslegungs-Richtschnur** aufstellen: Tätigkeiten des Einzelrichters im Rahmen der Erfüllung seines ihm vom Kollegium erteilten Auftrages, die nicht bereits durch den Katalog des § 524 III gedeckt sind, bedürfen keines Einverständnisses der Parteien. Deren Einverständnis deckt umgekehrt alle Entscheidungen des Einzelrichters, die getroffen werden müssen, um zu derjenigen Sachentscheidung gelangen zu können, zu der das Einverständnis erteilt worden ist. 61

XI) Wichtige Prozeßlagen: 1) Prozeßkostenhilfe. Der Einzelrichter ist zuständig, soweit es um die Bewilligung innerhalb eines Verfahrensteils geht, den er abschließen soll; soll er im Einverständnis mit den Parteien ein die Instanz abschließendes Urteil erlassen, muß ihm auch insoweit die Entscheidungsbefugnis zugestanden werden, jedenfalls dann, wenn der Antrag auf Bewilligung von PKH erstmals vor ihm gestellt wird. Ist er bereits vor dem Kollegium gestellt worden und wird anschließend das Einverständnis nach § 524 IV mit der vollständigen Erledigung der Sache durch den Einzelrichter erteilt, entsteht seine Zuständigkeit zur Entscheidung über die PKH kraft Sachzusammenhangs (ebenso Wieczorek/Rössler, 2. Aufl 1981, § 524 Anm D II). Denn anderenfalls träte die Situation auf, daß das Kollegium über die hinreichende Erfolgsaussicht eines Rechtsmittels oder einer Rechtsverteidigung zu beschließen, der Einzelrichter dagegen unabhängig davon und bindungsfrei (§ 318 könnte sich nur auf die PKH-Entscheidung beziehen!) in der Sache selbst zu erkennen hätte. 62

Für ein **isoliertes PKH-Prüfungsverfahren** kann keine Zuständigkeit des Einzelrichters begründet werden. Denn hierbei handelt es sich um ein reines Beschlußverfahren außerhalb des Erkenntnisverfahrens, auf das § 524 aber nicht anwendbar ist (Rn 66). 63

2) Arrest und einstweilige Verfügung. Keine Zuständigkeit begründbar, soweit es sich um reine Beschlußverfahren ohne mündl Verhandlung handelt. Ist mündl Verhandlung anberaumt worden, dann besteht kein gesetzl Verbot, zur Vorbereitung der Berufungsentscheidung einen Einzelrichter zu bestellen. Jedoch wird es kaum jemals Fälle geben, in denen dieses Vorgehen als zweckmäßig und verfahrensbeschleunigend angesehen werden könnte. 64

3) Aussetzung. Im Verlaufe der Tätigkeit des Einzelrichters können sich Prozeßlagen ergeben, die eine Verfahrensaussetzung (§§ 148 ff) sachdienl erscheinen lassen. Dann handelt es sich um Entscheidungen, die im Sachzusammenhang mit der Tätigkeit des Einzelrichters stehen, so daß seine Zuständigkeit nicht durch eine Einverständniserklärung der Parteien bedingt ist. 65

4) Im **Beschwerdeverfahren** kommt ein Tätigwerden des Einzelrichters nur in Betracht, wenn § 524 analog angewendet werden darf, was jedoch nicht der Fall ist. Das Beschwerdeverfahren läuft schriftl ab. Zur Vorbereitung der Entscheidung des Kollegiums wird daher ohnehin immer nur ein Mitglied des Kollegiums tätig – der Vorsitzende oder der Berichterstatter –, das durch Verfügungen auf Wahrung rechtl Gehörs achtet, Hinweise gibt, den Schriftsatzwechsel kontrolliert usw. Es besteht angesichts dessen kein Anlaß, den ohnehin tätigen einzelnen Richter zum Einzelrichter zu bestellen. 66

5) Bestrafungsbeschlüsse nach § 890. Es handelt sich um ein selbständiges Beschlußverfahren, auf das § 524 unanwendbar ist (Rn 66). 67

6) Bestrafung einer säumigen Partei. Soweit der Einzelrichter Zeugen vernehmen muß, hat er auch die vom Gesetz gebotenen Maßnahmen zu treffen, um die Vernehmung durchführen zu 68 können. Bei der Parteivernehmung verhält es sich ebenso (abgesehen von der anderen Frage, ob sie überhaupt vor dem Einzelrichter angebracht ist; vgl Rn 26). Der Einzelrichter wird aber, wenn er erörtert oder verhandelt, regelmäßig die Parteien zuziehen und deren Erscheinen anordnen (§ 141 I 1). Dann muß ihm – kraft Sachzusammenhangs (oben Rn 47) – auch die Befugnis eingeräumt werden, die im Gesetz vorgesehenen Erzwingungsmaßnahmen zu treffen. Er darf also ein Ordnungsgeld androhen und festsetzen, sich auch diese Festsetzung vorbehalten, falls eine genügende Entschuldigung (§ 381) nicht nachgebracht wird. In diesem Fall bleibt seine Bestrafungszuständigkeit auch nach Abgabe der Sache bestehen (aA zum alten Recht Köln MDR 74, 283).

69 7) **Beweissicherung.** Soweit es sich um ein isoliertes Beschlußverfahren handelt, kann keine Zuständigkeit des Einzelrichters begründet werden (Rn 66). Soweit dagegen während seiner Befassung mit der Sache ein Antrag auf Beweissicherung gestellt wird, handelt es sich um eine begleitende Maßnahme, die er ohne Einverständnis der Parteien beschließen darf. Meist wird es zweckmäßig sein, die Entscheidung des Kollegiums nachzusuchen.

70 8) **Einstweilige Einstellung.** Zuständigkeit kraft Sachzusammenhangs nur, wenn es sich um seine eigenen Entscheidungen handelt (Hamburg MDR 68, 54; nach altem Recht sehr umstritten, vgl mit Nachw Köln NJW 68, 406).

71 9) **Prozeßpfleger:** Recht zur Bestellung nach § 57 ZPO.

72 10) **Ruhen des Verfahrens.** Anordnung nach § 251 unproblematisch, da im beiderseitigen Parteiantrag das Einverständnis nach § 524 IV liegt. Anordnung nach § 251a III fällt in den Entscheidungs-Sachzusammenhang, so daß deswegen die Einzelrichter-Zuständigkeit besteht.

73 11) **Schiedsspruchvollstreckung.** Keine Angelegenheit, in der der Einzelrichter tätig werden kann, da keine notwendige mündl Verhandlung (§ 1042a I 1). Soweit ein Urteilsverfahren in Gang gesetzt wird (§ 1042a I 2), ist Einzelrichter-Bestellung denkbar.

74 12) **Sicherheitsleistung.** Kraft Sachzusammenhangs zuständig, soweit die Anordnung nach § 108 seine eigene Entscheidung betrifft.

75 13) **Verweisung.** Neben § 524 III 1 kommt Verweisung nach § 281 in Betracht. Grundsätzl obliegt sie dem Kollegium. Findet aber eine mündl Verhandlung vor dem Einzelrichter statt, in der Verweisungsanträge gestellt werden, so hat er darüber kraft Sachzusammenhangs zu entscheiden, bedarf also nicht des Einverständnisses gemäß § 524 IV.

76 14) **Vorabentscheidung über vorläufige Vollstreckbarkeit.** Nach § 718 auf Antrag gesonderte Verhandlung und Entscheidung. Dient der Vorbereitung der Hauptsache-Entscheidung und kann daher ohne Einverständnis der Parteien dem Einzelrichter übertragen werden. Innerhalb einer vor ihm stattfindenden Verhandlung ist er kraft Sachzusammenhangs (Rn 47) zuständig (aA Frankfurt MDR 90, 931 m Nachw).

77 15) **Wechsel- und Scheckprozeß.** Wegen der Dringlichkeit dieser Verfahren auch in der Berufungsinstanz ist Zuweisung an den Einzelrichter stets untunlich.

78 **XII)** Nach **Erledigung seiner Aufgabe** legt der Einzelrichter die Sache dem Vorsitzenden vor, damit dieser Termin zur mündl Verhandlung vor dem Kollegium anberaumen kann.

79 1) Unterrichtung der Parteien oder Prozeßbevollmächtigten durch formlose Mitteilung ist angebracht, soweit sich nicht die Information schon aus dem Protokoll ergibt.

80 2) Hat der Einzelrichter die Sache abgegeben, ist damit seine **Zuständigkeit erloschen.** Er darf nicht mehr tätig werden, ausgenommen nur bei solchen Handlungen und Entscheidungen, die sich auf seine frühere Tätigkeit beziehen, zB Festsetzung eines Streitwertes für einen vor ihm abgeschlossenen gerichtl Vergleich (München MDR 63, 688) oder eine Tatbestandsberichtigung nach § 320 (Köln MDR 74, 238). Berichtigungen nach **§ 319** darf auch das Kollegium vornehmen.

81 3) Will er **darüber hinaus tätig** werden, muß er sich **erneut** vom Gericht **bestellen** lassen. Das gilt auch dann, wenn es sich um Maßnahmen handelt, die zwar durch seine frühere Tätigkeit bedingt sind, aber vom sachl Gehalt her nicht Vergangenes betreffen, sondern die zukünftige Verfahrensgestaltung. Beispiel: Vergleich vor dem Einzelrichter und spätere Einwendungen gegen die Erteilung der Vollstreckungsklausel nach § 732 (Oldenburg NJW 63, 257).

82 **XIII) Gebühren:** 1) des **Gerichts:** Keine. – 2) des **Anwalts:** „Anträge" des RA, die Sache einem Einzelrichter zuzuweisen oder wieder an das Kollegium abzugeben, stellen keine Anträge zur Prozeß- oder Sachleitung dar, die ½ Verhandlungsgebühr nach § 33 II BRAGO auslösen können. AM Hartmann, KostG BRAGO § 33 Anm 4 „Einzelrichter" Rn 36.

525 *[Verhandlung vor dem Berufungsgericht]*

Vor dem Berufungsgericht wird der Rechtsstreit in den durch die Anträge bestimmten Grenzen von neuem verhandelt.

I) Der **Streitgegenstand** des Berufungsgerichts wird durch die Anträge bestimmt (§ 537), auch soweit sie im Berufungsverfahren neu erhoben werden. Bei Aufhebung und Zurückverweisung durch das Revisionsgericht s § 565 Rn 2. 1

1) Die Grenzen werden durch die verlesenen (§ 297) Anträge gezogen (vgl §§ 308, 536), die von den in der Berufungsbegründung enthaltenen (§ 519 III 3) abweichen und bis zum Schluß der mündl Verhandlung erweitert werden können (§ 519 Rn 10). 2

2) **Beiderseitige Berufungseinlegung** ändert nichts an der Einheitlichkeit des Rechtsstreits. Auch mehrfache Berufungseinlegung derselben Partei läßt nicht mehrere Berufungsverfahren entstehen (§ 519b Rn 5). 3

II) Da die **mündl Verhandlung** in der Berufungsinstanz eine Fortsetzung der Verhandlung erster Instanz bildet, wirken insbes Parteierklärungen fort (§ 532); desgleichen die Beweisergebnisse (§ 526 I). 4

III) Zu überprüfen sind auch die **Vorentscheidungen** erster Instanz, soweit sie unter § 512 fallen. 5

IV) **Verfahrensgrundsätze** müssen in jeder Instanz beachtet werden (s Köln OLGZ 79, 472; ZIP 81, 434). **1)** Wichtig auch für das Berufungsgericht, seiner **Hinweispflicht** nach §§ 139, 278 III nachzukommen, und zwar möglichst früh vor dem Termin (Nachw bei Schneider MDR 89, 1069). 6

2) **Beweisrecht:** § 526 Rn 3. 7

3) Erstinstanzl **Gehörsverletzungen** können durch **nachträgl Gewährung geheilt** werden (BVerfGE 5, 24). Das Berufungsgericht muß alle Ausführungen zur Kenntnis nehmen. Ein Verstoß dagegen stützt die Verfassungsbeschwerde (BVerfGE 46, 315). 8

V) Zum **Verschlechterungsverbot** siehe zu § 536. Es gilt nicht für die Kostenentscheidung; auch bei erfolglosem Rechtsmittel darf eine falsche Kostenentscheidung wegen fehlender Antragsbindung (§ 308 II) von Amts wegen berichtigt werden (§ 521 Rn 24). 9

526 *[Vortrag des Akteninhalts des ersten Rechtszuges]*

(1) Bei der mündlichen Verhandlung haben die Parteien das durch die Berufung angefochtene Urteil sowie die dem Urteil vorausgegangenen Entscheidungen nebst den Entscheidungsgründen und den Beweisverhandlungen insoweit vorzutragen, als dies zum Verständnis der Berufungsanträge und zur Prüfung der Richtigkeit der angefochtenen Entscheidung erforderlich ist.

(2) Im Falle der Unrichtigkeit oder Unvollständigkeit des Vortrags hat der Vorsitzende dessen Berichtigung oder Vervollständigung, nötigenfalls unter Wiedereröffnung der Verhandlung, zu veranlassen.

I) Nach § 278 I **muß** das Gericht im Haupttermin in den Sach- und Streitstand einführen, und die erschienenen Parteien **sollen** dazu selbst angehört werden. Das gilt über § 523 auch für das Berufungsverfahren. Die Parteien können aber darauf verzichten (§ 295). 1

II) Den Erfordernissen des § 526 I wird durch eine ordnungsmäßige Berufungsbegründung (§ 519) entsprochen, die in der mündl Verhandlung in Bezug genommen wird (§ 137 III). 2

III) **Beweisrecht.** Eine Beweisaufnahme erster Instanz behält ihren Wert auch für die Berufungsinstanz; Verwertung von Beweisprotokollen aus anderen Verfahren ist immer zulässig, selbst wenn eine Partei widerspricht (BGH VersR 83, 667; MDR 85, 567). **Aussageverweigerung** erstmals in zweiter Instanz hindert die Verwertung der erstinstanzlichen Aussage nicht. Es handelt sich dann um **Zeugenbeweis,** nicht um Urkundenbeweis durch Verwertung vorinstanzlicher Vernehmungsprotokolle (Braunschweig NdsRpfl 60, 162). Das folgt aus dem Grundsatz der Einheit aller mündlichen Verhandlungen. **Beweisverwertungsverbote** (Rn 12 vor § 284) müssen berücksichtigt werden, auch die versäumte Belehrung über ein Aussageverweigerungsrecht, jedoch Rügeverzicht nach § 295 I möglich (BGH MDR 85, 567 = NJW 85, 1470; zusammenfassend Schneider ZAP F 13 S 166). Streitgenossen dürfen nicht als Zeugen vernommen werden, sofern sie noch selbst betroffen sind (BGH WPM 83, 729), wobei Fortbeteiligung im Kostenpunkt genügen kann (Schneider MDR 82, 372 m Nachw). 3

Beweisantizipation ist unzulässig (BVerfG NVwZ 87, 785; BGH MDR 88, 1041; WPM 91, 287), auch beim schlüssigen Indizienbeweis (BGH NJW 92, 2489). Auch selbstgeschaffene „Beweisregeln" sind unzulässig, etwa die grundsätzliche Insassenabwertung der sog „Beifahrerrechtsprechung" (BGH MDR 88, 307 = VersR 88, 416). Erst recht darf sich das Gericht nicht über unstreitiges Parteivorbringen hinwegsetzen (BGH NJW-RR 87, 1018). Bei Richterwechsel muß ggf die Beweisaufnahme wiederholt werden (BVerwG NJW 86, 3154). Bei Indizienbeweis oder bei Wertungsschätzungen (**Schmerzensgeld**) muß die Begründung überprüfbar ausführlich sein und darf auch bei Anwendung des § 287 wesentliches Parteivorbringen nicht übergehen (BGH VersR 92, 1410; 88, 943; Warneyer 1983 Nr 57).

Dem Verbot der Vorwegwürdigung von Beweisen korrespondiert das **Erschöpfungsgebot.** Auf ein abweichendes PrivatGA muß eingegangen werden (BGH GRUR 81, 534), desgleichen auf ein gerichtliches GA in einem Vorprozeß (BGH ZSW 82, 39); ggf neue Begutachtung, wenn sonst die Parteien das Recht verlören, gem §§ 402, 397 Fragen zu stellen (BGH NJW 83, 121). Nicht festgestellte Tatsachen dürfen bei der Beweiswürdigung nicht berücksichtigt werden. **Beiziehung von Strafakten** ist gegen den Widerspruch einer Partei immer zulässig, auch wenn die im Ermittlungsverfahren vernommene Partei als Zeuge benannt wird. Dieser Beweisantrag bleibt jedoch erheblich, so daß es nicht zulässig ist, von der Vernehmung abzusehen und statt dessen die protokollierte Aussage zu verwerten (BGH NJW-RR 92, 1215 = MDR 92, 803). Strafaktenverwertung statt Zeugenvernehmung ist mit Einverständnis der Parteien zulässig; auch dann darf aber die Wahrheit beurkundeter Aussagen nicht aus Gründen angezweifelt werden, für die weder in der Urkunde noch sonst belegbare Umstände erkennbar sind (BGH VersR 81, 1127; MDR 92, 803).

Gesamtschau ist geboten. Der Tatrichter muß die entscheidungserheblichen Umstände erschöpfend würdigen und die einzelnen Beweismittel auch in ihrem Gesamtzusammenhang zum Prozeßgeschehen werten (BGH VersR 81, 352). Der Wahrheitspflicht der Parteien (§ 138 I) entspricht die Wahrheitsermittlungspflicht des Gerichts. Innerhalb der Beweiswürdigung hat das Gericht einen **Ermessensbereich.** Beim Indizienbeweis ist der Richter freier gestellt und darf vorab (antizipierend) die Schlüssigkeit der Beweiskette prüfen (BGH MDR 83, 47).

Zu den einzelnen Beweismitteln: **Augenschein.** Sein protokolliertes Ergebnis darf vom Berufungsgericht nicht ohne eigene Feststellungen abweichend bewertet werden (BGH VersR 85, 839). Bei Veränderung der Richterbank darf nur berücksichtigt werden, was protokolliert worden ist, also keine persönliche Erinnerung, die nicht alle Richter haben können (BGH WPM 92, 1713/14). Der Augenschein hat aber Vorrang vor vermittelnden Beweisen (LG Stuttgart NJW-RR 88, 1241: Videoaufzeichnung und Lichtbilder erübrigen Zeugenvernehmung). Aussagekräftige Fotografien können auch eine zusätzliche Ortsbesichtigung entbehrlich machen (BGH VersR 88, 79). Umgekehrt kann eine Ortsbesichtigung zusätzlich zu einem SV-GA geboten sein (BGH ZMR 92, 379: Bewertung von Lärmimmissionen).

Zeugen. Dazu rechnen auch solche „vom Hörensagen" (ausführl Schneider Anm zu LAG München LAGE ZPO § 373 Nr 2). Die Frage, ob die protokollierte Aussage inhaltlich ergiebig ist, darf an Hand der erstinstanzlichen Vernehmungsniederschrift beurteilt werden (zB BGH NJW 72, 584; r + s 85, 76). Insoweit steht es im Ermessen des Berufungsgerichts, ob es die Zeugen erneut vernehmen will (§ 398 I), desgleichen bei vorangegangener Rechtshilfevernehmung im Ausland (Karlsruhe NJW-RR 90, 191) oder wenn eine inhaltlich in Übereinstimmung mit der Vorinstanz festgestellte Erklärung anders ausgelegt wird (BGH WPM 89, 1344). Fordert jedoch die Beweislage im Einzelfall eine erneute Vernehmung, weil dadurch eine bessere Aufklärung erzielt wird, dann zwingt pflichtgemäße Ermessensausübung zur Wiederholung der Beweisaufnahme (Pantle NJW 87, 3160; zu Fehlerquellen bei der ER-Beweisaufnahme s Pantle NJW 91, 1279). Dabei kann es genügen, die Wiederholung auf einzelne, besonders wichtige Aussageninhalte zu beschränken. Unzulässig hingegen im Streitgenossenprozeß die Abspaltung durch Teilurteil gegen einen Streitgenossen und Vernehmungswiederholung hinsichtlich des anderen bei Erheblichkeit des Beweisthemas für beide (BGH WPM 92, 242 = MDR 92, 411) oder bei Beschränkung der wiederholten Vernehmung auf einen Zeugen, wenn erstinstanzlich mehrere zum Thema vernommen worden sind, sofern nicht auf diese verzichtet worden ist (BGH MDR 91, 899 = NJW 91, 2082). Zu beachten ist bei diesen Überlegungen, daß erneute Vernehmung die Aussagetüchtigkeit nicht verbessert; der Realitätsgehalt einer Aussage sinkt im Gegenteil mit jeder weiteren Vernehmung (psychologisch gesicherte Erkenntnis; vgl zB Hörmann, Handbuch der Psychologie, Bd I 2, Lernen und Denken, 2. Aufl 1964, S 225 ff, 242 f).

Die Tendenz der neueren Rspr des BGH geht dahin, den Ermessensbereich des Berufungsgerichts immer mehr einzuengen (zum Umfang der revisionsrechtlichen Überprüfung s § 559 Rn 13). Es bleibt abzuwarten, ob sich diese Judikatur aufrechterhalten läßt, nachdem durch die Neufassung der §§ 375, 377 die Bedeutung des unmittelbaren Eindrucks von der Person eines Zeugen erheblich zurückgedrängt worden ist. Wenn der Gesetzgeber die Wahrung dieses Unmittelbarkeitsgrundsatzes weitgehend in das Ermessen des Gericht stellt, wird der BGH „von Rechts wegen" schwerlich strengere Anforderungen stellen dürfen. – Der derzeitige Stand der Rspr ist folgender: Kein Richter darf einen **persönlichen Eindruck** berücksichtigen, den er nicht gehabt hat und der nicht protokolliert ist (BGH NJW 92, 1966; MDR 91, 672 = WPM 91, 566 = ZAP F 13 S 109 – Schneider).

Beweisverwertungsverbote (Schneider, Beweis und Beweiswürdigung, 4. Aufl 1987, § 11) sind in jeder Instanz zu beachten, zB die Zeugenbeschaffung durch Belauschen eines Gesprächs unter vier Augen (BGH MDR 91, 672 = NJW 91, 1180 = ZAP F 13 S 109 – Schneider).

Soweit das Berufungsgericht in der **Glaubwürdigkeitsbeurteilung** von derjenigen der ersten Instanz abweichen will (anders bei Übereinstimmung, Oldenburg NdsRpfl 92, 220), muß es die Beweisaufnahme wiederholen, um sich selbst den zur Würdigung nötigen persönlichen Eindruck zu verschaffen (Nachw bei Schneider NJW 74, 841; Anm zu BAG EzA ZPO § 398 Nr 2; Nasall ZZP 98, 1985, 313; Pantle NJW 87, 3160; aus der jüngsten Rspr vgl BGH WPM 88, 876 = WuB VII A § 398 ZPO 1.88 – Deuchler; NJW-RR 89, 380; MDR 91, 670 = WPM 91, 963). Das kann auch erforderlich sein, wenn ein Zeuge vor dem Prozeßgericht, ein anderer im **Ausland** vernommen worden ist und der persönliche Eindruck ausschlaggebend ist (BGH NJW 90, 3088 = WPM 90, 2095). Es besteht dann kein Ermessensspielraum (BGH GRUR 81, 534; ZZP 105, 1992, 500 m Anm Leipold). Ebenso liegt es, wenn die Vorinstanz mehreren Zeugenaussagen keine oder die gleiche Überzeugungskraft beimißt, das Berufungsgericht jedoch eine der Aussagen als überzeugungskräftiger ansehen und deshalb das Beweiswürdigungsergebnis anders beurteilen will (BGH WPM 83, 1394; WPM 91, 1896 = MDR 91, 1089). Sehr weitgehend fordert der BGH, daß wesentliche Zeugen erneut vernommen werden, wenn das Erstgericht die Beweiserheblichkeit verneint und sich deshalb zur Glaubwürdigkeit gar nicht geäußert hatte (BGH MDR 82, 220 gg NJW 72, 584; 91, 1102; VersR 86, 970; r+s 90, 143; anders Oldenburg MDR 92, 1185) oder wenn das Berufungsgericht von der auf eine Zeugenaussage gestützten vorinstanzlichen Schadenschätzung abweichen will (BGH WPM 88, 1029). Ebenso, wenn es der Aussage eines erstinstanzlich vernommenen Zeugen bei der Würdigung der Aussage eines *anderen* Zeugen stärkeres Gewicht als das Erstgericht beimessen will (BGH VersR 85, 183; WPM 91, 1896 = MDR 91, 1089) oder wenn das Berufungsgericht eine entscheidende Stelle der Aussageniederschrift abweichend vom Wortlaut und der Deutung des Erstrichters werten will (BGH Warneyer 84 Nr 380; WPM 82, 16; MDR 91, 670 = NJW 91, 1138), ohne daß es darauf ankommt, ob beeidet worden ist oder nicht (BGH MDR 82, 297). Problematisch ist dabei die Abgrenzung, wann das Berufungsgericht in der subjektiven Wertung („persönlicher Eindruck") abweicht (s BGH Warneyer 1985 Nr 2 S 5). Immer muß aus dem Sitzungsprotokoll ersichtlich sein, daß die Parteien Gelegenheit hatten, über das Beweisergebnis zu verhandeln, §§ 278 II 2, 285 I (BGH NJW 90, 121). Nach Zeugnisverweigerung ist Vernehmung nur geboten, wenn Anhaltspunkte dafür dargelegt werden, daß der Zeuge nunmehr aussagen wolle (BGH NJW-RR 87, 445). – Im **Verfügungsverfahren** lassen sich die Grundsätze des BGH nicht durchhalten, wenn der erstinstanzlich gestellte und vernommene Zeuge es ablehnt, sich zweitinstanzlich erneut vernehmen zu lassen. Das Berufungsgericht darf ihn wegen § 294 II nicht laden (vgl näher Schneider ZAP F 13 S 190).

Sachverständige (s Broß ZZP 102, 1989, 428 ff). Gutachten, die in anderen Verfahren erstattet worden sind, dürfen nur berücksichtigt werden, wenn die Parteien Gelegenheit hatten, dazu Stellung zu nehmen, weil anderenfalls verfahrenswidrig eigenes Wissen unter Verstoß gegen Art 103 I GG verwertet würde (BGH VersR 91, 1055, 1057 = Warneyer 1991 Nr 178). Widersprüche zwischen mehreren Gutachten muß das Gericht von Amts wegen zu klären versuchen (BGH NJW 92, 2291, 2292). Will der Richter abweichend vom GA entscheiden, dann muß er sich mit den sachverständigen Darlegungen auseinandersetzen und diese unter Nachweis eigener Sachkunde in den Entscheidungsgründen so widerlegen, daß dem Revisionsgericht eine Überprüfung möglich ist (BGH Warneyer 1987 Nr 396; NJW-RR 88, 1235; VersR 89, 758 = MDR 89, 902; EzFamR ZPO § 301 Nr. 5), selbst im Rahmen einer Schätzung nach § 287 (BGH ZSW 89, 130). Genügen kann die Verwertung eines vorgelegten Privatgutachtens (BGH r+s 90, 143). In der Regel bewahrt dies den Berufungsrichter jedoch nicht vor Aufhebung und Zurückverweisung gem § 564, weil die in sich widersprüchliche Rspr des BGH weitgehend floskelhaft die eigene Sachkunde des Berufungsgerichts verneint (s dazu Schneider MDR 85, 199 m Nachw). Zweifel sollte der Berufungsrichter deshalb durch Befragung des SV beheben (BGH MDR 84, 660); anderenfalls setzt er sich der Verfahrensrüge unzureichender Sachaufklärung aus (BGH NJW-RR 89, 1275: Verstoß gegen §§ 286 I, 411 III). Das gilt bei sachkundigen Einwendungen einer Partei (BGH NJW-RR 88, 763; MDR 87, 46 u 1018 = NJW 87, 2300) und insbes bei widerstreitenden GA (BGH MDR 80, 662; 87, 226 = VersR 87, 179), vor allem im Arztprozeß (vgl zB BGH NJW 85, 2752; VersR 86, 467). Auch eine zusätzliche Ortsbesichtigung kann erforderlich sein (BGH ZMR 92, 379: Bewertung von Lärmimmissionen).

Auf Antrag einer Partei besteht **Anhörungszwang** (Pantle MDR 89, 312; § 411 Rn 5), insbesondere wenn neue sachliche Einwendungen vorgebracht werden (BGH VersR 86, 1079; MDR 86, 915) oder wegen unbehobener Unklarheiten schon amtswegige Ladung gem § 411 III geboten gewesen wäre (BGH Warneyer 1989 Nr 4). Das gilt auch dann, wenn ein im Beweissicherungsverfahren erstattetes Gutachten im Hauptprozeß nicht verwertbar ist, der Anhörungsantrag jedoch zugleich die Vernehmung des Sachverständigen als sachverständigen Zeugen erstrebt (BGH NJW-RR 91, 254 = NJ 91, 174). Auch wenn eine Partei ihr Anhörungsrecht verloren hat, kann die Aufklärungspflicht des Gerichts die Anhörung erforderlich machen, insbesondere wenn ein kritisches Privatgutachten vorgelegt wird, das verfahrensrechtlich substantiiertes Vorbringen darstellt (BGH NJW 92, 1459 = BB 92, 1889).

Urkunden dürfen nur verwertet werden, wenn sie den Parteien bekanntgegeben worden sind. Das gilt insbesondere für SV-GA, die in einem anderen Verfahren erstattet worden sind (BGH VersR 91, 1055) und für beigezogene Akten. Jedoch dürfen Strafakten auch gegen den Willen der Parteien beigezogen werden; nur dürfen deshalb nicht Zeugenbeweisantritte übergangen werden (BGH VersR 92, 1028 = MDR 92, 803). Auch die beweisrechtliche Verwertung eines vorgelegten **Privatgutachtens** entbindet nicht von der Vernehmung des Gutachters, wenn dieser zusätzlich als Zeuge benannt wird (BGH NJW-RR 92, 1215). Die Beweiskraft einer Urkunde darf nicht wegen vorinstanzlich als unglaubhaft beurteilter Zeugenaussagen abgewertet werden, ohne daß die Zeugen erneut vernommen worden sind (BGH Warneyer 1991 Nr 220). Da Urkunden keinen Beweis über Tatsachen außer ihrer selbst zulassen, darf auch die Überzeugungskraft einer urkundlich verwerteten Zeugenaussage nur aus Gründen angezweifelt werden, die sich aus der Urkunde ergeben; anderenfalls muß der Zeuge neu vernommen werden (BGH NJW-RR 92, 1215).

4 Zur **Parteivernehmung** und Beeidigung durch das Berufungsgericht vgl § 533. Anhörung der Parteien (Meyke MDR 87, 358) darf nicht wie Parteivernehmung gewürdigt werden (BGH WPM 87, 1562). Zurückhaltung ist geboten bei der Parteivernehmung nach § 448. Unzulässig ist sie, wenn sie auf Grund lediglich vorprozessualer Behauptungen angeordnet wird (BGH Warneyer 1989 Nr 212). Befindet sich eine Partei in Beweisnot, dann muß ggf im Urteil dargelegt werden, warum keine Parteivernehmung stattgefunden hat (BGH Warneyer 1983 Nr 35; B. Schmidt MDR 92, 637). Zu Einzelheiten s Schneider, Beweis und Beweiswürdigung, 4. Aufl § 47.

5 **IV) Schriftl Verfahren:** Bei ihm (§ 128 II) ist, ebenso wie bei Aktenlage-Entscheidung (§ 251a), der Akteninhalt auch ohne Vortrag durch die Parteien Entscheidungsgrundlage.

6 **V) Abs 2:** Gedacht als Ergänzung des § 139, jetzt aber inhaltlich erfaßt von § 278 III (s Schneider MDR 77, 881 ff, 969 ff).

527 *[Verspätet vorgebrachte Angriffs- oder Verteidigungsmittel]*

Werden Angriffs- oder Verteidigungsmittel entgegen § 519 oder § 520 Abs. 2 nicht rechtzeitig vorgebracht, so gilt § 296 Abs. 1, 4 entsprechend.

1 **I)** Bei unvollständiger Berufungsbegründungsschrift ist neues Vorbringen nur zuzulassen, wenn dem Gericht die Überzeugung verschafft wird, daß **a)** entweder dadurch keine Verzögerung auftreten kann oder **b)** der nachträgl Vortrag weder der Partei noch ihrem Prozeßbevollmächtigten (§ 85 II) als Verschulden angerechnet werden kann, wobei auf Verlangen Glaubhaftmachung nötig ist (§ 296 I, IV). Dieselben nachteiligen Wirkungen können für eine Partei eintreten, wenn die nach § 520 II gesetzten Fristen nicht eingehalten werden.

2 Bei der Anwendung des § 527 ist zu beachten, daß in der Berufungsbegründung oder auf Fristsetzung hin rechtzeitig vorgebrachte Angriffs- und Verteidigungsmittel damit noch nicht ohne weiteres verwertbar sind. Zusätzl ist vielmehr zu prüfen, ob der Berücksichtigung nicht die **Versäumung erstinstanzl Fristen** (§ 528 I), **nachlässige erstinstanzl Prozeßführung** (§ 528 II) oder gar **erstinstanzl gerechtfertigte Zurückweisung** (§ 528 III) entgegensteht.

3 **II)** Schließl kann die Prozeßlage eintreten, daß der Sachvortrag zwar in der Berufungsbegründung oder der fristgerecht eingereichten Erwiderung oder Replik enthalten ist (§ 527), auch kein Ausschluß nach § 528 in Betracht kommt, eine Partei jedoch auf Grund nachträgl eintretender Veränderungen der Sachlage ihr Vorbringen ändert, dabei aber ihre **prozessuale Sorgfalts- und Förderungspflicht** (§ 282) verletzt. Dann ist § 296 II über § 523 unmittelbar anzuwenden (§ 523 Rn 1).

4 Auch mit zunächst in der Berufungsbegründung nicht weiterverfolgten **selbständigen Klagegründen** ist der Berufungskläger nicht ausgeschlossen (§ 519 Rn 37).

5 **III) Geltungsbereich des § 527. 1)** Anwendbar auch bei **frühem erstem Termin** und **schriftl Vorverfahren** (s auch § 528 Rn 14 aE), soweit Fristen gesetzt worden sind (§ 520). Ferner für die **Berufungserwiderung** und eine befristete **Replik** darauf. Daneben kann Verspätungsausschluß nach § 527 II vorliegen (Koblenz AnwBl 90, 216).

6 **2)** In **Ehe- und Kindschaftssachen** wegen §§ 615 II, 640 unanwendbar.

3) **Rechtsausführungen** zählen nicht hierher; ihr Fehlen kann zudem nicht verzögern, da das Gericht das Recht von Amts wegen richtig anzuwenden hat. Deshalb sind auch unterlassene **Anregungen** zu Maßnahmen, die **amtswegig** zu erledigen sind, unschädl. Jedoch kann es so liegen, daß nachgeschobene Rechtsausführungen deshalb nicht durchschlagen, weil sie auf neue Tatsachen oder Beweismittel gestützt werden, die nach § 527 unberücksichtigt bleiben müssen. 7

IV) Vorzubringen sind in der Begründung alle **Tatsachen, Beweismittel** und **Beweiseinreden,** die ihnen zu diesem Zeitpunkt **bekannt** sind, gleichgültig ob dazu schon im ersten Rechtszug vorgetragen worden ist oder nicht. Muß nach dem Berufungsangriff auf die erstinstanzliche Beurteilung mit abweichender zweitinstanzlicher Würdigung gerechnet werden, dann hat die Berufungserwiderung darauf einzugehen (Stuttgart NJW 81, 2581). Begrenzt wird die Darlegungslast durch den Sachverhalt des Rechtsstreits; keine Partei ist gezwungen, sich schon vorsorglich auf ein bloß mögliches neues Vorbringen einzulassen (§ 528 Rn 3). 8

Beweiseinreden sind Einwendungen gegen die Zulässigkeit oder Glaubwürdigkeit eines Beweismittels. Dabei ist zu unterscheiden: Tatsächliche Behauptungen (von Hilfstatsachen), um die Überzeugungskraft des Beweismittels zu erschüttern, fallen unter § 527 (oder § 528 II). Eine abweichende Meinung über den Wert des Beweismittels, insbes die Glaubwürdigkeit eines Zeugen, ist immer zu beachten und kann Anregung zur Wiederholung der Beweisaufnahme sein (§ 398 I).

1) **Neu oder „nicht rechtzeitig"** sind Angriffs- oder Verteidigungsmittel (s § 528 Rn 7 ff), die vorinstanzlich nicht oder verspätet mitgeteilt worden sind (BVerfGE 67, 39). Der Grund der Verspätung ist erst beim Verschulden zu prüfen (BGH WPM 89, 278). **Nicht neu** ist die bloße Konkretisierung erstinstanzlichen Vorbringens (BGH NJW 91, 1214). Vorzubringen ist auch **erstinstanzl zurückgewiesener Prozeßstoff;** ob es bei der Nichtbeachtung bleibt, beurteilt sich nach § 528 III. Dessen Prüfung erübrigt sich aber, wenn die Berücksichtigung des Vorbringens schon an § 527 scheitert. 9

2) **Nachgeschobene Beweisanträge** gehören zu den häufigsten Verstößen, die unter § 527 fallen. **a)** Sie müssen in der Berufungsbegründung gebracht werden, die **floskelhafte allgemeine Bezugnahme** deckt sie nur ausnahmsweise (BGH WPM 86, 1509), zB wenn das Erstgericht ein unter Beweis gestelltes Vorbringen als unerhebl behandelt hat und die Berufung sich gerade dagegen richtet (BVerfGE 32, 92). 10

b) „Neu" ist ein Beweisantrag auch, wenn er im ersten Rechtszug gestellt, dort aber wieder **fallengelassen** worden war (München NJW 72, 2047); erst recht ist er „neu", wenn in erster Instanz nur der **Zeuge „N.N."** benannt worden war (Köln MDR 72, 332; Rixecker NJW 84, 2136). 11

3) In der Berufungsbegründung unterlassenes, später **nachgeholtes Bestreiten** fällt unter § 527 (BGHZ 12, 49), zB Unkenntnis allgemeiner Geschäftsbedingungen (Celle OLGZ 75, 358) oder die Beanstandung des Zinsbegehrens (BGH WPM 77, 172; s § 519 Rn 38). Verspätungsrecht ist auch anzuwenden, wenn eine Partei nach begonnener Vernehmung zu ihrer Person die Fortsetzung der Beweisaufnahme durch Weigerung (§ 446) unterbindet und sich im zweiten Rechtszug wieder zur Aussage bereiterklärt, obwohl der Gegner den Antrag auf Parteivernehmung nicht mehr stellt (Karlsruhe FamRZ 91, 191). Neu ist auch ein Bestreiten, wenn erstinstanzlich schriftsätzlich bestritten worden war, im Tatbestand des angefochtenen Urteils der Vorgang jedoch als unstreitig wiedergegeben und deswegen keine Berichtigung nach § 320 erwirkt worden ist. Die Beweiskraft des § 314 ist jedoch widerlegbar; das Berufungsgericht ist also nicht gebunden und muß neues Bestreiten berücksichtigen, wenn auch unter Verspätungsgesichtspunkten (Schneider ZAP F 13 S 139; BGH NJW-RR 92, 1214). 12

4) Neue Anträge fallen nicht unter § 527, da sie keine Angriffs- oder Verteidigungs**mittel,** sondern Angriff oder Verteidigung selbst sind, zB Übergang von einer wegen mangelnder Individualisierung (§ 253 II Nr 2) unzulässigen unbezifferten Leistungsklage zur bezifferten in der Berufungsinstanz. Jedoch kann der zugehörige Tatsachenvortrag durch § 527 ausgeschlossen sein, so daß der Antrag schon deshalb erfolglos bleiben muß (s § 528 Rn 8). 13

V) **Verzögerung** (siehe dazu § 296 Rn 11 ff; § 528 Rn 14) ist unabdingbare Voraussetzung für die Nichtbeachtung (BGH NJW 75, 1928). Da jede Präklusion die Gefahr eines falschen Urteils mit sich bringt, ist das Gericht verpflichtet, durch Hinweise (§ 139) und vorbereitende Maßnahmen (§ 273) dem Verzögerungsausschluß entgegenzuwirken, bevor es ungünstig entscheidet (Rn 25; ebenso bei § 528, s dort Rn 45). Um die gebotenen Maßnahmen treffen zu können, muß die Prozeßlage **systematisch richtig eingeordnet** werden. Dabei ist zu unterscheiden: 14

1. Erstinstanzlich ist verspätetes Vorbringen *zu Recht* zurückgewiesen worden. Dann ist es endgültig ausgeschlossen (§ 528 III); prozeßleitende Maßnahmen sind nicht zu treffen.

2. Erstinstanzlich ist *zu Unrecht* zurückgewiesen worden. Dann ist das zweitinstanzliche Vorbringen weder neu noch verspätet noch verzögernd. Das Berufungsgericht hat zu versuchen, den Verfahrensfehler auszugleichen (Maßnahmen wie Rn 18).

3. Ist das Vorbringen wirklich *neu*, also erstmals in zweiter Instanz gebracht worden, dann muß versucht werden, die Verzögerung durch geeignete Maßnahmen zu verhindern (Rn 18); ist das nicht möglich oder scheitert der Versuch, dann ist § 527 oder § 528 II anzuwenden.

15 1) Ob die Berücksichtigung neuen Vorbringens den Rechtsstreit verzögert, ist nach der Prozeßlage im **Zeitpunkt des Vorbringens** zu bestimmen (BGHZ 75, 138; 76, 133). Prozeßstoff, der nur wegen einer den Parteien noch unbekannten Auffassung des Berufungsgerichts erheblich wird, darf nicht zu Maßnahmen nach § 527 führen (§ 528 Rn 27). Die gegenteilige Auffassung des BGH (MDR 74, 650; Rspr BauZ 8.42 Bl 1) fordert praktisch Unmögliches, verstößt gegen Art 103 I 2 GG (BVerfGE 62, 255) und dürfte durch BVerfGE 67, 39 überholt sein.

16 2) Eine Verzögerung kann auch dadurch eintreten, daß der Gegner sich nicht mehr rechtzeitig äußern kann und **Vertagung nötig** würde, weil Schriftsatznachlaß (§ 296 Rn 16) nicht ausreichen würde. Unerläßlich ist aber, daß der Gegner Gelegenheit erhalten hat, sich auf das verspätete Vorbringen einzulassen, und daß eine dazu gesetzte Frist beachtet wird (LG Münster MDR 90, 1021). Bei Verstoß dagegen keine Heilung wegen zweitinstanzlicher Einlassung (§ 528 Rn 33).

17 3) Verzögert wäre auch eine **Beweisaufnahme**, die bei rechtzeitigem Vorbringen durch Maßnahmen nach §§ 273, 358a im ersten Termin hätte durchgeführt werden können; anders, wenn es ohnehin zu einer besonderen Beweisaufnahme (§ 358) gekommen wäre.

18 4) **Keine Verzögerung** darf angenommen werden, wenn sie sich durch **vorbereitende Maßnahmen des Gerichts** nach § 273 hätte verhindern lassen (BVerfGE 75, 183 = MDR 87, 814 = EWiR § 528 ZPO 1/87 - Schneider; BVerfGE 81, 264 = NJW 90, 2373; NJW 92, 680; BGH WPM 89, 78 = WuB VII A § 528 ZPO 1.89 - Schneider), insbesondere wenn erstinstanzlich unterlassener Vortrag bereits in der Berufungsbegründung nachgeholt wird (BVerfG Rpfleger 90, 81). Denn dann liegt der Fehler (auch) beim Gericht, und dafür haben die Parteien nicht einzustehen. Jede Zurückverweisung setzt voraus, daß das Gericht die eigenen prozessualen Pflichten strikt und sorgfältig erfüllt hat (Karlsruhe OLGZ 84, 471), etwa einen gestellten Zeugen auch im Termin vernimmt (BGH MDR 91, 901). Anderenfalls mißbraucht das Gericht die Präklusionsvorschriften (BGHZ 86, 39; BVerfG JR 86, 16) und verstößt gegen den Grundsatz des fairen Verfahrens (Berkemann JR 86, 17; Baur FS Schwab 1990 S 53 ff; Schneider MDR 91, 707). Das geschieht etwa, wenn **gesetzwidrig Durchlauftermine** anberaumt und in ihnen Verspätungsvorschriften angewandt werden (Schneider MDR 82, 906; BVerfGE 69, 126; BGHZ 86, 39; Frankfurt NJW 89, 722), aber auch schon dadurch, daß der Versuch einer Klärung durch Schriftsatznachlaß versäumt wird (BVerfG NJW 89, 705; 92, 2144; BGH MDR 85, 755 = NJW 85, 539; § 296 Rn 16). Ob eine Hinweisverletzung des Gerichts vorliegt, richtet sich nach der objektiven Sach- und Rechtslage, nicht nach der subjektiven, gar irrigen Beurteilung des Gerichts (Deubner NJW 86, 858; 87, 1586 Fn 15 gg Greger NJW 87, 1183).

Geboten sind nur im Rahmen des Geschäftsganges **zumutbare** (s § 528 Rn 24) und erfolgversprechende **Maßnahmen.** Grundsätzlich zumutbar ist die Berücksichtigung von Beweisantritten vor Anberaumung eines Verhandlungstermins (BGH Warneyer 1991 Nr 112 S 221). Zu berücksichtigen ist, daß Maßnahmen nach § 273 provisorisch sind, weil keine mdl Verhandlung stattgefunden hat und vielfach aus Zeitmangel nicht einmal eine vorherige Absprache im Kollegium möglich ist; auch dessen Terminplanung und Arbeitweise ist zu berücksichtigen (Düsseldorf MDR 88, 975). Bei der Frage, ob vorbereitende Maßnahmen aus Zeit- und Belastungsgründen möglich sind, geht es vornehmlich um **Beweisanträge** der Parteien. Benennt eine Partei verspätet drei Zeugen, der Gegner vier Gegenzeugen, dann kann nicht erwartet werden, daß das Gericht mit einer Eil-Schlüssigkeitsprüfung die Beweisanträge auseinanderdividiert und prüft, ob nicht mit drei oder zwei Zeugen auszukommen ist. Vielmehr ist dann im Zweifel darauf abzustellen, daß die Parteien ihre Beweisanträge für erheblich halten, weil sie sonst nicht gestellt worden wären. Danach ist dann auch die Prüfung vorzunehmen, ob Maßnahmen nach § 273 veranlaßt sind; so auch bei zusätzlichem SV-Beweis (Köln VersR 90, 674). Die Entscheidung kann nur von Fall zu Fall getroffen werden. Zum Beispiel keine Zeugenladung auf Beweisanträge hin, deren Sinn oder Ziel erst in mündlicher Verhandlung geklärt werden muß. Gegenäußerung ist möglichst abzuwarten (Hermisson NJW 83, 2233 zu 3), da § 273 II 4 nicht für Ladungen auf das Geratewohl geschaffen worden ist.

Hinweise (§ 139) und **vorbereitende Maßnahmen binden** das Gericht **nicht;** nachträglicher Prozeßstoff, zB die Erwiderung des Gegners, kann sogar zur Aufhebung bereits angeordneter Maßnahmen führen (Köln MDR 85, 772 = OLGZ 1985, 488). Sogar nach Vernehmung eines vorsorglich geladenen oder gestellten Zeugen kann sich Verzögerung wegen fehlender Entscheidungsreife herausstellen, weil die Aussage neue Behauptungen oder Beweisanträge auslöst (BVerfGE 63, 180).

Das **Ausmaß** der dem Gericht obliegenden **Maßnahmen** hängt ab von seiner Geschäftsbelastung und dem Umfang der erforderlichen tatsächlichen Feststellungen. Große Belastung mit entsprechend weiter Terminierung entbindet nicht von verzögerungshindernder Terminsvorbereitung (BGH WPM 85, 819; Deubner NJW 86, 858). Einzelne verspätete Zeugenbeweisanträge müssen in der Regel berücksichtigt werden (BGH VersR 91, 587; WPM 91, 905 u 1182). Nichtberücksichtigung wegen Terminsauslastung ist grundsätzlich verfahrenswidrig, weil ein Gericht nicht von vornherein jede Beweiserhebung durch engste Terminierung unmöglich machen darf (BGH MDR 91, 518 = AnwBl 91, 159). Derartige vordergründige Argumente halten regelmäßig keiner revisionsrechtlichen Überprüfung stand, zB ist die Notwendigkeit einer Aussagegenehmigung kein Ladungshindernis, da sich dies bis zum Termin klären läßt (BGH WPM 91, 905, 908). Jedoch ist das Gericht nur zu solchen Anordnungen verpflichtet, die geeignet sind, Verspätungsfolgen **im normalen Geschäftsgang** auszugleichen (BGH MDR 80, 487 m zust Anm Schneider; NJW 81, 268; Schleswig NJW 86, 856); es besteht also keine Verpflichtung zu Eilanordnungen oder zur Anberaumung eines zusätzlichen Verhandlungstermins (Celle MDR 89, 1003 = NJW 89, 3023) oder zum Hinausschieben eines Termins über Einspruch und Hauptsache nach Versäumnisurteil, um Maßnahmen nach § 273 zu ermöglichen (BGH NJW 81, 286; Celle MDR 89, 1003 = NJW 89, 3023; aA Hamm NJW 80, 293 m abl Anm Deubner). Muß ohnehin ein besonderer Beweistermin anberaumt werden oder ist Platz auf der Rolle, dann kann es auch geboten sein, drei oder vier zusätzliche Zeugen zu laden (BGH WPM 91, 1184; VersR 87, 259, indirekt bestätigt durch BVerfG 81, 271). Bei nachgeschobenen Auslandszeugen, die vom Gericht nicht vorbereitend zum Termin geladen werden können, ist der Beweisführer darauf hinzuweisen, daß er die Verzögerung durch Stellung der Zeugen im Termin verhindern könne (BGH MDR 80, 763 = GRUR 80, 875 m zust Anm Fritze, der dem Fairneßgebot, dem das Gericht unterworfen ist, zutreffend Rechtssatzqualität beimißt). Es besteht keine Pflicht zur Klärung von Streitstoff erheblichen Ausmaßes (BGH NJW 71, 1564; WPM 80, 555, 557); unter dieser Voraussetzung darf auch von der Vernehmung eines einzigen Zeugen abgesehen werden, wenn mit seiner stundenlangen Vernehmung zu rechnen ist (Düsseldorf OLGZ 79, 221).

Zur **Ladung zahlreicher Zeugen** ist das Gericht nie verpflichtet (Köln ZIP 85, 436; Schneider MDR 85, 730 mwNachw), erst recht nicht, wenn zusätzlich auch noch Sachverständigenbeweis angetreten wird (LAG Köln LAGE § 528 Nr 3). Der BGH verlangt jedoch zunehmend mehr Mitwirkung, um den Folgen einer Präklusion vorzubeugen. Nach FamRZ 91, 929 = VersR 91, 1173 ist es zumutbar, vier bis sechs Zeugenbeweisantritte zu berücksichtigen (zust Schmidt NJW 92, 2005; krit dagegen Würfel NJW 92, 543). Es ist daher geradezu ein **„prozessualer Kunstfehler“**, wenn wahllos zahlreiche Zeugenbeweisantritte nachgeschoben werden, anstatt nur den oder die (dann höchstens drei!) wichtigsten Zeugen nachzubenennen (s Celle MDR 89, 1003, 1005 = NJW 89, 3023, 3025). Auch das hilft allerdings nichts, wenn die vorbereitende Zeugenladung andere Behauptungen beweiserheblich machen und zur Anberaumung eines neuen Termins zwingen würde (BGHZ 86, 198 = MDR 83, 397 = NJW 83, 1495) oder wenn die Vernehmung zwingen würde, erheblichen umfangreichen Gegenbeweisangeboten stattzugeben (Köln MDR 85, 772; KG NJW 74, 2011 m Anm Schneider NJW 75, 353; LG Hannover MDR 85, 240; Hermisson NJW 83, 2233; so jetzt auch BGHZ 83, 310 = MDR 82, 658 = NJW 82, 1535 abw von BGH MDR 77, 221) oder Folgebeweise unvermeidlich wären (BGH NJW 86, 2257).

Werden solche **Gegenbeweisanträge** schon vor der Vernehmung angekündigt, dann erübrigt sich die vorbereitende Ladung oder sie ist rückgängig zu machen (Köln MDR 85, 772; vom BVerfG bestätigt, s MDR 86, 896). Stellt eine Partei in der mündlichen Verhandlung einen neuen Zeugen, dann darf dieser nicht vernommen werden, wenn der Gegner widerspricht, weil ihm dadurch Erkundigungen und die Stellung sachgerechter Fragen abgeschnitten würde (Hamm MDR 86, 766, bestätigt von BGH NJW 86, 2257). Ist die Berufung oder die Berufungsbegründung verspätet eingegangen, dann kommen vorbereitende Maßnahmen nach § 273 erst in Betracht, wenn über eine beantragte Wiedereinsetzung entschieden ist. Läßt sich diese Entscheidung erst auf Grund mündlicher Verhandlung treffen, dann dürfen neue Beweisanträge nicht mehr zugelassen werden.

Scheitern vorbereitende Maßnahmen, weil Zeugen ausbleiben, dann steht damit die Verzögerung endgültig fest (BGH MDR 69, 634; Köln MDR 84, 675 = VersR 84, 1176; LG Koblenz NJW 82, 289 m zust Anm Deubner aaO sowie JuS 82, 174; Hermisson NJW 1983, 2233; Schneider MDR 85, 729). Die betroffene Partei hat nur noch die Möglichkeit, sich durch Flucht in die Säumnis mit anschließendem Einspruch die Möglichkeit erneuter vorbereitender Ladung zu verschaffen (BGHZ 76, 173; Schneider MDR 79, 713; Deubner JuS 82, 174). In dieser praktisch außerordentlich wichtigen Frage vertritt der BGH eine gegenteilige Auffassung (BGH NJW 82, 2559 m abl Anm Deubner; MDR 86, 1018 m abl Anm Schneider = WPM 86, 869 = WuB VII A § 520 ZPO 1.86 m Anm Mendel; NJW 86, 2319 = WPM 86, 867 = WuB VII A § 528 Abs 2 ZPO 1.86 m Anm Krämer), die unvertretbar erscheint (ebenso Deubner JuS 82, 174 u NJW 82, 2561; Hermission NJW 83, 2233; Schneider MDR 85, 729; AK-ZPO-Ankermann § 527 Rn 28). Der BGH meint, wenn vorbereitende Zeugenladungen gem § 273 II 4 wegen (entschuldigten oder unentschuldigten) Ausbleibens von Zeugen ergebnislos blieben, müßten die Zeugen erneut geladen und in einem neuen Beweistermin vernommen werden (BGH NJW 82, 2559; MDR 86, 1018 = WPM 86, 869 u NJW 86,

2319 = WPM 86, 867; NJW 87, 502 u 1949 = Warneyer 1987 Nr 3). Die mißlungene Interpretation des § 528 II (und damit auch des § 296) durch den BGH ist die Folge des vom BGH vertretenen sog absoluten Verzögerungsbegriffs (Schneider MDR 86, 1020; bereits eingeschränkt vom BVerfG, § 528 Rn 14). Mittlerweile hat der BGH seine Auffassung abgeschwächt und lastet es der Partei an, wenn die Ladung den ausgebliebenen Zeugen nicht erreicht hat, mag dieser sich auch der Partei gegenüber zum Erscheinen bereiterklärt haben (MDR 89, 249 = NJW 89, 719). Zu den möglichen Prozeßlagen bei Ausbleiben eines Zeugen oder einer Partei siehe Schneider ZAP Fach 13 S 208.

19 Präklusionsvorschriften haben Ausnahmecharakter (BVerfGE 62, 254; 66, 264) und unterliegen deshalb einer besonders strengen verfassungsrechtlichen Kontrolle (BayVerfGH FamRZ 90, 76). Deshalb muß die Verzögerung von einer ins Gewicht fallenden **Erheblichkeit** sein (Karlsruhe NJW 80, 296). Das folgt aus dem **Grundsatz der Verhältnismäßigkeit** (§ 528 Rn 15).

20 **VI) Sanktion. 1) Grundsatz.** Ist Verzögerung anzunehmen – was auf Grund bloßer Schlüssigkeitsprüfung festzustellen und damit immer eindeutig zu beantworten ist (§ 528 Rn 14, 15) –, dann darf das nachgebrachte Vorbringen **nicht berücksichtigt** werden. Es muß vielmehr auf der Grundlage der Berufungsbegründung oder -erwiderung entschieden werden, jedoch nur, soweit die Zulassung verzögerungskausal ist (Düsseldorf NJW-RR 92, 1239).

21 **2) Ausnahmen. a)** Die vom Ausschluß bedrohte Partei kann dem Gericht die Überzeugung verschaffen, das Nachschieben des Sachvortrages gereiche ihr **nicht** zum **Verschulden.** Das ist etwa dann der Fall, wenn sie erstinstanzlich siegreich war und keinen Anlaß hatte, danach unerhebliche Tatsachen vorzubringen (BVerfGE, 62, 255; BGH MDR 82, 29 = NJW 82, 581), oder wenn sie es unterlassen hat, sich vorsorglich gegenüber einem nicht den Gegenstand des Rechtsstreits bildenden Sachverhalt zu verteidigen (BVerfGE 67, 42; WM 91, 147) oder wenn die Verspätung durch **verfahrenswidriges Verhalten des Gerichts** mitverursacht worden ist (Rn 18). Jedoch muß das Gericht davon **überzeugt** werden; ein **non liquet** geht zu Lasten der säumigen Partei (Schneider JR 65, 328; JurBüro 75, 293). Keine Pflicht der Partei, Zeugenanschriften alsbald ausfindig zu machen, sofern dies nicht durch einfache und erfolgversprechende Maßnahmen möglich ist (BGH MDR 87, 915 = Warneyer 1987 S 265 f).

22 **b)** Legt die säumige Partei einen entlastenden Sachverhalt dar, so muß sie ihn auf Verlangen des Gerichts (Hinweispflicht: BGH NJW 84, 2039) auch **glaubhaft machen** (§§ 294, 296 IV), wobei anwaltl Versicherung meist genügen wird.

23 **3) Gelingt** der Partei der **Entlastungsbeweis nicht,** dann **muß** das Gericht das Vorbringen unberücksichtigt lassen (Stuttgart NJW 81, 2581 zu III 4). Es hat **keinen Ermessensspielraum,** sondern ist gesetzl gebunden.

24 **4)** Den Folgen des Ausschlusses kann die Partei nicht dadurch entgehen, daß sie zu dem Komplex, den das angefochtene Urteil erfaßt, die Klage erweitert und diese Erweiterung dann mit nachträgl Begründung versieht. Auch dann gilt näml § 527. Er ist nur unanwendbar, wenn **ganz neue Anträge** gestellt werden, die unabhängig vom erstinstanzlichen Prozeßstoff eine eigene Begründung erfordern (Rn 4).

25 **5) Rechtl Gehör** muß gewährt werden, bevor eine Partei mit neuem Vorbringen ausgeschlossen wird (Schneider JR 65, 329; Franke NJW 86, 3049; § 528 Rn 27). Sie darf also nicht erst im Urteil damit überrascht werden, sondern muß Gelegenheit erhalten, sich zu dem beabsichtigten Ausschluß zu erklären u ggf Entschuldigungsgründe glaubhaft zu machen (BGH NJW 84, 2039; bestätigt durch BVerfGE 75, 183 = EWiR § 528 ZPO 1/87, 1247 – Schneider; std Rspr). In NJW-RR 90, 856 = WPM 90, 1421 hat der BGH die Hinweispflicht wie folgt konkretisiert:

Neues Vorbringen, das nach Ablauf einer vom Berufungsgericht dafür gesetzten Frist vorgetragen wird, darf nur zurückgewiesen werden, wenn das Berufungsgericht die betroffene Partei mit der Fristsetzung unmißverständlich über die Art und den Umfang der aus seiner Sicht erforderlichen Ergänzung des Sachvortrags hingewiesen hat.

Soweit dem Gericht Glaubhaftmachung der Partei nicht genügt, muß es Gelegenheit zur Ergänzung geben (BGH NJW 86, 3193). Rechtl Gehör wird auch durch eine **zu kurze Äußerungsfrist** versagt. Dann ist aber von der betroffenen Partei zu fordern, daß sie innerhalb angemessener Frist schriftsätzl vorträgt. Gehör ist auch dem Gegner zu gewähren, der Gelegenheit zur Einlassung bekommen muß (Rn 16).

26 **VII) Entscheidung über Zurückweisung** (s auch § 528 Rn 45) ist nach vorheriger Anhörung der Partei (Rn 25) **im Urteil** zu treffen und **zu begründen** (BVerfGE 75, 302; NJW 90, 566; BGH NJW-RR 91, 767, 768; Schneider MDR 87, 900). Teilurteil unzulässig (BGHZ 77, 306; zweifelhaft, vgl § 528 Rn 13). Fehlerhafte Zulassung ist unanfechtbar, da berücksichtigtes Vorbringen nicht mehr verzögern kann (§ 528 Rn 46). Insoweit ist deshalb auch keine Begründung erforderlich. Die Zurückweisung wird jedoch vom Revisionsgericht überprüft. Ist dies mangels einer Begründung nicht mögl, führt das zur Aufhebung und Zurückverweisung (BGH NJW 71, 1564 [1565]).

528 *[Zulassung neuer Angriffs- und Verteidigungsmittel]*

(1) Neue Angriffs- und Verteidigungsmittel, die im ersten Rechtszug entgegen einer hierfür gesetzten Frist (§ 273 Abs. 2 Nr. 1, § 275 Abs. 1 Satz 1, Abs. 3, 4, § 276 Abs. 1 Satz 2, Abs. 3, § 277) nicht vorgebracht worden sind, sind nur zuzulassen, wenn nach der freien Überzeugung des Gerichts ihre Zulassung die Erledigung des Rechtsstreits nicht verzögern würde oder wenn die Partei die Verspätung genügend entschuldigt. Der Entschuldigungsgrund ist auf Verlangen des Gerichts glaubhaft zu machen.

(2) Neue Angriffs- und Verteidigungsmittel, die im ersten Rechtszug entgegen § 282 Abs. 1 nicht rechtzeitig vorgebracht oder entgegen § 282 Abs. 2 nicht rechtzeitig mitgeteilt worden sind, sind nur zuzulassen, wenn ihre Zulassung nach der freien Überzeugung des Gerichts die Erledigung des Rechtsstreits nicht verzögern würde oder wenn die Partei das Vorbringen im ersten Rechtszug nicht aus grober Nachlässigkeit unterlassen hatte.

(3) Angriffs- und Verteidigungsmittel, die im ersten Rechtszug zu Recht zurückgewiesen worden sind, bleiben ausgeschlossen.

Lit: *Bender/Belz/Wax,* Verfahren nach der Vereinfachungsnovelle, 1977, S 112 f; *Franke* NJW 86, 3049 (zur Rspr des BVerfG); *Fuhrmann* NJW 82, 978 (Vorbringen des Streithelfers); *ders,* Die Zurückweisung schuldhaft verspäteter und verzögernder Angriffs- und Verteidigungsmittel im Zivilprozeß, 1987; *Rimmelspacher,* Tatsachen und Beweismittel in der Berufungsinstanz, ZZP 107, 421; *Schneider* MDR 78, 969 (zu § 528 III); *ders* MDR 87, 900 (Beweislast beim Verspätungsrecht); *ders* MDR 88, 1024 (Verspätungsrecht im Eilverfahren); *ders* MDR 89, 712 (Fristenängste); *Wolf* ZZP 94, 1981, 310 (Berufungsinstanz); *Leipold* ZZP 97, 1984, 395 (Zurechenbarkeit der Verzögerung); *Weth,* Die Zurückweisung verspäteten Vorbringens im Zivilprozeß, 1988.

I) Neues (s § 527 Rn 9 ff) **Vorbringen** ist im zweiten Rechtszug zulässig. Dabei bleibt es, wenn neues Vorbringen vom Gericht berücksichtigt wird, selbst wenn es bei richtiger Rechtsanwendung hätte zurückgewiesen werden müssen (Rn 46). Der Gegner hat keinen prozessual durchsetzbaren Anspruch auf Zurückweisung. 1

II) Begrenzung. 1) Neues Vorbringen bleibt zwar grundsätzl zulässig; seine Beachtlichkeit im zweiten Rechtszug ist jedoch nur unter strengen Voraussetzungen vorgesehen. Dabei sind mehrere prozessuale Hürden aufgerichtet: **(1)** Die schriftl **Berufungsbegründung** muß **vollständig** sein, und es muß von beiden Parteien **fristgerecht geschrieben** werden (§ 527); **(2)** es ist zu prüfen, ob auch schon **in erster Instanz fristgerecht vorgetragen** worden ist (§ 528 I); **(3)** es muß feststehen, daß bereits im ersten Rechtszug die **prozessuale Sorgfalts- und Förderungspflicht** von den Parteien beachtet worden ist (§ 528 II); **(4) erstinstanzl zu Recht ausgeschlossenes Vorbringen** ist überhaupt nicht mehr in den zweiten Rechtszug einführbar (§ 529 III). Zur ersten Vorfrage vgl bei § 527. Die drei anderen Vorfragen sind hier zu behandeln. 2

a) Für das Berufungsverfahren selbst gilt § 282 (über § 523). Begrenzt wird die Darlegungslast durch den Sachverhalt des Rechtsstreits; keine Partei ist gezwungen, sich auf bloß mögliches neues Vorbringen einzulassen (BVerfGE 67, 39). Deshalb braucht der Berufungsbeklagte nicht in der Berufungserwiderung vorsorgl Darlegungen zu bringen, auf die es nach dem angefochtenen 3

Urteil nicht ankommt. Er darf sich darauf verlassen, daß ihm das Berufungsgericht, soweit es dem Erstrichter nicht folgen will, so rechtzeitig einen Hinweis nach §§ 139, 278 III gibt, daß er noch vor mdl Verhandlung erfüllt werden kann (BVerfG NJW 91, 2275; 92, 678, 679 = VersR 91, 1268; BGH NJW 81, 1378).

4 **b) Fallenlassen** bereits vorgetragener Behauptungen ist **kein Vorbringen** u kann daher nicht neu sein; es ist zulässig u zu berücksichtigen, selbst wenn es eine Beweisaufnahme nötig macht. Umgekehrt ist das Vorbringen neuer Tatsachen dann vom Verspätungsrecht nicht betroffen, wenn sie erst nach erstinstanzlicher Schlußverhandlung entstanden oder der Partei schuldlos bekannt geworden sind, desgl Sachvortrag u Beweisantritte, die erst durch die schriftl Urteilsbegründung ausgelöst worden sind (Wolf ZZP 94 [1981], 317).

5 **c)** Wolf (ZZP 94 [1981], 318 ff) will § 528 I, II auch dann anwenden, wenn verspätetes Vorbringen **unzulässige Rechtsausübung** darstelle. Abgesehen von den dabei schier unüberwindbaren Beweisschwierigkeiten ist es verfehlt, das Novenrecht der materiellrechtl Typologie des § 242 BGB zu unterstellen.

6 **2)** In **Ehe- und Kindschaftssachen** ist § 528 nicht anwendbar (§§ 615 II, 640).

7 **III)** Die **Zulassungsbeschränkung nach § 528 I 1** hat zur Voraussetzung, daß im ersten Rechtszug Fristsetzungen (§ 296 I) unbeachtet geblieben sind. Die Versäumung muß sich auf **Angriffs- oder Verteidigungsmittel,** insbesondere **neue Beweisantritte** (§ 527 Rn 10, 11), bezogen haben. **Neue Ansprüche** können immer geltend gemacht werden. Das kann dazu führen, daß auch Angriffs- und Verteidigungs**mittel** vor Zurückweisung geschützt sind: wird in zweiter Instanz eine Widerklage erhoben und zugelassen (§ 530 I), deren Begründung sich mit der Klagebegründung überschneidet, dann muß dieses Vorbringen berücksichtigt werden (BGH MDR 85, 667 = WPM 85, 145; NJW 81, 1217 zu II 2); allerdings nur, wenn die Zulässigkeit der Zurückweisung durch Teilurteil verneint wird (s dazu Rn 13). Zur korrekten Fristsetzung siehe BGH VersR 92, 77.

8 **1)** Auf den **Angriff selbst,** also auf einen neuen Anspruch, bezieht sich auch die **Aufgliederung eines** aus mehreren Posten zusammengesetzten **Teilanspruchs** (BGH VersR 62, 1068). Es kann jedoch so liegen, daß ein neuer Antrag erfolglos bleiben muß, weil der zugehörige neue Tatsachenvortrag nicht mehr berücksichtigt werden darf; anderenfalls könnte durch **Klageänderung** oder Klage- bzw Widerklageerweiterung (Rn 9) im zweiten Rechtszug das Verzögerungsrecht unterlaufen werden (Schneider MDR 82, 626 [628]; zust LG Düsseldorf MDR 89, 74; AK-ZPO-Ankermann § 528 Rn 17; offengelassen in BGH VersR 82, 345, 346 = NJW 82, 1533, 1534; verneint in BGH WPM 86, 864, 867 = WuB VII A § 528 ZPO 2.86 m Anm Messer = MDR 86, 843; s auch Mertins DRiZ 85, 345). Eine andere Beurteilung kommt nach BGH allenfalls dann in Betracht, wenn die Erweiterung rechtsmißbräuchlich ist und nur den Sinn haben kann, Verspätungsfolgen zu umgehen (MDR 86, 843, 844 = WPM 86, 864, 867). Das läßt sich aber kaum jemals sicher feststellen.

Aufrechnung ist zwar ein Verteidigungsmittel, fällt aber nicht unter § 528, sondern unter die Sonderregelung des § 530 II (s § 530 Rn 9). Beispiel: Beklagter verteidigt sich gegen eine Zahlungsklage, indem er Aufrechnung mit der Forderung F-1 erklärt; die Beweisaufnahme ergibt, daß Schuldner der Forderung F-1 ein Dritter ist; daraufhin schiebt der Beklagte eine neue Aufrechnungsforderung F-2 nach. Kein Verspätungsrecht anwendbar. Problematisch ist folgende Situation: Der Beklagte verteidigt sich mit Primäraufrechnung, die erstinstanzlich wegen mangelnder Substantiierung nicht greift. Das Nachholen der Substantiierung in zweiter Instanz würde an § 528 II scheitern. Um den Verlust der Gegenforderung (§ 322 II) zu verhindern, erklärt der Beklagte, sich zweitinstanzlich nicht mehr mit Aufrechnung zu verteidigen. ME kann er damit die Rechtskraft der erstinstanzlichen Abweisung nicht verhindern. Dies hätte er durch Anerkenntnis (§ 307) erreichen können. Zum **Zurückbehaltungsrecht** s § 530 Rn 10.

9 **2)** Eine **Klageerweiterung** gemäß §§ 523, 264 ist ohne Einwilligung des Gegners mögl; eine erstinstanzl Fristversäumung kann nicht stattgefunden haben (BGH NJW 81, 287). Jedoch kann § 528 I, II anwendbar sein, wenn die tatsächlichen Ausführungen ergänzt oder berichtigt werden; Verspätungsrecht ist vorrangig vor § 264 Nr 1, der lediglich festlegt, daß darin keine Klageänderung zu sehen ist, aber nicht die uneingeschränkte Zulassung vorschreibt (s näher Schneider MDR 82, 627 sowie Rn 8).

10 **3)** Auch ein in erster Instanz **fallengelassener Teilanspruch** kann in zweiter Instanz wieder aufgegriffen werden. Das gleiche wird für Teilansprüche angenommen, die im ersten Rechtszug anhängig gemacht worden und dort nach der Entscheidung „hängengeblieben" sind, weil über sie mangels Antragstellung nicht mitentschieden worden ist (Riechert ZZP 80 [1967], 102). Hierher rechnen auch Ansprüche, die zwar bereits klageweise geltend gemacht, aber durch das Teilurteil erster Instanz noch nicht miterledigt sind. In **beiderseitigem Einverständnis** der Parteien können sie an das Berufungsgericht „heraufgezogen" werden (vgl Schneider MDR 73, 450; 76, 95). Ein noch nicht Gegenstand des Rechtsstreits gewesener Teilanspruch kann nach Berufung des

Beklagten gegen ein Teilurteil auch im Berufungsverfahren durch Klageerweiterung geltend gemacht werden (RGZ 148, 131).

4) **Klageänderung.** Über die **Beurteilungsmaßstäbe** vgl § 523 Rn 8. Soweit die klageweise Geltendmachung eines neuen Anspruchs nicht unter § 264 fällt (zu dessen Nr 1 s Rn 9), ist die Einwilligung des Gegners oder die Sachdienlicherklärung durch das Gericht erforderl (§§ 523, 263; anders in Ehesachen: § 611). Als Klageänderung wird auch der **Parteiwechsel** behandelt (BGHZ 16, 317; 65, 268; NJW 94, 3358), der eine zulässige Berufung voraussetzt (BGH NJW 88, 2540; 94, 3358) – zu den sich daraus ergebenden Fragen für die Berufungseinlegung s vor § 511 Rn 8a und § 523 Rn 8a. Das Hereinziehen eines neuen oder weiteren Beklagten in die Berufungsinstanz erfordert jedoch im Interesse des Hereingezogenen dessen **Zustimmung oder** deren **mißbräuchl Verweigerung** (std Rspr, BGHZ 21, 285; 90, 19; NJW 62, 633; Celle NdsRpfl 90, 225; München OLGR 94, 238). Kein Mißbrauch, wenn vorinstanzlich Beweis erhoben worden ist, der zweitinstanzlich fortwirken würde (§ 526 I), was aber wegen Art 103 I GG nur bei Einwilligung vertretbar ist. Auch das Ausscheiden des alten Beklagten aus dem Prozeß setzt dessen Zustimmung voraus (München NJW 67, 1812); sie kann nicht durch Sachdienlicherklärung ersetzt werden (BGH WPM 88, 1073). Er kann jedoch nicht das Hereinziehen eines weiteren Beklagten verhindern (BGH NJW 62, 635). Unzulässig ist dagegen im Berufungsrechtszug die Klageerhebung gegen einen weiteren Beklagten, wenn diese Klage einen **anderen Streitgegenstand** hat als die schon anhängige (BAG NJW 71, 732). Sachdienlichkeit nicht wegen höherer Kosten oder (RG JW 36, 928) Instanzverlusts (BGHZ 1, 65), zu verneinen, wohl wenn der Rechtsstreit dadurch auf eine völlig neue Grundlage gestellt (BGH LM zu § 523 ZPO Nr 1) oder nur deshalb **Beweisaufnahme** notwendig würde (Düsseldorf VersR 76, 151). Wird die **Klageänderung zugelassen,** ist § 528 unanwendbar (BGH MDR 87, 1019 = WPM 87, 1086). Ein **Parteibeitritt** ist wie eine Klageänderung zu behandeln und unzulässig, wenn damit in der Berufungsinstanz ein allein auf den Beitretenden bezogener neuer Streitgegenstand eingeführt wird (München WPM 91, 105). 11

Unanfechtbar (§ 268) zugelassen wird durch **Zwischenurteil** nach § 303 oder – meist – **in den Gründen des Endurteils.** Nichtzulassung bedeutet keine Aberkennung der neuen Ansprüche und hindert nicht, sie anderweit geltend zu machen. 12

5) Die **Sanktion** bei erstinstanzl Fristversäumnis besteht darin, daß das Berufungsgericht, nachdem es vergeblich versucht hat, die Verzögerung durch Maßnahmen nach § 273 auszuräumen (§ 527 Rn 18), die neuen Angriffs- und Verteidigungsmittel **nicht zuläßt,** soweit sie verzögerungskausal sind (Düsseldorf NJW-RR 92, 1239). Darüber ist im Urteil zu befinden. Vorweg muß es jedoch prüfen, ob die Zulassung den Rechtsstreit verzögern würde und ob die Partei ein Verschulden trifft. Beides muß zusammentreffen, also kumulative Feststellung nötig (BGH NJW 81, 287). Vorinstanzlich **zu Unrecht zugelassenes** Vorbringen kann nicht verzögern (Deubner Anm zu BGH NJW 81, 930; BGH NJW 90, 1302, 1304). 13

Eine Verzögerung rechtfertigt nach BGHZ 77, 306 (std Rspr, zB MDR 85, 667 = WPM 144, 145) nur dann die Zurückweisung des Vorbringens, wenn dadurch die Entscheidung des Rechtsstreits insgesamt betroffen wird; es soll nicht genügen, daß kein **Teilurteil** ergehen kann (s dazu u zum folgenden § 296 Rn 12a sowie Fuhrmann, Zurückweisung S 100 ff). Dem ist nur für die Prozeßlage zuzustimmen, daß ein Widerspruch zwischen Teilurteil und Schlußurteil auftreten könnte, weil verspätetes Vorbringen im Schlußurteil berücksichtigt werden müßte (s dazu Schneider MDR 76, 93; § 301 Rn 2 ff). Die weitergehende Rspr des BGH ist abzulehnen (ebenso Hermisson NJW 83, 2232; Mertins DRiZ 85, 346; Prütting/Weth, ZZP 98, 1985, 131). Sie ist insofern widersprüchlich, als die Verzögerung einer Entscheidung über den **Grund des Anspruchs** als zurückweisungserheblich angesehen wird (BGH WPM 79, 918 = MDR 80, 50; s dazu Fuhrmann, Zurückweisung S 104 f), andererseits aber entgegen der ratio der §§ 92 II, 278 III die Verhinderung eines Teilurteils selbst dann folgenlos bliebe, wenn es die Hauptsache beträfe und nur noch eine Nebenforderung oder ein geringfügiger Hauptsacherest offenbliebe (s Mertins DRiZ 85, 345, 346). Die Verneinung der Verzögerung wegen eines Teilurteils hat zu einer neuen „Fluchtform" geführt: Ein verspäteter Schriftsatz wird mit einer ggf offensichtlich unbegründeten Widerklage mit minimalem Streitwert gekoppelt (s Schneider ZAP F 13 S 9). Dieser verdeckte Rechtsmißbrauch ist die Folge der praxisfernen Auffassung des BGH.

a) **Verzögerung** (s dazu § 296 Rn 11 ff). Ob die Berücksichtigung des neuen Vorbringens verzögerl wirkt, ist durch eine **Schlüssigkeits-** und **Erheblichkeitsprüfung** (Frankfurt NJW-RR 92, 1405) mit **allen** beweisrechtlichen Konsequenzen (s § 527 Rn 18) zu ermitteln. Das kann zu schwierigen Überlegungen zwingen, etwa wenn bei Streit über Grund und Höhe prozeßvorbereitende Maßnahmen den Grund, nicht aber die Höhe klären könnten (s Schneider MDR 88, 20). In Relation zu setzen sind die Zeitprognosen bei Berücksichtigung und Nichtberücksichtigung des Vorbringens; die Zeitprognose für den Fall rechtzeitigen Vorbringens bleibt außer Betracht. Für diesen Verzögerungsbegriff hat sich der BGH entschieden (BGHZ 75, 138 = NJW 79, 1988 = ZZP 93 [1980], 182 m Anm Walchshöfer = LM § 275 ZPO Nr 7 m Anm Girisch; BGHZ 76, 133 = NJW 14

80, 945 m Anm Schneider = LM § 528 ZPO Nr 14 m Anm Girisch; 76, 173 = LM § 275 ZPO Nr 8 m Anm Wolf). Die OLG-Rspr war bis zur Entscheidung des BGH überwiegend vom sog hypothetischen Verzögerungsbegriff ausgegangen, nach dem zu fragen ist, ob der Prozeß auch dann nicht schneller erledigt worden wäre, wenn der verspätete Schriftsatz rechtzeitig eingereicht worden wäre (s die Nachw bei Schneider NJW 79, 2615). Bei dieser Fragestellung kann es nicht zu dem seltsamen Ergebnis kommen, daß ein Rechtsstreit wegen der Fristversäumung schneller als bei Fristwahrung entschieden wird (sog Überbeschleunigung). Der Argumentationsfehler des BGH liegt in der Prämisse, daß die Vereinfachungsnovelle an der Grundkonzeption des Verspätungsrechts (§ 529 II aF) nichts geändert habe; das bedingt dann den methodisch verfehlten Ansatz, einfach an die ältere Rspr anzuknüpfen (Schneider NJW 79, 2615; zustimmend Leipold ZZP 93 [1980], 250; AK-ZPO-Ankermann § 527 Rn 18). Die obergerichtliche Praxis ist wegen § 546 I Nr 2 letztlich gezwungen, dem BGH zu folgen, solange dieser bei seiner Rspr bleibt. Dabei ist jedoch zu berücksichtigen, daß das BVerfG den sog absoluten Verzögerungsbegriff des BGH wesentlich eingeschränkt und bindend (§ 31 I BVerfGG) entschieden hat, daß verspätetes Vorbringen nicht ausgeschlossen werden darf, wenn feststeht, daß die Verzögerung auch bei rechtzeitigem Vorbringen eingetreten wäre (BVerfGE 75, 302 = JZ 88, 90 m Anm Leipold). Daß BVerfGE 75, 320 einen Fall des frühen ersten Termins betraf (§§ 272 II, 275), beschränkt die Bindungswirkung nicht darauf, so daß auch beim schriftlichen Vorverfahren (§§ 272 II, 276) die Verzögerung als Präklusionsvoraussetzung nicht eliminiert werden darf (so aber München MDR 89, 919 = NJW 90, 1371 m abl Anm Deubner).

15 Die Beurteilung der Verzögerung ist **Rechtsanwendung.** Ein Ermessensspielraum besteht dabei nicht; allerdings ist eine fehlerhafte Zulassung nicht revisibel (Rn 46), kann aber gegen Art 103 I GG verstoßen (Rn 45). Wo es an der Verzögerung fehlt, darf Vorbringen nicht zurückgewiesen werden (BGH NJW 75, 1928), zB wenn Urkundenbeweis nachgeschoben wird (Schleswig SchlHA 80, 213). Da die aus dem **Rechtsstaatsprinzip** abgeleiteten Grundsätze der **Verhältnismäßigkeit** und des **Übermaßverbotes** Verfassungsrang haben und deshalb auch die Gerichte binden, darf Vorbringen nicht zurückgewiesen werden, wenn es nur **unerheblich verspätet** ist oder nur eine **unerhebliche Verzögerung** auslösen würde (ebenso Deubner NJW 83, 1030; Leipold ZZP 97, 1984, 399), zB lediglich die Verschiebung des Verkündungstermins (Frankfurt NJW-RR 92, 1405). Lange (DRiZ 80, 412) will dies nur für unerhebliche Verspätung des Vorbringens, nicht für unerhebliche Verzögerung des Rechtsstreits gelten lassen (wie hier aber zB Karlsruhe NJW 80, 296; s auch § 527 Rn 19).

16 **b) Genügende Entschuldigung** (vgl Schneider MDR 78, 969). Neues Vorbringen muß zugelassen werden, wenn die Partei die erstinstanzl Fristversäumung genügend entschuldigt und auch einfache Fahrlässigkeit (BGH NJW 85, 743, 744) ausgeräumt hat (s § 527 Rn 21). Die Gründe dafür sind von der Partei schlüssig darzulegen und auf Verlangen **glaubhaft** zu machen (§ 528 I 2); dabei obliegt dem Gericht eine gesteigerte Hinweispflicht (§ 527 Rn 25). Entlastungsgründe können sich auch aus den Umständen des Falles ergeben, etwa wenn erstinstanzl **zu kurze Fristen** gesetzt worden sind und die Partei innerhalb angemessener Frist geschrieben hat oder wenn das Versäumnis durch einen **Verfahrensfehler des Gerichts** ausgelöst worden ist, zB unterlassene Hinweise nach §§ 139, 278 III (Rn 24 u § 527 Rn 18); grundsätzlich keine Pflicht der Partei, ihrerseits alsbald unverzügliche Aufklärungsermittlungen anzustellen (§ 527 Rn 21). Ob die Partei sich genügend entschuldigt hat, entscheidet das Berufungsgericht in freier Überzeugung, wobei zuvor rechtliches Gehör zu gewähren ist (Mertins DRiZ 85, 346 m Nachw). Die Entscheidung ist revisionsrechtlich überprüfbar, wenn Entschuldigung verneint wird; Zulassung auf Grund falscher Beurteilung der Entschuldigungsgründe ist unanfechtbar (BGH NJW 90, 1302, 1304). Im zweiten Rechtszug kann eine erstinstanzlich versäumte Entschuldigung nicht nachgeholt werden (BGH JZ 80, 614 mit Anm Hoyer; Frankfurt MDR 79, 148; LG Frankfurt NJW 79, 2111 – alle zu § 528 III). Anders, wenn die Partei darlegt und glaubhaft macht, daß sie erstinstanzlich gehindert war, Entschuldigungsgründe vorzubringen, zB wegen eines Unfalls, da sonst Art 103 I GG verletzt würde (BVerfGE 75, 183 = EWiR § 528 ZPO 1/87, 1247 - Schneider; BGH WPM 84, 1622).

17 **c) Non liquet.** Die säumige Partei muß dem Gericht die **Überzeugung** verschaffen, daß einer der Ausnahmetatbestände (Rn 14–16) vorliegt (Schneider JR 65, 328; JurBüro 75, 293). Gelingt ihr das nicht, muß sie die Folgen der Beweisfälligkeit tragen, die in der Nichtberücksichtigung des neuen Vorbringens bestehen. Darauf muß sie vor einer ihr nachteiligen Entscheidung unter Gewährung von Erörterungsgelegenheit hingewiesen werden (BGH WPM 86, 854; Mertins DRiZ 85, 346; Franke NJW 86, 3049; bestätigt durch das BVerfG, s § 527 Rn 25). Dies und die Entscheidung selbst ist vom Erkenntnisstand des Rechtsmittelgerichts aus zu beurteilen (BGH MDR 85, 403) u muß deshalb nachprüfbar begründet werden (§ 527 Rn 26).

18 **IV) Zulassungsbeschränkung nach § 528 II** (zur Geltung auch im Verfügungsverfahren s Schneider MDR 88, 1024). Das Berufungsgericht muß die Auslegung der Vorschrift durch den

BGH zugrunde legen oder die Abweichung näher begründen, anderenfalls Art 103 I GG verletzt wird (BVerfG NJW 92, 2556). Die Voraussetzungen der Nichtberücksichtigung sind durch Überprüfung des Tatbestandes des § 282 festzustellen, und zwar **kumulativ** (BVerfG NJW 92, 2556, 2557; BGH NJW-RR 91, 767): Verzögerung und grobe Nachlässigkeit müssen ausgeschlossen werden (BGH WPM 89, 278 = MDR 89, 347; NJW 81, 287). Die Partei muß entweder beim Vorbringen ihrer Behauptungen, Einwendungen, Einreden oder auch des Bestreitens ihre **prozessuale Sorgfalts- und Förderungspflicht verletzt** haben (§ 282 I) oder die Angriffs- oder Verteidigungsmittel, zu denen eine Erklärung des Gegners erst nach Informationseinholung erwartet werden konnte, **so spät schriftsätzl mitgeteilt** haben, daß diese Information nicht mehr rechtzeitig möglich war (§ 282 II). Die Entlastung obliegt der Partei! Sie muß insbesondere von sich aus darlegen, daß ihr keine grobe Nachlässigkeit vorzuwerfen ist (BGH NJW 82, 2560, 2561; Schneider MDR 77, 90).

1) **Angriffs- und Verteidigungsmittel** (Rn 7–12). Dazu rechnet auch die vorinstanzlich versäumte Beanstandung eines Sachverständigen-GA (Hamburg MDR 82, 60) u die Benennung des Zeugen „N.N." (§ 527 Rn 11). 19

2) **Rechtzeitigkeit** bedeutet: **Erklärung vor der mündl Verhandlung,** damit diese zur vollständigen Erörterung des Streitstoffes und Schaffung der Entscheidungsgrundlage taugl ist. Geschieht dies nicht, muß die Partei **von sich aus** Gründe darlegen, warum sie Vorbringen zurückgehalten hat (Rn 17, 18). Kann eine Frist entschuldigt nicht eingehalten werden, muß nach Wegfall des Hinderungsgrundes vorgetragen werden (LG Koblenz NJW 82, 289). Hinweise auf **„Prozeßtaktik"** (Rn 26) sind grundsätzl ungeeignet, eine Verspätung auszuräumen (Schneider MDR 77, 794 f). Insbesondere dürfen **Gegenrechte** nicht zurückgehalten werden, desgleichen nicht **Gegenbeweise** (Koblenz AnwBl 90, 216). Wenn die Partei beabsichtigt, sich „zur gegebenen Zeit" darauf zu berufen, riskiert sie den Ausschluß damit. Deshalb muß auch eine **Eventualaufrechnung** oder eine **Verjährung** alsbald vorgebracht werden; schon deshalb, weil dies prozeßbeendigend wirken kann. Die prozessualen Fristanforderungen des Verzögerungsrechts sind unabhängig von materiellrechtlichen Fristen; deshalb muß auch eine Täuschungsanfechtung ungeachtet des § 124 BGB rechtzeitig iS des § 282 erklärt werden (BAG MDR 84, 347 = BB 84, 345). Gewährung eines Schriftsatznachlasses verzögert nicht (BGH NJW 85, 1556, 1558 mwNachw); das Gericht muß sogar auf eine Erklärung des Gegners hinwirken; dieser kann sich dem nicht dadurch entziehen, daß er keinen Antrag nach § 238 S 1 stellt (BGH NJW 85, 1359 = ZIP 85, 616). 20

3) **Folge** des nicht rechtzeitigen Vorbringens ist **Ausschluß** damit, und zwar zwingend („sind" nur zuzulassen im Gegensatz zu „können" zurückgewiesen werden in § 296 II). Das Gericht hat also **keine Ermessensfreiheit** (aber Berücksichtigung unanfechtbar, Rn 46). **Ausnahme,** wenn das Gericht die **Überzeugung** gewinnt, daß die Verwertung des Vorbringens **nicht verzögerl** wirken kann oder die Partei **nicht grob nachlässig** gehandelt hat. Nichtzulassung setzt also voraus, daß Verzögerung und fehlende Entschuldigung **zusammentreffen** (Rn 18). 21

a) **Verzögerung** (Rn 14; § 527 Rn 18). Ist mit ihr nicht zu rechnen, muß zugelassen werden (Rn 21). Daß ein Teilurteil unterbleiben müßte, soll nicht genügen (Rn 13). Die Verfassungsgrundsätze der **Verhältnismäßigkeit** und des **Übermaßverbotes** sind zu berücksichtigen (Rn 15). Ein **Vorbringen, auf das es nicht ankommt,** kann nie verzögern! So liegt es zB, wenn das Gericht wegen der ihm obliegenden Aufklärungspflicht ohnehin sachverständige Begutachtung anordnen muß; dann darf es sich dieser Pflicht nicht unter dem Vorwand entziehen, eine Partei sei ihrer Substantiierungspflicht zu spät nachgekommen (BGHZ 107, 246). 22

b) **Grobe Nachlässigkeit.** Zur Entschuldigung wird in § 528 II mehr verlangt als in § 528 I (dort reicht „genügende Entschuldigung"). „Grobe Nachlässigkeit" entspricht der **„groben Fahrlässigkeit"**; es muß also, anknüpfend an die materiellrechtl Umschreibung (zB BGHZ 10, 16), *die im Prozeß erforderliche Sorgfalt in ungewöhnlich großem Maße verletzt und dasjenige unbeachtet geblieben sein, was im Streitfall jeder Partei hätte einleuchten müssen* (BGH WPM 86, 1509, 1510). In BGH WPM 91, 1183 sind die Zurückweisungsvoraussetzungen umschrieben als *ausnehmend sorgloses Verhalten und Pflichtverstoß in besonders schwerwiegender Weise.* Der Schuldvorwurf muß auf die Verletzung der Prozeßförderungspflicht bezogen und beschränkt werden (BGH NJW 82, 1533). Fremdverursachte Verzögerung, etwa bei Einholung eines zur Rechtsverteidigung benötigten Privatgutachtens, ist nicht zurechenbar (BGH VersR 90, 732). „Flucht in die Säumnis" darf nicht verlangt werden (Köln NJW-RR 90, 1341). Verschulden ist auch zu verneinen, soweit die Partei erstinstanzlich obsiegt und ihr Vorbringen entsprechend der vorinstanzlichen Beurteilung beschränkt hat (BGH ZIP 82, 1413 [1415]; zum erfolgreichen Beklagten s BGH LM § 550 ZPO Nr 5; VersR 68, 581). Ebenso bei erstinstanzlicher Berufung auf protokollierte Zeugenaussagen in einem Strafverfahren und späterer Benennung der Zeugen, wenn die Partei davon ausgehen durfte, die Beiziehung der Strafakten werde den Beweis erbringen (BGH NJW 83, 999). Ferner beispielsweise, wenn eine Partei es unterlassen hat, den Beweisantrag auf Einholung eines 23 kostspieligen Meinungsforschungsgutachtens zu stellen, weil das Gericht diese Beweisanordnung nicht nach § 144 I von Amts wegen getroffen und auch nicht darauf hingewiesen hat, daß es einen solchen Beweisantrag für notwendig halte (BGH NJW 91, 493). Bestrebungen der Parteien nach einem gütlichen Ausgleich dürfen nicht mit Präklusionsrecht durchkreuzt werden (BGH WPM 91, 883 = MDR 91, 523). Vom Vorwurf grober Fahrlässigkeit muß die Partei sich durch geeignete Darlegungen entlasten (BGH NJW 82, 2559 [2561]; Rn 17). Wird keine Erklärung abgegeben, dann kann das Gericht keine der Partei günstige Überzeugung gewinnen (LAG Köln LAGE ZPO § 528 Nr 3).

24 **aa) Grobe Nachlässigkeit** muß immer **verneint** werden, wenn die Verspätung durch einen **Verfahrensfehler des erstinstanzlichen Gerichts** (mit)verursacht worden ist (§ 527 Rn 18), etwa durch versäumte Ausübung der Hinweispflicht nach §§ 139, 278 III (BGHZ 75, 139; 76, 178; ZIP 83, 864 [867]; Schneider MDR 91, 707) oder weil keine Erklärung des Gegners herbeigeführt worden ist. Dies kann auch gegeben sein bei Unterlassung vorbereitender Maßnahmen zur Abwendung drohender Verzögerung (§ 527 Rn 18). Gebotene Maßnahmen sind zB eindeutige Belehrung über die Folgen einer Fristversäumung (BGHZ 86, 218), Ladung von Zeugen, auch wenn vorinstanzlich kein Vorschuß eingezahlt worden ist (BGH MDR 82, 1012 = NJW 82, 2559 m Anm Deubner; Einzelheiten s § 527 Rn 18). Stets ist der **Verhältnismäßigkeitsgrundsatz** zu beachten (Rn 15).

25 **bb)** Dagegen ist **grobe Nachlässigkeit zu bejahen,** wenn gegen die **Wahrheitspflicht** (§ 138 I) verstoßen worden ist, etwa wenn das Gegenteil des ursprünglich Vorgetragenen behauptet wird (Celle NdsRpfl 62, 35); ebenso wenn gerichtl Hinweise nicht beachtet werden (Köln NJW 71, 2234: Zeugengeld-Vorschuß) oder eine Partei ohne Mitteilung einer Postanschrift ins Ausland reist (BGH WPM 84, 1622) oder ihr bekannte Tatsachen nicht anläßl einer deswegen stattfindenden Ortsbesichtigung vorbringt (LG Bremen WuM 73, 256) oder sie einem sachkundigen Vertreter der Gegenpartei beim Ortstermin den Zutritt verwehrt (OLG München NJW 84, 807). Das OLG Düsseldorf (NJW 82, 1888) hat einer Partei sogar angelastet, daß für sie ein „Kartellanwalt" aufgetreten ist, der den Rechtsstreit nicht kannte (anders jetzt Düsseldorf EWiR § 539 2/89, 1141 – Schneider, das auch dann vorherigen Hinweis gem § 278 verlangt).

26 **cc)** Problematisch ist der **Entlastungsgrund der Prozeßtaktik.** Er steht im Konflikt mit der Prozeßförderungspflicht, die nicht so weit ausgedehnt werden darf, daß der Partei jede Prozeßplanung versagt wird (BVerfGE 54, 157); erst recht ist es ihr nicht zuzumuten, Behauptungen ins Blaue hinein aufzustellen. Die Beschleunigungstendenz fordert, daß nicht die subjektiven Vorstellungen der Partei über ihre Prozeßtaktik bei der Beurteilung dafür maßgebend sind, ob sie wesentliches Vorbringen grobfahrlässig zurückgehalten hat. Jede Partei muß mit Zurückweisung rechnen, wenn sie mit möglicherweise liquiden Anspruchsbegründungen oder Einwendungen zurückhält und erst einmal abwartet, wie sich das Gericht zu dem schon vorgebrachten Prozeßstoff stellt. Wird etwa der **Verjährungseinwand** oder ein die **Arglisteinrede** stützendes Vorbringen zurückgehalten, dann kann das dazu führen, daß zunächst einmal eine zeitraubende und Kosten auslösende Beweisaufnahme durchgeführt wird, nach deren für die Partei ungünstigem Ausgang diese dann getreu ihrer „Prozeßtaktik" ihre Behauptungen ergänzt und damit vielleicht – zB mit der Verjährungseinrede – ohne Beweisaufnahme obsiegt. Ein solches Vorgehen zu billigen, hieße die Zielsetzung der Vereinfachungsnovelle zu unterlaufen. Ebenso kann es liegen, wenn Zurückweisung befürchtet u deshalb erstmals im zweiten Rechtszug vorgetragen wird (LG Koblenz NJW 82, 289; ausführl Deubner JuS 82, 174).

27 **dd)** Zweifelhaft kann der **Rechtsirrtum** sein (s dazu Fuhrmann, Zurückweisung S 120). Wenn eine Partei – oder ihr Anwalt, § 85 II (BGH NJW 90, 857) – einen Sachverhalt fehlerhaft beurteilt hat und deshalb nicht auf den Gedanken gekommen ist, ihn aus anderer Sicht zu werten und vorsorgl auch insoweit vorzutragen, war sie nur dann grob fahrlässig, wenn der Irrtum auf der Hand liegt. Sind Anhaltspunkte dafür gegeben, daß das Gericht der von der Partei vertretenen Rechtsauffassung nicht folgen werde, dann handelt sie im Zweifel grob fahrlässig, wenn sie dies außer acht läßt (KG NJW 77, 395). Anders, wenn es auf das neue Vorbringen nach der vom Erstgericht vertretenen Auffassung nicht ankam (BVerfG 62, 255; BGHZ 12, 52; Deubner NJW 74, 1385; Schneider JurBüro 75, 295) oder das neue Vorbringen erst durch die Urteilsbegründung ausgelöst wird oder die Partei **vorinstanzlich obgesiegt** hat (Rn 4).

28 **c) Non liquet.** Die Partei muß sich entlasten, also dem Gericht die Überzeugung verschaffen, daß entweder nicht mit einer Verzögerung zu rechnen ist oder grobe Nachlässigkeit zu verneinen ist. Gelingt ihr das trotz richterlichen Hinweises (BGH WPM 86, 854; § 527 Rn 25) nicht, trägt sie die Folgen kraft ihrer prozessualen Beweislast (wie Rn 17). Die Beweislast ist also anders verteilt als bei § 296 II, wo das Gericht die grobe Nachlässigkeit (positiv) feststellen muß, während ihm bei § 528 II das Gegenteil zu beweisen ist; das wird häufig verkannt (zB Schleswig NJW 86, 857). Für vom **Streithelfer** schuldhaft verspäteten Vortrag hat die Partei nur bei hinzukommendem eigenen Verschulden einzustehen (Schulze NJW 81, 2663 u Fuhrmann NJW 82, 978).

V) Zulassungsausschluß nach § 528 III. Er hat seiner Tendenz nach die Funktion eines **Beweisverwertungsverbots;** analoge Anwendung ist ausgeschlossen (BGH NJW 81, 1218). Verfassungsrechtliche Bedenken sind durch BVerfGE 55, 72 ausgeräumt. Jedoch bleiben zahlreiche Auslegungsschwierigkeiten. 29

1) Auslegung nach dem Wortlaut. Zurückweisung mit Vorbringen im ersten Rechtszug (§ 296 II); mitgemeint ist abgelehnte Zulassung (§ 296 I, III). Das Berufungsgericht prüft, ob dies **zu Recht** geschehen ist. Wird das verneint, ist das Vorbringen zu verwerten. Wird es bejaht, tritt **unabänderl Ausschluß** damit ein, so daß auch keine Maßnahmen nach § 273 zulässig sind. Der Ausschluß **wirkt innerhalb des gesamten Rechtsstreits** fort, also auch nach Aufhebung und Zurückverweisung (Grunsky JZ 77, 206), selbst wenn seine Berücksichtigung **nicht** zu einer **Verzögerung** führen würde. Allerdings gilt das nur für dasselbe Begehren, so daß bei der Stufenklage der Ausschluß in der Auskunftsstufe nicht hindert, das Vorbringen in der Leistungsstufe wieder aufzugreifen (Karlsruhe MDR 85, 239). 30

2) Korrigierende Auslegung (s Schneider MDR 78, 969, ferner die Hinweise in BVerfGE 55, 72). Die Regelung des § 528 III ist ein **gesetzgeberischer Mißgriff.** Daher muß die Berufungspraxis versuchen, den § 528 III so auszulegen, daß die Konsequenzen der gesetzgeberischen Fehlleistung möglichst abgebogen werden. 31

a) Zurückweisung. Von § 528 III kann nur schlüssiges (BGH ZIP 85, 621) Vorbringen betroffen sein, das vorinstanzlich **nach Verspätungsvorschriften** zurückgewiesen worden ist (BGH NJW 80, 344; 79, 2109; 82, 2560); lediglich zurückgehaltenes Vorbringen kann nicht vom Berufungsgericht für die erste Instanz zurückgewiesen werden (LG Freiburg NJW 80, 295; unrichtig Frankfurt MDR 80, 943). Wird ein Zeuge nicht geladen, weil kein Auslagenvorschuß eingezahlt worden ist (§ 379), ist das einer Zurückweisung nicht vergleichbar (BVerfGE 69, 147; BGH MDR 80, 225). Gleiches gilt, wenn ein Beweismittel nach Fristablauf gem § 356 nicht „benutzt" wurde (nur § 528 I/II anwendbar, Karlsruhe NJW-RR 94, 512). – Bleibt Vorbringen unberücksichtigt, das nach Schluß der mdl Verhandlung aktenkundig gemacht wird (§ 296a), dann ist im zweiten Rechtszug nur eine Prüfung nach § 528 I, II veranlaßt; § 528 III ist unanwendbar, da es an einer Zurückweisung fehlt (BGH NJW 79, 2109 [2110]). Daß eine Zurückweisung, die sachlich berechtigt ist, fehlerhaft begründet worden ist, etwa unter Nennung einer nicht passenden Vorschrift, ist unerheblich (Oldenburg NdsRpfl 78, 151; Schneider MDR 78, 969 zu I). Jedoch ist das Berufungsgericht nicht befugt, die Zurückweisung nach einer anderen Vorschrift oder mit anderen Gründen aufrechtzuerhalten (BGH NJW 90, 1302, 1304; WPM 91, 1817, 1818; NJW 92, 1965; Fuhrmann, Zurückweisung S 133); insbesondere darf im zweiten Rechtszug keine erstinstanzlich unterlassene Ermessensentscheidung nachgeholt werden (Rn 33). Praktische Bedeutung hat vor allem der Fall, daß das Erstgericht zu Unrecht nach § 296 I zurückgewiesen hat, obwohl es nach § 296 II hätte zurückweisen dürfen, dies aber versäumt hat; dann kann das Berufungsgericht die zulässige Zurückweisung nicht nachholen, weil es die Ermessensentscheidung des Erstrichters nicht ersetzen darf (BGH NJW 80, 1102; 81, 2255; WPM 82, 1281 [1282]). Unanwendbar ist § 528 III immer, wenn verspätetes Vorbringen **zugelassen** worden ist, mag dies auch zu Unrecht geschehen sein (BVerfG NJW 95, 2980; BGH MDR 81, 666; NJW 90, 1302, 1304). Zugelassen ist verspätetes Vorbringen auch dann, wenn die Klage mangels Schlüssigkeit abgewiesen und zusätzlich das neue Vorbringen „hilfsweise" als verspätet bezeichnet wird. Das „zweite Bein" kann nichts daran ändern, daß das Gericht auch das neue Vorbringen zur Entscheidungsgrundlage gemacht hat (aA anscheinend BGH NJW 85, 1543). 32

b) „Zu Recht zurückgewiesen" ist das wichtigste Tatbestandsmerkmal des § 580 III, der nicht das Korrektiv der „Verzögerung" kennt (München MDR 78, 1028), das auch nicht hineininterpretiert werden darf (BVerfGE 55, 72). Da es sich um einen objektiv festzustellenden Umstand handelt, ist die Überprüfung aus der Sicht des Rechtsmittelgerichts vorzunehmen, so daß auch nachträglich bekanntwerdende Tatsachen zu berücksichtigen sind (Schneider MDR 78, 969; BGHZ 94, 195 = WPM 84, 1622; NJW-RR 92, 122, 123). Nichtzulassung in erster Instanz setzt immer eine wirksame Fristsetzung voraus, an der es bei nicht ordnungsgemäßer Unterzeichnung – Paraphe genügt nicht! – fehlt (BGHZ 76, 236 = MDR 80, 543; VersR 83, 33; LAG Hamm MDR 82, 612 = EzA § 340 Nr 2 m Anm Schneider); das gilt auch für § 356 (BGH NJW 89, 227). Auch die Nichteinhaltung der Frist des § 132 ist für sich allein kein Zurückweisungsgrund (BGH WPM 89, 1867 = WuB VII A § 282 ZPO 1.89 – Huff). Zu Unrecht zurückgewiesen ist auch dann, wenn der Partei Entschuldigungsgründe zur Seite standen, sie aber objektiv gehindert war, diese erstinstanzlich vorzubringen; sie kann sie dann noch im zweiten Rechtszug vortragen, muß dazu aber darlegen und gfls glaubhaft machen, daß und warum sie im ersten Rechtszug dazu nicht imstande war (Rn 16). 33

Im übrigen macht **jeder mitursächliche** (BVerfG NJW 89, 706; BVerfGE 75, 183) **Verfahrensmangel** des erstinstanzlichen Gerichts § 528 III unanwendbar (§ 527 Rn 18). So liegt es auch, wenn dem Gegner der verspätet vortragenden Partei keine Einlassungsmöglichkeit geboten oder eine dafür gesetzte Frist nicht beachtet wird (LG Münster MDR 90, 1021). Soweit die Vorinstanz im Rahmen einer Zurückverweisung Ermessen ausgeübt hat, geht die überprüfende Ermessensentscheidung voll auf das Berufungsgericht über, da dieses Tatsachengericht ist; also keine Beschränkung darauf, ob vorinstanzlich der Ermessensspielraum überschritten worden ist (irrig Düsseldorf WRP 83, 412, 414); kein Austausch der Präklusionsvorschriften oder der tatsächlichen Begründung (Rn 32). Zu prüfen ist immer, ob fehlerhafte Zurückweisung entscheidungskausal ist; dabei geht es um die Frage des „Beruhens" (KG MDR 83, 235 = NJW 83, 580 spricht mißverständlich von „Heilung"). Ist das nicht geschehen, ergibt aber das Berufungsvorbringen des Gegners, daß er bestritten hätte und damit der Verzögerungstatbestand erfüllt worden wäre, dann heilt dies nicht den vorinstanzlichen Verstoß (LG Münster MDR 90, 1021; aA KG MDR 83, 235).

Ob die angefochtene Entscheidung auf dem Verfahrensmangel beruht, muß aus den Vorgängen **innerhalb der Instanz** beurteilt werden. Daher darf zB zurückgewiesenes Verteidigungsvorbringen wiederholt werden, um einen vom Kläger erstmals in zweiter Instanz gestellten Hilfsantrag abzuwehren (Frankfurt MDR 83, 235 = ZIP 82, 1490). Zurückweisung im ersten Termin ist unzulässig, wenn eine Streiterledigung von vornherein ausscheidet, vor allem bei sog **Durchlaufterminen** (BVerfGE 69, 137; NJW 89, 706; BGHZ 98, 269 = MDR 87, 225).

34 **c) Unstreitigwerden.** Werden erstinstanzliche Behauptungen im zweiten Rechtszug unstreitig, dann fallen sie nicht unter § 528 III (BGHZ 76, 133 = LM § 528 ZPO Nr 14 m Anm Girisch).

35 **d) Parteivereinbarung.** Verlangen die Parteien übereinstimmend vom Gericht, von der Anwendung des Verspätungsrechts abzusehen, so ist dem zu entsprechen; dann ist auch § 528 III unanwendbar (Schneider NJW 79, 2506; str, aA Lange DRiZ 83, 413). Ebenso ist analog §§ 263, 530 zu verfahren, wenn der durch § 528 III begünstigte Prozeßgegner die Anwendung dieser Vorschrift nicht wünscht und dies erklärt (zust Wieczorek/Rössler, 2. Aufl 1981, § 528 Anm D). Darüber hinaus bleibt die Möglichkeit, das Bestreiten aufzugeben oder zuzugestehen; eine Partei kann sich gegnerisches Vorbringen auch zu eigen machen, um daraus neue, ihm günstige Rechtsfolgen herzuleiten.

36 **e) Zeugenausschluß.** Ein erstinstanzlich zurückgewiesener (nicht ein bloß unausgeführter: BGH MDR 80, 225 = NJW 80, 343) Beweisantrag auf Zeugenvernehmung darf wegen § 528 III zweitinstanzlich nicht mehr ausgeführt werden (BGH MDR 80, 487 m Anm Schneider). Dieser Grundsatz gilt jedoch nicht ausnahmslos. Er setzt **Teilbarkeit der Aussage** voraus. Muß ein Zeuge, weil insoweit erstinstanzlich nicht zurückgewiesen worden ist, zu einem neuen Beweisthema aussagen, dann muß das ausgeschlossene Beweisthema jedenfalls dann in die Vernehmung einbezogen werden, wenn anderenfalls eine Fehlerquelle gesetzt und der Erkenntnis- und Wahrheitsgehalt der Aussage verfälscht würde (Schneider MDR 80, 489 zu Ziff 5). Nicht unter § 528 III fällt das **Auswechseln von Beweisanträgen:** bei erstinstanzlicher Zurückweisung des Beweisantrages „Zeuge X" ist die Partei nicht gehindert, statt des ausgeschlossenen Zeugen X nunmehr den Beweisantrag „Zeuge Y" zu stellen; dann ist jedoch § 528 II anwendbar.

37 **f) Sachverständigengutachten.** Ist der Antrag auf Einholung eines GA ausgeschlossen worden, dann bleibt es für diesen Beweisantrag dabei. Jedoch darf das Gericht stets von Amts wegen die Begutachtung durch Sachverständige anordnen. § 538 III will solche amtswegigen Aufklärungsbefugnisse nicht beschränken. Ebenso verhält es sich bei erstinstanzlich zurückgewiesenem Antrag auf Einholung eines **Augenscheins** (§§ 371, 144) und der **amtlichen Auskunft** (§§ 273 II Nr 2, 358a Nr 2).

38 Ist erstinstanzlich ein **schriftliches Gutachten** eingeholt worden, der Antrag auf **mündliche Erläuterung** (§§ 411 III, 402, 397) aber wegen Verspätung zurückgewiesen worden (s § 411 Rn 5), dann ist die Anhörung auch im zweiten Rechtszug nicht mehr statthaft. Auch hier ist das Berufungsgericht aber befugt, den Sachverständigen mit einer Ergänzung seines Gutachtens zu beauftragen oder auch eine neue Begutachtung zu beschließen, § 412 (Rn 37).

39 **g) Parteivernehmung.** Erstinstanzlicher Ausschluß mit einem Antrag nach § 445 wirkt fort (§ 528 III). Jedoch wird idR die **Zurückweisung nicht „zu Recht"** geschehen sein, da bei ordnungsmäßigem Verfahren (§ 141 I 1) die Parteien zum Haupttermin zu laden sind und dann ohne Verzögerung vernommen werden können (§ 278 I 2). Immer darf das Berufungsgericht aus eigener prozessualer Befugnis (§§ 523, 273 II Nr 1, 141 I 1) Parteien laden und anhören, nach § 448 auch amtswegig vernehmen.

40 **h) Urkunden.** Nachschieben eines Urkundenbeweises kann erstinstanzlich nicht zu einer Verzögerung führen. Die Urkunden brauchen lediglich gelesen und gewürdigt zu werden, so daß § 528 III unanwendbar ist (Schleswig SchlHA 80, 213); daß dem Gegner evtl ein Schriftsatznachlaß (§ 283) gewährt werden muß, damit er Stellung nehmen kann, würde keine Zurückweisung „zu Recht" gestatten (BGH NJW 1543 u 1556; Hensen NJW 84, 1672). Die Folgen des § 528 III lassen sich bei erstinstanzlich zurückgewiesenem Vorbringen sogar dadurch umgehen, daß dieses Vor-

bringen durch Vorlage einer präsenten Beweisurkunde für das Berufungsgericht verwertbar gemacht wird.

i) Non liquet. Soweit das Gericht sich nicht davon überzeugen kann, daß erstinstanzlich „zu Recht" zurückgewiesen worden ist, insbesondere die Möglichkeit eines mitursächl Fehlers des Gerichts also nicht ausgeräumt werden kann, ist § 528 III unanwendbar (Oldenburg NJW 80, 295). 41

3) Soweit § 538 III zu Lasten einer Partei angewandt werden muß, sind wegen der dadurch möglicherweise bedingten fehlerhaften Sachentscheidung **Regreßansprüche gegen Anwälte** zu gewärtigen. Ist nämlich der Prozeßbevollmächtigte von seiner Partei rechtzeitig informiert worden, dann geht die Zurückweisung wegen verspäteten erstinstanzl Vorbringens zu seinen Lasten. Er haftet dafür aus dem Mandatsvertrag und muß seinen Mandanten sogar auf diesen Schadensersatzanspruch hinweisen (vgl BGH VersR 75, 908; NJW 75, 1656). 42

4) Manchmal läßt sich § 528 III durch eine **Alternativbegründung** (s § 543 Rn 15) umgehen. **Argumentationsschema:** *Entweder* zu Recht zurückgewiesen; dann deshalb unbegründet. *Oder* zu Unrecht; dann auch bei Berücksichtigung erfolglos. 43

5) Zum Ausschluß des § 528 III im **Versäumnisverfahren** vgl § 542 Rn 16. 44

VI) Die **Entscheidung** muß zusammen mit der Hauptsacheentscheidung getroffen werden (Rn 49). **1)** Bevor eine der Vorschriften des § 528 zu Lasten einer Partei angewandt wird, muß ihr **rechtl Gehör** gewährt werden (§ 527 Rn 25). Bei erhebl Verstößen kommt, falls keine Revision gegeben ist, Verfassungsbeschwerde in Betracht, etwa wenn beim Erfordernis der Verzögerung verspätetes Vorbringen zurückgewiesen wird, das nicht verzögert hätte (BVerfG NJW 80, 277: Verletzung des Art 103 I GG) oder gegen den Gleichheitsgrundsatz (Willkürverbot) verstoßen wird (BVerfGE 54, 117). 45

2) Die **Zulassung** verspäteten Vorbringens durch das Berufungsgericht (zur ersten Instanz s Rn 32) ist – ausgenommen § 518 III, s Rn 47 – **unanfechtbar** (BGH NJW 81, 928; ZIP 83, 864). Daher wird sie auch nicht begründet. Ist verspätetes Vorbringen verwertet worden, dann muß es zugelassen werden und darf nicht nachträglich zurückgewiesen werden (BGH Warneyer 78 Nr 265; WPM 81, 323), auch nicht hilfsweise (Rn 32 aE). 46

Zulassung von Vorbringen **entgegen § 528 III ist** jedoch **revisibel** (aA BGH WPM 91, 1124 = NJW 91, 1896). Bei der Anwendung dieser Vorschrift handelt es sich um reine Rechtsanwendung unter Ausschluß tatrichterlichen Ermessens und Verzicht auf das Verzögerungserfordernis (Deubner NJW 81, 930; Schneider MDR 85, 289). Dadurch unterscheidet sie sich von § 528 I, II. Daß die Beschleunigungswirkung revisionsrechtlich nicht wiederhergestellt werden kann, ist entgegen BGH WPM 91, 1124 = NJW 91, 1896 unerheblich, da durch § 528 III ein **Beweisverwertungsverbot** geschaffen worden ist, das wie jedes andere (s § 526 Rn 3 bei **Zeugen**) beachtet werden muß. Die Nichtbeachtung ist stets ein wesentlicher Verfahrensmangel, der die Entscheidungsgrundlage verfälscht. 47

3) Die **Nichtberücksichtigung** von Vorbringen **muß begründet werden** (§ 527 Rn 26). „Zu Recht zurückgewiesen", „rechtzeitiges Vorbringen", „genügende Entschuldigung" und „grobe Nachlässigkeit" sind **Rechtsbegriffe,** so daß im Revisionsrechtszug überprüft wird, ob sie richtig angewandt worden sind (BGH NJW 81, 2255 zu 3). Wenn nicht, liegt ein **Verfahrensmangel** vor, der Aufhebung und Zurückverweisung rechtfertigt (§ 564 II). Eine **fehlende Begründung** stellt ihrerseits einen Verfahrensmangel dar (BGH NJW 71, 1564 [1565]). 48

4) Die **Zulassungsentscheidung** ist **im Urteil** zu treffen, nicht in einem darauf beschränkten Teilurteil (s aber Rn 13) oder gar einem davon gesondert erlassenen Beschluß oder in einem Zwischenurteil nach § 303. Ein solcher Beschluß hätte keine Bindungswirkung nach § 318, sondern müßte als Hinweis gemäß §§ 139, 278 III verstanden werden. 49

529 *[Rügen der Unzulässigkeit der Klage]*

(1) Verzichtbare Rügen, die die Zulässigkeit der Klage betreffen und die entgegen § 519 oder § 520 Abs. 2 nicht rechtzeitig vorgebracht werden, sind nur zuzulassen, wenn die Partei die Verspätung genügend entschuldigt. Dasselbe gilt für verzichtbare neue Rügen, die die Zulässigkeit der Klage betreffen, wenn die Partei sie im ersten Rechtszug hätte vorbringen können.

(2) In Streitigkeiten über vermögensrechtliche Ansprüche prüft das Berufungsgericht die ausschließliche Zuständigkeit oder die Zuständigkeit des Arbeitsgerichts nicht von Amts wegen; eine Rüge des Beklagten ist ausgeschlossen, wenn er im ersten Rechtszug ohne die Rüge zur Hauptsache verhandelt hat und dies nicht genügend entschuldigt.

(3) Das Berufungsgericht prüft nicht von Amts wegen, ob eine Familiensache vorliegt. Die Rüge ist ausgeschlossen, wenn sie nicht bereits im ersten Rechtszug erhoben worden ist und dies nicht genügend entschuldigt wird.

(4) § 528 Abs. 1 Satz 2 gilt entsprechend.

1 **I)** Nach § 529 sind zunächst **alle Rügen,** gleichgültig wann sie erstmals erhoben worden sind oder hätten erhoben werden können, bereits in der **Berufungsbegründung** oder einer **fristgebundenen Erwiderung** geltend zu machen (§ 529 I 1). Bei **neuen Rügen** (Rn 5) muß hinzukommen, daß sie **schuldlos nicht früher** erhoben worden sind (§ 529 I 2). **Zuständigkeitsrügen** fallen unter die Sonderregelung in § 529 II. Zur **örtlichen Zuständigkeit** s § 512a zur **internationalen** § 512a Rn 5 u § 39 Rn 4.

2 **II) Zulässigkeitsrügen. 1) Verzichtbare Rügen** hießen früher „prozeßhindernde Einreden". Gemeint sind: **Schiedsrichtervereinbarung** (§ 1025), **mangelnde Sicherheitsleistung** für die Prozeßkosten (§§ 110–113); **mangelnde Kostenerstattung** aus einem früheren Verfahren (§ 269 IV). Die Bestimmung der Höhe der **Sicherheit** nach **§ 112 II** soll alle Kosten veranschlagen, die in allen möglichen Rechtszügen anfallen können (BGH ZIP 81, 780). Deshalb muß die Einrede mangelnder Sicherheit nach § 282 III vor der ersten Verhandlung zur Hauptsache (im ersten Rechtszug) vorgebracht werden, anderenfalls bei mangelnder Entschuldigung der Ausschluß nach § 296 III eingreift. In der höheren Instanz ist die Rüge nicht mehr zulässig, wenn sie in der Vorinstanz schuldhaft nicht erhoben worden ist (BGH ZIP 81, 780; AnwBl 90, 392). Der Kläger kann zu § 1025 die Gegeneinrede der Arglist vorbringen, wenn ihm aus in der Person des Beklagten liegenden Gründen die Durchführung des Schiedsverfahrens nicht zumutbar ist (BGH WPM 88, 478). Die nicht eingehaltene Vereinbarung eines Güteversuchs bei einer Schiedsstelle vor Klageerhebung führt zur Abweisung als zur Zeit unzulässig (BGH ZZP 99, 1986, 90 m Anm Prütting).

3 **2) Unverzichtbare Rügen** (vor allem: fehlender Rechtsweg; mangelnde Partei- oder Prozeßfähigkeit; Postulationsunfähigkeit; Rechtskraft; auch fehlende Prozeßvollmacht, München OLGZ 1992, 217) sind in jeder Instanz von Amts wegen zu prüfen und fallen nicht unter § 529 I. Daß das **Landgericht an Stelle des Amtsgerichts** entschieden hat, kann nie gerügt werden (§ 10), desgleichen nicht die **örtl Unzuständigkeit des Erstgerichts** in einem vermögensrechtl Streit (§ 512a).

4 **III) Allgemeine Zulassungsvoraussetzung.** Erhebung der Rüge in der Berufungsbegründung oder in einer fristgebundenen Erwiderung (§ 529 I 1). **1) Rechtzeitigkeit:** Rn 6 ff zu § 520. **2) Genügende Entschuldigung:** Rn 16 zu § 528. **3) Glaubhaftmachung:** §§ 529 III, 528 I 2, 294.

5 **IV) 1) Neue Rügen** sind solche, die bislang nicht erhoben worden sind (dann „genügende Entschuldigung" gem § 529 I 2 nötig; vgl RGZ 155, 240). Bei Entstehen erst nach Abschluß erster Instanz Zulässigkeitsprüfung nach § 529 I 1. So liegt es auch, wenn der Kläger im zweiten Rechtszug die Klage ändert und dadurch eine verzichtbare Rüge zum Entstehen bringt (BAG AP § 61 ArbGG 1953 Kosten Nr 3).

6 **2) Zur genügenden Entschuldigung** vgl § 528 Rn 16. Es schadet jeder Sorgfaltsverstoß (BGH NJW 85, 744). Der Vorbehalt, die Rüge „nur für die erste Instanz" fallenzulassen, stellt keine genügende Entschuldigung dar (Frankfurt NJW 69, 380). § 529 I 2 will den Beklagten gerade daran hindern, verzichtbare Einreden für den zweiten Rechtszug aufzusparen (Frankfurt MDR 82, 329). Deshalb muß entgegen altem Recht (siehe BGHZ 37, 267; LM § 675 BGB Nr 6) auch ein Einverständnis des Klägers mit erstmaliger Geltendmachung in der Berufungsinstanz als unbeachtl angesehen werden.

7 **V) Zuständigkeitsrügen. 1) Nichtvermögensrechtl Ansprüche** fallen nach dem Wortlaut nicht unter § 529 II; bei ihnen ist die Zuständigkeit uneingeschränkt von Amts wegen zu prüfen. Sachlich gerechtfertigt ist diese Unterscheidung nicht mehr, seit die ausschließliche Zuständigkeit der LGe in nichtvermögensrechtl Streitigkeiten entfallen ist (vgl § 71 GVG Rn 3), wahrscheinlich liegt – ebenso wie bei § 40 Abs 2 – ein schlichtes Redaktionsversehen vor.

8 **2) Vermögensrechtl Streitigkeiten** sind solche, die Ansprüche betreffen, welche aus einem vermögensrechtl Rechtsverhältnis hergeleitet werden (BGHZ 14, 74).

9 **a)** Eine **Amtsprüfung** findet bei ihnen **nicht** statt, soweit es um die ausschl sachl (zur örtl: § 512a) Zuständigkeit eines **ordentl Gerichts** geht (Abs 2 Hs 1). Das gilt auch für das Verhältnis zwischen Zivilkammer und **Kammer für Baulandsachen** (BGHZ 40, 148) und für **Kartellsachen** (BGH MDR 87, 1019 = WPM 87, 1086; Köln VersR 92, 585) oder für Landwirtschaftssachen (BGH MDR 92, 610).

10 **b) Rechtsähnlich** ist § 529 Abs 2 anzuwenden in Beschwerdeverfahren (Düsseldorf FamRZ 86, 1009) und, wenn wegen einverständl **Aufhebung eines Prozeßvergleichs** ein neues Verfahren eingeleitet wird (BAG NJW 74, 2151). Dann wird die rechtskraftähnl Wirkung des Vergleichs im Berufungsrechtszug nur auf Rüge hin geprüft.

c) Unanwendbar ist § 529 Abs 2, wenn es um die **Gerichtsbarkeit, die internationale** (BGHZ 44, 46) und die **funktionelle Zuständigkeit** oder die richtige Besetzung der Richterbank geht. Hat das Gericht seine **sachl Zuständigkeit verneint** und deshalb die Klage abgewiesen, dann ist ebenfalls uneingeschränkte Überprüfung geboten (BGH NJW-RR 90, 1408). 11

d) Der Beklagte kann eine **Zuständigkeitsprüfung durch Erhebung der Rüge** in zweiter Instanz erreichen. Mangels Amtsprüfung (§ 529 I Hs 1) ist die Rüge dort verzichtbar und muß **rechtzeitig** iSd § 529 I vorgebracht werden. Geschieht dies nicht, dann ist der Beklagte damit ausgeschlossen (BGH NJW 60, 1951). Hinzu kommen muß zur Beachtlichkeit der Rüge, daß der Beklagte sie auch bei gehöriger Sorgfalt nicht schon vor der Verhandlung zur Hauptsache im ersten Rechtszug geltend machen konnte. Die **Beweislast** ist dabei so verteilt (§ 529 II Hs 2), daß der Rügeausschluß eintritt, wenn der Beklagte im ersten Rechtszug rügelos verhandelt hat, daß er aber diese Wirkung beseitigen kann, indem er darlegt und (§ 529 III) auf Verlangen glaubhaft macht, er sei dazu schuldlos nicht im Stande gewesen. Der **Kläger** kann nicht rügen, da er die Zuständigkeit für sich in Anspruch genommen hat. 12

e) Im Verhältnis zur Arbeitsgerichtsbarkeit ist die Regelung in Abs 2 überlagert durch § 17a GVG (Mayerhofer NJW 92, 1602: Redaktionsversehen), da durch die Neufassung der §§ 17 ff GVG und des § 48 ArbGG das Verh der ordentl Gerichte zur Arbeitsgerichtsbarkeit nicht mehr eine Frage der sachl Zuständigkeit, sondern eine Rechtswegfrage ist (s vor § 17 GVG Rn 10). Die Rechtswegrüge richtet sich aber – bei vermögensrechtl wie bei nichtvermögensrechtl Ansprüchen – ausschließlich nach § 17a Abs 5 GVG (s dort). „Entscheidung in der Hauptsache" iSd § 17a Abs 5 ist auch die Abweisung der Klage als unzulässig (§ 17a GVG Rn 18); für die Anwendung des § 529 Abs 2 ist daher kein Raum mehr (entgegen StJ/Grunsky Rn 10 auch nicht, wenn Erstgericht bei Abweisung als unzulässig die Rechtswegfrage offengelassen hat – maßgeblich ist dann, ob gegen § 17a Abs 3 S 2 GVG verstoßen wurde). 13

VI) Die Zulassung einer verspäteten Rüge entgegen § 529 ist revisibel (BGH MDR 85, 207). 14

VII) Das Vorliegen einer **Familiensache** (Abs 3) muß vor erstinstanzlicher Verhandlung zur Hauptsache gerügt werden; anderenfalls bleibt der Rechtszug unverändert (BGH FamRZ 89, 165; 88, 1035 m Anm Jauernig S 1260 = MDR 88, 1034). Auf **Beschwerdeverfahren** analog anzuwenden, wobei das Beschwerdegericht bis zum Verlust des Rügerechts die erstinstanzliche Zuständigkeit selbständig beurteilt (Düsseldorf EzFamRZ ZPO § 529 Nr 1). Zu den Auswirkungen auf die Anknüpfung bei der Frage, ob beim OLG ein Zivil- oder ein Familiensenat zuständig ist (s BGH FamRZ 94, 25/27, dazu § 119 GVG Rn 6/8 und Philippi § 621d Rn 14–21). 15

530 *[Widerklage; Aufrechnung mit einer Gegenforderung]*

(1) Die Erhebung einer Widerklage ist nur zuzulassen, wenn der Gegner einwilligt oder das Gericht die Geltendmachung des mit ihr verfolgten Anspruchs in dem anhängigen Verfahren für sachdienlich hält.

(2) Macht der Beklagte die Aufrechnung einer Gegenforderung geltend, so ist die hierauf gegründete Einwendung nur zuzulassen, wenn der Kläger einwilligt oder das Gericht die Geltendmachung in dem anhängigen Verfahren für sachdienlich hält.

I) § 530 geht den §§ 527, 528 vor (BGH WPM 87, 1086 = Warneyer 1987 Nr 167). Die Einwilligungsvermutung des § 267 wird häufig übersehen; deshalb ist zur Vorbereitung des Termins gem § 278 III ein Hinweis angebracht (Schneider MDR 77, 973; zust AK-ZPO-Ankermann § 530 Rn 17; Düsseldorf MDR 82, 940). 1

II) Widerklage. 1) Regelung entspr der für die Klageänderung (§ 263). Kein Verzögerungsrecht anwendbar (§ 528 Rn 7). Die Erhebung einer **Zwischenfeststellungswiderklage** (§ 256 II) bedarf nicht der Zulassung (BGHZ 53, 92). 2

2) Für die Frage der **Sachdienlichkeit** kann von Bedeutung sein, ob die Widerklage geeignet ist, den Streit zwischen den Parteien endgültig und alsbald (Karlsruhe Justiz 83, 238) auszuräumen (§ 523 Rn 8). An erster Stelle steht aber der Gesichtspunkt der Prozeßwirtschaftlichkeit; sie kann zu verneinen sein, wenn das Berufungsgericht bei Zulassung der Widerklage über einen völlig neuen Streitstoff entscheiden müßte (BGHZ 33, 400; VersR 69, 1094) oder nur zur Widerklage Beweis zu erheben wäre mit der Folge, daß die anderenfalls bestehende Entscheidungsreife entfiele, also auch kein Teilurteil möglich wäre. Keine Zulassung, wenn dadurch Fragen entscheidungserheblich werden, die auch in einem zwischen den Parteien bereits anhängigen weiteren Rechtsstreit geklärt werden müssen (Frankfurt MDR 80, 235). Widerklage gegen einen am Prozeß bisher nicht beteiligten Dritten nur ausnahmsweise bei dessen Zustimmung oder rechtsmißbräuchlicher Verweigerung möglich (vgl Wieser ZZP 86 [1973], 36), zB im Haftpflichtprozeß aus einem einheitlichen Verkehrsunfall (Karlsruhe VersR 79, 1033). 3

4 **3) Über die Sachdienlichkeitsprüfung bei Eventualwiderklagen** für den Fall der Begründetheit des Klagebegehrens s BGHZ 21, 13. Hilfsweise Verfolgung einer in erster Linie zur Aufrechnung gestellten Gegenforderung mit Eventualwiderklage, wenn Kläger vertragl Ausschluß der Aufrechnung behauptet: BGH MDR 61, 932.

5 **4) Verzögerung** und **Verschulden** sind nicht Voraussetzung für die Verneinung der Sachdienlichkeit, können aber mit gewürdigt werden (BGH MDR 87, 1019 = WPM 87, 1086).

6 **5) Die Entscheidung über die Zulassung** ist im wesentlichen eine Ermessensentscheidung des Berufungsgerichts; sie bindet die höhere Instanz (BGH WPM 85, 145). Eine vom Berufungsgericht **zu Unrecht nicht zugelassene Widerklage** kann das Revisionsgericht uU als zugelassen behandeln und bei Entscheidungsreife selbst eine Sachentscheidung treffen (BGHZ 33, 398).

7 **6) Eintritt der Rechtshängigkeit** des Widerklageanspruchs: § 261 II.

8 **7)** Die Zurückweisung einer nicht zugelassenen Widerklage geschieht durch **Prozeßurteil** (BGHZ 33, 401). Der Anspruch kann dann in einem anderen Prozeß verfolgt werden.

9 **III) Aufrechnung. Lit:** *Schneider* MDR 75, 979; 88, 928. **1) Ausnahmeregelung** (Rn 1), die lediglich die prozessuale Geltendmachung einer Aufrechnung, nicht deren materiellrechtliche Erklärung betrifft (BGH NJW 92, 2575, 2576), und nur anwendbar ist, wenn die Gegenforderung vorinstanzlich noch nicht geltend gemacht worden war (Rn 18). Obgleich sie Verteidigungsmittel ist (BGHZ 91, 303 = NJW 84, 1964, 1967) und damit unter § 528 fallen müßte, ist für eine neue Aufrechnung des Beklagten selbst eine Sonderregelung mit Vorrang vor § 528 getroffen worden (BGH NJW 92, 2575, 2576; MDR 87, 1019 = WPM 87, 1086), die jedoch nicht für die Aufrechnungs-Replik des Klägers gilt (BGH NJW-RR 90, 1470 = WPM 90, 1938 = WuB VII A § 530 ZPO 1.91 m Anm Messer). Sie ist wegen der Ähnlichkeit mit der Geltendmachung eines neuen Anspruchs durch Widerklage und wegen der Rechtskraftwirkung des § 322 II an die Regelung der Widerklage in § 530 I angeglichen worden; deshalb ist nicht § 530 II, sondern nur § 528 anwendbar, wenn der Beklagte die Aufrechnung eines Dritten geltend macht (BGH NJW 92, 2575). Als **Zulassungssperren** sind statt dessen Einwilligung des Klägers oder Sachdienlichkeits-Erklärung des Gerichts vorgesehen. Darüber hinaus gilt **allgemeines Verspätungsrecht** (§§ 523, 296), wenn mit der Aufrechnung nicht zugleich die sie begründenden Tatsachen vorgetragen werden (BGHZ 91, 293 = NJW 84, 1964).

10 **2)** Ein **Zurückbehaltungsrecht** fällt unter § 528; es darf nicht wie eine Aufrechnung behandelt werden (RG DR 39, 1885; BGH DB 75, 145). Wird die **Zurückbehaltung mit einer Geldforderung** gegen eine Geldforderung erklärt, dann liegt darin der Sache nach eine Aufrechnungserklärung (BGHZ 37, 344), so daß § 530 II anzuwenden ist (Celle OLGZ 72, 477; Schneider MDR 75, 980). Umgekehrt ist die Aufrechnung gegenüber einem **Freistellungsanspruch** mangels Gleichartigkeit nicht möglich, aber in die Geltendmachung eines Zurückbehaltungsrechts umzudeuten (BGHZ 47, 166/167), so daß § 528 anzuwenden ist (Köln EWiR § 528 ZPO 1/88, 103 – Schneider).

11 **3)** Rechnerisch wie eine Aufrechnung wirkt der **Angriff auf eine Berechnung,** die der Klageforderung zugrunde liegt. Hier sind die jeweiligen Sachverhalte genau zu unterscheiden:

12 **a)** Ob der Beklagte sich mit **Aufrechnung verteidigt,** hängt nicht von der Wahl des Ausdrucks, sondern von der materiellrechtlichen Beurteilung ab. Deshalb nicht unter § 530 II fallendes Klageleugnen, wenn der Beklagte „Aufrechnung" mit Schadensersatzansprüchen aus Verschulden bei Vertragsabschluß oder positiver Vertragsverletzung erklärt (Koblenz KoRsp GKG § 19 Nr 107 m Anm Schneider) oder gegenüber einer Darlehensklage mit einem Anspruch wegen Belastung mit der Rückzahlungspflicht „aufrechnet" (BGH KoRsp GKG § 19 Nr 109) oder wenn der Beklagte mit der Begründung „aufrechnet", in der Abrechnung des Klägers seien Gegenposten nicht enthalten, die gutgeschrieben werden müßten (RG JW 99, 96).

13 **b)** Die **Minderungseinrede** gegenüber einem Kaufpreisanspruch richtet sich gegen die Berechnung der Klageforderung und führt, wenn sie begründet ist, nicht zu einer Verrechnung, sondern zu einer anderen Berechnung ohne Verbrauch eigener Ansprüche; auch hierin liegt keine Aufrechnung (RGZ 63, 402).

14 **c)** Ebenso verhält es sich bei der Geltendmachung von **Gewährleistungsansprüchen** aus Kauf-, Miet- oder Werkvertragsrecht, soweit sie auf reine Mängelschäden gestützt sind, selbst wenn ein Nachbesserungsanspruch in der Weise verfolgt wird, daß dem Unternehmer der noch offenstehende restl Werklohnanspruch versagt werden soll (BGH NJW 78, 814; Düsseldorf BauR 84, 304; aA Düsseldorf, AnwBl 84, 612).

15 **d)** Werden indessen weitergehende Ansprüche aus dem Rechtsgrund der **positiven Forderungsverletzung** geltend gemacht – sogenannte **Mangelfolgeschäden** oder **Begleitschäden** – und zur Aufrechnung gestellt, dann ist § 530 II anwendbar.

16 **4)** Die Aufrechnung muß **erklärt** werden, also der Wille der Partei erkennbar sein, ihre Gegenforderung zur Verrechnung zu stellen (BGH WPM 65, 1062). Der bloße Hinweis darauf, sie habe

solche Gegenforderungen, ist keine eindeutige Erklärung. Im Zweifel ist zu fragen (§ 139). Dies ist deshalb wichtig, weil nur eine erklärte Aufrechnung, nicht eine ledigl erstinstanzl erwähnte Gegenforderung nach § 530 II zurückgewiesen werden kann (BGH WPM 76, 583). Entgegen OLG Schleswig (MDR 76, 50) muß bei Aufrechnung mit einer oder gegen eine Mehrheit von Forderungen keine Verrechnungsbestimmung getroffen werden (Schneider MDR 88, 928).

5) Der **Gegner muß** sich seinerseits dazu **erklären, ob er** in die Geltendmachung der Aufrechnung **einwilligt.** Schweigen bedeutet – analog § 267 – vermutete Einwilligung (vgl Schneider MDR 75, 979; so jetzt auch BGH WPM 90, 1940). Deshalb muß das Gericht fragen und hinweisen, §§ 139, 278 III (Rn 1). 17

6) **Neu** ist eine Aufrechnung immer, wenn sie in erster Instanz nicht gebracht worden ist, zB weil dort die Aufrechnung mit einer **anderen Forderung** erklärt worden ist. Eine erstinstanzlich **geltend gemachte Aufrechnung** fällt nicht unter § 530 II, wenn das Gericht darauf nicht eingegangen ist, weil es die Klage bereits aus anderen Gründen abgewiesen hat (BGH ZIP 82, 1413 = NJW 83, 205). Eine erstinstanzl **beschiedene Aufrechnungsforderung ist** im zweiten Rechtszug **nie neu,** auch wenn sie wegen **ungenügender Substantiierung** erfolglos geblieben ist (dies hat der BGH MDR 75, 1008, verkannt; vgl die abl Anm Schneider aaO). Daß es sich dabei um eine Fehlentscheidung handelt, ist in BGH MDR 83, 205 = WPM 82, 1441 angedeutet und im Schrifttum einhellige Auffassung: Wieczorek/Rössler, 2. Aufl 1981, § 530 Anm C; AK-ZPO-Ankermann § 530 Rn 14; MK/Rimmelspacher Rn 26; B/Hartmann § 530 Rn 5; Rosenberg/Schwab ZPR § 106 III 1b Fn 15). Nur eine wegen **mangelnder Individualisierung** unberücksichtigt gebliebene Aufrechnung ist zweitinstanzlich neu (Saarbrücken MDR 81, 679; Schneider MDR 90, 1122, was Düsseldorf, MDR 90, 833, verkannt hat). Hat der Aufrechnende den **Aufrechnungseinwand** dagegen im ersten Rechtszug vor einer Entscheidung wieder **fallengelassen,** dann ist sie neu. Hat das Gericht aus prozessualen Gründen eine **Sachentscheidung** über die Aufrechnungsforderung gem § 296 **abgelehnt,** dann ist die zweitinstanzl Aufrechnungserklärung nicht neu (str, s Celle NJW 65, 1338 gg Frankfurt NJW 71, 148). 18

7) **Sachdienlichkeit.** Die berechtigten Interessen beider Parteien an der Entscheidung über die Aufrechungsforderung sind gegeneinander abzuwägen (s BGHZ 17, 124; Schneider MDR 75, 982). Es müssen dazu die **Prozeßsituationen** unter Berücksichtigung **konkreter Fallumstände** herangezogen werden (so auch BGH MDR 77, 310): 19

a) **Rechtl Zusammenhang** zwischen Klage- und Aufrechnungsforderung ist nicht erforderl, um Sachdienlichkeit bejahen zu können, allerdings auch nicht genügend (BGH NJW 66, 1029; Schneider MDR 75, 982). 20

b) **Sachdienlichkeit** ist in der Regel **zu bejahen,** wenn die Aufrechnung ohne weiteres als **durchgreifend** oder als **unbegründet** erscheint, weil dann auch dieser Streitpunkt zwischen den Parteien ohne neuen Prozeß bereinigt werden kann (§ 322 II). Desgleichen, wenn der Kläger erst in der Berufungsinstanz **vom Urkundenprozeß Abstand** nimmt, so daß der Beklagte erst jetzt die Möglichkeit zur Aufrechnung bekommt (BGHZ 29, 337; § 596 Rn 5; s auch Rn 23). 21

c) **Sachdienlichkeit** wird **zu verneinen** sein, wenn mit einer erst **während des Berufungsverfahrens erworbenen Forderung** die Aufrechnung erklärt wird und durch deren Zulassung der Prozeß mit völlig neuem Stoff belastet würde (BGHZ 5, 373). Das wird häufig bei Aufrechnung mit einer Schadensersatzforderung der Fall sein, die aus einem Geschehen stammt, das mit dem Klagegrund in keinem oder keinem engen Zusammenhang steht (BGH VersR 67, 477). Nicht sinnvoll ist die Sachdienlich-Erklärung auch dann, wenn die Aufrechnungsforderung auf Grund gerichtl Hinweise erst **noch substantiiert werden müßte** (BGHZ 17, 124). Zulassung grundsätzlich abzulehnen, wenn Aufrechnungsforderung anderweit rechtshängig gemacht worden ist (statthaft: BGHZ 57, 242) oder die gleichen Tat- oder Rechtsfragen in einem anderweit anhängigen Prozeß anstehen (Frankfurt MDR 80, 235). 22

8) Ist die **Forderung** erst **nach Schluß der ersten Instanz entstanden,** dann bleibt es bei den Zulassungsvoraussetzungen des § 530 II. Allerdings wird diese für den Beklagten etwas mißliche Situation bei der Prüfung der Sachdienlichkeit in seinem Sinne zu berücksichtigen sein (Rn 21). 23

9) Über die **Zulassung** ist **im Endurteil** zu entscheiden. Einer **Begründung** bedarf es nicht, weil die Zulassung (ebenso wie bei § 530 I, s Rn 5) nicht revisibel ist (BGH JZ 73, 607). Wird sie **abgelehnt,** so bedarf es einer Begründung, wenn es sich um einen revisiblen Rechtsstreit handelt, denn dann muß das Revisionsgericht auf Rüge nachprüfen, ob der Begriff der Sachdienlichkeit nicht verkannt worden ist (BGH NJW 77, 49). 24

10) Wird fehlerhafterweise die **Sachdienlichkeit verneint und zugleich** die **Aufrechnungsforderung für unbegründet erkannt** (RG Recht 07, 2608), dann kann dieser Denkfehler nur dadurch korrigiert werden, daß die Ausführungen zur Begründetheit **als nicht geschrieben gelten** und folgl unbeachtet bleiben (BGH MDR 83, 1018 = NJW 84, 128). 25

26 **11) Bei Zurückweisung der Aufrechnung** kann der Beklagte seine Forderung in einem anderen Rechtsstreit verfolgen. Umgekehrt ist er berechtigt, eine anderweit bereits eingeklagte Forderung zur Aufrechnung zu stellen (BGHZ 57, 242; NJW 84, 128, 129).

531 *[Verfahrensmängel]*

Die Verletzung einer das Verfahren des ersten Rechtszuges betreffenden Vorschrift kann in der Berufungsinstanz nicht mehr gerügt werden, wenn die Partei das Rügerecht bereits im ersten Rechtszug nach der Vorschrift des § 295 verloren hat.

1 Der in erster Instanz eingetretene Rügeverlust (s § 295 Rn 1, 2) wirkt für das Berufungsverfahren fort. In der Berufungsinstanz selbst gilt § 295 originär (§ 523).

532 *[Gerichtliches Geständnis]*

Das im ersten Rechtszuge abgelegte gerichtliche Geständnis behält seine Wirksamkeit auch für die Berufungsinstanz.

1 **I)** Ob die Erklärung einer Partei ein **Geständnis** (§§ 288–290) ist, hängt nicht von einem bestimmten Wortlaut ab, sondern kann auch in der Äußerung liegen, die Ausführungen des Gegners würden nicht bestritten, wenn weitere Umstände auf ein Geständnis hindeuten (BGH WPM 85, 1112, 114; NJW 83, 1496). München (MDR 84, 321) will die §§ 532, 290 auch auf die Geständnisfiktion des § 138 III anwenden.

2 **II)** Ein Geständnis kann unter den Voraussetzungen des § 290 in der zweiten Instanz **widerrufen** werden, auch wenn die Gründe dem Widerrufenden schon in der Vorinstanz bekannt waren (RGZ 11, 406); denkbar ist allerdings in diesem Fall ein Verzicht auf den Widerruf.

533 *[Parteivernehmung]*

(1) Das Berufungsgericht darf die Vernehmung oder Beeidigung einer Partei, die im ersten Rechtszuge die Vernehmung abgelehnt oder die Aussage oder den Eid verweigert hatte, nur anordnen, wenn es der Überzeugung ist, daß die Partei zu der Ablehnung oder Weigerung genügende Gründe hatte und diese Gründe seitdem weggefallen sind.

(2) War eine Partei im ersten Rechtszuge vernommen und auf ihre Aussage beeidigt, so darf das Berufungsgericht die eidliche Vernehmung des Gegners nur anordnen, wenn die Vernehmung oder Beeidigung im ersten Rechtszuge unzulässig war.

1 **I) Ablehnung der Vernehmung** einer Partei: § 446; Aussage- oder Eidesverweigerung nach Bereiterklärung, sich vernehmen zu lassen: § 453 II. Die „Überzeugung" des Gerichts ist im Urteil zu begründen.

2 **II) Eid des Gegners: Abs 2** will verhüten, daß über dieselbe Tatsache zwei verschiedene eidl Aussagen abgegeben werden (vgl § 452 I 2). Anders nur, wenn die erste Vernehmung oder wenigstens die Vereidigung unzulässig war, zB bei Eidesunfähigkeit (§ 452 IV). Die uneidl Vernehmung des Gegners ist zulässig.

534 *[Vorläufige Vollstreckbarkeit]*

(1) Ein nicht oder nicht unbedingt für vorläufig vollstreckbar erklärtes Urteil des ersten Rechtszuges ist, soweit es durch die Berufungsanträge nicht angefochten wird, auf Antrag von dem Berufungsgericht durch Beschluß für vorläufig vollstreckbar zu erklären. Die Entscheidung kann ohne mündliche Verhandlung ergehen; sie ist erst nach Ablauf der Berufungsbegründungsfrist zulässig.

(2) Eine Anfechtung der Entscheidung findet nicht statt.

1 **I) Lit:** *Schneider* DRiZ 79, 44; *Waltermann* NJW 92, 159. Grundsätzl werden **alle Urteile für vorläufig vollstreckbar** erklärt, §§ 708, 709; Ausnahme: § 704 II. § 534 gibt deshalb dem Gegner das Recht, bei dem Berufungsgericht zu beantragen, das Urteil insoweit erstmals oder ohne Sicherheitsleistung für vorläufig vollstreckbar zu erklären. Das ist der Ausgleich dafür, daß auch hinsichtlich des nicht mit der Berufung verfolgten Teils der Beschwer keine Rechtskraft eintritt, weil die Hemmungswirkung weiter reicht als die Anfallswirkung (BGH NJW 92, 2296; Hamm NJW-RR

90, 1470). Anwendbar auch, wenn vorinstanzlich vorläufige Vollstreckbarkeit gg Sicherheitsleistung entgegen § 708 ausgesprochen worden ist. Entscheidung über den Antrag (Anwaltszwang, da Prozeßhandlung, § 78 I) außerhalb mündlicher Verhandlung; diese findet nur bei besonderer Anordnung statt.

Nicht erfaßt von § 534 ist das Interesse des Gläubigers, die **Höhe einer angeordneten Sicherheit herabsetzen** zu lassen, soweit er bei Teilanfechtung hinsichtlich des vom Rechtsmittel betroffenen Teils vollstrecken will (vgl Groeger NJW 94, 431: nur Herabsetzung gem § 718 I möglich). 1a

1) **Antragsberechtigt** ist, wer aus dem Vorurteil vollstrecken kann, auch der teilweise abgewiesene Kläger (Schleswig SchlHA 80, 188; KG MDR 88, 240; Celle NdsRpfl 89, 107; Hamm NJW-RR 90, 1470; aA Hamm NJW-RR 87, 832). Der Berufungsbeklagte kann den Antrag durch seinen erstinstanzlichen Prozeßbevollmächtigten stellen lassen, solange sich für ihn kein Berufungsanwalt bestellt hat (Frankfurt FamRZ 79, 538). **Berufungsanträge** sind auch Anschließungsanträge (§ 521); unerheblich ist, wer den Rechtsmittelantrag stellt. § 534 auch anzuwenden bei nachträglicher Beschränkung durch **Teilrücknahme** (§ 515) oder **Teilverzicht** (§ 514 Rn 17). 2

2) Der Beschluß ergeht **ohne sachliche Prüfung** nach Gewährung **rechtlichen Gehörs.** Erklärt der Antragsgegner, er habe bereits gezahlt (erfüllt), dann ist bei Bestreiten gleichwohl antragsgemäß zu beschließen. Räumt der Antragsteller die Erfüllung ein, ist sein gleichwohl aufrechterhaltener Antrag wegen fehlenden Rechtsschutzbedürfnisses kostenfällig (§ 91) abzuweisen. Nimmt er den Antrag zurück, wird er analog § 515 III mit den Kosten belastet. Daneben besteht für ihn die Möglichkeit, die Hauptsache des Beschlußverfahrens für erledigt zu erklären. 3

a) Vorgängige Entscheidung über die **Zulässigkeit der Berufung** hat zu unterbleiben; vorbehaltlose Vollstreckbarkeit darf aber nicht in der Schwebe bleiben, bis Zulässigkeit geklärt ist. 4

b) **Feststellungs-** und **Gestaltungsurteile** sowie solche auf **Abgabe einer Willenserklärung** sind mangels vollstreckungsfähigen Inhalts nur im Kostenpunkt für vorläufig vollstreckbar zu erklären (§ 704 Rn 2; § 894 I). Ist entgegen § 894 die Hauptsache für vorläufig vollstreckbar erklärt worden, so fehlt für § 534 gleichwohl das Rechtsschutzinteresse, weil die Vollstreckungsmöglichkeit vom Eintritt der Rechtskraft abhängt (Zweibrücken JurBüro 83, 1889). 5

3) § 534 kann auch auf die **erstinstanzliche Kostenverurteilung** angewendet werden (KG ZZP 53, 92; aA Schleswig MDR 85, 679; SchlHA 83, 168), jedoch seiner ratio nach (s OVG Lüneburg MDR 75, 174) nur, wenn die auszuwerfende anteilige Quote eindeutig bestimmbar und die Möglichkeit späterer Korrektur ausgeschlossen ist. Daher grundsätzlich nicht, wenn: **a)** eine gemischte Kostenentscheidung gefällt worden ist (zB gemäß §§ 92, 91a, 93, 269); **b)** wegen objektiver Klagenhäufung gequotelt worden und dabei der Streitwert (auch) nach Ermessen (§ 3) festgesetzt worden ist (Schneider, Streitwert-Komm Rn 4158 ff); hier muß die Kostenausgleichung (§ 106) abgewartet werden (Schleswig SchlHA 83, 168); **c)** die trotz Teilanfechtung erlaubte Überprüfung der Gesamtkostenentscheidung (§ 521 Rn 24) zu einer Berichtigung führen könnte. 6

4) Das Verfahren nach § 534 hat einen **anderen Streitgegenstand** als das Berufungsverfahren; daher ist bei dessen Unterbrechung oder Aussetzung vorbehaltlose Vollstreckbarerklärung zulässig und oft gerade dann sogar besonders wichtig (zB bei Konkurseröffnung, § 249). 7

5) Durch den unanfechtbaren (Abs 2) Beschluß wird auch die vorinstanzliche Anordnung einer Sicherheitsleistung hinfällig. 8

6) Da der Beschluß keine Rechtskraft wirkt (Zweibrücken JurBüro 83, 1889), ist **Erweiterung** des Berufungsantrags (§ 519 Rn 31) oder **Anschlußberufung** noch möglich. Es bleibt jedoch bei der Unanfechtbarkeit (Abs 2) und damit Unabänderlichkeit (§ 318). In solchen Fällen kann der (unrichtig gewordene) Beschluß nur für die Zukunft durch einstweilige Einstellung analog §§ 719, 707 unschädlich gemacht werden (RGZ 47, 419 [420]; Schleswig SchlHA 77, 190). 9

7) Stellt der Kläger den Antrag nach § 534, kann der Beklagte nicht verlangen, daß ihm gestattet wird, die dadurch unbedingt möglich gewordene Zwangsvollstreckung durch Sicherheitsleistung abzuwenden (KG OLGE 23, 190), oder daß insoweit einstweilen eingestellt wird. Der Beschluß darf nicht einmal auf einen neuen Antrag hin abgeändert werden (Rn 9), da sonst einer schon vollzogenen Vollstreckung die Grundlage genommen würde. 10

8) Der Erlaß eines **Teilurteils** oder eines **Versäumnisurteils** hinsichtlich des nicht angefochtenen Teils durch das Berufungsgericht im Falle mündlicher Verhandlung ist unzulässig (München NJW 66, 1082). Es müßte als Beschluß gem § 534 gedeutet werden. 11

9) **Der Einzelrichter** darf den Beschluß erlassen, wenn er mit der Sache befaßt ist, da dies der Vorbereitung der Endentscheidung dient, § 524. 12

II) Der Beschluß ist **nicht beschwerdefähig** (Abs 2), auch nicht, wenn fälschlich (Rn 11) durch Urteil entschieden wird oder bei Zurückweisung. 13

14 **III)** Es ist eine **Kostenentscheidung** zu treffen (Hamm NJW 72, 2314; Schleswig SchlHA 80, 188), weil sonst die Anwaltsgebühr aus § 49 II BRAGO nicht festsetzbar ist. Jedoch keine isolierte Kostenentscheidung bei Teilrücknahme in zweiter Instanz, weil dann ein Teil des dem Berufungsgericht angefallenen Streitgegenstandes betroffen ist. Wird Kostenentscheidung vergessen, **Ergänzungsantrag** nach § 321 geboten. Wird sie **abgelehnt,** muß darüber im Berufungsurteil mitentschieden werden, wobei Kostentrennung (§§ 92, 97) vorzunehmen ist (s näher Düsseldorf Rpfleger 55, 165 m Anm Bierbach).

15 Wird der **Berufungsantrag nachträglich erweitert oder Anschlußberufung** eingelegt (Rn 9), dann dehnt sich die Anfallwirkung des Rechtsmittels rückwirkend auf den Streitgegenstand des Beschlußverfahrens aus. Gebührenrechtlich hat das zur Folge, daß die Gebühr aus § 49 II BRAGO insoweit auf die Prozeß- und Verhandlungsgebühr des Berufungsverfahrens anzurechnen ist, weil dann § 37 Nr 7 BRAGO eingreift (Celle NdsRpfl 59, 152). Die Kostenentscheidung des Beschlusses wird dadurch prozessual überholt.

16 **IV)** PKH für das Berufungsverfahren deckt den Antrag aus § 534.

17 **V) Tenorierungsvorschlag:** Auf den Antrag vom . . . wird das Urteil . . . wegen eines Betrages von . . . DM nebst . . . Zinsen ab . . . für vorläufig vollstreckbar erklärt. Der Beklagte trägt die Kosten des Verfahrens. – **Oder:** . . . auf Antrag des . . . vom . . . beschlossen: Das Urteil . . . ist in Höhe von . . . DM nebst . . . Zinsen ab . . . vorläufig vollstreckbar. Der Beklagte trägt die Kosten des Verfahrens.

18 **VI) Gebühren: 1)** des **Gerichts:** Keine. – **2)** des **Anwalts:** Die Vollstreckbarerklärung eines Urteils gehört beim RA des Berufungsklägers zum Rechtszug des Berufungsverfahrens (§ 37 Nr 7 BRAGO). Jedoch erhält der RA des Gegners im Verfahren auf Vollstreckbarerklärung der durch Rechtsmittelanträge nicht angefochtenen Teile eines erstinstanzl Urteils (§ 534 I) nach deren Wert $^{3}/_{10}$ von der nach § 11 I 4 BRAGO (= $^{39}/_{100}$) erhöhten vollen Gebühr, § 49 II BRAGO. Gebühr nach § 49 II BRAGO (keine Abgeltung nach § 37 Nr 7 BRAGO), wenn ein durch die Berufung nicht angefochtener Teil des erstinstanzlichen Urteils für vollstreckbar erklärt wird (München MDR 92, 1087). Zum Vergleich unter Einbeziehung des für vollstreckbar erklärten Teils: §§ 23, 32 II BRAGO; daneben keine Gebühr nach § 49 II BRAGO, Hamburg MDR 82, 945.

535 (weggefallen)

536 *[Beschränkung der Urteilsabänderung]*

Das Urteil des ersten Rechtszuges darf nur insoweit abgeändert werden, als eine Abänderung beantragt ist.

1 **I)** § 536 entspricht dem § 308 I 1 und enthält zunächst das Verbot, das angefochtene Urteil weiter **abzuändern** als beantragt. Maßgebend sind die bis zum Schluß der mündl Verhandlung gestellten Anträge; nach Zurückverweisung durch das RevGericht bis zum Schluß der mündl Verhandlung in der wiedereröffneten Berufungsinstanz (BGH NJW 63, 444).

2 **1) Mehr** wird **nicht** zugesprochen, wenn ein Rechnungsposten zugunsten des Klägers heraufgesetzt, ein anderer entspr heruntergesetzt wird, so daß sich der Gesamtbetrag nicht erhöht (Rn 8). Karlsruhe (NJW 56, 1245): Ansprüche auf Schmerzensgeld, Ersatz von Heilungskosten und von Sachschaden sind selbständig, BGH NJW 56, 220.

3 **2)** Das Berufungsgericht darf (zwar weniger, aber) **nichts anderes** zusprechen als beantragt; daher bei hilfsweisen Anträgen Beachtung der vom Berufungskläger gewählten Reihenfolge (RGZ 104, 293; 152, 296; Merle ZZP 83 [1970] 436 ff).

4 **II)** § 536 verbietet weiter, das Urteil zum **Nachteil** des Berufungsführers **abzuändern;** anders bei Anschlußberufung des Gegners.

5 **1) Keine Verschlechterung,** wenn auf Berufung des Klägers das Berufungsgericht die Abweisung der Klage **als zZ unbegründet** durch Abweisung schlechthin ersetzt (BGH WPM 88, 1196 m Nachw; ausf dazu Walchshöfer FS Schwab 1990 S 521 ff). Zu den Problemen bei **hilfweiser Klagebegründung und Hilfsaufrechnung** s § 537 Rn 10 ff.

6 **2)** Der **Beklagte** als Berufungskläger **wird schlechter gestellt,** wenn die erste Instanz seine Aufrechnungsforderung teilweise für begründet erachtet hatte, das Berufungsgericht auf seine Berufung hin dagg das Bestehen einer Aufrechnungsforderung verneint und die Urteilssumme aus anderen Gründen herabsetzt (BGHZ 36, 316) oder entgegen der Vorinstanz die Aufrechnungsforderung für begründet befindet, aber nun von einem höheren Betrag der Klageforderung ausgeht.

3) Bei Verurteilung zur **Leistung Zug um Zug** darf der Beklagte auf seine Berufung hin nicht vorbehaltlos verurteilt, auf Berufung des Klägers die Klage nicht abgewiesen werden. 7

4) Keine Schlechterstellung, wenn bei einem aus **mehreren Posten zusammengesetzten Anspruch** einzelne Posten herabgesetzt oder gestrichen werden, infolge Erhöhung anderer Posten aber die Gesamtsumme nicht geringer wird (BGH LM Nr 6 zu § 536 ZPO; RGZ 74, 131). Das ist nicht der Fall bei verbundener Geltendmachung eines Anspruchs der klagenden Ehefrau nach § 843 und eines abgetretenen des Ehemannes nach § 845 BGB (BGH VersR 56, 22). 8

5) Kein Verstoß gegen § 536, wenn **nur die Gründe** zum Nachteil des Berufungsklägers geändert werden, zB Vorsatz statt Fahrlässigkeit (BGH LM Nr 2 zu § 322 ZPO) oder durch anderweitige Bewertung der für die Berechnung des Schmerzensgelds maßgebenden Faktoren, zB Annahme einer höheren Mitverschuldensquote ohne für den Rechtsmittelkläger nachteilige Änderung der Gesamtsumme (BGH VersR 61, 347). 9

6) Diese Grundsätze gelten nicht nur für das stattgebende, sondern auch für das **klageabweisende Urteil** (aA StJ/Grunsky Rn 10). Dieses Abänderungsverbot bezieht sich nur auf das beantragte Begehren. Mit der Anfechtung der Klageabweisung unterstellt der unterlegene Kläger den Anspruch als ganzen der Nachprüfung. Es ist daher keine unzulässige Verschlechterung, wenn eine negative Vaterschaftsfeststellungsklage des Mannes, die im ersten Rechtszug wegen Unaufklärbarkeit der Abstammung abgewiesen wurde, auf seine Berufung hin mit der Begründung abgewiesen wird, er sei der Vater (Stuttgart FamRZ 72, 385). 10

7) Das Verschlechterungsverbot bezieht sich grundsätzlich nicht auf **Verfahrensfragen,** über die von Amts wegen zu befinden ist (Celle MDR 53, 111). Auch darf der Tenor klarer gefaßt oder durch Beseitigung eines unzulässigen Zusatzes richtig gestellt werden. 11

8) Die **Prozeßabweisung** in erster Instanz darf auf Berufung des Klägers durch Sachabweisung ersetzt werden (BGHZ 23, 36; NJW 78, 2032; 88, 1983; Köln OLGR 95, 62). Dies entspricht trotz der unterschiedlichen Rechtskraftwirkung der herrschenden Meinung (StJ/Grunsky Rn 6, BL Albers Rn 9). Die Abänderung kann auf dem Weg der Zurückverweisung, durch das Berufungsgericht selbst unter der Voraussetzung des § 540 geschehen. 12

Umgekehrt muß der Beklagte, der Berufung gegen eine Prozeßabweisung einlegt und eine Sachabweisung anstrebt, es hinnehmen, daß das Berufungsgericht, statt die Klage als unbegründet abzuweisen, zur Sachprüfung zurückverweist, was dann zu seinen Ungunsten ausgehen kann (BGHZ 23, 50; NJW 70, 1683). Wer gegen eine Prozeßabweisung mit Rechtsmittel vorgeht, will eine Sachentscheidung; er muß daher in Kauf nehmen, daß dies zu seinen Lasten ausgeht.

9) Besondere Schwierigkeiten ergeben sich, wenn der Kläger nach **teilweisen Obsiegen** Berufung einlegt und sich nunmehr das Fehlen einer **Prozeßvoraussetzung** ergibt. Schon die Rechtsprechung ist schwankend (BGHZ 18, 98; Köln NJW 67, 114, zweifelnd BGH NJW 70, 1683; zur Literatur s Nachweise bei StJ/Grunsky Rn 7). Zutreffend hat der BGH (NJW 86, 1494) den Weg zu einer differenzierenden Betrachtung eröffnet, die darauf abstellt, ob der Verfahrensmangel behebbar ist, und bei nicht behebbaren Mängeln eine Abwägung nach dem Gewicht der verletzten Norm für geboten hält. 13

10) Wird die **Prozeßfähigkeit des Klägers** erst zweitinstanzlich unaufklärbar zweifelhaft, so bleibt seine Berufung zulässig, jedoch ist das angefochtene Urteil in Klageabweisung als unzulässig abzuändern (Hamm MDR 92, 411). 14

11) Eine Verschlechterung im **Kostenpunkt** ist immer zulässig. Dies folgt schon aus § 308 Abs 2 (vgl auch § 251 Rn 24). 15

537

[Nachprüfung des Berufungsgerichts]

Gegenstand der Verhandlung und Entscheidung des Berufungsgerichts sind alle einen zuerkannten oder aberkannten Anspruch betreffenden Streitpunkte, über die nach den Anträgen eine Verhandlung und Entscheidung erforderlich ist, selbst wenn über diese Streitpunkte im ersten Rechtszug nicht verhandelt oder nicht entschieden ist.

I) **Streitpunkte** sind die tatsächl und rechtl Gesichtspunkte zur Begründung oder Bekämpfung des erhobenen Anspruchs bei einer Darlehensklage zB: Behauptungen über Geldhingabe, Rückzahlungsvereinbarungen, Kündigung; Einreden und Einwendungen des Beklagten, wie Unzuständigkeit des Gerichts, mangelnde Aktivlegitimation, Schenkung, Wucher, Stundung, Erlaß, Rückzahlung, Aufrechnung mit Gegenforderung. Rechtsgestaltende Willenserklärungen wie Anfechtung, Zurückbehaltungseinrede oder die Verjährungseinrede sind immer zu beachten, auch wenn sie zweitinstanzlich nicht ausdrücklich wiederholt werden (BGH NJW-RR 86, 992). 1

2 **II)** Über **Ansprüche,** die weder zu- noch aberkannt worden sind, kann das Berufungsgericht nicht urteilen, auch nicht über Anspruchsteile, die nach Teilurteil noch in der Vorinstanz anhängig sind (BGHZ 30, 213; BGH MDR 83, 652 = NJW 83, 1311).

3 **1)** Auch über im ersten Rechtszug **versehentl übergangene Ansprüche** (Anspruchsteile) ist vom Berufungsgericht nicht zu entscheiden, weil vorinstanzlich nicht beschiedene Ansprüche in der Berufungsinstanz nicht anfallen können (BGH WPM 91, 600 = NJW 91, 1684). In diesen Fällen ist nach § 321 vorzugehen (RGZ 59, 130; 75, 293; 171, 131); bei Versäumung der Frist des § 321 II erlischt die Rechtshängigkeit des übergangenen prozessualen Anspruchs (RGZ 59, 131; BGH WPM 91, 600 = NJW 91, 1684). Anders, wenn das Übergehen das Ersturteil nicht nur unvollständig, sondern unrichtig macht, etwa wenn das Erstgericht (zB wegen vermeintl Teilzurücknahme der Klage) irrig geglaubt hat, über den Anspruch nicht mehr entscheiden zu können (sachl-rechtl Fehler; RGZ 105, 242), oder wenn durch das Übergehen gg den Grundsatz der Einheitlichkeit der Entscheidung in Ehesachen verstoßen wurde (München FamRZ 84, 404).

4 **2)** Darüber hinaus kann der **nicht mehr rechtshängige Anspruch,** wenn Berufungsinstanz schon auf andere Weise eröffnet ist, als „neuer" im Berufungsverfahren geltend gemacht werden (RGZ 59, 130; BGH WPM 91, 600 = NJW 91, 1684). Bezügl übergangener Ansprüche s a Riechert ZZP 80 [1967], 102.

5 **III)** Auch sonst kann in der Berufungsinstanz über **neue Ansprüche** entschieden werden, mit denen die Vorinstanz noch nicht befaßt war, sofern sie im Wege der Klageerweiterung oder Widerklage (uU mittels Anschlußberufung) in zulässiger Weise im Berufungsverfahren anhängig gemacht worden sind (s dazu Schneider MDR 82, 626; § 519 Rn 31, 37; § 527 Rn 13; zum Verspätungsrecht s § 528 Rn 8–10). Die Erweiterung ist auch dadurch möglich, daß der Kläger, dem unter Verstoß gegen § 308 I zuviel zugesprochen worden ist, sein Klagebegehren zweitinstanzlich auf dieses Mehr erstreckt (BGH FamRZ 86, 661). Der Erweiterung steht es nicht entgg, wenn nach Teilurteil der ersten Instanz dort noch ein Teilanspruch anhängig geblieben ist, so daß die Klageerweiterung (Widerklage) auch in erster Instanz möglich wäre (RGZ 148, 131).

6 **IV)** Dagg ist es unzulässig, nach ordnungsgemäßem Teilurteil einen noch erstinstanzlich anhängigen Anspruch (Teilanspruch) in der Berufungsinstanz durch **Klageerweiterung** geltend zu machen (BGH VersR 77, 430; BGHZ 30, 213) oder einen widerklagend geltend gemachten, durch das Teilurteil noch nicht erledigten Anspruch in der Berufungsinstanz ebenfalls mit Widerklage zu verfolgen (BGHZ 12, 276; 30, 215; 30, 219).

7 **1)** Eine **Ausnahme** wird dann gemacht, wenn der dem Berufungsgericht angefallene Anspruch die Grundlage des weiteren Anspruchs bildet, so daß mit der Aberkennung beiden Ansprüchen die Grundlage entzogen wird (BGHZ 12, 276; 30, 215; Köln VersR 95, 1098); so bei der **Stufenklage** (BGH aaO; FamRZ 90, 863), beim Auskunftsanspruch in der Berufungsinstanz und Unterhaltsanspruch im ersten Rechtszug (Zweibrücken JurBüro 79, 772), bei Häufung von Feststellungs- oder Inzidentfeststellungs- u Leistungsklage und bei Häufung von Unterlassungs- und Schadensersatzanspruch auf dem Gebiet des gewerbl Rechtsschutzes (BGH LM Nr 14 zu § 16 UWG; Karlsruhe WRP 77, 502) oder wegen in der Vorinstanz verbliebener Zinsansprüche (BGH JR 91, 419). Dann kann das Berufungsgericht auf Antrag den noch beim Erstgericht anhängigen Anspruch mit abweisen (Grunsky JZ 70, 226; Baumgärtel JR 70, 186). Das kann der Stufenkläger nicht dadurch verhindern, daß er beim Erstgericht Verhandlung über den Hauptanspruch beantragt (BGH NJW 85, 2405). Bei erstinstanzlicher Gesamtabweisung wirkt sich die Antragsstaffelung der Stufenklage (s Schneider Rpfleger 77, 92) dahin aus, daß zweitinstanzlich zunächst nur über den Auskunftsanspruch zu entscheiden ist (BGH NJW-RR 87, 1029). Zulässig ist es, nach erstinstanzlichem **Grundurteil** in zweiter Instanz über die Höhe mitzuentscheiden, wenn das Berufungsvorbringen der Parteien sich auf das Betragsverfahren erstreckt (BGH VersR 83, 735 = Warneyer 1983 Nr 176; Koblenz MDR 92, 805).

8 **2)** Noch weitergehend läßt der BGH die Mitabweisung eines in erster Instanz anhängig gebliebenen Anspruchs zu, wenn sich der Kläger auf den Antrag des Bekl rügelos eingelassen hat (BGHZ 8, 383; LM § 303 ZPO Nr 4; VersR 83, 735 mwN). Das **Einverständnis beider Parteien** rechtfertigt eine Abweichung von diesem Grundsatz (BGHZ 97, 280; Düsseldorf VersR 89, 705).

9 **3)** Nach **unzulässigem Teilurteil** erster Instanz darf das Berufungsgericht über den Anspruchsrest, über den das Erstgericht nicht entscheiden wollte, mitbefinden (BGH NJW 60, 339; WM 94, 865/868). Ein Heraufholen in die Berufungsinstanz ist auch mögl bei unzulässigem Vorbehaltsurteil hinsichtl des vom Erstgericht vorbehaltenen Streitstoffs (BGHZ 25, 360; Karlsruhe NJW-RR 87, 254) oder bei Erlaß eines Grundurteils trotz unstreitiger Höhe (s § 538 Rn 16).

10 **V)** Bei **mehrfacher Begründung** eines einheitl **Klageanspruchs** darf die Klage nicht abgewiesen werden, solange nicht alle Klagegründe verneint sind (BGHZ 22, 276; München OLGZ 66, 180), auch, wenn einer der Klagegründe nur **hilfsweise** geltend gemacht ist. Daher hat das Berufungsgericht über den hilfsweise vorgebrachten, vom Erstrichter nicht berücksichtigten Klagegrund

mitzuentscheiden, wenn es den ersten, vom Erstrichter als durchschlagend angesehenen Klagegrund nicht für begründet hält. Dies gilt unabhängig davon, ob die Eventualklagehäufung durch unterschiedlichen Antrag zum Ausdruck kommt oder nicht.

1) Hat der Erstrichter den Hauptantrag zuerkannt, so muß auf die Berufung des Beklagten das Berufungsgericht, daß den **Hauptantrag für unbegründet hält, über den Hilfsantrag entscheiden,** ohne daß es einen besonderen Antrags oder gar des Anschlußrechtsmittels des Klägers bedarf (BGHZ 41, 39; RR 90, 519; NJW 92, 117). Die gegenteilige Auffassung in der Lit (vgl MK/Rimmelspacher § 536 Rn 28; StJ/Grunsky § 537 Rn 10), die eine Anschlußberufung des Klägers für erforderlich hält, verkennt, daß die Grundbedingungen des Klageverfahrens auch im Rechtsmittelzug weitergelten. Zu diesen gehört die Festlegung des Klagebegehrens, das durch ein Rechtsmittel des Beklagten nicht eingeschränkt werden kann. Es kann nicht richtig sein, daß der Kläger, der in erster Instanz voll obsiegt hat, gegen dieses Urteil Rechtsmittel einlegen muß, um die volle Überprüfung seines unveränderten Klagebegehrens sicherzustellen. 11

2) Wurde dagegen nur dem **Hilfsantrag entsprochen,** so kann der **Kläger** den Hauptantrag nur durch eigene Berufung oder Anschlußberufung vor das Berufungsgericht bringen (BGHZ 41, 38). Dies ist unstreitig, denn dem Kläger ist ein Teil seines Begehrens abgesprochen worden. Zu den Konsequenzen für die Entscheidung über den Hilfsanspruch, wenn das Berufungsgericht das Rechtsmittel zum Hauptanspruch für begründet hält, s BGHZ 106, 219. Legt in einem solchen Fall dagegen nur der **Beklagte** Rechtsmittel ein, so fällt nur der zuerkannte Hilfsanspruch der Entscheidung des Berufungsgerichts an. 12

3) Wiederum anders ist es, wenn die Klage wegen einer durchgreifenden **Aufrechnung** abgewiesen wurde, wobei es nicht darauf ankommt, ob die Aufrechnung unbedingt oder hilfsweise erklärt wurde. Wegen § 322 Abs 2 enthält das Urteil in diesem Fall zwei selbständige Teile, die als solche im Rechtsmittelverfahren zu beachten sind. Legt gegen die Klageabweisung infolge Aufrechnung nur der Kläger Rechtsmittel ein, so ist nur die Aufrechnungsforderung zu überprüfen, die Entscheidung über das (ursprüngliche) Bestehen der Grundforderung dagegen nicht (BGHZ 109, 179, 188 = NJW 90, 447; WM 95, 115; BGHZ 16, 394 ist aufgegeben). Legt in einem solchen Fall hingegen nur der Beklagte Rechtsmittel ein, so ist nur die Grundforderung zu überprüfen, vom Bestehen der Gegenforderung aber auszugehen (BHGZ 36, 316). Will in einem solchen Fall der Beklagte bei Rechtsmittel des Klägers das Bestehen der Grundforderung, der Kläger bei Rechtsmittel des Beklagten das Durchgreifen der Gegenforderung infrage stellen, so müssen sie jeweils Anschlußrechtsmittel einlegen. 13

Schließlich kann der Beklagte, der hilfsweise aufgerechnet hat und verurteilt wurde, Rechtsmittel nur in Bezug auf die verneinte Aufrechnungsforderung einlegen (s BGH NJW 96, 527).

4) Zu den **Auswirkungen** der Abänderung bezüglich des Hauptantrags auf zuerkannte, aber nur **hilfsweise geltend gemachte Ansprüche** s BGHZ 106, 219; ähnliches gilt in Bezug auf eine Eventualwiderklage (BGHZ 21, 13; LM § 33 ZPO Nr. 23). 14

538 *[Zurückverweisung]*

(1) Das Berufungsgericht hat die Sache, insofern ihre weitere Verhandlung erforderlich ist, an das Gericht des ersten Rechtszuges zurückzuverweisen:

1. **wenn durch das angefochtene Urteil ein Einspruch als unzulässig verworfen ist;**
2. **wenn durch das angefochtene Urteil nur über die Zulässigkeit der Klage entschieden ist;**
3. **wenn im Falle eines nach Grund und Betrag streitigen Anspruchs durch das angefochtene Urteil über den Grund des Anspruchs vorab entschieden oder die Klage abgewiesen ist, es sei denn, daß der Streit über den Betrag des Anspruchs zur Entscheidung reif ist;**
4. **wenn das angefochtene Urteil im Urkunden- oder Wechselprozeß unter Vorbehalt der Rechte erlassen ist;**
5. **wenn das angefochtene Urteil ein Versäumnisurteil ist.**

(2) Im Fall der Nr. 2 hat das Berufungsgericht die sämtlichen Rügen zu erledigen.

I) Die Auslegung der einzelnen Tatbestände (§ 538 I Nr 1–5) ist geprägt von einer unterschiedl Zielsetzung in der Tatsachen- und in der Revisionsinstanz. Die Berufungsgerichte wollen auf sachl Zusammenhänge und Praktikabilität abstellen mit der Folge, daß die Zurückverweisungsmöglichkeiten ausdehnend angewandt werden. Die Revisionsgerichte dagegen nehmen einen mehr formalen Standpunkt ein. Wie bei kaum einer anderen Vorschrift der ZPO hält aber der Widerstand der OLG-Berufungsgerichte gegen die höchstrichterl Rspr an. Eine Aus-legungskommunikation zwischen den Instanzen (siehe Schneider MDR 78, 838) findet kaum noch statt. 1

2 **II)** Hat das Erstgericht nicht oder nicht umfassend sachl entschieden, soll eine weitere Verhandlung grundsätzl in der ersten Instanz stattfinden.

3 **1)** Die **Zurückverweisung** geschieht (vorbehaltlich § 540) **von Amts wegen** durch selbständig anfechtbares Endurteil iSd § 545 (BGHZ 18, 107). Auf die Befolgung des § 538 können die Parteien auch verzichten (BGH LM Nr 11 zu § 538 ZPO).

4 **2)** Aufhebende und zurückverweisende Urteile sind **nicht** für **vorläufig vollstreckbar** zu erklären (§ 543 Rn 24).

5 **3)** Die **Kostenentscheidung** ist dem Schlußurteil vorzubehalten (Köln NJW-RR 87, 1152).

6 **III)** Die Zurückverweisung setzt voraus, daß die Entscheidung des Berufungsgerichts über die in § 538 bezeichneten Streitpunkte den **Rechtsstreit nicht endgültig erledigt** (RG JW 31, 2569). Das ist nicht der Fall, wenn es nur um Ansprüche geht, mit denen die erste Instanz nicht befaßt war; solche sind vom Berufungsgericht selbst zu erledigen (BGH NJW 84, 1555).

7 **IV)** Die der Aufhebung zugrunde liegende Rechtsansicht **bindet** das Untergericht entsprechend § 565 II (BGHZ 51, 135; Hamm FamRZ 86, 1138). Bei Rückläufern ist das Berufungsgericht selbst gebunden (BGHZ 25, 203; § 565 Rn 3). Bindung auch an ein Grundurteil im zweiten Berufungsverfahren in derselben Sache (BGH WPM 87, 940). Die Bindung besteht unabhängig davon, ob die Auffassung des Rechtsmittelgerichts zutrifft oder nicht; das Erstgericht kann sich der Bindung auch nicht mit dem Hinweis entziehen, die Auffassung sei „greifbar gesetzwidrig" (BGH NJW 94, 2956). Nicht bindend sind sonstige sachlrechtl Ausführungen des zurückverweisenden Berufungsurteils (BGHZ 31, 364; 59, 84). Sie können aber für das weitere Verfahren nützl sein.

8 **V) Die Zurückverweisungstatbestände. 1) Zu Nr 1:** § 341. Erachtet das Berufungsgericht den **Einspruch** für **zulässig,** dann ist zurückzuverweisen, damit in erster Instanz zur Sache verhandelt werden kann. Teilt das Berufungsgericht die Ansicht des Erstrichters, so ist die Berufung zurückzuweisen. Der Unterschied zwischen den Nrn 1 u 5 besteht darin, daß bei Nr 1 über den Einspruch mdl verhandelt und er durch berufungsfähiges Endurteil verworfen worden ist, während bei Nr 5 ein zweites Versäumnisurteil (§§ 341a, 345) gem § 513 II mit der Berufung angegriffen wird. Bei Nr 1 ist die Partei im Einspruchstermin erschienen und gleichwohl unterlegen, bei Nr 5 ist sie nicht erschienen und unterlegen.

9 **2) Zu Nr 2: a)** Eine **Entscheidung** nur über die Zulässigkeit liegt vor, wenn deswegen die Klage in erster Instanz als unzulässig abgewiesen (oder gemäß § 113 S 2 für zurückgenommen erklärt) worden ist. Wird die Unzulässigkeitseinrede durch Zwischenurteil (§ 280) verworfen, dann keine Zurückverweisung nach Nr 2, wenn das Berufungsgericht die Einrede im Gegensatz zum Erstrichter für unbegründet hält (BGHZ 27, 15). Verneint das Berufungsgericht entgegen der Vorinstanz die Zulässigkeit, dann ist die Klage als unzulässig abzuweisen. Wird eine unzulässige Klage rechtsfehlerhaft als unbegründet abgewiesen, dann ist ebenfalls die Nr 2 anzuwenden (BGH WPM 83, 660 zu 4a; Düsseldorf NJW-RR 90, 1040).

10 **b) Unerhebl, ob abgesondert verhandelt** worden ist (BGHZ 27, 27).

11 **c)** Eine **sachlrechtl Hilfsbegründung** nimmt dem Berufungsgericht nicht die Befugnis, zurückzuverweisen (Schneider MDR 74, 625; Frankfurt FamRZ 81, 979).

12 **d)** Nr 2 ist auch dann anwendbar, wenn die Klage wegen eines **von Amts wegen** zu beachtenden Prozeßhindernisses als unzulässig abgewiesen worden ist (BGH WPM 83, 658 [660 zu 4a]).

13 **e) Entspr Anwendung.** Gemäß Nr 2 ist, vorbehaltl der Selbstentscheidung nach § 540, auch in solchen Fällen zu verfahren, in denen die erste Instanz nur ein (vom Berufungsgericht nicht gebilligtes) **Prozeßurteil** erlassen hat und der Erstrichter von seinem Standpunkt aus nicht zur Sache entscheiden konnte (BGHZ 14, 11; NJW 84, 126, 128); der ansonsten eintretende Verlust einer Instanz ist dabei ein gewichtiger Umstand (BGHZ 14, 11; KG VersR 71, 184), auch wenn keiner Partei ein unabdingbarer Anspruch auf zwei Sachprüfungen in zwei Rechtszügen zusteht (BGHZ 50, 27). **Beispiele:**

14 **aa)** Abweisung der Klage wegen **Versäumung der Klagefrist** (BGHZ 14, 11; LG Mannheim WuM 75, 98); **fehlendes Feststellungsinteresse** (Koblenz NJW-RR 89, 510; Schneider MDR 74, 624), **fehlendes Rechtsschutzbedürfnis** (Frankfurt NJW 62, 1920); **mangelhafte Klage** (KG VersR 71, 184); bei Annahme, daß ein vorausgegangener **Prozeßvergleich** nicht rechtzeitig widerrufen worden sei (BGH LM § 794 Abs 1 Ziff ZPO Nr 8). Auch die irrige Bejahung der **Verjährung** mit darauf gestützter erstinstanzl Klageabweisung sollte hierher gerechnet werden (Braunschweig MDR 75, 671 m Anm Schneider MDR 76, 52; Hamm MDR 77, 585; wohl auch Frankfurt MDR 85, 150; LG Frankfurt MDR 87, 330; Schneider MDR 74, 627 zu Ziff II; aA BGHZ 50, 25; WPM 85, 1212; Prütting DRiZ 77, 78). Entsprechende Anwendung der Nr 2 ferner bei fehlerhafter Abweisung wegen Versäumens der Ausschlußfrist des § 651g I BGB (LG Frankfurt MDR 87, 330 = NJW 87, 784 = EWiR § 538 ZPO 1/87, 939 – Schneider) und des entfallenen Schiedsgutachtereinwands

(Frankfurt MDR 85, 150; Schneider MDR 91, 22 ausführlich zur Abweisung als „zur Zeit unzulässig" Walchshöfer FS Schwab 1990 S 521 ff).

bb) Unanwendbar ist Nr 2, wenn die erste Instanz die Klage **aus sachl Gründen abgewiesen** hat (zur Verjährung siehe aber Rn 14). Hierher rechnet etwa irrige Verneinung der **Aktivlegitimation** (BGH NJW 75, 1785; Schneider MDR 74, 627) oder **Klageabweisung wegen AGB**, die eine nähere Sachprüfung verhindern (BGH MDR 78, 838 m Anm Schneider). 15

3) Zu Nr 3: Nur anwendbar, wenn in erster Instanz **Grund und Betrag streitig** waren (RGZ 77, 398; 97, 28) und die Klage abgewiesen oder über den Grund vorab (§ 304) entschieden worden ist, sofern das Berufungsgericht (mit dem Erstrichter oder gegen ihn) den Grund bejaht. Hat der Erstrichter ein **Grundurteil** erlassen, obwohl die **Höhe unstreitig** war, er also endkräftig hätte entscheiden müssen (§ 300 I), dann ist gem § 540 durchzuentscheiden (Frankfurt MDR 86, 945). 16

a) Bei Bejahung des Grundes entgegen dem Erstrichter ist ein **Grundurteil** zu erlassen (BGHZ 71, 232; BGH LM § 538 ZPO Nr 5). Das gilt auch dann, wenn eine erstinstanzlich abgewiesene Stufenklage nach uneingeschränkter Berufung wegen des Auskunftsbegehrens für erledigt erklärt wird und wegen des Zahlungsanspruchs zurückverwiesen werden soll; das ist nur zulässig, wenn das Berufungsgericht vorab über den Anspruchsgrund entscheidet (BGH MDR 91, 670 = NJW 91, 1893). Nach Frankfurt (WRP 79, 130) ist Zurückverweisung ausnahmsweise ohne Berufungs-Grundurteil zulässig, wenn der Beklagte gleichen unlauteren Wettbewerb des Klägers behauptet (Einwand der unclean hands = tu quoque; s Staudinger/Otto, 12. Aufl 1979, § 326 Rn 56), weil in diesem Fall der Schadensersatzanspruch noch ganz entfallen kann (zweifelhaft, s Pastor, Wettbewerbsprozeß, 3. Aufl 1980, S 710 f). Über den Grund muß das Berufungsgericht in vollem Umfang entscheiden; bei einem rechtl mehrfach begründeten Klageanspruch gibt es daher keine Zurückverweisung zur Prüfung des zweiten Klagegrundes (BGH VRS 9, 421); wohl kann das Berufungsgrundurteil beschränkt sein auf weniger weitreichende Anspruchsgrundlagen, zB nach StVG statt BGB, wobei jedoch wegen des nicht abgedeckten Anspruchsbereiches abzuweisen ist. In sog Punktesachen muß eine selbständige Grundentscheidung zu allen Positionen ergehen, die einen eigenen Streitgegenstand haben; dem Betragsverfahren dürfen nur solche Positionen überlassen werden, die lediglich die Höhe eines selbständigen prozessualen Anspruchs betreffen. 17

Auch das Berufungsgericht darf nur dann ein Grundurteil erlassen, wenn dessen **Zulässigkeitsvoraussetzungen** gegeben sind: hohe Wahrscheinlichkeit, daß im Betragsverfahren noch etwas zuerkannt wird. Überprüfung aller Klagegründe, Erledigung erhebl Einwendungen und Gegenrechte wie gesetzl Forderungsübergang (zB § 67 VVG), Abtretung, Aufrechnung, Verjährung, Mitverschulden usw (s näher Schneider MDR 78, 705 ff, 793 ff). 18

b) War in erster Instanz ledigl der Betrag streitig, wird aber **in der Berufungsinstanz** auch **der Grund bestritten,** dann muß das Berufungsgericht, wenn es den Anspruch dem Grunde nach für gerechtfertigt hält, auch über den Betrag entscheiden (Schneider MDR 74, 628 zu Ziff 4). War in der klageabweisenden ersten Instanz lediglich der Grund streitig und wird **in der zweiten Instanz zusätzlich die Höhe streitig,** dann ist zunächst zu prüfen, ob das Bestreiten zugelassen werden darf (§§ 527, 528). Wird das bejaht, entspricht es der ratio der Nr 3, daß das Berufungsgericht ein Grundurteil mit Zurückverweisung ins Höheverfahren erlassen darf; denn auch bei erstinstanzlichem Bestreiten der Höhe wäre die Klage wegen Verneinung des Grundes abgewiesen worden. Bei erstinstanzlicher Abweisung einer Stufenklage und übereinstimmender Hauptsacheerledigung nach uneingeschränkt eingelegter Berufung kommt eine Zurückverweisung wegen des nunmehr verlesenen Zahlungsantrags ebenfalls nur in Betracht, wenn insoweit zweitinstanzlich ein Grundurteil erlassen wird (BGH Warneyer 1991 Nr 65). Hält das Berufungsgericht nach Berufung gegen ein Grundurteil **Grund und Höhe** für begründet, dann darf es unter Zurückweisung der Berufung zur Höhe durchentscheiden (BGH VersR 83, 735; Koblenz MDR 92, 805). 19

c) Geht der Kläger **im zweiten Rechtszug** von der Feststellungsklage zur **Leistungsklage** über, dann ist Nr 3 iVm Erlaß eines Grundurteils anwendbar (Frankfurt NJW-RR 87, 1536); ebenso beim Übergang vom Rechnungslegungsanspruch zur Stufenklage (BGH WPM 74, 1162 [1164]; Warneyer 1978 Nr 271). Str ist folgender Sachverhalt: Im ersten Rechtszug wird eine **bezifferte Klage mit einer Feststellungsklage verbunden.** Weist der Erstrichter die Klage insgesamt ab, dann kann es dazu kommen, daß das Berufungsgericht die bezifferte Klage dem Grunde nach für gerechtfertigt erklärt, im übrigen aber keine Entscheidungsreife besteht, weil der Feststellungsanspruch davon abhängt, in welcher Höhe die Leistungsklage begründet ist. Dann darf es, weil sonst der Prozeß in zwei Instanzen geführt werden müßte, **insgesamt** zurückverweisen (Schneider MDR 624, 626; Düsseldorf MDR 85, 61; OLGR 95, 250; aA: BGH VersR 62, 255; NJW 88, 1884). 20

d) Entspr Anwendung der Nr 3 ist geboten, wenn in erster Instanz bei einer **Stufenklage** der **Auskunftsanspruch** unzutreffend **verneint** und die Klage deshalb insgesamt abgewiesen wird, das Berufungsgericht aber dem Auskunftsbegehren stattgibt; es darf dann wegen der Leistungsstufe zurückverweisen (BGH NJW 82, 235; Hamm OLGZ 1988, 468). Gibt der Erstrichter der 21

Klage in der ersten Stufe statt und weist das Berufungsgericht die Berufung des Beklagten zurück, dann kann es nicht zur Zurückverweisung kommen, da der erste Teilabschnitt der Stufenklage endgültig erledigt wird. Hält das Berufungsgericht in diesem Fall die Klage insgesamt für unbegründet, darf es sie auch insgesamt abweisen (BGH NJW 82, 235; 85, 862; zur Revisionsentscheidung in solchem Fall s BGH NJW 95, 2229). Hat das Erstgericht wegen **Verneinung eines Zahlungsanspruchs** die Stufenklage insgesamt abgewiesen, kann das Berufungsgericht, das den Auskunftsanspruch bejaht, unter Aufhebung der Klageabweisung die Sache zurückverweisen, auch wenn der Kläger zweitinstanzlich nur den Auskunftsantrag stellt (BGH MDR 85, 840 = NJW 85, 862).

22 **e)** Eine **teilweise Zurückverweisung** wegen eines von mehreren Streitgegenständen oder wegen des Teiles eines teilbaren Streitgegenstandes ist zulässig, desgleichen die Zurückverweisung nach **erstinstanzlicher Teilabweisung** (zu den hier in Betracht kommenden vielschichtigen Prozeßlagen s Schneider MDR 77, 709 ff).

23 **f) Nicht entspr anwendbar** ist Nr 3, wenn die Vorinstanz fehlerhaft die **Aktivlegitimation** des Klägers verneint hat, diese aber in der Berufungsinstanz nicht mehr bestritten oder ihr Vorhandensein vom Berufungsgericht bejaht wird (BGH NJW 75, 1785; Schneider MDR 74, 627).

24 **g)** Bei der Vorabentscheidung in erster Instanz nur zum Grund ist ein ausdrückl **Zurückverweisungsausspruch** im Tenor des Berufungsurteils entbehrl (BGHZ 27, 27).

25 **h) Anweisungen** oder Bemessungsrichtlinien **für das** sich anschließende **Höheverfahren** sind **unbeachtl** (München WRP 61, 283 [285]). Sie binden weder das Untergericht nach § 565 (analog) noch das Berufungsgericht nach § 318; entspr sind Höheausführungen im Ersturteil nicht nach § 512 bindend. Sie gelten einfach als nicht geschrieben.

26 **4) Zu Nr 4:** Zurückverweisung, wenn das **Vorbehaltsurteil** (§ 599) **bestätigt** wird. Entspr Anwendung, wenn erst das Berufungsgericht (nach Klageabweisung im ersten Rechtszug) Vorbehaltsurteil erläßt (München OLGZ 66, 34; offenlassend BGH MDR 67, 757), oder wenn ein Wechselvorbehaltsurteil vom Berufungsgericht aufgehoben wird, weil Einwendungen des Beklagten gg die Wechselforderung zu Unrecht nicht berücksichtigt wurden (Schleswig SchlHA 66, 88). Wenn Kläger im Berufungsverfahren wirksam vom Urkundenprozeß Abstand genommen hat, keine entspr Anwendung der Nr 4 (BGHZ 29, 337 u NJW 65, 1599; Schneider MDR 74, 624, 628).

Wird dem Beklagten erstmals im zweiten Rechtszug die **Hilfsaufrechnung** durch Vorbehaltsurteil nach § 302 vorbehalten, dann ist Nr 4 auf die zur Aufrechnung gestellte Forderung entspr anwendbar (Düsseldorf MDR 73, 856; LAG Düsseldorf DB 75, 2040). Bei Erlaß eines Vorbehaltsurteils im Urkundenprozeß erst in der Revisionsinstanz darf wegen des Nachverfahrens nicht an das LG, sondern muß an das OLG zurückverwiesen werden (aA BGH JR 88, 463 m abl Anm Schneider = WPM 87, 1397 = ZIP 87, 1441). Analogiefähig der Fall, daß erstinstanzlich eine Nichtigkeitsklage (§ 579) mangels Nichtigkeitsgrundes abgewiesen wird, während das Berufungsgericht den Nichtigkeitsgrund bejaht (KG FamRZ 89, 647).

27 **5) Zu Nr 5: Zurückverweisung,** wenn das Berufungsgericht einen Fall der **Versäumung nicht für gegeben erachtet.** Nr 5 bezieht sich nur auf wirkl Versäumnisurteile nach § 513 II (über die Abgrenzung zu Nr 1 s Rn 8), trifft also nicht zu beim unechten Versäumnisurteil des § 331 II Hs 2. Beim **Anerkenntnisurteil** trotz fehlenden Anerkenntnisses ist Nr 5 entsprechend anzuwenden (München MDR 91, 795; siehe auch LG Nürnberg-Fürth NJW 76, 633 u Prütting DRiZ 77, 78).

28 **VI) Abs 2:** Wenn das Berufungsgericht zu dem Ergebnis kommt, daß es an einer anderen Prozeßvoraussetzung fehlt als der Erstrichter angenommen hatte, kann es die Klageabweisung auf Grund des nach seiner Auffassung gegebenen Mangels bestätigen und darf nicht zurückverweisen. Hatte das Untergericht dagg eine prozeßhindernde Einrede durch Zwischenurteil verworfen, so kann das Berufungsgericht nur über diese, nicht über andere Prozeßhindernisse befinden (BGHZ 27, 15).

29 **VII) Gebühren: 1)** des **Gerichts:** Das gesamte Verfahren vor dem Gericht des 1. Rechtszugs (vor und nach der Zurückverweisung durch das Rechtsmittelgericht) bildet eine kostenrechtl Instanz iS der §§ 27, 33 GKG. Für das durch die Anfechtung des Urteils in Gang gesetzte Berufungsverfahren entsteht jeweils die allgemeine Verfahrensgebühr mit dem 1,5fachen Satz (KV 1220). **Urteilsgebühr:** Im Prozeßverfahren erster Instanz vor und nach der Zurückverweisung keine Urteilsgebühren. Das Zurückverweisungsurteil, dem im Rechtsmittelverfahren weder ein Grund- noch ein Vorbehaltsurteil vorausgegangen ist und das die Rechtsmittelinstanz abschließt, ist nach KV 1126, 1127 gebührenpflichtig. – **2)** des **Anwalts:** § 15 BRAGO. Das Verfahren vor der Berufungsinstanz ist besonders gebührenpflichtig. Dort können alle Regelgebühren des § 31 BRAGO zu $^{13}/_{10}$ entstehen. Str ist, ob eine Zurückverweisung wegen der Höhe des Anspruchs vorliegt, wenn die Berufung gegen ein Grundurteil zurückgewiesen wird (**pro:** Düsseldorf, Frankfurt, Stuttgart, Zweibrükken KoRsp BRAGO § 15 Nr 12, 16, 23; **contra:** Celle, Schleswig, Saarbrücken KoRsp BRAGO § 15 Nr 9, 19, 23; s auch § 304 Rn 28, sa Groll JurBüro 96, 286).

539 *[Zurückverweisung bei Verfahrensmängeln]*

Leidet das Verfahren des ersten Rechtszuges an einem wesentlichen Mangel, so kann das Berufungsgericht unter Aufhebung des Urteils und des Verfahrens, soweit das letztere durch den Mangel betroffen wird, die Sache an das Gericht des ersten Rechtszuges zurückverweisen.

Lit: *Schneider* MDR 73, 499; *Rimmelspacher* ZZP 106, 246; *Brehm* ZZP 107, 463.

I) § 539 ist eine **Kann-Vorschrift** (siehe § 540), von der wegen der mit der Zurückverweisung verbundenen Verzögerung und Verteuerung des Verfahrens nur unter Anlegung eines strengen Maßstabs Gebrauch gemacht werden soll (BGHZ 31, 358/362, NJW-RR 90, 481; NJW 93, 538; RR 95, 123). Sie ist nur bei **schwerwiegenden Verfahrensmängeln** anzuwenden; dann jedoch muß auch die mit der Zurückverweisung notwendig verbundene Verteuerung des Verfahrens in Kauf genommen werden (Karlsruhe Justiz 73, 246). Hat das Erstgericht überhaupt keinen Verfahrensfehler begangen, dann ist die Zurückverweisung unzulässig, auch wenn erst in zweiter Instanz eine eigentl Sachprüfung stattfinden kann (BGH MDR 75, 915). Ebenso ist die Zurückverweisung trotz schweren Verfahrensmangels unzulässig, wenn für das Berufungsgericht Entscheidungsreife besteht (BGH WPM 86, 658 = MDR 86, 667 = VersR 86, 655). 1

II) Über die Anwendung des § 539 ist **von Amts wegen** zu entscheiden (Rn 24). „Anträge" der Parteien auf Zurückweisung sind prozessual ledigl Anregungen. Deshalb ist auch eine Eventualstellung der Anträge dergestalt, daß in erster Linie Aufhebung und Zurückverweisung, hilfsweise Sachentscheidung beantragt wird, für das Berufungsgericht nicht verbindlich. Unerheblich ist auch, ob das Erstgericht den Verfahrensmangel verschuldet hat. 2

III) Wesentl Mängel. Unter § 539 fällt nur ein **Verfahrens**mangel *(error in procedendo)*, nicht die unrichtige **materiell-rechtl** Beurteilung *(error in iudicando;* BGH NJW 84, 1346; 93, 538). Erfaßt sind immer die Fälle des § 551 (BGH NJW 92, 2099 = MDR 92, 804). Ob ein Verfahrensmangel anzunehmen ist, beurteilt sich aus der materiellrechtlichen **Sicht des Erstrichters** ungeachtet dessen, ob das Berufungsgericht sie billigt oder nicht (BGHZ 86, 221; BGH NJW 91, 704; RR 95, 123). Die sachlich-rechtliche Qualifizierung ist also für § 539 unerheblich, wenn das Verfahren, das zu diesem Ergebnis geführt hat, fehlerfrei abgelaufen ist. Deshalb darf auch eine unrichtige Rechtsansicht des Erstrichters nicht wegen fehlenden Hinweises nach § 139 in einen Verfahrensmangel umgedeutet werden, wenn auf der Grundlage der fehlerhaften Auffassung des Erstrichters kein Hinweis geboten war (BGH NJW 91, 704 = MDR 91, 436; NJW 93, 538 für angebliche Verletzung des Anspruchs auf rechtl Gehör). Die Grenzen können jedoch im Einzelfall zerfließen. 3

Die **Beweislast** wird etwa, ebenso wie die Behauptungslast, im materiellen Recht geregelt, so daß Verstöße dagegen keine Verfahrensfehler sind (BGH ZIP 88, 1000 = WPM 88, 1031). Ein error in procedendo liegt jedoch beispielsweise vor, wenn die Verkennung der Beweislast dazu führt, das Beweisangebote übergangen werden (Düsseldorf AnwBl 88, 588) oder wenn beweisrechtliche Hinweise nach §§ 139 I, 278 III unterbleiben (BGH ZPP 103, 1990, 77 m Anm Wolf) oder wenn die unterliegende Partei dadurch einer Überraschungsentscheidung ausgesetzt wird, daß eine unvertretbar fehlerhafte materiellrechtliche Beurteilung des Gerichts erst in den Entscheidungsgründen verlautbart wird (Köln ZIP 89, 604; s auch Rn 12); näher zu beweisrechtlichen Verfahrensmängeln Schneider MDR 89, 138. Problematisch wird es, wenn das Erstgericht ganze Anspruchsbereiche ignoriert, etwa Nichtigkeit eines Vertrages bejaht, ohne Bereicherungsrecht zu prüfen; der Satz iura novit curia enthält auch ein verfahrensrechtliches Gebot (Köln MDR 84, 152 = ZIP 83, 1388; s auch BGH WPM 84, 421). Als **wesentl** oder **schwer** wird ein Mangel dann angesehen, wenn er „seiner Natur nach so erheblich ist, daß das erstinstanzliche Verfahren keine ordnungsmäßige Grundlage für eine Entscheidung" des Berufungsgerichts abgibt (BGH NJW 57, 714; Schleswig SchlHA 83, 164). 3a

3b Die **Ursächlichkeit** des Verfahrensverstoßes wird sich idR schon daraus ergeben, daß dieser auf der Grundlage der materiellrechtl Sicht des Erstgerichts festzustellen ist. Die Kausalität ist aber selbständig zu prüfen und kann im Einzelfall fehlen, auch deshalb, weil es nach umfassender Beurteilung (§ 537) auf die materiellrechtl Frage, zu der der Verfahrensverstoß vorliegt, gar nicht ankommt (BGH NJW 93, 538 = ZZP 106, 241 m Anm Rimmelspacher). Allgemein formuliert der BGH (zB VersR 91, 72, 73): *Hat das erstinstanzliche Gericht den Kern des Parteivorbringens verkannt und eine entscheidungserhebliche Frage verfehlt, so kann ein schwerer Verfahrensmangel gegeben sein.* Ob ein solcher Mangel vorliegt, ist in einer Ermessensentscheidung des Berufungsrichters festzustellen. Das Revisionsgericht überprüft dabei jedoch nur, ob der Begriff des „wesentlichen Mangels" richtig angewandt worden ist und die Ausführungen des Berufungsgerichts, mit denen es die Erheblichkeit des Verfahrensfehlers begründet, zutreffend sind (BGHZ 31, 358; NJW 69, 1699).

4 **IV) Einteilung der Verfahrensmängel.** Die Möglichkeiten, prozeßordnungswidrig zu verfahren, sind prinzipiell unbegrenzt. Eine enumerative Einteilung über diejenige des § 551 hinaus ist daher nicht mögl, sondern ledigl eine deskriptive. Sie zeigt allerdings, daß sich die Mehrzahl der einschlägigen Fälle in verhältnismäßig wenigen Gruppen erfassen läßt (s auch Broß WPM 92, 171 ff).

5 **1) Falsche Besetzung** ist Verstoß gg Art 101 I 2 GG (gesetzlicher Richter), auch wenn dies auf gesetzwidrigen Präsidialbeschluß zurückgeht (LG Wiesbaden MDR 84, 676; LG Frankfurt NJW 88, 70). **a)** Es darf kein Richter bei der Urteilsfällung mitwirken, der nicht an der letzten mündl Verhandlung teilgenommen hat (München MDR 55, 426; Karlsruhe MDR 57, 488). Ebenso ist ein schwerer Verfahrensverstoß darin zu sehen, daß ein **Richter auf Probe als Familienrichter** entscheidet (Frankfurt FamRZ 78, 520). Hierher rechnet auch die fehlerhafte Bescheidung der **Befangenheitsablehnung** eines Richters erstmals in den Entscheidungsgründen des Endurteils (BayObLG FamRZ 82, 1136); dieser Fehler kann nicht einmal durch Selbstentscheidung behoben werden, weil er sonst vom Berufungsgericht wiederholt würde; durch Zurückweisung muß das Beschwerdeverfahren des § 46 eröffnet werden (Köln MDR 74, 761; Frankfurt NJW 76, 1545; Düsseldorf JZ 77, 564; Schleswig SchlHA 82, 30; zu eng Frankfurt OLGZ 85, 377).

Das Gericht ist auch dann nicht vorschriftsmäßig besetzt, wenn die **Kammer anstelle des Einzelrichters** entscheidet, ohne daß dieser nach § 348 IV zurückübertragen hat (aA Frankfurt NJW 77, 813, das aber Art 101 I 2 GG übersehen hat). Bei der Entscheidung des Einzelrichters ist zu unterscheiden: Fehlte die **Zuweisung** an ihn (Schleswig SchlHA 83, 198) oder war sie nach § 348 III unzulässig (Schleswig NJW 88, 69; München MDR 87, 62) oder auch nur **mangelhaft** (s dazu Seidel ZZP 99, 1986, 87 ff; genügend, daß sie sich nicht feststellen läßt: KG MDR 79, 764), dann liegt ein Verfahrensfehler vor, der bei Aufhebung seines Urteils zur Zurückverweisung an die Kammer führt (Hamm OLGZ 74, 321; Frankfurt NJW 76, 1545; Braunschweig NJW 76, 2024; Düsseldorf NJW 76, 115; JMBlNRW 79, 15; KG MDR 79, 764; Karlsruhe VersR 86, 662). Die Kammer kann bei mangelhafter Zuweisung erneut (korrekt) an den Einzelrichter verweisen; wird dieser ohne Zuweisung tätig, liegt wiederum ein Verfahrensmangel vor (Karlsruhe Justiz 79, 15). War die **Zuweisung** dagegen **korrekt**, dann ist bei einem dem Einzelrichter unterlaufenen Verfahrensfehler an diesen zurückzuverweisen, auch wenn an seiner Stelle verfahrenswidrig die Kammer entschieden hatte (Köln NJW 76, 1101); anderenfalls würde gegen Art 101 I 2 GG verstoßen (Köln NJW 76, 1101; KG NJW 79, 766).

6 **b)** Umstritten ist die Beurteilung der **Übertragung** (ledigl) **der Beweisaufnahme** auf den „Einzelrichter" oder den „beauftragten Richter". Daß dabei gegen §§ 348, 355 I, 375 verstoßen wird, liegt auf der Hand. Solche Verstöße bleiben jedoch nach mittlerweile ganz überwiegender Meinung sanktionslos, weil sie durch rügelose Einlassung als heilbar nach § 295 ZPO angesehen werden (Einzelheiten bei § 348 Rn 4, § 355 Rn 5). In **Arzthaftungsprozessen** ist die Übertragung der Beweisaufnahme auf den Einzelrichter grundsätzlich verfehlt (BGH MDR 94, 303; Köln VersR 87, 164; Oldenburg VersR 90, 1399), muß aber ebenfalls gem § 295 gerügt werden (BGH VersR 85, 343; hier wohl aA Oldenburg VersR 90, 1399).

7 **2) Zuständigkeit.** Nichtbeachtung der **amtsgerichtl** Zuständigkeit durch ein LG (§ 10), zu Unrecht angenommene **örtl** Zuständigkeit (§ 512a) und nach § 529 ausgeschlossene Rügen zur **Zulässigkeit der Klage** oder einer **ausschließl Zuständigkeit** dürfen im zweiten Rechtszug nicht beachtet werden. Sie können daher auch nicht als „wesentliche Verfahrensmängel" die Aufhebung und Zurückverweisung rechtfertigen (BGH WPM 86, 657; s § 512a Rn 2). Anwendbar ist § 539 auch bei einer Entscheidung trotz **Fehlens einer ordnungsmäßigen Verweisung** (München OLGZ 69, 370).

8 **3) Fehlerhafte Behandlung von Parteivorbringen. a)** Hierher rechnet jeder **Verstoß gegen § 308 I** (BGH NJW 91, 1683 = JR 91, 505 m Anm Müller; Zweibrücken FamRZ 92, 973); jedoch besteht keine Bindung an Anspruchsgrundlagen (BAG ZIP 91, 335). Verfahrenswidrig ist es zB, wenn mehr als beantragt zugesprochen wird (Zweibrücken FamRZ 92, 973), etwa durch eigen-

mächtiges Auffüllen eines Zahlungsanspruchs mit streitgegenstandsfremden Positionen (BGH Warneyer 1989 Nr 325) oder wenn der Tenor des angefochtenen Urteils über das mit der Klage formulierte Unterlassungsbegehren hinausgeht (Köln WRP 74, 503) oder über ledigl angekündigte, aber nicht verlesene Anträge (Köln MDR 72, 1044) oder über für erledigt erklärte Anträge entschieden wird (München FamRZ 83, 629), desgleichen die fehlerhafte Behandlung einer negativen Feststellungsklage (BGHZ 31, 362) oder die Nichtbescheidung einer zulässigen Klageänderung (Frankfurt FamRZ 81, 978) oder Annahme von Beweisfälligkeit bezüglich unstreitiger Tatsachen (Köln MDR 83, 760; LG Frankfurt NJW-RR 89, 1212) oder umgekehrt die Behandlung streitiger Tatsachen als unstreitig oder wenn eindeutiges Parteivorbringen offensichtlich sachwidrig und damit objektiv willkürlich gewürdigt wird (BVerfGE 57, 42), zB wenn das Gericht ohne Erörterung ein entscheidungserhebliches Schreiben in einem Sinn auslegt, den ihm keine Partei beimißt (München NJW-RR 92, 61), oder den Kern des Parteivorbringens so verkennt, daß die entscheidungserhebliche Frage unbeantwortet bleibt (BGH Warneyer 1990 Nr 107). Weitere **beispielhafte Einzelfälle:**

Der Kläger stellt einen Zahlungsanspruch, obwohl er nach seinem eigenen Vorbringen nur einen Befreiungsanspruch hat, und das Gericht nicht darauf hinweist, sondern zum fehlerhaften Antrag verhandelt (Köln MDR 80, 674). Das Gericht entscheidet durch Versäumnisurteil ohne mündliche Verhandlung gegen den Kläger, obwohl § 331 III nur eine Säumnisentscheidung gegen den Beklagten erlaubt (Nürnberg MDR 80, 235). Eine vorinstanzlich erhobene Verjährungseinrede darf nicht unberücksichtigt bleiben, weil sie zweitinstanzlich nicht ausdrücklich wiederholt worden ist (BGH WPM 89, 581). Über einen geänderten Antrag in einem nachgelassenen Schriftsatz darf nur nach Wiedereröffnung (§ 156) entschieden werden (München ZIP 81, 321). Auf schriftsätzliches Vorbringen, das nicht Gegenstand der mündlichen Verhandlung war, darf sich kein Urteil gründen (Schleswig SchlHA 83, 164). Eine Abänderungsklage (§ 323) wird wie eine Erstklage verhandelt und beschieden (Zweibrücken FamRZ 82, 415). Grob fehlerhaft ist es, durch eine „Berichtigung des Rubrums“ die Parteien auszuwechseln und so einen nicht beteiligten Dritten in das Verfahren hineinzuziehen (Frankfurt NJW-RR 90, 1471; Düsseldorf MDR 90, 930 = EWiR ZPO § 319 1/90, 1139 – Oellers).

b) Verfahrensfehlerhaft ist es auch, wenn eine im Prozeß erklärte **Aufrechnung** nicht berück- 9
sichtigt wird (RGZ 61, 413), zB durch Erlaß eines Grundurteils trotz höherwertiger Gegenforderung (Frankfurt NJW-RR 87, 191 = MDR 87, 62); ferner wenn die Klage ohne Prüfung der Klageforderung wegen einer Eventualaufrechnung abgewiesen wird (BGHZ 31, 363), mag der Hilfsantrag auch anerkannt worden sein (Zweibrücken OLGZ 1987, 371), oder wenn eine Entscheidung in der irrigen Annahme getroffen wird, daß über die zur Aufrechnung gestellte Gegenforderung bereits anderweitig rechtskräftig entschieden sei (Celle MDR 69, 768). Dem entspricht die Unterlassung einer Entscheidung über eine **Widerklage,** weil diese irrig als nicht anhängig geworden angesehen wird (Düsseldorf OLGZ 65, 186).

c) Auch das **Übergehen von Vertagungsanträgen** kann einen wesentl Mangel darstellen (Köln 10
JurBüro 77, 410), ebenso der Erlaß eines Urteils ohne mündl Verhandlung trotz Fehlens der nach **§ 128 II** nötigen Einverständniserklärungen (KG JW 28, 2157; Nürnberg MDR 69, 849).

4) Mangelhafte Prozeßführung. a) Im Vordergrund stehen die Rüge, die sich auf die Verlet- 11
zung des Anspruchs auf rechtliches Gehör (Art 103 I GG) beziehen (vgl etwa BGH NJW 93, 538); ferner der Verstoß gegen die **richterliche Aufklärungspflicht** gem §§ 139, 278 III (zB Hamm OLGR 95, 92). Wegen mangelnder Substantiierung darf nie abgewiesen werden, bevor auf Ergänzung des Sachvortrages hingewirkt worden ist (BGH NJW-RR 87, 797; NJW-RR 91, 256; näher Schneider MDR 89, 1069). Hinweispflicht zB, wenn das Gericht trotz günstigen Ausgangs der Beweisaufnahme **weitere Beweisantritte** für erforderlich hält (BGH NJW 89, 2756) oder bei Zweifeln, ob ein Verfahrenshindernis besteht (BGH WPM 89, 835). Allerdings besteht keine Hinweispflicht, wenn die Parteien den Streitpunkt bereits schriftsätzlich behandelt haben (BGH WPM 86, 657, 659); auch besteht verfahrensrechtlich kein Zwang, einer Partei nachzulassen, eine durchgeführte Beweisaufnahme schriftsätzlich zu würdigen (BGH NJW 91, 1547 = WPM 91, 285).

Gesetzte Fristen müssen ausreichend sein (Frankfurt NJW 86, 731) und abgewartet werden (BVerwG NJW 92, 327). Zeigt sich ein Versäumnis des Gerichts nach Schluß der Verhandlung, muß **wiedereröffnet** werden (§ 156), falls eine Partei schriftsätzliche Ausführungen bringt, die nur deshalb nicht früher vorgetragen worden sind, weil das Gericht seiner Aufklärungs- und Hinweispflicht (§§ 139, 278 III) nicht entsprochen hatte (Schneider MDR 90, 122; Sangmeister BB 92, 1535) oder weil ihr die Gelegenheit abgeschnitten worden ist, zu einem mündlich erstatteten Gutachten nochmals sachgerecht Stellung nehmen zu können (BGH NJW 88, 2302).

b) Überraschungsentscheidungen verstoßen gegen Art 103 I GG (BVerfGE 84, 188) oder ge- 12
gen das verfassungsrechtliche **Willkürverbot** (BVerfGE 69, 254; 70, 93). Parteien nicht erst im Urteil von einer bis dahin nicht erörterten (rechtlichen oder beweisrechtlichen: BSG NJW 91, 1910) Fallbewertung erfahren (BayVerfGH NJW-RR 91, 702; Düsseldorf OLGR 96, 148); die

Entscheidung darf nicht auf einen Sachverhalt gestützt werden, den keine Partei vorgetragen hat (Düsseldorf NJW 89, 1489) oder auf einen rechtlichen Gesichtspunkt, den beide Parteien für unerheblich gehalten haben (Düsseldorf NJW-RR 92, 1268). Das alles verstößt gegen das **Gebot der fairen Verfahrensgestaltung** (s dazu Einl Rn 100). Dem Prozeß darf keine Wendung in der rechtlichen Beurteilung gegeben werden, von der die Parteien erst durch das Urteil erfahren (BVerwG NJW 83, 770). Ob im Einzelfall ein Verschulden des Erstrichters vorliegt, ist belanglos.

13 c) **Fehlerhafte Anwendung von Präklusionsrecht** ist grundsätzlich auch Versagen rechtlichen Gehörs (BVerfGE 62, 255; 69, 145; NJW 89, 3212, s etwa BGH NJW 83, 822; Düsseldorf NJW-RR 92, 959).

Fristen zur Ergänzung, Erwiderung, Vorlage von Unterlagen oder Beseitigung von Beweiserhebungshindernissen (§§ 379, 356) dürfen nie zu kurz bemessen werden; im Anwaltsprozeß sind 3 Wochen jedenfalls dann unterste Grenze, wenn Rückkorrespondenz zum Mandanten nötig ist (s dazu Frankfurt MDR 86, 326 = OLGZ 1986, 101 = NJW 86, 731). Bei Verletzung der Fristsetzungs- oder der Hinweispflicht kann es auch zu Überraschungsentscheidungen (Rn 12) kommen (Kinne DRiZ 85, 15).

Auch vor mündlicher Verhandlung, aber **verspätet eingereichte Schriftsätze** müssen berücksichtigt werden (BVerfGE 70, 215 = NJW 87, 485; München NJW 75, 2023; Schleswig SchlHA 74, 124), jedenfalls immer dann, wenn sie vom Gericht angenommen worden sind und damit die Aufklärungs- und Hinweispflicht nach §§ 139, 278 III auslösen (Köln OLGZ 81, 490).

14 d) Auf **offensichtl Irrtümer einer Partei** muß (nach § 278 III) hingewiesen werden, bevor entschieden wird (Düsseldorf VersR 75, 616). Tatsächl Feststellungen im Tatbestand des angefochtenen Urteils, die mit dem Inhalt der Parteischriftsätze **in Widerspruch** stehen, können nur verfahrenswidrig zustande gekommen sein, wenn vorher nicht versucht worden ist, diesen Widerspruch durch Ausübung der richterl Fragepflicht zu beheben (Köln VersR 74, 1089; NJW-RR 87, 1152).

15 e) Wird ein Hinweis erteilt, dann muß auch Gelegenheit gegeben werden, sich dazu zu äußern (Düsseldorf NJW-RR 92, 1404). Das Gericht ist verpflichtet, darauf zu achten, daß die Partei ihr Anliegen **wirklich hat vortragen können** und genügend Zeit bekommt, um ihr gestellte Fragen zu beantworten (Hamm AnwBl 84, 93), ggf nach Rücksprache mit der Partei (Koblenz NJW-RR 91, 1087), oder einen ihr auferlegten Auslagenvorschuß einzuzahlen (Rn 17). Deshalb bestehen gegen die Wahrnehmung der Sitzungen durch einen sog „Kartellanwalt" Bedenken (Düsseldorf NJW 76, 1324 mit Anm Roesen in AnwBl 76, 19). Zweibrücken (OLGZ 83, 329) hat das Stattfinden einer mündlichen Verhandlung verneint, weil der Prozeßbevollmächtigte nur zufällig vom Termin Kenntnis erlangt und Klageabweisungsantrag gestellt hatte, über den Prozeßstoff jedoch nicht informiert war. Auch eine in der Zeitplanung mißlungene Terminsvorbereitung kann sich als dem Gericht anzulastender Verfahrensmangel auswirken (Schleswig OLGZ 81, 246). Mit Schriftsatznachlaß (§ 283) ist es dann nicht getan; notfalls muß wiedereröffnet werden (§ 156; Schneider MDR 90, 122).

16 **5) Mangelhafte Tatsachenfeststellung. a)** Den vielleicht wichtigsten Anwendungsfall des § 539 stellen mangelhafte Beweiserhebungen dar, die sich häufig mit anderen Verfahrensfehlern, insbesondere mit der Nichtgewährung rechtl Gehörs überschneiden, etwa bei Verwertung von Gutachten aus anderen Verfahren, die den Parteien nicht bekanntgegeben werden (BGH VersR 91, 1055). Die Fehler können schon zu Beginn auftreten, etwa wenn zwingende Vorschriften über den Inhalt des Protokolls, § 160 III, verletzt werden (BGH WRP 89, 791). Die Tatsachenfeststellung kann auch dann verfahrenswidrig sein, wenn das Gericht seiner **Fragepflicht aus § 396 II** nicht nachkommt (Koblenz NJW-RR 91, 1471). Das **Übergehen eines Beweisantrages** ist immer ein Verfahrensfehler, wenn das Gericht die Beweiserheblichkeit nicht verneint hat, zB weil es für den Ausschluß nach §§ 356, 379 zu kurze Fristen gesetzt (Frankfurt MDR 86, 326 = NJW 86, 731 = OLGZ 1986, 101; s auch Rn 18) oder irrig einen Beweisantrags-Verzicht angenommen hat (BGH NJW-RR 87, 1403). Ebenso liegt es, wenn Beweiserheblichkeit fehlerhaft wegen vermeintlich unzureichender Substantiierung verneint wird, wobei dann meist auch ein Verstoß gegen § 139 hinzu kommt. Verfahrenswidrig auch die ermessensfehlerhafte Parteivernehmung nach § 448 (Saarbrücken OLGZ 1984, 122). Läßt das Berufungsgericht zusätzliche Anspruchsgrundlagen unberücksichtigt, die aber ebenfalls zum Beweiszwang geführt hätten, so steht dies einer Zurückverweisung nicht entgegen (BGH Warneyer 1989 Nr 286). Zu den **Anforderungen an** eine verfahrensrechtlich korrekte **Beweiserhebung** s § 526 Rn 3.

17 **b)** Die Verwertung eines formal ordnungsmäßig gewonnenen Beweisergebnisses kann einen wesentl Verfahrensmangel darstellen, wenn die **Parteirechte verkürzt** worden sind, etwa weil die Parteien unangemessen kurzfristig vom Beweistermin in Kenntnis gesetzt und dadurch an seiner Wahrnehmung gehindert worden sind (Köln MDR 73, 856) oder weil die Frist für den Auslagenvorschuß, § 379, zu kurz bemessen worden ist (Frankfurt MDR 86, 326 = NJW 86, 731 = OLGZ 1986, 101).

c) Verfahrenswidrig ist die **Nichtbeachtung von Beweisverwertungsverboten,** etwa heiml Tonbandaufnahmen (BGHZ 27, 284; VersR 82, 191), Ausforschungsbeweise, Beweiserhebung durch Sachverständige (BGH NJW 55, 671). 18

Hat der Kläger zum Unfallhergang Zeugenbeweis angetreten, dann darf nicht der Urkunden-Ersatzbeweis durch **Verwertung der Strafakten** als genügend erachtet werden, weil darin ein Verstoß gegen das Gebot der **Unmittelbarkeit der Beweisaufnahme** liegt (München VersR 73, 163; Koblenz VRS 68, 1985, 27).

d) Schließl können beweisrechtl Verfahrensfehler in **mangelhafter Beweiswürdigung** liegen (Köln VersR 77, 577; Schneider MDR 89, 138), etwa in der nicht erschöpfenden Beurteilung des Streitstoffes, die gegen § 286 verstoßen kann (BGH NJW 57, 714), oder bei übersteigerten Substantiierungsanforderungen an die Partei mit korrespondierender Vernachlässigung der gerichtl Aufklärung durch Gutachterbefragung oder weitere Begutachtung (BGH VersR 81, 752) oder wenn die Anwendbarkeit des § 287 nicht gesehen wird (Zweibrücken MDR 89, 268). Zeugen dürfen grundsätzl nur dann als unglaubwürdig angesehen werden, wenn sich das Gericht von ihnen einen persönl Eindruck verschafft hat oder ein solcher in der protokollierten Aussage des Vernehmungsrichters festgehalten worden ist (Düsseldorf OLGZ 70, 170; § 526 Rn 3). Verfälscht wird die Beweiswürdigung uU auch, wenn eine Partei gehindert worden ist, in Ausübung ihres Fragerechts einem Sachverständigen, der sein Gutachten schriftl erstattet hatte, Fragen zu stellen (BGHZ 6, 398; 35, 370; BAG BB 81, 54; Köln MDR 72, 957). Ist das aus irgendwelchen Gründen, auch unverschuldeten, nicht mögl – zB weil der Sachverständige zwischenzeitlich verstorben ist –, dann muß ein neuer Gutachter bestellt werden (BGH NJW 78, 1633). Jedoch genügt es dann, daß der neue Sachverständige damit beauftragt wird, das bereits vorliegende Gutachten zu studieren und der Partei auf deren Fragen zu erläutern. 19

In der Rechtsmittel-Rspr ist eine Tendenz erkennbar, **schwere Beweiswürdigungsfehler** stärker als bisher dem Bereich der Verfahrensmängel zuzuordnen (s Schneider MDR 89, 138), besonders deutlich beim verstärkten Zwang zur Wiederholung der Zeugenbeweisaufnahme (§ 526 Rn 3). Köln (MDR 80, 674) hat einen wesentlichen Verfahrensmangel darin gesehen, daß der Erstrichter einen Schaden nach § 287 geschätzt hatte, obwohl er damit die Grenzen seines Schätzungsermessens ersichtlich überschritten und diese Art der Tatsachenfeststellung nicht vorab mit den Parteien erörtert hatte, Hamm (ZSW 82, 209) darin, daß in einem solchen Fall kein Sachverständiger zugezogen worden ist. Weiter hat Hamm (VersR 80, 683) einen Verfahrensfehler bejaht, weil das Gericht sich bei Vorliegen zweier einander widersprechender Gutachten zu einem Beweisantrag auf Einholung eines Obergutachtens in den Urteilsgründen nicht geäußert hatte. 20

6) Mängel des Urteils. a) Nicht verkündetes oder zugestelltes **Scheinurteil** (s Rn 4 vor § 511). Erlaß eines Urteils gegen die **falsche Partei** (München NJW 71, 1615). Formelle Urteilsmängel, etwa bei Widersprüchen oder Unklarheiten in Tenor, Tatbestand oder Gründen (RGZ 57, 268; Koblenz Rpfleger 85, 496, 497; Düsseldorf NVwZ-RR 94, 6: mangelhafter Tatbestand) oder unbestimmbare Rechtskraftwirkung (BGHZ 45, 287; Hamm NJW-RR 92, 1279), sowie Verstöße gegen das Verkündungsgebot „in vollständiger Form abgefaßt" des § 310 II (München MDR 86, 62); fehlende, nicht nachholbare Unterschrift (Koblenz VersR 81, 688), ferner fehlende Begründung für schwerwiegende Verfahrensgestaltungen, zB Abtrennung einer Folgesache (§ 628 I) unter bloßer Berufung auf den Gesetzeswortlaut (Hamm MDR 79, 322; Hamburg MDR 79, 678; Frankfurt FamRZ 78, 924; Stuttgart FamRZ 78, 809; Düsseldorf FamRZ 88, 312; Schleswig FamRZ 88, 1301); erst recht fehlende Gründe oder deren Nachschieben nach Monaten (BGH MDR 76, 658; Stuttgart VersR 89, 863 = AnwBl 89, 323; s a § 551 Rn 10). Mangel ordnungsmäßiger Verkündung des Urteils ist immer ein Verfahrensfehler (Frankfurt AnwBl 87, 235 = NJW-RR 88, 128), hindert jedoch nicht die Selbstentscheidung nach § 540 (Schleswig SchlHA 79, 21; Frankfurt FamRZ 79, 430). Zum Verstoß gegen die **Bindungswirkung** nach Zurückverweisung s § 538 Rn 7; § 565 Rn 2 ff. 21

b) Ein **unzulässiges Teilurteil** (zu den Zulässigkeitsvoraussetzungen im einzelnen s bei § 301) stellt einen wesentlichen Verfahrensmangel dar – entscheidend ist hierbei, daß durch die Möglichkeit abweichender Entscheidung im Instanzenzug die Gefahr besteht, daß in der Sache widersprechende Entscheidungen ergehen (s § 301 Rn 7). Demgemäß wird es regelmäßig nötig sein zurückzuverweisen (BGH WM 94, 865/868); allerdings kann das Berufungsgericht zur Vermeidung der Gefahr divergierender Entscheidungen auch den in erster Instanz anhängig gebliebenen Teil des Rechtsstreits an sich ziehen und dann gemäß § 540 einheitlich entscheiden (BGH NJW 60, 339; WM 94, 865/868; Hamm OLGR 95, 222); dies wird aber nur ausnahmsweise gerechtfertigt sein (BGH WM 94, 865/868, dort auch zur Frage, ob das Verfahren des Berufungsgerichts in der Revision auch ohne Rüge überprüft werden kann mit der Folge einer Rückverweisung in die erste Instanz durch das Revisionsgericht). Ein **Grundurteil** ist unzulässig, wenn nur die Schadenshöhe streitig ist (BGH VersR 89, 603) oder Feststellung der Ersatzpflicht zukünftigen 22

Schadens bei ungewisser Entwicklung (BGH NJW 91, 1896). Hat das Berufungsgericht ein Grundurteil erlassen, bleibt es im zweiten Berufungsverfahren daran gebunden (s § 538 Rn 7).

23 c) Bei **Aufrechnung** darf kein Vorbehaltsurteil nach § 302 ergehen, wenn die Aufrechnung unzulässig ist oder die Gegenforderung in rechtl Zusammenhang mit der Klageforderung steht (BGHZ 25, 360; LM § 302 ZPO Nr 4). Verfahrensmangel auch, wenn die Aufrechnung nicht geprüft worden ist (RGZ 61, 413) oder das Erstgericht darüber nur in unzureichendem Umfang entschieden hat (Braunschweig NJW 75, 2209).

24 V) **Über die Zurückverweisung ist nach Ermessen** (s dazu Rn 1) von Amts wegen **zu entscheiden** (München OLGZ 1988, 489), auch wenn ein dahingehender „Antrag" (= Anregung) gestellt wird (RGZ 93, 155; München FamRZ 84, 407). Ermessensfehler sind revisibel (BGH NJW 69, 1669). Sachdienlichkeit muß gegeben sein; Selbstentscheidung des Berufungsgerichts ist immer mögl (§ 540). Entschieden wird stets durch Urteil, das auch unter den Voraussetzungen der §§ 313a, 523 (s § 523 Rn 1) zu begründen ist, da anderenfalls das Erstgericht den Aufhebungsgrund nicht kennt und denselben Fehler uU wiederholt (Keller MDR 92, 435). Der Begründung steht es gleich, wenn die Aufhebungsgründe in das Terminsprotokoll aufgenommen werden, zB weil nur Schriftsätze unberücksichtigt geblieben sind oder das Erstgericht Beweisangebote übergangen hat (Schneider MDR 85, 907; sa § 495a II 1).

25 1) Eine Verfahrensaufhebung erübrigt sich, wenn der Mangel nur das **Urteilsverfahren** betrifft (zB Hinausgehen über die gestellten Anträge, unzulässiges Zwischenurteil), die erstinstanzl getroffenen Feststellungen also weiterhin Entscheidungsgrundlage sein können. Nur, wenn sie selbst fehlerhaft zustande gekommen sind, ist auch insoweit Aufhebung geboten.

26 2) Betrifft der Mangel nur einen **Verfahrensteil,** dann darf die Aufhebung des Verfahrens darauf beschränkt werden (ebenso Wieczorek/Rössler, 2. Aufl 1981, § 539 Anm C II). Praktische Bedürfnisse erfordern, das Ausmaß der Aufhebung nicht am Streitgegenstand oder an auf bestimmte Weise abgegrenzten Verfahrensabschnitten zu orientieren, sondern ledigl den von dem Verstoß betroffenen Verfahrensvorgang zu eliminieren, so wie das bei § 590 ohne förml Ausspruch geschieht. Es darf also zB eine ohne Zuziehung der Parteien durchgeführte Beweisaufnahme aufgehoben werden, so daß ledigl ihre Ergebnisse für das erneute Verfahren im ersten Rechtszug außer Betracht zu bleiben haben (BayObLG SA Bd 52, 112; so auch weitgehend die ältere Literatur, zB Seuffert/Walsmann, § 539 Anm 3; Struckmann/Koch, § 539 Anm 4). Der Gesetzeswortlaut („soweit . . . durch den Mangel betroffen") bestätigt diese Auffassung.

27 Schwierigkeiten können **Verfahrensfehler** bereiten, die **nur zum Grund** oder **nur zur Höhe** aufgetreten sind. Beispiel: Erstgericht erkennt nach beziffertem Leistungsantrag; Berufungsgericht hält die Beurteilung zum Grund für richtig. Die Höhenentscheidung beruht auf einem Verfahrensverstoß. Dann besteht zum Grund Entscheidungsreife (§ 540), so daß das Berufungsgericht ein Grundurteil erlassen und im übrigen aufheben und ins Höheverfahren zurückverweisen kann. Da jedoch nie ein Zwang zum Grundurteil besteht (§ 304 I: „kann" gg § 301 I: „hat"), ist auch volle Zurückverweisung mit Grundaufhebung statthaft.

28 Problematisch ist weiter folgender Fall: In erster Instanz **Zahlungsverurteilung bei teilweiser Abweisung,** zB $\frac{1}{3}$ Kläger, $\frac{2}{3}$ Beklagter. Nur der Beklagte legt Berufung ein. Das Berufungsgericht erkennt schwere Verfahrensmängel. Auch dann ist Selbstentscheidung (§ 540) oder Zurückverweisung (§ 539) statthaft. Bei völliger Aufhebung und Zurückverweisung wird das Verschlechterungsverbot aufgehoben; das neue erstinstanzliche Urteil dürfte dem Beklagten den Schaden voll auferlegen (unten Rn 33). Eine $\frac{2}{3}$-Aufhebung könnte gleichbedeutend sein mit Erlaß eines unzulässigen Teilurteils (s oben Rn 22). In diesem Fall bleibt nur volle Selbstentscheidung oder volle Zurückverweisung.

29–30 Einstweilen frei.

31 3) Das zurückverweisende Urteil enthält **keine Kostenentscheidung;** diese ist dem erstinstanzl Schlußurteil vorbehalten (Köln JMBlNRW 90, 174, 176). Jedoch ist im Berufungsurteil die **Niederschlagung** der Kosten des Berufungsverfahrens, der durch Erlaß des erstinstanzl Urteils ausgelösten Kosten (BGH KoRsp GKG § 8 Nr 102 m Anm Schneider) und evtl der Kosten von zu wiederholenden Verfahrensabschnitten anzuordnen. Das ergibt sich aus **§ 8 GKG.** Die Anordnung der Nichterhebung von Kosten wegen unrichtiger Sachbehandlung darf in den Urteilstenor aufgenommen werden; es ist kein besonderer Beschluß nötig (s BGH KoRsp GKG § 8 Nr 26).

32 4) Das zurückverweisende Urteil enthält auch **keinen Ausspruch über die vorläufige Vollstreckbarkeit,** da es keinen vollstreckungsfähigen Inhalt hat (str, s § 543 Rn 24). **Begründungszwang:** § 540 Rn 8; **Beschwer:** § 545 Rn 1; **Revisionsbegründung:** § 550 Rn 14.

33 5) Für das weitere Verfahren ist das **Erstgericht an die Rechtsauffassung des Berufungsgerichts gebunden** (§ 565 II analog; BGHZ 25, 203; s § 538 Rn 7) und hat auf der Grundlage des Inhalts der Neuverhandlung bindungsfrei zu entscheiden. Im Rahmen der Zurückverweisung besteht **kein Verbot der Schlechterstellung** *(reformatio in peius)*. Der Rechtsmittelführer, der die

Aufhebung des von ihm angefochtenen Urteils ohne zweitinstanzl neue Sachentscheidung erreicht, hat keinen Anspruch darauf, wegen eines prozessualen „Mindestbestandsschutzes" auf Grund neuer Verhandlung eine materiell unrichtige Entscheidung zu erhalten (Schneider MDR 78, 525, 529; sehr str, aA BGH FamRZ 89, 957 = MDR 89, 979 m Nachw zum Streitstand; zum Beschwerderecht s § 575 Rn 38). Weist ein Urteil die Klage teilweise ab und gibt es ihr im übrigen statt, so kann auf die Berufung des Beklagten das gesamte Urteil wegen eines Verfahrensfehlers aufgehoben und die Sache zurückverwiesen werden; dann besteht jedoch Bindung wegen der rechtskräftig gewordenen Teilabweisung und darf der Beklagte insoweit nicht mehr verschlechtert werden (BGH NJW 61, 1813, 1814).

6) Jedoch wird der Rechtsmittelführer, der statt eines Sachurteils nur Aufhebung und Zurückverweisung erreicht, durch ein solches Urteil mit der Folge **beschwert,** daß er in revisiblen Sachen befugt ist, in der Revisionsinstanz die richtige Anwendung des § 539 durch das Berufungsgericht überprüfen zu lassen (BGH NJW 84, 495; 91, 704; RR 95, 123). Allerdings gilt dann nicht das Verbot der Schlechterstellung, so daß der Anspruch nunmehr auch als unbegründet abgewiesen werden darf (§ 536 Rn 13). 34

7) Ist die **Klage nicht ordnungsgemäß erhoben** und dieser Mangel auch nicht geheilt worden, dann muß die Klage „angebrachtermaßen" abgewiesen werden. Es ist also nicht zurückzuverweisen. Zurückverweisung ist jedoch mögl, wenn die Beseitigung des Mangels zu erwarten ist, etwa durch Genehmigung der Prozeßführung einer nicht prozeßfähigen Partei durch den jetzigen gesetzl Vertreter (BGH FamRZ 72, 35; vgl auch Nürnberg OLGZ 67, 426). 35

VI) **Gebühren:** s § 538 Rn 29. 36

540 *[Selbstentscheidung statt Zurückverweisung]*

In den Fällen der §§ 538, 539 kann das Berufungsgericht von einer Zurückverweisung absehen und selbst entscheiden, wenn es dies für sachdienlich hält.

I) Die Vorschrift drückt einen **allgemeinen Rechtsgrundsatz** aus (Schneider MDR 80, 726), der auch im Beschwerdeverfahren gilt (KG JurBüro 86, 220, 221/222). Voraussetzung ist, daß eine vorinstanzliche Entscheidung getroffen worden ist; § 540 gestattet keine Entscheidung an Stelle des Erstrichters (Zweibrücken FamRZ 83, 1154 [1155]). Dem Berufungsgericht steht eine Ermessensentscheidung nur zu, soweit keine Entscheidungsreife besteht. Ist die Sache spruchreif, **muß** es selbst entscheiden (Schneider MDR 80, 726). Auch bei Spruchreife muß Selbstentscheidung unterbleiben, wenn bei Behebung des Verfahrensmangels die Zuständigkeit fehlt, zB weil eine vom FamG falsch behandelte geänderte Klage keine Familiensache mehr ist (Frankfurt FamRZ 81, 978). 1

1) **Verhältnis zu § 539.** Für diese Vorschrift begründet § 540 keine Ermessensfreiheit; denn dort ist sie bereits gewährt (arg „kann"). § 540 **erweitert** den § 539 **ledigl** insoweit, als er ihn durch das dort nicht geschriebene Tatbestandsmerkmal der **Sachdienlichkeit** ergänzt. 2

2) **Verhältnis zu § 538.** Diese Bestimmung sieht eine **Muß-Zurückverweisung** vor. Ursprüngl gab es davon keine Ausnahme. § 540 ist erst 1950 in die ZPO aufgenommen worden. Damit ist die Muß-Vorschrift des § 538 **in eine ungebundene Ermessensvorschrift umgestaltet** worden. 3

3) War das angefochtene Urteil ein **Zwischenurteil,** so ist der Rechtsstreit in der Unterinstanz anhängig geblieben; zu einer Selbstentscheidung kann es nicht kommen. Das Berufungsgericht darf auch zurückverweisen, wenn einer erstinstanzl Klageabweisung wegen Unzulässigkeit eine **materiellrechtl Hilfsbegründung** beigegeben worden ist (§ 538 Rn 11). 4

II) **Sachdienlichkeit** ist zu bejahen, wenn das Interesse an einer schnelleren Erledigung (jede Zurückverweisung verzögert!) gegenüber dem Verlust einer Tatsacheninstanz überwiegt. Diese Frage ist **mit den Parteien zu erörtern.** Ihre Stellungnahme bindet zwar nicht, ist aber für die Beurteilung des Gerichts aufschlußreich. Bei **divergierenden Parteiwünschen** sind die dafür vorgebrachten Gründe zusätzl Entscheidungselemente. Übereinstimmenden Anregungen auf Zurückverweisung wird das Gericht häufig entsprechen; denn dahinter steht oft der Wunsch, nunmehr im ersten Rechtszug alsbald zu Ende zu kommen, etwa durch erneute Vergleichsgespräche. Selbstentscheidung kann auch angebracht sein, wenn sich eine unsachliche Auseinandersetzung zwischen den Instanzen anbahnt, die letztlich auf dem Rücken der Parteien ausgetragen würde (s Schleswig SchlHA 82, 153: wiederholte Zurückverweisung wegen derselben Fehler). Sprechen sich **beide Parteien gegen eine Zurückverweisung** aus, so wird der Gesichtspunkt des Verlustes einer Instanz, mag er auch für sich allein nicht ausschlaggebend sein, unerhebl. Dann bleibt jedoch zu erwägen, welche Belastung das Berufungsgericht damit auf sich nimmt. Denn grundsätzl ist es nicht seine Aufgabe, erstinstanzl nicht geschaffene Entscheidungsgrundlagen im zweiten Rechtszug zu erarbeiten. Je umfangreicher die tatsächl Feststellungen sind, die das 5

Berufungsgericht nachzuholen hätte, um so weniger dürfte eine Selbstentscheidung angebracht sein.

6 **III) Beispielsfälle für eigene Sachentscheidung:** Erstinstanzl Urteil ist in **falscher Besetzung** oder unter Verstoß gegen § 348 III oder §§ 355, 375 ergangen (BGH NJW-RR 91, 472). Das Erstgericht hat ein über den beschiedenen Teilanspruch übergreifendes und damit **unzulässiges** (s Schneider MDR 76, 93) **Teilurteil** erlassen; das Berufungsgericht kann aber durch Heraufziehen des noch unten anhängigen Streitteiles abschließend entscheiden (BGH NJW 60, 339; Hamm JMBlNRW 65, 279; aA Düsseldorf NJW 72, 1474, jedoch nur für seinen konkreten Fall). Berufung gegen ein **unzulässiges Vorbehaltsurteil** unter eigener Entscheidung über die zur Aufrechnung gestellte Gegenforderung (BGHZ 25, 360; LM § 302 ZPO Nr 4). Erstgericht hat den Vorwurf der **groben Nachlässigkeit** unzulängl geprüft; er kann aber auf Grund des zweitinstanzl Sach- und Streitstandes ohne großen Aufwand festgestellt werden (ergibt er sich aus dem unstreitigen zweitinstanzl Sach- und Streitstand, dann *muß* das Berufungsgericht selbst entscheiden: Köln NJW 73, 1847). Im Berufungsverfahren gegen ein **Grundurteil** ist auch der Streit über die Höhe entscheidungsreif geworden (vgl § 538 I Nr 3) oder kann ohne nennenswerte Verzögerung entscheidungsreif gemacht werden oder sind Zeugen zu vernehmen, die auch über die Höhe informiert sind.

7 **Zurückzuverweisen** ist dagegen, wenn das Erstgericht eine **Widerklage nicht beschieden** hat, weil es sie irrtüml als nicht mehr anhängig angesehen hat (Düsseldorf OLGZ 65, 186). Weitere Fälle sind bei § 538 Rn 8 ff angeführt.

8 **IV) Entscheidung.** Das Berufungsgericht muß das Absehen von der Zurückverweisung in revisiblen Sachen **begründen,** damit das Revisionsgericht bei entspr Verfahrensrüge die Ermessensentscheidung nachprüfen kann (BGHZ 23, 50). Fehlerhafte Ermessensausübung ist nach § 295 heilbar und dann nicht revisibel (BGH LM § 256 ZPO Nr 16), zB wenn der Rechtsmittelkläger die Zurückverweisung selbst angeregt hatte (BGH WPM 83, 658 [660 zu 4b]). **Beschwer:** § 545 Rn 1. **Revisionsbegründung:** § 554 Rn 14 aE mit § 550 Rn 14.

9 Das Revisionsgericht kann, wenn wegen eines von mehreren Klageansprüchen die Voraussetzungen der Zurückverweisung an das LG nach § 538 I Nr 3 gegeben wären, im übrigen die Zurückverweisung an das Berufungsgericht erfolgen müßte, im Interesse der Prozeßwirtschaftlichkeit insgesamt an das Berufungsgericht zurückverweisen (BGH NJW 55, 546 – das OLG dagegen soll bei entspr Prozeßlage dazu nicht befugt sein: § 538 Rn 20).

10 Zurückverweisung durch das Revisionsgericht an das Berufungsgericht erfolgt auch dann, wenn dieses nach unzulässigem Teilurteil des LG über den dort anhängigen Restanspruch mitbefinden kann (BGH NJW 60, 339), desgleichen, wenn es nach unzulässigem Vorbehaltsurteil erster Instanz über die Aufrechnungsforderung selbst entscheiden darf (BGHZ 25, 360).

541 *[Rechtsentscheid in Mietsachen]*

(1) Will das Landgericht als Berufungsgericht bei der Entscheidung einer Rechtsfrage, die sich aus einem Mietvertragsverhältnis über Wohnraum ergibt oder den Bestand eines solchen Mietvertragsverhältnisses betrifft, von einer Entscheidung des Bundesgerichtshofes oder eines Oberlandesgerichts abweichen, so hat es vorab eine Entscheidung des im Rechtszug übergeordneten Oberlandesgerichts über die Rechtsfrage (Rechtsentscheid) herbeizuführen; das gleiche gilt, wenn eine solche Rechtsfrage von grundsätzlicher Bedeutung ist und sie durch Rechtsentscheid noch nicht entschieden ist. Dem Vorlagebeschluß sind die Stellungnahmen der Parteien beizufügen. Will das Oberlandesgericht von einer Entscheidung des Bundesgerichtshofes oder eines anderen Oberlandesgerichts abweichen, so hat es die Rechtsfrage dem Bundesgerichtshof zur Entscheidung vorzulegen. Über die Vorlage ist ohne mündliche Verhandlung zu entscheiden. Die Entscheidung ist für das Landgericht bindend.

(2) Sind in einem Land mehrere Oberlandesgerichte errichtet, so können die Rechtssachen, für die nach Absatz 1 die Oberlandesgerichte zuständig sind, von den Landesregierungen durch Rechtsverordnung einem der Oberlandesgerichte oder dem Obersten Landesgericht zugewiesen werden, sofern die Zusammenfassung der Rechtspflege in Mietsachen, insbesondere der Sicherung einer einheitlichen Rechtsprechung, dienlich ist. Die Landesregierungen können die Ermächtigung auf die Landesjustizverwaltungen übertragen.

(Durch § 541 ist Art III des 3. MietrechtsÄndG (BGBl I 1967 S. 1248; 1980 S 657) wörtlich in die ZPO übernommen und zugleich in § 511a II die Divergenzberufung in Mietsachen eingeführt worden.)

Lit: *Dänzer-Vanotti* NJW 80, 1777; *Gather* DWW 80, 187; 83, 62; *Hassold* JR 85, 96; *Landfermann* NJW 85, 2614; *Molle* WM 88, 3.

I) Statthaftigkeit setzt Vorlage durch ein LG als Berufungsgericht voraus (BayObLG ZMR 91, 174; zur **Zulässigkeit** s Rn 45 ff). Zur Einholung eines Rechtsentscheids ist nur das **LG als Berufungsgericht** zuständig, nicht das AG und nicht das OLG. 1

Weiter muß das LG als Berufungsgericht im zweistufigen Instanzenzug mit **Eingangszuständigkeit** des AG nach § 29a zuständig geworden sein (Hamburg ZMR 91, 26; BayObLG WuM 92, 352). Daher sind Vorlagen unzulässig wegen solcher Rechtsfragen, die erstinstanzlich vor das LG gebracht werden können, etwa ob § 550b II 1 BGB oder § 266 StGB Schutzgesetze zu § 823 II BGB sind (Hamburg DWW 90, 358; ZMR 91, 26). 2

Wird das LG als **Beschwerdegericht** tätig, ist es nicht befugt, einen Rechtsentscheid einzuholen. Das war früher zweifelhaft (siehe KG WM 82, 262; Hamm NJW 81, 2585 = ZMR 81, 219). Heute ist es aus dem Gesetzaufbau heraus zu verneinen, weil der Rechtsentscheid des § 541 zusammen mit der Divergenzberufung des § 511a II nur in das Berufungsrecht übernommen worden ist, nicht auch in das Beschwerdeverfahren. 3

Die Unzulässigkeit der Einholung eines Rechtsentscheids im Beschwerdeverfahren ist nicht zu verwechseln mit der Erweiterung der Vorlagepflicht bei Abweichung nicht nur von Rechtsentscheiden, sondern auch von obergerichtlichen Beschwerdeentscheidungen (Rn 36). 4

II) Entscheidung einer Rechtsfrage über ein Wohnraummietverhältnis. 1) Vorlagefähig sind nur **Rechtsfragen,** keine Tatfragen (zur Unterscheidung s § 550 Rn 1). Die tatrichterliche Würdigung einschließlich der Ermittlung des Parteiwillens bei der Auslegung von Willenserklärungen und der Würdigung einzelvertraglicher Vereinbarungen liegt ausschließlich beim LG (BayObLG WM 91, 18; Frankfurt WM 91, 17; Hamm WM 87, 248 = ZMR 87, 267). Insbesondere ist das formelle **Beweisrecht** und die Beweiswürdigung keiner **rechtlichen** Klärung durch das OLG fähig (Hamm DWW 84, 216 = WM 84, 238 = ZMR 84, 353). 5

Beispiele für **unzulässige Vorlagefragen:** Verhalten eines Mieters als ernsthafte und endgültige Erfüllungsverweigerung (Celle WM 83, 317 = ZMR 83, 27); nachschriftliche Ergänzung einer Formularklausel betreffend die Kostentragung für Schönheitsreparaturen (Karlsruhe Justiz 84, 201 = DWW 84, 71 = WM 84, 51); vertragswidriger Gebrauch der Mietsache durch Anbringen von Plakaten im Fenster (BayObLG MDR 84, 234 = NJW 84, 496); Dauer der Fortsetzung des Mietverhältnisses nach § 556a BGB (BayObLG WM 84, 9 = ZMR 84, 23); Dauer der Gewährung einer Räumungsfrist nach § 721 (BayObLG WM 84, 9 = ZMR 84, 23). 6

Ob die Vorlagefrage eine Rechts- oder eine Tatfrage ist, entscheidet das OLG (KG ZMR 82, 372 = WM 83, 289; s Rn 24, 59). 7

2) Mietverhältnis über Wohnraum. Vorlagevoraussetzung ist weiter, daß die klärungsbedürftige Rechtsfrage ein **Mietvertragsverhältnis** über **Wohnraum** oder den **Bestand** eines Mietverhältnisses über Wohnraum betrifft. Daß Mieteransprüche vom Versicherer auf Grund gesetzlichen Forderungsübergangs nach § 67 VVG geltend gemacht werden, steht nicht entgegen (Hamburg WuM 91, 328). 8

Raum ist ein zum Aufenthalt von Menschen geeignetes Bauwerk. Um **Wohnraum** handelt es sich dann, wenn der zwischen den Parteien geschlossene Vertrag dies vorsieht. Dabei muß es sich um einen **Miet**vertrag handeln (KG ZMR 87, 222). Andere Nutzungsverhältnisse wie Leihe, Pacht, Nießbrauch, dingliche Wohnrechte usw rechnen nicht dazu. Das entspricht der in § 23 Nr 2a GVG festgelegten ausschließlichen Eingangszuständigkeit des AG und grenzt gegen die Zuständigkeitsregelung in § 8 ZPO und die Gebührenstreitwertregelung in § 16 GKG ab. 9

Der Mietvertrag muß **zustande gekommen** sein. Der Streit über das Zustandekommen selbst oder über die Qualifizierung eines Vertragsverhältnisses als Mietvertrag wird nicht von § 541 erfaßt (Hamburg ZMR 71, 29). 10

Nicht erforderlich ist, daß die Rechtsfrage sich **ausschließlich** auf das Wohnraummietrecht bezieht. Die Vorlagepflicht besteht auch dann, wenn sich die Rechtsfrage auch bei der Geschäfts- 11 raummiete oder bei der Vermietung beweglicher Sachen stellen kann (Karlsruhe Justiz 84, 391 = WM 84, 267).

12 3) **Rechtsfragen anderer Art.** Die zweifelhafte Rechtsfrage muß sich auf das **materielle Mietrecht** beziehen (Hamm DWW 81, 148 = ZMR 81, 179; KG ZMR 91, 473; DWW 86, 15). Rechtsfragen des **allgemeinen Schuldrechts** sind vorlagefähig, wenn sie eine von wohnraummietrechtlichen Gesichtspunkten bestimmte Interessenabwägung erfordern, weil sie dann einen engen sachlichen Bezug zum Wohnraummietrecht haben (Frankfurt WM 91, 17; ZMR 91, 63 mw Nachw). Ohne diesen speziellen wohnraummietrechtlichen Bezug rechtfertigen sie keine Vorlage (BayObLG NJW 88, 1796; WuM 92, 352; KG WM 85, 387; Hamm NJW-RR 89, 1289 = WM 89, 488; Frankfurt WM 91, 17). Solche Rechtsfragen muß das LG als Berufungsgericht selbst entscheiden (Oldenburg WM 82, 101).

13 **Unzulässig** ist beispielsweise die Vorlage zu einer Rechtsfrage des Verwaltungsverfahrensrechts (KG WM 85, 387) oder einer anderen öffentlich-rechtlichen Vorfrage des Rechtsstreits (KG ZMR 91, 473) oder zur Verwirkung des Anspruchs auf Nachzahlung von Heizkosten (Hamm ZMR 83, 411) oder zu der inhaltlichen Anforderung an eine den Mietvertrag betreffende schriftliche Erklärung (Hamm NJW 83, 289 = WM 83, 17) oder zur Auslegung des § 22 IV GenG (Hamburg DWW 90, 358 = WM 90, 542). Anders als die **Genehmigung der Kostenmiete** macht die bloße Bestätigung der Berechnung eines Dritten wegen fehlender Bindungswirkung eine Vorlage nicht zulässig (Hamm WuM 91, 331 = DWW 91, 187). **Zulässig** hingegen zB die Fragen, ob mehrfach hintereinander abgeschlossene Jahresmietverträge gem § 138 BGB sittenwidrig sind (Frankfurt WW 91, 46).

14 Die **Auslegung** rechtsgeschäftlicher Bestimmungen ist grundsätzliche Sache des Tatrichters (Frankfurt OLGZ 81, 219 = ZMR 81, 178; Frankfurt ZMR 91, 63; s auch § 550 Rn 10).

15 Ähnlich wie im Revisionsrecht (s § 549 Rn 8; § 550 Rn 5) macht die Rspr. jedoch eine Ausnahme, soweit es sich um die Auslegung typischer, häufig wiederkehrender Bestimmungen eines Mietvertrages handelt (BGHZ 84, 345; Hamburg WuM 91, 329; Hamm 91, 248, ZMR 91, 219).

16 **Verfahrensrechtliche Fragen** können nicht dem materiellen Mietrecht zugeordnet werden, selbst wenn sie sich anläßlich eines Mietrechtsstreits stellen (Oldenburg WM 82, 100; Hamm NJW 82, 140 = JurBüro 82, 672), etwa die Offenkundigkeit einer Tatsache nach § 291 (BayObLG ZMR 84, 59) oder die prozessuale Befugnis zur Zurückverweisung (BayObLG ZMR 84, 356) oder Rechtsfragen zur Kostenentscheidung (BGH NJW 89, 29; BayObLG NJW-RR 87, 130), etwa nach § 91a (BayObLG NJW-RR 92, 341), mögen die Erledigungserklärungen auch erst nach Beschlußfassung über die Vorlage abgegeben worden sein (Hamm ZMR 91, 381 = WuM 91, 469).

17 Auch hier macht die Rspr jedoch im Anschluß an den BGH (BGHZ 89, 275) eine Ausnahme, wenn die prozessuale Rechtsfrage in einem engen inneren Zusammenhang mit einer Rechtsfrage des materiellen Wohnraummietrechts steht und aus diesem heraus zu beantworten ist (KG ZMR 91, 473; Schleswig WM 88, 428 = ZMR 88, 333 m Anm Schläger; Hamm ZMR 91, 381, 382 = WuM 91, 469).

18 **4) Erheblichkeit der Rechtsfrage** ist von Amts wegen zu prüfen (allgM, s Saarbrücken WuM 91, 252), Zusatz-Vorlagefragen eingeschlossen (Karlsruhe ZMR 92, 106 = DWW 92, 49 = WuM 92, 49). Vorlagevoraussetzung ist weiter, daß die dem LG zweifelhafte Rechtsfrage ganz oder teilweise (KG ZMR 91, 342) für die Entscheidung über die Berufung (daher § 91a ZPO nicht ausreichend, BayObLG NJW-RR 92, 341) **entscheidungserheblich** ist (KG WM 83, 413). Das ergibt sich aus § 511a II, wonach die Divergenzberufung wegen einer Abweichung nur dann zulässig ist, wenn die beschwerende Entscheidung auf der Abweichung **beruht** (s Rn 57 u grundsätzlich zum Beruhen § 550 Rn 6 ff).

19 Ungeschriebene Voraussetzung ist, daß die Rechtsfrage die Entscheidung des LG beeinflussen kann. Das ist nicht der Fall, wenn eine beantragte Entscheidung gar nicht getroffen werden darf (LG Kaiserslautern WM 84, 115: Verkürzung der Räumungsfrist auf Antrag des Gläubigers).

20 Zur Klärung abstrakter, nicht fallbezogener Rechtsfragen ist der Rechtsentscheid nicht bestimmt (BayObLG ZMR 84, 356 = WM 84, 240).

21 Die Entscheidungserheblichkeit muß endgültig feststehen. Kann sie noch durch Beantwortung offener Rechts- oder Tatfragen ausgeräumt werden, dann ist zuvor Klärung durch das LG erforderlich (BGH MDR 91, 238; BayObLG WuW 91, 78). Dafür müssen sich jedoch hinreichende Anhaltspunkte aus dem Akteninhalt ergeben (Frankfurt ZMR 91, 63). Beweiserhebung darf nicht gefordert werden (Rn 26).

22 Solange es daran fehlt, ist die Vorlage unzulässig (Hamburg ZMR 85, 410 = WM 86, 12). So verhält es sich auch dann, wenn das LG eine **Rechtsfrage übersehen** oder **nicht erkannt** hat (BayObLG NJW 87, 1950 = DWW 87, 174; Schleswig DWW 84, 310 = ZMR 85, 60). Ist das LG auch nach Klärung der Auffassung, daß es auf die Rechtsfrage ankomme, dann besteht nunmehr Vorlagepflicht (Schleswig DWW 84, 310 = ZMR 85, 60).

Das BayObLG (NJW-RR 89, 1291 = WM 89, 489) hat die Rechtsfrage, ob eine Räumungsklage nach Räumung als **unzulässig** oder als **unbegründet** abzuweisen ist, als unerheblich angesehen. 23

Das OLG prüft von Amts wegen, ob das LG den Rechtsstreit auch ohne Beantwortung der streitigen Rechtsfrage in seinem Sinne entscheiden kann (Rn 18), was voraussetzt, daß das Landgericht seinen Fall zunächst einmal zutreffend gewürdigt hat (KG WM 81, 248; Hamburg ZMR 83, 25; Koblenz DWW 84, 192 = WM 84, 123 = ZMR 84, 208; Hamm DWW 89, 327 = WM 89, 65). 24

Dazu gehört insbesondere die Aufklärung des Sachverhalts (BGH MDR 91, 238; KG ZMR 84, 176 = WM 83, 282) einschließlich der Würdigung des Tatsachenstoffs (Oldenburg WM 82, 100; BayObLG WuM 91, 78; Frankfurt WuM 91, 78; ZMR 91, 63). 25

Jedoch besteht keine Verpflichtung des LG, Tatsachenaufklärung zu betreiben, um einer Rechtsfrage auf diesem Weg die **Entscheidungsreife** zu nehmen (Hamm ZMR 91, 219 = DWW 91, 144). Das LG ist nicht gehalten, eine Beweisaufnahme durchzuführen, wenn bei Beantwortung einer Rechtsfrage in einem bestimmten Sinne keine Beweiserheblichkeit besteht (BGH NJW 87, 2372; BGHZ 101, 261; zu recht modifizierend StJ/Grunsky Rn 9). 26

III) Vorlagepflicht des LG. Müßte das LG bei Zugrundelegen seiner Rechtsauffassung vom BGH oder einem OLG abweichen oder eine nicht präjudizierte Rechtsfrage grundsätzlicher Bedeutung beantworten, dann besteht **Vorlagezwang.** Dem LG ist keine Ermessenentscheidung eingeräumt. 27

Prozessuale Bindung hat jedoch Vorrang. Eine Vorlagepflicht besteht daher nicht, wenn das LG bereits an eine in derselben Sache ergangene Entscheidung seines übergeordneten Gerichts gebunden ist und deshalb von anderen ober- oder höchstrichterlichen Entscheidungen abweichen **muß** (Frankfurt MDR 88, 779 = NJW 88, 2248). 28

Wird die Vorlagepflicht **willkürlich verletzt,** dann kann dies wegen Verstoßes gegen Art 101 I 2 GG die Verfassungsbeschwerde rechtfertigen (BVerfGE 76, 93 = NJW 88, 1015; E 87, 282; s auch § 546 Rn 53). 29

1) Abweichung (s dazu auch § 546 Rn 37–39). Vorlagepflicht besteht nur bei Abweichungen von Entscheidungen eines OLG oder des BGH, nicht von einer Entscheidung des **BVerfG** (BVerfG NJW 88, 2233 = WM 88, 245; Karlsruhe NJW-RR 89, 456 = WM 89, 124 = ZMR 89, 144; s aber Rn 44) oder eines **Strafsenats** (Karlsruhe NJW 82, 344 = OLGZ 1982, 111). 30

Auch der Vorlagebeschluß eines OLG an den BGH gem § 541 I 3 ist keine die Abweichungsvorlage begründende Entscheidung (LG Karlsruhe WM 88, 86). 31

Unzulässig ist es, dieselbe **Rechtsfrage erneut** zum Rechtsentscheid vorzulegen, nur um ihre Tragweite klären zu lassen (Hamm NJW 82, 1403). Die Rechtsfrage kann aber wegen grundsätzlicher Bedeutung erneut zum Rechtsentscheid vorgelegt werden, wenn seit dem früheren Rechtsentscheid eine Gesetzesänderung eingetreten ist, die Auswirkung auf die Beantwortung der Rechtsfrage haben kann (BayObLGZ 95, 258). 32

Die Prüfung, ob im Hinblick auf eine bereits ergangene Entscheidung Abweichung besteht, obliegt dem OLG, das dazu auch die Gründe der Vorlageentscheidung berücksichtigt (BGH NJW 84, 236; BayObLG WM 91, 19; ZMR 91, 65; KG WM 87, 314 = ZMR 87, 218; Karlsruhe ZMR 92, 107 = DWW 92, 49 = WuM 92, 49). 33

Sind miteinander unvereinbare Entscheidungen desselben OLG oder des BGH ergangen, dann darf sich das LG nicht an der jüngsten Entscheidung orientieren, sondern muß vorlegen, da die Abweichung unvermeidlich ist. 34

Abweichungen von Entscheidungen über **Vorfragen** begründen keine Vorlagepflicht, wenn es im Endergebnis darauf nicht ankommt (BGH NJW 81, 1040). 35

Bei den **Präjudizien,** die Abweichung begründen, muß es sich nicht um Rechtsentscheide handeln (BGHZ 89, 278; BGH DWW 91, 44 = ZMR 91, 133 = WM 91, 150). Beachtlich sind alle obergerichtlichen Entscheidungen (Hamm WuM 91, 248 = ZMR 91, 219 = DWW 91, 144), sogar PKH-Beschwerdeentscheidungen (BGHZ 89, 275 = MDR 84, 573; LM 3. MietRÄndG Nr 1 m Anm Treier; kritisch und einschränkend dazu Landfermann NJW 85, 2614, 2615; s auch Frantzioch DWW 92, 172). 36

Hat das vorlegende LG **irrtümlich gemeint, abweichen zu müssen,** so kann die Vorlage gleichwohl wegen grundsätzlicher Bedeutung (s Rn 39) zulässig sein (Hamm WuM 91, 248 = ZMR 91, 219 = DWW 91, 144; Stuttgart WuM 91, 332 = ZMR 91, 259). Unzulässig ist jedoch die Umdeutung einer Vorlage wegen grundsätzlicher Bedeutung in eine solche wegen Abweichung, es sei denn, daß der Abweichungswille erkennbar ist (BayObLG NJW-RR 92, 524 = ZMR 91, 377 = WuM 91, 468). 37

38 Hat das **LG in Unkenntnis** eines bereits vorliegenden Rechtsentscheids wegen grundsätzlicher Bedeutung vorgelegt, dann darf die unzulässige Vorlage nicht in eine zulässige Vorlage wegen beabsichtigter Abweichung umgedeutet werden, weil die Auffassung des LG von dem ihm unbekannten Rechtsentscheid abweicht (BayObLG NJW-RR 92, 524; BGH WM 94, 655; vgl auch Karlsruhe NJW-RR 93, 1230). Der Grund dafür ist, daß nur das LG darüber zu entscheiden hat, ob es abweichen will (Hamm WuM 91, 334 = ZMR 91, 264 = DWW 91, 186). Die Ablehnung des Rechtsentscheids aus diesem Grunde steht aber erneuter Vorlage durch das LG wegen nunmehr erklärter Abweichung nicht entgegen (Hamm aaO). Siehe auch Rn 53, 66.

39 2) **Grundsätzliche Bedeutung** (s dazu auch § 546 Rn 31 ff). Erforderlich ist, daß die Rechtsfrage in der Rspr unterschiedlich beurteilt wird oder für unterschiedliche Lösungen ernsthaft zu erwägende Argumente in Betracht kommen (Schleswig WM 86, 330). Auf die Einhelligkeit im Schrifttum kommt es nicht an (BayObLG NJW-RR 88, 1239 = ZMR 88, 384). Nicht erforderlich ist, daß die Kontroverse schon im Fachschrifttum erörtert wird (Hamburg ZMR 91, 139 = DWW 91, 49 = WM 91, 154). Wird im Schrifttum eine einheitliche Auffassung vertreten, von der die vorliegende Kammer abweichen will, dann kann das die Gefahr begründen, daß demnächst unterschiedliche Gerichtsentscheidungen ergehen, und spricht für grundsätzliche Bedeutung (Hamm WuM 92, 231). Wird die Rechtsfrage weder in Rspr und Literatur behandelt, dann wird das ein Indiz dafür sein, daß die Vorlagefrage keine grundsätzliche Bedeutung hat, sondern nur durch Bewertung des jeweiligen Einzelfalles beantwortet werden kann (Frankfurt NJW-RR 91, 459, 460). Andererseits genügt es auch, wenn eine Rechtsfrage noch nicht diskutiert worden ist, aber unterschiedliche Meinungen dazu zu erwarten sind (Hamburg ZMR 91, 469).

40 Eine Rechtsfrage hat nur dann grundsätzliche Bedeutung, wenn anzunehmen ist, daß sie über den Einzelfall hinauswirkt, sich also in der Praxis auch zukünftig immer wieder stellen wird und nicht lediglich auf die Rechtsbeziehungen der Parteien oder auf einige wenige vorhersehbare Fälle beschränken wird (BayObLG NJW-RR 88, 1293 = ZMR 88, 384; Frankfurt WuM 91, 76; KG WuM 87, 181 = ZMR 87, 220).

41 Daher reicht es nicht aus, daß eine zweifelhafte Rechtsfrage in mehreren Parallelprozessen derselben Partei unterschiedlich beantwortet worden ist (Karlsruhe Justiz 84, 55 = ZMR 84, 68), wohl aber, daß innerhalb verschiedener Abteilungen oder Kammern Entscheidungsdivergenzen bstehen, mit deren Auftreten auch zukünftig gerechnet werden muß (Hamm ZMR 91, 23; KG ZMR 91, 67).

42 Ebenso, wie bei der Abweichung keine Vorlagepflicht besteht für Rechtsfragen, deren Beantwortung von den Umständen des Einzelfalles abhängt, oder für kostenrechtliche Fragen (Rn 16), ist in derartigen Fällen auch die grundsätzliche Bedeutung zu verneinen (KG WM 84, 42; Karlsruhe Justiz 84, 94 = WM 84, 7).

43 Deshalb ist grundsätzliche Bedeutung zu **verneinen,** wenn sich die Rechtsfrage nur noch für einen überschaubaren Zeitraum stellen, also **auslaufendes Recht** betrifft (BayObLG ZMR 84, 99; Karlsruhe Justiz 84, 55 = WM 84, 7; KG WM 84, 279).

44 Erst recht entfällt die grundsätzliche Bedeutung, wenn die **Rechtsfrage bereits** verfassungsgerichtlich bindend (BayObLG NJW-RR 94, 848) oder durch Rechtsentscheid (KG WM 86, 108 = ZMR 86, 119) oder durch den BGH (Hamm NJW 85, 1847 = ZMR 85, 15) oder eine gefestigte obergerichtliche Rspr (BayObLG WM 85, 51 = ZMR 85, 98) **geklärt** ist. In diesem Fällen kommt eine Vorlage nur in Betracht, wenn das LG von einer Vorentscheidung aus grundsätzlichen Erwägungen abweichen will (Hamm NJW 85, 1847).

45 **IV) Vorlagebeschluß.** Die Vorlagevoraussetzungen, insbesondere die entscheidungserhebliche Abweichung und die grundsätzliche Bedeutung, müssen im Vorlagebeschluß in einer für das OLG nachprüfbaren Weise begründet werden (Frankfurt OLGZ 1986, 88; KG ZMR 91, 265).

46 Die **Begründung** muß erkennbar machen, auf Grund welcher tatsächlichen und rechtlichen Würdigung das LG die Vorlagepflicht bejaht (Frankfurt ZMR 84, 95; Hamm ZMR 91, 220). Dazu gehört auch die Darlegung, wie das LG selbst die Rechtsfrage beantworten möchte (Hamm DWW 83, 279; Frankfurt OLGZ 1986, 88).

47 Der **Umfang** der Begründung richtet sich nach der Lage des Einzelfalles. Liegen etwa zu der entscheidungserheblichen Rechtsfrage bereits einander widersprechende Rechtsentscheide vor, dann genügt der Hinweis darauf, weil das LG auf jeden Fall abweichen muß, mag es so oder so entscheiden.

48 In der Regel wird die Begründung jedoch weitergehen müssen. Kommt es auf die **Auslegung einer Vertragsklausel** an, dann muß das LG im Vorlagebeschluß seine eigene Auslegung erläutern und die erheblichen Tatsachen in Bezug auf sein Auslegungsergebnis würdigen (Koblenz WM 83, 73 = ZMR 83, 412).

Fehlende ordnungsmäßige Begründung macht die Vorlage unzulässig (KG ZMR 91, 221 = WW 91, 105; ZMR 91, 265; Koblenz WM 84, 6 = ZMR 84, 96), beispielsweise, wenn die Vorlagefrage selbst unklar ist (Oldenburg WM 82, 121) oder wenn das Klagebegehren auf rechtliche Gesichtspunkte gestützt werden könnte, die im Vorlagebeschluß nicht berücksichtigt sind (Celle NdsRpfl 84, 43 = ZMR 84, 310). Unzulängliche Begründung ist ausnahmsweise unschädlich, wenn sich aus dem Akteninhalt eindeutig ergibt, um welche Rechtsfrage es geht (Karlsruhe ZMR 92, 106). **49**

Unzulässig ist die Vorlage, wenn das LG sich mit dem Sachverhalt **nur teilweise befaßt** hat und die erschöpfende Erörterung seines Falles die Divergenz beseitigt hätte (BGH ZMR 90, 449 = WM 90, 415). **50**

Da dem Vorlagebeschluß die **Stellungnahmen der Parteien** beizufügen sind (§ 541 I 2), muß diesen vorher rechtliches Gehör gewährt werden (Schleswig WM 83, 75). Ist das versäumt worden, dann darf das OLG die Gehörsgewährung nachholen, muß aber dem LG die Vorlage zurückgeben, wenn nunmehr eine Partei substantiiert Stellung nimmt und die Möglichkeit besteht, daß dies die rechtliche Beurteilung des LG beeinflussen könnte (Koblenz NJW-RR 87, 719 = ZMR 87, 268). **51**

V) Vorlagepflicht des OLG. Sie besteht nur dann, wenn das OLG von einer Entscheidung des **BGH** oder eines **anderen OLG abweichen** will. Anders als für das LG ist keine Vorlage wegen grundsätzlicher Bedeutung vorgesehen. Willkürliche Verstöße gegen die Vorlagepflicht rechtfertigen die Verfassungsbeschwerde (BVerfG WuM 92, 45 u § 546 Rn 53). **52**

Ist dem OLG vom LG wegen grundsätzlicher Bedeutung vorgelegt worden, gibt es aber bereits eine klärende Entscheidung des BGH, dann ist die Vorlage unzulässig mit der Folge, daß das OLG nicht darüber befinden darf, ob es selbst dem BGH folgen würde (Hamm ZMR 85, 15). Eine Vorlage wegen Abweichung käme nur in Betracht, wenn das LG wegen gewollter Abweichung vom BGH vorlegen würde. Siehe auch Rn 37, 38. **53**

Es kann vorkommen, daß an **demselben OLG** verschiedene Zivilsenate einander widersprechende Rechtsentscheide erlassen. Dann muß es bei einem weiteren Rechtsentscheid zwangsläufig zu einer **innergerichtlichen Abweichung** kommen. Deshalb ist entsprechend der ratio des § 541 I 3 Vorlagepflicht des OLG zu bejahen. **Analog § 132 III 1 GVG** muß der zuletzt entscheidende Senat jedoch bei dem anderen Zivilsenat anfragen, ob dieser an seiner Rechtsauffassung festhält. Wird dies verneint, dann besteht keine Vorlagepflicht an den BGH. **54**

Will ein OLG-Senat von einer **eigenen früheren Entscheidung** abweichen, dann ist er frei und hat nur neu zu entscheiden, es sei denn, daß sich zwischenzeitlich ein anderes OLG dem früheren Rechtsentscheid angeschlossen hat. Durch den neuen abweichenden Rechtsentscheid wird die frühere Entscheidung gegenstandslos und verpflichtet auch das LG nicht mehr zur Vorlage, wenn es dem neuen Rechtsentscheid folgen will. **55**

Eine Divergenz wird nicht lediglich durch Abweichung von einem Rechtsentscheid des OLG oder des BGH begründet, sondern durch jede Abweichung von einer ober- oder höchstrichterlichen Entscheidung, etwa einer im Verfahren auf Bewilligung von PKH (s Rn 36). **56**

Jede zur Vorlage verpflichtende Abweichung setzt voraus, daß von der **tragenden Begründung** (ratio decidendi) einer anderen Entscheidung abgewichen werden soll (BGH NJW 89, 29 = MDR 89, 58). Beiläufige Bemerkungen in der Vorentscheidung (obiter dicta) begründen keine Divergenz. Siehe auch Rn 18. **57**

Weiter ist erforderlich, daß die Vorlagefrage des LG und diejenige des OLG wenigstens ihrem wesentlichen Inhalt nach deckungsgleich sind. Das ist dann nicht der Fall, wenn die Parteien den Rechtsstreit nach Erlaß des landgerichtlichen Vorlagebeschlusses in der Hauptsache für erledigt erklären, so daß ein Rechtsentscheid nur noch im Rahmen der Kostenentscheidung nach § 91a in Betracht käme (BGH NJW 89, 29 = MDR 89, 58; oben Rn 16). In diesem Fall kommt hinzu, daß Fragen der Kostenentscheidung keine vorlagefähigen Verfahrensfragen sind (s oben Rn 16). **58**

VI) Verfahren. Da der Rechtsentscheid ein Amtsverfahren einleitet, haben die Parteien **kein Antragsrecht** und kein **Beschwerderecht** gegen den Erlaß oder die Ablehnung eines Vorlagebeschlusses (Hamm NJW-RR 88, 1481 = MDR 88, 1059 = DWW 88, 320). Wohl ist gegen die Abweichung des AG auch bei fehlender Erwachsenheitssumme die Divergenzberufung zulässig (§ 511a II). **59**

Ob die Zulässigkeitsvoraussetzungen einer Vorlage gegeben sind, insbesondere die Entscheidungserheblichkeit der Rechtsfrage, hat das OLG in eigener Zuständigkeit von Amts wegen im Zeitpunkt *seiner* Beschlußfassung selbst zu prüfen (Rn 18, 68; Frankfurt ZMR 92, 450; Hamburg DWW 91, 48 = ZMR 91, 138 = WM 91, 152). **60**

Ebenso wie im Revisionsrecht (§ 561) hat es dabei die verfahrensrechtlich ordnungsgemäß getroffenen **tatsächlichen Feststellungen** des LG zugrunde zu legen (BayObLG WM 91, **61**

18; NJW 87, 1950), es sei denn, sie wären unhaltbar (BayObLG WuM 91, 250; Frankfurt ZMR 91, 63).

62 Betrifft die Vorlagefrage nach Auffassung des OLG nur die Feststellung von Tatsachen, dann entfällt die Vorlagepflicht mangels einer erheblichen Rechtsfrage. Die Vorlage ist unzulässig und der Erlaß eines Rechtsentscheids abzulehnen (KG WM 82, 289 = ZMR 82, 378).

63 Desgleichen hat das OLG von der **Rechtsauffassung** des LG auszugehen, es sei denn, daß diese unhaltbar oder verfassungswidrig ist (BayObLG WM 91, 18; ZMR 91, 65; Hamburg WuM 91, 329 = DWW 91, 216; Hamm NJW-RR 91, 1486). Dazu reicht es aber nicht aus, daß nach Meinung des OLG die Gefahr einer Abweichung des LG von einem bereits ergangenen Rechtsentscheid besteht, wenn das LG seine Auffassung damit als vereinbar ansieht (Karlsruhe NJW-RR 89, 456). Damit darf indessen nicht die Prüfungsbefugnis verwechselt werden, ob die Vorlage zulässig und die vorgelegte Rechtsfrage entscheidungserheblich ist (Rn 60). Keine Bindung besteht an die Auslegung eines anderen Rechtsentscheids durch das Landgericht (s auch Stuttgart NJW-RR 93, 1102).

64 Zu einer **Veränderung** oder verändernden Auslegung einer **falsch gefaßten Rechtsfrage** ist das OLG nicht berechtigt (BayObLG NJW 86, 1145 = WM 86, 271). Dieser Grundsatz läßt sich jedoch nicht uneingeschränkt durchhalten. Mangelhaft formulierte, etwa zu weit oder zu eng gefaßte Fragen, dürfen auf die erkennbar gewollte Fragestellung zurückgeführt werden, soweit dadurch die Vorlagefrage nicht in ihrem Aussagewert verändert wird (BGH DWW 91, 44 = ZMR 91, 133 = WM 91, 150; BayObLG ZMR 91, 65; Hamburg ZMR 91, 139 = DWW 91, 48 = WM 91, 153; Karlsruhe ZMR 92, 106 = DWW 92, 49 = WuM 92, 49).

65 Ist eine **teilbare Rechtsfrage** durch Rechtsentscheid umfassend beantwortet worden und will das LG davon ebenso umfassend abweichen, obwohl nur eine Teilabweichung entscheidungserheblich ist, und beantwortet der BGH die umfassend gestellte Rechtsfrage später teilweise, dann wird die Vorlage unzulässig, wenn unklar ist, ob sich dadurch der entscheidungserhebliche oder der nicht entscheidungserhebliche Teil der Vorlagefrage erledigt hat (Hamm NJW-RR 88, 145 = WM 88, 10).

66 Soweit bereits ein Rechtsentscheid ergangen ist, kann nicht mehr wegen grundsätzlicher Bedeutung, sondern nur wegen beabsichtigter Abweichung von dieser Entscheidung vorgelegt werden. Das OLG darf jedoch nicht von sich aus eine Vorlage wegen grundsätzlicher Bedeutung in eine wegen Abweichung umdeuten oder deshalb dem BGH vorlegen (Hamm WM 84, 239; Karlsruhe NJW-RR 93, 1230). Siehe auch Rn 37, 38.

67 **Vorfragen** darf das OLG anders beurteilen als das LG. Es darf daraus jedoch nicht die Unzulässigkeit der Vorlage selbst ableiten. Die Erheblichkeitsprüfung muß auf die Vorlagefrage als solche bezogen werden (Rn 35).

68 **Prozessuale Überholung** kann eine zunächst zulässige Vorlage unzulässig machen. So verhält es sich, wenn die vorgelegte Rechtsfrage zwischenzeitlich, also vor dem Erlaß des Rechtsentscheids durch das angerufene OLG, schon durch einen anderen Rechtsentscheid beantwortet worden ist (BGH NJW 94, 1074).

69 Ebenso entfällt die Zulässigkeit einer Vorlage, wenn der BGH zwischenzeitlich eine einschlägige Entscheidung getroffen hat, wobei es sich nicht um einen Rechtsentscheid handeln muß (KG WM 85, 285; Hamm WM 84, 239 = ZMR 85, 15). Dadurch wird sowohl die Divergenz als auch die grundsätzliche Bedeutung ausgeräumt.

70 Ob eine Vorlage zwischenzeitlich durch Rechtsentscheid gegenstandslos geworden ist, richtet sich nicht nach dem Wortlaut der vorgelegten Rechtsfrage, sondern nach dem Inhalt der Vorlage (BayObLG NJW 84, 317 = WM 84, 192).

71 Wird eine Rechtsfrage nur für den Fall der positiven Beantwortung einer weiteren Vorlagefrage, also bedingt gestellt, dann kann diese **bedingte Fragestellung** ihre Berechtigung auch dann behalten, wenn die Vorlage wegen der vorrangigen Vorlagefrage infolge eines zwischenzeitlich ergangenen Rechtsentscheids unzulässig geworden ist (Hamm WM 82, 290 = ZMR 83, 318).

72 Das OLG entscheidet ohne mündliche Verhandlung, also durch Beschluß. Die **Gerichtsferien** (dazu s aber Vorbem § 199 GVG) haben keinen Einfluß auf den Lauf des Verfahrens (BayObLG ZM 85, 25; Hamm WuM 91, 423 = NJW-RR 91, 1486).

73 **Gerichtskosten** fallen nicht an (LG Hannover JurBüro 84, 1428), desgleichen keine Gebühren nach der **BRAGO.**

74 Der Rechtsentscheid selbst ist **unanfechtbar.** Dagegen gibt es auch keine **Verfassungsbeschwerde.** Sie kommt nur in Betracht gegen das Berufungsurteil, das auf der Grundlage des Rechtsentscheids erlassen wird (Rn 29).

75 **VII) Bindung.** Hat das OLG einen Rechtsentscheid erlassen, dann ist **in diesem Verfahren** nur das LG gebunden. Die früher vereinzelt vertretene Auffassung, auch das AG sei gebunden ist

jedenfalls durch die Neufassung des § 511a II überholt, da ein amtsgerichtliches Urteil ohne Rücksicht auf die Höhe der Beschwer berufungsfähig ist, wenn es auf der Abweichung von einem Rechtsentscheid beruht. Im Ergebnis wirkt sich das allerdings als Bindung aus.

Damit darf jedoch nicht verwechselt werden die Bindung des AG innerhalb der Instanz bei Aufhebung und Zurückverweisung nach §§ 538, 539 ZPO (s § 538 Rn 7; § 539 Rn 33).

Für das vorlegende LG bindet der Rechtsentscheid im konkreten Ausgangsverfahren (KG WM 76 82, 293). Die Bindungswirkung ist also beschränkt auf die Antwort des OLG auf die Vorlagefrage, wobei – ebenso wie bei der Erheblichkeitsprüfung, Rn 33 – die Beschlußgründe zur Auslegung herangezogen werden dürfen. Darüber hinausgehende Äußerungen, Hinweise, Hilfsargumente und sonstige obiter dicta (Rn 56) binden nicht (Frankfurt MDR 85, 939 = NJW 87, 283).

Über die Innenbindung hinaus ergibt sich aus § 541 I 1, 3 eine weitergehende **mittelbare Außenbindung** für andere laufende oder neue Rechtsstreitigkeiten, nämlich insoweit, als ein LG 77 als Berufungsgericht zwar einem ergangenen Rechtsstreit folgen, aber nicht ohne Vorlage von ihm abweichen darf.

Völlig bindungsfrei sind sog. **negative Rechtsentscheide,** also solche, durch die der Erlaß eines 78 Rechtsentscheids **abgelehnt** wird, weil die gesetzlichen Voraussetzungen dafür fehlen. In diesen Fällen wird die Vorlagefrage nicht beantwortet.

Faktische Bedeutung kann jedoch sowohl hinsichtlich der nicht tragenden Gründe (obiter 79 dicta) eines positiven Rechtsentscheids als auch der (tragenden und nicht tragenden) Begründung eines negativen Rechtsentscheids eintreten, weil auch solche Ausführungen von anderen Gerichten beachtet und berücksichtigt werden.

VIII) Abs. 2: Zuweisung: Zuständig für den Erlaß eines Rechtsentscheids ist nach § 541 I 1 nur 80 das „im Rechtszug übergeordnete Oberlandesgericht". Abs 2 ermöglicht es den Ländern, die Zuständigkeit mehrerer OLG eines Landes zu konzentrieren. So verfährt Bayern (BayObLG) und NW (Hamm).

542 *[Versäumnisverfahren]*

(1) Erscheint der Berufungskläger im Termin zur mündlichen Verhandlung nicht, so ist seine Berufung auf Antrag durch Versäumnisurteil zurückzuweisen.

(2) Erscheint der Berufungsbeklagte nicht und beantragt der Berufungskläger gegen ihn das Versäumnisurteil, so ist das tatsächliche mündliche Vorbringen des Berufungsklägers als zugestanden anzunehmen. Soweit es den Berufungsantrag rechtfertigt, ist nach dem Antrag zu erkennen; soweit dies nicht der Fall ist, ist die Berufung zurückzuweisen.

(3) Im übrigen gelten die Vorschriften über das Versäumnisverfahren im ersten Rechtszug sinngemäß.

I) Die **Parteirollen erster Instanz** sind **unerheblich.** 1

II) In **Ehesachen, Kindschaftssachen und Entmündigungssachen** darf im ersten Rechtszug 2 kein Versäumnisurteil gegen den Beklagten ergehen (§§ 612 IV, 640 I, 670 I); das erstinstanzl Versäumnisurteil gegen den ausbleibenden Kläger ist in Ehe- und Kindschaftssachen dahin zu erlassen, daß die Klage als zurückgenommen gelte (§§ 635, 640 I). Wegen des säumigen Beklagten s § 612 Rn 4.

III) **Einzelrichter.** Er kann nach § 524 III Nr 3 auf Säumnis entscheiden (§ 524 Rn 43). 3

IV) **Zulässigkeitsprüfungen.** 1) Vor Erlaß eines VU ist die **Zulässigkeit der Berufung** zu prü- 4 fen. Mangelt es daran, so ist nach § 519b ungeachtet einer Säumnis des Berufungsbeklagten durch **unechtes Versäumnisurteil** (BGH ZIP 86, 740) zu verwerfen. § 547 ist anwendbar (BGH NJW 69, 846).

2) War die Berufungsfrist versäumt und die **Entscheidung über einen Wiedereinsetzungsan-** 5 **trag** der mündl Verhandlung vorbehalten, dann ist bei Säumigkeit des Berufungsklägers das Wiedereinsetzungsgesuch ebenfalls durch echtes Versäumnisurteil zurückzuweisen; dagegen gibt es keinen Einspruch (§ 238 II 2). Die Revision ist dann nur mit der Rüge mögl, es habe kein Fall der Säumnis vorgelegen, §§ 513 II, 566 (RGZ 140, 77; BGH NJW 69, 845).

3) Bei zulässiger Berufung ist weiter von Amts wegen zu prüfen, ob Zulässigkeitsbedenken 6 gegen das **Verfahren erster Instanz** bestehen.

a) Das angefochtene Urteil muß **prozessual ordnungsmäßig** zustande gekommen sein. Ist 7 beispielsweise erstinstanzl ein Versäumnisurteil erlassen worden, obwohl der Einspruch verspätet eingelegt worden war, so daß er als unzulässig hätte verworfen werden müssen, dann muß dieser Mangel vom Berufungsgericht korrigiert werden.

8 **b)** Ebenso liegt es, wenn die **Zulässigkeit der Klage** zu verneinen ist, etwa wenn das Erstgericht übersehen hat, daß unverzichtbare Prozeßvoraussetzungen fehlen oder der Beklagte parteiunfähig oder prozeßunfähig ist. Dann muß das erstinstanzl Urteil dahin abgeändert werden, daß die **Klage als unzulässig abgewiesen** wird (BGH NJW 61, 2207).

9 **c)** Ist der Kläger im ersten Rechtszug mit der **Klage nur teilweise abgewiesen** worden, dann führt auf seine Berufung hin die zweitinstanzl Feststellung des Fehlens einer unverzichtbaren Prozeßvoraussetzung zur **Abweisung der gesamten Klage,** also auch hinsichtl des in erster Instanz zugesprochenen Teils (BGHZ 18, 106). Wenn sich der Kläger entschließt, es nicht bei der erstinstanzl Verurteilung zu belassen, dann muß er auch sämtl Konsequenzen auf sich nehmen. Er hat von Rechts wegen keinen Anspruch darauf, daß ihm ein fehlerhafter „prozessualer Besitzstand" erhalten wird, obwohl im zweiten Rechtszug erkennbar wird, daß er insgesamt auf einer unhaltbaren Grundlage ruht (Bötticher ZZP 65, 1952, 467 f).

10 **d)** In den Prozeßlagen Rn 7–9 ist die Entscheidung ein **streitiges Endurteil,** kein Versäumnisurteil (BGH MDR 61, 1011; Nürnberg RR 96, 58).

11 **V) Säumnis des Berufungsklägers.** Bleibt er trotz ordnungsmäßiger Ladung aus, dann ist die (zulässige) Berufung auf Antrag des Berufungsbeklagten (§ 330) durch **echtes Versäumnisurteil** zurückzuweisen (§ 542 I). Notwendig ist, daß der säumigen Partei der Sachvortrag des Beklagten rechtzeitig mitgeteilt worden ist (§§ 542 III, 335 I Nr 3).

12 **1)** Wird das erstinstanzl Urteil nur **zum Teil angefochten,** dann darf über den nicht angefochtenen Teil kein Versäumnisurteil erlassen werden (Schleswig SchlHA 66, 14). Erweist sich jedoch die prozessuale Grundlage des angefochtenen Teils und auch des nicht angefochtenen Teils des Urteils als nicht tragfähig, dann ist die Klage im zweiten Rechtszug insgesamt durch unechtes Versäumnisurteil abzuweisen (Rn 9).

13 **2)** Ist die **Berufung bereits zurückgenommen** worden, dann kann der Berufungsbeklagte bei Ausbleiben des Berufungsklägers im Termin Versäumnisurteil auf Verlustigerklärung nach § 515 III beantragen (RG JW 05, 150).

14 **VI) Säumnis des Berufungsbeklagten.** Es kommt nicht darauf an, ob das tatsächliche mündliche Vorbringen des Berufungsklägers mit dem erstinstanzlichen Sach- und Streitstand übereinstimmt. Sein letztes Vorbringen ist vielmehr als zugestanden zu behandeln.

15 **1)** Wird die **Schlüssigkeit des Berufungsvorbringens** verneint, ist die Berufung durch unechtes Versäumnisurteil zurückzuweisen, bei prozessualen Hindernissen zu verwerfen (Koblenz JurBüro 86, 119); dann kein Einspruch. Anderenfalls ist echtes Versäumnisurteil gegen den Beklagten nach Antrag zu erlassen. Bei **teilweiser Schlüssigkeit** ist die Berufung teilweise kontradiktorisch zurückzuweisen, ihr im übrigen durch echtes Versäumnisurteil stattzugeben.

16 **2)** Die **Geständnisfiktion** des § 542 II 1 erstreckt sich auf das gesamte neue Vorbringen, also auch auf solches, das bei streitiger Verhandlung nach §§ 527–529 auszuschließen wäre. Anders ist es jedoch, wenn sich aus dem Vorbringen des Berufungsklägers (zu dem auch der Akteninhalt gehört!) ergibt, daß erstinstanzliches Vorbringen „zu Recht" zurückgewiesen worden ist; dann verbietet § 528 III dessen Berücksichtigung schlechthin (BVerfGE 55, 72; BGH MDR 80, 487), es sei denn, die Geständnisfiktion der §§ 542 III, 331 I 1 mache das Vorbringen zweitinstanzlich unstreitig (BGHZ 76, 133; bei zulässigem Einspruch [§§ 338, 341] kommt aber auch dann § 528 III wieder zum Zuge). Ein **echtes Geständnis** nach § 288 wirkt im zweiten Rechtszug fort (§ 532), so daß die Widerrufsvoraussetzungen des § 290 nicht durch Säumnis ersetzt werden können.

17 **3)** Ist im Säumnisverfahren **neu** eine **Klageänderung,** eine **Widerklage** oder **Aufrechnung** (§ 530) zu berücksichtigen, so ist das Gebot rechtzeitiger Mitteilung (§ 335 I Nr 3) zu beachten. Das Berufungsgericht muß eine **Sachdienlichkeitsprüfung** anstellen (§§ 263, 530). Eine Einwilligungsfiktion (Ersetzung des § 267 durch Säumnis) scheidet aus, weil die vermutete Einwilligung nur auf das Verhalten der in mündl Verhandlung anwesenden Partei gestützt werden darf.

18 **VII) Verfahren:** Mündl Verhandlung ist notwendige Voraussetzung der Entscheidung. Eine **Aktenlageentscheidung** (§ 331a) ist nur statthaft, wenn beide Parteien in der Berufungsinstanz bereits streitig verhandelt hatten (§ 251a II 1; BGHZ 37, 81). **Tatbestand u Entscheidungsgründe** sind entbehrlich (§ 313b I 1). Gem § 546 II 1 ist im Urteil die **Beschwer** festzusetzen, ob es sich um ein rechtsmittelfähiges Urteil handelt, hat allein das Revisionsgericht zu beurteilen.

19 **VIII) Gebühren: 1)** des **Gerichts:** Urteile der in Rn 7–9 genannten Art sind keine Versäumnisurteile, so daß für sie als instanzabschließende Urteile eine Urteilsgebühr nach KV 1226, 1227 zu erheben ist, wenn sie nicht als Anerkenntnis- oder Verzichtsurteile ergehen. **Keine Urteilsgebühr** fällt an für ein **echtes Versäumnisurteil: a) gegen** den in der mündlichen Berufungsverhandlung ausgebliebenen **Berufungskläger** auf Zurückweisung seiner Berufung (oben Rn 11; § 542 I) und **b) gegen** den ausgebliebenen **Berufungsbeklagten,** wenn jedenfalls das Berufungsvorbringen schlüssig und keine unverzichtbaren Prozeßvoraussetzungen fehlen (§ 542 II), durch (ggf teilweise) Aufhebung bzw Abänderung des angefochtenen Ersturteils oder Zurückverweisung in die Vorinstanz; bei Nichtschlüssigkeit oder Mängeln in den nichtverzichtbaren Prozeßvoraussetzungen ist das auf Zurückweisung der Berufung oder bei prozessualen Hindernissen

auf Verwerfung der Berufung ergehende **unechte Versäumnisurteil** (s oben Rn 15) **gebührenpflichtig;** vgl auch Rn 17 zu § 331. – **2)** des **Anwalts:** Der RA des Berufungsklägers, auch des Anschlußberufungsklägers, erhält für den Antrag auf Erlaß eines Versäumnisurteils eine $^{13}/_{10}$ Verhandlungsgebühr (§§ 33 I 2 Nr 2, 11 I 4 BRAGO), unabhängig davon, ob das Versäumnisurteil tatsächlich ergeht oder der Antrag zurückgewiesen wird. Wenn der RA im Laufe des Berufungsverfahrens die volle Verhandlungsgebühr schon verdient hatte, fällt sie ihm für den Antrag auf Erlaß des Versäumnisurteils nicht von neuem an. Der Prozeßbevollmächtigte des Rechtsmittel-(Anschlußrechtsmittel-)Klägers erhält nach Einspruchseinlegung gegen das Versäumnisurteil zu der ihm für den Antrag auf Erlaß des Versäumnisurteils oder bereits vorher erwachsenen $^{13}/_{10}$ Verhandlungsgebühr für die nunmehr zur Hauptsache stattfindende Verhandlung zusätzlich eine weitere $^{13}/_{10}$ Verhandlungsgebühr (§ 38 Abs 2 BRAGO). Für den Antrag, den Einspruch des im Einspruchstermin abermals ausgebliebenen Rechtsmittelbeklagten durch ein 2. Versäumnisurteil zu verwerfen (§§ 542 III, 345), fällt dem Prozeßbevollmächtigten des Rechtsmittelklägers nochmals eine $^{13}/_{10}$ Verhandlungsgebühr an.

543 *[Aufbau des Berufungsurteils]*

(1) Im Urteil kann von der Darstellung des Tatbestandes und, soweit das Berufungsgericht den Gründen der angefochtenen Entscheidung folgt und dies in seinem Urteil feststellt, auch von der Darstellung der Entscheidungsgründe abgesehen werden.

(2) Findet gegen das Urteil die Revision statt, so soll der Tatbestand eine gedrängte Darstellung des Sach- und Streitstandes auf der Grundlage der mündlichen Vorträge der Parteien enthalten. Eine Bezugnahme auf das angefochtene Urteil sowie auf Schriftsätze, Protokolle und andere Unterlagen ist zulässig, soweit hierdurch die Beurteilung des Parteivorbringens durch das Revisionsgericht nicht wesentlich erschwert wird.

I) Ratio legis. Im Hinblick darauf, daß in jedem Zivilprozeß der Haupttermin (§ 278 I) durch einen frühen ersten Termin (§ 275) oder ein schriftl Vorverfahren (§ 276) eingehend vorbereitet werden kann, die Parteien persönl angehört werden sollen (§ 278 I 2), eine ausführl Erörterung mit anschließender Beweisaufnahme stattfindet (§ 278 II), auf übersehene rechtl Gesichtspunkte hingewiesen werden muß (§ 278 III) und die Prozeßförderungspflicht der Parteien durch Zulassungsbeschränkungen bei Verstößen (§ 296) sanktioniert ist, besteht kein schutzwürdiges Interesse der Parteien daran, nachträgl noch einmal schriftl durch einen ausführl Tatbestand über ihr wechselseitiges Vorbringen und durch eine entspr umfangreiche rechtl Subsumtion über die Auffassung des Gerichts informiert zu werden. 1

Für das Berufungsgericht gelten zunächst alle Erleichterungen, die in den **§§ 313–313b** für das erstinstanzl Urteil vorgesehen sind (§ 523 s Lücke Begründungszwang und Verfassung 1987 S 161 ff, 184 ff). Im übrigen ist zu unterscheiden, ob das Berufungsgericht letztinstanzl (§ 543 I) entscheidet oder ob Revision stattfinden kann (§ 543 II). 2

II) Klarheitsgebot. Auch bei anzustrebender größtmögl Kurzfassung des Urteils muß der Umfang der **Rechtskraft** erkennbar bleiben. Bei Anwendung des § 313a kann **im Urteilstenor** die **Individualisierung des Streitgegenstandes** vorgenommen werden (Verurteilung, wegen des Kaufs eines gebrauchten Opel Kadett durch Vertrag vom soundsovielten 3000 DM zu zahlen) oder eine kurze selbständige Begründung unter Absehen von Tatbestand und Entscheidungsgründen im technischen Sinne angefügt werden. 3

III) Tatbestand. 1) Beurkundungsfunktion. Nach § 314 liefert der Tatbestand Beweis für das mündl Vorbringen, und zwar nicht nur für das Erklärte, sondern auch dafür, daß nichts behauptet worden ist, was im Tatbestand nicht erwähnt oder in Bezug genommen worden ist (BGH NJW 81, 1848). Von praktischer Bedeutung ist dabei vor allem die Kennzeichnung des **unstreitigen Sachverhalts.** Fehlerhafte Einordnung von Vorbringen als unstreitig unterliegt dem Berichtigungsverfahren nach § 320. 4

2) Fehlen des Tatbestandes ist dann ein von Amts wegen zu beachtender Revisionsgrund, wenn der Rechtsstreit revisibel ist (BGHZ 73, 243; ausführlich bei § 551 Rn 9). Es muß, wie dies § 543 II 1 vorsieht, jedenfalls eine gedrängte Darstellung des Sach- und Streitstandes auf der Grundlage der mündl Vorträge der Parteien gebracht werden. 5

Enthält ein revisibles Urteil keinen Tatbestand, weil das Berufungsgericht angenommen hat, die Revision finde unzweifelhaft nicht statt, dann ist auch dieser **Irrtum** in seinen Folgen eine **wesentl Verfahrensverletzung,** die zur Aufhebung durch das Revisionsgericht führt (BGHZ 73, 248; WPM 80, 253). Bei Unsicherheit über die Höhe der Rechtsmittelbeschwer darf deshalb grundsätzlich nicht vom Tatbestand abgesehen werden (BGH VersR 79, 865). 6

3) Absehen vom Tatbestand. In nicht revisiblen Sachen braucht das Berufungsgericht keinen Tatbestand zu bringen und sollte von dieser Schreib-Erleichterung auch Gebrauch machen (§ 543 I). Das ist auch in den Fällen des § 313a II statthaft. Ledigl dann, wenn das zweitinstanzl Urteil auf **neuem Vorbringen** und **neuen Feststellungen** beruht, sind diese in den Fällen des § 313a II in einem Tatbestand, der im übrigen Bezug nehmen darf, mitzuteilen. In der bloßen 7

Abstandnahme gem § 543 liegt keine Bezugnahme (BAG NJW 88, 843). Dann kommt auch eine Tatbestandsberichtigung (§ 320) nicht in Betracht (Köln MDR 88, 870 = OLGZ 1989, 78).

8 **4) Anträge:** Nur solche, die **notwendig** sind, damit das Gericht tätig werden darf (§ 297 I 1). **Überflüssige Anträge** (zur Kostenverurteilung und vorläufigen Vollstreckbarkeit) oder **bloße Anregungen** (die Revision zuzulassen usw) sind wegzulassen.

9 **5) Bezugnahme. a)** Auf das angefochtene Urteil, Schriftsätze, Protokolle und andere Unterlagen darf ausnahmslos verwiesen werden (§ 313 II 2). In revisiblen Sachen muß darauf geachtet werden, daß durch die Bezugnahme die Beurteilung des Parteivorbringens durch das Revisionsgericht **nicht wesentl erschwert** wird (§ 543 II 2); **einfache Erschwerungen,** die durch die Notwendigkeit des Nachschlagens der in Bezug genommenen Stellen auftreten, müssen in Kauf genommen werden. **Neuer Sachvortrag,** schriftsätzl **nicht vorbereiteter** oder **wechselnder Sachvortrag** ist im Tatbestand revisibler Urteile zu erwähnen (BGH MDR 77, 480; 80, 734). Fehlerhaft ist es, in revisiblen Urteilen eine Ergänzungs-Bezugnahme statt auf § 543 II 2 auf § 543 I zu stützen, da diese Vorschrift nur für irrevisible Urteile gilt (BGH WPM 80, 253; NJW 81, 1848). Zulässig ist die Bezugnahme auf ein früher oder gleichzeitig zwischen den Parteien erlassenes Urteil, auch auf die Gründe einer in einem anderen Rechtsstreit ergangenen Entscheidung, wenn sie Gegenstand der mündlichen Verhandlung war; unerläßlich ist jedoch in allen Fällen feststehende Kenntnis durch die Parteien (BGH MDR 91, 506 = WPM 91, 789; WPM 91, 1005). Da eine zulässige Bezugnahme den Tatbestand ergänzt, ist damit die Beweisfolge des § 314 verbunden (BAG MDR 89, 570 = EzA ZPO § 543 Nr 7). Zum Beginn der **Revisionsfrist** s § 552 Rn 2.

10 **b)** Bei der **Bezugnahme-Erklärung** ist zwischen nichtrevisiblen und revisiblen Sachen zu unterscheiden. **aa)** Eine Bezugnahme ist überflüssig, soweit nach § 543 I von der Darstellung des Tatbestandes ganz abgesehen wird. Bei gekürztem Tatbestand gilt alles als in Bezug genommen, was nicht in den Tatbestand aufgenommen wird (Oldenburg MDR 89, 551; Schneider MDR 78, 4; AK-ZPO-Ankermann § 543 Rn 9). Zutreffend hat der BGH (MDR 81, 1012) hervorgehoben, daß sich die mündliche Verhandlung im Zweifel auf den gesamten bis zum Termin angefallenen Akteninhalt erstreckt und durch die Stellung der Anträge und anschließendes Verhandeln dieser Akteninhalt auch Gegenstand der mündlichen Verhandlung wird. **bb)** In revisiblen Sachen muß ein Tatbestand gebracht werden (§ 543 II 1). Hier ist auch die Bezugnahme (§ 543 II 2) notwendig, um das Revisionsgericht darüber zu informieren, welcher nicht im Tatbestand aufgenommene Tatsachenvortrag in der Schlußverhandlung aufrechterhalten war (BGH VersR 81, 951). Eine pauschale Bezugnahme auf den Inhalt der gewechselten Schriftsätze reicht aus (aA Schwöbbermeyer NJW 90, 1451 gg die nahezu einhellige Praxis aller Instanzen einschl des BGH, der die pauschale Bezugnahme in NJW 90, 2755 auch auf schriftsätzliches Vorbringen erstreckt hat, das vom Berufungsgericht nicht berücksichtigt worden ist). Ergibt sich aus Tatbestand oder Verhandlungsprotokoll nichts Gegenteiliges, dann ist selbst ohne Bezugnahme davon auszugehen, daß durch die Stellung der Anträge und das anschließende Verhandeln der gesamte bis zum Termin angefallene Akteninhalt Gegenstand der mündlichen Verhandlung gewesen ist (BGH WPM 92, 1269, 1271 = VersR 92, 1136).

11 **6) Beweisergebnis.** Die protokollierten Aussagen der Zeugen, Sachverständigen und Parteien sowie das Ergebnis eines Augenscheins (§ 160 III Nr 4, 5) gehören nicht in den Tatbestand. In nicht revisiblen Sachen bedarf es nicht einmal einer Protokollierung (§ 161). In revisiblen Sachen kann das Protokoll über die Beweisaufnahme dadurch ersetzt werden, daß der Inhalt von Zeugenaussagen **im Urteil** seinem wesentl Inhalt nach wiedergegeben wird, dann aber deutlich getrennt von der Beweiswürdigung (BGH VersR 89, 189). Ausreichend auch, wenn der **Berichterstatter** über den Inhalt der Zeugenaussagen einen **Vermerk** zu den Akten nimmt, der im Urteil in Bezug genommen wird (BGHZ 40, 86; VersR 89, 189; WPM 91, 285), wegen der geringeren Zuverlässigkeit aber unverzügl den Parteien zugängl zu machen ist (BGH NJW 72, 1673 = MDR 73, 132; s a BGH MDR 78, 826), sofern das Urteil nicht sofort verkündet wird (BGH NJW 91, 1547). Zu den **revisionsrechtlichen Folgen** eines Verstoßes s § 551 Rn 11.

12 **7) Nicht nachgelassene Schriftsätze** sind kein verwertbarer Streitstoff und müssen nicht im Urteil – folgl auch nicht im Tatbestand – behandelt werden (Köln JurBüro 69, 1107). Es ist jedoch **unschädl,** wenn das geschieht, um die Schreibarbeit eines besonderen Beschlusses zu ersparen.

13 **IV) Entscheidungsgründe** (zu ihrem verfassungsrechtlich notwendigen Inhalt siehe Schneider MDR 81, 462). Sie sind auf eine **kurze Zusammenfassung derjenigen Erwägungen** zu beschränken, auf denen die Entscheidung in tatsächl und rechtl Hinsicht **beruht** (§ 313 III). Nicht einmal das ist erforderl, soweit das Berufungsgericht den Gründen des angefochtenen Urteils folgt und darauf in seinem Urteil hinweist (§ 543 I); das darf es sogar in revisiblen Sachen, da durch eine solchermaßen erlaubte Bezugnahme nicht der absolute Revisionsgrund der fehlenden Gründe (§ 551 Nr 7) gesetzt wird; denn die erlaubte Bezugnahme stellt eine ordnungsmäßige Begründung dar (BGH MDR 85, 570 = NJW 85, 1784; s auch § 551 Rn 8, 9). Allerdings wird selten Anlaß bestehen, so zu verfahren.

1) Die **Diktion** soll **sachl, konkret, anschaulich** und **fallbezogen** sein, frei von bloßen Vermutungen und emotionalen Äußerungen (BGH NJW 82, 2874). 14

2) Jedes aufbaulogisch stringente **Offenlassen von Rechtsfragen** ist erlaubt. 15

Umstritten ist, **ob** in Ausnahmefällen die **Zulässigkeit dahingestellt bleiben darf,** wenn zur Begründetheit ohne weiteres durcherkannt werden kann. Die Frage taucht meist in Beschlußverfahren auf (s § 574 Rn 6). Im Erkenntnisverfahren stellt sie sich vor allem beim **Rechtsschutzinteresse** (BGH LM § 256 ZPO Nr 45; Köln MDR 68, 332). 16

3) Wird der Tatbestand nur noch knapp dargestellt oder ganz weggelassen, dann kann es aus Gründen der Verständlichkeit angebracht sein, **tatsächl Vorbringen im Rahmen der Begründungssubsumtion** mitzuteilen. 17

4) Die **Beweiswürdigung** ist nach § 286 II 2 auf diejenigen Gründe zu erstrecken, die für die richterl Überzeugung leitend gewesen sind. Die Vorschrift ist mit der Neuregelung über die Abfassung des Urteils in den §§ 313, 313a, 543 nicht abgestimmt worden. Sie muß heute in dem Sinne gelesen werden, daß auch die Beweiswürdigung zwar noch zu begründen, aber auf eine „kurze Zusammenfassung" der Würdigungsgesichtspunkte zu beschränken ist. Ihr muß zu entnehmen sein, daß der wesentliche Beweisstoff in den Gründen verarbeitet worden ist (BVerfGE 47, 189; 54, 46; s dazu Schneider MDR 81, 462). 18

5) Weicht das Berufungsgericht nur teilweise von den Ausführungen des Erstgerichtes ab, dann darf es, wo es mit dem angefochtenen Urteil übereinstimmt, darauf Bezug nehmen (arg „soweit"). Nur das abändernde Erkenntnis muß selbständig begründet werden. 19

6) **Bei revisiblen Urteilen** ist auch die **Nichtzulassung verspäteten Vorbringens** (§§ 527, 528) zu begründen, da das Revisionsgericht überprüft, ob die maßgebenden Rechtsbegriffe richtig angewandt worden sind (BGH NJW 71, 1564 [1565]). 20

7) **Zinsen.** Soweit antragsgemäß darauf erkannt wird, ist eine Begründung überflüssig (zust Stanicki DRiZ 83, 270). 21

8) Die **Kostenentscheidung** ist nur noch dann kurz zu begründen, wenn sie nicht ohne weiteres dem Obsiegen oder Unterliegen in der Hauptsache folgt. Aufhebende und zurückverweisende Urteile erhalten keine Kostenentscheidung (§ 539 Rn 31), anders aber bei Zurückweisung der Berufung gegen ein Grundurteil (§ 97 Rn 2). 22

9) **Vorläufige Vollstreckbarkeit** richtet sich im LG-Berufungsurteil nach §§ 704, 705, im Urteil des OLG nach § 708 Nr 10. 23

a) **Aufhebende und zurückverweisende Urteile** sind nicht für vorläufig vollstreckbar zu erklären (Köln JMBlNRW 70, 70; München NJW 71, 1615; AK-ZPO-Ankermann § 538 Rn 7). Demgegenüber hat der BGH (JZ 77, 232) unter Berufung auf Frankfurt (OLGZ 68, 440; ebenso München MDR 82, 238 u Karlsruhe JZ 84, 635) die Auffassung vertreten, daß auch solche Urteile für vorläufig vollstreckbar zu erklären seien. Die einzige Begründung dafür: „Dieser Ausspruch ist auch bei Urteilen, die auf Aufhebung und Zurückverweisung lauten, nicht ohne praktische Bedeutung" – macht nicht erkennbar, wie und worauf aus einem aufhebenden und zurückverweisenden Urteil die Zwangsvollstreckung betrieben werden könnte. 24

b) Auch **OLG-Berufungsurteile,** die unzweifelhaft nicht revisibel sind, werden **nicht** bereits **mit ihrer Verkündung rechtskräftig** (BGHZ 109, 211), so daß sie für vorläufig vollstreckbar zu erklären sind. 25

10) Wird **vorläufige Vollstreckbarkeit** ausgesprochen, dann grundsätzlich **ohne Anordnung einer Sicherheitsleistung** (§ 708 Nr 10). Kommt es aus den Gründen der §§ 711, 712 zur Anordnung einer Sicherheitsleistung, dann ist deren **Art** nach **§ 108** zu bestimmen. Besteht sie im Erbringen einer **Bankbürgschaft,** so braucht die Sicherungsbank nicht mit ihrer Firma genannt zu werden; es genügt „selbstschuldnerische Bürgschaft einer deutschen Großbank oder öffentlichen Sparkasse" (vgl Schneider, Anm zu KostRsp § 108 ZPO Nr 9 m Nachw). 26

11) Die **Urteilsbeschwer** muß im OLG-Berufungsurteil festgesetzt werden (§ 546 II 1; s dort Rn 19). 27

12) **Angabe des Gebührenstreitwerts** am Ende der Entscheidungsgründe ist zweckmäßig, damit die Akten deswegen nicht wieder vom Kostenbeamten vorgelegt werden. 28

13) Über die Zulassung der Revision ist stets **von Amts wegen zu entscheiden;** „Anträge" der Parteien sind nur Anregungen. 29

14) Der Erlaß eines **Teilurteils,** das eine an sich gegebene Rechtsmittelbeschwer nimmt, ist nach ganz hM zulässig; verschiedentlich deswegen eingelegte Verfassungsbeschwerden sind nicht angenommen worden. 30

V) Gebühren: 1) des **Gerichts:** Hinsichtlich der Urteilsgebühr maßgebend, ob in diesem 2. Rechtszug ein Grund- oder Vorbehaltsurteil (KV 1223) vorausgegangen ist und außerdem, ob die schriftliche Urteilsbegründung weggelassen wurde oder nicht (KV 1224, 1226 einerseits; KV 1225, 1227 beim Urteil ohne Begründung). – **2)** des **Anwalts:** Der Verzicht auf die schriftliche Urteilsabfassung ist durch die bereits verdiente Prozeßgebühr abgegolten. 31

544 *[Prozeßakteneinforderung]*
(1) Die Geschäftsstelle des Berufungsgerichts hat innerhalb vierundzwanzig Stunden, nachdem die Berufungsschrift eingereicht ist, von der Geschäftsstelle des Gerichts des ersten Rechtszuges die Prozeßakten einzufordern.

(2) Nach Erledigung der Berufung sind die Akten der Geschäftsstelle des Gerichts des ersten Rechtszuges nebst einer beglaubigten Abschrift des in der Berufungsinstanz erlassenen Urteils zurückzusenden.

1 **I) Zweck des Abs 1:** Verhinderung der Erteilung des Rechtskraftzeugnisses (§ 706).

2 **II)** Abs 2. Die Berufung ist erledigt, wenn ein **Prozeßvergleich** abgeschlossen oder ein **rechtskräftiges Urteil** ergangen ist.

Zweiter Abschnitt

REVISION

545 *[Statthaftigkeit]*
(1) Die Revision findet gegen die in der Berufungsinstanz von den Oberlandesgerichten erlassenen Endurteile nach Maßgabe der folgenden Vorschriften statt.

(2) Gegen Urteile, durch die über die Anordnung, Abänderung oder Aufhebung eines Arrestes oder einer einstweiligen Verfügung entschieden wird, ist die Revision nicht zulässig. Dasselbe gilt für Urteile über die vorzeitige Besitzeinweisung im Enteignungsverfahren oder im Umlegungsverfahren.

1 **I)** Die Revision setzt wie die Berufung eine **Beschwer** voraus (s Rn 8 ff vor § 511). Bei der Wertrevision (§ 546 I S 1) kann sie nicht durch greifbare Gesetzwidrigkeit (§ 567 Rn 41) der Vorentscheidung oder Verstoß gegen Art 103 I GG ersetzt werden (s § 511a Rn 1). Zu den Rechtsmittelberechtigten vgl § 511 Rn 3–5. Nie beschwert die Selbstentscheidung (§ 540) anstelle möglicher Verfahrensaufhebung. Die Verweisung in einen anderen Rechtsweg beschwert den Kläger, desgleichen den Beklagten, der Klageabweisung beantragt hatte (BGHZ 28, 349; 40, 1).

2 Ausnahmsweise kann trotz formeller Beschwer das **Rechtsschutzbedürfnis** dafür fehlen, eine günstigere Entscheidung herbeizuführen (Rn 9 vor § 511). Ob es vorliegt, ist vom Revisionsgericht in tatsächlicher und rechtlicher Hinsicht zu prüfen. Wegfall des Rechtsschutzbedürfnisses nach Einlegung der Revision beeinträchtigt ihre Zulässigkeit nicht.

3 **II) Abs 1. Endurteile** (§ 511 Rn 1) sind auch Urteile, die gemäß §§ 538, 539 auf Zurückverweisung an die erste Instanz oder auf Aufhebung und Abgabe an ein anderes Gericht lauten (BGH NJW 84, 495; Rpfleger 86, 376) sowie Teilurteile (§ 301), Vorbehaltsurteile (§§ 302, 599), Zwischenurteile über die Zulässigkeit eines Parteiwechsels (BGH MDR 81, 386), Ergänzungsurteile (§ 321). Gegen eine vom Gesetz ausdrücklich als unanfechtbar bezeichnete Entscheidung ist die Revision nie statthaft (BGHZ 2, 278 für § 281 II); daran kann auch die Zulassung nichts ändern (BGH FamRZ 87, 929 = NJW 88, 49).

4 **1) Inkorrekte Entscheidungen:** Wenn die Statthaftigkeitsvoraussetzungen im übrigen gegeben sind, findet die Revision gegen ein Urteil auch dann statt, wenn eigentlich durch Beschluß hätte entschieden werden müssen, es sei denn, auch der Beschluß wäre unanfechtbar gewesen. Vgl näher Rn 28 ff vor § 511.

5 2) Gegen (echte) **Versäumnisurteile** ist die Revision nur gegeben, wenn die Säumnis zu Unrecht angenommen worden sein soll (§§ 566, 513 II) oder wenn der Wiedereinsetzungsantrag des Berufungsklägers wegen dessen Säumnis zurückgewiesen worden war (BGH NJW 69, 845). Statthaft ist sie gegen unechte Versäumnisurteile.

6 3) **Zwischenurteile** können nur in den Fällen §§ 280, 304 mit der Revision angefochten werden (BGHZ 3, 44; MDR 88, 298); ebenso ein Zwischenurteil, das den Antrag auf Wiedereinsetzung wegen Versäumung einer Frist zurückweist, von deren Wahrung die Zulässigkeit der Berufung abhängt (§ 238 II; BGHZ 47, 289; BGH VersR 79, 619 u 960).

7 4) Bei **Teilanerkenntnis** endet der Rechtszug hinsichtlich der anteiligen Kosten immer beim OLG (BGHZ 58, 341).

8 **III) Ehesachen im Entscheidungsverbund:** § 629a.

IV) Ausschluß der Revision in Arrest- und Verfügungssachen: § 545 II geht dem § 547 vor (§ 547 Rn 1). Auch Zulassung (§ 546) eröffnet nicht die Revision (OGH 1, 296). Nicht unter Abs 2 fallen hingegen die Folgesachen, also nicht ein Streit aus § 945. 9

Zur ebenfalls die Revision ausschließenden Sonderregel bei **Besitzeinweisungen** s §§ 77, 116 BauGB (auch schon BGHZ 43, 168). 10

V) Gebühren: a) des **Gerichts:** KV 1230. Die Verfahrensgebühr nach dem doppelten Tabellensatz ermäßigt sich auf 0,5, wenn die Revision zurückgenommen wird, bevor die Revisionsbegründungsschrift bei Gericht eingegangen ist (KV 1231). Der Rücknahme steht die Erledigterklärung nicht gleich. Kostenbeschluß nach §§ 566, 515 III ist gebührenfrei; ebenso Grund- und Vorbehaltsurteil. Die die Instanz abschließenden Urteile lösen bei Begründung eine Gebühr nach dem dreifachen, ohne Begründung nach dem 1,5fachen Tabellensatz aus (KV 1236, 1237). Anerkenntnis- und Verzichtsurteile sind gebührenfrei (vor KV 1100). **b)** des **Anwalts:** Die Gebührensätze erhöhen sich um $^{3}/_{10}$ (§ 11 I 4 BRAGO); allein bei der Prozeßgebühr tritt jedoch eine Erhöhung um $^{10}/_{10}$ ein, soweit sich die Parteien nur durch einen bei dem BGH zugelassenen RA vertreten lassen können (§ 11 I 5 BRAGO). 11

546 *[Wertrevision; Zulassungsrevision]*

(1) In Rechtsstreitigkeiten über vermögensrechtliche Ansprüche, bei denen der Wert der Beschwer sechzigtausend Deutsche Mark nicht übersteigt, und über nichtvermögensrechtliche Ansprüche findet die Revision nur statt, wenn das Oberlandesgericht sie in dem Urteil zugelassen hat. Das Oberlandesgericht läßt die Revision zu, wenn

1. **die Rechtssache grundsätzliche Bedeutung hat oder**
2. **das Urteil von einer Entscheidung des Bundesgerichtshofes oder des Gemeinsamen Senats der obersten Gerichtshöfe des Bundes abweicht und auf dieser Abweichung beruht.**

Das Revisionsgericht ist an die Zulassung gebunden.

(2) In Rechtsstreitigkeiten über vermögensrechtliche Ansprüche setzt das Oberlandesgericht den Wert der Beschwer in seinem Urteil fest. Das Revisionsgericht ist an die Wertfestsetzung gebunden, wenn der festgesetzte Wert der Beschwer sechzigtausend Deutsche Mark übersteigt.

I) Grundgedanken. § 546 I 2, II 1 gehört systematisch in das Berufungsrecht, da darin Anweisungen an das OLG über die Bezifferung der Beschwer bei der Wertrevision und die Zulassung bei der Zulassungsrevision gebracht werden. Der Grundsatz der Revisibilität von OLG-Endurteilen (§ 545 I) wird durch § 546 eingeschränkt. Bei einer Beschwer von mehr als 60000 DM ist jeder Rechtsstreit revisibel (sog **Wertrevision**), jedoch darf die Annahme nach § 554b I bei Fehlen grundsätzlicher Bedeutung (**und** mangelnder Erfolgsaussicht: BVerfGE 54, 293) abgelehnt werden. Zulassungsfrei sind weiter Revisionen gegen Berufungsverwerfungen (§ 547), Versäumnisurteile nach §§ 566, 513 II (diese ohne Rücksicht auf die Höhe der Beschwer: BGH MDR 79, 127) und – ablehnbar – Sprungrevisionen (§ 566a). In nichtvermögensrechtlichen Sachen und bei 1

Beschwer bis 60000 DM gibt es die Revision nur, wenn sie zugelassen wird (sog **Zulassungsrevision**). Besondere Bedeutung hat dies für **Familiensachen** (s BGH MDR 79, 388).

2 1) **Vermögensrechtliche Ansprüche** sind solche, die auf Geld oder geldwerte Leistung gerichtet sind, gleichgültig, ob sie aus einem vermögensrechtlichen oder nichtvermögensrechtlichen Grundverhältnis entspringen (BGHZ 14, 74; BGH MDR 74, 926; 85, 397); daher auch Unterhaltsansprüche nach § 621 I Nr 4, 5 einschl der diese vorbereitenden Auskunftsverlangen gem §§ 1605, 1361 IV 4 BGB (BGH JZ 82, 512).

3 2) **Nichtvermögensrechtliche Ansprüche** (RGZ 88, 333; 144, 159; Schneider Anm EzA ArbGG § 64 Nr 28), sind insbesondere Angelegenheiten in Personenstands- und Familiensachen und Abwehransprüche, die den sozialen Geltungsanspruch des Betroffenen in der Öffentlichkeit schützen sollen (BGH VersR 91, 792). Beispiele: Schutz des räumlichen Bereichs der Ehe (BGHZ 35, 305), Beisetzung in einer bestimmten Grabstätte (RG HRR 31 Nr 138), Umbettung einer Leiche (RGZ 108, 219).

4 3) **Überschneidungen** zwischen vermögensrechtlichen und nichtvermögensrechtlichen Ansprüchen (BGH NJW 81, 2062 = Warneyer 1980 Nr 338) lösen Streitfragen aus (s Schack MDR 84, 456; BGH Warneyer 1984 Nr 346).

5 a) Der **Ehrenschutz** ist nichtvermögensrechtlicher Art, vor allem Widerrufs- und Unterlassungsansprüche zum Schutz der sozialen Geltung in der Öffentlichkeit (BGH MDR 83, 655); gleichwohl kann eine Klage, bei der es um die Verteidigung der Ehre geht, wegen des damit auch verfolgten wirtschaftlichen Aspektes vermögensrechtlichen Charakter haben (BGH JZ 81, 197), desgleichen bei einem auf Verletzung des Persönlichkeitsrechts gestützten negatorischen Klagebegehren (BGH NJW 96, 999). Ohne konkreten Bezug auf vermögensrechtliche Interessen qualifiziert auch die Betroffenheit des Klägers in seiner **Berufs**ehre einen Anspruch nicht als vermögensrechtliche Angelegenheit (BGH VersR 91, 792). Dazu ist erforderlich, daß die Abwehr der Ehrverletzung „in wesentlicher Weise“ auch der Wahrung wirtschaftlicher Belange dienen soll, etwa bei Wettbewerbsnachteilen, Kreditschädigungen oder Beeinträchtigung im wirtschaftlichen Fortkommen (BGH MDR 91, 39; NJW 91, 847); bloße vermögensrechtl Reflexwirkungen genügen nicht (BGH VersR 93, 614). Bei Streitigkeiten um die Mitgliedschaft in einem Verein oder einer sonstigen Körperschaft kommt es darauf an, ob mit der Mitgliedschaft im wesentlichen wirtschaftliche Zwecke verfolgt werden (dann vermögensrechtlich: BGHZ 13, 8). Ähnlich verhält es sich bei **Firmen- und Namensrechten** (BGH LM § 16 UWG Nr. 6) und beim Urheberrecht (BGH JZ 53, 643).

6 b) Die **Unterscheidung** zwischen vermögensrechtlichen und nichtvermögensrechtlichen Ansprüchen ist schon in sich als Kriterium für die Revisionswürdigkeit unbefriedigend. Mit Grund fragt Schramm (GRUR 75, 63), warum die Persönlichkeit nicht soviel wert sei wie Vermögenswerte.

7 c) Hat das Berufungsurteil eine **Familiensache** (nur Zulassungsrevision: § 621d I) und außerdem einen vermögensrechtlichen Anspruch, der nicht Familiensache ist, beschieden, dann ist nach dem Wortlaut des § 546 trotz hohen Gesamtstreitwertes die Revision verschlossen, wenn bezüglich der Familiensache keine Zulassung ausgesprochen worden ist und die vermögensrechtliche Angelegenheit wertmäßig nicht über 60000 DM liegt, zB bei Zusammentreffen von Zugewinnausgleich und Pflichtteilsanspruch (BGH MDR 80, 568). Jeder Anspruch ist hinsichtlich der Revisionsfähigkeit für sich zu beurteilen (BGHZ 35, 302; VersR 69, 62).

8 d) Eine Ausnahme gilt, wenn ein **revisibler Anspruch** für einen nicht revisiblen **vorgreiflich** ist (BGHZ 35, 306 = MDR 1981, 838; Johannsen Anm LM ZPO § 546 Nr 41), zB wenn ein nicht revisibler vermögensrechtlicher Anspruch von einem revisiblen nichtvermögensrechtlichen abhängt (RGZ 161, 287: Unterhalt von der Scheidung) oder eine wegen § 547 revisible Verwerfung des Hauptanspruchs mit einer nicht revisiblen Zinsverurteilung zusammentrifft (BGH WPM 85, 1373 = WuB VII A § 519 ZPO 1.86 – Messer). Ist der nicht revisible Anspruch präjudiziell für den revisiblen, dann bleibt es dabei, weil keine Rechtskraft-Divergenzen auftreten können (s Schneider Anm EzA ArbGG § 64 Nr 28).

9 e) Der **Anwalt** wird diesen oft unberechenbaren Schwierigkeiten in einschlägigen Fällen durch die vorsorgliche Anregung zu begegnen haben, die Revision zuzulassen. Die vorsorgliche Zulassung kann aber keine Nachteile bringen, sondern lediglich überflüssig sein; die unterlassene dagegen kann die dritte Instanz versperren.

10 **II) Wert-Revision (wegen § 554b auch „Annahme-Revision“ genannt).** Sie ist zulässig bei allen Streitigkeiten mit einer Urteilsbeschwer oberhalb 60000 DM, ausgenommen bei Versäumnisurteilen nach §§ 566, 513 II (BGH MDR 79, 127). Kein Ersatz der Beschwer durch grobe materiellrechtliche Fehler oder greifbare Gesetzwidrigkeit (§ 511a Rn 1).

11 1) **Berechnung der Beschwer** nach §§ 3–9 (Einzelheiten bei § 3 Rn 16). Der Zeitpunkt für die Berechnung ist die letzte mündliche Verhandlung in der Berufungsinstanz. Maßgebender Betrag höchstens der Wert der Beschwer (BGH WPM 89, 1004). Sog unechte Revisionsanträge, die ohne

jede Möglichkeit der Begründung und im Widerspruch mit der Sach- und Rechtslage gestellt werden, bleiben außer Betracht (BGH LM § 91a Nr 11).

a) Ausgangspunkt ist der Wert derjenigen Beschwer, die das Berufungsurteil dem Revisionskläger auferlegt hat (BGH Warneyer 81 Nr 104). Sie wird ermittelt beim Kläger durch die Wertdifferenz zwischen seinem letzten Sachantrag und der Formel des Berufungsurteils, für den Beklagten danach, womit der Urteilstenor ihn belastet (BGH VersR 82, 269). Bei Zweifeln sind die Entscheidungsgründe zur Auslegung der Urteilsformel heranzuziehen (BGH WPM 86, 331 = ZIP 86, 320). Enthält das Berufungsurteil sowohl gegenüber dem Kläger wie gegenüber dem Beklagten eine Beschwer, weil sachlich sowohl gegen diese wie gegen jenen entschieden wurde, so muß die Beschwer für **jede Partei gesondert** festgesetzt werden. Eine einheitliche Festsetzung ist fehlerhaft und wirkungslos; sie ist vom Revisionsgericht nachzuholen (BGH NJW 94, 2900 = MDR 95, 196; MDR 96, 305). 12

Unerheblich ist, inwieweit der Revisionskläger diese Beschwer auch zum **Beschwerdegegenstand** macht. Erreicht die Beschwer des Berufungsurteils die Revisionssumme, dann ist die Revision statthaft, auch wenn sie von vornherein oder nachträglich in den Revisionsanträgen auf einen Teil der **Beschwer beschränkt** wird (BGHZ 70, 371; MDR 81, 753). Es soll von Anfang an feststehen, ob Wertrevision oder Zulassungsrevision gegeben ist. Da keine Vorschrift dem Revisionskläger ein unteres Antragslimit setzt, ist auch eine Beschränkung des Revisionsantrags auf die niedrigste Gebührenstufe zulässig (BGHZ 70, 371; offengelassen in BGH MDR 81, 753). Nicht der (subjektive) Wert des vom Rechtsmittelführer verfolgten Ziels, sondern die aus dem Wert des (objektiv) entschiedenen Streits abgeleitete Bedeutung der Sache ist bei der Revision Zulässigkeitsmaßstab – anders in § 511a Abs 1 S 1, wo der aus dem Antrag des Berufungsklägers abzuleitende Wert des Beschwerdegegenstands maßgeblich ist. Da es sich mithin um einen völlig anderen gesetzgeberischen Ansatz handelt, ist kein Raum dafür, § 511a auf die Revision entsprechend anzuwenden, so daß der Revisionkläger mindestens ein Beschwer von 1500 DM mit der Revision geltend machen muß (so aber StJ/Grunsky Rn 32, BL/Albers Rn 24); § 546 regelt den Zugang in anderer Weise und abschließend (ebenso BGHZ 109, 318; NJW 91, 703; MK/Walchshöfer Rn 6, Schneider MDR 90, 790). Wird eine solche Antragsbeschränkung jedoch im Zusammenhang mit der Zurücknahme der Revision erklärt, dann ist der eingeschränkte Antrag im Zweifel unbeachtlich, weil er nicht auf die Durchführung des Rechtsmittels, sondern lediglich auf die Senkung der Kostenbelastung gerichtet ist (BGHZ 70, 365; sa Schneider NJW 78, 786). Unmotivierten Beschränkungen kann jedoch begegnet werden, indem die Annahme abgelehnt wird (§ 554b Rn 2). Unbeachtlich sind alle Veränderungen nach Erlaß des Berufungsurteils, etwa Teilzahlungen des Beklagten (BGH MDR 78, 210) oder Antragserweiterungen (BGH MDR 73, 311). 12a

b) Beschwer bei **aufhebenden und zurückverweisenden Urteilen** ist für beide Parteien der volle Hauptsachewert, da dem Rechtsmittelführer die beantragte Sachentscheidung versagt, dem Rechtsmittelbeklagten die erlangte günstige Abweisungsposition genommen wird. 12b

c) Mehrere Ansprüche sind wertmäßig zu addieren (§ 5), es sei denn, daß sich die Beschwer der einzelnen Ansprüche deckt, etwa bei Vorgreiflichkeit des einen Anspruchs gegenüber den anderen. Das gilt auch bei Abweisung von Hauptantrag und Hilfsanträgen (§ 511a Rn 20). Daß die Ansprüche rechtlich nicht zusammenhängen, steht ihrer Addition nicht entgegen. Nicht zusammengerechnet werden die Werte der Beschwer von Parteien gegensätzlicher Rollen (BGH WPM 81, 235, 236 zu I 2), so daß zB die Wertrevision für keine Partei zulässig ist, wenn einer Leistungsklage über 60000 DM zur Hälfte stattgegeben und sie im übrigen abgewiesen wird. 13

d) Bei **Streitgenossen** auf derselben Parteiseite entfällt eine Addition der Werte nur, soweit sich die Beschwer deckt (§ 3 Rn 16 u § 511a Rn 17). Nachträgliche Beschränkungen haben darauf keinen Einfluß (Rn 12). 14

e) Wird durch **Verbindung** gem § 146 die erforderliche Revisionsbeschwer erreicht, ist die Wertrevision gegeben, auch bei verschiedenen Parteirollen (BGH Warneyer 1969 Nr 21). 15

f) Bei rechtskräftiger Entscheidung über die **Hilfsaufrechnung** (§ 322 II), die zur Unbegründetheit der Klage führt, ist die Beschwer durch Verdoppelung der Klageforderung zu ermitteln (sog **materielle Beschwer,** BGHZ 48, 212 = MDR 67, 821; § 3 Rn 16 „Eventualantrag"). Die Aufrechnungsforderung darf jedoch nicht berücksichtigt werden, wenn der Aufrechnungseinwand nicht zugelassen (§ 530 II) oder offengelassen wird (BGH WPM 88, 1322 = AnwBl 88, 588) oder aus anderen Gründen versagt ist, zB durch § 393 BGB (BGH MDR 91, 240) oder durch § 55 KO (Schleswig SchlHA 79, 126). 16

g) **Zinsen,** die nach § 4 I Nebenforderungen sind, bleiben unberücksichtigt. Bei Verurteilung „abzüglich bereits gezahlter . . . DM" ist darauf zu achten, daß gem § 367 I BGB zunächst die Zinsen getilgt werden; das kann für die Rechtsmittelfähigkeit ausschlaggebend sein (vgl Schneider DRiZ 79, 310). 17

18 **h) Teilurteil und Schlußurteil** sind ohne Zusammenrechnung selbständig zu bewerten; es kommt also auf die Beschwer durch das jeweilige Urteil an (BGH NJW 77, 1152), und zwar auch dann, wenn durch getrennte Entscheidungen der „Übelstand" (RGZ 13, 354) eintritt, daß eine bei einheitlichem Urteil gegebene hinreichende Beschwer verlorengeht. **Verbindung** in der Revisionsinstanz setzt voraus, daß in jedem Verfahren die Revision zulässig ist (BGH MDR 77, 658).

19 **2) Angabe im Urteil** (Abs 2 S 1) ist (nur bei der Wertrevision und in an sich revisiblen Sachen, München WPM 307, 308 zu III) zwingend vorgeschrieben, auch beim zweiten Versäumnisurteil nach § 542 (s § 542 Rn 18). Entscheidet das Berufungsgericht gleichzeitig über einen vermögensrechtlichen und einen nichtvermögensrechtlichen Anspruch, dann sind wegen der unterschiedlichen Revisionsvoraussetzungen (§ 546 I 1, II 1) die Einzelwerte aufzuschlüsseln; unterbleibt dies, kann der BGH selbst bewerten (NJW 91, 847). „Urteil" ist alles, was in § 313 aufgeführt ist, nicht nur der Tenor. Die Höhe der Urteilsbeschwer kann daher ebenso im Tenor wie in den Entscheidungsgründen angegeben werden; selbst wenn sie im Tatbestand steht, ist das beachtlich. Wird durch Urteil verwiesen, dann gibt es dagegen kein Rechtsmittel (§ 281 II), so daß es auch keiner Festsetzung der Beschwer bedarf (Frankfurt NJW-RR 90, 1408).

Haftungsrechtlich wird vom Berufungsanwalt die Überprüfung der festgesetzten Beschwer verlangt (BGH WPM 89, 1826 = Warneyer 1989 Nr 215). Fehlt im Urteil die Festsetzung der Urteilsbeschwer, kann Revision eingelegt werden mit der Rüge, der Streitwert sei revisibel, ebenso wenn die Urteilsbeschwer festgesetzt ist, der Revisionsführer die Bezifferung aber als zu niedrig angreift (Rn 20); er kann den Antrag auf Heraufsetzung der Beschwer (durch einen bei BGH zugelassenen Anwalt: BGH MDR 89, 992 = NJW 89, 3226) auch auf neue Tatsachen stützen, die jedoch glaubhaft zu machen sind (BGH MDR 81, 391). Die fehlende Festsetzung der Urteilsbeschwer wird überdies fast immer auf einem Versehen beruhen und kann dann vom BGH selbst an Hand feststehender Umstände, etwa des festgesetzten Gebührenstreitwerts, ermittelt (BGH WPM 91, 1561) oder nach § 319 berichtigt werden (vgl BGH MDR 64, 841). Da es sich nicht um einen Fall des § 321 handelt, dürfen die Akten auch dem Berufungsgericht zur nachträglichen Festsetzung der Beschwer zurückgeschickt werden. Bei Verwerfungsrevision (§ 547) kann fehlende Begründung zur Aufhebung und Zurückverweisung führen (s Rn 17 aE vor § 511).

20 **3) Bindung des BGH.** An die Feststellung des Berufungsgerichts, daß die Erwachsenheitssumme erreicht (und damit die Revision zulässig) sei (§ 546 II 2), ist der Revisionsrichter gebunden, selbst wenn sie unrichtig ist (BGH NJW 81, 1564); jedoch nicht wegen des Gebührenstreitwerts für die Revision (BGH VersR 82, 591). Bindung und Zulässigkeit sind unabhängig davon, ob später geringwertige Anträge gestellt werden und ob die wirkliche Beschwer die Erwachsenheitssumme des § 511a erreicht (s Rn 12a). Im Bereich oberhalb 60000,01 DM ist der BGH frei und darf anders als das Berufungsgericht festsetzen (BGH MDR 82, 737). Ebenso bindet die Festsetzung bis 60000 DM nicht; der BGH kann eine gleichwohl eingelegte Revision annehmen, weil die Beschwer in Wirklichkeit höher liege (BGH NJW 81, 579; 84, 371). Der Antrag auf Heraufsetzung der Beschwer kann auf neue, glaubhaft zu machende Tatsachen gestützt werden (BGH NJW 81, 579); antragsbefugt ist nur ein beim BGH zugelassener Anwalt (BGH NJW 89, 3226). In diesem Fall ist der BGH an eine eigene Wertfestsetzung nicht gebunden und kann nachträglich unterhalb der Erwachsenheitssumme festsetzen (BGH NJW 92, 982, 983). Das ist deshalb zutreffend, weil bei der Ermittlung der Rechtsmittelbeschwer kein Verschlechterungsverbot und kein Vertrauensgrundsatz eingreift, kann aber dazu führen, daß eine durch Wertfestsetzung oberhalb der Erwachsenheitssumme scheinbar zulässige Revision nach Wertberichtigung verworfen wird.

Abgesehen davon, daß das Revisionsgericht die Annahme ablehnen kann (§ 554b), ist es auch hinsichtlich aller sonstigen Zulässigkeitsvoraussetzungen nicht gebunden. Die Revision darf zB mit der Begründung als unzulässig angesehen werden, es handele sich bei der angefochtenen Entscheidung um ein unanfechtbares Zwischenurteil. Beruht die Festsetzung der Urteilsbeschwer durch das Berufungsgericht auf einer Ermessensentscheidung, dann ist der BGH grundsätzlich daran gebunden und darf nur abändern, wenn seine Überprüfung zu dem Ergebnis führt, das Berufungsgericht habe die gesetzlichen Grenzen seines Ermessens überschritten oder davon rechtsfehlerhaft Gebrauch gemacht (BGH VersR 83, 1161; § 550 Rn 14).

20a Hat das Berufungsgericht eine **nichtvermögensrechtliche Streitigkeit** irrtümlich als vermögensrechtliche eingeordnet und eine nicht revisible Beschwer festgesetzt, dann bleibt es bei der Unzulässigkeit der Revision; ein Antrag auf Werterhöhung kann daran nichts ändern (BGH NJW-RR 91, 1215 = MDR 92, 77); zur Anwendung § 554b in derartigen Fällen s dort (Rn 1a).

21 Setzt der BGH den Streitwert anders fest, dann gilt dies **gebührenrechtlich** nur für die Revisionsinstanz. Abänderung nach § 25 I 3 GKG ist Aufgabe des BGH (Schneider MDR 1989, 781).

22 **4) Ablehnung der Revisionsannahme** ist nach § 554b möglich (s dort). Zulässig ist auch Annahme in beschränktem Umfang (BGH VersR 80, 263). Wird bei einer zulässigen Wertrevision vom OLG gleichzeitig die Zulassung nach § 546 I Nr 1 ausgesprochen, so führt das nicht zur

Bindung nach § 546 I 3. Das Revisionsgericht muß über die Annahme nach § 554b entscheiden (BGHZ 83, 109), wobei die grundsätzliche Bedeutung der Rechtssache zu prüfen ist (BGH NJW 84, 927).

III) Zulassungs-Revision. 1) Der **Grundgedanke** des § 546 ist, daß entweder das Berufungsgericht oder das Revisionsgericht zu prüfen hat, ob die Revision stattfinden soll. Bei der Wertrevision (§ 546 II) ist der BGH an die Festsetzung einer revisiblen Beschwer durch das OLG gebunden, prüft aber nachträglich (§ 554b) die grundsätzliche Bedeutung; bei der Zulassungs-Revision prüft nur das OLG die grundsätzliche Bedeutung, und der BGH ist gebunden (§ 546 I 3). 23

2) Diese **Kompetenzaufteilung** zeigt, daß das OLG nicht befugt ist, bei der Wertrevision die Beschwer oberhalb 60000 DM festzusetzen und zugleich zuzulassen (BGH MDR 78, 401); geschieht dies doch, dann handelt es sich nur um eine Wertrevision mit der Folge, daß § 554b anwendbar ist (Rn 22). Erkennbare Irrtümer können durch Auslegung berichtigt werden (BAG NJW 86, 2784). 24

3) Die sofortige Beschwerde an den BGH gegen OLG-Beschlüsse, durch die der Einspruch gegen ein Versäumnisurteil als unzulässig verworfen wird, ist ohne Mindestbeschwer zulässig (BGH ZZP 92 [1979], 37 m Anm Grunsky) und darf nicht abgelehnt werden (BGH WPM 78, 336). Jede Zulassungsentscheidung eröffnet beiden Parteien die Revision (s aber Rn 30). Es ist statthaft, die Revision auch mit anderen Gründen als der grundsätzlichen Rechtsfrage, deretwegen zugelassen wird, zu rechtfertigen (BGHZ 9, 357; 44, 197; VersR 71, 843). 25

4) Die Zulassungsentscheidung eines **bayerischen OLG** muß aussprechen, ob das BayObLG oder der BGH für die Revision zuständig ist (§ 7 I EGZPO). Solange eine solche Entscheidung nicht erlassen ist, darf nach dem Meistbegünstigungsgrundsatz (Rn 29 vor § 511) die Revision sowohl beim BGH wie beim BayObLG eingelegt werden (BGH FamRZ 81, 28). 26

5) Die Entscheidung über die Zulassung obliegt allein dem Berufungsgericht. Es findet keine Überprüfung dieser Entscheidung statt. Verstoß kann **verfassungswidrig** sein (Rn 53). 27

6) Auch ein Irrtum ist unabänderlich, etwa wenn das OLG fälschlich einen Fall der zulassungsfreien Wertrevision angenommen und deshalb nicht geprüft hat, ob die Voraussetzungen der Zulassung gegeben waren, zB wegen Abweichung (BVerfGE 67, 90). Wegen der genauen Kompetenzabgrenzungen kann der BGH auch keine vom Berufungsgericht unterlassene Zulassung nachholen, auch nicht, wenn schwere Rechtsverletzungen (BGH FRES 1, 131) oder Grundrechtsverletzungen gerügt werden (BGH MDR 80, 46; FamRZ 92, 1063). Verstößt die Nichtzulassung gegen ein Grundrecht, ist die Verfassungsbeschwerde möglich (Rn 53). 28

7) **Problematisch** ist, daß das OLG selbst über die grundsätzliche Bedeutung zu entscheiden hat. Es wird damit vor die schwierige Entscheidung gestellt, sein eigenes Werk zu bewerten und „der Kritik auszuliefern". 29

8) Die **Zulassung** ist **nur eine Voraussetzung der Zulässigkeit.** Obwohl sie stets für beide Parteien gilt, ist revisionsbefugt nur diejenige Partei, die durch das Urteil beschwert ist. Auch alle weiteren Zulässigkeitsvoraussetzungen müssen gegeben sein. 30

9) **Grundsätzliche Bedeutung,** § 546 I 2 Nr 1. Es handelt sich dabei um „einen überkommenen, hinreichend eingrenzbaren und durch die Rspr bereits weithin ausgefüllten Rechtsbegriff" (BVerfGE 49, 156). Primäre Bezugspunkte sind, die Wahrung der Rechtseinheit und die Fortbildung des Rechts durch die Revisionsgerichte zu ermöglichen (Hamm FamRZ 77, 318 [320]). Eine Rechtssache hat daher nur dann grundsätzliche Bedeutung, wenn zu erwarten ist, daß sie auch künftig wiederholt auftreten wird, und wenn über ihre Auslegung in der Rspr unterschiedliche Auffassungen geäußert worden sind; bei noch ganz offenen Fragen kann eine intensive literarische Diskussion die Grundsätzlichkeit indizieren (s auch Friedrichs NJW 81, 1423). Zur grundsätzlichen Bedeutung beim **Rechtsentscheid in Mietsachen** s § 541 Rn 39 ff. 31

a) **Ausgangspunkt** ist immer eine **Rechtsfrage.** Die Grundsätzlichkeit kann daher nie aus konkreten tatsächlichen Auswirkungen hergeleitet werden, etwa aus der Betroffenheit eines größeren Personenkreises vom Ausgang des Rechtsstreits (BGH NJW 70, 1549; Hamm FamRZ 77, 318). Immer ist erforderlich, daß die Rechtsanwendung einer Verallgemeinerung zugänglich ist (BSG MDR 75, 965). Ist eine Rechtsfrage höchstrichterlich abgeklärt, dann fehlt es an der grundsätzlichen Bedeutung. Ist sie noch in der Diskussion, liegt es anders, da dann nur durch die Zulassung die Möglichkeit besteht, gewichtige Argumente an das Revisionsgericht heranzutragen und es so zu einer Überprüfung seiner Ansicht zu veranlassen. 32

b) **Klärungsbedürftig** ist eine Rechtsfrage, wenn eine höchstrichterliche Entscheidung zu rechtlichen Konsequenzen in anders gelagerten Sachverhalten zwingt, die vom OLG als bedenklich angesehen werden. Der gefestigten Revisionsrechtsprechung müssen dann aber neue, noch nicht berücksichtigte Argumente entgegengesetzt werden können (BAG MDR 83, 522). 33

34 **c) Wirtschaftliche Bedeutung** erfüllt für sich allein nicht die Voraussetzungen des § 546 I 2 Nr 1 (BGH MDR 79, 132), zB nicht, wenn lediglich zwischen den Prozeßparteien weitere Streitigkeiten anhängig sind, zu deren Klärung eine Revisionsentscheidung beitragen würde (BGH NJW 70, 1549).

35 **d)** Unerläßlich ist, daß die zur revisionsrechtlichen Überprüfung gestellte Grundsatzfrage Entscheidungsgrundlage des Berufungsurteils ist, dieses also darauf „beruht". Die **Problematik des Grundsätzlichen** liegt darin, daß der Begriff „grundsätzliche Bedeutung" logisch nicht faßbar ist. Er muß deshalb weitgehend negativ abgegrenzt werden. Die OLG-Praxis arbeitet nach der Faustformel, daß solche Rechtsfragen als grundsätzlich anzusehen sind, die noch nicht oder noch nicht klar entschieden sind und wichtige Problemkreise betreffen, zu denen divergierende Ansichten vertreten werden oder vertretbar sind. „Nicht entschieden" bezieht sich dabei auf die Rspr insgesamt, nicht lediglich auf diejenige des BGH (OLG München GRUR 79, 546 [548]; für Zulassung in diesem konkreten Fall Nirk BB 80, 553). Die Abweichung von einer OLG-Entscheidung rechtfertigt für sich noch nicht die Zulassung der Revision (Bremen OLGZ 80, 215). Gerade bei neu auftretenden Rechtsfragen ist es angebracht, die Problematik erst einmal durch Austragen der Kontroverse im OLG-Bereich vorzuklären.

36 **e)** Hält das Berufungsgericht eine Vorschrift für **verfassungswidrig,** ist das zwar „grundsätzlich", aber nicht iS des § 546 I 2 Nr 1. Nach Art 100 GG ist nur das BVerfG zur Klärung der verfassungsrechtlichen Problematik kompetent (Celle FamRZ 78, 518 [519]).

37 **10) Abweichung** (§ 546 I Nr 2). Die sog **Divergenz-Revision** kann als Unterfall der Zulassung wegen grundsätzlicher Bedeutung angesehen werden, da eine Abweichung in der rechtlichen Beurteilung zwischen Berufungsgericht und Revisionsgericht die Rechtssicherheit und Berechenbarkeit des Rechts beeinträchtigt und damit über den Einzelfall hinausweist. Zur Vorlage wegen Abweichung beim **Rechtsentscheid in Mietsachen** s § 541 Rn 30 ff.

38 **a)** Es muß sich um eine Abweichung von einer Entscheidung des BGH oder des Gemeinsamen Senats der obersten Gerichtshöfe des Bundes handeln; unter Nr 2 fällt nicht die Abweichung von einer Entscheidung des Reichsgerichts, eines obersten Gerichtshofes einer anderen Gerichtsbarkeit oder eines anderen OLG. Die divergierende Entscheidung braucht kein Urteil zu sein; es genügt ein Beschluß, auch ein Nichtannahmebeschluß gem § 554b, der Rechtsausführungen zur Erfolgsaussicht der Revision bringt. Ob es dabei um materielles Recht oder um Verfahrensrecht geht, ist unerheblich. Eine Abweichung wird in der Regel nur anzunehmen sein, wenn die zu vergleichenden Entscheidungen auf dieselbe Rechtsnorm (denselben Paragraphen) gestützt werden. Erforderlich ist das jedoch nicht; es genügt, wenn es um die Inhaltsbestimmung und die Tragweite eines Rechtsgrundsatzes geht, der in verschiedenen Gesetzesvorschriften zum Ausdruck gekommen ist (BGHZ 9, 179; Schneider NJW 77, 1043). Abweichung ist nach BAG (BB 81, 674) auch dann anzunehmen, wenn das Revisionsgericht zurückverweist, das Berufungsgericht sich an die bindende (§ 565 II) Beurteilung der aufhebenden Entscheidung hält, vor Erlaß des zweiten Berufungsurteils aber das Revisionsgericht seinerseits seine ursprüngliche (für das Berufungsgericht bindende) Rspr ändert. Dem ist deshalb zuzustimmen, weil in diesem Fall das Revisionsgericht selbst nicht mehr nach § 318 gebunden ist (GmS OGB BGHZ 60, 392; s § 565 Rn 3). **Zulassungszwang entfällt,** wenn der BGH selbst trotz eigener Divergenz nicht vorlegt (bezeichnend die Rspr zu Nutzungsausfall; s Schneider MDR 83, 20; BGH WPM 86, 266; GSZ BGHZ 98, 212). Ratio des § 546 I 2 Nr 2 ist es, Übereinstimmung zwischen OLG und BGH herbeizuführen, nicht Übereinstimmung innerhalb des BGH selbst. Dies ergibt sich aus der lex specialis des § 136 GVG. Erst recht keine Zulassungspflicht, soweit der BGH vom BVerfG abweicht (so wohl auch Schleswig MDR 87, 149 = NJW 86, 3146), zB hinsichtlich der Einschränkung des absoluten Verzögerungsbegriffs (§ 528 Rn 14). Nach Köln (NJW 87, 529 = JMBlNRW 87, 100) auch kein Zulassungszwang, wenn eine BGH-Entscheidung infolge eines rechtlichen Versehens offenbar unrichtig ist.

39 **b) Erheblichkeit** der Abweichung setzt voraus, daß die Entscheidung des OLG auf einem von ihm anders interpretierten Rechtssatz **beruht** (s dazu § 550 Rn 6 ff). Bei gegensätzlicher Beantwortung der Rechtsfrage müssen daher auch die im Urteilstenor zu formulierenden Erkenntnisse unvereinbar sein (BGHZ 3, 326; 21, 236; BAG NJW 63, 1643). Da hier im Einzelfall Unsicherheiten auftreten können, genügt es zur Zulassung der Revision, wenn das Berufungsgericht **beachtliche Bedenken** gegen die Vereinbarkeit seiner Entscheidung mit derjenigen des BGH oder des Gemeinsamen Senats hat (BGHZ 36, 56). Nicht tragende „beiläufige Bemerkungen" im OLG-Urteil oder im BGH-Urteil sind außer Betracht zu lassen (BGH NJW 58, 1051; s AK-ZPO-Ankermann § 546 Rn 11). Das Beruhen ist auf das Urteil selbst zu beziehen. Weicht das Berufungsgericht im Verlaufe des Verfahrens von einer Entscheidung des BGH ab, dann besteht Zulassungszwang nur, wenn auch die abschließende Entscheidung noch davon beeinflußt ist. Das ist zB nicht der Fall, wenn etwa entgegen BGHZ 77, 309 (s § 296 Rn 12a) die Verhinderung eines Grundurteils nicht als Verzögerung behandelt und deshalb Beweis erhoben wird. Die Schlußentscheidung

beruht dann nicht auf der abweichenden Zulassung des Vorbringens, sondern auf dem Ergebnis der Beweisaufnahme; die Abweichung ist prozessual überholt (vgl Schneider MDR 88, 20).

11) Zulassungsentscheidung. § 546 I 2 enthält ein Gebot an das OLG, die Revision unter bestimmten Voraussetzungen zuzulassen. Dieses Entscheidungsgebot impliziert die vorgreifliche Anweisung, das Vorliegen der Zulassungsvoraussetzungen zu prüfen. Fällt diese Prüfung negativ aus, gebietet § 546 I 2 keine Entscheidung. 40

a) Es ist **von Amts wegen** über die Zulassung zu entscheiden. Anträge sind nur Anregungen, so daß deren „Zurückweisung" fehlerhaft, wenn auch unschädlich ist. 41

b) Bezogen ist die Zulassung immer auf den **prozessualen Anspruch** (Streitgegenstand). Eine Beschränkung auf einzelne rechtliche oder tatsächliche Gesichtspunkte ist unwirksam (BGHZ 101, 278; VersR 84, 38), desgleichen die Zulassung auf einzelne Urteilselemente (zB einzelne materiellrechtliche Anspruchsgrundlagen zu demselben unteilbaren prozessualen Anspruch, BGH WPM 85, 1454; MDR 84, 207 = JR 84, 113 m Anm Linnenbaum) oder auf prozessuale Vorfragen (BGH MDR 87, 921 = Warneyer 1987 Nr 136). Die Revision gilt als einschränkungslos zugelassen. In Warneyer 1989 Nr 361 = MDR 90, 607 hat der BGH auch die (durch Auslegung des Tenors des Berufungsurteils aus seinen Gründen ermittelte) Beschränkung der Zulassung auf die Zulässigkeit der Klage als bindend angesehen. 42

c) Gleichwohl ist es notwendig und im Interesse der Beschränkung der Belastung der Rechtsmittelgerichte sinnvoll, die Möglichkeit zu **beschränkter Zulassung** zu eröffnen. Diese wird von der Rechtsprechung des BGH – mit zunehmender Tendenz – anerkannt. Eine beschränkte Zulassung kommt immer dann in Betracht, wenn über die Frage durch Zwischen- oder Teilurteil getrennt hätte entschieden werden können (BGH FamRZ 95, 1405). Daß eine solche Entscheidung vorliegt, ist aber nicht Voraussetzung. 43

Ferner sind die Grundsätze anzuwenden, die für die Teilanfechtung im Rechtsmittelweg entwickelt worden sind; das gleiche gilt für die für die Teilannahme entwickelten Kriterien im Rahmen der Wertrevision (ebenso StJ/Grunsky Rn 25). Abgrenzungsschwierigkeiten im Einzelfall ergeben sich bei der Beschränkung der Zulassung auf einzelne Angriffs- oder Verteidigungsmittel. Auch hier sollte, was die Zulassungspraxis anbelangt, großzügig verfahren werden. Schwierigkeiten im Einzelfall können durch die Revisionsgerichte gelöst werden: denn diese überprüfen die Wirksamkeit der Beschränkung der Zulassung, bei Unwirksamkeit der Beschränkung ist von unbeschränkter Zulassung (nicht etwa von Nichtzulassung) auszugehen (BFH FamRZ 81, 340; NJW 84, 614). Ist andererseits die Grenze der Wertrevision von DM 60 000,– überschritten, so kann das Oberlandesgericht nicht die Revision beschränkt zulassen, denn in einem solchen Fall hat das Revisionsgericht selbst auch über die Frage einer teilweisen Annahme zu entscheiden (vgl. § 554b Rn 5). **Beispiele für die Beschränkung:**

aa) Auf **eine von mehreren Prozeßparteien** (BGHZ 7, 62; NJW 95, 2036), nicht für deren Prozeßgegner, der das Urteil aus einem anderen Grunde anfechten möchte (BGHZ 7, 63); er hat jedoch die Möglichkeit der Anschlußrevision (BGHZ 7, 62; BGH FamRZ 70, 589). 44

bb) Bei (nicht notwendigen) **Streitgenossen** (BGH LM § 546 Nr 9; VersR 84, 38); die vom anderen Streitgenossen eingelegte Revision ist dann unzulässig. 45

cc) Auf **einen Anspruch von mehreren selbständigen prozessualen** (nicht materiellrechtlichen: BGH VersR 84, 38) **Ansprüchen,** der teilurteilsfähig ist (BGH VersR 84, 38; WPM 90, 1428; FamRZ 95, 1405), desgleichen für Klage oder Widerklage. Wird auf eine Rechtsfrage beschränkt, die nur bei einem von mehreren Ansprüchen entscheidungserheblich ist, dann liegt darin eine Beschränkung auf diesen Anspruch (BGHZ 48, 134). Bei Ansprüchen, die voneinander präjudiziell abhängen, ist die Zulassungsbeschränkung nur für einen von ihnen unwirksam (BGH WPM 76, 1339). 46

dd) Beschränkung auf **Teile eines Anspruchs** (nicht Anspruchsgrundlagen, Rn 42) ist ebenfalls zulässig, falls eine Entscheidung durch Teil- oder Grundurteil zulässig wäre (BGH Warneyer 1987, 362; VersR 82, 160). 47

ee) Die beschränkte Zulassung kommt immer in Fällen der **Aufrechnung** in Betracht, gleichgültig ob diese hilfsweise oder unbedingt erklärt wurde. Insoweit liegen zwei prozessual selbständige Elemente des Streitstoffes vor, die getrennt angefochten werden können und deshalb auch einer getrennten Entscheidung über die Zulassung der Revision unterliegen. Dies gilt sowohl im Falle des Erfolgs einer Hilfsaufrechnung (BGH NJW 90, 447) wie in Fällen, in denen die Klageforderung bejaht und die Gegenforderung verneint wurde (BGHZ 53, 155 = NJW 70, 609; NJW 96, 527). 48

ff) Darüber hinaus hat die Rechtsprechung aber Beschränkung auf **einzelne Angriffs- oder Verteidigungsmittel** zugelassen, soweit es sich um tatsächlich selbständige und abtrennbare Teile des Gesamtstreitstoffes handelt (BGHZ 53, 152; NJW 84, 615). Dies gilt insbes für Fragen des Mitverschuldens (BGHZ 76, 397; MDR 81, 132). Es gelten hier die Grundsätze, die für die Zuordnung der Frage des Mitverschuldens im Rahmen des Grundurteils angewendet werden (vgl BGHZ 76, 397). 49

Selbstverständlich zulässig ist die Beschränkung der Zulassung auf **Grund oder Höhe** eines streitigen Anspruchs, auch dann, wenn kein Grundurteil erlassen wurde (BGH NJW 80, 1576, 82, 2380).

50 **d) Eindeutigkeit.** Soweit die Zulassung der Revision beschränkt werden darf, muß die Beschränkung sich aus der Entscheidung des Berufungsgerichts ergeben (BGH VersR 84, 38). Wie stets sind Unklarheiten unter Berücksichtigung des Gesamtzusammenhangs der Entscheidung, insbesondere der Entscheidungsgründe zu beheben (BGHZ 48, 136; MDR 89, 433; WPM 90, 784). Ist das nicht möglich, ist von uneingeschränkter Zulassung auszugehen (BGH VersR 80, 265; FamRZ 81, 340). Der BGH gibt bei uneingeschränkter Zulassung im Tenor der auf eine bestimmte Frage abgestellten Begründung den Vorrang (zB BGHZ 48, 136; NJW 88, 1778; MDR 90, 607).

51 **e) Entscheidungsform.** § 546 I 2 gibt darüber keine Anweisung; deshalb ist § 546 II 1 entsprechend anzuwenden: Zulassung durch das OLG „in seinem Urteil". Es besteht kein Gebot, die Zulassung im Tenor auszusprechen (BGHZ 53, 155; WPM 76, 1339), obwohl dies angebracht und üblich ist. Bei beschränkter Zulassung kann es sich empfehlen, im Tenor die Revision zuzulassen „in dem in den Entscheidungsgründen näher dargelegten Umfang" (s auch BGH NJW 96, 527).

52 **f) Begründung** ist nicht erforderlich, sofern die Zulassung nicht beschränkt werden soll.

53 **12) Berichtigung, Ergänzung.** Schweigen ist Nichtzulassung (Zweibrücken FamRZ 80, 614) und kann, ebenso wie die Zulassung, nicht durch den Beweis des Gegenteils entkräftet oder angefochten werden (BGHZ 2, 16). Bei willkürlicher oder offensichtlicher Unhaltbarkeit der Nichtzulassung kann die Verfassungsbeschwerde wegen Verletzung des Art 101 I 2 GG gegeben sein (BVerfGE 75, 245; 76, 93; NJW 89, 3007; WPM 92, 332; 90, 755 = WuB II A § 340a AktG 3.90 – Werner; Schneider NJW 77, 1043; Krämer FamRZ 80, 975; Clausnitzer NJW 89, 641), erst recht bei wissentlicher Zulassungsvereitelung durch Ignorierung einschlägiger Rspr (BVerfG NJW 91, 417). Bei versehentlicher oder irrtümlicher Nichtzulassung ist die Revision schon deshalb nicht eröffnet, weil keine Willkür vorliegt (BVerfGE 67, 90; FamRZ 91, 295; BGH NJW 80, 785 u 1636); aber nicht einmal Willkür macht revisibel (BGH FamRZ 92, 1063). Bei Verstößen gegen die Pflicht zur **Einholung eines Rechtsentscheids** in Mietsachen (§ 541) ist die Berufung gegeben (§ 511a Rn 21). Wegen des Gebots der Erschöpfung des Rechtswegs (§ 90 II 1 BVerfGG) ist insoweit die Verfassungsbeschwerde ausgeschlossen; möglich ist sie aber gegen das Berufungsurteil.

54 **a) Berichtigung** nach § 319 ist zulässig. Der BGH prüft jedoch die bindende Wirkung des Berichtigungsbeschlusses (BGHZ 78, 222 mN; ebenso BAG MDR 87, 168 = NJW 87, 1221). Wird die Zulassung nachträglich gem § 319 ausgesprochen, beginnt die Revisionsfrist neu zu laufen, desgleichen, wenn sich erst aus der Berichtigung die Beschwer einer Partei ergibt (§ 516 Rn 6).

55 **b) Ergänzungsentscheidung** nach § 321 ist unzulässig (vgl zB BGHZ 44, 395; BGH FamRZ 81, 445; aA Vollkommer § 321 Rn 5). Wird eine unterbliebene Zulassung durch unbeachtliche Ergänzungsentscheidung nachgeholt und dadurch eine Partei veranlaßt, unzulässige Revision einzulegen, führt das zur Anwendung des **§ 8 GKG** (BGH FamRZ 81, 445 [447 zu 3]).

56 **13) Bindung des BGH** (Abs 1 S 3). Nichtzulassung und Zulassung sind für den BGH gleichermaßen bindend (BGH NJW 80, 344), selbst bei Rechtsirrtum des OLG über die Zulassungsvoraussetzungen (BGHZ 76, 305; BGH FamRZ 80, 233), soweit er nicht durch Auslegung unschädlich gemacht werden kann (BAG NJW 86, 2784). Jedoch keine Bindung, soweit Revision allgemein ausgeschlossen ist, zB § 545 II (BGHZ 3, 246; MDR 84, 922) oder unklar ist, etwa weil Beschwer, die einzeln auszuweisen ist, „einheitlich" festgesetzt wird (s Rn 12). Teilweise bindungsfrei ist der BGH, wenn er eine Zulassungsbeschränkung (Rn 42 ff) als unbeachtlich ansieht (BGH VersR 80, 265; FamRZ 81, 340), oder wenn das OLG in sich widersprüchlich entscheidet und bei einer Beschwer von über 60000 DM noch zuläßt (dann Annahmerevision nach § 554b, s Rn 22). Zur irrigen Annahme einer vermögensrechtlichen Streitigkeit mit Festsetzung unterhalb der Erwachsenheitssumme s Rn 20 aE. Völlig bindungsfrei bleibt der BGH in allen anderen Zulässigkeitsvoraussetzungen, also bezüglich form- und fristgerechter Einlegung, Rechtsschutzbedürfnis (BGH LM § 546 Nr 21; MDR 76, 473) usw.

547 *[Unzulässigkeit der Berufung]*

Die Revision findet stets statt, soweit das Berufungsgericht die Berufung als unzulässig verworfen hat.

1 **1) Allgemeines:** § 547 bezieht sich auf Berufung und Anschlußberufung (BGH NJW 80, 2313), auch für die bedingte (BGH WPM 84, 349 = NJW 84, 1240), nicht hingegen auf die Zurückweisung eines Sachantrags, den eine am Berufungsverfahren nicht beteiligte Partei stellt (BGH MDR 89, 903 = NJW 89, 3225 = ZZP 102, 1989, 469 mit Anm Grunsky). Eine Mindestbeschwer (§ 511a) ist nicht gefordert (BGH MDR 91, 328).

2 **a) „Verwerfung" als unzulässig liegt** – unabhängig von der Fassung des Tenors – **vor,** wenn der die Berufungsentscheidung tragende Grund diese bei rechtlich richtiger Betrachtung unzulässig

macht (BGH NJW 93, 3073). Wird allerdings die Berufung im Tenor (unrichtig) als unzulässig verworfen, so ist § 547 aus dem Gesichtspunkt der Meistbegünstigung anzuwenden. Auf den Verwerfungsgrund kommt es nicht an; daher ist die Revision auch zulässig, wenn das Berufungsgericht die Prozeßfähigkeit nicht feststellen konnte (BGHZ 10, 294; s auch § 511 Rn 5). Revisibel ist auch ein Beschluß, durch den eine Anschlußberufung für wirkungslos erklärt wird (BGH MDR 85, 125). Berufung sowohl der Hauptpartei wie ihres Streithelfers sind ein einheitliches Rechtsmittel; wird gleichwohl die Hauptberufung verworfen, die des Streithelfers aber sachlich beschieden, dann führt die Revision der Hauptpartei zur Aufhebung des BerufungsUrt insgesamt (BGH MDR 82, 744 = NJW 82, 2069).

b) § 545 II geht § 547 vor, so daß die Revision gegen Urteile, die über die Anordnung, Abänderung oder Aufhebung eines **Arrestes** oder einer **einstweiligen Verfügung** entschieden haben, auch insoweit nicht statthaft ist, als das Berufungsgericht die Berufung als unzulässig verworfen hat (BGH MDR 85, 130 = NJW 84, 2368). Hingegen geht § 547 dem § 554b vor, so daß das Revisionsgericht insoweit die **Annahme** der Revision nicht ablehnen kann. Kein Anwendungsfall des § 547, wenn das Berufungsgericht nach einer begründet eingelegten Berufung neu eingeführte Klageansprüche wegen unzulässiger Klageänderung abgewiesen hat (BGH WPM 83, 1090). Wohl macht die Zulässigkeit für einen präjudiziellen Anspruch auch den davon abhängigen an sich nicht revisiblen Anspruch revisionsfähig (§ 546 Rn 8). 3

c) In entsprechender Anwendung des § 547 ist auch die Revision gegen ein Zwischenurteil des OLG zulässig, das die **Wiedereinsetzung** in die versäumte Berufungsfrist (Berufungsbegründungsfrist) abgelehnt hat (BGHZ 47, 289; BGH VersR 79, 619 u 960), und bei Verweisung eines übernahmebereiten Rechtsnachfolgers aus dem Prozeß Berufung mit dem Ziel der Übernahme (WPM 88, 1073). Keine Anwendung des § 547 auf Urteile, bei denen es nur noch um den **Kostenpunkt** geht (BGHZ 113, 362 = NJW 91, 2020: gemischte Kostenentscheidung) oder durch die eine Wiederaufnahmeklage gegen ein Berufungsurteil als unzulässig verworfen wird (BGH NJW 64, 2303; 82, 2071; BGHZ 47, 21). 4

2) Den für die Zulässigkeit der Berufung maßgebenden Sachverhalt darf das Revisionsgericht in tatsächlicher Hinsicht selbständig würdigen (BGH MDR 63, 291). Bei Verwerfung nach Wertfestsetzung gem §§ 511a, 3 prüft BGH nur, ob das OLG seine gesetzlichen Ermessensgrenzen beachtet und alle bewertungserheblichen Tatsachen festgestellt und berücksichtigt hat (BGH WPM 91, 657). Erscheint die Revision begründet, so wird das Revisionsgericht die Sache in der Regel gem § 565 an das Berufungsgericht zurückverweisen; eigene Sachentscheidung nach § 565 III ist jedoch nicht ausgeschlossen, auch dann nicht, wenn gegen ein Sachurteil des OLG die Revision nicht statthaft gewesen wäre (BGH MDR 76, 469). 5

3) Auf **andere Verfahrensmängel** ist § 547 nicht entsprechend anzuwenden (BGH LM § 511 Nr 8), auch nicht bei Verfassungsverstößen. Ein verfassungsrechtliches Gebot, daß Verfassungsverletzungen einer Instanz immer mit einem Rechtsmittel zur nächsten Instanz anfechtbar sind, besteht nicht (s § 511a Rn 1). So wird zB eine Revision nicht deshalb statthaft, weil das Berufungsgericht fehlerhafte Verfahrenshinweise gegeben hat (BGH FamRZ 90, 282). 6

Die Revision gegen eine **Beschlußverwerfung** (§§ 519b, 568a) eröffnet nicht die Beschwerde in Nebenverfahren; § 567 III 1 ist lex specialis (BGH EWiR § 127 ZPO 1/90, 97 – Kunkel). 7

548 *[Vorentscheidung der Vorinstanz]*

Der Beurteilung des Revisionsgerichts unterliegen auch diejenigen Entscheidungen, die dem Endurteil vorausgegangen sind, sofern sie nicht nach den Vorschriften dieses Gesetzes unanfechtbar sind.

I) § 548 entspricht dem § 512. Es geht dabei um die Begründetheit. Die **Vorentscheidungen** werden als vorweggenommene Teile des mit der Revision angefochtenen Endurteils behandelt. Die Nachprüfung setzt eine konkrete Revisionsrüge (§ 554 III 2) voraus. 1

II) Über den Wortlaut des § 548 hinaus sind insbesondere solche **Vorentscheidungen** ausgenommen, **die selbständig mit Revision angefochten werden können** und mangels einer solchen Anfechtung rechtskräftig werden. Das trifft zu bei den Zwischenurteilen nach § 280, abgesehen von den in § 549 II besonders behandelten Fragen der örtlichen Zuständigkeit, bei den Grundurteilen (§ 304) und Vorbehaltsurteilen (§§ 302, 599), bei der Zulässigkeitsentscheidung über eine Nebenintervention auch dann, wenn sie mit dem Endurteil verbunden worden ist (BGH MDR 82, 650 = NJW 82, 2080; BAG NZA 88, 801). Zwischenurteile auf Ablehnung der **Wiedereinsetzung** wegen versäumter Berufungsfrist sind wie Endurteile zu behandeln und selbständig revisibel (BGHZ 47, 289; VersR 79, 619 u 960). 2

3 **III)** Ausgenommen von der Überprüfung nach § 548 sind die **unanfechtbaren Entscheidungen**. Wegen § 567 III gehören hierher Beschlüsse des OLG im Urteilsverfahren, zB der Beschluß, durch den die Ablehnung eines Sachverständigen für unbegründet erklärt wird, selbst wenn er ins Urteil aufgenommen ist (BGHZ 28, 305), oder die Ablehnung eines Aussetzungsantrages, selbst wenn sie erst in den Gründen des Berufungsurteils ausgesprochen ist (BGH LM § 252 ZPO Nr 1), oder die Feststellung der Wirksamkeit einer Berufungszurücknahme in dem Beschluß nach § 515 III (BGHZ 46, 115). Wegen ihrer Unanfechtbarkeit sind auch nicht nachprüfbar Zwischenurteile, die eine Klageänderung zulassen (§ 268; bei Nichtzulassung § 548) oder die örtliche Zuständigkeit bejahen (§ 549 II).

549 *[Revisibles Recht]*

(1) Die Revision kann nur darauf gestützt werden, daß die Entscheidung auf der Verletzung des Bundesrechts oder einer Vorschrift beruht, deren Geltungsbereich sich über den Bezirk eines Oberlandesgerichts hinaus erstreckt.

(2) Das Revisionsgericht prüft nicht, ob das Gericht des ersten Rechtszuges sachlich oder örtlich zuständig war, oder ob die Zuständigkeit des Arbeitsgerichts begründet war oder ob eine Familiensache vorliegt.

1 **I) Abs 1.** Die Revision kann nur auf **Rechtsverletzung** (s Rn zu § 550) gestützt werden. Sie kann in einem Verstoß gegen Verfahrensvorschriften (vgl §§ 549 III Nr 2b, 559 S 1) oder in fehlerhafter Anwendung des materiellen Rechts bestehen. An die Begründung der sachlichrechtlichen und der verfahrensrechtlichen Rügen werden in § 554 III Nr 2 verschieden hohe Anforderungen gestellt. Beachtlich für das Revisionsgericht ist ein Rechtsverstoß nur, wenn die verletzte Vorschrift zu den in § 549 näher bezeichneten gehört (§ 562). Damit die Revision Erfolg haben kann, muß die angefochtene Entscheidung in der Regel auf dem Rechtsverstoß **beruhen** (§§ 550 Rn 6 ff; 563 Rn 1). Bei Verfahrensverstößen reicht es aus, daß das angefochtene Urteil auf dem Verstoß beruhen *kann* (BGHZ 27, 169; NJW 90, 121, 122); in den Fällen des § 551 wird der ursächliche Zusammenhang zwischen dem Verstoß und dem Inhalt des angefochtenen Urteils unwiderleglich vermutet.

2 **1) Bundesrecht:** Verfassungs-, Gesetzes- und Verordnungsrecht, auch Bundesgewohnheitsrecht (BGH NJW 65, 1862). Revisibel auch das Recht zwischenstaatlicher Abkommen, soweit es in innerstaatliches Bundesrecht umgesetzt worden ist (BGH NJW 73, 417), und das Völkerrecht als Bestandteil des Bundesrechts, Art 25 GG. **Vorgreiflichkeit** für irrevisibles Recht genügt (BGH MDR 92, 1082).

3 **2) Sonstige Vorschriften** sind revisibel, wenn sich ihr Geltungsbereich **über den Bezirk des Berufungsgerichts hinaus** erstreckt und deshalb durch die Rspr der Berufungsgerichte die Einheitlichkeit der Rechtsanwendung nicht gewährleistet werden kann. Revisibel ist seit dem Beitritt ohne weiteres auch **DDR-Recht,** das auf vor dem 3. 10. 90 begründete Rechtsverhältnisse anwendbar ist (BGHZ 127, 61).

4 **a)** Revisibel ist das im ganzen Bundesgebiet geltende **Europäische Gemeinschaftsrecht**, soweit sich das Berufungsgericht bei Anwendung innerstaatl Rechts damit in Widerspruch setzt.

5 **b)** Auch das **Landesrecht,** wenn es sich über den Bezirk eines Berufungsgerichts hinaus erstreckt (BGHZ 6, 147; NVwZ-RR 93, 350).

6 **c)** Eine Vorschrift **„gilt im Bezirk des Berufungsgerichts"**, wenn sich dieser Bezirk im Zeitpunkt der Revisionsverhandlung ganz oder teilweise mit dem Hoheitsgebiet der Gebietskörperschaft deckt, für das diese die Vorschrift erlassen hat (BGHZ 24, 253). Eine in diesem Zeitpunkt nur noch im Bezirk eines OLG geltende Vorschrift ist revisibel, wenn sich ihre Geltung früher auf mehrere Bezirke erstreckt hat, auch wenn sie dort inzwischen geändert wurde (BGH MDR 64, 753). Das im Bezirk mehrerer Berufungsgerichte übereinstimmend geltende Recht muß nicht notwendig aus derselben Rechtsquelle stammen (MDR 88, 577 = WPM 88, 1211). Es genügt, wenn die Übereinstimmung bewußt gewollt ist (BGHZ 4, 219; 6, 49; 34, 377 uö).

7 **d)** Wenn eine nicht revisible Vorschrift einen Rechtsbegriff aus dem ihre Grundlage bildenden revisiblen Landesrecht entnommen hat, kann die Anwendung dieses Rechtsbegriffs im Revisionsverfahren nachgeprüft werden (BGHZ 46, 17). Ferner kann das Revisionsgericht prüfen, ob die vom Tatrichter angewandte nicht revisible Vorschrift gegen höherrangiges revisibles Recht verstößt, in Wirklichkeit also dieses verletzt ist (BGHZ 13, 382; WM 70, 933). Irrevisibles Recht kann aber zur Aufrechterhaltung eines Urteils nach § 563 herangezogen werden (RG JW 12, 473; BGHZ 24, 164). Insbesondere kann eine nur innerhalb eines OLG-Bezirks geltende Vorschrift vom Revisionsgericht ausgelegt und angewendet werden, wenn sie der Tatrichter unberücksich-

tigt gelassen hat, weil sie zur Zeit seines Urteils noch nicht galt (vgl BGHZ 36, 348), oder weil er einen Tatbestand übersehen hat, auf den sie anzuwenden gewesen wäre (BGHZ 24, 159; 21, 214).

e) **Rechtsgeschäftliche Bestimmungen** sind keine Rechtsnormen. Soweit sie dennoch als revisibel angesehen werden, wird ein über den Bezirk des Berufungsgerichts hinausreichender Anwendungsbereich vorausgesetzt, so daß verschiedene Berufungsgerichte zu ihrer Auslegung berufen sein können (§ 550 Rn 5, 10). **8**

f) „Geltendes Recht" ist grundsätzlich das zum Zeitpunkt der Revisionsentscheidung geltende Recht, so daß **Gesetzesänderungen** nach Erlaß des Berufungsurteils grundsätzlich zu beachten sind (vgl MK/Walchshöfer Rn 7), soweit sie materiellrechtlich für die Entscheidung des Rechtsstreits von Bedeutung sein können. Andererseits sind aber auch aufgehobene, aber materielle rechtlich noch anzuwendende Normen „geltende" Vorschriften (BGHZ 24, 253). **8a**

3) **Anwendung ausländischen Rechts** ist nach hM (BGH 48, 214; BGH WPM 71, 1094; 86, 461) grundsätzlich nicht revisibel, selbst wenn es um wortgleiche Vorschriften geht (BGH WPM 77, 1322). Von der Anwendung ist die verfahrensgerechte **Ermittlung** fremden Rechts zu unterscheiden (§ 293 Rn 20 ff; sehr ausführlich BGH NJW 92, 2029; 93, 2305; 95, 2097). Aus den Urteilsgründen muß sich ergeben, daß das Gericht seiner amtswegigen Ermittlungspflicht nachgekommen ist (BGH NJW 92, 3106). **9**

a) Nachprüfbar sind Kollisionsnormen des ausländischen Rechts (einschließlich der in ihnen verwendeten Sachnormen), soweit in Frage steht, ob sie auf deutsches Recht verweisen (BGH NJW 58, 750); nicht, wenn sie auf anderes Auslandsrecht verweisen (BGHZ 45, 351). Im allgemeinen stehen aber die Feststellungen des Berufungsgerichts über Bestehen und Inhalt des ausländischen Rechts Tatsachenfeststellungen gleich (§ 562). Übereinstimmung des ausländischen Rechts mit inländischem macht jenes noch nicht revisibel (BGH NJW 63, 252; WPM 77, 1322). Eine ausländische Vorschrift kann aber vom Revisionsgericht berücksichtigt und angewendet werden, wenn sie erst nach Ergehen des tatrichterlichen Urteils erlassen wurde (BGHZ 36, 348), oder wenn sie dem Tatrichter sonst unbekannt war (BGHZ 40, 197). Kompliziert ist die Regelung, wann die inhaltliche Übereinstimmung ausländischen mit deutschem Recht **offenbleiben** darf: Der erstinstanzliche Richter darf offenlassen, weil er in der zweiten (Tatsachen-)Instanz überprüft werden kann; das OLG darf nicht offenlassen, weil von der Antwort die Revisibilität abhängt (Rn 9); der BGH darf offenlassen (BGH NJW 91, 2214 u oben § 293 Rn 12, 13). **10**

b) Wegen der Grenzen revisionsrichterlicher Nachprüfung bei in bezug auf die Anwendung ausländischen Rechts erhobenen Rügen s § 562 Rn 3. **11**

c) Revisibel ist das **deutsche internationale Privatrecht.** Insbesondere kann geprüft werden, ob das angewandte ausländische Recht dem deutschen ordre public widerspricht (BGHZ 40, 197). **12**

4) Allgemeine Rechtsgrundsätze, die auf nicht revisibles Recht angewendet wurden, gelten im allgemeinen als Bestandteil dieses Rechts (so für Auslegungs- und Beweislastregeln BGH WPM 69, 858, 1140). **13**

5) **Ermittlung von Auslands-, Gewohnheits- und Satzungsrecht:** § 293, dort insbes Rn 20 ff sowie BGH NJW 91, 1418. In der Regel genügt die Einholung eines Gutachtens; kommt es jedoch entscheidend auf die ausländische Rechtspraxis an, muß diese dem Gutachter geläufig sein (BGH WPM 91, 862 = WuB VII A § 293 ZPO 2.91 - Thode). Zur Bindungswirkung s auch § 562 Rn 3. **14**

6) Eine auf die Verletzung nicht revisiblen Rechts gestützte Revision ist **unbegründet** (RGZ 158, 320; BGHZ 10, 368). **15**

II) **Abs 2.** Prüfungsausschluß für nichtvermögensrechtliche Ansprüche und für die Verneinung sachlicher und örtlicher Zuständigkeit, selbst wenn deswegen die Revision zugelassen worden ist (BGH MDR 88, 839 = NJW 88, 3267). Unberührt bleibt die Prüfung der Gerichtsbarkeit im übrigen (Zuständigkeit der Verwaltungsgerichte) sowie der funktionellen und der internationalen Zuständigkeit (BGHZ 44, 46; NJW 84, 1305; WM 91, 1692; BGHZ 130, 164), auch der Zuständigkeit des Landwirtschaftsgerichts (BGH WPM 92, 841 = Warneyer 1991 Nr 398). **16**

Der Ausschluß der Überprüfung, ob eine **Familiensache** vorliegt, entspricht der gleichlautenden Regelung in § 529 III. Voraussetzung ist, daß die Vorinstanz geprüft hat; hat sie die Qualifizierung als Familiensache offengelassen, geht die Prüfungskompetenz auf den BGH über (BGH MDR 88, 1043 = FamRZ 88, 1036 m Anm Jauernig S 1258). Aus der Regelung folgt auch, daß die Zulässigkeit einer Revision sich nur nach § 621d richtet, wenn das Berufungsgericht eine FamS angenommen hat (BGH NJW-RR 93, 1154; FamRZ 94, 693; s auch § 621d Rn 6). **17**

550 *[Gesetzesverletzung]*
Das Gesetz ist verletzt, wenn eine Rechtsnorm nicht oder nicht richtig angewendet worden ist.

1 **I)** Gemeinsam mit § 549 und § 561 ergibt sich aus § 550, daß das Revisionsgericht das Berufungsurteil nur in rechtlicher, nicht aber in tatsächlicher Hinsicht nachzuprüfen hat. Es ist deshalb zwischen der **Rechtsfrage** und der **Tatfrage** zu unterscheiden. Das Revisionsgericht soll der Notwendigkeit, Beweise zu erheben, entbunden sein, so daß als nicht revisible Tatfrage insbesondere alles das zu gelten hat, was eine neue Beweisaufnahme erfordern würde; dabei kommt es freilich nicht darauf an, ob im konkreten Fall eine solche Beweisaufnahme notwendig wird, sondern darauf, ob sie notwendig werden könnte. Es gehört andererseits zu den Funktionen der Revision, die einheitliche Handhabung des Rechts zu gewährleisten. Deshalb ist es gerechtfertigt, die Revision dort in die Entscheidung der Tatfrage hineingreifen zu lassen, wo es nicht um die zwangsläufig individuelle Feststellung einmaliger Tatsachen geht, sondern wo Denkgesetze und allgemeine Erfahrungsregeln anzuwenden sind, die einheitlich angewandt werden können und müssen (ohne daß sie deshalb als Rechtsnormen qualifiziert werden müssen, Grave/Mühle MDR 75, 274). Wird eine Frage als Rechtsfrage qualifiziert, so prüft das Revisionsgericht insoweit das Ergebnis der angefochtenen Entscheidung unmittelbar; wird eine Frage als Tatfrage qualifiziert, so überprüft es nur, ob auf dem Wege zur Entscheidung Verfahrensverstöße unterlaufen sind. Dann bedarf es einer weiteren Abgrenzung zwischen Verfahrens- und Ergebnisüberprüfung, die ebenfalls pragmatisch zu treffen ist.

2 **II)** Revisibel ist die Feststellung, daß eine nach §§ 562, 549 revisible **Rechtsnorm** besteht oder nicht besteht. Die Begriffe „Gesetz" und „Rechtsnorm" werden gleichbedeutend gebraucht (§ 12 EGZPO). Ob die Norm zum materiellen oder prozessualen Recht gehört, ist unerheblich, daher auch Verstoß gegen § 286 revisibel (BGH ZSW 82, 39). Fehlerhafte Verhaltensweisen in Verfahren haben keinen Rechtsnormcharakter, sondern müssen an Normen gemessen werden. Das gilt auch für die Verfahrensrüge nach § 559 II 2 und erklärt, warum es keinen Revisionsgrund der Aktenwidrigkeit geben kann (BGH VersR 81, 621 [622 zu 3]).

3 **1)** Gesetz sind auch die auf gesetzlicher Ermächtigung beruhenden Rechtsverordnungen. Auch Verwaltungsvorschriften können objektives Recht enthalten (vgl BGH MDR 58, 669; BGH MDR 70, 210). „Gesetz" sind auch die in Staatsverträgen enthaltenen Rechtssätze (vgl BGHZ 32, 76), soweit sie in innerstaatliches Recht transponiert sind. Auch das Gewohnheitsrecht ist „Gesetz" (vgl BGH NJW 65, 1862).

4 **2)** Objektives Recht können auch die Satzungen von Gebiets- und sonstigen öffentlich-rechtlichen Körperschaften und Anstalten enthalten (BGHZ 32, 229), das Statut einer Realgemeinde (BGHZ 36, 283), desgleichen Anstaltsordnungen (BGHZ 25, 208), auch Versicherungsbedingungen öffentlich-rechtlicher Anstalten (BGHZ 6, 373). Die Geschäftsverteilungspläne der Gerichte sind keine Rechtsnormen (BGHZ 46, 148), doch können bei willkürlicher Anwendung Rechtsnormen, nämlich Art 101 I 2 GG, § 16 S 2 GVG, verletzt sein (BGHZ 40, 93).

5 **3)** Bestimmungen **rechtsgeschäftlicher** Art werden wie revisible Rechtsnormen behandelt, wenn sie bestimmten Anforderungen in bezug auf ihren räumlichen Geltungsbereich genügen (§ 549 Rn 8). Dazu gehören **allgemeine Geschäftsbedingungen** (BGHZ 7, 368; BGHZ 112, 204; krit Teske EuZW 91, 150). Im Inland verwendete ausländische AGB oder auf der Grundlage ausländischen Rechts formulierte AGB sind wie ausländisches Recht zu behandeln und vom Revisionsgericht nicht überprüfbar (BGH ZIP 86, 653 mwNachw auch zum abw Schrifttum); nachprüfbar ist aber die Frage, ob es sich um ausländische oder inländische AGB handelt (BGHZ 112, 204 = NJW 91, 37). Nach dem Vorbild der AGB werden auch andere typische Erklärungssachverhalte wie Rechtsnormen behandelt, so insbesondere die Satzungen von Kapitalgesellschaften mit Ausnahme von Bestimmungen individualrechtlichen Inhalts (BGHZ 14, 25; MDR 54, 734), Vereinssatzungen (BGHZ 47, 179), auch solche nicht eingetragener Vereine, wenn diese nur ins Leben getreten sind (BGHZ 21, 370), Stiftungssatzungen und Stiftungsurkunden (BGH NJW 57, 708), Gesellschaftsverträge von Publikumskommanditgesellschaften (vgl BGHZ 64, 238) u Kapitalgesellschaften, soweit sie körperschaftsrechtliche Regelungen enthalten, also nicht für ihre individualrechtlichen Bestimmungen (BGHZ 9, 281; MDR 54, 734). Die **Satzung eines eingetragenen Vereins** darf das Revisionsgericht frei auslegen, weil bei ihr Willensäußerungen und Interessen der Gründer, Entstehungsgeschichte und spätere Vereinsentwicklung nicht zu berücksichtigen sind, also nur Auslegung „lediglich aus ihrem Inhalt" in Betracht kommt (BGH WPM 86, 291).

6 **III) Das „Beruhen auf".** Grundsätzlich revisibel ist die vom Tatrichter vorgenommene **Subsumtion,** dh die Anwendung der Rechtsnormen und der ihnen gleichgestellten Vorschriften auf den von ihm festgestellten Sachverhalt. Subsumtion ist ein Denkweg, der sog Justizsyllogismus: **Gesetz** als Obersatz, **Sachverhalt** als Untersatz, **Entscheidung** (Richterspruch) als Folgerung. Kehrt man diesen Denkweg vom Obersatz zur Konklusion um und geht man vom Ergebnis aus,

dann führt das zu der Frage des **Beruhens** (s zB §§ 546 I 2 Nr 2, 549, 551 I) und damit zu der Prüfung, ob die im Urteilstenor getroffene Entscheidung von ihren beiden Voraussetzungen getragen wird, dem Gesetz als Obersatz und dem festgestellten Sachverhalt als Untersatz.

Beim Subsumtionsvorgang können Fehler im Obersatz, im Untersatz und in der Schlußfolgerung selbst auftreten. Im **Obersatz:** falsche Auslegung des Gesetzes oder Übersehen einer anzuwendenden Rechtsnorm; im **Untersatz:** falsche Beweiswürdigung, Übergehen von Beweisanträgen, Verstoß gegen Beweisverwertungsverbote usw; im **Schließen:** Nichtberücksichtigung oder fehlerhafte Anwendung der Schlußregeln (s dazu Schneider, Logik, § 28). Diese Unterscheidung ist für das Revisionsrecht außerordentlich wichtig. Der Obersatz betrifft die revisible Rechtsfrage. Das Schließen betrifft die revisible Anwendung der Denk- und Erfahrungsgesetze. Der Untersatz betrifft die Tatfrage; sie ist rechtlich nur begrenzt überprüfbar, nämlich daraufhin, ob die rechtlichen Prämissen der Tatsachenfeststellung bedenkenfrei sind (ob das Beweisrecht richtig angewandt worden ist) und ob die Denk- und Erfahrungssätze bei der Wahrheitserkenntnis beachtet worden sind. Um diese Abgrenzung scharf zu halten, werden zwei Hilfsbegriffe benutzt: **ratio decidendi** und **obiter dictum** (s dazu Riezler AcP 139, 166 ff; Schlüchter, Mittlerfunktion der Präjudizien, 1986, 83 ff, 103 ff; Schröder MDR 60, 809). Alles, was aus der Entscheidungsbegründung hinweggedacht werden kann, ohne daß sich dadurch am Ergebnis etwas ändern würde, ist *obiter dictum;* alles, was mit Rücksicht auf das konkrete Ergebnis nicht hinweggedacht werden kann, ist *ratio decidendi,* tragender Entscheidungsgrund. Die Ausscheidung des Unerheblichen geschieht wieder mit Hilfe des Justizsyllogismus. Für die Einteilung der vorinstanzlichen Begründung in entscheidungskausale und nicht entscheidungskausale Ausführungen kommt es nicht auf ihren Umfang und nicht auf ihren Wahrheitsgehalt „an sich" an. Auch wenn die ratio decidendi nur in oberflächlichen Bemerkungen besteht, das obiter dictum dagegen in gedankenreichen Darlegungen, tragen diese die Entscheidung nicht, erst recht nicht Empfehlungen für das weitere Verfahren (BGH WPM 86, 109). Hat andererseits das Berufungsgericht seinen Obersatz rechtsirrig zu weit gefaßt, schließt der zur Entscheidung führende Syllogismus aber auch bei der zutreffenden engeren Fassung, dann ist für die Prüfung des Beruhens nur auf diese abzustellen. Die zu weite Fassung ist kein notwendiges Element des Syllogismus und deshalb obiter dictum; sie ist nicht entscheidungskausal (vgl Riezler AcP 139, 184 f). 7

Diejenigen Ausführungen, auf denen die Entscheidung beruht, müssen aus der Gesamtheit von Tatbestand und Entscheidungsgründen herausgearbeitet werden. Die gedankliche Unterscheidung zwischen ratio decidendi und obiter dictum ist am Fall nicht immer so einfach durchzuhalten. Deshalb wird das Erfordernis des Beruhens auch nicht immer sehr streng gehandhabt, sondern die Entscheidungskausalität bereits dann bejaht, wenn dafür eine gewisse Wahrscheinlichkeit spricht. Bezeichnend ist die Formulierung in RGZ 118, 384: „wenn die Entscheidung auf dem Mangel beruht, dh wenn wenigstens die Möglichkeit gegeben ist, daß ohne die Gesetzesverletzung anders erkannt worden wäre." Gerade bei Verfahrensrügen sprechen unabweisbare praktische Bedürfnisse für diese Einschränkung, da sich letztlich nie genau beantworten läßt, wie entschieden worden wäre, wenn das Verfahren prozessual ordnungsmäßig abgelaufen wäre. Von dieser Möglichkeit des Beruhens geht auch das BVerfG aus (zB BVerfGE 7, 241; 29, 344). Sie entfällt jedoch, wenn die Entscheidung alternativ oder hilfsweise auf eine zusätzliche Begründung gestützt wird, die ihrerseits verfahrensrechtlich einwandfrei gewonnen ist und trägt, weil dann die darauf gestützte Entscheidung „weggedacht werden könnte, ohne die Begründung des Urteils zu beeinträchtigen" (BVerfGE 17, 96; ebenso zB BGH NJW 58, 1051; BAG BB 90, 71). 8

Einstweilen frei. 9

1) Die Auslegung **rechtsgeschäftlicher Willenserklärungen** (s May NJW 83, 980) ist Sache des Tatrichters. Das gilt für einen individuell ausgehandelten Vertrag, auch wenn er später als Formularvertrag gegenüber neuen Vertragspartnern verwendet wird (BGH MDR 74, 293), aber auch für die Auslegung von Schiedsverträgen (BGHZ 24, 15), von Prozeßvergleichen (BGH MDR 68, 576) und von letztwilligen Verfügungen (BGH LM Nr 1 zu § 133 BGB). Ist die Auslegung des Tatrichters fehlerfrei, dann wird das Revisionsgericht dadurch ohne Rücksicht auf seine eigene Auslegungstendenz gebunden. Ob die vorinstanzliche Auslegung fehlerfrei ist, überprüft das Revisionsgericht insoweit, als es um gesetzliche Auslegungsregeln (§§ 133, 157 BGB), Denkgesetze, Erfahrungssätze oder Verfahrensvorschriften geht (BGH NJW 92, 1967; WPM 91, 496; NJW-RR 90, 455). In der Praxis besonders wichtig ist dabei, daß das Revisionsgericht nachprüfen darf, ob der Tatrichter von ihm selbst festgestellte wesentliche Tatsachen bei der Auslegung gebührend berücksichtigt hat (BGH LM § 550 ZPO Nr 5; BGHZ 24, 19, 41). 10

Soll die tatrichterliche Feststellung der für die **Auslegung** erheblichen Tatsachen **gerügt** werden, so bedarf es einer entsprechenden Verfahrensrüge gem § 554 III 3b (BGH MDR 90, 706). Manchmal müssen auch sehr formale Konstruktionen herhalten, um ein vom Revisionsgericht inhaltlich mißbilligtes Auslegungsergebnis korrigieren zu können, etwa wenn beanstandet wird, der Tatrichter habe den Beginn eines Wandels der Wertanschauungen als maßgeblichen Auslegungsumstand verkannt (BGH NJW 83, 2692; s dazu Zuck MDR 86, 375). Hat der Tatrichter in diesem Sinne fehlerhaft ausgelegt oder eine gebotene Auslegung unterlassen, dann ist aufzuheben und zurückzuverweisen, wenn erhebliche Auslegungsumstände nicht aufgeklärt worden sind; desgleichen wenn das Berufungsgericht eine Vereinbarung irrig „für nicht auslegungsfähig" gehalten hat, da es sich um eine gem §§ 133, 157 BGB überprüfbare Rechtsfrage handelt (BGH WPM 84, 1073; BGHZ 32, 63).

Eine vom Berufungsgericht **unterlassene Auslegung** darf der BGH selbst vornehmen, wenn die dazu erforderlichen Feststellungen bereits zweitinstanzlich getroffen worden sind und weitere Aufklärung nicht mehr in Betracht kommt (BGH MDR 91, 671 = NJW 91, 1180; NJW 93, 2178), wobei unerheblich ist, ob mehrere Auslegungsmöglichkeiten bestehen (BGH ZIP 88, 945; MDR 76, 135; Schneider MDR 81, 885 mwNachw). Zur Auslegung von Vereinssatzungen s Rn 5.

11 **Prozessuale Willenserklärungen,** zB den Rechtsmittelverzicht (BGH WPM 85, 739, MDR 86, 423 m Anm Zeiss), prüft das Revisionsgericht uneingeschränkt auf ihre Auslegung nach (BGHZ 4, 334 f; VersR 79, 373). Dazu gehört auch die Deutung einer Erklärung als Verzicht (BGHZ 22, 268) oder als Wechsel in der Anspruchsgrundlage (BGH VersR 90, 1134 = WPM 90, 1748) oder die in der Klageschrift enthaltene Parteibezeichnung (BGHZ 4, 334; BGH WPM 81, 829), desgleichen das Geständnis, §§ 138, 288 (BGH VersR 91, 1421 = Warneyer 1991 Nr 96), erst recht natürlich die Zulässigkeit der Berufung (BGH NJW 92, 512). Abzustellen ist darauf, welcher Sinn der prozessualen Erklärung aus objektiver Sicht beizumessen ist. Die Erforschung der für die Auslegung bedeutsamen Begleitumstände und der inneren Willensrichtung der Beteiligten ist aber eine tatrichterliche Aufgabe (BAG NJW 71, 639); ob die kommentarlose Überweisung der Urteilssumme als konkludenter Rechtsmittelverzicht zu deuten ist, stellt das Berufungsgericht daher bindend fest (BGH NJW 81, 1729 [1739 zu I]). Zur ergänzenden Vertragsauslegung vgl BGHZ 15, 74; 37, 243; 40, 103; 44, 183; JZ 61, 261.

Im Gegensatz zu den im allgemeinen beschränkten Befugnissen des Revisionsgerichts bei der Auslegung von Willenserklärungen steht die **freie Auslegung** durch dasselbe **in anderen Fällen,** zB bei der Überprüfung gerichtlicher Entscheidungen (BGH NJW 88, 1915) und Schiedssprüche (BGHZ 21, 312; 24, 16), von Grundbucheintragungen (BGHZ 13, 134; MDR 61, 672; BayObLGZ 64, 4), von Verwaltungsakten (BGHZ 3, 15; 13, 19; 21, 295; 28, 34; VRS 14, 281; BayObLGZ 66, 288). Auch die Bedeutung verfahrensrechtlicher Erklärungen kann das Revisionsgericht frei würdigen (vgl BGH VersR 79, 373), auch solcher in einem anderen Verfahren, sofern nicht dort über die Bedeutung und Tragweite rechtskräftig entschieden wurde (BGH NJW 59, 2119). Als Rechtsfrage wird auch die Beurteilung behandelt, ob der Inhalt einer von einer Behörde errichteten Urkunde einen Verwaltungsakt oder einen bürgerlich-rechtlichen Vertrag darstellt (BGHZ 28, 34), ob ein Vertrag dem privaten oder dem öffentlichen Recht zuzurechnen ist (BGHZ 35, 69), ob eine Abmachung mit einem ausländischen Staat einen bürgerlich-rechtlichen Vertrag oder ein zwischenstaatliches Abkommen darstellt (BGHZ 32, 76). Fehlerhafte Rechtsanwendung auch dann, wenn ein in sich schlüssiger Ableitungszusammenhang von einer falschen oder verfahrenswidrig gewonnenen Prämisse ausgeht (BGH WPM 81, 799).

12 2) Begrenzt überprüfbar ist die Auslegung **unbestimmter Rechtsbegriffe** wie Treu und Glauben, gute Sitten, Zumutbarkeit, Angemessenheit, wichtiger Grund, Sozialwidrigkeit einer Kündigung (BGHZ 4, 111; BAG EzA KSchG § 1 Nr 14) usw, aber auch die Ablehnung eines sachgerechten Wertungsmaßstabes bei der Feststellung einer endgültigen Erfüllungsverweigerung (BGH Warneyer 1991 Nr 18; MDR 91, 842). Die enge Verknüpfung mit der Tatfrage beschränkt das Revisionsgericht auf die Überprüfung, ob die Wertungsgrenzen erkannt, die tatsächliche Wertungsgrundlage ausgeschöpft und die Denk- oder Erfahrungssätze beachtet worden sind. Dem Tatrichter wird so ein Beurteilungsspielraum, dh ein Bereich belassen, der der revisionsrichterlichen Nachprüfung nicht zugänglich ist. Das ist der Fall bei Ausfüllung einzelner dieser Rechtsbegriffe, wie etwa dem der Zumutbarkeit, des wichtigen Grundes und der Billigkeit (vgl BGHZ 4, 108; NJW 61, 44; 71, 957; s dazu MünchKomm/Ulmer § 723 Rn 26, 27). Ob das im Einzelfall gegebene Verschulden als einfache oder als grobe Fahrlässigkeit zu würdigen ist, wird weitgehend als Tatfrage angesehen (BGHZ 10, 14; MDR 59, 374; VersR 63, 711; 67, 127). Das Revisionsgericht kann aber jedenfalls nachprüfen, ob bei der Einordnung des festgestellten Sachverhalts unter den Rechtsbegriff alle für die Beurteilung wesentlichen Umstände berücksichtigt wurden und ob der Rechtsbegriff nicht verkannt wurde (BGH VersR 76, 688; NJW 91, 1545).

Immer liegt ein Rechtsfehler vor, wenn das Berufungsgericht einen überhaupt nicht bestehenden „allgemeinen Erfahrungssatz" zur Entscheidungsgrundlage gemacht hat (BVerwG ZMR 75, 62). Tatfrage wiederum ist, ob eine verwirkte Vertragsstrafe übermäßig hoch ist; Nachprüfung durch das Revisionsgericht nur dahin, ob der Tatrichter bei Ausübung seines Ermessens von zutreffenden rechtlichen Erwägungen ausgegangen ist (BGHZ 23, 183). Auch die Frage, ob ein Mangel im Sinne des § 459 I BGB erheblich ist, liegt im wesentlichen auf tatsächlichem Gebiet (BGHZ 10, 248). Die Bemessung von Entschädigungen, die nach Billigkeitsgesichtspunkten erfolgen soll, ist im wesentlichen Sache des Tatrichters; dem Revisionsgericht steht nur die Prüfung dahin zu, ob alle wesentlichen Umstände berücksichtigt wurden und ob die Bemessung einen Rechtsirrtum oder einen Verstoß gegen Erfahrungssätze enthält (BGHZ 55, 45). Solche Grundsätze gelten auch für die Bemessung von Schmerzensgeld (BGH VersR 70, 281; 91, 559, 561) und für den Ausgleich sonstigen immateriellen Schadens (BGH VersR 70, 134). Die Abwägung der beiderseitigen Verantwortlichkeit für einen Schaden (§ 254 BGB) steht dem Tatrichter zu; das Revisionsgericht kann nur nachprüfen, ob alle Unterlagen berücksichtigt wurden und ob die Abwägung gegen Denkgesetze oder allgemeine Erfahrungssätze verstößt (BGH LM § 561 ZPO Nr 8–10).

3) Die **Beweiswürdigung** des Tatrichters kann darauf nachgeprüft werden, ob sie in sich widersprüchlich ist (so in BGH NJW-RR 92, 920), den Denkgesetzen oder allgemeinen Erfahrungssätzen zuwiderläuft oder Teile des Beweisergebnisses ungewürdigt läßt (BAG ZIP 83, 719 [723 f]; BGH WRP 92, 767; s § 526 Rn 3). Um diese Prüfung zu ermöglichen, müssen die tragenden Gründe der Beweiswürdigung im Urteil soweit angeführt werden, daß erkennbar wird, ob eine sachentsprechende Beurteilung stattgefunden hat (BGH NJW 92, 2082). Soweit die tatsächliche Begründung (§ 286 I 2) so schwere gedankliche Widersprüche aufweist, daß sie unlogisch ist, verstößt sie zugleich gegen das verfassungsrechtliche Willkürverbot (BVerfGE 70, 98). Um reine Rechtsfragen handelt es sich bei den Beweislastvorschriften, die erst nach abgeschlossener Beweiswürdigung eingreifen (vgl BGH LM § 559 ZPO Nr 8; BGHZ 28, 254; 41, 155; 46, 267). Sie gehören dem materiellen Recht an (BGH MDR 88, 648; Schneider MDR 82, 502), so daß falsche Verteilung revisible Gesetzesverletzung ist. Auch die Voraussetzungen des Anscheinsbeweises prüft die Revisionsinstanz (BGH NJW 62, 31). Ebenso wie im Berufungsrecht die Tendenz besteht, schwere Beweiswürdigungsfehler den Verfahrensmängeln zuzuordnen (§ 539 Rn 20), erweitert auch der BGH notfalls sein Prüfungsrecht, etwa indem er erhöhte Anforderungen an die Begründung der Beweiswürdigung stellt, zB bei Nichtanwendung des § 448 trotz Beweisnot einer Partei (MDR 90, 705 = FamRZ 90, 860). Zur revisionsrechtl Überprüfung einer **Schadensschätzung** vgl BGH NJW-RR 93, 795. 13

Beim **Indizienbeweis** (s dazu Schneider Beweis und Beweiswürdigung 4. Aufl § 22) ist der Tatrichter in der Überzeugungsbildung ebenfalls frei, muß jedoch die wesentlichen Argumente seiner Überzeugungsbildung nachvollziehbar darlegen, so daß erkennbar wird, ob er alle Umstände vollständig berücksichtigt und nicht gegen Denkgesetze oder Erfahrungssätze verstoßen hat, etwa indem er die Mehrdeutigkeit von Indizien verkannt oder eine gar nicht bestehende Indizwirkung angenommen oder eine erforderliche Gesamtschau unterlassen hat (BGH VersR 91, 566 = NJW 91, 1894 = Warneyer 1991 Nr 20).

4) Die Handhabung des **Ermessens** ist der Nachprüfung des Revisionsgerichts im allgemeinen entzogen (BGH MDR 82, 653). Das Revisionsgericht hat aber zu prüfen, ob die Voraussetzungen für eine Ermessensentscheidung vorgelegen haben, ob das Ermessen überhaupt ausgeübt worden ist, ob die Grenzen der Ermessensausübung eingehalten wurden und ob alle wesentlichen Umstände Beachtung gefunden haben (BGHZ 23, 183; WPM 81, 799). Grundlage der Überprüfung sind die tatrichterlichen Feststellungen und Argumente. Je mehr sich das Berufungsgericht dabei exponiert, etwa von Schmerzensgeld-Regelwerten abweicht, um so ausführlicher muß es begründen (BGH VersR 86, 59; § 526 Rn 3). Gerät eine Partei durch Ablehnung ihres Antrages auf Parteivernehmung in Beweisnot, dann muß der Berufungsrichter gfls in nachprüfbarer Weise das Absehen von der Beweisaufnahme begründen (BGH MDR 83, 478 = VersR 83, 445; FamRZ 87, 152). Bemessungsabweichung bei unverändertem Schadensbild muß begründet werden (BGH VersR 88, 943). Bei zweifelsfreier Sachlage darf auch das Revisionsgericht eine Ermessensentscheidung nachholen (BGH NJW 92, 2235). 14

5) Tatfrage ist, ob eine bestimmte Verkehrssitte besteht (BGM LM § 157 [B] BGB Nr 1), ob etwas ortsüblich ist (BGH NJW 67, 1907). Tatfrage ist die Feststellung des Bestehens eines örtlichen Gewohnheitsrechtes oder Herkommens (BayObLGZ 64, 161). – Bei der Revision gegen ein **Grundurteil** ist ohne Verfahrensrüge zu prüfen, ob es einen nach Grund und Betrag streitigen Anspruch betrifft (BGH MDR 75, 1007). Ein Grundurteil darf nicht über Urteilselemente ergehen und erst recht nicht, wenn der Anspruchsgrund unstreitig ist (BGH NJW-RR 89, 1149). – Sachdienlichkeit einer **Klageänderung** (§ 263) ist nur darauf überprüfbar, ob der Rechtsbegriff der Sachdienlichkeit verkannt und dadurch die Ermessensgrenzen überschritten worden sind (BGHZ 16, 322; WPM 81, 799; 83, 658, 600). Hat das Berufungsgericht die Sachdienlichkeit nicht geprüft, kann dies vom Revisionsgericht nachgeholt werden (BGH MDR 87, 1019 = WPM 87, 1086). 15

IV) Gesetzesverletzung ist rein objektiv zu verstehen; ob das Berufungsgericht in der Lage war, so zu entscheiden, wie es aus der Sicht des Revisionsgerichts notwendig ist, spielt keine Rolle. Eine Gesetzesverletzung liegt deshalb auch dann vor, wenn das Berufungsgericht nach dem zur Zeit seiner Entscheidung geltenden Recht richtig entschieden hat, danach aber eine Veränderung der Rechtslage eingetreten ist. Das Revisionsgericht hat grundsätzlich jedes nach 16

Erlaß des angefochtenen Urteils ergangene neue Gesetz zu berücksichtigen, sofern es nach seinem zeitlichen Geltungswillen das streitige Rechtsverhältnis erfaßt (BGHZ 9, 104; 36, 348; MDR 58, 406). Das gilt auch für Rechtsänderungen durch in innerstaatliches Recht umgesetzte Staatsverträge (BGH NJW 73, 417). Umgekehrt hat das Revisionsgericht ein fehlerhaftes Urteil aufrechtzuerhalten, wenn es durch ein späteres Gesetz richtig geworden ist (BGH NJW 51, 922). Dies gilt auch für Verfahrensrecht (BGH ZZP 69 [1956], 189). Hingegen bleiben Veränderungen im irrevisiblen Recht, die sich zwischenzeitlich ergeben haben, in der Regel außer Betracht (BGHZ 21, 214).

551 *[Absolute Revisionsgründe]*

Eine Entscheidung ist stets als auf einer Verletzung des Gesetzes beruhend anzusehen:

1. **wenn das erkennende Gericht nicht vorschriftsmäßig besetzt war;**
2. **wenn bei der Entscheidung ein Richter mitgewirkt hat, der von der Ausübung des Richteramts kraft Gesetzes ausgeschlossen war, sofern nicht dieses Hindernis mittels eines Ablehnungsgesuchs ohne Erfolg geltend gemacht ist;**
3. **wenn bei der Entscheidung ein Richter mitgewirkt hat, obgleich er wegen Besorgnis der Befangenheit abgelehnt und das Ablehnungsgesuch für begründet erklärt war;**
4. **wenn das Gericht seine Zuständigkeit oder Unzuständigkeit mit Unrecht angenommen hat;**
5. **wenn eine Partei in dem Verfahren nicht nach Vorschrift der Gesetze vertreten war, sofern sie nicht die Prozeßführung ausdrücklich oder stillschweigend genehmigt hat;**
6. **wenn die Entscheidung auf Grund einer mündlichen Verhandlung ergangen ist, bei der die Vorschriften über die Öffentlichkeit des Verfahrens verletzt sind;**
7. **wenn die Entscheidung nicht mit Gründen versehen ist.**

1 **Kausalität:** Ein Gesetzesverstoß im Sinne des § 550 führt nur dann zum Erfolg der Revision, wenn das Urteil auf dem Verstoß **beruht,** dh wenn es bei richtiger Anwendung des Gesetzes anders gelautet hätte (s § 550 Rn 6). Bei **Verfahrensmängeln** stößt die Feststellung der Kausalität auf besondere Schwierigkeiten. Abweichend von den gewöhnlichen Revisionsgründen (§§ 549, 550) hat der Gesetzgeber deshalb für die in § 551 Nr 1–7 aufgeführten Revisionsgründe von dem Erfordernis der Entscheidungskausalität abgesehen, so daß die Revision beispielsweise auch dann begründet ist, wenn feststeht, daß das erkennende Gericht in vorschriftsmäßiger Besetzung ebenso entschieden hätte (§ 551 Nr 1). Die Vermutung des § 551 betrifft nicht die Zulässigkeit der Revision, sondern deren **Begründetheit.** Auch die absoluten Revisionsgründe des § 551 führen deshalb nur zum Erfolg der Revision, wenn diese nach §§ 545–547 statthaft ist (BGHZ 2, 278), und wenn die Mängel, soweit es sich nicht um von Amts wegen zu prüfende unverzichtbare Prozeßvoraussetzungen handelt, gem § 554 III Nr 3b ordnungsgemäß gerügt wurden (BGHZ 41, 253).

2 **1) Zu Nr 1:** Die Vorschriften über die ordnungsmäßige Besetzung des Gerichts finden sich vornehmlich im GVG, für die Mitwirkung beim Urteil in § 309 ZPO; sie gelten auch für das schriftliche Verfahren nach § 128 II, III (Krause MDR 82, 184). **Besetzungsfehler sind nur auf Rüge** zu berücksichtigen (BAG NJW 62, 318). Wenn beide Parteien Revision eingelegt haben, aber nur eine von ihnen die begründete Rüge nicht vorschriftsmäßiger Besetzung des Untergerichts erhoben hat, ist das angefochtene Urteil in vollem Umfang aufzuheben (BGH NJW 66, 933). Nur auf die Besetzung in der mündlichen Verhandlung stellt die Nr 1 ab; ordnungswidrige Besetzung bei Beweisaufnahme oder Urteilsverkündung kein absoluter Revisionsgrund; diejenigen Richter, die an der mündlichen Verhandlung mitgewirkt und die Entscheidung getroffen haben, brauchen mit den verkündenden Richtern nicht identisch zu sein (BGH MDR 74, 219 = LM § 309 ZPO mit Anm Schmidt). Bei den im schriftlichen Verfahren erlassenen Urteilen ist die dem Urteil zugrunde liegende letzte Beratung maßgebend (BGH LM § 551 ZPO Nr 48). Irrige Auslegung des Geschäftsverteilungsplanes und sonstige Verfahrensirrtümer begründen die Revision nicht (BGHZ 40, 93; NJW 76, 1688). Willkürliche oder offensichtlich unhaltbare Anwendung würde sich dagegen als Entziehung des gesetzlichen Richters darstellen (Art 101 I 2 GG, § 16 GVG; s dort), die mit der Revision gerügt werden kann (BVerfGE 29, 49; NJW 67, 2152). Unvorschriftsmäßige Besetzung bei **Schlafen des Richters** (RG JW 36, 3473; BGHSt 2, 14; BVerwG DRiZ 73, 358; NJW 86, 2721). Zur vorübergehender Entfernung eines Beisitzers während der Verhandlung BAG NJW 58, 924. Berichtigung der Angabe und **Unterschrift des Richters** auf einem Urteil, der tatsächlich nicht mitgewirkt hat, ist jederzeit möglich, also auch nach Rechtsmitteleinlegung (BGHZ 18, 350; Frankfurt NJW 83, 2395); ein Richter unterschreibt, nachdem er in den Ruhestand versetzt worden ist (Hess VGH DRiZ 83, 234).

Verstöße bei der Geschäftsverteilung und solche bei deren Anwendung können die Rev nach Nr 1 begründen; jedoch ist nicht jeder Fehler in bezug auf die Geschäftsverteilung ein absoluter Revisionsgrund: Leidet die Geschäftsverteilungsregelung (GVP, uU aber auch §§ 21f, 21g GVG) an einem wesentlichen Aufstellungsmangel, so begründet dies die Revision, Fehler bei der Anwendung der Geschäftsverteilung auf den Einzelfall dagegen nur bei Willkür, nicht bei Irrtum (Einzelheiten s § 21e Rn 48–53), zur Frage der Fehlbesetzung wegen haushaltsrechtl Besetzungssperren s BGH NJW 85, 2337; 86, 1349 (dazu § 21e GVG Rn 39d/e). 2a

2) **Zu Nr 2:** §§ 41, 46 II. Ein Richter, der im ersten Rechtszug beim Grundurteil mitgewirkt hat, ist im zweiten Rechtszug des Betragsverfahrens nicht von der Mitwirkung ausgeschlossen (BGH NJW 60, 1762), ebenso nicht im Verhältnis zwischen dem Verfahren wegen Einwendung gegen die Zulässigkeit der Vollstreckungsklausel und einer Vollstreckungsgegenklage (BGHZ 76, 295). Der Richter des Vorprozesses ist, anders als im Strafverfahren, nicht im Wiederaufnahmeverfahren ausgeschlossen (BGH MDR 81, 481; zur Ablehnung Düsseldorf NJW 71, 1221). 3

3) **Zu Nr 3:** § 42. Es kommt nur auf die Mitwirkung bei der Entscheidung an. Ein absoluter Revisionsgrund liegt nur vor, wenn das Ablehnungsgesuch für begründet erklärt war; Verstoß gegen § 47 reicht nicht aus, wenn das Ablehnungsgesuch für unbegründet erklärt worden ist, wohl aber bei für begründet erklärter Selbstablehnung des Richters (§ 48). 4

4) **Zu Nr 4:** § 549 II geht der Nr 4 vor; sie hat deshalb nur noch für die internationale Zuständigkeit und die funktionelle Zuständigkeit Bedeutung (§ 549 Rn 16). Verstoß gegen den Geschäftsverteilungsplan gehört zu Nr 1, nicht hierher, ebenso Entscheidung durch Kammer für Handelssachen statt Zivilkammer und umgekehrt (s dazu Gaul u Herr JZ 84, 65, 318, 563). 5

5) **Zu Nr 5:** §§ 51, 56, 80, 88, 89 II. Der Mangel der gesetzlichen Vertretung ist auch in der Revisionsinstanz von Amts wegen zu prüfen, doch kann die Partei die Prozeßführung genehmigen (BGHZ 41, 104; 51, 27; MDR 67, 565). Nr 5 unterscheidet nicht zwischen gesetzlicher und rechtsgeschäftlicher Vertretung durch einen Prozeßbevollmächtigten, sondern trifft alle Fälle, in denen eine Partei nicht ordnungsgemäß vertreten war (RGZ 38, 406); also auch anwendbar, wenn eine prozeßunfähige Partei weder einen gesetzlichen Vertreter noch einen wirksam bestellten Prozeßbevollmächtigten hatte, zB wenn nach Konkurseröffnung noch mündlich verhandelt und ein Urteil verkündet wird (BGH WPM 84, 1170; ZIP 88, 446). Mit der Folge des § 551 kann der Mangel nur von der nicht vertretenen Partei gerügt werden, nicht hingegen von ihrem Gegner (BGHZ 63, 78); da der Mangel aber ohne Rüge von Amts wegen zu beachten ist, kann er im Ergebnis auch vom Gegner geltend gemacht werden. Mangelnde Prozeßführungsbefugnis (BGH MDR 67, 565) und mangelnde Parteifähigkeit (BGHZ 51, 27; NJW 72, 1714) sind den Fällen der Nr 5 gleichzustellen. 6

6) **Zu Nr 6:** §§ 169 ff GVG. Da das Gesetz die Angabe des Grundes der Ausschließung ohne Rücksicht auf die Sachlage im einzelnen zwingend vorschreibt (§ 174 GVG), erfüllt schon die Unterlassung der Angabe die Nr 6 (RGZ 128, 216; JW 31, 1361; BVerwG NJW 83, 2155). Nach BGHZ 26, 340 soll trotz § 160 I Nr 5 die absolute Beweiskraft des Protokolls nach § 165 hier nicht oder nur eingeschränkt gelten. 7

7) **Zu Nr 7: a)** Den fehlenden Gründen steht es gleich, wenn die Gründe sich nicht auf alle Ansprüche und Angriffs- und Verteidigungsmittel erstrecken, zB der Einwand des Mitverschuldens oder die Verjährungseinrede übergangen ist (BGHZ 39, 337; VersR 79, 348 [349] zu II 1), es sei denn, daß das übergangene Verteidigungsmittel auch bei Berücksichtigung zu keiner anderen Entscheidung führen könnte (BGH FamRZ 91, 322). Der Mangel liegt zeitlich nach Erlaß des Urteils und kann daher dessen Inhalt nicht beeinflußt haben, macht aber das Urteil höherinstanzlich unkontrollierbar. Deshalb erfaßt dieser Revisionsgrund nicht nur das völlige Fehlen einer Begründung (BGHZ 39, 337) oder die dem gleichstehende fehlende, nicht ersetzbare Unterschrift (BGH MDR 77, 488; Hess VGH DRiZ 83, 234), sondern auch Lücken in der entscheidungserheblichen (BGHZ 39, 33) Begründung. Revisibel also, wenn das Urteil so mangelhaft und mit völlig nichtssagenden Worten oder verworrenen Ausführungen begründet ist, daß von einer nachprüfbaren gedanklichen Deduktion, die die Bezeichnung „Begründung“ verdient, nicht mehr gesprochen werden kann (BGHZ 39, 337); wenn die Beweiswürdigung völlig fehlt (BGHZ 39, 338) oder trotz unveränderten Schadensbildes das erstinstanzlich zuerkannte Schmerzensgeld begründungslos wesentlich gekürzt wird (BGH NJW 89, 773) oder offenbleibt, nach welcher Rechtsordnung entschieden worden ist (BGH MDR 88, 962 = WPM 88, 1463 = WuB VII A § 551 ZPO 1.88 – Nassall). 8

Nr 7 ist aber nicht schon dann anwendbar, wenn **Urteilsgründe unrichtig, unzureichend oder unvollständig** sind (BGH WPM 83, 658 [660 zu 4b]), etwa bei unvollständiger Würdigung des Parteivorbringens oder des Beweisergebnisses (RGZ 109, 204; BGHZ 39, 338; aA BGH VersR 85, 188, 189).

Zulässig ist die **Bezugnahme** auf die Gründe einer in anderer Sache früher ergangenen Entscheidung dann, wenn sie Gegenstand der mündlichen Verhandlung war (BGHZ 39, 346) oder wenn es sich um eine im Fachschrifttum veröffentlichte Entscheidung handelt. Zulässig ist es auch, auf Gründe einer zwischen den Parteien früher ergangenen Entscheidung (BGHZ 39, 345) oder auf die Gründe eines in einem Parallelprozeß zwischen den Parteien gleichzeitig ergehenden Urteils Bezug zu nehmen, wobei es auf die Reihenfolge der Zustellung der Urteilsgründe nicht ankommt (BGH NJW 71, 39). Auch in revisiblen Rechtsstreitigkeiten ist es statthaft, daß das Berufungsgericht lediglich feststellt, es folge den Gründen der angefochtenen Entscheidung, da § 543 II 1 unabdingbar nur einen Tatbestand verlangt (§ 543 Rn 13). Jedoch reicht eine völlige Bezugnahme auf vorinstanzliche Entscheidungsgründe nur in dem seltenen Fall aus, daß erst- und zweitinstanzliches Vorbringen einschließlich der rechtlichen Beurteilung übereinstimmen (BAG ZIP 80, 1026). Ausreichend kann es jedoch sein, wenn in nachprüfbarer Weise auf Rspr und Literatur hingewiesen wird (BGH WPM 91, 1603 = Warneyer 1991 Nr 162). Soweit in der Berufungsinstanz neue Angriffs- oder Verteidigungsmittel vorgebracht werden, scheidet eine Bezugnahme schon deshalb aus, weil das landgerichtliche Urteil dazu keine Gründe enthalten kann, denen sich das Berufungsgericht anschließen könnte (BGH MDR 80, 734).

9 Der **Tatbestand** (vgl § 543 Rn 4 ff) einschließlich des in Bezug genommenen Vorbringens (§ 543 Rn 9, 10) fällt nicht unter Nr 7, darf aber nach § 543 II 1 nicht fehlen, da das Revisionsgericht sonst keine tatsächliche Beurteilungsgrundlage (§ 561) hätte (BGHZ 73, 248 = LM § 543 ZPO Nr 1 m Anm Weber; WPM 80, 253; NJW 87, 1200; 92, 1108; 93, 2530). Er beweist, was die Parteien behauptet und was sie nicht behauptet haben (BGH MDR 91, 36). Zulässig auch Bezugnahmen auf bereits ergangene Entscheidungen, die den Parteien bekannt sind; sie ergänzen den Tatbestand (§ 543 Rn 9, 19). Sogar vollständige Bezugnahme reicht aus, wenn der Sachverhalt in beiden Rechtszügen deckungsgleich ist, also zweitinstanzlich nichts Neues vorgetragen wird (BAG ZIP 80, 1026). Dann muß die zweitinstanzliche Entscheidung aber völlig frei sein von eigenen tatsächlichen Erwägungen des Berufungsgerichts (BGH MDR 85, 570).

Unterbleibt auch die **Bezugnahme**, dann ist das Fehlen des Tatbestandes selbst dann eine Verletzung des § 543, wenn die Parteien nur um Rechtsfragen streiten, deren Beantwortung die Feststellung eines konkreten Sachverhalts nicht voraussetzt (offengelassen in BGHZ 73, 248 u WPM 80, 253); das Berufungsurteil kann nur dann gehalten werden, wenn sein Tatbestand wenigstens genügend tatsächliche Angaben enthält, um die allein streitige Rechtsfrage beurteilen zu können (BGH MDR 81, 828; VersR 1981, 1180), oder wenn sich der Sachverhalt den Entscheidungsgründen entnehmen läßt (BGH NJW 83, 1901; MDR 85, 570; NJW 91, 3038 = MDR 92, 118). Es liegt dann ein relativer Revisionsgrund vor, der praktisch wie ein Verstoß gegen Nr 7 (mit der Folge der Kostenniederschlagung nach § 8 GKG: BGH ZIP 83, 493 [494]; KoRsp GKG § 8 Nr 27) zu behandeln ist. Rückgabe entscheidungserheblicher Unterlagen an Parteien kann zu einem wesentlichen Mangel im Tatbestand führen (BGHZ 80, 64), wenn ihr Inhalt oder ihre vollständige erneute Vorlage im Revisionsrechtszug streitig ist (BGH VersR 82, 645; s Schneider MDR 84, 17). Ob das Fehlen des Tatbestandes auf unrichtiger Anwendung des Streitwertrechts (BGH ZIP 83, 493) oder auf falscher Übernahme der Wertangaben einer Partei (BGH WRP 83, 944) beruht, ist unerheblich. Ist der Tatbestand in gem §§ 319, 320 berichtigter Fassung (s dazu Schneider ZAP F 13 S 65) in sich widersprüchlich, muß das Berufungsurteil mangels revisionsrechtlicher Überprüfbarkeit aufgehoben werden (BGH VersR 88, 268).

10 **b)** In der Rspr unterschiedlich beurteilt wurde die Frage, **bis zu welchem Zeitpunkt** fehlende Gründe **nachgeschoben** werden können; dabei bestand und besteht Einigkeit, daß ein Verstoß gegen § 315 Abs 2 für sich nicht genügt (BGH NJW 84, 2828; StJ/Grunsky Rn 33). Durch GemS (NJW 93, 2603) ist geklärt, daß die äußerste Grenze 5 Monate nach Verkündung erreicht ist (arg: § 552; so schon BGHZ 7, 155; aA BAGE 38, 55; BVerwG bis NJW 91, 310); in der Lit wird – insb unter Hinweis auf § 320 II 2 (3 Monate!) – eine kürzere Frist befürwortet (StJ/Grunsky Rn 34 f mwN). Zustellung am letzten Tag der Frist wird als noch hinreichend angesehen, da der Partei dann noch die volle Monatsfrist des § 552 Hs 1 bleibt (BGH NJW 91, 1547).

11 **c)** Das **Beweisergebnis** muß den Parteien bekanntgegeben werden, da sonst ihr Anspruch auf **rechtliches Gehör** verletzt wird (§ 543 Rn 11). Fehlt ein Vernehmungsprotokoll, dann darf es durch Wiedergabe der Zeugenaussagen oder der Bekundung des Sachverständigen im Urteil ersetzt werden, sei es im Tatbestand oder in den Entscheidungsgründen (BGH MDR 78, 826). Genügend ist auch ein zu den Akten genommener Berichterstattungsvermerk, auf den im Urteil Bezug genommen worden ist (§ 546 Rn 11). Er muß den Parteien jedoch mitgeteilt werden. Das völlige Fehlen einer Wiedergabe des Beweisergebnisses fällt unter § 551 Nr 7; die verspätete Mitteilung des Berichterstattungsvermerks ist ein zu rügender Verfahrensmangel (§ 554 III Nr 3b).

552 [Revisionsfrist]

Die Revisionsfrist beträgt einen Monat; sie ist eine Notfrist und beginnt mit der Zustellung des in vollständiger Form abgefaßten Urteils, spätestens aber mit dem Ablauf von fünf Monaten nach der Verkündung.

I) Entsprechende Regelung wie § 516 (s Erl dort). § 517 ist analog anzuwenden (BGH LM ZPO § 517 Nr 1). Zur Berichtigung nach **§ 319** s § 516 Rn 6; Schneider MDR 86, 377. 1

Nimmt das Berufungsurteil nur auf die Begründung eines anderen zwischen den gleichen Partnern ergangenen Urteils Bezug (s § 543 Rn 9) und wird letzteres erst später zugestellt, so beginnt die Revisionsfrist erst mit der Zustellung des anderen Urteils (BGH NJW 71, 39). 2

II) Die Revisionsfrist läuft für jede Partei gesondert. Wurde das Verfahren mangels Zustellung des Berufungsurteils wegen Todes einer Partei unterbrochen, so kann die Aufnahme gleichzeitig mit Revisionseinlegung erklärt werden (BGHZ 36, 258). 3

553 [Revisionsschrift]

(1) Die Revision wird durch Einreichung der Revisionsschrift bei dem Revisionsgericht eingelegt. Die Revisionsschrift muß enthalten:

1. **die Bezeichnung des Urteils, gegen das die Revision gerichtet wird;**
2. **die Erklärung, daß gegen dieses Urteil die Revision eingelegt werde.**

(2) Die allgemeinen Vorschriften über die vorbereitenden Schriftsätze sind auch auf die Revisionsschrift anzuwenden.

I) **Abs 1: a)** Einlegung durch Einreichung einer Revisionsschrift; **Revisionsgericht** ist der BGH (§ 133 Nr 1 GVG), in Bayern auch das BayObLG (§ 8 EGGVG); aus den sich aus der Doppelzuständigkeit ergebenden Konsequenzen für die Revisionseinlegung gegen Urteile bayerischer Oberlandesgerichte s § 7 EGZPO und Erl dort (Revisionseinlegung idR beim BayObLG, jedoch nicht ohne Ausnahmen); zur Postulationsfähigkeit in diesen Fällen s Rn 3. 1

b) Revisionsschrift: vgl § 518 I, II, IV für die Berufung; statt § 518 III gilt für die Revision § 553a. In einem beim Revisionsgericht eingereichten Aufnahmeschriftsatz kann eine Wiederholung der Revision zu erblicken sein (BGHZ 36, 258). 2

II) **Abs 2:** §§ 129–133 und Anm zu § 518. Soweit die Revision beim BayObLG einzulegen ist, können sich die Parteien nach § 8 EGZPO (s dort Rn 1) bis zur Entscheidung des BayObLG über die Zuständigkeit sowohl durch einen beim BGH zugelassenen RA als auch durch einen beim BayObLG, bei einem (auch außerbayrischen) OLG oder LG zugelassenen RA vertreten lassen. 3

III) **Zustellung** der Revisionsschrift von Amts wegen: § 553a II. 4

IV) **Gerichtsgebühren:** Wegen der allgemeinen Verfahrensgebühr s Rn 11 zu § 545; hinsichtlich ihrer Fälligkeit gilt § 61 GKG. Die Behandlung der beim BayObLG im Revisionsverfahren erwachsenen Kosten ist für Bayern in der Zusatzbestimmung zu § 5 I KostVfg geregelt. 5

553a [Zustellung der Revisionsschrift]

(1) Mit der Revisionsschrift soll eine Ausfertigung oder beglaubigte Abschrift des angefochtenen Urteils vorgelegt werden.

(2) Die Revisionsschrift ist der Gegenpartei zuzustellen. Hierbei ist der Zeitpunkt mitzuteilen, in dem die Revision eingelegt ist. Die erforderliche Zahl von beglaubigten Abschriften soll der Beschwerdeführer mit der Revisionsschrift einreichen.

I) **Abs 1:** Entspricht dem § 518 III für die Berufung. 1

II) **Abs 2:** Entspricht dem § 519a für die Berufung. 2

554 [Revisionsbegründung]

(1) Der Revisionskläger muß die Revision begründen.

(2) Die Revisionsbegründung ist, sofern sie nicht bereits in der Revisionsschrift enthalten ist, in einem Schriftsatz bei dem Revisionsgericht einzureichen. Die Frist für die Revisionsbegründung beträgt einen Monat; sie beginnt mit der Einlegung der Revision und kann auf Antrag von dem Vorsitzenden verlängert werden.

(3) Die Revisionsbegründung muß enthalten:

1. die Erklärung, inwieweit das Urteil angefochten und dessen Aufhebung beantragt werde (Revisionsanträge);

2. in den Fällen des § 554b eine Darlegung darüber, ob die Rechtssache grundsätzliche Bedeutung hat;

3. die Angabe der Revisionsgründe, und zwar:

a) die Bezeichnung der verletzten Rechtsnorm;

b) insoweit die Revision darauf gestützt wird, daß das Gesetz in bezug auf das Verfahren verletzt sei, die Bezeichnung der Tatsachen, die den Mangel ergeben.

(4) Wenn in Rechtsstreitigkeiten über vermögensrechtliche Ansprüche der von dem Oberlandesgericht festgesetzte Wert der Beschwer sechzigtausend Deutsche Mark nicht übersteigt und das Oberlandesgericht die Revision nicht zugelassen hat, soll in der Revisionsbegründung ferner der Wert der nicht in einer bestimmten Geldsumme bestehenden Beschwer angegeben werden.

(5) Die Vorschriften des § 553 Abs. 2 und des § 553a Abs. 2 Satz 1, 3 sind auf die Revisionsbegründung entsprechend anzuwenden.

1 **I) Abs 1 u 2 S 1** entsprechen dem § 519 I, II 1. Die Revisionsbegründung einer Körperschaft oder Anstalt des öfftl Rechts oder einer Behörde genügt der Schriftform, wenn der in Maschinenschrift wiedergegebene Name des Verfassers mit einem Beglaubigungsvermerk versehen ist (BGHZ 75, 340).

2 **II) Abs 2: Begründungsfrist** ist keine Notfrist (§ 223 III), so daß sie – außer in Feriensachen – durch die Gerichtsferien (zu diesen s aber Vorbem § 199 GVG) gehemmt wird (§ 223 I). Fristbeginn mit Einlegung der Revision auch bei verspäteter Einlegung ohne Rücksicht auf das Schicksal eines etwa gestellten Wiedereinsetzungsgesuches (BGH NJW 71, 1217; MDR 67, 838; BAG DB 73, 288). Wenn mit der Einreichung bis zur Entscheidung über das Wiedereinsetzungsgesuch gewartet werden soll, muß Verlängerung der Begründungsfrist beantragt werden. Bayerische Sachen: § 7 V EGZPO (BGHZ 24, 36).

3 **1) Verlängerung der Begründungsfrist:** § 519 Rn 16 ff. Der Rechtsmittelbeklagte kann keine Verlängerung der Begründungsfrist für die Revision beantragen, weil er Anschlußrevision einzulegen beabsichtigt (BGH VersR 77, 152; 51, 605).

4 2) Wegen der **förmlichen Erfordernisse** s § 519 Rn 1 ff. In bayerischen Sachen (§ 8 EGZPO) bleibt die von einem nicht beim BGH zugelassenen Rechtsanwalt wirksam eingereichte Revisionsbegründung auch nach Verweisung an den BGH ordnungsgemäß.

5 **III) Revisionsbegründung** (Abs 3). Mängel führen zur Verwerfung (BGH FamRZ 83, 581; BAG ZIP 83, 606).

6 **1) Nr 1** entspricht dem § 519 III Nr 1 (vgl BGH RR 95, 1154). **a)** Die **Revisionsanträge** müssen ergeben, ob das angefochtene Urteil im ganzen oder zum Teil angegriffen wird und welche Abänderung erstrebt wird. Lassen die Ausführungen der Revisionsbegründung das klar ersehen, so ist das Fehlen eines formulierten Revisionsantrags unschädlich (RGZ 158, 347; BGH AnwBl 72, 22). Antrag des Beklagten auf Aufhebung des angefochtenen Urteils und Zurückverweisung kann genügen (BGH FamRZ 88, 37). Die Anfechtung kann auf einen abtrennbaren Teil des Streitgegenstandes beschränkt werden, so bei einer Mehrheit von Klageansprüchen oder einem teilbaren Anspruch, auch auf die Entscheidung über Klage oder Widerklage, bei Streit um Grund und Höhe der Klageforderung auf die Höhe. Jedenfalls können die Revisionsanträge in der Weise eingeschränkt werden, in der auch die Zulassung der Revision nach § 549 beschränkt werden kann (s dazu § 546 Rn 43; § 564 Rn 1). Eine Wertgrenze, unter die die Beschwer durch eine Beschränkung der Anfechtung nicht sinken dürfte, besteht nicht (vgl § 546 Rn 12a). Die Ankündigung beschränkter Anträge in der Revisionseinlegungsschrift enthält noch keine Rechtsmittelbegrenzung (BGH LM § 318 ZPO Nr 2; BGH NJW 58, 343).

7 **b)** Die Revisionsanträge sind auch nach Ablauf der Revisionsbegründungsfrist **nicht bindend,** zB dürfen Haupt- und Hilfsanträge auch in der Revisionsinstanz umgekehrt werden (BAG AP § 611 BGB Bergbau Nr 17 m Anm Boldt). Eine (weitere) Beschränkung ist bis zum Schluß der mündlichen Verhandlung noch zulässig (s Müller-Rabe NJW 90, 283). Bis dahin ist aber auch eine Erweiterung der Anträge zulässig, soweit die neuen Anträge von der fristgerechten Revisionsbegründung bereits erfaßt sind (zum Berufungsverfahren s § 519 Rn 31). Liegt hingegen der neue Anspruch außerhalb des Bereichs der bisher gegebenen Revisionsbegründung, so kann er nach Ablauf der Begründungsfrist nicht mehr zulässig erhoben werden (BGHZ 7, 143; 12, 52; LM § 543 Nr 5). Unzulässig ist die Erhebung neuer Ansprüche, wenn die Revisionsanträge zugleich einen Verzicht auf die Revision im übrigen enthalten (BGHZ 7, 143; BGH NJW 68, 2106); er liegt aber nicht darin, daß die Fassung des Rechtsmittelantrages hinter der Beschwer zurückbleibt oder die

Begründung nicht auf einen von ihr tatsächlich abgedeckten Widerklageantrag eingeht (BGH WPM 85, 144). Wegen der Möglichkeit, die Revisionsanträge zu erweitern (Rn 9), bleibt die Rechtskraft der nicht angefochtenen Teile des Berufungsurteils gehemmt (BGHZ 7, 143; NJW 61, 1115).

c) Daß neue Verfahrensrügen nach § 561 I 2 ausgeschlossen sind, betrifft die **Begründetheit.** 8

d) Revisionsanträge können nicht auf Ansprüche erweitert werden, die nicht Gegenstand des Berufungsurteiles gewesen sind (zu Ausnahmen s § 561 Rn 10; zu präjudiziellen und daraus folgenden Ansprüchen s § 546 Rn 8). 9

2) **Nr 2: Darlegung der grundsätzlichen Bedeutung.** Abs 3 Nr 2 ist eine Ordnungsvorschrift, deren Nichtbefolgung darauf hinausläuft, daß der Revisionsführer die ihm gebotene Möglichkeit des rechtlichen Gehörs nicht nutzt (Ullmann GRUR 77, 527; BGHZ 66, 273 = ZZP 90 [1977], 77 m Anm Prütting). 10

3) **Nr 3: Begründung.** Abs 3 Nr 3 unterscheidet zwischen Sach- und Verfahrensrügen und stellt an deren Begründung insoweit erhöhte Anforderungen, als auch die Bezeichnung der Tatsachen gefordert wird, die den Mangel ergeben. Grund: Den sachlichen Mangel kann das Revisionsgericht dem Berufungsurteil entnehmen. Mängel des dem Urteil vorausgegangenen Verfahrens hingegen ergeben sich bestenfalls aus den Prozeßakten, deren vollständige Überprüfung gewissermaßen „auf Verdacht hin" das Revisionsgericht mit übermäßiger und weitgehend ineffektiver Arbeit belasten würde. **Sachmängel** sind aus dem Urteil selbst ersichtliche Mängel; **Verfahrensmängel** solche, zu deren Begründung außerhalb des Urteils liegende Tatsachen herangezogen werden müssen. Die hM unterscheidet mehr nach den Voraussetzungen des Sachurteils und des Prozeßurteils und verlangt deshalb auch für solche Mängel eine ausdrückliche Rüge, die aus der Urteilsbegründung klar ersichtlich sind, zB dann, wenn sich das Berufungsgericht irrig an eine andere Entscheidung für gebunden hielt (BGHZ 27, 249) oder wenn das Berufungsurteil überhaupt prozessual unzulässig ist (RGZ 101, 419; BGHZ 16, 71). 11

Den oft untragbaren Konsequenzen dieser Auffassung ist die Rechtsprechung begegnet, indem sie die ohne Verfahrensrüge von Amts wegen zu berücksichtigenden Urteilsmängel stark erweitert hat (§ 559 Rn 6 ff). **Beispiele:** BGHZ 5, 240; 45, 287 (Unklarheit über die Tragweite des Urteilsspruches, die auch unter Zuhilfenahme des übrigen Urteilsinhalts nicht zu beheben ist), BGHZ 73, 248; BAG NJW 71, 214 (völliges Fehlen eines Urteilstatbestandes; s dazu § 551 Rn 8), BGH MDR 69, 133 (widerspruchsvoller Urteilstatbestand), BGHZ 40, 84 (Nichtwiedergabe der Angaben der zu Beweiszwecken vernommenen Parteien im Tatbestand, Sitzungsprotokoll oder einer in Bezug genommenen Anlage), BAG NJW 67, 459 (in sich widerspruchsvolle tatsächliche Feststellungen), BGH MDR 61, 395; BAG NJW 71, 1332; NJW-RR 91, 1346 (Verstoß gegen § 308 I), BGHZ 36, 316 (aus dem Urteil ersichtlicher Verstoß gegen das Verbot der reformatio in peius), BGHZ 45, 287 (Verurteilung zur Leistung Zug um Zug bei nicht genügend bestimmter Gegenleistung).

Soweit Verfahrensmängel nicht gerügt werden, bleiben sie unberücksichtigt. Diese Beschränkung gilt jedoch nicht für die materiellrechtliche Prüfung. Auf Grund einer durchgreifenden Verfahrensrüge prüft das Revisionsgericht materiell unbeschränkt (s dazu Sangmeister StVJ 91, 128).

a) **Sachrügen:** Die Anforderungen des **Abs 3 Nr 3a** gehen über die in § 519 III Nr 2 hinaus. **Bezeichnung der verletzten Rechtsnorm:** Angabe der Paragraphenziffer nicht erforderlich (BGH WRP 90, 275); falsche Bezeichnung unschädlich; nur die Richtung des Revisionsangriffs muß erkennbar sein. Auch die Revisionsbegründung entspricht den Anforderungen nicht schon dann, wenn sie die in Nr 3a geforderte Angabe enthält. Wie die Urteilsbegründung (§ 551 Rn 8) muß auch die Revisionsbegründung mindestens zu den gemäß Nr 3 gerügten Punkten eine sachliche **Auseinandersetzung mit den Urteilsgründen** enthalten, deren Mindestgehalt vom Gehalt der Urteilsbegründung abhängt (BAG BB 75, 1439). 12

In **Schmerzensgeldrevisionen** ist darzulegen, daß und warum der Richter nicht alle Tatsachen und Gesichtspunkte für die Bemessung der „billigen Entschädigung" (§ 847 BGB) berücksichtigt hat; bleibt die zuerkannte Entschädigung hinter den Erwartungen des Klägers zurück, dann muß er die Fehler aufzeigen, die das Gericht bei der Tatsachenfeststellung und der Billigkeits-Rechtsanwendung begangen hat (Husmann VersR 85, 716 f).

Bezugnahme auf veröffentlichte Entscheidungen und juristische Fachliteratur reicht ebenso aus wie die Bezugnahme auf einen Schriftsatz in anderer zwischen den Parteien beim Revisionsgericht anhängiger Sache. Bezugnahme auf Schriftsätze aus früheren Verfahrensstadien ist in der Regel nicht genügend, jedenfalls nicht pauschale Bezugnahme, weil die Revisionsbegründung eine konkrete Auseinandersetzung mit dem Berufungsurteil zu enthalten hat.

Bezieht sich die Revision auf **mehrere Ansprüche** im prozessualen Sinn, so muß zu jedem Anspruch eine ausreichende Revisionsbegründung gegeben werden; soweit sie fehlt, ist die

Revision unzulässig. Hat das Berufungsgericht die Entscheidung über einen Anspruch auf **mehrere Hilfsbegründungen** gestützt, so muß die Revisionsbegründung zu allen Hilfsbegründungen Stellung nehmen. Einleuchtend, überzeugend oder gar zutreffend brauchen die einzelnen Rügen nicht zu sein. Als Grundsatz gilt, daß der Revisionsanwalt durch die Darlegung der Gründe, die das Urteil als unrichtig erscheinen lassen, erkennbar machen muß, daß er das angefochtene Urteil nachgeprüft und sich damit auseinandergesetzt hat (BGH VersR 76, 1063). Ordnungsgemäß ist eine Revisionsbegründung auch dann, wenn sie **ausschließlich auf neue Tatsachen** gestützt wird, die nach der letzten mündlichen Verhandlung vor dem Berufungsgericht entstanden sind und vom Revisionsgericht berücksichtigt werden dürfen (BGHZ 85, 290; BAG NJW 90, 2641 = EzA § 554 Rn 5 = WPM 91, 470 = WuB VI E § 836 ZPO 1.91 – Buschbeck-Bülow; s § 561 Rn 7).

13 Abs 3 Nr 3a betrifft ausschließlich die **Zulässigkeit** der Revision. Ist ein Anspruch durch Erhebung auch nur einer einzigen hinreichenden Sachrüge zulässig in das Revisionsverfahren eingeführt worden, so richtet sich der Prüfungsumfang nach § 559 II 1; eine Beschränkung der Prüfung auf die erhobenen Revisionsrügen findet nicht statt. Unter dem Gesichtspunkt der Zulässigkeit der Revision ist deshalb eine Sachrüge überhaupt entbehrlich, wenn eine zulässige, den Anspruch betreffende Verfahrensrüge erhoben worden ist; ungeachtet, ob die Verfahrensrüge begründet ist, führt sie auch zur sachlichen Nachprüfung des Berufungsurteils. Umgekehrt reicht es jedoch nicht aus, wenn gegen eine vorinstanzliche Verwerfung als unzulässig lediglich materiellrechtliche Rügen erhoben werden (BSG MDR 85, 700).

14 **b) Nr 3b. aa) Verfahrensrügen:** Anders als bei der Sachrüge ist Nachprüfung des Berufungsurteils nach § 559 II 2 auf den Umfang der ordnungsgemäß erhobenen Rügen beschränkt (BGHZ 14, 205). Die Tatsachen, aus denen sich der Fehler ergeben soll, müssen angegeben werden (BGH NJW 92, 512). Wenn mangelnde Auswertung umfangreicher Beiakten gerügt wird, muß im einzelnen dargelegt werden, welche Aktenstellen nicht berücksichtigt wurden und inwiefern das angefochtene Urteil auf dem Mangel beruhen kann (BGH NJW 56, 1755). Wenn das Übergehen von Beweisangeboten für ein bestimmtes Beweisthema gerügt werden soll, müssen die Stellen der Schriftsätze bezeichnet werden, in denen sich die Beweisangebote finden (BGHZ 14, 210; BAG ZIP 83, 606). Wird die Nichterhebung eines Abstammungsbeweises (§ 372a) beanstandet, muß die Mitwirkungsbereitschaft des Rügenden dargelegt werden (BGH FamRZ 86, 663). Bei einer Rüge der Nichtvernehmung von Zeugen muß angegeben werden, welche genau zu bezeichnenden Tatsachen von entscheidungserheblicher Bedeutung von den Zeugen zu bekunden gewesen wären; wenn Erklärungen dieser Zeugen aus anderen Verfahren verwendet worden sind, muß angegeben werden, aus welchen Gründen dies nicht hätte geschehen dürfen (BGH MDR 58, 496). Bei der Rüge unterlassener Fragestellung (§ 139) oder des unterbliebenen Hinweises nach § 278 III muß die Revision die unterlassene Frage oder den übersehenen rechtlichen Gesichtspunkt bezeichnen und angeben, wie darauf reagiert worden wäre (BGH WPM 88, 199 u 432; Warneyer 1987 Nr 106: unterbliebene Beweisaufnahme). Ungenügend ist die Rüge unterbliebener Protokollierung ohne Behauptung des Geschehens (BGHZ 26, 344). Zur Rüge der Verletzung des **§ 539** s BGH Warneyer 1983 Nr 67; BauR 87, 2; WRP 90, 274. Angriffe auf die Grundlagen der **tatrichterlichen Auslegung** (s § 550 Rn 10) sind nur auf entsprechende Verfahrensrüge hin überprüfbar (BGH MDR 90, 706). Zur Rüge der mangelhaften **Ermittlung ausländischen Rechts** s BGH WPM 92, 1044 f u § 549 Rn 14; § 562 Rn 3.

15 **bb) Beispiele für Verfahrensverstöße** finden sich bei § 539 Rn 3 ff. Zu den besonders häufig vorkommenden **beweisrechtlichen** Fehlern s § 526 Rn 3 und zum Erfordernis der **Wiedergabe des Beweisergebnisses** § 551 Rn 11. Auch in den Fällen des § 551 (absolute Revisionsgründe) ist Rüge und ihre Belegung durch Tatsachen erforderlich, soweit es sich nicht um von Amts wegen zu prüfende Prozeßvoraussetzungen handelt (vgl BGH LM Nr 10 zu § 551 Nr 1).

16 **IV) Abs 4** betrifft den Fall, daß der Revisionskläger die den BGH wegen § 546 II 2 nicht bindende Festsetzung der Beschwer auf mehr als 60000 DM und damit die Zulässigkeit der Revision (§ 546 I 1) erreichen will.

17 **V) Abs 5.** Vgl § 519a. **§ 553 II:** Anwendung der allgemeinen Bestimmungen über vorbereitende Schriftsätze (§§ 129 ff); die Revisionsbegründung ist ein sog bestimmender Schriftsatz. **§ 553a II S 1, 3:** Zustellung von Amts wegen unter Beifügung der erforderlichen Zahl von beglaubigten Abschriften (§§ 208 ff).

554a *[Prüfung der Zulässigkeit]*

(1) Das Revisionsgericht hat von Amts wegen zu prüfen, ob die Revision an sich statthaft und ob sie in der gesetzlichen Form und Frist eingelegt und begründet ist. Mangelt es an einem dieser Erfordernisse, so ist die Revision als unzulässig zu verwerfen.

(2) Die Entscheidung kann ohne mündliche Verhandlung durch Beschluß ergehen.

I) Abs 1. Entspricht dem § 519b, so daß auf die Erl dazu verwiesen werden kann. Bei Mehrheit von Klageansprüchen ebenso wie bei Streitgenossen kann die Revision teils zulässig, teils unzulässig sein. 1

II) Abs 2. Vor der mündlichen Verhandlung geschieht die **Verwerfung der Revision als unzulässig** durch unanfechtbaren Beschluß. Ansonsten Verwerfung durch Urteil, § 555. Auch die Zulässigkeit der Revision kann durch Beschluß nach § 554a festgestellt werden (BGHZ 9, 22), sonst nach mündlicher Verhandlung in einem Zwischenurteil (§ 303) oder in den Gründen des Endurteils. Form der Beschlüsse des Revisionsgerichts: BGHZ 9, 22. 2

III) Gerichtsgebühren: Keine für den Beschluß, durch den die Revision als unzulässig verworfen wird. Genauso wie bei der Berufung keine Ermäßigung der allgemeinen Verfahrensgebühr, wenn die Revision durch Beschluß als unzulässig verworfen wird. Wird auf Grund mündlicher Verhandlung die Revision durch Urteil als unzulässig verworfen, so ist für dieses eine Urteilsgebühr zu erheben; hinsichtlich der Höhe des Gebührensatzes s KV 1236, 1237. Gleichviel, ob die Zulässigkeit der Revision nach mündlicher Verhandlung durch Zwischenurteil (§ 303) oder ohne mündliche Verhandlung durch Beschluß festgestellt wird (s oben Rn 2), sind beide Entscheidungen gebührenfrei. Wegen der Urteilsgebühr bei Verwerfung der Revision als unzulässig durch Versäumnisurteil s Rn 6 zu § 557. 3

554b *[Ablehnung der Annahme der Revision]*

(1) In Rechtsstreitigkeiten über vermögensrechtliche Ansprüche, bei denen der Wert der Beschwer sechzigtausend Deutsche Mark übersteigt, kann das Revisionsgericht die Annahme der Revision ablehnen, wenn die Rechtssache keine grundsätzliche Bedeutung hat.

(2) Für die Ablehnung der Annahme ist eine Mehrheit von zwei Dritteln der Stimmen erforderlich.

(3) Die Entscheidung kann ohne mündliche Verhandlung durch Beschluß ergehen.

Lit: *Büttner*, FS für Merz, 1992, 19 ff; *Kroitzsch* NJW 94, 1032 (kritisch), dazu *Schimansky* NJW 94, 1774.

I) 1) Bei Erfolgsaussicht darf die Revisionsannahme nicht abgelehnt werden (BVerfGE 54, 277); daß eine solche Prüfung stattgefunden hat, muß sich aus dem Nichtannahmebeschluß ergeben (BVerfGE 55, 205). Hat der BGH die Annahme der Revision einmal abgelehnt, ist das angefochtene Urteil rechtskräftig; Gegenvorstellungen können daran nichts ändern (BGH WPM 80, 1324 = MDR 81, 26). Anwendbar ist § 554b nur bei der Wertrevision nach § 546 I; bei der Zulassungsrevision ist das Revisionsgericht gebunden, und zwar ohne Rücksicht auf die Höhe des Revisionsantrages (Schneider MDR 90, 789; s auch § 546 Rn 20). § 546 I 3 ist lex specialis gegenüber § 554b. Auch § 547 geht dem § 554b vor, so daß das Revisionsgericht die Annahme der Revision nicht ablehnen darf, soweit das Berufungsgericht die Berufung als unzulässig verworfen hat. Die sofortige Beschwerde an den BGH gegen OLG-Beschlüsse, durch die der Einspruch gegen ein Versäumnisurteil als unzulässig verworfen wird, ist ohne Mindestbeschwer zulässig (BGH ZZP 92 [1979], 370 m Anm Grunsky) und darf nicht abgelehnt werden (BGH WPM 78, 336). Ist die Revision wegen Überschreitens der Beschwer von 60000 DM als Wertrevision gegeben und läßt das Berufungsgericht obendrein auch wegen grundsätzlicher Bedeutung oder wegen Divergenz zu, dann muß über die Annahme der Revision nach § 554b entschieden werden (§ 546 Rn 22). 1

Hat das OLG eine **nichtvermögensrechtliche Streitigkeit** mit einem Streitwert von über 60 000 DM (bei weniger als 60 000 DM s § 546 Rn 20a) irrig als vermögensrechtlich angesehen und deshalb keine Zulassungsentscheidung getroffen, so hat das Revisionsgericht von § 554b auszugehen; es kann wegen fehlender grundsätzlicher Bedeutung die Annahme ablehnen, da jene durch das Oberlandesgericht nicht geprüft wurde. Mangelnde Erfolgsaussicht liegt in diesem Fall bereits dann vor, wenn die Abweichungsvoraussetzungen des § 546 Abs 1 S 2 Nr 2 nicht gegeben sind (BGHZ 90, 1 = NJW 84, 1188; NJW-RR 91, 1215). – Hat das Berufungsgericht die Beschwer höher als 60 000 DM festgesetzt, ist die Revision als Annahmerevision zulässig, auch wenn der Revisionsantrag unterhalb 60 000 DM liegt (BGH NJW 81, 1564), da es auf den aus dem Antrag zu ermittelnden Wert des Beschwerdegegenstandes hier nicht ankommt (§ 546 Rn 12a). 1a

2) Hat das Berufungsgericht auf Grund zu hoher falscher Wertangaben des späteren Revisionsführers die Urteilsbeschwer zu hoch angesetzt und dadurch gem § 546 II 2 den BGH in der Zulässigkeitsprüfung gebunden, dann darf dieser den Fehler durch Nichtannahme der Revision korrigieren (s Schneider MDR 88, 197). 2

II) Solange nach § 148 **wegen Vorgreiflichkeit ausgesetzt** ist, bleibt auch die Annahmeentscheidung offen (BGHZ 81, 397). Wird eine Revision nicht angenommen, dann kann sie auch nicht unverändert als unselbständige **Anschlußrevision** durchgeführt werden (BGH WPM 86, 60 = WuB VII A § 556 ZPO 1. 86 m Anm Messer). Bei beidseitiger Revision mit zusätzlichem 3

Anschluß des Revisionsklägers an die Revision des Gegners können Haupt- und Anschlußrevision zusammen abgelehnt werden (BGH MDR 88, 49 = Warneyer 1987 Nr 251).

4 1) Die Ablehnung ist unzulässig, wenn die Sache **grundsätzliche Bedeutung** hat. Werden Verfahrensrügen erhoben, so wird die Annahme abzulehnen sein, wenn der behauptete Verfahrensverstoß das Urteilsergebnis offenkundig nicht beeinflußt hat (was gerade bei absoluten Revisionsgründen nach § 551 möglich ist) und auch keine Grundrechte des Revisionsklägers berührt sind (s dazu Schneider MDR 79, 617 ff). Ebenso, wenn mögliche Urteilsmängel zwar die Entscheidung beeinflußt haben können, die materiellen Auswirkungen aber bedeutungslos sind und die Annahme der Revision deshalb für Gericht und Parteien Aufwendungen verursachen würden, die in keinem angemessenen wirtschaftlichen Verhältnis zum betroffenen Streitgegenstand stünden (Gedanke der Verhältnismäßigkeit). Daher kann auch bei der Rüge des fehlenden Tatbestandes (§ 550 Rn 15) nur dann auf Annahme mit nachfolgender Aufhebung und Zurückverweisung vertraut werden, wenn das Urteil zugleich materiellrechtlich fehlerhaft ist (Weber Anm Ziff 2c zu LM § 543 ZPO Nr 1).

5 2) **Beschränkte Annahme.** Ebenso wie die Zulassung der Revision vom Berufungsgericht beschränkt werden darf (§ 546 Rn 43 ff), darf das Revisionsgericht die Annahme auf Teile des Streitgegenstandes beschränken (BGH VersR 91, 793 = MDR 91, 506; BGHZ 69, 93). Unerheblich ist, ob der angenommene Teil noch die Wertgrenze von 60000 DM übersteigt (BGHZ 69, 93 = MDR 77, 839; 79, 219). Nur Teilurteilsfähigkeit ist erforderlich, so daß auch die Berufungsbeschwer des § 511a unterschritten werden darf (Rn 1). Dem entspricht, daß auch das Berufungsgericht unterhalb seiner Erwachsenheitssumme bindend (§ 546 Rn 20) zulassen darf (§ 546 Rn 43). Beschränkt werden darf die Zulassung auch auf einzelne einfache Streitgenossen (BGH LM § 546 ZPO Nr 9; NJW 79, 550). Bei einem nach Grund und Höhe streitigen Anspruch darf die Ablehnung auf den Grund (BGH MDR 79, 391) oder die Höhe beschränkt werden. Die Möglichkeit teilweiser Annahme endet da, wo es nicht mehr um selbständige und abtrennbare Teile des Gesamtstreitstoffes geht (BGHZ 53, 152 [155]; Warneyer 78 Nr 323 S 964). Trotz nicht grundsätzlicher Bedeutung darf eine Revision angenommen werden, wenn das angefochtene Urteil auf Verfahrens- oder materiellrechtlichen Fehlern beruht (Bruchhausen Anm LM ZPO § 554b Nr 3).

Eine **unselbständige Anschlußrevision,** die weder Grundsatzbedeutung noch Erfolgsaussicht hat, braucht trotz Annahme der Hauptrevision nicht angenommen zu werden (BGH VersR 91, 793 = MDR 91, 506). Jedoch muß in diesem und im umgekehrten Fall die Annahme beschlossen werden, wenn nur die Anschlußrevision oder nur die Hauptrevision erfolgversprechend ist oder grundsätzliche Fragen aufwirft **und** zwischen beiden untrennbarer Zusammenhang wie beim unzulässigen Teilurteil besteht (Büttner, FS für Merz, 1992, 19 ff). Entschieden wird im vorgeschalteten Beschlußverfahren oder auf Grund mündlicher Verhandlung durch Urteil (BGH ZIP 92, 1534, 1536).

6 3) **Ablehnung der Annahme unter Abänderung des Berufungsurteils:** In einer neueren Entscheidung (ZIP 93, 1708/1709 = NJW 95, 516) hat der BGH die Annahme einer Revision mit dem Zusatz abgelehnt, daß die Klage statt als unzulässig (so OLG) als unbegründet abgewiesen wird. Prütting/Weth (ZIP 94, 424/425 Fn 5) beanstanden hieran zutreffend, daß ein das Ergebnis der Vorinstanz abändernder Nichtannahmeschluß ein Widerspruch in sich sei. Hinzu kommt, daß durch den Nichtannahmebeschluß die Rechtskraft des Berufungsurteils, so wie es erlassen wurde, ausgelöst wird. Es ist auch aus diesem Grund nicht möglich, das Berufungsurteil im Nichtannahmebeschluß abzuändern, ganz abgesehen davon, daß ein Urteil grundsätzlich nur durch ein Urteil und nicht durch einen Beschluß geändert werden kann. Durch den der Nichtannahme hinzugefügten Zusatz, daß die Klage statt als unzulässig als unbegründet abgewiesen wird, wird der Umfang der Rechtskraft wesentlich verändert (vgl § 322 Rn 1). Eine Abänderung des Berufungsurteils durch den Nichtannahmebeschluß ist grundsätzlich nur in den Grenzen des § 319 denkbar, nicht jedoch, wenn dadurch der rechtskraftfähige Inhalt der Entscheidung betroffen wird (so auch BGH MDR 95, 739/740) – zulässig ist hingegen die Korrektur der Kostenentscheidung des Berufungsurteils (BGH MDR 96, 94).

7 4) **Verfahren:** Nach Abs 1 bedarf es einer Entscheidung nur, wenn die Annahme abgelehnt wird. Dagegen ist eine ausdrückliche Entscheidung weder nach dem Gesetzeswortlaut noch nach dem Sinn der Vorschrift erforderlich, wenn die Annahme nicht abgelehnt wird. Dies zeigt auch der Wortlaut des § 555 Abs 1. In der Bestimmung des Termins zur mündlichen Verhandlung liegt daher grundsätzlich die Annahme der Revision. Zwar sieht Abs 3 vor, daß die Entscheidung über die Ablehnung ohne mündliche Verhandlung ergehen kann, mündliche Verhandlung ist daher auch nur zur Frage der Annahme möglich (BGH NJW 92, 3235). In diesem Fall ist dies aber in der Terminbestimmung zum Ausdruck zu bringen. Wurde dagegen Termin der mündlichen Verhandlung „über die Revision" bestimmt, so ist die Ablehnung der Annahme nicht mehr möglich.

8 Vor der Ablehnung der Annahme ist **rechtliches Gehör** zu gewähren.

5) Die Ablehnung bedarf der **qualifizierten Mehrheit** des Abs 2. Im Hinblick auf die verfassungsrechtlichen Vorgaben (BVerfG 54, 277, s Rn 1) bedarf die **Nichtannahme der Begründung, die jedoch pauschal** – insbesondere unter Bezugnahme auf die Rechtsprechung des Bundesverfassungsgerichts – erfolgen kann (BVerfG 50, 287; NJW 94, 3017; Schimansky NJW 94, 1774 gegen Kroitzsch NJW 94, 1032). 9

6) Die **Kosten** einer nicht angenommenen Revision trägt der Revisionskläger (§ 97 I). Wird dadurch eine unselbständige Anschlußrevision wirkungslos, dann tragen die Parteien die nach adddierten Streitwerten berechneten Gesamtkosten anteilig (s näher § 556 Rn 9). Bei nur teilweiser Annahme soll die zum rechtskräftig gewordenen Teil des Berufungsurteils gehörende Kostenentscheidung nicht mit überprüft werden (BGH MDR 86, 664; s dagegen § 521 Rn 24). Bei der Entscheidung über die Höhe einer Ausländersicherheit nach §§ 110–112 durch das Revisionsgericht sind die voraussichtlichen Kosten anzusetzen, die bis zur Entscheidung über die Annahme erfallen; wird angenommen, kann der Sicherheitsgläubiger weitere Sicherheitsleistung verlangen (BGH WPM 80, 504). Kosten bei Anschlußrevision: § 556 Rn 9. 10

III) Gerichtsgebühren: Der ohne mündliche Verhandlung ergehende Beschluß ist gerichtsgebührenfrei (§ 1 I GKG). 11

555 *[Verhandlungstermin]*

(1) Wird nicht durch Beschluß die Revision als unzulässig verworfen oder die Annahme der Revision abgelehnt, so ist der Termin zur mündlichen Verhandlung von Amts wegen zu bestimmen und den Parteien bekanntzumachen.

(2) Auf die Frist, die zwischen dem Zeitpunkt der Bekanntmachung des Termins und der mündlichen Verhandlung liegen muß, sind die Vorschriften des § 274 Abs. 3 entsprechend anzuwenden.

556 *[Anschlußrevision]*

(1) Der Revisionsbeklagte kann sich der Revision bis zum Ablauf eines Monats nach der Zustellung der Revisionsbegründung oder des Beschlusses über die Annahme der Revision (§ 554b) anschließen, selbst wenn er auf die Revision verzichtet hat.

(2) Die Anschließung erfolgt durch Einreichung der Revisionsanschlußschrift bei dem Revisionsgericht. Die Anschlußrevision muß in der Anschlußschrift begründet werden. Die Vorschriften des § 521 Abs. 2, der §§ 522, 553, des § 553a Abs. 2 Satz 1, 3, des § 554 Abs. 3 und des § 554a gelten entsprechend. Die Anschließung verliert auch dann ihre Wirkung, wenn die Annahme der Revision nach § 554b abgelehnt wird.

I) Mit der Anschließung kann keine Beschwer durch die erstinstanzliche Entscheidung bekämpft werden (BGH MDR 83, 738 = NJW 83, 1858). Eine Zulassungsbeschränkung (§ 546 Rn 43) kann nicht dadurch umgangen werden, daß der nicht zugelassene Streitgegenstand durch Anschlußrevision zur Entscheidung des Revisionsgerichts gestellt wird (BGHZ 111, 166; NJW 95, 2036). Ebenso kann bei nur teilweise angenommener Revision der nicht angenommene Teil des Streitgegenstandes auch nicht mit der Anschlußrevision zur Überprüfung gestellt werden (BGH NJW 95, 1955; 95, 2034; 96, 321). 1

II) Haben die Parteien teils obgesiegt, teils verloren, so können sie unabhängig voneinander Revision einlegen. Die später eingehende Revision wird als **selbständige Anschlußrevision** bezeichnet (§§ 556 II 2, 522 II); jede Partei muß die für sie laufenden Begründungsfristen wahren. Es ist aber nicht unzulässig, daß eine Partei die Aufrechterhaltung ihrer selbständig zulässigen Revision davon abhängig macht, daß die Revision der anderen Partei zulässig oder auch begründet ist (vgl BGH LM § 242 Bb BGB Nr 18). 2

III) Die **unselbständige Anschlußrevision** ist nur statthaft, wenn Revision eingelegt ist, also zu verwerfen, wenn die Revision vor Einlegung der Anschlußrevision zurückgenommen ist (BGHZ 17, 398). 3

1) Die **Monatsfrist** des § 556 I beginnt mit Zustellung der Revisionsbegründung an den Revisionsbeklagten oder der Zustellung des Annahmebeschlusses (§ 554b) an ihn. Durch den zweiten Zustellungsbeginn wird verhindert, daß sich der Revisionsbeklagte bei einer Wertrevision (§ 546 I 1) bereits zu einer Zeit anschließen muß, zu der noch ungewiß ist, ob das Revisionsverfahren überhaupt durchgeführt wird. Schiebt der Revisionskläger innerhalb der Begründungsfrist eine weitere Begründung nach, so beginnt die Anschlußfrist erneut zu laufen. Versäumt der Revisionskläger die Begründungsfrist, so ist die Revision unzulässig und die Anschlußrevision mit ihr (§ 522 I); eine Verlängerung der Frist zur Begründung der Revision auf Antrag des Beklagten, 4 weil dieser beabsichtigt, Anschlußrevision einzulegen, ist nicht statthaft (BGH VersR 77, 152). Wird die Frist für die Erhebung der Anschlußrevision versäumt, so ist Wiedereinsetzung nach § 233 S 1 zulässig (RGZ 156, 156; BGH NJW 52, 425). Wird eine selbständige Revision nicht fristgerecht begründet, so besteht sie im Zweifel als unselbständige Anschlußrevision fort (BGH JZ 55, 218).

5 2) Die **Statthaftigkeitsanforderungen** sind im übrigen die gleichen wie die der selbständigen Revision.

6 **a)** Die Anschlußrevision muß sich im Rahmen der Hauptrevision halten, kann also nicht die Nachprüfung nicht revisibler Klageansprüche erreichen, zB bei nur beschränkt zugelassener Revision (Rn 1); in diesem Fall ist die Anschlußrevision nur statthaft, wenn sie die Voraussetzungen des § 546 selbständig erfüllt (vgl BGHZ 36, 162). Ist die Revision als Wertrevision statthaft, so macht dies die Anschlußrevision wegen nicht zugelassener nichtvermögensrechtlicher Ansprüche nicht statthaft.

7 **b)** Nach § 556 II 4 verliert die Anschlußrevision auch dann ihre Wirkung, wenn die Annahme der Revision nach § 554b abgelehnt wird. Dies gilt unstreitig, wenn die Annahme insgesamt abgelehnt wird; wird nur ein Teil der Revision zur Entscheidung angenommen, so verliert auch die Anschlußrevision ihre Wirkung, soweit sie sich auf den nicht angenommenen Teil bezieht (BGH NJW 96, 321).

7a **c)** Auf Grund der ausdrücklichen Verweisung auf § 554 Abs 3 müssen die **Revisionsrügen** für die Anschlußrevision selbständig erhoben werden; nur in der Revision erhobene Verfahrensrügen kommen der Anschlußrevision auch dann nicht zugute, wenn der Verfahrensfehler das gesamte Verfahren betrifft (BGH MDR 94, 303).

8 3) Hatte der Revisionskläger **Revision nur in beschränktem Umfange** eingelegt, so kann er sich der Anschlußrevision seinerseits nach § 556 anschließen und damit auf die Anschlußrevision reagieren.

9 4) Die Statthaftigkeit oder Zulässigkeit der Revision ist nicht Zulässigkeitsvoraussetzung der Anschlußrevision. Doch **verliert die Anschlußrevision ihre Wirkung**, wenn die Revision zurückgenommen oder nicht zur Entscheidung angenommen (Abs 2 S 4) oder als unzulässig verworfen wird (§§ 556 II, 522 I). Damit entfällt die Möglichkeit eines Kostenausspruches zu Lasten des Führers der Anschlußrevision (s zur **Kostentragung** auch § 521 Rn 32). Jedoch bestehen keine Bedenken, wegen der sich anschließenden Kostenerstattung analog §§ 269 III 3, 515 III 2 die Kostentragungspflicht bezüglich der Anschlußrevision auszusprechen. Diese tritt dann ein, wenn eine zulässige Revision vor Verhandlung zurückgenommen wird (BGH VersR 75, 1206; BGHZ 4, 239; 67, 305).

Bei **Nichtannahme** (§ 554b) trägt jede Partei ihre Kosten im Verhältnis der Werte von Revision und Anschließung (BGHZ 80, 146; kritisch dazu Waldner JZ 82, 632), wobei nach den addierten Streitwerten von Revision und Anschlußrevision abgerechnet wird (BGH KostRsp ZPO § 92 Nr 23; BGHZ 72, 339 [insoweit ist BGHZ 67, 305 = MDR 77, 917 m abl Anm Schneider, überholt]), auch wenn eine Hilfsanschlußrevision für den Fall der Zurückverweisung eingelegt worden ist (BGH VersR 89, 647).

10 **IV)** Der Revisionsbeklagte kann aufgrund seiner Anschlußrevision alle **Anträge** stellen, die auch bei selbständiger Revision zulässig sind, aber auch keine weitergehenden (Rn 3).

11 V) **Gebühren: 1)** des **Gerichts:** Wie bei der Hauptrevision hat die Zurücknahme der Anschlußrevision vor Eingang der Schrift zu ihrer Begründung bei Gericht die Ermäßigung der allgemeinen Verfahrensgebühr auf 0,5 zur Folge (KV 1231), jedoch nur bezogen auf den Wert der Anschlußrevision (§ 19 I 1, 3, II; Berechnung nach § 21 III GKG; s auch § 521 Rn 34). Dieselbe Ermäßigung, wenn die (unselbständige) Anschlußrevision wegen der Rücknahme oder der Verwerfung der Hauptrevision ihre Wirkung verliert (§§ 566, 522, 515). – Keine Vorauszahlungspflicht hinsichtlich der allgemeinen Verfahrengebühr in der Revisionsinstanz; diese Gebühr ist lediglich alsbald nach Fälligkeit (§ 61 GKG) zu Soll zu stellen. – **2)** des **Anwalts:** s Rn 34 zu § 521.

557 *[Verfahren wie beim Landgericht]*

Auf das weitere Verfahren sind die im ersten Rechtszug für das Verfahren vor den Landgerichten geltenden Vorschriften entsprechend anzuwenden, soweit sich nicht Abweichungen aus den Vorschriften dieses Abschnitts ergeben.

1 **I) Anwendbar** §§ 253–494; Ausnahmen: §§ 557a, 565a, 566. Möglich auch Aussetzung (§ 148) im Revisionsverfahren eines Anfechtungsprozesses nach AnfG, wenn der vorläufig vollstreckbare Titel des Gläubigers aufgehoben wird (BGH MDR 83, 574).

2 **II) Säumnisverfahren.** Die Bestimmungen für den ersten Rechtszug sind analog anzuwenden, auch § 542.

1) § 554a gilt auch bei Säumnis des Revisionsklägers, so daß eine **unzulässige Revision** durch kontradiktorisches Urteil zu verwerfen ist (BGH NJW 57, 1840; 61, 829). Die Revision des säumigen Klägers ist nach § 330 ohne Sachprüfung durch Versäumnisurteil zurückzuweisen (Einzelheiten § 542 Rn 11). 3

2) Bei **Säumnis des Revisionsbeklagten** gelten § 331 I und II (vgl § 542 II). Ist die Revision zulässig, so prüft das Revisionsgericht in der Sache. Dabei bleibt die Geständnisfiktion des § 331 I 1 ohne Bedeutung, weil nach § 561 I 2 neue Tatsachen nur insoweit vorgebracht werden können, als sie Verfahrensmängel betreffen; die Wahrheit solcher Tatsachenbehauptungen wird vom Revisionsgericht aber von Amts wegen auch im Geständnisfall überprüft (vgl § 331 I 2 u § 561 Rn 9). Dennoch ist das gegen den Revisionsbeklagten ergehende Urteil ein echtes Versäumnisurteil (BGHZ 37, 79). Erweist sich die Revision als unbegründet, so ist das bei Säumnis des Revisionsbeklagten gegen den Revisionskläger ergehende Urteil ein streitiges Urteil (unechtes Versäumnisurteil, BGH NJW 67, 2162). 4

III) Besonderheiten in **Ehesachen** s Anm zu §§ 612, 616, 635. – Die **Verbindung** mehrerer Verfahren in der Revisionsinstanz setzt voraus, daß es in jedem Verfahren zu einer Verhandlung in der Sache kommen kann, jede Revision also zulässig ist. Daher ist die Verbindung beispielsweise ausgeschlossen, wenn bei einer Klage über 100000 DM ein Teilurteil über 58000 DM und ein Schlußurteil nebst Kostenentscheidung über 42000 DM ergeht, so daß die gegen beide Urteile eingelegten Revisionen unzulässig sind, da die Beschwer nicht zusammengerechnet werden darf (BGH Warneyer 1977 Nr 6). Ein durch Konkurseröffnung unterbrochener Rechtsstreit gegen den Gemeinschuldner kann auch in der Revisionsinstanz aufgenommen werden, und zwar sowohl gegen den Konkursverwalter wie gegen den Gemeinschuldner, die dann durch zwei miteinander verbundene Klagen einfache Streitgenossen werden, wobei jedoch die Anträge unterschiedlich sind: Feststellung gegen den Konkursverwalter, Zahlung mit Vollstreckungsbeginn nach Konkursbeendigung gegen den Gemeinschuldner (BGH ZIP 80, 23). 5

IV) Gebühren: 1) des **Gerichts:** Wird im Termin bei Säumnis des Revisionsklägers dessen Revision durch Urteil als unzulässig verworfen (vgl § 554a), so liegt ein einseitig streitiges, unechtes Versäumnisurteil vor, für das eine Urteilsgebühr in Ansatz kommt. Auch für das beim Ausbleiben des Revisionsbeklagten gegen den (erschienenen) Revisionskläger zu erlassende einseitig streitige, unechte Versäumnisurteil, durch das die Revision als unbegründet zurückgewiesen wird, ist eine Urteilsgebühr zu erheben. Hinsichtlich der Höhe der Gebühr s KV 1236, 1237. Keine Urteilsgebühr fällt an für das gegen den säumigen Revisionsbeklagten ergehende echte Versäumnisurteil, durch das das angefochtene Berufungsurteil aufgehoben und anderweitig entschieden wird. – **2)** des **Anwalts:** Der RA des Revisionsklägers (auch des Anschlußrevisionsklägers) erhält für den Antrag auf Erlaß eines Versäumnisurteils eine $^{13}/_{10}$ Verhandlungsgebühr (§§ 33 I 2 Nr 2, 11 I 4 BRAGO). 6

557a

[Kein Einzelrichter]
Die Vorschriften der §§ 348 bis 350 sind nicht anzuwenden.

Im Revisionsverfahren wirkt kein Einzelrichter mit. 1

558

[Verlust des Rügerechts]
Die Verletzung einer das Verfahren der Berufungsinstanz betreffenden Vorschrift kann in der Revisionsinstanz nicht mehr gerügt werden, wenn die Partei das Rügerecht bereits in der Berufungsinstanz nach der Vorschrift des § 295 verloren hat.

Wortgleich mit § 531. Ein erfolglos beanstandeter Verfahrensverstoß des Berufungsgerichts kann gerügt werden, desgleichen ein Verfahrensverstoß erster Instanz, wenn er dort nicht nach § 295 geheilt wurde und im Berufungsverfahren erfolglos geltend gemacht wurde, vorausgesetzt, daß das Berufungsurteil darauf beruht (vgl RG Gruch 48, 645). 1

559

[Umfang der Revisionsprüfung]
(1) Der Prüfung des Revisionsgerichts unterliegen nur die von den Parteien gestellten Anträge.

(2) Das Revisionsgericht ist an die geltend gemachten Revisionsgründe nicht gebunden. Auf Verfahrensmängel, die nicht von Amts wegen zu berücksichtigen sind, darf das angefochtene Urteil nur geprüft werden, wenn die Mängel nach den §§ 554, 556 gerügt worden sind.

1 **I)** Nachprüfung in den Grenzen der gestellten Anträge entspricht § 308. Daher auch keine **reformatio in peius,** wenn nicht auch der Gegner Revision (Anschlußrevision) erhoben hat (Ausnahme im Kostenpunkt, § 521 Rn 24).

2 **1)** Richtet sich die Revision gegen ein **Prozeßurteil** (Prozeßurteil des Berufungsgerichts oder Sachurteil des Berufungsgerichts, durch das ein Prozeßurteil der ersten Instanz aufrechterhalten worden ist), so begehrt der Revisionskläger in der Regel anstelle des Prozeßurteils ein ihm günstiges Sachurteil. Gibt in diesem Fall das Gericht der Revision statt, so muß es der Revisionskläger hinnehmen, daß das Sachurteil, gleichgültig ob es nach Zurückverweisung oder gem § 565 III vom Revisionsgericht selbst erlassen wird, ihm ungünstig ist. Wendet sich also der Revisionskläger dagegen, daß seine Klage als unzulässig abgewiesen worden war, so muß er die ihn stärker beschwerende Abweisung als unbegründet ebenso hinnehmen, wie er dies schon in erster Instanz trotz § 308 hinnehmen mußte (BGHZ 12, 308; 46, 281; NJW 54, 150). Legt der Beklagte Revision gegen das Urteil ein, das die Klage entgegen seinem Antrag als unzulässig statt als unbegründet zurückgewiesen hat, so muß er es hinnehmen, daß der Klage nunmehr stattgegeben wird (BGH MDR 62, 976).

3 **2)** Wendet sich die Revision gegen ein **Sachurteil,** so muß es der Revisionskläger ebenso wie in allen anderen Verfahrensstadien hinnehmen, daß die Zulässigkeit der Klage von Amts wegen geprüft wird, soweit sie der Disposition der Parteien entzogen ist (Rn 6, 7). Wendet sich also der **Kläger** mit der Revision dagegen, daß seine Klage als unbegründet abgewiesen worden ist, so muß er die Abweisung als unzulässig hinnehmen, wenn Prozeßvoraussetzungen fehlen, die von Amts wegen zu beachten sind. Wendet sich der **Beklagte** mit der Revision gegen ein der Klage stattgebendes Urteil, um die Abweisung als unbegründet zu erreichen, so muß er die Abweisung als unzulässig hinnehmen. Wer den Rechtsstreit durch Erhebung der Revision fortsetzt, trägt wie in allen anderen Verfahrensstadien auch in der Revisionsinstanz das Risiko, daß ein Mangel der dem Revisionsverfahren vorausgegangenen Verfahrensteile entdeckt wird, der dazu nötigt, das Verfahren wieder in ein früheres Stadium zurückzuversetzen.

4 **3)** Immer aber muß sich das Revisionsurteil im Rahmen der Anfallwirkung halten (Rn 5). Ist nur ein **Teil** des Berufungsurteils **angefochten,** so darf das Revisionsgericht nicht das ganze Berufungsurteil aufheben, auch wenn der von ihm festgestellte Mangel den nicht angefochtenen Teil miterfaßt (zB bei falscher Besetzung der Richterbank). Davon macht die Rechtsprechung Ausnahmen aus dem Gesichtspunkt der Prozeßökonomie (s § 537 Rn 7).

5 **II)** Das Revisionsgericht hat über alle in der Revisionsinstanz gestellten Anträge zu entscheiden, auch wenn sie unzulässig sind. Nur über Anträge, die sich im Rahmen der Anfallwirkung halten, darf das Revisionsgericht sachlich entscheiden, bei Revision wegen Verurteilung nach dem **Hauptantrag** auch über den **Hilfsantrag** (BGH WPM 90, 890 = MDR 90, 711; bei zuerkanntem Hilfsanspruch s § 564 Rn 1). Dieselbe Ausfallwirkung tritt ein, wenn die Klage auf mehrere Gründe gestützt wird und das Berufungsgericht nur einen Grund behandelt und als durchgreifend erachtet (BGH WPM 91, 1909 = ZIP 91, 1419). Da die Geltendmachung neuer Ansprüche in der Revisionsinstanz grundsätzlich nicht zulässig ist (§ 561 Rn 10), ist die Anfallwirkung in der Regel durch die Entscheidung des Berufungsgerichts begrenzt. Vorentscheidungen nur zur Zulässigkeit sind deshalb auch nur insoweit revisionsrechtlich zu überprüfen, wobei nicht erforderlich ist, daß gem § 280 abgesondert verhandelt worden ist (BGHZ 27, 27); für den Urkundenprozeß gilt insoweit nichts besonderes (BGH NJW 86, 2765). Dies gilt auch dann, wenn der vom Berufungsgericht beschiedene Anspruch nach materiellem Recht für eine noch in einem früheren Verfahrenstadium anhängigen Anspruch präjudiziell ist (siehe dazu BGHZ 30, 215; NJW 59, 1827; LM § 16 UWG Nr 14; Schwab NJW 59, 1824; Mattern JZ 60, 385). Richtet sich die Revision gegen ein **Grundurteil,** so hat das Revisionsgericht die Klage insgesamt abzuweisen, wenn es sie dem Grunde nach für nicht gerechtfertigt hält, ebenso bei anderen selbständig anfechtbaren Zwischenurteilen. Bei Klageabweisung wegen **Hilfsaufrechnung** darf auf Revision des Klägers nicht mehr der Bestand der Klageforderung geprüft werden (§ 536 Rn 5). **Einschränkung des Klagebegehrens** ist auch in der Revisionsinstanz noch zulässig, wenn dabei die Klagegrundlage nicht geändert wird (BGH MDR 91, 1160).

5a Zu den Auswirkungen einer Abänderung im Hauptantrag auf Entscheidungen über hilfsweise geltend gemachte, zuerkannte Ansprüche (auch Eventualwiderklage) s BGHZ 106, 219 u LM § 33 ZPO Nr 23.

6 **III)** In den Grenzen der Revisionsanträge (Rn 1–4) und der Anfallwirkung (Rn 5) hat das Revisionsgericht nach **Abs 2** das Berufungsurteil auf von Amts wegen zu berücksichtigende Verfahrensmängel zu überprüfen (sog **absolute Verfahrensmängel**); zur Problematik ihrer Feststellung durch das Revisionsgericht s Lueder NJW 82, 2763.

7 **1) Absolute Verfahrensmängel** sind solche, von denen das Verfahren der Revisionsinstanz in seiner Gültigkeit und Rechtswirksamkeit abhängt.

2) Absolute Verfahrensmängel sind ua in folgenden **Fällen** angenommen worden: Fehlende Gerichtsbarkeit (BGH NJW 61, 1116) oder Unzulässigkeit des Rechtsweges (BGHZ 14, 294; 21, 214), anderweitige Rechtshängigkeit, das Vorliegen einer rechtskräftigen Entscheidung, mangelnde Partei- (RGZ 86, 63) oder Prozeßfähigkeit (BGHZ 24, 94; WPM 85, 58), Mangel der Prozeßführungsbefugnis (BGHZ 31, 279; 48, 15; NJW-RR 87, 75), Behandlung eines Dritten als Partei (BGH NJW 93, 3067), Mißachtung gesetzlicher Ausschlußfristen zur Klageerhebung (BGHZ 18, 128; NJW 68, 995) oder einer zeitweiligen Klagesperre (BGH NJW 69, 982) oder Bescheidung eines Hilfsantrages ohne Abweisung des Hauptantrages (§ 564 Rn 1). Ebenso sind **Prozeßfortsetzungsbedingungen** von Amts wegen zu prüfen (BGH WPM 92, 71); so ist die Zulässigkeit der Berufung (auch der Anschlußberufung) ohne Bindung an eine vom Berufungsgericht gewährte Wiedereinsetzung zu prüfen (BGH NJW-RR 92, 1338, 1339; BGHZ 6, 369 = LM § 548 ZPO Nr 1 mit Anm Johanssen; MDR 63, 291); desgleichen ein Verstoß des Berufungsgerichts gegen Säumnisvorschriften, insbesondere gegen die Zulässigkeit eines Einspruchs einschließlich der Wiedereinsetzungsfrage (BGH NJW 76, 1940; WPM 87, 1013). 8

Zu prüfen ist auch, ob das angefochtene Urteil überhaupt ergehen durfte, zB, ob die Voraussetzungen eines Grundurteils vorlagen (vgl BGH NJW 75, 1968; 82, 1757 [1759]) sowie ein Hinausgehen über die gestellten Anträge (BGH MDR 61, 395; NJW-RR 89, 1087), eine unzulässige Schlechterstellung des Berufungsklägers (BGHZ 38, 319), die Nichtbeachtung der Bindungswirkung des Revisionsurteils im Falle der Rückverweisung (BGHZ 3, 324; NJW 92, 2831), ein Widerspruch zwischen Urteilstenor und Urteilsgründen (BGHZ 5, 246), die mangelnde Aufgliederung einer aus einer Mehrheit von Ansprüchen zusammengesetzten Klageforderung (BGHZ 11, 1194; MDR 59, 743). Ein Berufungsurteil, dessen Tenor so unbestimmt ist, daß auch unter Berücksichtigung der Urteilsgründe nicht geklärt werden kann, in welchem Umfang ein Anspruch zuerkannt oder abgesprochen wurde, kann keine Rechtswirkungen erzeugen, so daß das Urteil vom Rechtsmittelgericht von Amts wegen aufzuheben ist (BGHZ 5, 240; 45, 287; Hamm NJW-RR 92, 1279). Zum Fehlen des Tatbestandes § 551 Rn 8.

3) Da die absoluten Verfahrensmängel (im Gegensatz zu den absoluten Revisionsgründen des § 551, s dort) von Amts wegen zu beachten sind, können solche Mängel im Ergebnis auch noch **nach Schluß der Revisionsbegründungsfrist** vorgetragen werden. Freibeweis gilt (BGH VersR 78, 155; s dazu Werp DRiZ 75, 278). 9

IV) Alsdann hat das Revisionsgericht die nach §§ 554, 556 erhobenen **Verfahrensrügen** zu prüfen, und zwar nach § 561 I unter Beschränkung auf die in der Revisionsbegründung vorgetragenen Tatsachen. Nach Ablauf der Revisionsbegründungsfrist ist die Geltendmachung weiterer Verfahrensrügen ausgeschlossen, auch in bezug auf absolute Revisionsgründe. Zu den beachtlichen Verfahrensmängeln s § 539 Rn 4 ff. 10

1) Werden **vorinstanzliche Verfahrensfehler nicht gerügt**, dann ist auch der BGH an das mangelhafte Verfahren gebunden (BGH NJW 81, 1727 [1729 zu IV]). Eine durchgreifende Verfahrensrüge eröffnet dem Revisionsgericht jedoch die unbeschränkte materiellrechtliche Prüfung (s Sangmeister StVJ 91, 128). 11

2) Der Revisionsbeklagte kann Verfahrensrügen grundsätzlich bis zum Schluß der mündlichen Verhandlung erheben, sogenannte **Gegenrügen** (BGH LM Nr 2 zu § 1750 BGB; BGHZ 37, 83; Rudisile DVBl 88, 1135). Er kann dies zumindest zu dem Zweck, ihm ungünstige Feststellungen des Berufungsurteils aus der Welt zu schaffen, die sich zwar zunächst nicht nachteilig für ihn ausgewirkt haben (weshalb er sich gegen diese Feststellungen auch nicht mit der Revision wenden konnte), die aber bei anderer Beurteilung der Rechtslage durch das Revisionsgericht relevant werden können (BGH MDR 76, 138). So kann der vor dem Berufungsgericht erfolgreiche **Kläger**, der in der Revisionsinstanz zu unterliegen droht, rügen, daß für den Erfolg der Klage eigentlich wesentliche tatsächliche Feststellungen (zB über die Wahrung einer Ausschlußfrist) infolge eines Verfahrensverstoßes unterblieben waren (BayObLG NJW 67, 57). War der Kläger in der Berufungsinstanz mit einem Klagegrund durchgedrungen, während der weitere vom Berufungsgericht verneint wurde, so kann er der Revision des Beklagten, die den vom Berufungsgericht gebilligten Klagegrund bekämpft, mit Rügen gegen die tatsächlichen Feststellungen entgegentreten, auf die das Berufungsgericht die Verneinung des zweiten Klagegrundes gestützt hatte, oder beanstanden, daß das Berufungsgericht die für den behaupteten zweiten Klagegrund erforderlichen Feststellungen nicht getroffen hat. 12

Auch der **Beklagte** kann uU als Revisionsbeklagter Gegenrügen erheben. Wenn eine seiner Einwendungen gegen die Klageforderung zur Klageabweisung geführt hat, seine weiteren Einwendungen dagegen für unbegründet erklärt wurden, kann er bei der Verteidigung gegen die Revision des Klägers die tatsächlichen Feststellungen, aufgrund deren das Berufungsgericht die weiteren Einwendungen für nicht durchschlagend erachtet hatte, mit eigenen Revisionsrügen bemängeln (BGH LM § 1750 BGB Nr 2; BAG NJW 65, 2268); so auch, wenn er nur durch Aufrechnung mit einer streitigen Gegenforderung die Klageabweisung erreicht hatte, während seine Einwendungen gegen den Bestand der Klageforderung vom Berufungsgericht verneint wurden (vgl BGHZ 16, 394). Da für die Erhebung von Gegenrügen durch den Revisionsbeklagten keine Frist vorgesehen ist, kann er sie bis zum Schluß der mündlichen Verhandlung anbringen (BAG NJW 65, 2268).

13 3) Aktenwidrigkeit ist kein Revisionsgrund (BGH DRiZ 73, 98; VersR 81, 621 [622 zu 3]).

14 4) Entgegen dem Gesetzeswortlaut wird aus prozeßökonomischen Gründen die Geltendmachung von **Wiederaufnahmegründen** nach § 580 zugelassen (BGHZ 3, 65; einschränkend BGHZ 5, 240; 18, 59: Umstände des Einzelfalles und Interessen der Allgemeinheit maßgebend; für uneingeschränkte Zulassung auch nach § 579: RG Gruch 44, 498; RGZ 150, 395; 153, 68).

15 V) Bei der **sachlichen** Prüfung des Berufungsurteils ist das Revisionsgericht nach Abs 2 S 1 an die geltend gemachten Revisionsgründe nicht gebunden. Hat der Revisionskläger also nur eine den Anspruch betreffende zulässige Verfahrensrüge erhoben oder eine ausreichende Revisionsbegründung zur Sache geliefert, so hat das Revisionsgericht das Berufungsurteil insoweit umfassend auf sachliche Richtigkeit nachzuprüfen. Dabei werden in gewissen Grenzen neue Tatsachen zugelassen (§ 561 Rn 4).

560 *[Vorläufige Vollstreckbarkeit]*

Ein nicht oder nicht unbedingt für vorläufig vollstreckbar erklärtes Urteil des Berufungsgerichts ist, soweit es durch die Revisionsanträge nicht angefochten wird, auf Antrag von dem Revisionsgericht durch Beschluß für vorläufig vollstreckbar zu erklären. Die Entscheidung kann ohne mündliche Verhandlung ergehen; sie ist erst nach Ablauf der Revisionsbegründungsfrist zulässig.

1 I) Entspricht § 534 I (s dort u ausführl Schneider DRiZ 79, 444). Eine Teilanfechtung hemmt den Eintritt der Rechtskraft des ganzen Urteils (Saarbrücken NJW 76, 1325).

2 II) Entschieden wird durch unanfechtbaren Beschluß. Die Vorschrift ist wegen § 708 Nr 10 ohne große Bedeutung.

3 III) **Gebühren** s § 534 Rn 18.

561 *[Tatsächliche Grundlagen der Nachprüfung]*

(1) Der Beurteilung des Revisionsgerichts unterliegt nur dasjenige Parteivorbringen, das aus dem Tatbestand des Berufungsurteils oder dem Sitzungsprotokoll ersichtlich ist. Außerdem können nur die im § 554 Abs. 3 Nr. 3 Buchstabe b erwähnten Tatsachen berücksichtigt werden.

(2) Hat das Berufungsgericht festgestellt, daß eine tatsächliche Behauptung wahr oder nicht wahr sei, so ist diese Feststellung für das Revisionsgericht bindend, es sei denn, daß in bezug auf die Feststellung ein zulässiger und begründeter Revisionsangriff erhoben ist.

1 I) **Abs 1:** Grundlage der Entscheidung des Revisionsgerichts ist das aus Urteilstatbestand, Sitzungsprotokollen und in Bezug genommenen Schriftsätzen und Anlagen ersichtliche Parteivorbringen in der Vorinstanz (§ 551 Rn 9). Nach Abs 1 S 2 sind es weiter die für die Verfahrensrügen bedeutsamen Tatsachen und nach Abs 2 die tatsächlichen Feststellungen des angefochtenen Urteils, die aber auch tatsächlich getroffen worden sein müssen (Schneider MDR 87, 990). Dazu können nach Schluß der Verhandlung in der Berufungsinstanz eingetretene Tatsachen kommen, deren Berücksichtigung durch das Revisionsgericht die Rechtsprechung zuläßt (Rn 4).

2 1) **Abs 1 S 1** bezieht sich nur auf **Parteivorbringen tatsächlicher Art.** Tatbestand: § 314 S 1 (§ 551 Rn 9) einschließlich des in Bezug genommenen Vorbringens (§ 543 Rn 10; Sitzungsprotokoll: §§ 159 ff). Das Revisionsgericht darf nicht von sich aus versuchen, tatsächliche Unklarheiten aufzuklären, etwa an Hand der Gerichtsakten (BGHZ 73, 250; Köln MDR 84, 857). Mit Recht ausgeschlossenes Vorbringen (§ 528 III) ist auch für das Revisionsgericht unbeachtlich (BGH NJW 85, 1556, 1558 = WPM 85, 267).

3 2) Nach **Abs 1 S 2** sind auch die zur Begründung von **Verfahrensrügen** vorgebrachten Tatsachen zu beachten, auch die der Begründung von Gegenrügen (§ 559 Rn 12) dienen.

4 3) **Veränderungen.** a) Durch Abs 1 S 1 wird die Berücksichtigung solcher Vorgänge nicht ausgeschlossen, die die prozessuale Rechtslage erst im **Revisionsverfahren** verändert haben, wie Rücknahme der Klage oder Widerklage oder eines Hilfsantrages (BGH NJW 92, 2081), Klageverzicht, Anerkenntnis (nicht hingegen eine erst in der Revisionsinstanz abgegebene Unterlassungsverpflichtungserklärung, BGH WRP 90, 319), Erledigterklärung, Überholung der Zulässigkeit

eines Teilurteils durch Verbindung zweier Revisionen (BGH NJW 92, 2081), Genehmigung der Prozeßführung einer nicht parteifähigen Partei (BGHZ 51, 27), Erwerb der deutschen Staatsangehörigkeit im Scheidungsprozeß (BGHZ 53, 128); Konkurseröffnung (BGH NJW 75, 442; ZIP 80, 23) u Konkursaufhebung (BGHZ 28, 13; MDR 81, 1012) sowie materiellrechtliche Auswirkungen eines Parteiwechsels durch Rechtsnachfolge von Todes wegen (§ 246, BGH WPM 86, 1386; aber nicht bei gewillkürtem Parteiwechsel, BGH WPM 90, 742), auch nach Fortführung eines in der Revisionsinstanz wegen Konkurses unterbrochenen Verfahrens (BGH MDR 87, 130 = Warneyer 1986 Nr 228); Wegfall (BGHZ 18, 98, 106; VersR 83, 724 [726]) oder Begründung (BGH ZIP 83, 995) des Feststellungsinteresses; Wegfall eines Aufrechnungs- oder Teilurteilsverbots (BGH MDR 75, 383; WPM 92, 1033), Einbürgerung des auf Feststellung der Vaterschaft beklagten Mannes (BGH NJW 77, 498), Eintritt eines vom Berufungsgericht festgestellten Fälligkeitstermins (BGH LM Nr 1 zu § 240 BGB).

b) Ferner kann neues tatsächliches Vorbringen zu den vom Revisionsgericht von Amts wegen 5
zu prüfenden Fragen berücksichtigt und dazu auch Beweis erhoben werden (Werp DRiZ 75, 278; BGH VersR 72, 975; 78, 155; WPM 86, 1201). Aber keine Berücksichtigung eines erstmals im Revisionsverfahren behaupteten außergerichtlichen Erledigungsvergleichs vor Klageerhebung (BAG NJW 82, 788 = MDR 82, 258). Bei zweifelhafter **Vollmachterteilung** darf das Revisionsgericht tatsächliche Feststellungen (nur) dazu treffen, ob die Vollmacht **vor** der Schlußverhandlung in der Tatsacheninstanz erteilt worden ist (BGH Warneyer 1991 Nr 128 S 349; BGHZ 91, 111).

c) Zu berücksichtigen ist weiter neues Vorbringen zur Begründung der erstmals in der Revi- 6
sionsinstanz erhobenen Erstattungsansprüche (Rn 10).

d) Weiter läßt die Rspr die Berücksichtigung bedeutsamer Rechtstatsachen zu, die für die 7
Beurteilung der sachlichen Rechtslage erheblich, aber erst nach Schluß der mündlichen Verhandlung in der Berufungsinstanz eingetreten sind (BGHZ 85, 290; WPM 85, 263, 264; BAG NJW 90, 2641 = EzA ZPO § 554 Nr 5). **Beispiele:** Wegfall des Rechtsschutzbedürfnisses (BGH WPM 78, 439; s auch Rn 4 zum Feststellungsinteresse); Änderungen im Personenstand (BGHZ 53, 131; 54, 135) oder in der Staatsangehörigkeit einer Partei (BGHZ 53, 128; BGH NJW 77, 498). Nach BGHZ 17, 73 kann beim Tod einer Partei nach der letzten mdl Berufungsverhandlung der Erbe noch in der Revisionsinstanz die Einrede der beschränkten Erbenhaftung geltend machen; ist der Vorbehalt der beschränkten Erbenhaftung vom Berufungsgericht übergangen worden, kann das Revisionsgericht ihn nachholen (BGH WPM 83, 661 [663]). Die Verjährungseinrede kann nicht mehr nachgeholt werden (BGHZ 1, 234); wohl darf die während des Revisionsverfahrens eintretende Verjährung berücksichtigt werden, wenn die Einrede bereits vorinstanzlich erhoben worden war (BGH NJW 90, 2754 = MDR 91, 47). Erteilung einer Devisengenehmigung (vgl BGHZ 53, 131), Entscheidungen über die Anerkennung eines Arbeitsunfalls im Verfahren der RVO mit Bindung des Zivilgerichts nach § 638 RVO (BGH VersR 80, 822), des EuGH zum EWG-Vertrag (BGH WPM 85, 241) oder eine vorgreifliche rechtskräftige Entscheidung in einem anderen Prozeß zwischen den Parteien (BGH WPM 85, 263; VersR 84, 77, 78). Wegfall des Grundes für die Ausschließung eines Gesellschafters, weil mildere Maßnahmen möglich geworden sind (BGHZ 18, 350), sachlichrechtliche Erklärungen des Klägers, nach denen ein Übernahmeanspruch des Klägers nach § 141 HGB nunmehr gerechtfertigt erscheint (BGH LM Nr 6 zu § 142 HGB). In WPM 92, 1422 = NJW-RR 92, 1149 hat der BGH berücksichtigt, daß ein zur Beseitigung einer Grundstücksüberspannung verurteiltes Stromversorgungsunternehmen nach Verkündung des Berufungsverfahrens einen Enteignungsbeschluß erwirkt hatte; der BGH hat deshalb gem § 148 ausgesetzt.

Dabei werden vom BGH auch entgegen § 561 aus prozessual erheblichen Änderungen materiellrechtliche Konsequenzen gezogen, zB der Wegfall eines formularmäßigen Aufrechnungsverbots infolge Konkurseröffnung nach Abschluß des Berufungsverfahrens (BGH ZIP 83, 1473; WPM 75, 134). Legt der Berufungsbeklagte nach Schlußverhandlung dar, daß er seit Jahren geschäftsunfähig und damit prozeßunfähig sei (absoluter Revisionsgrund, § 551 Nr 5; Nichtigkeitsgrund, § 579 I Nr 4; s Hager ZZP 97, 1984, 174), dann muß das Berufungsgericht gem § 156 wiedereröffnen, weil eine von Amts wegen zu berücksichtigende Prozeßvoraussetzung fehlen kann. Ergeht gleichwohl Sachurteil, dann verlagert sich die Prüfung bei Revisionseinlegung auf den BGH, der entweder eigene tatsächliche Feststellungen trifft, ggf durch Beweiserhebung, oder deswegen zurückverweist (BGH WPM 86, 58 = NJW-RR 86, 157). Darlegung gewillkürter Prozeßstandschaft ist rügefähig, wenn das Berufungsgericht diesen Vortrag verfahrenswidrig nicht ermöglicht hat (BGH MDR 88, 561 = WPM 88, 635 = WuB VII A § 51 ZPO 4.88 – Krämer); gewillkürter Parteiwechsel in der Revisionsinstanz ist unbeachtlich (BGH WPM 90, 742).

e) Die Berücksichtigung neuer Tatsachen ist aber nicht immer zulässig, wenn diese offenkun- 8
dig oder zugestanden sind (vgl BGHZ 53, 131; MDR 74, 479 = ZZP 87 [1974], 460 m zust Anm Gottwald). Auch darf das Revisionsgericht durch die Berücksichtigung nicht mit der *Bewertung* von Tatsachen belastet werden (BGH WPM 81, 678 [679 zu II 1a] m Nachw). Nicht berücksichtigt worden ist zB die Fortdauer des Getrenntlebens der Ehegatten (BGH FamRZ 78, 884).

9 **4)** Soweit das Revisionsgericht die Wahrheit neuer tatsächlicher Behauptungen selbst feststellen kann und will (also nicht zurückverweisen will, BGH WPM 86, 58 = WuB VII A § 56 ZPO 1.87 – Bruchner – zur Prozeßfähigkeit), gelten für die **Beweiserhebung** die allgemeinen Regeln; soweit es sich also um die Feststellung der Verfahrensvoraussetzungen handelt, gilt Freibeweis (BGH VersR 78, 155); insoweit ist das Revisionsgericht an einschlägige Feststellungen des Tatrichters nicht gebunden (BGHZ 31, 282; 48, 15; BGH NJW 69, 984).

10 **II)** Die Einführung neuer Ansprüche in die Revisionsinstanz im Wege der **Klageänderung, Hilfsantrag, Klageerweiterung, Widerklage,** Zwischenfeststellungsklage ist unzulässig (BGHZ 24, 285; 26, 37; 28, 131; BAG NJW 82, 790), auch die Einschränkung des Klagebegehrens, soweit der Klagegrund nicht geändert wird (BGH Warneyer 1991 Nr 79 = MDR 91, 1160). Jedoch kann die in der Berufungsinstanz unterbliebene Prüfung der Sachdienlichkeit vom Revisionsgericht nachgeholt werden (BGH MDR 79, 829). Immer sind neue Ansprüche zu berücksichtigen, wenn das Gesetz den Übergang von einem zum anderen Anspruch ausdrücklich zuläßt, §§ 302 IV 4, 600 II, 717 II, III, 1042c (vgl RGZ 34, 385). Hilfserwägungen des Berufungsgerichts müssen unberücksichtigt bleiben, wenn das Berufungsgericht die Klage oder die Berufung für unzulässig erachtet (BGHZ 46, 281; BGH MDR 76, 138).

Zugelassen wird nach Forderungsabtretung die Umstellung des Klageantrags auf Zahlung an den Abtretungsempfänger (BGHZ 26, 31), nach Konkurseröffnung auf Feststellung zur Konkurstabelle (BGH ZIP 80, 23), nicht aber der Übergang von einer Feststellungsklage zur Konkurstabelle auf eine Leistungs- oder Feststellungsklage wegen einer Masseschuld (BGHZ 105, 34 = WPM 88, 1350 = WuB VI B § 146 KO 1.88 – Fialski). Eine zulässige Antragsänderung ist die einseitige Erledigungserklärung des Klägers in der Revisionsinstanz (vgl BGH NJW 65, 537; Putzo NJW 65, 1018; Walchshöfer ZZP 79 [1968], 296).

Klarstellung wird im Revisionsverfahren in den Fällen nicht als Antragsänderung behandelt, „in denen die Änderung nur eine Beschränkung oder Modifikation des früheren Antrags darstellt und sich auf einen Sachverhalt stützt, der vom Tatrichter bereits gewürdigt worden ist" (BGH WPM 89, 1873, 1875). Unter dieser Voraussetzung wird es auch als zulässig angesehen, einen Hauptantrag in der Revisionsinstanz als Hilfsantrag zu verfolgen (BGH WPM 89, 1874, 1875 unter Berufung auf WPM 74, 1185, 1189), obwohl der Wechsel in der Eventualstellung der Anträge grundsätzlich eine in der Revisionsinstanz unzulässige Klageänderung ist (BGHZ 28, 131). Zu berücksichtigen ist auch eine erst drittinstanzlich erklärte Aufteilung des bezifferten Klageantrags auf verschiedene Einzelpositionen, weil darin nur die Heilung eines Verfahrensmangels gesehen wird (BGHZ 11, 195; NJW 90, 2068, 2069). Obwohl die Klageerweiterung in der Revisionsinstanz unzulässig ist, hat der BGH (WP 91, 600/601) einen vorinstanzlich nicht gestellten, aber unter **Verstoß gegen § 308 I** gleichwohl aberkannten Anspruch mitbeschieden unter der Voraussetzung, daß auf der Grundlage des festgestellten und unstreitigen Sachverhalts ohne Beschränkung der Verteidigungsmöglichkeiten des Gegners eine abschließende Entscheidung möglich und sachdienlich ist.

11 **III) Abs 2.** Die **Bindung** nach § 561 II gilt, gleichviel ob die Urteilsfeststellungen auf freier Überzeugungsbildung, auf gesetzlichen Beweisregeln, auf Geständnis, Nichtbestreiten, Allgemeinkundigkeit usw beruhen. Die Feststellungen sind nicht bindend, soweit Elemente der Tatsachenfeststellung wie Rechtsnormen behandelt werden, wenn also sog Denkgesetze und allgemeine Erfahrungsregeln eine Rolle spielen (§ 550 Rn 6 ff). Keine Bindung an tatsächliche Feststellungen, die vom Revisionsgericht von Amts wegen zu berücksichtigende Umstände betreffen (BGHZ 31, 282; 48, 15; NJW 69, 984). Bindend sind nur eindeutige Feststellungen, nicht in sich widersprüchliche (BGH WPM 88, 883). Fehlerhaft ist die Tatsachenfeststellung bei Übergehen eines Beweisantrages (BGH MDR 74, 399); das Revisionsgericht muß überprüfen, ob der Tatrichter alle für die Aufklärung dienlichen Beweise erhoben hat (BGH FamRZ 74, 644).

Auslegung individueller Willenserklärungen ist für das Revisionsgericht bindend (BAG AP § 133 BGB Nr 34 m zust Anm Schumann). Ist jedoch die Vertragsauslegung durch das Berufungsgericht in sich widersprüchlich, hat das zur Folge, daß eine das Revisionsgericht bindende tatrichterliche Vertragsauslegung fehlt (BGH FamRZ 80, 1104); ebenso, wenn erhebliche Auslegungsumstände unberücksichtigt geblieben sind (Verletzung des § 133 BGB). Kommen weitere Feststellungen über Auslegungsumstände nicht mehr in Betracht, kann der BGH selbst auslegen (BGHZ 65, 112; FamRZ 80, 1105; s § 550 Rn 10). Soweit es um wertende materiellrechtliche Subsumtion geht, prüft das Revisionsgericht selbständig, ohne daß es einer Verfahrensrüge bedarf (BGH WPM 91, 1131 = NJW 91, 1822: endgültige Erfüllungsverweigerung; BGH WPM 92, 72 = Warneyer 1991 Nr 287: schwere Verfehlung nach § 530 BGB).

562 [Nicht revisibles Recht]

Die Entscheidung des Berufungsgerichts über das Bestehen und den Inhalt von Gesetzen, auf deren Verletzung die Revision nach § 549 nicht gestützt werden kann, ist für die auf die Revision ergehende Entscheidung maßgebend.

I) § 549 unterscheidet zwischen **revisiblen** und **nicht revisiblen Rechtssätzen** (s § 549 Rn 3 ff). 1

II) Über das **Bestehen und den Inhalt von revisiblem Recht** kann das Revisionsgericht frei befinden, auch darüber, ob es sich bei AGB um überprüfbare inländische oder nicht überprüfbare ausländische handelt (BGH MDR 91, 144 = NJW 91, 36). 2

III) Dagegen steht das, was der Tatrichter als **bestehendes irrevisibles Recht und seinen Inhalt** festgestellt hat (§ 549 Rn 9), nach § 562 einer tatsächlichen Feststellung gleich, die das Revisionsgericht bindet. Die Revision kann allenfalls darauf gestützt werden, daß der Tatrichter offengelassen habe, ob deutsches oder ausländisches Recht anwendbar sei und zu unterschiedlichen Ergebnissen führe (BGH Warneyer 1991 Nr 29; sa § 549 Rn 1) oder bei seinen Ermittlungen Ermessensfehler begangen (BGH EWiR § 549 ZPO 1/90, 515 – Thode), insbesondere nicht alle ihm zugänglichen Erkenntnisquellen benützt habe (BGH NJW 88, 647 u 648; WPM 92, 1044 f u 1511; s auch § 549 Rn 14). Gerügt werden kann, daß der Tatrichter bei seiner Auslegung tatsächliche Behauptungen oder Beweisergebnisse übergangen hat, die von seinem Standpunkt aus für die Auslegung erheblich gewesen wären (BGHZ 3, 346; 24, 164; WM 77, 793). Es kann nicht gerügt werden, daß die einschlägigen Darlegungen des Tatrichters unvollständig seien (BGH WPM 88, 1434; NJW 88, 647 u 648; Gottwald IPRax 88, 210). 3

IV) Nur in **Ausnahmefällen** kann das Revisionsgericht irrevisibles Recht selbst auslegen oder berücksichtigen (§ 549 Rn 16). Zur Aufrechterhaltung eines Urteils nach § 563 kann auch nicht revisibles Recht herangezogen werden (BGHZ 24, 164; 40, 197), desgleichen grundsätzlich bei der Beurteilung eines Tatbestandes, den das Berufungsgericht übersehen hatte, ferner wenn eine nicht revisible Rechtsvorschrift erst nach Ergehen des angefochtenen Urteils erlassen wurde (BGHZ 36, 353) oder wenn der Tatrichter von ihrem Bestehen keine Kenntnis hatte (BGHZ 40, 197; Leipold ZZP 81, 1968, 72). Die Überprüfung steht nicht offen, wenn nach dem irrevisiblen Recht eine Vorfrage zu beantworten ist und die davon abhängige Hauptfrage dem revisiblen Recht angehört (BGH NJW 58, 830; 55, 1666). 4

563 [Zurückweisung der Revision]

Ergeben die Entscheidungsgründe zwar eine Gesetzesverletzung, stellt die Entscheidung selbst aber aus anderen Gründen sich als richtig dar, so ist die Revision zurückzuweisen.

I) Versehentliche Unrichtigkeiten werden vom Revisionsgericht kurzerhand berichtigt, zB eine den Entscheidungsgründen zu entnehmende, aber im Tenor fehlende Teilabweisung bei gequoteltem Grundurteil oder bei Hauptantrag und Hilfsantrag (BGH FamRZ 84, 878 zu III). Maßgebend ist, ob das objektive Recht die vorinstanzliche Entscheidung trägt. § 563 bezieht sich nicht auf die Fälle des § 551. Es ist nicht nur zu prüfen, ob eine Gesetzesverletzung vorliegt, sondern auch, ob sie das angefochtene Urteil beeinflußt hat (Problem des „Beruhens"; s § 550 Rn 6 ff). **Beispiele:** Das Urteil wird auch durch die verfahrensfehlerfrei getroffenen Feststellungen getragen. Selbstentscheidung des Revisionsgerichts ist geboten, wenn trotz fehlerhafter materiellrechtlicher Subsumtion das Ergebnis des angefochtenen Urteils auch durch die zutreffende Subsumtion gestützt wird (BGH FamRZ 84, 470, 472 zu 3; BGH NJW 84, 1807, 1809 zu III 2). 1

II) Da die Rechtskraft des Leistungsurteils den zugrunde liegenden materiellen Anspruch nicht umfaßt, ist ein Auswechseln der Anspruchsgründe im Revisionsverfahren zulässig. 2

III) Einzelfälle: Kommen für **Verspätungszurückweisung** mehrere zwingende Vorschriften in Betracht, dann darf das Revisionsgericht die Vorentscheidung auch mit einer vom Berufungsgericht nicht angewandten Bestimmung stützen, wenn diese keine Ermessensentscheidung voraussetzt (Deubner NJW 82, 1710). Soweit der BGH (NJW 82, 1708 [1710] unter irriger Berufung auf BGH NJW 81, 1217 [1218] u 2255 zu 2b) gegenteiliger Ansicht ist, verkennt er die Unterschiede zwischen zwingender und ins Ermessen gestellter Zurückweisung. Auch **irrevisibles Recht** kann zu einer Aufrechterhaltung des Urteils führen, wenn das Revisionsgericht nicht nach § 565 IV zurückverweist. Ebenso ist die Revision zurückzuweisen, wenn das Berufungsgericht offengelassen hatte, **ob deutsches oder ausländisches Recht** anzuwenden ist, seine Entscheidung aber nach beiden Rechtsordnungen richtig ist (BGH NJW 56, 1155; 63, 252; Steindorff JZ 63, 200). Erst recht ist das angefochtene Urteil aufrechtzuerhalten, wenn der Revisionskläger durch den **Rechtsfehler begünstigt** worden ist (Verbot der reformatio in peius, § 559 Rn 1). Ebenso, wenn ein **Verfahrensfehler vom Revisionsgericht richtiggestellt** werden kann (s § 561 Rn 10). Die Revision ist auch unbegründet, wenn der vorliegende **Rechtsfehler mit der Revision nicht gerügt** werden kann (zB 3

Geltendmachung eines Ablehnungsgrundes gegen einen vernommenen Sachverständigen erst in der Revision, BGH VRS 29, 430). Die Revision ist schließlich auch zurückzuweisen, wenn das Berufungsurteil sich infolge einer **zwischenzeitlichen Gesetzesänderung** als richtig darstellt (BGHZ 2, 324; 9, 101; 10, 282) oder sonst **neue Tatsachen,** soweit sie im Revisionsverfahren berücksichtigt werden können, die Rechtslage zugunsten des Revisionsklägers verändert haben (zB Wiedererlangen der Prozeßführungsbefugnis, deren bisheriges Fehlen der Tatrichter übersehen hatte).

4 **IV)** Aus Gründen der Prozeßökonomie kann das Revisionsgericht auch **offen lassen, ob eine Rechtsverletzung vorliegt,** wenn die Entscheidung – die Rechtsverletzung unterstellt – aus anderen Gründen richtig ist (ebenso StJ/Grunsky Rn 3). So bedarf es keiner Entscheidung darüber, ob das Berufungsgericht verfahrensfehlerhaft die Aufklärung bestimmter tatbestandlicher Voraussetzungen eines Anspruchs unterlassen hat, wenn dieser Anspruch aus anderen (materiell rechtlichen) Gründen nicht durchgreift. Ebenso kann offenbleiben, ob deutsches oder fremdes Recht anwendbar ist, wenn in beiden Fällen das revisionsrechtliche Ergebnis gleich ist (BGH NJW 91, 2218).

5 **V) Muß-Zurückverweisung,** wenn das Berufungsgericht wegen irriger Beurteilung der Schlüssigkeit trotz Säumnis des Beklagten die Berufung durch unechtes Versäumnisurteil zurückgewiesen hatte und der Beklagte auch in der Revisionsinstanz säumig ist (BGH MDR 87, 131 = NJW 86, 3085; BAG NJW 89, 61 u 733). Bei irriger Annahme des Berufungsgerichts, es sei im Schlußurteil zur Beurteilung des Grundes durch ein vorangegangenes Teilurteil gebunden, kann das Revisionsgericht unter den genannten Voraussetzungen über den Grund selbst entscheiden (BGH WPM 80, 1392). Bei einer Zurückweisung der Revision als unbegründet sind Berichtigungen des Berufungsurteils ohne sachliche Änderung möglich, etwa der Ausspruch des vom Berufungsgericht übergangenen Vorbehalts der Erbenhaftung nach § 780 (BGH WPM 83, 661 [663]).

564 *[Aufhebung des angefochtenen Urteils]*

(1) Insoweit die Revision für begründet erachtet wird, ist das angefochtene Urteil aufzuheben.

(2) Wird das Urteil wegen eines Mangels des Verfahrens aufgehoben, so ist zugleich das Verfahren insoweit aufzuheben, als es durch den Mangel betroffen wird.

1 **I) Zu Abs 1: 1) „Insoweit":** Die Aufhebung kann auf alle Teile des Berufungsurteils beschränkt werden, die nach §§ 310 ff Gegenstand einer selbständigen Entscheidung sein könnten, also auch die zur **Aufrechnung** gestellte Gegenforderung oder (so BGHZ 45, 287) das **Zurückbehaltungsrecht.** Bei **Klage und Widerklage** kann sich die Aufhebung auf eine von ihnen beschränken, sofern sie sich nicht überdecken; bei Streit über **Grund und Betrag** auf den letzteren (BAG NJW 62, 1637). Bei **Haupt-** und **Hilfsanspruch** ausnahmsweise Teilentscheidung über den unbegründeten und schon vom Berufungsgericht abgewiesenen Hauptanspruch durch Zurückweisung der Revision und Zurückverweisung wegen des vom Berufungsgericht fehlerhaft verneinten Hilfsanspruchs (BGH NJW 56, 1154). Hat das Berufungsgericht den Hauptanspruch abgewiesen und den Hilfsanspruch dem Grunde nach beschieden, dann muß das Berufungsurteil insoweit bestehenbleiben, wenn auf die Revision des Klägers wegen der Abweisung des Hauptanspruchs zurückzuverweisen ist; wird ihm im zweiten Berufungsverfahren stattgegeben, ist die frühere Entscheidung über den Hilfsantrag vom Berufungsgericht aufzuheben (BGHZ 106, 219 = MDR 89, 432 = JR 89, 328 mit Anm Orfanides). Da Berufung der Hauptpartei und ihres Streithelfers nur ein Rechtsmittel sind, muß einheitlich entschieden werden; Verstoß zwingt zur Aufhebung insgesamt (BGH MDR 82, 744 = NJW 82, 2069).

2 **2) Entscheidung.** Ist eine Teilaufhebung zulässig, so ist analog § 301 II dem Revisionsgericht ein Ermessensspielraum gegeben (BGH NJW 66, 2356). Mit dem angefochtenen Urteil sind auch die nach § 548 der Beurteilung des Revisionsgerichts unterliegenden **Vorentscheidungen** aufzuheben, wenn sie fehlerhaft sind und dem Urteil als Grundlage gedient haben, um für das neue Berufungsurteil die Bindung nach § 318 zu beseitigen. Wird ein aufhebendes Berufungsurteil aufgehoben, dann lebt die vorläufige Vollstreckbarkeit des erstinstanzlichen Urteils nicht wieder auf (KG MDR 89, 1110; Frankfurt NJW 90, 721).

3 **II) Abs 2.** Die **Aufhebung** kann sich beispielsweise auf eine unter Verletzung des rechtlichen Gehörs durchgeführte Beweisaufnahme beschränken mit der Folge, daß ihr Ergebnis im wiedereröffneten Berufungsverfahren nicht verwertet werden kann. Bei Teilaufhebung behalten die Verfahrensvorgänge ihre Bedeutung für die neue Berufungsverhandlung. Die Ergebnisse des neu durchzuführenden Verfahrens wirken auf alle beim Gericht noch anhängigen Ansprüche ohne Beschränkung auf die von der Revision betroffenen und ohne Verbot der reformatio in peius

(§ 539 Rn 33; § 565 Rn 2, 3). Bei fehlerhaft bejahter Bindung gem § 528 III ist die doppelt fehlerhafte Anwendung des Präklusionsrechts durch Zurückverweisung an das LG zu beheben (s Hermisson NJW 83, 2234 m Nachw). Wegen der Gerichtskosten des Revisionsverfahrens ist die Anwendung des § 8 GKG zu prüfen (s § 539 Rn 31 u BVerwG NJW 89, 730; JurBüro 90, 615).

565 *[Zurückverweisung; eigene Sachentscheidung]*

(1) Im Falle der Aufhebung des Urteils ist die Sache zur anderweiten Verhandlung und Entscheidung an das Berufungsgericht zurückzuverweisen. Die Zurückverweisung kann an einen anderen Senat des Berufungsgerichts erfolgen.

(2) Das Berufungsgericht hat die rechtliche Beurteilung, die der Aufhebung zugrunde gelegt ist, auch seiner Entscheidung zugrunde zu legen.

(3) Das Revisionsgericht hat jedoch in der Sache selbst zu entscheiden:

1. **wenn die Aufhebung des Urteils nur wegen Gesetzesverletzung bei Anwendung des Gesetzes auf das festgestellte Sachverhältnis erfolgt und nach letzterem die Sache zur Endentscheidung reif ist;**
2. **wenn die Aufhebung des Urteils wegen Unzuständigkeit des Gerichts oder wegen Unzulässigkeit des Rechtswegs erfolgt.**

(4) Kommt in den Fällen der Nummern 1 und 2 für die in der Sache selbst zu erlassende Entscheidung die Anwendbarkeit von Gesetzen, auf deren Verletzung die Revision nach § 549 nicht gestützt werden kann, in Frage, so kann die Sache zur anderweiten Verhandlung und Entscheidung an das Berufungsgericht zurückverwiesen werden.

I) Abs 1. Zurückverweisung an Berufungsgericht, gegebenenfalls einen anderen (sachkundigen: BGH VersR 86, 1079, 1080) Senat, was Art 101 I 2 GG nicht verbietet (BVerfGE 20, 336). Wird nach Aufhebung eines Teilurteils an einen anderen Senat zurückverwiesen, so hat dieser auch den in der Berufungsinstanz anhängig gebliebenen Teil des Streitgegenstandes zu erledigen (BGH LM § 765 BGB Nr 1); auch bei Zurückverweisung an einen anderen Senat sind Richter, die am Ersturteil mitgewirkt haben, nicht ausgeschlossen (BVerfG NJW 75, 1241). Möglich ist **Zurückverweisung an das LG**, wenn das Berufungsgericht bei richtiger Entscheidung seinerseits hätte zurückverweisen müssen (BGHZ 16, 82; NJW-RR 94, 379). Wenn ein Vorbehaltsurteil bei zulässiger Aufrechnung vom Berufungsgericht bestätigt wurde, obwohl Forderung und Gegenforderung in rechtlichem Zusammenhang stehen, ist auch auf Revision des Beklagten regelmäßig zurückzuverweisen (BGHZ 25, 360). 1

II) Abs 2. 1) Durch die Zurückverweisung wird die untere Instanz wieder eröffnet (RGZ 158, 196); die **frühere Verhandlung bildet mit der neuen eine Einheit.** Möglich hiernach Erhebung neuer Ansprüche (BGH NJW 63, 444) sowie Erweiterung auf einen Anspruchsteil, der dem Kläger im ersten Rechtszug noch nicht rechtskräftig aberkannt wurde (BGH NJW 63, 444; München FamRZ 84, 491, 492). Neue Behauptungen und Einführung neuer Beweismittel möglich, allerdings auch Zurückweisung nach §§ 527, 528. Frühere Beweisaufnahmen brauchen nicht wiederholt zu werden (vgl § 398), wenn das Verfahren insoweit nicht aufgehoben worden ist (§ 564 II); andere Würdigung der Ergebnisse ist nicht ausgeschlossen (BAG AP Nr 10 zu § 565 ZPO). Zum **Verschlechterungsverbot** s § 536 Rn 13 u § 539 Rn 33. 2

2) Keine **Bindung des Berufungsgerichts** an seine früheren tatsächlichen Feststellungen und seine frühere Rechtsansicht (BGH NJW 69, 661). Das Berufungsgericht ist aber an frühere Vorentscheidungen, auch aufhebende (§ 539), nach § 318 gebunden, wenn sie nicht vom Revisionsgericht ebenfalls aufgehoben worden sind (BGH NJW 92, 2831 = MDR 92, 1180). An die **Rechtsansicht des Revisionsgerichts** ist das Berufungsgericht insoweit gebunden, als sie der Aufhebung zugrunde liegt (§ 318 Rn 14; § 538 Rn 7), nicht an eine sonstige Begründung, insbesondere nicht an Voraussetzungen, die keine Rechtssätze darstellen (BGH MDR 82, 399). Der Bindung kann sich das Untergericht auch nicht mit der Begründung entziehen, die Auffassung des Rechtsmittelgerichts sei „greifbar gesetzwidrig" (s BGH NJW 94, 2956). Die Bindung des Berufungsgerichts entfällt, wenn sich der Sachverhalt in tatsächlicher Hinsicht ändert (BGH VersR 90, 1348, 1349). Bei Zurückverweisung ist sie auf die ratio decidendi des Revisionsurteils beschränkt, soweit es die vorinstanzliche Rechtsauffassung verwirft. Obiter dicta binden nicht; für die aufhebende Entscheidung sind auch bestätigende Ausführungen des Revisionsgerichts obiter dicta, da auf ihnen nicht die zur Zurückverweisung führende Entscheidung beruhen kann. Dadurch erklärt es sich, daß die Vorinstanz ihre ursprüngliche Rechtsauffassung aufgeben darf, weil und soweit sie vom Revisionsgericht gebilligt worden ist (Riezler AcP 139, 192). Aufgabe des Revisionsgerichts ist es angesichts dessen, die Entscheidungskausalität seiner Ausführungen in den eigenen Entscheidungsgründen deutlich herauszustellen. Wird die revisionsrichterliche Ent- 3

scheidung darauf abgefragt, auf welchen der angeführten Gründe die Aufhebung beruht, dann lassen sich so gut wie alle Zweifel klären. Insbesondere wird dann eindeutig, daß niemals die (wünschenswerten!) Richtlinien für das neue Verfahren und die neue Entscheidung an der Bindungswirkung teilnehmen, und daß bei Aufhebung wegen eines Verfahrensmangels keine sachlichrechtliche Bindung des Berufungsgerichts begründet wird (BGHZ 3, 321; NJW 88, 498).

4 3) An die **Auslegung des Klageantrages** durch das Revisionsgericht ist das Berufungsgericht gebunden (BGH NJW 63, 956). Die stillschweigende Bejahung der Parteifähigkeit durch das Revisionsgericht bindet nicht (BGH MDR 59, 121), desgleichen nicht die stillschweigende Annahme des Vorliegens unverzichtbarer Prozeßvoraussetzungen, da diese konkludente Prämisse nicht ratio decidendi der Aufhebung ist. Die Frage der Verfassungsmäßigkeit des anzuwendenden Gesetzes ist von der Bindung nach Abs 2 nicht ausgenommen, so daß das Berufungsgericht nicht mehr an das BVerfG vorlegen darf, wenn das Revisionsgericht die Verfassungsmäßigkeit bejaht hatte (BVerfGE 2, 406). Der BGH ist nicht mehr an seine eigene Auffassung gebunden, wenn er sie inzwischen geändert und verlautbart hat (BGHZ 60, 392; s dazu Sommerlad NJW 74, 123; Tiedtke JZ 78, 626). Folgerichtig entfällt auch die Bindung des Berufungsgerichts, wenn die höchstrichterliche Praxisänderung nach Erlaß des Revisionsurteils bekannt wird (BGHZ 60, 397; BAG BB 81, 647).

5 4) **Gesetzesänderungen** nach Erlaß des Revisionsurteils muß das Berufungsgericht beachten. Kommt es zu anderen tatsächlichen Feststellungen, so kann es sie selbständig würdigen (BGH FamRZ 85, 691, 692; NJW 83, 1496, 1497). In Unterhaltssachen darf darüber hinaus ein neuer Sachverhalt statt durch selbständige Abänderungsklage (§ 323) schon im zweiten Berufungsverfahren durch Anschlußberufung (BGH LM § 323 ZPO Nr 4) oder Berufungserweiterung (BGH NJW 85, 2029 = Warneyer 1985 Nr 111) geltend gemacht werden.

6 5) In gleichgelagerten Sachen ist das Berufungsgericht an die Rechtsansicht des Revisionsgerichts nicht gebunden (RG JW 37, 2229).

7 6) Die Entscheidungsreife kann fehlen, wenn eine entscheidungserhebliche Rechtsfrage der **Vorentscheidung** durch einen anderen Spruchkörper oder ein anderes Gericht vorbehalten ist. In Betracht kommen kann die Vorlegung nach §§ 136 ff GVG oder an den Gemeinsamen Senat der obersten Gerichtshöfe des Bundes, die Vorlegung an das BVerfG nach Art 100 oder Art 126 GG sowie die Vorlegung an den EuGH nach Art 177 EWG-Vertrag (vgl Boie NJW 76, 1570).

8 **III) Abs 3** wird vom BGH (BGHZ 33, 401) als Ausdruck des allgemeinen Rechtsgrundsatzes verstanden, wonach das Revisionsgericht aus Gründen der Prozeßökonomie abschließend entscheiden soll, wenn auf Grund des feststehenden Sachverhalts Entscheidungsreife gegeben ist (BGH NJW 93, 2178/2179 spricht von „gesetzlicher Pflicht" zur eigenen Sachentscheidung). So erklärt sich auch Wiedereinsetzung gegen Versäumung der Berufungsbegründungsfrist durch den BGH bei eindeutiger Sachlage (BGH VersR 82, 187; NJW 82, 1873). **„In der Sache selbst"** bedeutet ersetzende, nicht notwendig sachliche Entscheidung.

9 1) Eine **Prozeßentscheidung** kommt in Betracht, wenn das Revisionsgericht im Gegensatz zur Vorinstanz die Klage aus einem anderen Grunde (zB Wegfall des Feststellungsinteresses, BGHZ 18, 98; fehlende Prozeßfähigkeit, BGH WPM 86, 58; BGH NJW-RR 87, 57), als unzulässig abweist oder die vom Berufungsgericht als zulässig angesehene Berufung verwirft. Das Revisionsgericht kann auch eine Verweisungsentscheidung treffen; bei noch möglicher Zuständigkeitsprüfung und in der Revisionsinstanz nachgeholtem oder in der Vorinstanz nicht beachtetem Verweisungsantrag kann es die Sache gem § 281 an das zuständige Gericht verweisen (BGHZ 12, 53; 13, 146) oder in einen anderen Rechtsweg (BGHZ 22, 71, auch 40, 1; s nunmehr jedoch den Grundsatz der Vorabentscheidung in § 17a GVG nF, s dort). Hat das Berufungsgericht das schon erstinstanzliche Fehlen einer Prozeßvoraussetzung übersehen, dann kann das Revisionsgericht unmittelbar in die erste Instanz zurückverweisen, wenn seiner Ansicht nach auch das OLG so hätte vorgehen sollen (BGH NJW 92, 2099; sehr zweifelhaft, siehe Schneider JR 88, 466).

10 2) Eine abschließende **sachliche Entscheidung** nach Nr 1 wird dann getroffen, wenn sie in vollem Umfang ersetzt.

11 Eine sachliche Entscheidung des Revisionsgerichts setzt voraus, daß die tatsächlichen Feststellungen getroffen und weitere entgegenstehende nicht mehr zu erwarten sind (BGH VersR 90, 1348, 1349; NJW 92, 436). Daran fehlt es regelmäßig, wenn die Vorinstanz die Klage als unzulässig abgewiesen oder die Berufung verworfen hatte; hilfsweise Ausführungen zur Sache gelten dann als nicht geschrieben (BGHZ 11, 222; NJW 90, 2125, 2126). Das Revisionsgericht kann jedoch die von der Vorinstanz als unzulässig abgewiesene Klage dann als unbegründet abweisen, wenn der Klagevortrag nach jeder Richtung unschlüssig und die Möglichkeit auszuschließen ist, daß der Kläger seinen Anspruch durch Einführung neuen Prozeßstoffs noch schlüssig machen könnte (BGH NJW 54, 150; 78, 2031; MDR 76, 469; WPM 78, 470). Ebenso wenn das Berufungsgericht die erforderlichen tatsächlichen Feststellungen getroffen hat und neuer Tatsachenvortrag nicht

mehr zu erwarten ist (BGHZ 46, 281; 65, 112; NJW 92, 2082). Jedoch kein Eingehen auf Hilfserwägungen des Berufungsgerichts zur Begründetheit, wenn es die Klage oder die Berufung als unzulässig angesehen hat (BGH MDR 76, 138; BGHZ 11, 222; 31, 279; 33, 401; 46, 281). Hat das Berufungsgericht die Klage wegen fehlenden Rechtsschutzinteresses abgewiesen, so kann das Revisionsgericht die Klage bei Vorliegen der entsprechenden sachlichen Voraussetzungen als unbegründet abweisen (BGHZ 12, 308; WPM 78, 470). Das Revisionsgericht kann schließlich der vom Berufungsgericht als unzulässig verworfenen Klage auch stattgeben, wenn es dem Urteil denselben Sachverhalt zugrunde legen kann, auf dem die Prozeßabweisung beruhte, und wenn dieser Sachverhalt unstreitig ist (BGH MDR 76, 469). Kritisch zu all diesen Fällen Arens AcP 161, 177; Baur JZ 54, 326. Zur **Auslegungsbefugnis des Revisionsgerichts,** s § 550 Rn 10, zur eigenen Subsumtion bei unbestimmten Rechtsbegriffen s BGH NJW 93, 2178/2179.

3) Dagegen ist es nicht möglich, daß im Wege der ersetzenden Entscheidung gegen den 12 Rechtsmittelbeklagten **ein Versäumnisurteil erlassen** wird, das das Berufungsgericht wegen dessen Säumnis im Berufungsverfahren gem § 542 hätte erlassen müssen. Generell kann ein Rechtsmittelgericht kein Versäumnisurteil erlassen wegen einer Säumnis, die in der Vorinstanz stattfand; es kann auch nicht durch ein kontradiktorisches Urteil aus einer solchen Säumnis nachträglich Konsequenzen ziehen (BGH MDR 96, 523).

IV) Abs 4 stellt klar, daß das Revisionsgericht zwar zurückverweisen kann, wenn die eigene 13 Entscheidung die Anwendung irrevisiblen Rechts erfordern würde, daß es aber nicht zurückverweisen muß, also trotz § 562 irrevisibles Recht selbst anwenden kann (RG JW 32, 240).

565a

[Keine Begründung der Entscheidung bei Rügen von Verfahrensmängeln]

Die Entscheidung braucht nicht begründet zu werden, soweit das Revisionsgericht Rügen von Verfahrensmängeln nicht für durchgreifend erachtet. Dies gilt nicht für Rügen nach § 551.

Lit: *Lücke,* Begründungszwang und Verfassung, 1987, S 194 ff, 223. Die Vorschrift bezweckt die 1 Entlastung des Revisionsrichters von Schreibarbeit und entspricht damit den Erleichterungen für die erste Instanz (§§ 313 II, III, 313a I) und das Berufungsgericht (§ 543).

Die Verneinung eines absoluten Revisionsgrundes (§ 551) muß begründet werden. 2

566

[Anzuwendende Vorschriften des Berufungsverfahrens]

Die für die Berufung geltenden Vorschriften über die Anfechtbarkeit der Versäumnisurteile, über die Verzichtleistung auf das Rechtsmittel und seine Zurücknahme, über die Vertagung der mündlichen Verhandlung, über die Rügen der Unzulässigkeit der Klage, über den Vortrag der Parteien bei der mündlichen Verhandlung und über die Einforderung und Zurücksendung der Prozeßakten sind auf die Revision entsprechend anzuwenden.

I) Im allgemeinen gelten die Vorschriften über das **landgerichtliche Verfahren** in erster In- 1 stanz (§ 557). Da das Revisionsverfahren ein Rechtsmittelverfahren ist, sind in § 566 auch einige Vorschriften des **Berufungsverfahrens** für entsprechend anwendbar erklärt (zur Rüge aus § 112 II s BGH AnwBl 90, 392). § 542 II ist nicht für entsprechend anwendbar erklärt, gilt aber dennoch sinngemäß; im übrigen sind für die **Säumnisse** im Revisionsverfahren die Vorschriften für den ersten Rechtszug entsprechend anzuwenden (§ 577 Rn 2–4).

II) Anwendbare Vorschriften: Für die Anfechtung von **Versäumnisurteilen** der Vorinstanz mit 2 Revision bzw Anschlußrevision gelten die §§ 513, 521 II (vgl § 556 II, III) entsprechend (§ 545 Rn 5), wobei weder eine Mindestbeschwer erforderlich ist (BGH MDR 79, 127 = ZZP 92 [1979], 370 m zust Anm Grunsky) noch nach § 554b abgelehnt werden darf (BGH WPM 78, 336; VersR 81, 1056). Für den **Verzicht** auf die Revision (BGH NJW-RR 92, 567) und ihre **Zurücknahme** sind die §§ 514, 515 (zur weiten Auslegung des § 515 III S 2 in der Rev: Gehrlein NJW 94, 2274 und BGH RR 95, 573) entsprechend anzuwenden; Einverständnis gem § 313a ist wegen §§ 551 Nr 7, 561 als Verzicht auf die Revision zu deuten. **Parteivortrag:** § 526.

III) Gebühren: 1) des **Gerichts:** Keine. Bezüglich einer Ermäßigung der allgemeinen Verfahrensgebühr infolge 3 Zurücknahme der Revision oder der Klage in der Revisionsinstanz s KV 1231. – **2)** des **Anwalts:** Der Antrag, den Rechtsmittelführer seines Rechtsmittels für verlustig zu erklären und ihm die Kosten aufzuerlegen, gehört zum (dritten) Rechtszug (§ 37 Nr 7 BRAGO). Verhandlung über die Kosten: § 515 Rn 35.

566a *[Sprungrevision]*

(1) Gegen die im ersten Rechtszug erlassenen Endurteile der Landgerichte kann mit den folgenden Maßgaben unter Übergehung der Berufungsinstanz unmittelbar die Revision eingelegt werden.

(2) Die Übergehung der Berufungsinstanz bedarf der Einwilligung des Gegners. Die schriftliche Erklärung der Einwilligung ist der Revisionsschrift beizufügen; sie kann auch von dem Prozeßbevollmächtigten des ersten Rechtszuges abgegeben werden.

(3) Das Revisionsgericht kann die Annahme der Revision ablehnen, wenn die Rechtssache keine grundsätzliche Bedeutung hat; § 554b Abs. 2, 3 ist anzuwenden. Die Revision kann nicht auf Mängel des Verfahrens gestützt werden.

(4) Die Einlegung der Revision und die Erklärung der Einwilligung (Absatz 2) gelten als Verzicht auf das Rechtsmittel der Berufung.

(5) Verweist das Revisionsgericht die Sache zur anderweitigen Verhandlung und Entscheidung zurück, so kann die Zurückverweisung nach seinem Ermessen auch an dasjenige Oberlandesgericht erfolgen, das für die Berufung zuständig gewesen wäre. In diesem Falle gelten für das Verfahren vor dem Oberlandesgericht die gleichen Grundsätze, wie wenn der Rechtsstreit auf eine ordnungsmäßig eingelegte Berufung beim Oberlandesgericht anhängig geworden wäre.

(6) Die Vorschrift des § 565 Abs. 2 ist in allen Fällen der Zurückverweisung entsprechend anzuwenden.

(7) Von der Einlegung der Revision nach Absatz 1 hat die Geschäftsstelle des Revisionsgerichts innerhalb vierundzwanzig Stunden der Geschäftsstelle des Landgerichts Nachricht zu geben.

1 **I) Abs 1. Sprungrevision. Zulässig** gegen alle nach §§ 511, 511a berufungsfähigen („unter Übergehung der Berufungsinstanz", also nicht bei § 545 II) Urteile der Landgerichte in vermögensrechtlichen wie in nichtvermögensrechtlichen Streitigkeiten ohne Rücksicht darauf, ob der Wert der Beschwer DM 60 000 übersteigt oder bei der Entscheidung des OLG nur die Zulassungserklärung nach § 546 I die Revisibilität bewirken würde (BGHZ 69, 354 m Nachw S 358).

2 **II) Abs 2.** Die schriftliche **Einwilligungserklärung** (s Bepler NJW 89, 686) unterliegt dem Anwaltszwang (BGH VersR 80, 772) und ist unwiderruflich. Der Schriftform steht gleich die Erklärung zu gerichtlichem Protokoll (BSG MDR 90, 576). Nachbringen der Einwilligung ist zulässig (BAG NJW 79, 2422), aber nur während der Revisionsfrist möglich (BGHZ 16, 192); nach BGHZ 92, 76 genügt nur fristgerechte Einreichung des handschriftlich unterzeichneten Originals, was zu formalistisch sein dürfte. Die Einwilligung kann auch telegrafisch oder telekopisch erteilt werden (BGH LM Nr 1 zu § 33 VVG). Vor Erlaß des LG-Urteils und sogar vor Klageerhebung können die Parteien außerhalb des Anwaltszwanges wirksam Sprungrevision vereinbaren (BGH MDR 86, 313 = NJW 86, 198). Verweigert der Gegner trotz wirksamer Vereinbarung die Abgabe der schriftlichen Einwilligungserklärung, dann kann er sich wegen arglistigen Verhaltens nicht auf den Berufungsverzicht des Gegners berufen (BGH MDR 86, 313 = NJW 86, 198).

3 **III) Abs 3.** Siehe die Erläuterungen zu § 554b. Auch §§ 554 III Nr 2, 556 II 4 sind entsprechend anzuwenden, so daß der Revisionskläger die **grundsätzliche Bedeutung** der Sache darzulegen hat (Vogel NJW 75, 1302). Die sonst von Amts wegen zu beachtenden **Verfahrensmängel** sind auch bei zulässiger Sprungrevision zu beachten (RGZ 151, 66), im übrigen sind Verfahrensrügen unbeachtlich.

4 **IV) Abs 4.** Die Verzichtswirkung ist endgültig, so daß auch dann keine Berufung mehr eingelegt werden kann, wenn die Annahme der Sprungrevision abgelehnt (§ 566a III) oder die Sprungrevision zurückgenommen wird oder sich als unzulässig erweist (RGZ 146, 209). Ist bereits Berufung eingelegt worden, steht das der Sprungrevision nicht entgegen (RGZ 154, 146).

5 **V) Abs 5 und 6. Zurückverweisung** statt an das LG an das OLG. Dann folgt das weitere Verfahren den Regeln über die Berufung. Eine Berufungsbegründung braucht nicht mehr eingereicht zu werden. Das OLG darf nicht weiter an das LG zurückverweisen. Entscheidet das LG nach Zurückverweisung und wird gegen dessen Urteil Berufung eingelegt, so ist das Berufungsgericht an die Aufhebungsansicht des Revisionsgerichts gebunden.

6 **VI) Abs 7. Benachrichtigung** wegen des Rechtskraftzeugnisses (§ 706); Akteneinforderung vom LG: §§ 544, 566.

7 **VII) Gebühren: 1)** des **Gerichts:** Der Ablehnungsbeschluß ist gebührenfrei (§ 1 I GKG). – Wenn der BGH (Revisionsgericht) auf Sprungrevision die Sache an das LG (Gericht der unteren Instanz) zurückverweist, so bildet gemäß § 33 GKG das weitere Verfahren mit dem früheren Verfahren vor dem LG eine einheitliche Gebühreninstanz (§ 27 GKG). Verweist das Revisionsgericht die Sache an das OLG, das für die Berufung zuständig gewesen wäre, und nicht an das LG zurück

b) Bei **Streitwertbeschwerden** kommt wegen § 25 I 4 GKG (Änderungsverbot, sobald Hauptsache 6 Monate rechtskräftig erledigt ist), Verwirkung praktisch nicht mehr in Betracht. 11

c) **Verfahrensrechtliche Überholung** (s dazu Kahlke ZZP 95 [1982], 288) kann die Beschwerde wegen Wegfall des Rechtsschutzbedürfnisses unzulässig machen (BVerfGE 49, 329; 50, 49; BayObLG FamRZ 90, 551). Das ist der Fall, wenn sich das laufende Verfahren vor Entscheidung des Beschwerdegerichts erledigt und eine spätere Beschwerdeentscheidung den Beschwerdeführer nicht mehr besserstellen könnte (BGH RR 95, 765). Beispiele: Der Antrag auf einstweilige Einstellung der Zwangsvollstreckung nach zeitlich begrenzter Unterlassungsverurteilung erledigt sich durch Zeitablauf (BGH Warneyer 79 Nr 195); einstweilige Einstellung nach unbedingter Aufhebung des Pfändungsbeschlusses (Köln JurBüro 80, 1090); Erinnerung oder Beschwerde wegen fehlerhafter Vollstreckung, wenn diese durch Befriedigung des Gläubigers erledigt ist (Köln MDR 84, 60; OLGZ 1988, 214; MDR 89, 464). In solchen Fällen muß die Hauptsache für erledigt erklärt werden, anderenfalls die Beschwerde zu verwerfen ist (BGH MDR 82, 473 [474]; Hamburg FamRZ 79, 532). In allen Fällen verfahrensrechtlicher Überholung muß die Beschwerde anfänglich zulässig gewesen sein; tatsächliche Erledigung oder eine entsprechende Behauptung des Beschwerdeführers eröffnen keine verschlossene Instanz. Nach Zweibrücken (FamRZ 85, 614) kann das Rechtsschutzbedürfnis auch deshalb fehlen, weil die Herbeiführung einer möglichen verfahrensrechtlichen Überholung versäumt wird: Beschwerde statt Berichtigung nach § 319 bei offenbarer Unrichtigkeit. 12

Zum Problem der Überholung im Fall der Beschwerde gegen die Zurückweisung eines Gesuchs auf **Richterablehnung**, wenn die Hauptsache in der Zwischenzeit entschieden wurde, s § 46 Rn 18. 13

5) Die Beschwerde kann (ebenso wie die Erinnerung: Koblenz Rpfleger 82, 295) wirksam **eingelegt werden,** sobald die anzufechtende **Entscheidung erlassen ist,** also nicht vorsorglich gegen zu erwartende Entscheidungen (Koblenz AnwBl 86, 401; Hamm Rpfleger 79, 461). Der Erlaß liegt bei zu verkündenden Beschlüssen im Akt der Verkündung; bei zustellungsbedürftigen Entscheidungen gelten die allgemeinen Grundsätze; es kommt nicht auf die wirksame Zustellung, sondern darauf an, daß die Entscheidung mit dem Willen, sie zu erlassen, herausgegeben wurde (vgl § 329 Rn 6, 18). 14

6) Für den **Verzicht** gilt § 514 entsprechend (Folge: Unzulässigkeit). Verzicht auf Begründung einer Entscheidung in erster Instanz kann zugleich Beschwerdeverzicht sein (s Hamm NJW-RR 93, 827, 94, 1407; 96, 509; Brandenburg NJW-RR 95, 1212; einschränkend Hamm NJW-RR 95, 1213). Zur **Zurücknahme** s § 573 Rn 19. 15

Der **Wiederholung** der Beschwerde steht die Zurücknahme in der Regel nicht entgegen (Frankfurt MDR 55, 487). Auch die wegen formeller Mängel als unzulässig verworfene Beschwerde kann wiederholt werden (bei BayObLG FamRZ 82, 1129), bei sofortiger Beschwerde nur, wenn die Beschwerdefrist noch läuft. Soweit Beschlüsse der materiellen Rechtskraft fähig sind (s § 329 Rn 14), steht diese allerdings einer Wiederholung entgegen (BayObLG Rpfleger 81, 401; München Rpfleger 83, 294; LG Wiesbaden NJW 86, 939), gleichgültig ob es sich um eine einfache oder um eine sofortige Beschwerde handelt; zur Gegenvorstellung s Rn 22. 16

Soweit die Beschwerde sachlich verbeschieden wurde, ist eine Wiederholung grundsätzlich unstatthaft. Die Partei ist jedoch durch eine Beschwerdeentscheidung nicht gehindert, bei **Änderung der Verhältnisse** einen neuen Ausgangsantrag in erster Instanz zu stellen. Dieses hat zunächst zu prüfen, ob tatsächlich neue Umstände vorliegen; anderenfalls hat es schon in Folge seiner Bindung an die Beschwerdeentscheidung den neuen Antrag ohne Sachprüfung abzuweisen (RGZ 37, 385; Hamburg MDR 52, 367). Diese Entscheidung ist ihrerseits aber wieder beschwerdefähig (Bamberg NJW 65, 2407; Frankfurt NJW 74, 1389), allerdings nur darauf überprüfbar, ob tatsächlich erhebliche neue Tatsachen vorliegen.

7) Praktische Bedeutung haben die **Eingaben von Querulanten (Lit:** *Günter* DRiZ 77, 239; *Engel,* Rpfleger 81, 81 [Zwangsversteigerungsverfahren]; *Klag,* Die Querulantenklage in der Sozialgerichtsbarkeit, 1980; *Dinger/Koch,* Querulanz in Gericht und Verwaltung, 1992). Ehrverletzenden Äußerungen in Schriftsätzen (Walchshöfer MDR 75, 11), systematisch wiederholten Ablehnungs- und Beschwerdeanträgen als Ausdruck der Mißachtung (Koblenz MDR 77, 425) oder unflätigen Beschimpfungen in Schriftsätzen (Hamm NJW 76, 978; Koblenz MDR 87, 433) wird am sachgerechtesten durch **Verneinung des Rechtsschutzbedürfnisses** begegnet. Wird die **Bescheidung** der Eingabe des Querulanten **abgelehnt,** dann muß wegen Art 103 I GG (einmal!) angekündigt werden, daß Anträge oder Beschwerden in Zukunft wegen Fehlens des Rechtsschutzbedürfnisses keine schriftliche Entscheidung mehr veranlassen. Es besteht also keine Pflicht zur wiederholten Bescheidung (BVerfGE 2, 231 ff [betr wiederholte Petitionen]). Gezieltem Mißbrauch von Anträgen und Beschwerden zur Blockierung des Verfahrens ist durch Fortführung unter Nichtbeachtung der unzulässigen Anträge zu begegnen (Köln ZIP Rpfleger 1980, 233; LG Trier Rpfleger 91, 70; BayVGH BRAK-Mitt 82, 86; s auch Schneider MDR 86, 641). 17

18 **II) Die außerordentliche Beschwerde wegen greifbarer Gesetzwidrigkeit:** In die Rechtsprechung (Nachweise zur geschichtlichen Entwicklung bei Braun ZZR 106, 236 ff, zum Zusammenhang mit den neueren gesetzgeberischen Vereinfachungs- und Entlastungsmaßnahmen s Voßkuhle NJW 95, 1377) hat es Eingang gefunden, eine an sich nicht eröffnete (oder gesetzlich ausgeschlossene) Beschwerde unter dem Gesichtspunkt der „greifbaren Gesetzwidrigkeit" als außerordentliche Beschwerde zuzulassen, wenn die Entscheidung nach Meinung des an sich unstatthaft angerufenen Beschwerdegerichts grob fehlerhaft ist. Was sich hinter der Formel „greifbare Gesetzwidrigkeit" verbirgt, ist von sehr unterschiedlichem Inhalt und Gewicht, und sprachlich schwer zu fassen (vgl Glosse von Büttner FamRZ 89, 129). Wesentlicher Pate dieser Rechtsprechung ist das Bundesverfassungsgericht, daß einerseits unter Berufung auf das verfassungsrechtliche Willkürgebot in die einfache Gesetzesauslegung durch die Fachgerichtbarkeiten eingriff, andererseits unter dem Druck der Vielzahl von Verfassungsbeschwerden, die – und das nicht immer unbegründet – auf Willkür oder die Versagung rechtlichen Gehörs gestützt werden, auf Selbstabhilfe durch die Fachgerichtbarkeiten drängte (Stichwort „Anhörungsrüge"; vgl dazu Benda ZZP 104, 244, der äußerte, sollten die Mahnungen an Richter und Gesetzgeber weiterhin unbeachtet bleiben, werde sich „der Konflikt zu den Fachgerichten noch erweitern, weil so die politisch nicht durchsetzbare Anhörungsrüge im Wege der Rechtsprechung erzwungen" würde).

18a 1) **In der Rechtsprechung des BGH** hat die außerordentliche Beschwerde seit langem Eingang gefunden (BGHZ 28, 350 WM 86, 178; NJW-RR 86, 1263; NJW 89, 2625; 90, 840; 90, 1794; 92, 983; 93, 135; 93, 1865), wenngleich sie meist ohne sachlichen Erfolg für den Beschwerdeführer blieb. Insbesondere neuerdings betont der BGH aber, daß sie „auf wirkliche Ausnahmefälle krassen Unrechts" zu beschränken sei (NJW 90, 1795; 93, 1865); solches sei gegeben, wenn die Entscheidung mit der geltenden Rechtsordnung schlechthin unvereinbar ist, weil sie jeder rechtlichen Grundlage entbehrt und dem Gesetz inhaltlich fremd ist (BGHZ 109, 41/43 = NJW 1990, 840; BGHZ 119, 372 = NJW 93, 135).

In der **Rechtsprechung der Oberlandesgerichte** ist der Anwendungsbereich breit gestreut, beispielsweise im PKH-Recht (KG RR 96, 58; s auch § 127 Rn 33a), bei gerichtlicher Untätigkeit oder unangemessen langer Terminierung (Karlsruhe NJW 84, 985; Köln OLGZ 85, 122), Verletzung der gerichtlichen Fürsorgepflicht (Hamburg ZMR 91, 27), übereilte und nicht hinreichend begründete (positive) Ablehnungsentscheidung (Oldenburg NJW-RR 95, 830, vgl auch § 46 II ZPO), sonstiger „offensichtlicher" Verfahrensfehler (Zweibrücken FamRZ 86, 1229, Koblenz FamRZ 91, 100; NJW-RR 95, 1378) sowie eine fehlerhafte Einstellung der Zwangsvollstreckung (vgl § 707 Rn 22, § 769 Rn 13).

In der neuen Literatur mehren sich die zur Zurückhaltung mahnenden Stimmen (MK/Braun Rn 9/10; StJ/Grunsky Rn 9/10, der auch ein Bedürfnis für die Zulassung der außerordentlichen Beschwerde verneint; Chlosta NJW 93, 2160; Braun ZZR 106, 233/236).

19 2) **Stellungnahme:** Angesichts des Umfangs, in dem die außerordentliche Beschwerde wegen greifbarer Gesetzwidrigkeit in die Praxis Eingang gefunden hat (das gilt allerdings nur für die Beschwerde, nicht aber im Urteilsverfahren, s zB München OLGR 95, 129, str, aA zB Voßkuhle NJW 95, 1377/1380 mN), stellt sich die Frage nach dem „Ob" nicht mehr. Im Hinblick auf das verfassungsrechtliche Rechtsstaatsgebot wird der außerordentlichen Beschwerde eine sachliche Berechtigung auch nicht ganz abzusprechen sein. Es wäre unserem heutigen Rechtsverständnis nur schwer zu vermitteln, daß ein – wenn auch aufgrund einer unstatthaften Beschwerde – befaßtes Rechtsmittelgericht eine offensichtliche und unzweifelhaft grob fehlerhafte Entscheidung durch Verwerfung des Rechtsmittels im Ergebnis „bestätigt". Die vom BGH vertretene restriktive Linie, die Korrektur auf wirkliche Ausnahmefälle krassen Unrechts zu beschränken ist jedoch richtig, ja unverzichtbar, soll nicht das ganze System des Rechtsmittelrechts weit über die Beschwerde hinaus (und dafür gibt es Anzeichen) erschüttert werden. Am Ende einer solchen Entwicklung stünde eine allgemeine Billigkeitskontrolle durch die Obergerichte ohne klare Voraussetzung und ohne verständliche und berechenbare Schranken (vgl auch Chlosta NJW 93, 2160), mit anderen Worten: die Willkür im Namen der Billigkeit. – Das Problem liegt daher in der sachgerechten Eingrenzung der „außerordentlichen", dh an die Zulässigkeitsvoraussetzungen nicht gebundene Rechtskontrolle der Rechtsmittelgerichte. ME kann der Rechtsbegriff des „krassen Unrechts" weder mit dem Verstoß gegen verfassungsrechtliche Verfahrensgrundsätze (insbesondere demjenigen des Gebots rechtlichen Gehörs) gleichgesetzt werden, noch ist er theoretisch eingrenzbar oder typisierbar. Den richtigen Weg zu finden, ist daher entscheidend vom Augenmaß der Rechtsmittelgerichte abhängig. Sie haben insbesondere zu berücksichtigen, daß gegen jede auf greifbare Gesetzwidrigkeit gestützte außerordentliche Beschwerde das Gebot der Rechtssicherheit steht, das ebenfalls Verfassungsrang hat, und das für jeden Beschwerdegegner streitet. Zu Recht übt daher der BGH große Zurückhaltung, die die Oberlandesgerichte nicht immer einhalten. Es kann nicht richtig sein, daß mehr oder weniger jede unstatthafte Beschwerde – sei es aufgrund pauschaler Rüge des Beschwerdeführers, sei es gar von Amts wegen – auch unter dem Gesichtspunkt „greifbare Gesetzwidrigkeit" überprüft wird. Dies führte letztlich dazu, daß

eine unstatthafte Beschwerde nur als solche verworfen werden könnte, wenn sie auch – offensichtlich – unbegründet ist. Der Sinn des Systems der Rechtsmittelprüfung wird freilich auch dann auf den Kopf gestellt, wenn das Beschwerdegericht zunächst die Rechtsfehler aufzählt, die der Vorinstanz unterlaufen sind, um dann festzustellen, daß diese nicht krass genug sind, um wegen „greifbarer Gesetzwidrigkeit" einzugreifen (auch der BGH ist dieser Versuchung unterlegen, vgl BGH NJW 90, 1794/1795 = DNotZ 91, 683 m Anm Gummer S 689/692 Fn 17; sowie BGH NJW 94, 2363, wo zwischen „schlechthin unvertretbar" – begründet die ao Beschwerde noch nicht – und „der deutschen Rechtsordnung gänzlich fremd" feinsinnig unterschieden wird: ein nicht mehr nachvollziehbares Vorgehen!).

3) Zutreffend hält der BGH daran fest, daß weder die **Rüge, das rechtl Gehör sei verletzt** 20
worden, noch der tatsächliche Verstoß gegen Art 103 I GG die außerordentliche Beschwerde eröffnet (vgl BGHZ 43, 12/19; NJW 78, 1585; BGHZ 109, 41/44 = NJW 90, 838, 840; NJW 95, 403; 95, 2492; ebenso BayObLG NJW 88, 72; Köln FamRZ 92, 971; s dazu auch BVerfG NJW 82, 1454). Entsprechendes gilt für andere vergleichbare Rügen, etwa die des Verstoßes gegen die gesetzl Richter (vgl Frankfurt MDR 88, 63). In neuer Rspr des BGH (NJW 95, 403 u 2497) wird aber betont, daß in entsprechenden Fällen, in denen der Rechtsmittelweg verschlossen ist, im Wege der Gegenvorstellung die Korrektur des Verstoßes durch das Ausgangsgericht („Selbstkorrektur") möglich – und angezeigt – sein kann. Dem ist zuzustimmen (s auch Rn 25).

4) Aus dem Wesen der außerordentlichen Beschwerde wegen greifbarer Gesetzwidrigkeit er- 21
gibt sich, daß nur die **spezifische Zulassungssperre,** etwa die Beschwerdesumme nach § 567 II, nicht anzuwenden ist, die an sich die Überprüfung ausschließt. Die allgemeinen Zulässigkeitsvoraussetzungen, wie Form und Frist (insbesondere die Beschwerdefrist des § 577 II S 1), müssen dagegen eingehalten sein (Koblenz FamRZ 91, 101; Bamberg NJW-RR 92, 1466; München OLGR 94, 151). Dies folgt daraus, daß die Beachtung der den Zugang nicht generell ausschließenden Erfordernisse erst recht von demjenigen verlangt werden kann, der geltend macht, durch eine Entscheidung „greifbar gesetzwidrig" belastet zu werden, wenn sie schon von denen beachtet werden muß, denen das Rechtsmittel von Gesetzes wegen offensteht.

III) Gegenvorstellung. Lit: *Bauer,* Die Gegenvorstellung im Zivilprozeß, 1990; *Schumann,* FS 22
Baumgärtel 1990 S 491 ff. **1)** Dieser Rechtsbehelf zielt auf eine **Überprüfung der ergangenen Entscheidung durch dieselbe Instanz** ab, die sie erlassen hatte (BGH VersR 82, 598). Sie darf nicht mit der Beschwerde verwechselt werden; die sprachliche Bezeichnung ist unerheblich, Umdeutung oft geboten (sehr formal BGH VersR 82, 598). Ihre Zulässigkeit ist heute anerkannt, ihr breiter Anwendungsbereich zu befürworten (BVerfGE 73, 322, 327; Schumann NJW 82, 1272; Sangmeister DStZ 92, 31 ff; Benda ZZP 104, 1991, 244).

2) Aus der **Unanfechtbarkeit** von Entscheidungen des Beschwerdegerichts oder des Gerichts 23
der weiteren Beschwerde folgt zunächst nur, daß der Gesuchsteller keinen Anspruch auf Bescheidung einer wiederholten Beschwerde hat (Rn 16). Auch ein prozessuales **Recht auf Bescheidung** seiner Gegenvorstellung hat er nicht (München ZSW 80, 217). Jedoch besteht für das Gericht jeder Instanz, also auch den BGH (MDR 86, 654), die Amtspflicht, korrigierbare Fehler zu beheben und dementsprechend bindungsfreie abänderungsbedürftige Entscheidungen abzuändern (BVerfGE 72, 327 ff). Deshalb muß jede Gegenvorstellung daraufhin überprüft werden, ob sie sich gegen einen abänderbaren Beschluß richtet und Anlaß gibt, diesen zu ändern.

3) Der Überprüfung und Abänderbarkeit sind damit einmal alle Entscheidungen entzogen, die 24
in **materielle Rechtskraft** erwachsen (RG DR 42, 183 BVerwG NJW 95, 2053 München OLGR 95, 129; BFH NJW 96, 1496 betrifft einen Sonderfall, der nicht verallgemeinert werden kann: Urteil ohne mündl Verhandlung wg irrig angenommenen Verzichts auf diese). Dasselbe gilt für alle Beschwerdeentscheidungen, die auf ein **fristgebundenes Rechtsmittel** hin ergehen (Bremen JurBüro 74, 1607; Stuttgart JurBüro 83, 1890; Bamberg FamRZ 86, 1011, 1013). Ebenso wie bei Rechtsmitteln sind solche Gegenvorstellungen **unzulässig;** sie sind jedoch, da es sich nicht um Rechtsmittel handelt, nicht „als unzulässig zu verwerfen" (§ 574), sondern der Tenor enthält die Aussage „Die Gegenvorstellung ist unzulässig".

4) Es bleiben für den Anwendungsbereich der Gegenvorstellung alle Beschwerdeentscheidun- 25
gen, die auf **einfache Beschwerde** hin ergangen sind (Schmidt JurBüro 75, 1311 m Nachw). Zumindest bei **schweren Verfahrensverstößen** sollte die Gegenvorstellung gegen Beschlüsse, die auf einfache Beschwerde hin ergangen sind, zugelassen werden (so BVerfGE 55, 1; 72, 328 für Gehörsverletzungen; zust Weis NJW 87, 1314; BGH NJW 95, 403 u 2497, BVerwG bei Melullis MDR 95, 235; Bauer, Gegenvorstellung im Zivilprozeß, 1990; ebenso Düsseldorf MDR 77, 235; Hamm JurBüro 76, 1120; Bamberg FamRZ 86, 1011, 1013; auch StJ/Grunsky Rn 26 ff), da es wenig sinnvoll ist, die Korrektur über eine Verfassungsbeschwerde zu erzwingen. Da die Gegenvorstellung kein Rechtsmittel ist, ist die Formvorschrift des § 569 II 1 unanwendbar; jedoch muß einwandfreie Zuordnung zum Antragsteller möglich sein, so daß Niederschrift zu Protokoll oder Schriftlichkeit mit Unterschrift zu fordern ist (s Kunz, Erinnerung und Beschwerde, 1980, S 14 Anm 4).

26 5) Ist die Gegenvorstellung allgemein zulässig, so muß im Einzelfall noch ein auf diesen bezogenes **Rechtsschutzbedürfnis** gegeben sein (Schneider MDR 72, 567). Es fehlt beispielsweise, wenn sie sich gegen einen **noch beschwerdefähigen Beschluß** richtet oder wenn ein RA einen OLG-Streitwertbeschluß ermäßigt, die Partei ihn erhöht sehen will oder wenn wegen eigener Fristversäumnisse eine gegenüber dem Beschwerdeverfahren günstigere Rechtsstellung erstrebt wird (Köln JMBlNRW 73, 47).

27 6) **Hierher gehören auch** Fälle, in denen **versehentlich eine einfache oder sofortige Beschwerde verworfen worden ist**, weil irrtümlich das Fehlen einer Zulässigkeitsvoraussetzung angenommen worden ist, zB weil ein Schriftsatz in die falsche Akte geraten oder eine Beschwer falsch berechnet worden ist. Dann wird häufig – mit Recht! – ungeachtet aller aus Rechtskraft und Fristgebundenheit hergeleiteten Bedenken auf Gegenvorstellung hin abgeholfen (siehe zB Naumburg JW 26, 1609; Braunschweig MDR 50, 557; Düsseldorf MDR 68, 767; Frankfurt JurBüro 76, 660; AnwBl 80, 70).

28 7) **Zuständig** ist das Gericht, das den abzuändernden Beschluß erlassen hat (BGH MDR 86, 654). Sein Beschluß ist nicht beschwerdefähig (München ZSW 80, 217). **Zwischen den Instanzen** wird die Zuständigkeit danach zu bestimmen sein, ob die Gegenvorstellung vor oder nach Einlegung des Rechtsmittels eingegangen ist (s Schneider MDR 72, 568).

29 **IV) Statthaftigkeit nach Abs 1 im einzelnen.** 1) Die Beschwerde ist gemäß Abs 1 zunächst eröffnet in den **enumerativ im Gesetz bestimmten Fällen.** Die in Satz 1 genannten allgemeinen Voraussetzungen müssen in diesen Fällen nicht zusätzlich erfüllt sein. Ob es sich um eine einfache oder eine sofortige (§ 577) Beschwerde handelt, ist in der jeweiligen Verweisungsnorm geregelt (vgl etwa § 127 II „findet die Beschwerde statt", oder § 46 II „findet sofortige Beschwerde statt"). Ein sich aus dem Verfahren selbst ergebendes Kriterium dafür, in welchen Fällen die befristete Beschwerde gilt, ist nicht erkennbar. Von einer Aufzählung der zahlreichen Fälle der ausdrücklichen Zulassung der Beschwerde durch die ZPO wird hier abgesehen (Einzelauflistung bei StJ/Grunsky Rn 11). Hinzu kommen weitere Fälle der Zulassungen der Beschwerde nach § 567 ff in anderen Bundesgesetzen, insbesondere in gesetzlichen Regelungen über die Kosten und Gebühren, im GVG (§§ 17a IV S 3, 174 III, 181), im ZVG (§§ 95 ff) sowie in anderen Vorschriften (Zusammenstellung bei StJ/Grunsky vor § 567 Rn 14/15). Auch in soweit ist teils die einfache, teils die sofortige Beschwerde zugelassen.

30 2) Darüber hinaus ist die Beschwerde nach **der beschränkten Generalklausel des § 567 I** zulässig gegen Entscheidungen, durch die ein das Verfahren betreffendes Gesuch zurückgewiesen wurde, wenn sie ohne mündliche Verhandlung ergehen können.

Darf eine Entscheidung nur nach vorheriger **mündl Verhandlung** erlassen werden, dann ist die Beschwerde nur zulässig, wenn sie im Gesetz ausdrücklich vorgesehen ist; mangelt es daran, dann kommt nur eine Anfechtung zusammen mit der Entscheidung in der Hauptsache in Betracht (§§ 512, 548).

31 **Ein das Verfahren betreffendes Gesuch** (RGZ 47, 365) muß von der Partei ausgehen. **Amtswegige Tätigkeiten** genügen nicht (Hamburg FamRZ 90, 423). Jedoch schließt eine von Amts wegen getroffene Entscheidung nicht schlechthin aus, daß dadurch zugleich ein Antrag iS des § 567 zurückgewiesen wird (Seidel ZZP 99, 1986, 85; sehr str für den Abgabebeschluß nach § 46 WEG, abl BGHZ 97, 287 = MDR 86, 830, bejahend Düsseldorf NJW-RR 87, 594 m Nachw). Bei Unklarheiten, zB ob eine gerichtliche Verfügung nur Hinweis oder schon Entscheidung ist, gewährt Karlsruhe (OLGZ 80, 62) nach dem Meistbegünstigungsgrundsatz (Rn 29 vor § 511) die Beschwerde (vgl auch BayObLG Z 93, 111/113).

32 a) An einem **Verfahrensgesuch fehlt es,** wenn lediglich einem Antrag des Gegners widersprochen wird (Köln NJW 67, 1473, dessen Zurückweisung beantragt (Jena OLGR 96, 102) oder eine Gegenvorstellung zurückgewiesen worden ist (München ZSW 80, 217). Daß eine Eingabe als „Antrag" oder „Gesuch" bezeichnet wird, ist belanglos; maßgebend ist, was bezweckt wird (München MDR 84, 592).

33 b) Das Gesuch muß **zurückgewiesen** worden sein (s Rohlff FamRZ 71, 623); verzögerliche Sachbehandlung steht der Zurückweisung nicht gleich (Karlsruhe Justiz 75, 271), kann aber zur konkludenten Ablehnungsentscheidung werden (s zur **PKH** § 119 Rn 20). Wohl genügt die **Ablehnung** des Gerichts, **überhaupt eine Entscheidung zu treffen** (Hamburg FamRZ 79, 528), etwa eine solche über Kosten (§ 568 Rn 36) einschließlich Streitwert (LG Köln JurBüro 87, 1886 = NJW-RR 87, 955) oder PKH (s § 127 Rn 24). Entsprechend liegt auch dann keine Entscheidung über Kosten vor, wenn darüber ohne Antrag trotz Antragserfordernisses entschieden wird, etwa bei § 269 III 5. Prozeßleitende Anordnungen des Gerichts, die in seinem freien Ermessen stehen, betreffen den amtswegigen Verfahrensgang und ermöglichen keine Anfechtung durch Beschwerde, zB die Bestimmung eines frühen ersten Termins nach § 272 II (Frankfurt MDR 83, 411) oder des schriftlichen Vorverfahrens (Schleswig NJW 83, 459), Anordnungen zur Beweisaufnahme und

Beweissicherung (KG MDR 81, 325; München ZSW 81, 217; Hamm FamRZ 79, 1065), Auflage an eine Partei, ein Gutachten über ausländisches Recht beizubringen (Frankfurt MDR 83, 410) oder Beschränkung der Verhandlung nach § 146 (Stuttgart ZZP 70, 1957, 382; 69, 1956, 67).

c) **Beispiele für Zurückweisung von Gesuchen** und Eröffnung des Beschwerdeweges: Ablehnung des Antrages um Abkürzung einer gesetzlichen oder richterlichen Frist; Ablehnung der Terminsanberaumung (Schleswig SchlHA 84, 56) oder deren Unterlassung entgegen § 216 II (Schleswig NJW 82, 246) oder Protokollabschriften einer Beweisaufnahme auszuhändigen (Köln NJW 67, 1473); Beiordnung eines Anwalts nach § 625 gegen den Willen der Partei (Oldenburg NdsRpfl 80, 32); Ablehnung einer Entscheidung über den Einwand der Ungültigkeit eines zur Beilegung des Rechtsstreits abgeschlossenen Prozeßvergleichs (RGZ 65, 420); Ablehnung einer Rechtskraftbescheinigung (Celle FamRZ 78, 920); Ablehnung, nach Grundurteil über die Höhe zu verhandeln (KG MDR 71, 588). 34

d) **Keine Beschwerde ist gegeben:** Gegen die Ablehnung von Anordnungen betr das Verfahren, wenn diese **im freien Ermessen** des Gerichts stehen und einen Antrag nicht erfordern (so richtig StJ/Grunsky Rn 16, zB Vertagung einer Verhandlung oder Ablehnung einer Vertagung (kann jedoch rechtliches Gehör verletzen!); gegen den nachträglichen Beschluß betreffend die Art der angeordneten Sicherheitsleistung (Frankfurt MDR 56, 617); gegen den Beschluß, der die getrennte Verhandlung von Klage und Widerklage oder von mehreren Klageanträgen anordnet (München NJW 84, 2227 = MDR 84, 946); gegen einen Beweisbeschluß (§ 355 II; auch für Beweissicherung: München ZSW 80, 217); Änderung eines Beweisbeschlusses nach § 360 oder Anordnung, für den Sachverständigen bestimmte Unterlagen bereitzustellen (Hamburg MDR 54, 554); nachträgliche Beeidigung eines Zeugen oder Anordnung eines Auslagenvorschusses (§§ 379, 402); Ablehnung, das Sitzungsprotokoll zu berichtigen (Hamm AnwBl 89, 347 gg Koblenz MDR 86, 593). 35

e) **Ausschluß des Beschwerderechts außerhalb des Erkenntnisverfahrens:** Ablehnung, eine freigestellte mdl Verhandlung anzuordnen; einstweilige Einstellung (Hamm MDR 79, 852; zu Ausnahmen Schneider MDR 80, 529 m Nachw); vom Richter angeordnete Erteilung des Rechtskraftzeugnisses (§ 706), einer ersten oder weiteren vollstreckbaren Ausfertigung (§§ 724, 730, 733); Vorlagebeschluß zur Normenkontrolle nach § 100 GG (Köln MDR 70, 852), wohl aber gegen Aussetzung ohne Vorlegung an das BVerfG, um das Ergebnis eines bereits anhängigen Normenkontrollverfahrens abzuwarten (s BVerfGE 34, 320). 36

V) **Ausschluß der Beschwerde:** Eine nach Abs 1 an sich statthafte Beschwerde ist in folgenden Fällen ausgeschlossen: 1) **Ausschluß kraft besonderer gesetzlicher Regelung** in der enumerativen Zuweisungsnorm – in der Regel im Interesse des beschleunigten Fortgangs des Verfahrens –, zB in § 46 II, § 127 II S 1, § 238 III, § 281 Abs 2 S 1. 37

2) **Nach Abs 3 S 1** in der seit 1991 geltenden Fassung ist die Beschwerde gegen die **Entscheidungen der Landgerichte** ausgeschlossen, soweit diese in einem Rechtsmittelverfahren ergehen. Dies beruht auf dem Grundsatz, daß der Rechtszug im Beschwerdeverfahren nicht über den der Hauptsache hinausgehen soll, der, soweit das Amtsgericht Eingangsgericht ist, regelmäßig beim Landgericht endet. Von Abs 3 betroffen ist nur die Erstbeschwerde; die Statthaftigkeit der weiteren Beschwerde gegen Beschwerdeentscheidungen des Landgerichts richtet sich ausschließlich nach § 568 Abs 2 und Abs 3. Dagegen sind von der Einschränkung betroffenen Beschlußentscheidungen des Landgerichts, die ein Rechtmittelverfahren abschließen, zB nach § 91a, § 99 Abs 2 oder § 269 Abs 3 (vgl auch bei BayObLG MDR 93, 799 zu § 519b Abs 2). Entgegen dem Grundsatz des Abs 3 S 1 ist die Erstbeschwerde gegen Entscheidungen des Landgerichts als Rechtsmittelgericht in den in S 2 bestimmten besonderen Fällen ausnahmsweise statthaft. Das gemeinsame dieser Ausnahmen ist, daß entweder Dritte, die nicht prozeßbeteiligt sind, erstmals durch eine Entscheidung betroffen werden, oder daß der Beschluß besonders bedeutsame Voraussetzungen betrifft (Zwang gegen Partei; Ablehnungsentscheidungen). Die Aufzählung ist – ihrem Wesen als Ausnahme entsprechend – abschließend (aA Vorauflage Rn 29). 38

3) **Ausschluß der Beschwerde gegen Entscheidungen der Oberlandesgerichte: a) Abs 4 S 1** ist **lex specialis** gegenüber sonstigen Vorschriften, etwa den §§ 221 I BauGB, 46 II ZPO (BGH NVwZ-RR 91, 167). Auch **PKH-Beschwerden an den BGH** sind ausgeschlossen (BGH EWiR § 127 ZPO 1/90 S 97 – Kunkel). Nach § 547 ist die Revision gegen Verwerfungs**urteile** uneingeschränkt zulässig; in Anpassung daran sieht **S 2** bei **Beschluß**verwerfung die sofortige Beschwerde vor. Das ist keine Ausnahme von S 1, sondern nur die Konsequenz daraus, daß zunehmend Endentscheidungen im Erkenntnisverfahren durch Beschluß statt durch Urteil ergehen können. 39

b) Die **Kostenentscheidungen der Oberlandesgerichte** können nie mit der Beschwerde angegriffen werden (§§ 567 IV, 568 III; 515 III 3, s BGH NJW 90, 840 = VersR 90, 325), auch nicht von Prozeßbeteiligten, die keine Parteistellung haben (BGH VersR 75, 373). Daran kann auch eine (fehlerhafte) Zulassung nichts ändern (BGH MDR 86, 302; FamRZ 87, 929; krit Smid NJW 89, 1578 wegen Art 19 IV GG). 40

41 **c)** Unanfechtbar ist ein Beschluß des OLG nach § 515 III, der nach Zurücknahme der Berufung, über deren Wirksamkeit nachträglich gestritten wird, den **Verlust des Rechtsmittels** feststellt (BGHZ 46, 112). Nach **Erledigung der Hauptsache** endet der Rechtsmittelzug immer beim OLG, auch hinsichtlich der Kostenentscheidung (BGH NJW 67, 1131; WPM 90, 40), desgleichen, wenn durch OLG-Beschluß die Wiederaufnahme eines rechtskräftig abgeschlossenen Zwangsversteigerungsverfahrens abgelehnt wird (BGH ZIP 81, 209). Ebenso sind unanfechtbar **prozeßleitende Beschlüsse** (BGH WPM 90, 40: betr § 140).

42 **4)** Da Beschwerden gegen OLG-Beschlüsse unstatthaft sind, erübrigt sich auch eine **Weiterleitung an den BGH** (§ 571 Rn 2). Verlangt der Beschwerdeführer Weiterleitung, so kann dem entsprochen werden. Das führt dann zur Verwerfung durch das Revisionsgericht. Bei Zurücknahme einer solchen Beschwerde nach Belehrung des Beschwerdeführers ist das OLG für die Kostenentscheidung aus § 515 III zuständig (BGH LM § 567 ZPO Nr 2). Die offensichtlich unstatthafte Beschwerde an das OLG kann aber als Gegenvorstellung gedeutet werden (Rn 22 ff).

43 **VI) Einschränkungen bei Kostenbeschwerden (Abs 2): Kostenbeschwerden** haben eine **Mindestbeschwer** als Zulässigkeitsvoraussetzung. Bei einer Beschwerde gegen die **„Kostengrundentscheidung“** (§§ 91 ff) muß der Beschwerdewert 200 DM übersteigen. Hinzu kommen muß die fiktive Berufungsfähigkeit (LG Stuttgart Justiz 91, 501). Beschwerden gegen Kostengrundentscheidungen nach §§ 91a, 99 II sind nur statthaft, wenn auch in der Hauptsache ein Rechtsmittel gegeben wäre (§ 91a Rn 27; § 99 Rn 6); daran hat die Erhöhung der Kostenbeschwer nichts geändert (vgl München OLGR 95, 177). Das gilt auch für isolierte Kostenentscheidungen nach § 91a (Erledigung der Hauptsache), § 99 II (Anerkenntnisurteil) und § 269 III (Klagerücknahme). Bei der Beschwerde gegen eine **Kostenmischentscheidung** (§§ 99 Rn 7 ff) zählt die Gesamtbeschwer, so daß es nicht darauf ankommt, ob die Anteile der Quotierungstatbestände die Erwachsenheitssumme erreichen (Zweibrücken NJW 68, 1635).

Bei **anderen Entscheidungen über Kosten** (Oberbegriff für Gebühren, Anwaltsvergütung und Auslagen, §§ 1 I 1 GKG, 1 I BRAGO) beträgt die Zulässigkeitsgrenze 100 DM. Zwangsvollstreckungskosten (§ 788 I) rechnen dazu (LG Düsseldorf JurBüro 87, 1259). **Forderungspfändungen** oder Mobiliarvollstreckungen wegen einer Kostenforderung fallen nicht unter § 567 II (Hamm Rpfleger 77, 109; LG Hannover DGVZ 91, 190; aA LG Düsseldorf JurBüro 87, 1260). Bei **Ablehnung einer Kostenentscheidung** ist § 567 II unanwendbar (Rn 35); desgleichen beim Absetzen von Kosten im Mahnverfahren (LG Hamburg AnwBl 79, 274; LG Kleve JMBlNRW 55, 128; aA LG Bremen Rpfleger 88, 538).

44 **1)** Berechnet wird die Beschwer nicht nach dem Kostengesamtbetrag, sondern nach der Differenz, um die der Beschwerdeführer sich verbessern will (LAG Hamm KoRsp ZPO § 567 Nr 11); das gilt auch für Rahmengebühren nach § 12 BRAGO, es sei denn, daß der Beschwerdeführer die Instanz mit offensichtlich übersetzten Honorarforderungen eröffnen will (Düsseldorf JurBüro 83, 590).

45 **2)** Ob die Beschwerdesumme erreicht ist, bestimmt sich nach dem **Zeitpunkt der Beschwerdeeinlegung** (Hamm MDR 71, 1019); eine spätere Verminderung der Beschwer ist daher ohne Bedeutung. **Nachgeschobene Kosten,** über die noch nicht entschieden ist, sind in die Beschwerdesumme nicht einzurechnen (LG Frankfurt Rpfleger 87, 318), auch dann nicht, wenn über eine Durchgriffserinnerung (§§ 11 II, 21 II RpflG) entschieden werden muß (Hamm Rpfleger 73, 32; Bamberg JurBüro 78, 924).

46 **3)** Wird eine **Durchgriffserinnerung** dem Rechtsmittelgericht vorgelegt, obwohl der Beschwerdewert des § 567 II nicht erreicht ist, ist der Vorlagebeschluß aufzuheben und die Sache wegen der Erinnerung an den Richter zur Entscheidung zurückzuverweisen (Bischof MDR 75, 633, der [S 632 ff] alle praktisch wichtigen Fälle mit erschöpfenden Rspr-Angaben zusammengestellt hat).

47 **4)** Bei der **Weigerung des Gerichtsvollziehers,** Kosten der Zwangsvollstreckung wegen fehlender Notwendigkeit (§§ 788 I, 91) mit beizutreiben, sind §§ 567 II, 568 III sinngemäß anzuwenden (Stuttgart JurBüro 89, 1740 = Justiz 90, 22; Stuttgart JurBüro 89, 1740; LG Frankenthal Rpfleger 76, 367).

48 **5) Hilft das Erstgericht der Beschwerde teilweise ab,** so daß die Beschwerdesumme nicht mehr erreicht ist, dann ist auf den Zeitpunkt der Abhilfe abzustellen; nur dadurch wird die ratio der dem Erstgericht gewährten Abänderungsbefugnis verwirklicht (Hamm JurBüro 82, 582; Frankfurt Rpfleger 88, 30; Nürnberg FamRZ 88, 1079; Stuttgart JurBüro 88, 1504; str, s KG NJW 58, 2023 = MDR 59, 59, anders noch die 13. Aufl u JurBüro 75, 1425).

49 **6)** Bei der **Kostenerinnerung** beginnt das Beschwerdeverfahren erst mit Vorlage an das Beschwerdegericht. Bei teilweiser Abhilfe durch das Untergericht entscheidet daher dieser zweite Zeitpunkt darüber, ob die Beschwerdesumme noch erreicht ist (Koblenz Rpfleger 76, 11). Ist bei der Durchgriffserinnerung in einer Kostensache die Beschwerdesumme nicht erreicht, dann ist die Erinnerung als Beschwerde unzulässig und bleibt eine Erinnerung, über die das Untergericht

abschließend zu entscheiden hat. An dieses ist die Sache unter Aufhebung des Nichtabhilfebeschlusses zurückzugeben (s Rn 46). Das Beschwerdegericht verwirft nur als unzulässig, wenn die sofortige Erinnerung wegen Verspätung unzulässig ist (Bamberg JurBüro 76, 1094; Koblenz MDR 76, 321).

7) Haben die Parteien die **Kosten nach Bruchteilen** zu tragen, so ist dies bei der Berechnung des Beschwerdewertes ohne Rücksicht auf eine mögliche Kostenausgleichung zu beachten (Koblenz VersR 76, 347). Hat der Rechtspfleger die zu erstattenden **Kosten in zwei Beschlüssen** festgesetzt, die beide mit einer Beschwerde angefochten werden, dann sind die Beträge beider Beschlüsse zur Ermittlung des Beschwerdewertes nicht zu addieren, sondern es handelt sich um zwei Rechtsmittel, von denen jedes einen selbständigen Beschwerdewert hat (Stuttgart JurBüro 79, 609 gg Nürnberg JurBüro 75, 191). Sinkt der Beschwerdewert erst nach Vorlage an das Beschwerdegericht, dann ist dies für die Zulässigkeit unbeachtlich (Köln JurBüro 75, 241). 50

8) Die Beschwerde wegen versagter **Prozeßkostenhilfe** fällt nicht unter § 567 II; von ihr wird nicht lediglich der Kostenpunkt betroffen, sondern es geht um die Gewährung sozialer Hilfe zur Verwirklichung von Chancengleichheit im Prozeß (s § 127 Rn 17). 51

9) Ob die Verletzung des Anspruchs auf rechtliches Gehör den Mangel der Beschwerdesumme ersetzen kann, ist umstritten, aber zu verneinen (s Rn 20). 52

VII) Kostenentscheidung im Beschwerdeverfahren. 1) Es gelten die **§§ 91 ff.** Bei Zurückweisung oder Verwerfung einer Beschwerde ist § 97 I anzuwenden. Bei Erfolg oder Teilerfolg ist die Kostenentscheidung nach §§ 91, 92 zu treffen. 53

2) Einem anderen Beteiligten als dem Beschwerdeführer dürfen Kosten nur auferlegt werden, wenn er Beschwerdegegner oder **vollmachtloser Vertreter** (§ 91 Rn 2) ist. Notwendig ist weiter, daß überhaupt **erstattungsfähige Parteikosten** erfallen können, zB nicht bei einer Streitwertbeschwerde (§ 25 III GKG) oder bei der PKH-Beschwerde (§ 118 Rn 23). Die Beschwerdeentscheidung soll dann auch nicht über die Tragung von Gerichtskosten befinden; wer dafür aufzukommen hat, ergibt sich unmittelbar aus dem GKG, so daß eine gerichtliche Entscheidung dazu überflüssig ist und nie auf §§ 91 ff gestützt werden kann. **Eine überflüssige Kostenentscheidung stiftet aber nur Verwirrung,** da nachträglich zweifelhaft werden kann, ob eine Bindung an die (fehlerhafte, aber rechtskräftige) Kostenentscheidung für das Festsetzungsverfahren anzunehmen ist. 54

3) Bei **Erledigung der Beschwerde in der Hauptsache** ist § 91a entsprechend anzuwenden (Hamm NJW 67, 1719; München NJW 69, 617). 55

4) Werden **mehrere Beschwerden** eingelegt, dann kommt eine Kostenentscheidung nach Streitgenossen-Grundsätzen oder Anschlußrechtsmitteln in Betracht. Es dürfen nicht die Kosten der Beschwerde dem Beschwerdeführer auferlegt werden „soweit er unterlegen ist"; vielmehr muß eine gequotelte Beschwerdekostenentscheidung getroffen werden. Das gilt auch ab Verbindung (§ 147) mehrerer Beschwerden, da sie zu einem einheitlichen Beschwerdewert führt (§ 5 ZPO). 56

5) Bei **Zurücknahme der Beschwerde** ergibt sich die Kostenpflicht analog § 515 III (BGH LM § 515 ZPO Nr 1), die auch Unanfechtbarkeit nach § 515 III 3 einschließt. 57

a) Hat zur Zeit der Rücknahme das Erstgericht die Beschwerde **noch nicht weitergeleitet,** dann obliegt ihm der Kostenausspruch (Celle MDR 60, 507; Neustadt NJW 65, 591; Gubelt MDR 70, 896). Ebenso, wenn das Erstgericht teilweise abgeholfen hatte und mit Rücksicht darauf die Beschwerde wegen des Rechtsmittelrestes vor der Vorlage an das Rechtsmittelgericht zurückgenommen wird (Gubelt MDR 70, 896; BGH LM § 567 ZPO Nr 2). 58

b) Den **Antrag** auf den Kostenausspruch nach § 515 III kann der beim Erstgericht zugelassene Anwalt stellen (Celle NdsRpfl 70, 15). 59

6) Auch, wenn das Erstgericht der Beschwerde vollständig abhilft, ist eine Kostenentscheidung erforderlich. Die **Entscheidung obliegt dem Erstgericht** (KG DR 40, 2190). 60

7) Wird die **Kostenentscheidung vergessen,** muß auf Antrag Beschlußergänzung zugelassen werden (§ 321). Wird die Kostenentscheidung **bewußt verweigert,** ist dagegen Beschwerde gegeben (Rn 33). 61

VIII) Gebühren: 1) des **Gerichts: a)** Für das Verfahren über Beschwerden nach § 71 II, § 91a II, § 99 II, § 269 III, § 620c S 1, § 641d III sowie über Beschwerden gegen die Zurückweisung eines Antrags auf Anordnung eines Arrestes oder einer einstweiligen Verfügung wird eine 1,0 Gebühr erhoben, KV 1900, gleichviel, wie sich das Beschwerdeverfahren erledigt. Daneben sind im KV noch besonders aufgeführt die Beschwerden gegen die Entscheidung über die Zulassung der Zwangsvollstreckung oder die Feststellung der Anerkennung (KV 1901: Festgebühr 210 DM), gegen die Entscheidung über die Aufhebung oder Änderung der Beschlüsse über die Zulassung der Zwangsvollstreckung oder die Anerkennung in einem besonderen Verfahren (KV 1902: Festgebühr 105 DM) sowie der Rechtsbeschwerden (KV 1903: Festgebühr 280 DM) in den in KV IV 2b geregelten Verfahren nach dem AVAG. Eine Gebühr in Höhe des einfachen Tabellensatzes (KV 1904) fällt an im Beschwerdeverfahren über den Beschluß (KV 1431), mit dem im Verfahren über Anträge auf Vollstreckbarerklärung ausländischer Schuldtitel oder auf Erteilung der Vollstreckungsklausel zu ausländi- 62 schen Schuldtiteln sowie Verfahren der Aufhebung oder Abänderung der Vollstreckbarerklärung oder der Vollstreckungsklausel in sonstigen Fällen entschieden wurde. Für alle anderen nicht besonders aufgeführten Beschwerdeverfahren, die nicht nach anderen Vorschriften gebührenfrei sind (zB §§ 5 VI, 6 II, 25 IV, 34 II GKG; § 16 V ZSEG; § 128 V BRAGO; § 11 II GvKostG), tritt KV 1906 inhaltsgleich an die Stelle der KV 1181 aF: 1,0 Gebühr, soweit die Beschwerde verworfen oder zurückgewiesen wird. Der Anwendungsbereich der KV 1906 wird eingeschränkt durch die neue KV 1905. Sinnvoll an KV 1905 ist, daß in den Fällen, in denen für die angefochtene Entscheidung oder für das dieser Entscheidung vorangegangene Verfahren eine Festgebühr bestimmt ist (sowie bei der Beschwerde im PKH-Verfahren) die verworfene oder zurückgewiesene Beschwerde ebenfalls eine Festgebühr (50 DM) auslöst. Recht unglücklich ist aber die dem Gericht in KV 1905 weiter eingeräumte Möglichkeit, bei nur teilweisem Mißerfolg der Beschwerde, die Festgebühr nach billigem Ermessen auf die Hälfte zu ermäßigen oder zu bestimmen, daß eine Gebühr nicht zu erheben ist. Wenn erklärtes Ziel des KostRÄndG 1994 die Vereinfachung war, hätte man den Teilerfolg einem vollen Erfolg gleichstellen oder ihn als teilweisen Mißerfolg insgesamt als erfolglos behandeln können. So ist wieder einmal das billige Ermessen gefragt, was sicherlich weitere „Kleingeld"-Verfahren wegen „greifbarer Gesetzeswidrigkeit" nach sich ziehen wird. – Wegen der Auslagen bei Verfahren über Beschwerden s KV (1) vor KV 9000.

Mehrere Beschwerden iS KV 1906 (für die Fälle der KV 1905 ist zu beachten, daß es keinen Beschwerdewert gibt) gegen dieselbe Entscheidung gelten, wenn sie gleichzeitig entschieden werden, als ein Verfahren; werden mehrere in derselben Sache ergangene Entscheidungen mit Beschwerde angefochten, so ist jedes Beschwerdeverfahren gebührenrechtlich selbständig zu behandeln. Wird gegen die Entscheidung des Beschwerdegerichts von derselben Partei **weitere Beschwerde** eingelegt und wird dieser in vollem Umfang stattgegeben, so kommt für diese Entscheidung keine Gebühr zum Ansatz; überdies fällt die Gebühr des Beschwerdegerichts nachträglich weg. Wird der weiteren Beschwerde teilweise stattgegeben, so wird für dieses Verfahren vor dem Beschwerdegericht und für dasjenige vor dem Gericht der weiteren Beschwerde 1 Gebühr nach dem Wert des Gegenstandes erhoben, der die Zurückweisung betrifft. Hat die weitere Beschwerde der Gegner des Beschwerdeführers der Vorinstanz eingelegt und wird dieser weiteren Beschwerde voll stattgegeben, so ist für das Verfahren der weiteren Beschwerde keine Gebühr zu erheben, wohl aber 1 Gebühr für das Verfahren der Vorinstanz. Hatte die weitere Beschwerde nur teilweise Erfolg, so wird für das Verfahren der 1. Instanz 1 Gebühr nach dem Wert des Beschwerdegegenstandes erhoben (Schuldner: der Beschwerdeführer der Vorinstanz) und für das Verfahren über die weitere Beschwerde 1 Gebühr aus dem Wert des aufrechterhaltenen Teiles der Entscheidung der 1. Instanz (Schuldner: der Beschwerdeführer der 2. Instanz).

b) Scheidungssachen und Folgesachen: KV 1220 ff; KV 1520 ff; KV 1530 ff. S näher § 621e Rn 52; § 629a Rn 44.

2) des **Anwalts: a)** Gleichviel, ob es sich um eine einfache, sofortige oder weitere Beschwerde handelt, $^{5}/_{10}$ der in § 31 BRAGO bestimmten Gebühren, § 61 I Nr 1 BRAGO. – **b) Scheidungssachen und Folgesachen:** § 621e Rn 53; § 629a Rn 44.

568 *[Beschwerdegericht]*

(1) Über die Beschwerde entscheidet das im Rechtszuge zunächst höhere Gericht.

(2) Gegen die Entscheidung des Beschwerdegerichts findet eine weitere Beschwerde statt, wenn dies im Gesetz besonders bestimmt ist. Sie ist nur zulässig, soweit in der Entscheidung ein neuer selbständiger Beschwerdegrund enthalten ist.

(3) Entscheidungen der Landgerichte über Prozeßkosten unterliegen nicht der weiteren Beschwerde.

1 **I) Beschwerdegerichte: 1)** Die Zuständigkeit des Beschwerdegerichts richtet sich nach dem **allgemeinen Gerichtsaufbau** des GVG. Dies gilt unabhängig davon, ob die Beschwerde im konkreten Fall statthaft ist oder nicht. Maßgeblich ist, welches Gericht nach der konkreten Verfah-

rensart im allgemeinen für Rechtsmittel gegen Entscheidungen des Ausgangsgerichts zuständig ist (vgl insbes §§ 72, 94, 104, 119 I Nr 2 und 4, § 133 Nr 2 GVG; § 92 GWB). So ist gegen Entscheidungen des Amtsgerichts im allgemeinen nach § 72 GVG die Zivilkammer, in Familiensachen jedoch der Zivilsenat im Oberlandesgericht (§ 119 I Nr 2 GVG) Beschwerdegericht.

Zuständig für Beschwerden gegen Entscheidungen des Oberlandesgerichts ist grundsätzlich der **Bundesgerichtshof** und zwar über die an die Statthaftigkeit einer solchen Beschwerde anknüpfende Aufzählung des § 133 Nr 2 GVG hinaus. – In Bayern ist allerdings das **Oberste Landesgericht** (§ 8 EGGVG) für Beschwerden gegen Entscheidungen der bayerischen Oberlandesgerichte zuständig, wobei § 7 Abs 6 EGZPO eine Abgrenzung durch Zuständigkeitsbestimmung nur in den Fällen vorsieht, in denen die Beschwerde ausdrücklich zulässig ist. Bei unstatthaften Beschwerden besteht die Zuständigkeit der beiden Gerichte nebeneinander (im einzelnen s § 7 EGZPO Rn 18). Der Beschwerdeführer umgeht alle Zuständigkeitsprobleme, wenn er gem § 569 I die Beschwerde beim Ausgangsgericht einlegt: Zweifel in der Zuständigkeitsfrage sind dann im Vorlagewege gerichtsintern zu klären. 1a

2) Die **Zuständigkeit** zur Entscheidung über die Beschwerde gegen eine **Zwischenentscheidung** des AG (Einstellung der Zwangsvollstreckung) geht vom LG auf das OLG über, wenn der Prozeß vom AG zuständigkeitshalber an das LG verwiesen wird (Köln OLGZ 67, 187; Nürnberg OLGZ 69, 56). 2

3) Über die Einwendungen gegen eine Entscheidung des **beauftragten** oder des **ersuchten Richters** oder Urkundsbeamten entscheidet zunächst das Prozeßgericht vgl § 576 I (s aber auch § 577 IV). **Rechtspflegererinnerungen** gehen zunächst an den Richter der Instanz, wenn dieser nicht abhilft, als Beschwerde an das Beschwerdegericht (§§ 11 I, II; 21 II RPflG). 3

4) Die **Bestimmung des zuständigen Gerichts** richtet sich nach § 36. 4

II) Abs 2: Weitere Beschwerde. Sie ist nur zulässig, wenn dies gesetzlich vorgesehen ist (vor allen in §§ 568a, 793 II; § 73 KO). Das ist der Fall bei Zwangsgeldfestsetzungen, selbst wenn der Rechtsstreit in der Hauptsache nicht an das OLG gelangen kann (Köln ZMR 91, 436 = NJW-RR 92, 633), hingegen ausgeschlossen, wenn es zB um die Verlängerung einer Räumungsfrist geht (Karlsruhe Justiz 91, 473 = MDR 92, 303; München ZMR 93, 78) oder um die Ablehnung eines Sachverständigen im Zwangsversteigerungsverfahren (Koblenz JurBüro 92, 122) oder im Verfahren der Klauselerinnerung nach § 732 (Köln Rpfleger 92, 207 = NJW-RR 92, 632). 5

An dem Differmitätsprinzip des § 568 II 2 hat die Neufassung des § 568 nichts geändert (Koblenz JurBüro 92, 55). In Betracht kommt die weitere Beschwerde daher nur, wenn im ersten Rechtszug ein AG entschieden hat, weil die Beschwerdeinstanz nicht über das OLG hinausreicht (§ 567 III). Das ist zB nicht der Fall, wenn der Amtsrichter ein gegen ihn gerichtetes Ablehnungsgesuch mangels Rechtsschutzbedürfnisses als unzulässig zurückweist und sodann das Landgericht entscheidet (Köln OLGZ 79, 470 = MDR 59, 850; KG FamRZ 85, 729; 86, 1024; Nürnberg OLGZ 93, 84; s auch § 45 Rn 6; aA Koblenz MDR 85, 850; KG MDR 83, 60) oder wenn der Beschwerdeführer geltend macht, das LG habe entschieden, obwohl überhaupt keine Beschwerde eingelegt worden sei (KG Rpfleger 82, 304). Die weitere Beschwerde muß jedoch nicht eine abermalige des ersten Beschwerdeführers sein; es kann sich auch um eine **Beschwerde des Gegners** handeln, den die Entscheidung über die erste Beschwerde ungünstiger gestellt hat.

1) Immer muß ein **neuer selbständiger Beschwerdegrund** gegeben sein (auch für eine Anschlußbeschwerde, KG MDR 87, 152). Er muß im Zeitpunkt der Einlegung der weiteren Beschwerde gegeben sein; sein späterer Wegfall ist unbeachtlich (Schneider MDR 78, 530). Zu vergleichen sind die Beschlußformeln (s aber Rn 12). 6

a) **Neu** ist er, wenn er in der Entscheidung des AG noch nicht enthalten war. Diese Frage ist für jede Partei selbständig zu beantworten. Daher ist dem Gegner des beim LG erfolgreichen Beschwerdeführers wegen der ihn beschwerenden abändernden Entscheidung immer die dritte Instanz eröffnet. 7

b) Der neue Beschwerdegrund **fehlt stets,** wenn das Beschwerdegericht unter Würdigung des ihm unterbreiteten Tatsachenstoffs eine Entscheidung getroffen hat, die mit derjenigen der ersten Instanz **inhaltlich übereinstimmt,** wenn also über den Streitgegenstand im Ergebnis gleich entschieden worden ist. Ob es sich dabei um die Zulässigkeit oder die Begründetheit handelt, ist gleichgültig. Auch das Übersehen materiellrechtlicher Anspruchsgrundlagen ist unerheblich (sofern dies nicht auf einem wesentlichen Verfahrensmangel beruht; s unten Rn 16). An einer Divergenz fehlt es auch, wenn das LG auf die Erstbeschwerde die Entscheidung des AG teilweise zugunsten des Beschwerdeführers ändert und sich wegen des Restes der Auffassung des AG anschließt (Koblenz MDR 78, 412). Folgende Prozeßlagen lassen sich unterscheiden: 8

A. Ausschluß der weiteren Beschwerde
AG unzulässig – LG unzulässig
AG unbegründet – LG unbegründet

B. Weitere Beschwerde zulässig:
1. *duae difformes*
AG unzulässig – LG zulässig
AG zulässig – LG unzulässig
AG unbegründet – LG unzulässig
AG unbegründet – LG begründet
2. Verfahrensmangel (s Rn 16 ff)
AG unzulässig – LG unzulässig, aber Verfahren mangelhaft
AG unbegründet – LG unbegründet, aber Verfahren mangelhaft

9 **Aufhebung und Zurückverweisung** stellt für den vorinstanzlich Obsiegenden einen neuen selbständigen Beschwerdegrund dar. Beim Beschwerdeführer, der Aufhebung und Zurückverweisung erreicht hat, hängt es von der Prozeßlage ab: **Ja,** wenn trotz Entscheidungsreife zurückverwiesen worden ist (Schneider MDR 80, 726). **Nein,** wenn bei fehlender Entscheidungsreife lediglich die Ermessensausübung gerügt wird, ohne daß die Voraussetzungen fehlerhafter Ermessensausübung dargelegt werden (Schneider JurBüro 80, 482).

10 c) Ob die **Begründungen** der Vorentscheidungen sich decken, ist unerheblich (Köln MDR 72, 957; NJW-RR 90, 511; Hamm WPM 87, 788). Erst recht kommt es nicht darauf an, ob die übereinstimmenden Entscheidungen sachlich zutreffend sind oder nicht; denn gerade diese Prüfung soll ausgeschlossen sein, wenn bereits zwei Gerichte hintereinander rechtlich gleich beurteilt haben. Daher ist der immer wieder unternommene Versuch von vornherein untauglich, aus behaupteter falscher sachlich-rechtlicher Beurteilung einen Verfahrensmangel (Rn 16) herzuleiten.

Die Bereiche materiellen und prozessualen Rechts müssen getrennt beurteilt werden. Aus **unrichtiger Anwendung materiellen Rechts** folgt kein fehlerhaftes Verfahren, aus fehlerhaftem Verfahren folgt keine unrichtige Anwendung sachlichen Rechts. Bei duae conformes führt deshalb kein Weg aus dem einem Bereich in den anderen (Düsseldorf Rpfleger 87, 509 = MDR 87, 681). Hier liegt der eigentliche Grund, warum es unerheblich ist, ob die Entscheidungen unterschiedlich begründet worden sind; es geht eben nur um das tenorierte Beurteilungs**ergebnis.** Die Rüge eines Begründungsmangels (dazu Schneider MDR 79, 833 zu V u unten Rn 21) hat daher nur Sinn, wenn vorgetragen wird, dazu sei es wegen eines Verfahrensmangels gekommen, der dann natürlich selbständig zu beurteilen ist, zB weil das Auswechseln der Begründung eine Überraschungsentscheidung u damit eine Gehörsverletzung darstellt (Köln OLGZ 84, 296). **Materiell-rechtliche Hilfsbegründungen** (sowohl unzulässig als auch unbegründet) sind unbeachtlich. Dazu rechnet auch das bewußte Offenlassen der Zulässigkeitsfrage (§ 574 Rn 6). Zu **alternativen Begründungen** s Rn 14.

11 **d)** Bei der **Durchgriffserinnerung** ist hinsichtlich der Divergenz auf die **richterlichen** Entscheidungen abzustellen. Soweit der Amtsrichter nicht abhilft, schließt er sich der Rechtspfleger-Entscheidung an, so daß dessen Bestätigung durch das LG als Beschwerdegericht die weitere Beschwerde grundsätzlich wegen sog **duae conformes** ausschließt (Karlsruhe Justiz 76, 471; München Rpfleger 72, 449; Hamm Rpfleger 71, 104). Hilft der Amtsrichter ab, dann muß seine Entscheidung **mit derjenigen des LG** als Beschwerdegericht verglichen werden; der Beschluß des Rpflegers hat für den neuen selbständigen Beschwerdegrund keine Bedeutung mehr (Saarbrücken OLGZ 66, 182; Celle OLGZ 72, 479; KG Rpfleger 74, 406).

12 2) **a) Weist das LG** in Übereinstimmung mit dem AG eine Beschwerde als unbegründet zurück, dann endet damit der Rechtszug. Ob als unbegründet zurückgewiesen worden ist, ergibt ein Vergleich der Beschlußformeln, wobei es im Zweifel auf sinngemäße Übereinstimmung ankommt (Stuttgart Rpfleger 61, 21). Jedoch ist **nicht die verbale Formulierung maßgebend.** Wird etwa eine Beschwerde mangels Beschwer „als unbegründet" zurückgewiesen, dann handelt es sich sachlich um eine die weitere Beschwerde eröffnende Verwerfung (BGH NJW 82, 448; Hamm Rpfleger 56, 197). Ebenso liegt es, wenn das LG eine sachlich begründete Zurückweisung als Verwerfung bezeichnet (Frankfurt ZIP 91, 1153). Die Frage, ob das Gericht die Beschwerde als unzulässig verworfen hat, beurteilt sich also nicht allein nach der Beschlußformel, sondern **nach dem sachlichen Gehalt** der Entscheidung (Hamm Rpfleger 78, 422 m Anm Kirberger). Der Grundsatz der Meistbegünstigung (Rn 29 vor § 511; § 577 Rn 3) steht nicht entgegen, da er nur die falsche Entscheidungsform korrigiert, nicht den durch Auslegung zu ermittelnden Entscheidungsinhalt.

13 **b)** Bei Verwerfung liegt der neue selbständige Beschwerdegrund darin, daß das LG ein **sachliches Eingehen auf den Verfahrensgegenstand abgelehnt** hat. Hat es die Sache behandelt, aber als unzulässig verworfen, dann mangelt es am neuen selbständigen Beschwerdegrund, weil zwei

übereinstimmende Sachprüfungen vorliegen. Die falsche Formulierung des Beschlußtenors ändert daran nichts (Rn 12). Nur wenn das **LG erstmals auf die Sache eingeht**, das AG dies also abgelehnt hatte, ist ein neuer selbständiger Beschwerdegrund gegeben, weil sog **duae difformes** vorliegen (Köln NJW-RR 90, 383). Keine weitere Beschwerde, wenn das Beschwerdegericht eine den Antrag als unzulässig verwerfende Entscheidung des AG bestätigt; die Übereinstimmung, die den Rechtszug beendet, kann sich auf die prozessuale Beurteilung beschränken.

c) Entscheidet das Beschwerdegericht mit **alternativer Begründung** (entweder unzulässig oder unbegründet) oder unter **Offenlassung der Zulässigkeitsfrage** zur Sache (s § 547 Rn 6), so liegt hierin kein neuer selbständiger Beschwerdegrund, obwohl ein eindeutiger Übereinstimmungsvergleich nicht möglich ist (so zutreffend Frankfurt OLGR 1995, 221; aA Schneider MDR 83, 104). Denn das Offenlassen der Zuständigkeitsfrage ist weder verfahrensfehlerhaft, noch beruht die Entscheidung auf der möglicherweise gegebenen Unzulässigkeit des Rechtsmittels, da hierauf ein Ergebnis gerade nicht abgestellt wird. 14

3) Die neue selbständige Beschwer kann auch einen **Teil des Streitgegenstandes** betreffen, etwa wenn ein Antrag des Schuldners auf Pfandfreigabe mehrerer Gegenstände erstinstanzlich als unbegründet, zweitinstanzlich teilweise als unbegründet, teilweise als unzulässig beschieden wird. Wird jedoch einem vom AG abgewiesenen Antrag vom Beschwerdegericht teilweise stattgegeben, dann gibt es dagegen keine weitere Beschwerde; zwar wird der Antrag des Schuldners zweitinstanzlich günstiger beschieden als erstinstanzlich, er wird aber dadurch nicht beschwert, sondern verbessert (s Celle JurBüro 59, 419; Koblenz MDR 78, 412). Hat das LG über Schutzanträge nach § 30b ZVG u § 765a ZPO entschieden, dann ist bei duae difformes wegen § 30b III 2 ZVG nur die Entscheidung zu § 765a (s auch Rn 19 aE) drittinstanzlich überprüfbar (aA Nürnberg WPM 85, 954: auch die zu § 30b ZVG). 15

4) Auch die **Nichtbeachtung wesentlicher Verfahrensvorschriften** eröffnet die zweite Beschwerdeinstanz, wenn dem Landgericht erstmals ein wesentlicher Verfahrensverstoß unterlaufen ist und die Sachentscheidung bei korrektem Vorgehen möglicherweise anders ausgefallen wäre. Dieses prozessuale Gewohnheitsrecht (Hamm ZIP 80, 258) ist vom BVerfG (BVerfGE 49, 255, 256) bestätigt worden. Zur Zulässigkeit genügt, daß ein wesentlicher Verfahrensmangel **dargelegt** ist oder sich **aus den Akten ergibt**, seine Feststellung gehört zur Begründetheit (s KG JurBüro 86, 1742; es verhält sich wie bei §§ 707, 719, 769, s Schneider MDR 85, 547, 550). 16

Beachtlich sind nur **wesentliche** Verfahrensmängel. Sie brauchen nicht gerügt zu werden. Ein Verfahrensmangel folgt nie aus vom Beschwerdeführer angenommener falscher Sachentscheidung (Hamm OLGR 95, 117; s unter Rn 21). Die Feststellung, daß ein Verfahrensmangel wesentlich (oder „erheblich") sei, ist deshalb wichtig, weil jeder Verfahrensmangel, der vom Gericht der weiteren Beschwerde berücksichtigt wird, die **gesamte Instanz eröffnet** und zur umfassenden rechtlichen und tatsächlichen Nachprüfung führt (BayObLG Rpfleger 79, 67). Voraussetzung ist aber auch hier, daß eine Beschwer gegeben ist. Sie fehlt, soweit selbständige Entscheidungsteile nicht auf dem Verfahrensmangel beruhen können (Köln ZIP 86, 384). **Unerheblichkeit** ist zB anzunehmen, wenn der Verfahrensmangel einen bedeutungslosen Nebenpunkt (Zinslauf, Kostenanteil usw) betrifft (arg §§ 92 II, 278 III ZPO; s auch BVerfGG § 93a IV 2; § 554b ZPO). Ebenso liegt es beispielsweise, wenn die Mitteilungspflicht nach § 11 II 4 RPflG versäumt worden ist. 17

a) **Verfahrensmangel:** Das Beschwerdegericht übersieht eine Gesetzesänderung (Celle NJW 53, 588) oder daß eine Rechtsnorm vom BVerfG für nichtig erklärt worden ist (BVerfGE 65, 297); in der zweiten (nicht in der ersten!) Instanz übt ein Referendar gesetzeswidrig richterliche Geschäfte aus (Hamm JMBlNRW 64, 31) oder die Richterbank ist aus anderen Gründen falsch besetzt (Koblenz JurBüro 89, 696); das Beschwerdegericht entscheidet vor Ablauf einer von ihm **selbst gesetzten Frist** und verletzt damit Art 103 I GG (BVerfGE 46, 314; 61, 42; s näher § 573 Rn 10); **Überraschungsentscheidung** (Köln Rpfleger 75, 441; ZIP 80, 386; MDR 83, 325; Hamm FamRZ 87, 1063), die aber nicht aus abweichender oder knapper Begründung hergeleitet werden kann (Köln Rpfleger 72, 377; JurBüro 75, 1110), wohl aber aus einem unvorhersehbaren Auswechseln der Gründe (Köln OLGZ 84, 296). Maßgebend ist der objektive Verfahrensablauf, nicht die subjektive Empfindung der Partei (Köln OLGZ 1987, 72). Von einer Überraschungsentscheidung wird man in der Regel auszugehen haben, wenn die **Hinweispflicht aus § 278 III verletzt** worden ist (Köln ZIP 81, 434). 18

b) **Weitere Fälle aus der Rechtsprechung:** Nichtexistenz eines Beschlusses wegen bloßer Paraphierung (Köln ZIP 88, 1001). Entscheidung eines unzuständigen Beschwerdegerichts (RGZ 42, 355); nicht geheilte (Karlsruhe ZIP 82, 193) **Verletzung rechtlichen Gehörs** (s dazu § 573 Rn 6–10), zB Verwertung eines den Parteien nicht bekanntgegebenen Rechtspflegervermerks als Entscheidungsgrundlage (Köln ZIP 83, 870) oder Unterlassen des Übersendens einer zur Beschwerdebegründung erbetenen Abschrift des Versteigerungsprotokolls (Celle Rpfleger 82, 388) oder einer anderen Urkunde (Köln DGVZ 90, 23). 19

Auch **fehlende Begründung** (§ 329 Rn 24) kann ein Verfahrensmangel sein (Celle MDR 86, 154; § 573 Rn 17). Verstoß gegen die Pflicht zur amtswegigen Sachverhaltsaufklärung (Frankfurt ZIP 80, 175); Nichtberücksichtigung von Schriftsätzen, die vor Existentwerden des Beschlusses eingegangen sind (BayObLG Rpfleger 81, 144; Düsseldorf MDR 87, 681 = Rpfleger 87, 509; MDR 88, 62);

Übergehen von Sachvortrag, dessen Berücksichtigung zu einer anderen Entscheidung geführt hätte (Koblenz MDR 79, 765; Köln MDR 88, 853 = Rpfleger 88, 30; Hamm JMBlNRW 90, 31), auch bei verspätetem Eingang, weil §§ 296, 296a, 527f unanwendbar sind (München MDR 81, 1025; aber § 283 S 2 ist analog anzuwenden: Köln ZIP 81, 92); nicht vorgetragener Sachverhalt als Entscheidungsgrundlage (Hamburg MDR 64, 423);

Verstoß gegen die **Bindung an Anträge** (Hamm JMBlNRW 63, 32; Köln NJW 80, 1531), auch an Hilfsanträge (jedoch nicht, wenn es sich dabei nur um falsch bezeichnete unerhebliche Beweisanträge handelt, Köln DGVZ 83, 55).

20 c) Der **Verfahrensfehler muß neu sein,** darf also nicht bereits dem AG unterlaufen sein. Der Begriff der „Neuheit" (s dazu Schneider MDR 79, 883 zu VI) ist früher auf solche Mängel beschränkt worden, die nur dem LG unterlaufen sind; ein Verfahrensfehler des AG, der vom LG nicht beachtet wurde, eröffnete danach nicht die weitere Beschwerde (München OLGR 95, 22; Hamburg MDR 64, 423; KG OLGZ 68, 428; Frankfurt ZIP 80, 175). Das ist aus der Überlegung hergeleitet worden, es gehe nicht an, bei materiellrechtlicher Übereinstimmung die weitere Beschwerde zu versagen, sie aber bei prozessualer Übereinstimmung zu gewähren. Diese Auffassung bedarf jedoch der Differenzierung. Richtig ist, daß es an einem neuen Verfahrensfehler mangelt, wenn AG und LG eine verfahrensrechtliche Frage überprüft und übereinstimmend (falsch) beantwortet haben, wenn sie zB beide irrigerweise eine Prozeßvoraussetzung bejaht (KG NJW 68, 2245) oder übereinstimmend ein Schriftstück irrig als Vollmacht angesehen haben. Anders liegt es, wenn in beiden Vorinstanzen prozessuale Aufklärungs- und Hinweispflichten **unbeachtet geblieben** sind. Denn derartige Verfahrensverstöße treffen jedes Verfahren selbständig. Dies gilt insbesondere für alle Fälle verfahrenswidriger Untätigkeit (vgl Köln MDR 81, 591).

21 d) Im **Einzelfall** wird nicht selten versucht, einen wesentlicher Verfahrensmangel zu **konstruieren,** wobei in der Sache materiellrechtliche Erwägungen vorgetragen werden (vgl Frankfurt JurBüro 80, 1896; München MDR 83, 413; Hamm OLGR 95, 117; Rn 10). Insbesondere werden solche Rügen darauf gestützt, Art 103 I GG sei verletzt (s Rn 19). Jedoch müssen sich die Beschlußgründe mit schriftlichem Parteivorbringen nicht im einzelnen auseinandersetzen. **Die Rüge, Schriftsätze seien nicht oder nicht ausführlich genug gewürdigt** und deshalb sachlich falsch entschieden worden, muß **erfolglos** bleiben (Koblenz VersR 78, 551; NJW-RR 87, 446; Hamm OLGR 95, 117). Das LG darf Vorbringen sogar ganz unberücksichtigt lassen, wenn es nach seiner Rechtsauffassung nicht entscheidungserheblich ist (Düsseldorf JMBlNRW 70, 220). Erst recht braucht es sich nicht im einzelnen mit der tatsächlichen oder rechtlichen Wertung auseinanderzusetzen, die der Beschwerdeführer anführt (Hamm JurBüro 70, 696; Koblenz VersR 78, 757).

22 e) Wird ein Verstoß gegen Art 103 I GG und damit ein wesentlicher Verfahrensmangel festgestellt, so kann dieser **Mangel** im Verfahren der weiteren Beschwerde, die eine Tatsacheninstanz einleitet (§ 570), **behoben werden** (BVerfGE 5, 24; Hamm JMBlNRW 78, 55).

23 f) Der wesentliche Verfahrensmangel muß schließlich **entscheidungskausal** sein; die angefochtene Entscheidung muß darauf „beruhen" (zu diesem Begriff s § 550 Rn 6). Es genügt allerdings die **Möglichkeit,** daß das prozeßordnungswidrige Verfahren die angefochtene Entscheidung beeinflußt hat (Koblenz JurBüro 88, 920). Das Beruhen fehlt, wenn wegen Verletzung des Art 103 I GG unbekannt gebliebenes schriftsätzliches Vorbringen die Entscheidung nicht oder für die Partei nicht nachteilig beeinflußt hat oder wenn der Mangel lediglich hilfsweises Vorbringen betrifft (BVerfGE 17, 96; s aber Rn 10) oder sich nur auf einen unbedeutenden Nebenpunkt ausgewirkt hat (oben Rn 17) oder gar nur eine nach § 319 berichtigungsfähige offenbare Unrichtigkeit vorliegt. Umgekehrt wird das Beruhen nicht dadurch wieder ausgeräumt, daß die vom Mangel betroffene Entscheidung vom Beschwerdegericht auf Grund neuer Darlegungen oder Beweismittel (§ 570) im Ergebnis gehalten wird; in diesem Fall ist vielmehr die Beschwerde zulässig, aber unbegründet.

24 5) **Für die weitere Beschwerde** müssen im übrigen die gleichen Voraussetzungen gegeben sein wie für die erste Beschwerde (RGZ 57, 319). Das gilt insbesondere für die **Beschwer.** Wer am vorangegangenen Beschwerdeverfahren nicht beteiligt war, kann nicht weitere Beschwerde einlegen, selbst wenn er gegen die ihm nachteilige Ausgangsentscheidung Beschwerde hätte führen können (Hamm NJW 68, 1147).

25 6) Ob die weitere Beschwerde eine **einfache oder sofortige** (Terminologie: §§ 26 I 1, 29 II FGG) ist, hängt von der Beschwerdeentscheidung ab. Es kann daher ausnahmsweise gegen eine auf

einfache Beschwerde hin ergangene Entscheidung des LG die sofortige weitere gegeben sein und umgekehrt (zB bei Aussetzung § 252).

7) Die weitere Beschwerde ist keine Rechtsbeschwerde; **neue Tatsachen und Beweise** sind daher gem § 570 ebenso zu berücksichtigen wie im ersten Beschwerderechtszug (BayObLG Rpfleger 79, 67), so daß das Beschwerdegericht sich auch bei **Ermessensentscheidungen** nicht auf eine Ermessensprüfung beschränken darf, sondern eigenes Ermessen ausüben muß. Es besteht auch **keine Tatbestandsbindung** wie im Verfahren der Rechtsbeschwerde (§§ 561 S 1; 27 S 2 FGG, 78 S 2 GBO usw); § 314 ist nicht anwendbar (Köln MDR 76, 848). 26

8) **Handelt jemand namens des Beschwerdeführers** oder des Beschwerdegegners, dann ist dies prozessual nur beachtlich, wenn er sich durch eine **Vollmacht** ausweist (Köln Rpfleger 76, 102). Bei Rechtsanwälten ist ein Mangel der Vollmacht nicht von Amts wegen zu prüfen (§ 88 II). Fällt der Mangel der Vollmacht erst dem Gericht der weiteren Beschwerde auf, dann kann die Vollmacht nachgereicht, damit aber zugleich ein die weitere Beschwerde eröffnender wesentlicher Verfahrensmangel beseitigt werden. 27

9) In den **neuen Kostengesetzen** ist teilweise eine resivionsartig ausgestaltete weitere Beschwerde vorgesehen, die der Zulassung bedarf und nur auf Gesetzesverletzungen iS der §§ 550, 551 gestützt werden kann (s §§ 14 III KostO, 10 III BRAGO). Rechtsbeschwerden gibt es weiter zB nach § 100 PatG, § 24 LwVG oder §§ 17 ff AVAG. 28

10) Vor der Neufassung des § 568 II durch das Rechtspflege-VereinfachungsG v 17. 12. 90 (BGBl I S 2847) war die weitere Beschwerde immer dann gegeben, wenn die Vorentscheidung auf einem neuen selbständigen Beschwerdegrund beruhte. Jetzt ist sie grundsätzlich verschlossen, zulässig nur, soweit dies im Gesetz bestimmt ist; jedoch ist das Erfordernis des neuen selbständigen Beschwerdegrundes übernommen worden. 29

a) Im Hinblick auf die alte Fassung des § 568 II war in einer Reihe von Gesetzen die weitere Beschwerde ausgeschlossen. Diese Vorschriften sind bereinigt worden (zB §§ 127 II 3, 640a III, 721 VI Nr 2 aF). 30

b) Unverändert geblieben sind hingegen die **§§ 30b III 2, 74a V 3 ZVG.** Hier wäre anderenfalls nach §§ 568 II 1, 793 II, 869 die weitere Beschwerde zulässig. 31

c) Bei der **Verkehrswertschätzung** kann eine Sache dann an das OLG gebracht werden, wenn das LG die **Befangenheitsablehnung** des mit der Schätzung beauftragten Sachverständigen als unbegründet beschieden hat (Frankfurt Rpfleger 77, 66). 32

11) Das **Verfahren der weiteren Beschwerde** entspricht demjenigen der einfachen Beschwerde (§§ 569 ff). Zwischenzeitlich eingetretene Gesetzesänderungen sind vom Gericht der weiteren Beschwerde zu beachten (Hamburg FamRZ 59, 255). 33

III) Prozeßkostenentscheidungen, Abs 3: 1) Völliger **Ausschluß der weiteren Beschwerde** ist vorgesehen, wenn ein **LG über Prozeßkosten** entschieden hat, auch bei der Kostenfestsetzung nach § 13a II FGG (BGHZ 33, 205). Das ist immer dann der Fall, wenn über die **Pflicht zur Tragung** von Prozeßkosten oder über deren **Höhe** oder deren **Beitreibung** befunden wird. Im Einzelfall ist also zu prüfen, ob in materieller Hinsicht über eine Kostenfrage entschieden worden ist (Köln JurBüro 82, 933). Bejaht wird dies insbesondere bei Sachverständigenkosten (Hamburg ZSW 82, 262); Streitwertfestsetzung (KG Rpfleger 62, 162); Vollstreckungskosten (Köln JurBüro 66, 344; Stuttgart Justiz 80, 47; Frankfurt Rpfleger 76, 368; Koblenz JurBüro 89, 862; München MDR 89, 1005), nicht jedoch bei Entscheidungen über Vollstreckungsmaßnahmen aus einem Kostentitel (Stuttgart Justiz 83, 302), zB bei Ablehnung des Antrages auf Zwangsversteigerung aus einem Kostentitel. Keine weitere Beschwerde ferner bei Vergütungen für Konkurs-, Vergleichs- und Zwangsverwalter, Gläubigerausschußmitglieder und Sequester (Celle Rpfleger 71, 320; Schleswig SchlHA 78, 201; KG ZIP 80, 30; Frankfurt ZIP 82, 1364). Gleichbehandelt wird der Fall, daß das LG im Kostenfestsetzungsverfahren eine Erinnerung ohne eigene Sachprüfung als unzulässig verworfen hat (München JurBüro 72, 262). Noch weitergehend versagt das OLG Köln (NJW-RR 86, 1509) die Beschwerde, wenn sie in der Sache mangels Rechtsschutzbedürfnisses unzulässig ist und deshalb nur der Kostenpunkt überprüfbar wäre. 34

2) Eine Zwischenstellung nehmen Entscheidungen ein, die im Beschwerdeverfahren nach **§ 91a** ergehen. Fällt das erledigende Ereignis in das Verfahren vor dem AG mit der Folge, daß nur noch die Kosten Streitgegenstand sind, dann ist § 568 III einschlägig. Erledigt sich dagegen die Hauptsache erst im Verfahren auf sofortige Beschwerde, dann entscheidet das LG erstmals lediglich über die Kosten. Gleichwohl ist auch auf diesen Sachverhalt § 568 III anzuwenden, da es die gesetzliche Zielsetzung ist, das OLG nicht mit Nebenverfahren zu belasten (Schleswig Rpfleger 62, 429; Hamm MDR 69, 400; KG Rpfleger 78, 103; aA Frankfurt MDR 68, 333: Erstbeschwerde). 35

36 3) Anders liegt es dann, wenn die Vorinstanz es **ablehnt, eine Entscheidung über Prozeßkosten zu treffen.** Dies kann nicht einer Kostenentscheidung gleichgesetzt werden, desgleichen nicht die einen vollmachtlosen Vertreter belastende Kosten*grund*entscheidung (s Frankfurt OLGZ 80, 278 zu § 20a FGG m Nachw; s aber Rn 42). Es ist deshalb immer einfache Beschwerde gegeben, die weitere dann, wenn die Voraussetzungen des § 568 II im übrigen vorliegen (s § 567 Rn 35 u BGH NJW 59, 291; KG Rpfleger 60, 60; NJW 69, 850; Karlsruhe AnwBl 89, 346; Zweibrükken MDR 90, 253 = JurBüro 90, 534; LG Mainz Rpfleger 74, 74).

37 4) Hat das LG über Prozeßkosten entschieden, dann ist die weitere Beschwerde schlechthin ausgeschlossen. Weder duae difformes (Düsseldorf JMBlNRW 63, 31: unbegründet/unzulässig) noch ein wesentlicher Verfahrensmangel (Hamm JurBüro 66, 1069: falsche Besetzung) können sie eröffnen, auch nicht ein **Verfassungsverstoß** (Düsseldorf MDR 70, 934; KG MDR 80, 322 = Rpfleger 80, 116: Verletzung des Anspruchs auf rechtliches Gehör; s aber § 567 Rn 41).

38 5) Zu beachten ist, daß § 568 III nur Entscheidungen meint, die das **LG auf** (einfache oder sofortige) **Beschwerde hin** trifft, nicht also solche, die es als Prozeßgericht erster Instanz oder erstmals als Beschwerde- oder Berufungsgericht erläßt. Soweit es in dieser Funktion in Verfahren, die bei ihm beginnen, über Kosten entscheidet, gilt nur die Sperre der Mindestbeschwer aus § 567 II.

39 Bei **Streitwertbeschwerden** ist die Zulässigkeit weiter begrenzt durch § 25 II 2 GKG: Wenn das LG auf Beschwerde hin oder erstmals für seine Instanz als Rechtsmittelgericht den Streitwert festgesetzt hat, ist auch die einfache Beschwerde ausgeschlossen (Hamm Rpfleger 73, 106 Nr 102; Köln NJW 59, 2074), die weitere Beschwerde ohnehin (§§ 25 II 1 Hs 2; 5 II 7 GKG). Ob die Beschwerde gegen einen Streitwertbeschluß des LG als Beschwerdegericht eine erste oder eine zweite Beschwerde ist (s KG NJW 68, 1729 u Hamm Rpfleger 73, 107), hängt davon ab, ob der Beschwerdeweg durch den Hauptsacheweg begrenzt ist (unten Rn 43).

40 6) Neben Sachverhalten, in denen unmittelbar über die Kostentragungspflicht – nach Grund und/oder Höhe – befunden wird, bezieht § 568 III auch alle Entscheidungen ein, die nur **mittelbar Prozeßkosten betreffen,** auch die der Zwangsvollstreckung (Rn 34). Außer Verfahren, welche die **Gerichtskosten** nach dem GKG betreffen, fällt beispielsweise auch die Erteilung der **Vollstreckungsklausel** zum Kostenfestsetzungsbeschluß unter § 567 III (RGZ 43, 387) sowie die Entscheidung über die **Vollstreckbarerklärung** von Kostenentscheidungen ausländischer Gerichte nach dem AusfG z Haager ZPR-Abkommen (Oldenburg NJW 68, 2203).

41 Zur **weiteren Kostenbeschwerde kraft Zulassung**, beschränkt auf Rechtsprüfung, s Rn 28. Da die Zwangsvollstreckungskosten (§ 788) ebenfalls zu den Kosten des Rechtsstreits gehören (Rn 34), ist § 568 III anwendbar, wenn der Gerichtsvollzieher angewiesen werden soll, Kosten nach § 788 I beizutreiben (Düsseldorf JMBlNRW 63, 31; Frankfurt Rpfleger 76, 368).

42 7) Die Kosten können ausnahmsweise auch einem **vollmachtlosen Vertreter** (s § 89; ausführlich Schneider Rpfleger 76, 229) auferlegt werden. Er wird dadurch am Verfahren beteiligt. Das ändert jedoch nichts daran, daß über Prozeßkosten entschieden wird und demnach die §§ 567 II, 568 III anzuwenden sind (RGZ 51, 100; s aber Rn 36).

43 IV) Wegen der **Kostenentscheidung** s § 567 Rn 53 ff. Bei Aufhebung wegen eines entscheidungskausalen wesentlichen Verfahrensmangels ist zu prüfen, ob gemäß **§ 8 GKG** von der Kostenerhebung abzusehen ist. **§ 99 I ist anwendbar,** so daß ein Beschluß mit Sach- und Kostenentscheidung nicht nur wegen der Kostenregelung angegriffen werden kann.

568a *[Weitere sofortige Beschwerde]*

Beschlüsse des Oberlandesgerichts, durch die über eine sofortige Beschwerde gegen die Verwerfung des Einspruchs gegen ein Versäumnisurteil entschieden wird, unterliegen der weiteren sofortigen Beschwerde, sofern gegen ein Urteil gleichen Inhalts die Revision stattfinden würde; §§ 546, 554b gelten entsprechend.

1 I) Im Beschlußverfahren gibt es gegen die Erstentscheidung (nur) zwei Rechtsmittel: die **Beschwerde** und die **weitere Beschwerde.** Ob das jeweilige Rechtsmittel innerhalb einer bestimmten Frist eingelegt werden muß, regelt das Gesetz von Fall zu Fall. Für den Ausdruck „befristet" wird der Begriff „sofortig" benutzt. Er besagt lediglich, ob die Einlegung einer Beschwerde oder einer weiteren Beschwerde fristgebunden ist. „Sofortig" kennzeichnet folglich nicht die Rechtsmittelstufe, sondern nur eine Zulässigkeitsvoraussetzung. Statt „weitere sofortige Beschwerde" muß es daher richtig heißen „sofortige weitere Beschwerde" (richtige Terminologie zB in § 29 II FGG).

2 § 568a zieht die prozessuale Konsequenz aus der ebenfalls neu in die ZPO eingefügten Vorschrift des § 341 II. Nach § 341 aF konnte ein Einspruch immer nur durch **Versäumnisurteil**

verworfen werden. Das ist auch heute noch statthaft mit der Folge, daß dann die Berufung gegeben ist (§ 513 II). Nunmehr steht es dem Gericht aber auch frei, statt durch Urteil den Einspruch ohne mündliche Verhandlung durch **Versäumnisbeschluß** zu verwerfen (§ 341 II 1). In diesem Fall gibt es statt der Berufung die sofortige Beschwerde (§ 341 II 2), vorausgesetzt, daß die Berufung stattfände, wenn das Gericht den Einspruch nicht durch Beschluß, sondern durch Urteil verworfen hätte. Dementsprechend ist dann auch die Überprüfung der sofortigen Beschwerde nur im Rahmen des § 513 II vorzunehmen. Um den dreistufigen Instanzenzug auch dann zu gewähren, wenn das LG einen Einspruch durch Beschluß statt durch Urteil verwirft, mußte in § 568a die Beschwerde an den BGH eröffnet werden; anderenfalls würde sie bei Bestätigung der landgerichtlichen Entscheidung durch das OLG an § 568 II scheitern, weil es am neuen selbständigen Beschwerdegrund mangeln würde.

II) Statthaft ist die Revisionsbeschwerde gegen jeden OLG-Beschluß, der über eine sofortige Beschwerde nach Verwerfung des Einspruchs gegen ein Versäumnisurteil (oder wegen § 700 I gegen einen Vollstreckungsbescheid, BGH VersR 82, 1168) entschieden hat. Es macht also keinen Unterschied, ob das OLG die sofortige Beschwerde zurückweist oder seinerseits verwirft. Erklärt das OLG auf die sofortige Beschwerde hin den vom LG verworfenen Einspruch für zulässig, dann wird dadurch der **Gegner** des Beschwerdeführers **beschwert** und kann sich an den BGH wenden. Voraussetzung ist aber in allen genannten Fällen, daß die Revision gegeben wäre, wenn das OLG durch Urteil entschieden hätte. 3

III) Die **(hypothetische) Revisibilität** richtet sich nach §§ 546, 554b. § 568 II ist unanwendbar (BGH VersR 92, 853). Die Entscheidung des OLG auf sofortige Beschwerde hin ist mit der sofortigen weiteren Beschwerde angreifbar, wenn der Streitgegenstand mehr als 60 000 DM ausmacht oder das OLG die Revision zugelassen hat. Ist bei der Wertrevision die Revisionssumme (§ 546 I 1) erreicht, dann steht es immer noch beim BGH, ob er die Annahme der Revision ablehnt (§ 554b). 4

IV) Unberührt bleibt die Vorschrift des **§ 547.** Danach findet die Revision immer statt, soweit das Berufungsgericht eine Berufung als unzulässig verworfen hat. Da § 568a die Entscheidung auf sofortige Beschwerde den gleichen Rechtsmitteln unterstellen will, wie bei Verfahren aufgrund mündlicher Verhandlung, ist entsprechend § 547 die Revision gegeben, wenn die sofortige Beschwerde vom Berufungsgericht als unzulässig verworfen wird. Vollstreckungseinstellung nur bei vorinstanzlich schon gestelltem Antrag, also wie bei § 719 Rn 7 (BGH MDR 92, 711). 5

V) Für das **Verfahren** nach Einlegung der sofortigen weiteren Beschwerde sind keine Sonderregeln vorgesehen, so daß das allgemeine Beschwerderecht gilt, insbesondere also die §§ 574, 575, 577 anzuwenden sind. 6

VI) Gebühren: 1) des **Gerichts:** KV 1906. Wird der Einspruch gegen das Versäumnisurteil durch Endurteil als unzulässig verworfen und gegen dieses Urteil Berufung eingelegt, so fällt in der Berufungsinstanz wie auch sonst zunächst die allgemeine Verfahrensgebühr an (KV 1220). Für ein die Berufungsinstanz abschließendes Urteil: KV 1226, 1227. – **2)** des **Anwalts:** Es gilt § 61 I Nr 1 BRAGO. Für ein etwaiges Berufungsverfahren ist § 31 BRAGO unmittelbar anzuwenden. Eine volle Anwaltsgebühr ist im Berufungsverfahren $^{13}/_{10}$ (§ 11 I 4 BRAGO). 7

569 *[Beschwerdeeinlegung]*

(1) Die Beschwerde wird bei dem Gericht eingelegt, vor dem oder von dessen Vorsitzenden die angefochtene Entscheidung erlassen ist; sie kann in dringenden Fällen auch bei dem Beschwerdegericht eingelegt werden.

(2) Die Beschwerde wird durch Einreichung einer Beschwerdeschrift eingelegt. Sie kann auch durch Erklärung zu Protokoll der Geschäftsstelle eingelegt werden, wenn der Rechtsstreit im ersten Rechtszug nicht als Anwaltsprozeß zu führen ist oder war, wenn die Beschwerde die Prozeßkostenhilfe betrifft oder wenn sie von einem Zeugen oder Sachverständigen erhoben wird.

I) Abs 1. Die Beschwerde ist **regelmäßig beim Untergericht einzulegen,** damit es (bei der einfachen Beschwerde) über die Abhilfe aus § 571 befinden kann (Karlsruhe NJW-RR 87, 1206). Bei Dringlichkeit kann sie direkt beim Beschwerdegericht (Ausnahme § 621e III). Mehrfache Einreichung einer Beschwerdeschrift vermehrt nicht die Rechtsmittel, so daß einheitlich zu entscheiden ist (Koblenz FamRZ 80, 905), auch wenn gleichzeitig bei verschiedenen Instanzen eingelegt wird (BGH VersR 84, 788). 1

1) Bejaht das Beschwerdegericht die **Dringlichkeit,** dann entscheidet es unmittelbar, ohne vorher eine Entscheidung des Erstrichters über die Abhilfe (§ 571) herbeizuführen. **Verneint** das Beschwerdegericht die Dringlichkeit, dann gibt es die angeforderten Akten an das Erstgericht 2 zurück, damit dieses darüber entscheiden kann, ob Abhilfe geboten ist (Karlsruhe NJW-RR 87, 1206).

3 **2)** Bei der **sofortigen Beschwerde** kommt eine Abhilfe nicht in Betracht (§ 577 II). Deshalb darf nach § 577 II 2 der Beschwerdeführer die Beschwerde beim Unter- oder beim Beschwerdegericht einlegen; dann auch keine einstweilige Anordnung (s § 572 Rn 5).

4 **3)** § 569 I gilt entsprechend für die Einlegung der **einfachen weiteren Beschwerde,** also grundsätzlich Einlegung beim LG, das nach § 571 abhelfen darf.

5 **4)** Gegen die **Vollstreckbarerklärung einer Entscheidung** nach dem europ. GVÜ (s Anhang I) durch den Vorsitzenden der Zivilkammer gibt es die befristete Beschwerde. Sie ist innerhalb eines Monats einzulegen, kann aber vom Vorsitzenden verlängert werden; einzulegen ist die Beschwerde nicht beim LG, sondern beim OLG (AusfG v 29. 7. 72, BGBl I S 1328, §§ 9 II, 10, 12 I, 16 I). Die Zulässigkeit der Beschwerde wird jedoch nicht dadurch berührt, daß sie beim LG eingelegt wird, das die Zwangsvollstreckung zugelassen hat. Das LG darf nicht abhelfen (München NJW 75, 504). Ist irrig durch Urteil statt durch Beschluß entschieden worden, darf Berufung eingelegt werden (Hamm MDR 78, 324).

6 **II) Abs 2. 1)** Über den **Inhalt der Beschwerdeschrift** enthält die ZPO keine besonderen Vorschriften. Entsprechend **§ 518** ist die Entscheidung, gegen die sich die Beschwerde richtet, eindeutig zu bezeichnen, anderenfalls die Beschwerde zu verwerfen ist (LAG Düsseldorf LAGE ZPO § 577 Nr 1). Ist die Angabe der angefochtenen Entscheidung eindeutig, dann scheidet nach Ablauf der Beschwerdefrist eine Umdeutung dahingehend aus, in Wirklichkeit habe eine andere Entscheidung angefochten werden sollen. Eine entsprechende Erklärung innerhalb der Beschwerdefrist ist jedoch gleichbedeutend mit einer rechtzeitig eingelegten neuen Beschwerde. Der **Beschwerdeführer** ist **genau zu kennzeichnen,** auch wenn das Rechtsmittel durch einen Bevollmächtigten eingereicht wird. Da die Beschwerde ein Rechtsmittel ist, kann sie zulässigerweise **nicht unter einer Bedingung** eingelegt werden.

7 **2)** Eine unrichtige Bezeichnung des Rechtsmittels (etwa als Einspruch, Widerspruch oder Berufung) ist unschädlich, solange irgendwie der **Wille** zum Ausdruck gebracht wird, die **angefochtene Entscheidung möge** durch das übergeordnete Gericht **sachlich geprüft** werden (Koblenz JurBüro 87, 1845; § 577 Rn 15). Selbst die schriftliche „Bitte" eines Rechtsanwalts um „Überprüfung" eines gerichtlichen Beschlusses kann daher noch als Einlegung einer (sofortigen) Beschwerde gedeutet werden (OGHZ 2, 235). Umgekehrt kann eine an sich eindeutige Rechtsmittelbezeichnung durch die zugehörigen Sachausführungen ihren Aussagewert verlieren (BGH VersR 86, 40). Bei anwaltlich nicht vertretener Partei ist entgegenkommende Auslegung geboten. Ist jedoch der Anfechtungswille auch bei großzügiger Auslegung nicht erkennbar, zB bei bloßer Übersendung eines unterschriebenen Blattes mit aufgeklebten Gebührenmarken unter Angabe eines Aktenzeichens (BGH NJW 66, 1077), dann kann eine Eingabe an das Gericht nicht nachträglich dadurch zu einer Beschwerdeschrift gemacht werden, daß die Partei erklärt, ihre Eingabe möge als Beschwerde angesehen werden (Stuttgart JurBüro 82, 1256). Diese Erklärung kann allenfalls als neue Beschwerde verstanden werden, deren Zulässigkeitsvoraussetzungen, insbesondere bei Fristgebundenheit, selbständig geprüft werden muß.

8 **3)** Eine **Begründung** der Beschwerde ist nicht vorgeschrieben (Düsseldorf AnwBl 91, 272) und insbesondere dann nicht notwendig, wenn lediglich die Rechtsprüfung des Beschwerdegerichts erstrebt wird (RGZ 152, 316). Begründung ist vorgeschrieben in § 620d.

9 **4)** Entbehrlich ist ein **Beschwerdeantrag** (BGHZ 91, 154/160). Er ist aber immer zweckmäßig. Unerläßlich ist er, wenn die Vorentscheidung nur teilweise angefochten werden soll, was zulässig ist (BayObLG FamRZ 82, 1129). Antragsänderung ist möglich, da eine neue Tatsacheninstanz eröffnet wird (§ 570). Welche **Beschwer** der Beschwerdeführer durch das Rechtsmittel von sich abwenden will, ergibt sich in aller Regel aus der Vorentscheidung.

10 **5) Schriftform** ist nötig („Einreichung einer Beschwerdeschrift", § 569 II 1). Außerhalb des Anwaltszwangs genügt die schriftliche Erklärung der Partei. **Handschriftliche Unterzeichnung** ist grundsätzlich nötig, sofern die Beschwerde nicht durch Telegramm, Fernschreiben oder Telebrief (BGHZ 87, 63) eingelegt wird (§ 518 Rn 17 ff). Äußerliche Formanforderungen an die schriftliche Einlegung bestehen nicht, daher auch möglich auf dem Empfangsbekenntnis (Schneider MDR 87, 372 gegen Hamm MDR 87, 414). Unterschriftsstempel sind kein Unterschriftsersatz (RGZ 151, 82); Blankounterschrift auf einem Blatt, auf das ein Angestellter die Beschwerdeschrift ohne Nachkontrolle schreibt, genügt nicht (München NJW 80, 460). Das alles gilt uneingeschränkt für den Anwalt, der für eine Partei handelt, mag auch kein Anwaltszwang bestehen (BGHZ 92, 251). Gegenüber der Partei selbst ist mehr Nachsicht angebracht; bei ihr genügt es, wenn sie trotz fehlender Unterschrift durch sonstige Umstände als Aussteller ausgewiesen wird (BGHZ 92, 255; BayObLG WuM 91, 313). Jedoch reicht nicht aus, daß eine Beschwerdeschrift nur mit dem

Firmennamen einer juristischen Person unterzeichnet ist, weil dann unerkennbar bleibt, ob die Unterschrift von einer vertretungsberechtigten Person stammt (BGH NJW 66, 1077).

6) Wegen des **Zeitpunkts, in dem frühestens Beschwerde eingelegt werden kann,** vgl § 567 Rn 14. **a)** Der **Einlegung der Beschwerde zu richterlichem Sitzungsprotokoll** muß die Erklärung zu Protokoll der Geschäftsstelle gleichgestellt werden (s Schneider JurBüro 74, 705). Früher wurde diese Auffassung weitgehend abgelehnt (zB Hamm OLGZ 66, 433; LG Berlin Rpfleger 74, 407). Soweit ersichtlich ist diese enge Auffassung in der OLG-Rspr seit Jahrzehnten nicht mehr vertreten worden und dürfte heute überholt sein (wie hier zB Hamm MDR 76, 763; StJ/Grunsky Rn 9; Wieczorek, § 569 Anm B IIb 1). **Die stärkste Form der Beurkundung im Zivilprozeß ist die durch das Sitzungsprotokoll (§§ 165, 314).** In vielen Fällen ist die Beschwerde-Erklärung zu richterlichem Sitzungsprotokoll geeignet, das Verfahren zu beschleunigen; daher ist **§ 569 II 2** in diesem Fall zumindest analog anzuwenden. Damit grundsätzlich übereinstimmend wohl auch Celle (FamRZ 78, 139). 11

b) Eine **Verpflichtung des Gerichts, Beschwerden zu Protokoll zu nehmen,** besteht aber nicht. 12

III) Anwaltszwang, Abs 2 S 1. 1) Richtet sich die Beschwerde gegen eine Entscheidung des LG, so muß die Beschwerdeschrift, wenn sie beim LG eingereicht wird, von einem dort zugelassenen Anwalt (Köln OLGR 94, 167) unterzeichnet sein; wird sie beim OLG eingereicht, so muß ein OLG-Anwalt unterschreiben (§ 78 I; BGH VersR 83, 247; Frankfurt FamRZ 83, 516; Koblenz WRP 85, 292), auch im Verfügungsverfahren (§ 78 Rn 15). In der Praxis ist es fast ausnahmslos so, daß die erstinstanzlichen Anwälte die Beschwerde beim LG einlegen und dann mit dem OLG korrespondieren, auch im Verhältnis OLG zu BGH (NJW 84, 2413); das spricht dafür, auch die Einlegung der Beschwerde beim OLG durch den LG-Anwalt zuzulassen (s Vollkommer § 78 Rn 21). 13

2) Die **Durchgriffserinnerung** gegen eine Entscheidung des Rechtspflegers (§§ 11, 21 RPflG) kann immer ohne Anwalt eingelegt werden, also auch dann, wenn sie sich gegen eine Entscheidung des Rechtspflegers beim LG richtet und deshalb beim LG anzubringen ist (§ 13 RPflG). 14

3) Wird eine Beschwerde von einem **nicht zugelassenen Anwalt** eingereicht, dann kann der **Formmangel** für die Zukunft (ex nunc) **geheilt** werden, wenn sie vom Eingangsgericht weitergeleitet wird und bei demjenigen Gericht eingeht, bei dem sie durch den Anwalt formgerecht hätte eingereicht werden können. Hat ein beim LG zugelassener Anwalt die beim OLG eingereichte sofortige Beschwerde unterzeichnet, so gilt sie nur dann als rechtzeitig eingelegt, wenn der Beschwerdeschriftsatz noch innerhalb der Beschwerdefrist beim erstinstanzlichen Gericht eingeht (Koblenz WRP 85, 293). 15

4) Wird die **Beschwerde gegen einen Verwerfungsbeschluß** aus § 519b beim OLG eingelegt, so genügt die Unterschrift des dort zugelassenen Anwalts (BGH VersR 67, 231). 16

5) In **Familiensachen** (s §§ 23a, 23b, 119 GVG) besteht Anwaltszwang auch im amtsgerichtlichen Verfahren (s § 78 Rn 27 ff). 17

6) Bei Einreichung einer Beschwerdeschrift durch einen nicht zur Unterschrift berechtigten RA hat das Gericht **für die Behebung des Mangels Sorge zu tragen** und den Anwalt umgehend zu informieren. Bei fristgebundenen Beschwerden ist die Beschwerdeschrift unverzüglich an die Stelle weiterzuleiten, bei der sie mit der vorhandenen Unterschrift formgerecht eingelegt werden kann (BVerfGE 62, 353; s § 571 Rn 6). 18

7) Ausnahmen vom Anwaltszwang bestehen vor allem bei **PKH-Beschwerden** und bei **Kosten- und Streitwertbeschwerden** (§§ 5 III, 25 II 1 GKG), ferner Beschwerden von **Zeugen** oder **Sachverständigen,** denen der **Sequester** gleichgestellt ist (Saarbrücken DGVZ 77, 188). 19

Daraus, daß eine bestimmte Prozeßhandlung vom Anwaltszwang befreit ist, folgt nicht die Befreiung vom Anwaltszwang für das Beschwerdeverfahren vor dem LG; daher besteht Anwaltszwang auch für die Beschwerde gegen die Ablehnung eines **Arrestes** oder einer **einstweiligen Verfügung** (str, vgl § 922 Rn 13). 20

8) Einzelfälle: a) Wird anläßlich eines erstinstanzlichen LG-Prozesses das **AG als ersuchtes Gericht** (vgl § 78 II) oder als **Vollstreckungsgericht** tätig, dann handelt es sich um Verfahren beim AG: kein Anwaltszwang. Hat das AG nach Einspruch gegen einen Vollstreckungsbescheid den Rechtsstreit gem § 700 III an das LG abgegeben, gilt für das weitere Verfahren einschließlich der Beschwerde Anwaltszwang (BGH VersR 83, 785). 21

b) § 569 II 2 gilt auch für Beschwerden gegen Entscheidungen im Berufungs- oder Beschwerdeverfahren (BGH NJW 84, 2413), insbesondere besteht daher **kein Anwaltszwang** für die **weitere Beschwerde,** da sie immer eine Ausgangsentscheidung des AG voraussetzt. Daher ist auch die für unbegründet erklärte Ablehnung des Richters einer Berufungskammer vom Anwaltszwang frei, weil in diesem Fall der Rechtsstreit im ersten Rechtszug ein AG-Prozeß „war" (§ 569 II 2). Die 22 gegenteilige Auffassung (Nürnberg NJW 67, 1329; Frankfurt HRR 29 Nr 2040) ist abzulehnen (AK-ZPO-Ankermann § 569 Rn 9; Habscheid NJW 67, 1329).

23 c) Wird vom AG wegen eigener sachlicher Unzuständigkeit an das sachlich zuständige LG verwiesen, dann besteht **ab Verweisung Anwaltszwang** (Stuttgart ZZP 68, 1955, 378; BGH Warneyer 79 Nr 122 für § 700 III).

24 d) Ebenso wie bei PKH-Beschwerden (Rn 19) ist auch ein Beiordnungsantrag nach §§ 78b, 127 II frei vom Anwaltszwang.

25 e) Kein Anwaltszwang besteht für die Beschwerde eines **Zeugen oder Sachverständigen** nach §§ 380, 387, 390, 411 oder einer gemäß §§ 141 III, 273 IV 2 bestraften Partei oder einer Person, die bestraft wird, weil sie zu einem Termin zur Blutentnahme nicht erscheint, §§ 372a, 390 (Düsseldorf FamRZ 71, 666).

26 f) Auch im LG-Prozeß herrscht kein Anwaltszwang in denjenigen Verfahren, die vor dem **beauftragten oder ersuchten Richter** stattfinden oder vor dem **Urkundsbeamten der Geschäftsstelle** vorgenommen werden können (§ 78 III). Jedoch befreit § 78 III nicht auch ohne weiteres vom Anwaltszwang für die Beschwerde gegen solche Entscheidungen, die auf einen vom Anwaltszwang befreiten Antrag ergehen (str vor allem für abgelehnte einstweilige Verfügungen, s Rn 13).

27 g) Die **Durchgriffserinnerung** gegen eine Entscheidung des **Rechtspflegers beim AG und beim LG** fällt unter § 569 II 2; in § 13 RPflG ist dies ausdrücklich hervorgehoben.

28 h) **Erinnerungen und Beschwerden** des Schuldners **gegen den Kostenansatz** können immer ohne Mitwirkung eines Bevollmächtigten eingelegt werden (§ 5 III 1 GKG). Durch Verweisung darauf oder auf inhaltsgleiche Vorschriften in anderen Kostengesetzen hat diese Regelung umfassende Bedeutung gewonnen; vgl zB § 36 II 1 GKG, § 14 IV KostO, § 16 III ZSEG, § 10 IV BRAGO.

Dagegen unterliegt die sof Beschwerde gegen eine **Kostenentscheidung** nach § 269 III dem Anwaltszwang (Köln OLGR 94, 167).

29 **IV) Bevollmächtigungsnachweis. 1)** Beim Anwalt entbehrlich (§ 88 II).

30 2) Im übrigen muß jeder Bevollmächtigte sich ausweisen (§ 88 II). **Ausschlaggebend** ist jedoch die **Bevollmächtigung als solche,** nicht deren Nachweis. Bei der sofortigen Beschwerde kann daher die Vollmacht noch nach Ablauf der Rechtsmittelfrist zu den Akten gereicht werden, ohne daß dadurch ein Rechtsverlust eintritt (KG OLGE 39, 37; JW 25, 2342).

570

[Neues Vorbringen]

Die Beschwerde kann auf neue Tatsachen und Beweise gestützt werden.

1 I) Die Vorschriften der §§ 527–529 sind auf das Beschwerdeverfahren nicht anwendbar, weil das Beschlußverfahren außerhalb notwendiger mündlicher Verhandlung abläuft. Da auch das Beschwerdeverfahren einen Streit zwischen Verfahrensgegnern regelt, gilt jedoch § 282, wonach jede Partei ihre **Darlegungen und Beweiserbieten so zeitig vorzubringen** hat, daß ein zügiger Ablauf des Beschwerdeverfahrens gewährleistet ist. Das Beschwerdegericht hat die Möglichkeit, durch Setzung von Äußerungsfristen dazu beizutragen. Eine analoge Anwendung des § 296 oder sonstiger Präklusionsvorschriften im Beschwerdeverfahren ist ausgeschlossen (BVerfGE 59, 330 = MDR 82, 545).

2 Beschränkungen, die dem Beklagten im Berufungsverfahren bezüglich der **Aufrechnung mit einer Gegenforderung** auferlegt werden (§ 530 II), gelten im Beschwerdeverfahren nicht; dort ist die Aufrechnung immer statthaft (KG OLGE 37, 125). Dem Beschwerdeführer ist es unbenommen, neue Tatsachen und Beweise durch **Wiederholung des abgewiesenen Antrages** mit ergänzter Begründung vorzubringen und so ein Beschwerdeverfahren zu vermeiden (vgl § 567 Rn 16).

3 **II) 1) Streitgegenstand** ist immer der vorinstanzlich gestellte Antrag, der vom Beschwerdegericht erneut geprüft werden soll, Hilfsanträge eingeschlossen (Stuttgart ZZP 97, 1984, 448 m zust Anm Münzberg). **Auswechseln der Anträge** ist im höheren Rechtszug nicht zulässig, da anderenfalls eine Instanz übergangen würde, bei einfachen Beschwerden auch das Abhilfeverfahren des § 571 (Köln MDR 72, 691; Zweibrücken MDR 82, 412; vertretbar nur die analoge Anwendung des § 263 (Zweibrücken ZSW 86, 75). Die **Änderung oder Erweiterung des Antrages ist,** ohne die Beschränkung des § 264 Nr 2, 3, zulässig (RGZ 55, 58; KG JW 36, 1310). So können beispielsweise in **Kostensachen** Rechnungspositionen ausgetauscht werden; auch kann im Beschwerdeverfahren ein **Vollstreckungsschutzantrag** nach § 765a nachgeschoben werden (Stuttgart OLGZ 68, 446; Hamm NJW 68, 2247), was nicht selten in Zwangsversteigerungsverfahren geschieht, weil zunächst nur der Antrag aus § 30a ZVG gestellt worden ist (s Schneider MDR 80, 617).

2) Ob die „neuen Tatsachen“ vor oder nach Erlaß des angefochtenen Beschlusses **entstanden** sind, ist unerheblich (LG Kiel ZIP 87, 870), desgleichen, ob sie bereits in der Beschwerdeschrift oder in einer späteren schriftlichen Erklärung dargelegt werden. Schriftsätze, die nach Nichtabhilfe eingehen, sind dem Beschwerdegericht vorzulegen. 4

3) Die **Befugnis,** neue Tatsachen und Beweise **vorzubringen** (§ 570), gilt für jede Beschwerde, auch wenn sie sich gegen einen Beschluß nach § 519b richtet und die Rechtzeitigkeit der Berufung oder Berufungsbegründung dargelegt wird (BGH MDR 59, 210). Unanwendbar ist § 570 bei der sofortigen Beschwerde gegen eine **Kostenentscheidung aus § 91a,** da bei ihr der Sach- und Streitstoff im Zeitpunkt der Erledigungserklärung maßgebend ist. Späterer unstreitiger oder urkundlich belegter Tatsachenvortrag darf jedoch in Grenzen berücksichtigt werden (Köln MDR 69, 848; Frankfurt WRP 91, 803; Einzelheiten bei Schneider MDR 76, 885 ff). 5

4) **Ermessensentscheidungen** der Vorinstanz sind durch eigene Ermessensausübung zu überprüfen (Schneider, Streitwert-Komm Rn 1552 mit Nachw). 6

5) Werden entgegen § 570 vom Beschwerdegericht neue Tatsachen und Beweise **nicht berücksichtigt,** dann liegt darin ein wesentlicher Verfahrensverstoß (§ 568 Rn 18). 7

571 *[Verfahren des Gerichts des ersten Rechtszuges]*

Erachtet das Gericht oder der Vorsitzende, dessen Entscheidung angefochten wird, die Beschwerde für begründet, so haben sie ihr abzuhelfen; andernfalls ist die Beschwerde vor Ablauf einer Woche dem Beschwerdegericht vorzulegen.

I) **Das hier geregelte Abhilfeverfahren** ist seiner Funktion nach ein aus Gründen der Prozeßökonomie vorgeschriebenes Vorverfahren, daß inhaltlich dem Verfahren auf Gegenvorstellung (s § 567 Rn 22 ff) entspricht (vgl auch Lappe Rpfleger 96, 239). 1

1) Die **ordnungsgemäße Durchführung** des Abhilfeverfahrens ist aber nicht Verfahrensvoraussetzung für das Beschwerdeverfahren, dem mit ihm verbundenen Devolutiveffekt oder gar für die Beschwerdeentscheidung selbst. Das Beschwerdegericht kann daher nach fehlerhafter oder unzulässigen Abhilfeverfahren selbst in der Sache entscheiden, so bei Dringlichkeit (vgl § 569 Rn 2). In der Regel begründet die fehlende oder unzulängliche Abhilfe allerdings einen Verfahrensverstoß, der zur Zurückverweisung führen kann, jedoch nicht muß (Rn 4).

b) § 571 bezieht sich **nur auf die einfache Beschwerde,** nicht auf die sofortige Beschwerde (§ 577 III). Unanwendbar ist § 571, wenn die beim Beschwerdegericht unmittelbar eingelegte Beschwerde als dringlich erachtet wird (§ 569 Rn 2). 1b

c) Im Hinblick auf das Gebot der Gewährung rechtlichen Gehörs auch im Abhilfeverfahren (Rn 6) beginnt die **Vorlagefrist des Hs 2** erst zu laufen, wenn das Erstgericht rechtliches Gehör gewährt wird und, gegebenenfalls nach weiterer Aufklärung (Rn 2), zum Ergebnis gekommen ist, es sei nicht abzuhelfen.

d) **Abhilfe** iS des § 571 setzt immer eine vorangegangene Entscheidung voraus. Daran fehlt es, wenn über einen Antrag überhaupt noch nicht entschieden worden ist, zB weil das Gericht noch um weitere Sachverhaltsaufklärung bemüht ist (Frankfurt JurBüro 79, 1873). 1c

Angebracht ist vielfach eine erweiterte Sachverhaltsaufklärung vor der Abhilfeentscheidung; dazu darf der Richter auch Beweis erheben. Wird der gesamte **Rechtsstreit an ein anderes Gericht verwiesen,** dann ist das angewiesene Gericht zur Abänderung der von dem verweisenden Gericht erlassenen Entscheidungen befugt, soweit diesem die Änderung der eigenen Entscheidung gestattet war (KG NJW 69, 1816). **Keine Abhilfepflicht** besteht, wenn ein Beschwerderechtszug überhaupt nicht gegeben ist, etwa weil die weitere Beschwerde oder die Beschwerde an den BGH ausgeschlossen ist. In diesem Fall braucht der Erstrichter die Beschwerde allerdings nicht erst vorzulegen, sondern kann sie selbst verwerfen (BGH LM § 567 ZPO Nr 2; NJW 53, 1262; BayObLGZ 57, 129; Zweibrücken FamRZ 84, 1031; Köln Rpfleger 75, 67). Legt das Erstgericht gleichwohl vor, dann bedarf es keiner Nichtabhilfeentscheidung (Düsseldorf NJW 81, 352). Besteht der Beschwerdeführer auf einer Vorlage der unstatthaften Beschwerde, dann wird grundsätzlich vorzulegen sein (Köln Rpfleger 75, 67); abzusehen ist auch in diesem Fall von der Vorlage, wenn der Beschwerdeführer mit dem bewußt (etwa wiederholt) unstatthaft eingelegten Rechtsmittel das Verfahren verzögern, etwa die Vollstreckung blockieren will (Köln OLGZ 80, 350). 2

II) **Neues Vorbringen,** das in der Beschwerdeschrift enthalten ist, muß berücksichtigt werden (HessVGH JurBüro 89, 1144, 1145). Es ist der Zweck des § 571, die kostenverursachende Befassung des Beschwerdegerichts mit der Sache zu vermeiden, wenn gebotene Korrekturen der Erstentscheidung unschwer durch das Erstgericht selbst vorgenommen werden können. 3

4 1) Der **Amtspflicht** (Hamm Rpfleger 86, 483), den **Inhalt der Beschwerdeschrift** daraufhin **zu überprüfen,** ob die angefochtene Entscheidung ohne Vorlage an das Beschwerdegericht zu ändern ist, darf nicht unter Berufung auf § 571 Hs 2 ausgewichen werden. Grobe Verstöße gegen die Überprüfungspflicht können als wesentlicher Verfahrensmangel angesehen werden, der zur Aufhebung des Vorlagebeschlusses und zur Zurückverweisung führen kann (Hamm MDR 88, 871), zB wenn der Rechtspfleger ein Kostenfeststellungsgesuch mit einer offensichtlich unhaltbaren Begründung zurückgewiesen hat und das Erstgericht daraufhin wortlos vorlegt (Frankfurt Rpfleger 80, 276).

5 2) Wird eine **Beschwerde ohne Begründung eingelegt,** dann darf das Erstgericht **sofort vorlegen;** es braucht also nicht abzuwarten, ob und wann der Beschwerdeführer eine Begründung nachreicht. Wenn dies nach Vorlage geschieht, ist der Schriftsatz einfach an das Beschwerdegericht weiterzuleiten (LAG Nürnberg LAGE ArbGG § 12 Nr 74 S 3). Hat der Beschwerdeführer jedoch eine Begründung angekündigt, dann ist diese abzuwarten; hat er selbst eine Frist genannt, ist diese maßgebend, anderenfalls eine angemessene Frist, wobei es zweckdienlich ist, daß das Gericht sie von sich aus dem Beschwerdeführer mitteilt (§ 573 Rn 10).

6 3) Vor der Abhilfe ist **rechtliches Gehör** zu gewähren (Art 103 I GG). Der Gegner muß Gelegenheit erhalten, sich zu äußern, bevor ein abändernder Beschluß ergeht (Hamm FamRZ 86, 1127). Erschöpft sich der Nichtabhilfe-Beschluß in der Vorlage an das Beschwerdegericht, dann sollten die Parteien auch darüber unterrichtet werden, da sie ein schutzwürdiges Interesse daran haben, alsbald zu erfahren, daß und ab wann das Beschwerdegericht mit der Sache befaßt ist. Eine entsprechende ausdrückliche Regelung enthält § 11 II 4 RPflG. Dafür spricht im übrigen auch die Praktikabilität, da anderenfalls Schriftsätze mit weiteren Erklärungen und Gegenerklärungen statt an das aktenführende OLG noch an das LG gerichtet werden und von dort unter Zeitverlust weitergeleitet werden müssen, wozu eine **Pflicht** besteht (s § 569 Rn 18).

7 **III) Form und Inhalt des Vorlagebeschlusses. 1)** Nach Koblenz (Rpfleger 78, 104; 74, 260) muß über die Abhilfe durch Beschluß entschieden werden, so daß eine nur vom Vorsitzenden unterzeichnete Übersendungsverfügung ungenügend ist. Auch muß sich aus der Vorlage ergeben, ob abgeholfen wird oder nicht und ob der Erstrichter seiner Prüfungspflicht nachgekommen ist (Düsseldorf Rpfleger 89, 56; LG Wuppertal Rpfleger 89, 188; LG Berlin Rpfleger 89, 56); die bloße Vorlageverfügung genügt nicht. Der Beschluß kann aber nachgeholt werden; es empfiehlt sich daher, die Akten mit einem entsprechenden Vermerk an das Untergericht (s Rn 18) zurückzuleiten.

8 2) Nichtabhilfebeschlüsse müssen nur dann **begründet** werden, wenn der Beschwerdeführer neue Tatsachen vorgebracht hat, deren Erheblichkeit verneint wird (Hamburg OLGZ 1982, 391; Köln FamRZ 86, 487). Hat das Erstgericht dies versäumt, so muß das Nachholen dieser Information die erste Maßnahme des Berichterstatters am Beschwerdegericht sein. In der Praxis kommt es vor, daß der Berichterstatter des Erstgerichts einen Aktenvermerk niederlegt, in dem die Überlegungen festgehalten werden, die einer Abhilfe entgegenstehen, und dann vom Gericht ein nicht begründeter Vorlagebeschluß erlassen wird. Dieser Aktenvermerk muß den Parteien (Art 103 I GG!) bekanntgegeben werden.

9 3) Zweifelhaft ist, ob ein derartiger **Aktenvermerk zulässig** ist. Das wird verschiedentlich verneint und die Vorlage an das Beschwerdegericht in dieser Form für verfahrenswidrig gehalten (Kiel HEZ 2, 368). Auch dann sollte nicht zurückverwiesen, sondern der Vermerk vom Beschwerdegericht den Parteien zugänglich gemacht und sachlich entschieden werden.

10 4) Will das Erstgericht an seiner Entscheidung festhalten, aber die **Begründung ergänzen,** dann ist die ergänzende Begründung in den Vorlagebeschluß hineinzunehmen (Köln FamRZ 86, 487). Es empfiehlt sich aber, dem Beschwerdeführer die erwogene Ergänzung der Begründung **vorher** mitzuteilen, so daß er Gelegenheit hat, sich überzeugen zu lassen und die Beschwerde zurückzunehmen.

11 5) Erachtet das Erstgericht die Beschwerde **teilweise für begründet,** dann hilft es ihr insoweit ab und legt die Akten dem Beschwerdegericht wegen der unerledigten Beschwerde vor. Auch hier ist der Teil-Abhilfebeschluß den Parteien zunächst mitzuteilen und die Vorlage an das Beschwerdegericht bis zu deren Äußerung zurückzustellen.

12 Hilft das Erstgericht teilweise ab und legt daraufhin **die andere Partei Beschwerde gegen den Abhilfebeschluß** ein, dann ist das Beschwerdegericht mit **zwei Beschwerden** befaßt. Entscheidet es darüber in einem einzigen Beschluß, so wird uU die Kostenentscheidung dieser Doppelung Rechnung tragen müssen (s Nürnberg JurBüro 63, 648).

13 6) Zur **Abhilfe** ist das Erstgericht auch befugt, **wenn** die bei ihm eingegangene Beschwerde **unzulässig** ist (Nürnberg JurBüro 62, 359; RG JW 36, 1480). Das gilt auch bei **weiterer Beschwerde** (RGZ 33, 377; 37, 385).

IV) Abhilfeverfahren. 1) Abhilfe **in vollem Umfang** erledigt die Beschwerde. Das Erstgericht hat dann auch über die **Kosten** des Beschwerdeverfahrens zu entscheiden (Gubelt MDR 70, 895). Bei teilweiser Abhilfe hat das Beschwerdegericht eine einheitliche Kostenentscheidung zu treffen (Frankfurt JurBüro 85, 1718). 14

2) Der uneingeschränkte Nichtabhilfebeschluß ist unanfechtbar (LG Berlin JurBüro 83, 1890). Die Beschwer des Beschwerdeführers wird durch volle Abhilfe beseitigt; der Gegner kann gegen den ihn belastenden Abhilfebeschluß Beschwerde einlegen. 15

3) Eine nicht unterschriebene Vorlage ist zur Nachholung der Unterschrift zurückzusenden. Ist das vorlegende Gericht jedoch nicht zur Abänderung befugt, dann ist das Fehlen einer Unterschrift unter der Vorlageverfügung bedeutungslos (Köln MDR 76, 497). 16

V) Mit der Vorlage fällt die Sache dem Beschwerdegericht an, selbst wenn der weitere Rechtszug verschlossen ist. Hat das Erstgericht die Sache dem Beschwerdegericht vorgelegt, dann ist es nicht mehr zur Abhilfe befugt (LAG Nürnberg LAGE ArbGG § 12 Nr 74 S 3). Bei mangelhaftem Nichtabhilfebeschluß darf das Beschwerdegericht zur erneuten Abhilfeprüfung zurückverweisen. Formale Mängel lassen sich durch formlose Rücksendung der Akten zur Korrektur beheben (s Schneider MDR 78, 527). 17

Von der fehlenden Begründung des Nichtabhilfebeschlusses (Rn 8) sind die fehlende Begründung des angefochtenen Beschlusses und der Beschwerdeentscheidung (§ 573 Rn 17) zu unterscheiden. **Fehlt dem angefochtenen Beschluß die Begründung,** dann liegt darin ein Verfahrensmangel, wenn die Begründung sich nicht ohne weiteres aus dem Gesetz oder dem Akteninhalt ergibt; der Mangel kann dadurch geheilt werden, daß die fehlende Begründung im Nichtabhilfe-Beschluß nachgeholt wird (§ 575 Rn 13). Die nachgeschobene Begründung ist den Parteien mitzuteilen, und zwar möglichst vor Weiterleitung der Akten an das OLG, damit der Beschwerdeführer Gelegenheit zur frühen Zurücknahme des Rechtsmittels hat. 18

VI) Umstritten ist, wie sich die **Beschwer** bemißt, wenn das Erstgericht einer Beschwerde **teilweise abhilft** (oben Rn 11). War die Beschwer vorher gegeben, dann kann teilweise Abhilfe das Rechtsmittel unzulässig machen, so daß der Erstrichter insgesamt selbst zu entscheiden hat (§ 567 Rn 49). 19

Die **Abhilfe** nach § 571 **kann** den Beschwerdeführer auch **verschlechtern,** wenn kein Verbot der reformatio in peius besteht (s § 575 Rn 34). 20

572 *[Aufschiebende Wirkung]*

(1) Die Beschwerde hat nur dann aufschiebende Wirkung, wenn sie gegen eine der in den §§ 380, 390, 409, 613 erwähnten Entscheidungen gerichtet ist.

(2) Das Gericht oder der Vorsitzende, dessen Entscheidung angefochten wird, kann anordnen, daß ihre Vollziehung auszusetzen sei.

(3) Das Beschwerdegericht kann vor der Entscheidung eine einstweilige Anordnung erlassen; es kann insbesondere anordnen, daß die Vollziehung der angefochtenen Entscheidung auszusetzen sei.

Abs 1 geändert durch BetreuungsG mit Wirkung v 1. 1. 92.

I) Abs 1. 1) §§ 380, 390, 409, 613: Bestrafung eines Zeugen oder Sachverständigen wegen unentschuldigten Ausbleibens, Verweigerung des Zeugnisses oder des Gutachtens; Bestrafung der trotz Anordnung des persönlichen Erscheinens ausgebliebenen Partei in Ehesachen. 1

2) **§ 572 I ist entsprechend anwendbar** in den Fällen der **§§ 141 III, 273 IV:** Ausbleiben einer Partei trotz Anordnung ihres persönlichen Erscheinens; **§ 387 III:** Zwischenurteil wegen Zeugnisverweigerung; **§ 411:** Versäumung der Frist zur Abgabe eines Gutachtens durch den Sachverständigen; **§ 900 V:** Beschluß über die Pflicht zur Abgabe der eidesstattlichen Versicherung. 2

3) Die **Aufzählung in § 572** ist im übrigen **erschöpfend;** sie gilt auch für die sofortige Beschwerde. Wenn die Beschwerde keine aufschiebende Wirkung hat, kann das Verfahren fortgesetzt werden; hat die angefochtene Entscheidung einen **vollstreckungsfähigen Inhalt,** dann ist sie ungeachtet der Beschwerde ein beachtlicher Vollstreckungstitel (§ 794 I Nr 3). Das Fehlen aufschiebender Wirkung wird nicht selten bei **Vollstreckungsbeschwerden** übersehen und kann zu unheilbaren Vermögensschäden des Gläubigers führen (Rn 6). 3

4) Soweit eine aufschiebende Wirkung besteht, genügt zur **Hemmung des Vollzugs** bereits der Nachweis, daß Beschwerde eingelegt worden ist. Wenn die Zwangsvollstreckung schon in Gang gesetzt ist, muß eine einstweilige Anordnung nach §§ 732 II, 775 Nr 2 erwirkt werden. 4

5 **II) Abs 2 u 3. 1)** Die Anordnung, daß die **Vollziehung auszusetzen** sei, kann vom Untergericht, dessen Vorsitzendem oder dem Beschwerdegericht erlassen werden. Das Beschwerdegericht ist unmittelbar zuständig, wenn die Beschwerde bei ihm eingelegt *und* die Sache als dringend befunden worden ist (§ 569 I Hs 2), sonst erst nach Vorlage durch das Erstgericht (Frankfurt Rpfleger 90, 109; s auch § 569 Rn 2). Vor einer verfahrensmäßig gebotenen Entscheidung des Untergerichts über die Abhilfe ist das Beschwerdegericht nicht befugt, die Vollziehung auszusetzen, auch wenn ein dahingehender selbständiger Antrag gestellt wird (Schleswig SchlHA 71, 51).

6 **2)** Darüber, ob **Aussetzung der Vollziehung** angebracht ist, muß von Amts wegen befunden werden, so daß ein Antrag lediglich die Bedeutung einer Anregung hat. Erhebliche Gründe sind beispielsweise wesentliche Nachteile durch Vollziehung oder zweifelhafte Rechtslage; nicht genügend die Ankündigung der Erfüllungsbereitschaft durch den Schuldner (Frankfurt OLGZ 1989, 104). Das Erstgericht darf auch von vornherein das Wirksamwerden seiner Entscheidung bis zu deren Rechtskraft aussetzen. Das ist insbesondere dann geboten, wenn Vollstreckungsmaßnahmen aufgehoben werden sollen, da ohne diese sichernde Vollziehungshemmung die Vollstreckungsmaßnahmen wegen des Fehlens aufschiebender Wirkung (§ 572 I) endgültig und unheilbar unwirksam werden mit der Folge, daß Neuvornahme erforderlich ist, verbunden mit dem Schaden des Gläubigers bei zwischenzeitlicher Pfändung durch andere Gläubiger (§ 804 III; s BGHZ 66, 395; Köln ZIP 80, 578; ausführlich mit Nachw Schneider MDR 84, 371). Deshalb darf das Beschwerdegericht bei teilweiser sachlicher Unbegründetheit der Beschwerde gegen den Erlaß eines Pfändungs- und Überweisungsbeschlusses auch nur teilweise zurückweisen und nicht insgesamt aufheben und zurückverweisen, wenn nicht zugleich die Wirksamkeit der aufhebenden Entscheidung bis zu ihrer Rechtskraft ausgesetzt wird (Köln ZIP 80, 578). Der Fehler der unbedingten Aufhebung kann auch das Rechtsschutzbedürfnis entfallen lassen, so wenn das AG nach einstweiliger Einstellung der Zwangsvollstreckung den Pfändungs- und Überweisungsbeschluß mit sofortiger Wirkung aufhebt und dadurch die Beschwerde im nebenherlaufenden Einstellungsverfahren gegenstandslos macht (Köln JurBüro 80, 1090).

7 **3)** Das **Beschwerdegericht** darf, abweichend vom Untergericht, auch einstweilige Anordnungen anderer Art treffen, etwa die Vollziehung gegen Leistung einer Sicherheit einstellen oder entsprechend § 711 eine Abwendungsbefugnis aussprechen; es ist inhaltlich nicht gebunden. Die Anordnung ist **solange wirksam,** bis die Schlußentscheidung des Beschwerdegerichts gegenüber den Beteiligten verlautbart wird, § 329 III (Köln WRP 83, 304). Das Beschwerdegericht darf bereits erlassene Anordnungen jeder Instanz wieder aufheben. Alle diese Maßnahmen sind unanfechtbar (Köln ZMR 90, 419; LG Saarbrücken DAVorm 85, 83). Ausnahme (Stuttgart OLGZ 1977, 115), wenn für eine Anordnung die **funktionelle Zuständigkeit** gefehlt hat (Entzug des gesetzlichen Richters, Art 101 I 2 GG).

8 **III) Gebühren** des **Gerichts:** Die Anordnungen nach Abs 2 u 3 sind gebührenfrei (§ 1 I GKG).

573 *[Entscheidung über die Beschwerde]*

(1) Die Entscheidung über die Beschwerde kann ohne mündliche Verhandlung ergehen.

(2) Ordnet das Gericht eine schriftliche Erklärung an, so kann sie durch einen Anwalt abgegeben werden, der bei dem Gericht zugelassen ist, von dem oder von dessen Vorsitzenden die angefochtene Entscheidung erlassen ist. In den Fällen, in denen die Beschwerde zum Protokoll der Geschäftsstelle eingelegt werden darf, kann auch die Erklärung zum Protokoll der Geschäftsstelle abgegeben werden.

Hinweis: Abs 2 S 1 geändert durch Art 3 Nr 7 des Ges v 2. 9. 94 (BGBl I 2278) mit Wirkung v 1. 1. 2000/2005 – im Text noch nicht berücksichtigt.

1 **I) Abs 1.** Da das Beschwerdegericht Tatsacheninstanz ist (§ 570), darf es weiter aufklären, auch Beweis erheben.

2 **1)** Soll ausnahmsweise mündlich verhandelt werden, hat die **Anordnung durch das Kollegium** zu ergehen; dann besteht **Anwaltszwang.**

3 **2)** Bei der **Durchgriffserinnerung** gegen Entscheidungen des LG-Rechtspflegers besteht für die Einlegung der Erinnerung **kein** Anwaltszwang (Rn 12) und nach Vorlage beim Beschwerdegericht und dadurch notwendig werdender schriftlicher Erklärung **gemilderter** Anwaltszwang (§ 573 II 1). **Strenger** Anwaltszwang (Postulationsfähigkeit beim Beschwerdegericht) ist auf die Anordnung mündlicher Verhandlung beschränkt. S auch unten Rn 12.

4 **II)** Auf das Beschwerdeverfahren sind die **allgemeinen Vorschriften** (§§ 1–252) **anzuwenden,** zB die zur Aussetzung (§§ 239 ff) und Verweisung gem § 281 (Hamburg FamRZ 84, 804). Von den

Bestimmungen über das Verfahren im ersten Rechtszug (§§ 253–510b) gelten diejenigen, die wegen Gleichheit des Verfahrensganges auf das Beschwerdeverfahren passen (s zur Anwendung von Urteilsvorschriften § 329 Rn 28 ff). Für die Praxis wichtig ist, daß § 315 I für Beschwerdeentscheidungen nicht gilt (§ 329 Rn 36). Beschlüsse müssen lediglich erkennbar machen, welche Richter an Beratung und Beschlußfassung teilgenommen haben. Es genügt daher zB die Unterschrift des Vorsitzenden und des Berichterstatters, wenn der mitwirkende dritte Richter an anderer Stelle des Beschlusses namentlich genannt ist. Einen **Einzelrichter** gibt es im Beschwerdeverfahren nicht (s § 524 Rn 66). Bei vorinstanzlicher Bejahung der **örtlichen Zuständigkeit** gilt § 512a analog (s dort Rn 10).

III) Die **Grundsätze des Beweisverfahrens** sind zu beachten (Hamm JMBlNRW 55, 222); denn sie stellen **Schutzrechte zugunsten der Parteien** dar, die teilweise sogar durch die Grundrechte verfassungsrechtlich geschützt sind. 5

IV) Abs 2. 1) Eine **Aufforderung zur schriftsätzlichen Äußerung** (§ 573 II 1) liegt schon darin, daß die Beschwerdeschrift oder die Gegenäußerung der anderen Partei zur Kenntnis und zur Stellungnahme zugeleitet wird. 6

2) Der in Art 103 I GG niedergelegte **Anspruch auf Wahrung rechtlichen Gehörs** verlangt, daß das Gericht keinen Sachvortrag übergeht (§ 568 Rn 19) und eingehende Schriftsätze zur Kenntnis nimmt (§ 539 Rn 11), ferner daß der Beschwerdegegner die Möglichkeit hat, sich zu äußern, wenn die Entscheidung zu seinen Ungunsten abgeändert werden soll. Dabei muß ein für das Gericht erkennbares Risiko der Nichtinformation vermieden werden (BVerfGE 81, 123: mehrere Bevollmächtigte); deshalb muß das Rechtsmittelgericht den Beteiligten grundsätzlich auch das neue Aktenzeichen mitteilen (Celle OLGZ 1992, 127). Kein Verfahrensbeteiligter muß nachforschen, ob rechtzeitig eingereichte Schriftsätze zu den Akten gelangt sind oder sich noch darin befinden (BVerfG NJW 90, 2374). Unerheblich ist, ob ein Verstoß dagegen auf Verschulden beruht (s zB BVerfGE 34, 347; 50, 385). 7

3) Die Anhörung des Gegners ist dann entbehrlich, wenn die **Beschwerde** aufgrund des eigenen Vorbringens des Beschwerdeführers **zurückgewiesen** werden kann, insbesondere wenn sie unstatthaft oder unzulässig ist (Frankfurt Rpfleger 80, 396; Schneider MDR 86, 642; Waldner, Aktuelle Probleme des rechtlichen Gehörs, 1983, S 206 ff; aA Bull DRiZ 64, 264). Dementsprechend verfährt auch die Praxis. Dies dient nicht nur der Beschleunigung, sondern vermindert auch die Kosten. Art 103 I GG steht nicht entgegen, weil die sofort verwerfende oder zurückweisende Entscheidung nicht auf der unterbliebenen Anhörung des Gegners beruht (s BVerfGE 14, 323 f; 36, 97); er wird nicht beschwert (BVerfGE 7, 98; 19, 51; 30, 408). 8

4) Wird die Beschwerde nicht sofort abgewiesen, sondern das **Verfahren schriftlich durchgeführt,** dann ist eine **Gegenäußerung** auch dem Beschwerdeführer zur Stellungnahme zuzusenden; das nicht mündlich ablaufende Verfahren muß also „ausgeschrieben" werden. 9

5) Zweckmäßigerweise werden Schriftsätze unter gleichzeitiger **Setzung einer Frist zur Äußerung** übersandt, die eingehalten werden muß (BVerfG MDR 88, 553). Darüber hinaus muß jeder vor Beschlußfassung bei Gericht eingegangene Schriftsatz berücksichtigt werden; Versäumnisse des Gerichts oder seiner Geschäftsstelle entheben davon nicht (Frankfurt NJW-RR 88, 319; Düsseldorf MDR 88, 62; s auch § 568 Rn 19). Aus Art 103 I GG folgt jedoch keine Pflicht, unter Fristsetzung zur Stellungnahme aufzufordern, sondern das Gericht muß lediglich eine angemessene Äußerungszeit abwarten (Köln MDR 84, 1033; OLGZ 1987, 203 = ZIP 86, 384, 658, bestätigt von BVerfG ZIP 86, 1336 m Anm Schneider; BayObLG NJW-RR 86, 1446), wobei das Mindestmaß der anzusetzenden Bearbeitungszeit für Partei oder Anwalt von den Umständen des Einzelfalles abhängt, insbesondere von der Schwierigkeit der Sache, dem Umfang der Akten, der Eilbedürftigkeit usw. (BVerfGE 60, 317, 318; Hamburg ZSW 82, 262). 10

In der Regel wird ein Zeitraum von **zwei Wochen** genügen (Köln MDR 90, 556; Celle NdsRpfl 92, 51); bei Eilbedürftigkeit wird schon ein kürzerer Zeitraum ausreichen können (vgl auch Köln FamRZ 96, 301). Für Rechtsausführungen hat das BVerfG eine Zeitspanne „von etwa zwei Wochen bis zur Entscheidung des Gerichts noch als angemessen" angesehen (ZIP 86, 1337).

Eine dem Beschwerdeführer gewährte hinreichende Äußerungsfrist muß von ihm gewahrt werden; er hat keinen Rechtsanspruch auf Fristverlängerung und kann sie sich auch nicht dadurch verschaffen, daß er dem Gericht mitteilt, ihm reiche die (hinreichend bemessene) Zeit nicht, sofern er nicht dafür plausible Gründe darlegt (Köln ZIP 83, 116). Wird jedoch ein Verlängerungsantrag gestellt, muß er beschieden werden, bevor in der Sache ein Beschluß ergeht (BVerwG NJW 88, 1280). Auch steht es dem Anwalt frei, seine Stellungnahme innerhalb einer **von ihm selbst gesetzten Frist** anzukündigen. Das Gericht muß dann entweder diese Frist abwarten oder sie von sich aus verkürzen und dies mitteilen (aA Oldenburg MDR 90, 1125, wonach auch bei anwaltlich selbst gesetzter Frist nur eine hinreichende Frist abzuwarten ist).

11 V) Wenn die **Beschwerde zu Protokoll des Urkundsbeamten** der Geschäftsstelle oder schriftlich eingelegt werden darf (§ 569 II 2), können die Parteien ihre Erklärung auch während des Verfahrens vor dem Beschwerdegericht zu Protokoll der Geschäftsstelle oder privatschriftlich ohne Anwalt abgeben.

12 1) Umstritten ist, ob das auch dann gilt, wenn eine **Durchgriffserinnerung** gegen eine Entscheidung des LG-Rechtspflegers durch Nichtabhilfe zur Beschwerde wird, obwohl die Erinnerung privatschriftlich oder zu Protokoll der Geschäftsstelle eingelegt werden konnte (§ 13 RPflG). Alle denkbaren Auffassungen werden vertreten: **Anwaltszwang** (Frankfurt NJW 71, 1188; Bremen NJW 72, 1281); **kein Anwaltszwang** (Hamm NJW 71, 1186; KG Rpfleger 71, 63); **schon Vorlage an das Beschwerdegericht sei unzulässig** (Stuttgart Rpfleger 71, 145; NJW 71, 1707).

13 2) Soweit der **Gegner sich nicht äußert**, ist auf der Grundlage des Beschwerdevorbringens zu entscheiden. Das **Schweigen** ist dahin zu deuten, daß die tatsächlichen Darlegungen des Beschwerdeführers zutreffen (§ 138).

14 3) Im Verfahren mit schriftlicher Erklärung dürfen die erstinstanzlichen Anwälte das schriftliche Verfahren auch gegenüber dem OLG führen; das ist allgemeine Praxis.

15 VI) Die **Entscheidung des Beschwerdegerichts** ist bei auf Grund mündlicher Verhandlung ergehenden Beschlüssen **zu verkünden** (§ 329 I), im übrigen **formlos mitzuteilen** oder ausnahmsweise **zuzustellen** (§ 329 II, III).

16 1) Die Beschwerdeentscheidung muß sich auf den **Beschwerdeantrag** oder bei nicht formuliertem Antrag auf das **erkennbare Beschwerdeziel** beschränken **(§ 308 I).** Eine Entscheidung zu Ungunsten des Beschwerdeführers **(reformatio in peius)** ist grundsätzlich nicht statthaft. Kein Verschlechterungsverbot für Verfahrensvoraussetzungen, die von Amts wegen zu beachten sind (§ 536 Rn 8, 9; § 575 Rn 34). Ausnahmsweise entfällt die Antragsbindung und das Verschlechterungsverbot, wenn das Gericht abändern darf (zB § 25 I 3 GKG), auch bei Aufhebung und Zurückweisung (§ 575 Rn 34).

17 2) Eine **Begründung der Beschwerdeentscheidung** (s dazu Waldner, Der Anspruch auf rechtliches Gehör, 1989, Rn 185 ff) ist nicht vorgeschrieben. Aus rechtsstaatlichen Gründen ist sie aber angebracht, vor allem wenn ein weiteres Rechtsmittel in Betracht kommt (Hamm MDR 91, 452; s näher § 329 Rn 24). Das verfassungsrechtliche Willkürverbot wird verletzt, wenn vom eindeutigen Wortlaut einer Vorschrift ohne jedwede Begründung abgewichen wird (BVerfGE 71, 135 f). Jedoch ist nur hinreichende Information der Parteien zu verlangen. Auch das Beschwerdegericht ist nicht gehalten, sich mit sämtlichem Vorbringen der Parteien auseinanderzusetzen oder sich mit Entscheidungsbelegen in Schriftsätzen auseinanderzusetzen (BVerfG NJW 87, 2499), gar auf Streitstoff einzugehen, den es für unerheblich ansieht (BVerfGE 65, 293, 295). Es darf sich also knapp halten, jedoch nicht geschlossene Tatsachen- und Rechtskomplexe oder entscheidungserhebliche Verfahrensrügen völlig übergehen (Köln ZIP 89, 131; MDR 88, 853 = Rpfleger 88, 30; s aber § 568 Rn 21).

18 3) Der **Inhalt der Beschwerdeentscheidung** richtet sich nach §§ 574, 575 (s auch § 329 Rn 28 ff). Unterschrift aller mitwirkenden Richter ist kein Wirksamkeitserfordernis (Düsseldorf MDR 80, 943).

19 4) Die **Zurücknahme der Beschwerde** ist bis zum Erlaß der Beschwerdeentscheidung (zur Wirkung einer nach Erlaß erklärten Rücknahme, zu der sich der Beschwerdeführer vorher verpflichtet hatte, s Frankfurt FamRZ 96, 420) ohne Einwilligung des Gegners statthaft. Anwaltszwang bei Rücknahme richtet sich danach, ob er auch für die Einlegung besteht. Die Beschwerderücknahme darf unter die Bedingung gestellt werden, daß Prozeßkostenhilfe versagt wird, weil es sich dabei um eine verfahrensrechtlich beachtliche **innerprozessuale Bedingung** handelt (BayObLG FamRZ 90, 1123). Eine nach Beschwerderücknahme eingelegte **Anschlußbeschwerde** ist zu verwerfen (§ 577a S 2), auch wenn dem Anschlußbeschwerdeführer die Rücknahme unbekannt war (Hess VGH MDR 83, 872).

20 5) Über die **Kostenentscheidung** s § 567 Rn 53 f. Zur Anfechtung einer Entscheidung durch **mehrere Beschwerden** vgl Schneider MDR 73, 979. **Verbindung** entsprechend § 147 zulässig, auch lediglich zur gemeinsamen Entscheidung; ab dann Wertaddition (§§ 5 ZPO, 19 GKG).

21 6) Ob Beschlüsse und damit auch Beschwerdeentscheidungen **rechtskräftig** werden, hängt von ihrem Inhalt ab. Von praktischer Bedeutung ist diese Frage wegen der Abänderungsmöglichkeit (§ 567 Rn 16, 22 ff).

574 *[Prüfung der Zulässigkeit der Beschwerde]*

Das Beschwerdegericht hat von Amts wegen zu prüfen, ob die Beschwerde an sich statthaft und ob sie in der gesetzlichen Form und Frist eingelegt ist. Mangelt es an einem dieser Erfordernisse, so ist die Beschwerde als unzulässig zu verwerfen.

I) Zu den **Formerfordernissen** der Beschwerde vgl § 569 Rn 6; zur **Frist** bei der sofortigen Beschwerde § 577 Rn 5 ff. Zur Zulässigkeit der **weiteren Beschwerde** § 568 Rn 5 ff. 1

1) Zulässigkeit ist im Rechtsmittelrecht der Oberbegriff. Mit „an sich statthaft" ist gemeint, daß die Beschwerde überhaupt gegeben sein muß. Zur Zulässigkeit ist dann weiter die Beschwerdefähigkeit (§ 567 I), eine Beschwer (§ 567 II) und bei sofortigen Beschwerden Fristwahrung (§ 577 II) erforderlich. Darüber hinaus kann der Mangel des Rechtsschutzbedürfnisses die Zulässigkeit ausräumen, etwa bei sog prozessualer Überholung (§ 567 Rn 9, 12). Die Rüge der **örtlichen Unzuständigkeit** ist analog § 512a ausgeschlossen (s dort Rn 12). 2

a) Für die Zulässigkeit der Beschwerde ist bei § 577 II 1, 2 der **Zeitpunkt** der Einlegung, im übrigen der **der Entscheidung** maßgebend. **Anfängliche Mängel** können daher noch **geheilt** werden, zB das Fehlen der Vollmacht (Köln Rpfleger 76, 101; dazu Schneider MDR 78, 530); die geschäftsunfähige Partei kann, soweit es gerade um ihre Geschäftsfähigkeit geht, selbständig Beschwerde einlegen (Frankfurt FRES 2, 315). 3

b) Eine **unzulässige Beschwerde** wird mit der Kostenfolge des § 97 I verworfen. 4

2) Die **Begründetheit** beurteilt sich nach dem **Zeitpunkt der Beschlußfassung.** 5

II) Verwerfung als unzulässig und Zurückweisung als unbegründet können zusammentreffen, wenn in einem Verfahren Rechtsschutzziele mit je eigenem Instanzenzug verfolgt werden, zB bei §§ 30b III 2 ZVG, 765a. Es handelt sich dabei um zwei Anträge mit selbständigen Verfahrensgängen und Rechtsmittelzügen, die lediglich konkludent verbunden sind. Deshalb könnten auch getrennte Beschwerdeentscheidungen ergehen. Umstritten ist, ob die **Zulässigkeit** den absoluten **prozessualen Vorrang** vor der Begründetheit hat. Das wird zwar allgemein bejaht, aber nicht ebenso allgemein praktiziert. Es ist oft wenig sinnvoll, ein umständliches Verfahren ablaufen zu lassen, um Zulässigkeitsvoraussetzungen zu ermitteln, wenn die offensichtliche Unbegründetheit einer Beschwerde bereits feststeht und mit einem Satz dargetan werden kann. In solchen Fällen ist die Zulässigkeitsfrage kurzerhand offenzulassen und als unbegründet zurückzuweisen (so zB Köln NJW 74, 1515 mit zust Anm Gottwald; Frankfurt OLGR 95, 221). So verfährt auch das BVerfG (BVerfGE 6, 7; 55, 269; 60, 246). 6

575 *[Entscheidung bei Zulässigkeit der Beschwerde]*

Erachtet das Beschwerdegericht die Beschwerde für begründet, so kann es dem Gericht oder Vorsitzenden, von dem die beschwerende Entscheidung erlassen war, die erforderliche Anordnung übertragen.

I) § 575 handelt von der **Begründetheitsprüfung**, erwähnt aber von mehreren Entscheidungsmöglichkeiten nur eine (zu ihr u Rn 7). 1

2 1) Ist die Beschwerde **zulässig, aber unbegründet,** dann ist sie **zurückzuweisen,** nicht zu „verwerfen", auch nicht „abzuweisen".

3 Hat sich die Beschwerde durch **nachträglichen Wegfall der Beschwer erledigt,** dann ist § 91a anwendbar, wenn der Beschwerdeführer die Hauptsache für erledigt erklärt und der Beschwerdegegner zustimmt. **Zulässigkeit des Rechtsmittels ist Voraussetzung** (BGHZ 50, 197; VersR 81, 956). Dem Beschwerdeführer steht es frei, das Rechtsmittel auf den **Kostenpunkt** zu beschränken (KG OLGZ 73, 143).

4 **Bei einseitiger Erledigungserklärung** ergeht Beschluß auf Feststellung der Erledigung oder auf Zurückweisung als unbegründet mit Kostenentscheidung nach §§ 91 oder 97.

5 2) Die Beschwerde ist **zulässig und begründet:** Die angefochtene Entscheidung wird **aufgehoben** mit Kostenentscheidung zu Lasten des Gegners (§ 91).

6 Kann die Beschwer durch die Aufhebung der Vorentscheidung nicht behoben werden, dann **entscheidet** das Beschwerdegericht **in der Sache selbst.**

7 3) Statt einer eigenen ersetzenden Entscheidung kann das Beschwerdegericht die **ersetzende Entscheidung dem Untergericht übertragen.** Dessen Entscheidungsspielraum ist dann mehr eingeengt als bei Zurückverweisung wegen eines Verfahrensmangels, da auch Bindung in der Tatfrage möglich ist. § 575 sieht zudem ausdrücklich vor, daß „die erforderliche Anordnung übertragen" wird.

8 4) Bezüglich **abtrennbarer Teile des Beschwerdegegenstandes** sind entsprechend **§ 301** Teilentscheidungen möglich (LG Stuttgart Rpfleger 60, 128). Die Entscheidung darüber steht im Ermessen des Gerichts. Hier gelten jedoch Besonderheiten, weil ein Konflikt mit dem vorrangigen **Grundsatz des Entscheidungszwangs bei Entscheidungsreife** eintreten kann (s dazu Schneider MDR 80, 726). Es ist zu unterscheiden:

9 a) Ist dem **Antrag vorinstanzlich stattgegeben** worden und die Beschwerde des Gegners teilweise unbegründet, dann darf nicht insgesamt aufgehoben und mit Verfahrens- oder Entscheidungsanweisungen zurückverwiesen werden. Der Beschwerdegegner könnte sonst hinsichtlich seiner begründeten Ansprüche Nachteile erleiden, weil auch für diese im weiteren Verlauf des Verfahrens das Verschlechterungsverbot aufgehoben wäre (Rn 38). Die ihm günstige rechtliche Beurteilung in den Gründen der zurückverweisenden Entscheidung nähme auch nicht an der Bindungswirkung teil, weil die Entscheidung darauf nicht beruhen würde (Rn 29, 30). Es muß deshalb der unbegründete Teil der Beschwerde sofort zurückgewiesen und darf **nur im übrigen** aufgehoben und zurückverwiesen werden. Das wird besonders deutlich, wenn vorinstanzlich angeordnete Vollstreckungsmaßnahmen mit aufgehoben würden. Dies würde zum endgültigen Rangverlust führen, wenn nicht zugleich Aussetzung bis zur Rechtskraft angeordnet würde (BGHZ 66, 395; Köln ZIP 80, 578; Schneider MDR 84, 371).

10 b) Ist der **Antrag vorinstanzlich zurückgewiesen** worden, dann darf der Beschwerdeführer nicht dadurch verschlechtert werden, daß das Beschwerdegericht insgesamt aufhebt und mit Weisungen zurückverweist, obwohl es bereits jetzt teilweise Entscheidungsreife für oder gegen den Beschwerdeführer bejaht. Anders wieder im Zwangsvollstreckungsrecht: Soweit das Beschwerdegericht einen abgelehnten Antrag für begründet hält, muß es sofort einen Pfändungs- und Überweisungsbeschluß erlassen, weil jede Verzögerung endgültige Rangnachteile auslösen kann. Bei Zurückverweisung wäre auf jeden Fall unerläßlich die Anweisung, sofort einen beschränkten Pfändungs- und Überweisungsbeschluß zu erlassen. Die Kostenentscheidung ist im letzten Beschluß für alle Teilentscheidungen zu treffen.

11 II) Ein **Zwang zur Zurückverweisung besteht nicht** (§ 540). Zwang zur Selbstentscheidung ist in **§ 101 ZVG** angeordnet (Ausnahme: Köln MDR 90, 556).

12 1) Von der Zurückverweisung **muß abgesehen werden,** wenn für das Beschwerdegericht **Entscheidungsreife** besteht (Schneider MDR 80, 726). Ebenso sollte verfahren werden, wenn die Sache eilbedürftig ist (München OLGZ 83, 87 [89]) oder ohne wesentliche Verzögerung in der Beschwerdeinstanz abgeschlossen werden kann. So ist etwa ein vom unzuständigen Einzelrichter erlassener, aber inhaltlich richtiger Beschluß durch Zurückweisung der Beschwerde zu bestätigen (Stuttgart NJW 70, 204; ebenso Saarbrücken OLGZ 69, 31).

13 2) Ist die angefochtene **Entscheidung** oder der Nichtabhilfebeschluß (Bamberg JurBüro 92, 632; Frankfurt Rpfleger 84, 477) **nicht mit Gründen versehen,** dann ist dies idR kein hinreichender Anlaß, aufzuheben und zurückzuverweisen (zust Stanicki DRiZ 83, 271). Einen Rechtssatz des Inhalts, jeder beschwerdefähige Beschluß müsse begründet werden, gibt es im Zivilprozeßrecht nicht (§ 573 Rn 17); das **Fehlen der Begründung kann daher nicht prinzipiell als wesentlicher Verfahrensmangel angesehen werden,** der immer zur Aufhebung und Zurückverweisung führen müsse. Es ist stets auf den Einzelfall abzustellen (hM, s zB Oldenburg NdsRpfl 80, 200; Schleswig SchlHA 82, 43; Schneider NJW 66, 1367). Ist die Vorentscheidung in sich widersprüchlich oder ist

gar unklar, worüber eigentlich entschieden worden ist, dann wird in der Regel Zurückverweisung angebracht sein (Koblenz Rpfleger 85, 496), desgleichen, wenn die Vorinstanzen die maßgeblichen Ausführungen des Beschwerdeführers völlig übergehen (Celle MDR 86, 154; KG OLGZ 1986, 476 f), etwa wenn lediglich „auf die zutreffenden Gründe" verwiesen wird (Hamm MDR 91, 452). Das gilt erst recht, wenn deshalb die Vorentscheidung gedanklich nicht nachvollziehbar und damit objektiv willkürlich ist, zB wenn ohne Begründung von einer textlich eindeutigen Vorschrift abgewichen wird (BVerfG MDR 86, 379).

3) Hat das Untergericht **zu Unrecht als unzulässig verworfen,** dann kann entsprechend § 538 I Nr 2 zur anderweiten Entscheidung zurückverwiesen werden. Dem Beschwerdegericht ist jedoch die eigene Entscheidung erlaubt (§ 540). 14

a) **Weist** der **Richter** die **Erinnerung** gegen die Entschließung des Rechtspflegers **zurück, statt** sie dem zuständigen Gericht zur Entscheidung **vorzulegen,** dann muß der zurückweisende Beschluß **aufgehoben** werden. Zu einer Zurückverweisung besteht gleichwohl kein Anlaß. Sie würde nur dazu führen, daß der Richter nunmehr vorlegen würde; denn deutlicher als durch die (verfahrensrechtlich fehlerhafte) Zurückweisung der Erinnerung kann er nicht zum Ausdruck bringen, daß er nicht abhelfen will (Frankfurt VersR 78, 261). 15

b) Auch das **Gericht der weiteren Beschwerde** darf immer in der Sache selbst entscheiden, mag das LG gegen wesentliche Verfahrensgrundsätze verstoßen oder die Beschwerde zu Unrecht verworfen haben. 16

Einstweilen frei. 17

4) **Zurückverweisung an die erste Instanz** ist statthaft, auch bei weiterer Beschwerde. Bei begründeter Durchgriffserinnerung gegen eine Entscheidung des Rechtspflegers, über die das Gericht der Vorinstanz nach § 11 II 4 RPflG nicht entschieden hat, kann unmittelbar an den Rechtspfleger zurückverwiesen werden, wenn er gegen wesentliche Verfahrensvorschriften verstoßen hatte (Stuttgart Justiz 71, 250). Die Zurückverweisung ist ohne vorinstanzlichen Verfahrensmangel zulässig (KG FamRZ 86, 284); die „erforderliche Anordnung" kann deshalb auch darin bestehen, den Sachverhalt weiter aufzuklären (BGH EzFamR ZPO § 212a Nr 1 S 3/4; aA KG NJW 82, 2326, 2327). 18

III) Bei **prozessualer Überholung** einer Beschwerde (s § 567 Rn 12) kann es weder zur Zurückverweisung noch zur Sachentscheidung kommen. 19

IV) Der **Beschluß des Beschwerdegerichts** ist, wenn er eine Partei neu beschwert, seinerseits nach allgemeinen Regeln **anfechtbar.** Erreicht der Beschwerdeführer lediglich **Aufhebung und Zurückverweisung,** dann ist zu unterscheiden: 20

1) Die **Ermessensausübung** des Beschwerdegerichts, eine Selbstentscheidung zu treffen oder nicht, ist **grundsätzlich unanfechtbar** (Schneider JurBüro 80, 481). 21

2) **Beschwerdefähig** ist eine aufhebende und zurückverweisende Entscheidung, wenn **Entscheidungsreife** gegeben war, etwa weil die sofortige Beschwerde wegen Fristversäumung unzulässig oder nach feststehendem Sachverhalt unbegründet war. Dann darf nicht zurückverwiesen werden, wie § 574 für den Zulässigkeitsbereich klarstellt und wie für den Begründetheitsbereich anerkannt ist (Schneider MDR 80, 726; JurBüro 80, 482). 22

V) **Zurücknahme des Rechtsmittels** ist nur bis zum Erlaß der Beschwerdeentscheidung möglich; **Antrags**rücknahme ist nach verfahrensabschließender Selbstentscheidung des Beschwerdegerichts nicht mehr möglich, wohl noch nach Aufhebung und Zurückverweisung. 23

VI) Jede Beschwerdeentscheidung läßt **Bindungswirkungen** entstehen, die nach dem Inhalt der Rechtsmittelentscheidung zu bestimmen sind (Schneider JurBüro 66, 93; 80, 483 zu IV). 24

1) Das **Beschwerdegericht** ist an seine eigene Entscheidung gebunden, sofern diese nicht im höheren Rechtszug abgeändert oder aufgehoben wird (§ 318) oder mit einer solchen Entscheidung in Widerspruch steht. 25

2) Soweit das Beschwerdegericht **teilweise** in der Sache **entscheidet, im übrigen zurückverweist,** ist es selbst nach **§ 318,** das Untergericht **analog § 565 II** an die Rechtsauffassung des Beschwerdegerichts gebunden (Hamm FamRZ 86, 1136 = NJW-RR 87, 187; BGH NJW 94, 2956/2957). Dies gilt unabhängig davon, ob die Beurteilung des Rechtsmittelgerichts zutreffend ist oder nicht. Auch mit dem Hinweis, die Auffassung des Rechtsmittelgerichts sei greifbar gesetzwidrig, kann sich das Untergericht der Bindung nicht entziehen. Das Erstgericht hat dann nur noch die ihm übertragenen Anordnungen auszuführen und zu entscheiden. Eine Weiterverweisung an das AG ist nicht statthaft (BayObLG NJW-RR 92, 191). 26

a) Zur Bindung bei **PKH-Beschwerden,** soweit es nur um Hilfsbedürftigkeit oder hinreichende Erfolgsaussicht geht, s § 127 Rn 4. 27

28 **b)** Das Beschwerdegericht kann in allen Fällen **bindende Anweisungen** für die neue Entscheidung erteilen (BGHZ 51, 136), etwa weitere Sachaufklärung fordern (Rn 18) oder die Anberaumung einer mündlichen Verhandlung aufgeben (KG WRP 70, 144). Im Kostenfestsetzungsverfahren kann das Beschwerdegericht dem unteren Gericht auch die Festsetzung des Gegenstandswerts für einzelne Anwaltsgebühren nach einem fiktiven Verfahrensablauf übertragen (Hamburg JurBüro 79, 732) oder anweisen, die Vergütung auf der Grundlage einer bestimmten Bruchteilsgebühr neu festzusetzen (Düsseldorf 79, 48).

29 **c) Wie weit die Bindungswirkung reicht,** muß bei Zweifeln durch **Auslegung der Gründe** des zurückverweisenden Beschwerdebeschlusses geklärt werden. Nur diejenigen Weisungen, Anordnungen und Äußerungen des Beschwerdegerichts binden, auf denen die Aufhebung und Zurückverweisung **beruht.** Insbesondere sind Ausführungen des Beschwerdegerichts zur Sache unverbindlich (wenngleich oft angebracht und vom Untergericht erwünscht), wenn lediglich wegen eines Verfahrensfehlers aufgehoben und zurückverwiesen wird.

30 **3)** Verweist das Beschwerdegericht lediglich wegen einzelner konkreter Gründe zurück, dann beschränkt sich die Bindungswirkung darauf. War zB vorinstanzlich kein rechtliches Gehör gewährt worden, dann hat das Untergericht im neuen Verfahren die benachteiligte Partei anzuhören, ist aber im übrigen in der Entscheidung frei.

31 **4)** Bei sog **Rückläufern** (erneute Beschwerde nach Aufhebung und Zurückverweisung) erweitert sich die Bindungswirkung des § 318 dahin, daß das Beschwerdegericht an seine erste, das Untergericht an seine zweite Entscheidung gebunden ist. Die Bindung geht nicht nur – negativ – dahin, daß das Gericht die von ihm getroffene Entscheidung nicht formell aufheben oder abändern darf, sondern – positiv – dahin, daß das Gericht den in der Entscheidung gezogenen Schluß auf die darin ausgesprochene Rechtsfolge dem weiteren Verfahren zugrunde legen muß und daher neues Parteivorbringen zu dem entschiedenen Punkt nicht mehr zulassen oder berücksichtigen darf (BGHZ 51, 138). Eine weitere, dem Beschwerdeverfahren eigentümliche Konsequenz ist die, daß das Beschwerdegericht dann sogar an seine eigenen früheren Anordnungen gebunden ist. Entscheidungsspielraum bleibt ihm nur, soweit die Anordnungen in der aufhebenden Entscheidung dem Untergericht noch Entscheidungsfreiheit ließen (BGHZ 51, 139).

32 **5)** In welcher **Form** das Beschwerdegericht **Anordnungen und Weisungen** an das Untergericht erteilt, steht in seinem Ermessen. Negative Anweisungen werden häufig in die Beschlußformel hineingenommen („... angewiesen, den Antrag ... nicht wegen Verneinung des Rechtsschutzbedürfnisses zurückzuweisen"). Positive und weniger kurz zu fassende Weisungen werden in die Beschlußgründe aufgenommen, wobei dann der Hinweis im Tenor üblich ist, das Erstgericht habe „nach Maßgabe der Gründe" des Beschwerdebeschlusses neu zu entscheiden.

33 **6) Jegliche Bindungswirkung,** also sowohl die aus § 318 wie die aus § 575, **entfällt,** wenn sich zwischenzeitlich die Sach- oder Rechtslage geändert hat. Denn jedes Gericht ist nur an die auf einen festgestellten Sachverhalt bezogenen Entscheidungen oder Anordnungen gebunden (BGHZ 51, 136/137). Fakten sind immer stärker (§ 570), soweit ihrer Berücksichtigung nicht die Rechtskraft entgegensteht.

34 **VII) Verschlechterungsverbot (reformatio in peius). 1)** Entscheidet das Beschwerdegericht **in der Sache selbst,** dann darf der Beschwerdeführer entsprechend § 536 (Hamm JurBüro 84, 1904; KG OLGZ 1986, 282 = NJW-RR 87, 5) nicht schlechter gestellt werden, sofern dies im Gesetz nicht ausdrücklich vorgesehen ist (zB in § 25 I 3 GKG für das Streitwertbeschwerdeverfahren). Jedoch besteht ein Verschlechterungsverbot nur soweit es gerade um denjenigen Streitgegenstand geht, der dem Rechtsmittelgericht angefallen ist.

35 **2)** Besonderheiten gelten für das **Kostenfestsetzungsverfahren,** weil ein Kostenfestsetzungsantrag sich aus mehreren Positionen zusammensetzt und das Verschlechterungsverbot sich auf den Saldo bezieht, so daß der Austausch von Positionen bei unverändertem Endergebnis zulässig ist (vgl zB Nürnberg JurBüro 75, 771; KG MDR 77, 941 = Rpfleger 77, 375). Das Verschlechterungsverbot gilt für die vom Untergericht neu zu treffende Entscheidung auch, wenn dessen ursprünglicher Beschluß trotz nur **teilweiser Anfechtung** vom Rechtsmittelgericht im ganzen aufgehoben worden ist (Köln NJW 75, 2347); die Anfechtung hätte aber in der Rechtsmittelinstanz erweitert werden können (Düsseldorf JurBüro 76, 379). Kein Verschlechterungsverbot, wenn das Rechtsmittelgericht zu dem Ergebnis kommt, es fehle an einer wirksamen Kostengrundentscheidung (Hamm NJW 72, 2047; aA Köln NJW 67, 114).

36 **3)** Um eine **Verschlechterung** handelt es sich **nicht,** wenn das Beschwerdegericht einen Antrag als **unzulässig** abweist, den das Erstgericht als **unbegründet** beurteilt hat. Umgekehrt darf das Beschwerdegericht die erstinstanzliche Abweisung als unzulässig durch eine Zurückweisung als unbegründet ersetzen (KG OLGZ 67, 41; KG JurBüro 86, 220); das ergibt sich aus entsprechender Anwendung der §§ 538 I Nr 2, 540 (BGHZ 23, 50).

4) Im Bereich der Zulässigkeit, also insbesondere bei der **Prüfung der von Amts wegen** zu beachtenden Verfahrensvorschriften (Hamm NJW 72, 2047; München JurBüro 67, 923), bei **Ermessensfreiheit** in der Entscheidung (RGZ 53, 4; Karlsruhe Justiz 69, 66) oder bei **prozessualer Überholung** (§ 567 Rn 10), greift das Verschlechterungsverbot nicht ein. 37

5) Ebenso ist das Untergericht nach **Aufhebung und Zurückverweisung** nicht gehindert, eine dem Beschwerdeführer nunmehr ungünstigere Entscheidung zu treffen. Durch Aufhebung wird die Vorentscheidung völlig beseitigt und prozessual freier Raum für eine **neue,** und dann natürlich **richtige** Entscheidung geschaffen (vgl Schneider JurBüro 80, 483 zu IV 3). Der Beschwerdeführer erlangt keinen „Mindestbestandsschutz" (Bötticher ZZP 65, 1952, 464, 468; KG NJW 82, 2326). 38

VIII) 1) Zur **Kostenentscheidung** s § 567 Rn 60ff. **2)** Soweit in Zwischenverfahren keine Kostenentscheidung zu treffen ist, weil die Kosten zur Hauptsache gehören oder keine Kostenfestsetzung stattfindet (insbesondere in PKH- und Streitwertbeschwerden), wird auch im Beschwerdebeschluß keine Kostenentscheidung getroffen (Gubelt, MDR 70, 895, 896 zu II 1c). 39

3) Bei **Aufhebung und Zurückverweisung** ist die Kostenentscheidung dem Untergericht zu übertragen, da der Ausgang des Verfahrens und damit das Maß des Obsiegens und Unterliegens (§§ 97 I, 92) noch offen ist. Immer ist dann jedoch zu prüfen, ob die Kosten des Beschwerdeverfahrens nicht nach **§ 8 GKG** niederzuschlagen sind (s Schneider JurBüro 75, 869 ff). **Hinweise für die Beschwerdepraxis:** Schneider MDR 78, 525 ff, 530. 40

576 *[Änderung der Entscheidung des verordneten Richters oder Urkundsbeamten]*

(1) Wird die Änderung einer Entscheidung des beauftragten oder ersuchten Richters oder des Urkundsbeamten der Geschäftsstelle verlangt, so ist die Entscheidung des Prozeßgerichts nachzusuchen.

(2) Die Beschwerde findet gegen die Entscheidung des Prozeßgerichts statt.

(3) Die Vorschrift des ersten Absatzes gilt auch für den Bundesgerichtshof und die Oberlandesgerichte.

I) Über Begriff und Rechtsstellung des **beauftragten und ersuchten Richters** s Schneider DRiZ 77, 13 ff. Sie (ebenso der Urkundsbeamte der Geschäftsstelle, Palm Rpfleger 67, 365) dürfen abhelfen, da sie ohnehin ihre Verfügungen jederzeit ändern dürfen. Anders, wenn gegen die gleiche, aber vom Prozeß- und Vollstreckungsgericht erlassene Verfügung sofortige Beschwerde gegeben wäre (§ 577 IV). Zur Abhilfe bei der **Durchgriffserinnerung** s § 11 II RpflG (dazu BayObLG Rpfleger 90, 245). 1

Die nach Abs 2 eröffnete Beschwerde setzt voraus, daß die Erfordernisse des § 567 gewahrt sind, bei einer Erinnerung gegen eine Entscheidung des UrkBeamten muß ein **„das Verfahren betreffendes Gesuch"** Gegenstand sein (zu Erinnerungen gegen Rechtskraftvermerke bzw bei Zurückweisung von Änderungsanträgen, s Bamberg FamRZ 83, 519; KG FamRZ 93, 1221; Stuttgart Justiz 79, 384). 1a

II) Prozeßgericht ist beim beauftragten Richter sein Kollegium, beim ersuchten Richter das ersuchende Gericht. Erst ab Erinnerungseinlegung darf das Prozeßgericht ändern. 2

III) Das gemäß § 78 III vom Anwaltszwang befreite **Änderungsverlangen** des § 576 I ist eine **Erinnerung.** Die **Beschwerde** ist erst gegen die daraufhin ergehende Entscheidung des Prozeßgerichts statthaft (§ 576 II). Ob einfache oder sofortige Beschwerde gegeben ist, richtet sich danach, welches Rechtsmittel gegeben wäre, wenn die beanstandete Verfügung vom Prozeßgericht getroffen worden wäre. Bei sofortiger Beschwerde ist der Änderungsantrag eine **befristete Erinnerung** (§§ 329 III, 577 IV). Hilft das Prozeßgericht nicht ab, hat es dem Beschwerdegericht vorzulegen, das dann auf **erste,** nicht auf weitere Beschwerde hin entscheidet. 3

IV) Soweit das Prozeßgericht der Erinnerung stattgibt, entfällt die Beschwer. Wird dadurch der Gegner beschwert, hat er die Beschwerdebefugnis aus § 567 I. 4

V) Gebühr: 1) des **Gerichts:** Das Verfahren nach Abs 1 ist gebührenfrei; Beschwerdeverfahren: KV 1906. – **2)** des **Anwalts:** Soweit der zum Prozeßbevollmächtigten bestellte RA nach § 576 tätig wird, wird diese Tätigkeit durch die Gebühren des § 31 BRAGO abgegolten. Beschränkt sich die Tätigkeit auf das Verfahren nach § 576: § 55 BRAGO. 5

577 *[Sofortige Beschwerde]*

(1) Für die Fälle der sofortigen Beschwerde gelten die nachfolgenden besonderen Vorschriften.

(2) Die Beschwerde ist binnen einer Notfrist von zwei Wochen, die mit der Zustellung, in den Fällen der §§ 336 und 952 Abs. 4 mit der Verkündung der Entscheidung beginnt, einzulegen. Die Einlegung bei dem Beschwerdegericht genügt zur Wahrung der Notfrist, auch wenn der Fall für dringlich nicht erachtet wird. Liegen die Erfordernisse der Nichtigkeits- oder der Restitutionsklage vor, so kann die Beschwerde auch nach Ablauf der Notfrist innerhalb der für diese Klagen geltenden Notfristen erhoben werden.

(3) Das Gericht ist zu einer Änderung seiner der Beschwerde unterliegenden Entscheidung nicht befugt.

(4) In den Fällen des § 576 muß auf dem für die Einlegung der Beschwerde vorgeschriebenen Wege die Entscheidung des Prozeßgerichts binnen der Notfrist nachgesucht werden. Das Prozeßgericht hat das Gesuch, wenn es ihm nicht entsprechen will, dem Beschwerdegericht vorzulegen.

1 **I) Abs 1. 1)** War die **erste Beschwerde eine sofortige,** dann ist es in der Regel auch die weitere; da es sich auch anders verhalten kann, ist in jedem Einzelfall Prüfung notwendig.

2 2) Im **Zwangsversteigerungsverfahren** gelten Besonderheiten. Vor der Beschlußfassung über den Zuschlag sind nur solche Entscheidungen beschwerdefähig, die über Anordnung, Aufhebung, einstweilige Einstellung oder Verfahrensfortsetzung befinden. Die Beschwerdeberechtigten sind ausdrücklich aufgeführt (§§ 97, 102 ZVG). Zusätzliche Beschränkungen finden sich in § 100 ZVG für die sog Zuschlagsbeschwerde.

3 3) Wird bei der Entscheidung die **falsche Form** gewählt – Beschluß statt Urteil oder Urteil statt Beschluß –, dann hat die beschwerte Partei nach dem sog **Prinzip der Meistbegünstigung** (s Rn 29 vor § 511) die Wahl des Rechtsmittels. Sie darf sich also für dasjenige Rechtsmittel entscheiden, das bei korrekter Entscheidung gegeben wäre, kann aber auch dasjenige einlegen, das der inkorrekten Entscheidung formal entspricht. Bescheidet das Gericht im Beschlußtenor eine einfache Beschwerde in Verkennung, daß es sich um eine sofortige Beschwerde gehandelt hat, dann muß ebenfalls der Meistbegünstigungsgrundsatz angewandt werden mit der Folge, daß die weitere Beschwerde trotz Nichtwahrung der Zweiwochenfrist zulässig ist.

4 4) Zur **Anschlußbeschwerde** s § 577a.

5 **II) 1) Die Notfrist (Abs 2)** beträgt zwei Wochen; sie kann weder abgekürzt noch verlängert werden. Gegen ihre Versäumung gibt es aber die Wiedereinsetzung in den vorigen Stand (§ 233).

6 2) Der **Beginn** der nach § 222 zu berechnenden Notfrist hängt von der Verlautbarungsform des Beschlusses ab.

7 **a)** Bei **verkündeten Beschlüssen** beginnt die Frist für jede Partei gesondert mit der Zustellung an sie zu laufen (§§ 329 II, 2, 270 I). Soweit ausnahmsweise der Fristlauf bereits mit Verkündung beginnt, ist dies im Gesetz hervorgehoben, zB in § 98 ZVG. Bei fehlender Zustellung gelten die §§ 516, 552 entsprechend (Hamm JurBüro 92, 394).

8 **b)** Bei **nicht verkündeten Beschlüssen** beginnt die Notfrist **immer mit Zustellung** (§ 329 II 1, III), die amtswegig zu veranlassen ist (§ 270 I). Macht erst ein **Berichtigungsbeschluß** die Beschwer erkennbar, ist dessen Zustellung maßgebend (Karlsruhe Justiz 89, 188).

9 **c) Formlose Mitteilung statt Zustellung** setzt keine Beschwerdefrist in Lauf. Die Zustellung einer leserlichen und mit der Urschrift übereinstimmenden (BayObLG Rpfleger 82, 218) beglaubigten Abschrift oder Ausfertigung (§ 170) ist erforderlich. Auch die Zustellung einer **einfachen (unbeglaubigten) Abschrift** setzt keine Frist in Lauf, weil sie den Formerfordernissen des § 170 nicht entspricht und Heilung nicht möglich ist, § 187 S 2 (Hamm JurBüro 92, 394, 395).

10 **d) Fehlende oder mangelhafte Zustellung** ist zwar für den Fristbeginn wesentlich, nicht jedoch dafür, ob die Entscheidung existent geworden ist; dazu genügt bereits das Hinausgehen aus dem inneren Geschäftsbetrieb (§ 567 Rn 3). Infolgedessen kann es dazu kommen, daß das Existentwerden des Beschlusses feststeht, der Zeitpunkt der Zustellung aber unaufklärbar bleibt. In einem derartigen Fall muß der Beschwerdeschriftsatz als fristwahrend behandelt werden, weil eine Partei lediglich die Beweislast für solche fristwahrenden Maßnahmen trägt, die ihr selbst obliegen, nicht aber für Vorgänge, die sich ausschließlich im internen Bereich des Gerichts abspielen und deren Nachweis ihr daher so gut wie unmöglich ist (§ 518 Rn 20). Bei unterbliebener oder wirkungsloser oder nicht datierbarer Zustellung sind jedoch die §§ 516, 552 analog anzuwenden, so daß die Beschwerdefrist **spätestens mit Ablauf von fünf Monaten** nach Bekanntgabe zu laufen beginnt (BayObLG NJW-RR 92, 597; MDR 94, 915; Koblenz FamRZ 91, 101).

III) 1) Fristwahrung geschieht durch Einlegen der sofortigen Beschwerde gemäß § 569, in den Fällen des § 569 II 2 auch durch Erklärung zu Protokoll der Geschäftsstelle (s § 569 Rn 10). Die Frist darf bis 24.00 Uhr ausgenutzt werden (BGH MDR 87, 134 = VersR 86, 1204; s § 518 Rn 13–15). Da Beschlüsse auch vor Zustellung existent werden (Rn 10), kann Beschwerde bereits **vor Zustellung** eingelegt werden (RGZ 50, 352; JW 30, 3549), dagegen **nicht vor Verkündung** oder Hinausgehen aus dem inneren Geschäftsbetrieb (Unbeachtlichkeit von „Eventualbeschwerden" vor Erlaß der anzufechtenden Entscheidung: Hamm Rpfleger 79, 461). 11

2) Auch in **nicht dringenden Fällen** genügt die Einlegung beim Beschwerdegericht (§ 577 II 2). Zulässig ist auch die Einlegung bei dem Gericht, dessen Entscheidung angefochten wird. Die **sofortige weitere Beschwerde** kann nur beim LG oder OLG eingelegt werden, nicht beim AG. 12

3) § 518 gilt entsprechend (vgl § 569 Rn 6). Durch **Einreichung** der Beschwerdeschrift **bei einem unzuständigen Gericht** wird die Notfrist nicht gewahrt. Das gilt auch im Fall des § 129a, wobei jedoch Verstoß gegen die Pflicht zur unverzüglichen Weiterleitung Wiedereinsetzung begründen kann (BGH FamRZ 88, 829; Karlsruhe OLGZ 1981, 241). Abzustellen ist dabei auf die Weiterleitungsverfügung; Verzögerungen ab dann liegen allein im Bereich des Gerichts und dürfen den Beschwerdeführer nicht benachteiligen (BGH FamRZ 88, 829, 830 aE). 13

4) Die **befristete Durchgriffserinnerung** nach §§ 11, 21 II RPflG ist bei dem Gericht einzulegen, dessen Rechtspfleger die Entscheidung erlassen hat; die Einlegung beim Beschwerdegericht ist nicht fristwahrend (Köln MDR 75, 671; Hamm Rpfl 95, 149; Koblenz NJW-RR 92, 127; aA Bamberg JurBüro 75, 1498). 14

5) Eine terminologisch **korrekte Bezeichnung** des Rechtsmittels ist **nicht erforderlich** (§ 300 StPO). Ist der Sache nach die sofortige Beschwerde das richtige Rechtsmittel, dann ist es unschädlich, welche Benennung der Beschwerdeführer ihr gibt (auch Anklage, „Ungeheuerlichkeit", „schärfster Protest" usw); die Zulässigkeit hängt nur davon ab, daß der Wille der Partei zur Einlegung des ihr zustehenden Rechtsmittels eindeutig ist (Koblenz JurBüro 87, 1845; § 569 Rn 7). Wird allerdings form- und fristgerecht **Berufung** eingelegt, und ist diese auch **gewollt,** dann richtet sich deren Zulässigkeit nach Berufungsrecht (BGH NJW 62, 2252). Allerdings darf auch dann noch die unzulässige Berufung in eine sofortige Beschwerde **umgedeutet** werden (BGH aaO). Die Beschwerde ist aber nach der für sie maßgebenden Notfrist zu beurteilen. Ausgeschlossen ist die Umdeutung in eine Prozeßerklärung, die ihrer Zielsetzung und Wirkung nach mit der erklärten nicht vergleichbar ist (BGH VersR 86, 785). 15

6) Eine **zurückgenommene Beschwerde** darf wiederholt werden; ihre Zulässigkeit hängt dann davon ab, daß auch die zweite Einlegung innerhalb der Beschwerdefrist vorgenommen wird. Ist jedoch die Rechtsmittelrücknahme Ausdruck eines **Rechtsmittelverzichts** oder gar Vollzug einer entsprechenden Parteiabrede, dann ist das **Beschwerderecht verbraucht** und die zweite Einlegung ungeachtet der Fristenprüfung unzulässig. Verbraucht ist das Beschwerderecht auch dann, wenn über eine sofortige Beschwerde entschieden wird, obwohl die Notfrist mangels ordnungsmäßiger Zustellung noch nicht in Lauf gesetzt war; das ist die Konsequenz der Zulassung der Beschwerde ab Existentwerden des Beschlusses, auch wenn dieser Zeitpunkt vor Zustellung liegt (Rn 11). 16

7) Zu den **Formerfordernissen** der Beschwerde gehören weder Antrag noch Begründung (§ 569 Rn 8, 9). Dementsprechend können diese noch nach Fristablauf eingereicht werden. 17

8) Der **Mangel der Vollmacht** ist, wenn keine anwaltliche Vertretung stattfindet (§ 88 II), von Amts wegen zu berücksichtigen, kann aber noch nach Fristlauf durch Vorlage der Vollmachturkunde geheilt werden (KG OLGE 39, 37; JW 25, 2342). 18

IV) 1) Neben § 577 gelten die **allgemeinen Vorschriften** (§§ 567 ff, insbes § 574). 19

2) **Verwirkung des Beschwerderechts** hat nur noch geringe Bedeutung, da wegen der analogen Anwendung der §§ 516, 552 bei verkündeten Beschlüssen auf jeden Fall die Fristbegrenzung mit längstens sechs Monaten eingreift. Weiß die beschwerte Partei allerdings von der Entscheidung, dann hat sie die Möglichkeit, gegen den existent gewordenen Beschluß Beschwerde einzulegen (Rn 11). Macht sie davon keinen Gebrauch, sondern zieht sie die Einlegung des Rechtsmittels übermäßig hin, dann kann dies im Einzelfall als Verstoß gegen Treu und Glauben angesehen werden mit der Folge, daß das Beschwerderecht verwirkt und die verspätet eingelegte Beschwerde als unzulässig zu verwerfen ist (s § 567 Rn 10). 20

3) Über **verfahrensrechtliche Überholung** s § 567 Rn 12. 21

V) Nichtigkeitsbeschwerde (§ 577 II 3). In der Praxis kommt die Nichtigkeitsbeschwerde selten vor, meist handelt es sich dann um eine **Zuschlagsbeschwerde** (§§ 96, 100 ZVG). **Beispiele:** RGZ 73, 196: bei der Erteilung des Zuschlags wirkt ein Richter mit, der von der Ausübung des Richteramtes ausgeschlossen war; Schneider Rpfleger 76, 384: Mangel der gesetzlichen Vertretung gemäß § 579 I Nr 4 in der Teilungsversteigerung; Kirberger Rpfleger 75, 43 u OLG Oldenburg 22

EWiR § 95 ZVG 1/90, 203 Storz: Geltendmachen der Geschäftsunfähigkeit des Erstehers nach Erlösverteilung.

23 1) Wenn die **Voraussetzungen der Wiederaufnahmeklage** (§§ 579–582) gegeben sind, kann die sofortige Beschwerde auch noch nach Ablauf der Notfrist des § 577 II 1 innerhalb der längeren Notfrist des § 586 I eingelegt werden.

24 2) **Innerhalb der Notfrist** des § 577 II 2 ist **lediglich** die **(normale) sofortige Beschwerde** gegeben. Die Nichtigkeitsbeschwerde findet erst statt, wenn der Beschwerdeführer die Frist des § 577 II 1 hat verstreichen lassen und **dadurch Rechtskraft** eingetreten ist. Für durch § 577 II 3 gewährte Erweiterung des Rechtsweges durch Verlängerung der Einlegungsfrist müssen die besonderen Voraussetzungen der §§ 579, 580 gegeben sein. Darüber hinaus gehört zur Zulässigkeit, daß auch die Voraussetzungen des § 567 für die allgemeine Beschwerde vorliegen. Daher gibt es keine Nichtigkeitsbeschwerde, wenn der Rechtsmittelzug bereits ausgeschöpft ist (Hamm JMBlNRW 78, 78; Düsseldorf FamRZ 86, 86), also dann nicht, wenn schon in letzter Instanz entschieden worden ist oder ein OLG-Beschluß angegriffen werden soll (§ 567 III 1; BGH ZIP 81, 209). Ob es in diesem Fall ein selbständiges Wiederaufnahmeverfahren gibt (§§ 578 ff), ist eine andere Frage (Rn 26).

25 3) a) Durch § 577 III 3 wird das zur Beseitigung rechtskräftiger Urteile geschaffene Wiederaufnahmeverfahren lediglich mit dem Ziel auf Beschlüsse übertragen, eine versäumte Beschwerdefrist zu verlängern. Der prozessuale Effekt der Übertragung liegt nicht in der Begründung eines neuen selbständigen Rechtsmittels, sondern nur darin, daß die Beschwerdefrist von **zwei Wochen** (§ 577 I 1) auf **einen Monat** (§ 586 I) verlängert wird, wobei der **Fristbeginn** entsprechend § 586 II **hinausgeschoben** sein kann, bei § 577 I Nr 4 sogar auf unbegrenzte Zeit, nämlich bis zur Zustellung an den gesetzlichen Vertreter (§ 586 III). Im Fall des § 586 II 2 (fünfjährige Ausschlußfrist) ist der „Tag der Rechtskraft des Urteils" der Zeitpunkt, in dem der Beschluß für den jeweiligen Beschwerdeführer unanfechtbar geworden ist (KG OLGZ 76, 364).

26 b) Die **Nichtigkeitsbeschwerde ersetzt die Klage,** wenn Nichtigkeits- oder Restitutionsgründe gegeben sind. Soweit die sofortige Beschwerde als Ersatz der Klage gegeben ist, ist die Klage selbst ausgeschlossen, zB bei Gleichstellung von Beschlüssen mit Endurteilen iS des § 578 I, wie bei § 91a oder § 519b (s vor § 578 Rn 14). Umstritten ist, ob darüber hinaus ein **Wiederaufnahmeverfahren gegen rechtskräftige Beschlüsse** möglich ist. Das wird dann bedeutsam, wenn der Rechtsmittelzug ausgeschöpft und deshalb die Nichtigkeitsbeschwerde nicht gegeben ist; das Problem wird vor allem bei Angriffen auf **rechtskräftige Beschlüsse** im Zwangsversteigerungsverfahren erörtert (s vor § 578 Rn 14).

27 4) Da die Wiederaufnahmebeschwerde, wenn man sie zuläßt, insgesamt den Vorschriften der §§ 578 ff zu unterstellen ist, kommt sie als Restitutionsbeschwerde (§ 580) nur in Betracht, wenn der Restitutionsgrund dem Beschwerdeführer **nach Ablauf der Frist** des § 577 II 1 oder der verlängerten Frist der §§ 577 II 3, 586 I **bekannt geworden** ist (§ 582).

28 5) Beginnt die normale Frist der sofortigen Beschwerde (§ 577 II 1) für **mehrere beschwerte Parteien** getrennt zu laufen, dann berechnet sich die erst mit Fristende beginnende Wiederaufnahmefrist des § 586 **für jeden Beschwerten gesondert.**

29 6) a) **Zur Zulässigkeit** der Nichtigkeitsbeschwerde gehört nach §§ 587, 588 zunächst die **schlüssige Darlegung** eines Nichtigkeits- oder Restitutionsgrundes iS der §§ 579, 580.

30 b) Die Nichtigkeitsbeschwerde leitet jedoch **kein echtes Wiederaufnahmeverfahren** ein, so daß dessen Dreiteilung (1. Zulässigkeitsprüfung der Wiederaufnahmeklage; 2. Begründetheitsprüfung der Wiederaufnahmeklage; 3. erneute Verhandlung der Hauptsache) im Verfahren der Nichtigkeitsbeschwerde unterbleibt. Der (die Stationen 1 u 2 einschließenden) Frage im Urteilsverfahren: „Ist der Rechtsstreit wiederaufzunehmen?" entspricht im Beschwerdeverfahren die **einheitliche Prüfung,** ob die Nichtigkeitsbeschwerde zulässig ist. Deshalb gehört zu ihrer Zulässigkeit, daß die Wiederaufnahmegründe nicht nur dargelegt, sondern darüber hinaus auch **bewiesen** werden; anderenfalls ist sie als unzulässig zu verwerfen (KG Rpfleger 76, 368).

31 c) Da die Nichtigkeitsbeschwerde allgemeinem Beschwerderecht unterliegt (Rn 24), müssen bei **weiterer Beschwerde** (§ 568) auch deren Zulässigkeitsvoraussetzungen gegeben sein (KG Rpfleger 76, 269).

32 7) An Stelle der Nichtigkeitsbeschwerde kann die **Anschließung an die sofortige Beschwerde eines anderen Beteiligten** treten. Doch wird dies kaum praktisch werden, weil eine Anschließung nur an das Rechtsmittel des Gegners möglich ist (Köln Rpfleger 75, 29). Der Gegner ist aber als der Begünstigte normalerweise nicht beschwert.

33 **VI) Keine Abhilfe (Abs 3):** Eine Änderung des angefochtenen Beschlusses ist nach seinem Erlaß nicht statthaft, so daß auch die Beschlußgründe nicht ergänzt oder gar ausgewechselt werden dürfen. Die Ausnahme des § 765a III erklärt sich durch die Eilbedürftigkeit und die

Änderung der Sachlage (s Gaul Rpfleger 71, 48). Wie bei allen Entscheidungen ist jedoch jederzeit die **Berichtigung offenbarer Unrichtigkeiten** gem § 319 möglich und geboten, desgleichen Ergänzung gem § 321.

Einstweilen frei. 34

VII) Abs 4: Sofortige Hilfsbeschwerde. 1) Wäre gegen die Entscheidung des **beauftragten oder ersuchten Richters** oder des **Urkundsbeamten** der Geschäftsstelle (§ 576), falls sie vom Prozeßgericht selbst getroffen worden wäre, die sofortige Beschwerde gegeben, dann ist auch die **Erinnerung** nach § 576 **fristgebunden** (s dort Rn 3). Die Notfrist läuft bereits ab Zustellung der Entscheidung des beauftragten oder ersuchten Richters oder des Urkundsbeamten. 35

2) Einzureichen ist die sofortige Erinnerung **beim Prozeßgericht.** Eine entsprechende Regelung findet sich für die befristete Durchgriffserinnerung in §§ 11, 21 RPflG. 36

3) Das **Prozeßgericht hilft der Erinnerung ab, wenn** es sie für **begründet** erachtet. Will es nicht ändern, dann leitet es die sofortige Erinnerung lediglich an das Beschwerdegericht weiter; sie gilt dann als sofortige Beschwerde. Im Zeitpunkt des Einlegens der Erinnerung hat diese daher schon (nämlich für den Fall der Nichtabhilfe durch das Prozeßgericht) die Funktion einer „vorsorglich" eingelegten Beschwerde; deshalb spricht man in diesem Fall von einer **Hilfsbeschwerde.** 37

Hinsichtlich der Abhilfebefugnis und der weiteren sachlichen Bearbeitung ist zwischen der **Rechtspflegererinnerung** und der **Vollstreckungserinnerung** zu unterscheiden. Der Rechtspflegererinnerung (§ 11 RPflG) darf der Rechtspfleger abhelfen; unterläßt er das, legt er dem Richter vor. Dieser wiederum entscheidet darüber, wenn er sie für zulässig und begründet erachtet; stimmt er dagegen mit dem Rechtspfleger überein, legt er die Erinnerung dem Rechtsmittelgericht vor, wo sie kraft Gesetzes als Beschwerde gegen die Entscheidung des Rechtspflegers behandelt wird (deshalb der Ausdruck „Durchgriffs"-Erinnerung). Bei der (unbefristeten) Vollstreckungserinnerung (§ 766) darf der Rechtspfleger ebenfalls abhelfen. Jedoch hat der Richter nicht die Wahl zwischen eigener stattgebender Entscheidung und Vorlage an das Beschwerdegericht, **sondern er muß immer selbst entscheiden.** Die Vollstreckungserinnerung darf also nicht als Durchgriffserinnerung behandelt werden; darin läge ein Verfahrenverstoß (KG Rpfleger 78, 334). 38

4) **Anwaltszwang entfällt** unter den Voraussetzungen des § 569 II 2. Er **besteht,** wenn das LG ersucht hat oder die Entscheidung des Urkundsbeamten des LG angegriffen wird. Jedoch kann die sofortige Hilfsbeschwerde immer durch einen beim Untergericht zugelassenen Anwalt eingelegt werden. 39

5) Der beauftragte oder ersuchte Richter dürfen der **Hilfsbeschwerde nicht abhelfen.** Dazu ist nur das Prozeßgericht oder das dem Urkundsbeamten übergeordnete Gericht befugt. Macht dieses von seinem Abhilferecht Gebrauch, so ist darüber förmlich zu beschließen. Der abändernde Beschluß des Prozeßgerichts kann eine **neue Beschwer** setzen, insbesondere für den Gegner des Erinnerungsführers. Ob der neue Beschluß beschwerdefähig ist und welche Beschwerde in Betracht kommt, richtet sich nach allgemeinem Beschwerderecht. 40

6) Die **Vorlage bei Nichtabhilfe** durch das Prozeßgericht ist nur ein Weiterleiten, da der Erinnerungsführer von vornherein **zwei Rechtsmittel eingelegt** hat: in erster Linie sofortige Erinnerung, hilfsweise sofortige Beschwerde. Es bedarf daher keines besonderen Nichtabhilfebeschlusses (Vorlagebeschlusses), wie er bei § 571 notwendig ist. 41

577a *[Anschlußbeschwerde]*

Der Beschwerdegegner kann sich der Beschwerde anschließen, selbst wenn er auf die Beschwerde verzichtet hat oder die Beschwerdefrist verstrichen ist. Die Anschließung verliert ihre Wirkung, wenn die Beschwerde zurückgenommen oder als unzulässig verworfen wird. Hat sich der Gegner einer befristeten Beschwerde vor Ablauf der Beschwerdefrist angeschlossen und auf die Beschwerde nicht verzichtet, gilt die Anschließung als selbständige Beschwerde.

1) Die Vorschrift wurde eingeführt durch das Rechtspflegevereinfachungsgesetz vom 17. 12. 1990, in Kraft seit 1. 4. 1991. Schon vorher war nach hM **die Anschlußbeschwerde** in analoger Anwendung der §§ 521, 522 zulässig. Die klarstellende Vorschrift ist inhaltlich der Regelung über die Anschlußberufung nachgebildet, so daß die dortigen Grundsätze auch hier anzuwenden sind (s §§ 521, 522). 1

2) Die Anschlußbeschwerde ist bei **allen Arten der Beschwerde** zulässig. Einlegen kann sie immer nur der Beschwerdegegner; eine Gegenanschließung (Anschließung an die Anschlußbeschwerde) ist daher ausgeschlossen (BGH NJW 86, 1494, aA Diederichsen NJW 86, 1468; BL/Albers Rn 3; Karlsruhe FamRZ 88, 412), es sei denn, die Anschließung hat nach Rücknahme der Beschwerde selbständige Bedeutung erlangt (s Rn 7). Die Beschwerdeführer können im übrigen ihr Ziel jederzeit durch Erweiterung der Hauptbeschwerde erreichen (vgl ThP Rn 3). Eine beson- 2

dere Situation besteht in Familiensachen (s § 621e Rn 25b). – Möglich ist auch eine **Anschlußerinnerung**, etwa an die Erinnerung gegen Entscheidungen des Rechtspflegers im Kostenfestsetzungsverfahren (München NJW 71, 763; Koblenz Rpfleger 76, 142; Bamberg JurBüro 78, 592).

3 **3) Verfahren: a)** Für die Einlegung gelten die allgemeinen Vorschriften (§§ 569, 577 II S 2). Nach Vorlage der Akten beim Beschwerdegericht kann aber die Anschließung nur noch bei diesem erklärt werden, da das Verfahren nicht mehr beim Ausgangsgericht anhängig ist (hM); eine gleichwohl dort abgegebene Anschlußerklärung ist ohne Abhilfe an das Beschwerdegericht weiterzuleiten (StJ/Grunsky Rn 6). Eine erst nach Abschluß des Verfahrens der Hauptbeschwerde eingereichte Anschließung ist unzulässig (Bremen FamRZ 89, 649), es sei denn, sie kann als selbständige Beschwerde umgedeutet werden.

4 Die Anschlußbeschwerde ermöglicht auch die Geltendmachung **neuer Ansprüche** ohne Mindestbeschwer (Köln NJW 70, 336). Sie kann sich also auch ungeachtet des § 99 I lediglich gegen die vorinstanzlichen Kostenentscheidungen richten (Hamm MDR 69, 400; Karlsruhe OLGZ 1986, 134) – wegen § 308 II ist eine solche Anschließung aber regelmäßig nicht erforderlich.

5 **b)** Voraussetzungen: Die allgemeinen **Zulässigkeitsvoraussetzungen** (§ 574) sind auf die Anschlußbeschwerde nur sehr eingeschränkt anzuwenden; insbesondere ist die Einhaltung einer Beschwerdefrist, eine Beschwer und das Erreichen einer Beschwerdensumme nicht erforderlich (KG NJW-RR 87, 134). Dagegen muß im Verfahren der **weiteren Beschwerde** auch für die Anschlußbeschwerde das Erfordernis des selbständigen Beschwerdegrunds (§ 568 II) erfüllt sein (KG aaO), da durch § 577a die Anfechtbarkeit einer Entscheidung insgesamt nicht erweitert werden soll.

6 **c) Entscheidung:** Über Haupt- und Anschlußbeschwerde muß nicht notwendig einheitlich entschieden werden, wegen S 2 ist aber eine Vorwegentscheidung über die Anschlußbeschwerde unzulässig.

7 **4) Selbständige Anschlußbeschwerde (S 3):** Die Anschlußbeschwerde kann selbständig oder unselbständig erhoben sein (zur sogenannten „Hilfsanschließung" s BGH NJW 84, 1240 und § 521 Rn 10). Bedeutung hat dies nur im Hinblick auf Satz 2, wenn die Hauptbeschwerde zurückgenommen oder als unzulässig verworfen wird. Die unselbständige Anschließung ist kraft Gesetzes gegenstandslos; es bedarf keiner Entscheidung (sie ist aber als unzulässig zu verwerfen, wenn sie gleichwohl weiter verfolgt wird; ThP Rn 10). Ist eine (bestehende) Beschwerdefrist eingehalten und ist auf das Recht der Beschwerde nicht verzichtet worden, so gilt die Anschlußbeschwerde als selbständig. Die als „selbständig" geltende Beschwerde muß aber auch **alle übrigen Zulässigkeitsvoraussetzungen** (zB Beschwerdesumme) erfüllen; sonst ist sie als unzulässig zu verwerfen. Auch bei einer als selbständig geltenden Beschwerde kann der Rechtsmittelführer im Rahmen seiner Dispositionsfreiheit erklären, daß sie nur als unselbständige Beschwerde gelten soll.

Viertes Buch

WIEDERAUFNAHME DES VERFAHRENS

Vorbemerkungen

Lit: *Braun*, Rechtskraft und Restitution, Teil I, 1979; Teil II, 1985.

1 **1) Funktion der Wiederaufnahmeklagen:** Nichtigkeits- und Restitutionsklage, in ihren Voraussetzungen verschieden, verfolgen beide die Aufhebung eines rechtskräftigen Endurteils und anderweite Entscheidung des Rechtsstreits. Dabei richtet sich die Nichtigkeitsklage (§ 579) gegen die Verletzung wichtiger Prozeßnormen, die Restitutionsklage (§ 580) gegen eine unrichtige oder unvollständige Urteilsgrundlage (zum Verhältnis der beiden Klagearten zueinander § 578

Rn 1 ff). Beide Klagen sind trotz rechtsmittelähnlichen Charakters **keine** wirklichen **Rechtsmittel:** Sie suspendieren nicht den **Eintritt** der Rechtskraft, sondern zielen auf die Beseitigung **bereits eingetretener** Rechtskraft; sie stellen das angefochtene Urteil nicht zur Nachprüfung durch eine **höhere Instanz,** sondern führen zu neuer Verhandlung vor **demselben Gericht.** Wegen weiterer Mittel zur Beseitigung rechtskräftiger Urteile (bzw deren Wirkungen) s Rn 17 ff; wegen der Behandlung von Scheinurteilen, Nichturteilen und wirkungslosen Urteilen vor § 300 Rn 13 ff.

2) Der **Verzicht** auf die Nichtigkeits- oder Restitutionsklage ist möglich (RGZ 23, 434). Er kann auch schon vor Urteilserlaß erklärt werden (StJ/Grunsky vor § 578 Rn 41; aA BL/Hartmann vor § 578 Rn 17) und führt zur Abweisung der Klage als unzulässig. 2

3) Zu den **Zulässigkeitsvoraussetzungen** und ihrer verfahrensmäßigen Behandlung s § 589 Rn 1 f. Auch eine **Beschwer** (nicht aber eine bestimmte Beschwerdesumme) ist Klagevoraussetzung (BGHZ 39, 179); für die Restitutionsklage in Kindschaftssachen ist sie nach § 641 i II immer gegeben. Bei Anerkenntnis- und Verzichtsurteilen kann geltend gemacht werden, daß die Anerkenntnis- bzw Prozeßerklärung ihrerseits auf einem Wiederaufnahmegrund beruhe (MK/Braun Rn 31). 3

4) **Parteien des Wiederaufnahmeverfahrens: a)** Grds sind es dieselben wie in dem vorangegangenen Verfahren, gfls deren Gesamtrechtsnachfolger. Bei notwendiger Streitgenossenschaft sind alle Streitgenossen zuzuziehen (§ 62 II); bei einfacher Streitgenossenschaft im Vorprozeß sind nur diejenigen Streitgenossen aktiv- bzw passivlegitimiert, in deren Person ein Wiederaufnahmegrund vorliegt. 4

b) Sonderrechtsnachfolger haben im allgemeinen nicht die Legitimation für Wiederaufnahmeverfahren (MK/Braun Rn 26; Rechtsgedanke des § 265 II). Hat der frühere Kläger seinen Anspruch aus dem Urteil vor Rechtshängigkeit der Wiederaufnahmeklage an einen anderen abgetreten, dann ist die Klage gegen den früheren Kläger zu richten (RGZ 168, 258). Zumindest ist dieses prozessuale Vorgehen möglich, auch dann, wenn die Sonderrechtsnachfolge erst nach rechtskräftigem Abschluß des Vorverfahrens eingetreten war und der Rechtsnachfolger eine vollstreckbare Ausfertigung des früheren Urteils erhalten hat (BGHZ 29, 329). 5

c) Auch ein **Nebenintervenient** ist befugt, die Wiederaufnahmeklage zu erheben, auch wenn er dadurch erst beitritt (MK/Braun Rn 28). 6

5) Die **Prozeßvollmacht** deckt nach § 81 auch die Wiederaufnahme des Verfahrens. Davon zu unterscheiden ist jedoch die Frage, ob der Rechtsanwalt auch verpflichtet ist, für die Partei in dieser Richtung tätig zu werden. Hierzu bedarf es, da der Auftrag grds mit der Übersendung der Entscheidung und der Belehrung über die Voraussetzungen zur Einlegung eines Rechtsmittels endet, einer erneuten Beauftragung (BGHZ 31, 351/354; WM 78, 1162/1163; dies ist insb für die Zurechnung der Kenntnis von Wiederaufnahmegründen wichtig; vgl § 586 Rn 8). 7

Einstweilen frei. 8

6) **Anfechtbare Entscheidungen: a)** Statthaft ist die Wiederaufnahmeklage gegen **Endurteile** jeder Instanz. Sie müssen **formell rechtskräftig** sein (zur Geltendmachung von Wiederaufnahmegründen im Revisionsverfahren s Rn 16). Unerheblich ist, ob es sich um ein Sach- oder um ein Prozeßurteil handelt. Auf die **Art der Endurteile** kommt es nicht an; Gestaltungsurteile, Anerkenntnisurteile, Versäumnisurteile (Oldenburg MDR 89, 168 = NJW-RR 89, 446; KG NJW-RR 87, 1215), Arrest- und Verfügungsurteile (München JZ 56, 122) sowie (s § 584 II) Vollstreckungsbescheide sind wiederaufnahmefähig. Zur Wiederaufnahme bei **Teilurteilen** vgl unten § 583 Rn 6. Hat das Revisionsgericht teilweise sachl entschieden und teilweise an die Vorinstanz zurückverwiesen, so muß ein etwaiger Nichtigkeitsgrund mit Wiederaufnahmeklage gegen dieses Urteil geltend gemacht werden (BGH DStR 94, 512 m Anm Goette). 9

b) Auch gegen ein **Scheidungsurteil** ist Wiederaufnahme zulässig (außer nach dem Tode eines Ehegatten, BGHZ 43, 239). Die darin liegende Problematik (zB kann eine neue Ehe des Geschiedenen zur nichtigen Doppelehe werden) ist durch das jetzige Scheidungsrecht, bei dem es im Grunde nur noch um den Zeitpunkt der angestrebten Scheidung geht, entschärft. Man wird die Erhebung einer Wiederaufnahmeklage gegen den Scheidungsausspruch sogar als unzulässige Rechtsausübung (vgl BGHZ 30, 140; Frankfurt FamRZ 78, 922) ansehen können, wenn es dem Kläger nur um die Änderung der Scheidungsfolgen geht. Einzelne Folgesachen können isoliert wiederaufgenommen werden (MK/Braun § 578 Rn 16). 10

c) Nicht selbständig anfechtbare **Zwischenurteile** (§ 303) sind nicht wiederaufnahmefähig. Sie können nur auf dem Weg der Wiederaufnahmeklage gegen das Endurteil angefochten werden (§ 583). Das gilt nach nunmehr hM auch für solche Zwischenurteile (§§ 280, 304) und Vorbehaltsurteile (§§ 302, 599), die in bezug auf Rechtsmittel den Endurteilen gleichgestellt sind (StJ/Grunsky Rn 7). Sie können ebenfalls nur auf dem Weg der Wiederaufnahmeklage gegen das Endurteil angefochten werden (Gilles ZZP 78, 483 ff). Ausnahmsweise sind sie dann unmittelbar mit der Wiederaufnahmeklage anzugreifen, wenn sie in einem höheren Rechtszug ergangen sind als das 11

Endurteil (§ 583: „derselben oder einer unteren Instanz"; s dazu Gilles ZZP 78, 488). Ist der Wiederaufnahmegrund schon im Ausgangsverfahren hervorgetreten, dann kann er aber (und muß ggf, vgl §§ 579 I Nr 2, 582) schon im Rechtsmittelweg gegen das Zwischen- oder Vorbehaltsurteil, evtl in dessen Nachverfahren, geltend gemacht werden (BGH JZ 63, 450).

12 d) Wegen § 99 I kann die Restitutionsklage **nicht** auf den **Kostenpunkt** beschränkt werden (BGHZ 43, 239, 245; Schneider MDR 87, 287).

13 e) Gegen **Prozeßvergleiche** gibt es keine Wiederaufnahme, da sie den Endurteilen nicht gleichgestellt werden können. Dafür besteht auch kein Bedürfnis, da die Vergleichsnichtigkeit innerhalb der (bei Nichtigkeit nur scheinbar) abgeschlossenen Instanz geltend gemacht werden kann (BGH NJW 77, 583 m w Nachw).

14 f) Die Wiederaufnahme ist auch (analog §§ 578 ff) gegen **unanfechtbare Beschlüsse** gegeben, die das Verfahren beendigen, etwa solche nach §§ 91a, 519b II, 554a (vgl zB BGHZ 62, 19; Hamm OLGZ 84, 455; Schneider MDR 87, 288), § 554b (BGH NJW 95, 332/3; 95, 335), § 72a V ArbGG (BAG NJW 91, 1252; 95, 2125), § 1042a I 1 (RG ZZP 61, 144). Auch Beschlüsse im **Zwangsvollstrekkungsverfahren** einschließl rechtskräftiger Zuschlagsbeschlüsse im Zwangsversteigerungsverfahren sind wiederaufnahmefähig (ausführl Oldenburg NJW-RR 91, 61 = EWiR § 95 ZVG 1/90, 203 – Storz; § 577 Rn 26), desgleichen Beschlüsse im Konkursverfahren (Karlsruhe NJW 65, 1023 Nr 11). Jedoch kann die Wiederaufnahme keinen verschlossenen (zusätzlichen) Instanzenzug eröffnen, so daß es auch gegen Beschlüsse des OLG, durch die eine Wiederaufnahme eines rechtskräftig abgeschlossenen Zwangsversteigerungsverfahrens abgelehnt wird, keine Beschwerde an den BGH gibt (BGH ZIP 81, 209). **Nicht wiederaufnahmefähig** sind Beschlüsse, wenn sie a) keiner Innenbindung unterliegen und deshalb abänderbar sind, b) keinem befristeten Rechtsmittel unterliegen und deshalb nicht in formelle Rechtskraft erwachsen können, c) keine prozeßbeendende Wirkung haben oder d) nur den Kostenpunkt betreffen (Schneider Anm KoRsp GKG § 8 Nr 65 m Nachw), also zB keine Beschlüsse nach § 8 GKG (irrig OVG Münster FamRZ 86, 493; s Schneider MDR 86, 289). – Zum **Verfahren** bei der Wiederaufnahme gegen Beschlüsse s § 585 Rn 15.

15 **7) Geltendmachung von Restitutionsgründen ohne Wiederaufnahmeklage: a) Widerruf von Parteihandlungen** ist bei Vorliegen eines Restitutionsgrundes sowohl im laufenden Verfahren als auch nach dessen rechtskräftigem Abschluß (so bei Widerruf der Rechtsmittelrücknahme) möglich (vor § 128 Rn 24; zur Rechtsmittelrücknahme vgl BGHZ 12, 284; 33, 73, MDR 58, 670 u § 515 Rn 10; zum Rechtsmittelverzicht BGH NJW 85, 2335; zum Anerkenntnis RGZ 156, 81, BGHZ 80, 389 u vor § 306 Rn 6). Der Widerruf wird gegenüber dem Gericht erklärt, an welches die betr Prozeßhandlung gerichtet war, und in dem Verfahren geprüft, welches bei Wegfall der Prozeßhandlung durchzuführen wäre. Einer Klage bedarf es zur Geltendmachung des Restitutionsgrundes nicht (RSchwab/Gottwald § 65 V 2c Fn 61; aA MK/Braun § 578 Rn 38 ff für Widerruf nach Eintritt der Rechtskraft; Gaul ZZP 74, 49 ff). Auch ein etwaiger Verlustigkeitsbeschluß nach §§ 515 III, 566 hindert den Widerruf nicht. Die **Frist des § 586 I** gilt auch in diesen Fällen. Sie beginnt, sobald die Partei von den Tatsachen Kenntnis erlangt hat, die sie zum Widerruf berechtigen (BGHZ 33, 73); nach Ablauf von fünf Jahren ab Rechtskraft ist der Widerruf gemäß § 586 II 2 ausgeschlossen (BGH MDR 58, 670). Wegen der Anwendbarkeit von § 581 s dort Rn 2.

16 **b) Geltendmachung im Revisionsverfahren:** Wegen der Bindung des Revisionsgerichts an die Tatsachenfeststellungen des Berufungsgerichts können uU Restitutionsgründe, die das Berufungsurteil betreffen, nicht im Revisionsverfahren überprüft werden. Um zu vermeiden, daß in solchen Fällen zunächst die Revision durchgeführt und anschließend noch Wiederaufnahmeklage erhoben werden muß, läßt es der BGH im Anschluß an RG DR 44, 498 zu, daß die Sache zur Nachprüfung der tatsächl Voraussetzungen des Restitutionsgrundes an das Berufungsgericht zurückverwiesen wird (BGHZ 3, 65/68; 5, 240/249 f; 18, 59; ZZP 69, 438 f). Der Kritik (insb MK/Braun § 578 Rn 37) ist zuzugeben, daß es an eindeutigen Kriterien dafür fehlt, wann eine solche Verfahrensweise angezeigt ist, doch ermöglicht gerade dies ein flexibles Vorgehen, welches den Vorzug vor dem wenig systemgerechten Vorschlag Brauns verdient, die Restitutionsklage bereits gegen das noch nicht rechtskräftige Berufungsurteil zuzulassen und das Revisionsverfahren bis zur Entscheidung hierüber auszusetzen. Allerdings darf es der Partei nicht als Verschulden iSd § 582 angelastet werden, wenn sie den Restitutionsgrund nicht im Revisionsverfahren vorgebracht hat.

17 **8) Weitere Mittel zur Rechtskraftdurchbrechung: a) Schadensersatzklage nach § 826 BGB** wegen Urteilserschleichung. Sie ist unabhängig davon, ob auch eine Restitutionsklage in Betracht kommt und auch nicht eingeschränkt durch § 581 (BGHZ 50, 115; NJW 71, 1751; näher Rn 72 ff vor § 322). Nicht möglich ist es dagegen, das im rechtskräftigen Urteil Zugesprochene im Wege einer auf ungerechtfertigte Bereicherung gestützten Klage zurückzuverlangen (vor § 322 Rn 21).

b) Verfassungsbeschwerde. Sie setzt Erschöpfung des Rechtsweges (§ 90 II 1 BVerfGG) voraus und kann nur darauf gestützt werden, daß die Entscheidung ein Grundrecht oder ein gleichgestelltes Recht verletze. Näher Einl Rn 109 ff. 18

c) Die **Konvention zum Schutz der Menschenrechte** (BGBl 1952 II 685) sieht in den Art 25 ff eine **Individualbeschwerde** vor, die sich auch gegen gerichtliche Entscheidungen wenden kann und Erschöpfung des innerstaatlichen Rechtsweges (einschl Verfassungsbeschwerde) voraussetzt, jedoch nicht zu einer Aufhebung der Entscheidung führen kann (näher Einl Rn 112). 19

9) Ablauf des Wiederaufnahmeverfahrens: Es vollzieht sich in **drei Verfahrensabschnitten,** deren Voraussetzungen jeweils für sich zu prüfen sind, über die aber in einer gemeinsamen Entscheidung erkannt werden darf, so daß äußerliche Trennung nicht notwendig ist: 20

a) Prüfung der Zulässigkeit der Wiederaufnahme (§ 589 I). Zum Umfang dieser Prüfung von Amts wegen vgl § 589 Rn 1 f. Fällt die Zulässigkeitsprüfung negativ aus, wird die Wiederaufnahmeklage durch Endurteil als unzulässig verworfen (§ 589 I 2), andernfalls geht das Gericht in den nächsten Prüfungsabschnitt über. 21

b) Prüfung der Begründetheit der Wiederaufnahmeklage. Hierbei handelt es sich um die (gleichfalls vAw vorzunehmende, nicht der Parteidisposition durch Anerkenntnis, Geständnis usf unterliegende) Prüfung, ob die geltend gemachten Wiederaufnahmegründe gegeben und nicht nach §§ 579 II, 582 ausgeschlossen sind (s dazu § 582 Rn 2). Das Gericht darf über Zulässigkeit und Grund abgesondert verhandeln (§ 590 II). Werden Zulässigkeit und Grund bejaht, dann kann das angefochtene Urteil durch Zwischenurteil nach § 303 aufgehoben (RGZ 99, 169; BGH NJW 93, 1928/1930) oder sogleich in den dritten Abschnitt übergegangen werden (§ 590 Rn 4). Andernfalls wird die Klage durch Endurteil als unbegründet abgewiesen. 22

c) Die Neuverhandlung des alten Rechtsstreits, soweit er von dem Wiederaufnahmegrund betroffen worden ist, schließt sich im dritten Verfahrensabschnitt an (§ 590 I). Es ist also der alte Prozeß erneut durchzuführen und über die Klage erneut zu entscheiden. Zu dieser sog **ersetzenden Entscheidung** s § 590 Rn 16. 23

10) Rechtskraftwirkung des im Wiederaufnahmeverfahren ergehenden Urteils: **a) Verwerfung als unzulässig** (Rn 21) erfaßt nur den betr Mangel. Neue Klage unter Vermeidung des Mangels und Wahrung der Klagefrist (§ 586) kann erhoben werden. 24

b) Abweisung als unbegründet (Rn 22) steht einer erneuten Wiederaufnahmeklage nur entgegen, wenn sie auf denselben Anfechtungsgrund gestützt wird. Anfechtungsgrund ist hierbei nicht der abstrakte Anfechtungstatbestand, sondern der konkret geltend gemachte Grund. Daher kann eine erneute Klage nach § 580 Nr 7 lit b (innerhalb der zeitl Grenzen des § 586) auf das Auffinden einer anderen Urkunde gestützt werden, während es nicht genügt, daß für denselben Anfechtungsgrund (zB einen Prozeßbetrug) neue Beweismittel vorgelegt werden (aA MK/Braun § 591 Rn 2) oder daß ein bisher nur als Urkundenfälschung (§ 580 Nr 2) gewürdigtes Verhalten nunmehr als Prozeßbetrug (§ 580 Nr 4) geltend gemacht wird. 25

c) Bei **begründeter Wiederaufnahmeklage** tritt die neue rechtskräftige Hauptsacheentscheidung an die Stelle der aufgehobenen; für sie gelten die allg Rechtskraftregeln. Besonderheiten ergeben sich aber, wenn ein rechtskräftiges **Gestaltungsurteil** aufgehoben wird, sei es durch ein Zwischenurteil im zweiten Verfahrensabschnitt (Rn 22) oder durch das Endurteil (§ 590 Rn 16), da dann die umgekehrte Gestaltungswirkung eintritt: eine geschiedene Ehe wird rückwirkend wiederhergestellt (eine neue Ehe also zur nichtigen Doppelehe), ein beendetes Gesellschaftsverhältnis (§§ 133, 140 HGB) lebt wieder auf (vgl hierzu BGHZ 18, 358; Friedrichs ZZP 58, 219). 26

578 *[Gemeinsames für Nichtigkeits- und Restitutionsklage]*

(1) Die Wiederaufnahme eines durch rechtskräftiges Endurteil geschlossenen Verfahrens kann durch Nichtigkeitsklage und durch Restitutionsklage erfolgen.

(2) Werden beide Klagen von derselben Partei oder von verschiedenen Parteien erhoben, so ist die Verhandlung und Entscheidung über die Restitutionsklage bis zur rechtskräftigen Entscheidung über die Nichtigkeitsklage auszusetzen.

1) Die beiden Klagearten (Abs 1): Für die Wiederaufnahme des Verfahrens (zu deren Funktion, Zulässigkeit und Ausgestaltung s Rn 1 ff vor § 578) stellt das Gesetz zwei Klagearten zur Verfügung: für die Fälle schwerer Verfahrensverstöße – unabhängig von deren Kausalität für das Urteil – die **Nichtigkeitsklage** (§ 579), für die Fälle fehlerhafter – und urteilskausaler – Entscheidungsgrundlagen die **Restitutionsklage** (§ 580). Diese Unterscheidung beruht auf der Vorstellung, daß das Urteil in den erstgenannten Fällen nichtig, in den letzteren nur anfechtbar sei. Im Ergebnis unterscheiden sich die Klagen jedoch nicht: beide zielen auf die Beseitigung des rechtskräftigen Urteils und die Neuverhandlung der Sache. Allerdings wird der Nichtigkeitsgrund in der Regel das ganze Verfahren erfassen, während Restitutionsgründe (schon wegen des Kausalitäts- 1 erfordernisses) sich häufig nur auf einzelne Urteilselemente auswirken. Die Gesetzeslage läßt es jedenfalls nicht zu, das Vorliegen zweier verschiedener Klagearten zu leugnen und von einem einheitl Wiederaufnahmeverfahren auszugehen (so aber MK/Braun Rn 32).

2 2) Der **Übergang** von einer Klageart zur anderen ist nur unter den Voraussetzungen der Klageänderung (§ 263) zulässig (RSchwab/Gottwald § 161 III 2c; aA MK/Braun Rn 33; StJ/Grunsky § 588 Rn 3), denn es handelt sich um eine andere Verfahrensart (Rn 1). Das Nachschieben anderer Anfechtungsgründe innerhalb derselben Verfahrensart hingegen ist zulässig (§ 588 Rn 2).

3 **3) Gleichzeitige Rechtshängigkeit (Abs 2):** Wird Nichtigkeits- und Restitutionsklage erhoben, dann ist das Verfahren über die Restitutionsklage abzutrennen und auszusetzen. (aA [Aussetzungsermessen] contra legem MK/Braun Rn 32). Dringt die Nichtigkeitsklage durch, so wird damit die ausgesetzte Restitutionsklage in der Hauptsache gegenstandslos.

4 **4) Gebühren: a)** des **Gerichts:** Gebühren wie im ordentl Prozeß. Es handelt sich gebührenrechtlich um eine neue Instanz (BGH KoRsp GKG § 27 Nr 5); §§ 27, 33 GKG sind nicht anwendbar. Ist für das Wiederaufnahmeverfahren das Berufungs- oder Revisionsgericht zuständig (§ 584), so erwachsen die Gerichtskosten je nach der Instanz, vor der verhandelt wird; KV 1220 ff; 1230 ff. Die Wiederaufnahmeklagen beider Parteien sind getrennte Verfahren und bilden jeweils eigenständige Instanzen, so daß die Gebühren getrennt zu berechnen sind, bis eine etwaige Verbindung erfolgt. – **b)** des **Anwalts:** Gebühren nach § 31 BRAGO. Im Wiederaufnahmeverfahren vor dem Rechtsmittelgericht erhöhen sich die Gebühren des RA nach § 11 I 4, 5 BRAGO (G/S/Madert § 11 Rn 20; Hartmann, KostG, § 11 BRAGO Rn 5; Koblenz JurBüro 75, 1080; KG KoRsp BRAGO § 11 Nr 5; aA Nürnberg NJW-RR 96, 512 = AnwBl 96, 172).

579 *[Nichtigkeitsklage]*

(1) Die Nichtigkeitsklage findet statt:

1. **wenn das erkennende Gericht nicht vorschriftsmäßig besetzt war;**
2. **wenn ein Richter bei der Entscheidung mitgewirkt hat, der von der Ausübung des Richteramts kraft Gesetzes ausgeschlossen war, sofern nicht dieses Hindernis mittels eines Ablehnungsgesuchs oder eines Rechtsmittels ohne Erfolg geltend gemacht ist;**
3. **wenn bei der Entscheidung ein Richter mitgewirkt hat, obgleich er wegen Besorgnis der Befangenheit abgelehnt und das Ablehnungsgesuch für begründet erklärt war;**
4. **wenn eine Partei in dem Verfahren nicht nach Vorschrift der Gesetze vertreten war, sofern sie nicht die Prozeßführung ausdrücklich oder stillschweigend genehmigt hat.**

(2) In den Fällen der Nr. 1, 3 findet die Klage nicht statt, wenn die Nichtigkeit mittels eines Rechtsmittels geltend gemacht werden konnte.

1 **1) Allgemeines:** Die Nichtigkeitsklage richtet sich nur gegen die **Verletzung von Verfahrensvorschriften.** Ob das Urteil auf dem Verstoß beruht, ist (ebenso wie bei § 551) unerheblich. Die Aufzählung der Nichtigkeitsgründe in § 579 ist erschöpfend. Beruht das ergangene Urteil auf einer gesetzlichen Vorschrift, die vom BVerfG (in einem anderen Verfahren) für nichtig erklärt worden ist, dann rechtfertigt dies nicht die Wiederaufnahmeklage; nach § 79 II 2 BVerfGG ist jedoch die Vollstreckung aus einer solchen Entscheidung unzulässig.

2 **2) Die einzelnen Nichtigkeitsgründe: a) Nr 1** behandelt die falsche **Besetzung der Richterbank.** Darunter ist nicht jeder Fehler bei der Bestimmung der mitwirkenden Gerichtspersonen zu verstehen: Ein Nichtigkeitsgrund liegt nicht schon dann vor, wenn die Besetzung auf einer irrigen Gesetzesauslegung oder einer irrtüml Abweichung von den Festsetzungen des Geschäftsverteilungsplans beruht, es muß sich vielmehr um eine klar zutage liegende Gesetzesverletzung handeln, die auf einer nicht mehr hinnehmbaren Rechtsansicht und damit auf objektiver Willkür beruht (BGH NJW 95, 332/5). Wegen der Einzelheiten vgl § 551 Rn 2 (zu dem gleichlautenden absoluten Revisionsgrund des § 551 Nr 1) sowie § 21e GVG Rn 49 ff, § 21g GVG Rn 5. Zur Subsidiarität s Abs II.

3 **b) Nr 2** betrifft den kraft Gesetzes von der Ausübung des Richteramtes **ausgeschlossenen Richter** (§ 41). Dieser Tatbestand ist in § 551 Nr 2 als absoluter Revisionsgrund angeführt (vgl § 551 Rn 2). Soweit der Verstoß gegen § 41 bereits erfolglos durch ein Ablehnungsgesuch gerügt worden ist, sind Revision und Nichtigkeitsklage ausgeschlossen. Die Nichtigkeitsklage ist darüber hinaus auch dann nicht gegeben, wenn der gesetzl Ausschluß vom Richteramt erfolglos durch ein Rechtsmittel geltend gemacht worden ist. § 579 I Nr 2 ist entsprechend anwendbar auf den Rechtspfleger (§ 10 S 1 RPflG) beim Erlaß eines Vollstreckungsbescheides (§ 699).

4 **c) Nr 3** behandelt die Mitwirkung eines erfolgreich wegen **Besorgnis der Befangenheit** abgelehnten Richters (§ 42). Soweit Berufung oder Revision (§ 551 Nr 3) hätte eingelegt werden können, ist die Nichtigkeitsklage ausgeschlossen (§ 579 II).

5 **d) Nr 4,** der praktisch wichtigste Nichtigkeitstatbestand, ist wortgleich mit § 551 Nr 5 und betrifft alle Fälle **nicht ordnungsgemäßer Vertretung.** Für ihn ist keine Subsidiarität vorgesehen

(§ 579 II). Ist aber die Prozeßfähigkeit im Hauptverfahren bejaht worden, kann dies nicht mehr mit Nichtigkeitsklage angegriffen werden (StJ/Grunsky Rn 10; MK/Braun Rn 14; RSchwab/Gottwald § 160 I 3; aA BGHZ 84, 24 = MDR 82, 1004 = LM ZPO § 579 Nr 6 m Anm Blumenröhr; BL/Hartmann Rn 12). Nur die nicht ordnungsgemäß vertretene Partei, nicht ihr Gegner, kann die Nichtigkeitsklage erheben (BGHZ 63, 78 = LM Nr 5 m Anm Johannsen).

Anwendungsfälle: Die **nicht prozeßfähige Partei** war durch eine andere Person als ihren gesetzl Vertreter oder überhaupt **nicht vertreten** (näher Rn 8 u § 586 Rn 20). – Die für prozeßfähig gehaltene, tatsächlich aber prozeßunfähige Partei, die ohne gesetzl Vertreter handelt, nimmt ihr Rechtsmittel zurück und bewirkt damit Eintritt der Rechtskraft (BGH JZ 58, 130 m Anm Rosenberg FamRZ 58, 95; BGH FamRZ 63, 131). – Der vom Kl als Prozeßbev des Bekl benannte RA hatte von diesem **keine Vollmacht,** so daß die Zustellung an ihn keine Rechtshängigkeit begründete (OLGR Düsseldorf 94, 307). Fehlt nur die Vollmachtsurkunde, war er aber von der Partei mündl bevollmächtigt, dann ist die Nichtigkeitsklage ausgeschlossen. – Das Verfahren war vor Schluß der mündl Verhandlung **unterbrochen** worden (§ 249); gleichwohl ist auf Grund dieser Verhandlung ein Urteil verkündet worden (BGH MDR 67, 565: Konkurseröffnung). Der Mangel gesetzmäßiger Vertretung kann jedoch noch in der Revisionsinstanz durch Genehmigung geheilt werden (BGH MDR 67, 565). 6

Entsprechende Anwendbarkeit: Bei **fehlender Parteifähigkeit,** zB einer nicht rechtsfähigen Organisation, sofern die Parteifähigkeit im Vorprozeß nicht geprüft und bejaht worden ist (BGH JZ 59, 127; RSchwab/Gottwald § 43 V 6). Bei **Nichtexistenz einer Partei** ist Urteil dagegen wirkungslos (vor § 300 Rn 17), Wiederaufnahme also nicht erforderl. **Unverschuldete Unkenntnis** des Beklagten davon, daß gegen ihn ein Prozeß angestrengt war, zB wegen unberechtigter öffentl Zustellung oder unterbliebener Ladung, rechtfertigt ebenfalls analoge Anwendung von § 579 I Nr 4 (Hamm MDR 79, 766; KG NJW-RR 87, 1216; MK/Braun Rn 19; Fischer ZZP 107, 179; aA Frankfurt NJW 57, 307; StJ/Grunsky Rn 6 [nur bei Versäumnisurteil trotz fehlender Ladung, nicht bei Zustellungsfehler]). 6a

Unanwendbar: Bei Fehlen der **Postulationsfähigkeit** (BAG NJW 91, 1252 = MDR 91, 674). § 579 I Nr 4 kann auch nicht allgemein, dh über die vorstehend genannten Fälle hinaus, zur Korrektur von Verletzungen des Anspruchs auf **rechtliches Gehör** herangezogen werden (BAG MDR 94, 1044; StJ/Grunsky Rn 8; aA MK/Braun Rn 23; offenlassend BGH NJW 94, 589/591; für den Fall fehlerhaft unterbliebener Beteiligung eines Dritten an dem Rechtsstreit Marotzke ZZP 100, 203). 7

Veränderungen während des Prozesses: Wird behauptet, daß der Kläger oder der Beklagte geisteskrank sei, dann ist die Nichtigkeitsklage grds nur zulässig, wenn nachgewiesen wird, daß die Geisteskrankheit während des ganzen Rechtsstreits bestanden hat (BGH FamRZ 63, 131/133; MK/Braun Rn 11). War die Partei nämlich nur bei Klageerhebung geisteskrank und später voll geschäftsfähig, so hat sie durch die Fortführung des Prozesses den Mangel der bisherigen Prozeßführung genehmigt, was sogar noch nach Eintritt der Rechtskraft möglich ist (Stuttgart FamRZ 80, 379). Wurde sie erst im Laufe des Prozesses geisteskrank, dann wirkt die einem Prozeßbevollmächtigten erteilte Vollmacht weiter, und die Nichtigkeitsklage ist unzulässig (BGH MDR 64, 126). Hatte die Partei aber keinen Prozeßbevollmächtigten bestellt und ist gegen sie ein Urteil erlassen worden, als sie bereits geisteskrank war, dann findet dagegen die Nichtigkeitsklage statt. Zur Genehmigung durch gesetzl Vertreter des Prozeßunfähigen s § 52 Rn 14; zur Genehmigung vollmachtsloser Prozeßführung s § 89 II. 8

Einstweilen frei. 9–10

3) **Subsidiarität der Nichtigkeitsklage (Abs 2):** Sie ist in den Fällen von Abs 1 Nr 1 und 3 nicht statthaft, wenn der Kläger den betr Mangel durch ein Rechtsmittel im Vorprozeß hätte geltend machen können. Dazu rechnet auch der **Einspruch** gegen ein Versäumnisurteil (StJ/Grunsky Rn 11; RSchwab/Gottwald § 160 I 2; aA BL/Hartmann Rn 22). Nur die verschuldete Versäumung des Rechtsmittels ist schädlich (MK/Braun Rn 5). Ebenso wie die unterlassene Rechtsmitteleinlegung wirkt sich auch die **erfolglose Geltendmachung eines behaupteten Anfechtungsgrundes** im Rechtsmittelweg aus (StJ/Grunsky Rn 11; vgl auch § 582 Rn 8). Ist nämlich dieser Grund einmal geprüft, dann besteht kein Bedürfnis mehr für eine Nichtigkeitsklage. 11

Soweit die Zulässigkeit der Nichtigkeitsklage nach Abs 2 nicht vom Fehlen einer Rechtsmittelmöglichkeit abhängt (Nr 2, 4), hat die Partei die **Wahl,** vor Rechtskraft des Urteils das zulässige Rechtsmittel (nicht Einspruch: LG Konstanz NJW-RR 90, 320) einzulegen oder nach dessen Rechtskraft Nichtigkeitsklage zu erheben (BGHZ 84, 27; KG NJW-RR 87, 1216). Gegen eine entspr Anwendung des Abs 2 auf die Fälle von Abs 1 Nr 2 (so StJ/Grunsky Rn 12; MK/Braun Rn 7; aA BL/Hartmann Rn 22) bestehen angesichts des klaren Gesetzeswortlauts Bedenken. Der Ausschluß bei erfolgloser Geltendmachung gilt hingegen allgemein, insb auch für Nr 4 (vgl Rn 5). 12

4) **Gebühren:** s § 578 Rn 4. 13

580 *[Restitutionsklage]*
Die Restitutionsklage findet statt:

1. wenn der Gegner durch Beeidigung einer Aussage, auf die das Urteil gegründet ist, sich einer vorsätzlichen oder fahrlässigen Verletzung der Eidespflicht schuldig gemacht hat;

2. wenn eine Urkunde, auf die das Urteil gegründet ist, fälschlich angefertigt oder verfälscht war;

3. wenn bei einem Zeugnis oder Gutachten, auf welches das Urteil gegründet ist, der Zeuge oder Sachverständige sich einer strafbaren Verletzung der Wahrheitspflicht schuldig gemacht hat;

4. wenn das Urteil von dem Vertreter der Partei oder von dem Gegner oder dessen Vertreter durch eine in Beziehung auf den Rechtsstreit verübte Straftat erwirkt ist;

5. wenn ein Richter bei dem Urteil mitgewirkt hat, der sich in Beziehung auf den Rechtsstreit einer strafbaren Verletzung seiner Amtspflichten gegen die Partei schuldig gemacht hat;

6. wenn das Urteil eines ordentlichen Gerichts, eines früheren Sondergerichts oder eines Verwaltungsgerichts, auf welches das Urteil gegründet ist, durch ein anderes rechtskräftiges Urteil aufgehoben ist;

7. wenn die Partei

a) ein in derselben Sache erlassenes, früher rechtskräftig gewordenes Urteil oder

b) eine andere Urkunde auffindet oder zu benutzen in den Stand gesetzt wird, die eine ihr günstigere Entscheidung herbeigeführt haben würde.

I) Allgemeines

1 **1) Zweck der Restitutionsklage:** Sie soll einer Partei in den Fällen zu ihrem Recht verhelfen, in denen das Verfahrensergebnis durch strafbare Handlungen beeinflußt ist (Nr 1–5) oder eine bestimmte Urteilsgrundlage weggefallen ist (Nr 6) oder diese Grundlage mit qualifizierten verbrieften Beweismitteln in Widerspruch steht (Nr 7). Mit dieser Zielsetzung soll die Restitutionsklage verhindern, daß die Autorität der Gerichte und das Vertrauen der Allgemeinheit in die Rspr beeinträchtigt werden, wenn rechtskräftige Urteile nicht überprüft werden können, obwohl ihre Grundlagen erschüttert sind (BGHZ 57, 214 f). Ein derartiger Vertrauensschutz ist jedoch dann nicht veranlaßt, wenn der Restitutionskläger den Anfechtungsgrund bei Anwendung gebotener Sorgfalt bereits im Vorprozeß hätte geltend machen können, insbesondere durch Einspruch, Berufung oder Anschlußberufung. Ist das versäumt worden, dann ist die Klage nicht zulässig (§ 582). Für die Fälle der Nr 1–5 ist zusätzliche Voraussetzung, daß entweder eine strafrechtliche Verurteilung stattgefunden hat oder es dazu aus anderen Gründen als Beweismangel nicht gekommen ist (§ 581).

2 **2) Nur die in § 580 aufgeführten Gründe** können die Zulässigkeit einer Restitutionsklage stützen (BGHZ 38, 336). Insbesondere ist die **Änderung der Rechtsauffassung** kein Restitutionsgrund (BAG AP § 580 ZPO Nr 1), desgleichen die **Nichtigerklärung** einer gesetzl Vorschrift durch das BVerfG (§ 79 II BVerfGG: lediglich Vollstreckungshindernis).

3 Für **„Vorausentscheidungen"**, dh in die Zukunft wirkende Urteile (zB auf künftige Leistungen, Unterlassung, Feststellung), befürwortet MK/Braun (Rn 54 ff) die Zulassung einer über § 580 Nr 7b hinausgehenden Restitution wegen fehlerhaften Ergebnisses im Wege der Rechtsfortbildung. Dies erscheint bedenkl, denn der Gesetzgeber hat durch die schwerlich analogiefähigen Vorschriften der §§ 323 und 641i zu erkennen gegeben, inwieweit er in solchen Fällen eine Rechtskraftdurchbrechung zulassen will. Auch dem Vorschlag von Foerste (NJW 96, 350 ff), rechtsfortbildend den **wissenschaftlichen Erkenntnisfortschritt** als unbefristeten Restitutionsgrund zuzulassen, ist schon aus diesem Grund nicht zu folgen; zudem würde hierdurch zum Schaden der Rechtssicherheit und des Rechtsfriedens das Institut der Rechtskraft verwässert, welches auch sonst die Respektierung als fehlerhaft erkannter Urteile gebietet.

4 Einstweilen frei.

5 **3)** Bei der Restitutionsklage ist eine **Kausalitätsprüfung** erforderlich. Es muß also geprüft werden, ob das rechtskräftige Endurteil auf einem der Restitutionsgründe **beruht.** Im Gesetz ist dies mit den Wendungen „gegründet" (Nr 1, 2, 6), „erwirkt" (Nr 4), „in Beziehung auf" (Nr 5) und „günstigere Entscheidung herbeigeführt haben würde" (Nr 7) ausgedrückt (s dazu Riezler AcP 139, 187 f). Die in § 580 aufgeführten Restitutionsgründe stellen daher nur dann einen Wiederaufnahmegrund dar, wenn zwischen ihnen und dem Erlaß der Vorentscheidung ein ursächlicher Zusammenhang besteht (BGH MDR 88, 566 = WPM 88, 997 = WuB VII A § 580 ZPO 1.88 – Messer). Der Restitutionsgrund muß zu der Vorentscheidung in solcher Beziehung stehen, daß er dem Urteil eine der Grundlagen entzieht, auf denen es beruht. Während in den Fällen der Nr 1–3 nachträglich ein Beweismittel, auf das sich das Urteil stützt, in seinem Beweiswert zerstört wird, tritt im Fall der Nr 7b ein **bisher noch nicht vorhandenes Beweismittel,** nämlich die Urkunde,

nachträglich hinzu. Diese muß so beschaffen sein, daß sie, wenn sie dem Richter des früheren Verfahrens vorgelegen hätte, eine dem Restitutionskläger günstigere Entscheidung veranlaßt hätte. Deshalb kann (anders als bei § 641i I: BGH DAVorm 80, 741) nur eine solche Urkunde einen Wiederaufnahmegrund bilden, die für sich allein oder in Verbindung mit den Beweisergebnissen des früheren Verfahrens – also nicht erst zusammen mit neuen weiteren Beweismitteln, etwa Zeugenaussagen – ein für den Restitutionskläger günstigeres Ergebnis herbeigeführt, dem früheren Urteil eine tragende Stütze genommen oder erhebliche neue Tatsachen erwiesen hätte (BGHZ 31, 356; 38, 335; 57, 215; s weiter u Rn 15 ff). Der Richter des Restitutionsverfahrens hat sich daher die Frage vorzulegen, **wie der Vorprozeß vom Rechtsstandpunkt des früheren Richters** (BGH LM § 580 Nr 7b ZPO Nr 4) **aus zu entscheiden gewesen wäre,** wenn zu dem gesamten damaligen Prozeßstoff, wie er im Zeitpunkt der letzten mündlichen Verhandlung des Vorprozesses gegeben war, zusätzlich auch die jetzt vorgelegte Urkunde berücksichtigt worden wäre. Die Entscheidung dieser Frage liegt überwiegend im Bereich tatrichterlicher Würdigung und Feststellung (RGZ 75, 57; 82, 268; 151, 203; OGH NJW 50, 65).

4) Zur Frage der **Befangenheit** des Richters wegen seiner Beteiligung an der früheren Urteils- 6
findung vgl § 42 Rn 18.

Einstweilen frei. 7

II) Die Restitutionsgründe der Nrn 1–6

1) Zu Nr 1: Parteieid: § 452; Urkundenbesitz: § 426. Es genügt jede, auch eine nur teilweise 8
Verletzung der Eidespflicht, mag sie sich auch auf **Nebenpunkte** beschränken (RGZ 137, 94). Unter Nr 1 fallen der vorsätzliche (§ 154 StGB) und der fahrlässige (§ 163 StGB) Falscheid sowie die falsche eidesgleiche Bekräftigung nach § 155 StGB. Bei falscher Versicherung an Eides Statt und falscher uneidlicher Parteiaussage kommt nur Nr 4 in Betracht.

2) Zu Nr 2: Urkundenfälschung: §§ 267 ff StGB. Wer der **Täter** ist und ob die Partei von der Tat 9
Kenntnis hatte, ist gleichgültig. Das Urteil muß jedoch auf der falschen Urkunde **beruhen.**

3) Zu Nr 3: Strafrechtliche Tatbestände: §§ 153–156, 163 StGB. **a)** Auch die **vorsätzliche un-** 10
eidliche Falschaussage nach § 153 StGB ist Restitutionsgrund, desgleichen die vorsätzliche oder fahrlässige falsche Versicherung an Eides Statt. Auf das Zeugnis oder Gutachten ist ein Urteil nicht schon dann gestützt, wenn darauf in den Gründen des Urteils Bezug genommen wird; erforderlich ist vielmehr, daß das Zeugnis oder Gutachten **die Entscheidung trägt,** sei es für sich allein oder (§ 286 ZPO) im Zusammenhang mit dem Ergebnis einer weiteren Beweisaufnahme oder dem sonstigen Inhalt der Verhandlungen (RGZ 143, 46). **b)** Unabhängig davon ist die Restitutionsklage auch begründet, wenn die strafrechtlich festgestellte Eidesverletzung einen für die Entscheidung des Vorprozesses **unerheblichen Teil der beschworenen Aussage** betrifft (RGZ 137, 90; OGH NJW 50, 105). Das Kausalitätserfordernis (Rn 5) ist also auf die Aussage als Einheit zu beziehen. **c)** Es ist nicht einmal erforderlich, daß die Eidesverletzung in demselben Prozeß begangen worden ist, dessen Abschluß das mit der Restitutionsklage angegriffene Urteil bildet; auch das falsche Zeugnis in einem **vorgreiflichen Verfahren** rechtfertigt die Anwendung der Nr 3, wenn die falsche Aussage im präjudiziellen Rechtsstreit die Ursache für das angefochtene Erkenntnis geworden ist (RGZ 143, 46). **d)** Sachverständiger ist auch der im Verfahren zugezogene Dolmetscher (§ 191 GVG). **e)** Nur **strafbare Falschaussagen eines Sachverständigen oder Zeugen** können die Wiederaufnahme begründen, nicht auch falsche Erklärungen anderer am Prozeß beteiligter Personen (OVG Koblenz RdL 74, 333). Insofern können jedoch materiell-rechtliche Schadensersatzansprüche in Betracht kommen.

4) Zu Nr 4: Die **strafbare Handlung** kann jeden einschlägigen Tatbestand des StGB betreffen, 11
zB Betrug, Erpressung, Freiheitsberaubung zwecks Terminsversäumnis, Untreue, Parteiverrat, Erschleichung der Offenbarungsversicherung des § 261 BGB (RGZ 46, 343) oder einer sonstigen falschen eidesstattlichen Versicherung. **a)** Wird **Prozeßbetrug** durch **Erschleichung der öffentlichen Zustellung** begangen, dann kann § 579 I Nr 4 eingreifen. Auch die **wissentlich unwahre Parteibehauptung** (anders bei bloßem Schweigen: Stuttgart DAVorm 75, 550) stellt Prozeßbetrug dar (RGSt 72, 115, 150) und kann Restitutionsklage nach Nr 4 rechtfertigen. **b)** Wird die Partei durch strafbare Handlung zur **Rechtsmittelzurücknahme** veranlaßt, kann sie die Rücknahmeerklärung widerrufen und das alte Verfahren weiterführen (vor § 578 Rn 15). Unterläßt sie das, dann verliert sie damit die Möglichkeit, Restitutionsklage zu erheben (BGH MDR 58, 670).

5) Zu Nr 5: Strafrechtliche Tatbestände: § 334 StGB (Bestechung); § 336 StGB (Rechtsbeu- 12
gung). **a) Disziplinarverstöße** oder disziplinarrechtliche Maßnahmen genügen dazu nicht. **b)** Der Richter muß außerdem bei der Fällung des Urteils mitgewirkt haben. Liegt die strafbare Amtspflichtverletzung darin, daß er in rechtsbeugender Absicht unter irreführenden Angaben die Rechtsmittelzurücknahme veranlaßt, dann ist Nr 5 ebenfalls anwendbar (vgl zu diesem Fall BAG ZZP 75, 1962, 264). **c)** Steht **Rechtsbeugung** fest, **Kausalität** jedoch nur zwischen strafbarer Handlung und einem Tatbestandsteil, der lediglich ein Teilurteil gerechtfertigt hätte, dann ist

gleichwohl das gesamte Urteil aufzuheben und die Sache insgesamt neu zu verhandeln (KG NJW 76, 1356: betrifft Schiedsspruch). **d)** Beim **Vollstreckungsbescheid** (§ 700) steht der Rechtspfleger dem Richter gleich.

13 **6) Zu Nr 6:** Es müssen **drei Urteile** vorliegen: ein **präjudizielles** Urteil, das darauf beruhende **angegriffene** Urteil und ein **rechtskräftiges Urteil,** das das präjudizielle Urteil aufgehoben hat. **a)** Nr 6 ist entsprechend anwendbar bei **Aufhebung eines Schiedsspruchs** (§ 1040; s RG ZZP 61, 1937, 144). **b)** Der Begriff **„Verwaltungsgericht"** umfaßt auch Finanz- und Sozialgerichte. **c)** Den Urteilen gleichzustellen sind **Verwaltungsakte** (s dazu BGH MDR 88, 566 = WPM 88, 997 = WuB VII A § 580 ZPO 1.88) und **Beschlüsse** in fG-Verfahren, wenn sie ihrer Bedeutung nach einem Urteil gleichkommen (Hamm OLGZ 1984, 456; § 578 Rn 26) und das mit der Restitutionsklage angegriffene Urteil sich darauf gestützt hatte (vgl Haueisen NJW 65, 1214), etwa Änderungsbescheide der LVA im Versorgungsausgleichsverfahren (s dazu München FamRZ 82, 314) oder Zustimmungsbescheide der Hauptfürsorgestelle zur Kündigung von Schwerbehinderten (BAG MDR 81, 524); nicht genügend ist eine widerrufende und ersetzende Auskunft des Trägers der Rentenversicherung über den Versorgungsausgleich (BGHZ 89, 114; MDR 84, 922, = NJW 84, 2364). **d)** Zwischen der aufgehobenen und der angegriffenen Entscheidung muß eine **Kausalbeziehung** bestehen (vgl Rn 5). Daß der Richter des Vorprozesses an die aufgehobene Entscheidung **gebunden** war, ist hierfür zwar nicht Voraussetzung; es genügt vielmehr, daß die tatsächl Feststellungen oder die rechtl Erwägungen der aufgehobenen Entscheidung für das Urteil **mitbestimmend** waren (KG OLGZ 1969, 121); das allerdings ist unerläßl (BGH VersR 84, 453/55). Eine Restitutionsklage kann daher nicht darauf gestützt werden, daß das Urteil in einem Parallelprozeß vom Revisionsgericht aufgehoben wurde (Karlsruhe NJW-RR 94, 894).

III) Die Urkundenrestitution

14 **1) Zu Nr 7a:** Das aufgefundene Urteil muß über **dieselbe Sache** (KG OLGZ 1969, 121) zwischen **denselben Parteien** oder mit Rechtskrafterstreckung auf diese erlassen und **vor** dem angefochtenen Urteil **rechtskräftig** geworden sein. Präjudizialität genügt (StJ/Grunsky Rn 14). Es kann sich auch um ein ausländisches Urteil handeln, soweit es nach § 328 anzuerkennen ist (StJ/Grunsky Rn 24). Daß das Urteil erst nach dem Schluß des Vorprozesses aufgefunden worden ist, muß nachgewiesen werden.

15 **2) Zu Nr 7b:** Dieser **wichtigste Restitutionsgrund** enthält eine Ausnahme von dem Grundsatz, wonach schon zur Zeit des Vorprozesses vorhandene, aber erst später aufgefundene Beweismittel die Wiederaufnahme nicht rechtfertigen. Zu seiner Anwendung auf **Beschlüsse** s § 577 Rn 26.

16 **a) Der Begriff der Urkunde** ist hier im weitesten Sinne zu verstehen. Er deckt beispielsweise auch die **Fotokopie** eines Schriftstückes (FG Berlin NJW 77, 2232; Zoller NJW 93, 432), **nicht** dagegen **Fotografien**, Tonaufzeichnungen und ähnliche Augenscheinobjekte (BGH MDR 76, 304 = LM § 580 Ziff 7b ZPO Nr 23 m Anm Hagen). Die Urkunde muß augenfällig machen, daß das mit ihr angegriffene Urteil möglicherweise der sachl Rechtslage nicht entspricht (BGHZ 38, 336; 46, 303). Die **freie Beweiswürdigung** ist nicht aufgehoben, sondern nur durch die formelle Beweiskraft der §§ 415 ff ZPO beschränkt (BGH NJW 80, 1000); Nr 7b meint also auch Urkunden, die für die zu beweisende Tatsache lediglich einen frei zu würdigenden Beweiswert haben (BGHZ 31, 356; 57, 212/15; NJW-RR 91, 380).

16a **b) Zeitpunkt der Errichtung:** Die Urkunde muß entweder schon zur Zeit der letzten mündl Verhandlung im Vorprozeß vorhanden gewesen (vgl BGHZ 30, 60; dazu Henke JR 60, 86) oder nach Verkündung des Urteils erster Instanz, aber vor Ablauf der Berufungsfrist errichtet worden sein, da sie dann noch im Berufungsverfahren hätte benutzt werden können (RGZ 123, 304). Gleich steht die **Errichtung einer Urkunde nach Erlaß des Versäumnisurteils,** aber vor Ablauf der Einspruchsfrist (BGHZ 46, 305). Dagegen werden Restitutionsklagen grds (Ausnahmen Rn 17) nicht zugelassen, wenn sie auf Urkunden gestützt werden, die **nach der letzten mündlichen Verhandlung vor dem Berufungsgericht** errichtet worden sind (BGHZ 30, 60; VersR 84, 453/55; aA Foerste NJW 96, 346). Als Grund dafür wird angeführt, daß solche Urkunden nicht zu den Beweismitteln gehören, die vom Tatrichter bei seiner Entscheidung hätten berücksichtigt werden müssen; denn sie hätten nur nach Wiedereröffnung der mündl Verhandlung (§ 156) in das Verfahren eingeführt werden können, was aber eine Ermessensentscheidung des Gerichts voraussetze. Urkunden, die erst nach dem Zeitpunkt errichtet worden sind, bis zu dem neue Beweismittel in den Vorprozeß eingeführt werden konnten, scheiden also als Restitutionsgrund aus (BGH VersR 75, 260), zB ein nach Abschluß des Vorprozesses erlassener Strafbefehl (BGH MDR 80, 31) oder eine geänderte Auskunft des Rentenversicherungsträgers nach rechtskräftiger Entscheidung über den Versorgungsausgleich, wenn die erste Auskunft unter dem ausdrücklichen Vorbehalt weiterer Ermittlungen ergangen war (Koblenz FamRZ 80, 813).

17 Ausnahmsweise werden bestimmte Urkunden als Restitutionsgrund zugelassen, die erst **nach Schlußverhandlung** der letzten Tatsacheninstanz **errichtet** worden sind, aber eine **zurückliegen-**

de Tatsache bezeugen, insb **Geburtsurkunden** als Beweismittel für Empfängniszeit (vgl BGHZ 2, 245; 46, 300 = ZZP 81, 281 m Anm Gaul; Nürnberg NJW 75, 2024; Köln FamRZ 73, 543), der **Beischreibungsvermerk** über Legitimation eines Kindes durch nachfolgende Eheschließung (BGHZ 5, 157), nicht aber ein Beischreibungsvermerk zu einer Geburtsurkunde, mit dem auf Grund eines Statusurteils die Nichtehelichkeit eines Kindes bezeugt wird (BGHZ 34, 77; aA KG FamRZ 75, 624); **Einbürgerungsurkunden** (BGH MDR 77, 212); Feststellungsbescheid über die Schwerbehinderteneigenschaft zZ der Kündigung (BAG NJW 85, 1485). **Nicht** genügend ist ein **nachträgliches Vaterschaftsanerkenntnis** (Neustadt NJW 54, 1372; grds ebenso Düsseldorf FamRZ 69, 651, das im Einzelfall mit Rücksicht auf hinzukommende Geburtsurkunden anders entschieden hat). Zur nachträgl Errichtung von Urkunden, die bezeugen, daß ein durch Bekanntmachung oder Eintragung begründeter **Patentschutz** rückwirkend entfallen ist, vgl von Falck GRUR 77, 308; er bejaht die Anwendbarkeit der Nr 7b gegenüber dem rechtskräftigen Verletzungsurteil.

c) Die Urkunde hat nicht den spezifischen urkundl Beweiswert, wenn mit ihr nur **neue Zeugen oder Sachverständige** in den Prozeß eingeführt werden sollen (BGHZ 38, 337; MDR 65, 816/17; vgl die Anm von Johannsen zu LM § 578 ZPO Nr 7 u § 580 Ziff 7b Nr 14, 15). So verhält es sich nach OVG Bremen (NJW 90, 2337) auch, wenn ein **früheres** fachärztl Gutachten aufgefunden wird, weil es nicht die Tatsachenfeststellung im Vorverfahren ausräumen, sondern nur neue Beweiserhebung auslösen soll. Da eine Restitutionsklage nicht auf eine neue Zeugenaussage gestützt werden darf, könnte andernfalls durch schriftl Zeugenerklärungen diese gesetzl Regelung umgangen werden (BGHZ 80, 389). § 641i ist nicht analog anwendbar (Rn 28 aE). 18

aa) Es genügen also nicht in anderen Verfahren protokollierte oder schriftl niedergelegte Erklärungen von Personen, die im Vorprozeß noch nicht bekannt waren oder nur zu anderen Beweisthemen vernommen worden sind (BGHZ 38, 337; MDR 65, 816). Dagegen können die **Erklärungen bereits vernommener Zeugen oder Sachverständiger** von Bedeutung sein, wenn sie von ihren Aussagen im Vorprozeß abweichen und damit zur Erschütterung ihrer Glaubwürdigkeit führen (Johannsen Anm zu LM § 578 ZPO Nr 7 u § 580 Ziff 7b ZPO Nr 15; beiläufig BGHZ 38, 338). 19

bb) Verwertbar sind auch nachträglich aufgefundene oder benutzbar gewordene **Privaturkunden,** in denen der Restitutionsbeklagte Erklärungen über erhebliche Tatsachen abgegeben hat, die ihm jetzt vorgehalten werden können (BGHZ 57, 211; NJW 80, 1000; Johannsen Anm zu LM § 578 ZPO Nr 7 u § 580 Ziff 7b ZPO Nr 15). Deshalb ist auch das früher in einem anderen Verfahren abgegebene **protokollierte Geständnis** einer Partei Restitutionsgrund (Bamberg NJW 57, 1604; Johannsen Anm zu LM § 578 ZPO Nr 7 u § 580 Ziff 7b ZPO Nr 16). 20

Einstweilen frei. 21

d) Ob das Beweismittel **geeignet** ist, richterliche Überzeugung zu begründen, ist erst im zweiten Verfahrensabschnitt (vor § 578 Rn 22) zu prüfen (BGHZ 57, 211; NJW 80, 1000 zu Ziff 1). 22

e) Die Urkunde darf **im Hauptprozeß nicht benutzbar** gewesen sein, sei es, weil ihr Vorhandensein oder ihr Verbleib nicht bekannt war oder weil sie sonst nicht verwertbar war, mag das auch darauf beruhen, daß damals ihre Erheblichkeit für die Beurteilung des Rechtsstreites ganz fern lag (RGZ 151, 207). Benutzbar war die Urkunde auch dann, wenn ein Antrag auf Vorlegung möglich war (RGZ 99, 170). Ist die Urkunde bei der Vorentscheidung vom Gericht ohne Inhaltsprüfung als unerheblich angesehen worden, fehlt es am Restitutionsgrund (Frankfurt MDR 82, 60). Ist die Urkunde verwertet worden, dann kann die Restitutionsklage nicht darauf gestützt werden, die Partei habe sie nicht benutzen können, weil sie ihr erst durch die Entscheidungsgründe des angegriffenen Urteils bekanntgeworden sei (BGH MDR 65, 817). 23

f) Die Nichtbenutzbarkeit darf nicht auf **Verschulden** der Partei zurückzuführen sein (§ 582; s dort Rn 6). Schuldhaftes Unterlassen von Nachforschungen nach der nunmehr beigebrachten Urkunde schließt gemäß § 582 die Restitutionsklage auch dann aus, wenn dieses Verschulden dem gesetzl Vertreter zur Last fällt (zum Verschulden des Prozeßbevollmächtigten vgl § 85 II). 24

g) Die **nachträglich aufgefundene Urschrift** einer Urkunde, **deren Inhalt** im Vorprozeß **bekannt** und unstreitig war, kann die Restitutionsklage nicht begründen (BAG NJW 58, 1605). Das gilt erst recht, wenn eine Ablichtung vorgelegen hat. 25

h) Die Urkunde muß geeignet sein, ein der Partei **günstigeres Prozeßergebnis** herbeizuführen (ob es tatsächl dazu kommt, muß erst die neue Hauptverhandlung ergeben). Maßgebl ist die rechtl Würdigung (BGH LM Nr 4) sowie der Tatsachenvortrag im Vorprozeß. Wird jedoch nachträglich eine Urkunde aufgefunden, die Anlaß dazu gibt, ein **früher unterbliebenes Bestreiten** nachzuholen, so kann das die Voraussetzungen der Nr 7b erfüllen; aA Celle (NJW 62, 1401), wenn der Restitutionskläger im Vorprozeß ohne weiteres habe bestreiten können, weil der Gegner beweispflichtig gewesen sei. Damit setzt es sich aber über § 138 I hinweg. 26

27 **i)** Kein Restitutionsgrund liegt vor, wenn die **Urkunde nur in Verbindung mit noch nicht vorgebrachten Beweismitteln,** etwa Zeugen, oder in Verbindung mit der Einlassung des Restitutionsbeklagten (BGHZ 38, 333) **erheblich** ist. Anders liegt es dann, wenn die Urkunde in Verbindung mit den **Beweismitteln des früheren Verfahrens,** auch wenn der Beweis nicht erhoben worden ist, eine günstigere Entscheidung herbeigeführt hätte (BGHZ 31, 356; 38, 335; 57, 216). Gleichgültig ist, ob die Tatsache, die durch die nunmehr benutzbar gewordene Urkunde erwiesen ist, schon früher vorgebracht worden ist (BGH NJW 53, 1263; Johannsen Anm zu LM § 580 Ziff 7b ZPO Nr 15) oder früher durch Zeugen hätte nachgewiesen werden können, sofern nur die Urkunde nicht schon früher bekannt gewesen war.

28 **3) Nicht unter Nr 7b fallen: Vernehmungsprotokolle** über Zeugenaussagen und schriftliche Ausführungen eines Sachverständigen im Rechtsstreit, falls diese nur den Zeugen- oder Sachverständigenbeweis ersetzen sollen (BGH MDR 65, 816); nicht ein nachträglich erteilter **Erbschein** (Schleswig SchlHA 52, 95; BVerwG NJW 65, 1295); nicht der Beweis durch Ausfertigung einer **nach Erlaß** des angefochtenen Urteils **ergangenen Entscheidung,** sofern nicht Nr 6 gegeben ist (BGH MDR 80, 31; KG OLGZ 1969, 114); zum Beischreibungsvermerk nach Statusurteil s Rn 17; nicht Photographien und ähnliche **Augenscheinsobjekte** (RGZ 82, 268; BGH MDR 76, 304), Patentschriften oder Anmeldungen zur Gebrauchsmusterrolle (RGZ 48, 375; 59, 413), veröffentlichte **Bebauungspläne** (BVerwG DWW 74, 213), Flächennutzungspläne (VGH Mannheim NJW 95, 210) oder Entwürfe eines Bebauungsplanes (BVerwG ZMR 74, 86). **Dokumentationen über zeitgeschichtliche Vorgänge** fallen nicht unter Nr 7b, wenn sie lediglich Bekundungen über historische Ereignisse enthalten und nicht selbst ein Teil des zu erweisenden historischen Geschehens sind wie Anordnungen, Erlasse, Weisungen, Verträge usw (BGH LM § 580 Ziff 7b ZPO Nr 16; offengelassen in BGH LM § 580 Ziff 7b ZPO Nr 17). Ungeeignet sollen grundsätzlich **neue Sachverständigengutachten** sein (BGHZ 1, 218; Frankfurt VersR 74, 61; BAG NJW 58, 2133; BVerwG NJW 61, 235), auch wenn sie neue wissenschaftl Erkenntnisse verwerten (Koblenz NJW-RR 95, 1278). Die Verwertung neuer **Vaterschaftsgutachten** auch gegenüber Statusurteilen ist durch § 641i eingeführt worden; Ausnahmevorschrift, die nicht analog auf die Restitutionsklage gegen eine abgewiesene Ehelichkeitsanfechtungsklage anwendbar ist (BGH FamRZ 75, 2196 gg Köln DAVorm 71, 460; s auch Köln FamRZ 81, 195).

29 **4)** Zum **Beweis der Echtheit** einer Urkunde sind neue Beweismittel unbeschränkt zulässig (Freiburg JR 52, 172).

30 **5)** Wird die Klage abgewiesen, weil die Urkunde kein günstigeres Ergebnis herbeigeführt hätte, dann darf die Frage der Zulässigkeit der Wiederaufnahmeklage ausnahmsweise offenbleiben (BGH LM § 580 Ziff 7b ZPO Nr 4). Ob ein Beweismittel eine Urkunde ist, darf ebenfalls offenbleiben, wenn sie jedenfalls nicht als Restitutionsgrund iS der Nr 7b in Betracht kommt (BGH MDR 65, 817).

31 **IV) Gebühren** des **Gerichts** und des **Anwalts:** s § 578 Rn 4.

581 *[Strafurteil als Voraussetzung]*

(1) In den Fällen des vorhergehenden Paragraphen Nr. 1 bis 5 findet die Restitutionsklage nur statt, wenn wegen der Straftat eine rechtskräftige Verurteilung ergangen ist oder wenn die Einleitung oder Durchführung eines Strafverfahrens aus anderen Gründen als wegen Mangels an Beweis nicht erfolgen kann.

(2) Der Beweis der Tatsachen, welche die Restitutionsklage begründen, kann durch den Antrag auf Parteivernehmung nicht geführt werden.

1 **1) Bedeutung der Vorschrift:** Sie ordnet an, daß bei den Restitutionsklagen nach § 580 Nr 1–5 die Behauptung einer entspr Straftat nicht genügt. Weiteres Zulässigkeitserfordernis (§ 589 Rn 1) ist vielmehr, daß wegen der Tat bereits eine strafgerichtl Verurteilung ergangen oder daß die Durchführung eines Strafverfahrens unmöglich ist. Das Zivilgericht ist an das Strafurteil aber nicht gebunden, sondern muß sich selbst vom Vorliegen der strafbaren Handlung überzeugen (BGHZ 85, 32).

2 Die Voraussetzungen des § 581 müssen auch gegeben sein, wenn Restitutionsgründe nach § 580 Nr 1–5 durch **Widerruf von Rechtsmittelrücknahme** oder **Rechtsmittelverzicht** oder **Widerruf eines Anerkenntnisses** im Vorprozeß geltend gemacht werden (BGHZ 33, 75; 12, 284), auch bei der Geltendmachung im Revisionsverfahren (BGHZ 5, 299; 50, 123) oder zwecks Aufhebung eines Schiedsspruchs nach § 1041 Nr 6 (BGH NJW 52, 1018).

3 Dagegen ist § 581 nicht auf eine **Schadensersatzklage aus § 826 BGB** entsprechend anzuwenden (BGHZ 50, 116). Dadurch wird die – nach verbreiteter Meinung verfehlte – Vorschrift weitgehend unterlaufen (vgl MK/Braun Rn 11 ff, der auch aus diesem Grund § 581 I „berichtigend"

dahingehend auslegen will, daß der Nachweis des Restitutionsgrundes auch in anderen als den in Hs 2 genannten Fällen anders als durch Strafurteil geführt werden kann).

Einstweilen frei. 4

2) **Strafgerichtliche Verurteilung** wird verlangt, wenn ein Strafverfahren eingeleitet worden 5 ist. Sie muß rechtskräftig sein, sonst wird die Wiederaufnahmeklage als unzulässig verworfen (§ 589 Rn 1); Aussetzung bis zum rechtskräftigen Abschluß des Strafverfahrens ist unzulässig (BGHZ 50, 122; Köln JMBlNRW 91, 76). Strafbefehl reicht (MK/Braun Rn 6), ebenso ausländisches Strafurteil (RGZ 140, 99). Freispruch steht Wiederaufnahmeklage entgegen, auch wenn er auf Schuldunfähigkeit beruht (BGHZ 50, 119). Zur Einstellung des Verfahrens s Rn 7 f.

Wenn die **Strafverfolgungsbehörde kein Verfahren einleitet** (Verfahrenseinstellung nach § 170 6 StPO oder erfolgloses Klageerzwingungsverfahren nach §§ 172–174 StPO), weil ihrer Ansicht nach keine strafbare Handlung vorliegt, dann ist die Restitutionsklage unzulässig. Das Zivilgericht ist also nicht berechtigt, diese Frage selbständig zu prüfen (BGH VersR 62, 175). Zur Einstellung aus Opportunitätsgründen s Rn 7 f.

3) **Undurchführbarkeit des Strafverfahrens** aus anderen Gründen als wegen fehlender Be- 7 weisbarkeit des Tatvorwurfs reicht aber für Zulässigkeit der Restitutionsklage aus; der Nachweis der strafbaren Handlung kann dann im Wiederaufnahmeverfahren geführt werden (RGZ 73, 152).

Ein Hindernis iSd Hs 2 besteht zB, wenn der Angeklagte verstorben ist (Düsseldorf MDR 69, 8 1071) oder sich im Ausland aufhält (RGZ 73, 150), bei zwischenzeitl eingetretener Geisteskrankheit, Verjährung der Strafverfolgung, Erlaß einer Amnestie (BGH VersR 62, 177) oder bei Einstellung des Verfahrens aus Opportunitätsgründen (§§ 153 ff StPO; MK/Braun Rn 9; zu § 153a StPO vgl Köln JMBlNRW 91, 76; zu § 154 StPO Hamburg MDR 78, 851; aA Hamm MDR 86, 679), und zwar auch dann, wenn die Staatsanwaltschaft das Verfahren richtigerweise nach § 170 II StPO hätte einstellen müssen (BGH WM 78, 1162). Wird das Verfahren nach § 154 IV StPO wieder aufgenommen und später freigesprochen, dann wird die Wiederaufnahmeklage unzulässig, wenn sie noch nicht rechtskräftig erledigt ist; anderenfalls ist § 580 Nr 6 anwendbar.

4) **Beweisführung.** Anders als § 581 I gilt Abs 2 für sämtliche Restitutionsgründe, also auch für 9 die Nr 6, 7 (BGHZ 30, 61). Das Vorliegen eines Restitutionsgrundes ist **von Amts wegen** zu prüfen. Die Beseitigung der Rechtskraft eines früheren Urteils durch übereinstimmende Parteierklärungen soll dadurch verhindert werden (BGHZ 30, 62). Das ist der Grund dafür, warum der Beweis durch **beantragte Parteivernehmung** für die eigentlichen Restitutionsgründe **nicht** zugelassen worden ist. Bei der Parteivernehmung von Amts wegen nach § 448 sind die Einflußmöglichkeiten der Parteien ausgeschaltet, so daß die erwähnten Bedenken nicht bestehen. Das Gericht darf deshalb die nicht beweispflichtige Partei vernehmen, wenn für die zu beweisende Restitutionstatsache bereits anderweitige Beweisumstände sprechen (BGHZ 30, 60). Die Beweislast für die tatsächlichen Voraussetzungen eines Restitutionsgrundes trägt der Restitutionskläger (BGHZ 85, 32).

582 *[Zulässigkeit der Restitutionsklage]*

Die Restitutionsklage ist nur zulässig, wenn die Partei ohne ihr Verschulden außerstande war, den Restitutionsgrund in dem früheren Verfahren, insbesondere durch Einspruch oder Berufung oder mittels Anschließung an eine Berufung, geltend zu machen.

1) **Grundsatz der Subsidiarität:** § 582 legt die **Hilfsnatur** der Restitutionsklage fest, so wie 1 dies für die Nichtigkeitsklage durch § 579 I Nr 2 u II geschehen ist. Zu einer Wiederaufnahme des rechtskräftig abgeschlossenen Verfahrens soll es nur kommen, wenn der betr Grund auch bei sorgfältiger Prozeßführung nicht schon im Verfahren selbst hätte geltend gemacht werden können. Auf **Schadensersatzklagen gem § 826 BGB** ist § 582 analog anwendbar (BGH NJW 89, 1285 mwN).

2) Die Voraussetzungen des § 582 sind **von Amts wegen** zu prüfen (RGZ 99, 170). Dem Zusam- 2 menhang nach gehört diese Prüfung **in den zweiten Verfahrensabschnitt,** der sich mit dem Vorliegen des Wiederaufnahmegrundes befaßt (OGH NJW 50, 65; RGZ 75, 57; aA BGH LM § 582 ZPO Nr 1 mw Nachw; BAG EzA ZPO § 580 Nr 2 S 11; wie hier dagegen BAG EzA ZPO § 580 Nr 1 = NJW 81, 2023). Unabhängig von dieser Klassifizierung sollte es jedoch als zulässig angesehen werden, wenn die Abweisung der Restitutionsklage auf das Fehlen eines Restitutionsgrundes gestützt und offengelassen wird, ob die Voraussetzungen des § 582 die Abweisung nicht auch rechtfertigen würden (Koblenz NJW-RR 89, 827).

3) **Beweislast.** Den Wiederaufnahmekläger trifft die Beweislast dafür, daß er den Restitutions- 3 grund ohne Verschulden nicht bereits in dem früheren Verfahren geltend machen konnte (RGZ 99, 170).

4 4) **Die eine Wiederaufnahme hindernde Möglichkeit der Geltendmachung** hat dann bestanden, wenn der Restitutionsgrund **bekannt gewesen ist und sein Vorbringen Aussicht auf Erfolg hatte** (RGZ 99, 170). Die Frist für die Einlegung des **Einspruchs gegen ein Versäumnisurteil** oder der **Berufung** (RGZ 123, 105), ggf für die Wiedereinsetzung in den vorigen Stand, darf daher noch nicht abgelaufen gewesen sein. Bei einer **Berufungsentscheidung** ist auf die zweitinstanzliche Schlußverhandlung abzustellen, da eine Partei die Wiedereröffnung nach § 156 nicht erzwingen kann (BGHZ 30, 60). Besteht die Möglichkeit, den Restitutionsgrund noch im Nachverfahren oder im Höheverfahren geltend zu machen, dann muß sie gewahrt werden (BGH JZ 63, 450). Trotz des § 581 sind auch **strafbare Handlungen** iS des § 580 Nr 1–5 nach Möglichkeit schon im anhängigen Verfahren geltend zu machen (BGH MDR 58, 670), da das Fehlen einer strafgerichtlichen Verurteilung die Berücksichtigung einer nachweisbaren Straftat im anhängigen Rechtsstreit nicht ausschließt.

5 Jedoch schadet nur eine **schuldhafte Versäumnis** dieser Möglichkeiten. Darunter fällt jede Fahrlässigkeit, auch die des Vertreters, nach § 85 II auch die des Prozeßbevollmächtigten (RGZ 84, 145). Das Unterlassen von Anregungen zu Maßnahmen, die im **Ermessen** des Gerichts stehen, ist einer Partei nicht anzulasten.

6 Ein Verschulden der Partei liegt zB vor, wenn sie eine während des Rechtsstreits in ihrem Gewahrsam befindliche Urkunde erst nachträglich vorlegt, weil diese wegen Unordnung in den Geschäftsunterlagen oder unterlassener Nachforschung unbemerkt geblieben ist (BGH MDR 74, 575) oder weil sie vergessen wurde. Schuldhaft kann die Nichtauswertung allgemein zugänglicher Urkunden wie öffentlicher Register sein (vgl KG OLGE 25, 134). Konnte sich der Beweisführer die jetzt vorgelegte Urkunde in dem früheren Verfahren dadurch beschaffen, daß er nach §§ 428 ff eine Frist zu ihrer Herbeischaffung bestimmen ließ (RGZ 79, 5) oder einen Auskunftsantrag nach § 1580 BGB stellte (BGH NJW 93, 1717/18), dann trifft ihn ein Verschulden. Es liegt dann nicht anders als bei unsorgfältiger Aufbewahrung oder nicht ernstlich betriebener Nachforschung (s dazu BGH MDR 74, 575). Nur ganz ausnahmsweise wird ein Irrtum über die Erheblichkeit der Urkunde entschuldbar sein (BGH VersR 62, 175, 176 zu 2 b).

7 5) Der **Rechtsanwalt** handelt zB schuldhaft, wenn er eine durch Prozeßbetrug veranlaßte **Rechtsmittelzurücknahme nicht widerruft** (BGH MDR 58, 770).

8 6) **Erfolglose Geltendmachung** des Restitutionsgrundes im Vorprozeß schließt Restitutionsklage gleichfalls aus (StJ/Grunsky Rn 2), ohne daß es auf den Grund für den Mißerfolg ankommt (aA BL/Hartmann Rn 1; LAG Frankfurt NJW 62, 1886 [nur bei Verschulden]; MK/Braun Rn 10 [nicht wenn Kläger jetzt erst über geeignete Beweismittel verfügt]; Leipold ZZP 81, 71 f; Schneider Voraufl Rn 1 [nicht wenn jetzt erst strafgerichtl Verurteilung nach § 581 vorliegt]).

583 *[Geltendmachung von Anfechtungsgründen]*

Mit den Klagen können Anfechtungsgründe, durch die eine dem angefochtenen Urteil vorausgegangene Entscheidung derselben oder einer unteren Instanz betroffen wird, geltend gemacht werden, sofern das angefochtene Urteil auf dieser Entscheidung beruht.

1 1) Die Bestimmung, die für die Nichtigkeits- und die Restitutionsklage gilt, entspricht den §§ 512, 548; sie unterscheidet sich nur darin, daß sie auch **selbständig beschwerdefähige und für unanfechtbar erklärte Entscheidungen** einbezieht, auch etwaige Vorentscheidungen der unteren Instanz. Bei den Vorentscheidungen handelt es sich insbesondere um **Zwischenurteile** nach §§ 280, 303, 304 und **Vorbehaltsurteile** nach §§ 302, 599, aber auch um Beschlüsse und Verfügungen innerhalb des Verfahrens.

2 2) Die Wiederaufnahmeklage ist **nicht unmittelbar gegen die Vorentscheidung** zu richten, sondern gegen das Endurteil (§ 578 I). Bei dessen Überprüfung werden die vom Anfechtungsgrund betroffenen Vorentscheidungen mit überprüft, sofern das Endurteil auf ihnen beruht. Die Vorentscheidung muß eine der **Grundlagen des Urteils** gebildet, der Fehler sich aber nicht auf das Endurteil ausgewirkt haben.

3 3) Gegen Zwischen- und Vorbehaltsurteile einer **höheren Instanz** ist die Wiederaufnahmeklage unmittelbar zulässig (vor § 578 Rn 11).

4 4) Die §§ 579 I 2, II, 582 können dazu nötigen, gegen die von dem Anfechtungsgrund betroffenen Vorentscheidungen das zulässige **Rechtsmittel** einzulegen, wenn diese selbständig anfechtbar sind. In entsprechender Anwendung dieser Bestimmung muß gegebenenfalls der Anfechtungsgrund bereits **im Nachverfahren** geltend gemacht werden (vor § 578 Rn 11). Das schließt nicht aus, sich auf den Mangel noch im laufenden Verfahren zu berufen, wenn er wenigstens da noch korrigiert werden kann.

5) Die dem angegriffenen Endurteil des Vorprozesses vorausgegangenen Urteile (Zwischenurteile, Vorbehaltsurteile) werden, wenn sie von einem Anfechtungsgrund betroffen sind, in der aufhebenden Entscheidung des zweiten Stadiums des Wiederaufnahmeverfahrens (vor § 578 Rn 22) **zusammen mit dem Endurteil förmlich aufgehoben** (vgl § 590 Rn 5). Die sonstigen „mitbetroffenen" Vorentscheidungen verlieren ihre Eignung, dem ersetzenden Urteil im dritten Verfahrensabschnitt (vor § 578 Rn 23) als Grundlage zu dienen (s § 590 Rn 5). 5

6) **Mehrere Teilurteile,** die beseitigt werden sollen, müssen jedes für sich mit der Wiederaufnahmeklage angegriffen werden, weil anderenfalls die Rechtskraft des nicht angefochtenen Teilurteils bestehen bleibt (BGH MDR 59, 1002), was bei der Kostenquotierung beachtet werden muß (BGH NJW 80, 1000). In solchen Fällen kann es ausschlaggebend sein, ob bei Erlaß eines nur einen Klagegrund bejahenden **Grundurteils** Klageabweisung im übrigen ausgesprochen worden ist. Grundsätzlich sollte mit einem den Grund nur teilweise bejahenden Urteil die Klageabweisung im übrigen verbunden werden. Fehlt im Tenor ein solcher Ausspruch, so kann er sich immer noch aus den Entscheidungsgründen ergeben (Celle NdsRpfl 73, 181). Ist aber ein entsprechender Wille des Gerichts zur Klageabweisung nicht feststellbar, dann besteht nur eine innerprozessuale Bindung nach §§ 318, 512, also keine äußere (Abweisungs-)Rechtskraft. Deshalb bedarf es keiner Wiederaufnahmeklage auch gegen das Grundurteil, das nicht zugleich Teilurteil ist, sondern es genügt der Angriff auf das Schlußurteil (BGH JZ 60, 256, Anm dazu Bötticher JZ 60, 240 u 258, Pohle MDR 60, 129), wobei jedoch vorausgesetzt ist, daß der Wiederaufnahmegrund nicht schon im Grundverfahren oder im Höheverfahren geltend gemacht werden konnte. 6

584 *[Ausschließliche Zuständigkeit und Gerichtsstand]*

(1) Für die Klagen ist ausschließlich zuständig: das Gericht, das im ersten Rechtszuge erkannt hat; wenn das angefochtene Urteil oder auch nur eines von mehreren angefochtenen Urteilen von dem Berufungsgericht erlassen wurde oder wenn ein in der Revisionsinstanz erlassenes Urteil auf Grund des § 580 Nr. 1 bis 3, 6, 7 angefochten wird, das Berufungsgericht; wenn ein in der Revisionsinstanz erlassenes Urteil auf Grund der §§ 579, 580 Nr. 4, 5 angefochten wird, das Revisionsgericht.

(2) Sind die Klagen gegen einen Vollstreckungsbescheid gerichtet, so gehören sie ausschließlich vor das Gericht, das für eine Entscheidung im Streitverfahren zuständig gewesen wäre.

1) **Grundgedanke.** § 584 bezieht sich auf die Nichtigkeits- und auf die Restitutionsklage; die Vorschrift regelt die **ausschließliche sachliche und örtliche Zuständigkeit** (BayObLG WuM 91, 133), so daß eine **Parteivereinbarung nicht** in Betracht kommt (§ 40 II). Eine Sonderregelung für bestimmte Restitutionsklagen in Kindschaftssachen enthält § 641i III. Dem Grundsatz nach ist dasjenige Gericht zuständig, dessen Urteil mit der Wiederaufnahmeklage angegriffen wird. In Familiensachen ist das heute auch dann ein Familiengericht, wenn die Ehe noch nach altem Recht durch ein LG geschieden worden war (Stuttgart FamRZ 80, 378 gg Köln FamRZ 78, 359 [zust Walter FamRZ 79, 275] u KG FamRZ 79, 526). Gaul (Festschrift Kralik, 1986, 168 ff) leitet aus dieser Zuständigkeitsregelung ab, daß entgegen BGHZ 84, 24 auch in Fällen mangelnder Prozeßfähigkeit die Nichtigkeitsklage nur zulässig ist, wenn der Mangel vorinstanzlich übersehen, nicht wenn darüber entschieden worden ist, weil in diesem Fall nach § 551 Nr 5 nur eine revisionsrechtliche Überprüfung in Betracht komme. 1

2) Hat ein **Berufungsgericht** entschieden, so ist zu unterscheiden: **a)** Ist die **Berufung** für **zulässig** erklärt und in der Sache selbst tatsächl und rechtl erkannt worden, dann ist das erstinstanzl Urteil bestätigt oder abgeändert worden, so daß für die Wiederaufnahmeklage nur das Berufungsgericht zuständig ist; Mängel des erstinstanzl Urteils sind im erneuerten Berufungsverfahren zu beheben. Die Zuständigkeit des **Gerichts erster Instanz** ist lediglich gegeben, wenn dessen Urteil wegen Ansprüchen angefochten wird, deretwegen ein Rechtsmittel nicht eingelegt worden war. 2

b) Ist die **Berufung verworfen** worden, so ist das Gericht **erster Instanz** ausschließl zuständig, weil es an einer zweitinstanzl Sachentscheidung fehlt (RGZ 75, 60). 3

c) Werden **beide Urteile angefochten,** dann obliegt die Verhandlung und Entscheidung dem Berufungsgericht. Ebenso verhält es sich, wenn der Erstrichter den Klageanspruch nur aus **einem von mehreren Klagegründen** (zB nur Gefährdungshaftung, nicht Verschuldenshaftung) für gerechtfertigt erklärt und das Berufungsgericht die Klage insgesamt abgewiesen hat (BGH JZ 60, 256 m Anm Bötticher JZ 60, 240 u 258, Pohle MDR 60, 129). 4

d) Hatte das Berufungsgericht die Sache nach **§ 538** oder **§ 539** an das Gericht erster Instanz **zurückverwiesen** und dieses sodann ein **neues Endurteil** erlassen, dann ist hinsichtlich der Zuständigkeit für die Wiederaufnahmeklage zu unterscheiden: **aa)** Das **Berufungsgericht** ist 5 zuständig, wenn dessen Urteil angefochten wird; **bb)** Das **Gericht erster Instanz** ist zuständig, wenn sich die Wiederaufnahmeklage gegen dessen Urteil richtet; **cc)** Das **Berufungsgericht** wiederum ist zuständig, wenn sowohl dessen Urteil wie das spätere Urteil der ersten Instanz angefochten wird, wobei es unerheblich ist, ob dafür dieselben oder verschiedene Gründe vorgebracht werden.

6 Einstweilen frei.

7 3) Bei Entscheidung des **Revisionsgerichts** gilt: **a)** Wurde die **Revision** als unzulässig **verworfen**, dann ist für das Wiederaufnahmeverfahren die Zuständigkeit des **Berufungsgerichts** begründet (BGHZ 14, 257).

8 **b)** Hat das Revisionsgericht unter Aufhebung des vorinstanzlichen Urteils die Sache **zur weiteren Entscheidung zurückverwiesen,** so ist nach BGHZ 14, 257 ebenfalls das **Berufungsgericht** zuständig. Dem ist zuzustimmen. Die Prüfung durch das mit der Sache selbst befaßte Gericht ist sachgerecht. Anderenfalls müßte man die Urteile getrennter Anfechtung unterwerfen, bei Anfechtung beider Urteile auch gesonderte Verhandlung und Entscheidung über beide Klagen bejahen. Denn die Zuständigkeit des Revisionsgerichts als des höheren Gerichts (wie im Verhältnis des Berufungsgerichts zum Erstgericht; Rn 4) scheidet aus, da das Revisionsgericht weder tatsächliche Feststellungen zu treffen noch solche zu überprüfen hat, sofern es sich nicht um seine eigenen handelt.

9 **c)** Hatte das Revisionsgericht **in der Sache selbst erkannt,** auch durch Zurückweisung der Revision als unbegründet (BGHZ 14, 251), dann ist es für die Wiederaufnahmeklage zuständig, falls diese sich auf § 579 oder auf § 580 Nr 4, 5 stützt (BGH WPM 80, 1350). Gründet sich die Klage dagegen auf § 580 Nr 1–3, 6 oder 7, dann muß sie beim Berufungsgericht erhoben werden (vgl Wieczorek, 2. Aufl § 584 Anm B I–B Ib 1). Aber auch für eine auf § 580 Nr 4 gestützte Restitutionsklage ist der BGH dann nicht zuständig, wenn damit die tatsächlichen Feststellungen des Berufungsgerichts angegriffen werden (BGHZ 61, 95) und der Restitutionsgrund nicht auch das Revisionsurteil betrifft (BGH WPM 80, 1351). Ein **Nichtannahmebeschluß** nach § 554b steht einem die Revision zurückweisenden Endurteil gleich (BGH WPM 80, 1350).

10 Wird das Urteil der Revisionsinstanz **teils** wegen Verletzung des **§ 580 Nr 4, 5** angefochten, **teils** wegen Verletzung des **§ 580 Nr 2, 3, 6 oder 7,** dann scheidet eine Verbindung beider Klagen vor dem Revisionsgericht aus, weil dieses nicht über die tatsächlichen Feststellungen der Vorinstanz mitbefinden kann. In Betracht käme eine Klagentrennung, so daß das Revisionsgericht für die Gründe des § 580 Nr 4, 5, das Berufungsgericht für die übrigen Gründe zuständig wäre. Das erscheint jedoch wenig praktikabel. Deshalb ist in solchen Fällen mit StJ/Grunsky (Rn 8) die **einheitliche Zuständigkeit des Berufungsgerichts** anzunehmen.

11 4) Auch für Wiederaufnahmeklagen gegen Urteile von **Gerichten der früheren DDR** (zur Zulässigkeit s Anl I zum EinigungsV Kap III Sachgebiet A Abschn III Nr 5 lit i) gilt § 584. An die Stelle des KrG ist das entspr AG, an die Stelle des BezG das entspr LG (§ 15 RpflAnpG), an die Stelle des OG der BGH getreten.

12 5) Zur Fristwahrung bei Klageerhebung in der falschen Instanz s § 586 Rn 4.

13 **6) Abs 2:** Der **Vollstreckungsbescheid** steht einem für vorläufig vollstreckbar erklärten Versäumnisurteil gleich (§ 700), so daß er nach Rechtskraft wiederaufnahmefähig ist. Durch Abs 2 wird die Zuständigkeit des Streitgerichts begründet, die sich nach §§ 23 ff, 71 GVG richtet, so daß entweder das AG oder das LG über die Wiederaufnahmeklage zu befinden hat. Die örtl Zuständigkeit richtet sich nach §§ 12 ff. Da auch der Gerichtsstand des § 584 II ausschließl ist, scheidet eine Gerichtsstandsvereinbarung aus (§ 40 II).

585 *[Verfahren im allgemeinen]*

Für die Erhebung der Klagen und das weitere Verfahren gelten die allgemeinen Vorschriften entsprechend, sofern nicht aus den Vorschriften dieses Gesetzes sich eine Abweichung ergibt.

1 **1) Die Klageerhebung** richtet sich nach § 253. Den Inhalt schreiben die §§ 587, 588 vor. Im selben Umfang, in dem eine **teilweise Aufhebung** möglich ist (§ 590 Rn 4), kann auch der Wiederaufnahmeantrag beschränkt werden.

2 **Anwaltszwang** besteht vor den Kollegialgerichten und in Familiensachen (§ 78). Die Vollmacht (§ 81) des Prozeßbevollmächtigten ermächtigt zu allen Prozeßhandlungen, die durch die Wiederaufnahme veranlaßt werden; in Ehesachen ist § 609 zu beachten.

3 **2) Verfahrensgrundsätze.** Da Nichtigkeits- und Restitutionsklagen **keine gewöhnlichen Klagen** im prozessualen Sinne sind, die einen neuen Rechtsstreit einleiten, sondern nur **außerordent-**

liche Rechtsbehelfe gegenüber einem in der Hauptsache erlassenen rechtskräftigen Endurteil, sieht § 585 vor, daß „die allgemeinen Vorschriften entsprechend“ gelten. Praktisch läuft das aber weitgehend auf unmittelbare Anwendung hinaus. Zu erwähnen sind insbesondere:

a) **Partei-** und **Prozeßfähigkeit** (§§ 50–57) muß gegeben sein. 4

b) **Streitgenossenschaft** (§§ 59 ff) ist im Wiederaufnahmeprozeß möglich; Wiederaufnahmekla- 5
ge kann aber nur von den Streitgenossen erhoben werden, in deren Person ein Wiederaufnahmegrund gegeben ist. **Notwendige Streitgenossen** sind im Wiederaufnahmeverfahren zu beteiligen (§ 63; RGZ 96, 52).

c) **Die Prozeßkostenhilfe** (§§ 114 ff) ist für die Wiederaufnahmeklage selbständig zu bewilligen, 6
also unabhängig davon, ob sie im Vorprozeß bewilligt worden war oder nicht. Die Beurteilung der Erfolgsaussicht erstreckt sich hierbei nicht nur auf das Wiederaufnahmeverfahren, sondern auch auf die Hauptsache (BGH NJW 93, 3140).

d) Da die im Vorprozeß erteilte **Prozeßvollmacht** sowohl zur Erhebung der Wiederaufnahme- 7
klage wie zur Verteidigung ihr gegenüber ermächtigt (§ 81), sind **Zustellungen** (§§ 176, 178, 210a) an den Prozeßbevollmächtigten der Instanz zu richten, bei der die Klage erhoben wird. Beauftragt der Wiederaufnahmekläger jedoch einen **anderen Prozeßbevollmächtigen,** so erledigt sich damit die Vollmacht (§ 87 I), was bei der Zustellung zu berücksichtigen ist. Wird die Wiederaufnahmeklage in der **Rechtsmittelinstanz** erhoben und ist dort noch kein Prozeßbevollmächtigter bestellt gewesen, dann ist dem erstinstanzlichen Bevollmächtigten zuzustellen (Frankfurt JW 29, 2624; Hamburg HRR 30, Nr 449; Naumburg JW 33, 536).

e) Der **Verhandlungsgrundsatz,** der sich insbesondere in den §§ 128, 138, 288, 306, 307 nieder- 8
geschlagen hat, gilt insoweit, als es nicht um die vAw vorzunehmende Prüfung des Wiederaufnahmegrundes geht (vgl vor § 578 Rn 22). Diese ist der Parteidisposition entzogen; Anerkenntnisse und Geständnisse sind nicht bindend, sondern frei zu würdigen (RGZ 135, 123/131). Ebenso gelten die Vorschriften über **Prozeßtrennung** und **Prozeßverbindung** (§§ 145, 147, 150); einzelne Wiederaufnahmegründe können also getrennt verhandelt werden; Nichtigkeitsklage und Restitutionsklage müssen gesondert verhandelt werden (§ 578 II). **Aussetzung** nach §§ 148, 149 kommt nicht in Betracht, insbesondere nicht, um Wiederaufnahmeklagen erst zulässig oder begründet zu machen (vgl § 581 Rn 5).

f) Soweit im Wiederaufnahmeprozeß **Beweis** zu erheben ist, gilt das allgemeine Beweisrecht. 9
Dabei kann es sich jedoch nur um den Beweis über Prozeßbedingungen der Wiederaufnahmeklage handeln. Die Beweisaufnahme zur Sache selbst ist nur im neuen Verfahren (drittes Stadium der Wiederaufnahme, vor § 578 Rn 23) denkbar.

g) **Klagerücknahme** (§ 269) ist möglich. Zur „Hauptsache“ iS dieser Vorschrift ist verhandelt 10
worden, wenn das Vorliegen eines Wiederaufnahmegrundes erörtert worden ist.

h) **Zur Befangenheitsablehnung** wegen Mitwirkung am Vorprozeß vgl § 42 Rn 18. 11

i) **Klageänderung** (§§ 263, 264) ist im dritten Wiederaufnahmeabschnitt möglich (§ 590 Rn 8). 12

j) **Urkunden- und Wechselprozeß** (§§ 592 ff). Dessen besondere Verfahrensvorschriften gelten 13
erst für den dritten Verfahrensabschnitt.

3) **Einstellung der Zwangsvollstreckung** aus dem Urteil des Vorprozesses ist nach § 707 mög- 14
lich. Bei noch nicht rechtskräftigem Strafurteil ist Restitutionsklage unzulässig (§ 581). Hier besteht jedoch die Möglichkeit, wenn die Voraussetzungen einer Schadensersatzklage nach § 826 BGB gegeben sind (s dazu vor § 578 Rn 17), die Zwangsvollstreckung aus dem anzugreifenden Urteil durch Erwirken einer einstweiligen Verfügung zu verhindern (BGHZ 50, 122).

4) **Wiederaufnahme gegen Beschlüsse.** Handelt es sich um einen Beschluß, der den Rechts- 15
streit *anstelle eines Urteils* beendet hat (zB nach §§ 91a, 519b, 554a, 554b), bestehen gegenüber dem Vorstehenden keine Besonderheiten. Entgegen der hA, die in solchen Fällen statt einer Klage nach § 578 einen im Beschlußverfahren zu behandelnden Antrag genügen läßt (StJ/Grunsky vor § 578 Rn 40); RSchwab/Gottwald § 159 III 3), sollte die Aufhebung urteilsersetzender Gerichtsentscheidungen nur in einem regulären Urteilsverfahren betrieben werden können. Die Haltung des BGH in dieser Frage ist uneinheitl: in NJW 95, 332 wurde durch Urteil, in NJW 95, 335 durch Beschluß entschieden. Das BAG entscheidet über die Wiederaufnahme gegen Beschlüsse nach § 72a V ArbGG, die trotz ihrer verfahrensbeendenden Wirkung im Grunde genommen in einem Nebenverfahren, nämlich dem der Nichtzulassungsbeschwerde, ergehen, im Beschlußwege (NJW 91, 1252; 95, 2125). Bei Beschlüssen in *anderen Verfahren* (vgl vor § 578 Rn 14) greifen die für diese geltenden Vorschriften ein, dh das Verfahren wird durch Antrag, nicht durch Klage eingeleitet und gem § 573 mit freigestellter mündlicher Verhandlung betrieben. Zur Wiederaufnahmeklage gegen Vollstreckbarerklärung eines Schiedsspruchs s RG ZZP 61, 142. Vgl auch § 590 Rn 6.

16 **5) Gebühren:** Wiederaufnahmeklagen werden durch Klageerhebung eingeleitet, so daß § 65 I 1 GKG anzuwenden ist und für den Kläger hinsichtl der allg Verfahrensgebühr (nicht mehr auch für die Auslagen für die Klagezustellung) Vorwegleistungspflicht besteht. S dazu § 253 Rn 27.

586 *[Klagefrist]*

(1) Die Klagen sind vor Ablauf der Notfrist eines Monats zu erheben.

(2) Die Frist beginnt mit dem Tage, an dem die Partei von dem Anfechtungsgrund Kenntnis erhalten hat, jedoch nicht vor eingetretener Rechtskraft des Urteils. Nach Ablauf von fünf Jahren, von dem Tage der Rechtskraft des Urteils an gerechnet, sind die Klagen unstatthaft.

(3) Die Vorschriften des vorstehenden Absatzes sind auf die Nichtigkeitsklage wegen mangelnder Vertretung nicht anzuwenden; die Frist für die Erhebung der Klage läuft von dem Tage, an dem der Partei und bei mangelnder Prozeßfähigkeit ihrem gesetzlichen Vertreter das Urteil zugestellt ist.

1 **1) Klagefrist (Abs 1): Berechnung** der Frist nach §§ 222, 223. **Verlängerung** oder **Abkürzung** ist im Gesetz nicht vorgesehen und daher nicht möglich, weil es sich um eine gesetzliche Frist iS des § 224 II handelt. Gegen die Versäumung der Notfrist ist nach § 233 **Wiedereinsetzung** möglich (BGH VersR 62, 175, 176). Wenn nach einer besonderen Verfahrensordnung die Rechtsmittelfrist länger als einen Monat währt, dann gilt das auch entsprechend für die Notfrist des § 586 I (BGHZ 57, 213; MDR 63, 119; KG OLGZ 69, 114). In **Kindschaftssachen** gilt die Klagefrist für den Restitutionsgrund des § 641i I nicht (§ 641i IV), wohl aber für andere Wiederaufnahmegründe (BGH NJW 94, 589 [jedenfalls für solche nach § 579]; aA MK/Braun § 641i Rn 19).

2 **2) Fristwahrung: a)** Die Klage kann schon **vor Beginn der Notfrist** erhoben werden, sofern nur das anzufechtende Urteil formell rechtskräftig ist (RG JW 28, 2712). Kenntnis vom Wiederaufnahmegrund noch vor Eintritt der Rechtskraft kann allerdings zum Ausschluß der Wiederaufnahme wegen unterlassener Rechtsmitteleinlegung führen (§§ 579 II, 582).

3 **b)** Die Einreichung eines Antrages auf Bewilligung von **Prozeßkostenhilfe** wahrt die Frist nicht, weil § 586 I ausdrücklich Erhebung der Klage verlangt (BGHZ 19, 22; Lange JR 50, 538). Jedoch ist Wiedereinsetzung, § 233, möglich.

4 **c)** Die wesentlichen Erfordernisse einer fristwahrenden Klageschrift sind in § 587 aufgeführt; darüber hinaus enthält § 588 Sollvorschriften zum Inhalt der Klageschrift. Werden diese Sollvorschriften nicht beachtet, dann steht das der Bejahung der Klageerhebung nicht entgegen (RGZ 168, 230). Wie bei jeder Klage ist Rückbeziehung der Zustellung auf den Zeitpunkt der Einreichung geboten, wenn die Voraussetzungen des **§ 270 III** gegeben sind. Zur Fristwahrung genügt die Erhebung der Klage vor einem örtlich oder sachlich **unzuständigen Gericht** (BSG NJW 70, 966; BayObLG WuM 91, 133; Zeihe NJW 71, 2292). Das unzuständige Gericht hat dann gemäß § 281 zu verweisen (BayObLG WuM 91, 133; Zeihe NJW 71, 2294).

5 **d)** Die Wahrung der Klagefrist ist **von Amts wegen** zu prüfen (BGHZ 5, 159; NJW 94, 589/591).

6 **e)** Andere **Restitutionsgründe** können nur **nachgeschoben** werden, wenn die Monatsfrist für sie im Zeitpunkt der Klageerhebung noch nicht abgelaufen war (BGH VersR 62, 165). Erst nach der Klageerhebung entstandene oder bekanntgewordene Restitutionsgründe können aber auch noch nach Ablauf eines Monats seit Kenntniserlangung nachgebracht werden (RGZ 168, 230); auch die Ausschlußfrist des § 586 II 2 spielt in diesem Fall keine Rolle (MK/Braun Rn 13; Bereiter/Hahn FamRZ 56, 272; aA RGZ 64, 227).

7 **3) Fristbeginn** setzt Rechtskraft des angegriffenen Urteils (vgl Rn 15) und Kenntnis der Partei von dem Wiederaufnahmegrund voraus.

8 **a) Kenntnis** des **gesetzlichen Vertreters** oder des **Bevollmächtigten,** dessen Auftrag auch dahin geht, die Partei in der den Gegenstand des Wiederaufnahmeverfahrens bildenden Angelegenheit zu vertreten (Johannsen Anm zu LM § 586 ZPO Nr 5), sowie insb des **Prozeßbevollmächtigten** muß sich die Partei zurechnen lassen, § 85 Rn 3. Auf die Kenntnis des Prozeßbevollmächtigten des ersten Rechtszuges kommt es jedoch nicht an, wenn sein Auftrag bereits beendet war, als er die Kenntnis erlangte (BGHZ 31, 351); dies ist idR mit der Übersendung der abschließenden Entscheidung der Fall (vor § 578 Rn 7). Dagegen muß die Partei sich seine Kenntnis zurechnen lassen, wenn er zur Vorbereitung des Restitutionsverfahrens mit der Erstattung einer Strafanzeige beauftragt war und auf die Mitteilung der Verfahrenseinstellung hin nicht tätig wird (BGH WM 78, 1162). **Kenntnis eines Terminvertreters der öffentlichen Hand** ist nur dann erheblich, wenn er diese Kenntnis als verantwortlicher Sachbearbeiter erlangt hat (BGH MDR 63, 119).

9 **b)** In Betracht kommt nur das **auf sicheren Grundlagen beruhende Wissen** über die Wiederaufnahmetatsachen (BGH VersR 62, 176); Kennenmüssen genügt nur, wenn sich die Partei oder

ihr Vertreter der Kenntnisnahme bewußt verschließt (BGH NJW 93, 1596/7; 95, 332/3). Dagegen kommt es **nicht auf die zutreffende rechtliche Einordnung**, also die Kenntnis davon an, daß die bekanntgewordenen Tatsachen einen Wiederaufnahmegrund ermöglichen (BGH NJW 93, 1596). Wollte man auch eine solche rechtl Qualifizierung in den Begriff der „Kenntnis vom Anfechtungsgrund" hineinnehmen, so würde das zu einer völligen Rechtsunsicherheit des Wiederaufnahmerechts führen (BGH VersR 62, 176; Düsseldorf MDR 69, 1017).

c) In den Fällen des **§ 580 Nr 1–5** beginnt die Frist mit dem Tag, an dem die Partei von der rechtskräftigen Verurteilung Kenntnis erlangt hat. Kann es aus anderen Gründen als dem Mangel an Beweis nicht zu einer rechtskräftigen Verurteilung kommen (§ 581 I Hs 2), ist abzustellen auf die Kenntnis von der Straftat und ihre Beweisbarkeit bei gleichzeitiger Unmöglichkeit der Einleitung oder Durchführung eines Strafverfahrens. Soll die Restitutionsklage auf die strafbare Verletzung der Wahrheitspflicht durch einen inzwischen verstorbenen Zeugen gestützt werden, beginnt die Monatsfrist nicht vor Kenntnis vom Tode dieser Person (Düsseldorf MDR 69, 1017). 10

d) Gründet sich die Wiederaufnahme auf **§ 580 Nr 7**, so ist die Kenntnis des Inhalts der Urkunde und der Möglichkeit davon, sie zu benutzen, erforderlich (BAG EzA ZPO § 580 Nr 2 S 10). Auf die Erkenntnis der Erheblichkeit der Urkunde kommt es auch hier regelmäßig nicht an (BGH VersR 62, 175; s Rn 9). Werden **nacheinander mehrere Urkunden** aufgefunden, mit denen je dieselbe Tatsache bewiesen werden soll, beginnt jedesmal eine neue Klagefrist zu laufen, solange noch keine zulässige Klage erhoben ist (BGHZ 57, 211). Handelt es sich um eine nachträglich errichtete **Geburtsurkunde**, so ist regelmäßig Kenntnis von der **Geburt** des Kindes entscheidend (Köln JMBlNRW 65, 126). Zum Fristbeginn bei nachträglichem Bekanntwerden einer Geburtsurkunde zu Nachweis der Nichtehelichkeit s Nürnberg MDR 76, 1025. 11

e) Wann die Partei jeweils Kenntnis erhalten hat, ist **glaubhaft zu machen** (§ 589 II; RGZ 99, 169). 12

Einstweilen frei. 13–14

4) Unabhängig von der Kenntnis greift die **Ausschlußfrist** des Abs II S 2 ein (5 Jahre ab Rechtskraft). Zum Zeitpunkt des Eintritts der Rechtskraft s § 705 Rn 5 ff. Kann wegen mangelhafter Aktenführung durch das Gericht ein vom Kl behaupteter Zeitpunkt nicht ausgeschlossen werden, ist von diesem auszugehen (BVerwG NVwZ 94, 1206). Der erste Tag der Frist wird nicht mit eingerechnet (RGZ 65, 25). **Wiedereinsetzung** in den vorigen Stand, **Abkürzung** oder **Verlängerung** sind **nicht** möglich, da es sich um eine absolute Frist handelt. Sie gilt auch in den Fällen des § 580 Nr 1–5, ungeachtet der noch ausstehenden strafrechtl Verurteilung (§ 581; vgl BGHZ 50, 120). Zuzulassen ist aber das **Nachschieben** eines erst nach rechtzeitiger Klageerhebung entstandenen Restitutionsgrundes (vgl Rn 6). 15

Einstweilen frei. 16–19

5) Frist bei Nichtigkeitsklage nach § 579 I Nr 4 (Abs 3): Fristenrechtl besonders behandelt wird eine Partei, die im früheren Verfahren **nicht ordnungsgemäß vertreten** war. Der Mangel der Vertretung hindert nicht den Eintritt der Rechtskraft des früheren Urteils (BGH FamRZ 63, 131, 132). Infolge des Vertretungsmangels ist die Partei aber gehindert, sich gegen ein wiederaufnahmefähiges Endurteil zu wehren. Deshalb darf sie Wiederaufnahmeklage **ohne Rücksicht auf die Länge der seit Erlaß des rechtskräftigen Urteils verstrichenen Zeit** erheben, wenn das Urteil weder ihrem gesetzl Vertreter noch ihr selbst nach Wiedererlangung der Prozeßfähigkeit zugestellt worden ist. **Im einzelnen:** 20

a) Die fünfjährige Ausschlußfrist des § 586 II 2 gilt hier nicht, sondern **lediglich die Monatsfrist** des § 586 I, die auch hier **nicht vor Rechtskraft** des Urteils beginnen kann (RG JW 17, 605). Eintritt der Rechtskraft ist auch im Fall des § 586 III möglich, sei es nach Zustellung an die zu Unrecht als prozeßfähig behandelte Partei oder an einen falschen gesetzl Vertreter oder einen nicht wirksam bestellten Prozeßbevollmächtigten (BGH FamRZ 58, 58; 70, 545; s auch Marotzke ZZP 100, 190) oder wegen Ablaufs der Frist in §§ 516, 552. Auch die Rechtsmittelrücknahme durch eine solche Partei oder die Versäumung der Rechtsmittelfrist (§§ 516, 552) kann zum Eintritt der Rechtskraft führen. 21

b) Fristbeginn: Vor wirksamer Zustellung an den gesetzl Vertreter oder die (zB wieder prozeßfähig gewordene) **Partei** kann die Frist nicht zu laufen beginnen (BGH MDR 63, 391). Es genügt jedoch auch öffentl Zustellung, da tatsächliche Kenntnis für den Fristbeginn nicht erforderl ist (StJ/Grunsky Rn 14). **Unverschuldete Unkenntnis** kann jedoch Wiedereinsetzung rechtfertigen, wobei dann wieder die Frist des § 234 zu beachten ist. Wird an einen nicht wirksam bestellten früheren Prozeßbevollmächtigten oder sonst an einen Vertreter ohne Vertretungsmacht zugestellt, dann ist das für § 586 III bedeutungslos (RG JW 28, 2712; Kiel SchlHA 49, 130). Wird wirksam zugestellt, aber vor Rechtskraft des Urteils, dann ist die Zustellung nicht bedeutungslos, sondern die Notfrist zur Erhebung der Nichtigkeitsklage gehemmt; mit Eintritt der Urteilsrechts- 22 kraft beginnt der Fristablauf ohne erneute Zustellung (Köln OLGZ 77, 118; MK/Braun Rn 20; aA StJ/Grunsky Rn 14; BL/Hartmann Rn 11).

23 Die Notfrist des § 586 I beginnt nicht schon dadurch, daß die Partei oder ihr gesetzl Vertreter bereits vor Zustellung oder Eintritt der Rechtskraft **von dem Mangel der Vertretung Kenntnis** erlangt (KG NJW 70, 817; FamRZ 79, 526). Sie hat dann nur die Möglichkeit, früher als nach § 586 III geboten Nichtigkeitsklage zu erheben (KG FamRZ 89, 647). Wird gemäß § 586 III zugestellt, ist aber der **Mangel der Vertretung aus dem zugestellten Urteil nicht zu erkennen,** so beginnt die Notfrist nicht vor Erlangung entspr Kenntnis zu laufen (KG NJW 70, 817; StJ/Grunsky Rn 15).

24 **c)** Mit Rücksicht auf den Schutzzweck des § 586 III scheidet eine **Verwirkung** der Nichtigkeitsklage durch Fristablauf aus (so wohl auch BGH FamRZ 63, 131), zumal es idR auch an einem schutzwürdigen Vertrauenstatbestand fehlt; der Gegner des Nichtigkeitsklägers hat es in der Hand, die Frist des § 586 III durch Veranlassung ordnungsmäßiger Zustellung in Lauf zu setzen. Sind aber beide Parteien über den Mangel in Unkenntnis, dann geht es schwerlich an, über die Annahme einer Verwirkung des Rechts zur Nichtigkeitsklage nur eine Partei zu begünstigen.

25 **d)** Auf die Fälle **entspr Anwendung des § 579 I Nr 4** (dort Rn 6a) ist § 586 III nicht anwendbar (MK/Braun § 579 Rn 24; für den Fall unberechtigter öffentl Zustellung auch BGH NJW 94, 589/591).

587 *[Inhalt der Klage]*

In der Klage muß die Bezeichnung des Urteils, gegen das die Nichtigkeits- oder Restitutionsklage gerichtet wird, und die Erklärung, welche dieser Klagen erhoben wird, enthalten sein.

1 **1)** Der **notwendige Inhalt** der Wiederaufnahme-Klageschrift entspricht dem der Berufungsschrift (§ 518 II). Eine auf diese Erfordernisse beschränkte Klageschrift reicht aus, um die Frist des § 586 zu wahren (RGZ 168, 230).

2 **2)** Genügt die Wiederaufnahme-Klageschrift dem § 578 nicht, dann ist die Klage **als unzulässig zu verwerfen** (§ 589 I), sofern der Mangel nicht noch vor Fristablauf (§ 586) behoben wird. Auf die Angabe der gewählten Klageart zu verzichten (so MK/Braun Rn 2), widerspricht dem Gesetz (StJ/Grunsky Rn 2). Jedoch ist ein Mangel oder ein Irrtum in der Bezeichnung der Klageart unschädlich, wenn die gewollte Rechtsverfolgung aus dem Antrag oder dem sonstigen Inhalt der Klageschrift erkennbar ist (RGZ 61, 418). Auch die fälschliche Anführung des erstinstanzlichen Urteils statt des ersetzenden Berufungsurteils ist unschädlich, wenn erkennbar ist, was mit der Klage erreicht werden soll (BAG AP § 580 ZPO Nr 4).

3) Es besteht **kein Zwang zu bestimmten Anträgen** und **kein Begründungszwang.** Die Hinweise in § 588 zum Inhalt der Klageschrift sollen zwar, müssen aber nicht beachtet werden. Jedoch muß der Wiederaufnahmekläger wenigstens **nachträglich weiter substantiieren,** wenn das Wiederaufnahmeverfahren den zweiten Verfahrensabschnitt erreicht (s § 588 Rn 2). Zum Übergang von der Nichtigkeitsklage zur Restitutionsklage und umgekehrt s § 578 Rn 2.

588 *[Inhalt der Klage als vorbereitender Schriftsatz]*

(1) Als vorbereitender Schriftsatz soll die Klage enthalten:

1. **die Bezeichnung des Anfechtungsgrundes;**
2. **die Angabe der Beweismittel für die Tatsachen, die den Grund und die Einhaltung der Notfrist ergeben;**
3. **die Erklärung, inwieweit die Beseitigung des angefochtenen Urteils und welche andere Entscheidung in der Hauptsache beantragt werde.**

(2) Dem Schriftsatz, durch den eine Restitutionsklage erhoben wird, sind die Urkunden, auf die sie gestützt wird, in Urschrift oder in Abschrift beizufügen. Befinden sich die Urkunden nicht in den Händen des Klägers, so hat er zu erklären, welchen Antrag er wegen ihrer Herbeischaffung zu stellen beabsichtigt.

1 **1)** Abs 1 ist eine Sollvorschrift (RGZ 168, 230), so daß ihre Nichtbeachtung die Zulässigkeit der Wiederaufnahmeklage unberührt läßt. Prozessuale Nachteile können jedoch infolge mangelnder Mitwirkung am Verfahren durch die **Zurückweisungsmöglichkeiten** eintreten (§ 296).

2 **a)** Die **Anfechtungsgründe** müssen spätestens in der mündlichen Verhandlung schlüssig dargelegt werden (vgl RGZ 68, 230); anderenfalls ist die Klage als unzulässig zu verwerfen (§ 589 Rn 1, 3). **Andere Gründe** innerhalb derselben Klageart (§§ 587, 578 II) **dürfen nachgeschoben**

werden, sofern die Fristen des § 586 für sie im Zeitpunkt der Klageerhebung noch nicht abgelaufen waren (RGZ 168, 230). Die Klageerhebung bewirkt dann Fristwahrung.

b) Beweismittel: Für den Anfechtungsgrund gilt **allgemeines Beweisrecht.** Ausnahme: § 581 II, für Einhaltung der Klagefrist genügt **Glaubhaftmachung** (§ 589 II). 3

c) Anträge: Soweit die teilweise Aufhebung des angefochtenen Urteils möglich ist (§ 590 Rn 4), kann auch der Aufhebungsantrag beschränkt werden. Die Anträge zur Hauptsache müssen spätestens in der mündl Verhandlung gestellt werden. 4

2) Abs 2. Trotz des Wortlautes (sind ... beizufügen) ebenfalls nur **Sollvorschrift** wie § 588 I (Conrad Anm zu LM § 580 Ziff 7b ZPO Nr 5). Der **Urkundenbeweis** wird gemäß §§ 420 ff durch Vorlage oder Antrag auf Vorlage durch den Gegner geführt (§§ 420 ff; vgl RGZ 135, 129). 5

589 *[Prüfung der Zulässigkeit]*

(1) Das Gericht hat von Amts wegen zu prüfen, ob die Klage an sich statthaft und ob sie in der gesetzlichen Form und Frist erhoben sei. Mangelt es an einem dieser Erfordernisse, so ist die Klage als unzulässig zu verwerfen.

(2) Die Tatsachen, die ergeben, daß die Klage vor Ablauf der Notfrist erhoben ist, sind glaubhaft zu machen.

1) Zur **Dreistufigkeit des Wiederaufnahmeverfahrens** vgl vor § 578 Rn 20 ff. § 589 I betrifft die erste Stufe, die Prüfung der **Zulässigkeit** der Wiederaufnahmeklage. Diese ist – wie auch sonst – **von Amts wegen** durchzuführen, auch noch in der Revisionsinstanz und ohne Bindung an die Feststellungen des Berufungsgerichts (BGH NJW 94, 589/591). Sie umfaßt 1

a) die **allgemeinen Prozeßvoraussetzungen,** die **Rechtskraft** des Urteils und (Ausnahme: § 641i II) die **Beschwer** des Wiederaufnahmeklägers. Ein besonderes Rechtsschutzbedürfnis ist nicht erforderl. Das Fehlen eines solchen kann auch nicht aus der Rücknahme einer auf dieselben Gründe gestützten Wiederaufnahmeklage abgeleitet werden (so aber BVerwG NVwZ 94, 1206; dagegen Jauernig NVwZ 96, 31); idR wird eine solche Klage an der Frist des § 586 I scheitern; wenn nicht, muß sie als zulässig angesehen werden. 1a

b) die **Statthaftigkeit** der Klage. Damit ist nicht das tatsächl Vorliegen eines Wiederaufnahmegrundes, sondern dessen **schlüssiges Behaupten** gemeint (BGHZ 57, 213). Bei den Restitutionsgründen nach § 580 I Nr 1–5 gehören auch die bindungsfrei festzustellenden Voraussetzungen des § 581 zur Zulässigkeit (vgl § 581 Rn 1). Der BGH rechnet auch das Vorliegen der Voraussetzungen des § 582 hierher (s hierzu § 582 Rn 2). 2

c) die **gesetzliche Form** (§§ 253, 587) und **Frist** (§ 586; ggf Wiedereinsetzung, vgl BGHZ 5, 159). 2a

2) Bei **Fehlen einer Zulässigkeitsvoraussetzung** ist die Wiederaufnahmeklage nach mündl Verhandlung, gfls nach abgesonderter Verhandlung (§ 590 II), durch selbständig anfechtbares Endurteil als unzulässig zu verwerfen (§ 589 I 2). 3

3) Bei **Säumnis des Wiederaufnahmeklägers** ist zu unterscheiden: **a)** Ergibt die Amtsprüfung zur **Zulässigkeit,** daß diese **zu verneinen** ist, dann ist die Klage durch **unechtes Versäumnisurteil** zu verwerfen, gegen das der Einspruch nicht zulässig ist (BGH NJW 59, 1780 m abl Anm Stephan S 2117). **b)** Ist die **Zulässigkeit zu bejahen,** dann wird die Klage durch **echtes Versäumnisurteil** abgewiesen, nunmehr aber als unbegründet (BGH MDR 66, 40). Diese Unterscheidung macht deutlich, daß zwischen BGH NJW 59, 1780 und MDR 66, 40 kein Widerspruch besteht. 4

4) Eine als unzulässig **verworfene Wiederaufnahmeklage kann** unter Vermeidung des Mangels **wiederholt werden,** wenn die erneute Klage die gesetzl Fristen wahrt (BGH LM § 580 Ziff 7b ZPO Nr 4, Bl 40). Scheidet diese Möglichkeit aus, dann bestehen keine Bedenken dagegen, entgegen dem allgemeinen Grundsatz, wonach die Begründetheit nicht vor der Zulässigkeit geprüft werden darf, die Zulässigkeit der Wiederaufnahmeklage offenzulassen und sie als „jedenfalls unbegründet" abzuweisen (BGH aaO). 5

5) Sind die **formellen Voraussetzungen** des § 589 I **gegeben** (Zulassung durch Zwischenurteil oder in den Gründen des Endurteils), dann ist im zweiten Verfahrensabschnitt (vor § 578 Rn 22) – gleichfalls vAw – das Vorliegen des Wiederaufnahmegrundes (zB nach § 580 I Nr 7b) zu prüfen, wobei wieder Abtrennung nach § 590 II 1 möglich ist. Das Zwischenurteil zur Zulässigkeit der Wiederaufnahmeklage ist mit der Berufung anfechtbar, auch wenn über Zulässigkeit und Grund zusammen verhandelt und entschieden wird (BGH MDR 79, 297; NJW 93, 1928/1929). Für das Revisionsgericht ist in § 590 III eine Sonderregelung dahingehend enthalten, daß es bei der Prüfung von Grund und Zulässigkeit der Wiederaufnahme auch bestrittene Tatsachen feststellen und würdigen muß. 6

7 6) Ist der **Wiederaufnahmegrund nicht stichhaltig,** wird die Wiederaufnahmeklage als unbegründet zurückgewiesen (§ 590 Rn 3). Anderenfalls wird das frühere Urteil aufgehoben und die (alte) Hauptsache erneut verhandelt und beschieden (§ 590 Rn 4, 7).

8 7) **Abs 2 ordnet für den Nachweis der Fristwahrung Glaubhaftmachung** nach § 294 an. Sie ist beispielsweise erforderl im Fall des § 580 Nr 7b für den Zeitpunkt des Auffindens der Urkunde (RGZ 99, 169). Bei § 586 III ist glaubhaft zu machen, daß das Urteil an die Partei selbst oder an ihren gesetzl Vertreter zugestellt und zur Zeit der Klageerhebung die Notfrist, gerechnet ab dem Tag der Zustellung, noch nicht abgelaufen war oder daß eine Zustellung dieser Art überhaupt noch nicht stattgefunden hat (RG JW 28, 2712). Bei § 579 I Nr 4 obliegt es dem Kläger jedoch nicht, glaubhaft zu machen, daß er im früheren Rechtsstreit mangelhaft vertreten gewesen ist (BAG AP § 589 ZPO Nr 1). Soweit der Gegner die **Glaubhaftmachung** durch den Wiederaufnahmekläger **widerlegen** will, gilt auch für ihn § 294 (BGHZ 31, 355). Beide Parteien müssen deshalb ihre Beweismittel bereithalten; bloße Beweiserbieten sind nicht zu beachten (§ 294 II).

590 *[Neue Verhandlung]*

(1) Die Hauptsache wird, insoweit sie von dem Anfechtungsgrunde betroffen ist, von neuem verhandelt.

(2) Das Gericht kann anordnen, daß die Verhandlung und Entscheidung über Grund und Zulässigkeit der Wiederaufnahme des Verfahrens vor der Verhandlung über die Hauptsache erfolge. In diesem Falle ist die Verhandlung über die Hauptsache als Fortsetzung der Verhandlung über Grund und Zulässigkeit der Wiederaufnahme des Verfahrens anzusehen.

(3) Das für die Klagen zuständige Revisionsgericht hat die Verhandlung über Grund und Zulässigkeit der Wiederaufnahme des Verfahrens zu erledigen, auch wenn diese Erledigung von der Feststellung und Würdigung bestrittener Tatsachen abhängig ist.

1 1) **Allgemeiner Verfahrensablauf. a)** Der neuen Verhandlung über die Hauptsache (§ 590 I) ist die Prüfung der Zulässigkeit der Wiederaufnahmeklage (§ 589) und des Vorliegens des behaupteten Wiederaufnahmegrundes vorgeschaltet (näher zu dieser **Dreistufigkeit** und zur Einschränkung der Parteidisposition in den ersten beiden Stufen vor § 578 Rn 20 ff). Ob das Gericht über die einzelnen Stufen abgesondert verhandelt (Abs 2) steht in seinem Ermessen; die vorgenannte Prüfungsreihenfolge ist aber auch bei einheitl Verhandlung einzuhalten (StJ/Grunsky Rn 1).

2 **b)** Der Beweiswert nachträgl benutzbar gewordener Urkunden ist im **zweiten Verfahrensabschnitt** zu prüfen (BGHZ 57, 213). Das zur Entscheidung über die Wiederaufnahmeklage zuständige Revisionsgericht (§ 584 Rn 7 ff) kann dabei die einschlägigen Tatsachen selbst feststellen, auch wenn sie bestritten sind (§ 590 III).

3 c) Ist der **Wiederaufnahmegrund nicht erwiesen** (verbleibende Ungewißheit geht zu Lasten des Wiederaufnahmeklägers, BGH ZIP 82, 1486/89), dann kommt es nicht zu einer Neuverhandlung iSv Abs 1, sondern es wird die Wiederaufnahmeklage als **unbegründet** zurückgewiesen (BGH LM § 580 Nr 7b ZPO Nr 4; BGHZ 57, 216). Bei begründeter Berufung gegen dieses Urteil darf das Berufungsgericht analog § 538 I Nr 4 zur Durchführung des Hauptverfahrens (§ 590 I) zurückverweisen (KG FamRZ 89, 647). Bei **Säumnis einer Partei** ist in diesem Fall durch unechtes Versäumnisurteil zu entscheiden, so daß kein Einspruch zulässig ist (BGH NJW 59, 1780; Johannsen Anm zu LM § 589 ZPO Nr 2).

4 **d) Liegt ein Wiederaufnahmegrund vor,** so wird das **angefochtene Urteil aufgehoben** (BGHZ 84, 24 = MDR 82, 1004). Das kann durch (berufungsfähiges: BGH MDR 79, 297) Zwischenurteil nach § 303 (RGZ 99, 169) mit lediglich vorläufiger Wirkung (BGHZ 43, 244; Johannsen Anm zu LM § 578 ZPO Nr 9) geschehen. Statt dessen kann auch zusammen mit der ersetzenden Entscheidung im dritten Verfahrensabschnitt darüber befunden werden. Bei **mehreren Streitgegenständen** oder bei **teilbarem Streitgegenstand** des Vorprozesses ist die Aufhebung auf einen abtrennbaren Teil zu beschränken, wenn lediglich dieser von dem Anfechtungsgrund betroffen ist.

5 e) War im Vorprozeß ein **Zwischen- oder Vorbehaltsurteil vorausgegangen,** sei es auch in einer unteren Instanz, so ist es ebenfalls mit aufzuheben, sofern es von dem Anfechtungsgrund betroffen ist (§ 583 Rn 2, 5). Anderenfalls behält es eine Bindungswirkung nach § 318 auch für die ersetzende Entscheidung des dritten Verfahrensabschnittes. Anders als nach § 564 II sind die zu beanstandenden **Verfahrensteile** nicht durch ausdrücklichen Ausspruch mit aufzuheben; ihre in den Gründen zu erörternde Aussonderung besteht darin, daß sie im ersetzenden Urteil nicht mehr verwertet werden dürfen (Rn 9).

6 **f)** Zum Verfahren bei Wiederaufnahme gegen **Beschlüsse** s § 585 Rn 15. Wird in diesen Fällen ein Urteilsverfahren durchgeführt, weil es sich um einen urteilsersetzenden Beschluß handelt, so

ist bei begründeter Wiederaufnahme der Beschluß durch ein Zwischenurteil aufzuheben und das Hauptsacheverfahren nach den hierfür geltenden Vorschriften fortzusetzen.

2) **Neuverhandlung der Hauptsache:** Bei Zulässigkeit der Klage und Bejahung eines Wiederaufnahmegrundes wird über die Hauptsache – regelmäßig der Streitgegenstand des Vorprozesses – neu verhandelt. Wenn in einem Zwischenurteil (Rn 4) das Urteil des Vorprozesses nur **teilweise** oder nur das Endurteil unter Bestehenlassen einer Vorentscheidung aufgehoben worden ist, ist auch nur in den dadurch gezogenen Grenzen neu zu verhandeln. Gleiches gilt, wenn nur beschränkte Aufhebungsanträge gestellt worden sind und die aufhebende Entscheidung zusammen mit der ersetzenden ergeht. 7

3) Die **Anträge zur Hauptsache** müssen spätestens jetzt gestellt werden (RGZ 168, 230). **Klageänderung** und **Klageerweiterung** sind möglich (RGZ 91, 197). Da mit Eintritt in die neue Verhandlung zur Hauptsache das Verfahren in die alte Prozeßlage zurückversetzt wird, sind auch die dafür geltenden Verfahrensvorschriften anzuwenden; der Wiederaufnahmekläger, der im Vorprozeß Beklagter war, kann jetzt **Widerklage** erheben (RGZ 91, 197) oder als früherer Berufungsbeklagter **Anschlußberufung** einlegen (BGH NJW 59, 1918, 1920 zu 4). 8

4) Infolge der **Einheit der mündlichen Verhandlung** des dritten Verfahrensabschnitts mit der mündlichen Verhandlung des Vorprozesses wird über den Streitstoff nunmehr so verhandelt, wie wenn noch keine Vorentscheidung ergangen wäre. Die neue Verhandlung zur Hauptsache erstreckt sich jedoch **nur auf den vom Anfechtungsgrund betroffenen Teil des Verfahrens,** so daß auch nur in diesen Grenzen eine neue, selbständige und unabhängige Verhandlung stattfindet; im übrigen bleibt der nicht betroffene Rest des alten Verfahrens maßgebend (RGZ 82, 273). 9

a) Für das ersetzende Urteil scheiden als **Urteilsgrundlage** die Verfahrensergebnisse des Vorprozesses aus, die von dem Anfechtungsgrund betroffen sind, in den Fällen des § 579 also regelmäßig die gesamten gerichtlichen Verhandlungen, Beweisergebnisse und Parteihandlungen (ebenso für § 580 Nr 5 das KG in NJW 76, 1356). Je nach Art und Tragweite des Anfechtungsgrundes scheiden jedoch auch nur **einzelne Verfahrensergebnisse** als Entscheidungsgrundlage aus, beispielsweise ein abgenötigtes Geständnis oder eine unter Verletzung der Wahrheitspflicht zustande gekommene Zeugenaussage. 10

b) Im Fall des **§ 580 Nr 7** ist die als unvollständig erwiesene Urteilsgrundlage zu ergänzen. 11

c) Es können auch die bisherigen Verfahrensergebnisse zur Begründetheit des Klageanspruchs **gegenstandslos** werden, wenn zufolge des Anfechtungsgrundes (zB bei bestehender Prozeßunfähigkeit schon im Zeitpunkt der Klageerhebung) die **ursprüngliche Klage nunmehr als unzulässig** abzuweisen (vgl BGH LM § 580 Nr 7b ZPO Nr 4) oder bei der Wiederaufnahme gegen ein Urteil der Rechtsmittelinstanz das **Rechtsmittel als unzulässig zu verwerfen** ist. 12

d) Bei der **tatsächlichen und rechtlichen Würdigung** der bestehengebliebenen und der neu hinzugekommenen Verfahrensergebnisse ist das Wiederaufnahmegericht frei und nicht an die Auffassung des früheren Richters gebunden. **Nicht betroffene Geständnisse, Anerkenntnisse** usw bleiben wirksam, können aber durch die neu verwertbar gewordenen Urkunden widerlegt werden (RGZ 35, 409). 13

5) Für das **Verfahren** gelten die allgemeinen Vorschriften, bei besonderen Verfahrensarten (etwa Urkundenprozeß oder Statusverfahren) im Hauptprozeß diese. Neue Behauptungen und Beweismittel können vorgebracht werden und sind zu berücksichtigen (BGH WPM 83, 959 [960]), desgleichen als verspätet zurückgewiesenes Vorbringen, soweit es das Verfahren jetzt nicht mehr verzögert (StJ/Grunsky Rn 6), sowie zwischenzeitliche Änderung der Rechtslage (BVerwG NVwZ 89, 68). Bereits eingetretene Rechtsverluste oder Bindungen (zB nach §§ 282 III, 290, 295) bestehen aber fort. Im übrigen können die Parteien so disponieren, wie sie es in der früheren Verhandlung gekonnt hätten. Bei **Säumnis** gelten die allgemeinen Grundsätze (§§ 330, 331, 542), wobei die Parteirolle in der Hauptsache, nicht hinsichtl der Wiederaufnahmeklage, maßgebl ist. 14

6) Ein **Antrag auf Erstattung** des auf Grund des angefochtenen Urteils beigetriebenen Hauptbetrages ist durch Zwischenantrag analog § 717 III (Einzelheiten dort Rn 17 f) möglich (RGZ 91, 198; 99, 171). Der Wiederaufnahmekläger darf aber insoweit auch eine besondere Klage erheben, die sogar mit der Wiederaufnahmeklage verbunden werden kann (BGH MDR 63, 119; Johannsen Anm zu LM § 580 Nr 7b ZPO Nr 20/21). Ein durch Zwangsvollstreckung entstandener **Schaden** (Vollstreckungskosten oder Zinsen bis zum Tage der Rückzahlung des Hauptbetrages) muß durch selbständige Klage geltend gemacht werden; insoweit scheidet eine entsprechende Anwendung des § 717 II aus (RGZ 91, 202). Gegenüber dem Anspruch auf Erstattung des gezahlten Hauptbetrages ist die **Aufrechnung** mit einer Gegenforderung nicht zulässig (RGZ 34, 354); jedoch ist mit dem BAG (NJW 62, 1125, 1126 zu b) die Aufrechnung mit einer unbestrittenen Gegenforderung als wirksam und beachtlich zu behandeln, da hierdurch eine Verzögerung in der Erfüllung des Rückgewährungsanspruchs nicht eintreten kann. 15

16 7) Im **Urteil** wird (neben der Aufhebung des früheren Urteils, wenn diese nicht bereits durch ein Zwischenurteil ausgesprochen worden ist), ggf durch die Vorinstanz nach Aufhebung und Zurückverweisung, über die Klage des Vorprozesses entsprechend den alten oder den nunmehr gestellten Anträgen neu zur Hauptsache entschieden, was natürlich auch zur Abweisung der ursprünglichen Klage als unzulässig führen kann (BGH LM § 580 Nr 7b ZPO Nr 4). Soll es bei der Entscheidung des Vorprozesses über die Hauptsache verbleiben, dann kann eine neue Entscheidung mit demselben Inhalt wieder erlassen werden (RGZ 75, 57; KG NJW-RR 90, 8); statt dessen darf aber auch das Urteil des Vorprozesses entsprechend § 343 aufrechterhalten werden (Zeuner MDR 60, 87), was sogar der prozessual einfachere und deshalb auch empfehlenswertere Weg ist.

17 8) Die **Kostenentscheidung** wird für die gesamten Kosten des Vorprozesses und des Wiederaufnahmeverfahrens nach dessen Ergebnis einheitlich neu getroffen. Rechtskräftige Teilurteile, die nicht vom Wiederaufnahmeverfahren betroffen sind, müssen beachtet werden, was zur Kostenquotierung führen kann, § 92 I. Bei dem Nichtigkeitsgrund der mangelnden Vertretung (§ 579 I Nr 4) sind die Grundsätze zur Kostenbelastung bei **vollmachtloser Vertretung** (s dazu Schneider Rpfleger 76, 229) nicht anwendbar, da der Schein-Vertreter im Wiederaufnahmeverfahren nicht beteiligt ist.

591 *[Rechtsmittel]*

Rechtsmittel sind insoweit zulässig, als sie gegen die Entscheidungen der mit den Klagen befaßten Gerichte überhaupt stattfinden.

1 1) **Rechtsmittel** sind **Berufung** (§ 511), **Revision** (§ 545) oder **Beschwerde** (§ 567). Das neue Urteil tritt an die Stelle des in dem früheren Verfahren in derselben Instanz erlassenen Urteils und unterliegt deshalb auch denselben Rechtsmitteln wie dieses. Jedoch ist die Rechtsmittelfähigkeit stets nach dem gegenwärtig geltenden Recht zu beurteilen; fehlt sie danach, dann gibt es kein Rechtsmittel, auch wenn es nach dem Rechtsstand zZ des Erlasses des ersetzten Urteils bestanden hätte (BAG NJW 58, 1605). Ist das LG als Wiederaufnahmegericht mit der Wiederaufnahme gegen ein landgerichtliches Berufungsurteil befaßt oder betrifft das Wiederaufnahmeverfahren ein Revisionsurteil, dann ist folglich jedes Rechtsmittel ausgeschlossen (RGZ 57, 234; JW 35, 780; 36, 2099). Gegen einen Beschluß, durch den das OLG die Wiederaufnahme eines abgeschlossenen **Zwangsversteigerungsverfahrens** abgelehnt hat, gibt es keine Beschwerde an den BGH (ZIP 81, 209).

2 Die **Revision** gegen ein OLG-Urteil, das in nichtvermögensrechtlichen Streitigkeiten die Wiederaufnahmeklage verworfen hatte, ist nur zulässig, wenn das Berufungsgericht die Revision zugelassen hat; § 547 ist nicht „entsprechend" (§ 585) anwendbar (BGH MDR 82, 838 = NJW 82, 2071 m Nachw). In vermögensrechtlichen Sachen ist die Revision bei einer Beschwer bis 60000 DM ebenfalls nur zulässig, wenn sie im Urteil zugelassen worden ist (§ 546 I). Dann ist das Revisionsgericht befugt, die Annahme der Revision gemäß § 554b abzulehnen.

3 2) Wird über die Stufen „Zulässigkeit der Klage" und „Vorliegen eines Wiederaufnahmegrundes" gesondert verhandelt und entschieden, sind die **Zwischenurteile** (§ 303) selbständig anfechtbar (§ 280 II 1). Wird über beide Stufen zugleich verhandelt und entschieden, ist auf Berufung hin auch die Bejahung des Wiederaufnahmegrundes zu prüfen (BGH FamRZ 79, 118 = MDR 79, 297; NJW 93, 1928/29).

4 3) Hat das LG **Prozeßkostenhilfe für eine Nichtigkeitsklage** versagt, die ein landgerichtliches Berufungsurteil betrifft, dann gibt es dagegen keine Beschwerde (KG JR 63, 387).

5 4) **Wiederaufnahme** des Wiederaufnahmeverfahrens richtet sich nach den allg Vorschriften. Möglich ist auch nach Abweisung einer Wiederaufnahmeklage die **erneute Erhebung** einer Wiederaufnahmeklage gegen dasselbe Urteil des Vorprozesses auf Grund anderer Anfechtungsgründe, sofern die Fristen des § 586 noch gewahrt werden können (näher Rn 25 vor § 578).

Fünftes Buch

URKUNDEN- UND WECHSELPROZESS

Lit: *Hall,* Vorbehaltsanerkenntnis und Anerkenntnisvorbehaltsurteil, 1992; *Hertel,* Der Urkundenprozeß, 1992; *Schwarz,* Anerkenntnis und Vorbehalt im Urkundenprozeß, JR 95, 1; *Stürner,* Die Bindungswirkung des Vorbehaltsurteils im Urkundenprozeß, ZZP 85, 424.

Vorbemerkungen

1) Zweck des Urkundenprozesses ist es, dem Kläger zu ermöglichen, schneller als im ordentl Verfahren (vgl hierzu Teske JZ 95, 472) zu einem vollstreckbaren Titel zu gelangen, den er darüber hinaus ohne Sicherheitsleistung (§ 708 Nr 4), jedoch mit dem Risiko einer Schadensersatzpflicht (§ 600 II iVm § 302 IV 3), vollstrecken darf. Diese Beschleunigung wird durch Ausschluß der Widerklage (§ 595 I) sowie vor allem durch die Beschränkung der Beweismittel auf präsente Urkunden und Parteivernehmung erreicht. Kehrseite dieser Beschränkung ist, daß das Ergebnis des Verfahrens möglicherweise nicht endgültig ist und durch ein im ordentl Prozeß zu verhandelndes Nachverfahren umgestoßen werden kann. Doch ändert dies nichts daran, daß zunächst ein vollstreckbarer Titel unter Verkürzung des rechtl Gehörs des Bekl ergehen kann. Verfassungsrechtl Bedenken hiergegen (vgl Hertel S 53 ff) erscheinen nicht unbegründet. Der Hinweis auf die ähnliche Situation in Verfahren des einstweiligen Rechtsschutzes (Schlosser ZZP 106, 541) vermag deswegen nicht voll zu überzeugen, weil nicht recht einleuchtet, daß die Einschränkung des rechtl Gehörs von der Zufälligkeit des Urkundenbesitzes abhängen soll. Die Ansicht von Hertel (S 193 ff), Grundlage dieses summarischen Verfahrens dürfe nur eine Urkunde sein, an deren Errichtung der Bekl durch Unterzeichnung mitgewirkt hat, hat daher einiges für sich. Solange sie sich nicht durchgesetzt hat, ist der Bekl auf das vollstreckungsrechtl Instrumentarium (§§ 707, 719) angewiesen (hierzu Hertel S 138 ff). Um keinen endgültigen Rechtsverlust zu erleiden, muß er außerdem bei seiner Einlassung im Urkundenverfahren die vom BGH vertretene, hier abgelehnte Bindungswirkung des Vorbehaltsurteils (§ 600 Rn 12 ff, 19 f) in Rechnung stellen. 1

2) Wesentliche Besonderheit des Verfahrens: Der Kläger hat für die klagebegründenden Tatsachen, sofern sie bestritten werden, **Beweis durch Urkundenvorlage** zu erbringen; die Verteidigung des Bekl ist in derselben Weise beschränkt. Zeugen-, Sachverständigen- und Augenscheinsbeweis sind ausgeschlossen. Parteivernehmung ist nur im Rahmen des § 595 II zulässig. **a)** Gelingt es dem Kläger nicht, den erforderlichen Beweis durch Urkundenvorlagen und – soweit zulässig – Parteivernehmung (§ 595 II) zu erbringen, dann ist seine Klage als „in der gewählten Prozeßart unstatthaft" abzuweisen (§ 597 II). **b)** Widerspricht der Beklagte der Klageforderung (§ 599 I), ohne in der Lage zu sein, seine Behauptungen durch Urkundenvorlage oder Parteivernehmung zu beweisen, dann wird er verurteilt unter Vorbehalt seiner Rechte im Nachverfahren. Will er die ihm vorbehaltenen Rechte weiter verfolgen, dann bleibt der Rechtsstreit ohne weiteres anhängig (§ 600), unbeschadet natürlich der aus dem Vorbehaltsurteil möglichen Zwangsvollstreckung (§ 708 Nr 4). 2

3) Die **allgemeinen Verfahrensvorschriften** gelten auch im Urkundenprozeß, auch jene über die Wahl zwischen frühem ersten Termin und schriftl Vorverfahren (§§ 272 II, 275 ff) und über die Übertragung auf den Einzelrichter (§ 348). **Verbindung** (§ 147) ist nur möglich zwischen mehreren Urkundenprozessen. Eine **Aussetzung** (§ 148) kommt als mit dem Zweck des Urkundenprozesses unvereinbar regelmäßig nicht in Betracht (BGH ZZP 87, 86; Hamm NJW 76, 246; Karlsruhe GRUR 95, 263; Ausnahme bei Aufrechnung: § 593 Rn 5). Für den **Streitgegenstand** gilt gegenüber einer regulären Klage keine Besonderheit. **Ausländer** brauchen als Kläger im Urkundenprozeß dem Beklagten **keine Sicherheit** wegen der Prozeßkosten zu leisten (§ 110 II Nr 2), wohl aber nach Übergang (§§ 596, 600) in das ordentl Verfahren (§ 111). Die **Einrede des Schiedsvertrags** kann auch im Urkundenprozeß erhoben werden (aA Düsseldorf WM 95, 1488); zum Wechselprozeß s aber § 1027 a Rn 5. 3

4) Eine **Verpflichtung** des Klägers, im Urkundenprozeß zu klagen, besteht nicht (§ 592: „kann"). Er kann sich aber vertraglich verpflichten, einen bestimmten Anspruch nicht im Urkundenprozeß einzuklagen (RGZ 160, 241). Eine solche Vereinbarung hat keine unmittelbare verfahrensrechtl Wirkung und muß deshalb vom Gegner durch Einrede im Urkundenprozeß geltend gemacht werden; dies hat dann zur Folge, daß die Klage als in der gewählten Prozeßart unstatthaft abzuweisen ist. – Zur Schadensersatzpflicht eines RA, der nicht von der Möglichkeit schnellerer Titelerlangung im Urkundenprozeß Gebrauch macht, s BGH NJW 94, 3295 = JZ 95, 467 m Anm Teske. 4

5) **Vereinbarungen über den Verfahrensgang** des Urkundenprozesses sind unwirksam. Die Parteien können also nicht etwa den Richter durch Vertrag zwingen, die vorgeschriebenen Voraussetzungen des Urkundenprozesses teilweise unberücksichtigt zu lassen. Derartige Abreden liefen auf die Schaffung eines unserem Verfahrensrecht unbekannten Konventionalprozesses hinaus (RGZ 160, 243). 5

6) **Besondere Ausgestaltungen des Urkundenprozesses** sind **Wechsel-** und **Scheckprozeß** (§§ 602 ff, 605a). Der Beschränkung auf bestimmte materiellrechtl Anspruchsgrundlagen stehen hier besondere Vergünstigungen gegenüber: zusätzl Gerichtsstand, kürzere Fristen, Erleichterungen für die Beweisführung. Zu den Besonderheiten des Urkunden-, Wechsel- und Scheck**mahnverfahrens** s § 703a. 6

7 Vor den **Arbeitsgerichten** sind die §§ 592–605a unanwendbar (§ 46 II 2 ArbGG; s § 603 Rn 8).

8 7) **Gebühren: a)** des **Gerichts:** Vor- und Nachverfahren bilden eine Gebühreninstanz. Keine Urteilsgebühren im Prozeßverfahren erster Instanz. Zur möglichen Ermäßigung der Verfahrensgebühr s § 253 Rn 27. Im Berufungsverfahren fallen Urteilsgebühren an: KV 1223–1225. – **b)** des **Anwalts:** § 39 BRAGO. Lediglich die erneut anfallende Prozeßgebühr wird angerechnet. Alle anderen Gebühren können doppelt anfallen (§ 39 S 2 BRAGO). Für eine im Vorverfahren entstandene Verhandlungs- und im Nachverfahren entstandene Erörterungsgebühr geht § 39 S 1 BRAGO dem § 31 II BRAGO vor.

592 *[Voraussetzungen des Prozesses]*

Ein Anspruch, welcher die Zahlung einer bestimmten Geldsumme oder die Leistung einer bestimmten Menge anderer vertretbarer Sachen oder Wertpapiere zum Gegenstand hat, kann im Urkundenprozeß geltend gemacht werden, wenn die sämtlichen zur Begründung des Anspruchs erforderlichen Tatsachen durch Urkunden bewiesen werden können. Als ein Anspruch, welcher die Zahlung einer Geldsumme zum Gegenstand hat, gilt auch der Anspruch aus einer Hypothek, einer Grundschuld, einer Rentenschuld oder einer Schiffshypothek.

1 1) **Zahlung oder Leistung vertretbarer Sachen** muß Gegenstand der Klage sein. Die Klage auf **Hinterlegung** einer Geldsumme oder auf **Sicherheitsleistung** ist daher im Urkundenprozeß nicht statthaft; wohl aber kann geklagt werden auf Zahlung einer bestimmten Geldsumme gemeinschaftlich an den Kläger und denjenigen, dem die Forderung verpfändet worden ist (RGZ 104, 36). Zulässig ist auch die Klage auf Zahlung einer Geldsumme **an einen Dritten** zum Zweck der Leistung einer Kaution (BGH NJW 53, 1707) sowie die Klage auf künftige Leistung nach § 257 (OGHZ 4, 227), nicht aber die Stufenklage (MK/Braun Rn 7). **Vertretbare Sachen:** § 91 BGB. – **Nicht statthaft** ist Urkundenprozeß daber zB bei Anspruch auf Herausgabe bestimmter Gegenstände (Celle OLGR 96, 32) oder Übertragung eines GmbH-Anteils (Köln Betrieb 94, 1078).

2 Auf den **Entstehungsgrund** des Anspruches kommt es nicht an. Im Urkundenprozeß verfolgbar sind somit Ansprüche sowohl persönl wie dingl Natur, Ansprüche aus Verträgen und anderen Rechtstiteln, solche, die von einer Vor- oder Gegenleistung (RGZ 56, 302), einer Leistung Zug um Zug (§ 322 I BGB; RGZ 56, 303), dem Eintritt einer Bedingung oder Kündigung abhängen usw. Der Rechtsanwalt, dessen Vergütungsfestsetzungsantrag nach § 19 IV 1 BRAGO abgelehnt worden ist, darf das Honorar anschließend im Urkundenprozeß einklagen (LG Köln NJW 63, 306). Auch **Mietforderungen** dürfen im Urkundenprozeß geltend gemacht werden (LG Bonn WuM 86, 109 m abl Anm Herkenrath; aA für die Wohnraummiete aus sozialen Erwägungen Sternel Mietrecht 3. Aufl V 37 m w Nachw). Ob der Schuldner sich die **beschränkte Erbenhaftung** vorbehalten kann (s dazu §§ 780 ff), ist für die Frage der Zulässigkeit des Urkundenprozesses unerhebl.

3 **Feststellungsklagen** (§ 256 I, II) sind im Urkundenprozeß ausgeschlossen (BGHZ 16, 213; WPM 79, 614). Das gilt jedoch nicht für die Klage auf Feststellung einer **bestrittenen Konkursforderung** (§ 146 KO; StJ/Schlosser Rn 2a; aA München NJW 85, 983). Das folgt daraus, daß es dabei um die Feststellung bezifferter Geldforderungen geht. Wenn § 146 II 1 KO auf die Klage „im ordentl Verfahren" verweist, so schließt das die besonderen Verfahrensarten ein. Daß diese Lösung zutreffend ist, ergibt sich auch aus § 146 III KO, wonach ein Zahlungsprozeß, der durch Konkurseröffnung unterbrochen worden ist, als Feststellungsprozeß fortzusetzen ist (zust München MDR 85, 419 = WPM 85, 399). Der Streit geht weiterhin darüber, ob ein bestimmter Geldbetrag zu zahlen sei. Ist aber in diesem Fall die Fortführung des unterbrochenen Verfahrens im Urkundenprozeß zulässig (RGZ 32, 231), dann fehlt es an einem sachl Grund, anders zu entscheiden, wenn von vornherein gemäß § 146 II 1 KO auf Feststellung zur Tabelle geklagt wird. Beide Prozeßlagen sind gleich zu behandeln, so daß auch die Ansicht abzulehnen ist, ein unterbrochener Urkundenprozeß gehe von selbst in das ordentl Verfahren über (so Hamm MDR 67, 929; dagegen mit Recht Teske ZZP 99, 185 ff m Nachw). **Zwischenfeststellungsklage** (§ 256 II) ist erst im Nachverfahren zulässig (BGH ZIP 94, 562/3). Zur **einseitigen Erledigungserklärung** s § 596 Rn 12.

4 Klagen auf **Befreiung von einer Geldschuld** sind unstatthaft (RG Warn 17 Nr 236), desgleichen **Gestaltungsklagen** und Klagen auf **individuelle Sachleistungen** oder auf **Handlungen** oder **Unterlassungen,** etwa auf Abgabe einer Willenserklärung (Köln MDR 59, 1017). In S 2 ausdrückl zugelassen sind aber bestimmte Klagen auf **Duldung der Zwangsvollstreckung;** auf ähnl Fälle ist dies entspr anzuwenden (StJ/Schlosser Rn 2; MK/Braun Rn 4; RGZ 50, 50).

5 2) **Amtsprüfung.** Ob sich die Klage für den Urkundenprozeß eignet, ist von Amts wegen zu prüfen. Wenn nicht, wird sie als in der gewählten Prozeßart unstatthaft abgewiesen (§ 597 II), auch wenn der Beklagte säumig ist (StJ/Schlosser § 597 Rn 5). Ebenso bei Vereinbarung, daß nicht im Urkundenprozeß geklagt werden darf (Rn 4 vor § 592).

6 Wird ein im Urkundenprozeß unstatthafter Anspruch geltend gemacht, erklärt aber der Beklagte ein **Anerkenntnis nach § 307** oder der Kläger den **Verzicht nach § 306,** dann wird das

Fehlen der Prozeßbedingungen des § 592 unerheblich; es ist ohne Prüfung der Eignung des Anspruchs für den Urkundenprozeß zu entscheiden, so daß der Kläger nicht gehalten ist, vom Urkundenprozeß Abstand zu nehmen, um ein Anerkenntnisurteil erlangen zu können.

3) **Beweis durch Urkunden** muß hinsichtl aller **anspruchsbegründenden Tatsachen** geführt werden können (zu sonstigen Tatsachen s § 595 II). 7

a) Was zum Klagegrund gehört, bestimmt sich nach den Tatbestandsvoraussetzungen der jeweiligen Anspruchsnorm und nach Beweislastgrundsätzen. Rechtsbegründende Tatsachen sind zB diejenigen, die das Zustandekommen eines Darlehens- oder Mietvertrages (nicht auch: dessen Fortbestand, LG Bonn NJW 86, 264) ausmachen. Der Eintritt einer mitvereinbarten **Bedingung** gehört ebenso dazu wie die **Fälligkeit,** insbesondere wenn diese von einer Kündigung abhängt, die dann ebenfalls rechtsbegründende Tatsache ist. Die **Sachbefugnis** und die **Vertretungsmacht** desjenigen, der als Vertreter abgeschlossen hat, rechnen zur „Begründung des Anspruchs" (RGZ 115, 136; Karlsruhe BB 71, 1384). Bei der Klage aus **Bürgschaft** gehört das Bestehen und die Fälligkeit der Forderung gegen den Hauptschuldner dazu (RGZ 97, 162). Der Bürge, der im Urkundenprozeß Rückgriff nimmt, braucht nur seine Inanspruchnahme darzulegen; der Hauptschuldner, der das Erlöschen der Hauptschuld einwendet, ist dafür darlegungs- und beweisbelastet (BGH JR 88, 463 m Anm Schneider = EWiR § 774 BGB 1/87, 1187 – Alisch). Im Einzelfall muß eine **Schlüssigkeitsprüfung** angestellt werden, deren Ergebnis festlegt, welche tatsächl Behauptungen zur Beweislast des Klägers stehen. Auf diese bezieht sich dann der Zwang zum Urkundenbeweis. 8

b) **Prozeßvoraussetzungen** sind von Amts wegen zu berücksichtigen und bedürfen nicht des Urkundenbeweises; sie unterliegen nach der Rechtsprechung auch im Urkundenprozeß dem **Freibeweis** (RGZ 160, 346; BAG NJW 72, 1216; Karlsruhe Justiz 85, 442; zu den Bedenken gegen diese Rspr s vor § 284 Rn 7); die Beweiseinschränkungen der §§ 592, 595 II, III gelten nicht (BGH NJW 86, 2765 = MDR 86, 130). Das gilt nicht nur für die Zulässigkeitsrügen nach § 282 III, sondern auch für verzichtbare prozeßhindernde Einreden (RGZ 160, 346), zB die des Schiedsvertrages (BGH NJW 86, 2765). So erstreckt sich die Beschränkung der Beweismittel nicht auf die Prozeßlegitimation (§ 56), zB die Gesamtvertretung im Prozeß, die Prozeßfähigkeit, die anderweite Rechtshängigkeit oder die Vereinbarung der Zuständigkeit; auch nicht auf die **Bezeichnung der Partei,** so daß der unter seiner Firma als Kläger Auftretende nicht bereits bei Klageerhebung durch Urkunden nachweisen muß, er sei Inhaber der Firma (RGZ 41, 410). 9

c) Die dem Kläger obliegende **Beweisführung** (§ 597 II) erstreckt sich **nicht auf offenkundige Tatsachen,** § 291 (RGZ 113, 119; MK/Braun Rn 12). Da die Gerichtskundigkeit neben der Allgemeinkundigkeit zum Begriff der Offenkundigkeit zählt, entfällt der Beweiszwang im Urkundenprozeß auch für Tatsachen, die das erkennende Gericht selbst amtlich wahrgenommen hat oder aus seinen Akten entnehmen kann. 10

d) Ob auch **unstreitige oder zugestandene Tatsachen** durch Urkunden belegbar sein müssen, ist streitig (bejahend MK/Braun Rn 14; verneinend StJ/Schlosser § 597 Rn 4 je mwN). Der BGH hält den Urkundenbeleg auch bei Nichtbestreiten des Bekl nicht für schlechthin entbehrl, läßt aber zu, daß Lücken im Urkundenbeweis durch unstreitige oder zugestandene Tatsachen geschlossen werden (BGHZ 62, 286/292 = NJW 74, 1199 u 1513 m abl Anm Bull = JZ 74, 679 m abl Anm Stürner = JR 74, 426 m zust Anm Bassenge). Werden etwa bei einer Klage aus einem Kaufvertrag der Vertragsabschluß und die Lieferung durch Urkunden bewiesen, so sei es nicht zu rechtfertigen, die Klage nur deshalb als im Urkundenprozeß unstatthaft abzuweisen, weil nicht auch der – unstreitige – Kaufpreis durch Urkunden bewiesen sei. Dieser vermittelnden Lösung ist zuzustimmen (ebenso Köln VersR 93, 901; in BGHZ 62, 286 dürfte sie allerdings zu großzügig gehandhabt worden sein, so zutr Stürner JZ 74, 681 f). Daß der Kläger im Falle des Nichtbestreitens durch den Bekl den Urkundenbeweis nicht zu *führen* braucht, ändert nichts daran, daß die *Möglichkeit,* ihn zu führen, Statthaftigkeitsvoraussetzung des Urkundenverfahrens ist (§ 597 II), also dem Kläger überhaupt erst den Weg zu dieser vereinfachten Titelerlangung eröffnet; es kann auch nicht richtig sein, daß der fehlende Urkundenbeleg zwar einem Versäumnisurteil, nicht aber einem Urteil gegen den erschienenen Bekl entgegensteht (MK/Braun Rn 14; Stürner aaO). Auf der anderen Seite ist es, da auch im Urkundenprozeß der Grundsatz der freien Beweiswürdigung (§ 286) gilt, nicht gänzlich auszuschließen, daß aus dem Verhalten des Bekl in der mündl Verhandlung Schlüsse gezogen werden, die bis zur Ausfüllung kleinerer Lücken in der Urkundenbeweisführung gehen können. 11

e) Auch für die Begründung von **Nebenforderungen** gilt das Erfordernis des Urkundenbeweises (Ausnahmen bei Wechsel und Scheck: §§ 605 II, 605 a). 12

Einstweilen frei. 13

4) **Urkunden** sind die **allein zulässigen Beweismittel** für die anspruchsbegründenden Tatsachen. Unzulässig sind daher Zeugenvernehmung, Sachverständigengutachten, Einnahme eines 14

Augenscheins und Parteivernehmung. Andere als klagebegründende Tatsachen, insbesondere die Echtheit von Urkunden oder Einreden, sind nach § 595 II dem Beweis durch beantragte Parteivernehmung zugängl.

15 a) Als **Urkunden** iSd ZPO (vgl vor § 415 Rn 2) kommen nur Schriftstücke in Betracht, gleich ob sie öffentl, privat, unterschrieben oder nicht unterschrieben, gedruckt, maschinengeschrieben oder handgeschrieben sind, auch Ablichtungen und Telekopien (Köln VersR 91, 1430; Zoller NJW 93, 432; StJ/Schlosser Rn 16). Soweit die Urkundeneigenschaft einer Fotokopie geleugnet (BGH NJW 92, 829/830; Frankfurt OLGR 95, 235) oder von Beglaubigung abhängig gemacht wird (RSchwab/Gottwald § 121 I), ist dies nur insoweit richtig, als der Beweisführer sich auf die Beweiskraft der Originalurkunde berufen will. Er ist aber nicht gehindert, die Kopie selbst als Beweisurkunde vorzulegen (etwa weil er gar kein Original besitzt); welchen Beweiswert dies hat, ist reine Frage der Beweiswürdigung (vgl § 597 Rn 5). Die Urkunden müssen nicht selbst Träger des Klageanspruchs sein, wie etwa eine Vertragsurkunde; es genügt, daß sie den Anspruch bezeugen (RGZ 142, 306; BGH WPM 67, 367), also einen Indizienbeweis auf die Haupttatsache ermöglichen (BGH WPM 83, 22; 85, 1244 = WuB VII A § 595 Abs 2 ZPO 1.86 – Krämer = MDR 86, 304). Deshalb ist es verfahrensrechtl auch unerhebl, ob der Schuldner bei der Errichtung der Urkunde mitgewirkt hat (RGZ 142, 306). Das **Protokoll über die Vernehmung eines Zeugen** in einem anderen Zivilprozeß oder in einem Strafverfahren ist daher urkundenbeweisl verwertbar (RGZ 49, 374; München NJW 53, 1835). Nur muß das Protokoll vorgelegt werden oder in Akten enthalten sein, die dem Gericht zugängl sind; der **Antrag auf Aktenbeiziehung** ist kein Urkundenbeweis (§ 420). Im Urkundenprozeß selbst (unzulässigerweise) entstandene Vernehmungsprotokolle dürfen auch in zweiter Instanz nicht verwertet werden (Karlsruhe BB 71, 1384).

16 b) Die Vorlage privatschriftl Zeugenerklärungen (RGZ 97, 162), auch in Form einer eidesstattl Versicherung (München NJW 53, 1835), reicht nicht aus, denn hierbei handelt es sich nicht um Vernehmungsurkunden, sondern um **selbstgefertigten Ersatz** für die nicht zugelassene Zeugenvernehmung. Alle privatschriftl Urkunden, die ihrem Inhalt nach auf einen derartigen „Ersatzbeweis" für Zeugenaussagen, Sachverständigengutachten oder Augenscheinergebnisse hinauslaufen, scheiden daher im Urkundenprozeß als Beweismittel aus (BGHZ 1, 220; Frankfurt WPM 75, 87; MK/Braun Rn 16; aA StJ/Schlosser Rn 17).

17 c) **Urkundenauszüge** können genügen, wenn sie die zur Begründung des Anspruches erforderlichen Tatsachen beweisen (RGZ 142, 304). Von **fremdsprachlichen Urkunden** darf das Gericht beweiskräftige Übersetzungen fordern (§ 142 III).

18 Die **Echtheit** der Urkunde ist nach §§ 437 ff zu beurteilen; der Beweis der Echtheit kann nach § 595 II durch Antrag auf Parteivernehmung angetreten werden.

19 5) Zur **Offenlegung** der Beweisurkunden gegenüber dem Bekl s § 593 II, zum (hiervon zu unterscheidenden) **Antritt** des Urkundenbeweises s § 595 III, zur **Beweiswürdigung** § 597 Rn 5, zu den Folgen nicht ordnungsgemäßen oder **nicht ausreichenden Beweisantritts** § 597 II.

20 6) **Teil-Urkundenklage:** Läßt sich die Höhe des materiellrechtl Anspruches durch die vorhandene Urkunde nicht vollständig nachweisen, dann ist der Kläger befugt, denjenigen bezifferten Teilbetrag im Urkundenprozeß einzuklagen, der sich durch Urkunden belegen läßt (BGH WM 67, 367). Erst recht steht es ihm natürlich frei, bei uneingeschränkter Beweisbarkeit durch Urkundenvorlage nur einen Teilbetrag geltend zu machen, etwa aus Kostengründen.

593 *[Klageschrift]*

(1) Die Klage muß die Erklärung enthalten, daß im Urkundenprozeß geklagt werde.

(2) Die Urkunden müssen in Urschrift oder in Abschrift der Klage oder einem vorbereitenden Schriftsatz beigefügt werden. Im letzteren Falle muß zwischen der Zustellung des Schriftsatzes und dem Termin zur mündlichen Verhandlung ein der Einlassungsfrist gleicher Zeitraum liegen.

1 1) **Erklärung zur Prozeßart (Abs 1): a)** Ihr **Zweck** ist der, bereits durch die Klageschrift klarzustellen, daß der Kläger die Erschwerungen in der Beweisführung des Urkundenprozesses auf sich nehmen will und der Beklagte von vornherein weiß, er werde sich in seiner Verteidigung auf die beschränkende Prozeßart einrichten müssen (Hahn, Materialien z ZPO, S 389, 391, 396).

2 b) Aus diesem Zweck der Erklärung folgt, daß sie **zwingender Natur** und damit iS des § 295 unverzichtbar ist (RGZ 142, 304). Es folgt daraus jedoch nicht auch, daß eine bestimmte verbale Formulierung gewählt werden müsse; vielmehr genügt jede Erklärung in der Klageschrift, die den Willen des Klägers unzweideutig erkennen läßt, in der qualifizierten Prozeßart zu klagen.

3 c) **Fehlt** allerdings eine (im vorstehenden Sinne eindeutige) **Erklärung,** dann ist die Klage im ordentl Verfahren erhoben worden, und es stellt sich die Frage, ob die Überleitung in den Urkundenprozeß noch anschließend zulässig ist. Das RG (RGZ 79, 71) hat die **nachträgliche**

Abgabe der Erklärung, es werde nunmehr im Urkundenprozeß geklagt, als unbeachtl angesehen. Der BGH (BGHZ 69, 66 = LM Nr 1 m Anm Krohn = MDR 77, 918) hält die Unterschiede der beiden Rechtsschutzmöglichkeiten jedoch für nicht so gewichtig, daß dem Kläger ein Übergang zum Urkundenprozeß stets versagt werden müßte. Entspr § 263 läßt er ihn nach Eintritt der Rechtshängigkeit zu, wenn der Beklagte zustimmt oder das Gericht die Sachdienlichkeit bejaht, die allerdings häufig zu verneinen sein wird.

d) Zur Erklärung im **Mahnverfahren** siehe § 703a. 4

e) Die Erklärung steht der **Aufrechnung** der im Urkundenprozeß rechtshängigen Forderung in 5 einem anderen Prozeß nicht entgegen (StJ/Schlosser Rn 6; ebenso zum Wechselprozeß (BGH MDR 77, 1013). Zur weiteren Behandlung s § 145 Rn 18. Der dort zur Vermeidung von Rechtskraftkollisionen befürworteten Aussetzung steht das grundsätzl Aussetzungsverbot im Urkundenprozeß (vor § 592 Rn 3) nicht entgegen.

2) **Offenlegung der Urkunden (Abs 2): a) Zweck:** Sie soll dem Beklagten ermöglichen, seine 6 Verteidigung vorzubereiten; dazu muß er die Urkunden kennen, auf die der Kläger seine Klage stützt.

b) Weitergehend als nach §§ 130 ff sind die Urkunden der Klageschrift **beizufügen** und dem 7 Bekl mit ihr **zuzustellen** (zur Nachreichung mit vorbereitendem Schriftsatz Rn 9). Um der Gefahr der Beschädigung oder gar des Verlustes vorzubeugen, darf der Kläger **Abschriften** von Urkunden stellvertretend für die Urschrift beifügen. Der Gegner erhält dann eine anwaltlich beglaubigte Abschrift der Abschrift; die Beglaubigung ist allerdings im Gesetz nicht vorgeschrieben. Bloße Niederlegung auf der Geschäftsstelle genügt nicht, weil das keine Information des Gegners ist (RGZ 5, 352).

c) Ist die **Unterschrift** auf der Urschrift der Urkunde unleserlich, dann genügt auf der Ab- 8 schrift die Feststellung „Unterschrift unleserlich“. **Lücken, Schreibfehler** und dergleichen sind mangels Rüge des erschienenen Gegners unschädl (RGZ 44, 122), darüber hinaus durch Nachreichung heilbar.

d) **Übermittlung durch vorbereitenden Schriftsatz** reicht aus; dieser kann dem Beklagten 9 formlos mitgeteilt (§ 270 II) und noch in der Berufungsinstanz nachgereicht werden, sofern nur die Frist des § 593 II 2 gewahrt wird (RGZ 108, 390; 56, 306). Mitteilung der Urkunde in mündl Verhandlung steht rechtzeitiger Zustellung gleich, wenn sie lange genug vor der Schlußverhandlung liegt (RGZ 104, 34; 114, 365).

3) **Folgen unterbliebener Urkundenmitteilung: a)** Es darf bei Ausbleiben des Beklagten **kein** 10 **Versäumnisurteil** ergehen (§ 335 Nr 2). Vertagung auf Antrag des Klägers, wenn mit Nachholung der Urkundenmitteilung rechtzeitig vor dem neuen Termin zu rechnen ist; sonst ist die Klage gemäß § 597 II als unstatthaft abzuweisen, sofern nicht der Kläger nach § 596 vom Urkundenprozeß Abstand nimmt (Hinweispflicht nach §§ 139, 278 III!).

b) Erscheint der Bekl im Termin, so wird der Mangel nach § 295 **geheilt,** wenn der Bekl ihn 11 nicht rügt (RGZ 114, 371; StJ/Schlosser Rn 5). Bedenken dagegen (s Karlsruhe Justiz 68, 260) erscheinen nicht gerechtfertigt, da die Urkundenmitteilung lediglich die Interessen des Beklagten wahren soll und er am besten wissen muß, ob er dieses Schutzes bedarf.

c) **Rügt der Beklagte** allerdings den Mangel, dann muß auf seinen Antrag hin vertagt werden, 12 damit vor der neuen Verhandlung die Einlassungsfrist gewahrt werden kann (Karlsruhe Justiz 68, 280; StJ/Schlosser Rn 5).

4) Von der **Urkunden-Information** des § 593 II ist der **Urkundenbeweis** zu unterscheiden, der 13 nur durch Vorlage der Original-Urkunden angetreten und geführt werden kann (§ 595 III).

594 (weggefallen)

595 *[Widerklage. Beweismittel]*

(1) Widerklagen sind nicht statthaft.

(2) Als Beweismittel sind bezüglich der Echtheit oder Unechtheit einer Urkunde sowie bezüglich anderer als der im § 592 erwähnten Tatsachen nur Urkunden und Antrag auf Parteivernehmung zulässig.

(3) Der Urkundenbeweis kann nur durch Vorlegung der Urkunden angetreten werden.

Lit: *Becht,* Beweis der Echtheit einer Urkunde, NJW 91, 1993.

I) **Widerklagen**

1 1) Im Urkundenprozeß (nicht mehr im Nachverfahren; § 600 Rn 18b) ist eine **Widerklage ausgeschlossen** (Abs 1). Wird eine solche erhoben, dann ist sie als „im Urkundenprozeß unstatthaft" abzuweisen (§§ 595 I, 597 II). Nimmt der Widerkläger vom Urkundenprozeß Abstand (§ 596), kann nach § 145 II abgetrennt werden (StJ/Schlosser Rn 1).

2 2) Die Erhebung einer **Urkundenwiderklage** ist – sowohl im Urkundenprozeß als auch im ordentl Verfahren – unzulässig (BL/Hartmann Rn 1; MK/Braun Rn 1; aA StJ/Schlosser Rn 1 u § 593 Rn 6; Wieczorek Anm B II).

3 3) **Gegenanträge** nach §§ 600 II, 302 IV 4, 717 II und **Aufrechnung** (BGH WM 81, 386) fallen nicht unter den Begriff der Widerklage und sind deshalb im Urkundenprozeß zulässig (Köln OLGE 5, 50); es gelten jedoch die Beweisbeschränkungen des § 595 II, III.

4 4) **Streitverkündung** und **Nebenintervention** sind ebenso zugelassen wie die Einrede des Schiedsvertrags (dazu RGZ 71, 15).

5 II) **Beweisführung**

1) **Beschränkung der Beweismittel (Abs 2): a)** Für die **zur Begründung des Anspruchs erforderlichen Tatsachen** ist nur der Urkundenbeweis zugelassen (§ 592; näher dort Rn 8, 10 ff).

6 b) Hinsichtl **anderer Tatsachen** sind Urkundenbeweis und Antrag auf Parteivernehmung zulässig. Dies bezieht sich auf die **Einwendungen** und **Einreden** des Bekl, etwa der Erfüllung, Stundung, Arglist, sowie auf den **Gegenvortrag des Klägers,** soweit er diese Einwendungen auszuräumen hat, zB mit der Behauptung, daß sich die vom Bekl vorgelegte Quittung auf ein anderes Geschäft bezogen habe. Zur Behandlung der infolge der Beschränkung der Beweismittel nicht bewiesenen Einwendungen s § 598.

7 c) Wird die **Urkundenechtheit** – bezügl der zur Begründung oder der zur Abwehr der Klage vorgelegten Urkunden (Habscheid ZZP 96, 313) – bestritten, so ist der Urkundenbeweis gleichfalls durch die Zulassung der Parteivernehmung auf Antrag erweitert. Zeugenbeweis, Sachverständigenbeweis (s dazu Becht NJW 91, 1995), Augenscheinsbeweis (durch Schriftvergleich), Verwertung eidesstattlicher Versicherungen und sonstige „Berichtsurkunden" (s § 592 Rn 16) sind also ausgeschlossen, desgleichen die Parteivernehmung von Amts wegen (§ 448). Zu unterscheiden davon ist die **Würdigung der Urkunde selbst,** auch auf ihre Echtheit, die frei nach § 286, auch durch Indizienbeweis, vorzunehmen ist (BGH NJW 95, 1683; WPM 85, 1244 = WuB VII A § 595 Abs 2 ZPO 1.86 – Krämer = MDR 86, 304; Köln ZIP 82, 1424; LG Nürnberg-Fürth u LG Koblenz ZIP 82, 164, 165; aA LG Bonn ZIP 82, 166). S auch § 597 Rn 5.

8 d) **Prozeßvoraussetzungen** unterliegen keiner beweisrechtlichen Einschränkung. Ihr Nachweis ist durch Einsatz aller Beweismittel möglich (§ 592 Rn 9).

9 2) **Urkundenvorlage (Abs 3)** bedeutet **Präsentieren** in der mündl Verhandlung (vgl § 420). Beweisantritt durch Antrag auf Vorlegung einer Urkunde durch den Gegner, einen privaten Dritten oder eine Behörde (§§ 421–432) ist ausgeschlossen (BGH NJW 94, 3295/96). Unzulässig ist daher auch ein **Antrag auf Beiziehung von Akten** eines anderen Gerichts (München NJW 53, 1835). Dagegen darf auf Urkunden in sonstigen Akten des Prozeßgerichts Bezug genommen werden, weil diese stets greifbar sind (RGZ 8, 45; einschr Hamburg OLGE 31, 73). Aus diesem Grund muß auch eine Bezugnahme als zulässig angesehen werden, wenn sie sich zwar auf **fremde Akten** bezieht, diese dem Prozeßgericht aber bereits **vorliegen** (Karlsruhe Justiz 68, 260; Teske JZ 95, 473). Akten, auf die sich **niemand** berufen hat, sind nie beizuziehen, auch nicht gemäß § 273 II Nr 2 (Karlsruhe Justiz 68, 260). – Zur Frage, ob Vorlage einer **Abschrift** ausreicht, vgl § 435 m Erl. – Ob die präsentierte Urkunde **echt** ist, entscheidet das Gericht – aber nur bei substantiiertem Bestreiten (StJ/Schlosser Rn 3) – nach Maßgabe von Rn 7.

10 **Erforderlich** ist Urkundenvorlage nur dann, wenn die durch sie zu beweisende Tatsachenbehauptung **bestritten** ist. **Erneute Vorlage** in späteren Terminen, auch 2. Instanz, nur, wenn zu Beweiszwecken geboten (StJ/Schlosser Rn 3). Zur Urkundenvorlage bei **Säumnis** des Beklagten s § 597 Rn 9.

11 3) **Verbleib der Urkunde:** Sie wird nicht Bestandteil der Akten. Zur Anordnung des Verbleibs bei Gericht s § 142 II.

12 4) Für den **Antrag auf Parteivernehmung** – soweit zulässig (Rn 6 f) – gelten §§ 445 ff (mit Ausnahme von § 448).

596 *[Abstand vom Urkundenprozeß]*

Der Kläger kann, ohne daß es der Einwilligung des Beklagten bedarf, bis zum Schluß der mündlichen Verhandlung von dem Urkundenprozeß in der Weise abstehen, daß der Rechtsstreit im ordentlichen Verfahren anhängig bleibt.

1) Erklärung der Abstandnahme: a) Es handelt sich um eine prozessuale Willenserklärung **(Prozeßhandlung),** die in der mündl Verhandlung abzugeben ist (Köln VersR 93, 901). Die Gegenmeinung, die Erklärung in Schriftsatz genügen läßt (StJ/Schlosser Rn 3; MK/Braun Rn 2), findet im Gesetz keine Stütze. Nur im schriftl Verfahren (§ 128 II, III) und bei der diesem entsprechenden Entscheidung nach Aktenlage (§ 251a) genügt schriftsätzl Erklärung. Als Prozeßhandlung muß sie **unbedingt** abgegeben werden und ist **unanfechtbar.** Selbst **Rechtsbedingungen** sollten vermieden werden, da sie schädl sein können (RGZ 4, 352: Abstandnahme, falls das Gericht den Urkundenprozeß für unstatthaft halte; RG JW 97, 532: Abstandnahme, falls die primär angebotenen Beweise nicht genügen sollten). Die Erklärung muß darüber hinaus **eindeutig** sein. Die Stellung eines Beweisantrages auf Zeugenvernehmung genügt diesem Erfordernis nicht (RG HRR 32 Nr 1791). Wer im Urkundenprozeß lediglich Beweise antritt, die nur im ordentl Prozeß erhoben werden dürfen, drückt damit nicht ohne weiteres aus, daß er vom Urkundenprozeß Abstand nehme (BGH WPM 79, 803). Eine konkludente Erklärung kann auch nicht ohne weiteres darin gesehen werden, daß der Kläger die Erhebung der vom Beklagten angetretenen, im Urkundenprozeß unzulässigen Beweise geduldet hat (so aber Colmar Recht 01, 709; StJ/Schlosser Rn 2; wie hier MK/Braun Rn 2). Das kann auf Unwissenheit oder Versehen beruhen. Deshalb muß das Gericht vorab auf Klarstellung hinwirken (§§ 139, 278 III). 1

b) Die Erklärung der Abstandnahme muß den ganzen Anspruch erfassen; die **Beschränkung** auf einen Anspruchsteil macht sie **unzulässig** (KG OLGE 15, 154; RSchwab/Gottwald § 163 II 4; aA StJ/Schlosser Rn 6; MK/Braun Rn 5). Ein Trennungsbeschluß nach § 145 verselbständigt die getrennten Prozeßteile, so daß auch die Abstandnahmeerklärung sich auf eines der getrennten Verfahren beschränken darf. 2

c) Im ersten Rechtszug bedarf es keiner **Einwilligung des Beklagten** zur Abstandnahme. Sie kann auch bei *Säumnis* des Bekl erklärt werden. Ein Versäumnisurteil kann aber gegen ihn nur dann ergehen, wenn ihm die Abstandnahme rechtzeitig mittels (zuzustellenden, § 270 II) Schriftsatzes mitgeteilt worden war (§ 335 I Nr 2); denn durch die Erklärung ändert sich die Tatsachengrundlage des Rechtsstreits (StJ/Schlosser Rn 8; MK/Braun Rn 6; BL/Hartmann Rn 7). – Auch **nach Einspruch** gegen ein Versäumnisurteil kann Abstandnahme ohne Einwilligung des Bekl erklärt werden (aA MK/Braun Rn 3 wegen des längeren Fortbestandes des Versäumnisurteils als Vollstreckungstitel; hier kann aber nach §§ 719, 707 abgeholfen werden [ebenso StJ/Schlosser Rn 4]). 3

d) Auch im **zweiten Rechtszug** ist die Erklärung der Abstandnahme vom Urkundenprozeß noch zulässig, dann jedoch nur (entspr § 263), wenn der Beklagte zustimmt oder das Gericht dieses Vorgehen für sachdienlich erachtet (BGHZ 29, 337; BB 77, 1176; Hamm AnwBl 84, 504; Hamburg WPM 85, 1506 = WuB VII A § 596 ZPO 1.86 – Pflug; Celle OLGR 96, 32; Steckler/Künzl WPM 84, 862). Das gilt auch dann, wenn die Klage im ersten Rechtszug abgewiesen worden war (Frankfurt MDR 77, 236; aA [auch ohne Einwilligung] RSchwab/Gottwald § 163 II 4; StJ/Schlosser Rn 5). Die zulassende Entscheidung ist entspr § 268 unanfechtbar (BGHZ 29, 337). Der Rechtsstreit geht in der Berufungsinstanz ins ordentl Verfahren über, so daß auch ein noch in erster Instanz anhängiges Nachverfahren gegenstandslos wird (aA RSchwab/Gottwald § 163 II 4 u StJ/Schlosser Rn 5, die in diesem Fall eine Abstandnahme für unzulässig halten) und für eine Aufhebung und Zurückverweisung nach § 538 I Nr 4 kein Anlaß besteht (s § 538 Rn 26). Zur Verneinung der Sachdienlichkeit s Rn 6. 4

Die Voraussetzungen für eine **Zurückweisung** von Vorbringen des Beklagten nach **§ 528** bei Abstandnahme im zweiten Rechtszug werden selten gegeben sein. In Betracht kommen nur Angriffs- und Verteidigungsmittel, die bereits im Vorverfahren hätten geltend gemacht werden müssen. Auch die Sachdienlichkeit einer Aufrechnungserklärung in zweiter Instanz (§ 530 II) wird in aller Regel zu bejahen sein, da anderenfalls der Beklagte benachteiligt würde, nämlich wegen des Vorgehens des Klägers eine Instanz verlöre (BGHZ 29, 342 f). Für Widerklagen (§ 530 I) gilt entsprechendes (Johannsen Anm zu LM § 596 ZPO Nr 1). 5

Wird die **Abstandnahme** im zweiten Rechtszug **nicht zugelassen,** dann bleibt der Rechtsstreit als Urkundenprozeß anhängig (RG JW 26, 579 m zust Anm Bernstein; Frankfurt MDR 88, 326). Der Beklagte darf nur unter Vorbehalt (§ 599) verurteilt werden, sofern nicht eine Entscheidung nach § 597 I oder II geboten ist und deshalb kein Nachverfahren stattfinden kann. 6

2) Folgen der Erklärung: a) Die Erklärung der **Abstandnahme ist endgültig;** sie kann nicht nachträgl widerrufen werden, um eine Rückkehr zum Urkundenprozeß zu ermöglichen. Dagegen läßt sie die Anhängigkeit des Anspruchs unberührt. Es ändert sich lediglich der geforderte 7

Rechtsschutz. Die Klage kann deshalb nicht mehr als in der gewählten Prozeßart unstatthaft (§ 597 II) abgewiesen werden. Es ist nunmehr auch unerhebl, ob der Urkundenprozeß überhaupt zulässig war oder nicht; diese Frage ist prozessual überholt (Kiel OLGE 37, 155).

8 b) Die **Rechtshängigkeit dauert fort.** Ist der Beklagte bei Abgabe der Erklärung im Termin anwesend, dann kann sofort weiterverhandelt werden. Die bis dahin abgegebenen Erklärungen (Geständnisse, Verzichte usw) behalten ihre Wirkung für das ordentl Verfahren (RGZ 13, 399). Darüber hinaus können neue – nicht durch §§ 592, 595 II beschränkte – Beweise angeboten werden. Der Beklagte darf jetzt Widerklage erheben und kann mit nicht nach § 595 II beweisbaren Gegenansprüchen die Aufrechnung erklären.

9 c) Einen **Vertagungsanspruch** hat der im Termin anwesende Beklagte grds nicht, da er stets mit einer Abstandnahmeerklärung des Gegners rechnen muß. Jedoch sollte hier nicht formal entschieden werden. Denn andererseits hat auch der Kläger immer die Möglichkeit, den Beklagten schriftsätzl auf die Abstandnahmeerklärung vorzubereiten. Auf jeden Fall muß dem Beklagten **Gelegenheit** gegeben werden, sich zu neuem Vorbringen – Behauptungen und Beweisanträge – des Klägers **zu äußern,** sei es durch Vertagung oder durch Schriftsatznachlaß gemäß § 283 (Hamm NJW 74, 1515). Ist der **Beklagte** in dem Termin, in dem die Abstandnahme erklärt wird, **nicht erschienen,** dann hat der Kläger idR die Vertagung zu beantragen. Dem Beklagten ist eine neue Ladung und die Benachrichtigung von der Abstandnahmeerklärung zuzustellen. Hierbei braucht nur die Ladungsfrist des § 217, nicht die Einlassungsfrist des § 274 III eingehalten zu werden. War der Beklagte zu dem Termin unter Mitteilung der Abstandnahme (§ 335 I Nr 3) geladen worden (vgl Rn 3), darf der Kläger Versäumnisurteil beantragen, selbst wenn er seinen Anspruch nicht durch Urkunden beweisen kann; darauf kommt es nicht mehr an.

10 3) **Abstandnahme vom Wechselprozeß oder Scheckprozeß** um in den Urkundenprozeß überzugehen, ist gleichfalls zulässig (BGHZ 53, 11[17] = JZ 70, 552 m Anm Hadding), auch in der zweiten Instanz, ohne daß die Voraussetzungen des § 263 erfüllt sein müssen (BGH NJW 93, 3135; aA Steckler/Künzl WM 84, 862). Unzulässig ist es dagegen, denselben Anspruch in erster Linie im Wechselprozeß, **hilfsweise** im gewöhnlichen Urkundenprozeß geltend zu machen (BGHZ 82, 200). Da die nur hilfsweise erklärte Abstandnahme vom Wechselprozeß unzulässig ist (aA Steckler/Künzl WPM 84, 862), bleibt der Rechtsstreit in dieser Verfahrensart anhängig mit der Folge, daß die Wechselklage als unbegründet und das Hilfsbegehren als im Wechselprozeß unstatthaft abzuweisen ist, so daß keine Rechtskraftwirkung wegen sonstiger Ansprüche aus der Urkunde eintritt (BGHZ 82, 200/208).

11 4) Auf die **Kostenentscheidung** ist die Abstandnahme vom Urkundenprozeß ohne Einfluß. Für die Kostenbelastung kommt es nur darauf an, wer am Ende obsiegt oder unterliegt. § 96 ist auch dann unanwendbar, wenn durch den Wechsel in der Prozeßart besondere Kosten entstanden sind, da die Klage kein Angriffsmittel ist, sondern der Angriff selbst.

12 5) Bei **Erledigung der Hauptsache** ist § 91a anzuwenden. Die Erledigungserklärung muß sich jedoch auf den gesamten Streitgegenstand beziehen; sie kann nicht auf die Rechtsverfolgung im Urkundenprozeß beschränkt werden. Werden die beiderseitigen Erledigungserklärungen nach Übergang in das ordentl Verfahren abgegeben, dann gelten die allgemeinen Verfahrensvorschriften. Wird dagegen ohne Abstandnahmeerklärung der Urkundenprozeß insgesamt in der Hauptsache für erledigt erklärt, dann gelten die Regeln des Urkundenprozesses und ergeht hinsichtlich der Kosten ein **Vorbehaltskostenbeschluß** nach § 91a, der im Kosten-Nachverfahren überprüfbar ist (Göppinger ZZP 70, 221 ff). Bei **einseitiger Erledigungserklärung** ohne Abstehen vom Urkundenprozeß ergeht, wenn Anspruch begründet war, Vorbehaltserledigungsurteil, andernfalls Abweisung nach § 597 II (StJ/Schlosser Rn 4).

13 **6) Gebühren: 1)** des **Gerichts:** s Rn 8 vor § 592. – **2)** des **Anwalts:** Das nach Abstandnahme in den ordentl Rechtsstreit übergeleitete Verfahren (§ 596) und das Nachverfahren nach Erlaß des Vorbehaltsurteils (§ 600) bilden jeweils eine neue Instanz. Der RA, der in beiden Verfahren seinen Mandanten vertritt, erhält für beide Verfahren nur eine Prozeßgebühr (§ 39 BRAGO); alle anderen Gebühren der §§ 31 ff BRAGO können doppelt anfallen.

597 *[Klageabweisung]*

(1) Insoweit der in der Klage geltend gemachte Anspruch an sich oder infolge einer Einrede des Beklagten als unbegründet sich darstellt, ist der Kläger mit dem Anspruch abzuweisen.

(2) Ist der Urkundenprozeß unstatthaft, ist insbesondere ein dem Kläger obliegender Beweis nicht mit den im Urkundenprozeß zulässigen Beweismitteln angetreten oder mit solchen Beweismitteln nicht vollständig geführt, so wird die Klage als in der gewählten Prozeßart unstatthaft abgewiesen, selbst wenn in dem Termin zur mündlichen Verhandlung der Beklagte nicht

erschienen ist oder der Klage nur auf Grund von Einwendungen widersprochen hat, die rechtlich unbegründet oder im Urkundenprozeß unstatthaft sind.

1) **Bedeutung der Vorschrift:** Sie regelt den Inhalt der Entscheidung, die bei erfolgloser Klage im Urkundenprozeß zu erlassen ist, deckt hierbei aber nur die zwei wichtigsten Fälle ab, nämlich den der Unbegründetheit der Klage (Abs 1) und den der Unstatthaftigkeit des Urkundenprozesses (Abs 2). Für die weiteren in Betracht kommenden Fälle (Abweisung der Klage als unzulässig wegen Fehlens einer allg Prozeßvoraussetzung, Säumnis oder Verzicht des Klägers) gelten die allg Vorschriften und Grundsätze. 1

2) **Unbegründetheit (Abs 1): a)** Sie liegt vor, wenn die Behauptungen des Klägers den Klageanspruch nicht rechtfertigen, die Klage also **nicht schlüssig** begründet worden ist (BGH WPM 82, 271; 91, 238) – das ist mit „an sich" in Abs 1 gemeint – oder wenn eine **liquide Einrede** des Beklagten eingreift, dh eine solche, die bereits im Urkundenprozeß den Klageanspruch zu Fall bringt, weil sie mit den Mitteln des § 595 II bewiesen werden kann (etwa bei Erfüllung oder Erlaß; zur Aufrechnung s § 598 Rn 6). Hat der Bekl Einwendungen erhoben, die er nicht nach § 595 II beweisen kann, gelten §§ 598, 599. Hat er die Einwendungen zwar gemäß § 595 II unter Beweis gestellt, der Kläger aber Gegenbeweis mit Mitteln angeboten, die im Urkundenprozeß nicht zulässig sind, gilt nicht Abs 1, sondern Abs 2. Daß der Kläger auch durch einen bloßen Widerspruch gegen die Einwendungen (ohne Beweisantritt) die endgültige Abweisung nach Abs 1 soll verhindern können (so StJ/Schlosser Rn 2; MK/Braun Rn 4), erscheint im Hinblick auf § 599 I konsequent; allerdings wird in diesem Fall Anlaß bestehen, den Kläger auf § 596 hinzuweisen. **Mängel der** zur Klagebegründung vorgelegten **Urkunde** (zB Unechtheit) führen nicht zur endgültigen Klageabweisung nach Abs 1 (sondern zur Entscheidung nach Abs 2), wenn die Urkunde nur als Beweismittel dient. Macht der Mangel jedoch den Anspruch selbst hinfällig (wie uU beim Wechsel), so ist die Klage abzuweisen. Von Amts wegen zu beachtende Schlüssigkeitshindernisse, etwa Verwirkung oder Klauselnichtigkeit nach dem AGBG (BGH WPM 91, 238), müssen vom Beklagten nicht eingewandt werden. 1a

b) Bei **teilweiser Unbegründetheit** kann Teilurteil ergehen, wenn die Voraussetzungen eines solchen (§ 301 Rn 2 ff) erfüllt sind (RG Gruch 30, 1066). 2

c) Entscheidung: Die Klage wird **durch Sachurteil abgewiesen.** Die Abweisung ist – anders als im Fall des Abs 2 – endgültig. Der Anspruch kann nach Rechtskraft des Urteils weder im ordentl Verfahren noch erneut im Urkundenprozeß geltend gemacht werden (RGZ 148, 201). 3

3) **Unstatthaftigkeit (Abs 2): a)** Der Urkundenprozeß kann unstatthaft sein, wenn der erhobene Anspruch seinem Gegenstand nach nicht unter § 592 fällt (s dort Rn 1–5), wenn der Kläger nicht für alle klagebegründenden Tatsachen den Beweis durch Urkunden antreten und – bei Bestreiten des Bekl – auch führen kann (§ 592 Rn 7 ff) oder wenn er einen anderen ihm obliegenden (Gegen-)Beweis nicht mit den Mitteln des § 595 II erbringen kann (§ 595 Rn 6). Die Eignung des Anspruchs zur Verfolgung im Urkundenprozeß ist vAw zu prüfen; es handelt sich um eine besondere Prozeßvoraussetzung für dieses Verfahren. Der Urkundenprozeß ist deshalb grds auch dann nicht statthaft, wenn der Kläger für anspruchsbegründende Tatsachen keinen Urkundenbeweis anbieten kann, der Bekl die betreffenden Tatsachen aber nicht bestreitet (str, vgl § 592 Rn 11; zu offenkundigen Tatsachen § 592 Rn 10). 4

b) Zu beachten ist jedoch, daß der **Grundsatz der freien Beweiswürdigung** durch die Beweismittelbeschränkung im Urkundenprozeß **nicht aufgehoben** wird; der Beweiswert der im Urkundenprozeß zulässigen Beweismittel ist gem § 286 frei zu würdigen (vgl § 595 Rn 7). Daraus folgt, daß unstreitige oder vom Gegner zugestandene Tatsachen in engen Grenzen vom Urkundenbeleg ausgenommen werden dürfen (§ 592 Rn 11). Auch ein Anerkenntnis schließt daher die Abweisung nach § 597 II wegen unzureichender Beweisführung aus (s § 592 Rn 6). Unerhebl ist dagegen die Relevanz und Statthaftigkeit vom Bekl erhobener Einwendungen (Abs 2 aE). 5

c) Konkurrenz von Abs 1 und 2: Die im Urkundenprozeß erhobene Klage kann **zugleich nach § 597 I unbegründet und nach § 597 II unzulässig** sein. Bei einer derartigen „Abweisungskonkurrenz" ist wie folgt zu verfahren: **Fehlen die besonderen Prozeßvoraussetzungen** des Urkundenprozesses, erweist sich die Klage aber darüber hinaus schon ohne Beweisaufnahme nicht als begründet, dann ist sie nicht als im Urkundenprozeß unstatthaft, sondern als **unbegründet** nach § 597 I abzuweisen (BGH MDR 76, 561; WPM 82, 5 u 271; Bassenge JR 76, 376; aA Steckler/Künzl WPM 84, 862). So zu verfahren ist deshalb geboten, weil lediglich dann eine endkräftige Entscheidung ergeht und der Beklagte davor geschützt ist, in einem neuen Verfahren mit dem als unbegründet erkannten Anspruch überzogen zu werden (Rn 7). Ist die Klage nach den bestrittenen Behauptungen des Klägers schlüssig, fehlt aber eine besondere Prozeßvoraussetzung des Urkundenbeweises, dann ist Entscheidungsreife zur **Abweisung als im Urkundenprozeß unstatthaft** gegeben. Diese Entscheidung ist sofort zu treffen und nicht etwa Beweis zu erheben (§ 300 I). Zur Hilfsaufrechnung s § 598 Rn 6. 6

7 **d) Entscheidung:** Der Tenor lautet dahin, daß die Klage als im Urkundenprozeß unstatthaft abgewiesen wird. Dadurch ist der Kläger nicht gehindert, seinen Anspruch erneut im ordentlichen Verfahren geltend zu machen (RGZ 148, 201; Habscheid ZZP 96, 1983, 314). Die Rechtskraft hindert ihn daran nur, wenn Abweisung nach § 597 I ausgesprochen worden ist (Rn 3).

8 **e) Teilansprüche,** mit denen der Kläger nach § 597 II abgewiesen worden ist (§ 301 ist anwendbar: RG Gruch 30, 1066), kann er auch durch **Klageerweiterung in dem Nachverfahren** geltend machen, das sich an die Teilverurteilung des Beklagten im übrigen anschließt, die unter dem Vorbehalt des § 599 I stehen muß (RGZ 148, 202). Dies ist sogar sinnvoll, weil dadurch einem weiteren Rechtsstreit mit einer möglicherweise divergierenden Entscheidung vorgebeugt wird.

9 **4) Säumnis des Beklagten: a)** Auch in diesem Fall muß für die anspruchsbegründenden Tatsachen, soweit sie nicht offenkundig sind (§ 291), der Urkundenbeweis nach § 592 geführt werden, da sie nach § 597 II **nicht als zugestanden** behandelt werden dürfen. Die Geständnisfiktion des § 331 I 1 gilt nur für die Echtheit der Urkunden und die Übereinstimmung der gemäß § 593 mitgeteilten Abschriften mit den Urschriften (StJ/Schlosser Rn 5). Die Originalurkunden brauchen daher im Termin nicht vorgelegt und in Augenschein genommen zu werden (StJ/Schlosser Rn 5; MK/Braun Rn 6; KG JW 29, 120; aA KG JW 31, 3566; RSchwab/Gottwald § 163 III 4b). Ist die Mitteilung nach § 593 unterblieben, darf ohnehin kein Versäumnisurteil ergehen (§ 593 Rn 10). Eine **Gerichtsstandsvereinbarung** (§ 38 II) ist wegen § 331 I 2 keiner Geständnisfiktion zugängl. Hierfür gelten die allg Grundsätze (§ 331 Rn 6), nicht das Erfordernis urkundl Nachweises (vgl § 592 Rn 9).

10 **b) Entscheidung:** Wird der nach Vorstehendem erforderl Beweis nicht geführt, ergeht Prozeßurteil nach § 597 II, andernfalls Versäumnisurteil ohne Vorbehalt (§ 599 Rn 6).

598 *[Zurückweisung von Einwendungen]*

Einwendungen des Beklagten sind, wenn der dem Beklagten obliegende Beweis nicht mit den im Urkundenprozeß zulässigen Beweismitteln angetreten oder mit solchen Beweismitteln nicht vollständig geführt ist, als im Urkundenprozeß unstatthaft zurückzuweisen.

1 **1) Bedeutung der Vorschrift:** Sie stellt klar, daß die Einwendungen, die wegen der Beweismittelbeschränkung nach § 595 II im Urkundenprozeß unbeachtet bleiben, nicht endgültig verloren gehen. Gegen den Bekl ergeht zwar Vorbehaltsurteil nach § 599 I; in dessen Gründen (also nicht im Tenor) werden die betr Einwendungen aber nur als im Urkundenprozeß unstatthaft zurückgewiesen, dh sie können im Nachverfahren (§ 600) weiter verfolgt werden. Sowohl die Darlegungen wie die Beweisanträge dürfen dort erweitert werden.

2 **2) Erfaßte Einwendungen:** Nur solche, die der Bekl wegen Fehlens oder Unzulänglichkeit im Urkundenprozeß zulässiger Beweismittel (§ 595 II) nicht bewiesen hat (sei es auch infolge Entkräftung seiner Beweismittel durch Gegenvortrag des Klägers).

3 **3) Nicht erfaßte Einwendungen: a) Erfolgreich erhobene Einwendungen:** Sie führen zur Klageabweisung nach § 597 I. – **b) Nicht erhobene Einwendungen:** Sie bleiben dem Bekl, sofern er nur durch Widerspruch gemäß § 599 I einen Vorbehalt seiner Rechte erreicht hat, ohnehin für das Nachverfahren (§ 600) erhalten. – **c) Aus Rechtsgründen unerhebliche Einwendungen,** dh solche, denen das Vorbehaltsurteil nicht wegen der Beweismittelbeschränkung, sondern zB wegen mangelnder Substantiierung oder Schlüssigkeit nicht stattgibt. Zur Bindungswirkung für das Nachverfahren s § 600 Rn 19 f.

4 **4) Aufrechnung.** Eine Einwendung iS des § 598 ist insbesondere die Aufrechnung, die sich auch aus Urkunden, etwa einem Schriftwechsel, ergeben kann (BGH MDR 72, 41).

5 **a) Primäraufrechnung:** Erweist sich die im Urkundenprozeß primär zur Aufrechnung gestellte Gegenforderung in dort statthafter Weise (§ 595 II) als **begründet** (liquide), dann ist die Klage mit der Wirkung des § 322 II endkräftig als unbegründet abzuweisen. Der Erlaß eines Vorbehaltsurteils nach § 302 ist nicht ausgeschlossen (Celle NJW 74, 1473 m abl Anm Joch NJW 74, 1956; aA RSchwab/Gottwald § 163 III 4c; BL/Hartmann Rn 2), aber kaum sachdienl. – Erklärt der Beklagte die unbedingte Aufrechnung mit einer urkundlich bewiesenen Gegenforderung, welcher der Kläger schlüssige **Gegeneinwendungen** entgegensetzt, die er nicht mit den im Urkundenprozeß zulässigen Beweismitteln beweisen kann, dann ist die Klage durch Prozeßurteil als in der gewählten Prozeßart unstatthaft abzuweisen (BGHZ 50, 112; WPM 81, 385 [386]). – Kann die Gegenforderung **nicht mit den Beweismitteln des § 595 II nachgewiesen** werden, dann ist der Aufrechnungseinwand gemäß § 598 in den Gründen des Vorbehaltsurteils zurückzuweisen (BGH MDR 72, 41).

6 **b) Hilfsaufrechnung:** Keine Zurückweisung nach § 598, sondern Klageabweisung als in der gewählten Prozeßart unstatthaft (§ 597 II) ist geboten, wenn der Beklagte sich gegen eine im

Urkundenprozeß liquide Klageforderung mit nach § 595 II nicht bewiesener Einwendung und darüber hinaus mit einer liquiden Eventualaufrechnung verteidigt (BGH 80, 97 = JR 81, 332 m zust Anm Zeiss; StJ/Schlosser Rn 5; Dunz MDR 55, 722; aA Grunsky ZZP 77, 468). Nach § 597 II ist auch zu verfahren, wenn der Beklagte gegen die urkundl nicht erwiesene Klageforderung hilfsweise mit einer Gegenforderung aufrechnet, die unstreitig ist oder für die er den Beweis nach § 595 II erbringt. Würde hier die Klage wegen der Aufrechnung schon im Urkundenprozeß als unbegründet (§ 597 I) abgewiesen, dann verlöre der Kläger die Klageforderung endgültig ohne die Möglichkeit, die Aufrechnung mit allen Beweismitteln (außerhalb des Urkundenprozesses) zu bekämpfen. Deshalb ist § 597 II anzuwenden (StJ/Schlosser Rn 4; Dunz MDR 55, 721). Hat der Beklagte mit dieser liquiden Gegenforderung bereits in einem anderen anhängigen Rechtsstreit gegenüber dem Kläger die Aufrechnung erklärt, dann ist die Klage ebenfalls als im Urkundenprozeß unstatthaft abzuweisen, wenn der Kläger nicht den Urkundenbeweis führen kann, daß die Gegenforderung durch Aufrechnung in jenem anderen Prozeß verbraucht ist (BGH WPM 86, 537 = WuB VII A § 597 Abs 2 ZPO 1.86 – Krämer = NJW 86, 2767; MK/Braun § 597 Rn 5). Der Kläger kann der Abweisung entgehen, indem er vom Urkundenprozeß Abstand nimmt (§ 596).

599 *[Vorbehaltsurteil]*

(1) Dem Beklagten, welcher dem geltend gemachten Anspruch widersprochen hat, ist in allen Fällen, in denen er verurteilt wird, die Ausführung seiner Rechte vorzubehalten.

(2) Enthält das Urteil keinen Vorbehalt, so kann die Ergänzung des Urteils nach der Vorschrift des § 321 beantragt werden.

(3) Das Urteil, das unter Vorbehalt der Rechte ergeht, ist für die Rechtsmittel und die Zwangsvollstreckung als Endurteil anzusehen.

1) **Bedeutung der Vorschrift:** Sie wahrt die Rechte des Bekl, der sich wegen der Besonderheiten des Urkundenprozesses (insb § 595 II) in diesem nur eingeschränkt verteidigen kann: Hat er dem Klageanspruch – in irgendeiner Weise – widersprochen, so muß ihm die Ausführung seiner Rechte in einem ordentl Verfahren (§ 600) vorbehalten werden, ohne daß es dazu eines Antrages bedarf. 1

2) **Der Vorbehalt: a)** Er ist in der **Urteilsformel** auszusprechen (RGZ 47, 364; BGH LM § 643 ZPO Nr 7, Bl 2). Auch ein Vorbehalt lediglich in den Entscheidungsgründen ist aber wirksam (aA BL/Hartmann Rn 6), Berichtigung nach § 319 daher nicht erforderlich (MK/Braun Rn 6). Fehlt dagegen der Vorbehalt auch in den Gründen, dann muß **Ergänzung nach § 599 II** beantragt werden. 2

b) Im **Antrag des Klägers** braucht der Vorbehalt nicht berücksichtigt zu werden. Hat der Kläger vorbehaltlose Verurteilung beantragt, so ist er, wenn dem nicht entsprochen wird, nicht etwa mit der Klage teilweise abzuweisen; es handelt sich vielmehr um eine amtswegig zu beachtende Einschränkung (Künkel NJW 63, 1043). 3

c) Umgekehrt ist niemals ein Vorbehalt in das Urteil aufzunehmen, wenn die Klage abgewiesen wird (RGZ 148, 202). Denn ein Vorbehaltsurteil ist **nur für den Fall der Verurteilung** des Beklagten vorgesehen; die Klage darf also nicht durch Vorbehaltsurteil abgewiesen und dem Beklagten die Ausführung seiner Rechte im Nachverfahren vorbehalten werden (BGHZ 80, 97/100; aA Grunsky ZZP 77, 1964, 468). 4

3) **Widerspruch des Beklagten** ist Voraussetzung für den Vorbehalt. Der Widerspruch muß, wenn darüber auf Grund mündl Verhandlung entschieden wird, in dieser erklärt werden. Für ihn genügt schon ein Antrag, mit dem sich der Beklagte seiner vorbehaltslosen Verurteilung widersetzt (vgl Köln NJW 54, 1085; Frankfurt MDR 82, 415). Eines Antrages auf den Vorbehalt bedarf es dagegen nicht. Der Widerspruch braucht **nicht begründet** zu werden. Selbst **fehlende Stichhaltigkeit** einer überflüssigerweise beigefügten Begründung ist für die Frage, ob das Urteil mit oder ohne Vorbehalt zu ergehen hat, ohne Belang. An den erklärten Widerspruch ist der Beklagte **nicht gebunden;** er kann im Laufe des Verfahrens davon abgehen. 5

4) **Fehlender Widerspruch. a)** Am Widerspruch fehlt es bei **Säumnis** des Beklagten. In das daraufhin ergehende Versäumnisurteil ist deshalb **kein Vorbehalt** aufzunehmen (Furtner MDR 66, 553; für den Regelfall ebenso Künkel NJW 63, 1044, 2014; aM Moller NJW 63, 2013). Das gilt wegen § 332 auch dann, wenn der Beklagte **in einem früheren Termin widersprochen** hatte und erst dann säumig wurde (StJ/Schlosser Rn 2; ThP § 599 Rn 2; aM Künkel NJW 63, 2014; Moller NJW 63, 2013, die in diesem Fall den früheren Widerspruch fortwirken lassen). Ob der Kläger ein Versäumnisurteil unter Vorbehalt beantragt, ist unerhebl; einem solchen Antrag ist nicht stattzugeben (Lent NJW 55, 68 gegen LG Freiburg NJW 55, 68; Furtner MDR 66, 553; aM Moller NJW 63, 2013, bei früherem Widerspruch auch Künkel NJW 63, 1044). 6

7 **b)** Am Widerspruch fehlt es, wenn der Beklagte **vorbehaltlos anerkennt;** allenfalls ist ein Widerspruch gegen die Kostentragungspflicht (§ 93) möglich. Dann ist jedoch keine Kostenverurteilung des Beklagten unter Vorbehalt auszusprechen, da es gem § 308 II um eine amtswegige Entscheidung geht und es nicht dem Beschleunigungszweck des Urkundenprozesses entspricht, den Kostenpunkt im Nachverfahren zu klären; zur isolierten Kostenentscheidung entfällt deshalb die Beweismittelbeschränkung (Karlsruhe OLGZ 1986, 124).

8 **c)** Zulässig ist es nach hM, daß der Beklagte den Klageanspruch bestreitet und **nur für den Urkundenprozeß anerkennt,** weil er ihn mit den beschränkten Beweismitteln des Urkundenprozesses nicht entkräften kann; es soll dann ein **Anerkenntnis-Vorbehaltsurteil** in der Hauptsache und im Kostenpunkt ergehen (München MDR 63, 603; StJ/Schlosser Rn 3; MK/Braun Rn 4; Hall, S 50 ff; Schwarz JR 95, 1; aA LG Hannover NJW-RR 87, 384; BL/Hartmann Rn 1; RSchwab/Gottwald § 163 III 5d; offenlassend BGH NJW-RR 92, 254; ThP Rn 5). Trotz dogmatischer Bedenken kann der hM aus Praktikabilitätserwägungen gefolgt werden.

9 Auf die **Kostenentscheidung** des Anerkenntnis-Vorbehaltsurteils ist § 93 nicht anwendbar, da der Vorbehalt die fehlende Leistungsbereitschaft des Bekl zeigt; die Kosten sind also stets ihm aufzuerlegen (MK/Braun Rn 4; Schwarz JR 95, 6). **Vorläufige Vollstreckbarkeit:** § 711 Rn 3.

10 **5)** Zur Entscheidung nach **Erledigung der Hauptsache,** wenn der Kläger nicht gemäß § 596 vom Urkundenprozeß Abstand nimmt, s § 596 Rn 12.

11 **6) Wirkung des Vorbehalts:** Die Verteidigung des Beklagten ist nur insoweit eingeschränkt, als das Vorbehaltsurteil auch für das Nachverfahren bindet (s dazu § 600 Rn 19). Will der Kläger hiergegen vorgehen, also ein vorbehaltsloses Erkenntnis erlangen, dann kann er das nur durch Einlegung eines Rechtsmittels gegen das Vorbehaltsurteil selbst erreichen; im Nachverfahren besteht diese Möglichkeit nicht mehr (BGH NJW 62, 446).

12 **7)** Ein **Vorbehaltsurteil** kann auch **erstmals in der Rechtsmittelinstanz** ergehen, sei es auf Grund eines Rechtsmittels gegen die erstinstanzliche Klageabweisung, sei es auf Grund eines Rechtsmittels des Beklagten gegen seine vorbehaltslose Verurteilung (Rn 13). Zum Nachverfahren in diesem Fall s § 600 Rn 19. Wird in der höheren Instanz ein Rechtsmittel gegen das Vorbehaltsurteil zurückgewiesen, dann braucht der Vorbehalt nicht erneut ausgesprochen zu werden.

13 **8) Unterbliebener Vorbehalt:** Enthält das Urteil keinen Vorbehalt, dann kann das Vorbehaltsurteil mit Eintritt der Rechtskraft im Nachverfahren nicht mehr aufgehoben werden (Karlsruhe MDR 91, 991). Dies zu verhindern, hat der unterlegene Beklagte zwei Möglichkeiten: Einmal kann er das **Berichtigungsverfahren** nach § 321 einleiten (Abs II). Unabhängig davon ist er aber auch (Abs III) befugt, das gegebene **Rechtsmittel** einzulegen (RGZ 10, 348; Hamm BB 92, 236). Dieser Weg bleibt ihm dann als einziger, wenn er die Frist des § 321 II versäumt hat oder ein Berichtigungsverfahren aussichtslos erscheint, etwa wenn das Gericht von einem Vorbehalt fälschlich bewußt abgesehen hatte.

14 **9) Gegen das Vorbehaltsurteil statthafte Rechtsmittel** sind die Berufung (§ 511) und die Revision (§ 545). Sie kann auch der Kläger einlegen (mit dem Ziel der Beseitigung des Vorbehalts). Zur Bedeutung des Ausgangs des Rechtsmittelverfahrens im Urkundenprozeß für das Nachverfahren und umgekehrt s § 600 Rn 24 ff.

15 **10)** Die **Zwangsvollstreckung** findet nach § 704 statt. Das Vorbehaltsurteil ist ohne Antrag für **vorläufig vollstreckbar** zu erklären (§ 708 Nr 4). Daß der Vorbehalt noch nicht erledigt ist, steht der Zulässigkeit der Zwangsvollstreckung nicht entgegen.

16 Ist im Vorbehaltsurteil dem Beklagten gestattet worden, die Zwangsvollstreckung durch **Sicherheitsleistung** abzuwenden, dann entfällt diese Befugnis, sobald das Vorbehaltsurteil rechtskräftig geworden ist, mag auch das Nachverfahren noch anhängig sein (BGHZ 69, 270). Denn das Nachverfahren ist kein Rechtsmittel, so daß das Vorbehaltsurteil nach § 704 I mit Eintritt der äußeren Rechtskraft endgültig vollstreckbar ist. War zur Abwendung der vorläufigen Vollstrekkung aus einem Wechselvorbehaltsurteil eine **selbstschuldnerische Prozeßbürgschaft** geleistet worden, dann kann der Gläubiger nach Eintritt der äußeren Rechtskraft des Urteils den Bürgen in Anspruch nehmen (BGHZ 69, 270).

17 Jedoch gibt es dagegen die **einstweilige Einstellung** gemäß § 707. Eine solche sollte aber nur ganz ausnahmsweise gewährt werden, da sie mit dem Ziel des Urkundenprozesses, dem Kläger schnell zu einer durchsetzbaren Entscheidung zu verhelfen, grundsätzlich unvereinbar ist.

18 **11) Materiell rechtskräftig** wird das Vorbehaltsurteil erst durch Bestätigung im Nachverfahren (RGZ 47, 190). Die Vollstreckbarkeit eines formell rechtskräftigen Vorbehaltsurteils endet, sobald im Nachverfahren ein abänderndes Urteil ergeht (RG JW 02, 163). Auf Vorlage der Urteilsausfertigung ist die Zwangsvollstreckung einzustellen (§ 775 Nr 1). Ab dann wird auch der **Schadenser-**

satzanspruch nach §§ 600 II, 302 IV 3, 717 II realisierbar (München OLGE 23, 195), also nicht in einem vor der Abänderung liegenden Zeitpunkt (KG OLGE 17, 180).

Unterbleibt die Bestätigung, so erlangt das Vorbehaltsurteil keine materielle Rechtskraft (StJ/Schlosser Rn 7). 18

12) Dem Vorbehaltsurteil ist eine **Kostenentscheidung** nach §§ 91 ff beizugeben (nicht zu verwechseln mit dem unzulässigen Kostenvorbehaltsurteil; s Rn 7). Sie steht aber, ebenso wie der Hauptanspruch, unter dem Vorbehalt der Aufhebung im Nachverfahren. Zum Kostenpunkt bei Anerkenntnis und Hauptsacheerledigung s o Rn 8 u § 596 Rn 12; zum Teilanerkenntnis- und Restvorbehaltsurteil vgl Hamm JZ 54, 609 m abl Anm Schwab, das die gesamte Kostenentscheidung als unter Vorbehalt stehend angesehen hat. 20

13) **Gebühren:** s Rn 8 vor § 592. 21

600 *[Nachverfahren]*

(1) Wird dem Beklagten die Ausführung seiner Rechte vorbehalten, so bleibt der Rechtsstreit im ordentlichen Verfahren anhängig.

(2) Soweit sich in diesem Verfahren ergibt, daß der Anspruch des Klägers unbegründet war, gelten die Vorschriften des § 302 Abs. 4 Satz 2 bis 4.

(3) Erscheint in diesem Verfahren eine Partei nicht, so sind die Vorschriften über das Versäumnisurteil entsprechend anzuwenden.

1) **Verhältnis des Nachverfahrens zum Urkundenverfahren: a)** Das Nachverfahren ist die **Fortsetzung des Vorbehaltsverfahrens,** bildet mit ihm eine Einheit und hat den Zweck, dem Beklagten durch die Fortsetzung des Rechtsstreits im ordentl Verfahren die Möglichkeit zu geben, sein materielles Recht durchzusetzen (BGH NJW 60, 100). Diese Grundkonzeption kann für die Auslegung konkreter Zweifelsfragen ausschlaggebend sein. So hat das OLG Hamm (Rpfleger 75, 322) mit Recht daraus hergeleitet, daß die vergleichsweise Übernahme der „Kosten des Rechtsstreits" wegen dieser Einheit im Zweifel die Kosten des Vor- und Nachverfahrens umfaßt; entsprechend ist bei Änderung des Gebührenrechts auf das Nachverfahren das zZt des Vorverfahrens geltende Recht angewandt worden (Hamm JurBüro 76, 1644). Bei Leistung des selbstschuldnerisch haftenden Bürgen an den Gläubiger auf Grund rechtskräftigen Vorbehaltsurteils geht die Forderung gegen den Hauptschuldner erst mit Abschluß des Nachverfahrens auf den Bürgen über, so daß er vorher auch keinen Rückgriffsanspruch durchsetzen kann (BGH BB 83, 401). 1

b) Das Nachverfahren bleibt **in der ersten Instanz anhängig,** auch wenn gegen das Vorbehaltsurteil ein Rechtsmittel eingelegt wird. In diesem Fall kommt es also zu einer Aufspaltung des Rechtsstreits in zwei Instanzen (zu den Konsequenzen s Rn 24 ff). 2

Einstweilen frei. 3

c) Die **Parteistellung** und der Streitgegenstand ändern sich im Nachverfahren nicht. **Zuständigkeit** und **Rechtshängigkeit** bleiben erhalten. Gerichtliche **Geständnisse** und das **Anerkenntnis** der Echtheit von Urkunden behalten ihre Wirkung für das Nachverfahren. Es werden also die **bestehenden Prozeßlagen übernommen,** so daß auch ein Rügeverlust nach § 295 fortwirkt. 4

d) Der Vortrag **neuer Tatsachen** sowie **neue Angriffs- oder Verteidigungsmittel** können aber nicht als verspätet zurückgewiesen werden. Der Beklagte ist zB auch dann nicht an der Erhebung der Verjährungseinrede gehindert, wenn er diese schon im Urkundenprozeß hätte erheben und mit den dort zulässigen Mitteln beweisen können (BGH NJW-RR 92, 254 = MDR 92, 518). 5

e) Die **Bewilligung von Prozeßkostenhilfe** im Urkundenprozeß erstreckt sich ohne weiteres auf das Nachverfahren (§ 119 Rn 1). 6

f) Der **Streitwert** des Nachverfahrens bleibt wegen der Einheit des Verfahrens grds unverändert (vgl § 3 Rn 16 „Nachverfahren"). 7

2) **Übergang in das Nachverfahren: a)** Er vollzieht sich mit dem Erlaß des Vorbehaltsurteils und unabhängig von dessen Rechtskraft, ohne daß es einer hierauf gerichteten Parteihandlung bedarf; das Verfahren wird also **von Amts wegen** fortgesetzt (MK/Braun Rn 4; BL/Hartmann Rn 2; aA StJ/Schlosser Rn 9; ThP Rn 1; RSchwab/Gottwald § 59 V 5a; beiläufig auch BGH 86, 267/70; Frankfurt MDR 90, 256 hält Verwirkung des Antragsrechts für möglich). Das Gericht hat daher nach Erlaß des Vorbehaltsurteils Termin zu bestimmen und die Parteien zu laden (§§ 216 ff). Eine Fortsetzung der mündl Verhandlung sogleich nach Verkündung des Vorbehaltsurteils ist nur mit Einverständnis der Parteien möglich. Aussetzung gem § 148 bis zur Rechtskraft des Vorbehaltsurteils ist unzulässig (BGH ZZP 87, 86). Die bisherigen Akten werden fortgeführt; keine Neueintragung. 8

9 **b)** Ergeht das Vorbehaltsurteil erst im **Berufungsverfahren** (auf erfolgreiche Berufung des im ersten Rechtszug abgewiesenen Klägers oder des vorbehaltlos verurteilten Beklagten), so hat das Berufungsgericht entspr § 538 I Nr 4 den Rechtsstreit zur Fortsetzung im Nachverfahren an das erstinstanzl Gericht zurückzuverweisen (BGH NJW-RR 88, 61 = JR 88, 463 m abl Anm Schneider; München OLGZ 66, 34; MK/Braun Rn 6; aA RGZ 57, 184); Absehen hiervon nach § 540 wird selten sachdienl sein.

10 **3) Anträge:** Der Antrag des **Klägers** lautet dahin, das ergangene Urteil für vorbehaltlos zu erklären, der Antrag des **Beklagten** auf Aufhebung des Vorbehaltsurteils und Abweisung der Klage.

11 **4) Verteidigung des Beklagten im Nachverfahren: a)** Sie ist **im Grundsatz nicht beschränkt.** Infolge des **Wegfalls der Beweisbeschränkungen** (§§ 592, 595 II) kann der Beklagte alle im ordentl Prozeß zulässigen Beweismittel einführen, insbes gegenüber anspruchsbegründenden Tatsachen, für die der Urkundenbeweis geführt war, mit anderen Beweismitteln den Gegenbeweis antreten. Einwendungen und Einreden, für die er den Beweis nach § 595 II nicht führen konnte und die deshalb als im Urkundenprozeß unstatthaft (§ 598) zurückgewiesen wurden, kann er mit weiteren Beweismitteln verfechten, selbst wenn sie im Urkundenprozeß als widerlegt angesehen worden sind (Hamburg NJW 53, 1070).

12 **b) Einschränkungen** können sich aber aus einer umstrittenen, vom BGH jedoch in stRspr vertretenen Bindungswirkung des Vorbehaltsurteils ergeben (zur Kritik s Rn 20). Diese kann indessen nicht weiter reichen als das Verteidigungsvorbringen des Bekl im Vorverfahren, ist also davon abhängig, ob er – was ihm nach § 599 freisteht – der Klageforderung ohne Begründung widersprochen, nur einzelne Einwendungen erhoben oder sich umfassend verteidigt hat. Im einzelnen gilt nach der Rechtsprechung des BGH:

13 Anspruchsbegründende Tatsachen, die er im Urkundenprozeß **nicht bestritten** hatte, kann der Bekl nunmehr wirksam bestreiten (BGH NJW 60, 100). Er kann beispielsweise die Echtheit der vorgelegten Urkunden (BGHZ 82, 115 = JR 82, 333 m Anm Schreiber), die Aktiv- oder Passivlegitimation noch jetzt angreifen. Das nachträgliche Bestreiten ist selbst dann möglich, wenn der Beklagte den Gegenbeweis bereits im Vorverfahren mit den Mitteln des § 595 II hätte führen können (BGH NJW 60, 100). Ein **Geständnis** nach § 288 behält allerdings für das Nachverfahren seine Wirkung und kann nur unter den Voraussetzungen des § 290 unbeachtlich werden (Frankfurt NJW 68, 2385).

14 **Bisher nicht erhobene Einwendungen und Einreden,** auch früher entstandene, kann er nunmehr geltend machen. Es macht dabei keinen Unterschied, ob die Einwendungen schon im Urkundenprozeß möglich gewesen wären (BGH NJW 60, 100) oder ob ihr Vorbringen im Urkundenprozeß ausgeschlossen war (vgl BGHZ 57, 300: Einwand des Beklagten im Wechselnachverfahren, ihm stehe gegen den Anspruch aus dem Grundgeschäft ein **Zurückbehaltungsrecht** zu). Auch die Einrede der Verjährung bleibt zulässig (BGH NJW-RR 92, 254 = MDR 92, 518).

15 **Vorgebrachte Einwendungen** kann er weiterverfolgen, wenn sie wegen der Beweismittelbeschränkung im Vorverfahren als dort **unstatthaft** (§ 598) zurückgewiesen worden sind (Rn 11). Wurden sie im Vorbehaltsurteil aus anderen Gründen als unbegründet angesehen (zB wegen fehlender Schlüssigkeit), so werden sie nach hM von der Bindungswirkung des Vorbehaltsurteils (Rn 19 f) erfaßt.

16 **Nach dem Vorbehaltsurteil entstandene Einwendungen,** etwa zwischenzeitliche Zahlung, können selbstverständl im Nachverfahren vorgebracht werden; sie dürfen wegen § 767 II auch nicht für eine etwaige Vollstreckungsgegenklage aufgespart werden (RGZ 45, 432).

16a Einem **Anerkenntnisvorbehaltsurteil** (§ 599 Rn 8) muß dieselbe Bindungswirkung zuerkannt werden wie dem auf bloßen Widerspruch hin ergangenen Vorbehaltsurteil (Hall S 137 ff).

17 **c) Wiederaufnahmegründe** gegen das Vorbehaltsurteil müssen ebenfalls im Nachverfahren vorgebracht werden; eine selbständige Nichtigkeits- oder Restitutionsklage gegen das Vorbehaltsurteil müßte abgewiesen werden (vor § 578 Rn 11).

18 **d)** Die **Zurückweisung verspäteten Vorbringens** im Nachverfahren richtet sich nur nach diesem, zB bei nachgeschobener Rüge aus § 1027a (Düsseldorf NJW 83, 2149). Fristversäumnisse und Nachlässigkeiten im Vorverfahren wirken also nicht in das Nachverfahren fort.

18a **e)** Die Einrede der mangelnden **Sicherheit für** die **Prozeßkosten** (§§ 110, 282 III) ist vom Beginn des Nachverfahrens ab möglich, weil erst dann der Befreiungsgrund des § 110 II 2 entfällt (Hamburg NJW 83, 526).

18b **f) Widerklage** kann nunmehr erhoben werden; § 595 I steht dem nicht mehr entgegen. Zur Unzulässigkeit einer Urkundenwiderklage s § 595 Rn 2.

19 **5) Bindungswirkung des Vorbehaltsurteils: a)** Nach der auf die Motive zur ZPO (S 348) zurückgehenden **Rechtsprechung des BGH** entfaltet das Vorbehaltsurteil insoweit Bindungswir-

kung für das Nachverfahren, als es nicht auf den eigentüml Beschränkungen der Beweismittel im Urkundenprozeß beruht. Daraus folgert der BGH, daß diejenigen Teile des Streitverhältnisses, die im Vorbehaltsurteil beschieden werden mußten, damit es überhaupt ergehen konnte, im Nachverfahren als endgültig beschieden dem Streit entzogen sind (BGHZ 82, 115 = JZ 82, 333 m Anm Schreiber; MDR 88, 207 = JR 88, 330 m Anm Bilda; NJW 93, 668 = MDR 93, 475; DtZ 94, 280). Dies gilt auch für die Bejahung der **Prozeßvoraussetzungen,** wobei es genügt, daß sie im Vorverfahren hätten geprüft werden müssen (BGH NJW 93, 668 = MDR 93, 475), sowie für die Zulässigkeit des Urkundenprozesses als solchen (BGH NJW 73, 467), insbes aber für **materielle Einwendungen,** die im Vorbehaltsurteil als unbegründet, zB mangels Schlüssigkeit, erkannt worden sind (BGH NJW 60, 576; 68, 2244; 73, 467). Hat der Kläger selbst Tatsachen vorgetragen, die seinen Anspruch unschlüssig machen (zB weil sich aus ihnen ein Verstoß gegen ein gesetzl Verbot ergibt), wurde dies im Vorbehaltsurteil aber übergangen, so kann hierauf im Nachverfahren nicht mehr zurückgegriffen werden (BGH NJW 91, 1117 = MDR 91, 423). Die Echtheit der Urkunde darf aber im Nachverfahren auch dann noch bestritten werden, wenn der Bekl sich hierzu im Vorverfahren nicht erklärt hat (BGHZ 82, 115 = JR 82, 333 m Anm Schreiber).

b) Diese Rechtsprechung hat berechtigte **Kritik** erfahren (vgl StJ/Schlosser Rn 13; MK/Braun Rn 18 ff; Stürner ZZP 85, 424; 87, 87; dem BGH im wesentlichen folgend hingegen RSchwab/Gottwald § 163 III 7). Eine Bindung an die Beurteilung der Sachurteilsvoraussetzungen kann nicht in Betracht kommen, da diese in jedem Stadium des Rechtsstreits vAw zu prüfen sind. Aber auch ein Abschneiden materiellrechtl Einwendungen erscheint nicht systemgerecht. Da der Bekl nicht zu einer Einlassung verpflichtet ist, sondern sich mit bloßem Widerspruch begnügen kann, sollte er nicht bei gleichwohl erfolgter, unsachgerechter Einlassung Einwendungen endgültig verlieren bzw trotz einer – vom Gericht im Vorverfahren übersehenen – Unschlüssigkeit der Klage verurteilt werden können. 20

6) Rechte des Klägers: Er kann neue Angriffsmittel sowie Verteidigungsmittel gegen das nunmehrige Vorbringen des Bekl einführen, auch wenn ihm dies schon mit den Mitteln des Urkundenprozesses möglich gewesen wäre. Er darf die Klage auch nach den allgemeinen Vorschriften erweitern oder ändern (BGHZ 17, 31), auch mittels Anschlußberufung (StJ/Schlosser Rn 10 gegen KG ZZP 55, 300). Zur Wiedereinbeziehung von Teilansprüchen, mit denen der Kläger nach § 597 II abgewiesen worden ist, s § 597 Rn 8. Zur Bindungswirkung des Vorbehaltsurteils s Rn 19 f. 21

7) Entscheidung: a) Erweist sich die Klage auch im Nachverfahren als **begründet,** so lautet der Urteilstenor dahin, daß das Vorbehaltsurteil „für vorbehaltlos erklärt", „unter Wegfall des Vorbehalts aufrechterhalten" wird oä. – Nach hM ist **Kostenentscheidung** wegen der Aufrechterhaltung des Vorbehaltsurteils und der Einheit des Verfahrens entbehrl; zumindest zur Klarstellung empfiehlt sich aber Ausspruch, daß der Bekl die weiteren Kosten des Rechtsstreits zu tragen hat. Ist das Vorbehaltsurteil noch nicht rechtskräftig, muß über die Gesamtkosten entschieden werden (vgl Rn 25). – **Vorläufige Vollstreckbarkeit:** §§ 708 Nr 5, 711, 713. 22

b) Bei **Unbegründetheit** wird die Klage unter Aufhebung des Vorbehaltsurteils und Kostenausspruch zu Lasten des Klägers abgewiesen (Abs II iVm § 302 IV 2). Die Kostenentscheidung umfaßt unausgesprochen auch die Kosten des Urkundenprozesses (Koblenz JurBüro 85, 1886). Obsiegt der Bekl mit Einwendungen, die er schon im Urkundenprozeß hätte geltend machen können, kommt analoge Anwendung des § 97 II in Betracht (StJ/Schlosser Rn 31). – **Vorläufige Vollstreckbarkeit** (wegen Kosten) nach allg Vorschriften (§§ 708 Nr 11, 711, 713 bzw § 709). 23

8) Rechtsmittel: Da sowohl das Vorbehaltsurteil als auch das Urteil im Nachverfahren mit Rechtsmitteln (Berufung, Revision) anfechtbar sind und das Nachverfahren schon vor Rechtskraft des Vorbehaltsurteils betrieben werden kann (aA StJ/Schlosser Rn 8), können sich Entscheidungskollisionen ergeben. 24

a) Das **Vorbehaltsurteil** wird in zweiter Instanz **aufgehoben** und die Klage rechtskräftig abgewiesen. Dann wird dadurch das Nachverfahren hinfällig, selbst wenn in diesem inzwischen ein Urteil auf Verurteilung des Beklagten ergangen ist. Das gilt auch dann, wenn die Aufhebung des Vorbehaltsurteils durch rechtskräftiges Versäumnisurteil erfolgt. Ab Rechtskraft der Klageabweisung ist auch ein Rechtsmittel gegen ein bereits ergangenes Urteil im Nachverfahren unzulässig. Ist es bereits eingelegt worden, so ist das Rechtsmittelverfahren durch prozessuale Überlagerung erledigt und auf die Kosten (§ 91a) zu beschränken. Daß auch ein rechtskräftiges Urteil im Nachverfahren (kraft auflösender Bedingung wie bei einem Zwischenurteil nach § 280) durch die Klageabweisung im Urkundenverfahren hinfällig wird (so BGH NJW 73, 467 = ZZP 87, 85 m abl Anm Stürner), läßt sich nur bei Annahme einer Bindungswirkung des Vorbehaltsurteils (Rn 19) vertreten. Verneint man diese (wie Rn 20), so gilt umgekehrt, daß durch die Rechtskraft des Urteils im Nachverfahren das Rechtsmittel im Urkundenprozeß seinen Sinn verliert (Stürner ZZP 87, 93; MK/Braun Rn 23) und sich ohne weiteren Ausspruch erledigt. Kostenentscheidung ist 25 nicht erforderl; da das Urteil im Nachverfahren über die gesamten Kosten des (einheitl) Rechtsstreits entscheidet.

26 **b)** Das **Vorbehaltsurteil** wird auf Rechtsmittel des Klägers dahingehend **geändert,** daß der Bekl **vorbehaltlos verurteilt** wird. Auch in diesem Fall gilt, daß mit der Rechtskraft das Nachverfahren und die dort ergangenen nicht rechtskräftigen Entscheidungen hinfällig werden.

27 **c)** Wird das **Vorbehaltsurteil im Nachverfahren aufgehoben** und die **Klage** rechtskräftig **abgewiesen,** dann endet damit auch ein etwa in höherer Instanz noch schwebender Urkundenprozeß (BGH NJW 73, 467 = ZZP 87, 86). Der Kläger hat die sämtlichen **Kosten** zu tragen, also auch diejenigen des Urkundenprozesses, selbst wenn das Schlußurteil dies nicht ausdrücklich anordnet (Koblenz JurBüro 85, 1886).

28 **d)** Wird das **Vorbehaltsurteil im Nachverfahren aufrechterhalten,** hat die Fortsetzung des Rechtsmittels im Urkundenverfahren ebenfalls keinen Sinn mehr. Die Verfechter einer Bindungswirkung des Vorbehaltsurteils (s Rn 19) müssen freilich das rechtskräftige Urteil im Nachverfahren als auflösend bedingt durch die Bestätigung des Vorbehaltsurteils im Urkundenprozeß ansehen.

29 **9) Schadensersatzanspruch:** Bei Klageabweisung ist der Kläger (Abs II iVm § 302 IV 2–4) zum Ersatz des Schadens verpflichtet, der dem Bekl durch die Vollstreckung des Vorbehaltsurteils oder durch eine zur Abwendung der Zwangsvollstreckung gemachte Leistung entstanden ist (vgl dazu § 302 Rn 14).

30 **10) Die Entscheidung bei Säumnis** richtet sich nach §§ 330, 331. **a)** Bei **Ausbleiben des Klägers** wird auf Antrag des Beklagten unter Aufhebung des Vorbehaltsurteils die Klage abgewiesen (§ 330). Auf Rechtskraft des Vorbehaltsurteils kommt es nicht an. Der Sachantrag des Bekl für das Nachverfahren muß dem Kläger aber mitgeteilt worden sein (§ 335 I Nr 3).

31 **b) Erscheint der Beklagte nicht** in der mündlichen Verhandlung, dann ist das Vorbehaltsurteil für vorbehaltlos zu erklären.

32 **c) Einspruch** findet in beiden Fällen statt, denn es handelt sich um echte Versäumnisurteile.

33 **d)** Für **Entscheidung nach Aktenlage** gelten §§ 331a, 251a. Das im Vorverfahren Vorgebrachte ist Teil des zu berücksichtigenden Prozeßstoffes, auch wenn es dort nicht berücksichtigt werden konnte (StJ/Schlosser Rn 30). Vorgängige mündl Verhandlung iSv § 251 a II 1 kann nur eine solche im Nachverfahren sein (§ 251 a Rn 3; aA StJ/Schlosser Rn 30).

34 **11) Gebühren:** s § 596 Rn 13 und Rn 8 vor § 592.

601 (weggefallen)

602 *[Wechselklage]*

Werden im Urkundenprozeß Ansprüche aus Wechseln im Sinne des Wechselgesetzes geltend gemacht (Wechselprozeß), so sind die nachfolgenden besonderen Vorschriften anzuwenden.

1 **1)** Der **Wechselprozeß ist** ein **Urkundenprozeß,** wenn auch ein spezieller. Daraus folgt, daß § 592 gilt und sämtliche anspruchsbegründenden Tatsachen urkundl bewiesen werden müssen, wozu allerdings der Wechsel meist ausreichen wird.

2 **2) Ansprüche aus Wechseln** sind solche, die dem Wechselinhaber gegen den aus der Wechselunterschrift Verpflichteten zustehen. **a) Es gehören hierher:** die Ansprüche auf Zahlung der Wechselsumme gegen den Annehmer des gezogenen, den Aussteller des eigenen Wechsels und den Wechselbürgen (Art 28, 32, 48 ff, 78 WG), der Anspruch auf Zahlung der Rückgriffssumme (Art 48 WG), derjenige gegen den vollmachtlosen Unterzeichner des Wechsels (Art 8 WG) und der Anspruch aus einem abhanden gekommenen Wechsel auf Grund eines Ausschlußurteils nach § 1018 sowie nach Einleitung des Aufgebotsverfahrens und Sicherheitsleistung gemäß Art 90 I 2 WG. Unter den Voraussetzungen der Art 91 ff kann es sich auch um einen ausländischen Wechsel handeln.

3 **b)** Die Wechselklage ist auch zulässig, wenn die Ansprüche von Personen geltend gemacht werden, die **keine wechselmäßige Legitimation** haben, wie der Zessionar oder der Pfändungspfandgläubiger. Gewillkürte Prozeßstandschaft ist zulässig; im Nachverfahren bedarf es für die Zulassung keines Ermächtigungsindossaments (BGH ZIP 83, 279).

c) Desgleichen können Personen im Wechselprozeß verklagt werden, die kraft Gesetzes **für die wechselmäßige Verbindlichkeit haften,** so die Erben des Wechselzeichners, der Übernehmer des ganzen Vermögens, § 419 BGB (also nicht der Übernehmer einer speziellen Schuld, § 414 BGB), der Übernehmer eines Handelsgeschäfts (§ 25 HGB), gem § 128 HGB auch der **Gesellschafter** einer oHG (BGH MDR 60, 379) sowie der Komplementär (§ 161 II HGB) und gem § 171 bis zur Höhe seiner Einlage auch der Kommanditist für die Wechsel der Gesellschaft. Haftet für die Wechselschuld das Gesamtgut, dann kann auch im Wechselprozeß die Verurteilung zur Duldung der Zwangsvollstreckung (§ 743) verlangt werden (RGZ 50, 51). 4

d) **Nicht statthaft** ist der Wechselprozeß für Ansprüche aus Art 45 WG (Schadensersatz gegen den Nachmann wegen unterlassener oder verspäteter Benachrichtigung), Art 50 WG (Auslieferung von Wechsel und Protest gegen Erstattung der Wechselsumme), Art 55 IV WG (Anspruch des Honoraten gegen den Ehrenannehmer oder Ehrenzahler), Art 16 II WG (Anspruch auf Herausgabe des Wechsels gegen den nach Wechselrecht legitimierten Besitzer). Einzelheiten sind umstritten, insbesondere die Frage, ob der Bereicherungsanspruch aus Art 89 WG wechselprozeßfähig ist (verneinend RG Gruch 28, 1013; Wieczorek Anm B IIb 1; bejahend StJ/Schlosser Rn 2 mwN). Praktische Bedeutung kommt dieser Frage jedoch letztlich nicht zu; denn die Wechselklage wird fast immer daran scheitern daß der Kläger die Bereicherung des Ausstellers oder Akzeptanten zu seinem Nachteil nicht mit den Beweismitteln des Urkundenprozesses dartun kann. 5

e) Ansprüche, für die der **Wechselprozeß nicht zugelassen** ist, können in ihm auch **nicht hilfsweise** (zB gestützt auf Schuldanerkenntnis) mitverfolgt werden (BGHZ 53, 17; WPM 72, 461). Dementsprechend ist auch die Rechtskraft eines klageabweisenden Urteils im Wechselprozeß eingeschränkt (BGH WPM 72, 461). 6

3) **Verhältnis zum ordentlichen Verfahren:** a) Der Wechselanspruch kann selbstverständl auch im ordentl Zivilprozeß eingeklagt werden; daneben ist aber eine zusätzl Klage im Wechselprozeß nicht statthaft (RGZ 160, 345). Anders ist es, wenn neben der Wechselklage im ordentl Rechtsstreit **aus dem Grundgeschäft geklagt** wird. In diesem Fall sind die in beiden Prozessen geltend gemachten Ansprüche streitgegenstandsmäßig nicht identisch (Einl Rn 75), so daß auch das Prozeßhindernis der Rechtshängigkeit nicht besteht (Karlsruhe-Freiburg NJW 60, 1955). Das muß auch dann gelten, wenn der Wechselprozeß ins Nachverfahren übergeleitet wird. Ist keine gesonderte Klage aus dem Grundgeschäft erhoben, so kann dieses im Wechselnachverfahren als weiterer Klagegrund herangezogen werden. Hierin liegt eine Klageänderung (§ 263 Rn 10); Vorsicht ist bei Ablauf von Fristen geboten, da der Rechtsstreit durch die Änderung die Eigenschaft als Feriensache verliert (Rn 13). Da auch die Aufrechnung eine Forderung nicht rechtshängig macht (BGHZ 57, 242), darf mit einer im Wechselprozeß geltend gemachten Forderung in einem anderen Rechtsstreit die Aufrechnung erklärt werden, auch wenn das Wechselnachverfahren anhängig ist (BGH MDR 77, 1013). Das führt dann dazu, daß in beiden Prozessen dieselben Einwendungen geltend gemacht werden dürfen, insbesondere also solche aus dem Grundgeschäft wie ungerechtfertigte Bereicherung, Zurückbehaltung oder die Einrede des nicht erfüllten Vertrages (BGHZ 57, 300; aA Oldenburg NJW 70, 667). 7

b) Zur Zulässigkeit eines **Übergangs vom Wechselprozeß zum Urkundenprozeß,** s § 596 Rn 10. Ein solcher Übergang kann sich anbieten, wenn eine wechselrechtl unwirksame Annahmeerklärung in ein abstraktes Schuldversprechen umgedeutet werden soll (vgl hierzu BGH NJW 94, 447). 8

4) **Verfahren:** Bis auf die Sondervorschriften in §§ 603–605 gelten für den Wechselprozeß die Vorschriften für das Urkundenverfahren. Zur Einrede des Schiedsvertrages s § 1027 a Rn 5. 9

a) Gem § 592 müssen daher alle zur Begründung des Anspruchs erforderl Tatsachen **durch Urkunden bewiesen** werden. Die Wechselverbindlichkeit als solche ergibt sich idR aus dem Wechsel, der Protest aus der Urkunde gem Art 44 I WG (zum Beweis der Vorlegung bei entbehrl Protest s § 605 I). Die Anspruchsberechtigung nicht wechselrechtl legitimierter Personen (vgl Rn 3) muß urkundl belegt werden. Für die Nebenkosten nach Art 48 f, 52 WG gilt die Beweiserleichterung des § 605 II. Zur Zulässigkeit der freien Beweiswürdigung (zB hinsichtl Echtheit von Unterschriften, Legitimation des Protestanten) vgl § 595 Rn 7, zur Wirkung von Mängeln des Wechsels § 597 Rn 1a. 10

b) Für die **Einwendungen** des Bekl gilt § 595 II; soweit solche nach materiellem Recht (Art 17 WG, §§ 812 II, 813, 821 BGB) überhaupt beachtl sind. Nach der Rspr des BGH können auch Einwendungen aus dem Grundgeschäft der Wechselforderung im Wege des Einwands unzulässiger Rechtsausübung entgegengesetzt werden (BGHZ 57, 292/300; 85, 346/348); darlegungs- und beweispflichtig ist hierbei stets der Schuldner (BGH NJW-RR 94, 114). 11

c) Die **Urteilsformel** ist wegen Art 39 WG dahin zu fassen, daß „gegen Aushändigung des quittierten Wechsels" zu zahlen ist (näher § 756 Rn 4). Auch wenn dieser Zusatz fehlt, ist das Urteil aber in diesem Sinne auszulegen (RGZ 37, 5). 12

13 **d)** Wechselsachen sind **Feriensachen** (§ 200 II Nr 6 GVG), auch im Nachverfahren, aber nur solange, als nicht der Kläger durch eine eindeutige, da klageändernde, Erklärung seinen Anspruch auch auf das Grundgeschäft stützt (vgl § 200 GVG Rn 17 m RsprNachw).

603 *[Gerichtsstand]*

(1) Wechselklagen können sowohl bei dem Gericht des Zahlungsortes als bei dem Gericht angestellt werden, bei dem der Beklagte seinen allgemeinen Gerichtsstand hat.

(2) Wenn mehrere Wechselverpflichtete gemeinschaftlich verklagt werden, so ist außer dem Gericht des Zahlungsortes jedes Gericht zuständig, bei dem einer der Beklagten seinen allgemeinen Gerichtsstand hat.

1 **1) Bedeutung der Vorschrift: a)** Sie begründet einen **zusätzlichen Gerichtsstand** am **Zahlungsort,** aber nur für die Wechselklage einschl Nachverfahren. Wird ein Anspruch aus einem Wechsel unmittelbar **im ordentlichen Verfahren** oder im Urkundenprozeß geltend gemacht, dann ist **§ 603 unanwendbar.** Der durch die Erhebung der Wechselklage einmal begründete Gerichtsstand wird aber wegen fortdauernder Rechtshängigkeit durch den Übergang ins ordentl Verfahren nicht wieder aufgehoben (StJ/Schlosser § 596 Rn 9; aA RSchwab/Gottwald § 163 IV 1).

2 **b)** Ein deutscher Zahlungsort begründet auch die **internationale Zuständigkeit** der deutschen Gerichte für Klagen gegen Ausländer ohne Rücksicht darauf, ob das Urteil im Ausland anerkannt wird (Düsseldorf NJW 69, 380).

3 **c)** Da die Gerichtsstände des § 603 I **nicht ausschließlich** sind, hat der Kläger auch die Wahl (§ 35), im allg (§§ 12–17) oder in einem besonderen Gerichtsstand nach §§ 20–23, 28, 29, 31 zu klagen. Zulässig ist auch die **Vereinbarung eines Gerichtsstandes,** zB des Erfüllungsorts für das Grundgeschäft, soweit §§ 38 ff nicht entgegenstehen. Auch die Vereinbarung eines ausschließl Gerichtsstandes und der internationalen Zuständigkeit ist möglich (BGHZ 49, 126).

4 **2)** Der **Zahlungsort** geht aus dem Wechsel hervor (Art 1 Nr 5; 75 Nr 4 WG). Im Zweifel ist der bei dem Namen oder der Firma des Bezogenen angegebene Ort maßgebend (Art 2 III WG). Ist ein Zahlungsort in mehrere Gerichtsbezirke geteilt, dann ist die ganze Ortschaft Zahlungsort iS des WG und damit auch des § 603 (KG OLGE 15, 154).

5 **3) Schuldnermehrheit. a)** Abweichend von § 36 Nr 3 räumt § 603 II dem Kläger die Befugnis ein, den Gerichtsstand zu bestimmen, wenn er mehrere Wechselverpflichtete (Annehmer, Aussteller, Indossant, Wechselbürge) mit unterschiedl allg Gerichtsstand verklagt. Es ist nicht erforderl, daß alle Wechselverpflichteten zugleich verklagt werden, sofern nur die Zustellung an den im Gerichtsbezirk wohnenden Beklagten bis zur Schlußverhandlung durchgeführt wird. Abs 2 trifft auch dann zu, wenn einer der Wechselverpflichteten im Ausland wohnt.

6 **b)** Unanwendbar ist § 603 II, wenn die Klage im vereinbarten Gerichtsstand (Rn 3) erhoben wird, die **Vereinbarung** jedoch **nur mit einem der Streitgenossen** getroffen worden ist. Der vereinbarte Gerichtsstand ist nur erzwingbar, wenn er mit sämtlichen Wechselverpflichteten formgerecht ausbedungen worden ist.

7 **c)** Die einmal begründete **Zuständigkeit bleibt** ungeachtet nachträglicher Veränderungen der sie begründenden Umstände **erhalten** (§ 261 III Nr 2). Es kann also die Klage gegen den im Gerichtsbezirk wohnenden Beklagten im ersten Termin prozessual folgenlos zurückgenommen werden. Darin liegt die **Gefahr des Mißbrauchs.** Deshalb ist die **Arglisteinrede** gegeben, wenn ein Wechselverpflichteter lediglich deshalb mitverklagt wird, damit die anderen dem für ihn begründeten Gerichtsstand unterworfen werden können (RGZ 51, 175).

8 **4)** Für die **sachliche Zuständigkeit** gelten keine Besonderheiten. Am LG ist nach § 95 I Nr 2, 3 GVG die Kammer für Handelssachen zuständig, was jedoch zu beantragen ist (§§ 96, 98 GVG). Wird **Arbeitsentgelt durch Scheck oder Wechsel** bezahlt, dann ist für die Scheck- oder Wechselklage das ordentl Gericht zuständig, nicht das Arbeitsgericht, und zwar unabhängig davon, ob der Wechsel weitergegeben worden ist oder nicht (BGH NJW 76, 330; StJ/Schlosser vor § 592 Rn 6; Großelanghorst/Kahler WPM 85, 1025 m Nachw; aA MK/Braun Rn 3).

604 *[Klageinhalt, Einlassungs- und Ladungsfrist]*

(1) Die Klage muß die Erklärung enthalten, daß im Wechselprozeß geklagt werde.

(2) Die Ladungsfrist beträgt mindestens vierundzwanzig Stunden, wenn die Ladung an dem Ort, der Sitz des Prozeßgerichts ist, zugestellt wird. In Anwaltsprozessen beträgt sie mindestens drei Tage, wenn die Ladung an einem anderen Ort zugestellt wird, der im Bezirk des Prozeßge-

richts liegt oder von dem ein Teil zu dessen Bezirk gehört; dies gilt nicht für Meß- und Marktsachen.

(3) In den höheren Instanzen beträgt die Ladungsfrist mindestens vierundzwanzig Stunden, wenn die Zustellung der Berufungs- oder Revisionsschrift oder der Ladung an dem Ort erfolgt, der Sitz des höheren Gerichts ist; mindestens drei Tage, wenn die Zustellung an einem anderen Ort erfolgt, der ganz oder zum Teil in dem Landgerichtsbezirk liegt, in dem das höhere Gericht seinen Sitz hat; mindestens eine Woche, wenn die Zustellung sonst im Inland erfolgt.

1) **Erklärung nach Abs I** muß **in der Klageschrift** enthalten sein; Nachholen in einem späteren Schriftsatz ist unwirksam (RGZ 79, 71). Es genügt, wenn sich aus der Klageschrift entnehmen läßt, daß eine Wechselklage erhoben werden soll, beispielsweise die Bezeichnung der Klage als „Klage im Wechselprozeß" oder „Wechselklage". Bezeichnung als Urkundenklage führt zum normalen Urkundenprozeß (§ 593). Im Scheckprozeß genügt die Bezeichnung, „es wird im Wechselprozeß geklagt", wenn aus Klagebegründung und beigefügter Scheckabschrift der Wille zum Scheckprozeß eindeutig ist (RGZ 96, 100). Zum Mahnverfahren s § 703a. 1

2) **Fristverkürzung:** Während der normale Urkundenprozeß nur durch die Beschränkung der Verteidigungsmöglichkeiten, nicht auch durch Beschleunigung des Prozeßgangs eine effizientere Rechtsverfolgung bewirken will, soll über Wechselklagen auch rascher verhandelt werden können. Allerdings kürzt § 604 (entgegen früherer Fassung) nur noch die **Ladungsfrist** ab (gegenüber § 217, der für die in § 604 II, III nicht ausdrückl genannten Fälle seine Gültigkeit behält). Für die **Einlassungsfrist** bleibt es bei § 274 III, jedoch kann diese auf Antrag nach § 226 abgekürzt werden. Auch eine weitere Verkürzung der Ladungsfrist nach § 604 II, III ist nach dieser Vorschrift möglich. Wegen weiterer Einzelheiten s Erl zu § 217. 2

605 *[Beweismittel]*

(1) Soweit es zur Erhaltung des wechselmäßigen Anspruchs der rechtzeitigen Protesterhebung nicht bedarf, ist als Beweismittel bezüglich der Vorlegung des Wechsels der Antrag auf Parteivernehmung zulässig.

(2) Zur Berücksichtigung einer Nebenforderung genügt, daß sie glaubhaft gemacht ist.

1) **Beweis der Vorlegung des Wechsels** kann, wo es nicht des – nach § 592 urkundl zu erbringenden – Nachweises rechtzeitiger Protesterhebung (Art 44 WG) bedarf, also in den Fällen der Art 46, 53 I WG, durch Antrag auf Parteivernehmung angetreten werden. Erhoben werden muß der Beweis nur, wenn der Bekl bestreitet, also nicht bei Säumnis (KG OLGE 20, 330). 1

2) Für **Nebenforderungen** (Art 48 f, 52 WG) genügt Glaubhaftmachung (§ 294). Dies gilt auch für Einwendungen des Beklagten gegen Nebenforderungen. Neben der statthaften Glaubhaftmachung ist **Vollbeweis möglich,** so daß auch trotz § 294 II der Beweisantrag auf Parteivernehmung beachtl ist (Frankfurt OLGE 10, 361). 2

605a *[Scheckprozeß]*

Werden im Urkundenprozeß Ansprüche aus Schecks im Sinne des Scheckgesetzes geltend gemacht (Scheckprozeß), so sind die §§ 602 bis 605 entsprechend anzuwenden.

1) Die **Bedeutung der Vorschrift** ist durch das „beleglose Scheckeinzugsverfahren" der Banken stark zurückgegangen, weil in den von ihm erfaßten Fällen eine Vorlegung der Scheckurkunde nicht mehr möglich ist (näher hierzu MK/Braun zu § 605a). Iü verweist sie lediglich auf die Vorschriften über den Wechselprozeß und damit auch auf §§ 592–600. 1

2) Auch Scheckprozesse sind **Handelssachen** (§ 95 I Nr 3 GVG) und **Feriensachen** (§ 200 II Nr 7 GVG). Zur Behandlung von Scheckforderungen aus **Arbeitsverhältnissen** s § 603 Rn 8. 2

3) Für **Einwendungen aus dem Grundgeschäft,** die der Scheckaussteller auch gegenüber dem ersten Schecknehmer erheben kann (BGHZ 85, 346), gilt das in § 602 Rn 11 Gesagte. 3

Sechstes Buch

FAMILIENSACHEN · KINDSCHAFTSSACHEN UNTERHALTSSACHEN

Einführung

1 Das sechste Buch regelt verschiedene besondere Prozeßarten, die nur teilweise miteinander zusammenhängen. Gewisse Parallelen bestehen – gleichsam als übergreifende Klammer – für alle sogenannten **Statussachen** (Ehesachen und Kindschaftssachen), an denen außer den Beteiligten auch die Allgemeinheit ein besonderes Interesse hat. Soweit dieses Interesse reicht, verdrängt der Untersuchungsgrundsatz die Verhandlungsmaxime. Hieraus ergibt sich die Notwendigkeit, für die Statussachen besondere Verfahrensbestimmungen zu schaffen.

2 Außerdem regelt das sechste Buch Angelegenheiten, die mit einem Teil der Statussachen zusammenhängen können. Die **sonstigen Familiensachen** (typische aus der Ehe herrührende Streitigkeiten einschließlich Unterhaltsprozesse – § 621 I) können im Regelfall sowohl im Verbundverfahren mit der Ehescheidung zusammen als auch selbständig betrieben werden. Vergleichbar hiermit gestattet es § 643, in einem Urteil, das die nichteheliche Vaterschaft feststellt, den Vater zum Regelunterhalt zu verurteilen. Außerdem regelt das sechste Buch alle Besonderheiten des Verfahrens über den Unterhalt Minderjähriger.

Erster Abschnitt

VERFAHREN IN FAMILIENSACHEN

3 Welche Sachen **Familiensachen** sind, ist im § 23 b I GVG abschließend aufgezählt. Über Auslandssachen s § 606 Rn 11. **Sachlich zuständig** ist das **AG/FamG** (§§ 23 a Nr 4, 23 b I 2 Nr 1 GVG). Berufungs- und Beschwerdegericht ist das **OLG** (§ 119 GVG). Die Revision und die Beschwerde in den Fällen des § 519 b II, des § 542 III iVm § 341 II und des § 568 a gehen an den **BGH.**

Erster Titel

ALLGEMEINE VORSCHRIFTEN FÜR EHESACHEN

606 *[Örtliche Zuständigkeit]*

(1) Für Verfahren auf Scheidung, Aufhebung oder Nichtigerklärung einer Ehe, auf Feststellung des Bestehens oder Nichtbestehens einer Ehe zwischen den Parteien oder auf Herstellung des ehelichen Lebens (Ehesachen) ist das Familiengericht ausschließlich zuständig, in dessen Bezirk die Ehegatten ihren gemeinsamen gewöhnlichen Aufenthalt haben. Fehlt es bei Eintritt der Rechtshängigkeit an einem solchen Aufenthalt im Inland, so ist das Familiengericht ausschließlich zuständig, in dessen Bezirk einer der Ehegatten mit den gemeinsamen minderjährigen Kindern den gewöhnlichen Aufenthalt hat.

(2) Ist eine Zuständigkeit nach Absatz 1 nicht gegeben, so ist das Familiengericht ausschließlich zuständig, in dessen Bezirk die Ehegatten ihren gemeinsamen gewöhnlichen Aufenthalt zuletzt gehabt haben, wenn einer der Ehegatten bei Eintritt der Rechtshängigkeit im Bezirk dieses Gerichts seinen gewöhnlichen Aufenthalt hat. Fehlt ein solcher Gerichtsstand, so ist das Familiengericht ausschließlich zuständig, in dessen Bezirk der gewöhnliche Aufenthaltsort des Beklagten oder, falls ein solcher im Inland fehlt, der gewöhnliche Aufenthaltsort des Klägers gelegen ist. Haben beide Ehegatten das Verfahren rechtshängig gemacht, so ist von den Gerichten, die nach Satz 2 zuständig wären, das Gericht ausschließlich zuständig, bei dem das Verfahren zuerst rechtshängig geworden ist; dies gilt auch, wenn die Verfahren nicht miteinander verbunden werden können. Sind die Verfahren am selben Tage rechtshängig geworden, so ist § 36 entsprechend anzuwenden.

(3) Ist die Zuständigkeit eines Gerichts nach diesen Vorschriften nicht begründet, so ist das Familiengericht beim Amtsgericht Schöneberg in Berlin ausschließlich zuständig.

I) Grundzüge: Die Vorschrift definiert den Begriff **Ehesache** (s Rn 2–19) und regelt die **Zuständigkeit** in Ehesachen, anknüpfend an die §§ 23 a Nr 4, 23 b I 2 Nr 1 GVG. Hiernach ist das AG sachlich und die Abteilung für Familiensachen (Familiengericht) gerichtsintern zuständig. Ergänzend dazu bestimmt § 606, daß die sachliche Zuständigkeit **ausschließlich** ist, und regelt außerdem die **örtliche** Zuständigkeit des FamG wiederum als ausschließliche. 1

II) Ehesachen sind nach § 606 I Verfahren, die zum Gegenstand haben: **1)** Die **Scheidung** (§§ 1564–1568 BGB), die **Aufhebung** der Ehe (§§ 28–37, 39 EheG; künftig §§ 1613–1618 BGB; s Entwurf des Eheschließungsrechtsgesetzes – BTDrucks 13/4898) und die Feststellung des Bestehens oder Nichtbestehens einer Ehe (§ 638; künftig § 632; s Entwurf aaO). Auch Wiederaufnahmeverfahren in diesen Sachen sind Ehesachen (BGH FamRZ 82, 789 f). 2

2) Ehesache ist ferner die **Klage auf Herstellung des ehelichen Lebens** (§ 1353 BGB): Bis 1938 diente diese Klage zur Vorbereitung einer Scheidungsklage wegen böslichen Verlassens nach § 1567 II Nr 1 BGB aF. Stellte ein Ehegatte, obwohl er rechtskräftig dazu verurteilt worden war, die eheliche Lebensgemeinschaft gegen den Willen des anderen in böser Absicht nicht wieder her, so konnte der andere die Scheidung verlangen. Seit Außerkrafttreten dieser Regelung hat die Herstellungsklage an Bedeutung verloren, zumal da das Herstellungsurteil nicht vollstreckbar ist (§ 888 II). Heute wird sie als Anachronismus empfunden (Wieczorek B I e 1; Gernhuber/Coester-Waltjen § 23, 4; MK-BGB/Wacke § 1353 Rn 43); dennoch hat sie die Eherechtsreform von 1976 überdauert. StJSchlosser (Rn 14a vor § 606) hält die Klage in aller Regel mangels Rechtsschutzbedürfnisses für unzulässig. Die verfahrensrechtlichen Besonderheiten der §§ 606 ff und der Ausschluß der Zwangsvollstreckung erfordern es, die Herstellungsklage von ähnlichen Klagen abzugrenzen. 3

a) Die Herstellungsklage kann auf Herstellung der ehelichen Lebensgemeinschaft schlechthin gerichtet werden. Mit ihr kann auch die **Erfüllung einzelner Pflichten** verlangt werden, die aus der Gemeinschaft entstehen, wenn diese hierdurch wiederhergestellt wird (BGH FamRZ 71, 633 = MDR 72, 33; Hamburg FamRZ 67, 100). Aus der Verpflichtung zur Lebensgemeinschaft (§ 1353 I 2 BGB) lassen sich allerdings fast alle ehelichen Pflichten ableiten, zB auch die Pflicht, dem haushaltsführenden Ehegatten ein Wirtschaftsgeld oder dem bedürftigen Ehepartner einen Prozeßkostenvorschuß zu zahlen (§ 1360 a II und IV BGB). Die Erfüllung dieser Pflichten kann im Unterhaltsprozeß durchgesetzt werden. Es besteht kein Rechtsschutzbedürfnis dafür, daneben das Eheverfahren zuzulassen, das nicht einmal zu einem Vollstreckungstitel führt (§ 888 II; StJSchlosser Rn 14 c vor § 606; MK-BGB/Wacke § 1360 Rn 34; Gernhuber/Coester-Waltjen § 23, 2; München NJW 63, 49). 4

b) Da die Herstellungsklage – wie das Vollstreckungsverbot des § 888 II zeigt – nur für den höchstpersönlichen Bereich der Ehe paßt, sind auch andere **vermögensrechtliche Ansprüche der Ehegatten gegeneinander keine Ehesachen** (München aaO und FamRZ 79, 721/723; Hamburg FamRZ 82, 507; Koblenz FamRZ 82, 942; BayObLG FamRZ 85, 947; Stuttgart FamRZ 89, 763; 92, 1447; StJSchlosser Rn 14 c vor § 606; Walter JZ 83, 476). Beispiele: **aa)** der Anspruch auf Mitwirkung bei der **Zusammenveranlagung zur Einkommensteuer** (München FamRZ 79, 721; Hamm 5

FamRZ 83, 937; BayObLG aaO mwN; Düsseldorf FamRZ 90, 160 = NJW-RR 1027) oder der Schadensersatzanspruch wegen Verweigerung der Mitwirkung (BGH FamRZ 88, 143 f; Stuttgart FamRZ 92, 1447), mögen sie auch aus der Verpflichtung zur ehelichen Lebensgemeinschaft hergeleitet werden (BGH FamRZ 77, 38/41); **bb)** der Streit um den **Ausgleich zwischen gesamtschuldnerisch haftenden Ehegatten,** namentlich bei gemeinsamer Steuerveranlagung (Hamm FamRZ 79, 607); **cc)** der Streit darum, an welchen Ehegatten bei gemeinsamer Veranlagung die **Einkommensteuererstattung** (Schleswig SchlHA 80, 163; LG Stuttgart NJW-RR 92, 646) oder der **Lohnsteuerjahresausgleich** auszuzahlen ist; ferner die Klage, mit der ein Ehegatte von dem anderen einen Anteil am Lohnsteuerjahresausgleich verlangt (Hamburg FamRZ 82, 507; Hamm FamRZ 88, 518). Diese Klagen betreffen auch nicht den gesetzlichen Unterhalt (§ 621 Rn 43).

6 **c)** Macht ein Ehegatte gegen den anderen einen **im persönlichen Bereich liegenden Anspruch** geltend, der aus der Verpflichtung zur ehelichen Lebensgemeinschaft herzuleiten ist, so muß er Herstellungsklage iS des § 606 I 1 erheben und kann im Falle seines Sieges nicht die Vollstreckung betreiben. Zu diesen Herstellungsklagen gehören: **aa)** die Klage auf **Unterlassung ehewidriger Handlungen** (Ehebruch, Körperverletzung, geschäftsschädigende Äußerungen, Bruch des Briefgeheimnisses – MK-BGB/Wacke § 1353 Rn 13; Gernhuber/Coester-Waltjen § 23, 2; Celle NJW 65, 1918); **bb)** Streitigkeiten von Ehegatten über die **Art ihrer Beiträge zum Familienunterhalt,** namentlich die Klage auf Führung des Haushalts (MK-BGB/Wacke § 1360 Rn 34; Gernhuber/Coester-Waltjen § 23, 2); **cc)** die Klage auf **Unterrichtung** über den Bestand des Vermögens und über wesentliche Vermögensänderungen (Hamburg FamRZ 67, 100; Stuttgart FamRZ 79, 809 mwN; Staudinger/Thiele § 1386 Rn 22); **dd)** die Klage, daß der andere Ehegatte eine Beratungsstelle für Suchtkranke aufsucht oder sich einer **Heilbehandlung** unterzieht, damit danach die eheliche Lebensgemeinschaft wiederhergestellt werden kann (Frankfurt FamRZ 82, 484 mwN).

7 **ee)** Ehesachen sind auch die Klage eines Ehegatten gegen den anderen, daß er es unterläßt, das Mietverhältnis für die **Ehewohnung** zu kündigen, und die Herstellungsklage, mit der ein Ehegatte die Verurteilung des anderen dazu begehrt, daß dieser mit ihm eine andere Wohnung bezieht (Schleswig FamRZ 57, 420; Düsseldorf FamRZ 69, 153). Ehesache ist ferner die Klage eines Ehegatten gegen den anderen, ihm die Benutzung der Ehewohnung und des Hausrats zu gestatten, wenn der Kläger zugleich behauptet, auf diese Weise die eheliche Lebensgemeinschaft herstellen zu wollen. Maßgeblich für die Entscheidung, ob es sich um eine Ehesache handelt, ist allein diese Behauptung. Ist sie unbewiesen (weil zB der Kläger die Scheidung beantragt hat), so hat das Familiengericht die Herstellungsklage nicht als unzulässig, sondern als unbegründet abzuweisen. Nur wenn sich aus der Klagbegründung ergibt, daß der Kläger die Wohnung benutzen will, ohne die Ehegemeinschaft wieder aufnehmen zu wollen, muß das FamG seine Zuständigkeit mit der Begründung verneinen, die Klage betreffe keine Ehesache (Hamm FamRZ 81, 477; s Vollkommer oben § 12 Rn 14).

8 **d)** Auch für im persönlichen Bereich liegende Streitigkeiten bestehen gelegentlich **Sonderregelungen,** die die allgemeine Herstellungsklage verdrängen: **aa)** Keine Ehesachen sind Streitigkeiten über die Beschränkung oder Ausschließung der **Schlüsselgewalt;** diese regelt das Vormundschaftsgericht (§ 1357 II 1 BGB).

9 **bb)** Keine Ehesache ist die von der Rechtsprechung entwickelte **Ehestörungsklage,** mit der ein Ehegatte von dem anderen oder einem Dritten die Unterlassung von Ehestörungen im äußeren, räumlichen Lebensbereich, vor allem in der Ehewohnung, verlangen kann. Aus Art 6 GG ergibt sich die Notwendigkeit eines solchen Schutzes, der im Vollstreckungsbereich über den Schutz der Herstellungsklage hinausgeht (BGHZ 6, 361/365 f; 34, 80/85 f; LM 1 b und 2 zu § 823 BGB; Karlsruhe FamRZ 80, 139). Von der Herstellungsklage unterscheidet sich die Ehestörungsklage dadurch, daß jene den persönlichen Bereich der Ehe, diese den räumlich-gegenständlichen Bereich schützt (BGHZ 6, 360/365; Hamm FamRZ 81, 477; Düsseldorf FamRZ 81, 577; Zweibrükken FamRZ 89, 55 f; Smid FamRZ 89, 1144; anders Celle FamRZ 80, 242 = NJW 711, das die Ehestörungsklage zu den Herstellungsklagen rechnet und folglich die Vollstreckung des Unterlassungsurteils nur gegen die Freundin des unterlegenen Ehemannes zuläßt, nicht aber gegen diesen selbst).

10 **3)** Eine Klage auf **Feststellung des Rechts zum Getrenntleben** ist Ehesache (Frankfurt FamRZ 84, 1123; Karlsruhe FamRZ 91, 1456). Sie ist die der Herstellungsklage entsprechende negative Feststellungsklage. Zulässig ist sie nur, wenn der Kläger ein rechtliches Interesse an der Feststellung seines Rechts hat (§ 256). Dieses Interesse kann nicht daraus hergeleitet werden, daß die Parteien sich über die Benutzung der Ehewohnung nicht einig sind (Karlsruhe FamRZ 89, 79 f = NJW-RR 1414). Es besteht, wenn der Kläger der Herstellungsklage des anderen Ehegatten zuvorkommt (StJSchlosser Rn 14 a vor § 606). Daß der andere mit der Trennung nicht einverstanden ist, genügt nicht (StJSchlosser aaO mwN; anders Gernhuber/Coester-Waltjen § 23, 5). Hier bringt die Feststellung des Rechts zum Getrenntleben dem Kläger keinen Rechtsvorteil,

und seine Klage ist deshalb mangels Rechtsschutzbedürfnisses unzulässig (München FamRZ 86, 807; Karlsruhe aaO).

4) Ehesachen sind auch Klagen, mit denen Ehegatten eine **im ausländischen Recht vorgesehene Gestaltung ihrer Ehe** durchsetzen wollen, zB das Trennungsverfahren italienischen Rechts (BGHZ 47, 325; Frankfurt FamRZ 79, 813 u NJW 84, 572; Schleswig SchlHA 82, 74). 11

5) **Parteien von Ehesachen** können nur die Ehegatten sein, bei Nichtigkeitsklagen auch der Staatsanwalt (§ 632 I) bzw künftig bei Aufhebungsklagen die zuständige Verwaltungsbehörde (§ 1316 I BGB idF des Entwurfs zum Eheschließungsrechtsgesetz – BTDrucks 13/4898), bei Bigamie auch der Ehegatte der früheren Ehe (§ 632 II). Im Verfahren nach den §§ 606 ff kann nicht auf Feststellung geklagt werden, daß zwischen dem Beklagten und einem Dritten oder zwischen zwei am Prozeß nicht beteiligten Personen eine Ehe besteht oder nicht besteht (Hamm FamRZ 80, 706). Trotzdem kann im gewöhnlichen Zivilprozeß über das Bestehen oder Nichtbestehen einer Ehe zwischen beliebigen Personen entschieden werden, wenn dieser Punkt als Vorfrage, zB eines Erbschaftsprozesses, von Bedeutung ist. 12

6) **Verfahrensgrundsätze:** Über **Prozeßkostenhilfe** für Scheidungssachen s § 114 Rn 41 ff. Über die **Rechtskraft des Scheidungsausspruchs** s § 629 d Rn 3 ff. Rechtskräftige Urteile, durch die eine Ehe geschieden oder aufgehoben wird, sind **Gestaltungsurteile** (Rosenberg/Gottwald § 94 II) und wirken deshalb für und gegen alle. Wird ein Scheidungsantrag, eine Aufhebungs- oder Herstellungsklage abgewiesen oder wird festgestellt, daß Ehegatten zum Getrenntleben berechtigt sind, so wirkt das rechtskräftige Urteil nur zwischen den Parteien. Ist der Scheidungsantrag rechtskräftig abgewiesen worden, so hindert dies den Antragsteller nicht daran, ihn erneut zu stellen und geltend zu machen, nach der letzten mündlichen Verhandlung im Vorprozeß sei die Ehe gescheitert. Um dies zu begründen, kann der Antragsteller auch sein Vorbringen aus dem Vorprozeß wiederholen (Diederichsen ZZP 91, 443 ff mwN). 13

7) **Sonstige die Ehe berührende Streitigkeiten** (zB über elterliche Sorge, Unterhalt, Zugewinnausgleich) sind auch dann keine Ehesachen, wenn sie als Folgesachen mit einer Ehesache verbunden werden (BayObLG FamRZ 79, 939; BGH FamRZ 80, 48 = NJW 188 = MDR 215). 14

III) Zuständigkeit in Ehesachen: 1) a) Nach § 23 a Nr 4 GVG ist das Amtsgericht **sachlich** zuständig. Nach § 23 b I 1 Nr 2 GVG ist die Abteilung für Familiensachen (Familiengericht) **gerichtsintern** zuständig. Ergänzend dazu bestimmt § 606, daß die sachliche Zuständigkeit **ausschließlich** ist, und regelt außerdem die **örtliche** Zuständigkeit des FamG wiederum als ausschließliche. **b)** Die **internationale Zuständigkeit** regelt § 606 a I. Ergibt diese Vorschrift, daß die deutschen Gerichte zuständig sind, so richtet sich die örtliche Zuständigkeit wiederum nach § 606. Die internationale Zuständigkeit ist nicht ausschließlich (§ 606 a I 2). Auch für sie gilt der Grundsatz der perpetuatio fori (BayObLG FamRZ 93, 1469). **c) Die Zuständigkeit ist** in jeder Instanz **von Amts wegen zu prüfen** (Frankfurt FamRZ 91, 1073 mwN); der BGH überprüft jedoch nicht die örtliche Zuständigkeit der ersten Instanz (§ 549 II). Ist das angerufene Eingangsgericht sachlich oder örtlich unzuständig, so kann es **das Verfahren** auf Antrag des Klägers/Antragstellers durch Beschluß an das zuständige AG **verweisen** (§ 281 I). Das Rechtsmittelgericht verweist durch Urteil (Frankfurt aaO). Fehlt die internationale Zuständigkeit des angerufenen Gerichts, so kann der Antrag bzw die Klage nicht an ein ausländisches Gericht verwiesen werden, sondern ist als unzulässig abzuweisen. 15

2) **Örtliche Zuständigkeit:** Abs 1 und Abs 2 S 1 u 2 begründen für Ehesachen fünf Gerichtsstände, unter denen der Kläger (Scheidungsantragsteller) nicht wählen kann. Das Gesetz ordnet eine **Rangfolge der Gerichtsstände** an. Der an zweiter Stelle genannte Gerichtsstand ist nur gegeben, wenn der an erster Stelle genannte nicht besteht; der an dritter Stelle genannte nur, wenn der der zweiten Stelle nicht besteht; usw. Gemeinsames Tatbestandsmerkmal für alle fünf Gerichtsstände ist der **gewöhnliche Aufenthalt.** Damit ist der Aufenthalt im Inland gemeint; nur aus ihm kann sich die Zuständigkeit eines inländischen Familiengerichts ergeben. In Verfahren, an denen Ausländer beteiligt sind, richtet sich der gewöhnliche Aufenthalt nach deutschem Recht als der lex fori (BGH FamRZ 92, 794 f mwN; Köln FamRZ 92, 1093 f). Ist der gewöhnliche **Aufenthalt des Beklagten unbekannt,** so wird dieser so behandelt, als habe er keinen gewöhnlichen Aufenthalt im Inland (BGH FamRZ 82, 1199 mwN = NJW 83, 285 = MDR 83, 120 mwN). 16

a) Den Begriff **gewöhnlicher Aufenthalt** verwenden auch § 606 a I Nr 3 u 4 ZPO und die Art 5 II, 14 I Nr 2, 18 I EGBGB, 5 Nr 2 GVÜ, 1 MSA. Er ist für alle diese Bestimmungen gleich auszulegen (StJSchlosser Rn 7; Soergel/Kegel Art 29 EGBGB Rn 30; anders MK-BGB/Sonnenberger Einl 554 vor Art 3 EGBGB). Gewöhnlicher Aufenthalt ist der Schwerpunkt der sozialen und wirtschaftlichen Beziehungen, der Daseinsmittelpunkt (BGH FamRZ 75, 272 = NJW 1068; FamRZ 81, 135 = NJW 520 = MDR 215; FamRZ 93, 798/800 = IPRax 94, 131/133; BayObLG FamRZ 92, 585; 93, 89); namentlich in familiärer und beruflicher Hinsicht (Karlsruhe FamRZ 92, 316), von mehreren Aufenthaltsorten derjenige, an dem jemand regelmäßig nächtigt (StJSchlos- 16a ser Rn 7; Soergel/Kegel aaO Rn 31). Die tägliche Fahrt zum Arbeitsort ändert hieran nichts (MK-BGB/Sonnenberger Einl 554 vor Art 3 EGBGB; Soergel/Kegel aaO Rn 33). Um den gewöhnlichen Aufenthalt zu begründen, kommt es – anders als beim Wohnsitz – nicht auf einen hierauf gerichteten Willen (BGH FamRZ 81, 135 f; 93, 798/800 = IPRax 94, 131/133) und nicht auf die Handlungs- und Willensfähigkeit an, sondern nur auf die tatsächliche, auf eine gewisse Dauer berechnete Eingliederung in die soziale Umwelt (BGHZ 21, 307/318; BGH FamRZ 81, 135 = NJW 520 = MDR 215; EzFamR ZPO § 606 Nr 2; Stuttgart NJW 80, 1227 f; Hamm FamRZ 89, 1109). Die Anmeldung eines Wohnsitzes beim Einwohnermeldeamt ist nur ein gewisses Indiz, reicht aber für sich allein nicht aus, um daraus herzuleiten, daß der Gemeldete dort seinen gewöhnlichen Aufenthalt hat (BGH FamRZ 95, 1135; LJV Baden-Württemberg FamRZ 90, 1015/1017). Fehlt eine solche Anmeldung, so folgt hieraus nicht, daß kein gewöhnlicher Aufenthalt besteht (Zweibrücken FamRZ 85, 81 f; KG FamRZ 87, 603/605 = NJW 88, 649 f).

17 **b) Aufenthaltswille und -dauer:** Obwohl der gewöhnliche Aufenthalt ein überwiegend tatsächlicher Begriff ist, ist auch der Aufenthaltswille beachtlich. Er ist umso wichtiger, je kürzer der Aufenthalt bislang währt, und wird mit dessen zunehmender Fortdauer immer weniger bedeutsam (StJSchlosser Rn 9). Beispiele: Wer umzieht, hat sofort nach dem Eintreffen in seiner neuen Wohnung dort seinen gewöhnlichen Aufenthalt, wenn er dort ständig bleiben will; anders, wenn er nur vorübergehend bleiben will (BGH FamRZ 81, 135 = NJW 520; FamRZ 93, 798/800 = IPRax 94, 131/133; Hamm IPRax 93, 104 f; MK-BGB/Siehr, Anh II nach Art 19 EGBGB Rn 21 zu Art 1 MSA). Nach diesen Kriterien ist auch der Einzug ins **Frauenhaus** zu beurteilen; s Saarbrücken FamRZ 90, 1119 mwN. Wenn die Frau durch ihr Verhalten dokumentiert, daß sie nicht nur vorübergehend, sondern bis auf weiteres – gewissermaßen mit einem unbestimmten Ende – im Frauenhaus bleiben will, hat sie dort ihren gewöhnlichen Aufenthalt (Karlsruhe FamRZ 95, 1210).

18 **c)** Auf den Willen kommt es auch bei **zeitweiliger Abwesenheit** an. Trotz Abwesenheit von längerer Dauer bleibt der gewöhnliche Aufenthalt erhalten, **wenn die Rückkehr beabsichtigt ist** (BGH FamRZ 93, 798 f = IPRax 94, 131/133), zB wenn sich ein Kind außerhalb des Wohnorts seiner Eltern ausbilden läßt (BGH FamRZ 75, 272 = NJW 1068; Hamm FamRZ 89, 1331 f; BayObLG FamRZ 93, 89). Dies gilt auch, wenn jemand vorübergehend für längere Zeit abwesend ist, zB aus beruflichen Gründen oder des Wehrdienstes halber. Ihm bleibt sein gewöhnlicher Aufenthalt erhalten, wenn er seine Wohnung oder seine Berufsstellung behält oder wenn sonst ersichtlich ist, daß sein wirtschaftlicher Daseinsmittelpunkt an seinem ursprünglichen Aufenthaltsort verblieben ist und daß er dorthin zurückkehren will (BGH FamRZ 93, 798 f mwN = IPRax 94, 131/133). Hier kann aber die Dauer der Abwesenheit einen gewöhnlichen Aufenthalt am vorübergehenden Aufenthaltsort begründen. Wer als Angestellter drei Jahre lang im ausländischen Zweigbetrieb seines deutschen Arbeitgebers arbeiten soll, hat bereits bei seiner Ankunft dort seinen gewöhnlichen Aufenthalt. Das gleiche gilt für den Beamten, der auf unbestimmte Zeit an eine deutsche Auslandsvertretung abgeordnet worden ist (MK-BGB/Siehr Art 18 EGBGB Anh I Rn 93 f).

18a **d) Unfreiwilliger Aufenthaltswechsel, Anstaltsaufenthalt:** Flucht, Vertreibung, Entführung begründen zunächst keinen gewöhnlichen Aufenthalt am neuen Aufenthaltsort (MK-BGB/Siehr Art 18 EGBGB Anh I Rn 92). Zur Kindesentführung s Rn 25. Nach längerer Aufenthaltsdauer kann aber der gewöhnliche Aufenthalt auch dort gegeben sein, wo jemand sich **wider Willen** aufhält, zB in einer Strafanstalt (Stuttgart MDR 64, 768, Düsseldorf MDR 69, 143; Schleswig SchlHA 80, 73, anders SchlHA 55, 98 u Schneider FamRZ 60, 54); in einem psychiatrischen Krankenhaus (Schneider aaO), einem Flüchtlingslager (Schleswig SchlHA 55, 166; anders SchlHA 55, 98). Dagegen soll ein längerer Klinikaufenthalt (BGH EzFamR ZPO § 606 Nr 2; FamRZ 84, 993 = EzFamR ZPO § 181 Nr 1; BayObLG FamRZ 93, 89) oder die Heimunterbringung im Rahmen der Fürsorgeerziehung (Düsseldorf NJW-RR 91, 1411 = DAVorm 777) kein gewöhnlicher Aufenthalt sein. Die Grenze zwischen beiden Fallgestaltungen ist schwer zu ziehen. Wer sich in einer Anstalt aufhält, hat dort seinen gewöhnlichen Aufenthalt, wenn er nicht an seinen vorherigen Aufenthaltsort zurückkehren kann (LG Koblenz DAVorm 94, 211) oder will. Kann oder will er zurückkehren, so hat er trotzdem seinen gewöhnlichen Aufenthalt in der Anstalt, wenn der Zeitpunkt seiner Entlassung unabsehbar ist oder wenn er sich für längere Zeit dort aufhält. Ich schlage zwei Jahre als Grenzwert vor.

18b **e)** Ein **Soldat,** der neben seiner Stube in der Kaserne eine Privatwohnung hat, hat in dieser seinen gewöhnlichen Aufenthalt (Stuttgart NJW 69, 384). Im Krieg behält er seinen bisherigen gewöhnlichen Aufenthalt (Soergel/Kegel Art 29 EGBGB Rn 36 mwN). **Studenten** haben ihren gewöhnlichen Aufenthalt am Studienort, wenn sie diesen als ihren Lebensmittelpunkt betrachten (Henrich, Anm zu Hamm IPRax 90, 58 f). Das gilt auch, wenn ein Student diesen Ort eigentlich wechseln will, aber keine Aussicht hat, anderswo einen Studienplatz zu erhalten (KG FamRZ 87, 603/605 = NJW 88, 649 f). Bei vorübergehendem auswärtigen Studium behält der

Student seinen gewöhnlichen Aufenthalt am Heimatort, wenn er dorthin zurückzukehren beabsichtigt (Henrich aaO).

f) Kommen **Ausländer** nach Deutschland, um die hiesigen Lebensverhältnisse zu erkunden und bei Nichtgefallen ins Ausland zurückzukehren, so haben sie hier keinen gewöhnlichen Aufenthalt (Beitzke IPRax 93, 232). Einen solchen erwerben sie erst, wenn ihr Aufenthalt auf Dauer angelegt ist, wenn sie eine Arbeits- oder Aufenthaltserlaubnis haben und ihnen keine Abschiebung droht (Karlsruhe FamRZ 90, 1351 f mwN; 92, 316 f = NJW-RR 92, 1094). Keinen gewöhnlichen Aufenthalt in Deutschland haben Asylbewerber nach Ablehnung ihres Asylantrages (Bremen FamRZ 92, 962) und ebensowenig vor Abschluß des Asylverfahrens (LG Memmingen DAVorm 91, 873/876; Karlsruhe FamRZ 92, 316); es sei denn, sie leben schon mehrere Jahre in Deutschland und sind sozial eingegliedert (Koblenz FamRZ 90, 536 = IPRax 249; Hamm NJW 90, 651 = IPRax 247; Nürnberg IPRax 90, 249; Karlsruhe aaO; Rauscher IPRax 92, 15). **18c**

g) Keinen gewöhnlichen Aufenthalt hat ein Ehegatte, der den anderen verlassen hat und nicht weiß, wo er sich künftig ständig niederlassen soll (Stuttgart FamRZ 82, 84). Dasselbe gilt für denjenigen, der zunächst einmal mit seinem Partner umgezogen ist, dabei aber an Trennung denkt (BGH FamRZ 93, 798/800 = IPRax 94, 131/133). Der Professor, der in Marburg lehrt und in seiner dortigen Wohnung wöchentlich drei Tage wohnt, den Rest der Woche aber bei seiner Familie in Frankfurt lebt, hat an beiden Orten seinen gewöhnlichen **Aufenthalt.** Ein solcher ist **gleichzeitig an mehreren Orten** möglich (BayObLG FamRZ 80, 883/885 mwN; KG FamRZ 87, 603/605 = NJW 88, 649 f; anders MK-BGB/Sonnenberger Einl 543 vor Art 3 EGBGB; Art 5 EGBGB Rn 32). Wer hingegen wöchentlich fünf Tage in Bonn wohnt und arbeitet und nur am Wochenende seine Familie in Frankfurt besucht, hat seinen gewöhnlichen Aufenthalt in Bonn (Soergel/Kegel Art 29 EGBGB Rn 33). Das Wochenende in der Ferienwohnung ändert nichts am gewöhnlichen Aufenthalt in der Stadt (Karlsruhe FamRZ 70, 410/412). Wer im Sommer an der See, im Winter in der Großstadt lebt, hat nicht gleichzeitig zwei gewöhnliche Aufenthalte, sondern im Sommer einen anderen als im Winter. **19**

h) Gewöhnlicher Aufenthalt und Wohnsitz können auseinanderfallen. Bei Trennung der Eltern erlangt das Kind einen von beiden abgeleiteten Doppelwohnsitz (§ 621 Rn 90 b); seinen gewöhnlichen Aufenthalt hat es bei dem Elternteil, in dessen Obhut es sich befindet. Der Wohnsitz eines Berufs- oder Zeitsoldaten am Standort (§ 9 BGB) schließt es nicht aus, daß er seinen gewöhnlichen Aufenthalt am Familienwohnort hat (Frankfurt NJW 61, 1586; Schleswig SchlHA 63, 125). Es kann jemand seinen Wohnsitz aus beruflichen Gründen in der Stadt, seinen gewöhnlichen Aufenthalt bei Verwandten auf dem Land haben. Der Wohnsitz kann im Ausland, der gewöhnliche Aufenthalt in der Bundesrepublik gegeben sein. Beispiel: Ein ausländischer Diplomat mit Wohnsitz im Ausland hat seinen gewöhnlichen Aufenthalt am Sitz seiner Botschaft im Bundesgebiet, wenn er dort dauernd beschäftigt ist (LG Köln MDR 62, 903). Es ist auch möglich, daß jemand überhaupt keinen Wohnsitz, wohl aber einen gewöhnlichen Aufenthalt hat. Wer mehrere Wohnsitze hat (§ 7 II BGB), kann mehrere gewöhnliche Aufenthaltsorte oder nur einen solchen haben (KG FamRZ 87, 603/605 = NJW 88, 649 f; zweifelnd Henrich, Anm zu Hamm IPRax 90, 58 f). **20**

IV) Rangfolge der Gerichtsstände: 1) Der Gerichtsstand bestimmt sich in erster Linie nach dem **gemeinsamen gewöhnlichen Aufenthalt** der Ehegatten **(Abs 1 S 1).** Dieser entspricht dem Mittelpunkt des Ehelebens, wo sich die persönlichen, familiären und hauswirtschaftlichen Beziehungen der Ehegatten vereinen. Ein solcher Aufenthalt kann auch gegeben sein, wo eine gemeinsame ständige Wohnung fehlt (Schleswig SchlHA 50, 195; Hamm MDR 57, 171). Ununterbrochene gemeinsame Anwesenheit der Eheleute am selben Ort ist nicht erforderlich. Berufsbedingte Abwesenheit an auswärtiger Arbeitsstelle schließt einen gemeinsamen gewöhnlichen Aufenthalt nicht aus, selbst wenn beide Eheleute Wohnungen am Arbeitsort nehmen; entscheidend ist das private Zusammenleben an einem Ort bei beruflicher Abkömmlichkeit (Schleswig SchlHA 63, 125). Wenn ein verheirateter Soldat nur an den freien Wochenenden vom Standort zu seiner Familie kommen kann, besteht ein gemeinsamer gewöhnlicher Aufenthalt der Eheleute am Familienwohnort (BayObLGZ 49, 39; Frankfurt NJW 61, 1586; Schleswig SchlHA 63, 125). Ein solcher Aufenthalt kann am Hochzeitsort bestehen, auch wenn die Eheleute dort nur kurze Zeit zusammengelebt haben, bei der Aufenthaltsnahme aber beabsichtigten, dort für längere Zeit gemeinsam zu leben (Frankfurt MDR 66, 845); nicht aber, wenn nur die Frau dort verbleibt, der Ehemann dagegen sofort an seinen alten Wohnort zurückkehrt (Schleswig SchlHA 53, 11). Ein gemeinsamer gewöhnlicher Aufenthalt der Ehegatten fehlt, wenn sie am selben Ort, aber getrennt leben (Stuttgart FamRZ 82, 84). **21**

2) In zweiter Linie richtet sich der Gerichtsstand nach dem Ort im Inland, an dem der eine **Ehegatte zusammen mit den gemeinsamen Kindern** seinen gewöhnlichen Aufenthalt hat **(Abs 1 S 2).** Gesetzgeberischer Grund: Die Scheidungsfolgesachen elterliche Sorge, Umgangsrecht und Kindesherausgabe betreffen die gemeinsamen Kinder. Die Zusammenarbeit zwischen örtlich **22**

zuständigem Jugendamt (§§ 87 b II, 86 SGB VIII) und Familiengericht wird erleichtert (BGH NJW-RR 87, 1348 = MDR 88,38 = EzFamR ZPO § 606 Nr 3). Gemeinsame Kinder sind auch scheineheliche Kinder, auch wenn sie unstreitig nicht vom Ehemann abstammen. Die Frage, ob die Ehelichkeit mit Erfolg angefochten werden kann, läßt sich nicht als Vorfrage für die Zuständigkeit klären. Wenn nach Rechtshängigkeit der Ehesache durch Urteil festgestellt wird, daß das Kind nicht vom Ehemann der Mutter abstammt, bleibt das Gericht zuständig (perpetuatio fori; Koblenz IPRax 90, 53 s Rn 30).

23 a) § 606 I 2 verlangt einen **gemeinsamen gewöhnlichen Aufenthalt des Ehegatten und der Kinder,** idR eine gemeinsame Wohnung. Auch ein längerer Aufenthalt im Frauenhaus begründet den Gerichtsstand des § 606 I 2 (Saarbrücken FamRZ 90, 1119 mwN), wenn die Frau beabsichtigt, dieses Haus zum ständigen Schwerpunkt ihrer Lebensverhältnisse zu machen (BGH FamRZ 93, 47 f = NJW-RR 4). Ein vorübergehender Aufenthalt von weniger als drei Wochen genügt nicht (BGH FamRZ 95, 728 f). Ein Kind, das im Internat erzogen wird, aber in den Ferien ständig bei einem Elternteil wohnt, hat seinen gewöhnlichen Aufenthalt bei diesem (BGH FamRZ 75, 272 = NJW 1068). Ein Gerichtsstand iS des Abs 1 S 2 besteht auch, wenn die gemeinsamen **Kinder bei einem Dritten leben,** der am selben Ort wie einer der Ehegatten wohnt (Frankfurt FamRZ 84, 806; Hamm FamRZ 89, 641 = NJW-RR 1486). Dasselbe gilt, wenn sich die gemeinsamen ehelichen Kinder teils bei einem Ehegatten, teils bei einem im gleichen Gerichtsbezirk lebenden Dritten befinden; denn nur so wird vermieden, daß das Scheidungsverfahren vor ein Gericht gelangt, in dessen Bezirk sich keines der Kinder aufhält (BGH FamRZ 84, 370 = MDR 656 = EzFamR ZPO § 606 Nr 1). Der Gerichtsstand des Abs 1 S 2 besteht nicht, wenn ein gemeinsames Kind bei dem einen, ein anderes bei dem anderen Ehegatten lebt (BGH NJW-RR 87, 1348 = MDR 88, 38 = EzFamR ZPO § 606 Nr 3) oder an einem dritten Ort (BGH NJW-RR 92, 902 f). Der gesetzgeberische Grundgedanke, die Zusammenarbeit zwischen dem FamG und dem örtlich zuständigen Jugendamt zu erleichtern, wird jedenfalls teilweise verfehlt, wenn sich die Kinder an mehreren Orten aufhalten. Nach BGH NJW- RR 87, 1348 kommt es hier auch nicht (wie im § 36 I 2 FGG) darauf an, bei welchem Ehegatten das jüngste gemeinsame Kind lebt. Der Gerichtsstand richtet sich hier nach Abs 2.

24 b) **Gewöhnlicher Aufenthalt eines Kindes** ist nur der Ort, an dem der Schwerpunkt seiner persönlichen Bindungen, sein Daseinsmittelpunkt liegt (Hamm FamRZ 91, 1466 f mwN = NJW 92, 636). Ein Kleinkind hat denselben gewöhnlichen Aufenthalt wie die Person, die es ständig betreut und versorgt; bei älteren Kindern sind auch soziale Beziehungen zu anderen Familienmitgliedern, Freunden, Schule und Lehrstelle zu berücksichtigen. Lebt ein Kind während der Woche beim Vater und besucht hier die Schule, so hat es seinen gewöhnlichen Aufenthalt allein beim Vater, auch wenn es sich jedes Wochenende bei der Mutter aufhält (Bremen FamRZ 92, 963). Spricht ein Kind nicht dieselbe Sprache wie die Menschen in seiner Umgebung, so spricht dies gegen eine Eingliederung in die Umwelt und gegen einen gewöhnlichen Aufenthalt (Hamm FamRZ 89, 1109 f). Ein **vorübergehender Aufenthalt** ist kein gewöhnlicher. Eine gewisse Dauer (Faustregel: sechs Monate; Köln FamRZ 91, 363 f; Hamm FamRZ 91, 1346) muß mindestens beabsichtigt sein. Diese Erwägungen hat der BGH (FamRZ 81, 135 = NJW 81, 520 = MDR 81, 215) zu § 13 MSA angestellt; sie passen auch zu § 606 ZPO.

25 c) **Entführungsfälle:** Hat ein Ehegatte die Kinder ohne Zustimmung des anderen an sich genommen, so kann auch hierdurch ein gewöhnlicher Aufenthalt der Kinder begründet werden. Es kommt grundsätzlich nicht auf Rechtmäßigkeit des Aufenthaltswechsels an (Henrich FamRZ 89, 1325; Hamm FamRZ 91, 1466 = NJW 92, 636 mwN), sondern – wie in Rn 17 ausgeführt – nur auf die dauernde soziale Eingliederung der Kinder (BayObLG DAVorm 84, 931; FamRZ 93, 349; Hamm FamRZ 88, 1198 f; Düsseldorf FamRZ 94, 107 f = NJW- RR 94, 5 f; FamRZ 94, 644). Je kürzer die Entführung zurückliegt, desto weniger wird eine dauernde Eingliederung erkennbar sein (BGH FamRZ 81, 135/136 f = NJW 81, 520 = MDR 81, 215; Frankfurt IPRax 86, 384; Koblenz NJW 89, 2201). Der Wille der Kinder, bei dem einen oder dem anderen Elternteil zu bleiben, ist für die soziale Eingliederung bedeutsam (Hamm FamRZ 91, 1466 f), ferner der Wille des Elternteils, bei dem sich das Kind befindet, dieses dauernd behalten zu wollen. Auf den Willen des anderen Elternteils kommt es nur an, solange die Möglichkeit besteht, daß er die Rückführung des Kindes durchsetzt, ehe es zu dessen sozialer Eingliederung in seine neue Umwelt gekommen ist (BGH aaO; Bamberg FamRZ 83, 82; Düsseldorf FamRZ 84, 194; Hamm FamRZ 89, 1109 f; IPRax 93, 104 f). Einschränkend BayObLG (DAVorm 81, 691/702): Auf die dauernde soziale Eingliederung der entführten Kinder komme es nicht an, wenn der Sorgeberechtigte bereits vor einer Verfestigung des durch die Entführung geschaffenen Zustandes einen ausländischen Rückführungsbeschluß erwirkt habe und außerdem im Inland die Vollziehung dieses Beschlusses betreibe (ähnlich Mottl IPRax 92, 181 f gegen den österreichischen OGH IPRax 92, 176 ff).

26 3) **In dritter Linie richtet sich der Gerichtsstand nach dem letzten gemeinsamen gewöhnlichen Aufenthalt der Ehegatten,** vorausgesetzt, daß ein Ehegatte seinen gewöhnlichen Aufenthalt

(noch oder wieder, BayObLGZ 49, 38; NJW 49, 223) im Bezirk dieses Familiengerichts hat (Abs 2 S 1); **in vierter Linie nach dem gewöhnlichen Aufenthalt des beklagten Ehegatten** im Inland (Abs 2 S 2; nicht ersatzweise nach dem letzten bekannten gewöhnlichen Aufenthalt des Beklagten); **in fünfter Linie nach dem gewöhnlichen Aufenthalt des klagenden Ehegatten** (Abs 2 S 2). Wenn sich kein Ehegatte mehr in dem Gerichtsbezirk aufhält, in dem die Gatten ihren letzten gemeinsamen gewöhnlichen Aufenthalt hatten, oder wenn ein gemeinsamer gewöhnlicher Aufenthalt im Inland überhaupt nicht bestanden hatte, so ist grundsätzlich bei dem Gericht zu klagen, in dessen Bezirk der andere Ehegatte seinen gewöhnlichen Aufenthalt hat. Erst wenn ein gewöhnlicher Aufenthalt des anderen im Inland fehlt, kann beim Familiengericht des eigenen Aufenthaltsorts geklagt werden. **In letzter Linie** (wenn die Parteien im Inland niemals zusammengelebt haben und wenn auch jetzt keiner der Gatten im Inland lebt) ist das Familiengericht beim **AG Berlin-Schöneberg** ausschließlich zuständig (Abs 3). Beispiel: Eine Deutsche, die in der Schweiz lebt, will sich von ihrem britischen Ehemann scheiden lassen. Die deutsche Gerichtsbarkeit steht Deutschen zur Verfügung (§ 606 a I 1 Nr 1). Ist ungewiß, wo der Antragsgegner sich aufhält, so steht dies dem Fehlen eines inländischen Aufenthalts gleich (BGH FamRZ 82, 1199 mwN = NJW 83, 285 = MDR 83, 120 mwN; Zweibrücken FamRZ 85, 81).

4) § 606 II 3 u 4: Die ersten drei Gerichtsstände in der Rangfolge des § 606 (s Rn 26) sind gleich, 27
einerlei, ob der eine oder der andere Ehegatte Klage erhebt. Der vierte und der fünfte Gerichtsstand richten sich nach dem gewöhnlichen Aufenthalt des Beklagten oder des Klägers. Halten sich die Parteien an verschiedenen Orten auf, so können zwei Gerichtsstände miteinander konkurrieren, wenn jede Partei Klage erhebt. Abs 2 S 3 und 4 lösen dieses Konkurrenzproblem für deutsche Gerichte (nicht aber die Konkurrenz zwischen einem deutschen und einem ausländischen Gerichtsstand; s BGH FamRZ 87, 580 = NJW 3083 = MDR 747). Diese Bestimmungen und die §§ 1566 I BGB, 630 I Nr 1 ZPO zeigen zugleich, daß im Scheidungsprozeß ein mit einer **Widerklage** vergleichbarer Gegenantrag auf Scheidung zulässig ist (BGH NJW-RR 93, 898; anders Diederichsen ZZP 91, 442). Die Rechtshängigkeit des einen Scheidungsantrages schließt einen inhaltsgleichen Gegenantrag nicht aus. § 261 will nur einander widersprechende Urteile über denselben Streitgegenstand verhindern. Daß solche ergehen, ist angesichts der ausschließlichen Zuständigkeit des zuerst angerufenen Scheidungsgerichts (§ 606 II 3 u 4) nicht zu befürchten.

§ 606 II 3 u 4 regeln zunächst den Fall, daß **mehrere Klagen** mit gleichen Streitgegenständen 28
erhoben werden (a), gelten aber darüber hinaus auch für mehrere Klagen mit verschiedenen Streitgegenständen (b). **a) Gleicher Streitgegenstand:** Durch die Zustellung eines Scheidungsantrages wird der Gegenstand Ehescheidung in vollem Umfang rechtshängig mit der Folge, daß der Antragsgegner nicht bei einem anderen Gericht die Scheidung begehren darf (§ 261 III Nr. 1, BGH FamRZ 83, 366 f mwN = NJW 1269). Deshalb ist nach § 606 II 3 nur das Gericht zuständig, das den Scheidungsantrag zuerst zustellen lassen hat. Wenn beide Klagen am gleichen Tag zugestellt wurden, so muß das für beide zuständige Gericht nach § 36 bestimmt werden (§ 606 II 4). Das später angerufene Gericht muß die bei ihm erhobene Klage als unzulässig abweisen, wenn nicht Verweisung (§ 281) beantragt wird. Die anderweitige Rechtshängigkeit desselben Streitgegenstandes hat auch dann die Sperrwirkung des § 261 III Nr 1, wenn das erste Verfahren ausgesetzt wurde und seit Jahren nicht mehr betrieben wird (BGH FamRZ 67, 460). **b)** § 606 II 3 gilt auch für **mehrere Klagen mit unterschiedlichem Streitgegenstand** (zB Eheaufhebung und Scheidung), sogar für Ehesachen, die nicht miteinander verbunden werden können wie Scheidungsantrag und Ehefeststellungsklage; s § 610 Rn 2. Da die internationale Zuständigkeit nicht ausschließlich ist, ist die Rechtshängigkeit eines **Scheidungsprozesses im Ausland** kein Prozeßhindernis für eine Eheaufhebungsklage im Inland (Karlsruhe IPRax 85, 36 f; Schlosser IPRax 85, 16; Henrich IPRax 85, 90; Schumann IPRax 86, 15). Ebensowenig hindert ein Ehetrennungsverfahren in Italien (KG NJW 83, 2325) oder eine Nichtigkeitsklage nach amerikanischem Recht (Karlsruhe FamRZ 94, 47) einen Ehegatten daran, in Deutschland die Scheidung zu verlangen.

5) Inlands- und Auslandsscheidung: Die Rechtshängigkeit der Scheidungssache im Ausland 29
hindert die Ehegatten, im Inland einen Scheidungsprozeß zu führen, wenn das fremde Urteil voraussichtlich anerkannt werden wird (BGH FamRZ 87, 580; 92, 1058 f mwN = NJW-RR 642 = IPRax 94, 40 f; FamRZ 94, 434 = NJW-RR 642; BayObLG FamRZ 83, 506; Düsseldorf IPRax 86,29; Hamburg IPRax 92, 38 f; Karlsruhe IPRax 92, 171 f; München IPRax 92, 174 f; Celle FamRZ 93, 439 = NJW-RR 1413 = IPRax 94, 209; Luther IPRax 84, 142; Schumann IPRax 86, 14; Sonnenberger IPRax 92, 155; Linke IPRax 94, 17; Rauscher IPRax 94, 188; Habscheid FS Lange 432, 439 u FS Zweigert 113). Ausländische Scheidungsurteile werden grundsätzlich anerkannt (KG NJW 83, 2324/2326; Düsseldorf u Schumann aaO). Beachten sie die inländische Rechtshängigkeit nicht, so werden sie ebenso anerkannt wie entsprechende inländische Urteile (BGH FamRZ 82, 1203 u 79, 905 f; anders BayObLG FamRZ 83, 501 mwN; Linke IPRax 82, 231; Basedow IPRax 83, 279). Ist die Anerkennungsprognose ungewiß, so kann das inländische Scheidungsverfahren analog § 148 bis zur Erledigung des ausländischen Parallelverfahrens ausgesetzt werden (Linke IPRax 94, 17; Rauscher IPRax 94, 190 f).

29a Die **ausländische Rechtshängigkeit** ist nur dann ein Prozeßhindernis, wenn sie **früher als die inländische eingetreten** ist (Celle FamRZ 93, 439 = NJW-RR 1413 = IPRax 94, 209; Karlsruhe FamRZ 94, 47; Linke IPRax 94, 17). Ob und wann eine Sache im Ausland rechtshängig geworden ist, richtet sich nach der **lex fori des ausländischen Gerichts** (BGH NJW 86, 662 f = IPRax 87, 314; FamRZ 87, 580 mit zustimmender Anm von Gottwald = NJW 3083 = MDR 747 ; FamRZ 92, 1058 f; Hamm NJW 88, 3102; Celle aaO; Karlsruhe IPRax 92, 171 f und Sonnenberger aaO zur Rechtshängigkeit in Frankreich; Siehr IPRax 89, 94; Geimer IZPR Rn 2173; Linke IPRax 92, 159; zweifelnd Geimer NJW 87, 3085). Unbeachtlich ist die ausländische Rechtshängigkeit, wenn das dortige Verfahren für die Dauer stillsteht (BGH FamRZ 61, 70 = NJW 124; FamRZ 82, 917) oder so lange dauert, daß dies einer Rechtsschutzverweigerung gleichkommt (BGH FamRZ 83, 366 = NJW 1269 = MDR 565; KG FamRZ 95, 1074; Geimer NJW 84, 529; kritisch Luther IPRax 84, 142, Schumann IPRax 86, 14). Da an ein ausländisches Gericht nicht verwiesen werden kann, kann bei zu beachtender ausländischer Rechtshängigkeit die Klage nur als unzulässig abgewiesen werden.

30 **V) Veränderung von zuständigkeitsbegründenden Tatsachen im Laufe des Rechtsstreits: 1) perpetuatio fori:** Um dem FamG eine Sachentscheidung zu ermöglichen, genügt es, daß es am Schluß der mündlichen Verhandlung örtlich zuständig ist. War es bei Verfahrensbeginn unzuständig und tritt die Zuständigkeit im Lauf des Verfahrens durch Umzug einer Partei oder ihrer Kinder ein, wird der anfängliche Zuständigkeitsmangel geheilt (RG JW 26, 375; Hamburg ZfJ 88, 94/96). Durch einen weiteren Umzug geht die Zuständigkeit nicht wieder verloren. Ändern sich die zuständigkeitsbegründenden Tatsachen nach Rechtshängigkeit der Ehesache, bleibt die örtliche Zuständigkeit erhalten (§ 261 III; BGH IPRax 85, 162 f; Koblenz IPRax 90, 53). Ändern sie sich vor Rechtshängigkeit, zB im PKH-Verfahren, so folgt die Zuständigkeit den Veränderungen der sie begründenden Umstände (BGH NJW-RR 94, 706 Nr 2).

31 2) **Fortfall der Zuständigkeit nach Anhängigkeit der Ehesache:** Wegen des Begriffs anhängig s § 622 I. Wird vor der Bewilligung von Prozeßkostenhilfe der Entwurf eines Scheidungsantrags dem Gegner formlos mitgeteilt, so wird dadurch die Ehesache nicht rechtshängig. Wechselt der Gegner nach der Mitteilung den Aufenthalt, so kann dies zum Verlust des ursprünglich vorhandenen Gerichtsstandes führen (BGH FamRZ 80, 131). Besteht die Gefahr eines solchen Verlustes, so ist dem Antragsteller zu empfehlen, nicht erst die Bewilligung von Prozeßkostenhilfe abzuwarten, sondern einen regelrechten Scheidungsantrag einzureichen und dessen Zustellung zu beantragen, ohne daß die Prozeßgebühr vorausbezahlt wird (§ 65 VII GKG).

32 **VI)** Für **Nichtigkeits- und Restitutionsklagen** in Ehesachen ist nach § 584 ZPO das Gericht des Vorprozesses ausschließlich zuständig. Hatte vor dem 1.7.1977 das LG über die Ehesache entschieden, so ist dessen Zuständigkeit auf das FamG übergegangen (Braunschweig NJW 78, 56; Stuttgart FamRZ 80, 379; Hamm FamRZ 86, 1026 aE).

33 **VII) Gebühren: 1) des Gerichts:** Für **Scheidungsverfahren** richten sich die Gebühren nach KV 1510–1519. In der Regel entstehen zwei Gebühren. Da beiderseitige Scheidungsanträge denselben Streitgegenstand haben, entsteht die Gebühr für das Verfahren im allgemeinen nur einmal, auch wenn beide Anträge zunächst getrennt behandelt worden sind (KG MDR 78, 678 = Rpfleger 78, 270; Bamberg JurBüro 80, 250, s auch Schneider NJW 79, 846, 850). Die Gebühr wird mit dem Eingang des Scheidungsantrages beim FamG fällig (§ 61 GKG). Wer **Kostenschuldner** ist, richtet sich nach der Kostenentscheidung des Urteils (§ 54 GKG); daneben haftet als Zweitschuldner der Antragsteller der Instanz (§§ 49 S 1, 58 II GKG). Bei beiderseitigen Scheidungsanträgen sind die Eheleute Gesamtschuldner (§ 58 Abs 1 GKG). **In anderen Ehesachen** werden die Gerichtsgebühren wie im gewöhnlichen Prozeß nach KV 1201 ff erhoben; idR also drei Gebühren für das Verfahren im allgemeinen.

2) Gebühren des Anwalts: Gebühren nach §§ 31 ff BRAGO aus den zusammengerechneten Werten der Scheidungs- und Folgesache(n). Mit Rücksicht auf die §§ 617, 612 II gibt § 33 I 3 BRAGO in Ehesachen die Unterscheidung zwischen streitiger und nichtstreitiger Verhandlung auf. Deshalb erhalten die Anwälte beider Parteien die volle Verhandlungsgebühr, wenn der Kläger nicht streitig verhandelt (Riedel/Sußbauer/Keller Rn 14, 17; Gerold/Schmidt/v. Eicken Rn 21; anders Hartmann Rn 4: Ehesache; alle zu § 33 BRAGO).

606a *[Internationale Zuständigkeit]*

(1) Für Ehesachen sind die deutschen Gerichte zuständig,

1. **wenn ein Ehegatte Deutscher ist oder bei der Eheschließung war,**
2. **wenn beide Ehegatten ihren gewöhnlichen Aufenthalt im Inland haben,**
3. **wenn ein Ehegatte Staatenloser mit gewöhnlichem Aufenthalt im Inland ist oder**
4. **wenn ein Ehegatte seinen gewöhnlichen Aufenthalt im Inland hat, es sei denn, daß die zu fällende Entscheidung offensichtlich nach dem Recht keines der Staaten anerkannt würde, denen einer der Ehegatten angehört.**

Diese Zuständigkeit ist nicht ausschließlich.

(2) Der Anerkennung einer ausländischen Entscheidung steht Absatz 1 Satz 1 Nr. 4 und, wenn die Entscheidung von den Staaten anerkannt wird, denen die Ehegatten angehören, Nummern 1 bis 3 nicht entgegen.

Lit: *Breuer/Paetzold* in Handb des Familiengerichtsverfahrens (hrsg von Rahm/Künkel), Kap VIII; *Dessauer,* IPR, Ethik und Politik. Betrachtungen zur Reform des IPR am Beisp der Anerkennungsprognose, 1986; *Lass,* Der Flüchtling im dt IPR, 1995; *Mansel,* Personalstatut, Staatsangehörigkeit und Effektivität, 1988. Weitere Lit bei § 328 und bei *Staudinger/Spellenberg*[12], §§ 606 ff ZPO, 1990; § 328 ZPO, 1992.

A) Grundlagen

I) Regelungsprogramm des § 606a: § 606a I umschreibt die Grenzen der von Deutschland beanspruchten internationalen Zuständigkeit in Ehesachen. Die **örtl Zuständigkeit** ergibt sich aus §§ 606, 621. Ist die internationale Zuständigkeit Deutschlands gegeben, so ist die örtl Zuständigkeit als selbständige Prozeßvoraussetzung dem § 606 zu entnehmen. Letztl ist das AG Schöneberg in Berlin örtl zuständig, § 606 III, und zwar auch bei unbekanntem Aufenthalt, Zweibrükken FamRZ 85, 81. Die internationale Zuständigkeit fremder Staaten als Voraussetzung der Anerkennung regelt § 328 I Nr 1 iVm § 606a I, jedoch erweitert durch § 606a II, Rn 96 ff. 1

Einstweilen frei. 2–5

II) Gerichtsbarkeit: Neben der internationalen Zuständigkeit ist die dt Gerichtsbarkeit (facultas iurisdictionis) zu prüfen, LG Köln MDR 62, 903; Staudinger/Spellenberg[12] Rn 5. **Konsularbeamte** sind in familienrechtl Angelegenheiten von der dt Gerichtsbarkeit nicht befreit; § 19 GVG, Art 43 WÜK erfaßt nicht die (eigenen) familienrechtl Angelegenheiten der Konsularbeamten, Hamburg IPRspr 83/153. 6

III) Anknüpfungen: Als Anknüpfungspunkt für die dt internationale Zuständigkeit in Ehesachen verwendet das Gesetz die **dt Staatsangehörigkeit** und den **gewöhnl Aufenthalt.** Ist mindestens ein Ehegatte dt Staatsangehöriger oder war er dies bei Eheschließung, so ist die internationale Zuständigkeit gegeben, ohne Rücksicht auf Wohnsitz, gewöhnl Aufenthalt, anwendbares Recht, Parteirolle oder Anerkennung durch einen fremden Staat (**internationale Staatsangehörigkeitszuständigkeit**), Rn 37, 44. Besitzt keiner der Ehegatten die dt Staatsangehörigkeit und war dies auch nicht bei Eheschließung der Fall, so ist Deutschland international zuständig, wenn mindestens einer der Ehegatten seinen gewöhnl Aufenthalt im Inland hat (**internationale Aufenthaltszuständigkeit**), Rn 46 ff. Dies gilt ohne Einschränkung nur, wenn **beide Eheleute** zu Beginn des Verf oder während desselben ihren gewöhnl Aufenthalt im Inland haben. Hat nur einer der Ehegatten seinen gewöhnl Aufenthalt im Inland, so begrenzt § 606a I 1 Nr 4 die internationale Aufenthaltszuständigkeit Deutschlands, Rn 53. – Zur Verfassungsmäßigkeit Geimer FS Schwind, 1993, 25. 7

IV) Abweichungen vom allgemeinen Zuständigkeitsrecht: Die goldene Zuständigkeitsregel **actor sequitur forum rei** (§§ 12, 13) gilt nicht für Ehe- und Kindschaftssachen (§ 640a), Geimer IZPR Rz 1332. Die Zuständigkeitsanknüpfungen (dt Staatsangehörigkeit, gewöhnl Aufenthalt) sind nicht – wie meist im Zuständigkeitsrecht – auf die **Person des Beklagten/Antragsgegners** fixiert. Sie sind vielmehr ambivalent in dem Sinne, daß es auch genügt, wenn sie in der **Person des Klägers/Antragstellers** verwirklicht sind. So ist die internationale Entscheidungszuständigkeit Deutschlands bereits dann eröffnet, wenn der **Kläger/Antragsteller dt Staatsbürger** ist bzw war (Nr 1 zweite Altern, Rn 44) oder im Inland seinen gewöhnl Aufenthalt hat (Nr 4). Die Anknüpfung auch an die dt StA bzw den gewöhnl Aufenthalt des Klägers/Antragstellers im Inland soll die Möglichkeiten des inländischen Rechtsschutzes erweitern, auch für den ausl Ehegatten, Geimer IZPR Rz 1949. 8

V) Prüfung der internationalen Zuständigkeit im Prozeß: Die dt internationale Zuständigkeit ist eine **selbständige Prozeßvoraussetzung**. Nach hM ist die örtl vor der internationalen Zuständigkeit zu prüfen. Vor dieser ist aber in jedem Falle die Zulässigkeit des Rechtswegs zu klären. Die internationale Zuständigkeit Deutschlands ist in jeder Lage des Verfahrens von Amts wegen zu prüfen, auch in der Revisionsinstanz, BGH FamRZ 87, 580, 793. § 549 II gilt nur für die örtl Zuständigkeit, BGH MDR 84, 214 = NJW 1305 = IPRax 85, 162 (Filios/Henrich 150) = IPRspr 83/151, ebenso § 512a, der aber von vorneherein nur für vermögensrechtl Streitigkeiten (also nicht Ehesachen, allenfalls Ehefolgesachen) in Betracht kommt. Erwächst ein Urteil in Rechtskraft, obwohl die Voraussetzungen des § 606a I nicht gegeben waren (hat das dt Gericht also die Grenzen der dt internationalen Zuständigkeit überschritten), so ist es gleichwohl wirksam. Auch eine Nichtigkeitsklage findet nicht statt, Geimer IZPR Rz 1011. 9

VI) Lex fori-Prinzip: Die Prüfung der Frage, ob Deutschland international zuständig ist, erfolgt ausschließl nach dt ZPR, IZPR Rn 1. Ob für die Sachentscheidung dt oder ausl Recht zur Anwendung kommt, spielt keine Rolle. Dies ist eine Frage des dt IPR. Desweiteren ist es ohne Bedeutung, ob etwa ein auswärtiger Staat in der gleichen Sache eine internationale Zuständigkeit für sich beansprucht und ob diese konkurrierend oder ausschließl ist mit der Folge, daß die dt Entscheidung in diesem Staat nicht anerkannt werden kann. Das VölkerR gebietet nicht, den 10

Rechtsstandpunkt ausw Staaten zu beachten. Dieser ist für den dt Richter nur insoweit relevant, als das dt Recht die Rücksichtnahme auf das ausl Recht vorschreibt. § 606a I 1 Nr 4 ist eine Sondervorschrift, die der Ausweitung zu einem allgemeinen Prinzip nicht fähig ist.

11 **VII)** Ob über den Antrag/Klage im Verfahren nach §§ 606 ff oder im normalen Zivilprozeß zu entscheiden ist bzw ob eine **Familiensache** oder eine allgemeine Zivilsache vorliegt, bestimmt die dt lex fori. Das gleiche gilt im **Verhältnis zwischen streitiger und freiw Gerichtsbarkeit.** Vgl § 640a Rn 14; BGH Rpfleger 83, 68 = IPRspr 82/160; Düsseldorf IPRax 83, 129. Auch wenn lex causae einvernehml Scheidungen dem FG-Verf zuweist, so zB österr Recht, ist in Deutschland im Zivilprozeß (§ 630) zu scheiden, Geimer in Kralik/Rechberger, Symposion Außenstreitverf, 1992, 114.

12 **VIII) Anwendung ausl VerfahrensR im Interesse der internationalen Entscheidungsharmonie:** Die Frage, ob und in welchen Fällen dt Gerichte in Anwendung des vom dt IPR berufenen ausl Rechts eine fremde Tätigkeit ausüben können, beurteilt sich nach den (ungeschriebenen) Regeln über die „wesenseigene Zuständigkeit"; Dessauer 630; Haunhorst, Die wesenseigene (Un-)Zuständigkeit deutscher Gerichte, 1994. **Eine dem dt Rechtssystem völlig wesensfremde und von ihm daher nicht zu bewältigende Tätigkeit hat der dt Richter abzulehnen.** In einem solchen Fall fehlt es nach hM an der dt internationalen Zuständigkeit, obwohl die in § 606a I niedergelegten Voraussetzungen gegeben sind, Heldrich 265. Nach aA bleibt die dt internationale Zuständigkeit unberührt; es fehlt jedoch an der **besonderen Prozeßvoraussetzung** der „Zulässigkeit einer (vom ausl Recht vorgeschriebenen) gerichtl Tätigkeit". Vgl auch Schack IZVR Rz 503.

13 Hiervon zu unterscheiden sind die Fälle, in denen die vom dt IPR gerufene ausl Sachnorm mit dem dt **ordre public** (Art 6 EGBGB) nicht zu vereinbaren ist. Denn dann wird die Spannung durch das aus dt Sicht eingreifende **Ersatzrecht** (Geimer/Schütze I 1579/1594) gelöst. Bei den unter dem Stichwort „wesensfremde" Tätigkeit diskutierten Fällen geht es um folgende Hypothese: Das anzuwendende Sachrecht hat die ordre public-Hürde passiert, es ist also nicht diametral entgegengesetzt zu den Grundwerten der inländischen Rechtsordnung, die vom dt Richter verlangte Tätigkeit stellt diesen aber vor **verfahrensmäßig unüberwindliche Probleme:** Das „Angleichungspotential" (Dessauer 634) des dt Verfahrensrechts ist total erschöpft.

14 Solche Konstellationen sind denkbar, aber bisher nicht vorgekommen. Daß die vom ausl Recht vorgeschriebene richterl Tätigkeit als solche dem dt Recht unbekannt ist, rechtfertigt noch nicht, daß die dt Gerichte die Vornahme einer solchen richterl Handlung ablehnen, Beitzke FamRZ 67, 594; MK-BGB/Siehr Art 15 EGBGB Rz 139. Nur wenn diese das dt Rechtsschutzsystem schlechthin sprengen würde, ist eine Ablehnung indiziert. Daher unzutreffend KG FamRZ 94, 839, das Scheidung von Juden israel Staatsangehörigkeit in Deutschland ablehnt, weil **Mitwirkung des Rabbinatsgerichts** unverzichtbar sei. – Es handelt sich dabei um ganz **vereinzelte Sonderfälle. Meist kann schon dadurch geholfen werden, daß man die dt Verfahrensvorschriften analog anwendet.** So ist eine dem dt Recht unbekannte **Klage auf Trennung von Tisch und Bett** (zB Art 150 ff ital Cc; hierzu zB Karlsruhe FamRZ 91, 1308 = IPRspr 91/88) einschließl des Anspruchs über die Verantwortlichkeit für die Trennung (Art 151 II Cc, BGH NJW 88, 636) analog §§ 606 ff zu behandeln, BGH NJW 88, 636 = IPRax 88, 173. Ausführl § 19. Aufl.

15 **Kennt das dt Recht keine passenden Regeln, die analog angewandt werden könnten, so muß das dt Erkenntnisverfahren an die ausl Verfahrensvorschriften angepaßt werden.** Der Grundsatz, daß das dt Verfahren nur nach der dt lex fori (IZPR Rn 1) zu gestalten sei, wird insoweit modifiziert. Zu Recht betont Staudinger/Gamillscheg, § 606b Rn 482: „Sachliches und Verfahrensrecht bilden eine untrennbare Ordnung, die man nicht ohne Not auseinanderreißen darf; . . . sonst würde der Befehl des Gesetzgebers, das ausländische Recht sachgetreu anzuwenden, verletzt." Nachw Coester-Waltjen Rz 151 Fn 557. Verlangt das auf den Scheidungsantrag anwendbare ausl Recht die **Beteiligung der Staatsanwaltschaft am Verfahren** (als defensor vinculi), muß diese soweit wie mögl verwirklicht werden, AG u OLG München IPRspr 82/156 und 64 (Nachholung vor OLG mögl: OLG München IPRspr 82/156 scheidet vorsorgl die Ehe nochmals). Diese Frage wurde vor allem im Verhältnis zu Italien diskutiert, Dessauer 513. Beteiligung des dt Staatsanwalts ist nicht Voraussetzung für Anerkennung in Italien, weil ital ordine pubblico nicht verletzt, Karlsruhe IPRspr 83/154 und FamRZ 84, 184 = IPRspr 83/156; Frankfurt/M NJW 84, 572 = IPRspr 83/155; Celle FamRZ 84, 280 = IPRspr 83/158; Bremen IPRax 85, 47 = IPRspr 83/171.

16 Die lex causae ist bei Ausgestaltung des Verfahrens auch insoweit zu beachten, als sie über § 613 hinaus eine **intensivere Beteiligung der Parteien am Scheidungsverfahren** verlangt, Staudinger/Spellenberg[12] Rn 368, Breuer in Rahm/Künkel VIII Rn 159 und LG Hamburg FamRZ 72, 40.

17 Eine **Beschränkung der Beweismittel nach ausl Recht** ist zumindest dann zu beachten, wenn hiervon die Anerkennung des dt Urteils abhängt, LG Hamburg IPRspr 64–65/233: Keine Beachtung eines Geständnisses, wenn dieses nach dem Scheidungsstatut unzulässig ist; Jayme FamRZ 71, 226; 72, 302. Weitere Beisp Coester-Waltjen Rn 115 Fn 557. Vgl Staudinger/Spellenberg[12]

Rn 406. Zur Klage auf Aushändigung des Scheidebriefs Neuhaus FamRZ 81, 5. **Kennt das Scheidungsstatut noch einen Schuldausspruch,** so ist diese Feststellung für das dt Gericht keinesfalls wesensfremd, Zweibrücken FamRZ 80, 781 = IPRspr 80/79; BGH IPRax 83, 181 (Henrich 163); Frankfurt IPRax 82, 22 (Henrich 10); Hamm FamRZ 89, 625 = IPRspr 88/79; Breuer Rn 168.

Während der Geltung des § 606b Nr 1 aF war die Bereitschaft der dt Gerichte groß, auf ausl Vorstellungen über die Gestaltung des Eheprozesses einzugehen, um die Anerkennungsfähigkeit der dt Entscheidung im Ausland (Heimatstaat des Mannes) sicherzustellen. Von der Anerkennungsbereitschaft hing nämlich wiederum die Bejahung der dt internationalen Entscheidungszuständigkeit ab. Auch wenn das Anerkennungserfordernis durch die Reform stark reduziert wurde (vgl Nr 4), sollte der impetus der dt Gerichte nicht erlahmen, im Interesse der Entscheidungsharmonie verfahrensrechtl Postulate der lex causae und/oder der Heimatstaaten der Ehegatten zu beachten. AA StJ/Schlosser Rn 17 vor § 606. 18

IX) Andere Familiensachen (§ 621). Ist Deutschland auf Grund der dt Staatsangehörigkeit einer Partei oder des gewöhnl Aufenthalts einer Partei im Inland oder sonst (Rn 77 ff, 85, 88) für eine Ehesache (§ 606 I) international zuständig, so beansprucht Deutschland – auch wenn nach dem „an sich" anzuwendenden dt KompetenzR keine (ursprüngl) Zuständigkeitsanknüpfung gegeben ist, Staudinger/Spellenberg[12] Rn 272 – internationale **Annexzuständigkeit** auch für die die gleiche Familie betreffenden anderen Familiensachen (§ 621 I), jedenfalls wenn und solange die Ehesache vor dt Gerichten anhängig ist, § 621 II 1, Schack IZVR Rn 376; Keidel/Kuntze/Winkler FG[13], Teil A, 1992, § 64k FGG Rz 18. Der Verbund gem § 623 wird jedoch nur hergestellt, wenn Antrag (auf Durchführung des Versorgungsausgleichs) im 1. Rechtsweg gestellt wird, Hamm FamRZ 91, 204. Auch bei Abweisung des Scheidungsantrages wegen Scheidung im Ausland können Folgesachen (nachehel Unterhalt) vorbehalten werden, § 629 III 2, BGH NJW 83, 1269 = FamRZ 368; BGH NJW 84, 2041; Zweibrücken NJW 86, 2033 = IPRspr 85/154. § 606a eröffnet auch dann internationale Entscheidungszuständigkeit für die andere Familiensache (Rn 22), wenn sie nicht im Verbund mit der Scheidungssache, sondern isoliert in einem selbständigen Verfahren geltend gemacht wird, BGH FamRZ 93, 176 = IPRax 93, 189. Beispiel: Klage auf Feststellung, daß der Kläger nicht verpflichtet sei, den ihm durch einstw Anordnung auferlegten PKV (§ 621 I Nr 9) zu zahlen, und Klage auf Rückzahlung bzw Herausgabe der vollstreckbaren Ausfertigung, KG FamRZ 88, 168 = IPRax, 88, 234 (v. Bar 220) = IPRspr 87/70. – Die Annexzuständigkeit wird nicht als international ausschließl betrachtet, § 621 II 1 nF, Rn 34. 19

Für **einstw Anordnungen** (§ 620) folgt internationale Zuständigkeit Deutschlands aus internationaler Zuständigkeit für Hauptsache, Geimer IZPR Rn 1216, § 620a Rn 18, also aus § 606a, wenn Ehesache anhängig, § 620a II, Staudinger/Spellenberg[12] Rn 422. Aber auch vor diesem Zeitpunkt möglich, es genügt Glaubhaftmachung der Zuständigkeitstatsachen. Vgl auch Rahm/Künkel/Breuer VIII Rn 164. Nach Eilers 19 Nr 4 nicht anzuwenden, da verfassungswidrige Verkürzung des einstw Rechtsschutzes. – Bei Anhängigkeit im Ausland will Breuer Rn 66.2 gleichwohl Verfahren nach § 620 vor dt Gericht zulassen, zB Wohnungszuweisung. 20

Staatsvertragl Regelungen über die internationale Entscheidungszuständigkeit haben Vorrang, Hamm IPRspr 85/90 u 151. In Betracht kommen vor allem das **Haager Minderjährigenschutzabkommen – MSA** (§ 640a Rn 16; Jayme IPRax 84, 123; BGHZ 89, 325 = NJW 84, 1302 = IPRax 84, 208 (Henrich) = IPRspr 84/58; AG Heilbronn IPRspr 84/67 A. – Deutschland hat Vorbehalt nach Art 15 MSA nicht erklärt) hinsichtl der elterl Sorge (§ 621 I Nr 1), der Regelung des Umgangsrechts (§ 621 I Nr 2) und der Herausgabe des Kindes (§ 621 I Nr 3; Mitzkus 116, 187; § 640a Rn 24) und das GVÜ hinsichtl der Unterhaltsfragen (§ 621 I Nr 4, 5). Zur Sorgerechtsregelung Köln IPRspr 80/96 A; Frankfurt IPRspr 80/159. Nach dem **GVÜ** ist Deutschland für Unterhaltssachen nur zuständig in den in Art 2 I und Art 5 Nr 2 geregelten Fällen. Zu Art 5 Nr 2 nF Schlosser-Bericht Rn 32, 41 und Geimer/Schütze I 439. 21

Im Falle einer Auslandsscheidung, die im Inland anzuerkennen ist, kann im Inland **Durchführung des Versorgungsausgleichs** (§§ 1587 ff BGB) beantragt werden, wenn dieser im ausl Scheidungsverf nicht behandelt wurde, Frankfurt IPRax 88, 175 (Hepting) = IPRspr 87/61; AG Charlottenburg FamRZ 89, 514 = IPRspr 88/69. Die internationale Zuständigkeit ist nicht nur dann zu bejahen, wenn ein Gerichtsstand für die Folgesache im Inland gegeben ist (§ 621 II 2), sondern auch dann, wenn Deutschland für das Scheidungsverf international zuständig wäre, also eine Partei Deutsche(r) ist oder im Inland ihren gewöhnl Aufenthalt hat, Rn 37 ff. Zuständig ist das FamG, § 626 II, KG NJW 79, 1107; BGHZ 75, 244 = IPRspr 79/75 = FamRZ 80, 29, 30 und NJW 83, 1270; BayObLGZ 80, 58; Jayme FamRZ 79, 557, 559. Ebenso BGHZ 91, 186 = NJW 84, 2361 = IPRax 85, 37 (von Bar 18); KG IPRspr 84/71; Ferid/Böhmer 8–169. Bürgle (in Colloquium des MPI: Der VA im internationalen Vergleich und in der zwischenstaatl Praxis, 1984, 402) will sogar von Amts wegen (!) das Verfahren aufnehmen. Zum dt Versorgungsausgleichsverfahren s außer den Kommentaren zu § 621 und §§ 53b–53g FGG zB MK-BGB/Dörr Rn 19 vor § 1587 BGB. Mit überzeugenden Gründen für teleologische Reduktion Staudinger/Spellenberg[12] Rn 280. – Allge- 22 mein zu den Scheidungsfolgesachen BGH NJW 84, 2041 = FamRZ 256 = IPRspr 83/75. – Zur Nichtaufklärbarkeit ausl Anwartschaften Düsseldorf FamRZ 94, 903.

23 Zur internationalen Zuständigkeit für **(isolierte) Hausratsverfahren** (§ 11 II HausratsVO) Düsseldorf IPRax 83, 129 = IPRspr 82/169; Hamm FamRZ 81, 875 = IPRspr 81/60; Karlsruhe IPRax 85, 106 (Henrich 88) = IPRspr 84/156; Kegel IPR § 20 V 5; Henrich FS Ferid 80, 1988, 147. Bestr, ob GVÜ anwendbar; hM: nein (Art 1 II Nr 1 GVÜ), aA Jayme IPRax 81, 50, der Hausratsverf als „Unterhaltssache" einordnet. Dann taucht aber auch die Frage der Maßgeblichkeit des Art 16 Nr 1 GVÜ auf.

24 § 621 gilt auch für das **Verlangen einer Morgengabe („mehrijeh")** im Zusammenhang mit der Scheidung. Die Morgengabe ist in diesem Zusammenhang als Unterhalt zu qualifizieren, § 621 I Nr 5 und 8; Köln IPRax 83, 73 (Heldrich 64), Hamburg IPRax 83, 76; Zweibrücken IPRax 84, 329; KG FamRZ 88, 296. Für güterrechtl Qualifikation LG Frankfurt/M IPRspr 87/52. Unentschieden BGH NJW 87, 2161 = IPRax 88, 109 (Heßler 95); Hamm FamRZ 88, 516; München IPRspr 85/67; Zweibrücken IPRspr 86/150. – S auch LG Tübingen FamRZ 92, 1437 (Herausgabe von Hochzeitsgeschenken nach Scheidung); Hamm FamRZ 91, 1319 = IPRspr 91/78; FamRZ 92, 963; Köln FamRZ 94, 899.

25 **Auf die Anerkennung der Annexentscheidung (zB über Sorgerecht) im Heimatstaat der Eheleute und/oder des Kindes kommt es nicht an.** Soweit nach § 606a die dt internationale Zuständigkeit für die Ehesache (Statusverf) zu bejahen ist, folgt daraus ohne weiteres die internationale Zuständigkeit für die anderen Familiensachen für die Dauer des Verbunds, Jayme IPRax 84, 121. – § 50b FGG schränkt die dt internationale Zuständigkeit nicht ein. Lebt das Kind im Ausland, dann entfällt seine persönl Anhörung. Es ist nach § 50b III FGG zu verfahren, zB durch Einschaltung des Internationalen Sozialdienstes; vgl auch Zweibrücken NJW 86, 3033. – Die internationale Verbundzuständigkeit gilt für alle unter §§ 606 ff fallenden Ehesachen, zB auch für nach der ausl lex causae vorgesehene Trennungsverfahren, Jayme IPRax 84, 124, Frankfurt/M IPRax 83, 193. AA Koblenz FamRZ 80, 713, Frankfurt/M FamRZ 85, 621.

26 **Verbund analog § 623** zulässig auch **im Ehetrennungsverfahren** nach ital Recht, Frankfurt/M FamRZ 94, 715. Vgl auch Frankfurt/M IPRax 82, 30, BGH IPRax 85, 40 (Jayme 23). Vgl auch Düsseldorf FamRZ 81, 1005 = IPRax 81/97. Beantragt ein (ital) Ehegatte, schon während des Getrenntlebens einen anderen Zunamen führen zu dürfen (Art 156 bis Cc) so liegt keine Familiensache vor, Frankfurt/M FamRZ 88, 421.

27 **X) Scheidbarkeit der Ehe.** Hierüber bestimmt die lex causae. Beispiel: Das gemeinsame HeimatR beider Eheleute, die in Deutschland leben, läßt Scheidung nicht zu. Künftige Lebensgestaltung ist irrelevant, zB daß beide jeweils in Deutschland leben wollen und Deutsche heiraten wollen, kritisch Dessauer 732, 746, vgl auch Mansel Rz 563. – Zur Trennung von Tisch und Bett, wenn die Heimatrechte beider Ehegatten eine solche vorsehen, dt Recht aber lex causae ist, Henrich IPRax 86, 247.

28 **XI) Notwendigkeit gerichtl Verfahrens für Scheidung.** Ist nach dt IPR ausl Recht maßgebl, so entscheidet dieses darüber, ob die Scheidung durch rechtsgeschäftl Ausübung eines Gestaltungsrechts oder durch richterl Gestaltungsurteil erfolgt. Vgl. IZPR Rn 14. Über die Notwendigkeit einer Gestaltungsklage entscheidet also die lex causae, nicht die lex fori. Anders ohne überzeugende Begründung BGHZ 82, 34 = NJW 82, 517 = MDR 82, 126 = FamRZ 82, 44 = IPRax 83, 37 (Kegel 22). Vgl auch § 328 Rn 236. Erfolgt die **Scheidung** nach der maßgebl Rechtsordnung (Art 17 EGBGB) **durch Vertrag oder durch Verstoßung (talâq)**, so verbietet gleichwohl § 1564 S 1 BGB, die rechtsgeschäftl Scheidung (§ 328 Rn 237) im Inland vorzunehmen. Für die betroffenen Eheleute ergeben sich folgende Alternativen: Entweder Privatscheidung im Ausland oder Durchführung eines Scheidungsverfahrens in Deutschland. Um Spannungen zum Scheidungsstatut (das Privatscheidung und nicht gerichtl Scheidung vorsieht) zu vermeiden, sollte **vorsorgl auch Privatscheidung** vor dt Scheidungsgericht vorgenommen werden, LG München I FamRZ 77, 332 (Hepting), München IPRax 89, 238 (Jayme 223); Bolz NJW 90, 622 Fn 30; Hessler, Sachrechtl Generalklausel und internationales FamilienR, 1985, 101; Staudinger/Spellenberg[12] Rn 408. AA AG Frankfurt/M IPRax 89, 237 (Jayme 223) = IPRspr 88/75. – Zur angebl Unmöglichkeit der Scheidung von Juden israel Staatsangehörigkeit durch dt Gerichte KG FamRZ 94, 839.

28a **XII) Zweitscheidung in Deutschland,** um erneute Heirat im Inland zu ermöglichen: Problem durch Art 13 II EGBGB nF entschärft. Einzelheiten bei Staudinger/Spellenberg[12] Rn 338.

28b **XIII) Scheidungsfolgenvereinbarung:** Nicht § 630, sondern das Scheidungsstatut befindet darüber, ob einverständl Scheidung eine (vorhergehende) Vereinbarung der Eheleute voraussetzt, Staudinger/Spellenberg[12] Rn 411.

29 **XIV) Kein Gleichlauf zwischen forum und ius: 1) Internationale Entscheidungszuständigkeit: a) Kein positiver Gleichlauf:** Das dt IZPR kennt kein forum legis. Aus dem Umstand, daß gemäß dt IPR (zB Art 17 EGBGB) in der Sache dt Recht anzuwenden ist, folgt nicht, daß Deutschland

international zuständig ist, und zwar auch dann nicht, wenn das dt Recht eine richterl Rechtsgestaltung vorschreibt, Geimer IZPR Rn 1053; Nachw Dessauer 566; Geimer FamRZ 80, 789.

b) Kein negativer Gleichlauf: Daß die dt Entscheidung von der von dt Recht bestimmten lex causae nicht anerkannt wird, ist kein Grund, eine nach dt KompetenzR gegebene internationale Entscheidungszuständigkeit zu verneinen. Dies ist ein allgemeines Prinzip des dt IZPR, Geimer IZPR Rn 1064. Ausnahme: § 606a I 1 Nr 4: die internationale Aufenthaltszuständigkeit wird nur dann (ausnahmsweise) verneint, wenn die dt Entscheidung offensichtl weder im Heimatstaat des Mannes noch in dem der Frau anerkannt wird **(negative Anerkennungsprognose)**, Rn 2, 55. Eine Konkordanz zwischen lex causae und Anerkennung – wie früher im Verhältnis zwischen Art 17 I EGBGB und § 606b Nr 2 aF – besteht nicht mehr. Die Anerkennung durch die lex causae (Nachw Dessauer 851), die nicht unbedingt das Recht eines der Heimatstaaten zu sein braucht, spielt keine Rolle, kritisch Dessauer 733. Auch wenn die lex causae nicht anerkennt, ist die internationale Aufenthaltszuständigkeit zu bejahen, wenn wenigstens ein Heimatstaat anerkennt. Umgekehrt ist nach dem Wortlaut der Nr 4 auch bei Anerkennung durch die lex causae die internationale Zuständigkeit zu verneinen, wenn offensichtl kein Heimatstaat bereit ist, die dt Entscheidung anzuerkennen. Dies gibt wenig Sinn. Deshalb entfällt das Anerkennungserfordernis der Nr 4, wenn die ausl lex causae anerkennt, Rn 71. 30

2) Internationale Anerkennungszuständigkeit: Die Anerkennung einer ausl Entscheidung setzt nicht voraus, daß die lex causae diese Entscheidung anerkennt. Sind die Anerkennungsvoraussetzungen gegeben, so ist die ausl Entscheidung im Inland auch dann anzuerkennen, wenn die lex causae die drittstaatl Entscheidung nicht anerkennt, § 328 Rn 45. Dies gilt auch vice versa. Ist nach dem dt Anerkennungsrecht die Anerkennung zu verweigern, so ist die ausl Entscheidung aus dt Sicht unbeachtl, auch wenn die lex causae die Entscheidung anerkennt. Hiervon zu unterscheiden ist, daß das dt Anerkennungsrecht in den Fällen des § 606a II auf die Prüfung der internationalen Zuständigkeit verzichtet. Die an sich nach den dt Regeln (§ 328 I Nr 1 iVm § 606a I) fehlende internationale Zuständigkeit des Erststaates steht der Anerkennung dann nicht entgegen, wenn die zur Anerkennung anstehende drittstaatl Entscheidung sowohl im Heimatstaat des Mannes als auch der Frau anerkannt wird, § 606a II zweite Altern, Rn 98. 31

XV) Forum non conveniens. Sind die Voraussetzungen für die dt internationale Zuständigkeit gegeben, so ist Deutschland zur Justizgewährung verpflichtet, ohne Rücksicht darauf, welches Recht nach IPR anzuwenden ist, welche Mühe die Ermittlung des ausl Rechts (§ 293) macht, wo die Beweise zu erheben sind, etc, Geimer IZPR Rn 1086. Eine Verweigerung der Sachentscheidung aus dem Gesichtspunkt des forum non conveniens, etwa weil das Verfahren in einem anderen Staat schneller, leichter, besser oder mit mehr Aussicht auf Anerkennung betrieben werden könnte, ist verboten. AA Jayme IPRax 84, 14 für extreme Ausnahmefälle und Frankfurt/M IPRax 83, 294 (Schlosser 285) = IPRspr 82/161; Nachw Dessauer 638, 723, 1268 Fn 514. – Wollte man die forum non conveniens-Doktrin akzeptieren, so wäre die Versuchung übermächtig, lästige auslandsrechtl Fälle abzuschieben, Dessauer 654, 724, 862. Vgl Rn 45 aE, 50. 32

XVI) Rechtsschutzbedürfnis: Forum non conveniens-Gesichtspunkte dürfen auch nicht in die regelmäßig unproblematische Prüfung des Rechtsschutzbedürfnisses einfließen, Staudinger/Spellenberg[12] Rn 353. AA Rahm/Künkel/Breuer VIII Rz 230 Fn 3. 32a

XVII) Unzulässigkeit (erneuter) Scheidungsklage in Deutschland im Hinblick auf Sachabweisung der (früheren) Scheidungsklage im Ausland: § 328 Rn 30; Frankfurt/M NJW 89, 671 = IPRspr 88/180. 32b

XVIII) Rechtshängigkeit in einem anderen Staat. Bei gleichem Verfahrensgegenstand (Köln FamRZ 92, 75) ist die zeitl frühere Rechtshängigkeit in einem anderen Staat zu beachten, sofern keine ernstl Bedenken gegen die voraussichtl Anerkennung der im Ausland zu erwartenden Entscheidung bestehen; § 261 Rn 3; § 328 Rn 288. Zum Nebeneinander der verschiedenen Rechtsquellen Geimer NJW 88, 3104 u IPRax 92, 5; Rauscher IPRax 94, 188. – Ratio legis (§ 261): Soweit es in seiner Macht steht, leistet Deutschland durch die Beachtung der ausl Rechtshängigkeit seinen Beitrag zur Vermeidung widersprechender Entscheidungen, BGH NJW 86, 662; BGH NJW 87, 3083 (kritisch Geimer) = FamRZ 87, 580 (Gottwald) = IPRax 89, 104 (Siehr 93); BGH RR 92, 642 = FamRZ 92, 1058 = IPRax 94, 40 (Linke 17) = IPRspr 92/211; Hamm FamRZ 93, 189 = IPRspr 92/212; Celle RR 93, 1413 = FamRZ 93, 439 = IPRax 94, 209 (Rauscher 188) = IPRspr 92/213. Zur Rechtshängigkeitssperre durch ausl Verfügungsverf Köln FamRZ 92, 75. Zur Rechtshängigkeit d Kindesunterhalts bei in Polen eingeleiteten Scheidungsverf München FamRZ 92, 73. – Nachw Schumann IPRax 86, 14 u FS Kralik (1986) 301; Staudinger/Spellenberg[12] Rn 301. – Für den **Prioritätstest** ist auf den **vergleichbaren Entwicklungsstand beider Verfahren** abzustellen, Hamm NJW 88, 3103 (Geimer) = IPRspr 88/181; Linke IPRax 92, 159/160; Karl 156. AA für jew lex fori BGH NJW 87, 3083 (krit Geimer) = FamRZ 580 (Gottwald) = IPRax 89, 104 (Siehr 93) = IPRspr 87/145; BGH FamRZ 92, 1059 = IPRax 94, 40 (Linke 17) = IPRspr 92/211; Stuttgart IPRspr 33

91/198; Hamburg IPRax 92, 38 (Rauscher 14); Hamm EWS 93, 122 = IPRspr 92/214; StJ/Schlosser Rn 4 bei Fn 22. – Zur Heilung des Zustellungsmangels nach § 328 I Nr 2 AG Landstuhl FamRZ 94, 837. Die Rechtshängigkeitssperre entfällt nicht durch rügelose Einlassung beider Parteien. AA AG Landstuhl FamRZ 94, 837.

34 Die **Sperre des § 621 II 1** gilt nicht, wenn Ehesache im Ausland anhängig. Insbes blockiert Scheidungsverfahren im Ausland nicht Folgeverfahren im Inland. Dies stellt Neufassung klar; Düsseldorf IPRax 83, 129 (Jayme) = IPRspr 82/169; Linke IPRax 92, 159/160. – S auch Hamm FamRZ 94, 774 (Anhängigkeit der Ehesache in Polen).

35 **Identität des Streitgegenstandes** (§ 261 III Nr 1) zu verneinen, wenn Ehetrennungsverfahren (in Italien) und Scheidungsverfahren (in Deutschland) anhängig sind, KG NJW 83, 2324 = IPRspr 167. Ebenso im Verhältnis Eheaufhebung/Scheidung Karlsruhe IPRax 85, 36 (Schlosser 16). – Zum japan Schlichtungsverf Stuttgart IPRax 90, 113 (Kono 93). – Zur Zulässigk einstw Anordnung trotz ausl Scheidungsverf Hamm FamRZ 88, 864; Köln FamRZ 92, 75 = IPRspr 91/196. – Zur Rechtshängigkeitssperre für Unterhaltsprozeß der Kinder durch Scheidungsverf München FamRZ 92, 73 = IPRax 92, 174 (Linke 159). – Keine Identität, wenn Nichtigkeitsklage im Ausland anhängig ist, aber im Inland Scheidung beantragt wird. Jedoch kann nach hM (kritisch Geimer IZPR Rn 2715) – bei positiver Anerkennungsprognose – wegen Vorgreiflichkeit nach § 148 ausgesetzt werden, Karlsruhe FamRZ 84, 47.

35a **Deutsches Scheidungsverfahren versus früher in Gang gesetzte Privatscheidung im Ausland:** Auch hier kommt es darauf an, ob die im Ausland vorzunehmende Privatscheidung begründete Aussicht auf Anerkennung im Inland hat. Bei dt Scheidungsstatut ist nach hM Anerkennung ausgeschlossen, § 328 Rn 237; BGH FamRZ 94, 434 = LM Art 17 EGBGB = 1986 (Geimer) – Rabbinatsscheidung.

35b **XIX) Wahrung des rechtl Gehörs des Bekl/Antragsgegners:** Es genügt nicht öffentl Zustellung (§ 203). Art 103 GG verlangt weitere Maßnahmen, § 199 Rn 5, vgl zB die Anstrengungen im Fall des AG Böblingen IPRax 88, 144 = IPRspr 87/137. – S auch Geimer IPRax 92, 11.

35c **XX) Anordnung des persönlichen Erscheinens** nach § 613 idR nicht zumutbar, wenn sich die Parteien gewöhnl im Ausland aufhalten, Geimer NJW 89, 2205; StJ/Leipold § 141 Rn 12a.

35d **XXI) Tenorierung** muß sich gegebenenfalls an den Erfordernissen der von dt IPR berufenen lex causae orientieren, Staudinger/Spellenberg[12] Rn 413.

35e **XXII) Kostenentscheidung** erfolgt nach dt lex fori (§§ 91 ff), nicht nach lex causae, 16. Aufl IZPR Rn 71; Staudinger/Spellenberg[12] Rn 416; Rahm/Künkel/Breuer VIII Rn 160 Fn 17.

35f **XXIII) Registrierungspflicht** nach lex causae für dt Scheidungsurteil? Bestr, ob aus dt Sicht Ehe mit Rechtskraft des dt Scheidungsurteils bereits geschieden ist (so Winkler von Mohrenfels MüKo[2] Art 17 Rn 117) oder ob die von lex causae geforderte Registrierung erforderl ist, so Staudinger/Spellenberg[12] Rn 417. – S auch § 640a Rn 36.

35g **XXIV) Einsicht der Ausländerbehörde in Prozeßakten** im Hinblick auf Wegfall des auf Art 6 GG gestützten AufenthaltsR des ausl Ehegatten durch Scheidung: Über das Ersuchen nach Art 35 GG entscheidet der Richter, Rahm/Künkel/Breuer VIII Rn 165 mwN.

35h **XXV) Anforderung der Ausländerakte bei Ausländerbehörde** durch Familiengericht: Grundlage §§ 608, 273 II Nr 2; Rahm/Künkel/Breuer VIII Rn 168.

36 **XXVI) Staatsverträge,** die die (dt) internationale Zuständigkeit in Ehesachen durch Befolgungsregeln normieren, dh auch mit Wirkung für den dt Richter im Erkenntnisverfahren den Umfang der internationalen Entscheidungszuständigkeit festlegen, hat Deutschland nicht geschlossen, Geimer IPRax 92, 5. – Eine staatsvertragl Lösung ist aber – insbesonders zur Überwindung ausschließl internationaler Zuständigkeiten (zB Art 15 Cc) – erforderl, Pirrung in Grensoverschrijdend privaatrecht, 1993, 189. S auch Anh GVÜ Art 1 Rn 6. Die Zuständigkeitsvorschriften in den Anerkennungs- und Vollstreckungsverträgen stellen nur sog Beurteilungsregeln auf; diese sind nur dann von Bedeutung, wenn (im Verfahren nach Art 7 § 1 FamRÄndG) geklärt werden muß, ob der Urteilsstaat international zuständig war. Vgl Art 3 dt-schweizer Abk, Art 3 dt-ital Abk, Art 2 I Nr 3 und Art 4 I dt-belg Abk; hierzu IPG 74 Nr 18 (München); Köln NJW 1976, 1040; Düsseldorf IPRspr 81/191; Art III (3) dt-brit Abk; Art 2 dt-griech Vertr; hierzu BGH FamRZ 83, 1217; Art 32 dt-tunes Vertr; Art 8 dt-span Vertr, (ausführl Karl 141 ff). Auch das Übereink der Internationalen Zivilstandskommission Nr 11 vom 8. 9. 1967 (noch nicht in Kraft) und das Haager Übereink über die Anerkennung der Scheidungen und Trennungen von Tisch und Bett (noch nicht in Kraft, abgedr bei Jayme/Hausmann Nr 85; hierzu Basedow StAZ 83, 238 Fn 55) enthalten nur Beurteilungsregeln.

B) Internationale Zuständigkeit Deutschlands in Ehesachen (Entscheidungszuständigkeit)

I) Internationale Staatsangehörigkeitszuständigkeit: Deutschland ist in Ehesachen (Rn 19) international zuständig, wenn mindestens ein Ehegatte die dt Staatsangehörigkeit besitzt. Ob der gewöhnl Aufenthalt der Parteien im Inland liegt oder nicht, spielt keine Rolle, KG FamRZ 88, 168 = IPRax 88, 234 (v Bar 220); AG Mainz IPRax 91, 422. Desgleichen ist ohne Bedeutung, ob der dt Staatsbürger Kläger oder Bekl bzw Antragsteller oder Antragsgegner (§ 622 III) ist (Rn 8) oder ob die dt Partei auch noch die StA eines anderen Staates besitzt. Daß die ausl StA „effektiver" ist, weil die Partei ihren Lebensmittelpunkt im auswärtigen Staat hat, ist irrelevant, Hamburg MDR 72, 421; Mansel Rn 444; Mitzkus 30 Fn 14. Unzutreffend Bamberg FamRZ 81, 1106 = IPRax 82, 28. Vgl auch Celle FamRZ 87, 159 = IPRax 87, 185 (Jayme 167). Gegen hM Staudinger/Spellenberg[12] Rn 138 und StJ/Schlosser Rn 11. 37

Zur internationalen Zuständigkeit für die **Nichtigkeitsklage des Staatsanwalts und/oder des Ehegatten aus erster Ehe** Geimer NJW 76, 1039; BGH NJW 76, 1590. – Zur mißbräuchl Erhebung Karlsruhe IPRax 86, 166 (Heßler 146). 38

Die **dt Staatsangehörigkeit** ist nach den einschlägigen dt Gesetzen, insbesondere dem RuStAG zu beurteilen. Ob die dt Staatsangehörigkeit von ausl Staaten anerkannt wird, ist gleichgültig. Auch ein rückwirkender Erwerb der dt Staatsangehörigkeit durch Ausgebürgerte nach Art 116 II 2 GG kann die dt internationale Zuständigkeit begründen, BGHZ 27, 375 = JZ 59, 122 (Beitzke) = FamRZ 58, 364 (Bosch) = MDR 58, 755. 39

Eine **frühere dt Staatsangehörigkeit vor oder während der Ehe** ist ohne Bedeutung, ausgenommen den Sonderfall, daß mindestens einer der Ehegatten diese bei Eheschließung besaß (Rn 44). **Maßgebl Zeitpunkt** ist die letzte mündl Verhandlung; auch in der Revisionsinstanz ist die Einbürgerung zu beachten, BGHZ 53, 128; BGH StAZ 75, 338; BGH NJW 77, 498; BayObLGZ 80, 356. § 561 steht nicht entgegen, Mansel Rn 393. Ist die Einbürgerung beantragt und kommt es für die Bejahung der dt internationalen Zuständigkeit auf die dt Staatsangehörigkeit einer Partei an, weil die Voraussetzungen des § 606a I Nr 2–4 nicht vorliegen, so ist der Eherechtsstreit auszusetzen, Hamburg JW 37, 963; aA Staudinger/Spellenberg[12] Rn 288; StJ/Schlosser § 606a Rn 2. Verliert die dt Partei während des Prozesses ihre dt Staatsangehörigkeit, so bleibt die dt internationale Zuständigkeit analog § 261 III Nr 2 bestehen (auch wenn die Voraussetzungen des § 606a I 1 Nr 2–4 nicht vorliegen). StJ/Schlosser Rn 3. Anders wohl Staudinger/Spellenberg[12] Rn 293. Einschränkend MK/Walter Rn 19. 40

Deutsche iS von Art 116 I GG stehen dt Staatsangehörigen gleich, Art 9 II Nr 5 FamRÄndG; Staudinger/Spellenberg[12] Rn 127. – Zu **Verfolgten,** denen in der Zeit zwischen 30. 1. 1933 und 8. 5. 1945 die dt Staatsangehörigkeit aus politischen, rassischen oder religiösen Gründen aberkannt wurde, BVerfGE 23, 98 bzw deren Abkömmlingen BVerwG FamRZ 91, 61. 41

Zu den den dt Staatsangehörigen Gleichgestellten Rn 77. 42

Kein Gleichlauf zwischen forum und ius. Auch wenn gem dt IPR (Art 17 EGBGB) in der Sache nach ausl Recht zu entscheiden ist, ist die internationale Zuständigkeit Deutschlands aufgrund der dt Staatsangehörigkeit einer der Parteien eröffnet. 43

II) Internationale Zuständigkeit kraft früherer dt Staatsangehörigkeit bei Eheschließung, § 606a I 1 Nr 1 zweite Altern (auch Antrittszuständigkeit genannt). Ein Ehegatte muß bei Eheschließung dt Staatsangehöriger gewesen sein. Ob er die dt Staatsangehörigkeit durch Heirat oder sonstige Umstände verloren hat, spielt keine Rolle. Auf die Staatsangehörigkeit des anderen Ehegatten kommt es nicht an. Welche Staatsangehörigkeit der ehemals dt Ehegatte nun besitzt oder ob er staatenlos ist, ist ohne Bedeutung, ebenso, wo sich die Eheleute gewöhnl aufhalten, wo die Ehe geschlossen wurde und wo der gemeinsame Lebensmittelpunkt der Eheleute war/ist. Auch eine **nicht effektive frühere dt Staatsangehörigkeit** eröffnet internationale Antrittszuständigkeit Deutschlands. Beispiel: Eine Deutsch-Brasilianerin, die nie Europa gesehen hat, heiratet einen US-Amerikaner und verliert anläßl der Einbürgerung in USA ihre dt Staatsangehörigkeit. Jeder Ehegatte kann in Deutschland Scheidung beantragen. Vgl auch Zweibrücken FamRZ 88, 623 = IPRax 88, 357 (Rauscher 343). 44

Die zweite Altern Nr 1 bringt eine **enorme Ausweitung des Jurisdiktionsbereichs Deutschlands** im Vergleich zu § 606b Nr 2 aF: Die internationale Zuständigkeit gem § 606b Nr 2 aF bestand nicht – wie jetzt – für alle Ehesachen, sondern nur für die Nichtigkeits-, Aufhebungs- und Ehefeststellungsklage (es schieden also aus: die Widerherstellungsklage und der Scheidungsantrag). Zweck des § 606b Nr 2 aF war die Bereitstellung eines Forums, um die Anwendung dt Rechts (Art 13 EGBGB) zu gewährleisten. Diese **Konkordanz zwischen forum und ius gilt für die Neufassung nicht;** denn die Bejahung der dt internationalen Entscheidungszuständigkeit hängt nicht davon ab, daß in der Sache nach dt Recht (zB Art 17 I 2 zweite Altern) zu entscheiden ist. Internationale Zuständigkeit daher auch zu bejahen, wenn der sich der Scheidung widersetzende Ehegatte (Antragsgegner) zur Zeit der Eheschließung Deutscher war. Unpräzis amtl Begr 90: Die 45

Antrittszuständigkeit der Nr 1 zweite Altern sei das „prozessuale Gegenstück zum sog Antrittsrecht nach Art 17 I 2 EGBGB". Ungenau auch schon die Vorschläge des Dt Rats für IPR (Vorschläge und Gutachten zur Reform des dt internationalen EheR, 1962, 32), der den „rechtspolitischen Grund für die Antrittszuständigkeit" wie folgt umschreibt: „Die Gerichte des Staats, unter dessen Recht ein Gatte die Ehe angefangen hat, sollen zuständig sein, die Ehe gegebenenfalls wieder zu lösen". Nr 1 erfaßt aber alle Ehesachen, also auch positive Feststellungsklagen. – Für eine teleologische Reduktion besteht keine Veranlassung, da Gleichlauf zwischen forum und ius nicht Absicht des dt Gesetzgebers (Rn 29). Die **ratio novae legis** ist vielmehr einleuchtend und überzeugend: Jeder Ehegatte, der bei Eheschließung Deutscher war, soll sich unter den Schutz der dt Gerichte begeben können, und zwar für alle Ehesachen (zu eng Kühne 183). Das gleiche Recht wird dem ausl oder staatenlosen Ehepartner eingeräumt (dieser ist Antragsteller/Kläger, ehem Deutscher ist Antragsgegner/Bekl). – Die Anknüpfung an die frühere Staatsangehörigkeit ist völkerrechtl nicht zu beanstanden. Sie darf auch nicht durch forum non conveniens-Erwägungen eingeschränkt werden, Rn 32. – Zur verfassungsrechtl Perspektive Geimer FS Schwind, 1993, 25; StJ/Schlosser Rn 13.

46 **III) Internationale Aufenthaltszuständigkeit. 1) Beide Ehegatten haben ihren gewöhnl Aufenthalt im Inland.** Ist keiner der Ehegatten dt Staatsangehöriger, so ist Deutschland gleichwohl international zuständig, wenn beide Ehegatten zum maßgebl Zeitpunkt (Rn 47) ihren gewöhnl Aufenthalt im Inland haben (§ 606a I 1 Nr 2). Auf die Anerkennung durch den/die Heimatstaaten oder die lex causae (Art 17 EGBGB) kommt es nicht an, Hamburg IPRax 92, 39 (Rauscher 14). Doppelter gewöhnl Aufenthalt möglich, Rn 112. – Der **schlichte Aufenthalt** genügt – entgegen den Vorschlägen des Dt Rats für IPR – nicht. Eine solche Anknüpfung ist zu instabil.

47 **Maßgebender Zeitpunkt:** Beginn der Rechtshängigkeit, § 261 III Nr 2. **Momente der Zukunftsplanung** bleiben außer Betracht, Rn 94. Die spätere Aufenthaltsverlegung während des anhängigen Verfahrens ins Ausland (eines oder beider Ehegatten) ist unschädl, BGH FamRZ 83, 1216 = IPRax 85, 162; BGH NJW 88, 636 = IPRax 88, 173 (Hepting). Düsseldorf IPRax 83, 129; LG Köln MDR 62, 903 betr Versetzung eines Diplomaten; München IPRax 88, 354 (Winkler v Mohrenfels 341); AG Karlsruhe FamRZ 88, 837. Skeptisch Staudinger/Spellenberg[12] Rn 292. Nimmt eine Partei ihren gewöhnl Aufenthalt während des Scheidungsverf im Inland, so wirkt dies zuständigkeitsbegründend und ist entgegen § 561 selbst in der Revisionsinstanz zu beachten. In diesem Fall ist jedoch besonders genau zu prüfen, ob die Begründung eines inländischen Aufenthalts nicht bloß der (verbotenen) Zuständigkeitserschleichung dienen soll.

48 Der **Kompetenztatbestand „gewöhnl Aufenthalt"** (Rn 112) ist ausschließl nach dt Recht zu qualifizieren. Wann ein **schlichter Aufenthalt im Inland** zum gewöhnl Aufenthalt wird, ist gesetzl nicht geregelt. Faustregel der Praxis: **Der Aufenthalt muß mindestens 6 Monate andauern**, MPI RabelsZ 1983, 681; MK/Walter Rn 23; rechtsvergl Dessauer 626; v Hoffmann IPRax 84, 328; Mansel Rn 46 Fn 80, 306 Fn 67; Staudinger/Spellenberg[12] Rn 160, 168; Zweibrücken FamRZ 85, 81 = IPRspr 84/162. – Ein Messebesuch oder ein Kur- oder Ferienaufenthalt genügen nicht, idR auch nicht der Aufenthalt aus rein berufl Anlaß. Zum gewöhnl Aufenthalt von Asylbewerbern Hamm NJW 90, 651 = IPRax 90, 247 (Spickhoff 225) = IPRspr 89/199 u Koblenz FamRZ 90, 536 = IPRax 90, 249 (Spickhoff 225) = IPRspr 89/200. – Bestr, ob Legalität des Aufenthalts im Inland (mit Aufenthaltserlaubnis etc) Voraussetzung für die Annahme eines gewöhnl Aufenthalts in Deutschland ist, Hamburg IPRax 92, 39 (Rauscher 14). Der nach Ablehnung des Asylantrags nur noch befristet geduldete Aufenthalt begründet keinen gewöhnl Aufenthalt iSv § 606a I, Bremen FamRZ 92, 962 = IPRspr 91/185. S auch Beitzke IPRax 93, 232 u Köln FamRZ 96, 946.

49 Es reicht nicht aus, daß die Parteien ihren **letzten gemeinsamen gewöhnl Aufenthalt** vor der Trennung im Inland hatten, Düsseldorf IPRax 83, 129. AA Frankfurt/M FamRZ 75, 694.

50 Hatte eine Partei zum maßgebl Zeitpunkt (Rn 47) im Inland ihren gewöhnl Aufenthalt, besteht Anspruch auf Justizgewährung im Inland. Forum non conveniens-Erwägungen (Rn 32) sind unzulässig, BGH IPRax 85, 162, der Vorinstanz aufhob: Diese hielt es für sachgerecht, daß der Scheidungsrechtsstreit angesichts der Rückkehr beider Parteien nach Griechenland vor einem griech Gericht ausgetragen werde. Dort lasse sich der Sach- und Streitstand leichter aufklären.

51 **2) Nur ein Ehegatte hat (noch) seinen gewöhnl Aufenthalt im Inland. a) Grundsatz:** Für die Bejahung der internationalen Entscheidungszuständigkeit Deutschlands genügt es grundsätzl, wenn nur einer der Ehegatten seinen gewöhnl Aufenthalt im Inland hat. Dabei hat die Parteirolle keine Bedeutung (Rn 8). Belanglos ist, welches Recht nach dt IPR zur Anwendung kommt, ob die Ehe im Inland oder Ausland geschlossen wurde und ob der letzte gemeinsame gewöhnl Aufenthalt der Eheleute im In- oder Ausland lag. Verfassungsrechtl Bedenken bei StJ/Schlosser Rn 17. S auch Geimer FS Schwind, 1993, 36.

52 **Ist einer der Ehegatten staatenlos,** gleich ob Kläger oder Bekl/Antragsteller oder Antragsgegner, ist der gewöhnl Aufenthalt des staatenl Ehegatten im Inland als solcher zuständigkeitsbe-

gründend, § 606a I 1 Nr 3. Auf die Anerkennung des dt Urteils durch einen fremden Staat kommt es nicht an. Notwendig ist aber, daß sich der staatenlose Ehegatte im Inland aufhält. Deutschland ist – anders als nach § 606b Nr 1 aF – nicht nach Nr 3 und auch nicht nach Nr 4 international zuständig, wenn der staatenlose Ehegatte im Ausland lebt und offensichtl weder der Heimatstaat des im Inland sich aufhaltenden ausl Ehegatten noch der Aufenthaltsstaat des Staatenlosen die dt Entscheidung anerkennt; Staudinger/Spellenberg[12] Rn 198. – Nr 3 dürfte im Hinblick auf Art 16 des Übk über die Rechtsstellung von Staatenlosen (Rn 82) nur selten eigenständige Bedeutung haben.

b) Ausnahme: Die internationale Zuständigkeit Deutschlands (aufgrund des gewöhnl Aufenthalts nur eines ausl Ehegatten) entfällt nur, wenn **offensichtlich keiner der Heimatstaaten die dt Entscheidung anerkennt.** Besitzt jeder der Ehegatten eine ausl Staatsangehörigkeit, so hält sich Deutschland auf Grund des **gewöhnl Aufenthalts nur einer Partei** im Inland dann nicht für international zuständig, wenn das dt Urteil offensichtl nach dem Recht keines der Staaten, denen einer der Ehegatten angehört, anerkannt würde. Die internationale Aufenthaltszuständigkeit Deutschlands ist also zu bejahen, wenn feststeht, daß einer der Heimatstaaten – bei Doppelstaatern genügt auch die Anerkennung durch den Staat, zu dem die weniger effektive Beziehung besteht, Rn 64 – die dt Entscheidung anerkennt, aber auch dann, wenn die Anerkennungsfrage offen oder zweifelhaft ist. Zum Kompromißcharakter dieser Regelung ausführl 16. Aufl Rn 54. Kompetenzrechtl **Differenzierung zwischen verschiedenen Gruppen von Ausländern verstößt gegen Art 3 I GG,** Geimer IZPR Rz 1954; näher 16. Aufl Rn 3, 56. Zustimmend Eilers 19; Pfeiffer 496 ff. AA MK/Walter Rn 29; StJ/Schlosser Rn 17gE. Verfassungswidrigkeit der Nr 4 macht Vorlage nach Art 100 I GG erforderl. **53**

Einstweilen frei. **54–56**

In der Diskussion zu wenig berücksichtigt wurde bisher auch das **Völkervertragsrecht:** So garantieren Art 14 des Internationalen Paktes vom 19. 12. 1966 über bürgerl und politische Rechte (BGBl 73 II 1533) sowie Art 6 EMRK Ausländern mit Wohnsitz/Aufenthalt im Inland Gleichbehandlung im Hinblick auf Rechtsschutz und Rechtsverfolgung, hierzu Geimer BerDGVR 33 (1994), 226. – Vgl auch die Staatenverpflichtung in Art 23 IV IPBPR, „gleiche Rechte und Pflichten in der Ehe und bei deren Auflösung“ zu gewährleisten. Art 16 I des Übereinkommens zur Beseitigung jeder Form von Diskriminierung der Frau vom 1. 3. 1980 ist nicht einschlägig, da § 606a I 1 Nr 4 nicht nach dem Geschlecht differenziert. Fragl, ob Art 23 IV IPBPR auch Verfahrensgarantien im Auge hat. Das Zusatzprotokoll Nr 7 zur EMRK, durch das bisherige Defizit der EMRK zu den UN-Menschenrechtsdokumenten aufholen soll, ist noch nicht in Kraft. S Ullmann FamRZ 87, 434. **57**

Die von Nr 4 befohlene Rücksichtnahme auf das Heimatrecht eines Ehegatten verfehlt von vornherein ihr rechtspolitisches Ziel (Anerkennung durch lex causae, Thümmel NJW 85, 523), wenn der Rechtsstreit nach dt IPR nach einer anderen ausl Rechtsordnung zu entscheiden ist, Rn 71; aA Staudinger/Spellenberg[12] Rn 93, 192. **58**

Schließl sollten das Postulat nach internationaler Entscheidungsharmonie, bzw vice versa die mißl Auswirkungen hinkender Rechtsverhältnisse nicht überschätzt werden. Zu Recht betont Holleaux (FamRZ 63, 637): „Der bisweilen panische Schrecken vor hinkenden Verhältnissen ist eigentlich unberechtigt. Es leben tatsächlich unzählige Leute ganz gemütlich in hinkenden Familienrechtsverhältnissen. . . . Jedenfalls ist es . . . häufig eine weit bessere, menschlich gerechtere und auch sachgemäßere Lösung, ein hinkendes Verhältnis freimütig in Kauf zu nehmen, als aus abergläubischer Achtung vor einem theoretischen Entscheidungsgleichheitsideal zu einer vielleicht rechtstheoretisch vertretbaren (was ist nicht alles theoretisch und technisch zu rechtfertigen?), aber nichtsdestoweniger faktisch ungerechten Lösung Zuflucht zu nehmen.“ – Nicht einleuchtend daher Grundmann NJW 86, 2167, der das Scheidungsstatut als „starke“ und das „Prozeßstatut“ als „schwache“ Anknüpfung einordnet. **59**

c) Einzelheiten zur negativen Anerkennungsprognose: Nicht erforderl ist positive Anerkennungsprognose: Dt internationale Aufenthaltszuständigkeit (wenn sich nur ein Ehegatte im Inland aufhält) entfällt nur, wenn Anerkennungsprognose offensichtl negativ ist (Rn 2). Die Einschränkung der internationalen Aufenthaltszuständigkeit durch Nr 4 ist **restriktiv** zu handhaben. So klar Rechtsausschuß-Bericht: „Das Gericht soll seine Zuständigkeit jedoch nur dann verneinen können, wenn schon ohne intensive Nachforschungen davon auszugehen ist, daß keiner der Heimatstaaten der Ehegatten die Scheidung anerkennen würde. Das wird nach dem heutigen Stand nur noch in verhältnismäßig wenigen Fällen festgestellt werden können.“ Die Einholung eines Gutachtens ist nicht erforderl. Sofern die Durchsicht der gängigen (für das Gericht erreichbaren) Literatur nicht offensichtl ergibt, daß das dt Urteil in keinem der in Betracht kommenden Heimatstaaten anerkannt wird, ist die internationale Zuständigkeit Deutschlands auf Grund des inländischen gewöhnl Aufenthalts nur einer Partei zu bejahen, **60**

StJ/Schlosser Rn 19; Karl 146. Enger Staudinger/Spellenberg[12] Rn 234. Allgemein zu den Unsicherheiten der Anerkennungsprognose Bajons ZfRV 1971, 252.

61 **Anerkennung der dt Entscheidung durch den Heimatstaat eines Ehegatten.** Ein Heimatstaat muß das dt Urteil in concreto anerkennen, und zwar in seinen vom dt Recht gewollten Wirkungen. Es genügt zB nicht, daß der dt Scheidung die Wirkungen einer Trennung von Tisch und Bett beigelegt werden (Staudinger/Spellenberg[12] Rn 215), oder daß das ausl Gericht auf der Grundlage des dt Scheidungsurteils – evtl nach einer révision au fond – erneut die Scheidung ausspricht, Dessauer 448; StJ/Schlosser Rn 18. Zur „Zweitscheidung" (Art 3 Nr 2e ital ScheidungsG) Dessauer 718, 751.

62 Vorstehendes gilt nach hM nur für Urteile, die der Klage stattgeben. **Klageabweisende Sachurteile** könnten auch ergehen, wenn kein Heimatstaat sie anerkennt. Dies folge aus dem Zweck des § 606a I 1 Nr 4 (früher § 606b Nr 1), hinkende Ehen zu vermeiden; Riezler IZPR 247; Heldrich 246 N 50; BGHZ 47, 324 = IPRspr 66–67/90 (passim); MK/Walter Rn 33. Diese Ansicht verkennt, daß es keinen „hinkenden Eheprozeß" gibt, in dem von vornherein feststeht, daß nur zugunsten einer Partei eine Sachentscheidung ergehen darf, Staudinger/Spellenberg[12] Rn 223; Breuer in Rahm/Künkel VIII Rn 146.

63 Bei **Mehrrechtsstaaten,** zB USA, kommt es auf die Anerkennungsbereitschaft durch diejenige Teilrechtsordnung an, mit der der Ehegatte am engsten verbunden ist. Dies ist die Rechtsordnung an seinem gewöhnl Aufenthalt zu dem maßgebl Zeitpunkt (Rn 66). Sofern nach Religionszugehörigkeit differenziert wird, kommt es auf das Anerkennungsrecht der betr Religionsgemeinschaft an, vgl Fall des AG Wiesbaden IPRax 86, 247 (Henrich); Staudinger/Spellenberg[12] Rn 205.

64 **Gehört ein Ehegatte mehreren Staaten** an, so reicht es aus, wenn nur einer der Heimatstaaten die dt Entscheidung anerkennt. Auf Effektivität der Staatsangehörigkeit kommt es nicht an, Mansel Rn 455. AA Hamburg IPRspr 58–59/122; Spellenberg IPRax 88, 5. Danach sei die Haltung desjenigen Staates maßgebl, zu dem der Ehemann „die überwiegenden Beziehungen unterhält". Ebenso Staudinger/Spellenberg[12] Rn 208.

64a Bei sich außerhalb Deutschlands (gewöhnlich) aufhaltenden Staatenlosen ist Nr 4 dahingehend zu modifizieren, daß es auf die Anerkennung durch den Aufenthaltsstaat ankommt, Rn 52, Staudinger/Spellenberg[12] Rn 198, Rahm/Künkel/Breuer VIII Rn 147.

65 **Die Frage der Anerkennungsfähigkeit ist aus der Sicht des/der in Betracht kommenden ausl Staates/en zu beurteilen.** Das dt Gericht darf die ausl Rechtsordnung nicht abweichend von der ausl Judikatur auslegen (§ 293 Rn 24). Dies gilt auch, wenn die Anerkennung durch Staatsvertrag geregelt ist und die Auslegung durch die Rechtspraxis des Heimatstaates aus dt Sicht falsch ist (RGZ 150, 293; BGH FamRZ 83, 1215 = IPRax 85, 162). – Das Anerkennungserfordernis verlangt vom dt Richter ein hohes Maß an Selbstverleugnung. Denn er muß im Rahmen seiner Prognose auch untersuchen, ob seine Entscheidung mit dem ordre public des Anerkennungsstaates zu vereinbaren ist. Verneint er dies, hat er sich einer Sachentscheidung zu enthalten. Beispiel: Frankfurt/M IPRax 83, 193; Karlsruhe NJW 83, 1984.

65a Verfehlt, bei Verweigerung der Anerkennung durch Heimatstaat aus der Rechtsidee fremden Gründen den deutschen ordre public zu bemühen (so aber Staudinger/Spellenberg[12] Rn 246). Denn im Rahmen der Zuständigkeitsprüfung nach Nr 4 wendet der dt Richter nicht etwa ausl AnerkennungsR selbst an, sondern stellt als Teil-Tatbestandsvoraussetzung der dt Kompetenznorm die im Heimatstaat faktisch gehandhabte Anerkennungspraxis fest. Lösung: Eröffnung einer Notzuständigkeit in Deutschland, Rn 85. So auch passim Staudinger/Spellenberg[12] Rn 91, 255.

66 **Maßgebender Zeitpunkt für das Erfordernis der Anerkennung der dt Entscheidung** durch den Heimatstaat ist der Schluß der mündl Verhandlung. Dies gilt auch im Fall des Wechsels der Staatsangehörigkeit. § 261 III Nr 2 insoweit unanwendbar, BGH NJW 84, 1305 = FamRZ 83, 1216 = IPRax 85, 162 = IPRspr 83/151. AA StJ/Schlosser Rn 18 Fn 92. Die (zu Beginn des Verf vorhandene) internationale Entscheidungszuständigkeit entfällt, wenn die (zunächst positive) Anerkennungsprognose während des Rechtsstreits offensichtl negativ wird, Jayme IPRax 84, 124; Nachw Staudinger/Spellenberg[12] Rn 294. Ergibt sich der Wegfall der Anerkennungserwartung aus einer Änderung des ausl Rechts, so kommt es auf dessen **intertemporäre Vorschriften** an. Es ist zu prüfen, ob auch schwebende Verf davon erfaßt werden sollen.

67 Auch in der **Revisionsinstanz ist die Anerkennungsfähigkeit des dt Urteils** nachzuprüfen; denn es geht um die Anwendung dt ProzeßR, das die Grenzen der dt internationalen Zuständigkeit umschreibt, auch wenn es dabei auf den Standpunkt eines ausl Rechts abstellt, RGZ 150, 293; RGZ 151, 318; aA BGHZ 27, 47; BGH IPRax 84, 208. Nachw Dessauer 380, 416, 1083.

68 Hat OLG internationale Zuständigkeit verneint wegen fehlender Anerkennungsbereitschaft, so hat BGH insbes nachzuprüfen, ob es die Grenzen der kursorischen Anerkennungsprognose (Rn 53) eingehalten hat oder ob es zu intensiv geprüft hat. Im letzteren Fall ist das Urteil aufzuheben und die internationale Zuständigkeit zu bejahen. Hat das OLG die internationale

Zuständigkeit bejaht, so muß der BGH auch die Offensichtlichkeitsgrenze einhalten. Nur wenn er zu dem Ergebnis kommt, daß entgegen dem OLG offensichtlich ist, daß in keinem Heimatstaat Anerkennungsbereitschaft besteht, darf er die Klage/den Antrag wegen internationaler Unzuständigkeit Deutschlands durch **Prozeßurteil** abweisen. AA Dessauer 762 (Sachurteil).

d) Negative Anerkennungsprognose hindert Bejahung der internationalen Aufenthaltszuständigkeit Deutschlands in folgenden Fällen nicht (vgl auch Breuer in Rahm/Künkel VIII Rn 149): **aa) Nichtehe nach dem Recht eines Heimatstaates.** Bei der Scheidung einer nach dt Recht gültigen Ehe, die der Heimatstaat des Ehemannes als nicht existent betrachtet, weil er die Eheschließung nicht anerkennt oder die er bereits für geschieden/aufgelöst erachtet (durch eine in Deutschland nicht anerkennungsfähige Scheidung), kam es nach § 606b Nr 1 aF auf die Anerkennung durch den Heimatstaat des Mannes nicht an, Stuttgart FamRZ 80, 783; BGHZ 82, 50 = FamRZ 83, 47; Breuer Rn 79 ff. Diese Regel ist nunmehr – angesichts des Umstandes, daß die Konkordanz zwischen Art 17 I EGBGB aF und § 606b Nr 1 aF im neuen Recht entfallen ist – dahingehend zu modifizieren, daß sie nicht nur gilt, wenn die Ehe in beiden Heimatstaaten (des Mannes und der Frau) als nicht (mehr) existent betrachtet wird, Hamm FamRZ 94, 1182, sondern auch dann, wenn dies nur in einem Heimatstaat der Fall ist, Stuttgart IPRax 88, 172 (Beule 150); Staudinger/Spellenberg[12] Rn 220. 69

Denn die ratio legis (Nr 4) läßt sich dahingehend zusammenfassen: Die Aufenthaltszuständigkeit Deutschlands soll nur dann entfallen, wenn beide Heimatstaaten die dt Entscheidung offensichtl nicht anerkennen. Die **Entscheidungsdisharmonie zu einem Heimatstaat genügt nicht.** Im Fall der Nicht(mehr)ehe aus der Sicht eines Heimatstaates liegt aber bei Scheidung dieser Ehe in Deutschland substantiell keine Disharmonie zu diesem Staat vor, weil in Deutschland der Rechtszustand (gleichsam im Wege der Nachholung) hergestellt wird, der dort bereits gilt. 70

bb) Die aus dt Sicht noch bestehende Ehe ist in einem Heimatstaat bereits geschieden, aufgehoben, für nichtig erklärt etc, MK-BGB/Schwimann Art 13 EGBGB Rn 133 Fn 448. Es handelt sich um den Anwendungsfall von Rn 73. 70a

cc) **Anerkennung des dt Urteils durch lex causae** (Recht eines dritten Staates). Hier ist die Verweigerung des Rechtsschutzes durch die dt Gerichte im Hinblick auf die fehlende Anerkennungsbereitschaft der Heimatstaaten nicht gerechtfertigt (Rn 30, 58). Es liegt ein Redaktionsversehen vor. AA StJ/Schlosser Rn 17 Fn 88. – Ist jedoch in der Sache dt Recht anzuwenden, bleibt es beim Anerkennungserfordernis des § 606a I 1 Nr 4, vgl Hamm IPRax 87, 250 passim. 71

dd) **Trennung von Tisch und Bett als Zwischenentscheidung (Vorstufe) vor Scheidung.** Bestr, ob negative Anerkennungsprognose dt internationale Zuständigkeit entfallen läßt. Verneinend Breuer Rn 81; AG Hamburg FamRZ 80, 578. AA Frankfurt/M FamRZ 85, 620. 72

ee) **Notzuständigkeit.** Da Rechtsschutzverweigerung im Inland droht, soll Scheidung durch dt Gerichte gleichwohl mögl sein, „wenn die Parteien ein besonderes Bedürfnis für eine Scheidung im Inland nachweisen" (Jayme FamRZ 73, 6) bzw wenn das Bedürfnis nach Rechtsschutz im Inland überwiegt (Neuhaus/Kropholler RabelsZ 80, 337). Kritisch Dessauer 825, 869. – Es handelt sich um einen Anwendungsfall der Notzuständigkeit. Diese ist nicht auf die Fälle der Aufenthaltszuständigkeit begrenzt, Rn 85. 73

e) **Länderübersicht** betr Anerkennungsbereitschaft hinsichtl dt Urteile in Ehesachen bei Rahm/Künkel/Breuer VIII Rn 154; Henrich § 606a Rn 36; Staudinger/Spellenberg[12] Rn 2, 249; MK/Walter Rn 38; StJ/Schlosser Rn 20. Immer ist vorab zu klären, ob nach dem HeimatR der Partei eine wirksame Privatscheidung vorliegt; dann besteht aus der Sicht des HeimatR keine Veranlassung, die Anerkennungsfrage bezügl der dt Entscheidung zu stellen; die Ehe ist bereits geschieden. Damit entfällt das Anerkennungserfordernis der Nr 4, Rn 70a). 74

Einstweilen frei. 75–76

IV) **Personen mit Sonderstatus (dt Staatsangehörigen gleichgestellte Personen): Lit:** Lass, Der Flüchtling im dt IPR, 1995. Bestimmte aufgrund ihres persönl Schicksals (typischerweise) besonders benachteiligte und daher als schutzbedürftig betrachtete Personen (Staatenlose, Flüchtlinge und heimatlose Ausländer, die in Deutschland wohnen, bzw sich dort gewöhnl aufhalten oder uU auch nur schlicht aufhalten) sind dt Staatsangehörigen hinsichtl des Zugangs zu den Gerichten gleichgestellt. Im Hinblick auf die Erweiterung der dt internationalen Staatsangehörigkeitszuständigkeit im Sinne einer allgemeinen „Antrittszuständigkeit" durch Nr 1 zweite Altern (Rn 44) erhebt sich die Frage, ob diese Gleichstellungsklausel wortwörtl zu nehmen ist. Dann wäre Deutschland auch dann noch international zuständig und müßte seine Gerichte zur Verfügung stellen, wenn beide Ehegatten mit Sonderstatus längst Deutschland verlassen haben und woanders auf dieser Welt dauernd seßhaft geworden sind und möglicherweise dort eine neue Staatsangehörigkeit erworben haben, aber auch dann, wenn sie sich entschlossen haben, in ihr Heimatland zurückzukehren, aus welchen Gründen auch immer (Heimweh oder Änderung der dortigen politischen Verhältnisse). Eine solche am Wortlaut haftende Auslegung der Gleichstel- 77 lungsklausel würde den Jurisdiktionsbereich Deutschlands in (zwar völkergewohnheitsrechtl unbeanstandbarem, jedoch) rechtspolitisch bedenkl Umfang ausweiten und der ratio legis Gewalt antun. Denn die genannten Personen sollen **ledigl während der Dauer ihres Aufenthalts in Deutschland** nicht anders behandelt werden als Inländer, zustimmend Breuer in Rahm/Künkel VIII Rn 142. Nachw zum alten Recht Hirschberg IPRax 84, 19. Dogmatisch ist es daher besser, für die internationale Zuständigkeit in Eheprozessen, an denen eine Person mit Sonderstatus beteiligt ist, nicht die Staatsangehörigkeitszuständigkeit (Nr 1) heranzuziehen, sondern die Eröffnung der internationalen Zuständigkeit als eine besondere Form der internationalen Aufenthaltszuständigkeit (Rn 46) zu betrachten. Zustimmend München IPRax 89, 239 (Jayme 223); Staudinger/Spellenberg[12] Rn 155; StJ/Schlosser Rn 2 vor § 606. Unentschieden BGH NJW 90, 636 = IPRax 91, 54 (Dörner/Kötters). Praktisch wird die Frage der Erweiterung der internationalen Zuständigkeit für die Personen mit Sonderstatus nur in folgenden Fällen: Wenn sich nur ein Ehegatte im Inland gewöhnl aufhält, entfällt die Einschränkung der dt internationalen Zuständigkeit durch das Erfordernis der Anerkennung in einem der Heimatstaaten (Nr 4). Eine Erweiterung (Abweichung von Nrn 2–4) kommt ferner in den seltenen Fällen zum Zuge, wenn keiner der Ehegatten zum maßgebl Zeitpunkt (Rn 47) seinen gewöhnl Aufenthalt in Deutschland hat, jedoch seinen Wohnsitz bzw schlichten Aufenthalt (Rn 51), aber nur dann und insoweit, als nach den in Rn 78 ff aufgeführten Vorschriften diese Anknüpfungen bedeutsam sind.

78 Sonderstatus haben **verschleppte Personen, Flüchtlinge und heimatlose Ausländer** nach Maßgabe der nachgenannten Normen. Zum maßgebl Zeitpunkt Bamberg FamRZ 82, 505. Auf die Anerkennung durch Heimatstaat eines Ehegatten kommt es nicht an. Folgende Normen sind zu beachten (abgedruckt bei Palandt/Heldrich Anh zu Art 5 II und Staudinger/Blumenwitz Art 5 Anh):

79 1) **Gesetz Nr 23** der Alliierten Hohen Kommission vom 17. 3. 1950 (AblAHK 140; Berlin: VOBl 458) idF des ÄndG Nr 48 v 1. 3. 1951 (ABlAHK 808; Berlin: GVBl 332) über die Rechtsverhältnisse verschleppter Personen und Flüchtlinge; BGH NJW 85, 1283 = IPRax 292 = IPRspr 84/72.

80 2) Gesetz über die **Rechtsstellung heimatloser Ausländer im Bundesgebiet** vom 25. 4. 1951 (BGBl 269). Betrifft nahezu (§ 26) dieselbe Personengruppe wie Rn 79; Martiny I Rn 216.

81 3) Genfer Abkommen über die Rechtsstellung der Flüchtlinge (kurz: **Genfer Flüchtlingskonvention** = GFK) vom 28. 7. 1951 (BGBl 1953 II 53 559), ergänzt durch Protokoll v 31. 1. 1967 (BGBl 1969 II 1293). Zum Anwendungsbereich IPG 75 Nr 18 (Freiburg); BayObLGZ 74, 95, 99; 75, 291; Köln IPRspr 68–69/203a; BGH NJW 82, 2732 = IPRax 84, 33 (Hirschberg 19) = IPRspr 82/158; Hamm StAZ 86, 134 = IPRspr 85/72; Köln FamRZ 96, 946; Breuer in Rahm/Künkel VIII Rn 83. Art 16 II GFK gewährleistet freien und ungehinderten Zugang zu den Gerichten der Vertragsstaaten. Der Flüchtling ist in Bezug auf die internationale Aufenthaltszuständigkeit einem Inländer gleichzustellen, BGH aaO; Mitzkus 35; Martiny I Rn 214; Kropholler Rn 58 Fn 122; Loewe, Zwischenstaatl Rechtsverkehr, 1984, 120. – Ist über **Anerkennung der Asylberechtigung** im dt Verwaltungsverf noch nicht endgültig entschieden, so kann sie das Zivilgericht als Vorfrage **incidenter** prüfen und ggf auch bejahen, Hamm RR 92, 391 = FamRZ 92, 551= IPRspr 91/74.

82 4) **UN-Übereinkommen über die Rechtsstellung von Staatenlosen** vom 28. 9. 1954 (BGBl 1976 II 474; 1977 II 235). Art 16 II stellt Staatenlose mit Wohnsitz/Aufenthalt im Inland Deutschen gleich, Martiny I Rn 210; Staudinger/Spellenberg[12] Rn 177.

83 5) **Asylverfahrensgesetz** idF v 26. 6. 92 (BGBl I 1126) § 2 (früher: § 3): Asylberechtigte genießen – vorbehaltl günstigerer Vorschriften – die Rechtsstellung von Flüchtlingen iS der GFK (Rn 81). Vgl LG Hamburg NJW 70, 2168; IPG 73/21 (München); Beitzke FS Fragistas I 1966, 377 ff. Fällt die Asylberechtigung nach Klageerhebung weg, so entfällt nicht die dt internationale Zuständigkeit, arg § 261 III Nr 2, Celle FamRZ 1974, 314. StJ/Schlosser Rn 8 vor § 606. – S auch Bremen FamRZ 92, 962 (keine internationale Zuständigkeit nach § 606a I 1 Nr 4 nach abgelehntem Asylantrag).

84 6) **Gesetz über Maßnahmen für im Rahmen humanitärer Hilfsaktionen aufgenommene Flüchtlinge** vom 22. Juli 1980 (BGBl I 1957). § 1 dieses Gesetzes verweist auf Art 16 GFK (Rn 81).

84a 7) **Bilaterale Rechtshilfeverträge mit Marokko, Tunesien und der Türkei:** Nach Art 1 dt-türk Vertr, Art 1 dt-tunes Vertr u Art 1 dt-marokk Vertr (noch nicht in Kraft) haben die Angehörigen des jew anderen Vertragsstaates **„freien Zutritt zu den Gerichten"** in Deutschland, können also vor dt Gerichten unter denselben Bedingungen und in derselben Weise wie dt Staatsangehörige als Kläger oder Bekl auftreten. Diese allgem Rechtsschutzklausel soll „jede Ausländerdiskriminierung ausschließen", BT-Drucks V 3167 (= Wieczorek-Schütze IZPR 492). Die Staatsangehörigen des jew Vertragsstaates sollen **„wie die eigenen Staatsangehörigen behandelt werden"**, BT-Drucks 11/2026 (= Bülow/Böckstiegel/Geimer/Schütze 470–13). Dies würde an sich bei wörtl Interpretation Anwendung des § 606a I 1 Nr 1 bedeuten. Eine solche kompetenzrechtl Konsequenz ist jedoch unakzeptabel, weil sonst alle Inlandsprozesse aus Marokko, Tunesien und der Türkei, die keinerlei Auslandsbezug insbes keinerlei Berührungspunkte mit Deutschland haben, vor dt Gerichte gezogen werden könnten, ebenso alle Ehestreitigkeiten, die in **Drittstaaten** zu lokalisieren sind, wenn nur ein Marokkaner etc beteiligt ist. Eine solche Erweiterung der dt internationalen Entscheidungszuständigkeit war nicht Absicht der Vertragsstaaten. Daher muß wohl als **weiteres (ungeschriebenes) Tatbestandsmerkmal der gewöhnl Aufenthalt eines Ehepartners in Deutschland** gegeben sein, um einen Anspruch auf Justizgewährung in Deutschland zu bejahen. Also Modifikation des § 606a I 1 Nr 4 dahin, daß es auf Anerkennung nicht ankommt. Allgemein zum libre accès devant les tribunaux RGZ 146, 8 = JW 35, 346 (Jonas); Riezler IZPR 217, 437; Geimer IZPR Rn 1922.

8) **Europäisches Niederlassungsabkommen** vom 13. 12. 1955 (BGBl 59 II 998). Art 7 S 2 ist – aus den in Rn 84a genannten Gründen – ebenfalls restriktiv auszulegen. 84b

9) Möglicherweise auch **primäres Gemeinschaftsrecht der EG** (Art 6, 59 EGV); zur Gleichstellung aller „Marktbürger" Anh Art 4 Rn 4. 84c

V) **Notzuständigkeit.** Droht Rechtsverweigerung, weil entweder ein zumutbares ausl Forum nicht existiert oder angegangen werden kann oder weil das ausl Urteil in Deutschland nicht anerkannt wird, etwa wegen § 328 I Nr 2 oder 3, so muß die dt internationale Zuständigkeit bejaht werden, Geimer IZPR Rn 1024; AG Groß-Gerau FamRZ 81, 51 = MDR 80, 944; Nachw Dessauer 615, 623. Vgl Rn 73. Beisp: Staatenloses Nomadenehepaar, Kegel IPR 518. Vgl § 328 Rn 282, 283. Enger noch Düsseldorf IPRspr 56/110: keine Scheidung einer Nichtehe, die in England wirksam ist, aber dort mangels Zuständigkeit nicht geschieden werden kann. 85

VI) **Zuständigkeitsvereinbarungen. 1) Derogation der (an sich) gegebenen dt internationalen Zuständigkeit.** Die dt internationale Zuständigkeit kann durch eine Zuständigkeitsvereinbarung der Parteien nicht beseitigt werden. Die Bereitstellung eines inländischen Forums in Ehesachen dient (auch) mittelbar öffentl Interessen. Es liegt auch im Staatsinteresse, daß die Statusverhältnisse von Inländern und wohl auch von inländischen Aufenthaltern – doch letzteres ist sehr fragl – von dt Gerichten geklärt werden können, Geimer 119 Fn 107. Deshalb können die Parteien über die dt internationale Zuständigkeit in Ehesachen nicht disponieren; Staudinger/Spellenberg[12] Rn 98. Dagegen hält Walchshöfer, ZZP 80 (1967), 214 f bei Fn 212, nicht nur die dt internationale Aufenthaltszuständigkeit, sondern auch die dt internationale Staatsangehörigkeitszuständigkeit für derogierbar. – Derogierbar ist jedoch die auf Staatsangehörigkeit bei Eheschließung beruhende internationale Antrittszuständigkeit (Rn 44). AA MK/Walter Rn 127; StJ/Schlosser Rn 7. 86

2) **Prorogation der (an sich nicht gegebenen) dt internationalen Zuständigkeit** nicht mögl, Walchshöfer ZZP 80 (1967), 219; Geimer IZPR Rn 1751, 1773; Hamburg IPRax 86, 153. 87

VII) **Internationale Widerklagezuständigkeit.** Ist Deutschland für die Klage/Antrag in Ehesachen international zuständig, so ergibt sich daraus auch die internationale Zuständigkeit für die (konnexe) Widerklage bzw den (konnexen) Gegenantrag iSd § 610, StJ/Schlosser § 606 Rn 19; aA Staudinger/Spellenberg[12] Rn 359, der die Voraussetzungen der internationalen Zuständigkeit für die Widerklage/Gegenantrag selbständig an § 606a I mißt. Beisp: AG Wiesbaden IPRax 86, 247 (Henrich). 88

VIII) **Unbeachtlichkeit einer ausl Zuständigkeitsverweisung.** Für welche Rechtsstreitigkeiten Deutschland eine internationale Zuständigkeit für sich in Anspruch nimmt, bestimmen ausschl die dt Gesetze. Ob ein ausl Staat Deutschland für international zuständig hält oder nicht, ist an sich unbeachtl, Rn 10, 30. Der Standpunkt des ausl Rechts ist nur dann und nur insoweit von Bedeutung, als das dt Recht hierauf verweist. Vom § 606a I 1 Nr 4 abgesehen, gibt es im dt Recht keine solche Verweisung (im Bereich der streitigen Zivilgerichtsbarkeit). Angesichts des weiten Umfangs der von Deutschland beanspruchten internationalen Zuständigkeit sind nur wenige Fälle denkbar, in denen die Annahme einer Zuständigkeitsverweisung – über § 606a I hinaus – zuständigkeitsbegründend wäre, vor allem dann, wenn man die internationale Notzuständigkeit (Rn 85) als selbständige Zuständigkeitsanknüpfung zuläßt. 89

IX) **Keine internationale Zuständigkeit auf Grund der Maßgeblichkeit dt Rechts.** Das dt Zuständigkeitsrecht kennt kein forum legis, Rn 29; dies gilt auch, wenn nach dt Recht **Rechtsgestaltungen notwendigerweise durch Richterspruch** erfolgen müssen, sie also nicht auch durch einverständl Zusammenwirken der Beteiligten auf rechtsgeschäftl Weg erzeugt werden können. Dagegen fordert Heldrich 189 ff, die dt internationale Zuständigkeit bereits aus der Maßgeblichkeit der dt Sachnorm zu folgern. Die „Verkettung von gerichtl Tätigkeit und anzuwendendem Recht" verlange, daß in allen Fällen der Notwendigkeit einer richterl Rechtsgestaltung ein dt Forum zur Verfügung gestellt werde, soweit nach dt IPR dt Recht zur Anwendung komme. Nachw bei Schröder 514 Fn 2249. 90

X) **Sonstige Zuständigkeitsanknüpfungen, die das dt Recht nicht rezipiert hat: 1) Schlichter Aufenthalt** ist zu instabil, um international Zuständigkeit zu tragen. Anders die Vorschläge des Deutschen Rats für IPR. – Vgl aber Rn 78. 91

92 **2) (Letzter) gemeinsamer Aufenthalt der Eheleute.** Daß die Ehe im Inland gelebt wurde, ist zuständigkeitsrechtl ohne Bedeutung, BGH NJW 90, 636. Allein entscheidend ist vielmehr, daß zum maßgebl Zeitpunkt (Rn 47) einer der Ehegatten sich im Inland gewöhnl aufhält. Ist dies nicht der Fall, so entfällt die dt internationale Zuständigkeit.

93 **3) Ort der Eheschließung (Zelebrationszuständigkeit)** ist zuständigkeitsrechtl irrelevant.

94 **4) Aufenthaltsprognosen.** Kompetenzrechtl entscheidend ist ausschließl der gegenwärtige gewöhnl Aufenthalt, nicht die Aufenthaltsprognose für die Zeit nach der Scheidung (und auch nicht während des Ehe-[Scheidungs]verfahrens). Die dt internationale Zuständigkeit entfällt also nicht, wenn der (noch im Inland befindl) Ehegatte (Rn 47) fest vorhat, nach der Scheidung ins Ausland zu ziehen, und umgekehrt wird die dt internationale Zuständigkeit nicht dadurch begründet, daß eine der Parteien ihren Wohnsitz künftig im Inland nehmen will. Zur kompetenzrechtl Irrelevanz der Aufenthaltsprognose Dessauer 740. Das gleiche gilt für einen **geplanten Staatsangehörigkeitswechsel.**

C) Internationale Zuständigkeit fremder Staaten in Ehesachen (Anerkennungszuständigkeit) Böhmer FS Ferid (1988) 49; Krzywon StAZ 89, 99; Staudinger/Spellenberg § 328 Rn 293 ff.

95 **I) Keine ausschließl internationale Zuständigkeit Deutschlands in Ehesachen,** § 606a I 2. Anders der bis 31. 8. 1986 geltende § 606a aF, der intertemporalrechtl für die vor dem 1. 9. 1986 durchgeführten Auslandsscheidungen noch von Bedeutung ist (§ 328 Rn 273). Danach ist/war zu prüfen, ob Deutschland sich für die Ehesache, über die das ausl Gericht bzw die ausl Behörde entschieden hat, selbst für ausschließl international zuständig hält (**negative Zuständigkeitsprüfung**). Liegt eine solche dt ausschließl internationale Zuständigkeit vor, so scheidet eine Anerkennung aus, BayObLGZ 80, 55. Dies gilt auch dann, wenn der Erststaat für sich internationale Staatsangehörigkeitszuständigkeit in Anspruch nimmt. Ausnahme: Der Bekl ist mit der Anerkennung einverstanden, § 606a Nr 3 aF. Ausführl 14. Aufl.

96 **II) Prüfung der internationalen Zuständigkeit des Erststaats anhand des Kongruenzprinzips:** Gem § 328 I Nr 1 ist einer ausl Entscheidung auf Rüge des Bekl (Rn 120) die Anerkennung zu versagen, wenn der Erststaat nach den dt Zuständigkeitsnormen nicht international zuständig war. Die internationale Zuständigkeit des Erststaates ist grundsätzl nach den gleichen Zuständigkeitsanknüpfungen zu beurteilen, die das dt Recht für die eigene internationale Zuständigkeit verwendet. Gemäß § 328 I Nr 1 sind die dt Normen über die eigene internationale Zuständigkeit spiegelbildl anzuwenden. Nach § 328 I Nr 1 iVm § 606a I ist demnach der Erststaat international zuständig, wenn a) einer der Ehegatten die Staatsangehörigkeit des Erststaates besitzt oder bei Beginn der Ehe besaß oder b) einer der Ehegatten seinen gewöhnl Aufenthalt (= „Daseinsmittelpunkt", BayObLG 79, 196 = IPRspr 212) im Erststaat hat, Rn 107 ff.

97 **III) Erweiterung des Umfangs der internationalen Anerkennungszuständigkeit gegenüber der Deutschland für die eigenen Gerichte in Anspruch genommenen internationalen Entscheidungszuständigkeit durch § 606a II: 1) Keine spiegelbildl Anwendung des kompetenzeinschränkenden Anerkennungserfordernisses des § 606a I 1 Nr 4.** Der Umstand, daß zum maßgebl Zeitpunkt (Rn 118) nur ein Ehegatte (noch) seinen gewöhnl Aufenthalt im Urteilsstaat hat(te), reicht aus, um die internationale Zuständigkeit des Erststaates zu bejahen. Das Anerkennungserfordernis des § 606a I 1 Nr 4 (das die internationale Entscheidungszuständigkeit Deutschlands einschränkt, wenn sich diese nur auf den gewöhnl Aufenthalt *eines* Ehegatten stützt, Rn 53) entfällt. Es kommt nicht darauf an, ob der Heimatstaat eines Ehegatten das erststaatl Urteil anerkennt. Zur ratio legis BT-Drucks 10/504 S 90.

98 **2) Keine Zuständigkeitsprüfung nach § 328 I Nr 1, wenn der gemeinsame Heimatstaat beider Eheleute bzw wenn – bei gemischtnationaler Ehe – der Heimatstaat eines jeden Ehegatten die erststaatl Entscheidung anerkennt.** Wenn die internationale Zuständigkeit des Erststaates sich weder auf die Staatsangehörigkeit noch auf den gewöhnl Aufenthalt einer Partei im Gerichtsstaat stützen konnte, wird die Anerkennung dann nicht verweigert, wenn die zur Anerkennung anstehende ausl Entscheidung von den/dem Heimatstaat(en) beider Ehegatten anerkannt wird. Im Interesse der internationalen Entscheidungsharmonie (Vermeidung hinkender Rechtsverhältnisse) verzichtet das dt Prozeßrecht darauf, den Umfang der internationalen Anerkennungszuständigkeit und damit der Gerichtspflichtigkeit des Bekl/Antragsgegners nach dt Rechtsvorstellungen (§ 328 I Nr 1) durchzusetzen, BayObLGZ 80, 354 = IPRspr 175. Wenn der/die Heimatstaat(en) beider Ehegatten die drittstaatl Entscheidung anerkennen, ganz gleich wie dies dort rechtstechnisch bewältigt wird (materiell- oder prozeßrechtl), sehen wir keine Veranlassung, wegen internationaler Unzuständigkeit (aus dt Sicht, Rn 96) dem ausl Urteil die Anerkennung zu versagen. Der Beklagtenschutz (§ 328 Rn 123) wird dabei über Bord geworfen. Denn nach § 606a II müssen wir Entscheidungen aus kompetenzrechtl beziehungslosen Drittstaaten bloß wegen der Anerkennung durch den/die Heimatstaat(en) bei uns auch dann anerkennen, wenn sich der Bekl der Anerkennung widersetzt und die internationale Unzuständigkeit im Erstprozeß gerügt hat. Es handelt sich dogmatisch nicht um eine (bloße) Zuständigkeitsverweisung (Rn 89). Es

genügt näml nicht, daß der/die Heimatstaat(en) die internationale Zuständigkeit (Jurisdiktion) des Erststaates bejaht, wenn er aus sonstigen Gründen die Anerkennung verweigert, zB wegen ordre public-Verstoß oder wegen einer dem dt Recht (§ 328 Rn 163) unbekannten kollisionsrechtl Kontrolle. Verweigert ein Heimatstaat die Anerkennung, so entfällt jeder Grund, im Interesse der Entscheidungsharmonie von der Regel des § 328 I Nr 1 abzuweichen, daß allein das dt Recht den Umfang der Gerichtspflichtigkeit des Bekl bestimmt, Rn 96. – § 606a II kommt nur bei Ausländerehen ohne Beteiligung eines dt Ehegatten in Betracht, BayObLG RR 92, 514 = FamRZ 92, 584 = IPRspr 91/217.

Aus § 606a II zweite Altern kann nicht der Schluß gezogen werden, das dt Recht akzeptiere in Ehesachen das ihm sonst **fremde Prinzip eines Gleichlaufs zwischen forum und ius** (Rn 31). Ist die internationale Zuständigkeit aus dt Sicht zu bejahen, weil ein Ehegatte dem Erststaat angehört oder dort seinen gewöhnl Aufenthalt hat (Rn 96), so ist die internationale Zuständigkeit des Erststaates gegeben und die ausl Entscheidung – sofern kein Versagungsgrund nach § 328 I Nr 2–4 vorliegt – anzuerkennen, ohne Rücksicht darauf, ob der/die Heimatstaat(en) und/oder der Staat der lex causae (Art 17 EGBGB) das gleiche tun. 99

Ist ein Ehegatte **Mehrstaater,** so reicht es aus, wenn einer seiner Heimatstaaten die Entscheidung des aus dt Sicht international unzuständigen Staates anerkennt. Es genügt, wenn dies der Heimatstaat tut, zu dem der betr Ehegatte **nicht die engste Beziehung** hat. Zwar ist auf den ersten Blick ein Abstellen auf die Anerkennungsbereitschaft nur des Staates plausibel, zu dem der betr Ehegatte die engste Beziehung hat. Denn nur dann erscheint es gerechtfertigt, von der Prüfung der internationalen Zuständigkeit nach den Regeln des dt Rechts (Rn 96) abzusehen. Doch führte dies zu Rechtsunsicherheit und liefe dem favor recognitionis zuwider, Mansel Rn 461; Staudinger/Spellenberg[12] § 328 Rn 331. 100

Maßgebl Zeitpunkt (vgl Rn 118): Eintritt der Urteilswirkung nach dem Recht des Urteilsstaates, § 328 Rn 124. Dieser Zeitpunkt entscheidet, auf wessen Staates Anerkennungsbereitschaft es ankommt. AA Rahm/Künkel/Breuer VIII Rn 177: Geltendmachung im Inland. Die **Anerkennung durch einen früheren Heimatstaat genügt nicht.** 101

Bei **Mehrstaaten** (zB USA) kommt es auf die Anerkennungsbereitschaft durch die **Teilrechtsordnung an, der die Eheleute bzw der betr Ehegatte am engsten verbunden sind/ist.** Entscheidendes Kriterium hierfür ist im Zweifel der gewöhnl Aufenthalt zum maßgebl Zeitpunkt (Rn 101). Bei Differenzierung nach Religionszugehörigkeit kommt es auf Religion des betr Ehegatten an, Rn 63. 102

Die Anerkennungserleichterung des § 606a II kommt nicht zum Zuge, wenn **beide Deutsche** sind oder – bei einer gemischtnationalen Ehe – wenn der **Bekl/Antragsgegner deutscher Staatsangehöriger** ist. Denn dann gilt zu dessen Schutz das dt Anerkennungsrecht, das seine Gerichtspflichtigkeit begrenzt (§ 328 I Nr 1, Rn 96). Hierauf kann er sich auch berufen, wenn er noch eine andere (effektivere) Staatsangehörigkeit besitzt, BayObLG FamRZ 92, 585. AA Rahm/Künkel/Breuer VIII Rn 177 Fn 513. 103

Die Prüfung der internationalen Zuständigkeit anhand der Regeln des dt Rechts (Staatsangehörigkeit oder gewöhnl Aufenthalt) entfällt nicht, wenn die **lex causae (Art 17 EGBGB)** die drittstaatl Entscheidung anerkennt. 104

Sonstige Versagungsgründe: § 606a II zweite Altern läßt § 328 I Nr 2–4 unberührt. Bei Anerkennung durch den/die Heimatstaat(en) beider Ehegatten steht nur die aus dt Sicht fehlende internationale Zuständigkeit des Erststaates (Rn 96) der Anerkennung nicht entgegen. Es entfällt also der Versagungsgrund des § 328 I Nr 1. Alle übrigen vom dt Recht aufgestellten Anerkennungsvoraussetzungen bzw Versagungsgründe (§ 328 Rn 131 ff) sind aber (weiter) zu prüfen. 105

IV) Die vom dt Recht anerkannten Anknüpfungen für die internationale Zuständigkeit des Erststaates: Soweit die internationale Zuständigkeit des Erststaates zu prüfen (Rn 98, 120) ist, kommt es – soweit kein Staatsvertrag (Rn 126) eingreift – darauf an, ob eine der nachfolgenden Anknüpfungen zum maßgebl Zeitpunkt (Rn 118) gegeben ist. 106

1) Staatsangehörigkeit des Erststaates (§ 328 I Nr 1 iVm § 606a I 1 Nr 1): Es genügt, daß ein Ehegatte dem Erststaat angehört, auch wenn er noch eine andere (effektivere) Staatsangehörigkeit (zB die dt) hat, Mansel Rn 459, Baumann 41; Karl 141 Fn 35; BGH NJW 79, 1778; AA Hamm FamRZ 87, 506 zu § 16a Nr 1 FGG. Parteirolle ist ohne Bedeutung. Die internationale Staatsangehörigkeitszuständigkeit des Erststaates ist auch dann gegeben, wenn der Kläger/Antragsteller dem Erststaat angehört. Auf den Aufenthalt der Parteien kommt es nicht an. Internationale Staatsangehörigkeitszuständigkeit des Erststaates ist aufgrund der Staatsangehörigkeit einer Partei immer gegeben, ohne Rücksicht darauf, wo die Parteien sich aufhalten; auch dann, wenn sich einer oder beide in Deutschland aufhalten. 107

Die internationale Zuständigkeit des Erststaates aufgrund der Staatsangehörigkeit einer Partei wird auch dann anerkannt, wenn **Bekl dt Staatsangehöriger** ist. Hier liegt ein ganz entscheidender Unterschied zum alten Recht. Die internationale Zuständigkeit des Erststaates wurde – vorbehaltl des Antrags nach § 606a Nr 3 aF – nur anerkannt, wenn der Bekl im Ausland seinen 108 gewöhnl Aufenthalt hat(te) oder wenn die Ehegatten ihren gemeinsamen gewöhnl Aufenthalt zuletzt irgendwo außerhalb Deutschlands gehabt haben, arg § 606a Nr 1, 2 aF.

109 Die internationale Staatsangehörigkeitszuständigkeit fremder Staaten wird erhebl ausgeweitet durch § 606a I 1 Nr 1 zweite Altern. Es genügt, wenn dem Erststaat zum Zeitpunkt der Eheschließung eine Partei angehört hat, BayObLGZ 90, 220 = FamRZ 90, 1266. Staudinger/Spellenberg[12] § 328 Rn 297.

110 2) **Gewöhnl Aufenthalt mindestens einer Partei im Erststaat** (§ 328 I Nr 1 iVm § 606a I 1 Nr 2–4, ergänzt durch § 606a II erste Altern): Gehört keiner der Ehegatten dem Erststaat an und hat auch keiner ihm zum Zeitpunkt der Eheschließung angehört, so scheidet eine internationale Staatsangehörigkeitszuständigkeit des Erststaates aus. In Betracht kommt eine **internationale Aufenthaltszuständigkeit,** wenn einer der Ehegatten zum maßgebl Zeitpunkt (Rn 118) seinen gewöhnl Aufenthalt im Erststaat hatte. Parteirolle ist ohne Bedeutung, auch der gewöhnl Aufenthalt des Klägers/Antragstellers vermittelt internationale Anerkennungszuständigkeit. Irrelevant auch die Staatsangehörigkeit der Beteiligten, so kann zB die Ehe von dt Staatsangehörigen im Aufenthaltsstaat des Klägers/Antragstellers geschieden werden.

111 Auf die Anerkennung durch den/die Heimatstaat(en) der Ehegatten (vgl § 606a I 1 Nr 4, Rn 55) kommt es nicht an, § 606a II erste Altern, Rn 97.

112 Zum **Begriff des gewöhnl Aufenthalts** (Rn 48): JM NRW IPRspr 80/176 sowie 81/188a; Düsseldorf IPRspr 81/188b; BayObLG NJW 90, 3099. Maßgebend ist dt Recht, Martiny I Rn 219; BayObLG NJW 90, 3099 = FamRZ 90, 650; BayObLG FamRZ 92, 585. – Gewöhnl Aufenthalt an mehreren Orten mögl, vgl Staudinger/Spellenberg[12] § 328 Rn 307; BayObLGZ 80, 56 = FamRZ 80, 883 = IPRax 81, 183, Mansel Rn 312. **Schlichter Aufenthalt genügt nicht** (Rn 91). Noch befristet geduldeter Aufenthalt nach **Ablehnung des Asylantrages** ist kein gewöhnl, Bremen FamRZ 92, 962. Für gewisse Großzügigkeit bei Bejahung des gewöhnl Aufenthalts konform mit dem ausl Gericht im Erststaat StJ/Schlosser Rn 22.

113 3) **Beteiligung von Personen mit Sonderstatus:** Die oben (Rn 77 ff) erörterten (die Aufenthaltszuständigkeit erweiternden) Anknüpfungen tragen auch via § 328 I Nr 1 internationale Anerkennungszuständigkeit; BayObLGZ 90, 20; unentschieden BGH FamRZ 90, 1266.

113a 4) **Annexzuständigkeit.** Die Erwägungen Rn 19 gelten nicht nur für die internationale Entscheidungszuständigkeit Deutschlands, sondern via § 328 I Nr 1 auch für die internationale Anerkennungszuständigkeit. Vgl auch Art 8 Haager UVÜ 1973, hierzu Baumann 43; Verwilghen-Bericht Nr. 53; Martiny Hdb IZVR III 2 II Rn 357.

114 5) **Notzuständigkeit:** Auch diese Anknüpfung (Rn 85) wird als Grundlage der internationalen Zuständigkeit fremder Staaten aufgrund der Kongruenzregel des § 328 I Nr 1 kompetenzrechtl anerkannt, Schröder 213; Staudinger/Spellenberg[12] § 328 Rn 327. Doch daraus folgt noch nicht die Anerkennung der erststaatl Entscheidung. Es müssen auch die sonstigen Anerkennungsvoraussetzungen (§ 328 I Nr 2–4) vorliegen. Beisp A: Hat das ausl Gericht noch einmal geschieden, weil es dt Urteil nicht für anerkennungsfähig hält, so scheitert Anerkennung an § 328 I Nr 3. Beispiel B: Die im Inland gültige Eheschließung wird vom Erststaat nicht anerkannt. Das dortige Gericht stellt Nichtbestehen der Ehe fest.

115 6) **Widerklagezuständigkeit:** Die Ausführungen Rn 88 gelten vice versa auch für die internationale Anerkennungszuständigkeit.

116 V) **Unbeachtlichkeit einer Zuständigkeitsverweisung:** Über die in Rn 106–115 erörterten Fälle hinaus besteht keine Möglichkeit, die internationale Zuständigkeit des Erststaates zu bejahen, obwohl kein Ehegatte die Staatsangehörigkeit des Erststaates besitzt oder im Erststaat seinen gewöhnl Aufenthalt hat. Insbesondere ist – abgesehen von § 606a II zweite Altern – eine Zuständigkeitsverweisung der nach dt Recht international zuständigen Staaten auf den Erststaat nicht zu beachten, Rn 89; Geimer 126 Fn 129; Geimer/Schütze I 1550.

117 VI) Ist die internationale Zuständigkeit des Erststaates für die Ehescheidung anzuerkennen, so ergibt sich aus § 328 I Nr 1 iVm §§ 621, 623 ff auch eine internationale Annexzuständigkeit für **Folgesachen,** zB Unterhaltsregelungen, Martiny I Rn 745; BGH NJW 91, 3087 = IPRspr 91/91. – Die Zuständigkeit für Folgesachen (Rn 19) kann aber auch auf die Zuständigkeitsgründe gestützt werden, die dann zur Anwendung kämen, wenn über die Angelegenheit isoliert befunden würde. Die dt Vorschriften über Entscheidungsverbund sind jedoch nicht insoweit internationalisierungsfähig, daß die Anerkennung eines Scheidungsurteils deswegen scheitert, weil nicht gleichzeitig im Verbund über die Scheidungsfolgen entschieden worden ist, Martiny I Rn 745. – Dies stellt § 621 II 1 nF klar.

118 VII) **Maßgebender Zeitpunkt** hinsichtl des Vorliegens der Anknüpfungspunkte für die internationale Zuständigkeit des Erststaates (Staatsangehörigkeit des Erststaates bzw gewöhnl Aufenthalt einer Partei im Erststaat) ist im Fall des § 328 I Nr 1 iVm § 606a I 1 Nr 1 zweite Altern der

Zeitpunkt der Eheschließung (internationale Antrittszuständigkeit, Rn 109), im übrigen analog § 261 III Nr 2 der Zeitpunkt der **Klageerhebung/Antragstellung im Erststaat;** es genügt jedoch, wenn die Voraussetzungen im Zeitpunkt des Erlasses der anzuerkennenden Entscheidung vorgelegen haben. Wegfall der Zuständigkeitsanknüpfungspunkte nach Klageerhebung ist unschädl, auch wenn zB durch Zuzug nach Deutschland eine dt internationale Zuständigkeit begründet wird, BayObLGZ 67, 390 = NJW 68, 393 (Geimer 800); BayObLGZ 74, 471 = FamRZ 75, 215 (Geimer); BayObLGZ 90, 219 = FamRZ 90, 1266; vgl § 328 Rn 124. AA Rahm/Künkel/Breuer VIII Rn 177.

Auf den **Zeitpunkt der Anerkennung** in Deutschland ist **nicht abzustellen.** AA BayObLGZ 80, 119
355. Der Status einer Person auf Grund richterl Rechtsgestaltung kann sich nicht durch nachträgl Staatsangehörigkeitswechsel verändern, § 328 Rn 124, 273. Die Antwort auf die Anerkennungsfrage darf nicht relativiert werden. Abzulehnen auch Riezler IZPR 534, der das Vorliegen der Zuständigkeitsanknüpfungspunkte sowohl im Zeitpunkt des Erlasses der ausl Entscheidung als auch im Feststellungsverfahren fordert. Vgl auch Rn 127.

VIII) Die Prüfung der internationalen Zuständigkeit des Erststaates im Anerkennungsstadi- 120
um dient dem **Schutz des Beklagten vor unzumutbaren Foren.** Sie ist daher nicht von Amts wegen vorzunehmen, auch nicht auf Rüge des Klägers/Antragstellers, sondern nur auf Rüge der im Erststaat beklagten Partei, § 328 Rn 126; zustimmend StJ/Schlosser Rn 22. Anders hM, zB BayObLG RR 92, 514 = FamRZ 92, 584; Breuer in Rahm/Künkel VIII Rn 177 Fn 514. Staudinger/Spellenberg[12] § 328 ZPO Rn 290 mwN. – Wird diese Rüge nicht oder nicht rechtzeitig erhoben, dann ist die ausl Entscheidung trotz internationaler Unzuständigkeit des Erststaates anzuerkennen. Das Recht, die internationale Unzuständigkeit des Erststaates zu rügen, kann die bekl Partei **verwirken.** Dies ist zB der Fall, wenn die Parteien die internationale Zuständigkeit des Erststaates vereinbart hatten oder wenn die bekl Partei zweifelsfrei zu erkennen gegeben hat, daß sie sich vorbehaltlos der Jurisdiktion des Erststaates unterwerfe. Erforderl ist ausdrückl und vorbehaltlose Unterwerfung unter die Jurisdiktion des Erststaates. Die bloße Einlassung im erststaatl Verfahren, die mitunter notwendig ist, um ungünstige prozessuale Konstellationen zu verhindern, genügt nicht; BayObLGZ 80, 58.

Das **Rügerecht der bekl Partei entfällt** weiter dann, wenn auch sie im Erstverfahren die 121
Scheidung beantragt hat (aA Stuttgart IPRax 84, 35 [Vogel 239]). Ähnl, wenn auch enger, Staudinger/Gamillscheg[10/11] § 328 Rn 135: „Man wird den Einwand des Rechtsmißbrauchs vor allem dann zugunsten der Anerkennung ins Feld führen, wenn aus Gründen, die mit der ersten Ehe nichts zu tun haben, eine zweite Ehe zu Fall gebracht werden soll." Ebenso BayObLGZ 80, 58 = FamRZ 80, 883 passim; ähnl nun Staudinger/Spellenberg[12] § 328 ZPO Rn 665. Offen gelassen von JMNRW IPRspr 77/159 sub 5. Vgl auch BGH NJW 90, 3090.

Nach Abschluß des erststaatl Verfahrens kann das Rügerecht entfallen, wenn sich **die bekl** 122
Partei mit der Scheidung abgefunden und wieder geheiratet hat. – Die bekl Partei kann sich durch **Prozeßvertrag,** auch schon vor Beginn des Anerkennungsverfahrens (Art 7 § 1 FamRÄndG), wirksam verpflichten, die Rüge der internationalen Unzuständigkeit des Erststaates **zu unterlassen.** Erhebt sie abredewidrig trotzdem die Rüge, so ist diese nicht zu beachten. Vgl auch § 1041 Rn 24.

Beantragt die (im Erststaat) bekl Partei die Anerkennung der ausl Entscheidung, entfällt die 123
Prüfung der internationalen Anerkennungszuständigkeit. Da die LJV (Rn 125) nur auf Rüge des Bekl die internationale Zuständigkeit des Erststaates prüfen darf (Rn 120) und die bekl Partei durch ihren Anerkennungsantrag zum Ausdruck gebracht hat, daß sie diese Rüge nicht erheben wolle, stellt sich die Frage der internationalen Anerkennungszuständigkeit der LJV gar nicht. **Fazit:** Die Prüfung der internationalen Zuständigkeit des Erststaates unterbleibt mit dem Ergebnis, daß auch Entscheidungen solcher Staaten anerkannt werden können, zu denen kein vom dt Recht anerkannter Zuständigkeitsanknüpfungspunkt besteht. Dies übersieht die hM, weil sie den **Normzweck** der Prüfung der internationalen Zuständigkeit des Erststaates (Schutz des Beklagten) nicht erkannt hat. Den Bekl gegen seinen eigenen Willen zu schützen, hat keinen Sinn. Ist der LJV die Prüfung der internationalen Zuständigkeit des Erststaates untersagt, weil der Bekl keine entspr Rüge erhoben hat, dann kann die Frage, ob der Erststaat eine ausreichende Beziehung zum Scheidungsrechtsstreit hatte, nicht doch wieder auf dem Umweg über § 328 I Nr 4 aufgeworfen werden. Anders die hM, vor allem die st Rspr des BayObLG, zB BayObLGZ 75, 44 = NJW 75, 1077 (Geimer); BayObLGZ 75, 339 = NJW 76, 1037 (Geimer); BayObLGZ 80, 353; BayObLG FamRZ 92, 584 (586) = RR 92, 514. – S auch KG OLGZ 1976, 43; LJV NRW IPRspr 77/160; Staudinger/Spellenberg[12] § 328 ZPO Rn 290.

IX) Die Voraussetzungen für die Anerkennung einer ausl Entscheidung in Ehesachen sind 124
stets dem § 328 zu entnehmen, sofern sich nicht aus einem **Staatsvertrag** (Rn 36) etwas anderes ergibt. Dies gilt auch dann, wenn der Erststaat der Staat ist, dessen Recht gem Art 17 EGBGB anzuwenden ist. Ausführl 18. Aufl. – Zur Frage, wann der dt ordre public (§ 328 I Nr 4) der Anerkennung ausl Entsch in Ehesachen entgegensteht, BayObLGZ 92, 122, 198.

125 **X)** Zum **Feststellungsverfahren nach Art 7 § 1 FamRÄndG** s oben § 328 Rn 222. Nur wenn ein Gericht des Heimatstaates beider Ehegatten entschieden hat, findet ein Anerkennungsverfahren nicht statt, Art 7 § 1 I 3 FamRÄndG. In diesem Fall kann jedes mit der Vorfrage (der Anerkennung dieser Entscheidung) befaßte dt Gericht bzw jede dt Behörde selbständig prüfen, ob die Anerkennungsvoraussetzungen gegeben sind oder nicht, § 328 Rn 245.

126 **XI) Staatsverträge** (Rn 36) verpflichten Deutschland nicht, die Anerkennung zu versagen, wenn ein Versagungsgrund nach dem einschlägigen Vertrag vorliegt. Es ist vielmehr auf das anerkennungsfreundlichere autonome Recht (Rn 106 ff) zurückzugreifen, § 328 I Rn 5.

127 **XII) Intertemporales Recht:** § 328 Rn 273; StJ/Schlosser Rn 23.

606b (weggefallen)

§ 606b betraf die internationale Zuständigkeit, die nunmehr in § 606a I geregelt ist (IPR-Gesetz v 25. 7. 1986, BGBl I 1142).

607 *[Prozeßfähigkeit]*

(1) In Ehesachen ist ein in der Geschäftsfähigkeit beschränkter Ehegatte prozeßfähig; dies gilt jedoch insoweit nicht, als nach § 30 des Ehegesetzes nur sein gesetzlicher Vertreter die Aufhebung der Ehe begehren kann.

(2) Für einen geschäftsunfähigen Ehegatten wird das Verfahren durch den gesetzlichen Vertreter geführt. Der gesetzliche Vertreter ist jedoch zur Erhebung der Klage auf Herstellung des ehelichen Lebens nicht befugt; für den Scheidungsantrag oder die Aufhebungsklage bedarf es der Genehmigung des Vormundschaftsgerichts.

1 Nach dem **Entwurf des Eheschließungsrechtsgesetzes** – BTDrucks 13/4898 wird die Bestimmung lauten: (1) In Ehesachen ist ein in der Geschäftsfähigkeit beschränkter Ehegatte prozeßfähig; dies gilt jedoch insoweit nicht, *als bei Verstoß gegen § 1305 des Bürgerlichen Gesetzbuchs* nur sein gesetzlicher Vertreter die Aufhebung der Ehe begehren kann. (2) Für einen geschäftsunfähigen Ehegatten wird das Verfahren durch den gesetzlichen Vertreter geführt. Der gesetzliche Vertreter ist jedoch zur Erhebung der Klage auf Herstellung des ehelichen Lebens nicht befugt; für den *Antrag auf Scheidung oder Aufhebung der Ehe* bedarf es der Genehmigung des Vormundschaftsgerichts.

1a **I) Abs 1** macht für Ehesachen eine Ausnahme von dem Grundsatz des § 52, daß **beschränkt Geschäftsfähige** nicht prozeßfähig sind (§ 52 Rn 8). Das Gesetz respektiert die Entscheidungsfreiheit dieser Personen in persönlichen Angelegenheiten (MK/Walter Rn 1). Beschränkt geschäftsfähig sind **Minderjährige** (§ 106 BGB). Sie können von der Vollendung des 16. Lebensjahrs an heiraten (§ 1 II EheG; künftig § 1303 II BGB) und sind prozeßfähig für alle Ehesachen ohne Rücksicht auf die Parteirolle, außer im Fall des Abs 1 Hs 2 (hierzu s Rn 3). Für **Scheidungsfolgesachen** gilt Abs 1 nicht (JHSedemund-Treiber Rn 1); ebensowenig für das **Zwangsvollstreckungsverfahren** (Hamm FamRZ 60, 161). Insoweit sind Minderjährige nicht prozeßfähig und müssen sich durch ihre Eltern vertreten lassen (§ 1633 BGB).

2 **1) Prozeßfähigkeit:** Der beschränkt Geschäftsfähige gilt für alle Beziehungen, die mit dem Scheidungsverfahren zusammenhängen, als prozeß- und geschäftsfähig. Er kann einen Prozeßbevollmächtigten bestellen (KG FamRZ 62, 482 aE; BayObLGZ 1963, 209/213). Er kann Richter wegen Besorgnis der Befangenheit ablehnen (RGZ 68, 402/404), die von ihm angeforderte Prozeßgebühr rechtswirksam an die Gerichtskasse zahlen (RG JW 29, 852), Widerklagen erheben, soweit sie zulässig sind (§§ 610, 633, 638), einstweilige Anordnungen beantragen (StJSchlosser Rn 2; anders AK/Derleder Rn 1), das Kostenfestsetzungsverfahren und die Wiederaufnahme des Verfahrens betreiben (Rosenberg/Gottwald § 44 II 3 b).

3 **2) Prozeßführungsbefugnis des gesetzlichen Vertreters (Abs 1 Hs 2):** Nach § 30 I EheG (künftig § 1314 BGB) kann ein Ehegatte Aufhebung der Ehe begehren, wenn er zur Zeit der Eheschließung minderjährig war und sein gesetzlicher Vertreter nicht die Einwilligung zur Eheschließung oder zur Bestätigung erteilt hatte. Solange der Ehegatte in der Geschäftsfähigkeit beschränkt ist, können nur seine Eltern oder sein Vormund als gesetzliche Vertreter in seinem Namen die Aufhebung der Ehe begehren (KG OLGZ 70, 353). Erhebt in einem solchen Fall der andere Ehegatte Widerklage auf Scheidung oder Herstellung des ehelichen Lebens, so ist der minderjährige Kläger insoweit prozeßfähig (StJSchlosser Rn 3; anders Baumbach/Albers Rn 2).

3) **§ 53** ist auch in Ehesachen Minderjähriger anwendbar; s Rn 5. Ist nach § 1908 a BGB für einen minderjährigen Ehegatten ein **Betreuer** bestellt worden, dann hat dieser den Rechtsstreit zu führen, wenn die Ehesache zu seinem Aufgabenkreis gehört (StJSchlosser Rn 7; ebenso für den früheren Gebrechlichkeitspfleger BGHZ 41, 303 = FamRZ 64, 126 = NJW 1855; anders Hamburg MDR 63, 761; AK/Derleder Rn 1). Das Gleiche gilt für den Pfleger. Daß ein solcher den Minderjährigen vertritt, ist nach Aufhebung des § 1910 BGB nur noch im Fall des Abs 1 Hs 2 denkbar, wenn die Eltern (zB krankheitshalber) an der Vertretung verhindert sind und deshalb ein Ergänzungspfleger bestellt worden ist. 4

II) Abs 2: 1) Geschäftsunfähigkeit: § 104 BGB. Nr 3 dieser Bestimmung, wonach wegen Geisteskrankheit Entmündigte geschäftsunfähig sind, ist am 1.1.1992 außer Kraft getreten (Art 1 Nr 2 b des Betreuungsgesetzes – BtG – BGBl 90 I 2002). Bei **psychisch Kranken und geistig oder seelisch Behinderten** ist zu prüfen, ob sie sich in einem die freie Willensbestimmung ausschließenden Zustand krankhafter Störung ihrer Geistestätigkeit befinden, soweit Ehe und Scheidung in Frage stehen (BGHZ 18, 184/186; FamRZ 70, 545; FamRZ 71, 243), und deshalb partiell geschäftsunfähig iS des § 104 Nr 2 BGB sind; dann ist Abs 2 auf sie anwendbar (BGH FamRZ 72, 497). Unaufklärbare Zweifel an der Prozeßfähigkeit einer Partei führen dazu, daß sie als prozeßunfähig behandelt wird (BGH NJW 62, 1510). In solchen Fällen wendet sich das FamG an das Vormundschaftsgericht, damit dieses der Partei einen Betreuer bestellt (§ 1896 I BGB). Bei Gefahr im Verzug kann das FamG dem möglicherweise prozeßunfähigen Gegner nach § 57 einen besonderen Vertreter bestellen. 5

2) **Gesetzlicher Vertreter:** Vormund, besonderer Vertreter nach § 57, Betreuer iS des § 1896 BGB (s Rn 4, 5). Nach § 52 wäre der Gebrechliche neben seinem Vertreter prozeßfähig und könnte gegen dessen Widerspruch Prozeßhandlungen vornehmen. Dies verhindert um des sachgemäßen Prozeßverlaufs willen § 53, der auch in Ehesachen vorrangig vor § 607 gilt (BGHZ 41, 303/306). Bei Bedenken gegen die Wirksamkeit der Betreuerbestellung muß das FamG das Eheverfahren nach § 148 aussetzen und eine Entscheidung des Vormundschaftsgerichts herbeiführen (BGHZ 41, 303/309). Tritt Geschäftsunfähigkeit im Lauf des Prozesses ein, so wird der Prozeß unterbrochen (§ 241). Der Betreuer kann den Rechtsstreit aufnehmen (§ 246). Die Aufnahme heilt Mängel der Klageerhebung, wenn die Geschäftsunfähigkeit schon damals bestand (BGHZ 41, 104/106; Hamm FamRZ 90, 166). 6

3) Die **Urteilszustellung** an nicht als geschäftsunfähig erkannte Parteien setzt die Rechtsmittelfrist in Lauf (BGH FamRZ 70, 545; anders Rosenberg FamRZ 58, 95). Das **Rechtsmittel,** das eine prozeßunfähige Partei einlegt, ist zulässig, wenn ihr Begehren mangels Prozeßfähigkeit abgewiesen worden ist (BayObLG NJW-RR 89, 1241 mwN) oder wenn gegen sie in erster Instanz eine Sachentscheidung ergangen ist (BGH FamRZ 72, 35; § 511 Rn 5). Nimmt eine prozeßunfähige Partei, die keinen gesetzlichen Vertreter hat und im Rechtsstreit für prozeßfähig gehalten wurde, ihr Rechtsmittel zurück, so wird das Urteil ebenso rechtskräftig, wie wenn eine prozeßfähige Partei das Rechtsmittel zurückgenommen hätte (BGH FamRZ 58, 58; 63, 131; krit Rosenberg aaO). 7

4) **Klagen auf Herstellung der ehelichen Gemeinschaft** können nicht vom gesetzlichen Vertreter erhoben werden (Abs 2 S 2), weil sie ausschließlich die persönlichen Beziehungen der Ehegatten betreffen. Da sie der Geschäftsunfähige auch nicht selbst erheben kann, sind sie während der Geschäftsunfähigkeit überhaupt ausgeschlossen. Wird der Kläger erst nach Klageerhebung geschäftsunfähig, so kann der gesetzliche Vertreter den Prozeß fortsetzen. 8

5) Der gesetzliche Vertreter bedarf zur Erhebung der Scheidungs- oder Aufhebungsklage der **Genehmigung des Vormundschaftsgerichts** (Abs 2 S 2). Dieses hat zu prüfen, ob die Klage dem mutmaßlichen Willen des geschäftsunfähigen Ehegatten entspricht (Mot 129). Nachträgliche Genehmigung heilt den Mangel (RGZ 86, 15/17; Hamm FamRZ 90; 166). Vormundschaftsgerichtliche Genehmigung ist auch nötig für die Widerklage des geschäftsunfähigen Ehegatten auf Scheidung oder Aufhebung; nicht zur Fortführung des Scheidungs- oder Aufhebungsprozesses, den der erst während des Rechtsstreits geisteskrank gewordene Ehegatte selbst eingeleitet hatte (RG u Hamm aaO); nicht zu Rechtsmitteleinlegung (Königsberg DRpfl 36 Nr 273); nicht zur Erhebung von Bestandsfeststellungsklagen (§§ 631, 638). Hat das Vormundschaftsgericht einen Betreuer bestellt, so liegt darin auch die Genehmigung für den Scheidungsantrag oder die Aufhebungsklage. 9

608 *[Verfahrensvorschriften]*

Für Ehesachen gelten im ersten Rechtszug die Vorschriften über Verfahren vor den Landgerichten entsprechend.

Die Vorschrift entspricht den §§ 621 b, 624 III. Neben den besonderen Vorschriften für Ehesachen (§§ 606–620 g, 622–638; künftig 622–632; Entwurf des Eheschließungsrechtsgesetzes – 1

BTDrucks 13/4898) gelten die §§ 253–494, soweit sie nicht durch jene Spezialbestimmungen verdrängt werden. § 608 schließt die Anwendung der Bestimmungen über das Verfahren vor dem Amtsgericht (§§ 496–510 b) aus. Diese Vorschriften sind auf einfache Angelegenheiten und darauf abgestimmt, daß die Parteien sich vor dem Amtsgericht nicht durch Rechtsanwälte vertreten zu lassen brauchen. Da in Ehesachen Anwaltszwang besteht (§ 78 II 1 Nr 1), passen die Bestimmungen nicht für Ehesachen. **§ 495** bleibt trotz § 608 anwendbar, soweit er Abweichungen vom landgerichtlichen Verfahren vorbehält, die sich aus den allgemeinen Vorschriften der §§ 1–252 und aus der Verfassung der Amtsgerichte ergeben.

609 *[Besondere Vollmacht]*

Der Bevollmächtigte bedarf einer besonderen, auf das Verfahren gerichteten Vollmacht.

1 § 609 gilt für alle Arten von Ehesachen (Rn 2–24 vor § 606) für beide Parteien, auch für den der armen Partei **beigeordneten Anwalt** (RGZ 47, 413/415), für den gemäß § 625 beigeordneten Anwalt jedoch nur, wenn die Partei ihn zum Prozeßbevollmächtigten bestellt (s § 625 Rn 10). Eine **Generalvollmacht** reicht nicht aus, ebensowenig eine Erklärung, daß einem Rechtsanwalt Prozeßvollmacht erteilt wird, ohne daß der Gegenstand der Vollmacht näher bezeichnet wird. Da die Bestimmung sicherstellen soll, daß eine Ehesache nur auf Grund einer persönlichen Entscheidung jedes Ehegatten über die Erhaltung oder Auflösung der Ehe betrieben werden soll, muß das Verfahrensziel (Auflösung oder Erhaltung der Ehe) hinreichend konkret angegeben werden (StJSchlosser Rn 3; AK/Derleder Rn 1; MK/Walter Rn 2; anders Baumbach/Albers Rn 1 u Vorauflage, die genaue Bezeichnung der Verfahrensart verlangen). Geht der Kläger von der Herstellungsklage zum Scheidungsantrag über oder der Antragsgegner vom Abweisungsantrag zum Scheidungsantrag, so muß die Vollmacht entsprechend geändert werden. Sie erstreckt sich auch auf die **Folgesachen** (§ 624 I) und auf **Anordnungsverfahren** (analog § 82).

2 Das 1. EheRG hat § 613 aF aufgehoben, wonach das Gericht den Mangel der Vollmacht von Amts wegen zu berücksichtigen hatte. Im Anwaltsprozeß besteht kein Bedürfnis dafür, die **Vollmacht von Amts wegen nachzuprüfen** (§ 88 II; Begründung des Regierungsentwurfs zu § 609, Materialiensammlung S 318; Frankfurt FamRZ 79, 323; Hamm NJW 79, 2316 mwN; StJSchlosser Rn 6). Auch der Amtsaufklärungsgrundsatz (§ 616) fordert dies nicht (anders Bergerfurth, Ehescheidungsprozeß Rn 37 mwN; AK/Derleder Rn 1).

3 Die **Vollmacht** kann auch durch schlüssiges Verhalten erteilt werden, zB dadurch, daß die im Scheidungstermin anwesende Partei es duldet, daß ein Rechtsanwalt für sie auftritt (BGH FamRZ 95, 1484) Ihr **Umfang** richtet sich nach § 81. Der Bevollmächtigte kann einen Unterbevollmächtigten und einen Bevollmächtigten für die **höhere Instanz** bestellen, die Klage zurücknehmen, Vergleiche über Folgesachen schließen, die vom Gegner zu erstattenden Kosten in Empfang nehmen, die Zwangsvollstreckung betreiben. Den Klagantrag ändern, Widerklage erheben und die Wiederaufnahme des Verfahrens betreiben darf er nur, wenn er dazu besonders bevollmächtigt ist.

4 Da sich die Parteien im Scheidungsprozeß durch Rechtsanwälte vertreten lassen müssen (§ 78 II Nr 1), **kann die Vollmacht** zwar auf die Scheidungssache oder einzelne Folgesachen (§ 624 Rn 3); **nicht** aber **auf einzelne Prozeßhandlungen** wie den Abschluß eines Scheidungsfolgenvergleichs (anders Schwab/Maurer I Rn 156) oder den Verzicht auf Rechtsmittel gegen den Scheidungsausspruch **beschränkt werden** (§ 83). Eine gleichwohl in beschränktem Umfang erteilte Vollmacht ist nicht nichtig (anders StJBork § 83 Rn 4). Das gilt auch für eine Vollmacht, die nur für den Rechtsmittelverzicht erteilt wird (München OLGZ 1967, 26; Jagusch SJZ 47, 381; Buchholz RPfleger 52, 390; Petermann Rpfleger 62, 368; Zeiss NJW 69, 170; Baumbach/Albers § 514 Rn 7). Abweichend hiervon wollen das RG (DR 44; 466f), StJGrunsky (§ 514 Rn 6 mwN), Rosenberg/Gottwald (§ 136 II 5 a mwN) und Bergerfurth (Anwaltszwang Rn 249) die **Gültigkeit der Vollmacht und des Rechtsmittelverzichts** davon abhängig machen, daß der bevollmächtigte Anwalt seinen Mandanten ordnungsgemäß beraten hat. Dies verbietet jedoch die Rechtssicherheit (München, Jagusch, Buchholz, Petermann, Zeiss aaO). Eine in beschränktem Umfang erteilte Vollmacht erstarkt zur Prozeßvollmacht mit vollem Umfang (Rosenberg, Stellvertretung im Prozeß S 800). Folge: Wenn ein Anwalt nach Verkündung des Scheidungsurteils für eine bisher nicht anwaltlich vertretene Partei auf Rechtsmittel verzichtet, ist er als Prozeßbevollmächtigter in das Rubrum des Scheidungsurteils aufzunehmen, und dieses ist ihm zuzustellen (§ 176).

5 Um zu vermeiden, daß unnötig hohe Anwaltskosten entstehen, sollte die **Vollmacht auf die Scheidungssache beschränkt** werden, wenn ein Anwalt nur mit dem Verzicht auf Rechtsmittel gegen den Scheidungsausspruch beauftragt wird. Eine solche Beschränkung wirkt dem Gericht und dem Gegner gegenüber nur, wenn sie ihnen ausdrücklich mitgeteilt wird (BGHZ 16, 167/170).

Schließt ein Anwalt nur einen Scheidungsfolgenvergleich für seinen Mandanten, so sollte seine **Vollmacht auf die Folgesachen beschränkt** werden, die Gegenstand des Vergleichs sind. Wird diese Beschränkung dem Gericht und dem Gegner mitgeteilt, so entscheidet das FamG im Verbundurteil häufig nur noch über Verfahrensgegenstände, auf die sich die Vollmacht des Anwalts nicht erstreckt. Dann gehört dieser nicht mehr in das Rubrum des Urteils, und dieses wird ihm nicht zugestellt.

610 *[Verfahrensverbindung, Widerklage]*

(1) Die Verfahren auf Herstellung des ehelichen Lebens, auf Scheidung und auf Aufhebung können miteinander verbunden werden.

(2) Die Verbindung eines anderen Verfahrens mit den erwähnten Verfahren, insbesondere durch die Erhebung einer Widerklage anderer Art, ist unstatthaft. § 623 bleibt unberührt.

§ 18 der 1. DVO zum EheG

Wird in demselben Rechtsstreit Aufhebung und Scheidung der Ehe begehrt und sind die Begehren begründet, so ist nur auf Aufhebung der Ehe zu erkennen.

I) Verbindung von Ehesachen: Im gewöhnlichen Zivilprozeß kann der Kläger mehrere Sachen miteinander verbinden durch Klagenhäufung (§ 260). Der Beklagte kann Widerklage erheben und dadurch eine Verbindung zwischen Klage und Widerklage herstellen. Schließlich kann das Gericht durch Beschluß mehrere Sachen miteinander verbinden, die in rechtlichem Zusammenhang stehen oder in einer Klage hätten geltend gemacht werden können (§ 147). 1

Diese allgemeinen Grundsätze gelten für **Ehesachen** nur eingeschränkt. Das Gesetz hält es für notwendig, Verfahren **voneinander zu trennen,** in denen 1. der reine Amtsermittlungsgrundsatz (§ 616 I), 2. der eingeschränkte Amtsermittlungsgrundsatz (§ 616 II) oder 3. die Verhandlungsmaxime gilt. Da für Bestandsfeststellungsklagen der reine Amtsermittlungsgrundsatz gilt, können diese Sachen miteinander verbunden werden, wenn sie dieselbe Ehe betreffen (§ 633). Für Herstellungs-, Scheidungs- und Aufhebungsverfahren gilt der eingeschränkte Amtsermittlungsgrundsatz; deshalb lassen sich diese Sachen miteinander verbinden, wenn sie dieselbe Ehe betreffen (§ 610 I). Andererseits verbieten es die §§ 610 I und 633, die **zwei Gruppen von Ehesachen** miteinander und andere Zivilprozesse mit Ehesachen zu verbinden (Abs 2 S 1). 2

Abs 2 S 2: Dem Grundsatz des § 610 widerspricht nicht, daß **Folgesachen,** die für den Fall der Scheidung zu regeln sind, gleichzeitig mit der Scheidungssache zu verhandeln und zu entscheiden sind (Abs 2 S 2, § 623 I). Hier handelt es sich nicht um eine Prozeßverbindung im eigentlichen Sinn, wie am deutlichsten § 624 Abs 4 zeigt, wonach Schriftsätze und Entscheidungen den an Folgesachen beteiligten Dritten nur zugestellt werden, soweit sie diese betreffen. Auch nur insoweit nehmen Dritte an der mündlichen Verhandlung teil (§ 624 Rn 14). 3

§ 610 verbietet auch eine **Klage auf Feststellung des Nichtbestehens einer Ehe, hilfsweise auf Ehescheidung.** Er erlaubt es aber, daß der Kläger seine **Klage ändert** und zB von jener Klage zur Scheidungsklage übergeht (§ 611 Rn 2 ff). 4

II) Bei **unzulässiger Klagenhäufung** sind die Prozesse nach § 145 zu trennen. Ist die nicht verbindbare weitere Klage hilfsweise erhoben, so ist sie als unzulässig abzuweisen. Hilfsanträge können nicht Gegenstand eines selbständigen Verfahrens sein (RG JW 38, 1538; BGHZ 34, 134/153 = FamRZ 61, 203/208 = NJW 874 ff; Stuttgart FamRZ 81, 579; Düsseldorf FamRZ 89, 648 f). 5

III) Einheitliche Entscheidung: Nach Abs 1 können Scheidungs- und Aufhebungssachen miteinander verbunden werden. Nach § 18 der 1. DVO zum EheG hat das Aufhebungsbegehren Vorrang, wenn **im selben Rechtsstreit Scheidung und Aufhebung** der Ehe begehrt werden und beide Begehren begründet sind. Da der Streitgegenstand des Scheidungsverfahrens ein anderer als derjenige des Aufhebungsverfahrens ist (KG IPRax 85, 37; Arens ZZP 76, 435 f, Rosenberg SJZ 50, 318, Schwab ZZP 65, 101 ff, anders Bötticher, Festgabe für Rosenberg 92), ist die Rechtshängigkeit der Scheidungssache kein Grund, der es verbietet, außerdem Aufhebungsklage zu erheben. Trotzdem dürfen Scheidung und Aufhebung der Ehe nicht gleichzeitig in verschiedenen Prozessen verlangt werden. Für eine derartige Verfahrensgestaltung besteht regelmäßig kein Rechtsschutzbedürfnis, weil die Ehe nur einmal aufgelöst werden kann (StJSchlosser Rn 9). Einander widersprechende Gestaltungsurteile müssen vermieden werden. Wenn ein Gericht die Ehe auflösen und ein anderes sie gleichzeitig aufrechterhalten könnte, wäre dies um der Rechtssicherheit willen unerträglich. Über das Scheidungs- und das Aufhebungsbegehren **muß einheitlich** verhandelt und **entschieden werden** (Stuttgart FamRZ 95, 618; JHSedemund-Treiber Rn 9; Rolland/Roth Rn 7; Rosenberg/Gottwald § 165 V 6; Jauernig, ZPR § 91 II 13; anders StJSchlosser Rn 5; MK/Walter Rn 8). Dieser Grundsatz gilt weiter, obwohl § 616 aF, aus dem das Reichsgericht 6 ihn ursprünglich hergeleitet hat (RGZ 104, 155 f), durch das 1. EheRG aufgehoben worden ist. Er läßt sich heute aus § 629 II 2 herleiten (Diederichsen ZZP Bd 91, 446). Der Grundsatz gilt nicht, wenn der Scheidungsantrag im Ausland und das Aufhebungsbegehren im Inland rechtshängig ist, s § 606 Rn 27 u 29 f.

7 **Konsequenzen aus Rn 6:** Durch die Zustellung eines Antrages, der auf Auflösung (Scheidung, Aufhebung) der Ehe gerichtet ist, wird der Bestand der Ehe in seinem ganzen Umfang angegriffen und rechtshängig (BGH FamRZ 83, 366 f = NJW 1269; FamRZ 89, 153/155 = NJW-RR 72 f). Deshalb darf über mehrere auf Auflösung (Scheidung, Aufhebung) der Ehe gerichtete Begehren, gleich ob sie gebündelt von einer Seite oder einander entgegengesetzt erhoben werden, nur durch dasselbe Urteil entschieden werden (BGH FamRZ 83, 366 f = NJW 1269). Soweit dieser Grundsatz reicht, müssen getrennte Prozesse zusammengefaßt werden. Zum gleichen Ergebnis gelangt StJSchlosser (Rn 9) mit der Begründung, daß für ein Auflösungsbegehren vor einem zweiten Gericht kein Rechtsschutzbedürfnis bestehe.

8 Über den Scheidungsantrag des einen und den Scheidungsgegenantrag des anderen Ehegatten muß schon nach § 261 III Nr 1 im selben Prozeß entschieden werden (§ 606 Rn 28). Das Gericht darf nicht das **Verfahren** über das Scheidungsbegehren des einen Ehegatten **aussetzen** (§ 614) und dasjenige über das gleiche Begehren des anderen Ehegatten fortsetzen (RGZ 58, 315; Köln JR 61, 68). Bei der Entscheidung über die Klage darf die **Widerklage** nicht unerledigt anhängig bleiben (Düsseldorf OLGZ 65, 186; Bamberg FamRZ 84, 302). Das FamG darf auch nicht den Scheidungsantrag der Frau als unzulässig abweisen und gleichzeitig denjenigen des Mannes **verweisen** (Bamberg aaO); denn dies könnte dazu führen, daß verschiedene Instanzen gleichzeitig über den Bestand der Ehe zu urteilen haben. Das muß vermieden werden (BGH FamRZ 69, 26 = NJW 50 = MDR 39). Damit das weitere Verfahren nicht gespalten wird, darf über mehrere Begehren auch **nicht teils durch Versäumnis-, teils durch streitiges Urteil** entschieden werden (RG HRR 31 Nr 1606; Bamberg aaO; anders StJSchlosser Rn 11). Wegen der Notwendigkeit einheitlicher Entscheidung sind **Teilurteile** unzulässig (RGZ 171, 40 f; Düsseldorf OLGZ 65, 186; s auch BGH NJW 87, 441). Wird durch ein solches Teilurteil dem Scheidungsbegehren des einen Ehegatten stattgegeben und wird das Urteil rechtskräftig, so darf über den Scheidungsantrag des anderen Ehegatten nicht mehr entschieden werden (RGZ 58, 316/319).

9 **Der Grundsatz der Einheitlichkeit der Entscheidung gilt im Rechtsmittelverfahren** auch, wenn das Urteil der Vorinstanz nur teilweise angefochten ist (zB Berufung nur gegen die Entscheidung über die Widerklage). Die **Rechtskraft** des angefochtenen Urteils wird dann in vollem Umfang gehemmt; das Rechtsmittelgericht hat insgesamt zu entscheiden. Die Überprüfung des angefochtenen Urteils hat sich dabei allerdings im Rahmen der gestellten Rechtsmittelanträge zu halten (§§ 525, 536); im übrigen hat es bei der Sachentscheidung des Untergerichts zu verbleiben; die nicht angefochtenen Entscheidungsbestandteile sind also vom Rechtsmittelgericht ungeprüft zu übernehmen. Aufhebung und Zurückverweisung müssen das ganze Urteil des Untergerichts umfassen; dann aber ist dieses an die nicht angefochtenen Entscheidungsbestandteile gebunden (RGZ 171, 41; BGHZ 25, 79/83, 85). Wird die Ehe geschieden oder aufgehoben und übergeht das Gericht dabei einen Scheidungs- oder Aufhebungsantrag, so kann das **Urteil** nicht gemäß § 321 **ergänzt** werden. Der betroffene Ehegatte kann aber ein Rechtsmittel einlegen und auf diese Weise eine einheitliche Entscheidung herbeiführen (RG HRR 1932 Nr 1789; Rosenberg/Gottwald § 165 V 6 c; anders StJSchlosser 10).

10 **IV) Rangfolge der Auflösungsanträge:** Begehrt der eine Ehegatte die Aufhebung der Ehe und der andere Scheidung, so gilt § 18 der 1. DVO zum EheG: Sind beide Begehren begründet, so ist nur auf Aufhebung der Ehe zu erkennen. Dasselbe gilt, wenn ein Ehegatte Aufhebung und Scheidung begehrt. Er kann jedoch auch **Scheidung, hilfsweise Aufhebung** begehren (Wieczorek Rn C II b 1, StJSchlosser Rn 6, JHSedemund/Treiber Rn 8, Schwab/Maurer I Rn 283, anders Baumbach/Albers Rn 5 vor § 610). Macht ein Ehegatte mehrere Aufhebungsgründe geltend, so muß über alle entschieden werden; denn möglicherweise gibt nur einer der Gründe dem Ehegatten das Recht, die vermögensrechtlichen Scheidungsfolgen für die Zukunft auszuschließen (§ 37 II EheG). Der Kläger kann jedoch auch ein Rangverhältnis für die Aufhebungsgründe angeben mit der Folge, daß das Gericht über den Hilfsgrund nicht zu entscheiden hat, wenn die Klage aus dem Hauptgrund begründet ist.

11 **V)** Für das **Verhältnis der Herstellungsklage zur Aufhebungs- oder Scheidungsklage** gilt der Grundsatz der Einheitlichkeit der Entscheidung nicht (RGZ 122, 211; BGH FamRZ 65, 498 = NJW 65, 2059 = JZ 65, 580). Weist das FamG den Scheidungsantrag und die Widerklage auf Herstellung der ehelichen Gemeinschaft ab und wird nur gegen die Abweisung des Scheidungsantrages Berufung eingelegt, so wird die Abweisung der Herstellungswiderklage rechtskräftig, sobald sie nicht mehr im Wege der Anschließung angefochten werden kann (RGZ aaO). Wird der Herstellungsklage stattgegeben und der Scheidungsantrag abgewiesen, so hemmt eine gegen die

Abweisung dieses Antrags gerichtete Berufung auch die Rechtskraft des Herstellungsurteils. Dieses wird gegenstandslos, wenn die Ehe geschieden wird (BGH aaO).

Da **Scheidungs-** und Aufhebungsklage einerseits **und Herstellungsklage** andererseits einander widersprechende Ziele haben, kann ein Ehegatte sie **nur im Eventualverhältnis** erheben. 12

VI) Prozeßkostenhilfe: Betreffen in **Ehesachen** Klage (Antrag auf Scheidung) und Widerklage denselben Streitgegenstand, so erstrecken sich die dem Kläger (Antragsteller) bewilligte Prozeßkostenhilfe und die Beiordnung des Anwalts ohne weiteres auf die Rechtsverteidigung gegen die Widerklage, s § 114 Rn 43. 13

611 *[Neue Klaggründe, Ausschluß des schriftlichen Vorverfahrens]*

(1) Bis zum Schluß der mündlichen Verhandlung, auf die das Urteil ergeht, können andere Gründe, als in dem das Verfahren einleitenden Schriftsatz vorgebracht worden sind, geltend gemacht werden.

(2) Die Vorschriften des § 275 Abs. 1 Satz 1, Abs. 3, 4 und des § 276 sind nicht anzuwenden.

I) Anwendungsbereich: Die Bestimmung gilt für alle Arten von Ehesachen (§ 606 Rn 2–20). Abs 1 gestattet das Vorbringen **neuer Tatsachen, Klagänderungen** und **Widerklagen** bis zum Schluß der mündlichen Verhandlung und ist eine Ausnahmebestimmung im Verhältnis zu den §§ 263, 530 I. Eine zeitliche Grenze für neuen Tatsachenvortrag, nicht für Klagänderungen und Widerklagen, setzt § 615, s dort Rn 4. 1

II) Klagänderung: Der Antragsteller kann ohne die Beschränkung aus § 263, also ohne Zustimmung des Gegners und ohne Rücksicht auf Sachdienlichkeit, seinen Antrag ändern. Er kann von einem Eheaufhebungsgrund zum anderen übergehen, zB von der arglistigen Täuschung zur Eheschließung im Zustande vorübergehender Störung der Geistestätigkeit. Ob hierin eine Klagänderung liegt, ist nach § 611 bedeutungslos (BGH FamRZ 89, 153/155 = NJW-RR 72 f). 2

Eine zulässige Klagänderung liegt auch im **Übergang vom Scheidungs- zum Aufhebungsverfahren** und umgekehrt (BGH FamRZ 89, 153/155 = NJW-RR 72 f), ebenso im Übergang vom Scheidungsantrag zur Klage auf Feststellung des Rechts zum Getrenntleben (BGH FamRZ 64, 38 = NJW 298 f = MDR 127). Der Kläger kann auch die Rangfolge verbundener Begehren umtauschen (BGH FamRZ 89, 153/155 = NJW-RR 72 f) und neue Haupt- oder Hilfsanträge stellen. Alle diese Befugnisse stehen dem Widerkläger in gleicher Weise zu. 3

Der Kläger kann auch von der Aufhebungs- zur Scheidungsklage bzw von diesen Klagen zur Ehefeststellungsklage **überwechseln** (JHSedemund-Treiber Rn 2; StSchlosser Rn 7; Rolland/Roth Rn 9; Seuffert/Walsmann § 614 Anm 2 a; Jauernig § 91 II 12; Levis ZZP 56, 198; anders KG ZZP 56, 194: nur bei Einwilligung des Gegners oder Sachdienlichkeit). Dem KG folgen Wieczorek Rn B II a, Baumbach/Albers Rn 1. Hatte jedoch der Beklagte widerklagend Ehescheidung oder -aufhebung beantragt, bevor die Klägerin ihren Scheidungsantrag in eine Ehefeststellungsklage änderte, so stehen die §§ 610, 633 einer solchen Klagänderung im Wege; denn diese darf nicht zu einer Verbindung von Scheidungs- bzw Aufhebungsverfahren mit Ehefeststellungsverfahren führen. 4

III) Klagänderung in der Berufungsinstanz: 1) Abs 1 gilt in der Berufungsinstanz in gleichem Umfang wie in erster Instanz. Auch hier kann die Klage erweitert, geändert werden, und Widerklage kann erhoben werden. § 528 findet keine Anwendung (§ 615 II); Abs 1 geht § 530 I vor. Da auch in Ehesachen eine Berufung grundsätzlich (außer zur Aufrechterhaltung der Ehe) eine **Beschwer** voraussetzt, kann der in erster Instanz siegreich gebliebene Kläger nicht allein zu dem Zweck Berufung einlegen, um seine Klage zu ändern. Wird der Scheidungsantrag abgewiesen und siegt auf diese Weise der Antragsgegner, so kann er nicht lediglich zur Erhebung einer Widerklage Berufung einlegen (RG DR 41, 106). Ist eine Partei durch das Urteil beschwert, so wird ihr Rechtsmittel nicht nachträglich dadurch unzulässig, daß sie den Antrag, durch dessen Abweisung sie beschwert ist, nicht mehr stellt, sondern statt dessen auf ihr Scheidungsrecht verzichtet (BGH FamRZ 64, 38 = NJW 64, 298 = MDR 64, 127; s unten § 629a Rn 3). 5

2) Ändert der Antragsteller **in der Berufungsinstanz** seinen Aufhebungsantrag in einen Scheidungsantrag, so wird die zweite zur ersten Instanz des Scheidungsverfahrens. Jetzt können bis zum Schluß der mündlichen Verhandlung vor dem OLG **Folgesachen eingeleitet werden** (§ 623 II); die Folgesachen elterliche Sorge und Wertausgleich von Versorgungsanwartschaften muß das Berufungsgericht von Amts wegen einleiten (§ 623 III). Wer diese Lösung des Widerspruchs zwischen § 611 I und § 623 II ablehnt, muß die geänderte Ehesache analog § 629 b I 1 vom Berufungsgericht an das FamG zurückverweisen, damit die Folgesachen dort anhängig gemacht werden (so Hamburg FamRZ 82, 1211). Die anfangs vorgeschlagene Problemlösung ist der Zurückverweisung vorzuziehen (anders StJSchlosser § 629 b Rn 5; MK/Klauser § 629 b Rn 2; 6

JHSedemund-Treiber § 629 b Rn 1; Schwab/Maurer I Rn 378). Sie nimmt den Ehegatten und Drittbeteiligten zwar – wie jede Klagänderung im Berufungsrechtszug – eine Instanz, bewahrt sie aber vor zu langer Verfahrensdauer und erhöhten Kosten, indem sie die Möglichkeit abschneidet, abermals Berufung oder Beschwerde einzulegen.

7 **IV)** In der **Revisionsinstanz** kann die Klage nicht mehr erweitert oder geändert werden (BGH NJW 61, 1467). Ebensowenig können Widerklagen erhoben werden (BGHZ 24, 279/285).

8 **V) Abs 2** hängt eng mit der Bestimmung des § 617 zusammen, daß die Vorschriften über die Folgen der unterbliebenen Erklärung über Tatsachen nicht anzuwenden sind. Aus diesem Grunde bestimmt Abs 2: Eine Frist zur schriftlichen Klagerwiderung (§ 275 I 1, III) darf dem Antragsgegner nicht gesetzt werden; ebensowenig darf dem Antragsteller eine Frist zur schriftlichen Stellungnahme auf die Antragserwiderung (§ 275 IV) gesetzt werden. Auch für das schriftliche Vorverfahren nach § 276 sind solche Fristsetzungen vorgesehen. Folgerichtig bestimmt § 611 II, daß das schriftliche Vorverfahren nicht stattfindet. Abs 2 nennt nicht den § 273 II 1, wonach einer Partei eine Frist zur Erklärung über bestimmte klärungsbedürftige Punkte gesetzt werden kann. Hier ist zu unterscheiden: Wird einer Partei auferlegt, sich zu bestimmten, vom Gegner vorgetragenen Punkten zu äußern, so gilt § 617. Die Vorschriften über die Folgen der unterbliebenen Erklärung über Tatsachen sind nicht anzuwenden. Anwendbar ist § 273 II 1 aber, wenn das Gericht einer Partei eine Frist setzt, damit sie ihr eigenes Vorbringen in bestimmten Punkten präzisiert. Hier kann die Versäumung der Frist dazu führen, daß verspätetes Vorbringen unberücksichtigt bleibt (§ 615 I; StJSchlosser § 615 Rn 1).

612 *[Besonderheiten des Verfahrens, Säumnis]*

(1) Die Vorschrift des § 272 Abs. 3 ist nicht anzuwenden.

(2) Der Beklagte ist zu jedem Termin, der nicht in seiner Gegenwart anberaumt wurde, zu laden.

(3) Die Vorschrift des Absatzes 2 ist nicht anzuwenden, wenn der Beklagte durch öffentliche Zustellung geladen, aber nicht erschienen ist.

(4) Ein Versäumnisurteil gegen den Beklagten ist unzulässig.

(5) Die Vorschriften der Absätze 2 bis 4 sind auf den Widerbeklagten entsprechend anzuwenden.

1 **I) Abs 1:** § 272 III, wonach die **mündliche Verhandlung** so früh wie möglich stattfinden soll, ist nicht anzuwenden. Er paßt insbesondere nicht ins Verbundverfahren (§ 623 I 1). Die notwendigen Folgesachen elterliche Sorge und Wertausgleich von Versorgungsanwartschaften lassen sich erst verhandeln, nachdem das Jugendamt gemäß § 49a FGG gehört worden ist und nachdem die Versorgungsträger oder zuständigen Behörden Auskunft über die Versorgungsanwartschaften erteilt haben (§ 53 b II FGG). Statt des § 272 III gelten die §§ 624 III, 216 II, wonach **auch im Scheidungsverfahren unverzüglich Verhandlungstermin zu bestimmen ist.** So früh, wie die Geschäftslage es zuläßt, ist zu terminieren, wenn der Scheidungsantrag unschlüssig ist, zB weil die Voraussetzungen nicht dargelegt worden sind, unter denen nach § 1565 II BGB die Ehe vor Ablauf des Trennungsjahres zu scheiden ist (Schleswig SchlHA 84, 56; KG FamRZ 85, 1066; Frankfurt FamRZ 86, 79 = NJW 389). In gleicher Weise ist zu terminieren, wenn diese Voraussetzungen zwar behauptet, aber vom Antragsgegner bestritten werden (KG aaO). Ist die Ehe nach dem Vorbringen beider Ehegatten zu scheiden, so ist erst zu terminieren, wenn auch die Folgesachen entscheidungsreif sind (Schleswig, KG, Frankfurt aaO). Gegen die Ablehnung der Terminierung findet entsprechend § 252 die Beschwerde statt (Frankfurt aaO; anders München NJW 79, 1050; Karlsruhe FamRZ 94, 1399).

2 **II) Abs 2 u 3:** Ladungen in Ehesachen dürfen nicht ersatzweise an den Gegner zugestellt werden (§ 185). Die Geschäftsstelle vermerkt auf der Zustellungsurkunde: Keine Ersatzzustellung an Ehemann/-frau. – Abs 2 ist Ausnahme von § 218; er bezieht sich nur auf Verhandlungs-, nicht auf Verkündungstermine (Celle NdsRpfl 1954, 103). Die Verkündung eines neuen Verhandlungstermins ersetzt zwar die **Ladung** des Klägers, nicht aber diejenige **des Beklagten** (oder des Widerbeklagten, Abs 5), außer wenn der neue Termin in seiner oder seines Prozeßbevollmächtigten Gegenwart verkündet wird (Abs 2) oder **der Beklagte durch öffentliche Zustellung geladen,** aber nicht erschienen war (Abs 3). Hier braucht nicht erneut durch öffentliche Zustellung geladen zu werden. Sind im Laufe des Verfahrens aber die Voraussetzungen für die öffentliche Zustellung weggefallen, ist zB der Aufenthalt des Beklagten bekannt geworden, so ist neu zu laden (BayObLG HEZ 2, 141). Der Beklagte bzw sein Anwalt wird von Amts wegen geladen

(§ 214). – Auch im Rechtsmittelverfahren bezieht sich Abs 2 nur auf den Beklagten (Widerbeklagten) der ersten Instanz, nicht auf den Rechtsmittelgegner.

3 **III) § 612 IV und V** handeln nur von der **Säumnis** in der Ehesache, nicht von derjenigen in Folgesachen im Verbundverfahren, hierzu s § 629a Rn 8 a.

3a 1) **Säumnis in erster Instanz: a) Erscheint der Kläger nicht,** so wird die Klage durch Versäumnisurteil abgewiesen (§ 330; Hamm NJW 86, 2061 mwN). Bei Klagen auf Feststellung des Bestehens oder Nichtbestehens einer Ehe lautet das Versäumnisurteil, daß die Klage als zurückgenommen gilt (§§ 635, 638 S 1; künftig § 632 IV, s Entwurf des Eheschließungsrechtsgesetzes – BTDrucks 13/4898). Unter den Voraussetzungen des § 331 a kann das FamG auch nach Aktenlage entscheiden, statt ein Versäumnisurteil zu erlassen. War Widerklage erhoben, so ergeht kein Versäumnisurteil gegen den Kläger; denn nach Abs 5 und 4 darf ein solches über die Widerklage nicht ergehen, und über Klage und Widerklage ist einheitlich zu entscheiden (RG Gruch 58, 483, HRR 1931 Nr 1606; Jena JW 1938, 1916; Rosenberg/Gottwald § 165 V 6 b; vgl § 610 Rn 8).

4 b) Gegen den **nicht erschienenen Beklagten** ergeht kein Versäumnisurteil und keine Aktenlageentscheidung (Abs 4). Diese Bestimmung schützt die Ehe und verhindert eine Scheidung, die nur auf das Vorbringen des Antragstellers gestützt wird (Hamm FamRZ 87, 521). Das Klagvorbringen gilt als bestritten und ist sachlich nachzuprüfen. Das FamG entscheidet nach einseitiger streitiger Verhandlung. Eine solche ist nur bei ordnungsmäßiger Ladung des Beklagten und rechtzeitiger Mitteilung der Sachanträge statthaft (RGZ 88, 66); sonst ist zu vertagen. Über das Klagvorbringen ist nach § 616 von Amts wegen Beweis zu erheben (Hamm aaO). Evtl ist schriftliches Vorbringen des Beklagten urkundenbeweislich zu würdigen. Im Regelfall ist der Beklagte persönlich zu hören (§ 613). Nach Sachprüfung ergeht ein einseitig kontradiktorisches Urteil (kein Einspruch nach § 338, sondern Rechtsmittel). Auch eine Widerklage des säumigen Beklagten darf wegen des Grundsatzes der Einheitlichkeit der Entscheidung (§ 610 Rn 6–9) nicht durch Versäumnisurteil abgewiesen werden (LG Bonn NJW 70, 1423).

5 c) **Beiderseitiges Ausbleiben:** Entscheidung nach Aktenlage (§ 251 a) ist möglich, Scheidungsausspruch aber nicht tunlich, weil Ausbleiben auf Versöhnung beruhen kann.

6 d) **Einverständliche Scheidung:** Beantragen beide Ehegatten die Scheidung, so findet bei Säumnis des einen eine einseitige streitige Verhandlung statt. Es ergeht ein kontradiktorisches Urteil, kein Versäumnisurteil; denn der erschienene Ehegatte kann nicht zugleich beantragen, die Ehe zu scheiden und den Scheidungsantrag des säumigen Gegners abzuweisen. Nimmt der Erschienene seinen Scheidungsantrag zurück, so muß dies dem Säumigen mitgeteilt werden. Erst wenn dieser im nächsten Termin erneut säumig bleibt, kann auf Antrag des Erschienenen Versäumnisurteil gegen ihn ergehen, durch das sein Scheidungsantrag abgewiesen wird. Hat nur ein Ehegatte die Scheidung beantragt und der andere zugestimmt, so findet bei Säumnis des zustimmenden eine einseitige streitige Verhandlung statt. Bleibt der Antragsteller säumig, so darf ein Versäumnisurteil gegen ihn erst ergehen, wenn der andere Ehegatte seine Zustimmung widerrufen hat und der Antragsteller in Kenntnis hiervon säumig geblieben ist (StJSchlosser Rn 7 aE).

7 2) **Säumnis in der Rechtsmittelinstanz:** In der Berufungsinstanz ist § 542 I anzuwenden (Hamm FamRZ 87, 521), nicht aber in der Revisionsinstanz (Furtner JuS 62, 256; Prütting ZZP 91, 207; Rosenberg/Gottwald § 165 V 10 c; StJSchlosser 15; anders BGH NJW 55, 748). Statt dessen gelten nach § 557 die Versäumnisvorschriften für die erste Instanz (Prütting aaO 197, 207).

8 a) **Bei Säumnis des Berufungsklägers** ergeht auf Antrag Versäumnisurteil, und die Berufung wird ohne sachliche Überprüfung zurückgewiesen (§ 542 I). Diese Bestimmung geht als Sondernorm für das Berufungsverfahren dem § 612 IV vor (München FamRZ 95, 379). Zurückzuweisen ist die Berufung auch, soweit mit ihr Folgesachen aus dem Bereich der freiwilligen Gerichtsbarkeit angefochten werden (unten § 629a Rn 8). Entsprechendes gilt nach den §§ 557, 330 bei **Säumnis des Revisionsklägers.** Dies gilt trotz Abs 4 auch für Rechtsmittel des Beklagten oder Widerbeklagten. Dieser kann durch Säumnis in gleicher Weise wie durch Rechtsmittelrücknahme über sein Rechtsmittel disponieren (Hamm NJW-RR 87, 521; Schleswig FamRZ 92, 839 mwN; Prütting ZZP 91, 201). Hat der Kläger seine Klage in zweiter Instanz geändert, so ergeht kein Versäumnisurteil gegen den als Berufungskläger säumigen Beklagten (Saarbrücken NJW 66, 2123). Bleibt der Rechtsmittelkläger in der ersten Verhandlung vor dem Rechtsmittelgericht säumig, so kann der Rechtsmittelbeklagte nach verbreiteter Auffassung eine Sachentscheidung über die Berufung statt eines Versäumnisurteils erwirken (Celle FamRZ 65, 213; Hamm FamRZ 82, 295 Nr 163; Koblenz FamRZ 83, 759). Begründet wird dies damit, daß der Kläger in erster Instanz nur ein kontradiktorisches Urteil erwirken könne und daß nicht einzusehen sei, weshalb er in der Berufungsinstanz darauf beschränkt sein solle, ein Versäumnisurteil zu nehmen. Diese Begründung geht fehl. In erster Instanz darf kein Versäumnisurteil ergehen; deshalb muß erst nach Sachaufklärung entschieden werden. Bei Säumnis des Berufungsklägers darf Versäumnis-

urteil ergehen; damit entfällt der Grund für ein kontradiktorisches Urteil (Furtner JuS 62, 255; Hamm FamRZ 82, 295 Nr 164 u NJW-RR 87, 521; Karlsruhe FamRZ 85, 505).

9 **b) Bei Säumnis des Berufungs- oder Revisionsbeklagten** ist zu unterscheiden: **aa)** Ist dieser zugleich Beklagter oder Widerbeklagter, so darf nach Abs 4, 5 kein Versäumnisurteil ergehen. **bb)** Ist er zugleich Kläger oder Widerkläger, so wäre im Berufungsverfahren nach § 542 II oder im Revisionsverfahren nach den §§ 557, 331 das tatsächliche mündliche Vorbringen des Rechtsmittelklägers als zugestanden anzusehen. Diese Geständnisfiktion ist jedoch in Ehesachen nicht anzuwenden (§ 617). Aus diesem Grund darf hier kein Versäumnisurteil erlassen werden (Schleswig SchlHA 91, 81; Prütting ZZP 91, 207; JHSedemund-Treiber Rn 8; MK/Walter Rn 14; Rosenberg/Gottwald § 165 V 10 b, c; Schwab/Maurer I Rn 320). Abweichend hiervon gestatten StJSchlosser Rn 13; Baumbach/Albers Rn 8 im Anschluß an Furtner JuS 62, 256 und Riechert ZZP 71, 345 dem Rechtsmittelgericht, den im angefochtenen Urteil festgestellten Sachverhalt rechtlich zu überprüfen und danach durch Versäumnisurteil zu entscheiden. Hiergegen spricht: 1. Daß einer Berufung ohne weitere Sachaufklärung stattzugeben ist, kommt gerade in Ehesachen kaum vor. 2. Über die Berufung oder die Revision kann hier ebensogut nach einseitiger Verhandlung durch kontradiktorisches Urteil entschieden werden (Prütting aaO 207, 208). Es besteht kein Bedürfnis, daneben ein Versäumnisurteil zuzulassen.

10 **c) Bei beiderseitigen Berufungen** und Ausbleiben eines Teils ergeht ein einheitliches kontradiktorisches Urteil (keine Verbindung von Versäumnis- und kontradiktorischem Urteil; s Rn 4).

11 **IV) Gerichtsgebühren im Säumnisverfahren: 1. Erste Instanz:** Wenn im Scheidungsprozeß gegen den nicht erschienenen Antragsteller ein echtes Versäumnisurteil ergeht (Rn 3a), entsteht nur eine halbe Urteilsgebühr (KV 1517), weil das Urteil nicht mit einer Begründung versehen wird (§ 313b I, Ausnahme § 313b III). Bei Säumnis des Klägers in einer anderen Ehesache gilt dies nicht; s § 635 Rn 4. Ergeht in Scheidungs- und Folgesachen ein Urteil nach Aktenlage (Rn 3a) oder wird nach einseitiger streitiger Verhandlung ein kontradiktorisches Urteil erlassen (Rn 4), so entsteht eine ganze Urteilsgebühr (KV 1517). Für die Gebühren kommt es nicht darauf an, ob zu Recht durch Versäumnisurteil oder durch streitiges Urteil entschieden worden ist, sondern nur darauf, was für ein Urteil das Gericht erlassen hat (Bamberg JurBüro 77, 242). **2. Rechtsmittelinstanz:** Nur eine einfache Urteilsgebühr entsteht (KV 1527), wenn in einer Scheidungs- oder Folgesache eine Berufung durch echtes Versäumnisurteil zurückgewiesen worden ist; s Rn 8. Für alle anderen Urteile der Berufungsinstanz werden zwei Urteilsgebühren erhoben, für solche der Revisionsinstanz drei Gebühren (KV 1526, 1536). – Das Verfahren im allgemeinen und das Verfahren nach Einspruch gegen eine Versäumnisentscheidung in einem Verbundurteil bilden eine gebührenrechtliche Instanz; vgl § 27 GKG. Über die Kosten der Säumnis ist mit dem Einspruch zu entscheiden (§ 629 II 2 iVm § 344).

Anwaltsgebühren: §§ 31, 33 Abs 1 Nr 3: Der Anwalt, der in einer Ehesache ein Versäumnisurteil beantragt, erhält eine volle Verhandlungsgebühr. Wegen des Anwalts des Gegners s § 606 Rn 33. Hatte der Anwalt schon vorher die volle Verhandlungsgebühr verdient, so erhält er keine zweite Verhandlungsgebühr (§ 13 II BRAGO). Wird Einspruch gegen das Versäumnisurteil eingelegt und danach zur Hauptsache verhandelt, dann entsteht keine neue Prozeßgebühr (§ 38 I 2 BRAGO); wohl aber eine neue volle Verhandlungsgebühr für die dem Einspruch folgende Verhandlung zur Hauptsache (§ 38 II BRAGO).

613 *[Anhörung der Ehegatten, Parteivernehmung]*

(1) Das Gericht soll das persönliche Erscheinen der Ehegatten anordnen und sie anhören; es kann sie als Parteien vernehmen. Ist ein Ehegatte am Erscheinen vor dem Prozeßgericht verhindert oder hält er sich in so großer Entfernung von dessen Sitz auf, daß ihm das Erscheinen nicht zugemutet werden kann, so kann er durch einen ersuchten Richter angehört oder vernommen werden.

(2) Gegen einen zur Anhörung oder zur Vernehmung nicht erschienenen Ehegatten ist wie gegen einen im Vernehmungstermin nicht erschienenen Zeugen zu verfahren; auf Ordnungshaft darf nicht erkannt werden.

1 **I) Anwendungsbereich:** Die Bestimmung ergänzt und ändert die Vorschriften über die Anhörung der Parteien zur Aufklärung des Sachverhalts (§ 141) und über die Parteivernehmung (§§ 445–455). Sie ist in allen Ehesachen (§ 606 Rn 2–20) anzuwenden, nicht aber in Folgesachen (München JurBüro 84, 1359; Hamburg FamRZ 83, 409; Schleswig FamRZ 92, 839) und ebensowenig in Verfahren der einstweiligen Anordnung (München JurBüro 85, 79). Für diese Verfahren gelten, soweit sie zivilprozessualer Natur sind (Unterhaltssachen, güterrechtliche Folgesachen), nur die §§ 141, 445 ff. In Folgesachen aus dem Bereich der freiwilligen Gerichtsbarkeit (§ 621 a I 1) sind die §§ 12, 50 a–50 b FGG Rechtsgrundlage für die persönliche Anhörung von Beteiligten. Für einstweilige Anordnungen aus dem Bereich der freiwilligen Gerichtsbarkeit (s § 620 a Rn 29) gilt § 620 a III.

2 **Zu welchen Themen das Gericht die Ehegatten hören** oder vernehmen darf, bestimmt § 616. Im Verfahren auf Feststellung des Bestehens oder Nichtbestehens einer Ehe kann der Richter alle der Sachaufklärung dienenden Fragen stellen. In Scheidungs- und Eheaufhebungs-

sachen sowie bei Klagen auf Herstellung der ehelichen Gemeinschaft oder auf Feststellung des Rechts zum Getrenntleben darf beliebig nach ehefreundlichen Tatsachen gefragt werden, nach ehefeindlichen Tatsachen aber nur, soweit sie durch die Anwälte vorgetragen worden sind.

II) Anhörung: Der Untersuchungsgrundsatz verpflichtet das Gericht, beide Ehegatten persönlich anzuhören. Die Anhörung dient nicht nur – wie im § 141 – der Aufklärung des Sachverhalts, sondern soll auch sicherstellen, daß über Ehesachen als höchstpersönliche Angelegenheiten nicht entschieden wird, ohne daß sich die Ehegatten persönlich dazu äußern (KG JurBüro 86, 1530 f; Bamberg JurBüro 91, 1642 f). Für viele Entscheidungen ist auch der persönliche Eindruck des Gerichts von den Ehegatten bedeutungsvoll. In Scheidungssachen bietet die Anhörung zugleich Gelegenheit, einen noch nicht anwaltlich vertretenen Antragsgegner auf die schwerwiegenden Folgen der Scheidung und die Möglichkeit hinzuweisen, daß Folgesachen zugleich mit der Scheidungssache betrieben werden können (§ 623 I 2). 3

Die Verpflichtung des Gerichts, die Ehegatten anzuhören, besteht nicht ausnahmslos. Ist der Aufenthalt des Antragsgegners unbekannt, so kann auch ohne seine Anhörung ein Urteil ergehen (BGH FamRZ 94, 434/436 = NJW-RR 642/644); ebenso wenn der Antragsgegner sich im Ausland aufhält und der ausländische Staat keine Rechtshilfe leistet. Auch sonst sind Ausnahmesituationen vorstellbar, in denen sich das Gericht auch ohne persönliche Anhörung beider Parteien eine genügend sichere Grundlage für seine Entscheidung verschaffen kann; zB wird bei einer nachgewiesenen mehr als dreijährigen Trennung der Ehegatten eine Ehe unter Umständen auch ohne persönliche Anhörung des Antragsgegners geschieden werden können. Daß eine Partei trotz Ladung nicht erscheint, ist kein Grund, von ihrer Anhörung abzusehen, wie Abs 2 zeigt (Düsseldorf FamRZ 86, 1117). Unterläßt das Gericht die persönliche Anhörung zu Unrecht, so kann das Urteil wegen eines wesentlichen Verfahrensmangels aufgehoben und die Sache an die Vorinstanz zurückverwiesen werden (§ 539, Frankfurt NJW 69, 194; Hamm FamRZ 90, 166 f). 4

III) Parteivernehmung: Das Gericht kann das Ergebnis der persönlichen Anhörung in freier Beweiswürdigung (§ 286) verwerten. Erhebt es Beweis über streitige oder von Amts wegen aufzuklärende Tatsachen (§ 617 I), so hat es einen oder beide Ehegatten als Partei zu vernehmen (Abs 1 S 1). Hierfür gelten abweichend von den §§ 445–455 folgende Besonderheiten: 5

1) Die Parteivernehmung ist **nicht** nur **subsidiäres Beweismittel,** wie es die §§ 445, 448, 450 II bestimmen. Es wird nicht vorausgesetzt, daß die Partei, die Beweis durch Parteivernehmung antritt, den ihr obliegenden Beweis mit anderen Beweismitteln nicht vollständig geführt oder andere Beweismittel nicht vorgebracht hat, und ebensowenig, daß das Ergebnis der Verhandlung und einer etwaigen Beweisaufnahme nicht ausreicht, um die Überzeugung des Gerichts von der Wahrheit oder Unwahrheit der zu beweisenden Tatsache zu begründen. Vor der Parteivernehmung brauchen auch nicht alle anderen Beweismittel erschöpft zu sein (vgl § 450 II). 6

2) Es steht im **Ermessen** des Gerichts, ob es einen oder beide Ehegatten vernehmen will. Der Grundsatz der §§ 445, 447, daß der Beweisführer nur die Vernehmung des Gegners und nur bei dessen Einwilligung seine eigene Vernehmung verlangen kann, verliert dadurch an Bedeutung, daß der Beweisführer anregen kann, ihn selbst von Amts wegen zu vernehmen. Es empfiehlt sich, über Vorgänge, die beide Ehegatten wahrgenommen haben, beide zu vernehmen. 7

IV) Verfahren: Es ist zweckmäßig, zum Verhandlungstermin **das persönliche Erscheinen der Ehegatten anzuordnen** (§ 273 II Nr 3). In den Ladungen sind sie auf die Folgen ihres Ausbleibens (Ordnungsgeld) hinzuweisen (Abs 2, §§ 141 III 3, 380 I), nicht aber darauf, ob sie angehört oder vernommen werden sollen. Die Ladung enthält kein Beweisthema. Nur wenn abzusehen ist, daß eine Partei voraussichtlich durch einen ersuchten Richter angehört oder vernommen werden wird, sollte von der Anordnung ihres persönlichen Erscheinens abgesehen werden. 8

Erscheinen die Ehegatten im Termin, so ist im Protokoll klarzustellen, ob sie **angehört oder vernommen** werden sollen (BGH FamRZ 69, 82 f). Erscheint der Antragsgegner/Beklagte ohne Rechtsanwalt, so kann er trotzdem angehört werden (KG FamRZ 70, 88 = NJW 70, 287). Auch ein prozeßunfähiger Ehegatte kann angehört oder vernommen werden (BGH MDR 64, 126). 9

Werden die Ehegatten nur **angehört,** so sind die Prozeßbevollmächtigten nicht berechtigt, Fragen an sie zu stellen. § 397 II gilt nur für die Parteivernehmung, nicht aber für die bloße Anhörung. Es ist es zweckmäßig, aber nicht notwendig, den **Inhalt ihrer Erklärungen zu protokollieren** (BGH FamRZ 69, 82 f und MDR 62, 552). Mindestens sollte protokolliert werden, daß die Ehegatten gemäß § 613 I gehört werden; sonst kann nach Beendigung des Verfahrens nicht festgestellt werden, ob den Rechtsanwälten Beweisgebühren zustehen (s § 31 I Nr 3 BRAGO). Daß die Eheleute angehört werden sollen, braucht nicht durch besonderen Beschluß angeordnet zu werden (KG JurBüro 86, 1530 f; Bamberg JurBüro 82, 235; anders Koblenz JurBüro 79, 535). 10

Die **Vernehmung** eines Ehegatten wird durch **Beweisbeschluß** angeordnet (§ 450 I 1). Zweckmäßig, aber nicht notwendig ist es, daß im Beschluß das Beweisthema angegeben wird (Göppin- 11 ger ZZP 73, 81). Wird ein anderes Gericht um die Vernehmung ersucht, so muß das Beweisthema angegeben werden (Düsseldorf OLGZ 68, 57, Koblenz FamRZ 76, 97).

12 **Gang der Vernehmung:** Diese beginnt damit, daß der zu vernehmende Ehegatte auf seine Wahrheits- und Eidespflicht hingewiesen (§§ 451, 395 II) und nach seinen Personalien gefragt wird (§ 395 II 1). Daran schließt sich die Vernehmung zur Sache an (§ 396). Anders als bei der bloßen Anhörung der Ehegatten sind auch die Anwälte berechtigt, Fragen an den Vernommenen zu richten (§ 397 II). Dieser ist nicht zur Aussage verpflichtet. Unter den Voraussetzungen des § 452 kann angeordnet werden, daß er seine Aussage zu beeidigen hat. Die Aussage ist in das Protokoll aufzunehmen (§ 160 III Nr 4); das Berufungsgericht kann hiervon absehen, wenn es die Revision nicht zuläßt (§ 161 I Nr 1). Das Familiengericht kann von der Protokollierung absehen, wenn die Parteien auf Rechtsmittel gegen den Scheidungsausspruch verzichten (§§ 161 I Nr 1, 313 a I, II Nr 1).

13 **V) Abs 1 S 2:** Eine Anhörung oder Vernehmung durch den **ersuchten Richter** ist nur aus den in der Vorschrift genannten Gründen zulässig. Angesichts der Bedeutung der Ehesachen wird es in der Regel einem in Deutschland ansässigen Ehegatten zuzumuten sein, auch vor einem weit entfernten Gericht zu erscheinen. Im Rechtshilfeersuchen sind das Beweisthema bzw die Fragen anzugeben, zu denen der Ehegatte angehört werden soll (Düsseldorf OLGZ 68, 57, Koblenz FamRZ 76, 97; anders KG NJW-RR 90, 586).

14 **VI)** Um das Erscheinen der Ehegatten zu erzwingen, verweist **Abs 2** auf § 380. Da sie nicht zur Aussage verpflichtet sind, darf kein Zwang gegen einen Ehegatten angewandt werden, der ausdrücklich erklärt hat, nicht aussagen zu wollen (StJSchlosser 13). **Zwangsmittel** sind nur bei ordnungsgemäßer Ladung anzuwenden, in der sie angedroht worden sind (§§ 141 III 3, 377 II Nr 3). Förmliche Zustellung der Ladung ist nicht erforderlich. Zwangsmaßnahmen dürfen jedoch nur gegen denjenigen Ehegatten ergriffen werden, dessen Rechtsanwalt mindestens eine Woche vor dem Termin förmlich durch Zustellung geladen worden ist (§§ 217, 329 II; Zweibrücken FamRZ 82, 1097). Zwangsmaßnahmen sind auch gegen den ausgebliebenen Antragsgegner möglich, der sich auf den Eheprozeß nicht eingelassen hat (Düsseldorf FamRZ 81, 1096; anders Schleswig SchlHA 56, 268; Celle NJW 70, 1689). Dem nicht erschienenen Ehegatten sind die durch sein Ausbleiben verursachten Kosten und ein Ordnungsgeld von 5 DM bis 1 000 DM aufzuerlegen (§ 380 I ZPO, Art 6 I EGStGB). Keine Ordnungshaft (Abs 2 letzter Halbsatz). Bei wiederholtem Ausbleiben sind die Maßnahmen zu wiederholen; der Ausgebliebene kann zwangsweise durch den Gerichtsvollzieher vorgeführt werden (§ 380 II; Baumbach/Albers Rn 8; Thomas/Putzo Rn 7; Rolland/Roth Rn 14). Die Vorführung anzuordnen, steht im Ermessen des Gerichts; Kosten und Ordnungsgeld muß das Gericht dem Ehegatten auferlegen. Zwangsmaßnahmen dürfen nur bei Verschulden des nicht Erschienenen angeordnet werden (Köln JR 69, 264). Auch der ersuchte Richter hat Zwangsmaßnahmen anzuordnen. **Rechtsbehelfe** des nicht erschienenen Ehegatten gegen Zwangsmaßnahmen s §§ 381, 380 III, 576 I; des anderen Ehegatten gegen die Unterlassung von Zwangsmaßnahmen s § 380 III.

15 **VII) Gebühren: 1)** des **Gerichts:** Keine Gebühr für Anordnung und Anhörung nach § 613; diese gerichtlichen Tätigkeiten sind durch die allgemeine Verfahrensgebühr abgegolten.

2) des **Anwalts:** Die Anhörung oder Vernehmung gilt gebührenrechtlich als Beweisaufnahme, unabhängig davon, ob sie zu Beweiszwecken oder lediglich zur Aufklärung des Parteivortrags geschieht. Der Anwalt erhält eine (10/10) Beweisgebühr (§ 31 I Nr 3, III BRAGO), auch ohne einen darauf gerichteten förmlichen Anordnungsbeschluß (Bamberg Rpfleger 82, 116 = JurBüro 235; KG JurBüro 86, 1530). Die Beweisgebühr entsteht auch, wenn der Richter nur danach fragt, wie lange die Parteien getrennt leben und ob sie geschieden werden wollen (KG AnwBl 89, 680). Soweit in der Scheidungssache eine Anhörung nach § 613 und zugleich in Folgesachen oder Verfahren der einstweiligen Anordnung eine solche nach § 141 ZPO oder § 50 a FGG stattfindet, richtet sich die Beweisgebühr nur nach dem Wert der Scheidungssache (Riedel/Sußbauer/Keller § 31 Rn 119). Wird auch in den Folgesachen Beweis erhoben, so sind sämtliche Gegenstandswerte zusammenzurechnen (§§ 7 III BRAGO; 19 a GKG). Die Beweisgebühr richtet sich nach dem zusammengerechneten Wert.

614 *[Aussetzung des Verfahrens]*

(1) Das Gericht soll das Verfahren auf Herstellung des ehelichen Lebens von Amts wegen aussetzen, wenn es zur gütlichen Beilegung des Verfahrens zweckmäßig ist.

(2) Das Verfahren auf Scheidung soll das Gericht von Amts wegen aussetzen, wenn nach seiner freien Überzeugung Aussicht auf Fortsetzung der Ehe besteht. Leben die Ehegatten länger als ein Jahr getrennt, so darf das Verfahren nicht gegen den Widerspruch beider Ehegatten ausgesetzt werden.

(3) Hat der Kläger die Aussetzung des Verfahrens beantragt, so darf das Gericht über die Herstellungsklage nicht entscheiden oder auf Scheidung nicht erkennen, bevor das Verfahren ausgesetzt war.

(4) Die Aussetzung darf nur einmal wiederholt werden. Sie darf insgesamt die Dauer von einem Jahr, bei einer mehr als dreijährigen Trennung die Dauer von sechs Monaten nicht überschreiten.

(5) Mit der Aussetzung soll das Gericht in der Regel den Ehegatten nahelegen, eine Eheberatungsstelle in Anspruch zu nehmen.

I) Anwendungsbereich: Die Bestimmung dient der Aussöhnung der Ehegatten. Sie ist anzuwenden in allen Instanzen von Scheidungsverfahren und Klagen auf Herstellung des ehelichen Lebens. Sie gilt auch für Klagen auf Feststellung des Rechts zum Getrenntleben (negativen Herstellungsklagen; s Hamm FamRZ 57, 53), nicht aber für Aufhebungsklagen und ebensowenig für Klagen auf Feststellung des Bestehens oder Nichtbestehens einer Ehe. Die Bestimmung ist weiter anwendbar, wenn ein Ehegatte auf Herstellung des ehelichen Lebens klagt und der andere mit der Widerklage Ehescheidung begehrt, ebenso wenn Scheidung, hilfsweise Aufhebung der Ehe begehrt wird, nicht aber im umgekehrten Fall der hilfsweise beantragten Scheidung. Verlangt ein Ehegatte Scheidung und der andere widerklagend Aufhebung der Ehe, so bewirken das Verbot, das Aufhebungsverfahren auszusetzen, und der Grundsatz der einheitlichen Entscheidung, daß auch das Scheidungsverfahren nicht ausgesetzt werden darf (§ 610 Rn 7; JHSedemund-Treiber Rn 9; Schwab/Maurer I Rn 284; Rolland/Roth Rn 24; Baumbach/Albers Rn 5; anders StJSchlosser Rn 13). 1

Neben § 614 sind die **allgemeinen Bestimmungen** über die Aussetzung (§§ 148 ff, 246 ff; StJSchlosser Rn 2) und das Ruhen des Verfahrens **anwendbar** (§§ 251, 251 a II; KG FamRZ 78, 34; Karlsruhe FamRZ 78, 527 = NJW 1388; Frankfurt FamRZ 78, 919). 2

II) Voraussetzungen für die Aussetzung: 1) Dem **Aussetzungsantrag des Klägers** muß das Gericht entsprechen, bevor es über die Herstellungsklage entscheidet oder die Ehe scheidet (Abs 3). Das gilt auch bei Klagen auf Feststellung des Rechts zum Getrenntleben (Hamm FamRZ 57, 53). Ist der Scheidungsantrag abweisungsreif, so ist er abzuweisen; das Verfahren ist nicht auszusetzen (Oldenburg FamRZ 68, 604 = NJW 69, 101; München NJW 71, 711 mwN). Es ist jedoch auszusetzen, wenn der Kläger die Aussetzung beantragt, bevor das Verfahren entscheidungsreif ist (anders Oldenburg aaO); denn die Fortsetzung des Verfahrens ist regelmäßig geeignet, die Aussöhnung zu erschweren (BGH NJW 77, 717). Über eine Herstellungsklage darf das Gericht, sobald der Kläger die Aussetzung beantragt hat, auch dann nicht entscheiden, wenn die Klage abweisungsreif ist. 3

Beantragt der Kläger die Aussetzung, ohne zur Fortsetzung der Ehe bereit zu sein, so ist sein Antrag abzulehnen, weil er einen **Rechtsmißbrauch** darstellt (Schleswig SchlHA 91, 81 f). Im Scheidungsverfahren kommen solche mißbräuchlichen Anträge vor, wenn dem Antragsteller der Nachweis mißlingt, daß die Fortsetzung der Ehe eine unzumutbare Härte für ihn bedeutet, und die einjährige Trennungsfrist noch nicht abgelaufen ist (§ 1565 II BGB; Bamberg FamRZ 84, 897). Besteht in diesem Fall der Antragsgegner auf Abweisung des Scheidungsantrages, so ist dementsprechend zu erkennen und nicht etwa das Verfahren bis zum Ablauf der Trennungsfrist auszusetzen. Will auch der Antragsgegner geschieden werden, so sollten die Parteien das Verfahren bis zum Ablauf der Jahresfrist nicht betreiben oder das Ruhen des Verfahrens beantragen (Karlsruhe FamRZ 78, 527 = NJW 1388). Es auszusetzen, besteht kein Anlaß. 4

Verlangen beide Ehegatten die Scheidung oder beantragt der eine die Herstellung des ehelichen Lebens, der andere die Scheidung, so muß das **Verfahren** nach Abs 3 **ausgesetzt werden, wenn beide Ehegatten es beantragen.** Beantragt in einem solchen Fall nur ein Ehegatte die Aussetzung, so verbietet es der Grundsatz der Einheitlichkeit der Entscheidung, das Verfahren über das eine Scheidungsbegehren auszusetzen und das Verfahren über das andere weiterzubetreiben (s § 610 Rn 7). Es kann nur das gesamte Verfahren von Amts wegen ausgesetzt werden, wenn die folgenden Voraussetzungen erfüllt sind. 5

2) Aussetzung von Amts wegen: Das Herstellungsverfahren ist auszusetzen, wenn dies zu seiner gütlichen Beilegung zweckmäßig ist (Abs 1). Das Scheidungsverfahren ist auszusetzen, wenn Aussicht auf Fortsetzung der Ehe besteht (Abs 2 S 1). Voraussetzung ist, daß konkrete Anhaltspunkte für eine Aussöhnung vorliegen. Die allgemein gehaltene Erwägung, das Zerwürfnis der Eheleute sei nicht schwerwiegend und der Versuch einer Aussöhnung nicht aussichtslos, genügt nicht (Celle MDR 65, 48; KG FamRZ 68, 167; Düsseldorf FamRZ 78, 609). Gegen den Widerspruch beider Ehegatten darf nicht ausgesetzt werden, wenn sie länger als ein Jahr getrennt leben (Abs 2 S 2). Auch bei kürzerem Getrenntleben dürfte eine Aussetzung gegen den Widerspruch beider Ehegatten kaum in Betracht kommen; denn es besteht keine Aussicht auf Fortsetzung der Ehe, wenn die Ehegatten sich nicht versöhnen wollen. Leben die Ehegatten seit drei Jahren getrennt, so wird das Scheitern ihrer Ehe unwiderlegbar vermutet (§ 1566 II BGB). Trotzdem kann das Scheidungsverfahren ausgesetzt werden, wenn Aussicht auf Fortsetzung der 6

Ehe besteht (Abs 4 S 2). Konkrete Aussichten hierfür werden sich wohl nur feststellen lassen, wenn beide Ehegatten Anzeichen von Versöhnungsbereitschaft erkennen lassen.

7 **III) Verfahren: 1) Zuständig** ist das Gericht, bei dem das Scheidungsverfahren oder die Klage anhängig ist. Seine Befugnis, die Aussetzung anzuordnen, endet nicht schon mit dem Erlaß des Urteils, sondern erst mit der Einlegung eines Rechtsmittels (BGH NJW 77, 717).

8 2) Die **Aussetzung wird durch Beschluß angeordnet.** Unbegründete Aussetzungsanträge sind durch Beschluß abzulehnen. Der Beschluß ist zu verkünden, wenn er auf Grund mündlicher Verhandlung ergeht (§ 329 I). Sonst ist der Aussetzungsbeschluß den Ehegatten **formlos mitzuteilen** (§ 329 II). Hiernach müssen zwar Beschlüsse, die eine Frist in Lauf setzen, den Parteien förmlich zugestellt werden. Bei der Aussetzungsfrist (Abs 4 S 2) handelt es sich jedoch nicht um eine echte Frist. Es genügt daher eine formlose Mitteilung (BGH NJW 77, 717). Der einen Aussetzungsantrag ablehnende Beschluß ist dem Antragsteller **zuzustellen** (§§ 329 II 2, 252).

9 3) **Inhalt des Beschlusses:** Den Ehegatten soll nahegelegt werden, eine Eheberatungsstelle in Anspruch zu nehmen (Abs 5). Die **Dauer der Aussetzung** ist zu bestimmen: Höchstens ein Jahr, bei mehr als dreijähriger Trennung höchstens sechs Monate (Abs 4). Dauer der Trennung: Trennungsbeginn bis Verkündung des Aussetzungsbeschlusses. Kürzere Aussetzung kann angeordnet werden. Die Aussetzung darf ein zweites Mal oder – was der wiederholten Anordnung gleichsteht – verlängert werden, soweit die Höchstfristen noch nicht erschöpft sind. Hat das FamG sie voll ausgeschöpft, so darf das Berufungsgericht nicht noch einmal aussetzen.

10 4) **Wirkungen der Aussetzung: a)** Diese erfaßt die Hauptsache (§ 249 II) und damit alle **Folgesachen,** weil über diese nur bei Scheidung entschieden wird (§ 623 I 1). Die Aussetzung erfaßt nicht Nebenverfahren (arg § 249 II); deshalb können **einstweilige Anordnungen** auch während der Aussetzung erlassen werden (Schleswig SchlHA 50, 60; Celle MDR 68, 243 u NdsRpfl 75, 71).

11 **b)** Die Aussetzung bewirkt, daß der Lauf einer jeden prozessualen **Frist** aufhört und nach Beendigung der Aussetzung die volle Frist von neuem zu laufen beginnt (§ 249 I). Die Trennungsfrist des § 1565 II BGB (materiell rechtliche Scheidungsvoraussetzung) wird durch die Aussetzung nicht unterbrochen (§ 249 Rn 2). Rechtsmittelbegründungsfristen laufen während der Aussetzung nicht (BGH NJW 77, 717). Mit dem Ende des Aussetzungszeitraumes beginnen die Fristen von selbst zu laufen; Aufnahme (§ 250) nicht erforderlich (BGH LM 2 zu § 249 ZPO). Das Gericht braucht nicht von sich aus zu terminieren (StJSchlosser 17; Rolland/Roth Rn 20; Habscheid FamRZ 67, 357/365; anders Düsseldorf FamRZ 66, 358 mit ablehnender Anm Bergerfurth). Es widerspricht dem Sinn des § 614, die Parteien zur Fortsetzung des Verfahrens anzuregen.

12 **c) Prozeßhandlungen,** die eine Partei während der Aussetzung in Ansehung der Hauptsache vornimmt, sind der anderen Partei gegenüber ohne rechtliche Wirkung (§ 249 II). Dies führt jedoch nicht dazu, daß ein während der Aussetzung eingelegtes Rechtsmittel unzulässig ist. Unwirksam sind nur Prozeßhandlungen, die dem Gegner gegenüber vorzunehmen sind. Rechtsmittel sind jedoch beim Gericht einzulegen (BGHZ 50, 397/400 = NJW 69, 48; BGH NJW 77, 717).

13 5) **Die Aussetzung wird** nur auf Antrag des Ehegatten **aufgehoben,** der sie begehrt hatte, die Amtsaussetzung auf Anregung der Parteien, jeweils auf Grund mündlicher Verhandlung. Zeigt ein Ehegatte während der Aussetzung an, daß er die Hoffnung auf eine Aussöhnung verloren habe, und beraumt das Gericht daraufhin Termin zur Verhandlung der Ehesache an, so ist diese prozeßleitende Anordnung analog § 249 II ohne Wirkung. Durch rügeloses Verhandeln zur Hauptsache kann dieser Fehler jedoch geheilt werden (§ 295 I; vgl § 249 Rn 3).

14 6) Gegen die Aussetzung findet die einfache **Beschwerde** statt, gegen Ablehnung des Antrags auf Aussetzung die sofortige Beschwerde (§ 252). Weist das FamG durch Urteil den Aussetzungs- und den Scheidungsantrag des Antragstellers zurück, so kann dieser nur Berufung einlegen (Köln FamRZ 95, 888 f mwN). Wird ein ausgesetztes Scheidungsverfahren nicht wieder aufgenommen, so steht einem neuen Scheidungsantrag die Einrede der Rechtshängigkeit entgegen (Düsseldorf JMBlNRW 70, 236).

15 **IV) Gebühren: 1)** des **Gerichts:** Keine. – Für das Beschwerdeverfahren entsteht eine Gebühr, soweit die Beschwerde verworfen oder zurückgewiesen wird (KV 1906). **2) des Anwalts:** Beantragt ein Anwalt die Aussetzung, so erhält er dafür eine halbe Verhandlungsgebühr nach § 33 II BRAGO, sofern nicht bereits die Verhandlungsgebühr nach § 31 I Nr 2 BRAGO für einen Sachantrag entstanden ist; beide Gebühren können nicht nebeneinander entstehen. Für die Entstehung der Gebühr kommt es nicht darauf an, daß das Verfahren auch von Amts wegen ausgesetzt werden kann (KG Rpfleger 68, 161 = JurBüro 395; Schneider, Anm zu KoRspr BRAGO § 33 Nr 4; anders Riedel/Sußbauer/Keller § 33 Rn 19). – Für das Beschwerdeverfahren erhält der Anwalt eine 5/10 Gebühr (§ 61 Abs 1 BRAGO).

615 *[Zurückverweisung verspäteten Vorbringens]*
(1) Angriffs- und Verteidigungsmittel, die nicht rechtzeitig vorgebracht werden, können zurückgewiesen werden, wenn ihre Zulassung nach der freien Überzeugung des Gerichts die Erledigung des Rechtsstreits verzögern würde und die Verspätung auf grober Nachlässigkeit beruht.

(2) §§ 527, 528 sind nicht anzuwenden.

I) Anwendungsbereich: Die Bestimmung gilt für alle Ehesachen in der ersten und der zweiten Instanz gleichermaßen, nicht aber für Folgesachen im Sinne des § 623 I 1. 1

II) Verhältnis zu den Präklusionsbestimmungen: § 296 I kann nur in Verbindung mit § 273 II 1 angewandt werden (§ 611 Rn 8; str). Im übrigen sind die Absätze 1 und 2 des § 296 unanwendbar. Nach Abs 1 können Angriffs- und Verteidigungsmittel ausgeschlossen werden, die erst nach Ablauf einer hierfür gesetzten Frist (§§ 273 II Nr 1, 275 I 1, III, IV, 276 I 2, III, 277) vorgebracht werden. Von diesen Bestimmungen ist in Ehesachen nur § 273 II Nr 1 anwendbar. § 611 II verbietet es ausdrücklich, die §§ 275 I 1, III, IV, 276 anzuwenden. Ebensowenig darf eine Frist nach § 277 III u IV gesetzt werden; denn diese Bestimmung regelt nur die Länge der nach § 275 I 1, III, IV zu setzenden Fristen. – Die **§§ 282, 296 II** enthalten eine Regelung, die Abs 1 weitgehend entspricht. § 615 ist insoweit lex specialis (StJSchlosser Rn 1; Baumbach/Albers Rn 1, JHSedemund-Treiber Rn 2). 2

III) Verhältnis zum Amtsermittlungsgrundsatz: Soweit das Gericht den Sachverhalt gemäß § 616 von Amts wegen aufzuklären hat, darf es Sachvortrag nicht als verspätet zurückweisen; denn hierin liegt nur eine Anregung zur Amtsaufklärung. 3

IV) Angriffs- und Verteidigungsmittel ist alles, was der Durchsetzung und der Abwehr des in der Ehesache erhobenen Begehrens dient: Behauptungen, Bestreiten, Einwendungen, Beweismittel und Beweiseinreden (§ 282 I). Keine Angriffs- oder Verteidigungsmittel sind neue Streitgegenstände, die durch Klagänderung oder Widerklage in den Prozeß eingeführt werden (StJSchlosser Rn 4). Diese dürfen nicht wegen Verspätung zurückgewiesen werden, auch in der Berufungsinstanz nicht (§ 611 Rn 1, 6; StJSchlosser aaO). 4

V) Nicht rechtzeitig ist ein Vorbringen, wenn es später erfolgt, als es bei sorgfältiger und auf Förderung des Verfahrens bedachter Prozeßführung notwendig gewesen wäre. Wie zeitig vorgetragen werden muß, ergibt sich aus § 282. 5

VI) Verspätetes Vorbringen kann nur zurückgewiesen werden, wenn es zu einer **Verzögerung** des Rechtsstreits führt. Eine Verzögerung tritt ein, wenn der Rechtsstreit sonst zur Endentscheidung reif wäre, die Zulassung des verspäteten Vorbringens aber zu einer Vertagung nötigt (vgl § 296 Rn 20 f). Wird zwar spät, aber noch rechtzeitig vor dem Termin Beweis angetreten, so daß das Gericht die Beweismittel zum Termin herbeischaffen könnte, so ist der späte Beweisantritt nicht Ursache für eine Verzögerung, die dadurch eintritt, daß das Gericht es unterlassen hat, Beweismittel herbeizuschaffen. Das verspätete Vorbringen verzögert die Erledigung des Verfahrens nicht, wenn dieses ohnehin noch nicht zur Endentscheidung reif ist und die Berücksichtigung des verspäteten Vorbringens keinen zusätzlichen Zeitaufwand erfordert. Dieser Fall wird besonders in **Verbundverfahren** gelegentlich eintreten, s Rn 12. 6

Ob eine Verzögerung eintritt, stellt das Gericht nach **freier Überzeugung** fest. Beweis wird hierüber nicht erhoben. Dadurch würde das Verfahren wieder unnötig verzögert werden. 7

VII) Verspätetes Vorbringen darf nur zurückgewiesen werden, wenn die Verspätung auf **grober Nachlässigkeit** beruht. Verschleppungsabsicht ist nicht erforderlich; leichte Fahrlässigkeit ist bedeutungslos. Das Gesetz stellt auf prozeßförderungswidriges Verhalten durch besondere Sorglosigkeit ab, zB die Partei unterläßt es, ihren Prozeßbevollmächtigten zu informieren (Köln VersR 72, 985); dieser unterläßt es, seinen Mandaten zu befragen. Einzelheiten s § 296 Rn 24 und 27 ff. Das Verschulden des Bevollmächtigten steht dem der Partei gleich (§ 85 II). 8

VIII) Das verspätete Vorbringen **kann** zurückgewiesen werden. Die Zurückweisung steht im **Ermessen** des Gerichts. Dieses muß den Nachteil, den die Verzögerung des Verfahrens für den Gegner der verspätet vortragenden Partei mit sich bringt, abwägen im Vergleich zu dem Nachteil, der dieser Partei durch die Zurückweisung ihres Vorbringens droht. 9

IX) In der **Berufungsinstanz** sind die §§ 527, 528 nicht anzuwenden (Abs 2). Es gelten dieselben Grundsätze wie in erster Instanz. Da auch § 528 III nicht anwendbar ist, können Angriffs- und Verteidigungsmittel, die in erster Instanz mit Recht zurückgewiesen worden sind, in zweiter Instanz erneut vorgebracht werden, soweit nicht § 615 I entgegensteht. Anwendbar ist § 529 I, wenn die Einrede der mangelnden Kostenerstattung (§ 269 IV) oder der fehlenden Ausländersicherheit (§§ 110, 113) erhoben wird. § 530 I ist nicht anzuwenden; s § 611 Rn 6. 10

11 **X)** Im **Verbundverfahren** (§ 623 I 1) gilt § 615 nur für die Scheidungssache. In zivilprozessualen Folgesachen (Unterhalt, güterrechtliche Ansprüche) sind die §§ 296, 527 ff anzuwenden. In Folgesachen der freiwilligen Gerichtsbarkeit (elterliche Sorge, Umgangsrecht, Herausgabe eines Kindes, Versorgungsausgleich, Ehewohnung, Hausrat) gilt der Grundsatz der Amtsaufklärung, infolgedessen keine Zurückweisung verspäteten Vorbringens (Jansen § 12 Rn 77, Keidel/Amelung § 12 Rn 87). Nicht rechtzeitig vorgebrachte Angriffs- oder Verteidigungsmittel verzögern ein Verbundverfahren nur, wenn sich seine Erledigung insgesamt hinausschiebt (BGHZ 77, 306/308 = NJW 80, 2355; BGH NJW 81, 1217 u 86, 135).

616 *[Untersuchungsgrundsatz]*

(1) Das Gericht kann auch von Amts wegen die Aufnahme von Beweisen anordnen und nach Anhörung der Ehegatten auch solche Tatsachen berücksichtigen, die von ihnen nicht vorgebracht sind.

(2) Im Verfahren auf Scheidung oder Aufhebung der Ehe oder auf Herstellung des ehelichen Lebens kann das Gericht gegen den Widerspruch des die Auflösung der Ehe begehrenden oder ihre Herstellung verweigernden Ehegatten Tatsachen, die nicht vorgebracht sind, nur insoweit berücksichtigen, als sie geeignet sind, der Aufrechterhaltung der Ehe zu dienen.

(3) Im Verfahren auf Scheidung kann das Gericht außergewöhnliche Umstände nach § 1568 des Bürgerlichen Gesetzbuches nur berücksichtigen, wenn sie von dem Ehegatten, der die Scheidung ablehnt, vorgebracht sind.

1 **I) Anwendungsbereich:** Der Amtsermittlungsgrundsatz gilt ohne Einschränkung für Feststellungsklagen über den Bestand der Ehe. Für Scheidungsverfahren, Aufhebungsklagen und Klagen auf Herstellung des ehelichen Lebens schränkt Abs 2 seine Anwendung ein, soweit es um ehefeindliche Tatsachen geht. Für Scheidungsverfahren schränkt Abs 3 die Anwendung des Amtsaufklärungsgrundsatzes noch weiter ein. § 616 gilt für die erste und zweite Instanz gleichermaßen. Soll ein Scheidungsurteil im Wiederaufnahmeverfahren beseitigt werden, so gilt auch für das Vorliegen eines Wiederaufnahmegrundes der Amtsermittlungsgrundsatz (§ 590 Rn 1; Schlosser, Gestaltungsklagen 230 f, 352 f.

2 **II) Abs 1:** Das Gericht muß von **Amts wegen ermitteln,** ob eine Ehe besteht. Es verlangt regelmäßig die Vorlage einer **Heiratsurkunde.** Die Vorlage ist aber kein zwingendes Antragserfordernis für das Scheidungsverfahren; auch andere Beweismittel sind zulässig (Karlsruhe FamRZ 91, 83 f; Düsseldorf FamRZ 92, 1078; anders Bremen FamRZ 92, 1083 f). Weiter ist zu ermitteln, ob die **Parteien getrennt leben** und ob die **Trennungsfristen** der §§ 1565 I, 1566 BGB **verstrichen sind.** Wenn die Parteien behaupten, in der Ehewohnung getrennt zu leben, hat der Richter aufzuklären, wie sie ihr Leben dort gestalten, und sich dann ein Urteil darüber zu bilden, ob sie im Rechtssinne getrennt leben (StJSchlosser Rn 5). Wenn ein Ehemann nach angeblich einjährigem Getrenntleben in derselben Wohnung mit Zustimmung seiner Frau geschieden werden will und das FamG feststellt, daß die Eheleute noch nicht so lange getrennt leben, darf es nicht von sich aus nach Gründen forschen, aus denen die Fortsetzung der Ehe unzumutbar hart iS des § 1565 II BGB sein könnte (JHSedemund-Treiber Rn 12 u § 630 Rn 12).

3 Wenn dem Gericht (zB durch einen Jugendamtsbericht) **Tatsachen** bekannt werden, **auf die sich die Parteien nicht berufen** haben, muß es auch diese berücksichtigen und über sie Beweis erheben. (Ausnahmen s Abs 2 u 3). Ob es nach solchen Tatsachen von Amts wegen forschen will (etwa bei einer Anhörung nach § 613), steht in seinem Ermessen. Da ein öffentliches Interesse daran besteht, nicht gescheiterte Ehen zu erhalten, hat das Gericht nach **ehefreundlichen Tatsachen** besonders zu forschen, wenn der Antragsgegner im Scheidungsverfahren ausbleibt (Frankfurt NJW 69, 194). Die Parteien können auf die Beeidigung eines Zeugen nicht verzichten (§ 617), andererseits aber nicht erzwingen, daß seine Vernehmung überhaupt unterbleibt. Begrenzt wird die Aufklärungsbefugnis des Gerichts durch den Streitgegenstand. Tatsachen, die hiermit nicht zusammenhängen, sind nicht zu ermitteln (RGZ 126, 302).

4 **III) Abs 2:** Sondervorschrift für Scheidungs-, Aufhebungs- und Herstellungsklagen; bei Bestandfeststellungsklagen (§§ 632, 638) nicht anzuwenden. Wenn der die Auflösung der Ehe begehrende Ehegatte der Verwertung bestimmter nicht vorgetragener Tatsachen widerspricht, die sein Begehren stützen könnten, darf das Gericht diese Tatsachen nicht berücksichtigen. Dasselbe gilt, wenn der die Herstellung verweigernde Ehegatte der Verwertung nicht vorgetragener Tatsachen widerspricht, die seine Verteidigung stützen könnten. Ehefreundliche Tatsachen sind von Amts wegen zu berücksichtigen, zB das Fortbestehen der ehelichen Lebensgemeinschaft (§ 1565 BGB), Umstände, die die Erwartung rechtfertigen, daß die Ehegatten ihre Lebensgemeinschaft wieder herstellen werden (§ 1565 I BGB), das Interesse der Kinder an der Aufrechterhaltung der

Ehe (§ 1568 I BGB). Im **Aufhebungsverfahren** kann eine Bestätigung der aufzuhebenden Ehe als ehefreundliche Tatsache von Amts wegen verwertet werden. Das Gericht ist aber nicht befugt, einen Vorgang als Aufhebungsgrund in das Verfahren einzuführen, den der Kläger nicht geltend machen will.

Der in Abs 2 erwähnte **Widerspruch** kann auch konkludent erklärt werden (StJSchlosser Rn 3; 5
Schwab/Maurer I Rn 294; anders JHSedemund-Treiber Rn 7; Rolland/Roth Rn 8). Behauptet der aus der Ehe herausstrebende Ehegatte Tatsachen, die mit den vom Gericht eingeführten, nicht vorgebrachten Tatsachen unvereinbar sind, so liegt hierin ein Widerspruch (so zu der Parallelvorschrift des § 640 d BGH FamRZ 79, 1007/1009 = NJW 80, 1335/1337). Der Widerspruch unterliegt nicht dem Anwaltszwang (Schwab/Maurer aaO; über das gleiche Problem beim Vorbringen außergewöhnlicher Umstände iS des § 1568 BGB s Rn 6). Mit dem Ziel des Abs 2, die Ehe aufrechtzuerhalten, wäre es nicht zu vereinbaren, wenn der Erhalt oder die Scheidung einer Ehe davon abhinge, ob ein Anwalt oder die Partei selbst Widerspruch erhebt. Dieser ist eine von Amts wegen zu berücksichtigende Scheidungssperre. Über Tatsachen, die nach Abs 2 nicht berücksichtigt werden dürfen, darf **kein Beweis erhoben** werden. Kommen sie bei einer Beweisaufnahme zufällig heraus, so dürfen sie gegen den Widerspruch des hierzu berechtigten Ehegatten nicht in der Entscheidung verwertet werden.

IV) Abs 3: Nach § 1568 I BGB soll eine gescheiterte Ehe nicht geschieden werden, wenn und 6
solange die Scheidung für den Antragsgegner auf Grund außergewöhnlicher Umstände eine so schwere Härte darstellen würde, daß die Aufrechterhaltung der Ehe auch unter Berücksichtigung der Belange des Antragstellers ausnahmsweise geboten erscheint. Solche außergewöhnlichen Umstände sind nicht von Amts wegen zu ermitteln, sondern von dem Ehegatten, der die Scheidung ablehnt, vorzubringen; denn es soll ihm überlassen bleiben, ob er an der gescheiterten Ehe festhalten will. Ist der die Scheidung ablehnende Ehegatte nicht anwaltlich vertreten, so ist er über die Möglichkeit, sich auf die Härteklausel des § 1568 I BGB zu berufen, zu belehren. Er kann sich hierauf berufen, ohne sich durch einen Rechtsanwalt vertreten zu lassen (Bergerfurth FamRZ 76, 584 u Anwaltszwang Rn 331; Schwab FamRZ 76, 506; Baumbach/Albers Rn 6; Rolland/Roth Rn 11; ebenso für den Widerspruch nach § 48 EheG BGH FamRZ 68, 447 = NJW 1825; FamRZ 69, 146; anders Johannsen/Henrich/Jäger § 1568 BGB Rn 38; Hagena FamRZ 75, 391 Fußn 65). Abs 3 ist nicht anzuwenden, wenn eine gescheiterte Ehe im Interesse der aus ihr hervorgegangenen minderjährigen Kinder aufrechtzuerhalten ist (§ 1568 I BGB).

V) Verfahren: Ist eine Klage oder ein Scheidungsantrag unschlüssig, so hat das Gericht 7
hierauf hinzuweisen. Der Amtsaufklärungsgrundsatz verlangt nicht, daß das Gericht selbst Ermittlungen anstellt, um die Klage schlüssig zu machen. Wird eine schlüssige Klage eingereicht, so hat das Gericht die Eheleute gemäß § 613 anzuhören und weitere Beweise zu erheben, wenn das Anhörungsergebnis nicht zur Überzeugungsbildung ausreicht. Der Grundsatz des **rechtlichen Gehörs** gebietet es, daß die Eheleute Gelegenheit erhalten, sich zur Beweisaufnahme zu äußern, ehe das Beweisergebnis dem Urteil zugrunde gelegt wird.

Der Amtsermittlungsgrundsatz schreibt dem Gericht vor, **Anregungen zur Beweiserhebung** 8
über entscheidungserhebliche Tatsachen nachzugehen. Auch wenn der Antragsgegner nicht durch einen Rechtsanwalt vertreten ist, dürfen seine Anregungen nicht übergangen werden (Bergerfurth, Anwaltszwang Rn 332). Eine Beweisaufnahme darf nicht mit der Begründung abgelehnt werden, es sollten dadurch überhaupt erst neue beweiserhebliche Tatsachen, für die es bisher an Unterlagen fehle, ermittelt und in das Verfahren eingeführt werden. Ist das Gericht davon überzeugt, daß eine weitere Beweisaufnahme für das Verfahrensergebnis keine Bedeutung mehr haben kann, so braucht es von Amts wegen keine weiteren Beweise zu erheben.

Beweisanträge der Ehegatten sind analog § 244 III-V StPO zu behandeln. Einzelheiten s 9
Rn 8a ff vor § 284. Die Beweisaufnahme darf nur dann von der Bezahlung eines Auslagenvorschusses nach § 379 abhängig gemacht werden, wenn das Gericht den Beweis nicht von Amts wegen erheben müßte (StJSchlosser Rn 9). Beweismittel, die durch heimliches Beobachten oder Belauschen bzw durch entsprechende Lichtbilder oder Tonaufnahmen zustande gekommen sind, dürfen grundsätzlich nicht verwendet werden (BGH NJW 70, 1848 = JZ 71, 387 mit Anm Arzt; s auch § 286 Rn 15 a).

Trotz aller Bemühungen, den Sachverhalt erschöpfend aufzuklären, kommen **Beweislastentscheidungen** vor. Die Beweislast ergibt sich jeweils aus den Bestimmungen des BGB und des EheG. Durch Beweisvereitelung kann sich die Beweislast umkehren. Auch für den Beweis des ersten Anscheins ist Raum (StJSchlosser 14, Bergerfurth FamRZ 66, 340). 10

617 *[Einschränkungen des Verhandlungsgrundsatzes]* **Die Vorschriften über die Wirkung eines Anerkenntnisses, über die Folgen der unterbliebenen oder verweigerten Erklärung über Tatsachen oder über die Echtheit von Urkunden, die Vorschriften über den Verzicht der Partei auf die Beeidigung der Gegenpartei oder von Zeugen und Sachverständigen und die Vorschriften über die Wirkung eines gerichtlichen Geständnisses sind nicht anzuwenden.**

1 **I)** Nicht anzuwenden sind die Vorschriften über die Wirkungen folgender Prozeßhandlungen: **Anerkenntnis:** § 307. Folgen unterbliebener oder verweigerter Erklärung über Tatsachen: § 138 III, über die Echtheit von Urkunden: § 439 III, Verzicht auf die Beeidigung: §§ 391, 410, 452 III, gerichtliches **Geständnis:** § 288. § 617 entzieht den Parteien jede Verfügung über den Klaganspruch durch Anerkenntnis und Geständnis. Als Beweisumstände können beide verwertet werden, auch wenn sie vom Prozeßbevollmächtigten des Beklagten erklärt werden (KG Rpfleger 72, 461). Auch aus dem Fallenlassen von Behauptungen, kann das Gericht seine Schlüsse ziehen (LG Bonn NJW 70, 1423). Weder die ausdrückliche Einlassung noch das Schweigen der Parteien binden das Gericht, mag es sich um ehefreundliche oder ehefeindliche Tatsachen handeln. Das Gericht hat sich seine Überzeugung über Wahrheit und Unwahrheit in freier Beweiswürdigung zu bilden. Auch an Erklärungen der Parteien im Beweisverfahren ist es dabei nicht gebunden.

2 Der Anspruch auf **Herstellung des ehelichen Lebens** kann anerkannt werden; denn die Erhaltung der Ehe unterliegt der Disposition der Ehegatten (JHSedemund-Treiber Rn 2; anders Wieczorek A III a). Dies gilt nicht für die Klage auf Feststellung des Rechts zum Getrenntleben (Frankfurt FamRZ 84, 1123; Karlsruhe FamRZ 91, 1456).

3 **II) Parteivereinbarungen** zur Abstimmung des beiderseitigen Vorbringens sind möglich, aber nicht bindend. Allenfalls begründen sie den Einwand eines Verstoßes gegen Treu und Glauben, wenn sich die Gegenpartei nicht an das Vereinbarte hält (BGH FamRZ 61, 210/212).

4 **III)** Ein **Klagverzicht** (§ 306) ist wirksam (BGH FamRZ 86, 656) und bedarf nicht der Zustimmung des Gegners (Düsseldorf NJW 57, 1641). Er hindert den Verzichtenden nicht daran, auf Grund neuer Tatsachen von neuem die Scheidung zu verlangen (BGH FamRZ 61, 210/212). Bei einer Ehefeststellungsklage hat der Verzicht entsprechend § 635 (künftig § 632 IV; s Entwurf des Eheschließungsrechtsgesetzes – BTDrucks 13/4898) nur die Folge, daß die Klage für zurückgenommen erklärt wird. Materiell-rechtlich kann er eine Bestätigung der Ehe (§ 18 II EheG) enthalten, wenn ein Ehegatte bei der Eheschließung geschäftsunfähig war und deshalb Eheaufhebungsklage erhoben hatte.

5 **IV) Vergleiche** können auch in Ehesachen geschlossen werden. Über das Klagbegehren können die Parteien sich nicht in der Weise vergleichen, daß die Rechtshängigkeit beseitigt wird (BGHZ 5, 251/258; 15, 192; 48, 336); sie können aber den Prozeß einverständlich durch entsprechende Verfahrenserklärungen beenden: Wenn sie sich versöhnt haben, können sie die **Klage zurücknehmen, die Hauptsache für erledigt erklären** oder ein Rechtsmittel gegen ein klagabweisendes Urteil zurücknehmen. Wenn sie sich über die Scheidung einig werden, können sie einverständlich Rechtsmittel gegen ein Scheidungsurteil zurücknehmen oder auf solche verzichten (KG DR 41, 1164).

6 Verfahrenserklärungen, die auf Beendigung des Rechtsstreits im ganzen oder wenigstens eines abtrennbaren Teils gerichtet sind, sowie Vereinbarungen über die Kosten können auch in einem gerichtlich protokollierten Vergleich enthalten sein. Erledigt dieser das gesamte noch anhängige Verfahren, so ist er ein **Prozeßvergleich** iS des § 794 I Nr 1, aus dem die Zwangsvollstreckung betrieben werden kann (LG Hannover NdsRpfl 70, 174). Hat das Gericht jedoch nach Vergleichsabschluß noch eine Entscheidung zur Hauptsache zu treffen, so ist der Vergleich nur ein Teilvergleich, der zwar in der Kostenentscheidung berücksichtigt werden kann (§ 93 a I 3), der aber kein **Vollstreckungstitel** ist. Gegenstand eines Teilvergleichs können auch die Prozeßkosten sein (StJSchlosser 16).

7 Auch über die Art der Prozeßführung können sich Eheleute einigen, sofern nicht unwahre Scheidungsgründe vorgebracht werden (BGHZ 41, 172), zB durch einverständliches Fallenlassen einzelner ehefeindlicher Tatsachenbehauptungen oder eines Widerspruchs nach § 1568 I BGB; dies kann in einem Vergleich protokolliert werden. Solche **Zwischenabkommen** sind keine Prozeßvergleiche, weil sie nicht auf Beilegung des Rechtsstreits abzielen und ein Urteil nicht entbehrlich machen, sondern nur eine vereinfachte Herbeiführung des Scheidungsurteils bezwecken (Tschischgale JR 51, 427; Kassel NJW 50, 112).

8 **Scheidungsfolgenvergleiche** s § 630 Rn 15 ff. Ehesachen, die **keine Scheidungssachen** sind, können nicht mit Folgesachen verbunden werden; s § 623 Rn 3. Ein Vergleich über die Folgen des erwarteten Urteils ist trotzdem möglich; er kann im Verfahren der einstweiligen Anordnung geschlossen werden (BGHZ 15, 192; 48, 336; München NJW 68, 945; Hamm NJW 68, 1241; BayObLG NJW 72, 2131; Bosch FamRZ 65, 240; Blomeyer Rpfleger 72, 386).

618 *[Zustellung von Urteilen]*
§ 317 Abs. 1 Satz 3 gilt nicht für Urteile in Ehesachen.

Die Erläuterungen zu dieser Vorschrift sind mit denjenigen zu § 621 c zusammengefaßt. 1

619 *[Tod eines Ehegatten]*
Stirbt einer der Ehegatten, bevor das Urteil rechtskräftig ist, so ist das Verfahren in der Hauptsache als erledigt anzusehen.

I) Anwendungsbereich: Die Bestimmung gilt für alle Eheverfahren in allen Instanzen, auch für Wiederaufnahmeverfahren. 1

II) Tod vor Rechtshängigkeit: Die Auswirkungen des Todes eines Ehegatten auf das Verfahren sind unterschiedlich je nachdem, in welchem Verfahrensstadium der Ehegatte stirbt. **1)** Lebt der **Antragsgegner** bereits bei Einreichung der Antragsschrift nicht mehr oder **stirbt** er nach Einreichung, aber **vor Zustellung** dieser Schrift, so ist die Klage mangels Existenz eines Gegners als unzulässig abzuweisen (BGHZ 24, 91/94; Brandenburg FamRZ 96, 683; Jauernig FamRZ 61, 103). Der Antrag kann auch zurückgenommen werden (KG JurBüro 69, 984). Dann ist nicht über die Kosten zu entscheiden; eine Gegner, der Kostenerstattung verlangen könnte, existiert hier nicht (Brandenburg aaO). **2) Stirbt der Antragsteller vor Zustellung der Antragsschrift,** so ist diese nicht mehr zuzustellen. Eine Kostenentscheidung ergeht dann nicht; denn mangels Rechtshängigkeit der Sache kann die Frage der Kostenerstattung nicht entstehen (§ 269 Rn 8). Wird die Antragsschrift zugestellt, obwohl der Antragsteller nach deren Einreichung verstorben ist, so ist die Hauptsache erledigt, wenn man den weiten Erledigungsbegriff (§ 91 a Rn 40) vertritt. Wegen der Kostenentscheidung s Rn 8. 2

III) Tod nach Rechtshängigkeit: 1) Durch den Tod eines Ehegatten wird das **Verfahren unterbrochen** (§ 239). War der Verstorbene durch einen Prozeßbevollmächtigten vertreten, so tritt keine Unterbrechung ein (BGH FamRZ 81, 245 = NJW 686 mwN). Auch die Prozeßvollmacht des Rechtsanwalts des Verstorbenen endet nicht mit dessen Tod (BGH aaO). Das Verfahren ist jedoch auf Antrag des Prozeßbevollmächtigten oder des Gegners **auszusetzen** (§ 246 I; Thomas/Putzo Rn 3; Schleswig SchlHA 77, 102; anders Schleswig SchlHA 74, 103). Unterbrechung und Aussetzung bewirken, daß Prozeßhandlungen des überlebenden Ehegatten den Erben des verstorbenen Ehegatten gegenüber unwirksam sind und umgekehrt Prozeßhandlungen der Erben dem überlebenden Ehegatten gegenüber unwirksam sind (§ 249 II). Stirbt ein Ehegatte nach Schluß der mündlichen Verhandlung, so ist das Gericht nicht gehindert, nach seinem Tode noch eine Entscheidung zu verkünden (§ 249 III). Infolge der Unterbrechung oder Aussetzung laufen aber die Fristen zur Einlegung von Rechtsmitteln gegen diese Entscheidung nicht (§ 249 I). Unterbrechung bzw Aussetzung enden, wenn das Verfahren aufgenommen wird. 3

2) Ist der Beklagte nach Rechtshängigkeit, aber vor mündlicher Verhandlung zur Hauptsache verstorben, so kann der Kläger die **Klage zurücknehmen** (München NJW 70, 1799; Baumbach/Albers Rn 3; StJSchlosser Rn 2; Rolland/Roth Rn 3; anders Schwab/Maurer I Rn 322). **Rechtsmittel** gegen den Scheidungsausspruch oder eine Folgesachentscheidung können nach dem Tode eines der Ehegatten nicht mehr **zurückgenommen** werden; die Rechtskraft der Entscheidung der Vorinstanz kann so nicht herbeigeführt werden (Koblenz FamRZ 80, 717). 4

3) Verfahren bei Erledigung der Hauptsache: Mit dem Tode eines Ehegatten erledigt sich die Hauptsache kraft Gesetzes. Sie braucht nicht für erledigt erklärt zu werden (Saarbrücken 5

FamRZ 85, 89). Entsprechend § 269 III 3 kann jedoch auf Antrag des überlebenden Ehegatten durch Beschluß ausgesprochen werden, daß die Ehesache und/oder eine Folgesache sich in der Hauptsache erledigt haben, wenn der Ehegatte hieran ein rechtliches Interesse hat. Dieses besteht, wenn unklar ist oder Streit darüber besteht, ob sich das Scheidungsverfahren durch Tod erledigt hat, zB wenn die Scheidung zunächst rechtskräftig geworden war und dann Wiedereinsetzung in den vorigen Stand gewährt wurde (Zweibrücken FamRZ 95, 619 f mwN), oder wenn Mißverständnissen vorgebeugt werden soll, nachdem eine Partei nach Verkündung, aber vor Rechtskraft des Scheidungsurteils verstorben ist (Hamm FamRZ 95, 101; MK/Walter Rn 12), ferner wenn die Witwe statt des Versorgungsausgleichs eine Witwenrente beziehen will (Celle FamRZ 80, 70 f; NdsRpfl 81, 197; ähnlich Frankfurt FamRZ 90, 296 f; StJSchlosser Rn 14; anders Saarbrücken aaO). Über die Kostenentscheidung ist mit den Erben des Verstorbenen und dem anderen Ehegatten mündlich zu verhandeln. Beerbt der überlebende Ehegatte allein den Verstorbenen, so ergeht keine Kostenentscheidung, weil Parteien, die einander Kosten zu erstatten haben, nicht mehr vorhanden sind (JHSedemund-Treiber Rn 3; Thomas/Putzo Rn 3 f; anders Stein/Jonas/Schlosser Rn 15; MK/Walter Rn21).

6 **4) Inhalt der Kostenentscheidung:** Der **BGH** hebt im Regelfall die Kosten aller Instanzen entsprechend **§ 93a** gegeneinander auf. Er hält diese Vorschrift für eine den § 91a verdrängende Sonderregelung. § 91a sei nicht maßgeblich, weil er auf die Erfolgsaussicht der Rechtsverfolgung abstelle (FamRZ 83, 683 u 86, 253; weitere Nachweise s Bamberg FamRZ 95, 1073 f). Hiergegen spricht: § 93a regelt den Kostenpunkt nur für die Fälle, daß eine Ehe geschieden oder aufgehoben wird. Der Fall, daß eine solche Klage abgewiesen wird, ist in § 91 geregelt (§ 93a Rn 7), der durch § 93a II ergänzt wird. Für die Rechtsmittelinstanz gilt § 97 (näheres s § 629a Rn 10). Auch § 91a regelt nicht den Fall des § 619, denn hier haben nicht die Parteien die Hauptsache für erledigt erklärt, sondern diese erledigt sich kraft Gesetzes. Hinsichtlich des Kostenpunktes ist das Gesetz lückenhaft.

7 Die Lücke kann nicht durch § 93a geschlossen werden. Ehescheidung und Hauptsachenerledigung sind ebensowenig rechtsähnliche Fälle wie Abweisung des Scheidungsantrags und Hauptsachenerledigung. Dagegen sind beiderseitige Erledigungserklärung und Erledigung kraft Gesetzes einander ähnlich. Deshalb ist **§ 91a analog anzuwenden** und danach zu fragen, wie die Kosten unter Berücksichtigung des bisherigen Verfahrensstandes zu verteilen gewesen wären, wenn der eine Ehegatte nicht verstorben wäre (München NJW 70, 1799/1800; Bamberg FamRZ 95, 1073 f). Ist der Verfahrensausgang ungewiß, so sind die Kosten gegeneinander aufzuheben. Wäre die Ehe voraussichtlich geschieden oder aufgehoben worden, so sind die Grundsätze des § 93a I, III bei der Kostenentscheidung zu berücksichtigen. Wäre der Scheidungsantrag abgewiesen worden, so sind die Kosten dem Antragsteller bzw dessen Erben aufzuerlegen. Bei der Entscheidung über die Kosten der Folgesachen ist § 93a II zu berücksichtigen. Wäre ein Rechtsmittel in einer Ehesache oder Folgesache zurückgewiesen worden, so ist § 97 zu berücksichtigen. Hätte es Erfolg gehabt, so gelten die in § 629a Rn 9 f entwickelten Grundsätze entsprechend.

8 **5) Anfechtung wirkungsloser Hauptsachenentscheidungen:** Wird in Unkenntnis des Todes eines Ehegatten verhandelt und ein Urteil verkündet, so ist die Entscheidung über die erledigte Hauptsache (Ehesache und Folgesachen) wirkungslos (BGH FamRZ 81, 245 f mwN = NJW 686; Göppinger ZZP 67, 464 Fußn 4 a). Wirksam ist nur die Kostenentscheidung (BGH aaO; RG HRR 32 Nr 1611). Wirkungslos wird die Hauptsachenentscheidung auch, wenn ein Ehegatte zwischen Urteilsverkündung und Rechtskraft stirbt (RG aaO, Zweibrücken FamRZ 80, 716). Gegen die Kostenentscheidung können jedoch die Erben des Verstorbenen und der überlebende Ehegatte analog § 91 a II sofortige Beschwerde einlegen (Hamm JMBlNRW 56, 32; Bremen NJW 75, 2074; anders RG JW 06, 311; Rosenberg/Gottwald § 165 V 11 b mwN: Beschwerde analog § 99 II; noch anders Celle NJW 65, 1813: unanfechtbar).

9 Bei wirkungsloser Hauptsachenentscheidung ist es mangels Beschwer nicht zulässig, ein **Rechtsmittel** einzulegen (Celle FamRZ 80, 70). Das gilt auch für ein solches **mit dem Ziel, die Wirkungslosigkeit der Entscheidung feststellen zu lassen** (BGH FamRZ 81, 245 f mwN = NJW 686; Zweibrücken FamRZ 80, 716; Düsseldorf FamRZ 70, 486; anders Koblenz FamRZ 80, 717 für eine Anschlußberufung). Ist ein Rechtsmittel gegen den Scheidungsausspruch oder eine Folgesachenentscheidung eingelegt worden und begehrt der Rechtsmittelführer trotz des Todes eines Ehegatten eine Sachentscheidung des Rechtsmittelgerichts, so ist das **Rechtsmittel** als **unzulässig** zu verwerfen (so BGH aaO für die Beschwerde eines Versicherungsträgers in der Folgesache Versorgungsausgleich).

10 **6) Unzulässige Klagen und Rechtsmittel:** Die Erledigung der Hauptsache hat nur zur Folge, daß keine Sachentscheidung mehr ergehen darf. Einer Entscheidung aus verfahrensrechtlichen Gründen steht § 619 nicht im Wege, wenn die Klage mangels Zuständigkeit, gesetzlicher Vertretung, Prozeßfähigkeit usw unzulässig ist. Hier können die Erben des verstorbenen Beklagten das unterbrochene (§ 239) oder ausgesetzte (§ 246) Verfahren aufnehmen mit dem Ziel, daß die Klage

als unzulässig abgewiesen wird (BGH NJW 74, 368 = ZZP 87, 347 mit Anm Grunsky, Bruns ZZP 79, 139). Ein unzulässiges Rechtsmittel ist auch dann zu verwerfen, wenn der Rechtsmittelgegner nach dessen Einlegung stirbt (BGH aaO).

IV) Mit der Erledigung der Hauptsache erledigen sich auch Anträge auf Erlaß **einstweiliger Anordnungen** oder Rechtsmittel gegen solche Anordnungen. Bereits erlassene Anordnungen treten außer Kraft (§ 620 f I 1). Anders als bei der Hauptsache ist dies auf Antrag durch Beschluß auszusprechen. Hiergegen findet sofortige Beschwerde statt (§ 620 f I 2 u 3). 11

V) Über **Folgesachen** iS des § 623 I 1 ist nur für den Fall der Scheidung zu entscheiden. 12
Erledigt sich das Scheidungsverfahren in der Hauptsache, so sind analog den §§ 626 I, 629 III 1 auch die Folgesachen als erledigt anzusehen (BGH FamRZ 81, 245 f = NJW 686 u FamRZ 83, 683; Celle NdsRpfl 81, 197). Entsprechend anwendbar sind auch die §§ 626 II 1 u 629 III 2 (StJSchlosser Rn 5, Baumbach/Albers § 626 Rn 6, Rolland/Roth Rn 15): Auf Antrag kann den Erben des verstorbenen Ehegatten oder dem überlebenden Ehegatten vorbehalten werden, eine Folgesache als selbständige Familiensache fortzuführen. Der Antrag muß gestellt werden, bevor die Kostenentscheidung rechtskräftig wird, die das erledigte Verfahren beendet (§ 626 Rn 9). Näheres über das Verfahren s § 626 Rn 9 f. Fortführen lassen sich nur wenige Folgesachen:

1) Hatte der überlebende Ehegatte von dem Verstorbenen **Unterhalt** verlangt, so steht ihm uU 13
nach § 1586 b BGB ein Unterhaltsanspruch gegen die Erben zu. Hier kann das Verfahren fortgeführt werden. Stirbt der Unterhalt fordernde Ehegatte, so erlischt sein Unterhaltsanspruch (§ 1586 I BGB). Unterhaltsansprüche für die Vergangenheit konnten nicht Folgesache sein (§ 623 Rn 12). Deshalb können sie auch nicht von den Erben fortgeführt werden.

2) Eine Fortführung der Folgesache **Zugewinnausgleich** kommt in Betracht, wenn der überle- 14
bende Ehegatte vom Verstorbenen den Ausgleich verlangt hatte und nicht dessen Erbe, Miterbe oder Vermächtnisnehmer ist (§§ 1371 II, 1933 I BGB). Verlangt er nunmehr von den Erben Zugewinnausgleich, so ändert sich uU dessen Berechnung erheblich, weil als Ende des Güterstandes nicht mehr der Tag der Zustellung des Scheidungsantrages gilt (§ 1384 BGB), sondern der Güterstand mit dem Tode des Ehegatten endet. Wird der Zugewinnausgleich durch Erhöhung des Erbteils verwirklicht (§ 1371 I BGB), so kann die Folgesache nicht fortgeführt werden.

3) Alle anderen Folgesachen lassen sich nach dem Tode des einen Ehegatten nicht fortführen. 15
Die **elterliche Sorge** für ein gemeinsames Kind steht nach dem Tode eines Elternteils dem anderen Teil zu (§ 1681 I BGB). Die Folgesachen elterliche Sorge, Umgangsrecht und Herausgabe des Kindes an den anderen Elternteil (§§ 1671, 1634, 1632 BGB) lassen sich infolgedessen nicht fortführen. Hatte ein Elternteil im eigenen Namen (§ 1629 III 1 BGB) künftige **Unterhaltsansprüche des Kindes** gegen den anderen Elternteil geltend gemacht (vgl § 623 Rn 5 f) und stirbt der andere, so erlischt der Unterhaltsanspruch des Kindes (§ 1615 I). Stirbt der Elternteil, der den Unterhaltsanspruch geltend gemacht hatte, so ist es nicht Sache seiner Erben, das Verfahren fortzuführen; denn weder vererbt sich die Prozeßstandschaft noch werden die Erben gesetzliche Vertreter des Kindes. Ein **Versorgungsausgleich** und Verfahren über **Ehewohnung und Hausrat** finden nur im Scheidungsfall statt (§§ 1587 BGB, 1 I HausratsVO).

VI) Ist eine Ehe rechtskräftig geschieden oder aufgehoben worden, so ist nach dem Tode eines 16
Ehegatten eine **Wiederaufnahme des Verfahrens** nicht mehr möglich (BGHZ 43, 239/142; Jauernig FamRZ 61, 100; Rolland Rn 6; StJSchlosser Rn 11; Baumbach/Albers Rn 5; Thomas/Putzo Rn 5; anders RGZ 118, 73 ff; RG JW 24, 908; Blomeyer 1. Aufl § 120 VII 3; Wieczorek Anm A I b 2). Eine erneute Verhandlung über die Hauptsache (§ 590) kann nicht mehr stattfinden, weil diese durch den Tod des einen Ehegatten erledigt ist. Analog § 99 I kann das Verfahren auch nicht nur hinsichtlich der Kostenentscheidung wieder aufgenommen werden.

Einstweilen frei. 17

VII) Ebensowenig wie die Wiederaufnahme des Verfahrens ist die **Wiedereinsetzung in den** 18
vorigen Stand zulässig, wenn sie beantragt wird, um das Eheverfahren nach dem Tode eines Ehegatten weiterzubetreiben (StJSchlosser 13). Wird nach dem Tode eines Ehegatten die Frist zur Einlegung einer zulässigen sofortigen Beschwerde gegen eine Kostenentscheidung versäumt, so kann Wiedereinsetzung gewährt werden (Rolland 8; vgl Oldenburg NdsRpfl 52, 103).

VIII) § 619 ist nicht anzuwenden, wenn ein **Ehegatte** nach Rechtskraft des Scheidungsaus- 19
spruchs, aber **vor rechtskräftiger Entscheidung einer Folgesache stirbt** (BGH FamRZ 85, 1240 f u 89, 35 f). Dennoch erledigen sich hierdurch manche Folgesachen aus dem Bereich der freiwilligen Gerichtsbarkeit, die nur unter Lebenden und nur mit Wirkung für die Zukunft geregelt werden können: elterliche Sorge, Umgangsrecht, Herausgabe eines Kindes an den anderen Ehegatten, Ehewohnung und Hausrat. Der Wertausgleich von Versorgungsanwartschaften kann nicht rückwirkend für die Zeit zwischen Rechtskraft der Scheidung und dem Tod des Ausgleichsberechtigten geregelt werden (§ 53 g I FGG; BSG FamRZ 83, 389 u 699) und ist folglich erledigt.

Anders beim Tod des Ausgleichsverpflichteten: Hier ist der Ausgleichsanspruch gegen die Erben geltend zu machen (§ 1587 e IV BGB; Koblenz FamRZ 84, 803). Stirbt der unterhaltsberechtigte Ehegatte, so können seine Erben den Unterhalt für die Zeit zwischen Rechtskraft der Scheidung und Tod verlangen (§ 1586 II BGB). Stirbt der Unterhaltsverpflichtete, so haben seine Erben den Unterhalt für diese Zeit zu bezahlen. Wegen des künftigen Unterhalts s Rn 15. – Erledigen sich Folgesachen aus dem Bereich der freiwilligen Gerichtsbarkeit (§ 621 a I 1), so hat das Gericht von Amts wegen die Erledigung festzustellen und über die Kosten zu entscheiden. In zivilprozessualen (unterhalts- und güterrechtlichen) Folgesachen wird das Gericht nicht von Amts wegen tätig, sondern nur, wenn der überlebende Gatte und/oder die Erben des Verstorbenen die Hauptsache für erledigt erklären.

620 *[Einstweilige Anordnungen]*

Das Gericht kann im Wege der einstweiligen Anordnung auf Antrag regeln:

1. **die elterliche Sorge für ein gemeinschaftliches Kind;**
2. **den Umgang eines Elternteils mit dem Kinde;**
3. **die Herausgabe des Kindes an den anderen Elternteil;**
4. **die Unterhaltspflicht gegenüber einem minderjährigen Kinde;**
5. **das Getrenntleben der Ehegatten;**
6. **den Unterhalt eines Ehegatten;**
7. **die Benutzung der Ehewohnung und des Hausrats;**
8. **die Herausgabe oder Benutzung der zum persönlichen Gebrauch eines Ehegatten oder eines Kindes bestimmten Sachen;**
9. **die Verpflichtung zur Leistung eines Kostenvorschusses für die Ehesache und Folgesachen.**

Im Falle des Satzes 1 Nr. 1 kann das Gericht eine einstweilige Anordnung auch von Amts wegen erlassen.

1 **I) Voraussetzungen für den Erlaß einer einstweiligen Anordnung: 1) Anhängigkeit einer Ehesache:** Die §§ 620 ff gehören zu den allgemeinen Vorschriften für Ehesachen (s Titelüberschrift vor § 606) und sind nur anzuwenden, wenn eine Ehesache oder ein PKH-Gesuch für eine solche Sache anhängig ist (§ 620 a II 1). Anhängigkeit s § 620 a Rn 2 ff. Einstweilige Anordnungen können in jeder Ehesache (§ 606 Rn 2–20) erlassen werden, auch bei Klagen auf Feststellung des Rechts zum Getrenntleben (Köln FamRZ 82, 403; Karlsruhe IPRax 85, 106 f) und im Wiederaufnahmeverfahren (Hamm NJW 72, 590). Auch in Eheprozessen zwischen Ausländern können solche Anordnungen ergehen (Hamburg DAVorm 83, 151 mwN; Hamm FamRZ 89. 621), wenn die

Ehesache vor einem inländischen Gericht anhängig ist (Karlsruhe aaO; Henrich IPRax 85, 89). **Einstweilige Anordnungen** zur Regelung der Kostenvorschußpflicht können auch **in anderen Familiensachen** und Unterhaltssachen ergehen (§§ 621 f, 127 a). Die Unterhaltspflicht kann außer im Falle des § 620 nur im Vaterschaftsfeststellungsprozeß vorläufig geregelt werden (§ 641 d). Im Verfahren nach dem Gesetz zur Ausführung von Sorgerechtsübereinkommen kann das FamG einstweilige Anordnungen erlassen, um Gefahren für das Kindeswohl abzuwenden oder eine Beeinträchtigung der Interessen von Beteiligten zu vermeiden. Hier gelten die §§ 620 a, 620 b, 620 d–g sinngemäß (§ 6 II des Ausführungsgesetzes – BGBl 90 I 701). Auch in selbständigen Verfahren zur Regelung der Rechtsverhältnisse an Ehewohnung und Hausrat, der elterlichen Sorge, des Umgangs mit einem Kind und der Herausgabe eines Kindes können einstweilige Anordnungen ergehen (Rn 33 ff).

2) Die **Erfolgsaussichten der Ehesache** sind im Anordnungsverfahren nicht zu prüfen (AG Lörrach NJW 78, 1330). Nur wenn die Klage/der Scheidungsantrag offensichtlich aussichtslos ist, fehlt einem Antrag des Klägers/Antragstellers auf Erlaß einer einstweiligen Anordnung das Rechtsschutzbedürfnis (so bei offensichtlich unzulässigen Scheidungsanträgen Düsseldorf FamRZ 60, 155; Celle FamRZ 68, 165; KG FamRZ 74, 461 f; Bamberg FamRZ 83, 82; Hamburg DAVorm 83, 153 u ZfJ 88, 94; Karlsruhe FamRZ 89, 79 = NJW-RR 1414); denn einstweilige Anordnungen, die bei der hier gebotenen Abweisung des Scheidungsantrages sofort wieder außer Kraft träten (§ 620 f I 1), sollten nicht erlassen werden. Bedarf die internationale Zuständigkeit der Klärung, so ist die Klage nicht offensichtlich unzulässig; einstweilige Anordnungen können erlassen werden (Hamburg aaO; Hamm NJW 77, 1597). Auch bei offensichtlich unbegründeten Scheidungsanträgen fehlt das Rechtsschutzbedürfnis für einstweilige Anordnungen (Stuttgart MDR 57, 621; Celle, Bamberg, Karlsruhe aaO), zB wenn vor Ablauf des Trennungsjahres die Scheidung beantragt wird, ohne daß in der Person des Antragsgegners liegende Gründe vorgebracht werden, die die Fortsetzung der Ehe als besondere Härte erscheinen lassen (§ 1565 II BGB). 2

3) Einstweilige Anordnungen werden nur auf **Antrag eines Ehegatten** erlassen. Das Jugendamt und das Kind können eine solche Regelung anregen; antragsberechtigt sind sie nicht. Erhebt der Staatsanwalt Nichtigkeitsklage gegen beide Ehegatten (§ 632) oder erhebt künftig die zuständige Verwaltungsbehörde eine entsprechende Eheaufhebungsklage (§ 1316 I Nr 1 BGB in der Fassung des Entwurfs des Eheschließungsrechtsgesetzes – BTDrucks 13/4898), so ist jeder Ehegatte, nicht aber der Staatsanwalt antragsberechtigt. Die elterliche Sorge für ein gemeinsames Kind kann das Gericht auch **von Amts wegen** einstweilen regeln (S 2). In Unterhalts- und Prozeßkostenvorschußsachen muß der Antrag einen hinreichend bestimmten Sachantrag enthalten; in anderen Angelegenheiten genügt ein Antrag auf Einleitung eines Anordnungsverfahrens (Gießler Rn 19). 3

4) **Ermessensentscheidung?** Wenn das Gericht eine Ehe vor Regelung der elterlichen Sorge scheidet, trifft es nach § 628 II eine einstweilige Anordnung über die Sorge. Nach § 620 kann es einstweilige Anordnungen erlassen. Der unterschiedliche Wortlaut beider Bestimmungen bedeutet, daß das Gesetz im ersten Fall stets das Regelungsbedürfnis bejaht und daß im zweiten Fall die Anordnung nur zu erlassen ist, wenn ein Regelungsbedürfnis festgestellt wird. Wenn dies der Fall ist, hat der Antragsteller Anspruch auf eine Entscheidung (JHSedemund-Treiber Rn 4, Baumbach/Albers Rn 6; MK/Klauser Rn 4; Rolland/Roth Rn 48). Das Wort „kann" im § 620 deutet nicht auf eine Ermessensentscheidung hin (Gießler Rn 122), sondern auf den unbestimmten Rechtsbegriff des Regelungsbedürfnisses. 4

5) Wann ein **Regelungsbedürfnis** besteht, definiert das Gesetz nicht. Im Verfahren zur Regelung der elterlichen Sorge gilt der gewohnheitsrechtliche Satz, daß einstweilige Anordnungen zu erlassen sind, wenn ein dringendes Bedürfnis für ein sofortiges Einschreiten besteht, das ein Abwarten bis zur endgültigen Entscheidung nicht gestattet (BayObLG FamRZ 92, 90; 95, 502 f; KG FamRZ 94, 119/121; Düsseldorf FamRZ 94, 1541; DAVorm 96, 273; Keidel/Kahl § 19 Rn 30; Jansen § 19 Rn 28 mwN). Diese Regel paßt auch für andere Anordnungsverfahren (Naumburg FamRZ 94, 389). Im übrigen ist die Frage nach dem Regelungsbedürfnis eine solche des Einzelfalls; vgl unten Rn 38 für die elterliche Sorge und Rn 56 für die Unterhaltsanordnung. Hält das Gericht eine Regelung für unnötig, so muß es den Antrag auf Erlaß einer einstweiligen Anordnung zurückweisen, zB den Antrag auf Gestattung des Getrenntlebens, wenn die Eheleute seit Jahren getrennt leben (Düsseldorf FamRZ 72, 208) oder wenn der Aufenthalt des Antragsgegners unbekannt ist, den Antrag auf Regelung des Unterhalts oder auf Zahlung eines Prozeßkostenvorschusses, wenn nicht dargetan ist, daß der Antragsgegner vergeblich zur Zahlung aufgefordert worden ist (Köln FamRZ 90, 768) oder wenn der Gegner den begehrten Unterhalt freiwillig und rechtzeitig zu zahlen pflegt. Über die Frage, ob eine einstweilige Anordnung erlassen werden darf, obwohl bereits ein Titel besteht, s Rn 18 ff. 5

6 6) Auch das 1. EheRG hat die Frage nicht geregelt, ob einstweilige Anordnungen einer **materiell-rechtlichen Grundlage** bedürfen (so München FamRZ 80, 448; Stuttgart FamRZ 72, 373; Deubner NJW 68, 924; Goerke FamRZ 74, 59; Leipold, Grundlagen des einstweiligen Rechtsschutzes (1971) 145 ff; anders München FamRZ 78, 54; Wilts NJW 67, 428). Diese Frage läßt sich nicht allgemein beantworten, sondern mit JHSedemund-Treiber Rn 2 (anders Rolland/Roth Rn 49) ist zu unterscheiden:

7 a) Soweit der **Gegenstand** einer einstweiligen Anordnung **materiell-rechtlich geregelt** ist, darf keine dieser Regelung widersprechende Anordnung erlassen werden.

8 b) Teilweise gibt § 620 dem Richter bewußt **weitergehende Regelungsbefugnisse als das materielle Recht.** Soweit die Benutzung von Ehewohnung, Hausrat und von zum persönlichen Gebrauch bestimmten Sachen geregelt sowie die Herausgabe solcher Sachen angeordnet werden kann (S 1 Nr 7 u 8), fehlen häufig materiell-rechtliche Bestimmungen, mit denen sich die einstweilige Anordnung begründen läßt (Peschel-Gutzeit MDR 84, 892, s unten Rn 68). Hier reicht § 620 als Rechtsgrundlage aus. Auch S 1 Nr 1 gibt dem Familienrichter weitergehende Befugnisse zur Regelung der elterlichen Sorge als die §§ 621 I Nr 1 ZPO, 1672 BGB; s Rn 41.

9 c) Wenn **ausländisches Sachrecht** anzuwenden ist, dessen Inhalt sich nicht so schnell ermitteln läßt, wie das Regelungsbedürfnis es erfordert, kann auf deutsches Recht zurückgegriffen werden (Frankfurt FamRZ 80, 174 mwN; Karlsruhe IPRax 85, 106 f; KG IPRax 91, 60; JHSedemund-Treiber Rn 3; Mankowski/Kerfack IPRax 90, 374 Fn 44 mwN).

10 **II) Konkurrierende Verfahren:** Die in § 620 aufgezählten Angelegenheiten können durch einstweilige Anordnungen geregelt werden, solange eine Ehesache anhängig ist. Andererseits können sie Gegenstand eines ordentlichen Verfahrens nach den §§ 621–621 e sein. Schließlich bietet das Gesetz die Möglichkeit, Unterhaltsansprüche durch einstweilige Verfügung zu regeln (Vollkommer unten § 940 Rn 8 Unterhaltsrecht) und in Verfahren zur Regelung der elterlichen Sorge, des Umgangs und der Herausgabe eines Kindes vorläufige Anordnungen zu erlassen (Keidel/Kahl § 19 Rn 30). Die Vielzahl von Verfahrensmöglichkeiten führt zu der Frage, ob die Parteien zwischen ihnen wählen können oder ob das Anordnungsverfahren als Spezialregelung die anderen Verfahren verdrängt.

11 **1) Einstweilige Anordnung und Hauptsache: (Lit:** Griesche FamRZ 81, 1034). Die Möglichkeit, einen Verfahrensgegenstand einstweilen zu regeln, hindert die Ehegatten und sonstigen Beteiligten nicht daran, denselben Gegenstand im ordentlichen Verfahren endgültig zu regeln. Anträgen auf Einleitung solcher Verfahren und Klagen läßt sich nicht das **Rechtsschutzbedürfnis** mit der Begründung absprechen, die einstweilige Anordnung sei ein einfacherer und billigerer Weg zur Beseitigung des Streites. Die Anordnung soll nur den vorübergehenden Eintritt eines regelungslosen Zustandes verhindern, aber nicht für die Dauer wirken (Stuttgart FamRZ 92, 1195 f). Das Anordnungsverfahren ist ein summarisches Verfahren mit beschränkten Beweismöglichkeiten; Glaubhaftmachung genügt (§ 620 a II 3). Einstweilige Anordnungen sind grundsätzlich unanfechtbar (§ 620 c 2). Die Gewähr für eine der materiellen Rechtslage entsprechende Entscheidung ist geringer als im ordentlichen Verfahren. Die Anordnung hat geringere Bestandskraft als eine endgültige Entscheidung (§ 620 f I 1). Mit einem solchen Titel brauchen die Parteien sich nicht zu begnügen. **Einzelheiten:**

12 a) Die Befugnis des FamG, einstweilige Anordnungen zur Regelung der **elterlichen Sorge,** des Umgangs mit einem Kind und der Herausgabe eines Kindes zu erlassen, hindert Eltern, Jugendämter und Kinder im Alter von 14–18 Jahren (§ 59 FGG) nicht daran, selbständige Verfahren zur Regelung dieser Gegenstände zu betreiben (BGH FamRZ 80, 131 = NJW 454 und FamRZ 82, 788 mwN = MDR 1005; Hamburg FamRZ 88, 523; Saarbrücken FamRZ 89, 530; Koblenz NJW 89, 2201; Hamm FamRZ 90, 896; KG FamRZ 95, 629). Entsprechendes gilt für die Regelung der Benutzung von **Ehewohnung und Hausrat** (Köln FamRZ 86, 703; KG FamRZ 90, 183 = NJW-RR 1032; Bergerfurth FamRZ 85, 549).

13 b) Auch wenn der **Ehegattenunterhalt** durch einstweilige Anordnung geregelt worden ist oder werden kann, besteht ein Rechtsschutzbedürfnis für eine Klage auf Zahlung von Unterhalt für die Zeit nach Rechtskraft der Scheidung (Stuttgart FamRZ 92, 1195 f mwN) und für die Dauer des Getrenntlebens (BGH FamRZ 83, 355 = NJW 1330; KG FamRZ 87, 840 f; anders Hamm NJW 78, 1535; KG FamRZ 83, 620). Dasselbe gilt für Klagen auf Prozeßkostenvorschuß (BGH FamRZ 79, 472 mwN = NJW 1508 = MDR 652). Ist eine einstweilige Anordnung auf Zahlung von Unterhalt ergangen, so kann der Unterhaltsverpflichtete im ordentlichen Prozeß **auf Feststellung klagen, daß er keinen Unterhalt schuldet** (BGH FamRZ 83, 355 f, stRsp). Das rechtliche Interesse an dieser Feststellung (§ 256) folgt hier daraus, daß sich der Gegner des im Anordnungsverfahren geltendgemachten Unterhaltsanspruchs berühmt. Ein vergeblicher Versuch, die Aufhebung der Anordnung im Verfahren nach § 620 b I 1 zu erreichen, ist nicht Voraussetzung für die Zulässigkeit der Klage (Saarbrücken FamRZ 82, 277: anders Frankfurt FamRZ 79, 730). Das stattgebende

Urteil setzt die Anordnung außer Kraft (§ 620 f Rn 13).Der Anordnungsschuldner hat die Wahl, ob er negative Feststellungsklage erhebt oder nach § 620 b I 1 die Aufhebung der Unterhaltsanordnung beantragt (Koblenz FamRZ 83, 1148 f). Dieser Antrag ist zwar häufig (nicht immer) der einfachere und billigere Weg, um die Anordnung zu beseitigen. Gleichwohl besteht für die Klage ein Rechtsschutzbedürfnis; denn der Grundgedanke der §§ 936, 926, daß vorläufige Regelungen im ordentlichen Prozeß überprüft werden können, gilt auch für das Anordnungsverfahren (Koblenz FamRZ 83, 1148 f). Ebenso wie der Schuldner im Arrestverfahren die Wahl zwischen Widerspruch, Antrag nach § 926 und negativer Feststellungsklage hat (Vollkommer unten §§ 924 Rn 2, 926 Rn 3), kann der Anordnungsschuldner wählen, ob er eine solche Klage erhebt oder die Aufhebung der Unterhaltsanordnung beantragt.

c) Auch wenn das Rechtsschutzbedürfnis für ein selbständiges Sorgeregelungsverfahren, eine Unterhaltsklage oder eine ihr entsprechende negative Feststellungsklage bejaht wird, gibt es Fälle, in denen die **Prozeßkostenhilfe** für sie wegen **mutwilliger Rechtsverfolgung** zu versagen ist. Ist noch keine einstweilige Anordnung ergangen, so kann jeder Ehegatte zwischen dem ordentlichen und dem Anordnungsverfahren wählen (KG FamRZ 87, 840 f; Koblenz FamRZ 88, 1182; Hamburg FamRZ 88, 523; 89, 198; 90, 642; Saarbrücken FamRZ 89, 530; anders Düsseldorf FamRZ 94, 973 f; JurBüro 95, 205). Zwar verursacht jenes Verfahren mehr Kosten als dieses. Daß es eine mutwillige Rechtsverfolgung iS des § 114 ist, wird sich jedoch kaum feststellen lassen; denn das Anordnungsverfahren zieht häufig ein ordentliches Verfahren nach sich und verursacht dann höhere Kosten als ein selbständiges Verfahren ohne vorausgegangenes Anordnungsverfahren. Ist der Unterhalt bereits durch einstweilige Anordnung geregelt, so ist zu unterscheiden: 14

Wird Unterhalt als **Folgesache** geltend gemacht, ist dies **niemals mutwillig.** Das Gesetz sieht ausdrücklich vor, daß zunächst eine einstweilige Anordnung und dann eine endgültige Regelung im Verbundverfahren ergeht (Hamburg FamRZ 90, 181; Düsseldorf FamRZ 90, 421 = JurBüro 612; Schleswig SchlHA 91, 94 = JurBüro 91, 1229; ebenso Stuttgart FamRZ 92, 1195 f für die selbständige Klage auf nachehelichen Unterhalt; hierzu s aber § 623 Rn 24). 15

Mutwillig ist jedoch ein Antrag auf Regelung der elterlichen Sorge für die Zeit des Getrenntlebens, wenn hiermit dieselbe Regelung begehrt wird, die bereits in einer einstweiligen Anordnung enthalten ist. Mutwillig ist eine Klage auf Ehegattenunterhalt für die Zeit bis zur Scheidung, wenn der gleiche Betrag gefordert wird, der schon einstweilen festgesetzt worden ist, und wenn der Unterhalt beigetrieben werden kann (Hamm FamRZ 80, 708; Frankfurt FamRZ 82, 1223; Koblenz FamRZ 88, 1182). Hier ist der Unterhaltsberechtigte durch § 818 III BGB genügend gegen eine spätere Rückforderung des Unterhalts geschützt. Kann der Unterhalt nicht beigetrieben werden, läuft der Unterhaltsberechtigte Gefahr, daß der Anordnungsschuldner später rückwirkend auf Feststellung klagt, daß er keinen Unterhalt geschuldet habe (§ 620 f Rn 16 c). Hier ist eine Unterhaltsklage nicht mutwillig (Stuttgart DAVorm 88, 919). Die Klage auf Feststellung, daß kein Unterhalt geschuldet wird, kann mutwillig sein, solange nicht versucht wird, im Abänderungsverfahren nach § 620 b das gleiche Ergebnis zu erzielen (Schleswig SchlHA 84, 164; Düsseldorf JurBüro 88, 747; anders Köln FamRZ 84, 717 mwN). 16

Der Einwand, daß der durch einstweilige Anordnung festgesetzte Unterhalt bezahlt sei, kann mit der **Vollstreckungsabwehrklage** (§ 767) geltend gemacht werden. Die Möglichkeit, diesen Einwand im Verfahren der einstweiligen Anordnung zu erheben (§ 620 b Rn 4), schließt die Abwehrklage nicht aus (Saarbrücken FamRZ 80, 385; KG DAVorm 89, 315/317; anders Hamburg NJW 78, 1272; München MDR 80, 148). Für diese erhält der Kläger jedoch keine PKH, wenn er seine Zahlung glaubhaft machen kann. Hier ist die Klage mutwillig iS des § 114; denn sie verursacht mehr Kosten als ein Antrag nach § 620 b (Oldenburg NdsRpfl 81, 253; Hamm FamRZ 87, 961). Über die Konkurrenz der Vollstreckungsabwehrklage mit dem Antrag aus § 620 I 2 s § 620 f Rn 31. 17

d) Änderung endgültiger Titel durch einstweilige Anordnung: Vorläufiger Rechtsschutz schafft eine Regelung für die Zeit, bis die Hauptsache endgültig entschieden oder anderweitig geregelt ist (Gießler Rn 125). Das gilt für einstweilige Anordnungen in Ehesachen, solche über die Einstellung der Zwangsvollstreckung und vorläufige Anordnungen im Verfahren der freiwilligen Gerichtsbarkeit gleichermaßen. Ist die Änderung einer bereits vorhandenen endgültigen Regelung Gegenstand des Hauptsacheverfahrens (vgl §§ 1696 BGB, 323 ZPO, 17 HausratsVO), so kann die vorhandene Regelung auch vorläufig geändert werden. Die Vollstreckung aus einem Unterhaltstitel darf einstweilen eingestellt werden, wenn eine Abänderungsklage auf Herabsetzung des Unterhalts erhoben worden ist (§ 323 Rn 39). Wenn im Sorgerechtsänderungsverfahren nach § 1696 BGB ein dringendes Bedürfnis für ein sofortiges Einschreiten besteht, das ein Abwarten bis zur endgültigen Entscheidung nicht gestattet, darf die elterliche Sorge vorläufig abweichend von der früheren Sorgerechtsentscheidung geregelt werden (München FamRZ 81, 389; Karlruhe FamRZ 84, 91 f; Soergel/Strätz Rn 17, Staudinger/Coester Rn 76, MK-BGB/Hinz Rn 24, alle zu § 1696 BGB mwN). Wenn aber Hauptsache nicht die Änderung einer bereits 18 vorhandenen endgültigen Regelung, sondern die Ehesache ist, ist es unzulässig, bereits vorhandene endgültige Regelungen durch einstweilige Anordnungen zu ändern. Denn diese würden nicht mit dem Eheurteil, sondern erst mit dem Wirksamwerden anderweitiger Regelungen, falls solche jemals ergehen, außer Kraft treten (§ 620 f I 1). Auf diese Weise entstände ein eventuell langdauernder Zustand der Ungewißheit, der mit den auf klare Verhältnisse zielenden §§ 1696 BGB, 323 ZPO, 17 HausratsVO unvereinbar ist. Diesen Grundsätzen entsprechen die Literatur (Gießler Rn 125; JHSedemund-Treiber Rn 12; MK/Klauser Rn 19, 46, 79; StJSchlosser Rn 2b) und die bisher veröffentlichten Entscheidungen:

19 **aa)** Eine gemäß § 1672 BGB ergangene Entscheidung über die **elterliche Sorge** läßt sich nicht durch einstweilige Anordnung im Eheverfahren vorläufig außer Kraft setzen (Schleswig SchlHA 80, 162; KG FamRZ 85, 722; Hamm FamRZ 88, 411; Hamburg FamRZ 88, 635 u ZfJ 88, 94/96; Hamm FamRZ 90, 896). Zugleich mit dem Eheverfahren ist zwar notwendigerweise ein Sorgerechtsänderungsverfahren anhängig; denn im Scheidungsurteil ist erneut über die elterliche Sorge zu entscheiden (§ 623 III). Dennoch darf keine Sorgeregelungsanordnung ergehen, denn deren Verfahrensgegenstand wäre nicht kongruent mit demjenigen der Folgesache elterliche Sorge. Die Folgesachenentscheidung regelt die Sorge nur für die Zeit ab Rechtskraft der Scheidung (§ 629 d); die Anordnung würde sie für die Zeit davor regeln. Hinzu kommt folgendes: Würde eine Sorgeregelungsanordnung ergehen, so würde die ursprüngliche Sorgerechtsregelung im Falle der Klagabweisung, -rücknahme oder Erledigung der Hauptsache von selbst wieder in Kraft treten (§ 620 f). Solch automatisches Hin und Her wäre dem Kindeswohl kaum dienlich. Hält das Familiengericht vor Abschluß des Scheidungsverfahrens eine Änderung der vorhandenen Sorgerechtsregelung für erforderlich, so ist nach § 1696 BGB ein selbständiges Änderungsverfahren einzuleiten (Schleswig aaO).

20 **bb)** Ein **bestehender Unterhaltstitel** darf durch einstweilige Anordnung ebensowenig wie durch eine Zusatzklage **erweitert werden;** s § 323 Rn 10; Karlsruhe MDR 60, 680; Hamm FamRZ 80, 608; 82, 409 mwN; Klauser DAVorm 82, 131; anders Hamburg MDR 57, 426; München FamRZ 70, 407 mwN. Der einzige Weg zur Erhöhung des Unterhalts ist die Abänderungsklage des § 323. Ist eine solche Klage erhoben worden, so kann in den Grenzen der Klaganträge durch einstweilige Anordnung vorläufig erhöhter Unterhalt zugesprochen werden (AG Berlin-Charlottenburg FamRZ 79, 537; Klauser aaO; MK/Klauser Rn 46 mwN; anders StJSchlosser Rn 2 b). Das Urteil, das auf die Abänderungsklage ergeht, setzt die einstweilige Anordnung außer Kraft (§ 620 f). – Der Kindesunterhalt darf auch dann nicht durch einstweilige Anordnung erhöht werden, wenn als Folgesache eine Abänderungsklage auf Erhöhung dieses Unterhalts anhängig ist; denn diese Klage und die Anordnung hätten verschiedene Verfahrensgegenstände. Die Folgesachenentscheidung regelt den Unterhalt nur für die Zeit ab Rechtskraft der Scheidung (§ 629 d); die Anordnung würde ihn für die Zeit davor regeln.

21 Durch einstweilige Anordnung kann ein **titulierter Unterhaltsanspruch** auch **nicht herabgesetzt werden** (Hamm FamRZ 80, 608 u 82, 409; Zweibrücken FamRZ 80, 69). Der endgültige Titel geht der einstweiligen Regelung vor. Um eine Herabsetzung zu erreichen, muß der Antragsteller Abänderungsklage erheben und analog § 769 I einstweilige Einstellung der Vollstreckung beantragen. Hiermit ist ihm ein Rechtsbehelf gegeben, der ebenso schnell wie eine einstweilige Anordnung zum Ziel führt. Für eine Anordnung auf Herabsetzung des Unterhalts besteht kein Rechtsschutzbedürfnis. Gegen die Zulässigkeit einer solchen Anordnung sprechen auch die Konsequenzen, die sich ergäben, wenn man sie zuließe. Dann würde der Unterhaltstitel einstweilen an Bestandskraft verlieren, diese würde aber bei Abweisung oder Rücknahme des Scheidungsantrages wieder aufleben (§ 620 f I 1; Hamm, Zweibrücken aaO).

22 **2) Einstweilige Anordnungen und Folgesachen** (§ 623 I 1) haben häufig den gleichen Regelungsgegenstand, überschneiden einander aber zeitlich nicht. Folgesachenentscheidung werden frühestens mit der Rechtskraft des Scheidungsausspruchs wirksam (§ 629 d), bei Abtrennung der Folgesache gemäß § 628 später. Im Augenblick der Wirksamkeit ersetzt die Folgesachenentscheidung die entsprechende einstweilige Anordnung; diese tritt gemäß § 620 f I 1 außer Kraft; s § 620 f Rn 20 f.

23 **3) Einstweilige Anordnung und einstweilige Verfügung: a)** Vor Anhängigkeit einer Ehesache dürfen keine Anordnungen erlassen werden. Um Unterhaltsberechtigte vor Not zu bewahren, kann die **Unterhaltszahlung** durch einstweilige Verfügung angeordnet werden (§ 940). Ist eine Ehesache anhängig, so dürfen keine einstweiligen Verfügungen zur Regelung der im § 620 aufgezählten Angelegenheiten erlassen werden. Die Bestimmungen der §§ 620 ff enthalten eine Sonderregelung, die die Vorschriften über die einstweilige Verfügung verdrängt (BGH FamRZ 79, 472 = NJW 1508 = MDR 652; Koblenz FamRZ 89, 196 = NJW-RR 904; Gießler Rn 376 und FamRZ 86, 959 mwN). Einstweilige Verfügungen sind jedoch zulässig, soweit keine Anordnungen ergehen dürfen (bei offensichtlich aussichtsloser Ehesache: Rn 2; bei Ablehnung des Prozeßkostenhilfegesuchs für eine Ehesache: § 620 a Rn 6 ; über den Unterhalt eines volljährigen Kindes; der nicht durch einstweilige Anordnung geregelt werden darf: § 620 Nr 4).

aa) Übergang vom Verfügungs- ins Anordnungsverfahren: Umstritten ist, ob das Verfahren der einstweiligen Unterhaltsverfügung fortgesetzt werden kann, wenn während dieses Verfahrens ein Scheidungsantrag oder ein ihm entsprechender Prozeßkostenhilfeantrag beim FamG eingeht. Nach verbreiteter Auffassung ist dann das Verfügungsverfahren in ein Anordnungsverfahren überzuleiten, und zwar nach Meinung von Gießler Rn 381 und Schwab/Maurer I Rn 851 von Amts wegen, nach Meinung von Frankfurt FamRZ 81, 188; Düsseldorf FamRZ 85, 298 f; JHSedemund-Treiber Rn 8 vor § 620 jedenfalls dann, wenn der Antragsteller dies begehrt. Nicht aufrechterhalten läßt sich die Auffassung des OLG Hamburg in FamRZ 82, 408 f, daß eine solche Überleitung unlösbare kostenrechtliche Konsequenzen habe und zu einer überflüssigen Aufspaltung eines einheitlichen Verfahrens in zweie führen könne, nämlich in ein Anordnungsverfahren wegen des Unterhalts für die Zeit nach Eingang des Scheidungsantrages und in ein Verfügungsverfahren wegen des Unterhalts für die Zeit davor. Die im Verfügungsverfahren entstandenen Kosten können analog den §§ 621 III 2, 281 III 1 als Teil der Kosten des Anordnungsverfahrens behandelt werden (Gießler Rn 394). Die §§ 620 ff verbieten es auch nicht, in Überleitungsfällen ausnahmsweise über den Unterhalt für die Zeit vor Eingang des Scheidungsantrages zu entscheiden (anders Düsseldorf FamRZ 87, 497 ff; Hamburg aaO). 24

bb) Hieraus folgt, daß ein **Übergang vom Verfügungs- ins Anordnungsverfahren** nicht prinzipiell ausgeschlossen ist. Andererseits besteht Einigkeit darüber, daß ein solcher Übergang **nicht mehr möglich ist, sobald das FamG im Verfügungsverfahren eine die Instanz beendende Entscheidung erlassen hat** (Karlsruhe FamRZ 81, 982 ff; Gießler Rn 383; Klauser MDR 81, 716; Schwab/Maurer I Rn 851). Hier entscheidet die zweite Instanz weiterhin im Verfügungsverfahren (Gießler, Klauser aaO). Hier verdrängt das Anordnungsverfahren das Verfügungsverfahren nicht. Der Gedanke, daß ein zunächst zulässiges Verfahren nicht ohne zwingenden Grund durch ein späteres Ereignis unzulässig werden soll (perpetuatio litis; Schlosser FS Nagel 352 ff), setzt sich hier gegen den Grundsatz durch, daß die §§ 620 ff eine das Verfügungsverfahren verdrängende Sonderregelung enthalten. Aus diesen beiden Prinzipien sollte die **Konsequenz** gezogen werden, **daß Verfügungsverfahren nach Eingang eines Scheidungsantrages fortgesetzt werden können** (so Koblenz FamRZ 89, 196 = NJW-RR 904; im Ergebnis ebenso Schleswig SchlHA 79, 54; Hamm FamRZ 80, 816; Bremen FamRZ 82, 1033/1035; Düsseldorf FamRZ 86, 75 u 87, 497 ff), **aber nicht fortgesetzt werden müssen.** 25

cc) Will der **Antragsteller** das Verfügungsverfahren nicht fortsetzen, so **kann er seinen Antrag ändern und statt der ursprünglich beantragten einstweiligen Verfügung eine einstweilige Anordnung beantragen** (JHSedemund-Treiber Rn 8 vor § 620). In diesem Fall hat das FamG nach § 620a durch Beschluß zu entscheiden, wenn es über den Verfügungsantrag noch nicht entschieden hatte. Hatte es bereits eine einstweilige Verfügung erlassen, so muß es nach § 620 b I 1 erneut entscheiden und die Verfügung in eine einstweilige Anordnung umändern. Hatte es den Verfügungsantrag zurückgewiesen und hatte der Antragsteller hiergegen Beschwerde eingelegt, so ist diese als Änderungsantrag nach § 620 b I zu behandeln, wenn der Antragsteller nunmehr ins Anordnungsverfahren überwechselt. Das OLG darf dann über die bei ihm anhängige Beschwerde nicht entscheiden (§ 620 c S 2), sondern muß sie an das FamG zurückgeben. 26

dd) Der Antragsteller kann auch ins Anordnungsverfahren übergehen, nachdem der **Antragsgegner Widerspruch** gegen die einstweilige Verfügung eingelegt hat oder einen **Aufhebungsantrag nach § 927** gestellt hat (Karlsruhe FamRZ 89, 523). Diese Rechtsbehelfe sind dann als Änderungsanträge iS des § 620 b I zu behandeln (Gießler Rn 388; Schwab/Maurer I Rn 852). Wenn der Antragsteller die **Vollziehungsfrist des § 929 II** versäumt und der Antragsgegner dies durch Widerspruch oder Aufhebungsantrag geltend macht, ist die Unterhaltsverfügung aufzuheben (§ 929 Rn 21). Der Antragsteller kann dies nicht dadurch verhindern, daß er ins Anordnungsverfahren übergeht. Er kann nur eine neue vorläufige Regelung in Form einer einstweiligen Anordnung beantragen (§ 929 Rn 23), in der allerdings der Unterhalt im Regelfall erst mit Wirkung für die Zukunft festgesetzt werden; s Rn 57. 27

ee) Wird dem Antragsteller **gemäß § 926 I eine Frist zur Klagerhebung gesetzt,** so kann er innerhalb dieser Frist gemäß § 620 b I beantragen, die einstweilige Verfügung in eine einstweilige Anordnung unzuändern, und braucht dann nicht mehr Klage zu erheben; denn § 926 ist im Anordnungsverfahren auch nicht sinngemäß anwendbar (Gießler Rn 390). Die Vorschrift ist durch die Regelung ersetzt worden, daß der Antragsgegner die Anordnung durch negative Feststellungsklage außer Kraft setzen kann (§ 620 f Rn 13). Stellt der Antragsteller den Änderungsantrag nicht innerhalb der nach § 926 gesetzten Frist, so ist die einstweilige Verfügung durch Endurteil aufzuheben (§ 926 II). Der Antragsteller kann dann nicht mehr vom Verfügungs- ins Anordnungsverfahren übergehen (anders Gießler Rn 390; Schwab/Maurer I Rn 854), sondern nur mit Wirkung für die Zukunft (Rn 57) eine neue einstweilige Anordnung beantragen. 28

b) Da einem Ehegatten nicht durch einstweilige Anordnung verboten werden darf, den anderen zu belästigen, zu bedrohen oder zu mißhandeln (s Rn 55, str), darf auch während der Anhän- 29 gigkeit einer Ehesache ein solches Verbot nur durch einstweilige Verfügung ausgesprochen werden. Wer die Gegenmeinung vertritt und **Belästigungsverbote** durch einstweilige Anordnung verhängt, muß konsequenterweise einstweilige Verfügungen zur Regelung dieses Gegenstandes für unzulässig halten.

30 **c)** Wo es um die **Benutzung der Ehewohnung und des Hausrats** geht, können einstweilige Verfügungen und einstweilige Anordnungen nach § 620 nicht mit einander konkurrieren. Diese Angelegenheiten können außerhalb des Eheprozesses nur durch einstweilige Anordnungen nach § 13 IV HausratsVO geregelt werden, s Rn 35. Näheres über die Abgrenzung des Ehewohnungsverfahrens vom Verfahren der einstweiligen Verfügung s § 621 Rn 52.

31 **d) Prozeßkostenvorschüsse** für eine Ehesache können nicht Gegenstand einer einstweiligen Verfügung sein (Schleswig SchlHA 91, 65; § 127a Rn 2), und zwar auch nicht vor Anhängigkeit der Ehesache. Mit den §§ 127a, 620 S 1 Nr 9, 621f ist das Verfahren zur Erlangung eines Prozeßkostenvorschusses im Interesse der Prozeßbeschleunigung als schnell zu erledigendes Vorschaltverfahren ausgestaltet worden. Denn in diesen Bestimmungen und im § 620 c 2 ist die Entscheidung über den Prozeßkostenvorschuß für unanfechtbar erklärt worden. Gerade der Rechtsmittelausschluß spricht entscheidend gegen die Zulassung einer einstweiligen Verfügung. Für eine solche besteht kein Rechtsschutzbedürfnis, weil das Gesetz einen einfacheren und billigeren Weg zur Verfügung stellt (Oldenburg FamRZ 78, 526 = NJW 78, 1593; Hamm NJW 78, 2515; Düsseldorf FamRZ 80, 175; anders Düsseldorf FamRZ 78, 526 = NJW 78, 895; Karlsruhe FamRZ 81, 982; Baumbach/Albers § 620 a Rn 5). Billiger wird das Anordnungsverfahren auch deshalb, weil die Ehesache vor Erlaß der einstweiligen Anordnung nicht rechtshängig zu sein braucht; die Einreichung eines Scheidungsantrages und sogar eines Prozeßkostenhilfegesuchs genügt (§ 620 a II 1; unrichtig insofern Karlsruhe aaO).

32 **e)** Zu der Frage, wie weit die **rechtskräftige Ablehnung** des Antrages auf Erlaß **einer einstweiligen Verfügung** den Antragsteller daran hindert, eine erneute Regelung desselben Gegenstandes im Verfahren der einstweiligen Anordnung zu verlangen, s § 641 d Rn 3.

33 **4) Einstweilige Anordnungen in Ehesachen und in selbständigen Verfahren der freiwilligen Gerichtsbarkeit: a)** In **selbständigen Verfahren zur Regelung der elterlichen Sorge**, des Umgangs eines Elternteils mit dem Kind oder der Herausgabe des Kindes an den anderen Elternteil können einstweilige (oder vorläufige, beide Ausdrücke sind gebräuchlich) Anordnungen erlassen werden, wenn ein dringendes Bedürfnis für ein sofortiges Einschreiten besteht, das ein Abwarten bis zur endgültigen Entscheidung nicht gestattet (Rn 5). Ist außerdem eine Ehesache zwischen denselben Parteien anhängig, so können auch in dieser einstweilige Anordnungen ergehen. Beide Verfahren stehen gleichrangig nebeneinander (Hamm FamRZ 79, 1045 u 88, 864 f; KG FamRZ 81, 83; Hamburg FamRZ 82, 722; Bamberg FamRZ 83, 82; Frankfurt FamRZ 83, 91; Karlsruhe FamRZ 88, 1186 mwN; Zweibrücken FamRZ 96, 234; Luthin FamRZ 83, 92; JHSedemund-Treiber Rn 9 vor § 620; Gießler Rn 317a; anders Bremen FamRZ 82, 1033; Zweibrücken FamRZ 84, 405; Maurer FamRZ 91, 887 Fn 18 mwN). Die beteiligten Ehegatten haben die Wahl, in welchem Verfahren sie den Erlaß einstweiliger Anordnungen beantragen wollen (Jayme IPRax 83, 129; weitere Nachweise s Maurer aaO Fn 24). Wenn ein Ehegatte das Verfahren nach § 620 gewählt hat, besteht kein Rechtsbedürfnis für eine weitere einstweilige Anordnung im selbständigen Verfahren der freiwilligen Gerichtsbarkeit (AG Montabaur FamRZ 90, 893; Gießler Rn 316). Soweit eine Anordnung zur Regelung der elterlichen Sorge von Amts wegen erlassen wird (Abs 2), kann auch der Richter zwischen beiden Verfahrensarten wählen. Überträgt er die elterliche Sorge auf einen Pfleger, weil beide Eltern die Kinder vernachlässigen, so sollte er diese Anordnung nicht im Scheidungsprozeß, sondern im selbständigen Verfahren treffen, damit die Eltern sie nicht durch Rücknahme ihrer Scheidungsanträge außer Kraft setzen können (§ 620 f I 1). Der Gefahr, daß in der Ehesache und im selbständigen Verfahren einander widersprechende Anordnungen ergehen, wirkt die Verfahrenskonzentration aller Familiensachen beim selben Richter (§§ 621 II, III ZPO, 23 b II 1 GVG) entgegen. Anordnungen in dem einen Verfahren können durch solche im anderen Verfahren geändert werden. Tritt die im Scheidungsverfahren ergangene Anordnung außer Kraft (§ 620 f I 1), so lebt die vorher im selbständigen Sorgerechtsverfahren erlassene Anordnung nicht wieder auf (Schleswig SchlHA 80, 162).

34 **b)** Wird ein **Verbundurteil**, das auch die elterliche Sorge regelt, nur wegen dieser Regelung angefochten, so können weiterhin einstweilige Anordnungen zur Regelung der Sorge erlassen werden, solange die **Scheidung** noch nicht **rechtskräftig** ist. Rechtsgrundlage ist nicht § 24 III FGG, sondern § 620 Nr 1 ZPO. Diese Bestimmung enthält eine besondere Regelung, die derjenigen des § 24 III FGG vorgeht; s Rn 23. Wird der Scheidungsausspruch durch Verstreichen der Fristen § 629 a III oder durch Rechtsmittelverzicht (§ 629 a IV) vor der Entscheidung über die Sorgesache rechtskräftig, so ist § 620 nicht mehr anzuwenden (§ 620 a Rn 3). Jetzt kann das OLG nach § 24 III FGG einstweilige Anordnungen erlassen (Frankfurt FamRZ 79, 1041). Diese sind jedoch nur zulässig, soweit sie inhaltlich der Folgesache elterliche Sorge entsprechen (Karlsruhe

FamRZ 92, 987 mwN). Wird die Ehe vor der Entscheidung über die Folgesache elterliche Sorge geschieden, so kann das FamG nach Rechtskraft der Scheidung wie im selbständigen Sorgeregelungsverfahren vorläufige Anordnungen zur Regelung der elterlichen Sorge erlassen und hierdurch auch die gemäß § 628 II erlassene einstweilige Anordnung ändern.

c) Streitigkeiten getrennt lebender Ehegatten über die **Hausratsverteilung** oder die Benutzung der **Ehewohnung** sind im Verfahren nach der Hausratsverordnung auszutragen (§ 18a HausratsVO). Auch in diesen Verfahren können einstweilige Anordnungen erlassen werden (§ 13 IV HausratsVO). Wird eine Ehesache anhängig, so haben die Ehegatten die Wahl, wegen der Benutzung des Hausrats eine einstweilige Anordnung nach § 620 S 1 Nr 7 oder eine solche nach § 13 IV HausratsVO zu beantragen (Hamm FamRZ 68, 648; LG Essen NJW 59, 2215; AG Montabaur FamRZ 90, 893; Soergel-Heintzmann § 18 a HausratsVO Rn 4; RGRK/Kalthoener § 18 HausratsVO Rn 5; MK/Klauser Rn 79; Gießler Rn 809; anders Stuttgart FamRZ 78, 686f; Maurer FamRZ 91, 888 mwN in Fn 31; Rolland 2. Aufl § 13 HausratsVO Rn 10). Sachdienlicher ist häufig eine Anordnung nach § 620 S 1 Nr 7, weil diese bis zum Wirksamwerden einer anderweitigen Regelung in Kraft bleibt (§ 620 f I 1), während die im Hausratsverfahren ergangene Anordnung bei Auflösung der Ehe außer Kraft tritt (Zweibrücken FamRZ 91, 848 mwN; Maurer FamRZ 91, 889 u 891 mwN in Fußn 44 ff; str). Ist eine Anordnung nach § 620 S 1 Nr 7 ergangen, so kann sie durch durch eine einstweilige Anordnung im selbständigen Hausratsverfahren (§ 13 IV HausratsVO) geändert werden (Köln FamRZ 94, 632 f) und umgekehrt. 35

III) Regelungsgegenstände: 1) Abschließende Aufzählung: Der Katalog des § 620 zählt die Angelegenheiten, die durch einstweilige Anordnung geregelt werden können, vollständig auf. Eine analoge Anwendung der einzelnen Bestimmungen ist jedoch nicht ausgeschlossen. Andere Gegenstände als die im § 620 genannten dürfen nicht durch einstweilige Anordnung geregelt werden. So kann zB der Frau nicht die Führung der Hauswirtschaft auf dem Hof des Mannes untersagt werden (Celle NdsRpfl 51, 203), überhaupt nicht einem Ehegatten die Mitwirkung im Geschäft des anderen (Braunschweig NdsRpfl 57, 152). Keine vorläufige geschäftliche Auseinandersetzung zwischen den Ehegatten durch einstweilige Anordnung (Braunschweig aaO). Auch die Benutzung des Geschäftstelefons kann nicht einstweilen geregelt werden (KG FamRZ 58, 135), anders die Benutzung eines Privattelefons, die zur Benutzung der Ehewohnung gehört. Durch einstweilige Anordnung kann auch kein Verbot, über den Zugewinn zu verfügen, ausgesprochen werden (Nürnberg FamRZ 66, 357 = MDR 66, 760), keine Anordnung der Auseinandersetzung des Eigentums (Köln MDR 58, 851), der Sicherung des Eigentums im Hinblick auf künftige Auseinandersetzung (Schleswig SchlHA 49, 132), kein Verbot, ein Grundstück zu veräußern (München FamRZ 69, 151). Nicht angeordnet werden kann die Rückabwicklung von Zuwendungen, die in der Erwartung gemacht worden sind, daß die Ehe bestehen bleibt. Ebensowenig kann die Einwilligung zur Verfügung über ein Sparkassenguthaben ersetzt werden (Kiel SchlHA 48, 79). **Grenzfälle:** Wiedereinräumung des Mitbesitzes an der Ehewohnung s Rn 73, Auskunft über Einkommen und Vermögen s Rn 63. 36

2) **Elterliche Sorge:** Vorläufige Anordnungen im selbständigen Sorgerechtsverfahren, nicht aber endgültige Sorgerechtsbeschlüsse dürfen durch einstweilige Anordnung nach § 620 geändert werden (s Rn 19, 32). 37

a) Im selbständigen Sorgeregelungsverfahren schließt die herrschende Meinung aus der Verweisung des § 1672 BGB auf § 1671 BGB, daß neben dem Antrag eines Elternteils kein besonderes Rechtsschutzbedürfnis gefordert werden darf (Düsseldorf FamRZ 91, 1083 mwN; Rostock DAVorm 95, 867 f mwN; JHJaeger § 1672 BGB Rn 7). Dies gilt nicht für einstweilige Anordnungen. Hier besteht ein **Regelungsbedürfnis** nur, wenn das Wohl des Kindes den Aufschub der Regelung bis zur endgültigen Entscheidung nicht gestattet, s Rn 5. Es ergibt sich nicht bereits daraus, daß die Ehegatten getrennt leben und gegensätzliche Anträge stellen (Düsseldorf FamRZ 78, 604; Karlsruhe FamRZ 87, 78). Das Regelungsbedürfnis wird nicht dadurch ausgeschlossen, daß die Ehegatten nur innerhalb der Ehewohnung getrennt leben (KG FamRZ 91, 1342; anders Hamm FamRZ 91, 216). 38

Einzelfälle: Hat der Mann Frau und Kinder verlassen, ohne sich weiter um sie zu kümmern, so erfordert das Kindeswohl häufig keine vorläufige Regelung. Anders ist es, wenn die Frau ungeeignet ist, die Kinder zu erziehen, oder wenn die Operation eines Kindes die Einwilligung beider sorgeberechtigter Eltern erfordert. Ist die Frau ohne Billigung des Mannes zusammen mit den Kindern aus der ehelichen Wohnung ausgezogen und möchte der Mann, daß die Kinder zu ihm zurückkehren, so kann eine einstweilige Sorgerechtsregelung notwendig werden. Dringend erfordert das Kindeswohl ein sofortiges Einschreiten des Gerichts, wenn zu befürchten ist, daß der Mann die Kinder eigenmächtig zurückholt. Sonst sollte erst nach persönlicher Anhörung der Eltern entschieden werden, ob der bestehende Zustand mit dem Kindeswohl zu vereinbaren ist. Ist dies nicht der Fall, so ist zu erwägen, die Sorge einstweilen auf den Mann zu übertragen. Entspricht der bestehende Zustand dem Kindeswohl, so stellt sich die Frage, ob der verlassene 39

Mann ihn tolerieren kann. Ist er dazu nicht imstande, so empfiehlt es sich, klare Verhältnisse zu schaffen und die Sorge einstweilen auf die Frau zu übertragen. Lebt ein KInd schon lange nur mit dem einen Elternteil zusammen, so sollte es von diesem nur dann einstweilen getrennt werden, wenn der bestehende Zustand das Kind gefährdet (so Düsseldorf DAVorm 96, 273 für eine Maßnahme nach § 1666 BGB). Läßt sich ohne Sachverständigengutachten nicht entscheiden, welche Sorgeregelung dem Kindeswohl am besten entspricht, so sollte das Kind bis zum Eingang des Gutachtens bei dem Elternteil bleiben, in dessen Obhut es sich derzeit befindet (AG Solingen DAVorm 96, 393).

40 Eine einstweilige Sorgeregelung kann die endgültige Entscheidung beeinflussen, ja geradezu vorwegnehmen, die im Scheidungsfall zu treffen ist. Bindungen zu dem einstweilen sorgeberechtigten Elternteil können sich verstärken; der andere Elternteil kann den Kindern fremder werden. Dies mahnt zur Vorsicht bei einstweiligen Regelungen, darf aber nicht dazu führen, daß eine Regelung unterbleibt, wo das Kindeswohl ein Eingreifen erfordert. **Daß Kontinuitätsinteressen begründet werden und die endgültige Sorgeregelung beeinflußt werden kann,** läßt sich nicht vermeiden und ist weniger eine Folge der einstweiligen Anordnung als eine solche der Trennung der Eltern (Hamburg FamRZ 86, 481). Im Hinblick auf diese Auswirkungen einer Sorgerechtsanordnung ist das FamG jedoch verpflichtet, den Sachverhalt soweit wie möglich aufzuklären, insbesondere Eheleute, Kind und Jugendamt anzuhören, bevor es die Anordnung erläßt (BVerfG FamRZ 94, 223 f). Von der Anhörung darf nur abgesehen werden, wenn besondere Eile dies gebietet (§ 620a II).

41 **b) Regelungsbefugnis:** Im selbständigen Verfahren darf das FamG die elterliche Sorge nur regeln, soweit es nach dem BGB hierfür zuständig ist (§ 621 I Nr 1). Diese Zuständigkeit fehlt, wenn die Ehegatten in häuslicher Gemeinschaft leben (§ 1672 BGB) oder wenn nur Einzelanordnungen über einen Teil der elterlichen Sorge ergehen sollen, zB nur das Aufenthaltsbestimmungsrecht geregelt werden soll (BGH FamRZ 80, 1107 = NJW 81, 126 = MDR 81, 128). § 620 gibt dem Familiengericht eine weitergehende Zuständigkeit als § 621 I Nr 1: Durch einstweilige Anordnung kann die elterliche Sorge schlechthin ohne die zuvor genannten Einschränkungen geregelt werden (AG Besigheim FamRZ 83, 295; StJSchlosser 3; MK/Klauser Rn 15; Gießler Rn 998; anders Karlsruhe FamRZ 84, 91; Köln FamRZ 85, 1059). Das FamG kann auch Maßnahmen ergreifen, die sonst nach § 1666 BGB dem Vormundschaftsgericht vorbehalten sind (Gießler Rn 994; Schlüter u König FamRZ 82, 1164 unter III 1).

42 Deshalb darf der Antrag, die elterliche Sorge durch einstweilige Anordnung zu regeln, nicht aus dem Grund abgelehnt werden, weil die **Eltern noch in häuslicher Gemeinschaft** leben (so aber AG Hamburg FamRZ 83, 1043). Ist die Ehe gescheitert und soll die begehrte Anordnung die Trennung der Eltern erleichtern, so darf der zur Trennung entschlossene Elternteil nicht darauf verwiesen werden, zunächst die Kinder dem anderen Ehegatten wegzunehmen und erst danach eine einstweilige Anordnung zu beantragen. Eine solche Selbsthilfe ist unerwünscht; die umgekehrte Reihenfolge des Handelns dient dem Rechtsfrieden.

43 Anders als im selbständigen Sorgerechtsverfahren können durch einstweilige Anordnung auch Teilbereiche der elterlichen Sorge geregelt werden (Hamm FamRZ 88, 864). Häufig wird nur das Recht übertragen, das Kind zu erziehen und seinen Aufenthalt zu bestimmen (s zB Hamm FamRZ 79, 157; Bremen FamRZ 82, 1033/1035; Stuttgart FamRZ 82, 1235). Der Grundsatz des Übermaßverbotes, wonach nicht härter als nötig in das Sorgerecht der Eltern eingegriffen werden darf, erfordert es nicht, eine solche **Teilung der elterlichen Sorge** zur Regel und die Übertragung der Sorge im Ganzen zur Ausnahme zu machen; denn meistens haben beide Regelungen praktisch das gleiche Ergebnis. Eine Teilung sollte nur angeordnet werden, wenn ein Bedürfnis dafür erkennbar ist, daß Teile der elterlichen Sorge weiterhin von beiden Eltern gemeinsam ausgeübt werden. Als Teilregelungen kommen in Betracht: Gesetzliche Vertretung des Kindes für bestimmte Angelegenheiten, Übertragung der Vermögenssorge auf einen Elternteil bei Streit über die Vermögensverwaltung, Schlichtung von Meinungsverschiedenheiten über den Schulbesuch oder den Umgang eines Kindes.

44 Im Regelfall darf das FamG das **Aufenthaltsbestimmungsrecht nicht auf das Jugendamt übertragen** (Karlsruhe FamRZ 88, 1186 f; s § 621 Rn 30). Hierin liegt zugleich die Bestellung des Amtes zum Pfleger, was nach den §§ 1915 I, 1789 BGB Aufgabe des Vormundschaftsgerichts ist. Ausnahmsweise kann höchste Eile es gebieten; daß das FamG den Pfleger bestellt. Dann muß es das Vormundschaftsgericht benachrichtigen (Gießler Rn 996).

45 **c)** Im übrigen sind die Familiengerichte beim Erlaß enstweiliger Anordnungen an die **materiellen Bestimmungen** der §§ 1666 (s Rn 40), 1672, 1671 II-V BGB gebunden (Kindeswohl, Berücksichtigung kindlicher Bindungen, Abweichung vom elterlichen Vorschlag, Vorschlag des Kindes, Trennung von Personen- und Vermögenssorge, Pflegerbestellung). Bei Ausländerscheidungen können an die Stelle des § 1672 die entsprechenden Bestimmungen des ausländischen Rechts treten (KG DR 41, 2073; aM München NJW 60, 1771; Frankfurt OLGZ 71, 57). Diesen Grundsatz durchbricht das Minderjährigenschutzabkommen. Danach gilt deutsches Sachrecht, wenn das Kind seinen gewöhnlichen Aufenthalt in Deutschland hat (Art 1, 2 MSA), und zwar ohne Rücksicht darauf, ob das Kind einem Vertragsstaat angehört (Art 13 MSA, § 621 Rn 79). Wenn ein ausländisches Kind seinen gewöhnlichen Aufenthalt in einem ausländischen Vertragsstaat hat, sind deutsche Gerichte für Sorgerechtsanordnungen nicht zuständig (§ 621 Rn 80).

3) **Persönlicher Umgang eines Elternteils mit dem Kind:** Materiellrechtliche Grundlage ist § 1634 BGB. Hiernach muß der Elternteil, der den Umgang begehrt, entweder nicht sorgeberechtigt sein oder von dem anderen Elternteil und dem bei diesem lebenden Kind dauernd getrennt leben. Die Anordnung hat sich am Kindeswohl zu orientieren. Dieses kann auch einen einstweiligen Ausschluß des Umgangs zwischen Kind und Antragsteller rechtfertigen. 46

4) **Herausgabe des Kindes an den anderen Elternteil:** Materiellrechtliche Grundlage ist § 1632 BGB. Es darf nur angeordnet werden, daß der nicht sorgeberechtigte Ehegatte das Kind an den sorgeberechtigten herauszugeben hat. Keine Anordnung gegen Dritte. Das Herausgabeverlangen des Umgangsberechtigten gegen den Inhaber der elterlichen Sorge regeln nicht die §§ 620 S 1 Nr 3 ZPO, 1632 BGB, sondern die §§ 620 S 1 Nr 2 ZPO, 1634 BGB. Die Herausgabe eines Kindes darf nur angeordnet werden, wenn sie mit dessen Wohl zu vereinbaren ist (Hamburg FamRZ 93, 1337). Auch wenn ein Ehegatte dem anderen das Kind eigenmächtig weggenommen hat, sind Analogieschlüsse zu den Vorschriften des Besitzrechts über die verbotene Eigenmacht nicht zulässig. Das Kind ist nicht bloßes Objekt von Elternrechten (Düsseldorf FamRZ 74, 99). 47

5) **Unterhaltspflicht gegenüber einem minderjährigen Kind:** Regelungsbedürfnis s Rn 56, Auskunftsanspruch s Rn 63. Zu der Frage, ob ein Unterhaltstitel durch einstweilige Anordnung geändert werden kann, s Rn 20 f. 48

a) Der Elternteil, in dessen Obhut sich das Kind befindet oder dem die elterliche Sorge zusteht, kann die Unterhaltsansprüche des Kindes nur im eigenen Namen geltend machen (§§ 1629 III 1 BGB). **Einstweilige Anordnungen** zur Regelung des Unterhalts und im Anordnungsverfahren geschlossene gerichtliche Vergleiche **wirken für und gegen das Kind** (§ 1629 III 2 BGB). Das sollte im Anordnungstenor eindeutig zum Ausdruck kommen, zB mit den Worten: Der Ehemann wird verpflichtet, monatlich 400 DM Unterhalt an sein Kind zu zahlen (Frankfurt FamRZ 94, 1041). Die oft gebrauchte Formulierung, er solle für sein Kind 400 DM Unterhalt zu Händen der Ehefrau zahlen (Gießler FamRZ 94, 800 Fußn 3; Hochgräber FamRZ 96, 272), schafft nur Verwirrung (Hamm FamRZ 90, 1375). Über die vollstreckbare Ausfertigung einer solchen Anordnung s § 620 a Rn 34. 49

b) Einstweilen geregelt werden kann nur die **Unterhaltspflicht gegenüber einem minderjährigen Kind.** Wenn das Kind voraussichtlich zu einer Zeit volljährig wird, in der die einstweilige Anordnung noch in Kraft ist, ist die Unterhaltsregelung analog § 1612 III 2 BGB auf das Ende des Monats zu begrenzen, in dem es das achtzehnte Lebensjahr vollendet. 50

c) Durch einstweilige Anordnung kann nur die **Unterhaltspflicht gegenüber einem gemeinsamen Kind** geregelt werden, auch gegenüber einem scheinehelichen Kind, dessen Ehelichkeit noch nicht mit Erfolg angefochten ist (Oldenburg NJW 67, 359), nicht aber für ein nicht aus der Ehe stammendes Kind, das im gemeinsamen Haushalt der Eltern lebt (Hamm NJW 88, 830). Wie voraussichtlich über die elterliche Sorge entschieden werden wird, ist für den Erlaß einer einstweiligen Anordnung unerheblich. Es kommt allein darauf an, daß der die Anordnung begehrende Elternteil das Kind in seiner Obhut hat (§ 1629 II 2 BGB). 51

d) Die **Unterhaltspflicht** gegenüber dem Kind richtet sich **materiell-rechtlich** nach den §§ 1602 ff BGB, eventuell auch nach ausländischem Recht (Karlsruhe FamRZ 60, 371; München FamRZ 73, 94: zur Anwendung des Haager Unterhaltsübereinkommens). Haben die Eltern bestimmt, daß ein Kind auf andere Weise als durch eine Geldrente Unterhalt erhalten soll (§ 1612 II BGB), dann kann auch dieser Naturalunterhalt durch einstweilige Anordnung geregelt werden (Gießler Rn 588). Beispiel: Der Vater kann zur Ausstellung eines Krankenscheins für sein Kind verpflichtet werden (Düsseldorf FamRZ 86, 78). Wegen Unterhalts für die Vergangenheit s Rn 57. 52

6) Nach § 43 EheG konnte das Scheidungsbegehren damit begründet werden, daß der beklagte Ehegatte seine Verpflichtung zur ehelichen Lebensgemeinschaft (§ 1353 I BGB) verletze. Deshalb hatte dieser ein Interesse daran, daß ihm einstweilen das **Getrenntleben** gestattet wurde. Nachdem die Eherechtsreform von 1976 den § 43 EheG beseitigt hat, ist kritischer als früher zu prüfen, ob ein Rechtsschutzbedürfnis für eine solche Anordnung besteht. Leben die Ehegatten ohnehin getrennt, so fehlt dieses Bedürfnis (Düsseldorf FamRZ 72, 208; MK/Klauser Rn 67; einschränkend Gießler Rn 969). Der Richter kann das Getrenntleben sinnvoll regeln, ohne daß er dabei an § 1353 II BGB gebunden ist (StJSchlosser Rn 7; anders MK/Klauser Rn 157 mwN, die § 1353 II BGB als materiell-rechtliche Grundlage ansehen). Der Ehegatte, der eine solche Anordnung beantragt, soll glaubhaft machen (§ 620 a II 3), daß die Ehe gescheitert ist oder daß das Verlangen des anderen Ehegatten nach Herstellung der Gemeinschaft mißbräuchlich ist. Wie 53

ein Vergleich des Wortlauts des § 620 S 1 Nr 5 mit demjenigen des § 627 I aF ergibt, kommt es nach neuem Recht weniger darauf an, Eheleuten das Getrenntleben schlechthin zu gestatten, als darauf, die **Art und Weise des Getrenntlebens** zu regeln. Leben sie innerhalb der gemeinsamen Ehewohnung getrennt, so überschneidet sich die Regelung des Getrenntlebens häufig mit derjenigen der Benutzung der Ehewohnung; s Rn 69 ff.

54 Durch eine einstweilige Anordnung zur Regelung des Getrenntlebens können einem Ehegatten **keine Pflichten** auferlegt werden, **die über das Getrenntleben hinausgehen,** zB kann ihm nicht untersagt werden, im Betrieb des anderen Ehegatten mitzuarbeiten (Celle NdsRpfl 51, 203), mit einem Dritten zusammenzuleben oder diesen in die Ehewohnung hineinzulassen (Köln FamRZ 95, 1424 mwN; anders MK/Klauser Rn 68). Ebensowenig darf er zur Mitarbeit angehalten werden (StJSchlosser Rn 7; Rolland/Roth Rn 74). Wohl aber kann ihm verboten werden, Wohnung oder Geschäft des anderen Ehegatten zu betreten (LG Bremen FamRZ 87, 1267), wenn es sich nicht um eine gemeinsame Wohnung handelt und er nicht im Geschäft beschäftigt ist. Umgekehrt kann er verpflichtet werden, es zu dulden, daß sein Ehepartner die gemeinsame Wohnung betritt (Braunschweig HRR 39 Nr 45; Bremen FamRZ 56, 120; KG FamRZ 73, 202).

55 Umstritten ist, ob nach § 620 Nr 5 einem Ehegatten **verboten** werden darf, den anderen Ehegatten **zu belästigen, zu bedrohen oder zu mißhandeln.** Wird ein Belästigungsverbot im ordentlichen Prozeß geltend gemacht, so ist das FamG nicht zuständig (§§ 23b I GVG). Hieraus folgt, daß es auch für die einstweilige Regelung nicht zuständig ist. Eilige Belästigungsverbote gehören ins Verfahren der einstweiligen Verfügung vor die Abteilung des AG für allgemeine Zivilsachen (Düsseldorf FamRZ 95, 183 f; ebenso AK/Derleder/Lemke Rn 11; Gießler Rn 973). Dennoch läßt die herrschende Meinung Belästigungsverbote durch einstweilige Anordnung im Eheverfahren zu (so Hamburg FamRZ 78, 804; Saarbrücken FamRZ 81, 64; Hamm NJW 82, 1108; Karlsruhe FamRZ 84, 184 mwN u FamRZ 89, 77; LG Bremen FamRZ 87, 1276; MK/Klauser Rn 68; StJSchlosser Rn 7; Baumbach/Albers Rn 14; JHSedemund-Treiber Rn 18; Rolland/Roth Rn 73; Schwab/Maurer I Rn 884; Bergerfurth, Ehescheidungsprozeß Rn 9) und begründet dies – dogmatisch etwas unsauber – damit, daß Sachzusammenhang und Prozeßökonomie dies verlangten (Karlsruhe FamRZ 84, 184). Hierfür spreche auch der Unterschied zwischen dem bis 1977 gültigen § 627 und der heutigen Gesetzesfassung. Früher habe das Gericht das Getrenntleben nur gestatten dürfen, heute dürfe es es regeln. – Thomas/Putzo Rn 23 und Brudermüller FamRZ 87, 114 behandeln das Belästigungsverbot als Teil der Ehewohnungsregelung. Hiergegen spricht, daß Belästigungen häufig nicht mit dieser Wohnung zusammenhängen.

56 **7) Unterhalt eines Ehegatten: a)** Kein **Regelungsbedürfnis** besteht in folgenden Fällen: **aa)** Wenn feststeht, daß der Antragsgegner nicht zahlen wird, und keine Vollstreckungsmöglichkeiten bestehen (Hamm FamRZ 86, 919; KG FamRZ 87, 840 f), **bb)** wenn ein Unterhaltsvertrag geschlossen worden ist und nicht dargetan wird, daß die Gefahr nicht rechtzeitiger oder unvollständiger Vertragserfüllung besteht. Besteht diese Gefahr, so ist eine Anordnung auf Erfüllung des Vertrages zu erlassen. **cc)** Einstweilige Anordnungen dürfen nicht ergehen, wenn bereits ein Unterhaltstitel vorhanden ist; s Rn 18. Zur Änderung bestehender Unterhaltstitel durch einstweilige Anordnungen s Rn 20 f. Daß kein Unterhalt geschuldet wird, darf nicht durch einstweilige Anordnung festgestellt werden (kein Rechtsschutzbedürfnis: AG Ludwigshafen, FamRZ 83, 939). Ebensowenig darf die Rückzahlung von grundlos gezahltem Unterhalt angeordnet werden. **dd)** Wegen des Regelungsbedürfnisses bei Auskunftsanordnungen s unten Rn 63.

57 **b)** Auch dort, wo der Antragsgegner nach den §§ 1360 a III, 1361 IV 4, 1613 I BGB **Unterhalt für die Vergangenheit** schuldet, darf im Regelfall Unterhalt nur für die Zeit ab Antragseingang zugesprochen werden. Falls der Antrag mangelhaft ist, sollte ihm erst von dem Tag an stattgegeben werden, an dem der Antragsteller den Mangel behebt (van Els FamRZ 90, 582). Meistens besteht kein Bedürfnis, den Unterhalt für die Vergangenheit zu regeln (Hamburg MDR 71, 844; Düsseldorf AnwBl 82, 435 u FamRZ 87, 611 mwN; Frankfurt FamRZ 87, 174). Ausnahmen hiervon gelten, wenn Schulden, die in der Vergangenheit zur Behebung der Not gemacht worden sind, den Unterhaltsberechtigten in der Gegenwart belasten (Gießler Rn 593). Beispiele: Der Unterhalt wird zur Bezahlung rückständiger Wohnungsmiete gebraucht, die der Antragssteller mangels Unterhaltszahlung schuldig geblieben ist (LG Köln MDR 63, 219) oder zur Rückzahlung eines Kredits, aus dem er in der Vergangenheit seinen Unterhalt bestritten hat (Düsseldorf FamRZ 87, 611; van Els FamRZ 90, 581).

58 **c) Unterhalt nur für die Zeit nach Rechtskraft der Scheidung?** Allgemein anerkannt wird heute die Rechtsprechung des BGH, daß der Unterhalt des getrenntlebenden Ehegatten und der Unterhalt für die Zeit nach der Scheidung verschiedene Gegenstände sind (s § 623 Rn 14). Andererseits umfassen einstweilige Anordnungen beide Gegenstände; s § 620 f Rn 2. Besteht ein endgültiger Vollstreckungstitel für den Trennungsunterhalt, so darf dieser nicht noch einmal vorläufig durch einstweilige Anordnung geregelt werden; s oben Rn 18 u 20 f. Sobald die Ehe rechtskräftig geschieden ist, tritt der Vollstreckungstitel über den Trennungsunterhalt außer

Kraft. Das führt zu der Frage, ob allein der Unterhalt für die Zeit nach der Scheidung durch einstweilige Anordnung geregelt werden darf, wenn ein Titel über den Trennungsunterhalt besteht. Entscheidend ist auch hier, ob ein Rechtsschutzbedürfnis für eine vorläufige Regelung (Regelungsbedürfnis) besteht. Das ist nur der Fall, wenn die Unterhaltsfrage alsbald geregelt werden muß und hiermit nicht gewartet werden kann, bis eine Folgesachenentscheidung ergeht; s oben Rn 5. Häufig besteht kein Regelungsbedürfnis, und der Unterhalt begehrende Ehegatte kann darauf verwiesen werden, seinen Unterhaltsanspruch als Folgesache (§ 623 I 1) einzuklagen (van Els FamRZ 90, 583). Denkbar ist aber auch hier ein Regelungsbedürfnis, zB wenn ein Mann, der bis kurz vor dem Scheidungstermin seiner Frau anstandslos Unterhalt bezahlt und ihr zugesagt hatte, auch nach der Scheidung weiterhin zu zahlen, plötzlich diese Zahlungen einstellt.

d) Materiell-rechtlicher Rechtsgrund für eine einstweilige Anordnung auf Zahlung von Unterhalt sind die §§ 1360, 1361 BGB, und soweit die Anordnung über die Rechtskraft der Scheidung hinaus weiterwirkt, die §§ 1569 ff BGB (anders Rolland/Roth Rn 76), eventuell auch ausländisches Unterhaltsrecht (München FamRZ 73, 94; Frankfurt OLGZ 71, 47). 59

aa) Leben die Ehegatten in häuslicher Gemeinschaft (zB bei einer Klage auf Unterlassung ehewidriger Handlungen, s § 606 Rn 6), so können ihre Beiträge zum **Familienunterhalt** (§ 1360) durch einstweilige Anordnung geregelt werden. Maßgeblicher Grundgedanke für die Bemessung der Beiträge kann die bisherige Handhabung der Ehegatten sein, zB kann der Ehefrau das gleiche Haushaltsgeld zugesprochen werden, das sie bisher erhalten hat. Auch der Anspruch auf **Naturalunterhalt** kann geregelt werden, zB das Recht auf den Verbrauch von Vorräten oder landwirtschaftlichen Produkten. 60

bb) Leben die Ehegatten getrennt, so bestimmt sich die Höhe der **Unterhaltsrente** nach § 1361 BGB. Grundsätzlich ist der Unterhalt durch eine monatlich im voraus zahlbare Geldrente zu gewähren (§ 1361 IV BGB), es kann auch die Erbringung von **Sachleistungen** (Heizung, Beleuchtung) angeordnet werden (Frankfurt NJW 55, 1362). Auch der **Vorsorgeunterhalt** (§ 1361 I 2 BGB) kann durch einstweilige Anordnung geregelt werden (MK/Klauser Rn 48; Hampel FamRZ 79, 258 mwN; anders Saarbrücken FamRZ 78, 501; Stuttgart Justiz 79, 19; JHSedemund-Treiber Rn 16). Auch die Verpflichtung zur Zahlung eines einmaligen Unterhaltsbeitrages kann ausgesprochen werden (Bamberg BayJMBl 51, 207; Bremen MDR 54, 367). Möglich ist bei unvorhergesehenen Bedürfnissen auch die Anordnung einer Zahlung für **Sonderbedarf,** zB bei Krankheit oder zur Beschaffung der Erstausstattung für ein erwartetes Kind (KG NJW 61, 1412) oder als Beitrag zu den Umzugskosten zur Ermöglichung des Getrenntlebens, zu Erholungszwecken (Düsseldorf FamRZ 67, 43), nicht zur Ermöglichung zurückstellbarer Anschaffungen (Celle MDR 59, 494). 61

cc) Unterhalt für die Zeit nach der Scheidung: Nach § 620 f I 1 treten einstweilige Anordnungen zur Regelung des Ehegattenunterhalts erst beim Wirksamwerden einer anderweitigen Regelung außer Kraft. Wenn der Unterhalt nicht als Folgesache geltend gemacht wird, enthält das Scheidungsurteil keine anderweitige Regelung, und die Unterhaltsanordnung überdauert die Rechtskraft der Scheidung. Hier sind die Auswirkungen der Scheidung auf den Unterhaltsanspruch zu bedenken, zB der Wegfall des Anspruchs nach einer Ehe von kurzer Dauer (§ 1579 Nr 1 BGB) oder der Wegfall der Bedürftigkeit durch den Zugewinn- oder Versorgungsausgleich. Läßt sich nicht feststellen, ob der Unterhalt fordernde Ehegatte auch nach der Scheidung noch bedürftig sein wird, so darf das FamG nur bis zur Rechtskraft des Scheidungsausspruchs Unterhalt zusprechen (van Els FamRZ 90, 582 f mwN; Gießler Rn 598). Hier trifft den Unterhaltsberechtigten die Last der Glaubhaftmachung. Läßt sich bei der Entscheidung über den Anordnungsantrag noch nicht feststellen, ob ein Ehegatte trotz kurzer Ehe nach der Scheidung noch Unterhalt wird verlangen können, weil er ein gemeinsames Kind erziehen wird, so ist der Unterhalt zeitlich unbegrenzt zuzusprechen. Hier trägt der Unterhaltspflichtige die Last der Glaubhaftmachung für den Einwand aus § 1579 BGB. 62

e) Die OLGe Stuttgart (FamRZ 80, 1138) und Düsseldorf (FamRZ 83, 514; zustimmend Gießler Rn 591; Thomas/Putzo Rn 20; JHSedemund-Treiber Rn 21) weisen Anträge auf Erlaß einstweiliger Anordnungen zurück, wenn ein Ehegatte von dem anderen **Auskunft** über dessen Einkommen und Vermögen verlangt. Sie begründen dies damit, daß der Antragsteller nicht mehr rückgängig zu machenden Rechtsschutz begehre, was im summarischen Verfahren nicht sein dürfe. Diese Begründung überzeugt nicht; sie würde einstweilige Unterhaltsanordnungen schlechthin verbieten. Der unterhaltsberechtigte Ehegatte ist jedoch meistens nicht auf eine Auskunft angewiesen, um seinen Unterhaltsanspruch vorläufig durchzusetzen. Dann besteht kein Regelungsbedürfnis für eine Auskunftsanordnung. Ist der Unterhaltsberechtigte auf die Auskunft angewiesen,dann dürfen auch Auskunftsanordnungen erlassen werden (van Els FamRZ 95, 650 ff, Rolland/Roth Rn 82; Schwab/Maurer I Rn 877). 63

f) Nicht durch einstweilige Anordnung regeln lassen sich der **Unterhalt für die Vergangenheit** (Ausnahmen s Rn 57), die Rückforderung von zuviel bezahltem Unterhalt und ebensowenig der 64

Anspruch des unterhaltspflichtigen Ehegatten gegen den anderen auf Zustimmung, daß er den **Unterhalt als Sonderausgabe** (§ 10 I Nr 1 EStG) absetzen kann (sog begrenztes Realsplitting).

65 g) **Unterhaltsvergleiche,** die im Anordnungsverfahren geschlossen werden, enthalten im Zweifel nur einstweilige Regelungen, die mit dem Wirksamwerden einer endgültigen Regelung oder bei Rücknahme oder rechtskräftiger Abweisung des Scheidungsantrages außer Kraft treten (§ 620 f; s dort Rn 10). Es empfiehlt sich, dies entweder ausdrücklich im Vergleichstext klarzustellen oder zu formulieren: Durch diesen Vergleich sind die Unterhaltsansprüche endgültig auch für die Zeit nach Rechtskraft der Scheidung geregelt.

66 8) Die Regelung der **Benutzung der Ehewohnung** hängt eng mit derjenigen des Getrenntlebens zusammen. Häufig ermöglicht sie erst eine Trennung. Ehewohnung ist eine Wohnung, die die Ehegatten gemeinsam bewohnen oder hierzu bestimmt haben (München FamRZ 86, 1019). Zieht ein Ehegatte aus, so bleibt sie Ehewohnung. Erst wenn der Ausgezogene sie endgültig aufgibt, verliert sie diese Eigenschaft (München aaO; Hamm NJW-RR 89, 1484). Es kommt nicht darauf an, ob die Ehegatten Eigentümer, Mieter, Entleiher der Wohnung sind, ob sie kraft Verwaltungsaktes (Karlsruhe Justiz 90, 399; Stuttgart NJW-RR 91, 581) oder unerlaubterweise (MK-BGB/Müller-Gindullis § 1 HausratsVO Rn 5; anders KG FamRZ 86, 1010) in der Wohnung wohnen, und ebensowenig darauf, ob die Wohnung nach der Satzung einer Genossenschaft oder eines Kleingartenvereins nur für Mitglieder bestimmt ist. Zur Ehewohnung gehören auch Nebenräume (Keller, Dachboden, Garage, Schuppen) und der Hausgarten (MK-BGB/Müller-Gindullis aaO Rn 5 mwN). Ehewohnung kann auch ein möbliertes Zimmer, der Wohnwagen eines Schaustellers, die Kajüte eines Schiffes oder das Zimmer hinter einer Gastwirtschaft sein, die ein Ehegatte betreibt. **Gewerblich benutzte Räume,** die sich in der Wohnung befinden (Anwaltspraxis), gehören nicht zur Ehewohnung. Bei Räumen, die sowohl Wohn- als auch gewerblichen Zwecken dienen (Küche einer Gastwirtschaft), kommt es darauf an, ob die gewerbliche Nutzung so im Vordergrund steht, daß das Gewerbe ohne die gemischt genutzten Räume nicht oder nur unter erheblichen Einschränkungen fortgeführt werden kann. Ist dies der Fall, dann sind die Räume nicht als Wohnräume zu behandeln (Zweibrücken FamRZ 72, 511. Auch die **Zweitwohnung** ist Ehewohnung (Zweibrücken FamRZ 80, 569; Johannsen/Henrich/Voelskow § 1361 b BGB Rn 7 mwN; anders Zweibrücken FamRZ 81, 259; München FamRZ 94, 1331: kein Lebensmittelpunkt), ferner das vor der Trennung gemeinsam benutzte Wochenendhaus, wenn die Ehegatten es zum Wohnen und nicht nur als vorübergehenden Tagesaufenthalt benutzt haben (BGH FamRZ 90, 987 f = NJW-RR 1026; anders KG FamRZ 86, 1010 mwN; Bergerfurth, Ehescheidungsprozeß Rn 99; weitere Nachweise s Naumburg FamRZ 94, 389 f).

67 a) Ein **Regelungsbedürfnis** besteht nur, wenn einer der Ehegatten die Wohnung benutzen möchte. Es besteht auch, wenn Ehegatten sich über die Benutzung der Ehewohnung geeinigt hatten und einer von ihnen die Erfüllung dieses Vertrages verlangt (Köln FamRZ 87, 77; anders Frankfurt FamRZ 91, 1327 mwN; s § 621 Rn 53). Das Regelungsbedürfnis fehlt, wenn der Antragsteller die Wohnung allein bewohnt und der Antragsgegner nicht beabsichtigt, dorthin zurückzukehren (Köln FamRZ 85, 498). Der Antragsteller kann nicht verlangen, daß die Wohnung dem Antragsgegner zugewiesen wird (Hamburg FamRZ 83, 621).

68 b) Bis 1986 enthielt das BGB keine **materielle Rechtsgrundlage** für die Regelung der Wohnungsbenutzung, sondern die Grundlage mußte aus § 620 ZPO selbst entnommen werden. Sinngemäß war § 2 HausratsVO anzuwenden, wonach der Richter nach billigem Ermessen entscheiden und dabei das Kindeswohl berücksichtigen soll (Düsseldorf FamRZ 88, 1058; KG FamRZ 91, 467), nicht aber Drittinteressen (Köln FamRZ 85, 498). Seit Inkrafttreten des § 1361b BGB dürfen keine einstweilige Anordnungen mehr erlassen werden, die dieser Bestimmung widersprechen (Maurer FamRZ 91, 887; ähnlich Karlsruhe FamRZ 91, 1440 f). § 1361b BGB reicht aber nicht als Rechtsgrundlage für alle denkbaren Anordnungen aus, zB nicht für eine solche, durch die geregelt wird, zu welchen Tageszeiten der eine oder der andere Ehegatte Küche oder Bad benutzen darf. Hierfür gilt weiterhin der frühere Rechtszustand. – Bei Ausländern bestimmt Art 18 EGBGB das anzuwendende Sachrecht. Die Benutzung der Wohnung ist unterhaltsrechtlich zu qualifizieren (Frankfurt FamRZ 91, 1190 mwN; Hamm FamRZ 93, 191 mwN = NJW-RR 964; Karlsruhe FamRZ 93, 1464 mwN; StJSchlosser § 621 Rn 62; Henrich IPRax 93, 417; FS Ferid [1988] 152; Internationales Scheidungsrecht 6. Aufl S 54; Johannsen/Henrich Art 14 EGBGB Rn 5, Art 17 EGBGB Rn 78; anders Stuttgart FamRZ 90, 1354; KG FamRZ 91, 1190 mwN; Düsseldorf FamRZ 93, 575 f; Frankfurt FamRZ 94, 633 u 714/716; Gießler Rn 875; Palandt/Heldrich Art 14 EGBGB Rn 18 mwN; sehr str).

69 Das FamG kann die **Wohnung teilen,** wenn dies möglich, zweckmäßig und nötig ist, um eine schwere Härte zu vermeiden (§ 1361 b I 1 BGB). Die Härte kann sich daraus ergeben, daß ein Ehegatte durch schwere oder wiederholte Mißhandlungen der Familie, Alkoholmißbrauch, nächtliches Randalieren, dauernde schwere Beleidungen oder Bedrohungen das Zusammenwohnen für den anderen Ehegatten unerträglich macht (Karlsruhe FamRZ 91, 1440 f; Celle FamRZ 92,

676). Für einen Ehegatten, der gegen den anderen nur noch Abneigung empfindet, kann es unerträglich sein, mit ihm in denselben Räumen leben zu müssen (Hamm FamRZ 89, 739). Für eine Wohnungsteilung und gegen die Zuweisung der ganzen Wohnung an einen Ehegatten spricht häufig der Grundsatz des Übermaßverbotes, wonach das Gericht nicht härter als nötig in die Lebensverhältnisse des Antragsgegners eingreifen darf (Köln FamRZ 85, 498; Hamm FamRZ 89, 621 f mwN = IPRax 90, 114; Gießler Rn 892).

In der gerichtlichen Praxis wurde früher der Standpunkt vertreten, daß im Anordnungsverfahren **die gesamte Ehewohnung einem Ehegatten** nur **zugewiesen werden** kann, wenn bei weiterem Zusammenwohnen eine Gefahr für die Gesundheit des Antragstellers oder der gemeinsamen Kinder besteht (Nachweise s Hamburg FamRZ 81, 64; ferner Köln FamRZ 82, 403/405 mwN; Frankfurt FamRZ 82, 484). Diese Auffassung ist zu eng. Bestehen unerträgliche Spannungen zwischen den Ehegatten, kommt es ständig zu Auseinandersetzungen und dauert das Eheverfahren lange Zeit, so sind auch andere Situationen als die zuvor genannten Gefahrenlagen denkbar, in denen es zur Vermeidung einer schweren Härte notwendig ist, die bisherige Ehewohnung dem einen Ehegatten zur alleinigen Benutzung zuzuweisen. Insbesondere kann das Interesse der Kinder dies erfordern. 70

Ob die Ehewohnung geteilt oder dem Antragsteller zur alleinigen Benutzung zugewiesen wird, hängt weiter davon ab, **wie weit dem Antragsgegner ein Auszug aus der Ehewohnung zuzumuten ist.** Zumutbar ist der Auszug, wenn der Antragsgegner den Anlaß dafür gegeben hat, daß das weitere Zusammenleben in der Wohnung für den Antragsteller unerträglich geworden ist (Hamburg FamRZ 81, 64; Karlsruhe FamRZ 82, 1220; KG FamRZ 87, 850; Hamm FamRZ 89, 739; anders Frankfurt FamRZ 82, 484; Köln FamRZ 82, 403/405). Hat der Antragsteller den unerträglichen Zustand überwiegend selbst verursacht, so ist ihm die Wohnung im Regelfall nicht zur alleinigen Benutzung zuzuweisen (Johannsen/Henrich/Voelskow, Eherecht § 1361 b BGB Rn 11). Der Auszug ist dem Antragsgegner auch zuzumuten,wenn er ohnehin überwiegend aushäusig oder ohne weiteres imstande ist, sich eine andere Wohnung zu beschaffen. Hier ist der Verlust der bisherigen Wohnung kein übermäßig harter Eingriff in seine Lebensverhältnisse (Karlsruhe FamRZ 78, 132 u 711; AG Pforzheim FamRZ 78, 710). Ist ein Ehegatte bereits ausgezogen, so kann ihm das Betreten der Wohnung untersagt werden, wenn Anhaltspunkte für eine Rückkehr bestehen und diese dem anderen Ehegatten nicht zuzumuten ist. Dies gilt erst recht, wenn ein Ehegatte nach langer Trennung unter Berufung auf sein Recht, die Wohnung jederzeit zu betreten, dort eingedrungen ist (Frankfurt MDR 77, 145). Eine einstweilige Zuweisung der Ehewohnung an einen Ehegatten ist auch dann unbedenklich, wenn der andere bereits eine eigene Wohnung bezogen hat und die Weiterbenutzung der Ehewohnung durch den Antragsteller von beschwerenden Bedingungen abhängig machen will (LG Köln MDR 61, 1017). Dann können dem ausgezogenen Teil auch Kontrollbesuche in der Ehewohnung untersagt werden (KG NJW 73, 1200). Bei Dienst- und Werkswohnungen sind bei der Zuweisung an einen Ehegatten auch die Interessen des Dienstherrn zu berücksichtigen (BayObLG NJW 72, 2041). 71

c) Wird die gesamte Ehewohnung dem einen Ehegatten allein zur Benutzung zugewiesen, so muß der Richter den anderen Ehegatten **zur Räumung der Wohnung zu verurteilen;** sonst kann die Anordnung nicht vollstreckt werden (LG Itzehoe FamRZ 87, 176). Eine Räumungsfrist kann bewilligt und gemäß § 620 b verlängert werden. § 721 gilt hier nicht (Hamburg FamRZ 83, 1151 f). Die Räumung wird dadurch vollstreckt, daß der Gerichtsvollzieher den verurteilten Ehegatten aus dem Besitz der Wohnung setzt und den anderen Ehegatten in den Besitz einweist (§ 885 ZPO). Die Vorschriften über die Wegschaffung beweglicher Sachen des Räumungsschuldners (§ 885 II–IV) passen nur ausnahmsweise in das Verfahren der einstweiligen Anordnung. Zur vorläufigen Sicherung des Rechtsfriedens ist die Wegschaffung von Sachen häufig nicht erforderlich. Es empfiehlt sich, diesen Punkt in der einstweiligen Anordnung ausdrücklich zu regeln, zB so: Die Ehewohnung wird der Ehefrau zur alleinigen Benutzung zugewiesen; der Ehemann wird verpflichtet, die Wohnung zu räumen. Bei der Räumung ist § 885 II–IV nicht anzuwenden (Hamburg FamRZ 83, 1151 Nr 631; KG FamRZ 87, 1290 f = JurBüro 1818; Karlsruhe FamRZ 94, 1185; AG Gladbeck FamRZ 92, 589; anders Köln FamRZ 83, 1231: Vollstreckung durch Zwangsgeld und -haft). Daß der Gerichtsvollzieher die Wohnung betreten darf, braucht der Richter nicht anzuordnen (§ 758 Rn 10). Der Richter kann auch anordnen, daß der ausgewiesene Ehegatte die Wohnung nicht wieder betreten darf (Karlsruhe aaO). 72

d) Verlangt ein vor langer Zeit ausgezogener Ehegatte vom anderen die **Wiedereinräumung des Mitbesitzes an der Wohnung,** so ist zunächst zu prüfen, ob diese noch Ehewohnung ist oder ob der Ausgezogene sie endgültig aufgegeben hat. Wenn er auf die Zustellung des Scheidungsantrages hin in die Wohnung zurückkehren will und eine entsprechende einstweilige Anordnung begehrt, darf diese nur ergehen, wenn eine Rückkehr in die Ehewohnung notwendig ist, um eine schwere Härte zu vermeiden (§ 1361 b I 1 BGB). Diese wird sich kaum glaubhaft machen lassen. Dagegen ist eine schwere Härte zu bejahen und die Benutzung der Wohnung durch einstweilige 73

Anordnung zu regeln, wenn eine Ehefrau aus Angst vor Gewalttätigkeiten ihres Mannes die Ehewohnung verlassen hat und alsbald zurückkehren möchte. Sperrt während des Scheidungsprozesses ein Ehegatte den anderen aus der gemeinsamen Wohnung aus, so kann einstweilen angeordnet werden, daß er dem anderen den Mitbesitz wieder einräumen muß (Saarbrücken FamRZ 81, 64). Ein solcher Titel ist nach § 885 zu vollstrecken (StJMünzberg § 885 Rn 26).

74 Durch einstweilige Anordnung kann die **Wohnung** in der Weise **geteilt** werden, daß dem einen Ehegatten diese, dem anderen jene Räume zur Alleinbenutzung zugewiesen werden. Hier muß der Richter analog § 15 HausratsVO die Anordnungen treffen, die zur Durchführung der Benutzungsregelung notwendig sind (Karlsruhe FamRZ 94, 1185). Er kann einem Ehegatten verbieten, gewisse Räume zu betreten oder den anderen bei der Benutzung zu stören, und ihm gebieten, dem anderen das Betreten zu gestatten. Dem Antragsgegner kann gleichzeitig aufgegeben werden, besondere **Schlösser**, die er angebracht hat, zu **entfernen** (LG Essen FamRZ 69, 328). Möglich sind auch einstweilige Anordnungen hinsichtlich der **Heizung** und **Beleuchtung** der Wohnung (MK/Klauser Rn 74; anders Soergel/Heintzmann Anh 6 hinter § 19 HausratsVO), nicht aber bezüglich der Räume, die ein Ehegatte an Dritte vermietet hat (Schleswig SchlHA 68, 216). Über teils gewerblich, teils zum Wohnen benutzte Räume s Rn 66. Durch einstweilige Anordnung kann einem Ehegatten nicht verboten werden, Dritte (zB seine Geliebte) in die Wohnung aufzunehmen oder dort als **Besuch** zu empfangen. Geregelt werden kann auch die Benutzung des **Telefons** (KG OLGZ 72, 60 = NJW 71, 1414; Hamburg MDR 67, 495 u 70, 142; Karlsruhe FamRZ 67, 45).

75 e) § 1361b II BGB bestimmt: Ist ein Ehegatte verpflichtet, dem anderen Ehegatten die Ehewohnung oder einen Teil zur alleinigen Benutzung zu überlassen, so kann er vom anderen Ehegatten eine **Vergütung für die Benutzung** verlangen, soweit dies der Billigkeit entspricht. Auch die Vergütung kann durch einstweilige Anordnung geregelt werden (Brudermüller FamRZ 89, 11).

76 f) Die einstweilige Anordnung gilt nur im Verhältnis zwischen den Ehegatten. Die Eigentumsverhältnisse und die **Rechtsbeziehungen zum Vermieter**, der am Verfahren der einstweiligen Anordnung nicht beteiligt ist (§ 620 a Rn 22), dürfen nicht geregelt werden (Hamburg FamRZ 83, 621 mwN; Koblenz NJW 876, 1559; Gießler Rn 891).

77 9) **Benutzung des Hausrats:** Materiell-rechtliche Grundlage für die einstweilige Anordnung ist § 1361 a BGB (Maurer FamRZ 91, 887). Hausrat sind für die Wohnung, die Hauswirtschaft und das Zusammenleben der Familie bestimmte Sachen (BGH FamRZ 84, 144/146 f; FamRZ 84, 575 = NJW 1758 = MDR 829): Zum Verbrauch bestimmte Sachen wie Nahrungsmittelvorräte (Soergel/Lange § 1361a Rn 6 mwN, str), Möbel, hauswirtschaftliches Gerät, Wohnmobile oder Wohnwagen, die für Wochenend- und Urlaubsreisen benutzt werden (Düsseldorf FamRZ 92, 60; Köln FamRZ 92, 696; Koblenz NJW-RR 94, 516 f = MDR 589), gemeinsam benutzte Yachten (LG Ravensburg FamRZ 95, 1585), Haustiere (Düsseldorf FamRZ 86, 1134/1136), Bücher (hier wird die Abgrenzung zu den zum persönlichen Gebrauch bestimmten Sachen schwierig), auch als Wohnungsschmuck dienende kostbare Kunstwerke und andere Sachen von hohem Wert (BGH FamRZ 84, 575). Daß bei deren Erwerb das Kapitalanlagemotiv mitgespielt hat, ist unerheblich. Es kommt nicht auf den Anlaß der Anschaffung, sondern auf die tatsächliche Benutzung an (Düsseldorf FamRZ 86, 1132). Ausschließlich als Kapitalanlage genutzte Sachen (zB Sammlungen) gehören nicht zum Hausrat (BGH FamRZ 84, 144/146 f; FamRZ 84, 575), ebensowenig die erst nach der Trennung angeschafften Haushaltsgegenstände, die für das Getrenntleben der Ehegatten bestimmt sind (BGH FamRZ 84, 144/147). Ein Auto und dessen Kraftfahrzeugbrief sind Hausrat, wenn das Fahrzeug gänzlich oder überwiegend für das familiäre Zusammenleben (Einkauf, Kinderbetreuung, gemeinsame Besuchs- und Urlaubsfahrten, gemeinsame Fahrten zum Arbeitsplatz) benutzt wird (BGH FamRZ 91, 49; 92, 538 Nr 278; Hamburg FamRZ 90, 1118 mwN; Düsseldorf FamRZ 92, 60 mwN, 1445 = NJW-RR 93, 453; Stuttgart FamRZ 93, 1461; 96, 172). Das gilt auch für ein geleastes Auto (Stuttgart FamRZ 95, 1275 f). Nicht zum Hausrat gehört aber ein zum persönlichen Gebrauch eines Ehegatten bestimmtes Auto, auch wenn es für die Familie mitbenutzt wird (BayObLG FamRZ 82, 399; Hamm FamRZ 90, 54 = NJW-RR 1031). Eine Einbauküche im eigenen Haus kann wesentlicher Grundstücksbestandteil sein, aber auch Hausrat (BGH NJW-RR 90, 586 f mwN; Frankfurt FamRZ 82, 938; Hamm FamRZ 91, 89 = MDR 90, 923). Entscheidend ist, ob die Kücheneinrichtung sich so in eine andere Wohnung einbauen läßt, daß sie weiterhin wirtschaftlich genutzt werden kann (BGH aaO; Zweibrücken NJW-RR 89, 84). Auch Forderungen, die sich auf Hausratsgegenstände beziehen (zB aus den §§ 1369, 1368 BGB) können zum Hausrat gehören und dem Hausratsteilungsverfahren unterliegen (BGH FamRZ 80, 45 = NJW 192 = MDR 216; FamRZ 80, 988 = NJW 2476 = MDR 918; FamRZ 83, 794). Kein Hausrat sind zum persönlichen Gebrauch bestimmte Sachen (§ 620 S 1 Nr 8; Düsseldorf FamRZ 78, 358; Karlsruhe FamRZ 79, 609; BayObLG FamRZ 82, 399 = MDR 154; Hamm FamRZ 93, 211 f mwN; teilweise anders Düsseldorf FamRZ 78, 523; s Rn 80).

Bei der Benutzungsregelung kommt es auf die **Eigentumsverhältnisse** am Hausrat nicht an (Köln MDR 58, 851). § 1361 a III 2 BGB sieht vor, daß für die Überlassung eine **Vergütung** festgesetzt werden kann. Auch dieser Punkt kann durch einstweilige Anordnung geregelt werden; s Rn 75 für die Ehewohnungsregelung. Nicht zulässig sind Anordnungen zur Sicherung (KG JR 66, 224) oder Auseinandersetzung des Eigentums (Köln MDR aaO). 77a

a) Ein **Regelungsbedürfnis** besteht nur, wenn der Antragsteller Hausrat für seine Haushaltsführung benötigt und der Antragsgegner sich weigert, ihm diese Sachen zu überlassen. Begehrt der Antragsteller die Herausgabe von Sachen nur aus dem Grunde, weil sie sein Eigentum sind und weil der Antragsgegner sie nicht braucht, so besteht kein Bedürfnis zum Erlaß einer einstweiligen Anordnung (KG NJW 59, 1330; Düsseldorf FamRZ 95, 561). 78

b) Voraussetzung für den Erlaß einer einstweiligen Anordnung ist, daß der Antragsteller Teile des ehelichen Hausrats für seinen Haushalt braucht und daß die Überlassung billig ist (§ 1361 a I 2 BGB). Von Bedeutung kann hiernach sein, ob der Antragsteller sich die benötigten Haushaltsgegenstände nicht selbst beschaffen kann (Nürnberg BayJMBl 54, 121). Zulässig ist auch ein Verbot, Hausrat aus der Ehewohnung zu entfernen (Nürnberg FamRZ 59, 169; Düsseldorf FamRZ 79, 154; anders Bülow/Stössel MDR 78, 465). Möglich ist ferner die Anordnung, eigenmächtig oder gemäß einer wieder aufgehobenen Anordnung entfernte Hausratsgegenstände zurückzuschaffen (Nürnberg aaO; Düsseldorf NJW 62, 1402 und aaO; KG MDR 70, 237; Frankfurt FamRZ 78, 53). Einer Partei, der durch Anordnung aufgegeben war, einen Hausratsgegenstand herauszugeben, kann durch weitere Anordnung gestattet werden, die Herausgabe durch Zahlung eines Geldbetrages abzuwenden, mit dem der Gegner sich eine gleichartige Sache kaufen kann (Schleswig FamRZ 72, 94 = SchlHA 13). Geregelt werden kann auch die Benutzung eines Fernsehgerätes (Düsseldorf MDR 60, 850 u JMBlNRW 67, 222). 79

10) Zum persönlichen Gebrauch eines Ehegatten oder Kindes bestimmte Sachen: In Frage kommen folgende Sachen: Krankenschein (Düsseldorf FamRZ 83, 514), Personalausweis, Paß, Zeugnisse, Kleidung, Schmuck, Medikamente, Kosmetika, dem Beruf oder Hobby dienendes Werkzeug (Düsseldorf FamRZ 86, 1134), Schulbücher, Fachliteratur, Schul- und Aktenmappen. Musikinstrumente, Sportgeräte, Fahrzeuge, Möbel und Haustiere können zum persönlichen Gebrauch einer Person bestimmt sein. Soweit mehrere Familienmitglieder sie benutzt haben, handelt es sich um Hausrat. Auf die Eigentumsverhältnisse stellt die Bestimmung nicht ab, sondern nur auf die Bestimmung zum Gebrauch. Nicht zum persönlichen Gebrauch bestimmt sind Geld, Sparbücher, Wertpapiere (Hamm FamRZ 80, 708; MK/Klauser Rn 84; anders Peschel-Gutzeit MDR 84, 892). Soweit es sich um Gebrauchsgegenstände eines Kindes handelt, gilt die Regelung nur im Verhältnis der Ehegatten zueinander. Das Kind wird durch die Anordnung weder berechtigt noch verpflichtet. 80

11) Durch einstweilige Anordnung im Eheverfahren kann ein Ehegatte verpflichtet werden, dem anderen einen **Kostenvorschuß** zu zahlen: **a)** für die Ehesache und Folgesachen (S 1 Nr 9), auch für die in Prozeßstandschaft (§ 1629 III 1 BGB) geltend gemachte Folgesache Kindesunterhalt, **b)** für einstweilige Anordnungen (BGH FamRZ 81, 759 = MDR 1001), **c)** nicht für andere selbständige Familiensachen (BGH FamRZ 80, 444 = NJW 1392 = MDR 565). Zwar sehen die §§ 127 a, 621 f auch für diese Sachen einstweilige Anordnungen vor, diese ergehen aber nicht in der Ehesache, sondern in Nebenverfahren zu diesen Sachen. 81

Materiell-rechtliche Grundlage für die Kostenvorschußpflicht sind die §§ 1360 a IV 1, 1361 IV 4 BGB. Abzulehnen ist die Auffassung des KG (FamRZ 95, 680), daß die Billigkeit im Regelfall die Vorschußpflicht ausschließt, weil diese unvereinbar wäre mit § 93a I 1, wonach im Verbundurteil die Kosten gegeneinander aufzuheben sind. Bei **Beteiligung von Ausländern** entscheidet das nach IPR maßgebliche Recht über die Vorschußpflicht (str; s StJSchlosser 11), dh deutsches Recht, wenn der Antragsteller seinen gewöhnlichen Aufenthalt im Inland hat (Art 18 I 1 EGBGB – KG FamRZ 88, 166; Köln FamRZ 95, 680). Wenn ausländisches Recht anzuwenden ist, sehen folgende Staaten vor, daß Ehegatten einander Prozeßkostenvorschüsse schulden: Großbritannien (Hamm NJW 71, 2137), Pennsylvanien und New Jersey/USA (Düsseldorf FamRZ 75, 43), Schweiz (Oldenburg FamRZ 81, 1176 = NJW 82, 2736; AG Charlottenburg IPRax 83, 128). Keine Prozeßkostenvorschüsse kennen die Rechte folgender Staaten: Iran (Jayme IPRax 84, 329), Italien (Düsseldorf OLGZ 69, 457; KG FamRZ 88, 167/169 = IPRax 234/236), das ehemalige Jugoslawien (Wuppermann NJW 70, 2144), die Niederlande (Düsseldorf FamRZ 75, 44 u 78, 908), die bisherige Tschechoslowakei (Düsseldorf OLGZ 75, 458), die Türkei (AG Charlottenburg aaO; anders Oldenburg aaO). Läßt sich ausländisches Recht nicht ohne erhebliche Verzögerung ermitteln, so kann deutsches Recht angewandt werden; s Rn 9. 82

Die **Höhe des Prozeßkostenvorschusses** richtet sich nach den Kosten, die dem Antragsteller voraussichtlich für eine Instanz entstehen werden. Die Werte der Scheidungssache und der Folgesachen sind zu ermitteln und zu addieren (§ 19 a GKG). Nach dem Gesamtwert sind zwei Anwaltsgebühren zu berechnen, ferner eine Beweisgebühr für die Scheidungssache (§ 31 I Nr 3 83

BRAGO). Wie weit auch für die Folgesachen Beweisgebühren und wie weit Gerichtsgebühren entstehen, hängt vom Einzelfall ab. Wird ein Rechtsmittel eingelegt, so kann eine weitere Anordnung auf Zahlung eines Prozeßkostenvorschusses für die **Rechtsmittelinstanz** erlassen werden.

84 Wegen des Vorschusses **nach Abschluß der Instanz** s § 621 f Rn 7. Wegen der **Leistungsfähigkeit** des Antragsgegners s § 621 f Rn 10 . Wegen des Vorschusses für **offensichtlich aussichtslose Klagen** s § 621 f Rn 11. Wegen der **Rückzahlung** des Vorschusses s § 621 f Rn 13.

85 **IV) Gebühren:** s § 620a Rn 35.

620a *[Verfahren]*

(1) Der Beschluß kann ohne mündliche Verhandlung ergehen.

(2) Der Antrag ist zulässig, sobald die Ehesache anhängig oder ein Antrag auf Bewilligung der Prozeßkostenhilfe eingereicht ist. Der Antrag kann zu Protokoll der Geschäftsstelle erklärt werden. Der Antragsteller soll die Voraussetzungen für die Anordnung glaubhaft machen.

(3) Vor einer Anordnung nach § 620 Satz 1 Nr. 1, 2 oder 3 sollen das Kind und das Jugendamt angehört werden. Ist dies wegen der besonderen Eilbedürftigkeit nicht möglich, so soll die Anhörung unverzüglich nachgeholt werden.

(4) Zuständig ist das Gericht des ersten Rechtszuges, wenn die Ehesache in der Berufungsinstanz anhängig ist, das Berufungsgericht. Ist eine Folgesache im zweiten oder dritten Rechtszug anhängig, deren Gegenstand dem des Anordnungsverfahrens entspricht, so ist das Berufungs- oder Beschwerdegericht der Folgesache zuständig. Satz 2 gilt entsprechend, wenn ein Kostenvorschuß für eine Ehesache oder Folgesache begehrt wird, die im zweiten oder dritten Rechtszug anhängig ist oder dort anhängig gemacht werden soll.

1 **I) Zulässigkeit des Antrags: 1)** Unzulässig sind Anordnungsanträge, die **vor Anhängigkeit der Ehesache** oder Einreichung eines PKH-Gesuchs gestellt werden (Frankfurt FamRZ 79, 156).

2 2) Sobald die **Ehesache** durch Einreichung eines Scheidungsantrages (§ 622 I) **anhängig** wird, können einstweilige Anordnungen erlassen werden. Dies gilt auch, wenn das **Verfahren ruht** (Celle NdsRpfl 61, 17) oder **ausgesetzt** ist (§ 614 Rn 10). Wird das Verfahren jedoch schon seit langem nicht mehr betrieben und soll es auch nicht weiter betrieben werden, so stellt der Antrag auf Erlaß einer einstweiligen Anordnung einen Verfahrensmißbrauch dar und ist mangels Rechtsschutzbedürfnisses nicht zulässig (LG Hamburg MDR 63, 846; Bergerfurth FamRZ 62, 52).

3 3) **Einstweilige Anordnungen können beantragt werden, solange die Ehesache anhängig ist.** § 620 a sagt dies zwar nicht ausdrücklich, setzt aber stillschweigend voraus, daß Nebenverfahren nur bei Anhängigkeit eines Hauptprozesses möglich sind. Die Anhängigkeit der Ehesache endet mit dem Tod eines Ehegatten (§ 619), der Rücknahme des Scheidungsantrages bzw der Klage oder der Rechtskraft des Urteils in der Ehesache. Danach können Anträge auf Erlaß oder Änderung einstweiliger Anordnungen nicht mehr zugelassen werden (BGH FamRZ 83, 355 = NJW 1330 = MDR 653; Hamburg FamRZ 87, 725; Frankfurt FamRZ 87, 1279).

3a **Auch wenn der Scheidungsausspruch vor den Folgesachenentscheidungen rechtskräftig wird und danach einstweilige Anordnungen beantragt werden, deren Gegenstände den Folgesachen entsprechen, sind diese Anträge nicht zulässig** (Hamburg FamRZ 87, 725 f; Frankfurt FamRZ 87, 1171 f u 1279; 90, 539 mwN; Karlsruhe FamRZ 92, 1454 mit beachtlichen Gründen; Gießler Rn 98; Rolland/Roth § 620 Rn 45; Schwab/Maurer I Rn 902; anders Hamm FamRZ 87, 1278; Mörsch FamRZ 86, 629 f; JHSedemund-Treiber Rn 16; MK/Klauser Rn 5). Soweit es um Angelegenheiten der freiwilligen Gerichtsbarkeit geht (§ 621 a I 1: **elterliche Sorge, Umgangsregelung, Kindesherausgabe, Ehewohnung und Hausrat)**, können jetzt wie im selbständigen Verfahren der freiwilligen Gerichtsbarkeit vorläufige Anordnungen erlassen werden (§ 620 Rn 34). **Unterhalt** kann vorläufig durch einstweilige Verfügung geregelt werden. De lege ferenda wäre es zwar wünschenswert, wenn auch in Unterhaltsprozessen einstweilige Anordnungen ergehen könnten. Geltendes Recht ist dies jedoch nicht. **Prozeßkostenvorschüsse** dürfen jetzt auch aus dem Grunde nicht mehr einstweilen geregelt werden, weil geschiedene Ehegatten einander keine solchen schulden (unten § 621 f Rn 8 mwN; anders Gießler Rn 720; MK/Klauser § 620 Rn 92). – Auch § 620 a IV 2 ergibt nicht, daß auch nach Rechtskraft der Scheidung einstweilige Anordnungen über die Gegenstände der Folgesachen erlassen werden dürfen (anders Hamm FamRZ 87, 1278). Die Vorschrift setzt eine anhängige Ehesache voraus und regelt nur die Zuständigkeit, schafft aber keine Regelungsmöglichkeiten für die Zeit nach Rechtskraft der Scheidung (Luthin FamRZ 86, 1060). Nach Eintritt der Rechtskraft ist sie nicht mehr anwendbar; denn hiermit wird eine endgültige Regelung des Gegenstandes der Folgesache wirksam (§ 629 d) und vorläufig vollstreckbar (§ 629 d Rn 11), und zwar auch dann, wenn die Folgesachenentscheidung angefochten wird (§ 629 d). Einstweilige Anordnungen über denselben Gegenstand dürfen dann nicht mehr ergehen (§ 620 Rn 18 ff; § 620 f Rn 19 a).

Wenn nach Einreichung eines Anordnungsantrages oder einer zulässigen Beschwerde (§ 620 c), aber bevor hierüber entschieden wird, **die Anhängigkeit der Ehesache endet,** ist zu unterscheiden: **a)** Wird der Scheidungsantrag zurückgenommen oder wird seine Abweisung rechtskräftig, so darf im Anordnungsverfahren keine Entscheidung mehr ergehen. Das folgt aus § 620 f, wonach einstweilige Anordnungen außer Kraft treten, wenn der Scheidungsantrag zurückgenommen oder rechtskräftig abgewiesen werden (Hamm FamRZ 82, 721 f; Gießler Rn 98; teils abweichend MK/Klauser Rn 7). **b)** Wird der Scheidungsausspruch oder ein der Eheklage stattgebendes Urteil rechtskräftig, bevor über den Anordnungsantrag bzw die Beschwerde entschieden ist, so ist hierüber noch zu entscheiden (Karlsruhe Justiz 74, 335; Stuttgart NJW-RR 86, 558; München FamRZ 87, 610: KG FamRZ 87, 956; Gießler FamRZ 86, 959 mwN; anders Karlsruhe Justiz 76, 257). Wird ohne mündliche Verhandlung über den Anordnungsantrag entschieden, so kann nicht mehr beantragt werden, nach mündlicher Verhandlung erneut zu entscheiden. 4

4) Auch wenn die Ehesache nicht anhängig ist, können **nach Einreichung eines Prozeßkostenhilfegesuches** einstweilige Anordnungen beantragt werden. Das Antragsrecht erlischt mit der Zurückweisung des PKH-Gesuchs (Hamm FamRZ 82, 721 f) und lebt wieder auf, wenn Beschwerde gegen die Zurückweisung eingelegt wird (Rahm/Künkel II Rn 29). 5

5) Werden ein **Scheidungsantrag** und ein Antrag auf Erlaß einer einstweiligen Anordnung eingereicht, **ohne** daß zugleich Prozeßkostenhilfe beantragt oder glaubhaft gemacht wird, daß die alsbaldige Kostenzahlung dem Antragsteller Schwierigkeiten bereiten würde (§ 65 VII GKG), so sind beide Anträge erst zuzustellen und zu bearbeiten, wenn der **Kostenvorschuß** eingeht (§ 65 I 1 GKG). Ausgenommen hiervon sind Anordnungsanträge, in denen ein besonderes Eilbedürfnis glaubhaft gemacht worden ist (Gießler Rn 97). 6

6) Die Zulässigkeit des Antrages auf Erlaß einer einstweiligen Anordnung hängt regelmäßig nicht von den **Erfolgsaussichten der Ehesache** ab (s aber § 620 Rn 2). 7

7) **Antragsberechtigt** sind nur die Ehegatten; s § 620 Rn 3. 8

II) **Anwaltszwang:** Das Verfahren der einstweiligen Anordnung ist Teil der Ehesache. Das ergibt sich aus dem Sachzusammenhang und daraus, daß es in dem Titel „Allgemeine Vorschriften für Ehesachen" geregelt ist. Es unterliegt deshalb gemäß § 78 II 1 Nr 1 dem Anwaltszwang. Nach § 620 a II 2 kann der **Antrag** auf Erlaß einer einstweiligen Anordnung **zu Protokoll der Geschäftsstelle** erklärt werden. Diese Regelung soll Eilentscheidungen erleichtern (zB bei Kindesentführung), bedeutet aber nicht, daß auch das weitere Verfahren vom Anwaltszwang befreit ist (Düsseldorf FamRZ 92, 1198; Wieczorek § 78 Anm C III; anders MK/Klauser Rn 11). § 78 II erklärt die Vorschrift des Abs 1 über den Anwaltsprozeß nur bezüglich solcher Prozeßhandlungen für unanwendbar, die vor dem Urkundsbeamten der Geschäftsstelle vorgenommen werden können. Aus § 620 a II 2 ergibt sich, daß lediglich die Antragstellung gemäß § 78 III ZPO vom Anwaltszwang befreit ist. 9

Solange sich allerdings das Anordnungsverfahren im schriftlichen Verfahren befindet und es allein um **Ergänzungen und Gegenäußerungen** (arg § 573 II 2) geht, besteht kein Anwaltszwang (Düsseldorf FamRZ 78, 709; Gießler Rn 109; anders Bergerfurth, Anwaltszwang Rn 341). Dasselbe gilt für **Begehren auf Aufhebung oder Änderung** im schriftlichen Verfahren gemäß § 620 b, weil derartige Anträge das Verfahren des § 620 a lediglich modifizieren (Frankfurt FamRZ 77, 799 = NJW 78, 172; Brüggemann FamRZ 77, 289; MK/Klauser Rn 9). Der **Antrag auf mündliche Verhandlung** und das ihm nachfolgende Verfahren unterliegen indessen der Vorschrift des § 78 II 1 Nr 1 über den Anwaltsprozeß (Düsseldorf FamRZ 78, 709; FamRZ 92, 1198; Brüggemann aaO 289; Gießler Rn 153; Bergerfurth aaO Rn 341; anders Baumbach/Albers § 620 b Rn 8). Ausnahmsweise kann ohne Mitwirkung von Rechtsanwälten verhandelt werden, wenn nur ein Antrag auf Bewilligung von **Prozeßkostenhilfe** für eine Ehesache eingereicht ist, die Ehesache selbst aber noch nicht anhängig ist (§ 620 a II 1); denn in diesem Verfahrensstadium besteht auch für die Ehesache kein Anwaltszwang (MK/Klauser Rn 9; JHSedemund-Treiber Rn 11; Gießler Rn 109; Bergerfurth aaO). Wenn das Gericht **von Amts wegen die elterliche Sorge** einstweilen regeln will und zu diesem Zweck mündlich verhandelt, brauchen die Ehegatten sich ebenfalls nicht durch Anwälte vertreten zu lassen (Brüggemann aaO 290; MK/Klauser aaO; anders Schwab/Maurer I Rn 183). 9a

10 **III) Zuständigkeit (Abs 4):** Zuständig für den Erlaß einstweiliger Anordnungen ist grundsätzlich das Gericht, bei dem die Ehesache anhängig ist. Ist diese im Ausland anhängig, so können vorläufige Anordnungen im selbständigen Verfahren der freiwilligen Gerichtsbarkeit (§ 620 Rn 33) und einstweilige Verfügungen erlassen werden, aber keine Anordnungen nach § 620 (Karlsruhe IPrax 85, 106; Henrich IPrax 85, 89). Für das Anordnungsverfahren nach den §§ 620 ff ist grundsätzlich das Familiengericht der ersten Instanz (Rn 11, 12) zuständig, ausnahmsweise das OLG als Berufungs- oder Beschwerdegericht (§ 119 I Nr 1 und 2 GVG; s Rn 13–16). Ob das FamG für die Ehesache örtlich oder international zuständig ist, braucht es nicht zu klären, bevor es eine einstweilige Anordnung erläßt (Hamburg DAVorm 83, 153). Nur wenn feststeht, daß es hierfür nicht zuständig ist, hat es den Erlaß einer einstweiligen Anordnung abzulehnen; s § 620 Rn 2.

11 **1)** Das **Familiengericht** der Ehesache ist **zuständig,** solange die Ehesache oder die Folgesache, deren Gegenstand dem des Anordnungsverfahrens entspricht, nicht in der zweiten Instanz anhängig ist. Diese Zuständigkeit überdauert die Verkündung des Verbundsurteils. Wird gegen ein solches schlechthin Berufung oder Beschwerde eingelegt, ohne daß zu erkennen ist, ob der Scheidungsausspruch oder welche Folgesachen angefochten werden, so ist das FamG weiterhin zuständig (Frankfurt FamRZ 92, 579 f). Denn wenn ein Urteil zunächst ohne Anträge angefochten wird, in der Rechtsmittelbegründung aber nur ein beschränkter Antrag gestellt wird, so liegt darin keine Anfechtung in vollem Umfang und anschließende teilweise Rechtsmittelrücknahme, sondern das Rechtsmittel ist von vornherein nur beschränkt eingelegt (BGH FamRZ 83, 685 = NJW 1561 = MDR 1008; FamRZ 89, 1064 = NJW-RR 962; BayObLG FamRZ 80, 814). Auch wenn das Scheidungsurteil nur Folgesachen aus dem Bereich der freiwilligen Gerichtsbarkeit (elterliche Sorge, Versorgungsausgleich, Ehewohnung und Hausratsverteilung) regelt, enthält die Erklärung, daß Berufung eingelegt werde, keine Anfechtung des Scheidungsausspruchs. Der Rechtsmittelführer kann in der Rechtsmittelbegründung erklären, er fechte nur die Folgesachenentscheidung an; die falsche Bezeichnung des Rechtsmittels als Berufung schadet nicht (§ 629 a Rn 2). Wenn allerdings die Ehe vor der Entscheidung über alle Folgesachen geschieden wird (§ 628 I 1) oder wenn die elterliche Sorge vorweg geregelt wird (§ 627 I) und gegen solche Entscheidungen Rechtsmittel eingelegt werden, steht der Gegenstand des Rechtsmittelverfahrens von vornherein fest. Dann gelangt die Ehesache bzw die Folgesache elterliche Sorge bereits mit dem Eingang der bloßen Erklärung, daß ein Rechtsmittel eingelegt werde, in die zweite Instanz, und die Zuständigkeit des FamG für einstweilige Anordnungen geht damit auf diese Instanz über.

12 Wird **vor der Anfechtung des Verbundurteils** eine einstweilige Anordnung beantragt und, bevor über diesen Antrag entschieden worden ist, ein Rechtsmittel gegen das Urteil eingelegt, so bleibt die Zuständigkeit des Familiengerichts bestehen und wechselt nicht etwa auf das OLG über. Der Grundsatz der perpetuatio fori (§ 261 III Nr 2) gilt hier sinngemäß (BGH FamRZ 80, 670 f = MDR 657 mwN).

13 **2) a) Nach § 620 a IV 2 ist der Familiensenat** des OLG (§ 119 I GVG) **zuständig für den Erlaß einstweiliger Anordnungen, wenn** die Ehesache oder eine **Folgesache, deren Gegenstand dem des Anordnungsverfahrens entspricht,** in der zweiten Instanz anhängig ist. Dies gilt auch, wenn die einstweilige Anordnung – unzulässigerweise (Rn 3a) – erst nach Rechtskraft der Scheidung beantragt wird (Frankfurt FamRZ 90, 539). Welche Gegenstände einander entsprechen, ergibt sich aus den weitgehend übereinstimmenden Katalogen der §§ 620 und 621 (Frankfurt FamRZ 92, 579 f; Gießler Rn 116). Die einstweilige Regelung des Unterhalts eines getrennt lebenden Ehegatten und der Geschiedenenunterhalt entsprechen einander, wie § 620 f zeigt (§ 620 f Rn 2). Dem Gegenstand Getrenntleben entspricht derjenige der Ehesache. Die zum persönlichen Gebrauch eines Kindes bestimmten Sachen hängen eng mit der elterlichen Sorge zusammen (MK/Klauser Rn 18). Die Herausgabe oder Benutzung dieser Sachen kann das OLG einstweilen regeln, wenn die Folgesache elterliche Sorge bei ihm anhängig ist. Die zum persönlichen Gebrauch eines Ehegatten bestimmten Sachen sind Anhängsel zur Hausratsbenutzung. Die Herausgabe oder Benutzung dieser Sachen kann das OLG einstweilen regeln, wenn es als Folgesache die Rechtsverhältnisse am Hausrat zu regeln hat (anders MK/Klauser aaO).

13a **b)** Im Verbundverfahren kann **Stufenklage auf Auskunft** über das Einkommen und auf Unterhalt erhoben werden. Über das Auskunftsbegehren kann durch **Teilurteil** entschieden werden (§ 623 Rn 21). Wird hiergegen Berufung eingelegt, so bleibt die Folgesache Unterhalt in erster Instanz anhängig. Für Unterhaltsanordnungen bleibt das FamG zuständig. Für die **Kostenvorschußpflicht** (§ 620 S 1 Nr 9) enthält Abs 4 S 3 die Sonderregelung, daß das OLG sie durch einstweilige Anordnung zu regeln hat, wenn ein Vorschuß für die zweite oder dritte Instanz begehrt wird, auch wenn die Ehe- oder Folgesache dort erst anhängig gemacht werden soll. Verlangt ein Ehegatte Vorschüsse für eine beim Rechtsmittelgericht anhängige Ehe- oder Folgesache und für eine noch beim FamG anhängige abgetrennte Folgesache, so ist für den ersten Vorschuß das Rechtsmittelgericht, für den zweiten das FamG zuständig (Köln FamRZ 90, 768).

3) **Analoge Anwendung des Abs 4 S 2?** Die 1986 eingefügte Bestimmung hat die Zuständigkeit sachzusammenhangshalber auf das OLG verlagert. Sie löst nicht alle Sachzusammenhangsprobleme, namentlich nicht die folgenden Fragen: **a)** Welches Gericht ist für einstweilige Anordnungen zuständig, wenn das FamG die **PKH** für eine Ehesache verweigert hat und die **Beschwerde hiergegen beim OLG/** anhängig ist? **b)** Welches Gericht ist für einstweilige Anordnungen zuständig, wenn **PKH für eine Berufung gegen die Entscheidung über den Scheidungsantrag** (Abweisung oder Scheidung) beantragt worden ist, das Rechtsmittel aber noch nicht eingelegt worden ist? **c)** Kann das OLG den **Umgang** eines Elternteils mit dem Kind oder die **Herausgabe eines Kindes** einstweilen regeln, **wenn nur die Folgesache elterliche Sorge bei ihm anhängig ist? d)** Welches Gericht ist zuständig, wenn die Ehe vor der Entscheidung über eine Folgesache geschieden, **gegen die Scheidung Berufung** eingelegt und darauf eine **einstweilige Anordnung** beantragt wird, **deren Gegenstand einer noch in erster Instanz anhängigen Folgesache entspricht? e)** Welches Gericht ist für einstweilige Unterhaltsanordnungen zuständig, wenn die Ehesache beim Berufungsgericht anhängig ist, die Folgesache Unterhalt nicht eingeleitet worden ist, aber ein **selbständiger Unterhaltsprozeß beim FamG** schwebt? Die Betonung des Sachzusammenhangs legt zuständigkeitsbegründende Analogieschlüsse nahe. Diese würden aber zu erheblicher Rechtsunsicherheit führen. Im übrigen setzt Analogie eine lückenhafte gesetzliche Regelung voraus, und eine solche liegt hier nicht vor. Allein mit Zweckmäßigkeitserwägungen dürfen Analogieschlüsse nicht begründet werden (BGH FamRZ 80, 48 = NJW 188 = MDR 215; anders für vorstehende Frage c MK/Klauser Rn 18). 14

4) Der **Familiensenat des OLG** (§ 119 I GVG) entscheidet in voller Besetzung über einstweilige Anordnungen. Der bis 1977 geltende § 627 III 5, nach dem der **Einzelrichter** zuständig war, ist durch die Eherechtsreform beseitigt worden. Die Zuständigkeit dieser Gerichte für das Anordnungsverfahren endet nicht bereits mit Verkündung der Entscheidung über das Rechtsmittel. Zur Rechtsmittelinstanz gehört auch die Zeit bis zur Einlegung eines weiteren Rechtsmittels oder bis zum Eintritt der Rechtskraft (§ 629 d Rn 3 ff). 15

5) Wird gegen das Urteil des OLG in einer Ehesache **Revision** eingelegt, so erlischt dessen Zuständigkeit für einstweilige Anordnungen. Zuständig ist jetzt wieder das FamG (BGH FamRZ 80, 444 = NJW 1392 = MDR 565). Wird gegen die Folgesachenentscheidung eines OLG ein Rechtsmittel zum BGH eingelegt, so bleibt es für einstweilige Anordnungen zuständig, deren Gegenstand dem der Folgesache entspricht (Karlsruhe FamRZ 92, 1454 f). Diese Regelung ist nur auf den ersten Blick widersprüchlich. Bei Folgesachen gebietet es die Sachnähe, die Zuständigkeit des Rechtsmittelgerichts aufrechtzuerhalten. Bei der in die dritte Instanz gelangten Ehesache läßt sich nicht generell entscheiden, ob das FamG oder das Rechtsmittelgericht dem Gegenstand der einstweiligen Anordnung näher steht. Deshalb bleibt das FamG zuständig. 16

6) Die Zuständigkeit für das Anordnungsverfahren kann auch durch **bindende Verweisung** vom Familiengericht an den Familiensenat des OLG und umgekehrt begründet werden (§ 281 II; BGH FamRZ 79, 1004 = NJW 2519 = MDR 80, 40; Frankfurt FamRZ 92, 579 f; anders BayObLG FamRZ 79, 939 = MDR 1031; FamRZ 79, 1042; Düsseldorf FamRZ 79, 154). 17

7) Die **internationale Zuständigkeit** für einstweilige Anordnungen folgt aus der internationalen Zuständigkeit für die Ehesache (Stuttgart NJW 80, 1227; Karlsruhe FamRZ 84, 184). Ausnahme: Hat ein Kind seinen gewöhnlichen Aufenthalt in einem MSA-Vertragsstaat (§ 621 Rn 79), so sind für einstweilige Anordnungen zur Regelung der elterlichen Sorge, des Umgangsrechts und der Herausgabe des Kindes die Gerichte des Staates international zuständig, in dem das Kind seinen gewöhnlichen Aufenthalt hat (Art 1, 13 I MSA; Schleswig SchlHA 78, 54; Düsseldorf FamRZ 81, 1005 u 84, 194; Stuttgart NJW 83, 1981; Hamburg DAVorm 83, 151). Ausnahmen s Art 3, 4, 5 MSA; § 621 Rn 80 f. Wird der gewöhnliche Aufenthalt des Kindes während des Scheidungsprozesses in einen anderen Vertragsstaat verlegt, so werden dessen Gerichte international zuständig (Düsseldorf FamRZ 81, 1005). Wird er in einen Staat verlegt, der nicht zu den Vertragsstaaten gehört, so gilt der Grundsatz der perpetuatio fori (Düsseldorf aaO). 18

IV) Form und Inhalt des Antrags: 1) Die **Prozeßvollmacht** für die Ehesache erstreckt sich auch auf das Anordnungsverfahren; s § 609 Rn 1. Der **Antrag** ist schriftlich oder **zu Protokoll der Geschäftsstelle** zu stellen. Zuständig für die Protokollierung ist die Geschäftsstelle des zuständigen FamG oder OLG, ferner die Geschäftsstelle jedes anderen AG (§ 129 a). Auch wenn der Antrag schriftlich gestellt wird, besteht kein Anwaltszwang (§ 78 III). In Unterhalts- und Prozeßkostenvorschußsachen muß der Antrag einen hinreichend **bestimmten Sachantrag** enthalten; in anderen Angelegenheiten genügt ein Antrag auf Einleitung eines Anordnungsverfahrens (Gießler Rn 19). Ist der Unterhaltsantrag nicht bestimmt genug, so ist mündliche Verhandlung anzuberaumen; in dieser sind die Mängel des Antrages zu erörtern und zu beheben. Nur wenn dies 19 infolge von Meinungsverschiedenheiten zwischen Antragsteller und Familienrichter nicht gelingt, darf der Antrag mangels Bestimmtheit als unzulässig abgewiesen werden.

20 2) Da das Anordnungsverfahren ein selbständiges Verfahren ist, muß für einstweilige Anordnungen die **Prozeßkostenhilfe** besonders beantragt und bewilligt werden (Düsseldorf FamRZ 82, 1096; München JurBüro 84, 1851; Karlsruhe FamRZ 85, 1274; Bamberg FamRZ 86, 701). Wegen der Frage, ob die Kosten vier Monatsraten nicht übersteigen (§ 115 VI), s § 119 Rn 12. Die Beiordnung eines Anwalts darf nicht mit der Begründung abgelehnt werden, die Parteien könnten die Anordnung selbst zu Protokoll der Geschäftsstelle beantragen (§ 620 a II 2; Bamberg FamRZ 79, 527); denn von dieser Möglichkeit abgesehen besteht für das Anordnungsverfahren Anwaltszwang; s Rn 9. Da der Erlaß und die Änderung der Anordnung gebührenrechtlich eine Angelegenheit sind (Nr 1161 des Kostenverzeichnisses zum GKG, § 41 I BRAGO), umfaßt die Bewilligung der PKH für ein Anordnungsverfahren auch spätere Änderungsverfahren nach § 620 b (Hamm MDR 83, 847 = Rpfleger 84, 34; Wax FamRZ 85, 11); es sei denn, der Gegenstand des Änderungsverfahrens geht über denjenigen des ersten Verfahrens hinaus.

21 3) Der Antragsteller soll den **Antrag begründen** und die tatsächlichen Voraussetzungen für die Anordnung **glaubhaft machen** (Abs 2 S 3; § 294). Wenn die einstweilige Anordnung ergehen soll, bevor dem Antragsgegner rechtliches Gehör gewährt wird, trägt der Antragsteller die Glaubhaftmachungslast für sämtliche Voraussetzungen der Anordnung, auch für das Fehlen naheliegender Einwendungen wie zB die Behauptung, der Antragsgegner könne den Unterhalt nicht bezahlen (Frankfurt FamRZ 89, 87 mwN). Mängel der Begründung oder Glaubhaftmachung sind durch Auflagen oder in mündlicher Verhandlung zu beseitigen. Für einstweilige Anordnungen zur Regelung des Unterhalts gilt § 138 III, wenn dem Antragsgegner rechtliches Gehör gewährt worden war. Tatsachen, die nicht ausdrücklich bestritten werden, gelten dann als zugestanden. Nicht bestrittene Tatsachen brauchen dann weder glaubhaft gemacht zu werden; noch sind sie analog § 616 I von Amts wegen aufzuklären. In einem vorläufigen Verfahren hat das Gericht nicht mehr aufzuklären als im ordentlichen Unterhaltsprozeß. Bei Anordnungen zur Regelung der **elterlichen Sorge,** des Umgangs mit einem Kind, der Herausgabe des Kindes und der Benutzung von Ehewohnung und Hausrat kann das Gericht nicht verlangen, daß die Ehegatten ihr Vorbringen glaubhaft machen. Es hat analog § 12 FGG **von Amts wegen zu ermitteln,** wie weit eine Regelung erforderlich ist (so für das Kindeswohl München FamRZ 78, 54 u JurBüro 85, 80; Gießler Rn 106). Dies folgt daraus, daß alle jene Angelegenheiten als selbständige Verfahrensgegenstände nach dem FGG behandelt werden (§§ 621 a ZPO, 13 I HausratsVO; s auch BGH FamRZ 83, 1008/1010 = NJW 2775).

22 **V) Gerichtliches Verfahren: 1)** Am Anordnungsverfahren beteiligt sind nur die **Ehegatten.** Das **Jugendamt und** das **Kind** sollen gehört werden (Abs 3 S 1). Es genügt, daß das Jugendamt Gelegenheit zur Äußerung erhält. Äußert es sich nicht, so ist dies kein Hindernis für den Erlaß einer einstweiligen Anordnung (so BayObLG FamRZ 95, 254 für das Strafurteil). Jugendamt und Kind sind keine Verfahrensbeteiligten (anders Schwab/Maurer I Rn 141). Die Anhörung begründet keine formelle Beteiligung und die Anhörungspflicht kein materielles Recht iS des § 20 I FGG (KG FamRZ 79, 740 = NJW 2251 mwN). Das Anhörungsgebot ist keine Ausprägung des rechtlichen Gehörs (Art 103 I GG); vielmehr ist die Anhörung das Mindestmaß an Sachaufklärung, die das Gericht zu leisten hat (München JurBüro 85, 79). Erst recht sind **Vereine** zur Wahrung von Eltern- und Kindesinteressen nicht zu beteiligen (Schleswig SchlHA 87, 56). In Ehewohnungssachen wird der **Vermieter** nicht beteiligt (Hamm FamRZ 87, 1277; Lempp FamRZ 84, 14; Bergerfurth FamRZ 85, 549; Brudermüller FamRZ 87, 120; Gießler Rn 128; Johannsen/Henrich/Voelskow § 1361 b BGB Rn 21; Soergel/Lange § 1361 b Rn 7; MK-BGB/Wacke § 1361 b Rn 15; Fehmel, HausratsVO § 18 a Rn 42; anders Koblenz NJW 87, 1559 = FamRZ 406 mit abl Anm Gottwald; Thalmann FamRZ 84, 15; Diederichsen NJW 86, 1284; RGRK/Kalthoener § 18 a HausratsVO Rn 34; Schwab/Maurer VII Rn 64). Die einstweilige Anordnung gilt nur im Verhältnis zwischen den Ehegatten. Die Rechtsbeziehungen zum Vermieter dürfen nicht geregelt werden; s § 620 Rn 76.

23 2) Wenn der Antrag nicht von vornherein zurückgewiesen wird, ist dem **Antragsgegner rechtliches Gehör** zu gewähren (Art 103 I GG). Dies geschieht durch Übersendung der Antragsschrift oder des vom Urkundsbeamten aufgenommenen Protokolls und – falls der Scheidungsantrag noch nicht zugestellt worden ist – auch durch dessen formlose Mitteilung. Zustellung ist nicht erforderlich wie überall im Beschlußverfahren mit fakultativer mündlicher Verhandlung. Wird nicht verhandelt, so ist dem Gegner eine Frist zur Stellungnahme zu setzen. Wird verhandelt, so ist dies ebenfalls zweckmäßig, aber nicht notwendig. Die Fristsetzung ist zuzustellen (§ 329 II 2). Ist die **Gewährung rechtlichen Gehörs nicht möglich,** weil sofort eine Regelung getroffen werden muß, so ist dem Gegner unverzüglich nach der Anordnung Gehör zu gewähren. Dies geschieht in der Weise, daß ihm zugleich mit der Entscheidung Abschriften der maßgeblichen Schriftstücke und Protokolle übersandt werden.

3) Der Zweck des Anordnungsverfahrens verbietet eine **Aussetzung** (Frankfurt FamRZ 85, 409). Eine **mündliche Verhandlung** ist nicht vorgeschrieben (Düsseldorf FamRZ 92, 1198), aber zweckmäßig, um zu vermeiden, daß nach Erlaß der Anordnung auf Grund mündlicher Verhandlung erneut entschieden werden muß (§ 620 b II; Düsseldorf FamRZ 94, 973 f). Die **Ladungsfrist** von einer Woche (§ 217) ist einzuhalten (Düsseldorf aaO), nicht aber die Einlassungsfrist (§ 274 III; s § 922 Rn 15; StJGrunsky § 922 Rn 21). Wird die Anordnungssache zugleich mit der Ehesache verhandelt, so ist die **Verhandlung nicht öffentlich** (§ 170 S 1 GVG). Wenn sich die Verhandlung auf eine Unterhaltsanordnung beschränkt, wird öffentlich verhandelt (§ 170 S 1 GVG). Erscheint der Antragsteller nicht oder ohne Rechtsanwalt (Rn 9a), findet eine Verhandlung nicht statt; über den Antrag wird nicht entschieden. Erscheint der andere Ehegatte nicht, so findet – wie in der Ehesache – eine einseitige streitige Verhandlung statt. Ein **Versäumnisverfahren** sieht das Gesetz nicht vor. 24

4) Es ist zweckmäßig, **die Ehegatten in der Verhandlung persönlich zu hören.** Wie weit ihr Vorbringen glaubhaft ist, kann dann besser beurteilt werden. Geht es um die **elterliche Sorge,** das Umgangsrecht oder die Herausgabe eines Kindes, so ist die Anhörung der Eltern sogar notwendig (§ 50 a FGG analog; BVerfG NJW 94, 1208/1210; Zweibrücken FamRZ 82, 945). Auch das Jugendamt und das Kind sollen persönlich gehört werden (Abs 3 S 1). Bei besonderer Eilbedürftigkeit kann ohne Anhörung eine Anordnung erlassen werden; die Anhörung ist dann aber unverzüglich nachzuholen (Abs 3 S 2). 25

5) **Amtsaufklärung, Beweisaufnahme:** Außer der Bestimmung des Abs 2 S 3, daß der Antragsteller die Voraussetzungen für die Anordnung glaubhaft machen soll, enthält das Gesetz keine Vorschrift über den Umfang der Sachaufklärung und Beweisaufnahme. Dieser Umfang richtet sich nach dem Verfahrensgegenstand: 26

a) Einstweilige Anordnungen, durch die die **Unterhaltspflicht** gegenüber einem Kind, der Unterhalt eines Ehegatten oder die Verpflichtung zur Leistung eines Prozeßkostenvorschusses geregelt werden, sind ihrem Gegenstand nach **zivilprozessuale Angelegenheiten.** In diesen Verfahren besteht kein Anlaß, den Sachverhalt weiter als im gewöhnlichen Zivilprozeß aufzuklären. Folglich gelten nicht bestrittene Tatsachen als zugestanden (§ 138 III); das Gericht erhebt nur solche Beweise, die die Parteien angetreten haben; es kann nicht präsente Beweismittel unberücksichtigt lassen (§ 294 II), braucht dies aber nicht zu tun, wenn zu befürchten ist, daß die Nichtberücksichtigung zu einem Änderungsantrag (§ 620 b I 1) führen wird. Es besteht keine Amtsermittlungspflicht (MK/Klauser § 620 Rn 451; JHSedemund-Treiber Rn 14; Gießler Rn 130; Schwab/Maurer I Rn 901; anders Bergerfurth FamRZ 62, 52; StJSchlosser Rn 7 c; Baumbach/Albers Rn 10). 27

b) Wird eine Regelung des **Getrenntlebens** begehrt, so kann das Gericht entsprechend § 616 I von Amts wegen die Aufnahme von Beweisen anordnen und nach Anhörung der Ehegatten auch solche Tatsachen berücksichtigen, die sie nicht vorgebracht haben. 28

c) Einstweilige Anordnungen, durch die die elterliche Sorge, der persönliche Umgang mit dem Kind, die Herausgabe des Kindes und die Benutzung von Ehewohnung und Hausrat geregelt werden, sind ihrem Gegenstand nach **Angelegenheiten der freiwilligen Gerichtsbarkeit** (§§ 621 I Nr 1–3, 7, 621 a I 1 ZPO, 13 I HausratsVO). Die Regelung der Herausgabe persönlicher Sachen ähnelt derjenigen der Hausratsbenutzung und ist deshalb verfahrensrechtlich wie diese zu behandeln. Für das Verfahren in allen diesen Angelegenheiten gilt der Grundsatz der **Amtsaufklärung** (§ 12 FGG; München FamRZ 78, 54 f u 79, 317 f; JurBüro 85, 79; Düsseldorf FamRZ 94, 973 f = RPfleger 27 f = JurBüro 547; Kropp NJW 79, 2253; Maurer FamRZ 91, 886; JHSedemund-Treiber Rn 14; anders MK/Klauser § 620 Rn 89). Das Gericht ist nicht auf präsente Beweismittel beschränkt (Schleswig SchlHA 74, 111). Den Umfang der Beweisaufnahme bestimmt es nach pflichtgemäßem Ermessen (Düsseldorf aaO u FamRZ 95, 182 f = Rpfleger 117). Hier gelten folgende Grundsätze: Je schwerer das FamG in die Lebensverhältnisse der Ehegatten und ihrer Kinder eingreift, desto sorgfältiger muß der Sachverhalt aufgeklärt werden. Je dringlicher andererseits die Regelung ist, desto eher wird auf nicht präsente Beweismittel verzichtet werden müssen. Da das Gesetz nur Glaubhaftmachung verlangt, brauchen nicht alle entscheidungserheblichen Tatsachen abschließend aufgeklärt zu werden (München JurBüro 85, 79). Zeitraubende Ermittlungen, zB schriftliche Sachverständigengutachten, sollten unterbleiben, wenn sie die Sachentscheidung unangemessen verzögern (München FamRZ 78, 54; Düsseldorf FamRZ 95, 182 f). 29

6) Über den Gegenstand des Anordnungsverfahrens können sich die Ehegatten im Regelfall **vergleichen.** Im Vergleich sollte klargestellt werden, ob er nur einstweilen bis zum Wirksamwerden einer anderweitigen Regelung (§ 620 f) oder endgültig gilt. Im Zweifel gilt er nur einstweilen; str, s § 620 f Rn 10. Über Vergleiche in Sorge- und Umgangsregelungssachen s § 621 a Rn 6. 30

7) Wie weit das Gericht **an die Sachanträge der beteiligten Ehegatten gebunden ist,** richtet sich nach dem Gegenstand des Anordnungsverfahrens. In Angelegenheiten der freiwilligen Ge- 30a

richtsbarkeit (§ 621 a I 1) kann es über die Anträge hinausgehen (so für die elterliche Sorge Celle FamRZ 78, 622; Soergel/Strätz § 1672 Rn 8; MK-BGB/Hinz § 1672 Rn 4; Gießler Rn 20; für Hausratssachen BGHZ 18, 143/145; Düsseldorf FamRZ 85, 1152 u 86, 1134 f; Zweibrücken FamRZ 87, 508; München FamRZ 95, 1205 f mwN; MK-BGB/Müller- Gindullis § 1 HausratsVO Rn 25; anders Habscheid; FG § 51 I D 4). Jedoch darf das Gericht nicht über den Verfahrensgegenstand des Antrages hinausgehen (Gießler Rn 93), zB nicht einem Antragsteller, der eine Sorgerechtsregelung begehrte, ein Umgangsrecht einräumen. Für einstweilige Anordnungen aus dem zivilprozessualen Bereich, nämlich solche zur Regelung des Unterhalts, gelten die §§ 307, 308. Das Gericht darf nicht mehr Unterhalt zuerkennen, als gefordert wurde, und nicht weniger, als anerkannt wurde.

31 8) Entschieden wird durch **Beschluß.** Dieser ist zu **verkünden,** wenn er auf Grund mündlicher Verhandlung ergeht (§ 329 I 1), sonst ist er den Ehegatten formlos mitzuteilen (§ 329 II 1). Wird er versehentlich nicht verkündet, sondern nur zugestellt, so ist er trotz dieses Verfahrensfehlers wirksam (Bremen FamRZ 81, 1091). Eine Ausssetzung des Verfahrens ist nicht zulässig (Rn 22). Enthält der Beschluß einen vollstreckbaren Inhalt oder unterliegt er der sofortigen Beschwerde gemäß § 620 c 1, so ist er zuzustellen (§ 329 III). Wegen der Begründung des Beschlusses s § 620 d, wegen der Kosten § 620 g, wegen der Rechtsbehelfe und -mittel §§ 620 b und 620 c.

32 9) **§ 926** ist im Verfahren der einstweiligen Anordnung nicht analog anwendbar. Das FamG darf **nicht anordnen, daß** der Ehegatte, der die Anordnung erwirkt hat, **Klage zur Hauptsache** erheben muß. An die Stelle des § 926 tritt § 620 f.

33 **VI) Einstweilige Anordnungen** auf Zahlung des Unterhalts oder eines Prozeßkostenvorschusses, auf Herausgabe von Hausrat oder Sachen, die zum persönlichen Gebrauch bestimmt sind, **werden nach der ZPO vollstreckt** (§§ 794 I Nr 3a; 16 III HausratsVO; MK/Klauser § 620 Rn 82, 89). **Sie bedürfen** analog § 929 I **keiner Vollstreckungsklausel** (StJSchlosser Rn 10; MK/Klauser § 620 Rn 44; Schwab/Maurer I Rn 930 und wohl auch Rolland/Roth Rn 31; anders Zweibrücken FamRZ 84, 716; Gießler Rn 250). Ihre Vollstreckung wird nicht unstatthaft, wenn seit dem Tage, an dem sie verkündet oder dem Antragsteller zugestellt sind, ein Monat verstrichen ist (§ 929 II ist nicht anwendbar). Zuständig für die Vollstreckung aus solchen Anordnungen ist das AG als Vollstreckungsgericht (§ 621 Rn 18). Das FamG ist nur zuständig, soweit es im Vollstreckungsverfahren als Prozeßgericht tätig werden muß (§ 621 Rn 17). Wegen der Vollstreckung von Anordnungen auf **Herausgabe der Ehewohnung** s § 620 Rn 72.

33a 1) Der **Elternteil,** in dessen Obhut sich das Kind befindet oder dem die elterliche Sorge zusteht, kann Unterhaltsansprüche des Kindes gegen den anderen Elternteil nur im eigenen Namen geltend machen (§§ 1629 III 1 BGB). Er **kann nur im eigenen Namen eine einstweilige Anordnung zur Regelung des Kindesunterhalts und eine vollstreckbare Ausfertigung** einer solchen Anordnung **beantragen**. Wenn der Scheidungsausspruch rechtskräftig wird, bleibt die Anordnung weiterhin in Kraft, solange keine anderweitige Regelung wirksam wird (§ 620 f Rn 3); die Prozeßführungsbefugnis des Elternteils, der die Anordnung erwirkt hat, erlischt jedoch. Auch wenn er erst jetzt eine vollstreckbare Ausfertigung der Anordnung beantragt, hat der Urkundsbeamte ihm die Ausfertigung zu erteilen (BGH FamRZ 91, 295 f; Frankfurt FamRZ 94, 453; Hochgräber FamRZ 96, 272). Er prüft dabei nicht von Amts wegen, ob die Vollstreckungsklausel wegen Rechtskraft der Scheidung zu verweigern ist (Hochgräber aaO; Stöber unten § 724 Rn 3.

33b Streitig ist ob der Unterhaltsschuldner gegen die Erteilung der Klausel einwenden kann, daß die **Prozeßführungsbefugnis mit Rechtskraft der Scheidung erloschen ist** (bejahend Schleswig SchlHA 82, 111; Frankfurt FamRZ 83, 1268; Hamburg FamRZ 85, 624; Köln FamRZ 85, 626; Vorauflage; anders KG FamRZ 84, 505; Hamburg FamRZ 84, 927; Nürnberg FamRZ 87, 1172 = DAVorm 803 = JurBüro 88, 383; Schleswig FamRZ 90, 189). Mit Gießler (Rn 614 f) ist hier zu unterscheiden: Solange der frühere Prozeßstandschafter weiterhin gesetzlicher Vertreter des Kindes ist, besteht kein Rechtsschutzbedürfnis für diesen Einwand. Ist aber außer der Prozeßstandschaft auch seine Vertretungsmacht erloschen, so ist der Einwand zuzulassen. Der Unterhaltsschuldner kann ihn mit der Vollstreckungsabwehrklage durchsetzen (Schleswig aaO; eingehend Köln FamRZ 86, 626; München FamRZ 90, 653; Hamm FamRZ 92, 843; Oldenburg FamRZ 92, 844; anders Frankfurt aaO: mit der Erinnerung nach § 766). Das Kind wird dann analog § 727 eine vollstreckbare Ausfertigung für sich selbst beantragen. Für die Erteilung der Vollstreckungklausel ist jetzt nicht mehr der Urkundsbeamte, sondern der Rechtspfleger zuständig (§ 20 Nr 12 RPflG).

34 2) **Sorgerechtsregelungen** wirken nur rechtsgestaltend, sind aber nicht vollziehbar (Keidel/Zimmermann § 33 Rn 11 mwN). **Umgangsregelungen** iS des § 620 1 Nr 2 und einstweilige Anordnungen auf **Herausgabe eines Kindes** werden nach § 33 FGG vollzogen (arg § 794 I Nr 3 u 3 a; BGH FamRZ 83, 1008/1010 = NJW 2775 = MDR 921). Auch ausländische Anordnungen darf das FamG vollziehen (BGH aaO). Umgangsregelungen lassen sich nur vollziehen, wenn sie eindeutig regeln, wann, wo und wie lange der sorgeberechtigte Elternteil dem Umgamgsberechtigten das

Kind zu überlassen hat (BayObLG FamRZ 93, 823 f; Gießler Rn 245). Gibt der Umgangsberechtigte das Kind nicht zurück, so ist die den Umgang regelnde einstweilige Anordnung nur dann ein zur Vollziehung der Rückgabe geeigneter Titel, wenn der Umgangsberechtigte ausdrücklich zur Rückgabe des Kindes verpflichtet worden ist. Sonst muß eine einstweilige Anordnung auf Herausgabe des Kindes beantragt, erlassen und vollzogen werden. **Vergleiche** der Eltern über den Umgang mit dem Kind können nicht vollzogen werden (s Rn 30 u § 621 Rn 23). Da die **Vollziehung einer Anordnung** nicht Teil des Anordnungsverfahrens, sondern eine **selbständige Verrichtung** iS der §§ 621 a I 1 ZPO, 43 I FGG ist, ist für sie das Familiengericht **zuständig**, in dessen Bezirk das Kind seinen Wohnsitz oder beim Fehlen eines inländischen Wohnsitzes seinen Aufenthalt hat (§ 36 I FGG; BGH FamRZ 86, 789 mwN, str). Gegen Vollziehungsmaßnahmen findet die **Beschwerde nach § 19 FGG** statt (§ 621 a Rn 27; § 621 e Rn 8). Für sie besteht kein Anwaltszwang (Hamm FamRZ 84, 183).

VII) Gebühren: 1) des **Gerichts:** Zum Streitwert s § 3 Rn 16 „einstweilige Anordnung". Wird ein Antrag auf Erlaß einer einstweiligen Anordnung zu Protokoll der Geschäftsstelle erklärt, so wird hierfür keine Gebühr erhoben. Verfahren zur Regelung der elterlichen Sorge, des Umgangs mit einem Kind und der Kindesherausgabe kosten keine Gebühren; Auslagen sind jedoch anzusetzen. Eine halbe Gebühr wird erhoben für die Entscheidung über Anträge zur Regelung des Unterhalts, der Benutzung von Ehewohnung, Hausrat und der zum persönlichen Gebrauch bestimmten Sachen sowie der Prozeßkostenvorschußpflicht (KV 1701). Durch diese Gebühr wird das gesamte Verfahren abgegolten. Da der Anfall der Gebühr an die Entscheidung geknüpft ist, entsteht keine Gebühr in den Fällen, in denen es zu keiner Entscheidung kommt, zB wenn sich der Antrag vor der Entscheidung erledigt oder zurückgenommen wird oder wenn im Anordnungsverfahren ein Vergleich geschlossen wird (KV 1660). Mehrere Entscheidungen über Anträge auf Erlaß einstweiliger Anordnungen innerhalb einer Instanz gelten für die Gebührenerhebung als eine Entscheidung (Vorbem vor KV 1700). Darum lösen Beschlüsse, durch die einstweilige Anordnungen geändert oder Änderungsanträge zurückgewiesen werden (§ 620 b), keine besondere Gebühr mehr aus. Jedoch kann ein auf Erweiterung zielender Abänderungsbeschluß eine Streitwerterhöhung zur Folge haben. Dann ist eine dadurch entstehende Gebührendifferenz nachzuerheben. Die Gebühr ist mit dem Erlaß des Beschlusses fällig (§ 61 Hs 2 GKG). Kostenschuldner der Antragsteller; daneben haftet die in die Kosten der Hauptsache verurteilte Partei (die Kostenentscheidung in der Hauptsache umfaßt auch die Kosten des Anordnungsverfahrens: § 620 g). Nach § 58 II 1 GKG geht die Haftung des Entscheidungs- oder auch Übernahmeschuldners der Haftung des Antragstellers vor. 35

2) Anwaltsgebühren: Verfahren nach §§ 620, 620 b I und II gelten als besondere Angelegenheit (§ 41 I 1 b BRAGO). Der Rechtsanwalt kann daher alle Gebühren der §§ 31 ff BRAGO verdienen. Da Sorgerechtsanordnungen auch von Amts wegen erlassen werden können (§ 620 S 2), können hier Verhandlungsgebühren auch dann entstehen, wenn in der Verhandlung keine einander widerstreitenden Anträge gestellt werden (Hamburg JurBüro 89, 1112). Werden die tatsächlichen Voraussetzungen für den Erlaß einer einstweiligen Anordnung nur durch Vorlage einer eidesstattlichen Versicherung glaubhaft gemacht (§ 294 I), so entstehen keine Beweisgebühren. Dasselbe gilt, wenn das Jugendamt gemäß § 49a FGG gehört wird oder wenn Ehegatten und Kinder nach den §§ 50 a, b FGG angehört werden (Hamburg aaO). Die mündliche Anhörung von Sozialarbeitern ist jedoch Zeugenvernehmung und löst Beweisgebühren aus (Hamburg aaO). Für mehrere Verfahren nach §§ 620, 620 b I und II erhält der Rechtsanwalt die Gebühren in jedem Rechtszug nur einmal (§ 41 I 2 BRAGO). Sie werden nach der Summe der Streitwerte aller Anordnungsverfahren berechnet, die innerhalb der Instanz anhängig geworden sind. Wenn nicht in allen Anordnungsverfahren mündlich verhandelt oder Beweis erhoben worden ist, sind Verhandlungs- und Beweisgebühren nach einem geringeren Wert zu berechnen. Werden sowohl in der ersten als auch in der zweiten Instanz der Ehesache oder einer Folgesache (§ 620 a IV) Anordnungsverfahren anhängig, so sind die Anwaltsgebühren für jede Instanz getrennt zu berechnen. Sie erhöhen sich für die zweite Instanz um drei Zehntel (§ 11 I 4 BRAGO; MK/Klauser Rn 23; Gerold/Schmidt/von Eicken Rn 8, Riedel/Sußbauer/Keller Rn 31, beide zu § 41 BRAGO; BGHZ 48, 334/339). Bei einer **Einigung der Parteien** steht dem Rechtsanwalt die Prozeßgebühr nur zur Hälfte zu, wenn ein Antrag nach §§ 620, 620 b I und II nicht gestellt oder nur beantragt worden war, eine Einigung der Parteien zu Protokoll zu nehmen (§ 41 II BRAGO). Fällig werden die Anwaltsgebühren unabhängig von denen für das Scheidungsverbundverfahren, sobald das Gericht über den Anordnungsantrag entscheidet oder ein Vergleich geschlossen wird. Die Änderungsmöglichkeiten des § 620 b schieben die Fälligkeit nicht hinaus (KG JurBüro 86, 724).

620b *[Änderung von Anordnungen, erneute Entscheidung nach mündlicher Verhandlung]*

(1) Das Gericht kann auf Antrag den Beschluß aufheben oder ändern. Das Gericht kann von Amts wegen entscheiden, wenn die Anordnung die elterliche Sorge für ein gemeinschaftliches Kind betrifft oder wenn eine Anordnung nach § 620 Satz 1 Nr. 2 oder 3 ohne vorherige Anhörung des Jugendamtes erlassen worden ist.

(2) Ist der Beschluß oder die Entscheidung nach Absatz 1 ohne mündliche Verhandlung ergangen, so ist auf Antrag auf Grund mündlicher Verhandlung erneut zu beschließen.

(3) Für die Zuständigkeit gilt § 620 a Abs. 4 entsprechend. Das Rechtsmittelgericht ist auch zuständig, wenn das Gericht des ersten Rechtszuges die Anordnung oder die Entscheidung nach Absatz 1 erlassen hat.

I Normzweck: Abs 2 enthält einen dem Widerspruch (§ 924) ähnlichen Rechtsbehelf, soweit der Antragsgegner den Antrag auf mündliche Verhandlung stellt, und gibt auch dem Antragsteller die Möglichkeit, seinen Standpunkt in mündlicher Verhandlung vorzutragen, wenn er durch eine ohne mündliche Verhandlung ergangene Entscheidung beschwert ist. Abs. 1 ersetzt für das Anordnungsverfahren die Vollstreckungsabwehrklage (ohne diese auszuschließen; § 620 Rn 17), 1 die Unterhaltsabänderungsklage und die richterlichen Änderungsbefugnisse nach den §§ 17 HausratsVO, 1696 BGB.

2 **II) Ne bis in idem:** Die Möglichkeit, einen Verfahrensgegenstand einstweilen zu regeln, hindert die Verfahrensbeteiligten nicht daran, denselben Gegenstand im ordentlichen Verfahren endgültig zu regeln (§ 620 Rn 11). Insofern erwachsen einstweilige Anordnungen nicht in materielle Rechtskraft (KG FamRZ 91, 1327 f; Habscheid FamRZ 57, 220; Grunsky JuS 76, 278). Auch gestattet Abs. 2 den Ehegatten ausdrücklich, eine erneute Entscheidung im Anordnungsverfahren zu verlangen, wenn die erste Entscheidung ohne mündliche Verhandlung ergangen ist. Entscheidungen im Anordnungsverfahren, die nach mündlicher Verhandlung ergehen, werden jedoch unanfechtbar und damit formell rechtskräftig, und zwar entweder mit ihrer Verkündung oder mit der Beschwerdeentscheidung bzw dem ungenutzten Ablauf der Beschwerdefrist, soweit nach § 620 c die sofortige Beschwerde stattfindet (Gießler Rn 163). Soweit die formelle Rechtskraft reicht, gilt im Anordnungsverfahren der Grundsatz „ne bis in idem" im gleichen Umfang wie in selbständigen Hauptsacheverfahren. Ist nach mündlicher Verhandlung über einen Antrag auf Erlaß einer einstweiligen Anordnung entschieden worden und begehrt nunmehr eine Partei eine Änderung der Anordnung, ohne neue Tatsachen vorzubringen, so besteht kein **Rechtsschutzbedürfnis** für eine erneute Entscheidung, und der Änderungsantrag ist unzulässig (KG FamRZ 78, 431; Saarbrücken FamRZ 79, 537; Koblenz FamRZ 85, 1272; Köln FamRZ 87, 1276; Karlsruhe FamRZ 89, 642 f; Gießler Rn 163 u FamRZ 83, 518; 87, 1276; Rolland/Roth Rn 11; Baumbach/Albers Rn 1; anders KG FamRZ 82, 1031; Zweibrücken FamRZ 86, 1229; Hamburg FamRZ 89, 198; Klauser MDR 81, 717 u DAVorm 82, 137 mwN; für Kompromißlösung Braeuer FamRZ 87, 300 ff). Dieser Grundsatz wird durchbrochen, wenn eine Folgesachenentscheidung des FamG von einer Anordnung abweicht; s § 620 f Rn 19 a. Zulässig sind ferner Anträge auf Änderung von Unterhalts-, Ehewohnungs- und Hausratsanordnungen, die mit einer wesentlichen Änderung der Verhältnisse begründet werden (analog §§ 323 I ZPO, 17 HausratsVO; s Karlsruhe aaO). Uneingeschränkt zulässig sind nach dem Rechtsgedanken des § 1696 BGB auch Anträge auf Änderung von Anordnungen zur Regelung der elterlichen Sorge, des Umgangs und der Kindesherausgabe. Hier hat die Fürsorge gegenüber dem Kind stets Vorrang vor der Endgültigkeit einer einmal getroffenen Entscheidung (BGH NJW-RR 86, 1130 = IPrax 87, 317).

2a **III) Konkurrenz von Abs 1 und Abs 2:** Ist über einen Antrag auf Erlaß einer einstweiligen Anordnung ohne mündliche Verhandlung entschieden worden, so kann ein Ehegatte, der eine Änderung dieser Entscheidung begehrt, nur den Antrag nach Abs 2 stellen, auf Grund mündlicher Verhandlung erneut zu beschließen (Gießler Rn 167; anders MK/Klauser Rn 15). Es besteht kein Rechtsschutzbedürfnis dafür, hier außerdem den Abänderungsantrag nach Abs 1 zuzulassen. Umgekehrt sollte dieser Antrag klar von demjenigen des Abs 2 abgegrenzt und nur zugelassen werden, wenn im Anordnungsverfahren bereits mündlich verhandelt worden war und auf dieser Grundlage eine Entscheidung ergangen oder ein Vergleich geschlossen worden war. Selbst wenn man dieser Auffassung nicht folgt, sind Änderungsanträge nach Abs 1 jedenfalls dann unzulässig, wenn das ursprüngliche Anordnungsverfahren noch nicht abgeschlossen ist. Dies ist der Fall, wenn ein Antrag, auf Grund mündlicher Verhandlung erneut zu entscheiden (§ 620 b II), oder ein Beschwerdeverfahren (§ 620 c) anhängig ist (Gießler Rn 167 f).

2b **IV) Änderung von Anordnungen (Abs 1):** Nur einstweilige Anordnungen und im Anordnungsverfahren geschlossene vorläufige Vergleiche (Rn 5) können nach Abs 1 geändert werden, nicht sonstige Titel (MK/Klauser Rn 2; anders Gießler Rn 164; Schwab/Maurer Rn 942). Über deren Änderung s § 620 Rn 18 ff.

3 **1) Rückwirkende Änderung:** Der Unterhaltsberechtigte kann keine rückwirkende Erhöhung des Unterhalts verlangen (Stuttgart NJW 81, 2476; Schwab/Maurer I Rn 949; s § 620 Rn 64; zweifelnd MK/Klauser Rn 10). Der Unterhaltsverpflichtete kann eine Änderung hinsichtlich des rückständigen, noch nicht bezahlten Unterhalts verlangen, nicht aber die Rückzahlung zuviel bezahlten Unterhalts; denn insoweit besteht kein Bedürfnis für einstweiligen Rechtsschutz (Klauser DAVorm 82, 137). Dies gilt sinngemäß auch für den Ehegatten, der durch einstweilige Anordnung zur Zahlung eines Prozeßkostenvorschusses verpflichtet worden ist. Bei allen anderen Gegenständen des § 620 sind rückwirkende Änderungen nicht möglich.

4 2) Mit einem Änderungsantrag können **dieselben Einwendungen wie mit einer Vollstreckungsabwehrklage** (§ 767) erhoben werden, zB der Einwand, daß der Unterhalt bereits bezahlt sei. Ein solcher Antrag verdrängt die Vollstreckungsabwehrklage nicht (s § 620 Rn 17).

5 3) Haben die Ehegatten im Anordnungsverfahren einen **Unterhaltsvergleich** geschlossen und begehrt ein Ehegatte danach die Neufestsetzung des Unterhalts, so ist zu unterscheiden: Erhält der Vergleich eine endgültige Regelung des Unterhalts (was im Zweifel nicht der Fall ist: § 620 f Rn 10), so kann er durch einstweilige Anordnung nur geändert werden, nachdem Abänderungsklage erhoben worden ist; s § 620 Rn 20. Enthält der Vergleich nur eine einstweilige Unterhaltsre-

gelung, so kann er ebenfalls nicht jederzeit ohne weiteres geändert werden. Da die Parteien sich einstweilen binden wollten, kann der Vergleich im Anordnungsverfahren nur bei einer wesentlichen Änderung der für die Unterhaltsbemessung maßgebenden Verhältnisse geändert werden (AG Hamburg FamRZ 78, 805; OLG Hamburg FamRZ 82, 412; Hamm FamRZ 82, 409 mwN; FamRZ 91, 582; Klauser DAVorm 82, 134).

4) Das Institut der einstweiligen Anordnung ist nicht dafür geschaffen worden, zeitlich unbegrenzt Änderungsverfahren nach § 620 b nach sich zu ziehen. Anträge auf **Änderung** oder Aufhebung einer Anordnung können nur gestellt werden, **solange die Ehesache anhängig ist;** s § 620 a Rn 3 f. Namentlich kann die Änderung einer Unterhaltsanordnung nach Rechtskraft des Scheidungsausspruchs nicht mehr verlangt werden (BGH FamRZ 83, 355 = NJW 1330 = MDR 653). Der Unterhaltsberechtigte kann dann nur Leistungsklage, der Unterhaltspflichtige kann negative Feststellungsklage erheben (BGH aaO) oder Rückzahlung des ohne Rechtsgrund gezahlten Unterhalts verlangen (BGH FamRZ 84, 768 = NJW 2095 = MDR 85, 32; Luthin FamRZ 86, 1060). Wird der Scheidungsausspruch rechtskräftig, während ein Änderungsverfahren schwebt, so hindert die Rechtskraft das Gericht nicht daran, über das Änderungsbegehren zu entscheiden (§ 620 a Rn 4). Wird allerdings der Scheidungsantrag rechtskräftig abgewiesen, so tritt die einstweilige Anordnung außer Kraft (§ 620 f I 1); und das Änderungsverfahren ist in der Hauptsache für erledigt zu erklären. Zur Frage der Änderung nach Versagung der Prozeßkostenhilfe für eine nicht rechtshängige Ehesache s § 620 f Rn 9. 6

5) Einstweilige Anordnungen werden nur auf **Antrag** aufgehoben oder geändert; Ausnahme s Rn 9. Den Antrag können nur die Ehegatten stellen; s § 620 Rn 3. Antragsberechtigt ist auch derjenige Ehegatte, der im vorangegangenen Verfahren mit seinem Antrag voll obsiegt hat, sofern er durch die abzuändernde Anordnung beschwert ist (Gießler Rn 165; anders Baumbach/Albers Rn 5; Thomas/Putzo Rn 2). Der Antrag ist zu begründen (§ 620 d). In Unterhalts- und Prozeßkostenvorschußsachen muß er einen hinreichend bestimmten Sachantrag enthalten; in anderen Angelegenheiten genügt ein Antrag auf Einleitung eines Änderungsverfahrens (§ 620 a Rn 19). Der Antrag ist wie im Fall des § 620 a schriftlich oder zu Protokoll der Geschäftsstelle zu stellen (JHSedemund-Treiber Rn 5). Die tatsächlichen Voraussetzungen für die Änderung sind analog § 620 a II 3 glaubhaft zu machen. Einzelheiten s § 620 a Rn 21. Für den Antrag besteht kein **Anwaltszwang,** wohl aber für die mündliche Verhandlung über die Änderung der einstweiligen Anordnung; s § 620 a Rn 9a. 7

6) Die **Prozeßkostenhilfe** für ein Anordnungsverfahren erstreckt sich auch auf ein späteres Änderungsverfahren (Hamm MDR 83, 847 = JurBüro 1722 = Rpfleger 84, 34; anders KG JurBüro 84, 578 f), soweit der Gegenstand des Änderungsverfahrens nicht über denjenigen des Ursprungsverfahrens hinausgeht. Beispiel: Laut einstweiliger Anordnung erhält die Frau 1 000,– DM Unterhalt. Wenn der Mann später eine Herabsetzung des Unterhalts begehrt, liegt dieser Antrag innerhalb des ursprünglichen Verfahrensgegenstandes. Begehrt die Frau Erhöhung ihres Unterhalts, so geht ihr Begehren über den ursprünglichen Gegenstand hinaus. Dann ist für das Änderungsbegehren erneut PKH zu beantragen. 8

7) Einstweilige Anordnungen über die elterliche Sorge können auch **von Amts wegen geändert** oder aufgehoben werden. Das gleiche gilt für Anordnungen über den persönlichen Umgang mit einem Kind oder die Herausgabe eines Kindes, wenn diese Anordnungen ohne vorherige Anhörung des Jugendamtes erlassen worden sind (Abs 1 S 2). 9

8) Für die **Zuständigkeit** gelten die gleichen Grundsätze wie im Fall des § 620 a; s dort Rn 10 ff. Zuständig für die Entscheidung über den Änderungsantrag ist das Gericht, bei dem die Ehesache oder die der Anordnung entsprechende Folgesache anhängig ist. Abs 3 S 2 spricht dies ausdrücklich auch für den Fall aus, daß das Familiengericht die einstweilige Anordnung erlassen hat, der Änderungsantrag aber erst gestellt wird, nachdem die Ehe- oder Folgesache in der Berufungsinstanz anhängig geworden ist. Im umgekehrten Fall, in dem das Berufungsgericht nach Erlaß einer einstweiligen Anordnung die Ehe- oder Folgesache an das Familiengericht zurückverwiesen hat, ist dieses zuständig, wenn nach der Zurückverweisung ein Änderungsantrag gestellt wird (Köln FamRZ 79, 529). Kompliziert wird die Zuständigkeit während der Anhängigkeit einer **Revision.** Betrifft diese die der Anordnung entsprechende Folgesache, so bleibt das OLG für den Änderungsantrag zuständig (§§ 620 b III 1, 620 a IV 2). Betrifft sie die Ehesache, so ist das Familiengericht für den Änderungsantrag zuständig (§§ 620 b III 1, 620 a IV 1). Nach dem OLG Hamm (FamRZ 78, 909) ist hier das OLG zuständig, wenn es zuvor die einstweilige Anordnung erlassen hatte, weil das Verfahren der einstweiligen Anordnung niemals beim FamG anhängig war. Die Entscheidung erweckt Bedenken. Nach dem Wortlaut der §§ 620 b III 1, 620 a IV 1 ist hier das FamG zuständig. Mangels einer Gesetzeslücke ist ein aus dem Sachzusammenhang hergeleiteter zuständigkeitsbegründender Analogieschluß nicht zulässig (s § 620 a Rn 14; Baumbach/Albers Rn 2; anders JHSedemund-Treiber Rn 2; MK-Klauser Rn 18). 10

11 9) Mit Eingang des Änderungsantrages liegt die Zuständigkeit fest. Wird nach dem Eingang, aber vor Entscheidung über den Antrag ein Rechtsmittel eingelegt oder die Sache an die Vorinstanz zurückverwiesen, so wechselt die Zuständigkeit nicht auf das Rechtsmittelgericht oder die Vorinstanz über. Der Grundsatz der **perpetuatio fori** gilt sinngemäß; s § 620 a Rn 12.

12 10) Für das **Verfahren,** das das Gericht bei der Entscheidung über den Änderungsantrag durchzuführen hat, gelten die gleichen Grundsätze wie für das Verfahren nach § 620 a; s dort Rn 22 ff. Wie Abs 2 zeigt, kann über den Änderungsantrag auch ohne mündliche Verhandlung entschieden werden. Zweckmäßig ist dies aber nicht, weil die Gefahr besteht, daß einer der Ehegatten später verlangt, über den Änderungsgrund auf Grund mündlicher Verhandlung erneut zu entscheiden. Wird ein Änderungsantrag gestellt, so kann das Gericht die **Vollziehung** der ursprünglich erlassenen einstweiligen Anordnung **aussetzen** (§ 620 e).

13 11) Die **Entscheidung** ergeht durch begründeten Beschluß (§ 620 d). Zu der Frage, wie weit das Gericht dabei an die Anträge der Parteien gebunden ist, s § 620 a Rn 30 a. Die frühere Anordnung kann aufgehoben oder geändert werden, oder der Änderungsantrag kann zurückgewiesen werden. Über den ursprünglich vor Erlaß der ersten Anordnung gestellten Antrag ist nicht erneut zu entscheiden (Thomas/Putzo Rn 11). Mit einer Kostenentscheidung ist der Beschluß nur zu versehen, wenn er erst nach Verkündung des die Kostenentscheidung enthaltenden Eheurteils erlassen wird (§ 620g Rn 7).

14 12) **Rechtsbehelfe:** Wurde im Änderungsverfahren nach Abs 1 ohne mündliche Verhandlung entschieden, so kann jeder durch die Entscheidung beschwerte Ehegatte beantragen, auf Grund mündlicher Verhandlung erneut zu entscheiden (Abs 2). Soweit § 620 c die sofortige Beschwerde zuläßt, findet sie erst statt, nachdem auf Grund mündlicher Verhandlung entschieden worden ist. Schließlich können erneut Abänderungsanträge nach Abs 1 gestellt werden, soweit die formelle Rechtskraft der Vorentscheidung die Ehegatten nicht hieran hindert, s Rn 2.

15 **V) Antrag auf mündliche Verhandlung (Abs 2): 1) Voraussetzungen** für eine erneute Entscheidung sind: **a)** Ein **Beschluß** iS des § 620 a I oder des § 620 b I. Es macht keinen Unterschied, ob der Beschluß einem im Anordnungsverfahren gestellten Antrag stattgibt oder ob er ihn zurückweist. **b)** Der Beschluß muß **ohne mündliche Verhandlung** ergangen sein. Wenn er teils auf einer Verhandlung, teils auf danach angestellten Ermittlungen beruht, ist streitig, ob Abs 2 anwendbar ist. Einzelheiten s § 620 c Rn 8. Abs 2 gilt nicht für Anordnungen, die nach einseitig streitiger Verhandlung (§ 620 a Rn 22) ergangen sind. **c)** Die Verhandlung findet nur auf **Antrag** statt, auch wenn es um die elterliche Sorge geht. Den Antrag kann nur ein Rechtsanwalt stellen (Düsseldorf FamRZ 78, 709 f; JHSedemund-Treiber Rn 11; Thomas/Putzo Rn 10; s § 620 a Rn 9 a). An eine Frist ist der Antrag nicht gebunden; jedoch kann er nach rechtskräftiger Entscheidung der Ehesache nicht mehr gestellt werden; s Rn 6. **d)** Der Antragsteller muß mit seinem Antrag die Beseitigung einer **Beschwer** begehren (Gießler Rn 152; anders Baumbach/Albers Rn 5). Wenn er sein Begehren nur erweitern will, zB mehr Unterhalt fordert, kann er einen neuen Erstantrag stellen (Gießler aaO). **e)** Der Antrag muß begründet werden (§ 620 d S 1). Fehlt die **Begründung,** so kann sie in der mündlichen Verhandlung nachgeholt werden (Gießler Rn 153).

16 2) **Gerichtliches Verfahren:** Für die **Zuständigkeit** gelten die gleichen Grundsätze wie im Fall des Absatz 1; s Rn 10 f. Das Gericht kann die **Vollziehung** der einstweiligen Anordnung **aussetzen** (§ 620 e). Es muß Verhandlungstermin anberaumen. Behandelt es den Antrag auf erneute Entscheidung nach mündlicher Verhandlung prozeßordnungswidrig als Änderungsantrag nach § 620 b I und weist es ihn ohne mündliche Verhandlung zurück, so findet hiergegen die einfache Beschwerde statt (§ 567 I; Koblenz FamRZ 93, 100). Die Ladungsfrist von einer Woche (§ 217) ist einzuhalten. Erscheint der Antragsteller nicht, so findet eine **Verhandlung** nicht statt, und über den Antrag wird nicht entschieden. Erscheint der andere Ehegatte nicht, so findet – wie in der Ehesache – eine einseitige streitige Verhandlung statt. Ein Versäumnisverfahren sieht das Gesetz nicht vor.

17 3) Für die erneute **Entscheidung** gelten die in Rn 13 erwähnten Grundsätze. Solange nicht auf Grund mündlicher Verhandlung ein erneuter Beschluß ergangen ist, kann in den Fällen, in denen die Anordnung ihrem Inhalt nach der sofortigen Beschwerde unterliegt, dieses Rechtsmittel nicht eingelegt werden (§ 620 c). Schließlich können später Abänderungsanträge nach Abs 1 gestellt werden, soweit die formelle Rechtskraft der Vorentscheidung die Ehegatten nicht hieran hindert, s Rn 2.

18 **VI) Vollstreckungsrechtliche Auswirkungen:** Die Änderung einer einstweiligen Anordnung gemäß Abs 1 und eine erneute Entscheidung gemäß Abs 2 beseitigen die ursprüngliche Anordnung nicht, soweit sie bestätigt wird (KG FamRZ 91, 1327). Insoweit bleiben Vollstreckungsmaßnahmen wirksam, die vor der Änderung oder erneuten Entscheidung getroffen worden sind.

19 **VII) Konkurrierende Rechtsbehelfe:** Da einstweilige Anordnungen nicht in materielle Rechtskraft erwachsen (Rn 2), findet eine Abänderungsklage (§ 323) nicht statt (BGH FamRZ 83,

355/356). Der unterhaltsberechtigte Ehegatte kann jederzeit auf Zahlung eines höheren Unterhalts, als einstweilen festgesetzt, klagen; der Unterhaltsverpflichtete kann auf Feststellung klagen, daß er geringeren Unterhalt schuldet, als in der einstweiligen Anordnung festgesetzt worden ist (s § 620 Rn 13, § 620 f Rn 14). Eine solche Klage ist nicht aus dem Grunde unzulässig, weil die Änderung des Unterhaltstitels auf dem einfacheren und billigeren Weg des § 620 b erreicht werden kann. Die eine Änderung begehrende Partei kann wählen, ob sie diesen Weg oder den der Klage im ordentlichen Verfahren gehen will (s § 620 Rn 13).

VIII) Gebühren: s § 620 a Rn 35. 20

620c

[Sofortige Beschwerde]

Hat das Gericht des ersten Rechtszuges auf Grund mündlicher Verhandlung die elterliche Sorge für ein gemeinschaftliches Kind geregelt, die Herausgabe des Kindes an den anderen Elternteil angeordnet oder die Ehewohnung einem Ehegatten ganz zugewiesen, so findet die sofortige Beschwerde statt. Im übrigen sind die Entscheidungen nach den §§ 620, 620b unanfechtbar.

I) Grundgedanke: Einstweilige Anordnungen sind grundsätzlich unanfechtbar. Diese Regelung ist nicht verfassungswidrig (BVerfG NJW 80, 386; München FamRZ 78, 360 = NJW 1635). Die weitgehende Beschränkung der Anfechtung soll der zügigen Erledigung des Eheverfahrens dienen und Verzögerungen verhindern, die durch das Hin- und Hersenden der Akten vom Familiengericht zum Beschwerdegericht und zurück entstehen können (Bamberg FamRZ 93, 1338). Entgegen Bamberg (FamRZ 90, 645) ist § 620 c nicht analog auf Beschwerden gegen vorläufige Anordnungen im selbständigen Sorgeregelungsverfahren anzuwenden. Namentlich kann der Rechtsgedanke, daß nur auf Grund mündlicher Verhandlung ergangene Beschlüsse anfechtbar sind, nicht in das Beschwerdeverfahren nach § 19 FGG übertragen werden. 1

II) Der sofortigen Beschwerde unterliegende Entscheidungen: Entsprechend dem zuvor erwähnten Grundgedanken, Beschwerden gegen einstweilige Anordnungen weitgehend einzuschränken, stellt § 620 c drei Voraussetzungen für die Anfechtung auf: **1.** daß die Anordnung auf Grund mündlicher Verhandlung erlassen worden ist (Rn 7). **2.** daß das FamG sie erlassen hat. Anordnungen eines OLG sind nach § 567 III auch dann nicht anfechtbar, wenn dieses nach § 620 a IV als erste Instanz tätig war. **3.** findet die sofortige Beschwerde nur in drei Fällen statt, in denen die Anordnung besonders hart in die persönlichen Verhältnisse der Ehegatten und ihrer Kinder eingreift: Wenn die Ehewohnung einem Ehegatten ganz zugewiesen wird (Rn 3), wenn die elterliche Sorge geregelt wird (Rn 4 f) und wenn die Herausgabe eines Kindes an den anderen Elternteil angeordnet wird (Rn 6). Lehnt das FamG es ab, diese Gegenstände durch einstweilige Anordnung zu regeln, so ist die Beschwerde nicht zulässig (Schleswig SchlHA 80, 45; Köln FamRZ 83, 732 mwN; Frankfurt FamRZ 84, 295; MK/Klauser Rn 4; anders AK/Derleder Rn 3). Dies gilt auch, wenn das FamG einen Antrag auf Erlaß einer einstweiligen Anordnung als unzulässig zurückweist. 2

1) Nach dem eindeutigen Gesetzeswortlaut und dem Grundgedanken des § 620 c, nur besonders schwerwiegende Eingriffe der Beschwerde zu unterwerfen, ist nur die **Zuweisung der ganzen Ehewohnung** an einen Ehegatten anfechtbar. Diese kann auch angefochten werden, wenn der Beschwerdeführer bereits vor der Zuweisung nicht mehr in der Wohnung lebte. Allein gegen die Versagung einer Räumungsfrist oder wegen deren Länge findet die sofortige Beschwerde nicht statt (Hamburg FamRZ 83, 1151; Bamberg FamRZ 93, 1338 mwN; StJSchlosser Rn 4; Rol- 3 land/Roth Rn 6; Gießler Rn 179; zweifelnd MK/Klauser Rn 6); das Beschwerdegericht hat jedoch auch über diesen Punkt zu entscheiden, wenn die Zuweisung der Ehewohnung angefochten wird.

4 2) a) Anfechtbar ist die Regelung der **elterlichen Sorge.** Eine solche Regelung liegt auch dann vor, wenn nur ein Teilbereich der Sorge, zB das Aufenthaltsbestimmungsrecht, auf einen Elternteil übertragen wird (Hamm FamRZ 79, 157 = NJW 49; Köln FamRZ 79, 320; Bamberg FamRZ 83, 82; MK/Klauser Rn 3), wenn ein Teil der Sorge auf einen Pfleger übertragen wird oder wenn das FamG anordnet, daß ein Kind sich zeitweilig bei dem einen und sonst bei dem anderen Elternteil aufhalten soll. Anders als bei der Zuweisung der Ehewohnung ist hier die Beschwerde nicht auf die Fälle beschränkt, in denen die Sorge im Ganzen übertragen wird (Hamm aaO). Die Anfechtbarkeit hängt auch nicht davon ab, ob die Anordnung in den Kern der elterlichen Sorge oder nur in einen Randbereich eingreift (anders JHSedemund-Treiber Rn 2). Obwohl die Befugnis zum Umgang mit dem Kind ein Rest der elterlichen Sorge ist, den der nicht sorgeberechtigte Elternteil behält, unterscheidet § 620 zwischen Sorge und Umgang. Dieser ist kein Teilbereich der Sorge im Sinn des § 620 c (Saarbrücken FamRZ 86, 182; Hamburg FamRZ 87, 497).

5 b) Wird dem sorgeberechtigten Elternteil **verboten, das Kind ins Ausland zu bringen** oder wird ein solches Verbot aufgehoben, so regelt eine solche Anordnung einen Teilbereich der elterliche Sorge (Rn 4) und ist anfechtbar. Wenn dem Umgangsberechtigten verboten oder gestattet wird, mit dem Kind ins Ausland zu reisen, liegt hierin eine unanfechtbare Umgangsregelung.

6 3) Anfechtbar ist die Anordnung, daß der nicht sorgeberechtigte Elternteil das **Kind** an den Sorgeberechtigten **herauszugeben** hat. Unanfechtbar ist die Anordnung der Herausgabe zur Durchführung eines Besuches (Saarbrücken FamRZ 82,186).

7 4) a) Anfechtbar sind nur **Anordnungen** der in Rn 3–6 genannten Art, die **auf Grund mündlicher Verhandlung** ergangen sind. Auch eine einseitig streitige Verhandlung (§ 620 a Rn 22) ist mündliche Verhandlung in diesem Sinn. Sonst könnte ein Ehegatte, zu dessen Gunsten eine Sorgerechtsanordnung ohne Verhandlung ergangen ist, durch Säumnis im anschließenden Verhandlungstermin (§ 620 b II) eine Beschwerde gegen die Anordnung verhindern.

8 b) Wird eine einstweilige Anordnung der in Rn 3–6 genannten Art **ohne mündliche Verhandlung** erlassen oder geändert, so ist dieser Beschluß nicht anfechtbar. Probleme wirft das verbreitete, aber gegen die §§ 608, 296 a, 128 verstoßende, **gemischt mündlich-schriftliche Verfahren** auf: Wenn das FamG zunächst mündlich über die Anordnung verhandelt, dann Ermittlungen anstellt und diese in seinem Anordnungsbeschluß verwertet, ohne erneut zu verhandeln, ergeht sein Beschluß auch auf Grund mündlicher Verhandlung und ist deshalb anfechtbar (Hamburg FamRZ 86, 182; MK/Klauser Rn 7; Baumbach/Albers Rn 1; AK/Derleder Rn 4; anders Stuttgart Justiz 81, 55; Bamberg FamRZ 81, 294; Zweibrücken FamRZ 84, 916; Karlsruhe FamRZ 89, 521; Karlsruhe FamRZ 94, 1186; Gießler Rn 176). Würde hier die Beschwerde verworfen, so bestände die Gefahr, daß das FamG auf Grund erneuter mündlicher Verhandlung ebenso wie bisher entschiede und daß dann erneut Beschwerde eingelegt würde. Damit würde geradezu das Gegenteil des Zwecks des § 620 c erreicht, zu vermeiden, daß das Eheverfahren durch Beschwerden gegen einstweilige Anordnungen verzögert wird. Diese Verzögerung entsteht zwar auch, wenn zunächst eine mangels Verhandlung unstatthafte Beschwerde eingelegt und diese nach mündlicher Verhandlung wiederholt wird. Solche Verfahrenslagen sollten aber nicht mehr als nötig ausgeweitet werden (Hamburg aaO). – Nach Düsseldorf (FamRZ 92, 1198) ist eine Anordnung auch dann ohne mündliche Verhandlung ergangen, wenn das FamG trotz Anwaltszwangs (§ 620 a Rn 9) nur mit den Ehegatten verhandelt, ohne die Anwälte zu laden. Dem ist nicht zuzustimmen. Verhandlung ist auch eine verfahrensfehlerhafte Verhandlung.

9 5) **Anfechtung von erneuten Entscheidungen iS des § 620 b II:** Ist eine einstweilige Anordnung der in Rn 3–6 genannten Art ohne mündliche Verhandlung ergangen und ist dann auf Antrag nach mündlicher Verhandlung erneut beschlossen worden, daß die Anordnung aufrechterhalten wird, so findet die sofortige Beschwerde statt. Lautet in diesem Fall der erneute Beschluß, daß die Anordnung aufgehoben und der Antrag auf Erlaß einer Anordnung zurückgewiesen wird, so ist dieser Beschluß ebensowenig anfechtbar wie der Beschluß, durch den der Antrag auf Erlaß einer Anordnung von vornherein zurückgewiesen wird (Köln FamRZ 83, 732; anders Karlsruhe FamRZ 79, 840).

10 6) **Anfechtung von Entscheidungen im Änderungsverfahren nach § 620 b I: a)** Ist eine **Anordnung** der in Rn 3–6 genannten Art ursprünglich nach mündlicher Verhandlung erlassen, dann aber **ohne erneute Verhandlung geändert** worden, so findet gegen den Änderungsbeschluß keine Beschwerde statt (Stuttgart DAVorm 80, 430). Beschwerden sind in diesen Fällen als Anträge auf erneute Entscheidung nach mündlicher Verhandlung (§ 620 b II) zu behandeln (Stuttgart NJW 78, 279; Hamm FamRZ 80, 67).

11 b) Nur **wenn im Änderungsverfahren auf Grund mündlicher Verhandlung entschieden wurde,** findet die sofortige Beschwerde statt, und zwar nur in zwei Fällen: **1.** Wenn dem Antrag auf

Änderung einer Sorgerechts-, Kindesherausgabe- oder Wohnungszuweisungsregelung stattgegeben wurde. 2. Anfechtbar ist auch ein Beschluß, der sich darauf beschränkt, eine frühere einstweilige Sorgeregelungsanordnung aufzuheben; denn auch hier wird in ein Sorgerechtsverhältnis eingegriffen (StJSchlosser Rn 9; anders Gießler Rn 178; Rolland/Roth Rn 3). Wurde der Änderungsantrag zurückgewiesen, so ist diese Entscheidung unanfechtbar; denn § 620 c läßt die Beschwerde nur gegen eine stattgebende Regelung zu (Hamm FamRZ 80, 1141; 88, 1194; Bremen FamRZ 81, 1091; Schleswig SchlHA 84, 57; Frankfurt FamRZ 84, 295; Hamburg FamRZ 93, 1337; Gießler Rn 178). Wenn jedoch die Ablehnung wie eine positive Sorgerechtsregelung wirkt, ist auch hier die Beschwerde statthaft (Karlsruhe FamRZ 79, 840; Frankfurt FamRZ 84, 296; Düsseldorf FamRZ 85, 300; anders MK-Klauser Rn 4; JHSedemund-Treiber Rn 2). Beispiel: Obwohl die elterliche Sorge durch einstweilige Anordnung auf die Mutter übertragen worden ist, lebt das Kind seit längerer Zeit beim Vater. Dessen Antrag, die Anordnung zu ändern und ihm die Sorge zu übertragen, weist das FamG zurück und ordnet die Herausgabe des Kindes an die Mutter an. Hier hat es keinen Sinn, nur die Herausgabeanordnung für anfechtbar zu erklären und die Beschwerde gegen die Zurückweisung des Änderungsantrages zu verwerfen. Das Beschwerdegericht könnte die Herausgabeanordnung nicht aufheben, ohne die Sorge neu zu regeln (Hamburg aaO).

7) Unabhängig von § 620 c findet die sofortige Beschwerde gegen einstweilige Anordnungen statt, die **greifbar gesetzwidrig**, das heißt, mit der geltenden Rechtsordnung schlechthin unvereinbar sind, weil sie jeder gesetzlichen Grundlage entbehren und inhaltlich dem Gesetz fremd sind (BGH MDR 93, 80 f = NJW 135 mwN; FamRZ 95, 1137; Düsseldorf FamRZ 92, 1198), zB eine Anordnung auf Unterhalt, ohne daß ein Scheidungsverfahren anhängig ist (Frankfurt FamRZ 79, 320), eine Anordnung gegen den Prozeßbevollmächtigten eines Ehegatten, daß er den Prozeßkostenvorschuß an den anderen Ehegatten zurückzahlen müsse (Düsseldorf AnwBl 80, 507), eine Anordnung in einer Ehesache, daß für einen anderen Zivilprozeß ein Prozeßkostenvorschuß zu zahlen ist (Karlsruhe FamRZ 90, 766). Das Jugendamt kann eine Anordnung anfechten, durch die es zur Anwesenheit während des Umgangs des Vaters mit seinem Kind verpflichtet wird (Karlsruhe FamRZ 91, 969). Der in diesem Zusammenhang häufig verwendete Begriff der greifbaren Gesetzwidrigkeit darf nicht so verstanden werden, als genüge bereits jeder eindeutige Verstoß gegen entscheidungserhebliche Rechtsnormen. Die Möglichkeit, gegen eine an sich unanfechtbare Entscheidung gleichwohl Beschwerde einlegen zu können, ist auf wirkliche Ausnahmefälle krassen Unrechts beschränkt, in denen eine mit dem geltenden Recht schlechthin unvereinbare Entscheidung aufgehoben werden muß (BGH FamRZ 86, 150 = NJW-RR 738; NJW-RR 86, 1263; FamRZ 87, 928/930; FamRZ 89, 265 f; MDR 93, 1249). 12

Einzelheiten: Oberlandesgerichte sind oft weniger zurückhaltend als der BGH mit der Zulassung außerordentlicher Beschwerden: So haben die OLGe Stuttgart (FamRZ 80, 1138) und Düsseldorf (FamRZ 83, 514) Anordnungen auf Erteilung einer **Auskunft** über das Einkommen für anfechtbar gehalten (anders MK/Klauser Rn 11 Fn 43; Gießler Rn 188 bei Fn 270; Hamm FamRZ 83, 515, die eine greifbare Gesetzwidrigkeit mit Recht verneinen; s § 620 Rn 63). Bedenklich sind auch die Entscheidungen des OLG Hamburg (FamRZ 78, 804 und 79, 528 mwN), in denen außerordentliche Beschwerden zugelassen wurden, weil das FamG im Anordnungsverfahren eine **Sachentscheidung abgelehnt** hatte, obwohl die gesetzlichen Voraussetzungen hierfür vorlagen (anders zu Recht Frankfurt AnwBl 89, 102). Unanfechtbar ist ein gegen § 620 b verstoßender Beschluß, durch den eine Anordnung aufgehoben wird, obwohl keine Partei dies beantragt hatte (Zweibrücken FamRZ 86, 1120). Unanfechtbar ist eine einstweilige Anordnung, durch die ein endgültiger Titel vorläufig geändert wurde (Gießler Rn 180 bei Fußn 261; anders Zweibrücken FamRZ 80, 69; Hamm FamRZ 80, 608). Eine an sich unanfechtbare Anordnung kann auch nicht aus dem Grunde angefochten werden, weil **das rechtliche Gehör** verweigert worden ist (BVerfGE 60, 96/98 = NJW 82, 1454; BGH FamRZ 86, 850; NJW-RR 86, 1263 mwN; FamRZ 89, 265; 95, 478 u 1137; BayObLG FamRZ 89, 528; str, s § 567 Rn 41). Wegen der Anfechtung von Aussetzungsbeschlüssen und Vollziehungsmaßnahmen s Rn 14. 13

8) § 620 c beschränkt die Anfechtung von Endentscheidungen im Anordnungsverfahren, schließt aber die **Anfechtung von Zwischen- und Nebenentscheidungen** nicht aus (Bremen FamRZ 91, 1080; anders Düsseldorf FamRZ 94, 1187). Die ZPO kennt keinen allgemeinen Grundsatz, daß der Beschwerderechtszug nicht weiter geht als der Hauptsacherechtszug (Schneider MDR 87, 108; s § 567 III 2). Auch für Neben- und Zwischenentscheidungen im Anordnungsverfahren gilt die allgemeine Regel des § 567, daß die Beschwerde in den in der ZPO besonders hervorgehobenen Fällen und bei Zurückweisung eines Gesuches stattfindet, das das Verfahren betrifft (Karlsruhe FamRZ 89, 523; zweifelnd Frankfurt FamRZ 89,65 f; ablehnend Baumbach/Albers Rn 4). Behandelt das FamG einen Antrag auf erneute Entscheidung nach mündlicher Verhandlung prozeßordnungswidrig als Änderungsantrag nach § 620 b I und weist es ihn ohne mündliche Verhandlung zurück, so findet hiergegen die einfache Beschwerde statt (§ 620 b Rn 16). Statthaft sind auch Beschwerden gegen die Aussetzung des Anordnungsverfahrens 14

(Frankfurt FamRZ 85, 409), gegen Berichtigungsbeschlüsse im Anordnungsverfahren (Schleswig SchlHA 80, 115; anders MK/Klauser Rn 14), gegen die Androhung von Zwangsgeld (§ 33 III 1 FGG), die in einer Anordnung über den persönlichen Umgang mit dem Kind enthalten ist. Statthaft sind weiter Beschwerden gegen die Streitwertfestsetzung (KG FamRZ 80, 1142, Lappe KoRsp GKG § 25 Nr 39; Schneider MDR 87, 108: anders Köln FamRZ 86, 695 mwN) und im Kostenfestsetzungsverfahren (Düsseldorf JurBüro 81, 727), soweit es um die Gebühren für das Anordnungsverfahren geht. Zu der Frage, ob **Beschlüsse, die in Unterhaltsanordnungsverfahren die Prozeßkostenhilfe verweigern,** schlechthin unanfechtbar sind, s § 127 Rn 32. Kostenentscheidungen in einstweiligen Anordnungen sind analog § 99 nicht anfechtbar, wenn nicht gegen die Anordnung selbst eine zulässige Beschwerde eingelegt wird (unten § 620g Rn 11; im Ergebnis ebenso Düsseldorf FamRZ 94, 1187 mwN)

14a 9) Entscheidet das FamG über die einstweilige Anordnung durch Urteil statt durch Beschluß, so findet hiergegen nach dem Grundsatz der **Meistbegünstigung** (Rn 29 vor § 511 mwN) die Berufung auch in den Fällen statt, in denen die einstweilige Anordnung bei korrekter Entscheidungsform unanfechtbar wäre (Zweibrücken NJW-RR 92, 904). Erläßt das FamG statt der vom Jugendamt beantragten vorläufigen Anordnung im selbständigen Sorgeregelungsverfahren eine einstweilige Anordnung im Eheverfahren, so kann das Jugendamt Beschwerde einlegen (Frankfurt FamRZ 94, 177 f).

15 **III) Einlegung der Beschwerde: 1) Beschwerdeberechtigt** sind die Ehegatten; und zwar auch derjenige von ihnen, dem die Sorge bereits zuvor entzogen worden war (KG FamRZ 94, 119 f). Nicht beschwerdeberechtigt ist das Jugendamt; § 64 III 1 FGG verweist nicht auf die §§ 620 ff (Karlsruhe FamRZ 91, 969 mwN; s aber Rn 12 und 14a). Bei **Sorgeregelungsanordnungen** sind auch Kinder, die das 14. Lebensjahr vollendet haben, und Vereine zur Förderung der Kindesinteressen nicht beschwerdeberechtigt. Hamm (DAVorm 85, 508) hält den Vormund eines Kindes für berechtigt, Beschwerde gegen eine Sorgerechtsanordnung einzulegen. Hiergegen spricht, daß nur die Ehegatten am Anordnungsverfahren beteiligt sind (§ 620 a Rn 22). Deshalb sind auch nur sie beschwerdeberechtigt (StJSchlosser Rn 12; JHSedemund-Treiber Rn 4; Rolland/Roth Rn 12; Thomas/Putzo Rn 1; Baumbach/Albers Rn 2; anders Schwab/Maurer I Rn 960). Das Jugendamt und das Kind müssen notfalls selbständige Sorgeregelungsverfahren einleiten. Vermieter sind in **Ehewohnungssachen** nicht beschwerdeberechtigt; s § 620 a Rn 22.

16 2) **Beschwer:** Die Beschwerde ist nur zulässig, wenn der Beschwerdeführer durch eine einstweilige Anordnung des FamG beschwert ist. Der Antragsteller ist beschwert, wenn seinem Antrag nicht vollständig stattgegeben worden ist; der Antragsgegner ist durch die Anordnung stets beschwert. Wird ein Kind auf eine einstweilige Anordnung hin herausgegeben, so wird die Beschwerde nicht mangels Beschwer unzulässig. Hierzu und zum Wegfall der Beschwer durch Volljährigkeit oder Tod des Kindes s unten § 621e Rn 15.

17 3) **Form der Beschwerde:** Die Beschwerde wird durch Einreichung einer **Beschwerdeschrift** beim FamG oder beim OLG als Beschwerdegericht eingelegt (§§ 569 I, 577 II 2 ZPO, 119 I Nr 2 GVG). Sie kann nicht zu Protokoll der Geschäftsstelle eingelegt werden; denn in der ersten Instanz ist das Verfahren als Anwaltsprozeß zu führen (s § 620 a Rn 9). Infolgedessen besteht **Anwaltszwang** (§ 78 II 1 Nr 1; Karlsruhe FamRZ 81, 379; Celle FamRZ 82, 321; Frankfurt FamRZ 83, 516; anders Hamm FamRZ 85, 1146; MK/Klauser Rn 20). Wird die Beschwerdeschrift beim Familiengericht eingereicht, so genügt es, daß sie von einem Rechtsanwalt unterzeichnet ist, der beim Familiengericht oder dem übergeordneten Landgericht zugelassen ist (§ 78 II 2). Es ist nicht erforderlich, daß der Rechtsanwalt auch beim Beschwerdegericht zugelassen ist (Bremen FamRZ 77, 399 mwN; Celle aaO). Der nicht beim OLG zugelassene Anwalt kann jedoch nicht bei diesem Gericht, sondern nur beim FamG Beschwerde einlegen (Frankfurt aaO). Der nur beim OLG zugelassene Anwalt kann nicht beim Familiengericht Beschwerde einlegen. Eine aus diesem Grunde unzulässige Beschwerde wird jedoch zulässig, wenn sie an das OLG weitergeleitet wird und dort innerhalb der Beschwerdefrist eingeht. Äußert sich der Beschwerdegegner schriftlich zur Beschwerde, so muß er sich durch einen beim Familiengericht, dem übergeordneten Landgericht oder dem OLG zugelassenen Anwalt vertreten lassen (§ 573 II 1). Wenn dieser Anwalt nicht beim OLG zugelassen ist, kann er an das OLG nur Schriftsätze richten, aber nicht dort in der Beschwerdeverhandlung auftreten (Frankfurt aaO).

18 4) Die **Frist** für die Einlegung und Begründung (§ 620 d S 1) der **Beschwerde** beträgt zwei Wochen und beginnt mit der Zustellung des angefochtenen Beschlusses (§ 577 II). Wird die Beschwerdeschrift durch einen nur beim Familiengericht zugelassenen Anwalt beim OLG eingereicht oder durch einen nur beim OLG zugelassenen Anwalt beim Familiengericht, so ist die Frist nur gewahrt, wenn die Beschwerde rechtzeitig an das Gericht weitergereicht wird, bei dem der Anwalt zugelassen ist; s Gummer oben § 569 Rn 15. Wird sie nicht fristgerecht eingelegt oder begründet, so ist sie als unzulässig zu verwerfen. – Wird das Urteil in der Ehesache während des Laufs der Beschwerdefrist rechtskräftig, so kann danach keine Beschwerde mehr eingelegt wer-

den. Ist sie vor Eintritt dieser Rechtskraft eingelegt, aber noch nicht beschieden worden, dann ist zu unterscheiden: Das Anordnungsverfahren erledigt sich in der Hauptsache, wenn der Scheidungsantrag rechtskräftig abgewiesen wird (§ 620 f I 1). Wird der Scheidungsausspruch rechtskräftig, so ist über die Beschwerde noch zu entscheiden (§ 620 a Rn 4).

5) Ob sich der Beschwerdegegner nach Ablauf der Beschwerdefrist der **Beschwerde anschließen** kann, hängt vom Gegenstand der Anordnung ab. Ist die elterliche Sorge geregelt oder die Herausgabe des Kindes an den anderen Elternteil angeordnet worden, so gilt im Beschwerdeverfahren nicht das Verbot der Schlechterstellung des Beschwerdeführers; das Kindeswohl hat Vorrang (§ 621 e Rn 36). Da die Anschließung nur jenes Verbot mildern soll, besteht hier kein Rechtsschutzbedürfnis für sie; s § 621 e Rn 25. Ist durch einstweilige Anordnung die Ehewohnung einem Ehegatten ganz zugewiesen worden, so gilt das Verbot der Schlechterstellung (§ 621 e Rn 36) und folglich findet auch die Anschlußbeschwerde statt. 19

6) Die Beschwerde hat **keine aufschiebende Wirkung** (§ 572 I). Sie kann **zurückgenommen** werden, solange die Beschwerdeentscheidung noch nicht ergangen ist. Es kommt nicht darauf an, ob der Beschwerdegegner der Rücknahme zustimmt. 20

IV) Über die **Konkurrenz zwischen Beschwerde und Änderungsantrag** (§ 620 a I) s § 620 b Rn 2a. 21

V) Gerichtliches Verfahren und Entscheidung: Für das Beschwerdefverfahren gelten die §§ 569–575, 577 (BayObLG FamRZ 95, 184). Das **Familiengericht** darf der Beschwerde weder abhelfen (§ 577 III) noch darf es die Vollziehung der angefochtenen Anordnung gemäß § 572 II aussetzen. Insoweit ist § 620 e lex specialis, wonach nur das Beschwerdegericht aussetzen darf; s § 620 e Rn 2. **Das OLG** kann mündlich über die Beschwerde verhandeln. In der Verhandlung müssen die Ehegatten sich durch Rechtsanwälte vertreten lassen, die beim OLG zugelassen sind. Dies gilt auch in den Fällen, in denen die Beschwerde in zulässiger Weise durch einen Anwalt eingelegt worden ist, der nicht beim OLG zugelassen ist; s Rn 18. Das Beschwerdegericht kann auch ohne solche Verhandlung entscheiden (§ 573 I). Es entscheidet durch begründeten Beschluß (§ 620 d). Wenn es auf die Beschwerde hin die angefochtene Anordnung ändert, ist es in Angelegenheiten aus dem Bereich der freiwilligen Gerichtsbarkeit (§ 621 a I 1: elterliche Sorge, Umgangsregelung, Kindesherausgabe, Ehewohnung und Hausrat) nicht an die Sachanträge der Parteien gebunden. Einzelheiten s § 620 a Rn 30 a. Hier gilt nicht das Verbot, die angefochtene einstweilige Anordnung zum Nachteil des Beschwerdeführers zu ändern (Karlsruhe NJW-RR 92, 709). Jedoch ist die Entscheidungsbefugnis des Beschwerdegerichts beschränkt auf den Gegenstand des angefochtenen Beschlusses (Köln MDR 72, 691). Es darf nicht den Umgang mit dem Kind regeln, wenn eine Sorgerechtsanordnung angefochten war. Eine weitere Beschwerde findet nicht statt (§ 568 II 1). Bei Rücknahme der Beschwerde hat der Beschwerdeführer analog § 515 III die Kosten zu tragen (BayObLG FamRZ 95, 184). 22

VI) Gebühren: Es entsteht eine ganze Gerichtsgebühr nach KV 1900, und zwar ohne Rücksicht darauf, ob und wie über die Beschwerde entschieden wird. Der Anwalt erhält jedenfalls eine halbe Prozeßgebühr, eventuell weitere Verhandlungs- und Beweisgebühren in gleicher Höhe (§ 61 I Nr 1 BRAGO). 23

620d

[Begründungspflicht]

In den Fällen der §§ 620 b, 620 c sind die Anträge und die Beschwerde zu begründen; die Beschwerde muß innerhalb der Beschwerdefrist begründet werden. Das Gericht entscheidet durch begründeten Beschluß.

Anträge auf Aufhebung oder Änderung einer einstweiligen Anordnung (§ 620 b I) und Anträge auf erneute Entscheidung auf Grund mündlicher Verhandlung (§ 620 b II) sind zu begründen. Fehlt die Begründung, so hat das Gericht dem Antragsteller eine Frist zu setzen. Wird sie nicht fristgemäß nachgeholt, so ist der Antrag unzulässig. 1

Daß die **sofortige Beschwerde** innerhalb der Beschwerdefrist begründet werden muß, ist durch das UÄndG (BGBl 86 I 301) klargestellt worden. Eine Verlängerung der Begründungsfrist wie bei der Berufungbegründung sieht das Gesetz nicht vor. Es ist nicht lückenhaft; § 519 II 3 ist nicht analog anwendbar. Wird die Beschwerde nicht fristgerecht begründet, so ist sie als unzulässig zu verwerfen. 2

Das Gesetz schreibt nur für drei Fälle ausdrücklich vor, daß **Beschlüsse,** die im Verfahren der einstweiligen Anordnung ergehen, zu begründen sind, nämlich **1.** wenn das Gericht über die Änderung oder Aufhebung einer einstweiligen Anordnung zu entscheiden hat (§ 620 b I), **2.** wenn es zunächst ohne mündliche Verhandlung eine Anordnung erlassen hatte und nunmehr auf Grund mündlicher Verhandlung erneut entscheidet (§ 620 b II), **3.** wenn es über eine sofortige Beschwerde zu entscheiden hat (§ 620 c). 3

4 Der Gegenschluß, daß **Erstentscheidungen** keiner **Begründung** bedürfen (KG FamRZ 82, 1031; StJSchlosser Rn 2), ist nicht zwingend. Das Gesetz ist insoweit lückenhaft. Die Lücke ist durch den rechtsstaatlichen Grundsatz auszufüllen, daß eine Partei, deren Antrag abgelehnt oder in deren Rechte eingegriffen wird, Anspruch auf eine Begründung hierfür hat, damit sie ihre Rechte sachgemäß wahrnehmen oder verteidigen kann (BVerfGE 6, 32/44 = NJW 57, 297; Hamm FamRZ 77, 744/746 mwN; FamRZ 93, 719; Köln FamRZ 91, 1212; MK/Klauser Rn 5; Rolland/Roth Rn 6). Dieser Grundsatz gilt auch für einstweilige Anordnungen, die ohne mündliche Verhandlung ergangen sind oder die nach § 620 c unanfechtbar sind (Hamm FamRZ 93, 719). Er schließt es freilich nicht aus, daß das Gericht einem Anordnungsantrag stattgibt und sich der Antragsbegründung ausdrücklich anschließt. Eine eingehende Begründung ist auch entbehrlich, wenn die Entscheidung über die elterliche Sorge dem übereinstimmenden Begehren der Eltern entspricht (Düsseldorf FamRZ 78, 56). Findet gegen die Entscheidung die sofortige Beschwerde statt, so muß sie auch aus dem Grunde begründet werden, damit das Beschwerdegericht sie nachvollziehen kann (BGH NJW 83, 123; Schleswig SchlHA 80, 79; Köln NJW-RR 91, 1280). Fehlt die Begründung, so liegt darin ein wesentlicher Verfahrensmangel, der zur Aufhebung des Beschlusses und Zurückverweisung der Sache an das Familiengericht führt (Celle FamRZ 78, 54; Düsseldorf aaO).

620e *[Aussetzung der Vollziehung]*

Das Gericht kann in den Fällen der §§ 620 b, 620 c vor seiner Entscheidung die Vollziehung einer einstweiligen Anordnung aussetzen.

1 Die **Vollziehung** einer einstweiligen Anordnung kann **ausgesetzt** werden, **1.** wenn ein Antrag auf Änderung oder Aufhebung der Anordnung gestellt wird oder wenn von Amts wegen eine Anordnung über die elterliche Sorge, den persönlichen Umgang mit dem Kind oder die Herausgabe des Kindes zu ändern ist (§ 620 b I), **2.** wenn eine einstweilige Anordnung ohne mündliche Verhandlung ergangen ist und beantragt wird, auf Grund mündlicher Verhandlung erneut zu beschließen (§ 620 b II), **3.** wenn eine sofortige Beschwerde gegen eine Anordnung über die elterliche Sorge, gegen eine Anordnung der Herausgabe eines Kindes oder gegen die Zuweisung der ganzen Ehewohnung an einen Ehegatten eingelegt wird (§ 620 c).

2 **Zuständig** für die Aussetzung der Vollziehung ist das Gericht, das endgültig zu entscheiden hat, dh in den Fällen des § 620 b das Familiengericht oder, wenn die Ehesache bzw die der Anordnung entsprechende Folgesache in der Rechtsmittelinstanz schwebt, das OLG (§ 620 a IV 2). Über die Zuständigkeit während der Revisionsinstanz s § 620 a Rn 16. Im Falle der sofortigen Beschwerde ist nur das OLG für die Aussetzung zuständig; insoweit weicht § 620 e von § 572 II ab und geht ihm vor (Baumbach/Albers Rn 2; Thomas/Putzo Rn 3).

3 **Verfahren:** Ein **Antrag** auf Aussetzung der Vollziehung ist nicht erforderlich; die Aussetzung kann von Amts wegen angeordnet werden. Analog §§ 572 III ZPO, 24 III FGG darf sie auch von Bedingungen, Auflagen oder einer **Sicherheitsleistung** abhängig gemacht werden (MK/Klauser Rn 3; StJSchlosser Rn 1; anders JHSedemund-Treiber Rn 3; Rolland/Roth Rn 4; AK/Derleder Rn 2; Thomas/Putzo Rn 5). Das Gericht kann die Entscheidung über die Aussetzung von Amts wegen aufheben oder ändern (StJSchlosser Rn 3). Die Aussetzung tritt außer Kraft, sobald die Entscheidung nach den §§ 620 b, 620 c ergeht, deretwegen die Vollziehung ausgesetzt worden war.

4 **Beschwerde:** Ein **Beschluß, durch den die Vollziehung ausgesetzt wird,** ist keine Entscheidung im Zwangsvollstreckungsverfahren (Hamburg FamRZ 89, 298 = MDR 269; FamRZ 90, 423; Künkel MDR 89, 310 f) und unterliegt nicht der sofortigen Beschwerde nach § 793. Er ist nach § 567 I unanfechtbar (Schleswig SchlHA 78, 102; Hamm FamRZ 80, 174; Köln FamRZ 83, 622; Hamburg FamRZ 90, 423; StJSchlosser Rn 3). Auch ein Beschluß, durch den ein **Aussetzungsantrag zurückgewiesen** worden ist, ist nicht anfechtbar. Hier ist kein das Verfahren betreffendes Gesuch iS des § 567I, dh ein im Gesetz ausdrücklich vorgesehener Antrag, zurückgewiesen worden. Der Aussetzungsantrag ist jedoch kein solches Gesuch, sondern nur eine Anregung zu einer Ermessensentscheidung (Hamburg FamRZ 90, 423; JHSedemund-Treiber Rn 4; Rolland/Roth Rn 8).

5 **Gebühren:** Durch die Aussetzung entstehen keine Gerichtsgebühren. Anwaltsgebühren: Der Antrag auf Aussetzung der Vollziehung ist zwar im § 41 Abs I 1 b BRAGO nicht ausdrücklich aufgeführt. Dennoch gehört er zur einheitlichen Angelegenheit des § 620 b I, II (Hamburg MDR 76, 235) und wird durch die im bisherigen Verfahren bereits verdienten Gebühren mit abgegolten.

620f *[Außerkrafttreten der einstweiligen Anordnung]*

(1) Die einstweilige Anordnung tritt beim Wirksamwerden einer anderweitigen Regelung sowie dann außer Kraft, wenn der Scheidungsantrag oder die Klage zurückgenommen wird oder rechtskräftig abgewiesen ist oder wenn das Eheverfahren nach § 619 in der Hauptsache als erledigt anzusehen ist. Auf Antrag ist dies durch Beschluß auszusprechen. Gegen die Entscheidung findet die sofortige Beschwerde statt.

(2) Zuständig für die Entscheidung nach Absatz 1 Satz 2 ist das Gericht, das die einstweilige Anordnung erlassen hat.

Lit: *Braeuer* FamRZ 84, 10; *Dörr* FamRZ 88, 557; *Gießler* FamRZ 86, 959 u 87, 887; *Hassold* FamRZ 81, 1036; *Klauser* DAVorm 82, 125.

I) Weitergeltung einstweiliger Anordnungen: 1) Grundgedanke: Nach § 627 aF traten einstweilige Anordnungen im Regelfall mit der Auflösung der Ehe außer Kraft, und es trat ein regelungsloser Zustand ein. Um dies zu ändern, wurde im § 620 f bestimmt, daß einstweilige Anordnungen auch nach der Scheidung bis zum Wirksamwerden einer anderweitigen Regelung fortwirken. Weiter bewirkt die neue Bestimmung, daß manche einstweilige Anordnung als endgültige Lösung akzeptiert wird und daß dadurch Rechtsstreitigkeiten verhindert werden (München FamRZ 87, 610 f). Um dieses Ziel zu erreichen, hat der Gesetzgeber davon abgesehen, einen dem § 926 entsprechenden Rechtsbehelf einzuführen, durch die der Anordnungsschuldner seinen Gegner zwingen könnte, das Hauptsacheverfahren einzuleiten. Gleichwohl ist der Schuldner nicht wehrlos; näheres s Rn 12 f. 1

2) § 620 f gilt auch für einstweilige Anordnungen, durch die der **Unterhalt eines Ehegatten** geregelt wird. Ein Urteil über den Unterhalt eines getrennt lebenden Ehegatten umfaßt zwar nicht den Unterhalt für die Zeit nach der Scheidung. Anders die einstweilige Unterhaltsanordnung: § 620 f läßt den Unterschied zwischen beiden Arten von Unterhalt außer acht und zieht eine Fortgeltung der vorläufigen Regelung dem vorübergehenden Eintritt eines regelungslosen Zustandes vor (BGH FamRZ 81, 242/243 = NJW 978). Aus diesem Grunde kann der durch Anordnung zum Unterhalt verpflichtete Ehegatte nicht mit der Vollstreckungsabwehrklage geltend machen, die Ehe sei inzwischen geschieden und damit sei die Rechtsgrundlage für die Anordnung weggefallen (BGH FamRZ 83, 355; Stuttgart FamRZ 81, 694; Hamburg FamRZ 81, 982; Frankfurt FamRZ 82, 719; Schleswig SchlHA 82, 75; Bamberg FamRZ 83, 84 mwN; anders München FamRZ 81, 912/914; Köln FamRZ 83, 940). Ebensowenig kann allein mit dieser Begründung auf Feststellung geklagt werden, daß kein Unterhalt mehr geschuldet wird. 2

3) Auch einstweilige Anordnungen, durch die der **Kindesunterhalt** geregelt ist, wirken über die Rechtskraft des Scheidungsausspruchs hinaus fort. Nach Eintritt der Rechtskraft kann zwar der Elternteil, in dessen Obhut sich das Kind befindet, dessen Unterhaltsansprüche gegen den 3 anderen Elternteil nicht mehr im eigenen Namen geltend machen (§ 1629 III BGB). Die Anordnung wirkt aber weiterhin für und gegen das Kind (§ 1629 III 2 BGB).

4 **II) Außerkrafttreten einstweiliger Anordnungen ohne anderweitige Regelung:** Wird der Scheidungsantrag abgewiesen, zurückgenommen oder erledigt sich das Verfahren durch den Tod eines Ehegatten, so ist es nicht sinnvoll, daß einstweilige Anordnungen weitergelten. Abgesehen vom Todesfall sind zwar auch dann weitere Streitigkeiten zwischen den Ehegatten denkbar. Man kann aber nicht allgemein davon ausgehen, daß die vorhandenen einstweiligen Anordnungen solche Streitigkeiten vorläufig in angemessener Weise regeln würden, wenn sie fortgälten, und ebensowenig davon, daß die Streitigkeiten durch Weitergeltung der Anordnungen vermieden werden könnten (Frankfurt FamRZ 83, 202). Einstweilige Anordnungen treten allerdings nicht rückwirkend, sondern nur mit Wirkung für die Zukunft außer Kraft (JHSedemund- Treiber Rn 11; MK-Klauser Rn 10; Gießler vor Rn 202). Soweit einstweilen geregelte Verbindlichkeiten (Unterhalt, Prozeßkostenvorschuß, Benutzungsvergütung für Ehewohnung und Hausrat, s § 620 Rn 75; 77a) vor dem Außerkrafttreten fällig geworden und noch nicht bezahlt worden sind, kann auch **nach dem Außerkrafttreten weiterhin die Zwangsvollstreckung aus der einstweiligen Anordnung** betrieben werden (MK-Klauser aaO). Im Einzelnen gilt folgendes für den Zeitpunkt des Außerkrafttretens:

5 1) Im Falle der **Rücknahme des Scheidungsantrages** tritt die Anordnung zu dem Zeitpunkt außer Kraft, in dem die Rücknahme wirksam wird. Ist hierzu die Zustimmung des Antragsgegners erforderlich (§ 269 I; Einzelheiten s § 626 Rn 1), so ist die Rücknahme erst wirksam, wenn der Antragsgegner dem Gericht gegenüber seine Zustimmung erklärt (§ 269 II). Die Anordnung tritt auch außer Kraft, wenn ein nur anhängiger, aber nicht rechtshängiger Scheidungsantrag zurückgenommen wird (anders Düsseldorf FamRZ 85, 1271).

6 2) Im Falle der **Abweisung des Scheidungsantrages** treten einstweilige Anordnungen mit der **Rechtskraft** des Urteils außer Kraft. Diese tritt auch bei Urteilen der Oberlandesgerichte erst mit dem Ablauf der Revisionsfrist oder – falls Revision eingelegt wird, obwohl sie nicht zugelassen worden war – mit deren Verwerfung ein (str, s § 629 d Rn 7). Wird nach Eintritt der Rechtskraft einem Ehegatten Wiedereinsetzung in den vorigen Stand wegen der Versäumung der Rechtsmittelfrist oder -begründungsfrist gewährt, so fällt die Rechtskraft weg, und die einstweiligen Anordnungen werden wieder wirksam (Thomas/Putzo Rn 9).

6a 3) Wird einem Ehegatten nach Rücknahme oder Abweisung des Scheidungsantrags vorbehalten, eine dem Gegenstand einer Anordnung entsprechende **Folgesache als selbständige Familiensache fortzuführen** (§§ 626 II, 629 II), so **tritt die Anordnung außer Kraft** (Karlsruhe FamRZ 86, 1120; JHSedemund-Treiber Rn 3; MK- Klauser Rn 4 für den Fall der Rücknahme; anders Gießler Rn 202; 1004; MK-Klauser Rn 6 für den Fall der Abweisung). Eine Fortdauer der Anordnung wäre zwar zweckmäßig, ist aber mit dem Gesetzeswortlaut unvereinbar. Eine Gesetzeslükke, die durch Analogie geschlossen werden könnte, liegt nicht vor. Vielmehr liegt der Gedanke nahe, daß einstweilige Anordnungen in fortgeführten Folgesachen ebensowenig aufrechterhalten werden dürfen, wie sie in selbständigen Familiensachen erlassen werden dürfen. Gegen eine Fortdauer der Anordnung spricht auch, daß durch zweifelhafte Analogieschlüsse nur Rechtsunsicherheit entsteht, was besonders im Verfahrensrecht vermieden werden sollte. In Familiensachen aus dem Bereich der freiwilligen Gerichtsbarkeit (elterliche Sorge, Umgangsrecht, Kindesherausgabe, Ehewohnung und Hausrat) können aber vorläufige Anordnungen erlassen werden, die den außer Kraft getretenen einstweilige Anordnungen entsprechen.

7 4) Tritt eine einstweilige **Sorgeregelungsanordnung** durch den **Tod eines Ehegatten** außer Kraft, so geht die Sorge kraft Gesetzes auf den überlebenden Ehegatten über (§ 1681 I 1 BGB). Die Voraussetzungen des § 1681 I 2 BGB, wonach das Vormundschaftsgericht nach dem Tode eines nach § 1672 BGB sorgeberechtigten Elternteils über die elterliche Sorge entscheidet, sind hier nicht erfüllt. Nach § 1672 BGB sorgeberechtigt ist nur der Ehegatte, dem die elterliche Sorge durch eine Endentscheidung im selbständigen Sorgerechtsverfahren übertragen worden ist, nicht aber derjenige, der kraft einstweiliger Anordnung Inhaber der elterlichen Sorge ist. Tritt eine einstweilige Sorgerechtsregelung durch Antragsrücknahme oder -abweisung außer Kraft, so lebt die gemeinsame elterliche Sorge von selbst wieder auf, ohne daß das Vormundschaftsgericht eingeschaltet wird. Es besteht kein Grund, der es rechtfertigt, beim Außerkrafttreten infolge Todes anders zu verfahren und auf einen von selbst eintretenden Übergang des Sorgerechts auf den überlebenden Elternteil zu verzichten. Das Vormundschaftsgericht hat hier nur unter den Voraussetzungen des § 1666 BGB einzugreifen.

8 5) Wird der **Scheidungsprozeß nicht mehr betrieben,** nachdem eine einstweilige Anordnung ergangen ist, so tritt diese nicht außer Kraft (StJSchlosser Rn 12). Hierfür spricht, daß sich die Zeit des Außerkrafttretens nicht bestimmen ließe. Der Antragsgegner kann nur die Aufhebung der Anordnung beantragen und dies damit begründen, daß durch den Stillstand des Scheidungsverfahrens das Regelungsbedürfnis fortgefallen sei (§ 620 b I).

6) Streitig ist, **ob einstweilige Anordnungen außer Kraft treten, wenn Prozeßkostenhilfe** für eine Ehesache beantragt und dieser Antrag **zurückgenommen oder zurückgewiesen wird.** § 620 f I 1 läßt sich hier nur in solchen Fällen analog anwenden, in denen die Rücknahme oder Zurückweisung die Anhängigkeit des PKH- Verfahrens und der Ehesache beendet. 9

a) Diese Voraussetzungen sind erfüllt, wenn nur **Prozeßkostenhilfe für eine Ehesache** beantragt worden war, **ohne daß diese Sache selbst anhängig wurde,** und wenn darauf eine einstweilige Anordnung erlassen worden war (s § 620 a II 1). Wird jetzt das Prozeßkostenhilfegesuch zurückgenommen, dann ist das Verfahren nicht mehr anhängig, und die einstweilige Anordnung tritt entsprechend § 620 f I 1 außer Kraft (Bergerfurth, Ehescheidungsprozeß Rn 97 aE; Gießler Rn 202; Baumbach/Albers Rn 5; anders Düsseldorf FamRZ 85, 1271 = JurBüro 464 f). Wird in dieser Situation das Gesuch nicht zurückgenommen, sondern zurückgewiesen, so kann der Antragsteller hiergegen Beschwerde einlegen. Das Prozeßkostenhilfeverfahren bleibt anhängig, und die einstweilige Anordnung bleibt in Kraft (anders Stuttgart FamRZ 84, 720). Mit der Zurückweisung der Beschwerde endet die Anhängigkeit. Die Möglichkeiten, Gegenvorstellung einzulegen oder trotz Verweigerung der Prozeßkostenhilfe den Scheidungsantrag einzureichen, verlängern die Anhängigkeit nicht. Hier tritt die Anordnung außer Kraft (Gießler Rn 205; Rahm/Künkel II Rn 29). Sie lebt auch nicht wieder auf, falls Gegenvorstellungen erhoben werden oder die Scheidungssache anhängig gemacht wird. Der Antragsteller hat dann nur Gelegenheit, erneut eine einstweilige Anordnung zu beantragen. 9a

b) Reicht der Antragsteller zusammen mit dem Prozeßkostenhilfegesuch einen Scheidungsantrag oder eine andere Eheklage beim FamG ein, so bleibt die **Ehesache anhängig,** wenn das Prozeßkostenhilfegesuch zurückgenommen oder -gewiesen wird. Zuvor ergangene einstweilige Anordnungen bleiben in Kraft. Betreibt der Antragsteller das Eheverfahren nach Beendigung des Prozeßkostenhilfeverfahrens nicht weiter, so kann der Antragsgegner wie bei einem ruhenden Verfahren (s Rn 8) die Aufhebung der Anordnung beantragen (§ 620 b; Schleswig SchlHA 81, 81; Düsseldorf FamRZ 85, 1271 = JurBüro 464 f). 9b

III) **Anderweitige Regelungen setzen einstweilige Anordnungen und Vergleiche außer Kraft:** Scheidung oder Aufhebung der Ehe setzen einstweilige Anordnungen nicht außer Kraft. Einerlei ob die Ehe aufgelöst wird oder das Eheverfahren fortdauert, bleiben solche Anordnungen bis zum Wirksamwerden einer anderweitigen Regelung in Kraft, es sei denn, das Gericht hat die Dauer der Anordnung von vornherein zeitlich begrenzt (Düsseldorf FamRZ 78, 913; Bamberg FamRZ 82, 86). Ist im Anordnungsverfahren ein **Vergleich** geschlossen worden, so **wirkt** dieser im Zweifel **ebenso lange wie eine einstweilige Anordnung** und wird wie diese durch eine anderweitige Regelung außer Kraft gesetzt (BGH FamRZ 83, 892 mwN; 91, 1176 f; MK/Klauser § 620 Rn 43; anders Köln FamRZ 83, 1122; Hamm FamRZ 91, 582; JHSedemund-Treiber § 620b Rn 3). 10

1) Anderweitige Regelungen, die einstweilige Anordnungen außer Kraft setzen, können in **Verträgen** zwischen Ehegatten enthalten sein, namentlich in **Scheidungsfolgen-** oder **Unterhaltsvergleichen** (Nachweise s Maurer FamRZ 91, 888 Fn 37). Da einstweilige Anordnungen zur Regelung des Kindesunterhalts für und gegen das Kind wirken (§ 1629 III 2) können auch Verträge zwischen dem Kind und dem unterhaltspflichtigen Elternteil anderweitige Regelungen enthalten. Nur soweit die Ehegatten über den Vertragsgegenstand disponieren können, setzen Verträge einstweilige Anordnungen außer Kraft. Vereinbarungen über die elterliche Sorge oder den Umgang eines Kindes haben diese Wirkung nicht; denn hierüber können die Eltern nicht disponieren (§ 621 Rn 23). 11

2) Anderweitige Regelungen, die einstweilige Anordnungen außer Kraft setzen, können in Beschlüssen nach § 620 b (München FamRZ 87, 610) und in **gerichtlichen Entscheidungen** enthalten sein, die den Gegenstand der Anordnung endgültig regeln. Solche Entscheidungen können in Folgesachen (§ 623 I) ergehen, ferner in selbständigen Familiensachen während des Scheidungsprozesses (KG FamRZ 85, 722; § 620 Rn 11 ff) und danach. Um eine anderweitige Regelung herbeizuführen, muß der Ehegatte, gegen den sich die Anordnung richtet, ein Verfahren zur Regelung der Hauptsache einleiten. Anders als im Verfahren der einstweiligen Verfügung (s § 926) kann er seinen Gegner nicht zur Verfahrenseinleitung zwingen; s Rn 1. **Keine anderweitige Regelung** enthalten Prozeßurteile, die Regelungsbegehren als unzulässig abweisen (Gießler Rn 609). Die Kostenentscheidung eines Scheidungsurteils ist keine anderweitige Regelung, durch die eine Anordnung auf Zahlung eines Prozeßkostenvorschusses außer Kraft gesetzt wird (BGH FamRZ 85, 802 mwN = NJW 2263 = MDR 831). 12

3) **Anderweitige Regelungen in Unterhaltssachen. a)** Da eine einstweilige Anordnung nicht in materielle Rechtskraft erwächst (§ 620 b Rn 2), können die Ehegatten einen Unterhaltsprozeß gegeneinander führen, ohne an die Anordnung gebunden zu sein (BGH FamRZ 83, 355 f = NJW 1330 = MDR 653; KG FamRZ 91, 1188 f). Deshalb kann **nicht** auf **Abänderung der einstweiligen Anordnung** gemäß § 323 geklagt werden (BGH FamRZ 83, 892 f = NJW 2200; 91, 1175 f; Stuttgart FamRZ 92, 1195 f), **sondern** nur auf **Zahlung** oder Rückzahlung von Unterhalt bzw auf **Feststel-** 13

lung, daß kein Unterhalt geschuldet wird oder nur geringerer Unterhalt, als in der Anordnung festgesetzt wurde (Düsseldorf FamRZ 92, 337). Hat eine solche Klage Erfolg, so enthält das Urteil eine anderweitige Regelung iS des § 620 f I 1, die die einstweilige Anordnung außer Kraft setzt (so BGH FamRZ 83, 355 f; 83, 892 f; 87, 682 für die Zahlungs- und die negative Feststellungsklage, BGH FamRZ 84, 767 f = NJW 2095 = MDR 85, 32 für die Klage auf Rückzahlung von Unterhalt). Sie tritt jedoch nur außer Kraft, soweit ihr Regelungsgegenstand und derjenige des Urteils gleich sind; dies gilt insbesondere für den Regelungszeitraum. Bei Teilerfolg der Klage tritt die Anordnung teilweise außer Kraft. Beispiel: Hat der unterhaltspflichtige Ehegatte laut einstweiliger Anordnung ab April monatlich 1000 DM Unterhalt zu zahlen und wird durch Urteil festgestellt, daß er ab Juli nur 500 DM schuldet, so bleibt die Anordnung von April bis Juni in voller Höhe und ab Juli in Höhe von 500 DM bestehen und tritt nur im übrigen außer Kraft.

14 **b) Das Ziel, eine einstweilige Anordnung außer Kraft zu setzen, kann nicht durch Vollstreckungsabwehrklage** (§§ 794 Nr 3a, 795, 767) erreicht werden; denn hiermit können nur rechtshemmende oder rechtsvernichtende Einwendungen gegen den Unterhaltsanspruch erhoben werden (BGH FamRZ 83, 355 f = NJW 1330 = MDR 653). Der Ehegatte, der die Anordnung außer Kraft setzen will, erhebt jedoch keine solchen Einwendungen, wenn er geltend macht, der Unterhaltsanspruch habe von vornherein nicht oder nicht in der Höhe bestanden, wie er durch die Anordnung festgesetzt worden sei. Der Einwand, daß der Unterhaltsanspruch aus § 1361 BGB mit der Scheidung erloschen sei, ist zwar rechtsvernichtend, nützt aber dem Unterhaltsverpflichteten nichts, weil die Anordnung auch den Anspruch auf Geschiedenenunterhalt regelt (BGH aaO).

15 **c)** Die **Zwangsvollstreckung aus der einstweiligen Anordnung** kann auf Antrag des unterhaltspflichtigen Ehegatten **einstweilen eingestellt** werden, wenn dieser auf Feststellung klagt, daß er geringeren Unterhalt schuldet, als durch einstweilige Anordnung festgesetzt worden ist (BGH FamRZ 83, 355/357 mwN = NJW 1330; FamRZ 85, 369 = NJW 1074). Sie kann auch eingestellt werden, wenn auf Zahlung von Unterhalt geklagt wird und der Beklagte, der laut einstweiliger Anordnung Unterhalt schuldet, Klagabweisung und vorläufige Einstellung der Vollstreckung beantragt (Frankfurt FamRZ 90, 767 mwN = NJW-RR 91, 265; Düsseldorf FamRZ 93, 816 = NJW-RR 94, 519 f; MK/Klauser § 620 Rn 51; anders KG FamRZ 85, 951).

15a **aa) Rechtsgrundlage für die einstweilige Einstellung der Zwangsvollstreckung** ist § 769 (Düsseldorf FamRZ 80, 1046; 93, 816 = NJW-RR 94, 519; Hamburg FamRZ 80, 904 f; 85, 1273; 90, 431 f; Hamm FamRZ 81, 693; Stuttgart FamRZ 81,694; Karlsruhe Justiz 81, 130 f; Schleswig SchlHA 81, 148; Stuttgart FamRZ 92, 203 f), nach anderer Auffassung § 707 (Frankfurt FamRZ 80, 1139; 89, 87; 90, 767; Koblenz FamRZ 85, 1272; Hamburg FamRZ 89, 888 = NJW-RR 90, 7; Gießler Rn 252 u FamRZ 82, 130). Unmittelbar anwendbar ist keine von diesen Bestimmungen. Für eine sinngemäße Anwendung sowohl der einen als auch der anderen Vorschrift lassen sich Argumente finden. Für die Anwendung des § 707 spricht: Sowohl bei der Klage auf Feststellung, daß kein Unterhalt geschuldet wird, als auch in den Fällen der §§ 707, 719, 924 III wird darum gestritten, ob ein vorläufig titulierter Anspruch wirklich besteht. In diesem Punkt besteht ein gewichtiger Unterschied zu den Fällen der §§ 769, 771–774, 785, 786, 786 a II Nr 2 S 2 u III, 805 IV 2, in denen der Kläger nur verlangt, daß die Vollstreckbarkeit eines Titels beseitigt oder die Vollstreckung beschränkt oder gestaltet wird. Für eine analoge Anwendung des § 769 spricht jedoch, daß sowohl bei der Klage auf Feststellung, daß kein Unterhalt geschuldet wird, als auch in den Fällen der §§ 769 usw ein neuer Prozeß geführt wird, während in den Fällen der §§ 707, 719, 924 III der frühere Prozeß fortgesetzt wird. In diesem Punkt ist die negative Feststellungsklage eher der Vollstreckungsabwehr- oder Widerspruchsklage ähnlich. – Gesetzessystematische Gesichtspunkte lösen mithin das Analogieproblem nicht. Die §§ 707 und 769 unterscheiden sich vor allem dadurch, daß jene Bestimmung die Anfechtung des Beschlusses über die Einstellung der Vollstreckung ausschließt, diese hingegen eine solche Einschränkung der Parteibefugnisse nicht kennt. Das Bundesverfassungsgericht (JZ 88, 606 = MDR 750 f) hat in einer Entscheidung zum Asylverfahren ausgesprochen, daß das Beschwerderecht eines Verfahrensbeteiligten nicht durch Analogieschlüsse eingeschränkt werden darf. Dieser Gedanke spricht dafür, hier die Vorschrift des § 769 sinngemäß anzuwenden, die jedenfalls der Partei, deren Einstellungsantrag abgewiesen worden ist, ein Beschwerderecht zugesteht (s Hamburg FamRZ 89, 298 = MDR 269; FamRZ 90, 1379; Künkel MDR 89, 309; FuR 91, 350; anders Köln FamRZ 95, 1003).

15b **bb)** Umstritten ist, **ob die Zwangsvollstreckung aus der einstweiligen Anordnung eingestellt werden darf, wenn die Ehesache noch anhängig ist** (so Stuttgart FamRZ 92, 203 mwN; Gießler FamRZ 82, 129 u 83, 518; MK/Klauser § 620 Rn 51) oder ob in diesem Fall der Unterhaltsschuldner nur Änderung der Anordnung (§ 620 b I) und Aussetzung der Vollziehung (§ 620 e) beantragen kann (Nachweise s Stuttgart und Klauser aaO). Zwei Gesichtspunkte sprechen dafür, § 769 auch während des Scheidungsprozesses anzuwenden: **1.** sind die §§ 620 b, 620 e keine Spezialbestimmungen, die die Anwendung des § 769 verbieten, wie der Fall zeigt, daß sich der Unterhaltsschuldner mit dem Zahlungseinwand gegen die Vollstreckung aus der Anordnung wehrt (Stuttgart aaO). 2. ist es sinnvoll, die Einstellung von den Erfolgsaussichten der Klage oder der Verteidigung gegen diese abhängig zu machen. Diese Aussicht läßt sich besser im Klageverfahren als im Anordnungsverfahren beurteilen (Frankfurt FamRZ 84, 717; KG FamRZ 85, 951; Koblenz FamRZ 85, 1272; Stuttgart aaO).

d) **Einzelheiten zu den Klagen,** durch die Unterhaltsanordnungen außer Kraft gesetzt werden 16
können: **aa) Unterhaltsklagen:** Fordert der Kläger mehr Unterhalt als den, der in der einstweiligen Anordnung festgesetzt worden ist, so kann ihm dieser erst von dem Tag an zugesprochen werden, an dem der Beklagte in Verzug geraten ist (§§ 1587 b II, 1613 II BGB).

bb) Rückzahlungsklagen: Wurde ein Ehegatte durch einstweilige Anordnung zum Unterhalt 16a
verpflichtet, obwohl er aus materiell-rechtlicher Sicht keinen solchen schuldete, so kann er auf Rückzahlung des gezahlten Unterhalts klagen, ohne daß die Anordnung zuvor aufgehoben werden muß (Stuttgart FamRZ 92, 1195 f). Er hat ohne rechtlichen Grund iS des § 812 I 1 BGB geleistet; denn die einstweilige Anordnung schafft keinen Rechtsgrund, sondern nur eine vorläufige Vollstreckungsmöglichkeit (BGH FamRZ 85, 767 f = NJW 2095 = MDR 85, 32; FamRZ 91, 1175 f mwN). Konsequenz: Um die Rückforderungsklage schlüssig zu begründen, muß der klagende Ehegatte nur behaupten, daß er auf Grund einstweiliger Anordnung gezahlt habe, ohne Unterhalt zu schulden. Der Unterhalt beanspruchende Beklagte kann sich damit verteidigen, daß er seine Bedürftigkeit darlegt, und der auf Unterhalt in Anspruch genommene Kläger kann den Gegeneinwand der Leistungsunfähigkeit erheben. Darlegungs- und Beweislast sind hier ebenso verteilt wie in jedem Unterhaltsprozeß. Zusätzlich kann der Beklagte den Einwand erheben, daß er nicht mehr bereichert sei (§ 818 III BGB).

cc) negative Feststellungsklagen: Auch bei der Klage auf Feststellung, daß kein oder geringe- 16b
rer Unterhalt geschuldet wird, als in der einstweiligen Anordnung festgesetzt worden ist, sind Darlegungs- und Beweislast ebenso verteilt wie bei der Zahlungsklage umgekehrten Rubrums (§ 256 Rn 18; Hamburg FamRZ 82, 702 mwN u 89, 198; KG FamRZ 88, 167/170 = IPrax 234/237). Soweit auf Rückzahlung von Unterhalt geklagt werden kann, besteht kein Rechtsschutzbedürfnis für eine negative Feststellungsklage (Frankfurt FamRZ 91, 1210 f). Soweit der titulierte Unterhalt jedoch noch nicht bezahlt worden ist, kann und muß (Luthin FamRZ 86, 1060) der Anordnungsschuldner auf Feststellung klagen, daß er keinen oder geringeren Unterhalt schuldet, als in der einstweiligen Anordnung festgesetzt worden ist. Im Klagantrag ist anzugeben, für welche Zeiten der Kläger keinen Unterhalt zu schulden meint. Fehlt diese Angabe, so ist der Antrag mangels genügender Bestimmtheit (§ 253 II Nr 2) unzulässig, wenn die Zeit sich nicht durch Auslegung ermitteln läßt.

Herabsetzung des Unterhalts kann der Kläger **rückwirkend** auf den Tag verlangen, von dem an 16c
ihn die einstweilige Anordnung zum Unterhalt verpflichtet (Schleswig SchlHA 82, 196; München FamRZ 85, 410; Düsseldorf FamRZ 85, 1147). Unrichtig ist die Auffassung, daß die Herabsetzung erst von dem Tag an verlangt werden kann, an dem der Unterhaltsberechtigte mit dem Verzicht auf die Rechte aus der Anordnung in Verzug gerät (BGH FamRZ 89, 850 = NJW-RR 709; FamRZ 90, 989 = NJW 90, 3274; Stuttgart FamRZ 92, 1195 f mwN auch zur Gegenmeinung; str). Solange der Unterhalt nur einstweilen geregelt ist, kann der Unterhaltsberechtigte nicht auf den Bestand der Regelung vertrauen. Soweit er den Unterhalt bezahlt hat, ist er durch § 818 III BGB hinreichend geschützt (BGH aaO; Hamm FamRZ 88, 1056; Düsseldorf FamRZ 95, 742 f). Soweit der Schuldner nicht zahlt, ist dies ein Vertrauensschutz ausschließendes Indiz dafür, daß er um den Unterhalt streiten will (Hamm aaO).

e) Ist der Ehefrau durch einstweilige Anordnung Unterhalt zuerkannt worden und ergeht 17
dann während des Scheidungsprozesses ein Urteil, das den Unterhalt für die Zeit des Getrenntlebens anders als die Anordnung regelt, so tritt diese endgültig außer Kraft. Sie tritt auch für den nachehelichen Unterhalt außer Kraft (MK/Klauser Rn 20; anders Karlsruhe FamRZ 88, 855), obwohl über diesen im Urteil nicht entschieden worden ist, weil er ein anderer Verfahrensgegenstand als der Getrenntlebensunterhalt ist; s Rn 2. Das Urteil zeigt, daß die einstweilige Anordnung der wahren Rechtslage nicht entsprach. Es ist nicht anzunehmen, daß sie den nachehelichen Unterhalt in befriedigender Weise regelt als denjenigen für die Zeit vor der Scheidung. Wenn die Frau nachehelichen Unterhalt begehrt, muß sie diesen als Folgesache geltend machen.

f) Ist die **Unterhaltspflicht gegenüber einem Kind** durch einstweilige Anordnung geregelt 18
worden, so wirkt diese für und gegen das Kind (§ 1629 III 2 BGB). Die Klage auf Feststellung, daß kein Unterhalt geschuldet wird, ist hier gegen das Kind zu richten.

4) Einstweilige Anordnungen treten erst außer Kraft, wenn **anderweitige Regelungen wirksam** 19
werden.

a) **Verträge** (s Rn 11) werden mit ihrem Abschluß wirksam. Die Vertragschließenden können Rückwirkung oder Wirkung für die Zukunft vereinbaren, zB für den Fall der Scheidung.

20 **b) Entscheidungen aus dem Bereich der freiwilligen Gerichtsbarkeit:** Beschlüsse in selbständigen Verfahren (§ 620 Rn 12) über die **elterliche Sorge,** das **Umgangsrecht** oder die **Herausgabe eines Kindes** werden mit ihrer Bekanntgabe an die Beteiligten wirksam (§§ 621 a I ZPO, 16 I FGG; KG FamRZ 85, 722). Sind elterliche Sorge, Umgangsrecht und Kindesherausgabe Gegenstände von Folgesachenentscheidungen (§ 623 I 1), so gilt dasselbe; allerdings werden die Entscheidungen nicht vor Rechtskraft des Scheidungsausspruchs wirksam (§ 629 d). Das OLG als Beschwerdegericht kann (im Verbundverfahren auch nach Rechtskraft der Scheidung – § 620 a Rn 3a) die Entscheidung des FamG einstweilen außer Kraft setzen (§ 24 III FGG; Jansen § 24 FGG Rn 9; Keidel/Kuntze § 24 FGG Rn 10 mwN). Dann lebt die Anordnung nicht wieder auf (MK/Klauser Rn 12, Gießler Rn 1005, anders Voraufl), sondern das OLG hat etwa notwendige vorläufige Maßnahmen selbst anzuordnen. Beschlüsse und Verbundentscheidungen in **Ehewohnungs- und Hausratssachen** werden erst mit ihrer Rechtskraft wirksam (§§ 621 a I 1 ZPO, 16 I 1 HausratsVO).

21 **c)** § 620 f sagt nichts darüber, wann vorläufig vollstreckbare **Urteile in Unterhaltssachen** wirksam werden. Solche Urteile sind stets für vorläufig vollstreckbar zu erklären, und zwar ohne Unterschied, ob der Beklagte zur Unterhaltszahlung verurteilt, ob die Klage abgewiesen oder ob das Bestehen oder Nichtbestehen der Unterhaltspflicht festgestellt wird (StJMünzberg § 708 Rn 10). **Klagabweisende und Feststellungsurteile** können – abgesehen von den Kosten – nicht vollstreckt werden. Klagabweisung und Feststellung werden erst mit der Rechtskraft des Urteils wirksam (BGH FamRZ 91, 180/182 mwN = NJW 705; anders früher Karlsruhe FamRZ 87, 608; Luthin FamRZ 86, 1059 ff und heute noch Schwab/Maurer I Rn 1011). Sehr streitig ist, wann ein **Urteil** wirksam wird, **durch das eine Partei** vorläufig vollstreckbar **zur Unterhaltszahlung verurteilt wird.** Nach MK/Klauser (Rn 17), Rolland/Roth (Rn 24) und StJSchlosser (Rn 2a) ist es erst mit Eintritt der Rechtskraft wirksam. JHSedemund-Treiber (Rn 7), Baumbach/Albers (Rn 4), Thomas/Putzo (Rn 5), Gießler (Rn 607) und Schwab/Maurer aaO halten es für wirksam, wenn es ohne Sicherheitsleistung vorläufig vollstreckbar ist und die Vollstreckung nicht nach § 711 abgewendet werden darf (ebenso Hamm FamRZ 80, 708 f; Frankfurt FamRZ 82, 410, Karlsruhe FamRZ 82, 1221; Hamburg FamRZ 84, 719; Luthin FamRZ 86, 1059). Das OLG Hamm (FamRZ 84, 718 = MDR 764) behandelt vorläufig vollstreckbare Urteile schlechthin als wirksam.

22 Vorzuziehen ist die Auffassung, **daß sämtliche Urteile in Unterhaltssachen erst mit Eintritt der Rechtskraft wirksam werden.** Hierfür spricht der Sinn des § 620f, daß einstweilige Anordnungen die Rechtskraft der Scheidung überdauern sollen und daß ein regelungsloser Zustand zwischen einstweiliger und endgültiger Lösung verhindert werden soll; s Rn 1. Ein Urteil, das nur vorläufig vollstreckbar, aber noch nicht rechtskräftig ist, ist keine endgültige Lösung in diesem Sinn. Wer die einstweilige Anordnung durch ein nur vorläufig vollstreckbares Urteil ersetzt, tauscht lediglich Provisorien aus und führt den gerade zu vermeidenden regelungslosen Zustand zwischen einstweiliger und endgültiger Lösung herbei, wenn das Rechtsmittelgericht das vorläufig vollstreckbare Urteil der Vorinstanz aufhebt und die Sache an die Vorinstanz zurückverweist. Für die hier vorgeschlagene Lösung spricht weiter die Parallelvorschrift des § 641e I, wonach einstweilige Anordnungen im Vaterschaftsprozeß erst außer Kraft treten, wenn das Kind einen anderen Unterhaltstitel erlangt, der nicht nur vorläufig vollstreckbar ist; s StJSchlosser Rn 2a. Schließlich ist auch folgende Konsequenz schwer verständlich, zu der die Gegenmeinung führt, nämlich daß klagabweisende Urteile andere Wirkungen haben als zuerkennende, was namentlich bei Teilabweisung zu unnützen Komplikationen führt (MK/Klauser Rn 17).

22a Die hier vertretene Auffassung, daß Unterhaltsurteile erst mit Eintritt der Rechtskraft wirksam werden, setzt den Unterhaltsschuldner der Gefahr aus, daß der Unterhaltsgläubiger weiterhin aus der einstweiligen Anordnung vollstreckt, obwohl ihm kein Unterhalt zusteht. Hiergegen kann sich der Unterhaltsschuldner mit dem Antrag zur Wehr setzen, die **Vollstreckung** aus der einstweiligen Anordnung **einstweilen einzustellen** (§§ 770, 769; Gießler FamRZ 87, 887 f; s Rn 15 ff).

23 **d)** Ein **ausländisches Unterhaltsurteil** setzt eine Unterhaltsanordnung erst außer Kraft, wenn es nach § 722 oder dem Ausführungsgesetz zum Unterhaltsvollstreckungs-Übereinkommen (BGBl 86 I 1156) rechtskräftig für vollstreckbar erklärt worden ist (s KG FamRZ 86, 822).

24 **5) Folgen der anderweitigen Regelung: a)** Soweit sich die in einem Urteil enthaltene anderweitige Regelung nicht auf **Unterhaltsrückstände** bezieht, können diese weiterhin auf dem Wege der Zwangsvollstreckung beigetrieben werden (LG Berlin JR 51, 156; LG Braunschweig MDR 57, 682; Köln FamRZ 64, 48; StJSchlosser Rn 2 d).

25 **b)** Streitig ist, ob der Ehegatte, der auf Grund einstweiliger Anordnung mehr Unterhalt erhalten hat, als ihm nach dem späteren Urteil zusteht, dem anderen Ehegatten **Schadensersatz** schuldet. Der BGH (FamRZ 84, 767/769 mwN = NJW 2095 = MDR 85, 32; FamRZ 89, 850 = NJW-RR 709; stRspr; zustimmend MK/Klauser § 620 Rn 54) verneint dies mit der Begründung, die geschlossene Sonderregelung der §§ 620 ff sehe keinen Schadensersatz vor. Indessen sind die §§ 620 ff auch sonst unvollständig und müssen zB durch die §§ 12, 50 a FGG ergänzt werden; s

§ 620 a Rn 25, 29. Zutreffend halten Olzen (FamRZ 86, 1169 ff mwN), Ditzen (FamRZ 88, 349 mwN) und Kohler (FamRZ 88, 1006) das Gesetz für lückenhaft und wenden die §§ 641 g, 945, 717 analog an.

c) Folgt man dem BGH, so kann zuviel gezahlter Unterhalt nur nach den Bestimmungen über die **ungerechtfertigte Bereicherung** (§§ 812 ff BGB) zurückgefordert werden. Soweit der Empfänger mit dem Unterhalt Schulden getilgt, Anschaffungen gemacht oder Ersparnisse gebildet hat, oder soweit er infolge der Unterhaltszahlung vorhandene Mittel erspart hat, die er sonst angegriffen hätte, ist er zur Rückzahlung verpflichtet (BGH FamRZ 84, 767/769 mwN = NJW 2095 = EzFamR BGB § 812 Nr 4). Soweit er den Unterhalt für den Lebensbedarf verbraucht hat, ist er nicht mehr bereichert (§ 818 III BGB) und soll laut BGH (aaO u FamRZ 89, 850 = NJW-RR 709) von der Rückzahlungspflicht befreit sein. Hier ist jedoch § 820 I 2 BGB sinngemäß anzuwenden. Der Unterhaltsempfänger haftet für die Rückzahlung nach § 818 IV BGB, weil bei einer nur vorläufigen Regelung, wie sie eine einstweilige Anordnung enthält, der Wegfall des Rechtsgrundes für die Unterhaltszahlungen als möglich anzusehen ist (Kohler FamRZ 88, 1006 u ZZP 99, 44 ff; Philippi, Anm zu BGH EzFamR BGB § 812 Nr 4). Deshalb ist § 818 III BGB nicht anzuwenden (BGHZ 55, 128/132; 72, 252/256). Kann sich der Unterhaltsempfänger bereits hiernach nicht auf den Wegfall der Bereicherung berufen, so stellt sich nicht mehr die vom BGH mit Recht verneinte Frage, ob sich seine Haftung nach § 818 IV BGB verschärft, wenn ihm eine Klage auf Feststellung zugestellt wird, daß der Kläger ihm keinen Unterhalt mehr schuldet (BGHZ 93, 183 = FamRZ 85, 368 = NJW 1074 u FamRZ 86, 793). 26

IV) Beschlußverfahren (Abs 1 S 2 u 3, Abs 2): In der Urteilsformel, die eine anderweitige Regelung iS des § 620 f enthält, ist das Außerkrafttreten der einstweiligen Anordnung nicht zu erwähnen (Düsseldorf FamRZ 92, 337). Da folglich die Vollstreckungsorgane nicht prüfen können, ob die Anordnung noch in Kraft ist, ist auf Antrag einer Partei durch **Beschluß** auszusprechen, **daß die einstweilige Anordnung außer Kraft getreten ist.** Enthält der Beschluß mehrere Anordnungen oder andere Gegenstände, so kann die Beschlußformel lauten: Die im Beschluß vom . . . enthaltenen einstweiligen Anordnungen über . . . (die elterliche Sorge, die Unterhaltspflicht usw) sind seit dem . . . außer Kraft. Vor allem bei Unterhaltsanordnungen ist das Datum des Außerkrafttretens wichtig, um klarzustellen, ob wegen Rückständen noch eine Zwangsvollstreckung zulässig ist (Rn 24). 27

1) Der **Antrag**, mit dem ein solcher Beschluß begehrt wird, kann wie ein Antrag auf Erlaß einer einstweiligen Anordnung zu Protokoll der Geschäftsstelle gestellt werden (§ 620 a II 2). Welches Gericht **zuständig** ist, war früher streitig und ist durch das am 1. 4. 86 in Kraft getretene UÄndG (BGBl 86 I 301) geklärt worden (Abs 2). 28

2) **Verfahren:** Es braucht nicht mündlich verhandelt zu werden. Im schriftlichen Verfahren ist rechtliches Gehör des Gegners erforderlich, wenn dem Antrag stattzugeben ist. Eine mündliche Verhandlung ist zweckmäßig bei Streit über das Außerkrafttreten. Dann müssen sich die Ehegatten durch Anwälte vertreten lassen; s § 620 a Rn 9 a. Besteht Streit zwischen den Ehegatten, ob der Gegenstand der einstweiligen Anordnung durch Vertrag anderweitig geregelt worden ist (Rn 11), so ist hierüber Beweis zu erheben, wenn solcher angetreten wird. Das Familiengericht darf die Beweisaufnahme nicht ablehnen. Es darf den Antragsteller nicht darauf verweisen, daß er auf Feststellung der anderweitigen Regelung klagen könne. Das Verfahren nach § 620 f genießt als das einfachere und billigere Verfahren den Vorrang (Zweibrücken FamRZ 85, 1150). 29

3) **Entschieden wird durch begründeten Beschluß.** Hierin hat das FamG nur festzustellen, wie weit die einstweilige Anordnung außer Kraft getreten ist. Ob Vollstreckungsmaßnahmen außer Kraft treten, hat es nicht zu beurteilen (Frankfurt FamRZ 898, 766). Von einer **Kostenentscheidung** kann meistens abgesehen werden. Ist in der Ehesache noch ein Urteil der Instanz zu erwarten, die über den Antrag Nach § 620 f I 2 entscheidet, so ist in dem Urteil über die Kosten des im 620 f I 2 geregelten Beschlußverfahrens zu entscheiden, weil es zum Verfahren der einstweiligen Anordnung gehört (StJSchlosser Rn 16). Ist kein Urteil dieser Instanz mehr zu erwarten, so ist zu prüfen, ob Kosten entstanden sind. Gerichtsgebühren entstehen nicht, meistens auch keine Anwaltsgebühren (Rn 33). Nur wenn Anwaltsgebühren und gerichtliche Auslagen (für Zeugen, Zustellungen) entstehen, muß über die Kosten entschieden werden. 30

4) Wird aus der einstweiligen Anordnung weiterhin die Zwangsvollstreckung betrieben, obwohl die Anordnung außer Kraft getreten ist, so kann der Schuldner eine **Einstellung der Vollstreckung** dadurch erreichen, daß er dem Vollstreckungsorgan eine Ausfertigung des Beschlusses über das Außerkrafttreten der einstweiligen Anordnung vorlegt (§ 775 Nr 1). Für eine Vollstreckungsabwehrklage besteht hier kein Rechtsschutzbedürfnis (Koblenz FamRZ 81, 1092; Zweibrücken FamRZ 85, 1150; Düsseldorf FamRZ 91, 721). 31

32 5) Gegen den Beschluß, daß die Anordnung außer Kraft getreten sei, kann der Antragsgegner **sofortige Beschwerde** einlegen. (Abs 1 S 3). Gegen die Zurückweisung seines Antrages kann der Antragsteller sofortige (anders Wieczorek C II b: einfache) Beschwerde einlegen. Form und Frist der Beschwerde s § 620 c Rn 17 f; Beschwerdeentscheidung § 620 c Rn 22 f.

33 **V) Gebühren:** Keine **Gerichtsgebühren** entstehen für den Beschluß über das Außerkrafttreten der einstweiligen Anordnung (§ 1 Abs 1 GKG). Für die Zurückweisung einer Beschwerde wird eine Gebühr nach KV 1906 erhoben. Für den Antrag auf Feststellung, daß die einstweilige Anordnung außer Kraft getreten ist, entsteht im Regelfall keine weitere **Anwaltsgebühr.** Er gehört zum Anordnungsverfahren und wird durch die Gebühren abgegolten, die im Anordnungsverfahren bereits verdient worden sind. Nur bei Anwaltswechsel, oder wenn im Feststellungsverfahren zum ersten Mal Beweis erhoben wird, können Gebühren entstehen. Einzelheiten zur Gebührenberechnung s § 620 a Rn 37. Für das Beschwerdeverfahren erhält der Anwalt die (5/10) Gebühren der §§ 31, 61 Abs 1 Nr 1 BRAGO.

620g *[Kosten des Anordnungsverfahrens]*

Die im Verfahren der einstweiligen Anordnung entstehenden Kosten gelten für die Kostenentscheidung als Teil der Kosten der Hauptsache; § 96 gilt entsprechend.

1 **I) § 620 g hängt eng mit den Regelungen des GKG und der BRAGO für einstweilige Anordnungen zusammen.** Nach der Vorbem vor Nr 1700 des Kostenverzeichnisses zum GKG gelten mehrere Entscheidungen über Anträge auf Erlaß einstweiliger Anordnungen innerhalb einer Instanz für die Gebührenerhebung als eine Entscheidung. Nach § 41 BRAGO erhalten Rechtsanwälte für einstweilige Anordnungen besondere Gebühren. Sämtliche Anordnungsverfahren und Änderungsverfahren nach § 620 b gelten als eine Angelegenheit, für die der Rechtsanwalt die Gebühren in jedem Rechtszug nur einmal erhält, berechnet nach dem zusammengerechneten Wert sämtlicher Verfahrensgegenstände (§§ 41 I 2, 7 II BRAGO). Werden sowohl in der ersten als auch in der zweiten Instanz der Ehesache oder einer Folgesache (§ 620 a IV) Anordnungsverfahren anhängig, so sind die Anwaltsgebühren für jede Instanz getrennt zu berechnen. Diese Regelungen erfordern es, daß über sämtliche einstweiligen Anordnungen in jeder Instanz nur eine Kostenentscheidung ergeht.

2 **II 1)** Die im Anordnungsverfahren entstehenden Kosten gelten nach § 620 g Hs 1 als Teil der Kosten der Hauptsache. Ob einer der Ehegatten sie allein zu tragen hat oder ob sie geteilt werden, richtet sich nach der **Kostenentscheidung des Urteils** in der Ehesache (München MDR 89, 462). Dies gilt auch dann, wenn die Kosten der Anordnungsverfahren weder in der Urteilsformel noch in den Entscheidungsgründen erwähnt werden. Es empfiehlt sich, sie in den Entscheidungsgründen zu erwähnen, um den Eindruck zu vermeiden, daß sie im Urteil übergangen worden sind, und um Urteilsergänzungsverfahren (§ 321) zu verhindern. Bei der Kostenentscheidung ist wie folgt vorzugehen: Zunächst sind die Kosten der Ehesache nach § 93 a I und III zu verteilen, wenn die Ehe geschieden oder aufgehoben wird, oder sie sind nach § 91 dem unterlegenen Antragsteller aufzuerlegen. Diese Entscheidung ist grundsätzlich auch für die Kosten der Anordnungsverfahren maßgeblich. Jedoch ist weiter zu prüfen, ob die Ausnahmeregelung des Halbsatz 2 der Bestimmung anzuwenden ist, wonach die Kosten erfolgloser Anordnungsanträge entsprechend § 96 dem Antragsteller auferlegt werden können; s Rn 4.

3 2) Wenn der **Scheidungsantrag** bzw die Eheklage **zurückgenommen** wird, hat der Antragsteller/Kläger die Kosten zu tragen (§ 269 III 2). Auch hier können nach § 620 g die Kosten erfolgloser Anordnungsanträge entsprechend § 96 dem Antragsteller auferlegt werden.

4 3) Wenn ein Ehegatte, der nicht ohnehin sämtliche Verfahrenskosten zu tragen hat, **erfolglose Anträge auf Erlaß einstweiliger Anordnungen** gestellt hat, ist das Gericht nach seinem Ermessen berechtigt (§ 96), die Kosten dieser Anordnungsverfahren dem Antragsteller aufzuerlegen. Das Ermessen wird im Regelfall in der Weise auszuüben sein, daß der Antragsteller die Kosten offensichtlich unzulässiger oder unbegründeter Anträge zu tragen hat (Hamm NJW 71, 2079; Karlsruhe FamRZ 90, 766; MK/Klauser Rn 6; anders Celle NJW 69, 1124 für unbegründete Anträge). Im übrigen ist darauf abzustellen, ob der Antragsteller den Mißerfolg seines Antrages hätte voraussehen können (Hamm aaO), und auf das Ausmaß der Kosten. Sind zB die Kosten der Ehesache gegeneinander aufzuheben und hat jeder Ehegatte einen offensichtlich unbegründeten Antrag auf Erlaß einer einstweiligen Anordnung gestellt, so hat es bei annähernd gleichen Streitwert beider Anträge keinen Sinn, über die dadurch entstehenden Kosten besonders zu entscheiden.

5 Wendet das Gericht § 96 entsprechend an, so ist im Urteil der Ehesache über die Kosten der Anordnungsverfahren **getrennt** zu **entscheiden,** zB wie folgt: Die Kosten werden gegeneinander aufgehoben, jedoch hat der Ehemann die Kosten des Verfahrens der einstweiligen Anordnung zu tragen. Waren mehrere Anordnungsverfahren anhängig und soll eine Partei nur die Kosten eines dieser Verfahren allein tragen, so sind die Kosten der Anordnungsverfahren

gesondert zu verquoten. Das folgt aus der Vorbem vor Nr 1700 des Kostenverzeichnisses zum GKG und § 41 I 2 BRAGO, wonach die Gebühren nach den addierten Streitwerten der einstweiligen Anordnungen zu berechnen sind. Es hat keinen Sinn, die Kosten der Hauptsache und diejenigen der Anordnungen gemeinsam zu verquoten. Dies ließe sich exakt nur in der Weise durchführen, daß der Richter zunächst sämtliche Kosten und dann die Quoten berechnet. Das ist unnötig umständlich.

III) Anwendungsbereich: § 620 g beruht auf dem allgemeinen Grundsatz des Kostenrechts, daß die Kosten von Nebenverfahren ebenso wie diejenigen der Hauptsache verteilt werden sollen (Stuttgart MDR 87, 63 = JurBüro 439 = Justiz 29). Die Vorschrift ist als lex specialis auch anwendbar, wenn **Anordnungsanträge zurückgenommen** (Frankfurt FamRZ 80, 387 Nr 224 mwN u 84, 720; Saarbrücken JurBüro 85, 1888; Düsseldorf FamRZ 94, 1187; anders Derleder Anm zu BGH EzFamR § 1353 Nr 1 S 8; Schneider, Kostenentscheidung im Zivilurteil, 2. Aufl § 31 II 5) **oder für erledigt erklärt werden** (Düsseldorf NJW 73, 1937; Frankfurt FamRZ 84, 720; anders Köln JMBl NRW 73, 185; Karlsruhe Justiz 81, 480; Derleder aaO); denn hier soll der einsichtige Antragsteller nicht schlechter stehen als bei Zurückweisung seines Antrages (Düsseldort aaO; MK/Klauser Rn 8). § 620 g ist auch anzuwenden, wenn im Anordnungsverfahren ein **Vergleich** geschlossen wird (KG MDR 75, 763, Stuttgart aaO; anders Karlsruhe MDR 82, 1025 = Justiz 403). Hierfür spricht, daß § 620g nur auf § 96, nicht aber auf § 98 verweist. Im Vergleich kann eine abweichende Kostenregelung vereinbart werden; diese ist in die Kostenentscheidung des Scheidungsurteils zu übernehmen (MK/Klauser Rn 11). Wenn im Anordnungsverfahren ein Vergleich geschlossen wird, der nicht einstweilige, sondern endgültige Regelungen enthält oder dessen Gegenstand über den des Anordnungsverfahrens hinausgeht, sind die Kosten des Anordnungsverfahrens und des Vergleichs als gegeneinander aufgehoben anzusehen (§ 98; München AnwBl 89, 233; Gießler 241; Schwab/Maurer I Rn 990; anders MK/Klauser Rn 11: auch bei endgültiger Regelung gilt § 620 g). 6

IV) Kostenentscheidung in der einstweiligen Anordnung: In der Anordnung selbst darf nicht über die Kosten entschieden werden. Geschieht dies doch, so ist die Kostenentscheidung unanfechtbar (§ 620 c; Frankfurt FamRZ 80, 387 Nr 225). In diesem Fall können jedoch keine Kosten festgesetzt werden, bevor in der Ehesache eine Kostenentscheidung ergeht (KG MDR 82, 328). Ist die Ehesache nur anhängig, aber nicht rechtshängig geworden, so ist für eine Entscheidung über die Kosten der Hauptsache kein Raum (KG MDR 69, 230 und NJW 72, 1053; Hamm FamRZ 81, 189). Hier ist über die Kosten der einstweiligen Anordnung gesondert zu entscheiden (AG Schwandorf FamRZ 92, 336). Erläßt das FamG nach Verkündung des Eheurteils eine einstweilige Anordnung, so ist für diese die Kostenentscheidung des Eheurteils nicht maßgeblich. Hier ist die Anordnung mit einer Kostenentscheidung zu versehen (Frankfurt FamRZ 90, 540). Dagegen ist § 620 g anzuwenden, wenn das OLG eine einstweilige Anordnung erläßt, während sich die Ehesache in der Berufungsinstanz befindet. Hier ist über die Kosten der Anordnung zu entscheiden, wenn über die Kosten der Berufung entschieden wird. 7

V) Kostenentscheidung im Beschwerdeverfahren. Lit: Schneider MDR 70, 804; Crispin MDR 71, 442; Schellberg NJW 71, 1345; Schneider, Kostenentscheidung im Zivilurteil, 2. Aufl § 31 II 4. Bleibt die Beschwerde gegen eine einstweilige Anordnung erfolglos oder hat sie nur auf Grund neuen Vorbringens Erfolg, das der Beschwerdeführer auch vor dem Familiengericht hätte geltend machen können, so sind die Kosten nach § 97 (anders StJHSchlosser Rn 5: nach § 96) dem Beschwerdeführer aufzuerlegen. Diese Bestimmung geht § 620 g vor (Bremen FamRZ 78, 133; Düsseldorf FamRZ 80, 1047; Karlsruhe Justiz 81, 480 u FamRZ 88, 855). Im übrigen kann bei gänzlich oder teilweise erfolgreicher Beschwerde über die Kosten der Beschwerdeinstanz nicht getrennt von denjenigen der ersten Instanz entschieden werden (Frankfurt FamRZ 84, 720). Folglich gelten die Beschwerdekosten ebenso wie die Kosten der ersten Instanz als Kosten der Hauptsache (str; s Schneider aaO). 8

Auch bei **Erledigung der Hauptsache** in der Beschwerdeinstanz gilt § 620 g (Frankfurt FamRZ 84, 720). Hiervon abweichend entscheidet das OLG Karlsruhe (Justiz 81, 480) nach § 91 a. Bei voraussichtlichem Erfolg der Beschwerde spricht es aus, daß die Beschwerdekosten nach § 620 g als Kosten der Hauptsache gelten; bei voraussichtlich erfolgloser Beschwerde belastet es den Beschwerdeführer nach § 97 I mit diesen Kosten. Bei **Rücknahme der Beschwerde** hat der Beschwerdeführer – wie auch sonst in Beschwerdeverfahren (BGH LM 1 zu § 515 ZPO) – analog § 515 III die Kosten zu tragen (Frankfurt FamRZ 84, 720; BayObLG FamRZ 95, 184). 9

VI) § 620 g gilt auch für Anordnungen auf Zahlung eines **Prozeßkostenvorschusses** für Unterhalts- oder selbständige Familiensachen (§§ 127 a II 2, 621 f II 2). 10

VII) Rechtsbehelfe: Wird im Eheurteil über die Kosten der Anordnungsverfahren entschieden, dann kann die Kostenentscheidung nur angefochten werden, wenn in der Hauptsache ein Rechtsmittel eingelegt wird (§ 99). Das gilt auch für eine Kostenentscheidung, die in der 11

Anordnung selbst enthalten ist. Wird der Punkt „Kosten des Anordnungsverfahrens" im Urteil versehentlich übergangen, so findet das Urteilsergänzungsverfahren nach § 321 statt (Baumbach/Albers Rn 3). Dasselbe gilt, wenn dieser Punkt in einer Anordnung übergangen wird (Rn 7); hier braucht jedoch die Antragsfrist des § 321 II nicht eingehalten zu werden (Gießler Rn 237 mwN; MK/Klauser Rn 13). Verweigert das FamG in diesem Fall eine an sich gebotene Kostenentscheidung, so findet die einfache Beschwerde statt (s § 568 Rn 36; Hamm FamRZ 81, 189 = MDR 411; JHSedemund-Treiber Rn 6; anders MK/Klauser Rn 14; Gießler aaO).

Zweiter Titel

VERFAHREN IN ANDEREN FAMILIENSACHEN

621 *[Zuständigkeit des Familiengerichts, Verweisung oder Abgabe an das Gericht der Ehesache]*

(1) Für Familiensachen, die

1. die Regelung der elterlichen Sorge für ein eheliches Kind, soweit nach den Vorschriften des Bürgerlichen Gesetzbuchs hierfür das Familiengericht zuständig ist,

2. die Regelung des Umgangs eines Elternteils mit dem ehelichen Kinde,

3. die Herausgabe des Kindes an den anderen Elternteil,

4. die gesetzliche Unterhaltspflicht gegenüber einem ehelichen Kinde,

5. die durch Ehe begründete gesetzliche Unterhaltspflicht,

6. den Versorgungsausgleich,

7. die Regelung der Rechtsverhältnisse an der Ehewohnung und am Hausrat (Verordnung über die Behandlung der Ehewohnung und des Hausrats – Sechste Durchführungsverordnung zum Ehegesetz – vom 21. Oktober 1944, Reichsgesetzbl. I S. 256),

8. Ansprüche aus dem ehelichen Güterrecht, auch wenn Dritte am Verfahren beteiligt sind,

9. Verfahren nach den §§ 1382 und 1383 des Bürgerlichen Gesetzbuchs

betreffen, ist das Familiengericht ausschließlich zuständig.

(2) Während der Anhängigkeit einer Ehesache ist unter den deutschen Gerichten das Gericht ausschließlich zuständig, bei dem die Ehesache im ersten Rechtszug anhängig ist oder war. Ist eine Ehesache nicht anhängig, so richtet sich die örtliche Zuständigkeit nach den allgemeinen Vorschriften.

(3) Wird eine Ehesache rechtshängig, während eine Familiensache der in Absatz 1 genannten Art bei einem anderen Gericht im ersten Rechtszug anhängig ist, so ist diese von Amts wegen an das Gericht der Ehesache zu verweisen oder abzugeben. § 281 Abs. 2, 3 Satz 1 gilt entsprechend.

I) Begriff der Familiensache. Ob eine Sache Familiensache ist, bestimmt sich nach der lex fori, dem deutschen Prozeßrecht (Hamm FamRZ 93, 211 f = NJW-RR 1349). Der Gesetzgeber hat davon abgesehen, alle Streitigkeiten zwischen Ehegatten und zwischen Kindern und Eltern den Familiengerichten zuzuweisen. Er beschränkt im § 23 b I 2 GVG deren Zuständigkeit bewußt auf einen abschließenden Katalog bestimmter Streitigkeiten (Hamburg FamRZ 88, 299; Köln FamRZ 92, 832 f), nämlich auf Ehesachen (§ 606 Rn 2 ff) und auf andere Familiensachen (6. Buch der ZPO, 1. Abschnitt, 2. Titel). Trotz der kasuistischen Regelung der §§ 23 b GVG, 621 ZPO sind einige allgemeine Merkmale des Begriffs „andere Familiensache" erkennbar: 1

1) Es handelt sich um Verfahren, die grundsätzlich auf den **Personenkreis** von Ehegatten und ihren ehelichen Kindern beschränkt sind. Das ist in der Begründung zum Regierungsentwurf des 1. EheRG ausdrücklich gesagt worden (BTDrucksache 7/650 S 79, 188), im Gesetz freilich nur indirekt zum Ausdruck gekommen, indem § 621 I Nr 8 die Ausnahme zuläßt, daß an Güterrechtsprozessen auch Dritte beteiligt sein können (BGH FamRZ 79, 218 = NJW 660 = MDR 386). Ausnahmsweise weist § 6 des Gesetzes zur Ausführung von Sorgerechtsübereinkommen (BGBl 90 I 701) den Familiengerichten auch die Angelegenheiten nichtehelicher Kinder zu. Zum Unterhaltsanspruch eines nichtehelichen Kindes gegen seine Mutter s Rn 41. 2

2) Entsprechend dem allgemeinen Grundsatz, daß sich die Zuständigkeit nach dem Klagvortrag richtet und durch Einwendungen des Beklagten nicht beeinflußt wird, kommt es für die Qualifikation einer Sache als zivilprozessuale (unterhalts- oder güterrechtliche) Familiensache allein auf die – tatsächliche (Walter JZ 83, 54) – **Begründung des geltend gemachten Anspruchs** an (BGH FamRZ 92, 538 Nr 278; ständig seit FamRZ 80, 988 = NJW 2476 = MDR 918). Dasselbe gilt für Ehewohnungs- und Hausratssachen (Hamm FamRZ 90, 54 f). Ob der Beklagte zu seiner **Verteidigung**, zB durch Aufrechnung mit einem güterrechtlichen Anspruch, familienrechtliche Fragen in den Prozeß hineinbringt, ist unerheblich (BGH FamRZ 89, 166). So kann der Zufall, welche Partei zuerst klagt, über die Qualifikation als Familiensache entscheiden. Beispiel von Klauser (MDR 80, 811): Der Ehemann verlangt Ausgleich für die Bezahlung gemeinsamer Schulden (§ 426 BGB). Dieser Streit ist auch dann keine Familiensache, wenn die Ehefrau sich damit verteidigt, der Mann müsse in der Weise zum Familienunterhalt beitragen, daß er die Schulden allein bezahle. Klagt umgekehrt die Frau auf Schuldbefreiung mit der Begründung, daß der Mann im Rahmen des Familienunterhalts die Schuld allein bezahlen müsse, so ist der Streit Familiensache. Darüber, ob in diesem Fall Klage und Widerklage im selben Prozeß verhandelt werden können, s Rn 100. 3

a) Andere Familiensachen (als Ehesachen, s Rn 1) sind Verfahren, in denen Vorschriften aus den im § 621 I genannten Rechtsgebieten als Rechtsgrundlage für das Begehren des Klägers bzw Antragstellers in Betracht kommen. Es kommt nicht darauf an, ob eine familienrechtliche oder eine sonstige Norm unmittelbare **Anspruchsgrundlage** ist. Familiensache ist ein Verfahren, in dem ein **Schwerpunkt** des Begehrens aus Rechtsgebieten herrührt, die § 621 I aufzählt (BGH FamRZ 94, 626; Hamm NJW-RR 91, 1349; zweifelnd StJSchlosser Rn 6), zB auch die auf § 812 BGB gestützte Klage auf Rückzahlung grundlos gezahlten Unterhalts. Ein anderes typisches Beispiel einer Familiensache ist die in Rn 3 erwähnte Klage, mit der eine Frau gegen ihren Ehemann auf Schuldbefreiung klagt und dies damit begründet, daß der Mann im Rahmen des Familienunterhalts eine Gesamtschuld der Parteien allein bezahlen müsse. Anspruchsgrundlage ist hier § 426 BGB. Der Schwerpunkt des Prozesses liegt aber bei der Frage, ob die Parteien im 3a

Verhältnis zueinander zu gleichen Anteilen verpflichtet sind oder ob § 1360 BGB etwas anderes bestimmt (im Ergebnis zustimmend StJSchlosser aaO. Weiteres Beispiel: BGH FamRZ 81, 1045. Hier klagte ein Ehemann gegen einen Dritten auf Feststellung, daß eine Vermögensverfügung seiner Frau zugunsten des Dritten unwirksam sei. Der Anspruch, den er hätte geltend machen können, hätte sich aus den §§ 894 oder 985 BGB herleiten lassen. Ein Schwerpunkt des Prozesses lag aber bei den güterrechtlichen Fragen aus den §§ 1365 und 1368 BGB. Entgegen Spall (FamRZ 81, 1046) ist der Prozeß mit Recht als Familiensache behandelt worden (ebenso Celle in FamRZ 87, 942).

3b b) **Wird** in einer Unterhalts- oder Güterrechtssache mit einer nicht familienrechtlichen Forderung **aufgerechnet** oder in einem Zivilprozeß mit einem Unterhalts- oder Güterrechtsanspruch, so ist das Prozeßgericht nicht daran gehindert, über die Gegenforderung zu entscheiden (§ 145 Rn 19; § 23 b GVG Rn 18; BGH FamRZ 89, 166 = NJW-RR 173; München FamRZ 85, 84; Köln FamRZ 92, 450 = NJW-RR 1287). Es kann auch das Verfahren gemäß § 148 aussetzen und dem Beklagten eine Frist setzen, innerhalb derer er seine Gegenforderung vor dem zuständigen Gericht geltend zu machen hat (BGH, Köln aaO).

4 3) **Sachzusammenhang:** Der Gesetzestext verwendet die allgemein gehaltene Formulierung: „Familiensachen, die die Regelung der elterlichen Sorge, die Herausgabe, die gesetzliche Unterhaltspflicht ... betreffen" und erfaßt damit auch solche Verfahren, die mit den im Zuständigkeitskatalog des § 621 I genannten Rechtsgebieten sachlich zusammenhängen (BGH FamRZ 78, 582/584 = NJW 1533). Bei der Auslegung der Bestimmung kommt es darauf an, einerseits sachlich Zusammenhängendes nicht auseinanderzureißen, andererseits Sachfremdes von den Familiengerichten fernzuhalten (Hamm NJW-RR 91, 1349). **Mit einer Familiensache hängen sachlich zusammen:**

5 a) **Nebenansprüche** von Familiensachen: Ansprüche auf Verzugs- und Prozeßzinsen, auf Einwilligung in die Auszahlung von Geld, das der Drittschuldner nach der Pfändung aus einem Unterhaltstitel hinterlegt hat (Düsseldorf FamRZ 88, 298), auf Sicherheitsleistung für Zugewinnausgleich (§ 1389 BGB) und für Unterhalt (§ 1585 a BGB), auf Kapitalabfindung für Unterhalt (§ 1585 II BGB) und Versorgungsausgleich (§ 1587 l BGB); ferner Ansprüche auf Auskunft über den Bestand des Endvermögens (§ 1379 BGB; Düsseldorf FamRZ 78, 129 f), über Einkünfte und Vermögen (§§ 1361 IV 4, 1580, 1605 BGB; Koblenz FamRZ 81, 992), über Versorgungsanwartschaften (§§ 1587 e, 1587 k BGB; Hamm FamRZ 78, 700 = NJW 2560; Koblenz FamRZ 78, 702; Hamburg FamRZ 78, 787/789; Düsseldorf FamRZ 78, 423; KG FamRZ 79, 297; Frankfurt FamRZ 80, 265). Auch Auskunftsansprüche aus § 242 BGB sind Familiensachen, wenn die Auskunft zur Durchsetzung eines Anspruchs dient, der Familiensache ist (Schleswig SchlHA 82, 736; Düsseldorf FamRZ 85, 721; Hamm NJW-RR 91, 1349). Dient die Auskunft zur Durchsetzung anderer Ansprüche, so betrifft sie keine Familiensache und gehört nicht vor das FamG (BGH FamRZ 84, 465 = NJW 2040 = MDR 655; anders Karlsruhe FamRZ 82, 1028; BayObLG FamRZ 85, 945).

6 b) Mit Familiensachen hängen weiter zusammen **Ansprüche aus Verträgen**, durch die Familiensachen inhaltlich näher ausgestaltet werden, zB der Unterhalt festgelegt wird (BGH FamRZ 79, 220 f u 907/910 = NJW 2046 = MDR 1005); weiter aus Verträgen, durch die der Unterhalt durch eine Lebensversicherung (BayObLG FamRZ 83, 1246 = MDR 583) oder auf andere Weise gesichert wird oder durch die zum Zwecke des Zugewinn- oder Versorgungsausgleichs Leistungen versprochen werden, ferner die Ansprüche aus der Kostenvereinbarung solcher Verträge (anders Schleswig SchlHA 82, 75).

7 c) Mit Familiensachen hängen ferner zusammen **Schadensersatzansprüche** wegen Nicht- oder Schlechterfüllung der zuvor erwähnten Verträge (anders Schleswig SchlHA 82, 76) bzw der gesetzlichen Unterhaltspflicht (§§ 1585 b II, 1613 I BGB; BGH FamRZ 94, 626; Schleswig FamRZ 83, 394; Düsseldorf MDR 94, 278) oder güterrechtlicher Verpflichtungen (Köln FamRZ 93, 713 = NJW-RR 904); weiter Schadensersatzansprüche wegen Verweigerung der Zustimmung, daß der unterhaltspflichtige Ehegatte den Unterhalt als Sonderausgabe absetzen kann (Köln FamRZ 86, 1111); wegen Verzuges mit der Erfüllung anderer im § 621 I genannter Verpflichtungen (Karlsruhe FamRZ 79, 170; Braunschweig FamRZ 79, 719; Köln FamRZ 96, 50 f); ferner Schadensersatzforderungen nach § 283 BGB wegen Nichterfüllung eines Beschlusses auf Herausgabe von Hausrat (LG München II FamRZ 92, 335); wegen Betruges oder sittenwidriger vorsätzlicher Schädigung, begangen beim Geltendmachen von Unterhalts-, Versorgungsausgleichs- oder güterrechtlichen Ansprüchen (Karlsruhe FamRZ 82, 400; Hamm NJW-RR 91, 1349), Schadensersatzansprüche nach § 826 BGB wegen Vereitelung des Versorgungsausgleichs (Karlsruhe FamRZ 96, 673 f), Ansprüche aus § 717 ZPO nach Aufhebung eines vorläufig vollstreckbaren Unterhaltsurteils.

8 d) Mit Familiensachen hängen schließlich zusammen **Ansprüche auf Rückgewähr** von grundlos gezahltem Unterhalt (BGH FamRZ 78, 582/584 = NJW 78, 1531 = MDR 824, FamRZ 94, 626), Prozeßkostenvorschuß (München FamRZ 78, 601; Stuttgart FamRZ 81, 36), Versorgungs- oder Zugewinnausgleich (Hamm FamRZ 79, 1036). Hat ein Vater seinem Sohn unterhaltshalber

Wohnraum überlassen und verlangt er dessen Rückgabe, nachdem der Sohn sich selbst unterhalten kann, so ist dieser Streit Familiensache (anders Frankfurt FamRZ 83, 200). Verlangt der Scheinvater nach erfolgreicher Ehelichkeitsanfechtung von der Mutter Erstattung des Kindesunterhalts, so ist dieser Streit keine Familiensache (BayObLG FamRZ 79, 315 = NJW 1050).

e) Ansprüche auf Aufwendungsersatz aus **Geschäftsführung ohne Auftrag** sind Familiensachen, wenn der Geschäftsführer Ehegatte des Geschäftsherrn ist und wenn die Geschäftsführung in der Gewährung von Kindesunterhalt bestanden hat (BGH FamRZ 79, 218 = NJW 660 = MDR 386). 9

II) Familiensachen kraft prozeßrechtlichen Zusammenhangs: 1) Führt die Frage, ob ein Verfahren Familiensache ist, zu einem **Kompetenzkonflikt,** so entscheidet nach allgemeiner Praxis der Familiensenat des OLG oder des BGH (§ 36 Nr 6). 10

2) Ist das Ausgangsverfahren Familiensache, so teilen seine Rechtsnatur **Zwischenverfahren** wie **a)** Ablehnungsgesuche gegen Richter und Sachverständige (BGH FamRZ 79, 222 = NJW 551; FamRZ 79, 472 = NJW 1463 = MDR 652), **b)** Anträge auf Zurückweisung einer Nebenintervention (§ 71), **c)** Zwischenstreitigkeiten über die Zeugnis- und Gutachtenverweigerung (§ 387 ff, 408 f), **d)** Prozeßkostenhilfe- und Prozeßkostenvorschußverfahren (§§ 114 ff, 127 a, 621 f; BayObLG FamRZ 85, 945/947; für das Armenrecht BGH FamRZ 78, 672 = NJW 1811). Die Festsetzung einer Vergütung für Beratungshilfe ist auch dann keine Familiensache, wenn eine solche Gegenstand der Beratung war (BGH FamRZ 84, 774 = NJW 85, 2537 = MDR 85, 36). 11

3) Die Rechtsnatur des Ausgangsverfahrens teilen ferner **Anhangsverfahren** wie **Streitwertbeschwerden, Kostenfestsetzungsverfahren** (BGH FamRZ 78, 585; 81, 19/21; 92, 538 Nr 278), auch solche des Prozeßbevollmächtigten gegen seine Partei (KG JurBüro 78, 1186), und teilweise Zwangsvollstreckungsangelegenheiten (Rn 17). Wenn ein Rechtsanwalt das Honorar für eine Familiensache am Gerichtsstand des Hauptprozesses (§ 34) einklagt, ist nicht das FamG, sondern die allgemeine Zivilprozeßabteilung des AG zuständig (BGH FamRZ 86, 347 = NJW 1178 = MDR 483). 12

4) Das **selbständige Beweisverfahren** ist Familiensache, wenn es sich auf eine anhängige Familiensache bezieht (§ 486 I). Ist eine solche nicht anhängig, so wird nicht geprüft, auf welches Rechtsverhältnis sich das Beweisverfahren bezieht. In diesem Fall ist die allgemeine Zivilprozeßabteilung des AG zuständig (§ 486 III; LG Lüneburg FamRZ 84, 69). Für die **Rechtshilfe in Familiensachen** ist das FamG nicht kraft Gesetzes zuständig (Stuttgart FamRZ 84, 716; StJSchlosser § 613 Rn 4 mwN, str), sondern nur dann, wenn der Geschäftsverteilungsplan des AG dies vorsieht. Streitigkeiten zwischen ersuchendem FamG und ersuchtem Rechtshilfegericht entscheidet der Familiensenat des OLG (§ 159 GVG; Frankfurt FamRZ 84, 1030). 13

5) Für **Arreste** zur Sicherung von Unterhalts- oder Zugewinnausgleichsansprüchen und für **einstweilige Verfügungen** auf Unterhaltszahlung ist das FamG als Gericht der Hauptsache zuständig (§§ 919, 937; Düsseldorf NJW-RR 94, 453). Wird der Arrest bei dem AG beantragt, in dessen Bezirk sich der mit Arrest zu belegende Gegenstand befindet, so ist ebenfalls das FamG zuständig (BGH FamRZ 80, 46 = NJW 191 = MDR 216 mwN; Frankfurt FamRZ 88, 184 = NJW-RR 1350). 14

6) Soll in einer Familiensache das **Verfahren wieder aufgenommen** werden, so ist das FamG als Gericht der Hauptsache (§ 590) auch dann zuständig, wenn der Vorprozeß vor Inkrafttreten des 1. EheRG vom LG oder der Prozeßabteilung des AG entschieden worden ist; s § 606 Rn 32. 15

7) Abänderungsklagen (§ 323) in Unterhaltssachen sind Familiensachen, wenn der titulierte Anspruch Familiensache ist (BGH FamRZ 78, 674 = NJW 1924 = MDR 912; FamRZ 82, 262 = NJW 941). Auch die Abänderungsklage nach § 641 q gehört vor das FamG (§ 641 q Rn 10). 16

8) Zwangsvollstreckung in zivilprozessualen Familiensachen: a) Soweit das **Prozeßgericht** mit der Zwangsvollstreckung befaßt ist, entscheidet in Familiensachen das FamG, zB in den Fällen der §§ 887 (Hamburg FamRZ 83, 1252), 888 (Düsseldorf FamRZ 78, 129; Schleswig SchlHA 81, 190), 890. Für die Anträge in diesen Vollstreckungsangelegenheiten besteht Anwaltszwang, soweit für das Erkenntnisverfahren Anwaltszwang bestand, zB für den Antrag auf Festsetzung eines Zwangsgeldes zur Erzwingung einer Auskunft über das Endvermögen (Köln FamRZ 95, 312 mwN). Soweit das FamG mit der Zwangsvollstreckung befaßt ist, entscheidet es auch über die Vollstreckung aus einem Scheidungsfolgenvergleich, den das Landgericht in der Zeit vor der Eherechtsreform protokolliert hat (Hamburg aaO) und über die Bewilligung von Prozeßkostenhilfe für das Vollstreckungsverfahren. Es ist auch zuständig für die Klagen auf Erteilung der Vollstreckungsklausel (§ 731) und gegen deren Erteilung (§ 768). 17

b) Für **Vollstreckungsabwehrklagen** ist nach den §§ 767 I, 802 das Prozeßgericht des ersten Rechtszuges ausschließlich zuständig, in Familiensachen also das FamG, das den Titel geschaffen hat. Deshalb sind Vollstreckungsabwehrklagen Familiensachen, wenn der titulierte Anspruch Familiensache ist (BGH FamRZ 92, 538 Nr 278; stRsp seit FamRZ 78, 672 = NJW 1811 = MDR 824 17a

Nr 20). Hat vor dem Inkrafttreten des 1. EheRG am 1.7.1977 das LG den Titel (zB einen Scheidungsfolgenvergleich) geschaffen, gegen dessen Vollstreckung sich der Schuldner mit der Vollstreckungsabwehrklage wendet, so ist trotz der Zuständigkeitsregelung des § 767 I das FamG zuständig, denn durch das 1. EheRG hat die Zuständigkeit gewechselt (BGH FamRZ 80, 47 = NJW 188 = MDR 215; Hamburg FamRZ 82, 524). Nicht mit § 767 vereinbar ist der Beschluß des OLG Hamm in FamRZ 89, 875 = NJW-RR 89, 1415, wonach für Vollstreckungsabwehrklagen das FamG auch dann zuständig ist, wenn gegen einen nicht familienrechtlichen Titel mit einem familienrechtlichen Anspruch aufgerechnet wird. Für diese Auffassung spricht zwar die Erwägung, daß über familienrechtliche Ansprüche möglichst das FamG entscheiden sollte. Mit diesem Zweckmäßigkeitsargument darf aber die eindeutige und auch nicht lückenhafte Regelung des § 767 nicht beiseitegeschoben werden.

17b Familiensachen sind auch die **Klage aus § 826 BGB**, mit der der Schuldner sich gegen die Vollstreckung eines Familiensachentitels wendet (Düsseldorf FamRZ 80, 376; Karlsruhe FamRZ 82, 400), die Klage auf Herausgabe eines solchen Vollstreckungstitels, Schadensersatz- und Bereicherungsansprüche nach Aufhebung eines vorläufig vollstreckbaren Unterhalts- oder Güterrechtsurteils (**§ 717**); der Streit über die Erstattung der Avalprovision, die für eine Bankbürgschaft zur Abwendung der Vollstreckung aus einem Unterhaltsurteil bezahlt wurde (Koblenz FamRZ 95, 614).

18 c) **Keine Familiensachen** sind Zwangsvollstreckungssachen, die nicht dem Prozeßgericht zugewiesen worden sind, namentlich alle den Vollstreckungsgerichten zugewiesenen Angelegenheiten (BGH FamRZ 79, 421; Celle FamRZ 79, 57), zB Erinnerungen (Düsseldorf FamRZ 78, 913) und Rechtsmittel gegen Pfändungs- und Überweisungsbeschlüsse in Unterhaltssachen (Düsseldorf NJW 78, 1012), die eidesstattliche Versicherung (§ 807 ZPO) wegen einer Unterhaltsschuld (LG Mainz NJW 78, 171), die Auskunftsklage gegen den Drittschuldner (§ 836 III; Nürnberg FamRZ 79, 524). Über die Bewilligung von PKH für das Vollstreckungsverfahren entscheidet regelmäßig der Rechtspfleger des Vollstreckungsgerichts (§ 20 Nr 5 RpflG; s BGH aaO). Das 1. EheRG hat an der Verteilung der funktionellen Zuständigkeit zwischen dem Vollstreckungs- und dem Prozeßgericht nichts geändert. Dies wäre auch wenig sinnvoll gewesen. Die rechtlichen Probleme, die bei der Vollstreckung von Unterhaltsurteilen auftreten, sind im wesentlichen die gleichen wie bei der Vollstreckung aus nicht familienrechtlichen Titeln. Ihre Bearbeitung verlangt daher in erster Linie Kenntnisse auf dem Gebiet des Vollstreckungsrechts und nicht so sehr eine besondere Vertrautheit mit familienrechtlichen Problemen (BGH aaO).

19 d) Für die Qualifikation der **Drittwiderspruchsklage** als Familiensache kommt es nicht darauf an, ob der Vollstreckungstitel eine Familiensache betrifft (Hamburg FamRZ 84, 804 mwN; anders MK/Walter Rn 99), sondern nur darauf, ob das die Veräußerung hindernde Recht materiell im Familienrecht wurzelt (BGH FamRZ 85, 903 mwN = NJW 3066 = MDR 1010; Frankfurt FamRZ 85, 403; beide zum Übernahmerecht nach § 1477 BGB; Hamm FamRZ 95, 1072 f mwN; anders Stuttgart FamRZ 82, 401 zu § 1365 BGB). Diese Wurzel fehlt der rein prozessualen Widerspruchsklage aus § 774 (BGH aaO u FamRZ 79, 219 = NJW 929 = MDR 386).

20 e) Die **Vollstreckungsklausel** wird in Familiensachen vom Urkundsbeamten der Geschäftsstelle des Familiengerichts erteilt (§ 724 II). Über Einwendungen des Schuldners gegen die Zulässigkeit der Klausel entscheidet dieses Gericht (§ 732 I), über die Beschwerde gegen dessen Entscheidung der Familiensenat des OLG (Hamburg FamRZ 81, 980 mwN). Stammt der Titel aus der Zeit vor Inkrafttreten des 1. EheRG am 1.7.1977, so führt der Grundsatz der perpetuatio fori (§ 261 III Nr 2) dazu, daß das früher mit der Sache befaßte Gericht zuständig bleibt, obwohl es kein Familiengericht ist (BGH FamRZ 94, 27). Über Beschwerden gegen die Entscheidung dieses Gerichts entscheidet der Familiensenat des OLG, weil es sich um eine Familiensache handelt. Da die Frage, ob Familiensache oder nicht, in der Beschwerdeinstanz zum ersten Mal geprüft wird, gilt der Grundsatz der formellen Anknüpfung hier nicht (BGH aaO; Rn 21 vor § 621d).

21 9) Die **Vollziehung von Familiensachen aus dem Bereich der freiwilligen Gerichtsbarkeit** ist Familiensache (BGH FamRZ 86, 789). Richterliche Entscheidungen vollzieht der Familienrichter, nicht der Rechtspfleger (argumentum e contrario aus § 4 I RpflG; Jansen § 33 FGG Rn 59).

21a a) Endentscheidungen über den **Versorgungsausgleich** werden nach Zivilprozeßrecht vollstreckt (§§ 621 a I 1 ZPO, 53 g III FGG). Wird ein Ehegatte gemäß § 3 b I Nr 2 VAHRG verpflichtet, für den anderen Beiträge zur Begründung von Rentenanwartschaften an einen Rentenversicherungsträger zu zahlen, so ist nur der andere Ehegatte Gläubiger dieses Anspruchs (BayObLG FamRZ 81, 560/562; Hamm FamRZ 88, 1070). Der Rentenversicherungsträger ist nicht berechtigt, die Zwangsvollstreckung aus dem Titel zu betreiben. Endentscheidungen über den Versorgungsausgleich sind auch Beschlüsse des FamG, durch die ein Ehegatte auf Antrag des anderen zur Auskunft über seine Versorgungsanwartschaften (§§ 1587 e I, 1587 k I BGB) verpflichtet wird. Diese Titel werden dadurch vollstreckt, daß das FamG zur Erzwingung der Auskunft Zwangsgelder oder Zwangshaft verhängt (§ 888; Düsseldorf FamRZ 80, 813 mwN;

JurBüro 93, 604 f; Frankfurt FamRZ 81, 180 mwN; Hamm FamRZ 86, 828; str). Verlangt das FamG durch verfahrensleitende Verfügung Auskünfte über Versorgungsanwartschaften von Ehegatten, Behörden, Rentenversicherungsträgern, Arbeitgebern und Versicherungsgesellschaften (§§ 11 VAHRG, 53 b II FGG), so kann es diese Auskünfte nach § 33 FGG erzwingen (Karlsruhe FamRZ 84, 498; Stuttgart FamRZ 86, 705).

b) Entscheidungen über das **Umgangsrecht** des nicht sorgeberechtigten Elternteils mit dem Kind und über die **Herausgabe** eines Kindes werden gemäß § 33 FGG zwangsweise durchgesetzt (§ 621 a I; BGH FamRZ 86, 789 u 90, 35 f), nämlich durch die Androhung und Festsetzung von Zwangsgeld. Die Herausgabe eines Kindes kann auch durch Zwangshaft oder durch die Anwendung von Gewalt als äußerstes Mittel (Grundsatz des Übermaßverbots) erzwungen werden. Für diese Zwangsmaßnahmen ist das Familiengericht zuständig (BGH FamRZ 78, 330 = NJW 1112 = MDR 737 f). Wegen der örtlichen Zuständigkeit für das Zwangsverfahren s unten Rn 90, 95. Bevor Zwangsmaßnahmen getroffen werden, hat der Richter stets zu prüfen, ob die Erzwingung des Umgangs oder die Herausgabe des Kindes noch dessen Wohl entspricht (Düsseldorf FamRZ 93, 1349 f; Hamm FamRZ 96, 363; Keidel/Zimmermann § 33 Rn 42) und, falls es Widerstand leistet, ob sein Persönlichkeitsrecht (Art 2 GG) die Vollziehung verbietet (Karlsruhe FamRZ 81, 203 f; BayObLG FamRZ 84, 1259; 85, 737 f; Keidel/Zimmermann aaO). 22

c) **Vergleiche** der Eltern **über den Umgang** mit dem Kind können nicht vollstreckt werden; hierüber können Eltern nicht beliebig disponieren (BGH FamRZ 88, 277 mwN = NJW-RR 89, 195; Stuttgart JurBüro 88, 1004 = Justiz 211; Koblenz FamRZ 95, 1282 = JurBüro 471; Schleswig OLGR Bremen 96, 43 f). Nur wenn das FamG sich die Einigung der Eltern zu eigen macht, indem es ebenso wie diese entscheidet, kann es seine Entscheidung nach § 33 FGG vollziehen (BGH u Schleswig aaO; Karlsruhe FamRZ 88, 1196 f; 94, 1401 mwN; Koblenz aaO u FamRZ 96, 560 f). Allein dadurch, daß das FamG die Einigung protokolliert, macht es sie sich nicht zu eigen (Koblenz FamRZ 96, 560 f). Wenn es aber nach der Protokollierung ein Zwangsgeld für den Fall androht, daß ein Elternteil sich nicht an das Vereinbarte hält, liegt hierin eine Billigung des Vereinbarten und eine vollziehbare Entscheidung (Stuttgart FamRZ 79, 342; Düsseldorf FamRZ 79, 843; Hamm FamRZ 80, 932; Zweibrücken FamRZ 82, 429; zweifelnd Schleswig aaO). Will das FamG die Androhung erst längere Zeit nach der Einigung erlassen, so muß es erneut prüfen, ob diese dem Kindeswohl noch entspricht, Eltern, Kind und Jugendamt hören und dann von Neuem über das Umgangsrecht entscheiden (Düsseldorf FamRZ 83, 90). Es darf sich die frühere Einigung nicht ohne weiteres zu eigen machen und auf dieser Grundlage ein Zwangsgeld androhen (Karlsruhe FamRZ 88, 1196/1198). 23

10) Vollstreckung ausländischer Titel: Umstritten ist, ob das FamG zuständig ist, wenn ein ausländisches **Unterhalts- oder Güterrechtsurteil** im Inland vollstreckt werden soll. Nach Schütze (NJW 83, 154) sind für die Klage auf Erlaß des Vollstreckungsurteils (§ 722 ZPO) die allgemeine Zivilprozeßabteilung des Amtsgerichts oder die Zivilkammer zuständig. Streitgegenstand sei nicht der Unterhaltsanspruch, sondern die Verleihung der Vollstreckbarkeit. Anders entscheidet der BGH in ständiger Rechtsprechung (NJW 80, 2025; BGHZ 88, 113 = FamRZ 83, 1008 = NJW 2775; FamRZ 85, 1018; 86, 45 = NJW 1440 zum deutsch-schweizerischen Vollstreckungsabkommen; FamRZ 88, 491; 90, 868). Er erklärt das FamG für zuständig und begründet dies damit, daß im Vollstreckbarkeitsverfahren dieselben Einwendungen wie mit einer Vollstreckungsabwehrklage (die auch Familiensache ist, Rn 17 a) erhoben werden können und daß der Schuldner sich auf einen Verstoß gegen den deutschen ordre public berufen kann (BGH FamRZ 83, 1008). Dieses Argument paßt nicht zu der sonstigen Rechtsprechung des BGH, daß es für die Qualifikation einer Sache als Familiensache allein auf das Klagvorbringen ankommt und nicht auf die Verteidigung des Beklagten (BGH ständig seit FamRZ 80, 988 = NJW 2476 = MDR 918; weitere Nachweise s FamRZ 84, 465 f; s Rn 3). Dennoch ist an der Auffassung des BGH festzuhalten. Wenn der Schuldner im Vollstreckbarkeitsverfahren einen Verstoß gegen den deutschen ordre public rügt, wird der Schwerpunkt des Streits häufig im Familienrecht liegen. Dieser Gesichtspunkt rechtfertigt die Zuweisung des Verfahrens an das FamG. 24

Zuständig ist das FamG auch für die Vollstreckbarerklärung einer ausländischen Entscheidung auf **Herausgabe eines Kindes** an den anderen Elternteil (BGH FamRZ 83, 1008/1010; Hamm FamRZ 87, 506; München FamRZ 93, 349 = IPRax 94, 42 f). Das gilt auch für Titel, die in einem summarischen Verfahren ergangen sind (Roth IPRax 94, 20). 25

Staatsverträge und ihre Ausführungsgesetze regeln die Zuständigkeit für die Vollstreckung von ausländischen Unterhalts- und Güterrechtstiteln ohne einheitliche Linie. Hier wechselt die Zuständigkeit zwischen Landgericht und Amtsgericht. 25a

a) § 10 des **Auslandsunterhaltsgesetzes** (AUG - BGBl 86 I 2563) bestimmt: Gerichtliche Unterhaltsentscheidungen aus Staaten, mit denen die Gegenseitigkeit gemäß § 1 verbürgt ist, werden entsprechend § 722 I und § 723 I ZPO für vollstreckbar erklärt.... Für die Klage auf Erlaß der Vollstreckungsurteils ist ausschließlich das AG zuständig, bei dem der Schuldner seinen allgemeinen Gerichtsstand hat und, beim Fehlen eines solchen im Inland, das Gericht, in dessen Bezirk sich Vermögen des Schuldners befindet. Liegt der ausländischen Entscheidung ein Anspruch zu Grunde, der nach § 621 I Nr 4 oder 5 ZPO eine Familiensache wäre, so entscheidet das **Familiengericht** (§ 10 III AUG).

25b **b)** Das **Haager Übereinkommen über die Anerkennung und Vollstreckung von Entscheidungen auf dem Gebiet der Unterhaltspflicht gegenüber Kindern** von 1958 ist heute noch in Kraft im Verhältnis zu Belgien, Dänemark, Liechtenstein, Suriname, Österreich und Ungarn (Palandt/Heldrich Anh 9 hinter Art 18 EGBGB). Bis das neue Abkommens von 1973 am 1.4.1987 in Kraft trat (Rn 25d), galt es außerdem im Verhältnis zu Dänemark, Finnland, Frankreich, Italien, den Niederlanden, Norwegen, Portugal, Schweden, der Schweiz, Spanien, der Tschechoslowakei, der Türkei; s Palandt/Heldrich Anh 8 aaO. Für dieses Übereinkommen gilt das Anerkennungs- und Vollstreckungsausführungsgesetz (AVAG – BGBl 88 I 662) nicht, wie sich aus § 35 AVAG ergibt. Anzuwenden ist weiterhin das AusführungsG zum Haager Vollstreckungsabkommen – BGBl 61 I 1033. Nach dessen § 1 ist das AG für die Vollstreckbarerklärung ausländischer Unterhaltsentscheidungen zuständig. Innerhalb des AG ist das **Familiengericht** zuständig (BGH FamRZ 85, 1018; Hamm FamRZ 89, 1199; Köln FamRZ 95, 1430; anders Celle DAVorm 79, 533).

25c **c)** Soweit das vorgenannte Übereinkommen nicht im Verhältnis zu Belgien, Liechtenstein, Österreich und Ungarn fortgilt, ist an seine Stelle ab 1.4.1987 das **Haager Übereinkommen vom 2.10.1973 über die Anerkennung und Vollstreckung von Unterhaltsentscheidungen** (BGBl 86 II 825) getreten, das sich nicht auf die Unterhaltspflicht gegenüber Kindern beschränkt. Dieses Übereinkommen ist in Kraft getreten in der Bundesrepublik Deutschland, Dänemark, Finnland, Frankreich, Großbritannien, Italien, Luxemburg, den Niederlanden, Norwegen, Portugal, Schweden, der Schweiz, Spanien, der Tschechoslowakei und der Türkei; s Palandt/Heldrich Anh 9 hinter Art 18 EGBGB. Das hierzu ergangene Ausführungsgesetz (BGBl 86 I 1156) ist durch § 58 I des Anerkennungs- und Vollstreckungsausführungsgesetzes (AVAG – BGBl 88 I 662) aufgehoben und durch das AVAG ersetzt worden (§ 35 Nr 2 AVAG). Für die Vollstreckbarerklärung ist das **Landgericht** ausschließlich zuständig, in dessen Bezirk der Schuldner seinen Wohnsitz hat (Frankfurt DAVorm 89, 102; Stuttgart DAVorm 89, 103; München DAVorm 90, 487; KG FamRZ 90, 1376; Köln FamRZ 96, 115 f; Gottwald FamRZ 90, 179). Näheres s § 2 II AVAG. Der in einem anderen Staat vollstreckbare Schuldtitel wird dadurch zur Vollstreckung zugelassen, daß er auf Antrag mit der Vollstreckungsklausel versehen wird (§ 3 I AVAG). Das Verfahren gleicht demjenigen nach dem GVÜ; s Rn 25 e.

25d Soweit **Unterhaltsentscheidungen ergangen sind, bevor das Übereinkommen** von 1973 am 1.4.1987 **in Kraft trat,** darf das LG sie nur hinsichtlich der Zahlungen für vollstreckbar erklären, die nach dem Inkrafttreten fällig geworden sind (Art 24 II des Übereinkommens; Köln FamRZ 95, 1430). Hinsichtlich der vorher fälligen Zahlungen gilt das Übereinkommen von 1958 weiter (s Rn 25c). Das kann dazu führen, daß Unterhaltsentscheidungen aus der Zeit bis zum 31.3.1987 für die bis zu diesem Tag fälligen Zahlungen vom Familiengericht und für die ab 1.4.1987 fälligen Zahlungen vom Landgericht für vollstreckbar erklärt werden (München DAVorm 90, 487; KG DAVorm 90, 559; Gottwald FamRZ 90, 179).

25e **d)** Das **Europäische Übereinkommen über die gerichtliche Zuständigkeit und die Vollstreckung gerichtlicher Entscheidungen in Zivil- und Handelssachen (GVÜ)** ist in Kraft im Verhältnis zwischen den meisten Staaten der europäischen Gemeinschaft; s Rn 77, auch zum Anwendungsbereich. Es gilt in Unterhaltssachen (Art 5 Nr 2). Es ist neben den beiden zuvor erwähnten Übereinkommen über die Anerkennung und Vollstreckung von Unterhaltsentscheidungen anwendbar (Rauch IPrax 81, 201; Rahm/Breuer VIII Rn 271). Nach Art 31 GVÜ, § 3 des Anerkennungs- und Vollstreckungsausführungsgesetzes (AVAG – BGBl 88 I 662) wird ein in einem Vertragsstaat ergangenes Unterhalts- oder Güterrechtsurteil in einem anderen Vertragsstaat vollstreckt, wenn es dort auf Antrag des Gläubigers mit der Vollstreckungsklausel versehen worden ist. Die Klausel erteilt auch in Familiensachen der Vorsitzende einer Zivilkammer des **Landgerichts** (Art 32 GVÜ, § 5 I AVAG; Köln FamRZ 95, 1430). Nach Stürner/Münch (JZ 87, 180) ist hier für die Beschwerde gegen die Erteilung oder Verweigerung der Klausel (§§ 11, 16 AVAG) in Familiensachen der Familiensenat des OLG zuständig. Diese Auffassung ist mit § 119 I Nr 2 GVG unvereinbar, wonach der Familiensenat nur über Beschwerden in den vom FamG entschiedenen Sachen entscheidet. Mit der Beschwerde können Einwendungen gegen den titulierten Anspruch geltend gemacht werden, soweit die Gründe, auf denen sie beruhen, nach Erlaß der ausländischen Entscheidung entstanden sind (§ 13 AVAG). Für Einwendungen gegen Unterhalts- oder Güterrechtsansprüche, die erst nach Ablauf der einmonatigen Beschwerdefrist oder nach Ende des Beschwerdeverfahrens entstehen, gewährt § 15 AVAG die Vollstreckungsabwehrklage. Für diese ist nicht das FamG, sondern das LG zuständig, das die Klausel erteilt hat.

25f **e)** Das **Europäische Übereinkommen über die Anerkennung und Vollstreckung von Entscheidungen über das Sorgerecht für Kinder und die Wiederherstellung des Sorgeverhältnisses**

(BGBl 90 II 220) ist am 1.2.91 in Kraft getreten. Vertragsstaaten sind Belgien, Dänemark, Deutschland, Frankreich, Großbritannien, Irland, Luxemburg, die Niederlande, Norwegen, Österreich, Portugal, Schweden, die Schweiz, Spanien (Hüßtege IPRax 92, 370) und Zypern. Nach Art 7 des Übereinkommens werden Sorgerechtsentscheidungen, die in einem Vertragsstaat ergangen sind, in jedem anderen Vertragsstaat anerkannt und für vollstreckbar erklärt, wenn sie im Ursprungsstaat vollstreckbar sind. Wird ein noch nicht 16 Jahre altes ausländisches Kind unzulässigerweise aus einem anderen Vertragsstaat nach Deutschland verbracht, so hat auf Ersuchen dieses Staates der Generalbundesanwalt die Wiederherstellung des Sorgerechtsverhältnisses zu veranlassen (Art 1, 8 des Übereinkommens iVm § 1 des Sorgerechtsübereinkommen- Ausführungsgesetzes – BGBl 90 I 701). Einzelheiten s Art 8. Welches deutsche FamG für die Wiederherstellung des Sorgerechtsverhältnisses bzw für die Vollziehung einer ausländischen Entscheidung zuständig ist, regeln die §§ 5, 6 des Ausführungsgesetzes; s Rn 82 a.

III) Elterliche Sorge, Umgangsrecht, Herausgabe eines Kindes: Wegen Vergleichen in diesen Angelegenheiten s § 621 a Rn 6. **1)** Für **Sorgerechtsangelegenheiten** ist teils das Vormundschaftsgericht, teils das FamG zuständig. Die Kompetenzverteilung ist ohne rechtes System, zu kompliziert und deshalb reformbedürftig. Der Regierungsentwurf eines Kindschaftsreformgesetzes (BRDrucks 180/96) will hier Abhilfe schaffen und verlagert die Kompetenzen des Vormundschaftsgerichts größtenteils auf das FamG. Ob eine Familien- oder eine Vormundschaftssache vorliegt, ist danach zu beurteilen, ob das Gesetz die konkrete Verrichtung dem FamG oder dem Vormundschaftsgericht zuweist (BayObLG FamRZ 94, 159 f). Dem FamG sind nur die Sorgerechtsangelegenheiten zugewiesen, für die es nach dem BGB zuständig ist (Abs 1 Nr 1), dh in den Fällen der §§ 1671, 1672, 1678 II, 1681 II 3, 1696 BGB. Keine Familiensachen sind die Aufgaben des Vormundschaftsgerichts, die in den §§ 1628, 1629 II 3, 1666–1667, 1674, 1680–1693, 1727 I, 1748 BGB geregelt sind. 26

a) Solange Eltern in **häuslicher Gemeinschaft** leben, ist nur das Vormundschaftsgericht zuständig, nicht das FamG (arg § 1672 S 1 BGB). Das gilt auch, wenn sie nach längerer Trennung wieder zusammenziehen (KG FamRZ 94, 119 f = MDR 93, 1208 f; Hamm FamRZ 95, 1073). Hatte das FamG während der Trennungszeit die elterliche Sorge geregelt, so kann es nach Wiederherstellung der ehelichen Lebensgemeinschaft diese Regelung nach § 1996 BGB aufheben. Ein solcher Beschluß ist aber nicht Voraussetzung dafür, daß das Vormundschaftsgericht Maßnahmen zur Abwendung von Gefahren für das Kindeswohl nach § 1666 BGB treffen darf (KG aaO). 27

b) Nach § 1672 BGB bestimmt das FamG, welchem Elternteil die elterliche Sorge für ein gemeinschaftliches Kind zustehen soll, wenn Eltern nicht nur vorübergehend **getrennt leben** und wenn ein Elternteil eine solche Entscheidung beantragt oder wenn das Kindeswohl sie erfordert. Ziehen Eltern nach der Trennung wieder zusammen, so darf das FamG seine Sorgerechtsentscheidung wieder aufheben, aber keine anderen Regelungen treffen (KG FamRZ 94, 119 f = MDR 93, 1208 f). § 1672 BGB verweist auf § 1671 BGB. Nach § 1671 IV BGB hat das FamG die elterliche Sorge einem Elternteil zu übertragen. Wenn die Eltern willens und geeignet sind, die Elternverantwortung nach der Scheidung weiter gemeinsam zum Wohl der Kinder zu tragen, kann die Sorge auch beiden gemeinsam übertragen werden (BVerfG FamRZ 82, 1179 ff). Das FamG darf die Personensorge nicht teilweise auf den einen und im übrigen auf den anderen Elternteil übertragen (BGH FamRZ 80, 1107 mwN = NJW 81, 126 = MDR 81, 128; anders KG FamRZ 84, 1143 mwN für vorläufige Anordnungen), wohl aber kann es dem einen Elternteil die Personensorge, dem anderen die Vermögenssorge (ganz oder teilweise) übertragen (§ 1671 IV 2 BGB). Es kann auch einen Teil der Sorge auf einen Pfleger übertragen (§ 1671 V BGB), und zwar hier auch Einzelbefugnisse (BGH NJW-RR 86, 1264 f: Aufenthaltsbestimmungsrecht). Teile der Sorge darf es aber nur abspalten, wenn es zugleich die gesamte Sorge regelt. Einzelmaßnahmen darf es nicht treffen (BGH FamRZ 80, 1107 mwN = NJW 81, 126 = MDR 81, 128), zB darf es nicht einen Ergänzungspfleger bestellen, wenn die Mutter als gesetzliche Vertreterin eines Kindes Unterhaltsklage erhebt, obwohl sie sich verpflichtet hat, den Beklagten von Unterhaltsansprüchen freizuhalten (§§ 1629 II 3, 1796 I, 1909 I 1 BGB; BayObLG FamRZ 94, 1597 f). 28

c) Das **Vormundschaftsgericht** ist bei Gefahr für das Kindeswohl zuständig für die zur Gefahrabwendung erforderlichen **Einzelmaßnahmen** (Zweibrücken DAVorm 81, 308; KG aaO u FamRZ 90, 1021 f = DAVorm 547/ 549), die allerdings in der Entziehung der gesamten Sorge gipfeln können (§§ 1666 bis 1667, 1680, 1681 BGB). Entgegen Köln (FamRZ 95, 1509) darf es solche Verfahren nicht an das FamG abgeben. 28a

d) Von Amts wegen regelt das FamG die elterliche Sorge für ein gemeinschaftliches Kind gleichzeitig mit einer Ehescheidung im Inland (§ 623 III), nach einer Auslandsscheidung (§ 1671 I BGB) oder der Aufhebung einer Ehe (§ 37 I EheG, künftig § 1318 I BGB, s Entwurf des Eheschließungsrechtsgesetzes, BTDrucks 13/4898). Dies gilt auch in Fällen, in denen die Eltern nicht sorgeberechtigt sind, weil das Vormundschaftsgericht ihnen die elterliche Sorge vor der Scheidung entzogen hatte (BayObLG FamRZ 90, 551). Die **Kompetenzverteilung** des § 1671 BGB (s 29

Rn 28 f) wird **während des Scheidungsverfahrens** durchbrochen. Das FamG kann jetzt durch einstweilige Anordnungen auch Maßnahmen ergreifen, die sonst nach § 1666 BGB dem Vormundschaftsgericht vorbehalten sind (§ 620 Rn 41 mwN). Da aber das Anordnungsverfahren das ordentliche Verfahren vor dem Vormundschaftsgericht nicht verdrängt (§ 620 Rn 11 f) und auch in diesem Verfahren vorläufige Anordnungen ergehen dürfen (§ 620 Rn 33), sind jetzt sowohl das FamG als auch das Vormundschaftsgericht zuständig (Gießler Rn 317; Soergel/Strätz § 1666 Rn 6; anders Schlüter u König FamRZ 82, 1164 mwN; StJSchlosser Rn 11; JHSedemund-Treiber § 23 b GVG Rn 31). Einander widersprechende Entscheidungen können nur dadurch vermieden werden, daß der Vormundschaftsrichter und der Familienrichter miteinander Kontakt aufzunehmen.

29a e) In der gerichtlichen Praxis kommen die übrigen im Gesetz genannten Fälle kaum vor, nämlich die Übertragung der elterlichen Sorge auf den anderen Elternteil, wenn die Sorge des Elternteils ruht, dem sie nach den §§ 1671 f BGB übertragen worden war (§ 1678 II BGB) oder die Neuregelung der elterlichen Sorge nach Wiederheirat eines Ehegatten, wenn der andere irrtümlich für tot erklärt war und sich dann um das Sorgerecht bewirbt (§ 1681 II 3 BGB).

30 2) Unter den Voraussetzungen der §§ 1671 V, 1672 BGB kann das FamG die Personensorge und die Vermögenssorge einem **Vormund** oder **Pfleger** übertragen. Familiensache ist nur die Anordnung oder Aufhebung der Vormundschaft oder Pflegschaft. Die Auswahl, Bestellung und Entlassung des Vormundes oder Pflegers (§§ 1779, 1789, 1886 BGB), die Aufsicht über ihn (§§ 1837 ff BGB) und die Genehmigung seiner Rechtsgeschäfte (§§ 1812 III, 1819 ff BGB) sind Aufgabe des Vormundschaftsgerichts (BGH FamRZ 81, 1048 mwN = NJW 81, 2460 = MDR 82, 128; BayObLG FamRZ 77, 822 = NJW 78, 55 = MDR 78, 141; Staudinger/Coester § 1672 Rn 14; anders Stuttgart FamRZ 78, 830/832; LG Stuttgart DAVorm 81, 146; Koblenz FamRZ 81, 1004; AG Celle DAVorm 82, 294; Hamburg DAVorm 83, 151/155; StJSchlosser Rn 11 in den Fällen, in denen sich die Gefahr für das Kindeswohl nur durch die Übertragung der Sorge auf einen bestimmten Vormund abwenden läßt). Muß so eilig ein Vormund oder Pfleger bestellt werden, daß auf das Vormundschaftsgericht nicht gewartet werden kann, dann kann auch das FamG ihn bestellen, muß aber diese Maßnahme nachträglich durch das Vormundschaftsgericht überprüfen lassen (Gießler Rn 996).

31 3) **Verfahren nach § 1696 BGB:** Familiensache ist auch die **Änderung von Umgangs- und Sorgerechtsentscheidungen,** die nach den §§ 1634, 1671 f ergangen sind (§ 1696 BGB; BGH FamRZ 87, 155; stRsp seit FamRZ 81, 1048 = NJW 2460; BayObLG FamRZ 94, 1597 f). Das FamG muß eine Pflegschaft, die es gemäß § 1671 V BGB eingerichtet hat, aufheben, wenn das Kindeswohl sie nicht mehr erfordert (§ 1696 II BGB). Hatte es nach Trennung der Eltern die Sorge geregelt (§ 1672 BGB), so kann es diese Regelung aufheben, wenn die Eltern wieder zusammenleben; im übrigen verliert es dann aber seine Änderungszuständigkeit (KG FamRZ 94, 119 f). Dasselbe gilt, wenn es anläßlich der Scheidung Sorge und Umgang geregelt hatte und die Eltern später wieder heiraten. Auch hier darf das FamG nur seine frühere Entscheidung aufheben. Auch wenn dies nicht geschieht, kann das Vormundschaftsgericht Maßnahmen zur Abwendung von Gefahren für das Kindeswohl ergreifen, die die frühere Sorgeregelung des FamG ändern (§ 1666 BGB; Hamm FamRZ 95, 1073). Dies gilt auch, wenn die Eltern heiraten, während ein Verfahren zur Änderung einer Sorge- oder Umgangsrechtsentscheidung beim FamG anhängig ist. Der Grundsatz der perpetuatio fori gilt hier nicht (Hamm aaO).

31a 3) Hatte das FamG die elterliche Sorge geregelt und ergibt sich später, daß die Regelung dem Interesse der Kinder nicht genügt, so können sich die **Kompetenzen** von Familiengericht und Vormundschaftsgericht **überschneiden**: Das FamG kann Gefahren für das Kindeswohl, die von dem sorgeberechtigten Elternteil ausgehen, durch Übertragung der elterlichen Sorge auf den anderen Elternteil oder einen Vormund abwenden (§§ 1696 I, 1671, 1672 BGB). Zu dem gleichen Zweck kann das Vormundschaftsgericht dem Sorgeberechtigten die elterliche Sorge nach den §§ 1666 ff BGB entziehen und sie nach § 1680 BGB auf den anderen Elternteil oder einen Vormund übertragen. Heute läßt sich die Auffassung nicht mehr aufrechterhalten, daß die Gefahrabwehrnormen der §§ 1666 ff BGB immer dann durch die spezielleren Bestimmungen der §§ 1696, 1671 BGB verdrängt werden, wenn eine Entscheidung nach diesen Vorschriften möglich ist und deshalb kein Bedürfnis für die Anwendung der §§ 1666 ff BGB besteht (so aber Schlüter/König FamRZ 82, 1165; Hamm FamRZ 78, 941; Karlsruhe DAVorm 79, 136; Oldenburg FamRZ 79, 851; LG Berlin FamRZ 85, 965; KG FamRZ 90, 1021 f = DAVorm 547/ 549; Frankfurt FamRZ 94, 177 mwN; StJSchlosser Rn 14, anders mit Recht Staudinger/Coester § 1672 Rn 14; MK-BGB/Hinz § 1972 Rn 7). Denn die §§ 1680 II, 1681 I 2 BGB (Teil der Sorgerechtsnovelle von 1979) lassen es ausdrücklich zu, daß das Vormundschaftsgericht einschreitet, nachdem zunächst das FamG die elterliche Sorge auf einen Elternteil übertragen hatte. – Hiervon abgesehen gilt auch im Änderungsverfahren nach § 1996 BGB die gleiche Kompetenzverteilung wie in Rn 28: Das Vormundschaftsgericht ist für Einzelmaßnahmen zuständig, das FamG die Sorgeregelung im ganzen.

4) Kompetenzkonflikte: Ob das Vormundschafts- oder das Familiengericht zuständig ist, läßt sich nur nach dem Inhalt der zu treffenden Sorgerechtsentscheidung bestimmen (KG FamRZ 84, 1143 u 90, 1021 f = DAVorm 547/549). Maßgeblich ist vorrangig die Entscheidung, die von Amts wegen zu treffen ist (Schlüter u König aaO 1162 mwN; AG Besigheim FamRZ 83, 295; Düsseldorf FamRZ 83, 938), in zweiter Linie diejenige, die ein Verfahrensbeteiligter begehrt (Zweibrücken DAVorm 81, 308). Beispiel: Beantragt die getrenntlebende Mutter, ihr das Aufenthaltsbestimmungsrecht zu übertragen, so ist für diese Einzelmaßnahme das Vormundschaftsgericht zuständig (BGH FamRZ 80, 1107 mwN = NJW 81, 126 = MDR 81, 128). Hält das Gericht es für geboten, über diesen Antrag hinaus die elterliche Sorge insgesamt zu regeln, so ist das FamG zuständig (Düsseldorf aaO). Hat das Familiengericht ein **Verfahren** nach § 1672 oder § 1696 BGB eingeleitet, darf es dieses **nicht zuständigkeitshalber** an das Vormundschaftsgericht mit der Aufforderung **abgeben,** dieses solle Einzelmaßnahmen nach § 1666 BGB treffen. Es muß entscheiden, ob es die elterliche Sorge auf eine andere Person als die bisherigen Inhaber überträgt. Meint es, daß eine Sorgerechtsübertragung ein zu weit gehender Eingriff in die Rechtsstellung der bisher Sorgeberechtigten ist, so muß es eine Endentscheidung erlassen, durch die die bisherige Sorgerechtsregelung aufrechterhalten bleibt. Dann hat es die Akten dem Vormundschaftsgericht vorzulegen, damit dieses nach § 1666 BGB entscheidet. Es **darf nicht ohne eigene Sachentscheidung die Akten an das Vormundschaftsgericht abgeben** (Hamburg FamRZ 82, 943). 32

5) Die §§ 1671, 1672, 1678 II, 1681 III 2, 1996 BGB, die die Zuständigkeit des FamG für Sorgerechtsangelegenheiten regeln, lassen das Prinzip erkennen, daß das FamG für Sorgeregelungskonflikte zwischen verheirateten oder geschiedenen Eltern zuständig ist. Deshalb ist **nach dem Tod des** nicht sorgeberechtigten **Elternteils** nicht mehr das FamG, sondern das **Vormundschaftsgericht** zuständig für Verfahren, in denen es darum geht, ob dem Sorgeberechtigten die Sorge entzogen werden soll (Hamm NJW-RR 86, 559 = DAVorm 354 f; Oldenburg FamRZ 96, 235). 33

6) Das FamG kann den **Umgang** des nichtsorgeberechtigen Elternteils **mit dem ehelichen Kind** regeln (Abs 1 Nr 2, § 1634 I BGB), ferner den Umgang des sorgeberechtigen Elternteils, der von seinem Ehegatten und dem Kind nicht nur vorübergehend getrennt lebt (§ 1634 IV BGB). Das Wort ehelich ist durch das UnterhaltsÄndG (BGBl 86 I 301) in § 621 I Nr 2 eingefügt worden. Das FamG darf nicht den Umgang der Mutter mit ihrem bei Dritten lebenden nichtehelichen Kind regeln, ebensowenig den Umgang des Vaters mit seinem nichtehelichen Kind. Ausnahmen gelten nach dem Gesetz zur Ausführung von Sorgerechtsübereinkommen; s Rn 38a. Nicht zuständig ist das FamG für den Streit zwischen Pflegeeltern und den sorgeberechtigten leiblichen Eltern über den Umgang mit dem Kind (anders LG Frankfurt FamRZ 86, 1036; Bamberg NJW-RR 93, 329); denn Familiensachen sind nur auf Ehegatten und ihre ehelichen Kinder beschränkte Verfahren (Rn 2). Wenn der Familienrichter den Umgang regelt, muß er darauf achten, daß er dem sorgeberechtigten Elternteil bestimmte Verpflichtungen auferlegt; sonst ist die Regelung nicht vollziehbar (unten § 621a Rn 49). Einigen sich die Eltern über den Umgang, so muß er eine Entscheidung treffen, durch die er die Einigung billigt (oben Rn 23). 34

Hat das **Vormundschaftsgericht** den Eltern eines ehelichen Kindes die **Personensorge** nach § 1666 BGB **entzogen** und einem Vormund übertragen, so regelt nach Auffassung des BGH das FamG den Umgang der Eltern mit dem Kind (FamRZ 81, 659 = NJW 2067 = MDR 923; FamRZ 83, 1102 = NJW 2824 f; 90, 865; StJSchlosser Rn 18; anders Hamburg FamRZ 78, 793; Frankfurt FamRZ 79, 1061; Düsseldorf FamRZ 81, 479; Schleswig SchlHA 82, 41). Das Vormundschaftsgericht ist jedoch sachzusammenhangshalber für die Umgangsregelung zuständig, solange das Sorgeregelungsverfahren noch bei ihm anhängig ist (Frankfurt FamRZ 93, 228 f = NJW-RR 328 = MDR 352; Hamm FamRZ 95, 1073 mwN). Für die Änderung einer Umgangsregelung (§ 1696 I BGB) ist das FamG zuständig, auch wenn zuvor das Vormundschaftsgericht den Umgang geregelt hatte (Düsseldorf FamRZ 86, 203). 35

7) Herausgabe des Kindes an den anderen Elternteil: a) Das FamG entscheidet über die Herausgabe nur, wenn ein **Elternteil die Herausgabe eines** ehelichen (Köln FamRZ 78, 707; Frankfurt FamRZ 80, 288) **Kindes vom anderen Elternteil verlangt.** Wird ein Kind den Eltern oder einem Elternteil von einem Dritten widerrechtlich vorenthalten, so entscheidet das Vormundschaftsgericht über das Herausgabeverlangen der Eltern (§ 1632 III BGB). Beim Streit um die Herausgabe der Leiche eines Kindes zur Bestattung oder Umbettung gelten diese Grundsätze entsprechend (Hamm FamRZ 81, 701). 36

b) Obwohl § 1632 III BGB durch das Gesetz zur Neuregelung des Rechts der elterlichen Sorge neugefaßt worden ist, ist die umstrittene Frage ungeregelt geblieben, ob der **Streit zwischen Vormund bzw Pfleger und den Eltern** über die Herausgabe des Kindes vom Vormundschaftsgericht oder FamG zu entscheiden ist. Nach den §§ 1800, 1915 I BGB haben der Vormund und der personensorgeberechtigte Pfleger dieselben Befugnisse und Verpflichtungen, wie Eltern sie nach den §§ 1631–1633 BGB haben. Es liegt daher nahe, für sie auch die Zuständigkeitsregel des § 1632 37

III BGB anzuwenden (so StJSchlosser Rn 14). Andererseits würde dadurch gegen das Grundprinzip des § 621 verstoßen, daß Familiensachen nur Verfahren sind, die auf den Personenkreis von Ehegatten und ihren ehelichen Kindern beschränkt sind (s Rn 2).

37a Die Lösung bringt ein anderes Grundprinzip des § 621, der Gedanke des **Sachzusammenhangs,** der es einerseits gebietet, sachlich Zusammenhängendes nicht auseinanderzureißen, andererseits Sachfremdes vom FamG fernzuhalten (BGH FamRZ 78, 582 = NJW 1533). Vor das FamG gehören diejenigen Herausgabeverlangen von Vormündern und gegen diese, die mit einer familiengerichtlichen Sorgeregelung zusammenhängen (KG FamRZ 78, 351 = NJW 894 = MDR 671; Schleswig SchlHA 78, 216; Stuttgart DAVorm 82, 995). Hat das FamG die Sorge auf einen Vormund übertragen, so kann es dessen Aktivlegitimation für das Herausgabeverlangen dadurch beenden, daß es sie auf einen Elternteil zurücküberträgt, und auf diese Weise eine dem Kindeswohl abträgliche Herausgabe verhindern (Gernhuber/Coester- Waltjen § 57 V 3). Entsprechendes gilt für das Vormundschaftsgericht, das die Personensorge für ein Kind auf einen Pfleger übertragen hat und nunmehr ein Herausgabeverlangen des Pflegers daraufhin prüft, ob die Herausgabe dem Kindeswohl entspricht. Deshalb gehören diejenigen Herausgabeverlangen vor das Vormundschaftsgericht, die mit einer vormundschaftsgerichtlichen Regelung zusammenhängen (Oldenburg FamRZ 78, 706; Hamburg FamRZ 78, 792; KG FamRZ 78, 706 = MDR 852; ähnlich Karlsruhe FamRZ 79, 57 = NJW 930).

38 **c)** Da das FamG nur für Angelegenheiten zuständig ist, die den Personenkreis von (geschiedenen) Ehegatten und ihren gemeinsamen Kindern betreffen (s Rn 2), hat über die Herausgabe eines **nichtehelichen Kindes** das Vormundschaftsgericht zu entscheiden (Köln FamRZ 78, 707; Schleswig SchlHA 78, 217; Hamm FamRZ 79, 314; Frankfurt FamRZ 80, 288; BayObLG FamRZ 95, 629 f).

38a **d)** Die Familiengerichte sind ferner für die Verfahren nach dem Gesetz zur Ausführung von **Sorgerechtsübereinkommen** zuständig (§§ 5 dieses Gesetzes – BGBl 90 I 701; 23b I 2 Nr 11 GVG), und zwar hier auch für die Angelegenheiten nichtehelicher Kinder (§ 6 des Gesetzes). Verfahren nach den §§ 5 – 8 des Gesetzes sind Familiensachen (§ 23b I Nr 11 GVG), dh aus dem Ausland eingehende Ersuchen, mit denen die Rückführung von Kindern aus Deutschland ins Ausland erreicht werden soll. Verlangt die Deutschland lebende Mutter hier von dem in Amerika lebenden Vater die Herausgabe ihres nichtehelichen Kindes, dann ist das Gesetz nicht anwendbar, und das Verfahren ist keine Familiensache (BayObLG FamRZ 95, 629 f).

39 **IV) Gesetzliche Unterhaltspflicht gegenüber ehelichen Kindern, Ehegatten und geschiedenen Ehegatten:** Die Unterhaltssachen nichtehelicher Kinder entscheidet die allgemeine Zivilprozeßabteilung des AG (§ 23a Nr 2 GVG); Berufungsgericht ist hier das Landgericht, anders als bei Familiensachen nicht das OLG (§§ 72, 119 I Nr 1 GVG). Das BVerfG hat beanstandet, daß für **nichteheliche** und eheliche **Kinder** verschiedene Instanzenzüge bestehen, diesen Zustand aber für derzeit noch mit dem Grundgesetz vereinbar gehalten (BVerfGE 85, 80 ff = FamRZ 92, 157 ff = NJW 177 ff). Der Regierungsentwurf eines Kindschaftsreformgesetzes (BRDrucks 180/96) will hier Abhilfe schaffen und verlagert die NIchtehelichensachen auf das FamG.

39a **1) Kläger:** Nur (minderjährige und volljährige) eheliche Kinder und (geschiedene) Ehegatten können ihre Unterhaltsansprüche vor dem FamG einklagen. Ihre **Rechtsnachfolger** stehen ihnen gleich, zB ihre Erben, soweit Unterhaltsansprüche vererblich sind (§§ 1361 IV 4, 1360a III, 1615 I, 1586 II BGB), oder ihre Einzelrechtsnachfolger, auf die die Ansprüche gemäß §§ 1584 S 3, 1607 II 2 BGB, 37 BAFöG, 140 AFG, 91 BSHG, 7 UnterhVorschußG übergegangen sind oder gemäß § 95 SGB VIII übergeleitet worden sind (BGH VersR 79, 375 u FamRZ 81, 758). Auskunftsansprüche lassen sich nicht überleiten (BGH FamRZ 86, 568; NJW 91, 1235; Frankfurt FamRZ 94, 1427 f). Auch der Prozeß, mit dem der Kläger eine gepfändete und ihm zur Einziehung überwiesene Unterhaltsforderung seiner Schuldnerin gegen deren Ehemann geltend macht, ist Familiensache (Hamm FamRZ 78, 602 u 85, 407).

40 **2) Beklagter:** Nur solche Unterhaltsprozesse gehören vor das FamG, in denen der Ehegatte, geschiedene Ehegatte oder ein Elternteil eines ehelichen Kindes verklagt wird. Auch diesen Personen stehen ihre Erben als **Rechtsnachfolger** gleich, soweit sie zum Unterhalt verpflichtet sind (§§ 1361 IV 4, 1360 a III, 1586 b, 1615 I BGB, 70 EheG; AG Groß-Gerau MDR 84, 502; Stanicki FamRZ 77, 685). Hat ein Dritter das **Vermögen** des unterhaltspflichtigen Ehegatten bzw Elternteils **übernommen,** so tritt er der Schuld des Unterhaltspflichtigen kraft Gesetzes bei (§ 419 I BGB). Im Rechtsstreit zwischen dem Unterhaltsberechtigten und dem Dritten muß das Gericht prüfen, wie weit ein Anspruch gegen den Unterhaltspflichtigen besteht. Da der Streit den Unterhaltsanspruch betrifft, gehört er vor das FamG (Walter FamRZ 83, 363; Frankfurt FamRZ 83, 196; München NJW-RR 89, 1354; anders München FamRZ 78, 48 = NJW 550; Hamm FamRZ 89, 526). Besteht allerdings bereits ein vollstreckbarer Unterhaltstitel, so liegt der Schwerpunkt des Prozesses beim § 419 BGB; dann ist das FamG nicht zuständig (Bamberg NJW-RR 89, 518).

3) Ein Rechtsstreit, dessen **Parteien nicht** zum Personenkreis der **Ehegatten** und ihrer ehelichen **Kinder** gehören und auch nicht Rechtsnachfolger oder Mitschuldner solcher Personen sind, ist **keine Familiensache,** auch wenn er die Unterhaltspflicht betrifft. Verklagt der Stiefvater den Vater auf Ersatz von Aufwendungen für den Unterhalt von dessen Kindern, so ist auf der Rechtsstreit nicht vom FamG zu entscheiden (BGH FamRZ 79, 218 = NJW 660). Probleme ergeben sich, wenn sich zuständigkeits- und anspruchsbegründende Tatsachen überlagern. Beispiel: Verklagt ein während der Ehe geborenes und nach § 1593 BGB als ehelich geltendes Kind den Ehemann seiner Mutter auf Unterhalt und wird danach auf eine Anfechtungsklage des Vaters hin die Nichtehelichkeit festgestellt, so muß das FamG die Klage als unbegründet abweisen. Es darf jetzt nicht seine Zuständigkeit verneinen. Für die Klage eines **nichtehelichen Kindes** gegen seinen Vater oder seine Mutter auf Unterhalt ist nicht das FamG, sondern die allgemeine Zivilprozeßabteilung des AG zuständig (BGH FamRZ 92, 665 Nr 347). Auch der Unterhaltsanspruch, der vom nichtehelichen Kind auf seinen **Scheinvater** übergegangen ist (§ 1615 b BGB), gehört vor die Zivilprozeßabteilung (München FamRZ 78, 349 f; BayObLG FamRZ 79, 315 = NJW 1050). Familiensache ist aber folgender Fall: Nach erfolgreicher Ehelichkeitsanfechtung verlangt der Ehemann der Mutter von dieser Schadensersatz nach den §§ 823 II BGB, 263 StGB mit der Begründung, die Mutter habe ihm vorgespiegelt, in der gesetzlichen Empfängniszeit nur mit ihm geschlechtlich verkehrt zu haben, dadurch habe sie ihn veranlaßt, das Kind zu unterhalten. Da der Unterhalt an ein vermeintlich eheliches Kind bezahlt worden ist, betrifft der Schadensersatzanspruch die Unterhaltspflicht gegenüber einen ehelichen Kind. Vor der Zivilprozeßabteilung sind auch Unterhaltsklagen von Enkeln gegen ihre **Großeltern** zu verhandeln (BGH FamRZ 78, 585 = NJW 78, 1633 = MDR 825), ebenso Unterhaltsansprüche von Eltern gegen Kinder (Frankfurt FamRZ 81, 184). 41

4) **Einzelheiten zum Ehegattenunterhalt:** Nur Familiensachen, die die **gesetzliche Unterhaltspflicht** betreffen, können vor dem Familiengericht geltend gemacht werden. Hierzu zählen der Anspruch auf Freistellung von der Unterhaltspflicht (BGH FamRZ 94, 626), auf Zahlung eines **Prozeßkostenvorschusses** (Zweibrücken FamRZ 80, 1041; Koblenz FamRZ 82, 402), der familienrechtliche **Ausgleichsanspruch,** mit dem ein Elternteil vom anderen die Erstattung von Unterhalt verlangt (BGH FamRZ 78, 770 = NJW 2297 = MDR 79, 40 f; FamRZ 89, 603/605 mwN = IPRax 90, 47 f; Coester-Waltjen IPRax 90, 27), nicht der Streit der Eltern um die Kosten der Bestattung des Kindes (§ 1615 II BGB; Schleswig SchlHA 81, 67; AG Neustadt FamRZ 95, 731). Verlangt eine Ehefrau von ihrem Mann eine Verdienstbescheinigung seines Arbeitgebers, um damit ihren Antrag auf **Arbeitslosenhilfe** zu begründen, so betrifft dieses Begehren die Unterhaltspflicht (BayObLG FamRZ 85, 945,947). Ob der Anspruch auf eine Morgengabe nach islamischen Recht unterhalts- oder güterrechtlich ist, ist streitig (BGH FamRZ 87, 463 = NJW 2161; Köln IPRax 83,73 mwN; AG Hamburg IPRax 83, 74; Jaime IPRax 84, 329 mwN). Wegen der Ansprüche auf **Auskunft, Sicherheitsleistung, Kapitalabfindung, Schadensersatz** wegen Nichterfüllung der Unterhaltspflicht und **Rückzahlung** von Unterhalt s oben Rn 5, 7, 8. 42

Steuern und Versicherungsangelegenheiten: Der Anspruch des unterhaltspflichtigen Ehegatten gegen den anderen auf Zustimmung, daß er den **Unterhalt als Sonderausgabe absetzen** kann (§ 10 I Nr 1 EStG, sog Realsplitting), betrifft die Unterhaltspflicht (Koblenz FamRZ 80, 791; Frankfurt FamRZ 81, 293; Bamberg FamRZ 82, 301; Köln FamRZ 82, 383 = NJW 83, 124; KG FamRZ 82, 1020; Hamm FamRZ 87, 489); ebenso die Klage des unterhaltsberechtigten gegen den unterhaltspflichtigen Ehegatten auf Erstattung der steuerlichen Mehrbelastung, die durch jene Zustimmung verursacht wird (s BGH FamRZ 83, 576 = NJW 1545 = MDR 919) und die Klage auf **Schadensersatz** wegen Verweigerung (Köln NJW-RR 87, 456) oder Verzögerung der Zustimmung (Zweibrücken FamRZ 92, 830 = NJW-RR 93, 518). Die in § 606 Rn 5 erwähnten Steuerangelegenheiten betreffen nicht den gesetzlichen Unterhalt. – Erstattet die Beihilfestelle oder ein **Krankenversicherer** dem Ehemann Krankheitskosten, die die Ehefrau ihrem Arzt bezahlt hat, so haben die Klage der Frau auf Herausgabe des Erstatteten oder auf Befreiung von den Krankheitskosten Unterhaltscharakter (BGH FamRZ 94, 626 = NJW 1416 = MDR 586; Düsseldorf MDR 94, 278; AG Charlottenburg FamRZ 93, 714; Rassow FamRZ 86, 74; StJSchlosser Rn 22; MK/Walter Rn 44; anders München FamRZ 86, 74). Das gleiche gilt für die Klage auf Auskehrung des Krankenhaustagegeldes (BGH u Düsseldorf aaO; anders Hamm FamRZ 91, 206). Familiensache ist auch der Anspruch gegen den Ehegatten auf Zustimmung, daß ein Versicherer Versicherungsschutz gewährt (LG Aachen FamRZ 94, 310). 43

5) **Einzelheiten zum Kindesunterhalt: a)** Bestimmen Eltern, daß sie ihr Kind **auf andere Weise als durch eine Geldrente unterhalten** wollen und ist das Kind hiermit nicht einverstanden, so ist das Vormundschaftsgericht zuständig (§ 1612 II 2 BGB). Diese Regelung ist reformbedürftig. Das FamG sollte den Konflikt im Unterhaltsprozeß mitentscheiden. Der gegenwärtige Rechtszustand bietet den Parteien mindestens sechs Instanzen bis zur endgültigen Entscheidung und führt zu überlanger Prozeßdauer. 44

45 **b)** Der Ausgleichsanspruch des einen Elternteils gegen den anderen, der **Kindergeld** bezieht, betrifft die Unterhaltspflicht (BGH FamRZ 80, 345; ebenso Köln FamRZ 85, 1168 für den Kinderzuschuß zur Rente); denn Kindergeld wird gewährt, um beiden Eltern ihre Unterhaltspflicht in gleichem Maße zu erleichtern (BGHZ 70, 151 = FamRZ 78, 177 = NJW 753). Verpflichtet sich ein Elternteil vertraglich, Kindergeld, das er erhält, an das beim anderen Elternteil lebende Kind weiterzuleiten, so ist auch die Klage auf Erfüllung dieses Vertrages Familiensache (Koblenz FamRZ 79, 610). Für die Bestimmung des Elternteils, an den das Kindergeld ausgezahlt werden soll, ist das Vormundschaftsgericht zuständig (§ 3 IV KiGG; Hamm MDR 80, 765; BayObLG DAVorm 81, 598/601 u 82, 78/80; Schleswig SchlHA 83, 55; anders Frankfurt FamRZ 79, 1038). Wegen **Auskunft, Schadensersatz** wegen Nichterfüllung der Unterhaltspflicht und **Rückzahlung** von Unterhalt s oben Rn 5, 7, 8.

46 **6)** Vor die Familiengerichte gehören auch Ansprüche aus **Verträgen,** namentlich Scheidungsfolgenvergleichen, **durch die die gesetzliche Unterhaltspflicht im einzelnen gestaltet** und modifiziert wird (BGH FamRZ 79, 220, 907 mwN, 910; 90, 867 = NJW 91, 2709). ZB kann sich der Ehemann unterhaltshalber verpflichten, den Kindesunterhalt durch eine Lebensversicherung zu sichern (BayOLG FamRZ 83, 1246 = MDR 583), Beiträge für die freiwillige Rentenversicherung der Frau (BGH FamRZ 79, 1005) oder Lebensversicherungsprämien für sie zu zahlen (Schleswig SchlHA 82, 154), die Lasten für ein Grundstück zu tragen, auf dem die Frau wohnt (Braunschweig FamRZ 83, 197), der Frau eine Wohnung zu überlassen (BayObLG FamRZ 81, 688, ihr Versorgungsausgleich zu gewähren (BGH FamRZ 85, 367 = MDR 478). Die gesetzliche Unterhaltspflicht gegenüber einem Kind betreffen auch Rechtsstreitigkeiten aus Vereinbarungen, durch die Eltern die Unterhaltspflicht gegenüber ihren Kindern im Innenverhältnis geregelt haben (BGH FamRZ 78, 672 = NJW 1811 = MDR 824 Nr 20; FamRZ 81, 19/21 = NJW 346), namentlich Klagen auf Freistellung von Unterhaltszahlungen (Stuttgart NJW-RR 93, 133 f) oder auf Erstattung von Unterhalt (BGH FamRZ 78, 770 = NJW 2279; FamRZ 79, 217 Nr 158 = MDR 295; FamRZ 79, 217 Nr 159). – Daß die Parteien sich vom gesetzlichen Unterhalt lösen und einen **rein vertraglichen Anspruch** schaffen wollen, kann bei Unterhaltsverträgen nur angenommen werden, wenn besondere Umstände hierfür sprechen (BGH aaO mwN). Beispiele für rein vertragliche Ansprüche, die nicht vor das FamG gehören: Unterhaltszusage an einen vor 1977 schuldig geschiedenen Ehegatten (BGH FamRZ 78, 674 = NJW 1924 = MDR 912), Unterhaltsversprechen des Ehemannes der Mutter an ein Kind, das durch Fremdinsemination gezeugt und für nichtehelich erklärt worden ist (Düsseldorf FamRZ 87, 166). Verzichtet die Frau im Scheidungsfolgenvergleich auf Unterhalt, verpflichtet sich aber der Mann, ihr die Kosten für ein Kindermädchen zu bezahlen, so ist nach BGH (FamRZ 78, 873) die Klage auf Bezahlung dieser Kosten keine Familiensache; zweifelhaft, der Vertrag betrifft die Pflege und Erziehung des Kindes durch die Frau, mithin ihre Unterhaltspflicht gegenüber dem Kind (§ 1606 Abs 3 S 2 BGB).

47 **V) Versorgungsausgleich: 1) Von Amts wegen** regelt das FamG den **Wertausgleich von Versorgungsanwartschaften** (§ 1587 b BGB) **a)** gleichzeitig mit einer Ehescheidung im Inland (§ 623 III), **b)** nach einer Auslandsscheidung von Deutschen, die von der Landesjustizverwaltung gemäß Art 7 § 1 des Familienrechtsänderungsgesetzes anerkannt worden ist (BGH FamRZ 93, 798 mwN = IPRax 94, 131; Jayme FamRZ 79, 559; Soergel/Vorwerk Rn 23 vor § 1587), **c)** nach der Aufhebung oder Nichtigerklärung einer Ehe (§§ 37 I, 26 I EheG). Zum Wertausgleich gehören die Übertragung und Begründung von Rentenanwartschaften (§§ 1587 b BGB, 1 III VAHRG) und die Realteilung von Betriebsrentenanwartschaften (§ 1 II VAHRG). Hat das FamG den Versorgungsausgleich rechtskräftig geregelt, so wird über die Änderung dieser Entscheidung nur auf Antrag entschieden (§ 10 a I VAHRG). – Ist der Versorgungsausgleich durchgeführt und entstehen bei Eintritt des Versorgungsfalls **Streitigkeiten zwischen einem geschiedenen Ehegatten und dem Versorgungsträger** über die Höhe oder den Beginn der Versorgung, so ist hierfür **nicht das FamG zuständig.** Eine Ausnahme hiervon enthält die Übergangsregelung des Art 4 § 2 VAwMG (BGBl 86 I 2371): Soweit hiernach Renten für die Vergangenheit verlangt werden können, ist das FamG zuständig.

47a **2)** Den **schuldrechtlichen Versorgungsausgleich** (§§ 1587 f ff BGB, 2 VAHRG) regelt das FamG **nur auf Antrag** (§ 1587 f BGB). Auch für den **verlängerten schuldrechtlichen Versorgungsausgleich** ist das FamG zuständig (§ 3 a IX 1 VAHRG). Auch ihn regelt es nur auf Antrag des Ausgleichsberechtigten (Johannsen/Henrich/Hahne § 3 a VAHRG Rn 33). Es entscheidet den Streit zwischen dem Ausgleichsberechtigten und dem Versorgungsträger über die Höhe der Rente (Soergel/Zimmermann § 3 a VAHRG Rn 49). Weiter entscheidet es über Auskunftsansprüche nach § 3 a VIII VAHRG, über die Anpassung der verlängerten Ausgleichsrente an die Lohn- und Preisinflation gemäß § 16 BetriebsrentenG (Hoppenz FamRZ 87, 426; Johannsen/Henrich/Hahne aaO Rn 36; Soergel/Zimmermann aaO; MK-BGB/Maier § 3 a VAHRG Rn 39) und über die Kürzung einer Hinterbliebenenrente gemäß § 3 a IV 1 VAHRG (Dörr FamRZ 87, 1095; Johannsen/Henrich/Hahne u Soergel/Zimmermann aaO). Hier darf es allerdings nicht den Streit zwischen der Witwe des Ausgleichspflichtigen und dem Versorgungsträger entscheiden (Dörr aaO S 1096; anders Hoppenz aaO), für den regelmäßig das Arbeitsgericht zuständig ist. Dieses muß sein Verfahren aussetzen, bis das FamG entschieden hat, in welchem Umfang die Hinterbliebenenversorgung infolge des verlängerten schuldrechtlichen Versorgungsausgleichs gekürzt wird (Wagenitz FamRZ 87, 8 Fußn 34).

3) Über Vergleiche in Versorgungsausgleichssachen s § 621 a Rn 6. Das FamG ist zuständig für die **Genehmigung einer Scheidungsvereinbarung über den Versorgungsausgleich** (§ 1587 o BGB). Wird die Vereinbarung geschlossen, während die Versorgungsausgleichssache in der zweiten Instanz anhängig ist, so ist der Familiensenat des OLG zuständig (BGH FamRZ 87, 578 f; FamRZ 94, 234 f = NJW 580; Oldenburg FamRZ 90, 295). Wird sie geschlossen, während die Sache vor dem BGH anhängig ist, so ist dieser zuständig, wenn der Sachverhalt für eine Genehmigung genügend geklärt ist. Ist dies nicht der Fall, so entscheidet das FamG über die Genehmigung (BGH FamRZ 82, 688 = NJW 1464 f). **47b**

4) **Wegen der Zuständigkeit für Anträge auf Auskunft** über Versorgungsanwartschaften und auf **Kapitalabfindung** für den Versorgungsausgleich s Rn 5. Über die **Vollstreckung** in Versorgungsausgleichssachen s Rn 21. Verlangt eine Frau von ihrem geschiedenen Mann nach § 816 II BGB die **Erstattung** von Rentenzahlungen, die ihr als Versorgungsausgleich zustanden, die der Versicherungsträger aber nach § 1587 p BGB mit befreiender Wirkung an den Mann gezahlt hat, so betrifft dieser Anspruch den Versorgungsausgleich und ist Familiensache (anders Hamm FamRZ 94, 604 ff, das den Anspruch unterhaltsrechtlich qualifiziert). **47c**

VI) Ehewohnung und Hausrat: 1) Das FamG ist für das in der **HausratsVO** geregelte Verfahren zuständig (§ 11 I HausratsVO), auch bei Beteiligung Dritter (§ 7 HausratsVO). Es entscheidet in den Fällen der §§ 1 und 18 a HausratsVO, nämlich **48**

1. wenn sich Ehegatten **anläßlich der Scheidung** nicht darüber einigen können, wer von ihnen die Ehewohnung künftig bewohnen und wer die Wohnungseinrichtung und den sonstigen Hausrat erhalten soll (§ 1 HausratsVO; s Rn 53–56),
2. wenn sich **getrenntlebende Ehegatten** nicht über die Verteilung des **Hausrats** einigen können (§ 1361 a III BGB, s Rn 50),
3. wenn ein **getrenntlebender oder trennungswilliger Ehegatte** vom anderen **verlangt,** daß dieser ihm **die Ehewohnung** ganz oder teilweise zur Benutzung überläßt (§ 1361 b I BGB; s Rn 51)

2) Das Verfahren zur Regelung der Rechtsverhältnisse an der Ehewohnung und am Hausrat hat eine größere Bedeutung, als der erste Blick auf die in Rn 48 genannten Vorschriften verrät. Diese enthalten für getrenntlebende und geschiedene Ehegatten eine **Sonderregelung, die die §§ 861, 985 BGB verdrängt** (BGHZ 67, 217/219; 71, 216/223; FamRZ 82, 1200 = NJW 83, 47 = MDR 83, 120; FamRZ 91, 928 mwN; Düsseldorf FamRZ 94, 390; Oldenburg FamRZ 94, 1254 = MDR 170; anders Frankfurt FamRZ 81, 184; Düsseldorf FamRZ 83, 164). Streitigkeiten getrenntlebender Ehegatten um die Benutzung oder den Besitz von Ehewohnung und Hausrat müssen im Verfahren der einstweiligen Anordnung (§ 620 Nr 7) oder in demjenigen nach der HausratsVO ausgetragen werden, namentlich bei Besitzentziehung durch **verbotene Eigenmacht** (Koblenz FamRZ 85, 931; Düsseldorf FamRZ 86, 276 u 87, 483; Hamm FamRZ 87, 483; 91, 81; Köln FamRZ 87, 77; Zweibrücken FamRZ 87, 1146; Frankfurt FamRZ 88, 399 u 89, 75 f = NJW-RR 6; Oldenburg aaO u FamRZ 94, 1254; anders Düsseldorf FamRZ 83, 164; 84, 1095; 87, 484; KG FamRZ 87, 1147; Bamberg FamRZ 93, 335 f = OLGZ 472 f; AG Darmstadt FamRZ 94, 109; Hambitzer FamRZ 89, 236). Bei Entziehung des Mitbesitzes kann also nicht in jedem Fall Wiederherstellung des früheren Besitzstandes verlangt werden. Dennoch empfiehlt es sich zuweilen, zunächst eine einstweilige Anordnung zur Wiederherstellung dieses Besitzstandes zu erlassen und dann im ordentlichen Verfahren den Hausrat gemäß § 1361 a BGB oder §§ 8 ff HausratsVO zu teilen. Zu weit geht Frankfurt (FamRZ 84, 1118), wonach im Hausratsverfahren Dritte verurteilt werden können, die Wegnahme von Hausrat durch den Gerichtsvollzieher zu dulden. **48a**

3) Auch bei Ausländern sind die Familiengerichte für die Regelung der Rechtsverhältnisse an der Ehewohnung und am Hausrat zuständig. Die Zuständigkeit richtet sich nach der lex fori (Köln FamRZ 94, 1476; Düsseldorf FamRZ 95, 1280; oben Geimer IZPR Rn 1), also nach deutschem Prozeßrecht. Sie hängt nicht davon ab, ob ausländisches materielles Recht anzuwenden ist (Düsseldorf aaO). Verlangt ein (geschiedener) Ehegatte vom anderen die Überlassung der Wohnung oder die Aufteilung des Hausrats und sieht das Ehewirkungs- bzw das Scheidungsfolgenstatut solche Regelungen nicht vor, so hat das FamG das Begehren als unbegründet zurückzuweisen und nicht etwa als unzulässig mangels Zuständigkeit. Besteht aber für das Begehren eine andere Anspruchsgrundlage, die nicht unter die Familiensachen fällt, so darf das FamG hierüber nicht entscheiden, sondern muß die Sache an die Abteilung abgeben, die nach dem Geschäftsverteilungsplan des AG zuständig ist. **48b**

49 **4)** Die Zuständigkeit des FamG kann auch durch Abgabebeschluß des Prozeßgerichts begründet werden, der unanfechtbar ist (Fehmel FamGb § 18 HausratsVO Rn 12 mwN, str); ferner durch Urteil des Berufungsgerichts, gegen das unter den Voraussetzungen des § 546 die Revision stattfindet (BGH FamRZ 94, 98/100 = MDR 94, 68 f). Die **Abgabe** ist für das FamG **bindend** (§ 18 I 3 HausratsVO), auch wenn die Abgabeentscheidung unrichtig ist (BayObLG FamRZ 68, 319 und 75, 582; Zweibrücken FamRZ 78, 346; Schleswig SchlHA 80, 212; Hamburg FamRZ 82, 941; Karlsruhe FamRZ 92, 1082 mwN = NJW-RR 93, 71; Heintzmann FamRZ 83, 960). Stuttgart (FamRZ 96, 172) hält eine Abgabe nicht für bindend, wenn jede gesetzliche Grundlage für sie fehlt. Anders als bei Verweisungen wegen sachlicher oder örtlicher Unzuständigkeit (Rn 73) kann hier das LG bindend an das FamG verweisen (Karlsruhe aaO); ebenso die allgemeine Zivilprozeßabteilung an das FamG desselben AG (Ewers FamRZ 90, 1373; anders Bamberg FamRZ 90, 179). Das FamG ist nur hinsichtlich der Zuständigkeit gebunden, nicht aber an die Verfahrensordnung der HausratsVO. Wird zB ein Schadensersatzanspruch bindend an das FamG abgegeben, so hat es im Zivilprozeß zu entscheiden, nicht im Verfahren der HausratsVO (Hamburg, Heintzmann aaO; AG Dinslaken FamRZ 94, 521 f).

50 **5) Zuständigkeit des Familiengerichts für Streitigkeiten getrenntlebender Ehegatten: a) Hausratssachen:** Zum Begriff des Hausrats s § 620 Rn 77. Verlangt ein Ehegatte, die Benutzung vieler Haushaltsgegenstände und weniger anderer Sachen zu regeln, die nicht zum Hausrat gehören, so soll nach BGH (FamRZ 82, 1200) kein Anlaß zur Verfahrenstrennung bestehen. Das darf aber nicht dazu führen, daß diese Sachen anders als bei einer Verfahrenstrennung verteilt werden. Anders als in Ehewohnungssachen darf das FamG nicht in Hausratsstreitigkeiten von Ehegatten eingreifen, die sich zwar trennen wollen, aber noch zusammenleben. Nach § 1361 a I BGB teilt es jedem Ehegatten die ihm gehörenden Haushaltsgegenstände zu, es sei denn, der andere Ehegatte braucht solche zur Führung eines abgesonderten Haushalts und die Zuteilung an ihn entspricht der Billigkeit. Gemeinsames Eigentum wird nach Billigkeit verteilt (§ 1361 a II BGB). Die Ehegatten erhalten die Sachen nur zur Benutzung. Hierfür kann das FamG eine Vergütung festsetzen (§ 1361 a III 2 BGB). Auf Antrag eines Ehegatten kann auch festgestellt werden, daß eine Vergütung nicht geschuldet wird (Gottwald FamRZ 88, 410; anders Düsseldorf FamRZ 88, 410). In die Eigentumsverhältnisse greift das FamG nicht ein (§ 1361 b IV BGB).

51 **b) Ehewohnungssachen:** Zum Begriff der Ehewohnung s § 620 Rn 66. Nach den §§ 18 a HausratsVO, 1361 b BGB **kann einem getrenntlebenden oder trennungswilligen Ehegatten die Ehewohnung** oder ein Teil der Wohnung zur alleinigen Benutzung **zugewiesen werden,** soweit dies zur Vermeidung einer schweren Härte notwendig ist. Der benutzende Ehegatte kann verpflichtet werden, dem anderen eine Vergütung für die Benutzung zu bezahlen (§ 1361 b II BGB). Anders als bei geschiedenen Ehegatten (s Rn 55) kann das FamG die Vergütung festsetzen, ohne zugleich die Benutzung der Wohnung zu regeln (so Frankfurt FamRZ 92, 677 f mwN auch zur Gegenansicht; Braunschweig FamRZ 96, 548 mwN; anders Bamberg FamRZ 90, 179). Es darf aber nicht entscheiden, zu welchen Anteilen die Ehegatten im Innenverhältnis für den Mietzins aufzukommen haben (München FamRZ 96, 302). Dingliche Rechte an der Wohnung darf der Richter nicht regeln. Solange die Ehe nicht geschieden wird, darf er nicht in das Rechtsverhältnis zwischen den Ehegatten und dem Vermieter der Wohnung eingreifen (Zweibrücken FamRZ 90, 55; KG NJW-RR 93, 132; Köln FamRZ 94, 632 Nr 348). Deshalb ist der Vermieter hier ebensowenig am Verfahren zu beteiligen, wie er an einer Vereinbarung der Ehegatten über die Benutzung der Wohnung beteiligt wäre (Hamm FamRZ 87, 1277; Lempp FamRZ 84, 14; Bergerfurth FamRZ 85, 549; Brudermüller FamRZ 87, 120; anders Koblenz FamRZ 87, 406 mit ablehnender Anm Gottwald; Thalmann FamRZ 84, 15).

52 **Einzelheiten:** Hat ein Ehegatte die Wohnung endgültig verlassen, so besteht **kein Rechtsschutzbedürfnis** für die Zuweisung der Wohnung an den anderen Gatten (KG NJW-RR 93, 132). Ebensowenig besteht ein Bedürfnis für eine Benutzungsregelung, wenn beide Ehegatten zur sofortigen Räumung der Ehewohnung verurteilt worden sind (Oldenburg NJW-RR 93, 452 stellt sogar auf die bloße Räumungspflicht ab). Der Streit um den Zutritt zur Ehewohnung gehört in das Verfahren nach den §§ 18 a HausratsVO (Düsseldorf FamRZ 85, 497). Begehrt ein Ehegatte, der nicht getrennt lebt und dies auch nicht will, vom anderen die Wiedereinräumung des Besitzes an der Wohnung oder die Beseitigung einer Besitzstörung (§§ 861 f BGB), so gehört dieser Streit nicht in das Ehewohnungsverfahren (§ 1361 b I 1 BGB; Düsseldorf FamRZ 85, 1061). Hat die Zivilprozeßabteilung des AG in einem solchen Fall eine einstweilige Verfügung über die Benutzung der Ehewohnung erlassen, so wird dieses Verfahren nicht dadurch zu einem Ehewohnungsverfahren, daß einer der Ehegatten im Widerspruchsverfahren erklärt, getrennt leben zu wollen. Der Antragsteller kann jedoch ins Ehewohnungsverfahren überwechseln; s § 620 Rn 24. Keine Ehewohnungssache ist eine Klage, mit der eine Ehefrau während des Scheidungsverfahrens erreichen will, daß dem Mann verboten wird, seine Geliebte in dem beiden Parteien gehörenden Haus zu empfangen (BGH FamRZ 94, 98 f; Karlsruhe FamRZ 80, 139; Hamm NJW 81, 1793).

6) Zuständigkeit des Familiengerichts für Streitigkeiten geschiedener Ehegatten und für Folgesachen im Verbundverfahren: a) Nach § 1 HausratsVO regelt der Richter die Rechtsverhältnisse an der Ehewohnung und am Hausrat nur, wenn sich Ehegatten anläßlich der Scheidung nicht darüber einigen können, wer von ihnen die Wohnung künftig bewohnen und wer den Hausrat erhalten soll. **Hatten sich die Ehegatten zunächst geeinigt und klagt einer von ihnen auf Erfüllung dieses Vertrages,** so darf nach Ansicht des BGH (FamRZ 79, 789 = NJW 2156 = MDR 920; FamRZ 80, 46 f; ebenso Zweibrücken FamRZ 93, 82 f = NJW-RR 649; München FamRZ 95, 1205 f;) das FamG nicht entscheiden. Hiernach können Ansprüche aus der Einigung nur vor den allgemeinen Zivilgerichten geltend gemacht werden (BGH aaO). Der Wortlaut des § 1 HausratsVO zwingt nicht zu dieser Auslegung. Der Vorschrift kann auch nur die Bedeutung beigemessen werden, daß Einigkeit der Ehegatten das Rechtsschutzbedürfnis für ein Verfahren nach der HausratsVO entfallen läßt. Im übrigen widerspricht die Auffassung des BGH dem in Rn 6 erwähnten, vom ihm entwickelten Grundsatz, daß Ansprüche aus Verträgen, durch die Familiensachen inhaltlich näher ausgestaltet werden, vor die Familiengerichte gehören. Sie zu führt auch zu unerwünschten Verweisungen des Verfahrens von der allgemeinen Zivilgerichtsbarkeit an das FamG und umgekehrt. Klagt ein geschiedenen Ehegatte beim Landgericht gegen den anderen auf Erfüllung eines Vertrages über die Wohnung und bestreitet der andere mit Erfolg den Abschluß des Vertrages, dann müßte das LG die Sache an das FamG abgeben (§ 18 HausratsVO). Verlangt ein geschiedener Ehegatte beim FamG die Hausratsverteilung und wendet der andere mit Erfolg ein, die Parteien hätten sich hierüber bereits geeinigt, so müßte das FamG die Sache an die allgemeine Zivilgerichtsbarkeit geben. Diese Komplikationen lassen sich vermeiden. Mit Recht vertritt Johannsen/Henrich/Voelskow (§ 1361 b Anh, § 1 HausratsVO Rn 7) die Auffassung, daß eine Einigung der Ehegatten nur dann ein Verfahrenshindernis für einen Antrag nach § 1 HausratsVO ist, wenn sie bereits vollzogen ist oder zu einem vollstreckbaren Titel geführt hat (ebenso Köln FamRZ 87, 78; KG FamRZ 90,183; MK/Müller-Gindullis § 1 HausratsVO Rn 18; Rolland 2. Aufl § 1 HausratsVO Rn 10). 53

a) Folgt man der in Rn 53 abgelehnten Meinung, daß eine **Einigung** anläßlich der Ehescheidung ein Verfahren nach der HausratsVO ausschließt, so hat dies folgende Konsequenzen: Ist zwischen den Parteien streitig, ob sie sich geeinigt haben, so ist hierüber als Vorfrage im Hausratsverfahren zu entscheiden (Koblenz FamRZ 84, 1241). Daß eine Einigung stattgefunden hat, läßt sich auch auf Antrag eines Ehegatten im Ehewohnungs- und Hausratsverfahren feststellen (Hamm FamRZ 80, 901). Eine Einigung über einen Teil des Hausrats führt dazu, daß das FamG nur noch den restlichen Hausrat verteilen darf, dabei aber die Einigung berücksichtigen muß (Frankfurt FamRZ 83, 730). Teileinigungen sind selten verbindlich. Solange die Parteien sich nicht über alle Punkte geeinigt haben, über die nach der Erklärung auch nur einer Partei eine Vereinbarung getroffen werden soll, ist es im Zweifel zu keiner Einigung gekommen (§ 154 I 1 BGB). Beispiele: Sind Parteien einig, wer welche Sachen erhalten soll, aber uneins über die Ausgleichszahlung, so ist keine Einigung zustande gekommen (Frankfurt aaO). Sind sie einig, wer von ihnen die gemeinsame Eigentumswohnung bewohnen soll, können sich aber über die Gestaltung der Rechtsverhältnisse nicht einigen, so ist keine Einigung zustande gekommen; das FamG kann die Angelegenheit regeln (Hamburg FamRZ 82, 941; AG Waiblingen FamRZ 93, 1214). Sind die Ehegatten über die Weiterbenutzung der Wohnung und die Übertragung des Mietverhältnisses auf einen von ihnen einig, stimmt aber der Vermieter nicht zu, so kann das FamG das Mietverhältnis regeln (Frankfurt FamRZ 80, 170; Karlsruhe FamRZ 81, 182; 93, 820 f; 95, 45; Hamburg FamRZ 82, 939 u 90, 651 mwN = NJW-RR 649; Schleswig SchlHA 84, 116; Köln FamRZ 89, 640; Hamm FamRZ 93, 574; 94, 388). Haben Ehegatten sich über eine Benutzung der Wohnung nur bis zu einem bestimmten Termin geeinigt, so kann das FamG die Benutzung für die anschließende Zeit regeln (München FamRZ 95, 1205 f). 54

b) Das FamG darf im Verfahren nach den §§ 1 ff HausratsVO nur die **künftigen Besitz- und Rechtsverhältnisse** hinsichtlich der Ehewohnung und des Hausrats zu regeln (Hamburg FamRZ 82, 941). An Anträge ist es dabei nicht gebunden; s § 620a Rn 30a mwN). Gibt ein Ehegatte die Ehewohnung endgültig auf und begehrt er nicht die Wiedereinräumung des Mitbesitzes, sondern nur eine Nutzungsentschädigung, so darf das FamG dies nicht regeln (BGH FamRZ 82, 355 = NJW 1753; Celle NdsRpfl 88, 120; Koblenz FamRZ 89, 85 f; Köln FamRZ 89, 640). Dies gilt aber nicht, wenn eine Nutzungsentschädigung begehrt wird, nachdem das FamG zunächst nur die Benutzung der Wohnung geregelt und die Frage der Nutzungsentschädigung dabei übergangen hatte; hier hat das FamG zu entscheiden (München FamRZ 89, 199 f). Auch eine Ausgleichszahlung nach § 10 HausratsVO kann nur angeordnet werden, wenn demjenigen, der die Zahlung erbringen soll, Hausrat zugeteilt wird; eine isolierte Ausgleichsanordnung gibt es nicht (BGH FamRZ 86, 454 mwN; BayObLG FamRZ 85, 1057 mwN; Naumburg FamRZ 94, 390 mwN). Nicht im Hausratsverfahren zu behandeln sind **Schadensersatzansprüche** eines Ehegatten gegen den anderen wegen Beschädigung oder Veräußerung von Hausrat (BGH FamRZ 80, 45 = NJW 192 u FamRZ 80, 988 = NJW 2476 = MDR 918; FamRZ 88, 155 = NJW-RR 89, 195; StJSchlosser Rn 25) 55 oder wegen Beschädigung der Wohnung, Ansprüche auf Herausgabe des Erlöses aus der Veräußerung von Hausrat (§§ 816 I 1, 185 II 1 BGB; BGH FamRZ 89, 155), ebensowenig Ansprüche auf eine **Entschädigung für die** bisherige **Benutzung** von Hausrat (Köln FamRZ 80, 249) und Wohnung (Hamburg FamRZ 82, 941). Auch § 893 begründet keine Zuständigkeit des FamG für Schadensersatzansprüche (Düsseldorf FamRZ 85, 406); die Bestimmung paßt nur für Zivilprozesse, aber nicht für das zur freiwilligen Gerichtsbarkeit gehörige Hausratsverfahren (§ 13 I HausratsVO).

56 **c) Hausratssachen:** Begriff des Hausrats: § 620 Rn 77. An Anträge ist das Gericht nicht gebunden; s § 620a Rn 30a mwN). Deshalb darf es einen Antrag auch nicht mit der Begründung verwerfen, daß der Antragsteller keine gleichmäßige Hausratsverteilung begehre (Karlsruhe FamRZ 87, 848). Gegenstand der endgültigen Hausratsteilung ist stets der gesamte Hausrat mit Ausnahme der Sachen, die die (geschiedenen) Ehegatten nur geliehen, gemietet oder geleast haben oder über deren Zuteilung sie sich bereits geeinigt haben (BGHZ 18, 143/145). Hausrat, der beiden Ehegatten gehört, verteilt das FamG gerecht und zweckmäßig (§ 8 I HausratsVO). Dabei gilt Hausrat, der während der Ehe für den gemeinsamen Haushalt angeschafft worden ist, als gemeinsames Eigentum, es sei denn, das Alleineigentum eines Ehegatten steht fest (§ 8 II HausratsVO). Die Zweckmäßigkeit gebietet, daß der sorgeberechtigte Ehegatte vorweg die Kinderzimmereinrichtung erhält. Gerechte Verteilung bedeutet, daß zunächst jeder Ehegatte sein Eigentum erhält (arg § 9 I HausratsVO). Dann ist der noch nicht verteilte Hausrat zu bewerten. Hiervon erhält jeder Ehegatte etwa den gleichen Wert wie der andere als Alleineigentum (§ 8 III HausratsVO). Zurückbehaltungsrechte sind ausgeschlossen, weil sie mit dem Zweck des Hausratsverfahren unvereinbar sind, den Hausrat möglichst schnell seinem Verwendungszweck zuzuführen (Köln FamRZ 93, 1462 f = OLGZ 94, 199). Falls gemäß § 9 HausratsVO Eigentum des einen Ehegatten dem anderen nur zur Benutzung zugewiesen wird, kann das FamG hierfür einen **Mietzins** festsetzen. Falls Eigentum des einen Ehegatten auf den anderen übertragen wird, kann das FamG ein Entgelt festsetzen (§ 9 II 2 HausratsVO). Auch sonst kann es nach Billigkeit dem einen Ehegatten eine **Ausgleichszahlung** an den anderen auferlegen (§ 8 II 2 HausratsVO). Gegen Ausgleichsansprüche kann nicht aufgerechnet werden (Köln FamRZ 93, 1462 f = OLGZ 94, 199). Wenn Hausrat noch nicht bezahlt ist, kann das FamG auch bestimmen, **welcher Ehegatte im Innenverhältnis die Schuld bezahlen muß** (§ 10 HausratsVO). Ist er bezahlt, so darf im Hausratsverfahren nicht angeordnet werden, daß ein Ehegatte dem anderen die Zahlung erstatten muß (Hamburg FamRZ 88, 299). Verlangt ein geschiedener Ehegatte vom anderen Auskunft über den Bestand des Haurats, so hat das FamG hierüber im Hausratsverfahren zu entscheiden, und zwar auch dann, wenn es meint, daß für ein solches Begehren keine Rechtsgrundlage besteht (Zweibrücken FamRZ 95, 1211).

57 **d) Ehewohnungssachen:** Begriff der Ehewohnung: § 620 Rn 66. Anläßlich der Scheidung darf das FamG nicht in das Eigentum oder dingliche Rechte an der Ehewohnung eingreifen (BGHZ 68, 299 = FamRZ 77, 458 f = NJW 1234; KG FamRZ 86, 72). Es darf nur den Besitz regeln und ein schuldrechtliches Miet- oder Nutzungsverhältnis übertragen oder begründen (§ 5 HausratsVO). Deshalb ist der Vermieter/Grundstückseigentümer am Verfahren zu beteiligen (§ 7 HausratsVO). Der Ehegatte, dem die Wohnung zugewiesen wird, darf im Regelfall nicht zu einer Ausgleichszahlung an den weichenden Gatten verpflichtet werden (Hamburg FamRZ 88, 80 mwN, str; Hamm FamRZ 93, 1462 mwN; Brudermüller FamRZ 89, 7 ff/16). Ein Ehegatte kann im Ehewohnungsverfahren nur verlangen, daß er selbst die Wohnung erhält, nicht aber, daß die Wohnung dem anderen zugewiesen wird und daß dieser das Mietverhältnis allein fortsetzt (Celle FamRZ 81, 958; Karlsruhe FamRZ 93, 820 f; Soergel/Heintzmann § 5 HausratsVO Rn 7)).

58 **VII) Güterrecht:** Zu den Familiensachen gehören **Zivilprozesse,** die güterrechtliche Ansprüche betreffen, nicht aber güterrechtliche Angelegenheiten, die das Gesetz dem **Vormundschaftsgericht** zugewiesen hat, wie der Ersatz der Zustimmung eines Ehegatten zu Rechtsgeschäften des anderen (§§ 1365 II, 1369 II BGB; BGH FamRZ 82, 785). Ausnahme: § 621 I Nr 9.

59 **1) Ansprüche** aus dem ehelichen Güterrecht sind solche, die sich **aus den §§ 1363–1561 BGB** herleiten lassen: der Anspruch auf Zugewinnausgleich (§ 1378 BGB), auf Auskunft über das Endvermögen (§ 1379; Köln FamRZ 95, 312) und über Vermögensminderungen, die nach § 1375 II BGB zum Endvermögen hinzuzurechnen sind (BGH FamRZ 82, 27), ferner der Anspruch eines Ehegatten gegen den anderen auf Unterlassung einer Verfügung über das Vermögen im ganzen (s Celle NJW 1970, 1882; Frankfurt FamRZ 86, 275 = NJW-RR 1332). Beispiele aus dem Recht der Gütergemeinschaft s § 623 Rn 16 ff. Der Anspruch auf Nutzungsentschädigung für die in die Gütergemeinschaft eingebrachte Wohnung ist Familiensache (Köln FuR 93, 113). Die Vermögensauseinandersetzung zwischen Ehegatten, die in Gütertrennung leben, ist keine Familiensache (Hamm FamRZ 93, 211 f = NJW-RR 1349). Güterrechtlichen Charakter haben auch Ansprüche auf Auseinandersetzung der Eigentums- und Vermögensgemeinschaft nach den §§ 39 f des FGB-DDR (BGH FamRZ 91, 794 u 1174; KG FamRZ 92, 566) und Ansprüche aus ausländischem

Güterrecht, zB solche auf Rückgabe der Mitgift (Hamm FamRZ 92, 963/965 = NJW-RR 1220 ff), nicht aber solche auf Herausgabe von persönlichem Vermögen nach türkischem Recht (Hamm FamRZ 93, 211 f = NJW-RR 1349; Köln FamRZ 94, 1476; 95, 236; anders Hamm FamRZ 92, 963/965). Wegen des Anspruchs auf eine Morgengabe nach islamischen Recht s Rn 43.

Über die **Aufrechnung** mit einer güterrechtlichen Forderung s Rn 3. Über **Drittwiderspruchs-** 60
klagen s Rn 19. Güterrechtlich wird eine Zuwendung eines Ehegatten an den anderen nicht dadurch, daß der Zuwendende bestimmt, die Zuwendung solle auf den Zugewinnausgleich angerechnet werden (§ 1380 I BGB; BayObLG FamRZ 83, 198/200). Eine Klage eines Ehegatten gegen den anderen wird auch **nicht** dadurch zur **Güterrechtssache,** daß die Klagforderung zum Endvermögen (§ 1375 I BGB) eines Ehegatten gehört und sich dadurch auf den Zugewinnausgleich auswirkt (Düsseldorf FamRZ 80, 1036 u Rpfleger 81, 239; BayObLG FamRZ 80, 468 aE u 85, 1057 = NJW-RR 86, 6; Zweibrücken FamRZ 87, 1138). Gesamtschuldnerausgleich und Zugewinnausgleich überschneiden einander nicht (BGH NJW 88, 133; FamRZ 89, 147 = NJW-RR 66 f), ebensowenig Hausratsauseinandersetzung und Zugewinnausgleich (BGHZ 89, 137/145 = FamRZ 84, 144 = NJW 484; FamRZ 91, 43/49; anders MK-BGB/Gernhuber § 1375 Rn 8).

An güterrechtlichen Verfahren können – wie ausdrücklich gesagt ist – auch **Dritte** beteiligt sein, 61
so in den Fällen der §§ 1390 BGB (Ausgleichsanspruch gegen den beschenkten Dritten), 1495 BGB (Streit zwischen überlebendem Ehegatten und Abkömmling bei fortgesetzter Gütergemeinschaft), 1437, 1460, 1480 BGB (persönliche Haftung für Gesamtgutsverbindlichkeiten – BGHZ 76, 305 = FamRZ 80, 551 = NJW 1626; Frankfurt FamRZ 83, 172). Familiensache ist auch die Klage eines Ehegatten, mit der er die Rechte gegen einen Dritten geltend macht, die sich aus der Unwirksamkeit einer Vermögensverfügung des anderen Ehegatten ergeben (§§ 1368, 1369 III BGB – sogenannter Revokationsanspruch; s Rn 3 b).

2) Zu den Güterrechtssachen gehören ferner Prozesse, in denen Ansprüche aus **Eheverträgen** 62
geltend gemacht werden. Eheverträge sind Vereinbarungen, durch die die Eheleute ihre güterrechtlichen Verhältnisse abweichend vom gesetzlichen Güterstand des Zugewinnausgleichs regeln, zB die Vereinbarung der Gütertrennung oder der Gütergemeinschaft. Nach § 1408 BGB sind die Ehegatten nicht darauf beschränkt, einen der im Gesetz vorgesehenen Güterstände zu wählen und sich dabei der gesetzlichen Ausgestaltung dieses Güterstandes im ganzen zu unterwerfen. Sie können ihre güterrechtlichen Beziehungen beliebig gestalten (BGH FamRZ 83, 364), auch beschränkt auf einen einzelnen Gegenstand (BGH NJW 78, 1923). Ein **Vertrag, der sich auf einen einzelnen Vermögensgegenstand bezieht,** ist nur dann güterrechtlicher Art, wenn er Rechtsfolgen auslöst, die nur durch eine Änderung des bestehenden Güterstandes ermöglicht werden können (BGH aaO mwN; anders BayObLG FamRZ 83, 1248). **Schuld- und sachenrechtliche Rechtsgeschäfte** zwischen Ehegatten, die den bestehenden Güterstand unberührt lassen, sind keine Eheverträge und haben keinen güterrechtlichen Charakter, auch wenn der Fortbestand der Ehe Geschäftsgrundlage ist; zB sind **Schenkungen** (BGH aaO mwN), **Gesellschaftsverträge und gemeinschaftlicher Grundstückserwerb** keine Eheverträge. Die Auseinandersetzung der Gesellschaft oder Gemeinschaft gehört nicht vor das FamG.

3) Dem ehelichen Güterrecht sind auch Ansprüche aus Verträgen der Ehegatten zuzurechnen, 63
durch die bestehende güterrechtliche Ansprüche nachträglich geändert werden. Hierzu zählen vor allem **Vereinbarungen über die Auseinandersetzung der güterrechtlichen Verhältnisse bei Auflösung der Ehe** (BGH FamRZ 84, 35 mwN), zB ein Vertrag, durch den der Ausgleichsberechtigte anstelle des Zugewinnausgleichs ein Grundstück erhält (BGH NJW 80, 193 u FamRZ 80, 1106 = MDR 81, 127), ferner ein Vertrag, durch den andere Leistungen versprochen werden, wenn zugleich der Zugewinnausgleich ausgeschlossen wird (BGH FamRZ 82, 262 = NJW 941 = MDR 565) und ein Vertrag über Gegenleistungen für den Verzicht auf Versorgungs-. und Zugewinnausgleich (AG Lörrach FamRZ 94, 1456). Es genügt, daß der Anspruch zum Zweck der Regelung güterrechtlicher Beziehungen begründet wurde (BGH aaO). Auf die Natur des konkreten Begehrens kommt es dagegen nicht an (zB Auflassung, BGH FamRZ 83, 156 = NJW 928). Die Leistung kann auch einem Dritten (zB dem gemeinsamen Kind) versprochen werden; die Klage des Dritten auf Erfüllung oder Schadensersatz ist Familiensache (BGH aaO). Auseinandersetzungsvereinbarungen, durch die nicht der Zugewinnausgleich oder andere güterrechtliche Beziehungen geregelt werden, durch die aber gleichwohl ein Ehegatte dem anderen eine Kapitalabfindung oder die Freihaltung von Schulden verspricht, betreffen nicht das Güterrecht (Nürnberg FamRZ 94, 838; anders BayObLG FamRZ 83, 1248). Enthält ein Vertrag sowohl güterrechtliche als auch sonstige vermögensrechtliche Regelungen, so sind alle Streitigkeiten aus dem Vertrag vor den Familiengerichten auszutragen, wenn sich güterrechtliche und sonstige Regelungen nicht trennen lassen (BGH FamRZ 80, 878 = NJW 2529 = MDR 917 f). Dies gilt auch für die Kosten des Vertrages (BGH FamRZ 81, 19/21; Schleswig SchlHA 82, 75). Lassen sich güterrechtliche und sonstige Vertragsgegenstände trennen, so ist nur der Streit um die güterrechtlichen Angelegenheiten Familiensache (BGH FamRZ 80, 671 u 81, 19/21 = NJW 346 = MDR 126 f).

64 4) Vereinbaren Eheleute, daß die Frau ihren Zugewinnausgleich dem Mann als **Darlehen** zur Verfügung stellt, so ist durch Auslegung zu ermitteln, ob **a)** die Vereinbarung die an sich bestehenbleibende Zugewinnausgleichsschuld nur inhaltlich ändern soll mit der Folge, daß die von der Änderung nicht betroffenen Einwendungen aus dem alten Schuldverhältnis weitergelten, oder **b)** ob eine Schuldumschaffung (Novation) gewollt ist und ob durch diese eine neue abstrakte Schuld iS der §§ 780 f BGB begründet werden sollte (BGHZ 28, 164/166 = NJW 58, 2111). Wegen der weitgehenden Wirkungen einer Schuldumschaffung muß ein dahingehender Wille deutlich zum Ausdruck kommen. Allein aus der Vereinbarung, daß der Zugewinnausgleich als Darlehen geschuldet werden soll (§ 607 II BGB), ergibt sich ein solcher Wille nicht. Im Zweifel ist anzunehmen, daß die Zugewinnausgleichsschuld in ihrem Kern bestehenbleibt und nur bezüglich der Zinsen und Kündigungsfristen nach Darlehensgrundsätzen umgewandelt wird. In diesem Fall ist für Streitigkeiten aus der Darlehensvereinbarung das FamG zuständig (BGH FamRZ 79, 215 = NJW 426; Karlsruhe FamRZ 79, 56 = NJW 434). Im Falle der Schuldumschaffung und Begründung eines neuen abstrakten Schuldverhältnisses gehört der Streit aus der Darlehensvereinbarung nicht vor das FamG (Beispiel: Zusammenfassung der Zugewinnausgleichsschuld und anderer Verbindlichkeiten zu einer neuen Schuld).

65 5) Auch bei güterrechtlichen Ansprüchen stehen – was die Zuständigkeit des FamG betrifft – die **Rechtsnachfolger** der Eheleute diesen gleich (s Rn 39 u 40 für Unterhaltsansprüche) und zwar sowohl bei Abtretung als auch bei Pfändung und Überweisung von güterrechtlichen Ansprüchen als auch bei Erbfolge.

66 6) Verfahren nach den **§§ 1382 f BGB** (Stundung einer Zugewinnausgleichsschuld und Übertragung von Vermögensgegenständen unter Anrechnung auf diese Schuld) betreffen an sich Ansprüche aus dem Güterrecht. Besonders aufgezählt worden sind sie nur aus dem Grunde, weil sie dem Rechtspfleger anvertraut worden (§§ 3 Nr 2a RpflG, 53a FGG) und deswegen zu Angelegenheiten der freiwilligen Gerichtsbarkeit gemacht worden sind (§ 621 a I 1). Der Familienrichter entscheidet in diesen Angelegenheiten auf eine Erinnerung hin (§ 11 II RPflG), oder wenn der Rechtspfleger sie ihm wegen rechtlicher Schwierigkeiten vorlegt (§ 5 I Nr 2 RPflG) oder wenn ein Zugewinnausgleichsprozeß anhängig ist (§§ 14 Nr 2 RPflG, 1382 V, 1383 III BGB). Über die Verbindung dieser Anträge mit dem Zugewinnausgleichsprozeß s § 621a Rn 69f; über den Verbund mit der Scheidungs- und der Zugewinnausgleichssache § 623 Rn 29d).

67 **VIII)** § 621 zählt die Familiensachen vollständig auf (Oldenburg FamRZ 78, 130). **Andere vermögensrechtliche Streitigkeiten** zwischen (geschiedenen) Ehegatten sind keine Familiensachen. Beispiele: **1.** Klagen auf Herausgabe von Hochzeitsgeschenken (Frankfurt FamRZ 89, 75 f = NJW-RR 6; Hamm FamRZ 93, 211 f = NJW-RR 1349; Köln FamRZ 95, 236); auf Zahlung einer für den Scheidungsfall vereinbarten Abfindung (Hamm FamRZ 91, 443), **2.** Klagen auf Herausgabe einer ungerechtfertigten Bereicherung (Köln FamRZ 92, 450 = NJW-RR 1287) und aus böswilliger Eigengeschäftsführung nach § 687 II BGB (Zweibrücken FamRZ 87, 1138 mwN), **3.** Klagen auf Befreiung von Verbindlichkeiten aus einem gemeinsam aufgenommenen Kredit (BGH FamRZ 80, 671 u FamRZ 81, 247), auf Ausgleich für die Bezahlung gemeinsamer Schulden (§ 426 BGB; BGH FamRZ 87, 1239 u 88, 1031; Köln FamRZ 92, 832; anders München FamRZ 87, 1161), **4.** gesellschafts- und gemeinschaftsrechtliche Ansprüche auf Rechnungslegung, Schadensersatz und Auseinandersetzung (BayObLG FamRZ 80, 468), **5.** der Streit um die Verteilung des Erlöses aus der Versteigerung eines gemeinsamen Grundstückes (München FamRZ 82, 942), der Antrag, die Teilungsversteigerung eines solchen Grundstücks für unzulässig zu erklären (Zweibrücken FamRZ 79, 839), **6.** Schadensersatzansprüche wegen Beschädigung (BGH FamRZ 80, 45 = NJW 80, 192) oder Veräußerung (Köln FamRZ 92, 450 mwN = NJW-RR 1287) von Sachen des klagenden Ehegatten, wegen unerlaubter Verfügung über ein gemeinsames Guthaben (Karlsruhe FamRZ 90, 629), **7.** Ansprüche aus dem Widerruf einer Schenkung (Köln FamRZ 95, 236; LG Bonn FamRZ 80, 359).

68 **IX) Zuständigkeit im allgemeinen: 1)** Daß die Amtsgerichte für andere Familiensachen iS der Überschrift des 2. Titels **sachlich zuständig** sind, ist in den §§ 23 a Nr 2 und 5 GVG, 64 I FGG, 11 I HausratsVO geregelt. Die Bedeutung des § 621 I liegt nur in der Bestimmung, daß die vorgenannten Regelungen der sachlichen Zuständigkeit **ausschließlich** sind (BGHZ 71, 264/268 = FamRZ 78, 582 = NJW 78, 1531).

69 **2)** § 621 I ZPO und § 23 b GVG regeln nicht die **funktionelle Zuständigkeit** (Diederichsen ZZP 91, 401 mwN; anders BGH FamRZ 90, 865 f im Gegensatz zu BGHZ 71, 264/266 f = FamRZ 78, 582 f = NJW 1531). Diese bezieht sich darauf, welches Rechtspflegeorgan in ein und derselben Sache tätig zu werden hat (Einzelrichter, Kollegium, Rechtspfleger, Urkundsbeamter, Eingangsgericht, Rechtsmittelgericht, Prozeßgericht, Vollstreckungsgericht usw; s München FamRZ 79, 721); während die sachliche Zuständigkeit ergibt, welches Gericht in erster Instanz die Sache ihrer Rechtsnatur wegen zu bearbeiten hat.

3) Nach § 23 b 1 GVG werden beim Amtsgericht Abteilungen für Familiensachen (Familiengerichte) gebildet. Auf diese Weise regelt das Gesetz die Verteilung der Geschäfte innerhalb des Gerichts. Die Frage, ob das FamG oder eine andere Abteilung zuständig ist, ist also eine solche der **gerichtsinternen Zuständigkeit oder der gesetzlichen Geschäftsverteilung** (BGHZ 71, 264/266 f = FamRZ 78, 582 f = NJW 1531; Frankfurt FamRZ 89, 75 f = NJW-RR 6; Hamm FamRZ 93, 211 f = NJW-RR 1349; Diederichsen ZZP 91, 401 ff mwN; anders Jauernig FamRZ 77, 762 u 89, 7: Frage der sachlichen Zuständigkeit). **Konsequenzen:** 70

a) Geht beim FamG eine Klage in einer Nichtfamiliensache ein, so darf der Familienrichter die Sache nicht gemäß § 281 an die allgemeine Zivilprozeßabteilung desselben Gerichts **verweisen.** Da es sich bei der Zuständigkeitsfrage um ein Problem der gerichtsinternen Zuständigkeit handelt, hat er die Sache an die nach dem Geschäftsverteilungsplan zuständige Abteilung **abzugeben** (BGHZ 71, 264 = FamRZ 78, 582 = NJW 1531; Diederichsen ZZP 91, 406; anders Jauernig FamRZ 77, 681 f und 761 f; 89, 6: analog § 281 zu verweisen). Ob das AG sachlich und örtlich zuständig ist, ist in diesem Stadium des Verfahrens bedeutungslos. Hierüber hat der Richter der zuständigen Prozeßabteilung mit den Parteien zu verhandeln. Das FamG braucht hierüber nicht zu verhandeln, und zwar auch dann nicht, wenn die Klage an das FamG adressiert war. 71

b) Verhandelt das FamG dennoch eine Sache, die keine Familiensache ist, so kann seine Zuständigkeit nicht durch **rügeloses Verhandeln** des Beklagten zur Hauptsache begründet werden; denn es handelt sich nicht um eine Frage der sachlichen Zuständigkeit. Rügt der Beklagte bei einer solchen Verhandlung zu Recht, daß auch das AG, bei dem das FamG gebildet worden ist, sachlich oder örtlich unzuständig ist, so kann der Familienrichter unter den Voraussetzungen des § 281 ZPO den Rechtsstreit an das zuständige Gericht verweisen. Daß er ihn zunächst an die zuständige Abteilung abgibt und diese dann verweist, ist nicht notwendig. Wenn allerdings der Kläger keinen Verweisungsantrag stellt, darf der Familienrichter die Klage nicht als unzulässig abweisen. Dies ist Aufgabe des Richters der zuständigen Prozeßabteilung. 72

c) Abgesehen von Ehewohnungs- und Hausratssachen (Rn 49) **bindet die Abgabe vom FamG an die Prozeßabteilung desselben Gerichts diese nicht** (BGHZ 71, 264/272 f = FamRZ 78, 582 und FamRZ 80, 554 = NJW 1283; FamRZ 94, 25 f = NJW-RR 93, 1282 f; Bamberg FamRZ 93, 335 f = OLGZ 472 f; anders Jauernig FamRZ 89, 6 f: bindet analog § 281 II). Bindend sind nur Verweisungsbeschlüsse über die örtliche oder sachliche Zuständigkeit (§ 281 II 2), und auch diese sind nur für das Amts- oder Landgericht verbindlich, an das ein Rechtsstreit verwiesen worden ist, nicht aber für einzelne Abteilungen oder Kammern innerhalb des Gerichts (Bamberg aaO). Die gerichtsinterne Zuständigkeitsregelung des § 23 b GVG kann nicht durch bindenden Verweisungsbeschluß außer Kraft gesetzt werden (Hamburg FamRZ 80, 903; Patzina FamRZ 89, 295 mwN). Werden diese Grundsätze in einem Verweisungsbeschluß verkannt und wird eine Nichtfamiliensache vom LG an das FamG verwiesen, so wird die Sache dadurch nicht zur Familiensache (BGH FamRZ 80, 557 = NJW 1282 = MDR 564). Bindend ist der Verweisungsbeschluß nur für das AG, nicht für das zu diesem Gericht gehörende FamG (BGH aaO u FamRZ 88, 155 = NJW-RR 89, 195). Zu entscheiden hat dann die allgemeine Zivilprozeßabteilung des AG. 73

d) **Bindend verwiesen werden kann** nach § 281 nur nach Rechtshängigkeit (BGH FamRZ 95, 32 f mwN) und nur wegen örtlicher oder sachlicher Unzuständigkeit: Vom FamG A an das örtlich zuständige Amtsgericht B (nicht an das dortige FamG; Rn 73), vom FamG A an das sachlich zuständige Landgericht A oder das sachlich und örtlich zuständige Landgericht B, vom Landgericht A an das sachlich zuständige Amtsgericht B usw. Bindend verwiesen werden kann auch aus der streitigen in die freiwillige Gerichtsbarkeit (BGH FamRZ 85, 1242 f = MDR 86, 216) und innerhalb der freiwilligen Gerichtsbarkeit (§ 621 a Rn 10). Das Gericht, an das verwiesen worden ist, ist nur hinsichtlich der Zuständigkeit gebunden, im übrigen steht ihm die rechtliche Würdigung frei (BGH FamRZ 94, 25 f mwN = NJW-RR 93, 1282 f = MDR 93, 1236). 73a

Die **Verweisung** erfolgt nur auf Antrag des Klägers. Erfolgt sie ohne Antrag, so hebt dieser **Verfahrensverstoß** die Bindungswirkung nicht auf (BGH NJW 64, 1416/1418 mwN; FamRZ 84, 774). Dem Gegner (bzw beiden Parteien bei einer Verweisung ohne Antrag) ist aber Gelegenheit zu geben, sich zu der beabsichtigten Verweisung zu äußern. Geschieht dies nicht, so ist **wegen** der hierin liegenden **Verletzung des rechtlichen Gehörs der Verweisungsbeschluß** für die Parteien und das Gericht, an das verwiesen worden ist, **nicht verbindlich** (BGH FamRZ 95, 728 = NJW 1224; FamRZ 95, 1135; ständig seit BGHZ 71, 69/72 f = FamRZ 78, 402 f). Dasselbe gilt für **willkürliche Verweisungsbeschlüsse** ohne jegliche Rechtsgrundlage (BGH FamRZ 94, 437 = NJW-RR 126; NJW-RR 94, 322 Nr 1; stRsp seit BGHZ 71, 69/72 = FamRZ 78, 402 f). Andere Verfahrensfehler beseitigen die Bindungswirkung nicht (§ 281 Rn 16). – **Wird eine nicht rechtshängige Sache im PKH-Verfahren verwiesen,** so hat dieser Beschluß keine Bindungswirkung für den anschließenden Zivilprozeß (str, s § 114 Rn 20, § 281 Rn 17a). Für Familiensachen aus dem Bereich der freiwilligen Gerichtsbarkeit (§ 621 a Rn 1) gilt dies nur eingeschränkt. Hier wird nicht 73b zwischen Rechtshängigkeit und Anhängigkeit unterschieden. Nur ausnahmsweise wird lediglich PKH begehrt, ohne daß zugleich die Hauptsache anhängig wird. Hier wird es kaum vorkommen, daß ein PKH-Verfahren ohne die Hauptsache verwiesen wird.

74 e) Über **Kompetenzkonflikte** zwischen FamG und Zivilprozeßabteilung entscheidet nicht das Präsidium des AG (BGH FamRZ 78, 582). Dieses darf nur seinen eigenen Geschäftsverteilungsplan verbindlich auslegen; s § 21 e GVG Rn 38. Über die gesetzliche Geschäftsverteilung entscheidet entsprechend § 36 Nr 6 das im Rechtszug zunächst höhere Gericht, dh der BGH, das BayObLG oder das OLG (BGH FamRZ 88, 1035; FamRZ 89, 165; FamRZ 94, 25 f = NJW-RR 93, 1282 f; Bamberg OLGZ 93, 472 f). Auf die Erfordernisse der rechtskräftigen Unzuständigkeitserklärung (§ 36 Nr 6) und des Gesuchs einer Partei (§ 37) wird dabei verzichtet (BGH aaO u FamRZ 79, 421; Karlsruhe FamRZ 91, 90). Voraussetzung für eine Zuständigkeitsbestimmung ist aber, daß eines der beteiligten Gerichte zuständig ist (BGH FamRZ 95, 728 u 1135). Kompliziert werden Kompetenzkonflikte, bei denen Fragen der sachlichen Zuständigkeit und der gesetzlichen Geschäftsverteilung miteinander vermischt sind. Beispiele (Frankfurt FamRZ 89, 75 = NJW-RR 6; BayObLG FamRZ 92, 333 = NJW-RR 93, 10): Das LG verweist eine Sache an das FamG mit der unzutreffenden Begründung, es handele sich um eine Familiensache. Diese Verweisung ist nach § 281 II bindend, soweit sie die sachliche Zuständigkeit und damit die Frage betrifft, ob das LG oder das AG zuständig ist. Im Verfahren nach § 36 Nr 6 muß das höhere Gericht bestimmen, daß das AG zuständig ist. Die Verweisung ist nicht bindend, soweit sie die gesetzliche Geschäftsverteilung, dh die Frage betrifft, ob das FamG oder die allgemeine Zivilprozeßabteilung zuständig ist. Da zwischen diesen beiden Abteilungen des AG noch kein Kompetenzkonflikt entstanden ist, kann das höhere Gericht seine Meinung zu dieser Frage nur in einem obiter dictum mitteilen, wenn es über die sachliche Zuständigkeit entscheidet.

75 X) Da die §§ 10, 512a, 549 II nur die Überprüfung der sachlichen und örtlichen Zuständigkeit in der Rechtsmittelinstanz beschränken (BGH FamRZ 96, 601 f), ist die **Internationale Zuständigkeit** ist in jeder Verfahrenslage von Amts wegen zu prüfen (BGH aaO u FamRZ 94, 300 f u 434 = NJW-RR 642; FamRZ 94, 1027), auch in Angelegenheiten der freiwilligen Gerichtsbarkeit (BGH NJW 91, 3087 f; FamRZ 93, 798 = IPRax 94, 131; FamRZ 93, 1053 = NJW-RR 962; FamRZ 94, 825 = NJW-RR 962; BayObLG FamRZ 94, 913). Sie richtet sich nach der lex fori, also nach deutschem Recht (BGH FamRZ 95, 551), und ergibt sich im Regelfall aus der örtlichen Zuständigkeit (BGH DAVorm 96, 379 f; stRsp seit BGH FamRZ 83, 806; Jayme IPRax 84, 121), also auch aus § 621 II. Abs 2 S 1 ist durch das IPR-NeuregelungsG neu gefaßt worden, um klarzustellen, daß die Verbundzuständigkeit keine ausschließliche internationale Zuständigkeit ist (München IPRax 92, 174; Celle NJW-RR 92, 1288/1290 aE).

76 1) **Zuständigkeit bei Anhängigkeit einer Ehesache:** Ist eine **Ehesache im Ausland anhängig**, so können andere Familiensachen derselben Familie im Inland betrieben werden, wenn nach allgemeinen Zuständigkeitsregeln (Rn 83) deutsche Gerichte zuständig sind (Frankfurt NJW-RR 90, 647; Jayme IPRax 83, 129 f). Das deutsche FamG darf die andere Sache nicht gemäß § 621 III an das ausländische Gericht verweisen (München FamRZ 79, 153; Frankfurt FamRZ 90, 747 f mwN; Henrich IPRax 85, 90 mwN). Ist die **Ehesache im Inland anhängig**, so ist das FamG der Ehesache zuständig für die Folgesachen (§ 623 I 1) und andere Familiensachen derselben Familie (Abs 2 S 1; § 606 a Rn 19; Düsseldorf FamRZ 80, 1005 f mwN; Frankfurt IPRax 83, 294 f mwN; KG FamRZ 88, 167 f = IPRax 234 f; Hamm FamRZ 90, 782 mwN; Henrich IPRax 82, 204; Basedow IPRax 83, 279 Fußn 9; ebenso für Versorgungsausgleichssachen BGH NJW 92, 3293 f = FamRZ 93, 176 f; stRsp seit BGHZ 75, 241/243 f = FamRZ 80, 29 = NJW 47). Die Zuständigkeit für die Folgesachen dauert fort, wenn der Scheidungsausspruch vor der Entscheidung über die Folgesachen rechtskräftig wird (Hamm FamRZ 90, 781 mwN; Karlsruhe IPRax 93, 97 f). Der Grundsatz des Abs 2 S 1 wird durch staatsvertragliche Regelungen durchbrochen, die immer vorrangig sind, wenn sie unmittelbar anwendbares innerstaatliches Recht geworden sind (Art 3 II 1 EGBGB).

77 a) Das Europäische **Übereinkommen über die gerichtliche Zuständigkeit und die Vollstreckung gerichtlicher Entscheidungen in Zivil- und Handelssachen** (GVÜ; s Anh I) gilt nicht für Ehesachen (Art 1 II Nr 1; BGH FamRZ 92, 1058 f = NJW-RR 642 = IPRax 94, 40 f) und nicht für die Herausgabe von Kindern (BGH FamRZ 83, 1008 = NJW 2775 = MDR 921), ebensowenig für Versorgungsausgleichssachen (Art 1 Nr 1 u 3; BGH FamRZ 93, 798 = IPRax 94, 131; Rauscher IPRax 88, 344), Güterrechtssachen (Art 1 Nr 1) und Ehewohnungs- und Hausratssachen (StJSchlosser 62; Rahm/Paetzold VIII Rn 700 Fußn 4; anders Jayme IPRax 81, 49 f). Es gilt auch nicht für Entscheidungen über die Vermögensauseinandersetzung im Zusammenhang mit der Scheidung (EuGHE 1979, 1055 = NJW 79, 1100; Geimer IPRax 92, 6). Anwendbar ist das GVÜ in **Unterhaltssachen** (Art 1, 5 Nr 2). Nach Art 2 I GVÜ sind Personen, die ihren Wohnsitz im Hoheitsgebiet eines Vertragsstaats (Belgien, Bundesrepublik Deutschland, Dänemark, Frankreich, Griechenland, Großbritannien, Irland, Italien, Luxemburg, Niederlande) haben, ohne Rücksicht auf ihre Staatsangehörigkeit vor den Gerichten dieses Staates zu verklagen. Die

Bestimmung setzt voraus, daß die Parteien ihren Wohnsitz in verschiedenen Vertragsstaaten haben (Jayme IPRax 81, 10). In Unterhaltssachen kann der Unterhaltsberechtigte außerdem vor dem Gericht des Ortes klagen, an dem er seinen Wohnsitz oder gewöhnlichen Aufenthalt hat, wenn der Unterhaltspflichtige seinen Wohnsitz in einem anderen Vertragsstaat hat (Art 5 Nr 2 GVÜ; Hamm FamRZ 89, 1331). Diese Regelungen haben Vorrang vor § 621 II (Art 3 GVÜ; Jayme IPRax 84, 123 f; Rahm/Breuer VIII Rn 220). In diese Richtung deuten auch EuGH IPRax 81, 19; Henrich IPRax 85, 207; anders aber Bülow/Böckstiegel GVÜ Art 5 Anm II c. Weiter haben deutsche FamG die Rechtshängigkeit von Unterhaltsprozessen zu beachten, die in einem der vorgenannten EWG-Staaten anhängig sind (Art 21 GVÜ).

b) Für Verfahren zur Regelung der elterlichen Sorge, des Umgangsrechts und der Herausgabe eines Kindes gilt vorrangig vor § 621 II das Haager **Minderjährigenschutzabkommen** (MSA – BGBl 71 II 219), und zwar auch im Verbundverfahren (BGHZ 89, 325 = FamRZ 84, 350 = NJW 1302; BGH FamRZ 94, 827 f = NJW-RR 834). Das Abkommen regelt die internationale Zuständigkeit zwar nicht ausschließlich (BGH FamRZ 79, 577 f; München FamRZ 93, 349 = IPRax 94, 42; Roth IPRax 94, 19), verdrängt aber die allgemeinen Regeln des internationalen Verfahrensrechts (BGH aaO u FamRZ 81, 135 f mwN = NJW 520; BayObLG FamRZ 94, 913 f; Celle RPfleger 93, 282). **Art 1 MSA** lautet: 78

Die Behörden, seien es Gerichte oder Verwaltungsbehörden, des Staates, in dem ein Minderjähriger seinen gewöhnlichen Aufenthalt hat, sind vorbehaltlich der Bestimmungen der Art 3, 4, 5 Absatz 3 dafür zuständig, Maßnahmen zum Schutz der Person und des Vermögens des Minderjährigen zu treffen.

aa) Das MSA ist anzuwenden, wenn ein Kind seinen gewöhnlichen Aufenthalt in einem **Vertragsstaat** hat (Art 13 I MSA); auf die Staatsangehörigkeit des KIndes kommt es nicht an (BayObLG FamRZ 94, 913 f). Vertragsstaaten sind die Schweiz, Portugal, Luxemburg und die Bundesrepublik Deutschland (BGBl 71 II 1150), die Niederlande und niederländischen Antillen (BGBl 72 II 15 u 82 II 410), Frankreich (BGBl 72 II 1558 u 84 II 460), Österreich (BGBl 75 II 699), die Türkei (BGBl 84 II 460) und Spanien (BGBl 87 II 449 u 88 II 860). Es kommt nicht darauf an, ob das Kind einem Vertragsstaat angehört; denn die Bundesrepublik Deutschland hat sich nicht vorbehalten, die Anwendung des MSA auf Angehörige der Vertragsstaaten zu beschränken (Art 13 III MSA; BGH FamRZ 81, 135 f u 84, 350; NJW-RR 86, 1130 = IPRax 87, 317; Hamm FamRZ 89, 1324; Köln FamRZ 92, 1093 f; Karlsruhe FamRZ 93, 96 f). Auch in iranisch-deutschen Fällen sind die Zuständigkeitsregeln des MSA anzuwenden; das deutsch-iranische Niederlassungsabkommen (RGBl 30 II 1006) enthält keine eigene Zuständigkeitsregelung (Frankfurt FamRZ 91, 730 = NJW-RR 92, 136; Bremen NJW-RR 92, 1288). 79

bb) Nach Art 1 MSA sind die Gerichte des Vertragsstaats, in dem ein Kind seinen gewöhnlichen Aufenthalt hat, international zuständig für **Maßnahmen zum Schutz des minderjährigen Kindes.** Die Verfahrensgegenstände des § 621 I Nr 1–3 sind Schutzmaßnahmen (Sorgeregelung: BGHZ 60, 72 = FamRZ 73, 138 = NJW 417; BGHZ 78, 293/301 = FamRZ 81, 135/137 = NJW 520; FamRZ 84, 350 u 686 f = NJW 2761 = IPRax 85,40; IPRax 87, 317; Umgangsregelung: Stuttgart NJW 78, 1746 mwN u FamRZ 91, 363 f; Herausgabe des Kindes: BGHZ 67, 255/260 = FamRZ 77, 126 f = NJW 150 f; Stuttgart NJW 85, 566; BayObLG FamRZ 91, 216 f = NJW-RR 92, 70). Auch die Abänderung einer Sorge- oder Umgangsregelung ist eine Schutzmaßnahme (Karlsruhe FamRZ 95, 562 f), nicht aber die Zuerkennung von Unterhalt (Schwimann IPRax 82, 81; Siehr IPRax 82, 90). 79a

cc) Deutsche Familiengerichte sind nach Art 1 MSA nur zuständig, wenn das Kind seinen **gewöhnlichen Aufenthalt im Inland** hat. In dringenden Fällen begründet auch ein vorübergehender Aufenthalt die Zuständigkeit deutscher Gerichte (Art 9 MSA). Zum Begriff des gewöhnlichen Aufenthalts s § 606 Rn 16 ff, für Entführungsfälle § 606 Rn 25. Hat ein Kind seinen gewöhnlichen Aufenthalt in der Bundesrepublik Deutschland, so ist das FamG der Ehesache zuständig. Hat ein Kind seinen gewöhnlichen Aufenthalt in einem ausländischen Vertragsstaat, so sind dessen Gerichte zuständig, nicht aber das deutsche FamG, bei dem die Ehesache der Eltern des Kindes anhängig ist, und zwar auch dann nicht, wenn beide Eltern dies wünschen (Düsseldorf FamRZ 93, 1108 f = NJW-RR 268). Dies gilt uneingeschränkt für Kinder mit ausländischer Staatsangehörigkeit. Für ein **deutsches Kind** kann jedoch ein deutsches FamG nach Verständigung der ausländischen Behörden Schutzmaßnahmen treffen, wenn das Kindeswohl es erfordert (Art 4 MSA; näheres s Jayme FamRZ 79, 22; BayObLG FamRZ 76, 366 = DAVorm 83, 679/683; BayObLGZ 1978, 113/116), namentlich wenn die Maßnahmen zur Abwendung einer dem Kind drohenden Gefahr erforderlich sind oder wenn die ausländischen Behörden untätig bleiben (Düsseldorf aaO; Karlsruhe FamRZ 94, 642 f). Ob im Falle der Ehescheidung das Wohl des im Ausland lebendes Kindes eine Entscheidung über die elterliche Sorge erfordert, ist streitig (bejahend StJSchlosser Rn 57 Fußn 310 mwN; verneinend JHSedemund-Treiber Rn 20). – Alle diese **Zuständigkeitsregeln sind zwingendes Recht.** Über sie dürfen sich deutsche Gerichte auch dann nicht hinwegsetzen, wenn beide Eltern dies wünschen (Düsseldorf FamRZ 93, 1108). 79b

80 **dd) Art 5 III MSA** lautet:

Wird der gewöhnliche Aufenthalt eines Minderjährigen, der unter dem Schutz der Behörden des Staates gestanden hat, dem er angehört, verlegt, so bleiben die von diesen nach ihrem innerstaatlichen Recht getroffenen Maßnahmen im Staate des neuen gewöhnlichen Aufenthaltes in Kraft.

Hieraus und aus Art 1 MSA folgt, daß grundsätzlich die Gerichte am gewöhnlichen Aufenthaltsort des Kindes über Schutzmaßnahmen entscheiden sollen, weil sie die Situation des Kindes am besten aufklären können (Karlsruhe FamRZ 94, 642 f). Wenn der gewöhnliche Aufenthalt eines Kindes während des Scheidungsprozesses seiner Eltern vom Ausland in die Bundesrepublik Deutschland verlegt wird, wird das FamG des Scheidungsprozesses für Schutzmaßnahmen zuständig (Hamm FamRZ 88, 864). Wird er vom Inland in einen anderen Vertragsstaat des MSA verlegt, so gilt der Grundsatz der **perpetuatio fori** nicht, und die Gerichte des anderen Staates werden international zuständig (Düsseldorf FamRZ 75, 641 u 81, 1005 mwN; Bamberg FamRZ 81, 1106 = NJW 82, 527; Koblenz FamRZ 89, 204 f; Stuttgart FamRZ 89, 1110 = NJW-RR 1355; Hamm FamRZ 91, 1346 mwN; Celle FamRZ 93, 95 = NJW-RR 92, 1288 f; RPfleger 93, 282; Henrich IPRax 86, 365; Roth IPRax 94, 20; Johannsen/Henrich Art 19 EGBGB Rn 4; MK-BGB/Siehr Anh II hinter Art 19 EGBGB Rn 30; anders KG FamRZ 74, 144 = NJW 424; BayObLG FamRZ 76, 366/368; München FamRZ 81, 389; 93, 349). Dies gilt nicht bei Kindesentführungen (Karlsruhe FamRZ 94, 642 f mwN) und nicht bei Aufenthaltswechsel nach der Entscheidung des Eingangsgerichts (BayObLGZ 1976, 25/30; München FamRZ 93, 349 = IPRax 94, 42 f; Roth aaO). Wird der Aufenthalt in einen anderen Vertragsstaat verlegt, nachdem bereits eine Schutzmaßnahme getroffen worden ist, so ist diese nicht wegen Fortfalls der Zuständigkeit aufzuheben. Sie bleibt nach Art 5 I MSA in Kraft, bis sie von den Behörden den neuen Aufenthaltsortes aufgehoben wird (Hamburg IPRax 86, 386; Henrich IPRax 86, 365). Wird während eines Scheidungsprozesses der gewöhnliche Aufenthalt eines Kindes von Deutschland in einen Staat verlegt, der nicht zu den Vertragsstaaten gehört, so bleibt die Zuständigkeit des deutschen FamG nach § 621 II erhalten (Düsseldorf FamRZ 81, 1005; Henrich IPrax 86, 366).

81 **ee) Art 3 MSA** lautet:

Ein Gewaltverhältnis, das nach dem innerstaatlichen Recht des Staates, dem der Minderjährige angehört, kraft Gesetzes besteht, ist in allen Vertragsstaaten anzuerkennen.

Besteht nach dem Heimatrecht des Kindes ein elterliches Gewaltverhältnis nach der Scheidung weiter, so darf ein deutsches Gericht in dieses Gewaltverhältnis nur eingreifen, soweit das Heimatrecht des Kindes dies gestattet (Art 3 MSA; BGH FamRZ 84, 686 f = NJW 2761 = MDR 1013; NJW-RR 86, 1130 = IPRax 87, 317; Celle FamRZ 89, 1324). Art 3 MSA schränkt die Zuständigkeit deutscher Gerichte nicht ein (AG Eschwege FamRZ 95, 565; Oberloskamp MSA Art 1 Rn 152; MK-BGB/Siehr Art 19 EGBGB Anh 110; Staudinger/Kropholler Vorbem 355, 408, 413 vor Art 18 EGBGB; anders der Leitsatz von BGHZ 60, 68 = NJW 73, 417, nicht aber die Gründe; ebenso beiläufig BGH FamRZ 93, 316 = NJW 848; FamRZ 93, 1053 = NJW-RR 962; FamRZ 94, 827 f = NJW-RR 834). Die Bestimmung schreibt den Gerichten nur den Rahmen vor, in dem sie tätig werden dürfen. Läßt das ausländische Recht Eingriffe in das Gewaltverhältnis zu, so darf auch ein deutsches Gericht in diesem Rahmen Schutzmaßnahmen zugunsten des Kindes treffen (BGH FamRZ 84, 686 f; Stuttgart NJW 85, 566; Karlsruhe IPRax 89, 388; Koblenz FamRZ 90, 552; Henrich IPRax 89, 311; StJSchlosser Rn 57; ausführlich Rahm/Paetzold VIII Rn 453 ff). Ist ein Kind ausländischer und deutscher Staatsangehöriger, so ist das Gewaltverhältnis des ausländischen Heimatrechts nur zu beachten, wenn das Kind im Zeitpunkt der Entscheidung (Hamm FamRZ 88, 1198 f) zu seinem ausländischen Heimatstaat eine wesentlich engere Beziehung hat als zum Inland (BGH FamRZ 81, 135/138 = NJW 520; Bamberg FamRZ 81, 1106 = NJW 82, 527 mwN; BayObLG FamRZ 82, 1118 mwN; Hamm FamRZ 88, 864 f; österreichischer OGH IPRax 92, 176 f; Mottl IPRax 92, 179 ff). Hierfür ist der gewöhnliche Aufenthalt ein wichtiges Indiz (BGH aaO; Düsseldorf FamRZ 94, 107/109 = NJW-RR 94, 5 f). Bei ernstlicher **Gefährdung von Kindern** gestattet **Art 8 MSA** den deutschen Gerichten auch Eingriffe in Gewaltverhältnisse, die nach Art 3 MSA anzuerkennen sind (BGH 60, 68/73 f = FamRZ 73, 139 f; BayObLG FamRZ 88, 867; 90, 780).

82 c) Hält sich ein **Kind in einem Staat** auf, **der nicht zu den Vertragsstaaten des MSA gehört,** so ist dieses Übereinkommen unanwendbar (Bamberg FamRZ 81, 1106 = NJW 82, 527; Celle FamRZ 93, 95 = NJW-RR 92, 1288 f). Für Sorgerechtsregelungen ist das FamG der Ehesache zuständig (§ 621 II; Henrich IPRax 82, 204, Siehr IPRax 84, 310). Hält sich ein Elternteil mit dem Kind im Ausland auf oder leben gar beide Eltern dort (vgl § 606 III), so können unlösbare Schwierigkeiten entstehen, wenn ermittelt werden soll, welche Regelung dem Kindeswohl am besten entspricht und welche Bindungen das Kind zu Eltern, Geschwistern und Dritten hat (vgl § 1671 II BGB). Nicht immer werden diese Probleme mit Hilfe des internationalen Sozialdienstes gelöst werden können. Die persönliche Anhörung von Eltern und Kind (§§ 50 a f FGG) wird oft unmöglich sein. Ist es, um eine Gefahr für das Kindeswohl abzuwenden, notwendig, die Personensorge auf einen

Vormund zu übertragen, so kann eine solche Maßnahme sinnlos sein, wenn der Vormund die Sorge nicht ausüben kann, ohne die Souveränität des Staates zu verletzen, in dem das Kind sich aufhält. In solchen Fällen liegt es nahe, daß das deutsche FamG seine Zuständigkeit als **forum non conveniens** verneint, weil ein ausländisches Gericht dem Sachverhalt näher steht; vgl AG Eggenfelden IPRax 82, 78; Frankfurt IPRax 83, 295 f mit abl Anm Schlosser IPRax 83, 285; München IPRax 82, 78; Jayme FamRZ 79, 22 f u IPRax 84, 330; JHSedemund-Treiber Rn 20; Rahm/Breuer VIII Rn 18 mwN).

d) Nach Art 16 des Haager **Übereinkommens über die** zivilrechtlichen Aspekte internationaler **Kindesentführung** (s Palandt/Heldrich Anh 62 zu Art 24 EGBGB) dürfen deutsche Gerichte, denen das widerrechtliche Verbringen oder Zurückhalten eines Kindes mitgeteilt worden ist, eine Sachentscheidung über die elterliche Sorge erst treffen, wenn entschieden ist, daß das Kind auf Grund dieses Übereinkommens nicht zurückzugeben ist, oder wenn innerhalb angemessener Frist nach der Mitteilung kein Antrag auf Rückgabe des Kindes nach diesem Übereinkommen gestellt wird. Vertragsstaaten sind: Argentinien, Australien, Belize, Dänemark, Deutschland, Frankreich, Großbritannien, Israel, Irland, Jugoslawien, Kanada, Luxemburg, Mexiko, Neuseeland, die Niederlande, Norwegen, Portugal, die Schweiz, Schweden, Spanien, Ungarn und die USA. Das Übereinkommen gilt nach seinem Art 34 im Verhältnis zwischen den Vertragsstaaten vorrangig vor dem MSA. Während der Anhängigkeit einer Ehesache ist für die Anordnung von Maßnahmen in Bezug auf die Rückgabe des Kindes das deutsche FamG örtlich zuständig, bei dem die Ehesache im ersten Rechtszug anhängig ist oder war (§ 6 I 1 des **Gesetzes zur Ausführung von Sorgerechtsübereinkommen** – BGBl 90 I 701 – verweist auf § 621 II). Ist keine Ehesache vor einem deutschen Gericht anhängig, so ist das FamG zuständig, in dessen Bezirk sich das Kind aufhält, sonst das FamG, in dessen Bezirk das Bedürfnis der Fürsorge besteht (§ 5 des Gesetzes). 82a

2) **Ohne Anhängigkeit einer Ehesache** folgt die internationale Zuständigkeit weitgehend der örtlichen (BGH NJW 87, 2116 mwN): **a) In unterhalts- und güterrechtlichen Familiensachen** ist das Gericht des Wohnsitzes des Beklagten zuständig (§ 13). Die internationale Zuständigkeit kann im gleichen Umfang wie die örtliche Zuständigkeit durch rügelose Einlassung begründet werden (§ 39 ZPO; s dort Rn 4). Über die Geltung des GVÜ s Rn 77. Besonderer Gerichtsstand für Unterhaltssachen: § 23 a; über das Verhältnis dieser Vorschrift zum GVÜ s § 23 a Rn 2. 83

b) Für die **elterliche Sorge, das Umgangsrecht und die Herausgabe eines Kindes** gilt vorrangig das MSA; s Rn 78 ff. Hat das Kind in einem MSA-Vertragsstaat (s Rn 79) seinen gewöhnlichen Aufenthalt, so sind die Gerichte dieses Staates international zuständig (Art 1, 4–6, 8 MSA). In dringenden Fällen begründet daneben der schlichte Aufenthalt die Zuständigkeit (Art 9 MSA); auch dies gilt aber nur, wenn sich das Kind gewöhnlich in einem Vertragsstaat aufhält (Karlsruhe FamRZ 84, 819; Hamm FamRZ 92, 208 f). Hält es sich nicht in einem solchen Staat auf, so richtet sich die internationale Zuständigkeit nach den §§ 43, 35 b FGG. Nach § 35 b I Nr 1 FGG sind deutsche Gerichte immer zuständig, wenn das Kind deutscher Staatsangehöriger ist. Ob es zugleich ausländischer Staatsangehöriger ist und ob es zu seinem ausländischen Heimatstaat eine engere Beziehung hat als zum Inland, ist unerheblich (Karlsruhe aaO; Hamm IPRax 93, 104/106; Rahm/Paetzold VII 474; anders Bamberg FamRZ 81, 1106 = NJW 82, 527). Nach § 35 b I Nr 2 FGG ist der gewöhnliche Aufenthalt zuständigkeitsbegründendes Kriterium. Wird der Aufenthalt während der Anhängigkeit des Verfahrens vom Inland ins Ausland verlegt, so gilt der Grundsatz der **perpetuatio fori** nicht. In Angelegenheiten ausländischer Kinder erlischt die Zuständigkeit deutscher Gerichte, weil deren Einfluß verloren geht. Die größere Sachnähe des ausländischen Gerichts verdrängt die perpetuatio (Bamberg aaO). Jedoch läßt ein Aufenthaltswechsel nach der Entscheidung des Eingangsgerichts die internationale Zuständigkeit nicht wieder entfallen (BayObLGZ 1976, 25; München FamRZ 93, 349 = IPRax 94, 42 f). Schließlich sind deutsche Gerichte international zuständig, wenn ein Kind ihrer Fürsorge bedarf (§ 35 b II FGG). Ob die Entscheidung des deutschen FamG im Heimatstaat des Kindes anerkannt wird, hat auf die internationale Zuständigkeit keinen Einfluß. § 606 a I Nr 4 ist nicht sinngemäß anwendbar (Rahm/Paetzold VII 479 mwN). 83a

c) In selbständigen **Versorgungsausgleichssachen** ist das deutsche Gericht zuständig, das für die Scheidung zuständig war (BGH FamRZ 94, 827 f = NJW-RR 834; stRsp seit BGHZ 75, 241/243 f = FamRZ 80, 29/30 = NJW 47) oder wäre, wenn die Ehe nicht bereits im Ausland geschieden worden wäre (Keidel/Kuntze § 45 Rn 27). Die internationale Zuständigkeit ergibt sich – anders als die örtliche (Rn 90) – nicht aus § 45 FGG (anders Hamm FamRZ 92, 826 f = NJW-RR 93, 263; StJSchlosser Rn 54). 83b

d) In selbständigen **Ehewohnungs- und Hausratssachen** ist das Gericht, in dessen Bezirk die gemeinsame Wohnung der Ehegatten liegt, örtlich (§§ 11 II, 18 a HausratsVO) und damit auch international zuständig (Hamm FamRZ 81, 875; Jayme IPRax 81, 49 f u 83, 129 f; Henrich IPRax 85, 89 mwN). Haben die (geschiedenen) Eheleute keine gemeinsame Wohnung im Inland, so 84 richtet sich die Zuständigkeit nach § 606 II u III (§ 11 II 2 HausratsVO; MK-BGB/Müller-Gindullis Rn 6; Erman/Dieckmann Rn 2, beide zu § 11 HausratsVO). Das FamG kann die Rechtsverhältnisse am Hausrat regeln, auch wenn sich dieser im Ausland befindet, ebenso die Rechtsverhältnisse an einer ausländischen Eigentumswohnung der Ehegatten. In das Mietverhältnis zwischen Eheleuten und ihrem ausländischen Vermieter darf es nicht eingreifen (Rahm/Paetzold VIII Rn 706).

85 **XI) Örtliche Zuständigkeit bei Anhängigkeit einer Ehesache (Abs 2 S 1): 1) Grundgedanke:** Ehesachen (§ 606 Rn 1–20) und andere Familiensachen derselben Familie, die gleichzeitig anhängig sind, können von einem Gericht sachgerechter und rationeller bearbeitet werden als von mehreren Gerichten. Häufig bestehen Zusammenhänge, zB zwischen der Unterhaltsklage der getrenntlebenden Ehefrau und der Frage, ob ihr die elterliche Sorge übertragen wird, oder zwischen der Höhe des Frauen- und des Kindesunterhalts. Deshalb werden alle Familiensachen beim Gericht der Ehesache zusammengefaßt. Dieses ist auch für die Unterhaltsklage eines erwachsenen Kindes gegen einen Elternteil und für diejenige eines Sozialhilfeträgers gegen einen Ehegatten zuständig (Frankfurt FamRZ 88, 184 = NJW-RR 1350; anders AG Holzminden FamRZ 96, 179 f für den Revokationsanspruch nach den §§ 1368, 1369 III BGB).

86 2) Die Zuständigkeitsregel des Abs 2 setzt **Anhängigkeit** einer Ehesache voraus. Ehesachen in diesem Sinn sind auch Wiederaufnahmeklagen in Scheidungssachen (anders Karlsruhe FamRZ 96, 301 f). Die Anhängigkeit der Ehesache beginnt mit der Einreichung des Scheidungs- oder Aufhebungsantrages oder der Klageschrift beim Familiengericht (§ 622 I). Die Einreichung eines Prozeßkostenhilfeantrages reicht – anders als im Fall des § 620 a II – nicht aus. Die Anhängigkeit endet nicht durch bloßes Nichtbetreiben der Ehesache oder durch Weglegen der Akte nach § 7 der Aktenordnung (BGH NJW-RR 93, 898). Sie endet durch Rücknahme des Scheidungsantrages bzw der Klage (§ 269), durch übereinstimmende Erledigungserklärungen beider Ehegatten in der mündlichen Verhandlung, mit dem Tod eines Ehegatten (§ 619) oder mit Rechtskraft des Urteils in der Ehesache (BGH FamRZ 86, 454 = NJW 3141 = MDR 484). Wegen der Rechtskraft des Scheidungsausspruchs s § 629 d Rn 3 ff. Wird durch Vorabscheidung (§ 628 I), Rechtsmittelverzicht (§ 629 a IV) oder durch Verstreichen der Fristen des § 629 a III der Scheidungsausspruch rechtskräftig, bevor über die Folgesachen entschieden wird, so begründet die Anhängigkeit der Folgesache nicht mehr den Gerichtsstand für andere Familiensachen (BGH FamRZ 82, 43 = NJW 1000 = MDR 217). Endet die Anhängigkeit der Ehesache zwischen Einreichung und Zustellung der Klage in einer anderen Familiensache, so erlischt die Zuständigkeit des Familiengerichts für die andere Sache (BGH FamRZ 81, 23 = NJW 126 = MDR 36). Endet die Anhängigkeit der Ehesache nach Zustellung dieser Klage, so bleibt das Gericht der Ehesache zuständig (§§ 253 I, 261 III 2; BGH FamRZ 86, 454 u 88, 1257).

86a 3) Auf den ersten Blick liegt es nahe, § 621 II 1 so auszulegen, daß nur das für die Ehesache zuständige Gericht auch für andere Familiensachen zuständig ist. Bei wortgetreuer Auslegung ergibt Abs 2 jedoch, daß auch die **Anhängigkeit einer Ehesache vor dem örtlich unzuständigen FamG genügt, um dessen Zuständigkeit für andere Familiensachen zu begründen.** Für diese Auslegung spricht namentlich der Zusammenhang zwischen Abs 2 und Abs 3. Das Gericht, das eine andere Familiensache nach Abs 3 an das Gericht der Ehesache überleitet, kann nicht prüfen, ob das Gericht der Ehesache zuständig ist. Wenn aber nach Abs 3 die bloße Rechtshängigkeit einer Ehesache und nicht erst die Zuständigkeit für diese Sache dazu führt, daß das Gericht der Ehesache andere Familiensachen derselben Parteien von anderen Gerichten übernehmen muß, dann ist es auch sinnvoll, Abs 2 ebenso auszulegen und das – nur auf den ersten Blick wenig zweckmäßige – Ergebnis in Kauf zu nehmen, daß das für die Ehesache nicht zuständige Gericht für die anderen Familiensachen zuständig wird. Meistens wird es diese Sachen zusammen mit der Ehesache an das für diese zuständige Gericht verweisen können (§§ 281 I, 621 III).

86b 4) Der in Rn 86 a eingenommene Standpunkt führt dazu, daß § 621 II sich mißbrauchen läßt, um einen **Gerichtsstand** für selbständige Familiensachen zu **erschleichen.** Beispiel: Der Ehemann verläßt Frau und Kinder in Köln und zieht nach München. Um die Zuständigkeit für ein selbständiges Sorgerechtsverfahren zu erschleichen, reicht er beim dortigen unzuständigen FamG einen Scheidungsantrag ein, der mangels Kostenvorschusses nicht zugestellt wird. Sein Sorgerechtsantrag ist als unzulässig zurückzuweisen (KG FamRZ 89, 1105).

86c 5) Wird der Scheidungsausspruchs rechtskräftig, so bleibt der Gerichtsstand des § 621 II bestehen für Familiensachen, die vor Eintritt der Rechtskraft rechtshängig geworden sind (§ 261 III). Für danach rechtshängig gewordenen Sachen besteht er nicht mehr. Dies kann zu unliebsamen Konsequenzen in Unterhaltsprozessen führen, wenn der Beklagte seinen Wohnsitz nicht am Gerichtsstand der Scheidungssache hat. Wenn ein Ehegatte während des Scheidungsprozesses **Klage auf Unterhalt für die Zeit des Getrenntlebens** erhebt und sie nach Rechtskraft der Scheidung **auf den nachehelichen Unterhalt erweitert,** bringt er einen neuen Streitgegenstand in den Prozeß hinein (BGH FamRZ 81, 242 = NJW 978 = MDR 484). Der Beklagte kann sich – was zweckmäßig ist – auf den geänderten Teil der Klage einlassen, ohne die fehlende Zuständigkeit zu rügen (§ 39). Er kann aber auch geltend machen, daß das Scheidungsgericht für den nachehelichen Unterhalt nicht zuständig ist (StJSchumann § 261 Rn 83, Thomas/Putzo § 261 Anm 5 b, Wieczorek § 263 C II c). Hieran hindert ihn auch nicht die Erwägung, daß beide Streitgegenstände sachlich eng zusammenhängen. Der Fall zeigt, daß es zweckmäßiger gewesen wäre, den nachehelichen Unterhalt als Folgesache (§ 623 I 1) im Scheidungsprozeß geltend zu machen als ihn nachträglich an den Trennungsunterhalt anzuhängen.

6) Wird während der Anhängigkeit der Ehesache eine Klage in einer anderen Familiensache bei einem **unzuständigen Gericht** erhoben, so ist sie als unzulässig abzuweisen oder auf Antrag des Klägers – nicht von Amts wegen – an das zuständige Gericht zu verweisen (§ 281 I; KG FamRZ 80, 470). Bei einer solchen Verweisung hat der Kläger – anders als im Fall des § 621 III 2 – die Mehrkosten zu tragen, die durch das Verfahren vor dem unzuständigen Gericht entstanden sind (§ 281 III 2). 87

7) Im Falle des Abs 2 ist das Familiengericht **ausschließlich zuständig.** Die Prorogation eines anderen Gerichtsstands ist nicht zulässig (§ 40 II). Andererseits ist das erstinstanzliche Prozeßgericht des Vorprozesses ausschließlich zuständig für die **Zwangsvollstreckung** zur Erwirkung von Handlungen und Unterlassungen und für **Vollstreckungsabwehrklagen** (§§ 887 ff, 767 I, 802). Da auch diese Angelegenheiten Familiensachen sein können (Rn 17 f), können beide Zuständigkeiten miteinander kollidieren. Zuständig ist hier das Prozeßgericht des Vorprozesses. Es ist wichtiger, die Sachkunde dieses Gerichts aus dem Vorprozeß auszunutzen, als alle Angelegenheiten derselben Familie beim Gericht der Ehesache zusammenzufassen (BGH FamRZ 80, 346 = NJW 1393 = MDR 477). Richtet sich eine Abwehrklage gegen die Vollstreckung aus einem Scheidungsfolgenvergleich, den das LG vor dem 1. 7. 77 protokolliert hat, so ist jetzt das FamG zuständig, das nach dem Aufenthalt der Parteien zur Zeit des früheren Scheidungsprozesses zuständig gewesen wäre (BGH FamRZ 80, 47 = NJW 188 = MDR 215; Oldenburg FamRZ 91, 718). Dies gilt nicht für Vollstreckungsabwehrklagen gegen außergerichtliche Unterhaltstitel (Gütestellenvergleiche, notarielle und Jugendamtsurkunden): Zwar kollidiert auch hier der ausschließliche Gerichtsstand des § 621 II mit demjenigen der §§ 797 V, 802. Hier kann jedoch ein früherer Prozeß nicht fortgesetzt werden. Da im Scheidungsprozeß das Gericht der Ehesache ohnehin häufig mit den Unterhaltsstreitigkeiten der Parteien befaßt ist (einstweilige Anordnungen, Folgesachen), ist es vorrangig zuständig vor dem Familiengericht am allgemeinen Gerichtsstand nach § 797 V (Hamburg FamRZ 84, 68; BayObLG FamRZ 91, 1455 = NJW-RR 92, 263). 88

8) Die Regelung des § 621 II 1, nach der das FamG der Ehesache für andere Familiensachen derselben Familie ausschließlich zuständig ist, kollidiert auch mit den §§ 919, 802. Hiernach sind für **Arreste** zwei Gerichte ausschließlich zuständig: **1.** das Gericht der Hauptsache, das nach § 621 II 1 mit dem Gericht der Ehesache identisch ist, und **2.** das Amtsgericht, in dessen Bezirk sich der mit Arrest zu belegene Gegenstand oder die in ihrer Freiheit zu beschränkende Person befindet. Diese Zuständigkeit wird nicht durch § 621 II 1 beseitigt. § 919 bezweckt, dem Gläubiger dort **schnellen Zugriff** zu verschaffen, wo sich der Schuldner oder dessen Vermögen befindet. Dieser Zweck und der Grundgedanke des § 621 II 1, sachzusammenhangshalber alle Familiensachen beim Gericht der Ehesache zu konzentrieren, widersprechen einander nicht. Auch bei Anhängigkeit einer Ehesache darf das im § 919 bezeichnet Amtsgericht Arreste erlassen (Frankfurt FamRZ 88, 184 = NJW-RR 1350). Ebensowenig hindert die Anhängigkeit einer Ehesache bei einem FamG ein anderes FamG daran, analog § 44 FGG (Keidel/Kuntze § 44 Rn 7) die elterliche Sorge oder die **Herausgabe eines Kindes** vorläufig zu regeln, wenn in seinem Bezirk das Bedürfnis für eine solche Maßnahme entsteht. 88a

XII) Örtliche Zuständigkeit ohne Anhängigkeit einer Ehesache (Abs 2 S 2): 1) Wird eine Familiensache anhängig, ohne daß eine Ehesache anhängig ist, so richtet sich die örtliche Zuständigkeit des FamG nach den allgemeinen Vorschriften, dh bei Klagen aus dem ehelichen **Güterrecht** nach den §§ 12–16, 20, 23, bei **Unterhaltsklagen** nach denselben Bestimmungen und den §§ 23 a, 35 a. In diesen zivilprozessualen Familiensachen kann die örtliche Zuständigkeit eines kraft Gesetzes nicht zuständigen FamG durch Vereinbarung oder rügelose Einlassung des Beklagten begründet werden (§§ 38 II, III, 39, 40 II). Die Regelung des Abs 1 über die ausschließliche Zuständigkeit betrifft nur die sachliche, nicht die örtliche Zuständigkeit (BGHZ 71, 264/267 f = FamRZ 78, 582 ff = NJW 1531). Für die **Vollstreckungsabwehrklagen** in Familiensachen ist jedoch das Prozeßgericht des ersten Rechtszuges ausschließlich zuständig (§§ 767 I, 802; BGH FamRZ 80, 346, Schleswig SchlHA 80, 143). 89

2) Bei Streitigkeiten über die **elterliche Sorge,** das Umgangsrecht und die Herausgabe eines Kindes richtet sich die örtliche Zuständigkeit nicht nach § 85 KJHG, der nur die Zuständigkeit des Jugendamtes regelt (BGH FamRZ 92, 794 f = NJW-RR 579 f), sondern nach den §§ 64 III 2, 43 I, 36 FGG (BGH NJW-RR 94, 322 Nr 1; FamRZ 94, 299 = NJW-RR 646). Dies gilt auch für **Änderungsverfahren** nach § 1696 BGB (BGH FamRZ 92, 170; NJW-RR 92, 1154; FamRZ 93, 49). Diese sind neue selbständige Verfahren. Die Zuständigkeit für das früher abgeschlossene Sorge- 90

regelungsverfahren dauert nicht fort (BGH aaO mwN u FamRZ 90, 1101 = 1224; 92, 49 f; 93, 307 = NJW-RR 130; FamRZ 87, 155 mwN). Das **Zwangsverfahren** nach § 33 FGG ist nicht Bestandteil des Umgangsregelungs- oder Herausgabeverfahrens, sondern ein selbständiges Verfahren.

90a Örtlich zuständig ist nach den §§ 43 I, 36 FGG das FamG, in dessen Bezirk der Minderjährige zu dem Zeitpunkt, in dem die Sache anhängig wird, seinen **Wohnsitz** hat (BGH NJW-RR 94, 322 Nr 1; FamRZ 94, 299 = NJW-RR 646). Über die Zuständigkeit, wenn das Kind keinen inländischen Wohnsitz hat oder wenn die elterliche Sorge für an verschiedenen Orten lebende Geschwister geregelt werden soll, s § 621a Rn 52. Der Wohnsitz eines ausländischen Kindes richtet sich nach deutschem Recht als der lex fori; denn die Bestimmungen über den Wohnsitz sind Bestandteile der verfahrensrechtlichen Zuständigkeitsvorschriften (BGH FamRZ 92, 794 f mwN = NJW-RR 579 f; FamRZ 93, 47 f u 307 = NJW-RR 130; FamRZ 94, 299 = NJW-RR 646). Ein minderjähriges Kind teilt den Wohnsitz seiner Eltern (§ 11 S 1 BGB), auch wenn es im Internat lebt (Oldenburg FamRZ 96, 235). Den Wohnsitz eines Elternteils, dem die Personensorge nicht zusteht, teilt es nicht (§ 11 S 1 BGB). Sind beide Eltern nicht personensorgeberechtigt, dann hat es dort seinen Wohnsitz, wo es mit Zustimmung seines Vormundes lebt (BGH FamRZ 92, 170 Nr 74). Eine einstweilige Anordnung, durch die einem Elternteil nur das Aufenthaltsbestimmungsrecht übertragen wird, nicht aber die gesamte elterliche Sorge, ändert den Wohnsitz nicht (BGH NJW-RR 92, 1154 = FamRZ 93, 49; s auch Düsseldorf NJW-RR 91, 1411 = DAVorm 777).

90b Trennen sich **Eltern,** die **gemeinsam sorgeberechtigt sind,** so hat das Kind bei jedem von ihnen einen abgeleiteten Wohnsitz (BGH FamRZ 84, 162 = NJW 971; FamRZ 90, 1224 f u 1226 f; NJW-RR 92, 258; FamRZ 92, 664 = NJW-RR 578 f; FamRZ 92, 794 f = NJW-RR 579 f; FamRZ 93, 47 f, 48 f u 307 = NJW-RR 130; NJW-RR 94, 322 Nr 1; FamRZ 95, 728 = NJW 1224). Ob beide Eltern sorgeberechtigt sind, bestimmt sich nicht nach der lex fori, sondern nach dem Heimatrecht des Kindes (Hamm FamRZ 77, 132/134). Solange beiden Eltern die Vertretung des Kindes in persönlichen Angelegenheiten zusteht, kommt es nicht darauf an, ob es sich bei dem Vater oder der Mutter aufhält (BGH aaO). Zu prüfen ist dann jedoch, ob die Eltern einvernehmlich den Wohnsitz des Kindes bei dem Elternteil aufgehoben haben, der von dem Kind getrennt lebt (BGH FamRZ 92, 664 = NJW-RR 578 f; NJW-RR 94, 322 Nr 1). Wenn das Kind zwei Wohnsitze hat, kann der Antragsteller im Sorgeregelungsverfahren zwischen den Gerichten beider Wohnsitze wählen (BGH NJW-RR 94, 322 Nr 1). Liegt der eine Wohnsitz in Deutschland, der andere im Ausland, so ist das FamG zuständig, zu dessen Bezirk der deutsche Wohnsitz gehört (BGH FamRZ 94, 664).

90c Bei der Regelung der Rechtsverhältnisse an der **Ehewohnung** und am **Hausrat** bestimmt sich die örtliche Zuständigkeit nach § 11 II HausratsVO und § 606 II und III ZPO, beim **Versorgungsausgleich** und den in den §§ 1382 f BGB geregelten Verfahren nach § 45 FGG (BGH FamRZ 88, 1160; 91, 927 = NJW 1744 f; NJW-RR 94, 322 f); dies gilt aber nicht für die internationale Zuständigkeit: Rn 83 b. Für den Antrag gegen den Versorgungsträger auf verlängerten schuldrechtlichen Versorgungsausgleich ist das Gericht zuständig, an dem der Antragsteller seinen gewöhnlichen Aufenthalt hat (BGH FamRZ 91, 927 = NJW-RR 1744 f). In den Familiensachen aus dem Bereich der freiwilligen Gerichtsbarkeit sind ebenso wie sonst im Verfahren der freiwilligen Gerichtsbarkeit Vereinbarungen über die örtliche Zuständigkeit nicht zulässig (Keidel/Kahl Rn 6 vor § 3).

91 **XIII) Überleitung (Abs 3): 1)** Alle **Familiensachen** derselben Beteiligten **werden beim Gericht der Ehesache zusammengefaßt,** wenn eine solche Sache rechtshängig wird, während andere Familiensachen bei anderen Gerichten im ersten Rechtszug anhängig sind (§§ 621 III 1 ZPO, 64 II 1 FGG, 11 III 1 HausratsVO). In diesem Fall hat das andere Gericht die bei ihm anhängigen Familiensachen an das Gericht der Ehesache überzuleiten. Überleiten ist der Oberbegriff für verweisen und abgeben (vgl §§ 621 III, 623 IV).

92 **2) Voraussetzungen für die Überleitung a)** Die **Ehesache** muß **rechtshängig** sein, dh die Antragsschrift muß zugestellt worden sein (§§ 261 I, 253 I). Wird im Prozeßkostenhilfeverfahren der Entwurf einer Antragsschrift dem Gegner zur Stellungnahme übersandt, so wird der Antrag dadurch nicht rechtshängig (BGHZ 7, 268). **b)** Die **überzuleitende Sache** muß eine Familiensache iS des § 621 I sein. Überzuleiten sind auch Verfahren der einstweiligen Verfügung zur Regelung des Unterhalts. Wegen einstweiliger Verfügungen über die Benutzung der Ehewohnung s Rn 52. **c)** Die **überzuleitende Sache** braucht nur **anhängig,** nicht aber rechtshängig zu sein. Die Anhängigkeit beginnt mit dem Eingang einer Antragsschrift oder Klagschrift beim Gericht, bei von Amts wegen einzuleitenden Verfahren (zB nach § 1696 BGB) mit der Einleitung von Ermittlungen durch das Gericht.

93 3) Übergeleitet wird nur eine Familiensache, die in **erster Instanz** anhängig ist. Ist eine Familiensache entgegen § 621 I beim **LG** anhängig gemacht worden, so hat dieses die Sache an das Gericht der Ehesache zu verweisen. Auch wenn die Verhandlung bereits geschlossen und die Sache entscheidungsreif ist, ist sie noch überzuleiten. Hat das FamG eine Endentscheidung

verkündet oder zugestellt, so darf es die entschiedene Sache nicht mehr an das Gericht der Ehesache verweisen; denn der Zweck des § 621 II, alle Entscheidungen beim Gericht der Ehesache zu konzentrieren, kann nicht mehr erreicht werden (BGH FamRZ 85, 800 mwN). Geht in einer Familiensache, die beim FamG X anhängig ist, eine einfache Beschwerde (§§ 567 ZPO, 19 FGG) ein und wird gleichzeitig beim FamG Y einen Ehesache derselben Parteien rechtshängig, so darf das FamG X weder der Beschwerde abhelfen noch sie dem Beschwerdegericht vorlegen. Es muß die Familiensache vorrangig an das FamG Y überleiten. Weiteres hierzu s Rn 94.

4) Nicht übergeleitet werden in der **Rechtsmittelinstanz** anhängige Familiensachen (BGH FamRZ 85, 800 mwN). Der fortgeschrittene Verfahrensstand verbietet einen Zuständigkeitswechsel. Verweist aber die Rechtsmittelinstanz die Sache an das FamG zurück, so hat sie sie zugleich an das Gericht der Ehesache überzuleiten (BGH FamRZ 80, 444 = NJW 1392 = MDR 565; Hamburg NJW-RR 93, 1286 f). Geht in einer Familiensache, die an ein anderes FamG überzuleiten ist, vor der Überleitung eine einfache Beschwerde beim OLG ein, so ist die Beschwerdesache in der Rechtsmittelinstanz anhängig geworden. Das OLG hat über die Beschwerde zu entscheiden. Danach hat das FamG die Sache überzuleiten. Hat das FamG eine einfache Beschwerde dem Beschwerdegericht vorgelegt, statt das Verfahren an das Gericht der Ehesache überzuleiten (s Rn 93 aE), dann hebt das Beschwerdegericht die Entscheidung über die Vorlegung der Beschwerde auf und leitet das Verfahren zugleich an das Gericht der Ehesache über. 94

5) **Zwangsvollstreckungssachen** werden nicht übergeleitet; s Rn 88. Anderes gilt für die **Vollziehung** von familiengerichtlichen Entscheidungen **nach § 33 FGG.** Die Vollziehung ist nicht Teil des Verfahrens, in dem die zu vollziehende Entscheidung getroffen worden ist, sondern eine selbständige Verrichtung iS des § 43 I FGG (BGH FamRZ 86, 789 mwN u 88, 1256). Sie ist an das Gericht der Ehesache abzugeben. Der Sinn dieser Verfahrensweise leuchtet namentlich in dem Fall ein, daß die Herausgabe eines Kindes erzwungen werden soll, für das das Ehegericht die elterliche Sorge zu regeln hat. 95

6) **Überleiten** bedeutet Verweisen und Abgeben. Verwiesen werden unterhalts- und güterrechtliche Zivilprozesse. Seit Inkrafttreten der Neufassung des § 281 II am 1.4.91 braucht hierüber nicht mehr mündlich verhandelt zu werden. Familiensachen aus dem Bereich der freiwilligen Gerichtsbarkeit werden abgegeben (§§ 64 II FGG, 11 III HausratsVO). Vor solchen Überleitungen ist den Parteien rechtliches Gehör zu gewähren. Verweisungs- und Abgabebeschlüsse sind unanfechtbar (§ 281 II 2) und für das Gericht der Ehesache bindend (§ 281 II 2). Eine **Weiterverweisung** der übergeleiteten Sachen ist aber bei Verweisung der Ehesache gemäß § 281 I erforderlich, ebenso wenn ein Scheidungsantrag abgewiesen und später bei einem anderen Gericht erneut die Scheidung beantragt wird. 96

7) Die bis zur Überleitung entstandenen **Kosten** werden als Teil der Kosten beim Gericht der Ehesache behandelt (§ 281 III 1). Nicht anwendbar ist § 281 III 2; denn kein Beteiligter hat zunächst ein unzuständiges Gericht angerufen und verdient es deshalb, mit den hierdurch entstandenen Kosten belastet zu werden. 97

8) Werden Familiensachen an das Gericht der Scheidungssache übergeleitet, so werden sie nicht automatisch zu Folgesachen iS des § 623 I 1. Mit der Scheidungssache zusammen werden sie nur verhandelt und entschieden, soweit der Antragsteller/Kläger der übergeleiteten Sache erklärt, daß er eine Entscheidung nur für den Fall der Scheidung begehrt (§ 623 I). Einzelheiten, namentlich zur elterlichen Sorge, s § 623 Rn 32. Werden Familiensachen an ein Familiengericht übergeleitet, bei dem eine andere Ehesache als ein Scheidungsprozeß anhängig ist, so ist ein **Verbund** mit dieser nicht möglich (§§ 610 II, 633; s § 623 Rn 3; 3 a). 98

9) Verweist das FamG der Ehesache eine andere Familiensache derselben Familie gemäß § 281 I 1 an ein anderes Gericht, so ist dieses **an die Verweisung gebunden** (§ 281 II 2) und darf die Sache nicht nach § 621 III an das verweisende Gericht zurückgeben (anders Frankfurt FamRZ 88, 184 = NJW-RR 1350). 99

XIV) Anspruchshäufung und Widerklage sind auch bei Familiensachen iS des § 621 I zulässig, soweit die Voraussetzungen der §§ 260, 33 ZPO erfüllt sind. Mehrere zivilprozessuale Familiensachen lassen sich verbinden, ebenso mehrere Familiensachen aus dem Gebiet der freiwilligen Gerichtsbarkeit. Eine Verbindung von zivilprozessualen Sachen mit solchen der freiwilligen Gerichtsbarkeit ist nur ausnahmsweise möglich; s §§ 621 a II, 623. Es ist nicht zulässig, Familiensachen und Nichtfamiliensachen zu häufen oder durch Widerklage miteinander zu verbinden (BGH FamRZ 79, 215 = NJW 426 = MDR 296, FamRZ 79, 217 = NJW 659 = MDR 295 u FamRZ 81, 1047 = NJW 2417; anders StJSchlosser Rn 52). Die Nichtfamiliensachen sind abzutrennen und an die Zivilprozeßabteilung des AG abzugeben (Frankfurt FamRZ 88, 735). Wird allerdings eine nicht familienrechtliche Widerklage erst in der Berufungsinstanz erhoben, so ist sie als unzulässig abzuweisen (Düsseldorf FamRZ 82, 511). Wird eine Nichtfamiliensache als Hauptanspruch und eine Familiensache als Hilfsanspruch geltend gemacht oder umgekehrt, so ist zunächst das 100

Gericht zuständig, das über den Hauptanspruch zu entscheiden hat. Eine Verweisung (Abgabe) wegen des Hilfsanspruchs, über den dieses Gericht nicht entscheiden darf, ist in diesem Stadium nicht möglich; sie kann erst nach rechtskräftiger Abweisung des Hauptanspruchs erfolgen (BGH FamRZ 80, 554 = NJW 1283 = MDR 565 u FamRZ 81, 1047 = NJW 2417).

101 **Anspruchskonkurrenz:** Unterscheide von der Anspruchshäufung den seltenen Fall, daß ein einheitlicher prozessualer Anspruch sowohl auf eine familienrechtliche als auch auf eine nichtfamilienrechtliche Anspruchsgrundlage gestützt wird. Beispiele: Klage auf Unterhalt, auch begründet aus abstraktem Schuldverhältnis (BGH FamRZ 86, 48/51), Haftung aus Bürgschaft und § 1480 BGB. Hier hat das Familiengericht über beide Anspruchsgrundlagen zu entscheiden (BGH FamRZ 83, 155 u aaO; Bamberg NJW-RR 89, 518; Koblenz FamRZ 90. 644; Walter FamRZ 83, 363 f; Waldner MDR 84, 190). Ausnahmsweise ist das allgemeine Zivilgericht für zuständig zu erklären, wenn das Gericht, das einen negativen Kompetenzkonflikt zwischen FamG und allgemeinem Zivilgericht gemäß § 36 entscheidet, erkennen kann, daß die familienrechtliche Anspruchsgrundlage nicht besteht und daß die übrigen Anspruchsgrundlagen den Schwerpunkt des weiteren Verfahrens bilden werden (BGH u Bamberg aaO).

102 **XV) Gebühren: 1)** des **Gerichts** in Verbundverfahren s § 623 Rn 39. In selbständigen Güterrechts- und Unterhaltssachen sind die Gebühren nach KV 1201 f zum GKG zu erheben. Wenn selbständige Familiensachen aus dem Bereich der freiwilligen Gerichtsbarkeit (§ 621 a I 1) Verfahrensgegenstand sind, richten sich die Gebühren nach der KostO oder der HausratsVO. **a)** In **Güterrechts- und Unterhaltssachen** entsteht die dreifache Gebühr für das Verfahren im allgemeinen (KV 1201). **b) Familiensachen der freiwilligen Gerichtsbarkeit: aa)** Für Entscheidungen über die **elterliche Sorge,** den Umgang mit dem Kind und die Herausgabe eines Kindes wird je eine volle Gebühr (§ 32 KostO) nach § 94 I Nr 4 bzw Nr 6 KostO erhoben. Das FamG entscheidet nach billigem Ermessen darüber, welcher Elternteil Gebühren und Auslagen zu zahlen hat (Celle FamRZ 90, 900 mwN = JurBüro 1635, str); es kann auch anordnen, daß Gebühren und Auslagen nicht erhoben werden (§ 94 III 2 KostO; Rostock FamRZ 94, 252 f; anders Frankfurt FamRZ 94, 250 f). Für Auslagen ist dies streitig; s Celle FamRZ 90, 900; Nürnberg FamRZ 95, 104 f = NJW-RR 94, 709 f mwN; Hamm FamRZ 95, 1365; LG Bayreuth JurBüro 96, 41. Soweit die Entscheidung mehrere Kinder betrifft, fällt nur eine einzige Gebühr an (§ 94 II 2 KostO). Kommt es zu keiner Entscheidung, zB weil der Antrag abgelehnt oder zurückgenommen wird, so entsteht keine Gebühr. **bb)** Für die Entscheidung über die Stundung einer **Zugewinnausgleichsschuld** oder die Übertragung von Vermögensgegenständen unter Anrechnung auf diese Schuld wird eine volle Gebühr (§ 32 KostO) nach § 97 I Nr 1 KostO erhoben. Bei Ablehnung oder Zurückweisung des Antrags entsteht keine Gebühr. **cc)** Für das **Versorgungsausgleichsverfahren** fällt nach § 99 I 1 KostO eine volle Gebühr an. Kommt es durch richterliche Entscheidung zum Versorgungsausgleich, so erhöht sich die Gebühr auf das Dreifache (§ 99 I 2 KostO). Wenn der Antrag auf schuldrechtlichen Versorgungsausgleich zurückgenommen wird, bevor eine Entscheidung erlassen oder eine vom Gericht vermittelte Einigung über den Versorgungsausgleich (§ 1587 o BGB) zustande gekommen ist, ermäßigt sich die Gebühr auf die Hälfte der vollen Gebühr (§ 99 I 3 KostO). **dd)** Für **Ehewohnungs- und Hausratsverfahren** kommt eine volle Gebühr nach § 21 I 1 HausratsVO zum Ansatz. Die Gebühr ermäßigt sich auf die Hälfte, wenn der Antrag zurückgenommen wird, bevor es zu einer Entscheidung oder einer vom Gericht vermittelten Einigung gekommen ist (§ 21 I 3 HausratsVO). Kommt es zur richterlichen Entscheidung, so erhöht sich die Gebühr auf das Dreifache der vollen Gebühr (§ 21 I 2 HausratsVO). **c) Überleitung von Familiensachen nach § 621 III** s Rn 97. Werden übergeleitete Familiensachen zu Folgessachen (§ 623 I 1), so gelten von nun an die Kostenvorschriften für das Verbundverfahren; s § 623 Rn 39. **d)** Wird über die elterliche Sorge vorab entschieden, so gilt § 627 Rn 5. Wird dem Scheidungsantrag vor einer Entscheidung über eine Folgesache stattgegeben, so gilt § 628 Rn 22. **e)** Für das Verfahren auf Festsetzung von **Zwangsgeld** zur Durchsetzung der Umgangsregelung oder der Kindesherausgabe (§ 33 I, III FGG) fallen Gebühren nach § 119 KostO an. Die vorausgehende Androhung ist gebührenfrei (§ 119 IV KostO).

2) Anwaltsgebühren: Im Verbundverfahren s § 623 Rn 39. In selbständigen Güterrechts- und Unterhaltssachen entstehen die Gebühren nach den §§ 31 ff BRAGO, im Ehewohnungs- und Hausratsverfahren jedoch nur zur Hälfte (§§ 63 I Nr 1, III). In selbständigen Familiensachen der freiwilligen Gerichtsbarkeit (§ 621 a I 1) erhält der Anwalt Gebühren nach § 118 BRAGO. Keine Beweisaufnahmegebühren entstehen durch die Anhörung des Jugendamtes, der Eltern und des Kindes (§§ 49 a, 50 a, 50 b FGG; Celle FamRZ 91, 968 mwN = JurBüro 1087) und durch die Einholung von Auskünften bei den Versorgungsträgern (§ 53 b II 2 FGG – Celle JurBüro 88, 1499 mwN; str, s Gerold/Schmidt/v Eicken § 31 Rn 121). Vergleichsgebühren können auch entstehen in Sorge- und Umgangsregelungsverfahren (unten § 630 Rn 16) und in Versorgungsausgleichssachen (Saarbrücken JurBüro 91, 378). Werden in selbständigen Sorge,- Umgangsregelungs- und Hausratsverfahren vorläufige Anordnungen erlassen, so entstehen hierfür keine besonderen Anwaltsgebühren (arg § 41 BRAGO; Karlsruhe FamRZ 94, 917 mwN u 918, str). – Für die Zwangsvollstreckung fallen 3/10 Gebühren an (§ 57 BRAGO). Soweit eine Vollziehung nach § 33 FGG in Betracht kommt, sind das Zwangsgeldverfahren (§ 33 I, III FGG), die Anordnung von Gewalt (§ 33 II, III FGG) und die eidesstattliche Versicherung (§ 33 II 5 und 6 FGG) je eine besondere Angelegenheit der Zwangsvollstreckung (analoge Anwendung des § 58 III Nr 11; s Rahm/Lappe IX Rn 281).

3) Streitwert bzw Gegenstandswert: a) im Kindes- und Ehegattenunterhaltsprozeß: der Jahresbetrag der geforderten Unterhaltsrente und Rückstände aus der Zeit vor Einreichung der Klage (§ 17 I, IV GKG); **b)** im Zugewinnprozeß: die geltend gemachte Ausgleichsforderung. **c)** Im übrigen ist zwischen Verbundverfahren und selbständigen Verfahren aus dem Bereich der freiwilligen Gerichtsbarkeit (§ 621 a I 1) zu unterscheiden. Für das Verbundverfahren sind die Werte dem GKG zu entnehmen, für die FG-Verfahren der KostO bzw der HausratsVO. Bei Verfahren über die elterliche Sorge, den Umgang und die Kindesherausgabe richtet sich der Wert im Verbundverfahren nach § 12 II 3 GKG (Ausgangswert 1500 DM) und sonst nach § 30 II KostO (Ausgangswert 5000 DM). Im Verfahren über den Versorgungsausgleich richtet sich der Wert im Verbundverfahren nach § 17 a GKG und sonst nach § 99 III Nr 1–4 KostO. In beiden Verfahren ist der Jahresbetrag der Rente maßgebend, die den zu übertragenden oder zu begründenden Rentenanwartschaften entspricht, mindestens jedoch 1000 DM. Beim schuldrechtlichen Versorgungsausgleich ist gleichfalls der Jahresbetrag der Rente maßgebend, mindestens jedoch 1000 DM. Wird in einem Zugewinnausgleichsprozeß ein Antrag nach § 1382 V oder nach § 1383 III BGB gestellt, so ist für den Wert des gesamten Verfahrens der Betrag der Ausgleichsforderung maßgeblich (Frankfurt EzFamR GKG § 12 Nr 1 = JurBüro 89, 1735 mwN). Wird die Übertragung eines Vermögensgegenstandes unter Anrechnung auf den Zugewinnausgleich verlangt, ohne daß zugleich auf den Ausgleich geklagt wird, so kommt es auf den Wert des Vermögensgegenstandes an (Frankfurt aaO). Das isolierte Stundungsbegehren ist mit einem Bruchteil der gestundeten Schuld zu bewerten (Rahm/Lappe IX Rn 37). In Ehewohnungssachen richtet sich der Wert im Verbundverfahren nach § 16 GKG und sonst nach § 21 II HausratsVO. Maßgeblich ist der einjährige Mietwert; bei einer Regelung für die Dauer des Getrenntlebens der halbjährige Mietwert (Bamberg FamRZ 95, 560 mwN; Köln FamRZ 95, 562). Für Hausratssachen enthält das GKG keine besonderen Bewertungsvorschriften. Nach den §§ 12 I GKG, 3 ZPO können die für selbständige Verfahren geltenden Regeln des § 21 II HausratsVO analog angewandt werden (Rahm/Lappe IX Rn 34).

621a *[Anzuwendende Verfahrensvorschriften]*

(1) Für die Familiensachen des § 621 Abs. 1 Nr. 1–3, 6, 7, 9 bestimmt sich, soweit sich aus diesem Gesetz oder dem Gerichtsverfassungsgesetz nichts Besonderes ergibt, das Verfahren nach den Vorschriften des Gesetzes über die Angelegenheiten der freiwilligen Gerichtsbarkeit und nach den Vorschriften der Verordnung über die Behandlung der Ehewohnung und des Hausrats. An die Stelle der §§ 2 bis 6, 8 bis 11, 13, 16 Abs. 2, 3 und des § 17 des Gesetzes über die Angelegenheiten der freiwilligen Gerichtsbarkeit treten die für das zivilprozessuale Verfahren maßgeblichen Vorschriften.

(2) Wird in einem Rechtsstreit über eine güterrechtliche Ausgleichsforderung ein Antrag nach § 1382 Abs. 5 oder nach § 1383 Abs. 3 des Bürgerlichen Gesetzbuchs gestellt, so ergeht die Entscheidung einheitlich durch Urteil. § 629 a Abs. 2 gilt entsprechend.

1 **I) Familiensachen aus dem Bereich der freiwilligen Gerichtsbarkeit:** Das Gesetz unterscheidet einerseits zivilprozessuale Familiensachen, nämlich Ehesachen (§ 606 Rn 2–20), Unterhalts- und Güterrechtssachen (§ 621 I Nr 4, 5 u 8) und andererseits Familiensachen aus dem Bereich der freiwilligen Gerichtsbarkeit (Abs 1 S 1 iVm § 621 I Nr 1–3, 6, 7, 9). In das Verfahren der freiwilligen Gerichtsbarkeit gehören die Regelung der **elterlichen Sorge** für ein eheliches Kind, soweit nach dem BGB hierfür das Familiengericht zuständig ist, die Regelung des **Umgangs** eines Elternteils mit dem Kind, die **Herausgabe des Kindes** an den anderen Elternteil, der **Versorgungsausgleich** und die **güterrechtlichen Verfahren** nach den §§ 1382 f BGB; ferner die Verfahren nach dem Gesetz zur Ausführung von Sorgerechtsübereinkommen (§ 6 II dieses Gesetzes – BGBl 90 I 701). Auch **Auskunftsansprüche,** die den **Versorgungsausgleich** betreffen, sind Angelegenheiten der freiwilligen Gerichtsbarkeit (BGH FamRZ 81, 533 = NJW 1508). Außerdem gehören zu dieser Gruppe die Verfahren zur Regelung der Rechtsverhältnisse an der **Ehewohnung und am Hausrat.** Hierfür gelten die Verfahrensvorschriften der HausratsVO, deren § 13 auf das FGG verweist. – Da für zivilprozessuale Familiensachen die ZPO und für Familiensachen aus dem Bereich der freiwilligen Gerichtsbarkeit das FGG gilt, lassen sich beide Arten von Verfahren nicht miteinander verbinden (Düsseldorf FamRZ 94, 973). Die §§ 621a, 623 I 1, 629 I, 629a II 3 lassen hiervon nur scheinbar eine Ausnahme zu (oben § 610 Rn 3).

2 Für die in Rn 1 aufgezählten Angelegenheiten **gelten** nach § 621 a I 1 **die Bestimmungen des FGG.** Klagen, die solche Angelegenheiten betreffen, sind als Anträge im Verfahren der freiwilligen Gerichtsbarkeit zu behandeln (Düsseldorf FamRZ 80, 811). Entscheidet das FamG rechtsirrtümlich durch Urteil statt durch Beschluß, so kann das Rechtsmittelgericht die Berufung als Beschwerde nach § 621 e behandeln und in das Verfahren der freiwilligen Gerichtsbarkeit übergehen (Düsseldorf FamRZ 79, 836 und aaO). Die FGG-Vorschriften gelten auch im **Verhandlungs- und Entscheidungsverbund** (§ 623 I 1) mit einer Ausnahme: Wird dem Scheidungsantrag stattgegeben und gleichzeitig über Folgesachen entschieden, so ergeht die Entscheidung einheitlich durch Urteil (§ 629 I). Teilweise sind die FGG-Bestimmungen auch bei **einstweiligen Anordnungen** in Ehesachen anwendbar; s § 620 a Rn 25, 29, 35.

3 **II) Geltung der ZPO:** § 621 a I nennt zwei Ausnahmen von dem Grundsatz, daß in Sorgerechtssachen usw das FGG anzuwenden ist: **1)** S 2 ersetzt einige FGG-Bestimmungen durch die für das **zivilprozessuale Verfahren** maßgeblichen Vorschriften; näheres s Rn 7 ff.

4 **2) ZPO und GVG bleiben anwendbar, soweit sich aus diesen Gesetzen etwas Besonderes gegenüber dem FGG ergibt** (§ 621a I 1). Die Anwendung von Verfahrensvorschriften aus der ZPO oder dem GVG auf Familiensachen aus dem Bereich der freiwilligen Gerichtsbarkeit bedarf also stets einer besonderen gesetzlichen Grundlage. Diese ergibt sich entweder aus dem Katalog des § 621 a I 2 oder aus anderen Bestimmungen (Frankfurt FamRZ 86, 368): § 78 II (Anwaltszwang in Folgesachen), §§ 93 a I, II, 97 III (Kostenentscheidung in Folgesachen), §§ 119 I Nr 2, 133 Nr 2 GVG (Zuständigkeit des OLG als Beschwerde- und des BGH als Rechtsbeschwerdeinstanz). Sondervorschriften für Rechtsmittel enthalten die §§ 621 e, 629 a. Wieweit die §§ 18–30 FGG neben diesen Bestimmungen anwendbar sind, regelt das Gesetz nicht. Hieraus sind zahlreiche Streitfragen entstanden, die in den Rn 7 ff behandelt werden.

5 3) Die zuvor erörterten Bestimmungen regeln den Umfang, in dem Zivilprozeßrecht anzuwenden ist, nicht erschöpfend: Da das **FGG nur Rahmengesetz** ist und keine vollständige Verfahrensordnung enthält, sind seine **Lücken** weitgehend durch analoge Anwendung zivilprozessualer Normen zu schließen, namentlich in echten Streitverfahren der freiwilligen Gerichtsbarkeit, zu denen Versorgungsausgleichs-, Ehewohnungs-, Hausrats- und Güterrechtsangelegenheiten gehören. Sinngemäß anwendbar sind die §§ 256 ZPO (Liermann NJW 82, 2229; BGH FamRZ 82, 42 = NJW 387 = MDR 306; FamRZ 93, 292 f = NJW-RR 194), 281 ZPO (s Rn. 10), 301 ZPO (BGH FamRZ 83, 38 f).

6 4) Im Verfahren der freiwilligen Gerichtsbarkeit können die beteiligten Ehegatten **Vergleiche** schließen, soweit sie über den Verfahrensgegenstand disponieren können (BGH FamRZ 88, 277). Hierzu sind sie in Ehewohnungs-, Hausrats- und Güterrechtsangelegenheiten befugt. In **Versorgungsausgleichssachen** ist ihre Disposition durch § 1587 o I 2 und II 4 BGB eingeschränkt; innerhalb dieser Grenzen sind aber Vergleiche möglich (Saarbrücken JurBüro 91, 378). Über die **elterliche Sorge,** den Umgang mit dem Kind und die Herausgabe des Kindes können die Eltern sich zwar einigen. Die Einigung ist kein eine gerichtliche Entscheidung ersetzender Prozeßvergleich; denn ihr Gegenstand steht nicht zur Disposition der Ehegatten (BGH aaO, Stuttgart FamRZ 79, 342; Karlsruhe FamRZ 94, 1401; Schleswig OLGR Bremen 96, 43 f; Keidel/Kahl Rn 23 vor § 8). Wenn das Gericht die Einigung billigt, kann diese Entscheidung nach § 33 FGG vollzogen werden (§ 621 Rn 23). Wenn es sie mißbilligt, muß es zum Wohle des Kindes eine von der Einigung abweichende Entscheidung treffen (Düsseldorf FamRZ 79, 843). Wegen der Vollziehung von Vergleichen der Eltern über den Umgang mit dem Kind s § 621 Rn 23.

7 **III) Anwendbarkeit der allgemeinen Vorschriften des FGG: 1)** Nach **§ 2 FGG** haben die Gerichte einander **Rechtshilfe** zu leisten. Diese Bestimmung wird nach § 621a I 1 ersetzt durch die §§ 156–168 GVG: Die dortigen Bestimmungen über Rechtshilfe gelten unmittelbar.

8 2) **§ 3 I FGG** regelt den **Gerichtsstand für exterritoriale Deutsche,** indem er auf § 15 ZPO verweist. Nach § 621a I 1 tritt § 15 ZPO an die Stelle jener Vorschrift. Die Bestimmungen über den Wohnsitz exterritorialer Deutscher gelten unmittelbar. § 3 II FGG regelt den Gerichtsstand für **Soldaten.** Statt dieser Norm sind die §§ 13 ZPO, 9 BGB anzuwenden. Über die internationale Zuständigkeit im Verfahren der freiwilligen Gerichtsbarkeit s oben § 621 Rn 75

9 3) Nach **§ 4 FGG** gebührt unter mehreren zuständigen Gerichten demjenigen der Vorzug, welches zuerst in der Sache tätig geworden ist. Nach § 621a I 1 ist die Bestimmung nicht anwendbar. Koblenz (FamRZ 83, 201) will sie durch § 35 ersetzen, wonach der Kläger unter mehreren zuständigen Gerichten wählen kann. Dies ist jedoch keine Lösung für die Fälle, in denen Verfahren von Amts wegen eingeleitet worden sind oder in denen verschiedene Beteiligte dieselbe Sache bei mehreren Gerichten anhängig gemacht haben (Schleswig FamRZ 81, 148). Hier kann nur die § 4 FGG verwandte Bestimmung des § 261 III Nr 1 sinngemäß angewandt werden: Während der Dauer der Anhängigkeit bei einem FamG darf die gleiche Sache nicht anderweitig anhängig gemacht werden.

10 4) **§ 5 FGG** regelt Kompetenzkonflikte. Die Vorschrift ist anwendbar, wenn ein Familiengericht und Gericht der allgemeinen freiwilligen Gerichtsbarkeit nur über die örtliche Zuständigkeit für eine Maßnahme streiten, die nach Meinung beider Gerichte vor das Vormundschaftsgericht gehört (BGH FamRZ 91, 50 = NJW-RR 91, 253). Im übrigen ersetzt § 621a I 1 den § 5 FGG durch die §§ 36 f ZPO (BGH FamRZ 93, 47 f, 48 f u 307 = NJW-RR 130; NJW-RR 93, 1091 mwN; NJW-RR 94, 322 f; FamRZ 94, 299 = NJW-RR 646; FamRZ 95, 415). Kompetenzkonflikte zwischen zwei Familiengerichten bzw zwischen einem Familien- und einem Vormundschaftsgericht entscheidet das zunächst höhere Gericht (BGHZ 71, 15/16 = FamRZ 78, 331 = MDR 564; BGHZ 78, 108 = FamRZ 80, 1107; FamRZ 90, 987 u 1226 = NJW-RR 1282; stRsp; BayObLG FamRZ 94, 1597), dh das OLG, das BayObLG oder der BGH (§ 9 EGZPO). Über Kompetenzkonflikte ist nur zu entscheiden, wenn die Antragsschrift den Beteiligten (formlos; BGH FamRZ 95, 415) mitgeteilt worden ist, bevor sich das Gericht sich für unzuständig erklärt hat (BGH aaO u FamRZ 81, 138; 87, 155; NJW-RR 94, 322 f). Ohne Mitteilung der Antragsschrift wird über einen Kompetenzkon-

flikt entschieden, wenn eine eilige vorläufige Anordnung ohne Anhörung der übrigen Beteiligten erlassen werden soll (BayObLG FamRZ 95, 629 f). Ein örtlich unzuständiges Gericht kann das Verfahren von Amts wegen an das örtlich zuständige Gericht abgeben (Keidel/Amelung § 1 Rn 25 mwN; Jansen § 1 Rn 98). Abweichend von § 281 bedarf es hierzu keines Antrags eines Beteiligten (BGH FamRZ 87, 155). Den Verfahrensbeteiligten muß vor der Abgabe rechtliches Gehör gewährt werden (BGH FamRZ 87, 155; 95, 415). **Wird eine Sache wegen örtlicher Unzuständigkeit an ein anderes Gericht abgegeben, so ist dieser Beschluß** analog § 281 II unanfechtbar und für das andere Gericht **bindend** (BGH FamRZ 78, 331 = MDR 564; FamRZ 86, 789 mwN; 87, 155; NJW-RR 93, 1091 mwN; FamRZ 95, 415 u 728). Verfahrensfehler verhindern die Bindungswirkung grundsätzlich nicht; Ausnahmen s § 621 Rn 73a. Abgaben wegen gerichtsinterner Unzuständigkeit (zB vom FamG an das Vormundschaftsgericht) sind nicht bindend (BGH FamRZ 90, 865 mwN = NJW-RR 707; BayObLG FamRZ 94, 1597 f). Unterscheide die Abgabe wegen Unzuständigkeit von derjenigen aus wichtigem Grund nach § 46 FGG (Rn 58).

5) Für die Ausschließung und Ablehnung von Richtern gelten die §§ 41–48 anstelle des **§ 6 FGG.** 11

6) § 7 FGG, der die Handlungen eines örtlich unzuständigen oder ausgeschlossenen Richters für wirksam erklärt, gilt uneingeschränkt. 12

7) Statt der **§§ 8, 9 FGG** sind die §§ 176–183 GVG (Sitzungspolizei), 184–191 GVG (Gerichtssprache) und 192–197 GVG (Beratung und Abstimmung) anwendbar. 13

Einstweilen frei. 14

9) Nach **§ 11 FGG** können **Anträge und Erklärungen zu Protokoll der Geschäftsstelle** des zuständigen Gerichts oder der Geschäftsstelle eines Amtsgerichts erfolgen. Nach § 621a I 1 wird diese Norm durch die §§ 496, 129 a ZPO ersetzt. Diese Bestimmungen gelten nur, soweit kein **Anwaltszwang** besteht, also in Folgesachen für beteiligte Dritte (nicht aber für die Ehegatten) und in selbständigen Familiensachen für alle Beteiligten (§ 78 II Nr 1 u 3). Sie gelten nicht in der dritten Instanz. 15

10) § 12 FGG ist anzuwenden: Das Familiengericht hat von Amts wegen zu ermitteln und Beweise zu erheben (BGH FamRZ 94, 158/160; Frankfurt FamRZ 92, 206/208; Düsseldorf RPfleger 94, 27 f = JurBüro 547). Einschränkungen in Versorgungsausgleichssachen: Rn 17 u § 53 c FGG. In Sorgerechts- und Umgangsregelungssachen darf das FamG einen Antrag nicht mit der Begründung ablehnen, daß es örtlich nicht zuständig sei. Es muß das zuständige FamG ermitteln und den Antrag analog § 281 an dieses verweisen (BGH FamRZ 92, 49 f; 93, 307 = NJW-RR 130). Es muß das Jugendamt, in dessen Bezirk ein Kind sich zuletzt gewöhnlich aufgehalten hat, anhören (§§ 49a FGG, 50, 87 b, 86 SGB VIII). Wohnt ein Elternteil im Bezirk eines anderen Jugendamtes, so ist auch dieses einzuschalten, wenn dies zur Sachaufklärung geboten ist. Hier genügt es allerdings nicht, daß das FamG dieses Jugendamt ersucht, mit dem Elternteil Kontakt aufzunehmen und dann zu berichten, sondern dem Amt sind konkrete Fragen zu stellen, die es aufklären soll (Frankfurt DAVorm 89, 868). 16

In **echten Streitverfahren** der freiwilligen Gerichtsbarkeit (Versorgungsausgleich – BGH FamRZ 80, 989 f u 83, 44/46 = BGHZ 85, 180/188, Ehewohnungs- und Hausratssachen, Stundung einer Zugewinnausgleichsschuld und Übertragung von Vermögensgegenständen unter Anrechnung auf diese Schuld) muß das FamG tatsächliche Behauptungen einer Partei auch dann berücksichtigen, wenn sie durch einen bei ihm nicht zugelassenen Rechtsanwalt vorgetragen worden sind (BVerfG FamRZ 92, 1151 f = NJW-RR 93, 382). Es kann aber, ohne seine Aufklärungspflicht zu verletzen, davon ausgehen, daß die Beteiligten für sie vorteilhafte Tatsachen von sich aus vortragen (BGH FamRZ 94, 234/236). Den Beteiligten obliegt es, durch eingehende Tatsachendarstellung an der Sachverhaltsaufklärung mitzuwirken. Wo ein Beteiligter die notwendigen Erklärungen abgeben könnte, hiervon aber absieht, oder wo er es unterläßt, bei ihm vorhandene, ihm günstige Beweismittel vorzulegen, endet die Ermittlungspflicht des Gerichts (BGH aaO mwN). Dieses kann zB erwarten, daß der versorgungsausgleichspflichtige Ehegatte Umstände vorträgt, die zu einer Herabsetzung des Versorgungsausgleichs nach § 1587 c BGB führen können und die nicht gerichtsbekannt sind (BVerfG aaO; BGH FamRZ 88, 709 f; Karlsruhe FamRZ 92, 689 = NJW-RR 652). Es kann auch annehmen, daß eine Tatsache aus dem Grund nicht bestritten wird, weil auch der Gegner sie für wahr hält (Celle NdsRpfl 87, 252/254). 17

11) Das Recht der Beteiligten, mit einem Beistand zu erscheinen oder sich durch Bevollmächtigte vertreten zu lassen, richtet sich nicht nach **§ 13 FGG,** sondern nach den §§ 90, 79, 80 (Schleswig SchlHA 80, 187 mwN). Diese gelten nicht, soweit **Anwaltszwang** besteht; s Rn 15. 18

12) § 13 a FGG, die Bestimmung über die Erstattung von Kosten, ist anwendbar. Die Vorschrift gilt auch, wenn sich ein Verfahren in der Hauptsache erledigt. Die §§ 91 ff ZPO sind dann 19 nicht anwendbar (Köln FamRZ 83, 1262). In echten Streitverfahren aus dem Bereich der freiwilligen Gerichtsbarkeit (Rn 17) ist das FamG an die übereinstimmende Erledigungserklärung der Beteiligte gebunden und prüft nicht, ob die Hauptsache wirklich erledigt ist (BayObLG FamRZ 89,886). § 13 a FGG ist auch anzuwenden, wenn ein Antrag oder eine Beschwerde zurückgenommen wird; s § 621 e Rn 50. Soweit eine Beschwerde gegen ein Verbundurteil zurückgenommen wird, ist dies höchst streitig; s § 629 a Rn 13. Bei Rücknahme oder Erledigung eines Folgesachenantrags ist nicht § 13 a FGG, sondern § 93 a ZPO anzuwenden.

20 13) Nach **§ 14 FGG** sind die zivilprozessualen Vorschriften über die **Prozeßkostenhilfe** (§§ 114–127) unmittelbar anzuwenden. Parteien iS des § 114 sind die Verfahrensbeteiligten (Köln FamRZ 92, 199 f). In selbständigen Familiensachen aus dem Bereich der freiwilligen Gerichtsbarkeit (Rn 1) ist nach § 121 II dem Antragsgegner ein Rechtsanwalt beizuordnen, wenn er Prozeßkostenhilfe erhält und der Antragsteller durch einen Anwalt vertreten ist (Celle FamRZ 89, 1107 mwN, str). Voraussetzung für die Beiordnung ist eine wirkliche Gegnerstellung. Diese fehlt zB, wenn ein Elternteil verlangt, daß ihm die elterliche Sorge übertragen wird, und wenn der andere nicht daran interessiert ist, selbst die Sorge zu übernehmen.

21 14) **§ 15 FGG** handelt von der Beweisaufnahme und Glaubhaftmachung. Die Vorschrift gilt uneingeschränkt für Familiensachen. Das FGG enthält keine Vorschriften darüber, wie das Beweisergebnis und die Erklärungen Verfahrensbeteiligter festzuhalten sind. Die Bestimmungen der ZPO über die Protokollaufnahme (§§ 159 ff) gelten nicht (BayObLG FamRZ 94, 913 f mwN). Die Feststellungen, die das FamG getroffen hat, müssen in einem Aktenvermerk, im Sitzungsprotokoll oder in den Gründen der Entscheidung niedergeschrieben werden. Geschieht dies nicht, so kann auf eine Beschwerde hin die Entscheidung des FamG aufgehoben und die Sache an das FamG zurückverwiesen werden (BayObLG aaO mwN). Über die Ablehnung eines Sachverständigen ist nicht in der Endentscheidung, sondern durch besonderen Beschluß vorweg zu entscheiden (BayObLG FamRZ 95, 999 f).

22 15) Nach **§ 16 FGG** werden gerichtliche Verfügungen, und zwar auch Endentscheidungen iS des § 621 e (Bremen NJW 79, 1051), mit der Bekanntmachung an den Adressaten wirksam. Diese Bestimmung gilt mit folgenden Ausnahmen: Entscheidungen, die den Versorgungsausgleich betreffen, und solche über die Stundung des Zugewinnausgleichs und die Übertragung von Vermögensgegenständen unter Anrechnung auf die Ausgleichsforderung sowie Entscheidungen in Ehewohnungs- und Hausratsverfahren werden erst mit Rechtskraft wirksam (§§ 53 g I, 53 a II 1 FGG, 16 I HausratsVO). Entscheidungen in Folgesachen werden erst mit der Rechtskraft des Scheidungsausspruchs wirksam (§ 629 d). Wird eine Sorgerechtsentscheidung in Anwesenheit der Eltern verkündet, so wird sie diesen gegenüber bereits mit der Verkündung wirksam, nicht erst mit der Zustellung (Hamburg FamRZ 85, 94). Wird sie den Eltern nicht ordnungsgemäß zugestellt, sondern nur formlos übersandt, so ist sie jedenfalls dann wirksam, wenn die Eltern auf die Wirksamkeit vertrauen (Stuttgart FamRZ 82, 429).

23 a) An die Stelle des nicht anwendbaren § 16 II und III FGG tritt § 329 (KG FamRZ 83, 1161). Nach dessen Abs 2 sind Endentscheidungen, die der befristeten Beschwerde (§ 621 e) unterliegen, zuzustellen. **Entscheidungen über die elterliche Sorge,** das Umgangsrecht und die Kindesherausgabe **sind** nicht nur den beteiligten Eltern, sondern auch **dem betroffenen Kind selbst zuzustellen,** wenn es bei Verkündung oder Übergabe der Entscheidung an die Geschäftsstelle (§ 59 III FGG) das 14. Lebensjahr vollendet hat. Da ein solches Kind selbst Beschwerde einlegen kann (§ 59 FGG), ist es nicht prozeßunfähig iS des § 171 ZPO. Die Zustellung erfolgt nicht an den gesetzlichen Vertreter (Bumiller/Winkler § 16 Anm 7 a; Rüffer FamRZ 79, 410; Heintzmann FamRZ 80, 116); keine Ersatzzustellung an die Eltern (§ 185). Einzelheiten s. Heintzmann aaO. Über die Zustellung von Entscheidungen der Beschwerdegerichte s § 621e Rn 40c, 49.

23a b) Da das **Jugendamt** beschwerdeberechtigt ist (§ 64 III 3 FGG), sind ihm Entscheidungen in den vorgenannten Angelegenheiten zuzustellen. Welches Jugendamt **zuständig** ist, regeln die nachfolgend abgedruckten §§ 87 b, 86 SGB VIII = KJHG:

§ 87b

(1) Für die Zuständigkeit des Jugendamts zur Mitwirkung in gerichtlichen Verfahren (§§ 50 bis 52) [Verfahren zur Regelung des Umgangs und der elterlichen Sorge bei Getrenntleben und nach Scheidung der Eltern] **gilt § 86 Abs 1 bis 4 entsprechend......**

(2) Die nach Absatz 1 begründete Zuständigkeit bleibt bis zum Abschluß des Verfahrens bestehen...... [Dies gilt auch, wenn sich die zuständigkeitsbegründenden Tatsachen während des Verfahrens ändern. Eine Zustellung an das Jugendamt ist also nicht aus dem Grunde unwirksam, weil die Kinder verzogen sind, ohne daß das zustellende Gericht dies bemerkt hat. Wichtig ist dies für die Rechtskraft des Scheidungsausspruchs im Verbundurteil; s § 629 a Rn 39].

§ 86

(1) Für die Gewährung von Leistungen nach diesem Buch ist der örtliche Träger zuständig, in dessen Bereich die Eltern ihren gewöhnlichen Aufenthalt haben......

(2) Haben die Elternteile verschiedene gewöhnliche Aufenthalte, so ist der örtliche Träger zuständig, in dessen Bereich der personensorgeberechtigte Elternteil seinen persönlichen Aufenthalt hat; dies gilt auch dann, wenn ihm einzelne Angelegenheiten der Personensorge entzogen sind. Steht die Personensorge im Fall des Satzes 1 den Eltern gemeinsam zu, so richtet sich die Zuständigkeit nach dem gewöhnlichen Aufenthalt des Elternteils, bei dem das Kind...... vor Beginn der Leistung zuletzt seinen gewöhnlichen Aufenthalt hatte. Hatte das Kind... im Fall des Satzes 2 zuletzt bei beiden Elternteilen seinen gewöhnlichen Aufenthalt, so richtet sich die Zuständigkeit nach dem gewöhnlichen Aufenthalt des Elternteils, bei dem das Kind...... vor Beginn der Leistung zuletzt seinen tatsächlichen Aufenthalt hatte. Hatte das Kind... im Fall des Satzes 2 während der letzten sechs Monate vor Beginn der Leistung bei keinem Elternteil seinen gewöhnlichen Aufenthalt, so ist der örtliche Träger zuständig, in dessen Bereich das Kind vor Beginn der Leistung zuletzt seinen persönlichen Aufenthalt hatte; hatte das Kind... während der letzten sechs Monate keinen gewöhnlichen Aufenthalt, so richtet sich die Zuständigkeit nach dem tatsächlichen Aufenthalt des Kindes...... vor Beginn der Leistung.

(3) Haben die Elternteile verschiedene gewöhnliche Aufenthalte und steht die Personensorge keinem Elternteil zu, so gilt Absatz 2 Satz 2 und 4 entsprechend. (4) Haben die Eltern oder der nach den Absätzen 1 bis 3 maßgebliche Elternteil im Inland keinen gewöhnlichen Aufenthalt oder ist ein gewöhnlicher Aufenthalt nicht feststellbar......, so richtet sich die Zuständigkeit nach dem gewöhnlichen Aufenthalt des Kindes...... vor Beginn der Leistung. Hatte das Kind während der letzten sechs Monate vor Beginn der Leistung keinen gewöhnlichen Aufenthalt, so ist der örtliche Träger zuständig, in dessen Bereich sich das Kind vor Beginn der Leistung tatsächlich aufhält.

Hält sich ein Kind beim Vater und das andere bei der Mutter auf, so können zwei Jugendämter zuständig sein.

c) Entscheidungen in **Versorgungsausgleichssachen** sind den Verfahrensbeteiligten zuzustellen: **a)** den (geschiedenen) Ehegatten, **b)** den Trägern der gesetzlichen Rentenversicherung, **c)** bei der Begründung von Rentenanwartschaften nach den §§ 1587 b II BGB, 1 III VAHRG auch dem Träger der Beamtenversorgung bzw dem öffentlich-rechtlichen Betriebsrententräger, **d)** bei der Realteilung von Versorgungsanwartschaften (§ 1 II VAHRG) auch dem Träger der geteilten Versorgung. **e)** dem privatrechtlich organisierten Träger der betrieblichen Altersversorgung, soweit dieser am Verfahren beteiligt ist (s Rn 32). Die Entscheidung ist jedem Verfahrensbeteiligten zuzustellen, auch einem solchen, der entgegen den Regeln des Verfahrensrechts beteiligt worden ist. Stellt sich nach Erlaß der Entscheidung heraus, daß ein Versorgungsträger versehentlich nicht beteiligt worden ist, so ist die Entscheidung auch ihm zuzustellen, damit er sie eventuell anfechten kann. Zuzustellen ist auch solchen Beteiligten, die durch die Entscheidung nicht beschwert sind. 24

16) **§ 16 a FGG** ist anwendbar. Die Bestimmung geht stillschweigend von dem Grundsatz aus, daß ausländische Entscheidungen aus dem Bereich der freiwilligen Gerichtsbarkeit anzuerkennen sind und regelt nur die Ausnahmen. Ist eine ausländische Entscheidung anzuerkennen, so fehlt das Rechtsschutzbedürfnis für eine erneute Regelung des gleichen Verfahrensgegenstandes durch deutsche Gerichte. Diese können aber ausländische Sorgeregelungen nach den §§ 1696 I BGB, 18 FGG ändern (Roth IPRax 94, 19 mwN). Die Rechtshängigkeit eines ausländischen Sorgeregelungsverfahrens ist von Amts wegen zu beachten und hindert das deutsche FamG an einer Entscheidung, wenn die ausländische Entscheidung in Deutschland anzuerkennen ist (München FamRZ 93, 349 = IPRax 94, 42 f). Nicht anzuerkennen ist eine ausländische Sorgeregelung, die sich trotz fehlender internationaler Zuständigkeit über eine deutsche Sorgeregelung hinwegsetzt (§ 16 a Nr 3 FGG; Frankfurt NJW 92, 3108). Vorrangig vor § 16a FGG ist das Haager Minderjährigenschutzabkommen (MSA) anzuwenden (Henrich FamRZ 95, 565; oben § 621 Rn 78) Für die internationale Zuständigkeit gilt der Grundsatz der **perpetuatio fori** (Hamburg IPRax 87, 319 f; Roth IPRax 94, 20); es sei denn, die Zuständigkeit ergibt sich aus dem MSA (§ 621 Rn 80, 83a) oder ein ausländisches Kind verlegt während des in Deutschland anhängigen Verfahrens seinen gewöhnlichen Aufenthalt in sein Heimatland und dieses erkennt Entscheidungen deutscher Gerichte nicht an (Hamburg aaO; Keidel/Kuntze § 35 b Rn 7). 24a

17) Die Vorschrift über die Fristberechnung **(§ 17 FGG)** wird durch die §§ 221 ff ersetzt. 25

18) Nach **§ 18 FGG** darf das Gericht seine eigene Entscheidungen ändern, wenn es sie nachträglich für ungerechtfertigt hält. Die Vorschrift ist anwendbar. Abs 1 gibt dem FamG namentlich die Befugnis, einer Beschwerde nach § 19 FGG (Rn 27) abzuhelfen. Ebensowenig, wie das FamG eine der sofortigen Beschwerde unterliegende Verfügung ändern darf (§ 18 II FGG), darf es der 26 befristeten Beschwerde unterliegende Endentscheidungen ändern (§§ 621 e III 2, 577 III; BGH FamRZ 84, 572 = NJW 1543 = MDR 828). Zum Begriff der Endentscheidung s § 621 e Rn 2–11. Eine rechtskräftige Versorgungsausgleichsentscheidung darf nicht geändert werden, wenn sich nachträglich herausstellt, daß eine beamtenrechtliche Versorgungsanwartschaft versehentlich nicht in den Versorgungsausgleich einbezogen worden ist (BGH FamRZ 80, 989 u 88, 276 f = NJW-RR 71 f). Eine ergänzende Entscheidung über den Versorgungsausgleich ist nur möglich, wenn das FamG diesen in seiner ersten Entscheidung bewußt nur teilweise geregelt hatte (BGH FamRZ 88, 276; FamRZ 93, 796 f = NJW 1650). Ausnahmen vom Verbot, Endentscheidungen zu ändern, enthalten die §§ 1696 I BGB, 10 a VAHRG: Das FamG kann während der Dauer der elterlichen Sorge seine Anordnungen jederzeit ändern, wenn es dies im Interesse des Kindes für angezeigt hält. Es kann unter den in § 10 a VAHRG genannten Voraussetzungen rechtskräftige Entscheidungen über den Versorgungsausgleich nachträglich korrigieren, ohne an die frühere Entscheidung gebunden zu sein (BGH FamRZ 89, 264 f = NJW-RR 130; FamRZ 93, 796 f = NJW 1650; Hamm FamRZ 92, 826 f = NJW-RR 93, 263).

27 **19) § 19 FGG,** wonach gegen Verfügungen der ersten Instanz die Beschwerde stattfindet, wird bei Endentscheidungen (§ 621 e Rn 2–6) durch § 621 e verdrängt. Gegen Verfügungen, die keine Endentscheidungen sind (s § 621e Rn 6–11) findet die Beschwerde des § 19 FGG statt (BGH FamRZ 78, 886 = NJW 79, 39 = MDR 79, 213 und FamRZ 79, 224 = NJW 820; Hamm NJW-RR 94, 389), zB gegen vorläufige Anordnungen im selbständigen Verfahren zur Regelung der elterlichen Sorge (BGH FamRZ 89, 1066; Hamm aaO; Frankfurt FamRZ 94, 177 f mwN), gegen einstweilige Anordnungen im selbständigen Hausratsverfahren (KG FamRZ 87, 1171; Naumburg FamRZ 94, 389; Rostock FamRZ 95, 558; Gießler Rn 821; anders Fehmel in FamGb § 13 HausrVO Rn 49 mwN; str), gegen die Anordnung, daß ein Arbeitgeber Auskunft über Betriebsrentenanwartschaften zu erteilen hat (Frankfurt FamRZ 91, 579), gegen Zwangsmaßnahmen nach § 33 FGG (Karlsruhe FamRZ 89, 651; § 621 e Rn 7 mwN) und deren Androhung (BGH FamRZ 79, 224 = NJW 820; BayObLG FamRZ 94, 1191; Karlsruhe FamRZ 94, 1330) sowie gegen Zwischenentscheidungen wie die Aussetzung des Verfahrens (Frankfurt FamRZ 86, 1140; Brandenburg FamRZ 96, 496 f). Für diese Beschwerde besteht nur für Ehegatten in Folgesachen **Anwaltszwang** (§ 78 II Nr 1). Keine Folgesache, sondern eine neue selbständige Verrichtung iS des § 43 I FGG ist die **Vollziehung** von Entscheidungen, die im Verbundverfahren ergangen sind, **nach § 33 FGG** (BGH FamRZ 86, 789 mwN u 88, 1256, Hamm aaO). Sie ist nicht Teil des Verfahrens, in dem die zu vollziehende Entscheidung getroffen worden ist.

28 **20)** Die Regelung der Beschwerdebefugnis (**§ 20 FGG**) gilt für Beschwerden nach § 19 FGG und für solche nach § 621 e. **Beschwerdeberechtigt** ist, wer durch eine gerichtliche Entscheidung oder Verfügung in seinen Rechten beeinträchtigt ist. Es reicht aus, daß der Beschwerdeführer eine Rechtsbeeinträchtigung behauptet. Ob sie tatsächlich vorliegt, ist keine Frage der Zulässigkeit der Beschwerde, sondern eine solche der Begründetheit (BGH FamRZ 91, 549 f). Die Rechtsbeeinträchtigung muß bei Einlegung der Beschwerde vorhanden sein (Hamm FamRZ 94, 48 f). Daß sie später entstehen wird, genügt nicht. Auch **Behörden** ohne eigene Rechtspersönlichkeit können Beschwerde einlegen, wenn zu ihren Lasten entschieden worden ist; zB der Bundestag (München FamRZ 86, 1115), das Jugendamt (Rn 29). Eine vorherige förmliche Beteiligung am Verfahren ist nicht Voraussetzung für die Beschwerdebefugnis (BGH FamRZ 80, 989 = NJW 2418 = MDR 1011).

28a In seinen Rechten beeinträchtigt ist der Beschwerdeführer auch durch eine **Zwischenentscheidung,** in der – ähnlich wie in einem Zwischenurteil nach § 304 – über den Anspruchsgrund vorab entschieden wird (Hamburg FamRZ 80, 1133). **Vorbereitende Verfügungen,** die der Endentscheidung vorausgehen und keine Entscheidung über den Verfahrensgegenstand enthalten, sind grundsätzlich unanfechtbar (BayObLG FamRZ 87, 966), zB Beweisanordnungen (BayObLG FamRZ 87, 966; Hamm FamRZ 89, 542; KG DAVorm 91, 490 f mwN; Frankfurt FamRZ 93, 442) und die Ablehnung von Beweisanträgen (BayObLG aaO), die Verfügung, daß ein Versorgungsträger am Verfahren zu beteiligen ist (KG FamRZ 84, 66), die Anordnungen, daß ein Beteiligter persönlich zum Termin erscheinen soll (BayObLG FamRZ 86, 1236 = NJW-RR 87,136; LG Köln DAVorm 94, 305), daß das Jugendamt Bericht erstatten soll (Köln FamRZ 86, 707) und daß ein Ehegatte oder ein Versorgungsträger Auskunft über Versorgungsanwartschaften erteilen soll (§ 11 II VAHRG – Braunschweig FamRZ 95, 300 hält jedoch die Anordnung für anfechtbar, soweit sie sich an den Ehegatten richtet). Auch die Ablehnung eines Antrages, das Verfahren an ein anderes Gericht zu verweisen, kann nicht angefochten werden (Hamburg FamRZ 94, 50); ebensowenig die Mitteilung, daß über einen Antrag auf Erlaß einer einstweiligen Anordnung erst entschieden wird, wenn das bestellte psychologische Gutachten eingeht (Frankfurt FamRZ 89, 765). Anfechtbar sind solche Anordnungen jedoch, soweit in ihnen **Zwangsmittel angedroht** werden (BayObLG, Köln, Hamm, Frankfurt aaO; BayObLG FamRZ 90, 774 f mwN; Hamburg FamRZ 93, 350) und soweit sie jeglicher gesetzlicher Grundlage entbehren oder in die persönliche

Freiheit eines Betroffenen eingreifen (Hamburg FamRZ 83, 409; KG DAVorm 91, 490 f). Anfechtbar ist auch eine Beweisanordnung, nach der eine Mutter die stationäre Unterbringung ihres Kindes in einer Klinik zwecks Erstattung eines psychiatrischen Gutachtens zu dulden hat; denn hier wird in die elterliche Sorge eingegriffen (BayObLG FamRZ 95, 501 f). Läßt das FamG in einer verfahrensleitenden Anordnung erkennen, daß es voraussichtlich einen für den Beschwerdeführer ungünstigen Rechtsstandpunkt einnehmen wird, so liegt darin keine Rechtsbeeinträchtigung (so für die Mitteilung der Ehezeit im Versorgungsausgleichsverfahren Koblenz FamRZ 79, 47; Hamburg FamRZ 80, 1133; Frankfurt NJW-RR 89, 1133; Düsseldorf FamRZ 94, 176 f; anders Hamm FamRZ 80, 897).

21) Wenn die **elterliche Sorge** oder der **Umgang** eines Elternteils mit dem Kind geregelt oder über die **Herausgabe eines Kindes** entschieden worden ist, sind das Jugendamt (§ 64 III 3 FGG) und die Eltern **beschwerdeberechtigt,** auch der Elternteil, dem die Sorge für das Kind bereits früher entzogen worden war (KG FamRZ 94, 119 f). Die Eltern können die Kindesinteressen und eigene Interessen wahrzunehmen. Im Kindesinteresse kann der Vater mit der Beschwerde das Ziel verfolgen, die elterliche Sorge von einem Vormund auf die Mutter oder umgekehrt zu übertragen (MK/Klauser § 621e Rn 9; anders Jansen § 20 FGG Rn 29). Beschwerdeberechtigt ist auch das über 14 Jahre alte Kind (§ 59 FGG). Es kann einen Rechtsanwalt beauftragen; s § 621e Rn 48. Kein Beschwerderecht haben Vormund, Pfleger und Pflegeeltern des Kindes (§ 64 III 4 FGG; unten Rn 67) und Vereine zur Förderung von Kindesinteressen; s unten Rn 62. Über die Beschwerdeberechtigung nach § 57 I Nr 1 u 3 FGG s unten Rn 62 a. Über den Wegfall der Beschwerdeberechtigung, wenn das Kind volljährig wird oder stirbt, und wegen der Rückgabe des freiwillig herausgegebenen Kindes s unten § 621e Rn 15. Geht es um die Rückgabe eines Kindes oder die Durchsetzung eines Umgangsrechts nach dem Haager Übereinkommen über die zivilrechtlichen Aspekte **internationaler Kindesentführung,** so kann der **Generalbundesanwalt** als zentrale Behörde im Namen und in Vollmacht des Antragstellers Beschwerde einlegen (Art 7, 21 des Übereinkommens, § 3 III des Sorgerechtsübereinkommens-AusführungsG). E contrario folgt hieraus, daß er kein eigenes Recht zur Beschwerde hat. Dies ergibt sich auch aus den Art 7 II f, 10, 21 des Übereinkommens, wonach er nur beschränkte Befugnisse hat, nämlich alle geeigneten Maßnahmen treffen soll, um ein gerichtliches Verfahren einzuleiten, ferner Maßnahmen trifft, um die freiwillige Rückgabe des Kindes zu bewirken, und die Einleitung eines Umgangsregelungsverfahren vorbereiten kann. 29

22) Entscheidet das FamG, daß ein getrennt lebender **Ehegatte** dem anderen die **Ehewohnung** (ganz oder teilweise) zur alleinigen Benutzung überlassen muß (§ 1361 b BGB), so ist der Antragsgegner **beschwerdeberechtigt.** Der Antragsteller ist beschwerdeberechtigt, falls sein Antrag ganz oder teilweise zurückgewiesen worden ist. Der **Vermieter** der Wohnung ist am Verfahren zwischen getrennt lebenden Ehegatten nicht beteiligt und deshalb auch nicht beschwerdeberechtigt (str, s § 620 a Rn 22). Wenn die Ehewohnung anläßlich der Scheidung einem Ehegatten zugewiesen wird, kann das FamG das Mietverhältnis umgestalten. Dann können auch der Vermieter und die sonstigen im § 7 HausratsVO genannten Beteiligten Beschwerde einlegen. 29a

23) Eine **Versorgungsausgleichsentscheidung** beeinträchtigt das Recht des Beschwerdeführers, wenn sie unmittelbar in ein ihm zustehendes subjektives Recht eingreift (BGH FamRZ 95, 157 f). 30

a) Das Recht des ausgleichsberechtigten **Ehegatten** ist beeinträchtigt, wenn zu geringe Rentenanwartschaften auf ihn übertragen (§ 1587 b I BGB) oder für ihn begründet (§§ 1587 b II BGB, 1 III VAHRG) worden sind. Werden zu hohe Rentenanwartschaften übertragen oder begründet, so ist das Recht des Ausgleichspflichtigen beeinträchtigt; denn dann werden dessen Rentenanwartschaften oder Versorgungsbezüge (§ 57 BeamtVG) in zu hohem Maße gekürzt. Überträgt das Gericht Rentenanwartschaften, statt solche nach den §§ 1587 b II BGB; 1 III VAHRG zu begründen, und umgekehrt, so beschwert dies den Ausgleichsberechtigten nicht. Der Ausgleichspflichtige kann hier geltend machen, daß sich die falsche Ausgleichsform ungünstig auf seine Pension oder Rente auswirkt (MK/Klauser § 621 e Rn 11). Ordnet das Gericht an, daß der Ausgleichspflichtige gemäß § 3 b I Nr 2 VAHRG Beiträge zur Begründung von Rentenanwartschaften für den Ausgleichsberechtigten zu zahlen hat, so ist der Ausgleichspflichtige beschwert. Der Ausgleichsberechtigte kann hier als Beschwer geltend machen, daß die falsche Ausgleichsform seine Vollstreckungsaussichten erschwere. Weiter ist der Ausgleichsberechtigte beschwert, wenn er auf den schuldrechtlichen Versorgungsausgleich verwiesen wird, obwohl ihm ein Wertausgleich zusteht (BGHZ 85, 180/192 = FamRZ 83, 44/47 = NJW 173/176; FamRZ 90, 1099) und im umgekehrten Fall der Ausgleichspflichtige.

Außer der Rechtsbeeinträchtigung ist Voraussetzung für die Zulässigkeit der Beschwerde, daß **der Beschwerdeführer die Beseitigung der Rechtsbeeinträchtigung erstrebt** (BGH FamRZ 95, 157 f). Entgegen BGH FamRZ 93, 172 = MDR 52 ist das nicht der Fall, wenn die ausgleichsbe- 30a rechtigte Frau mit der Beschwerde rügt, daß ihr Mann zu ihren Gunsten Beiträge zur Begründung von Rentenanwartschaften zahlen soll, und stattdessen schuldrechtlichen Versorgungsausgleich verlangt, die weniger wertvolle Ausgleichsform (BGHZ 85, 180/192 = FamRZ 83, 45/47). Verlangt der Beschwerdeführer, daß zu seinen eigenen Lasten der Versorgungsausgleich nach § 1587 c BGB ausgeschlossen wird (BGH NJW 92, 3299 = FamRZ 93, 175 mwN = MDR 93, 51) oder rügt er nur einen Berechnungsfehler, der sich im Ergebnis zu seinen Gunsten auswirkt, so ist die Beschwerde unzulässig und wird auch nicht dadurch zulässig, daß nach Ablauf der Beschwerdebegründungsfrist andere Beschwerdegründe nachgeschoben werden (BGH FamRZ 82, 1196 = NJW 83, 179 = MDR 83, 120).

30b Macht ein Ehegatte keine Rechtsbeeinträchtigung, sondern nur ein **Interesse an der Änderung** oder Beseitigung **einer Versorgungsausgleichsentscheidung** geltend, so **begründet** dies allein **kein Beschwerderecht** iS des § 20 FGG. So hat der BGH (FamRZ 95, 157 f) in einem Fall entschieden, in dem das FamG dem Antrag der beschwerdeführenden Ehefrau auf Ausgleich einer privaten betrieblichen Altersversorgung im Wege des erweiterten Splittings nach § 3b I Nr 1 VAHRG in vollem Umfang stattgegeben hatte und in dem mit der Beschwerde nur geltend gemacht wurde, das FamG habe die betriebliche Altersversorgung zu niedrig bewertet; dies habe eine ungünstige Folgewirkung für das spätere Verfahren über den schuldrechtlichen Versorgungsausgleich. Da die Bewertung im ersten Verfahren für das spätere Verfahren nicht verbindlich ist, beeinträchtigt hier die Entscheidung des FamG kein Recht der Ehefrau (ebenso Celle FamRZ 95, 812). Umgekehrt sind aber die Ehegatten beschwerdeberechtigt, wenn das FamG bereits im Verfahren über den öffentlich-rechtlichen Versorgungsausgleich feststellt, in welcher Höhe eine restliche Betriebsrentenanwartschaft des Ausgleichspflichtigen einem späterem schuldrechtlichen Versorgungsausgleich unterliegt (BGH FamRZ 95, 293 u 1481 f).

31 **b)** Gegen Entscheidungen über den Wertausgleich von Versorgungsanwartschaften (§§ 1587b BGB, 1 III, 3b VAHRG) können die beteiligten **Versorgungsträger** Beschwerde ohne Rücksicht darauf einlegen, ob sich das Rechtsmittel zugunsten oder zu Lasten des bei ihr versicherten Ehegatten auswirkt (KG FamRZ 84, 496; MK/Klauser § 621e Rn 11). Es kommt für ihre Beschwerdeberechtigung auch nicht darauf an, ob die Entscheidung zu einer finanziellen Mehrbelastung für sie führt; denn diese Frage läßt sich angesichts der ungewissen Lebensdauer der Ehegatten nicht beantworten (BGH FamRZ 81, 133 = NJW 1274 = MDR 304; FamRZ 84, 671 Nr 358 = MDR 85, 34). Unerheblich ist auch, ob sich die Entscheidung vorteilhaft oder nachteilig auf das gegenwärtige Vermögen des Versorgungsträgers auswirkt, namentlich, ob sich das Versicherungsrisiko erhöht oder ermäßigt (anders Frankfurt FamRZ 80, 1134). **Versorgungsträger** haben allgemeine Interessen zu wahren und **können sich** deshalb **gegen jeden Eingriff in ihre Rechtsstellung beschweren,** der im Versorgungsausgleichsrecht vorgesehen ist (so für Versicherungsträger BGB FamRZ 81, 132 f = NJW 1274 = MDR 304; BGHZ 85, 180 = FamRZ 83, 44/47 = NJW 173; stRsp, zuletzt FamRZ 90, 384 und für Versorgungsträger BGH FamRZ 82, 36; 84, 671 Nr 358; 89, 41 = NJW-RR 71; FamRZ 89, 956; 92, 47; 96, 482).

31a **aa)** Der **Versicherungsträger** des ausgleichspflichtigen Ehegatten kann geltend machen, daß von dessen Versicherungskonto zu hohe oder zu geringe Rentenanwartschaften abgebucht worden seien. Der Versicherungsträger des ausgleichsberechtigten Ehegatten kann sich darüber beschweren; daß zu hohe oder zu geringe Rentenanwartschaften auf ihn übertragen oder bei ihm begründet worden seien (Düsseldorf FamRZ 93, 813). Dies gilt auch in dem Fall, daß für den Ausgleichsberechtigten, der bisher keine Beiträge zur gesetzlichen Rentenversicherung entrichtet hatte, ein neues Rentenkonto eingerichtet wird (BGH FamRZ 81, 132 f). Das Beschwerderecht eines Versicherungsträgers kann sich auch daraus ergeben, daß ihm ein Anspruch auf Aufwendungsersatz nach § 225 SGB VI entgeht, weil das FamG Rentenanwartschaften übertragen hat, statt solche zu begründen (BGH FamRZ 90, 1099 = NJW-RR 1156; NJW-RR 91, 258). Begründet das FamG Anwartschaften in der gesetzlichen Rentenversicherung, ohne einen Versicherungsträger zu bestimmen, so sind die Versicherungsträger nicht beschwerdeberechtigt (BGH FamRZ 91, 1425 = NJW-RR 92, 196).

31b **bb) Träger der Beamtenversorgung und andere öffentlich-rechtliche Versorgungsträger iS des § 1 III VAHRG** können geltend machen, daß die Rentenanwartschaften falsch bewertet worden seien, die zu Lasten der Versorgung ihres Beamten oder Angestellten begründet worden sind. Macht der Träger einer öffentlich-rechtlichen Zusatzversorgung mit der Beschwerde geltend, daß das FamG mehrere Zusatzversorgungen nicht gleichmäßig ausgeglichen habe, so ist er beschwerdeberechtigt, wenn nicht auszuschließen ist, daß die mit der Beschwerde angestrebte Ausgleichsform für ihn wirtschaftlich günstiger ist als die vom FamG gewählte Ausgleichsform (BGH FamRZ 96, 482). Ein Beamtenversorgungsträger kann seine Beschwerde jedoch nicht allein damit begründen, daß als Dienstherr des Beamten eine andere Körperschaft zuständig sei; denn nach § 225 SGB VI muß ohnehin der jeweils zuständige Versorgungsträger die Aufwendungen ersetzen, die dem Versicherungsträger des ausgleichsberechtigten Ehegatten durch die Begründung von Rentenanwartschaften entstehen (Hamm FamRZ 82, 829).

cc) Wird eine Versorgungsanwartschaft versehentlich **nicht in den Versorgungsausgleich einbezogen,** so läßt sich die **Beschwerdeberechtigung des Trägers dieser Versorgung** nicht ohne weiteres damit begründen, daß das FamG rechtswidrig in seine Rechtsstellung eingegriffen habe. Denn ein solcher Eingriff hat hier gerade nicht stattgefunden. Wenn sich aber Versorgungsträger gegen einen Ausgleich in unzutreffender Höhe beschweren können, muß man ihnen konsequenterweise auch die Befugnis zubilligen, sich gegen die Unterlassung des Ausgleichs zu beschweren (Koblenz FamRZ 85, 1266 f; Frankfurt FamRZ 86, 1009; Karlsruhe FamRZ 96, 560; MK/Klauser § 621e Rn 11; anders Frankfurt FamRZ 86, 368/371). Wenn dem ausgleichsberechtigen Ehegatten eine **Anwartschaft** auf eine Beamtenversorgung oder betriebliche Altersversorgung zusteht, **die nur ein Saldierungsposten bei der Ermittlung des Wertunterschiedes zwischen den auszugleichenden Versorgungsanwartschaften ist,** ist der Versorgungsträger, bei dem jene Anwartschaft besteht, nicht beschwerdeberechtigt (BGH FamRZ 89, 957). – In diesen Fällen sind die Versorgungsträger nicht am Verfahren zu beteiligen (§ 624 Rn 13) und auch aus diesem Grund nicht beschwerdeberechtigt. 31c

dd) Nicht beschwerdeberechtigt sind Versorgungsträger in den Fällen, in denen der Versorgungsausgleich durch Ehevertrag ausgeschlossen (§ 1408 II) oder gemäß § 1587 IV BGB anderweitig geregelt wird, ohne daß dabei in die Rechtsbeziehungen der Ehegatten zu dem Versorgungsträger eingegriffen wird (JHSedemund-Treiber § 621 e Rn 11; MK/Klauser § 621 e Rn 13). Auch wenn der Ausgleich gemäß § 1587 c BGB herabgesetzt wird, sind die Versorgungsträger nicht beschwerdeberechtigt (BGH FamRZ 81, 132/134 = NJW 1274; München FamRZ 82, 1029; Hamm FamRZ 88, 1070); denn hierdurch werden nur die privaten Interessen der Ehegatten, nicht aber öffentliche Belange berührt, die die Versicherungs- und Versorgungsträger wahrzunehmen haben (BGHZ 92, 5 ff = FamRZ 84, 990/992; München aaO). 31d

c) Genehmigt das Gericht eine Vereinbarung über den Versorgungsausgleich (§ 1587 o II BGB), so können die beteiligten Ehegatten Beschwerde einlegen. Diese Befugnis darf ihnen nicht mit der Begründung abgesprochen werden, daß sie die Vereinbarung gewollt hätten und deshalb durch die Genehmigung nicht in ihren Rechten beeinträchtigt seien. Denn auf den Willen der Ehegatten kommt es nur an, soweit sie über ihre Versorgungsanwartschaften frei disponieren können. Dies können sie nur in beschränktem Maße, wie § 1587o BGB zeigt. Der ausgleichsberechtigte Ehegatte kann mit der Beschwerde geltend machen, daß die vereinbarte Leistung nicht zu seiner Sicherung für den Fall der Erwerbsunfähigkeit und des Alters geeignet ist oder zu keinen angemessenen Ausgleich unter den Ehegatten führt (§ 1587o II 4 BGB). Der Ausgleichspflichtige und die beteiligten Versicherungsträger können ihre Beschwerden damit begründen, daß infolge der Vereinbarung Rentenanwartschaften übertragen oder begründet würden, die mehr als die Hälfte der Differenz zwischen den beiderseitigen Versorgungsanwartschaften ausmachten (§ 1587o I 2 BGB; BGH FamRZ 88, 153; 90, 384/386; 90, 273 = NJW-RR 66). Nicht beschwerdeberechtigt sind die Versicherungsträger und der ausgleichspflichtige Ehegatte, wenn das FamG eine Vereinbarung über den Ausschluß des Versorgungsausgleichs genehmigt (Stuttgart NJW 80, 129; Frankfurt FamRZ 85, 613 mwN; Düsseldorf FamRZ 88, 1179 f; anders Bamberg FamRZ 83, 77), und ebensowenig, wenn infolge der genehmigten Vereinbarung Anwartschaften übertragen oder begründet werden, die weniger wert sind als die Hälfte der Differenz zwischen den beiderseitigen Versorgungsanwartschaften. Die Versicherungsträger haben keinen Anspruch darauf, daß der Versorgungsausgleich in voller Höhe durchgeführt wird (BGH FamRZ 86, 890/892). Für den ausgleichspflichtigen Ehegatten ist die Vereinbarung insoweit nur vorteilhaft und im übrigen verbindlich. 31e

d) Wird eine **betriebliche Altersversorgung des zum Versorgungsausgleich verpflichteten Gatten durch Realteilung ausgeglichen** (§ 1 II VAHRG), so ist ihr Träger beschwerdeberechtigt. Wird sie durch **Quasisplitting** ausgeglichen (§ 1 III VAHRG), so ist ihr Träger im gleichen Umfang wie ein Träger der Beamtenversorgung (Rn 31 a) beschwerdeberechtigt (Frankfurt FamRZ 86, 1009). 31f

e) Wenn der zum Versorgungsausgleich verpflichtete Ehegatte, zB der Mann, bei einem privatwirtschaftlichen Betriebsrententräger eine Anwartschaft auf eine Betriebsrente erworben hat und diese nicht in vollem Umfang durch die Übertragung oder Begründung von Rentenanwartschaften ausgeglichen wird, besteht für die Betriebsrententräger die Gefahr, daß er nach dem Tode seines Betriebsangehörigen an dessen geschiedene Witwe Rente zahlen muß (§ 3 a Abs. 1 VAHRG: **verlängerter schuldrechtlicher Versorgungsausgleich).** Durch eine falsche Entscheidung über den Versorgungsausgleich, z.B. durch zu geringe Bewertung des Anwartschaften, die die Frau in der gesetzlichen Rentenversicherung erworben hat, kann der schuldrechtlich auszugleichende Teil des Versorgungsausgleichs zu hoch werden. In das Rechtsverhältnis zwischen dem Betriebrententräger und dem Betriebsangehörigen wird hier jedoch nicht eingegriffen. 32

Ebensowenig wird ein Rechtsverhältnis zwischen dem ausgleichsberechtigten Ehegatten und dem Betriebsrententräger begründet. Dessen Interessen werden nur bedingt für den Fall beeinträchtigt, daß die Frau den Mann überlebt. § 20 I FGG verlangt aber mehr als dies, nämlich einen Eingriff in ein Recht des Beschwerdeführers. **Der Betriebsrententräger kann die Entscheidung nicht anfechten** (BGH FamRZ 89, 369 ff mwN = NJW 1858; FamRZ 89, 602 = NJW 1859; FamRZ 91, 175 ff = NJW-RR 258 f; FamRZ 91, 678 f; NJW-RR 91, 962). Deren Rechtskraft erstreckt sich auch nicht auf ihn (BGH FamRZ 91, 175/177; NJW-RR 91, 1744). Beteiligt und gegebenenfalls beschwerdeberechtigt ist der Betriebsrententräger erst, wenn in einem späteren Verfahren um den verlängerten schuldrechtlichen Versorgungsausgleich gestritten wird (BGH FamRZ 89, 602). Für diese Lösung spricht, daß der Betriebsrententräger auch sonst keinen Einfluß auf die Höhe des schuldrechtlichen Versorgungsausgleichs hat (Frankfurt FamRZ 88, 533).

32a Nach BGH FamRZ 89, 369/371 kann der Betriebsrententräger auch nicht einem der beteiligten Ehegatten als **Nebenintervenient** beitreten und als solcher Beschwerde einlegen; anders mit Recht Hamm FamRZ 91, 844 = NJW-RR 91, 1092; Hoppenz FamRZ 87, 427; JHSedemund-Treiber § 53 b FGG Rn 18; Rolland/Roth Rn 22). Der Hinweis des BGH auf schutzwürdige Geheimhaltungsinteressen der Ehegatten überzeugt nicht.

32b Die Erwägungen aus Rn 32 lösen auch die Fälle des OLG Celle (FamRZ 80, 70 u 268), in denen Anwartschaften auf **Beamtenversorgungen** versehentlich nicht gemäß § 1587 b II BGB durch Begründung von Rentenanwartschaften, sondern **schuldrechtlich ausgeglichen** worden sind. Auch hier werden die Interessen des Trägers der Beamtenversorgung nur bedingt beeinträchtigt. Für ihn besteht die Gefahr, daß er nach dem Tod des Beamten der geschiedenen Frau einen Unterhaltsbeitrag zahlen muß (§ 22 II BeamtVG). Da das FamG nicht unmittelbar in seine Rechtsstellung eingegriffen hat, ist er nicht zur Beschwerde berechtigt (Düsseldorf FamRZ 92, 189 f; MK/Klauser § 621e Rn 12; JHSedemund-Treiber § 621 e Rn 9; Rolland/Roth § 621 e Rn 25; anders Celle aaO).

33 **f)** Im **Änderungsverfahren nach § 10 a VAHRG** sind die Versorgungsträger im gleichen Maße beschwerdeberechtigt wie im Ursprungsverfahren (Bremen EzFamR VAHRG § 3c Nr 6). Die Übergangsbestimmung des Art 4 § 1 des Gesetzes über weitere Maßnahmen auf dem Gebiet des Versorgungsausgleichs (VAWMG) sieht ausdrücklich vor, daß Betriebsrententräger beantragen können, erneut über **Altfälle** zu entscheiden, in denen der versorgungsausgleichsberechtigte Ehegatte infolge des verfassungswidrigen früheren Rechtszustandes auf den schuldrechtlichen Versorgungsausgleich beschränkt worden war, statt eine eigenständige Versorgung zu erhalten. Wird der Antrag zurückgewiesen, so ist der Betriebsrententräger nicht beschwerdeberechtigt (BGH FamRZ 89, 602 f = NJW 1860; FamRZ 91, 678 f). § 20 II FGG sieht zwar ein Beschwerderecht für den Antragsteller vor, dessen Antrag zurückgewiesen worden ist. Auch diese Bestimmung gilt aber nur, wenn das Recht des Beschwerdeführers beeinträchtigt worden ist, was hier nicht der Fall ist (Rn 32; BGH FamRZ 91, 678 f).

34 **g)** Stehen einem oder beiden Ehegatten **mehrere Versorgungsanwartschaften** zu, so kann hinsichtlich der einen Anwartschaft das Splitting (§ 1587 b I BGB), hinsichtlich der anderen das Quasisplitting (§§ 1587 b II BGB, 1 III VAHRG) oder die Realteilung (§ 1 II VAHRG) durchgeführt werden, ohne daß beide Entscheidungsteile notwendigerweise voneinander abhängig sind. Das kann dazu führen, daß Teile der Entscheidung die Rechtsstellung einzelner Versicherungs-/Versorgungsträger nicht berühren und daß diese insoweit nicht beschwerdeberechtigt sind (Zweibrücken FamRZ 85, 614; Celle FamRZ 85, 939). Beispiel: Beide Ehegatten haben in der Ehezeit Rentenanwartschaften in der gesetzlichen Rentenversicherung erworben, der Mann außerdem eine öffentlich-rechtliche Zusatzversorgung (§ 1 III VAHRG). Das FamG hält diese irrtümlich für verfallbar (§ 1587 a II Nr 3 S 3 BGB) und berücksichtigt in seiner Entscheidung nur die Rentenanwartschaften. Sind die Rentenanwartschaften des Mannes 300 DM und diejenigen der Frau 100 DM wert und überträgt das FamG demgemäß Rentenanwartschaften im Wert von 100 DM auf die Frau, so ist die Rentenversicherungsanstalt des Mannes hierdurch nicht beschwert. Dadurch, daß das Quasisplitting unterblieben ist, wird nicht in ihre Rechtsstellung eingegriffen. Beschwert ist aber die Versicherungsanstalt der Frau; sie kann geltend machen, daß bei ihr weitere Rentenanwartschaften hätten begründet werden müssen.

35 **24) § 20 a I FGG** bestimmt, daß die Anfechtung einer Kostenentscheidung unzulässig ist, wenn nicht gegen die Hauptsache-Entscheidung ein Rechtsmittel eingelegt wird. Soweit über die Kosten von Folgesachen gemäß § 93 a I II entschieden worden ist, tritt der gleich lautende § 99 I an die Stelle von § 20 a FGG. Diese Bestimmung ist jedoch anzuwenden, wenn eine Kostenentscheidung nach § 13 a FGG ergangen ist. In diesem Fall ist auch § 20 a II FGG anwendbar, wonach gegen die Kostenentscheidung die sofortige Beschwerde stattfindet, wenn eine Entscheidung in der Hauptsache nicht ergangen ist und der Beschwerdewert 200 DM übersteigt. Da die isolierte Kostenentscheidung keine Endentscheidung ist, unterliegt sie nicht der befristeten Beschwerde nach § 621 e. Näheres s § 621 e Rn 7.

25) § 21 FGG, die Vorschrift über die Form der Beschwerde und das Gericht, bei dem sie einzulegen ist, ist anwendbar, soweit die Beschwerde nach § 19 FGG stattfindet; s Rn 27. Befristete Beschwerden können nur beim **Beschwerdegericht** eingelegt werden (§ 621 e III 1). Beschwerdegericht ist in beiden Fällen das OLG (§ 119 I Nr 2 GVG). 36

26) § 22 FGG: Die sofortige Beschwerde findet in Familiensachen der freiwilligen Gerichtsbarkeit gegen isolierte **Kostenentscheidungen** (§ 20 a II FGG) und gegen Beschlüsse nach § 8 des Ausführungsgesetzes zum Haager Übereinkommen über die zivilrechtlichen Aspekte internationaler Kindesentführung statt (§ 621 e Rn 6), ferner gegen Entscheidungen, durch die der Familienrichter einer Erinnerung gegen die **Rechtspflegerentscheidung** in Zugewinn- und Versorgungsausgleichssachen stattgibt (§§ 60 I Nr 6, 53 a II 1, 53 g I FGG). Einzelheiten hierzu s § 621 e Rn 11. In diesen Fällen ist § 22 FGG anwendbar. Beschwerdegericht ist das OLG (§ 119 I Nr 2 GVG). Nicht anwendbar ist § 22 II 3 FGG; denn eine für die weitere Beschwerde zuständige Instanz fehlt. Der BGH entscheidet nur über weitere Beschwerden nach § 621 e II, nicht über sonstige weitere Beschwerden (§ 133 Nr 2 GVG). 37

Die sofortige Beschwerde findet nicht statt, wenn durch **richterliche Endentscheidung** (§ 621 e Rn 3 ff) in Versorgungsausgleichssachen, über die Stundung einer Zugewinnausgleichsschuld oder über die Übertragung von Vermögensgegenständen unter Anrechnung auf diese Schuld entschieden wird. Die Regelung der §§ 60 I Nr 6, 53 a II 1, 53 g I FGG wird bei Endentscheidungen verdrängt durch die besondere Regelung des § 621 e. Werden die in dieser Bestimmung genannten Fristen versäumt, so ist über die Frage der **Wiedereinsetzung in den vorigen Stand** nicht nach § 22 II FGG, sondern nach § 233 ZPO zu entscheiden (BGH FamRZ 79, 30 = NJW 109 = MDR 213; FamRZ 81, 657 f; EzFamR ZPO § 233 Nr 17 = NJW 88, 568 = MDR 213). 37a

27) § 23 FGG gilt ohne Einschränkung: Auch die Beschwerde nach § 621 e kann auf neue Tatsachen und Beweise gestützt werden. Neues Vorbringen darf in der Beschwerdeinstanz nicht als verspätet zurückgewiesen werden. § 527 gilt nicht (München FamRZ 85, 79). 38

28) § 24 FGG ist anzuwenden, und zwar sowohl bei Beschwerden gegen Endentscheidungen iS des § 621 e (Bremen NJW 79, 1051) als auch für solche iS des § 19 FGG. Für diese gilt nichts Besonderes. Bei jenen Beschwerden ist der Grundsatz des § 24 I FGG, daß die **Beschwerde keine aufschiebende Wirkung** hat, durch zahlreiche Ausnahmen fast in sein Gegenteil verkehrt. Entscheidungen im Hausratsverfahren, über den Versorgungsausgleich, die Stundung des Zugewinnausgleichs und die Übertragung von Vermögensgegenständen unter Anrechnung auf die Ausgleichsforderung werden erst mit ihrer Rechtskraft wirksam (§§ 16 I HausratsVO, 53 g I, 53 a II 1 FGG). Hier hat die Beschwerde praktisch aufschiebende Wirkung. § 24 I FGG gilt jedoch für Beschwerden gegen die Regelung der elterlichen Sorge, des Umgangs des nichtsorgeberechtigten Elternteils mit dem Kind und gegen Entscheidungen über die Herausgabe eines Kindes an den anderen Elternteil. Eine Beschwerde gegen Endentscheidungen dieses Inhalts hat – außer im Verbundverfahren (§ 629 d) – keine aufschiebende Wirkung. 39

§ 24 II FGG ist bei Beschwerden nach § 621 e nicht anwendbar. Die Bestimmung, daß das **Amtsgericht die Vollziehung seiner Verfügung aussetzen** kann, hängt mit der Regelung des § 21 I FGG zusammen, nach welcher die Beschwerde auch bei dem Gericht eingelegt werden kann, dessen Verfügung angefochten wird. Ergeben sich für den Familienrichter aus der Beschwerdeschrift Zweifel an der Richtigkeit seiner Entscheidung, so kann er die Vollziehung aussetzen. Die Beschwerde gegen Endentscheidungen in den zuvor genannten Angelegenheiten ist jedoch beim OLG einzulegen (§ 621 e III 1). Der Familienrichter erhält keine Kenntnis vom Inhalt der Beschwerdeschrift. Deshalb ist es nicht sinnvoll, ihm die Befugnis zur Aussetzung der Vollziehung zu geben. Im übrigen wird man ihm diese Befugnis auch deshalb versagen müssen, weil er zur Änderung seiner Entscheidung nicht befugt ist (§§ 621 e III 2, 577 III; MK/Klauser § 621 e Rn 55; JHSedemund-Treiber § 621 e Rn 22; Rolland/Roth § 621 e Rn 38). Insofern enthält die ZPO eine besondere Regelung, die nach § 621 a I 1 derjenigen des § 24 II FGG vorgeht. 40

In selbständigen Familiensachen aus dem Bereich der freiwilligen Gerichtsbarkeit ist **§ 24 III FGG** anzuwenden. Das Beschwerdegericht (OLG – § 119 I Nr 2 GVG) kann anordnen, daß die Vollziehung der angefochtenen Entscheidung auszusetzen ist. Ist die Entscheidung bereits vollzogen, zB dadurch, daß das Kind aus der Obhut des einen Elternteils in diejenige des anderen gelangt ist, so ist für eine Aussetzung kein Raum mehr. Das Beschwerdegericht (nicht das FamG) kann zwar dem anderen Elternteil durch einstweilige Anordnung aufgeben, das Kind zurückzugeben (§ 24 III FGG). Meistens dürfte jedoch das Kindeswohl eine solche Anordnung verbieten; denn ein Kind darf nicht im Laufe eines Gerichtsverfahrens je nach Verfahrensstand hin- und hergeschoben werden. Nur wenn das Kind an seinem jetzigen Aufenthaltsort gefährdet ist, kommt eine Anordnung auf Rückgabe des Kindes in Betracht (Bremen NJW 79, 1051). – Erläßt das Beschwerdegericht eine einstweilige Anordnung, ohne darüber mündlich zu verhan- 41 deln, so ist § 620 b II ZPO nicht entsprechend anwendbar. Es ist nicht auf Grund mündlicher Verhandlung erneut zu beschließen, wenn ein Beteiligter dies beantragt.

42 Wenn eine Ehe im **Verbundverfahren** geschieden wird und nur hinsichtlich der Folgesachen elterliche Sorge, Umgangsrecht oder Herausgabe eines Kindes Beschwerde (§ 629 a II) eingelegt wird, können nach § 620 Nr 1 einstweilige Anordnungen zur Regelung der Sorge erlassen werden, solange der Scheidungsausspruch noch nicht rechtskräftig ist. Diese Bestimmung enthält eine besondere Regelung, die derjenigen des § 24 III FGG vorgeht; s § 620 Rn 34. Wird der Scheidungsausspruch vor der Entscheidung über die Sorgesache rechtskräftig, so ist § 620 nicht mehr anzuwenden (§ 620 a Rn 3). Jetzt kann das OLG nach § 24 III FGG einstweilige Anordnungen erlassen, die inhaltlich der Folgesache entsprechen (Frankfurt FamRZ 79, 1041).

43 **29) § 25 FGG** gilt uneingeschränkt. Das FamG muß seine Entscheidungen so begründen, daß das Beschwerdegericht die Begründung nachvollziehen kann. Diese muß erkennen lassen, ob es sich bei einem in der Entscheidung erwähnten Umstand um eine tatsächliche Feststellung, die Wiedergabe des Vorbringens eines Beteiligten, eine Schlußfolgerung oder um eine rechtliche Erwägung handelt (BayObLG FamRZ 94, 913/915). Werden die Ergebnisse einer Anhörung oder der Vernehmung eines Zeugen oder Sachverständigen in den Entscheidungsgründen wiedergegeben, so muß erkennbar sein, was die angehörte oder vernommene Person geäußert hat und welche Schlüsse das FamG hieraus gezogen hat. Tatsächliche Feststellungen, Wertungen und Rechtsbegriffe dürfen nicht miteinander vermengt werden (BayObLG aaO).

44 **30) § 26 FGG** bestimmt, daß die Entscheidung des Beschwerdegerichts in Fällen, in denen eine sofortige weitere Beschwerde stattfindet, erst mit der Rechtskraft wirksam wird. Solche Fälle kommen in Familiensachen nicht vor; s Rn 45. § 26 FGG ist jedoch anzuwenden, wenn in selbständigen Verfahren zur Regelung der elterlichen Sorge, des Umgangs mit einem Elternteil oder der Herausgabe eines Kindes gemäß § 621 e II weitere Beschwerde eingelegt wird; denn § 621 e trifft insoweit keine abweichenden Bestimmungen. Hier ist auch § 26 S 2 FGG anwendbar, wonach des Beschwerdegericht die sofortige Wirksamkeit seiner Entscheidung anordnen kann. Für Versorgungsausgleichssachen enthält § 53 g I FGG die Sonderregelung, daß Entscheidungen über den Versorgungsausgleich erst mit ihrer Rechtskraft wirksam werden.

45 **31)** Die Bestimmungen über die weitere Beschwerde **(§§ 27–30 FGG)** sind nicht anwendbar. Soweit die einfache Beschwerde nach § 19 FGG stattfindet, enthalten die §§ 133 GVG, 28 FGG eine abschließende Regelung, die eine weitere Beschwerde an den BGH ausschließt (BGH FamRZ 92, 426 u 538 Nr 280 mwN). Soweit über eine befristete Beschwerde nach § 621 e entschieden wird, sind die Voraussetzungen, unter denen weitere Beschwerde eingelegt werden kann, im § 621 e II geregelt. Hier richtet sich das Verfahren nicht nach den §§ 27–30 FGG, sondern nach § 621 e II 3, III, IV.

46 Soweit in Familiensachen aus dem Bereich der freiwilligen Gerichtsbarkeit die **einfache Beschwerde** nach § 19 FGG stattfindet (s oben Rn 27), kann die Entscheidung des Beschwerdegerichts nicht mit der weiteren Beschwerde des § 27 FGG angefochten werden. Dieser Bestimmung geht nach § 621 a I 1 die besondere Ausgestaltung vor, die die Beschwerde in Familiensachen der freiwilligen Gerichtsbarkeit gefunden hat. Nach § 119 I GVG ist für alle Beschwerden gegen Entscheidungen der Familiengerichte das OLG zuständig. § 133 Nr 2 GVG zählt die Angelegenheiten, in denen gegen Entscheidungen des Beschwerdegerichts weitere Beschwerde eingelegt werden kann, erschöpfend auf. Eine weitere Beschwerde gegen die Beschwerdeentscheidung in Familiensachen ist dort nur für den Fall des § 621 e II vorgesehen, nicht aber für denjenigen des § 27 FGG (BGH FamRZ 78, 886/888 = NJW 79, 39; FamRZ 79, 224 = NJW 820; FamRZ 89, 1066; 90, 1102).

47 **32)** Rechtskraftzeugnisse erteilt nach **§ 31 FGG** die Geschäftsstelle der ersten Instanz. Diese Bestimmung gilt auch für Familiensachen der freiwilligen Gerichtsbarkeit.

48 **33) § 32 FGG** paßt nicht für Familiensachen.

49 **34) § 33 FGG,** die Vorschrift über Zwangsgeld, Zwangshaft und unmittelbaren Zwang, ist anwendbar. Nach dieser Vorschrift werden Endentscheidungen und einstweilige Anordnungen auf Herausgabe eines Kindes oder zur Regelung des Umgangsrechts vollzogen; s § 620 a Rn 34, § 621 Rn 22. Über die Vollziehung von Vergleichen s oben § 621 Rn 23. Umgangsregelungen, die sich darauf beschränken, dem Umgangsberechtigten Befugnisse einzuräumen, ohne zugleich dem sorgeberechtigten Elternteil bestimmte Verpflichtungen aufzuerlegen, sind nicht vollziehbar; denn nach § 33 I FGG sind Zwangsmaßnahmen nur zulässig, wenn jemandem die Verpflichtung auferlegt worden ist, eine Handlung vorzunehmen, eine solche zu unterlassen oder die Vornahme einer Handlung zu dulden (Hamm FamRZ 96, 363). Wenn sich aus der Umgangsregelung nur mittelbar entnehmen läßt, daß es zur praktischen Durchführung irgendwelcher Mitwirkungshandlungen des Sorgeberechtigten bedarf, dann genügt dies nicht, um ein Zwangsgeld anzudrohen oder festzusetzen (Bamberg FamRZ 95, 428). Verlangt das FamG durch verfahrens-

leitende Anordnung Auskünfte über Versorgungsanwartschaften von Ehegatten, Behörden, Rentenversicherungsträgern, Arbeitgebern und Versicherungsgesellschaften (§§ 11 VAHRG, 53 b II FGG), so kann es diese Auskünfte nach § 33 FGG erzwingen (Karlsruhe FamRZ 84, 498; Stuttgart FamRZ 86, 705; Frankfurt DAVorm 89, 868/870 mwN). Im übrigen ist § 33 FGG bei der Vollstreckung von Entscheidungen, die den Versorgungsausgleich betreffen, nicht anzuwenden; s § 621 Rn 21. Gegen Jugendämter dürfen keine Zwangsgelder festgesetzt werden (Schleswig FamRZ 94, 1129 = DAVorm 500; anders Frankfurt aaO zum früheren Recht).

Die Anordnung von Zwang bedarf einer **gesetzlichen Grundlage,** die nicht aus § 33 FGG selbst hergeleitet werden darf (Hamburg FamRZ 83, 409 f; Karlsruhe FamRZ 93, 1479 f). Eltern dürfen nicht gezwungen werden, sich oder ihr Kind psychologisch begutachten zu lassen (Karlsruhe aaO). Vollzogen werden darf nur eine Entscheidung, deren Inhalt genügend bestimmt ist (Hamburg FamRZ 93, 351; Bamberg FamRZ 94, 1048). Beispiele: Mangels **Bestimmtheit** nicht vollziehbar sind Verfügungen, durch die einem Ehegatten im Versorgungsausgleichsverfahren aufgegeben wird, Fragen eines Versorgungsträgers zu beantworten (Celle NdsRpfl 93, 220 = OLGR Celle 94, 93f) oder mitzuteilen, wo er in den offenen Zeiten beschäftigt war, und die notwendigen Unterlagen vorzulegen (Karlsruhe FamRZ 89, 651). Über die Bestimmtheit von familiengerichtlichen Umgangsregelungen s § 620 a Rn 34; über Umgangsregelungsvergleiche oben Rn 6. Die Vollziehung von Entscheidungen ist Aufgabe des FamG. Es muß den Gerichtsvollzieher beauftragen, ein Kind notfalls mir Gewalt wegzunehmen. Es darf nicht dem herausgabeberechtigten Elternteil gestatten, zur Durchsetzung der Herausgabe Gewalt anzuwenden (Hamburg FamRZ 94, 1128 mwN). Die **gewaltsame Wegnahme von Kindern** kommt nur als äußerstes Zwangsmittel in Frage, wenn Zwangsgeld und Zwangshaft nicht zum Erfolg führen (Hamburg aaO mwN; Düsseldorf FamRZ 94, 1541; Stuttgart FamRZ 96, 688 f aE). Ob dabei auch gegen Kinder Gewalt angewandt werden darf, ist umstritten (Celle FamRZ 94, 1129 mwN in der Anm; Diercks FamRZ 94, 1226 ff). 49a

35) § 34 FGG. Die Bestimmung über die **Akteneinsicht,** ist anwendbar. Jedoch muß zuweilen das Interesse Dritter an der Akteneinsicht hinter den höherrangigen Interessen der Beteiligten an der Wahrung ihrer Menschenwürde zurücktreten, zB soweit bei der Regelung der elterlichen Sorge das Seelenleben der Beteiligten erörtert wird (vgl StJLeipold § 299 Rn 22). Hierfür spricht auch, daß Familiensachen der freiwilligen Gerichtsbarkeit im Interesse der Beteiligten nicht öffentlich verhandelt werden (§ 170 GVG) und daß Schriftsätze und Entscheidungen am Verbundverfahren beteiligten Dritten nur zugestellt werden, soweit sie diese betreffen (§ 624 IV). 50

IV) Anwendbar sind die folgenden Bestimmungen des FGG über **Vormundschaftssachen:** 51

1) An die Stelle des **§ 35 FGG** tritt § 64 I FGG: Für die den Familiengerichten obliegenden Verrichtungen sind die Amtsgerichte zuständig.

2) § 35 b FGG regelt die **internationale Zuständigkeit des Familiengerichts**. Die Zuständigkeitsvorschriften des MSA (s § 621 Rn 78 ff) verdrängen § 35 b FGG (BayObLG FamRZ 94, 913; Karlsruhe FamRZ 94, 642 f). **§ 36 FGG** regelt die **örtliche Zuständigkeit** in Angelegenheiten, in denen gemäß § 1671 V BGB die Sorge für die Person und das Vermögen des Kindes einem Vormund zu übertragen ist. Nach § 43 FGG gilt diese Zuständigkeitsregelung auch für Verfahren zur Regelung der elterlichen Sorge, des Umgangs des nichtsorgeberechtigten Elternteils mit dem Kind und der Herausgabe eines Kindes. Die Staatsangehörigkeit ist für die Zuständigkeit bedeutungslos (BayObLG aaO); diese richtet sich nur nach dem Wohnsitz des Kindes; s § 621 Rn 90 a. Hat es keinen inländischen Wohnsitz, so ist für die Zuständigkeit der Aufenthalt maßgebend (§ 36 I1 FGG). Soll die elterliche Sorge für Geschwister geregelt werden, die in den Bezirken verschiedener Familiengerichte ihren Wohnsitz oder Aufenthalt haben, so ist das Gericht zuständig, in dessen Bezirk das jüngste Kind seinen Wohnsitz oder Aufenthalt hat (§ 36 I 2 FGG). 52

3) § 36 a FGG ist nicht anwendbar, weil die Bestellung eines Vormunds nicht Aufgabe des Familiengerichts ist, vgl § 621 Rn 30. 53

4) § 37 I 2 FGG regelt durch Verweisung auf § 36 FGG die örtliche Zuständigkeit des Familiengerichts in Angelegenheiten, in denen gemäß § 1671 V BGB die Sorge für die Person oder das Vermögen eines Kindes einem Pfleger zu übertragen ist; denn dies ist ein Fall der Ergänzungspflegschaft iS des § 1909 BGB. 54

5) § 43 FGG bestimmt durch Verweisung auf § 36 I, II FGG die Zuständigkeit des Familiengerichts für Verfahren über die elterliche Sorge (§§ 1671, 1672, 1678 II, 1681 II 3, 1696 BGB), Umgangsregelungen und die Herausgabe des Kindes, soweit eine Ehesache nicht anhängig ist (§ 621 II; Schleswig SchlHA 81, 148 f). Verändern sich die zuständigkeitsbegründenden Verhältnisse im Lauf des Verfahrens, so bleibt die anfangs begründete Zuständigkeit weiter bestehen (BGH NJW-RR 93, 1091; Ausnahmen gelten nach dem MSA; s § 621 Rn 80). 55

56 **6)** Nach **§ 45 FGG** richtet sich die Zuständigkeit des Familiengerichts in Verfahren, die den Versorgungsausgleich oder das eheliche Güterrecht betreffen. Verändern sich die zuständigkeitsbegründenden Verhältnisse im Lauf des Verfahrens, so bleibt die anfangs begründete Zuständigkeit weiter bestehen (BGH NJW-RR 93, 1091).

56a **a)** Das gilt für den **Versorgungsausgleich** nur, soweit er **im selbständigen Verfahren** durchgeführt wird, nicht aber, soweit er Folgesache eines Scheidungsverfahrens (§ 623) ist. In diesem Fall ist das Gericht der Ehesache ausschließlich zuständig (§ 621 II 1). Wird dem Scheidungsantrag vor der Entscheidung über den Versorgungsausgleich stattgegeben (§ 628 I), so bleibt das Gericht der Ehesache weiterhin zuständig (§ 261 III Nr 2; BGH NJW-RR 93, 1091). Da über den Wertausgleich von Versorgungsanwartschaften im Scheidungsfall von Amts wegen zu entscheiden ist (§ 623 III 1), kommen selbständige Verfahren nur ausnahmsweise vor, nämlich bei Scheidung im Ausland oder Aufhebung einer Ehe. Für ein Verfahren zur Änderung des Versorgungsausgleichs (§§ 53 e III FGG, 10 a VAHRG, Art 4 § 1 VAwMG) ist nicht mehr das Gericht der Ehesache zuständig, sondern das Gericht, in dessen Bezirk die geschiedenen Ehegatten ihren gemeinsamen gewöhnlichen Aufenthalt haben oder zuletzt gehabt haben (BGH FamRZ 88, 1160). Der schuldrechtliche Versorgungsausgleich wird erst geregelt, wenn beide Ehegatten eine Versorgung erlangt haben oder wenn der ausgleichspflichtige Ehegatte eine Versorgung erlangt hat und der andere wegen Krankheit usw nicht mehr erwerbstätig sein kann (§ 1587 g I 2 BGB). Hier kommen selbständige Verfahren vor.

57 **b) Güterrechtsverfahren** iS des § 45 FGG sind solche nach den §§ 1382 und 1383 BGB (Stundung des Zugewinnausgleichs und Überweisung von Vermögensgegenständen unter Anrechnung auf die Ausgleichsforderung). Andere Streitigkeiten aus dem ehelichen Güterrecht sind nicht im Verfahren der freiwilligen Gerichtsbarkeit, sondern im Zivilprozeß auszutragen.

58 **7) § 46 FGG** ist anwendbar (BGH FamRZ 87, 56). Verfahren über die elterliche Sorge, Umgangsregelungen und die Herausgabe eines Kindes können aus wichtigem Grund an ein anderes Familiengericht abgegeben werden, wenn eine Ehesache nicht anhängig ist (§ 621 II). Einigen sich die Gerichte nicht, so entscheidet – anders als bei Kompetenzkonflikten (Rn 10) – nie der BGH, sondern das nach § 46 II FGG zuständige OLG (BGH aaO), bzw in Bayern das BayObLG (FamRZ 89, 1108).

58a **8)** Nach **§ 49a FGG** hört das FamG das **Jugendamt** vor einer Entscheidung über die elterliche Sorge oder den Umgang mit dem Kind. Welches Jugendamt zuständig ist, ergibt Rn 23a. Das Jugendamt soll über die entscheidungserheblichen tatsächlichen Verhältnisse berichten und auf Grund seiner Erfahrung dem Gericht einen Entscheidungsvorschlag unterbreiten (Köln FamRZ 95, 1593 f). Da dies sowohl im öffentlichen Interesse als auch in demjenigen des Kindes liegt, genügt es nicht, daß das Jugendamt nur Gelegenheit zur Stellungnahme erhält. Es muß sich äußern, bevor das Gericht entscheidet (Köln aaO).

59 **9)** Die **§§ 50a–50 c FGG** sind anwendbar. Sie enthalten zwingende (Düsseldorf FamRZ 93, 1108 mwN; 94, 1541) Vorschriften über die persönliche Anhörung in Verfahren, die die elterliche Sorge betreffen. Durch die Anhörung wird den Beteiligten rechtliches Gehör gewährt. Außerdem soll das Gericht sich einen persönlichen Eindruck von dem Kind und seinen Eltern verschaffen, bevor es über die elterliche Sorge entscheidet und dadurch in besonders schwerwiegender Weise in die persönlichen Verhältnisse der Beteiligten eingreift (Düsseldorf FamRZ 94, 1541). Ausnahmsweise kann bei Gefahr im Verzug ohne Anhörung entschieden werden; dann muß aber das Beschwerdegericht die Anhörung nachholen (Düsseldorf aaO mwN). Gegen die Anhörungspflicht verstößt das FamG, wenn es allein auf der Grundlage eines Jugendamtsberichtes entscheidet (Oldenburg FamRZ 92, 192 f). Die Bestimmungen gelten auch im Beschwerdeverfahren (Stuttgart FamRZ 89, 1110 = NJW-RR 1355; Düsseldorf aaO; KG FamRZ 94, 119/121). Hier kann jedoch eine erneute Anhörung entbehrlich sein, wenn weder neue Tatsachen vorgetragen werden noch rechtliche Gesichtspunkte sich verändert haben und wenn seit der Anhörung in der Vorinstanz nur kurze Zeit verstrichen ist (KG aaO). Die Vorschriften sind nur anzuwenden, wenn eine Sachentscheidung über die Sorge ergeht. Verneint ein Gericht seine Zuständigkeit für eine Sorgeregelung, so braucht es Eltern und Kind nicht anzuhören (Düsseldorf aaO). Anwendbar ist auch **§ 50 d,** wonach das FamG zugleich mit der Anordnung der Herausgabe eines Kindes die Herausgabe der persönlichen Sachen des Kindes einstweilen regeln kann.

60 **10) § 53 a FGG** regelt das Verfahren nach den §§ 1382, 1383 BGB (Stundung der Zugewinnausgleichsschuld, Übertragung von Gegenständen unter Anrechnung auf diese Schuld).

61 **11)** Die **§§ 53b–53 g FGG** enthalten Bestimmungen über Verfahren, die den Versorgungsausgleich betreffen. Über die **Beteiligung Dritter am Versorgungsausgleichsverfahren** s § 53b II FGG und unten § 624 Rn 12 f.

62 **12) § 57 I Nr 1 u 3 FGG** sind nur mit der Einschränkung anzuwenden, die sich aus § 64 III 4 FGG ergibt. Lehnt das Familiengericht die Anordnung der Vormundschaft/Pflegschaft ab oder

hebt es eine Vormundschaft/Pflegschaft auf (s §§ 1671 V, 1696 BGB), so sind Eltern, über 14jährige Kinder und das Jugendamt beschwerdeberechtigt; s Rn 29. Nach § 57 I Nr 1 u 3 FGG wäre außerdem jeder Verwandte, Verschwägerte und jeder, der ein rechtliches Interesse an der Änderung der Verfügung hat, zur Beschwerde berechtigt. Damit der Eintritt der Rechtskraft – namentlich im Verbundverfahren – nicht im Ungewissen bleibt, schließt § 64 III 4 FGG alle die im § 57 I Nr 1 u 3 FGG genannten Personen außer dem Ehegatten des minderjährigen Kindes von der Beschwerde aus.

Nach **§ 57 I Nr 9 FGG** kann jeder, der ein rechtliches Interesse daran hat, Entscheidungen über die Sorge für die Person eines Kindes mit der Beschwerde anfechten. Die Bestimmung findet in Familiensachen keine Anwendung. Das steht jedoch der Beschwerdeberechtigung des Jugendamts nicht entgegen (§ 64 III 3 FGG). Diese Bestimmung enthält eine eng umgrenzte Ausnahme, die sich nicht auf Vereine zur Förderung von Kindesinteressen ausdehnen läßt (BGH FamRZ 88, 54 = NJW 194 = MDR 130; Schleswig SchlHA 87, 56). **62a**

13) Nach **§ 58 FGG** kann, wenn mehrere Vormünder ihr Amt gemeinschaftlich führen, jeder von ihnen selbständig für das Kind Beschwerde einlegen. Dies gilt nicht für Familiensachen; s Rn 67. **63**

14) Anwendbar ist auch die Bestimmung des **§ 59 FGG** über das eigene Beschwerderecht des Kindes, das das vierzehnte Lebensjahr vollendet hat. **64**

15) Nach **§ 60 I Nr 6 FGG** findet gegen Verfügungen, die erst mit der Rechtskraft wirksam werden, die sofortige Beschwerde statt. Die Vorschrift ist in den Fällen der §§ 53 a II 1, 53 g I FGG anzuwenden, wenn der Rechtspfleger über Versorgungsausgleichssachen, die Stundung des Zugewinnausgleichs oder die Übertragung von Gegenständen unter Anrechnung auf den Zugewinnausgleich entscheidet und der Familienrichter der Erinnerung gegen diese Entscheidung stattgibt; s § 621 e Rn 11. Entscheidet der Familienrichter hier ohne Vorschaltung des Rechtspflegers (§§ 621 a II ZPO, 14 Nr 2, 2 a RpflG), so trifft er eine Endentscheidung iS des § 621 e; dann findet nicht die sofortige Beschwerde, sondern die befristete Beschwerde des § 621 e statt. **65**

16) Nach **§ 63 FGG** sind die §§ 58, 59 FGG entsprechend anwendbar auf die weitere Beschwerde gemäß § 621 e II. Nur das Kind, das das vierzehnte Lebensjahr vollendet hat, ist beschwerdeberechtigt, nicht aber sein Vormund, s Rn 6. **66**

17) **§ 64 FGG** enthält Bestimmungen über die Abgabe von Familiensachen der freiwilligen Gerichtsbarkeit an das Gericht der Ehesache und verknüpft für solche Sachen die Verfahrensvorschriften des FGG mit denjenigen der ZPO. Abs 3 S 3 u 4 regeln das Beschwerderecht des Jugendamtes und des Ehegatten des minderjährigen Kindes in Sorgeregelungsangelegenheiten usw. Sie schließen das Beschwerderecht des Vormundes und des Pflegers aus (MK/Klauser § 621e Rn 9). **67**

V) Die Verfahrensvorschriften der **HausratsVO** sind anwendbar. § 16 I HausratsVO, wonach gerichtliche Entscheidungen mit der Rechtskraft wirksam werden, ist bei Folgesachen neben § 629 d anzuwenden. Die Entscheidung über die Ehewohnung und den Hausrat wird hier erst wirksam, wenn sie selbst und der Scheidungsausspruch rechtskräftig sind. Die Kostenentscheidung in Folgesachen, die die Ehewohnung oder den Hausrat betreffen, richtet sich nach den zu § 629 Rn 3, § 629 a Rn 8 entwickelten Grundsätzen, im selbständigen Hausratsverfahren nach § 20 HausratsVO. **68**

VI) **§ 621 a II** regelt den Fall, daß ein Ehegatte auf **Zugewinnausgleich** klagt und die Übertragung von Vermögensgegenständen unter Anrechnung auf die Ausgleichsforderung begehrt, ferner der Fall, daß auf die Zugewinnausgleichsklage hin der Beklagte die Stundung seiner Schuld begehrt. Für die Klage gelten die Bestimmungen der ZPO, für das Stundungs- oder Übertragungsbegehren diejenigen des FGG (§§ 621 a I 1, 621 I Nr 9). Die Entscheidung ergeht nicht durch Urteil im Zivilprozeß und Beschluß im Verfahren der freiwilligen Gerichtsbarkeit, sondern einheitlich durch Urteil. **69**

Gegen ein solches Urteil kann **Berufung** eingelegt werden. Soll es nur angefochten werden, soweit über die Stundung oder Übertragung von Vermögensgegenständen entschieden worden ist, so ist nicht Berufung, sondern die **befristete Beschwerde** des § 621 e einzulegen (§§ 621 a II 2, 629 a II 1). Beschwerde kann sogar nur zu dem Zweck eingelegt werden, um in zweiter Instanz erstmalig Anträge auf Stundung des Zugewinnausgleichs oder auf Zuweisung von Vermögensgegenständen unter Anrechnung auf den Ausgleich zu stellen; s § 621 e Rn 23. Wird nach Einlegung der Beschwerde auch Berufung eingelegt, so ist über beide Rechtsmittel gleichzeitig zu verhandeln (§§ 621 a II 2, 629 a II 2, 623 I) und einheitlich durch Urteil zu entscheiden (§ 629 I). Das Berufungsurteil ist unanfechtbar, soweit es über die Stundung oder Übertragung von Vermögensgegenständen entscheidet. § 629 a schließt die Revision, § 621 e II 1 die weitere Beschwerde aus (JHSedemund-Treiber § 629 a Rn 5; Rolland/Roth Rn 30). StJSchlosser 17; MK/Walter Rn 17 **70** folgern daraus, daß § 621 a II 2 nicht auf § 629 a I verweist, auch die Entscheidung über die Stundung oder Übertragung von Vermögenswerten sei revisibel, wenn sie zusammen mit der Hauptentscheidung über den Zugewinnausgleich angefochten werde. Der Ausschluß der Revision hat aber den Sinn, vom BGH eine minderbedeutsame Materie fernzuhalten. Dieser Gedanke erfordert einen völligen Ausschluß der Revision. Die Parteiinteressen werden durch § 629 c genügend gewahrt.

621b

[Sonderregelungen bei güterrechtlichen Streitigkeiten]

In Familiensachen des § 621 Abs. 1 Nr. 8 gelten die Vorschriften über das Verfahren vor den Landgerichten entsprechend.

1 Die Vorschrift gilt nicht für die Anträge auf Stundung der Zugewinnausgleichsschuld und auf Übernahme von Vermögensgegenständen unter Anrechnung auf diese Schuld, die der Rechtspfleger zu bearbeiten hat (§§ 621 I Nr 9 ZPO, 3 Nr 2a, 14 Nr 2 RPflG), sondern nur für zivilprozessuale Güterrechtssachen. Für diese besteht ausnahmslos Anwaltszwang (§ 78 II Nr 2). Anzuwenden sind die §§ 253 bis 494, nicht die §§ 495 bis 510b.

621c

[Zustellung von Endentscheidungen]

§ 317 Abs. 1 Satz 3 ist auf Endentscheidungen in Familiensachen nicht anzuwenden.

§ 618

§ 317 Abs. 1 Satz 3 gilt nicht für Urteile in Ehesachen.

1 Urteile werden von Amts wegen zugestellt (§§ 270 I, 317 I 1). Wollen die Parteien nach Urteilsverkündung über einen Vergleich verhandeln, so können sie übereinstimmend beantragen, die **Zustellung** des Urteils bis zum Ablauf von fünf Monaten nach der Verkündung **hinauszuschieben** (§ 317 I 3). Dadurch wird vermieden, daß nur wegen des drohenden Fristablaufs vorsorglich Rechtsmittel eingelegt werden, obwohl noch Vergleichsverhandlungen schweben. Um zu verhindern, daß der Fortbestand der Ehe nach dem Belieben der Eheleute über längere Zeit in der Schwebe bleibt, nimmt § 618 den Ehegatten die Möglichkeit, die Zustellung hinauszuschieben. Diesen Gedanken überträgt § 621 c auf Urteile in anderen Familiensachen. Da bei langdauernden Scheidungsverfahren ohnehin nicht alsbald Klarheit über den Fortbestand der Ehe geschaffen werden kann, läßt sich über die Zweckmäßigkeit dieser Regelung streiten. Das Gesetz ist aber eindeutig und zwingend. Die Parteien können jedoch das Gericht bitten, wegen Vergleichsverhandlungen die Urteilsverkündung aufzuschieben.

2 § 618 gilt für **alle Urteile in Ehesachen,** auch für solche auf Feststellung des Bestehens einer Ehe oder auf Herstellung des ehelichen Lebens und für klagabweisende Prozeßurteile. **Beschlüsse** in Familiensachen aus dem Bereich der freiwilligen Gerichtsbarkeit (§ 621 a Rn 1) werden den Beteiligten gemäß § 329 verkündet oder zugestellt. Daß hier die Zustellung aufgeschoben werden kann, sieht das Gesetz nicht vor.

Vorbemerkungen: Rechtsmittel in Familiensachen

1 **I)** Anzuwenden sind die Bestimmungen über die Berufung (§§ 511 ff), die Revision (§§ 545 ff) und die Beschwerde (§§ 567 ff), soweit die §§ 621 d, 621 e nichts Abweichendes bestimmen. Für **Berufungen** und Beschwerden in Ehe-, Unterhalts- und Güterrechtssachen gilt die Besonderheit,

daß das OLG Rechtsmittelgericht für die vom FamG entschiedenen Sachen ist (§ 119 Nr 1 u 2 GVG). In **Familiensachen aus dem Bereich der freiwilligen Gerichtsbarkeit** (§ 621 a I 1) treten die **befristete Beschwerde** und weitere Beschwerde (§ 621 e) an die Stelle von Berufung und Revision. Ergänzende Regelungen für **Rechtsmittel im Verbundverfahren** enthalten die §§ 629 a ff.

II) Berufung: 1) Berufungssumme: a) Berufungen in **Unterhaltsprozessen** scheitern selten daran, daß die **Berufungssumme** von 1500 DM (§ 511 a) nicht erreicht ist. Diese ist nicht nach § 17 GKG zu berechnen, sondern nach § 9 ZPO (s dort Rn 1): Maßgeblich ist der in der Berufungsinstanz umstrittene Teil des Unterhalts für 42 Monate; es sei denn, der Unterhalt wird voraussichtlich nur für kürzere Zeit geschuldet. Die Frage, ob die Berufungssumme erreicht ist, muß in der Regel nur vertieft werden, wenn der Berufungskläger eine Änderung des Unterhalts um weniger als 36 DM monatlich verlangt. Dann ist zu untersuchen, ob Unterhaltsrückstände die Berufungssumme erhöhen (§ 9 Rn 5). 2

b) Verlangt eine Partei von der anderen **Auskunft** über ihr Endvermögen oder ihr Einkommen und Vermögen (§§ 1379, 1361 IV 4, 1580, 1605 BGB), so beträgt der Streitwert etwa ein Fünftel des Wertes der Forderung, die nach Auskunftserteilung eingeklagt werden soll (§ 3 Rn 16 „Auskunft"). Dieser Wert gilt auch für die zweite Instanz, wenn das FamG das Auskunftsbegehren abgewiesen hatte und hiergegen Berufung eingelegt wird (BGH NJW-RR 88, 836 f; FamRZ 93, 1189 Nr 664; FamRZ 95, 349 f - GrS). Hier wird die Berufungssumme häufig erreicht. 3

Bei einer **Berufung gegen eine Verurteilung zur Auskunft** oder zur eidesstattlichen Versicherung, daß die Auskunft richtig ist, hängt der Streitwert vom Interesse des Beklagten an der Berufung ab, nicht vom Interesse des Klägers, der in der ersten Instanz obsiegt hat (BGH FamRZ 91, 791 f mwN; 92, 663). Das Gebot der prozessualen Waffengleichheit wird nicht dadurch verletzt, daß die Beschwer des Beklagten anders als die des Klägers bewertet wird (BGH FamRZ 95, 349 ff - GrS; BVerfG FamRZ 95, 993). Es wäre in sich widersprüchlich, den Wert der Berufung des Beklagten am Interesse des Klägers zu messen, obwohl es in der Berufungsinstanz gerade nicht um dessen Beschwer geht (BGH FamRZ 93, 1423 f mwN = NJW-RR 1026), sondern um diejenige des Beklagten. Das Ausmaß dieser Beschwer richtet sich nach dem wirtschaftlichen Interesse des Beklagten am Erfolg seiner Berufung (BGH FamRZ 95, 349 f). Es kommt nicht darauf an, welchen Einfluß das Berufungsurteil auf andere Rechtsverhältnisse hat (BGH aaO); also nicht auf das Interesse des Verurteilten, die nach Auskunftserteilung angestrebte Hauptleistung nicht erbringen zu müssen (BGH aaO u FamRZ 91, 316 = NJW-RR 325; MDR 94, 510) und auch nicht darauf, ob das FamG im Auskunftsurteil eine Ansicht vertritt, die dem Verurteilten nachteilig sein wird, wenn um die Hauptleistung weitergestritten wird (BGH FamRZ 91, 316). Der Streitwert und die Berufungssumme richten sich hauptsächlich danach, welchen **Aufwand an Zeit und Kosten** die eidesstattliche Versicherung (BGH FamRZ 91, 791f; NJW-RR 91, 1467; FamRZ 92, 535 f= NJW-RR 450; FamRZ 92, 663) oder die Auskunft erfordert (BGH FamRZ 95, 349 f; stRsp seit FamRZ 86, 796 f). Neben dem Arbeitsaufwand ist ausnahmsweise das **Geheimhaltungsinteresse** des Verurteilten zusätzlich zu bewerten, wenn es einen anderen Grund als den hat, den Gegner an der Durchsetzung der Klagforderung zu hindern (BGH FamRZ 95, 349/351; stRsp seit FamRZ 88, 156 u 495). – Auch bei einer **Vollstreckungsabwehrklage** gegen einen Auskunftstitel und bei einer Berufung gegen ein Urteil, das eine solche Klage abweist, richtet sich der Streitwert danach, welchen Aufwand die Auskunft verursacht (Hamburg FamRZ 89, 770). 4

Der **Aufwand, den die Auskunft verursacht,** ist geringer als die Berufungssumme von 1500 DM, zB wenn die Auskunft in der Vorlegung einer Gehaltsbescheinigung besteht (BGH FamRZ 86, 796 f; 93, 1423 f = NJW-RR 1026 f). Wenn umfangreiche, jahrelang zurückliegende wirtschaftliche Vorgänge aufzuschlüsseln sind oder wenn der Berufungskläger fachkundige Hilfe eines Steuerberaters braucht, um die Auskunft zu erteilen, kann dieser Aufwand mehr als 1500 DM wert sein (BGH FamRZ 88, 495), aber auch weniger (BGH NJW-RR 93, 1027 f). Auf die Kosten einer fachkundigen Hilfsperson kommt es aber nur an, wenn der Auskunftspflichtige die Auskunft nicht allein erteilen kann (BGH FamRZ 89, 731 f; 93, 1423 f; NJW-RR 93, 1468). Ist er selbst Steuerberater, so sind die Kosten der Auskunft nicht mit dem Honorar zu bewerten, das er für eine entsprechende Leistung von Mandanten fordern würde (BGH aaO). 5

Wenn für die Auskunft ein **Jahresabschluß** erstellt werden muß, überschreitet der Aufwand hierfür häufig 1500 DM. Er darf nicht aus dem Grunde geringer bewertet werden, weil der Abschluß später auch für das Finanzamt benötigt wird (BGH FamRZ 90, 1225 = NJW-RR 1474; FamRZ 92, 425 f = NJW-RR 322; NJW-RR 92, 1474). Fertigt der Berufungskläger während des Berufungsverfahrens einen Abschluß für das Finanzamt an, so entstehen ihm keine weiteren Kosten, wenn er den Abschluß auch zur Erfüllung seiner Auskunftspflicht benutzen kann. Die Berufung wird hierdurch nicht unzulässig. Ihre Zulässigkeit richtet sich nur nach den Verhältnissen bei ihrer Einlegung (BGH FamRZ 93, 1189 f). 6

7 Wird der Auskunftspflichtige zur **Vorlegung von Belegen** verurteilt, ohne daß die Art der Belege konkret beschrieben wird, so kann er im Vollstreckungsverfahren geltend machen, daß das Urteil zu unbestimmt und deshalb nicht vollstreckbar ist (BGH FamRZ 92, 425 f mwN = NJW-RR 322; FamRZ 92, 535 f = NJW-RR 450). Das gleiche gilt, wenn er zur Vorlegung nicht vorhandener Bilanzen verurteilt wird (BGH FamRZ 93, 45 f). Der hierdurch entstehende Aufwand kann zu einer höheren Bewertung führen (BGH FamRZ 91, 315 f; 92, 425 f u 535 f; FamRZ 93, 1189 f u 1423 f = NJW-RR 1026).

8 **Verwirft das OLG eine Berufung** gegen eine Verurteilung zur Auskunft, weil es die Berufungssumme als nicht erreicht ansieht, so **kann der unterlegene Berufungskläger stets den BGH anrufen** (bei Verwerfung durch Beschluß mit der sofortigen Beschwerde nach § 519 b II, bei Verwerfung durch Urteil mit der Revision nach § 547 ZPO). Daß die Revision nur stattfindet, wenn das OLG sie zugelassen hat, sieht die ZPO hier nicht vor. Wie das OLG das Interesse bewertet hat, die Auskunft nicht erteilen zu müssen, überprüft der BGH nur daraufhin, ob es die Grenzen seines Ermessens überschritten oder dieses in einer Weise ausgeübt hat, die dem Zweck der Ermächtigung nicht entspricht (BGH FamRZ 93, 1423 f = NJW-RR 1026; FamRZ 94, 1519). Das ist der Fall, wenn maßgebliche Tatsachen verfahrensfehlerhaft nicht berücksichtigt oder erhebliche Tatsachen unter Verstoß gegen die Aufklärungspflicht nicht festgestellt worden sind (BGH FamRZ 93, 1189 Nr 665). Trotz § 570 dürfen mit der weiteren Beschwerde keine neuen Tatsachen vorgetragen werden; denn ein Ermessensfehler der Vorinstanz ist nur denkbar, wenn sie bereits vorliegenden Prozeßstoff nicht sachgerecht gewürdigt hat (BGH FamRZ 94, 1519).

9 **2)** Nach Ablauf der Berufungsbegründungsfrist darf eine **Berufung** nur **erweitert** werden, wenn sich die Gründe hierfür bereits aus der Begründungsschrift ergeben (§ 629 a Rn 19). Eine Ausnahme von diesem Grundsatz ergibt sich für **Unterhaltssachen** aus § 323 II. Um der Präklusion zu entgehen, muß der Kläger bis zum Schluß der Berufungsverhandlung alle Tatsachen vortragen, die für das Unterhaltsurteil maßgeblich sind. Wenn sich die für die Unterhaltsberechnung maßgeblichen Tatsachen nach Ablauf der Berufungsbegründungsfrist ändern, kann der Berufungskläger seine **Berufung nachträglich erweitern** (BGH FamRZ 86, 43 f; Hamburg FamRZ 84, 706 f; Düsseldorf FamRZ 87, 295 f; Koblenz FamRZ 88, 302 u 1072 f = NJW-RR 1487). Auch der Grundsatz, daß eine **Anschlußberufung** sich nur gegen den Berufungskläger richten kann (§ 521 Rn 11), hat im Unterhaltsprozeß eine besondere Variante. Klagt ein Ehegatte auf Trennungsunterhalt für sich selbst und zugleich in Prozeßstandschaft auf Kindesunterhalt, so kann er sich einer Berufung des Beklagten, die sich gegen die Verurteilung zum Ehegattenunterhalt richtet, hinsichtlich des Kindesunterhalts anschließen (Hamm FamRZ 88, 187; Wosgien FamRZ 87, 1102; anders München FamRZ 87, 169).

10 **3)** Urteile des FamG, in denen Unterhalt zuerkannt wird oder in denen es um die Aufhebung einer Ehe, die Feststellung des Bestehens oder Nichtbestehens einer Ehe, die Herstellung der ehelichen Lebensgemeinschaft oder die Feststellung des Rechts zum Getrenntleben geht, müssen auch dann mit **Tatbestand und Entscheidungsgründen** versehen werden, wenn die Parteien hierauf und auf Rechtsmittel verzichten (§ 313 a II). Dies gilt grundsätzlich auch für **Berufungsurteile** (StJGrunsky Rn 1; Wieczorek/Rössler Rn A I; anders MK/Rimmelspacher Rn 6; AK/Ankermann Rn 4; Baumbach/Albers Rn 3; Zöller/Gummer Rn 7; sämtlich zu § 543). Namentlich bei neuem Sachvortrag in der Berufungsinstanz darf der Tatbestand nicht weggelassen werden. Entgegen Riegner (FamRZ 94, 611) genügt es nicht, den Vortrag in den Entscheidungsgründen zu erwähnen. Ausnahme: Das OLG folgt den Gründen des angefochtenen Urteils und stellt dies in seinem Urteil fest. Hier kann es nach § 543 I von der Darstellung des Tatbestandes und der Entscheidungsgründe absehen (Riegner aaO), weil diese nutzlos wären.

11 **III)** Für die **Revision** in Unterhalts- und Güterrechtssachen enthält § 621 d eine Sonderregelung.

12 **IV) Zuständigkeit des Rechtsmittelgerichts bei rechtsirrtümlicher Qualifikation einer Sache als Familien- oder Nichtfamiliensache durch die erste Instanz: 1) Materielle Anknüpfung:** Bis 1986 war das OLG **Berufungsgericht für Familiensachen.** In Grenzfällen, in denen die Qualifikation eines Verfahrens als Familiensache zweifelhaft war, führte die sog materiellrechtliche Anknüpfung der Berufungszuständigkeit an den Begriff Familiensache zu Zweifeln bei der Wahl des richtigen Berufungsgerichts. Um zu verhindern, daß Berufungen wegen fehlerhafter Wahl verworfen werden, hatte die Rechtsprechung folgende Grundsätze entwickelt: Der Berufungsführer könne darauf vertrauen, daß das FamG im Rahmen seiner Zuständigkeit entschieden habe, deshalb könne er seine Berufung beim OLG einlegen. Stelle dieses fest, daß der Verfahrensgegenstand keine Familiensache sei, so könne es sich entsprechend § 281 auf Antrag des Berufungsführers für unzuständig erklären und den Rechtsstreit an das LG als Berufungsinstanz verweisen (BGHZ 72, 182/192 = FamRZ 78, 873/875 = NJW 79, 43 ff). Diese komplizierte Rechtskonstruktion

hat im Jahre 1986 den Gesetzgeber zu einer vermeintlichen Vereinfachung veranlaßt. Im UnterhaltsänderungsG (BGBl 86 I 301) wurde die materielle Anknüpfung durch die formelle ersetzt und § 119 GVG in der Weise geändert, daß das **OLG Berufungsgericht für die von den Familiengerichten entschiedenen Sachen** ist.

Der Gesetzgeber ist 1986 aber auf halbem Wege stehen geblieben. Nicht geändert wurde § 119 II GVG, der auf § 23 b I GVG verweist. Hiernach sind **die Familiensenate** des OLG weiterhin **für Familiensachen zuständig.** Konsequent wäre es gewesen, auch § 119 II GVG zu ändern und zu bestimmen, daß die Familiensenate für Berufungen gegen Entscheidungen der Familiengerichte zuständig sind. Daß diese Gesetzesänderung unterlassen wurde, hat zu neuen Schwierigkeiten bei der Bestimmung der Berufungszuständigkeit geführt, wenn die erste Instanz ihre Unzuständigkeit nicht bemerkt hatte. 13

2) **Formelle Anknüpfung:** Nach der Neufassung des § 119 GVG ist das OLG für Berufungen gegen Urteile des FamG zuständig, und zwar auch dann, wenn dieses rechtsirrtümlich eine Nichtfamiliensache als Familiensache behandelt hat (BGH FamRZ 95, 351 f mwN). Diese Zuständigkeit geht nicht verloren, wenn ein AG sein Urteil verfahrensfehlerhaft in der Weise berichtigt, daß es nicht als FamG, sondern als allgemeine Zivilprozeßabteilung entschieden habe (BGH FamRZ 93, 690 = NJW 1399 = MDR 382; FamRZ 94, 1520 f). Entscheidet das LG irrtümlich über eine Familiensache, so ist das OLG – wie auch sonst – das richtige Berufungsgericht. Entscheidet die allgemeine Zivilprozeßabteilung des AG über eine solche Sache, so ist die Berufung beim LG einzulegen (§ 72 GVG). Läßt das Urteil des AG infolge einer unklaren Geschäftsverteilung oder infolge von Widersprüchen in sich selbst nicht erkennen, ob das FamG oder die allgemeine Zivilprozeßabteilung entschieden hat, so gilt der Grundsatz der Meistbegünstigung (BGH FamRZ 95, 219 f u 351 f). Die Berufung kann dann sowohl beim LG als auch beim OLG eingelegt werden. Das angerufene Berufungsgericht entscheidet dann zur Sache, wenn es sich nach materieller Anknüpfung (oben Rn 12) für zuständig hält. Hält es sich für unzuständig, so hat es analog § 281 einen Verweisungsantrag anzuregen und die Sache an das nach materieller Anknüpfung zuständige Berufungsgericht zu verweisen, wenn dieser Antrag gestellt wird (BGH FamRZ 95, 219 f u 351 f). – Im übrigen hat ein Verfahrensfehler des Eingangsgerichts, wenn es eine Familiensache für eine Nichtfamiliensache gehalten hat oder umgekehrt, seit 1986 keinen Einfluß mehr auf die Zuständigkeit des Berufungsgerichts. Er hat aber unterschiedliche Folgen für das weitere Verfahren je nachdem, ob die §§ 529 III 2, 621e IV 1 die Rüge dieses Verfahrensfehlers zulassen oder nicht. 14

a) Die Rüge, daß das Eingangsgericht das Verfahren zu Unrecht für eine Familiensache gehalten oder nicht für eine solche gehalten habe, ist immer möglich, wenn es aus diesem Grunde seine Zuständigkeit verneint und eine Klage als unzulässig abgewiesen hat (JHSedemund-Treiber § 529 Rn 2). Bei einer Sachentscheidung des Eingangsgerichts ist die **Rüge ausgeschlossen,** wenn sie nicht bereits in der Vorinstanz erhoben worden war und wenn dies nicht genügend entschuldigt wird (§ 529 III). Ist sie ausgeschlossen oder wird sie nicht erhoben, obwohl sie zulässig ist, so hindert § 529 III das OLG an der materiellen Prüfung, ob es sich um eine Familiensache handelt. Bei der Einordnung der Sache als Familien- oder Nichtfamiliensache bleibt es bei der Entscheidung der ersten Instanz. Infolgedessen entscheidet der Familiensenat des OLG über die Berufung auch dann sachlich, wenn das FamG über eine Nichtfamiliensache entschieden hatte (BGH FamRZ 88, 1035; 89, 165; 94, 25 f mwN = NJW-RR 93, 1282 f = MDR 93, 1236; MK/Wolf Rn 5; Kissel Rn 14; beide zu § 119 GVG). Das LG bzw ein allgemeiner Zivilsenat des OLG haben zu entscheiden, wenn deren Vorinstanzen rechtsirrtümlich Familiensachen nicht für solche gehalten hatten (BGH FamRZ 91, 682 = NJW 231). 15

b) Ist die **Rüge,** daß das Eingangsgericht das Verfahren zu Unrecht für eine Familiensache gehalten oder nicht für eine solche gehalten habe, bereits in der Vorinstanz erhoben worden oder sind für die Unterlassung dieser Rüge genügende Entschuldigungsgründe glaubhaft gemacht worden (§ 529 III 2, IV, § 528 I 2), so **kann** sie **auch in der zweiten Instanz erhoben** werden. Wenn sie erhoben wird, sind drei Varianten zu unterscheiden: 16

aa) Ist die **Berufung beim OLG** eingelegt worden und gelangt sie dort, weil sie sich **gegen ein Urteil des LG** richtet, zum Senat für allgemeine Zivilsachen, so gibt dieser sie an den Familiensenat ab, wenn der Berufungsführer mit Erfolg geltend macht, daß es sich um eine Familiensache handelt (BGH FamRZ 94, 25 f = NJW-RR 93, 1282 f = MDR 93, 1236; Gummer unten § 119 GVG Rn 8; anders Jauernig FamRZ 89, 3; Bergerfurth FamRZ 94, 372; JHSedemund-Treiber Rn 7; Baumbach/Albers Rn 5; Thomas/Putzo Rn 6; sämtlich zu § 119 GVG). Da der Familiensenat nach den §§ 119 II, 23 b I GVG für Familiensachen zuständig ist und da § 529 III hier das OLG nicht an die Zuständigkeitsentscheidung der ersten Instanz bindet, richtet sich hier die Berufungszuständigkeit innerhalb des OLG weiterhin danach, ob eine Sache Familiensache ist oder nicht (BGH aaO mwN). Daß nunmehr der Familiensenat entscheidet, hat den Vorteil, daß eine Zurückverweisung an das richtige Gericht der ersten Instanz vermieden werden kann (BGH FamRZ 94, 25/27). 17

Jedoch kann der Familiensenat das Urteil des LG wegen des Verfahrensmangels, der in der Verkennung der erstinstanzlichen Zuständigkeit liegt, auch aufheben und die Sache auf Antrag des Klägers an das zuständige FamG zurückverweisen (§§ 539, 281 I 1; Jauernig FamRZ 89, 3). Stellt der Kläger trotz entsprechender Anregung keinen Verweisungsantrag, so ist die Sache nicht an das LG zurückzuverweisen; dem die Sachentscheidungskompetenz fehlt (MK/Rimmelspacher § 539 Rn 12; Jauernig aaO). Vielmehr muß in dieser Situation der Familiensenat selbst zur Sache entscheiden.

18 **bb)** Gelangt die **Berufung** an den Familiensenat, weil sie sich **gegen ein Urteil des FamG** richtet, und rügt der Berufungsführer mit Erfolg, daß es sich nicht um eine Familiensache handelt, dann gibt dieser Senat die Sache an den Senat für allgemeine Zivilsachen ab (BGH FamRZ 94, 25/27 = NJW-RR 93, 1282 ff = MDR 93, 1236). Er darf sie nicht an die Berufungskammer des Landgerichts abgeben; denn eine Abgabe ist nur innerhalb des OLG möglich. Ebensowenig darf er sie an die Berufungskammer verweisen; § 281 I erlaubt nur eine Verweisung an ein Gericht der ersten Instanz (BGH FamRZ 91, 682 = NJW 231; KG FamRZ 87, 608 = NJW-RR 1483; Jauernig FamRZ 88, 1261; Baumbach/Albers § 119 GVG Rn 6). Die frühere Rechtsprechung, die eine Verweisung von einer Berufungsinstanz an die andere gestattete (Rn 12), ist durch den Übergang von der materiellen an die formelle Anknüpfung (Rn 12–14) überholt. Eine Ausnahme gilt für den Fall, daß weiterhin materiell angeknüpft wird; s oben Rn 14. – Der Senat für allgemeine Zivilsachen verfährt dann ebenso wie der Familiensenat in der vorigen Rn.

19 **cc)** Ist die **Berufung** beim LG eingelegt worden, weil sie sich **gegen ein Urteil der allgemeinen Zivilprozeßabteilung des AG** richtet, und rügt der Berufungsführer mit Erfolg, daß es sich um eine Familiensache handelt, so kann das LG die Sache weder an den Familiensenat abgeben noch an diesen verweisen (s Rn 18). Wegen des Verfahrensmangels, der in der Verkennung der erstinstanzlichen Zuständigkeit liegt, muß es das angefochtene Urteil aufheben und die Sache an das Familiengericht des AG, dessen Zivilprozeßabteilung zuvor entschieden hatte, zurückverweisen (§ 539; Jauernig FamRZ 89, 4). Es darf nicht nach § 540 von einer Zurückverweisung absehen und eine eigene Sachentscheidung treffen; denn hierin läge mangels Zuständigkeit des LG für Familiensachen ein weiterer Verfahrensfehler (Jauernig FamRZ 89, 2; Baumbach/Albers § 119 GVG Rn 5).

20 **3)** Nach § 621 e IV 1 gilt § 529 III sinngemäß im **Verfahren der befristeten Beschwerde** gegen Endentscheidungen in Familiensachen aus dem Bereich der freiwilligen Gerichtsbarkeit (zB elterliche Sorge, Versorgungsausgleich, Ehewohnung und Hausrat). Beispiel: Vor dem FamG verlangt ein Ehegatte vom anderen Übertragung des Miteigentumsanteils an dem als Ehewohnung dienenden Hausgrundstück. Der andere macht geltend, dieses Begehren lasse sich nicht im Hausratsverfahren regeln, das FamG sei nicht zuständig. Trotzdem gibt das FamG dem Begehren im Ehewohnungsverfahren statt. Wenn der unterlegene Ehegatte mit der Beschwerde seine Einwendungen wiederholt, gibt der Familiensenat des OLG die Sache an den Senat für allgemeine Zivilsachen ab (anders Karlsruhe FamRZ 96, 36 f). Dieser behandelt die Beschwerde als Berufung und kann zur Sache entscheiden; er kann auch die Entscheidung des FamG aufheben und die Sache auf Antrag des Klägers an das LG zurückverweisen (s Rn 18). – Für die Beschwerdeinstanz des Vormundschaftsgerichts gelten die §§ 529 III, 621e IV 1 nicht (KG FamRZ 90, 1021 f = DAVorm 547/550). Hat in erster Instanz das Vormundschaftsgericht statt des FamG entschieden, so muß die **Beschwerdekammer** die angefochtene Entscheidung auch dann aufheben und die Sache an das FamG zurückverweisen, wenn der Beschwerdeführer es unterläßt, die fehlende Zuständigkeit zu rügen.

21 § 529 III gilt sinngemäß für **einfache Beschwerden** nach den §§ 567 ZPO, 19 FGG und für **sofortige Beschwerden** (BGH FamRZ 94, 27; Düsseldorf FamRZ 86, 1009; MK/Rimmelspacher Rn 33; Baumbach/Albers Rn 13; Thomas/Putzo Rn 17; alle zu § 529; anders Vorauflage). Es wäre nicht sinnvoll, wenn im selben Rechtsstreit für Berufung und Beschwerde unterschiedliche Spruchkörper zuständig wären. Solange jedoch § 529 III 2 die Zuständigkeitsrüge nicht ausschließt, hat das Beschwerdegericht auch von Amts wegen festzustellen, ob eine Familiensache vorliegt (Düsseldorf aaO). Beispiel: Das FamG hat aus materiellrechtlichen Gründen PKH verweigert, aber nicht bemerkt, daß es über eine Nichtfamiliensache entscheidet. Die Beschwerde gelangt zunächst an den Familiensenat des OLG (§ 119 I Nr 2 GVG). Da der Beklagte im anschließenden Prozeß mit Erfolg die Zuständigkeit des FamG rügen könnte, hat der Familiensenat die Frage prüfen, ob eine Familiensache vorliegt. Verneint er dies, so gibt er die Beschwerde an den Zivilsenat ab. Dieser ist für die Beschwerdeentscheidung zuständig (Düsseldorf FamRZ 86, 1009) und entsprechend der Familiensenat im umgekehrten Fall, daß das LG in erster Instanz über eine Familiensache entschieden hatte (BGH FamRZ 94, 27). Der Zivilsenat hebt den Beschluß mit der Begründung auf, daß die erste Instanz nicht zuständig gewesen sei, und verweist die Sache gemäß § 575 an die zuständige Abteilung des AG zurück. Falls zugleich an ein anderes Gericht zu verweisen ist, bedarf es dazu eines Verweisungsantrages des Antragstellers (§ 281 I 1).

So zu verfahren, ist sachgerechter als eine Beschwerdeentscheidung, bei der Zuständigkeit des FamG nicht geprüft wird; denn auf diese Weise wird der Prozeß im Frühstadium vor das zuständige Gericht gebracht.

621d *[Revision]*

(1) Gegen die in der Berufungsinstanz erlassenen Endurteile über Familiensachen des § 621 Abs. 1 Nr. 4, 5, 8 findet die Revision nur statt, wenn das Oberlandesgericht sie in dem Urteil zugelassen hat; § 546 Abs. 1 Satz 2, 3 gilt entsprechend.

(2) Die Revision findet ferner statt, soweit das Berufungsgericht die Berufung als unzulässig verworfen hat.

I) Grundgedanke: § 621 d gilt für die Revision in Unterhalts- und Güterrechtssachen. Entsprechende Vorschriften für Ehesachen und Familiensachen aus dem Bereich der freiwilligen Gerichtsbarkeit enthalten die §§ 546 I 1, 621 e II. Nach allen diesen Bestimmungen findet die Revision bzw die revisionsähnliche weitere Beschwerde des § 621 e nur statt, wenn sie zugelassen worden ist oder wenn das OLG ein Rechtsmittel als unzulässig verworfen hat. 1

1) Keine Streitwertrevision: Um in Familiensachen einen einheitlichen Rechtsmittelzug zu schaffen, ist die Streitwertrevision auch dann ausgeschlossen worden, wenn in vermögensrechtlichen Familiensachen der Wert der Beschwer 60.000 DM übersteigt (BGH FamRZ 79, 220 = NJW 550 = MDR 388; FamRZ 79, 910 = NJW 2046 = MDR 1005; FamRZ 80, 551. Diese Regelung ist mit dem Grundgesetz vereinbar (BVerfG FamRZ 82, 243; BGH FamRZ 79, 910 = NJW 2046; stRsp; s BGH FamRZ 83, 156 mwN = NJW 928). Wenn das OLG in einer Güterrechts- oder Unterhaltssache entscheidet, ist der Wert der Beschwer nicht festzusetzen. 2

Die **Revision gegen Verbundurteile** (§ 629 I) ist auch statthaft, soweit Entscheidungen über Folgesachen aus dem Bereich der freiwilligen Gerichtsbarkeit (§ 621 a I 1) zusammen mit zivilprozessualen Entscheidungsteilen angefochten werden (§ 629 a Rn 1), zB der Scheidungsausspruch und die Regelung des **Versorgungsausgleichs.** Auch in diesem Fall findet gegen die Regelung des Versorgungsausgleichs nicht die Streitwertrevision, sondern nur die Zulassungsrevision statt. Das ergibt sich aus dem Sinn der §§ 546 I, 621 d I, 621 e II. 3

2) Zulassungsrevision (§ 621 d I): **a)** Urteile, durch die über die Anordnung, Abänderung oder Aufhebung eines **Arrests** oder einer **einstweiligen Verfügung** entschieden wird, sind auch in Familiensachen nicht revisibel (§ 545 II). Hier darf die Revision nicht zugelassen werden. Wird sie gleichwohl zugelassen, so wird sie dadurch nicht statthaft (§ 545 Rn 9). 4

b) Im Scheidungs-, Unterhalts- oder Güterrechtsprozeß läßt das OLG die Revision nur bei grundsätzlicher Bedeutung der Rechtssache oder entscheidungserheblicher Abweichung des Berufungsurteils von einer Entscheidung des BGH oder des gemeinsamen Senats der obersten Gerichtshöfe des Bundes zu (§ 546 I 2). In Bayern bestimmen die OLGe nach § 7 I EGZPO gleichzeitig mit der Revisionszulassung, ob für die Verhandlung und Entscheidung der BGH oder das BayObLG zuständig ist. Wird die Revisionszulassung im Urteil übergangen, so kann dieses nicht nach § 321 ergänzt werden (BGH FamRZ 81, 445; Schneider § 546 Rn 55; anders oben Vollkommer § 321 Rn 5). 5

c) Entscheidet das OLG als Beschwerdegericht über die Zulassung der **Zwangsvollstreckung aus einem ausländischen Unterhaltstitel** (§§ 11, 16, 14 des Anerkennungs- und Vollstreckungsausführungsgesetzes – AVAG), so findet hiergegen die Rechtsbeschwerde an den BGH statt, wenn gegen diese Entscheidung die Revision gegeben wäre, falls sie durch Endurteil ergangen wäre (§§ 17 I, 18 I AVAG). Hier muß das OLG entsprechend § 621 d I über die Zulassung der Rechtsbeschwerde entscheiden (BGH IPRax 92, 33 f). 5a

d) Bis 1986 war das OLG Rechtsmittelgericht für Familiensachen; seitdem ist es für Rechtsmittel gegen die von den Familiengerichten entschiedenen Sachen zuständig. Im § 119 GVG wechselte der Gesetzgeber damals vom Grundsatz der materiellen Anknüpfung zu demjenigen der formellen Anknüpfung; s Vorbem 12 ff vor § 621 d. Nicht geändert wurde entgegen der ausdrücklichen Empfehlung von Jaeger (FamRZ 85, 868) der § 621 d I. Daß es sich hierbei um ein Redaktionsversehen handelt, ist nicht zu erkennen (BGH FamRZ 88, 1036 = NJW 2380; anders StJSchlosser Rn 2). Bei wortgetreuer Auslegung des § 621 d I **kommt es für die Revisionszulassung auch heute noch darauf an, ob eine Familiensache oder eine Nichtfamiliensache Streitgegenstand ist** (so MK/Klauser Rn 9; Rolland/Roth Rn 10). Demgegenüber wollen StJSchlosser (Rn 2), Thomas/Putzo (Rn 5); Jauernig (FamRZ 88, 1258) und Walter (ZZP 97, 487) mit Hilfe des § 549 II und des Grundsatzes der formellen Anknüpfung den § 621 d I korrigierend so auslegen, als laute er: „Gegen Endurteile der Oberlandesgerichte, in denen über eine Berufung gegen ein 5b familiengerichtliches Urteil entschieden worden ist, findet die Revision nur statt, wenn das OLG sie zugelassen hat". Eine gesetzeskorrigierende Rechtsfortbildung ist aber nur als letzter Notbehelf zulässig, um offenbar unangemessene Ergebnisse zu verhindern (Larenz AT S 81). Zu unangemessenen Ergebnissen führt eine wortgetreue Auslegung des § 621 d I nicht. Die Zivil- und Familiensenate des OLG können unschwer entscheiden, ob eine Familiensache oder eine Nichtfamiliensache Streitgegenstand ist und ob die Sache revisionswürdig ist. Weiter spricht gegen eine gesetzeskorrigierende Auslegung, daß das Prinzip der formellen Anknüpfung auch sonst nicht lückenlos gilt; s Vorbem 16 ff vor § 621 d.

6 **e) Revision bei unzutreffender Qualifikation als Familiensache:** Behandelt ein OLG einen vermögensrechtlichen Streitgegenstand mit einem Wert von mehr als 60.000 DM als Familiensache und läßt es die Revision ausdrücklich nicht zu, so ist diese nicht statthaft. Sie kann auch nicht mit der Begründung Erfolg haben, daß der Streitgegenstand keine Familiensache sei. Dies hat der BGH nach § 549 II nicht zu prüfen. Er darf die Sache nicht anders qualifizieren als das OLG (BGH FamRZ 94, 693 f = NJW-RR 93, 1154 f; FamRZ 95, 726 f). Entsprechendes gilt im umgekehrten Fall, daß ein OLG eine vermögensrechtliche Familiensache für eine Nichtfamilensache hält und im Urteil den Wert der Beschwer höher als 60.000 DM festsetzt. Hier ist die Wertrevision zulässig (BGH NJW 86, 3143 f). Der BGH ist an die Qualifikation „Nichtfamiliensache" gebunden, die das OLG vorgenommen hatte. Wenn das OLG aber in seinem Urteil offenläßt, ob eine Familiensache vorliegt, und wenn es (fehlerhaft) weder über die Zulassung der Revision entscheidet noch den Wert der Beschwer festsetzt, gebietet es der Gleichheitssatz (Art 3 GG), daß irgendeine Instanz die **Revisionswürdigkeit prüft** (BVerfG FamRZ 84, 866). Hier wendet der **BGH** § 554 b sinngemäß an (BGHZ 90, 1 = FamRZ 84, 371 = NJW 1188; NJW 86, 3143 = MDR 838; FamRZ 88, 1036 = NJW 2380). Hat die Sache (sei sie Familiensache oder nicht) grundsätzliche Bedeutung oder weicht das Berufungsurteil von einer BGH-Entscheidung ab, so wird die Revision angenommen; sonst wird die Annahme abgelehnt.

7 **f) Beschänkte Revisionszulassung:** Die Zulassung der Revision **nicht** kann auf **eine bestimmte Rechtsfrage** beschränkt werden (BGH FamRZ 82, 466 = NJW 1216; FamRZ 91, 931). Eine solche Beschränkung ist wirkungslos; das angefochtene Urteil ist dann in vollem Umfang zu überprüfen. Die Zulassung kann auf **Teile der Klagforderung** beschränkt werden, die **Gegenstand eines Teilurteils** sein könnten (BGH FamRZ 79, 233 = NJW 767 = MDR 480), zB die Befristung einer Unterhaltsrente (BGH FamRZ 95, 1405.) Das gilt auch für Urteile im Verbundverfahren nach § 623. Diese Bestimmung verbietet zwar Teilurteile weitgehend (§ 623 Rn 38). Trotzdem kann die Revisionzulassung auf Teile beschränkt werden, die Gegenstand eines Teilurteils sein könnten, wenn ein solches ungeachtet der Einschränkung durch § 623 zulässig wäre. Weiter kann die Revisionzulassung auf Punkte beschränkt werden, die **Gegenstand eines selbständig anfechtbaren Zwischenurteils** über die Zulässigkeit der Klage (§ 280) sein könnten (BGH FamRZ 87, 802; 91, 931). Sie kann nicht auf die Frage beschränkt werden, ob die Berufung zulässig ist; denn ein Zwischenurteil über diesen Punkt ist unanfechtbar (BGH FamRZ 87, 802). Schließlich kann die Zulassung auf den Teil eines Urteils beschränkt werden, der bei einem **nach Grund und Höhe streitigen Anspruch** zum Grund gehört (BGH VersR 80, 740) oder dem Betragsverfahren vorbehalten bleiben könnte (BGH NJW 82, 2380). Das gilt auch für die Beschränkung der Zulassung auf ein Verteidigungsmittel, das einen tatsächlich und rechtlich selbständigen und abtrennbaren Teil des Gesamtstoffs darstellt (BGH FamRZ 79, 233) zB das Zurückbehaltungsrecht (BGH FamRZ 85, 48 = NJW 189). Ist die Revision nur beschränkt zugelassen worden, so können Teile des Streitgegenstandes, hinsichtlich derer sie nicht zugelassen worden ist, auch nicht mit der **Anschlußrevision** angefochten werden (BGH MDR 95, 1125 f).

7a Der BGH hält eine beschränkte Zulassung für wünschenswert, um sich von Arbeit zu entlasten, die nicht im Interesse der Rechtseinheit und -fortbildung notwendig ist (BGH FamRZ 79, 233 = NJW 767 = MDR 480). Begründet das OLG seine Entscheidung über die Zulassung der Revision, so liegt allein darin keine Zulassungsbeschränkung auf den Umfang der mitgeteilten Gründe (BGH FamRZ 82, 680 = NJW 1642; FamRZ 84, 559; 85, 471; 88, 597; 90, 283 f; 94, 98 f = MDR 94, 68 f). **In Verbundurteilen hat das OLG die Revisionswürdigkeit der Scheidungssache und jeder Folgesache besonders zu prüfen** und demgemäß die Revision nicht schlechthin, sondern für die einzelnen Sachen zuzulassen (Bosch FamRZ 87, 266; Rolland/Roth Rn 7).

8 g) Hat das OLG die **Revision zugelassen,** so ist der **BGH** daran **gebunden** (§§ 621 d I Hs 2, 546 I 3). Dies gilt auch, wenn das OLG die Zulassung der Revision begründet hat und diese Gründe ergeben, daß die Voraussetzungen für diese Zulassung (grundsätzliche Bedeutung der Sache, Abweichung von einer Revisionsentscheidung) nicht vorlagen (BGH FamRZ 84, 655). Hat das OLG eine Sache als Familiensache behandelt und die **Revision nicht zugelassen,** so ist der BGH nach § 549 II (außer in den in Rn 6 genannten Fällen, in denen das OLG die Revisionswürdigkeit nicht geprüft hatte) ebenfalls daran gebunden (BGH FamRZ 94, 27 f u 693 = NJW-RR 93, 1154 f). Dies gilt auch, wenn der Revisionskläger geltend macht, er sei durch die Nichtzulassung seinem

gesetzlichen Richter entzogen worden (Art 101 I 2 GG; BGH FamRZ 92, 1063). Hat das OLG eine Sache als Nichtfamiliensache behandelt und es gleichwohl unterlassen, den Wert der Beschwer festzusetzen, so setzt der BGH diesen Wert fest und entscheidet über die Revision, wenn die Revisionssumme erreicht ist (BGH FamRZ 95, 726 f).

h) Gegen einen Beschluß, durch den das OLG einen **Einspruch gegen ein Versäumnisurteil** 9
verworfen hat, findet die sofortige Beschwerde nur statt, wenn das OLG sie zugelassen hat (BGH FamRZ 82, 162 = NJW 1104 = MDR 473).

3) Wenn die **Berufung** oder Anschlußberufung (BGH FamRZ 84, 680 = NJW 2951; FamRZ 87, 10
926 f; 95, 1138 mwN) durch Urteil **als unzulässig verworfen** worden ist, findet die Revision auch ohne Zulassung statt. Für Scheidungssachen ergibt sich dies aus § 547, für Unterhalts- und Güterrechtssachen aus § 621 d II. Eine entsprechende Regelung für Familiensachen aus dem Bereich der freiwilligen Gerichtsbarkeit enthält § 621 e II 2. Ist eine Berufung durch Beschluß verworfen worden, so unterliegt dieser der sofortigen Beschwerde (§ 519 b II), nicht der Revision (BGH VersR 85, 1183 f). Zwar enthält § 621 d II nicht – wie Abs 1 – die Einschränkung, daß die Revision stattfindet, soweit die Berufung „durch Endurteil" verworfen worden ist. Die Revision findet jedoch immer nur gegen Urteile statt. Für Verwerfungsbeschlüsse ist § 519 b II lex specialis. In Familiensachen, die in der ersten Instanz nicht als Anwaltsprozeß zu führen waren (Unterhalts-, nicht aber Güterrechtssachen; § 78 II Nr 2) kann die sofortige Beschwerde ohne anwaltliche Vertretung eingelegt werden (BGH FamRZ 84, 677/679 = NJW 2413 = MDR 924; FamRZ 88, 1159; Bergerfurth FamRZ 88, 601). Wenn in einer Arrestsache oder einem Verfahren der einstweiligen Verfügung eine Berufung als unzulässig verworfen wird, findet hiergegen kein Rechtsmittel an den BGH statt (BGH FamRZ 84, 877 = NJW 2368). Über die Revision bzw sofortige Beschwerde bei Vollstreckungsabwehrklagen gegen Beschlüsse im Hausratsverfahren s § 621e Rn 41.

II) Gebühren: a) Für das **Gericht** entsteht im Revisionsverfahren die Verfahrensgebühr mit dem zweifachen Tabel- 11
lensatz nach KV 1230. Wird die Revision oder die Klage zurückgenommen, bevor die Revisionsbegründungsschrift beim Revisionsgericht eingegangen ist, ermäßigt sich die Verfahrensgebühr auf eine halbe Gebühr. Für das Verfahren der sofortigen Beschwerde gegen den (gebührenfreien) Berufungsverwerfungsbeschluß (s Rn 10) wird nach KV 1906 eine Gebühr erhoben, wenn die Beschwerde verworfen oder zurückgewiesen wird. – **b)** Im Revisionsverfahren vor dem BayObLG erhält der **Anwalt** nach den §§ 31, 11 I 4 BRAGO 13/10 Gebühren. Soweit sich die Parteien nur durch einen bei dem BGH zugelassenen Anwalt vertreten lassen können, erhöht sich die Prozeßgebühr auf 20/10 (§ 11 I 3 BRAGO). Im Beschwerdeverfahren gegen den Beschluß, durch den eine Berufung verworfen worden ist, erhält der Anwalt 5/10 der in § 31 BRAGO bestimmten Gebühren (§ 61 I Nr 1 BRAGO).

621e

[Rechtsmittel im Verfahren der freiwilligen Gerichtsbarkeit]

(1) Gegen die im ersten Rechtszug ergangenen Endentscheidungen über Familiensachen des § 621 Abs. 1 Nr. 1 bis 3, 6, 7, 9 findet die Beschwerde statt.

(2) In den Familiensachen des § 621 Abs. 1 Nr. 1 bis 3, 6 findet die weitere Beschwerde statt, wenn das Oberlandesgericht sie in dem Beschluß zugelassen hat; § 546 Abs. 1 Satz 2, 3 gilt entsprechend. Die weitere Beschwerde findet ferner statt, soweit das Oberlandesgericht die Beschwerde als unzulässig verworfen hat. Die weitere Beschwerde kann nur darauf gestützt werden, daß die Entscheidung auf einer Verletzung des Gesetzes beruht.

(3) Die Beschwerde wird durch Einreichung der Beschwerdeschrift bei dem Beschwerdegericht eingelegt. Die §§ 516, 517, 519 Abs. 1, 2, §§ 519 a, 552, 554 Abs. 1, 2, 5, § 577 Abs. 3 gelten entsprechend.

(4) Für das Beschwerdegericht gilt § 529 Abs. 3, 4 entsprechend. Das Gericht der weiteren Beschwerde prüft nicht, ob eine Familiensache vorliegt.

1 **I)** Die Bestimmung regelt die **Rechtsmittel gegen Endentscheidungen in Familiensachen der freiwilligen Gerichtsbarkeit** (vgl § 621 a Rn 1). Wegen der Rechtsmittel in zivilprozessualen Familiensachen s § 621 d und Vorbem dazu, wegen derjenigen gegen Urteile in Verbundsachen § 629 a.

2 **II) Endentscheidungen iS des § 621 e sind urteilsähnliche Entscheidungen.** Die Regelung des § 621 e beruht auf dem Grundgedanken, das Rechtsmittelsystem in Familiensachen aus dem Bereich der freiwilligen Gerichtsbarkeit demjenigen in zivilprozessualen Familiensachen anzugleichen. Form und Frist der Erstbeschwerde und der Berufung sind weitgehend vereinheitlicht; dasselbe gilt für Form und Frist der weiteren Beschwerde und der Revision; s Abs 3 und 4. Vor allem ist für zivilprozessuale Familiensachen und solche aus dem Bereich der freiwilligen Gerichtsbarkeit der Zugang zum BGH einheitlich eröffnet und denselben Zulassungsbeschränkungen unterstellt worden (Abs 2 und §§ 547, 549). Diese Erwägungen legen es nahe, als Endentscheidungen nur solche Entscheidungen anzusehen, die in Form eines Endurteils (§ 300 ZPO) ergehen würden, falls sie im Zivilprozeß bzw Verbundverfahren erlassen würden (so zögernd BGH FamRZ 81, 25 = MDR 36; eindeutig aber die dort zitierten OLG-Entscheidungen u Düsseldorf FamRZ 82, 186).

3 **1)** Zu den Endentscheidungen gehören auch: **Teilentscheidungen im Verbundverfahren,** durch die vorweg über die Verpflichtung eines Ehegatten zur Auskunft über seine Versorgungsanwartschaften entschieden wird (BGH FamRZ 82, 687 = NJW 1646; s dazu § 623 Rn 21 f), die mit Teilurteilen vergleichbaren **Vorwegentscheidungen über die elterliche Sorge** gemäß § 627 (KG FamRZ 79, 340), Beschlüsse, daß ein Versorgungsausgleichsverfahren trotz Anfechtung oder Widerrufs eines Prozeßvergleichs erledigt ist (BGH FamRZ 82, 586 = NJW 2386) und Beschlüsse, durch die die **Erledigung der Hauptsache** festgestellt und über die Kosten entschieden wird (Köln FamRZ 83, 1262). Über den Fall, daß nach übereinstimmender Erledigungserklärung nur über die Kosten entschieden wird, s Rn 7. Entscheidungen über Anträge auf Bewilligung oder Verlängerung einer **Frist zur Räumung der Ehewohnung** beruhen nicht auf den §§ 721, 794 a, sondern auf den §§ 15, 17 HausratsVO und sind daher Endentscheidungen (München FamRZ 78, 196 = NJW 548; Karlsruhe Justiz 79, 438; StJSchlosser Rn 4; Fehmel, Familiengerichtsbarkeit, § 15 HausratsVO Rn 5; MK/Klauser Rn 5; Schwab/Maurer I Rn 767; MK-BGB/Müller-Gindullis § 17 HausratsVO Rn 6; anders JHSedemund-Treiber Rn 4; Soergel/Heintzmann § 14 HausratsVO Rn 4).

4 **2)** Die befristete Beschwerde nach § 621 e findet nicht gegen **Zwischenentscheidungen** statt (BGH FamRZ 79, 224), die die Instanz nicht einmal teilweise beenden. Zwischenentscheidungen, die die Beteiligten in ihren Rechten beeinträchtigen (§ 20 I FGG), können mit der Beschwerde nach § 19 FGG angefochten werden, zB einstweilige Anordnungen im selbständigen Sorgeregelungsverfahren (Zweibrücken FamRZ 83, 1162; Hamm NJW-RR 94, 389), Beschlüsse über die Aussetzung des Verfahrens (Brandenburg FamRZ 96, 496 f). Vorbereitende Verfügungen, die der Endentscheidung vorausgehen und keine Entscheidung über den Verfahrensgegenstand enthalten, sind nicht selbständig anfechtbar (§ 621 a Rn 28), sondern können nur zusammen mit der Endentscheidung angefochten werden. Beschwerden nach § 621 e können jedoch gegen Zwischenentscheidungen eingelegt werden, die selbständig anfechtbaren Zwischenurteilen (§§ 280, 304) gleichen, zB gegen Zwischenentscheidungen über die Zuständigkeit (Stuttgart FamRZ 78, 442), über den Anspruchsgrund (Hamburg FamRZ 80, 1133).

5 **3) Genehmigt das Gericht eine Vereinbarung über den Versorgungsausgleich** (§ 1587 o II BGB), so erledigt sich das Versorgungsausgleichsverfahren ganz oder teilweise in der Hauptsache. Insoweit findet eine Entscheidung über den Wertausgleich von Versorgungsanwartschaften nicht statt (§ 53 d S 1 FGG). Angesichts des eindeutigen Wortlauts dieser Bestimmung wird

nicht an der in FamRZ 82, 1057 vertretenen Auffassung festgehalten, daß die Genehmigung nur zusammen mit der anschließenden Entscheidung über den Versorgungsausgleich angefochten werden kann. Die Genehmigung steht einer Endentscheidung gleich und unterliegt ebenso wie diese der Beschwerde nach § 621 e (Düsseldorf FamRZ 81, 804 f; Stuttgart FamRZ 82, 1079; Frankfurt FamRZ 85, 613; Baumbach/Albers Rn 8; JHSedemund-Treiber § 53 d FGG Rn 14; Keidel/Kuntze § 53 d Rn 15 d; MK-BGB/Strobel § 1587 o Rn 46; Soergel/Vorwerk § 1587 o Rn 28; anders Frankfurt FamRZ 87, 494 f; Bumiller/Winkler § 53 d Anm 2). Wer beschwerdeberechtigt ist, ergibt sich aus § 621 a Rn 31 d. Aus der Verwandtschaft zwischen Endentscheidung und Genehmigung folgt, daß diese im Verbundverfahren ebensowenig vorweg erteilt werden darf, wie über den Versorgungsausgleich vorweg entschieden werden darf. Sie ist im Verbundurteil auszusprechen. Die Verweigerung der Genehmigung ist nicht selbständig anfechtbar (§ 53 d S 2 FGG), sondern nur zusammen mit der Entscheidung über den Versorgungsausgleich, die infolge der Verweigerung zu treffen ist. Die Anfechtung kann damit begründet werden, daß die Genehmigung hätte erteilt werden müssen (BGH FamRZ 82, 471 = NJW 1463; FamRZ 87, 467 = NJW 1769). Schließt sich das Beschwerdegericht diesem Standpunkt an, so genehmigt es selbst die Vereinbarung (BGH FamRZ 82, 688).

4) Ein Beschluß, durch den das FamG darüber entscheidet, ob ein entführtes Kind in einen anderen Staat des Haager Übereinkommens über die zivilrechtlichen Aspekte **internationaler Kindesentführung** zurückzugeben ist, wäre an sich seinem Inhalt nach eine Endentscheidung. Um das Verfahren zu beschleunigen, bestimmt jedoch § 8 des Ausführungsgesetzes zu diesem Übereinkommen (BGBl 90 I 701), daß gegen einen solchen Beschluß die **sofortige Beschwerde** nach § 22 FGG stattfindet. 6

5) **Keine Endentscheidungen:** § 621 e bezweckt nicht, in Familiensachen der freiwilligen Gerichtsbarkeit einen Rechtsweg zum BGH zu eröffnen, der in zivilprozessualen Familiensachen nicht besteht. Im Zivilprozeß können Beschlüsse der Oberlandesgerichte im Regelfall nicht angefochten werden (§ 567 III 1), zB Beschlüsse nach den §§ 91 a, 269 III 3 oder Beschlüsse im Zwangsvollstreckungsverfahren. Es besteht kein Anlaß, entsprechende Beschlüsse in Familiensachen der freiwilligen Gerichtsbarkeit als urteilsähnliche Endentscheidungen anzusehen und es zuzulassen, daß sie mit den berufungs- und revisionsähnlichen Beschwerden des § 621 e angefochten werden. Keine Endentscheidungen sind folglich: **a)** **Isolierte Kostenentscheidungen** in Antragsverfahren, die nach Antragsrücknahme oder übereinstimmender Erledigungserklärung ergehen (BGH FamRZ 90,1102 mwN = NJW-RR 1218, str). **b)** Entscheidungen über **Zwangsmittel** nach § 33 FGG (BGH FamRZ 92, 538 Nr 280; stRsp seit FamRZ 81, 25 = NJW 177 = MDR 36). **c)** Wegen der **Frist zur Räumung der Ehewohnung** s Rn 3. 7

6) **Entscheidungen des Rechtspflegers:** Im Bereich der freiwilligen Gerichtsbarkeit entscheidet der Rechtspfleger über folgende Angelegenheiten (§ 14 Nr 2 und 2 a RPflG): **a)** die Stundung der Zugewinnausgleichsschuld (§ 1382 I–IV, VI BGB), **b)** die Übertragung von Vermögensgegenständen unter Anrechnung auf den Zugewinnausgleich (§ 1383 I, II BGB), **c)** die Festsetzung der zur Begründung von Rentenanwartschaften erforderlichen Beträge, wenn ein Ehegatte auf Grund gerichtlich genehmigter Vereinbarung verpflichtet ist, für den anderen Zahlungen zur Begründung von Rentenanwartschaften in der gesetzlichen Rentenversicherung zu leisten (§ 53 e II FGG), **d)** das Ruhen der Zahlungspflicht und die Festsetzung von Ratenzahlungen zur Begründung von Rentenanwartschaften (§§ 1587d BGB, 14 Nr 2a b RpflG), **e)** die Neufestsetzung von Beträgen, die zur Begründung von Rentenanwartschaften zu leisten sind, wenn sich die Berechnungsgrößen ändern (§ 53 e III FGG), **f)** die Anpassung von rechtskräftigen Entscheidungen über den Versorgungsausgleich an die Veränderung der Verhältnisse im Falle der §§ 1587 g III, 1587 i III BGB. Über die Abfindung für künftige Ansprüche aus schuldrechtlichem Versorgungsausgleich (§ 1587 l BGB) hat nicht der Rechtspfleger, sondern der Richter zu entscheiden. 8

Rechtspflegerentscheidungen sind keine Endentscheidungen. Sie würden nicht in Urteilsform ergehen, falls sie im Zivilprozeß erlassen würden. Auch im Zivilprozeß spricht ein Rechtspfleger keine Urteile. Würde man Rechtspflegerentscheidungen als Endentscheidungen ansehen, so wäre damit ein Instanzenzug vom Rechtspfleger zum BGH eröffnet, den es sonst nirgends gibt. Auch dies spricht für die hier vertretene Auffassung. 9

Gegen die **Entscheidung des Rechtspflegers** findet nicht die befristete Beschwerde des § 621 e, sondern die **Erinnerung** statt (§ 11 I 1 RPflG). Die Erinnerung ist nach den §§ 11 I 2 RPflG, 22 I FGG **binnen zwei Wochen** nach Zustellung der Entscheidung einzulegen, weil gegen die Entscheidung, falls der Richter sie erlassen hätte, die sofortige Beschwerde gegeben wäre (§§ 60 I Nr 6, 53 a II 1, 53 g I FGG; JHSedemund-Treiber Rn 5; Keidel/Kahl § 19 Rn 57; Keidel/Kuntze § 21 Rn 32; § 53 e Rn 16). Nach Ansicht des KG (FamRZ 81, 374 = RPfleger 235) läuft die Erinnerungsfrist analog § 621 e III 2 einen Monat lang (ebenso MK/Klauser Rn 7; StJSchlosser Rn 9; Rolland 2. Aufl § 53 e FGG Rn 10; Baumbach/Albers Rn 20). Diese Auffassung ist abzulehnen; sie führt zu 10 der untragbaren Konsequenz, daß gegen Beschlüsse nach § 53 a FGG unterschiedlich lange Erinnerungsfristen laufen, je nachdem, ob der Zugewinnausgleich oder der vorzeitige Erbausgleich gestundet worden ist. Der Rechtspfleger darf der Erinnerung nicht abhelfen; sondern hat sie dem Familienrichter vorzulegen (§ 11 II 1 u 2 RPflG). Gibt dieser der Erinnerung nicht statt, so legt er sie dem OLG (Familiensenat) vor. Sie gilt dann als Beschwerde gegen die Entscheidung des Rechtspflegers (§ 11 II 4 und 5 RPflG).

11 Hält der Familienrichter die Erinnerung für zulässig und begründet, so entscheidet er selbst über sie (§ 11 II 3 RPflG). Gegen die Entscheidung des Richters findet die **sofortige Beschwerde** statt (§§ 11 III RPflG, 60 I Nr 6, 53 a II 1, 53 g I FGG; Hamm FamRZ 95, 1362), nicht die befristete Beschwerde des § 621 e (anders StJSchlosser Rn 9). Das Erinnerungsverfahren ist mit einem Zivilprozeß nicht vergleichbar; es besteht deshalb auch kein Grund, das Rechtsmittel im Erinnerungsverfahren der Berufung anzugleichen. Beschwerdegericht ist das OLG (§ 119 I Nr 2 GVG). Eine **weitere sofortige Beschwerde** findet nicht statt. Für Versorgungsausgleichssachen aus dem Zuständigkeitsbereich des Rechtspflegers ist dies in § 53 g II FGG ausdrücklich ausgesprochen; im übrigen ergibt es sich auch daraus, daß eine für die weitere Beschwerde zuständige Instanz fehlt. § 133 Nr 2 GVG zählt die Angelegenheiten erschöpfend auf, in denen Rechtsmittel gegen OLG-Entscheidungen eingelegt werden können. Die weitere Beschwerde nach den §§ 27-29 FGG ist dort nicht vorgesehen (BGH FamRZ 78, 886/888 und 79, 224).

12 **Entscheidet der Familienrichter** gemäß §§ 5 II, 6 RPflG **ohne Vorschaltung des Rechtspflegers** über die Stundung der Zugewinnausgleichsschuld oder die Übertragung von Vermögensgegenständen unter Anrechnung auf den Zugewinnausgleich, so trifft er eine Endentscheidung iS des § 621 e (Düsseldorf FamRZ 82, 81).

13 **7) Endentscheidungen sind zu begründen.** Ausdrücklich bestimmt das Gesetz dies nur für Entscheidungen über den Versorgungsausgleich (§ 53 b II FGG). Die Begründung dieser Entscheidungen muß ergeben, wie die Werte der Rentenanwartschaften ermittelt worden sind (Saarbrücken FamRZ 93, 1098 f mwN). Für andere Entscheidungen aus dem Bereich der freiwilligen Gerichtsbarkeit ergibt sich die Begründungspflicht des Gerichts aus dem rechtsstaatlichen Grundsatz, daß ein Beteiligter, in dessen Rechte eingegriffen wird oder dessen Begehren abgelehnt wird, Anspruch auf eine Begründung hierfür hat, um seine Rechte sachgemäß wahrnehmen zu können (BVerfGE 6, 33/44; Hamm FamRZ 77, 746 mwN; Saarbrücken aaO mwN; Keidel/Kahl Vorbem 18 vor § 8; RGRK/Kalthoener § 13 HausratsVO Rn 10). Auf eine kurze Begründung darf auch dort nicht verzichtet werden, wo sie auf der Hand liegt, zB wenn das FamG bei einer Sorgerechtsentscheidung den übereinstimmenden Vorschlägen aller Beteiligten folgt oder wenn es eine Einigung der Eltern über die Umgangsregelung billigt. Wegen des Beginns der Beschwerdefrist bei fehlender Begründung s Rn 19.

14 **III) Zur Beschwerde berechtigt** ist jeder Beteiligte, dessen Recht durch die Endentscheidung beeinträchtigt wird (§ 20 I FGG). Einzelheiten s § 621 a Rn 28 ff. Fehlt eine Rechtsbeeinträchtigung, so ist die Beschwerde unzulässig. Weitere Zulässigkeitsvoraussetzung ist, daß der Beschwerdeführer in der Beschwerdebegründung diese Rechtsbeeinträchtigung (Beschwer) bekämpft. Wer nur einen Verfahrensfehler rügt, ohne deutlich zu machen, daß er eine Änderung des Entscheidung des FamG begehrt, dessen Beschwerde ist unzulässig. Beispiele: Das FamG überträgt die elterliche Sorge auf den Vater. Dieser rügt mit der Beschwerde, daß die Kinder entgegen § 50 a FGG nicht angehört worden seien, bringt aber nicht zu Ausdruck, daß er nicht sorgeberechtigt sein will. Unzulässig ist auch eine Beschwerde in einer Versorgungsausgleichssache, mit der nur ein Berechnungsfehler gerügt wird, der sich nicht zu Lasten des Beschwerdeführers auswirkt (BGH FamRZ 82, 1196 = NJW 83, 179; Karlsruhe FamRZ 84, 912; Köln FamRZ 88, 77). Eine solche Beschwerde wird auch nicht dadurch zulässig, daß der Beschwerdeführer nach Ablauf der Begründungsfrist neue Beschwerdegründe nachschiebt (BGH u Karlsruhe aaO).

15 **Wegfall der Beschwerdeberechtigung: Sorgerechts- und Umgangsregelungsangelegenheiten** erledigen sich in der Hauptsache, wenn das betroffene Kind volljährig wird oder stirbt. Geschieht dies während der Anhängigkeit ein Beschwerde, so muß der Beschwerdeführer seine Beschwerde auf die Kosten beschränken, sonst wird sie mangels Rechtsschutzbedürfnisses als unzulässig verworfen (BGH FamRZ 93, 314; BayObLG FamRZ 94, 320 f; 95, 500; Zweibrücken DAVorm 88, 309; KG OLGZ 93, 39). Wird ein Beschluß vollzogen, durch den die **Herausgabe eines Kindes** angeordnet worden ist, so entfällt hierdurch die Beschwerdeberechtigung des herausgebenden Elternteils nicht. Dieser kann im Beschwerdeverfahren die Rückgabe des Kindes verlangen (KG FamRZ 70, 202 = NJW 953; FamRZ 94, 119/121; Düsseldorf FamRZ 80, 728; Bamberg FamRZ 83, 82 f; MK/Klauser Rn 5; Gießler Rn 179; anders Oldenburg FamRZ 78, 437; BayObLG FamRZ 90, 1379 = NJW-RR 1287). Auch hier fällt die Beschwer aller Beteiligten weg, wenn das Kind volljährig wird (Stuttgart NJW 80, 129) oder stirbt. Dann muß der Beschwerdeführer sein Rechts-

mittel auf die Kosten beschränken; sonst wird es mangels Rechtsschutzbedürfnisses als unzulässig verworfen (BayObLG FamRZ 93, 720 mwN; FamRZ 96, 559; Jansen § 19 Rn 36).

IV) Gegen Entscheidungen über den **Hausrat** ist die Beschwerde nur zulässig, wenn der **Wert des Beschwerdegegenstandes** 1200 DM übersteigt (§ 14 HausratsVO). Wird Hausrat anläßlich der Scheidung endgültig verteilt, so ist der Wert der zugeteilten Sachen maßgeblich (§ 21 II 1 HausratsVO). Wird er einem getrennt lebenden Ehegatten nur zur Benutzung zugeteilt, so ist das Interesse des Beschwerdeführers an der Regelung maßgeblich (§ 21 II 2 HausratsVO). Auf diese Wertgrenzen kommt es auch dann an, wenn das FamG Sachen als Hausrat angesehen hat, die nicht dazu gehören (Düsseldorf FamRZ 88, 535). In **Versorgungsausgleichssachen** kennt das Gesetz keine Mindestbeschwer. 16

V) Einlegung und Begründung der Beschwerde: 1) Befristete Beschwerden können nur beim **Beschwerdegericht** eingelegt werden (§ 621 e III 1), dh beim OLG (§ 119 I Nr 2 GVG). Diese Bestimmung geht § 21 I FGG vor, wonach die Beschwerde auch beim Erstgericht eingelegt werden kann. Versehentliche Adressierung an das FamG oder LG schadet nicht, wenn die Beschwerdeschrift fristgerecht beim OLG abgegeben wird (BGH VersR 81, 1182; s § 518 Rn 13). Die Abgabe bei einer gemeinsamen Annahmestelle des OLG und anderer Gerichte genügt im Fall der Falschadressierung nicht (BGH FamRZ 90, 866 mwN; NJW-RR 93, 254). Wird die Beschwerde vorschriftswidrig beim FamG eingelegt, von dort an das OLG weitergeleitet und geht sie bei diesem noch innerhalb der Beschwerdefrist ein, so ist sie zulässig (BGH FamRZ 78, 232 = NJW 1165 = MDR 478 u FamRZ 79, 30 = NJW 108; s § 518 Rn 13). Geht sie dort zu spät ein, so kann der Beschwerdeführer Wiedereinsetzung in den vorigen Stand verlangen. Er darf darauf vertrauen, daß das FamG die Beschwerde fristgerecht an das OLG weiterleitet (BVerfG FamRZ 95, 1559 ff; anders BGH EzFamR ZPO § 233 Nr 10 S 44 u Nr 16 S 3; Koblenz FamRZ 88, 633; weitere Nachweise s Greger oben § 233 Rn 22b). Mit dem Eingang der Beschwerde bei dem zur Weiterleitung verpflichteten FamG wirkt sich das Verschulden des Beschwerdeführers nicht mehr aus (BVerG aaO S 1561). 17

2) Die Beschwerde wird durch Einreichung einer **Beschwerdeschrift** eingelegt (§ 621 e III 1). Diese Regelung entspricht § 21 II FGG, unterscheidet sich aber von diesem dadurch, daß eine **Einlegung zu Protokoll der Geschäftsstelle** nicht vorgesehen ist. Hieraus folgt: Der Urkundsbeamte der Geschäftsstelle ist nicht verpflichtet, Beschwerden iS des § 621 e zu protokollieren. Tut er dies dennoch, so ist die Beschwerde nicht mangels gehöriger Form unzulässig (Düsseldorf FamRZ 77, 744; Celle FamRZ 78, 139; v Hornhardt FamRZ 78, 171; Rolfs FamRZ 78, 477 ff; JHSedemund-Treiber Rn 14; Keidel/Kuntze § 64 Rn 39 a). Auch das Protokoll ist eine Beschwerdeschrift, zumal da diese nicht vom Beschwerdeführer unterschrieben zu werden braucht; s Rn 18 a. 18

3) Daß die Beschwerdeschrift die **Unterschrift** des Beschwerdeführers oder seines Prozeßbevollmächtigten trägt, ist **kein zwingendes Formerfordernis.** § 621 e III 2 verweist nicht auf § 518, der die Form der Berufungsschrift regelt, und nicht auf die allgemeinen Vorschriften über vorbereitende Schriftsätze. Daraus und aus § 621 a I 1 folgt, daß es für die Form der Beschwerde bei der Regelung des § 21 II FGG bleibt. Hiernach braucht eine Beschwerdeschrift nicht unterschrieben zu werden (StJSchlosser Rn 8). Es muß nur zweifelsfrei feststehen, wer Beschwerdeführer ist (KG FamRZ 79, 966; Celle FamRZ 78, 139; Rolfs FamRZ 78, 478; Keidel/Kuntze § 64 Rn 39a; Schwab/Maurer I Rn 821; anders Düsseldorf FamRZ 77, 744; Hamm FamRZ 89, 307; Baumbach/Albers Rn 18; JHSedemund-Treiber Rn 14; MK/Klauser Rn 24; Rolland/Roth Rn 29). 18a

4) Weder der Beschwerdeführer noch die übrigen Beteiligten müssen sich **durch Rechtsanwälte vertreten** lassen, ausgenommen die Ehegatten im Verfahren der Beschwerde gegen eine Folgesachenentscheidung; s § 629 a Rn 4. 18b

5) Die **Beschwerde** ist binnen einer **Notfrist von einem Monat** einzulegen, die von der Zustellung der in vollständiger Form abgefaßten Entscheidung an läuft (§§ 621 e III 2, 516). **a)** Diese ist analog § 176 den Verfahrensbevollmächtigten der Beteiligten zuzustellen. Wird sie einem Beteiligten selbst zugestellt, obwohl dieser einen Verfahrensbevollmächtigten bestellt hatte, so setzt die **Zustellung** die Beschwerdefrist nicht in Lauf (KG FamRZ 93, 443 f). Eine Zustellung an einen Versicherungsträger ist auch dann wirksam, wenn die Kontonummern der Versicherten nicht oder nicht vollständig angegeben worden sind (Schleswig FamRZ 87, 958). Die Zustellung eines Beschlusses, durch den eine Endentscheidung berichtigt wird, setzt die Beschwerdefrist nicht erneut in Lauf, es sei denn, erst die Berichtigung ergibt die Anfechtbarkeit der Entscheidung oder eine Beschwer für den Beschwerdeführer (BGH FuR 92, 45 = EzFamR § 244 Nr 1; Hamm FamRZ 92, 1452). 19

b) Zur vollständigen Form der Entscheidung gehören auch die (ohne Ausnahme zwingend vorgeschriebenen – Rn 13) **Gründe.** Es macht keinen Unterschied, ob der Richter keine Gründe geschrieben hat oder ob die Geschäftsstelle versehentlich nur die Beschlußformel ohne Gründe 19a zugestellt hat. Der Zustellungsempfänger kann dies nicht erkennen (Celle DR 42, 341) und kann die Aussichten für eine Beschwerde nur beurteilen, wenn er die Gründe kennt (Vogels DR 42, 341). Weiter kann die Einschränkung des rechtlichen Gehörs, die in der Vorenthaltung der Gründe liegt, nur dadurch beseitigt werden, daß das Fehlen der Gründe den Eintritt der Rechtskraft hindert (Krohn NJW 64, 1627). Deshalb **setzt die Zustellung eines nicht mit Gründen versehenen Beschlusses die Beschwerdefrist nicht in Lauf** (BayObLGZ 1982, 90/91f; Keidel/Kahl Rn 19 vor § 8, § 22 Rn 121; Keidel/Amelung § 16 Rn 41; Jansen 16 Rn 5 u § 22 Rn 11; Celle, Vogels u Krohn aaO; ebenso BGH NJW-RR 91, 255 für das unechte Versäumnisurteil).

19b c) Verkündet das FamG eine Entscheidung, stellt sie aber nicht zu, so **beginnt die Beschwerdefrist** nach den §§ 621 e III, 516 **mit dem Ablauf von fünf Monaten nach der Verkündung** (Zweibrücken FamRZ 86, 377). Auch wenn die Entscheidung nicht verkündet, aber dem Beschwerdeführer durch fehlerhafte Zustellung bekanntgemacht worden ist, beginnt die Beschwerdefrist mit dem Ablauf von fünf Monaten seit der Bekanntmachung (so Hamburg MDR 83, 410 mwN u Hamm JMBlNRW 53, 150 für die sofortige Beschwerde). Wird die **Entscheidung weder verkündet noch** dem Beschwerdeführer **zugestellt,** so ist § 516 nicht anwendbar (Celle FamRZ 89, 881 f; Keidel/Kuntze § 64 Rn 41; Jansen § 22 Rn 11; Stuttgart ZZP Bd 79, 307 in einer Konkurssache; BGHZ 43, 289 ff in einer Landwirtschaftssache; anders Frankfurt FamRZ 85, 613; JHSedemund-Treiber Rn 13). Dasselbe gilt, wenn eine Entscheidung zwar verkündet wird, aber ein durch sie beschwerter Dritter fälschlich nicht am Verfahren der Vorinstanz beteiligt worden ist (München FamRZ 91, 1460; anders MK/Klauser Rn 23). § 516 beruht auf dem Gedanken, daß eine Partei, die vor Gericht streitig verhandelt hat, mit einer Entscheidung rechnen muß. Sie muß sich erkundigen, wenn ihr eine solche nicht zugestellt wird (§ 516 Rn 17; BGH LM § 88 ZPO Nr 3 mwN u FamRZ 88, 827; Rohlff FamRZ 71, 624). Wird weder verhandelt noch eine Entscheidung verkündet oder wird der Dritte nicht am Verfahren beteiligt, so besteht auch keine Erkundigungsobliegenheit, und die Beschwerdefrist beginnt nicht zu laufen.

19c d) Gegen Endentscheidungen des Vormundschaftsgerichts findet die unbefristete Beschwerde des § 19 FGG statt. **Entscheidet das FamG eine Sache, für die das Vormundschaftsgericht zuständig gewesen wäre,** so ist dies für den Lauf der **Beschwerdefrist** nach § 621 e III bedeutungslos. Die Novellierung des § 119 I 2 GVG, wonach das OLG jetzt nicht mehr Beschwerdegericht für Familiensachen, sondern für die von den Familiengerichten entschiedenen Sachen ist, bewirkt, daß die Beschwerdefrist stets eingehalten werden muß, wenn eine Entscheidung des FamG angefochten wird (BGH FamRZ 90, 147 = NJW-RR 90, 67).

19d 6) Die **Frist für die Beschwerdebegründung** beträgt einen Monat und beginnt mit der Einlegung der Beschwerde (§ 519 II 2). Auf Antrag kann diese Frist vom Vorsitzenden des Beschwerdesenats verlängert werden (§ 519 II 3). Wegen Wiedereinsetzung bei Versäumung der Beschwerde- oder Begründungsfrist s § 621 a Rn 37a aE. Nach Ablauf der Beschwerdebegründungsfrist kann die Beschwerde nicht mehr um abtrennbare Verfahrensteile erweitert werden, die nach der Beschwerdebegründung unangefochten geblieben waren (BGH FamRZ 82, 1196 = NJW 83, 179; anders Köln FamRZ 79, 935).

20 7) **Inhalt der Beschwerdebegründung:** Über die **teilweise Anfechtung** s Rn 30 und § 628 Rn 15. Einen **Beschwerdeantrag** braucht die Beschwerdeschrift nicht zu enthalten (BGH FamRZ 94, 827/829 = NJW-RR 834; ständig seit FamRZ 79, 232 = NJW 766). Da § 621 e II nicht auf § 519 III verweist, sind an den Inhalt der **Beschwerdebegründung** nicht die gleichen Anforderungen zu stellen wie an den Inhalt einer Berufungsbegründung (BGH DAVorm 92, 499/504). In ihr muß der Beschwerdeführer vortragen, was er an der angefochtenen Entscheidung mißbilligt (BGH FamRZ 94, 159); sonst ist die Beschwerde zu verwerfen (BGH DAVorm 92, 499/504; FamRZ 92, 538 Nr 279 = NJW-RR 396; ständig seit FamRZ 79, 909 = NJW 1889 = MDR 1006). Die nichtssagende Wendung, der Sachvortrag der ersten Instanz werde wiederholt, reicht nicht aus (Düsseldorf FamRZ 83, 721/728), ebensowenig die Begründung, der Versorgungsausgleich sei unbillig, deshalb werde das frühere Vergleichsangebot wiederholt (Karlsruhe FamRZ 82, 397), und schließlich nicht der mit keinem Sachvortrag verbundene Antrag, den Versorgungsausgleich gemäß § 1587 c BGB auszuschließen (Bremen FamRZ 89, 649). Für unzulänglich hält der BGH (FamRZ 92, 538 Nr 279) auch die Begründung, die angefochtene Entscheidung sei teils unklar und nicht nachvollziehbar, teils nicht vollstreckbar, teils sei sie in einem ungewöhnlichen und nicht fairen Verfahren ergangen. Eine hinreichende Beschwerdebegründung liegt in dem Begehren, eine Entscheidung zu treffen, die einer zur Akte gehörenden Auskunft über die Bewertung von Versorgungsanwartschaften entspricht, wenn das Familiengericht von dieser Bewertung abgewichen ist (BGH FamRZ 82, 36/38). Es genügt auch die Rüge einer Versicherungsanstalt, die Anwartschaften des bei ihr versicherten Ehegatten seien unrichtig bewertet; die Berechnung des Wertes braucht die Anstalt nicht innerhalb der Begründungsfrist vorzulegen (BGH VersR 81, 277). Zur Begründung genügt auch die Verweisung auf einen bereits bei den Akten befindlichen Schriftsatz, evtl sogar die stillschweigende Bezugnahme hierauf (BGH FamRZ 79, 30 = NJW 109).

Hat der Beschwerdeführer ein Prozeßkostenhilfegesuch eingereicht, das seinem Inhalt nach als Beschwerdebegründung geeignet ist, so kann ohne weiteres angenommen werden, daß er hierauf stillschweigend Bezug nehmen will (BGH FamRZ 89, 269).

a) **Zuständigkeitsrügen:** § 621e verweist nicht auf die §§ 10, 512a, 529 II, 549 II, nach denen zivilprozessuale Urteile nur ausnahmsweise aus dem Grunde angefochten werden können, weil die Vorinstanz nicht zuständig war. Deshalb müssen OLG und BGH **im Beschwerdeverfahren prüfen, ob das Gericht der ersten Instanz** sachlich, örtlich und international **zuständig war** (Oldenburg NdsRpfl 53,31; Keidel/Kuntze § 27 Rn 39; für die internationale Zuständigkeit BGH FamRZ 93, 316 = NJW 848 = IPRax 102). Ist die Sache nach § 281 ZPO an das FamG verwiesen worden, so wird das Amtsgericht, zu dem das FamG gehört, hierdurch sachlich und örtlich zuständig (§ 621 Rn 73 f). Insoweit ist auch das Beschwerdegericht an die Verweisung gebunden. Dasselbe gilt für Abgaben nach § 18 I HausratsVO. Ob eine **Familiensache** vorliegt und folglich das FamG gerichtsintern zuständig war, darf im Verfahren der weiteren Beschwerde gar nicht und im Beschwerdeverfahren nur auf ausdrückliche Rüge hin geprüft werden (§§ 621 e IV, 529 III 1). Diese ist ausgeschlossen, wenn sie nicht bereits vor dem FamG erhoben worden ist und dies nicht genügend entschuldigt wird (§ 529 III 2). Näheres s Vorbem 12 ff, namentlich 20 vor § 621 d. 21

b) Die Beschwerde kann auf **neue Tatsachen und Beweise** gestützt werden (§ 23 FGG). Da der Sachverhalt von Amts wegen zu ermitteln ist, darf neues Vorbringen nicht als verspätet zurückgewiesen werden; s § 621 a Rn 38. Die Prüfungs- und Entscheidungsbefugnis des Beschwerdegerichts beschränkt sich aber auf den Verfahrensgegenstand der Vorinstanz; **neue Anträge dürfen** daher regelmäßig **nicht gestellt werden** (BGH FamRZ 90, 607 mwN; Karlsruhe FamRZ 84, 819 f). Beispiele: Hat das Familiengericht über die elterliche Sorge entschieden, so darf das OLG nicht den Umgang des Kindes mit dem nichtsorgeberechtigten Elternteil regeln (BayObLGZ 1968, 164 = FamRZ 68, 663; Hamm FamRZ 80, 488). Hiervon ist eine Ausnahme zuzulassen, wenn Eltern sich in der Beschwerdeinstanz über Sorge- und Umgangsrecht einigen und wenn das Beschwerdegericht diese Einigung in seiner Entscheidung gutheißt (Stuttgart FamRZ 81, 1105; Karlsruhe FamRZ 94, 1401; MK/Klauser Rn 33; JHSedemund-Treiber Rn 17). Ist das **Ehewohnungsverfahren** in die zweite Instanz gelangt, so darf nicht beantragt werden, auch die Rechtsverhältnisse an einer Ferienwohnung zu regeln, wenn in erster Instanz nur um die Hauptwohnung gestritten worden war. Anders im **Hausratsverfahren:** Hier können in der Beschwerdeinstanz weitere Hauratsgegenstände als in der ersten Instanz verteilt werden; denn Gegenstand des Hausratsverfahrens ist stets der gesamte Hausrat (BGHZ 18, 143/145). War in erster Instanz nur der **Wertausgleich von Versorgungsanwartschaften** Verfahrensgegenstand, so kann in der Beschwerdeinstanz nicht der schuldrechtliche Versorgungsausgleich geregelt werden (Köln FamRZ 79, 1027; KG FamRZ 81, 60); denn dieser ist ein anderer Verfahrensgegenstand als der Wertausgleich (BGH FamRZ 90, 606 = NJW 1847). Für die Zulassung neuer Anträge in der Beschwerdeinstanz besteht in allen diesen Fällen kein Bedürfnis, weil dieselben Anträge jederzeit beim Familiengericht gestellt werden können. 22

Das **Novenverbot gilt nicht,** wenn in der Beschwerdeinstanz zum ersten Mal beantragt wird, den Versorgungsausgleich nach § 1587 c BGB auszuschließen; denn hierüber hätte das FamG von Amts wegen entscheiden müssen (Hamm FamRZ 91, 1451). Das Verbot gilt auch nicht für Anträge, die nicht nachträglich beim Familiengericht gestellt werden können, weil dieses an seine eigene Entscheidung gebunden ist (§§ 621 e III 2, 577 III). Deshalb können zB Anträge, den **Versorgungsausgleich** wegen Unwirtschaftlichkeit in anderer Weise zu regeln (§ 1587 b IV BGB), auch in der Beschwerdeinstanz zum ersten Mal gestellt werden (BGH FamRZ 83, 263 f = IPrax 84, 212). Auch Anträge auf Stundung der Zugewinnausgleichsschuld und auf Übertragung von Vermögensgegenständen unter Anrechnung auf den Zugewinnausgleich können nach Beendigung eines Zugewinnausgleichsprozesses nicht mehr gestellt werden (§§ 1382 V, 1383 III BGB). Diese Anträge können die Ehegatten in der zweiten Instanz erstmalig stellen (§ 623 Rn 29d). 23

VI) **Anschließung:** Im § 621e nicht geregelt, aber allgemein anerkannt ist, daß der Beschwerdegegner nach Verstreichen der Beschwerdefrist eine unselbständige **Anschlußbeschwerde** einlegen kann (BGHZ 92, 207/210 = FamRZ 85, 59/60 = NJW 968, stRsp). Hierfür spricht auch der durch das Rechtspflege-Vereinfachungsgesetz (BGBl 90 I 2847) eingefügte § 577a, der eine unselbständige Anschließung an eine sofortige Beschwerde zuläßt. 24

Die unselbständige Anschlußbeschwerde ist zulässig in **Ehewohnungs- und Hausratssachen** (BGH FamRZ 79, 230) und Versorgungsausgleichssachen (BGHZ 86, 51/53 f = FamRZ 83, 154). Nicht zugelassen wird sie, wenn ein Rentenversicherungs- oder **Versorgungsträger** das **Hauptrechtsmittel** eingelegt hat. Hier kann das Beschwerdegericht entgegen dem Ziel des Rechtsmittels, den Versorgungsausgleich zu erhöhen, ihn herabsetzen oder umgekehrt bei beantragter Kürzung den Ausgleichsbetrag erhöhen. Wegen des ungewissen künftigen Versicherungs-/Versor- 25 gungsverlaufs verstößt eine solche Entscheidung nicht gegen das Verbot der Schlechterstellung des Rechtsmittelführers (BGHZ 92, 5 ff = FamRZ 84, 990/992). Da die Anschlußbeschwerde nur dieses Verbot mildern soll, besteht kein Rechtsschutzbedürfnis für sie, wo das Verbot nicht gilt (BGH FamRZ 85, 59/60 u FamRZ 85, 267/269 = NJW 2266; FamRZ 85, 799 f; Koblenz FamRZ 87, 955; München FamRZ 93, 1320/1322). Beschränkt sich jedoch die Beschwerde eines Versorgungsträgers zulässigerweise (s Rn 30) auf einen Teil der Entscheidung über den Versorgungsausgleich und wirkt sie sich zu Lasten eines Ehegatten aus, dann kann sich dieser anschließen und den von der Beschwerde nicht erfaßten Teil der Versorgungsausgleichsentscheidung anfechten (Celle FamRZ 85, 939; Frankfurt FamRZ 87, 954).

25a Für Verfahren zur Regelung der **elterlichen Sorge**, des Umgangs eines Elternteils mit dem Kind und der Herausgabe eines Kindes an den anderen Elternteil **gilt das Verbot der Schlechterstellung des Beschwerdeführers nicht;** s Rn 36. Auch hier ist die Anschließung nicht zulässig (JHSedemund-Treiber § 629 a ZPO Rn 9).

25b Die **Anschließung** kann sich **nur gegen den Beschwerdeführer** richten (§ 521 Rn 11; Rüffer FamRZ 79, 413 f). Verfolgt ein Ehegatte mit der „Anschließung" dasselbe Ziel wie ein beschwerdeführender Dritter, so ist ihm dies unbenommen, eine zulässige Anschließung liegt hierin jedoch nicht (BGH FamRZ 82, 36/38 = NJW 224 = MDR 304; FamRZ 85, 59/60 = NJW 968 = MDR 217; FamRZ 85, 267/269 = NJW 2266 = MDR 829; FamRZ 85, 799/800). In zweiter Instanz kann sich der Beschwerdegegner solange anschließen, bis der Familiensenat die Verhandlung geschlossen oder seinen mit den Unterschriften aller drei Richter versehenen Beschluß an seine Geschäftsstelle herausgegeben hat. Nach Zurückverweisung einer Sache von der dritten in die zweite Instanz kann sich der Beschwerdegegner erneut anschließen (BGH FamRZ 80,233 = NJW 702 = MDR 388; FamRZ 84, 657/659 = NJW 2351/2353; FamRZ 86, 447/448 f). Der Beschwerdeführer kann sich auch an eine unselbständige Anschlußbeschwerde seines Gegners anschließen (§ 629 a Rn 22; StJGrunsky § 521 Rn 20; MK/Klauser Rn 47; anders BGHZ 88, 360 = NJW 84, 437 = MDR 309; BGH FamRZ 84, 680 = NJW 2951 = MDR 1014; FamRZ 86, 455). Es ist nicht angebracht, einen Beschwerdeführer, der sich teilweise mit einer Entscheidung abfinden will, hieran festzuhalten, wenn der Beschwerdegegner diesen Entscheidungsteil durch Anschließung in die höhere Instanz bringt (StJGrunsky aaO).

26 Die Anschließung bedarf analog § 522 a der **Schriftform und der schriftlichen Begründung** (JHSedemund-Treiber Rn 30). Die Form ist gewahrt, wenn der Beschwerdegegner in einem Schriftsatz zu erkennen gibt, daß er eine Änderung der Entscheidung zu Lasten des Beschwerdeführers wünscht (BGH FamRZ 90, 276 f = NJW-RR 259 f). Sie ist auch gewahrt, wenn der Anschlußbeschwerdeführer seine Anschließung in der mündlichen Verhandlung zu Protokoll erklärt und dabei auf einen früheren Schriftsatz Bezug nimmt (BGH FamRZ 83, 459 = NJW 1311 = MDR 652). Weiteres zur Anschließung s § 629 a Rn 25 ff.

27 **VII) Gerichtliches Verfahren: 1) Beschwerdeschrift und Beschwerdebegründung sind** allen Beteiligten (§ 624 Rn 16) außer dem Beschwerdeführer **zuzustellen** (§§ 621 e III 2, 519 a). Diese Regelung ist im Hinblick auf § 629 a III geschaffen worden, wonach binnen einem Monat nach Zustellung der Beschwerdebegründung weitere Teile des Verbundurteils angefochten werden können (Begründung zum Regierungsentwurf, BTDrucks 10/2880 S 28). Sie gilt aber auch für Beschwerden gegen Entscheidungen in isolierten Sorgerechts-, Hausrats- und ähnlichen Verfahren der freiwilligen Gerichtsbarkeit und soll auch hier den übrigen Beteiligten eine Anschließung ermöglichen (MK/Klauser Rn 53). Wird die Beschwerde als unzulässig verworfen und ist deshalb analog § 522 I eine Anschließung unmöglich, so genügt es, wenn Beschwerde und Beschwerdebegründung den Beteiligten zusammen mit dem die Beschwerde verwerfenden Beschluß zugestellt werden. Das erspart dem Beschwerdeführer eine Kostenentscheidung zu seinen Lasten. das rechtliche Gehör der übrigen Beteiligten wird hierdurch nicht verletzt; s §§ 91 a Rn 27, 573 Rn 8.

28 2) Die Beschwerde hat grundsätzlich keine aufschiebende Wirkung (§ 24 I FGG). Ausnahmen s § 621 a Rn 39. Das Familiengericht ist **nicht** befugt, seine der Beschwerde unterliegende Entscheidung zu ändern und der Beschwerde **abzuhelfen** (§§ 621 e III, 577 III). Die Änderungsbefugnis des § 18 FGG entfällt (s § 621 a Rn 26). Das OLG, nicht das Familiengericht, kann anordnen, daß die **Vollziehung** der angefochtenen Entscheidung **auszusetzen** ist; s § 621 a Rn 40, 41.

28a 3) Über Folgesachen aus dem Bereich der freiwilligen Gerichtsbarkeit ist im Verbundverfahren zusammen mit der Scheidungssache mündlich zu verhandeln (§§ 623 I 1, 629 a II 3). Wird nur eine solche Folgesachenentscheidung angefochten, so ist für Sorgeregelungsangelegenheiten usw eine **mündliche Verhandlung** oft zweckmäßig, aber nicht zwingend vorgeschrieben. In isoliert angefochtenen Versorgungsausgleichs-, Ehewohnungs- und Hausratssachen soll mündlich verhandelt werden (§§ 53 b 1 FGG, 12 II HausratsVO – BGH FamRZ 83, 267; Koblenz NJW-RR 86, 306). Auch hier ist eine Verhandlung notwendig, wenn der Sachverhalt aufzuklären, die Rechtslage zu erörtern oder eine Einigung der Beteiligten zu erwarten ist. Wo nur Rechtsfragen zu entscheiden sind, die die Beteiligten kennen, kann auf eine Verhandlung verzichtet werden.

VIII) Beschwerdeentscheidung: 1) Grenzen der Entscheidungsbefugnis des Beschwerdegerichts: Wegen der Überprüfung der Zuständigkeit des FamG s Rn 21. Im übrigen überprüft das OLG die Entscheidung des FamG nur, soweit sie angefochten worden ist. Dies gilt grundsätzlich auch für Amtsverfahren, in denen die Beteiligten nicht nach freiem Belieben über den Verfahrensgegenstand disponieren können, zB für die elterliche Sorge und den Wertausgleich von Versorgungsanwartschaften (§§ 1587a–1587e BGB). Im Beschwerdeverfahren haben die Beteiligten hier zwar insofern weitergehende Dispositionsbefugnisse als in erster Instanz, als sie nach ihrem Belieben die – möglicherweise unrichtige – Entscheidung des FamG hinnehmen oder anfechten können. Daraus kann aber nicht hergeleitet werden, daß der Beschwerdeführer auch über den Inhalt eines diese Entscheidung ersetzenden Beschlusses des OLG disponieren kann (BGHZ 92, 5 ff = FamRZ 84, 991 = MDR 921). 29

a) An den Antrag, den der Beschwerdeführer stellt, und an das Ziel seiner Beschwerde **ist das Beschwerdegericht nicht gebunden** (BGHZ 18, 143/145 f; FamRZ 92, 414/419 u 531 f; Zweibrücken FamRZ 93, 82 f mwN = NJW-RR 649 für Hausrats-; BGH FamRZ 92, 165 = NJW-RR 194 für Versorgungsausgleichssachen). § 621 e III verweist nicht auf § 536. Dieser ist auch nicht analog anwendbar (BGH FamRZ 84, 990 f u 1214). Beispiele: Das FamG überträgt die elterliche Sorge für ein Kind auf den Vater. Die Mutter legt Beschwerde ein mit dem Antrag, die Sorge auf sie zu übertragen. Das Beschwerdegericht kann die Sorge auf einen Vormund übertragen, wenn es beide Eltern für ungeeignet hält, das Kind zu erziehen. Das FamG überträgt 50 DM Rentenanwartschaften vom Konto des Mannes auf dasjenige der Frau. Mit der Beschwerde begehrt die Frau die Übertragung von 60 DM. Das Beschwerdegericht kann ihr 70 DM übertragen. Ausnahmsweise ist es an den Beschwerdeantrag gebunden, wenn es nur um private Interessen der Ehegatten geht, zB wenn mit der Beschwerde die Herabsetzung des Versorgungsausgleichs nach § 1587 c BGB begehrt wird (so andeutungsweise BGH FamRZ 84, 992). 29a

b) Das Beschwerdegericht hat die dem Gesetz entsprechende Entscheidung zu treffen, sofern nicht eine wirksame **Rechtsmittelbeschränkung** oder das **Verbot der Schlechterstellung** des Beschwerdeführers (Rn 31) entgegenstehen (BGH FamRZ 92, 165 = NJW-RR 194). 30

Bei wirksamer **Teilanfechtung** darf das Beschwerdegericht den unangefochtenen Teil der erstinstanzlichen Entscheidung nicht ändern (BGH FamRZ 84, 990 f u 1215; 86, 250). Teilweise angefochten werden können Entscheidungen über mehrere Verfahrensgegenstände oder über einen teilbaren Verfahrensgegenstand. Da bei der **Sorgerechtsentscheidung** die Geschwisterbindung zur berücksichtigen ist (§ 1671 II BGB), handelt es sich bei der elterlichen Sorge für mehrere Kinder nicht um mehrere Verfahrensgegenstände, sondern um einen einheitlichen Gegenstand (Schleswig SchlHA 80, 188; MK/Klauser Rn 37; JHSedemund-Treiber Rn 16; anders Hamm FamRZ 74, 155; Frankfurt FamRZ 81, 813; BayObLG DAVorm 83, 377/379). Unteilbar ist ein Verfahrensgegenstand, wenn der nicht angegriffene Entscheidungsteil mit dem angegriffenen untrennbar zusammenhängt und dieser einer gesonderten Entscheidung nicht zugänglich ist (BGHZ 92, 5/10 = FamRZ 84, 990 f; FamRZ 88, 49/51; 89, 376; Hamm FamRZ 89, 1096 = NJW-RR 1240). Bei der **Hausratsverteilung** kann der Beschwerdeführer sein Rechtsmittel zwar auf die Ausgleichszahlung (§ 8 II 2 HausratsVO), nicht aber auf einzelne Sachen beschränken, es sei denn, die Parteien haben sich über den restlichen Hausrat gütlich geeinigt (Zweibrücken FamRZ 93, 83 f = NJW-RR 649 mwN) oder werden während des Beschwerdeverfahrens hierüber einig (MK/Klauser Rn 38). 30a

Versorgungsausgleichsfälle: In manchen, nicht in allen Fällen läßt sich die Begründung von Rentenanwartschaften (§§ 1587 b II BGB, 1 III VAHRG) von der Übertragung solcher Anwartschaften abtrennen; s § 628 Rn 10 a). Hat das FamG eine Betriebsrentenanwartschaft teils durch Übertragung von Anwartschaften aus der gesetzlichen Rentenversicherung gemäß § 3 b I Nr 1 VAHRG (Supersplitting) und im übrigen durch Beitragszahlung gemäß § 3 b I Nr 2 VAHRG ausgeglichen, so kann an sich die Beschwerde auf die Entscheidung nach § 3 b I Nr 2 VAHRG beschränkt werden, namentlich auch auf die Frage, ob die Beitragszahlung dem Verpflichteten nach seinen wirtschaftlichen Verhältnissen zumutbar ist. Stellt sich aber im Beschwerdeverfahren heraus, daß die Betriebsrentenanwartschaft zu hoch bewertet worden ist, daß infolgedessen keine Beiträge zu zahlen sind und das Supersplitting herabzusetzen ist, so besteht ein untrennbarer Zusammenhang zwischen Beitragszahlung und Supersplitting (Hamm FamRZ 89, 1096). Wird (hier und in anderen Fällen) die Beschwerde auf einen Teil beschränkt, obwohl der Verfahrensgegenstand unteilbar ist, so ist die Beschränkung unbeachtlich. Die angefochtene Entscheidung ist dann in vollem Umfang zu überprüfen (BGH FamRZ 84, 990 f; Hamm aaO; Bamberg FamRZ 95, 1495). 30b

c) Eingeschränkt wird die Entscheidungsbefugnis des Beschwerdegerichts durch das **Verbot der Schlechterstellung des Beschwerdeführers** (BGHZ 92, 5 ff = FamRZ 84, 990/991; FamRZ 86, 31

250). Soweit dieses Verbot reicht, hindert es das Beschwerdegericht daran, dem Beschwerdeführer eine für ihn günstige Rechtsposition abzuerkennen, die ihm erhalten geblieben wäre, wenn er keine Beschwerde eingelegt hätte.

32 **aa)** Daß das Verschlechterungsverbot für Beschwerden in **Versorgungsausgleichssachen** gilt, wird seit BGHZ 85, 180 = FamRZ 83, 44 = NJW 183 allgemein anerkannt (zuletzt BGH FamRZ 96, 97 f). Es schützt den versorgungsausgleichsberechtigen Beschwerdeführer gegen eine Herabsetzung der auf ihn übertragenen Anwartschaften bzw den ausgleichspflichtigen Beschwerdeführer dagegen, daß ihm mehr von seinen Anwartschaften genommen wird, als dies in der angefochtenen Entscheidung geschehen ist. Das Verbot bietet keinen Schutz gegen eine Änderung der Begründung. Jedoch ist der Ausgleichsberechtigte als Beschwerdeführer dagegen geschützt, daß er statt des Wertausgleichs von Anwartschaften nur den schuldrechtlichen Versorgungsausgleich oder einen Anteil an der realiter geteilten Betriebsrente erhält. Hat das FamG die Betriebsrente fehlerhaft durch Begründung von Rentenanwartschaften ausgeglichen und verlangt der Ausgleichsberechtigte mit der Beschwerde eine Erhöhung des Versorgungsausgleichs, so hat das Beschwerdegericht nur für den zusätzlich zuzusprechenden Ausgleichsbetrag die von ihm als richtig erkannte Ausgleichsform zu wählen (BGH FamRZ 83, 44/47). Auch wenn die angefochtene Entscheidung sowohl hinsichtlich der Höhe als auch hinsichtlich der Form des Ausgleichs der Rechtslage nicht entspricht und die Abänderung dem Beschwerdeführer in der einen Hinsicht günstig, in der anderen aber nachteilig wäre, greift das Verbot der Schlechterstellung hinsichtlich der letzteren Änderung ein. Höhe und Form des Ausgleichs stehen zueinander nicht in einer solchen Wechselwirkung, daß ein höherer Ausgleich in einer weniger belastenden Form mit einem geringeren Ausgleich in belastenderer Form im Wege einer Gesamtschau verglichen werden könnte (BGH aaO). Umgekehrt ist auch der Ausgleichspflichtige als Beschwerdeführer durch das Verschlechterungsverbot dagegen geschützt, daß das Beschwerdegericht statt des schuldrechtlichen Versorgungsausgleichs den Wertausgleich durchführt (BGH aaO; FamRZ 93, 172 f). Hamm (FamRZ 89, 290 f) hält die Beitragszahlung zur Begründung von Rentenwartschaften für eine Ausgleichsform, die für den Ausgleichspflichtigen ungünstiger ist als die Übertragung von Anwartschaften, und schützt ihn als Beschwerdeführer gegen eine Erhöhung der Beiträge.

33 Das Verschlechterungsverbot schützt den Beschwerdeführer auch vor der Änderung einer **verfahrensfehlerhaften,** ihm günstigen **Entscheidung,** es sei denn, die verletzte Verfahrensnorm hat größeres Gewicht als das Verschlechterungsverbot (BGH FamRZ 86, 455/457). **Verweist das Rechtsmittelgericht** eine Sache an die Vorinstanz **zurück,** so gilt das Verbot auch für diese (BGH FamRZ 86, 254 f; 89, 957 mwN = NJW-RR 1404).

34 **bb)** Das **Verschlechterungsverbot** schränkt die Entscheidungsbefugnis des Beschwerdegerichts **nicht** ein, **wenn ein** Versicherungs- oder **Versorgungsträger Beschwerde eingelegt hat.** Hier muß das Beschwerdegericht die Entscheidung der Vorinstanz in jeder Richtung, auch entgegen dem Ziel der Beschwerde, in Übereinstimmung mit der materiellen Rechtslage bringen. Durch eine solche Entscheidung wird die Position des Beschwerdeführers nicht verschlechtert; denn sein Interesse geht nur dahin, daß eine dem materiellen Recht entsprechende Entscheidung ergeht (§ 621 a Rn 31 f; BGHZ 92, 5 ff = FamRZ 84, 990; FamRZ 90, 273/275; stRsp). Jedoch gilt auch hier das Verschlechterungsverbot, wenn der ausgleichspflichtige Ehegatte während des Beschwerdeverfahrens stirbt und sich infolgedessen die an sich gebotene Erhöhung eines dem Quasisplitting unterliegenden Ausgleichswertes nur noch zu Lasten des öffentlich-rechtlichen Versorgungsträgers auswirken kann, der Beschwerde eingelegt hat (BGH FamRZ 85, 1240/1242; 90, 1339/1341).

35 **cc)** Das Verschlechterungsverbot beschränkt die Entscheidungsbefugnis des Beschwerdegerichts nicht, soweit dieses einer Anschlußbeschwerde des Beschwerdegegners stattgibt. Einzelheiten hierzu s Rn 24 f.

36 **dd)** Das Verbot der Schlechterstellung gilt auch für das **Ehewohnungs- und Hausratsverfahren** (BGHZ 19, 196/199; FamRZ 79, 230 f; Jansen § 25 Rn 9; anders Zweibrücken FamRZ 93, 82 f = NJW-RR 649 für das Hausratsverfahren mwN). In Hausratssachen darf dem Beschwerdeführer nichts entzogen werden, ohne daß ihm etwas Gleichwertiges zugeteilt wird (so zur HausratsVO Soergel/Heintzmann § 14 Rn 8; MK-BGB/Müller-Gindullis § 14 Rn 6; Fehmel FamGb § 13 Rn 28; anders RGRK/Kalthoener § 14 Rn 10). Verfahren zur Regelung der **elterlichen Sorge,** des **Umgangs** eines Elternteils mit dem Kind und der **Herausgabe** eines Kindes an den anderen Elternteil haben das Ziel, dem Wohl von Kindern zu dienen, die ihre Interessen nicht selbst ausreichend wahrnehmen können. Aus diesem Grunde weicht das Verschlechterungsverbot hier dem vorrangigen Grundsatz, daß auch für die Beschwerdeinstanz in erster Linie das Kindeswohl maßgeblich ist (BGHZ 85, 180 = FamRZ 83, 44 = NJW 173; KG FamRZ 86, 1016 mwN). Das Verschlechterungsverbot gilt nicht für die **Kostenentscheidung;** s § 525 Rn 9, § 536 Rn 11; anders Frankfurt FamRZ 82, 185).

2) Die **Beschwerdeentscheidung** ist zu begründen (§ 25 FGG). Wenn in ihr die weitere Beschwerde zugelassen wird, muß sie den konkreten Sachverhalt enthalten, von dem das OLG als Erstbeschwerdegericht ausgegangen ist; denn der BGH darf als Rechtsbeschwerdegericht nur die vom OLG festgestellten Tatsachen berücksichtigen und ist an diese gebunden (Köln OLGZ 93, 167 f mwN). Enthält bereits die Entscheidung des FamG einen vollständigen Sachverhalt, so kann das OLG hierauf verweisen (Köln aaO). Wann die Beschwerdeentscheidung wirksam wird, ergibt sich aus § 26 FGG u § 621 a Rn 44. Sie kann folgenden **Inhalt** haben: 37

a) **Verwerfung oder Zurückweisung** der Beschwerde. Ist diese in zulässiger Weise eingelegt worden und erledigt sich darauf die Hauptsache, so muß der Beschwerdeführer sie auf den Kostenpunkt beschränken. Sonst ist sie auf seine Kosten zu verwerfen (BGH FamRZ 87, 469 f; s Rn 15). 37a

b) **Änderung** der angefochtenen Entscheidung, verbunden mit **neuer Sachentscheidung.** Hat das FamG in zulässiger Weise eine **Teilentscheidung** erlassen, so darf das Beschwerdegericht nicht den Teil des Verfahrens an sich ziehen und entscheiden, den das FamG nicht entschieden hat und der bei ihm noch anhängig ist. Anders bei unzulässiger Teilentscheidung des FamG. Hier kann das Beschwerdegericht aus Gründen der Prozeßökonomie den in erster Instanz anhängig gebliebenen Teil an sich ziehen und mitentscheiden, um den Verfahrensfehler der ersten Instanz zu beheben (BGH FamRZ 83, 459 = NJW 1311 = MDR 652; MK/Klauser Rn 34). 38

c) **Aufhebung** der angefochtenen Entscheidung und **Zurückverweisung** der Sache an das FamG zur erneuten Prüfung und Entscheidung. Daß die Zurückverweisung zulässig ist, ergibt sich weder aus § 621 e noch aus den nach § 621 a I 1 ergänzend anwendbaren §§ 20, 23–26 FGG, ist aber – wie auch sonst im Verfahren der freiwilligen Gerichtsbarkeit – allgemein anerkannt (BGH FamRZ 82, 152 = NJW 520 = MDR 390; Karlsruhe IPRax 82, 245 f u Justiz 84, 286; Hamm FamRZ 87, 1288 mwN). Da grundsätzlich das Beschwerdegericht selbst zur Sache zu entscheiden hat, muß die Zurückverweisung durch besondere Gründe gerechtfertigt sein (Jansen § 25 Rn 13). **Zurückverweisungsgründe** sind: 39

aa) Analog § 539 **wesentliche Verfahrensmängel,** (zB unzulässige Abtrennung von Teilen eines einheitlichen Verfahrensgegenstandes – Hamburg FamRZ 96, 676); nicht unrichtige materiellrechtliche Beurteilung. Ob ein Verfahrensmangel vorliegt, ist vom materiell-rechtlichen Standpunkt des Erstrichters aus zu beurteilen (s § 539 Rn 3). Dies gilt namentlich für den Verfahrensmangel der **ungenügenden Sachaufklärung.** Hat das FamG ohne Verfahrensfehler eine Sachentscheidung getroffen und hält das Beschwerdegericht auf Grund abweichender Rechtsauffassung noch weitere Punkte für aufklärungsbedürftig, so besteht kein Grund zur Zurückweisung. Auch schwere Mängel wie die Verletzung des rechtlichen Gehörs, das Unterlassen der Anhörung des Jugendamtes (§ 49a FGG; Celle FamRZ 90, 1026 f = NJW-RR 1290) und der Eltern und Kinder im Sorgerechtsverfahren (§§ 50 a, 50 b FGG; Zweibrücken DAVorm 81, 765), lückenhafte oder fehlende Begründung der angefochtenen Entscheidung oder andere absolute Revisionsgründe iS des § 551 können häufig im Beschwerdeverfahren geheilt werden. Diese Mängel sind zwar wesentlich iS des § 539. Analog § 540 kann das Beschwerdegericht aber von der Zurückweisung absehen und selbst entscheiden, wenn es dies für sachdienlich hält. Bei dieser Ermessensentscheidung sind der Vorteil einer baldigen Verfahrensbeendigung und der Nachteil des Instanzverlustes gegeneinander abzuwägen (Jansen aaO; BGH FamRZ 78, 873/877 = NJW 79, 43/46). Hat das FamG einen Antrag verfahrensfehlerhaft ohne jede Sachprüfung zurückgewiesen, so wird der zuletzt genannte Gesichtspunkt häufig zur Zurückverweisung führen (vgl § 538 I Nr 2, Braunschweig FamRZ 80, 568). 40

bb) **Analog § 538 Abs 1 Nr 3** besteht ein Zurückverweisungsgrund, wenn eine Sachaufklärung unterblieben ist, weil das Familiengericht es rechtsirrtümlich von vornherein abgelehnt hat, eine Angelegenheit zu regeln. Beispiel: Die Versorgungsanwartschaften der Eheleute sind nicht ermittelt und der Wertausgleich ist nicht durchgeführt worden, weil der Familienrichter irrtümlich meinte, die Eheleute hätten den Versorgungsausgleich wirksam ausgeschlossen (§ 1408 BGB; s BGH FamRZ 82, 152 = MDR 390). Auch hier wird der Gesichtspunkt des Instanzverlustes häufig zur Zurückverweisung führen. 40a

Das Beschwerdegericht darf **nicht** beschließen, daß das Beschwerdeverfahren **zuständigkeitshalber** an ein anderes Beschwerdegericht **verwiesen** wird (BGH FamRZ 91, 682 = NJW 231; KG FamRZ 87, 608 = NJW-RR 1483; Jauernig FamRZ 88, 1261; Baumbach/Albers § 119 GVG Rn 6). 40b

3) Die **Beschwerdeentscheidung** ist nur **zuzustellen,** wenn sie einen Vollstreckungstitel enthält oder der weiteren Beschwerde unterliegt (§§ 621a I 2, 329 III; s § 621a Rn 23). Die Kostenentscheidung ist kein Vollstreckungstitel; ein solcher ist erst der Kostenfestsetzungsbeschluß (§ 794 I Nr 2). Auch eine Entscheidung über die elterliche Sorge ist kein Vollstreckungstitel, anders eine Entscheidung über die Herausgabe eines Kindes. Umgangsregelungsbeschlüsse sollten einen 40c

vollstreckbaren Inhalt haben; viele Familiengerichte treffen auch nicht vollstreckbare Entscheidungen dieser Art. Weist das OLG eine Beschwerde gegen eine vollstreckbare Entscheidung des FamG zurück, so ist die Entscheidung des OLG kein Vollstreckungstitel. Zuzustellen sind ferner Beschwerdeentscheidungen der OLGe, gegen die die weitere Beschwerde stattfindet; hierzu s Rn 41–43 unten.

41 **IX) Weitere Beschwerde: 1) Statthaftigkeit. a)** Die weitere Beschwerde findet nur in Familiensachen statt, die das Schicksal von Kindern (§ 621 I Nr 1–3) und den Versorgungsausgleich betreffen (§ 621 e II 1). In Ehewohnungs- und Hausratsangelegenheiten, bei der Stundung der Zugewinnausgleichsschuld oder der Übernahme von Vermögensgegenständen unter Anrechnung auf diese Schuld (§§ 621 I Nr 9 ZPO, 1382 f BGB) ist sie nicht statthaft (arg Abs 2 S 1; BGH FamRZ 80, 234 f u. 670), auch nicht bei richterlichen Entscheidungen über die Abfindung für künftige Ansprüche auf schuldrechtlichen Versorgungsausgleich (§ 53 g II FGG). Wird gegen Beschlüsse in diesen Angelegenheiten Vollstreckungsabwehrklage erhoben, so finden nach BGH FamRZ 92, 538 Nr 278 keine Rechtsmittel an den BGH statt (zweifelhaft, weil nach BVerfG JZ 88, 606 kraft Gesetzes statthafte Rechtsmittel nicht durch Analogie für unstatthaft erklärt werden dürfen). Ebensowenig findet die weitere Beschwerde gegen die Versagung der Prozeßkostenhilfe für die Beschwerdeinstanz (§ 568 II 1; BGH FamRZ 79, 232 = NJW 766) oder dagegen statt, daß eine unselbständige Anschlußbeschwerde entsprechend § 522 I ihre Wirkung verliert und daß das Berufungsgericht dies ausspricht (BGH FamRZ 81, 657).

42 **b)** Abgesehen von den in Rn 43 erörterten Fällen findet die **weitere Beschwerde nur** statt, **wenn** das OLG sie **zugelassen** hat. Dies gilt auch bei Verletzung des rechtlichen Gehörs (BayVerfGH FamRZ 91, 462). Wird sie nicht zugelassen, so ist diese Entscheidung unanfechtbar (BGH FamRZ 90, 1228). Zugelassen wird sie nur bei grundsätzlicher Bedeutung der Rechtssache oder entscheidungserheblicher Abweichung der Erstbeschwerdeentscheidung von einer Entscheidung des BGH oder des Gemeinsamen Senats der Obersten Gerichtshöfe des Bundes (§ 546 I 2). Wegen der Möglichkeit, die Zulassung auf Teile des Streitstoffs zu beschränken, s § 621 d Rn 7. Eine Beschränkung kommt namentlich dann in Frage, wenn der Verfahrensgegenstand einer Erstbeschwerde in einer Versorgungsausgleichssache teilbar ist; s Rn 30. Der BGH ist an die Zulassung der weiteren Beschwerde gebunden, er kann deren Annahme nicht ablehnen. Richtet sich die Erstbeschwerde nicht gegen eine urteilsähnliche Endentscheidung, sondern gegen eine Zwischen- oder Vollziehungsentscheidung des FamG, hält aber das OLG seine Beschwerdeentscheidung rechtsirrtümlich für eine solche nach § 621 e und läßt die weitere Beschwerde zu, so ist der BGH nicht an die Zulassung gebunden. Die kraft Gesetzes unanfechtbare Erstbeschwerdeentscheidung wird nicht dadurch beschwerdefähig, daß das OLG die weitere Beschwerde zugelassen hat (BGH FamRZ 79, 224 = NJW 820; FamRZ 79, 696; FamRZ 83, 1008/1012 = NJW 2775 = MDR 921; FamRZ 84, 669 = NJW 2364 = MDR 922).

43 **c)** Die weitere Beschwerde findet ferner statt, soweit das OLG die **Beschwerde** oder die Anschlußbeschwerde (s § 621 d Rn 10) **als unzulässig verworfen** hat, auch bei Verwerfung mangels Beschwer. Weist es eine Beschwerde ausdrücklich als unbegründet zurück, obwohl es sie inhaltlich – ungeachtet der gewählten Formulierung – als unzulässig verwirft (zB mangels Beschwer), so findet die weitere Beschwerde gleichfalls statt (BGH FamRZ 82, 155 = NJW 448 = MDR 393; FamRZ 93, 1310). Weist das OLG auf eine Beschwerde hin einen Antrag als unzulässig ab, so entscheidet es über eine zulässige Beschwerde. Hier findet die weitere Beschwerde nicht statt (BGH FamRZ 93, 1310 mwN). In den Fällen der §§ 621 I Nr 7 und 9 ZPO, 53 g II FGG (s Rn 41) ist die weitere Beschwerde auch dann nicht statthaft, wenn die Erstbeschwerde als unzulässig verworfen worden ist (BGH FamRZ 92, 538 Nr 278; stRsp seit FamRZ 80, 234 = NJW 402 = MDR 295).

43a § 621 e verweist nicht auf § 519 b. **Bei Verwerfung der Erstbeschwerde** findet **nicht** die **sofortige Beschwerde** statt, sondern die befristete weitere Beschwerde nach § 621 e II 2. Anders als im Fall des § 519 b II kann die weitere Beschwerde nicht beim OLG und nicht durch einen hier zugelassenen Anwalt eingelegt werden, sondern nur beim BGH (s Rn 44) und im Regelfall nur durch einen dort zugelassenen Anwalt. Ausnahme vom Anwaltszwang: Behördenprivileg, s § 78 Rn 44. Abweichend hiervon können weitere Beschwerden gegen Beschlüsse, durch die OLGe München, Nürnberg oder Bamberg Erstbeschwerden verworfen haben, nur beim BayObLG eingelegt werden (§ 7 VI EGZPO; BGH FamRZ 79, 576; BayObLG FamRZ 80, 908; Borgmann AnwBl 78, 301). Hierzu sind – vom Behördenprivileg abgesehen – nur Anwälte befugt, die bei den zuvor genannten Oberlandesgerichten zugelassen sind (§ 227 BRAO).

44 **2) Beschwerdegericht:** Nach Abs 3 ist weitere Beschwerde durch Einreichung einer Beschwerdeschrift beim BGH (§ 133 Nr 2 GVG) einzulegen. Zum Anwaltszwang s § 78 Rn 44. In Verfahren, in denen ein bayerisches OLG die weitere Beschwerde zuläßt, hat es gleichzeitig darüber zu entscheiden, ob dieses Rechtsmittel beim BGH oder beim BayObLG einzulegen ist (§ 7 VI

EGZPO). Versäumt es diese Entscheidung, so kann die zugelassene weitere Beschwerde sowohl beim BGH als auch beim BayObLG eingelegt werden (BGH FamRZ 81, 28 u 82, 473).

3) Hinsichtlich der **Beschwerdefrist** und der Beschwerdebegründungsfrist gelten dieselben Grundsätze wie für die Erstbeschwerde, s Rn 19. Die hierfür maßgeblichen §§ 552, 554 I, II stimmen wörtlich mit den Vorschriften für die Erstbeschwerde, §§ 516, 519 I, II überein. 45

4) Die weitere Beschwerde kann nur darauf gestützt werden, daß die Entscheidung auf einer Verletzung des Gesetzes beruht (§ 621 e II). Dies soll in der **Begründungsschrift** ausgeführt werden. Im übrigen sind an die Begründung dieselben Anforderungen zu stellen wie an eine Begründung der Erstbeschwerde; s Rn 20 f. Die weitere Beschwerde kann nicht auf neue Tatsachen gestützt werden, auch dann nicht, wenn diese erst nach der letzten tatrichterlichen Entscheidung eingetreten sind (BGH FamRZ 83, 682 = NJW 1908 = MDR 1006); Ausnahme: die weitere Beschwerde richtet sich gegen einen Beschluß, durch den eine Beschwerde als unzulässig verworfen worden ist (BGH FamRZ 79, 223 = NJW 876 = MDR 387). 46

5) **Beschwerdeberechtigt** ist nur, wer durch die Entscheidung des Beschwerdegerichts in seinen Rechten beeinträchtigt worden ist. Wer eine ihm ungünstige Entscheidung des FamG hingenommen hat, kann weitere Beschwerde nur einlegen, soweit das Beschwerdegericht die Entscheidung des FamG zu seinen Ungunsten geändert hat (BGH FamRZ 80, 773 = NJW 1960 = MDR 832; FamRZ 84, 670 = NJW 2414 = MDR 924; FamRZ 86, 248/249 f; FamRZ 86, 890; NJW-RR 94, 194). 46a

6) Hinsichtlich der Zulässigkeit der **Anschlußbeschwerde** gelten Rn 24–26 entsprechend. Da die weitere Beschwerde binnen Monatsfrist nach ihrer Einlegung begründet werden muß, ist für die Anschließung § 556 sinngemäß anzuwenden. Der Beschwerdegegner kann sich der Beschwerde nur bis zum Ablauf eines Monats nach Zustellung der Beschwerdebegründung anschließen, indem er eine auch die Begründung enthaltende Anschlußschrift beim BGH bzw beim BayObLG einreicht (BGHZ 86, 51 = FamRZ 83, 154 = NJW 578). Mit der Anschließung an eine weitere Beschwerde kann nur eine Beschwer durch die Entscheidung des OLG bekämpft werden. Ein Teil des Verfahrensgegenstandes, der mangels eines Rechtsmittels nicht in die zweite Instanz gelangt ist, kann nicht durch Anschließung in die dritte Instanz gebracht werden (BGH FamRZ 83, 683 = NJW 1858 = MDR 738). 47

7) Der Beschwerdeführer und sonstige Beteiligte, die sich zur weiteren Beschwerde äußern, müssen sich durch beim BGH zugelassene **Rechtsanwälte** vertreten lassen (§ 78 II Nr 3). Zu diesem Zweck kann auch ein Kind, das das 14. Lebensjahr vollendet hat (§ 59 FGG), einem Anwalt Vollmacht erteilen (BayObLG FamRZ, 85, 738 mwN). Jugendämter und Versorgungsträger brauchen nicht durch Anwälte vertreten zu werden (§ 78 II 3; s § 78 Rn 44). Sie können sich deshalb auch durch Anwälte, die nicht beim BGH zugelassen sind, vertreten lassen (BGH NJW 93, 1208). 48

8) **Beschwerdeentscheidung:** Hinsichtlich des **Abhilfeverbotes** gilt Rn 28 entsprechend. Wegen der **Überprüfung der Zuständigkeit** durch den BGH s Rn 21. Der BGH prüft nur, ob die angefochtene Entscheidung des OLG auf einer Verletzung des Gesetzes beruht (§ 621 e II). Die Auslegung von Willenserklärungen ist Sache der Tatsacheninstanzen. Geht es um eine solche Auslegung, so darf der BGB nur prüfen, ob das OLG Auslegungsregeln, Denkgesetze oder Erfahrungssätze verletzt hat; ob ihm im Zusammenhang mit der Auslegung Verfahrensfehler unterlaufen sind und ob es wesentlichen Auslegungsstoff nicht berücksichtigt hat (BGH FamRZ 95, 1482 f). Über die **Zustellung** der Entscheidung des BGH s Rn 40c. 49

XI) Die **Kostenentscheidung** der zweiten und dritten Instanz richtet sich in selbständigen Familiensachen der freiwilligen Gerichtsbarkeit nach den §§ 13 a FGG, 20 HausratsVO. Diese Bestimmungen gelten auch bei Rücknahme der Beschwerde (BGH FamRZ 82, 156 f aE; Hamm FamRZ 83, 1264 u JurBüro 87, 1548 mwN; Karlsruhe FamRZ 88, 1303 u KostRspr § 515 ZPO Nr 49; BayObLG FamRZ 95, 184; Thomas/Putzo Rn 12). Soweit eine Beschwerde in einer Folgesache zurückgenommen wird, ist dies sehr umstritten; s § 629 a Rn 13). Anders als im Fall des § 515 III ergeht die Kostenentscheidung von Amts wegen; ein Antrag ist entbehrlich (Keidel/Zimmermann § 13a Rn 15). Grundsätzlich entspricht es der Billigkeit iS des § 13 a I FGG, dem Beschwerdeführer die Kosten des Beschwerdeverfahrens aufzuerlegen, wenn er seine Beschwerde zurücknimmt (BGHZ 28, 117/123; Keidel/Zimmermann § 13 a Rn 42; anders Hamburg FamRZ 79, 326 mwN). In Sorgeregelungsangelegenheiten gilt dies nur mit Einschränkungen (Hamm FamRZ 83, 1264). Karlsruhe (FamRZ 88, 1303) belastet hier einen Beteiligten, der seine Beschwerde zurückgenommen hat, nur dann mit den Kosten des Beschwerdeverfahrens, wenn die Beschwerde von vornherein erkennbar unbegründet war. Auch sonst können besondere Umstände dazu führen, daß der Beschwerdeführer nicht mit den Kosten anderer Beteiligter belastet wird, zB wenn eine Versorgunsausgleichsbeschwerde zurückgenommen wird, nachdem der BGH 50 eine Rechtsfrage entschieden hat, um deretwillen die Beschwerde eingelegt worden war. Hier ist es billig, daß jeder Beteiligte seine Kosten selbst zu tragen hat.

51 **XII) Gebühren: 1)** des **Gerichts: a)** In **Folgesachen** (§ 623 I 1) werden 1,5 Gebühren für das Verfahren im allgemeinen und weitere 1,5 Gebühren für die Beschwerdeentscheidung erhoben (KV 1520, 1526). Die gilt auch für Folgesachen, die nach den §§ 627, 628 von der Scheidungssache getrennt worden sind. **b)** Für **selbständige Verfahren** aus dem Bereich der freiwilligen Gerichtsbarkeit gilt folgendes: Soweit die Beschwerden Erfolg haben, ist das Beschwerdeverfahren gebührenfrei (§ 131 I 2 KostO). Insoweit werden auch keine Auslagen erhoben (§ 131 V KostO). Gebührenfrei ist auch eine erfolglose Beschwerde, die sich gegen eine Entscheidung des Familiengerichts richtet und von einem unter elterlicher Sorge stehenden Kind, das das 14. Lebensjahr vollendet hat (§ 59 I FGG), oder in dessen Interesse eingelegt ist (§ 131 III KostO). Hier werden aber gemäß § 2 Nr 1 KostO dem Beschwerdeführer Auslagen in Rechnung gestellt. Da das Beschwerdeverfahren nur stattfindet, wenn ein Beteiligter Beschwerde einlegt, ist es notwendigerweise Antragsverfahren iS des § 2 Nr 1 KostO (Frankfurt FamRZ 81, 291; LG Regensburg JurBüro 75, 122; Göttlich/Mümmler, KostO, Beschwerdekosten 6). Im übrigen wird bei Verwerfung oder Zurückweisung der Beschwerde (auch der weiteren Beschwerde) die Hälfte der vollen Gebühr erhoben, im Falle der Zurücknahme der (auch weiteren) Beschwerde ein Viertel der vollen Gebühr (§ 131 I KostO). Wegen der teilweisen Zurücknahme s § 131 I 1 Nr 2 Hs 2 KostO. Kostenschuldner ist der Beschwerdeführer (§ 2 Nr 1 KostO). – In Versorgungsausgleichssachen werden im Verfahren über Beschwerden die gleichen Gebühren wie in erster Instanz erhoben (§ 131 a KostO). Die Gebühren der ersten Instanz ergeben sich aus § 99 KostO; s § 621 Rn 102. – Für das Beschwerdeverfahren gegen Entscheidungen nach der HausratsVO werden die gleichen Gebühren wie in erster Instanz erhoben (§ 21 III HausratsVO; s § 621 Rn 102).

52 **2) Anwaltsgebühren:** Für Beschwerden in **Folgesachen,** auch in abgetrennten Folgesachen (s Rn 51), erhält der Anwalt die Gebühren nach § 31 BRAGO. Sie erhöhen sich für die Beschwerde um drei Zehntel und für die weitere Beschwerde um zehn Zehntel (§ 61 a BRAGO). Für Beschwerden in **selbständigen Verfahren** aus dem Bereich der freiwilligen Gerichtsbarkeit, die nicht Ehewohnungs- und Hausratssachen betreffen, erhält der Anwalt die Gebühren nach § 118 BRAGO (BGH DAVorm 81, 654 = FamRZ 950 = NJW 2758); die Gebühren fallen für jede Instanz gesondert an (§ 13 II 2 BRAGO). Für das Beschwerdeverfahren nach der HausratsVO erwachsen dem RA die gleichen Gebühren wie in erster Instanz (s § 621 Rn 102), sofern sich die Beschwerde gegen eine Endentscheidung richtet (§ 63 II BRAGO); eine Erhöhung nach § 11 I 2 BRAGO tritt nicht ein. Für eine Beschwerde, die sich gegen eine den Rechtszug nicht beendende Entscheidung richtet, erhält der Anwalt die 5/10 Beschwerdegebühr des § 61 I Nr 1 BRAGO (§ 63 I Nr 1 BRAGO).

621f *[Kostenvorschuß]*

(1) In einer Familiensache des § 621 Abs. 1 Nr. 1 bis 3, 6 bis 9 kann das Gericht auf Antrag durch einstweilige Anordnung die Verpflichtung zur Leistung eines Kostenvorschusses für dieses Verfahren regeln.

(2) Die Entscheidung nach Absatz 1 ist unanfechtbar. Im übrigen gelten die §§ 620 a bis 620 g entsprechend.

1 I) In **allen Familiensachen** iS des § 23 b I GVG kann das Gericht durch einstweilige Anordnung die Verpflichtung zur Leistung eines Kostenvorschusses regeln: Für Ehesachen ist dies im § 620 I Nr 9 bestimmt, für Unterhaltssachen (auch für solche, die nicht Familiensachen sind) im § 127 a, für die restlichen Familiensachen im § 621 f.

2 II) Für die Familiensachen des § 621 f bestimmt sich das **Verfahren** nach den §§ 620–620 g (Abs 2 S 2). Einstweilige Verfügungen auf Zahlung von Prozeßkostenvorschüssen dürfen nicht erlassen werden (§ 620 Rn 31). Die Möglichkeit, eine einstweilige Anordnung zu erwirken, oder die Existenz einer solchen Anordnung schließen eine Klage auf Zahlung eines Prozeßkostenvorschusses und eine negative Feststellungsklage, daß ein solcher nicht geschuldet wird, nicht aus (BGH FamRZ 79, 472 = NJW 1508 = MDR 652; s § 620 Rn 13).

3 1) Die einstweilige Anordnung wird auf **Antrag** einer Partei oder eines Beteiligten erlassen (Abs 1). Der Antrag ist zulässig, sobald eine Familiensache anhängig oder ein Prozeßkostenhilfegesuch für eine solche eingereicht ist. Der Antrag kann zu Protokoll der Geschäftsstelle erklärt werden. Der Antragsteller soll die Voraussetzungen für die Anordnung glaubhaft machen (§ 620 a II). Der Antrag muß vor Schluß der mündlichen Verhandlung eingehen (Düsseldorf NJW 56, 1804). Nach Beendigung der Instanz darf er nicht mehr gestellt werden (BGHZ 94, 316/319 = FamRZ 85, 802 f = NJW 2263).

4 2) **Zuständig** für den Erlaß der Anordnung ist das FamG, das OLG nur, wenn die Sache in der zweiten oder dritten Instanz anhängig ist (§ 620 a IV 3).

5 3) Die Anordnung kann **ohne mündliche Verhandlung** erlassen werden (§ 620 a I), sie ergeht ohne Kostenentscheidung (§ 620 g) und ist unanfechtbar (§ 621 f II 1). Wurde ohne mündliche Verhandlung entschieden, so können die Parteien beantragen, nach mündlicher Verhandlung erneut zu beschließen (§ 620 b II). Das Gericht kann zunächst die Vollziehung der Anordnung aussetzen (§ 620 e). Nach mündlicher Verhandlung ergeht ein erneuter Beschluß, der zu begründen ist (§ 620 d).

4) Auch danach kann das Gericht auf Antrag die **Anordnung aufheben oder ändern** (§ 620 b I 1). Schwebt das Verfahren inzwischen in der Berufungs- oder Beschwerdeinstanz, so ist das OLG für die Aufhebung oder Änderung zuständig, auch wenn das Familiengericht die Anordnung erlassen hat (§ 620 b III). 6

III) Die einstweilige Anordnung darf nur ergehen, wenn der Antragsgegner **materiell-rechtlich** verpflichtet ist, dem Antragsteller die Prozeßkosten vorzuschießen (Karlsruhe FamRZ 81, 1195; vgl § 620 Rn 6 f). Als Anspruchsgrundlage kommen die §§ 1360 a IV 1, 1361 IV 4, 1601–1603, 1610 BGB in Betracht. Über ausländisches Sachrecht s § 620 Rn 82. Der Vorschuß soll der bedürftigen Partei die Prozeßführung ermöglichen, nicht aber allgemein die Kostenlast abnehmen. Deshalb darf **nach Abschluß einer Instanz kein Vorschuß mehr** für diese gefordert werden (Karlsruhe FamRZ 80, 1037; Frankfurt FamRZ 85, 826; Köln FamRZ 90, 768; NJW-RR 92, 5; Gießler Rn 754). Jedoch darf eine vor Abschluß der Instanz ergangene Vorschußanordnung nach Instanzende weiterhin vollstreckt werden; der Anordnungsschuldner darf keine Vorteile daraus herleiten, daß er nicht unverzüglich gezahlt hat (BGHZ 94, 316/319 = FamRZ 85, 802 = NJW 2263; Frankfurt FamRZ 93, 1465/1467). 7

1) Der Unterhaltsanspruch eines **Ehegatten** gegen den anderen umfaßt den Anspruch auf Zahlung eines Kostenvorschusses für Verfahren, die persönliche Angelegenheiten betreffen (§ 1360 a IV BGB). Persönliche Angelegenheiten sind sämtliche Familiensachen zwischen den Parteien, auch der Anspruch auf Zugewinnausgleich (MK-BGB/Wacke § 1360 a Rn 28) und andere güterrechtliche Ansprüche. Ob Eheleute getrennt oder zusammen leben, ist für die Vorschußpflicht bedeutungslos (§ 1361 IV 4 BGB). Ein geschiedener Ehegatte hat keinen Vorschußanspruch gegen seinen früheren Ehepartner (BGHZ 89, 33/39 f = FamRZ 84, 148 mwN = NJW 291; FamRZ 90, 280/292; Frankfurt FamRZ 93, 1465 f). 8

2) Wer einem **minderjährigen Kind Unterhalt schuldet,** hat für die Prozeßkosten in persönlichen Angelegenheiten aufzukommen und sie vorzuschießen (BGHZ 57, 229/234, Köln FamRZ 79, 964 u 84, 723; München FamRZ 87, 303). Dies gilt auch für den sorgeberechtigten Elternteil (Koblenz FamRZ 95, 558; anders München FamRZ 91, 347; Nürnberg NJW-RR 95, 390). Dieser ist nicht nach § 1606 III 2 BGB von der Vorschußpflicht befreit; denn § 1606 III gilt nur für den laufenden Unterhalt und nicht für Sonderbedarf wie den Kostenvorschuß (Koblenz aaO). **Volljährige Kinder** können einen Kostenvorschuß fordern, solange sie keine von ihren Eltern unabhängige Lebensstellung erreicht haben (Düsseldorf FamRZ 86, 698 f mwN; München FamRZ 93, 821 f; Frankfurt FamRZ 93, 1241 f mwN; Köln FamRZ 94, 1409 f; anders ausführlich Hamm FamRZ 95, 1008 f; LGe Bremen FamRZ 92, 983 u 984; Heilbronn FamRZ 93, 465); denn so lange haben die Eltern noch eine gesteigerte Verantwortung für sie, die der Verantwortung von Ehegatten füreinander gleicht (Karlsruhe FamRZ 89, 534, 536). Haben sie eine unabhängige Lebensstellung erreicht, können sie keinen Vorschuß mehr verlangen (Stuttgart FamRZ 88, 758; Hamburg FamRZ 90, 1141). Wer während der Ausbildung heiratet, löst sich von seinen Eltern und schafft sich eine selbständige gesellschaftliche Stellung, auch wenn die Eltern weiterhin Unterhalt zahlen. Mit der Heirat endet die besondere unterhaltsrechtliche Verantwortung der Eltern und damit auch die Prozeßkostenvorschußpflicht (Düsseldorf FamRZ 92, 1320; anders Koblenz FamRZ 92, 1197). 9

3) Nicht zum Vorschuß verpflichtet ist, wer selbst PKH beanspruchen könnte (Bamberg JurBüro 90, 1642; Karlsruhe FamRZ 92, 77 mwN; zweifelnd Schwab/Maurer I Rn 201; verneinend KG FamRZ 90, 183). Sonstige Verbindlichkeiten des Antragsgegners sind bei der Feststellung seiner **Leistungsfähigkeit** zu berücksichtigen (Hamm MDR 57, 494). Keine Vorschußpflicht besteht gegenüber dem Ehegatten, der ausreichendes Einkommen oder Vermögen hat oder dem bereits Prozeßkostenhilfe bewilligt worden ist. Reichen die Mittel des auf Vorschuß in Anspruch Genommenen nur für die Kosten einer Partei, dann haben seine eigenen Kosten den Vorrang (Hamm JMBl NRW 54, 8). Bei beschränkter Leistungsfähigkeit muß der Vorschußpflichtige den Vorschuß in Raten zahlen (Hamburg DAVorm 88, 828; KG FamRZ 90, 183; Koblenz FamRZ 91, 346; Bamberg JurBüro 94, 45; Köln MDR 95, 209; Nürnberg MDR 96, 287; weitere Nachweise s Mümmler JurBüro 94, 45; MK/Wax Rn 49; StJBork Rn 42; Kalthoener/Büttner Rn 371; anders Oldenburg MDR 94; 618; Düsseldorf FamRZ 95, 680). Kann der Berechtigte mit Raten nicht auskommen, so ist ihm Prozeßkostenhilfe zu bewilligen. 10

4) Die Vorschußpflicht besteht nur, soweit sie der **Billigkeit** entspricht (§ 1360 a IV 1 BGB). Dies gilt auch für die Vorschußpflicht gegenüber einem Kind. Deshalb ist für mutwillige oder offensichtlich **aussichtslose Klagen** und Anträge kein Vorschuß zu zahlen (BayObLG FamRZ 80, 814 mwN; Karlsruhe FamRZ 81, 1195; Koblenz FamRZ 82, 402; Frankfurt FamRZ 83, 606; 93, 1465 f). Dasselbe gilt für Klagen, zu deren Erhebung der an sich vorschußpflichtige Beklagte keinen Anlaß gegeben hat, wenn er das Klagbegehren sofort anerkennt (Hamm FamRZ 93, 595). 11

12 5) Die **Höhe des Vorschusses** richtet sich nach den Anwalts- und Gerichtskosten, die der vorschußberechtigten Partei voraussichtlich entstehen werden. Die Anwaltskosten entsprechen dem Vorschuß, den die Partei ihrem Anwalt nach § 17 BRAGO schuldet (München FamRZ 87, 303). Der Vorschuß macht zwei oder drei Anwaltsgebühren aus je nachdem, ob eine Beweisaufnahme zu erwarten ist oder nicht. Hinzuzurechnen ist das Auslagenpauschale von höchstens 40 DM und die Umsatzsteuer (§§ 25 II, 26 BRAGO). Der Kläger bzw Rechtsmittelkläger kann außerdem Vorschuß in Höhe der Gebühr für das Verfahren im allgemeinen verlangen, die er nach den §§ 61, 65 GKG mit der Einreichung der Klage oder der Einlegung des Rechtsmittels zu zahlen hat. Hinzuzurechnen sind die Kosten des Anordnungsverfahrens (Frankfurt FamRZ 79, 732; Celle KoRsp ZPO § 127a Nr 13).

13 6) Der **Kostenvorschuß** ist nur dann ganz oder teilweise **zurückzuzahlen**, wenn sich die wirtschaftlichen Verhältnisse des Empfängers wesentlich gebessert haben oder die Rückzahlung aus anderen Gründen der Billigkeit entspricht (BGHZ 56, 92/96 = FamRZ 71, 360 = NJW 1262; BGHZ 94, 316/318 = FamRZ 85, 802 = NJW 2263; BGHZ 110, 247 = FamRZ 90, 491 = NJW 1476; stRsp; anders Olzen JR 91, 27; Schlüter, Familienrecht, 4. Aufl S 40), zB wenn der Vorschußgeber keinen Vorschuß schuldete (BGHZ 110, 247; Frankfurt FamRZ 93, 1465 f). Jedoch kann der Vorschußgeber den Vorschuß nicht allein deshalb zurückfordern, weil der Vorschußempfänger verurteilt worden ist, die Prozeßkosten zu tragen. Die Kostenentscheidung ist keine die Vorschußanordnung außer Kraft setzende anderweitige Regelung iS der §§ 621 f II 2, 620 f I 1 (BGH FamRZ 85, 802). Der Vorschuß gehört nicht zu den Kosten, die der Geber gegen den Empfänger festsetzen lassen kann (KG NJW 80, 2820; Celle FamRZ 85, 731). Wenn der Vorschußgeber verurteilt worden ist, die Prozeßkosten zu tragen, wenn ferner die Vorschußzahlung im Kostenfestsetzungsverfahren unstreitig ist oder die erstattungspflichtige Partei die Zahlung offensichtlich unbegründet bestreitet, ist der Vorschuß ist auf die zu erstattenden Kosten anzurechnen (KG MDR 79, 401; Karlsruhe AnwBl 81, 455 = Justiz 81, 479 u FamRZ 86, 376; Koblenz JurBüro 85, 1254; oben Herget § 104 Rn 21 „Prozeßkostenvorschuß"; anders Düsseldorf MDR 96, 609 f mwN). Auf diese Weise wird vermieden, daß der Vorschußgeber die Kosten doppelt bezahlt.

14 Hochstreitig ist, wie der **Kostenvorschuß anzurechnen** ist, wenn er nur einen Teil der Prozeßkosten des Empfängers deckt und der Prozeß mit einer **Kostenteilung** endet. Manche rechnen den Vorschuß zunächst auf den Teil der Kosten des Empfängers an, die dieser selbst zu tragen hat (Karlsruhe FamRZ 86, 376; AG Diepholz FamRZ 95, 491; weitere Nachw s München FamRZ 94, 1605 f). Erst der Rest des Vorschusses wird dann auf die Kosten angerechnet, die der Gegner, der Vorschußgeber, zu erstatten hat (KG JurBüro 88, 497 mwN). Nach Stuttgart (FamRZ 87, 968 = JurBüro 1411; München aaO mwN) ist der Vorschuß voll anzurechnen. Celle (FamRZ 85, 731) will den Vorschuß mit derselben Quote anrechnen, die der Vorschußgeber von den Prozeßkosten zu tragen hat. Der Kostenvorschuß soll dem Empfänger die Prozeßführung ermöglichen, soll aber möglichst nicht zu einer anderen Kostenverteilung als das Urteil führen. Dieser Gedanke wird am ehesten verwirklicht, wenn der Vorschuß voll auf die zu erstattenden Kosten angerechnet wird (anders Voraufl).

15 **IV) Gebühren: 1)** Das **Gericht** erhält für die Entscheidung über einen Anordnungsantrag nach § 621 f eine halbe Gebühr (KV 1702). Ob dem Antrag stattgegeben oder ob er zurückgewiesen wird, macht keinen Unterschied. Da das Entstehen der Gebühr nicht an das Verfahren als solches, sondern allein an die Entscheidung über den Antrag geknüpft ist, wird die Gebühr nicht erhoben, wenn der Antrag vor der Entscheidung zurückgenommen, für erledigt erklärt oder wenn ein Vergleich geschlossen wird. Auch eine Vergleichsgebühr wird nicht erhoben (KV 1660). Mehrere Entscheidungen innerhalb desselben Rechtszugs gelten für die Gebührenerhebung als eine Entscheidung (Vorbem vor KV 1700). Das gilt zB für eine den vormaligen Anordnungsbeschluß abändernde oder aufhebende Entscheidung (§ 620 b I), für einen auf Grund mündlicher Verhandlung erlassenen neuen Beschluß (§ 620 b II) sowie für die Aussetzung der Vollziehung (§ 620 e). Gebührenrechtlich werden diese Fälle so angesehen, als ob über die einzelnen Anträge nur eine einzige Entscheidung getroffen worden wäre; die halbe Entscheidungsgebühr kommt in allen Fällen des KV 1702 nur einmal in derselben Instanz zum Ansatz. Wenn das Berufungsgericht die einstweilige Anordnung zur Regelung des Kostenvorschusses erläßt (§ 620 a IV), entsteht in der Berufungsinstanz eine halbe Gebühr. Wenn es eine Anordnung des FamG ändert, entsteht in beiden Instanzen je eine halbe Gebühr.

2) Anwaltsgebühren: Die Verfahren nach § 621 f gelten als besondere Angelegenheit (§ 41 I c BRAGO). Der Rechtsanwalt kann daher alle Gebühren der §§ 31 ff BRAGO verdienen. Macht der Antragsteller die Voraussetzungen für die Anordnung lediglich durch Vorlage einer Versicherung an Eides Statt glaubhaft, so entsteht keine Beweisgebühr, wohl aber dann, wenn das Gericht in der mündlichen Verhandlung die eidesstattliche Versicherung einer Partei oder eines Dritten zu Protokoll nimmt. Für mehrere Verfahren nach § 621 f erhält der RA die Gebühren in jedem Rechtszug nur einmal (§ 41 I 2 BRAGO). Einigen sich die Parteien über einen Prozeßkostenvorschuß, ohne daß ein Antrag nach § 621 f an das Gericht gestellt worden war oder wird nur beantragt, eine Einigung der Parteien zu Protokoll zu nehmen, so erhält der Anwalt die Prozeßgebühr nur zur Hälfte (§ 41 II BRAGO). Außerdem entsteht eine volle Vergleichsgebühr (§ 23 BRAGO), wenn ein Vergleich abgeschlossen wird, der den Voraussetzungen des § 779 BGB entspricht.

Dritter Titel

SCHEIDUNGS- UND FOLGESACHEN

622 *[Scheidungsantrag]*
(1) Das Verfahren auf Scheidung wird durch Einreichung einer Antragsschrift anhängig.

(2) Die Antragsschrift muß vorbehaltlich des § 630 Angaben darüber enthalten, ob
1. gemeinschaftliche minderjährige Kinder vorhanden sind,
2. ein Vorschlag zur Regelung der elterlichen Sorge unterbreitet wird,
3. Familiensachen der in § 621 Abs. 1 bezeichneten Art anderweitig anhängig sind.

Im übrigen gelten die Vorschriften über die Klageschrift entsprechend.

(3) Bei der Anwendung der allgemeinen Vorschriften treten an die Stelle der Bezeichnungen Kläger und Beklagter die Bezeichnungen Antragsteller und Antragsgegner.

I) Das Scheidungsverfahren ist ein Zivilprozeß (§ 608). Die Klageschrift wird **Antragsschrift** (§ 622 I), die Parteien werden **Antragsteller** und **Antragsgegner** genannt (Abs 3). 1

II) Mit der Einreichung der Antragsschrift wird das Scheidungsverfahren **anhängig.** Die Antragsschrift ist dem Antragsgegner zuzustellen (§§ 622 II 2, 253 I). Mit der Zustellung wird die Scheidungssache **rechtshängig** (§ 261 I). Die Anhängigkeit einer Scheidungssache bewirkt, daß das Scheidungsgericht auch für andere Familiensachen derselben Beteiligten ausschließlich zuständig wird. Die Rechtshängigkeit bewirkt, daß anderswo anhängige Familiensachen an das Scheidungsgericht überzuleiten sind (§ 621 II und III). Die Anhängigkeit einer Scheidungssache (oder eines Prozeßkostenhilfeantrages für eine solche) ist ferner Voraussetzung für die Zulassung eines Antrages auf Erlaß einer einstweiligen Anordnung (§ 620 a II 1). Wegen des Beginns und Endes der Anhängigkeit s § 621 Rn 86, wegen der Rechtshängigkeit ebenda Rn 92. 2

III) Inhalt der Antragsschrift: 1) Die Angaben über gemeinschaftliche minderjährige **Kinder** sind notwendig, weil das FamG im Scheidungsurteil die elterliche Sorge regeln muß, auch wenn die Ehegatten dies nicht beantragen (§ 623 III 1). Gemeinschaftliche Kinder sind solche, die nach der Eheschließung geboren, gemeinsam adoptiert oder durch nachfolgende Eheschließung legitimiert worden sind (§§ 1591, 1593, 1719, 1754 I BGB). Auf die Abstammung kommt es nicht an. Zweckmäßig ist es, Namen und Aufenthaltsort der Kinder mitzuteilen (für den Gerichtsstand wichtig – § 606 I 2), ferner die Geburtsdaten (Anhörung – § 50 b FGG, Eintritt der Volljährigkeit im Laufe des Verfahrens). Falls die elterliche Sorge entzogen oder eingeschränkt worden ist, ist es zweckmäßig, auch dies in der Antragsschrift mitzuteilen. Haben die Parteien keine gemeinsamen Kinder, so sollte auch dies mitgeteilt werden, um Nachfragen zu vermeiden. Da das FamG bei der Entscheidung über die elterliche Sorge von einem gemeinschaftlichen Vorschlag der Eltern nur abweichen soll, wenn das Kindeswohl es erfordert (§ 1671 III BGB), verlangt das Gesetz bereits in der Antragsschrift Angaben darüber, ob ein **Vorschlag zur Regelung der elterlichen Sorge** unterbreitet wird. 3

2) Die Angaben über **anderweitig anhängige Familiensachen** dienen der Überleitung aller dieser Sachen an das Gericht der Ehesache; s § 621 III. Auf diese Angaben hin veranlaßt das Gericht der Scheidungssache andere Familiengerichte, bei diesen anhängige Familiensachen abzugeben oder zu verweisen. Mitzuteilen sind die Gerichte und Aktenzeichen der anderen Familiensachen. Wenn eine solche Sache in der Rechtsmittelinstanz anhängig ist, ist dies ebenfalls mitzuteilen (anders StJSchlosser Rn 9), damit im Falle der Zurückverweisung die Sache an das Scheidungsgericht gelangt. Haben die Parteien den **Versorgungsausgleich vertraglich ausgeschlossen,** so sollte auch dies in der Antragsschrift mitgeteilt werden. Für eine **einverständliche Scheidung** schreibt § 630 weitere Angaben in der Antragsschrift vor. 4

3) Die **Vorschriften über die Klageschrift** sind entsprechend anzuwenden (Abs 2 S 2). Die Antragsschrift muß enthalten: Namen und Anschriften der Ehegatten (zweckmäßigerweise Vornamen übereinstimmend mit der Heiratsurkunde), die Bezeichnung des Gerichts (§ 253 II Nr 1) und den Antrag, die Ehe zu scheiden (§ 253 II Nr 2). Durch diesen Antrag ist zugleich der **Gegenstand des erhobenen Anspruchs** hinreichend bezeichnet; Datum und Standesamt der Eheschließung sind anzugeben. Als **Grund** des erhobenen Anspruchs (§ 253 II Nr 2) braucht nur angegeben zu werden, daß die Ehe gescheitert ist (§ 1565 I BGB; StJSchlosser Rn 4; anders MK/Klauser Rn 11). Das wird allerdings im Regelfall schon durch den Scheidungsantrag stillschweigend behauptet. 5

Zweckmäßig ist es, in der Antragsschrift die **Trennungszeit** und gegebenenfalls die Gründe mitzuteilen, aus denen die Fortsetzung der Ehe unzumutbar hart für den Antragsteller ist, s § 1565 II BGB. Zum notwendigen Inhalt der Antragsschrift gehört eine solche Substantiierung 6 jedoch nicht. Es genügt, daß der Tatsachenkomplex angegeben wird, aus dem der Antragsteller die erstrebte Rechtsfolge ableitet (BGH MDR 76, 1005). Zweckmäßig ist auch die Vorlegung der Heiratsurkunde, dies ist aber kein zwingendes Antragserfordernis (§ 616 Rn 2).

7 Der **Streitwert** braucht in der Antragsschrift nicht angegeben zu werden; denn die Zuständigkeit des Familiengerichts hängt nicht hiervon ab (§ 253 III). Die **Antragsschrift** muß weiter den allgemeinen Vorschriften über vorbereitende Schriftsätze entsprechen (§ 253 IV), insbesondere muß sie vom Prozeßbevollmächtigten des Antragstellers **unterschrieben** sein (§§ 130 Nr 6, 78 I 2 Nr 1). Ihr ist eine Abschrift beizufügen für die Zustellung an den Antragsgegner (§ 253 V).

8 4) **Mängel** der Antragsschrift lassen sich nachträglich beheben. Weigert sich der Antragsteller, sie zu beheben, so ist der Antrag als unzulässig abzuweisen. Ergeht ein Scheidungsurteil, obwohl die Antragsschrift nicht eingereicht worden ist, so soll dies nach Schleswig (FamRZ 88, 736) ein unheilbarer Mangel sein. Falls jedoch dem Antragsgegner ein Schriftstück zugesandt worden ist, das inhaltlich sämtlichen Anforderungen des § 622 entspricht (Prozeßkostenhilfegesuch, Sitzungsprotokoll), wird dieser Mangel nach § 295 geheilt (anders Schleswig aaO).

9 IV) Begehrt der Antragsgegner **widerklagend** die Scheidung, so braucht er keine dem § 622 entsprechende Antragsschrift einzureichen. Er kann den Scheidungsantrag sogar in der mündlichen Verhandlung zu Protokoll stellen, wenn der Familienrichter dies gestattet (§ 297 I 2).

10 V) **Anträge in Folgesachen** (§ 623 I 1) und deren Begründung sind nicht in die Antragsschrift aufzunehmen. Da jede Folgesache ein selbständiges Verfahren ist (§ 623 Rn 1), sind für die Folgesachen besondere Schriftsätze anzufertigen. Nur wenn dies geschieht, kann das FamG die Vorschrift befolgen, daß Schriftsätze verfahrensbeteiligten Dritten nur zuzustellen sind, soweit sie betroffen sind (§ 624 IV).

623

[Verhandlungs- und Entscheidungsverbund]

(1) Soweit in Familiensachen des § 621 Abs. 1 eine Entscheidung für den Fall der Scheidung zu treffen ist und von einem Ehegatten rechtzeitig begehrt wird, ist hierüber gleichzeitig und zusammen mit der Scheidungssache zu verhandeln und, sofern dem Scheidungsantrag stattgegeben wird, zu entscheiden (Folgesachen). Wird bei einer Familiensache des § 621 Abs. 1 Nr. 4, 5, 8 ein Dritter Verfahrensbeteiligter, so wird diese Familiensache abgetrennt.

(2) Das Verfahren muß bis zum Schluß der mündlichen Verhandlung erster Instanz in der Scheidungssache anhängig gemacht sein. Satz 1 gilt entsprechend, wenn die Scheidungssache nach § 629 b an das Gericht des ersten Rechtszuges zurückverwiesen wird.

(3) Für die Regelung der elterlichen Sorge für ein gemeinschaftliches Kind und für die Durchführung des Versorgungsausgleichs in den Fällen des § 1587 b des Bürgerlichen Gesetzbuchs bedarf es keines Antrags. Eine Regelung des persönlichen Umgangs mit dem Kinde soll im allgemeinen nur ergehen, wenn ein Ehegatte dies anregt.

(4) Die vorstehenden Vorschriften gelten auch für Verfahren, die nach § 621 Abs. 3 an das Gericht der Ehesache übergeleitet worden sind, soweit eine Entscheidung für den Fall der Scheidung zu treffen ist.

I) Grundzüge. § 623 schafft den sogenannten Verhandlungs- und Entscheidungsverbund zwischen Scheidungssachen und anderen Familiensachen des § 621 I, in denen eine Entscheidung für den Scheidungsfall zu treffen ist **(Folgesachen).** Die Zusammenfassung aller Sachen zur gleichzeitigen Verhandlung und Entscheidung nennt man **Verbund.** Dieser ist keine Prozeßverbindung iS des § 147. Trotz gemeinsamer Verhandlung und Entscheidung bleiben die Verfahren selbständig (Düsseldorf JurBüro 86, 299), wie § 624 IV und der Umstand zeigen, daß für die einzelnen Sachen verschiedene Verfahrensordnungen (teils die ZPO, teils das FGG) gelten; s Rn 35 ff. § 623 gestattet nicht beliebige Verknüpfungen zwischen Scheidung und Folgesachen. Folgesachenanträge können nur eventualiter für den Fall der Scheidung gestellt werden. Unzulässig sind unbedingte Anträge oder solche für den Fall, daß der Scheidungsantrag abgewiesen wird und die Ehegatten weiter getrennt leben. Sorgeregelungen nach § 1672 BGB, Ehewohnungs- oder Hausratsregelungen nach den §§ 1361 a f BGB oder Unterhaltsentscheidungen nach § 1361 BGB dürfen im Urteil, das den Scheidungsantrag abweist, nicht getroffen werden (Diederichsen ZZP 91, 397/418 f). – Zivilprozessuale Familiensachen und solche aus dem Bereich der freiwilligen Gerichtsbarkeit dürfen nur unter den Voraussetzungen der §§ 623 I 1, 621 a II zusammen verhandelt und entschieden werden. Sonst sind solche Verknüpfungen unzulässig. 1

Der **Grundgedanke** des § 623 ist, daß zugleich mit der Scheidung die wichtigsten Scheidungsfolgen geregelt werden sollen. So wird den Ehegatten vor Augen geführt, welche Auswirkungen ihre Scheidung haben wird (BGH FamRZ 83, 461 f = NJW 1317). Der Verbund dient auch dem Schutz des sozial schwächeren Ehepartners, der sich der Scheidung nicht mit Erfolg zu widersetzen vermag (Düsseldorf FamRZ 88, 312). Der Verbund kann verhindern, daß die Ehe geschieden wird, ohne daß die Rechte dieses Partners angemessen geregelt sind. Scheidet das Familiengericht eine Ehe, ohne zugleich über die Folgesachen zu entscheiden, so liegt hierin ein wesentlicher **Verfahrensmangel,** der zur Aufhebung des Urteils und zur Zurückverweisung der Sache an das Familiengericht führen kann (§ 539; München FamRZ 84, 407; EzFamR § 623 Nr 4; Düsseldorf aaO). 2

II) Folgesachen gibt es nur in **Scheidungsprozessen,** auch in scheidungsähnlichen Verfahren nach ausländischem Sachrecht (Hamm FamRZ 89, 991 aE; Frankfurt FamRZ 94, 715; Beitzke IPRax 93, 232; MK/Klauser Rn 6 mwN): Ehetrennung nach spanischem (AG Rüsselsheim FamRZ 86, 185) oder italienischem Recht (Stuttgart Justiz 88, 131; Jayme IPRax 83, 193; 84, 124; 85, 46; MK/Klauser Rn 6; anders Koblenz FamRZ 80, 713; Bremen IPRax 85, 46; München FamRZ 93, 459 = JurBüro 221 f; Frankfurt FamRZ 95, 375 f mwN). Da die italienische Ehetrennung eine Vorstufe der Scheidung ist, findet das Verbundverfahren auch hier statt (Jayme IPRax 84, 124; anders Frankfurt aaO). § 623 gilt nicht für Klagen auf **Herstellung der ehelichen Gemeinschaft** oder auf Feststellung des Rechts zum Getrenntleben (Diederichsen ZZP 91, 419); denn für diese Klagen läßt sich ein typischer Folgesachenkatalog nicht aufstellen. 3

§ 623 gilt nicht für **Eheaufhebungsklagen** (§ 610 II; BGH FamRZ 82, 586 = NJW 2386 = MDR 740 f; FamRZ 89, 153 f). Hier läßt sich ein Teil der Folgesachen nicht zugleich mit der Eheauflösung regeln; denn unter den Voraussetzungen der §§ 26 II, 37 II EheG (künftig §§ 1318 II BGB; s Entwurf des Eheschließungsrechtsgesetzes – BTDrucks 13/4898) kann ein Ehegatte binnen sechs Monaten nach Rechtskraft des Urteils erklären, daß die für den Fall der Eheauflösung vorgesehenen vermögensrechtlichen Folgen für die Zukunft ausgeschlossen sein sollen. Begehrt der Antragsteller (zulässigerweise: § 610 Rn 10) Scheidung, hilfsweise Aufhebung der Ehe, so ist über die Folgesachen gleichzeitig mit der Scheidungssache zu verhandeln. In allen anderen Fällen, in denen Scheidungsantrag und Aufhebungsklage, nebeneinander oder einander entgegengesetzt, zusammentreffen, ist die Ehe nach § 18 der 1. DVO zum EheG (künftig § 631 II 3 ZPO) vorrangig aufzuheben und nur zu scheiden, falls das Aufhebungsbegehren unbegründet ist. Der Scheidungsantrag führt hier zum Verhandlungsverbund (Bergerfurth FamRZ 76, 582); jedoch sollte man über die Folgesachen erst verhandeln, wenn die Aufhebungsklage abweisungsreif ist. Zum Entscheidungsverbund führt der Scheidungsantrag nur, falls die Ehe nicht aufgehoben, sondern geschieden wird. Wird sie aufgehoben, so werden die Folgesachen analog § 629 III gegenstandslos; auf Antrag einer Partei ist ihr jedoch im Aufhebungsurteil vorzubehalten, eine Folgesache als selbständige Familiensache fortzusetzen (anders Bergerfurth aaO; StJSchlosser Rn 2). 3a

III) Parteien und Beteiligte im Verbundverfahren: Die gleichzeitige Verhandlung und Entscheidung von Scheidungs- und Folgesachen bringt die Gefahr übermäßiger Prozeßausweitung und -verzögerung mit sich. Um ihr zu begegnen, beschränkt das Gesetz den Kreis der Parteien und Beteiligten auf das notwendige Maß. Nur die Ehegatten können in zivilprozessualen (unterhalts- und güterrechtlichen) Folgesachen Partei sein. Klagen von Dritten gegen einen Ehegatten und solche eines Ehegatten gegen einen Dritten gehören nicht in den Verbund; sie werden – von Kindesunterhaltssachen abgesehen (s Rn 5) – im Regelfall auch keine Scheidungsfolgen zum Gegenstand haben. 4

5 1) **Prozeßstandschaft der Eltern in Unterhaltssachen:** Wichtig ist, daß zugleich mit der Scheidung und der damit verbundenen Regelung der elterlichen Sorge (§ 623 III 1) festgelegt werden kann, wieviel **Unterhalt** der nicht sorgeberechtigte Elternteil seinen **minderjährigen Kindern** schuldet. Das Gesetz erkennt diese Notwendigkeit an und läßt es ausdrücklich zu, daß Unterhaltsansprüche minderjähriger Kinder im Verbund geltend gemacht werden (§§ 623 I 1, 621 I Nr 4), vermeidet es aber dennoch, Kinder als Parteien am Scheidungsprozeß ihrer Eltern zu beteiligen. Um dies zu erreichen, bestimmt § 1629 III BGB, daß ein Elternteil die Unterhaltsansprüche eines minderjährigen Kindes gegen den anderen Elternteil nur im eigenen Namen geltend machen kann, solange eine Ehesache anhängig ist, und daß ein von diesem Elternteil erwirktes Urteil und ein Vergleich, den die Eltern schließen, für und gegen das Kind wirken.

6 Hieraus folgt: **Im Scheidungsprozeß kann jeder Ehegatte, der die elterliche Sorge für sich beansprucht,** auf dem Weg der Prozeßstandschaft vom anderen Ehegatten **Unterhalt für das gemeinsame Kind verlangen** (Künkel FamRZ 84, 1064; anders MK/Klauser Rn 16). Diese Befugnis hat er unabhängig davon, ob sich das Kind bereits während des Prozesses in seiner Obhut befindet (s § 1629 II BGB) und ob er sorgeberechtigt ist. Es genügt, daß er die elterliche Sorge für sich beansprucht. Stellen beide Ehegatten einander widersprechende Sorgerechts- und Unterhaltsanträge, so hat das FamG je nachdem, welchem Elternteil es die Sorge überträgt, dem einen oder dem anderen Unterhaltsantrag stattzugeben und den Gegenantrag abzuweisen.

7 Wird der Scheidungsausspruch durch Vorabscheidung (§ 628 I 1), Rechtsmittelverzicht (§ 629 a IV) oder Verstreichen der im § 629 a III gesetzten Fristen rechtskräftig, bevor über die Folgesache Kindesunterhalt entschieden worden ist, so **endet** nach § 1629 III BGB **die Prozeßstandschaft** des Elternteils, der den Folgesachenantrag rechtshängig gemacht hat (Gießler FamRZ 94, 800). Dennoch ist diesem Elternteil die **Fortführung des Prozesses** zu gestatten (Bergerfurth FamRZ 82, 564; Gießler FamRZ 94, 801 mwN). Das ergibt sich sinngemäß aus § 265 II 1. Wenn sogar die Abtretung der Klagforderung auf den Prozeß keinen Einfluß hat, dann gilt dies erst recht für das Erlöschen der Prozeßführungsbefugnis (BGH FamRZ 90, 283 f mwN = NJW-RR 323 f).

8 2) Unterhaltsklagen **volljähriger Kinder** gehören nicht in den Verbund (München FamRZ 83, 925 mwN). Wird ein Kind volljährig, während sein Unterhaltsanspruch als Folgesache rechtshängig ist, so erlischt die Prozeßführungsbefugnis seiner Eltern auch hinsichtlich des in der Vergangenheit fällig gewordenen Unterhalts. §§ 265 II 1 ist hier nicht anwendbar (Gießler FamRZ 94, 802 mwN). Das Kind tritt von selbst anstelle des prozeßführenden Elternteils in den Prozeß ein (BGH FamRZ 85, 471/473 mwN = MDR 562; FamRZ 90, 283 f = NJW-RR 323 f). Das Kind ist Dritter iS des § 623 I 2. Die Folgesache Kindesunterhalt ist nach § 623 I 2 vom Verbundverfahren abzutrennen (Bergerfurth FamRZ 82, 564) und als selbständige Familiensache weiter zu betreiben (Gießler aaO). Der aus der Unterhaltssache ausgeschiedene Elternteil kann diese Konsequenz auch nicht dadurch um gehen, daß er kraft Ermächtigung seines volljährigen Kindes als dessen Prozeßstandschafter im Verbundverfahren weiterprozessiert; denn er hat kein schutzwürdiges eigenes Interesse an einer solchen gewillkürten Prozeßstandschaft (Gießler aaO S 803). Hält er sein Unterhaltsbegehren gleichwohl aufrecht, so ist dieses durch Urteil im Verbundverfahren als unzulässig abzuweisen (BGH u München aaO). Gießlers Bedenken hiergegen (aaO S 802); hierdurch werde dem volljährigen Kind die Befugnis zur Fortführung der abgetrennten Folgesache genommen, ist nicht begründet. Die abgetrennte Unterhaltssache bleibt trotz des abweisenden Verbundurteils anhängig.

8a Die vorstehenden Grundsätze gelten entsprechend, wenn die **elterliche Sorge** dem prozeßführenden Elternteil rechtskräftig **entzogen** wird, bevor über die Folgesache Unterhalt entschieden ist. Erhält das Kind einen Vormund, so tritt dieser in den Prozeß ein. Die Folgesache Kindesunterhalt ist dann abzutrennen. Wird die elterliche Sorge auf den auf Unterhalt verklagten Elternteil übertragen, so ist die Folgesache Kindesunterhalt in der Hauptsache für erledigt zu erklären.

9 3) Nach § 623 I 2 werden **unterhalts- und güterrechtliche Folgesachen** vom Verbundverfahren abgetrennt, wenn ein **Dritter** als Hauptpartei oder Nebenintervenient **Verfahrensbeteiligter** wird. In der Praxis hat die Vorschrift nur in dem Fall Bedeutung erlangt, daß ein Ehegatte im Verbund Kindesunterhalt verlangt und daß dann an seiner Stelle das inzwischen volljährig gewordene Kind in das Verfahren eintritt; s Rn 8. Unvollkommen regelt das Gesetz die **Streitfrage, ob das abgetrennte Verfahren Folgesache bleibt** (bejahend Schwab/Maurer I Rn 165; verneinend Vollkommer oben § 78 Rn 41; JHSedemund-Treiber Rn 24; Bergerfurth FamRZ 85, 546; Ehescheidungsprozeß Rn 18; Anwaltszwang Rn 350 Fn 52 a u Rn 363). Nach § 93 a II 1 hat der Antragsteller auch die Kosten einer nach § 623 I 2 abgetrennten Folgesache zu tragen, wenn sein Scheidungsantrag abgewiesen wird. Diese Vorschrift geht davon aus, daß die abgetrennte Sache Folgesache bleibt. Andererseits beruht die 1986 in Kraft getretene Neufassung des § 78 II 1 auf der Erwägung, daß das abgetrennte Verfahren seinen Charakter als Folgesache verliert und

selbständig fortgeführt wird, s BT-Drucksache 10/2888 S 22. Den Widerspruch, der sich hier unbemerkt in das Gesetz eingeschlichen hat, kann der Kläger der Folgesache nur durch sachgerechte Antragstellung im Einzelfall lösen. Beispiele: Ein Kind, das von seinem Vater Unterhalt fordert und mit seiner Volljährigkeit anstelle seiner Mutter in den Prozeß eintritt, hat kein Interesse daran, nur im Fall der Scheidung seiner Eltern einen Unterhaltstitel zu bekommen und bei Abweisung des Scheidungsantrages den Unterhaltsprozeß noch einmal führen zu können. Es wird – jedenfalls wenn der Richter fragt – einen unbedingten Klagantrag stellen und die abgetrennte Folgesache Unterhalt als selbständigen Prozeß fortführen. Wenn hingegen die Folgesache Zugewinnausgleich wegen einer Nebenintervention abgetrennt werden muß, kann der Kläger durchaus ein Interesse daran haben, ihren Folgesachencharakter zu erhalten; denn sonst wird seine Klage eventuell unschlüssig, weil der Güterstand noch nicht beendet ist.

4) An **Folgesachen aus dem Bereich der freiwilligen Gerichtsbarkeit** können Dritte beteiligt sein. Einzelheiten s § 624 Rn 8 ff. 10

IV) Gegenstände von Folgesachen: 1) Folgesachen können **alle Familiensachen des § 621 I** sein, in denen eine Entscheidung für den Fall der Scheidung zu treffen ist. Bei **Ausländerscheidungen** kann ein deutsches Gericht im Verbundurteil über Scheidungsfolgen entscheiden, die nur das anzuwendende ausländische Sachrecht vorsieht, auch wenn das deutsche Verfahrensrecht solche Folgesachen nicht kennt (Jayme FamRZ 88, 794; IPRax 90, 254; Roth ZZP 103, 18). Beispiele: Entschädigung für die Scheidung nach tunesischem Recht (München IPRax 81, 23), Morgengabe (Jayme IPRax 84, 124). Internationale Übereinkommen, die vorrangig vor der ZPO anwendbar sind (§ 621 Rn 76), führen gelegentlich dazu, daß den Familiengerichten die Zuständigkeit für Folgesachenregelungen fehlt: Siehe Art 5 Nr 2 GVÜ für Unterhaltssachen (oben § 621 Rn 77) und Art 1 MSA für Sorge-, Umgangsregelungssachen und die Herausgabe eines Kindes (oben § 621 Rn 79b). 11

2) Die Regelung des Abs 1 S 1 erschöpft sich nicht darin, eine eventuelle Klageerweiterung bzw Eventualwiderklage für den Fall zuzulassen, daß der Hauptantrag auf Scheidung Erfolg hat. Aus dem Wort Folgesache und aus der Formulierung soweit eine Entscheidung für den Fall der Scheidung zu treffen ist, ergibt sich außerdem, daß nur **Scheidungsfolgen** geregelt werden können. Damit zieht das Gesetz eine zeitliche Grenze: **Regelungen für die Zeit vor Rechtskraft der Scheidung können nicht mit dem Scheidungsausspruch verbunden werden.** Nach den §§ 18 a HausratsVO, 1361 a, 1361 b BGB kann die **Benutzung des Hausrats und der Ehewohnung** nur für die Dauer der Trennung von Ehegatten geregelt werden. Folgesachen können diese Verfahren nicht sein; als solche kommen nur die endgültige Wohnungszuweisung und Hausratsteilung (§§ 1–10 HausratsVO) in Frage (Bergerfurth FamRZ 85, 549; Brudermüller FamRZ 87, 111). Ebensowenig kann der **Unterhalt** für die Zeit vor Rechtskraft der Scheidung als Folgesache geltend gemacht werden (BGH FamRZ 82, 781 = MDR 1001; FamRZ 85, 578; Düsseldorf JurBüro 92, 42 f). Verlangt ein Ehegatte für diese Zeit eine Regelung der Wohnungs- bzw Hausratsbenutzung oder fordert er Unterhalt für sich oder die Kinder, so kann er nur eine einstweilige Anordnung beantragen (§ 620 Nr 4, 6, 7) oder ein selbständiges Verfahren nach § 18 a HausratsVO einleiten bzw einen selbständigen Unterhaltsprozeß führen (§ 620 Rn 10). 12

3) **Fortbestand von Unterhaltstiteln: a) Unterhaltstitel zugunsten von Kindern** werden durch die Scheidung nicht berührt, sondern überdauern deren Rechtskraft. Wenn die Voraussetzungen des § 323 erfüllt sind, kann der für die Kinder sorgende Elternteil höheren Unterhalt für den Fall der Scheidung verlangen (§ 1629 III BGB). Unter den gleichen Voraussetzungen kann auch der Unterhaltsschuldner Herabsetzung des Unterhalts verlangen. Die **Abänderungsklage** ist dann Folgesache (BGH FamRZ 96, 543 f). 13

b) Unterhaltstitel zugunsten eines Ehegatten überdauern die Scheidung nicht, denn der Anspruch auf nachehelichen Unterhalt und der Unterhaltsanspruch des getrennt lebenden Ehegatten sind nicht identisch (BGHZ 78, 130 = FamRZ 80, 1099 mwN = MDR 81, 125 und FamRZ 81, 242). Für das Verbundverfahren des § 623 folgt aus dieser Auffassung: Der Ehegatte, der Inhaber des Unterhaltstitels ist, kann für den Fall der Scheidung auf Geschiedenenunterhalt klagen. Der andere Ehegatte kann auf Feststellung klagen, daß er keinen oder nur geringeren Unterhalt als tituliert schuldet, wenn sich der Gegner eines solchen Anspruchs berühmt. Berühmt er sich dessen nicht, ist der **Feststellungsantrag** unzulässig; aus § 623 allein läßt sich ein Feststellungsinteresse nicht herleiten (Hamm FamRZ 85, 952 = MDR 771). Der andere Ehegatte kann auch **Vollstreckungsabwehrklage** mit dem Antrag erheben, die Zwangsvollstreckung aus dem bestehenden Unterhaltstitel für die Zeit ab Rechtskraft des Scheidungsausspruchs für unzulässig zu erklären (BGH FamRZ 81, 242/244). 14

c) Für die **Höhe des Ehegattenunterhalts** sind die ehelichen Lebensverhältnisse und damit die Einkünfte beider Ehegatten zur Zeit der Scheidung maßgeblich (§ 1578 I BGB; BGH FamRZ 84, 988/989 mwN u 85, 472; stRsp). Wann der Scheidungsausspruch rechtskräftig werden wird, läßt 15 sich am Tage der letzten mündlichen Verhandlung vor dem Familiengericht noch nicht übersehen. Mit Recht vernachlässigt die Rechtsprechung um des Verbundgedankens willen Änderungen der Einkommensverhältnisse, die zwischen der Verhandlung und der Rechtskraft der Entscheidung eintreten; s beide BGH-Urteile aaO. Bei wesentlichen Einkommensänderungen steht dem Ehegatten, zu dessen Lasten sich die Vernachlässigung auswirkt, die Abänderungsklage zu, s § 323 II. Verzögert sich der Eintritt der Rechtskraft durch ein Rechtsmittel, so kann der durch eine inzwischen eingetretene Einkommensveränderung benachteiligte Ehegatte auch durch ein eigenes Rechtsmittel oder eine Anschließung erreichen, daß der Unterhalt den veränderten Einkommensverhältnissen angepaßt wird.

15a Solange der Scheidungsausspruch noch nicht rechtskräftig ist, lautet die Entscheidungsformel in der Folgesache Unterhalt beispielsweise: Der Ehemann wird verurteilt, an die Ehefrau ab Rechtskraft der Scheidung monatlich im voraus x DM Unterhalt zu zahlen. Wenn durch Vorabscheidung (§ 628), Verstreichen der im § 629 a III gesetzten Fristen oder durch Rechtsmittelverzicht (§ 629 a IV) der Scheidungsausspruch vor der Entscheidung über die Folgesache Unterhalt rechtskräftig wird, ist in der nachfolgenden Unterhaltsentscheidung das **Datum, von dem an Unterhalt zu zahlen ist, genau zu bezeichnen.** Die eingangs erwähnte Entscheidungsformel, daß der Unterhalt ab Rechtskraft des Scheidungsausspruchs zu zahlen ist, ist jetzt nicht mehr bestimmt genug. Entgegen Luthin (FamRZ 85, 262 f) ist der Unterhalt nicht erst vom Beginn des Monats an zu zahlen, der auf den Eintritt der Rechtskraft des Scheidungsausspruchs folgt.

16 **4)** Auch Ansprüche aus dem **ehelichen Güterrecht** können als Folgesachen geltend gemacht werden, so im Regelfall der Anspruch auf Zugewinnausgleich (§ 1378 I BGB), der Anspruch auf Mitwirkung an der Verwaltung und Auseinandersetzung des Gesamtgutes (Köln FamRZ 93, 713 = NJW-RR 904), die Befugnis, in die Gütergemeinschaft eingebrachte Sachen zu übernehmen (§ 1477 II BGB; Karlsruhe FamRZ 82, 286), ferner der Anspruch eines jeden Ehegatten auf Erstattung des Wertes dessen, was er in die Gütergemeinschaft eingebracht hat (§ 1478 BGB; BGHZ 84, 333/337 = FamRZ 82, 991 = NJW 2373). Problematisch sind güterrechtliche Folgesachen, bei denen der künftige Wert einer Sache oder eines Vermögens ermittelt werden muß. **Beispiele:**

17 **a)** Nach § 1384 BGB ist für die **Zugewinnberechnung** der Tag maßgeblich, an dem der Scheidungsantrag rechtshängig geworden ist. Der Ausgleichspflichtige kann jedoch den Einwand aus § 1378 II BGB erheben. Hiernach wird die Höhe der Ausgleichsforderung durch den Wert des Vermögens begrenzt, das ihm beim Eintritt der Rechtskraft des Scheidungsausspruchs gehört (BGH FamRZ 88, 925; Hamm FamRZ 86, 1106; Johannsen/Henrich/Jaeger § 1378 BGB Rn 6; anders Köln FamRZ 88, 174; Schwab FamRZ 84, 525). Besteht dieses Vermögen nur aus einem Grundstück, so kann das FamG über den Zugewinnausgleich im Verbundurteil entscheiden und davon ausgehen, daß sich der Grundstückswert zwischen letzter mündlicher Verhandlung und Rechtskraft des Scheidungsausspruchs nicht mehr ändert; s Rn 15. Gehören zu dem die Ausgleichsforderung begrenzenden Vermögen jedoch verzinsliche Forderungen, Aktien oder ganze Unternehmen, so ist eine Vermögensbewertung für den in der Zukunft liegenden Tag der Rechtskraft des Scheidungsausspruchs unmöglich. Dennoch kann auch hier der Zugewinnausgleich als Folgesache geltend gemacht werden. Nur ist die Ehe dann vor der Entscheidung über diese Folgesache zu scheiden (§ 628 I Nr 1; vgl Soergel/Lange § 1378 Rn 8).

18 **b)** Die **Gütergemeinschaft** endet mit der Rechtskraft des Scheidungsausspruchs. Will ein Ehegatte bei der Auseinandersetzung des Gesamtguts Gegenstände übernehmen, die er in die Gütergemeinschaft eingebracht hat, so hat er deren Wert zu ersetzen (§ 1477 II BGB), und zwar denjenigen Wert, den die Gegenstände zur Zeit der Übernahme haben. Wird der Anspruch auf Ersatz dieses Wertes als Folgesache geltend gemacht, so entsteht in gleicher Weise wie im vorigen Beispiel die Frage, ob hierüber zusammen mit dem Scheidungsausspruch entschieden werden kann oder ob die Ehe vorab zu scheiden ist (BGH FamRZ 84, 254). Der Überschuß, der nach Berichtigung der Gesamtgutsverbindlichkeiten an die Ehegatten zu verteilen ist (§ 1476 I BGB), läßt sich nur ausnahmsweise bereits vor Rechtskraft des Scheidungsausspruchs feststellen. Ist dieser Überschuß Gegenstand einer Folgesache, so ist im Regelfall die Ehe vorab zu scheiden.

19 **5)** Die **elterliche Sorge** wird von Amts wegen als Folgesache geregelt (Abs 3 S 1). Auch wenn sie bereits vor dem Verbundurteil nach den §§ 1666, 1672 BGB geregelt war, muß das FamG diese Regelung entweder bestätigen oder ändern (Maurer FamRZ 91, 889 mwN). Über den Umgang mit dem Kind s Rn 23 a.

20 **6) Versorgungsausgleich: a)** Der **Wertausgleich von Versorgungsanwartschaften** (§ 1587 b BGB) wird von Amts wegen als Folgesache geregelt (Abs 3 S 1), es sei denn, er ist mehr als ein Jahr vor Zustellung des Scheidungsantrages durch Ehevertrag ausgeschlossen worden (§ 1408 II BGB; BGH FamRZ 85, 45 = NJW 315 = MDR 304). Gilt für die Scheidung und den Versorgungsausgleich ausländisches Recht und findet hiernach ein Versorgungsausgleich nicht statt, so ist er

nach deutschem Recht durchzuführen, wenn einer der Ehegatten in der Ehezeit deutsche Versorgungsanwartschaften erworben hat. Hier wird der Versorgungsausgleich nur auf Antrag durchgeführt (Art 17 III EGBGB). Ohne Antrag wird er nicht zur Folgesache.

b) Dagegen wird der **schuldrechtliche Versorgungsausgleich** nur auf Antrag eines Ehegatten geregelt (§ 1587 f BGB). Hier kann der ausgleichspflichtige Ehegatte erst mit Eintritt des Versorgungsfalls zur Zahlung der Ausgleichsrente verurteilt werden (§ 1587 g I 2 BGB). Der Ausgleich findet also häufig erst viele Jahre nach Rechtskraft des Scheidungsurteils statt. In diesen Fällen kann der Anspruch auf Zahlung der Ausgleichsrente nicht Folgesache sein. Über ihn kann im Verbundverfahren auch nicht dem Grunde nach entschieden werden (BGH FamRZ 84, 251/253 = MDR 474). Eine solche Entscheidung setzt entsprechend § 304 einen fälligen Anspruch voraus; hier aber fehlt die Fälligkeit. Ebensowenig kann bereits im Verbundurteil entschieden werden, daß der künftige Rentenanspruch nach § 1587 h BGB ausgeschlossen ist (BGH aaO). Verbleibt nach Durchführung des Wertausgleichs ein dem schuldrechtlichen Versorgungsausgleich unterliegendes Anrecht, so darf das FamG nicht entscheiden, daß dem ausgleichsberechtigten Ehegatten hinsichtlich einer Rentenanwartschaft von x DM der schuldrechtliche Versorgungsausgleich vorbehalten bleibt. Eine solche Feststellung hat keinen Nutzen für die Beteiligten; denn später ist über den durch eine Geldrente auszugleichenden Betrag ohne Bindung an den Wert x zu befinden (BGH FamRZ 95, 1481 f). Anträge auf Feststellung, daß der Gegner künftig zum schuldrechtlichen Versorgungsausgleich verpflichtet ist, erfordern entsprechend § 256 ein besonderes Feststellungsinteresse. Ein solches fehlt für einen Antrag, der nur die gesetzlichen Tatbestandsmerkmale der §§ 1587 f und g BGB wiederholt, ohne darüber hinaus eine verbindliche Regelung zu enthalten (BGH FamRZ 84, 668). Das Feststellungsinteresse fehlt auch, wenn der Gegner seine künftige Ausgleichspflicht anerkennt (BGH FamRZ 82, 42 = NJW 387 = MDR 306). Bestreitet er, daß eine Versorgungsanwartschaft künftig schuldrechtlich auszugleichen ist, oder entsteht Streit über den Wert einer solchen Anwartschaft, so können hierzu bereits im Verbundverfahren Feststellungsanträge gestellt werden (Köln FamRZ 87, 287). Die Feststellung, wie hoch die Ausgleichsrente sein wird, kann jedoch nicht verlangt werden. Dies läßt sich nicht übersehen, weil die Rente nach § 1587 h BGB gekürzt werden kann (BGH FamRZ 84, 251/253). **20a**

7) **Auskunftsansprüche,** die die Folgesachen Unterhalt, Zugewinn- oder Versorgungsausgleich vorbereiten (§§ 1379, 1580, 1605, 1587 e I, 1587 k I BGB), können als selbständige Familiensachen geltend gemacht werden, sobald ein Ehegatte die Scheidung beantragt hat (Hamburg FamRZ 81, 179). Das folgt aus § 1379 II BGB, der im Unterhalts- und Versorgungsausgleichsrecht entsprechend anwendbar ist. Selbständige Auskunftsklagen verursachen unnötig hohe Kosten (s § 18 GKG); deshalb ist für sie die PKH zu versagen (mutwillige Rechtsverfolgung iS des § 114; Düsseldorf FamRZ 91, 959 mwN; JurBüro 93, 604). Auskunftsbegehren können durch **Stufenklage** mit den Folgesachen Unterhalt und Zugewinnausgleich verbunden werden (BGH FamRZ 79, 690/692 = NJW 1603 = MDR 827 u FamRZ 82, 151 = MDR 389; FamRZ 95, 597; KG NJW-RR 92, 450 f). Dasselbe gilt für die im Verfahren der freiwilligen Gerichtsbarkeit zu behandelnden (§ 621 a Rn 1) Anträge auf Auskunft über Versorgungsanwartschaften. § 623 I 1 verlangt nur, daß über die Folgesache selbst (die letzte Stufe der Stufenklage) gleichzeitig mit dem Scheidungsausspruch entschieden werden muß. In Fällen, in denen ohne vorherige Auskunft eines Ehegatten nicht über die Folgesache entschieden werden kann, gebietet es die Vorschrift geradezu, über das Auskunftsbegehren durch Teilurteil oder einen entsprechenden Beschluß im Verfahren der freiwilligen Gerichtsbarkeit vorweg zu entscheiden. Dieser ist ebensowenig wie ein Teilurteil mit einer Kostenentscheidung zu versehen (Hamburg FamRZ 81, 179). **21**

Gibt das FamG dem Auskunftsantrag durch Teilentscheidung **statt,** so kann der zur Auskunft Verurteilte hiergegen ein **Rechtsmittel** einlegen: Berufung in Unterhalts- und Zugewinnausgleichssachen, wenn die Berufungssumme erreicht ist (Rn 4 ff vor § 621d), und Beschwerde nach § 621e in Versorgungsausgleichssachen. Hält das OLG das Rechtsmittel für begründet, so ändert es die Teilentscheidung des FamG und weist den Auskunftsantrag ab. Es darf nicht zugleich die letzte Stufe der Stufenklage (den Unterhalts-, Zugewinnausgleichs- oder Versorgungsausgleichsantrag) abweisen; denn über diese Stufe darf erst entschieden werden, wenn dem Scheidungsbegehren stattgegeben wird (§ 623 I 1). **Weist das FamG den Auskunftsantrag** und den mit ihm verbundenen Folgesachenantrag im Verbundurteil **ab,** so darf das OLG zur Auskunft verurteilen und entsprechend § 538 I Nr 3 das Urteil hinsichtlich der abgewiesenen Folgesache und des Scheidungsausspruchs aufheben und das Verfahren an das Familiengericht zurückverweisen (Stuttgart FamRZ 84, 806; s auch BGH NJW 82, 235 = MDR 26). **21a**

Auch **nicht mit einer Stufenklage verbundene Auskunftsbegehren** dürfen im Verbund geltend gemacht werden (Frankfurt FamRZ 87, 299; Vogel FamRZ 94, 49 f; anders KG NJW-RR 92, 450 f; Hamm FamRZ 93, 984; 96, 736 f; MK/Klauser Rn 29). So zu verfahren, ist kaum prozeßökonomisch, gleichwohl aber zulässig. Auch Auskunftsansprüche nach den §§ 1379, 1361 IV 4, 1580, 1605, 1587 e, 1587 k BGB sind Familiensachen iS der §§ 623 I 1, 621 I. Entgegen dem KG aaO kann **21b** hier nicht unterscheiden werden zwischen Hauptansprüchen, die in den Verbund gehören, und Nebenansprüchen, die aus ihm fernzuhalten sind. Es steht vielmehr im Belieben der Ehegatten, auch Auskünfte für den Fall der Scheidung zu verlangen. Hamm (FamRZ 96, 737) und andere wollen aus dem BGH-Urteil in FamRZ 79, 690/692 herleiten, daß im Verbund nur Scheidungsfolgen geregelt werden könnten, nicht aber Entscheidungen über Auskünfte, die Folgesachenentscheidungen erst vorbereiten sollen. Mit diesem Argument hat der BGH (aaO) es begründet, daß bei einer Stufenklage trotz des Verbundprinzips durch Teilurteil vorweg über die Auskunftsstufe entschieden werden muß; damit über die letzte Stufe im Scheidungsurteil entschieden werden kann. Wenn aber die Auskunft als Scheidungsfolge begehrt wird, paßt das Argument nicht. Die Ehegatten können nach § 623 I 1 beliebige Familiensachen zu Folgesachen machen, also auch Auskunftsbegehren. Ist ein solches Begehren nicht Bestandteil einer Stufenklage, dann darf über es nicht durch Teilurteil vorweg entschieden werden (Frankfurt FamRZ 87, 299).

22 Verlangt ein Ehegatte im Verbundverfahren gemäß § 1587 e BGB **Auskunft über** während der Ehe erworbene **Versorgungsanwartschaften,** so richtet sich das Verfahren nach dem FGG (§§ 621 a I 1, 621 I Nr 6; s § 621 a Rn 1). Gegen die Entscheidung findet die **Beschwerde des § 621 e** statt (Hamburg FamRZ 81, 1095; Hamm FamRZ 79, 46 f). Ist das Auskunftsbegehren im Verbundverfahren als Teil der Folgesache Versorgungsausgleich geltend gemacht worden, so richtet sich die Beschwerde gegen eine Teilendentscheidung in einer Folgesache und kann nur durch einen beim OLG zugelassenen Rechtsanwalt eingelegt werden (§ 78 II 1 Nr 1; Hamburg aaO; Karlsruhe FamRZ 80, 811; Schleswig SchlHA 82, 71; anders Hamm aaO; Bergerfurth FamRZ 82, 565). Das Auskunftsbegehren kann auch im selbständigen Verfahren der freiwilligen Gerichtsbarkeit geltend gemacht werden (Bamberg u Düsseldorf FamRZ 80, 811). Dann besteht Anwaltszwang nur für die weitere Beschwerde (§ 78 II 1 Nr 3), nicht aber für die Erstbeschwerde (Bamberg aaO). Unterscheide von der Entscheidung über das Auskunftsbegehren des einen Ehegatten gegen den anderen die prozeßleitende Anordnung, mit der das Familiengericht von einem Ehegatten Auskunft über dessen Versorgungsanwartschaften verlangt (§ 11 VAHRG). Diese Anordnung unterliegt der einfachen Beschwerde (§ 19 FGG); s § 621 a Rn 27.

22a 8) Auch **negative Feststellungsklagen** können Folgesachen sein, zB der Antrag auf Feststellung, daß im Fall der Scheidung kein Unterhalt geschuldet wird. Ob ein solcher Antrag zulässig ist, richtet sich nach § 256. Aus § 623 selbst läßt sich das Feststellungsinteresse nicht herleiten (Hamm FamRZ 85, 952 = MDR 771 f).

22b Die **Vollziehung** von familiengerichtlichen Entscheidungen **nach § 33 FGG** ist nicht Teil des Verfahrens, in dem die zu vollziehende Entscheidung getroffen worden, sondern eine selbständige Verrichtung iS des § 43 I FGG (BGH FamRZ 86, 789 mwN u 88, 1256). Daß die Ehegatten eine solche Vollziehung zur Folgesache machen, kommt in der gerichtlichen Praxis nicht vor.

23 **V) Einleitung von Folgesachen: 1)** Verfahren zur Regelung der **elterlichen Sorge** werden von Amts wegen eingeleitet (Abs 3 S 1), auch wenn die Ehegatten dies nicht wünschen. Dasselbe gilt für die Durchführung des **Wertausgleichs von Versorgungsanwartschaften** nach § 1587 b BGB (auch öffentlich- rechtlicher Versorgungsausgleich genannt), nicht aber für den schuldrechtlichen Versorgungsausgleich nach den §§ 1587 f ff BGB; s § 623 III 1. Über den Antrag nach § 1587 b IV BGB, den Versorgungsausgleich wegen Unwirtschaftlichkeit in anderer Weise zu regeln, s Rn 29 a. In **Scheidungsprozessen mit Auslandsberührung** muß das FamG die Folgesache Wertausgleich einleiten, wenn das Scheidungsstatut eine solche Regelung vorsieht und wenn das Recht eines der Staaten, denen die Ehegatten bei Zustellung des Scheidungsantrages angehören, den Versorgungsausgleich kennt (Art 17 III 1 EGBGB). Findet hiernach ein Versorgungsausgleich nicht statt, so ist gleichwohl – allerdings nur auf Antrag eines Ehegatten – die Folgesache Versorgungsausgleich einzuleiten, wenn die Voraussetzungen des Art 17 III 2 EGBGB erfüllt sind, zB wenn der Antragsgegner in der Ehezeit inländische Versorgungsanwartschaften erworben hatte (München FamRZ 90, 186; Hamm FamRZ 91, 204 = NJW-RR 299). Dies gilt nicht für DDR-Anwartschaften (AG Charlottenburg FamRZ 91, 1069 mwN; str).

23a **Umgangsregelungsverfahren** können von Amts wegen eingeleitet werden (arg § 623 III 2; Zweibrücken DAVorm 86, 356; Bamberg FamRZ 95, 181 f). Auch wenn § 623 dies nicht erwähnt, kann das FamG zum Wohle des Kindes von Amts wegen entscheiden, daß ein Elternteil es herauszugeben hat. Insoweit gilt in Verbundverfahren dasselbe wie im selbständigen Verfahren.

23b **Sorgeregelungs- und Wertausgleichsverfahren werden nicht von selbst anhängig,** sobald ein Scheidungsantrag beim Gericht eingeht (Saarbrücken JurBüro 86, 59; KG FamRZ 79, 169 u 87, 727 = JurBüro 228; anders Stuttgart JurBüro 83, 1666). Das FamG braucht diese Folgesachen nicht einzuleiten, wenn der Scheidungsantrag von vornherein abweisungsreif ist (KG FamRZ 79, 169) oder wenn feststeht, daß die Ehegatten keine Versorgungsanwartschaften erworben haben (Rentner-, Studentenehe: Köln JurBüro 78, 1698). Auch wenn Ehegatten den Versorgungsausgleich durch Vertrag wirksam ausgeschlossen haben (§ 1408 BGB) oder wenn ausländisches

Sachrecht anzuwenden ist, das keinen Versorgungsausgleich kennt (Rn 23), ist die Folgesache Versorgungsausgleich nicht von Amts wegen einzuleiten. In diesen Fällen werden die Folgesachen auch nicht dadurch anhängig, daß einer der Ehegatten einen Antrag zur Regelung der elterlichen Sorge oder des Wertausgleichs stellt (Saarbrücken JurBüro 82, 1378; Lappe KostRsp GKG § 19 a Nr 7; Düsseldorf JurBüro 86, 1854; anders KG FamRZ 79, 169). Fragt das Familiengericht bei den Parteien an, ob sie gemeinsame Kinder haben oder ob sie in der Ehezeit Versorgungsanwartschaften erworben haben, so dienen diese Fragen nur der Klärung, ob entsprechende Folgesachen eingeleitet werden sollen (BGH NJW 92, 3293 f mwN; Köln JurBüro 78, 1698; Hamm JurBüro 79, 1336; KG FamRZ 79, 169 u 87, 727; Saarbrücken JurBüro 86, 59; Bamberg JurBüro 87, 254; Hamburg FamRZ 88, 638). Es macht keinen Unterschied, ob die Fragen durch verfahrensleitende Anordnung gestellt oder in der mündlichen Verhandlung erörtert werden (BGH aaO). Die Folgesache Versorgungsausgleich wird auch nicht dadurch eingeleitet, daß der Familienrichter in der mündlichen Verhandlung einen Ehevertrag erörtert, durch den der Versorgungsausgleich ausgeschlossen worden ist (Hamburg aaO; anders KG FamRZ 87, 727; Düsseldorf JurBüro 91, 1238/1240 f mwN = FamRZ 1079). **Eingeleitet werden die Folgesachen elterliche Sorge und Versorgungsausgleich erst dadurch, daß das Familiengericht die Ermittlungen aufnimmt** (BGH NJW 86, 662 f; FamRZ 93, 176 f = 92, 3293 f mwN; Karlsruhe FamRZ 93, 458; Linke IPRax 92, 159), zB vom Jugendamt einen Bericht anfordert oder Auskünfte von Rentenversicherungsträgern einholt, oder daß es die Folgesachen in der mündlichen Verhandlung erörtert (Karlsruhe aaO).

2) **Andere Familiensachen** werden nur zu **Folgesachen**, wenn der Ehegatte, der die Sache anhängig gemacht hat, dies ausdrücklich oder stillschweigend begehrt. Wird eine **Regelung für die Zeit ab Scheidung** verlangt oder wird, während ein Scheidungsprozeß schwebt, Klage auf Zugewinnausgleich erhoben, so liegt darin im Zweifel ein stillschweigendes Begehren. Wird eine Regelung für die Zeit vor Rechtskraft der Scheidung verlangt, so macht der Antragsteller im Zweifel keine Folgesache geltend. Begehrt ein Ehegatte in einem Schriftsatz **PKH für eine Folgesache,** so ist durch Auslegung oder, falls diese zu keinem eindeutigen Ergebnis führt, durch Rückfrage zu ermitteln, ob die Folgesache anhängig gemacht werden soll oder ob nur PKH begehrt und zugleich angekündigt wird, daß nach PKH-Bewilligung die Folgesache anhängig gemacht werden wird. Kein hinreichendes Auslegungskriterium ist, daß ein nicht beim FamG zugelassener Rechtsanwalt oder Ehegatte selbst das PKH-Gesuch unterzeichnet hat; denn eine Folgesache kann auch ein durch einen nicht formgerechten Antrag anhängig gemacht werden (Karlsruhe FamRZ 94, 971 f). Wird nur PKH verlangt, ohne daß die Folgesache selbst anhängig gemacht wird, so erledigt sich das Verfahren, wenn das FamG die PKH verweigert (Schleswig SchlHA 95, 158). 23c

a) Da im Verbundverfahren die Gebühren nach den zusammengerechneten Werten der Scheidungssache und der Folgesachen berechnet werden (§§ 19 a I 1 GKG, 7 BRAGO), sparen die Ehegatten Kosten, wenn sie Folgesachenanträge stellen, statt nach Rechtskraft der Scheidung selbständige Prozesse zu führen. **Nachträgliches Prozessieren führt zu Nachteilen** für den Kläger. Das Gericht muß sich die Frage vorlegen, ob die **PKH** wegen unnütz teurer und deshalb **mutwilliger Prozeßführung** zu verweigern ist. Bevor dies geschieht, ist der Kläger aufzufordern, die Gründe für die doppelte Prozeßführung darzulegen (Düsseldorf FamRZ 92, 457). Wenn er ohne einleuchtenden Grund die Klage erst nachträglich erhebt, ist die PKH abzulehnen (Bamberg JurBüro 88, 1059; Celle NdsRpfl 90, 246; Düsseldorf JurBüro 91, 94; FamRZ 93, 1217 mwN = JurBüro 354; Hamm FamRZ 92, 452 mwN = NJW-RR 583; FamRZ 92, 576 mwN; Köln NJW-RR 93, 1480; einschränkend Frankfurt NJW-RR 90, 5; Stuttgart FamRZ 91, 723; 92, 196; Naumburg DAVorm 96, 270). Köln (FamRZ 94, 1369 = MDR 1123) nimmt hier nur die Mehrkosten von der PKH-Bewilligung aus, die sich ergeben, wenn die Kosten isolierter Geltendmachung mit denen des Verbundverfahrens verglichen werden. Einige Senate des OLG Düsseldorf (FamRZ 92, 457 = JurBüro 110; FamRZ 94, 312, 635 f u 973 = JurBüro 94, 547) berücksichtigen den Einwand vermeidbarer Mehrkosten erst, wenn die Gebühren des beigeordneten Anwalts festgesetzt werden. So zu verfahren, verbietet jedoch das Prinzip, im Festsetzungsverfahren keine Gesichtspunkte zu berücksichtigen, die genügenden Anlaß dafür hätten geben müssen, die PKH wegen unnütz kostspieliger und deshalb mutwilliger Rechtsverfolgung zu verweigern (oben § 121 Rn 42). – Wenn der Kläger es versäumt hat, seinen Unterhaltsanspruch als Folgesache geltend zu machen, wird meistens kein Grund dafür bestehen, ihm durch **einstweilige Verfügung** vorläufig Unterhalt zuzusprechen (Düsseldorf JurBüro 87, 1264). Gewinnt er den nachträglichen Prozeß, so wird der Beklagte ihm die **Erstattung der Mehrkosten** mit der Begründung verweigern, er habe es grundlos versäumt, seinen Anspruch im Verbundverfahren geltend zu machen (Düsseldorf JurBüro 87, 1716; NJW-RR 89, 1485 = JurBüro 90, 1654; s § 91 Rn 13 „Mehrheit von Prozessen"; anders München MDR 93, 480 = FamRZ 828). 24

b) Da Scheidungs- und Folgesachen im Anwaltsprozeß verhandelt werden (§ 78 I 2), sind Folgesacheanträge durch vorbereitenden **Schriftsatz** anzukündigen (§ 129 I). Dieser ist dem 25

Gegner sofort zuzustellen (§ 270 II 1). Die Zustellung darf nicht von der Vorauszahlung der Verfahrensgebühr abhängig gemacht werden (§ 65 II GKG). Der Schriftsatz soll die **Anträge** enthalten, die der Antragsteller **in zivilprozessualen** (unterhalts- und güterrechtlichen) **Folgesachen** stellen will (§ 130 Nr 2). Wird in einem vorbereitenden Schriftsatz nur angekündigt, daß Unterhalt nach der Düsseldorfer Tabelle verlangt werden wird, so genügt diese Ankündigung nicht dem **Bestimmtheitsgebot** des § 253 II. In der mündlichen Verhandlung hat der Familienrichter hierauf hinzuweisen. Bleibt der Antragsteller bei seinem unbestimmten Begehren, so ist der Antrag als unzulässig abzuweisen. Da das Gesetz die Einreichung einer Klag- oder Antragsschrift nicht vorschreibt, kann der Scheidungsantrag nach den §§ 297, 261 II auch durch Antragstellung im Termin um die Folgesache erweitert werden (BGH FamRZ 87, 802 f = NJW 3264). Der Folgesachenantrag muß aus einer dem Protokoll als Anlage beizufügenden Schrift verlesen werden (§ 297 I 1, 2). Wenn der Richter es gestattet, kann er sogar zu Protokoll erklärt werden (Celle MDR 83, 852 = NdsRpfl 181). Es müssen dann auch Angaben zum Antragsgrund protokolliert oder durch Schriftsatz vorgetragen werden (Oldenburg NdsRpfl 80, 108). Da Widerklage in derselben Weise erhoben werden kann (s § 261 II 1), kann auch der Antragsgegner Folgesachenanträge im Termin stellen. Wenn ein solcher Antrag erst in der Verhandlung gestellt wird, in der die Ehe geschieden werden soll, kann das FamG nicht verlangen, daß er sogleich begründet wird, sondern muß die Verhandlung vertagen (BGH aaO; Düsseldorf FamRZ 87, 958).

26 **c)** In **Folgesachen aus dem Bereich der freiwilligen Gerichtsbarkeit** brauchen keine Anträge gestellt zu werden (Zweibrücken FamRZ 80, 1143; Düsseldorf JurBüro 81, 933). Es genügt das Begehren eines Ehegatten, zugleich mit der Scheidung den Umgang mit seinem Kind, den schuldrechtlichen Versorgungsausgleich oder die Rechtsverhältnisse an Ehewohnung und Hausrat zu regeln. Die Bitte, die Betriebsrentenanwartschaften in den Versorgungsausgleich einzubeziehen, enthält keinen Antrag auf schuldrechtlichen Versorgungsausgleich (Düsseldorf FamRZ 88, 410). Enthält die Antragsschrift eines Ehegatten – wie für die einverständliche Scheidung vorgeschrieben (§ 6 I Nr 2) – einen übereinstimmenden Vorschlag beider Ehegatten zur Regelung des persönlichen Umgangs eines Elternteils mit dem Kind, so enthält dieser Vorschlag zugleich das Begehren, das FamG möge den Umgang zusammen mit der Scheidung regeln (Düsseldorf JurBüro 81, 933). Stellen die Beteiligten Anträge, so ist das FamG hieran nicht gebunden (BGHZ 85, 180/189 = FamRZ 83, 44/46 = NJW 173/175 für das Versorgungsausgleichsverfahren; BGHZ 18, 143/145 f für die Hausratsverteilung).

27 **d)** Für zivilprozessuale Folgesachen und für solche aus dem Bereich der freiwilligen Gerichtsbarkeit gilt gleichermaßen: Um eine **Folgesache anhängig zu machen,** genügt nicht die Erklärung, einen **Vergleich** über als Folgesachen geeignete Gegenstände schließen zu wollen (Hamm MDR 81, 324). Ebensowenig genügt es, daß solche Gegenstände vergleichshalber im Termin erörtert werden, mag der Vergleich zustande kommen oder nicht (Schleswig SchlHA 80, 79 f; Düsseldorf JurBüro 81, 933; KG Rpfleger 78, 389; anders Celle JurBüro 80, 874 mit ablehnender Anm Mümmler u MDR 83, 852 f). Enthält die Scheidungsantragsschrift die Einigung der Ehegatten über den Kindesunterhalt, die durch die Ehe begründete Unterhaltspflicht und die Rechtsverhältnisse an Ehewohnung und Hausrat (s § 6 I Nr 3), so liegt allein darin nicht das Begehren, daß das Familiengericht diese Gegenstände im Falle der Scheidung regeln möge (Düsseldorf aaO).

28 **3)** § 623 I 1 verlangt ein **rechtzeitiges Begehren.** Es kann frühestens mit der Einreichung des Scheidungsantrages und spätestens bis zum Schluß der mündlichen Verhandlung in der ersten Instanz der Scheidungssache angebracht werden. Bei den Folgesachen elterliche Sorge und Wertausgleich von Versorgunsanwartschaften, die das FamG von Amts wegen einzuleiten hat, ist es nicht erforderlich, daß eine Entscheidung rechtzeitig begehrt wird (BGH FamRZ 79, 232 = NJW 766).Dies gilt nicht für den Wertausgleich in Scheidungsprozessen mit Auslandsberührung; s Rn 23). Wenn die Ehe vorab geschieden wird (§ 628), können danach keine neuen Folgesachen mehr anhängig gemacht werden. Macht ein Ehegatte nachträglich eine Folgesache in einem Verfahrensstadium anhängig, in dem das Scheidungsverfahren bereits zur Endentscheidung reif ist, so darf das FamG den Folgesachenantrag nicht als verspätet zurückweisen (Düsseldorf FamRZ 87, 958 u 1280; Schleswig FamRZ 92, 1199 f mwN). Es darf aber unter den Voraussetzungen des § 628 I 1 Nr 3 dem Scheidungsantrag vor der Entscheidung über die Folgesache stattgeben. Auf diese Weise **kann verhindert werden, daß das Scheidungsverfahren durch nachträgliche Anspruchshäufung verschleppt** wird. Wird zwischen Verhandlungsschluß und Verkündungstermin eine Folgesache anhängig gemacht, so ist dies allein kein Grund zur Wiedereröffnung der Verhandlung; s Greger oben § 156 Rn 4; Frankfurt FamRZ 79, 1013 f; StJSchlosser Rn 10; anders Köln FamRZ 83, 289.

28a Hat das FamG die mündliche Verhandlung in der Scheidungssache geschlossen und die **Ehe geschieden,** so können **weitere Folgesachen nicht mehr** anhängig gemacht werden. Beide Ehegatten können aber in bereits anhängigen Folgesachen ihre Anträge ändern, erweitern und neue Anträge stellen. **Beispiele:**

Das FamG überträgt im Scheidungsurteil die elterliche Sorge auf die Mutter und ordnet an, daß der Vater die Kinder an die Mutter herauszugeben hat. Er gibt sie daraufhin heraus, legt aber Beschwerde mit dem Antrag ein, ihm die elterliche Sorge zu übertragen und die Mutter zur Rückgabe der Kinder zu verpflichten. Sein Rückgabeverlangen ist keine neue Folgesache, sondern ein zulässiger neuer Antrag im Rahmen der bereits anhängigen Folgesache **Kindesherausgabe.** 29

a) In **Versorgungsausgleichssachen** können die Ehegatten nach Schluß der Verhandlung in der Scheidungssache noch beantragen, den Versorgungsausgleich wegen Unwirtschaftlichkeit in anderer Weise zu regeln (§ 1587 b IV BGB; BGH FamRZ 83, 263 f = IPRax 84, 212). Sie können jedoch nicht die Regelung des schuldrechtlichen Versorgungsausgleichs beantragen, wenn nur der Wertausgleich von Versorgungsanwartschaften als Folgesache anhängig ist (Köln FamRZ 79, 1027; KG FamRZ 81, 60); denn der schuldrechtliche Versorgungsausgleich ist ein anderer Verfahrensgegenstand als der Wertausgleich (BGH FamRZ 90, 606 = NJW 1847). Sie können auch nicht einen Antrag nach Art 17 III 2 EGBGB stellen, wenn sie es versäumt haben, diesen Antrag vor Schluß der Verhandlung in der Scheidungssache zu stellen; s Rn 23. 29a

b) Ist die Regelung der Rechtsverhältnisse an der **Ehewohnung** Folgesache, so darf nach Schluß der Verhandlung in der Scheidungssache nicht mehr beantragt werden, auch die Rechtsverhältnisse an der Ferienwohnung zu regeln, wenn zuvor nur um die Hauptwohnung gestritten worden war. Anders im **Hausratsverfahren:** Hier darf nach Verhandlungsschluß beantragt werden, weitere Hauratsgegenstände als zuvor zu verteilen; denn Gegenstand des Hausratsverfahrens ist stets der gesamte Hausrat (BGHZ 18, 143/145). 29b

c) Ein **Unterhaltsantrag**, der vor Schluß der Verhandlung in der Scheidungssache anhängig gemacht worden war, kann erhöht werden, nachdem das FamG diese Verhandlung geschlossen hatte. Der Antragsgegner kann auch noch danach negative Feststellungsklage erheben, wenn sich der Antragsteller eines höheren Unterhaltsanspruchs berühmt, als er anhängig ist. Hatte ein Ehegatte vor Schluß der Verhandlung in der Scheidungssache auf Feststellung geklagt, daß er keinen Unterhalt schulde, so kann der andere nach Schluß dieser Verhandlung Widerklage auf Unterhaltszahlung erheben (Köln NJW-RR 93, 1480 f). Ein Unterhaltsantrag kann auch um ein **Auskunftsbegehren** erweitert werden (Hamm FamRZ 94, 48 f; MK/Klauser § 628 Rn 23; StJSchlosser § 628 Rn 16). – Im Scheidungsprozeß kann jeder Ehegatte, der die elterliche Sorge für sich beansprucht, vom anderen Ehegatten Unterhalt für das gemeinsame Kind verlangen (Rn 6). Hat zunächst nur die Ehefrau **Kindesunterhalt** verlangt, so kann der Ehemann nach Schluß der Verhandlung in der Scheidungssache widerklagend Unterhalt für dasselbe Kind fordern. Der Streitgegenstand Kindesunterhalt ist bereits früher anhängig geworden; sein Wesen ändert sich nicht dadurch, daß nunmehr auch der Ehemann ihn als Prozeßstandschafter geltend macht. 29c

d) Nachdem eine **Zugewinnausgleichssache** in die zweite Instanz gelangt ist, verteidigt sich der beklagte Ehemann gegenüber dem bisher obsiegenden Ehefrau damit, daß nicht er ihr Zugewinnausgleich schulde, sondern umgekehrt sie ihm zum Ausgleich verpflichtet sei. Wenn die Frau daraufhin in der zweiten Instanz ihr Begehren um eine Klage auf Feststellung erweitert, daß sie dem Mann nichts schulde, ist dieser Antrag unzulässig, weil ein Anspruch des Mannes auf Zugewinnausgleich nicht Gegenstand des Verfahrens in der ersten Instanz war. Anträge auf **Stundung** der Zugewinnausgleichsschuld und auf **Übertragung von Vermögensgegenständen** unter Anrechnung auf den Zugewinnausgleich können nach Beendigung eines Zugewinnausgleichsprozesses nicht mehr gestellt werden (§§ 1382 V, 1383 III BGB). Diese Anträge können die Ehegatten in der zweiten Instanz des Verbundverfahrens erstmalig stellen; denn hiermit machen sie keine neue Folgesache anhängig, sondern nur neue Angriffs- oder Verteidigungsmittel geltend in der bereits anhängigen Folgesache Zugewinnausgleich. 29d

e) Von dem **Grundsatz, daß in der Berufungsinstanz nicht erneut Folgesachen anhängig gemacht werden können,** läßt die Rechtsprechung gelegentlich aus praktischen Erwägungen **Ausnahmen** zu: Nach dem KG (FamRZ 89, 647 f = NJW-RR 90, 8) kann in der zweiten Instanz über die elterliche Sorge entschieden werden, wenn nach Abschluß der ersten Instanz ein Kind geboren wird. Hat das FamG nur die Ehe geschieden und über die elterliche Sorge entschieden, so kann das Beschwerdegericht sachzusammenhangshalber über den Umgang mit dem Kind entscheiden, wenn es eine Vereinbarung billigt, die die Eltern in zweiter Instanz geschlossen haben (Stuttgart FamRZ 81, 1105). Über die Möglichkeit, Folgesachen beim OLG anhängig zu machen, wenn eine Eheaufhebungsklage in der zweiten Instanz geändert und Ehescheidung beantragt wird, s § 611 Rn 6. 30

31 Wird ein **Urteil** des FamG **aufgehoben,** durch das ein Scheidungsantrag abgewiesen worden ist, und die **Sache an das FamG zurückverwiesen** (§ 629 b I 1), so können bis zum Schluß der Verhandlung vor dem FamG erneut Folgesachen anhängig gemacht werden (Abs 2 S 2).

32 **4) Verfahren,** die nach § 621 III an das Scheidungsgericht **übergeleitet** worden sind, werden nur zu Folgesachen, wenn der Antragsteller der übergeleiteten Sache erklärt, daß er eine Entscheidung nur für den Scheidungsfall begehrt (Bamberg FamRZ 90, 645 mwN; Bergerfurth FamRZ 76, 582 Fußn 5; Diederichsen ZZP 91, 419 f). Dies gilt auch für übergeleitete **Sorgeregelungsverfahren.** Hier empfiehlt es sich, daß der Familienrichter den Antragsteller des übergeleiteten Verfahrens fragt, ob er nunmehr nur noch eine Entscheidung für den Fall der Scheidung begehrt. Bejahendenfalls wird das übergeleitete Verfahren Folgesache. Verneinendenfalls bleibt es selbständige Familiensache und wird möglicherweise früher als das Verbundverfahren entschieden. Dann muß bei der Scheidung noch einmal über die elterliche Sorge entschieden werden (§ 623 III 1). Ebensowenig werden Prozesse, mit denen laufender **Unterhalt** begehrt wird, mit der Überleitung automatisch zu Folgesachen, sondern nur dann, wenn der Kläger erklärt, er verlange nur noch ab Rechtskraft des Scheidungsausspruchs Unterhalt.

33 **VI) Ende der Rechtshängigkeit von Folgesachen: 1)** Soweit Familiensachen nur auf Antrag eines Ehegatten zu **Folgesachen** werden, kann der Antragsteller seinen **Antrag zurücknehmen.** In zivilprozessualen Folgesachen kann die Rücknahme ohne Einwilligung des Antragsgegners nur bis zum Beginn der mündlichen Verhandlung des Antragsgegners zur Hauptsache erfolgen (§ 269 I). Anträge in Folgesachen aus dem Gebiet der freiwilligen Gerichtsbarkeit (§ 621 a I 1) können jederzeit zurückgenommen werden, auch wenn der Antragsgegner nicht einverstanden ist. Die Rücknahme hat nicht zur Folge, daß die zurücknehmende Partei nach § 269 III die Kosten der Folgesache zu tragen hat. Die besonderen Bestimmungen des § 93 a gehen hier vor (BGH FamRZ 83, 683 u 86, 253; AnwBl 84, 502). § 269 III beruht auf der Erwägung, daß derjenige, der sich freiwillig in die Rolle des Unterlegenen begibt, die sich hieraus ergebenden Kosten tragen soll. Dieser Gedanke paßt nicht für den Antragsteller einer Folgesache, dem auch als Unterlegenem § 93 a I zugute kommt (Herget oben § 93a Rn 1; Frankfurt FamRZ 85, 823 u 86, 368/370; KG FamRZ 88, 1075). Über die Rücknahme von Rechtsmitteln in Folgesachen s § 629 a Rn 13.

33a **2)** Wird ein **Folgesachenantrag in der Hauptsache für erledigt** erklärt, so ist über die Kosten ebenfalls nach § 93 a zu entscheiden (BGH FamRZ 83, 683 u 86,253). Erledigt sich ein Folgesachenantrag durch **Vergleich**, so ist im Verbundurteil nicht über ihn zu entscheiden. Wenn sich nach dessen Verkündung herausstellt, daß der Vergleich nichtig ist, wird das Verbundverfahren fortgesetzt (BGH FamRZ 91, 691 = NJW-RR 1026) und die wieder aufgelebte Folgesache wie eine nach § 628 I abgetrennte Folgesache behandelt.

34 **3)** Da Folgesachen, die nicht von Amts wegen in den Verbund zu nehmen sind (§ 623 III 1), durch Antragsrücknahme von der Scheidungssache getrennt werden können (BGH FamRZ 91, 687 f = MDR 874), **kann ein Folgesachenantrag auch in der Weise geändert werden, daß der Antragsteller vom diesem Antrag zur unbedingten Klage übergeht** (Philippi, Anm zu BGH aaO in FamRZ 91, 1426; s Köln FamRZ 80, 388; Hamm FamRZ 80, 1049 u 86, 823; Schleswig FamRZ 91, 96/98; Kersten FamRZ 86, 775; Schulze FamRZ 91, 98; StJSchlosser Rn 13 mwN auch zur Gegenansicht). Ließe man dies nicht zu, so müßte der Antragsteller seinen Folgesachenantrag zurücknehmen und anschließend als selbständige Familiensache erneut anhängig machen. § 263 will dies verhindern und soll dazu dienen, einen Streit endgültig zu beheben und dabei den bisherigen Prozeßstoff zu verwerten (s § 263 Rn 14). Das gilt für das Verbundverfahren ebenso wie für den normalen Zivilprozeß.

35 **VII) Gemeinsame Verhandlung:** Das Scheidungsverfahren und das Verfahren in unterhalts- und güterrechtlichen Folgesachen richten sich nach den Vorschriften der ZPO, für die übrigen Folgesachen sind die Bestimmungen des FGG maßgeblich (§§ 621 a I 1 ZPO, 13 I HausratsVO). Dies gilt auch im Verbundverfahren. Teilweise sind die Verfahrensordnungen aufeinander abgestimmt. Zum Beispiel ist die **Verhandlung** auch in zivilprozessualen (unterhalts- und güterrechtlichen) Folgesachen **nicht öffentlich** (§ 170 S 2 GVG). Dritte dürfen nur an den Teilen der Verhandlung teilnehmen, die sie betreffen (§ 624 Rn 8). ZPO und FGG kollidieren aber in folgenden Punkten miteinander:

36 **1)** Den Zivilprozeß beherrscht das Prinzip der **Mündlichkeit** und Unmittelbarkeit: Alle erheblichen Tatsachen müssen in mündlicher Verhandlung vor dem Richter erörtert werden. Das Verfahren der freiwilligen Gerichtsbarkeit kennt dieses Prinzip nicht. Der gesamte Akteninhalt kann als Entscheidungsgrundlage dienen, soweit er den Beteiligten bekanntgegeben worden ist (Grundsatz des rechtlichen Gehörs). § 623 I 1 schreibt für das gesamte Verbundverfahren, also auch für die Folgesachen der freiwilligen Gerichtsbarkeit mündliche Verhandlung vor. Diese Sachen sind zu erörtern; Anträge brauchen nicht gestellt zu werden (KG JurBüro 84, 1525). Auch Dritte, die an Folgesachen aus dem Bereich der freiwilligen Gerichtsbarkeit beteiligt sind (§ 624 Rn 10), sind zur Verhandlung zu laden, insbesondere auch die Versorgungsträger. Diese verzich-

ten zwar häufig auf eine Ladung; das Grundrecht auf rechtliches Gehör, um das es bei der Terminsladung geht, ist aber unverzichtbar. Wenn die Drittbeteiligten trotz Ladung nicht erscheinen, ist ohne sie zu verhandeln. Da im Verbundurteil ist über die Scheidungssache und sämtliche Folgesachen zu entscheiden ist (Abs 1 S 1), darf die Verhandlung erst geschlossen werden, wenn entweder der Scheidungsantrag abweisungsreif ist oder wenn die Scheidung ausgesprochen werden kann und zugleich sämtliche Folgesachen zur Endentscheidung reif sind.

2) Für die Familiensachen der freiwilligen Gerichtsbarkeit gilt die **Offizialmaxime** (§ 12 FGG); für die zivilprozessualen Unterhalts- und Güterrechtsstreitigkeiten gilt die **Verhandlungsmaxime** (MK/Klauser Rn 41; JHSedemund-Treiber Rn 20; Schwab/Maurer I Rn 418; Jauernig § 91 IV 2; einschränkend Diederichsen ZZP 91, 420 f, StJSchlosser § 624 Rn 2; Baumbach/Albers Rn 12; Thomas/Putzo Rn 13). In diesen Sachen haben die Anwälte die Verhandlung durch Schriftsätze vorzubereiten (§ 129 I). Sie können dabei auf Teile aus den Akten der FG-Familiensachen verweisen, dürfen aber nicht erwarten, daß der Richter den Sachverhalt von sich auf aufklärt. Bei lückenhaftem Parteivortrag muß der Richter mit den Parteien erörtern, wie weit Tatsachen, die er in den Folgesachen aus dem Bereich der freiwilligen Gerichtsbarkeit festgestellt hat, auch in den zivilprozessualen Folgesachen vorgetragen werden sollen. Zu erörtern sind auch Widersprüche zwischen zugestandenen Tatsachen und von Amts wegen durchgeführten Ermittlungen. Ein unwahres Geständnis ist nicht zu berücksichtigen (§ 288 Rn 7). Hiervon abgesehen kann es aber vorkommen, daß eine Tatsache in einer zivilprozessualen Folgesache als zugestanden angesehen wird und daß dieselbe Tatsache in einer Folgesache aus dem Bereich der freiwilligen Gerichtsbarkeit als ungeklärt betrachtet wird. Aussagen, die ein von Amts wegen vernommener Zeuge gemacht hat, dürfen auch in den zivilprozessualen Folgesachen verwertet werden (Diederichsen aaO; Konzen JR 78, 405 f; Roth ZZP 103, 5 ff; anders Jauernig aaO). 37

3) Zuweilen hängt die Entscheidung über die Folgesachen elterliche Sorge, Umgangsrecht und Kindes- und Ehegattenunterhalt davon ab, ob ein während der Ehe geborenes Kind, dessen Ehelichkeit angefochten worden ist, nichtehelich ist. Dann ist die Entscheidung über diese Folgesachen auszusetzen (§ 153). Das Verbundprinzip zwingt dazu, auch die Ehesache und die übrigen Folgesachen auszusetzen; es sei denn, die Ehe wird nach § 628 I 1 Nr 3 vor den Entscheidung über die Folgesachen elterliche Sorge, Umgangsrecht und Kindes- und Ehegattenunterhalt geschieden (Oldenburg FamRZ 80, 71; MK/Klauser Rn 47 Stein/Jonas/Schlosser Rn 13). 37a

VIII) Im **Verbundurteil** ist über die Scheidungssache und sämtliche noch anhängigen Folgesachen zu entscheiden (Abs 1 S 1). Wenn die Ehegatten den Versorgungsausgleich durch Ehevertrag ausgeschlossen (§ 1408 II BGB) oder durch familiengerichtlich genehmigte Vereinbarung (§ 1587 o BGB) geregelt haben, ist über den **Versorgungsausgleich** nicht zu entscheiden (§ 53 d FGG; Hamburg FamRZ 88, 638; StJSchlosser Rn 18 Fußn 78; anders Rn 19; Philippi FamRZ 82, 1057). Enthält das Verbundurteil gleichwohl den Satz, daß ein Versorgungsausgleich nicht stattfindet, so führt das nur zur Verwirrung bei der Streitwert- und Kostenfestsetzung (Hamburg aaO). Stellt ein Ehegatte, der nicht durch einen beim FamG zugelassenen Anwalt vertreten ist, einen Folgesachenantrag, so ist dieser als unzulässig abzuweisen. **Versäumnisentscheidungen** sind nur in zivilprozessualen (unterhalts- und güterrechtlichen) Folgesachen möglich. Werden in diesen Sachen keine Anträge gestellt, sondern nur in der Scheidungssache, so kann das FamG die Ehe scheiden und über die Folgesachen nach Lage der Akten entscheiden, wenn in einem früheren Termin die Folgesachenanträge gestellt worden waren. Anderenfalls darf auch in der Ehesache kein Urteil ergehen (Koblenz FamRZ 90, 769 f; Schleswig SchlHA 95,157 f). Der Richter kann den Beklagten der Folgesache nur fragen, ob er ein Versäumnisurteil gegen den Kläger beantragt, und, wenn er dies bejaht, die Ehe scheiden und den Folgesachenantrag durch Versäumnisurteil abweisen. In Folgesachen aus dem Bereich der freiwilligen Gerichtsbarkeit ergehen keine Versäumnisentscheidungen. Werden hier keine Anträge gestellt, so ist dies kein Hindernis dafür, im Verbundurteil sachlich über die Folgesachen zu entscheiden. Das FamG darf weder **Teilurteile** erlassen noch einzelne Ansprüche gemäß § 145 abtrennen (BGH IPrax 82, 79 Nr 24 b; Frankfurt EzFamR ZPO § 623 Nr 2). Ausnahmen: § 627 (Vorwegentscheidung über die elterliche Sorge), § 628 I (Scheidung vor der Entscheidung über Folgesachen), Stufenklagen auf Auskunft (Rn 21). Über die **Fortsetzung von Folgesachen bei Abweisung des Scheidungsantrags** s § 629 Rn 8). 38

IX) Gebühren: 1) Gerichtskosten: Das GKG gilt auch für Familiensachen der freiwilligen Gerichtsbarkeit, die Folgesachen einer Scheidungssache sind (§ 1 II GKG). **Streitwert:** Nach § 19 a GKG sind die Werte der Scheidungssachen und aller Folgesachen zusammenzurechnen. Wert der Scheidungssache: § 12 II 2, 4 GKG; Werte der Folgesachen s § 621 Rn 102. **Gerichtsgebühren:** Nr 1510 bis 1519 Kostenverzeichnis. In Scheidungsfolgesachen werden die Antragsschriften nicht erst nach Zahlung der Verfahrensgebühr zugestellt (§ 65 II GKG). Wer **Kostenschuldner** ist, richtet sich nach der Kostenentscheidung des Urteils (§ 54 GKG); daneben haftet als Zweitschuldner der Antragsteller der Instanz (§§ 49 S 1, 58 II GKG). Bezüglich der Verfahrensgebühr für Folgesachen ist der Antragsteller der Folgesache Zweitschuldner (§ 49 S 1 GKG). – **2) Anwaltsgebühren:** §§ 31, 36, 36 a BRAGO. Im Verbundverfahren gelten die 39

Scheidungssache und die Folgesachen als dieselbe Angelegenheit (§ 7 III BRAGO). Die Gebühren sind nach dem zusammengerechneten Wert der Gegenstände zu berechnen (§ 7 II BRAGO). Wird in einem Verbundverfahren über die Scheidungssache und einige Folgesachen mündlich verhandelt und werden andere Folgesachen nur erörtert, so erhält der Anwalt eine kombinierte Verhandlungs- und Erörterungsgebühr nach der Summe der Werte dieser Verfahrensgegenstände (Karlsruhe Justiz 87, 379). Keine Beweisgebühren entstehen durch die Anhörung von Beteiligten und durch Auskünfte der Versorgungsträger; s § 621 Rn 102.

624 *[Verfahrensvorschriften für den Verbund]*

(1) Die Vollmacht für die Scheidungssache erstreckt sich auf die Folgesachen.

(2) Die Bewilligung der Prozeßkostenhilfe für die Scheidungssache erstreckt sich auf Folgesachen nach § 621 Abs. 1 Nr. 1, 6, soweit sie nicht ausdrücklich ausgenommen werden.

(3) Die Vorschriften über das Verfahren vor den Landgerichten gelten entsprechend, soweit in diesem Titel nichts Besonderes bestimmt ist.

(4) Vorbereitende Schriftsätze, Ausfertigungen oder Abschriften werden am Verfahren beteiligten Dritten nur insoweit mitgeteilt oder zugestellt, als das mitzuteilende oder zuzustellende Schriftstück sie betrifft. Dasselbe gilt für die Zustellung von Entscheidungen an Dritte, die zur Einlegung von Rechtsmitteln berechtigt sind.

1 **I) Zu Abs 1:** In Ehesachen und Folgesachen (§ 623 I 1) müssen die Parteien sich durch Rechtsanwälte als **Prozeßbevollmächtigte** vertreten lassen (§ 78 II 1 Nr 1). Den Umfang der Prozeßvollmacht bestimmen §§ 81–83 und ergänzend Abs 1. Danach erstreckt sich die Vollmacht für die Scheidungssache auch auf die Folgesachen. Sie gilt analog § 82 auch für Anordnungsverfahren nach den §§ 620 ff. Die auf ein solches Verfahren oder eine Folgesache beschränkte Vollmacht erstreckt sich jedoch nicht auf die Scheidungssache.

2 Ein in der **Geschäftsfähigkeit** beschränkter Ehegatte ist in Ehesachen prozeßfähig (§ 607 I), nicht aber in Folgesachen. Er kann einen Rechtsanwalt für seine Scheidungssache bevollmächtigen (§ 607 Rn 2), nicht aber für die Folgesachen. § 624 I ist hier nicht anzuwenden (StJSchlosser Rn 34, JHSedemund-Treiber Rn 1).

3 Das Verbundprinzip zwingt die Ehegatten nicht dazu, eine Prozeßvollmacht nur für das gesamte Verbundverfahren zu erteilen. Trotz gemeinsamer Verhandlung und Entscheidung bleiben die Verfahren selbständig (§ 623 Rn 1). Aus diesem Grunde zwingt auch § 83 I nicht zu der Annahme, daß die Prozeßvollmacht notwendigerweise für das gesamte Verbundverfahren gilt. **Die Ehegatten können ihre Prozeßvollmachten auf die Scheidungssache oder auf einzelne Folgesachen beschränken** (StJSchlosser Rn 34; MK/Klauser Rn 2; Rolland/Roth Rn 4; JHSedemund-Treiber Rn 1; Thomas/Putzo Rn 1; Bergerfurth, Anwaltszwang Rn 340; anders Baumbach/Albers § 609 Rn 1; teilweise auch Schwab/Maurer I Rn 155 f). Hierfür spricht auch, daß die sich Beiordnung eines Rechtsanwalts für die Scheidungssache nicht automatisch auf alle Folgesachen erstreckt (§ 624 II). Würde sich die Vollmacht, die die Partei dem nur für die Scheidungssache beigeordneten Anwalt erteilt, auch auf die Folgesachen erstrecken, für die er nicht beigeordnet ist, so wäre dies eine seltsame Antinomie. Eine Beschränkung der Vollmacht auf einzelne Gegenstände wirkt dem Gericht und dem Gegner gegenüber jedoch nur, wenn sie ihnen ausdrücklich mitgeteilt wird (BGHZ 16, 167/170).

4 Zur **Beschränkung der Vollmacht** auf einzelne Prozeßhandlungen s § 609 Rn 4 f.

5 **II) Abs 2: 1)** Über **Prozeßkostenhilfe** für die Scheidungssache s § 114 Rn 41 ff; über PKH für einstweilige Anordnungen § 114 Rn 48. § 624 II handelt von der PKH für einen Teil der Folgesachen. Die Entstehungsgeschichte der Vorschrift erleichtert deren Verständnis. Die Bestimmung lautete bis zu ihrer Novellierung durch das Unterhaltsänderungsgesetz von 1986: „Eine Bewilligung der Prozeßkostenhilfe für die Scheidungssache erstreckt sich auf Folgesachen, soweit sie nicht ausdrücklich ausgenommen werden." Die Neufassung von 1986 soll nach der Begründung zum Regierungsentwurf des UÄndG (BTDrucks 10/2888 S 28) bewirken, daß sich die PKH automatisch nur noch auf die von Amts wegen einzuleitenden **Folgesachen elterliche Sorge und Wertausgleich von Versorgungsanwartschaften** erstreckt; s § 623 III. Der Gesetzeswortlaut ist

weiter: Die PKH erstreckt sich auch auf den schuldrechtlichen Versorgungsausgleich, der nicht von Amts wegen eingeleitet wird. Die Vorschrift ist wortwörtlich, nicht einschränkend auszulegen (MK/Klauser Rn 5; anders Schwab/Maurer I Rn 218).

Auch die Regelung, daß die Folgesachen elterliche Sorge und Versorgungsausgleich von der Bewilligung der PKH ausgenommen werden können, galt vor 1986 für alle Folgesachen und sollte die Staatskasse vor den Kosten aussichtsloser oder mutwilliger Prozesse schützen. Sie wurde unbesehen in die Neufassung des § 624 übernommen, obwohl bei den jetzt übrig gebliebenen Folgesachen elterliche Sorge und Versorgungsausgleich kaum Anlaß besteht, einer Partei die PKH zu versagen. Es gelten die gleichen Erwägungen wie für die Frage, ob dem Antragsgegner einer Scheidungssache PKH zu bewilligen ist (§ 114 Rn 42; Bamberg FamRZ 87, 500 f). Da die Parteien diesen Folgesachenverfahren nicht entgehen können, ist ihnen ohne Rücksicht auf die Erfolgsaussichten ihrer Anträge PKH zu gewähren (Hamburg FamRZ 81, 581). 6

2) **Für die Folgesachen Umgangsregelung, Herausgabe eines Kindes, Unterhalt, Güterrecht, Ehewohnung und Hausrat,** die nicht in Abs 2 genannt sind, muß PKH besonders beantragt und bewilligt werden. Ist für die Scheidungssache bereits PKH bewilligt worden, so braucht die Hilfsbedürftigkeit der Partei in der Regel nicht erneut geprüft zu werden (Karlsruhe FamRZ 85, 1274 mwN). Das Gericht hat die Erfolgsaussichten jedes einzelnen Folgesachenantrages und der Rechtsverteidigung gesondert zu prüfen (§ 114; KG FamRZ 80, 714; Bamberg FamRZ 87, 500 f; anders Karlsruhe FamRZ 89, 882 f). Ist der Ehemann bereit, einen Teil des geforderten Unterhalts freiwillig zu zahlen und seiner Frau einen Titel hierüber zu verschaffen (vollstreckbare Urkunde, Scheidungsfolgenvergleich), so ist ein **Folgesachenantrag mutwillig,** soweit mit ihm auch der anerkannte Teil des Unterhalts geltend gemacht wird (Schleswig SchlHA 85, 156). 7

III) **Abs 3** bedeutet nicht, daß die **Vorschriften über das Verfahren vor den Landgerichten** auch für diejenigen Folgesachen gelten, die als selbständige Familiensachen Angelegenheiten der freiwilligen Gerichtsbarkeit sind (Hamm FamRZ 80, 702; Stuttgart FamRZ 83, 81; KG FamRZ 84, 495). Abs 3 läßt sich nur so auslegen, daß in den zivilprozessualen Folgesachen die Vorschriften über das Verfahren vor dem Landgericht, nicht diejenigen für das Verfahren vor dem Amtsgericht gelten. Insoweit wird das Verfahren in Folgesachen demjenigen in der Scheidungssache angepaßt (vgl § 608). Ist über die Folgesachen elterliche Sorge oder Wertausgleich von Versorgungsanwartschaften zu entscheiden, so hat es keinen Sinn, einen frühen ersten Termin (§ 272 II) anzuberaumen (KG FamRZ 83, 821). Um den Prozeß – wie § 272 I es vorschreibt – in einem umfassend vorbereiteten Verhandlungstermin zu erledigen, sollte erst terminiert werden, wenn die für jene Folgesachen notwendigen Ermittlungen abgeschlossen sind. Ist nicht über Folgesachen dieser Art zu entscheiden, so ist möglichst früh zu terminieren (§ 272 III). 8

IV) Abs 4 soll die Eheleute davor schützen, daß Dritte mehr als nötig über das Scheidungsverfahren erfahren. **Dritte dürfen am Verfahren nur beteiligt werden,** wenn Folgesachen aus dem Bereich der freiwilligen Gerichtsbarkeit eingeleitet worden sind; s § 623 Rn 23 ff. Drittbeteiligte sind die in Rn 10–12a erwähnten Personen, in zweiter Instanz auch das beschwerdeführende Kind, das das 14. Lebensjahr vollendet hat (s Rn 17). Es empfiehlt sich, für diese Folgesachen besondere Schriftsätze anzufertigen. Abs 4 ist entsprechend anzuwenden, wenn Dritte an der mündlichen Verhandlung der Verbundsache teilnehmen. Die Verhandlung ist dann so zu gliedern, daß die Dritte betreffenden Folgesachen getrennt von den übrigen Angelegenheiten erörtert werden und daß Dritte nur bei dem sie betreffenden Teil der Verhandlung zugegen sind. 9

1) In Folgesachen aus dem Bereich der freiwilligen Gerichtsbarkeit sind als **Dritte** beteiligt: 10

a) An den Verfahren zur Regelung der **elterlichen Sorge** und des Umgangsrechts das Jugendamt (§ 49a FGG). Zuständig ist das Jugendamt, in dessen Bezirk sich die Eltern gewöhnlich aufhalten. Hält sich der eine Elternteil an einem Ort auf als der andere, so richtet sich die Zuständigkeit nach dem gewöhnlichen Aufenthalt des Elternteils, bei dem sich das Kind zuletzt aufgehalten hat. Näheres s §§ 87 b, 86 SGB VIII; abgedruckt bei § 621a Rn 23a. Über die Fortdauer der Zuständigkeit des Jugendamtes, wenn das Kind seinen gewöhnlichen Aufenthalt ändert, s § 621 a Rn 23a. Nicht beteiligt ist ein zweites Jugendamt, das nur über die persönlichen Verhältnisse des Elternteils berichtet, der mit dem Kind nicht zusammenlebt (Frankfurt DAVorm 89, 868). Über Kinder als Drittbeteiligte s unten Rn 17. Nicht beteiligt sind Vereine zur Förderung von Kindesinteressen (BGH FamRZ 88, 54 = NJW 194 = MDR 130; Schleswig SchlHA 87, 56).

b) Nach § 7 HausratsVO sind am **Ehewohnungsverfahren** der Vermieter und die anderen in dieser Bestimmung genannten Personen beteiligt. Alle diese Dritten sind auch dann beteiligt, wenn das Gericht nicht in die Rechtsverhältnisse zwischen ihnen und den Ehegatten eingreift. Es genügt, daß die Entscheidung in ihre Rechte eingreifen kann. Wer beteiligt ist, richtet sich nicht nach dem Ausgang des Verfahrens (Habscheid, Freiwillige Gerichtsbarkeit, 7. Aufl § 14 I 1). 11

c) In **Versorgungsausgleichssachen können** außer den Ehegatten deren **Erben** beteiligt sein. Stirbt der ausgleichsberechtigte Ehegatte, so erlischt sein Ausgleichsanspruch (§ 1587e II BGB). 12

Seine Erben werden nicht an der Versorgungsausgleichssache beteiligt, sondern nur am Kostenpunkt (oben § 619 Rn 5). Stirbt der ausgleichspflichtige Ehegatte, so ist der Ausgleichsanspruch gegen die Erben geltend zu machen (§ 1587e IV BGB), und diese werden zu Beteiligten. Bei der **Übertragung von Rentenanwartschaften** (§§ 1587 b I BGB, 3b I Nr 1 VAHRG) hat das Gericht die Träger der gesetzlichen Rentenversicherung zu beteiligen (§ 53 b II 1 FGG). War der versorgungsausgleichsberechtigte Ehegatte bisher nicht versichert, so ist auch der Versicherungsträger zu beteiligen, bei dem der Ehegatte künftig versichert werden soll (BGH FamRZ 80, 989; Heintzmann FamRZ 81, 331). Das ist die Bundesversicherungsanstalt für Angestellte oder auf Antrag des Ausgleichsberechtigten der Träger der Arbeiterrentenversicherung (§ 126 III SGB VI; RGRK/Wick § 1587b Rn 32). Bei der **Begründung von Rentenanwartschaften** (§§ 1587 b II BGB, 1 III VAHRG) ist nach § 53 b II 1 FGG der Träger der Beamtenversorgung bzw der öffentlich-rechtliche Versorgungsträger iS des § 1 III VAHRG zu beteiligen, zu dessen Lasten die Anwartschaft begründet wird, ferner der Rentenversicherungsträger, bei dem sie begründet wird (BGH FamRZ 81, 132 f). Dieser Versicherungsträger ist auch bei der **Begründung einer Rentenanwartschaft durch Beitragszahlung** (§ 3b I Nr 2 VAHRG) zu beteiligen (Keidel/Kuntze § 53b Rn 7b), nicht aber der Träger der auszugleichenden Zusatzversorgung (BGH FamRZ 81, 246; JHSedemund-Treiber § 53b FGG Rn 16).

12a Wird der **Versorgungsausgleich in anderer Weise** geregelt, weil sich die Übertragung oder Begründung von Rentenanwartschaften voraussichtlich nicht zugunsten des Berechtigten auswirken würde oder unwirtschaftlich wäre (§ 1587b IV BGB), so sind Versicherungs- und Versorgungsträger zu beteiligen, wenn die beabsichtigte Regelung in ihre Rechte eingreifen würde (JHSedemund-Treiber § 53b FGG Rn 12). Das gleiche gilt, wenn eine **Ausgleichsvereinbarung** der Ehegatten nach § 1587o BGB genehmigt werden soll und diese in Rechte der Versicherungs- und Versorgungsträger eingreift (JHSedemund-Treiber aaO Rn 13). Setzt das Gericht auf Grund einer solchen Vereinbarung Zahlungen zur Begründung von Rentenanwartschaften fest (§ 53e II, III FGG), so ist der Rentenversicherungsträger zu beteiligen, der die Zahlungen annehmen soll (JHSedemund-Treiber aaO). An der **Realteilung** von Versorgungsanwartschaften (§ 1 II VAHRG) ist der Träger der zu teilenden Anwartschaften beteiligt. Am Wertausgleich von Versorgungsanwartschaften werden die privatrechtlich organisierten Versorgungsträger, die ihren Arbeitnehmern **Betriebsrenten** zugesagt haben, auch dann nicht beteiligt, wenn sie Gefahr laufen, nach dem Tod ihres Arbeitnehmers verlängerten schuldrechtlichen Versorgungsausgleich zahlen zu müssen (BGH FamRZ 89, 369 ff mwN = NJW 1858; FamRZ 89, 602 = NJW 1859; FamRZ 91, 175; Einzelheiten hierzu s § 621a Rn 32, 32a, 32c). Sie können sich aber als Nebenintervenienten beteiligen; s oben § 621a Rn 32a. Am Verfahren nach Art 4 § 1 VAwMG ist der Betriebsrententräger beteiligt; s oben § 621a Rn 32c. Am **schuldrechtlichen Versorgungsausgleich** sind nur die (geschiedenen) Ehegatten beteiligt (JHSedemund-Treiber aaO Rn 12; Keidel/Kuntze § 53b Rn 7d), am verlängerten schuldrechtlichen Versorgungsausgleich (§ 3a VAHRG) der ausgleichsberechtigte Ehegatte, der Träger der Hinterbliebenenversorgung und die Witwe des ausgleichspflichtigen Ehegatten (Keidel/Kuntze § 53b Rn 7c).

13 **§ 53 b II FGG unterscheidet zwischen** der Einholung von **Auskünften** (S 2) **und der Beteiligung** von Versorgungsträgern (S1). Durch das Auskunftsersuchen an einen Versorgungsträger wird dieser nicht zum Beteiligten. Ergeben die Auskünfte, daß eine Versorgungsanwartschaft nur ein Saldierungsposten bei der Ermittlung des Wertunterschiedes zwischen den auszugleichenden Anwartschaften ist, so wird der Versorgungsträger, der über den Saldierungsposten Auskunft erteilt hat, nicht beteiligt (ähnlich BGH FamRZ 89, 957 zum Beschwerderecht). Beispiele: Der ausgleichspflichtige Ehegatte hat 600 DM Rentenanwartschaften, der ausgleichsberechtigte 100 DM Rentenanwartschaften und 300 DM Beamtenversorgung. Es werden 100 DM Rentenanwartschaften übertragen. Die Beamtenversorgung ist nur ein Saldierungsposten; ihr Träger wird nicht beteiligt. – Der Ausgleichspflichtige hat 100 DM Rentenanwartschaften und 300 DM Beamtenversorgung, der Ausgleichsberechtigte 200 DM Rentenanwartschaften. Es werden 100 DM Rentenanwartschaften begründet. Die Rentenanwartschaft des Ausgleichspflichtigen ist nur ein Saldierungsposten; ihr Träger ist nicht Beteiligter. – Nicht beteiligt werden Versorgungsträger auch in den Fällen, in denen der **Versorgungsausgleich** gemäß § 1587 IV BGB **anderweitig geregelt oder durch Vertrag ganz ausgeschlossen** (§§ 1408 II, 1587 o BGB) **wird,** ohne daß in Rechte der Versorgungsträger eingegriffen wird. Denn hier werden nur die privaten Interessen der Ehegatten, nicht aber öffentliche Belange berührt, die die Versicherungs- und Versorgungsträger wahrzunehmen haben (BGHZ 92, 5 ff = FamRZ 84, 990/992).

14 **2) Zustellung von Entscheidungen:** Das Verbundurteil ist den Ehegatten und den verfahrensbeteiligten Dritten zuzustellen (§ 317). Über die Zustellung an Dritte s § 621 a Rn 23 a, 24. Tatbestand und Entscheidungsgründe des Urteils sind so zu schreiben, daß die Teile, die an einen Dritten zuzustellen sind, auch ohne Kenntnis von dem Rest des Urteils aus sich heraus verständlich sind. Es empfiehlt sich, das Urteil so zu gliedern, als ergingen in den Folgesachen aus dem Bereich der freiwilligen Gerichtsbarkeit, an denen Dritte beteiligt sind, völlig selbständige Ent-

scheidungen. Gibt das Gericht dem Scheidungsantrag vor der Entscheidung über eine Folgesache statt (§ 628 I), so ist das Scheidungsurteil nicht an solche Dritte zuzustellen, die nur an der abgetrennten Folgesache beteiligt sind. Diese sind nicht berechtigt, Beschwerde mit der Begründung einzulegen, daß die Folgesache gleichzeitig mit der Scheidungssache hätte entschieden werden müssen (s § 628 Rn 16).

Wird ein Verbundurteil nur teilweise angefochten (zB nur hinsichtlich des Scheidungsausspruchs oder einzelner Folgesachen), so ist die **Entscheidung des Rechtsmittelgerichts** nicht an solche Dritte **zuzustellen,** die nur an den unangefochtenen Folgesachen beteiligt waren. Dies kann zu der unerwünschten Konsequenz führen, daß ein Versicherungsträger, der nur in erster Instanz am Verfahren beteiligt war, nicht erfährt, wann die Versorgungsausgleichsregelung wirksam wird; s hierzu § 629 d; BSG FamRZ 83, 389 u 699. Vielfach pflegen die Familiengerichte dies den Versicherungsträgern zwar mitzuteilen (Pillhofer FamRZ 83, 390), verpflichtet sind sie hierzu jedoch nicht (BSG aaO S 700). Beziehen die Ehegatten bereits Renten aus der gesetzlichen Rentenversicherung, so sollte der Versorgungsausgleichsberechtigte vorsichtshalber dem Versicherungsträger des ausgleichspflichtigen Ehegatten ein Rechtskraftattest zusenden, um zu vermeiden, daß der Versicherungsträger mit befreiender Wirkung weiter an den Ausgleichspflichtigen zahlt (s § 1587 p BGB). 15

3) Im Scheidungsprozeß sind die **minderjährigen Kinder** der Parteien nicht als Dritte an den Folgesachen elterliche Sorge, Umgangsrecht und Kindesherausgabe beteiligt (München FamRZ 78, 614; JHSedemund-Treiber Rn 8; MK/Klauser § 623 Rn 11; Keidel/Kuntze § 59 Rn 2 b; Schwab/Maurer I Rn 138; anders MK- BGB/Hinz § 1666 Rn 63, § 1671 Rn 98). Ob dies mit dem Persönlichkeitsrecht des Kindes vereinbar ist, ist ein ungelöstes verfassungsrechtliches Problem. Der Regierungsentwurf zum Kindschaftsreformgesetz sieht im geplanten § 50 FGG (BRDrucks 180/96 S 30) vor, daß dem Kind in Fällen, in denen es besonders schutzbedürftig ist, ein eigener Verfahrenspfleger bestellt werden kann. Nach geltendem Recht (§ 50 b FGG) wird Kindern nur in eingeschränktem Maße rechtliches Gehör gewährt. Kinder, die das 14. Lebensjahr vollendet haben, sind vor der Entscheidung über die elterliche Sorge stets persönlich zu hören (§ 50 b II 1 FGG). Jüngere Kinder sind persönlich zu hören, wenn ihre Neigungen, Bindungen oder ihr Wille für die Entscheidung von Bedeutung sind oder wenn es zur Feststellung des Sachverhalts angezeigt erscheint, daß sich das Gericht von dem Kind einen unmittelbaren Eindruck verschafft (§ 50 b I FGG). Bei der Anhörung soll das Kind, soweit nicht Nachteile für seine Entwicklung oder Erziehung zu befürchten sind, über den Gegenstand und möglichen Ausgang des Verfahrens in geeigneter Weise unterrichtet werden; ihm ist Gelegenheit zur Äußerung zu geben (§ 50 b II 3 FGG). Vorbereitende Schriftsätze, prozeßleitende Anordnungen und Zwischenentscheidungen des Familiengerichts werden auch über 14 Jahre alten Kindern nicht mitgeteilt. 16

Wird eine Ehe geschieden und über die elterliche Sorge, das Umgangsrecht oder die Herausgabe eines Kindes entschieden, so ist dessen Vormund oder Pfleger nicht beschwerdeberechtigt (§ 621a Rn 67). Nach § 59 FGG ist **das Kind selbst zur Beschwerde berechtigt, wenn es** bei Urteilsverkündung (§ 59 III FGG) **das 14. Lebensjahr vollendet hat.** Deshalb ist ihm das Urteil des FamG zuzustellen (§ 59 II FGG; s § 621 a Rn 23). Hier macht § 624 IV 2 eine Einschränkung: Zuzustellen ist das Urteil nur, soweit es das **Kind** betrifft. Das bedeutet: Die Urteilsformel ist zuzustellen, soweit sie den Scheidungsausspruch und die Entscheidungen über die elterliche Sorge, das Umgangsrecht und die Herausgabe enthält. Vom Tatbestand und den Entscheidungsgründen sind nur die Teile zuzustellen, die die erwähnten Folgesachen betreffen. – Als Beschwerdeführer braucht sich das Kind nicht durch einen Anwalt vertreten zu lassen. Es kann aber trotz seiner Minderjährigkeit auch einen Rechtsanwalt beauftragen (§ 621 e Rn 18 b). **Als Beschwerdeführer wird es Verfahrensbeteiligter** und wird, was die Zustellung und Mitteilung von Schriftsätzen und Entscheidungen betrifft, wie andere Drittbeteiligte behandelt. Legt es keine Beschwerde ein, so werden ihm Schriftsätze und gerichtliche Verfügungen nicht mitgeteilt, sondern ihm wird in der Beschwerdeinstanz in derselben Weise rechtliches Gehör gewährt wie in der ersten Instanz (Rn 16). 17

625 *[Beiordnung eines Anwalts]*

(1) Hat in einer Scheidungssache der Antragsgegner keinen Rechtsanwalt als Bevollmächtigten bestellt, so ordnet das Prozeßgericht ihm von Amts wegen zur Wahrnehmung seiner Rechte im ersten Rechtszug hinsichtlich des Scheidungsantrags und der Regelung der elterlichen Sorge für ein gemeinschaftliches Kind einen Rechtsanwalt bei, wenn diese Maßnahme nach der freien Überzeugung des Gerichts zum Schutz des Antragsgegners unabweisbar erscheint; § 78 c Abs. 1, 3 gilt sinngemäß. Vor einer Beiordnung soll der Antragsgegner persönlich gehört und dabei besonders darauf hingewiesen werden, daß die Familiensachen des § 621 Abs. 1 gleichzeitig mit der Scheidungssache verhandelt und entschieden werden können.

(2) Der beigeordnete Rechtsanwalt hat die Stellung eines Beistandes.

1 **I) Voraussetzungen für die Beiordnung eines Rechtsanwalts: 1. Rechtshängigkeit** einer Scheidungssache (s § 621 Rn 92). **2. Unterlassung des Antragsgegners,** einen **Prozeßbevollmächtigten zu bestellen** oder Prozeßkostenhilfe zu beantragen. **3.** Zum Schutz des Antragsgegners muß ein **unabweisbares Bedürfnis für die Beiordnung** bestehen. Ein solches besteht, wenn der Antragsgegner aus Unkenntnis, mangelnder Übersicht über seine Lage und die Konsequenzen der Scheidung oder infolge einer Beeinflussung durch den Antragsteller oder von dritter Seite seine Rechte in unvertretbarer Weise nicht hinreichend wahrnimmt (Begründung des Regierungsentwurfs zu § 625, Materialiensammlung S 349; Hamm FamRZ 82, 86). Ob der Antragsgegner sich aus Uneinsichtigkeit oder Gleichgültigkeit so verhält, ist unerheblich. Es kommt auch nicht darauf an, ob er den Beistand eines Rechtsanwalts wünscht oder ablehnt, ebensowenig darauf, ob er sich dem Scheidungsbegehren mit Aussicht auf Erfolg widersetzen kann. Nimmt er trotz Beeinflussung seine Rechte ausreichend wahr, so besteht kein Bedürfnis für eine Beiordnung (Hamm aaO). Dasselbe gilt, wenn das Scheidungsbegehren nicht schlüssig ist und der Antragsgegner aus diesem Grunde nicht des Schutzes bedarf (Hamm aaO).

2 **II) Verfahren: 1) Hinweis und Anhörung:** Mit der Zustellung der Scheidungsantragsschrift ist der Beklagte aufzufordern, einen Rechtsanwalt zu bestellen, wenn er eine Verteidigung gegenüber dem Scheidungsantrag beabsichtigt (§§ 608, 271 II). Weigert er sich daraufhin ausdrücklich, einen Anwalt zu bestellen, so ist er persönlich (nicht schriftlich; Oldenburg FamRZ 80, 179) über den Grund der Weigerung zu hören und auf die Möglichkeit hinzuweisen, daß Folgesachen anhängig gemacht werden können (Abs 1 S 2). Dabei ist zu prüfen, ob er seine Rechte in unvertretbarer Weise nicht ausreichend wahrnimmt. Die Anhörung ist Sache des Familienrichters, nicht der Geschäftsstelle; denn ohne einen persönlichen Eindruck vom Antragsgegner kann der Familienrichter sich kein Bild darüber machen, ob der Antragsgegner imstande ist, seine Rechte selbst wahrzunehmen (Hamm FamRZ 86, 1122; Düsseldorf FamRZ 78, 918, KG FamRZ 78, 607). Erscheint der Antragsgegner nicht oder läßt er auf die Aufforderung, einen Rechtsanwalt zu bestellen, nichts von sich hören, so ist die Anhörung am Anfang der mündlichen Verhandlung durchzuführen, falls er in dieser ohne Anwalt erscheint. Bleibt er aus, so ist sein Erscheinen gemäß § 613 II zu erzwingen.

3 **2) Beiordnung:** Ergibt die Anhörung nach der freien Überzeugung des Familienrichters, daß der Antragsgegner seine Rechte nicht ausreichend wahrnimmt, und erklärt er sich trotz Hinweises nicht bereit, einen Anwalt zu bestellen, so ordnet der Familienrichter ihm zu seinem Schutz einen Rechtsanwalt bei, den er aus dem Kreis der beim AG oder dem übergeordneten LG zugelassenen Rechtsanwälte auswählt (§§ 78 c I, 78 II 2). Der Beiordnungsbeschluß ist zu begründen (Hamm FamRZ 86, 1122). Der ausgewählte **Anwalt** muß die Beistandschaft übernehmen (§ 48 I Nr 3 BRAO). Er kann gegen die Beiordnung **Beschwerde** einlegen (§ 78 c III), diese aber nur damit begründen, daß ein wichtiger Grund vorliege, nicht ihn, sondern einen anderen Anwalt beizuordnen (§ 48 II BRAO).

4 Auch der **Antragsgegner** kann mit der Beschwerde verlangen, daß ihm ein anderer Rechtsanwalt beigeordnet wird, wenn ein wichtiger Grund besteht (§ 78 c III). Hingegen sieht das Gesetz nicht vor, daß der Antragsgegner die Beiordnung als solche anfechten kann. § 567 gibt ihm nicht die Befugnis zur **Beschwerde.** Die Beiordnung eines Anwalts gegen den Willen des Antragsgegners ist keine Entscheidung, durch die ein das Verfahren betreffendes Gesuch zurückgewiesen wird (KG FamRZ 78, 607; anders Oldenburg, FamRZ 80, 179). Obwohl eine gesetzliche Grundlage hierfür fehlt, läßt die Rechtsprechung eine Beschwerde des Antragsgegners gegen die Beiordnung mit der Begründung zu, hierfür bestehe ein unabweisbares Bedürfnis (KG aaO; Düsseldorf FamRZ 78, 918; Hamm FamRZ 82, 86 u 86, 1122; StJSchlosser Rn 3; JHSedemund-Treiber Rn 5; MK/Klauser Rn 7, Rolland/Roth Rn 7; Schwab/Maurer I Rn 195; Bergerfurth, Anwaltszwang Rn 337; anders Baumbach/Albers Rn 5). Die Beiordnung eines Beistandes gegen den erklärten Willen des Antragsgegners ist ein schwerwiegender Eingriff in die Entscheidungsfreiheit einer uneingeschränkt geschäftsfähigen Person. Im übrigen wird der Antragsgegner durch die Beiordnung mit Honorarverpflichtungen belastet (§ 36 a BRAGO). Es kann nicht hingenommen werden, daß eine so einschneidende Maßnahme ergeht, ohne daß sie in der Beschwerdeinstanz überprüfbar ist (str, Nachw s KG, Düsseldorf aaO). Es wäre auch unverständlich, wenn eine Beschwerde nur gegen die weniger beeinträchtigende Auswahl eines bestimmten Anwalts zulässig wäre, nicht aber gegen die Beiordnung als solche. Der Antragsteller kann mangels Beschwer keine Beschwerde dagegen einlegen, daß dem Antragsgegner ein Rechtsanwalt beigeordnet wird (Hamm FamRZ 82, 86).

5 Gegen einen **Beschluß,** durch den die **Beiordnung** eines Anwalts **abgelehnt** wird, kann **keine Beschwerde** eingelegt werden (Baumbach/Albers Rn 5; Schwab/Maurer I Rn 194; Rolland/Roth Rn 7, anders Keidel/Kuntze § 64 Rn 119; Bergerfurth, Anwaltszwang Rn 337). Soweit der Antragsgegner sich beschwert, besteht hierfür kein Rechtsschutzbedürfnis; denn er kann selbst einen Anwalt zum Prozeßbevollmächtigten bestellen. Durch die Beiordnung spart er nicht

einmal das Honorar (s Rn 8). Der Antragsteller kann mangels Beschwer keine Beschwerde einlegen.

6 3) **Umfang der Beiordnung:** Die Beiordnung erfolgt hinsichtlich des Scheidungsantrages und der Regelung der elterlichen Sorge für ein gemeinsames Kind (Abs 1 S 1), also nur hinsichtlich der persönlichen Rechtsbeziehungen, nicht hinsichtlich der vermögensrechtlichen Folgesachen. Wegen des Sachzusammenhanges ist es geboten, die Beiordnung auch für die Regelung des Umgangs mit dem Kind und den Streit über die Herausgabe des Kindes auszusprechen, falls diese Angelegenheiten zusammen mit der elterlichen Sorge geregelt werden müssen (München AnwBl 79, 440; Diederichsen NJW 77, 606; StJSchlosser Rn 1; AK-ZPO/Derleder Rn 1; anders MK/Klauser Rn 6; JHSedemund- Treiber Rn 3; Baumbach/Albers Rn 4; Thomas/Putzo Rn 7; Keidel/Kuntze § 64 Rn 119). Die Beiordnung erstreckt sich nicht auf einstweilige Anordnungen (Koblenz FamRZ 85, 618; MK/Klauser Rn 6; anders JHSedemund-Treiber Rn 3). Der Beistand wird nur für die erste Instanz beigeordnet.

7 **III) Stellung des beigeordneten Anwalts:** Dieser ist nur Beistand (Abs 2, § 90), solange der Antragsgegner ihm keine Prozeßvollmacht erteilt. Er hat seine Partei zu beraten, namentlich auch darüber, daß ihr – solange keine vermögensrechtlichen Folgesachen anhängig sind – keine zusätzlichen Anwaltskosten entstehen, wenn sie ihm Prozeßvollmacht erteilt (Rn 8). Was der Beistand schriftlich oder mündlich vorträgt, gilt als von seiner Partei vorgebracht, soweit diese es nicht sofort widerruft oder berichtigt (§ 90 II; BGH FamRZ 95, 416). Er kann aber keine Prozeßhandlungen im Namen seiner Partei vornehmen (BGH aaO). Zustellungen erfolgen an die Partei selbst, solange sie dem Beistand keine Prozeßvollmacht erteilt (§ 176; BGH aaO). Es empfiehlt sich aber, dem Beistand Abschriften der zuzustellenden Schriftsätze zuzusenden, damit er seine Partei sachgemäß beraten kann.

8 **IV) Gebühren: 1)** Die Beiordnung ist **gerichtsgebührenfrei** (§ 1 I GKG). Für ein Beschwerdeverfahren ist eine Gerichtsgebühr zu erheben, soweit die Beschwerde verworfen oder zurückgewiesen wird (KV 1906); **2) Der Beistand** kann von seiner Partei dieselbe Vergütung wie ein Prozeßbevollmächtigter fordern, jedoch keinen Vorschuß (§ 36 a I BRAGO). Bei Zahlungsverzug seiner Partei kann er eine Vergütung aus der Landeskasse verlangen (§ 36 a II BRAGO).

626 *[Rücknahme des Scheidungsantrags]*

(1) Wird ein Scheidungsantrag zurückgenommen, so gilt § 269 Abs. 3 auch für die Folgesachen. Erscheint die Anwendung des § 269 Abs. 3 Satz 2 im Hinblick auf den bisherigen Sach- und Streitstand in den Folgesachen der in § 621 Abs. 1 Nr 4, 5, 8 bezeichneten Art als unbillig, so kann das Gericht die Kosten anderweitig verteilen. Das Gericht spricht die Wirkungen der Zurücknahme auf Antrag eines Ehegatten aus.

(2) Auf Antrag einer Partei ist ihr durch Beschluß vorzubehalten, eine Folgesache als selbständige Familiensache fortzuführen. Der Beschluß bedarf keiner mündlichen Verhandlung. In der selbständigen Familiensache wird über die Kosten besonders entschieden.

1 **I) Nimmt** der Antragsteller den **Scheidungsantrag zurück,** so gelten nach § 608 die Bestimmungen des § 269 über die Klagerücknahme. Der Antragsteller kann seinen Antrag ohne weiteres zurücknehmen, solange der Gegner nicht zur Hauptsache verhandelt hat (§ 269 I), dh solange er keinen Sachantrag gestellt (§ 137 I) und sich nicht mündlich auf den Scheidungsantrag eingelassen hat (München NJW-RR 94, 201 mwN). Eine solche Einlassung liegt zB darin, daß der Anwalt des Antragsgegners der Scheidung zustimmt (München aaO) oder einen Beweisantrag stellt (Frankfurt FamRZ 82, 809/811; s § 269 Rn 13; anders München JurBüro 86, 462: Einlassung ohne Antragstellung ist keine Hauptsacheverhandlung). Über den Abweisungsantrag bei Säumnis des Antragstellers s § 269 Rn 13. Äußert sich der Anwalt des Gegners während eines Güteversuchs iS des § 279 I 1 oder nimmt er zur Zulässigkeit der Klage Stellung, so verhandelt er nicht zur Hauptsache (BGH FamRZ 87, 800 f). Dasselbe gilt, wenn der nicht durch einen Anwalt vertretene Gegner gemäß § 613 I 1 aussagt; hier fehlt der Sachantrag (§ 269 Rn 14; Köln FamRZ 85, 1060 mwN; Karlsruhe Justiz 87, 65; Hamm FamRZ 89, 1102; Rosenberg ZZP 67, 385; anders Karlsruhe OLGZ 68, 37 u 77, 479; München NJW-RR 94, 201 mwN). Nachdem der Gegner zur Sache verhandelt hat, ist seine Zustimmung zur Antragsrücknahme erforderlich (§ 269 I). Diese ist bis zur Rechtskraft des Scheidungsausspruchs möglich. Sie kann nicht widerrufen werden, auch nicht bei Zustimmung des Antragstellers (München FamRZ 82, 510). Antragsrücknahme und Zustimmung hierzu müssen von Rechtsanwälten erklärt werden, die am Prozeßgericht zugelassen sind (Bergerfurth, Anwaltszwang Rn 334). Wegen der Antragsrücknahme in der Berufungsinstanz s § 629 a Rn 3.

2 **II) Wirkungen der Rücknahme:** Wird der Scheidungsantrag zurückgenommen, so ist der Rechtsstreit als nicht abhängig geworden anzusehen; ein bereits ergangenes, noch nicht rechtskräftiges **Urteil wird wirkungslos,** ohne daß es ausdrücklich aufgehoben zu werden braucht (§ 269

III 1). Dies gilt nach § 626 I 1 für alle Folgesachen, auch für die vom Antragsgegner anhängig gemachten. Wirkungslos werden auch Beschlüsse, durch die das Familiengericht vorweg über die elterliche Sorge entschieden hat (§ 627 I), und Entscheidungen, durch die über abgetrennte Folgesachen (§ 628) entschieden worden ist. Dies gilt sogar, wenn solche Beschlüsse und Entscheidungen bereits rechtskräftig, aber mangels Rechtskraft des Scheidungsausspruchs noch nicht wirksam sind.

3 1) Nimmt der Antragsteller den Scheidungsantrag zurück, so hat er sämtliche **Kosten** zu tragen (§ 269 III 2), es sei denn, die Parteien haben etwas anderes vereinbart (§ 269 Rn 18). Haben beide Ehegatten die Scheidung beantragt und nehmen beide ihre Anträge zurück, so sind in entsprechender Anwendung des § 92 I die Kosten gegeneinander aufzuheben (Hamm FamRZ 79, 169). Zu entscheiden ist auch über die Kosten der Folgesachen; es sei denn, diese werden nach § 626 II fortgeführt.

4 2) Nach § 626 I 1 hat der Antragsteller, der den Scheidungsantrag zurücknimmt, auch diejenigen **Kosten** zu tragen, die durch **Folgesachen** entstanden sind ohne Rücksicht darauf, welche Partei die Folgesache anhängig gemacht hat. Würde diese Kostenregelung ausnahmslos innegehalten, so führte sie zu einem unbilligen Ergebnis, wenn der Scheidungsantragsgegner erkennbar unbegründete oder überhöhte Unterhaltsforderungen oder güterrechtliche Ansprüche als Folgesachen geltend gemacht hat. Für solche Fälle enthält Abs 1 S 2 eine dem § 93 a II 2 entsprechende Billigkeitsklausel, die es gestattet, die Kosten zu verteilen. Dabei kann an die zu § 91 a entwickelten Grundsätze angeknüpft werden. Zunächst ist festzustellen, wieweit die Ansprüche, die der Antragsgegner geltend gemacht hat, nach dem bisherigen Sach- und Streitstand abgewiesen werden müßten. Dann ist der Wert der abzuweisenden Ansprüche zu bestimmen. Im Verhältnis dieses Wertes zum Gesamtstreitwert (§ 19 a GKG) ist der Antragsgegner an den Kosten zu beteiligen. Streitwerte s § 623 Rn 39.

5 3) Die Billigkeitsklausel des Abs 1 S 2 gilt nur für zivilprozessuale **Folgesachen**, nicht für solche **der freiwilligen Gerichtsbarkeit.** Bei diesen wird es nur ausnahmsweise vorkommen, daß ein erkennbar unbegründeter Folgesachenantrag des Antragsgegners den Wert des Streitgegenstandes und infolgedessen auch die Kosten unnötig in die Höhe treibt. Denkbar ist auch dies, zB wenn der Antragsgegner beantragt, der Antragsteller solle ihm ein Grundstück unter Anrechnung auf den Zugewinnausgleich übereignen (§ 1383 BGB). In diesem Fall ist ein Bruchteil des Wertes des Zugewinnausgleichs zu den übrigen Werten hinzuzurechnen; s § 621 Rn 106. Streitwert und Kosten können sich also erheblich erhöhen. Die Billigkeitsklausel des Abs 1 S 2 sollte analog angewandt werden (JHSedemund-Treiber Rn 4; anders MK/Klauser Rn 9).

6 4) Unbillig wäre es auch, dem Antragsteller des Scheidungsverfahrens Kosten aufzuerlegen, die durch einen erkennbar unbegründeten Antrag des Antragsgegners auf Erlaß einer **einstweiligen Anordnung** entstanden sind. Hier führen die §§ 620 g, 96 zu einer billigen Lösung.

7 **III) Die Wirkungen der Antragsrücknahme** (Scheidungsurteil wirkungslos, Kostenpflicht) spricht das Gericht auf Antrag eines Ehegatten durch **Beschluß** aus (Abs 1 S 3). Zuständig ist das Gericht, bei dem die Scheidungssache rechtshängig war und dem gegenüber die Rücknahme erklärt worden ist, auch das Rechtsmittelgericht (AK/Wassermann § 269 Rn 9). Anders als im Falle des § 269 III 3 kann auch der Ehegatte den Antrag stellen, der seinen Scheidungsantrag zurückgenommen hat. Der Beschluß bedarf keiner mündlichen Verhandlung und ist mit der sofortigen Beschwerde anfechtbar (§ 269 III 4, 5). Lehnt das FamG es ab, einen solchen Beschluß zu erlassen, so findet hiergegen die einfache Beschwerde statt (Karlsruhe AnwBl 89, 347).

8 **IV) Fortführung von Folgesachen: 1) Voraussetzungen:** Nach Rücknahme des Scheidungsantrages können Folgesachen als selbständige Familiensachen fortgeführt werden, sofern die Ehegatten ihre bisherigen Anträge in der Weise umstellen, daß sie nunmehr keine Entscheidung für den Fall der Scheidung begehren. Auf den Grund der Rücknahme kommt es nicht an. § 626 II ist auch anwendbar, wenn der Scheidungsantrag zurückgenommen oder für erledigt erklärt wird, weil die Ehe im Ausland geschieden worden ist (KG NJW 79, 1107). Die Zuständigkeit für die fortzuführende Sache bleibt erhalten (§ 261 III 2; über Ausnahmen in Sorgeregelungssachen usw nach dem MSA s § 621 Rn 80).

8a a) In den Folgesachen **elterliche Sorge, Umgangsrecht und Herausgabe eines Kindes** (§ 621 I Nr 1 bis 3) kommt eine Fortführung nur in Betracht, wenn die Ehegatten nach Rücknahme des Scheidungsantrages getrennt leben (§§ 1672, 1634, 1632 BGB). Hat ein ausländisches Gericht die Ehe geschieden und die elterliche Sorge geregelt, so kann nach Rücknahme des inländischen Scheidungsantrages die hier anhängige Folgesache mit dem Ziel fortgeführt werden, eine Änderung der ausländischen Sorgeregelung zu erreichen (anders Oldenburg FamRZ 83, 94).

8b b) War der Kindesunterhalt Folgesache, so kann der Ehegatte, in dessen Obhut sich das Kind befindet, diese Sache fortführen, wenn die Eltern weiterhin getrennt leben. Die Neufassung des § 1629 III BGB erhält ihm seine Prozeßführungsbefugnis. **Unterhaltssachen** eines Ehegatten gegen den anderen können fortgeführt werden, indem nunmehr Unterhalt nach den §§ 1360 ff BGB gefordert wird.

c) Eine Fortführung der **Versorungsausgleichssache** ist nicht möglich; einen vorzeitigen Versorgungsausgleich vor Ehescheidung gestattet das Gesetz nicht. Wird jedoch die Scheidungsklage zurückgenommen, weil die Ehe bereits zuvor im Ausland geschieden worden ist und das ausländische Urteil auch im Inland anerkannt wird, so kann auch eine Versorgungsausgleichssache fortgeführt werden (KG NJW 79, 1107; AG Charlottenburg NJW-RR 90, 4). 8c

d) Eine **Hausratssache** kann im Falle des Getrenntlebens fortgeführt werden (§§ 1361 a BGB, 18 a HausratsVO), jedoch bleiben – anders als im Scheidungsfall – die Eigentumsverhältnisse unberührt (§ 1361 a IV BGB). **Ehewohnungssachen** können nach den §§ 1361 b BGB, 18 a HausratsVO nur fortgeführt werden, wenn eine Regelung notwendig ist, um eine schwere Härte zu vermeiden. Aber dann kann der Richter nur die Benutzung, nicht jedoch – wie bei der Scheidung – auch das Mietverhältnis an der Ehewohnung regeln. 8d

2) Verfahren: Ein Ehegatte, der eine Folgesache als selbständige Familiensache fortführen will, muß beantragen, ihm dies vorzubehalten. Das Gesetz befristet diesen **Antrag** nicht. Da das Verfahren aus Gründen der Prozeßökonomie fortgesetzt wird (Verwertung bisheriger Beweisergebnisse), ist es sachgerecht, der fortführenden Partei eine angemessene Überlegungsfrist zuzubilligen. Der Scheidungsprozeß endet hier mit Rechtskraft des Beschlusses, durch den die Wirkungen der Rücknahme des Scheidungsantrages festgestellt werden (§§ 626 I 1, 269 III). Bis dahin kann beantragt werden, dem Antragsteller die Fortsetzung der Folgesache vorzubehalten (Celle FamRZ 84, 301 mwN; StJSchlosser 4). Den Antrag kann auch der Ehegatte stellen, der die Folgesache nicht anhängig gemacht hatte (StJSchlosser Rn 4; MK/Klauser Rn 15; anders JHSedemund-Treiber Rn 6; Rolland/Roth Rn 15; Vorauflage). Da der Antrag Prozeßhandlung ist, muß er durch einen Rechtsanwalt gestellt werden. 9

Über den Antrag hat das Gericht nach freigestellter mündlicher Verhandlung durch **Beschluß** zu entscheiden. Welches Gericht zuständig ist, ergibt sich aus Rn 7 oben. Die Fortsetzungsbefugnis kann verweigert werden, wenn der Antrag zu spät oder nicht durch einen Anwalt gestellt worden ist, wenn die Folgesache, die der Antragsteller fortzuführen wünscht, nicht anhängig ist, nicht von ihm oder von Amts wegen eingeleitet worden ist oder wenn sie sich nicht fortführen läßt wie Versorgungsausgleichsverfahren. 10

Gestattet der Beschluß dem Antragsteller, eine Folgesache fortzuführen, so findet hiergegen keine **Beschwerde** statt. Der Antragsteller ist nicht beschwert. Für den anderen Ehegatten schließt § 567 I die Beschwerde aus: Er hat weder kraft ausdrücklicher Vorschrift ein Beschwerderecht noch ist ein von ihm gestelltes, das Verfahren betreffendes Gesuch zurückgewiesen worden. Hatte er beantragt, den Antrag seines Gegners zurückzuweisen, so ist dieser Antrag kein das Verfahren betreffendes Gesuch (Gummer oben § 567 Rn 34). Wird dem Antragsteller die Fortführung einer Folgesache verweigert, so kann er Beschwerde einlegen. 11

3) Wirkungen des Beschlusses: Die Folgesache wird zur selbständigen Familiensache. Die Zuständigkeit des FamG bleibt erhalten (§ 261 III Nr 2, s § 621 a Rn 9), jedoch können Sorgerechtsverfahren aus wichtigem Grund an ein anderes FamG abgegeben werden (§ 46 FGG, s § 621 a Rn 58). Der Anwaltszwang fällt in Familiensachen der freiwilligen Gerichtsbarkeit und Unterhaltsprozessen fort (Schleswig SchlHA 80, 187). Über die Kosten ist so zu entscheiden, als wäre die fortgeführte Sache niemals im Verbund anhängig gewesen (Abs 2 S 3). Die Kostenentscheidung richtet sich in den zivilprozessualen Familiensachen nach den §§ 91 ff ZPO, in denjenigen der freiwilligen Gerichtsbarkeit nach § 13 a FGG. 12

V) Gebühren: 1) Wird der Scheidungsantrag vor Ablauf des Tages zurückgenommen, an dem ein Beweisbeschluß unterschrieben worden ist, und früher als eine Woche vor Beginn des Tages, an dem die mündliche Verhandlung stattfinden sollte, dann entfällt die **Gerichtsgebühr** für das Verfahren im allgemeinen (KV 1510). Die Beschlüsse über die Wirkungen der Rücknahme des Scheidungsantrages (Abs 1 S 3) und über die Fortführung von Folgesachen (Abs 2) kosten keine Gerichtsgebühren (Markl KV 1110 Rn 9 aE). **2) Anwaltsgebühren:** Der Antrag, einen Beschluß über die Wirkungen der Antragsrücknahme (Abs 1 S 3) zu erlassen, gehört zum Rechtszug (§ 37 Nr 7 BRAGO) und wird durch die Prozeßgebühr abgegolten. Steht die Prozeßgebühr infolge vorzeitiger Beendigung des Auftrages dem Anwalt nur zur Hälfte zu (§ 32 BRAGO), so entsteht durch den Kostenantrag die volle Prozeßgebühr nach dem Wert der Kosten zusätzlich, soweit nicht die Grenze des § 13 III BRAGO überschritten wird. Wird der Antrag in der mündlichen Verhandlung gestellt, so hat der Anwalt Anspruch auf eine Verhandlungsgebühr nach dem Kostenwert, wenn er vorher noch keinen Anspruch auf eine Verhandlungsgebühr erworben hatte. **3) Gerichtsgebühren** für die **Beschwerde** gegen die Kostenentscheidung nach § 626 I s KV 1900, für die Beschwerde gegen einen Beschluß, durch den einer Partei die Fortführung einer Sache als selbständige Familiensache verweigert wird, s KV 1906. **Anwaltsgebühren** für beide Beschwerden s § 61 I Nr 1 BRAGO. 13

627 *[Vorabentscheidung über die elterliche Sorge]*

(1) Beabsichtigt das Gericht, von einem übereinstimmenden Vorschlag der Ehegatten zur Regelung der elterlichen Sorge für ein gemeinschaftliches Kind abzuweichen, so ist die Entscheidung vorweg zu treffen.

(2) Über andere Folgesachen und die Scheidungssache wird erst nach Rechtskraft des Beschlusses entschieden.

1 **Allgemeines:** Weicht das Familiengericht gemäß § 1671 III BGB zum Wohl des Kindes von einem übereinstimmenden Vorschlag beider Ehegatten über die Regelung der elterlichen Sorge ab, so können sich hieraus unerwartete Konsequenzen für andere Folgesachen ergeben: Das Recht zum Umgang des nicht sorgeberechtigten Elternteils mit dem Kind muß anders als erwartet geregelt werden. Der Unterhaltsanspruch des Kindes ändert sich, weil ein anderer durch Pflege und Erziehung zum Unterhalt des Kindes beiträgt (§ 1606 III 2 BGB). Mittelbar können die Unterhaltsansprüche der Ehegatten und die Regelung der Rechtsverhältnisse an Ehewohnung und Hausrat berührt werden. Um den Verbund aufrechterhalten zu können, ist es hier notwendig, die Frage der elterlichen Sorge vorweg rechtskräftig zu entscheiden.

2 Der Umstand, daß vorweg entschieden wird, macht das Sorgeregelungsverfahren nicht zur selbständigen Familiensache. Auch die **Vorwegentscheidung** ergeht nur für den Fall der Ehescheidung. Das Verfahren bleibt **Folgesache.** Die Vorwegentscheidung wird erst wirksam mit der Rechtskraft des Scheidungsausspruchs (§ 629 d). Vorher setzt sie eine einstweilige Anordnung über die elterliche Sorge nicht außer Kraft (Bastian 2; anders Thomas/Putzo Rn 5).

2a § 627 setzt einen **übereinstimmenden Sorgerechtsvorschlag** der Ehegatten voraus. Diese Voraussetzung ist nicht erfüllt, wenn die Mutter beantragt, die Eltern gemeinsam mit der elterlichen Sorge zu betrauen, während der Vater die elterliche Sorge allein beansprucht und sich dem Vorschlag der Mutter nur hilfsweise anschließt. Hier kann das Gericht die elterliche Sorge auf den Vater oder die Mutter übertragen, ohne vorweg zu entscheiden.

3 **Verfahren:** Die Vorwegentscheidung ergeht nach mündlicher Verhandlung (§ 623 Rn 36; einschränkend MK/Klauser Rn 4) durch Beschluß im Verfahren der freiwilligen Gerichtsbarkeit. Hiergegen kann die im § 621 e vorgesehene Beschwerde eingelegt werden (KG FamRZ 79, 340). Erst nach Rechtskraft der Vorwegentscheidung darf über den Scheidungsantrag und die anderen Folgesachen entschieden werden (Abs 2). Weicht das Familiengericht von einem übereinstimmenden Vorschlag der Ehegatten zur Regelung der elterlichen Sorge ab, ohne hierüber vorweg zu entscheiden, so leidet das Verbundurteil an einem wesentlichen Verfahrensmangel, der zur Aufhebung und Zurückweisung führen kann (§ 539).

4 Wird gegen ein Verbundurteil des Familiengerichts Berufung eingelegt und **will** darauf **das OLG von einem gemeinsamen Vorschlag der Ehegatten zur Regelung der elterlichen Sorge abweichen,** so hat es hierüber vorweg zu entscheiden (München FamRZ 84, 407). Nach Ablauf der Frist für die weitere Beschwerde (s § 629 d Rn 7) kann es erneut verhandeln und über die Scheidungssache und die übrigen Folgesachen entscheiden.

5 **Gebühren:** Die Vorwegentscheidung gleicht einem Teilurteil (vgl § 621 Rn 102), für das die Urteilsgebühr nach KV 1516 anfällt. Es ist nicht mit einer Kostenentscheidung zu versehen. Über die Kosten ist erst im anschließenden Verbundurteil (als Schlußurteil) zu entscheiden, für das ebenfalls die Urteilsgebühr nach KV 1516 entsteht, Jedoch darf für beide Urteile zusammen keine höhere Urteilsgebühr erhoben werden, als sie sich aus dem Gesamtwert der einzelnen Wertteile errechnet (§§ 21 II, 27 GKG); s § 301 Rn 14.

628 *[Scheidungsurteil vor Folgesachenentscheidung]*

(1) Das Gericht kann dem Scheidungsantrag vor der Entscheidung über eine Folgesache stattgeben, soweit

1. **in einer Folgesache nach § 621 Abs. 1 Nr. 6 oder 8 vor der Auflösung der Ehe eine Entscheidung nicht möglich ist,**
2. **in einer Folgesache nach § 621 Abs. 1 Nr. 6 das Verfahren ausgesetzt ist, weil ein Rechtsstreit über den Bestand oder die Höhe einer auszugleichenden Versorgung vor einem anderen Gericht anhängig ist, oder**
3. **die gleichzeitige Entscheidung über die Folgesache den Scheidungsausspruch so außergewöhnlich verzögern würde, daß der Aufschub auch unter Berücksichtigung der Bedeutung der Folgesache eine unzumutbare Härte darstellen würde.**

Hinsichtlich der übrigen Folgesachen bleibt § 623 anzuwenden.

(2) Will das Gericht nach Absatz 1 dem Scheidungsantrag vor der Regelung der elterlichen Sorge für ein gemeinschaftliches Kind stattgeben, so trifft es, wenn hierzu eine einstweilige

Anordnung noch nicht vorliegt, gleichzeitig mit dem Scheidungsurteil eine solche einstweilige Anordnung.

I) Voraussetzungen für die Vorabscheidung: § 628 macht eine Ausnahme von dem Grundsatz, daß gleichzeitig mit der Scheidung über die Folgesachen zu entscheiden ist. Er regelt folgende Fragen: Unter welchen Voraussetzungen kann das Gericht die **Ehe vorab scheiden** und **a)** von Amts wegen eingeleitete Folgesachen (elterliche Sorge und Wertausgleich von Versorgungsanwartschaften; § 623 III), **b)** Folgesachen, die eine Partei anhängig gemacht hat, gegen deren Willen zur gesonderten späteren Erledigung abtrennen? § 628 löst nicht das Problem, ob eine Partei einen Folgesachenantrag, den sie selbst anhängig gemacht hat, beliebig aus dem Verbund herauslösen kann; s § 623 Rn 34. 1

1) Nach **Abs 1 Nr 1** kann die Ehe vorab geschieden werden, wenn in einer Versorgungsausgleichs- oder Güterrechtssache eine **Entscheidung vor Auflösung der Ehe nicht möglich** ist. Gedacht ist an Fälle, in denen über die Folgesache erst entschieden werden kann, wenn der Tag feststeht, an dem der Scheidungsausspruch rechtskräftig wird. Nicht hierher gehört der schuldrechtliche Versorgungsausgleich bei Scheidungsparteien, die sich noch nicht im Rentenalter befinden. Hierüber kann nach der Scheidung ebensowenig wie gleichzeitig mit der Scheidung entschieden werden, sondern der Ausgleichspflichtige kann erst mit Eintritt des Versorgungsfalls zur Zahlung der Ausgleichsrente verurteilt werden (§ 1587 g I 2 BGB). Hier kann die Durchführung des Versorgungsausgleichs nicht Folgesache sein; s § 623 Rn 20a. 2

Die Situation, daß der **Versorgungsausgleich** vor Auflösung der Ehe nicht geregelt werden konnte, ist mehrfach dadurch eingetreten, daß das BVerfG entscheidungserhebliche Vorschriften für grundgesetzwidrig erklärt hat (BGH FamRZ 82, 478). Endet die Ehezeit vor der Herstellung einheitlicher Einkommensverhältnisse in Ost- und Westdeutschland, so ist das Versorgungsausgleichsverfahren analog § 628 I auszusetzen (§ 2 I des Versorgungsausgleichs- ÜberleitungsG – BGBl 91 I 1703), und zwar auch dann, wenn die Voraussetzungen des § 628 I Nr 3 nicht vorliegen (Hahne FamRZ 91, 1393). Auch **güterrechtliche Fälle** kommen zuweilen vor; Beispiele s § 623 Rn 17–19. Stufenklaganträge auf Auskunft und Zahlung des sich aus der Auskunft ergebenden Zugewinn- oder Versorgungsausgleichs führen nicht zur Trennung der Folgesachen nach § 628 I Nr 1; s § 623 Rn 21 f. 3

2) Nach **§ 628 I 1 Nr 2** kann die Ehe vor der Entscheidung über den Versorgungsausgleich geschieden werden, wenn die Folgesache **Versorgungsausgleich** gemäß § 53 c II FGG **ausgesetzt** worden ist, weil vor einem Sozial-, Verwaltungs- oder Arbeitsgericht ein vorgreiflicher Rechtsstreit über eine Versorgungsanwartschaft oder -aussicht anhängig ist. Ist der Rechtsstreit nur vorläufig ausgesetzt und einem Ehegatten eine Frist gesetzt worden, um einen solchen vorgreiflichen Rechtsstreit einzuleiten (§ 53 c I 1 FGG), so ist Abs 1 S 1 Nr 2 seinem Wortlaut nach nicht anzuwenden. Es besteht auch kein Anlaß für eine analoge Anwendung (Bastian Rn 3). Wird die Frist eingehalten, so treten damit auch die Voraussetzungen für eine Abtrennung der Versorgungsausgleichssache nach Abs 1 S 1 Nr 2 ein. Wird die Frist versäumt, so hindert kein vorgreiflicher Rechtsstreit die Verbundentscheidung. 4

3) Abs 1 Nr 3 handelt von dem praktisch wichtigsten Fall der Abtrennung einer Folgesache. Die Bestimmung gilt für alle Folgesachen. Sie setzt zunächst voraus, daß die Entscheidung über die Folgesache **die Ehescheidung außergewöhnlich verzögern** würde. Mehr als 93% aller Verbundverfahren, die mit einem Scheidungsurteil enden, erledigen die Familiengerichte innerhalb von zwei Jahren (statistisches Material hierzu s Walter JZ 82, 835 f; Kleinwegener FamRZ 93, 985). Dauert das Verfahren länger als zwei Jahre, so ist dies außergewöhnlich (BGH FamRZ 86, 898/899 = NJW 87, 1772 f; 91, 1043 f), dauert es kürzer, so ist § 628 I Nr 3 nicht anzuwenden (Düsseldorf FamRZ 88, 312; anders Kleinwegener aaO). Die Dauer zählt von der Rechtshängigkeit an. Zeiten, in denen das Verfahren nicht betrieben wurde, geruht hat oder ausgesetzt war, 5 werden nicht abgezogen (BGH aaO mwN). Zu berücksichtigen ist auch die Dauer des Rechtsmittelverfahrens (BGH aaO; anders Baumbach/Albers Rn 5). Auch wenn das Verfahren schon länger als zwei Jahre dauert, ist die Ehe nicht vorab zu scheiden, wenn über die Folgesache demnächst entschieden werden kann (Stuttgart FamRZ 92, 320 f). § 628 verlangt nicht, daß eine Verzögerung bereits eingetreten ist; es genügt, daß sie droht. Gewöhnliche Verzögerungen, die durch Auskünfte über Versorgungsanwartschaften eintreten, müssen die Parteien hinnehmen, außergewöhnliche, zB solche durch Überlastung des Familiengerichts, nicht (MK/Klauser Rn 9; anders JHSedemund- Treiber Rn 6). Eine Verzögerung wird nicht dadurch außergewöhnlich, daß eine Partei sie verursacht hat (Schleswig FamRZ 92, 1199 f). Dieser Umstand ist nur bei der Prüfung zu beachten, ob eine unzumutbare Härte vorliegt (BGH aaO; s Rn 7). Außergewöhnlich sein können insbesondere Verzögerungen durch Sachverständigengutachten, durch die Verweigerung von Auskünften (§§ 1580, 1605, 1379, 1587 e I BGB), durch das unnötig späte Anhängigmachen von Folgesachen (Karlsruhe FamRZ 79, 725 u 947), durch die Einholung einer verfassungsgerichtlichen Entscheidung (Art 100 GG; Oldenburg FamRZ 78, 812; Celle FamRZ 79, 295; Köln FamRZ 79, 296).

6 Der Aufschub der Ehescheidung muß eine **unzumutbare Härte** darstellen. Die außergewöhnliche Verzögerung bedeutet – für sich allein gesehen – keine solche Härte; sonst wäre der letzte Halbsatz des Abs 1 S 1 überflüssig (Frankfurt FamRZ 78, 363; Hamm FamRZ 79, 163; Bamberg FamRZ 88, 531 f; Schleswig FamRZ 89, 1106). Unzumutbar ist die Härte nur, wenn das Interesse des Antragstellers an einer alsbaldigen Scheidung vorrangig vor dem Interesse ist, das der andere Ehegatte daran hat, daß gleichzeitig mit der Scheidung über die Folgesache entschieden wird (Hamm aaO; Schleswig SchlHA 81, 67; Frankfurt FamRZ 86, 922).

7 **a) Zugunsten des Ehegatten, der die Scheidung begehrt,** ist dessen Wunsch zu berücksichtigen, alsbald wieder zu heiraten, wenn dadurch ein Kind, das die Ehefrau oder die Geliebte des Ehemannes erwartet, ehelich geboren wird (BGH FamRZ 86, 898/899 mwN). Ist die Lebenserwartung des Ehegatten, der nach der Scheidung wieder heiraten will, durch hohes Alter oder schlechten Gesundheitszustand begrenzt, so kann ein Aufschub der Scheidung unzumutbar hart sein (Hamm FamRZ 80, 373; Frankfurt FamRZ 80, 280; Celle FamRZ 79, 948; Oldenburg FamRZ 79, 616). Eine unzumutbare Härte kann auch vorliegen, wenn die Wiederheirat eines Ehegatten vorübergehend dadurch vereitelt wird, daß der Gegner Folgesachen verzögerlich behandelt, zB daß er durch die Verweigerung von Auskünften die Entscheidung in den Folgesachen Unterhalt, Versorgungsausgleich und Zugewinnausgleich erschwert (Frankfurt FamRZ 78, 363 u 86, 922; Bamberg FamRZ 88, 531 f; Oldenburg FamRZ 92, 458 = NJW-RR 712) oder daß er ohne berechtigten Anlaß Folgesachen später als nötig anhängig macht (Karlsruhe FamRZ 79, 725 und 947; Schleswig SchlHA 81, 67; Frankfurt FamRZ 88, 966 = NJW-RR 774). Betreiben beide Ehegatten die Folgesachen mit Verzögerungen, so liegt in der hierdurch verursachten Verzögerung keine Härte (Hamm FamRZ 92, 1086). Muß ein Ehegatte, wenn die Ehe nicht vorab geschieden wird, für die Trennungszeit erheblich mehr Unterhalt zahlen als nach der Scheidung, so ist dies allein nicht unzumutbar hart (Koblenz FamRZ 90, 769 f). Eine verzögerliche Behandlung der Folgesachen kann aber dann zu einer solchen Härte führen, wenn der Gegner auf Grund eines Vergleichs mehr Unterhalt vom Antragsteller erhält, als ihm kraft Gesetzes zustände, und wenn er die Folgesache verzögert, um möglichst lange im Genuß der mit der Scheidung wegfallenden Unterhaltsrente zu bleiben (BGH FamRZ 91, 1043 f mwN).

8 **b)** Auf seiten des **Ehegatten, der der Scheidung widerspricht,** ist zu berücksichtigen, ob er sich nach der Trennung einen eigenen Lebensmittelpunkt geschaffen hat (Frankfurt FamRZ 78, 363; Bamberg FamRZ 88, 531 f). Im übrigen gilt: Je wichtiger die Folgesache für die aktuelle Lebenssituation des widersprechenden Ehegatten ist, desto strenger sind die Voraussetzungen für ihre Abtrennung (Hamm FamRZ 92, 1086). Wirkt sich die Regelung der Folgesache nicht auf diese Lebenssituation aus wie zB der Zugewinnausgleich bei Ehegatten mit ausreichendem Einkommen (BGH FamRZ 86, 898/899 mwN) oder der Versorgungsausgleich bei erwerbsfähigen Ehegatten, so kann die Ehe eher vorab geschieden werden als in den Fällen, in denen die Unterhaltsfrage ungeregelt bleibt (Oldenburg FamRZ 79, 162; Schleswig SchlHA 80, 18; Koblenz FamRZ 93, 199). Die Bedeutung der Folgesache kann durch eine einstweilige Anordnung über den gleichen Gegenstand vermindert werden (Schleswig SchlHA 81, 67). Dem Verbundgedanken entspricht es, das Interesse des Ehegatten an wirtschaftlicher Sicherung hoch zu bewerten (Saarbrücken FamRZ 80, 282; Düsseldorf FamRZ 85, 412).

9 **c) Die Zustimmung eines Ehegatten zur Abtrennung einer Folgesache** kann ein Indiz dafür sein, daß seine Interessen durch eine Entscheidung vor Regelung der Folgesache nicht erheblich beeinträchtigt werden (BGH FamRZ 91, 1043 f; Bamberg FamRZ 88, 531 f; Schleswig FamRZ 92, 1199 f). Zwingend ist dieser Schluß nicht (Schleswig FamRZ 89, 1106); denn über die Vorabscheidung können die Parteien nicht disponieren. Die §§ 623, 628 enthalten zwingendes Recht (BGH aaO u FamRZ 91, 687 = NJW-RR 727 = MDR 874; s aber § 623 Rn 34). Unrichtig ist die Auffassung

des AG Landshut (FamRZ 93, 580; NJW-RR 93, 519), daß in einverständlichen Scheidungssachen der Versorgungsausgleich stets abzutrennen sei.

10 **d)** Auch das **Wohl der Kinder** der Scheidungsparteien kann berücksichtigt werden, wenn es darum geht, ob der Aufschub der Scheidung unzumutbar hart ist. Um Kinder aus haltloser Unsicherheit zu befreien, sollen Sorgerechtsentscheidungen möglichst schnell ergehen. Blockiert eine Folgesache die Scheidung und damit auch die Sorgeregelung (§ 628 I 2), so kann hieraus eine unzumutbare Härte entstehen (van Els FamRZ 83, 438 mit Nachw aus den Gesetzesmaterialien), wenn diese nicht durch eine einstweilige Anordnung beseitigt werden kann.

10a **II)** Unter den Voraussetzungen des § 628 I kann auch über einen **Teil einer Folgesache** zugleich mit der Scheidung **entschieden** und der andere Teil abgetrennt werden (BGH FamRZ 83, 38 = MDR 209 u FamRZ 83, 459 = NJW 1311 = MDR 652). Das gilt auch für den Versorgungsausgleich (BGH FamRZ 83, 38; 83, 459 = NJW 1311; FamRZ 84, 572, stRsp). Eine Teilentscheidung darf nur ergehen, wenn der vorab entschiedene Teil davon unabhängig ist, wie über den Rest der Folgesache entschieden wird (§ 621e Rn 30). In folgendem Fall ist die Übertragung von Rentenanwartschaften gemäß § 1587b I BGB (Splitting) unabhängig von der Begründung von Rentenanwartschaften iS der §§ 1587b II BGB, 1 III VAHRG (Quasisplitting, s Düsseldorf FamRZ 92, 190 f): Stehen dem ausgleichsberechtigten Ehegatten Anwartschaften in der gesetzlichen Rentenversicherung und in der Beamtenversorgung zu, deren zusammengerechnete Werte eine geringere Summe ergeben als den Wert der Anwartschaften des ausgleichspflichtigen Ehegatten in der gesetzlichen Rentenversicherung, so findet insoweit ein Splitting in Höhe der Hälfte des Wertunterschiedes statt (§ 1587 I 1 BGB). Stehen dem ausgleichspflichtigen Ehegatten außerdem Beamtenversorgungsanwartschaften zu, so sind allein diese Gegenstand des Quasisplitting. Hier sind Splitting und Quasisplitting voneinander unabhängig (Frankfurt FamRZ 92, 60 f). Über das Splitting kann eine Teilentscheidung ergehen.

10b Falsch ist es aber, bei mehreren Versorgungsanwartschaften beider Ehegatten nur die beiderseitigen Anwartschaften in der gesetzlichen Rentenversicherung zu splitten und den Ausgleich der Beamtenversorgungsanwartschaften späterer Entscheidung vorzubehalten. Ebensowenig darf der Antrag, den Versorgungsausgleich gemäß § 1587 c BGB herabzusetzen, vorab durch Teilentscheidung zurückgewiesen werden (Oldenburg FamRZ 92, 458 = NJW-RR 712). **Unzulässige Teilentscheidungen** kann das Rechtsmittelgericht wegen eines wesentlichen Verfahrensmangels aufheben und die Sache an die Vorinstanz zurückverweisen; s Rn 14. Es ist jedoch auch befugt, aus Gründen der Prozeßökonomie den in der Vorinstanz anhängig gebliebenen Teil mitentscheiden (BGH FamRZ 83, 459 = NJW 1311 = MDR 652 u FamRZ 83, 890 = NJW 84, 120).

11 **III) Verfahren der Abtrennung und Rechtsmittel hiergegen: 1) Weist das FamG den Antrag einer Partei zurück, die Ehe vor der Entscheidung über eine Folgesache zu scheiden,** so ist umstritten, ob ein solcher Beschluß anfechtbar ist (verneinend Hamburg MDR 78, 148 mwN; KG FamRZ 79, 615 mwN; Hamm NJW 79, 1309 mwN; FamRZ 93, 984 f; Frankfurt FamRZ 80, 178 f; Zweibrücken FamRZ 86, 823; Bamberg FamRZ 86, 1011; Koblenz FamRZ 91, 209; Düsseldorf FamRZ 94, 1121; BezG Erfurt JurBüro 92, 764; JHSedemund-Treiber Rn 16; Baumbach/Albers Rn 9; bejahend Frankfurt FamRZ 79, 62; Hamm FamRZ 86, 1121 = NJW-RR 87, 986; StJSchlosser Rn 17; Rolland/Roth Rn 11; Schwab/Maurer I Rn 49). Nach § 567 findet die Beschwerde gegen solche eine mündliche Verhandlung nicht erfordernde Entscheidungen statt, durch die ein das Verfahren betreffendes Gesuch zurückgewiesen ist. Der Antrag, die Ehe vorab zu scheiden, ist kein solches Gesuch, sondern nur eine Anregung, über die das FamG nach § 628 I von Amts wegen zu entscheiden hat (Düsseldorf FamRZ 78, 123 u 807; Koblenz FamRZ 91, 209). Nach der ersten Alternative des § 567 ist die Ablehnung der Vorabscheidung nicht anfechtbar. – Nach § 567 findet die Beschwerde weiter in den in der ZPO besonders hervorgehobenen Fällen statt. § 252 gewährt die Beschwerde gegen eine Entscheidung, durch die ein Verfahren auf Grund anderer gesetzlicher Bestimmungen ausgesetzt wird. Anfechtbar sind auch Entscheidungen mit mittelbarer Aussetzungswirkung wie die Vertagung auf unbestimmte Zeit (StJRoth § 252 Rn 2), die Ablehnung einer Terminsanberaumung (§ 252 Rn 1), einer Verhandlung nach Erlaß eines Vorbehalts- oder Zwischenurteils (MK/Feiber § 252 Rn 14) oder eines Beweisbeschlusses, der einen Verfahrensstillstand verursacht (§ 252 Rn 1; MK/Feiber aaO Rn 17). Auch ein Beschluß, durch den die Vorabscheidung abgelehnt wird, wirkt mittelbar wie eine Aussetzung und ist anfechtbar (MK/Klauser Rn 19; anders Düsseldorf FamRZ 94, 1121).

12 **2) Will das Familiengericht die Ehe vorab scheiden,** so muß es den Parteien vorher **rechtliches Gehör** gewähren, damit sie erkennen können, daß die mündliche Verhandlung in der Scheidungssache geschlossen wird (BGH FamRZ 86, 898/899 f). In den Fällen des § 628 I 1 Nr 1 u 2 steht die Vorabscheidung im **Ermessen** des Gerichts. Im Fall der Nr 3 besteht kein Ermessensspielraum. Hier muß das Gericht die Scheidung vorweg aussprechen; es darf keinem Ehegatten ansinnen, eine unzumutbare Härte hinzunehmen (Karlsruhe FamRZ 79, 725; anders BGH FamRZ 91,

1044). Ein besonderer **Trennungsbeschluß** braucht nicht erlassen zu werden. Erläßt das FamG einen solchen Beschluß, statt im Scheidungsurteil die Folgesache abzutrennen, so ist der Beschluß nach § 567 I **unanfechtbar** (BGH FamRZ 79, 221 = NJW 821; FamRZ 79, 690 = NJW 1603; Koblenz FamRZ 91, 209; Zweibrücken FamRZ 94, 1045; anders Hamm NJW-RR 87, 896; Schwab/Maurer I Rn 492). Eine Beschwerde hiergegen ist weder im Gesetz vorgesehen noch ist ein das Verfahren betreffendes Gesuch zurückgewiesen worden.

13 3) **Die Abtrennung einer Folgesache kann** aber – einerlei ob sie durch vorweggenommenen Beschluß oder im Scheidungsurteil vorgenommen worden ist – **mit der Berufung oder Revision gegen das Scheidungsurteil angefochten** werden (BGH FamRZ 79, 690; 84, 254 f; 86, 898 f = NJW 87, 1772 f; Düsseldorf FamRZ 87, 958 u 88, 312; Schleswig FamRZ 89, 1106: 92, 1199). Eine solche Berufung können nur die Ehegatten einlegen. Nicht hierzu befugt sind Dritte, die an der abgetrennten Folgesache beteiligt sind (Brandenburg FamRZ 96, 496 f). Da das Berufungsgericht hier nicht nach § 540 von der Zurückverweisung absehen und eine Sachentscheidung treffen kann, ist es – anders als sonst im Zivilprozeß – **nicht notwendig, daß die Berufungsschrift einen Sachantrag enthält;** der Antrag auf Aufhebung des Urteils und Zurückverweisung der Sache an das FamG genügt (Frankfurt FamRZ 83, 1258 u 88, 966 = NJW-RR 774; Düsseldorf FamRZ 85, 412 u 87, 128; Koblenz FamRZ 90, 769 f). Der Rechtsmittelführer kann die Verletzung der §§ 623, 628 auch dann rügen, wenn er sich in der Vorinstanz mit der Vorabscheidung einverstanden erklärt und damit auf die Befolgung jener Vorschriften verzichtet hat. Die §§ 623 I, 628 sind Vorschriften, auf deren Befolgung die Parteien nicht verzichten können (BGH FamRZ 91, 687f; Schleswig FamRZ 92, 198; s aber § 623 Rn 34).

14 4) Wird die Ehe vorab geschieden, so müssen die Entscheidungsgründe Ausführungen darüber enthalten, daß die abgetrennte Folgesache noch nicht entscheidungsreif ist (Koblenz NJW-RR 91, 5) und daß die übrigen Voraussetzungen des § 628 I 1 Nr 3 erfüllt sind. Wenn diese Ausführungen fehlen, leidet das Urteil an einem wesentlichen Verfahrensmangel. Das Rechtsmittelgericht kann es **aufheben und die Sache** nach den §§ 539, 564 II, 565 I an die Vorinstanz **zurückverweisen** (BGH FamRZ 79, 690 = NJW 1603; FamRZ 80, 1108 = NJW 81, 55; FamRZ 81, 24 = NJW 233; FamRZ 83, 461 = NJW 1317; FamRZ 86, 898/899 mwN; Koblenz aaO). Waren die Voraussetzungen für eine Vorabscheidung erfüllt und hatte das FamG es nur unterlassen, diesen Punkt zu begründen, so wird das OLG im Regelfall diesen Mangel gemäß § 540 selbst beheben und die fehlenden Gründe nachholen. Ist aber die Ehe unter Verstoß gegen § 628 vorab geschieden worden, so hebt es das Urteil auf und verweist die Sache an das FamG zurück. Wie bei einem unzulässigen Teilurteil kann es auch gemäß § 540 von der Zurückverweisung absehen und über die abgetrennte, beim FamG anhängig gebliebene Folgesache mitentscheiden (§ 301 Rn 12). So zu verfahren, empfiehlt sich, wenn diese Folgesache zur Endentscheidung reif ist. Eine Zurückverweisung an die Vorinstanz ist nicht statthaft, wenn sie nicht zu einer Wiederherstellung des Verbundes führen kann, weil dort inzwischen über die abgetrennten Folgesachen entschieden worden ist; denn hier wird das gesetzgeberische Ziel, alle Folgesachenentscheidungen zugleich mit dem Scheidungsausspruch wirksam werden zu lassen, auch ohne Aufhebung des Scheidungsausspruchs erreicht (Schleswig FamRZ 92, 198; München FuR 92, 297).

15 5) Mit dem Ziel, den in der Vorinstanz auseinandergerissenen Verbund teilweise wiederherzustellen, können die Ehegatten auch **Folgesachenentscheidungen anfechten,** den Scheidungsausspruch aber gleichwohl rechtskräftig werden lassen (MK/Klauser Rn 18; anders JHSedemund-Treiber Rn 14). Mit dem gleichen Ziel können sie auch Urteile anfechten, durch die der Restverbund zwischen mehreren bereits früher abgetrennten Folgesachen (§ 628 I 2) abermals getrennt wird. Beispiel: Das FamG entscheidet über den nachehelichen Unterhalt der Frau, trennt aber ihren Folgesachenantrag wegen Zugewinnausgleichs ab. Da die Erträge aus dem Zugewinnausgleich den Unterhalt der Frau vermindern können, kann die Vorabentscheidung über den Unterhalt für den Mann nachteilig sein und von ihm angefochten werden.

16 6) **Beschwer:** Durch eine Ehescheidung vor einer Folgesachenentscheidung werden beide Ehegatten beschwert; denn beide haben Anspruch darauf, nur geschieden zu werden, wenn gleichzeitig über die Folgesachen entschieden wird (StJSchlosser Rn 18, MK/Klauser Rn 17). Versorgungsträger können die Abtrennung der Folgesache Versorgungsausgleich nicht rügen, weil durch die Auflösung des Verbundes ihre Interessen nicht beeinträchtigt werden. Das gleiche gilt grundsätzlich auch für das Jugendamt (§ 64 III 3 FGG) und für das über 14 Jahre alte Kind (§ 59 FGG). Theoretisch könnten diese jedoch mit der Beschwerde rügen, daß die Folgesachen elterliche Sorge und Umgangsrecht zu Unrecht voneinander getrennt worden seien.

17 7) **§ 628** ist **auch in der Berufungsinstanz** anzuwenden. Einzelheiten s § 629 a Rn 6, 7.

17a 8) Wenn **in einer Folgesache ein Prozeßvergleich** geschlossen wird, wird im Verbundurteil nicht über diese Sache entschieden. Stellt sich nach Urteilsverkündung heraus, daß der Vergleich **nichtig** ist, so muß das FamG die Folgesache verhandeln und entscheiden. Diese ist dann wie eine abgetrennte Folgesache zu behandeln (Zweibrücken FamRZ 87, 84).

IV) Folgen der Abtrennung: Wird eine Folgesache abgetrennt, so bleibt der **Verbund** zwischen der Scheidungssache und den übrigen Folgesachen bestehen (Abs 1 S 2). Das Scheidungsurteil ist, obwohl es eigentlich ein Teilurteil ist (Bamberg JurBüro 84, 737 mwN u 1514 mwN; Düsseldorf JurBüro 84, 223), mit einer Kostenentscheidung zu versehen (§ 93 a I 1; Hamm AnwBl 78, 423; München JurBüro 87, 564; JHSedemund-Treiber Rn 13; anders Rahm/Lappe IX Rn 329). Werden **mehrere Folgesachen abgetrennt,** so besteht **zwischen ihnen** weiterhin ein **Verbund** (KG FamRZ 90, 646; Stuttgart FamRZ 90, 1121; Philippi FamRZ 87, 607; anders München FamRZ 87, 169). Dies ergibt sich mittelbar aus § 629 a II 3. Dort ist für die Rechtsmittelinstanzen bestimmt, daß bei vorzeitiger Rechtskraft der Scheidung der Verbund zwischen den Folgesachen fortbesteht (§ 629 a Rn 6). Es besteht kein Anlaß, in erster Instanz anders zu verfahren. 18

Das FamG hat **das abgetrennte Verfahren** auch dann fortzusetzen, wenn gegen den Scheidungsausspruch Berufung eingelegt wird (KG FamRZ 82, 320). Das Verfahren **bleibt Folgesache** (BGH FamRZ 81, 24 = NJW 233). Trotz Aufhebung des Verbundes ist eine Entscheidung nur für den Scheidungsfall zu treffen (Hamm FamRZ 79, 725 = NJW 769 = MDR 497). Hierauf ist im Klagantrag und in der Folgesachenentscheidung zu achten. Ist die Scheidung inzwischen rechtskräftig, so darf das FamG sich hier nicht darauf beschränken, einen Ehegatten vom Eintritt der Rechtskraft an zur Zahlung einer Unterhaltsrente zu verurteilen, ohne dieses Datum festzulegen. Trotz Abtrennung der Folgesache gilt weiterhin der Grundsatz des § 623 II 1, daß nach der letzten Verhandlung in der Scheidungssache keine neuen Folgesachen mehr anhängig gemacht werden können. In der Folgesache Unterhalt kann der **Klagantrag erhöht** werden; der Zahlungsantrag kann auch **um einen Auskunftsantrag erweitert** werden (StJSchlosser Rn 16; MK/Klauser Rn 23). 19

Die Ehegatten müssen sich weiterhin **durch Rechtsanwälte vertreten** lassen (§ 78 II 1 Nr 1; Köln FamRZ 95, 312 f). Läßt sich ein Ehegatte nicht vertreten, so kann er zwar keine prozessual wirksamen Erklärungen abgeben. In Folgesachen aus dem Bereich der freiwilligen Gerichtsbarkeit muß das FamG jedoch seinen Sachvortrag berücksichtigen (Folge der Amtsaufklärungspflicht nach § 12 FGG; BVerfG FamRZ 92, 1151; Zweibrücken FamRZ 82, 187; Hamm FamRZ 94, 714 f). Die Auflösung des Verbundes hat zur Folge, daß zivilprozessuale Sachen **öffentlich zu verhandeln** sind (§ 170 S 2 GVG) und daß Familiensachen der freiwilligen Gerichtsbarkeit nicht mehr mündlich verhandelt zu werden brauchen, weil das für den Verbund eingeführte **Mündlichkeitsprinzip** (§ 623 I 1) wegfällt (KG FamRZ 84, 495; Koblenz FamRZ 85, 1144 mwN; NJW-RR 86, 306 mwN; str; für die Beschwerdeinstanz bejaht von BGH FamRZ 83, 267 = NJW 824 = MDR 475); Ausnahmen: §§ 53 a I 1, 53 b I FGG, 13 II HausratsVO. Zivilprozessuale Folgesachen werden durch **Urteil** entschieden, das der Berufung unterliegt. Folgesachen der freiwilligen Gerichtsbarkeit werden durch **Beschluß** entschieden; die Anfechtung des Beschlusses regelt § 621 e. Für die Kostenentscheidung in allen abgetrennten Folgesachen gilt § 93 a I: Regelmäßig sind die Kosten gegenüber aufzuheben. Dies gilt auch bei Rücknahme des abgetrennten Folgesachenantrages (AG Pinneberg SchlHA 84, 184). § 629 d bezieht sich auch auf abgetrennte Folgesachen: Vor Rechtskraft der Scheidung werden die Entscheidungen über die abgetrennten Sachen nicht wirksam. Über ihr Wirksamwerden nach Rechtskraft der Scheidung s § 629 d Rn 11 f. 19a

Schließlich gilt für **abgetrennte Folgesachen** auch § 629 III: Sie werden **gegenstandslos,** wenn der **Scheidungsantrag abgewiesen** wird. Nach § 93 a II ist dann im abweisenden Urteil erneut über die Kosten zu entscheiden: Diese fallen im Regelfall dem Ehegatten zur Last, dessen Scheidungsantrag abgewiesen worden ist, können jedoch aus Billigkeitsgründen anders verteilt werden. Einzelheiten s § 626 Rn 4 f. 20

V) Abs 2 ordnet an, daß zugleich mit dem Scheidungsausspruch eine **einstweilige Anordnung über die elterliche Sorge** erlassen wird, falls die Ehe vor der Entscheidung über die Sorge geschieden wird. Wenn die Sorge bereits vor der Scheidung durch einstweilige Anordnung geregelt worden war, ergeht hierzu keine erneute Anordnung. Hatte das FamG sie aber bereits endgültig geregelt, nachdem die Eltern sich getrennt hatten (§ 1672 BGB), so ist eine einstweilige Anordnung zu erlassen, die die elterliche Sorge erneut regelt (Karlsruhe FamRZ 90, 435; StJSchlosser Rn 15 a; MK/Klauser Rn 25; MK- BGB/Hinz § 1672 Rn 9, anders Hamburg FamRZ 88, 635; Maurer FamRZ 91, 889; Rolland/Roth Rn 29; Baumbach/Albers Rn 14; Thomas/Putzo Rn 16). Diese Anordnung gilt für die Zeit ab Rechtskraft der Scheidung. Bis dahin ist weiterhin die frühere Entscheidung nach § 1672 BGB maßgeblich, die sich durch eine einstweilige Anordnung nicht ändern läßt (§ 620 Rn 19). Mit Eintritt der Rechtskraft tritt die frühere Entscheidung außer Kraft (Fehmel in FamGb § 1672 BGB Rn 12). Sie gilt zwar zur Überbrückung eines regelungslosen Zustandes notfalls weiter, wenn eine Anordnung nach § 628 II verfahrensfehlerhaft nicht ergangen ist (BGH FamRZ 88, 54 f = NJW-RR 194). Das ist jedoch kein Grund, vom Erlaß einer solchen Anordnung abzusehen (StJSchlosser aaO). – Auf Wunsch der Eltern kann auch angeordnet werden, daß sie weiterhin gemeinsam die Sorge ausüben sollen. Für die Anordnung gelten die §§ 620 ff (Schleswig JurBüro 86, 883). Werden andere Folgesachen abgetrennt, so 21 können auch sie auf Antrag durch einstweilige Anordnung vorläufig geregelt werden, ausgenommen Versorgungsausgleichs- und Güterrechtsstreitigkeiten.

22 **VI) Gebühren:** Der Erlaß einer einstweiligen Anordnung nach Abs 2 ist gerichtsgebührenfrei (vgl KV 1701). Probleme macht die Kostenfestsetzung, wenn vorab ein Scheidungsurteil mit einer Kostenentscheidung verkündet wird (s Rn 18) und später in einer abgetrennten Folgesache eine Schlußentscheidung ergeht, in der wiederum über die Kosten entschieden wird. Auch hier sind die Scheidungssache und sämtliche Folgesachen einschließlich der abgetrennten Sache dieselbe Angelegenheit iS der §§ 7 III BRAGO, 19 a GKG (Stuttgart JurBüro 80, 66; KG JurBüro 81, 545; Düsseldorf JurBüro 87, 62). Werden auf Grund des Scheidungsurteils Kosten festgesetzt, so werden die Werte der Gegenstände, über die in diesem Urteil entschieden worden ist, zusammengerechnet. Auf dieser Grundlage werden Gerichts- und Anwaltsgebühren festgesetzt (Karlsruhe MDR 80, 412 Hamm JurBüro 81, 381; Bamberg JurBüro 80, 1827; München JurBüro 87, 564). Werden später auf Grund der Kostenschlußentscheidung erneut Kosten festgesetzt, so sind die Werte der Scheidungssache und sämtlicher Folgesachen zu addieren. Die Kosten sind dann in der Weise festzusetzen, als ob nur eine einzige Kostenentscheidung ergangen sei (Düsseldorf AnwBl 83, 556; München MDR 84, 320 = AnwBl 203). Auf diese Kosten sind dann in einem dritten Schritt die bereits früher festgesetzten Kosten anzurechnen (Stuttgart aaO; Mümmler JurBüro 83, 1622).

Bei Vorabentscheidung über den Scheidungsantrag bilden Scheidungssache und Folgesachen gebührenrechtlich dieselbe Angelegenheit (KG Rpfleger 81, 205 mwN). – Werden die Kosten einer abgetrennten Folgesache in einem anderen Verhältnis verteilt als die übrigen Kosten, über die im Scheidungsurteil entschieden worden ist, so ist ebenso wie zuvor zu verfahren. Im zweiten Kostenfestsetzungsverfahren sind nur die Kosten auszugleichen, die nach Abzug der im ersten Festsetzungsverfahren ausgeglichenen Kosten übrig bleiben (Koblenz FamRZ 90, 82 = JurBüro 73; anders München AnwBl 84, 203).

629 *[Entscheidungsverbund, Vorbehalt bei Abweisung des Scheidungsantrages]*

(1) Ist dem Scheidungsantrag stattzugeben und gleichzeitig über Folgesachen zu entscheiden, so ergeht die Entscheidung einheitlich durch Urteil.

(2) Absatz 1 gilt auch, soweit es sich um ein Versäumnisurteil handelt. Wird hiergegen Einspruch und auch gegen das Urteil im übrigen ein Rechtsmittel eingelegt, so ist zunächst über den Einspruch und das Versäumnisurteil zu verhandeln und zu entscheiden.

(3) Wird ein Scheidungsantrag abgewiesen, so werden die Folgesachen gegenstandslos. Auf Antrag einer Partei ist ihr in dem Urteil vorzubehalten, eine Folgesache als selbständige Familiensache fortzusetzen. § 626 Abs. 2 Satz 3 gilt entsprechend.

1 **I) Abs 1: 1)** Wird die Ehe geschieden, so ergeht ein **einheitliches Urteil** hierüber und über die Folgesachen. Über die elterliche Sorge ist auch dann zu entscheiden, wenn sie kraft ausländischen Rechts von selbst auf den Vater übergeht und zu einer abweichenden Regelung kein Anlaß besteht (Beitzke IPRax 93, 235). Nicht entschieden wird über die elterliche Sorge, wenn hierüber bereits vorweg entschieden worden ist (§ 627), und über solche Folgesachen, die gemäß § 628 abgetrennt werden. Die Urteilsformel hat alle übrigen Folgesachen zu umfassen. Ist der Versorgungsausgleich nach § 1408 II oder § 1587 o BGB ganz oder teilweise ausgeschlossen, so ist dies in der Urteilsformel nicht auszusprechen (§ 53 d S 1 FGG; BGH NJW-RR 91, 1026; Hamburg FamRZ 88, 638). Wird eine Sache im Urteil versehentlich übergangen, so ist dieses auf Antrag durch nachträgliche Entscheidung zu ergänzen (§ 321). Werden die von Amts wegen eingeleiteten Folgesachen elterliche Sorge oder Wertausgleich von Versorgungsanwartschaften (§ 623 III) übergangen, so kann das Urteil auch ohne Antrag ergänzt werden (MK/Klauser Rn 5). Über den Fall, daß Verfahren auf Aufhebung der Ehe, auf Scheidung und in Folgesachen miteinander verbunden sind, s § 623 Rn 3a.

2 **2)** Im **Urteilsrubrum** sind nach § 313 I Nr 1 die Scheidungsparteien und die Personen und Behörden zu bezeichnen, die an Folgesachen aus dem Bereich der freiwilligen Gerichtsbarkeit beteiligt sind; s § 624 Rn 8 ff. Das Urteil ist mit Tatbestand und **Entscheidungsgründen** zu versehen, soweit über die Scheidung und die güter- und unterhaltsrechtlichen Folgesachen entschieden wird (§ 313 I Nr 5 u 6). Soweit in Folgesachen aus dem Bereich der freiwilligen Gerichtsbarkeit Dritte beteiligt sind, müssen Gründe geschrieben werden, die von den sonstigen Enscheidungsgründen klar abgegrenzt und aus sich heraus verständlich sind. Dies erfordert § 624 IV, wonach das Urteil den verfahrensbeteiligten Dritten nur zugestellt wird, soweit es sie betrifft; s § 624 Rn 13. Hier brauchen – wie auch sonst im Verfahren der freiwilligen Gerichtsbarkeit – Tatbestand und Entscheidungsgründe nicht voneinander getrennt zu werden (MK/Klauser Rn 4; anders JHSedemund-Treiber § 621 Rn 36). Soweit es um den Scheidungsausspruch selbst und um güterrechtliche Folgesachen geht, können nach § 313 a **Tatbestand und Entscheidungsgründe weggelassen** werden, wenn die Ehegatten spätestens am zweiten Tage nach Verhandlungsschluß hierauf und auf Rechtsmittel verzichten. Dies gilt nicht für die Folgesache Unterhalt (§ 313 a II Nr 4) und nicht für Entscheidungen über Folgesachen, an denen Dritte beteiligt sind (Hamm FamRZ 79, 168; Stuttgart FamRZ 83, 81; MK/Klauser Rn 4; anders für den Versorgungsausgleich StJSchlosser Rn 1).

2) Die **Kostenentscheidung** des Urteils richtet sich nach § 93 a: Wird die Ehe geschieden, so sind im Regelfall die Kosten der Scheidungssache und der Folgesachen gegeneinander aufzuheben. Ausnahmen s § 93 a I 2, 3. Wird der Scheidungsantrag abgewiesen, so hat der Antragsteller die Kosten zu tragen einschließlich der in den Folgesachen entstandenen Kosten (§§ 93 a II, 91; Ausnahmen s § 93 a II 2). Wird einer Partei auf ihren Antrag im Urteil vorbehalten, eine Folgesache als selbständige Familiensache fortzusetzen, so ist über die Kosten dieser Folgesache nicht zu entscheiden (§§ 629 III 3, 626 II 3). 3

Alle diese Bestimmungen regeln nicht die Frage, wer die **Kosten Dritter** zu tragen hat, die an Folgesachen aus dem Bereich der freiwilligen Gerichtsbarkeit beteiligt sind (Hamm FamRZ 92, 1457; Karlsruhe FamRZ 95, 361/363), zB die Kosten des Vermieters, der sich an der Folgesache „Regelung der Rechtsverhältnisse an der Ehewohnung" beteiligt und sich dabei durch einen Anwalt vertreten läßt. Ob Dritte die Erstattung ihrer Kosten von den Ehegatten verlangen können, kann nicht aus § 93 a I entnommen werden (KG FamRZ 81, 381 f; Schwab/Maurer I Rn 711). Diese Bestimmung regelt die Kostentragungspflicht nur im Verhältnis der Ehegatten zueinander. Die Regelung, daß die Kosten gegeneinander aufgehoben werden, hat zur Folge, daß jede Partei die Gerichtskosten je zur Hälfte zu tragen hat (§ 92 I 2). Dies zeigt deutlich, daß dabei nur an das für den Zivilprozeß typische Zwei-Parteien-System (Kläger – Beklagter, Antragsteller – Antragsgegner) gedacht ist, nicht aber an die für das Verfahren der freiwilligen Gerichtsbarkeit typische Fallkonstellation, daß mehrere Personen oder Behörden am Verfahren beteiligt sind, ohne sich als Gegner gegenüberzustehen. – Regelt die ZPO mithin die Kostentragungspflicht im Verbundverfahren unvollständig, so bleibt nach § 621 a I 1 in den Folgesachen aus dem Bereich der freiwilligen Gerichtsbarkeit das **FGG anwendbar,** soweit die zivilprozessuale Regelung die Kosten in diesen Angelegenheiten nicht erfaßt (Hamburg FamRZ 79, 326 u 94, 716 f; JHSedemund-Treiber § 93 a ZPO Rn 8; Schwab/Maurer I Rn 711; Keidel/Kuntze § 64 Rn 129; Bassenge § 64 Anm VII 2 c; anders München FamRZ 79, 734; Düsseldorf FamRZ 80, 1052; Oldenburg JurBüro 80, 1896 f; Hamm FamRZ 81, 695; Karlsruhe FamRZ 95, 361/363). Anzuwenden sind die §§ 13 a I FGG, 20 HausratsVO, wonach einem verfahrensbeteiligten Dritten Kosten nur zu erstatten sind, wenn dies der Billigkeit entspricht. Diese Bestimmungen gelten sowohl im Fall der Ehescheidung als auch bei Abweisung des Scheidungsantrages. 3a

II) **Abs 2:** Eine Ehe darf nicht durch **Versäumnisurteil** geschieden werden (§ 612 IV). Ebensowenig dürfen Versäumnisurteile in Folgesachen der freiwilligen Gerichtsbarkeit erlassen werden; denn das FGG kennt kein Säumnisverfahren. Für die zivilprozessualen (unterhalts- und güterrechtlichen) Folgesachen gelten jedoch die §§ 330 ff. Die Säumnis eines Ehegatten führt nicht zum Versäumnisurteil, solange dem Scheidungsantrag nicht stattgegeben wird (§ 623 I 1). Zusammen mit dem Scheidungsausspruch kann jedoch gegen einen Ehegatten, der am Schluß der mündlichen Verhandlung nicht durch einen Rechtsanwalt vertreten ist, ein stattgebendes oder klagabweisendes Versäumnisurteil ergehen, wenn der Gegner es beantragt (§§ 330, 331 I 1). Über die Situation, die sich ergibt, wenn ein solcher Antrag nicht gestellt wird, s § 623 Rn 38. Das Versäumnisurteil ist Teil des Verbundurteils. Ob es ausdrücklich als Versäumnisurteil bezeichnet ist oder ob sich aus den Gründen ergibt, daß es auf Grund von Säumnis ergangen ist, ist bedeutungslos (BGH FamRZ 88, 945). Wegen der vorläufigen Vollstreckbarkeit eines solchen Urteils siehe § 629 d Rn 12. 4

Soweit das Verbundurteil **Versäumnisurteil** ist, kann der säumige Ehegatte kein Rechtsmittel, sondern **Einspruch** einlegen (BGH FamRZ 86, 897 u 88, 945); im übrigen finden die sonst zulässigen Rechtsmittel statt (BGH FamRZ 86, 897). Wenn die Entscheidung, die in einer Unterhalts- oder Güterrechtssache gegen den säumigen Ehegatten ergangen ist, nicht als Teilversäumnisurteil bezeichnet ist, kann sich aus den Entscheidungsgründen ergeben, daß sie auf Grund der Säumnis ergangen ist. Dann ist gegen sie nur der Einspruch möglich (BGH FamRZ 88, 945; 94, 1521). Bleibt unklar, ob die Entscheidung auf Grund der Säumnis ergangen ist, dann gilt der Grundsatz der Meistbegünstigung. Gegen die Entscheidung kann dann Einspruch oder Berufung eingelegt werden (Köln FamRZ 95, 888 f). Der Anwalt der säumigen Partei muß in diesen Fällen die Entscheidungsgründe sorgfältig überprüfen. Legt er statt des Einspruchs eine unzulässige Berufung ein, so läßt sich diese im Regelfall schon aus dem Grunde nicht in einen Einspruch umdeuten, weil dieser beim FamG, die Berufung aber beim OLG eingelegt wird (§§ 340 I; 518 I; BGH FamRZ 94, 1521). Im übrigen wird eine Umdeutung in einen zulässigen Einspruch oft auch daran scheitern, daß die Berufung nicht innerhalb der zweiwöchigen Einspruchsfrist (§ 339) eingelegt worden ist. Nur soweit der Einspruch reicht, wird der Prozeß in die Lage vor der Säumnis zurückversetzt (§ 342). Der Einspruch verlängert die Rechtsmittelfristen nicht (BGH FamRZ 86, 897). Treffen Rechtsmittel und Einspruch zusammen, so ist zunächst über diesen zu entscheiden (Abs 2 S 2). Erst danach darf das Rechtsmittelverfahren betrieben werden (BGH aaO). Wird auch gegen das auf den Einspruch ergangene Urteil Berufung eingelegt, so wird in der Berufungsinstanz der Verbund wiederhergestellt (§§ 629 a II 3, 623; MK/Klauser Rn 9). 5

6 **III) Abs 3: 1)** Da eine Entscheidung über **Folgesachen** nur für den Scheidungsfall begehrt werden kann (§ 623 I 1), werden diese Sachen **gegenstandslos,** wenn der Scheidungsantrag abgewiesen wird. Diese Folge tritt kraft Gesetzes ein. Im abweisenden Urteil braucht dies nicht ausgesprochen zu werden. Hierauf gerichtete Anträge brauchen die Ehegatten nicht zu stellen (BGH FamRZ 94, 827/829 = NJW-RR 834). Über die Kosten der gegenstandslosen Folgesachen wird in dem Urteil entschieden, das den Scheidungsantrag abweist (§ 93 a II). Sie sind im Regelfall demjenigen Ehegatten aufzuerlegen, der mit seinem Scheidungsantrag unterlegen ist, können jedoch aus Billigkeitsgründen auch anders verteilt werden. Einzelheiten s § 626 Rn 4.

7 Diese Grundsätze gelten auch für Berufungs- oder Revisionsurteile, durch die ein Scheidungsantrag abgewiesen wird. Die Folgesachen leben wieder auf, und der Entscheidungsverbund wird wieder hergestellt, wenn das Berufungs- oder Revisionsgericht ein Urteil der Vorinstanz aufhebt, durch das ein Scheidungsantrag abgewiesen worden ist. Näheres s § 629 b.

8 2) Abs 3 S 3 ermöglicht es den Eheleuten, **Folgesachen fortzuführen,** wenn der Scheidungsantrag abgewiesen wird. Auf den Grund der Abweisung kommt es nicht an. Die Bestimmung ist auch anwendbar, wenn der Antrag abgewiesen wird, weil die Ehe bereits in einem anderen Verfahren geschieden worden ist, zB bei anzuerkennender Auslandsscheidung (BGH FamRZ 84, 256). Welche Folgesachen fortgeführt werden können, ist in § 626 Rn 8 ff erläutert. Jeder Ehegatte kann bis zum Schluß der mündlichen Verhandlung beantragen, ihm vorzubehalten, eine von ihm oder von Amts wegen eingeleitete Folgesache als selbständige Familiensache fortzuführen. Hat das Gericht die Absicht, den Scheidungsantrag abzuweisen, so muß es die Parteien hierauf hinweisen und Gelegenheit geben, den Vorbehalt zu beantragen. Der Vorbehalt ist in dem Urteil auszusprechen, durch das der Scheidungsantrag abgewiesen wird. Wird gegen dieses Urteil ein Rechtsmittel eingelegt, so hindert dies die Parteien und das Familiengericht nicht daran, die verselbständigte Folgesache fortzuführen (anders StJSchlosser § 629 b Rn 1).

9 Wird der **Scheidungsantrag in der Berufungs- oder Revisionsinstanz abgewiesen,** so ist der Vorbehalt auf Antrag einer Partei im Berufungs- oder Revisionsurteil auszusprechen. Enthält das Berufungsurteil den Vorbehalt, so sind die in die zweite Instanz gelangen, vorbehaltenen Folgesachen in der Berufungsinstanz als selbständige Familiensachen fortzusetzen. Die Sache ist an das FamG zurückzuverweisen, soweit die fortzuführenden Folgesachen nicht in die zweite Instanz gelangt sind. Enthält das Revisionsurteil den Vorbehalt, so ist die Sache zur Fortsetzung der Folgesachen an das OLG zurückzuverweisen (BGH FamRZ 84, 256).

10 Der Vorbehalt bewirkt, daß die Folgesache zur **selbständigen Familiensache** wird. In dieser wird über die Kosten besonders entschieden (§§ 629 III 3, 626 II 3). Deshalb muß erneut **Prozeßkostenhilfe** für die Fortsetzung der vorbehaltenen selbständigen Familiensachen beantragt werden. Durch das Urteil, das den Scheidungsantrag abweist, ist die Instanz iS des Kostenrechts abgeschlossen. Die Weiterverfolgung der vorbehaltenen Familiensache stellt kostenrechtlich eine neue Instanz (§ 119 S 2 ZPO) dar. Die **Zuständigkeit** für die fortzuführende Sache bleibt erhalten (§ 261 III 2; Ausnahmen in Sorgeregelungssachen usw nach dem MSA s § 621 Rn 80).

11 **IV) Gebühren: a)** des **Gerichts:** Die Urteilsgebühr (KV 1514 ff) richtet sich nach den zusammengerechneten Werten der Scheidungssache und der Folgesachen (§ 19 a GKG). Enthält ein Verbundurteil sowohl kontradiktorische Erkenntnisse als auch eine **Versäumnisentscheidung in einer unterhalts- oder güterrechtlichen Folgesache,** so wird für die kontradiktorischen Teile eine ganze und für die Versäumnisentscheidung eine halbe Urteilsgebühr erhoben (KV 1516 f; s § 612 Rn 11). Für beide Teile sind die Gebühren gesondert zu berechnen; ihre Summe darf jedoch die Gebühr nicht überschreiten, die sich ergeben hätte, wenn über sämtliche Teile des Verbundurteils streitig entschieden worden wäre (§ 21 III GKG). Alles dies gilt nicht für die allgemeine Verfahrensgebühr; s § 606 Rn 33. Werden im Falle der Abweisung des Scheidungsantrags (s Rn 8) Folgesachen zur Fortsetzung als selbständige Familiensachen vorbehalten, so ist eine Neuberechnung der Gebühren erforderlich, weil die jeweiligen Verfahrensgebühren erneut entstehen. Die bisher im Verbund entstandenen (gleichartigen) Gebühren sind auf die neuen (gleichartigen) anzurechnen. Das Verhältnis der Einzelgebühren (nicht der Einzelstreitwerte, wie dies nach der Praxis üblich ist) ist festzustellen und die bisher vom addierten Wert der Scheidungs- u Folgesachen (§ 19 a GKG) erhobene allgemeine Verfahrensgebühr ist aufzuteilen. Soweit die anteilige Verrechnung einen Restbetrag ergibt, ist dieser nachzuerheben. – **b)** des **Anwalts:** Bei ihm fallen im Verbund neben der Prozeßgebühr (§ 31 I Nr 1, IV BRAGO) ggfs eine Verhandlungs- und eine Beweisgebühr an (§ 31 I Nr 2 und Nr 3, IV BRAGO). Für die fortgesetzten ZPO-Familiensachen entstehen die Gebühren ebenfalls nach § 31 BRAGO, dagegen für FG-Familiensachen nach § 118 BRAGO, wobei zB die Prozeßgebühr der Geschäftsgebühr gleichzusetzen ist. Auch beim Anwalt muß eine anteilige Anrechnung erfolgen.

629a *[Rechtsmittel gegen Verbundurteile]*

(1) Gegen Urteile des Berufungsgerichts ist die Revision nicht zulässig, soweit darin über Folgesachen der in § 621 Abs. 1 Nr. 7 oder 9 bezeichneten Art erkannt ist.

(2) Soll ein Urteil nur angefochten werden, soweit darin über Folgesachen der in § 621 Abs. 1 Nr. 1 bis 3, 6, 7, 9 bezeichneten Art erkannt ist, so ist § 621 e entsprechend anzuwenden. Wird nach Einlegung der Beschwerde auch Berufung oder Revision eingelegt, so ist über das Rechts-

mittel einheitlich als Berufung oder Revision zu entscheiden. Im Verfahren vor dem Rechtsmittelgericht gelten für Folgesachen § 623 Abs. 1 und die §§ 627 bis 629 entsprechend.

(3) Ist eine nach § 629 Abs. 1 einheitlich ergangene Entscheidung teilweise durch Berufung, Beschwerde, Revision oder weitere Beschwerde angefochten worden, so kann eine Änderung von Teilen der einheitlichen Entscheidung, die eine andere Familiensache betreffen, nur noch bis zum Ablauf eines Monats nach Zustellung der Rechtsmittelbegründung, bei mehreren Zustellungen bis zum Ablauf eines Monats nach der letzten Zustellung beantragt werden. Wird in dieser Frist eine Abänderung beantragt, so verlängert sich die Frist um einen weiteren Monat. Satz 2 gilt entsprechend, wenn in der verlängerten Frist erneut eine Abänderung beantragt wird. Die §§ 516, 552 und 621 e Abs. 3 Satz 2 in Verbindung mit den §§ 516, 552 bleiben unberührt.

(4) Haben die Ehegatten auf Rechtsmittel gegen den Scheidungsausspruch verzichtet, so können sie auf dessen Anfechtung im Wege der Anschließung an ein Rechtsmittel in einer Folgesache verzichten, bevor ein solches Rechtsmittel eingelegt ist.

Lit: *Bergerfurth* FamRZ 86, 910; *Diederichsen* NJW 86, 1467; *Jaeger* FamRZ 85, 865; *Philippi* FamRZ 89, 1257; *Schmitz* FamRZ 87, 1101; *Sedemund-Treiber* FamRZ 86, 209; *Walter* JZ 86, 364; *Wosgien* FamRZ 87, 1102.

I) Rechtsmittel gegen Verbundurteile: Gegen das Verbundurteil kann Berufung, gegen das Berufungsurteil Revision eingelegt werden, soweit das OLG sie zugelassen hat (§§ 546 I 1, 621 d I). Diese Rechtsmittel finden auch statt, soweit Entscheidungen in Folgesachen der freiwilligen Gerichtsbarkeit zusammen mit zivilprozessualen Entscheidungen angefochten werden, zB wenn ein Ehegatte den Scheidungsausspruch und die Durchführung des Versorgungsausgleichs anficht (BGH FamRZ 80, 670). Hiervon geht § 629 a stillschweigend aus und regelt nur die Ausnahmen. 1

Eine von diesen besteht darin, daß **statt der Berufung** die berufungsähnliche **Beschwerde** nach § 621 e stattfindet, wenn ausschließlich Folgesachen aus dem Bereich der freiwilligen Gerichtsbarkeit angefochten werden sollen (Abs 2 S 1). Wird Berufung eingelegt, in der Begründungsschrift aber nur eine FG-Folgesache angefochten, so schadet die falsche Bezeichnung nicht; das Rechtsmittel ist Beschwerde (BGH FamRZ 81, 946 = NJW 2360; FamRZ 94, 827 f = NJW-RR 834). Umgekehrt liegt nur eine Berufung vor, wenn zunächst Beschwerde eingelegt und in der Begründungsschrift eine zivilprozessuale Folgesache oder der Scheidungsausspruch angefochten wird. Selbst wenn man annimmt, der Rechtsmittelführer habe durch die Bezeichnung des Rechtsmittels als Beschwerde den Rechtsmittelgegenstand auf FG-Folgesachen beschränkt, wäre er dadurch nicht gehindert, innerhalb der Begründungsfrist sein Rechtsmittel auf zivilprozessuale Folgesachen zu erweitern (BGH aaO). Letztlich genügt es, wenn sich aus der Rechtsmittelbegründung ergibt, in welchem Umfang das Verbundurteil angefochten wird (BGH FamRZ 94, 827 2 f = NJW-RR 834). Nach Ablauf der Begründungsfrist ist allerdings keine Erweiterung mehr möglich (BGH NJW 84, 437/438; Zweibrücken FamRZ 82, 621; s auch Rn 19).

3 **1)** Für die **Berufung** gegen ein Verbundurteil gelten die allgemeinen Vorschriften der §§ 511 ff.

a) Richtet sich die Berufung **gegen den Scheidungsausspruch** und wird mit ihr die Aufrechterhaltung der Ehe erstrebt, so bedarf es keiner formellen **Beschwer** (Rn 23 vor § 511). Der Antragsgegner kann mit der Berufung seine Zustimmung zur Scheidung widerrufen (§ 630 II; BGHZ 89, 328 mwN = FamRZ 84, 350 = NJW 1302). Der Antragsteller, dessen Scheidungsbegehren erfolgreich war, kann zwar nicht Berufung einlegen, um nunmehr statt der Scheidung die Aufhebung der Ehe zu verlangen (StJSchlosser § 611 Rn 9 mwN). Er kann aber mit der Berufung auf den Scheidungsantrag verzichten oder ihn zurücknehmen (BGH aaO u FamRZ 83, 685/686). Verzicht oder Rücknahme müssen in der Berufungsbegründung erklärt werden. Beantragt der Berufungsführer nur, den Scheidungsantrag der Gegenpartei zurückzuweisen, und stellt er die Rücknahme seines eigenen Scheidungsantrages nur unverbindlich in Aussicht, so ist seine Berufung mangels Beschwer zu verwerfen (BGH FamRZ 87, 264 f = NJW-RR 387 = MDR 392 f). Jauernig, ZPR § 91 II 17, und Lüderitz (NJW 64, 1075) halten ein Rechtsmittel, das nur zwecks Antragsrücknahme eingelegt wird, für unzulässig, weil der Scheidungsantrag auch ohne Rechtsmitteleinlegung zurückgenommen werden könne. Dies trifft nur zu, wenn der Antrag auch ohne Zustimmung des Antragsgegners zurückgenommen werden kann (§ 626 Rn 1). Bedarf es solcher Zustimmung, so kann sich der Antragsteller nur durch eine Berufung den Weg offen halten, im Rechtsmittelverfahren auf den Scheidungsantrag zu verzichten, falls der Antragsgegner die Zustimmung verweigert.

3a **b)** Übergeht das FamG im Verbundurteil einen Folgesachenantrag, so kann hiergegen keine Berufung eingelegt, sondern nur das Urteilsergänzungsverfahren (§ 321) betrieben werden (Zweibrücken FamRZ 94, 972). Soweit außer dem Scheidungsausspruch oder zivilprozessualen **Folgesachen** auch solche aus dem Bereich der freiwilligen Gerichtsbarkeit angefochten werden, bedarf es keines **Berufungsantrages;** s § 621 e Rn 20. Wegen des Inhalts der Berufungsbegründung bei der Anfechtung von FG-Folgesachen s § 621 e Rn 20. Die Berufung eröffnet die Möglichkeit zur **Klagerweiterung** in Folgesachen. Der Berufungsführer kann zB die Regelung des Versorgungsausgleichs anfechten und außerdem seinen Antrag in der Folgesache Unterhalt, mit dem er vor dem FamG voll obsiegt hat, erweitern (BGHZ 85, 140 = FamRZ 82, 1198 = NJW 83, 172). Er kann aber nicht neue Folgesachen anhängig machen, die nicht Gegenstand des Verfahrens vor dem FamG waren (§ 623 II 1).

4 **2) Abs 2 S 1:** Gegen ein Verbundurteil ist nicht Berufung, sondern die **Beschwerde** des § 621 e einzulegen, wenn nur Teile des Urteils angefochten werden, in denen über Folgesachen der freiwilligen Gerichtsbarkeit (vgl § 621 a Rn 1) entschieden worden ist. Eine Berufung mit solchem Inhalt ist als Beschwerde zu behandeln (oben Rn 2). Beschwerdeberechtigung: § 621 a Rn 28–34. **Anwaltszwang** besteht nur für die Ehegatten (§ 78 II Nr 1). Läßt sich ein Ehegatte als Beschwerdegegner durch einen Anwalt vertreten, der nicht beim OLG zugelassen ist, so kann dieser zwar keine prozessual wirksamen Erklärungen abgeben. Das OLG muß jedoch seinen Sachvortrag berücksichtigen (Folge der Amtsaufklärungspflicht nach § 12 FGG; BVerfG FamRZ 92, 1151; Zweibrücken FamRZ 82, 187; Hamm FamRZ 94, 714 f). Auch für das über 14 Jahre alte Kind, das nach § 59 FGG beschwerdeberechtigt ist, besteht kein Anwaltszwang. Wenn es sich durch einen Rechtsanwalt vertreten läßt, kann es ihn selbst beauftragen; s § 621 e Rn 48.

5 **3) Zusammentreffen von Beschwerde und Berufung: a)** Legt ein Ehegatte gegen ein Verbundurteil zunächst Beschwerde und dann Berufung oder Revision ein, so ist sein **Rechtsmittel einheitlich als Berufung oder Revision zu behandeln** (Abs 2 S 2). Wenn hingegen ein Ehegatte Beschwerde und der andere darauf Berufung oder Revision einlegt, behält jedes Rechtsmittel seinen ursprünglichen Charakter (StJSchlosser Rn 5; anders Koblenz FamRZ 92, 825; Thomas/Putzo Rn 9). Hierfür spricht der Gesetzeswortlaut („das Rechtsmittel"). Auch der Sinn des Gesetzes erfordert es nicht, hier die Beschwerde zu einem zivilprozessualen Rechtsmittel umzugestalten; denn für zivilprozessuale und FG- Folgesachen gelten ohnehin unterschiedliche Verfahrensgrundsätze; s § 623 Rn 36. Ficht ein Ehegatte mit seiner Berufung oder Revision zunächst die Entscheidung über den Unterhalt und die Sorgerechtsregelung an und nimmt er später sein Rechtsmittel zurück, soweit es sich gegen die Unterhaltsentscheidung richtet, so wird es zur Beschwerde (Hamm FamRZ 88m 625 f). Wie sich die Rücknahme auf die Kostenentscheidung auswirkt, ergibt Rn 13.

5a **b)** Wenn ein Ehegatte zunächst nur Beschwerde gegen die Entscheidung über die Folgesache elterliche Sorge einlegt, liegt hierin kein Verzicht auf die Anfechtung des Scheidungsausspruchs oder weiterer Folgesachenentscheidungen. Der Beschwerdeführer kann bis zum Ablauf der Beschwerdebegründungsfrist sein **Rechtsmittel** auf diese Verfahrensgegenstände **erweitern** (BGH FamRZ 81, 946 f; 84, 350 f). Es wird dann zur Berufung. Umgekehrt kann eine Berufung innerhalb der Begründungsfrist erweitert und eine Folgesachenentscheidung aus dem Bereich der freiwilligen Gerichtbarkeit angefochten werden. Zur Rechtsmittelerweiterung nach Ablauf der Begründungsfrist s Rn 19.

c) Durch das UÄndG (BGBl 86 I 301) sind im Abs 2 der S 2 geändert und der S 3 eingefügt worden. Die Novelle wendet sich gegen die frühere Rechtsprechung des BGH (FamRZ 80, 773 = NJW 2135 = MDR 919; FamRZ 82, 358 = NJW 1937; FamRZ 83, 38 = MDR 209 Nr 35 mwN), daß die Vorschriften über den **Verbund in der Rechtsmittelinstanz** nicht anzuwenden seien, wenn das Rechtsmittelgericht nur über Folgesachen zu entscheiden habe. Auch in der Rechtsmittelinstanz ist jetzt über die Scheidungssache und die Folgesachen oder, falls nur Folgesachen angefochten worden sind, über diese gleichzeitig zu verhandeln und zu entscheiden (Abs 2 S 3;). Hiermit soll erreicht werden, daß die Folgesachenentscheidungen aufeinander abgestimmt werden. Über mehrere Folgesachen muß das Rechtsmittelgericht auch dann gleichzeitig verhandeln und entscheiden, wenn der Scheidungsausspruch durch Vorabscheidung (§ 628), Rechtsmittelverzicht (Abs 4) oder mangels rechtzeitiger Anfechtung (Abs 3) vorzeitig rechtskräftig wird (Abs 2 S 3; Begründung zum Regierungsentwurf BTDrucks 10/2888 S 29; Koblenz FamRZ 93, 199; Gießler FamRZ 94, 801). 6

d) Will das OLG von einem übereinstimmenden Vorschlag der Eltern zur Regelung der **elterlichen Sorge** abweichen, so hat es hierüber **vorweg zu entscheiden,** bevor es über die anderen in die zweite Instanz gelangten Gegenstände des Verbundverfahrens (Scheidungssache und/oder Folgesachen) entscheidet (Abs 2 S 3, § 627). Unter den Voraussetzungen des § 628 kann es auch **vor der Entscheidung über eine Folgesache** (oder mehrere solche) **dem Scheidungsantrag stattgeben** oder eine Berufung gegen den Scheidungsausspruch zurückweisen. Es muß dann über die Scheidungssache und die nicht abgetrennten Folgesachen gleichzeitig verhandeln und entscheiden. Jedoch dürfen die in der Rechtsmittelinstanz anhängigen Folgesachen nicht von der Scheidungssache getrennt werden, wenn der Scheidungsausspruch nicht angefochten worden ist. Für eine solche Trennung besteht angesichts des Abs 3 kein Bedürfnis. – **Sind nur Folgesachen in die zweite Instanz gelangt,** so kann unter den Voraussetzungen des § 628 eine von ihnen zur späteren Entscheidung abtrennt werden. Über die übrigen wird dann gleichzeitig vorab verhandelt und entschieden (Abs 2 S 3, § 628). Brauchen sie nicht aufeinander abgestimmt zu werden, wie zB in der Regel Versorgungsausgleich und elterliche Sorge, dann fällt der Zweck des Verbundes (Rn 6) weg, und das OLG kann eine von ihnen auch dann abtrennen, wenn die Voraussetzungen des § 628 nicht erfüllt sind (MK/Klauser Rn 55; StJSchlosser Rn 6; JHSedemund-Treiber § 628 Rn 17). 7

e) Verfahren des OLG: Behandelt das OLG ein Rechtsmittel als Berufung, obwohl es eigentlich eine Beschwerde iS des § 621 e ist, und verwirft es es durch Beschluß (§ 519 b), so gilt der Grundsatz der Meistbegünstigung (Rn 29 vor § 511 mwN): Die hierdurch beschwerte Partei kann sowohl sofortige Beschwerde beim OLG einlegen (§ 569) als auch weitere Beschwerde beim BGH (§ 621 e II 2). Im übrigen gelten beim Zusammentreffen von zivilprozessualen Folgesachen mit solchen der freiwilligen Gerichtsbarkeit für das Verfahren die zu § 623 Rn 35 ff entwickelten Grundsätze auch in der Rechtsmittelinstanz. Es ist **mündlich zu verhandeln,** abweichend vom FGG auch über die Folgesachen elterliche Sorge, Umgangsrecht und Herausgabe von Kindern (StJSchlosser Rn 5). Wird die Berufung hinsichtlich der Scheidung und der zivilprozessualen Folgesachen zurückgenommen, so kann über jene Folgesachen, soweit sie in der Berufungsinstanz anhängig geblieben sind, und über die Kosten (§ 515 III 3) ohne mündliche Verhandlung entschieden werden. Nach § 524 I 1 kann das Berufungsverfahren dem **Einzelrichter** zugewiesen werden, und zwar auch, wenn Folgesachen aus dem Bereich der freiwilligen Gerichtsbarkeit angefochten worden sind. Hierfür spricht – obwohl das FGG keinen Einzelrichter kennt – die Annäherung des gesamten Verfahrens an den Zivilprozeß (Keidel/Kuntze § 30 Rn 7; anders MK/Klauser Rn 54), die namentlich darin zum Ausdruck kommt, daß mündlich zu verhandeln ist. 8

Bleibt der Berufungskläger im Verhandlungstermin säumig, so ist seine Berufung auf Antrag durch Versäumnisurteil zurückzuweisen (§ 542 I). Dies gilt immer, einerlei ob die Ehesache (§ 612 Rn 8), die zivilprozessualen Folgesachen Unterhalt und Güterrecht oder Folgesachen aus dem Bereich der freiwilligen Gerichtsbarkeit (§ 621 a Rn 1) Gegenstand der Berufung sind. Zwar dürfen Versäumnisentscheidungen nicht ergehen, wenn Entscheidungen in FG-Sachen mit der Beschwerde nach § 629 a II 1 angefochten werden. Wenn aber die Beschwerde nach § 629 a II 2 in der Berufung aufgeht, weil auch zivilprozessuale Teile des Verbundurteils angefochten worden sind, führt die Einheitlichkeit des Rechtsmittels zur Zurückweisung der Berufung in vollem Umfang (München FamRZ 95, 378; StJSchlosser Rn 5). Daß im FG-Verfahren der Amtsaufklärungsgrundsatz gilt, spricht nicht gegen diese Lösung. Trotz dieses Grundsatzes kann der Rechtsmittelführer frei darüber disponieren, ob er sein Rechtsmittel durchführt oder zurücknimmt. In gleicher Weise kann er durch Säumnis über sein Rechtsmittel disponieren (München aaO). **Bleibt der Berufungsbeklagte im Verhandlungstermin säumig,** so darf ein Versäumnisur- 8a teil nur erlassen werden, soweit Unterhalts- oder Güterrechtssachen Gegenstand der Berufung sind. Soweit er die Ehesache angefochten hat, darf kein Versäumnisurteil gegen ihn ergehen (§ 612 Rn 9). Das gleiche gilt, soweit er Folgesachenentscheidungen aus dem Bereich der freiwilligen Gerichtsbarkeit angefochten hat.

9 **4)** Das **OLG entscheidet durch Urteil,** es sei denn, daß es nur über Beschwerden in FG-Folgesachen zu befinden hat. Dann ergeht die Entscheidung **durch Beschluß.** Das gilt auch, wenn sich in der Rechtsmittelinstanz anhängige zivilprozessuale Familiensachen zuvor durch Klage- oder Berufungsrücknahme oder durch Vergleich erledigt hatten (Hamm FamRZ 88, 625; MK/Klauser Rn 9; anders München FamRZ 80, 374; StJSchlosser Rn 14). Für die **Kostenentscheidung der zweiten Instanz** gilt folgendes:

10 **a)** Die Kosten einer **ohne Erfolg eingelegten Berufung oder Beschwerde** fallen dem Rechtsmittelführer zur Last (§ 97 I u III). Sie sind dem Beschwerdeführer auch im Falle seines Sieges ganz oder teilweise aufzuerlegen, wenn er auf Grund neuen Vorbringens obsiegt, das er in der Vorinstanz hätte geltend machen können (§ 97 II). § 97 gilt als besondere Bestimmung iS des § 621a I 1 auch für Dritte, die Folgesachenentscheidungen aus dem Bereich der freiwilligen Gerichtsbarkeit (§ 621a Rn 1) anfechten (KG FamRZ 81, 381; Frankfurt FamRZ 86, 369), zB für das Jugendamt, den Versicherungsträger und den Vermieter der Ehewohnung. Bei **teilweisem Unterliegen** und restlichem Sieg des beschwerdeführenden Ehegatten bewertet der BGH nach den §§ 92 I, 97 I und III, daß das Rechtsmittel in Höhe einer bestimmten Quote ohne Erfolg geblieben ist, und wendet im übrigen § 93a an (FamRZ 83, 44/48; ebenso Hamburg FamRZ 90, 299).

11 **b)** Vom Fall des § 97 II abgesehen, gelten für **erfolgreiche Rechtsmittel** folgende Grundsätze: Führt die Berufung eines Ehegatten zur Aufhebung des Scheidungsausspruchs und Abweisung des Scheidungsantrages, so hat der die Scheidung begehrende Ehegatte die in allen Instanzen entstandenen Kosten des Scheidungsverfahrens und der Folgesachen zu tragen (§ 93 a II; Ausnahme s § 93 a II 2). Im übrigen führt ein erfolgreiches Rechtsmittel eines Ehegatten dazu, daß im Verhältnis der Ehegatten zueinander die Kosten beider Instanzen gemäß § 93 a I 1 gegeneinander aufgehoben werden (KG FamRZ 81, 381 mwN; Brandenburg FamRZ 94, 1485; Ausnahmen s § 93 a I 2, 3). Für Kosten, die Drittbeteiligten in Folgesachen aus dem Bereich der freiwilligen Gerichtsbarkeit (§ 621 a Rn 1) entstanden sind, gilt § 13 a FGG; s § 629 Rn 3a.

12 **c)** § 93 a regelt nicht den Fall, daß **ein Dritter** mit einer Beschwerde in einer FG-Folgesache **obsiegt.** Ob der Sieger hier von den Ehegatten die Erstattung von Kosten verlangen kann, läßt sich nicht aus § 93 a entnehmen; denn diese Bestimmung regelt die Kostenerstattungspflicht nur im Verhältnis der Ehegatten zueinander; s § 629 Rn 3. Nach § 621 a I 1 bleiben in den Folgesachen aus dem Bereich der freiwilligen Gerichtsbarkeit die §§ 13 a FGG, 20 HausratsVO anwendbar, soweit die zivilprozessuale Regelung die Kosten der Folgesachen nicht erfaßt (Frankfurt FamRZ 86, 368 f). Nach diesen Bestimmungen kann der Beschwerdeführer nur dann die Erstattung von Kosten verlangen, wenn dies der Billigkeit entspricht (JHSedemund-Treiber § 93 a Rn 8; anders München FamRZ 79, 734; Düsseldorf FamRZ 80, 1052; KG FamRZ 81, 381; Hamm FamRZ 81, 695; Karlsruhe FamRZ 95, 361/363; MK/Klauser § 621 e Rn 75, die § 93 a für anwendbar halten).

13 **d) Rücknahme von Rechtsmitteln:** Die Partei, die ihre Berufung zurücknimmt, hat die in der Berufungsinstanz entstandenen Kosten zu tragen (§ 515 III). Ob diese Vorschrift sinngemäß bei Rücknahme einer Beschwerde iS der §§ 629 a II 1, 621 e gilt, ist umstritten (bejahend BGHZ 86, 51/56 = FamRZ 83, 154 f = NJW 578 f, ohne auf die Streitfrage einzugehen; München FamRZ 79, 734; Düsseldorf FamRZ 80, 1052; Zweibrücken JurBüro 80, 1894; Karlsruhe MDR 84, 59 = JurBüro 454; KG FamRZ 84, 67; Bremen, Hamm u Bamberg, KostRspr § 515 ZPO Nr 31, 33, 39; Frankfurt FamRZ 91, 586; MK/Klauser § 621 e Rn 74; StJSchlosser Rn 7; Baumbach/Albers Rn 14; JHSedemund-Treiber § 93 a ZPO Rn 14). Die analoge Anwendung des § 515 III beruht auf der Vorstellung, daß die ZPO den Kostenpunkt des Verbundverfahrens erschöpfend regelt (München, Düsseldorf, Karlsruhe aaO), was jedoch nicht zutrifft, s Rn 12. Nach § 621 a I 1 ist hier ebenso wie im Fall des § 621 e (s dort Rn 51) § 13 a FGG anzuwenden. Eine zivilprozessuale Sondervorschrift, die nach § 621 a I 1 das FGG verdrängen würde, fehlt hier. Insbesondere ist § 515 III keine solche Vorschrift. Das Gesetz enthält im § 13 a FGG eine lückenlose Regelung. Folglich ist kein Raum für eine analoge Anwendung des § 515 III (so Hamburg FamRZ 79, 326; Schleswig SchlHA 79, 165; Oldenburg FamRZ 80, 1135; Saarbrücken JurBüro 82, 1092; Hamm JurBüro 82, 1744; FamRZ 92, 1457; Stuttgart FamRZ 83, 936; Frankfurt FamRZ 86, 368 mit beachtlichen Gründen; Bamberg JurBüro 92, 332; BayObLG FamRZ 95, 184; KG FamRZ 95, 376; Thomas/Putzo Rn 7; Rolland/Roth § 621 a Rn 3). Da § 515 III nicht anzuwenden ist, ergeht die Kostenentscheidung von Amts wegen; ein Antrag ist entbehrlich (Keidel/Zimmermann § 13a Rn 15). Wegen des Inhalts der Kostenentscheidung nach § 13 a FGG s § 621 e Rn 50.

II) Gegen das Berufungsurteil findet die **Revision** statt, soweit das OLG sie zugelassen hat (§§ 546 I 1, 621 d I). Sie ist **nicht statthaft, soweit** das Berufungsurteil über **die Ehewohnung, den Hausrat, die Stundung der Zugewinnausgleichsschuld** oder die Übertragung von Vermögensgegenständen unter Anrechnung auf diese Schuld entscheidet (Abs 1). Diese Regelung entspricht derjenigen des § 621 e II für selbständige Familiensachen. Ebensowenig findet die Revision statt, wenn das OLG über Ratenzahlungen auf eine Abfindung für künftige Versorgungsausgleichsansprüche entschieden hat (§ 1587 l III 3 BGB). Das ergibt sich sinngemäß aus § 53 g II FGG. Da der Rechtsmittelzug in diesen Fällen beim OLG endet, ist die Revision auch dann nicht zulässig, wenn das OLG die Berufung als unzulässig verworfen hat (BGH FamRZ 80, 670) oder wenn es rechtsirrtümlich ein Rechtsmittel gegen eine Endentscheidung zugelassen hat, die kraft Gesetzes unanfechtbar ist (s § 621 e Rn 42). 14

Das Revisionsgericht kann jedoch eine Entscheidung über **Hausrat, Ehewohnung** usw nach **§ 629 c** aufheben, soweit dies wegen des Zusammenhangs mit einer anderen aufgehobenen Entscheidung geboten ist. Näheres s § 629 c Rn 5. Wegen der Aufhebung von Entscheidungen über die Stundung einer Zugewinnausgleichsschuld und Übertragung von Vermögensgegenständen unter Anrechnung auf diese Schuld s § 629 c Rn 7. 15

III) Wie die Verweisung des Abs 2 S 1 auf § 621 e II ergibt, findet die **weitere Beschwerde** auch im Verbundverfahren nur statt, wenn Folgesachenentscheidungen über die elterliche Sorge, das Umgangsrecht, die Herausgabe eines Kindes oder den Versorgungsausgleich angefochten werden sollen und wenn das OLG die weitere Beschwerde zugelassen oder ein Rechtsmittel als unzulässig verworfen hat. Näheres s § 621 e Rn 41 ff; Anwaltszwang: § 78 Rn 44. Weitere Beschwerde kann nur einlegen, wer durch die Entscheidung über die Erstbeschwerde in seinem Recht beeinträchtigt ist. Eine Beeinträchtigung durch die Entscheidung der ersten Instanz genügt nicht (BGH FamRZ 80, 773 = NJW 1960 = MDR 832). 16

IV) Anträge auf Änderung von Verbundentscheidungsteilen, die nicht fristgerecht angefochten worden sind: 1) Gesetzgeberischer Grund: Das 1977 in Kraft getretene 1. EheRG enthielt keine Bestimmungen über solche Anträge. Nach den §§ 521 ff konnte ein Ehegatte, der in einer Folgesache Rechtsmittelgegner war, noch in der letzten mündlichen Verhandlung vor dem OLG Anschlußberufung gegen den Scheidungsausspruch einlegen (BGHZ 85, 140 = FamRZ 82, 1198 = NJW 83, 172, stRspr). Infolgedessen wurden Scheidungen, die die Familiengerichte ausgesprochen hatten, zuweilen erst mehrere Jahre später rechtskräftig. Auch mit Hilfe des § 628 I ließ sich nicht verhindern, daß sich Scheidungen durch Rechtsmittel in Folgesachen unzumutbar verzögerten; denn § 628 I ist nur anzuwenden, wenn die Scheidungssache und die abzutrennenden Folgesachen in derselben Instanz anhängig sind (BGH FamRZ 80, 1108 = NJW 81, 55 = MDR 81, 37). Um solche Verzögerungen zu verhindern, wurde durch das Unterhaltsänderungsgesetz von 1986 § 629 a III geschaffen (Schleswig NJW-RR 88, 1479). Er befristet Anträge auf Änderung vom Verbundentscheidungsteilen, die nicht fristgerecht angefochten worden sind. Abs 3 S 4 bedeutet nur, daß Abs 3 die Fristen für ordentliche Rechtsmittel gegen Verbundentscheidungen unberührt läßt (Sedemund-Treiber FamRZ 86, 210; Frankfurt FamRZ 86, 1122). 17

2) Anfechtungsbefugnis: Weiterhin ungeregelt blieb die **Frage, wer die Änderung von Verbundentscheidungsteilen beantragen darf, die nicht fristgerecht angefochten worden sind.** Die Antwort hierauf ergibt sich aus den Rechtsgrundsätzen, die Rechtsprechung und Rechtswissenschaft vor dem Inkrafttreten des UÄndG geschaffen haben (Schmitz FamRZ 87, 1101). Zu unterscheiden ist zwischen Rechtsmittelerweiterungen (Rn 19 ff) und unselbständigen Anschlußrechtsmitteln (Rn 25 ff). 18

a) Rechtsmittelerweiterung: In welchem Umfang ein Urteil angefochten wird, muß sich aus der Rechtsmittelbegründung ergeben (§§ 519 III, 554 III). Nach Ablauf der Begründungsfrist dürfen Berufungs-, Revisions- und Beschwerdegründe nicht mehr nachgeschoben werden (BGH NJW 61, 1115 für die Berufung; BGH FamRZ 82, 1196 = NJW 83, 179 für die Beschwerde nach § 621 e). Nach Ablauf dieser Frist ist eine Rechtsmittelerweiterung nur zulässig, wenn sich die Gründe hierfür bereits aus der Rechtsmittelbegründungsschrift ergeben (§ 519 Rn 31; BGH FamRZ 85, 267/269; FamRZ 86, 254/255 f mwN u 895; FamRZ 88, 603 f mwN; stRspr). Dies gilt auch für die Anfechtung von Folgesachenentscheidungen über die elterliche Sorge, den Versorgungsausgleich, die Ehewohnung und andere Folgesachen aus dem Bereich der freiwilligen Gerichtsbarkeit (Liermann FamRZ 82, 987 ff). – Wird ein Rechtsmittel um die Scheidungs- oder eine andere Folgesache erweitert, so ist dies nur innerhalb der Fristen des Abs 3 zulässig (BGH NJW-RR 93, 260; MK/Klauser Rn 33). 19

Wird aus einem Verbundurteil nur eine Folgesachenentscheidung angefochten, so wird es nur ausnahmsweise vorkommen, daß die Rechtsmittelbegründungsschrift in dieser Folgesache Gründe enthält, die auch die Anfechtung einer anderen Folgesachenentscheidung rechtfertigen. Undenkbar ist dies freilich nicht. Beispiel: Der Ehemann ficht die Entscheidung über die Folgesa- 20 che Ehegattenunterhalt mit der Begründung an, er könne den Unterhalt nicht bezahlen. Diese Begründung würde auch für eine Erweiterung der Berufung auf die Folgesache Kindesunterhalt passen. Im Regelfall wird die Erweiterung eines Rechtsmittels auf eine anderen Folgesache jedoch ausgeschlossen sein (BGH FamRZ 86, 895 = NJW 87, 1024).

21 Hieran hat auch § 629 a III nichts geändert. Die Bestimmung bedeutet nicht, daß nach Ablauf der Rechtsmittelbegründungsfrist nur noch der Rechtsmittelgegner einen bisher angefochtenen Teil der Verbundentscheidung anfechten darf. Die Regelung erschöpft sich darin, daß sie die nachträgliche Anfechtung nach dem Vorbild der § 556 I befristet (Koblenz FamRZ 90, 769 f). Die Begründung zum Regierungsentwurf des UÄndG ging allerdings von der Vorstellung aus, daß Rechtsmittel beliebig erweitert werden könnten (BTDrucks 10/2288 S 29). Auch der Regierungsentwurf ließ es jedoch nicht zu, daß der Rechtsmittelkläger sein Rechtsmittel mehrmals nacheinander erweiterte. § 629 III 2 idF des Entwurfs gestattete es nur, daß derjenige, der ein Verbundurteil nach Ablauf der Rechtsmittelfristen angefochten hatte, diese Anfechtung einmal erweiterte, und gab die Befugnis zur weiteren nachträglichen Anfechtung ausdrücklich nur der Gegenpartei und verfahrensbeteiligten Dritten. Hiergegen wandte sich der Bundesrat mit dem Vorschlag, daß jeder Rechtsbehelf für „alle anderen Beteiligten" nochmals die Frist zur Einlegung eines Rechtsbehelfs eröffnen sollte (BTDrucks aaO S 45). Die Bundesregierung stimmte zu (BTDrucks aaO S 45), der Rechtsausschuß des Bundestages ebenfalls (BTDrucks 10/4514 S 24).

22 Hieraus folgt: Die im Regierungsentwurf enthaltene Unterscheidung, daß der Hauptrechtsmittelführer sein Rechtsmittel um einen bisher unangefochtenen Verfahrensgegenstand erweitern kann, der nachträglich Anfechtende jedoch nicht, ist nicht Gesetz geworden. Durchgesetzt hat sich der Vorschlag des Bundesrates, daß jedes Haupt- und jedes nachträgliche Rechtsmittel den anderen Verfahrensbeteiligten, nicht aber dem Rechtsmittelführer, eine neue Frist zur Anfechtung bisher unangefochtener Entscheidungsteile eröffnet. Der Hauptrechtsmittelführer kann sein Rechtsmittel nicht erweitern (anders Schleswig NJW-RR 88, 1479; undeutlich BGH NJW-RR 93, 260, wo nur auf Fristablauf abgestellt wird); er kann sich aber einem Anschlußrechtsmittel anschließen. § 629 a III gestattet eine **Gegenanschließung** (StJSchlosser Rn 15). Die frühere Rechtsprechung des BGH (BGHZ 88, 360/362 u FamRZ 86 455), die eine solche ebenso wie eine unzulässige Rechtsmittelerweiterung behandelte, läßt sich für das Verbundverfahren nicht aufrechterhalten (Frankfurt FamRZ 87, 959 f; Karlsruhe FamRZ 88, 412 mwN; JHSedemund-Treiber § 629 a ZPO Rn 12; Bergerfurth, Ehescheidungsprozeß Rn 193 S 291; Schwab/Maurer I Rn 800 mwN).

23 Dieses Ergebnis ist sinnvoll. Während der Rechtsmittel- und der Rechtsmittelbegründungsfrist hat der Berufungs- oder Beschwerdeführer genug Zeit abzuwägen, in welchem Umfang er das Verbundurteil anficht. Es besteht kein Bedürfnis dafür, ihm zu gestatten, sein Rechtsmittel zu erweitern. Ficht er nur einen Teil des Verbundurteils an und findet sich mit anderen Teilen ab, so genügt die Zulassung der Gegenanschließung seinen Interessen vollauf. Durch deren Zulassung wird auch das unerwünschte Ergebnis verhindert, daß Teile des Verbundurteils rein vorsorglich angefochten werden, obwohl der Anfechtende eigentlich bereit ist, diese Urteilsteile hinzunehmen.

24 **Ausnahmsweise können nach Ablauf der Rechtsmittelbegründungsfrist neue Gründe nachgeschoben werden,** wenn sich nachträglich **a)** in Unterhaltsfolgesachen die für Unterhaltsberechnung maßgeblichen Tatsachen wesentlich ändern (Hamburg FamRZ 84, 706 f; Düsseldorf FamRZ 87, 295 f; Koblenz FamRZ 88, 3O2 u 1072 f = NJW-RR 1487), **b)** in den Folgesachen elterliche Sorge, Umgang oder Herausgabe eines Kindes etwas ereignet, das im Kindesinteresse eine Änderung der Entscheidung des FamG erfordert (BGH FamRZ 86, 895 = NJW 87, 1025). Rechtsmittelerweiterungen, die auf solchen zulässigerweise nachgeschobenen Gründen beruhen, setzen die Fristen des § 629 a III nicht erneut in Lauf, wenn diese bereits abgelaufen waren.

25 **b) Unselbständige Anschlußrechtsmittel: aa) Zur Anschließung befugt ist der Rechtsmittelgegner** (§§ 521 I, 565 I). Für das Verbundverfahren bedeutet dies, daß sich **jeder Ehegatte dem Rechtsmittel des anderen Ehegatten anschließen kann.** Wenn sich das Hauptrechtsmittel nur gegen eine Folgesachenentscheidung richtet, können mit der Anschließung der Scheidungsausspruch und jede andere Folgesachenentscheidung angefochten werden (BGH FamRZ 80, 233 = NJW 702 = MDR 388; FamRZ 82, 36/38 = NJW 224 = MDR 304; BGHZ 85, 140 = FamRZ 82, 1198 = NJW 83, 172; FamRZ 82, 1203 = NJW 83, 514).

26 **bb) Schließt sich ein Ehegatte der Beschwerde eines Dritten** (zB des Rentenversicherungsträgers, des Jugendamtes, des Kindes oder des Vermieters) **an,** mit der dieser eine Folgesachenentscheidung aus dem Gebiet der freiwilligen Gerichtsbarkeit angefochten hat, und beantragt der Anschließende nunmehr die Änderung einer anderen Folgesachenentscheidung oder die Abweisung des Scheidungsbegehrens, so ist schwer zu erkennen, in welchen Fällen sich **Rechtsmittelführer und Anschließender als Gegner** gegenüberstehen und wo dies nicht der Fall ist. Dies liegt

daran, daß die im Zivilprozeß stets klar erkennbare Gegnerstellung der Parteien für das Verfahren der freiwilligen Gerichtsbarkeit untypisch ist. Waren an einem Zivilprozeß in der ersten Instanz mehr als zwei Parteien beteiligt, dann darf sich in der zweiten Instanz nur der Berufungsbeklagte der Berufung anschließen und seine Anschließung darf sich nur gegen den Berufungskläger richten (BGH ZZP Bd 68, 51/54 mwN; AnwBl 89, 348; MDR 92, 76 mwN). Entsprechendes gilt im Verbundverfahren bei Beschwerden von Drittbeteiligten gegen Folgesachenentscheidungen aus dem Bereich der freiwilligen Gerichtsbarkeit. Wenn sich ein Ehegatte einer solchen Beschwerde anschließt und seine Anschließung gegen den anderen Ehegatten richtet, hat dieser die für die Anschließung unerläßliche Gegnerstellung, wenn auch er die Beschwerde hätte einlegen können, die der Dritte eingelegt hat (Hamm FamRZ 83, 1241 f).

Uneingeschränkt gilt dies allerdings nur für die Anschließung an eine Beschwerde des Vermieters. Da für Beschwerden von Versorgungsträgern oder Jugendämtern das Verbot der Schlechterstellung des Beschwerdeführers nicht gilt (§ 621 e Rn 34, 36), können solche Rechtsmittel zu Lasten beider Ehegatten ausgehen. Infolgedessen können beide durch Anschließung andere im Verbund entschiedene Familiensachen anfechten (MK/Klauser Rn 23 f; JHSedemund-Treiber Rn 10; StJSchlosser Rn 11). 27

cc) **Auch verfahrensbeteiligte Dritte können sich nur anschließen, wenn** sie **Gegner** des Hauptrechtsmittelführers sind (Köln FamRZ 88, 411; Schmitz FamRZ 87, 1101: zweifelnd Frankfurt FamRZ 87, 954 f; die gegenteilige Meinung, die ich in FamRZ 87, 607 f vertreten habe, gebe ich auf). Gegner sind sie in folgenden Fällen: Wird nur die Entscheidung über die Begründung von Rentenanwartschaften angefochten (s § 628 Rn 15), so können sich die Versicherungsträger anschließen und die Entscheidung über die Übertragung von Rentenanwartschaften anfechten. Ficht ein Ehegatte die Regelung des Umgangs des nichtsorgeberechtigten Elternteils mit dem Kind an, dann kann sich das Jugendamt anschließen, um die Regelung der elterlichen Sorge anzufechten. Nicht aber können sich Versorgungsträger an Beschwerden des Jugendamtes wegen der elterlichen Sorge anschließen, um die Versorgungsausgleichsregelung anzufechten, und umgekehrt. Ebensowenig können sich diese Drittbeteiligten an Berufungen von Ehegatten gegen den Scheidungsausspruch anschließen (Köln aaO; Rüffer FamRZ 79, 413; Baumbach/Albers Rn 6). 28

3) **Befristete und unbefristete Änderungsanträge: a)** Diese Anträge (Rechtsmittelerweiterungen und Anschlußrechtsmittel) können nur **zur nachträglichen Anfechtung von Verbundentscheidungen** gestellt werden. Verbundentscheidungen sind **1.** Scheidungsurteile, in denen auch über Folgesachen entschieden worden ist, **2.** Entscheidungen eines FamG oder OLG, in denen über mehrere Folgesachen zugleich entschieden wird; s Rn 6 u § 628 Rn 18. Gegen Teilentscheidungen im Verbundverfahren, durch die nur über einen Streitpunkt entschieden wird (Vorwegentscheidung über die elterliche Sorge – § 627, Vorabscheidung ohne Folgesachenentscheidungen – § 628) können nur die allgemeinen Rechtsmittel und Anschlußrechtsmittel eingelegt werden. Werden die Fristen hierfür versäumt, so ist eine nachträgliche Anfechtung auch dann nicht mehr möglich, wenn nach Verkündung der Schlußentscheidung der Rest des ursprünglichen Verbundverfahrens in die Rechtsmittelinstanz gelangt (BGH FamRZ 83, 461 = NJW 1317). 29

b) Anträge zur nachträglichen Anfechtung einer Verbundentscheidung können nur gestellt werden, wenn diese mit einem **Hauptrechtsmittel** angefochten worden ist. Solche Anträge **(Rechtsmittelerweiterungen oder Anschließungen) sind befristet,** wenn sie sich gegen Teile der Verbundentscheidung richten, die nicht bereits Gegenstand eines Hauptrechtsmittels sind (Hamburg, FamRZ 88, 639 u 1063). Sie sind unbefristet, wenn mit einer Rechtsmittelerweiterung oder Anschließung ein Teil der Verbundentscheidung angefochten wird, der bereits Gegenstand eines Hauptrechtsmittels ist. Hier ist § 629 a III nicht anzuwenden, sondern es gelten die allgemeinen Grundsätze über die Rechtsmittelerweiterung (oben Rn 19), Anschlußberufung (§§ 521 ff), Anschlußrevision (§ 556) und Anschlußbeschwerde (§ 621 e Rn 24 ff u Rn 47). Für die dritte Instanz befristet § 556 I die Anschließung auch dort, wo sie in der zweiten Instanz unbefristet möglich war. Dies gilt auch für die Anschlußbeschwerde in Folgesachen aus dem Gebiet der freiwilligen Gerichtsbarkeit (§ 621 e Rn 47). 30

c) **Ob das Hauptrechtsmittel und der Antrag zur nachträglichen Anfechtung verschiedene Gegenstände haben,** ist in Grenzfällen gelegentlich zweifelhaft. Betrifft das Hauptrechtsmittel den Unterhalt für ein Kind, so ist der Unterhalt für ein weiteres Kind der Parteien ein anderer Verfahrensgegenstand. Verschiedene Gegenstände sind auch die Zuweisung der Ehewohnung und die Hausratsteilung, Wertausgleich von Versorgungsanwartschaften und schuldrechtlicher Versorgungsausgleich (BGH FamRZ 90, 606; StJSchlosser aaO; anders MK/Klauser Rn 36). Als einheitliche Gegenstände sind anzusehen: 31

- die elterliche Sorge für mehrere Kinder der Parteien (§ 621 e Rn 30 a, anders StJSchlosser Rn 14),

- Elementarunterhalt und Vorsorgeunterhalt (§ 1578 II, III) des geschiedenen Ehegatten (StJSchlosser aaO),
- Übertragung und Begründung von Rentenanwartschaften (§ 1587 b I u II BGB),
- Zugewinnausgleich und die Anträge auf dessen Stundung und auf Übernahme von Gegenständen unter Anrechnung auf den Ausgleich (anders StJSchlosser aaO).

Teile des Verbundurteils, die bereits Gegenstand eines Hauptrechtsmittels sind, können durch unbefristete Anschließung angefochten werden; s Rn 30.

32 4) **Besonderheiten der befristeten Anschließung:** Analog §§ 522 a, 556 II ist das Anschlußrechtsmittel durch Schriftsatz einzulegen und in diesem zu begründen (Hamm FamRZ 89, 414). Wird es nicht fristgerecht begründet, so ist es zu verwerfen (Frankfurt FamRZ 87, 496). Die befristete **Anschließung verliert ihre Wirkung, wenn das Hauptrechtsmittel zurückgenommen oder** als unzulässig **verworfen wird** (§§ 522 I, 556 II 3; Saarbrücken FamRZ 88, 413 f; Hamm aaO; Bremen FamRZ 89, 649). Solange es noch nicht verworfen worden ist, ist die Anschließung zunächst einmal wirksam; denn daß das Hauptrechtsmittel zulässig ist, ist nicht Zulässigkeitsvoraussetzung für die Anschließung (§ 556 Rn 9). Konsequenz: Der Urkundsbeamte, der gemäß § 706 ein Zeugnis über die Rechtskraft des Scheidungsausspruchs erteilen soll, muß die rechtzeitige Anschließung auch dann als wirksam betrachten, wenn nach seiner Auffassung des Hauptrechtsmittel unzulässig ist. Erst wenn dieses rechtskräftig verworfen worden ist, darf er die Anschließung als wirkungslos ansehen. Er bescheinigt dann, daß die Scheidung mit dem Ablauf des Tages rechtskräftig geworden ist, an dem der Beschluß über die Verwerfung des Hauptrechtsmittels in Rechtskraft erwachsen ist. – Wird eine befristete Anschließung zurückgenommen oder verworfen, so verlieren später eingelegte weitere Anschlußrechtsmittel ihre Wirkung, soweit hierdurch die Fristenkette des § 629 a III abreißt (Bergerfurth FamRZ 86, 941 f).

33 In der **dritten Instanz** ist eine **befristete Anschließung** nur wegen solcher Verfahrensgegenstände möglich, hinsichtlich derer die zweite Instanz ein Rechtsmittel als unzulässig verworfen hat (§§ 621 d II, 621 e II 2) oder die Revision bzw weitere Beschwerde zugelassen hat (§§ 621 d I; 621 e II 1; BGH NJW 78, 1476). Ein Teil eines Verbundurteils, der mangels Anfechtung nicht in die zweite Instanz gelangt ist, kann nicht durch Anschließung in die dritte Instanz gebracht werden (BGH FamRZ 83, 683 = NJW 1858 = MDR 738).

34 5) a) Die **Anschließungsfrist** entspricht derjenigen für die Anschlußrevision (§ 556) und beträgt einen Monat. Sie ist keine Notfrist (Frankfurt FamRZ 86, 1122; Köln FamRZ 87, 1059 f; Karlsruhe FamRZ 88, 412; Celle NdsRpfl 90, 118; MK/Klauser Rn 31; JHSedemund-Treiber Rn 14 a; StJSchlosser Rn 17; anders Bergerfurth FamRZ 87, 177 u Ehescheidungsprozeß S 290). Entgegen Bergerfurth FamRZ 87, 177 beruht dies nicht auf einem Redaktionsversehen im Gesetzgebungsverfahren. Da die Anschließung in der Frist des § 629 a III auch begründet werden muß (§ 522 a II), ähnelt diese Frist sowohl der Rechtsmittel- als auch der Rechtsmittelbegründungsfrist. Diese ist keine Notfrist. Es besteht deshalb kein Anlaß, die Anschließungsfrist wie eine Berufungs- oder Revisionsfrist als Notfrist zu behandeln (Karlsruhe aaO; Celle FamRZ 90, 646 mwN). Hieraus folgt: Nach § 224 I können die Parteien die Frist durch Vereinbarung verkürzen (wie eine Rechtsmittelbegründungsfrist; § 519 Rn 24). Gerichte können die Frist nicht verlängern, weil das Gesetz dies nicht vorsieht (§ 224 II). Bei unverschuldeter Fristversäumung kann **Wiedereinsetzung in den vorigen Stand** erteilt werden (Karlsruhe aaO S 413; Sedemund-Treiber FamRZ 86,211; JHSedemund- Treiber u Bergerfurth aaO; s auch § 556 Rn 4). § 233 ist sinngemäß anzuwenden, weil die Anschließungsfrist sowohl einer Rechtsmittel- als auch einer Rechtsmittelbegründungsfrist ähnlich ist.

35 **b) Die Anschließungsfrist beginnt mit der Zustellung** der Begründung des Hauptrechtsmittels (§ 629 a II 1). Reicht der Rechtsmittelführer innerhalb der Begründungsfrist eine weitere Rechtsmittelbegründung ein, so ist auch diese zuzustellen, und die Anschließungsfrist beginnt erneut zu laufen (s Gummer oben § 556 Rn 4). In Folgesachen aus dem Gebiet der freiwilligen Gerichtsbarkeit (§ 621 a Rn 1) ist die Rechtsmittelbegründung regelmäßig mehreren Beteiligten zuzustellen (s § 621 e Rn 27; 624 Rn 13). Hier beginnt die Frist erst mit der letzten Zustellung. Auf Antrag bescheinigt die Geschäftsstelle des OLG bzw des BGH den Tag dieser Zustellung (§ 213 a). Solange auch nur einem Beteiligten noch nicht zugestellt worden ist, läuft die Frist nicht (Kemnade FamRZ 86, 625 f). Ebensowenig läuft sie, wenn die Rechtsmittelbegründung einem Beteiligten unter **Verletzung zwingender Zustellungsvorschriften** zugeht (§ 187 S 2. Diese Bestimmung ist nicht nur auf Notfristen, sondern auch auf solche Fristen anzuwenden, deren Ablauf zwingende Rechtsfolgen auslöst, zB auf Rechtsmittelbegründungsfristen (Greger oben § 187 Rn 10). Da die Anschließungsfrist sowohl einer Rechtsmittelfrist (Notfrist) als auch einer Rechtsmittelbegründungsfrist ähnlich ist, gilt § 187 II auch für sie (Köln FamRZ 87, 1059 f; Bergerfurth FamRZ 87, 177).

6) **Fristablauf in Wiedereinsetzungsfällen:** Verstreicht die einmonatige Berufungs- bzw Beschwerdefrist, ohne daß ein Rechtsmittel gegen das Verbundurteil eingelegt wird, so wird das Urteil rechtskräftig. Rechtskräftig wird es auch, wenn innerhalb dieser Frist Prozeßkostenhilfe für ein Rechtsmittel gegen eine Folgesachenentscheidung begehrt wird. Bewilligt die zweite Instanz Prozeßkostenhilfe, so muß das Rechtsmittel binnen zwei Wochen nach Zustellung dieser Entscheidung eingelegt werden (§§ 234, 236). Wenn dies geschieht, ist dem Rechtsmittelführer im Regelfall Wiedereinsetzung zu erteilen. – Auch hier gelten die in Rn 35 erwähnten Grundsätze über den Lauf der Anschließungsfrist. Diese beginnt auch hier erst mit der Zustellung der Rechtsmittelbegründung. Sie wird nicht bereits mit der Zusendung des Prozeßkostenhilfegesuchs in Lauf gesetzt, aber auch nicht erst dadurch, daß die zweite Instanz Wiedereinsetzung erteilt, was meistens ohnehin erst zugleich mit der Sachentscheidung über das verspätete Rechtsmittel geschieht (§ 238). 35a

7) **Fristen für weitere Anschließungen: a)** Wird gegen eine Verbundentscheidung ein **Anschlußrechtsmittel** einlegt, **das denselben Gegenstand betrifft wie das Hauptrechtsmittel** (s Rn 31), so verlängert sich hierdurch nicht die Frist für weitere Anschließungen, die andere Gegenstände betreffen (Bergerfurth FamRZ 86, 941). Beispiel: Wird am 5. Januar die Berufungsbegründung in der Folgesache Unterhalt zugestellt und am 2. Februar die Anschlußberufung in derselben Folgesache, so läuft die Frist für eine Anschließung in der Folgesache Hausrat nur bis zum 5. Februar. Wird fristgerecht ein **Anschlußrechtsmittel** eingelegt, **das einen anderen Verfahrensgegenstand betrifft als das Hauptrechtsmittel,** so verlängert sich die Frist für weitere Anschließungen. Beispiel: Wird am 5. Januar die Berufung in der Folgesache Ehegattenunterhalt zugestellt und am 2. Februar die Anschlußberufung in der Folgesache Kindesunterhalt, so kann der Hauptberufungskläger die Folgesache Hausrat bis zum 5. März durch eine Gegenanschließung anfechten. 36

b) Die Frist für die zweite Anschließung beginnt nicht mit der Zustellung der ersten Anschließung. Sie **läuft einen Monat nach der Frist für die erste Anschließung ab,** die Frist für die dritte Anschließung einen Monat nach der Frist für die zweite Anschließung (Frankfurt FamRZ 87, 959 f; Karlsruhe FamRZ 88, 412; Bergerfurth FamRZ 86, 941; Rosenberg/Gottwald § 167 I 10 b aE; JHSedemund-Treiber § 629 a Rn 16; MK/Klauser Rn 35; anders Kemnade FamRZ 86, 625; Schwab/Maurer I Rn 809). Durch Feiertage am Fristende können diese Fristen länger werden, als sie wären, wenn man für die zweite Anschließung eine Frist von zwei Monaten seit der letzten Zustellung eines Hauptrechtsmittels rechnen würde und für die dritte Anschließung eine Frist von drei Monaten. Näheres s § 224 Rn 7. 37

c) Die Fristen des § 629 a können die Höchstfristen der §§ 516, 552, 621 e III überdauern. Auch nach **Ablauf von sechs Monaten seit Verkündung des Verbundurteils** können bisher unangefochtene Teile dieser Entscheidung noch angefochten werden, wenn die Anschließungsfristen noch nicht verstrichen sind. 38

8) Verstreichen die in Abs 3 genannten Fristen, ohne daß ein Antrag nach § 629 a III gestellt wird, so werden die nicht angefochtenen Teile der **Verbundentscheidung rechtskräftig.** Dies gilt entgegen KG (FamRZ 89, 1206) auch, wenn ein Verbundurteil eine Versäumnisentscheidung enthält und wenn sowohl ein Rechtsmittel als auch Einspruch gegen das Urteil eingelegt wird (s § 629 II). Hier werden die unangefochtenen Teile des Verbundurteils mit Ablauf der Anschließungsfrist rechtskräftig. Die Entscheidung, die auf den Einspruch hin ergehen wird, kann zwar mit der Berufung angefochten werden. Mit einer Anschließung an diese Berufung kann der Berufungsbeklagte jedoch nur das letzte Urteil anfechten, nicht aber das vorausgegangene Verbundurteil (ebenso Freckmann FamRZ 90, 185). 39

9) Die Rechtskraft des Scheidungsausspruchs und der Folgesachenentscheidungen kann auch durch **Verzicht** der Ehegatten **auf Rechtsmittel** und Anschlußrechtsmittel herbeigeführt werden (BGH FamRZ 94, 300 f = NJW-RR 94, 386 f). Auf Rechtsmittel kann erst nach Verkündung des Scheidungsurteils verzichtet werden (oben § 514 Rn 1). Die Ehegatten können zwar schon vor Urteilsverkündung vereinbaren, keine Rechtsmittel einzulegen; dies führt aber nicht zur sofortigen Rechtskraft des Urteils (Gummer oben § 514 Rn 2). Verkündungmängel machen die Verkündung und folglich auch den Rechtsmittelverzicht nicht unwirksam (es sei denn, daß gegen elementare Formerfordernisse verstoßen wird; Hamm FamRZ 95, 943 ff mwN). Insbesondere ist auch eine Verkündung in nicht öffentlicher Sitzung wirksam, wenn die Prozeßbevollmächtigten der Ehegatten anwesend sind (Hamm aaO). Auf **Anschlußrechtsmittel** kann im allgemeinen erst nach Einlegung eines Hauptrechtsmittels verzichtet werden (Gummer oben § 521 Rn 19). Dies würde an sich auch für Anschlußrechtsmittel in Folgesachen gelten (München FamRZ 93, 1320 f mwN; JHSedemund-Treiber Rn 19) und ebenso für die Anschließung an eine Anfechtung des Scheidungsausspruchs. Nach der ausdrücklichen **Ausnahmeregelung des Abs 4** können jedoch Ehegatten, die auf Rechtsmittel gegen den Scheidungsausspruch verzichten, auch auf dessen Anfechtung durch Anschließung an ein Rechtsmittel in einer Folgesache bereits 39a

verzichten, bevor ein solches Rechtsmittel eingelegt ist. Hierdurch soll eine unzumutbare Verzögerung der Scheidung durch Rechtsmittel in Folgesachen verhindert werden; s Rn 17.

40 a) Wird schlechthin auf Rechtsmittel verzichtet, so gilt der **Verzicht** auch für Folgesachen (BGH FamRZ 86, 1089). Er **kann nicht widerrufen werden,** wenn er dem Gericht gegenüber erklärt worden ist (BGH FamRZ 85, 801 = NJW 2334 = MDR 830; FamRZ 86, 1089; 94, 300 f = NJW-RR 94, 386 f; Hamm FamRZ 95, 943 f mwN). Ebensowenig kann er wegen Willensmängeln angefochten werden; es sei denn, er ist von einem Restitutionsgrund iS des § 580 betroffen (BGH FamRZ 86, 1089; 94, 300 f). Die Partei selbst kann nicht auf Rechtsmittel verzichten; **Anwaltszwang** (BGH FamRZ 84, 372). Der Anwalt ist kraft seiner Prozeßvollmacht zum Verzicht befugt. Eine Beschränkung der Vollmacht in diesem Punkt ist dem Gericht und dem Gegner gegenüber unwirksam (§ 83 I; BGH FamRZ 94, 300 f). Setzt der Anwalt sich über die Beschränkung hinweg, so ist der Verzicht wirksam (BGH aaO). Wirksam ist auch der Rechtsmittelverzicht eines Anwalts, der entgegen § 83 nur zum Verzicht bevollmächtigt worden ist (§ 609 Rn 4). Die Wirksamkeit eines Rechtsmittelverzichts, der in der mündlichen Verhandlung anschließend an die Urteilsverkündung ausgesprochen wird, hängt nicht davon ab, daß er ordnungsgemäß **protokolliert** wird (BGH FamRZ 94, 300 f). Sind das Protokoll oder die vorläufigen Protokollaufzeichnungen unter Verstoß gegen § 162 I den Beteiligten nicht vorgelesen und von ihnen nicht genehmigt worden, so fehlt dem Protokoll insoweit die Beweiskraft einer öffentlichen Urkunde. Der Rechtsmittelverzicht kann aber auf andere Weise bewiesen werden (BGH FamRZ 86, 1089 mwN; anders Celle NdsRpfl 81, 197).

41 b) Ist die Scheidung nicht Gegenstand einer Berufung, so ist es – um ihre Rechtskraft herbeizuführen – nicht erforderlich, daß die Ehegatten auch **auf das Antragsrecht nach § 629 c verzichten** (Hamm FamRZ 95, 943 f mwN, str). Bereits der Verzicht auf die Anfechtung des Scheidungsausspruches hindert die Ehegatten daran, die Scheidungssache in die Berufungsinstanz zu bringen. Wenn sie aber nicht in die zweite Instanz gelangen kann, darf der BGH den Scheidungsausspruch auch nicht gemäß § 629 c aufheben; denn insoweit ist das Verbundurteil bereits rechtskräftig (§ 629 c Rn 1 a; JHSedemund-Treiber § 629 c ZPO Rn 5). Der Verzicht auf das Antragsrecht nach § 629 c ist jedoch notwendig, wenn die Scheidung Gegenstand des Verbundurteils der zweiten Instanz ist, in dem dieses in einer Folgesache ein Rechtsmittel an den BGH zugelassen hat; denn hier erweitert § 629 c die Anfechtungsmöglichkeit über das zugelassene Maß hinaus.

42 c) **Ein einseitiger Rechtsmittelverzicht** kann die Rechtskraft des Scheidungsausspruchs nicht herbeiführen (Düsseldorf FamRZ 85, 300 f). Hat ein Ehegatte eine Folgesachenentscheidung eines Verbundurteils, zB diejenige über den Unterhalt, rechtzeitig angefochten und verzichtet darauf der andere auf die Anschlußberufung gegen den Scheidungsausspruch, so könnte man versucht sein zu argumentieren: Der Berufungskläger kann seine Berufung nicht mehr erweitern, der Berufungsbeklagte hat auf die Anschließung verzichtet, also ist die Scheidung rechtskräftig. Hierin liegt jedoch ein Denkfehler. Wenn der Berufungskläger trotzdem seine Berufung auf die Anfechtung der Scheidung erweitert, so ist dies wahrscheinlich nicht zulässig, weil die Begründung seiner Unterhaltsberufung die Anfechtung des Scheidungsausspruchs kaum rechtfertigen wird; s Rn 20. Auch eine unzulässige Berufungserweiterung verhindert jedoch, daß der Scheidungsausspruch rechtskräftig wird. Erst wenn die Berufungserweiterung rechtskräftig verworfen worden ist, wird auch der Scheidungsausspruch rechtskräftig; s § 629 d Rn 5.

43 V) Wird die **Wiederaufnahme** eines Verfahrens zugelassen, durch das eine Ehe geschieden worden ist, so werden die Folgesachen nicht von neuem verhandelt, wenn sie nicht ausdrücklich angefochten worden sind. Wird die Scheidungsklage im Wiederaufnahmeverfahren abgewiesen, so werden die früheren Entscheidungen in Folgesachen gegenstandslos (§ 629 III 1). Wird der Scheidungsausspruch aufrechterhalten, so bleiben die früheren Folgesachenentscheidungen bestehen. Es können auch einzelne Folgesachen wiederaufgenommen werden, ohne daß der Scheidungsausspruch dadurch berührt wird.

44 **VI) Gebühren: 1)** des **Gerichts:** KV 1520–1539. Wenn gegen ein Verbundurteil nur Beschwerde nach § 621 e eingelegt wird (§ 629 a II 1), werden Gebühren nach dem GKG erhoben und nicht etwa nach der Kostenordnung wie in den Fällen, in denen eine selbständige Entscheidung aus dem Bereich der freiwilligen Gerichtsbarkeit mit der Beschwerde angefochten wird, s § 621 e Rn 50. Wird nach Einlegung der Beschwerde gegen ein Verbundurteil auch Berufung oder Revision eingelegt, so werden die Gebühren für beide Rechtsmittelverfahren einheitlich nach dem addierten Wert angesetzt; vgl Drischler/Oestreich/Heun/Haupt, GKG Teil VII Rn 41 zu KV Nr 1110–1139. Fälligkeit der Kosten: § 63 I GKG (BGH MDR 81, 394). – **2) Anwaltsgebühren:** §§ 31, 11 I BRAGO. Dem Rechtsanwalt können für die Tätigkeit im Beschwerdeverfahren alle Gebühren nach § 31 BRAGO erwachsen in Höhe von 13/10 (§ 61 a S 2 iVm § 11 I 2 BRAGO). Für Folgesachen aus dem Bereich der freiwilligen Gerichtsbarkeit (§ 621 a Rn 1) bestimmt § 61 a BRAGO, daß der Anwalt für das Beschwerdeverfahren dieselben Gebühren wie in Zivilprozessen erhält und nicht Gebühren nach § 118 BRAGO wie im selbständigen Verfahren der freiwilligen Gerichtsbarkeit. Für die weitere Beschwerde (§ 621 e II 2) erhält der beim BGH zugelassene Rechtsanwalt eine doppelte Prozeßgebühr (§ 11 I 5 BRAGO), mangels Verhandlung aber meistens keine Verhandlungsgebühr.

629b *[Zurückverweisung bei Scheidung in höherer Instanz]*

(1) Wird ein Urteil aufgehoben, durch das der Scheidungsantrag abgewiesen ist, so ist die Sache an das Gericht zurückzuverweisen, das die Abweisung ausgesprochen hat, wenn bei diesem Gericht eine Folgesache zur Entscheidung ansteht. Dieses Gericht hat die rechtliche Beurteilung, die der Aufhebung zugrunde gelegt ist, auch seiner Entscheidung zugrunde zu legen.

(2) Das Gericht, an das die Sache zurückverwiesen ist, kann, wenn gegen das Aufhebungsurteil Revision eingelegt wird, auf Antrag anordnen, daß über die Folgesachen verhandelt wird.

I) Grundlagen: Wird der Scheidungsantrag abgewiesen, so werden die Folgesachen gegenstandslos (§ 629 III 1). Wird gegen das abweisende Urteil ein Rechtsmittel eingelegt, so gelangen die Folgesachen nicht in die nächsthöhere Instanz, weil über sie in der unteren nicht entschieden worden ist. Um den Entscheidungsverbund wieder herzustellen, ordnet Abs 1 an, daß in einem solchen Fall die höhere Instanz die Ehe nicht scheiden darf, sondern das angefochtene Urteil aufheben und die Scheidungssache zurückverweisen muß. Sie darf nicht von der Zurückverweisung absehen und selbst entscheiden, wenn sie dies für sachdienlich hält. § 540 ZPO ist nicht anwendbar. Infolgedessen braucht die Berufungsschrift hier keinen Sachantrag zu enthalten. Der Antrag auf Aufhebung des Urteils und Zurückverweisung der Sache genügt; s § 628 Rn 13. Dennoch haben gelegentlich Oberlandesgerichte von der Zurückverweisung abgesehen, die Scheidung ausgesprochen und über die elterliche Sorge entschieden, wenn die Eheleute alle Scheidungsfolgen einschließlich des Versorgungsausgleichs durch Vergleich geregelt hatten und bei vollständig geklärtem Sachverhalt nur noch über die elterliche Sorge entsprechend dem übereinstimmenden Vorschlag aller Beteiligten zu befinden war. In solchen Fällen wurde es als unnütze Förmelei empfunden, die Sache zurückzuverweisen (Frankfurt FamRZ 80, 710; Köln FamRZ 80, 1048; Karlsruhe FamRZ 84, 57). Das KG hat in einem Fall, in dem erst nach der Entscheidung des FamG ein Kind geboren wurde, von einer Zurückverweisung der Scheidungssache abgesehen und selbst über die elterliche Sorge entschieden (FamRZ 89, 647 f). 1

II) Aufhebung und Zurückverweisung: Abs 1 gilt, **1.** wenn die zweite Instanz auf eine Berufung hin ein abweisendes Urteil des FamG aufhebt, **2.** wenn der BGH auf eine Revision hin ein abweisendes Urteil der zweiten Instanz aufhebt. **3.** Hebt der BGH ein Urteil der zweiten Instanz auf, durch das eine Berufung gegen ein abweisendes Urteil des Familiengerichts zurückgewiesen worden ist, so ist zu unterscheiden: Gelangt der BGH zu der Auffassung, daß die Ehe zu scheiden ist, so kann er das Urteil der zweiten Instanz aufheben und zugleich an deren Stelle entscheiden (§ 565 III Nr 1), daß das Urteil des FamG aufgehoben und die Sache an dieses zurückverwiesen wird. Ist die Frage, ob die Ehe zu scheiden ist, nach Auffassung des BGH noch nicht entscheidungsreif, so ist nur das Urteil der zweiten Instanz aufzuheben und die Sache an diese zurückzuverweisen. Die zweite Instanz kann dann entweder die Berufung erneut zurückweisen oder das Urteil des FamG aufheben und die Sache an dieses zurückzuverweisen, damit dort im Verbund auch über die Folgesachen entschieden wird. Hat das FamG den Scheidungsantrag abgewiesen, weil es örtlich unzuständig ist, so kann die zweite Instanz das Urteil aufheben und die Sache gemäß § 281 an das zuständige FamG verweisen (Hamburg FamRZ 83, 612). Sinngemäß anzuwenden ist § 629b I, wenn das FamG das Scheidungsbegehren in der Hauptsache für erledigt erklärt hat und das OLG dieses Urteil aufhebt (Karlsruhe IPRax 90, 52). Hamburg (FamRZ 82, 1211) wendet § 629 b I analog an, wenn das FamG einen Eheaufhebungsantrag abgewiesen hat und in zweiter Instanz ein begründeter Scheidungsantrag gestellt wird. Eine hiervon abweichende Problemlösung enthält § 611 Rn 6. 2

1) Zurückzuverweisen ist die Scheidungssache nur, wenn bei dem Gericht, das den Scheidungsantrag abgewiesen hat, eine Folgesache zur Entscheidung ansteht. Der Ausdruck „ansteht" geht über den Begriff der Anhängigkeit hinaus. Die elterliche Sorge und der Wertausgleich von Versorgungsanwartschaften sind von Amts wegen zu regeln und stehen auch dann beim FamG zur Entscheidung an, wenn es wegen dieser Folgesachen kein Verfahren eingeleitet, sondern den Scheidungsantrag von vornherein abgewiesen hat (Celle FamRZ 79, 234; Karlsruhe FamRZ 79, 946 u 81, 191; MK/Klauser Rn 6; anders Frankfurt FamRZ 80, 283). Zur Entscheidung stehen ferner die Folgesachen an, die bei einem Gericht anhängig sind. Deshalb hat der BGH die Scheidungssache an die zweite Instanz zurückzuverweisen, wenn dort Rechtsmittel in Folgesachen anhängig geworden sind. An das FamG ist zurückzuverweisen, wenn dort Folgesachen bis zum Schluß der mündlichen Verhandlung anhängig gemacht worden sind (§ 623 II 1) und nicht durch Rechtsmittel in die höhere Instanz gelangt sind. Hat ein Ehegatte in einem nachgereichten Schriftsatz einen Folgesachenantrag gestellt, nachdem das FamG die mündliche Verhandlung geschlossen hatte, so ist diese Sache nicht als Folgesache geeignet (§ 623 I 1), und die Scheidungssache darf nicht zurückverwiesen werden (anders Köln FamRZ 83, 289). 3

4 2) Eine Folgesache steht nicht zur Entscheidung an, wenn sie bereits aus dem Verbund ausgeschieden ist. Ausgeschieden sind **als selbständige Familiensachen fortgeführte Folgesachen** (§§ 629 III 2). Welche Folgesachen fortgeführt werden können, ergibt sich aus § 626 Rn 8.

5 **a)** Das Verfahren über die Regelung der **elterlichen Sorge** kann nach Abweisung des Scheidungsantrages als selbständige Familiensache fortgeführt werden, wenn die Ehegatten weiterhin getrennt leben (§ 626 Rn 8a). Bleibt es aber nicht bei der Trennung, sondern kommt es zur Scheidung, so ist von Amts wegen über die elterliche Sorge zu entscheiden (§ 623 III 1). Das selbständig fortgeführte Verfahren erledigt sich in diesem Fall, wenn es noch nicht rechtskräftig abgeschlossen ist. Ist es rechtskräftig abgeschlossen, so ist erneut über die elterliche Sorge zu entscheiden. Die Folgesache elterliche Sorge steht mithin in jedem Fall, in dem die Ehegatten ein gemeinschaftliches minderjähriges Kind haben, zur Entscheidung an.

6 **b)** Andere als selbständige Familiensache fortgeführte Folgesachen werden **nicht von selbst wieder zu Folgesachen,** wenn das den Scheidungsantrag abweisende Urteil aufgehoben und die Scheidungssachen zurückverwiesen wird (Bastian § 629 Rn 9; anders StJSchlosser Rn 1; Baumbach-Albers 1; Diederichsen NJW 77, 660; Göppinger/Wax Rn 3161). Die Anträge in diesen Sachen können jedoch umgestellt werden, daß eine Entscheidung für den Fall der Ehescheidung begehrt wird. Auf diese Weise können die Ehegatten selbständig fortgeführte Sachen wieder zu Folgesachen machen.

7 **c)** Hatte das FamG die Scheidung ausgesprochen und über Folgesachen entschieden, hatte aber die **zweite Instanz** den **Scheidungsantrag abgewiesen** und hält nunmehr der BGH die Ehe für scheidungsreif, so kann er selbst die Scheidung aussprechen und von einer Zurückverweisung absehen, wenn die Entscheidungen des FamG über Folgesachen nicht angefochten worden sind. In diesem Fall stehen bei dem OLG, an das die Scheidungssache zurückverwiesen werden könnte, keine Folgesachen zur Entscheidung an. Sind jedoch auch die Folgesachenentscheidungen des FamG angefochten worden, so stehen sie bei dem OLG, das infolge der Abweisung des Scheidungsantrages nicht über sie entscheiden durfte, noch zur Entscheidung an. Hier muß die Scheidungssache aus der Revisionsinstanz an das OLG zurückverwiesen werden, wenn der BGH das den Scheidungsantrag abweisende Urteil des OLG aufhebt.

8 3) Hat das FamG einen Scheidungsantrag abgewiesen, weil die Ehegatten noch nicht ein Jahr lang getrennt leben (§ 1565 II BGB), so führt eine Berufung gegen ein solches Urteil häufig zur Aufhebung und Zurückverweisung nach § 629 b I 1, weil bis zur mündlichen Verhandlung in der zweiten Instanz das Trennungsjahr verstrichen ist. In diesem Fall sind die **Kosten des Berufungsverfahrens** analog § 97 II dem Berufungskläger aufzuerlegen. Er obsiegt mit dem neuen Vorbringen, daß das Trennungsjahr inzwischen verstrichen ist. Dies hätte er zwar vor dem FamG noch nicht geltend machen können. Das schließt aber eine analoge Anwendung des § 97 II nicht aus. Nach dem Sinn der Bestimmung treffen die Kosten der zweiten Instanz die Partei, die in erster Instanz nicht sachgerecht prozessiert hat und deshalb erst in der zweiten gewinnt. Insofern steht die Partei, die verfrüht die Scheidung begehrt und allein dadurch die Kosten für die zweite Instanz verursacht hat, derjenigen gleich, die in erster Instanz hätte siegen können, es jedoch unterlassen hat, die für den Sieg entscheidenden Tatsachen dort vorzutragen (Hamburg FamRZ 85, 711 mwN; Hamm FamRZ 93, 456 mwN; Ditzen FamRZ 88, 1011; MK/Klauser Rn 12; Schwab/Maurer I Rn 707; str; einschränkend KG FamRZ 87, 723 f).

9 **III) Abs 1 S 2:** Die Vorinstanz, an die die Scheidungssache zurückverwiesen worden ist, ist wie im Falle des § 565 II **an die rechtliche Beurteilung** des zurückweisenden Rechtsmittelgerichts **gebunden,** soweit die Aufhebung auf ihr beruht (Düsseldorf FamRZ 81, 808; s auch BGHZ 3, 321/326; 6, 76/79; FamRZ 63, 282 f; NJW 67, 1468 f). Diese Bindung schließt jedoch nicht aus, daß die Vorinstanz zu anderen tatsächlichen Feststellungen kommt und diese selbständig würdigt (Düsseldorf aaO; BGH NJW 51, 524, VersR 58, 610). Keine Bindung besteht, wenn das zurückverweisende Gericht inzwischen seine Rechtsauffassung geändert und seine neue Auffassung bekanntgemacht hat (BGH NJW 73, 1273).

10 **IV) Abs 2:** Hat die zweite Instanz die Scheidungssache an das FamG zurückverwiesen und wird gegen dieses Urteil Revision eingelegt, so hemmt diese die Wirkung des zweitinstanzlichen Urteils (StJGrunsky § 538 Rn 32; KG OLGZ 20, 319), und das FamG könnte an sich über die zurückverwiesene Scheidungssache und die Folgesachen nicht entscheiden. Hiervon macht Abs 2 um der Beschleunigung des Verfahrens willen eine Ausnahme. Das FamG darf über die **Folgesachen verhandeln,** bis sie entscheidungsreif sind; entscheiden darf es hierüber erst, wenn es nach Rechtskraft des zurückverweisenden zweitinstanzlichen Urteils und erneuter Verhandlung dem Scheidungsbegehren stattgibt.

11 Die Anordnung, daß über Folgesachen verhandelt wird, ergeht nur auf **Antrag** eines Ehegatten oder sonstigen Beteiligten. Gegen die Zurückweisung des Antrags findet die einfache Beschwerde statt. Ob die Verhandlung angeordnet wird, steht im **Ermessen** des FamG. Bei der Ausübung

des Ermessens ist zu berücksichtigen, ob die Verhandlung voraussichtlich zu einer Verfahrensbeschleunigung führen wird. Dies ist zB nicht der Fall, wenn in Verfahren über die elterliche Sorge oder den Versorgungsausgleich alles darauf hindeutet, daß wahrscheinlich eine Verhandlung zusammen mit der Scheidungssache genügen wird. Hier kann eine vorherige Verhandlung der Folgesachen abgelehnt werden.

V) **Gebühren:** Das weitere Verfahren bildet mit dem früheren eine Gebühreninstanz (§§ 33, 27 GKG; § 15 II BRAGO). 12

629c

[Erweiterte Aufhebung bei Teilanfechtung]

Wird eine Entscheidung auf Revision oder weitere Beschwerde teilweise aufgehoben, so kann das Gericht auf Antrag einer Partei die Entscheidung auch insoweit aufheben und die Sache zur anderweitigen Verhandlung und Entscheidung an das Berufungs- oder Beschwerdegericht zurückverweisen, als dies wegen des Zusammenhangs mit der aufgehobenen Entscheidung geboten erscheint. Eine Aufhebung des Scheidungsausspruchs kann nur innerhalb eines Monats nach Zustellung der Rechtsmittelbegründung, bei mehreren Zustellungen bis zum Ablauf eines Monats nach der letzten Zustellung beantragt werden.

Gesetzesgeschichte: Satz 2 wurde durch das Unterhaltsänderungsgesetz (BGBl 86 I 301) hinzugefügt.

Lit: *Deneke* FamRZ 87, 1214.

I) **Grundzüge:** § 629 c ergänzt die Vorschriften für das Verbundverfahren, die §§ 623, 629, 629 a, und hilft, Folgesachenentscheidungen aufeinander abzustimmen. In der ersten Instanz dienen die §§ 623, 629 diesem Zweck. In der zweiten können die Ehegatten Anschlußrechtsmittel einlegen, um zu erreichen, daß diese Entscheidungen zueinander passen (§ 629 a II). Anders in der dritten Instanz: Ist die Revision bzw weitere Beschwerde nur für die Scheidungs- oder eine bestimmte Folgesache zugelassen worden, so können die übrigen Gegenstände des Verbundverfahrens weder durch Haupt- noch durch Anschlußrechtsmittel angefochten werden (§ 629 a Rn 33). Anfechtbare und unanfechtbare Verfahrensgegenstände hängen aber oft zusammen. Um alle Folgesachenentscheidungen aufeinander abzustimmen, eröffnet § 629 c den Ehegatten die Möglichkeit, Teile der zweitinstanzlichen Verbundentscheidung, die mit einer vom BGH aufgehobenen Folgesachenentscheidung zusammenhängen, erneut gerichtlich überprüfen zu lassen. Diese Überprüfung weist das Gesetz der zweiten Instanz zu, um den BGH von Entscheidungen zu entlasten, die keine grundsätzliche Bedeutung haben (Regierungsentwurf zu § 629 c, Materialiensammlung S 359). 1

II) **Konsequenzen:** Der **BGH** darf nach § 629 c S 1 nur nicht angefochtene Teile der Entscheidung eines OLG aufheben (Deneke FamRZ 87, 1215). Teile des erstinstanzlichen Verbundurteils, die nicht in die zweite Instanz gelangt sind, darf der BGH nicht aufheben; denn insoweit ist das Urteil des FamG rechtskräftig geworden (§ 629 a Rn 39). Hebt das **OLG** auf eine Berufung oder Beschwerde hin ein Verbundurteil des FamG teilweise auf, so ist § 629 c auch nicht analog anzuwenden. Hier hätten die Parteien Anschlußrechtsmittel einlegen können, um eine Entscheidung des OLG herbeizuführen (Deneke aaO). 1a

III) **Voraussetzungen für eine Aufhebung und Zurückverweisung: 1)** Die Bestimmung ist nur anwendbar, **wenn der BGH** auf eine Revision oder weitere Beschwerde hin eine **Verbundentscheidung** eines OLG (Urteil oder Beschluß) **teilweise aufhebt.** § 629 c ist nicht anwendbar, wenn der BGH 2

a) ein Rechtsmittel zurückweist oder verwirft (Baumbach/Albers Rn 3), **b)** eine Verbundentscheidung des OLG in vollem Umfang aufhebt oder ändert, **c)** einen Scheidungsausspruch aufhebt und den Scheidungsantrag abweist; denn hier werden die Folgesachen gegenstandslos (§ 629 III),**d)** ein den Scheidungsantrag abweisendes Urteil aufhebt; denn diesen Fall regelt § 629 b (Baumbach/Albers Rn 1). Hatte in diesem Fall das FamG die Ehe geschieden und sind Folgesachen an das OLG gelangt, so sind sie dort noch anhängig; denn das OLG hatte keinen Anlaß, über die Folgesachen zu entscheiden (Deneke FamRZ 87, 1217).

2) Anzuwenden ist § 629 c S 1 jedoch, wenn der BGH einen **Scheidungsausspruch aufhebt** und die **Scheidungssache** an das OLG **zurückverweist** (anders Deneke FamRZ 87, 1217 Fußn 24). Hier werden die Folgesachenentscheidungen des OLG rechtskräftig, wenn sie nicht durch Rechtsmittel zum BGH angefochten worden sind. Nur durch einen Antrag nach § 629 c kann der Eintritt der Rechtskraft verhindert werden; s § 629 a Rn 41. Die frühere gegenteilige Meinung (Nachweise s BGH FamRZ 87, 264 f aE = NJW-RR 387) ist durch die 1986 in Kraft getretene Neuregelung des § 629 a III überholt (StJSchlosser Rn 4). 3

4 3) Weiter erfordert die Vorschrift einen **Zusammenhang** zwischen dem Teil der OLG-Entscheidung, der auf Revision oder weitere Beschwerde hin aufgehoben wird, und dem anderen Teil, der nach § 629 c aufzuheben ist. (BGH FamRZ 86, 895 = NJW 87, 1024/1026).

5 a) Vor allem die Entscheidung über die **elterliche Sorge** hängt häufig mit anderen Folgesachen zusammen. Da der Inhaber der Sorge seinen Beitrag zum Unterhalt des Kindes durch die Pflege und Erziehung des Kindes leistet (§ 1606 III 2 BGB), hat der andere Elternteil für den Geldbedarf des Kindes aufzukommen. Insofern hängen elterliche Sorge und **Kindesunterhalt** zusammen (Deneke FamRZ 87, 1216). Von der Sorgeregelung hängt häufig auch die Entscheidung darüber ab, welchem Ehegatten die bisherige **Ehewohnung** zugeteilt wird und wie der **Hausrat** verteilt wird; s § 2 S 2 HausratsVO. Ein indirekter Zusammenhang besteht auch zwischen dem **Unterhaltsanspruch der geschiedenen Ehefrau** und der Sorgeregelung (§ 1570 BGB; BGH FamRZ 86, 895 = NJW 87, 1024/1026); denn die für die Kinder sorgende Frau ist häufig außerstande, ihren vollen Unterhalt selbst zu verdienen. Wenn es darum geht, ob eine Lebensversicherung im **Versorgungs- oder Zugewinnausgleich** zu berücksichtigen ist, kann die Versorgungsausgleichsentscheidung nach § 629 c aufgehoben werden, wenn die Zugewinnausgleichsentscheidung auf eine Revision hin aufgehoben wird (Heintzmann FamRZ 80, 114). In diesem Fall können auch Nebenentscheidungen über die Stundung der Ausgleichsschuld und über die Übertragung von Vermögensgegenständen unter Anrechnung auf diese Schuld aufgehoben werden (MK/Klauser Rn 7; Schwab/Maurer I Rn 825).

6 b) Nach dem Regierungsentwurf durfte der BGH nur Folgesachenentscheidungen nach § 629 c aufheben (BTDrucks 7/650 S 31). Einem Ehegatten, der eine Folgesachenentscheidung des BGH mißbilligte, wollte der Bundesrat es ermöglichen, seinen Scheidungsantrag zurückzunehmen oder seine Zustimmung zur Scheidung zu widerrufen (BTDrucks aaO). hierauf beruht die heutige Gesetzesfassung, die die **Ehesache** umfaßt; s § 629 c S 2. Bisher sind keine Entscheidungen bekanntgeworden, durch die der BGH Scheidungsaussprüche nach § 629 c aufgehoben hat. Eine solche Aufhebung kommt in Betracht, falls der BGH eine Sorgerechtsentscheidung aufhebt, die dem übereinstimmenden Vorschlag beider Ehegatten entsprach (§ 627; s StJSchlosser Rn 8). In anderen Fällen wird ein Zusammenhang zwischen der Folgesachenentscheidung, die der BGH auf ein Rechtsmittel hin aufhebt, und dem Scheidungsausspruch, dessen Aufhebung nach § 629 c begehrt wird, schwerlich festzustellen sein (Deneke FamRZ 87, 1216 Fußn 21).

7 c) Entscheidungen über den **Umgang des Kindes** mit einem Elternteil und über die **Herausgabe des Kindes** an den anderen Elternteil werden von selbst gegenstandslos, wenn die zugrundeliegende Entscheidung über die **elterliche Sorge** aufgehoben wird (str; Nachweise s Deneke FamRZ 87, 1216 Fußn 21). Hier braucht kein Antrag nach § 629 c gestellt zu werden (anders beiläufig BGH FamRZ 94, 827/829 aE).

8 4) Das Gesetz verlangt schließlich den **Antrag** einer Partei auf Aufhebung und Zurückverweisung. Auch wenn eine Folgesache aus dem Bereich der freiwilligen Gerichtsbarkeit nach § 629 c aufzuheben ist, können nur die Ehegatten den Antrag stellen, nicht aber die an der Folgesache beteiligten Dritten, zB Jugendamt, Versorgungsträger, Vermieter (MK/Klauser Rn 6; JHSedemund-Treiber Rn 2; Schwab/Maurer I Rn 818; anders Deneke FamRZ 87, 1220). Auch das Jugendamt kann nicht beantragen, die Entscheidungen über die Folgesachen Umgangsregelung und Kindesherausgabe aufzuheben, wenn die Entscheidung über die elterliche Sorge vom BGH aufgehoben wird; denn jene Entscheidungen werden von selbst gegenstandslos (Rn 7). Der Antrag auf Aufhebung des Scheidungsausspruchs kann nach S 2 nur innerhalb einer **Frist** gestellt werden, die derjenigen für die befristete Anschließung nach § 629 a III entspricht. Der Antrag auf Aufhebung einer Folgesachenentscheidung muß bis zum Schluß der mündlichen Verhandlung gestellt werden (Deneke FamRZ 87, 1220 mwN). Hier hat sich ein vermutlich unbeabsichtigter Widerspruch zwischen § 629 a III und § 629 c S 2 in das Gesetz eingeschlichen. Ist für eine Folgesache die Revision oder weitere Beschwerde zugelassen worden, so ist nur eine befristete Anfechtung durch Rechtsmittel oder Anschließung (§ 629 a III) möglich. Ist ein Rechtsmittel nicht zugelassen worden, so kann der Antrag nach § 629 c unbefristet gestellt werden. Der eindeutige Wortlaut dieser Bestimmung erlaubt es aber nicht zu verlangen, daß auch die Aufhebung einer Folgesachenentscheidung bis zum Ablauf eines Monats nach der letzten Zustellung beantragt wird.

8a Solange ein Antrag nach § 629 c gestellt werden kann, werden Teile einer zweitinstanzlichen **Verbundentscheidung nicht rechtskräftig,** für die das OLG ein Rechtsmittel an den BGH nicht zugelassen hat (Deneke FamRZ 87, 1218; Rosenberg/Gottwald § 165 I 12 b; anders Heintzmann FamRZ 80, 114;). Hierfür spricht namentlich § 629 c S 2, der geschaffen worden ist, um die Rechtskraft des Scheidungsausspruchs herbeizuführen (BTDrucks 10/2888 S 46).

8b Nur ein beim BGH zugelassener **Rechtsanwalt** kann den Antrag nach § 629 c stellen (§ 78 II 1 Nr 1). Im Revisionsverfahren soll der Antrag durch vorbereitenden **Schriftsatz** angekündigt werden (§§ 129 I, 130 Nr 2) und ist in der mündlichen Verhandlung zu stellen. Findet im Verfahren der weiteren Beschwerde nach § 621 e II keine mündliche Verhandlung statt, so ist er durch Schriftsatz zu stellen. Der BGH hat auf die Möglichkeit, einen Antrag nach § 629 c zu stellen, **hinzuweisen,** wenn er eine Entscheidung in einer Folgesache aufzuheben beabsichtigt (Deneke FamRZ 87, 1220; JHSedemund-Treiber Rn 6). Um den **Scheidungsausspruch rechtskräftig** werden zu lassen, können die Ehegatten auf den **Antrag,** ihn aufzuheben, **verzichten,** sobald das OLG die Scheidung ausgesprochen oder bestätigt hat. Ein solcher Verzicht ist entbehrlich, wenn die Scheidung bereits vorher rechtskräftig geworden ist (durch Vorabscheidung nach § 628 I, Rechtsmittelverzicht nach § 629 a IV oder durch Verstreichen der Fristen des § 629 a III). Nachweise s § 629 a Rn 41.

IV) Rechtsfolgen : Sind die Voraussetzungen des § 629 c erfüllt, so kann der BGH nach seinem Ermessen zugleich mit der Aufhebung des angefochtenen Teils der Verbundentscheidung die Entscheidung über hiermit zusammenhängende andere Entscheidungsteile aufheben und die Sache auch wegen dieser Teile an das OLG zurückverweisen, soweit dies geboten erscheint. Er kann auch eine Sachentscheidung über den bei ihm angefallenen Teil der Verbundentscheidung treffen (§ 565 III Nr 1), diese wegen des zusammenhängenden, bei ihm nicht angefallenen Entscheidungsteiles aufheben und das Verfahren nur insoweit zurückverweisen (MK/Klauser Rn 10; anders JHSedemund-Treiber Rn 9). Eine Sachentscheidung über diesen Entscheidungsteil darf er jedoch nicht treffen (Deneke FamRZ 87, 1218). Fehlen die Voraussetzungen des § 629 c, so weist der BGH den Antrag auf Aufhebung und Zurückverweisung zurück. Wenn der Antrag auf Aufhebung des Scheidungsausspruchs nicht in der Frist des S 2 gestellt worden ist, ist er zu verwerfen. 9

V) Verhältnis zur befristeten Anschließung (§ 629 a Rn 25 ff): Da der Antrag nach § 629 c als Ersatz für ein nicht zugelassenen Rechtsmittel dient (Rn 1), ist er nicht zulässig, soweit das OLG die Revision oder weitere Beschwerde zugelassen hat (MK/Klauser Rn 8; Rolland/Roth Rn 15; anders Deneke FamRZ 87, 1217; JHSedemund-Treiber Rn 9; StJSchlosser Rn 3). Hierfür spricht auch, daß in Folgesachen die Frist für die Anschließung in der dritten Instanz weitgehend bedeutungslos würde, wenn die Parteien die Wahl zwischen einer solchen Anschließung und dem Antrag nach § 629 c hätten. 10

629d *[Wirksamwerden der Folgesachenentscheidungen]*

Vor der Rechtskraft des Scheidungsausspruchs werden die Entscheidungen in Folgesachen nicht wirksam.

I) Allgemeines: Da über Folgesachen nur für den Fall der Scheidung entschieden wird (§ 623 I 1) und diese Entscheidungen gegenstandslos werden, wenn die Ehe nicht geschieden wird (§ 629 III 1), werden die Entscheidungen in Folgesachen erst mit Rechtskraft der Scheidung wirksam. Diese Regelung gilt in Folgesachen aus dem Bereich der freiwilligen Gerichtsbarkeit (§ 621 a Rn 1) vorrangig vor den allgemeinen Bestimmungen über die Wirksamkeit von Entscheidungen (§§ 16 I, 53 a II 1, 53 g I FGG). 1

II) Folgesachen sind nicht nur die Angelegenheiten, über die gleichzeitig mit dem Scheidungsausspruch entschieden wird, sondern auch die Vorwegentscheidung über die elterliche Sorge (§ 627 I) und abgetrennte Folgesachen (§ 628 Rn 18 f). 2

III) Rechtskraft des Scheidungsausspruchs: 1) Der Scheidungsausspruch und alle Folgesachenentscheidungen werden nur dann zur gleichen Zeit rechtskräftig, wenn das Verbundurteil nicht oder nicht rechtzeitig angefochten wird. Wird es rechtzeitig **teilweise angefochten,** so tritt hinsichtlich der Verfahrensgegenstände, die nicht angefochten worden sind, **zunächst keine Teilrechtskraft** ein, denn der Ehegatte oder Dritte, gegen den sich das Rechtsmittel richtet, kann sich anschließen, s § 629 a Rn 25 ff. Der Rechtsmittelführer kann sein Rechtsmittel erweitern; s § 629 a Rn 19 ff. Erst wenn sämtliche Fristen abgelaufen sind, die § 629 a III vorsieht, werden die nicht angefochtenen Teile des Verbundurteils rechtskräftig. 3

2) Zulässige Rechtsmittel, Rechtsmittelerweiterungen und unselbständige Anschließungen verhindern, daß das Verbundurteil rechtskräftig wird. Wenn gegen das Verbundurteil eines OLG Revision oder weitere Beschwerde eingelegt wird, wird die Rechtskraft des Scheidungsausspruchs auch durch einen **rechtzeitigen Antrag nach § 629 c S 2** gehemmt. 4

3) Auch **Rechtsmittel,** Rechtsmittelerweiterungen und unselbständige Anschließungen, die zwar rechtzeitig eingelegt, aber aus anderen Gründen **nicht zulässig** sind, hemmen den Eintritt der Rechtskraft, zB Beschwerden eines nicht postulationsfähigen Anwalts, Anschließungen ohne Begründung oder ohne Gegnerstellung, Rechtsmittelerweiterungen, deren Gründe sich nicht aus der ursprünglichen Rechtsmittelbegründungsschrift ergeben. Nach § 705 kommt es nur auf die 5

Einhaltung der Frist und darauf an, daß das Rechtsmittel statthaft ist (Hamburg FamRZ 90, 185; s § 706 Rn 5).

6 4) **Nicht statthafte Rechtsmittel:** Entscheidet das OLG als Berufungsgericht durch Verbundurteil sowohl über den Unterhalt als auch über die Ehewohnung, den Hausrat, die Stundung einer Zugewinnausgleichsschuld oder die Übertragung von Vermögensgegenständen unter Anrechnung auf diese Schuld und wird nur wegen eines dieser Gegenstände weitere Beschwerde eingelegt, so ist diese nicht statthaft (BGH FamRZ 80, 234 f u. 670). Sie hemmt den Eintritt der Rechtskraft nicht. Anderes gilt, wenn außer diesen Gegenständen auch die Unterhaltsentscheidung angefochten wird. Hier kann der BGH die Entscheidung über die Ehewohnung nach § 629 c aufheben. Sie wird daher nicht rechtskräftig.

7 5) **Scheidet das OLG** als Berufungsgericht eine Ehe oder weist es ein Rechtsmittel gegen ein **Verbundurteil** zurück, **ohne die Revision oder weitere Beschwerde zuzulassen,** so wird das Urteil erst rechtskräftig, wenn die Frist für die Revision bzw die weitere Beschwerde verstrichen ist, ohne daß ein solches Rechtsmittel eingelegt worden ist. Nach § 705 I tritt die Rechtskraft nicht vor Ablauf der Frist ein, die für die Einlegung des zulässigen Rechtsmittels bestimmt ist. Diese Bestimmung setzt nur ein statthaftes, nicht aber ein zulässiges Rechtsmittel voraus. Gegen Verbundurteile findet an sich die Revision bzw die weitere Beschwerde statt; deshalb hemmt die Revisionsfrist den Eintritt der Rechtskraft. Ob das OLG die Revision zugelassen hat, ist keine Frage der Statthaftigkeit, sondern eine solche der Zulässigkeit der Revision (GemS-OBG BGHZ 88, 353/357 = FamRZ 84, 975 f = NJW 1027; dazu Borgmann FamRZ 85, 336; BGHZ 109, 211 ff = FamRZ 90, 283/286 f = NJW-RR 90, 323; KG FamRZ 93, 1221; anders beiläufig BGH FamRZ 90, 992 f; BSG FamRZ 85, 595/597; Stuttgart Justiz 83, 20; Düsseldorf FamRZ 85, 620). Nicht statthaft ist ein Rechtsmittel nur, wenn eine Gerichtsentscheidung kraft Gesetzes unanfechtbar ist, ohne daß eines richterlichen Rechtsfindungsaktes wie der Entscheidung über die Zulassung der Revision bedarf (BGH FamRZ 90, 283/287 = NJW-RR 323/326). Für diese Auffassung spricht, daß sie nicht nur für Ehesachen, sondern für alle Familiensachen und nicht vermögensrechtlichen Streitigkeiten paßt und insofern praktikabel ist, als sie den Urkundsbeamten der Geschäftsstelle davor bewahrt, bei Erteilung des Rechtskraftzeugnisses Familien- und Nichtfamiliensachen, vermögens- und nichtvermögensrechtliche Streitigkeiten voneinander abzugrenzen. Auch um der Rechtseinheit willen sollte man sich dem gemeinsamen Senat anschließen (Borgmann aaO) und die gegenteilige Rechtsprechung der OLGe aufgeben (Nachweise s BGH aaO S 286).

8 6) Durch ein **Rechtsmittel** oder Anschlußrechtsmittel, **das trotz Verzichts hierauf eingelegt wird,** wird der Eintritt der Rechtskraft nicht gehemmt. Der Gesetzgeber hat 1986 den § 629 a Abs. 4 geschaffen und dadurch klargestellt, daß die Ehegatten sofort nach Verkündung des Scheidungsausspruchs auf Rechtsmittel und Anschlußrechtsmittel gegen ihn verzichten können. Verbreitet ist die Meinung, daß außerdem auf den Antrag nach § 629 c ZPO verzichtet werden müsse, um die Scheidung sofort rechtskräftig werden zu lassen (Hamm FamRZ 80, 278; Düsseldorf FamRZ 80, 709 m.w.N). Sie ist in dieser Allgemeinheit nicht richtig; Einzelheiten s § 629 a Rn 41.

9 7) Ein **einseitiger Rechtsmittelverzicht** kann die Rechtskraft des Scheidungsausspruchs nicht herbeiführen. Näheres s § 629 a Rn 42.

10 8) Ist die einmonatige Berufungs- oder Revisionsfrist (bzw. Beschwerdefrist für die Folgesachen aus dem Bereich der freiwilligen Gerichtsbarkeit) verstrichen, ohne daß ein Rechtsmittel eingelegt worden ist, dann ist das Verbundurteil rechtskräftig, und zwar auch, wenn ein **Antrag auf Wiedereinsetzung** in eine versäumte Rechtsmittelfrist beim OLG anhängig ist oder wenn ein dort anhängiges **Prozeßkostenhilfegesuch** zu einem solchen Antrag führen kann. Nach allgemeiner Auffassung hemmen solche Gesuche den Eintritt der Rechtskraft nicht (BGHZ 100, 203 = FamRZ 87, 570 mwN; Stuttgart Justiz 88, 159; Zweibrücken FamRZ 95, 619). Erst wenn Wiedereinsetzung erteilt wird, wird die Rechtskraft rückwirkend gehemmt (BGH, Zweibrücken aaO mwN). Heiratet während dieses Schwebezustandes einer der Ehegatten erneut und wird dann Wiedereinsetzung in den vorigen Stand gewährt, dann entsteht jedenfalls vorübergehend eine Doppelehe. Mit den Mitteln des geltenden Rechts läßt sich dies nicht verhindern. Der Gesetzgeber sollte in das BGB eine Vorschrift einfügen, die eine neue Eheschließung verbietet, solange ein Prozeßkostenhilfegesuch für ein Rechtsmittel gegen ein Scheidungsverbundurteil oder ein Antrag auf Wiedereinsetzung in eine versäumte Rechtsmittelfrist anhängig ist.

11 **IV) Vollstreckbarkeit von Folgesachen: 1)** Solange der Scheidungsausspruch nicht rechtskräftig ist und die Entscheidungen in Folgesachen nicht wirksam sind, dürfen sie nicht vollstreckt werden. Wird durch Verbundurteil die Scheidung ausgesprochen und über Folgesachen entschieden, so ergibt sich aus § 629 d, daß die **Vollstreckungsklausel für die Folgesachenentscheidung** erst nach Rechtskraft des Scheidungsausspruchs erteilt werden darf. Bei abgetrennten Folgesachen (§ 628 I 1) ist es jedoch zweckmäßig, in der Urteilsformel darauf hinzuweisen, daß die

Entscheidung erst wirksam wird, wenn die Ehe der Parteien rechtskräftig geschieden wird (Bamberg FamRZ 90, 184; Kemnade FamRZ 86, 627; Rolland/Roth Rn 9).

2) **Unterhalts- oder güterrechtliche Folgesachenentscheidungen sind für vorläufig vollstreckbar zu erklären** (Stuttgart Justiz 89, 88 mwN; Bamberg FamRZ 90, 184; Kemnade FamRZ 86, 627; Gießler FamRZ 86, 958 mwN; str). § 704 II verbietet dies nicht. Hiernach darf nur der Scheidungsausspruch nicht für vorläufig vollstreckbar erklärt werden. Die Folgesachen sind kein Teil der Ehesache, sondern werden nur gleichzeitig mit dieser verhandelt und entschieden (§ 623 I 1). Die vorläufige Vollstreckbarkeit ist für die zahlreichen Fälle bedeutsam, in denen sich die Berufung nur gegen die unterhalts- oder güterrechtliche Folgesachenentscheidung richtet und der Scheidungsausspruch vorzeitig rechtskräftig wird (durch Verstreichen der Fristen des § 629 a III, Rechtsmittelverzicht (§ 629 a IV), Vorabscheidung (§ 628 I). **Tenorierungsvorschlag:** Die Ehe wird geschieden. Der Ehemann wird verurteilt, an die Ehefrau ab Rechtskraft der Scheidung monatlich im voraus ... DM Unterhalt zu zahlen. Insofern ist das Urteil vorläufig vollstreckbar. Die Kosten werden gegeneinander aufgehoben. – Unterläßt es das FamG, das Urteil für vorläufig vollstreckbar zu erklären, so kann der unterhaltsberechtigte Ehegatte Urteilsergänzung verlangen (§ 321; Bamberg FamRZ 90, 184). Er kann das Urteil in diesem Punkt auch mit der Berufung oder Anschließung anfechten und eine Entscheidung über die vorläufige Vollstreckbarkeit verlangen (Frankfurt FamRZ 90, 539 mwN). Hierüber kann gemäß § 718 vorab entschieden werden; s § 620 f Rn 21 a; ebenso Bamberg FamRZ 90, 184). 12

V) Gebühren: a) des **Gerichts:** Für die Entgegennahme und Protokollierung des Rechtsmittelverzichts entsteht keine Gebühr (§ 1 I GKG). – **b)** des **Anwalts:** Der vom prozeßbevollmächtigten Rechtsanwalt erklärte Rechtsmittelverzicht ist durch die bereits verdiente Prozeßgebühr (§ 31 I Nr 1 BRAGO) abgegolten. Der Anwalt, dessen Auftrag auf die Verzichtserklärung beschränkt war, erhält hierfür eine 5/10 Gebühr aus § 51 I BRAGO (dazu Schneider in Anm 1–3 zu KoRspr BRAGO § 32 Nr 7 Hamm mwN; Zweibrücken Rpfleger 77, 112). 13

630 *[Einverständliche Scheidung]*

(1) Für das Verfahren auf Scheidung nach § 1565 in Verbindung mit § 1566 Abs. 1 des Bürgerlichen Gesetzbuchs muß die Antragsschrift eines Ehegatten auch enthalten:

1. **die Mitteilung, daß der andere Ehegatte der Scheidung zustimmen oder in gleicher Weise die Scheidung beantragen wird;**
2. **den übereinstimmenden Vorschlag der Ehegatten zur Regelung der elterlichen Sorge für ein gemeinschaftliches Kind und über die Regelung des persönlichen Umgangs des nicht sorgeberechtigten Elternteils mit dem Kinde;**
3. **die Einigung der Ehegatten über die Regelung der Unterhaltspflicht gegenüber einem Kinde, die durch die Ehe begründete gesetzliche Unterhaltspflicht sowie die Rechtsverhältnisse an der Ehewohnung und am Hausrat.**

(2) Die Zustimmung zur Scheidung kann bis zum Schluß der mündlichen Verhandlung, auf die das Urteil ergeht, widerrufen werden. Die Zustimmung und der Widerruf können zu Protokoll der Geschäftsstelle oder in der mündlichen Verhandlung zur Niederschrift des Gerichts erklärt werden.

(3) Das Gericht soll dem Scheidungsantrag erst stattgeben, wenn die Ehegatten über die in Absatz 1 Nr. 3 bezeichneten Gegenstände einen vollstreckbaren Schuldtitel herbeigeführt haben.

I) Grundzüge: 1) Eine **Ehe** darf nur geschieden werden, wenn sie **gescheitert** ist, dh wenn die Lebensgemeinschaft der Ehegatten nicht mehr besteht und ihre Wiederherstellung nicht mehr erwartet werden kann (§ 1565 I BGB). Nur wenn sich das Gericht hiervon durch die Anhörung der Ehegatten und gegebenenfalls eine weitere Beweisaufnahme überzeugt hat, darf es die Scheidung aussprechen. Leben die Ehegatten ein Jahr getrennt und wollen sie übereinstimmend geschieden werden, so nimmt die unwiderlegliche Vermutung des § 1566 I BGB dem 1

Gericht die Feststellung ab, daß die Ehe gescheitert ist (Köln FamRZ 78, 25). Für die Ehegatten bringt diese Gesetzesbestimmung den Vorteil mit sich, daß sie ihre Eheschwierigkeiten nicht zu offenbaren brauchen. Andererseits erschwert der Zwang, sich über alle denkbaren Folgesachen bis auf die Herausgabe eines Kindes, den Versorgungsausgleich und die güterrechtlichen Ansprüche einigen zu müssen (Abs 1 u 3), die einverständliche Scheidung nach den §§ 1566 I BGB, 630 ZPO erheblich. Das Gesetz will die Ehegatten vor einer übereilten einverständlichen Scheidung warnen, die noch Überraschungen hinsichtlich der Scheidungsfolgen in sich birgt.

2 2) Hiermit ist freilich nicht gesagt, daß Ehegatten sich nur dann einverständlich scheiden lassen können, wenn sie über alle Scheidungsfolgen einig sind. Als **einverständliche Scheidung** in diesem Sinne wird hier jede Scheidung bezeichnet, bei der beide Ehegatten geschieden werden wollen, sei es durch beiderseitige Scheidungsanträge, sei es dadurch, daß der Antragsgegner dem Scheidungsantrag zustimmt. Sind sich in einem solchen Fall die Parteien über eine der in Abs 1 genannten Scheidungsfolgen nicht einig, so kommt ihnen die Vermutung des § 1566 I BGB nicht zugute (Zweibrücken FamRZ 83, 1132; KG FamRZ 94, 514). Um geschieden zu werden, müssen sie dem Gericht die Überzeugung vermitteln, daß ihre Ehe gescheitert ist (§ 1565 I BGB; Köln FamRZ 78, 25 u 79, 236; Hamburg FamRZ 79, 702 mwN; Stuttgart Justiz 93, 192 f).

3 **II) Zulässigkeit des Scheidungsantrags:** Die Bestimmungen über den Inhalt der Antragsschrift (Abs 1), die Zustimmung des anderen Ehegatten (Abs 2) und die Schaffung eines Titels über die Scheidungsfolgen (Abs 3) sind keine Sachurteilsvoraussetzungen in dem Sinne, daß der Scheidungsantrag als unzulässig abzuweisen ist, wenn eine dieser Voraussetzungen nicht erfüllt ist (StJSchlosser Rn 3; Rolland/Roth Rn 3; Schwab/Maurer I Rn 336; D. Schwab FamRZ 76, 503; Brehm JZ 77, 596; Schlosser FamRZ 78, 319; anders Baumbach/Albers Rn 4; Hagena FamRZ 75, 388; Bergerfurth FamRZ 76, 583; K. H. Schwab FamRZ 76, 662; Brüggemann FamRZ 77, 10; Diederichsen NJW 77, 654 u ZZP 91, 426 f; Damrau NJW 77, 1169/1174). Wird ein Scheidungsantrag auf § 1566 I BGB gestützt, so wird damit nicht ein besonderes Verfahren der einverständlichen Scheidung eingeleitet, das einen anderen Gegenstand als das streitige Scheidungsverfahren hat (Schlosser FamRZ 78, 319 ff; StJSchlosser Rn 2). Der Antragsteller verlangt vielmehr im einverständlichen ebenso wie im streitigen Scheidungsverfahren die Scheidung mit der Begründung, daß die Ehe gescheitert sei. Ist ihm der Beweis für das Scheitern nicht gemäß § 1566 I BGB erleichtert, weil die formellen Voraussetzungen des § 630 nicht erfüllt sind, so muß er darlegen, daß die Ehe gescheitert ist, insbesondere daß die Wiederherstellung der ehelichen Lebensgemeinschaft nicht zu erwarten ist. Hierüber ist Beweis zu erheben, und anschließend ist darüber zu entscheiden, ob der Scheidungsantrag begründet ist. So kann jedes Scheidungsverfahren als einverständliches beginnen und als streitiges enden (Abs 2 S 1) und umgekehrt, ohne daß sich der Gegenstand und die Regeln des Verfahrens ändern (Hamburg FamRZ 79, 702; Frankfurt FamRZ 82, 809/811).

3a II) Da § 630 auch materiell-rechtlichen Gehalt hat, ist er bei **Scheidungen nach ausländischem Sachrecht** nicht anzuwenden (AG Hamburg IPRax 83, 74; StJSchlosser Rn 3), und zwar auch dann nicht, wenn das fremde Recht eine einverständliche Scheidung vorsieht (MK/Klauser Rn 4; anders StJSchlosser aaO für den Fall, daß das fremde Recht eine Einigung über die Scheidungsfolgen zur Voraussetzung für eine Konventionalscheidung macht).

4 **III) Inhalt der Antragsschrift:** Über die allgemeinen Anforderungen an den Inhalt der Antragsschrift s § 622 Rn 3 ff. Die zusätzlichen Anforderungen, die Abs 1 stellt, können durch ergänzenden Schriftsatz nachgeholt werden. Notwendig sind folgende Angaben:

5 1) Die Mitteilung, daß der andere Ehegatte **der Scheidung zustimmen** oder in gleicher Weise die Scheidung beantragen wird. Insoweit knüpft Abs 1 Nr 1 an § 1566 I BGB an, der nur anwendbar ist, wenn beide Ehegatten die Scheidung beantragen oder der Antragsgegner ihr zustimmt. Das Gesetz verlangt nur eine Mitteilung, nicht aber eine vom Antragsgegner unterschriebene Urkunde (Diederichsen NJW 77, 654, Brüggemann FamRZ 77, 9). Hat der andere Ehegatte bereits die Scheidung beantragt oder tut er dies gleichzeitig, so ist die Mitteilung entbehrlich.

6 2) Die Antragsschrift muß den übereinstimmenden **Vorschlag** der Ehegatten **zur Regelung der elterlichen Sorge** und des persönlichen Umgangs (Abs 1 Nr 2) und die **Einigung der Ehegatten über** ihren und ihrer minderjährigen Kinder **Unterhalt** sowie über **Ehewohnung und Hausrat** (Abs 1 Nr 3) enthalten. Hier soll im Gegensatz zu Abs 1 Nr 1 nicht nur mitgeteilt werden, daß der Antragsgegner zustimmen wird, sondern der gemeinsame Vorschlag und die Einigung sollen in der Antragsschrift enthalten sein, dh eine entsprechende von beiden Ehegatten unterschriebene Urkunde ist beizufügen (Damrau NJW 77, 1171; Diederichsen NJW 77, 654; Thomas/Putzo Rn 7; Rolland/Roth Rn 14; Baumbach/Albers Rn 3; anders StJSchlosser Rn 5; Soergel/Heintzmann § 1566 Rn 14; Bergerfurth FamRZ 76, 583 Fußn 9 a; Sedemund-Treiber DRiZ 76, 337 Fußn 67). Hinsichtlich des persönlichen Umgangs müssen die Einzelheiten festgelegt sein; es genügt nicht,

daß ein großzügiges Besuchsrecht zugesichert wird (Diederichsen aaO; JHSedemund-Treiber Rn 8; anders MK/Klauser Rn 14). Auch die Höhe des Unterhalts und die Einzelheiten der Wohnungs- und Hausratsauseinandersetzung müssen abschließend geregelt sein. Auf den Unterhalt volljähriger Kinder braucht sich der Vorschlag nicht zu erstrecken (StJSchlosser Rn 6; MK/Klauser Rn 16; anders JHSedemund-Treiber Rn 9).

Von dem Sorgerechtsvorschlag der Eltern hat das FamG abzuweichen, wenn das Kindeswohl dies erfordert (§ 1671 III BGB). Vereinbaren die Ehegatten einen zu niedrigen Kindesunterhalt, so kann das Vormundschaftsgericht dem Elternteil, in dessen Obhut sich das Kind befindet, dessen Vertretung entziehen (§§ 1629 II 3, 1796 BGB). Im übrigen kann das Gericht nicht eingreifen, wenn es die Einigung der Eheleute über die Scheidungsfolgen für ungerecht oder unzweckmäßig hält. In Betracht kommt hier die Beiordnung eines Rechtsanwalts (§ 625), falls ein Ehegatte nicht durch einen solchen vertreten ist. 7

IV) Widerrufliche Zustimmung zur Scheidung (Abs 2): Die Zustimmung muß ausdrücklich erklärt werden. Die Ankündigung, dem Scheidungsbegehren nicht entgegentreten zu wollen, reicht nicht aus (Zweibrücken FamRZ 90, 59). Die Zustimmung und ihr Widerruf sind materiellrechtliche Willenserklärungen und Prozeßhandlungen, denn ihre Voraussetzungen und Wirkungen regelt die ZPO. Sie können zu Protokoll der Geschäftsstelle eines jeden Amtsgerichts erklärt werden (§§ 630 II 2; 129 a I). Infolgedessen unterliegen sie nicht dem Anwaltszwang (§ 78 III; BayObLG FamRZ 83, 96; Frankfurt MDR 90, 246; Stuttgart Justiz 93, 192 f; München NJW-RR 94, 201 mwN; Bergerfurth, Anwaltszwang Rn 332). Jedoch kann auch der Prozeßbevollmächtigte die Erklärung abgeben (Stuttgart aaO). Bis zum Schluß der mündlichen Verhandlung, auf die das Urteil ergeht, kann die Zustimmung widerrufen werden (Abs 2 S 1). Der Antragsgegner ist durch sie nicht gebunden. Aus diesem Grund hat sich das Gericht bei der Anhörung der Eheleute (§ 613 I) zu vergewissern, ob der Antragsgegner weiterhin zustimmt. Der Widerruf hindert den Antragsgegner nicht daran, im selben Verfahren später erneut der Scheidung zuzustimmen. 8

Der Widerruf ist auch in der **Berufungs- und Revisionsinstanz** zulässig. Ein Ehegatte, der bisher der Scheidung zugestimmt hat, kann gegen den Scheidungsausspruch ein Rechtsmittel einlegen und gleichzeitig die Zustimmung widerrufen; s § 629 a Rn 3. 9

Hat der Antragsgegner nicht der Scheidung zugestimmt, sondern in gleicher Weise wie der Antragsteller die Scheidung beantragt, so steht seine Erklärung, er nehme den Scheidungsantrag zurück, dem Widerruf der Zustimmung gleich (MK/Klauser Rn 11; Johannsen/Henrich/Jäger § 1566 BGB Rn 15; anders MK-BGB/Wolf § 1566 Rn 20). Ob zur Wirksamkeit der Rücknahme die Einwilligung der Gegenseite erforderlich ist (§ 269 I), ist in diesem Zusammenhang unerheblich. Der Grundgedanke der Zerrüttungsvermutung, daß die in der Einschätzung ihrer ehelichen Situation übereinstimmenden Eheleute den Grad ihrer inneren Entfremdung besser beurteilen können als der Richter, trifft jetzt nicht mehr zu. Hierauf kommt es an (Jäger aaO). 10

V) Die **Einigung über die Scheidungsfolgen** kann **widerrufen** werden, wenn sie für den Fall der einverständlichen Ehescheidung erfolgt ist (AG Charlottenburg FamRZ 81, 787). Da die Zustimmung zur Scheidung frei widerruflich ist, kann die Scheidungspartei auch ein Geringeres tun und nur die Einigung widerrufen (StJSchlosser Rn 10). Unwiderruflich sind jedoch Scheidungsfolgenverträge, die für den Scheidungsfall schlechthin, also auch für den Fall der streitigen Scheidung, geschlossen worden sind. Eine Art befristete Widerrufsmöglichkeit enthält § 1408 II 2 BGB: Ein Vertrag über den Ausschluß des Versorgungsausgleichs wird unwirksam, wenn innerhalb eines Jahres nach Vertragsschluß ein Scheidungsantrag gestellt wird. Den übereinstimmenden Vorschlag zur Regelung der elterlichen Sorge und des Umgangs kann jeder Ehegatte widerrufen (Zweibrücken FamRZ 86, 1038 mwN = NJW-RR 1330; Hamm FamRZ 89, 654/656 mwN; Bamberg EzFamR BGB 1671 Nr 6; Damrau NJW 77, 1172 f; Kropholler NJW 84, 271 ff; Luthin FamRZ 85, 638; weitere Nachweise s Hamm FamRZ 85, 637; anders Köln FamRZ 82, 1237; Düsseldorf FamRZ 83, 293 f). Da die Ehegatten hierüber nicht disponieren können (s § 621 Rn 23), sind sie an ihren Vorschlag auch nicht gebunden. 11

VI) Vollstreckbare Schuldtitel über Unterhalt, Ehewohnung und Hausrat: Solche Titel sind entbehrlich, wenn die Ehegatten keine gemeinsamen minderjährigen Kinder haben, gegenseitig auf Unterhalt verzichten und erklären, daß Ehewohnung und Hausrat bereits geteilt sind; denn in diesem Fall ist nichts zu vollstrecken. Die Ehegatten können einen entsprechenden Vertrag schließen und dies dem Gericht bekanntgeben. Da der Vertrag keine Prozeßhandlung ist, brauchen sie beim Vertragsschluß nicht durch Rechtsanwälte vertreten zu sein. Ein Schuldtitel über den Unterhalt der Kinder muß auch dann geschaffen werden, wenn die Ehegatten nach der Scheidung die elterliche Sorge gemeinsam ausüben wollen (KG FamRZ 94, 514). **Als Schuldtitel kommen in Betracht:** 12

13 **1) Anwaltsvergleiche, die ein Notar für vollstreckbar erklärt hat (§ 1044 b), und notarielle Urkunden** über Unterhalts- und andere Geldansprüche, in denen sich ein Ehegatte der sofortigen Zwangsvollstreckung unterworfen hat (§ 794 I Nr 5). Wenn die Leistung nur für den Fall der einverständlichen Scheidung versprochen wird, steht dies der Errichtung einer solchen Urkunde nicht entgegen. Der Schuldner kann sich auch wegen bedingter Ansprüche der Zwangsvollstreckung unterwerfen. Die Räumung und Herausgabe der Ehewohnung und die Herausgabe von Hausrat können jedoch nicht Gegenstand einer solchen Urkunde sein.

14 **2) Vergleiche,** die **vor einer** durch die Landesjustizverwaltung eingerichteten oder anerkannten **Gütestelle** für den Scheidungsfall abgeschlossen worden sind (§ 794 I Nr 1).

15 **3) Vergleiche,** die vor dem **Gericht der Scheidungssache** geschlossen worden sind.

a) Sie können im PKH- und im Güteverfahren geschlossen werden. Für das **Prozeßkostenhilfeverfahren** folgt dies aus den §§ 78 III ZPO, 20 Nr 4 a, 13 RPflG. Wenn ein Antragsgegner, der sich im Scheidungsprozeß zunächst nicht durch einen Rechtsanwalt vertreten ließ, im Verhandlungsstermin einen begründeten PKH- Antrag stellt, kann er ohne Mitwirkung eines Anwalts einen Scheidungsfolgenvergleich schließen (Hamburg, FamRZ 88, 1299; Zweibrücken FamRZ 94, 1399 f). Die zweite Instanz kann die Ehegatten für einen **Güteversuch** vor einen beauftragten Richter verweisen (§ 279 I 2). Nimmt dieser einen Vergleich zu Protokoll, so brauchen die **Parteien** sich hierbei nicht **durch Rechtsanwälte vertreten** zu lassen (§ 78 III). Nicht durchgesetzt hat sich die Auffassung, daß auch das FamG Scheidungsfolgenvergleiche protokollieren kann, ohne daß Rechtsanwälte dabei mitwirken (München JurBüro 86, 1377; AG Groß-Gerau FamRZ 95, 1004; Philippi FamRZ 82, 1083 mwN). Nach BGH FamRZ 91, 679 f mwN = NJW 1743 = MDR 1093 besteht hier Anwaltszwang.

16 **b) In einem Scheidungsfolgenvergleich können** alle Angelegenheiten **geregelt werden,** die **Folgesachen** iS des § 623 I sein können. Daneben können auch Vereinbarungen über sonstige Streitpunkte getroffen werden, die nicht in die Zuständigkeit des Familiengerichts fallen, zB über die Auseinandersetzung von Grundstücksmiteigentum, das Innenverhältnis von Gesamtschuldnern usw (BGHZ 48, 336; München NJW 68, 945 f; Hamm NJW 68, 1241). Das Scheidungsgericht darf aber keinen Vergleich protokollieren, in dem ausschließlich andere Gegenstände als Folgesachen geregelt werden (KG Rpfleger 78, 389 f). Ein Scheidungsfolgenvergleich erledigt das Verfahren, soweit die Eheleute über dessen Gegenstände disponieren können. Dies ist nicht der Fall, soweit die Eheleute sich über die **elterliche Sorge** (Schleswig SchlHA 80, 79), den Umgang des Kindes mit dem nichtsorgeberechtigten Elternteil, die Herausgabe des Kindes und den **Versorgungsausgleich** einigen. Hinsichtlich der elterlichen Sorge haben sie nur ein Vorschlagsrecht (§ 1671 III 1 BGB). Von der Billigung dieses Vorschlages durch das Familiengericht hängt auch die Regelung des Umgangs und die Herausgabe ab. Vergleiche über den Versorgungsausgleich bedürfen der Genehmigung des Familiengerichts (§ 1587 o II BGB). Obwohl ein Vergleich über die zuletzt erwähnten Gegenstände die entsprechenden Verfahren nicht erledigt, erhalten die Anwälte der Ehegatten Vergleichsgebühren für ihn , wenn das FamG ihn bestätigt oder genehmigt (München FamRZ 91, 850; Koblenz FamRZ 95, 1282 = JurBüro 471; FamRZ 96, 678; Oldenburg JurBüro 96, 79; anders Oldenburg NdsRpfl 93, 298).

16a Soweit die vermögensrechtlichen Scheidungsfolgen durch Vergleich geregelt worden sind, ist dieser ein **Vollstreckungstitel** iS des § 794 I Nr 1 (Blomeyer Rpfleger 72, 385/387). Ist der Vergleich für den Fall der Ehescheidung geschlossen worden, so wird eine **vollstreckbare Ausfertigung** erst erteilt, wenn die Rechtskraft des Scheidungsausspruchs dem Rechtspfleger durch Rechtskraftzeugnis nachgewiesen wird (§ 726 I).

17 Enthält ein für den Scheidungsfall geschlossener Vergleich eine **Auflassung,** so ist diese unwirksam, weil sie unter einer Bedingung erfolgt (§ 925 II BGB). Erklären die Ehegatten nach Verkündung des Verbundurteils, daß sie auf Rechtsmittel und Anschlußrechtsmittel hinsichtlich des Scheidungsausspruchs verzichten, so erwächst dieser in Rechtskraft (vgl § 629 a Rn 39a). Bestätigen die geschiedenen Ehegatten nach dem Rechtsmittelverzicht die Auflassung zu gerichtlichem Protokoll, so wird sie wirksam (BayObLG NJW 72, 2131 f).

18 **4) Unterhaltsurteile** kommen als Schuldtitel iS des Abs 3 nur beschränkt in Betracht (nach Diederichsen NJW 77, 655, Damrau NJW 77, 1173 sogar überhaupt nicht). Unterhaltstitel zugunsten eines Ehegatten überdauern die Scheidung nicht, § 623 Rn 14. Die Ehegatten können auch nicht vereinbaren, daß der Unterhaltstitel nach der Scheidung fortgelten soll (BGH FamRZ 82, 782/784 = MDR 1005). Ist über den Unterhaltsanspruch eines gemeinsamen minderjährigen Kindes gegen einen der Ehegatten bereits vor der Scheidung durch Urteil entschieden, so gilt dieses nach Rechtskraft des Scheidungsausspruchs weiter (§ 623 Rn 13). Jedoch entsteht in jedem Fall die Frage, ob sich die für die Verurteilung oder die Bemessung der Unterhaltshöhe maßgeblichen Verhältnisse durch die Ehescheidung ändern. Nur wenn die Eheleute das Urteil auch für die Zeit nach der Scheidung als maßgeblich anerkennen, ist es als Schuldtitel im Sinn des Abs 3 geeignet (StJSchlosser 8).

VII) Das **Verfahren der einverständlichen Scheidung** unterscheidet sich im übrigen nicht von den sonstigen Scheidungsverfahren. Das Gericht entscheidet von Amts wegen über die Folgesachen elterliche Sorge und Versorgungsausgleich. Folgt es dem übereinstimmenden Vorschlag der Ehegatten zur Regelung der elterlichen Sorge nicht, so gilt § 627. Dritte sind, soweit notwendig, zu beteiligen; s § 624 Rn 8 ff. Haben sich die Ehegatten in der Weise verglichen, daß einer von ihnen das Mietverhältnis hinsichtlich der bisher gemeinsam gemieteten Ehewohnung fortsetzen soll, so ist der Vermieter zu beteiligen. Das Gericht hat eine rechtsgestaltende Entscheidung über die Fortsetzung des Mietverhältnisses durch den einen Ehegatten zu treffen (§ 5 HausratsVO), und zwar zugleich mit dem Scheidungsausspruch im Verbundurteil. Der Vergleich zwischen den Eheleuten ersetzt diese Entscheidung nicht. Güterrechtliche Ansprüche und der schuldrechtliche Versorgungsausgleich sind nach § 623 I 1 auf Antrag eines Ehegatten mit der Scheidungssache zu verbinden. Insoweit kann trotz einverständlicher Scheidung auch streitig verhandelt und entschieden werden. 19

Vierter Titel

VERFAHREN AUF NICHTIGERKLÄRUNG UND AUF FESTSTELLUNG DES BESTEHENS ODER NICHTBESTEHENS EINER EHE

Vorbemerkungen

A) Allgemeines: Die in der Überschrift genannten Klagen sind **Ehesachen** (§ 606 I 1), für die die §§ 606–609, 611–613, 615, 616 I, 617, 618, 620–620 g gelten. Teilweise verdrängen die §§ 631–638 als **leges speciales** die allgemeinen Vorschriften: § 633 ersetzt § 610, § 636 modifiziert § 619. § 616 II ist nicht anwendbar: Tatsachen und Beweismittel, die den geltend gemachten Nichtigkeitsgrund stützen, sind von Amts wegen zu berücksichtigen, sogar gegen den Willen der Parteien. 1

Klage und Widerklage behalten ihre herkömmliche Bezeichnung. Die Ehegatten müssen sich durch Rechtsanwälte vertreten lassen (§ 78 II 1 Nr 1). **Zuständigkeit:** § 606 Rn 15 ff, § 606 a, bei Doppelehe s § 632 Rn 2. Die Anhängigkeit einer Ehenichtigkeits- oder -feststellungsklage führt zu einer **Zuständigkeitskonzentration** beim FamG der Ehesache (§ 621 II, III, s dort Rn 85–89, § 64 II FGG, § 11 III HausratsVO), nicht aber zum Verhandlungs- und Entscheidungsverbund (§ 623 Rn 3a). Im **Urteil** darf auf Tatbestand und Entscheidungsgründe nicht verzichtet werden (§ 313 a II Nr 1). **Kostenvorschrift:** § 93 a III, IV. 2

B) Reformvorhaben: Das geltende Ehegesetz kennt zwei Arten von Eheschließungsmängeln: Nichtigkeitsgründe, die auf einer Verletzung öffentlicher Interessen beruhen, und Aufhebungsgründe, die vorrangig den Belangen des betroffenen Ehegatten Rechnung tragen. Demgemäß unterscheidet die ZPO zwischen Klagen auf Nichtigerklärung einer Ehe, die vom Amtsermittlungsgrundsatz beherrscht werden, und Aufhebungsklagen, für die dieser Grundsatz nur eingeschränkt gilt (s § 616). Der Regierungsentwurf eines Eheschließungsrechtsgesetzes (BTDrucks 13/4898) gibt diese Unterscheidung auf und ersetzt die Nichtigkeitsklage durch den Antrag auf Aufhebung einer Ehe. Da das Gesetz wahrscheinlich Anfang 1997 in Kraft treten wird, werden die neuen Bestimmungen über die Eheaufhebungsklage im folgenden kommentiert. 3

§ 631 idF des RegE eines Eheschließungsrechtsgesetzes

(1) Für das Verfahren auf Aufhebung einer Ehe gelten die nachfolgenden besonderen Vorschriften. 4

(2) Das Verfahren wird durch Einreichung einer Antragsschrift anhängig. § 622 Abs. 2 Satz 2, Abs. 3 gilt entsprechend. Wird in demselben Verfahren Aufhebung und Scheidung beantragt und sind beide Anträge begründet, so ist nur auf Aufhebung der Ehe zu erkennen.

(3) Beantragt die zuständige Verwaltungsbehörde oder bei Verstoß gegen § 1306 des Bürgerlichen Gesetzbuchs der Dritte die Aufhebung der Ehe, so ist der Antrag gegen beide Ehegatten zu richten.

(4) Die zuständige Verwaltungsbehörde kann in den Fällen des § 1316 Abs. 1 Nr. 1 des Bürgerlichen Gesetzbuchs, auch wenn sie den Antrag nicht gestellt hat, das Verfahren betreiben, insbesondere selbständig Anträge stellen oder Rechtsmittel einlegen.

(5) In den Fällen, in denen die als Partei auftretende zuständige Verwaltungsbehörde unterliegt, ist die Staatskasse zur Erstattung der dem obsiegenden Gegner erwachsenen Kosten nach den Vorschriften der §§ 91 bis 107 zu verurteilen.

5 I) Ebenso wie das Scheidungsverfahren ist das Eheaufhebungsverfahren ein Zivilprozeß (§ 608). Die Parteien werden als **Antragsteller** und **Antragsgegner** bezeichnet (Abs 2 S 2 iVm § 622 III). Die Klageschrift wird **Antragsschrift** genannt (Abs 2 S 1). Auf sie sind die Vorschriften über die Klageschrift entsprechend anzuwenden (Abs 2 S 2 iVm § 622 II 2). Sie muß enthalten: Namen und Anschriften der Ehegatten (zweckmäßigerweise Vornamen übereinstimmend mit der Heiratsurkunde), die Bezeichnung des Gerichts (§ 253 II Nr 1) und den Antrag, die Ehe aufzuheben (§ 253 II Nr 2). Dabei sind Datum und Standesamt der Eheschließung anzugeben. Durch den Aufhebungsantrag ist zugleich der **Gegenstand des erhobenen Anspruchs** hinreichend bezeichnet. Als **Grund** des erhobenen Anspruchs (§ 253 II Nr 2) sind diejenigen Eheaufhebungsgründe iS des § 1314 II BGB anzugeben, auf die der Antrag gestützt wird. Nach dieser Bestimmung kann eine Ehe aufgehoben werden, wenn sie entgegen den §§ 1303–1307, 1311 BGB geschlossen worden ist. **Aufhebungsgründe** sind:

6 1) **Minderjährigkeit** zur Zeit der Eheschließung: Wer das 18. Lebensjahr noch nicht vollendet hat, darf nicht heiraten (§§ 2, 1303 I BGB). Wer das 16. Lebensjahr vollendet hat und eine volljährige Person heiraten will, kann beim Vormundschaftsgericht die Befreiung vom Ehehindernis der Minderjährigkeit beantragen (§ 1303 II BGB). Ein Minderjähriger bedarf zur Eheschließung außerdem der **Einwilligung seines gesetzlichen Vertreters** (§ 1305 I BGB). Fehlt die Einwilligung, so muß der Eheaufhebungsantrag binnen einem Jahr gestellt werden; näheres s § 1317 BGB. Das Vormundschaftsgericht kann die Einwilligung ersetzen, wenn sie ohne triftigen Grund verweigert wird (§ 1305 III BGB). Fehlt sie, so ist auch dies ein Eheaufhebungsgrund (§ 1314 I BGB).

7 2) **Geschäftsunfähigkeit** zur Zeit der Eheschließung (§ 1304 BGB): Geschäftsunfähig ist, wer sich in einem die freie Willensbestimmung ausschließenden Zustande krankhafter Störung der Geistestätigkeit befindet (§ 104 Nr 2 BGB).

8 3) Nach § 1314 II BGB kann eine Ehe ferner aufgehoben werden, wenn ein Ehegatte

a) sich bei der Eheschließung im Zustand der **Bewußtlosigkeit** oder **vorübergehender Störung der Geistestätigkeit** befand;

b) bei der Eheschließung **nicht gewußt** hat, daß es sich um eine **Eheschließung** handelt;

c) zur Eingehung der Ehe durch arglistige **Täuschung** über solche Umstände bestimmt worden ist, die ihn bei Kenntnis der Sachlage und bei richtiger Würdigung des Wesens der Ehe von der Eingehung der Ehe abgehalten hätten; dies gilt nicht, wenn die Täuschung Vermögensverhältnisse betrifft oder von einem Dritten ohne Wissen des anderen Ehegatten verübt worden ist;

d) zur Eingehung der Ehe widerrechtlich durch **Drohung** bestimmt worden ist.

In den Fällen b)–d) muß der Eheaufhebungsantrag binnen einem Jahr gestellt werden; näheres s § 1317 BGB.

9 4) **Formmangel** (§ 1311 BGB): Eine Ehe kann aufgehoben werden, wenn sie zwar vor dem Standesbeamten geschlossen worden ist, die Eheschließenden aber die Erklärung, die Ehe miteinander eingehen zu wollen, nicht persönlich und bei gleichzeitiger Anwesenheit abgegeben haben oder wenn sie sie unter einer Bedingung oder Zeitbestimmung abgegeben haben. Der Streit darüber, ob eine Ehe ohne Mitwirkung des Standesbeamten geschlossen worden ist, fällt nicht unter § 631, sondern unter § 632.

10 5) Die Aufhebungsgründe Minderjährigkeit, fehlende Einwilligung des gesetzlichen Vertreters, Geschäftsunfähigkeit, Bewußtlosigkeit, vorübergehende Geistesstörung, fehlendes Eheschließungsbewußtsein, Täuschung, Drohung und Formmangel sind heilbar. Die **Heilung** schließt die Aufhebung der Ehe aus (§ 1315 BGB).

11 6) Aufhebbar sind **Ehen zwischen Verwandten** in gerader Linie (§ 1589 BGB) und Ehen zwischen Geschwistern und Halbgeschwistern (§§ 1307, 1314 I BGB). Hier sieht das Gesetz keine Heilung des Mangels vor. Adoptivverwandte stehen Verwandten gleich. Dies gilt nicht, wenn das Adoptionsverhältnis aufgelöst ist (§ 1308 I 2 BGB).

12 7) Aufhebbar sind ferner **Doppelehen** (§§ 1306, 1314 I BGB). Eine Ausnahme macht § 1315 II Nr 2 BGB: Wird eine Ehe geschieden oder aufgehoben und heiratet ein Partner dieser Ehe vor Eintritt der Rechtskraft erneut, so ist die hierdurch entstandene Doppelehe von Anfang an als gültig anzusehen, sobald die Scheidung oder Aufhebung rechtskräftig wird. Hierdurch werden die Folgen unrichtiger Rechtskraftzeugnisse gemildert. **Doppelehen** werden nicht dadurch **geheilt,** daß die ältere Ehe durch Tod oder Scheidung endet und die jüngere Ehe formlos bestätigt wird (Begründung zum Regierungsentwurf des Eheschließungsrechtsgesetzes, BTDrucks 13/4898 S 20). Insoweit ist auch jetzt noch die Rechtsprechung zur Ehenichtigkeit anwendbar (BGHZ 30, 141; FamRZ 64, 419 = NJW 1854; BayObLG FamRZ 76, 700). Hier können jedoch die Partner der aufhebbaren Doppelehe die Eheschließung wiederholen. Um dies zu ermöglichen,

disponieren, indem sie die Versäumnisfolgen des § 330 einverständlich herbeiführen. Da sie hierüber nicht disponieren dürfen und können, sind klagabweisende Versäumnisurteile ausgeschlossen.

631 *[Nichtigkeitsklage]*
Für die Nichtigkeitsklage gelten die in den folgenden Paragraphen enthaltenen besonderen Vorschriften.

Mit der Nichtigkeitsklage wird geltend gemacht, daß eine **Ehe** nach den §§ 16 ff EheG **nichtig** ist. Der Streit darüber, ob eine **Nichtehe** (Eheschließung ohne Standesamt) vorliegt, fällt nicht unter § 631, sondern unter § 638 (Verbindung beider Klagen möglich: §§ 633, 638). 1

Nichtigkeitsgründe: Unheilbar nichtig sind Ehen zwischen Geschwistern oder Eltern und Abkömmlingen (§ 21 EheG), ferner Doppelehen (§ 20 I EheG); außer in den Fällen der §§ 20 II, 38 EheG. Wird eine Ehe durch noch nicht rechtskräftiges Urteil geschieden und heiratet ein Partner dieser Ehe vor Eintritt der Rechtskraft erneut, so ist die hierdurch entstandene Doppelehe von Anfang an als gültig anzusehen, sobald die Scheidung rechtskräftig wird (§ 20 II EheG). Hierdurch sollen die Folgen unrichtiger Rechtskraftzeugnisse gemildert werden. **Doppelehen** werden nicht dadurch **geheilt,** daß die ältere Ehe durch Tod oder Scheidung endet und die jüngere Ehe formlos bestätigt wird (BGHZ 30, 141; FamRZ 64, 419 = NJW 1854; BayObLG FamRZ 76, 700). In diesem Fall können jedoch die Partner der Doppelehe, auch wenn diese noch nicht für nichtig erklärt worden ist, die Eheschließung wiederholen (§ 13 der 1. DVO EheG) und dadurch ihre Ehe für die Zukunft gültig machen (BGH FamRZ 64, 419). Die Nichtigkeitsgründe Formmangel, Geschäftsunfähigkeit, Bewußtlosigkeit, vorübergehende Geistesstörung und Schwägerschaft sind heilbar (§§ 17 II, 18 II, 21 II EheG). 2

Niemand kann sich auf die Nichtigkeit einer **Ehe** berufen, solange diese nicht **durch** rechtskräftiges (§ 704 II) **Urteil für nichtig erklärt** worden ist (§ 23 EheG). Diese Erklärung kann nicht in jedem beliebigen zivilprozessualen Urteil enthalten sein, sondern nur in einem solchen, das auf eine Nichtigkeitsklage iS des § 631 ergeht. Hängt die Entscheidung eines anderen Zivilprozesses davon ab, ob eine Ehe nichtig ist, so ist dieses **Verfahren auszusetzen** (§ 151) und zunächst eine Nichtigkeitsklage zu erheben (durch die Parteien oder, wenn diese hierzu nicht befugt sind, durch den Staatsanwalt). Die besonderen Vorschriften für diese Klage (§§ 611, 615–617, 634, 635 ZPO, 24 I EheG) gewährleisten den staatlichen Schutz der Ehe, den Art 6 I GG verlangt und für den im normalen Zivilprozeß nicht genügend gesorgt würde. 3

Die Nichtigkeitsklage des einen Ehegatten gegen den anderen hat ebenso wie ein Scheidungsantrag die Auflösung der Ehe zum Ziel. Der Ehegatte, der dieses Ziel verfolgt, hat in der Regel ein **Rechtsschutzbedürfnis** für seine Klage. Das gleiche gilt für den **Staatsanwalt.** Seine Klage ist nur ausnahmsweise wegen Rechtsmißbrauchs unzulässig (BGH FamRZ 75, 332 f = NJW 872; FamRZ 86, 879/881 = NJW 3083 f; KG FamRZ 86, 355 f); dann fehlt ihr das Rechtsschutzbedürfnis (verkannt vom KG aaO). In Extremfällen haben jedoch Gerichte Nichtigkeitsklagen gegen Witwen aus Doppelehen abgewiesen, wenn die beklagten Frauen geglaubt hatten, in einer Einehe zu leben. Beispiele: In FamRZ 86, 565 sah das KG eine Klage als rechtsmißbräuchlich an, die keine erb- und rentenrechtlichen Folgen hatte. Die Frau und ihr verstorbener Mann hatten im Vertrauen auf ein irreführendes Rechtskraftzeugnis geheiratet. Nach der Übergangsregelung des Art 12 Nr 7 d des 1. EheRG war das rechtskräftige Urteil, durch das die erste Ehe des Mannes geschieden worden war, noch nicht wirksam, weil über nachträglich eingeleitete Folgesachen noch nicht entschieden worden war. Da der Einigungsvertrag (Anlage 1 Kap III Sachgebiet A Abschn III Nr 5 h dd) die gleiche Übergangsregelung wie Art 12 des 1. EheRG enthält, können hieraus ähnliche Konflikte entstehen. – Das FamG Heidelberg und das OLG Karlsruhe (IPRax 86, 165 f) hielten eine Nichtigkeitsklage sogar in einem Fall für rechtsmißbräuchlich, in dem der Verlust einer Witwenrente drohte, denn die Frau hätte den Verlust durch Wiederholung der Eheschließung (Rn 2) vermeiden können, wenn sie bei Lebzeiten ihres Mannes von der Doppelehe gewußt hätte. 4

Verfahren und anwendbare Bestimmungen s Rn 1, 2 vor § 631. Erhebt der Staatsanwalt oder einer der Ehegatten Klage auf Vernichtung einer Doppelehe, so ist entsprechend § 640 e dem Ehegatten der ersten Ehe rechtliches Gehör (Art 103 I GG) zu gewähren (BVerfG JZ 67, 442). Über die Anwendung ausländischen Rechts s RGZ 151, 226 (Ungültigerklärung). 5

Gebühren: 1) des **Gerichts:** KV 1201 ff. Soweit der Staatsanwalt als Partei unterliegt (§ 637), werden keine Gerichtskosten erhoben (§ 2 I GKG). – Für das Säumnisverfahren s Rn 4 zu § 635. – **2)** Der **Anwalt** erhält dieselben Gebühren wie im ordentlichen Prozeß nach §§ 31 ff BRAGO. Dem Prozeßbevollmächtigten des Klägers steht für eine nicht streitige Verhandlung die volle Verhandlungsgebühr zu, auch wenn der Beklagte nicht erscheint (§ 33 I 2 Nr 3 BRAGO). Kläger in diesem Sinne ist auch der Widerkläger, nicht aber der Rechtsmittelkläger. Der Rechtsanwalt des Beklagten kann die volle 6

Verhandlungsgebühr nur verlangen, wenn er streitig verhandelt (§§ 31 I Nr 2, 33 I 1 BRAGO), wenn eine Entscheidung nach Aktenlage beantragt wird oder wenn der Rechtsmittelkläger ein Versäumnisurteil beantragt (§ 33 I 2 Nr 1 u 2 BRAGO). Wegen des Säumnisverfahrens s Rn 4 zu § 635.

632 *[Klagebefugnis]*

(1) Die Nichtigkeitsklage des Staatsanwalts ist gegen beide Ehegatten und, wenn einer von ihnen verstorben ist, gegen den überlebenden Ehegatten zu richten. Die Nichtigkeitsklage des einen Ehegatten ist gegen den anderen Ehegatten zu richten.

(2) Im Falle der Doppelehe ist die Nichtigkeitsklage des Ehegatten der früheren Ehe gegen beide Ehegatten der späteren Ehe zu richten.

§ 24 EheG

(1) In den Fällen der Nichtigkeit kann der Staatsanwalt und jeder der Ehegatten, im Falle des § 20 auch der Ehegatte der früheren Ehe, die Nichtigkeitsklage erheben. Ist die Ehe aufgelöst, so kann nur der Staatsanwalt die Nichtigkeitsklage erheben.

(2) Sind beide Ehegatten verstorben, so kann eine Nichtigkeitsklage nicht mehr erhoben werden.

1 Die Bestimmung tritt **voraussichtlich Ende 1996 außer Kraft;** s Vorbem 3 vor § 631.

1a **I)** § 24 EheG regelt die **Aktivlegitimation. 1)** Klageberechtigt ist auch der **Ehegatte,** der bereits bei der Eheschließung bösgläubig war. Seine Aktivlegitimation erlischt durch Scheidung der nichtigen Ehe.

2 **2)** Klageberechtigt ist bei einer **Doppelehe** auch der frühere Ehegatte (§ 24 I EheG). Seine Aktivlegitimation erlischt nicht mit Scheidung der früheren Ehe (BGH FamRZ 86, 879; Staudinger/Strätz § 24 EheG Rn 27; anders BayObLG FamRZ 76, 701), wohl aber mit Auflösung der Doppelehe. **Zuständig** ist das FamG, in dessen Bezirk die beklagten Ehegatten ihren gemeinsamen gewöhnlichen Aufenthalt haben (BGH NJW 76, 1590); auch sonst gilt § 606. Ist es zur Doppelehe deswegen gekommen, weil ein früherer Ehegatte fälschlich für tot erklärt wurde, so gelten die §§ 38, 39 EheG. Der **zu Unrecht für tot Erklärte** kann bei Schlechtgläubigkeit beider Ehegatten der neuen Ehe auf deren Nichtigerklärung klagen. Der gutgläubig wiederverheiratete Partner der früheren Ehe kann sich von der neuen Ehe durch Aufhebungsklage lösen.

3 **3)** Der **Staatsanwalt** ist stets klageberechtigt (§ 24 I 1 EheG). Für ihn besteht kein Anwaltszwang (BGHZ 23, 383). Ob er Nichtigkeitsklage erhebt, steht in seinem Ermessen (BGH FamRZ 94, 498 f). Zur Klage verpflichtet ist er nach Art 6 I GG bei Bigamie; es sei denn, die erste Ehe ist aufgelöst; s § 631 Rn 5. Ist die nichtige Ehe aufgelöst, so kann nur der Staatsanwalt, nicht aber ein Dritter Nichtigkeitsklage erheben (§ 24 I 2 EheG). Dritte können sich an den Staatsanwalt wenden, wenn sie ein rechtliches Interesse an der Ehenichtigkeit haben. Lehnt dieser die Klageerhebung ab, so ist nur Dienstaufsichtsbeschwerde möglich, nicht aber ein Antrag auf gerichtliche Entscheidung (§ 23 EGGVG Rn 28; Hamm NJW 65, 1241; KG FamRZ 86, 806; Düsseldorf FamRZ 96, 109 mwN; anders Lüke JuS 61, 210 f). Die Nichtigkeitsklage des Staatsanwalts ist nach § 24 EheG auch nach Auflösung der Ehe zulässig, solange noch einer der Ehegatten lebt. Zuweilen fehlt dann das Rechtsschutzbedürfnis (§ 631 Rn 4). Nach dem Tode beider Ehegatten ist die Klage unzulässig (§ 24 II EheG). Dann kann sich niemand mehr auf die Ehenichtigkeit berufen (Kanka DR 39, 1369).

4 **II)** § 632 regelt die **Passivlegitimation.** Werden beide Ehegatten verklagt, so sind sie notwendige Streitgenossen (§ 62; BGH NJW 76, 1590), auch wenn sie einander widersprechende Anträge stellen. Schließt sich einer von ihnen dem Antrag des Staatsanwalts an, so wird er nicht dessen Streitgehilfe (München NJW 57, 954).

633 *[Klageverbindung. Widerklage]*

(1) Mit der Nichtigkeitsklage kann nur eine Klage auf Feststellung des Bestehens oder Nichtbestehens einer Ehe zwischen den Parteien verbunden werden.

(2) Eine Widerklage ist nur statthaft, wenn sie eine Nichtigkeitsklage oder eine Feststellungsklage der im Absatz 1 bezeichneten Art ist.

1 **I)** Die Bestimmung **tritt voraussichtlich Ende 1996 außer Kraft;** s Vorbem 3 vor § 631. **Klageverbindung** s § 610 Rn 1, 2, 6. Kein Verbundverfahren: § 623 Rn 3a. Zum **Gerichtsstand** bei gegenseitigen, bei verschiedenen Gerichten erhobenen Klagen s § 606 II 3, 4.

II) Widerklage: 1) Gegen eine Nichtigkeitsklage kann **eine auf einen anderen Nichtigkeitsgrund gestützte Widerklage** erhoben werden. Streitgegenstand ist nicht die Vernichtbarkeit der Ehe überhaupt, sondern nur der mit der Klage geltend gemachte Nichtigkeitsgrund (§ 636 a Rn 2). 2

2) Hat der **Staatsanwalt** oder Ehegatte der früheren Ehe **Nichtigkeitsklage** gegen in Bigamie lebende Ehegatten erhoben, so kann keiner von diesen Bestandsfeststellungswiderklage erheben; denn Gegner einer solchen Klage kann nur der andere Ehegatte sein (§ 638 Rn 2). Wohl aber kann die gegen beide Ehegatten erhobene Nichtigkeitsklage mit einer Bestandsfeststellungsklage des einen Ehegatten gegen den anderen verbunden werden, ebenso mit einer solchen Nichtigkeitsklage. Das Rubrum lautet dann: In der Ehesache 1. des Staatsanwalts gegen die Eheleute X, 2. des Ehemannes X gegen die Ehefrau X. 3

III) Unzulässige Verbindungen: 1. Klagen, die verschiedene Ehen betreffen. **2.** Da Nichtigkeitsklage und Klage auf Feststellung des Bestehens einer Ehe einander widersprechen, kann niemand beide Klagen in zulässiger Weise nebeneinander erheben, es sei denn, die Feststellungsklage wird hilfsweise erhoben oder es wird nur auf Feststellung geklagt, daß die Ehe bis zur Nichtigerklärung bestanden hat. **3.** Klagt jemand auf Feststellung, daß eine Ehe nicht besteht, und auf Nichtigerklärung, so kann die Nichtigkeitsklage nur hilfsweise erhoben werden. 4

634 *[Mitwirkung des Staatsanwalts]*

Der Staatsanwalt kann, auch wenn er die Klage nicht erhoben hat, den Rechtsstreit betreiben, insbesondere selbständige Anträge stellen und Rechtsmittel einlegen.

Die Bestimmung tritt **voraussichtlich Ende 1996 außer Kraft;** s Vorbem 3 vor § 631. 1

Erhebt ein Ehegatte Nichtigkeits- oder Ehefeststellungsklage, so ist der Staatsanwalt zu benachrichtigen (VII 2 MiZi), um ihm die **Mitwirkung** zu ermöglichen. Er kann nach seinem Ermessen, das nicht nach § 23 EGGVG überprüfbar ist (§ 632 Rn 3) selbständig den Rechtsstreit betreiben. Er kann auch einer Partei als notwendiger Streitgenosse (§ 62) beitreten (Baumbach/Albers Rn 1, Thomas/Putzo Rn 1, anders StJSchlosser 1). Er kann für und gegen den Bestand der Ehe tätig werden (Karlsruhe FamRZ 91, 92). Er kann Stellung nehmen und in der Verhandlung Sachanträge verlesen (§ 297). 1a

Abweichend vom Strafprozeß, in dem **Rechtsmittel** beim iudex a quo einzulegen sind, kann hier nur der dem Rechtsmittelgericht zugeordnete Staatsanwalt Berufung oder Revision einlegen (RGZ 18, 407). Entspricht das Urteil des FamG dem Antrag des Staatsanwalts, so kann der Generalstaatsanwalt beim OLG gleichwohl Berufung einlegen (RGZ 169, 403; BGH NJW 75, 1658; Jauernig, ZPR § 72 V; anders StJGrunsky, allg Einl vor § 511 Rn 68; AK-ZPO/Ankermann Rn 19 vor § 511; AK-ZPO/Derleder § 634 Rn 1). Hatte der Staatsanwalt sich bereits in der Vorinstanz beteiligt, so beginnt die Rechtsmittelfrist mit der Zustellung des Urteils an ihn zu laufen. Hatte er sich in der Vorinstanz nicht beteiligt, so muß er die für die Parteien laufenden Rechtsmittelfristen einhalten (RG JW 31, 1337; BayObLG FamRZ 66, 640). Recht des Generalbundesanwalts auf Anhörung durch den BGH: § 138 II GVG. 2

635 *[Nichtigkeitsklage. Versäumnisverfahren]*

Das Versäumnisurteil gegen den im Termin zur mündlichen Verhandlung nicht erschienenen Kläger ist dahin zu erlassen, daß die Klage als zurückgenommen gelte.

I) Die Bestimmung **tritt voraussichtlich Ende 1996 außer Kraft;** s Vorbem 3 vor § 631. **Grundlagen:** Die Parteien können nicht über den Bestand ihrer Ehe disponieren; deshalb sind bei Nichtigkeitsklagen, positiven und negativen Bestandsfeststellungsklagen klagabweisende Versäumnisurteile ausgeschlossen. Diese Regelung verhindert eine Disposition über den Bestand der Ehe durch einverständliche Herbeiführung der Versäumnisfolgen des § 330. 1

II) Säumnis in erster Instanz: 1) Ergeht ein **Versäumnisurteil gegen den Kläger,** wird die Klage nicht wie ein Scheidungsantrag abgewiesen (§ 330), sondern für zurückgenommen erklärt. Der Antrag des Beklagten auf Versäumnisurteil enthält seine Zustimmung (§ 269) zur Klagerücknahme. Die Rechtshängigkeit wird so beendet; wegen des öffentlichen Interesses daran, daß über den Bestand der Ehe weiterhin Feststellungen möglich bleiben, kann die Klage erneuert werden. Für den säumigen Widerkläger gilt Entsprechendes. Auf Antrag ist auch Aktenlageentscheidung möglich, wenn schon einmal mündlich verhandelt wurde und der Sachverhalt hinreichend aufgeklärt ist (§ 331 a). Wegen § 62 kein Versäumnisurteil gegen den Kläger, wenn ihm der Staatsanwalt als notwendiger Streitgenosse (§ 634 Rn 1) beigetreten ist (anders StJSchlosser 1). – Klage- 2 verzicht (§ 306) gilt entsprechend § 635 als Klagerücknahme. 2) Gegen den **Beklagten** ist ein Versäumnisurteil schon nach § 612 IV ausgeschlossen, gegen den Widerbeklagten nach § 612 V.

3 **III) Säumnis in der Rechtsmittelinstanz: 1)** des **Rechtsmittelklägers** s § 612 Rn 8. **2)** des **Rechtsmittelbeklagten** (bei zulässigem Rechtsmittel): **a)** Da § 635 nur für die erste Instanz gilt und die Geständnisfiktion des § 542 II durch § 617 ausgeschlossen wird, kann gegen den **Kläger,** wenn er als Berufungsbeklagter ausbleibt, kein Versäumnisurteil ergehen; es ist einseitig streitig zu verhandeln (Rosenberg/Gottwald § 165 V 10 b; str, s § 512 Rn 9). Stuttgart NJW 76, 2305 wendet hier § 635 an und erläßt ein Versäumnisurteil auf Zurücknahme der Klage (ebenso Baumbach/Albers Rn 1). Dabei wird verkannt, daß § 635 nur in erster Instanz anwendbar ist (Prütting ZZP 91, 204). **b)** Wenn der **Beklagte** als Rechtsmittelbeklagter ausbleibt, kann gegen ihn wegen § 612 IV kein Versäumnisurteil ergehen; auch hier ist einseitig streitig zu verhandeln.

4 **IV) Gebühren: 1)** des **Gerichts:** Durch das KostRÄndG 1994 (BGBl I 1325 ff) sind die Urteilsgebühren für die **erste Instanz** abgeschafft worden. Statt dessen wurde die Gebühr für das Verfahren im allgemeinen verdreifacht (KV 1201). Endet der Prozeß durch Versäumnisurteil, so ermäßigen die Gebühren sich nicht (arg KV 1202). Sie sind ebenso hoch wie bei einem kontradiktorischen Urteil. Nach KV 1227 wird nur eine einfache (keine doppelte) Urteilsgebühr erhoben, wenn die **Berufung durch Versäumnisurteil zurückgewiesen** wird, weil das Urteil nicht mit einer Begründung versehen wird (§ 313 b I, Ausnahme § 313 b III). Ist der Berufungsbeklagte säumig und ergeht nach einseitiger streitiger Verhandlung ein kontradiktorisches Urteil, so wird eine doppelte Gebühr erhoben (KV 1226). – **2) Anwaltsgebühren:** Der Prozeßbevollmächtigte des Berufungs- oder Revisionsklägers erhält die volle (13/10) Verhandlungsgebühr für einen Antrag, gegen den Gegner ein Versäumnisurteil zu erlassen (§ 33 I 2 Nr 2 BRAGO). Hatte der Anwalt schon vorher die volle Verhandlungsgebühr verdient, so erhält er keine zweite Verhandlungsgebühr (§ 13 II BRAGO). Wird Einspruch gegen das Versäumnisurteil eingelegt und danach zur Hauptsache verhandelt, so entsteht für diese Verhandlung eine weitere volle Verhandlungsgebühr (Riedel/Sußbauer, BRAGO § 38 Rn 11, 12 und 15).

636 *[Fortsetzung des Verfahrens bei Tod eines Ehegatten]*

Hat der Staatsanwalt die Nichtigkeitsklage zu Lebzeiten beider Ehegatten erhoben, so ist, wenn ein Ehegatte stirbt, § 619 nicht anzuwenden. Das Verfahren wird gegen den überlebenden Ehegatten fortgesetzt.

1 Die Bestimmung **tritt voraussichtlich Ende 1996 außer Kraft;** s Vorbem 3 vor § 631. § 636 ist auch **anwendbar,** wenn nur ein Ehegatte Berufung gegen ein Urteil einlegt, das der Nichtigkeitsklage des Staatsanwalts gegen beide Ehegatten stattgibt. Stirbt er, so führt die notwendige Streitgenossenschaft beider Ehegatten (s § 632 Rn 4) zur Fortsetzung des Verfahrens gegen den Überlebenden; denn dieser ist Partei des Berufungsverfahrens (§ 62 Rn 32; StJSchlosser Rn 4; anders JHSedemund-Treiber Rn 3).

2 In folgenden Fällen gilt nicht § 636, sondern § 619: **1.** wenn nach Fortsetzung des Verfahrens gegen den überlebenden Ehegatten auch dieser stirbt, **2.** bei Klagen, die der Staatsanwalt von vornherein nur gegen den überlebenden Ehegatten gerichtet hatte (§ 632 I 1), **3.** bei Klagen eines Ehegatten gegen den anderen (§ 632 I 2), **4.** bei Klagen des Ehegatten der früheren Ehe gegen die Partner der Doppelehe (§ 632 II): hier erledigt sich die Hauptsache sowohl durch den Tod des Klägers als auch durch denjenigen eines der Beklagten (Fechner JW 38, 2115).

3 **Analogie:** Hatte sich der Staatsanwalt zu Lebzeiten beider Ehegatten am Verfahren beteiligt (§ 634), so ist es prozeßökonomisch geboten, § 636 entsprechend anzuwenden, wenn der Staatsanwalt das Verfahren fortsetzen will; anderenfalls gilt § 619 (StJSchlosser Rn 5; anders JHSedemund-Treiber Rn 3).

636a *[Umfang der Rechtskraft]*

Das auf eine Nichtigkeitsklage ergehende Urteil wirkt, wenn es zu Lebzeiten beider Ehegatten oder, falls der Staatsanwalt die Nichtigkeitsklage erhoben hatte, des Längstlebenden von ihnen rechtskräftig geworden ist, für und gegen alle.

1 Die Bestimmung **tritt voraussichtlich Ende 1996 außer Kraft;** s Vorbem 3 vor § 631. Das Urteil, das eine Ehe für nichtig erklärt, ist ein **Gestaltungsurteil** und wirkt aus diesem Grunde für und gegen alle. Insofern sind die §§ 636 a, 638 S 2 Ausdruck eines allgemein gültigen Rechtsgrundsatzes, der für alle Gestaltungsurteile gilt (RGottwald § 95 III 1). Daß die Gestaltungswirkung nur eintritt, wenn das Urteil zu Lebzeiten beider Ehegatten, oder, falls der Staatsanwalt die Nichtigkeitsklage erhoben hatte, zu Lebzeiten des längstlebenden Gatten rechtskräftig wird, beruht auf den §§ 619, 636 ZPO. Hiernach erledigt sich die Nichtigkeitsklage in der Hauptsache, wenn ein Ehegatte stirbt, bevor das Urteil rechtskräftig ist. Bei der Nichtigkeitsklage des Staatsanwalts erledigt es sich mit dem Tod des längstlebenden Gatten.

Anders als bei sonstigen Gestaltungsklagen wirkt auch ein **klagabweisendes Sachurteil** für und gegen alle, obwohl es die Rechtslage nicht umgestaltet. Es hindert auch andere Klageberechtigte (§ 632) daran, denselben Nichtigkeitsgrund noch einmal geltend zu machen. Nichtigkeitsgründe (§ 631 Rn 2), auf die die abgewiesene Klage nicht gestützt war, werden nicht verbraucht; Streitgegenstand ist nur der geltend gemachte Nichtigkeitsgrund (StJSchlosser § 611 Rn 5, str). War die Nichtigkeitsklage **als unzulässig abgewiesen** worden (zB mangels Rechtsschutzbedürfnisses: § 631 Rn 4 f), so kann sie wiederholt werden, wenn das Prozeßhindernis weggefallen ist (BGH FamRZ 64, 419 = NJW 1854; Schlosser Gestaltungsklagen 402). 2

Ein Urteil, das der Klage stattgibt, vernichtet die Ehe rückwirkend. Materiellrechtlich wird dieser Grundsatz durch die §§ 1591 I 1, 1719 I 1 BGB, 26 EheG durchbrochen. 3

637 *[Kosten bei Klage des Staatsanwalts]*

In den Fällen, in denen der als Partei auftretende Staatsanwalt unterliegt, ist die Staatskasse zur Erstattung der dem obsiegenden Gegner erwachsenen Kosten nach den Vorschriften des fünften Titels des zweiten Abschnitts des ersten Buchs zu verurteilen.

I) Die Bestimmung **tritt voraussichtlich Ende 1996 außer Kraft;** s Vorbem 3 vor § 631. 1

II) Kostenerstattung: 1) Nichtigkeitsklage eines **Ehegatten** gegen den anderen: **a)** Ehe wird für nichtig erklärt: Kosten werden gegeneinander aufgehoben, evtl anderer Verteilungsmaßstab (§ 93 a III). **b)** Klage wird abgewiesen: Kläger trägt die Kosten (§ 91). **c)** Klage und Widerklage werden abgewiesen: Kosten werden gegeneinander aufgehoben (§ 92 I). 1a

2) Nichtigkeitsklage des **Staatsanwalts oder des früheren Ehegatten: a)** Ehe wird für nichtig erklärt: Die Beklagten haben die Kosten je zur Hälfte zu tragen (§§ 93 a IV, 91, 100 I). **b)** Klage des früheren Ehegatten wird abgewiesen: Kläger trägt die Kosten (§ 91). **c)** Klage oder Beschwerde des Staatsanwalts wird zurückgewiesen: Die Staatskasse hat die außergerichtlichen Kosten der Beklagten zu tragen (§ 637; Karlsruhe FamRZ 91, 92 aE). Kein Ausspruch über die Gerichtskosten (§ 2 I 1 GKG). 2

3) Betreibt der **Staatsanwalt** gemäß § 634 den Rechtsstreit, so tritt er **nicht** als **Partei** im Sinne des § 637 auf. Nur wenn er selbständig ein Rechtsmittel einlegt und damit unterliegt, hat die Staatskasse Kosten zu erstatten. Dies gilt auch für das Beschwerdeverfahren (Karlsruhe FamRZ 91, 92 f). 3

638 *[Feststellungsklage]*

Die Vorschriften der §§ 633 bis 635 gelten für eine Klage, welche die Feststellung des Bestehens oder Nichtbestehens einer Ehe zwischen den Parteien zum Gegenstand hat, entsprechend. Das Urteil, durch welches das Bestehen oder Nichtbestehen der Ehe festgestellt wird, wirkt, wenn es zu Lebzeiten beider Parteien rechtskräftig geworden ist, für und gegen alle.

Die Bestimmung **tritt voraussichtlich Ende 1996 außer Kraft;** s Vorbem 3 vor § 631. **Anwendungsbereich:** Mit der Klage wird festgestellt, ob eine Ehe wirksam geschlossen oder aufgelöst worden ist. Beispiele: Streit darüber, ob die Eheschließung vor einem Standesbeamten stattgefunden hat (§ 11 EheG) oder ob die Ehe geschieden worden ist (Verlust des Scheidungsurteils; BGHZ 4, 314/321). Die Wirksamkeit **ausländischer Scheidungsurteile** kann nicht nach § 638 geprüft werden, soweit die Anerkennung solcher Urteile dem Verfahren nach Art 7 § 1 FamRÄG vorbehalten ist; s § 606 a Rn 125. Nicht diesem Verfahren unterliegen Scheidungsurteile von Gerichten der früheren **DDR;** denn diese sind deutsche Gerichte. Ihre Urteile sind im Inland grundsätzlich ohne besonderes Verfahren anzuerkennen (Art 18 I 1 des Einigungsvertrages). Wenn sie mit rechtsstaatlichen Grundsätzen unvereinbar sind (Art 18 I 1 des Einigungsvertrages) und deshalb über ihre Wirksamkeit gestritten wird, kann hierüber nur auf eine Bestandsfeststellungsklage hin entschieden werden (BGHZ 34, 134; 38, 1; FamRZ 63, 431 = NJW 1981; FamRZ 65, 36; Beitzke JZ 61, 649; Drobnig FamRZ 61, 341 und JR 63, 224; Habscheid FamRZ 63, 201; Laufs NJW 66, 281). Die Klage muß binnen angemessener Frist alsbald nach Bekanntwerden des Scheidungsurteils erhoben werden; sonst kann die Klagbefugnis verwirkt werden (BGHZ 34, 148; FamRZ 63, 431). 1

Parteien: Nur die Ehegatten bzw Scheinehegatten können gemäß § 638 klagen, nicht aber Dritte (Staatsanwalt s Rn 1). Daß eine Ehe besteht oder nicht besteht, kann allerdings auch in anderen Verfahren (Scheidung: Nürnberg FamRZ 70, 246; Rentenstreit: BSG NJW 78, 2472) festgestellt werden. Mit Wirkung für und gegen alle kann darüber aber nur im Statusverfahren nach § 638 entschieden werden. 2

3 **Anwendbare Vorschriften: § 633:** Verbindung nur mit Nichtigkeits-, nicht mit Scheidungsklage. Wird diese hilfsweise erhoben, so ist sie nicht abzutrennen, sondern als unzulässig abzuweisen (BGHZ 34, 153). **§ 634:** Da § 632 nicht anwendbar ist, kann der Staatsanwalt zwar nicht klagen, aber das Verfahren betreiben und Rechtsmittel einlegen. Als Rechtsmittelführer ist er notwendiger Streitgenosse (§ 62) der Partei, die er unterstützt (str). **§ 635:** Versäumnisurteil gegen den ausbleibenden Kläger auf Klagrücknahme.

4 Nach § 636 a wirkt das auf eine Nichtigkeitsklage ergehende Urteil für und gegen alle, einerlei ob es der Klage stattgibt oder sie abweist (§ 636 a Rn 2). § 638 verweist nicht auf diese Regelung, sondern bestimmt in **Satz 2** nur, daß stattgebende Urteile für und gegen alle wirken. Folglich haben klagabweisende Urteile diese Wirkung nicht (Schönke/Kuchinke § 83 IX; anders StJSchlosser Rn 2; Rosenberg/Gottwald § 165 V 13 b). – Für und gegen alle wirken nur Urteile, die zu Lebzeiten der Parteien rechtskräftig werden. Über den Grund hierfür s § 636 a Rn 1. Nur im Statusverfahren ergehende Urteile stellen das Bestehen oder Nichtbestehen von Ehen allgemein verbindlich fest, nicht aber Urteile, durch die Scheidungsbegehren mit der Begründung abgewiesen werden, die Parteien seien nicht verheiratet (Nürnberg FamRZ 70, 246).

5 Da das Urteil für und gegen alle wirkt, ist **rechtliches Gehör** (Art 103 I GG) zu gewähren: **1.** den aus der (Schein-)Ehe stammenden Kindern wegen ihrer Ehelichkeit (StJSchlosser Rn 20 vor § 606), **2.** dem Ehegatten einer Partei, wenn es um den Fortbestand einer früheren Ehe dieser Partei geht (BVerfG JZ 67, 443; Grunsky FamRZ 66, 642 u Grundlagen des Verfahrensrechts § 25 II, § 30 III; Schlosser JZ 67, 433; Brüggemann JR 69, 363; Wolf JZ 71, 409 u ZZP 90, 119; Zeuner, Rechtliches Gehör, materielles Recht und Urteilswirkungen 34 ff, 42 ff). Das geschieht durch Beiladung entsprechend § 640 e. Ein rechtskräftiges Urteil wirkt auch gegenüber Kindern und Ehegatten, denen das rechtliche Gehör versagt worden war (Schlosser JZ 67, 436; Jauernig ZZP 101, 381 ff; anders Grunsky FamRZ 66, 643; ähnlich zu § 65 VwGO: BVerwG 18, 124; 16, 23 = JZ 64, 105; hiergegen Bettermann MDR 67, 951). Folglich kann ein Kind nicht ohne weiteres auf Feststellung seiner Ehelichkeit klagen, wenn zuvor im Prozeß seiner Eltern festgestellt worden war, daß eine Ehe nicht besteht. Es kann aber Verfassungsbeschwerde gegen dieses Urteil einlegen; s § 640 e Rn 4.

6 **Beweislast:** Läßt sich weder feststellen noch ausschließen, daß zwischen den Parteien eine Ehe besteht, so sind die positive und die negative Feststellungsklage abzuweisen. Insoweit unterscheidet sich die Klage auf Feststellung des Nichtbestehens einer Ehe von der vermögensrechtlichen negativen Feststellungsklage. Nur für diese gilt der Grundsatz, daß die Umkehrung der Parteistellung bedeutungslos ist (§ 256 Rn 18). Für die vom Untersuchungsgrundatz beherrschten Statussachen paßt dieser Grundsatz nicht (Schönke DR 40, 1692). Hier muß das Urteil wegen seiner Bedeutung für die Allgemeinheit möglichst der wahren Sachlage entsprechen. Nur wenn das Gericht davon überzeugt ist, daß eine Ehe nicht besteht, darf es dies feststellen, nicht aber bei Unaufklärbarkeit. Parallelproblematik s § 641 h Rn 5.

7 Wird eine **positive Bestandsfeststellungsklage mit einer negativen beantwortet** oder umgekehrt, so liegt in dem Gegenantrag nur ein in andere Worte gekleideter Klagabweisungsantrag (Wieczorek A III b). Die Auffassung, daß die Identität des Streitgegenstandes einen solchen Antrag verbiete, trifft nicht zu; s § 640 c Rn 5; anders Wieczorek aaO.

8 Wegen der **Gebühren** s § 631 Rn 6 und § 635 Rn 4 (Säumnisverfahren).

639 (weggefallen)

Zweiter Abschnitt

VERFAHREN IN KINDSCHAFTSSACHEN

640 *[Kindschaftssachen; Verfahrensvorschriften]*

(1) In Kindschaftssachen sind die Vorschriften der §§ 609, 611 Abs. 2, §§ 612, 613, 615, 616 Abs. 1, §§ 617, 618, 619, 635 entsprechend anzuwenden.

(2) Kindschaftssachen sind Rechtsstreitigkeiten, welche zum Gegenstand haben

1. die Feststellung des Bestehens oder Nichtbestehens eines Eltern-Kindes-Verhältnisses zwischen den Parteien; hierunter fällt auch die Feststellung der Wirksamkeit oder Unwirksamkeit einer Anerkennung der Vaterschaft,

2. die Anfechtung der Ehelichkeit eines Kindes,
3. die Anfechtung der Anerkennung der Vaterschaft oder
4. die Feststellung des Bestehens oder Nichtbestehens der elterlichen Sorge der einen Partei über die andere.

I) Abs 2 zählt die **Kindschaftssachen** abschließend auf. Zu ihnen gehören auch Klagen auf Anerkennung eines ausländischen Kindschaftsurteils (Hamm FamRZ 93, 438 = DAVorm 104) und die Wiederaufnahme des Verfahrens in Kindschaftssachen (BGH FamRZ 94, 237 f). Keine Kindschaftssachen sind Klagen des nichtehelichen Kindes gegen seine Mutter auf Auskunft über den Namen des Vaters (Saarbrücken FamRZ 90, 1371 = NJW-RR 91, 643; Düsseldorf DAVorm 91, 944; LG Kiel FamRZ 93, 980; MK/Coester-Waltjen Rn 2; anders Hilger FamRZ 88, 765; Baumbach/Albers Rn 2), ebensowenig Unterhaltsklagen; jedoch kann der Kindesunterhalt durch einstweilige Anordnung geregelt werden (§§ 641 d ff), und der nichteheliche Vater kann im Kindschaftsverfahren zum Regelunterhalt verurteilt werden (§ 643). Für Kindschaftssachen gilt der Amtsermittlungsgrundsatz (Rn 30 ff), damit der Familienstand allgemein verbindlich festgestellt werden kann (§ 640 h S 1). **Parteien** können nur Personen sein, die behaupten oder bestreiten, daß ein Eltern-Kind-Verhältnis zwischen ihnen besteht. Wird in einem gewöhnlichen Rechtsstreit der Familienstand einer Partei oder eines Dritten streitig, so ist das **Verfahren auszusetzen,** wenn der Kindschaftsprozeß vorgreiflich ist (§§ 153 f; BGH FamRZ 73, 26 = NJW 51 = MDR 39). Über **Ausländersachen** s § 640 a. 1

1) Die Nichtehelichkeit eines während der Ehe geborenen Kindes kann nur geltend gemacht werden, wenn sie rechtskräftig festgestellt ist (§ 1593 BGB). Die Rechtswirkungen der Vaterschaft für ein nichteheliches Kind können nur geltend gemacht werden, wenn die Vaterschaft anerkannt oder durch gerichtliche Entscheidung festgestellt ist (§ 1600 a BGB). Infolgedessen ist eine Inzidentfeststellung des Nichtehelichenstatus in der Regel nicht möglich. Bevor die Nichtehelichkeit rechtskräftig festgestellt worden ist, kann 2

- das Kind von seinem Erzeuger keinen **Unterhalt** verlangen (Staudinger/Göppinger § 1593 Rn 30),
- der Ehemann der Mutter (BGH FamRZ 62, 254 = NJW 1057; Oldenburg FamRZ 94, 651 f; Staudinger aaO) bzw der Scheinvater (BGH FamRZ 93, 696 mwN auch zur Gegenmeinung = NJW 1195 = MDR 93, 450) vom Erzeuger keinen **Ersatz des Kindesunterhalts** verlangen,
- die nichteheliche Abstammung weder bei der Entscheidung über die **elterliche Sorge** noch bei der Umgangsregelung berücksichtigt werden (BGH FamRZ 88, 711; Staudinger aaO Rn 23 mwN; str),
- die nichteheliche Abstammung nicht bei der Entscheidung über den **Ehegattenunterhalt** (§ 1579 BGB; Düsseldorf FamRZ 93, 962/964 mwN; Staudinger aaO Rn 24), den **Kindesunterhalt** (Bremen FamRZ 95, 1291 f) oder den **Versorgungsausgleich** (§ 1587 c BGB) berücksichtigt werden (BGH FamRZ 83, 267).

2) Ausnahmen: Auch wenn nicht durch rechtskräftiges Statusurteil festgestellt worden ist, daß ein während der Ehe geborenes Kind nichtehelich ist, kann von dessen nichtehelicher Abstammung ausgegangen werden, wenn daraus Rechtsfolgen hergeleitet werden, die den ehelichen Status des Kindes nicht berühren; nämlich **a)** zum Beweis des **Ehebruchs** der Mutter im 3

Scheidungsprozeß (Bamberg FamRZ 85, 1069; Staudinger/Göppinger § 1593 Rn 32 mwN; anders BGHZ 45, 358 = FamRZ 66, 502 = NJW 1913), **b) im Schadensersatzprozeß gegen einen Anwalt** wegen Versäumnis der Anfechtungsfrist des § 1594 BGB (BGHZ 72, 299 = FamRZ 79, 112 = NJW 418; Staudinger aaO Rn 33 mwN).

4 Wenn das Kind einer Ehefrau unstreitig nicht vom Ehemann abstammt und die Frau den Mann davon abgehalten hat, die Ehelichkeit rechtzeitig anzufechten, kann der **Unterhalt** der Frau nach § 1579 Nr 6 BGB herabgesetzt werden (BGH FamRZ 85, 51/53 = NJW 428 = MDR 476). Incidenter feststellen läßt sich auch, ob eine **Vaterschaftsanerkennung unwirksam** ist, weil sie den Erfordernissen der §§ 1600 b bis 1600 e BGB nicht genügt (§ 1600 f I BGB; BGH FamRZ 85, 271 = NJW 804; Göppinger DRiZ 70, 145; MK-BGB/Mutschler § 1600 f Rn 14). Eine Vaterschaftsanerkennung ist nicht deshalb unwirksam, weil zur Zeit ihrer Beurkundung noch nicht feststand, daß das Kind nichtehelich war, und dies in der beurkundeten Erklärung zum Ausdruck gelangte (BGHZ 99, 236 mwN = FamRZ 87, 375 = NJW 899; KG FamRZ 95, 631 f; anders Karlsruhe Justiz 87, 63). Hier kann jedoch der anerkennende Vater nicht zum Unterhalt verurteilt werden, bevor nicht rechtskräftig festgestellt worden ist, daß das Kind nichtehelich ist (LG Dortmund NJW-RR 90, 12). Ein Vertrag, durch den der Erzeuger eines Kindes die Unterhaltspflicht übernimmt, ist auch wirksam, wenn die Ehelichkeit nicht angefochten wird (BGHZ 46, 56 = FamRZ 66, 567 = NJW 2159). Wenn im Unterhaltsprozeß **ausländisches Sachrecht** anzuwenden ist und dieses keine dem § 1593 BGB entsprechende Vorschrift enthält, wird die Vaterschaft incidenter festgestellt (KG IPrax 84, 42 und StJSchlosser Rn 17 vor 640 für das französische Recht; AG Rottweil FamRZ 90, 1030 mwN für das britische Recht).

5 3) Die Klagen nach § 640 II Nr 1 und 4 sind **Feststellungsklagen. Gestaltungsklagen** sind die Klage auf Feststellung der nichtehelichen Vaterschaft (§ 1600 a BGB; StJSchlosser Rn 9 mwN, MK/Coester-Waltjen Rn 19; anders Rosenberg/Gottwald § 169 III 1 mwN), die Klagen auf Anfechtung der Ehelichkeit eines Kindes und der Vaterschaftsanerkennung (Nr 2 und 3). Über die Wirkung des Urteils für und gegen alle s § 640 h.

6 **II) Feststellung des Bestehens oder Nichtbestehens eines Eltern-Kindes-Verhältnisses zwischen den Parteien (Abs 2 Nr 1 Hs 1):** Die Bestimmung betrifft eheliche und nichteheliche Kinder. Abweichend von § 256 erfordert § 640 nicht, daß das rechtliche Interesse an der begehrten Feststellung besonders begründet wird (BGH FamRZ 73, 26 = NJW 51 = MDR 39); es fehlt nur in Ausnahmefällen, s Rn 12. Zur negativen Feststellungswiderklage s § 640 c Rn 5. Parteien s Rn 1; zwei Vater- oder Mutterschaftsprätendenten können nicht gegeneinander klagen (Gesetzeswortlaut: zwischen den Parteien). Gegen die Erben einer verstorbenen Partei kann der Rechtsstreit nur wegen der Kosten fortgesetzt werden (BGH NJW 74, 494). Eine Erweiterung des Kreises der Verfahrensbeteiligten ermöglichen die §§ 640 e, 641 b. – Keine Kindschaftssache ist die Klage auf Duldung der Untersuchung durch einen Sachverständigen, der zur Vorbereitung einer Restitutionsklage nach § 641 i ein Abstammungsgutachten erstatten soll (LG Berlin FamRZ 78, 835).

7 **1) Eheliches Kindschaftsverhältnis: a) Eheliche Abstammung.** Wenn es darum geht, ob einem Kind die Rechtsstellung eines ehelichen Kindes zukommt, begründet jeder ernsthafte Zweifel hieran das Rechtsschutzbedürfnis für eine Statusklage. Streitig sein kann die Abstammung vom Mann (zB Klage des später als 302 Tage nach Auflösung der Ehe geborenen Kindes – § 1592 BGB-auf Feststellung, daß es ein eheliches Kind ist, Tübingen NJW 52, 942). Der Streit kann ferner um den Tag der Geburt gehen. Streitig sein kann aber auch die Geburt von der Frau (Kindesverwechslung, -unterschiebung, Bremen FamRZ 95, 1291); sich als Sohn Ausgebender; BGH FamRZ 73, 26); desgleichen, ob die Eltern in einer Nichtehe leben. Nichtigkeit der Ehe ist heute ohne Einfluß auf die eheliche Abstammung (§ 1591 I 1 BGB).

8 **b)** Unter Nr 1 Hs 1 fällt auch der Streit um die Wirksamkeit einer vor dem 1.1.1977 zustandegekommenen **Adoption** (Engler FamRZ 70, 113). Auch der leibliche Vater konnte auf Feststellung der Unwirksamkeit eines ohne seine Zustimmung abgeschlossenen Adoptionsvertrags klagen (BGHZ 27, 126). Nach neuem Adoptionsrecht (Gesetz vom 2. 7. 76, BGBl I 1449, in Kraft ab 1. 1. 77) ist der Anwendungsbereich der Klage eingeschränkt. Rechtliche Mängel lassen die Annahme als Kind nicht unwirksam werden, sondern stellen nur Gründe für die Aufhebung ex nunc (§§ 1759 ff BGB) dar, soweit sie nicht durch den Annahmebeschluß des Vormundschaftsgerichts (§ 1752 I BGB, § 56 e FGG) geheilt werden, (Lüderitz NJW 76, 1869). Zum Ausnahmefall absoluter Nichtigkeitsgründe s BT-Drucksache 7/3061 S 47, MK-BGB/Lüderitz § 1759 Rn 16.

9 **c)** Der **Ehelicherklärung** (§§ 1723 ff BGB) kann der Boden nur durch die rechtskräftige gerichtliche Feststellung entzogen werden, daß der Mann nicht der Vater des nichtehelich geborenen Kindes ist (§ 1735 S 2 BGB). Ob für eine solche Entscheidung Raum ist, hängt davon ab, worauf die der Ehelicherklärung zugrundeliegende gegenteilige Annahme beruhte. Lag ein Vaterschaftsanerkenntnis vor, so bedarf es entweder der Feststellungsklage nach Nr 1 Hs 2 oder der Anfechtungsklage nach Nr 3 (s Rn 15 ff, 21 ff). War die Vaterschaft dagegen im Statusverfahren

rechtskräftig festgestellt, so muß ein Grund zur Wiederaufnahme dieses Verfahrens vorliegen. Schlicht auf Feststellung, daß ein Eltern-Kind-Verhältnis nicht besteht (Abs 2 Nr 1 Hs 1), kann der Ehemann nicht klagen (BGH FamRZ 95, 225 f).

d) Ebenso liegt es beim Streit über die Wirksamkeit einer **Legitimation durch nachfolgende Ehe.** Ein nichteheliches Kind wird durch die Heirat seiner Mutter nur ehelich, wenn deren Ehemann die Vaterschaft anerkannt hat oder diese gerichtlich festgestellt worden ist (§§ 1719 S 1, 1600 a S 1 BGB). Liegen diese Voraussetzungen nicht vor, so kann nicht mit Erfolg auf Feststellung geklagt werden, daß das Kind legitimiert worden ist. Liegen sie vor, so kann keine Ehelichkeitsanfechtungsklage erhoben werden. Der Ehemann kann nur auf Anfechtung der Vaterschaftsanerkennung klagen (§ 640 II Nr 2; BGHZ 81, 353 = FamRZ 82, 48 = NJW 96; FamRZ 95, 225 f mwN; Hamburg DAVorm 84, 610; Hamm FamRZ 94, 123; Düsseldorf FamRZ 95, 315) oder auf Feststellung der Unwirksamkeit der Vaterschaftsanerkennung (§ 640 II Nr 1). Seine irrtümlich erhobene Ehelichkeitsanfechtungsklage kann in eine solche Klage geändert werden (Hamm aaO). Zum Unterschied zwischen der Klage auf Anfechtung der Vaterschaftsanerkennung und derjenigen auf Feststellung der Unwirksamkeit der Vaterschaftsanerkennung s Rn 15. 10

2) Nichteheliche Abstammung: a) Ist die Vaterschaft nicht anerkannt, so kann Klage auf Feststellung des Bestehens oder Nichtbestehens eines nichtehelichen Vater-Kind-Verhältnisses (Abs 2 Nr 1 Hs 1, § 1600 o I BGB) erhoben werden. Mit der positiven Feststellungsklage des Kindes kann der Antrag auf Regelunterhalt verbunden werden (§ 643). Der Kindesunterhalt kann auch durch einstweilige Anordnung geregelt werden (§§ 641 d ff). 11

b) Über das **Feststellungsinteresse** s Rn 6. Ist die Vaterschaft wirksam anerkannt worden und hat das Kind der Anerkennung zugestimmt (§ 1600 c BGB), so kann nicht auf Feststellung der Vaterschaft geklagt werden (§ 1600 n I BGB). Verweigert das Kind die Zustimmung zur Vaterschaftsanerkennung, so kann es auf Vaterschaftsfeststellung klagen. Um nicht Gefahr zu laufen, daß die Anerkennung später angefochten wird, steht es ihm frei, die geeignete Form der Feststellung zu wählen (Stuttgart DAVorm 85, 1039; KG DAVorm 91, 864 f u 946; FamRZ 94, 909 f mwN; Nürnberg FamRZ 95, 620; Brüggemann FamRZ 79, 384). Nur wenn kein Zweifel an der Vaterschaft des Anerkennenden besteht und kein Grund dafür erkennbar ist, daß das Kind die Zustimmung verweigert, kann das Rechtsschutzinteresse für die Klage fehlen (Düsseldorf FamRZ 91, 1083 f = NJW-RR 92, 197 f; RGRK/Böckermann, § 1600 n Rn 11; Staudinger/Göppinger § 1600n Rn 13). Bei Verweigerung der Zustimmung kann auch der Vater auf Feststellung der Vaterschaft klagen. Zu bejahen ist das Rechtsschutzbedürfnis für eine inländische Klage des Kindes auch dann, wenn Beweisaufnahme und Vollstreckung voraussichtlich im Ausland erfolgen müssen, weil der Mann inzwischen dorthin zurückgekehrt ist (Celle NdsRpfl 74, 105). Nach Koblenz FamRZ 79, 968; Brüggemann ZBlJugR 77, 204 hat auch das adoptierte Kind ein Anrecht darauf, daß sein nichtehelicher Vater festgestellt wird. 12

c) Wenn ein Kind oder sein gesetzlicher Vertreter nachhaltig behaupten, daß X sein Vater ist, hat X ein **Rechtsschutzbedürfnis für eine Klage auf Feststellung, daß er nicht der Vater ist** (§§ 641, 641 h; Göppinger FamRZ 70, 125, NJW 70, 650, JR 71, 466; Hamburg FamRZ 71, 384; StJSchlosser Rn 10; Odersky Anm IV 1; Gernhuber/Coester-Waltjen § 52 III 1; Roth-Stielow Rn 181; Gerhardt in FS für Bosch 291 ff). Der die Vaterschaft bestreitende Mann muß nicht untätig abwarten, ob das Kind auf Vaterschaftsfeststellung klagt. Zur negativen Feststellungswiderklage s § 640 c Rn 5. 13

d) Für die nichteheliche Vaterschaft gelten die Sondervorschriften der §§ 641–641 k. Zur Feststellung der nichtehelichen Vaterschaft im Recht der **EWG-Staaten** s Siehr FamRZ 74, 401. Inzwischen sind allerdings in mehreren Staaten Neuregelungen in Kraft getreten. Nach dem Tod des Mannes stellt das **Vormundschaftsgericht** auf Antrag des Kindes die Vaterschaft fest; nach dem Tod des Kindes tut es dies auf Antrag der Mutter (§§ 1600 n II BGB, 53 b FGG). 14

III) Feststellung der Wirksamkeit oder Unwirksamkeit einer Vaterschaftsanerkennung (Abs 2 Nr 1 Hs 2): 1) Hierunter fällt nicht die Anfechtung der Vaterschaftsanerkennung (2. Alternative des § 1600 f I BGB), sondern nur der Streit darüber, ob die **Vaterschaftsanerkennung** von vornherein unwirksam war, weil sie den Anforderungen der §§ 1600 b bis 1600 e BGB nicht genügt (1. Alternative des § 1600 f I BGB; Hamm DAVorm 87, 805 = JMBlNW 236). Hierher gehört auch der Streit darüber, ob die Anerkennung wegen fehlender Geschäftsfähigkeit (§ 1600 d BGB; BGH FamRZ 85, 271 = NJW 804), wegen Formmangels (§ 1600 e BGB) oder mangels Zustimmung des Kindes (§ 1600 c BGB) unwirksam ist (Hamm aaO), ferner der Streit darüber, ob die Vaterschaft wirksam anerkannt werden konnte, bevor die Nichtehelichkeit des Kindes rechtskräftig festgestellt war (§ 1600 b I BGB; s Rn 4). Andere Nichtigkeitsgründe (§§ 117, 118, 134, 138 BGB) gelten nicht (BGH aaO). 15

2) Nach Ablauf der **Fünfjahresfrist** des § 1600 f II BGB kann die Unwirksamkeit der Anerkennung nicht mehr geltend gemacht werden (BGH aaO). Ist ein **Kind durch nachfolgende Ehe-** 16

schließung legitimiert oder für ehelich erklärt worden (§§ 1719, 1723 BGB), so kann sein ehelicher Status nicht durch Klage auf Anfechtung der Ehelichkeit beseitigt werden (Rn 9 f), sondern nur durch Klage auf Feststellung der Unwirksamkeit der Vaterschaftsanerkennung (München FamRZ 87, 308). Hat die Klage Erfolg, so fallen die Wirkungen einer Legitimation durch nachfolgende Eheschließung oder einer Ehelicherklärung von selbst fort; s Rn 9, 10; Düsseldorf DAVorm 82, 596; Hamburg DAVorm 84, 610; München aaO.

17 **3) Zur Klage berechtigt** sind das Kind, der Mann, der die Vaterschaft anerkannt hat, nicht dagegen **a)** die Mutter, **b)** ein übergangener gesetzlicher Vertreter, dessen Zustimmung nach § 1600 d BGB erforderlich gewesen wäre, **c)** ein Dritter, der die Vaterschaft in Anspruch nehmen will. Die Klage kann nach Eintragung der Anerkennung in ein deutsches Personenstandsbuch (§ 29 PStG) nur innerhalb der **Fünfjahresfrist** des § 1600 f BGB erhoben werden.

18 **4)** Die Vaterschaft selbst ist nicht **Streitgegenstand** (Göppinger FamRZ 70, 126; Gravenhorst FamRZ 70, 128; Odersky FamRZ 75, 449). Wird festgestellt, daß die Anerkennung formell wirksam ist, so wird dadurch eine Klage auf Anfechtung der Anerkennung nach Abs 2 Nr 3 nicht ausgeschlossen. Andererseits gibt die Feststellung, daß die Anerkennung unwirksam ist, den Weg für eine gerichtliche Vaterschaftsfeststellung oder eine neue Anerkennung frei. Mit der Klage auf Feststellung der Unwirksamkeit kann eine negative Vaterschaftsfeststellungsklage (Anfechtungsklage nach Nr 3) verbunden oder es kann **Widerklage** auf Feststellung der Vaterschaft erhoben werden (Göppinger FamRZ 70, 126; Odersky aaO).

19 **5)** Bei Klagen auf Feststellung der Wirksamkeit oder Unwirksamkeit eines Vaterschaftsanerkenntnisses sind die §§ 640 a, 640 b, 640 d, 640 g nicht anwendbar; § 640 h wird durch § 641 k modifiziert; s § 641 Rn 3.

20 **6) Dritte Personen können sich** in jedem Verfahren **auf die Unwirksamkeit der Anerkennung berufen** (Göppinger DRiZ 70, 145; Gravenhorst FamRZ 70, 128; MK-BGB/Mutschler § 1600 f Rn 15; StJSchlosser Rn 12). Kindschaftssache iS des § 640 ist aber nur der Prozeß zwischen Mann und Kind.

21 **IV) Anfechtung der Ehelichkeit des Kindes (Abs 2 Nr 2): 1)** Die **Anfechtungsklage** nach § 1593 BGB dient zur Zerstörung des Rechtsscheins des § 1591 BGB. **Anfechtungsberechtigt sind: 1.** Der Ehemann (§ 1594 I BGB). Er kann die Ehelichkeit eines Kindes auch anfechten, wenn dieses mit seiner Zustimmung durch künstliche Fremdinsemination gezeugt worden ist (BGHZ 87, 169 = FamRZ 83, 686 = NJW 2073; NJW 2028 ff = FamRZ 95, 861 ff mwN auch zur Gegenansicht; FamRZ 95, 1272 f; Celle FamRZ 92, 851 = NJW 1516 f; anders Düsseldorf FamRZ 88, 762 f mwN; Roth FamRZ 96, 778 f). **2.** Die Eltern des Ehemannes (§ 1595 a I BGB). **3.** Das Kind (§§ 1596 ff BGB). § 1596 I Nr 1 BGB ist verfassungswidrig, soweit ein volljähriges Kind seine Abstammung nur klären lassen kann, wenn die Ehe seiner Mutter geschieden oder aufgehoben worden ist oder wenn die Eltern seit drei Jahren getrennt leben (BVerfG FamRZ 89, 255). **4.** Nicht die Mutter (KG FamRZ 85, 1156; Hamm DAVorm 93, 98; Rosenberg/Gottwald § 169 I 2 a mwN; anders Finger NJW 84, 846), nicht der Erzeuger des Kindes (BGHZ 80, 218 = FamRZ 81, 538 = NJW 1372).

22 **2) Anfechtungsgegner:** § 1599 BGB. **Anfechtungsfristen:** §§ 1594, 1595a, 1596 II, 1598, 1600 III BGB. Um die Fristen zu wahren, genügt es, daß die Klagschrift fristgerecht eingereicht wird, wenn sie demnächst zugestellt wird (§ 270 III). Verzögert sich die Zustellung dadurch, daß zunächst über ein am letzten Tage der Frist eingereichtes PKH-Gesuch entschieden werden muß, so geht dies nicht zu Lasten des Klägers, wenn das PKH-Gesuch vollständig ist, namentlich die Erklärung über die persönlichen und wirtschaftlichen Verhältnisse beigefügt ist (BGH NJW 81, 1550; KG FamRZ 78, 927; Jena FamRZ 94, 1596; weiteres s Greger oben § 270 Rn 9). Die Beweislast dafür, wann die Frist begonnen hat (§§ 1594 II, 1595 a I 5, 1596 II BGB) trifft das Kind (BGH FamRZ 78, 494 = NJW 1629; FamRZ 79, 1007/1009 = NJW 80, 1335/1337). Die Beweislast dafür, daß die Klage vor Fristende eingereicht worden ist, trifft den klagenden Mann (Hamburg MDR 79, 851 mwN).

23 **3)** Der **Klagantrag** nach § 1599 I BGB geht auf Feststellung, daß der Ehemann der Mutter nicht der Vater des Kindes ist. Zur schlüssigen Klagbegründung s § 640 d Rn 1. Die **Beweislast** regelt § 1591 BGB. Beruft sich das durch heterologe Insemination gezeugte Kind darauf, daß der Vater der Insemination zugestimmt habe und daß seine Anfechtungsklage deshalb rechtsmißbräuchlich sein, so trägt es die Beweislast (BGH NJW-RR 93, 643; FamRZ 95, 861/864 = NJW 2028/3030). Da eine erfolgreiche Klage zu einer Änderung des Status des Kindes führt, handelt es sich um eine **Gestaltungsklage;** s Rn 5. Auf andere Weise als durch Anfechtungsklage kann die Nichtehelichkeit eines Kindes, das während der Ehe oder innerhalb von 302 Tagen nach deren Auflösung geboren worden ist, nicht festgestellt werden: Nach Versäumung der Klagefrist kann nicht auf Feststellung geklagt werden, daß kein eheliches Vater-Kind-Verhältnis besteht. Das Kind kann auch nicht gegen einen anderen Mann auf Feststellung klagen, daß dieser sein Vater

ist. Gegen ein durch nachfolgende Ehe legitimiertes oder für ehelich erklärtes Kind kann keine Ehelichkeitsanfechtungsklage erhoben werden (Rn 10).

4) Zum **Verfahrensrecht:** Die §§ 641 ff sind nicht anzuwenden. Gerichtsstand: §§ 12-16, § 640 a; erweiterte Prozeßfähigkeit, vormundschaftsgerichtliche Genehmigung: § 640 b; Einschränkung des Untersuchungsgrundsatzes: § 640 d; Beiladung: § 640 e; Aufnahmerecht der Eltern des Mannes bei dessen Tod während des Rechtsstreits: § 640 g. Die Nebenintervention des wahren Erzeugers ist zulässig (Oldenburg NJW 75, 883; Celle FamRZ 76, 158). Einstweilige Anordnungen nach § 641 d sind nicht möglich (§ 641 d Rn 8); zur Anwendbarkeit des § 641 i auf Ehelichkeitsanfechtungsurteile s § 641 i Rn 2, 2a. Zur Widerklage gegen die Anfechtungsklage s § 640 c Rn 5. Kosten: § 93 c; die Kosten des Anfechtungsprozesses kann der Ehemann der Mutter, der mit der Ehelichkeitsanfechtungsklage obsiegt hat, vom Erzeuger des Kindes ersetzt verlangen (BGHZ 57, 229 = NJW 72, 199 gegen frühere Rspr). Nach dem Tod des Kindes oder des Mannes wird die Ehelichkeit durch Antrag beim Vormundschaftsgericht angefochten (§ 1599 II BGB). 24

V) Anfechtung der Anerkennung der Vaterschaft (Abs 2 Nr 3): 1) Willensmängel iS der §§ 119 I, 123 BGB berechtigen zur Anfechtung (§ 1600 m S 2 BGB); aber auch ohne solche kann mit der Klage aus § 1600 l BGB geltend gemacht werden, daß die **Vaterschaftsanerkennung inhaltlich unrichtig** sei, weil das Kind nicht von dem Mann stamme, der die Vaterschaft anerkannt hatte (2. Alternative des § 1600 f I BGB).Sogar der Mann, der die Vaterschaft wider besseres Wissen anerkannt hat, kann klagen (Göppinger DRiZ 70, 145). Eine Legitimation durch nachfolgende Ehe oder Ehelicherklärung des Kindes schließt die Klage nicht aus; s Rn 9, 10. Der **Klagantrag** geht auf Feststellung, daß die Anerkennung unwirksam und der Mann (der anerkannt hatte) nicht der Vater des Kindes ist (Hamburg DAVorm 84, 610; Demharter FamRZ 85, 232; Göppinger FamRZ 70, 126; Damrau FamRZ 70, 295). Das OLG Düsseldorf (FamRZ 95, 315 f) hat es auch gebilligt, daß das AG im Urteilstenor nur festgestellt hat, der Beklagte stamme nicht vom Kläger ab. **Anfechtungsberechtigte:** Mann, der die Vaterschaft anerkannt hat, Mutter, Kind, eventuell Eltern des Mannes (§ 1600 g). Kein Anfechtungsrecht hat ein dritter Mann, der behauptet, selbst Vater des Kindes zu sein (§ 1600 g BGB; Firsching Rpfleger 70, 16). Anfechtungsgegner: § 1600 l; Anfechtungsfrist: §§ 1600 h, 1600 i. Zur schlüssigen Klagbegründung s § 640 d Rn 1. 25

2) **Beweislast:** § 1600 m BGB unterscheidet zwei Fälle: **a)** Im Regelfall muß bewiesen werden, daß der Mann nicht der Vater des Kindes ist. Das gilt auch für eine gegen besseres Wissen erklärte Anerkennung. Bleibt die Abstammung ungeklärt, dann ist die Anfechtungsklage abzuweisen (Hamm FamRZ 93, 472 f). Dies gilt erst recht bei Nachweis der Vaterschaft des Mannes (in diesem Fall keine Anwendung des § 641 h; s § 641 h Rn 2). **b)** Wird bewiesen, daß die Anerkennungserklärung mit **Willensmängeln** (§§ 119, 123 BGB) behaftet war, so gilt die Vermutung der Vaterschaft nicht. Nach § 1600 m S 2 iVm § 1600 o II 2 BGB ist der Anerkennung schon dann der Boden entzogen, wenn schwerwiegende Zweifel an der Vaterschaft des Mannes verbleiben. Die Anerkennung gilt dann als inhaltlich unrichtig (Demharter FamRZ 85, 232). Da bei einer solchen Beweislage der Mann aber als Vater noch nicht ausgeschlossen ist, lautet die Entscheidung als minus gegenüber dem Klagebegehren, daß die Anerkennung wirkungslos ist und der Mann nicht als Vater des Kindes festgestellt werden kann (andere Formulierung: Odersky IV zu § 1600 m BGB; Nürnberg FamRZ 72, 221). Nach Göppinger JR 71, 467 ist bei diesem Beweisergebnis die Unwirksamkeit der Vaterschaftsanerkennung festzustellen und die Klage hinsichtlich des negativen Feststellungsbegehrens abzuweisen. 26

3) **Verfahrensrecht:** Gerichtsstand: §§ 12-16, § 640 a II (Koblenz DAVorm 76, 147); erweiterte Prozeßfähigkeit, eventuell vormundschaftsgerichtliche Genehmigung: § 640 b; Aufnahmerecht der Eltern des Mannes bei dessen Tod während des Rechtsstreits: § 640 g; Einschränkung des Untersuchungsgrundsatzes; § 640 d; Beiladung: § 640 e; Kosten: § 93 c. Im Anfechtungsverfahren kann die Zwangsvollstreckung aus einem mit der Vaterschaftsanerkennung verbundenen Unterhaltstitel nicht einstweilen eingestellt werden (Stuttgart DAVorm 80, 116; Saarbrücken, DAVorm 85, 155). Sind der Mann oder das Kind gestorben, so wird die Anerkennung durch Antrag beim Vormundschaftsgericht angefochten; jedoch fechten die Eltern des Mannes bei Lebzeiten des Kindes die Anerkennung durch Klage gegen das Kind an (§ 1600 l II BGB). 27

VI) Feststellung des Bestehens oder Nichtbestehens der elterlichen Sorge (Abs 2 Nr 4): Die ungebräuchliche Klage kann von den Eltern oder einem Elternteil, auch der nichtehelichen Mutter (§ 1705 BGB), gegen das Kind erhoben werden und umgekehrt. Beispiele: Streit über Eintritt der Volljährigkeit, **a)** wenn das Geburtsdatum des Kindes unklar ist, **b)** wenn zweifelhaft ist, wann ein **Ausländer** volljährig wird **c)** wenn Mutter und Kind sich streiten, ob ein ausländisches Gericht die elterliche Sorge auf sie übertragen hat oder ob es nach ausländischem Recht vorzeitig für volljährig erklärt worden ist. Beiladung: § 640 e. Keine Kindschaftssachen sind Verfahren, in denen ein Kind verlangt, daß seinen Eltern die Sorge nach § 1666 BGB entzogen wird oder in denen es darum geht, ob die elterliche Sorge ruht (§§ 1673 ff BGB), ebensowenig 28

Streitigkeiten der Eltern untereinander über die elterliche Sorge; sie sind teils Sache des Vormundschaftsgerichts, s §§ 1627 ff BGB; teils Familiensache, s § 621 Rn 26 ff.

29 **VII) In Abs 1 für anwendbar erklärte Vorschriften: § 609:** Die Prozeßbevollmächtigten bedürfen einer besonderen Vollmacht für die Kindschaftssache. **§ 611 II:** Keine Fristsetzung zur Klageerwiderung und Replik. Kein schriftliches Vorverfahren. **§ 612:** Möglichst frühe Verhandlung ist nicht vorgeschrieben, aber sinnvoll; näheres § 613. Ladung des Beklagten zu allen nicht in seiner Gegenwart verkündeten Terminen (zur öffentlichen Zustellung von Klage und Ladung s Hamburg DAVorm 83, 308). Kein Versäumnisurteil gegen Beklagten und Widerbeklagten (gegebenenfalls einseitig streitige Verhandlung). Ein verfahrenswidrig ergangenes Versäumnisurteil ist aber nicht wirkungslos (unten § 640h Rn 2). Gegen Beklagten als Rechtsmittelkläger Versäumnisurteil auf Zurückweisung des Rechtsmittels (BGHZ 46, 304), aber kein kontradiktorisches Urteil nach einseitig mündlicher Verhandlung; str, s § 612 Rn 8. Zum Versäumnisurteil gegen Kläger s unten bei § 635. **§ 613:** Anordnung des persönlichen Erscheinens, Vernehmung der Parteien. Die Amtsaufklärungspflicht gebietet stets die persönliche Anhörung des die Vaterschaft bestreitenden Mannes (Köln FamRZ 90, 761 = DAVorm 159). **§ 615:** Zurückweisung von infolge grober Nachlässigkeit verspätet vorgebrachten Angriffs- und Verteidigungsmitteln. Amtsermittlungspflicht geht aber vor. Im Berufungsverfahren sind die §§ 527, 528 nicht anwendbar. **§ 616 I:** Amtsermittlungsgrundsatz; Das Gericht kann von Amts wegen Beweis erheben und nach Anhörung der Parteien auch Tatsachen berücksichtigen, die sie nicht vorgetragen haben. § 616 II ist nicht für anwendbar erklärt; dafür dürfen bei den Anfechtungsklagen (Abs 2 Nr 2 und 3) bestimmte Tatsachen, auf die sich die Parteien nicht berufen wollen, nicht verwertet werden (§ 640 d). Die Pflicht des Gerichts zur Sachaufklärung geht mit Rücksicht auf das öffentliche Interesse daran, den wahren Status des Kindes festzustellen, weiter als in Ehesachen. Einzelheiten s Rn 30 ff.

29a **§ 617:** Einschränkung der Parteiherrschaft. Keine Bindung an Geständnisse und Anerkenntnisse; aber Vaterschaftsanerkennung im Prozeß (§ 641 c) und Klagverzicht (§ 617 Rn 4) sind möglich. Anerkenntnisurteile dürfen nicht ergehen (KG FamRZ 94, 909/911 mwN), sind aber gleichwohl wirksam, wenn sie prozeßordnungswidrig erlassen worden sind (§ 640 h Rn 2). Beeidigung steht im Ermessen des Gerichts. **§ 618:** Urteile sind von Amts wegen zuzustellen (§§ 317 I, 270 I). Die Urteilszustellung kann nicht gemäß § 317 I 3 hinausgeschoben werden. **§ 619:** Erledigung des Rechtsstreits durch Tod einer Partei (wenn wie in den Fällen der §§ 1595 a II, 1600 g II BGB beide Elternteile Partei sind, Erledigung erst mit dem Tode des Längerlebenden von ihnen). Fortsetzungsrecht der Eltern im Anfechtungsprozeß: § 640 g. Die Erledigung des Vaterschaftsprozesses erstreckt sich auch auf das Regelunterhaltsbegehren nach § 643 I (Stuttgart FamRZ 73, 465). Gegen die Erben kann der Rechtsstreit nur wegen der Kosten fortgeführt werden (BGH NJW 74, 494). Vaterschaftsfeststellung nach dem Tode des Mannes oder Kindes durch das Vormundschaftsgericht: § 1600 n II BGB; hierdurch wird jedoch die Erledigung des Statusverfahrens nicht verhindert. Eine nach dem Tode beim Prozeßgericht angebrachte Vaterschaftsfeststellungsklage ist entsprechend § 17 GVG an das Vormundschaftsgericht zu verweisen (BGH NJW 74, 494). **§ 635:** Gegen den ausgebliebenen Kläger ergeht Versäumnisurteil auf Klagrücknahme. Bei Säumnis des Klägers als Rechtsmittelklägers ergeht Versäumnisurteil auf Zurückweisung des Rechtsmittels. Zur Säumnis des Klägers als Berufungsbeklagten s § 635 Rn 4.

30 **VIII) Amtsaufklärung, Beweisaufnahme:** 1) In Kindschaftssachen gilt nach den §§ 640 I, 616 I das Amtsaufklärungsprinzip. Die Ermittlungsaufgabe des Gerichts hängt nicht davon ab, welche Tatsachen die Parteien vortragen (Einschränkung für die Anfechtungsklagen in § 640 d) und welche Beweismittel sie benennen. Über die Schlüssigkeit der Klage auf Anfechtung der Ehelichkeit oder der Vaterschaftsanerkennung s § 640 d Rn 1. Zur **Schlüssigkeit der Abstammungsklage** genügt die Behauptung, daß das klagende Kind vom Beklagten abstammt (München FamRZ 87, 969, Karlsruhe DAVorm 89, 416; KG DAVorm 91, 946). Ob sie zutrifft, hat das Gericht von Amts wegen zu ermitteln (Düsseldorf FamRZ 85, 1275; KG aaO; Demharter FamRZ 85, 232). Verstößt es gegen diese Pflicht, so kann das Berufungsgericht die Sache zurückverweisen (§ 539; Zweibrükken DAVorm 81, 222). Unbestrittener Sachvortrag ist nicht als zugestanden anzusehen. Dies gilt nicht für den Regelunterhalt: § 643 Rn 5; str. Geständnisse sind nur Beweismittel.

31 2) Es müssen alle **Beweismittel** benutzt werden, die Aufklärung versprechen und erreichbar sind (BGHZ 61, 168 = FamRZ 73, 596; NJW 74, 2046; FamRZ 82, 691; FamRZ 89, 1067/1069 = NJW-RR 1223; zu unerreichbaren Beweismitteln s Rn 41). Mit Rücksicht auf zu erwartende Fortschritte der Wissenschaft die Parteien auf eine spätere Restitutionsklage nach § 641 i zu vertrösten, statt die in der Gegenwart gegebenen, wenn auch vielleicht nicht so sicheren Aufklärungsmöglichkeiten auszuschöpfen, ist nicht zulässig (Celle FamRZ 71, 592).

32 a) Auf Grund der Amtsermittlungspflicht muß das Gericht eventuell **Zeugen** vernehmen, die Näheres über die Beziehungen zwischen der Mutter und den Männern wissen, die als Väter in Betracht kommen (vgl BGH NJW 73, 2249). Verweigert die Mutter die Aussage, so sind Beamte des Jugendamtes als Zeugen darüber zu vernehmen, was die Mutter über ihren Geschlechtsver-

kehr in der gesetzlichen Empfängniszeit berichtet hat (Köln DAVorm 87, 265). Einschlägige Akten sind beizuziehen (dazu Brüggemann ZBlJugR 76, 217). Mit der Zeugenaussage der Mutter und ihrer angeblichen Liebhaber, die den Mehrverkehr bestreiten, darf sich das Gericht nicht begnügen (BGH FamRZ 86, 667), und zwar auch dann nicht, wenn der seine Vaterschaft bestreitende Mann den Verdacht des Mehrverkehrs nicht durch substantiierte Angaben belegen kann (Nürnberg FamRZ 71, 590; Frankfurt FamRZ 72, 383; KG NJW 74, 608; FamRZ 74, 467; Maier NJW 71, 1898; anders Celle NJW 71, 1086; KG DAVorm 73, 550); der Mann hat ein Anrecht darauf, daß diese Bekundungen **durch objektive Beweismittel überprüft** werden.

b) Da der Zeugenbeweis ein relativ unzuverlässiges Beweismittel ist, muß im Regelfall ein **Abstammungsgutachten** eingeholt werden (BGH FamRZ 86, 665 mwN = NJW-RR 2193; FamRZ 93, 691/693 = NJW 1391/1392). Im Vaterschaftsfeststellungsverfahren gilt dies nicht, wenn der beklagte Mann unauffindbar ist (Hamm DAVorm 96, 70 f). Auch im Ehelichkeitsanfechtungsprozeß kann auf ein solches Gutachten verzichtet werden, wenn der Ehemann ausgewandert, verschollen oder in Haft ist und infolgedessen nicht der Vater sein kann (Hamburg DAVorm 87, 260). Für das Gutachten kann ein **Auslagenvorschuß** erhoben werden (§ 68 III GKG). Wird es von Amts wegen eingeholt, darf dies nicht davon abhängig gemacht werden, daß der Vorschuß eingeht (Rn 37). 33

Ein **Blutgruppengutachten** ist fast immer einzuholen (BGH FamRZ 86, 667 mwN; FamRZ 94, 694 = DAVorm 413 f; Bamberg FamRZ 95, 1280 f; anders Stuttgart DAVorm 91, 215 für die Ehelichkeitsanfechtung). Gewarnt sei jedoch davor, Statusverfahren schematisch mit einem solchen Gutachten zu beginnen (Roth-Stielow JR 88, 359). Der BGH hat in FamRZ 82, 691 = NJW 2124 und FamRZ 90, 615 verlangt, daß vor der biostatistischen Begutachtung geklärt wird, ob die Mutter in der Empfängniszeit mit mehreren Männern geschlechtlich verkehrt hat; denn es sei nicht auszuschließen, daß diese Tatsache Einfluß auf die biostatistische Auswertung habe. Auch läßt sich ohne Anhörung der Mutter, des angeblichen Vaters und der Mehrverkehrszeugen kaum entscheiden, ob es zweckmäßig ist, diese Zeugen von vornherein in das Blutgruppengutachten einzubeziehen. In Ausnahmefällen, wie beim Geschlechtsverkehr außerhalb der Empfängniszeit oder mit Verwandten, bei Brüdern als Mehrverkehrern, ist dem Sachverständigen mitzuteilen, wovon er im serostatistischen Gutachten auszugehen hat (Hamm DAVorm 84, 727). Wenn herkömmliche serologische Untersuchungen nicht zum Ausschluß des Mannes führen und er auch nicht auf Grund biostatistischer Auswertung als Vater festgestellt werden kann, sind weiter neu entdeckte Blutmerkmale auszuwerten, auch wenn die neuen Untersuchungsmethoden noch nicht vom Bundesgesundheitsamt anerkannt sind (BGH NJW 76, 1793). Welcher Beweiswert ihnen zukommt, hat der Tatrichter (nach Beratung durch Sachverständige oder Auskunft des Bundesgesundheitsamts) zu beurteilen (BGH NJW 73, 1411; 76, 367, 1793; 77, 2120; MDR 77, 824). Hält er das Beweismittel für geeignet, so hat er von dieser Aufklärungsmöglichkeit Gebrauch zu machen (BGH NJW 76, 1793; MDR 77, 824), außer wenn die Möglichkeit, daß sich ein Ausschluß des Mannes ergeben könnte, nur noch eine rein theoretische ist (BGH NJW 75, 2246). 34

Gutachten über den Reifegrad oder die Zeugungsfähigkeit eines Mannes haben einen geringen Beweiswert; denn die Grundlagen (Angaben über die Zeit des Geschlechtsverkehrs oder die Krankheiten des angeblich Zeugungsunfähigen) sind häufig unzuverlässig. **Blutgruppengutachten** sind die besten Beweismittel. Die große Zahl von Blutmerkmalen, deren Vererbung erforscht sind, führt häufig zum sicheren Ausschluß der Abstammung, der einen Gegenbeweis nicht gestattet (s Rn 40). Um die Abstammung auszuschließen oder zu beweisen, sind **HLA-Gutachten** gleichermaßen geeignet (HLA = human leucocyte antigen). Wird ein solches Gutachten zusätzlich zu einem Blutgutachten eingeholt, so erhöht sich die Vaterschaftsausschlußchance für Nichtväter auf 99,97 % (MK-BGB/Mutschler Rn 32 a vor § 1591 mwN). Falls diese Gutachten kein eindeutiges Ergebnis haben, kann ein **DNA-Gutachten** weiterhelfen (DNA = deoxyribonucleic acid). Über die Eignung dieser Untersuchungsmethode streiten die Fachgelehrten (Ritter FamRZ 91, 646 ff; Stellungnahmen hierzu s FamRZ 92, 275–279). Wenn die zuvor erwähnten Gutachten kein eindeutiges Ergebnis erbringen, ist nicht zu erwarten, daß ein **anthropologisch-erbbiologisches Gutachten** zu einer Klärung führt (Hamburg DAVorm 92, 521 f; MK-BGB/Mutschler Rn 32 a vor § 1591). Jedoch ist einem Beweisantrag des Mannes, der durch Ähnlichkeitsgutachten die für seine Vaterschaft sprechenden Umstände entkräften will, auch bei solcher Sachlage stattzugeben (unten Rn 42). 35

3) **Umfang des Sachaufklärung:** Das Gericht muß von Amts wegen alle Beweise erheben, die zur Klärung der Abstammung führen (BGH FamRZ 87, 583 = NJW-RR 2296; FamRZ 94, 506 f = NJW 1448 f = MDR 587 f). Es braucht nicht alle irgend denkbaren Beweismöglichkeiten auszuschöpfen (BGH FamRZ 88, 1039 f = NJW-RR 707 = JR 89, 195 ff mit Anm Böhmer; FamRZ 90, 615 = NJW 2312; FamRZ 94, 506 f). Das Amtsaufklärungsprinzip verpflichtet das Gericht nur, die Ermittlungen solange fortzusetzen, bis die Würdigung aller Umstände zuverlässig darauf schließen läßt, ob der Beklagte der Vater ist oder nicht (BGH FamRZ 90, 615) und bis es die volle 36

Überzeugung hiervon erlangt (BGH FamRZ 78, 586 = NJW 1684; FamRZ 89, 1067 ff = NJW-RR 1223; FamRZ 91, 426 f = NJW 2961; FamRZ 94, 506 f = NJW 1448 f = MDR 587 f; stRsp). Erlangt es diese, dann stellt es die Vaterschaft fest (§ 1600 o I BGB). BGH NJW 74, 606; KG DAVorm 84, 412 und 503; Hamm DAVorm 84, 727; FamRZ 94, 649 lassen im Normalfall eine Vaterschaftswahrscheinlichkeit von 99,73 % zur Überzeugungsbildung genügen, Hamburg (DAVorm 85, 147; 86, 81 mit Anm von Hoppe DAVorm 86, 11) und Brandenburg (FamRZ 96, 369 f) eine solche von 99,85 % . Bei Prostitution genügt nach BGH FamRZ 82, 691 nicht einmal eine Wahrscheinlichkeit von 99,99 %. Wenn gemäß § 1600 o I BGB der volle Beweis für die Vaterschaft zu erbringen ist, darf nach BGH FamRZ 87, 583 f = NJW-RR 2296 trotz einer biostatistischen Vaterschaftsplausibilität von 99,99 % die Vaterschaft nicht festgestellt werden, solange nicht alle Umstände von Amts wegen aufgeklärt sind, die gegen sie sprechen (anders KG DAVorm 88, 280 u 620). Läßt sich trotz Erschöpfung aller Beweismittel die Vaterschaftsfrage weder sicher bejahen noch verneinen, so hat sich das Gericht die Frage zu stellen, ob und wieweit Zweifel an der Vaterschaft des in Anspruch genommenen Mannes (§ 1600 o II BGB) verbleiben (BGH FamRZ 78, 586 = NJW 1684). Auf diese Bestimmung darf jedoch nicht zurückgegriffen werden, wenn noch nicht alle verfügbaren Beweise erhoben worden sind (BGH FamRZ 91, 426 f mwN).

37 **4) Beweisanträge** (Schlosser FamRZ 76, 6 u 258; Roth-Stielow, Abstammungsprozeß Rn 281 ff): Trotz des für Kindschaftssachen geltenden Amtsermittlungsgrundsatzes dürfen Beweisanträge nur unter den Voraussetzungen zurückgewiesen werden, unter denen sie auch sonst abgelehnt werden dürfen (BGH FamRZ 91, 426/428 = NJW 2961/2963; FamRZ 94, 506 f = NJW 1448 f = MDR 587 f; Hamm FamRZ 92, 455). Das Gericht kann dann allerdings – und zwar nur hier, nicht bei Amtsermittlung (BGH FamRZ 91, 426/428 mwN; Hamburg DAVorm 91, 678; Hamm DAVorm 91, 947) – die Beweisaufnahme davon abhängig machen, daß der Beweisführer einen Auslagenvorschuß zahlt (§§ 379, 402; BGH FamRZ 91, 426/428; MK/Coester-Waltjen Rn 86; StJSchlosser Rn 34). Bei einem mutwilligen Beweisantrag gilt dies gilt auch, wenn dem Beweisführer PKH bewilligt worden war (Hamm FamRZ 92, 455). Im übrigen ist für Beweisanträge **§ 244 III–V StPO** rechtsähnlich anzuwenden (BGH aaO u BGHZ 53, 260; BGH FamRZ 88, 1039 f = NJW-RR 707; FamRZ 93, 691 f = NJW 1391; FamRZ 94, 506 f = NJW 1448 f = MDR 587 f; Hamm FamRZ 93, 472 f; Köln FamRZ 93, 106 = NJW-RR 453; Schlosser FamRZ 76, 6 f). Diese Bestimmmung lautet:

38 **(3) Ein Beweisantrag ist abzulehnen, wenn die Erhebung des Beweises unzulässig ist. Im übrigen darf ein Beweisantrag nur abgelehnt werden, wenn eine Beweiserhebung wegen Offenkundigkeit überflüssig ist, wenn die Tatsache, die bewiesen werden soll, für die Entscheidung ohne Bedeutung oder schon erwiesen ist, wenn das Beweismittel völlig ungeeignet oder wenn es unerreichbar ist, wenn der Antrag zum Zweck der Prozeßverschleppung gestellt ist, oder wenn eine erhebliche Behauptung, die zur Entlastung des Angeklagten bewiesen werden soll, so behandelt werden kann, als wäre die behauptete Tatsache wahr.**

(4) Ein Beweisantrag auf Vernehmung eines Sachverständigen kann, soweit nichts anderes bestimmt ist, auch abgelehnt werden, wenn das Gericht selbst die erforderliche Sachkunde besitzt. Die Anhörung eines weiteren Sachverständigen kann auch dann abgelehnt werden, wenn durch das frühere Gutachten das Gegenteil der behaupteten Tatsache bereits erwiesen ist; dies gilt nicht, wenn die Sachkunde des früheren Gutachters zweifelhaft ist, wenn sein Gutachten von unzutreffenden tatsächlichen Voraussetzungen ausgeht, wenn das Gutachten Widersprüche enthält oder wenn der neue Sachverständige über Forschungsmittel verfügt, die denen eines früheren Gutachters überlegen erscheinen.

(5) Ein Beweisantrag auf Einnahme eines Augenscheins kann abgelehnt werden, wenn der Augenschein nach pflichtgemäßen Ermessen des Gerichts zur Erforschung der Wahrheit nicht erforderlich ist. Unter derselben Voraussetzung kann auch ein Beweisantrag auf Vernehmung eines Zeugen abgelehnt werden, dessen Ladung im Ausland zu bewirken wäre.

39 **a) Beweisanträgen, die für die Entscheidung bedeutungslos sind** (§ 244 II 2 StPO), braucht nicht entsprochen zu werden; stellt sich die Unerheblichkeit erst nachträglich heraus, so kann auch eine bereits beschlossene Beweisaufnahme abgebrochen werden (Karlsruhe DAVorm 74, 556). Wenn Indiztatsachen mögliche, aber nicht zwingende Schlüsse auf die Glaubwürdigkeit eines Zeugen zulassen, falls sie bewiesen werden, und der Tatrichter diese Schlüsse nicht ziehen will, kann er Beweisanträge auf Feststellung solcher Indizien als entscheidungsunerheblich ablehnen (BGH FamRZ 93, 691 f = NJW 1391). Er darf nicht zu einer Beweisaufnahme gezwungen werden, von der er sich keine zweifelsfreie Aufklärung verspricht.

40 **b)** Beweisanträge, die auf die Anwendung **ungeeigneter Beweismittel** abzielen, sind abzulehnen. Eine solche Ablehnung darf aber nicht damit begründet werden, daß die beantragte Beweisaufnahme wahrscheinlich erfolglos werden bleiben werde; denn darin läge eine unzulässige vorweggenommene Würdigung eines noch nicht erhobenen Beweises (BGH FamRZ 94, 506/508 = NJW 1448 f = MDR 587 f). Die Eignung des Beweismittels hat der Tatrichter selbständig zu prüfen. Das gilt auch für Gutachten nach nicht allgemein anerkannten Methoden (BGH NJW 76, 1793; MDR 77, 824; Rn 34). Ist die Vaterschaft durch serologisches Gutachten ausgeschlossen, so

sind die Aussage der Kindesmutter oder ein erbbiologisches Gutachten nicht geeignet, das Gutachten zu widerlegen (BGHZ 45, 234/236). In den Urteilen FamRZ 88, 1039 f = NJW-RR 707 = JR 89, 195 ff mit abl Anm Böhmer und FamRZ 90, 615 f verlangte der BGH trotz biostatistischer Vaterschaftsplausibilität von 99,9996 % noch, daß ein Mehrverkehrszeuge, den der als Vater verklagte Mann benannt hat, vernommen wird, und wenn er den Geschlechtsverkehr mit der Mutter glaubhaft einräumt, in die serologische Begutachtung einbezogen wird. Andererseits hat das KG (DAVorm 91, 763/768) ein HLA- oder DNA-Gutachten für ungeeignet gehalten, um ein serologisches Gutachten zu widerlegen, nach dem die Vaterschaft zu 99,99 % wahrscheinlich war (ebenso Hamm FamRZ 93, 472 f unter Hinweis auf die Möglichkeit von Mutationen der DNA-Merkmale). In der jüngsten Entscheidung (FamRZ 94, 506/508 = NJW 1448 f = MDR 587 f) billigt der BGH es, daß ein OLG den Antrag, die DNA-Analyse auf das Multi-Locus-System zu erstrecken, als ein ungeeignetes Beweismittel angesehen hat, nachdem die Auswertung von vierzig Blutgruppensystemen und vier DNA-Polymorphismen bereits eine Vaterschaftswahrscheinlichkeit von 99,99999999999 % ergeben hatte. Vielleicht hat der BGH damit die Auffassung aufgegeben, die er in den zuvor zitierten Urteilen FamRZ 88, 1039 und 90, 615 f vertreten hatte.

c) **Unerreichbare Beweismittel** sind nicht zu benutzen; evtl stellt sich die Frage der Beweisvereitelung (Rn 44). Beweisanträge auf **Zeugenvernehmung** dürfen nicht mit der Begründung abgelehnt werden, das Gegenteil stehe für das Gericht auf Grund anderer Beweise bereits fest (BGHZ 53, 260; DRiZ 66, 381; KG DAVorm 72, 179; München NJW 72, 2048; Schneider MDR 69, 268) oder es seien keine zuverlässigen Angaben zu erwarten (BGH DAVorm 73, 296). 41

d) Beweisanträge auf **Sachverständigengutachten** sind nicht deshalb unzulässig, weil ein bestimmtes Ergebnis der Begutachtung nicht behauptet werden kann (Johannsen FS Bosch 490); sie dürfen nicht als unzulässiger Ausforschungsbeweis abgelehnt werden (BGHZ 40, 367; NJW 64, 1179; KG NJW 74, 608). Ist der Antrag auf **nochmalige Begutachtung** gerichtet, so kann das Gericht ihn mit der Begründung ablehnen, durch das frühere Gutachten sei das Gegenteil der behaupteten Tatsache bereits erwiesen (§ 244 IV 2 StPO; Hamm FamRZ 93, 275 f). Dies gilt nicht, wenn die im § 244 IV 2 StPO, letzter Halbsatz, genannten Voraussetzungen erfüllt sind (Rn 38). Diese muß der Beweisführer darlegen (BGHSt 8, 76 f; Karlsruher Komm § 244 Rn 99; KMR § 244 Rn 479). Vor zwanzig Jahren hat der BGH (NJW 74, 606) bei einer biostatistischen Vaterschaftswahrscheinlichkeit von 98 % verlangt, daß das OLG einem Beweisantrag des Mannes auf ein Ähnlichkeitsgutachten stattgibt. Bei einer biostatistischen Vaterschaftswahrscheinlichkeit von 99,6 % war nach Ansicht des BGH einem Beweisantrag des Mannes nachzugehen, daß er wegen Zeugungsunfähigkeit nicht der Vater sein könne; der Mann müsse allerdings zunächst darlegen, weshalb er sich für zeugungsunfähig halte (BGH FamRZ 74, 369 f = NJW 1428). Heute führen biostatistische Gutachten häufig zu höheren Vaterschaftswahrscheinlichkeiten. In solchen Fällen liegt es näher, einen Beweisantrag mit der Begründung abzulehnen, durch das vorhandene Gutachten sei das Gegenteil der behaupteten Tatsache bereits erwiesen. Auch der Fall, auf dem die in Rn 40 erwähnte BGH-Entscheidung FamRZ 94, 506/508 = NJW 1448 f = MDR 587 f beruhte, hätte sich so lösen lassen. 42

e) Ein **Beweisantrag darf nicht** mit der Begründung **abgelehnt werden,** daß das Gericht vom Gegenteil der aufgestellten Behauptung bereits überzeugt sei (BGH FamRZ 94, 506/508 = NJW 1448 f = MDR 587 f). 42a

5) Zur Verwertung **fachlicher Kenntnisse des Richters** im Prozeß s BGH JZ 68, 670; Döhring JZ 68, 641; Lifschütz NJW 69, 305; ferner die Nachweise bei Göppinger DRiZ 70, 146 Fn 78. Wenn der Richter vom Gutachten eines Sachverständigen abweichen will, hat er seine Sachkunde in den Urteilsgründen darzutun (BGH FamRZ 74, 85). 43

6) Zu Fragen der **Beweisvereitelung** s BGH NJW 72, 1133 mit Anm Gerhardt ZZP 86, 63 u AcP 169, 289; Peters ZZP 82, 200; Hausmann FamRZ 77, 302; Roth-Stielow Rn 287 ff. Weigert sich die beweisbelastete Partei grundlos, sich untersuchen zu lassen, so ist sie darauf hinzuweisen, daß ihr Vorbringen als unbewiesen angesehen werden kann. Das Gericht hat ihr einen Termin zu setzen, an dem sie zur Untersuchung erscheinen muß. Erscheint sie nicht, so kann sie als beweisfällig behandelt werden (§ 372 a Rn 15; Stürner JZ 87, 44). Weigert sich die nicht beweisbelastete Partei (zB der als Vater in Anspruch genommene Mann, der den Geschlechtsverkehr mit der Mutter bestreitet) grundlos, sich untersuchen zu lassen, oder wird ihre Weigerung durch Zwischenurteil (§§ 372 a II, 387) für unbegründet erklärt, so sind die Zwangsmittel des § 372 a II anzuwenden (Zweibrücken DAVorm 73, 489; Hamburg DAVorm 76, 49). Wenn sich der Mann ins Ausland abgesetzt hat, kann die Untersuchung im Rechtshilfeweg durchgesetzt werden (Hausmann aaO). Ist dies nicht möglich und vereitelt er vorsätzlich die Beweisaufnahme, so kann das Gericht ihn analog § 444 so behandeln, als hätte das Gutachten keine schwerwiegenden Zweifel an seiner Vaterschaft ergeben (§ 1600 o II BGB; BGH FamRZ 86, 663 f mwN = NJW 2371 = JZ 42 ff mit Anm Stürner; FamRZ 93, 691/693 = NJW 1391/1393; Hamburg DAVorm 87, 362). Ehe an die Verweigerung der Begutachtung solch schwerwiegende Folge geknüpft wird, muß der Mann 44

hierüber belehrt und ihm muß eine Frist nach § 356 gesetzt werden (BGH FamRZ 86, 663 f). Hat bereits die erste Instanz belehrt und verweigert der Mann in der zweiten Instanz erneut die Begutachtung, so braucht nicht erneut eine Frist gesetzt zu werden (BGH FamRZ 93, 691/693 f = NJW 1391/1393). Über dem Kind ungünstige Beweisergebnisse, die bereits vorliegen und durch die Untersuchung entkräftet werden sollten, ist allerdings trotz Beweisvereitlung nicht hinwegzukommen (Karlsruhe FamRZ 77, 341).

45 **IX) Besonderheiten des Verfahrens: 1)** Kindschaftssachen werden **nicht öffentlich verhandelt** (§ 170 GVG). Sachlich **zuständig** ist das AG (§ 23 a Nr 1 GVG), Zivilprozeßabteilung; folglich kein Anwaltszwang (§ 78). Örtliche Zuständigkeit: §§ 12–16, 640 a. Der Gerichtsstand kann nicht vereinbart werden (§ 40 II). Für Statussachen nichtehelicher Kinder besteht ein ausschließlicher Gerichtsstand (§ 641 a I). Wegen PKH s § 114 Rn 49–54, wegen der Beiordnung eines Anwalts § 121 Rn 6. Nach dem Tod des Kindes oder des Ehemannes der Mutter ist die Ehelichkeitsanfechtung Vormundschaftssache (§ 1599 II BGB).

46 2) **Gesetzliche Vertretung** des Kindes: § 640 b Rn 4. **Vertreterverschulden:** Die §§ 51 II, 85 II sind auch in Kindschaftssachen anzuwenden, so daß schuldhafte Fristversäumung durch Anwalt oder Jugendamt schadet (BGH FamRZ 93, 308 mwN = NJW-RR 130 f); anders Bosch FamRZ 72, 201, 501, 632; 73, 449; 93, 308; ebenso bei besonders schwerwiegenden Verfahrensmängeln auch Stuttgart DAVorm 74, 187; dazu Berkemann FamRZ 74, 294). Das BVerfG hat die Anwendung des § 232 II (aF) im Kindschaftsprozeß für verfassungsgemäß erklärt (NJW 73, 1315).

47 3) Die **Mutter** eines nichtehelichen Kindes kann im Vaterschaftsfeststellungsprozeß **Zeugin** sein, wenn das Kind durch einen Pfleger vertreten wird, ihre elterliche Sorge also nach §§ 1705, 1706, 1630 BGB eingeschränkt ist (Karlsruhe FamRZ 73, 104; KG DAVorm 77, 174). Hat sie die volle elterliche Sorge, so kann sie nur als Partei vernommen werden (Karlsruhe aaO). Das gleiche gilt nach ihrem Beitritt als streitgenössische Streithelferin (Hamm FamRZ 78, 204).

47a 4) Bei Klagen auf Anfechtung der Ehelichkeit oder der Vaterschaftsanerkennung besteht für die **Verfahrenskosten** die Sonderregelung des § 93c. Hiernach sind bei Erfolg der Klage die Kosten gegeneinander aufzuheben. Im übrigen gelten die allgemeinen Vorschriften der §§ 91, 91a, 92 (dieser in dem Fall, daß der Anspruch auf Regelunterhalt wegen Forderungsübergangs teilweise abgewiesen wird; s oben § 643 Rn 4); 93 (s oben § 641c Rn 1), 95, 96, 97. 99–101 (KG FamRZ 94, 909 f; MK/Coester-Waltjen Rn 34).

48 5) **Berufungs- und Beschwerdegericht** ist das OLG (§ 119 Nr 1 u 2 GVG). Dies gilt auch für Beschwerden im selbständigen Beweisverfahren (Köln FamRZ 95, 369) und für Rechtsmittel, die sich nur gegen die Entscheidung über den Regelunterhalt (§ 643) richten (BGH FamRZ 80, 48 f mwN = NJW 292 = MDR 215 u FamRZ 84, 36 = MDR 214; Düsseldorf FamRZ 94, 654 f mwN = DAVorm 202 f; Hamm FamRZ 94, 656), ja sogar, wenn das AG unter Verstoß gegen § 643 zur Zahlung eines bezifferten Unterhalts verurteilt hat (BGH NJW 74, 751 = MDR 570). Verbindet das AG entgegen § 640 c eine Kindschaftssache und eine Zahlungsklage miteinander, so ist die Berufung beim OLG einzulegen, wenn das Urteil wegen beider Streitgegenstände angefochten wird (BGH FamRZ 80, 48 = NJW 292 = MDR 215; Hamm FamRZ 88, 1317). Wird die Berufung an das LG adressiert, aber innerhalb der Berufungsfrist an das OLG weitergereicht, so ist sie zulässig (§ 621 e Rn 17). Nach Ablauf der Berufungsfrist kann das LG sie nicht mehr an das OLG verweisen, sondern muß sie verwerfen (Düsseldorf DAVorm 88, 441). Da Kindschaftssachen nichtvermögensrechtliche Streitigkeiten sind, findet die **Revision** (außer bei Verwerfung der Berufung, § 547) nur bei Zulassung durch das OLG statt (§ 546 I). Wegen der Revision gegen die Entscheidung über den Regelunterhalt s § 643 Rn 7. Zur **Beschwer** des Rechtsmittelklägers in Vaterschaftsfeststellungssachen s § 641 i Rn 12. Ergeht ein Versäumnisurteil, durch das auf Antrag des Kindes die Vaterschaft des Beklagten festgestellt wird, so ist das Kind hierdurch nicht beschwert (Bamberg FamRZ 94, 1044).

640a

[Internationale (Abs 2) und örtliche (Abs 1) Zuständigkeit]

(1) Hat der Beklagte im Inland keinen allgemeinen Gerichtsstand, so ist das Amtsgericht zuständig, in dessen Bezirk eine der Parteien ihren gewöhnlichen Aufenthalt oder der Kläger seinen allgemeinen Gerichtsstand hat. Ist auch für diesen kein Gerichtsstand begründet, so ist das Amtsgericht Schöneberg in Berlin zuständig.

(2) Die deutschen Gerichte sind zuständig, wenn eine der Parteien

1. Deutscher ist oder

2. ihren gewöhnlichen Aufenthalt im Inland hat.

Diese Zuständigkeit ist nicht ausschließlich.

I) Überblick: Neufassung seit 1. 9. 1986 durch IPR-ReformG. – Abs 1 regelt die örtl (für Nichtehelichensachen gilt aber § 641a), Abs 2 die internationale Zuständigkeit, und zwar in Abänderung zum bish Recht für alle Kindschaftssachen (§ 640 II) unter Einschluß der Nichtehelichensachen (§§ 641 ff). Dies ergibt sich aus der Streichung des § 641a II aF; amtl Begr BT-Drucks 10/504 S 90. (Dort ist die Einführung einer internationalen Betreuungszuständigkeit – vgl den Fall des BGH NJW 85, 552 = IPRax 85, 224 [Henrich 207] – für die Fälle des Fehlens der Aufenthalts- und Staatsangehörigkeitsanknüpfung ausdrückl abgelehnt). 1

II) Internationale Zuständigkeit (Entscheidungszuständigkeit), Abs 2: 1) Internationale Staatsangehörigkeitszuständigkeit: Besitzt eine der Parteien die **dt Staatsangehörigkeit,** so hält sich Deutschland für international zuständig, ohne Rücksicht darauf, wo der Bekl seinen Wohnsitz/gewöhnl Aufenthalt hat. Bei Mehrstaatern kommt es nicht darauf an, daß die dt Staatsangehörigkeit die effektivere ist, § 606a Rn 37. Maßgebender Zeitpunkt: § 606a Rn 40. **Ist keine der Parteien dt Staatsbürger,** so wurde nach § 640a II aF auf die dt Staatsangehörigkeit der Mutter zurückgegriffen. Diese Anknüpfung entfällt seit Neufassung (Rn 12). – Klagen mehrere oder sind mehrere verklagt, die untereinander notwendige Streitgenossen sind (zB nach § 1595a BGB), so soll die dt Staatsangehörigkeit eines von ihnen genügen, StJ/Schlosser Rn 3 Fn 10. – Für einschränkende Auslegung der Nr 1 wegen des **verfassungsrechtl Fairneßgebots** StJ/Schlosser Rn 3. Allgemein Geimer FS Schwind, 1993, 20. 2

2) Internationale Aufenthaltszuständigkeit: a) Das alte Recht knüpfte nicht an den gewöhnl Aufenthalt, sondern grundsätzl an den Wohnsitz an. Nur in den Fällen des § 16 war Anknüpfungspunkt für die internationale Zuständigkeit der Aufenthalt im Inland (so aber auch jetzt noch für örtl Zuständigkeit Rn 9); BGH NJW 80, 2646 = MDR 81, 35 = IPRspr 80/145. Nunmehr wird – ebenso wie in Ehesachen (§ 606a I 1 Nr 2–4) – auf den gewöhnl Aufenthalt abgestellt. Diese Kompetenzanknüpfung ist nach der dt lex fori zu beurteilen, § 606a Rn 48. 3

b) Auch wenn der Bekl/Antragsgegner in Deutschland keinen gewöhnl Aufenthalt hat, erachtet sich Deutschland in Kindschaftssachen für international zuständig, wenn der **Kläger/Antragsteller** sich gewöhnl **im Inland** aufhält. Der inländische gewöhnl Aufenthalt des Klägers wirkt also in gleicher Weise zuständigkeitsbegründend wie der des Bekl. Von der **Regel actor sequitur forum rei findet sich also – wie in Ehesachen** (§ 606a Rn 8) **– keine Spur.** Beispiel: BGH FamRZ 82, 917 = IPRspr 82/168. 4

c) Auch für **reine Ausländerprozesse** begründet der gewöhnl Aufenthalt einer Partei (§ 640a II 1 Nr 2) internationale Entscheidungszuständigkeit Deutschlands, BGH NJW 1980, 2646 = MDR 81, 35 = FamRZ 81, 23 = IPRspr 80/145; AG Erding DAVorm 86, 742 = IPRspr 86/73. 5

d) Auf die Anerkennung des dt Urteils durch den Heimatstaat der nichtdeutschen Partei oder die lex causae kommt es nicht an, MK/Coester-Waltjen Rn 4. IPG 1973 Nr 22 (Heidelberg). § 606a I 1 Nr 4 ist nicht Ausdruck eines allg Rechtsgedankens, kann also nicht analog angewandt werden, BayObLGZ 69, 8, 19 = IPRspr 58–59/208; Beitzke FamRZ 67, 600; Köln FamRZ 83, 825 (Grunsky) = IPRspr 83/160. **Maßgebl Zeitpunkt** für das Vorliegen der Zuständigkeitstatsachen: § 606a Rn 47. 6

3) Kein Gleichlauf zwischen internationaler Zuständigkeit und anwendbarem Recht: Welches Recht nach den Regeln des dt IPR maßgebl ist, ist für die Frage der internationalen Zuständigkeit ohne Bedeutung, § 606a Rn 29. 7

4) Internationale Annexzuständigkeit für Unterhaltssachen: §§ 643, 643a. Wegen Verhältnis zu Art 2, 5 Nr 2 GVÜ § 606a Rn 21. Verfehlt BGH NJW 85, 552 = IPRspr 84/168 = IPRax 85, 224 (Henrich 207), Rn 18. 8

5) Keine Zuständigkeitssteuerung für den konkreten Einzelfall nach forum non conveniens-Gesichtspunkten: IZPR Rn 56. Anders wohl MK/Coester-Waltjen Rn 4. 8a

III) Örtliche Zuständigkeit: Anknüpfungen für örtl Zuständigkeit (Abs 1) sind (leider) nicht harmonisiert mit denen für internationale Zuständigkeit (Abs 2). Für diese kommen nur Staatsangehörigkeit oder gewöhnl Aufenthalt in Betracht, Rn 2, 3. Für örtl Zuständigkeit aber ist – wie bisher – primäre Anknüpfung der **allg Gerichtsstand des Bekl.** Grundsätzl gelten also für die örtl Zuständigkeit – sofern internationale Zuständigkeit zu bejahen ist, Rn 2, 3 – §§ 12 ff: Maßgebend ist mithin der Wohnsitz des Bekl und – wenn er nirgendwo einen Wohnsitz hat (auch nicht im Ausland) – ersatzw dessen inländischer Aufenthaltsort, und sofern es auch an einem solchen fehlt, der letzte inländische Wohnsitz, § 16. Wohnsitz ist nach dt Recht zu bestimmen. Allerdings kommt es auf lex causae für abgeleiteten Wohnsitz der Kinder an. AA Beitzke FamRZ 67, 600. 9

Sekundäre Anknüpfung an den **gewöhnl Aufenthalt einer Partei** (seit 1. 9. 1986) oder (wahlweise) wie bisher an den **allg Gerichtsstand des Klägers:** Es ist also auch das Gericht am gewöhnl Aufenthalt oder – soweit von diesem abweichend – am Wohnsitz des Klägers/Antragstellers örtl zuständig, §§ 640a I 1, Rn 13; hat der Kläger weder im In- noch im Ausland einen Wohnsitz, so ist 10 das Gericht örtl zuständig, in dessen Bezirk sich der Kläger aufhält. Fehlt es auch an einem inländischen Aufenthaltsort, so wird an den Ort des letzten inländischen Wohnsitzes angeknüpft, § 16. Diese Anknüpfungsleiter wird nur aktuell, wenn internationale Zuständigkeit zu bejahen ist. Sie ist zu kompliziert und sollte Abs 2 angeglichen werden. Insbes sollte im Falle der internationalen Aufenthaltszuständigkeit (Rn 3) die örtl Zuständigkeit nur an gewöhnl Aufenthalt geknüpft werden. Aber auch bei internationaler Staatsangehörigkeitszuständigkeit (Rn 2) ist Festhalten am allg Gerichtsstand der Parteien – vor allem im Hinblick auf § 16 – nicht (mehr) stimmig. Hält sich keine Partei gewöhnl im Inland auf, dann sollte gleich – ohne die Umwege des § 16 – auf die Auffangregel (Rn 11) zurückgegriffen werden. Ebenso nun StJ/Schlosser Rn 2.

11 Örtl Zuständigkeit des **AG-FamG Berlin-Schöneberg als ultima ratio:** Da sich Deutschland auf Grund der dt Staatsangehörigkeit (einer) der Parteien für international zuständig hält, mußte noch ein örtl zuständiges Gericht für die Fälle bestimmt werden, in denen keine der Parteien ihren gewöhnl Aufenthalt bzw – soweit abweichend – allg Gerichtsstand im Inland hat.

12 Die Sonderregelung für **Klagen auf Anfechtung der Ehelichkeit eines Kindes oder Anfechtung der Anerkennung der Vaterschaft (§ 640a II)** wurde durch IPR-Reform (wegen ersatzloser Streichung des Art 18 II EGBGB aF) beseitigt. In den Fällen des § 640a II aF war zuständigkeitsrechtl der Wohnsitz der Mutter, ersatzweise deren gewöhnl Aufenthalt, in dritter Linie der letzte inländische Wohnsitz bzw Aufenthalt (zur Zeit des Todes) der Mutter maßgebend. Gingen auch diese Zuständigkeitsanknüpfungen ins Leere, kam die örtl Zuständigkeit des AG Berlin-Schöneberg zum Zug. Übergangsrechtl (§ 328 Rn 273) auch jetzt noch wichtig für Beurteilung der internationalen Anerkennungszuständigkeit, Rn 19. – Anders als im Bereich der freiw Gerichtsbarkeit (§§ 36 II 2, 43 FGG) kann das AG Berlin-Schöneberg seine örtl Zuständigkeit nicht durch Abgabeverfügung delegieren.

13 Zur Bestimmung des örtl zuständigen Gerichts bei **passiver Streitgenossenschaft** BGH NJW 80, 2646 = MDR 81, 35 = FamRZ 81, 23 = IPRspr 80/145. **§ 36 Nr 3 erweitert aber nicht die internationale Zuständigkeit Deutschlands.** Geimer IZPR Rn 1578.

14 **IV) Abgrenzung zur freiw Gerichtsbarkeit:** Ob ein bestimmter Rechtsstreit bzw eine bestimmte Rechtssache im Verfahren des Zivilprozesses (§§ 640 ff) oder der freiw Gerichtsbarkeit (§§ 35, 43 FGG) zu behandeln und zu entscheiden ist, beurteilt sich nach der dt **lex fori,** denn diese hat darüber zu befinden, in welcher Form Rechtsschutz bzw Rechtsfürsorge gewährt wird, IZPR Rn 5. Die Ehelichkeitsanfechtung erfolgt zB grundsätzl durch Klage vor dem Prozeßgericht, nach dem Tode des Kindes oder des Vaters durch Antrag beim Vormundschaftsgericht (§ 1599 II BGB); Beispiel: AG Heidelberg IPRax 87, 381 = IPRspr 86, 152; aA Beitzke FamRZ 1967, 602; weiteres Beisp: § 1600n II BGB, § 55b FGG (postmortale Vaterschaftsfeststellung); IPG 1975 Nr 25 Hamburg (S 217).

15 **V)** Internationale Zuständigkeit in **Vormundschafts- und Kindschaftssachen:** §§ 35b, 43a, 43b FGG. Vorrangig sind jedoch die Staatsverträge (Rn 16). So verdrängt zB das MSA § 35b FGG, Karlsruhe FamRZ 94, 643.

16 **VI)** Staatsverträge: Das **GVÜ** kommt für Kindschaftssachen (§ 640 II) nicht zur Anwendung, Art 1 II Nr 1, Geimer/Schütze I 145; Geimer IPRax 92, 10. Wegen der internationalen Annexzuständigkeit auf Grund § 643, 643a für Unterhaltssachen § 606a Rn 21. – **Das Haager Minderjährigenschutzabkommen (= MSA)** vom 5. 10. 1961, BGBl 1971 II 219, gilt ebenfalls nicht für Kindschaftssachen. Es regelt die internationale Zuständigkeit für „Maßnahmen zum Schutz der Person und des Vermögens des Minderjährigen", Art 1. Was darunter zu verstehen ist, definiert das Übereink nicht. Mit Sicherheit klammert Art 1 Statussachen aus. Das MSA kann in Kindschaftssachen aber mittelbar eine Rolle spielen, so zB bei der Bestellung eines Ergänzungspflegers (Rn 33) (IPG 1974 Nr 20 Köln). Die Abänderung einer Sorgerechtsentscheidung fällt unter MSA, Frankfurt/M FamRZ 1980, 730 = IPRspr 80/88. Vgl auch Frankfurt/M FamRZ 80, 710 = IPRspr 80/89; Hamm IPRspr 80/96. – Zur **perpetuatio fori** Roth IPRax 94, 19.

17 **Zentraler Anknüpfungspunkt des MSA ist der gewöhnl Aufenthalt des Minderjährigen.** Dieser muß nach hM zum Zeitpunkt der Entsch in Deutschland (noch) zu lokalisieren sein, Palandt/Heldrich Art 24 EGBGB Anh Rz 9; Celle FamRZ 93, 95. Mit der Aufenthaltszuständigkeit konkurriert die **Staatsangehörigkeitszuständigkeit** nach Art 4 I MSA. – Zum gewöhnlichen Aufenthalt bei Kindesentführung Frankfurt NJW-RR 87, 258 = IPRspr 86/76; Karlsruhe IPRspr 86/83. Entscheidend ist die soziale Einbindung in die Lebensverhältnisse am neuen Aufenthaltsort, BGH IPRax 81, 139 = IPRspr 86/94. Zum gewöhnl Aufenthalt eines Kindes bei getrennt lebenden (ital) Eltern Karlsruhe FamRZ 93, 96. – **Ex lege Gewaltverhältnisse** zu beachten, die sich aus HeimatR des Mj ergeben, Art 3. Beispiel: Stuttgart DAVorm 86, 556 = IPRspr 86/77. Bei Mehrstaatern ist das Recht des Staates maßgebend, zu dem das Kind die engste persönl Beziehung hat, BayObLG IPRax 85, 226 (Mansel 209 und Rauscher 214) = IPRspr 84/83. Vgl auch BGH NJW 84, 2761 (Tunesien) = IPRax 85, 40 (Jayme) = IPRspr 84/81 und Stuttgart NJW 85, 566. – Das dt Gericht

darf aber Maßnahmen nach Art 8 anordnen bei ernstl Gefährdung der Person oder des Vermögens des Mj; Nachw bei Mottl IPRax 94, 60 und 19. Aufl.

Die bilateralen Anerkennungs- und Vollstreckungsverträge verdrängen § 640a nicht; denn sie regeln nicht die Entscheidungszuständigkeit. Verfehlt BGH IPRax 85, 224, Rn 8. 18

VII) Internationale Anerkennungszuständigkeit (§ 328 I Nr 1): Keine ausschließl internationale Zuständigkeit Deutschlands, auch soweit ein Deutscher beteiligt ist, § 640a II 2; LG Berlin DAVorm 83, 755 = IPRspr 99; München DAVorm 83, 246 = IPRspr 81/167; KG IPRspr 82/176, Martiny I Rz 769. Die Anerkennung ausl Statusurteile betr dt Kinder und/oder dt Eltern bzw Elternteile, scheitert also nicht am dt „Zuständigkeitsinteresse". Soweit wir ein **„Rechtsanwendungsinteresse"** haben, dh bestimmte Rechtsnormen bzw Rechtsgrundsätze auch international durchsetzen wollen, bedienen wir uns des ordre public (§ 328 I Nr 4), Geimer NJW 75, 1079. 19

Anknüpfungspunkte für die internationale Zuständigkeit des Urteilsstaates (= Erststaates): Es gilt die **allg Regel des § 328 I Nr 1:** Wir billigen ausl Staaten in dem gleichen Umfang internationale Zuständigkeit zu, wie wir sie selbst beanspruchen, § 328 Rn 96. Der Urteilsstaat ist also aus dt Sicht (§§ 328 I Nr 1 iVm § 640a II 1) international zuständig, wenn einer der Parteien die (nicht notwendigerweise effektive) **Staatsangehörigkeit des Urteilsstaates** besitzt (auch wenn er selbst außerdem noch oder die andere Partei Deutscher ist) – **internationale Staatsangehörigkeitszuständigkeit des Erststaates** – oder wenn der Beklagte und/oder der Kläger im Erststaat seinen **gewöhnl Aufenthalt** hatte – **internationale Aufenthaltszuständigkeit des Erststaates.** – Allg zum forum actoris Martiny I Rz 82; vgl auch § 606 Rn 106. Zur internationalen Verbund-/Annexzuständigkeit (§§ 328 I Nr 1, 643, oben Rn 8) Martiny I Rz 694, Baumann 174. Die internationale Unzuständigkeit des Erststaates ist nur auf **Rüge des Beklagten** zu beachten, § 606a Rn 120. **Maßgebl Zeitpunkt:** § 606a Rn 118. – S auch § 16a Nr 1 iVm §§ 35b, 43, 43a FGG. 20

VIII) Anerkennung ausl Entscheidungen in Kindschaftssachen: § 328 II aF verlangte die Verbürgung der Gegenseitigkeit, was zu unsinnigen Ergebnissen führte. Dieses Anerkennungshindernis wurde durch das 1. EhereformG beseitigt. – Soweit ausländische Entscheidung dem FG-Bereich zuzuordnen ist (Rn 14), kommt § 16a FGG zur Anwendung. 21

Kein Feststellungsmonopol: Ein dem Art 7 FamRÄndG (17. Aufl § 328 Rn 220) vergleichbares Verfahren, durch das ein für allemal geklärt werden kann, ob eine ausl Statusentscheidung in Deutschland anzuerkennen ist oder nicht, gibt es für Kindschaftssachen nicht. Ein solches ist aber de lege ferenda zu fordern, da widersprechende Entscheidungen zur Anerkennung der ausl Statusentscheidung aus den gleichen Gründen wie in Ehesachen vermieden werden müssen. 22

Wegen der übrigen Anerkennungsvoraussetzungen s § 328 I Nrn 2–4. Hinsichtl der **Feststellungs- bzw Gestaltungswirkung** des ausl Urteils gilt das Recht des Erststaates, § 328 Rn 18. Wenn über die Ehelichkeit der Kinder im Scheidungsprozeß der Eltern nach dem Recht des Erststaates Feststellungen getroffen werden können, so ist diese Feststellungswirkung in Deutschland grundsätzl anerkennungsfähig (IPG 74/22 Köln S 226). Sorgfältig zu prüfen ist jedoch die Frage der Gewährung rechtl Gehörs. (Inwieweit muß das Kind die Prozeßführung der Eltern gegen sich gelten lassen?) 23

IX) Klagen/Anträge auf Herausgabe eines Kindes: § 640a gilt nicht, arg § 640 II. Maßgebl sind §§ 12 ff, Beitzke FamRZ 1967, 602; Staudinger/Kropholler, Art 19 EGBGB Rz 293. Streitigkeiten zwischen Eltern sind nicht vor dem Prozeßgericht auszutragen. Es entscheidet vielmehr das für das Kind zuständige Vormundschaftsgericht. § 1632 II BGB ist auch dann anzuwenden, wenn nach ausl Recht zu entscheiden ist, Rn 14; Jayme FamRZ 64, 352 ff. Herausgabeanträge fallen in den Anwendungsbereich des MSA (Rn 16); die Anordnung auf Herausgabe ist Schutzmaßnahme iSv Art 1 MSA, Stuttgart NJW 85, 566 = IPRspr 84/88. BayObLGZ 84, 178 = IPRspr 84/85; Frankfurt IPRspr 84/89. Das MSA hat Vorrang. **Ausl Entscheidungen,** die die Herausgabe des Kindes im Verhältnis zwischen den Eltern regeln, sind nicht nach §§ 722 f für vollstreckbar zu erklären, § 722 Rn 66, sondern direkt nach § 33 FGG zu vollstrecken. 24

X) Geltendmachung der Nichtehelichkeit eines Kindes bei bestehender Ehe: Ob die Nichtehelichkeit eines (im Ehebruch gezeugten) Kindes erst nach Durchführung eines gerichtl Verfahrens geltend gemacht werden kann, bestimmt die vom dt IPR berufene Rechtsordnung, IZPR Rn 18. So kann nach engl (KG IPRax 85, 48 [Jayme]; AG Hbg IPRspr 84/75), irischem (LG Berlin IPRax 87, 123 = IPRspr 86/74) und US-amerik Recht die Ehelichkeit eines Kindes von jedermann – ohne gerichtl Verfahren – bestritten werden. § 1599 BGB (Notwendigkeit von Ehelichkeitsanfechtung und Gestaltungsurteil) findet bei Maßgeblichkeit ausl Rechts keine Anwendung. Der dt ordre public steht dem nicht entgegen, hM: KG IPRax 84, 42 (Henrich). Nach franz Recht (Art 313 – 1 Cc) kann die Mutter durch Weglassen des Namens des Ehemannes beim Geburtseintrag den nichtehel Status des Kindes herbeiführen, Hamm OLGZ 82, 289 = IPRax 82, 194 = IPRspr 81/115; BGH NJW 86, 3022. – Auch im ital Recht bedarf es keiner Ehelichkeitsanfech- 25 tungsklage. Die Ehelichkeitsvermutung des während der Ehe geborenen Kindes (Art 231 Cc) wird bereits entkräftet, wenn das Kind (vor der standesamtl Registrierung als ehel) von einem anderen Mann als dem Ehemann anerkannt und dies rechtzeitig dem Standesbeamten zur Kenntnis gebracht wird. Da nunmehr außer dem Ehemann der Mutter auch der andere Mann als Vater in Frage kommt, wird die Abstammung als unklar und das Kind daher als nichtehel behandelt, BGH IPRax 86, 35 (Klinkhardt 21) = IPRspr 84/96; AG Baden-Baden IPRax 87, 123 = IPRspr 86/75. – Verfahren: §§ 43 ff PStG. – Zum umgekehrten Fall (Legitimation) Köln IPRspr 81/117 = IPRax 82, 118.

26 Tritt die Nichtehelichkeit ex lege ein, so stellt die dt lex fori – ohne Rücksicht auf das ausl für das Statusverhältnis maßgebl Recht – die **Statusfeststellungsklage** zur Verfügung.

27 Hält die ausl lex causae ebenso wie das dt Recht die Durchführung eines gerichtl Verfahrens für erforderl, gestaltet es aber dieses nicht als Klage auf Erlaß eines Gestaltungsurteils, sondern als **Feststellungsverfahren** aus, so ist auch dies für dt Richter maßgebl. Das gleiche gilt im umgekehrten Fall, wenn das ausl Recht eine Gestaltungsklage verlangt, obwohl nach dt Recht eine solche nicht erforderl ist (Beisp: Geburt des Kindes nach dem 302. Tag der Auflösung der Ehe, § 1593 BGB).

28 **Wer anfechtungsberechtigt ist und innerhalb welcher Frist die Klage erhoben werden muß, bestimmt die lex causae,** IZPR Rn 15. Für Beweisverfahren gilt dt Recht, § 363 Rn 159; AG Ludwigshafen IPRspr 84/74 = IPRax 85, 109; KG DAVorm 85, 1001 = IPRspr 84/100. Ist die Anfechtungsfrist nach ausl Recht wesentl kürzer oder länger als die Zweijahresfrist des dt Rechts (§§ 1594, 1596 II BGB), so taucht die Frage der ordre public-Widrigkeit nur bei extrem kurzer Frist auf, Rauscher DAVorm 85, 619. Ob die Nichtehelichkeit im **Zivilprozeß oder im Verfahren freiw Gerichtsbarkeit** (Beisp: Karlsruhe DAVorm 83, 147 = IPRspr 82/93) geltend zu machen ist, entscheidet die dt lex fori (§ 1599 II BGB), Rn 14.

29 **XI) Vaterschaftsfeststellungsklage des nichtehel Kindes:** Ob die Rechtswirkungen der nichtehel Vaterschaft ex lege oder erst nach Durchführung eines förml Vaterschaftsfeststellungsverf (§ 1600a S 2 BGB) eintreten, entscheidet die lex causae, vgl Rn 25. Zu beachten ist aber, daß der Anwendungsbereich des dt Nichtehelichenrechts und damit des § 1600a S 2 BGB sehr weit ist, Art 19, 20 EGBGB. – Dt Vaterschaftsfeststellung bindet auch, wenn eindeutig Fehlurteil, LG Bonn StAZ 84, 279 = IPRspr 84/102.

30 **Ist nach dt IPR das Verhältnis Vater-Kind nach ausl Recht zu beurteilen, kennt aber dieses keine Vaterschaftsfeststellungsklage mit Statuswirkung,** so wird die Frage aktuell, ob ein dt Gericht eine solche Klage annehmen darf. Trennt man streng zwischen materiellrechtl Vater-Kind-Verhältnis einerseits und Möglichkeit der gerichtl Feststellung andererseits und unterstellt man den letztgenannten Komplex ausschließl der dt lex fori (IZPR Rn 5), so müßte man die Zulässigkeit einer Feststellungsklage ohne Rücksicht auf den Standpunkt des an sich maßgebl ausl Rechts bejahen. Legt man jedoch den Akzent auf die untrennbare Verwobenheit von Sach- und Verfahrensrecht im Bereich der ehel Abstammung, so muß auch der dt Richter das **Verbot der gerichtl Vaterschaftsfeststellung** beachten; dafür BGHZ 63, 219 = NJW 75, 114 (Sturm 493) = MDR 75, 122 = FamRZ 75, 26 = IPRspr 74/114.

31 **XII) Durchführung des Statusverfahrens in Kindschaftssachen:** Auch bei Maßgeblichkeit ausl Sachrechts wird Statusverfahren (§ 640 II) nach **dt lex fori** (§§ 640 ff) durchgeführt, Bamberg IPRspr 84/94. Ausl Verfahrensrecht findet keine Anwendung. Dies ist der Grundsatz. Doch sollte man daraus kein unumstößl Dogma machen. So ist es denkbar, „sachrechtsbezogenes Verfahrensrecht" des Auslandes im dt Prozeß zu berücksichtigen. Vgl § 606a Rn 12. – Große praktische Bedeutung hat die Abgrenzung zwischen lex causae und dt lex fori im Bereich der **Beweisfragen,** vor allem bei der gerichtl Vaterschaftsfeststellung, vgl Jayme FS Bosch, 1976, 462 Fn 19. Die Grenzziehung im einzelnen bedarf noch der Aufhellung. **Die Pflicht, im Inland eine Blutprobe zu dulden, wird man immer nach dt Recht beurteilen müssen,** vgl RGZ 169, 219.

32 Vereitelt der bekl Mann die weitere Aufklärung des Sachverhalts, indem er die Mitwirkung an der Blutprobe in seinem Heimatstaat verweigert, und kann er dort auch nicht durch Zwangsmittel dazu angehalten werden, so hat das dt Gericht in freier Beweiswürdigung nach dem bish Sachstand zu entscheiden. **Die vorsätzl Beweisvereitelung geht zu Lasten der Partei, die die Beweiserhebung durch ihr Verhalten unmögl gemacht hat,** auch wenn lex causae etwas anderes bestimmt. Die Verweigerung der Blutentnahme spricht gegen den bekl Mann, also für seine Vaterschaft, oben § 640 Rn 48; BGH NJW 86, 2371 = FamRZ 86, 663 = IPRax 87, 176 (Schlosser 153) = IPRspr 86/94. Köln DAVorm 80, 850 = IPRspr 80/102; Braunschweig DAVorm 81, 51 = IPRspr 80/103, nach Hamburg DAVorm 87, 359 (Künkel) = IPRspr 86/93 auch dann wenn HeimatR des bekl Mannes diesem ein Weigerungsrecht gegen Blutentnahme einräumt, KG DAVorm 85, 1001 = IPRspr 84/100. Anders ist es aber, wenn ein **Dritter (Zeuge) den Beweis**

vereitelt, Köln FamRZ 83, 825 (krit Grunsky) = IPRspr 83/160. – Allgemein zur Beweisvereitelung Mössle 159.

Anordnung einer Ergänzungspflegschaft zur Vertretung des Kindes in Ehelichkeitsanfechtungsverf: BayObLGZ 82, 32. – Zu Unrecht will LG Hamburg IPRspr 81/90 forum non conveniens-Regeln anwenden. Wie hier Düsseldorf DAVorm 84, 426 = IPRspr 84/95. – Vertretung bei Anfechtung des Vaterschaftsanerkenntnisses LG Verden IPRspr 84/99. 33

Aufklärung von Lebensverhältnissen eines Beteiligten im Ausland: Dt Jugendamt (§ 48a JWG) kann im Ausland nicht tätig werden. Jedoch Kontaktaufnahme über Internationalen Sozialdienst (ISD) mit der jeweiligen ausl Jugendbehörde, Rahm/Künkel/Paetzold VIII Rz 569. Hierfür benutzt die Praxis idR nicht Rechtshilfewege über Justizverwaltung, obwohl dies von der ZRHO vorgeschrieben ist. 34

Mitteilung dt Entscheidungen an ausl Staaten sowie sonstige Kontakte mit ausl Stellen. Hierzu ausführl Rahm/Künkel/Paetzold VIII Rz 631. 35

Registrierung dt Entscheidungen auf Grund lex causae: Vgl § 606a Rn 35d. 36

XIII) Abänderung ausländischer Unterhaltsentscheidungen mögl, wenn internationale Zuständigkeit Deutschlands gegeben ist, Geimer IZPR Rn 955, KG FamRZ 94, 759, Hamm FamRZ 94, 763. 37

640b *[Prozeßfähigkeit bei Anfechtungsklagen]*

In einem Rechtsstreit, der die Anfechtung der Ehelichkeit eines Kindes oder die Anfechtung der Anerkennung der Vaterschaft zum Gegenstand hat, sind die Parteien prozeßfähig, auch wenn sie in der Geschäftsfähigkeit beschränkt sind; dies gilt nicht für das minderjährige Kind. Ist eine Partei geschäftsunfähig oder ist das Kind noch nicht volljährig, so wird der Rechtsstreit durch den gesetzlichen Vertreter geführt; dieser kann die Klage nur mit Genehmigung des Vormundschaftsgerichts erheben.

Satz 1 zweiter Halbsatz wurde durch Art 4 Nr 6 des Betreuungsgesetzes (BtG – BGBl 90 I 2002) geändert. **Anwendungsbereich:** Die Bestimmung gilt nur für Anfechtungsklagen nach § 640 II Nr 2 u 3, nicht für Klagen auf Feststellung, daß eine Vaterschaftsanerkennung unwirksam ist (§ 640 II Nr 1 Hs 2). 1

§ 640 b erweitert die **Prozeßfähigkeit** über die Grenze des § 52 hinaus, wonach beschränkt Geschäftsfähige in der Regel prozeßunfähig sind (§ 52 Rn 8). Beschränkt geschäftsfähig sind Minderjährige (§ 607 Rn 1). Prozeßfähig ist der minderjährige Vater (§§ 106, 1595, 1600 k I BGB), nicht das minderjährige Kind (S 1 Hs 2). Der Vater ist auch geschäftsfähig für Rechtsgeschäfte, die mit dem Prozeß zusammenhängen (§§ 607 Rn 2). **Entmündigte** Personen sind am 1.1.1992 geschäftsfähig geworden (Art. 1 Nr 3, Art 11 BtG). Bei psychisch Kranken und geistig oder seelisch Behinderten ist aber zu prüfen, ob sie sich nicht in einem die freie Willensbestimmung ausschließenden Zustand krankhafter Störung ihrer Geistestätigkeit befinden und deshalb geschäftsunfähig sind; dann ist Satz 1 auf sie nicht anwendbar (BGH FamRZ 72, 497). 2

S 2 Hs 1: Geschäftsunfähig ist nach § 104 Nr 2 BGB, wer sich in einem die freie Willensbestimmung ausschließenden Zustand krankhafter Störung des Geistestätigkeit befindet, sofern nicht der Zustand seiner Natur nach vorübergehend ist. Für Geschäftsunfähige und **minderjährige Kinder** bleibt es bei der Regel des § 51, daß ihre **gesetzlichen Vertreter** die Anfechtungsprozesse führen, dh die Eltern, der Vormund oder Betreuer. 3

Verklagt der Vater das Kind und sind die Eltern miteinander verheiratet, so **kann die Mutter das Kind nicht vertreten** (§§ 1629 II 1, 1795 I Nr 3 BGB; Zweibrücken FamRZ 80, 911; Celle DAVorm 93, 86). Ihm ist dann ein Ergänzungspfleger (§ 1909 BGB) zu bestellen (BVerfGE 72, 122/135 = FamRZ 86, 871/873 f = NJW 3129 f). Sind die Eltern geschieden, so kann der sorgeberechtigte Elternteil das Kind im Prozeß gegen den anderen Elternteil vertreten (BGH NJW 72, 1708; BayObLG DAVorm 88, 1024; 94, 119 f = FamRZ 1196 f; Karlsruhe FamRZ 91, 1337 f). Ein **Ergänzungspfleger** darf nur bestellt werden, wenn besondere Umstände einen erheblichen Interessenkonflikt zwischen dem Kind und dem sorgeberechtigten Elternteil ergeben (§§ 1629 II 3, 1796 II BGB; BayObLG FamRZ 88, 1196 f; Stuttgart FamRZ 83, 831 mwN; Hamm DAVorm 85, 1026 = NJW-RR 86, 80 = Rpfleger 86, 13; Karlsruhe aaO; Schmidt NJW 64, 2696 f). Ein solcher Konflikt besteht, wenn die Mutter es ablehnt, die Ehelichkeit ihres Kindes als dessen gesetzliche Vertreterin anzufechten, obwohl das Kindeswohl dies gebietet (Karlsruhe FamRZ 91, 1337 f; BayObLG aaO). **Ein nichteheliches Kind wird durch das Jugendamt gesetzlich vertreten** (§§ 1706 Nr 1, 1709 BGB); es sei denn, das Vormundschaftsgericht hat angeordnet, daß die Pflegschaft nicht eintritt, oder es hat sie aufgehoben (§ 1707 BGB). Dann ist die Mutter gesetzliche Vertreterin (§ 1705 BGB). 4

5 **S 2 Hs 2** wiederholt die Regelung der §§ 1595 II, 1595 a III, 1597, 1600 k BGB, daß der gesetzliche Vertreter **nur mit Genehmigung des Vormundschaftsgerichts Klage erheben** kann. Die Genehmigung kann während des Prozesses nachgeholt werden (Staudinger/Göppinger § 1595 Rn 7). Sie soll nur bei Einwilligung der Mutter erteilt werden, wenn der Vormund eines Minderjährigen **1.** dessen Ehelichkeit anfechten will (§ 1597 III BGB), **2.** die Vaterschaftsanerkennung anfechten will, nachdem die Mutter den anerkennenden Mann geheiratet hat (§ 1600 k III BGB). Im übrigen muß das Vormundschaftsgericht im Genehmigungsverfahren prüfen, ob das Interesse des Kindes an der Klärung seiner Abstammung überwiegt oder ob es für das Kind wichtiger ist, als ehelich in seiner Ursprungsfamilie aufzuwachsen (Hamm DAVorm 84, 334 u 85, 1030). Vorrangig ist regelmäßig das zuletzt genannte Interesse (BVerfGE 38, 251 = FamRZ 75, 85 = NJW 203; BGH NJW 75, 345/347 = MDR 302; BGHZ 76, 304 = FamRZ 80, 559/560 = NJW 1693).

640c *[Klageverbindung, Widerklage]*

Mit einer der im § 640 bezeichneten Klagen kann eine Klage anderer Art nicht verbunden werden. Eine Widerklage anderer Art kann nicht erhoben werden. § 643 Abs. 1 Satz 1 bleibt unberührt.

1 Mit einer Kindschaftssache kann keine andersartige Klage verbunden werden. Mit einer bereits anhängigen Unterhaltsklage kann auch nicht nachträglich eine Kindschaftssache verbunden werden (Hamm FamRZ 88, 1317). Ähnlich wie die für Ehesachen geltenden §§ 610, 633 bezweckt das **Verbindungsverbot,** den Kindschaftsprozeß von Ansprüchen freizuhalten, für die die Verhandlungsmaxime gilt und die ihn verzögern. **Ausnahme § 643 I:** Mit der Klage des Kindes auf Feststellung der nichtehelichen Vaterschaft (§ 640 II Nr 1 Hs 1) kann die Klage auf Regelunterhalt (§ 643 I) – nicht auf Zahlung eines bezifferten Betrages oder Abänderung eines Unterhaltstitels (Hamm FamRZ 93, 438 f = DAVorm 104/106) – verbunden werden. Der Gesetzgeber glaubte, dadurch werde der Kindschaftsprozeß nicht belastet, weil die Verurteilung zum Regelunterhalt automatische Folge der Feststellung der nichtehelichen Vaterschaft sei (Brückler DRiZ 71, 231). Daß der Einwand der Erfüllung oder des Forderungsübergangs im Kindschaftsprozeß geltend zu machen ist (§ 643 Rn 4), wurde damals nicht bemerkt. – Auch die Klage auf Leistung von Unterhalt nach der Richtlinie des obersten Gerichts der DDR kann nicht mit einer Kindschaftssache verbunden werden; unten § 643 Rn 1.

2 **Bezifferte Unterhaltsansprüche:** Eine entgegen § 640 c verbundene, bezifferte Unterhaltsklage ist abzutrennen (§ 145; Hamm FamRZ 88, 1317) und im Hinblick auf § 1600 a S 2 BGB auszusetzen (§ 148 – BGH FamRZ 74, 249 = NJW 751; Brandenburg FamRZ 96, 369). Das Gleiche gilt für eine mit der Vaterschaftsfeststellungsklage verbundene Stufenklage auf Auskunft und Unterhalt (Brandenburg aaO). Düsseldorf FamRZ 71, 383 u NJW 72, 396 hat die verbundene Unterhaltsklage als in der gewählten Prozeßart unstatthaft abgewiesen. Jedoch ist bei unzulässigerweise verbundenen Klagen nur die gemeinsame Verhandlung und Entscheidung ausgeschlossen, so daß durch Trennung abgeholfen werden kann (BGH aaO). Auch nach Anerkennung der Vaterschaft gemäß § 641 c kann im Kindschaftsprozeß kein bezifferter Unterhaltsantrag mit dem noch anhängigen Antrag auf Regelunterhalt verbunden werden (BGH NJW 74, 751). Auch Unterhaltsklagen der Mutter (wegen Ansprüchen auch §§ 1615 k, 1615 l BGB) können mit der Vaterschaftsfeststellungsklage des Kindes nicht verbunden werden. Entscheidet das AG im Kindschaftsprozeß über einen Antrag, der nicht hätte verbunden werden dürfen, so ist die Berufung an das OLG zu richten (BGH FamRZ 80, 48 = NJW 292 = MDR 215; Hamm FamRZ 88, 1317).

3 **Zulässige Verbindung mehrerer Kindschaftssachen:** Klage auf Feststellung des durch Adoption begründeten Kindschaftsverhältnisses, hilfsweise auf Feststellung der nichtehelichen Vaterschaft; Klage auf Feststellung der anfänglichen Unwirksamkeit einer Vaterschaftsankennung (§ 640 II Nr 1 Hs 2; 1. Alternative des § 1600 f I BGB), hilfsweise auf Anfechtung der Vaterschaftsanerkennung (§ 640 II Nr. 3; 2. Alternative des § 1600 f I BGB); Klage auf Feststellung des Nichtbestehens eines Eltern-Kind-Verhältnisses, hilfsweise auf Anfechtung der Ehelichkeit.

4 Möglich sind **Klägerhäufung** (Geschwister fechten ihre Ehelichkeit an) und **Beklagtenhäufung,** zB Klage des Kindes gegen beide Eltern auf Feststellung des Bestehens eines Eltern-Kind-Verhältnisses (§ 640 II Nr 4); Ehelichkeitsanfechtungsklage des Kindes gegen einen Mann verbunden mit Klage auf Feststellung der nichtehelichen Vaterschaft gegen einen anderen Mann, Klage gegen mehrere Männer auf Vaterschaftsfeststellung, wobei in Kauf genommen wird, daß sie nur gegen einen Beklagten Erfolg haben kann (Regierungsentwurf BTDrucks V 3719, 378). Unzulässig ist eine alternative oder hilfsweise subjektive Klagenhäufung (Greger oben § 260 Rn 5): Deshalb keine Klage des Kindes gegen zwei Männer auf Feststellung, daß es von dem einen oder (hilfsweise) dem anderen abstammt. Statt dessen ist Streitverkündung möglich (§ 641 b).

Auch eine **Widerklage** muß Statusklage iSd § 640 II sein. Einer Klage auf Feststellung des Bestehens der elterlichen Sorge (§ 640 II Nr 4) kann das Kind eine Ehelichkeitsanfechtungsklage (§ 640 II Nr 2) entgegensetzen. Klagt der Mann nach Heirat der Mutter auf Feststellung der Nichtigkeit der Vaterschaftsanerkennung (§ 640 II Nr 1), so kann das Kind Widerklage auf Feststellung erheben, daß ein Eltern-Kind-Verhältnis besteht (München DAVorm 89, 632). Trotz Identität des Streitgegenstandes besteht ein Rechtsschutzbedürfnis dafür, einer Ehelichkeitsanfechtungsklage eine Widerklage mit gleichem Antrag entgegenzusetzen (Köln NJW 72, 1721; Celle FamRZ 91, 978). Die Rechtshängigkeit der Klage schließt eine inhaltsgleiche Widerklage nicht aus. § 263 will nur einander widersprechende Urteile über denselben Gegenstand verhindern; diese Gefahr besteht bei Verbindung von Klage und Widerklage nicht. Ebenso kann das Kind trotz des gleichen Klageziels einer negativen Vaterschaftsfeststellungsklage des Mannes die positive Feststellungsklage entgegensetzen, damit es die Möglichkeit hat, eine einstweilige Anordnung (§ 641 d) zu erwirken und auf Zahlung des Regelunterhalts (§ 643 I) zu klagen (StJSchlosser Rn 4 mwN; Büdenbender (§ 641 d Rn 1) S 79 f). 5

Gerichtsstand: Nach den §§ 33 II, 40 II gilt die Regel, daß beim Gericht der Klage Widerklage erhoben werden kann, nicht für Kindschaftssachen. Wird Widerklage erhoben, so hat das Gericht zu prüfen, ob es für sie nach den §§ 13, 15, 16, 640 a örtlich zuständig ist. Fehlt eine solche Zuständigkeit, so kann es gleichwohl geboten sein, daß das für die Klage zuständige Gericht auch über die Widerklage entscheidet, wenn nur so die Gefahr vermieden werden kann, daß einander widersprechende Entscheidungen über das Eltern-Kind-Verhältnis ergehen (zum Parallelproblem in Ehesachen s § 610 Rn 6 ff). 6

640d *[Eingeschränkte Verwertung kindschaftsfeindlicher Tatsachen]*

Ist die Ehelichkeit eines Kindes oder die Anerkennung der Vaterschaft angefochten, so kann das Gericht gegen den Widerspruch des Anfechtenden Tatsachen, die von den Parteien nicht vorgebracht sind, nur insoweit berücksichtigen, als sie geeignet sind, der Anfechtung entgegengesetzt zu werden.

An die **Schlüssigkeit einer Klage auf Anfechtung der Ehelichkeit oder Vaterschaftsanerkennung** (§ 640 II Nr 2 und 3) sind nur geringe Anforderungen zu stellen. Nach Köln (FamRZ 93, 106 = NJW-RR 453 = OLGZ 322) und Hamm (DAVorm 96, 271 m abl Anm v Mutschler; DAVorm 96, 377) muß der Mann konkrete Anhaltspunkte für seine Annahme darlegen, daß das Kind nicht von ihm abstammt (anders Düsseldorf FamRZ 85, 1275; Karlsruhe DAVorm 89, 416; AG Berlin Mitte DAVorm 96, 68, Demharter FamRZ 85, 233). Zutreffend empfiehlt das OLG Thüringen (FamRZ 96, 367 f mwN), im Zweifelsfall den anfechtenden Mann persönlich anzuhören, die Mutter des Kindes zu vernehmen und danach zu entscheiden, ob die die Behauptungen des Mannes reine Phantasiegebilde sind oder ob ein Abstammungsgutachten einzuholen ist. 1

Für die Klagen auf Anfechtung der Ehelichkeit oder Vaterschaftsanerkennung wird der **Untersuchungsgrundsatz** der §§ 640 I, 616 ähnlich wie im Falle des § 616 II **durchbrochen.** Es besteht kein öffentliches Interesse daran, den Status eines ehelichen Kindes oder eine Vaterschaftsanerkennung zu beseitigen (BGH FamRZ 79, 1007/1009). Deshalb kann der Anfechtende über die Verwertung anfechtungsbegründender Tatsachen ebenso disponieren wie über die Anfechtung selbst. Dies gilt auch für die Frage, ob die Anfechtungsfrist nach § 1594 BGB gewahrt ist (BGH FamRZ 90, 507 f = NJW 2813). Anfechtungsbegründende Tatsachen, die das beklagte Kind behauptet oder die von Amts wegen ermittelt worden sind, dürfen nicht berücksichtigt werden, wenn sie dem Tatsachenvortrag des Klägers widersprechen (BGH aaO). Stets zu berücksichtigen sind jedoch Tatsachen, die der Anfechtung entgegenwirken. § 640 d bezieht sich nur auf die Berücksichtigung von Tatsachen. Der Anfechtende kann dem Gericht nicht die Benutzung von **Beweismitteln** untersagen. 2

§ 640 d ist im **Verfahren vor dem Vormundschaftsgericht** nach den §§ 1599 II, 1600 l II BGB sinngemäß anzuwenden (StJSchlosser Rn 4, MK-BGB/Mutschler § 1599 Rn 20). 3

640e *[Beiladung]*

Ist an dem Rechtsstreit ein Elternteil nicht als Partei beteiligt, so ist er unter Mitteilung der Klage zum Termin zur mündlichen Verhandlung zu laden. Hat die Mutter die Anerkennung der Vaterschaft angefochten, so ist das Kind unter Mitteilung der Klage zum Termin zur mündlichen Verhandlung zu laden. Der Elternteil oder das Kind kann der einen oder anderen Partei zu ihrer Unterstützung beitreten.

1 **I) Zweck, Anwendungsbereich:** Die Beiladung soll einem nicht beteiligten Elternteil, im Falle des S 2 dem nicht beteiligten Kind, als Mitbetroffenem rechtliches Gehör (Art 103 I GG) verschaffen (vgl BVerfGE 21, 132/137 = JZ 67, 442 = NJW 492; BGHZ 76, 299/302 = FamRZ 80, 559 f = NJW 1693; Schlosser JZ 67, 431; Wolf JZ 71, 409) und Gelegenheit zum Beitritt geben. So wird vermieden, daß die Gestaltungswirkung eines Statusurteils einen Mitbetroffenen präjudiziert, ohne daß er sich am Verfahren beteiligen kann (BGH FamRZ 84, 164 = NJW 353 = MDR 312). § 640 e schränkt die Befugnis zur Nebenintervention (§ 66) nicht ein (BGHZ 76, 299 = FamRZ 80, 559 f = NJW 1693; FamRZ 85, 61 = NJW 386 = MDR 129 f).

2 Beizuladen ist die **Mutter** im Ehelichkeitsanfechtungsprozeß (§ 1599 BGB), im Rechtsstreit um die Feststellung der ehelichen Vaterschaft (§ 1600 n I BGB) oder im Rechtsstreit zwischen Mann und Kind über die Anfechtung der Vaterschaftsanerkennung (§ 1600 l I BGB). Das **Kind** ist nach S 2 beizuladen, wenn die Mutter die Vaterschaftsanerkennung anficht (§ 1600 l I BGB). Wer als **gesetzlicher Vertreter** am Verfahren beteiligt ist, wird nicht beigeladen. Nicht beizuladen ist im Ehelichkeitsanfechtungsprozeß ein dritter Mann, der als Vater in Frage kommt und das Urteil, das die Nichtehelichkeit des Kindes feststellt, nach § 640 h gegen sich gelten lassen müßte. Die Gestaltungswirkung dieses Urteils läßt ihm gegenüber nur die Sperre des § 1593 BGB wegfallen, schneidet ihm aber nicht den Einwand ab, das Kind stamme doch vom Ehemann der Mutter ab (BGH FamRZ 82, 692 = NJW 1652 = MDR 749 mwN, str). Zur Beiladung eines Mannes, der die nichteheliche Vaterschaft für sich in Anspruch nimmt, s § 641 k Rn 2.

3 **II) Verfahren:** Anders als die Streitverkündung geht die Beiladung vom Gericht aus; sie ist Amtspflicht. Der Beigeladene ist zum ersten Termin mit einer Abschrift der Klagschrift zu laden, zweckmäßigerweise unter Hinweis auf den Zweck der Beiladung und die Wirkungen des Urteils. Ladung ohne Mitteilung der Klage genügt nicht (Koblenz DAVorm 81, 55). Ist die Ladung zum ersten Termin unterblieben, so ist ein neuer anzuberaumen und die Beiladung nachzuholen. Die Ladungsfrist (§ 217) ist einzuhalten, nicht die Einlassungsfrist. Ist die beizuladende Mutter minderjährig, so ist die Beiladung an ihren gesetzlichen Vertreter zuzustellen. Weitere Schriftsätze werden nicht übersandt, weitere Termine nicht mitgeteilt (Damrau FamRZ 70, 286). Wer auf die Beiladung hin nicht beitritt, trägt die Gefahr, daß der Prozeß eine ihm unerwünschte Wendung nimmt (Bedenken: Schlosser JZ 67, 435, dazu Brüggemann JR 69, 365).

4 **Unterbliebene Beiladung:** Hat das Gericht die Beiladung unterlassen, so muß das Urteil dem Beizuladenden zugestellt werden. Innerhalb eines Monats nach dieser Zustellung kann er dem Rechtsstreit als streitgenössischer Nebenintervenient beitreten und Berufung einlegen, auch wenn die Partei, die er unterstützt, die Berufungsfrist ungenutzt verstreichen lassen hat (BGHZ 89, 121 = FamRZ 84, 164 = NJW 353). Ist die Beiladung in erster Instanz unterblieben, so kann sie im Berufungsverfahren nachgeholt werden (Düsseldorf FamRZ 71, 377; Koblenz DAVorm 81, 55). Ist das Urteil durch Zeitablauf rechtskräftig geworden, ohne daß der nicht am Verfahren beteiligte Elternteil beigeladen und ohne daß ihm das Urteil zugestellt worden ist, so kann er meistens Wiedereinsetzung in die versäumte Berufungsfrist verlangen (Waldner JR 84, 158). Wenn die Jahresfrist für die Wiedereinsetzung (§ 234 III) verstrichen ist, wirkt das rechtskräftige Urteil nach § 640 h auch ihm gegenüber (§ 640 h; Waldner aaO; anders BVerwG JZ 64, 105 zu § 65 VwGO, wo dem Urteil sogar die Rechtskraftwirkung gegenüber den Parteien abgesprochen wird; s dazu Wilde NJW 72, 1262, 1653). Soweit der Übergangene nicht nach § 640 h S 2 freie Hand für eine eigene Klage hat, steht ihm die Verfassungsbeschwerde wegen Verletzung des rechtlichen Gehörs (Art 103 I GG) offen, wenn er vom Prozeß auch sonst keine Kenntnis erhielt und sich daher mangels Beiladung kein Gehör verschaffen konnte (BVerfG JZ 67, 442). Die Monatsfrist zur Einlegung der Beschwerde beginnt mit Kenntnis der in vollständiger Form abgefaßten Entscheidung. Grunsky FamRZ 66, 642 nimmt eigenes Klagerecht des Übergangenen auch außerhalb des § 640 h S 2 an, läßt also die Wirkung für und gegen alle wenigstens ihm gegenüber entfallen (ablehnend Schlosser JZ 67, 436). Die Nichtigkeitsklage entsprechend § 579 II Nr 4 steht dem Übergangenen nicht zu; sie findet nicht schon bei jeder Verletzung des rechtlichen Gehörs statt (Grunsky aaO; Henckel ZZP 77, 370; Habscheid ZZP 86, 106).

5 **III 1)** Der Beigeladene kann **als Nebenintervenient beitreten.** Form des Beitritts: §§ 70, 71. Über den Beitritt nach Urteilsverkündung s Rn 4. Die **Untätigkeit des Beigeladenen** hat nicht wie bei der Streitverkündung die Interventionswirkungen der §§ 68, 74 III (StJSchlosser Rn 11; anders Brüggemann FamRZ 69, 124; Odersky 3 zu § 640 h). Weiteres s § 640 h Rn 13. Für den Beitritt kann PKH gewährt werden; s § 114 Rn 54.

6 **2) Rechtsstellung des Beigetretenen:** Durch Beitritt wird der Beigeladene streitgenössischer Nebenintervenient (BGHZ 89, 121 = FamRZ 84, 164 = NJW 353). Er kann sich zum Vorbringen der unterstützten Hauptpartei in gewissem Umfang in Widerspruch setzen (§ 69 Rn 7). Sein persönliches Erscheinen kann angeordnet werden. Er kann nicht als Zeuge, sondern nur als Partei vernommen werden (Damrau FamRZ 70, 286; Karlsruhe FamRZ 73, 104); so namentlich die nichteheliche Mutter im Vaterschaftsfeststellungsprozeß (Hamm FamRZ 78, 204). Entschei-

dungen sind ihm gesondert zuzustellen und setzen eigene Rechtsmittelfristen für ihn in Lauf (BGH aaO). Gegen ein Urteil, das der unterstützten Hauptpartei ungünstig ist, kann er Rechtsmittel einlegen (BGH aaO u FamRZ 80, 559 = NJW 1693).

3) Nicht beizuladende Personen, die ein rechtliches Interesse am Sieg einer Partei haben, können dieser **als Nebenintervenienten** beitreten (§ 66). § 640 e schränkt diese Befugnis nicht ein (BGHZ 76, 299/302 = FamRZ 80, 559 = NJW 1693). Tritt im Ehelichkeitsanfechtungsprozeß der Erzeuger dem Kind bei, so ist diese Nebenintervention nicht streitgenössisch; denn die erfolgreiche Anfechtung der Ehelichkeit wirkt sich nur auf den Status des Kindes, nicht aber auf das Rechtsverhältnis aus, das nach § 1615 b BGB zwischen dem Ehemann der Mutter und dem Nebenintervenienten besteht (§ 69; BGHZ 92, 275 = FamRZ 85, 61 = NJW 386). Das Urteil muß dem Nebenintervenienten nicht zugestellt werden. Legt er ein Rechtsmittel ein, muß er die Fristen einhalten, die für die von ihm unterstützte Hauptpartei laufen (BGH NJW 86, 257; JZ 89, 807). Diese kann seinem Rechtsmittel widersprechen (§ 67). Dann ist es zu verwerfen (BGH FamRZ 85, 61). 7

640f

[Aussetzung zwecks Begutachtung]

Kann ein Gutachten, dessen Einholung beschlossen ist, wegen des Alters des Kindes noch nicht erstattet werden, so hat das Gericht, wenn die Beweisaufnahme im übrigen abgeschlossen ist, das Verfahren von Amts wegen auszusetzen. Die Aufnahme des ausgesetzten Verfahrens findet statt, sobald das Gutachten erstattet werden kann.

§ 640 f gilt für alle Kindschaftssachen. **Voraussetzungen** der Aussetzung: **1.** Erschöpfung aller anderen Beweismittel, **2.** Notwendigkeit der Begutachtung (§ 640 Rn 33 ff), **3.** das Gutachten kann wegen des Alters des Kindes noch nicht erstattet werden. Die nicht mehr übliche erbbiologische Begutachtung (§ 640 Rn 35) ist meist erst im Alter von drei Jahren möglich, die serologische Begutachtung bei einem Alter von acht Monaten und drei Monate nach der letzten Bluttransfusion (BGesundheitsamt BGesundBl 77, 326). Die Verzögerung des Rechtsstreits rechtfertigt es nicht, die Begutachtung zu unterlassen (BGHZ 40, 378). Für die Dauer der Aussetzung kann für den Kindesunterhalt durch einstweilige Anordnung (§ 641 d) gesorgt werden. § 640 f deckt nicht eine Aussetzung wegen Unerreichbarkeit des beklagten Mannes oder von Mehrverkehrszeugen, die in eine Blutgruppenuntersuchung einbezogen werden sollen (Hamm DAVorm 72, 510; Köln FamRZ 83, 825; Bamberg FamRZ 95, 1280 f). Hier kann das Gericht eine Frist bestimmen, nach deren fruchtlosen Ablauf das Gutachten nur eingeholt werden darf, wenn dadurch das Verfahren nicht verzögert wird (§ 356; BGH NJW 72, 1133). Sobald die Begutachtung möglich ist, ist der Rechtsstreit von Amts wegen aufzunehmen (Abweichung von § 250). 1

Da gegen den Aussetzungsbeschluß **Beschwerde** eingelegt werden kann (§ 252), ist er zu begründen (§ 329 Anm 24). Das Beschwerdegericht (OLG) darf nur nachprüfen, ob alle anderen Beweismittel erschöpft sind und ob das Gutachten eher eingeholt werden kann, als im angefochtenen Beschluß angenommen. Die Erforderlichkeit des Gutachtens darf es nicht überprüfen, darf also nicht entscheiden, ob der Rechtsstreit auch ohne das Gutachten entscheidungsreif sei (Nürnberg FamRZ 71, 590; StJSchlosser Rn 2). 2

640g

[Tod im Anfechtungsprozeß]

(1) Hat der Mann die Klage auf Anfechtung der Ehelichkeit des Kindes oder auf Anfechtung der Anerkennung der Vaterschaft erhoben und stirbt er vor der Rechtskraft des Urteils, so ist § 619 nicht anzuwenden, wenn zur Zeit seines Todes seine Eltern oder ein Elternteil noch leben. Die Eltern können das Verfahren aufnehmen; ist ein Elternteil gestorben, so steht dieses Recht dem überlebenden Elternteil zu.

(2) War der Mann nichtehelich, so bleibt sein Vater außer Betracht.

(3) Wird das Verfahren nicht innerhalb eines Jahres aufgenommen, so ist der Rechtsstreit in der Hauptsache als erledigt anzusehen.

I) Tod des Mannes als Anfechtungskläger: Nach den §§ 640 I, 619 erledigt sich der Kindschaftsprozeß mit dem Tod einer Partei. Eine Ausnahme gilt, wenn der Mann eine Anfechtungsklage nach § 640 II Nr 2 oder 3 erhoben hat und vor Urteilsrechtskraft stirbt. Hier sieht § 640 g eine Regelung vor, die den §§ 1595 a, 1600 g 2 BGB entspricht. Unter den Voraussetzungen dieser Bestimmungen können nach dem Tode eines Mannes seine ehelichen Eltern, der überlebende Teil von ihnen oder seine nichteheliche Mutter die Ehelichkeit eines Kindes oder eine Vater- 1 schaftsanerkennung anfechten. Nach § 640 g können diese Personen (die Eltern allerdings nur gemeinsam als notwendige Streitgenossen; § 62) den Anfechtungsprozeß aufnehmen. Dieser wird, wenn Aufnahmeberechtigte vorhanden sind, mit dem Tode des Mannes unterbrochen (§ 239 I) oder ist auf Antrag auszusetzen (§ 246, 248). Aufnahme: §§ 239, 246 II, 250. Die Aufnahmebefugnis ist befristet (Abs 3). Die Frist beginnt mit dem Tode des Mannes; auf Kenntnis vom Tode oder vom Prozeß kommt es nicht an (abweichend von den §§ 1595 a I 5, 1600 h III BGB). Das im aufgenommenen Prozeß ergangene rechtskräftige Urteil hat, da die Aufnehmenden nun als Partei gelten, ebenso die Wirkungen des § 640 h, wie wenn es zu Lebzeiten des Mannes ergangen wäre.

2 **II)** In folgenden Fällen ist die **Hauptsache** als **erledigt** anzusehen (§§ 640 I, 619): **1.** Bei ungenutztem Ablauf der Jahresfrist (Abs 3), **2.** beim Tod des letzten anfechtungsberechtigten Elternteils innerhalb dieser Frist, **3.** beim Tod des elternlosen Mannes, **4.** beim Tod beider Eltern, die das Verfahren aufgenommen haben. Stirbt ein Elternteil, so setzt der andere das Verfahren fort. **5.** Beim Tod des Kindes. **6.** Hat das Kind seine Ehelichkeit oder die Anerkennung der Vaterschaft angefochten (§§ 1596, 1600 g BGB), so erledigt sowohl sein Tod wie derjenige des Mannes die Hauptsache. Das Kind kann aber ein neues Verfahren beim Vormundschaftsgericht beantragen (§§ 1599 II, 1600 l II BGB). **Erledigungsfolgen** s § 619 Rn 4–7.

640h *[Urteilswirkung gegen alle]*

Das Urteil wirkt, sofern es bei Lebzeiten der Parteien rechtskräftig wird, für und gegen alle. Ein Urteil, welches das Bestehen des Eltern-Kindes-Verhältnisses oder der elterlichen Sorge feststellt, wirkt jedoch gegenüber einem Dritten, der das elterliche Verhältnis oder die elterliche Sorge für sich in Anspruch nimmt, nur dann, wenn er an dem Rechtsstreit teilgenommen hat.

1 **I) Anwendungsbereich:** S 1 bezieht sich auf alle Kindschaftssachen nach § 640 II. S 2 nimmt einen bestimmten Fall aus: Er betrifft nur Feststellungsklagen nach § 640 II Nr 1 und 4 und hier nur Urteile, die die eheliche Elternschaft (auch Adoptivelternschaft) oder das Bestehen der elterlichen Sorge positiv feststellen und damit die Rechtsstellung Dritter berühren, die ihrerseits die Elternschaft oder elterliche Sorge für sich in Anspruch nehmen (dazu Rn 13). Für die nichteheliche Vaterschaft stellt § 641 k die Wirkung gegen jedermann, auch gegen andere Vaterschaftsprätendenten, ohne eine dem S 2 entsprechende Einschränkung wieder her.

2 **II)** Klagt ein Kind zunächst gegen einen und dann gegen einen anderen Mann auf Vaterschaftsfeststellung, so hindert die Rechtshängigkeit der ersten Klage den Beklagten nicht daran, dem Beklagten des zweiten Prozesses als Streithelfer beizutreten (Hamm DAVorm 85, 143). Die Wirkung für und gegen alle ist nur rechtskräftigen **Urteilen** beigelegt. Der Rechtsstreit darf sich nicht vor Eintritt der Rechtskraft durch Tod einer Partei (im Falle des § 640 g durch den Tod der Aufnahmeberechtigten oder das Unterbleiben fristgemäßer Aufnahme) erledigt haben (§§ 640 I, 619, 640 g I, III). Ob das Urteil unter Mißachtung von Grundsätzen des Statusverfahrens ergangen ist, ist nicht erheblich (Anerkenntnisurteil – BGH FamRZ 94, 694 f = DAVorm 413/416; Versäumnisurteil – Karlsruhe Justiz 70, 415; Bamberg FamRZ 94, 1044 = NJW-RR 459). Die Wirkung inter omnes kommt auch den die Abstammung feststellenden oder verneinenden Statusurteilen früheren Rechts zu (Stuttgart NJW 73, 2305). Eine Beschränkung des Urteilsspruchs auf Rechtswirkungen bestimmter Art ist auch in Fällen mit Auslandsberührung nicht statthaft.

3 **III) Rechtskraftwirkung gegenüber jedermann: 1) Dringt eine Ehelichkeitsanfechtungsklage durch,** so verliert das Kind damit den Status eines ehelichen Kindes. Da die Sperre des § 1593 BGB wegfällt, hat es nun die Möglichkeit, einen anderen Mann als nichtehelichen Vater heranzuziehen. Die Gestaltungswirkung hat aber nicht die Folge, daß diesem anderen Mann die Behauptung abgeschnitten ist, in Wirklichkeit stamme das Kind doch vom Ehemann der Mutter ab. Sie geht nicht weiter als die Rechtskraft des Urteils. Rechtskräftig festgestellt ist nur der Status des Kindes (BayObLG FamRZ 95, 185 f = DAVorm 94, 1029). Die der Feststellung zugrundeliegenden Tatsachen erwachsen weder in Rechtskraft (BGH FamRZ 82, 692 f; 94, 694 f mwN = DAVorm 413/417; Frankfurt NJW 88, 832), noch wirken sie rechtsgestaltend. Das Gesetz räumt der Ermittlung der wahren Abstammung des nichtehelichen Kindes weithin den Vorrang ein vor der Rechtsbeständigkeit gerichtlicher Erkenntnisse (§ 641 i ZPO, Frankfurt aaO; BayObLG aaO). Das gilt auch, wenn das Kind auf Grund erfolgreicher Anfechtungsklage die Rechtsstellung eines nichtehelichen Kindes erlangt hat (BGHZ 61, 186 = FamRZ 73, 594; BGH FamRZ 82, 692 = NJW 1652 = MDR 749 mwN auch zur Gegenmeinung).

4 **2)** Wird eine **Klage auf Anfechtung** der Ehelichkeit oder des Vaterschaftsanerkenntnisses **abgewiesen,** so bleibt auch für jeden Dritten der Status bestehen, dessen Umgestaltung der Anfechtungskläger vergeblich erstrebt hat. Das Kind gilt weiterhin als ehelich (§ 1593 BGB) bzw

als nichteheliches Kind dessen, der die Vaterschaft anerkannt hat (§ 1600 a S 1 BGB). Wird die Klage mit der Begründung abgewiesen, der Kläger habe die Anfechtungsfrist versäumt, so ist nur festgestellt, daß der Kläger die fehlende Abstammung nicht geltend machen kann; über die wahre Abstammung ist nichts ausgesagt (Düsseldorf FamRZ 80, 831 = NJW 2760).

3) Auch **Urteile, durch die das Bestehen oder Nichtbestehen eines Eltern-Kind-Verhältnisses oder der elterlichen Sorge festgestellt wird,** haben nach S 1 (mit der Einschränkung nach S 2, s Rn 13) Wirkung für und gegen alle (BGH NJW 73, 57). Für die Feststellung der nichtehelichen Vaterschaft ergibt sich das schon daraus, daß die Urteile die Sperre des § 1600 a S 2 BGB beseitigen und dadurch die Rechtslage der Parteien untereinander und gegenüber Dritten verändern (Brüggemann FamRZ 69, 122). Für erfolgreiche negative Feststellungsklagen gilt das gleiche wie für positive. Wird der Mann auf eine solche Klage hin als nichtehelicher Vater ausgeschlossen, so steht für jedermann fest, daß das vom Kind behauptete Statusverhältnis nicht besteht. Dennoch ist einem anderen Mann, der als Vater in Anspruch genommen wird, nicht die Behauptung abgeschnitten, das Kind stamme vom Sieger des Vorprozesses ab; s Rn 3. 5

4) Werden **Feststellungsklagen** als unbegründet **abgewiesen,** so hängt die Wirkung gegenüber jedermann davon ab, ob damit das Gegenteil des Klagebegehrens festgestellt ist, auf die positive Feststellungsklage des nichtehelichen Kindes etwa der Ausschluß des Mannes als Erzeuger, auf die negative des Mannes seine Vaterschaft (§ 641 k). Solche dem Klagebegehren entgegengesetzte Feststellungen sind ebenso verbindlich, wie wenn sie auf Klage mit umgekehrtem Vorzeichen getroffen worden wären. Anders liegt es, wenn positive oder negative Feststellungsklagen abgewiesen wurden, weil die Abstammungsfrage nicht zu klären war (Rn 11). 6

5) Bindung für sonstige Verfahren: Die Wirkung gegenüber allen hat nicht nur zur Folge, daß (außer im Fall des S 2) keine abweichende Statusentscheidung ergehen darf. Sie wirkt sich auch auf andere Verfahren aus, in denen es auf den Status der Beteiligten ankommt. Gebunden sind auch der Richter in anderen Zivilprozessen (zB wegen Unterhalts) oder im FGG-Verfahren, trotz des § 262 StPO auch der Strafrichter (zB wegen Unterhaltspflichtverletzung; BGHSt 21, 111= NJW 75, 1232; Odersky FamRZ 74, 563; Heimann/Trosien JR 76, 235), der Standesbeamte (§§ 29 ff PStG) und andere Verwaltungsbehörden (vgl BVerwG NJW 71, 2336). 7

6) Rechtliches Gehör: Die über die Verfahrensbeteiligten hinausreichende Urteilswirkung macht es notwendig, Personen, deren Rechtsstellung durch das Urteil mitbetroffen wird, rechtliches Gehör zu gewähren (BVerfG JZ 67, 442; Schlosser JZ 67, 431; Brüggemann JR 69, 363; Wolf JZ 71, 405; Grunsky, Grundlagen des Verfahrensrechts, 2. Aufl 1974 § 25 II) und sie beizuladen (§ 640 Rn 2). In den Fällen des S 2 wird von einer Erstreckung der Rechtskraft auf die betroffenen Dritten überhaupt abgesehen, so daß sie ihrerseits eigene Statusklage erheben können, ohne durch das Urteil des Vorprozesses daran gehindert zu sein. Dies gilt jedoch nicht, wenn die Beiladung in den Fällen des S 1 unterbleibt (§ 640 e Rn 4). 8

7) Non-liquet-Fälle: Die Wirkung für und gegen jedermann kann inhaltlich eingeschränkt sein, wo das Beweisergebnis zur Klärung der Abstammungsfrage nicht ausreicht. **a)** Zweifel an der Abstammung spielen allerdings keine Rolle, wenn **Beweislastgrundsätze** oder **Vermutungen** das Defizit an richterlicher Überzeugung ausgleichen. So kann die Ehelichkeitsanfechtungsklage abgewiesen werden, wenn der Ehemann nicht den ihm obliegenden Beweis erbracht hat, daß er der Mutter in der Empfängniszeit nicht beigewohnt hat oder daß das Kind offenbar unmöglich von ihm stammen kann. Dem Kind bleibt dann trotz bestehengebliebener Zweifel der eheliche Status erhalten. Auch im Nichtehelichenrecht rechtfertigen nach BGHZ 40, 367 Beweislastgrundsätze die vorbehaltlose Abweisung der Feststellungsklage des Kindes, wenn die behauptete Beiwohnung in der Empfängniszeit nicht sicher feststeht und ein direkter Vaterschaftsnachweis nicht möglich ist (Roth-Stielow, Abstammungsprozeß, 2. Aufl Rn 524; Gaul BoschFS (1976) 249 Fußn 51; anders von Hülsen FamRZ 64, 280; Brüggemann FamRZ 64, 337; Gerhardt BoschFS 297). Schließlich ist der positiven Feststellungsklage des Kindes uneingeschränkt stattzugeben, wenn bei feststehender Beiwohnung in der Empfängniszeit zwar Zweifel an der Abstammung verbleiben, diese aber von geringem Gewicht sind; denn dann wird das Beweisergebnis durch die Vermutung des § 1600 o II BGB ergänzt. 9

b) Zum Teil wird die Auffassung vertreten, daß die Vermutungsregelung des § 1600 o II BGB in jedem Fall eine eindeutige Entscheidung ermögliche und daß es non-liquet-Fälle nicht mehr gebe (Roth-Stielow aaO Rn 522; Gaul aaO 241, 247 ff). Wenn aber die Feststellungsklage des Kindes wegen schwerwiegender Zweifel an der Vaterschaft des Mannes abgewiesen wird, bedeutet dies nicht, daß er unmöglich der Vater sein kann. Dem Mann kommt in diesem Falle auch nicht eine Vermutung zu Hilfe, die es in Umkehrung des § 1600 o II BGB erlauben würde, das Beweisergebnis einem Ausschluß der Vaterschaft gleichzusetzen (so auch Grunsky ZZP 91, 84; anders Roth-Stielow und Gaul aaO). Auch die gewöhnlichen Beweislastregeln rechtfertigen es nicht, das Gegenteil des abgewiesenen Klagebegehrens als festgestellt zu betrachten (so aber BGHZ 5, 385; StJSchlosser Rn 9; RGRK-Böckermann § 1600 n Rn 29) und damit die Vaterschaft 10 zu verneinen; denn dies würde dem Grundsatz widersprechen, daß das Urteil in Statussachen wegen seiner Bedeutung für die Allgemeinheit der wahren Sachlage möglichst zu entsprechen hat (BGHZ 17, 262; 61, 168; s auch § 641 h Rn 5). Das gleiche gilt, wenn die negative Feststellungsklage des Mannes nicht zur vollständigen Klärung der Abstammung führt. Auch wenn nach dem Beweisergebnis die Vaterschaft unwahrscheinlich ist, steht dies der Nichtvaterschaft nicht gleich (Düsseldorf FamRZ 80, 831).

11 Hier gilt nicht der für vermögensrechtliche negative Feststellungsklagen entwickelte Grundsatz, daß der Beklagte die anspruchsbegründenden Tatsachen zu beweisen hat (§ 256 Rn 18; BGH MDR 93, 1118 f). Er paßt nicht für die vom Untersuchungsgrundsatz beherrschten Kindschaftssachen (Schönke DR 40, 1692). Wenn eine positive oder negative Feststellungsklage abgewiesen wird, muß es bei dem aus den Entscheidungsgründen zu entnehmenden Ergebnis verbleiben, daß die Vaterschaft weder festgestellt noch ausgeschlossen ist. Darüber kann auch die Wirkung des Urteils gegenüber Dritten nicht hinausgehen. Als noch möglicher Erzeuger kann der Mann daher im Folgeprozeß gegen einen anderen Mann in die Untersuchungen mit einbezogen werden (BGH FamRZ 82, 692 = NJW 1652 = MDR 749; FamRZ 94, 694 f mwN = DAVorm 413/417; Wieser FamRZ 71, 395) und das Gericht kann dort, ohne sich mit dem Urteil im Vorprozeß in Widerspruch zu setzen, zu dem Ergebnis kommen, daß der zuvor als Vater bezeichnete Mann nach wie vor als Erzeuger des Kindes möglich ist. Andernfalls würde bei einem beschränkten Kreis von als Väter in Frage kommenden Männern, die ihrerseits bereits Klagabweisung erreicht haben, dem zuletzt verklagten Mann die berechtigte Berufung auf Mehrverkehr abgeschnitten (Wieser aaO; Odersky IV 3 C zu § 1600 n BGB). Auch der Anwendungsbereich der Interventionswirkung, um deretwillen die Möglichkeit der Streitverkündigung (§ 641 b) geschaffen würde, wäre dann stark eingeengt.

12 c) Ob sich die Unmöglichkeit, die Abstammungsfrage zu klären, auch auf die **Beständigkeit des Urteils** auswirken kann, wird nicht einheitlich beantwortet. Zum Teil wird die Auffassung vertreten, daß dann bei Vorliegen neuer Beweismittel eine Erneuerung der Klage auch außerhalb des Wiederaufnahmeverfahrens zulässig sei, weil das Urteil nur die derzeitige Unmöglichkeit der Klärung verlautbare (von Hülsen FamRZ 64, 280; Reinheimer FamRZ 70, 122; Göppinger JR 71, 467; Gerhardt FS Bosch 306; Grunsky ZZP 91, 82). Eine solche, auch von Gaul aaO 252 abgelehnte zeitliche Begrenzung der Rechtskraft in non-liquet-Fällen wäre dem Rechtsfrieden abträglich. Auch sonst können Urteile nur auf die zur Zeit der Verhandlung vorliegenden Beweise gestützt werden, ohne daß das Beweisergebnis später ergänzt werden kann. BGH NJW 71, 1659 hat die Durchbrechung der Rechtskraft eines Urteils, das eine verneinende Abstammungsklage wegen Unmöglichkeit eindeutiger Klärung abgewiesen hatte, nur zugelassen, weil eine neue gesetzliche Regelung bessere Möglichkeiten bot, sich von der Vaterschaft loszusagen. Andererseits verneint BGH NJW 76, 1028 die Bindung an ein Urteil, das die Feststellungsklage eines Kindes wegen schwerwiegender Zweifel an der Vaterschaft abgewiesen hatte, und ermöglicht es, die Vaterschaft in einem Unterhaltsprozeß nach ausländischem Recht incidenter erneut zu prüfen (dagegen StJSchlosser Rn 15 vor § 640 Fußn 26).

13 **IV) Ausschluß der Rechtskrafterstreckung:** Die Urteilswirkungen nach S 1 sind durch S 2 bei **Urteilen, die das Bestehen eines ehelichen Eltern-Kind-Verhältnisses oder der elterlichen Sorge feststellen** (§ 640 II Nr 1 Hs 2 und Nr 4), eingeschränkt, nicht aber bei negativen Feststellungsurteilen. Sie sind abgeschwächt gegenüber Dritten, die die eheliche Elternschaft oder die elterliche Sorge für sich selbst in Anspruch nehmen, außer wenn sie an dem Rechtsstreit (sei es auf Grund Beiladung, sei es aus eigenem Antrieb als Nebenintervenient) teilgenommen haben. Beiladung ohne Teilnahme steht nicht gleich; eine der Interventionswirkung (§ 74) gleichkommende Beiladungswirkung ist nicht vorgesehen (str, s § 640 e Rn 5). War dem Dritten im Vorprozeß der Streit verkündet worden, so wird er nicht mit der Behauptung gehört, daß der Vorprozeß unrichtig entschieden sei (§§ 74 III, 68; vgl StJSchlosser Rn 13, Odersky Rn 3). Für die Feststellung der nichtehelichen Vaterschaft (§ 640 II Nr 1 Hs 1) und die Feststellung der anfänglichen Wirksamkeit einer Vaterschaftsanerkennung (§ 640 II Nr 1 Hs 2) gilt S 2 nicht (§ 641 k). Die abgeschwächte Bindungswirkung nach S 2 bedeutet, daß ein dritter Vater-/Mutterschaftsprätendent seinerseits Statusklage erheben kann, um sein Verhältnis zum Kind feststellen zu lassen, und daß das Gericht des Zweitprozesses hierbei nicht an die tatsächlichen Feststellungen und rechtlichen Erwägungen des Ersturteils gebunden ist. Erhebt der Dritte eine solche eigene Statusklage nicht oder hat er mit ihr keinen Erfolg, so muß er das Ersturteil auch gegen sich gelten lassen. Er kann dessen Richtigkeit nicht in einem anderen Verfahren in Frage stellen.

14 **Gegen wen hat der Dritte seine neue Klage zu richten?** § 640 II Nr 1 und 4 sieht nur vor, daß das Kind Gegner desjenigen ist, der die eheliche Elternschaft oder elterliche Sorge beansprucht. Die Klage des Dritten gegen das Kind reicht daher aus, um eine rechtskräftige Feststellung des Status zu erwirken. Der Gegner des Kindes im Vorprozeß wäre nur entsprechend § 640 e beizuladen. Er könnte sich allerdings nach S 2 durch Fernbleiben die Möglichkeit erhalten, eine dritte

Statusklage zu erheben, um dem im Zweitprozeß siegenden Gegner des Kindes seinen Erfolg wieder streitig zu machen, usw. Um dies zu verhindern, sollte im Zweitprozeß der Gegner des Kindes aus dem Erstprozeß gewissermaßen als Duldungsschuldner mitverklagt werden (Odersky Rn 3; anders StJSchlosser Rn 14: Klage gegen beide Parteien des Vorprozesses).

641 *[Sondervorschriften für nichtehelich geborene Kinder]*

Auf einen Rechtsstreit, der die Feststellung des Bestehens oder Nichtbestehens der nichtehelichen Vaterschaft sowie der Vaterschaft zu einem durch nachfolgende Ehe legitimierten oder zu einem für ehelich erklärten Kinde zum Gegenstand hat, sind die nachfolgenden besonderen Vorschriften anzuwenden.

Die §§ 640 a – 640 h werden für die in § 641 genannten Fälle durch die §§ 641 a – 641 k teilweise modifiziert. § 641 erfaßt **Feststellungsklagen** nach § 640 II Nr 1 Hs 1, sofern es um das Bestehen oder Nichtbestehen der **nichtehelichen Vaterschaft** geht; ferner Feststellungsklagen nach § 640 II Nr 1 Hs 2, die klären soll, ob eine Vaterschaftsanerkennung wirksam zustande gekommen ist (1. Alternative des § 1600 f I BGB). Dies gilt auch, wenn der Mann die Mutter des nichtehelich geborenen Kindes geheiratet hat oder das Kind für ehelich erklärt wurde, wenn also die Legitimationswirkung (§ 1719 BGB) oder die Wirksamkeit der Ehelicherklärung (§ 1735 S 2 BGB) von der anfänglichen Wirksamkeit der Vaterschaftsanerkennung abhängen. 1

Die §§ 641 ff gelten aber nicht für jeden Streit um die nichteheliche Vaterschaft (Koblenz DAVorm 77, 430). **Nicht anwendbar** sind sie auf **Ehelichkeitsanfechtungsklagen** nach § 640 II Nr 2 (BGH NJW-RR 89, 1478) und bei Klagen auf **Anfechtung der Vaterschaftsanerkennung** (§ 640 II Nr 3; Brüggemann FamRZ 69, 124; Koblenz DAVorm 76, 147). Jedoch ist § 641 i als Ausdruck eines allgemeinen Rechtsgedankens auch in Kindschaftssachen anwendbar, die in § 641 nicht aufgeführt sind (§ 641 i Rn 2). 2

Nicht oder beschränkt anwendbare Vorschriften: Im Anwendungsbereich des § 641 ist kein Raum für die §§ 640 b, 640 d, 640 g, die nur Anfechtungsklagen betreffen. Statt § 640 a gilt § 641 a (BGH NJW-RR 89, 1478). § 640 h wird durch § 641 k modifiziert. 3

641a *[Gerichtsstand]*

Ausschließlich zuständig ist das Amtsgericht, bei dem die Vormundschaft oder die Pflegschaft für das Kind anhängig ist. Ist eine Vormundschaft oder Pflegschaft im Inland nicht anhängig, so ist das Amtsgericht ausschließlich zuständig, in dessen Bezirk das Kind seinen Wohnsitz oder bei Fehlen eines inländischen Wohnsitzes seinen gewöhnlichen Aufenthalt hat. Hat das Kind im Inland weder Wohnsitz noch gewöhnlichen Aufenthalt, so ist der Wohnsitz oder bei Fehlen eines inländischen Wohnsitzes der gewöhnliche Aufenthalt des Mannes maßgebend. Hat auch der Mann im Inland weder Wohnsitz noch gewöhnlichen Aufenthalt und ist der Mann oder das Kind Deutscher, so ist das Amtsgericht Schöneberg in Berlin ausschließlich zuständig.

Sachliche und örtliche Zuständigkeit für Kindschaftssachen s § 640 Rn 45. Abweichend hiervon begründet § 641 a für Klagen auf Feststellung des Bestehens oder Nichtbestehens der nichtehelichen Vaterschaft einen ausschließlichen Gerichtsstand, dessen Einhaltung von Amts wegen zu beachten ist. Die Bestimmung gilt nicht für die Anfechtung der Ehelichkeit (BGH NJW-RR 89, 1478). Keine Zuständigkeitsvereinbarung (§ 40 II). § 641a regelt **nicht** die **internationale Zuständigkeit** (StJSchlosser Rn 4); diese richtet sich nach § 640 a II. Ältere Rechtsprechung des BGH (FamRZ 84, 1001 = NJW 85, 552 = IPRax 85, 224) ist durch die Neufassung überholt, die die §§ 640 a, 641 a durch die IPR-Reform von 1986 (BGBl 86 I 1142) erfahren haben. Die Zuständigkeitskonzentration nach § 641 a ermöglicht es, bei Mehrverkehr der Mutter die Vaterschaftsprozesse gegen mehrere Männer beim gleichen Gericht durchzuführen. Sinngemäß anwendbar ist § 641 a im Fall der **Anfechtung der Vaterschaftsanerkennung**, weil der Gesetzgeber die Rechtsähnlichkeit dieses Falles offenbar übersehen hat (StJSchlosser Rn 2; MK/Coester-Waltjen Rn 3; Brüggemann FamRZ 69, 124; Siehr, Auswirkungen des NEG auf das internationale Privat- und Verfahrensrecht 72 f; anders Koblenz FamRZ 76, 371 = DAVorm 76, 147). 1

S 1 und 2: Während sonst in Kindschaftssachen regelmäßig der allgemeine Gerichtsstand des Beklagten (§§ 12 ff) und nur ausnahmsweise (§ 640 a I) der des Klägers für die örtliche Zuständigkeit maßgebend ist, führt § 641 a in der Regel ohne Rücksicht auf die Parteirolle des Kindes zur Zuständigkeit des Gerichts, das für den Wohnsitz oder Aufenthaltsort des Kindes zuständig ist. Denn für die Vormundschaft oder Pflegschaft über ein nichteheliches Kind (Abs 1 S 1) ist nach § 36 FGG regelmäßig das AG zuständig, in dessen Bezirk das Kind seinen Wohnsitz, evtl Aufenthalt hat. Besteht keine inländische Vormundschaft oder Pflegschaft, weil die Mutter die elterliche 2

Sorge ausübt (§ 1705 S 2, 1707 BGB), so führt Abs 1 S 2 zum gleichen Ergebnis, wenn das Kind im Inland Wohnsitz oder wenigstens gewöhnlichen Aufenthalt hat.

3 **S 3:** Wenn das Kind im Inland keinen Wohnsitz oder gewöhnlichen Aufenthalt hat, gelten die Hilfsgerichtsstände des S 3 oder 4. Im Falle des S 3 (allgemeiner Gerichtsstand des Mannes maßgeblich) ist die Staatsangehörigkeit der Parteien belanglos; auch auf den Wohnsitz oder Aufenthalt der Mutter kommt es nicht an.

4 **S 4:** Das AG Berlin-Schöneberg ist nur zuständig, wenn Mann und Kind oder einer von ihnen Deutsche sind. Fehlt es auch an der deutschen Staatsangehörigkeit des Mannes oder Kindes (deutsche Staatsangehörigkeit der Mutter reicht nicht aus), besteht also keinerlei Verknüpfung mit dem Inland, so ist kein inländisches Gericht zuständig; die Zuständigkeit kann auch nicht vereinbart werden (§ 40 II). Dann entscheiden ausländische Gerichte.

641b *[Streitverkündung]*

Ein Kind, das für den Fall des Unterliegens einen Dritten als Vater in Anspruch nehmen zu können glaubt, kann bis zur rechtskräftigen Entscheidung des Rechtsstreits dem Dritten gerichtlich den Streit verkünden.

1 **I) Anwendungsbereich.** § 640 e und § 641 b überschneiden sich nicht. Der Mann, dessen Vaterschaft weder durch Anerkennung noch durch gerichtliche Entscheidung festgestellt ist (§ 1600 a BGB), ist kein Elternteil iS des § 640 e. § 641 b ist nur bei Klagen auf Feststellung des Bestehens oder Nichtbestehens der ehelichen Vaterschaft (§ 641) anzuwenden. Das Kind, das einen Mann auf Feststellung der Vaterschaft oder der Wirksamkeit einer Vaterschaftsanerkennung nach § 640 II Nr 1 Hs 2 (Wieser FamRZ 71, 394) verklagt, kann weiteren Männern, die ebenfalls als Vater in Frage kommen, den Streit verkünden, wozu es nach § 72 nicht berechtigt wäre. Das gleiche gilt für das Kind, das mit einer negativen Vaterschaftsfeststellungsklage überzogen wird.

2 Bei positiver Feststellungsklage des Mannes gegen das Kind ist § 641 b nicht anwendbar. Unterliegt das Kind hier, so kann es nicht aus diesem Grunde einen Dritten als Vater in Anspruch nehmen. Bei negativer Feststellungsklage des Kindes gegen einen Mann kann das Kind glauben, im Falle seines Sieges einen anderen Mann als Vater in Anspruch nehmen zu können. Hier kann § 641 b analog angewandt werden (StJSchlosser Rn 2).

3 **II) Die Streitverkündung** ist in jeder Lage des Verfahrens möglich; je eher, desto mehr Raum läßt sie für die Interventionswirkung (Rn 6 ff). Form: §§ 73, 496; kein Anwaltszwang. Zustellung von Amts wegen (§ 270); formlose Mitteilung unzweckmäßig, aber ausreichend. Der Verkündungsempfänger kann seinerseits weiteren Männern den Streit verkünden (§ 72 II).

4 **III) Beitritt.** Der Verkündungsempfänger kann dem Kind beitreten (Form: § 70). Da zwischen ihm und dem Gegner des Kindes regelmäßig kein Rechtsverhältnis iS des § 69 besteht, wird er einfacher, nicht streitgenössischer Nebenintervenient (BGHZ 92, 275 = FamRZ 85, 61 = NJW 386). Hat der Gegner dem Kind Unterhalt bezahlt, so ist das rechtskräftige Urteil, das im Vaterschaftsprozeß ergeht, für das Rechtsverhältnis zwischen dem Nebenintervenienten und dem Gegner aus § 1615 b BGB maßgeblich. Hier handelt es sich um eine streitgenössische Nebenintervention (Wieser FamRZ 71, 396; Koblenz DAVorm 77, 646/649 mwN; str). Der einfache Nebenintervenient hat im Vaterschaftsprozeß eine wesentlich andere Rechtsstellung als der streitgenössische. Einzelheiten s § 640 e Rn 7, 8. Will der Verkündungsempfänger selbst die Vaterschaft beanspruchen und hat er deshalb ein Interesse daran, daß der Gegner des Kindes nicht als Vater festgestellt wird, so kann er diesem beitreten (Wieser aaO 393). § 641 b beschränkt die Befugnis zur Nebenintervention nach § 66 nicht ein (keine lex specialis: BGHZ 76, 299/302 = FamRZ 80, 559 = NJW 1693). Streit über die Zulässigkeit der Nebenintervention: § 71.

5 **IV) Sieg des Kindes im Erstprozeß.** Wird im Erstprozeß der Gegner des Kindes als dessen Vater festgestellt, so wirkt das rechtskräftige Urteil für und gegen jedermann, auch zugunsten des Verkündungsempfängers, gleichgültig ob er beigetreten war oder nicht (§§ 640 h S 1, 641 k; § 1600 a S 1 BGB); er scheidet damit als möglicher Vater aus.

6 **V) Stellung des Verkündungsempfängers im Folgeprozeß.** Unterliegt das Kind im Erstprozeß, in dem es einem Dritten den Streit verkündet hatte, so treten im Folgeprozeß gegen den Verkündungsempfänger ohne Rücksicht auf Beitritt oder Nichtbeitritt die Interventionswirkungen der §§ 68, 74 III ein. Sie erstrecken sich auf die das Ersturteil tragenden tatsächlichen Feststellungen und rechtlichen Erwägungen, die für das Kind im Erstprozeß ungünstig waren und im Folgeprozeß für den Verkündungsempfänger ungünstig sind (§ 68 Rn 6; Wieser FamRZ 71, 393). Das Kind darf den Folgeprozeß nicht aus Gründen verlieren, die den tragenden Feststellungen und Rechtsausführungen des Ersturteils widersprechen (Wieser aaO). Im einzelnen:

1) Wurde im Erstprozeß **festgestellt, daß der Gegner des Kindes nicht dessen Vater ist,** so ist diese Feststellung für den Verkündungsempfänger verbindlich. Gegenüber einer Vaterschaftsklage, die nunmehr gegen ihn gerichtet ist, kann er sich nicht damit verteidigen, daß das Kind von jenem Mann abstamme. Gegen die für ihn ungünstigen Feststellungen des Ersturteils kann er grundsätzlich nicht einwenden, daß das Erstgericht den Streitstoff falsch beurteilt oder daß es seiner Amtsermittlungspflicht nicht genügt habe. Ist er streitgenössischer Nebenintervenient (Rn 4), so kann er auch nicht gemäß der 2. Alternative des § 68 Hs 2 geltend machen, daß ihn Erklärungen oder Handlungen des Kindes im Vorprozeß daran gehindert hätten, geeignete Angriffs- oder Verteidigungsmittel vorzubringen; denn daran hätte ihn das Kind nicht hindern können (§ 69 Rn 7). Er kann nur einwenden (§ 68 Hs 2, 1. Alternative), daß die Lage des ersten Prozesses zur Zeit der Streitverkündung ihm diese Möglichkeit genommen habe (verspätete Streitverkündung: § 67 Hs 1 iVm § 74 III). Weiter kann er geltend machen (§ 68 Hs 2, 2. Alternative), daß ihm Angriffs- oder Verteidigungsmittel, die dem Erstprozeß eine andere Wendung hätten geben können, unbekannt gewesen seien, während das Kind sie gekannt, aber absichtlich oder aus grober Nachlässigkeit nicht benutzt habe (Wieser FamRZ 71, 396). 7

2) Ließ sich nach dem ersten Urteil die Abstammung des Kindes von seinem Prozeßgegner nicht feststellen, so liegt hierin **keine für den Folgeprozeß maßgebliche Feststellung.** Auch wenn die Voraussetzungen des § 68 Hs 2 nicht erfüllt sind, kann sich das Zweitgericht davon überzeugen, daß der frühere Gegner der Vater ist oder als solcher ausgeschlossen ist (Wieser FamRZ 71, 395). Hält das erste Urteil den Geschlechtsverkehr zwischen der Mutter und dem Verkündungsempfänger nur für möglich oder wahrscheinlich, so liegt auch darin keine für den Folgeprozeß maßgebliche Feststellung (Wieser aaO 394). 8

3) Nur von den **das Ersturteil tragenden Feststellungen** darf im Folgeprozeß nicht abgewichen werden. Weist das erste Urteil die Vaterschaftsfeststellungsklage ab, weil der Geschlechtsverkehr zwischen der Mutter und dem Beklagten unbewiesen ist, so ist ein im Urteil enthaltenes obiter dictum, im übrigen sei die Vaterschaft des Verkündungsempfängers durch Gutachten praktisch erwiesen, für den Folgeprozeß nicht maßgeblich (Wieser FamRZ 71, 396). 9

641c *[Vaterschaftsanerkennung im Prozeß]*

Die Anerkennung der Vaterschaft, die etwa erforderliche Zustimmung des gesetzlichen Vertreters des Anerkennenden sowie die Zustimmung des Kindes und seines gesetzlichen Vertreters können auch in der mündlichen Verhandlung zur Niederschrift des Gerichts erklärt werden.

Anerkennung im Prozeß: Anwendungsbereich: § 641. Ein prozessuales Anerkenntnis (§ 307) der nichtehelichen Vaterschaft ist nicht möglich (§§ 640 I, 617). Ein Anerkenntnisurteil darf nicht ergehen (BGH FamRZ 94, 694), wohl aber eine Kostenentscheidung nach § 93 (Köln DAVorm 91, 1102 f). Statt eines Anerkenntnisses kann der Vater die sachlichrechtliche Anerkennungserklärung (§§ 1600 a ff BGB) in mündlicher Verhandlung abgeben, ungeachtet des Anwaltszwangs persönlich (§ 1600 d III BGB), auch im Berufungsverfahren (Göppinger NJW 70, 650; Kemper ZBlJugR 71, 195), aber nicht schriftsätzlich. Über die Anerkennung durch einen geschäftsunfähigen Mann s § 1600 d I BGB u Kemper aaO. Die Erklärung ist ins Protokoll aufzunehmen, vorzulesen und zu genehmigen (§§ 160 III Nr 3, 162). Die Vaterschaftsanerkennung ist zwar weder Anerkenntnis noch Geständnis iS des § 160 III Nr 1 u 3, enthält aber Elemente von beiden und steht ihnen in ihrer Bedeutung nicht nach. Die Bestimmung ist analog anzuwenden, um sicherzustellen, daß die protokollierte Erklärung dem Willen des Anerkennenden entspricht (Hamm DAVorm 87, 805/808). Zum Rechtsschutzbedürfnis für eine Vaterschaftsfeststellungsklage gegen einen anerkennungswilligen Mann s oben § 640 Rn 12. 1

Auf die gleiche Weise wie die Vaterschaftsanerkennung können die **Zustimmungserklärungen** (§§ 1600 c, 1600 d BGB) abgegeben werden. Anerkennung und Zustimmung brauchen dann nicht in den Formen des § 1600 e BGB beurkundet zu werden. Sie können auch in einem gerichtlich protokollierten Unterhaltsvergleich erklärt werden. Mitteilungspflicht des Gerichts: § 1600 e II BGB. Liegen die Zustimmungserklärungen vor – die auch in der Form des § 1600 e BGB nachgebracht werden können – und erklären die Parteien den Rechtsstreit für erledigt (vgl Damrau FamRZ 70, 287; BGH NJW 74, 751), so ist nur noch über die **Kosten** zu entscheiden. Im Rahmen der Billigkeitsentscheidung nach § 91 a ist auch der Grundgedanke des § 93 anwendbar (KG FamRZ 94, 909/911 mwN; Schlicht DAVorm 75, 535). Sorgfältig zu prüfen ist dann, ob das Kind trotz der Vaterschaftsanerkennung Anlaß zur Klageerhebung hatte (§ 640 Rn 12; ähnlich München FamRZ 85, 530). Bei Mehrverkehr der Mutter besteht ein solcher Anlaß mit der Folge, daß der anerkennende Vater die Kosten zu tragen hat (KG aaO; anders AG Oberhausen DAVorm 96, 292 f, das die Kosten gegeneinander aufhebt). 2

3 **Restprozeß über den Regelunterhalt.** War neben dem Feststellungsbegehren ein Antrag auf Regelunterhalt gestellt worden (§ 643 S 1), so bleibt dieser Antrag trotz Erledigung des Feststellungsbegehrens zulässig. Der Restprozeß ist fortzusetzen (BGH NJW 74, 751). Er ist Kindschaftssache iS des § 640 und geht nicht in einen Unterhaltsprozeß nach § 642 über (BGH FamRZ 71, 369 = MDR 566; FamRZ 71, 637; FamRZ 80, 48 = NJW 292 = MDR 215). Will der Beklagte nach der Vaterschaftsanerkennung auch die Verpflichtung zum Regelunterhalt auf sich nehmen, so genügt dafür nicht wie für die Vaterschaftsanerkennung eine einseitige Erklärung zu gerichtlichem Protokoll (LG Berlin DAVorm 72, 366; zweifelnd Kemper FamRZ 73, 523). Möglich ist aber eine Verpflichtungsurkunde gemäß § 642 c Nr 2 ZPO bzw § 60 SGB VIII (= KJHG). Über den Regelunterhalt kann auch ein **Prozeßvergleich** geschlossen werden (anders Demharter FamRZ 85, 979). Hieran werden die Parteien nicht durch die §§ 640 I, 616 I, 617 gehindert. Nur über die Abstammungsfrage können sie nicht disponieren und auch keinen Vergleich schließen. Dies gilt aber nicht für den Unterhalt (§ 642 c Nr 1). Prozeßvergleiche sind auch in Statussachen möglich, soweit die Parteien über den Verfahrensgegenstand disponieren können (§ 617 Rn 5 f; Rosenberg/Gottwald § 131 I 5). Dagegen darf der nichteheliche Vater nicht durch **Anerkenntnis- oder Versäumnisurteil** zum Regelunterhalt verurteilt werden (Hamm FamRZ 88, 854; AG Oberhausen DAVorm 96, 292 f; Demharter aaO). Dies verbieten die §§ 640 I, 612 IV, 617. Sinnvoll ist dieses Verbot zwar nur für die Abstammungsfrage. Gleichwohl führt eine wortwörtliche Anwendung der Bestimmungen nicht zu unerträglichen Ergebnissen. Um das Prozeßrecht nicht unnötig zu verkomplizieren, sollte davon abgesehen werden, die Bestimmungen nur auf die Abstammungsfrage anzuwenden und für den Unterhalt eine Ausnahme zu machen. Im übrigen erschwert das Verbot des Anerkenntnisurteils das Verfahren nicht. Das Regelunterhaltsverfahren ist meistens ohne weiteres spruchreif.

4 **Gebühren: 1)** des **Gerichts:** Keine. Die Aufnahme in die Sitzungsniederschrift wird durch die nach KV 1201 zu erhebende allgemeine Verfahrensgebühr abgegolten. Für jede Partei ist eine Abschrift der Sitzungsniederschrift schreibauslagenfrei (KV 9000 Ziff 2 c). – **2)** des **Anwalts:** Keine Gebühr für die isoliert abgegebenen Erklärungen des § 641 c. Nur wenn diese im Rahmen eines gerichtlichen Vergleichs niedergelegt werden (Rn 2), kann eine 10/10 Vergleichsgebühr entstehen.

641d *[Einstweilige Anordnung auf Unterhalt]*

(1) In einem Rechtsstreit auf Feststellung des Bestehens der Vaterschaft kann das Gericht auf Antrag durch einstweilige Anordnung bestimmen, daß der Mann dem Kinde Unterhalt zu zahlen oder für den Unterhalt Sicherheit zu leisten hat, und die Höhe des Unterhalts regeln.

(2) Der Antrag ist zulässig, sobald die Klage eingereicht ist. Er kann vor der Geschäftsstelle zu Protokoll erklärt werden. Der Anspruch und die Notwendigkeit einer einstweiligen Anordnung sind glaubhaft zu machen. Die Entscheidung ergeht auf Grund mündlicher Verhandlung durch Beschluß. Zuständig ist das Gericht des ersten Rechtszuges und, wenn der Rechtsstreit in der Berufungsinstanz schwebt, das Berufungsgericht.

(3) Gegen einen Beschluß, den das Gericht des ersten Rechtszuges erlassen hat, findet die Beschwerde statt. Schwebt der Rechtsstreit in der Berufungsinstanz, so ist die Beschwerde bei dem Berufungsgericht einzulegen.

(4) Die entstehenden Kosten gelten für die Kostenentscheidung als Teil der Kosten der Hauptsache; § 96 gilt sinngemäß.

I) Lit: *Büdenbender*, Der vorläufige Rechtsschutz durch einstweilige Verfügung und einstweilige Anordnung im Nichtehelichenrecht (1975). – Bis zur Beendigung eines Vaterschaftsprozesses kann – namentlich durch Gutachten – lange Zeit vergehen. Da der Mann erst nach rechtskräftiger Vaterschaftsfeststellung zur Unterhaltszahlung verurteilt werden kann (§ 1600 a S 2 BGB), helfen bis dahin **einstweilige Unterhaltsregelungen,** das Kind vor Not zu bewahren, nämlich einstweilige Verfügungen und einstweilige Anordnungen im Vaterschaftsfeststellungsprozeß (§ 641 d). Problematisch ist die Konkurrenz dieser Verfahrensarten. 1

1) Einstweilige Verfügungen auf laufenden Unterhalt (§ 940 sind nur möglich, wenn die Vaterschaft bereits durch Vaterschaftsanerkennung oder Urteil (§ 1600 a BGB) festgestellt ist. Steht die Vaterschaft noch nicht fest, so verbietet die Sperre des § 1600 a S 2 BGB den Erlaß solcher Verfügungen. Der **Kindesunterhalt für die ersten drei Lebensmonate** kann jedoch durch einstweilige Verfügung gemäß § 1615 o BGB gesichert werden. Nicht erforderlich ist hierfür, daß die Vaterschaft bereits feststeht. Auch der als Vater nur vermutete Mann (§ 1600 o II BGB) kann in Anspruch genommen werden. Die Voraussetzungen der Vermutung sind glaubhaft zu machen (§§ 936, 920 II, 294). Die Gefährdung des Anspruchs braucht nicht glaubhaft gemacht zu werden (§ 1615 o III BGB). Zum Unterschied von § 641 d kann der Antrag bereits vor der Geburt des Kindes gestellt und beschieden werden; dann kann Hinterlegung des erforderlichen Betrages angeordnet werden (§ 1615 o I 2 BGB). Zuständig ist als Gericht der Hauptsache (§ 937) das für den Unterhaltsprozeß zuständige Gericht (Frankfurt FamRZ 84, 512 mwN mit Anm Büdenbender, str). Maßgeblich ist also der allgemeine Gerichtsstand des Mannes (§§ 13, 15, 16), hilfsweise der des Kindes, wenn der Mann im Inland keinen allgemeinen Gerichtsstand hat (§ 23 a). Rechtsmittel sind an das LG zu richten (§ 72 GVG). Nicht zuständig sind das Gericht des Kindschaftsprozesses (§ 641 a) und das OLG als dessen Rechtsmittelinstanz (§ 119 GVG); denn Hauptsache iS des § 937 ist weder die Kindschaftssache noch der Regelunterhaltsantrag, sondern der Unterhaltsprozeß (Frankfurt aaO, str). Eine Frist zur Erhebung der Hauptsacheklage (§§ 936, 926 I) kann gesetzt werden, sobald die Vaterschaft feststeht, damit die Höhe des zugesprochenen Betrages im Unterhaltsprozeß überprüft werden kann. Ob die Frist auch schon vorher gesetzt werden kann, ist str (bejahend Odersky III 4 zu § 1615 o BGB; StJGrunsky § 936 Rn 5; Büdenbender (Rn 1) S 65; verneinend Göppinger FamRZ 75, 198). 2

2) Einstweilige Anordnungen nach § 641 d dürfen erst erlassen werden, wenn ein Rechtsstreit auf Vaterschaftsfeststellung anhängig ist. Von der Anhängigkeit an ist § 641 d lex specialis im Verhältnis zu § 1615 o BGB (StJSchlosser Rn 5; anders Damrau FamRZ 70, 294 f; Büdenbender (Rn 1) S 135; s § 620 Rn 22 mwN). Eine einstweilige Verfügung darf dann nicht mehr erlassen werden. Rechtskräftige Entscheidungen im Verfahren der einstweiligen Verfügung stehen einer **abermaligen Entscheidung über demselben Gegenstand** im Verfahren der einstweiligen Anordnung jedenfalls dann im Wege, wenn keine neuen Tatsachen vorgetragen werden und Vorbringen, das bisher für nicht glaubhaft erachtet worden war, nicht mit anderen Mitteln glaubhaft gemacht wird (StJGrunsky Rn 14 vor § 916). Dies gilt auch, wenn die abermalige Entscheidung im Verfahren der einstweiligen Anordnung begehrt wird; denn dieses Verfahren ist nur eine andere Form des einstweiligen Rechtsschutzes. Folgen: Ist der Antrag auf Erlaß einer einstweiligen Verfügung im Sinne des § 1615 o BGB rechtskräftig abgelehnt worden, so kann die Rechtskraft das Kind daran hindern, durch einstweilige Anordnung erneut Unterhalt für die ersten drei Lebensmonate zu fordern. Die Rechtskraft steht jedoch einer Unterhaltsregelung für die Zeit danach nicht entgegen (StJSchlosser Rn 6). 3

II) Einstweilige Anordnung nach § 641 d: 1) Anwendungsbereich: § 641 d ist anwendbar bei positiver Vaterschaftsfeststellungsklage oder -Widerklage; ob auch bei negativer, ist streitig (bejahend Brühl FamRZ 70, 226; StJSchlosser Rn 4; anders Odersky II 1 a; Thomas/Putzo Rn 2; Bergerfurth FamRZ 70, 362; Büdenbender [Rn 1] S 72). Jedenfalls ist eine positive Feststellungswiderklage des Kindes zulässig, um eine solche Anordnung zu erlangen (§ 640 c Rn 5; Büdenbender aaO). Bei Klagen auf Feststellung der Unwirksamkeit eines Vaterschaftsanerkenntnisses und bei Ehelichkeitsanfechtungsklagen ist § 641 d nicht anwendbar (Düsseldorf NJW 73, 1331; Koblenz FamRZ 74, 383; Stuttgart DAVorm 78, 217; anders StJSchlosser Rn 1). Für eine analoge Anwendung des § 641 d ist in diesen Fällen kein Raum; der Unterhalt kann durch einstweilige Verfügung gemäß § 940 geregelt werden. Im Unterhaltsprozeß (§§ 642 ff) ist § 641 d nicht anwendbar. Einstweilige Anordnungen können in erster Instanz, aber auch in der Berufungsinstanz ergehen, nachdem das AG die Vaterschaft festgestellt und zum Regelunterhalt verurteilt hat (Koblenz FamRZ 75, 51). Die einstweilige Anordnung bietet damit zugleich einen Ersatz dafür, daß die Verurteilung zum Regelunterhalt nach § 643 I nicht für vorläufig vollstreckbar erklärt werden darf (§ 704 II S 2). Selbst nach rechtskräftiger Vaterschaftsfeststellung und Verurteilung zum Regelunterhalt tritt sie nicht ohne weiteres außer Kraft (§ 641 e). 4

2) Einstweilige Anordnungen sind auch bei **Beteiligung von Ausländern** möglich. Wenn das deutsche Gericht für die Vaterschaftsklage international zuständig ist, ist es das auch für einst- 5

weilige Anordnungen (Koblenz NJW 75, 1085; ZBlJugR 77, 119). Ob deutsches oder ausländisches Sachrecht anzuwenden ist, richtet sich nach Art 18 EGBGB. Nach dessen Abs 1 gilt das Recht des Aufenthaltsorts des Unterhaltsberechtigten. Kann dieser hiernach keinen Unterhalt verlangen, so ist das Recht des Staates anzuwenden, dem die Parteien gemeinsam angehören. Steht dem Berechtigten auch hiernach kein Unterhalt zu, so gilt deutsches Recht (Art 18 II EGBGB). Ohne daß es auf den Aufenthaltsort ankommt, gilt deutsches Sachrecht, wenn beide Parteien Deutsche sind und der Unterhaltsverpflichtete seinen gewöhnlichen Aufenthalt im Inland hat (Art 18 V EGBGB). Wenn sich das ausländische Recht nicht ermitteln läßt, kann statt dessen deutsches Recht angewendet werden (BGH NJW 78, 496; dazu Heldrich FS Ferid 209).

6 **III) Anträge nach § 641 d : 1) Zulässigkeit des Antrages:** Einstweilige Anordnungen werden nur auf Antrag des Kindes erlassen. Der Antrag kann vor Zustellung, aber erst nach Einreichung der Klage oder zugleich mit ihr (Abs 2 S 1) und damit erst nach der Geburt des Kindes gestellt werden (vorher Antrag nach § 1615 o BGB; s Rn 2). Der Antrag kann gestellt werden, solange die Klage nicht zurückgenommen, die Hauptsache nicht erledigt und das Urteil in der Kindschaftssache noch nicht rechtskräftig ist. Wird das Urteil nach Antragstellung, aber noch vor der Entscheidung über den Antrag rechtskräftig, so wird der Antrag dadurch nicht unzulässig (StJSchlosser Rn 19). Nach Rechtskraft des Urteils kann der Antrag nicht mehr gestellt werden. Diese Grundsätze durchbricht § 641 f: Weist das AG die Vaterschaftsklage ab, so kann dort keine einstweilige Anordnung mehr beantragt werden (auch wenn das AG hierfür noch zuständig wäre; s Rn 7). Sobald das Kind Berufung eingelegt hat, kann es beim OLG eine Anordnung beantragen (§ 641 f Rn 1). – Aussetzung des Verfahrens nach § 640 f macht den Antrag nicht unzulässig (Düsseldorf DAVorm 73, 375; Karlsruhe ZBlJugR 75, 181).

7 **2) Zuständigkeit (Abs 2 S 5):** Zuständig ist das AG, auch noch nach Urteilsverkündung, solange nicht Berufung eingelegt worden ist (Brühl FamRZ 70, 226; Bosch FamRZ 71, 198) oder das Urteil rechtskräftig geworden ist. Wird vor Einlegung der Berufung eine einstweilige Anordnung beantragt und sodann Berufung eingelegt, bevor über den Anordnungsantrag entschieden ist, so bleibt das Amtsgericht zuständig. Der Grundsatz der perpetuatio fori gilt hier sinngemäß (s § 620 a Rn 12). Nach Einlegung der Berufung ist die einstweilige Anordnung beim OLG zu beantragen (Abs 2 S 5). Für die Zeit zwischen Verkündung des Berufungsurteils und dessen Rechtskraft oder Einlegung der Revision gilt das zuvor Gesagte entsprechend. Schwebt der Rechtsstreit in der Revisionsinstanz, so ist wieder die erste Instanz zuständig (Hamm NJW 62, 261; s Rn 16 zu § 620 a).

8 **3) Antragsform:** Schriftsatz oder zu Protokoll der Geschäftsstelle (Abs 2 S 2) des zuständigen AG oder OLG, ferner der Geschäftsstelle jedes anderen AG (§ 129 a). Anwaltszwang besteht auch beim OLG nicht (§ 78 II), außer für die mündliche Verhandlung. Die Prozeßvollmacht für die Hauptsache erstreckt sich auf das Anordnungsverfahren (§§ 640 I, 609; s § 609 Rn 1). **Bestimmtheit des Antrages:** Der Antragsteller muß erklären, ob er Zahlung oder Sicherheitsleistung begehrt (Abs 1). Er muß einen bezifferten Betrag angeben, er kann er den Betrag auch ins Ermessen des Gerichts stellen (Brühl FamRZ 70, 227; StJSchlosser 16; MK/Coester-Waltjen Rn 12; anders Odersky Anm II 2 b; Roth-Stielow Rn 503). Der Antrag ist zu **begründen;** die tatsächlichen Voraussetzungen für den Erlaß einer einstweiligen Anordnung sind **glaubhaft zu machen** (Abs 2 S 3).

9 **4) Glaubhaftmachung: a)** Glaubhaft zu machen ist in erster Linie die zum Anspruchsgrund gehörende **Vaterschaft** (§§ 1601, 1615 a BGB). Welche Anforderungen insoweit zu stellen sind, kann je nach Stand des Hauptsacheprozesses verschieden sein (Lüderitz FSBosch 616 ff). Da der Anordnungsantrag schon zusammen mit der Klage eingereicht werden kann, bevor irgendwelche Beweisergebnisse vorliegen, können zunächst Glaubhaftmachungsmittel von geringer Zuverlässigkeit ausreichen, wie eidesstattliche Versicherungen der Mutter oder Dritter, die um die Beziehungen zwischen Mutter und Mann wissen, Bescheinigungen von Arzt und Hebamme über den Reifegrad. Auch von Amts wegen (Rn 14 mwN) können Ermittlungen angestellt werden, die eine vorläufige Beurteilung erleichtern. Der beklagte Mann kann sich damit verteidigen, daß er schwerwiegende Zweifel an der Vaterschaft glaubhaft macht.

9a **b) Glaubhaftmachungslast:** Das Kind muß den Geschlechtsverkehr des Beklagten mit seiner Mutter in der gesetzlichen Empfängniszeit glaubhaft machen. Dann hilft ihm die Vermutung des § 1600 o Abs 2 S 1 BGB weiter (Düsseldorf NJW-RR 93, 1289; FamRZ 94, 840). Macht der Mann Mehrverkehr glaubhaft und ist es nicht schon wegen der Zeit des Mehrverkehrs unwahrscheinlich, daß das Kind von dem dritten Mann abstammt, so sind damit zunächst einmal schwerwiegende Zweifel an der Vaterschaft glaubhaft (Damrau FamRZ 70, 293). Es ist dann Sache des Kindes, diese Zweifel zu entkräften. Zuweilen gelingt dies mit Hilfe der im Hauptprozeß schon vorliegenden Beweisergebnisse, die das Gericht von Amts wegen zu berücksichtigen hat. Nach ihnen muß die Vaterschaft des Beklagten wahrscheinlicher sein als das Gegenteil, vgl KG NJW 71, 332, 1223, 1945; DAVorm 73, 378; Düsseldorf FamRZ 71, 380; Celle FamRZ 71, 197; Stuttgart Justiz

74, 16; München DAVorm 75, 51. Liegen solche Beweisergebnisse noch nicht vor und bezieht sich das Kind nunmehr zur Glaubhaftmachung auf ein noch nicht vorliegendes Blutgruppengutachten, so ist diese Beweisaufnahme nach § 294 II unstatthaft, weil sie nicht sofort erfolgen kann. Zweckmäßigerweise wird das Gericht in dieser Situation den Parteien vorschlagen, die Entscheidung bis zum Eingang eines Blutgruppengutachtens aufzuschieben; denn es ist sinnlos, den Anordnungsantrag zurückzuweisen und das Kind auf einen neuen Antrag zu verweisen, der nach Eingang des Gutachtens zu stellen ist. Besteht aber eine Partei auf sofortiger Entscheidung über den Anordnungsantrag, so muß diese ergehen. Ist die Vaterschaft wenig wahrscheinlich, so kann statt auf Zahlung nur auf Sicherheitsleistung erkannt werden (Büdenbender (Rn 1) S 117; StJSchlosser Rn 11; anders Köln FamRZ 71, 382).

c) Glaubhaft zu machen ist weiter die **Bedürftigkeit** des Kindes. Eine einstweilige Anordnung ist nicht notwendig, wenn der Unterhalt aus eigenem Einkommen des Kindes bestritten werden kann (KG NJW 71, 1223; Hamm NJW 72, 2234). Andererseits verlangt das Gesetz keine Notlage, die nur durch Unterhaltszahlungen des Mannes (oder durch Sozialhilfe) abzuwenden wäre; der Lebensbedarf muß nicht gefährdet sein (Frankfurt FamRZ 71, 380). Daher steht dem Erlaß einer einstweiligen Anordnung nicht entgegen, daß das Kind von der Mutter oder Verwandten ausreichend versorgt wird (KG NJW 71, 1223, 1945; Hamm NJW 71, 2234; Frankfurt FamRZ 71, 380; Karlsruhe Justiz 72, 203; Hamburg ZBlJugR 72, 33; Koblenz FamRZ 75, 79; NJW 75, 1085; Stuttgart Justiz 75, 272; Büdenbender [Rn 1] S 105 f; anders Reinheimer FamRZ 69, 391; Odersky II 2 d). Leistungen der Verwandten sind nur von Bedeutung dafür, ob die einstweilige Anordnung auf Zahlung oder auf Sicherheitsleistung geht (Rn 11). Erst recht haben wegen ihres subsidiären Charakters (§ 2 BSHG) Leistungen der Sozialhilfe oder nach dem Unterhaltsvorschußgesetz außer Betracht zu bleiben (Braunschweig DAVorm 71, 301; Schleswig DAVorm 72, 148; Düsseldorf FamRZ 75, 504; 94, 111 mwN = NJW-RR 93, 1289 = DAVorm 851 f; FamRZ 94, 840). 10

d) Zur **Höhe des Unterhaltsbedarfs** erübrigt sich eine Glaubhaftmachung seitens des Kindes, wenn es nur einen dem Regelunterhalt gleichkommenden Betrag beansprucht, da ihm dieser als Mindestunterhalt zusteht (§ 1615 f BGB; Düsseldorf NJW-RR 93, 1289 = DAVorm 93, 851/853). Wenn es mehr als den Regelunterhalt oder Sonderbedarf (§ 1613 II BGB) beansprucht, muß es die Voraussetzungen hierfür glaubhaft machen (Düsseldorf aaO u FamRZ 94, 840 f aE). Wenn es im Ausland unter wesentlich anderen wirtschaftlichen Verhältnissen lebt, auf die der Warenkorb der RegelunterhaltsVO nicht zugeschnitten ist, ist glaubhaft zu machen, welcher Betrag dort zur Deckung des Lebensbedarfs erforderlich ist (vgl Koblenz NJW 75, 1085). Durch Ausübung des Fragerechts (§ 139) hat das Gericht darauf hinzuwirken, daß sich die Parteien über die Anrechnungsbeträge (§ 1615 g BGB) erklären. Wenn der Mann **mangelndes Leistungsvermögen** einwendet, obliegt es ihm, die Voraussetzungen glaubhaft zu machen, unter denen Herabsetzung des Unterhalts unter den Regelunterhalt verlangt werden kann (§ 1615 h BGB). 10a

5) Wenn eine Anordnung auf **Zahlung** beantragt wird, sind die Voraussetzungen hierfür glaubhaft zu machen. Eine Anordnung dieses Inhalts ist notwendig, wenn das Kind ohne Einspringen der Sozialhilfe Not leiden müßte. Sozialhilfe oder Unterhalt nach dem Unterhaltsvorschußgesetz wenden die Notwendigkeit einer Zahlungsanordnung nicht ab (Büdenbender FamRZ 75, 506 gegen Düsseldorf FamRZ 75, 504; Braunschweig DAVorm 71, 301). Die Notwendigkeit entfällt dagegen, wenn die Mutter oder mütterliche Großeltern dem Kind ausreichend Unterhalt gewähren können, ohne dadurch ihren eigenen angemessenen Unterhalt zu gefährden; dann genügt im allgemeinen eine Anordnung auf Sicherheitsleistung (Oldenburg DAVorm 71, 304; Koblenz FamRZ 75, 230; Büdenbender (Rn 1) S 105 ff; Lüderitz FSBosch 621; StJSchlosser Rn 15). Die Gefahr, daß der beklagte Mann im Falle seines Sieges im Hauptprozeß seinen Rückforderungsanspruch (§ 641 g) nicht durchsetzen kann, muß berücksichtigt werden und kann Anlaß dazu geben, statt Zahlung Sicherheitsleistung anzuordnen. Auch wenn der Mann **Unterhalt für die Vergangenheit** schuldet, darf ebenso wie im Fall des 620 Unterhalt nur für die Zeit ab Antragseingang zugesprochen werden; s oben § 620 Rn 18. 11

6) Eine **Sicherheitsleistung** für den Unterhalt kann auch angeordnet werden, wenn das Kind Sozialhilfe, Leistungen nach dem Unterhaltsvorschußgesetz oder Unterhalt von seinen mütterlichen Verwandten erhält und sein Unterhaltsanspruch infolgedessen auf den vorläufig Unterhalt Leistenden übergeht (§§ 90 BSHG, 7 UVorschußG, 1615 b BGB – Düsseldorf FamRZ 94, 111 mwN = NJW-RR 93, 1289 = DAVorm 851 f; FamRZ 94, 840; anders Karlsruhe FamRZ 90, 422 mwN). Eine solche Anordnung setzt nicht die Gefahr voraus, daß Unterhaltsansprüche in Zukunft überhaupt nicht mehr zu verwirklichen sein werden (Frankfurt FamRZ 71, 380; Koblenz FamRZ 75, 230). Sie ist schon dann notwendig, wenn zu befürchten ist, daß der beklagte Mann die während des Rechtsstreits auflaufenden Unterhaltsbeträge nicht bezahlen kann (KG NJW 71, 1945; Köln FamRZ 74, 263; Koblenz FamRZ 75, 230; Düsseldorf DAVorm 75, 50; NJW-RR 93, 1289 mwN; FamRZ 94, 840; Lüderitz FSBosch 623 f). Eine sich lange hinziehende Abtragung rückständiger Beträge ist dem Kind bzw den eingesprungenen Verwandten nicht zuzumuten (Düsseldorf 12

DAVorm 74, 263, 691; Lüderitz aaO 624; anders Büdenbender aaO 111). Daß die Sicherheit auch den vorläufig zahlenden Verwandten oder dem Sozialhilfeträger zugute kommt, ist mit dem Gesetz zu vereinbaren (Düsseldorf NJW-RR 93, 1289; FamRZ 94, 840). Auch bei geordneten wirtschaftlichen Verhältnissen und einem festen Arbeitsverhältnis ist der Beklagte häufig nicht imstande, den Rückstand neben dem laufenden Unterhalt aufzubringen. Daher stehen solche Verhältnisse einer Anordnung auf Sicherheitsleistung nicht entgegen (Frankfurt FamRZ 71, 380; Düsseldorf DAVorm 74, 263, 691; Koblenz FamRZ 75, 52; einschränkend Düsseldorf DAVorm 75, 50; Büdenbender [Rn 1] S 109 ff). Auch Zusicherungen des Mannes, während des Rechtsstreits Rücklagen zu machen, sind kein Hindernis für die Anordnung einer Sicherheitsleistung (Karlsruhe DAVorm 75, 198); anders, wenn der Mann freiwillig laufend auf ein Sperrkonto des Jugendamts einzahlt.

12a **Sicherheit** ist **nicht für Unterhalt** zu leisten, der **in der Zeit zwischen der Geburt** des Kindes (§ 1615 d BGB) **und der Einreichung des Antrages** auf Erlaß einer einstweiligen Anordnung fällig geworden ist; denn die Sicherheit soll nur verhindern, daß weitere Unterhaltsrückstände auflaufen (Düsseldorf FamRZ 94, 840 mwN; anders StJSchlosser Rn 20 mwN; MK/Coester-Waltjen Rn 21). Es wäre auch inkonsequent, Unterhaltszahlungen nur für die Zeit ab Antragseingang anzuordnen (oben Rn 11), Sicherheitsleistung aber auch mit Wirkung für die Vergangenheit zu verlangen.

12b 7) Durch einstweilige Anordnung kann angeordnet werden, daß der beklagte Mann einen **Prozeßkostenvorschuß** zu zahlen hat; denn zum Unterhalt gehört auch Sonderbedarf und damit auch der Kostenvorschuß (Düsseldorf FamRZ 95, 1426 mwN; str). Voraussetzung für den Erlaß einer Vorschußanordnung ist, daß die Vaterschaft hinreichend glaubhaft ist, daß das Kind auf den Vorschuß angewiesen ist und daß die Auferlegung eines Vorschusses der Billigkeit entspricht (analog § 1360a IV BGB). Die Anordnung ist abzulehnen, wenn der Beklagte den Vorschuß nicht zahlen kann (§ 1603 BGB; Düsseldorf aaO).

13 8) Die **Prozeßkostenhilfe** für das Kindschaftsverfahren bezieht sich nicht auf das Anordnungsverfahren. PKH muß besonders beantragt und bewilligt werden (Hamm NJW 72, 261); ein Anwalt muß besonders beigeordnet werden (§ 122 III BRAGO). In aller Regel ist es unangemessen, dem Kind die PKH mit der Begründung zu verweigern, daß es vom vermuteten Vater einen Prozeßkostenvorschuß verlangen könne (Mutschler DAVorm 93, 721 mwN auch zur Gegenansicht; Brühl-Göppinger-Mutschler, 3. Aufl Rn 1654). Über den Umfang der PHK s § 114 Rn 48).

14 **IV) Gerichtliches Verfahren: 1)** Das Anordnungsverfahren ist Teil des Kindschaftsprozesses und folgt im wesentlichen den Verfahrensregeln des § 640 I (Damrau FamRZ 70, 293; Bergerfurth FamRZ 70, 363). Der **Amtsermittlungsgrundsatz** gilt hinsichtlich der Vaterschaft (oben Rn 9; Stuttgart Justiz 74, 16; Schleswig SchlHA 74, 111; Düsseldorf FamRZ 95, 1425 f; Bergerfurth aaO). Hinsichtlich der Vermögens- und Einkommensverhältnisse der Beteiligten und damit bezüglich der Bedürftigkeit und Unterhaltshöhe gilt der **Beibringungsgrundsatz** (Stuttgart Justiz 75, 271; Büdenbender [Rn 1] S 96 f; Brühl-Göppinger-Mutschler aaO 1663; anders StJSchlosser Rn 18).

15 2) **Verfahrensgang:** Mündliche Verhandlung ist vorgeschrieben (Abs 2 S 4; nicht öffentlich, § 170 GVG). In der Berufungsinstanz besteht für sie Anwaltszwang (§ 78 I). Ein **Vergleich** im Anordnungsverfahren ist möglich, da die Parteien insoweit über den Streitgegenstand verfügen können (Damrau aaO 293; Bergerfurth aaO 363 und NJW 72, 1843; einschränkend Brühl FamRZ 70, 230). Im Vergleich muß berücksichtigt werden, daß der Mann nur dann endgültig zahlungspflichtig ist, wenn er rechtskräftig als Vater festgestellt wird.

16 **V) Entscheidung:** Durch verkündeten Beschluß (§ 329 I 1). **1)** Der Antrag ist zurückzuweisen, wenn kein **Rechtsschutzbedürfnis** für eine einstweilige Anordnung besteht, zB wenn der Mann von sich aus ausreichenden Unterhalt zahlt. Zahlt er freiwillig, aber weniger als gefordert und voraussichtlich geschuldet, so hat das Kind ein Rechtsschutzinteresse daran, einen Titel über den gesamten Betrag zu erhalten (Köln MDR 72, 421 und KG FamRZ 76, 90 je zu § 627 aF; vgl Stuttgart NJW 78, 112). Für eine einstweilige Anordnung wird nicht vorausgesetzt, daß im Vaterschaftsprozeß ein Antrag auf Regelunterhalt gestellt wird (vgl § 641 e II). Das Rechtsschutzinteresse besteht auch, wenn der beklagte Mann bereits in erster Instanz als Vater festgestellt und zur Zahlung des Regelunterhalts verurteilt wurde, denn diese Verurteilung ist vor Rechtskraft der Vaterschaftsfeststellung bedeutungslos (KG NJW 71, 331; Koblenz FamRZ 75, 51). Das Rechtsschutzinteresse für eine einstweilige Anordnung entfällt nicht dadurch, daß die in § 1615 b genannten Personen dem Kind Unterhalt gewähren und dessen Unterhaltsansprüche laufend auf sie übergehen. Es liegt im Kindesinteresse, diesen Personen weitere Aufwendungen zu ersparen (Celle FamRZ 71, 197; Frankfurt FamRZ 71, 380; KG NJW 71, 1945; Damrau FamRZ 70, 294 FN 107; anders Reinheimer FamRZ 69, 390).

17 2) Geht Unterhaltsanspruch des Kindes auf einen Dritten über, der es unterhält (§§ 1615 b BGB, 90 BSHG, 96 SGB VIII = KJHG, 7 UnterhVorschußG), so **verliert das Kind seine Sachlegi-**

timation nicht. Das Stammrecht auf Unterhalt verbleibt ihm (BVerwG MDR 68, 867; KG FamRZ 78, 134). Der Anspruch auf künftigen Unterhalt geht nur über, wenn und soweit in der Folgezeit tatsächlich Hilfe geleistet wird, was durch die Zahlungsanordnung gerade vermieden werden soll (LG Saarbrücken NJW 72, 1901; Düsseldorf FamRZ 80, 156 u 378; Hamm FamRZ 80, 456 mwN; vgl auch BGHZ 20, 132; anders Karlsruhe FamRZ 79, 709).

3) **Entscheidungsinhalt**:Über den Antrag darf nicht hinausgegangen werden (§ 308 I). Wenn nur Sicherheitsleistung beantragt ist, darf die Anordnung nicht auf Zahlung gehen (KG FamRZ 71, 454; Celle FamRZ 71, 197; Hamm FamRZ 71, 456), wohl aber umgekehrt. Unterhalt darf wie im Fall des § 62 (dort Rn 57) erst ab Antragseingang zugesprochen werden (Brühl FamRZ 70, 227; Damrau FamRZ 70, 293 Fn 92; KG NJW 71, 332; Hamburg ZblJugR 72, 33; Koblenz FamRZ 75, 51; Braunschweig ZBlJugR 76, 416). Das gilt auch für die Sicherheitsleistung (str, s Rn 12 a). Bezifferung der zu zahlenden Beträge ist nötig. Schlechthin auf Regelunterhalt darf die einstweilige Anordnung nicht gehen; denn so hätte sie keinen vollstreckbaren Inhalt, sondern bedürfte der Konkretisierung im Betragsfestsetzungsverfahren, was § 642 a nicht vorsieht (anders LG Koblenz DAVorm 79, 513). Für die **Höhe des Unterhalts** ist wenigstens annähernd darauf abzustellen, was der Mann im Falle der Verurteilung nach materiellem Recht schuldet (s § 620 Rn 7). Zur Anwendung ausländischen Unterhaltsrechts s Rn 5. Bei ausländischen Kindern entscheiden die Bedürfnisse am Aufenthaltsort, nicht etwaige geringere in ihrer Heimat (Rn 10). Die Art der **Sicherheitsleistung** bestimmt das Gericht (§ 108); kein Wahlrecht des Gegners nach §§ 232 ff BGB (KG FamRZ 76, 98; StJSchlosser Rn 21; anders Koblenz FamRZ 73, 382; Stuttgart Justiz 75, 436). Um den bei einer Hinterlegung eintretenden Zinsverlust zu vermeiden, kann Einzahlung auf ein mit Sperrkonto des Kindes (Celle FamRZ 71, 197) oder des Jugendamts (Köln FamRZ 71, 382; Koblenz FamRZ 73, 383; 75, 230; Karlsruhe DAVorm 75, 198) angeordnet werden. Auch Bankbürgschaft kann zugelassen werden (Stuttgart Justiz 75, 436). Eine **Kostenentscheidung** enthält die Anordnung nicht (Abs 4; Stuttgart Justiz 75, 191). Abs 4 entspricht dem § 620 g; Einzelheiten s Anm zu dieser Vorschrift. Die Anordnung ist **Vollstreckungstitel** (§ 794 I Nr 3); vollstreckbare Ausfertigung: §§ 795, 724, 725; Zustellung: § 750 I. Die Beschwerde (Rn 20) hindert die weitere Vollstreckung nicht (§ 572 I), solange die Vollziehung nicht ausgesetzt ist (§ 572 II, III). 18

4) **Abänderung, Außerkrafttreten:** Bei veränderten Verhältnissen kann die Anordnung auf Antrag und auf Grund neuer mündlicher Verhandlung (entsprechend Abs 2 S 4) geändert werden. Abänderung zugunsten des Kindes zB, wenn neue Regelbedarfssätze in Kraft treten (Hamburg DAVorm 75, 199; Koblenz FamRZ 75, 229), zugunsten des Mannes beim Eintritt von Umständen, die ihn zu einem Herabsetzungsverlangen nach § 1615 h BGB berechtigen; Aufhebung insbesondere, wenn die Vaterschaft des Mannes unwahrscheinlicher geworden ist. Die Abänderung kann nicht rückwirkend auf eine vor dem Abänderungsantrag liegende Zeit erfolgen (anders Koblenz aaO für den Fall einer Erhöhung der Regelbedarfssätze). Auch ein Interimsvergleich (Rn 15) kann bei wesentlicher Änderung der Verhältnisse durch einstweilige Anordnung geändert werden (§ 620 b Rn 5; Zweibrücken FamRZ 75, 104). Wird die Vaterschaftsfeststellungsklage abgewiesen oder zurückgenommen, tritt die Anordnung von selbst außer Kraft (§ 641 f); zur Schadensersatzpflicht des Kindes bei Zurücknahme oder rechtskräftiger Abweisung s § 641 g. Andere Fälle der Aufhebung oder des Außerkrafttretens: § 641 e. 19

VI) **Rechtsmittel (Abs 3):** Gegen eine einstweilige Anordnung des AG einfache Beschwerde (Abs 3 S 1). Beschwerdegericht ist das OLG (§ 119 Nr 2 GVG). Einlegung: § 569 I. Ist der Kindschaftsprozeß inzwischen in die Berufungsinstanz gelangt, so ist die Beschwerde dort einzulegen (Abs 3 S 2, Ausnahme von § 569 I); kein Anwaltszwang (§§ 569 II 2, 78 II); Aussetzung der Vollziehung: § 572 II, III. Beim Beschwerdegericht ist mündliche Verhandlung freigestellt (§ 573 I); für sie besteht Anwaltszwang (§ 78 I). Gegen eine Anordnung des OLG keine Beschwerde (§ 567 III). 20

VII) Gebühren: 1) des **Gerichts: a)** Eine Entscheidung über einen Antrag nach § 641 d kostet eine halbe Gebühr (KV 1703), wobei es unerheblich ist, ob dem Antrag stattgegeben oder ob er zurückgewiesen wird. Die Gebühr wird nicht erhoben, wenn sich die Hauptsache des Anordnungsverfahrens erledigt, wenn ein Vergleich geschlossen wird oder wenn der Anordnungsantrag vor der Entscheidung zurückgenommen wird, auch wenn mündlich über ihn verhandelt oder wenn Beweis erhoben worden ist. **b) Mehrere Entscheidungen** nach § 641 d innerhalb eines Rechtszugs gelten für die Gebührenerhebung als eine Entscheidung (Vorbem vor KV 1700), zB wenn wegen veränderter Verhältnisse die einstweilige Anordnung geändert oder aufgehoben wird. Der Gebührensatz beträgt auch dann nur die Hälfte, wenn die Anordnung vom Berufungsgericht erlassen wird. **c)** Bei einer Einigung der Parteien vor der Entscheidung fällt auch **keine Vergleichsgebühr** an, weil KV 1660 Ansprüche, die im Verfahren nach § 641 d geltend gemacht werden können, von der Gebührenpflicht ausdrücklich freistellt, selbst wenn solche Ansprüche im Anordnungsverfahren noch nicht geltend gemacht worden sind. **d)** Für das Verfahren über **Beschwerden** nach § 641 d III 1 wird eine Gebühr nach KV 1900 erhoben, und zwar ohne Rücksicht auf den Ausgang des Verfahrens; die Gebühr wird mit der Einlegung der Beschwerde fällig (§ 61 GKG). 21

2) Anwaltsgebühren: a) Das Anordnungsverfahren nach § 641 d gehört nicht zur Instanz, sondern gilt als besondere Angelegenheit (§ 41 I 1 BRAGO), für die der Rechtsanwalt eine besondere Vergütung erhält. Er kann alle Gebühren der §§ 31 ff BRAGO verdienen, insbesondere die Verhandlungsgebühr, weil über den Antrag nach § 641 d II 3 eine mündliche Verhandlung notwendig ist. Werden nach § 641 d II 2 Grund und Höhe des Unterhalts durch eine schriftliche eidesstattliche Versicherung glaubhaft gemacht, so fällt keine Beweisgebühr an. Eine solche Gebühr entsteht aber, wenn das Gericht zur Glaubhaftmachung Personen vernimmt, die in der mündlichen Verhandlung anwesend sind. **b)** Für **mehrere Verfahren** nach § 641 d erhält der Anwalt die Gebühren in jedem Rechtszug nur einmal (§ 41 I 2 BRAGO). Bei einer Einigung der Parteien steht dem Anwalt die Prozeßgebühr nur zur Hälfte zu, wenn ein Antrag nach § 641 d nicht gestellt worden ist oder soweit lediglich beantragt ist, eine Einigung der Parteien zu Protokoll zu nehmen (§ 41 II BRAGO). Neben der halben Prozeßgebühr erhält der Rechtsanwalt eine volle Vergleichsgebühr des § 23 BRAGO, wenn ein Vergleich abgeschlossen wird. **c)** Für das **Beschwerdeverfahren** entsteht eine halbe Beschwerdegebühr nach § 61 I Nr 1 BRAGO.

641e

[Außerkrafttreten und Aufhebung der einstweiligen Anordnung]

(1) Die einstweilige Anordnung tritt, wenn sie nicht vorher aufgehoben wird, außer Kraft, sobald das Kind gegen den Mann einen anderen Schuldtitel über den Unterhalt, der nicht nur vorläufig vollstreckbar ist, erlangt.

(2) Ist rechtskräftig festgestellt, daß der Mann der Vater des Kindes ist, und ist der Mann nicht zugleich verurteilt, den Regelunterhalt zu zahlen, so hat auf Antrag des Mannes das Gericht des ersten Rechtszuges eine Frist zu bestimmen, innerhalb derer das Kind wegen seiner Unterhaltsansprüche die Klage zu erheben hat. Wird die Frist nicht eingehalten, so hat das Gericht auf Antrag die Anordnung aufzuheben. Das Gericht entscheidet durch Beschluß; der Beschluß kann ohne mündliche Verhandlung ergehen. Die Entscheidung über den Antrag nach Satz 2 unterliegt der sofortigen Beschwerde.

(3) Ist der Mann rechtskräftig verurteilt, den Regelunterhalt, den Regelunterhalt zuzüglich eines Zuschlags oder abzüglich eines Abschlags oder einen Zuschlag zum Regelunterhalt zu zahlen, so hat auf Antrag des Mannes das Gericht des ersten Rechtszuges eine Frist zu bestimmen, innerhalb derer das Kind die Festsetzung des Betrages nach § 642 a Abs. 1 oder nach § 642 d oder § 643 Abs. 2 in Verbindung mit § 642 a Abs. 1 zu beantragen hat. Absatz 2 Satz 2 bis 4 gilt entsprechend.

1 **I) Allgemeines:** Die Rechtskraft des Urteils im Kindschaftsprozeß, durch das die nichteheliche Vaterschaft des Mannes festgestellt wird, läßt die im Prozeß ergangene einstweilige Anordnung (§ 641 d) oder einen statt dessen abgeschlossenen Interimsvergleich (§ 641 d Rn 15) nicht von selbst außer Kraft treten. Für vorläufig vollstreckbar darf ein solches Urteil ohnehin nicht erklärt werden (§ 704 II). Wann nach einem solchen Urteil die Wirksamkeit der einstweiligen Anordnung endet oder wann sie aufzuheben ist, ergibt § 641 e.

2 **II) Automatisches Außerkrafttreten (Abs 1): 1)** Nach Abs 1 tritt die Anordnung bzw der Interimsvergleich von selbst außer Kraft, wenn das Kind gegen den Vater einen anderen geeigneten Unterhaltstitel erlangt und daher den vorläufigen Unterhaltstitel nicht mehr braucht. Das Außerkrafttreten der Anordnung führt in erster Linie ein auf **bezifferten Unterhalt** lautendes, rechtskräftiges Urteil herbei. Ein vorläufig vollstreckbares Urteil reicht nicht aus, um die Anordnung außer Kraft zu setzen. Auch ein bezifferter Vergleich oder eine vollstreckbare Urkunde (auch eine solche des Jugendamts; § 60 SGB VIII = KJHG) setzen die Anordnung außer Kraft. Dieselbe Wirkung hat in der Regel ein Beschluß im Betragsfestsetzungsverfahren (Rn 3).

3 2) Keinen vollstreckbaren Inhalt haben Urteile oder andere Titel, durch die der Vater zum **Regelunterhalt** schlechthin, zum Regelunterhalt zuzüglich eines Zuschlages oder abzüglich eines Abschlages oder allein zur Leistung eines Zuschlages verpflichtet worden ist (§§ 642, 642 c, 642 d). Sie lösen die Wirkung des Abs 1 nicht aus. In all diesen Fällen wird erst im Betragsfestsetzungsverfahren (§ 642 a) ein Vollstreckungstitel (§ 794 I Nr 2 a) geschaffen. Wenn dem Festsetzungsbeschluß ein Urteil zugrunde liegt, darf es nicht nur vorläufig vollstreckbar sein, damit die Wirkung des Abs 1 eintritt. Denn Beschränkungen der Zwangsvollstreckung gehen auch in den Festsetzungsbeschluß ein (§ 642 a Rn 9). Dieser braucht nicht formell rechtskräftig zu sein (anders StJSchlosser Rn 4). Er ist schon mit seinem Wirksamwerden ein Vollstreckungstitel. Die Einlegung der befristeten Erinnerung bzw sofortigen Beschwerde hindert die weitere Vollstreckung aus ihm nicht, solange nicht die Vollziehung des Beschlusses nach § 572 ausgesetzt wird (§ 642 a Rn 10). Wird der Festsetzungsbeschluß im Beschwerdeverfahren aufgehoben, so kann aus der damit wiederauflebenden einstweiligen Anordnung weiter vollstreckt werden.

4 **3)** Wird durch Vergleich oder vollstreckbare Urkunde (§ 642 c) ein **Teil des Unterhalts** tituliert, läuft aber über den Rest des Unterhalts noch ein Verfahren, so tritt die einstweilige Anordnung in Höhe des Teiltitels außer Kraft, bleibt aber wegen des überschießenden Restes wirksam.

5 **4) Rechtsbehelf gegen die Vollstreckung** aus einer außer Kraft getretenen einstweiligen Anordnung: Vollstreckungserinnerung (§ 766), evtl Beschlußverfahren analog §§ 269 III 3, 620 f S 2. Wer solche Analogie verneint, muß die Vollstreckungsabwehrklage zulassen.

III) Aufhebung der einstweiligen Anordnung durch das Gericht: Die Rechtskraft des Urteils im Kindschaftsprozeß, das nur die nichteheliche Vaterschaft feststellt, hindert die weitere Vollstreckung aus der einstweiligen Anordnung nicht (Rn 1). Infolgedessen besteht die Gefahr, daß nach rechtskräftiger Feststellung der Vaterschaft eine endgültige Festsetzung des Unterhalts unterbleibt. Die Rechtsbehelfe der Abs 2 und 3 ermöglichen es dem Vater, das Kind daran zu hindern, die einstweilige Anordnung wie einen endgültigen Unterhaltstitel zu benutzen. 6

1) (Abs 2): Der Vater kann beantragen, dem Kind eine **Frist zur Erhebung der Unterhaltsklage** zu setzen. Der Antrag ist beim AG zu stellen, auch wenn die Anordnung vom OLG erlassen worden war (Abs 2 S 1). Der Rechtspfleger (§ 20 Nr 14 RPflG) lehnt, ohne das Kind zu hören, den Antrag ab, wenn sich aus ihm ergibt, daß die Voraussetzungen des Abs 2 nicht erfüllt sind. Läßt der Antrag nicht erkennen, ob sie erfüllt sind, so ist der Vater zur Ergänzung seines Antrages aufzufordern. Sobald der Antrag schlüssig ist, läßt der Rechtspfleger ihn dem Kind zustellen (§ 270 II 1) und setzt diesem eine Frist zur Stellungnahme. Unter Wahrung des rechtlichen Gehörs beider Parteien erläßt er einen Beschluß, durch den er entweder den Antrag des Vaters ablehnt oder dem Kind eine Frist setzt, innerhalb derer es Klage wegen seiner Unterhaltsansprüche zu erheben hat. Der ablehnende Beschluß ist formlos mitzuteilen (§ 329 II 1) und unterliegt der nicht fristgebundenen Erinnerung, die im Falle der Vorlage an das Beschwerdegericht als Beschwerde gilt (§ 11 RPflG). Der fristsetzende Beschluß ist zuzustellen (§ 329 II 2); gegen ihn findet nur die Erinnerung statt, über die das Amtsgericht selbst zu entscheiden hat, weil gegen eine Entscheidung, durch die einem das Verfahren betreffenden Gesuch stattgegeben wird, keine Beschwerde gegeben ist (§§ 11 II 3 RPflG, 567 I ZPO). 7

Erhebt das Kind die Unterhaltsklage innerhalb der ihm gesetzten Frist, so bleibt die Anordnung bis zu ihrem Außerkrafttreten nach Abs 1 bestehen. Versäumt das Kind die Frist, so kann der Mann Aufhebung der Anordnung beantragen, und zwar auch dann, wenn das Kind die Klage inzwischen erhoben hat (StJSchlosser Rn 8). Beachte aber § 270 III: Rechtzeitige Einreichung der Klage genügt, wenn die Zustellung demnächst erfolgt. 8

Der Antrag auf Aufhebung der einstweiligen Anordnung kann schon mit dem Antrag auf Festsetzung verbunden werden. Das Gericht (der Richter) hat dem Antragsgegner – das Kind – zu hören; mündliche Verhandlung ist freigestellt (Abs 2 S 3). **Entscheidung** durch Beschluß des Richters (mit Kostenentscheidung), der bei mündlicher Verhandlung zu verkünden (§ 329 I) und stets von Amts wegen zuzustellen ist (§ 329 III). 9

Gegen den (aufhebenden oder die Aufhebung ablehnenden) Beschluß **sofortige Beschwerde** (Abs 2 S 4). Trotz § 572 I wird der Aufhebungsbeschluß als gestaltende Entscheidung erst mit seiner Rechtskraft wirksam (StJSchlosser Rn 8). 10

2) Fristsetzung zur Festsetzung des Regelunterhalts (Abs 3): Abs 3 betrifft den Fall, daß das Kind eine rechtskräftige Verurteilung des Vaters zum Regelunterhalt usw (s Gesetzestext) erreicht hat, sei es im Vaterschaftsfeststellungsprozeß (§ 643 I), sei es im gewöhnlichen Unterhaltsprozeß (§§ 642, 642 d), sei es auf eine Änderungsklage (§ 643 a) hin, so daß es nun das Betragsfestsetzungsverfahren (§ 642 a) betreiben könnte. Unterläßt es das und vollstreckt es statt dessen aus der (noch nicht außer Kraft getretenen, s Rn 1) einstweiligen Anordnung weiter, so kann der verurteilte Vater nach Abs 3 S 1 darauf hinwirken, daß das Kind entweder das Betragsfestsetzungsverfahren durchführt oder seine Rechte aus der einstweiligen Anordnung verliert. Das Verfahren ist das gleiche wie im Falle des Abs 2 (Abs 3 S 2). 11

IV) Gebühren: 1) des **Gerichts:** Keine Gebühren entstehen, wenn das Gericht auf Antrag des Mannes dem Kind eine Frist zur Erhebung der Unterhaltsklage setzt oder bei Versäumung der Frist die einstweilige Anordnung aufhebt; denn für mehrere Entscheidungen im Anordnungsverfahren ist innerhalb desselben Rechtszugs nur eine Gebühr zu erheben (Vorbem vor KV 1700). Für die Beschwerde gegen den Beschluß, der die einstweilige Anordnung aufhebt oder die Aufhebung ablehnt (Rn 10), wird eine Gebühr nach KV 1906 nur erhoben, wenn die Beschwerde verworfen oder zurückgewiesen wird. Bei teilweisem Erfolg der Beschwerde ist die Gebühr vom erfolglosen Teilstreitwert zu berechnen. Soweit sich die Beschwerde als begründet erweist, bilden die Kosten des Beschwerdeverfahrens einen Teil der Kosten des Hauptsacheprozesses (§ 641 d IV). 12

2) Anwaltsgebühren: Die Aufhebungsverfahren nach § 641 e II, III bilden mit dem Anordnungsverfahren nach § 641 d eine gebührenrechtliche Einheit; für mehrere Verfahren erhält der Rechtsanwalt die Gebühren der §§ 31 ff BRAGO in jedem Rechtszug nur einmal (§ 41 I 2 BRAGO). Für Verfahren der einstweiligen Anordnung, die erst im Berufungsrechtszug eingeleitet werden, erhöhen sich die Gebühren um drei Zehntel (§ 11 I 4 BRAGO). Für das Beschwerdeverfahren erhält der Anwalt eine halbe Gebühr (§ 61 I Nr 1 BRAGO). 13

641f *[Außerkrafttreten bei Klagabweisung und -rücknahme]*
Die einstweilige Anordnung tritt ferner außer Kraft, wenn die Klage zurückgenommen wird oder wenn ein Urteil ergeht, das die Klage abweist.

1 Außer im Fall des § 641 e I tritt die einstweilige Anordnung (§ 641 d) von selbst, also ohne Aufhebung durch das Gericht, außer Kraft, wenn die Vaterschaftsfeststellungsklage zurückgenommen wird (Einwilligung des Beklagten: § 269) oder wenn sie abgewiesen wird. Rechtskräftig braucht das Urteil (anders als im Falle des § 641 g) nicht zu sein. Schon seine Existenz zeigt, daß der Anspruchsgrund nicht mehr glaubhaft ist (Büdenbender [§ 641 d Rn 1] S 129). Bei Erfolg einer negativen Feststellungsklage des Mannes müßte an sich das gleiche gelten; das Gesetz geht aber offenbar davon aus, daß Anordnungen nach § 641 d nur auf positive Feststellungsklage (oder Feststellungswiderklage) des Kindes hin ergehen können (§ 641 d Rn 4). Ein Versäumnisurteil gegen den Kläger, das die Feststellungsklage als zurückgenommen erklärt (§§ 635, 640 I), muß aber wegen der Einspruchsmöglichkeit (§ 342) rechtskräftig sein. Das Außerkrafttreten der vom AG erlassenen Anordnung nach § 641 f hindert das OLG, das mit der Berufung gegen das klagabweisende Urteil befaßt ist, nicht, nach § 641 d II 5 eine neue Anordnung zu erlassen. – Bei Erledigung des Rechtsstreits durch Tod einer Partei (§§ 640 I, 619), mit dem der Unterhaltsanspruch des Kindes für die Zukunft entfällt (§ 1615 BGB), ist § 641 f entsprechend anzuwenden (Odersky Anm 4).

641g *[Schadensersatzpflicht]*
Ist die Klage auf Feststellung des Bestehens der Vaterschaft zurückgenommen oder rechtskräftig abgewiesen, so hat das Kind dem Manne den Schaden zu ersetzen, der ihm aus der Vollziehung der einstweiligen Anordnung entstanden ist.

1 **I)** § 641 g ist anwendbar bei Rücknahme oder rechtskräftiger Abweisung einer Klage des Kindes oder des Mannes auf Feststellung der nichtehelichen Vaterschaft, wenn die einstweilige Anordnung (§ 641 d) vollzogen wurde (oder der Mann auf die Anordnung hin gezahlt hat). Gesetzgeberisches Vorbild: §§ 717 II, 945. Auch der durch Sicherheitsleistung (§ 641 d I) entstandene Schaden ist zu ersetzen. Der Ersatzanspruch ist durch Klage geltend zu machen. Was auf Grund einstweiliger Anordnung an Unterhalt gezahlt oder beigetrieben wurde, kann der Mann nach § 1615 b II BGB vom wirklichen Vater ersetzt verlangen, sobald dieser feststeht (§ 1600 a BGB). Er braucht mit seinem Ersatzanspruch gegen das Kind aber nicht solange zu warten; denn dieses haftet nicht nur subsidiär (anders StJSchlosser Rn 3). Soweit der Mann vom wirklichen Vater Ersatz erhält, verringert sich sein Schaden und damit die Ersatzpflicht des Kindes. Leistet das Kind Schadensersatz, so kann es **Vorteilsausgleich** in der Weise verlangen, daß der Mann ihm den nach § 1615 b II BGB übergangenen Unterhaltsanspruch zurückzediert.

2 **II) Analoge Anwendung der Bestimmung: 1) Unterscheide bei Erledigung der Hauptsache: a)** Erledigt sich diese durch **Vaterschaftsanerkenntnis (§ 641 c)**, so besteht kein Schadensersatzanspruch. **b)** Bei Erledigung durch **Tod** des Kindes oder des Mannes (§§ 640 I 1, 619) kann § 641 g analog angewandt werden, wenn ein Antrag auf Vaterschaftsfeststellung vom Vormundschaftsgericht rechtskräftig abgewiesen oder zurückgenommen worden ist (s § 1600 II BGB). **2)** Ist der Unterhalt nicht durch einstweilige Anordnung, sondern durch **Interimsvergleich** geregelt worden (§ 641 d Rn 15), so kann § 641 g analog angewandt werden, wenn die Klage auf Vaterschaftsfeststellung zurückgenommen oder rechtskräftig abgewiesen worden ist (MK/Coester-Waltjen Rn 2; anders StJSchlosser Rn 2).

641h *[Feststellung des Vaters entgegen negativer Feststellungsklage]*
Weist das Gericht eine Klage auf Feststellung des Nichtbestehens der nichtehelichen Vaterschaft ab, weil es den Kläger oder den Beklagten als Vater festgestellt hat, so spricht es dies in der Urteilsformel aus.

1 **I) Negative Feststellungsklagen:** Nach der ausdrücklichen Regelung der §§ 641, 641 h sind auch Klagen auf Feststellung des Nichtbestehens eines nichtehelichen Vater-Kind-Verhältnisses zugelassen, auch wenn sie nur vorbeugend klären und nicht einen bereits bestehenden Rechtsschein der Vaterschaft entkräften sollen. Sie können vom Mann oder vom Kind erhoben werden. Das Rechtschutzbedürfnis für sie kann nicht allgemein verneint werden (§ 640 Rn 13; BGH NJW 73, 51 zum ehelichen Kindschaftsrecht). Führt die Klage zum Ausschluß des Mannes als Vater, so ist ihr stattzugeben. Wird im Gegensatz zum Klagebegehren festgestellt, daß der Mann der Vater ist, so ist die Klage nach § 641 h unter Feststellung der Vaterschaft im Urteilssatz als unbegründet abzuweisen (Rn 3). Es bleiben die Fälle, in denen die Abstammung des Kindes ungeklärt

bleibt (Rn 4). Eine Widerklage des Kindes gegen die verneinende Feststellungsklage des Mannes ist trotz des gleichen Klageziels zulässig (Rn 5 zu § 640 c).

II) Feststellung des Vaters entgegen dem Klagebegehren: 1) Anwendungsbereich des § 641 h: Die Bestimmung ist nur anzuwenden, wenn das Gericht den Kläger oder Beklagten als Vater festgestellt hat und deshalb die negative Feststellungsklage abweist. Nicht anwendbar ist die Bestimmung bei Klageabweisung wegen ungeklärter Abstammung (s Rn 4) und bei Abweisung der Klage des Mannes auf Anfechtung der Vaterschaftsanerkennung (§ 1600 f I BGB 2. Alternative), denn hier steht die Vaterschaft auf Grund der wirksam gebliebenen Anerkennung fest (Hamm FamRZ 93, 472 f = DAVorm 830/833 aE; FamRZ 94, 649; anders Göppinger FamRZ 70, 126). Schließlich ist die Bestimmung auch dann nicht anwendbar, wenn eine Klage auf Feststellung der anfänglichen Unwirksamkeit eines Vaterschaftsanerkenntnisses (§ 640 II Nr 1 Hs 2) abgewiesen wird; denn hier ist die Vaterschaft nicht Streitgegenstand (§ 640 Rn 18). 2

2) Zweck, Verfahrensfragen: Ergeht auf die verneinende Vaterschaftsklage hin ein Urteil, daß die Klage abgewiesen wird, so läßt sich aus der Urteilsformel nicht entnehmen, ob der Mann als Erzeuger nicht ausgeschlossen werden konnte (Rn 4), oder ob sich das Gegenteil des Klagebegehrens ergeben hat. Deshalb soll die durch § 641 h vorgeschriebene Aufnahme des Beweisergebnisses in den Entscheidungssatz für jedermann deutlich machen, daß der Mann als Vater des Kindes festgestellt wurde. Der Ausspruch ist – auch ohne dahin zielende Widerklage – von Amts wegen in die Urteilsformel aufzunehmen. Das kann ohne Verstoß gegen das Verschlechterungsverbot (§ 536) in der Berufungsinstanz auch auf die alleinige Berufung des Mannes hin geschehen, wenn seine verneinende Feststellungsklage in der Vorinstanz wegen Unaufklärbarkeit der Abstammung abgewiesen wurde, das Berufungsgericht aber von seiner Vaterschaft überzeugt ist (Stuttgart FamRZ 72, 385; Koblenz DAVorm 74, 248; Odersky Anm II 4; Roth-Stielow Rn 387; anders StJSchlosser Rn 3). Der Ausspruch steht einer Feststellung des Mannes als Vater auf positive Feststellungsklage hin gleich und hat Gestaltungswirkung gegenüber jedermann (§§ 640 h S 1 ZPO, 1600 a S 1 BGB), sogar gegenüber Männern, die die Vaterschaft für sich selbst in Anspruch nehmen, auch dann, wenn sie am Rechtsstreit nicht teilgenommen haben (§ 641 k). 3

III) Non-liquet-Fälle: Auch im geltenden Recht gibt es Fälle, in denen unklar bleibt, ob das Kind von dem als Vater bezeichneten Mann abstammt, ohne daß die Vermutung des § 1600 o II BGB die Beweiskette schließen kann (§ 640 h Rn 9 f). Die **positive Feststellungsklage des Kindes** ist dann abzuweisen, weil die begehrte Feststellung nicht getroffen werden kann. Hier kommt es nicht darauf an, ob die Vaterschaft des Mannes ausgeschlossen oder nur unbewiesen ist. 4

Wie ist über die **negative Feststellungsklage des Mannes** zu entscheiden, wenn seine Vaterschaft weder erwiesen noch ausgeschlossen ist? Für die Abstammungsklagen des früheren Rechts haben BGHZ 17, 252 und BGH NJW 71, 1659 (unter Aufgabe von BGHZ 5, 385, wo auf die Beweislast des Kindes abgestellt wird, und unter Rückkehr zu RGZ 164, 281; 165, 248) ausgesprochen, daß bei nicht eindeutig geklärter Abstammung positive und negative Feststellungsklagen als unbegründet abzuweisen sind, weil auch im letzteren Fall die begehrte Feststellung nicht getroffen werden kann. Vorschläge, hier auf Unaufklärbarkeit der Abstammung zu erkennen (Schleswig NJW 55, 591) oder die negative Feststellungsklage wegen Fehlens einer Prozeßvoraussetzung (der Entscheidbarkeit der Sache) als unzulässig abzuweisen, haben sich nicht durchgesetzt (BGHZ 17, 263). Die leitende Erwägung des BGH, daß das Statusurteil wegen seiner Bedeutung für die Allgemeinheit möglichst der wahren Sachlage entsprechen müsse und daß das Gericht daher nichts feststellen dürfe, von dessen Richtigkeit es nicht überzeugt sei (BGHZ 17, 262; 61, 168), trifft auch für die Feststellungsklagen nach geltendem Recht zu. Nach § 1600 a BGB bestehen allerdings zwischen Kind und Mann keine aktuellen Rechtsbeziehungen, solange die Vaterschaft nicht gerichtlich festgestellt ist. Eine Entscheidung, die der negativen Feststellungsklage uneingeschränkt stattgibt, ist aber nicht so zu verstehen, daß solche Beziehungen nicht bestehen und durch die gerichtlich Entscheidung nicht begründet werden können. Da die negative Feststellungsklage die biologische Abstammung des Kindes klären soll (BGHZ 60, 252), müßte dem stattgebenden Urteil entnommen werden, daß der Mann nicht der Erzeuger des Kindes ist. Es würde sich damit vom festgestellten Sachverhalt entfernen. Es entspräche diesem lediglich bei einer die Rechtslage nach § 1600 a BGB widerspiegelnden eingeschränkten Fassung der Urteilsformel etwa dahin, daß der Mann nicht als Vater des Kindes anzusehen sei (so Baumbach/Albers Rn 1; Gerhardt FS Bosch 305; gegen solche Einschränkungen Roth-Stielow, Abstammungsprozeß 328, Gaul FS Bosch 252, StJSchlosser Rn 9 a zu § 640 h; MK/Coester-Waltjen Rn 2; Gernhuber/Coester-Waltjen § 52 III 1). Hält man eine solche Form der Entscheidung, weil im Gesetz nicht vorgesehen, für unzulässig, so bleibt mit BGHZ 17, 252 nur die Abweisung der verneinenden Feststellungsklage als unbegründet. Für diese Form der Entscheidung spricht auch die Fassung des § 641 h (Odersky, NEG Anm I C). 5

641i *[Außerordentliche Wiederaufnahme]*

(1) Die Restitutionsklage gegen ein rechtskräftiges Urteil, in dem über die Vaterschaft entschieden ist, findet außer in den Fällen des § 580 statt, wenn die Partei ein neues Gutachten über die Vaterschaft vorlegt, das allein oder in Verbindung mit den in dem früheren Verfahren erhobenen Beweisen eine andere Entscheidung herbeigeführt haben würde.

(2) Die Klage kann auch von der Partei erhoben werden, die in dem früheren Verfahren obgesiegt hat.

(3) Für die Klage ist das Gericht ausschließlich zuständig, das im ersten Rechtszug erkannt hat; ist das angefochtene Urteil von dem Berufungs- oder Revisionsgericht erlassen, so ist das Berufungsgericht zuständig. Wird die Klage mit einer Nichtigkeitsklage oder mit einer Restitutionsklage nach § 580 verbunden, so bewendet es bei § 584.

(4) § 586 ist nicht anzuwenden.

1 **I) Allgemeines:** Neue Blutgruppen- und erbbiologische Gutachten sind keine Urkunden iS des § 580 Nr 7 b (§ 580 Rn 28). Deshalb erweitert § 641 i für seinen Anwendungsbereich den Katalog der Restitutionsgründe (BGH FamRZ 94, 237 f = NJW 589/591 = DAVorm 87 ff), um neue wissenschaftliche Erkenntnisse für die Feststellung der Vaterschaft nutzbar zu machen (Materialien BTDrucks V 3719 S 42; BGH aaO; Hamm DAVorm 81, 472/477; kritisch hierzu Niklas JR 88, 441; Braun FamRZ 89, 1129), und zwar auch nach Ablauf der Frist des § 586; s Abs 4, BGH aaO). Die Erwartung, daß in einem späteren Zeitpunkt bessere Forschungsmethoden zur Verfügung stehen und mit der Wiederaufnahmeklage nutzbar gemacht werden könnten, darf das Prozeßgericht nicht davon abhalten, in dem bei ihm abhängigen Vaterschaftsprozeß alle jetzt gegebenen Erkenntnismöglichkeiten auszuschöpfen (Celle FamRZ 71, 592).

2 **II) Anwendungsbereich:** § 641 i ist als Folgevorschrift zu § 641 eingereiht und bezieht sich vor allem auf Urteile, durch die über die nichteheliche Vaterschaft entschieden wurde (vgl BGH NJW 75, 1465/1467), gleichviel ob sie bejaht oder verneint wurde (Hamm FamRZ 72, 215). Die Vorschrift enthält einen allgemeinen, über das Nichtehelichengesetz hinausgehenden Rechtsgedanken (BGHZ 61, 190; Hamm FamRZ 72, 216 u 86, 1026). Sie berücksichtigt die besonderen Schwierigkeiten des Abstammungsnachweises und will neuen Forschungsergebnissen Geltung verschaffen. Sie gilt für alle nichtehelichen Kinder, auch für solche, die durch Ehelichkeitsanfechtung nichtehelich geworden sind (BGHZ 61, 186; Celle FamRZ 74, 381; Hamm FamRZ 80, 392 u 86, 1026 mwN). § 641 i gilt auch in folgenden Fällen: **1.** Wenn die nichteheliche Vaterschaft die Grundlage für eine Legitimation oder Ehelicherklärung bildet (BGH FamRZ 75, 483 = NJW 1465/1467; Gaul, FS Bosch 241; Braun FamRZ 89, 1131). **2.** Bei Streitigkeiten über die anfängliche Wirksamkeit oder Unwirksamkeit einer Vaterschaftsanerkennung (§ 1600 f I BGB 1. Alternative, Gaul aaO 270; Braun aaO 1132). **3.** Bei Urteilen, durch die über die Anfechtung der Vaterschaftsanerkennung entschieden wurde (§ 1600 f I BGB 2. Alternative; Odersky Anm III; Damrau FamRZ 70, 296 Fn 125; Gaul aaO 268; Braun aaO; wohl ebenso BGHZ 61, 192). **4.** Bei Restitutionsklagen gegen erfolgreiche Ehelichkeitsanfechtungsurteile (Hamm DAVorm 87, 1001). **5.** Bei Unterhaltsurteilen, wenn sich die Restitutionsklage sowohl gegen die Vaterschaftsfeststellung als auch gegen das Unterhaltsurteil richtet (Gaul aaO 274, Braun aaO 1133; Niklas JR 88, 443).

2a § 641 i ist auch anzuwenden, wenn die **Ehelichkeitsanfechtungsklage** eines Mannes abgewiesen wurde, seine Wiederaufnahmeklage also darauf abzielt, dem Kind den ehelichen Status zu nehmen (StJSchlosser Rn 1; Rosenberg/Gottwald § 169 III 8; Niklas JR 88, 443; Braun NJW 75, 2196 u FamRZ 89, 1132; Gaul FS Bosch 268 f; anders BGH FamRZ 75, 483 = NJW 1465; Frankfurt FamRZ 89, 78 = NJW-RR 393; MK-BGB/Mutschler § 1593 Rn 29). Es besteht kein Grund, hier einerseits eheliche Kinder und andererseits legitimierte und für ehelich erklärte Kinder verschieden zu behandeln (Gaul aaO).

3 Der Gedanke des § 641 i kann nicht zur Begründung einer **verspätet erhobenen Ehelichkeitsanfechtungsklage** dienen, wenn die Klagfrist aus dem Grunde versäumt wurde, weil die Klage nach dem damaligen Stand der Abstammungswissenschaft keinen Erfolg versprach, wenn also gar kein Urteil vorliegt, das im Wiederaufnahmeverfahren angegriffen werden könnte (BGH FamRZ 75, 483 = NJW 1465; BGHZ 81, 353 = FamRZ 82,48 = NJW 96; zweifelnd Niklas JR 88, 444). Ebensowenig ist § 641 i anzuwenden auf Urteile in **Rechtsstreitigkeiten, in denen die Abstammungsfrage nur Vorfrage ist** (Erbschaftsstreit, Schadensersatzprozeß gegen Rechtsanwalt wegen mangelhafter Prozeßführung in Statusverfahren); für analoge Anwendung in solchen Fällen jedoch Gaul FS Bosch 273.

4 **III) Neues Gutachten:** Die Vorlage eines neuen Vaterschaftsgutachtens, das allein oder in Verbindung mit den im früheren Verfahren erhobenen Beweisen eine andere Entscheidung herbeigeführt haben würde, ist Voraussetzung für die Zulässigkeit der Restitutionsklage (BGH FamRZ 80, 880 und FamRZ 82, 691 = NJW 2124; BGH FamRZ 89, 1067 = NJW-RR 1028).

1) Es muß ein **Gutachten** vorgelegt werden, dh eine schriftliche Äußerung eines Sachverständigen, die anerkannte naturwissenschaftliche Erkenntnisse über die Abstammung enthält (Hamm DAVorm 81, 472/475; Gaul, FSBosch 257). Andererseits kommt es für die Frage, ob das Schriftstück Gutachtenqualität hat, nicht auf seine Überzeugungskraft an. Fehlt diese, so ist das Wiederaufnahmegesuch nicht gemäß § 589 I zu verwerfen, sondern nach mündlicher Verhandlung als unbegründet abzuweisen (Gaul aaO 258; s auch Rn 13). Soweit die Sachkunde des Gutachters nicht auf der Hand liegt, ist sie darzulegen. Ein Privatgutachten genügt (Hamm aaO; Gaul aaO 263; Braun FamRZ 89, 1135). Das Gutachten muß sich mit dem konkreten Fall befassen; allgemeine Erörterungen über den gegenwärtigen Stand der Wissenschaft reichen nicht aus (BGH FamRZ 89, 1067 = NJW-RR 1028; Odersky Anm IV 4; Gaul aaO 258). 5

2) Es muß sich um ein Gutachten über die **Vaterschaft** handeln: ein Blutgruppengutachten, ein erbbiologisches Gutachten, auch ein Gutachten über die Tragzeit oder die Zeugungsfähigkeit (BGH FamRZ 84, 681 = NJW 2630 = MDR 1021; FamRZ 89, 374 = NJW-RR 258; FamRZ 89, 1067 = NJW-RR 1028; Braun FamRZ 89, 1135; anders Gaul FS Bosch 265 für Gutachten über die Tragzeit oder die Zeugungsunfähigkeit). Es ist nicht erforderlich, daß der Mann, der Partei des Vorprozesses war, in das Gutachten einbezogen ist. Wurde im Vorprozeß die Vaterschaftsfestellungsklage mit der Begründung abgewiesen, daß ein Mehrverkehrszeuge der Vater sei, und wurde dieser in einem zweiten Prozeß als Vater ausgeschlossen, so kann das im zweiten Prozeß erstellte Sachverständigengutachten als Grundlage für die Restitutionsklage gegen den Beklagten des ersten Prozesses dienen (BGH FamRZ 80, 880 f). 6

3) Das Gutachten ist **neu,** wenn es im Vorprozeß noch nicht verwertet wurde (BGH FamRZ 89, 1067 = NJW-RR 1028; Hamm FamRZ 72, 215 u 80, 392; anders Braun FamRZ 89, 1135). Es muß nicht notwendig erst nach der letzten mündlichen Verhandlung im Vorprozeß erstellt worden sein (Gaul FS Bosch 254). Wenn es aber zur Zeit des Vorprozesses schon vorhanden war, muß die Partei schuldlos außerstande gewesen sein, es schon damals in den Prozeß einzuführen (§ 582; BGH FamRZ 89, 374 f = NJW-RR 258 f; FamRZ 89, 1067 = NJW-RR 1028; FamRZ 93, 943 f = NJW 1928 f; Gaul aaO 255; Braun FamRZ 89, 1135; Niklas JR 88, 444). Im übrigen ist § 582 nicht anwendbar. Der Partei, die ein neues Gutachten vorlegt und die Wiederaufnahme verlangt, kann nicht entgegengehalten werden, sie hätte Berufung gegen das Urteil des Vorprozesses einlegen und in zweiter Instanz die Einholung eines Gutachtens beantragen sollen (München DAVorm 81, 140/142; AG Itzehoe DAVorm 82, 102). 7

Neuheit setzt nicht voraus, daß im Vorprozeß bereits ein Gutachter tätig war (BGHZ 61, 186; BGH FamRZ 93, 943/945 = NJW 1928 f = MDR 94, 205; Hamm FamRZ 72, 215; 80, 392; München DAVorm 81, 139; Gaul FS Bosch 253). Auch wenn im Vorprozeß die Abstammung nicht untersucht worden, sondern im ersten Termin ein unzulässiges Anerkenntnisurteil ergangen ist, ist ein neues Gutachten ein hinreichender Restitutionsgrund (BGH FamRZ 94, 694/696 = DAVorm 413/417). Es muß sich nicht auf neue Befunde stützen, sondern kann auch nach Aktenlage erstattet werden (BGH FamRZ 89, 374 f = NJW-RR 258 f; Braun FamRZ 89, 1136). Wenn § 641 i auch in erster Linie die Verwertung neuer wissenschaftlicher Erkenntnisse ermöglichen soll, braucht das Gutachten doch nicht notwendig auf seit dem Vorprozeß fortgeschrittenen Forschungsmethoden zu beruhen (BGH aaO u FamRZ 84, 681; Gaul aaO 253 u 255). Es genügt, daß im neuen Gutachten Fehler des im Vorprozeß eingeholten Gutachtens im Hinblick auf schon damals bekannte wissenschaftliche Erkenntnisse aufgezeigt werden (BGH FamRZ 93, 943 f = NJW 1928 f = MDR 94, 205). Daß das Bundesgesundheitsamt die Forschungsmethode des neuen Gutachtens bereits anerkannt hat, ist nicht erforderlich (Gaul aaO 258). Es genügt auch ein neues Gutachten des schon im Vorprozeß gehörten Sachverständigen, wenn er sich jetzt auf zuverlässigere Forschungsmethoden stützen kann. Wenn im Urteil des Vorprozesses die Untersuchungsmethode des Sachverständigen nicht für tauglich erachtet worden ist und derselbe oder ein anderer Sachverständiger später erklärt, daß jene Methode inzwischen allgemein anerkannt werde, ist dies ein Wiederaufnahmegrund (Niklas JR 88, 445; Gaul FS Bosch 256). 8

4) Abs 1 erfordert ein Gutachten, das eine **andere Entscheidung als die des Vorprozesses** herbeigeführt hätte (BGH FamRZ 82, 690 = NJW 2128 mwN und FamRZ 82, 691 = NJW 2124 mwN). Hierfür ist das Gutachten geeignet, wenn der Vorprozeß nicht entscheidungsreif gewesen wäre oder anders hätte entschieden werden müssen, falls das Gutachten damals schon vorgelegen hätte (Braunschweig DAVorm 82, 198). Die Wiederaufnahme ist nicht aus dem Grunde ausgeschlossen, weil neben einem unzureichenden Gutachten auch das Gericht des Vorprozesses seine Pflicht zur Amtsermittlung verletzt hat (BGH FamRZ 93, 943 ff = NJW 1928 f = MDR 94, 205). 9

Kasuistik: Geeignet sein kann ein Gutachten über einen Mann, der am Vorprozeß nicht als Partei beteiligt war, aber als möglicher Vater begutachtet wurde (Braunschweig aaO). Geeignet sein kann auch ein Gutachten, das die Zeugenaussage der Mutter über ihren Geschlechtsverkehr mit dem angeblichen Vater entkräftet oder das in eine Beweislücke stößt, die im Vorprozeß offen 9a geblieben ist (Gaul FS Bosch 266), ferner ein serologisches Gutachten, das ein serologisches oder erbbiologisches Gutachten aus dem Vorprozeß entkräften soll (Gaul aaO). Ist der Vorprozeß ohne Blutgruppengutachten entschieden worden, so ist ein Gutachten, das sich allein mit dem Restitutionskläger, nicht aber mit dem Gegner befaßt, nicht geeignet, das Urteil des Vorprozesses zu erschüttern (Stuttgart FamRZ 82, 193). Wurde eine Klage auf Anfechtung der Ehelichkeit oder des Vaterschaftsanerkenntnisses als verspätet abgewiesen, so kann der Kläger nicht mit einem Gutachten die Wiederaufnahme begehren (Düsseldorf DAVorm 82, 200).

10 5) Das Gutachten muß **allein oder in Verbindung mit den im Vorprozeß erhobenen Beweisen** eine andere Entscheidung herbeiführen, als sie im Vorprozeß ergangen ist. Daß es nur zusammen mit erst noch zu erhebenden Beweisen das Vorprozeßurteil erschüttern könnte, reicht nicht aus (BGH FamRZ 80, 880; Gaul FS Bosch 264). Beispiel: Hatte im Vorprozeß das Gericht es abgelehnt, ein Ergänzungsgutachten über eine neu entdeckte Blutgruppe einzuholen, weil die Vererblichkeit dieses Merkmals noch nicht genügend erforscht sei, und legt der daraufhin als Vater festgestellte Mann jetzt ein Gutachten vor, nach welchem die Vererblichkeit inzwischen geklärt und wissenschaftlich allgemein anerkannt ist, so reicht dieses Gutachten nicht aus. Um das Urteil des Vorprozesses zu widerlegen, müßte jetzt ein weiteres Gutachten eingeholt werden, ob Vater Mutter und Kind jener Blutgruppe angehören. Das vorgelegte Gutachten wäre jedoch ein Wiederaufnahmegrund, wenn im Vorprozeß ein Sachverständiger erklärt hätte, nach der neu entdeckten Blutgruppe sei der verklagte Mann als Vater ausgeschlossen, und das Gericht dieses Gutachten mit Rücksicht auf den damaligen Stand der Forschung für nicht beweiskräftig gehalten hatte (anders Gaul aaO 259 ff).

11 6) Das **Gutachten muß** mit der Restitutionsklage vorgelegt werden, muß also bei Klageerhebung bereits **vorliegen;** sonst ist die Restitutionsklage unzulässig (BGH FamRZ 89, 1067 = NJW-RR 1028). Jedoch wird eine bis dahin unzulässige Klage zulässig, wenn das Gutachten erst im Lauf des Verfahrens vorgelegt wird (BGH FamRZ 82, 690 = NJW 2128 = MDR 930 f mwN). Da nur liquide Beweismittel die Wiederaufnahme rechtfertigen, ersetzt ein Beweisantritt durch Benennung eines Sachverständigen, der sich auf neue Erkenntnisse stützen könnte und zu ihnen gehört werden soll, die Vorlegung eines Gutachtens nicht (Celle FamRZ 71, 593; Hamburg DAVorm 80, 486). Statt der Vorlage ist auch Bezugnahme auf andere Akten statthaft, zu denen das Gutachten erstattet wurde, damit sie beigezogen werden können (Celle FamRZ 74, 383; Braunschweig DAVorm 82, 198). In Betracht kommen insbesondere in einem Meineidsverfahren oder für das Vormundschaftsgericht erstattete Gutachten. Wer zur Vorbereitung einer Restitutionsklage ein Gutachten erstatten lassen will, hat keine Möglichkeit, seinen Gegner oder Dritte dazu zu zwingen, sich untersuchen zu lassen (Celle FamRZ 71, 593; Düsseldorf FamRZ 78, 206; Stuttgart FamRZ 82, 193; Damrau FamRZ 70, 287; Schlabrendorff FamRZ 73, 448); die §§ 810 f BGB sind nicht analog anwendbar (Roth-Stielow 137; Gaul FS Bosch 262 f; anders Odersky Anm II 4). Er kann die Mitwirkung des Kindes und seiner Mutter auch nicht im selbständigen Beweisverfahren erzwingen (Köln FamRZ 95, 369).

12 **IV) Verfahren:** Nach **Abs 2** kann auch der Sieger des Vorprozesses die Wiederaufnahmeklage erheben; eine **Beschwer** wird im Gegensatz zu sonst (§ 578 Rn 3) nicht vorausgesetzt (BGH FamRZ 94, 694 f = DAVorm 413/415). Abs 2 ist nur im Wiederaufnahmeverfahren anzuwenden. Er gilt nicht sinngemäß für Rechtsmittel gegen Urteile in Kindschaftssachen. Diese Rechtsmittel setzen eine Beschwer des Rechtsmittelklägers voraus (München FamRZ 87, 171 mwN = NJW-RR 259 = DAVorm 262; Bamberg NJW-RR 94, 459; anders KG DAVorm 85, 412; StJSchlosser Rn 6 u § 640 Rn 54; weitere Nachweise s BGH aaO). Die Erben einer Partei können nicht Restitutionsklage erheben (Stuttgart FamRZ 82, 193).

13 Die Regelung des Abs 4, daß die Wiederaufnahmeklage nicht an die **Frist** des § 586 gebunden ist, gilt nur für Klagen nach § 641 i, nicht für andere Wiederaufnahmeklagen in Kindschaftssachen (BGH FamRZ 94, 237/238 f mwN = NJW 589/591 = DAVorm 87 ff; str). Ausschließliche **Zuständigkeit:** Abs 3. Nach dem Tode des Mannes ist das Vormundschaftsgericht zuständig (analog § 1600 n BGB; Hamm FamRZ 86, 1026; 87, 1001). Wie bei den §§ 578 ff zerfällt das Verfahren in drei Abschnitte: Im ersten ist die Zulässigkeit der Wiederaufnahmeklage zu prüfen, wozu insbesondere gehört, daß der Wiederaufnahmegrund schlüssig behauptet ist; das neue Gutachten muß vorgelegt oder in Bezug genommen sein. Im zweiten ist das Bestehen des Wiederaufnahmegrunds zu untersuchen; es ist also zu prüfen, ob das Gutachten, hätte es dem Gericht schon im Vorprozeß vorgelegen, möglicherweise zu einem anderen Ergebnis geführt hätte (BGH FamRZ 84, 681 mwN = NJW 2630). Wird der Wiederaufnahmegrund verneint, so ist die Klage als unbegründet abzuweisen. Wird er bejaht, so kann hierüber durch selbständig anfechtbares Zwischenurteil entschieden und zugleich das angegriffene Urteil des Vorprozesses aufgehoben werden (BGH FamRZ 93, 943 ff = NJW 1928 ff). Es kann aber auch zusammen mit der Hauptsache im Endurteil entschieden werden. Liegt der Wiederaufnahmegrund vor, so wird im dritten Abschnitt

zur Hauptsache neu verhandelt, §§ 589, 590. Dabei kann sich das Gericht aller ihm zugänglichen Beweismittel bedienen. Rechtsmittel: § 591.

V) Gebühren: Das Verfahren gilt als neuer Rechtsstreit; Gebühren wie im ordentlichen Prozeß (§ 578 Rn 4). 14

641k

[Urteilswirkung bei Feststellung der nichtehelichen Vaterschaft]

Ein rechtskräftiges Urteil, welches das Bestehen der Vaterschaft feststellt, wirkt gegenüber einem Dritten, der die nichteheliche Vaterschaft für sich in Anspruch nimmt, auch dann, wenn er an dem Rechtsstreit nicht teilgenommen hat.

Anwendungsbereich. Prozessuale Ergänzung zu § 1600 a BGB: Bei nichtehelichen Kindern wird die Vaterschaft durch gerichtliche Entscheidung mit Wirkung für und gegen alle festgestellt. Die Bestimmung hat als Folgevorschrift zu § 641 nur die nichteheliche Abstammung zum Gegenstand; für eheliche Vaterschaftsprätendenten verbleibt es hinsichtlich der Rechtskrafterstrekkung bei § 640 h. § 641 k betrifft Urteile, die die Vaterschaft eines Mannes (auch auf negative Feststellungsklage hin, § 641 h) positiv feststellen; ferner Urteile, die auf Klage nach § 640 II Nr 1 Hs 2 hin die bestrittene (anfängliche) Wirksamkeit einer Vaterschaftsanerkennung feststellen (Odersky Anm 3). Wenn die Vaterschaft ausnahmsweise nur incidenter festgestellt wird (nach ausländischem Recht: § 640 Rn 4), ist mangels rechtskräftiger Feststellung der Vaterschaft auch § 641 k nicht anzuwenden. Wenn die Klagen nach § 640 II Nr 1 (1. und 2. Hs) zur Verneinung der Vaterschaft oder der Wirksamkeit der Anerkennung führen, gilt für die Urteilswirkung § 640 h. § 641 k findet trotz der Zugehörigkeit zum Nichtehelichenrecht auch keine Anwendung auf Urteile, die Klagen auf Anfechtung der Vaterschaftsanerkennung (§ 640 II Nr 3) abweisen; dann bleibt es bei dem durch die Anerkennung erzeugten Rechtsschein der Vaterschaft nach § 1600 a S 1 BGB. 1

Urteilswirkungen; rechtliches Gehör: Abweichend von § 640 h S 2 erstreckt § 641 k die Rechtskraft auf Männer, die die nichteheliche Vaterschaft für sich in Anspruch nehmen wollen, und zwar auch dann, wenn sie am Rechtsstreit nicht teilgenommen haben. Dabei wird nicht unterschieden, ob der Dritte dem Rechtsstreit freiwillig ferngeblieben ist oder ob er nicht teilnehmen konnte, weil er vom Rechtsstreit nichts wußte. Daher wird die Verfassungsmäßigkeit der Bestimmung bezweifelt, soweit sie Dritte auch im letzten Fall nicht ausklammert (Grunsky ZZP 84, 116 f, StAZ 70, 254; StJSchlosser Rn 1; dagegen Zeuner, Rechtliches Gehör, materielles Recht und Urteilswirkungen À 32 f; MK/Coester-Waltjen Rn 4; Roth-Stielow, Abstammungsprozeß 2. Aufl 1978 Rn 83; Jauernig ZZP 101, 381 ff). Der Dritte wird durch das Urteil betroffen, weil er nun die Vaterschaft nicht mehr wirksam anerkennen (§ 1600 b III BGB) und seine eigene gerichtliche Feststellung als Vater nicht mehr betreiben kann. Deshalb ist ihm im Rechtsstreit gegen den als Vater in Anspruch genommenen Mann rechtliches Gehör (Art 103 I GG) zu gewähren, wenn er seine Absicht, die Vaterschaft anzuerkennen, bekanntgegeben hat. Wenn ihm nicht der Streit verkündet wird und er auch nicht durch seine Vernehmung als Mehrverkehrszeuge vom Rechtsstreit Kenntnis erhält, ist er gemäß § 640 e beizuladen; damit er als Nebenintervenient beitreten kann. Folgen unterbliebener Beiladung: § 640 e Rn 4. Wird trotz Beitritts der andere Mann als Vater festgestellt, dann wirkt das Urteil schon nach § 640 h S 1, § 1600 a S 1 BGB gegen ihn. Diese Wirkung hat das Urteil gemäß § 641 k aber auch dann, wenn er am Rechtsstreit nicht teilgenommen hat. Praktisch bedeutsam ist die Regelung nicht. 2

Dritter Abschnitt

VERFAHREN ÜBER DEN UNTERHALT MINDERJÄHRIGER

Erster Titel

VEREINFACHTES VERFAHREN ZUR ABÄNDERUNG VON UNTERHALTSTITELN

Vorbemerkungen

1 **In den neuen Bundesländern** findet das Vereinfachte Verfahren erst statt, wenn die in § 1612 a BGB vorgesehenen Verordnungen in Kraft treten (**Einigungsvertrag** Anlage 1 Kap III Sachgebiet A Abschn III Nr 5 e). Solche Verordnungen haben folgende Länder erlassen: Berlin für den Ostteil der Stadt (GVBl 92, 179 = FamRZ 766), Mecklenburg-Vorpommern (GVBl 92, 284), Sachsen (GVBl 92, 241), Brandenburg (GVBl 92, 184), Thüringen GVBl 92, 431). Die Verordnungen gleichen einander.

1a **I) Grundlage der Anpassung von Unterhaltsrenten:** Die §§ 641 l-641 t sind durch Art 2 Nr 3 des Dynamisierungsgesetzes (BGBl 76 I 2029) in die ZPO eingefügt worden. Nach **§ 1612 a BGB** können Unterhaltsrenten, die für minderjährige Kinder gezahlt werden und deren Betrag durch gerichtliche Entscheidung, Vereinbarung oder Verpflichtungsurkunde festgelegt sind, einer erheblichen Veränderung der wirtschaftlichen Verhältnisse auf eine Weise angepaßt werden, die die schwerfällige Abänderungsklage nach § 323 erspart, dafür aber die individuellen Verhältnisse der betroffenen Parteien vernachlässigt. Zu diesem Zweck setzt die Bundesregierung in gewissen Zeitabständen durch RechtsVO einen Prozentsatz fest, um den auf Verlangen des Begünstigten die Unterhaltsrenten nach Ablauf einer dreimonatigen Wartezeit pauschal erhöht oder herabgesetzt werden. Die gesetzliche Regelung sieht je nach der allgemeinen wirtschaftlichen Entwicklung diese beiden Möglichkeiten vor; bei der gegenwärtigen Lohn- und Preisinflation kommt nur eine Erhöhung der Unterhaltsrenten in Betracht (§ 641 m Rn 2).

2 Nach Art 5 § 1 des Dynamisierungsgesetzes sollte die erste **Anpassungsverordnung** die Änderungen der allgemeinen wirtschaftlichen Verhältnisse seit Juli 1975 umfassen; spätestens alle zwei Jahre nach Erlaß einer AnpassungsVO soll die Bundesregierung prüfen, ob die Voraussetzungen für eine erneute Anpassung gegeben sind. Demgemäß sieht die AnpassungsVO 1977 (BGBl I 977) eine Erhöhung der Unterhaltsrenten für Minderjährige um 10 % vor, die AnpassungsVO 1979 (BGBl I 1603) eine weitere Erhöhung von 11 %, die AnpassungsVO 1981 (BGBl I 835) eine solche von 10 %, die AnpassungsVO 1984 (BGBl I 1035) eine solche von 10 %, die AnpassungsVO 1988 (BGBl I 1082) eine solche von 10 % und die AnpassungsVO 1992 (BGBl I 535) eine weitere Erhöhung von 16 % ab 1.7.1992. Nach den übereinstimmenden AnpassungsVOen, die in den neuen Bundesländern gelten (Rn 1), können Unterhaltsrenten für Minderjährige ab 1.7.1992 um 32 % erhöht werden. Die AnpassungsVO 1995 (BGBl I 1190) sieht für die alten und neuen Bundesländer vor, daß die Unterhaltsrenten für Minderjährige für die Zeit nach dem 31.12.1995 um 20 % erhöht werden können.

3 **II)** Das **Anpassungsverfahren** ist je nachdem, ob ein vollstreckbarer Unterhaltstitel vorliegt oder nicht, verschieden geregelt. Besteht kein Titel, so bewirkt das Anpassungsverlangen, daß die Unterhaltsverpflichtung einen anderen Inhalt erhält (§ 1612 a II 4 BGB), der notfalls durch Klage durchzusetzen ist (Bamberg FamRZ 87, 855 = NJW-RR 643). Besteht ein Unterhaltstitel, so setzt der Rechtspfleger auf Antrag des durch die AnpassungsVO Begünstigten im Vereinfachten Verfahren die Unterhaltsrente neu fest. Grundsätzlich wird dabei der in der AnpassungsVO festgelegte Prozentsatz zugrunde gelegt; der Antragsteller kann sich aber auch mit einem geringeren Anpassungssatz bescheiden (§ 641 m Nr 5). Der Antragsgegner hat die Möglichkeit, durch befristete Klage (§ 641 q) auf eine Verminderung der Anpassung hinzuwirken. Zum Verhältnis des vereinfachten Verfahrens zur Abänderungsklage s Rn 8 ff.

III) Ausschluß der Anpassung: 1) Das vereinfachte Abänderungsverfahren ist nicht statthaft, wenn die Parteien, aus dem Titel ersichtlich (andernfalls: § 641 q II, s dort Rn 7), bei der Festlegung des Unterhaltsanspruchs vereinbart haben, daß eine **Anpassung** an die Veränderung der wirtschaftlichen Verhältnisse **ausgeschlossen** sein soll (§ 1612 a I 2 BGB 1. Alt; § 641 o I 1 Hs 2). Dann genießt die Parteiautonomie den Vorrang vor der den Einzelfall nicht berücksichtigenden gesetzlichen Regelung. Mit dem Einwand, daß der vertragliche Ausschluß nicht rechtswirksam sei (vgl §§ 1614, 1615 e BGB; Hamm FamRZ 77, 556), kann der Antragsteller der Zurückweisung seines Anpassungsantrags (§ 641 m III) nicht entgehen; für eine Verhandlung und Beweisaufnahme über solche Behauptungen ist im Vereinfachten Verfahren kein Raum. Das folgt für den umgekehrten Fall, daß sich der Antragsgegner gegenüber dem Anpassungsverlangen auf den außerhalb des Titels vereinbarten Ausschluß künftiger Abänderungen beruft, aus dem Klagevorbehalt des § 641 q II (§ 641 q Rn 7). Auch der Antragsteller kann den Unwirksamkeitseinwand nur mit der Klage aus § 323 geltend machen. 4

2) Das Vereinfachte Verfahren ist weiter unstatthaft, wenn die **Abänderung des Unterhaltstitels** wegen veränderter Verhältnisse, sei es durch Parteiabrede, sei es durch Gesetz, **besonders geregelt** ist (§ 1612 a I 2, 2. Alt BGB). **a)** Die **Parteien** können für die Angleichung an veränderte Verhältnisse einen anderen Maßstab oder ein anderes Verfahren vorsehen. Ist in einem Vergleich der Unterhalt nach der Düsseldorfer Tabelle bemessen worden, so ist allein damit keine von § 1612 a BGB abweichende Möglichkeit für die Anpassung des Unterhalts an die Geldentwertung vereinbart worden (BGHZ 101, 235 = FamRZ 87, 1021 ff = NJW 2999. Beispiele für abweichende Maßstäbe: Verpflichtung zur Zahlung des jeweiligen Regelunterhalts, Vereinbarung einer Gleitklausel oder eines Schiedsverfahrens, Abrede, daß die Unterhaltshöhe sich auch künftig nach der jeweiligen Düsseldorfer Tabelle richten soll (Stuttgart DAVorm 82, 115). Beim Abschluß von Unterhaltsvergleichen ist darauf zu achten, daß das Vereinfachte Verfahren nicht versehentlich ausgeschlossen wird. Die parteiautonome Regelung hat Vorrang vor der schematischen Anpassung im Vereinfachten Verfahren. Den Erlaß des Anpassungsbeschlusses kann die Parteivereinbarung allerdings auch hier nur verhindern, wenn sie sich aus dem Unterhaltstitel selbst ergibt (§ 641 o I 1 Hs 2); andernfalls kann sie erst im Klageweg nach § 641 q II durchgesetzt werden (§ 641 q Rn 7). **b)** Auch das **Gesetz** kann für die Abänderung von titulierten Unterhaltsrenten ein besonderes Verfahren vorsehen, so daß das vereinfachte Abänderungsverfahren nach §§ 641 l ff nicht zur Anwendung kommt. Das gilt insbesondere für die Regelunterhaltstitel nichtehelicher Kinder und für die einstweiligen Anordnungen auf Unterhalt (§ 641 l Rn 3, 4). 5

3) Nach § 1612 a IV BGB ist die Anpassung von Unterhaltsrenten auf Grund einer neu ergangenen AnpassungsVO auch dann ausgeschlossen, wenn sie **innerhalb der letzten zwölf Monate vor dem Wirksamwerden der Anpassung festgesetzt, bestätigt oder geändert wurden.** Denn dann kann davon ausgegangen werden, daß bei der Festlegung der Höhe innerhalb dieses Zeitraums der bisherige Verlauf der wirtschaftlichen Entwicklung und darüber hinaus auch der für die nächstfolgende Zeit zu erwartende bereits berücksichtigt wurden (BT-Drucksache 7/4791 S 13). Unter Wirksamwerden der Anpassung kann in diesem Zusammenhang nicht die Einreichung des Anpassungsantrags beim Gericht (§ 641 p I 2) verstanden werden (so Brüggemann 63 f zu § 1612 a BGB), sondern der Beginn des vierten Monats nach dem Inkrafttreten der VO, zu dem frühestens die Anpassung ausgesprochen werden kann (§ 1612 a II 3 BGB). Das ergibt sich aus dem Regierungsentwurf, BT-Drucksache 7/4791, wo in der vorgeschlagenen Fassung des § 1612 a II 3 BGB für den letztgenannten Zeitpunkt gleichfalls die (in der endgültigen Gesetzesfassung durch eine andere Formulierung ersetzte) Wendung Wirksamwerden der Anpassung gebraucht war. Die zwölfmonatige Sperrfrist ist demnach von dem Beginn des 4. Monats nach Inkrafttreten einer AnpassungsVO zurückzurechnen (BGHZ 101, 235 = FamRZ 87, 1021 ff = NJW 2999). 6

Junge Unterhaltstitel, die während dieser Sperrfrist errichtet, bestätigt oder geändert wurden, **nehmen an der Anpassung** auf Grund der Anpassungsverordnung **nicht teil,** sondern können erst in spätere Anpassungen einbezogen werden (Amtliche Begründung aaO S 13; BGHZ 101, 235 = FamRZ 87, 1021 ff = NJW 2999 mwN; Bamberg FamRZ 87, 855 = NJW-RR 643; Künkel DAVorm 84, 950 mwN). Dieser Folge kann der Antragsteller nicht dadurch entgehen, daß er mit der Anbringung seines Anpassungsantrags über den Ablauf der Dreimonatsfrist des § 1612 a II S 3 BGB hinaus so lange wartet, bis zwischen der Errichtung des Unterhaltstitels und dem Zeitpunkt der Antragstellung zwölf Monate liegen (so aber LGe Tübingen DAVorm 81, 129; Koblenz DAVorm 83, 245; Hamburg DAVorm 85, 998, Stuttgart FamRZ 87, 199, die in den zwölf Monaten eine Wartefrist erblicken, nach deren Ablauf auch die Anpassung eines kurz vor dem Inkrafttreten der AnpassungsVO errichteten Unterhaltstitels verlangt werden könne). Wo das Vereinfachte Verfahren nicht zulässig ist, weil die Zwölfmonatsfrist des § 1612 a IV BGB noch nicht abgelaufen ist, greift die Sperre des § 323 V nicht ein. Hier kann der Unterhaltstitel mit der Abänderungsklage der allgemeinen Einkommmens- und Lebenshaltungskostensteigerung angepaßt werden (BGH aaO). 7

8 **IV) Verhältnis zur allgemeinen Abänderungsklage (§ 323):** Durch das Vereinfachte Verfahren ist die Anpassung von Unterhaltstiteln Minderjähriger an die allgemeine Entwicklung der wirtschaftlichen Verhältnisse wesentlich erleichtert worden. Trotzdem ist die Abänderungsklage nicht entbehrlich geworden; denn im Vereinfachten Verfahren kann die individuelle Entwicklung des Lebensbedarfs des Unterhaltsberechtigten und der Leistungsfähigkeit des Unterhaltspflichtigen nicht berücksichtigt werden. Demgemäß bleibt für Unterhaltstitel, die an sich im Vereinfachten Verfahren geändert werden können, die Abänderungsklage zulässig, wenn eine Anpassung im Vereinfachten Verfahren zu einer Unterhaltsrente führen würde, welche wesentlich von der Rente abweicht, die der Entwicklung der besonderen Verhältnisse der Parteien Rechnung trägt (§§ 323 V ZPO, 1612 a V BGB; BGH FamRZ 82, 915 u 84, 997). Greift die Sperre des § 323 V nicht ein, dann kann mit der Abänderungsklage nicht nur eine individuelle Änderung der Verhältnisse geltend gemacht werden, sondern auch die allgemeine Entwicklung der Lebenshaltungskosten (BGH FamRZ 95, 221 f).

8a Durch **§ 323 V** wird der in § 1612 a V BGB ausgesprochene materiell-rechtliche **Vorrang der Individualanpassung** in doppelter Weise **eingeschränkt: 1.** Eine Abänderungsklage ist nur zulässig, wenn der Kläger die Festsetzung des Unterhalts auf einen Betrag verlangt, der wesentlich von dem bei einer vereinfachten Anpassung herauskommenden Unterhalt abweicht (§ 323 Rn 49). 2. Gelangt das mit der Abänderungsklage befaßte Gericht nach dem Ergebnis der Beweisaufnahme zu einem Unterhalt, dessen Höhe sich nicht wesentlich von derjenigen unterscheidet, die sich im Vereinfachten Verfahren ergäbe, so muß die Abänderungsklage als unbegründet abgewiesen werden (Künkel DAVorm 84, 955). – Abänderungsklage kann demnach nur der Unterhaltsberechtigte erheben, der mit ihr ein wesentlich günstigeres Ergebnis als im Vereinfachten Verfahren erstrebt [50 % mehr (Hamm FamRZ 87, 91; anders Brüggemann, Nachtrag Rn 15 f: 10 %); 20 DM monatlich (Hamburg FamRZ 85, 729 mwN)]. Diese Klage kommt namentlich in Betracht, wenn sich der Bedarf des Unterhaltsberechtigten oder die Leistungsfähigkeit des Unterhaltspflichtigen abweichend vom allgemeinen Einkommensniveau und von der Geldentwertung entwickeln.

9 **1) Doppelspurige Unterhaltserhöhung:** Ist eine **Abänderungsklage** zulässig, so hat der Unterhaltsberechtigte die **Wahl,** ob er nur diese Klage erhebt oder gleichzeitig mit ihr das **Vereinfachte Verfahren** betreibt (BGH FamRZ 82, 915 mwN, str). Aus dem Gesetz ergibt sich nicht, daß in diesem Fall nur die Abänderungsklage gegeben und das Vereinfachte Verfahren ausgeschlossen ist. Hinge die Zulässigkeit des Vereinfachten Verfahrens davon ab, daß keine Abänderungsklage erhoben werden könnte, so nötigte dies den Rechtspfleger zu einer Prüfung der individuellen Verhältnisse der Parteien, die im Vereinfachten Verfahren nicht vorgenommen werden kann (BGH aaO). Für ein solches doppelspuriges Änderungsverfahren besteht auch ein **Rechtsschutzbedürfnis.** Für den Unterhaltsberechtigten wird die Durchsetzung seines Rechts erheblich erleichtert, beschleunigt und verbilligt, wenn er zunächst eine geringe Unterhaltserhöhung im Vereinfachten Verfahren durchsetzt und das schwerfälligere, kostenträchtigere Klageverfahren nur wegen des Restbetrages betreiben muß. Auch dem Unterhaltspflichtigen kommt die Kostenersparnis im Vereinfachten Verfahren zugute; deshalb kann ihm das doppelspurige Verfahren zugemutet werden (BGH aaO).

10 Erhebt der Unterhaltsberechtigte die Abänderungsklage erst nach rechtskräftigem Abschluß des Vereinfachten Verfahrens, so hindert **§ 323 II** ihn nicht daran, Gründe geltend zu machen, die vor Abschluß des Vereinfachten Verfahrens entstanden sind. Da Abänderungsgründe aus dem persönlichen oder individuell wirtschaftlichen Bereich im Vereinfachten Verfahren nicht vorgebracht werden können, entfaltet die Rechtskraft des in diesem Verfahren ergangenen Beschlusses keine Präklusionswirkung, die über seinen Verfahrensgegenstand hinausgeht (BGH aaO). Der Unterhaltsberechtigte braucht die Abänderungsklage auch **nicht binnen einem Monat** nach Zustellung des im Vereinfachten Verfahren ergangenen Beschlusses zu erheben. § 641 q III ist nicht analog anwendbar; s § 641 q Rn 5.

11 **2) Vereinfachtes Verfahren und Abänderungsklage mit entgegengesetzten Zielen: a)** Verlangt der Unterhaltspflichtige Herabsetzung des Unterhalts gemäß § 323 und der Unterhaltsberechtigte eine Erhöhung im Vereinfachten Verfahren, so ist dieses auszusetzen, wenn beide Verfahren **gleichzeitig anhängig** sind (s Rn 17) und wiederaufzunehmen, falls die Abänderungsklage abgewiesen wird. Wird hingegen der Abänderungsklage stattgegeben, so erledigt sich hierdurch das Vereinfachte Verfahren (s § 641 o Rn 9). **b) Geht das Vereinfachte Verfahren** der Abänderungsklage **voraus,** so kann der Unterhaltsverpflichtete mit der besonderen Abänderungsklage des § 641 q erreichen, daß der im Vereinfachten Verfahren ergangene Erhöhungsbeschluß rückgängig gemacht wird, und kann außerdem Abänderungsklage nach § 323 erheben, damit der Unterhalt niedriger als vor Einleitung des Vereinfachten Verfahrens festgesetzt wird. Beide Klagen sind zweckmäßigerweise zu verbinden; s § 641 q Rn 2a.

3) Aussetzung des Verfahrens: Wird wegen des Unterhaltsanspruchs eines Minderjährigen sowohl Abänderungsklage erhoben als auch ein Vereinfachtes Verfahren eingeleitet, so ist dieses Verfahren im Regelfall auszusetzen (§ 641 o II; s dort Rn 6). Dies entspricht dem Vorrang der Individualanpassung. Ist die Abänderungsklage schon vor dem Vereinfachten Verfahren anhängig, so soll nach verbreiteter Auffassung der im Vereinfachten Verfahren gestellte Antrag zurückzuweisen sein (StJSchlosser § 641 m Rn 7; Brüggemann § 641 m Rn 9 f; anders Timm NJW 78, 745). Hiergegen spricht: Nach § 641 m III ist der Antrag nur zurückzuweisen, wenn entweder die sachlichen Voraussetzungen für das Verfahren (Titel eines Minderjährigen auf eine künftig fällig werdende Unterhaltsrente) nicht erfüllt sind oder wenn der Antrag die in § 641 m I geforderten förmlichen Angaben nicht enthält; zu diesen Angaben gehört auch die Erklärung, daß kein Verfahren nach § 323 anhängig ist, in dem die Abänderung desselben Titels begehrt wird. Enthält der Antrag die Erklärung, daß ein solches Verfahren bereits anhängig sei, so zwingt der Gesetzeswortlaut nicht zur Zurückweisung des Antrages, sondern läßt dem Gericht die Möglichkeit, das Vereinfachte Verfahren nach § 641 o II auszusetzen. 12

Für eine Aussetzung statt einer Zurückweisung des Antrages spricht namentlich: Der Unterhaltsberechtigte hat ein berechtigtes Interesse daran, daß er auch während der Anhängigkeit einer Abänderungsklage einen Antrag im Vereinfachten Verfahren stellen und zugleich die Aussetzung dieses Verfahrens beantragen kann. Wird ihm dies nicht gestattet, so läuft er Gefahr, ein nach materiellem Recht begründetes Erhöhungsbegehren aus prozessualen Gründen teilweise nicht durchsetzen zu können, weil zunächst die anhängige Abänderungsklage das Vereinfachte Verfahren verhinderte und später nach Rechtskraft der Entscheidung über die Abänderungsklage der Unterhaltstitel im Vereinfachten Verfahren nur noch mit Wirkung für die Zukunft geändert werden könnte (§ 641 p I 2). Unerträglich wäre dies vor allem in dem Fall, daß der Unterhaltspflichtige eine unbegründete Abänderungsklage auf Herabsetzung des Unterhalts erhebt und den Unterhaltsberechtigten durch einen langwierigen Prozeß daran hindert, zur Erhöhung des Unterhalts das Vereinfachte Verfahren zu betreiben. Steht der Unterhaltsberechtigte vor der Wahl, eine Unterhaltserhöhung entweder durch Abänderungsklage oder im Vereinfachten Verfahren durchzusetzen, so ist es nicht sinnvoll, ihm zwar zu gestatten, zunächst das Vereinfachte Verfahren einzuleiten und dann Abänderungsklage zu erheben, ihm aber den umgekehrten Weg zu versagen, daß seiner Abänderungsklage das Vereinfachte Verfahren folgt (StJSchlosser § 641 o Rn 8; zweifelnd BGH FamRZ 82, 916). Die Zulassung und anschließende Aussetzung eines Antrages im Vereinfachten Verfahren löst das zuvor behandelte Problem, daß der Unterhaltsberechtigte sein begründetes Erhöhungsbegehren bei Anhängigkeit einer Abänderungsklage sonst nicht durchsetzen kann, jedenfalls in einer Weise, die mit § 323 V zu vereinbaren ist (Künkel DAVorm 84, 958; Brüggemann Nachtrag Rn 17). 13

4) Konkurrenz von Anpassungskorrekturklage (§ 641 q) und Abänderungsklage: § 641 q Rn 2. 14

V) Vereinfachtes Verfahren und erstmalige Unterhaltsklage: 1) Ist die **Folgesache** Kindesunterhalt durch Urteil und Prozeßvergleich geregelt worden, so wirkt dieser Titel kraft Prozeßstandschaft des Elternteils, in dessen Obhut sich das Kind befindet, für und gegen das Kind (§ 1629 III BGB). Einen solchen Vergleich kann das Kind im Vereinfachten Verfahren oder nach § 323 abändern lassen. Haben die Eltern eines minderjährigen Kindes dessen Unterhalt in einem notariell beurkundeten vollstreckbaren Scheidungsfolgenvergleich geregelt, so kann nur der aus dem Vergleich berechtigte Elternteil den Unterhaltsanspruch im Vereinfachten Verfahren heraufsetzen lassen (§ 641 m Rn 2). Diese Möglichkeit hindert das Kind nicht, selbst auf Unterhalt zu klagen (Düsseldorf FamRZ 78, 824 Nr 589), und zwar ohne die Beschränkungen des § 323. Der Vergleich ist im Zweifel kein echter Vertrag zugunsten des Kindes; dieses ist weder berechtigt, aus dem Vergleich zu vollstrecken, noch ist es an ihn gebunden (BGH FamRZ 80, 342; 82, 587 = MDR 740, beide mwN; FamRZ 86, 254 f). 15

2) Titel über einen Teil des Unterhalts: Ist der Unterhaltsverpflichtete (unzweckmäßigerweise; Saarbrücken DAVorm 80, 745) verurteilt worden, über freiwillig gezahlte 150 DM hinaus monatlich weitere 50 DM Unterhalt an sein minderjähriges Kind zu zahlen, und verlangt das Kind nunmehr eine Anpassung des Unterhalts im Vereinfachten Verfahren, während der Beklagte auch die freiwillig gezahlten 150 DM kürzen möchte, so kann das Kind den Titel über 50 DM im Vereinfachten Verfahren anpassen lassen und wegen der 150 DM monatlich zuzüglich eines Zuschlages auf diesen Betrag nach der AnpassungsVO Klage erheben (Düsseldorf FamRZ 78, 824 Nr 588). Aus prozeßökonomischen Gründen sollte man das Kind aber nicht dazu zwingen, beide Verfahren zu betreiben, sondern ihm gestatten, den gesamten Unterhalt in einem Prozeß einzuklagen, der dann teils eine Erstklage, teils eine Abänderungsklage zum Gegenstand hat. Sonst läuft das Vereinfachte Verfahren auf sein Gegenteil, eine Verkomplizierung, hinaus. 16

VI) Ausländische Unterhaltstitel. Im Inland anzuerkennende ausländische Unterhaltstitel sind der Abänderung im Vereinfachten Verfahren nur dann zugänglich, wenn der Unterhaltsanspruch nach deutschem materiellem Unterhaltsrecht zu beurteilen ist (Brüggemann § 1612 a 17

BGB Rn 10; StJSchlosser Rn 11; Schroeder JurBüro 76, 1284; Arnold JR 77, 140 Fn 21; Siehr FSBosch 927 ff; Kropholler ZBlJugR 77, 105 ff); denn nur dann ist § 1612 a BGB anwendbar, der die Grundlage für die Abänderung von Unterhaltstiteln im Vereinfachten Verfahren bildet. Wenn bereits der Errichtung des Unterhaltstitels deutsches Recht zugrunde lag, muß es weiterhin Unterhaltsstatut geblieben sein. Wenn sich der Unterhaltsanspruch bei seiner Festlegung nach ausländischem Recht bestimmte, inzwischen aber durch Einwanderung des Kindes ins Inland deutsches Recht Unterhaltsstatut wurde (Art 18 EGBGB), kann der ausländische Unterhaltstitel im Regelfall nicht im Vereinfachten Verfahren angepaßt werden. Dies wäre allenfalls dann möglich, wenn bei Schaffung des Titels der Lebensbedarf des Kindes und die Leistungsfähigkeit des Unterhaltsverpflichteten ungefähr deutschem Niveau entsprochen hätten und wenn seither Lebensbedarf und Leistungsfähigkeit im gleichen Maße wie im Inland gestiegen wären. Diese Feststellungen werden sich jedoch in einem Vereinfachten Verfahren niemals treffen lassen (so LG Rottweil DAVorm 83, 542). Wenn bei der Errichtung des Unterhaltstitels deutsches Recht Unterhaltsstatut war, der Unterhaltsanspruch sich aber nunmehr (Übersiedlung des Kindes ins Ausland) nach ausländischem Recht bestimmt, bleibt für die Anpassung an veränderte Verhältnisse mangels Zulässigkeit des Vereinfachten Verfahrens nur die allgemeine Abänderungsklage.

641 l *[Anwendungsbereich; Zuständigkeit]*

(1) Urteile auf künftig fällig werdende Unterhaltszahlungen können auf Grund des § 1612 a des Bürgerlichen Gesetzbuchs und einer nach diesen Vorschriften erlassenen Rechtsverordnung (Anpassungsverordnung) auf Antrag im Vereinfachten Verfahren abgeändert werden. Das Vereinfachte Verfahren zur Abänderung von Unterhaltstiteln gilt nicht als Familiensache.

(2) Absatz 1 gilt entsprechend, wenn sich die Verpflichtung zu den Unterhaltszahlungen aus einem anderen Schuldtitel ergibt, aus dem die Zwangsvollstreckung stattfindet.

(3) Ausschließlich zuständig ist das Amtsgericht, bei dem der Unterhaltsberechtigte seinen allgemeinen Gerichtsstand hat. Hat der Unterhaltsberechtigte im Inland keinen allgemeinen Gerichtsstand, so ist das Amtsgericht Schöneberg in Berlin ausschließlich zuständig. Wird die Abänderung eines Schuldtitels des § 641 p beantragt, so ist das Amtsgericht ausschließlich zuständig, das diesen Titel erstellt hat.

(4) Eine maschinelle Bearbeitung ist zulässig.

(5) Die Landesregierungen werden ermächtigt, durch Rechtsverordnung Vereinfachte Verfahren zur Abänderung von Unterhaltstiteln einem Amtsgericht für den Bezirk mehrerer Amtsgerichte zuzuweisen, wenn dies ihrer schnelleren und rationelleren Erledigung dient. Die Landesregierungen können die Ermächtigung durch Rechtsverordnung auf die Landesjustizverwaltungen übertragen. Mehrere Länder können die Zuständigkeit eines Amtsgerichts über die Landesgrenzen hinaus vereinbaren.

1 **I) Voraussetzungen im allgemeinen:** Neben den allgemeinen Verfahrensvoraussetzungen wie deutsche Gerichtsbarkeit, Parteifähigkeit, Prozeßfähigkeit, ordnungsgemäße gesetzliche Vertretung setzt das Vereinfachte Verfahren eine AnpassungsVO, einen Antrag, der sich auf die VO beruft (§ 641 m), und einen zur Anpassung geeigneten Unterhaltstitel zugunsten eines minderjährigen Kindes voraus. Die Anpassung im Vereinfachten Verfahren darf nicht nach § 1612 a I 2, IV BGB ausgeschlossen sein (Rn 4 vor § 641 l).

2 **II) Zur Anpassung geeignete Unterhaltstitel:** Nach § 1612 a I 1 BGB können gerichtliche Entscheidungen, Vereinbarungen und Verpflichtungsurkunden auf Grund einer AnpassungsVO der allgemeinen Entwicklung der wirtschaftlichen Verhältnisse angepaßt werden. Im Vereinfachten Verfahren können nur Vollstreckungstitel, nicht aber sonstige Vereinbarungen angepaßt werden (Rn 3 vor § 641 l). § 641 l nennt Urteile (Abs 1) und andere Titel (Abs 2).

3 **1) Form des Titels: a) Gerichtliche Entscheidungen:** Urteile müssen rechtskräftig oder vorläufig vollstreckbar sein (§ 704 I). Sie müssen auf bestimmte Geldbeträge lauten. **Urteile auf Regelunterhalt**, die erst durch betragsmäßige Festsetzungen ausgefüllt werden müssen, kommen nicht in Betracht. Auch die diesem Zweck dienenden **Festsetzungsbeschlüsse** (§§ 642 a ff) scheiden aus; denn die Anpassung der dort festgesetzten Unterhaltsbeträge an veränderte Verhältnisse erfolgt durch Neufestsetzung nach § 642 b und ist damit iSd § 1612 a I 2 BGB auf andere Weise geregelt. Im Vereinfachten Verfahren angepaßt werden können auch **frühere Anpassungsbeschlüsse** (vgl Abs 3 S 3). Vollstreckungsbescheide (§ 699) scheiden aus; im Mahnverfahren dürfen nicht erst künftig fällig werdende Beträge zuerkannt werden.

4 **b) Einstweilige Unterhaltsregelungen:** Das Vereinfachte Verfahren soll die aufwendigere Abänderungsklage ersetzen (Künkel DAVorm 84, 958). Wo diese nicht stattfindet, wie bei einstweiligen Verfügungen und Anordnungen (§ 323 Rn 10; § 620 f Rn 13), gibt es auch kein Vereinfachtes Verfahren (Künkel aaO; im Ergebnis ebenso Thomas/Putzo Rn 2; Baumbach/Albers Rn 2; Arnold JR 77, 140 Fn 23; anders Brüggemann 40 zu § 1612 a BGB; Behr Rpfleger 77, 437). Soweit Anpassungen an die Veränderung der wirtschaftlichen Verhältnisse notwendig sind, sind anderweitige Regelungen iS des § 1612 a II 2 BGB vorhanden. Ändern sich die Verhältnisse, auf denen eine einstweilige Anordnung beruht, so kann dem jedenfalls während des Hauptsachestreits durch neue einstweilige Anordnung Rechnung getragen werden (§ 620 b; § 641 d Rn 19). Überdies sind einstweilige Anordnungen von vornherein darauf angelegt, durch endgültige Unterhaltstitel ersetzt zu werden (§§ 620 f, 641 e), in denen zwischenzeitliche Änderungen berücksichtigt werden können. Das gleiche gilt für einstweilige Verfügungen auf Unterhalt nach § 940 (anders Brüggemann und Behr aaO); sie sind bei veränderten Umständen nach §§ 927, 936 ganz oder teilweise aufzuheben (KG OLG 40, 377; RG 132, 180). Wenn sich ihre Aufstockung als notwendig erweist, kann das durch ergänzende einstweilige Verfügung geschehen.

5 **c)** Als für die Anpassung im Vereinfachten Verfahren geeignete (zweiseitige) **Vereinbarungen** und (einseitige) **Verpflichtungsurkunden** kommen in Betracht gerichtliche Vergleiche (§ 794 I Nr 1), auch solche nach § 641 r S 4, ferner notarielle Urkunden (§ 794 I Nr 5) sowie von den Jugendämtern (§ 59 f SGB VIII) oder konsularischen Beamten (§ 10 KonsularG) aufgenommene Verpflichtungsurkunden, sofern sich der Unterhaltspflichtige darin der sofortigen Zwangsvollstreckung unterworfen hat. Auch die Vergleiche und Urkunden müssen auf bestimmte Geldbeträge lauten und dürfen wegen § 1612 a I 2 BGB nicht auf Regelunterhalt gehen.

6 **d)** Über die Anpassung **ausländischer Unterhaltstitel** s Rn 17 vor § 641 l.

7 **2) Inhalt des Titels:** Die Vollstreckungstitel müssen auf laufende bezifferte **Unterhaltsrenten** lauten, die von einem kraft Gesetzes Unterhaltspflichtigen (auch von Großeltern) geschuldet werden. Leibrenten oder Schadensersatzrenten nach § 844 BGB gehören auch dann nicht hierher, wenn ein minderjähriges Kind aus ihnen seinen Unterhalt bestreiten soll (Brüggemann 14 f zu § 1612 a BGB). Die Unterhaltsrenten müssen für den Unterhalt **minderjähriger Kinder** bestimmt sein. An dem Tage, an dem der Anpassungsbeschluß ergeht, muß das Kind noch minderjährig sein. Wird es danach volljährig, kann es trotzdem aus dem Anpassungsbeschluß weiter vollstrecken. Für die Unterhaltsansprüche minderjähriger Ehegatten gegen den Ehepartner ist das Vereinfachte Verfahren trotz des Gesetzeswortlauts, der diesen Fall nicht eindeutig ausschließt, nicht gedacht (Brüggemann 22 zu § 1612 a BGB; Arnold JR 77, 139 Fn 17). Bei den Kindern kann es sich um **eheliche oder nichteheliche** handeln, um letztere unter der Voraussetzung, daß der Titel auf bezifferte Beträge und nicht auf Regelunterhalt lautet (Rn 3). Vor allem Kindern geschiedener oder getrennt lebender Eltern soll durch die Anpassung nach §§ 641 l ff auf einfachere Weise als durch die umständliche Abänderungsklage ein Schritthalten mit der wirtschaftlichen Entwicklung ermöglicht werden. Die Unterhaltsrente kann und soll sogar nach Altersstufen gestaffelt sein (so überzeugend Künkel DAVorm 84, 947 mit Hinweisen auf die Materialien; Stuttgart FamRZ 79, 64; Köln NJW 79, 1661; anders BGH DAVorm 82, 263/266; Bremen FamRZ 78, 825 und NJW 78, 2249; KG DAVorm 79, 110/120 f); Düsseldorf FamRZ 82, 1230; Schleswig SchlHA 79, 193). Das unterhaltsberechtigte Kind muß nicht notwendig durch den Titel selbst als Vollstreckungsgläubiger ausgewiesen sein; auch Vereinbarungen zwischen den Eltern, in denen die Aufbringung des Kindesunterhalts nur zwischen ihnen geregelt ist gehören hierher; s Rn 20 vor § 641 l u § 641 m Rn 2.

8 **III) Antrag** s § 641 m Rn 1 ff.

9 **IV) Zuständigkeit (Abs 3): 1) Sachlich** (ausschließlich, Abs 3) zuständig sind die Amtsgerichte (§ 23 a Nr 2 GVG). Da das Vereinfachte Verfahren nicht Familiensache ist (Abs 1 S 2), ist eine allgemeine Zivilprozeßabteilung zuständig. **Funktionell** zuständig ist der Rechtspfleger (§ 20 Nr 10 RpflG).

10 **2) Örtliche Zuständigkeit: a)** Die (ausschließliche) Regelzuständigkeit nach Abs 3 S 1 knüpft an den allgemeinen Gerichtsstand (§§ 13, 15, 16) des Unterhaltsberechtigten an, wenn ein solcher im Inland besteht. Hat ein Kind getrennt lebender Eltern einen Doppelwohnsitz (§§ 7 II, 11 BGB; BGH FamRZ 84, 162), so kann es zwischen beiden Gerichtsständen wählen (Künkel FamRZ 84, 964). Wenn der Vollstreckungsgläubiger und das Kind, dem der Unterhalt zufließen soll, verschiedene Personen sind (Rn 7 aE), ist als Unterhaltsberechtigter iSd Zuständigkeitsvorschrift das minderjährige Kind zu verstehen (StJSchlosser Rn 6; Brüggemann 16; anders Thomas/Putzo Rn 5; Behr Rpfleger 77, 435). Nach dem Regierungsentwurf (BT-Drucksache 7/4791) sollte sich die örtliche Zuständigkeit allerdings nach dem allgemeinen Gerichtsstand des Antragstellers bestimmen; in der endgültigen Gesetzesfassung ist an die Stelle des Antragstellers aber der Unterhaltsberechtigte gesetzt worden. Auch die Begründung des Rechtsausschusses (BT-Drucksache 7/5311 S 8 r Sp) läßt deutlich erkennen, daß damit das **unterhaltsberechtigte Kind**

gemeint ist. Auf den Gerichtsstand des Antragsgegners kommt es nicht an. Auch der in einem anderen EWG-Staat ansässige Unterhaltspflichtige muß sich vor das Wohnsitzrecht des Unterhaltsberechtigten ziehen lassen (Art 5 Nr 2 GVÜ).

11 b) Wenn der Unterhaltsberechtigte in der Bundesrepublik Deutschland keinen allgemeinen Gerichtsstand hat, so ist nach Abs 3 S 2 das AG Berlin-Schöneberg örtlich ausschließlich zuständig. Die Anwendbarkeit dieser Vorschrift setzt allerdings voraus, daß die deutschen Gerichte für das Vereinfachte Verfahren überhaupt **international zuständig** sind. Wenn die deutsche internationale Zuständigkeit nicht aus einem inländischen Gerichtsstand des Unterhaltsberechtigten hergeleitet werden kann, so muß wenigstens ein Gerichtsstand des Antragsgegners im Inland bestehen. Hat der Antragsgegner seinen Wohnsitz in einem anderen EWG-Gründerstaat, dann reicht im Falle des Abs 3 S 2 auch ein besonderer Gerichtsstand im Inland nicht aus, um die deutsche internationale Zuständigkeit für das Vereinfachte Verfahren zu begründen (Art 2 I, 3 I GVÜ). Dem Unterhaltsberechtigten bleibt dann nur die Abänderungsklage vor dem ausländischen Gericht des Wohnsitzes des Unterhaltspflichtigen (Art 2 I GVÜ), gegebenenfalls seines eigenen Wohnsitzes (Art 5 Nr 2 GVÜ).

12 c) Die Zuständigkeitsregeln nach Rn 10, 11 gelten nicht, wenn es sich bei dem anzupassenden Titel um einen **vorausgegangenen Anpassungsbeschluß nach § 641 p** handelt. Damit Daten, die bei dem früher tätig gewordenen AG angefallen sind, ohne Umstände nutzbar gemacht werden können, ist dann (gleichlautend mit der Regelung des § 642 b I 4 nF) das AG ausschließlich zuständig, das den vorausgegangenen Anpassungsbeschluß erlassen hatte. Gleichzustellen wird der Fall sein, daß ein vorausgegangenes Vereinfachtes Verfahren nicht durch Beschluß nach § 641 p, sondern durch Vergleich vor dem Rechtspfleger (§ 641 r S 4) geendet hatte; denn auch dann liegen bei dem betreffenden AG einschlägige Daten bereits vor. Die internationale Zuständigkeit der deutschen Gerichte (Rn 11) muß auch hier gegeben sein; allein daraus, daß der abzuändernde Titel ein inländischer ist, kann sie nicht abgeleitet werden.

13 d) Nach Abs 4 ist die **maschinelle Bearbeitung** der Vereinfachten Verfahren zulässig; dazu § 641 s. Insbesondere wegen der dazu nötigen Einrichtungen wurde die Möglichkeit vorgesehen, die **örtliche Zuständigkeit** bei wenigen Amtsgerichten zu **konzentrieren** (§ 641 l V). Die Landesregierungen können diese Ermächtigung auf die Landesjustizverwaltungen delegieren (Abs 5 S 2; Bayern: VO v 17.4.1979, GVBl 95: Das AG Nürnberg ist für ganz Bayern zuständig).

641m *[Antrag]*

(1) Der Antrag muß enthalten:

1. **die Bezeichnung der Parteien, ihrer gesetzlichen Vertreter und des Prozeßbevollmächtigten des Antragstellers;**
2. **die Bezeichnung des angerufenen Gerichts;**
3. **die Bezeichnung des abzuändernden Titels;**
4. **die Angabe der Anpassungsverordnung, nach der die Abänderung des Titels begehrt wird;**
5. **die Angabe eines bestimmten Änderungsbetrags, wenn der Antragsteller eine geringere als die nach der Anpassungsverordnung zulässige Abänderung begehrt;**
6. **die Erklärung, daß kein Verfahren nach § 323 anhängig ist, in dem die Abänderung desselben Titels begehrt wird.**

(2) Dem Antrag ist eine Ausfertigung des abzuändernden Titels, bei Urteilen des in vollständiger Form abgefaßten Urteils, beizufügen. Ist ein Urteil in abgekürzter Form abgefaßt, so ist eine unter Benutzung einer beglaubigten Abschrift der Klageschrift hergestellte Ausfertigung oder, wenn bei dem Prozeßgericht die Akten insoweit noch aufbewahrt werden, neben der Ausfertigung des Urteils eine von dem Urkundsbeamten der Geschäftsstelle des Prozeßgerichts beglaubigte Abschrift der Klageschrift beizufügen. Der Vorlage des abzuändernden Titels bedarf es nicht, wenn dieser von dem angerufenen Gericht im Vereinfachten Verfahren auf maschinellem Weg erstellt worden ist; das Gericht kann dem Antragsteller die Vorlage des Titels aufgeben.

(3) Entspricht der Antrag nicht diesen und den in § 641 l bezeichneten Voraussetzungen, so ist er zurückzuweisen. Die Zurückweisung ist nicht anfechtbar.

1 **I) Allgemeines zum Antrag: 1) Antragserfordernis:** Das Vereinfachte Verfahren wird nur auf Antrag, nicht von Amts wegen eingeleitet. Der Antrag muß sich auf eine ergangene AnpassungsVO stützen (Abs 1 Nr 4). Wenn von vorausgegangenen AnpassungsVOen kein Gebrauch gemacht wurde, kann der Antrag auch übersprungene mit einbeziehen.

2) **Antragsberechtigt** ist der Teil des Unterhaltsschuldverhältnisses, dem die Berufung auf die AnpassungsVO zugute kommt. Die neutrale Fassung des Gesetzes deckt sowohl den Fall, daß die Entwicklung der allgemeinen wirtschaftlichen Verhältnisse eine Erhöhung, als auch den umgekehrten Fall, daß sie eine Herabsetzung der Unterhaltsrenten rechtfertigt. Die bisher ergangenen Anpassungsverordnungen sehen nur die Erhöhung von Unterhaltsrenten vor. Deshalb sind bis jetzt nur die Unterhaltsberechtigten antragsberechtigt. Wer unterhaltsberechtigt ist, richtet sich nach dem anzupassenden Titel. Bei **Urteilen und Prozeßvergleichen über die Folgesache Kindesunterhalt** ist nur das Kind selbst unterhaltsberechtigt, nicht aber der Sorgeelternteil; denn diese Titel wirken kraft Prozeßstandschaft des Sorgeelternteils für und gegen das Kind (§ 1629 III BGB; BGH FamRZ 83, 806; Künkel FamRZ 84, 1064). **Andere Schuldtitel über den Kindesunterhalt,** die die Eltern im eigenen Namen geschaffen haben (zB ein notariell beurkundeter Scheidungsfolgenvergleich), wirken nur im Verhältnis zwischen ihnen (arg. § 1629 III BGB). Hier ist nur der sorgeberechtigte Elternteil antragsberechtigt, nicht aber das Kind; s Rn 15 vor § 641 l. Ist ein solcher Titel fälschlich im Namen des Kindes angepaßt worden, so ist bei nochmaliger Anpassung das Kind antragsberechtigt, weil der anzupassende Titel der vorige Anpassungsbeschluß ist (Frankfurt FamRZ 83, 755). Nicht antragsberechtigt ist das Land, das einem Kind Unterhaltsvorschuß oder Sozialhilfe gewährt hat und auf das der Unterhaltsanspruch übergegangen ist (§§ 90 BSHG, 7 UnterhVorschG; Künkel DAVorm 84, 951; anders LG Dortmund DAVorm 95, 120). 2

Der Unterhaltspflichtige ist in die Rolle des **Antragsgegners** verwiesen. Er kann das Vereinfachte Verfahren nicht zum Zweck alsbaldiger Klärung in Gang setzen, welche Leistungen er künftig zu erbringen haben wird (Brüggemann 11 zu § 641 l; anders StJSchlosser 4 zu § 641 l). Einer solchen Feststellung bedarf es nicht, da das Anpassungsergebnis ohne weiteres berechenbar ist. Der Unterhaltspflichtige kann als Antragsgegner nur die Zulässigkeit des Vereinfachten Verfahrens überhaupt in Frage stellen oder auf richtige Anwendung der AnpassungsVO hinwirken; herabdrücken kann er das Anpassungsergebnis allenfalls nach durchgeführtem Vereinfachtem Verfahren durch Klage nach § 641 q, wenn es zu sehr von dem Unterhalt abweicht, der nach den besonderen Verhältnissen der Parteien angemessen ist. 3

3) **Zeit der Antragstellung.** Der Antrag kann jedenfalls gestellt werden, sobald die AnpassungsVO in Kraft getreten ist. Auch ein schon zwischen Verkündung und Inkrafttreten der VO gestellter Antrag ist zulässig; allerdings kann der Rechtspfleger auf einen solchen hin zunächst nichts veranlassen, insbesondere nicht die in § 641 n vorgeschriebene Mitteilung an den Antragsgegner ergehen lassen. Wegen der Zeit, von der an der Titel angepaßt werden kann, s § 641 p Rn 4. 4

4) **Antragsform:** §§ 641 r und 641 t iVm der VordruckVO v 24. 6. 1977 (BGBl I 978); die Verwendung des amtlichen Vordrucks ist durch § 641 t II zur Pflicht gemacht. 5

5) **Prozeßkostenhilfe.** Da Anwaltszwang nicht besteht, für die Beiordnung eines Vertreters nach § 121 II regelmäßig kein Anlaß bestehen wird und Gerichtskosten nicht vorzuschießen sind, kommt PKH allenfalls zwecks Befreiung von Auslagenvorschüssen (Behr Rpfleger 77, 435 f) und für die Zwangsvollstreckung in Betracht. 6

6) **Antragsrücknahme** ist ohne Zustimmung des Antragsgegners möglich, solange der Anpassungsbeschluß (§ 641 p) noch nicht ergangen ist (Analogie zur Rücknahme der Beschwerde – s § 573 Rn 19 – und zu § 696 IV; anders StJSchlosser Rn 1: Rücknahme ohne Zustimmung des Gegners nur, solange er noch nicht gehört wurde). 7

II) **Antragsinhalt: 1) Zu Abs 1 Nr 1.** Antragsteller und Antragsgegner müssen mit den Parteien des abzuändernden Titels übereinstimmen; s Rn 2. Sie sind so genau zu bezeichnen, daß bei Zustellung und Vollstreckung keine Verwechslungen eintreten können (Name, Vorname, genaue Anschrift); wegen der Beschränkung der Anpassung auf Minderjährige ist das Geburtsdatum des unterhaltsberechtigten Kindes anzugeben, wenn es selbst Antragsteller ist, auch der gesetzliche Vertreter. Wenn sich der Antragsteller eines Verfahrensbevollmächtigten bedient, ist er zu benennen; seine Vollmacht wird von Amts wegen nur geprüft, wenn er nicht Rechtsanwalt ist (§ 88 II). Eine etwa im vorausgegangenen Unterhaltsprozeß erteilte Vollmacht wirkt nicht fort (StJSchlosser 2; Behr Rpfleger 77, 435; anders Brüggemann Rn 1). 8

2) **Zu Nr 2.** Das angerufene AG ist zu benennen. Zuständiges Gericht: § 641 l Rn 9 ff. 9

3) **Zu Nr 3.** Der anzupassende Titel (gerichtliche Entscheidung, Vergleich, Urkunde) ist nach Gericht bzw beurkundender Stelle, Datum, Geschäftszeichen genau zu bezeichnen. Wesentlich sind diese Angaben für das angerufene Gericht insbesondere dann, wenn der Titel ausnahmsweise nicht beigefügt zu werden braucht (Abs 2 S 3), damit ohne Verzögerung auf bereits gespeicherte Daten zurückgegriffen werden kann (Rn 14). Die geforderte Bezeichnung wird aber auch für die Mitteilung an den Antragsgegner (§ 641 n) benötigt und daher auch dann nicht entbehrlich, wenn der Titel beigefügt ist (anders StJSchlosser Rn 4). 10

11 4) **Zu Nr 4.** Bezeichnung der AnpassungsVO. Zulässig ist auch eine gleichzeitige Anpassung nach mehreren Anpassungsverordnungen (LG Berlin DAVorm 87, 120 mwN; LG Münster FamRZ 89, 878 = DAVorm 622). Eine weitere Begründung des Antrags ist nicht vorgesehen. Die besonderen Verhältnisse der Parteien können im Vereinfachten Verfahren ohnehin nicht berücksichtigt werden, es sei denn, der Antragsteller trägt ihnen von sich aus durch Antragsbeschränkung (Nr 5) Rechnung oder es kommt zu einem Vergleich (§ 641 r S 4).

12 5) **Zu Nr 5.** Der Antrag braucht keine bezifferten Beträge zu nennen, da der Rechtspfleger den sich aus der AnpassungsVO ergebenden Betrag von Amts wegen errechnet (§ 641 p Rn 3). Eine unrichtige, insbesondere zu hohe Betragsangabe im Antrag ist unschädlich (§ 641 p I 3) und zieht keine Teilzurückweisung nach sich. Ein bezifferter Betrag ist nur anzugeben, wenn der Antragsteller den Prozentsatz der AnpassungsVO nicht voll ausschöpfen will, etwa deshalb, weil er andernfalls mit einer Herabsetzungsklage des Gegners nach § 641 q rechnet. In diesem Fall ist der Rechtspfleger an den geforderten Betrag gebunden (§ 308; § 641 p Rn 3). Infolge einer solchen Selbstbeschränkung des Antragstellers kann es zur Neufestsetzung der Unterhaltsrente auf einen Betrag kommen, der nicht wesentlich über dem titulierten liegt und auf den daher im Rechtsstreit nach § 323 nicht erkannt werden könnte.

13 6) **Nr 6** soll verhindern, daß einander widersprechende Unterhaltstitel geschaffen werden, und eine Aussetzung des Verfahrens ermöglichen (§ 641 o II; str, s Rn 12 vor § 641 l).

14 **III) Vorlage des abzuändernden Titels (Abs 2): 1)** Vorzulegen ist der letzte Titel. Ist dieser ein im vereinfachten Verfahren ergangener Anpassungsbeschluß (§ 641 p) des wiederum angerufenen Gerichts (§ 641 l III 3) und ist er maschinell erstellt worden (§ 641 l IV), so muß er dem Antrag nicht von vornherein beigefügt werden, weil dann die erforderlichen Daten bereits gespeichert vorliegen. Bei gegebenem Anlaß, etwa bei Unstimmigkeiten in der EDV-Anlage, kann der Rechtspfleger dem Antragsteller die Vorlage aber aufgeben (Abs 2 S 3 Hs 2). Nicht verlangen kann er, daß außer dem abzuändernden Anpassungsbeschluß auch der Grundtitel vorgelegt wird, auf dem der Anpassungsbeschluß beruht (LG Göttingen DAVorm 80, 403), es sei denn, der Antragsgegner erhebt Einwendungen, die sich aus dem Grundtitel ergeben, zB er bestreitet, daß es sich um einen Unterhaltstitel handelt; s § 641 o Rn 1).

15 2) Sonstige Unterhaltstitel sind dem Antrag in (nicht notwendig vollstreckbarer) Ausfertigung beizufügen, gegebenenfalls auf Aufforderung durch den Rechtspfleger (Rn 16) nachzubringen, solange der Antrag nicht wegen Unvollständigkeit zurückgewiesen ist. Für vorzulegende Urteile gelten die Vorschriften des Abs 2 S 1 und 2. Wenn das Urteil in vollständiger Form abgefaßt ist, ist eine vollständige Ausfertigung vorzulegen, die jede Partei vom Gericht verlangen kann (§ 317 II 2 Hs 2). Bei den in abgekürzter Form in Verbindung mit der Klageschrift abgefaßten Versäumnis- und Anerkennungsurteilen (§ 313 b II) bedarf es einer entsprechenden Ausfertigung (§ 317 IV) oder zusätzlich zur abgekürzten Ausfertigung einer beglaubigten Abschrift der Klageschrift, letzteres unter der Voraussetzung, daß die Akten beim Prozeßgericht noch vorhanden sind. Auf diese Weise soll dem Rechtspfleger die Prüfung ermöglicht werden, ob der zuerkannte Anspruch zu den in § 641 l I und § 1612 a BGB genannten gehört. Ist dies dem vorgelegten Titel nicht zu entnehmen, so können auch andere Erkenntnismittel benützt werden, deren Vorlage der Rechtspfleger dem Antragsteller aufgeben kann.

16 **IV) Zurückweisung des Antrags: 1)** Schon vor der Anhörung des Antragsgegners hat der Rechtspfleger (§ 20 Nr 10 RpflG) von Amts wegen zu prüfen, ob das Vereinfachte Verfahren zulässig ist (vgl § 641 n S 1). Wenn das nicht der Fall ist, ist der Antrag zurückzuweisen (Abs 3); im Falle behebbarer Mängel regelmäßig erst, wenn sie trotz Hinweises durch den Rechtspfleger nicht behoben wurden. Zurückzuweisen ist der Antrag, **a)** wenn er und die beigefügten Titel nicht den äußeren Anforderungen der Abs 1 und 2 entsprechen, **b)** wenn allgemeine Prozeßvoraussetzungen fehlen, zB der Antrag des minderjährigen Kindes nicht durch seinen gesetzlichen Vertreter gestellt ist, **c)** wenn die sachlichen Voraussetzungen der §§ 641 l I, II ZPO, 1612 a BGB nicht erfüllt sind, zB der vollstreckbare Titel keine Unterhaltsrente zum Gegenstand hat, das Kind nicht mehr minderjährig ist (demnächst eintretende Volljährigkeit steht nicht entgegen, § 641 p Rn 4), **d)** wenn für die Anpassung an veränderte Verhältnisse, aus dem Titel ersichtlich, ein anderer Maßstab vereinbart oder ein anderes Verfahren vorgesehen ist, **e)** wenn der Unterhalt in den letzten 12 Monaten vor dem Wirksamwerden der Anpassung festgesetzt, bestätigt oder geändert worden ist und die Anpassung deshalb nach § 1612 a IV BGB ausgeschlossen ist. Über das Wirksamwerden der Anpassung s Rn 6 vor § 641 l.

17 **f)** Ein **mißlungener Einigungsversuch** ist nicht Zulässigkeitsvoraussetzung für einen Antrag nach § 641 m (arg aus § 641 o I 2; Künkel DAVorm 84, 951 mwN, str; s § 642 b Rn 9).

18 **g)** Ist bereits eine **Abänderungsklage** nach § 323 anhängig, so ist dies **kein Grund zur Zurückweisung** eines Antrages (str, s Rn 12 vor § 641 l).

h) Wenn es an der Entscheidungszuständigkeit des angegebenen Gerichts fehlt, erübrigt sich Zurückweisung des Antrags, sofern der Antragsteller entsprechend § 281 **Verweisung an das zuständige Gericht** beantragt, was der Rechtspfleger anzuregen hat (Behr Rpfleger 77, 434). Von Amts wegen ist nicht zu verweisen oder abzugeben (dafür aber Brüggemann 18, auch 5 zu § 641 o). Kein Gericht kann sich dem Rechtsschutzbegehren eines Antragstellers dadurch entziehen, daß es ohne dessen Zustimmung das Verfahren an ein anderes Gericht abgibt. Vor der Verweisung ist der Antragsgegner zu hören (§ 281 Rn 12; StJSchlosser Rn 12; Künkel DAVorm 81, 968); sonst ist sie für ihn nicht verbindlich (BGH FamRZ 80, 562, 563 u 675). 19

2) Der **Zurückweisungsbeschluß** nach Abs 3 ergeht ohne vorherige Anhörung des Gegners und ohne mündliche Verhandlung. Begründung ist erforderlich. Keine Kostenentscheidung, weil kein Gegner vorhanden ist, der Kostenerstattung fordern könnte. Im Hinblick auf die Anfechtungsmöglichkeit (Rn 21) ist der Beschluß dem Antragsteller förmlich zuzustellen (§ 329 II 2; anders StJSchlosser Rn 9). Dem Antragsgegner wird er nicht mitgeteilt. 20

3) Rechtsbehelf: Gegen die Zurückweisung des Antrages durch den Rechtspfleger ist nach § 11 I S 2 RPflG die **befristete Erinnerung** (Notfrist: 2 Wochen, § 577 II 1) an den Richter gegeben, der der Rechtspfleger nicht abhelfen kann (§ 11 II 1 RpflG). Der Richter entscheidet über sie endgültig. Abs 3 schließt die Beschwerde gegen seine Entscheidung auch dann aus, wenn im zurückweisenden Beschluß angenommen worden ist, daß die materiellen Voraussetzungen der §§ 641 l I, ZPO, 1612 a BGB nicht erfüllt sind (Bremen Rpfleger 81, 116; LG Düsseldorf Rpfleger 81, 362; LG Hamburg DAVorm 81, 74 mwN; LG Münster FamRZ 89, 878 = DAVorm 622; anders LG München DAVorm 78, 597; LG Bochum DAVorm 78, 600; LG Stuttgart FamRZ 81, 72 = DAVorm 80, 665). Der Antragsteller, dessen Antrag im Vereinfachten Verfahren zurückgewiesen worden ist, kann sein Erhöhungsbegehren mit einer Abänderungsklage geltend machen. 21

641n *[Mitteilung an Antragsgegner]*

Erscheint nach dem Vorbringen des Antragstellers das Vereinfachte Verfahren zulässig, so teilt das Gericht dem Antragsgegner den Antrag oder seinen Inhalt mit. Zugleich teilt es ihm mit, in welcher Höhe und von wann an eine Abänderung in Betracht kommt, und weist darauf hin, daß Einwendungen der in § 641 o Abs. 1 Satz 1, 2 bezeichneten Art binnen zwei Wochen geltend gemacht werden können. § 270 Abs. 2 Satz 2 gilt entsprechend. Ist der Antrag im Ausland zuzustellen, so bestimmt das Gericht die Frist nach Satz 2; § 175 gilt entsprechend mit der Maßgabe, daß der Zustellungsbevollmächtigte innerhalb dieser Frist zu benennen ist.

I) Mitteilung des Antrages: Wenn der Antrag auf Anpassung im Vereinfachten Verfahren nicht von vornherein als unzulässig zurückgewiesen wird, ist er dem Antragsgegner zuzusenden. Statt dessen kann der Antragsinhalt mitgeteilt werden. Nur diese Form ist in den amtlichen Vordrucken vorgesehen (VO vom 24. 6. 77 – BGBl I 798). Mitzuteilen ist auch die Behauptung des Antragstellers, daß kein anderes Abänderungsverfahren anhängig sei, damit der Antragsgegner dies evtl richtigstellen kann. 1

II) Hinweise des Gerichts (S 2): 1) Der Antragsgegner ist zu unterrichten, ab wann und in welcher Höhe die Unterhaltsrente angepaßt werden soll. Der Antragsteller erhält keine gleiche Vorankündigung; Abweichungen von seinem Antrag erfährt er erst aus dem Beschluß nach § 641 p, wenn der Rechtspfleger sie nicht vorher erörtert. **2)** Der Antragsgegner ist darauf hinzuweisen, daß nur die im § 641 o I 1, 2 genannten Einwendungen erhoben werden können. Der amtliche Vordruck genügt diesen Anforderungen. Er läßt allerdings nicht ersehen, was gegen die Zulässigkeit des Vereinfachten Verfahrens vorgebracht werden kann; auch nicht, in welcher Weise die Einwendungen angebracht werden können (vgl § 641 t). **3)** Der Antragsgegner ist darauf hinzuweisen, daß die zuvor genannten Einwendungen binnen zwei Wochen geltend gemacht werden können. Diese Frist ist keine Ausschlußfrist. Einwendungen können so lange berücksichtigt werden, wie der Anpassungsbeschluß noch nicht ergangen ist (§ 641 o I 3). Der durch S 2 vorgeschriebene Hinweis auf die einzuhaltende Frist ist im amtlichen Vordruck enthalten. 2

III) Zustellung oder formlose Mitteilung: 1) Nach § 329 II 2 wäre der Antrag an sich förmlich zuzustellen; denn seine Mitteilung setzt die Äußerungsfrist des S 2 in Lauf. Eine Zustellung entspräche auch der Rechtsprechung des BVerfG, daß sich das Gericht zur Wahrung des rechtlichen Gehörs vom Zugang des Antrags überzeugen muß (NJW 74, 133 = MDR 207). Hiervon unbeeindruckt sieht § 641n vor, daß der Antrag und die vorgeschriebenen Hinweise formlos an den **Antragsgegner** zu übersenden sind, wenn dieser **in Deutschland** wohnt. Das ergibt sich aus dem Hinweis auf § 270 II 2 im Abs 1 S 3 . Hiernach wird vermutet, daß der Antrag einen Tag nach der Aufgabe zur Post zugeht, wenn der Empfänger am selben Ort wohnt, sonst zwei Tage danach. Zweckmäßig wäre es, dem Antragsgegner diese Zugangsvermutung mitzuteilen, damit er 3 sich sofort äußert, wenn ihm der Antrag verspätet zugeht. Der amtliche Vordruck schweigt hierüber.

4 2) **Wohnt der Antragsgegner im Ausland, so ist** ihm nach S 4 **der Antrag förmlich zuzustellen,** damit bei einer Vollstreckung im Ausland das rechtliche Gehör nachgewiesen werden kann. Diesen Nachweis verlangt Art 6 des Haager Unterhaltsvollstreckungsabkommens (BGBl 86 II 826; s Künkel DAVorm 84, 962). Die Zustellung erfolgt durch Ersuchen an die zuständige Auslandsbehörde (§ 199). Die in S 2 vorgesehene zweiwöchige Frist, innerhalb derer Einwendungen gegen das Erhöhungsbegehren vorgebracht werden können, ist für einen im Ausland wohnenden Antragsgegner zu knapp. Deshalb soll nach S 4 das Gericht (der Rechtspfleger; § 20 Nr 10 RPflG) eine längere Frist setzen, wie es auch bei der Einlassungsfrist (§ 274 III 3) und bei der Frist für die Erklärung der Verteidigungsabsicht (§ 276 I 3) vorgesehen ist. Mit der verfahrenseinleitenden Zustellung muß der Rechtspfleger den Antragsgegner ferner darauf hinweisen, daß er innerhalb der ihm gesetzten Äußerungsfrist einen Zustellungsbevollmächtigten zu benennen hat. Die Verpflichtung zu einem solchen Hinweis ergibt sich zwar nicht aus § 174 II, wohl aber aus dem Verfassungsgebot des fairen Verfahrens; s § 174 Rn 3. Wenn der Antragsgegner keinen Zustellungsbevollmächtigten benennt, sollen die weiteren **Zustellungen durch Aufgabe zur Post** bewirkt werden (S 4 mit § 175).

641o

[Einwendungen des Antragsgegners; gleichzeitige Abänderungsklage]

(1) Der Antragsgegner kann nur Einwendungen gegen die Zulässigkeit des Vereinfachten Verfahrens, die Höhe des Abänderungsbetrags und den Zeitpunkt der Abänderung erheben; die Einwendung, daß nach § 1612 a Abs. 1 Satz 2 des Bürgerlichen Gesetzbuchs eine Anpassung nicht verlangt werden kann, kann nur erhoben werden, wenn sich dies aus dem abzuändernden Titel ergibt. Ferner kann der Antragsgegner, der den Anspruch anerkennt, hinsichtlich der Verfahrenskosten geltend machen, daß er keinen Anlaß zur Stellung des Antrags gegeben habe (§ 93). Die Einwendungen sind zu berücksichtigen, solange der Abänderungsbeschluß nicht verfügt ist.

(2) Ist gleichzeitig ein Verfahren nach § 323 anhängig, so kann das Gericht das Vereinfachte Verfahren bis zur Erledigung des anderen Verfahrens aussetzen.

1 **I) Einwendungen des Antragsgegners: 1)** Von Amts wegen ist darauf zu achten, **ob das Vereinfachte Verfahren zulässig ist** (§ 641 m Rn 16). Wenn die Unzulässigkeit nicht bereits zur Antragszurückweisung nach § 641 m III geführt hat, kann sich der nunmehr gehörte Antragsgegner auf sie berufen. So kann er die Zuständigkeit des angegangenen Gerichts oder die ordnungsmäßige Vertretung des Antragstellers bestreiten, nicht behobene äußere Mängel des Antrags rügen, sich auf fehlende Aktiv- oder Passivlegitimation, auf mangelnde Eignung des Titels für die Anpassung im Vereinfachten Verfahren, auf inzwischen eingetretene Volljährigkeit des Antragstellers, auf Wegfall oder Änderung des Unterhaltstitels berufen. Da § 641 m III auf § 641 l I und den dort herangezogenen § 1612 a BGB verweist, gehört auch der Ausschlußgrund des § 1612 a I 2 (Ausschluß der Anpassung oder anderweite Regelung der Angleichung an veränderte Verhältnisse) hierher; im Vereinfachten Verfahren kann er aber nur berücksichtigt werden, wenn er sich aus dem Titel selbst ergibt (andernfalls Klage nach § 641 q); denn für Beweiserhebungen über private Abmachungen der Parteien ist im Vereinfachten Verfahren kein Raum. Auch der Ausschlußgrund des § 1612 a IV BGB, daß die Unterhaltsrente in den letzten zwölf Monaten vor der Anpassung festgesetzt, bestätigt oder geändert worden ist, muß offenkundig sein, damit er im Vereinfachten Verfahren berücksichtigt werden kann. In der Regel ist er dem Titel zu entnehmen; s Rn 6 vor § 641 l. Das ist allerdings nicht der Fall, wenn der Titel innerhalb der letzten 12 Monate vor Wirksamwerden der Anpassung durch Abweisung einer Abänderungsklage bestätigt wurde. Dann kann der Antragsgegner aber das Urteil vorlegen, und der Rechtspfleger muß es berücksichtigen (vgl Behr aaO 437). Nach Brüggemann 11, 13 betreffen die Hinderungsgründe des § 1612 a I 2 und IV BGB nicht die Zulässigkeit des Vereinfachten Verfahrens, sondern die Begründetheit des Anpassungsantrags (§ 641 m Rn 16).

2 2) Der Antragsgegner kann auch den vorgesehenen **Anpassungszeitpunkt** beanstanden, wenn er zu früh angesetzt wurde, etwa auf einen Zeitpunkt vor Ablauf der dreimonatigen Wartefrist (§ 1612 a III 2 BGB) oder vor Antragseinreichung (§ 641 p I 2). Auch die in Aussicht genommene **Höhe der Anpassung** kann beanstandet werden, so bei unrichtiger Berechnung oder bei Hinausgehen über den gemäß § 641 m I Nr 5 beschränkten Antrag.

3 3) Wenn der Antragsgegner die verlangte Anpassung sofort anerkennt, kann er sich nach § 641 o I 2 gegen eine Belastung mit den **Verfahrenskosten verwahren** mit der Begründung, daß er zur Einleitung des gerichtlichen Verfahrens keinen Anlaß gegeben habe, weil der Antragsteller zuvor

an ihn wegen gütlicher Anpassung nicht herangetreten sei. Möglich sind auch Einwendungen gegen die **Kosten,** deren Festsetzung der Antragsteller verlangt (§ 641 p I 4).

4) **Andere** als die zuvor erwähnten **Einwendungen,** namentlich materiellrechtliche, können im Vereinfachten Verfahren nicht vorgebracht werden, sondern nur mit der Klage des § 641 q (LG Stuttgart FamRZ 87, 195). 4

5) **Weiteres Verfahren:** Es ist nicht öffentlich und schriftlich. Doch können die Parteien von selbst oder auf Anregung, etwa zwecks Vergleichsabschlusses (§ 641 r S 4), beim Rechtspfleger erscheinen (vgl Brüggemann 6 zu § 641 p; Behr Rpfleger 77, 437 Fn 57). Zu erheblichen Einwendungen des Antragsgegners ist der Antragsteller zu hören (Art 103 I GG), zu beachtlichen Gegeneinwendungen des Antragstellers der Antragsgegner. Auch von sich aus kann der Rechtspfleger die Parteien zur Äußerung auffordern, etwa dazu, ob der vorgelegte Titel für eine Anpassung geeignet ist. Im Vereinfachten Verfahren kann er auch einen Vergleich protokollieren (§ 641 r S 4). Dieser kann auch auf einen anderen als den gesetzlichen Anpassungsbetrag lauten. Der Antragsgegner, der eine zusätzliche Erhöhungsklage nach § 323 fürchtet, kann auch einen höheren Betrag als den gesetzlichen Anpassungsbetrag anerkennen. Dann ergeht ein entsprechender Anerkenntnisbeschluß (StJSchlosser Rn 6; anders Behr Rpfleger 77, 437). Ein Anpassungsbeschluß ergeht, wenn weder der Anpassungsantrag als unzulässig zurückzuweisen noch die Sache zuständigkeitshalber an ein anderes Gericht zu verweisen noch das Verfahren nach Abs 2 auszusetzen ist und es sich auch nicht durch Vergleich oder Antragszurücknahme erledigt. 5

II) Zusammentreffen mit Abänderungsklage (Abs 2): 1) Aussetzung: Das Vereinfachte Verfahren kann ausgesetzt werden, wenn es gleichzeitig mit einer Abänderungsklage des Unterhaltsberechtigten oder des Unterhaltspflichtigen anhängig ist. Ob zunächst das Vereinfachte Verfahren in Gang gesetzt und dann Abänderungsklage nach § 323 erhoben wird oder umgekehrt, macht keinen Unterschied (str, s Rn 12 vor § 641 l). Der individuellen Anpassung gebührt in jedem Fall der Vorrang vor der pauschalen. Die Aussetzung des Verfahrens steht im Ermessen des Rechtspflegers. Bei der Ermessensentscheidung hat er nicht die Erfolgsaussichten der Abänderungsklage zu würdigen; damit wäre er überfordert. Will der Unterhaltsberechtigte im Vereinfachten Verfahren eine Anpassung des Unterhaltstitels und mit der gleichzeitig anhängigen Abänderungsklage eine weitere Erhöhung des Unterhalts erreichen, so ist von einer Aussetzung abzusehen. Der Unterhaltsberechtigte hat ein anzuerkennendes Interesse daran, einen Teil seiner Forderung möglichst schnell durchzusetzen. Trifft das Vereinfachte Verfahren mit einer Klage des Unterhaltsverpflichteten auf Herabsetzung des Unterhalts zusammen, so wird es auszusetzen sein, es sei denn, daß der Unterhaltspflichtige, der dürftigen Begründung seiner Klage nach zu schließen, offenbar gar keine Sachentscheidung im Prozeß erstrebt, sondern mit der Klageerhebung nur die Anpassung zu seinen Ungunsten verzögern will (StJSchlosser Rn 8; Behr Rpfleger 77, 435). Der Rechtspfleger darf die Aussetzung aber nicht ablehnen, wenn er die Klage als nicht aussichtsreich beurteilt (so wohl Brüggemann 24). Vor der Aussetzung ist beiden Parteien Gelegenheit zur Stellungnahme zu geben. 6

2) **Rechtsbehelfe:** §§ 252 ZPO, 11 I und II RPflG. Gegen die Aussetzung kann unbefristet Erinnerung eingelegt werden, die als Beschwerde gilt, wenn Rechtspfleger und Amtsrichter ihr nicht abhelfen. Gegen die Ablehnung der Aussetzung findet die befristete Erinnerung statt, die bei Nichtabhilfe als sofortige Beschwerde gilt. Anders Thomas/Putzo Rn 7: nur befristete Erinnerung. Wenn der Rechtspfleger den Aussetzungsantrag übergeht und einen Anpassungsbeschluß erläßt, finden weder die Erinnerung noch die Beschwerde statt (§ 641 p Rn 10; LG Bochum DAVorm 86, 83). 7

3) **Aufnahme des ausgesetzten Verfahrens:** Wenn die Abänderungsklage zurückgenommen oder als unzulässig abgewiesen wird, kann das Vereinfachte Verfahren entsprechend § 250 wieder aufgenommen werden. Wenn ein Sachurteil ergeht, kommt es auf dessen Inhalt an. 8

a) Wird der **Erhöhungsklage des Unterhaltsberechtigten** ganz oder teilweise stattgegeben, so verbleibt es bei dem dort als individuell angemessen zugesprochenen Betrag. Für eine Fortsetzung des Vereinfachten Verfahrens ist dann kein Raum mehr. Weist das Prozeßgericht die Klage des Unterhaltsberechtigten mit der Begründung ab, daß der den persönlichen Verhältnissen der Parteien entsprechende Unterhalt nicht wesentlich von dem im Anpassungsverfahren zu erreichenden abweichen würde (§ 323 V), so ist der Weg für die Fortsetzung des Vereinfachten Verfahrens frei. Wird die Klage abgewiesen, weil der individuell angemessene Unterhalt nicht wesentlich über dem bisher titulierten liegt (§ 323 I), so kann das Vereinfachte Verfahren ebenfalls fortgesetzt werden; angebracht ist dann aber eine Antragsbeschränkung nach § 641 m I Nr 5, damit der Antragsgegner nicht mit einer Herabsetzungsklage nach § 641 q antwortet. 9

b) Wird eine **Herabsetzungsklage des Unterhaltspflichtigen** mit der Begründung abgewiesen, daß der individuell gerechtfertigte Unterhalt jedenfalls nicht unter dem titulierten liegt, so steht die Rechtskraft dieses Urteils einer Erhöhung im Anpassungsverfahren nicht entgegen. Lassen in 10 diesem Fall die Urteilsgründe den nach dem Dafürhalten des Prozeßgerichts angemessenen Betrag ersehen, so wird sich der Unterhaltsberechtigte bei seiner Antragstellung im Vereinfachten Verfahren zweckmäßig danach zu richten haben (§ 641 m I Nr 5), wenn er nicht mit einer Klage nach § 641 q überzogen werden will. Hat das Prozeßgericht den bisherigen Titel durch Herabsetzung der geschuldeten Unterhaltsrente abgeändert, so muß es dabei verbleiben; eine Anpassung nach oben ist ausgeschlossen (Brüggemann 31).

11 Wenn das **Vereinfachte Verfahren** nach Rn 9, 10 nicht fortgeführt werden kann, ist es für erledigt zu erklären (Brüggemann 27, 31). Sonst ist der Antrag nach § 641 m III zurückzuweisen.

641p

[Anpassungsbeschluß]

(1) Ist der Antrag nicht zurückzuweisen, so wird der Titel nach Ablauf der in § 641 n bezeichneten Frist ohne mündliche Verhandlung durch Beschluß abgeändert. Der Titel darf nur für die Zeit nach Einreichung oder Anbringung des Antrags abgeändert werden. Betragsangaben in dem Antrag werden nur im Falle des § 641 m Abs. 1 Nr. 5 berücksichtigt. In dem Beschluß sind auch die bisher entstandenen erstattungsfähigen Kosten des Verfahrens festzusetzen, soweit sie ohne weiteres ermittelt werden können; es genügt, daß der Antragsteller die zu ihrer Berechnung notwendigen Angaben dem Gericht mitteilt.

(2) In dem Beschluß ist darauf hinzuweisen, welche Einwendungen mit der sofortigen Beschwerde geltend gemacht werden können und unter welchen Voraussetzungen der Antragsgegner eine Abänderung im Wege der Klage nach § 641 q verlangen kann.

(3) Gegen den Beschluß findet die sofortige Beschwerde statt. Mit der sofortigen Beschwerde kann nur geltend gemacht werden, daß das Vereinfachte Verfahren nicht statthaft sei, der Abänderungsbetrag falsch errechnet sei, der Zeitpunkt für die Wirksamkeit der Abänderung falsch bestimmt sei oder die Kosten unrichtig festgesetzt seien.

1 **I)** Wenn die Zweiwochenfrist des § 641 n S 2 für die Einwendungen des Antragsgegners abgelaufen ist (Zugangsvermutung: § 641 n S 3 mit § 270 II 2) und etwaige Einwendungen oder Gegeneinwendungen keine weitere Aufklärung erfordern, auch keine Verweisungs- (§ 281) oder Aussetzungsentscheidung (§ 641 o II) zu treffen ist, kann **der das Vereinfachte Verfahren abschließende Beschluß** des Rechtspflegers ergehen. Er ist im schriftlichen Verfahren zu erlassen (Abs 1 S 1). Auch wenn der Sachverhalt mit den Parteien mündlich erörtert wurde (§ 641 o Rn 5), ergeht er nicht auf Grund mündlicher Verhandlung iS des § 329; daher keine Verkündung.

1a **II)** Durch den Beschluß ist der **Antrag abzuweisen,** wenn sich erst im Anhörungsverfahren Unzulässigkeitsgründe (§ 641 o Rn 1) ergeben haben oder erkannt wurden. Abzuweisen ist der Antrag auch, wenn der Antragsteller während des Verfahrens volljährig geworden ist. Bei Abweisung sind dem Antragsteller die Kosten aufzuerlegen. Wenn dem Anpassungsantrag nicht in vollem Umfang entsprochen wird (zB hinsichtlich des Anpassungszeitpunkts, der Kosten), ist er nicht teilweise abzuweisen. Die Abweichung vom Antrag ist lediglich der anders lautenden Festsetzung und der hierfür gegebenen Begründung zu entnehmen.

2 **III) Anpassungsbeschluß: 1) Förmlichkeiten:** Für den stattgebenden Beschluß ist der durch die VO v 24. 6. 1977 eingeführte Vordruck zu benutzen. Anzugeben sind der Antragsteller, gegebenenfalls der von ihm verschiedene Unterhaltsberechtigte mit Geburtsdatum und sein gesetzlicher Vertreter, auch ein etwaiger Verfahrensbevollmächtigter. Der Antragsgegner wird aus dem Antrag übernommen. Der angepaßte Unterhaltstitel (Urteil, Vergleich, Verpflichtungsurkunde, früherer Anpassungsbeschluß) ist genau zu bezeichnen.

3 **2) Sachlicher Inhalt: a)** Schon für die Mitteilung an den Antragsgegner (§ 641 n) war der Abänderungsprozentsatz der AnpassungsVO in die danach geschuldete Unterhaltsrente umzurechnen. Dem entsprechend ist diese im Beschluß festzusetzen. Wenn der Antragsgegner eine über die AnpassungsVO hinausgehende Unterhaltsrente anerkannt hatte, ist diese zuzusprechen (§ 641 o Rn 5). Andererseits darf über den Antrag nicht hinausgegangen werden, wenn ihn der Antragsteller gemäß § 641 m I Nr 5 auf einen hinter den Anpassungssatz der VO zurückbleibenden Betrag beschränkt hatte (§ 308 I). War die Höhe der Unterhaltsrente nach Altersstufen des Kindes gestaffelt, so ist sie für jede noch in Betracht kommende Altersstufe neu festzusetzen (Arnold JR 77, 141 Fn 33; Behr Rpfleger 77, 436). War im Titel für mehrere Kinder ein einheitlicher Unterhaltsbetrag ausgeworfen, so ist diese Gesamtsumme prozentual zu erhöhen (Behr Rpfleger 77, 436; vgl StJSchlosser 6 zu § 641 l); das ist allerdings nicht möglich, wenn eines der Kinder inzwischen volljährig geworden ist oder wenn für sie verschiedene Gerichtsstände bestehen. Ergibt der anzupassende Titel, daß der Unterhaltspflichtige zur Zahlung von X DM Unterhalt abzüglich der Hälfte des gesetzlichen Kindergeldes verpflichtet worden ist, so ist der Betrag X DM um den in der AnpassungsVO genannten Prozentsatz zu erhöhen. Von dem Produkt ist dann

die Hälfte des gesetzlichen Kindergeldes abzuziehen (LGe Konstanz DAVorm 81, 607; Stuttgart DAVorm 82, 701; Koblenz DAVorm 82, 826; OLG Hamburg FamRZ 84, 706/709; AG Tempelhof Kreuzberg DAVorm 85, 924 mit Anm Bankert; Künkel DAVorm 84, 868; Brüggemann, Nachtrag Rn 40; MK/Coester-Waltjen Rn 3; Stein/Jonas/Schlosser Rn 2; AK/Künkel § 641l Rn 10; anders LG Ulm FamRZ 89, 1329; DIV-Gutachten DAVorm 84, 981). Der sich ergebende Geldbetrag ist gemäß § 1612 a III BGB auf volle DM auf- oder abzurunden. Wenn die Zwangsvollstreckung aus dem abzuändernden Titel gemäß §§ 707 oder 719 einstweilen eingestellt ist, ist diese Einstellung in den Anpassungsbeschluß zu übernehmen (Brüggemann 20 zu 641 o).

b) Festzusetzen ist ferner der **Zeitpunkt, von dem ab die Abänderung des Titels gilt.** Mit dem 4
Zeitpunkt des Erlasses oder der Zustellung des Abänderungsbeschlusses ist er nicht identisch. Anders als im § 1613 I BGB kommt es nicht darauf an, wann der Unterhaltspflichtige mit der Zahlung erhöhten Unterhalts in Verzug geraten ist. Für den Anfangstermin besteht eine andere doppelte zeitliche Schranke: **1.** muß die mit dem Inkrafttreten der AnpassungsVO beginnende dreimonatige Wartezeit des § 1612 a I 3 BGB abgelaufen sein. **2.** kann das Wirksamwerden der Anpassung frühestens für den Kalendertag ausgesprochen werden, der auf den Eingang des Anpassungsantrages folgt (§ 641 p I 2). Der Eingangstag bleibt auch bei einem zunächst mit Mängeln behafteten, dann aber verbesserten und daher nicht zurückgewiesenen Antrag maßgebend (Brüggemann 11; Behr Rpfleger 77, 432 Fn 4). Das gleiche gilt für die Anbringung bei einem unzuständigen Gericht, sofern die Sache von dort gemäß § 281 an das zuständige Gericht verwiesen wurde (LG Stuttgart DAVorm 82, 828 mwN); bei (unzulässiger; § 641 m Rn 19) formloser Abgabe wäre dagegen erst der Eingang beim zuständigen Gericht maßgebend (Behr Rpfleger 77, 434; vgl auch LG Hannover Rpfleger 77, 453; anders Brüggemann 18 zu § 641 m, 11 zu § 641 p). Bei Aufnahme des Anpassungsantrags durch die Geschäftsstelle eines anderen Amtsgerichts (§ 129 a) ist erst der Eingang des Protokolls beim zuständigen Adressatgericht maßgebend (§ 129 a II). Das Wirksamwerden der Anpassung ist nicht bis auf den Tag hinauszuschieben, an dem nach dem Titel die nächste Zahlungsrate fällig wird (Brüggemann 12; LG Freiburg DAVorm 82, 829); der auf die Teilperiode zwischen Anpassungs- und nächstem Zahlungstermin treffende nunmehr geschuldete Betrag ist im Anpassungsbeschluß auszurechnen. Hatte der Antragsteller die Anpassung für einen verfrühten Zeitpunkt begehrt, so ist auch hier die Abweichung vom Antrag der Begründung zu entnehmen (vgl Rn 1a), ohne daß der Antrag insoweit ausdrücklich zurückzuweisen und der Antragsteller mit Teilkosten zu belasten wäre. Ein **Endzeitpunkt** für die Wirksamkeit der Anpassung ist nicht festzusetzen. Wenn der Unterhaltsberechtigte demnächst volljährig wird, darf die Wirksamkeit der Anpassung nicht auf die Zeit der Minderjährigkeit beschränkt werden; der infolge der Anpassung geschuldete höhere Unterhalt fällt bei Erreichen der Volljährigkeit nicht etwa von selbst auf den Stand vor der Anpassung zurück (LG Berlin DAVorm 80, 963 mwN; Stuttgart DAVorm 82, 115; Kemper DAVorm 87, 938; anders Celle FamRZ 81, 585).

c) Nach § 308 II ist im Beschluß von Amts wegen über die **Kosten** zu entscheiden. Im allgemei- 5
nen sind sie dem Antragsgegner aufzuerlegen (§ 91 I). Nach § 93 treffen sie den Antragsteller, wenn der Gegner nach Bekanntgabe des Anpassungsantrags (§ 641 n) sofort unter Verwahrung gegen die Kosten anerkannt und zur Einleitung des gerichtlichen Verfahrens keinen Anlaß gegeben hatte (§ 641 o I 2). Letzteres ist anzunehmen, wenn der Antragsteller zuvor keinen Versuch unternommen hatte, den Antragsteller zur freiwilligen Anpassung des geschuldeten Unterhalts (durch Verpflichtungsurkunde nach § 794 I Nr 5 ZPO oder nach §§ 59 f SGB VIII = KJHG) zu bewegen; die dreimonatige Wartefrist nach Erlaß einer AnpassungsVO (§ 1612 a II 3 BGB) soll es gerade ermöglichen, die Anpassung an veränderte wirtschaftliche Verhältnisse ohne Inanspruchnahme des Gerichts einvernehmlich zu regeln.

d) Wenn die **erstattungsfähigen Kosten** (Gerichtsgebühr, Anwaltsgebühr, Parteiauslagen) 6
ohne weiteres zu ermitteln sind, sind sie im Beschluß **festzusetzen** (Abs 1 S 4). Die für die Berechnung notwendigen Angaben des Antragstellers bedürfen, wenn sie der Antragsgegner nicht bestreitet, keiner Glaubhaftmachung (Abs 1 S 4 Hs 2). Wenn Ermittlungen über die Höhe der Parteiauslagen notwendig werden, ergeht nachträglich ein besonderer Kostenfestsetzungsbeschluß nach den allgemeinen Vorschriften (§§ 103 ff).

3) **Rechtsbehelfsbelehrung (Abs 2):** Die durch Abs 2 vorgeschriebene (dem Zivilprozeß sonst 7
fremde) Rechtsbehelfsbelehrung muß ersehen lassen, welche Einwendungen die Parteien gegen den Beschluß mittels Beschwerde (Erinnerung) vorbringen können (dazu Abs 3 S 2) und unter welchen Voraussetzungen der Antragsgegner eine Abänderung des Beschlusses im Klagewege erreichen kann (dazu § 641 q I, II). Über die genannten gesetzlichen Anforderungen hinaus unterrichtet der amtliche Vordruck für den Anpassungsbeschluß auch über die jeweils zu beachtenden Förmlichkeiten und Fristen.

IV) **Zustellung; Zwangsvollstreckung:** Der Anpassungsbeschluß ist beiden Parteien zuzustel- 8
len (§ 329 III). Er ist schon vor Eintritt der formellen Rechtskraft Vollstreckungstitel (§ 794 I Nr 2 b und Nr 3); erste Instanz und Beschwerdegericht können die Vollziehung aussetzen (§ 572 II;

§ 11 IV RPflG). Der Antragsteller erhält eine vollstreckbare Ausfertigung. Mit Rücksicht auf die Klagemöglichkeit nach § 641 q darf die Zwangsvollstreckung aus dem Beschluß (einschließlich der Kostenfestsetzung) erst nach Ablauf eines Monats seit Zustellung beginnen (§ 798 a). Wegen der Vollstreckung aus einem dem Anpassungsbeschluß nachfolgenden (selbständigen) Kostenfestsetzungsbeschluß (Rn 6) s § 798 a S 2. – Der den Anpassungsantrag zurückweisende Beschluß (§ 641 m III) ist kein Vollstreckungstitel wegen der Kosten; s § 641 m Rn 20.

9 **V) Rechtsbehelfe des Antragsgegners gegen den Anpassungsbeschluß: 1)** Binnen zwei Wochen nach dessen Zustellung kann **befristete Erinnerung** eingelegt werden (§§ 11 I 2 RPflG, 577 II ZPO), der der Rechtspfleger nicht abhelfen kann (§ 11 II 1 RPflG). Der Richter entscheidet über sie, wenn er sie für zulässig und begründet hält (gegen seine Abhilfeentscheidung sofortige Beschwerde, Abs 3 S 1 mit § 11 III RPflG); andernfalls legt er sie als sofortige Beschwerde dem Beschwerdegericht vor (§ 11 II 4, 5 RPflG). Beschwerdegericht ist das LG (§ 72 GVG). Keine weitere Beschwerde (§ 568 II 1). Wenn die Erinnerung nur den Kostenpunkt betrifft und die Beschwerdesumme des § 567 II (200 DM) nicht erreicht ist, entscheidet der Amtsrichter endgültig (§ 11 II S 3 RPflG; vgl KG JurBüro 78, 1087). Dasselbe gilt, wenn der Erinnerungsführer nur Beschwerdegründe vorbringt, die in § 641 p III 2 nicht genannt sind (AG Neunkirchen DAVorm 94, 304)

10 **2)** Die sofortige Beschwerde kann anders als die Erinnerung nur auf die in Abs 3 S 2 genannten **Beschwerdegründe** gestützt werden. Diese Gründe decken sich im wesentlichen mit den nach § 641 o I möglichen Einwendungen gegen den Anpassungsantrag. Allerdings kann mit dem Rechtsbehelf nicht mehr jeder Zulässigkeitsmangel (wie mangelhafter Antrag oder Unzuständigkeit des angegangenen Gerichts) gerügt werden, sondern nur noch, daß das vereinfachte Verfahren überhaupt unstatthaft sei (Arnold JR 77, 142 Fn 44; Baumbach/Albers Rn 6). Wie in § 641 o I kann sich der Antragsgegner dabei auf den vereinbarten Ausschluß der Anpassung oder eine anderweitige Anpassungsregelung (§ 1612 a I 2 BGB) nur berufen, wenn sich dies aus dem anzupassenden Titel ergibt (Hamm FamRZ 80, 190). Erinnerung und Beschwerde können sich ferner gegen das Ausmaß der Anpassung und den für sie festgesetzten Zeitpunkt wenden. Diese Beschwerdegründe kann der Antragsgegner auch geltend machen, wenn er im Anhörungsverfahren keine entsprechenden Einwendungen (§ 641 o I) erhoben hatte (Brüggemann 19; StJSchlosser 5 Fn 11). Nach Abs 3 S 2 kann der Antragsgegner außerdem mit dem Rechtsbehelf auch den Kostenausspruch und die Kostenfestsetzung angreifen (wegen der Beschwerdesumme s Rn 9). Das Gesetz nennt zwar nur die unrichtige Kostenfestsetzung; da deren Grundlage aber der Kostenausspruch ist, kann auch er von der Anfechtung nicht ausgenommen sein (StJSchlosser 5, Brüggemann 21 wendet insoweit § 99 II an). Erinnerung und Beschwerde können nicht damit begründet werden, daß das Anpassungsverfahren im Hinblick auf eine gleichzeitig anhängige Abänderungsklage auszusetzen sei (§ 641 o II; LG Bochum DAVorm 86, 83).

11 **3)** Einige weitere Einwendungen kann der Antragsgegner mit der **Klage nach § 641 q** erheben; s dort Rn 6 ff. Der Beschwerdeweg ist für sie nicht eröffnet.

12 **VI) Rechtsbehelfe des Antragstellers: 1)** Durch den Inhalt des **Anpassungsbeschlusses** kann auch der **Antragsteller beschwert** sein. Das ist der Fall, wenn die Höhe des Anpassungsbetrags zu seinen Ungunsten unrichtig errechnet ist oder der Zeitpunkt, in dem die Anpassung wirksam wird; auf einen späteren Zeitpunkt als beantragt festgelegt wird. Der Antragsteller ist ferner beschwert, wenn ihm entgegen seinem Antrag nach § 93 die Verfahrenskosten auferlegt werden oder die von ihm zur Festsetzung angemeldeten Kosten nur teilweise anerkannt werden. Auch eine Benachteiligung des Antragstellers in diesen Punkten, die auf eine Teilzurückweisung seines Antrags als unbegründet hinausläuft, fällt unter die durch Abs 3 S 2 zugelassenen, nicht allein dem Antragsgegner vorbehaltenen Anfechtungsgründe. Insoweit ist der Rechtsbehelf des Abs 3 auch zugunsten des Antragstellers gegeben (so auch Bericht des Rechtsausschusses BT-Drucksache 7/5311 S 9, 10).

13 **2)** Der Rechtsbehelf steht dem Antragsteller dagegen nicht gegen eine Zurückweisung seines Antrags als unzulässig zu. Nach der Aufzählung der Beschwerdegründe in Abs 3 S 2 kann zwar der Antragsgegner geltend machen, daß das Vereinfachte Verfahren zu Unrecht als statthaft angesehen worden sei, nicht aber umgekehrt der Antragsteller, daß es irrig als unstatthaft behandelt wurde. Vielmehr bleibt der Antragsteller auch dann auf die befristete, nicht über den Richter des AG hinausführende Erinnerung nach § 641 m III mit § 11 RPflG (§ 641 m Rn 25) beschränkt, wenn sein Antrag erst nach Durchführung des Anhörungsverfahrens (und nicht schon bei der vorgezogenen Zulässigkeitsprüfung nach § 641 m) zurückgewiesen wird (LG Tübingen DAVorm 81, 129; LG Rottweil DAVorm 83, 542; StJSchlosser 6; Arnold JR 77, 142 Fn 43). Nach LG Braunschweig DAVorm 81, 492; Brüggemann 3 (auch 19 zu § 641 m) und Behr Rpfleger 77, 438 soll dem Antragsteller in diesem Falle die einfache Beschwerde nach § 567 mit vorgeschalteter unbefristeter Rechtspflegererinnerung zustehen. Das Gesetz unterscheidet aber nicht danach, in welchem Stadium des Verfahrens der Anpassungsantrag als unzulässig zurückgewiesen

wird, ob die Zurückverweisung auf einen behebbaren oder einen dauernden Mangel gestützt ist und wann der Mangel zutage getreten ist. Der für den Antragsteller verkürzte Rechtsmittelzug wird dadurch ausgeglichen, daß mit der Zurückweisung seines Anpassungsantrags auch das Hindernis des § 323 V für die Abänderungsklage entfällt.

VII) Gebühren: 1) des **Gerichts:** Für den abändernden Beschluß ist eine streitwertunabhängige Festgebühr zu 20 DM zu erheben (KV 1800). Mit dieser Festgebühr ist das Verfahren der Abänderung insgesamt abgegolten. Gebühren kostet der Beschluß nur, wenn der Titel geändert wird. Die Zurückweisung des Antrags (§ 641 m III) und die Protokollierung einer Einigung über die Abänderung (§ 641 r S 4) sind gebührenfrei. Im übrigen wird die Festgebühr nur einmal erhoben, auch wenn der Titel über mehrere Unterhaltsrenten wie zB von Geschwistern lautet u diese gleichzeitig abgeändert werden. Etwaige Auslagen (KV 9000 ff) treffen jedoch den Antragsteller, wenn der Antrag auf Abänderung zurückgewiesen oder zurückgenommen wird, Im übrigen haftet der Antragsteller nur als Zweitschuldner für die Kosten des Abänderungsverfahrens (§§ 49 S 1, 58 II 1 GKG), sofern sie ihm nicht durch den gerichtlichen Kostenausspruch auferlegt worden sind (§ 54 Nr 1 GKG) oder er diese in der erwähnten Einigung übernommen hat (§ 54 Nr 2 GKG). Die Gebühr ist nicht vorauszuzahlen, sondern wird mit Erlaß des Änderungsbeschlusses fällig (§ 61 GKG). – Das Beschwerdeverfahren, dem die gebührenfreie Rechtspflegererinnerung vorgeschaltet ist (s oben Rn 9), unterliegt nur insoweit der Gebührenpflicht, als die Beschwerde verworfen oder zurückgewiesen wird (KV 1906). Wird die Beschwerde zurückgenommen, fällt keine Gebühr an. 14

2) Anwaltsgebühren: Lit: Hansens JurBüro 88, 946. Für das Verfahren über den Abänderungsantrag (§§ 641–641 p, 641 r–641 t) erhalten die Rechtsanwälte des Antragstellers und des Antragsgegners je eine halbe Gebühr (§ 43 a I BRAGO). Diese ermäßigt sich auf die Hälfte, wenn das Mandat endet, bevor der Anwalt den Antrag oder einen Schriftsatz beim Gericht eingereicht hat (§§ 43 a III, 32 BRAGO). Verhandlungs- und Beweisgebühren sieht das Gesetz nicht vor. Über die Anrechnung auf die Prozeßgebühr in einem anschließenden Abänderungsrechtsstreit (§ 641 q) s § 641 q Rn 17. Im Beschwerdeverfahren erhält der Anwalt eine halbe Gebühr nach § 61 I BRAGO und zwar neben der im Abänderungsverfahren verdienten Gebühr. Die Erinnerung und die Beschwerde, zu der jene wird, wenn der Richter sie dem Beschwerdegericht vorlegt, bilden einen einheitlichen Gebührenrechtszug. Entscheidet das Amtsgericht über die Erinnerung, so gehört diese anwaltliche Tätigkeit gebührenrechtlich zum Rechtszug des (Vereinfachten) Abänderungsverfahrens (§ 37 Nr 5 BRAGO). Wenn sich die Tätigkeit des Anwalts auf das Erinnerungsverfahren als solches beschränkt, erhält er nur die 3/10 Gebühr des § 55 BRAGO. 15

641q *[Anpassungskorrekturklage]*

(1) Führen Abänderungen eines Schuldtitels im Vereinfachten Verfahren zu einem Unterhaltsbetrag, der wesentlich von dem Betrag abweicht, der der Entwicklung der besonderen Verhältnisse der Parteien Rechnung trägt, so kann der Antragsgegner im Wege der Klage eine entsprechende Abänderung des letzten im Vereinfachten Verfahren ergangenen Beschlusses verlangen.

(2) Der Antragsgegner kann die Abänderung eines im Vereinfachten Verfahren ergangenen Beschlusses im Wege der Klage auch verlangen, wenn die Parteien über die Anpassung eine abweichende Vereinbarung getroffen haben.

(3) Die Klage nach den Absätzen 1 oder 2 ist nur zulässig, wenn sie innerhalb eines Monats nach Zustellung des Beschlusses erhoben wird.

(4) Das Urteil wirkt auf den in dem Beschluß bezeichneten Zeitpunkt zurück. Die im Verfahren über den Abänderungsantrag nach § 641 m entstandenen Kosten werden als Teil der Kosten des entstehenden Rechtsstreits behandelt.

I) Allgemeines: Da der Antragsgegner im Vereinfachten Verfahren nur einzelne näher bezeichnete Einwendungen erheben kann, die mit dem Zweck dieses schematischen Massenverfahrens zu vereinbaren sind (§ 641 o I), gibt ihm § 641 q die Möglichkeit, das Ergebnis des Vereinfachten Verfahrens in einem speziellen Klageverfahren überprüfen zu lassen. Die Klage steht nur dem bisherigen Antragsgegner – praktisch dem Unterhaltspflichtigen – zu. Der bisherige Antragsteller kann jedoch Abänderungsklage (§ 323) erheben, wenn die Änderung eines Schuldtitels im Vereinfachten Verfahren zu einer wesentlich niedrigeren Unterhaltsrente als eine Abänderungsklage führt, die der Entwicklung der besonderen Verhältnisse der Parteien Rechnung trägt (§ 323 V – s Rn 9 vor § 641 l). Die Rechtskraft des im Vereinfachten Verfahren ergangenen Beschlusses hindert ihn daran nicht (BGH FamRZ 82, 915 mwN). Der Beschluß hindert ihn auch nicht daran, die Abänderungsklage auf Gründe zu stützen, die bereits vor Erlaß des Beschlusses bestanden (Rn 10 vor § 641 l; BGH aaO). 1

II) Klage auf Korrektur der Anpassung und Abänderungsklage: 1) Verhältnis beider Klagen zueinander: Folgendes Beispiel verdeutlicht die Problematik: 1990 wird ein Unterhaltspflichtiger verurteilt, monatlich 400 DM Unterhalt an sein minderjähriges Kind zu zahlen. 1992 wird der Unterhalt durch Anpassungsbeschluß im Vereinfachten Verfahren um 16 % auf 464 DM monatlich erhöht. Darauf erhebt der Unterhaltspflichtige Abänderungsklage auf Herabsetzung des Unterhalts auf 250 DM monatlich und macht geltend, das Kind verdiene seit Mitte 1991 als Lehrling einen Teil seines Unterhalts selbst, oder er begründet die Klage damit, daß seine 2

Leistungsfähigkeit, verglichen mit 1990, erheblich gesunken sei. – Die Regelung des § 323 hätte zur Korrektur von Anpassungsbeschlüssen ausgereicht, die den individuellen Verhältnissen des Unterhaltsberechtigten und -verpflichteten nicht gerecht werden. Dennoch hat das Gesetz zur vereinfachten Abänderung von Unterhaltsrenten die besondere Abänderungsklage des § 641 q – Anpassungskorrekturklage – geschaffen und in zwei Punkten abweichend von § 323 ausgestaltet:

2a **a)** Entgegen § 323 III wirkt das Anpassungskorrektururteil auf den im Anpassungsbeschluß bezeichneten Zeitpunkt für den Beginn der Unterhaltserhöhung zurück (Abs 4 S 1). **b)** Die Anpassungskorrekturklage kann nur binnen einem Monat nach Zustellung des Anpassungsbeschlusses erhoben werden. Diese Unterschiede zwingen dazu, die Klagen aus § 323 und § 641 q klar gegeneinander abzugrenzen. Mit der Anpassungskorrekturklage kann nur eine Reduzierung der Anpassung verlangt werden. Höchstens kann der Unterhalt auf den Betrag herabgesetzt werden, der vor Erlaß des Anpassungsbeschlusses tituliert worden war (Bremen FamRZ 82, 1035; Karlsruhe FamRZ 94, 1537 f). Will der Unterhaltsverpflichtete durchsetzen, daß der Unterhalt noch weiter vermindert wird, so bleibt ihm die allgemeine Abänderungsklage des § 323 (Karlsruhe aaO), die zweckmäßigerweise mit der Anpassungskorrekturklage verbunden wird (StJSchlosser Rn 8, Brüggemann Rn 6). Hier können das Rückwirkungsgebot des Abs 4 S 1 und das Rückwirkungsverbot des § 323 III zu einer gestaffelten Abänderung des Anpassungsbeschlusses führen.

3 **2) Präklusion:** Läßt der Unterhaltsverpflichtete in den zuvor genannten Fällen die Frist für die Anpassungskorrekturklage ungenutzt verstreichen und erhebt er erst nach Fristablauf die Klage auf Herabsetzung des Unterhalts, so werden seine Klaggründe nach § 323 IV, II präkludiert: Entsprechend § 323 II tritt die Anpassungskorrekturklage an die Stelle des Einspruchs. Die Abänderungsklage ist nur zulässig, soweit die Gründe, auf die sie gestützt wird, durch rechtzeitige Erhebung der Anpassungskorrekturklage und einer hiermit verbundenen Abänderungsklage nicht mehr geltend gemacht werden konnten (Celle FamRZ 81, 585; anders Bremen FamRZ 82, 1035). Insoweit besteht ein Unterschied zur Abänderungsklage, mit der das Kind nach Anpassung des Unterhalts im Vereinfachten Verfahren eine weitere Unterhaltserhöhung verlangt. Diese Klage wird durch den Anpassungsbeschluß nicht präkludiert; s Rn 10 vor § 641 l.

4 Präklusionswirkung für jede spätere allgemeine Abänderungsklage, auch für eine solche des Unterhaltsberechtigten, hat jedoch die Anpassungskorrekturklage des Unterhaltspflichtigen. Diese Klage dient ebenso wie die allgemeine Abänderungsklage der Anpassung des Unterhaltstitels an den individuellen Lebensbedarf des Kindes bzw die individuelle Leistungsfähigkeit des Unterhaltspflichtigen und überschneidet sich in den Voraussetzungen und Rechtsfolgen weitgehend mit der allgemeinen Abänderungsklage. § 323 II ist deshalb sinngemäß anwendbar. Das bedeutet: Um der Präklusion zu entgehen, muß der Unterhaltspflichtige, der über die Korrektur des Anpassungsbeschlusses hinaus eine weitere Herabsetzung des Unterhalts verlangt, dies bis zum Schluß der mündlichen Verhandlung im Verfahren nach § 641 q tun. Umgekehrt muß das Kind, das eine Erhöhung über den Anpassungsbeschluß hinaus durchsetzen will, bis zum Schluß dieser Verhandlung Abänderungswiderklage erheben.

5 **4)** Die Anpassungskorrekturklage ist nur zulässig, wenn sie binnen einem Monat nach Zustellung des Anpassungsbeschlusses erhoben wird (Abs 3). Es genügt, daß die Klagschrift fristgerecht eingereicht wird, wenn sie demnächst zugestellt wird (§ 270 III). Verzögert sich die Zustellung dadurch, daß zunächst über ein am letzten Tage der Frist eingereichtes PKH-Gesuch entschieden werden muß, so geht dies nicht zu Lasten des Klägers, wenn das PKH-Gesuch vollständig ist, namentlich die Erklärung über die persönlichen und wirtschaftlichen Verhältnisse beigefügt ist (Karlsruhe FamRZ 94, 1537 f; weiteres s Greger oben § 270 Rn 9). Die **Klagfrist** gilt nicht für die allgemeine Abänderungsklage, mit der eine Änderung des Anpassungsbeschlusses begehrt wird. Für diese Klage ist Abs 3 nicht analog anwendbar (BGH FamRZ 82, 915). Durch die in Rn 4 behandelte Präklusion sind die Parteien genügend davor geschützt, daß die Frage in der Schwebe bleibt, ob der Anpassungsbeschluß den Unterhalt verbindlich festsetzt.

6 **III) Klagegründe: 1) Abweichung vom individuell angemessenen Unterhalt (Abs 1):** Nach § 1612 a V BGB kann der Unterhaltspflichtige auch gegenüber einer gesetzlichen Anpassungsregelung verlangen, nicht mehr als den Unterhalt zahlen zu müssen, der nach den persönlichen Verhältnissen der Parteien angemessenen ist (§§ 1602 ff, 1610 BGB). Mit der Klage nach Abs 1 kann er geltend machen, daß diese Verhältnisse sich anders entwickelt hätten als die in der AnpassungsVO berücksichtigten allgemeinen wirtschaftlichen Verhältnisse. Er kann sich insbesondere darauf berufen, daß sein Einkommen hinter der durchschnittlichen Einkommenssteigerung zurückgeblieben sei (Frankfurt FamRZ 82, 734; Stuttgart DAVorm 82, 115/118), daß seine Leistungsfähigkeit sich durch weitere gleichrangige Unterhaltspflichten vermindert habe oder daß der Unterhaltsberechtigte seinen Bedarf jetzt teilweise selbst decken könne. Zur schlüssigen Klagbegründung gehört weiter die Behauptung, daß der im Anpassungsbeschluß neu festgesetzte Unterhalt von dem individuell gerechtfertigten **wesentlich abweiche.** Die Klage kann nicht auf

Gründe gestützt werden, die mit der sofortigen Beschwerde gemäß § 641 p III 2 hätten geltend gemacht werden können (Hamm FamRZ 80, 190 = NJW 1112).

2) **Anderweite Parteivereinbarungen: a)** Nach **Abs 2** kann mit der Anpassungskorrekturklage geltend gemacht werden, daß die Parteien die Anpassung des Unterhalts ausgeschlossen oder eine andere Art der Angleichung als im Vereinfachten Verfahren vorgesehen haben, falls sich die wirtschaftlichen Verhältnisse allgemein verändern (§ 1612 a I 2 BGB; Rn 4 f vor § 641 l). Solche Vereinbarungen haben Vorrang vor der schematischen gesetzlichen Anpassungsregelung und sind im Klageverfahren nach § 641 q zu berücksichtigen. Dies gilt jedoch nur, wenn die Parteivereinbarung nicht schon aus dem Unterhaltstitel ersichtlich ist. Denn sonst war sie bereits im Vereinfachten Verfahren von Amts wegen zu berücksichtigen (§ 641 m Rn 16). Dort konnte der Antragsgegner sie mittels Einwendung (§ 641 o I 1) oder Erinnerung und Beschwerde (§ 641 p III) geltend machen. Hier fehlt für eine Anpassungskorrekturklage das Rechtsschutzbedürfnis (BT-Drucksache 7/4791 S 16; Brüggemann Rn 13; Hamm FamRZ 80, 190 = NJW 1112). 7

b) Hatten die Parteien eine Anpassung an veränderte Verhältnisse überhaupt ausgeschlossen, so ist auf die Klage des Unterhaltspflichtigen nach Abs 2 der Anpassungsbeschluß aufzuheben und der Anpassungsantrag abzuweisen. Kann sich der Unterhaltspflichtige auf eine Vereinbarung berufen, die ihn bezüglich der Höhe der Unterhaltsrente oder des Zeitpunkts ihrer Anhebung günstiger stellt als der auf die AnpassungsVO gestützte Änderungsbeschluß, so ist der Unterhaltstitel unter Aufhebung dieses Beschlusses entsprechend der Vereinbarung abzuändern. 8

IV) Einzelheiten zum Verfahren: 1) Das Klageverfahren nach § 641 q ist **kein Teil des Vereinfachten Verfahrens** (AG Lübeck NJW 78, 281); es fällt nicht mehr unter die Rechtspflegerzuständigkeit nach § 20 Nr 10 RPflG. Die Klage ist gegen den Antragsteller des Vereinfachten Verfahrens zu richten (Hamm DAVorm 87, 446/448). Mithin klagt der Unterhaltspflichtige gegen den Unterhaltsberechtigten oder den sonstigen Inhaber des Unterhaltstitels. Die Klage kann von der Partei selbst schriftlich oder zu Protokoll der Geschäftsstelle erhoben werden (§ 496). 9

2) **Zuständigkeit: a) Sachlich** zuständig sind die Amtsgerichte (§ 23 a Nr 2 GVG), wenn das Verfahren den Unterhaltsanspruch eines ehelichen Kindes gegen Eltern oder Elternteile betrifft, das **Familiengericht** (§ 23 b I Nr 5 GVG; § 621 I Nr 4; Frankfurt FamRZ 78, 348), sonst, namentlich bei nichtehelichen Kindern, die allgemeine Zivilprozeßabteilung. Je nach dem familienrechtlichen Status des unterhaltsberechtigten Kindes folgt daraus die Zuständigkeit verschiedener Rechtsmittelgerichte (einerseits OLG, § 119 I Nr 1 GVG, andererseits LG, § 72 GVG). 10

b) Die **örtliche** Zuständigkeit knüpft nicht an die Zuständigkeit für das Vereinfachte Verfahren an, sondern folgt den allgemeinen Vorschriften, so daß grundsätzlich der allgemeine Gerichtsstand (§§ 12 ff) des Beklagten (früheren Antragstellers) entscheidet. Meistens ist dann im Hinblick auf § 641 l III 1 das gleiche Amtsgericht Prozeßgericht, dessen Rechtspfleger im Vereinfachten Verfahren tätig war. 11

3) Da die **Rechtsbehelfe nach § 641 p III, § 11 RPflG** einerseits, die **Klage nach § 641 q** andererseits auf unterschiedliche Gründe zu stützen sind, **schließen sie sich gegenseitig nicht aus.** Der unterhaltspflichtige Antragsgegner, der etwa sowohl Unstatthaftigkeit des Vereinfachten Verfahrens als auch mangelnde Leistungsfähigkeit geltend machen will, kann nebeneinander beide Wege beschreiten. 12

4) Für die Klagen nach Abs 1 und 2 ist je eine **Klagefrist** von einem Monat bestimmt, die mit der Zustellung des letzten im Vereinfachten Verfahren ergangenen Beschlusses an den Antragsgegner beginnt. Hat dieser gegen den Anpassungsbeschluß Erinnerung eingelegt (§ 641 p Rn 9), so setzt erst die Zustellung der Entscheidung über die Erinnerung die Klagfrist in Lauf, es sei denn, daß sofortige Beschwerde eingelegt wird. In diesem Fall beginnt die Klagfrist erst mit Zustellung der Beschwerdeentscheidung. Einreichung der Klageschrift wahrt die Frist, wenn sie demnächst zugestellt wird (§ 270 III). Die Klagefrist ist im Gesetz nicht als Notfrist (§ 233) bezeichnet; eine **Wiedereinsetzung** bei Versäumung ist aber ähnlich wie bei der Versäumung anderer gleichfalls nicht als Notfrist bezeichneter Klagefristen (§ 233 Rn 8) für zulässig zu erachten (StJSchlosser Rn 6; anders Brüggemann Rn 25 u Nachtrag Rn 26). 13

5) Die **Zwangsvollstreckung** aus dem Anpassungsbeschluß kann vom Prozeßgericht ebenso wie bei der allgemeinen Abänderungsklage nach § 323 entsprechend § 769 I **einstweilen eingestellt** werden (BT-Drucks 7/4791 S 19; Frankfurt FamRZ 82, 736). 14

V) 1) Urteilswirkung: Da das Klageverfahren der Korrektur des Anpassungsbeschlusses dient, tritt das rechtskräftige Urteil des Prozeßgerichts, wenn es die Höhe der Unterhaltsrente anders festsetzt als der Anpassungsbeschluß, an die Stelle des letzteren; es **wirkt** abweichend vom § 323 III, auf den gleichen Zeitpunkt **zurück,** von dem ab der Änderungsausspruch des Anpassungsbeschlusses wirksam werden sollte (Abs 4 S 1). 15

2) **Kosten:** Die Kosten des Vereinfachten Verfahrens sind als Kosten des Rechtsstreits zu behandeln (Abs 4 S 2); an die Stelle des Kostenausspruchs des Anpassungsbeschlusses tritt die 16

Kostenentscheidung des Urteils, die über die Kosten beider Verfahren entsprechend dem Enderfolg einheitlich befindet. Auszunehmen davon sind jedoch die Kosten eines etwaigen Erinnerungs- und Beschwerdeverfahrens; insoweit verbleibt es bei dem hierüber ergangenen Kostenausspruchs (StJSchlosser Rn 9, Thomas/Putzo Rn 9, auch Brüggemann Rn 26). Abzulehnen ist die Auffassung von Brüggemann Rn 26, daß es für den Fall der Klagabweisung bei der Kostenentscheidung des Anpassungsbeschlusses verbleibe, neben die dann der Kostenausspruch des Urteils trete, der auf die Kosten des Rechtsstreits beschränkt sei. Diese Auffassung ist mit den in Rn 17 erwähnten Vorschriften, daß die Gerichts- und Anwaltsgebühren des Vereinfachten Verfahrens auf die im Verfahren nach § 641 q entstehenden Gebühren anzurechnen sind, nicht vereinbar.

17 **VI) Gebühren: 1)** des **Gerichts:** Es entsteht eine dreifache Verfahrensgebühr nach KV 1201. Die Verfahrensgebühr und die Auslagen für die Klagezustellung sind nach § 65 I 1 GKG im voraus zu zahlen. Die im Vereinfachten Verfahren über den Abänderungsantrag (§ 641 m) entstandenen Kosten werden als Teil der Kosten des Abänderungsrechtsstreits behandelt (§ 641 q IV 2). Endgültig maßgebend ist somit der Kostenausspruch des Urteils im Abänderungsrechtsstreit.
2) Anwaltsgebühren: Die im Vereinfachten Abänderungsverfahren nach § 641 I entstandene halbe Gebühr (§ 43 a I BRAGO) wird auf die Prozeßgebühr im Verfahren nach § 641 q (I und II) angerechnet (§ 43 II BRAGO). Auch die übrigen Gebühren des § 31 BRAGO können entstehen.

641r

[Erklärungen bei der Geschäftsstelle; Vergleich]

Im Vereinfachten Verfahren können die Anträge und Erklärungen vor dem Urkundsbeamten der Geschäftsstelle abgegeben werden. Soweit Vordrucke eingeführt sind, werden diese ausgefüllt; der Urkundsbeamte vermerkt unter Angabe des Gerichts und des Datums, daß er den Antrag oder die Erklärung aufgenommen hat. Soweit Vordrucke nicht eingeführt sind, ist für den Abänderungsantrag bei dem zuständigen Gericht die Aufnahme eines Protokolls nicht erforderlich. Erscheinen die Parteien vor Gericht und einigen sie sich über die Abänderung, so ist diese Einigung als Vergleich zu Protokoll zu nehmen.

1 **I) Erklärungsform: 1)** Soweit nach § 641 t **Vordruckzwang** besteht (wie nach der VordruckVO v 24. 6. 77 für den Antrag des Unterhaltsberechtigten auf vereinfachte Abänderung), können Anträge und Erklärungen nur unter Benutzung des ausgefüllten Vordrucks beim Gericht eingereicht werden (sonst Unwirksamkeit, § 641 t Rn 2). Sie können auch gegenüber dem Urkundsbeamten der Geschäftsstelle des zuständigen AG (S 1) oder eines jeden AG (§ 129 a I) mündlich erklärt werden. Der Urkundsbeamte hat dann den Vordruck auszufüllen, ihn vom Antragsteller unterschreiben zu lassen und auf ihm den durch S 2 vorgeschriebenen Vermerk anzubringen. Mit diesem Vermerk ersetzt der ausgefüllte und unterschriebene Vordruck das herkömmliche Protokoll. Da S 2 im Gegensatz zu S 3 keine entsprechende Unterscheidung trifft, wird der Urkundsbeamte eines gemäß § 129 a in Anspruch genommenen anderen AG ebenso zu verfahren haben. Die bei einem anderen AG abgegebene Erklärung wird erst mit ihrem Eingang beim zuständigen AG wirksam (§ 129 a II). Abs 1 S 3 hat gegenwärtig keine praktische Bedeutung, da für den Abänderungsantrag des Unterhaltsberechtigten Vordruckzwang besteht und Abänderungsanträge des Unterhaltspflichtigen derzeit nicht in Betracht kommen.

2 2) Soweit einheitliche **Vordrucke nicht eingeführt** sind (für Einwendungen des Antragsgegners nach § 641 o, Gegeneinwendungen des Antragstellers, das Erinnerungs- und Beschwerdeverfahren), können die Anträge und Erklärungen schriftlich eingereicht oder beim Urkundsbeamten der Geschäftsstelle mündlich erklärt werden. Der Urkundsbeamte des zuständigen Gerichts braucht kein Protokoll aufzunehmen (S 3), anders der Urkundsbeamte eines anderen Amtsgerichts (§ 129 a). Erklärungen, die dieser Urkundsbeamte entgegennimmt, werden erst mit Eingang seines Protokolls beim zuständigen Gericht wirksam (§ 129 II 2).

3 3) Das **Klageverfahren nach § 641 q** gehört nicht mehr zum Vereinfachten Verfahren; zur Form der Klage s § 641 q Rn 9.

4 **II) Vergleich im Vereinfachten Verfahren:** Wenn beide Parteien vor dem Rechtspfleger erscheinen, kann dieser eine Einigung der Parteien über die Anpassung zu Protokoll nehmen. Diese Maßnahme fällt in seine Zuständigkeit nach § 20 Nr 10 RPflG. Zum möglichen Inhalt der Einigung s Behr Rpfleger 77, 437. Die protokollierte Einigung ist ein gerichtlicher Vergleich iSd § 794 I Nr 1 und damit Vollstreckungstitel. Der Vergleich erledigt das Vereinfachte Verfahren. Auf Grund einer späteren AnpassungsVO kann er seinerseits wieder im Vereinfachten Verfahren abgeändert werden (§ 641 l II), sofern in ihm die weitere Anpassung nicht ausgeschlossen oder in anderer Weise geregelt ist (§ 1612 a I 2 BGB; § 641 o I 2 Hs 2). Er kann auch Gegenstand einer allgemeinen Abänderungsklage sein (§ 323 IV).

641s *[Maschinelle Bearbeitung]*
(1) Sind bei maschineller Bearbeitung Beschlüsse, Verfügungen und Ausfertigungen mit einem Gerichtssiegel versehen, so bedarf es einer Unterschrift nicht.

(2) Der Bundesminister der Justiz wird ermächtigt, durch Rechtsverordnung mit Zustimmung des Bundesrates den Verfahrensablauf zu regeln, soweit dies für eine einheitliche maschinelle Bearbeitung der Verfahren erforderlich ist (Verfahrensablaufplan).

Das Vereinfachte Verfahren darf maschinell bearbeitet werden (§ 641 l IV; s dort Rn 13). Das maschinelle Verfahren ist noch nicht eingeführt. Vordrucke sind bereits vorhanden; in diese kann das Gerichtssiegel (Abs 1) bereits eingedruckt sein. Weitere Sondervorschrift für maschinelle Bearbeitung: § 641 m II 3. Von der Ermächtigung des Abs 2 ist noch kein Gebrauch gemacht. 1

641t *[Amtliche Vordrucke]*
(1) Der Bundesminister der Justiz wird ermächtigt, durch Rechtsverordnung mit Zustimmung des Bundesrates zur weiteren Vereinfachung des Abänderungsverfahrens Vordrucke einzuführen.

(2) Soweit nach Absatz 1 Vordrucke für Anträge und Erklärungen der Parteien eingeführt sind, müssen sich die Parteien ihrer bedienen.

Einheitliche Vordrucke haben besondere Bedeutung für die künftige maschinelle Bearbeitung (§ 641 s); sind aber auch bei herkömmlicher Bearbeitungsweise geeignet, das Verfahren zu vereinfachen. Die VO v 24. 6. 77 (BGBl I 978, geändert durch VO vom 24.11.80 - BGBl I 2163 und vom 18.7.91 - BGBl I 1547) hat Vordrucke für beide Bearbeitungsweisen eingeführt. Der Vordruck für die herkömmliche Bearbeitungsweise ist als Durchschreibesatz ausgestaltet. Mit der Ausfüllung des Antragsvordrucks werden zugleich die Mitteilung an den Antragsgegner (§ 641 n), der Anpassungsbeschluß (§ 641 p) und seine Ausfertigungen beschriftet. Für Einwendungen des Antragsgegners (§ 641 o I) sowie für das Erinnerungs- und Beschwerdeverfahren gibt es keine einheitlichen Vordrucke. 1

Vordruckzwang (Abs 2): Der ohne Vordruck eingereichte Antrag auf Abänderung im Vereinfachten Verfahren ist als unzulässig zurückzuweisen, wenn der Beanstandung durch den Rechtspfleger nicht Folge geleistet wird (§ 641 m III). Wenn er nachgebessert wird, wahrt auch schon der erste Eingang den Anpassungszeitpunkt nach § 641 p I 2. Auch der Urkundsbeamte der Geschäftsstelle muß den Vordruck verwenden, wenn er gemäß § 641 r S 2 den Antrag entgegennimmt (§ 641 r Rn 1). 2

Zweiter Titel

VERFAHREN ÜBER DEN REGELUNTERHALT NICHTEHELICHER KINDER

Vorbemerkungen

Nach dem **Einigungsvertrag** Anlage 1 Kap III Sachgebiet A Abschn III Nr 5 e findet das Regelunterhaltsverfahren (§§ 642 ff) jetzt auch in Ostberlin und **den neuen Bundesländern** statt. Die in § 1615 f BGB vorgesehenen Regelbedarfsverordnungen sind dort inzwischen in Kraft getreten: GVBl Berlin 91, 23 = FamRZ 408; GVBl Mecklenburg-Vorpommern 91, 106; GVBl Sachsen-Anhalt 91, 27; GVBl Sachsen 91, 83; GVBl Brandenburg 91, 143; GVBl Thüringen 91, 97. Die Verordnungen gleichen einander. Zum 1.7.1992 wurde der Regelbedarf erhöht. Die in den alten Bundesländern geltende Regelunterhalt-VO wurde durch VO vom 19.3.92 (BGBl I 553) geändert. Für Ostberlin und die neuen Bundesländer wurde der Regelunterhalt niedriger als dort festgesetzt durch einander gleichende Landes-VOen: GVBl Berlin 92, 179 = FamRZ 766; GVBl Mecklenburg-Vorpommern 92, 337; GVBl Sachsen-Anhalt 92, 566; GVBl Sachsen 92, 241; GVBl Brandenburg 92, 184; GVBl Thüringen 92, 380. Die Verordnungen gleichen einander. Zum 1.1.1996 wurde der Regelbedarf noch einmal erhöht (VO vom 25.9.1995, BGBl I 1190). In den alten Bundesländern beträgt er jetzt für ein Kind bis zum vollendeten sechsten Lebensjahr monatlich 349 DM, für ein Kind vom siebten bis zur Vollendung des zwölften Lebensjahrs monatlich 424 DM und für ein Kind vom dreizehnten bis zur Vollendung des achtzehnten Lebensjahrs monatlich 502 DM. Für Ostberlin und die neuen Bundesländer gelten entsprechende Beträge von 314 DM, 380 DM und 451 DM. 1

1a **Einleitung:** Die verfahrensrechtliche Regelung der §§ 642–644 ergänzt die materiell-rechtlichen Bestimmungen über den Regelunterhalt (§§ 1615 f–1615 i BGB). Da dessen Höhe vom Regelbedarf abhängt und dieser durch Rechtsverordnung festgesetzt wird (§ 1615 f II BGB), ist zur Festsetzung des Unterhalts und zu dessen Anpassung an Änderungen des Regelbedarfs ein vereinfachtes Verfahren geschaffen worden. Trotz der Überschrift bezieht sich der Titel nicht allein auf die Unterhaltsansprüche nichtehelicher Kinder, sondern regelt in § 644 auch Ansprüche der Mutter und Dritter gegen den nichtehelichen Vater.

2 **Grundzüge des Verfahrens:** Streitigkeiten über den Unterhalt nichtehelicher Kinder sind keine Kindschaftssachen iSd § 640 II; die besonderen Vorschriften für Statusklagen (§ 640 I) gelten nicht. **Sachlich zuständig** ist das AG (§ 23 a Nr 2 GVG); die Streitigkeiten betreffen eine durch Verwandtschaft (§ 1589 BGB) begründete gesetzliche Unterhaltspflicht. Auch für Unterhaltsabänderungsklagen (§ 323) ist nach § 23 a Nr 2 GVG das AG zuständig. Die Streitigkeiten sind keine Familiensachen (kein Fall des § 23 b GVG). Berufungs- und Beschwerdegericht ist (außer im Fall des § 643) das LG (§ 72 GVG). Diese Regelung benachteiligt nichteheliche Kinder gegenüber ehelichen. Das BVerfG hat den Gesetzgeber aufgefordert, jene Kinder diesen gleichzustellen, hält aber die Regelung derzeit noch für hinnehmbar (FamRZ 92, 157/159 f = NJW 1747). Die **örtliche Zuständigkeit** richtet sich bei schlichten Unterhaltsklagen nach den §§ 12 ff; § 641 a ist nicht anzuwenden. Hat der Beklagte im Inland keinen allgemeinen Gerichtsstand, so ist das Gericht zuständig, bei dem der Kläger im Inland seinen allgemeinen Gerichtsstand hat (§ 23 a; Karlsruhe FamRZ 71, 668). Im Anwendungsbereich des EuGVÜ (BGBl 72 II 773, 73 II 60) gelten dessen Art 2 I und 5 Nr 2. Ein ausschließlicher Gerichtsstand ist jedoch nach § 643 a III für bestimmte Fälle der Änderungsklage nach § 643 a gegeben; außerdem stellt § 644 II für Klagen der Mutter nach § 1615 k und § 1615 l BGB einen Wahlgerichtsstand zur Verfügung. Ist in Fällen mit Auslandsberührung einer der genannten inländischen Gerichtsstände gegeben, so sind die inländischen Gerichte auch **international zuständig.** Anders als bei § 641 a genügt die deutsche Staatsangehörigkeit einer Partei nicht, um die internationale Zuständigkeit deutscher Gerichte zu begründen. Die mündliche Verhandlung ist **öffentlich** (§ 169 GVG).

3 **Besonderes gilt für den im Kindschaftsverfahren geltend gemachten Regelunterhalt** (§ 643 I). Auch insoweit ist der Prozeß Kindschaftssache; es gelten die Zuständigkeits- und Verfahrensvorschriften für Statusprozesse. Die Zuständigkeit nach § 641 a gilt auch für den Nebenantrag auf Regelunterhalt (Grunsky JZ 73, 643; anders Siehr, Auswirkungen des NEG auf das internationale Privat- u Verfahrensrecht, 1971, S 107 f; wohl auch Beitzke ZZP 86, 100). – Für das Betragsfestsetzungsverfahren (§§ 642 a ff) gelten die besonderen Zuständigkeitsvorschriften der §§ 642 a und 642 b, die grundsätzlich an den allgemeinen Gerichtsstand des nichtehelichen Kindes anknüpfen.

642 *[Unterhaltsklage]*

Das nichteheliche Kind kann mit der Klage gegen seinen Vater auf Unterhalt, anstatt die Verurteilung des Vaters zur Leistung eines bestimmten Betrages zu begehren, beantragen, den Vater zur Leistung des Regelunterhalts zu verurteilen.

1 **I) Vaterschaftsfeststellung und Unterhaltstitel: 1) Überblick:** § 1600 a 2 BGB hindert das nichteheliche Kind daran, eine Klage auf Unterhalt gegen seinen Vater zu erheben, bevor die Vaterschaft anerkannt oder durch gerichtliche Entscheidung festgestellt worden ist. Folgende Wege können eingeschlagen werden, um dem Kind einen vollstreckbaren Titel auf Zahlung einer Unterhaltsrente zu verschaffen: **a)** Wenn der Vater das Kind als das seine anerkennt und zur Unterhaltszahlung bereit ist, kann er ein **Vaterschaftsanerkenntnis und eine Verpflichtung zur Zahlung von Unterhalt beurkunden** lassen, und zwar durch den Urkundsbeamten des Jugendamtes (§ 59 SGB VIII = KJHG); Vollstreckungstitel (§ 60 SGB VIII). Beurkunden kann auch der Rechtspfleger des Amtsgerichts (§§ 62 Nr 1 und 2 BeurkG, 3 Nr 1 f RPflG) oder ein Notar (§§ 1, 8 BeurkG).

2 **b)** Erkennt der Vater das Kind als das seine an, besteht aber **Streit über** die Höhe des **Unterhalts,** so ist es zweckmäßig, ein Vaterschaftsanerkenntnis protokollieren zu lassen und dann auf Zahlung des Regelunterhalts, evtl zuzüglich eines Zuschlages oder abzüglich eines Abschlages, zu klagen (§§ 642, 642 d), wenn der Streit um die Höhe des Lebensbedarfs des Kindes (§ 1615 c BGB) oder um das Maß der Leistungsfähigkeit des Vaters geht (§ 1615 h BGB). Führt die Klage zu einem entsprechenden Urteil oder Vergleich, so kann der Unterhalt gemäß § 642 a festgesetzt werden und bei einer Änderung der Regelbedarfssätze gemäß §§ 642 b, 642 c angepaßt werden. Ist der Lebensbedarf des Kindes von der Höhe des Regelbedarfs unabhängig, zB durch Krankheit, Behinderung, Unterbringung in einem Heim, so kann das Kind auf Zahlung einer bezifferten Unterhaltsrente klagen. Ein dementsprechendes Urteil kann nicht nach § 642 b, wohl

aber im Vereinfachten Verfahren zur Abänderung von Unterhaltstiteln den gestiegenen Lebensunterhaltungskosten angepaßt werden (StJSchlosser § 641 l Rn 2).

c) Besteht **Streit über die Abstammung** des Kindes, so kann dieses auf Feststellung der nichtehelichen Vaterschaft klagen (§§ 640 II Nr 1, 641 ff) und mit dieser Klage eine solche auf Leistung des Regelunterhalts, nicht aber auf Zahlung einer bezifferten Unterhaltsrente verbinden (§§ 640 c 3, 643 I 1). Sobald ein dieser Klage stattgebendes rechtskräftiges Urteil vorliegt (§ 643 II), kann der Regelunterhalt gemäß § 642 a festgesetzt werden. Außerdem können beide Parteien wegen der Höhe des Regelunterhalts das Abänderungsverfahren nach § 643 a betreiben. Statt das Statusverfahren und die Klage auf Regelunterhalt miteinander zu verbinden, kann das Kind auch zunächst auf Feststellung der Vaterschaft klagen und daran einen Unterhaltsprozeß anschließen, und zwar entweder eine Klage auf Zahlung einer bezifferten Unterhaltsrente oder eine Klage auf Zahlung des Regelunterhalts (§ 642), evtl mit Zu- oder Abschlägen (§ 642 d), und mit anschließendem Betragsfestsetzungsverfahren (§§ 642 d I, 642 a). 3

2) Einzelheiten: a) Durchbrechung des Grundsatzes „Kein Zahlungstitel, wenn die Vaterschaft nicht feststeht": aa) Vorläufige Unterhaltsregelungen: §§ 1615 o BGB, 641 d ZPO. **bb)** Der Grundsatz gilt nicht, wenn auf den Unterhaltsanspruch ausländisches Recht anzuwenden ist, das sich mit der Inzidentfeststellung der Vaterschaft begnügt. Dann ist § 1600 a 2 BGB nicht anzuwenden (BGHZ 63, 222). **b) Verbundene Vaterschaftsfeststellungs- und Regelunterhaltsklage:** Wird die Vaterschaft im Kindschaftsprozeß nach § 641 c anerkannt, so kann der Restprozeß wegen des Regelunterhalts fortgesetzt werden; s § 641 c Rn 3. **c) Selbständige Unterhaltsklage nach Anerkennung der Vaterschaft:** Streit über die Wirksamkeit des Vaterschaftsanerkenntnisses (§ 1600 f BGB) oder die Anfechtung eines Vaterschaftsanerkenntnisses (§§ 1600 f ff) sind Statussachen (§ 640 II Nr 1 Hs 2, Nr 3); im Unterhaltsprozeß kann darüber nicht entschieden werden (gegebenenfalls Aussetzung nach § 148 bzw § 153). 4

II) Bezifferte Unterhaltsklage: Die §§ 642 ff gelten **nur für nichteheliche Kinder.** Das Kind kann gegen seinen Vater auf Zahlung einer bezifferten Unterhaltsrente klagen. Ein Rechtsschutzbedürfnis für die Klage besteht auch, wenn der Vater Teilbeträge freiwillig bezahlt (Stuttgart NJW 78, 112; Winter NJW 78, 706). Unbezifferte **Zahlungsklagen** sind unzulässig (Düsseldorf FamRZ 78, 134; anders AG Groß-Gerau MDR 77, 410). Nach Rn 1 kann die Klage nur Erfolg haben, wenn die Vaterschaft bereits feststeht. Mit einer Vaterschaftsfeststellungsklage kann die bezifferte Unterhaltsklage nicht verbunden werden (§ 640 c). Auch ein Nebeneinander von Unterhaltsklage und im Vaterschaftsprozeß gestelltem Regelunterhaltsantrag (§ 643 I) ist nicht möglich (Celle NdsRpfl 70, 261; Braunschweig FamRZ 71, 46; Köln DAVorm 75, 347; StJSchlosser § 643 Rn 9). Auf die bezifferte Klage ist das volljährige Kind angewiesen (kein Regelunterhalt mehr; § 1615 f I 1 BGB). Anträge auf Stundung oder Erlaß rückständigen Unterhalts (§ 1615 i BGB) muß der Vater mangels eines entsprechenden Nachtragsverfahrens bereits im Unterhaltsprozeß stellen (anders im Falle der §§ 643 I 1, 643 a). Das Urteil ist ohne Sicherheitsleistung vorläufig vollstreckbar (§ 708 Nr 8), hinsichtlich der Rückstände auch, soweit sie nicht mehr als ein Vierteljahr vor Klageerhebung zurückliegen (sonst vollstreckbar gegen Sicherheitsleistung; § 709); für klagabweisende Urteile s § 708 Nr 11. 5

III) Klage auf Regelunterhalt: 1) Statt auf bezifferten Unterhalt kann das Kind nach § 642 auf Regelunterhalt klagen. Dieser errechnet sich aus dem jeweils durch VO festgesetzten Regelbedarf abzüglich der Anrechnungsbeträge des § 1615 g (§ 1615 f I 2 BGB). Näheres ergibt die RegelunterhaltsVO. Da der Regelunterhalt Mindestunterhalt ist (§ 1615 f I BGB), erspart die Klage auf Regelunterhalt dem Kind eine nähere Darlegung seiner persönlichen Verhältnisse (eigenes Einkommen, Lebensstellung der Eltern, notwendiger Lebensbedarf). Dessen bedarf es nur dann, wenn wegen höherer Bedürfnisse oder einer gehobenen Lebensstellung der Eltern ein den Regelunterhalt übersteigender Unterhalt (als Regelunterhalt mit prozentualem Zuschlag, § 642 d) beansprucht wird. Dem Vater bleibt es überlassen, Umstände, die einen hinter dem Regelunterhalt zurückbleibenden Unterhaltsbetrag als angemessen erscheinen lassen (eigenes Einkommen des Kindes, mangelndes eigenes Leistungsvermögen), als Einwendung geltend zu machen und auf einen prozentualen Abschlag vom Regelunterhalt (§ 1615 h BGB, § 642 d) anzutragen. Das Kind kann von vornherein auf Regelunterhalt abzüglich eines prozentualen Abschlags klagen, wenn es erwartet, daß der Vater mit Einwendungen nach § 1615 h BGB durchdringt. 6

2) Mit dem auf Regelunterhalt (gegebenenfalls mit Zu- oder Abschlag) lautenden Urteil erhält das Kind einen **Rahmentitel,** der einen vollstreckbaren Inhalt erst durch die **Betragsfestsetzung** (§ 642 a) erhält. Wenn nachträglich der Regelbedarf durch VO anderweit festgesetzt wird oder sich die Anrechnungsbeträge nach § 1615 g BGB ändern, kann der Unterhalt neu festgesetzt werden (§ 642 b). Die periodische Neufestsetzung des Regelbedarfs durch VO ermöglicht es, die Unterhaltsrente nach § 642 b steigenden Lebenshaltungskosten anzupassen, ohne daß Abänderungsklage erhoben werden muß. Wegen dieser Sonderregelung nehmen die durch Regelunter- 7

haltstitel und Betragsfestsetzungsbeschlüsse festgelegten Unterhaltsrenten an der Anpassung im Vereinfachten Verfahren (§§ 641 l ff) nicht teil (§ 1612 a I 2 BGB; § 641 l Rn 3).

8 3) Für Zuständigkeit und **Verfahren** gilt das Gleiche wie für die bezifferte Unterhaltsklage. Die isolierte Klage auf Regelunterhalt ist keine Kindschaftssache. Dies gilt auch für einen Antrag auf Zahlung des Regelunterhalts, der gemäß § 145 vom Vaterschaftsfeststellungsprozeß abgetrennt worden ist (LG Oldenburg NJW-RR 86, 78). Die Klage kann nur Erfolg haben, wenn die Vaterschaft des beklagten Mannes bereits feststeht (Rn 1 ff). Regelunterhalt kann nur bis zur Vollendung des 18. Lebensjahres beansprucht werden (§ 1615 f I BGB). Schadensersatzansprüche wegen entgangenen Regelunterhalts können nicht mit der Klage auf Regelunterhalt geltend gemacht werden (Künkel DAVorm 84, 950; anders LG Ulm FamRZ 76, 225; Walter FamRZ 76, 71). In Fällen mit **Auslandsberührung** ist Voraussetzung für die Verurteilung zum Regelunterhalt, daß nach Art 18 EGBGB deutsches Recht Unterhaltsstatut ist (Celle FamRZ 75, 509; Düsseldorf FamRZ 93, 983 mwN; Hamm FamRZ 94, 656; Siehr FS Bosch 947/959; Kropholler ZBlJugR 77, 105 ff; anders Stuttgart DAVorm 71, 412/415). Theoretisch könnte das Regelunterhaltsverfahren auch bei ausländischem Unterhaltsstatut stattfinden, wenn das ausländische Recht ein dem Regelunterhalt vergleichbares Rechtsinstitut kennt (MK/Coester-Waltjen § 642 Rn 5, § 643 Rn 5; StJSchlosser § 643 Rn 6). Entscheidungen hierzu sind bisher nicht veröffentlicht worden.

9 3) **Zuschläge** zum oder **Abschläge** vom Regelunterhalt (§ 642 d) müssen bereits im laufenden Verfahren verlangt werden. Hier steht (anders als in den Fällen der §§ 643, 643 a) kein nachträgliches Verfahren zur Aufstockung oder Verminderung des Regelunterhalts zur Verfügung. Im Betragsfestsetzungsverfahren (§ 642 a) sind Abänderungen des Grundtitels nicht zulässig. Ändern sich die Verhältnisse wesentlich, die für die Unterhaltsbemessung im Grundtitel maßgeblich waren, so kann Abänderungsklage auf Zuschläge zum Regelunterhalt, Abschläge hiervon oder auf Veränderung der Zu- bzw Abschläge erhoben werden (§ 642 d Rn 3). Da der Titel nur den veränderten Verhältnissen anzupassen ist (§ 323 Rn 40), darf auf eine Abänderungsklage hin ein Regelunterhaltstitel nicht in einen Zahlungstitel umgestaltet werden (anders Brüggemann ZfJ 84, 177; Künkel DAVorm 84, 945). Auch auf **Stundung** oder Erlaß rückständiger Beträge (§ 1615 i BGB) muß der Vater bereits im laufenden Rechtsstreit antragen; ein nachträgliches Verfahren zu diesem Zweck findet bei der isolierten Regelunterhaltsklage (anders im Falle des § 643 a IV 2) nicht statt (§ 642 e Rn 3). Das Urteil ist für **vorläufig vollstreckbar** zu erklären (§§ 708 Nr 8, 642 a I); **Vollstreckung** ist aber erst aus dem Betragsfestsetzungs- bzw Neufestsetzungsbeschluß (§§ 642 a, 642 b) möglich (§ 794 I Nr 2 a).

10 **IV) Gebühren: 1)** Dem **Gericht** stehen dieselben Gebühren wie im gewöhnlichen Prozeß zu. Wegen des Klageverfahrens auf Leistung des Regelunterhalts und des nachträglichen Beschlußverfahrens auf Betragsfestsetzung s Rn 11 zu § 642 a. – **2)** Der **Anwalt** erhält die Regelgebühren der §§ 31 ff BRAGO, gleichviel ob die Klage auf eine bestimmte Unterhaltsrente oder auf Leistung des Regelunterhalts lautet. – **3) Streitwert:** a) beim gewöhnlichen Unterhaltsprozeß der Jahresbetrag der verlangten monatlichen Unterhaltsrente (§ 17 I 1 GKG). Rückstände aus der Zeit vor Klageeinreichung werden dem Streitwert hinzugerechnet (§ 17 IV GKG). b) Wird auf Leistung des Regelunterhalts geklagt, so ist der Jahresbetrag auf der Grundlage der höchsten Altersstufe des Regelbedarfs zu bestimmen (§ 17 I 2 GKG – Hamm FamRZ 94, 641 f mwN auch zu anderen Meinungen; Karlsruhe Justiz 94, 23). Kindergeld (§ 1616 g BGB) ist dabei nicht abzuziehen (Karlsruhe aaO; anders Hamm aaO).

642a *[Betragsfestsetzung]*

(1) Auf Grund eines rechtskräftigen oder für vorläufig vollstreckbar erklärten Urteils, das einen Anspruch nach § 642 enthält, wird der Betrag des Regelunterhalts auf Antrag durch Beschluß gesondert festgesetzt.

(2) Die Entscheidung kann ohne mündliche Verhandlung ergehen. Ist der Antrag im Ausland zuzustellen, so gilt § 175 entsprechend mit der Maßgabe, daß der Zustellungsbevollmächtigte innerhalb der Frist für die Stellungnahme zu dem Antrag zu benennen ist.

(3) Gegen die Entscheidung findet die sofortige Beschwerde statt.

(4) Ausschließlich zuständig ist das Amtsgericht, bei dem der Unterhaltsberechtigte seinen allgemeinen Gerichtsstand hat. Hat der Unterhaltsberechtigte im Inland keinen allgemeinen Gerichtsstand, so ist das Amtsgericht Schöneberg in Berlin ausschließlich zuständig.

(5) Eine maschinelle Bearbeitung ist zulässig. § 641 l Abs. 5, §§ 641 r, 641 s, 641 t, 690 Abs. 3 gelten entsprechend.

1 **I) Grundgedanke:** Die Betragsfestsetzung ähnelt dem Kostenfestsetzungsverfahren. Der Richter entscheidet nur darüber, ob ein Unterhaltsanspruch besteht, und über Zuschläge oder Abschläge zum Regelunterhalt, die in Prozenten des Regelbedarfs zu bemessen sind (§ 642 d II). Daran schließt sich das Festsetzungsverfahren vor dem Rechtspfleger an (§ 20 Nr 11 RpflG). Das

Festsetzungsverfahren kann unterbleiben, und hierdurch können Kosten gespart werden, wenn vom Jugendamt eine vollstreckbare Urkunde aufgenommen wird (§ 60 SGB VIII = KJHG).

II) **Anwendungsbereich:** Unterhaltsansprüche nichtehelicher Kinder. Wegen der Ansprüche ehelicher Kinder s § 642 Rn 5. Der Betrag des Regelunterhalts wird festgesetzt: **1.** auf Grund eines rechtskräftigen (vgl §§ 704 II u 643 II) **Urteils im Vaterschaftsfeststellungsprozeß,** das die Vaterschaft des beklagten Mannes feststellt und ihn zugleich zur Leistung des Regelunterhalts verurteilt (§ 643); **2.** auf Grund eines **Urteils im Nachverfahren** nach § 643 a, das unter Abänderung des Urteils nach § 643 zur Leistung des Regelunterhalts mit Zu- oder Abschlag verurteilt; **3.** auf Grund eines rechtskräftigen oder vorläufig vollstreckbaren **Urteils im gewöhnlichen Unterhaltsprozeß,** das auf Leistung des Regelunterhalts (evtl mit Zu- oder Abschlag) lautet (§§ 642, 642 d); **4.** auf Grund eines **Prozeßvergleiches oder einer Verpflichtungsurkunde,** die ein Notar oder das Jugendamt aufgenommen hat (§§ 642 c ZPO, 60 SGB VIII = KJHG), wenn sich der Vater zur Zahlung des Regelunterhalts (evtl mit Zu- oder Abschlag) verpflichtet und dem Betragsfeststellungsverfahren unterworfen hat. Die nach Vaterschaftsanerkennung im Prozeß (§ 641 c) zu Gerichtsprotokoll einseitig erklärte Verpflichtung, den Regelunterhalt zu zahlen, genügt nicht den Anforderungen des § 642 c (§ 641 c Rn 3). Auch auf Grund eines **Abänderungsurteils** nach § 323 kann Betragsfestsetzung erfolgen, wenn es auf Regelunterhalt (evtl mit Zu- oder Abschlägen) lautet; dann handelt es sich um eine Erstfestsetzung, nicht um eine Neufestsetzung nach § 642 b (Kemper FamRZ 73, 526; LG Nürnberg DAVorm 76, 528). Auf Grund eines **ausländischen Urteils** ist die betragsmäßige Festsetzung möglich, wenn es in Anwendung deutschen Rechts auf Regelunterhalt lautet (Odersky FamRZ 73, 530; Siehr FS Bosch 947, 959). 2

III) **Zuständigkeit:** Sachlich zuständig ist das AG (§ 23 a Nr 2 GVG), nicht das FamG (kein Fall des § 23 b GVG); funktionell zuständig ist der Rechtspfleger (§ 20 Nr 11 RPflG). Abs 4 regelt die **örtliche** ausschließliche **Zuständigkeit:** Allgemeiner Gerichtsstand (Wohnsitz, hilfsweise Aufenthaltsort: §§ 13, 16) des unterhaltsberechtigten Kindes, sofern ein solcher im Inland besteht. Es genügt, daß der Gerichtsstand zur Zeit der Entscheidung vorhanden ist; die vorangegangene Zeit ist unerheblich (LG Görlitz DAVorm 96, 215). Auf den Gerichtsstand des Mannes kommt es im Falle des S 1 nicht an, auch nicht bei Wohnsitz in einem anderen EWG-Gründerstaat, dann greift Art 5 Nr 2 EuGVÜ ein. Wenn das Kind im Inland keinen allgemeinen Gerichtsstand hat, ist das AG Berlin-Schöneberg ausschließlich zuständig (Abs 4 S 2). Wenn zugleich ein inländischer Gerichtsstand des Mannes fehlt, ist die internationale Zuständigkeit der inländischen Gerichte daraus herzuleiten, daß ein von einem deutschen Gericht stammender Rahmentitel zu einem Vollstreckungstitel zu ergänzen ist (StJSchlosser Rn 3). Hat im Falle des S 2 der Unterhaltspflichtige allerdings seinen Wohnsitz in einem anderen EWG-Gründerstaat, so kann er von einem Kind, das im Inland weder Wohnsitz noch gewöhnlichen Aufenthalt hat, vor den inländischen Gerichten weder nach Art 2 I noch nach Art 5 Nr 2 EuGVÜ belangt werden, so daß auch die örtliche Zuständigkeit des AG Berlin-Schöneberg entfällt; es bleibt dann nur (erneute) bezifferte Unterhaltsklage bei dem zuständigen Gericht. An die Stelle der Zuständigkeit nach Abs 4 kann durch RechtsVO die Zuständigkeit zentraler Amtsgerichte gesetzt werden (Abs 5 S 2 mit § 641 l V). In Bayern sind die Verfahren dem AG Nürnberg zugewiesen (VO vom 9. 5. 78 – GVBl 330); in Sachsen dem AG Görlitz (VO vom 14.7.94 – GVBl 1313). Wenn der Festsetzungsantrag bei einem unzuständigen Gericht gestellt wird, kann das Verfahren auf Antrag, auf den der Rpfleger hinzuwirken hat, an das zuständige AG verwiesen werden (§ 281). 3

IV) **Verfahren: 1) Maschinelle Bearbeitung** ist zulässig (Abs 5 S 1) und führt nach Abs 5 S 2 zu Formerleichterungen: Der Antrag kann in nur maschinell lesbarer Form ohne Unterschrift eingereicht werden (§ 690 III). Beschlüsse, Verfügungen und Ausfertigungen werden nicht unterschrieben (§ 641 s I). Durch Rechtsverordnung können Vordrucke zu diesem Zweck eingeführt, und der Verfahrensablauf kann geregelt werden (Abs 5 S 2, §§ 641 s II, 641 t); eine solche Verordnung ist bisher nicht erlassen worden. 4

2) Das Festsetzungsverfahren wird nur auf **Antrag** eingeleitet. Antragsberechtigt ist das Kind, ferner der Vater, der an alsbaldiger Festsetzung interessiert ist, um den genauen Umfang seiner Zahlungspflicht zu erfahren (Odersky IV 2, Baumbach/Albers Rn 3; anders Brüggemann FamRZ 69, 126; Damrau FamRZ 70, 288 Fn 49; StJSchlosser Rn 4 unter Berufung auf § 641 e III). Nicht antragsberechtigt ist das Land, das einem Kind Unterhaltsvorschuß oder Sozialhilfe gewährt und den Unterhaltsanspruch auf sich übergeleitet hat (§§ 90 BSHG, 7 UnterhVorschG; Künkel DAVorm 84, 951). Ein besonderes Rechtsschutzinteresse an der Festsetzung ist nicht Voraussetzung für die Zulässigkeit des Antrags; das Kind hat Anspruch auf einen Vollstreckungstitel. Für die gerichtliche Betragsfestsetzung ist allerdings kein Raum mehr, wenn der geschuldete Unterhaltsbetrag inzwischen auf andere Weise – etwa durch Verpflichtungsurkunde des Jugendamts (§ 60 SGB VIII = KJHG) – festgelegt wurde. Daß der Unterhaltsberechtigte zuvor versucht hat, auf diese Weise zu der den Grundtitel ergänzenden Bezifferung zu gelangen, ist aber nicht Voraussetzung für die Zulässigkeit des Antrags (vgl § 642 b Rn 9; einschränkend Kemper FamRZ 73, 527). 5

Der Antrag kann schriftlich eingereicht werden oder mündlich beim Urkundsbeamten der Geschäftsstelle angebracht werden. Beim zuständigen AG braucht dann kein Protokoll aufgenommen zu werden (Abs 5 S 2 mit § 641 r); Protokollaufnahme ist dagegen nötig bei Anbringung bei einem anderen AG (§ 129 a). Die Benutzung von Vordrucken für den Antrag (Abs 5 S 2 iVm § 641 t) ist noch nicht vorgeschrieben. Bezifferte Beträge müssen im Antrag nicht angegeben werden (Brüggemann DAVorm 73, 211; LGe Oldenburg DAVorm 74, 58; Hamburg DAVorm 81, 410; Stuttgart DAVorm 96, 83; anders LGe Bochum FamRZ 80, 937 mwN; Hamburg DAVorm 82, 82; Nürnberg DAVorm 75, 316). Der Unterhaltsberechtigte kann mit seinem Antrag nicht – etwa um einer Herabsetzungsklage des Mannes nach § 323 mit § 1615 h BGB zuvorzukommen – hinter dem Grundtitel zurückbleiben. Der Festsetzungsbeschluß darf von diesem nicht abweichen (Odersky FamRZ 72, 521; Kemper FamRZ 73, 524).

5a **Antragsgegner** ist der Vater. Wenn rechtsirrtümlich ein anderer Verwandter zum Regelunterhalt verurteilt worden ist, kann dieser auch gegen ihn festgesetzt werden. Vergleichen sich ein solcher Verwandter und das Kind auf den Regelunterhalt, so findet keine Betragsfestsetzung statt. Prozeßrecht ist kein dispositives Recht. Die Parteien können kein Verfahren vereinbaren, das die Prozeßordnung ihnen nicht zur Verfügung stellt (Künkel DAVorm 84, 950).

6 **3) Weiterer Verfahrensgang:** Der Gegner ist zu dem Antrag zu hören (Art 103 I GG). Ihm ist eine Frist zu Stellungnahme zu setzen, die nach dem Rechtsgedanken der §§ 274 III 1, 641n S 2 nicht kürzer als zwei Wochen und bei Auslandszustellung erheblich länger sein sollte. Diese Verfügung ist förmlich zuzustellen (§ 329 II 2), und zwar zweckmäßigerweise zugleich mit dem Antrag. Dieser ist stets förmlich zuzustellen. Dies schreibt Abs 2 S 2 für Auslandszustellungen ausdrücklich vor. Für Inlandszustellungen gilt das Gleiche; denn der Rechtspfleger muß sich vom Zugang des Antrags überzeugen (BVerfG NJW 74, 133 = MDR 207). Bei einer Auslandszustellung hat der Gegner einen Zustellungsbevollmächtigten zu benennen. Hierfür enthält Abs 2 S 2 die gleiche Regelung wie § 641n S 4; s § 641n Rn 6.

6a **Im Verfahren gilt der Beibringungsgrundsatz,** auch wenn die Verurteilung zum Regelunterhalt mit der Kindschaftssache verbunden worden war (§ 643). Das Festsetzungsverfahren ist nicht mehr Teil des Kindschaftsverfahrens. Auf anspruchsmindernde Umstände muß sich der Vater berufen (Brüggemann DAVorm 73, 211 und ZBlJugR 77, 48). Folge: Ist Inhalt und Fortbestand des Grundtitels unstreitig, so kann der Rechtspfleger nicht dessen Vorlegung verlangen (LG Göttingen DAVorm 80, 403). Der Rechtspfleger hat gemäß § 139 darauf hinzuwirken, daß sich beide Parteien zu den Anrechnungsbeträgen (§ 1615 g BGB; §§ 2 ff RegelungsunterhaltsVO) erklären (vgl LG Bonn DAVorm 73, 215; LG Stade Rpfleger 74, 211; Kemper FamRZ 73, 524; Odersky FamRZ 73, 529). Im Streitfall ist über die Anrechnungsbeträge **Beweis** zu erheben.

7 Da der Rechtspfleger im Betragsfestsetzungsverfahren weder Zu- noch Abschläge neu bewilligen darf (vgl Odersky FamRZ 72, 623), kann der Vater in diesem Verfahren auch nicht mit dem Einwand mangelnder Leistungsfähigkeit gehört werden (§ 642 b Rn 4); auch **Stundung** und **Erlaß** von Rückständen können im Betragsfestsetzungsverfahren nicht verlangt werden (§ 642 e Rn 3, 7). Es kann **mündlich verhandelt** werden; s Abs 2. Die Parteien können zu Protokoll des Rechtspflegers einen Prozeßvergleich schließen (Abs 5 S 2, § 641 r S 4). Ist gleichzeitig mit dem Festsetzungsverfahren eine Klage auf Herabsetzung des Unterhalts (§ 643 a) oder eine Abänderungsklage auf einen Abschlag vom Unterhalt (§§ 323, 642 d) anhängig, so kann das Festsetzungsverfahren gemäß § 148 ausgesetzt werden (Frankfurt DAVorm 80, 728).

8 **4) a)** Die **Entscheidung** ergeht durch Beschluß (Abs 1); dieser ist zu verkünden, wenn er auf Grund mündlicher Verhandlung ergeht (§ 329 I). Er ist zu begründen und von Amts wegen zuzustellen (§ 329 III). Der Rechtspfleger darf dem Kind nicht mehr Unterhalt zusprechen, als es beantragt hat (analog § 308). Im Beschluß ist der geschuldete Regelunterhalt auszurechnen; in einer Zahl ist er auch dann festzusetzen, wenn der Grundtitel zusätzlich auf Zu- oder Abschläge lautet (LG Saarbrücken DAVorm 77, 396). Abrundung des Festsetzungsbetrags: § 642 d II 2. Rückstände sind gesondert festzusetzen; von ihnen ist abzuziehen, was der Vater auf Grund einstweiliger Anordnung (§ 641 d) bezahlt hatte. Bei entsprechendem Antrag sollte die Festsetzung ungeachtet der Wahrscheinlichkeit, daß sich bis zur Vollendung des 18. Lebensjahrs Regelbedarfssätze ändern, auf **alle in Betracht kommenden Altersstufen** erstreckt werden (LGe Memmingen DAVorm 71, 149; Traunstein DAVorm 73, 443; Wuppertal DAVorm 77, 185; Stuttgart DAVorm 83, 400; Kemper FamRZ 73, 525; vgl auch § 641 l Rn 7). Ab wann die Unterhaltsrente zu bezahlen ist, richtet sich nach dem Grundtitel; der Eingang des Festsetzungsantrags ist hier (anders als bei § 642 b) nicht maßgebend (LGe Nürnberg DAVorm 76, 528; Paderborn DAVorm 84, 322). Einwendungen gegen den Anspruchsgrund (zB Bedarfsverringerung durch eigenes Einkommen des Kindes, Wegfall der Leistungsfähigkeit des Schuldners) dürfen nicht berücksichtigt werden (LG Hannover DAVorm 93, 850, Brüggemann DAVorm 79, 87). Sie können nur mit der Klage auf Abänderung des Grundtitels (§ 323) geltend gemacht werden. Ist eine solche Klage

gleichzeitig mit einem Betragsfestsetzungsverfahren anhängig, so kann dieses ausgesetzt werden (§ 148).

b) Bei der Festsetzung sind die Anrechnungsvorschriften (§ 1615 g BGB) **zu beachten.** Anzurechnen ist die Hälfte des Kindergeldes, das dem Vater zustände, wenn er es bezöge (BGH FamRZ 81, 26; LG Hildesheim DAVorm 82, 1096; LG Nürnberg-Fürth DAVorm 83, 848). Diese Hälfte ist auch anzurechnen, wenn der Vater einen **Zählkindvorteil** hat (LGe Heilbronn DAVorm 90, 1149; Hechingen DAVorm 91, 503 mwN; Lüneburg FamRZ 94, 187; Bielefeld DAVorm 94, 888; anders LGe Bremen DAVorm 88, 526; Freiburg DAVorm 88, 813; Hannover DAVorm 90, 480; 93, 849; Tübingen DAVorm 94, 731; AGe Berlin-Schöneberg DAVorm 88, 918; Hamburg-Altona DAVorm 92, 225 mwN; Vorauflage). Wie bei der Unterhaltspflicht gegenüber ehelichen Kindern kommt dieser Vorteil allein demjenigen zugute, der mehrere Kinder zu unterhalten hat (BGH FamRZ 84, 1000 = NJW 2694; LG Lüneburg aaO). Zur Anrechnung ausländischer Sozialleistungen s Odersky FamRZ 73, 530. Wenn im Grundtitel auf Anrechnung von Sozialleistungen verzichtet war, hat der Festsetzungsbeschluß dem Rechnung zu tragen (LG Regensburg Rpfleger 77, 188). 8a

c) Der Beschluß muß jedenfalls in den Fällen, in denen besondere **Kosten** entstehen (s Rn 11), eine Kostenentscheidung enthalten. Wenn der Grundtitel nur gegen **Sicherheitsleistung** vorläufig vollstreckbar ist oder die Vollstreckung durch Sicherheitsleistung abgewendet werden darf (etwa wegen länger zurückliegender Rückstände, §§ 708 Nr 8, 709, 711), ist dies in den Festsetzungsbeschluß zu übernehmen. Bei Aufhebung oder Abänderung des Grundtitels wird der Beschluß wie ein Kostenfestsetzungsbeschluß bei Aufhebung des Kostenausspruchs von selbst unwirksam (Damrau FamRZ 70, 280 Fn 51). Der Beschluß ist schon vor der formellen Rechtskraft Vollstreckungstitel (§ 794 Nr 2 a). **Vollstreckungsklausel** ist nötig (§§ 795, 724, 725); sie ist zu erteilen, sobald der Beschluß wirksam geworden ist. Zu den Vollstreckungsvoraussetzungen s Brüggemann DAVorm 72, 432. Wartefrist: § 798. 9

V) **Rechtsmittel:** Gegen den Beschluß des Rechtspflegers befristete Erinnerung (§ 11 I 2 RpflG), der der Rechtspfleger nicht abhelfen kann (§ 11 II 1 RpflG). Weiteres Verfahren: § 11 II 2–5 RpflG. Gegen Aufhebung oder Abänderung durch den Richter sofortige Beschwerde; keine weitere Beschwerde (§ 568 II 1). Die Beschwerde hat keine aufschiebende Wirkung (§§ 572 I); eine einstweilige Anordnung des Beschwerdegerichts ist möglich (§§ 572 III). Beschwerdegericht ist das LG (§ 72 GVG). Will der Vater sowohl die Verurteilung zum Regelunterhalt als auch die Betragsfestsetzung anfechten, so muß er zwei verschiedene Rechtsmittel einlegen. Ein gemeinsames einheitlichen Rechtsmittel sieht die ZPO nicht vor (BGH FamRZ 94, 237f). 10

VI) Gebühren: 1) des **Gerichts:** Nach KV 1801 wird eine streitwertunabhängige Festgebühr von 20 DM für die Entscheidung über einen Antrag auf Betragsfestsetzung (§ 642 a I, II oder § 642 d – s oben) erhoben, wenn eine vollstreckbare Urkunde nach den §§ 642 c Nr 2, 794 I Nr 5 ZPO, 60 SGB VIII oder ein Vergleich Festsetzungsgrundlage ist, der vor einer Gütestelle iS des § 794 I Nr 1 geschlossen wurde. Die Gebühr fällt immer an, gleichviel, ob es sich um eine dem Antrag stattgebende oder den Antrag zurückweisende Entscheidung handelt oder ob mit oder ohne mündliche Verhandlung entschieden worden ist. Jedoch entsteht keine Gebühr, wenn der Antrag vor der Entscheidung zurückgenommen wird. Fällig ist die Gebühr mit der Entscheidung (§ 61 GKG), keine Vorauszahlungspflicht (§§ 65, 1 I GKG). Auslagen s KV 9000 ff. Kostenschuldner: § 54 Nr 1 und 2 GKG; Zweitschuldnerhaftung des Antragstellers: §§ 49 S 1, 58 II 1 GKG. – Gebührenfrei die Protokollierung eines Vergleichs nach § 642 a V 2 iVm § 641 r S 4 im laufenden Festsetzungsverfahren (§ 642 a I). Hier ist KV 1660 nicht anwendbar, weil der Wert des Vergleichsgegenstandes denjenigen des Streitgegenstandes nicht übersteigt. – Die Bestimmung KV 1801 hat den Zweck, solche Betragsfestsetzungsverfahren gebührenrechtlich zu erfassen, in denen der Festsetzung kein gebührenauslösendes Streitverfahren vorausgegangen ist. Deshalb kosten Entscheidungen im Betragsfestsetzungsverfahren keine Gebühren, wenn die Festsetzung auf Grund anderer als der in KV 1801 genannten Titel beantragt wird, zB auf Grund eines Urteils auf Zahlung des Regelunterhalts (§ 642) oder auf Leistung eines Zuschlags zum Regelunterhalt (§ 642 d), auf Grund eines Prozeßvergleichs, in dem sich der Vater zur Zahlung des Regelunterhalts verpflichtet hat. Für das Betragsfestsetzungsverfahren ist auch dann keine Gebühr zu erheben, wenn der Grundtitel ein im Prozeßkostenhilfeprüfungsverfahren geschlossener Vergleich ist (Markl, GKG 2. Aufl KV 1165 Rn 4; Drischler/Oestreich/Heun/Haupt, GKG 3. Aufl VII Nr 1165–1168 Rn 4 a und b aE). – Im **Beschwerdeverfahren**, dem die gebührenfreie Rechtspflegererinnerung vorgeschaltet ist (s Rn 10), entsteht eine Gebühr von 50 DM, wenn die Beschwerde verworfen oder zurückgewiesen wird (KV 1905). Wird die Beschwerde teilweise zurückgewiesen, so kann das Gericht die Gebühr auf 25 DM ermäßigen oder bestimmen, daß keine Gebühr zu erheben ist. Wird die Beschwerde zurückgenommen, bevor über sie entschieden worden ist, so fällt die Gebühr nicht an. 11

2) Anwaltsgebühren: Lit: Hansens JurBüro 88, 945. Die Tätigkeit ist durch die Gebühren abgegolten, die der Rechtsanwalt im vorausgegangenen Prozeß der §§ 642, 642 d bereits verdient hat; denn das Betragsfestsetzungsverfahren stellt in diesen Fällen – ähnlich dem Kostenfestsetzungsverfahren im gewöhnlichen Prozeß – nur eine Ergänzung des Schuldtitels dar (LG München II NJW 1972, 2140; Odersky, NEG 3. Aufl § 37 BRAGO Anm 2, § 43 a BRAGO Anm II 1 ; Hansens aaO 948 mwN). Wenn jedoch eine vollstreckbare Urkunde nach den §§ 642 c Nr 2, § 794 I Nr 5 ZPO, 60 SGB VIII oder ein Vergleich Festsetzungsgrundlage ist, der vor einer Gütestelle iS des § 794 I Nr 1 geschlossen wurde, erhält der Anwalt für die Vertretung im Festsetzungsverfahren eine halbe Gebühr. Durch diese wird auch eine mündliche Verhandlung und eine Beweisaufnahme abgegolten (§ 43 b I Nr 1 BRAGO). Ist der Anwalt bereits im Verfahren vor der Gütestelle des § 794 I Nr 1 tätig gewesen, so steht ihm hierfür eine volle Gebühr nach § 65 I Nr 1 BRAGO zu. Das gleiche gilt für die Mitwirkung im Verfahren der Errichtung der Urkunde nach § 642 c Nr 2. Außerdem erhält er die halbe Gebühr nach § 43 b I Nr 1 BRAGO. Wird der Rechtsanwalt erstmals im Betragsfestsetzungsverfahren nach §§ 642 a, 642 d tätig, 12 so erhält er nur die halbe Gebühr des § 43 b I Nr 1 BRAGO (Odersky aaO; anders Hartmann BRAGO § 37 Anm 7 B Abs 3). Die halbe Gebühr wird zur Viertelgebühr, wenn das Mandat endet, bevor der Anwalt einen Schriftsatz eingereicht hat (§§ 43 b II, 32 BRAGO). – Für das Beschwerdeverfahren (Rn 10) steht dem Anwalt eine halbe Gebühr nach § 61 I Nr 1 BRAGO zu. Beim Verfahren der Rechtspflegererinnerung liegt nur ein Gebührenrechtszug vor, wenn der Richter über die Erinnerung nicht entscheidet, sondern diese an das Beschwerdegericht vorlegt (Durchgriffserinnerung). Entscheidet er selbst über Erinnerung, so gehört die Tätigkeit des Anwalts im Erinnerungsverfahren gebührenrechtlich zum Rechtszug des Festsetzungsverfahrens (§ 37 Nr 5 BRAGO). Nur wenn sich die Tätigkeit des Anwalts auf das Erinnerungsverfahren als solches beschränkt, entsteht für ihn die 3/10 Gebühr des § 55 BRAGO.

642b *[Neufestsetzung]*

(1) Wird der Regelbedarf, nach dem sich der Regelunterhalt errechnet, geändert, so wird der Betrag des Regelunterhalts auf Antrag durch Beschluß neu festgesetzt. Das gleiche gilt, wenn sich ein sonstiger für die Berechnung des Betrages des Regelunterhalts maßgebender Umstand ändert. § 323 Abs. 2, 641p Abs. 1 Satz 2 und § 642 a Abs. 2 bis 5 gelten entsprechend. Wird die Abänderung eines Schuldtitels des § 642 a beantragt, so ist das Amtsgericht ausschließlich zuständig, das diesen Titel erstellt hat.

(2) Ist gleichzeitig ein Verfahren nach § 323 anhängig, so kann das Gericht das Verfahren nach Absatz 1 bis zur Erledigung des anderen Verfahrens aussetzen.

1 **I)** § 642 b ermöglicht es, die Unterhaltsrente einer Veränderung bestimmter Umstände (Rn 3) in einem **einfachen Beschlußverfahren** anzupassen, ohne daß dazu die langwierigere Abänderungsklage nach § 323 bemüht werden müßte.

2 **1) Anwendungsbereich:** § 642 b setzt einen Grundtitel in der Recheneinheit Regelunterhalt (StJSchlosser Rn 1) wie im Fall des § 642 a (dort Rn 2) und einen Betragstitel voraus. Der bisherige Unterhaltsbetrag kann auf gerichtlicher Festsetzung nach § 642 a (auch auf einem vorausgegangenen Neufestsetzungsbeschluß nach § 642 b) beruhen; er kann aber auch durch einen den Grundtitel ausfüllenden Vergleich oder eine ebensolche Verpflichtungsurkunde festgelegt worden sein (§ 642 c). Nach Abänderung des Grundtitels (§ 323) findet eine neue Erstfestsetzung, keine Neufestsetzung statt (§ 642 a Rn 2). Durch beziffertes Unterhaltsurteil zugesprochene Beträge können nicht nach § 642 b neu festgesetzt werden, auch dann nicht, wenn sich das Urteil an die damals geltenden Regelbedarfssätze oder verwandte Regelungen gehalten hat (vgl LG München I DAVorm 77, 76; LG Mainz DAVorm 77, 613). Da es hier an der Verpflichtung des Schuldners fehlt, die jeweils geltenden Regelunterhaltssätze zu bezahlen, würde die Neufestsetzung einen unzulässigen Eingriff in das Urteil bedeuten. Solche Urteile sind veränderten wirtschaftlichen Verhältnissen vielmehr im Wege des vereinfachten Abänderungsverfahrens nach § 641 l ff anzupassen. Spricht ein Urteil den Regelunterhalt zu und setzt zugleich den Betrag fest, so findet eine Neufestsetzung nur statt, wenn der Richter eindeutig zugleich den Festsetzungsbeschluß erlassen wollte (Künkel DAVorm 84, 950). Daß der Rechtspfleger hierfür zuständig gewesen wäre, macht nichts aus (§ 8 RpflG). Bei **Vergleichen und Verpflichtungsurkunden,** in denen sich der Unterhaltspflichtige zur Entrichtung des Regelunterhaltes (auch mit Zu- oder Abschlägen) und zugleich zur Zahlung der ausgerechneten Regelunterhaltssätze verpflichtet hat (vgl dazu Kemper FamRZ 73, 527), ist Neufestsetzung der letzteren möglich, wenn dem Vergleich oder der Urkunde eine Verpflichtung des Vaters zur Zahlung der jeweils geltenden Regelunterhatlsbeträge entnommen werden kann (vgl LGe Aschaffenburg, Hechingen, Wuppertal, Hanau DAVorm 73, 219, 220, 383; 77, 682; Odersky 2 zu § 642 c).

3 **2) Zu berücksichtigen sind** bei der Neufestsetzung nur **a)** Änderungen des Regelbedarfs durch Änderungen der RegelunterhaltsVO (Abs 1 S 1), **b)** Änderungen der sonstigen für die Festsetzung maßgeblichen Anrechnungsbeträge (Abs 1 S 2, §§ 1615 g BGB, 2 RegUnterhV: Kindergeld und -zulagen). Nach Abs 1 S 3 ist § 323 II entsprechend anzuwenden. Neufestsetzung ist daher nur wegen Umständen möglich, die bei er vorausgegangenen Festsetzung noch nicht berücksichtigt werden konnten (Brüggemann ZfJ 84, 179). Irrtümer bei der vorangegangenen Festsetzung können bei der Neufestsetzung nicht rückwirkend richtiggestellt werden (Kemper FamRZ 73, 525; Odersky FamRZ 73, 529; LG Deggendorf DAVorm 78, 71; anders LG Bremen DAVorm 82, 1102); ebensowenig ein Wechsel der herrschenden Rechtsprechung über die anrechenbaren Kindergeldbeträge (anders LGe Stuttgart DAVorm 82, 987; Heilbronn DAVorm 83, 395; Itzehoe DAVorm 85, 607). Bei der Neufestsetzung kann auch eine geringe Erhöhung oder Herabsetzung des Unterhalts verlangt werden. Anders als § 323 I verlangt § 642 b keine wesentliche Änderung der Verhältnisse. Bei der Neufestsetzung zu berücksichtigen ist auch der Übertritt des Kindes in eine höhere Altersstufe, für die ein höherer Regelbedarf angesetzt ist (LG München I DAVorm 74, 56; Damrau FamRZ 70, 289; Arndt ZfJ 71, 304; Odersky IV 5 c; anders Kemper FamRZ 73, 525, Brühl/Göppinger/Mutschler 1520), sofern nicht die Unterhaltsrente von vornherein für alle in Betracht kommenden Altersstufen festgesetzt war (§ 642 a Rn 8).

3) Stundung oder Erlaß rückständiger Beträge sind im Neufestsetzungsverfahren ebensowenig möglich wie bei der Erstfestsetzung nach § 642 a (§ 642 e Rn 3, 7). Andere Veränderungen der Verhältnisse als die in Rn 3 erwähnten, namentlich die Verminderung der Leistungsfähigkeit des Vaters, können im **Neufestsetzungsverfahren nicht berücksichtigt** werden (LG Würzburg NJW 78, 1167 mwN; Aachen JurBüro 83, 308; Odersky FamRZ 72, 623; Brüggemann DAVorm 73, 459). Dazu muß der Grundtitel geändert werden. Sind die Parteien sich einig, so können sie beim Notar oder beim Jugendamt einen entsprechenden neuen Titel protokollieren lassen (§ 642 c Rn 1); sonst muß Abänderungsklage (§ 323) erhoben werden. Weiteres zur Abgrenzung von Neufestsetzung und Abänderungsklage s Rn 14. 4

II) Zuständigkeit: 1) Sachlich zuständig ist wie im Falle des § 642 a das AG (§ 23 a Nr 2 GVG), nicht das FamG; **funktionell** zuständig ist der Rechtspfleger (§ 20 Nr 11 RpflG). 5

2) **Örtliche Zuständigkeit:** Ausschließlich zuständig ist in erster Linie das AG, das den Betrag bereits gemäß § 642 a festgesetzt hat. Mit dieser Regelung sollen – insbesondere nach Einführung der maschinellen Bearbeitung – die bei dem vorher tätigen Gericht angefallenen Daten ohne Umstände nutzbar gemacht werden können. Aus dieser Zweckbestimmung folgt, daß der ausschließliche Gerichtsstand des Gerichts, das den vorigen Feststellungstitel erstellt hat, auch dann gilt, wenn dieser Titel keine Erstfestsetzung iS des § 642 a, sondern eine Änderungsfestsetzung iS des § 642 b ist (BGH FamRZ 80, 562 = NJW 1281 = MDR 566 und FamRZ 80, 563 = NJW 1284 = MDR 567). Auf diese Weise wird die Regel, daß das AG zuständig ist, bei dem das Kind seinen allgemeinen Gerichtsstand hat (Abs 1 S 3, § 642 a IV), zur Ausnahme. Für diesen Gerichtsstand bleiben nur die Fälle übrig, in denen eine Neufestsetzung nicht an eine vorangegangene Betragsfestsetzung durch Gerichtsbeschluß anknüpfen kann, weil der Betrag des geschuldeten Regelunterhalts zuletzt durch Vergleich oder Verpflichtungsurkunde festgelegt worden war (BGH FamRZ 80, 675 = NJW 2086 = MDR 742). Wenn eine Kette von Unterhaltstiteln durch einen Unterhaltsvergleich oder eine Urkunde iS des § 642 c unterbrochen wird, gilt für die erste Festsetzung nach Schaffung dieses Titels die Zuständigkeitsregel des § 642 a IV (LG Braunschweig DAVorm 80, 304). 6

3) Eine **Zuständigkeitskonzentration** bei einzelnen zentralen Amtsgerichten ist wie bei § 642 a möglich (Abs 1 S 3 mit § 642 a V 2 und § 641 l V). Für Bayern s § 642 a Rn 3. 7

III) Verfahren: Es deckt sich im wesentlichen mit dem Verfahren nach § 642 a (Abs 1 S 1, S 3 mit § 642 a II, III, V). Maschinelle Bearbeitung kann eingeführt werden (Abs 1 S 3 mit § 642 a V). 8

1) Den **Neufestsetzungsantrag** kann die Partei stellen, die hiervon eine Verbesserung erwartet. Das Kind kann den Antrag auch dann stellen, wenn es trotz Erhöhung des Regelbedarfs infolge höherer Anrechnungsbeträge im Ergebnis weniger erhält als zuvor (LG Stade Rpfleger 74, 441; LG Bremen DAVorm 77, 317; Odersky Rpfleger 74, 441; 75, 370; 76, 45; anders LG Wuppertal Rpfleger 75, 370; Eisenschmidt Rpfleger 76, 44). Nicht antragsberechtigt ist das Land, das einem Kind Unterhaltsvorschuß oder Sozialhilfe gewährt und auf das der Unterhaltsanspruch übergegangen ist (§§ 90 BSHG, 7 UnterhVorschG; Künkel DAVorm 84, 951). Ebensowenig wie bei einer Klage ist hier ein mißlungener **Einigungsversuch** Zulässigkeitsvoraussetzung (LGe Nürnberg, Lüneburg, Koblenz, Göttingen DAVorm 73, 40, 42; 75, 315; 77, 182; Czerner ZBlJugR 73, 168; v d Boom ZBlJugR 73, 505; Odersky FamRZ 73, 528; Rpfleger 74, 211; Künkel DAVorm 84, 951; anders LG Itzehoe DAVorm 73, 577; Rpfleger 77, 144; Kemper ZBlJugR 72, 229; FamRZ 73, 496; s § 641 m Rn 17). Da der Unterhalt erst mit Wirkung für die Zukunft neu festgesetzt werden kann (Abs 1 S 3, § 323 III), darf das Kind keine Zeit durch Verhandlungen mit dem Vater verlieren. 9

Das **Rechtsschutzinteresse** an der Neufestsetzung entfällt auch nicht, wenn der Vater den erhöhten Unterhalt freiwillig bezahlt (LG Freiburg DAVorm 74, 467); dann kann aber der unterbliebene Versuch, von ihm eine entsprechende Verpflichtungsurkunde zu erhalten, zur Kostenfolge des § 93 führen (Odersky Rpfleger 74, 210; 76, 45). Für die Antragsform gilt das gleiche wie bei der erstmaligen Festsetzung (Abs 1 S 3 mit § 642 a V 2). Wenn sich der Antrag auf die Neufestsetzung der Regelbedarfssätze stützt, kann er schon vor deren Inkrafttreten angebracht werden, damit Neufestsetzung vom Inkrafttreten an vorgenommen werden kann. Der Antragsteller muß den erwarteten neuen Unterhalt nicht selbst ausrechnen (§ 642 a Rn 5). Vorlage des Titels ist entbehrlich, wenn die erforderlichen Daten dem Gericht bereits aus früheren Festsetzungsverfahren bekannt sind (LG Berlin DAVorm 74, 727; s a LG Köln DAVorm 77, 45). 10

2) **Fortgang des Verfahrens:** Der Antrag ist dem Gegner zugleich mit einer Verfügung, durch die ihm eine Frist zur Stellungnahme gesetzt wird, förmlich zuzustellen (§ 642 a Rn 6). Bestehen Anhaltspunkte dafür, daß sich seit der vorigen Festsetzung die Höhe des anzurechnenden Kindergeldes geändert hat, daß dessen Empfänger gewechselt hat oder daß weitere auf den Regelbedarf anzurechnende Leistungen (§ 2 RegelunterhV) hinzugekommen sind, so hat der Rechtspfleger den gesetzlichen Vertreter des Kindes und den Vater hierauf hinzuweisen (Odersky Rpfleger 74, 211). Mündliche Verhandlung ist möglich (Abs 1 S 3 mit § 642 a II); vor dem 11

Rechtspfleger kann ein Vergleich geschlossen werden (Abs 1 S 3 mit § 642 a V 2, § 641 r 4). Die **Zwangsvollstreckung** aus dem abzuändernden Festsetzungsbeschluß (oder Vergleich bzw Urkunde) kann entsprechend § 769 **einstweilen eingestellt** werden. Wenn eine Abänderungsklage gegen den Grundtitel schwebt, kann das **Neufestsetzungsverfahren ausgesetzt** werden (Abs 2), damit nicht durch den Erlaß eines Neufestsetzungsbeschlusses vor Beendigung des Klageverfahrens einer Partei Nachteile entstehen. Ergeht im Prozeß ein abänderndes Urteil, so wird auf dessen Grundlage der geschuldete Unterhalt nach § 642 a (Erstfestsetzung, § 642 a Rn 2) anderweit festgesetzt, wobei zugleich die Änderungen im Sinne des Abs 1 S 1 und 2, derentwegen der Neufestsetzungsantrag gestellt war, mit zu berücksichtigen sind (Kemper FamRZ 73, 526).

12 3) Die **Entscheidung** ergeht durch Beschluß (Abs 1 S 1), der zu begründen ist. Der Beschluß tritt von dem in ihm bezeichneten Zeitpunkt an die Stelle der vorausgegangenen Festsetzung und ist nunmehr Vollstreckungstitel nach § 794 I Nr 2 a. Sind die die Änderung begründenden Umstände bereits eingetreten, ist namentlich die neue RegelbedarfsVO bereits in Kraft oder die höhere Altersstufe bereits erreicht, so ist der Unterhalt vom Tag des Antragseingangs beim Gericht an neu festzusetzen (Abs 1 S 3 mit 641p I 2). Dies war bis 1990 streitig. Das Rechtspflege-Vereinfachungsgesetz (BGBl 90 I 2847) hat durch die Verweisung auf § 641p I 2 den Streit beendet. Der Unterhalt darf nicht rückwirkend für die Zeit vor Antragseingang neu festgesetzt werden (LG Gießen DAVorm 73, 505; Kemper FamRZ 72, 491); und zwar selbst dann nicht, wenn der Vater zugesagt hatte, die erhöhten Sätze schon vom Inkrafttreten ab zu zahlen (LG Berlin DAVorm 74, 58). Ebensowenig ist bei späterem Antrag eine rückwirkende Festsetzung auf den Zeitpunkt des vorausgegangenen Übertritts in eine höhere Altersgruppe möglich (LG München I DAVorm 74, 57). Andererseits ist der Zeitpunkt des Antragseingangs auch maßgebend, wenn er mitten in eine Zahlungsperiode fällt (LG Baden-Baden DAVorm 77, 183; Kemper FamRZ 72, 491). Auch der Eingang bei einem unzuständigen Gericht wahrt den Abänderungszeitpunkt, wenn die Sache von dort gemäß § 281 an das zuständige AG verwiesen wird (LG Paderborn DAVorm 77, 177; LG Hannover Rpfleger 77, 453).

13 IV) Den Parteien stehen die gleichen **Rechtsbehelfe** wie bei der Erstfestsetzung zu (Abs 1 S 3 mit § 642 a III). Für die **Zwangsvollstreckung** gilt § 642 a Rn 9. Wird der Unterhalt neu festgesetzt, so geht der frühere Titel in dem neuen auf und wird durch ihn fortgesetzt. Frühere Vollstreckungsakte behalten ihre rangwahrende Wirkung (Stuttgart Rpfleger 85, 199 = DAVorm 996 = Justiz 294). **Ändern sich die Verhältnisse** abermals, nachdem der Unterhalt neu festgesetzt worden ist, so ist zu unterscheiden: Änderungen des Regelbedarfs oder sonstiger, für die Berechnung des Regelunterhalts maßgeblicher Umstände lassen einen weiteren Neufestsetzungsantrag zu, sonstige wesentliche Änderungen der für die Unterhaltsbemessung maßgeblichen Verhältnisse eine Abänderungsklage gegen den Grundtitel (Rn 14).

14 V) **Abgrenzung von Abänderungsklage und Neufestsetzung:** Besteht ein Regelunterhaltstitel, so kann entgegen AG Neustadt (FamRZ 95, 1516 f) keine Zusatzklage auf Zahlung weiteren Unterhalts erhoben werden (Vollkommer oben § 323 Rn 19). Zulässig ist hier nur eine Abänderungsklage auf Zahlung oder Änderung eines Zuschlages zum Regelunterhalt oder auf Einführung oder Änderung eines Abschlages. Da der vorhandene Titel nur den veränderten Verhältnissen angepaßt werden darf (§ 323 Rn 40), darf kein Zahlungstitel geschaffen werden (Wax FamRZ 84, 1040 mwN; Brüggemann ZfJ 84, 176). Im Klagantrag nach § 323 sind vorausgegangene Festsetzungsbeschlüsse nach den §§ 642 a, 642 b nicht zu erwähnen; zu klagen ist auf Änderung des Grundtitels. Die Abänderungsklage kann nur damit begründet werden, daß sich andere für die Unterhaltsbemessung maßgebliche Umstände als der Regelbedarf und die Anrechnungsbeträge geändert haben. Diese Umstände müssen zu einer Änderung der Zu- oder Abschläge von mindestens 10 % führen (Künkel DAVorm 84, 954 f). Das Gericht kann analog §§ 795, 769 anordnen, daß die Zwangsvollstreckung aus einem Festsetzungsbeschluß bis zur Urteilsverkündung teilweise eingestellt wird.

15 **VI) Gebühren: 1)** des **Gerichts:** Für die Entscheidung über die Neufestsetzung wird eine streitwertunabhängige Festgebühr von 20 DM erhoben (KV 1802). Wie bei § 642 a fällt die Gebühr immer an, gleichviel, ob es sich um eine dem Antrag stattgebende oder den Antrag ablehnende Entscheidung handelt. Auch hier entsteht keine Gebühr, wenn der Antrag vor der Entscheidung zurückgenommen wird. Wegen der Protokollierung einer Einigung, der Fälligkeit der Gebühr, der Vorauszahlungspflicht, der Auslagen, des Kostenschuldners gilt das gleiche wie bei § 642 a; s dort Rn 11. Ergeht im Verfahren der Neufestsetzung keine Entscheidung, so entsteht keine Gebühr nach KV 1802. – Wegen des Beschwerdeverfahrens und der vorgeschalteten Rechtspflegererinnerung s § 642 a Rn 11.

16 **2) Anwaltsgebühren:** Der Rechtsanwalt erhält eine halbe Gebühr (§ 43 b I Nr 2 BRAGO). Wegen des Beschwerdeverfahrens (einschließlich der Rechtspflegererinnerung) s Rn 12 zu § 642 a.

642c *[Andere Regelunterhaltstitel]*

Die Vorschriften der §§ 642 a, 642 b gelten entsprechend, wenn

1. in einem Vergleich der in § 794 Abs. 1 Nr. 1 bezeichneten Art der Vater sich verpflichtet hat, dem Kinde den Regelunterhalt zu zahlen;

2. in einer Urkunde, die von einem deutschen Gericht oder von einem deutschen Notar innerhalb der Grenzen seiner Amtsbefugnisse in der vorgeschriebenen Form aufgenommen worden ist, der Vater eine Verpflichtung der in Nummer 1 bezeichneten Art übernommen und sich der Festsetzung des Betrages des Regelunterhalts in einem Verfahren nach den §§ 642 a, 642 b unterworfen hat.

Erweiterung des Anwendungsbereichs der §§ 642 a, 642 b: Auch in **Prozeßvergleichen** (§ 794 I Nr 1), die der Genehmigung des Vormundschaftsgerichts bedürfen (§ 1615 e II BGB), kann sich der nichteheliche Vater verpflichten, den Regelunterhalt (§ 642 Rn 6), evtl mit Zu- oder Abschlägen (§ 642 d), zu zahlen. Für eheliche Väter gilt dies nicht; s § 642 Rn 5. Den Vergleichen gleichgestellt sind gerichtliche (§ 62 Nr 2 BeurkG, § 3 Nr 1 f RPflG) und notarielle (§ 1 I BeurkG) Urkunden, ferner die von entsprechend ermächtigten Beamten oder Angestellten der **Jugendämter** aufgenommenen **Verpflichtungsurkunden** (§ 60 SGB VIII = KJHG) und die konsularischen Urkunden (§ 10 KonsularG). Ebenso wie auf Grund von Regelunterhaltsurteilen (§§ 642, 643, 643 a) kann auf der Grundlage aller dieser Titel der Betrag des geschuldeten Unterhalts festgesetzt (§ 642 a) oder neu festgesetzt (§ 642 b) werden. Bei Verpflichtungserklärungen wird allerdings weiter vorausgesetzt, daß sich der Vater dem Betragsfestsetzungsverfahren unterworfen hat (Nr 2). Daß der Vater sich der Zwangsvollstreckung unterworfen hat, fordert das Gesetz nicht. Einigen sich die Parteien gütlich und errichten eine neue Verpflichtungsurkunde, so wird dadurch das gerichtliche Festsetzungs- oder Neufestsetzungsverfahren entbehrlich (Kemper FamRZ 72, 491; 73, 527; Odersky Rpfleger 74, 210). 1

Verpflichtet sich der Vater durch Vergleich oder Verpflichtungsurkunde zur Bezahlung von X % des Regelunterhalts, nämlich gegenwärtig monatlich Y DM, und unterwirft er sich wegen dieses Betrages der Zwangsvollstreckung, so werden **Grundtitel und Festlegung des Betrages** in zulässiger Weise **kombiniert** (Kemper FamRZ 73, 526 f). Damit wird die gerichtliche Erstfestsetzung (§ 642 a) erspart. Wenn sich aus dem Vergleich oder der Urkunde der Wille des Vaters ergibt, den jeweiligen (und nicht nur den ursprünglich festgelegten) Regelunterhalt zu bezahlen, kann der Unterhalt auch bei Änderung des Regelbedarfs oder der Anrechnungsbeträge neu festgesetzt werden (§ 642 b; LGe Aschaffenburg, Hechingen, Hanau DAVorm 73, 219, 220; 77, 682; weitergehend LG Wuppertal DAVorm 73, 383). 2

Zuweilen lauten **Vergleiche** und Verpflichtungserklärungen **auf bezifferte Beträge**, die sich mit den Regelunterhaltssätzen decken. Solche Titel können nicht durch Neufestsetzung (§ 642 b) späteren Änderungen der Regelunterhaltssätze angeglichen werden (LG Mainz DAVorm 77, 613); sie können nur im Vereinfachten Verfahren nach §§ 641 l ff der allgemeinen wirtschaftlichen Entwicklung angepaßt werden. Subsidiär (§ 323 V) kommt bei einer wesentlichen Veränderung der Verhältnisse auch die Abänderungsklage in Betracht; sie ist auch gegenüber Urkunden des Jugendamts zulässig (BGH FamRZ 84, 997 = NJW 85, 64). Statt der Abänderungsklage kann ausnahmsweise auch Klage auf einen Zuschlag nach § 642 d in Betracht kommen, wenn in dem Vergleich oder der Verpflichtungsurkunde nur ein Mindestbetrag festgelegt und dem Kind bezüglich des überschießenden Betrages Zusatzklage offengehalten war (Odersky FamRZ 73, 529; StJSchlosser Rn 2; anders LG Arnsberg DAVorm 74, 465; s Anm 4 zu § 642 d). 3

Zuständigkeit und Verfahren richten sich auch hier nach den §§ 642 a, 642 b. 4

642d *[Regelunterhalt, Zuschlag, Abschlag]*

(1) Die §§ 642 bis 642 c sind auf die Verurteilung oder Verpflichtung des Vaters zur Leistung des Regelunterhalts zuzüglich eines Zuschlags oder abzüglich eines Abschlags oder zur Leistung eines Zuschlags zum Regelunterhalt sinngemäß anzuwenden.

(2) Der Zuschlag oder der Abschlag ist in einem Vomhundertsatz des Regelbedarfs (§ 1615 f Abs. 1 Satz 2, Abs. 2 des Bürgerlichen Gesetzbuchs) zu bezeichnen. Der Unterhaltsbetrag, der sich infolge des Zuschlags oder des Abschlags ergibt, ist auf volle Deutsche Mark abzurunden, und zwar bei Beträgen unter fünfzig Pfennig nach unten, sonst nach oben.

Allgemeines. Da die RegelunterhVO einfache Verhältnisse im Auge hat u der sich aus ihr ergebende Unterhalt als Mindestbetrag gedacht ist (§ 1615 f I BGB), kann der nach den Lebensverhältnissen beider Eltern angemessene Unterhalt (§ 1615 c BGB) zu einem Zuschlag zum Regelunterhalt führen, ausnahmsweise auch zu einem Abschlag (§ 1615 h BGB; vgl Müller 1

ZBlJugR 73, 135; Kemper FamRZ 73, 522; Brüggemann DAVorm 73, 459). Der Zu- oder Abschlag ist in Prozenten des Regelbedarfs festzulegen, nicht des Regelunterhalts (Abs 2 S 1).

2 Statt auf Zahlung bezifferten Unterhalts kann das Kind auf Zahlung des **Regelunterhalts klagen.** Steht ihm nach § 1615 c BGB höherer Unterhalt zu, so kann es – wie § 642 d voraussetzt – neben dem Regelunterhalt einen prozentualen **Zuschlag** zum Regelbedarf verlangen (Firsching Rpfleger 70, 43; Damrau FamRZ 70, 288 f). Steht ihm nach § 1615 h BGB weniger als der Regelunterhalt zu, so hat das Gericht auf diesen abzüglich eines prozentualen Abschlags vom Regelbedarf zu erkennen. Auch in einem Vergleich oder einer Urkunde nach § 642 c kann die Unterhaltspflicht des Vaters in der Weise festgelegt werden, daß er den Regelunterhalt zuzüglich eines Zuschlags oder abzüglich eines Abschlags zu entrichten hat (Abs 1 mit § 642 c). Dem Grundtitel entsprechend hat der Rechtspfleger im Betragsfestsetzungsverfahren den Regelunterhalt zuzüglich des zugesprochenen Zuschlags zahlenmäßig in einer Summe festzusetzen, bei Regelunterhalt abzüglich eines Abschlags den sich ergebenden Restbetrag. Mit § 642 d wird erreicht, daß sich eine Änderung des Regelbedarfs auch auf den Zu- oder Abschlag auswirkt und im Neufestsetzungsverfahren (§ 642 b) automatisch mitberücksichtigt wird.

3 **Nachträgliche Klage auf Zu- oder Abschlag.** Besteht ein Regelunterhaltstitel, so kann das Kind nur mit der Abänderungsklage (§ 323) auf einen Zuschlag zum Regelunterhalt klagen (Damrau FamRZ 70, 288 f Fußn 47; Müller/Gindullis FamRZ 72, 315; s a BGHZ 34, 110). Ist durch Vergleich der Unterhalt nur teilweise geregelt worden und hat das Kind sich bezüglich seiner Mehrforderung die Zusatzklage offengehalten, so kann es auf zusätzliche Leistung und nicht auf Abänderung klagen (Odersky FamRZ 73, 529). Hat die Zusatzklage Erfolg, so wird bei der Betragsfestsetzung nach § 642 a der Unterhalt auf Grund der zusammengefaßten beiden Titel in einer Summe festgesetzt. Eine Abänderungsklage liegt auch vor, wenn der durch einen Titel zum Regelunterhalt verpflichtete Vater nachträglich einen Abschlag verlangt (dazu v d Boom ZBlJugR 73, 3; Brüggemann DAVorm 73, 459). Dringt er damit durch, so ist im Betragsfestsetzungsverfahren die sich aus den zusammengefaßten Titeln ergebende Restsumme festzusetzen (vgl LG Saarbrücken DAVorm 77, 396). Unrichtig ist die Auffassung von Kemper FamRZ 73, 527 und LG Arnsberg DAVorm 74, 365, die für die nachträglich isolierte Zusatz- oder Abschlagsklage § 643 a für entsprechend anwendbar halten. **Rundung:** Sind bei der Berechnung des Regelbedarfs Zu- oder Abschläge vorzunehmen und Leistungen (Kindergeld) anzurechnen, so ist nur das Endergebnis zu runden, nicht aber das Zwischenergebnis (LG Hamburg DAVorm 82, 388; anders LG Berlin DAVorm 82, 479).

4 **Gebühren** des Gerichts und des Anwalts s Rn 11 f zu § 642 a.

642e *[Stundung, Sicherheitsleistung]*

Das Gericht kann die Stundung rückständigen Unterhalts von einer Sicherheitsleistung abhängig machen.

1 **I) Systematische Stellung der Vorschrift:** § 642 e greift nur eine Einzelfrage bezüglich der Stundung heraus. Unter welchen Voraussetzungen und in welchem Verfahren das Gericht Unterhaltsrückstände des nichtehelichen Vaters (vgl § 1615 d BGB) stunden kann, ergibt sich aus § 1615 i BGB u §§ 643 I 2, 643 a. **1)** Nach § 1615 i I BGB kommen für die Stundung nur **Unterhaltsleistungen** in Betracht, die fällig geworden sind, **bevor** der Mann die **Vaterschaft anerkannt** hatte **oder** gegen ihn eine gerichtliches **Entscheidung** (Urteil, einstweilige Anordnung) erging, die seine Verpflichtung zum Regelunterhalt oder zur Zahlung aussprach. Danach fällig gewordene Unterhaltsleistungen scheiden für eine Stundung aus, weil sich der Mann nach der Vaterschaftsanerkennung oder Verurteilung auf die Erfüllung seiner Unterhaltspflicht einrichten mußte. **2)** In den gleichen zeitlichen Grenzen können vom Gericht auch Ansprüche Dritter gestundet werden, die dem Kind einstweilen Unterhalt geleistet hatten und dafür vom nichtehelichen Vater Ersatz verlangen (§ 1615 i III BGB; Hauptfälle: § 1615 b BGB, § 90 BSHG, § 7 UnterhVorschG). Gestundet werden können ferner die Ansprüche der Mutter nach § 1615 l BGB auf Unterhalt für die Zeit vor und nach der Entbindung (§ 1615 l III 4 BGB).

2 **II) Anbringung des Stundungsverlangens, Verfahren bei Stundung** durch das Gericht:

1) Unterhaltsprozeß und Betragsfestsetzungsverfahren: Das Gesetz regelt nicht, in welchem Verfahren über die Stundung zu entscheiden ist. Da Stundung und Herabsetzung des Unterhalts zusammenhängen (§ 1615 i II 2 BGB), kann Stundung nur im Unterhaltsprozeß oder im Beurkundungsverfahren verlangt werden. **Konsequenzen: a) Klagen** des nichtehelichen Kindes **auf Zahlung** einer Unterhaltsrente, auf Sonderbedarf **oder auf Regelunterhalt** evtl mit Zu- oder Abschlägen (§§ 642, 642 d ZPO, 1601 ff, 1615 a, 1613 II, 1615 h II BGB; Klagen Dritter (Rn 1). In solchen gewöhnlichen Unterhaltsprozessen muß der verklagte Vater das Stundungsbegehren als

Einwendung geltend machen (Damrau FamRZ 70, 289; vgl Brüggemann FamRZ 69, 128; Firsching Rpfleger 70, 45); einer Widerklage bedarf es dazu nicht. Das Gericht entscheidet darüber im Urteil (zur Kostenentscheidung s § 93 d). Später kann Stundung durch das Gericht nicht mehr verlangt werden, insbesondere nicht im Verfahren zur Festsetzung oder Neufestsetzung des Regelunterhalts gemäß §§ 642 a, 642 b. Ausnahme s Rn 9.

b) Erhebt das Kind Vaterschaftsfeststellungsklage und beantragt es zugleich die Verurteilung des Mannes zum Regelunterhalt (§ 643), so kann dieser in diesem Verfahren keine Stundung verlangen (§ 643 I 2); denn im Kindschaftsprozeß wird auf die Unterhaltsansprüche nicht sachlich eingegangen (§ 643 Rn 2). Für die Stundung ist (in engen zeitlichen Grenzen) erst Raum im **Nachverfahren** nach § 643 a, sei es im Urteilsverfahren nach § 643 a I, sei es im Beschlußverfahren nach § 643 a IV 2 (§ 643 a Rn 8). Später ist eine Stundung durch das Gericht nicht mehr möglich, insbesondere nicht im Verfahren auf Festsetzung oder Neufestsetzung des Regelunterhalts nach §§ 643 a, 642 a, 642 b. Ausnahme s Rn 9. **c)** Ist die Zahlungspflicht des Vaters durch Vergleich oder vollstreckbare Urkunde festgelegt, so ist für eine nachträgliche Stundung durch das Gericht kein Raum mehr. Ausnahme s Rn 5. **d)** Im Verfahren der einstweiligen Anordnung (§ 641 d) kann das Gericht keine Stundung gewähren. 3

2) Sind die eine Stundung rechtfertigenden Umstände erst nach rechtskräftiger Entscheidung des Unterhaltsprozesses oder nach Abschluß eines Vergleichs bzw Schaffung einer vollstreckbaren Urkunde eingetreten, so kann der Stundungseinwand mit der **Vollstreckungsabwehrklage** geltend gemacht werden. Die Abänderungsklage paßt nicht, weil § 323 nur künftig fällige Unterhaltsrenten betrifft (StJSchlosser Rn 1). 4

3) Stundung darf nur gewährt werden, wenn sie der **Billigkeit** entspricht (§ 1615 i I BGB), zB wenn sich seit der Geburt des Kindes erhebliche Unterhaltsrückstände angesammelt haben, die wegen § 1600 a S 2 BGB zunächst nicht geltend gemacht werden konnten und die der nunmehr festgestellte Vater nicht auf einmal zahlen kann. Regelmäßig wird die Stundung mit der Auflage von **Ratenzahlungen unter Verfallklausel** verbunden werden. § 642 e stellt klar, daß die Stundung auch von einer **Sicherheitsleistung** abhängig gemacht werden kann, deren Art und Höhe das Gericht nach freiem Ermessen bestimmt (vgl § 108). Eine Möglichkeit, die Stundungsentscheidung nachträglich aufzuheben oder abzuändern, ist in § 642 f vorgesehen. Nur dafür gibt es ein isoliertes Verfahren. 5

III) Erlaß rückständigen Unterhalts: 1) Rechtsgrundlagen: Nach § 1615 i II BGB können auf Antrag des nichtehelichen Vaters Unterhaltsrückstände sogar erlassen werden, wenn dies zur Vermeidung unbilliger Härten erforderlich ist und solche auch nicht dadurch vermieden werden können, daß der Unterhalt für die Vergangenheit niedriger als der Regelunterhalt festgesetzt (§ 1615 h I BGB) oder gestundet wird. Ein Erlaß kommt in Betracht, wenn der Vater eine größere Familie zu unterhalten hat und seine Leistungsfähigkeit gering ist. Unter den gleichen Voraussetzungen kann das Gericht auch Ersatzansprüche Dritter erlassen, die dem Kind einstweilen Unterhalt gewährt haben (§ 1615 i III BGB). Unterhaltsansprüche der Mutter für die Zeit vor und nach der Entbindung (§ 1615 l BGB) können gestundet, aber nicht erlassen werden; § 1615 i II ist in § 1615 l III 4 BGB nicht für entsprechend anwendbar erklärt. Erlassen werden können nur Ansprüche, die länger als ein Jahr vor Anerkennung der Vaterschaft oder Erhebung der Vaterschaftsfeststellungsklage fällig geworden sind (§ 1615 i II 1 BGB). Durch Erhebung dieser Klage innerhalb eines Jahres seit der Geburt kann also verhindert werden, daß Unterhaltsansprüche des Kindes oder Ersatzansprüche Dritter durch das Gericht erlassen werden. 6

2) Verfahren: Über das Erlaßbegehren des Vaters entscheidet das Gericht stets im Urteilsverfahren, sei es auf Einwendung des Vaters im gewöhnlichen, auf Unterhalts- oder Ersatzleistung gerichteten Prozeß, sei es (im Falle des § 643) im Nachverfahren nach § 643 a. Ein Beschlußverfahren wie im Falle des § 643 a IV 2 bei bloßem Stundungsbegehren ist nicht vorgesehen. Im Verfahren auf Festsetzung oder Neufestsetzung des Regelunterhalts (§§ 642 a, 642 b, 643 II) kann kein Erlaß gewährt werden. Es gibt auch kein isoliertes Verfahren, in dem nachträglich Rückstände erlassen werden könnten. 7

642f

[Änderung von Stundungsentscheidungen]

(1) Hat das Gericht rückständigen Unterhalt gestundet, so kann die Entscheidung auf Antrag aufgehoben oder geändert werden, wenn sich die Verhältnisse nach der Entscheidung wesentlich geändert haben oder der Vater mit einer ihm obliegenden Unterhaltsleistung in Verzug gekommen ist. § 642 a Abs. 2, 3 gilt entsprechend, es sei denn, das Verfahren ist mit einem Verfahren nach § 323 verbunden.

(2) Ist in einem Schuldtitel des § 642 c, des § 642 d in Verbindung mit § 642 c oder des § 794 Abs. 1 Nr. 1 oder 5 die Zahlungsverpflichtung für rückständige Beträge in einer der Stundung entsprechenden Weise beschränkt, so ist Absatz 1 entsprechend anzuwenden.

1 **I) Voraussetzungen für die Abänderung der Stundung:** Hat das Gericht in seinem Urteil rückständige Unterhaltsansprüche des nichtehelichen Kindes oder Ersatzansprüche eines Dritten, der einstweilen für den Unterhalt aufgekommen war (s § 644 I) oder Unterhaltsansprüche der Mutter nach § 1615 l I BGB gestundet oder hat der Rechtspfleger nach § 643 a IV 2 rückständige Unterhaltsansprüche des Kindes gestundet, so kann diese Entscheidung nach § 642 f I geändert oder aufgehoben werden, wenn sich die Verhältnisse inzwischen geändert haben, insbesondere wenn sich nachträglich die wirtschaftliche Lage des Vaters wesentlich gebessert oder verschlechtert hat, oder wenn der Vater mit den ihm auferlegten Raten oder neu fällig gewordenen Leistungen (ohne Mahnung: § 284 II 1 BGB) in Verzug gekommen ist. Antrag des Anspruchsberechtigten oder des Vaters ist erforderlich.

2 **II) Beschlußverfahren: 1)** Funktionell **zuständig** ist der Rechtspfleger (§ 20 Nr 11 RpflG). Da § 642 f I 2 nicht auf § § 642 a IV verweist, ist das AG am allgemeinen Gerichtsstand des Antragsgegners (§§ 12 ff) zuständig (StJSchlosser Rn 3; MK/Coester-Waltjen Rn 3; anders Thomas/Putzo Rn 4), also nicht notwendig das Gericht, das die Stundung gewährt hatte. Der Rechtspfleger hat den Antragsgegner zu **hören** ; mündliche **Verhandlung** ist freigestellt (§ 642 f I 2 mit § 642 a II).

3 **2) Entscheidung** durch Beschluß (Kostenentscheidung s § 93 d I 2, II), der bei mündlicher Verhandlung zu verkünden und stets zuzustellen ist (§ 329 I, III). Entscheidungsinhalt: Abweisung, Aufhebung oder Änderung der Stundung. Änderungen zu Lasten des Vaters, zB durch Erhöhung der Tilgungsraten, Einführung einer Verfallklausel, Anordnung von Sicherheitsleistung, Widerruf der Stundung überhaupt. Auch Änderungen zugunsten des Vaters sind möglich, zB durch Tilgungsstreckung. Die Entscheidung ist nach Billigkeitsgesichtspunkten (§ 1615 i I BGB) zu treffen: Verzug führt nicht automatisch zur Aufhebung der Stundung. Die Aufhebung oder Änderung steht im Ermessen des Rechtspflegers (kann). Daß der Vater sich zur Zeit der Entscheidung noch im Verzug befindet, fordert das Gesetz nicht. Die Stundung kann trotz Heilung des Verzuges aufgehoben werden. Regelmäßig wird aber die Heilung des Verzuges Anlaß bieten, von einer Aufhebung der Stundung abzusehen, namentlich bei einmaliger Nachlässigkeit oder unverschuldetem Verzug (§ 279 BGB).

4 **3) Rechtsbehelf und Rechtsmittel:** Befristete Erinnerung (§ 11 I 2 RpflG), der der Rechtspfleger nicht abhelfen kann (§ 11 II 1 RpflG). Weiteres Verfahren: § 11 II 2–5 RpflG. Beschwerdegericht ist das LG (§ 72 GVG). Gegen eine abändernde oder aufhebende Entscheidung des Richters sofortige Beschwerde; keine weitere Beschwerde (§ 568 II 1). Im Erinnerungs- und Beschwerdeverfahren ist das Ermessen des Rechtspflegers uneingeschränkt zu überprüfen.

5 **III) Urteilsverfahren:** Ist eine Abänderungsklage nach § 323 anhängig, soll also das Urteil, durch das Stundung gewährt wurde, auch noch in sonstiger Beziehung abgeändert werden, so ist das Verfahren nach § 642 f zweckmäßigerweise mit der Abänderungsklage zu verbinden. Dann ergeht ein einheitliches Urteil. Auch wenn dieses nur wegen der Stundung angefochten wird, findet nicht die sofortige Beschwerde, sondern die Berufung statt.

6 **IV) Abs 2:** Das Beschlußverfahren nach § 642 f I findet auch statt, wenn in einem Vergleich oder einer vollstreckbaren Urkunde (§§ 642 c ZPO, 60 SGB VIII) die Unterhaltsschuld des nichtehelichen Vaters gestundet war und keine Abänderungsklage gegen den Titel anhängig ist. Bei Anhängigkeit einer solchen Klage gilt Rn 5.

7 **V) Gebühren: 1)** des **Gerichts:** Festgebühr von 20 DM (KV 1804). Ergeht keine Entscheidung, so entsteht auch keine Entscheidungsgebühr. Auch wenn der Antrag vor der Entscheidung zurückgenommen wird, entsteht keine Gebühr. Ob es sich um eine dem Antrag stattgebende oder ihn ablehnende Entscheidung handelt und ob nach mündlicher Verhandlung oder ohne eine solche entschieden worden ist, spielt keine Rolle; die Gebühr entsteht in jedem Falle. Wegen der Fälligkeit der Gebühr, der Vorauszahlungspflicht, der Auslagen, des Kostenschuldners, des Beschwerdeverfahrens und der vorgeschalteten Rechtspflegererinnerung s Rn 11 zu § 642 a. **2) Anwaltsgebühren:** Eine halbe Gebühr (§ 43 b I Nr 4 BRAGO). Diese Gebühr gilt auch eine mündliche Verhandlung und eine Beweisaufnahme ab; s dazu und wegen des Beschwerdeverfahrens (einschließlich der Rechtspflegererinnerung) Rn 12 zu § 642 a sowie Hartmann, KostGes BRAGO § 43 b Anm 1 B a, b u 2. – **3) Streitwert** für die Anwaltsgebühr: Das Interesse des Antragstellers an der Aufhebung oder Änderung der Stundungsentscheidung.

643 *[Nebenantrag auf Unterhalt im Kindschaftsprozeß]*

(1) Wird auf Klage des Kindes das Bestehen der nichtehelichen Vaterschaft festgestellt, so hat das Gericht auf Antrag den Beklagten zugleich zu verurteilen, dem Kinde den Regelunterhalt zu leisten. Herabsetzung des Unterhalts unter den Regelunterhalt sowie Erlaß und Stundung rückständiger Unterhaltsbeträge können in diesem Verfahren nicht begehrt werden.

(2) § 642 a gilt entsprechend mit der Maßgabe, daß der Betrag des Regelunterhalts nicht vor Rechtskraft des Urteils, das die Vaterschaft feststellt, festgesetzt wird.

I) Überblick: Zur Unterhaltszahlung darf der nichteheliche Vater Kindes erst verurteilt werden, wenn die Vaterschaft anerkannt oder rechtskräftig festgestellt ist (§ 1600 a BGB). § 640 c verbietet die Verbindung von Vaterschaftsfeststellungsklage und Klage auf Zahlung bezifferten Unterhalts. Dennoch braucht das Kind nicht in jedem Fall zwei Prozesse zu führen, sondern kann nach § 643 im Kindschaftsprozeß beantragen, den Vater zur Leistung des Regelunterhalts zu verurteilen. Diesen kann es dann nach § 642 a festsetzen lassen. Zu einem zweiten Prozeß kommt es nur, wenn das Kind mehr als den Regelunterhalt begehrt oder wenn der Vater die Herabsetzung des Unterhalts unter den Regelunterhalt oder den Erlaß rückständigen Unterhalts verlangt (§ 643 a I). – Soweit sich der Unterhaltsanspruch eines nichtehelichen Kindes für die Zeit bis zum 2.10.1990 nach früherem DDR-Recht richtet, kann das Kind im Kindschaftsprozeß nicht beantragen, den Vater zur Leistung von Unterhalt nach der Richtlinie des obersten Gerichts der DDR zu verurteilen (BGH FamRZ 95, 994; Hamm FamRZ 94, 656; Oldenburg DAVorm 96, 199/202; anders Naumburg FamRZ 93, 1470 f). Würde man dies zulassen, dann müßte der Rechtspfleger im Festsetzungsverfahren das Einkommen des Vaters ermitteln (Naumburg aaO). Diese Aufgabe paßt nicht in das Festsetzungsverfahren. 1

II) Regelunterhaltsantrag neben Vaterschaftsfeststellungsklage: Der Antrag auf Verurteilung zum Regelunterhalt kann schon mit der Klage verbunden, aber auch noch bis zum Schluß der letzten mündlichen Verhandlung nachgebracht werden. Nach dem Gesetzeswortlaut kann der Antrag auf Regelunterhalt nur neben der positiven Vaterschaftsfeststellungsklage des Kindes gestellt werden. Wird das Kind vom Mann mit negativer Feststellungsklage überzogen, so kann es, um den Regelunterhaltsanspruch durchzusetzen, Widerklage auf Feststellung der Vaterschaft erheben, für die trotz des gleichartigen Klageziels gerade deswegen ein Rechtsschutzbedürfnis besteht; vgl § 640 c Rn 5. Nach StJSchlosser Rn 4 kann der Antrag auch ohne Widerklage gestellt werden. Bezifferte Unterhaltsansprüche können zusammen mit der Vaterschaftsfeststellungsklage nicht erhoben werden; ebensowenig können Zuschläge zum Unterhalt verlangt werden. Richtet sich der Unterhalt für die Vergangenheit nach dem Recht der DDR, so kann der Beklagte verurteilt werden, dem Kind Unterhalt nach der Richtlinie 18 des Plenums des Obersten Gerichts der DDR zu leisten (Naumburg DAVorm 93, 811/815 f mit Anm Brüggemann). Ist die Klage auf Zahlung von Unterhalt bei einem anderen Gericht rechtshängig, so kann der Antrag auf Verurteilung zum Regelunterhalt nicht gestellt werden (Celle NdsRpfl 70, 761 = DAVorm 364; Braunschweig DAVorm 70, 420; Köln DAVorm 75, 347/351; anders StJSchlosser Rn 9). 2

III) Beschränkter Verfahrensgegenstand: 1) Höhe des Unterhalts: Damit der Kindschaftsprozeß nicht mit Unterhaltsfragen belastet wird und eine schnellere Entscheidung über die Vaterschaft möglich ist, ist im Verfahren nach § 643 nicht zu prüfen, ob der Vater materiellrechtlich nach § 1615 c BGB einen höheren als den Regelunterhalt schulden würde, andererseits auch nicht, ob er nach § 1615 h BGB weniger zu leisten hätte. Auf prozentuale Zuschläge zum oder Abschläge vom Regelunterhalt darf, anders als im Falle des § 642 (§ 642 d), nicht erkannt werden; hierauf gerichtete Anträge sind als unzulässig abzuweisen (Zweibrücken FamRZ 80, 1066; Düsseldorf FamRZ 94, 654 f = DAVorm 202 f). Abs 1 S 2 bezeichnet zwar nur eine Herabsetzung unter den Regelunterhalt als unzulässig; nach dem Gesetzeszweck gilt aber für einen Zuschlag zum Regelunterhalt das gleiche (Zweibrücken aaO; Göppinger FamRZ 70, 167; Damrau FamRZ 70, 290; Kemper FamRZ 73, 523). Ebensowenig ist im Kindschaftsprozeß über eine Stundung oder einen Erlaß rückständiger Unterhaltsbeträge zu befinden (Abs 1 S 2). Für diese Fragen steht im Bedarfsfall das Nachverfahren nach § 643 a offen, das im Urteil nach § 643 nicht besonders vorbehalten werden muß (Göppinger FamRZ 70, 168 Fn 13). 3

2) Sonstige Einwendungen: Zur Klärung anderer Fragen als der Unterhaltshöhe, der Stundung und des Erlasses rückständigen Unterhalts ist das Nachverfahren (§ 643 a) nicht geschaffen. Über Einwendungen gegen den Unterhaltsanspruch, die nicht diese Punkte betreffen, ist bereits im Kindschaftsprozeß zu entscheiden, nicht erst im Nachverfahren (BGH FamRZ 81, 32 = NJW 393 = MDR 392 mwN; FamRZ 82, 50 = NJW 515 = MDR 225; Karlsruhe FamRZ 84, 417 = DAVorm 490 = Justiz 207; anders Stuttgart Justiz 79, 228; Celle NdsRpfl 79, 142 = DAVorm 348 mwN; Frankfurt DAVorm 80, 728). Nicht in den Kindschaftsprozeß gehört der Einwand der Leistungsunfähigkeit (Karlsruhe FamRZ 93, 712 f, anders Stuttgart FamRZ 95, 621 f für den Fall, daß die Leistungsunfähigkeit unstreitig oder offensichtlich ist). 4

a) Im Kindschaftsprozeß zu beachten sind die Einwendungen der **Aufnahme des Kindes in den väterlichen Haushalt** (§ 1615 f I 1 BGB; KG FamRZ 75, 712; Karlsruhe FamRZ 84, 417; KG FamRZ 86, 1039; Düsseldorf FamRZ 94, 654 f = DAVorm 202 f) und des **Forderungsübergangs** gemäß §§ 1615 b BGB, 91 BSHG, 7 UnterhVorschG (BGH FamRZ 81, 32; 82, 50). Ist der Unterhaltsanspruch nach Rechtshängigkeit des Regelunterhalts auf den Ehemann der Mutter, 4a

Sozialhilfeträger usw übergegangen, so gilt § 265. Dann muß das Kind seinen Antrag umstellen auf Leistung des Regelunterhalts an den Rechtsnachfolger (§ 265 Rn 6). Das Urteil lautet in diesem Fall beispielsweise: Der Beklagte wird verurteilt, den Regelunterhalt zu zahlen, und zwar für die Monate April 1995 bis Februar 1996 bis zur Höhe von 291 DM monatlich an die Stadt x, Sozialamt, und im übrigen vom 5. Januar 1995 (Datum der Geburt) an bis zum 4. Januar 2013 (Vollendung des 18. Lebensjahrs) an das klagende Kind.

4b **b)** Ist der **Regelunterhalt** bis zur mündlichen Verhandlung im Kindschaftsprozeß ganz oder teilweise **bezahlt** worden, so ist der Antrag auf Verurteilung zum Regelunterhalt insoweit abzuweisen (StJSchlosser Rn 10 a). Der beklagte Mann wird dann verurteilt, den Regelunterhalt zu leisten abzüglich folgender bereits bezahlter Beträge. Dann folgt eine Liste über Beträge und Zeiträume (Künkel NDV 94, 282). Die (teilweise) Abweisung hindert das Kind nicht daran, mit der Abänderungsklage nach § 643 a vom Vater die Differenz zwischen dem Regelunterhalt und dem nach den individuellen Verhältnissen angemessenen Unterhalt nachzufordern (StJSchlosser aaO).

5 **IV) Verfahrensgrundsätze: 1)** Auch wenn der Antrag auf Leistung des Regelunterhalts gestellt wird, ist das Verfahren Kindschaftssache (BGH MDR 71, 566; NJW 72, 11; 74, 751; Hamm FamRZ 72, 150; NJW 72, 1094; Celle DAVorm 74, 383). Es gelten die Grundsätze des § 640, namentlich der **Amtsermittlungsgrundsatz** (§ 640 I mit § 616 I). Für den Einwand, daß der Unterhalt bezahlt oder daß der Unterhaltsanspruch auf eine andere Person übergegangen ist (Rn 4), gilt ausnahmsweise der **Beibringungsgrundsatz** (Stuttgart FamRZ 95, 1161 f mwM = NJW-RR 843 f). Es besteht kein Grund dafür, diesen Einwand verschieden zu behandeln, je nachdem, ob er im Verfahren nach § 643 oder im normalen Unterhaltsprozeß vorgebracht wird. Ebenso wie im Verbundverfahren nach § 623 (s dort Rn 37) gelten hier für die Verfahrensgegenstände Vaterschaftsfestellung und Unterhalt unterschiedliche Verfahrensmaximen (StJSchlosser Rn 11; ähnlich Hamm DAVorm 81, 769; anders Karlsruhe DAVorm 82, 214 mwN; Demharter FamRZ 85, 979).

6 **2) Weiteres zum Verfahren:** Die **Zuständigkeitsvorschrift** des § 641 a gilt auch für den Nebenantrag auf Verurteilung zum Regelunterhalt. Dieser Antrag darf auch in Fällen mit Auslandsberührung, in denen dem Gericht die Zuständigkeit für isolierte Unterhaltsklagen fehlen würde, nicht zurückgewiesen werden (str, s Rn 3 vor § 642). Dies gilt auch dann, wenn das deutsche Gericht nach dem EuGVÜ für einen isolierten Unterhaltsanspruch nicht zuständig ist (StJSchlosser Rn 7; Grunsky JZ 73, 643). Kindschaftssache bleibt der Rechtsstreit auch, wenn der beklagte Mann im Prozeß die **Vaterschaft** gemäß § 641 c **anerkennt,** so daß nur noch über den Regelunterhalt zu entscheiden ist (BGH FamRZ 71, 637 = NJW 72, 111; NJW 74, 751); zum Verfahren in diesem Fall s § 641 c Rn 3. Wenn sich durch den Tod des Mannes der **Kindschaftsprozeß erledigt** (§§ 640 I, 619), erledigt sich auch der Nebenantrag auf Regelunterhalt. Wenn jetzt das Vormundschaftsgericht die Vaterschaft feststellt (§ 1600 n II BGB), ist der Unterhaltsanspruch mit selbständiger Klage (§ 642) weiterzuverfolgen (Stuttgart FamRZ 73, 466).

7 **3) Rechtsmittel:** Nach § 119 Nr 1 und 2 GVG ist das OLG auch dann Berufungs- und Beschwerdegericht, wenn der Vater sich mit seiner **Berufung** nur gegen die Verurteilung zum Regelunterhalt wendet (BGH NJW 72, 111; 74, 751; FamRZ 80, 48 = NJW 292). Wird auf die Berufung des Mannes hin das Vaterschaftsfeststellungsurteil aufgehoben, so entfällt damit auch die Verurteilung zum Regelunterhalt (Damrau FamRZ 70, 290; anders Göppinger FamRZ 70, 168 Fußn 16). Da gegen die Entscheidung über das Bestehen der Vaterschaft die **Revision** nur stattfindet, wenn das OLG sie zugelassen hat (§ 546 I), findet auch gegen die Verurteilung zum Regelunterhalt keine Wertrevision statt (analog § 621 d I).

8 **V) Vollstreckung:** Wird der Regelunterhalt zuerkannt, bevor die im gleichen Urteil enthaltene Feststellung der Vaterschaft des Beklagten rechtskräftig geworden ist, so wird damit an sich der Grundsatz des § 1600 a S 2 BGB durchbrochen. Eine Verurteilung zum Regelunterhalt läßt sich jedoch nicht vollstrecken; nach § 704 II darf das Urteil auch hinsichtlich des Ausspruchs über den Regelunterhalt nicht für vorläufig vollstreckbar erklärt werden. Aus diesem Grunde darf erst nach Rechtskraft des Vaterschaftsfeststellungsurteils das Betragsfestsetzungsverfahren nach § 642 a durchgeführt werden (Abs 2).

9 **VI) Gebühren:** wie im gewöhnlichen Prozeß. **Streitwert:** In Kindschaftssachen ist von einem Wert von 4000 DM auszugehen (§ 12 II 3 GKG). Wird auf Vaterschaftsfeststellung und Regelunterhalt geklagt, so ist für die Bewertung ist der Anspruch auf Regelunterhalt maßgeblich als derjenige mit dem höheren Wert (§ 12 III GKG – Hamm FamRZ 94, 641 f; Karlsruhe Justiz 94, 23; DAVorm 95, 1152 f; Düsseldorf FamRZ 96, 501 mit Anm van Els). Der Wert richtet sich nach dem Jahresbetrag des Regelbedarfs (§ 17 I 2 GKG) auf der Grundlage der höchsten Altersstufe (Karlsruhe u Hamm aaO mwN auch zu anderen Meinungen; Düsseldorf aaO). Kindergeld (§ 1616 g BGB) ist dabei nicht abzuziehen (Karlsruhe aaO; anders Hamm u Düsseldorf aaO). Rückstände aus der Zeit vor Klageeinreichung werden dem Streitwert hinzugerechnet (§ 17 IV GKG – Karlsruhe aaO). Auch für die den Anwälten zustehenden Beweisgebühren, die durch Abstammungsgutachten entstehen, Ist der volle Streitwert maßgeblich (Karlsruhe FamRZ 95, 492 mwN; str).

643a *[Abänderung des Ausspruchs über den Regelunterhalt]*

(1) Den Parteien ist im Falle des § 643 Abs. 1 Satz 1 vorbehalten, von der Rechtskraft des Urteils an im Wege einer Klage auf Abänderung der Entscheidung über den Regelunterhalt zu verlangen, daß auf höheren Unterhalt, auf Herabsetzung des Unterhalts unter den Regelunterhalt oder auf Erlaß rückständiger Unterhaltsbeträge erkannt wird, oder Stundung rückständiger Unterhaltsbeträge zu beantragen.

(2) Das Urteil darf, wenn die Klage auf höheren Unterhalt oder auf Herabsetzung des Unterhalts unter den Regelunterhalt nicht bis zum Ablauf von drei Monaten nach Rechtskraft des Beschlusses, der den Betrag des Regelunterhalts festsetzt, erhoben wird, nur für die Zeit nach Erhebung der Klage abgeändert werden. Die Klage auf Erlaß und der Antrag auf Stundung rückständiger Unterhaltsbeträge sind nur bis zum Ablauf dieser Frist zulässig. Ist innerhalb der vorgenannten Frist ein Verfahren nach Abs. 1 anhängig geworden, so läuft die Frist für andere Verfahren nach Abs. 1 nicht vor Beendigung des ersten Verfahrens ab.

(3) Ist die Frist nach Abs. 2 noch nicht abgelaufen, so ist das Gericht ausschließlich zuständig, das im ersten Rechtszug über die Klage auf Feststellung des Bestehens der nichtehelichen Vaterschaft erkannt hat.

(4) Sind mehrere Verfahren nach Abs. 1 anhängig, so ordnet das Gericht die Verbindung zum Zwecke gleichzeitiger Verhandlung und Entscheidung an. Ist nur ein Antrag auf Stundung gestellt, so wird durch Beschluß entschieden; § 642 a Abs. 2, 3 gilt entsprechend.

I) Allgemeines: 1) Sinn der Regelung: Abs 1 ermöglicht es den Parteien des Vaterschaftsfeststellungs- und Regelunterhaltsprozesses, in einem Nachverfahren die pauschale Verurteilung zum Regelunterhalt dem sachlichen Unterhaltsrecht anzupassen, wenn der nichteheliche Vater zu höherem oder geringerem Unterhalt als dem Regelunterhalt verpflichtet ist (§§ 1615 c, 1615 h BGB). Zu diesem Zweck ist den Parteien kraft Gesetzes eine Klage auf Änderung der Entscheidung über den Regelunterhalt vorbehalten. Im Urteil nach § 643 braucht der Vorbehalt nicht ausgesprochen zu werden (BGH FamRZ 81, 32 = NJW 393). Da die Verurteilung zum Regelunterhalt im Kindschaftsprozeß nicht auf einer Erforschung der individuellen Verhältnisse der Parteien beruht, ist die Anpassung nach Abs 1 – anders als bei einer Abänderungsklage nach § 323 – nicht davon abhängig, daß sich seit der letzten mündlichen Verhandlung im Kindschaftsprozeß die Verhältnisse wesentlich geändert haben (Damrau FamRZ 70, 291 Fn 73). 1

2) Gestaltungsmöglichkeiten der Parteien. Wie bei der isolierten Unterhaltsklage (§ 642) kann auch im Falle des § 643 a die an der Anpassung interessierte Partei entsprechend § 642 d auf Regelunterhalt zuzüglich eines prozentualen Zuschlags oder abzüglich eines solchen Abschlages klagen. Für das Kind besteht auch die Möglichkeit, statt Regelunterhalt plus prozentualem Zuschlag einen über dem Regelunterhalt liegenden bezifferten Unterhaltsbetrag zu verlangen, was allerdings zur Folge hat, daß sich dann eine spätere Anhebung des Regelbedarfs auf den Aufschlag nicht auswirkt. Dagegen ist der zunächst zum Regelunterhalt verurteilte Mann nicht berechtigt, statt auf einen prozentualen Abschlag auf einen unter dem Regelunterhalt liegenden bezifferten Unterhaltsbetrag zu klagen (so aber Damrau FamRZ 70 290 Fn 67; Thomas/Putzo Rn 4; Odersky II 2 b); denn damit würde der Unterhaltsverpflichtete die dem Unterhaltsberechtigten zustehende (vgl § 642) Wahl zwischen einem bezifferten Unterhaltstitel und einem durch Betragsfestsetzung auszufüllenden Regelunterhaltstitel an sich ziehen. Nach Abs 1 hat der Mann im Nachverfahren die ihm im Kindschaftsprozeß nach § 643 I 2 verschlossene Möglichkeit, auf Stundung (§ 1615 i I BGB) oder Erlaß (§ 1615 i II BGB) rückständiger Unterhaltsbeträge anzutragen. 2

3) Verfahren: Das Nachverfahren ist **keine Kindschaftssache** iSd § 640 II. Für das Verfahren gelten nicht die im § 640 I genannten Bestimmungen, sondern die allgemeinen Vorschriften (Damrau FamRZ 70, 291). Die Klage kann mit einer solchen aus § 644 verbunden werden. Eine Sonderbestimmung für die Zuständigkeit enthält Abs 3. Ist der Regelunterhalt durch Vergleich oder vollstreckbare Urkunde geregelt, so findet nur die allgemeine Abänderungsklage nach § 323 statt, nicht aber die Klage aus § 643 a; denn bei Schaffung dieser Titel konnten die individuellen Verhältnisse der Parteien berücksichtigt und durch Zu- oder Abschläge des Regelunterhalts geregelt werden (AG Nordhorn DAVorm 89, 160; LG Osnabrück DAVorm 89, 162). 3

II) Änderungsklage; Klagefrist: 1) Voraussetzung für die Zulässigkeit des Nachverfahrens nach § 643 a ist Rechtskraft der Vaterschaftsfeststellung und der Verurteilung zum Regelunterhalt. Statt eines Urteils genügt auch ein anderer Titel, durch den der Vater sich zur Zahlung des Regelunterhalts verpflichtet (Brüggemann ZfJ 92, 56 f; StJSchlosser Rn 1). Nicht vorausgesetzt wird, daß der Betrag des Regelunterhalts festgesetzt ist (LG Berlin DAVorm 74, 268; AG Völklingen DAVorm 87, 922; Damrau FamRZ 70 S 290 Fn 69). Ein Festsetzungsbeschluß hat nur Bedeutung für die Klagefrist (Rn 5). Die nach Abs 1 möglichen Begehren, auch das auf Erlaß von 4

Rückständen, sind durch Klage geltend zu machen; nur für die Stundung genügt ein einfacher Antrag; s Rn 6, 8.

5 2) Die Begehren sind zum Teil an eine **Dreimonatsfrist** gebunden, die mit Rechtskraft des Festsetzungsbeschlusses (§§ 642 a, 643 II) beginnt. Für die Frage, ob bei Fristversäumung Wiedereinsetzung in den vorigen Stand gewährt werden kann, gilt Rn 13 zu § 641 q sinngemäß. Gewahrt wird die Klagefrist schon durch Einreichung der Klage, wenn sie demnächst zugestellt wird (§ 270 III, LG Kempten DAVorm 82, 386). Wird kein Betragsfestsetzungsverfahren durchgeführt (zB weil ein Zahlungstitel in Höhe des Regelunterhalts geschaffen worden ist), so beginnt die Dreimonatsfrist nicht zu laufen (Brüggemann ZfJ 92, 56/57 f. Die Frist gilt für die Klage auf Erlaß und den Antrag auf Stundung von Rückständen (Abs 2 S 2); ferner für die Klage auf höheren Unterhalt als den Regelunterhalt oder auf Herabsetzung unter den Regelunterhalt, wenn dies rückwirkend für die Zeit vor Klagerhebung begehrt wird. Wird die Frist versäumt, so kann die Verurteilung zum Regelunterhalt nur für die Zeit ab Erhebung der Abänderungsklage geändert werden (Abs 2 S 1). Der Unterhaltstitel ist dann von der Klagerhebung an zu ändern, nicht erst vom folgenden Monatsersten an und auch nicht rückwirkend auf den Monatsersten vor Klagerhebung (LG Köln FamRZ 95, 238 f). Beachte den Unterschied zu § 323 II: Im Gegensatz hierzu kann eine nach Ablauf der Dreimonatsfrist erhobene Klage auf künftige Unterhaltsleistung auch damit begründet werden, daß bereits bei der Verurteilung zum Regelunterhalt ein höherer Unterhaltsbedarf bestanden habe. Das Recht, Sonderbedarf zu fordern (§ 1613 II BGB), wird von der Klagefrist nicht berührt (Damrau FamRZ 70, 269 Fn 71). Ist eine Klage fristgemäß erhoben worden, so kann bis zur Beendigung des Verfahrens jede Partei Klaganträge nach Abs 1 einreichen (Abs 2 S 3). Ist solch neues Begehren rechtzeitig geltend gemacht worden, so ist es auch dann zu berücksichtigen, wenn das Ursprungsverfahren später durch Klagrücknahme oder Erledigungserklärung endet. Wird das neue Begehren in einem besonderen Verfahren geltend gemacht, so ist dieses mit dem schon anhängigen Verfahren zu verbinden, damit über alle Begehren, die auf Abänderung des Urteils im Vorprozeß zielen, gemeinsam entschieden wird (Abs 4 S 1).

6 **III) Stundung** kann der Vater nur innerhalb der in Rn 5 genannten Fristen beim Gericht beantragen. Wenn der Antrag mit Klagebegehren der einen oder anderen Partei zusammentrifft, hat das Gericht auch über das Stundungsbegehren durch Urteil zu entscheiden. Ist nur der Stundungsantrag gestellt (oder sind die weiteren Begehren bereits erledigt), so wird über ihn in einem vereinfachten Verfahren entschieden (Abs 4 S 2; Rn 7).

7 **IV) Zuständigkeit; isolierte Stundungsverfahren:** 1) Für die Änderungsklage ist **sachlich und örtlich ausschließlich das AG zuständig**, das über die Vaterschaftsfeststellungsklage in erster Instanz entschieden hatte (auch wenn erst das OLG verurteilt hatte), sofern das oder die Abänderungsbegehren innerhalb der Dreimonatsfrist (Abs 2 S 1) oder der erstreckten Frist (Abs 2 S 3) angebracht wurden (Abs 3). Andernfalls richtet sich die örtliche Zuständigkeit des AG nach §§ 12 ff (Firsching Rpfleger 70, 44; Damrau FamRZ 70, 291; Kemper FamRZ 73, 523). Gegen das Urteil des AG findet die Berufung zum LG (§ 72 GVG) statt, nicht zum OLG, weil Nachverfahren keine Kindschaftssachen sind (Rn 3). Es ist ein bestimmter Klagantrag zu stellen, in dem die Zeit, von der an der höhere oder niedrigere Unterhalt zu zahlen ist, und die Höhe des Unterhalts anzugeben sind. Kennt das höheren Unterhalt begehrende Kind die wirtschaftlichen Verhältnisse des Vaters nicht, so kann es Stufenklage auf Auskunft und Zahlung des sich aus der Auskunft ergebenden Unterhalts erheben. Bei späterer wesentlicher Änderung der Verhältnisse ist Abänderungsklage nach § 323 möglich (Damrau aaO S 291).

8 2) Wird das **Stundungsbegehren** mit einem solchen auf Erhöhung oder Herabsetzung des Unterhalts oder Erlaß rückständigen Unterhalts verbunden, so ist im Urteilsverfahren über die Stundung zu entscheiden, und zwar auch dann, wenn sich das sonstige Klagbegehren vorzeitig erledigt hat. Ist nur über einen Stundungsantrag des nichtehelichen Vaters zu entscheiden, so richtet sich das Verfahren gemäß Abs 4 S 2 nach § 642 a II, III. Dazu Berner Rpfleger 70, 152 f. Zuständig ist der Rechtspfleger des nach Rn 7 zuständigen AG (§ 20 Nr 11 RpflG). Er hat den Antragsgegner zu hören, mündliche Verhandlung ist freigestellt (§ 642 a II). Die Entscheidung ergeht durch Beschluß. Zu dessen Inhalt s § 642 e Rn 11; Kostenentscheidung: § 93 d. Nach mündlicher Verhandlung ist der Beschluß zu verkünden; er ist stets von Amts wegen zuzustellen (§ 329 I, III). Gegen ihn befristete Erinnerung (§ 11 I 2 RpflG), der der Rechtspfleger nicht abhelfen darf (§ 11 II 1 RpflG). Weiteres Verfahren: § 11 II 2–5 RpflG. Gegen eine abändernde Entscheidung des Richters sofortige Beschwerde; keine weitere Beschwerde (§ 568 II 1). Beschwerdegericht ist das LG (§ 72 GVG).

9 **V) Gebühren: 1)** des **Gerichts:** Für die Entscheidung über die Stundung (Abs 4 S 2) wird eine Festgebühr von 20 DM erhoben (KV 1803), wenn nur ein Antrag auf Stundung gestellt wird und nicht gleichzeitig eine Klage auf höheren Unterhalt, auf Herabsetzung des Unterhalts oder auf Erlaß rückständiger Unterhaltsbeträge erhoben wird (Abs 1 iVm Abs 4 S 1). S im übrigen Rn 7 zu § 642 f, auch wegen des Erinnerungs- und Beschwerdeverfahrens. – **2)** Der **Anwalt**

erhält eine halbe Gebühr (§ 43 b I Nr 3 BRAGO). Diese Gebühr entsteht nur bei einem isolierten Stundungsantrag, aber nicht, wenn das Gericht den Stundungsantrag mit anderen anhängigen Klagen (§ 643 IV 1) verbindet. S im übrigen § 642 a Rn 12.

644 *[Ansprüche der Mutter und Dritter]*

(1) Macht ein Dritter, der dem Kind Unterhalt gewährt hat, seine Ansprüche gegen den Vater geltend, so sind die §§ 642 e, 642 f entsprechend anzuwenden.

(2) Eine Klage wegen der Ansprüche nach den §§ 1615 k, 1615 l des Bürgerlichen Gesetzbuchs kann auch bei dem Gericht erhoben werden, bei dem wegen des Unterhaltsanspruchs des nichtehelichen Kindes gegen seinen Vater eine Klage im ersten Rechtszug anhängig ist. Für das Verfahren über die Stundung des Anspruchs nach § 1615 l des Bürgerlichen Gesetzbuchs gelten die §§ 642 e, 642 f entsprechend.

I) Stundung bei Ersatzansprüchen Dritter (Abs 1): Gewährung von Unterhalt an das nichteheliche Kind durch Dritte: In Betracht kommen die Unterhaltsansprüche des Kindes, die nach § 1615 b BGB auf andere unterhaltspflichtige Verwandte übergegangen sind, zB auf den Ehemann der Mutter oder einen anderen nicht mit der Mutter verheirateten Mann, der als vermeintlicher Vater Unterhalt gezahlt hat, zB auf Grund einstweiliger Anordnung nach § 641 d (z Scheinvaterregreß s Stolterfoht FamRZ 71, 341; Beitzke FamRZ 74, 671; Koblenz FamRZ 77, 68). In Frage kommen weiter die nach § 90 BSHG, § 7 UnterhVorschG übergegangenen Unterhaltsansprüche des Kindes, ferner Erstattungsansprüche eines nicht zum Personenkreis des § 1615 b BGB gehörenden Dritten aus Geschäftsführung ohne Auftrag oder ungerechtfertigter Bereicherung. Sobald solche Ansprüche gegen den Vater des Kindes geltend gemacht werden können (§ 1600 a S 2 BGB), kann das Gericht sie stunden oder erlassen (§ 1615 i III BGB; § 642 e Rn 1). Dann gelten die §§ 642 e (Stundung gegen Sicherheitsleistung) u 642 f (nachträgliche Änderung oder Aufhebung der Stundungsentscheidung) entsprechend Abs 1. 1

II) Ansprüche der nichtehelichen Mutter, Stundung, Gerichtsstand (Abs 2): 1) Hierher gehören die Ansprüche der **Mutter** des nichtehelichen Kindes auf Ersatz der Entbindungskosten und verwandter Aufwendungen (§ 1615 k BGB) und auf Unterhalt für die Zeit vor und nach der Entbindung (§ 1615 l BGB), bei Fehl- und Totgeburten erweitert durch § 1615 n BGB. Zu ihnen s Brüggemann FamRZ 71, 140; Körting MDR 71, 263; Büdenbender FamRZ 74, 410; Christian ZBlJugR 75, 449. Klageweise können sie wegen § 1600 a BGB erst nach Anerkennung oder gerichtlicher Feststellung der Vaterschaft geltend gemacht werden (vorher ist eine einstweilige Verfügung gegen den nach § 1600 o als Vater vermuteten Mann möglich; § 1615 o II BGB). 2

2) Stundung: Eingeklagter rückständiger Unterhalt kann im Urteil ebenfalls gestundet, aber nicht erlassen werden (§ 1615 l III S 4 iVm § 1615 i I, III BGB). Nach Abs 2 S 2 gelten dann für die Stundung wiederum die §§ 642 e, 642 f entsprechend, nach denen die Stundung von einer Sicherheitsleistung abhängig gemacht werden oder nachträglich aufgehoben werden kann. 3

3) Zuständigkeit: Für die Klage der Mutter nach §§ 1615 k u 1615 l BGB erklärt Abs 2 S 1 neben dem nach den §§ 12 ff zuständigen AG auch das AG zuständig, bei dem eine Unterhaltsklage des nichtehelichen Kindes gegen seinen Vater oder eine Abänderungsklage nach § 643 a anhängig ist, damit die beiden Verfahren verbunden werden können (§ 147). Es genügt auch die Klage eines Dritten, auf den die Unterhaltsforderung nach den §§ 1615 b BGB, 90 BSHG, 7 UnterhVorschG übergegangen ist. Ein anhängiger Vaterschaftsfeststellungsprozeß, in dem ein Antrag nach § 643 auf Regelunterhalt gestellt ist, kommt nach dem Zweck des Abs 2 S 1 nicht in Betracht; denn mit ihm ist eine Verbindung nicht möglich (§ 640 c; so auch Göppinger FamRZ 75, 198; Büdenbender, Der vorläufige Rechtsschutz durch einstweilige Verfügung und einstweilige Anordnung im Nichtehelichenrecht 71 u FamRZ 83, 306; StJSchlosser Rn 2). Zuständig ist das Gericht, bei dem die Unterhaltsklage anhängig ist. Die Anhängigkeit beginnt mit dem Eingang der Klagschrift beim Gericht; auf deren Zustellung kommt es nicht an. Die Anhängigkeit endet mit der Verkündung eines (Schluß-)Urteils, dem Abschluß eines Prozeßvergleichs, der beiderseitigen Erledigungserklärung oder dem Wirksamwerden einer Klagrücknahme (§ 269 I u II). 4

645–687 **(weggefallen)**

Siebentes Buch

MAHNVERFAHREN

Vorbemerkungen

Lit: *Coester-Waltjen,* MB und Zahlungsbefehl, FS Henckel, 1995, S 53 (rechtsvergl); *Hansens* Rpfleger 91, 133 (RechtspflegevereinfG); *Helmreich,* Erscheinungsformen des Mahnverfahrens usw, 1995; *Holch,* Geändertes Mahnverfahren - neue Vordrucke, NJW 91, 3177; *Lechner,* Das gerichtliche Mahnverfahren, Augsburger Diss 1991; *Menne,* Das Mahnverfahren, 1979; *Vollkommer,* Schlüssigkeitsprüfung und Rechtskraft - Gedanken zur Struktur des Mahnverfahrens, Erlanger FS Schwab, 1990, S 229; *Zinke,* Streitfragen im Mahnverfahren, NJW 83, 1081.

1 **I) Neuregelung des 7. Buchs.** Die §§ 688 bis 703d sind durch die Vereinfachungsnovelle vom 3. 12. 76 (BGBl I 3281) mit Wirkung (im wesentlichen) vom 1. 7. 77 umgestaltet und neugefaßt worden. Zahlreiche und erhebliche Änderungen erfolgten durch das RechtspflegeVereinfG vom 17. 12. 1990 (BGBl I S 2847) mit Wirkung teils vom 1. 4. 1991, teils vom 1. 1. 1992 und das VerbrKrG/ZPOuaÄndG vom 17. 12. 1990 (BGBl I S 2840) mit Wirkung vom 1. 1. 1992. **Übergangsrecht:** Für das Mahnverfahren gelten die bisherigen Vorschriften, wenn der Antrag auf Erlaß des Mahnbescheids vor Inkrafttreten der Änderung (RechtspflegevereinfG: 1. 4. 1991 bzw 1. 1. 1992; VerbrKrG: 1. 1. 1992) eingereicht worden ist (Art 10 III RechtspflegevereinfG; Art 9 III VerbrKrG). Regelungen des Mahnverfahrens **außerhalb der ZPO:** § 46a **ArbGG** (idF das RechtspflegeVereinfG), § 46a **WEG** (eingefügt durch das RechtspflegeVereinfG; dazu § 688 Rn 9).

2 **II) Allgemeines zum Mahnverfahren. 1) Zweck und Voraussetzungen:** Durch das Mahnverfahren soll dem Gläubiger einer Geldforderung schnell und einfach ohne mündl Verhandlung ein Vollstreckungstitel verschafft werden, wenn der Schuldner die Forderung nicht ernstlich bestreitet, sie aber nicht erfüllen will oder kann. Wenn mit Widerspruch des Schuldners zu rechnen ist, bedeutet das Mahnverfahren einen unnötigen Umweg.

3 Die Forderung muß im Zivilrechtsweg verfolgbar sein (§ 688 Rn 1), regelmäßig auf DM lauten (§ 688 Rn 2) und darf nicht oder nicht mehr von einer Gegenleistung abhängen (§ 688 I, II Nr 2). Sie muß fällig sein oder innerhalb der Widerspruchsfrist fällig werden, da vom Antragsgegner Befriedigung innerhalb der Widerspruchsfrist verlangt wird, sofern er nicht widerspricht (§ 692 I Nr 3). Das Mahnverfahren findet nur statt, wenn der MB im Inland ohne Inanspruchnahme öffentlicher Zustellung oder in einem ausländischen Staat zugestellt werden kann, mit dem das Mahnverfahren durch zwischenstaatliches Abkommen vereinbart ist (§ 688 II Nr 3; III iVm insbes §§ 34, 35, 41 II AVAG). Für Ansprüche des Kreditgebers aus Verbraucherkreditverträgen ist das Mahnverfahren nur eingeschränkt zulässig (§ 688 II Nr 1). Ein besonderes Urkunden-, Wechsel-, Scheckmahnverfahren ist in § 703a vorgesehen.

4 **2) Verfahrensgang im allgemeinen. a)** Ausschließlich zuständig ist das AG (§ 689), funktionell (mit Ausschluß eines etwa nachfolgenden Streitverfahrens) der Rechtspfleger (§ 20 Nr. 1 RPflG). Die örtl Zuständigkeit ergibt sich aus den §§ 689 II, III, 703d. Der Antragsteller kann ohne Darlegung seiner Anspruchsberechtigung einen MB (§ 692) erwirken. Legt der Antragsgegner keinen Widerspruch ein, ergeht auf rechtzeitigen Antrag des Antragstellers ein VB, der einem für vorläufig vollstreckbar erklärten Versäumnisurteil gleichsteht (§§ 699, 700). Ob der geltendgemachte Anspruch zu Recht besteht, wird im Mahnverfahren nicht geprüft. Der Antragsgegner hat in zwei Stadien des Verfahrens Gelegenheit, die gerichtl Überprüfung herbeizuführen. Er kann gegen den MB Widerspruch einlegen (§ 694); auf Antrag der einen oder anderen Partei ist die Sache dann ins Streitverfahren abzugeben (§ 696). Ist mangels rechtzeitigen Widerspruchs oder wegen Zurücknahme des Widerspruchs bereits VB erlassen, so steht dem Antragsgegner der befristete Einspruch zu; in diesem Falle wird die Sache von Amts wegen ins Streitverfahren abgegeben (§ 700 III).

5 **b) Anhängig** wird die Sache mit der Zustellung des MB (ie § 693 Rn 3, 696 Rn 5); **Rechtshängigkeit** tritt zurückbezogen auf die Zustellung des MB ein, wenn nach Widerspruch des Antragsgegners die Sache alsbald ins Streitverfahren abgegeben wird (§ 696 III) oder wenn der VB erlassen wird (§ 700 II; ie dort Rn 12); den Umfang der Rechtshängigkeit bestimmt der Widerspruch bzw der VB (KG MDR 83, 323 = Rpfleger 83, 162). Das Mahnverfahren **endet** bei Widerspruch des Antragsgegners (§ 694) erst mit Abgabe an das Streitgericht gem § 696 I (BGH 103, 27; NJW-RR 92, 1022; 95, 1336; Frankfurt OLGZ 93, 92). Zu einem **Stillstand** des Mahnverfahrens kommt es, wenn nach Widerspruch die Abgabe unterbleibt, etwa bei Nichtzahlung der zweiten Gebührenhälfte gem § 65 I 2 GKG (s § 694 Rn 10).

Die Anhängigkeit ist Anknüpfungspunkt zur Regelung von **Übergangsfällen;** vgl dazu unten Rn 19a und § 696 Rn 9b.

6 3) Ziel der **Umgestaltung des Mahnverfahrens durch die Vereinfachungsnovelle** war es, das Verfahren zu erleichtern und zu beschleunigen (vgl MK/Holch Rn 11) und damit gleichzeitig die Grundlagen für die EDV-Bearbeitung zu schaffen, die inzwischen bei den Amtsgerichten Berlin-Wedding, Hagen, Hamburg, Hünfeld, Mayen, Nürnberg-Fürth, Stuttgart eingeführt ist (sa § 689 Rn 4; § 703c Rn 10). Dazu wurden die Zuständigkeit geändert, einheitl Vordrucke eingeführt, auf eine nähere Begründung des geltendgemachten Anspruchs und damit auf die bisherige **Schlüssigkeitsprüfung** wurde verzichtet. Der Schuldnerschutz wurde durch Verlängerung der Widerspruchs- und Einspruchsfrist sowie durch den obligatorischen Hinweis darauf verbessert, daß die Berechtigung der geltendgemachten Forderung vom Gericht bei Erlaß des MB nicht geprüft wurde. Die bisherigen Bezeichnungen „Gläubiger", „Schuldner", „Zahlungsbefehl", „Vollstreckungsbefehl" wurden durch die Bezeichnungen „Antragsteller" und „Antragsgegner", „Mahnbescheid" und „Vollstreckungsbescheid" ersetzt. Das **RechtspflegeVereinfG** hat die Überleitung ins streitige Verfahren durch Vermeidung von Verweisungen vereinfacht (krit Lechner aaO S 206 f), das Mahnverfahren für Ansprüche gegen Wohnungseigentümer geöffnet und die Datenfernübertragung im maschinellen Mahnverfahren ermöglicht. Das **VerbrKrG** hat den Zugang zum Mahnverfahren bei Gefahr mißbräuchlicher Inanspruchnahme eingeschränkt (ie Rn 6b) und die Anforderungen an die Anspruchsbezeichnung verschärft.

6a 4) **Mißbrauch des Mahnverfahrens?** Die Beseitigung der Schlüssigkeitsprüfung hat im Zusammenhang mit der seit 1979 sich verschärfenden Rspr zur Sittenwidrigkeit von **Ratenkreditverträgen** (vgl BGH 80, 160; 99, 335; 101, 390 f; 104, 105 ff; Überblick: Steinmetz, Sittenwidrige Ratenkreditverträge in der Rechtspraxis, 1985; Braun, Rechtskraft und Rechtskraftdurchbrechung von Titeln über sittenwidrige Ratenkreditverträge, 1986; ders JuS 92, 177; Schmelz, Der Verbraucherkredit, 1989) dazu geführt, daß im Mahnverfahren eine Vielzahl sittenwidriger Darlehensforderungen tituliert worden sind (eingehend Kohte NJW 85, 2217). Dadurch ist das Mahnverfahren ins rechtsstaatliche Zwielicht geraten (vgl Bund deutscher Rechtspfleger RpflBl 87, 77; Lappe/Grünert Rpfleger 86, 165 f; Vollkommer aaO S 231 f mwN). Es wird bezweifelt, daß nach Beseitigung der Schlüssigkeitsprüfung die (völlige) Gleichstellung von VB und Versäumnisurteil (vgl § 700 I) im Hinblick auf die materielle Rechtskraft noch berechtigt ist (Köln NJW 86, 1350; Stuttgart NJW 87, 444; Bamberg, Die mißbräuchliche Titulierung von Ratenkreditschulden mit Hilfe des Mahnverfahrens, 1987; Braun JuS 92, 183 ff; StJ/Schlosser § 700 Rn 10). Der BGH (grundlegend: BGH 101, 380 = NJW 87, 3256 = MDR 88, 126; 112, 58 = NJW 91, 31 = MDR 91, 148) hat diese Bedenken zurückgewiesen und sich nunmehr im Einklang mit der überwiegenden Rspr dafür entschieden, der Vollstreckung eines VB über eine sittenwidrige (wucherähnliche) Darlehensforderung mit § 826 BGB (vgl dazu näher § 700 Rn 15 ff) zu begegnen, wenn die Wahl des Mahnverfahrens durch den Gläubiger als mißbräuchliche Umgehung der im Klageverfahren stattfindenden Schlüssigkeitsprüfung bewertet werden kann (vgl auch BGH NJW 93, 3205 re Sp).

6b 5) Eine begrenzte **Mahnverfahrenssperre** für Ansprüche des Kreditgebers aus Verbraucherkreditverträgen bei hohem Zins errichtet § 688 II Nr 1 (vgl näher § 688 Rn 5). Zweck der Neuregelung ist, eine richterliche Prüfung des erhobenen Anspruchs in prüfungsbedürftigen Fällen zu erreichen und dadurch die Titulierung sittenwidriger Ansprüche aus Verbraucherkreditverträgen zu verhindern (vgl die Begründung BT-Drs 11/5462 S 15 f, 31). § 688 II Nr 1 schreibt keine Schlüssigkeitsprüfung im Hinblick auf Verbraucherkredite vor, sondern führt lediglich eine weitere Zulässigkeitsvoraussetzung für das Mahnverfahren ein (vgl Markwardt NJW 91, 1220; Rudolph MDR 96, 2 f; Voelskow-Thies NJ 91, 164; Lechner aaO S 26 f; aA Bülow NJW 91, 133; Rpfleger 96, 133). Ob damit die Problematik der Titulierung sittenwidriger Ratenkreditforderungen gelöst ist, bleibt abzuwarten (vgl oben Rn 6a mwN); zu weitergehenden Vorschlägen, die Rechtskraft des VB einzuschränken, vgl § 700 Rn 15 ff mwN. Auch soweit das Mahnverfahren für „Ansprüche aus Verträgen, für die das VerbrKrG gilt", stattfindet, besteht eine Schutzpflicht des Mahngerichts bei Geltendmachung von iS von § 11 I VerbrKrG überhöhten pauschalierten Verzugszinsen (s § 690 Rn 14; § 691 Rn 1).

6c 6) Ein bes **strafrechtlicher Schutz** des Mahnverfahrens ist derzeit nicht beabsichtigt (vgl die Mitt der BReg vom 30. 6. 80, DRiZ 80, 395; vgl auch allg Dästner ZRP 76, 36; BGHSt 24, 257; Stuttgart NJW 79, 2573). Falschangaben im Mahnverfahren können sich als *Prozeßbetrug* erweisen (vgl Düsseldorf MDR 92, 606; eingehend Braun aaO S 56 ff, 96 Fn 102).

7 **III) Anwendbare Vorschriften.** Die allgemeinen Verfahrensvorschriften finden Anwendung, soweit sie sich mit der schriftl und schematischen Ausgestaltung des Mahnverfahrens vertragen. Das gilt insbesondere für Parteifähigkeit und Prozeßfähigkeit (§§ 50 ff), gewillkürte Prozeßführungsbefugnis (Rn 42 vor § 50), (mit Einschränkungen) Streitgenossenschaft (§§ 59 ff; ie § 689 Rn 3; § 690 Rn 9; § 703c Rn 6; § 703 d Rn 3), Zwischenverfügung (§ 139 II), Anspruchshäufung (§ 260), Zustellungsverfahren (§§ 166 ff, insbes § 187 S 1, s § 693 Rn 1), Unterbrechung des Verfahrens (§§ 239 ff; BGH NJW 74, 494; ie Rn 11–13), Prozeßkostenhilfe (§§ 114 ff; Wielgoß NJW 91,

2070), Verfahrensbevollmächtigte (§§ 89 ff, s aber § 703). Eine Antragserweiterung (§§ 263 f) ist unzulässig, da das Mahnverfahren selbst kein Streitverfahren, sondern nur diesem vorgelagert ist (vgl BGH NJW 91, 2084). Erweiterungsschriftsätze sind aber als antizipierte Klageerweiterung für das Streitverfahren zulässig, darum vom Rechtspfleger zu den Akten zu nehmen und dann vom Streitgericht zuzustellen (Vollkommer Rpfleger 88, 195 ff; zur Verjährungsunterbrechung s § 693 Rn 3). Entsprechendes gilt für die (im Mahnverfahren unzulässige) Widerklage (AG Lübeck NJW-RR 90, 1152; sa § 693 Rn 5). Es besteht kein Anwaltszwang (vgl auch § 702 Rn 1). Eine Abgabe oder Verweisung ist nur *vor* Erlaß des MB möglich (vgl BGH NJW 95, 3317 = MDR 96, 306 = Rpfleger 96, 116), jedoch nicht mehr *nachher* zum Zweck des Erlasses des VB (BGH NJW 90, 1119 = MDR 90, 222 = Rpfleger 89, 516; § 699 Rn 11). § 319 ist auf den MB unanwendbar; Parteiberichtigung ist Sache des *Antragstellers* (München Rpfleger 90, 28; zulässig aber Berichtigung bei offenbarer Falschbezeichnung des Gerichts: Hamm NJW-RR 92, 480; sa § 690 Rn 23). Unanwendbar sind ferner alle Vorschriften, die eine mündliche Verhandlung voraussetzen (zB § 295 I, 2. Alt).

8 **IV) Besondere Verfahrenslagen. 1) Gläubigerwechsel.** Da der VB „auf der Grundlage des Mahnbescheids" ergeht (§ 699 I), kann, wenn der geltendgemachte Anspruch nach Erlaß des MB abgetreten wurde, kein VB auf den neuen Gläubiger ergehen; dieser muß seinerseits erst MB erwirken (MK/Holch Rn 42; ThP Rn 3 vor § 688; aM – für entspr Anwendung des § 265 – StJ/Schlosser § 699 Rn 7).

9 2) **Tod einer Partei. a)** Stirbt der Antragsteller oder Antragsgegner **vor Erlaß** des beantragten MB und wird das bekannt, so darf der MB nicht mehr erlassen werden (vgl Rn 12 vor § 50); geschieht dies doch, so ist der auf eine nicht mehr existente Partei lautende MB unwirksam (AG Köln Rpfleger 69, 250; StJ/Schlosser § 692 Rn 11).

10 b) Stirbt der **Antragsteller vor Zustellung** des bereits erlassenen MB, so ist letzterer mit seinem bisherigen Inhalt unwirksam, kann aber ohne neuen Mahnantrag auf die Erben des Antragstellers umgeschrieben und dann zugestellt werden (StJ/Schlosser § 692 Rn 11; RSchwab/Gottwald § 164 III 6; ThP Rn 6 vor § 688); dessen bedarf es nicht, wenn ein Prozeßbevollmächtigter den Antrag gestellt hatte (§ 86). Bei **Tod des Antragsgegners vor Zustellung** kommt ohne neuen Mahnantrag Berichtigung auf die Erben und Zustellung an sie in Betracht (RSchwab/Gottwald aaO; nach StJ/Schlosser aaO muß neuer MB gegen die Erben beantragt werden).

11 c) Stirbt der Antragsteller oder Antragsgegner **nach Zustellung** des MB, aber vor Widerspruch und vor Erlaß eines VB, so wird, sofern nicht § 264 Platz greift, das Verfahren entspr § 239 unterbrochen (LG Aachen Rpfleger 82, 72); die Widerspruchsfrist kann nicht ablaufen, VB kann nicht ergehen. Die Erben des Antragstellers oder Antragsgegners können das Verfahren durch von Amts wegen zuzustellenden Schriftsatz aufnehmen. Seitens des Antragstellers bzw seiner Erben geschieht dies unter neuer Fristsetzung gemäß § 692 Nr 3 mit der Aufforderung, ihn bzw die Erben zu befriedigen oder Widerspruch einzulegen (LG Aachen Rpfleger 82, 72); bei ungenütztem Ablauf der Frist wird VB für oder gegen die Erben erlassen. Der Antragsgegner bzw seine Erben nehmen mit Widerspruch (§ 694) auf. Prüfung der behaupteten Erbfolge kann nur im Streitverfahren erfolgen. S StJ/Schlosser § 693 Rn 13; MK/Holch Rn 47; RSchwab/Gottwald aaO.

12 d) Bei Tod einer Partei **nach Widerspruch** finden die §§ 239, 246, 250 Anwendung (ThP Rn 8 vor § 688; RSchwab/Gottwald aaO).

13 e) Bei Tod einer Partei **nach Erlaß des Vollstreckungsbescheids** wird das Verfahren ebenfalls unterbrochen (ThP und R-Schwab aaO); die Einspruchsfrist kann nicht mehr ablaufen; Aufnahme nach § 239 durch Erben oder Gegner. War die Einspruchsfrist bereits abgelaufen, so greifen die §§ 727, 796 I Platz (Vollstreckungsklausel für oder gegen Rechtsnachfolger).

14 f) Der **Tod des Prozeßbevollmächtigten** ist auf das Mahnverfahren ohne Einfluß (§ 244 I betrifft Anwaltsprozesse).

15 **3) Konkurs. a) Vor Zustellung des Mahnbescheids** ist kein Verfahren anhängig, das durch den Konkurs unterbrochen werden könnte (RG 129, 344). Konkurs des Antragstellers hindert die Zustellung des MB an Antragsgegner nicht; die Wirkungen des § 693 II treten zugunsten der Konkursmasse ein; der Konkursverwalter kann das Mahnverfahren weiterführen (§ 6 II KO). Fällt der Antragsgegner in Konkurs, so kann der MB weder an ihn noch an den Konkursverwalter wirksam zugestellt werden (§§ 6, 7, 12, 14 KO); es bleibt nur Anmeldung zur Konkurstabelle (§§ 138 ff KO), gegebenenfalls Feststellungsklage nach § 146 II KO (Rosenberg JW 30, 2316 gegen RG 129, 345; StJ/Schlosser § 692 Rn 11; ThP Rn 9 vor § 688; RSchwab/Gottwald aaO).

16 b) Bei Konkurs des Antragstellers oder des Antragsgegners **nach Zustellung des Mahnbescheids,** aber vor Widerspruch oder VB, wird das Mahnverfahren unterbrochen (§ 240). Für den Antragsteller als Gemeinschuldner kann der Konkursverwalter aufnehmen (§ 10 I KO). Ist der Antragsgegner in Konkurs gefallen, so kann das Mahnverfahren nicht gegen ihn nach § 250 aufgenommen werden; auch hier bleibt nur Anmeldung zur Konkurstabelle (§§ 138 ff KO), bei Bestreiten im Prüfungstermin Feststellungsklage nach § 146 II KO (StJ/Schlosser § 693 Rn 14; RSchwab/Gottwald aaO).

c) Bei Konkurs des Antragstellers oder des Antragsgegners **nach Widerspruch** gegen den MB bis zur Abgabe oder **nach Einspruch** gegen den VB sind die §§ 240, 249, 250 unmittelbar anzuwenden (BayObLG 85, 315; ThP Rn 11 vor § 688; StJ/Schlosser und RSchwab/Gottwald je aaO). 17

d) Die **Eröffnung des Vergleichsverfahrens** ist für das Mahnverfahren ohne Bedeutung. 18

V) Übergangsvorschrift zu Art 1 und 8 IV und V des KostRÄndG 1994 19

Art 11 des KostRÄndG 1994 vom 24. 6. 1994 (BGBl I S 1325), in Kraft seit **1. 7. 1994,** bestimmt:

(1) Für Mahnverfahren, die nach Inkrafttreten dieses Gesetzes und vor dem 1. Januar 1995 anhängig geworden sind, werden die Kosten nach bisherigem Recht erhoben. Die Gebühr für die Entscheidung über den Antrag auf Erlaß eines Mahnbescheids ist auf die Gebühr 1201 des Kostenverzeichnisses zum Gerichtskostengesetz nach Maßgabe der Anmerkungen zu dieser Vorschrift anzurechnen. Ferner sind die Auslagen für die Zustellung des Mahnbescheids anzurechnen, wenn der gesamte Streitgegenstand des Mahnverfahrens in das Prozeßverfahren übergegangen ist.

(2) Im Mahnverfahren kann der Antragsteller die bisher eingeführten Vordrucke bis zum 30. Juni 1995 weiterverwenden, wenn er sie bei dem Gericht in einer berichtigten Fassung einreicht.

VI) Gebühren: 1) des Gerichts: Für das Verfahren über den Antrag auf Erlaß eines MB wird eine 0,5 Gebühr erhoben (KV 1100). Es ist eine pauschale Verfahrensgebühr, nicht mehr eine Entscheidungsgebühr. Sie wird daher fällig mit Einreichung des Antrags (§ 61 GKG), fällt nicht weg und ermäßigt sich auch nicht, wenn der Antrag vor Erlaß des MB zurückgenommen wird. Die Gebühr bemißt sich nach dem Betrag des bei Antragstellung (§ 15 GKG) geltend gemachten Anspruchs. Nachträgliche Betragsreduzierungen sind unbeachtlich. Mindestgebühr: 25 DM, liegt also über § 11 III 1 GKG. Gebührenschuldner: Antragsteller (§ 49 S 1 GKG). 20

Der MB soll erst nach Entrichtung der Gebühr erlassen werden (§ 65 III 1, I 1 GKG); auf die Auslagen ist nicht mehr abzustellen (§ 65 I idF des KostRÄndG 1994). Bei maschineller Bearbeitung: § 65 III 2 GKG.

Wird ein **zurückgewiesener** Mahnvertrag wiederholt, liegt gebührenrechtlich ein neues Mahnverfahren vor. Ist ein MB nach Ablauf von sechs Monaten (§ 701) **wirkungslos** geworden, so ist ein danach gestellter Mahnantrag, der denselben Anspruch betrifft, wiederum gebührenpflichtig.

Genießt der Antragsteller **Gebührenfreiheit** oder ist ihm **PKH** bewilligt, kann dem Antragsgegner im MB aufgegeben werden, die Kosten im Betrag von . . . zu zahlen.

Der rechtzeitige Widerspruch leitet noch nicht in das str Verfahren über. Hierzu ist der Antrag auf **Durchführung des streitigen Verfahrens** erforderlich. Fällig wird dadurch die Gebühr KV 1201 (dreifacher Tabellensatz). Abgabe an das Streitgericht auf Antrag des Antragstellers soll erst erfolgen, wenn die Gebühr für das Verfahren im allgemeinen gezahlt ist (§ 65 I 2 GKG). Die Gebühr KV 1100 wird angerechnet nach dem Wert des Streitgegenstandes, der in das Prozeßverfahren übergangen ist. Gebühren**ermäßigung** tritt ein durch Zurücknahme des Antrags auf Durchführung des str Verfahrens, des Widerspruchs gegen den MB oder des Einspruchs gegen den VB (KV 1202: Ermäßigung auf 1,0).

Erledigt sich das Verfahren durch solche Erklärungen nur teilweise, ist dies unbeachtlich; anders wenn mehrere Ermäßigungstatbestände den Rechtsstreit insgesamt beenden. Erledigungserklärungen stehen nicht gleich.

Wird erst **gegen den Vollstreckungsbescheid Einspruch** erhoben, so wird die Verfahrensgebühr des KV 1201 mit dem Einlauf der Einspruchschrift bei Gericht fällig; dies gilt auch für einen verspäteten Widerspruch gegen den MB, weil dieser als Einspruch zu behandeln ist (§ 694 II). Beschränkt sich der gegen den Urkunden-, Wechsel- oder Scheck-MB eingelegte Widerspruch auf den Antrag, dem Beklagten die Ausführung seiner Rechte vorzubehalten, und wird der VB unter diesem Vorbehalt erlassen (§ 703a II Nr 4), so kann jede Partei Terminsantrag stellen, der dann die Verfahrensgebühr auslöst.

Vorauszahlungspflicht: § 65 I 2 GKG; **Wertberechnung:** § 15 GKG; **Fälligkeit:** § 61 GKG; **Kostenschuldner:** § 49 S 1 GKG. Ein früherer Streitpunkt ist bereinigt: Bei dem nach Einspruch folgenden Verfahren (§ 700 III), ist Kostenschuldner, wer den VB beantragt hat (§ 49 S 2 GKG idF des KostRÄndG 1994).

– Überleitungsvorschrift in Art 11 KostRÄndG 1994 (s Rn 19a).

2) des **Anwalts: a) des Antragstellers:** eine volle Gebühr (§ 43 I Nr 1 BRAGO) für die Tätigkeit im Verfahren über den Antrag auf Erlaß des MB. Für den RA, der für mehrere Auftraggeber den Erlaß des MB beantragt, erhöht sie sich gem § 6 I 2 BRAGO. Wird vom Antragsteller (Gläubiger) der Auftrag vor Einreichung des Mahnantrags zurückgenommen, so entsteht nur die halbe Gebühr (§§ 43 III, 32 BRAGO). Die Gebühr für den Mahnantrag wird auf die Prozeßgebühr angerechnet (§ 43 II BRAGO). Für die Tätigkeit im Verfahren über den Antrag auf Erlaß des VB erhält der RA $^{5}/_{10}$ der vollen Gebühr, wenn innerhalb der Widerspruchsfrist kein Widerspruch erhoben oder der Widerspruch gem § 703a II Nr 4 ZPO beschränkt worden ist (§ 43 I Nr 3 BRAGO); sie wird nicht auf eine spätere Prozeßgebühr angerechnet. **b) des Antragsgegners:** aa) für die Erhebung des Widerspruchs $^{3}/_{10}$ der vollen Gebühr (§ 43 I Nr 2 BRAGO) aus dem Betrag, wegen dessen der Widerspruch erhoben wird. Diese Gebühr wird auf die Prozeßgebühr angerechnet (§ 43 II BRAGO). Die $^{3}/_{10}$ Gebühr erfährt keine Ermäßigung nach § 32 BRAGO. Daß im Urkunden-, Wechsel- und Scheckmahnverfahren der Widerspruch auf den Vorbehalt der Ausführung der Rechte des Antragsgegners (Beklagten) beschränkt wird, ist auf den Anfall der Gebühr ohne Einfluß. bb) bei mehreren Auftraggebern: $^{3}/_{10}$ Erhöhung der ($^{3}/_{10}$) Gebühr je weiteren Auftraggeber, so daß die Erhöhung bei $^{3}/_{10}$ Ausgangsgebühr $^{0,9}/_{10}$ beträgt (KG MDR 79, 855). Prozeßgebühr (§ 31 I Ziff 1 BRAGO) für den Einspruch (München MDR 92, 617). S auch § 91 Rn 13 „Widerspruch".

688 *[Zulässigkeit des Mahnverfahrens]*

(1) Wegen eines Anspruchs, der die Zahlung einer bestimmten Geldsumme in inländischer Währung zum Gegenstand hat, ist auf Antrag des Antragstellers ein Mahnbescheid zu erlassen.

(2) Das Mahnverfahren findet nicht statt:

1. **für Ansprüche des Kreditgebers, wenn der nach dem Verbraucherkreditgesetz anzugebende effektive oder anfängliche effektive Jahreszins den bei Vertragsabschluß geltenden Diskontsatz der Deutschen Bundesbank zuzüglich zwölf vom Hundert übersteigt;**

2. wenn die Geltendmachung des Anspruchs von einer noch nicht erbrachten Gegenleistung abhängig ist;

3. wenn die Zustellung des Mahnbescheids durch öffentliche Bekanntmachung erfolgen müßte.

(3) Müßte der Mahnbescheid im Ausland zugestellt werden, findet das Mahnverfahren nur statt, soweit das Anerkennungs- und Vollstreckungsausführungsgesetz vom 30. Mai 1988 (BGBl. I S. 662) dies vorsieht.

Abs II idF von Art 6 Nr 1 des VerbrKrG/ZPOuaÄndG vom 17. 12. 1990 (BGBl I S 2840), in Kraft seit 1. 1. 1992. Abs III idF von Art 1 Nr 49 des RechtspflegeVereinfG vom 17. 12. 1990 (BGBl I S 2847), in Kraft seit 1. 4. 1991.

1 I) Für das Mahnverfahren müssen die **allgemeinen Prozeßvoraussetzungen** vorliegen, insbes *Parteifähigkeit, Prozeßfähigkeit, ordnungsgemäße gesetzl Vertretung, Zuständigkeit des angegangenen Gerichts* für das Mahnverfahren. Die ordentl Gerichte müssen für die Entscheidung zuständig sein; eine Ausnahme besteht für Ansprüche, über die nach § 43 WEG im FGG-Verfahren zu entscheiden ist (§ 46a WEG; dazu näher Rn 9). Öffentlich-rechtl Abgaben- oder Erstattungsansprüche, die in die Zuständigkeit von Verwaltungsbehörden, von allgemeinen oder besonderen Verwaltungsgerichten fallen, können nicht im Mahnverfahren verfolgt werden. Ansprüche, die vor die Arbeitsgerichte gehören, sind dem arbeitsgerichtlichen Mahnverfahren vorbehalten, § 46a ArbGG idF des RechtspflegeVereinfG (MK/Holch Rn 64 ff vor § 688). Das *Rechtsschutzbedürfnis* muß vorliegen (BGH NJW 81, 875 [876] = MDR 81, 390 = Rpfleger 81, 143). Es **fehlt** für die Geltendmachung von Ansprüchen, für die ein besonderer Festsetzungstitel erwirkt werden kann, wie nach § 155 KostO für Gebührenansprüche der Notare (AG Berlin-Schöneberg JR 48, 113), nach § 19 BRAGO für Gebührenansprüche der RAe, es sei denn, daß außergebührenrechtl Einwendungen erhoben werden (Petermann Rpfleger 57, 397; BGH 21, 199; NJW 81, 876). Da das Nichteingreifen der Festsetzungsmöglichkeit gem § 19 I BRAGO im Mahnantrag nicht darzulegen ist (vgl auch § 689 Rn 5), ist bei Ansprüchen auf Anwaltsgebühren allg vom Vorliegen des Rechtsschutzbedürfnisses und damit von der Zulässigkeit des Mahnverfahrens auszugehen (so BGH NJW 81, 875 = aaO). Desgleichen ist das Mahnverfahren zulässig, soweit zur Verjährungsunterbrechung bei ausgeurteilten Zinsen wegen § 218 II BGB das Rechtsschutzbedürfnis für eine neue Klage bejaht wird (vgl Rn 20a vor § 322; aA im Hinblick auf § 209 II Nr 5 BGB aber AG Hannover NJW-RR 88, 1343, bedenklich).

2 **II) Mahnfähiger Anspruch (Abs I). 1)** Der für das Mahnverfahren geeignete Anspruch muß auf **Zahlung einer bestimmten Geldsumme,** regelmäßig in DM, gerichtet sein; die Höhe des zu fordernden Betrags ist nicht begrenzt. Ansprüche aus einer Hypothek, Grundschuld oder Rentenschuld stehen nicht gleich (arg Aufhebung von I 2 der aF). Ein in ausländischer Währung ausgedrückter Zahlungsanspruch kann Gegenstand des Mahnverfahrens sein, wenn der MB in einem Vertragsstaat, auf den das AVAG anwendbar ist (§§ 35, 41 II AVAG), zugestellt wird (**III** iVm § 34 I 2 AVAG; s Rn 8a). Die Beschränkung in **I** auf inländische Währung verstößt nicht gegen den EWG-Vertrag (EuGH RIW/AWD 81, 486). Jedenfalls eine einfache Fremdwährungsschuld iS von § 244 I BGB kann im Mahnverfahren geltend gemacht werden, wenn sie hierzu in DM umgerechnet wird (Karsten Schmidt NJW 89, 65; Hanisch IPRax 89, 276; vgl BGH 104, 268 = NJW 88, 1964); gleiches muß aber auch für eine echte gelten (Hanisch aaO 279; zur Verjährungsunterbrechung s § 693 Rn 3).

3 Soweit das Mahnverfahren mangels geeigneten Anspruchs nicht zulässig ist, muß der **Klageweg** beschritten werden.

4 **2) Ansprüche aus Urkunden, Wechseln, Schecks** können nach Wahl des Antragstellers im gewöhnl oder im Urkunden-(Wechsel-, Scheck-)Mahnverfahren nach § 703a verfolgt werden.

5 **III) Zugangsschranken (Abs II). 1) „Mahnverfahrenssperre" gem Abs II Nr 1. Lit:** *Braun/Raab-Gaudin* FLF 91, 244; *Bülow* Rpfleger 96, 133; *Rudolph* MDR 96, 1; *Scholz* DB 92, 127. Das Mahnverfahren ist nicht zulässig für Ansprüche des Kreditgebers (Begriff: § 1 I VerbrKrG) oder Zessionars aus Verträgen, für die das **VerbrKrG** gilt (vgl § 690 I Nr 3), wenn der nach dem VerbrKrG **anzugebende** effektive oder anfängliche effektive Jahreszins (vgl § 4 I Nr 1e, Nr 2d VerbrKrG) um 12% über dem bei Vertragsschluß geltenden Bundesbankdiskontsatz liegt. Das Datum des Vertragsabschlusses und der anzugebende effektive Jahreszins sind im Mahnantrag zu bezeichnen (§ 690 I Nr 3, 2. HS). Wenn dieser effektive oder anfänglich **effektive Jahreszins** eine Differenz von mehr als 12% zu dem bei Vertragsabschluß geltenden Diskontsatz der Deutschen Bundesbank aufweist, ist der Mahnantrag nach § 691 I Nr 1 vom Rechtspfleger zurückzuweisen. Maßgebend ist allein die Höhe des „anzugebenden" Zinses (näher § 690 Rn 14a); die Geltendmachung niedrigerer Zinsen (oder überhaupt keiner) macht das Mahnverfahren nicht zulässig (Braun/Raab-Gaudin aaO 246). Vom Mahnverfahren ausgeschlossen sind damit auch (uU noch nicht fällige) Bereicherungsansprüche aus sittenwidrigen Geschäften. Die Berechnung des effektiven Jahreszinses richtet sich nach § 4 II VerbrKrG iVm der PAngV idF der 1. ÄndVO vom 3. 4. 1992 (BGBl I S 846; vgl näher v. Westphalen/Emmerich/Kessler, VerbrKrG, 1991, § 4

Rn 163 ff mit Nachtrag 1993, § 4 nF Rn 43 ff); sie ist vom Gläubiger eigenverantwortlich vorzunehmen und wird idR vom Rechtspfleger (ohne inhaltliche Prüfung) übernommen (Braun/Raab-Gaudin aaO; Rudolph MDR 96, 3). Mit der Grenzziehung gem **II Nr 1** soll kein Kriterium der Sittenwidrigkeit eingeführt werden, sondern lediglich eine Sperre für das summarische Verfahren (so StJ/Schlosser Rn 6; Scholz DB 92, 128 im Anschluß an die EntwBegründung; abw Braun/Raab-Gaudin aaO: „kritische Grenze" zu § 138 BGB; ähnlich Bülow Rpfleger 96, 133 Fn 2; sa Rn 6b vor § 688). Den für den Zeitpunkt des Vertragsschlusses maßgeblichen **Diskontsatz** ermittelt das Mahngericht (Statistischer Teil der Monatsberichte der Deutschen Bundesbank; BAnz). Diskontsätze der Deutschen Bundesbank ab **1990–1994:** s NJW 95, 1075, **1995:** 31. 3. 4%; 24. 8. 3,5%; 14. 12. 3,0%; **1996:** 18. 4. 2,5% (vgl auch Palandt, Anh zu § 246 BGB). Bei Geltendmachung von pauschaliertem Verzugszins oberhalb der **Zinsgrenze gem § 11 I VerbrKrG** ist das Mahnverfahren nicht ausgeschlossen (Rn 6b vor § 688), der MB-Antrag aber idR zurückzuweisen (§ 690 Rn 14; § 691 Rn 1). Zum Prüfungsumfang des Rechtspflegers vgl Markwardt NJW 91, 1120 gegen Bülow NJW 91, 133; *ders* Rpfleger 96, 133; dazu allg § 690 Rn 23; § 691 Rn 1.

2) Da dem Antragsgegner Zahlung innerhalb der Widerspruchsfrist aufgegeben wird, sofern er nicht Widerspruch einlegt, muß die Forderung **fällig** sein oder spätestens innerhalb der Widerspruchsfrist werden. Ansprüche auf künftig fällig werdende Leistungen (§§ 257 ff) können nicht im Mahnverfahren verfolgt werden. Der Anspruch darf **nicht bedingt** sein und darf nicht oder **nicht mehr von einer Gegenleistung** des Antragstellers **abhängen (Abs II Nr 2),** was der Antragsteller im Mahnantrag zu versichern hat (§ 690 I Nr 4); die Abhängigkeit von der Gegenleistung besteht allgemein bei Zug um Zug zu erbringenden Leistungen (§§ 320 ff BGB), nicht aber bei einer Vorleistungspflicht des Antragsgegners (Herbst Rpfleger 78, 200); die Behauptung, die Gegenleistung sei vergeblich angeboten worden, macht das Mahnverfahren nicht zulässig (BL/Hartmann Rn 7). Gegenleistung in diesem Sinne ist nicht die Ausstellung einer Quittung oder die Aushändigung der Schuldurkunde (§ 368 BGB, Art 39 WG, Art 34 ScheckG). 6

3) Das Mahnverfahren ist nicht zulässig **(II Nr 3),** wenn der MB **öffentlich zugestellt** werden müßte (§§ 203 ff). Es ist ausgeschlossen, wenn der Antragsteller die Anschrift des Gegners nicht beibringen kann, da dessen Aufenthalt nicht bekannt ist. Gegen im Inland befindliche Mitglieder der Streitkräfte und des zivilen Gefolges nebst Angehörigen ist das Mahnverfahren zulässig (vgl § 703c I Nr 4; Zustellung nach Art 32 des Zusatzabkommens zum NATO-TrST, BGBl 61 II 1218; hierzu Schwenk NJW 76, 1562). 7

Stellt sich **nachträglich** heraus, daß der MB nicht zugestellt werden kann, weil sich der Antragsgegner im von **III** nicht erfaßten Ausland aufhält (ie Rn 10) oder sein Verbleib unbekannt ist, so ist angesichts der Unzulässigkeit öffentl Zustellung im Mahnverfahren unter Wahrung der Verfahrenseinheit (vgl § 693 II) Abgabe ins Streitverfahren in entspr Anwendung von § 696 zulässig (so zutr LG Frankfurt Rpfleger 80, 303; Frankfurt MDR 87, 64 mwN = Rpfleger 87, 27; ThP Rn 5, 6, str; aA – Klageerhebung erforderlich –: LG Flensburg Rpfleger 89, 377 mit zust Anm Blechinger Rpfleger 90, 81; MK/Holch Rn 15 f; sa § 696 Rn 3). 8

IV) Mahnverfahren in Wohnungseigentumssachen. Nach § 46a WEG (eingefügt durch das RechtspflegeVereinfG, in Kraft seit 1. 4. 1991) ist das zivilprozessuale Mahnverfahren zulässig für Zahlungsansprüche, über die nach § 43 I WEG zu entscheiden ist (die bisher bestehende Kontroverse – dazu 16. Aufl mwN – ist damit überholt); darunter fallen insbes Zahlungsansprüche der Wohnungseigentümer untereinander, der Wohnungseigentümer gegen den Verwalter und Ansprüche des Verwalters gegen einzelne oder mehrere Wohnungseigentümer (vgl StJ/Schlosser Rn 10 vor § 688; Palandt/Bassenge § 43 WEG Rn 3, 4). Es gelten folgende Abweichungen: Ausschließlich zuständig ist das AG, in dessen Bezirk das Grundstück liegt (§ 46a I 2 WEG); ist gem § 689 III ein zentrales Mahngericht errichtet, geht dessen Zuständigkeit vor (vgl Hansens Rpfleger 92, 277). § 690 I Nr 5 gilt mit der Maßgabe, daß im Mahnantrag das nach § 43 I WEG zuständige Gericht der freiwilligen Gerichtsbarkeit zu bezeichnen ist (§ 46a I 3 WEG). An dieses wird das Verfahren im Fall des rechtzeitigen Widerspruchs oder des Einspruchs abgegeben. Mit Eingang der Akten bei diesem Gericht gilt der Antrag auf Erlaß des MB als Antrag nach § 43 I WEG (§ 46a I 4 WEG). Zu weiteren Besonderheiten bei Widerspruch und Einspruch vgl § 46a II, III WEG sowie die Anm zu den einzelnen §§. 9

V) Auslandsmahnverfahren (Abs III). Lit: *Hök* JurBüro 91, 1145, 1303, 1441, 1605; *M. J. Schmidt* ZAP (1995) Fach 14 S 195, 1279 ff; *Wagner* RIW 95, 89. Die Zustellung des MB muß im **Inland** oder in einem **ausländischen Staat** erfolgen können, mit dem ein nach dem **AVAG** durchzuführendes Abkommen (vgl die Aufzählung in § 35 AVAG: alle EuGVÜ/LuganoÜ-Mitgliedsstaaten, ferner Israel, Norwegen und Spanien; zum räumlichen Anwendungsbereich näher Schmidt, Wagner, je aaO; Kommentierung zum AVAG: unten Anhang II) besteht, das dies zuläßt **(III);** bei Zustellung an einen Zustellungsbevollmächtigten kommt es auf *dessen* (Wohn-)Sitz an (AG München Rpfleger 91, 425 mit Anm Druwe). Soweit der MB im Ausland zuzustellen ist (s § 703c I Nr 3), gelten nach § 34 AVAG (entspricht § 36 des bish AusfG zum EuGVÜ) für das 10

Verfahren einige Besonderheiten. Wenn sich der Antragsteller auf einen vereinbarten Gerichtsstand (zB Art 17 EuGVÜ) beruft, muß er dem Antrag die schriftl Unterlagen über die Vereinbarung beifügen (§ 34 II AVAG); bei der Zustellung des MB ist der Antragsgegner aufzufordern, für den Regelfall einen im Gerichtsbezirk wohnhaften Zustellungsbevollmächtigten zu benennen (vgl näher §§ 34 III 2, 4 II und III AVAG) und zwar in Abänderung von § 175 I 1 innerhalb der Widerspruchsfrist (§ 34 III 3 AVAG, neu eingefügt); anders beim früheren § 36 III 2 AusfG, dort galten die §§ 174 II, 175 uneingeschränkt, so daß im Mahnverfahren meist eine zweimalige Auslandszustellung erforderlich war, weil die Voraussetzungen des § 175 I 1 fehlten (BGH 98, 263 [267 ff] = NJW 87, 592 = JR 87, 157 mit Anm Schlosser = ZZP 100, 435 m Anm Schack; München NJW 89, 234; näher § 175 Rn 2). Die Widerspruchsfrist beträgt einen Monat (§ 34 III 1 AVAG).

11 **§ 34 AVAG** (1) Das Mahnverfahren findet auch statt, wenn die Zustellung des Mahnbescheids in einem anderen Vertragsstaat erfolgen muß. In diesem Fall kann der Anspruch auch die Zahlung einer bestimmten Geldsumme in ausländischer Währung zum Gegenstand haben.

(2) Macht der Antragsteller geltend, daß das Gericht aufgrund einer Vereinbarung zuständig sei, hat er dem Mahnantrag die nach dem jeweiligen Vertrag erforderlichen Schriftstücke über die Vereinbarung beizufügen.

(3) Die Widerspruchsfrist (§ 692 Abs. 1 Nr. 3 der Zivilprozeßordnung) beträgt einen Monat. In dem Mahnbescheid ist der Antragsgegner darauf hinzuweisen, daß er einen Zustellungsbevollmächtigten zu benennen hat (§ 174 der Zivilprozeßordnung und § 4 Abs. 2 und 3 dieses Gesetzes). § 175 der Zivilprozeßordnung gilt entsprechend mit der Maßgabe, daß der Zustellungsbevollmächtigte innerhalb der Widerspruchsfrist zu benennen ist.

12 **VI) Fehlen notwendiger Voraussetzungen.** Ergibt sich aus dem Mahnantrag, daß Voraussetzungen des Mahnverfahrens fehlen, und kann der Mangel nicht behoben werden oder wird er trotz Beanstandung nicht behoben, ist der Antrag nach § 691 zurückzuweisen (§ 691 Rn 5). Ein dennoch erlassener MB ist wirksam; dem Antragsgegner steht gegen ihn nur der Widerspruch (§ 694) zu (keine Erinnerung, § 11 V S 2 RPflG). Unterbleibt der Widerspruch, darf aber kein VB erlassen werden (§ 699 Rn 12).

689 *[Zuständigkeit; maschinelle Bearbeitung]*

(1) Das Mahnverfahren wird von den Amtsgerichten durchgeführt. Eine maschinelle Bearbeitung ist zulässig. Bei dieser Bearbeitung sollen Eingänge spätestens an dem Arbeitstag erledigt sein, der dem Tag des Eingangs folgt.

(2) Ausschließlich zuständig ist das Amtsgericht, bei dem der Antragsteller seinen allgemeinen Gerichtsstand hat. Hat der Antragsteller im Inland keinen allgemeinen Gerichtsstand, so ist das Amtsgericht Schöneberg in Berlin ausschließlich zuständig. Sätze 1 und 2 gelten auch, soweit in anderen Vorschriften eine andere ausschließliche Zuständigkeit bestimmt ist.

(3) Die Landesregierungen werden ermächtigt, durch Rechtsverordnung Mahnverfahren einem Amtsgericht für die Bezirke mehrerer Amtsgerichte zuzuweisen, wenn dies ihrer schnelleren und rationelleren Erledigung dient. Die Zuweisung kann auf Mahnverfahren beschränkt werden, die maschinell bearbeitet werden. Die Landesregierungen können die Ermächtigung durch Rechtsverordnung auf die Landesjustizverwaltungen übertragen. Mehrere Länder können die Zuständigkeit eines Amtsgerichts über die Landesgrenzen hinaus vereinbaren.

Abs III 1 geändert durch Art 1 Nr 50 des RechtspflegeVereinfG vom 17. 12. 1990 (BGBl I S 2847), in Kraft seit 1. 4. 1991. Abs III 2 eingefügt durch Art 1 Nr 8 des RechtspflegeEntlG vom 11. 1. 1993 (BGBl I S 50), in Kraft seit 1. 3. 1993.

1 **I) Zuständigkeit. Lit:** *Salten/Riesenberg/Jurksch* MDR 95, 448. **1) Sachlich** sind für das Mahnverfahren die Amtsgerichte ohne Rücksicht auf den Streitwert ausschließlich zuständig **(I S 1). Funktionell** ist der Rechtspfleger zuständig, auch bei maschineller Bearbeitung; nur das etwa nachfolgende Streitverfahren ist dem Richter vorbehalten (§ 20 Nr 1 RPflG). Auch die **örtliche** Zuständigkeit ist ausschließlich; auf das Mahnverfahren bezogene Zuständigkeitsvereinbarungen sind nicht möglich (§ 40 II; BGH NJW 85, 322) mit Ausnahme des (zugelassenen) grenzüberschreitenden Mahnverfahrens (vgl § 34 II AVAG; § 688 Rn 10). Die Zuständigkeitsregelung des § 689 gilt nur für das Mahnverfahren selbst (sa §§ 690 I Nr 5, 692 I Nr 1). Im **arbeitsgerichtlichen Mahnverfahren** ist das Arbeitsgericht zuständig, das für die im Urteilsverfahren erhobene Klage zuständig sein würde (§ 46a II ArbGG). Eine vorrangige ausschließliche **örtliche** Zuständigkeit besteht gem § 46a WEG in Wohnungseigentumssachen (ie § 688 Rn 9). Abs **II** begründet keine ausschließliche internationale Zuständigkeit (vgl Düsseldorf RIW 96, 431; sa § 703d Rn 1 und 3).

2 **2) Weiteres zur örtlichen und internationalen Zuständigkeit (Abs II und III): a) II** setzt voraus, daß der **Antragsgegner** seinen **allgemeinen Gerichtsstand im Inland** hat. Andernfalls gilt § 703d II (BGH NJW 81, 2647 = Rpfleger 81, 394; zum Auslandsmahnverfahren s § 688 Rn 10). Auf den Ort, an dem der Antragsgegner im Inland seinen allgemeinen Gerichtsstand hat, kommt es

nicht an; daher berühren auch Aufenthaltswechsel des Antragsgegners im Inland die örtliche Zuständigkeit des Mahngerichts nach § 689 nicht.

b) Maßgebend ist in erster Linie der **allgemeine Gerichtsstand des Antragstellers** (§§ 12 ff), sofern ein solcher im Inland besteht **(II 1)**, bei natürl Personen demnach regelmäßig der Wohnsitz (§ 13), bei juristischen Personen, sonstigen Personenvereinigungen und Vermögensmassen, die als solche verklagt werden können, der Sitz (§§ 17–19; zur RA-Sozietät s § 690 Rn 8); eine unselbständige Zweigniederlassung (§ 21) genügt nicht (dann uU Fall von II 2, s unten). Wollen **mehrere Antragsteller** mit verschiedenen allgemeinen Gerichtständen einen gemeinsamen MB erwirken, können sie zwischen den für sie bestehenden allgemeinen Gerichtsständen wählen (BGH NJW 78, 321 = MDR 78, 207 = Rpfleger 78, 12; aus prozeßökonomischen Gründen zust Haack NJW 80, 673; vgl auch § 35 Rn 1). Der Sitz wird bei Kapitalgesellschaften und Genossenschaften durch das Statut bestimmt (§ 5 AktG, § 3 Nr 1 GmbHG, § 6 Nr 1 GenG); Sitz der OHG und KG: § 106 II Nr 2 HGB. Bei juristischen Personen und Handelsgesellschaften mit unselbständigen Zweigniederlassungen ist nur das AG am Gesellschaftssitz zuständig (BGH NJW 78, 321 = MDR 78, 207 = Rpfleger 78, 13), wenn nicht durch Statut ein Nebensitz begründet ist (§ 17 III; vgl Salten/Riesenberg/Jurksch MDR 95, 448). Das örtl Reisebüro (Niederlassung iS von § 21) begründet daher keine Zuständigkeit für Ansprüche des Reiseveranstalters (Hauptsitz maßgebend: MK-BGB/Wolter § 651g Rn 29). Bei einer **ausländischen Versicherungsgesellschaft** oder **Bank,** die im Inland eine selbständige Niederlassung unterhält, ist jedoch allgemeiner Gerichtsstand iS von **II 1** der Ort des Sitzes der Niederlassung (BGH NJW 79, 1785 = MDR 79, 647 = Rpfleger 79, 258; AG Frankfurt NJW 80, 2028 = Rpfleger 80, 72; vgl auch § 53 KWG). Hat der **Antragsteller im Inland keinen allgemeinen Gerichtsstand,** ist das AG Berlin-Schöneberg örtl ausschließlich zuständig **(II 2)**, sofern der *Antragsgegner* einen inländischen Gerichtsstand hat, sonst gilt § 703d II (BGH NJW 81, 2647 = Rpfleger 81, 394; Rn 2). **II 2** gilt daher für ausländische Handelsgesellschaften mit unselbständigen inländischen Zweigniederlassungen (BGH NJW 91, 110 = MDR 91, 321 = Rpfleger 91, 27). Die Gerichtsstände des **II** gehen anderen als ausschließlich bezeichneten Gerichtsständen (zB § 29a) vor **(II 3)**. 3

c) Nach **III 1** können die Landesregierungen (bzw gem **III 3** die Landesjustizverwaltung) durch RechtsVO für die Bezirke mehrerer Amtsgerichte **zentrale Mahngerichte** einrichten, auch auf maschinell bearbeitete Mahnverfahren beschränkte **zentrale EDV-Mahngerichte** (entspr Klarstellung von III 1 iS einer beschränkten Zuständigkeitskonzentration bringt **III 2;** Folge für Antragsteller: § 35). Der Bezirk solcher zentralen Mahngerichte kann auch über Landesgrenzen hinaus erstreckt werden. Ihre Zuständigkeit hat ebenfalls Vorrang vor anderen als ausschließl bezeichneten Zuständigkeiten. Die Zuständigkeitskonzentration erfaßt im Zweifel auch die sog Auslandsmahnverfahren nach § 703d (BGH NJW 93, 2752; Rpfleger 93, 355 mit zust Anm Falk; Wagner RIW 95, 93 f; krit Pfeiffer IPRax 94, 421; sa § 703d Rn 3). Nach III 1 aF konnten zentrale Mahngerichte lediglich für den Bezirk eines oder mehrerer Oberlandesgerichte eingerichtet werden; von dieser Ermächtigung haben zahlreiche Länder Gebrauch gemacht (Einzel-Nachw 16. Aufl). Von der Ermächtigung gem **III 3** haben Baden-Württemberg, Bayern, Berlin, Hamburg, Hessen, Nordrhein-Westfalen und Rheinland-Pfalz Gebrauch gemacht und bei bestimmten AGen „zentrale Mahnabteilungen" eingerichtet, die das Mahnverfahren idR maschinell bearbeiten (Einzel-Nachw: MK/Holch Rn 19; Überblick über AGe mit „zentralen Mahnabteilungen": Salten/Riesenberg/Jurksch MDR 95, 449). 4

3) Die **Zuständigkeit** des mit dem Mahnantrag angegangenen Gerichts ist **von Amts wegen zu prüfen;** maßgebend ist der Zeitpunkt der Einreichung des Antrags (Salten/Riesenberg/Jurksch MDR 95, 450 mN, str). Im allgemeinen kann das nur an Hand der Angaben im Mahnantrag geschehen (zum Prüfungsumfang s § 690 Rn 21). Fehlt sie, soll der Antragsteller vor Antragszurückweisung nach § 691 darauf hingewiesen werden. Nur mit seinem Einverständnis kann die Bezeichnung des anzurufenden Gerichts im Antrag (§ 690 I Nr 2) entsprechend abgeändert und der Antrag dann an das zuständige AG weitergeleitet werden (vgl RG JW 36, 1776; Petermann Rpfleger 64, 49). Da dann das ursprünglich befaßte AG nicht mehr um Entscheidung über den Mahnantrag angegangen ist, ist förml Verweisung (BGH NJW 64, 247) nicht veranlaßt (offen gelassen KG NJW 83, 2710, str; aA StJ/Schlosser Rn 13). Die Abgabemöglichkeit besteht insbes auch im *arbeitsgerichtlichen Verfahren,* aber auch im Verhältnis AG–ArbG (vgl BAG EzA § 209 BGB Nr 3). Gegen einen vom unzuständigen AG erlassenen MB steht dem Antragsgegner nur der Widerspruch zu (keine Erinnerung, § 11 V 2 RPflG). Der Bescheid ist nicht wirkungslos, kann allerdings nicht die Grundlage für einen VB bilden (s BGH MDR 90, 222 = Rpfleger 89, 516; § 699 Rn 12). 5

II) Maschinelle Bearbeitung ist nach **I 2** zulässig (ie § 703c Rn 10). Über die Einführung bestimmen die Landesregierungen bzw Landesjustizverwaltungen (§ 703c III). Der Verfahrensablauf kann durch RechtsVO des BJM mit Zustimmung des BR geregelt werden (§ 703b II). Für die maschinelle Bearbeitung sind durch VO vom 6. 6. 78 (BGBl I 705, zuletzt geändert durch VO vom 18. 7. 91, BGBl I 1547) besondere Vordrucke eingeführt worden (§ 703c I Nr 1). Datenträgerlose Übermittlung des Mahnantrags ist möglich (§ 690 III und dort Rn 20). Für die Form der ausge- 6 druckten Beschlüsse, Verfügungen und Ausfertigungen gelten Erleichterungen (§ 703b I). Bei maschineller Bearbeitung sollen die Sachen spätestens am Tag nach dem Eingang erledigt werden (§ 689 I 3); dieses Ziel wird in der Praxis erreicht (s Mayer NJW 83, 93). Im Bedarfsfall tritt an die Stelle der Akten ein maschinell erstellter Aktenausdruck (§§ 696 II, 697 V; Muster bei Mayer NJW 83, 94). Besonderheiten beim VB: § 699 II, III.

690 *[Mahnantrag]*

(1) Der Antrag muß auf den Erlaß eines Mahnbescheids gerichtet sein und enthalten:

1. die Bezeichnung der Parteien, ihrer gesetzlichen Vertreter und der Prozeßbevollmächtigten;

2. die Bezeichnung des Gerichts, bei dem der Antrag gestellt wird;

3. die Bezeichnung des Anspruchs unter bestimmter Angabe der verlangten Leistung; Haupt- und Nebenforderungen sind gesondert und einzeln zu bezeichnen, Ansprüche aus Verträgen, für die das Verbraucherkreditgesetz gilt, auch unter Angabe des Datums des Vertragsabschlusses und des nach dem Verbraucherkreditgesetz anzugebenden effektiven oder anfänglichen effektiven Jahreszinses;

4. die Erklärung, daß der Anspruch nicht von einer Gegenleistung abhängt oder daß die Gegenleistung erbracht ist;

5. die Bezeichnung des Gerichts, das für ein streitiges Verfahren zuständig ist.

(2) Der Antrag bedarf der handschriftlichen Unterzeichnung.

(3) Der Antrag kann in einer nur maschinell lesbaren Form übermittelt werden, wenn diese dem Gericht für seine maschinelle Bearbeitung geeignet erscheint; der handschriftlichen Unterzeichnung bedarf es nicht, wenn in anderer Weise gewährleistet ist, daß der Antrag nicht ohne den Willen des Antragstellers übermittelt wird.

Abs I Nr 3 HS 2 eingefügt durch Art 6 Nr 2 des VerbrKrG/ZPOuaÄndG vom 12. 12. 1990 (BGBl I S 2840), in Kraft seit 1. 1. 1992; Abs I Nr 5 und Abs III idF des RechtspflegeVereinfG vom 17. 12. 1990 (BGBl I S 2847), Abs I Nr 3 HS 2, Nr 5 in Kraft seit 1. 1. 1992, Abs III in Kraft seit 1. 4. 1991.

1 **I) 1)** Der MB wird nur **auf Antrag** erlassen (§ 688 I). Benutzung der eingeführten **Vordrucke** (ie § 703c Rn 1 ff) ist zwingend vorgeschrieben (§§ 703c II, 691 I).

2 **2) Anbringung:** Der Antragsteller (ggfalls gesetzl Vertreter, Bevollmächtigter) kann den Vordruck selbst ausfüllen und einreichen. Er kann seine Erklärung auch bei der Geschäftsstelle des (bzw gem § 129a eines jeden) AG abgeben; dann ist der Urkundsbeamte bei der Ausfüllung des Vordrucks behilflich (§ 702). *Handschriftl Unterzeichnung* durch den Antragsteller (gesetzl Vertreter, Bevollmächtigten) ist stets erforderlich **(II)**; Faksimilestempel oder Druck genügen nicht. Das Fehlen der Unterschrift ist ein Zurückweisungsgrund gem § 691 (BGH 86, 323 f = NJW 83, 1052 = MDR 83, 657); jedoch ist der Mangel unschädlich, wenn der MB erlassen wurde und kein Zweifel an der Identität des Antragstellers und seinem Willen, das Mahnverfahren in Gang zu bringen, besteht (BGH 86, 324; vgl auch § 693 Rn 3). Ein *Bevollmächtigter* hat seine ordnungsgemäße Bevollmächtigung zu versichern (§ 703); Vollmacht ist nicht vorzulegen. Dem Antragsgegner wird der Antrag nicht mitgeteilt (§ 702 II). Vorausentrichtung von Gerichtsgebühr und Zustellungsauslagen (außer bei maschineller Bearbeitung): § 65 III GKG.

3 **3) Weiteres zur Antragstellung: a)** Mit dem Mahnantrag kann für den Fall des Widerspruchs der **Antrag auf Durchführung des streitigen Verfahrens** verbunden werden (§ 696 I 2) – was auch regelmäßig geschieht –, nicht aber für den Fall unterbleibenden Widerspruchs der Antrag auf Erlaß des VB (§ 699 I 2); Grund: § 699 Rn 3.

4 **b)** Zusätzliche Anforderungen bei der Auslandszustellung des MB: § 688 Rn 10.

5 **c) Konkurs oder Tod einer Partei** vor Erlaß des beantragten MB: Rn 9, 15 vor § 688.

6 **II) Notwendiger Inhalt des Antrags. 1)** Zu **Nr 1:** Die Anforderungen an die **Bezeichnung der Beteiligten** gehen weiter als bei der Klageschrift (§ 253 II Nr 1), weil dort etwa erforderliche ergänzende Angaben in der mündl Verhandlung nachgeholt werden können; da die Angaben im Antrag in einen etwaigen VB übergehen, entsprechen die Anforderungen den an ein Urteilsrubrum (§ 313 I Nr 1) zu stellenden (ebenso MK/Holch Rn 5).

7 **a)** Die **Bezeichnung** der Parteien, insbes des **Antragsgegners**, muß so genau sein, daß Zweifel an der Identität nicht möglich sind (Koblenz MDR 80, 149). **Unzureichende Angaben** können die Zustellung des MB unmöglich oder unwirksam machen (vgl Nürnberg OLGZ 87, 484 mwN) oder zu Verwechslungen führen, so daß durch die Zustellung eine andere als die gemeinte Person in das Verfahren einbezogen wird (vgl BGH NJW-RR 95, 764 mwN = MDR 95, 1163 = Rpfleger 95, 422; sa Rn 6 ff vor § 50). Außerdem können sie die Eignung eines späteren VB als Vollstreckungstitel in Frage stellen. Deshalb hat der Rechtspfleger auf Klarstellung hinzuwirken; eine Zurückweisung des Antrags nach § 691 kommt nur in Betracht, wenn der Beanstandung nicht Rechnung getragen wird (§ 691 Rn 1). Beispiele aus der Rspr für mangelhafte Bezeichnungen des

Antragsgegners gibt Petermann Rpfleger 73, 153. Die Berichtigung der Parteibezeichnung im MB kann nur auf Veranlassung des Antragstellers erfolgen, nicht gem § 319 (München Rpfleger 90, 28; weitergehend MK/Holch § 692 Rn 16; sa hier Rn 7 aE vor § 688).

b) Zu fordern ist bei **natürlichen Personen** als Bezeichnung zumindest Name, möglichst mit ausgeschriebenem Vornamen (dazu E. Schneider MDR 71, 587), und genaue Postanschrift, die sich der Antragsteller zu beschaffen hat; Angabe eines Postfachs genügt als Zustellanschrift nicht. Treffen Name und Anschrift auf mehrere Personen in gleicher Weise zu (zB Vater und Sohn), sind unterscheidende Zusätze geboten (Nürnberg OLGZ 87, 484), zB „jun", Geburtsdatum und dgl. Angabe von Stand, Beruf, Gewerbe ist nicht mehr vorgeschrieben, erleichtert aber die Identifizierung. Ist der Antragsteller RA in eigener Sache, genügt (trotz § 689 II) die Angabe der Kanzleianschrift (auch von Sozietät), soweit er anwaltlich versichert, daß er oder ein Sozius am Ort des Mahngerichts den Wohnsitz hat (AG Hamburg Rpfleger 93, 252 mit Anm Gildemeister; ders NJW 93, 1569). 8

c) Bei Mehrheit von Antragstellern oder Antragsgegnern **(Streitgenossenschaft)** sind diese Angaben für jeden von ihnen erforderlich, bei mehreren Antragsgegnern in gesonderten Mahnanträgen (Rn 21; § 703c Rn 6; sa ThP Rn 4 vor § 688); das Beteiligungsverhältnis ist jeweils anzugeben (LG Berlin MDR 77, 146; MK/Holch Rn 3), idR durch entspr Ausfüllung des Vordrucks (zB bei Gesamtschuld). 9

d) Bei **Kaufleuten** genügt Angabe der **Firma** (§ 17 II HGB); zusätzl Angabe des derzeitigen Inhabers ist ratsam, damit nicht bei Inhaberwechsel die Zwangsvollstreckung auf Schwierigkeiten stößt (Frankfurt Rpfleger 73, 64). Etablissementbezeichnungen (zB Gasthof Schwarzer Adler, Lux-Beleuchtungshaus) sind keine Firmen und genügen nicht zur Bezeichnung des Inhabers. OHG und KG können unter ihrer Firma in Anspruch genommen werden (§§ 124 I, 161 II HGB), nicht sonstige Personenzusammenschlüsse unter einer firmenähnlichen Bezeichnung (vgl LG Berlin Rpfleger 73, 104 mit Anm Petermann). Sachfirmen finden sich bei der AG (§ 4 AktG), GmbH (§ 4 GmbHG), Erwerbs- und Wirtschaftsgenossenschaft (§ 3 GenG). Zu unklaren Firmenbezeichnungen bei Kapital- und Handelsgesellschaften vgl BAG AP 2 zu § 268 ZPO; Köln Rpfleger 75, 102; LG Berlin Rpfleger 74, 407. 10

e) Bei **prozeßunfähigen** und **juristischen Personen** sind – schon im Hinblick auf die Zustellung des MB – auch die gesetzlichen Vertreter anzugeben, bei Personenvereinigungen, die als solche verklagt werden können, die vertretungsberechtigten Organe, die im Sinne der ZPO als gesetzliche Vertreter gelten. Eine namentliche Bezeichnung des gesetzlichen Vertreters einer juristischen Person ist nicht unbedingt erforderlich, vielmehr genügt die Kennzeichnung des Zustellungsadressaten (vgl auch § 191 Rn 4) durch Angabe der Organstellung (BGH NJW 93, 2813). Bsp: Bei MB gegen GmbH & Co KG genügt (ohne Nennung der Komplementär-GmbH) „vertreten durch die Geschäftsführer . . ." (vgl BGH aaO, dazu ferner auch Mümmler JurBüro 94, 9). 11

f) Wird der Antrag durch einen **Bevollmächtigten** gestellt, so ist auch er im Antrag zu benennen; Versicherung der Bevollmächtigung s oben Rn 2. Ein gegnerischer Bevollmächtiger an den der MB zuzustellen wäre, ist im Antrag nur anzugeben, wenn seine Bevollmächtigung gleichzeitig nachgewiesen werden kann, da § 703 S 2 für ihn nicht gilt (Schalhorn JurBüro 74, 700; § 703 Rn 3). 12

2) Zu **Nr 2:** Anzugeben ist das **AG, das den Mahnbescheid erlassen soll.** Das ist insbes nötig, wenn der Mahnantrag gemäß § 129a bei einem anderen als dem zuständigen AG angebracht wird, ist aber auch von Bedeutung bei Zuständigkeitszweifeln. Der Antrag darf nur an das nach § 689 II, III bzw § 703d II für das Mahnverfahren zuständige AG gerichtet werden. Ist das angerufene AG nicht zuständig, kann der Rechtspfleger die Angabe nicht von sich aus durch die nach seiner Meinung zutreffende ersetzen (§ 689 Rn 5). 13

3) Zu **Nr 3:** Die **Bezeichnung des Anspruchs (Nr 3 HS 1)** muß seine hinreichende Individualisierung und Abgrenzung von anderen in Betracht kommenden Ansprüchen ermöglichen (vgl näher Vollkommer, FS Lüke, 1997). Der BGH verlangt hierfür eine solche Kennzeichnung des Anspruchs, daß er über einen VB Grundlage eines Vollstreckungstitels sein kann *und* dem Antragsgegner eine Entscheidung über den Widerspruch ermöglicht (BGH NJW 92, 1111; 93, 863; 94, 324; 95, 2231 = MDR 95, 844 = Rpfleger 95, 509, stRspr; dazu krit im Zusammenhang mit § 209 II Nr 1 BGB s § 693 Rn 3); Erkennbarkeit für den Adressaten genügt (BGH NJW 94, 324; 96, 2152 [2153]). Die Anforderungen richten sich ie nach dem zwischen den Parteien bestehenden Rechtsverhältnis und der Art des konkreten Anspruchs, die Umstände entscheiden (BGH NJW 92, 1111; 94, 324; 96, 2153; sa § 693 Rn 3). Die Angabe des Rechtsgrunds ist idR nicht erforderlich (BGH 112, 370 = NJW 91, 44; NJW 94, 324), eine (nicht individualisierende) Falschangabe ist unschädlich (Oldenburg OLGR Celle 95, 247; Beispiel: „Schadensersatz" statt „Erfüllung"; verkannt von BGH NJW 92, 1111 mit abl Anm Vollkommer WuB IV A § 209 BGB 1.92). Eine typische Anspruchsbezeichnung (Muster: Vorblatt des amtlichen Vordrucks) ist idR ausreichend, die bloße Bezeichnung „Forderung" ohne nähere Angaben (Entstehungszeitpunkt) genügt aber nicht (Herbst Rpfleger 78, 200; Frankfurt NJW 91, 2091). Der geforderte **Geldbetrag** muß in **DM** und 14 kann in ausländischer Währung nur nach § 688 III, § 34 I 2 AVAG angegeben werden (§ 688 Rn 2, 11); bei einer **Teilforderung**, insbes der Geltendmachung eines Teilbetrags aus mehreren zusammengesetzten Ansprüchen einer Gesamtsumme, ist eine *Aufteilung* auf die Einzelansprüche (Anspruchsteile) vorzunehmen (BGH 112, 370 = NJW 91, 44; NJW 93, 863; AG Wuppertal MDR 90, 438; abw BGH NJW 96, 2153; vgl hierzu auch § 693 Rn 3 und allg § 253 Rn 15). Sind bei einem *Gesamtanspruch* die erforderlichen Angaben in einer Anlage zum MB enthalten (zB Aufstellung über verschiedene Rechnungen), bildet diese einen notwendigen Bestandteil des MB (BGH NJW 95, 2230 = MDR 95, 844 = Rpfleger 95, 509; Folge bei Nichtzustellung: § 170 I; vgl dazu auch § 693 Rn 5), doch braucht bei *Bezugnahme* auf ein dem Antragsgegner bereits übermitteltes Schreiben dieses nicht als Anlage beigefügt zu sein (BGH NJW 96, 2153). Nähere Angaben zum Anspruchsgrund sind nicht erforderlich (BGH 112, 328 = NJW 91, 172 = MDR 91, 145), aber zulässig (BGH 84, 139 f = NJW 82, 2002 = MDR 82, 846).

14a **Haupt- und Nebenforderungen (Nr 3 HS 2)** sind **gesondert und einzeln** individualisierbar zu bezeichnen; die nF hat insoweit die **Anforderungen** an die Anspruchsbezeichnung **verschärft** (dazu Holch NJW 91, 3180 f). Bsp für **Nebenforderungen:** Notwendige vorprozessuale Kosten, Auslagen, idR Zinsen (aber auch als Hauptforderung möglich, vgl § 11 III 4 VerbrKrG). Die einzelnen als „Nebenforderungen" geltend gemachten Posten sind genau zu bezeichnen, zB Kontoführungsgebühren, Bearbeitungsgebühren, Verzugszinsen, Inkassokosten. Geforderte **Zinsen** brauchen nicht ausgerechnet werden, es genügt Angabe von Zinssatz und Laufzeit; ausdrücklich klargestellt werden muß aber, ob die Zinsen (nur) aus der Hauptsache oder (auch) aus den Nebenforderungen verlangt werden, denn insoweit handelt es sich um jeweils mehrere bezeichnungspflichtige Nebenforderungen (so zutr – noch zur aF – AG Berlin-Tempelhof Rpfleger 91, 260 mit durch die nF überholter krit Anm N. Schneider). Für Ansprüche aus **Verträgen, für die das VerbrKrG gilt** (s näher § 688 Rn 5), ist zusätzlich die Angabe des *Datums des Vertragsabschlusses* und des *effektiven oder anfänglichen effektiven Jahreszinses* erforderlich, soweit dieser gem § 4 I Nr 1e, Nr 2d VerbrKrG notwendiger Bestandteil der Vertragsurkunde (beim Versandhandel: des Verkaufsprospekts, vgl § 8 I VerbrKrG) ist. **Bsp:** *„Anspruch aus Vertrag vom ..., für den das VerbrKrG gilt. Effektiver/Anfänglicher effektiver Jahreszins ...%."* Beim Überziehungskredit (§ 5 VerbrKrG) genügt die Angabe: *„Anspruch aus Vertrag, für den das VerbrKrG gilt"* (§ 2 der Vordruck-VO, eingefügt Art 1 Nr 2 der VO vom 18. 7. 1991, BGBl I S 1547; dazu § 703c Rn 1); das gleiche muß auch für andere unter das VerbrKrG fallende Kreditverträge gelten, bei denen keine Pflicht zur Effektivzinsangabe besteht (Finanzierungsleasingverträge, gerichtlich oder notariell beurkundete Kreditverträge, Versandhandel, vgl §§ 3 II Nr 1 und 3, 4 I 3 VerbrKrG; so auch Scholz DB 92, 127 f). Diese Angaben sind wegen § 688 II Nr 1 und für die Frage einer etwaigen Erschleichung des Mahnverfahrens (§ 826 BGB; ie § 700 Rn 15 ff) unerläßlich. Soweit im (nicht schon gem § 688 II Nr 1 ausgeschlossenen) Mahnverfahren die Geltendmachung von unzulässig überhöhtem pauschaliertem Vorzugszins (vgl § 11 I VerbrKrG) für möglich gehalten wird (abl hier § 691 Rn 1), ist der Verzugsschaden konkret darzulegen (so AG Hagen NJW-RR 95, 320 = MDR 95, 535 = Rpfleger 95, 172 mit krit Anm Wolf; zust Vortmann EWiR 95, 405, abl Rudolph MDR 96, 4).

15 **4)** Zu **Nr 4:** Der Antragsteller muß versichern **(Nr 4)**, daß der Anspruch **nicht** von einer **Gegenleistung abhängt** (Bsp: Vorleistungspflicht des Antragsgegners) oder daß er die ihm obliegende Gegenleistung bereits erbracht hat (s näher § 688 Rn 6).

16 **5)** Nach **Nr 5** hat der Antragsteller das **Gericht** zu bezeichnen, welches für die Entscheidung im Streitfall (endgültig) **örtlich und sachlich zuständig** ist. Der Antragsteller soll daher schon im Mahnantrag das (zu wählende) Gericht eines besonderen oder vereinbarten Gerichtsstands benennen; konkurrierende Gerichtsstände können daher, ausschließliche müssen im Mahnantrag vom Antragsteller beachtet werden (vgl dazu BGH NJW 93, 2810 = MDR 94, 944 und sogleich unten; zur nachträglichen Benennung der KfH bei „LG" s Rn 18). Durch die Neufassung der §§ 690 I Nr 5, 696 ist die Abgabeautomatik an den allg Gerichtsstand des Antragsgegners aufgehoben worden (krit zur Beseitigung Lechner aaO S 204 f und 210 f); der Antragsteller muß daher schon im Mahnantrag von seinem Wahlrecht nach § 35 Gebrauch machen. Nach Zustellung des MB kann das Wahlrecht nicht mehr ausgeübt werden (BGH NJW 93, 1273; BayObLG Rpfleger 93, 411; MK/Holch § 696 Rn 39). Eine Korrektur des angegebenen Gerichtsstands ist dann nur aufgrund eines übereinstimmenden Verlangens beider Parteien möglich (§§ 696 I 1, 700 III 1; vgl BGH, BayObLG, je aaO; sa § 696 Rn 9). Bei Nichtbeachtung einer ausschließlichen Zuständigkeit gilt § 281 (BGH NJW 93, 2810 = MDR 94, 944; ie § 696 Rn 9 ff).

17 **Verfahren.** Der Rechtspfleger hat nur zu prüfen, ob an dem im Mahnantrag angegebenen Ort ein AG (KrG) oder LG errichtet ist. Ist dies nicht der Fall oder ist offenkundig mißbräuchlich ein unzuständiges Gericht bekannt (zB das Wohnsitzgericht des Antragstellers), soll der Antrag zurückgewiesen werden (so Begründung BT-Drs 11/3621 S 46). Bei erkennbaren Unrichtigkeiten hat der Rechtspfleger auf Richtigstellung hinzuwirken (Rn 23; § 691 Rn 4). Ansonsten wird das im Mahnantrag bezeichnete Gericht in den MB übernommen (§ 692 I Nr 1). An dieses Gericht wird bei Widerspruch und Antrag auf Durchführung des streitigen Verfahrens abgegeben (§ 696

I 1), desgleichen bei Einspruch gegen den VB (§ 700 III 1). Den maßgeblichen Bundesbankdiskontsatz hat das Mahngericht zu ermitteln (§ 688 Rn 5).

6) **Bezeichnung des für das Streitverfahren zuständigen Gerichts in Sonderfällen.** a) Ein Antrag auf Entscheidung durch die **Kammer für Handelssachen** des LG kann nach dem Vordruck schon im Mahnantrag gestellt werden (vgl Zeile 10), so daß er gemäß § 692 I Nr 1 in den MB übergeht und mit diesem dem Antragsgegner zugestellt wird; er kann spätestens in der Anspruchsbegründung (vgl § 697 II), die insoweit der Klageschrift iS des § 96 GVG gleichsteht, nachgeholt werden, aber nur innerhalb der Frist des § 697 I 1 (Düsseldorf NJW-RR 88, 1471 mwN; Nürnberg Rpfleger 95, 369; Schäfer NJW 85, 296 [299]; weitergehend Schimpf AnwBl 85, 497 f: ohne Fristbeschränkung nach § 697 I 1; vgl auch § 697 Rn 3; § 96 GVG Rn 3). Durch die Angabe „LG–ZK" im MB-Antrag verliert der Kläger das Wahlrecht gem § 96 I GVG nicht (Nürnberg aaO). 18

b) Die Angabe des **Familiengerichts** als des beim AG in zivilprozessualen Familiensachen zur Streitentscheidung zuständigen Gerichts wird nicht gefordert (StJ/Schlosser Rn 10; anders wohl Jauernig FamRZ 78, 230); die zusätzliche Angabe ist aber zweckmäßig, wenn in güterrechtl Streitigkeiten (§ 621 I Nr 7) der Streitwert die allgemeine sachliche Zuständigkeit der Amtsgerichte (§ 23 I Nr 1 GVG) übersteigt, desgleichen im Falle einer Zuständigkeitskonzentration nach § 23c GVG. 19

c) Im Verfahren nach § 46a WEG gegen **Wohnungseigentümer** usw (vgl § 688 Rn 9) ist zwingend das nach § 43 I WEG zuständige Gericht der freiwilligen Gerichtsbarkeit zu bezeichnen (§ 46a I 3 WEG); in einer **Binnenschiffahrtssache** das dafür zuständige AG (§ 3 II 2 BinnSchVerfG); in einer **Landpachtsache** das nach §§ 1 Nr 1a, 48 LwVG zuständige AG. 20

d) Bei **mehreren Antragsgegnern** bestehen keine Besonderheiten; für jeden Antragsgegner ist (in dem jeweils gesonderten Vordrucksatz) das jeweils für das Streitverfahren zuständige Gericht anzugeben. 21

III) Wenn die Mahnsachen beim zuständigen AG **maschinell bearbeitet** werden (**Abs III**), kann der Antrag auch in einer nur maschinell lesbaren Aufzeichnung (Datenträger, zB Magnetband oder Diskette) übermittelt werden, die die nach Abs **I** erforderlichen Daten enthält. Ausreichend ist auch die datenträgerlose Übermittlung der Antragsdaten, die Übergabe eines körperlich-gegenständlichen Datenträgers ist nicht mehr erforderlich (Datenfernübertragung; vgl BT-Drs 11/3621 S 47; Lechner aaO S 44 f; dazu Heß CR 92, 572 mN). Voraussetzung ist, daß die Art der Aufzeichnung auf die EDV-Anlage des Gerichts abgestimmt ist (vgl § 691 III). Die in Abs **II** geforderte handschriftl Unterzeichnung entfällt, wenn sichergestellt ist, daß der Antrag mit Willen des Antragstellers oder seines Prozeßbevollmächtigten übermittelt wurde (zu den Möglichkeiten der Sicherstellung vgl Hansens Rpfleger 91, 134; Lechner aaO S 46 f). Bei *nichtmaschineller* Bearbeitung steht idR der Formularzwang der Verwendung technischer Erleichterungen (zB Telefax) entgegen (ie § 703c Rn 6). 22

IV) **Prüfung des Antrags.** Der Rechtspfleger hat das Vorliegen der **allgemeinen Prozeßvoraussetzungen** (§ 688 Rn 1; BGH NJW 81, 875 [876] = MDR 81, 390 = Rpfleger 81, 143; NJW 84, 242 = MDR 84, 223 = Rpfleger 84, 26 f m Anm Quack) und das der **besonderen Zulässigkeitsvoraussetzungen des Mahnverfahrens** (§ 688 Rn 2–10) zu prüfen. Hierbei handelt es sich um eine echte **Prüfungspflicht** (BGH NJW 84, 242 = aaO). Amtsermittlungen sind nicht anzustellen (BGH NJW 81, 876). Daher kann die Prüfung im allgemeinen nur an Hand der im Mahnantrag gemachten (zu machenden) Angaben geschehen. Zu prüfen ist auch, ob diese Angaben vollständig sind und keine offensichtlichen Unrichtigkeiten enthalten (BGH NJW 84, 242 = aaO). Werden Mängel wahrgenommen, hat der Rechtspfleger geeignete Maßnahmen zu ihrer Behebung zu ergreifen; in Frage kommen Berichtigung von Amts wegen (BGH NJW 84, 242; Hamm NJW-RR 92, 480; Quack Rpfleger 84, 27; MK/Holch § 691 Rn 9), telefonische Rückfrage, **Zwischenverfügung** (§ 139 II) und (nach Anhörung: § 691 I 2) Zurückweisung des Antrags (§ 691). Der Rechtspfleger entscheidet nach pflichtgemäßem Ermessen, welche Maßnahme er ergreift; hierbei hat er sich an den Zielen auszurichten, die der Gesetzgeber mit der Einführung und der konkreten Ausgestaltung des Mahnverfahrens verfolgt hat (BGH NJW 84, 242; ie Quack, Rpfleger 84, 27 f). Werden die Mängel nicht behoben, wird der Antrag gem § 691 zurückgewiesen. Da der Mahnantrag nicht zu begründen ist (BGH 84, 139; s Rn 14) entfällt die Prüfung, ob der geltend gemachte Anspruch wenigstens nach den Angaben des Antragstellers zu Recht besteht (s aber auch § 691 Rn 1). 23

V) **Zurücknahme des Mahnantrags. Lit:** *Fischer* MDR 94, 124. Sie ist **analog § 269** ohne Zustimmung des Antragsgegners möglich bis zur Rechtskraft des VB, bei Widerspruch oder Einspruch bis zur Abgabe ins streitige Verfahren (§ 696 I bzw § 700 III). Nach Abgabe ist der bisherige Antragsteller Kläger, so daß § 269 unmittelbar gilt. Zurücknahme des vom Antragsteller des Mahnverfahrens gestellten Antrags auf Durchführung des streitigen Verfahrens (§ 696 I S 1) ist der Zurücknahme von Mahnantrag oder Klage nicht gleichzusetzen (§ 696 Rn 2). Wie der Mahnantrag kann auch die Zurücknahme schriftl oder mündlich gegenüber dem Urkundsbeamten der Geschäftsstelle (§ 702) erklärt werden; ein amtl Vordruck ist dafür nicht vorgesehen. Bei 24

Zurücknahme durch einen Bevollmächtigten gilt § 703. Mit der Zurücknahme wird entspr § 269 III S 2 der MB kraftlos (sa § 701 Rn 1), desgleichen ein erlassener (noch nicht rechtskräftiger) VB (Fischer aaO). Die Rücknahmeerklärung ist dem Antragsgegner zuzustellen (§ 270 II 1); dieser kann entspr § 269 III Kostenbeschluß beantragen (München OLGZ 88, 493). Die Antragsrücknahme ist grundsätzlich **unwiderruflich;** eine Ausnahme ist jedoch – entspr der Klagerücknahme (vgl § 269 Rn 12) – anzuerkennen, wenn der Antragsgegner zustimmt; dann sind seine Interessen hinreichend geschützt und kann ein weiteres Verfahren vermieden werden. Mit dem (wirksamen) Widerruf lebt der MB wieder auf. **Materiellrechtliche** Folgen der Antragsrücknahme: §§ 213 S 1, 212a S 3 BGB.

25 **VI)** Wegen der **Gebühren** s Rn 20 vor § 688.

691 *[Zurückweisung des Mahnantrags]*

(1) Der Antrag wird zurückgewiesen:

1. wenn er den Vorschriften der §§ 688, 689, 690, 703c Abs. 2 nicht entspricht;

2. wenn der Mahnbescheid nur wegen eines Teiles des Anspruchs nicht erlassen werden kann.

Vor der Zurückweisung ist der Antragsteller zu hören.

(2) Sollte durch die Zustellung des Mahnbescheids eine Frist gewahrt oder die Verjährung unterbrochen werden, so tritt die Wirkung mit der Einreichung oder Anbringung des Antrags auf Erlaß des Mahnbescheids ein, wenn innerhalb eines Monats seit der Zustellung der Zurückweisung des Antrags Klage eingereicht und diese demnächst zugestellt wird.

(3) Gegen die Zurückweisung findet die Beschwerde statt, wenn der Antrag in einer nur maschinell lesbaren Form übermittelt und mit der Begründung zurückgewiesen worden ist, daß diese Form dem Gericht für seine maschinelle Bearbeitung nicht geeignet erscheine. Im übrigen sind die Entscheidungen nach Absatz 1 unanfechtbar.

NF durch Art 6 Nr 3 des VerbrKrG/ZPOuaÄndG vom 17. 12. 1990 (BGBl I S 2840) mit Wirkung vom 1. 1. 1992. Der teilw abw Wortlaut von III 2 idF von Art 1 Nr 52 des RechtspflegeVereinfG vom 17. 12. 1990 (BGBl I S 2847) ist durch das später wirksam gewordene VerbrKrG geändert worden.

1 **I) Voraussetzungen. 1)** Wenn die Prüfung des Mahnantrags (§ 690 Rn 23) ergibt, daß **allgemeine Prozeßvoraussetzungen fehlen** (vgl § 688 Rn 1) oder **besondere Zulässigkeitsvoraussetzungen des Mahnverfahrens** (§ 688) **nicht gegeben** sind, oder das angegangene **Gericht nicht zuständig** ist (§ 689), oder der Antrag in **Form** und **Inhalt** den **Anforderungen** der §§ 690, 703c II nicht entspricht, ist er durch zu begründenden Beschluß des Rechtspflegers mit der Kostenfolge des § 91 zurückzuweisen **(I 1 Nr 1).** Der Rechtspfleger darf nicht sehenden Auges einen unrichtigen Titel schaffen. Als unabhängiges Organ der Rechtspflege ist er der materiellen Gerechtigkeit verpflichtet (Art 20 III GG). Ihm steht deshalb auch nach Wegfall der Schlüssigkeitsprüfung ein freilich eng begrenztes **Prüfungsrecht** und eine diesem entsprechende **Prüfungspflicht** (vgl BGH NJW 84, 242; AG Hagen NJW-RR 95, 320 = aaO [su]) zu (hM, vgl zB MK/Holch Rn 14 mwN; StJ/Schlosser Rn 6 f; Rudolph MDR 96, 3; ie str; einschr Wedel JurBüro 94, 325; zum ganzen eingehend Jenisch JurBüro 89, 721; Lechner aaO S 124 ff mwN). Die beschränkte Prüfungskompetenz des Rechtspflegers entspricht dem Grundgedanken des Mahnverfahrens, der Durchsetzung „eindeutig gegebener Ansprüche" zu dienen (BGH 101, 388); die Geltendmachung „dubioser" Forderungen im Mahnverfahren ist mißbräuchlich (AG Bremen-Blumenthal Rpfleger 93, 117; Rn 6a vor § 688). Ergibt sich aus den Angaben im Mahnantrag, daß die behauptete Forderung **offensichtlich** unbegründet oder gerichtlich undurchsetzbar ist, muß der Antrag zurückgewiesen werden (Hamburg MDR 82, 502 f; Karlsruhe Rpfleger 87, 422 m abl Anm David aaO, 509; AG Walsrode Rpfleger 83, 359; weitergehend LG Stuttgart Rpfleger 88, 534 mwN; 89, 246: offensichtlich zweifelhafte Ansprüche; zust die Begr der nF, s BT-Drs 11/5462 S 31; krit, aber im Erg zust Braun JuS 92, 185 mwN). **Beispiele:** Zinseszinsen, § 248 BGB; Verzugszinsen ab Rechnungsstellung (Herbst Rpfleger 78, 200); überhöhte gesetzliche Zinsen (LG Krefeld MDR 86, 418), zB überhöhte Scheck-(Wechsel-)Zinsen (Art 45 ScheckG, Art 48 WG); überhöhte pauschalierte Verzugszinsen (vgl **§ 11 I VerbrKrG**) aus Verbraucherverträgen (AG Hagen NJW-RR 95, 320 = MDR 95, 535 = Rpfleger 95, 172 mit krit Anm Wolf; zust Vortmann EWiR 95, 405, teilw abl Rudolph MDR 96, 4); Mehrwertsteuer auf Verzugszinsen (BGH WM 83, 1006 im Anschluß an EuGH NJW 83, 505); sittenwidriges Geschäft, § 138 BGB, zB wucherähnlicher Ratenkredit (vgl Lappe/Grünert Rpfleger 86, 164; allg zum Problem vgl Rn 6a vor § 688 und § 700 Rn 15 ff; bei entspr hohem Zins ist für Ansprüche aus Verbraucherkreditverträgen das Mahnverfahrens gesperrt: § 688 I Nr 1); nicht klagbare Ansprüche wie Ehemäklerlohn (§ 656 BGB) oder (Konsequenz aus BGH 112, 122) **Partnervermittlungshonorar** (Stuttgart NJW 94, 331; KGR 95, 70; Börstinghaus MDR 95, 553 mwN in Fn 32; sa § 700 Rn 16 aE mwN), Spiel- und Wettschulden (§ 762 BGB), Schulden aus Spekulations- und (uU) Termingeschäften (§ 764 BGB; § 58 BörsG);

Inkassokosten bei fehlender Schadensadäquanz oder bei Verstoß gegen §§ 138, 254 BGB, ie str; eingehend mwN Jenisch JurBüro 89, 721 ff; Jäckle BB 93, 2466; NJW 95, 2769; Wedel JurBüro 94, 325. Einzelfragen (Mahnverfahren idR unzulässig, ie str): Inkassovergütung höher als BRAGO-Anwaltsvergütung (AG Freyung MDR 86, 680; AG Göttingen Rpfleger 85, 70; Dresden JurBüro 96, 38; einschr LG Münster MDR 88, 682; Löwisch NJW 86, 1727 f); überflüssige Inkassokosten (Karlsruhe NJW-RR 87, 15), Inkassokosten neben Anwaltskosten (Karlsruhe Rpfleger 87, 422 m abl Anm David 509; AG Walsrode Rpfleger 83, 359; sehr weitgehend LG Stuttgart Rpfleger 88, 534; 89, 246; dagegen Stuttgart Rpfleger 88, 536; AG Duisburg JurBüro 90, 56; einschr AG Breisach NJW-RR 86, 936; AG Hamburg Rpfleger 88, 272 m abl Anm Lappe; LG Münster aaO; David Rpfleger 87, 509); Übersicht über weitere Mißbrauchsfälle: Dresden NJW-RR 94, 1139 = Rpfleger 94, 263; dazu Jäckle NJW 95, 2767; Seitz Rpfleger 95, 201. Zu beachten ist schließlich das **Verbot der Zuammenfassung von Haupt- und Nebenforderungen** (vgl § 690 I Nr 3: „gesondert und einzeln"), zB von Hauptsache, Zinsen und Kosten. Die im Mahnantrag betragsmäßig zu bezeichnenden **Verfahrenskosten** (vgl § 692 I Nr 3 und dort Rn 3, 8) sind vom Rechtspfleger voll nachzuprüfen und ggf in zutr Höhe festzusetzen (LG Stuttgart Rpfleger 88, 537; AG Bonn Rpfleger 82, 71; Hofmann Rpfleger 82, 327; hier §§ 103, 104 Rn 21 „Mahnantrag"); eine Zurückweisung wegen Angabe überhöhter Verfahrenskosten scheidet daher aus (Hofmann Rpfleger 79, 447). Zur Prüfungskompetenz des Rechtspflegers bei behaupteter Anwendbarkeit **ausländischen Rechts** vgl Hök MDR 88, 187 ff.

2) Nach **I 1 Nr 2** ist der Antrag (insgesamt) zurückzuweisen, wenn bei einem **Anspruchsteil** die Voraussetzungen für das Mahnverfahren fehlen, dem Antragsteller also ein der Höhe nach geringerer Anspruch zusteht als geltendgemacht. **I 1 Nr 2** kann heute nur noch im Rahmen der eingeschränkten Prüfungskompetenz des Rechtspflegers (Rn 1) bedeutsam werden (LG Stuttgart Rpfleger 88, 535), zB bei sittenwidrigem Ratenkredit (Rn 6a, b vor § 688). Kein Anspruchsteil sind mehrere selbständige Ansprüche (zB Kaufpreis- und Mietzinsanspruch) oder Haupt- und Nebenansprüche (Zinsen, Kosten); hier kann der MB wegen des unbedenkl Anspruchs erlassen und der Mahnantrag im übrigen zurückgewiesen werden (vgl Rudolph MDR 96, 4 für Zinsen als Nebenforderung). 2

3) Bei **maschineller Bearbeitung** kann der durch Datenträger verkörperte oder datenträgerlos übermittelte (§ 690 III) Antrag nach **III** zurückgewiesen werden, wenn er sich für die EDV-Anlage des Gerichts nicht eignet oder die einschlägige Anlage des Antragstellers nicht zuverlässig arbeitet. 3

4) **Zurückweisungsbeschluß.** Durch die – grundsätzlich unanfechtbare (**III 2**) – Zurückweisung des Mahnantrags wird der Antragsteller auf den Klageweg verwiesen; auch soweit der Mahnantrag der Fristwahrung diente, ist er vor Nachteilen geschützt (**II;** dazu Rn 6). Die durch **I 2** vorgeschriebene *Anhörung* soll dem Antragsteller Gelegenheit geben, auf eine Zwischenverfügung (§ 139 II) etwaige Formmängel (auch Verstöße gegen den Vordruckzwang: Salten MDR 95, 669) oder andere behebbare Hindernisse auszuräumen bzw. seinen Antrag auf den zulässigen Anspruchsteil zu beschränken und sich so wenigstens für diesen das Mahnverfahren zu erhalten. Der Antrag soll (zur Vermeidung von Kostennachteilen) erst zurückgewiesen werden, wenn die Beanstandung erfolglos bleibt (ie Salten aaO). Verfahren bei fehlender Zuständigkeit: § 689 Rn 5. Der den Mahnantrag zurückweisende Beschluß ist dem Antragsteller **zuzustellen** (vgl **II**), denn er setzt die Monatsfrist zur Klageerhebung in Lauf (§ 329 II 2); dem Antragsgegner ist der Beschluß nicht mitzuteilen. 4

II) Wirkung der Zurückweisung (Abs II). Erhebt der Antragsteller innerhalb eines Monats nach der Zustellung der Zurückweisung des Mahnantrags Klage und wird die Klage demnächst (§ 693 Rn 12) zugestellt, so werden die Wirkungen der Klageerhebung – Fristwahrung (s § 270 Rn 12) und Verjährungsunterbrechung (§ 209 I BGB) – auf den Zeitpunkt der Antragseinreichung zurückbezogen. Abs **II** soll sicherstellen, daß dem Antragsteller durch die Wahl des Mahnverfahrens statt des Klageverfahrens (vgl § 270 III; § 212 II BGB) keine Nachteile entstehen (vgl MK/Holch Rn 31; krit Lechner aaO S 157 ff); denn ohne die Neuregelung des Abs **II** war **mit** rechtskräftiger Zurückweisung des Antrags das Mahnverfahren beendet, so daß mangels Zustellung des MB eine Fristwahrung oder Verjährungsunterbrechung gem § 209 II Nr. 1 BGB, § 693 II nicht erfolgte. **Ohne** Zurückweisung (vgl Rn 4) gilt § 693 II (LG Gießen MDR 96, 965; ie § 693 Rn 5). 5

III) Anfechtung der Zurückweisung. 1) Bei **maschineller Bearbeitung** (Abs **III 1**) ist die einfache Beschwerde wegen Zurückweisung eines das Verfahren betreffenden Gesuchs (§ 567) gegeben. Grund: Betroffenheit einer Vielzahl von Einzelfällen, wirtschaftliche Tragweite (LG Stuttgart NJW-RR 94, 1280). Bsp: Keine Verpflichtung des Gerichts zur (manuellen) Behebung von EDV-Fehlern (LG Stuttgart aaO). Vorgeschaltet ist die (unbefristete) Erinnerung nach § 11 I S 1 RPflG, der der Rechtspfleger abhelfen kann (§ 11 II S 1 RPflG); geschieht dies nicht, so entscheidet der Richter, wenn er die Erinnerung für zulässig und begründet hält; er weist dann den Rechtspfleger an, den MB zu erlassen (§ 11 IV RPflG mit § 575); andernfalls legt er sie als Beschwerde (sog Durchgriffserinnerung) dem LG vor (§ 11 II S 3–5 RPflG). Der Antragsgegner ist an dem Beschwerdeverfahren nicht beteiligt. 6

7 2) Die Zurückweisung aus Gründen des **Abs I** unterliegt nach **Abs III 2** nur der **befristeten Erinnerung** nach § 11 I 2 RPflG, der der Rechtspfleger nicht abhelfen kann (§ 11 II 1 RPflG); der Richter entscheidet über sie endgültig. Das gilt auch, wenn die Zurückweisung wegen Fehlens der *allg Prozeßvoraussetzungen* (s Rn 1) erfolgt ist (LAG Düsseldorf Rpfleger 94, 342: fehlendes Rechtsschutzbedürfnis). Die Erinnerung wird unzulässig, wenn der Antragsgegner gegen den (teilw erlassenen) MB Widerspruch erhoben hat (AG Köln MDR 91, 1198 mit krit Anm N. Schneider; arg Abs II). Eine teleologische Erweiterung der Schranke ist geboten (III 1 gilt entspr), wenn ihr Grund (Beschreitung des Klageverfahrens) nicht vorliegt. Bsp: Kostenpflichtige Zurückweisung eines nicht gestellten MB-Antrags (LG Hagen NJW 92, 2036; sa § 703c Rn 6).

8 3) Die Zurückweisung des Mahnantrags hindert nicht seine **Erneuerung**, wenn die bisherigen Mängel vermieden werden. Sie ist auch kein Hindernis für Klageerhebung.

692 *[Mahnbescheid]*

(1) Der Mahnbescheid enthält:

1. **die in § 690 Abs. 1 Nr. 1 bis 5 bezeichneten Erfordernisse des Antrags;**
2. **den Hinweis, daß das Gericht nicht geprüft hat, ob dem Antragsteller der geltend gemachte Anspruch zusteht;**
3. **die Aufforderung, innerhalb von zwei Wochen seit der Zustellung des Mahnbescheids, soweit der geltend gemachte Anspruch als begründet angesehen wird, die behauptete Schuld nebst den geforderten Zinsen und der dem Betrage nach bezeichneten Kosten zu begleichen oder dem Gericht mitzuteilen, ob und in welchem Umfang dem geltend gemachten Anspruch widersprochen wird;**
4. **den Hinweis, daß ein dem Mahnbescheid entsprechender Vollstreckungsbescheid ergehen kann, aus dem der Antragsteller die Zwangsvollstreckung betreiben kann, falls der Antragsgegner nicht bis zum Fristablauf Widerspruch erhoben hat;**
5. **für den Fall, daß Vordrucke eingeführt sind, den Hinweis, daß der Widerspruch mit einem Vordruck der beigefügten Art erhoben werden soll, der auch bei jedem Amtsgericht erhältlich ist und ausgefüllt werden kann;**
6. **für den Fall des Widerspruchs die Ankündigung, an welches Gericht die Sache abgegeben wird, mit dem Hinweis, daß diesem Gericht die Prüfung seiner Zuständigkeit vorbehalten bleibt.**

(2) An Stelle einer handschriftlichen Unterzeichnung genügt ein entsprechender Stempelabdruck.

1 **I) Erlaß des Mahnbescheids.** Wenn der Mahnantrag weder nach § 691 zurückzuweisen noch wegen Unzuständigkeit an ein anderes Gericht weiterzuleiten ist (§ 689 Rn 5) und auch nicht zwischenzeitl Tod einer Partei entgegensteht (Rn 9 vor § 688), ist der MB vom Rechtspfleger ohne vorherige Anhörung des Gegners (§ 702 II) zu verfügen. Vorwegentrichtung von Gerichtsgebühr und Zustellkosten: § 65 III GKG. Der Bescheid ist ein im schriftl Verfahren ergehender Beschluß (§ 329); diese Natur hat er auch, wenn er ohne Eingreifen des Rechtspflegers im Wege des Datenträgeraustauschs (§ 690 III) zustandekommt. Er ist zu datieren und zu unterzeichnen; Faksimilestempel genügt als Unterschrift **(II)**; bei maschinell erstellten Bescheiden wird die Unterschrift durch das mit ausgedruckte Gerichtssiegel ersetzt (§ 703 b I). Amtszustellung an Antragsgegner und Benachrichtigung des Antragstellers: § 693 I, II. Nachträgl Berichtigung des Bescheids ist mit Zustimmung des Antragstellers möglich (vgl § 690 Rn 7; § 699 Rn 12).

2 **II) Inhalt des Mahnbescheids. 1)** In den MB werden die – ggfalls vom Antragsteller ergänzten oder richtiggestellten – **Angaben des Mahnantrags nach § 690 I Nr 1–5** übernommen **(I Nr 1).** Da die Vordrucke für Mahnantrag und gerichtl Verfügungen in einem einheitl Vordrucksatz zusammengefaßt sind, vollzieht sich die Übernahme regelmäßig im Durchschreibeverfahren, beim Datenträgeraustausch durch Übernahme der eingespeisten Daten, die insgesamt den Mahnantrag bilden.

3 2) Dazu kommen die nach I Nr 2–6 vorgeschriebenen (in den amtl Vordruck aufgenommenen) Aufforderungen und Hinweise des Gerichts. Bedeutsam sind im Hinblick auf die weggefallene Schlüssigkeitsprüfung besonders der **Hinweis** und die **Aufforderung** nach **Nr 2 und 3;** nach ihnen soll der Antragsgegner in eigener Verantwortung prüfen, ob und in welchem Umfang der erhobene Anspruch zu Recht besteht; damit soll der Eindruck vermieden werden, daß das Gericht eine solche Prüfung vorgenommen und die Forderung als gerechtfertigt befunden habe. Daß Widerspruch auch veranlaßt ist, wenn die ursprüngl begründete Forderung infolge zwischenzeitl Zahlung nicht mehr besteht, ist nicht ausdrückl gesagt. Der Hinweis gem I Nr 2 gilt nicht für die Verfahrenskosten (Rn 8). Die Zahlungsaufforderung gem Nr 3 ersetzt eine materiellrechtlich erforderliche Nachfristsetzung (BGH NJW-RR 86, 1346 für § 16 Nr 5 III VOB/B).

3) Die **Widerspruchsfrist** beträgt (auch in WEG-Sachen) einheitlich zwei Wochen **(I Nr 3)**, im arbeitsgerichtlichen Mahnverfahren eine Woche, § 46a III ArbGG; bei Auslandszustellung beträgt sie einen Monat (§ 34 III 1 AVAG, s § 688 Rn 11). 4

4) Für den **Widerspruch** ist ein amtl **Vordruck** eingeführt, der dem Antragsgegner mit dem MB zugeht; seine Benützung ist (abw von § 703c) nicht verpflichtend („soll", **I Nr 5**). 5

5) Die Hinweise in **Nr 4 und 6** unterrichten den Antragsgegner über das weitere Verfahren bei Einlegung und Unterlassung des Widerspruchs. In der Ausfertigung des MB wird er auch darüber belehrt, daß Zahlungen nicht an das Gericht, sondern nur an den Antragsteller zu leisten sind und nur dieser Ratenzahlung oder Zahlungsaufschub bewilligen kann. 6

6) Bei **Auslandszustellung** bedarf es zusätzlich der Aufforderung an den Antragsgegner, für den Regelfall einen im Gerichtsbezirk wohnenden Zustellungsbevollmächtigten (§ 174) zu benennen (§§ 34 III 2, 4 II, III AVAG; sa § 688 Rn 10, 11). 7

III) Kostenmitteilung (I Nr 3). Zu den im Mahnverfahren anfallenden Gebühren des Gerichts, RA (Rechtsbeistands) und Zustellungsauslagen s Rn 20 vor § 688; § 91 Rn 13 „Rechtsbeistand". Parteikosten sind zB Porti für die Übersendung des ausgefüllten MB-Formulars an das Gericht sowie Auslagen für die Formularbeschaffung, nicht aber vorgerichtliche Kosten (zB Ermittlungs-, Beitreibungs-, sonstige Fremdkosten, s AG Bonn Rpfleger 82, 71 [72]). Zum vollen Prüfungsrecht des Rechtspflegers vgl § 691 Rn 1; Behelf: Kostenerinnerung entspr § 104 Rn 9 ff (vgl MK/Holch § 691 Rn 36). Genießt der Antragsteller Kostenfreiheit (§ 2 GKG) oder ist ihm PKH bewilligt, kann zwar Kostenerstattung gem I Nr 3 nicht verlangt werden (vgl Schlemmer Rpfleger 78, 204); in diesem Fall ist aber eine Kostengrundentscheidung zu Lasten des Antragsgegners in den MB aufzunehmen (so Hofmann Rpfleger 82, 327; MK/Holch Rn 63 vor § 688; hier Rn 20 vor § 688, str). 8

IV) Gebühren: s Rn 20 vor § 688. Die im Mahnverfahren erforderlichen Ersuchen um Zustellung in einem Vertragsstaat, auf den das AVAG anzuwenden ist (s Rn 7), erläßt der Rechtspfleger (§ 20 Nr 1, § 4 I RpflG, § 202 ZPO). – Wegen der Gebühr für die Prüfung des Ersuchens s Nr 3a GebVerz (Anlage zu § 2 I JVwKostO). Diese Prüfungsgebühr sowie die Kosten für die Übersetzung sind gerichtl Auslagen. 9

693 *[Zustellung des Mahnbescheids]*

(1) Der Mahnbescheid wird dem Antragsgegner zugestellt.

(2) Soll durch die Zustellung eine Frist gewahrt oder die Verjährung unterbrochen werden, so tritt die Wirkung, wenn die Zustellung demnächst erfolgt, bereits mit der Einreichung oder Anbringung des Antrags auf Erlaß des Mahnbescheids ein.

(3) Die Geschäftsstelle setzt den Antragsteller von der Zustellung des Mahnbescheids in Kenntnis.

I) Zustellung des Mahnbescheids. 1) Eine Ausfertigung oder beglaubigte Abschrift (§ 170) des MB wird dem **Antragsgegner von Amts wegen** zugestellt (**I** mit §§ 495, 270 I). Unzulässigkeit der öffentl Zustellung: § 688 II, der Zustellung im Ausland mit Ausnahme der Übereinkommensstaaten: § 688 III iVm §§ 34, 35, 41 II AVAG. Ausführung der Zustellung: §§ 208 ff; an Angehörige der Stationierungsstreitkräfte nach Art 32 des Zusatzabkommens zum Truppenstatut (BGBl 61 II 1183, 1218), in den Übereinkommensstaaten nach besonderem Vertragsrecht bzw der ZRHO (s § 199 Rn 24 ff). Erst mit der Zustellung wird der MB wirksam (LG Oldenburg Rpfleger 83, 117 [118]). Eine dem (Original des) MB beigefügte Anlage muß mit zugestellt werden (BGH NJW 95, 2230 = MDR 95, 844 = Rpfleger 95, 509; sa § 690 Rn 14). Eine fehlerhafte Zustellung ist von Amts wegen zu wiederholen, wenn nicht feststeht, daß der Antragsgegner den MB erhalten hat (§ 187 S 1), andernfalls kommt Amtshaftung in Betracht (BGH NJW 90, 176). Heilung von Zustellungsmängeln nur im **streitigen** Verfahren nach § 295 (RG 87, 272), nicht im Mahnverfahren (LG Oldenburg aaO mN; sa Rn 7 vor § 688). 1

2) Der **Antragsteller** (oder sein Prozeßbevollmächtigter, § 176) wird von der erfolgten Zustellung **formlos benachrichtigt (III)**. Dabei ist ihm der Zeitpunkt der Zustellung mitzuteilen, damit er die Widerspruchsfrist berechnen und beurteilen kann, wann Antrag auf Erteilung des VB gestellt werden darf (§ 699 I S 2) und bis wann dieser Antrag längstens gestellt werden muß, damit der MB nicht seine Wirkung verliert (§ 701 S 1). Dem Antragsteller ist auch Mitteilung zu machen, wenn der MB unter der angegebenen Anschrift nicht zugestellt werden kann, damit er für die richtige sorgen kann (vgl BGH NJW 90, 177). Wenn sich herausstellt, daß sich der Antragsgegner im nicht von § 688 III erfaßten Ausland aufhält, oder wenn er endgültig nicht aufzufinden ist, ist angesichts der Unzulässigkeit der öffentl Zustellung (§ 688 II) das Mahnverfahren nicht durchführbar; richtiges Vorgehen: § 688 Rn 8. 2

II) Rechtswirkungen der Zustellung. 1) a) Anhängigkeit im Mahnverfahren tritt erst mit wirksamer Zustellung ein (Frankfurt NJW 93, 2449; Poretschkin DRiZ 88, 378; BL/Hartmann Rn 3; abw OLGR München 95, 215; Schilken JR 84, 446; MK/Holch Rn 38 vor § 688: mit Einreichung des MB-Antrags; s auch vor § 688 Rn 5). **b) Materiellrechtliche Wirkungen.** Die Zustellung des MB 3 bewirkt Eintritt des **Verzugs** (§ 284 I BGB). Sie unterbricht die **Verjährung** (§§ 209 II Nr 1, 213 BGB), wenn für den Schuldner der Rechtsverfolgungswille des Gläubigers erkennbar ist, also auch dann, wenn der Mahnantrag nicht handschriftlich unterzeichnet (§ 690 II) oder sonst unzulässig (vgl BGH 123, 342; NJW 96, 2152 [2153]) oder mit Ausnahme der Aktiv- und Passivlegitimation unbegründet war (BGH 104, 268 [273 ff] = NJW 88, 1965), nicht aber, wenn der MB individualisierbare Ansprüche nicht erkennen läßt (BGH NJW 93, 863; 94, 324; 95, 2231 = aaO [Rn 1]; näher § 690 Rn 14). Die Anforderungen an die Individualisierung dürfen nicht überspannt werden, wenn das Mahnverfahren nicht als Mittel der Verjährungsunterbrechung entwertet werden soll (warnend E. Schneider ZAP F 13, S 391, 141 ff; zutr aber BGH NJW 96, 2152). Über den **Umfang der Verjährungsunterbrechung** entscheidet der Streitgegenstand (Einl Rn 60 ff) des Mahnverfahrens, der über den im MB „bezeichneten" materiellrechtlichen Anspruch hinausgehen kann (bedenklich daher BGH NJW 92, 1111 = MDR 92, 554: MB-Antrag über „Schadensersatzanspruch wegen Nichterfüllung" unterbricht nicht für betragsgleichen Erfüllungsanspruch; krit Vollkommer WuB IV A § 209 BGB 1.92). Nach **hRspr** soll bei fehlender (ungenügender) Individualisierung auch dann keine Verjährungsunterbrechung eintreten, wenn der MB (entgegen §§ 691 I Nr 1 iVm 690 I Nr 3) *erlassen* worden ist (vgl BGH NJW 92, 1111; 93, 862; 95, 2230; LG Gießen MDR 95, 1067; LG Bremen NJW-RR 91, 58; AG Wuppertal MDR 90, 437; abw BGH NJW 96, 2152 f); dies führt zu erheblichen Rechtsverlusten, da im Streitverfahren die Verjährung idR eingetreten ist (krit E. Schneider aaO: „Falle"). Diese Rspr ist abzulehnen. Wäre der MB-Antrag beanstandet oder zurückgewiesen worden, hätte der Mangel behoben oder die Frist noch gem § 691 II gewahrt werden können; tatsächlich hat der MB als Grundlage für den Widerspruch gedient (näher Vollkommer, FS Lüke, 1997). Bei im Mahnantrag materiell zu Unrecht erfolgter Umrechnung einer Fremdwährungsschuld (iS von § 244 BGB) in DM wird die Verjährung unterbrochen, zumindest dann, wenn der Fremdwährungscharakter aus dem Mahnantrag hervorgeht (BGH 104, 268 = aaO; zust Schmidt NJW 89, 68; Hanisch IPrax 89, 278 f; sa § 688 Rn 2). Nach Zustellung des MB eingereichte Klageerweitungs-(Widerklage-)schriftsätze unterbrechen die Verjährung bezogen auf den Einreichungszeitpunkt, wenn die Mahnsache alsbald gem § 696 III abgegeben wurde und die Erweiterungs-(usw)schriftsätze gem § 270 III auch demnächst zugestellt wurden (BGH 103, 26 ff = NJW 88, 1980; zust Vollkommer Rpfleger 88, 197; verkannt von AG Lübeck NJW-RR 90, 1151; sa Rn 7 vor § 688). **Dauer der Unterbrechung:** §§ 213, 212a, 211, 212 I BGB (s BGH NJW-RR 92, 1021); anstelle von § 212 II BGB gilt § 691 II. Die Verjährungsunterbrechung durch MB-Zustellung (§ 209 II Nr 1 BGB) **endet** (§§ 213, 212a S 2, 211 II BGB) bei Nichtzahlung des weiteren Gebührenvorschusses (vgl Rn 20 vor § 688) mit Mitteilung über Widerspruch und (weiterer) Gebührenanforderung durch das Gericht (so BGH NJW-RR 92, 1022 = WuB VII A § 696 ZPO 1.92; Karlsruhe NJW-RR 90, 1013 = MDR 90, 719; einschr LG Göttingen NJW-RR 93, 1360) und allg durch Nichtbetreiben des Verfahrens (vgl BGH NJW-RR 95, 1336). Ob es zu einer alsbaldigen Abgabe iS von § 696 III kommt, ist für die Unterbrechung ohne Bedeutung (BGH NJW 96, 2152). Durch Fortsetzung des Mahnverfahrens wird die Verjährung **erneut** unterbrochen (BGH aaO S 2153; NJW-RR 92, 1022; Karlsruhe NJW-RR 92, 63; zum ganzen Vollkommer Anm WuB aaO). Verjährungsunterbrechung bei Geltendmachung eines **fremden Rechts:** BGH NJW 72, 1380; durch den Zedenten bei stiller Sicherungszession: BGH NJW 78, 698 = MDR 78, 381; Düsseldorf WM 94, 329 = WuB IV § 211 BGB 1.94 mit Anm Vollkommer; bei vollmachtlosem, vom Gläubiger nachträglich genehmigtem Mahnantrag: BGH NJW 61, 725.

4 c) Ob durch die Zustellung eines MB eine (Ausschluß-)**Frist gewahrt** wird, hängt von der Art der jeweiligen (materiellrechtlichen oder prozessualen) Frist ab (BGH NJW 73, 248). Überblick über Zustellungsrückwirkung bei einzelnen Fristen: Rn 6. Durch vorherige Zustellung eines MB begründete **Anhängigkeit** im Mahnverfahren (vgl Rn 3) macht auch einen Vorbehalt bei Annahme einer vom Auftraggeber als „Schlußzahlung" bezeichneten Zahlung (§ 16 Nr 3 II VOB/B) entbehrlich (BGH 68, 38). Nach Streichung von § 847 I 2 BGB mit Wirkung vom 1. 7. 90 (Ges vom 14. 3. 90, BGBl I S 478) hat sich die frühere Streitfrage, ob Anhängigkeit für die Übertragbarkeit und Vererblichkeit genügt (s mN 15. Aufl), erledigt.

5 2) **Die Wirkungen** der Zustellung des MB werden auf den Zeitpunkt der **Antragseinreichung** bzw -anbringung **zurückbezogen,** wenn der MB „demnächst" zugestellt wird. Zum Begriff der **Einreichung** s § 270 Rn 6–6d; § 694 Rn 5; zur Fristwahrung bedarf es nicht der Entgegennahme durch einen hierzu befugten Beamten; s BVerfG 52, 203; BGH NJW 82, 889; allg § 518 Rn 12. **Maßgeblich** ist die Zeit zwischen dem Ablauf der Verjährungsfrist und der Zustellung des MB (BGH 103, 29 f; NJW 95, 3381 = MDR 96, 93, stRspr); unberücksichtigt bleibt der Zeitraum zwischen der Antragseinreichung und dem Fristablauf (BGH NJW 95, 3381 mwN = aaO). **„Demnächst"** bedeutet: innerhalb einer den Umständen nach angemessenen Frist (BGH 122, 30 = NJW 93, 1587; NJW 95, 2331 mwN = aaO [Rn 1]); s auch § 270 III. Diese kann auch länger sein, da der Antragsteller vor Nachteilen geschützt werden soll, die durch verzögerliche Sachbehandlung im Gerichtsbereich entstehen und weder von ihm noch von seinem Prozeßbevollmächtigten zu vertreten sind (BGH 103, 28 f mN = NJW 88, 1982 = EWiR 88, 311 [Vollkommer], hier: 9 Monate;

NJW 95, 2331 mwN = aaO), so zB bei nicht veranlaßter Zwischenverfügung (BGH NJW 93, 2813) oder Amtsermittlungstätigkeit (dazu zB § 689 Rn 5) des Rechtspflegers (LG Karlsruhe AnwBl 83, 178), Rückfrage des Rechtspflegers beim Antragsteller, wenn Berichtigung von Amts wegen möglich und geboten ist (BGH NJW 84, 242 = MDR 84, 223 = Rpfleger 84, 26), Rückfrage des Rechtspflegers wegen offenbarer Unkenntnis von Parteifähigkeit und Rechtsform einer Partenreederei (BGH VersR 83, 776 f) oder wiederholter, zunächst unvollständiger Rückfrage (LG Aachen JurBüro 90, 1219). Der Antragsteller muß alles ihm Zumutbare tun, um die Voraussetzungen für die alsbaldige Zustellung zu schaffen (BGH 98, 301; 103, 29; 122, 30). Verzögerungen, die durch sein schuldhaftes Verhalten verursacht sind, dürfen nur **geringfügig** sein (BGH 86, 322 f = NJW 83, 1052 = MDR 83, 658; BGH NJW 92, 1821 f; 93, 2812; 96, 1061: allgemein ca 2 Wochen; Hamm NJW-RR 92, 480: 19 Tage). **Unschädlich** ist eine geringfügige Verzögerung infolge Einreichung beim **unzuständigen Gericht** (BGH 86, 323; NJW 90, 1368 mwN, auch zur aA = MDR 90, 712, str), auch bei richtiger Adressierung (BGH NJW 90, 1368), ebenso ein übersehener Unterschriftsmangel (BGH 86, 323). Dem Antragsteller ist verzögerte Zustellung insbes vorzuwerfen, wenn er den Antragsgegner nicht ausreichend bezeichnet (vgl BGH NJW 92, 1822; s aber NJW 93, 2813), eine unrichtige Zustellanschrift angegeben (BGH NJW 71, 891) oder nur zögerlich richtiggestellt hat (BGH NJW 96, 1061), wenn er zu Verzögerungen führende Beanstandungen durch den Rechtspfleger veranlaßt (vgl BGH NJW 81, 876) oder ihnen nicht unverzügl Rechnung getragen hat (Köln JMBlNRW 72, 62; bedenkl LG Essen Rpfleger 72, 32 mit Anm Petermann; vgl auch Köln MDR 76, 231). Einreichung des MB-Antrags am letzten Tag der Frist ist nicht vorwerfbar (BGH NJW 95, 3380 [3381] = MDR 96, 93). Mit der Einzahlung des **Gerichtskostenvorschusses** darf im allgemeinen bis zur Anforderung durch das Gericht gewartet werden (BGH NJW 93, 2812; aA Düsseldorf MDR 81, 591 bei bereits vorgenommener eigenständiger Berechnung durch den Prozeßbevollmächtigten des Antragstellers), aber nicht geraume Zeit ohne Rückfrage nach dem Grund des Ausbleibens (BGH 69, 364 = NJW 78, 215 zu § 270 III; LG Göttingen NJW-RR 92, 1529; vgl dazu Wax NJW 94, 2332). Nach erfolgter Zahlungsaufforderung sind geringfügige Verzögerungen bis zum Zahlungseingang unabhängig vom Verschulden unschädlich (BGH 122, 30 mN = NJW 93, 1587; NJW 84, 242; vgl auch § 270 Rn 7); desgleichen schadet ein kurzes Hinausschieben der Einzahlung wegen schwebender Vergleichsverhandlungen nicht, da hier der Gegner weiß, daß er in Anspruch genommen werden soll (BGH NJW 60, 1952). Eine Verzögerung der Zustellung des MB ist dem Antragsteller nicht zuzurechnen, wenn sie durch bargeldlose Zahlung bedingt ist (BGH WM 85, 36 = JurBüro 85, 394) oder wenn sie darauf beruht, daß der Antragsteller (zunächst) keinen Antrag auf förmliche Auslandszustellung gestellt hat (Pfennig NJW 89, 2172 f; aA zu Unrecht Schleswig NJW 88, 3104). S im übrigen § 270 Rn 7 ff.

Durch das **KostRÄndG 1994** vom 24. 6. 1994 (BGBl I S 1325) ist § 65 GKG auch in den für das Mahnverfahren relevanten Teilen (vgl § 65 I 2 HS 1, III 1 GKG) mit Wirkung vom 1. 1. 1995 (vgl Art 11 I KostRÄndG 1994) einschließlich der VordruckVO (vgl Art 8 IV KostRÄndG 1994) geändert worden, die nunmehr (für das nicht maschinelle Verfahren) den Ausfüllungshinweis enhält: „[1] die Gerichtsgebühr ist **vorauszuentrichten**" (sachlich übereinstimmend bereits die bish F, vgl VO vom 18. 7. 1991, BGBl I S 1547, Anlage 1, Vorblatt). Die Rspr hat bisher den *kostenrechtlichen* Vorschriften keine ausschlaggebende Bedeutung für die Präzisierung der *prozessualen Sorgfalt* iS des Abs II („demnächst") beigemessen (vgl BGH NJW 93, 2812); die dargestellte Rspr zur schuldhaften Verzögerung der Zahlung des Gerichtskostenvorschusses (Rn 5) dürfte daher auch noch nach dem 1. 1. 1995 (Inkrafttreten der auf das Mahnverfahren bezogenen Kostenänderungen, vgl Art 11 I KostRÄndG 1994) von Bedeutung bleiben. **5a**

Durch Zustellung der Anspruchsbegründung im Streitverfahren kann eine rückwirkende **Heilung** bei (unverschuldet) unwirksamer Zustellung des MB eintreten; ein Zeitraum von 9 Wochen nach Fristablauf kann dann noch „demnächst" sein (BGH NJW 95, 2231 = aaO [Rn 1]; sa § 697 Rn 3). **5b**

3) Die Zustellungsrückwirkung gem Abs **II** kann sich sowohl auf **prozessuale** als auch auf **materiellrechtliche Fristen** erstrecken. Diese Norm ist jedoch einschränkend auszulegen, da sie die zustellende Partei nur vor den von ihr nicht zu vertretenden Nachteilen des Amtsbetriebs (s Rn 5) schützen soll (BGH 75, 310 f; 122, 27 mN = NJW 93, 1586). Deshalb gilt der Grundsatz, daß die Zustellungsrückwirkung nur dann eintritt, wenn der Anspruchsberechtigte allein durch Inanspruchnahme des Gerichts eine Frist wahren kann (BGH NJW 82, 172 f mN; Raudszus NJW 83, 667 f; offengelassen BGH 75, 311 f; hier § 270 Rn 12). Die Zustellungsrückwirkung **gilt** für die Zweimonatsfrist nach Art 12 III AusfG zum Nato-Truppenstatut, wo „Klage" verlangt wird (BGH NJW 79, 1709 = MDR 79, 916), für die „gerichtliche Geltendmachung" von Versicherungsansprüchen nach § 12 III VVG (Düsseldorf NJW-RR 86, 1413; Oldenburg OLGR Celle 95, 247), für die Wahrung der Klagefrist gem § 8 AKB (Hamm VersR 71, 459) und der Vorbehaltsfrist gem § 16 Nr 3 II VOB/B (1973) (BGH 75, 307 = NJW 80, 455; aA Raudszus NJW 83, 669). Sie **gilt nicht** für die Inanspruchnahme des Zeitbürgen gem § 777 BGB (BGH NJW 82, 172; zust Raudszus NJW 83, 668), die Zweijahresfrist gem Art 29 WA (LG Frankfurt NJW-RR 95, 865: II nur iVm § 696 III) und die Konkursanfechtungsfrist gem § 41 I KO (so BGH 112, 328 = NJW 91, 172 = MDR 91, 145; 122, **6**

27 f = NJW 93, 1586: Rechtshängigkeit erforderlich, str; aA Siemon ZIP 91, 283; Smid Anm WuB VI B § 41 KO 2.91; beachte künftig abw § 146 InsO).

7 4) Die **Rechtswirkungen der Zustellung entfallen** bei Zurücknahme des Mahnantrags (s § 690 Rn 24), ungenütztem Ablauf der Sechsmonatsfrist für den Antrag auf VB (§ 701 S 1) und endgültiger Ablehnung des beantragten VB s (§ 701 S 2).

8 5) **Rückbeziehung** des späteren Eintritts der **Rechtshängigkeit** auf den Zeitpunkt der Zustellung des MB: §§ 696 III, 700 II.

9 **III)** Wegen der **Vorauszahlungspflicht** bezügl **der Gerichtskosten:** s Rn 20 vor § 688.

694 *[Widerspruch gegen Mahnbescheid]*

(1) Der Antragsgegner kann gegen den Anspruch oder einen Teil des Anspruchs bei dem Gericht, das den Mahnbescheid erlassen hat, schriftlich Widerspruch erheben, solange der Vollstreckungsbescheid nicht verfügt ist.

(2) Ein verspäteter Widerspruch wird als Einspruch behandelt. Dies ist dem Antragsgegner, der den Widerspruch erhoben hat, mitzuteilen.

1 **I) Allgemeines; Beschränkungen des Widerspruchs.** Gegen den MB ist **nur** Widerspruch gegeben, keine Rechtspflegererinnerung (§ 11 V 2 RPflG). Der Widerspruch gegen den MB ist eine beim zuständigen Gericht anzubringende Prozeßhandlung, die auch materiellrechtliche Wirkungen entfalten kann (BGH 88, 176 f = NJW 83, 2700 = MDR 83, 1015); so erfüllt er die Voraussetzungen, die gem § 651g II 3 BGB an die schriftliche Zurückweisung der Gewährleistungsansprüche des Reisenden zu stellen sind (BGH 88, 174 [177] = aaO). Die Person des Widerspruchsführers ist ggf durch Auslegung zu ermitteln, bei verleibenden Zweifeln durch Rückfrage des Rechtspflegers (BGH NJW-RR 89, 1403 = MDR 90, 145 = Rpfleger 89, 516). Der Widerspruch kann sich gegen die **gesamte** Forderung des Antragstellers richten oder auf einen **abtrennbaren Teil beschränkt** werden (vgl **Abs I HS 1;** Rn 11), auch auf Nebenforderungen, zB die behaupteten vorgerichtl Auslagen oder den geforderten Zinssatz. Er kann auch unter Anerkennung des geltend gemachten Anspruchs ledigl auf die **Kosten** beschränkt werden mit der Begründung, daß zur gerichtl Geltendmachung der Forderung kein Anlaß bestanden habe (§ 93; Frankfurt MDR 84, 149; Koblenz JurBüro 95, 323; vgl § 91a Rn 58 „Mahnverfahren"). Der Widerspruch gegen einen Urkunden-(Wechsel-, Scheck-)MB kann auf den Antrag nach § 703a II Nr 4 beschränkt werden. Widerspruch ist auch angebracht, wenn die geltend gemachte Forderung wegen zwischenzeitl Zahlung nicht mehr besteht (sa § 700 Rn 10).

2 **II) Form und Inhalt des Widerspruchs. 1) Abs I** sieht für den Widerspruch **Schriftlichkeit** vor. Der Antragsgegner kann sich des eingeführten amtlichen Vordrucks (Anh A Anlage 2 bzw Anh B Anlage 3 zur VordruckVO idF v 18. 7. 91, BGBl I S 1547) bedienen (s § 692 Rn 5), es sei denn sein Widerspruch richtet sich gegen einen nach dem Zusatzabkommen zum Nato-Truppenstatut oder im Ausland zugestellten MB (§ 1 I S 2 der VordruckVO). Er kann den Widerspruch auch stets mit einem selbst formulierten Schriftsatz erheben. Der Ausdruck „Widerspruch" ist dabei nicht wesentlich (vgl München Rpfleger 83, 288). Die von der Rspr bei bestimmenden Schriftsätzen verlangte eigenhändige Unterschrift (vgl BGH 92, 77 f und 254 ff; ie § 130 Rn 5) ist nicht erforderl, denn diese wird aus dem dem Mahnverfahren fremden (vgl Rn 7 vor § 688) Anwaltszwang oder doch aus der Anwaltsvertretung hergeleitet (vgl RGZ 151, 86; BGH 92, 255; 97, 253; BVerfG 15, 292; näher Vollkommer, Formenstrenge und prozessuale Billigkeit, 1973, S 280 f). Es genügt daher, daß bei der Einreichung eines nicht unterschriebenen Widerspruchsvordrucks kein ernstl Zweifel daran besteht, daß ihn der Antragsgegner ausgefüllt hat (ebenso Oldenburg MDR 79, 588 = NdsRpfl 79, 73; MK/Holch Rn 10; aA LG Hamburg NJW 86, 1998 f; LG München II NJW 87, 1340 = MDR 87, 504 bei Einreichung durch Bevollmächtigten; StJ/Schlosser Rn 3; ThP Rn 2; offenlassend BGH 101, 139 f = NJW 87, 2589; sa § 700 Rn 5). Auch Einlegung durch Telegramm oder Fernschreiben ist möglich (BGH NJW 86, 1759 = MDR 86, 846 = Rpfleger 86, 264; vgl allg § 130 Rn 9).

3 2) Der Antragsgegner kann den Widerspruch auch **gegenüber dem Urkundsbeamten des für das Mahnverfahren zuständigen oder eines anderen AG** (§ 129a) **erklären.** Einzelheiten: § 702 Rn 2.

4 3) Mit dem Widerspruch kann der **Antrag auf Durchführung des streitigen Verfahrens** (§ 696 I S 1) verbunden werden. Bei Widerspruchseinlegung durch einen Bevollmächtigten hat dieser seine **ordnungsgemäße Bevollmächtigung zu versichern** (§ 703). **Begründung** des Widerspruchs ist nicht vorgeschrieben, aber nützlich, damit der Antragsteller in der Anspruchsbegründung nach § 697 I schon auf die Einwendungen des Antragsgegners eingehen kann. Ist nach dem Inhalt eines bei Gericht eingegangenen Schreibens zweifelhaft, ob mit ihm Widerspruch beabsichtigt ist (zB Erklärung der Zahlungsunfähigkeit, Stundungsverlangen) oder durch wen, so ist, ggfalls

unter entsprechender Belehrung, das Gewollte aufzuklären (vgl BGH NJW-RR 89, 1403). Dem Widerspruch soll die nach der Zahl der Antragsteller erforderliche Anzahl von **Abschriften** beigefügt werden (§ 695 S 2); bei Verwendung des amtlichen Vordrucks kann das ihm angefügte Zweitblatt als Abschrift für den Antragsgegner eingereicht werden. Die Zulässigkeit des Widerspruchs hängt nicht davon ab, daß dem § 695 S 2 genügt wird; noch erforderl Abschriften werden ggfalls auf Kosten des Antragsgegners vom Gericht hergestellt (Kostenverzeichnis 1900 Nr 1).

4) Erhebung. Der Widerspruch ist erhoben, wenn das ihn enthaltende Schriftstück in den Machtbereich des Gerichts gelangt ist (s allg § 518 Rn 8 ff; sa § 693 Rn 5). 5

III) Die **Widerspruchsfrist** beträgt **zwei Wochen** ab Zustellung, wie sich aus § 692 I Nr 3 ergibt (auch in WEG-Sachen: § 46a I 1 WEG); wenn der MB in einem Staat zugestellt wurde, für den das AVAG gilt, beträgt sie einen Monat (§ 34 III 1 AVAG; sa § 688 Rn 8). Fristberechnung: § 222 mit § 187 BGB. Die Frist ist keine Ausschlußfrist; auch nach ihrem Ablauf kann Widerspruch noch eingelegt werden, solange der VB nicht verfügt, dh vom Rechtspfleger noch nicht in den Geschäftsgang gegeben ist (BGH 85, 364 = NJW 83, 633). Geht der Widerspruch erst danach ein, so wird er als Einspruch gegen den VB behandelt **(II S 1)**, sofern er den an ihn zu stellenden Anforderungen (zur Form s § 700 Rn 5) genügt (so LG Freiburg Rpfleger 84, 323; offenlassend BGH 101, 140 = NJW 87, 2589; vgl aber BGH NJW 87, 3263 unter 2). Die Umdeutung erfolgt auch, wenn fälschlicherweise VB erlassen wurde, obgleich Widerspruch bereits eingelegt war (vgl BGH 85, 364 = NJW 83, 633; KG OLGZ 84, 78 = Rpfleger 83, 489 f und Rn 12). Die Behandlung als Einspruch ist dem Antragsgegner mitzuteilen **(II S 2)**, damit er, wenn ein streitiges Verfahren (§ 700 III) nicht in seiner Absicht lag, den zum Einspruch gewordenen Widerspruch zurücknehmen kann. 6

Die **Zustellung** ist wesentliche Voraussetzung des Widerspruchs; fehlt sie, findet trotz eines „Widerspruchs" eine Abgabe ins streitige Verfahren nicht statt (LG Oldenburg Rpfleger 83, 117). 7

Im **arbeitsrechtl Mahnverfahren** beträgt die Widerspruchsfrist **eine Woche** (§ 46a III ArbGG). 8

IV) Von der Erhebung des Widerspruchs ist der **Antragsteller zu verständigen,** zweckmäßig unter Übersendung einer Abschrift. Auch der Zeitpunkt des Eingangs ist dabei mitzuteilen (§ 695 S 1), weil der Eintritt der Rechtshängigkeit nur dann auf den Zeitpunkt der Zustellung des MB zurückzubeziehen ist, wenn die von einem entspr Antrag abhängige Abgabe ins Streitverfahren (§ 696 I S 1) der Erhebung des Widerspruchs „alsbald" nachfolgt (§ 696 III). Auch die verspätete Einlegung des Widerspruchs und dessen Umdeutung in einen Einspruch ist dem Antragsteller mitzuteilen, damit er sich auf das Streitverfahren (§ 700 III S 1) einstellen kann. 9

V) Wirkung des rechtzeitigen Widerspruchs. 1) Der vor Erteilung des VB, also rechtzeitig (s BGH NJW 82, 888; zum verspätet eingelegten Widerspruch s § 700 Rn 9) **uneingeschränkt** eingelegte Widerspruch hat zur Folge, daß ein solcher nicht mehr erlassen werden kann. Der Widerspruch eines notwendigen Streitgenossen (§ 62) **hindert Erteilung des Vollstreckungsbescheids** auch gegen die anderen. Das Verfahren kann dann seinen Fortgang nur nehmen, wenn von wenigstens einer der beiden Parteien Antrag auf Durchführung des streitigen Verfahrens (§ 696 I S 1) gestellt wird. Geschieht dies nicht, so kommt das Mahnverfahren zum Stillstand (vgl BGH NJW-RR 92, 1021 mit Anm Vollkommer WuB VII A § 696 ZPO 1.92; Bank JurBüro 82, 187; § 693 Rn 3; § 696 Rn 2); die Akten werden nach 6 Monaten weggelegt (§ 7 Nr 3c AktenO). 10

2) Wurde der Widerspruch **auf einen abtrennbaren Teil** des Anspruchs **beschränkt** (Rn 1), kann wegen des Rests VB ergehen (§ 699 Rn 9). Bei einem gemäß § 703a II Nr 4 beschränkten Widerspruch gegen einen Urkunden-(Wechsel-, Scheck-)MB ist VB unter entspr Vorbehalt zu erteilen (§ 703a Rn 8). Bei **unklarem Teilwiderspruch** muß der Rechtspfleger dem Antragsgegner Gelegenheit zur Klarstellung geben (§ 139; KG JurBüro 84, 136); bis zur Klarstellung ist der Widerspruch als unbeschränkt eingelegt zu betrachten (BGH 85, 361 [366] = NJW 83, 633 f = MDR 83, 224). 11

3) Inkorrektes Verfahren. Ergeht VB, obwohl Widerspruch eingelegt ist (Bsp: Rechtspfleger behandelt unklaren Teilwiderspruch entgegen Rn 11 nicht als unbeschränkten Widerspruch und erläßt beschränkten VB), so gilt der **Widerspruch** als **Einspruch** (BGH 85, 361 [364 ff] = NJW 83, 633 f = MDR 83, 224; KG OLGZ 84, 77 = Rpfleger 83, 489 f; sa Rn 6). Diese Umdeutung des Widerspruchs ist geboten, um die Wirkungen einer inkorrekten Entscheidung zu vermeiden (vgl allg Rn 28 ff vor § 511). Die **Beweislast** für die Rechtzeitigkeit des Widerspruchs trägt der Beklagte (BGH NJW 82, 889). 12

VI) 1) Der Antragsgegner kann den eingelegten Widerspruch in den zeitlichen Grenzen des § 697 IV S 1 **zurücknehmen.** Die Zurücknahme bewirkt, daß der MB wieder Grundlage eines VB sein kann (Hamm AnwBl 84, 503; Fischer MDR 94, 124). Wird der Widerspruch vor Abgabe ins streitige Verfahren (§ 696 I) – mit der erst das Mahnverfahren endet (§ 696 Rn 5) – zurückgenommen, gelten keine verfahrensmäßigen Besonderheiten. **Einzelheiten** zu den Erklärungsformen und den Folgen der Rücknahme: § 697 Rn 11, 12. 13

14 **2)** Nach § 697 IV S 1 kann der Antragsgegner den eingelegten Widerspruch trotz eingetretener Rechtshängigkeit auch noch **nach Abgabe ins streitige Verfahren zurücknehmen,** solange er noch nicht zur Hauptsache verhandelt hat und gegen ihn noch kein Versäumnisurteil ergangen ist. **Einzelheiten:** § 697 Rn 11.

15 **3)** Nach Zustellung des MB kann analog §§ 346, 514 auf Widerspruch **verzichtet** werden (ThP Rn 7 [ab Erlaß]; BL/Hartmann Rn 5; weitergehend StJ/Schlosser Rn 4: auch schon vorher; gänzlich abl MK/Holch Rn 22: kein Bedürfnis). Auch der Verzicht eröffnet den Weg zum VB (§ 699 Rn 7).

16 **4)** Wenn nach Einlegung des Widerspruchs der Antragsteller seinerseits den **Mahnantrag zurücknimmt,** verliert der MB entspr § 269 III seine Wirkung (§ 690 Rn 24), so daß der gegen ihn gerichtete Widerspruch gegenstandslos wird; Kostenfolge: § 690 Rn 24.

17 **VII) Gebühren:** s Rn 20 vor § 688.

695 *[Mitteilung an Antragsteller; Widerspruchsabschriften]*

Das Gericht hat den Antragsteller von dem Widerspruch und dem Zeitpunkt seiner Erhebung in Kenntnis zu setzen. Wird das Mahnverfahren nicht maschinell bearbeitet, so soll der Antragsgegner die erforderliche Zahl von Abschriften mit dem Widerspruch einreichen.

1 Verständigung des Antragstellers von der Widerspruchseinlegung **(S 1):** § 694 Rn 9. Einreichung von Abschriften des Widerspruchs durch den Antragsgegner **(S 2):** § 694 Rn 4. Soweit dem Widerspruch materiellrechtlich die Bedeutung einer (die Verjährungshemmung beseitigenden) Anspruchszurückweisung zukommt (vgl § 694 Rn 1), endet die Verjährungshemmung (§ 651g II 3 BGB) mit der Inkenntnissetzung des Antragstellers (BGH 88, 177). Bei nachfolgendem Verfahrensstillstand ist die Widerspruchsmitteilung letzte Prozeßhandlung des Gerichts gem §§ 211 II 1, 213, 212a BGB (ie mN § 693 Rn 3).

696 *[Überleitung ins streitige Verfahren]*

(1) Wird rechtzeitig Widerspruch erhoben und beantragt eine Partei die Durchführung des streitigen Verfahrens, so gibt das Gericht, das den Mahnbescheid erlassen hat, den Rechtsstreit von Amts wegen an das Gericht ab, das in dem Mahnbescheid gemäß § 692 Abs. 1 Nr. 1 bezeichnet worden ist, wenn die Parteien übereinstimmend die Abgabe an ein anderes Gericht verlangen, an dieses. Der Antrag kann in den Antrag auf Erlaß des Mahnbescheids aufgenommen werden. Die Abgabe ist den Parteien mitzuteilen; sie ist nicht anfechtbar. Mit Eingang der Akten bei dem Gericht, an das er abgegeben wird, gilt der Rechtsstreit als dort anhängig. § 281 Abs. 3 Satz 1 gilt entsprechend.

(2) Ist das Mahnverfahren maschinell bearbeitet worden, so tritt an die Stelle der Akten ein maschinell erstellter Aktenausdruck. Für diesen gelten die Vorschriften über die Beweiskraft öffentlicher Urkunden entsprechend.

(3) Die Streitsache gilt als mit Zustellung des Mahnbescheids rechtshängig geworden, wenn sie alsbald nach der Erhebung des Widerspruchs abgegeben wird.

(4) Der Antrag auf Durchführung des streitigen Verfahrens kann bis zum Beginn der mündlichen Verhandlung des Antragsgegners zur Hauptsache zurückgenommen werden. Die Zurücknahme kann vor der Geschäftsstelle zu Protokoll erklärt werden. Mit der Zurücknahme ist die Streitsache als nicht rechtshängig geworden anzusehen.

(5) Das Gericht, an das der Rechtsstreit abgegeben ist, ist hierdurch in seiner Zuständigkeit nicht gebunden.

Abs I 1 neu gefaßt, Abs V 2, 3 gestrichen durch Art 1 Nr 53 des RechtspflegeVereinfG vom 17. 12. 1990 (BGBl I S 2847), in Kraft seit 1. 1. 1992.

1 **I) 1)** Der rechtzeitige Widerspruch hat (abgesehen vom Fall des § 703a II Nr 4) zur Folge, daß kein VB mehr erteilt werden kann. Er leitet aber nicht ohne weiteres ins streitige Verfahren über. Hierzu bedarf es eines ausdrücklichen Antrags auf Durchführung des streitigen Verfahrens **(Streitantrag)**, der sowohl dem Antragsteller als auch dem Antragsgegner des Mahnverfahrens offensteht (Hamburg MDR 94, 520). Der Antragsteller kann den Streitantrag stellen, sobald er von der Widerspruchseinlegung erfährt (§ 695) oder ihn vorsorgl schon mit dem Mahnantrag verbinden **(I S 2).** Der Antragsgegner kann zusammen mit dem Widerspruch oder gesondert die Durchführung des streitigen Verfahrens beantragen. Der Antrag kann schriftl gestellt oder mündl beim Urkundsbeamten der Geschäftsstelle, auch der eines anderen Amtsgerichts (§ 129a), ange-

bracht werden (§ 702). Wer den Antrag als Bevollmächtigter stellt, hat seine ordnungsgemäße Bevollmächtigung zu versichern (§ 703).

2) Der **Streitantrag** kann über die Abgabe ins streitige Verfahren **(I S 1)** hinaus bis zum Beginn der mündl Verhandlung des Antragsgegners (Antragstellung, § 137 I) zur Hauptsache **zurückgenommen** werden **(IV S 1);** erklärt der Antragsteller nach Einlegung des Widerspruchs (auch teilweise, vgl München MDR 92, 187; aA MK/Holch Rn 23, 26) und vor der mündlichen Verhandlung die Hauptsache für erledigt (§ 91a), so liegt darin idR die Rücknahme des Streitantrags (so Köln Rpfleger 82, 158; MK/Holch Rn 26, str; **aA** Nürnberg NJW-RR 87, 1278; München NJW-RR 96, 957 mN; Fischer MDR 94, 125 f; BL/Hartmann Rn 12 mwN), bei teilweiser Erledigterklärung eine entsprechende Beschränkung (Stuttgart MDR 84, 673; Köln JurBüro 88, 617; vgl auch § 91a Rn 58 „Mahnverfahren"). Die Zurücknahme kann schriftl oder mündl beim Urkundsbeamten der Geschäftsstelle erklärt werden **(IV S 2);** es besteht auch beim LG **kein Anwaltszwang** (München AnwBl 84, 371; vgl § 78 III), auch nicht für die **zugleich** erklärte Klagerücknahme (zur isolierten Klagerücknahme sogleich Rn 2 aE) und den Kostenantrag gem § 269 III entspr (LG Essen JZ 80, 237; Bergerfurth, Der Anwaltszwang, Rn 235; aA MK/Holch Rn 27; sa § 78 Rn 12; § 690 Rn 22). Zurücknahme des vom Antragsteller des Mahnverfahrens gestellten Streitantrags enthält nicht die Zurücknahme des Mahnantrags (Stuttgart MDR 90, 557; ThP Rn 14; Fischer MDR 94, 125); in diesem Fall ist § 269 III für die Kostenentscheidung nicht entspr anwendbar, da die Streitsache anhängig bleibt (KGR 95, 12), vielmehr gilt § 91a entspr (Köln JurBüro 88, 617; Stuttgart OLGZ 89, 201 mN; einschr München OLGZ 87, 255 = MDR 87, 415; aA München MDR 92, 187 mN; KG NJW-RR 93, 1472 mN; einschr LG Frankfurt NJW-RR 88, 1021). Zurücknahme des vom Antragsgegner gestellten Streitantrags enthält nicht Zurücknahme des Widerspruchs (MK/Holch Rn 30). Das Mahnverfahren wird in die Lage vor Stellung des Streitantrags zurückversetzt, so daß der MB durch den Widerspruch blockiert wird und das Mahnverfahren zum Stillstand kommt (§ 694 Rn 10); eine erneute Aufnahme des Verfahrens durch Erneuerung des Streitantrags ist jederzeit möglich (München OLGZ 87, 254 = aaO; Stuttgart OLGZ 89, 201 mN und MDR 90, 557; LG Kaiserslautern MDR 94, 417). Wenn Rechtshängigkeit bereits eingetreten war (§ 696 III), gilt sie rückwirkend als nicht eingetreten **(IV S 3).** Ist **Vollstreckungsbescheid** ergangen, ist für die Rücknahme des Streitantrags kein Raum mehr (Koblenz MDR 84, 322). Da bereits ein Titel vorliegt (§ 700 I), kann dieser nur durch *Klagerücknahme* (§ 269 III 1 HS 2) beseitigt werden. Die Klagerücknahme unterliegt gem § 78 Rn 12 dem (eingeschränkten) Anwaltszwang, die Erleichterung des (in § 700 III 2 nicht zitierten) **IV** 2 gilt nicht (vgl LG Bonn NJW-RR 86, 223 f; weitergehend Koblenz MDR 84, 322). 2

II) 1) Auf den Streitantrag hin hat der Rechtspfleger bei Fehlen eines übereinstimmenden abweichenden Abgabeantrags die Sache von Amts wegen **an das gemäß § 690 I Nr 5 im Mahnantrag bezeichnete AG oder LG abzugeben** (Abs **I 1**). Da bei der Abgabe keine Zuständigkeitsprüfung stattfindet (sie ist dem Empfangsgericht vorbehalten, Rn 7) ist an das Gericht abzugeben, das der Antragsteller als das für das Streitverfahren örtlich und sachlich zuständige Gericht im Mahnantrag bezeichnet hat (sa § 690 Rn 17). Verlangen Antragsteller und Antragsgegner **übereinstimmend** die Abgabe an ein **anderes,** nicht im Mahnantrag (MB) bezeichnetes **Gericht,** so ist an dieses Gericht abzugeben (Abs **I 1 letzter HS**). Diese Möglichkeit hat praktische Bedeutung bei Falschbezeichnung des zuständigen Gerichts oder bei zwischenzeitlicher Unzuständigkeit (vgl Hansens NJW 91, 959), jedoch ist auch eine Prorogation möglich (BayObLG NJW-RR 95, 636 = MDR 95, 312; sa § 38 Rn 12a). Die Erklärungen zur Abgabe können auch mündlich oder fernmündlich und zeitlich nacheinander erfolgen (vgl BL/Hartmann Rn 1); sie sind nur zu berücksichtigen, solange die Abgabe an das im MB bezeichnete Gericht noch nicht vollzogen ist (BayObLGZ 93, 318 = NJW-RR 94, 891 = MDR 94, 94; s auch Rn 9 f). Wenn das im Mahnantrag bezeichnete Empfangsgericht mit dem im Mahnverfahren tätig gewordenen AG identisch ist (§ 698; § 46a WEG, dazu § 698 Rn 1), so ist die Sache an die eigene Prozeßabteilung, ggfalls an das Familiengericht abzugeben. Wenn der MB gegen mehrere Antragsgegner gerichtet war, für die im Mahnantrag verschiedene Gerichtsstände angegeben sind, wird das Verfahren getrennt; die Sache wird dann bezügl eines jeden Antragsgegners an das im Mahnantrag für ihn angegebene Gericht abgegeben (Hamm Rpfleger 83, 177); die Wiederverbindung kann dann im Wege des § 36 Nr 3 herbeigeführt werden (ie Rn 10). **I** gilt **entsprechend,** wenn sich nachträglich herausstellt, daß der MB im Hinblick auf § 688 II, III nicht zugestellt werden kann (s § 688 Rn 8 mwN). Bei Ermäßigung der Hauptsache nach Zustellung des MB auf einen Betrag unter 10 000 DM (vgl § 23 Nr 1 GVG) ist auf (einseitigen) **Antrag** des Antragstellers – **anstelle** des im MB genannten LG – an das **AG** als zuständiges Streitgericht abzugeben (Frankfurt OLGZ 93, 91). 3

2) Die **Abgabeverfügung** des Rechtspflegers (§ 20 Nr 1 RPflG) ist **nicht anfechtbar (I S 3 HS 2).** Die Bestimmung schließt nicht nur die Beschwerde, sondern auch die Rechtspflegererinnerung nach § 11 I S 2 RPflG aus (vgl MK/Holch Rn 15). Sie ist beiden Teilen formlos mitzuteilen **(I S 3, HS 1;** beiläufig aA und verfehlt München MDR 80, 501, das von einer Zustellung ausgeht). 4

Wurde die Sache maschinell bearbeitet, ist als Aktenersatz ein maschinell erstellter Aktenausdruck abzugeben (**II**); s das Muster bei Mayer NJW 83, 91 [93].

5 **III) Wirkung der Abgabe (Abs III).** Mit der Abgabe endet das Mahnverfahren (Rn 5 vor § 688). Der nur beim Abgabegericht postulationsfähige Anwalt bleibt bis zur Neubestellung eines am Empfangsgericht zugelassenen Anwalts analog § 210a I Zustellungsbevollmächtigter (Düsseldorf OLGZ 88, 119 = MDR 87, 502). Mit Eingang der Akten (des Aktenausdrucks) beim Empfangsgericht wird die Sache dort **anhängig (I S 4).** Zugleich tritt (im Fall der Rn 6 zeitlich zurückbezogen) **Rechtshängigkeit** ein (vgl Amtl Begründung BT-Drucksache 7/2729 S 100, wonach für die Anwendung des **III** die Abgabe an die Stelle der Terminbestimmung nach altem Recht trete; ebenso Waldner MDR 81, 461, str); nach **aA** soll Rechtshängigkeit *bereits* mit Zustellung der Abgabeverfügung (so München MDR 80, 501; unklar BGH 112, 329: „nicht vor Abgabe") oder *erst* nach dem Akteneingang mit dem nach außen erkennbaren Tätigwerden des Empfangsgerichts (so Köln MDR 85, 680; Karlsruhe FamRZ 91, 91; RSchwab/Gottwald § 164 III 5d) oder schließlich erst mit Zustellung der Anspruchsbegründung nach § 697 I eintreten (so Frankfurt NJW-RR 92, 448; Koblenz OLGZ 91, 376 f mN; Zinke NJW 83, 1081 [1083 f]; MK/Holch Rn 40 vor § 688; StJ/Schlosser Rn 7; offen BGH NJW 93, 1071: „spätestens"; ferner Celle NJW-RR 94, 1276). Da die Rechtshängigkeit der Streitsache nicht vor ihrer „Anhängigkeit" beim Streitgericht eintreten kann, scheidet ein vor dem Akteneingang beim Empfangsgericht liegender Zeitpunkt aus (verfehlt München MDR 80, 501). Andererseits bezeichnet der Zeitpunkt des Akteneingangs iS von **I 4** den Beginn des im Mahnverfahren *bereits eingeleiteten* Rechtsstreits, die Parallele zum Klageverfahren (vgl §§ 253 I, 261 I) ist daher verfehlt. Der Zeitpunkt des Akteneingangs ist zuverlässig feststellbar und kein bloßes Gerichtsinternum; er ist der vom Empfangsgericht vorzunehmenden Zuständigkeitsprüfung zugrundezulegen (Rn 7; wie hier ThP Rn 13).

6 Die Rechtshängigkeit wird auf den Zeitpunkt der Zustellung des MB **zurückbezogen,** wenn die Sache „alsbald" nach Widerspruchseinlegung ins Streitverfahren abgegeben wird (**III**). „Alsbald" ist wie „demnächst" in § 693 II und § 270 III zu verstehen (BGH 103, 28 = NJW 88, 1982 = EWiR 88, 311 [Vollkommer]; Karlsruhe FamRZ 91, 91; ie § 693 Rn 5; § 270 Rn 7 ff). Die Rückbeziehung der Rechtshängigkeit ist bei im Mahnverfahren eingereichten Klageerweiterungs- und Widerklageschriftsätzen zu beachten (§ 693 Rn 3; sa Rn 7 vor § 688). § 261 III Nr 2 (sog *perpetuatio fori*) ist auf die *zurückbezogene* Rechtshängigkeit wegen der Besonderheiten des Mahnverfahrens nicht anwendbar (BayObLG NJW-RR 95, 636; Frankfurt NJW-RR 95, 831 mN; MK/Holch Rn 21, str). Maßgeblicher Zeitpunkt für § 261 III Nr 2 ist der des Akteneingangs gem **I 4** (BayObLG, Frankfurt je aaO; vgl auch Rn 5, 7).

IV) Zurücknahme des Streitantrags (Abs IV): s Rn 2

7 **V) Zuständigkeitsprüfung und Verweisung durch das Empfangsgericht (Abs V). 1)** Das **Empfangsgericht wird durch die Amtsabgabe** nach I S 1 – anders als durch eine Verweisung nach § 281 – **nicht gebunden (V);** es hat unabhängig von der schon im Mahnverfahren angestellten Prüfung das Vorliegen der allgemeinen Prozeßvoraussetzungen und ferner seine sachl und örtl Zuständigkeit von Amts wegen zu prüfen (§ 692 I Nr 6). Maßgeblicher Zeitpunkt für die Zuständigkeitsprüfung ist der der Begründung der Rechtshängigkeit iS der Rn 5 (LG Hamburg MDR 94, 406), wobei die Rückbeziehung auf den Zeitpunkt der MB-Zustellung (Rn 6 aE) außer Betracht zu bleiben hat (Frankfurt NJW-RR 95, 831 mwN, str). Ergibt sich dabei die eigene **Unzuständigkeit,** ist die Sache auf entsprechenden Antrag des nunmehrigen Klägers an das zuständige Gericht zu verweisen (§ 281 I). Da seit dem 1. 1. 1992 schon im Mahnantrag das für das streitige Verfahren örtlich und sachlich zuständige Gericht zu bezeichnen ist, also insbesondere ein ausschließlicher Gerichtsstand anzugeben ist (s näher § 690 Rn 16), wird künftig eine Weiterverweisung nur noch in Ausnahmefällen in Betracht kommen (BayObLG Rpfleger 93, 411; Hansens Rpfleger 91, 134; dazu Rn 9). Bsp dafür: Nicht beachtete Vereinbarung ausschließlicher Zuständigkeit vor Abgabe (BayObLG NJW-RR 95, 635). Das „Verweisungskarussel" ist durch die Neufassung der §§ 690 I Nr. 5, 696 I 1 (Aufhebung der Abgabeautomatik an den allgemeinen Gerichtsstand des nunmehrigen Beklagten) abgeschafft. Das Gericht kann im Verweisungsverfahren ohne mündliche Verhandlung entscheiden (§ 281 II 2).

8 **2)** Für den **Verweisungsantrag** im Fall des **V** besteht vor dem LG **kein Anwaltszwang** (§§ 78 III; 281 II 1); er kann vor dem Urkundsbeamten der Geschäftsstelle – auch eines jeden AG (§ 129a) – abgegeben werden. Nur soweit das Gericht über den Verweisungsantrag in mündlicher Verhandlung entscheidet (§ 281 II 2), müssen sich die Parteien ggf durch einen bei dem verweisenden Gericht zugelassenen RA (§ 78 I) vertreten lassen.

9 **3) Verweisung bei eigener Zuständigkeit des Empfangsgerichts?** Die Voraussetzungen für eine Verweisung gem § 281 I liegen nicht vor, wenn neben der eigenen Zuständigkeit des Empfangsgerichts (zB allgemeiner Gerichtsstand des Beklagten gem §§ 12, 13) ein konkurrierender besonderer oder ein vor Eintritt der Rechtshängigkeit wirksam vereinbarter Gerichtsstand besteht. Denn der Kläger hat schon im Mahnantrag die Möglichkeit, diesen Gerichtsstand zu

bezeichnen (vgl § 690 I Nr 5); dieses Gericht wird im MB übernommen (§ 692 I Nr 1) und an dieses wird im Fall des Widerspruchs die Sache abgegeben **(I 1)**. Da der Kläger somit schon im Mahnverfahren eine Zuständigkeitswahl hat, erlischt das Wahlrecht gem § 35 mit Zustellung des Mahnbescheids (BGH NJW 93, 1273; BayObLG Rpfleger 93, 411; einschr Fischer MDR 93, 198 bei § 59; s § 690 Rn 16). Der Meinungsstreit zur Ausübung der Wahl gem § 35 aufgrund der bisherigen Abgabeautomatik an den allgemeinen Gerichtsstand des Beklagten ist überholt (vgl mN 16. Auflage). Davon unberührt bleibt die Möglichkeit, daß beide Parteien übereinstimmend die Abgabe an ein anderes als das im MB bezeichnete Gericht verlangen (I 1, letzter HS, s oben Rn 3). Zur Verweisungsmöglichkeit gem § 281 s Rn 9a.

4) Fehlerhafte Verweisung (s allg § 281 Rn 17). Verweist das Gericht trotz bindender (§ 35) Zuständigkeitswahl entgegen den dargestellten Grundsätzen (Rn 9) an ein anderes (zuständiges) Gericht, kann dem Verweisungsbeschluß, weil objektiv willkürlich, die Bindungswirkung fehlen (vgl BGH NJW 93, 1273 = MDR 93, 576; BayObLGZ 93, 318 = NJW-RR 94, 891 = MDR 94, 94; zust Fischer MDR 94, 539); anders bei Verweisung an ein ausschließlich zuständiges Gericht (BGH NJW 93, 2810 = MDR 94, 944), bei Verweisung auf übereinstimmenden Antrag der Parteien (BayObLG Rpfleger 93, 411: arg I 1, letzter HS entspr) oder bei fehlendem Vortrag zur Zuständigkeit des verweisenden Gerichts (BGH NJW-RR 95, 702). **9a**

5) Verweisung an das sachlich zuständige Amtsgericht in Übergangsfällen? Für die sachliche Zuständigkeit des Streitgerichts kommt es nach der Übergangsvorschrift des Art 14 II RpflEntlG auf die Zustellung des MB, nicht den Eingang der Akten beim Streitgericht an (eingehend zum Streitstand mwN 19. Aufl). **9b**

6) Zuständigkeitsbestimmung. Wenn bei einer **Mehrheit von Antragsgegnern** ohne gemeinschaftlichen besonderen Gerichtsstand im Mahnverfahren getrennte Abgabe an mehrere Gerichte erfolgte (Rn 3), so kann – falls nicht schon vor der Abgabe geschehen (vgl BayObLGZ 80, 149 [151] = Rpfleger 80, 436; VersR 82, 371) – nun gemäß § 36 Nr 3 Antrag auf Bestimmung eines für die gemeinsame Verhandlung und Entscheidung zuständigen Gerichts gestellt werden (BGH NJW 78, 1982; Düsseldorf Rpfleger 78, 184; Vollkommer Rpfleger 77, 143; 78, 184); die bei den Empfangsgerichten eingetretene Rechtshängigkeit steht nicht entgegen (vgl BGH NJW 78, 321); das gleiche gilt, wenn nach Abgabe über das Vermögen eines Beklagten das Konkursverfahren eröffnet wurde und der Konkursverwalter den Rechtsstreit noch nicht aufgenommen hat (BayObLG 85, 315; vgl auch § 36 Rn 7). **10**

7) Zum Verfahren des durch die Amtsabgabe befaßten Gerichts im einzelnen s § 697. **11**

VI) Kosten bei nachfolgendem Streitverfahren. 1) Mehrkosten vor Mahngericht. Die Kosten des Mahnverfahrens gelten als Teil der beim Empfangsgericht entstehenden Kosten (**I S 5** mit § 281 III 1). Die durch einen **Anwaltswechsel** entstandenen Mehrkosten sind daher notwendig iS von § 91 II 3, soweit mit einem Widerspruch nicht zu rechnen war (hM, sehr str; eingehend mwN Hansens Rpfleger 89, 487 [491 ff] und JurBüro 95, 262 ff [Anm]; hier § 91 Rn 13 „Mahnverfahren“). Ie ist zu unterscheiden: **Mehrkosten vor Mahngericht** sind (je nach Widerspruchsprognose) uU notwendig (*so* Hamm MDR 94, 103 mwN; Saarbrücken JurBüro 90, 362; Bremen JurBüro 91, 386; München MDR 93, 285; Köln MDR 93, 387; *weitergehend* – stets notwendig bei am Mahngericht zugelassenen Anwalt –: Düsseldorf MDR 88, 679 = Rpfleger 88, 379; 94, 272; MDR 93, 1247; 95, 423; Hamburg JurBüro 95, 91; 96, 38; zum zugelassenen Anwalt bei zentralem Mahngericht vgl Düsseldorf AnwBl 88, 652; Hamburg JurBüro 87, 756; *einschränkend* bei gemeinsamem Gerichtsstand im selben LG-Bezirk: Bremen Rpfleger 87, 79 mwN; Düsseldorf MDR 81, 323 Nr 66; vgl auch Karlsruhe Rpfleger 87, 422). **2) Mehrkosten durch Verweisung.** Auf die durch Weiterverweisung entstehenden Mehrkosten findet **§ 281 III 2 uneingeschränkt Anwendung**, so daß dem Kläger die durch die Weiterverweisung entstehenden Kosten auch im Falle seines Obsiegens aufzuerlegen sind. Gleiches gilt für das nach Einspruch gegen den VB eingeleitete Streitverfahren (§ 700 III 2 mit § 696 V). Zu den Mehrkosten zählen die Verfahrenskosten, die durch Anrufung eines unzuständigen Gerichts anfallen (vgl näher mN § 281 Rn 19), insbesondere die durch einen Anwaltswechsel entstandenen Kosten (zur früheren Rechtslage vgl 16. Auflage mN). **12**

VII) Gebühren: Keine **Gerichts**gebühr. Auch für den **RA** keine Gebühr (§ 14 BRAGO). **13**

697 *[Einleitung des Streitverfahrens]*

(1) Die Geschäftsstelle des Gerichts, an das die Streitsache abgegeben wird, hat dem Antragsteller unverzüglich aufzugeben, seinen Anspruch binnen zwei Wochen in einer der Klageschrift entsprechenden Form zu begründen.

(2) Bei Eingang der Anspruchsbegründung ist wie nach Eingang einer Klage weiter zu verfahren. Zur schriftlichen Klageerwiderung im Vorverfahren nach § 276 kann auch eine mit der Zustellung der Anspruchsbegründung beginnende Frist gesetzt werden.

(3) Geht die Anspruchsbegründung nicht rechtzeitig ein, so wird bis zu ihrem Eingang Termin zur mündlichen Verhandlung nur auf Antrag des Antragsgegners bestimmt. Mit der Terminbestimmung setzt der Vorsitzende dem Antragsteller eine Frist zur Begründung des Anspruchs; § 296 Abs. 1, 4 gilt entsprechend.

(4) Der Antragsgegner kann den Widerspruch bis zum Beginn seiner mündlichen Verhandlung zur Hauptsache zurücknehmen, jedoch nicht nach Erlaß eines Versäumnisurteils gegen ihn. Die Zurücknahme kann zu Protokoll der Geschäftsstelle erklärt werden.

(5) Zur Herstellung eines Urteils in abgekürzter Form nach § 313b Abs. 2, § 317 Abs. 4 kann der Mahnbescheid an Stelle der Klageschrift benutzt werden. Ist das Mahnverfahren maschinell bearbeitet worden, so tritt an die Stelle der Klageschrift der maschinell erstellte Aktenausdruck.

Abs I, II und III neugefaßt durch Art 1 Nr 54 des RechtspflegeVereinfG vom 17. 12. 1990 (BGBl I S 2847), in Kraft seit 1. 4. 1991.

1 **I) Anspruchsbegründung (Abs I). 1)** Da der MB abgesehen von schablonenhafter Angabe des Anspruchsgrunds keine Begründung enthält, eignet er sich nicht als alleinige Grundlage des streitigen Verfahrens (s aber **V**). Nach Abgabe gemäß § 696 I S 1 hat der Kläger (bisherige Antragsteller) daher seinen Anspruch zu begründen **(I)**. Gegenüber dem AG als nunmehr befaßten Gericht kann das **schriftl oder zu Protokoll der Geschäftsstelle** (§ 496) geschehen, auch zu Protokoll eines anderen AG (§ 129a; Fristwahrung in diesem Fall: § 129a II). Ist an ein LG abgegeben, so bleibt eine von der Partei oder von einem bei diesem LG nicht zugelassenen Anwalt *vorher* gegebene Anspruchsbegründung wirksam (BGH 84, 139 mN = NJW 82, 2002 = MDR 82, 846 = LM Nr 5 Anm Skibbe; offen BGH NJW-RR 94, 889 = MDR 94, 1036; Folge für **Abs I**: Rn 4). Hat die Partei *nach* Abgabe an das LG einen Begründungsschriftsatz eingereicht, so ist eine Bezugnahme hierauf durch den Anwalt uneingeschränkt zulässig (BGH aaO); die sonst bestehenden Schranken der Bezugnahme auf Parteischriftsätze (vgl § 253 Rn 12) gelten in diesem Verfahrensabschnitt nicht (aA Zinke NJW 83, 1087). Im Verfahren mit Anwaltszwang (§ 78 I) hat somit die von einer Partei oder einem nicht postulationsfähigen Anwalt abgegebene („verfrühte") Anspruchsbegründung nur vorläufige Bedeutung, solange sie nicht durch einen beim Prozeßgericht zugelassenen RA übernommen ist (Düsseldorf MDR 83, 943; Karlsruhe NJW 88, 2806; Schleswig MDR 88, 151).

2 Die Anspruchsbegründung soll den Mahnbescheid zu einer vollwertigen Klage ergänzen, stellt aber nicht selbst die Klage dar (Bank JurBüro 80, 801 gegen Schuster MDR 79, 724, str; zum Meinungsstand Eibner NJW 80, 2296), sonst könnte nicht bei ihrem Ausbleiben nach **III 1** Termin auf Antrag des nunmehrigen Beklagten zu bestimmen sein. Nach Form und Inhalt muß sie aber den **Anforderungen an eine Klageschrift** (§§ 253, 130, 131) genügen **(I)**. Erforderl ist vor allem Darstellung des Sachverhalts, auf den die Klageforderung gestützt wird; zu bereits bekannten Einwendungen des Gegners ist Stellung zu nehmen; die Beweismittel sind anzugeben; im Besitz des Klägers befindl Urkunden sind regelmäßig in Ur- oder Abschrift beizufügen (§ 131; bei vorausgegangenem Urkunden-, Wechsel- oder Scheckmahnbescheid s § 703a II Nr 2). Hinsichtlich des **Klageantrags** (§ 253 II Nr 2) ist dagegen Bezugnahme auf den MB zulässig (MK/Holch Rn 6 mwN, str; aA BL/Hartmann Rn 4; Zimmermann Rn 1; JuS 91, 675).

3 Bei Zustellung eines **nicht individualisierten MB** kann „demnächstige" Zustellung der Anspruchsbegründung die Rückwirkungsfolge gem § 693 II auslösen (vgl BGH NJW 95, 2230 = MDR 95, 844 = Rpfleger 95, 509; sa § 693 Rn 5b).

Zum Antrag auf Verhandlung vor der **Kammer für Handelssachen** (§ 96 GVG) vgl § 690 Rn 18; § 96 GVG Rn 3. Klageänderung und Klageerweiterung sind möglich (RG 90, 178).

4 2) Unverzüglich nach Akteneingang beim Empfangsgericht hat der **Urkundsbeamte der Geschäftsstelle** (§ 153 GVG) den nunmehrigen Kläger unter Hinweis auf die einzelnen Erfordernisse (vgl auch BL/Hartmann Rn 8, 9) **zur Einreichung der Anspruchsbegründung innerhalb einer Frist von 2 Wochen aufzufordern (I)**. Im Hinblick auf die einzuhaltende Frist ist die Aufforderung förmlich zuzustellen (§ 329 II 2; Düsseldorf JurBüro 84, 137 und allg § 329 Rn 47), an einen bisherigen Bevollmächtigten nur, wenn er RA ist oder seine Vollmacht bereits vorliegt (§ 88 II; § 703 gilt nicht mehr). Die dem Kläger gem I zu setzende Frist ist im Gegensatz zu der Frist gem III (s dazu Rn 10) keine Frist gem § 296 I (BGH NJW 82, 1534; Hamm MDR 83, 413 mN; Köln NJW 81, 2265; BL/Hartmann Rn 7). Allerdings ist eine Verletzung der Frist gem I mittelbar gem § 296 II zu ahnden, wenn darin zugleich ein Verstoß gegen die allgemeine Prozeßförderungspflicht des § 282 II liegt (hM, BGH NJW 82, 1534; Hamm MDR 80, 147; München OLGZ 88, 492 = NJW-RR 89, 1506; offen BGH 122, 30 = NJW 93, 1587).

Liegt bei Eingang der Akten (§ 696 I 4) bereits eine wirksame („verfrühte") Anspruchsbegründung vor (Rn 1), ist die Aufforderung durch die Geschäftsstelle gem **I** entbehrlich (so auch Köln NJW 81, 2265; AK/Menne Rn 5, str; aA Karlsruhe NJW 88, 2806; MK/Holch Rn 2; BL/Hartmann

Rn 5, hM; offen BGH NJW-RR 94, 889 mwN), sogleich vom Vorsitzenden ggf Termin zu bestimmen und gem **II** zu verfahren (Rn 6 ff).

5 3) Besonderheiten gelten im **arbeitsgerichtlichen Verfahren** (vgl dazu § 46a IV ArbGG) und im **WEG-Verfahren** (vgl dazu § 46a II WEG; § 688 Rn 9).

6 **II) Weiteres Verfahren bei Eingang der Anspruchsbegründung (Abs II). 1) Allgemeines.** Es ist wie nach Eingang einer Klage weiter zu verfahren **(II 1).** Die §§ 271 ff gelten mit folgenden Besonderheiten (Rn 7, 8). Der Urkundsbeamte hat die Akten dem Vorsitzenden vorzulegen, damit dieser sich zwischen frühem ersten Termin (Rn 7) und schriftlichem Vorverfahren (Rn 8) entscheiden kann (II 1; § 272 II). Die Anspruchsbegründung ist dem Beklagten unverzüglich mit der Ladung zu einem frühen ersten (§ 274 II) oder mit den Aufforderungen im schriftlichen Vorverfahren (§ 276 I) zuzustellen (II 1; 271 I). Zustellungsadressat ist ggf der Anwalt, der sich im Mahnverfahren für den Antragsgegner bestellt hat, auch wenn er vor dem Prozeßgericht nicht postulationsfähig ist, arg § 210a (Düsseldorf OLGZ 88, 119 = MDR 87, 502). Falls die Sache beim LG anhängig ist, ist der Beklagte gleichzeitig zur Anwaltsbestellung aufzufordern (II 1; § 271 II).

7 2) **Früher erster Termin.** Wählt der Vorsitzende frühen ersten Termin (II 1; §§ 272–275), ist unverzüglich ein Verhandlungstermin zu bestimmen (§ 216 II). Zum weiteren Verfahren vgl näher § 275 Rn 3 ff.

8 3) **Schriftliches Vorverfahren.** Abweichend von der früheren Rechtslage (vgl 16. Auflage mN) kann aufgrund der allgemeinen Verweisung des Abs **II 1** auf das Klageverfahren und damit auch auf § 276 I 1 und 3, II nunmehr auch im schriftlichen Vorverfahren ein Versäumnisurteil gem § 331 III oder ein Anerkenntnisurteil gem § 307 II ergehen. Die Widerspruchseinlegung gilt nach der Neufassung des Abs **II** nicht mehr als – vorweggenommene – Anzeige der Verteidigungsabsicht; vielmehr muß der Beklagte seine Verteidigungsabsicht nochmals ausdrücklich erklären. Durch die Neuregelung soll eine Verfahrensverschleppung verhindert werden (so Begründung BT-Drs 11/3621 S 48). Im einzelnen gilt: **a)** Wählt der Vorsitzende schriftliches Vorverfahren, ist der Beklagte unter Hinweis auf den ggf bestehenden Anwaltszwang zur Erklärung seiner Verteidigungsbereitschaft binnen einer Notfrist von zwei Wochen nach Zustellung aufzufordern (II 1; § 276 I 1, II). Mit der Aufforderung nach § 276 I 1 ist der Beklagte über die Folgen der Versäumung der Frist zu belehren (II 1; 276 II). Die **Belehrung** muß den Hinweis enthalten, daß die Widerspruchserhebung oder sonstige Erklärungen im Mahnverfahren nicht als Anzeige der Verteidigungsabsicht gelten (Zimmermann Rn 3; Holch NJW 91, 3178; Hansens NJW 91, 960). Bleibt der Beklagte untätig (dem entspricht im Anwaltsprozeß die nur persönliche Bekundung der Verteidigungsbereitschaft), ergeht auf Antrag des Klägers Versäumnisurteil (§ 331 III). **b)** Gleichzeitig ist dem Beklagten eine **Klageerwiderungsfrist** zu setzen (II 1; § 276 I 2). Abweichend von § 276 I 2 sieht **II 2** vor, daß als Zeitpunkt für den Beginn der Erwiderungsfrist auch die Zustellung der Anspruchsbegründung bestimmt werden **„kann"**, nicht erst, wie im Klageverfahren, der Ablauf der Frist für die Verteidigungsanzeige. Damit können Klageerwiderungsfrist und Frist zur Anzeige der Verteidigungsabsicht zusammenfallen und insgesamt nur zwei Wochen betragen. Als Grund für die Abkürzung wird angeführt, der Beklagte habe schon im Mahnverfahren Gelegenheit gehabt, sich mit dem Streitgegenstand zu befassen (so Begründung BT-Drs 11/3621 S 49; mit Recht krit Lechner aaO S 220). Die Klageerwiderungsfrist ist aber stets nach den Umständen des Einzelfalls zu bemessen und darf nicht schematisch auf die gesetzliche Mindestfrist (§ 276 I 2) von zwei Wochen festgesetzt werden (Köln NJW 80, 2421; Zweibrücken MDR 79, 235). Die Frist beginnt auch nur bei Vorliegen einer formell ordnungsgemäßen (§ 78; Rn 6), nicht aber bei einer „verfrühten" (s Rn 1 aE) Anspruchsbegründung zu laufen (Düsseldorf MDR 83, 942; Karlsruhe NJW 88, 2806). Folge bei Verstößen: Keine Anwendbarkeit von § 296 I. Zusammen mit der Fristsetzung ist der Beklagte über die Art der Anbringung der Klageerwiderung (beim AG: § 496) und ihrem notwendigen Inhalt zu **belehren** (II 1; § 277 I, II), auch darüber, daß die Zulässigkeit der Klage betreffende Rügen innerhalb der Klageerwiderungsfrist anzubringen sind (II 1; §§ 277 II, 282 III 2), ferner über die Folgen verspäteter Anbringung von Angriffs- und Verteidigungsmitteln (II 1; §§ 277 II, 296 I). Dem **Kläger** kann eine Frist von mindestens zwei Wochen zur Beanwortung der Klageerwiderung eingeräumt werden (II 1; §§ 276 III, 277 IV), die inhaltlich dem § 277 I zu entsprechen hat.

10 **III) Ausbleiben der Anspruchsbegründung (Abs III).** Reicht der Kläger seine Anspruchsbegründung nicht (rechtzeitig) von sich aus bzw nicht spätestens innerhalb der vom Gericht nach Abs **I** gesetzten Zwei-Wochen-Frist ein, bestimmt das Gericht Termin zur mündlichen Verhandlung **nur** auf Antrag des Beklagten (das Gesetz spricht vom Antragsgegner) und nicht mehr von Amts wegen **(III 1)**; die Verantwortung für den Verfahrensfortgang liegt damit bei den Parteien (vgl BGH NJW-RR 95, 1336). Zweck der Regelung: Förderung einer gütlichen Einigung, wenn zwischen den Parteien Vergleichsverhandlungen schweben oder der Beklagte Teilzahlungen erbringen will; außerdem Schutz des Beklagten vor unnötiger Anwaltsbestellung, wenn der Kläger kein Interesse an der Fortführung des Prozesses hat (vgl Hamm OLGZ 94, 360; Karlsruhe

MDR 93, 1246). Beantragt der Beklagte Termin zur mündl Verhandlung, ist dem Kläger (das Gesetz spricht vom Antragsteller) zusammen mit der Terminsnachricht **nochmals** eine Frist zur Anspruchsbegründung zu setzen **(III 2).** Die Aufforderung ist förmlich zuzustellen (§ 329 II 2; vgl Karlsruhe aaO). Versäumt der Kläger auch diese Frist, ist dafür erstmals § 296 I und IV anzuwenden **(III 3);** das Gericht darf demnach das verspätete Vorbringen des Klägers nur unter den Voraussetzungen des § 296 I und IV zulassen (Einzelheiten: § 296 Rn 8 ff). Bleibt die Klagebegründung (endgültig) aus, ist die (unschlüssige) **Klage** im Termin als *unbegründet* **abzuweisen** (ebenso MK/Holch Rn 26; RSchwab/Gottwald § 164 III 5 f, str; **aA** – Abweisung als *unzulässig* – München NJW-RR 89, 1405; LG Gießen NJW-RR 95, 62; StJ/Schlosser Rn 2; ThP Rn 8; abzulehnen, denn ein Fall nicht ordnungsmäßiger Klageerhebung [s Rn 14 vor § 253 mit § 253 Rn 7 ff] liegt im Hinblick auf die Rechtshängigkeit des Klageverfahrens [§ 696 Rn 5 f] nicht vor). Bleibt die Klagebegründung aus und kommt es auch zu keinem Termin, tritt **Verfahrensstillstand** mit der Folge § 211 II BGB ein (vgl BGH NJW-RR 95, 1336).

11 **IV) Zurücknahme des Widerspruchs (Abs IV). 1) Form der Zurücknahme:** der Antragsgegner kann den Widerspruch vor Abgabe ins streitige Verfahren zurücknehmen, nach **IV S 1** aber auch trotz eingetretener Rechtshängigkeit nach Abgabe, solange er noch nicht gemäß § 137 I zur Hauptsache verhandelt hat; die Zurücknahme ist jedoch ausgeschlossen (vgl IV S 1 HS 2), wenn gegen ihn bereits ein *Versäumnisurteil* ergangen ist, damit nicht der bereits vorliegende Vollstreckungstitel auf diese Weise aus der Welt geschafft und der Antragsteller genötigt wird, statt dessen VB zu erwirken; ferner ist die Rücknahme ausgeschlossen, wenn nach Abgabe an das Streitgericht die *Klage* gem § 261 II HS 2 *erweitert* worden ist; Grund: Vermeidung von sonst eintretender (vgl Rn 10) Verfahrensaufspaltung (vgl LG Hannover JurBüro 84, 297; Fischer MDR 94, 124 f; krit MK/Holch Rn 30). Die (vordruckfreie) Zurücknahme kann auch nach Abgabe ins Streitverfahren **schriftl oder zu Protokoll der Geschäftsstelle** des mit der Sache befaßten Gerichts erklärt werden **(IV S 2),** auch bei der Geschäftsstelle eines jeden AG (§ 129a, beachte II). Diese Formerleichterungen gelten auch, wenn die Sache jetzt beim LG anhängig ist; auch dann unterliegt die Zurücknahme nicht dem Anwaltszwang (ThP Rn 14; MK/Holch Rn 31), selbst nicht im Termin zur mündl Verhandlung vor dem LG, auch wenn sie dort mündlich erklärt wird (vgl § 78 III). Ein Bevollmächtigter, der nach Abgabe ins streitige Verfahren die Zurücknahme erklärt (vorher gilt 703), hat gemäß § 88 II seine Vollmacht nachzuweisen, wenn er nicht RA ist (ThP Rn 14), da die Zurücknahme dann nicht im Mahnverfahren erfolgt (zweifelnd die Amtl Begründung BT-Drs 7/2729 S 102). Bei der Zurücknahme des Einspruchs gegen einen VB, den der Rechtspfleger des Prozeßgerichts gemäß § 699 I S 3 erlassen hat, liegt es anders (s § 700 Rn 5).

12 2) **Wirkungen der Zurücknahme:** Die Zurücknahme bewirkt, daß das **streitige Verfahren endet** und die **Rechtshängigkeit entfällt.** Der MB kann wieder die Grundlage eines VB bilden (München Rpfleger 85, 167 = AnwBl 85, 206; Hamm MDR 85, 66). Die Zurücknahme ist deshalb dem Antragsteller mitzuteilen. Stellt dieser rechtzeitig (§ 701 S 1) Antrag auf Erlaß des VB, lebt das Mahnverfahren wieder auf. Zur Vermeidung von Verzögerungen wird es nach Abgabe an ein anderes Gericht nicht vom Mahngericht fortgesetzt, sondern von dem mit dem streitigen Verfahren befaßten AG oder LG. Den VB erläßt dessen Rechtspfleger (§ 699 I S 3; § 699 Rn 11).

13 V) Nach vorausgegangenem Mahnverfahren kann ein **abgekürztes Urteil** nach § 313b (Versäumnis-, Anerkenntnis-, Verzichtsurteil) statt wie sonst auf die Klage auf den MB, bei maschineller Bearbeitung auf den Aktenausdruck gesetzt werden **(V).** Ausfertigungen des abgekürzten Urteils werden in gleicher Weise hergestellt (§ 317 IV).

14 **VI) Gebühren: 1) des Gerichts:** Die Fristsetzungen zur Anspruchsbegründung, zur Anwaltsbestellung, zur Klageerwiderung usw sind gerichtsgebührenfrei. – **Keine Urteilsgebühr** für das auf den MB gesetzte abgekürzte Anerkenntnis-, Verzichts- oder Versäumnisurteil. **2) des Anwalts:** Der Antrag auf Terminsbestimmung (§ 697 III) ist kein ein Verfahren einleitender Antrag und kein Sachantrag iS § 32 I BRAGO (Karlsruhe MDR 93, 1246).

698 *[Abgabe ins Streitverfahren beim gleichen Gericht]*

Die Vorschriften über die Abgabe des Verfahrens gelten sinngemäß, wenn Mahnverfahren und streitiges Verfahren bei demselben Gericht durchgeführt werden.

1 Ist für das streitige Verfahren das AG örtlich und sachlich zuständig, bei dem (auch) der Antragsgegner seinen allgemeinen Gerichtsstand hat, ist im Mahnantrag gemäß § 690 I Nr 5 das gleiche AG zu bezeichnen, an das der Mahnantrag gerichtet wird. Nach Widerspruch und Streitantrag vollzieht sich die Abgabe nach den Regeln des § 696 innerhalb des Gerichts; der Rechtspfleger hat die Sache an die Prozeßabteilung seines AG abzugeben, ggfalls an das dortige Familiengericht, wo nach § 697 weiter verfahren wird. Auch bei § 703d kommt eine Abgabe innerhalb desselben AG in Betracht (näher § 703d Rn 3). Sind Zahlungsansprüche nach dem WEG geltend gemacht (§ 688 Rn 9), sind das für das Mahn- und das streitige Verfahren zuständige

Gericht idR identisch (§§ 46a I 2, 43 I WEG; zu einer möglichen Ausnahme s § 688 Rn 9). Abzugeben ist dann an die für WE-Sachen funktionell zuständige Abteilung des AG. Mit Eingang der Akten bei dieser gilt der Antrag auf Erlaß des MB als Antrag nach § 43 I WEG (vgl § 46a I 4 WEG).

699 *[Vollstreckungsbescheid]*

(1) Auf der Grundlage des Mahnbescheids erläßt das Gericht auf Antrag einen Vollstreckungsbescheid, wenn der Antragsgegner nicht rechtzeitig Widerspruch erhoben hat. Der Antrag kann nicht vor Ablauf der Widerspruchsfrist gestellt werden; er hat die Erklärung zu enthalten, ob und welche Zahlungen auf den Mahnbescheid geleistet worden sind; § 690 Abs. 3 gilt entsprechend. Ist der Rechtsstreit bereits an ein anderes Gericht abgegeben, so erläßt dieses den Vollstreckungsbescheid.

(2) Soweit das Mahnverfahren nicht maschinell bearbeitet wird, kann der Vollstreckungsbescheid auf den Mahnbescheid gesetzt werden.

(3) In den Vollstreckungsbescheid sind die bisher entstandenen Kosten des Verfahrens aufzunehmen. Der Antragsteller braucht die Kosten nur zu berechnen, wenn das Mahnverfahren nicht maschinell bearbeitet wird; im übrigen genügen die zur maschinellen Berechnung erforderlichen Angaben.

(4) Der Vollstreckungsbescheid wird dem Antragsgegner von Amts wegen zugestellt, wenn nicht der Antragsteller die Übergabe an sich zur Zustellung im Parteibetrieb beantragt hat. In diesen Fällen wird der Vollstreckungsbescheid dem Antragsteller zur Zustellung übergeben; die Geschäftsstelle des Gerichts vermittelt diese Zustellung nicht. Bewilligt das mit dem Mahnverfahren befaßte Gericht die öffentliche Zustellung, so wird der Vollstreckungsbescheid an die Gerichtstafel des Gerichts angeheftet, das in dem Mahnbescheid gemäß § 692 Abs. 1 Nr. 1 bezeichnet worden ist.

Abs IV S 1, 2 wurden neu gefaßt durch Art 8 III Nr 2 des KostRÄndG vom 24. 6. 1994 (BGBl I S 1325) in Kraft seit 1. 7. 1994.

I) Antragserfordernis. 1) Wegen des dem MB zugrundeliegenden Anspruchs kann erst vollstreckt werden, wenn für ihn in Gestalt des VB ein Vollstreckungstitel vorliegt (§ 794 I Nr 4). Der VB wird nur auf Antrag erlassen **(I S 1).** Für diesen besteht **Vordruckzwang** nach § 703c II (ie dort Rn 6). Der Antragsteller kann den Vordruck selbst ausfüllen und einreichen oder sich des Urkundsbeamten der Geschäftsstelle bedienen (§ 702 I; ie dort Rn 2). Eigenhändige Unterzeichnung ist – im Gegensatz zum Mahnantrag, vgl § 690 II – nicht ausdrückl vorgeschrieben (vgl I S 2, HS 3); jedoch gehört die Unterschrift zur Vordruckausfüllung (§ 703c II HS 2). Der Antrag kann auch von einem Bevollmächtigten gestellt werden, der seine Bevollmächtigung zu versichern hat (§ 703). Bei maschineller Bearbeitung der Mahnsachen kann der Antrag in einer nur maschinell lesbaren Aufzeichnung übermittelt werden, wenn sie sich für die EDV-Anlage des Gerichts eignet (I S 2, HS 3 mit § 690 III); dann entfällt das Unterzeichnungserfordernis. Dem Antragsgegner wird der Antrag nicht mitgeteilt (§ 702 II). 1

Der Antrag kann **zurückgenommen** werden, solange der VB noch nicht verfügt ist (vgl Fischer MDR 94, 126). Im Unterschied zur Rücknahme des Mahnantrags (§ 690 Rn 24, § 701 Rn 1), wird der MB nicht kraftlos, sondern erst mit Ablauf der Sechsmonatsfrist des § 701. 2

2) Zeitliche Voraussetzungen. a) Wartefrist. Der Antrag kann, anders als der Streitantrag (§ 696 I), nicht mit dem Mahnantrag verbunden, sondern grundsätzlich erst **nach Ablauf der** mit der Zustellung des MB beginnenden **zweiwöchentlichen Widerspruchsfrist** (§ 692 I Nr 3) gestellt werden. **Gestellt** ist der Antrag im Zeitpunkt seines Eingangs bei Gericht (insoweit zutr LG Frankfurt NJW 78, 767; LG Braunschweig Rpfleger 78, 263, str; aA LG Stade NJW 81, 2366; ThP Rn 4: Erklärungsdatum; BL/Hartmann Rn 6: Absendung). Da der Antragsteller von der erfolgten Zustellung des MB benachrichtigt wird (§ 693 III), kann er den Fristablauf selbst berechnen. Verfrüht ist der Antrag jedenfalls dann, wenn er vor Fristablauf bei Gericht eingeht (LG Frankfurt NJW 78, 767; LG Stade NJW 81, 2366); ein solcher Antrag ist zurückzuweisen (Rn 18) und muß neu gestellt werden. Dies kann formlos unter Bezugnahme auf den bereits gestellten Antrag und Hinzufügung einer Erklärung über etwaige Zahlungen des Antragsgegners geschehen (AG Duisburg Rpfleger 82, 230). 3

b) Erklärung des Antragstellers über vom Antragsgegner geleistete Zahlungen **(I 2, HS 2;** s auch Rn 8). Diese Erklärung kann nur nach Ablauf der Widerspruchsfrist wahrheitsgemäß (§ 138 I) abgegeben werden. Ergibt sich aus dem Antrag, daß die Erklärung noch vor Ablauf der Widerspruchsfrist abgegeben (dh abgesandt) wurde, kann auch ein nicht verfrüht gestellter Antrag (Rn 3) zurückgewiesen werden (§ 701 Rn 3; iErg zuzustimmen daher LG Bielefeld BB 79, 19; LG Darmstadt NJW 78, 2204; BL/Hartmann Rn 6; AK/Menne Rn 4; noch weitergehend: LG 4

Frankenthal Rpfleger 79, 72; LG Stade NJW 81, 2366; MK/Holch Rn 7: Datum der Unterzeichnung maßgebend). Damit Zahlungen, die der Antragsgegner kurz vor Fristablauf durch Banküberweisung leistet, im Antrag auf VB noch berücksichtigt werden können (Rn 8), ist es angezeigt, den Antrag nicht sofort nach Ablauf der Widerspruchsfrist zu stellen (AG Warendorf DGVZ 74, 90; AG Elmshorn DGVZ 77, 94; AG St Goar DGVZ 77, 45; aM ansch Braun DGVZ 79, 114 mwN). Im VB nicht berücksichtigte Spätzahlungen sind vom Antragsgegner mit dem Einspruch – nicht erst in der Zwangsvollstreckung: LG Kiel JurBüro 79, 1386 – geltend zu machen (§ 700 Rn 10).

5 **c) Fehlender Widerspruch.** Auch ein erst nach Ablauf der Widerspruchsfrist gestellter Antrag kann scheitern und zurückzuweisen sein, wenn der Antragsgegner zwar verspätet, aber noch vor Verfügung des VB Widerspruch einlegt; auch dann kann ein VB nicht mehr erlassen werden (München MDR 83, 675 [676]; § 694 Rn 6).

6 **d) Sechsmonatsfrist.** Eine weitere zeitl Grenze für den Antrag setzt § 701 S 1 (s dort Rn 2, 5).

7 **e)** Ein **vorzeitiger Antrag** ist auch dann nicht zulässig, wenn der Antragsgegner den eingelegten Widerspruch noch vor Ablauf der Widerspruchsfrist zurücknimmt (BL/Hartmann Rn 4; aA 15. Aufl). Antrag auf VB kann sofort gestellt werden, wenn der Antragsgegner auf Widerspruch verzichtet (§ 694 Rn 15).

8 **3) Inhalt des Antrags. a)** Der Antragsteller hat anzugeben, **ob** und in welcher Höhe auf den geltendgemachten Anspruch **Zahlungen geleistet** wurden **(I S 2, HS 2).** Das gilt auch für Zahlungen, die noch vor Zustellung des MB geleistet wurden und in ihm nicht mehr berücksichtigt sind. Um die gezahlten Beträge hat der Antragsteller den Antrag zu ermäßigen. Die Angabe über etwaige Zahlungen gehört zu den zwingenden Erfordernissen des Antrags auf Erlaß des VB (LG Stade NJW 81, 2366; LG Frankfurt Rpfleger 82, 295 mit zust Anm Vollkommer; Folge bei Fehlen der Angaben: Anm 4, 18). Zur Strafbarkeit des Verschweigens von Zahlungen vgl BGHSt 24, 257 und Dästner ZRP 76, 36; allg Rn 6c vor § 688.

9 **b)** Eine **Antragsbeschränkung** ist auch erforderlich, wenn der Antragsgegner nur Teilwiderspruch erhoben hat (s § 694 Rn 1). VB kann dann nur wegen des nicht angegriffenen Restbetrags erwirkt werden; im übrigen kann lediglich Streitantrag (§ 696 I S 1) gestellt werden. Die sachliche Zuständigkeit richtet sich dann nach dem Wert des streitig gebliebenen Teils (Koblenz Rpfleger 82, 292). Der Antrag kann auch aus freien Stücken beschränkt werden (zB Ermäßigung des ursprünglich verlangten Zinssatzes; Aufnahme von außergerichtlich eingeräumten Zahlungsfristen in den VB). Für den nicht mehr geltend gemachten Betrag tritt keine Erledigung der Hauptsache ein (KG MDR 83, 323 = Rpfleger 83, 162; aA Hofmann Rpfleger 82, 325 [326]). Ein **Mehr** gegenüber dem MB kann, von den Kosten abgesehen, im VB nicht beansprucht werden.

10 **c)** Bei herkömmlicher Bearbeitung der Mahnsachen hat der Antragsteller die bisher entstandenen **Verfahrenskosten,** die nach **III S 1** in den VB aufzunehmen sind, betragsmäßig zu berechnen, nicht bei maschineller Bearbeitung **(III S 2).** Die seit dem MB angefallenen weiteren Kosten, etwa für die Zustellung des VB, erstattungsfähige Anwaltsgebühren (vgl Bremen Rpfleger 87, 79; allg § 696 Rn 12) oder durch den zurückgenommenen Widerspruch beim Prozeßgericht entstandene Kosten, können im Antrag auf den VB zusätzlich beansprucht werden (Frankfurt Rpfleger 81, 239; ThP Rn 17); ist dies unterblieben, können die Kosten nachträglich gem §§ 103 ff festgesetzt werden (Koblenz Rpfleger 85, 369; LG Würzburg JurBüro 85, 1253; MK/Holch Rn 42 mwN, str; **aA** KG MDR 95, 531 mwN = Rpfleger 95, 424; LG Berlin Rpfleger 96, 928; ThP Rn 17; hier §§ 103, 104 Rn 21 „VB"). Später anfallende Kosten, wie etwa für die Zustellung des VB im Parteibetrieb, können nach § 788 I bei der ZwV mit beigetrieben werden (s § 788 Rn 19). Kosten, die schon vor oder bei Anbringung des Mahnantrags angefallen waren, in diesem aber nicht aufgeführt wurden, können im Antrag auf VB nicht nachträglich geltend gemacht werden. Für die gesamten Kosten des Mahnverfahrens kann ab Erlaß des VB entspr § 104 I 2 Verzinsung in Höhe von 4% verlangt werden (AG Remscheid NJW 58, 348; LG Detmold NJW 59, 774; MK/Holch Rn 18, 41). Nach Begleichung der Hauptforderung durch den Schuldner kann VB nur über die Kosten des Verfahrens ergehen, um über Einspruch eine streitige Kostenentscheidung (zB entspr § 93) zu ermöglichen (vgl KG MDR 83, 323 = Rpfleger 83, 162). Bei Teilwiderspruch sind im Teil-VB nur die durch letzteren entstandenen ausscheidbaren Kosten aufzunehmen (LG Hagen Rpfleger 90, 518).

11 **II) Zuständigkeit.** Zuständig zum Erlaß des VB ist das **AG, das den Mahnbescheid erlassen hat (I 1).** Voraussetzung für den Erlaß des VB ist, daß das Mahngericht *zuständig* war (§ 689 II, III), denn ein von einem unzuständigen Gericht erlassener MB kann nicht Grundlage eines VB sein (§ 689 Rn 5), weder für das Mahngericht selbst (Rn 12) noch für irgendein anderes – an sich zuständiges – Gericht (BGH NJW 90, 1119 = MDR 90, 222 = Rpfleger 89, 516). **I 3** begründet aus prozeßökonomischen Gründen (s Hartmann NJW 78, 611; Hornung Rpfleger 78, 430) die Zuständigkeit des mit der Sache befaßten **Prozeßgerichts** (AG, LG). Funktionell zuständig ist der Rechtspfleger (§ 20 Nr 1 RPflG; vgl Schäfer NJW 85, 299). Der in **I 3** ausdrücklich genannten

Abgabe (§ 696 I) stehen Verweisung und Weiterverweisung (§ 696 V, § 281) gleich (BL/Hartmann Rn 4, 13). Die Zuständigkeit gem I 3 wird praktisch, wenn das Streitverfahren durch Rücknahme von Widerspruch (§ 697 IV) und Streitantrag (§ 696 IV) endet. **I 3** gilt nicht, wenn die Abgabe oder (Weiter-)Verweisung (ausnahmsweise) wirkungslos ist (s allg § 281 Rn 17). Bsp: Fehlen der Abgabevoraussetzungen mangels Widerspruchs (München NJW-RR 89, 128 = MDR 88, 871; aA ThP Rn 13). **Abgrenzung:** Hat nach Abgabe gem § 700 III 1 ein *Zwischenstreit* vor dem Streitgericht mit einer *Scheinpartei* stattgefunden (§ 700 Rn 9), ist das *Mahngericht* für die Zustellung des VB an die „wahre" Partei zuständig (BGH NJW-RR 95, 765 = MDR 95, 1163 = Rpfleger 95, 422).

III) Entscheidung. 1) Der Rechtspfleger hat erneut zu prüfen, ob das Mahnverfahren zulässig 12
ist. Seine Prüfungskompetenz ist dieselbe wie bei Erlaß des MB (ie § 690 Rn 21; § 691 Rn 1); zusätzlichen Akteninhalt darf er berücksichtigen (Karlsruhe Justiz 87, 186 = Rpfleger 87, 422, Anm David 509; LG Stuttgart Rpfleger 88, 534). Die durch den MB erfolgte stillschweigende Bejahung der Zulässigkeitsvoraussetzungen bindet für den VB nicht. War der MB (teilweise) zu Unrecht ergangen, so darf insoweit kein VB erlassen werden (hM, BGH NJW 90, 1119 mN = MDR 90, 222; Karlsruhe aaO; Stuttgart Justiz 88, 432 = Rpfleger 88, 536; LG Münster MDR 88, 682 = JurBüro 88, 1023; LG Traunstein Rpfleger 87, 206; LG Stuttgart aaO; StJ/Schlosser Rn 10; ThP Rn 14). Der **Mahnbescheid muß sich** auch sonst **als Grundlage für den Vollstreckungsbescheid eignen.** Daran fehlt es, wenn er nicht ordnungsgemäß zugestellt wurde und der Fehler nicht nach § 187 S 1 geheilt ist, oder wenn er bereits nach § 701 kraftlos geworden ist. Regelmäßig darf der VB auch nicht für oder gegen andere Parteien ergehen als die im MB genannten (MK/Holch Rn 40); zu den Sonderfällen der Rechtsnachfolge unter Lebenden, des Todes oder Konkurses einer Partei s Rn 8 ff vor § 688. Eine ungenaue oder unrichtige Parteibezeichnung im MB darf im VB aber gemäß § 319 berichtigt werden (vgl München Rpfleger 90, 28 mN; zT abw MK/Holch Rn 40: Berichtigung iS von § 264 Nr 1), wenn die Identität zweifelsfrei feststeht; eine neue Partei anstelle der bisherigen darf im Wege der Berichtigung nicht eingeführt werden (vgl Petermann Rpfleger 73, 153; Jauernig ZZP 86, 459; LAG Frankfurt MDR 74, 77; BAG AP 2 zu § 268 ZPO; Düsseldorf MDR 77, 144). Ist gegen **Gesamtschuldner** VB ergangen und sind die Ausfertigungen miteinander **verbunden** worden, steht es dem Gläubiger nicht frei, den verbundenen Titel zu trennen (AG Wilhelmshaven DGVZ 79, 189, str; aA AG Arnsberg dort S 188; AG Montabaur DGVZ 86, 91; LG Marburg DGVZ 86, 77 mwN); besteht eine solche Verbindung nicht, ist für die Vollstreckung gegen einen Gesamtschuldner die Vorlage sämtlicher Titel nicht erforderlich (LG Stuttgart Rpfleger 83, 161 f; MK/Holch § 700 Rn 4 mwN). Zu prüfen ist weiter, ob die Widerspruchsfrist abgelaufen ist, ob ein verspäteter Widerspruch vorliegt, inwieweit ein Teilwiderspruch Raum für den VB läßt, ob der Antrag auf VB in der vorgeschriebenen Form (§ 703c II) und fristgemäß (§ 701) angebracht ist und ob er die erforderl Angaben enthält (vgl Rn 8–10). Bei behebbaren Mängeln ist der Antragsteller, ggfalls unter Fristsetzung, zur Beseitigung aufzufordern; wenn der Mangel nicht behoben wird oder nicht behoben werden kann, ist der Antrag zurückzuweisen (Rn 18).

2) Ist der Antrag zulässig, wird der **Vollstreckungsbescheid unter Verwendung des vorge-** 13
schriebenen Vordrucks erlassen und vom Rechtspfleger unterzeichnet. Fehlt die Unterschrift oder läßt sie keine individuellen Züge erkennen, liegt keine ordnungsgemäße Ausfertigung des VB vor (München NJW 82, 2783); dieser Mangel kann nicht nachträglich beseitigt werden (München MDR 83, 675 = Rpfleger 83, 288). Nach **II** kann der VB auf den MB gesetzt werden. Bei maschineller Bearbeitung wird er selbständig ausgedruckt; dann entfällt die Unterschrift; das Gerichtssiegel, das bereits eingedruckt sein kann, genügt (§ 703b I). Zum Inhalt bei Gleichlauf mit dem Antrag s oben Rn 10. Mit Erlaß des VB (Zeitpunkt: BGH NJW 82, 889; § 329 Rn 18), nicht erst mit Zustellung, gilt die Sache rückwirkend auf den Zeitpunkt der Zustellung des MB als rechtshängig geworden (§ 700 II).

3) Gegen den VB steht dem Antragsgegner wie gegen ein Versäumnisurteil nur der **Einspruch** 14
zu (§ 700; Ausnahme: § 703a II Nr 4, weil dort die Sache auch ohne Einspruch ins streitige Verfahren übergeht); keine Rechtspflegererinnerung (§ 11 V S 2 RPflG). Nur Einspruch ist daher gegeben, wenn der VB zu Unrecht erging, zB weil der Antragsteller die rechtzeitige Zahlung des Antragsgegners entgegen I 2 HS 2 nicht mitgeteilt hat (Rn 4). Ein übersehener Widerspruch und ein Widerspruch, der erst nach Hinausgabe des VB in den Geschäftsgang bei Gericht eingeht, wird als Einspruch behandelt (§ 694 II; § 694 Rn 6). Wird der VB formell rechtskräftig, so erwächst er auch in (beschränkte) materielle Rechtskraft (ie § 700 Rn 15 ff). Besonderheiten hinsichtlich der zeitlichen Grenzen: § 796 II.

IV) Zustellung des Vollstreckungsbescheids. 1) Der VB wird **dem Antragsgegner** regelmäßig 15
durch die Geschäftsstelle **von Amts wegen** zugestellt **(IV S 1).** Zuständig für die Zustellung bleibt stets das Gericht, das den VB erlassen hat (BAG NJW 83, 472). Bei Zustellungsmängeln kommt Amtshaftung in Betracht (BGH NJW 90, 176). Der **Antragsteller** erhält eine mit Zustellungsbescheinigung versehene **Ausfertigung** des VB übersandt, die ihn zur ZwV ermächtigt. Vollstrek-

kungsklausel ist nur ausnahmsweise nötig (§ 796 I; ferner gem § 33 AVAG, wenn die Vollstrekkung im Ausland erfolgen soll). Die Amtszustellung unterbleibt **(IV S 1)**, wenn der Antragsteller die Zustellung selbst **im Parteibetrieb** (durch Beauftragung eines Gerichtsvollziehers) veranlassen will (dazu BAG NJW 83, 472; Seip AnwBl 77, 235), etwa um zugleich mit der Zustellung die ZwV betreiben zu können (§ 750 I). Die Abhängigkeit der Amtszustellung von der Vorauszahlung der Zustellungsauslagen (vgl III 2 aF) ist beseitigt, da diese seit 1. 7. 1994 nicht mehr erhoben werden (vgl Entw-Begründung BT-Drs 12/6962, S 111). Unterbleibt die Amtszustellung, wird dem Antragsteller **Ausfertigung des Vollstreckungsbescheids** ausgehändigt. Wegen des für den VB eingeführten Vordruckzwangs (§ 703 c Rn 6) muß es sich um den amtlichen Vordruck mit der auf der Rückseite aufgedruckten Rechtsbehelfsbelehrung handeln; die Zustellung (nur) einer beglaubigten Kopie der Vorderseite des VB setzt die Einspruchsfrist nicht in Lauf (LG Darmstadt NJW 86, 1945; DGVZ 96, 62; aA – abzulehnen – Karlsruhe NJW-RR 87, 895; MK/Holch Rn 62; vgl auch allg Einl Rn 57a [aa]). Die Geschäftsstelle des Gerichts, das den VB erteilt hat, vermittelt die Beauftragung eines GV nicht mehr **(IV S 2, HS 2)**; Vermittlung durch die Geschäftsstelle des AG, in dessen Bezirk die Zustellung erfolgen soll, bleibt aber möglich (§ 166 II S 1). Die Parteizustellung steht in ihren Wirkungen der Amtszustellung völlig gleich, durch sie wird insbes die Einspruchsfrist (§§ 700 I, 339) in Lauf gesetzt (Koblenz NJW 81, 408 = MDR 81, 235; ThP Rn 23). Zur formblattmäßigen (vgl § 703c II) Behandlung der Parteizustellung vgl AG Marl DGVZ 79, 46 = JMBl NRW 79, 16. Der Antragsteller, der auf Amtszustellung verzichtet, behält damit auch die Möglichkeit, von der Zustellung des VB vorerst oder ganz abzusehen, etwa weil er mit gütlicher Bereinigung rechnet. Dann kommt das Verfahren zum Stillstand (München OLGZ 76, 189); zur verjährungsrechtlichen Bedeutung: BayVerfGH NJW 88, 1372 mN; München aaO.

16 2) Anders als beim MB (§ 688 II) ist **öffentl Zustellung** des VB möglich, insbes wenn der Antragsgegner inzwischen unbekannten Aufenthalts ist (§ 203). Um die Bewilligung (§ 204 I) ist bei dem mit dem Mahnverfahren befaßten Gericht **(IV 3)** nachzusuchen, das ist idR das Gericht, das den VB erlassen hat; zuständig ist dafür wegen der Bereichsübertragung gem §§ 4 I, 20 Nr 1 RPflG der Rechtspfleger (so klarstellend nun § 20 Nr 7 RpflG idF von Art 7 III Nr 3 des RechtspflegeVereinfG, vgl BT-Drs 11/3621 S 59; Hansens NJW 91, 954; früher str, s 16. Auflage mN). Die öffentl Bekanntmachung erfolgt durch Anheftung an der Gerichtstafel des Gerichts, das im MB gemäß § 692 I Nr 1 (§ 690 I Nr 5) als für das Streitverfahren zuständig bezeichnet war, also nicht notwendig des Gerichts, das den VB erlassen und die öffentl Zustellung bewilligt hatte **(IV S 3).**

17 Der VB kann auch **im Ausland zugestellt** werden (ie BGH 98, 263 [266 ff] = aaO [§ 688 Rn 10]; zT überholt durch § 34 III 3 AVAG; s § 688 Rn 10), anders als der MB (§ 688 III) auch außerhalb der Staaten, auf die das AVAG anwendbar ist. Festsetzung der Einspruchsfrist in beiden Fällen: § 339 II.

18 **V) Zurückweisung des Antrags auf Vollstreckungsbescheid. 1)** Ergibt die Prüfung nach Rn 12, daß der VB (teilweise) nicht erlassen werden kann, hat der Rechtspfleger (§ 20 Nr 1 RPflG) den Antrag (insoweit) zurückzuweisen. Der **Beschluß** ist dem Antragsteller **formlos mitzuteilen** (ebenso StJ/Schlosser Rn 11); Mitteilung an den Antragsgegner ist nicht geboten, da er auch vom Antrag gemäß § 702 II keine Kenntnis erhielt (MK/Holch Rn 31). Dem Antragsteller steht **gegen die Zurückweisung** die **unbefristete Erinnerung** nach § 11 I S 1 RPflG zu (Karlsruhe Justiz 87, 186). Weiteres Verfahren: § 691 Rn 5. Bei endgültiger Zurückweisung des Antrags auf VB verliert der MB seine Kraft (§ 701; dazu § 701 Rn 3).

19 2) Bei teilweiser Zurückweisung des Antrags durch **Absetzung geltendgemachter Kosten** ist dem Antragsteller Ausfertigung des die Absetzung enthaltenden VB förml zuzustellen. Dem Antragsteller steht dagegen die **befristete Erinnerung** nach § 104 III mit § 11 I 2, II 1 RPflG idF des RechtspflegeVereinfG zu; der früher angewendete § 21 II RPflG (vgl 16. Auflage) ist seit dem 1. 4. 1991 durch Art 7 III Nr 5 RechtspflegeVereinfG beseitigt (vgl dazu BT-Drs 11/3621 S 59 f).

20 **VI) Gebühren: 1)** des **Gerichts:** Keine Gebühr für die Entscheidung über den VB; KV 1100 ist die Verfahrensgebühr, mit der Entscheidungen abgegolten sind. – Das gegen den Beschluß des Rechtspflegers, durch den der Antrag auf Erlaß des VB zurückgewiesen wird (s oben Rn 18), gegebene Erinnerungsverfahren (§ 11 I 1 RpflG) ist gerichtsgebührenfrei (§ 11 VI 1 RpflG). Die Gebührenfreiheit umfaßt auch die richterliche Entscheidung, die über die Erinnerung ergeht. Entscheidet der Richter nicht selbst, sondern legt er den Rechtsbehelf als einfache Beschwerde (Durchgriffserinnerung) dem LG als Beschwerdegericht vor (§ 11 II 4, 5 RpflG): KV 1906. Eine Beschwerdegebühr wird nicht erhoben, wenn die Beschwerde vor einer gerichtlichen Verfügung zurückgenommen wird (§ 11 VI 2 RpflG). – **2)** des **Anwalts:** Der RA des Antragstellers kann die 5/10 Gebühr erst nach Ablauf der Frist des § 699 I 2 verdienen (G/S/von Eicken § 43 Rn 7). Beantragt der RA nach abgelaufener Widerspruchsfrist den Erlaß des VB, ohne von einem fristgerecht eingelegten Widerspruch Kenntnis zu haben, so kann ihm die Gebühr erwachsen; str. Für seine Tätigkeit im Erinnerungsverfahren gegen den Zurückweisungsbeschluß (s oben Rn 18) erwächst keine Gebühr, wenn der Rechtspfleger abhilft oder bei Nichtabhilfe der Richter über die Erinnerung entscheidet, denn § 61 I Nr 2 BRAGO ist auf andere Rechtspflegererinnerungen nicht entsprechend anwendbar (G/S/von Eicken § 61 Rn 16). Dagegen erhält der RA im Falle der Durchgriffserinnerung (= Beschwerde) die Gebühr nach § 61 I Nr 1 BRAGO, und zwar neben der Gebühr des § 43 BRAGO. Nur bei einem auf das Erinnerungsverfahren beschränkten Auftrag entsteht die 3/10 Gebühr nach § 55 BRAGO. – **3)** des **Gerichtsvollziehers:** Für Zustellung des VB im Parteibetrieb § 16 GVKostG.

700 *[Einspruch gegen Vollstreckungsbescheid]*

(1) Der Vollstreckungsbescheid steht einem für vorläufig vollstreckbar erklärten Versäumnisurteil gleich.

(2) Die Streitsache gilt als mit der Zustellung des Mahnbescheids rechtshängig geworden.

(3) Wird Einspruch eingelegt, so gibt das Gericht, das den Vollstreckungsbescheid erlassen hat, den Rechtsstreit von Amts wegen an das Gericht ab, das in dem Mahnbescheid gemäß § 692 Abs. 1 Nr. 1 bezeichnet worden ist, wenn die Parteien übereinstimmend die Abgabe an ein anderes Gericht verlangen, an dieses. § 696 Abs. 1 Satz 3 bis 5, Abs. 2, 5, § 697 Abs. 1, 4, § 698 gelten entsprechend. § 340 Abs. 3 ist nicht anzuwenden.

(4) Bei Eingang der Anspruchsbegründung ist wie nach Eingang einer Klage weiter zu verfahren, wenn der Einspruch nicht durch Beschluß als unzulässig verworfen wird. § 276 Abs. 1 Satz 1, 3, Abs. 2 ist nicht anzuwenden.

(5) Geht die Anspruchsbegründung innerhalb der von der Geschäftsstelle gesetzten Frist nicht ein und wird der Einspruch auch nicht durch Beschluß als unzulässig verworfen, bestimmt der Vorsitzende unverzüglich Termin; § 697 Abs. 3 Satz 2 gilt entsprechend.

(6) Der Einspruch darf nach § 345 nur verworfen werden, soweit die Voraussetzungen des § 331 Abs. 1, 2 erster Halbsatz für ein Versäumnisurteil vorliegen; soweit die Voraussetzungen nicht vorliegen, wird der Vollstreckungsbescheid aufgehoben.

Abs III geändert und Abs IV, V, VI neu eingefügt durch Art 1 Nr 55 des RechtspflegeVereinfG vom 17. 12. 1990 (BGBl I S 2847), Abs III 1 in Kraft seit 1. 1. 1992, die sonstigen Änderungen seit 1. 4. 1991.

I) Wirkungen des Vollstreckungsbescheids. Der VB steht einem für vorläufig vollstreckbar erklärten Versäumnisurteil gegen den Beklagten (§§ 331, 708 Nr 2) gleich **(I)**; nur der im Urkunden- (Wechsel-, Scheck-,) Mahnverfahren auf entsprechend beschränkten Widerspruch des Antragsgegners (§ 703a II Nr 4) ergehende VB entspricht einem Vorbehaltsurteil (§ 599). Der VB ist ab Zustellung (auch Parteizustellung) nach § 750 ohne weiteres **vollstreckbar** (§§ 794 I Nr 4, 796 I); bei Einspruch kann die ZwV aber einstweilen eingestellt werden (§§ 719 I, 707) und zwar bei Vorliegen der Voraussetzungen gem § 719 I 2 HS 2 ohne Sicherheitsleistung, ohne daß der Schuldner zugleich die Erfordernisse des § 707 I 2 erfüllen muß (eingehend Müssig ZZP 98, 324 mwN, str). Zuständigkeit zur Festsetzung der Zwangsvollstreckungskosten aus dem VB: §§ 103, 104 Rn 21 „Zuständigkeit"; § 788 Rn 19. Der VB bedarf nur ausnahmsweise einer Vollstreckungsklausel (§ 796; § 33 AVAG). Mit Erlaß, nicht erst mit Zustellung tritt **Rechtshängigkeit** ein (Folge: § 261 III Nr 2); sie wird auf den Zeitpunkt der Zustellung des MB zurückbezogen **(II).** Zuständigkeit zur Erteilung des VB: § 699 Rn 11; Zustellung des VB: § 699 Rn 15. Legt der Antragsgegner gegen den VB nicht fristgemäß Einspruch (Rn 2–7) ein, wird er formell rechtskräftig. Der VB unterliegt der **Vollstreckungsgegenklage** (§§ 794 I Nr 4, 795, 767 II, 796 II; vgl auch Rn 16) und der **Wiederaufnahmeklage** (§ 584 II). Die gesetzliche Regelung geht damit von der **materiellen Rechtskraft** des VB aus. In den letzten Jahren wurde allerdings zunehmend in Zweifel gezogen, ob und in welchem Umfang die materielle Rechtskraft nach Abschaffung der Schlüssigkeitsprüfung noch Geltung beanspruchen kann (s Rn 6a vor § 688). Zum Problem der materiellen Rechtskraft des VB und ihrer Durchbrechung: Rn 15 ff. 1

II) Einspruch. 1) Allgemeines; Einlegung. a) Dem Antragsgegner steht (außer im Falle des § 703a II Nr 4) gegen den VB nur der Einspruch zu, die Rechtspflegererinnerung ist ausgeschlossen (§ 11 V 2 RPflG). Der Einspruch findet daher (auch) statt, wenn der VB nicht hätte erlassen werden dürfen, zB die Zustellung des MB mangelhaft war (BGH NJW 84, 57), oder wenn der gegen den vorausgegangenen MB erhobene Widerspruch wieder zurückgenommen wurde. 2

b) Frist: Der Einspruch ist innerhalb einer Notfrist von **zwei Wochen** ab (wirksamer; Bsp: BGH 104, 109 = NJW 88, 2049 = ZZP 102, 368 m zust Anm Orfanides: auch an aus VB nicht erkennbar prozeßunfähige Partei; s aber § 52 Rn 13; § 56 Rn 15; § 171 Rn 2) Zustellung (auch der im Parteibetrieb: § 699 Rn 15) einzulegen (§ 339 I); wenn Zustellung im Ausland (§ 199, idR auch im EG-Ausland nach früherem § 36 III 2 AusfG-EuGVÜ, anders nach § 34 III 3 AVAG; s § 688 Rn 10; § 699 Rn 17) oder durch öffentl Bekanntmachung erfolgen muß, wird die Einspruchsfrist nach § 339 II bestimmt. Wiedereinsetzung ist möglich. Der Einspruch kann schon vor Zustellung des VB eingelegt werden. In **WEG-Sachen** gilt ebenfalls die Zwei-Wochen-Frist (§ 46a III 2 WEG). Im **arbeitsgerichtlichen Mahnverfahren** beträgt die Frist **eine Woche** (§§ 46a I, 59 ArbGG in Verb mit § 700 I). 3

c) Form: Einspruchsschrift nach **§ 340 I, II;** die erforderl Anzahl von Abschriften soll beigefügt werden (§ 340a S 2). Ein Vordruck ist für den Einspruch nicht eingeführt. 4

Für die Form des Einspruchs gelten keine strengeren Anforderungen als für die des Widerspruchs, da ein verspäteter Widerspruch als Einspruch zu behandeln ist, auch der Einspruch noch zum Mahnverfahren gehört und damit nicht dem Anwaltszwang unterliegt (s § 694 Rn 2; 5

unten Rn 6). Bei schriftl Einlegung des Einspruchs ist daher eigenhändige Unterzeichnung nicht unerläßlich (vgl LG Karlsruhe VersR 73, 852; LG Heidelberg NJW-RR 87, 1213; vgl auch Karlsruhe Justiz 88, 159; **aA** hM: BGH 101, 134 mwN = NJW 87, 2588 = JR 88, 419 m abl Anm Teske; LG Hamburg NJW 86, 1997; LG München II MDR 87, 504; LAG Baden-Württemberg DB 93, 2392), insbes ist Einlegung durch Telegramm oder Fernschreiben ohne weiteres zulässig (vgl BGH 97, 283 = NJW 86, 1759 = MDR 86, 846). Die Erleichterungen des § 702 finden Anwendung (s dort Rn 2). Weil danach der Einspruch zur Niederschrift der Geschäftsstelle erklärt werden kann, bestehen auch gegen fernmündl Einlegung keine Bedenken, sofern der Urkundsbeamte zur Aufnahme einer entspr Niederschrift bereit ist (zutr LG Aschaffenburg NJW 69, 280; ebenso BGH Rpfleger 80, 99 für Einspruch gem § 67 S 1 OWiG und BayOLG NJW 80, 1592 – Vorlagebeschluß – für strafprozessuale Rechtsmittel, str; **aA** BGHSt 30, 64 = NJW 81, 1627; Schleswig ZIP 84, 1017, 1229; MK/Holch Rn 15; 12. Aufl); unerhebl ist, daß eine Unterzeichnung der Niederschrift durch den Antragsgegner ausscheidet, denn die Einhaltung der Protokollform ist nicht wesentl (vgl § 702 I S 3).

6 **d)** Der Einspruch kann stets **anwaltsfrei** erklärt werden, auch wenn er sich gegen einen gemäß § 699 I 3 vom Rechtspfleger des LG erlassenen VB richtet. Denn mit Zurücknahme des Widerspruchs, der zur Abgabe an das LG geführt hatte, war das streitige Verfahren beendet und das Mahnverfahren wieder aufgelebt (§ 697 Rn 12); der Erlaß des VB und der Einspruch dagegen gehören zum Mahnverfahren, das zum zweiten Mal erst endet, wenn die Sache auf den Einspruch hin vom Rechtspfleger (§ 20 Nr 1 RPflG) abermals ins streitige Verfahren abgegeben wird (vgl StJ/Schlosser Rn 4). Daher bedarf es auch für den Einspruch gegen einen vom LG-Rechtspfleger erlassenen VB keiner anwaltl Vertretung (ebenso MK/Holch Rn 17 mwN; Bergerfurth Rn 295 mwN; ThP Anm 2a, str, aM Crevecoeur NJW 77, 1324, wenn auch unter Hinweis auf die Unstimmigkeit, die sich dann aus der für die Einspruchszurücknahme in § 700 III S 2 mit § 697 IV S 2 getroffenen Regelung ergibt; so auch BL/Hartmann Rn 10). Wegen der Zugehörigkeit zum Mahnverfahren kann sich auch ein Bevollmächtigter, der gegen einen gemäß § 699 I S 3 vom Rechtspfleger des Prozeßgerichts (AG oder LG) erlassenen VB Einspruch einlegt, mit der Versicherung seiner Vollmacht (§ 703) begnügen, auch wenn er nicht RA ist (vgl StJ/Schlosser Rn 4; BL/Hartmann Rn 1; ThP § 703 Rn 2).

7 **e) Inhalt;** Notwendige Angaben: **§ 340 II.** Abweichend von § 340 III ist **Begründung** nicht vorgeschrieben **(III S 3);** bei fehlender Anspruchsbegründung könnte sie ohnedies oft nicht erschöpfend sein (vgl näher § 340 Rn 7). Der Einspruch kann auf einen Teil des durch den VB zugesprochenen Anspruchs **beschränkt** werden, auch auf Nebenforderungen, desgleichen auf die Kosten (Zweibrücken OLGZ 71, 383; MK/Holch Rn 20 und § 699 Rn 65, hM); gegen den Ansatz von Kosten ist die befristete Erinnerung nach § 104 III gegeben (MK/Holch § 699 Rn 66; ThP § 699 Rn 20; abl hier §§ 103, 104 Rn 21 „VB“). Bei unklaren Eingaben des Antragsgegners ist die Bedeutung aufzuklären.

8 **f)** Eine **Rechtsbehelfsbelehrung** ist für den Einspruch im zivilprozessualen Mahnverfahren (anders im arbeitsgerichtl: § 59 ArbGG in Verb mit § 700) gesetzl nicht vorgeschrieben, jedoch im amtl Formular des VB vorgesehen (Fehlerfolge: § 699 Rn 15); zur Rechtsbehelfsbelehrung auch bei Parteizustellung: AG Marl DGVZ 79, 46 = JMBlNRW 79, 16.

9 **2) Verhältnis zu anderen Rechtsbehelfen. a)** Behandlung des **Widerspruchs als Einspruch:** § 694 Rn 6, 12. **b)** Zur Entscheidung des Zwischenstreits mit der **Scheinpartei**, die gegen den ihr zugestellten VB „Einspruch“ eingelegt hat (vgl Rn 8 vor § 50), ist das Streitgericht zuständig (BGH NJW-RR 95, 765 = MDR 95, 1163 = Rpfleger 95, 422). Stellt sich die Identität mit der „wahren“ Partei heraus, nimmt das Verfahren seinen Fortgang; ist an die Scheinpartei zugestellt worden, ist das *Mahngericht* zur Zustellung des VB an die „wahre“ Partei zuständig (§ 699 Rn 11).

10 **c) Vollstreckungsgegenklage und Rechtsbehelfe des materiellen Rechts sowie der Zwangsvollstreckung.** Nach Rechtskraft des VB (Rn 15) können den Mahnanspruch selbst betreffende Einwendungen nur noch geltend gemacht werden, wenn sie nach Zustellung des VB entstanden sind **(§§ 796 II, 767)**, ferner ausnahmsweise, soweit eine Durchbrechung der Rechtskraft aus materiellrechtlichen Gründen **(§§ 138, 826 BGB)** in Frage kommt (dazu Rn 15 ff). Hinsichtl aller anderen Einwendungen ist **Einspruch** geboten, insbes in den Fällen der Zahlung durch Banküberweisung kurz vor Fristablauf, deren Eingang der Antragsteller im Antrag auf VB nicht berücksichtigen konnte (vgl AG Warendorf DGVZ 74, 90; AG Syke DGVZ 79, 61; Braun DGVZ 79, 131; JuS 86, 369; § 699 Rn 4). Die Praxis läßt zwar für die vorläufige Einstellung der ZwV gem **§ 775 Nr 4, 5** den urkundl Zahlungsnachweis genügen, indem dem Zeitpunkt des „Urteilserlasses“ der des Erlasses des MB gleichgestellt und § 796 II nicht angewendet wird (vgl E. Schneider JurBüro 78, 172; ThP § 775 Rn 14; MK/Schmidt § 775 Rn 23; LG Kiel DGVZ 83, 24, sehr str; ie Bittmann ZZP 97, 42 ff mwN).

11 **3) Zurücknahme, Verzicht.** Der Einspruch kann zurückgenommen werden (§ 346), wie beim Widerspruch ohne Zustimmung des Antragstellers bis zum Beginn der mündl Verhandlung des

Antragsgegners (Beklagten) zur Hauptsache (**III S 2 HS 1** mit § 697 IV S 1); die Zurücknahme kann schriftl oder zur Niederschrift der Geschäftsstelle erklärt werden (III S 2 HS 1 mit § 697 IV S 2) und bedarf daher auch gegenüber dem LG keines Anwalts (LG Bonn NJW-RR 86, 223; Fischer MDR 94, 126; vgl § 697 Rn 9). Auf den Einspruch kann analog § 514 verzichtet werden (§ 346). Kosten- und Verlustigkeitsbeschluß: §§ 346, 515 III.

III) Überleitung ins Streitverfahren (Abs III). 1) Abgabeverfahren. Der Einspruch leitet – anders als der Widerspruch (§ 696 I 1) – ohne weiteres ins streitige Verfahren über (München MDR 92, 617). Der Rechtspfleger, der den VB erlassen hat, gibt die Akten (bei maschineller Bearbeitung den Aktenausdruck, III S 2 mit § 696 II) von Amts wegen an das im MB gemäß §§ 692 I Nr 1, 690 I Nr 5 bezeichnete Gericht ab, im Fall des § 698 und des § 703d gegebenenfalls an die für das Streitverfahren zuständige Abteilung des eigenen Gerichts, im Fall des § 699 I 3 nach Abgabe (§ 699 Rn 11) an die zuvor tätig gewordene Spruchabteilung. Benennen die Parteien **übereinstimmend** ein **anderes** als das im MB bezeichnete Gericht, so ist an dieses abzugeben (III 1 letzter HS). Die Zulässigkeit des Einspruchs ist bei der Abgabe nicht zu prüfen; sie obliegt dem Empfangsgericht. Die Abgabe ist den Parteien mitzuteilen; sie ist nicht anfechtbar (III S 2 mit § 696 I S 3). **2) Verfahren vor dem Empfangsgericht.** Mit Eingang beim Empfangsgericht ist die Sache dort anhängig (III S 2 mit § 696 I S 4). Das Empfangsgericht hat die Einspruchsschrift dem bisherigen Antragsteller von Amts wegen zuzustellen (§ 340a S 1) und die Zulässigkeit des Einspruchs zu prüfen (§ 341); bei Unzulässigkeit kann er ohne mündl Verhandlung durch Beschluß verworfen werden (§ 341; Anfechtung: § 341 II S 2). Wird die Zulässigkeit bejaht, so hat die Geschäftsstelle den nunmehrigen Kläger wie nach Widerspruch gegen den MB zur Begründung seines Anspruchs innerhalb von 2 Wochen aufzufordern, sofern eine Anspruchsbegründung nicht bereits vorliegt (III S 2 mit § 697 I). Einzelheiten: Rn 13, 13a. **3)** Die durch eine **Verweisung** nach Abgabe an ein unzuständiges Gericht entstandenen Mehrkosten hat in jedem Fall der Kläger zu tragen (III 2 mit § 696 V; näher dort Rn 12). 12

IV) Verfahren nach Eingang der Anspruchsbegründung (Abs IV). Es ist wie nach Eingang einer Klage zu verfahren (§§ 272 ff), dh der Vorsitzende wählt zwischen frühem ersten Termin und schriftlichem Vorverfahren, es sei denn, der Einspruch ist als unzulässig zu verwerfen (IV 1 HS 2 mit § 341, näher dazu Rn 12 [2]). **a) Schriftliches Vorverfahren.** Abweichend zum Verfahren nach Widerspruch (vgl. § 697 Rn 8) kann im schriftlichen Vorverfahren ein Versäumnisurteil **nicht** ergehen: Nach Abs **IV 2** ist die Anwendung von § 276 I 1 ausdrücklich ausgeschlossen, eine Anzeige der Verteidigungsabsicht unter Fristsetzung kann von dem Beklagten nicht gefordert werden; folglich hat eine Belehrung über die Fristversäumung gem § 276 II zu unterbleiben (IV 2). Grund der unterschiedlichen Regelung: Ein Versäumnisurteil in diesem Verfahrensstadium wäre zweites Versäumnisurteil, da nach Abs I der VB einem (ersten) Versäumnisurteil gleichsteht. Der Beklagte soll aber nicht mit den Wirkungen eines zweiten Versäumnisurteils nach § 345 überzogen werden (kein weiterer Einspruch, eingeschränkte Berufung gem § 513 II), solange er nicht die Möglichkeit hatte, seine Rechte in mündlicher Verhandlung geltend zu machen (so die Begründung; vgl Nürnberg NJW-RR 96, 58 mwN = MDR 96, 311). Bei Wahl des schriftlichen Vorverfahrens hat das Gericht daher lediglich dem Beklagten eine Frist von mindestens zwei Wochen zur Klageerwiderung zu setzen (IV 1 mit § 276 I 2) und nach Ablauf der Frist Haupttermin zu bestimmen, in dem ggf der Einspruch durch zweites Versäumnisurteil gem § 700 I mit § 345 verworfen werden kann (dazu näher Rn 14). **b)** Keine Unterschiede bestehen bei Wahl eines **frühen ersten Termins** zum Verfahren nach Widerspruchseinlegung; s § 697 Rn 7. 13

V) Ausbleiben bzw nicht rechtzeitiger Eingang der Anspruchsbegründung (Abs V). Sofern der Einspruch nicht als unzulässig zu verwerfen ist (s näher Rn 12 [2]), hat der Vorsitzende unverzüglich Termin zur Verhandlung über den Einspruch und die Hauptsache zu bestimmen. Die Terminsanberaumung hat anders als im Fall des § 697 III HS 1 der Vorsitzende **von Amts wegen** zu treffen. Grund: Es liegt bereits ein vollstreckbarer Titel vor. Mit der Terminsbestimmung ist dem Kläger eine Frist zur Anspruchsbegründung zu setzen, bei deren Versäumung dann § 296 I, IV gelten (V HS 2 mit § 697 III 2). Bei Unterbleiben der Terminsbestimmung kommt es zum Verfahrensstillstand, der aber nicht iS von §§ 211 II, 213 BGB zur Beendigung der Unterbrechung der Verjährung führt (vgl BGH NJW-RR 94, 889; verkannt von Düsseldorf OLGZ 94, 219). 13a

VI) Säumnis des Beklagten (Abs VI). Bleibt der Einspruchsführer (nunmehrige Beklagte) in der mündl Verhandlung über den Einspruch und die Hauptsache aus, kommt zweites Versäumnisurteil nach § 345 in Betracht. Neben dem Vorliegen der allgemeinen Prozeßvoraussetzungen und der besonderen des Mahnverfahrens sowie der verfahrensrechtl Zulässigkeit und Ordnungsmäßigkeit des VB (BGH 73, 92) und der Zulässigkeit des Einspruchs setzt dieses Versäumnisurteil voraus, daß das tatsächl mündl Vorbringen des Klägers den Anspruch und damit die Aufrechterhaltung des VB rechtfertigt (**VI** mit § 331 I, II HS 1); die bisher unterbliebene Schlüssigkeitsprüfung ist also nun nachzuholen. Fehlt es an einer der genannten Voraussetzungen, ist der VB aufzuheben (**VI** HS 2). Außerdem ist die Klage abzuweisen (MK/Holch Rn 42; ThP Rn 22). 14

Liegen diese Voraussetzungen dagegen vor, ist der Einspruch durch echtes Versäumnisurteil zu verwerfen (§ 345); dagegen nur Berufung im Falle des **§ 513 II.** In weiter Auslegung des Begriffs „Fall der Versäumung" kann die Berufung gegen ein den Einspruch verwerfendes Versäumnisurteil auch auf die verfahrensrechtl Unzulässigkeit des VB gestützt werden (BGH 73, 87 mit zust Anm Vollkommer ZZP 94, 91 mwN; BGH 85, 365 f = NJW 83, 633; durch BGH 97, 341 nicht überholt, vgl dort S 348 f = NJW 86, 2114), ebenso darauf, daß das technisch zweite Versäumnisurteil nicht ergehen durfte (BGH 112, 372 = NJW 91, 45 = MDR 91, 146 mit zust Anm Vollkommer JZ 91, 828; Braun JZ 95, 528; krit Schreiber ZZP 105, 79; aA – abzulehnen – Hamm NJW 91, 1067; unterscheidend BAG MDR 95, 201 = JZ 95, 524 mit krit Anm Braun). Ist der Einspruch zu Unrecht durch ein als „zweites Versäumnisurteil" bezeichnetes Versäumnisurteil verworfen worden, ist nach dem Grundsatz der Meistbegünstigung (vgl Rn 29 vor § 511) auch das Rechtsmittel der Berufung gegeben (LG Wuppertal NJW 85, 2653; Elser JuS 94, 967). Bei unzulässigem Einspruch erfolgt keine Verwerfung gem § 345, sondern durch kontradiktorisches Endurteil (§ 341), auch bei Säumnis des Einspruchsführers (BGH NJW 95, 1561 = MDR 95, 629).

VII) Materielle Rechtskraft des Vollstreckungsbescheids und Rechtskraftdurchbrechung. Lit: *Bamberg,* Die mißbräuchliche Titulierung von Ratenkreditschulden mit Hilfe des Mahnverfahrens, 1987; *Braun,* Rechtskraft und Rechtskraftdurchbrechung von Titeln über sittenwidrige Ratenkreditverträge, 1986; *ders,* Die materielle Rechtskraft des VB, JuS 92, 177; *Grün,* Die Zwangsvollstreckung aus Vollstreckungsbescheiden über sittenwidrige Ratenkreditforderungen, 1990 (Besprechung *Braun* ZZP 104, 482); *dies,* Notwendigkeit und Zulässigkeit der Rechtskraftbeschränkung beim VB, NJW 91, 2860; *Lechner* aaO (vor § 688); *Prütting/Weth,* Rechtskraftdurchbrechung bei unrichtigen Titeln, 2. Aufl 1994; *Vollkommer* aaO (vor § 688).

15 **1) Meinungsstand** (umfassender Überblick: Prütting/Weth Rn 28 ff, 55 ff). Die ZPO geht von der materiellen Rechtskraft des VB aus (Rn 1). Unter dem Eindruck massenhafter Titulierung von Ansprüchen aus sittenwidrigen Ratenkreditverträgen (s Rn 6a vor § 688) wurde zunehmend zweifelhaft, ob dem VB seit Abschaffung der Schlüssigkeitsprüfung durch die VereinfNov 1977 noch dieselbe Rechtskraft zukommt, wie dem Versäumnisurteil. Vereinzelt wurde dem VB jegliche materielle Rechtskraft abgesprochen (so Lappe/Grünert Rpfleger 86, 161 ff; Bamberg aaO), eine Mindermeinung ging von einer – im einzelnen unterschiedlich ausgeformten – *eingeschränkten Rechtskraft* des VB aus (so zB Köln NJW 86, 1350; Stuttgart JZ 86, 1116; NJW 87, 444; Kohte NJW 85, 2227 ff; Bender JZ 87, 503; Braun aaO S 69 ff; JuS 92, 182 mwN). Der **BGH** hat am 24. 9. 1987 die **hM** (vgl mN 16. Aufl) von der *vollen materiellen Rechtskraft* des VB bestätigt (BGH 101, 382 f = NJW 87, 3256; BGH NJW 87, 3260; zust zB Grunsky WM 87, 1349; Prütting/Weth Rn 22, 49 ff, 75; Funke NJW 91, 2001; krit Braun JZ 88, 48; Bund Deutscher Rechtspfleger RpflBl 87, 77; Grün aaO; Mühlhausen MDR 95, 772), da sich die Normsituation des § 796 II nicht geändert habe (BGH 101, 382). Der Rspr des **BGH** (zuletzt BGH 112, 54 = NJW 91, 30 [krit Anm Vollkommer] = MDR 91, 148 [krit Grün S 122]; NJW 91, 1884; 92, 1235; NJW-RR 92, 1073) haben sich die **OLGe** (zB Hamm NJW 91, 1362; NJW-RR 94, 1468; Karlsruhe NJW-RR 90, 941; Köln NJW-RR 91, 173; Schleswig NJW-RR 91, 760; 92, 240; Frankfurt NJW-RR 96, 111) und **LGe** (zB Lübeck NJW 90, 2892 [dazu Grün S 2865]; Freiburg, Essen, Köln NJW-RR 90, 1139, 1208, 1388; Bochum NJW-RR 93, 302) überwiegend im wesentlichen angeschlossen (anders dagegen Stuttgart, vgl dazu BGH NJW-RR 90, 179). Das **BVerfG** hat bisher eine sachliche Stellungnahme vermieden (vgl BVerfG 84, 160 = NJW 91, 2412; vermittelnd zuletzt BVerfG NJW 93, 1125; NJW-RR 93, 232).

16 **2) Fallgruppen der Rechtskraftdurchbrechung. a) Sittenwidrige Kredit- und Kreditsicherungsverträge.** Der BGH läßt die Rechtskraftdurchbrechung gem § 826 BGB beim VB allerdings unter erleichterten Voraussetzungen zu (vgl BGH 101, 380 [385 ff] = aaO [Rn 15]; NJW 96, 658), soweit eine wegen Sittenwidrigkeit nicht bestehende Ratenkreditforderung tituliert wurde (in diesem Sinne einschr BGH 103, 44 = NJW 88, 971). Der *besondere Umstand* iS der Rspr zu § 826 BGB zum „Erschleichungstatbestand" (vgl Rn 74 vor § 322) liegt allein in der Wahl des Mahnverfahrens, wenn der Gläubiger nach dem Stand der höchstrichterlichen Rspr zum Zeitpunkt der Beantragung des VB erkennen konnte, daß bereits die gerichtliche Schlüssigkeitsprüfung im Klageverfahren zur Ablehnung des begehrten Titels geführt hätte (BGH 101, 387; 103, 48 f, st Rspr; zuletzt bestätigend BGH NJW 96, 658). Dies soll nicht gelten, wenn der Schuldner damals anwaltlich vertreten war (BGH NJW 87, 3256 [3260]; krit Braun JZ 88, 48 [50]; abl Prütting/Weth Rn 220 ff). Der „Ausnutzungstatbestand" ist entgegen dem BGH (s BGH 112, 58 = aaO [Rn 15]; dazu krit Vollkommer NJW 91, 31; Grün MDR 91, 122) zu bejahen, wenn die Weitervollstreckung nur der Realisierung des sittenwidrigen Gewinns dient, was bei Überschreitung bestimmter Obergrenzen des Beigetriebenen (freiwillig Geleisteten) der Fall ist (nach Frankfurt NJW-RR 96, 111 doppelter Bruttokreditbetrag; geringere Anforderungen bei Brox/Walker Rn 1328 mN in Fn 48). In **Extremfällen** ist der *besondere Umstand* überhaupt entbehrlich (BGH 101, 380 [386]; bejaht von Zweibrücken, LG Nürnberg-Fürth, Hamm und Frankfurt NJW-RR 89, 874, 875; 90, 306, 308; Schleswig NJW 91, 987; verneinend BGH 112, 57 = aaO [Rn 15] bei Marktzinsüberschreitung um 120%, Düsseldorf FLF 91, 183 bei 160%, bejahend Hamm NJW 91, 1362 bei 200%, LG

Ellwangen Rpfleger 93, 454 bei 272% und allg BGH NJW-RR 92, 1073 bei „exorbitant hohem Zins“ [Sechsfaches des Schwerpunktzinses]). Die zu den vor dem 1. 1. 1991 abgeschlossenen Verbraucherkreditverträgen entwickelten Grundsätze sind nunmehr von bes Bedeutung bei Geltendmachung von (einseitigen) Forderungen aus nicht unter das VerbrKrG fallenden sittenwidrigen Finanzierungs- und Sicherungsverträgen, für die keine Mahnverfahrenssperre (§ 688 II Nr 1) besteht. Hierher gehören sittenwidrige **Finanzierungsleasingverträge** (keine Effektivzinsangabe: § 3 II Nr 1 VerbrKrG; Rspr zum sittenwidrigen Ratenkredit gilt entspr: BGH 128, 261), ferner sittenwidrige **Bürgschaftsverträge** mit vermögenslosen nahen Angehörigen als Bürgen (vgl BVerfG 89, 231; BGH 125, 206; 128, 230; NJW 96, 513 und 1274). **b) Vom Mahnverfahren ausgeschlossene Verbraucherkreditverträge**. Kommt es infolge von Nicht- oder Falschangaben zur Anwendbarkeit des VerbrKrG (§ 690 I Nr 3) zur Titulierung von vom Mahnverfahren *ausgeschlossenen Ansprüchen* (§ 688 II Nr 1), kommt es für die Durchbrechung der Rechtskraft des VB (abw von Fallgruppe a) nicht darauf an, ob Sittenwidrigkeit iS von § 138 BGB vorliegt. Dies ist die Folge davon, daß der Antragsteller durch den **verbotswidrig** (vgl § 134 BGB) gestellten (inkorrekten) Mahnantrag die vom Gesetz in einem kritischen Bereich für erforderlich gehaltene richterliche Schlüssigkeitsprüfung im Einzelfall nicht *endgültig* ausschalten kann (aA Bülow Rpfleger 96, 124 f: nur bei § 138 BGB) **c)** Als weitere Fallgruppe zeichnen sich die **Partnerschaftsvermittlungsverträge** ab (Stuttgart NJW 94, 330; KGR 95, 70; LG Würzburg NJW-RR 92, 52; LG Hamburg VuR 92, 239; LG Heidelberg JuS 94, 237; LG Frankfurt NJW-RR 95, 634; AG Braunschweig NJW-RR 93, 953; nur im Einzelfall abw Oldenburg NJW-RR 92, 446 = FamRZ 92, 669; einschr LG Freiburg NJW-RR 92, 1149; näher Börstinghaus MDR 95, 551; Willingmann VuR 96, 263; sa BVerfG NJW 93, 1125 und § 691 Rn 1). Der Umgehung der Mahnverfahrenssperre in Fallgruppe b entspricht die hier eingreifende (s BGH 112, 122) allg Klagbarkeitssperre gem § 656 BGB (zutr Willingmann aaO 271).

3) **Stellungnahme.** Das VerbrKrG hat an der Problematik nichts geändert (so auch Prütting/Weth Rn 22; Mühlhausen MDR 95, 770; sa Rn 16), denn an der Fortgeltung der Rspr-Grundsätze jenseits der Zugangsschranke gem § 688 II Nr 1 wurde nicht gezweifelt (vgl Begründung BT-Drs 11/5462 S 31, Rn 6b vor § 688). Das verbale Bekenntnis des BGH zur „vollen“ Rechtskraft des VB verschleiert, daß – jedenfalls in den Ratenkreditfällen – mit der Nachholung (hypothetischer) Schlüssigkeitsprüfung ex post (zum Zeitpunkt der Antragstellung gem § 699 I 2) der Sache nach eine Erleichterung der Rechtskraftdurchbrechung beim VB anerkannt ist. Vorzugswürdig erscheint, aus der seit 1977 grundlegend geänderten Struktur des Mahnverfahrens offen die gebotenen Konsequenzen für die Rechtskraft des VB zu ziehen. Die Beseitigung der Schlüssigkeitsprüfung im Mahnverfahren hat zu einer Verschärfung der Säumnisfolge iS einer Anerkenntnisfiktion gegenüber der bloßen Geständnisfiktion gem § 331 I 1 geführt (vgl ie Vollkommer aaO S 246; Grün aaO S 175 ff; insoweit auch Lechner aaO S 138 ff). Die beim ausdrücklichen prozessualen Anerkenntnis gewährleistete Amtsprüfung des Gerichts auf Gesetz- und Sittenwidrigkeit (§ 307 Rn 4) entfällt beim fiktiven Anerkenntnis im Mahnverfahren. Den nachträglich in Säumnis- und Mahnverfahren hineingetragenen Wertungswidersprüchen ist durch teleologische Reduktion von §§ 700 I, 796 II Rechnung zu tragen. Vorbild hierfür könnte die Rspr zu § 410 StPO (idF bis 31. 3. 1987) sein (vgl BVerfG 3, 253 f; 65, 384 ff; dazu Grün aaO S 210 ff und NJW 91, 2862 ff; im Erg ähnlich Braun JuS 92, 184 ff und MK/Braun Rn 30 vor § 578; StJ/Schlosser Rn 10). 17

VIII) Gebühren: 1) des **Gerichts:** Gebührenanfall bei Einspruchseinlegung s Rn 20 vor § 688. Die Gebühr des KV 1201 wird nicht ausgelöst durch einen Einspruch, der gegen den in Unkenntnis der Konkurseröffnung über das Vermögen des Schuldners erlassenen (unwirksamen) VB eingelegt wird. Keine Gebühr für den Kosten- und Verlustigkeitsbeschluß. Im Säumnisfalle des einspruchseinlegenden Beklagten (Rn 13): Erläßt das Gericht ein unechtes Versäumnisurteil, so liegt kostenrechtlich ein gebührenpflichtiges Endurteil vor; setzt dagegen das Gericht seine Erkenntnis als echtes Versäumnisurteil ab, so ist dieses gebührenfrei. Für ein Zwischenurteil, das über die Zulässigkeit des Einspruchs befindet (§ 303), wird keine Urteilsgebühr mehr erhoben; von den Zwischenurteilen ist nur noch das sog Grundurteil nach § 304 gebührenpflichtig. Im Prozeßverfahren erster Instanz entstehen **in keinem Fall** mehr Urteilsgebühren. – **2)** des **Anwalts:** s Rn 20 vor § 688. Wegen der in § 43 BRAGO getroffenen Spezialregelung scheidet eine analoge Anwendung des § 38 BRAGO aus, soweit der Anwendungsbereich des § 43 BRAGO geht. Für den Einspruch gegen den VB erhält der ProzBev des Antragsgegners eine $^{10}/_{10}$ Prozeßgebühr (München MDR 92, 617). 18

701 *[Wegfall der Wirkungen des Mahnbescheids]*

Ist Widerspruch nicht erhoben und beantragt der Antragsteller den Erlaß des Vollstreckungsbescheids nicht binnen einer sechsmonatigen Frist, die mit der Zustellung des Mahnbescheids beginnt, so fällt die Wirkung des Mahnbescheids weg. Dasselbe gilt, wenn der Vollstreckungsbescheid rechtzeitig beantragt ist, der Antrag aber zurückgewiesen wird.

I) Voraussetzungen des Wirkungsloswerdens. 1) Der MB hat von vornherein keine Wirkungen, wenn er **nicht zugestellt** werden kann; ein fehlgeschlagener Zustellungsversuch kann auch noch nach sechs Monaten wiederholt werden, § 701 trifft nicht zu (vgl BGH NJW 95, 3380 [3381]). 1

Entspr § 269 wird er nachträgl wirkungslos, wenn der Mahnantrag in zulässiger Weise **zurückgenommen** wird (§ 690 Rn 24); wird die Rücknahme wirksam widerrufen, lebt der MB wieder auf (§ 690 Rn 24). Nichtzustellung eines erwirkten VB berührt die Wirkungen des MB nicht (s § 699 Rn 15 aE), auch nicht Zurücknahme des Streitantrags (§ 696 Rn 2).

2 **2)** Nach § 701 verliert der MB seine Kraft in zwei weiteren Fällen: **a)** Wird nach Zustellung des MB kein Widerspruch eingelegt oder der eingelegte zurückgenommen, kann der Antragsteller Erteilung des VB beantragen (§ 699 I). Stellt er diesen Antrag innerhalb der Sechsmonatsfrist des § 701, so kann sie nicht ablaufen; unschädlich ist, wenn der VB erst nachher erteilt wird (vgl LG Frankfurt Rpfleger 70, 100). Wird der **Antrag** dagegen **nicht innerhalb der Frist** gestellt oder wieder zurückgenommen, ohne innerhalb der Frist erneuert zu werden, so wird der Mahnbescheid nach **S 1 kraftlos.**

3 **b)** Die gleiche Folge tritt nach **S 2** ein, wenn der **Antrag** zwar fristgemäß gestellt, aber **zurückgewiesen** wird. Da gegen die Zurückweisung unbefristete Erinnerung und Beschwerde gegeben sind (§ 699 Rn 18), kann für die Anwendung des S 2 nicht mehr auf die *formelle Rechtskraft* des Zurückweisungsbeschlusses abgestellt werden (ie Vollkommer Rpfleger 82, 296). Die *beschlußmäßige Zurückweisung* des Antrags durch den Rechtspfleger läßt aber die Wirkung des MB keineswegs schon entfallen, denn der zurückgewiesene Antrag kann möglicherweise fehlerfrei wiederholt oder der Zurückweisungsbeschluß im Rechtsbehelfsverfahren noch aufgehoben werden. **S 2** ist daher auf erstinstanzliche Zurückweisungsbeschlüsse nicht anwendbar (so Vollkommer Rpfleger 82, 296; MK/Holch Rn 4: letztinstanzliche Beschwerdeentscheidung). Daraus ergibt sich: Auch **nach Antragszurückweisung** ist innerhalb der Frist des S 1 eine Antragserneuerung stets zulässig; ein bis zum Fristablauf noch nicht eingeleitetes Rechtsbehelfsverfahren wird mit Fristablauf unzulässig. Bsp: LG Frankfurt Rpfleger 82, 295 mit iErg zust Anm Vollkommer.

4 **3) Fristberechnung:** Die **Sechsmonatsfrist beginnt mit der Zustellung des Mahnbescheids (S 1, HS 2)**, nicht erst mit der Benachrichtigung des Antragstellers nach § 693 III (LG Köln AnwBl 86, 538). Sie kann, weil Ausschlußfrist, weder verkürzt noch verlängert werden (LAG Berlin MDR 90, 187). Keine Wiedereinsetzung (LAG Berlin aaO). Berechnung: § 222 mit §§ 187 ff BGB. Wirkungen des Antrags auf VB: Rn 2; nach Zurücknahme dieses Antrags läuft die Frist so weiter, als wäre der Antrag nicht gestellt worden. Wird gegen den MB Widerspruch eingelegt, so wird der weitere Ablauf der Frist gehemmt; wenn der Widerspruch wieder zurückgenommen wird, läuft der Rest der Frist weiter ab; der zurückgenommene Widerspruch kann in diesem Zusammenhang nicht als nie erhoben gelten mit der Folge, daß er den Fristenlauf überhaupt nicht berührt hätte.

5 **II) Bedeutung des Wegfalls der Wirkungen.** In den genannten Fällen kann der MB nicht mehr Grundlage eines VB sein. Der bisherige Antragsteller muß **neuen Mahnbescheid** erwirken **oder Klage** stellen, wenn er noch zu einem Vollstreckungstitel kommen will. Zugleich entfallen gewisse materiellrechtliche Wirkungen, die der Zustellung des MB beigelegt sind, wie die Unterbrechung der Verjährung (§ 213 S 2 BGB; vgl BGH NJW 95, 3381; BayVerfGH NJW 88, 1373).

702 *[Erklärungsform; Gehör für Gegner]*

(1) Im Mahnverfahren können die Anträge und Erklärungen vor dem Urkundsbeamten der Geschäftsstelle abgegeben werden. Soweit Vordrucke eingeführt sind, werden diese ausgefüllt; der Urkundsbeamte vermerkt unter Angabe des Gerichts und des Datums, daß er den Antrag oder die Erklärung aufgenommen hat. Auch soweit Vordrucke nicht eingeführt sind, ist für den Antrag auf Erlaß eines Mahnbescheids oder eines Vollstreckungsbescheids bei dem für das Mahnverfahren zuständigen Gericht die Aufnahme eines Protokolls nicht erforderlich.

(2) Der Antrag auf Erlaß eines Mahnbescheids oder eines Vollstreckungsbescheids wird dem Antragsgegner nicht mitgeteilt.

1 **I) Form der Anträge und Erklärungen (Abs 1). 1)** Für die im Mahnverfahren anfallenden Anträge und Erklärungen besteht **kein Anwaltszwang** (§ 79; s auch § 696 Rn 8; § 700 Rn 6); die Partei (oder ihr Bevollmächtigter, der seine Vollmacht zu versichern hat, § 703) kann sie selbst **schriftlich** beim zuständigen AG einreichen; soweit nach § 703c **Vordrucke** vorgeschrieben sind (so insbes für den Mahnantrag und den Antrag auf VB, sofern die Bescheide nicht im Ausland oder im Bereich des Nato-Truppenstatus zuzustellen sind), müssen sie verwendet werden; andernfalls können die Anträge uU als unzulässig zurückgewiesen werden (§§ 703c II, 691; ie § 703c Rn 5 ff). Für den Widerspruch ist der Vordruckzwang gemildert, da sich der Antragsgegner des Vordrucks nur bedienen „soll" (§ 692 I Nr 5). Soweit Vordrucke nicht vorgeschrieben sind, ist neben der Einreichung eines Schriftsatzes auch Erklärung durch Telegramm oder Fernschreiben zulässig (zB für den Widerspruch und den Einspruch, s § 694 Rn 2; § 700 Rn 5); eine fernmündl

abgegebene und vom Urkundsbeamten aufgenommene Erklärung wahrt die Niederschriftsform des I 1 (LG Aschaffenburg NJW 69, 280, str; vgl § 700 Rn 5; vgl auch Rn 3). Nach Einführung der maschinellen Bearbeitung können Mahnantrag und Antrag auf VB uU auch in einer nur maschinell lesbaren Aufzeichnung übermittelt werden (§§ 690 III, 699 I S 2 letzter HS).

2) Nach **I S 1** können Anträge und Erklärungen auch beim **Urkundsbeamten der Geschäftsstelle** mündl angebracht werden. Möglich ist das bei der Geschäftsstelle des für das Mahnverfahren zuständigen (§§ 689, 703d) oder eines anderen AG (§ 129a I); letzterenfalls wird die Erklärung erst mit Eingang beim zuständigen AG wirksam (§ 129a II). Soweit **Vordrucke** eingeführt sind, muß sich der Urkundsbeamte ihrer bedienen **(I S 2).** Das gilt auch für den Widerspruch, obwohl dem Antragsgegner selbst die Benutzung nicht zwingend vorgeschrieben ist (so wohl auch Crevecoeur NJW 77, 1321). Er hat die Vordrucke auszufüllen oder bei der Ausfüllung behilflich zu sein, hat die Partei (einen Bevollmächtigten unter Versicherung seiner Vollmacht, § 703) unterzeichnen zu lassen (für den Mahnantrag vgl § 690 II, für den Widerspruch § 694 I) und die durch S 2 HS 2 vorgeschriebenen Vermerke anzubringen **(I S 2).** Mit diesen Vermerken ersetzt das ausgefüllte und unterzeichnete Formblatt das herkömml Protokoll des Urkundsbeamten (zu dessen in der ZPO nicht ausdrücklich geregelter Form vgl § 3 V der BayGeschAnwZ, BayBSVJu II, 3; vgl auch BayObLG FamRZ 65, 104). Da S 2 im Gegensatz zu S 3 keine ausdrückl Unterscheidung trifft, wird der Urkundsbeamte eines nach § 129a in Anspruch genommenen anderen AG ebenso zu verfahren haben (ebenso MK/Holch Rn 5). 2

Soweit für den Antrag auf Mahn- oder Vollstreckungsbescheid amtliche **Vordrucke (noch) nicht eingeführt** sind (bei Zustellung im Ausland oder an Angehörige und Gefolge der Stationierungsstreitkräfte), genügt bei dem für das Mahnverfahren zuständigen AG gleichfalls ein Vermerk auf dem Schriftstück **(I S 3),** während der Urkundsbeamte eines anderen AG dann ein Protokoll aufzunehmen hat. Sonstige Erklärungen des Antragstellers oder Antragsgegners, für die kein Vordruck eingeführt ist, sind hier wie dort zu Protokoll zu nehmen. 3

3) Nach Beendigung des Mahnverfahrens durch Abgabe ins streitige Verfahren gelten für Anträge und Erklärungen der Parteien die allgemeinen Vorschriften (beim AG § 496, beim LG Anwaltszwang nach §§ 78 I, 88). Die gleiche Formerleichterung wie nach § 702 besteht gem §§ 697 IV S 2, 700 III S 2 auch nach Abgabe ins streitige Verfahren für die Zurücknahme von Widerspruch und Einspruch, so daß hierfür Vertretung durch einen Anwalt auch dann nicht erforderlich ist, wenn das streitige Verfahren bei einem LG anhängig ist. 4

II) Kein vorheriges Gehör für Antragsgegner (Abs II). Die Anträge auf MB und VB werden dem Antragsgegner nicht mitgeteilt **(II).** Auch von einer Zurückweisung erfährt er nichts, da sie seine Rechte nicht berührt (§ 691 Rn 1, § 699 Rn 18). Wird den Anträgen stattgegeben, so erhält er Kenntnis erst durch die Zustellung der Bescheide an ihn (§§ 693 I, 699 IV). Der MB enthält keine rechtsbeeinträchtigende Entscheidung, sondern stellt eine Aufforderung zur Leistung oder zur Einlegung des Widerspruchs dar, um sich so Gehör zu verschaffen (Waldner Rn 339). Das rechtliche Gehör des Antragsgegners wird in zulässiger Weise dadurch gewahrt, daß er gegen die Bescheide Widerspruch bzw. Einspruch einlegen kann (vgl BVerfG NJW 59, 428; im Ergebnis auch MK/Holch Rn 9). War der MB dem Antragsgegner bereits zugestellt, so ist ihm eine Zurücknahme des Mahnantrags bekanntzumachen (§ 690 Rn 22). Beim VB kommt eine nachträgl Zurücknahme des auf seine Erteilung gerichteten Antrags nicht in Betracht (§ 699 Rn 2). 5

703 *[Vollmacht]*

Im Mahnverfahren bedarf es des Nachweises einer Vollmacht nicht. Wer als Bevollmächtigter einen Antrag einreicht oder einen Rechtsbehelf einlegt, hat seine ordnungsgemäße Bevollmächtigung zu versichern.

I) Versicherung der Vollmacht. 1) Im Innenverhältnis muß wirksame Bevollmächtigung vorliegen oder mit rückwirkender Kraft nachgeholt werden (vgl BGH 33, 321); andernfalls Unwirksamkeit der von dem angebl Bevollmächtigten vorgenommenen Prozeßhandlung, die der angebl Vertretene jederzeit geltend machen kann. Im Mahnverfahren muß bestehende Vollmacht aber nicht nachgewiesen werden, auch nicht auf Verlangen des Gegners, auch nicht (abweichend von § 88 II), wenn der Vertreter nicht RA ist. Der als Bevollmächtigter Auftretende hat aber seine ordnungsgemäße Bevollmächtigung zu versichern **(S 2),** wenn er für die Partei Anträge stellt oder Rechtsbehelfe einlegt. Ausreichend ist die Unterzeichnung mit einem die Bevollmächtigung kennzeichnenden Zusatz („i.A." genügt bei Nicht-RA: Köln VersR 92, 1279 = FamRZ 92, 451 [LS]). Das Gleiche gilt auch für die Zurücknahme von Anträgen und Rechtsbehelfen durch einen erst zu diesem Zweck auftretenden Bevollmächtigten. 1

2) Sobald die Sache – auf Widerspruch oder Einspruch – ins **Streitverfahren** abgegeben ist (§ 696 I S 1, § 700 III S 1), gelten die **allgemeinen Vorschriften** über den Vollmachtnachweis 2

(§ 88). Kommt es nach Abgabe ins streitige Verfahren nochmals zum Mahnverfahren (§ 697 Rn 10), ist § 703 wieder anwendbar (vgl § 700 Rn 6).

3 **II)** Wird im Mahnantrag (§ 690 I Nr 1) ein **Bevollmächtigter des Gegners** benannt, gilt § 703 S 2 nicht. Der Antragsteller kann nicht versichern, daß der von ihm als Vertreter des Gegners Benannte von diesem ordnungsgemäß bevollmächtigt worden sei; es muß dann dessen **Vollmacht nachgewiesen** werden (Schalhorn JurBüro 74, 700).

703a *[Urkunden-, Wechsel-, Scheckmahnverfahren]*

(1) Ist der Antrag des Antragstellers auf den Erlaß eines Urkunden-, Wechsel- oder Scheckmahnbescheids gerichtet, so wird der Mahnbescheid als Urkunden-, Wechsel- oder Scheckmahnbescheid bezeichnet.

(2) Für das Urkunden-, Wechsel- und Scheckmahnverfahren gelten folgende besondere Vorschriften:

1. **die Bezeichnung als Urkunden-, Wechsel- oder Scheckmahnbescheid hat die Wirkung, daß die Streitsache, wenn rechtzeitig Widerspruch erhoben wird, im Urkunden-, Wechsel- oder Scheckprozeß anhängig wird;**
2. **die Urkunden sollen in dem Antrag auf Erlaß des Mahnbescheids und in dem Mahnbescheid bezeichnet werden; ist die Sache an das Streitgericht abzugeben, so müssen die Urkunden in Urschrift oder in Abschrift der Anspruchsbegründung beigefügt werden;**
3. **im Mahnverfahren ist nicht zu prüfen, ob die gewählte Prozeßart statthaft ist;**
4. **beschränkt sich der Widerspruch auf den Antrag, dem Beklagten die Ausführung seiner Rechte vorzubehalten, so ist der Vollstreckungsbescheid unter diesem Vorbehalt zu erlassen. Auf das weitere Verfahren ist die Vorschrift des § 600 entsprechend anzuwenden.**

1 **I) 1)** Für das besondere Urkunden-, Wechsel- und Scheckmahnverfahren gelten grundsätzlich die **allgemeinen Vorschriften über das Mahnverfahren,** teilweise **modifiziert durch § 703a.**

2 **2)** Da Ansprüche aus Urkunden (Wechseln, Schecks) auch im gewöhnl Mahnverfahren verfolgt werden können, muß aus dem **Mahnantrag** (§ 690; Vordruck: § 703c) **deutlich hervorgehen, daß** ein **Urkunden- (Wechsel-, Scheck-)Mahnbescheid** erlassen werden soll (**I;** s den Hinweis auf dem Vorblatt des amtlichen Vordrucks). Verwechslungen dieser Begriffe sind unschädlich, wenn die zur Anspruchsbegründung angeführten Urkunden (Rn 4) das Richtige ergeben. Fehlt es an einer deutlichen Äußerung, so ergeht gewöhnlicher MB, der bei Widerspruch zum normalen Streitverfahren führt.

3 **3)** Der Wechsel-(Scheck-)MB muß zur **Zahlung gegen Aushändigung des quittierten Wechsels oder Schecks** auffordern (vgl Art 39 I, 50 WG, Art 34 I, 47 I ScheckG, § 274 BGB; Baumbach/Hefermehl 2 B zu Art 39 WG); nach Petermann Rpfleger 69, 276; StJ/Münzberg § 726 Rn 18 ist das nicht nötig, weil nur ein besonders ausgestaltetes Recht auf Quittung und kein selbständiger Gegenanspruch vorliege.

4 **4)** Die zum **Beweis des Anspruchs** dienenden Urkunden sind im Mahnantrag nur im einzelnen anzuführen **(II Nr 2),** ihm aber nicht beizufügen. Obwohl nach dem Gesetz nur Sollvorschrift, ist anderenfalls der Antrag auf Erlaß eines Urkunden-(Wechsel-, Scheck-)MB gemäß § 691 – ggf nach erfolgloser Beanstandung – zurückzuweisen, sofern der Antragsteller nicht zum gewöhnl Mahnverfahren übergeht (StJ/Schlosser Rn 2; ThP Rn 4; aA BL/Hartmann Rn 2).

5 **II) Einzelheiten zum Verfahren. 1)** Das Gericht (Rechtspfleger) hat die **allgemeinen Zulässigkeitsvoraussetzungen des Mahnverfahrens** (§ 688 Rn 1) zu prüfen, dagegen nicht **(II Nr 3),** ob der Urkunden-(Wechsel-, Scheck-)Prozeß nach §§ 592, 602, 605a statthaft ist. Der Antrag muß auf Erlaß eines Urkunden-(Wechsel-, Scheck-)MB gerichtet sein und der Nr 2 genügen; dann ist ein solcher Bescheid zu erlassen **(I).**

6 **2)** Es gilt die allgemeine **Widerspruchsfrist** (§ 692 Rn 4).

7 **3)** Legt der Antragsgegner **Widerspruch ohne die Beschränkungen der Nr 4** ein und wird von einer Partei Antrag auf Durchführung des streitigen Verfahrens gestellt, so ist die Sache nach § 696 I an das vom Antragsteller bezeichnete, im MB aufgeführte (§ 692 I Nr 1) Streitgericht (AG oder LG) abzugeben; dort wird das Verfahren ohne weiteres als Urkunden-(Wechsel-, Scheck-)Prozeß mit den Beweismittelbeschränkungen der §§ 592, 595 II, III, 598 anhängig **(II Nr 1).** Rechtshängigkeit: § 696 III. Weiteres zum Verfahren: § 697. Im Streitverfahren ist nunmehr die Statthaftigkeit der besonderen Verfahrensart zu prüfen. Der Antragsteller hat daher mit seiner Anspruchsbegründung (§ 697 I) zur Unterrichtung des Gegners (vgl § 593 II) die Urkunden in Urschrift oder (besser) in Abschrift (auch unbeglaubigter) vorzulegen **(II Nr 2).** Wird nur die Urschrift vorgelegt, so sind die notwendigen Abschriften auf Kosten des Antragstellers vom

Gericht zu fertigen (§§ 56, 64 GKG; Kostenverzeichnis Nr 1900). Nichtvorlage kann, wenn nicht vom Urkunden-(Wechsel-, Scheck-)Prozeß Abstand genommen wird (§ 596), zum Ausschluß der Beweismittel mit der Folge des § 597 II führen.

4) Will der Antragsgegner seine Verteidigung auf das Nachverfahren konzentrieren, in dem er keiner Beweismittelbeschränkung unterliegt (§ 600 I), kann er als Besonderheit des Urkunden-(Wechsel-, Scheck-)Mahnverfahrens seinen **Widerspruch gemäß Nr 4 beschränken.** Dann erläßt das Mahngericht, wiederum ohne vorherige Urkundeneinreichung und ohne Prüfung der Statthaftigkeit der Prozeßart, auf Antrag VB mit entsprechendem Vorbehalt **(II Nr 4),** der anders als nach § 700 I nicht einem Versäumnisurteil, sondern einem Vorbehaltsurteil (§ 599) gleichsteht (aA MK/Holch Rn 9). Gegen diesen VB, der den (inhaltl beschränkten) Widerspruch nicht negativ bescheidet, findet kein Einspruch statt (Schriever MDR 79, 24; Einspruch nur, wenn Aufnahme des Vorbehalts versehentl unterblieben ist und auch nicht nach §§ 321, 599 II nachgeholt wird; dann wie bei II Nr 1 Überleitung in den Urkunden-, Wechsel-, Scheckprozeß). Das Mahngericht gibt die Sache vielmehr entsprechend § 700 III von Amts wegen an das im MB bezeichnete Streitgericht ab (StJ/Schlosser Rn 5), bei dem die Sache von selbst als Nachverfahren (§ 600) anhängig wird **(II Nr 4 S 2).** Terminsbestimmung wie § 600 Rn 8. 8

5) Wird gegen den Urkunden-(Wechsel-, Scheck-)MB **kein Widerspruch** eingelegt, so ergeht auf entspr Antrag (wiederum ohne Urkundenvorlage und ohne Prüfung der Statthaftigkeit der besonderen Prozeßart) VB nach § 700. Wenn er nicht auf den MB gesetzt (§ 699 II), sondern (bei maschineller Bearbeitung) selbständig ausgedruckt wird, ist er zweckmäßig als Urkunden-(Wechsel-, Scheck-)VB zu bezeichnen. Gegen diesen VB ist Einspruch gegeben; dann gibt das Mahngericht die Sache von Amts wegen an das im MB bezeichnete Streitgericht ab (§ 700 III). Das Verfahren folgt dann ebenso, wie wenn gegen den Urkunden-(Wechsel-, Scheck-)MB unbeschränkter Widerspruch eingelegt worden wäre (Rn 7), den Regeln des Urkunden-(Wechsel-, Scheck-)Prozesses. Wird aus dem Urkunden- (usw) VB **vollstreckt,** sind die Urkunden vorzulegen (LG Saarbrücken DGVZ 90, 43 [44]). 9

703b

[Vorschriften für maschinelle Bearbeitung]

(1) Bei maschineller Bearbeitung werden Beschlüsse, Verfügungen und Ausfertigungen mit dem Gerichtssiegel versehen; einer Unterschrift bedarf es nicht.

(2) Der Bundesminister der Justiz wird ermächtigt, durch Rechtsverordnung mit Zustimmung des Bundesrates den Verfahrensablauf zu regeln, soweit dies für eine einheitliche maschinelle Bearbeitung der Mahnverfahren erforderlich ist (Verfahrensablaufplan).

I) **Maschinelle Bearbeitung** der Mahnsachen ist zulässig (§ 689 I S 2); für ihre Einführung gilt § 703c III. Beschlüsse, Verfügungen und Ausfertigungen bedürfen dann keiner Unterschrift; sie wird durch das Gerichtssiegel ersetzt, das auch bereits eingedruckt sein kann **(I).** Für den MB genügt übrigens auch bei nicht maschineller Bearbeitung ein Stempelabdruck statt der Unterschrift (§ 692 II). 1

Weiter einschlägige Vorschriften: §§ 690 III, 691 III (Mahnantrag in maschinell lesbarer Aufzeichnung); §§ 696 II, 697 V S 2 (maschinell erstellter Aktenausdruck); § 699 III S 2 (maschinelle Kostenberechnung); § 703c I Nr 1 nebst VO v 6. 6. 78 (BGBl I 705), zuletzt geändert durch Art 2 der VO zur Änderung von Vordrucken für gerichtliche Verfahren vom 18. 7. 1991 (BGBl I S 1547) – Vordrucke für die maschinelle Bearbeitung der Mahnverfahren –, in Kraft seit 1. 1. 1992. 2

II) Die **Ermächtigung** in **II** ist am 10 12. 76 in Kraft getreten (Art 12 II Nr 2 VereinfNovelle). Die vorgesehene RechtsVO ist **noch nicht ergangen. Verfahrensablaufplan:** Er soll die maschinelle Bearbeitung entsprechend dem logischen Ablauf der zu vollziehenden Vorgänge beschreiben. Der Gedanke, auch den technischen Ablauf des Verfahrens durch einen Programmablaufplan festzulegen, ist fallengelassen worden; die Einzelheiten der technischen Realisierung bleiben den Ländern überlassen (zum Entwicklungsstand Keller NJW 81, 1184; Mayer NJW 83, 92; Beinghaus/Thielke Rpfleger 91, 294; MK/Holch Rn 2). 3

703c

[Vordruckzwang. Einführung maschineller Bearbeitung]

(1) Der Bundesminister der Justiz wird ermächtigt, durch Rechtsverordnung mit Zustimmung des Bundesrates zur Vereinfachung des Mahnverfahrens und zum Schutze der in Anspruch genommenen Partei Vordrucke einzuführen. Für

1. Mahnverfahren bei Gerichten, die die Verfahren maschinell bearbeiten,

2. Mahnverfahren bei Gerichten, die die Verfahren nicht maschinell bearbeiten,

3. Mahnverfahren, in denen der Mahnbescheid im Ausland zuzustellen ist,

4. Mahnverfahren, in denen der Mahnbescheid nach Artikel 32 des Zusatzabkommens zum NATO-Truppenstatut vom 3. August 1959 (Bundesgesetzbl. 1961 II S. 1183, 1218) zuzustellen ist,

können unterschiedliche Vordrucke eingeführt werden.

(2) Soweit nach Absatz 1 Vordrucke für Anträge und Erklärungen der Parteien eingeführt sind, müssen sich die Parteien ihrer bedienen.

(3) Die Landesregierungen bestimmen durch Rechtsverordnung den Zeitpunkt, in dem bei einem Amtsgericht die maschinelle Bearbeitung der Mahnverfahren eingeführt wird; sie können die Ermächtigung durch Rechtsverordnung auf die Landesjustizverwaltungen übertragen.

Abs I 1 geändert durch Art 1 Nr 56 des RechtspflegeVereinfG vom 17. 12. 1990 (BGBl I S 2847), in Kraft seit 1. 4. 1991.

Lit: *Bamberg* [LitVerz § 700 vor Rn 15], S 90 ff; *Beinghaus/Thielke,* Automation des Mahnverfahrens, Rpfleger 91, 294; *Keller,* Die Automation des Mahnverfahrens, NJW 81, 1184; *Mayer,* Die Automation des gerichtlichen Mahnverfahrens, NJW 83, 92; *Salten,* Vordruckzwang und Formularwechsel, MDR 95, 668; *Schmid,* Elektronische Datenverarbeitung im Mahnverfahren, 1990; *Schuster,* Der VB bei maschineller Bearbeitung des Mahnverfahrens, DGVZ 83, 115; *Seidel/Brändle,* Das automatisierte Mahnverfahren, 1989.

1 **I)** Die **Ermächtigungen** in **I** und **III** sind am 10. 12. 76 in Kraft getreten (Art 12 II Nr 3 der VereinfNovelle; zur Änderung s oben). Durch VO v 6. 5. 77 (BGBl I 693), geändert durch Art 1 der VO v 18. 7. 1991 (BGBl I S 1547) und Art 8 IV des KostRÄndG 1994 vom 24. 6. 1994 (BGBl I S 1325, in Kraft seit 1. 7. 1994), hat der BJM **Vordrucke** für die **nichtmaschinelle Bearbeitung** der Mahnverfahren eingeführt und zwar für die Anträge auf MB und VB (Anh A, Anlage 1 der VO). Die Vordrucke sind als Durchschreibesatz ausgestaltet, so daß mit der Ausfüllung des Antrags zugleich die Bescheide, ihre Ausfertigungen und die vorzunehmenden Mitteilungen beschriftet werden. In der Anlage 2 ist weiter ein Vordruck für den Widerspruch eingeführt.

2 Durch VO v 6. 6. 78 (BGBl I 705), geändert durch Art 2 der VO v. 18. 7. 1991 (BGBl I S 1547) und Art 8 V des KostRÄndG 1994 vom 24. 6. 1994 (BGBl I S 1325, in Kraft seit 1. 7. 1994), wurden weiter Vordrucke für die **maschinelle Bearbeitung** der Mahnverfahren eingeführt (dazu Holch NJW 91, 3181 ff; Salten MDR 95, 668; krit Sturmberg AnwBl 95, 140). Der Satz enthält ua einen Vordruck für den Antrag auf Erlaß des MB (Anlage 1 idF von Anh B der ÄnderungsVO), für den Widerspruch (Anlage 3 idF von Anh B der ÄnderungsVO), für den Antrag auf Erlaß des VB (Anlage 4) sowie für die gegebenenfalls veranlaßten Anträge auf Neuzustellung des MB bzw VB (Anlagen 6 und 7). Die Vordrucke nach beiden VOen sind nicht für Fälle bestimmt, in denen der MB im Ausland oder gemäß Art 32 des Zusatzabkommens zum Nato-Truppenstatut zuzustellen ist (§ 1 I S 2 der VO v 6. 5. 77, § 1 II der VO v 6. 6. 78). Die Vordrucke sollen bei allen AG vorrätig gehalten werden.

2a Die Einführung von Vordrucken dient auch dem **Schutz des Antragsgegners (I 1).** Bei der Gestaltung der (überarbeiteten) Vordrucke ist dem Rechnung getragen worden. Dem Schuldnerschutz dient insbes auch der den „Ausfüllhinweisen" vorangestellte allgemeine Hinweis im Vorblatt des Vordruckes für den MB/VB (so die Begründung BR-Drs 326/91 S 33). Die Hinweise auf der Rückseite der für den Antragsgegner bestimmten Ausfertigung von MB/VB wollen deutlicher auf seine Selbstverantwortung für die Überprüfung des Anspruchs aufmerksam machen (aaO S 34).

3 **Für den Einspruch** gegen den VB und die **Rechtsbehelfe** sind bundeseinheitliche Vordrucke nicht in Aussicht genommen. Die Landesjustizverwaltungen können weitere Formulare bereitstellen, an deren Nichtbenutzung jedoch keine nachteiligen Folgen des II geknüpft sind (wegen **II** vgl Rn 5).

4 Im **arbeitsgerichtl Mahnverfahren** sind aufgrund der Ermächtigung in § 46a VII ArbGG durch VO v 15. 12. 1977 (BGBl I, S 2625) Vordrucke eingeführt worden.

5 **II) Verwendungszwang (Abs II).** Die Parteien „müssen" sich für ihre Anträge und Erklärungen der nach **I** eingeführten Vordrucke bedienen (ie Rn 6). Die Mahngerichte haben darauf in geeigneter Weise (auch durch Beanstandung) hinzuwirken. Die Anhörungspflicht gem § 691 I 2 dient der Behebung von Formmängeln (zutr Salten MDR 95, 668). Auch der Urkundsbeamte der Geschäftsstelle hat bei der Aufnahme von Anträgen und Erklärungen die nach **I** eingeführten Vordrucke zu verwenden (§ 702 I 2; § 702 Rn 2), desgleichen der Rechtspfleger bei den im Mahnverfahren ergehenden Entscheidungen (zum VB vgl Rn 6). Hinsichtl der Rechtsfolgen bei **Verstoß gegen den Verwendungszwang** ist zu unterscheiden:

6 **a)** Ein nicht mittels Vordrucks, auch auf Kopie (LG Stuttgart v. 13. 3. 1987 bei Salten MDR 95, 668) oder per Telefax (LG Hagen NJW 92, 2036 = Rpfleger 92, 167; im Erg zust Ebnet NJW 92,

2989; Daumke ZIP 95, 722, str) gestellter **Mahnantrag** ist als unzulässig zurückzuweisen (§ 691 I) mit der Folge, daß es nicht zur Verjährungsunterbrechung durch MB-Zustellung (vgl § 209 II Nr 1 BGB, § 693 II) kommt (vgl Schlee AnwBl 86, 148; MK/Holch Rn 13; offen LG Hagen aaO bei Fax-Form; sa **§ 691 II** und dort Rn 5; § 693 Rn 5). Ist, wie zB in Baden-Württemberg (Rn 10) maschinelle Bearbeitung des Mahnverfahrens eingeführt und wird ein Mahnantrag in nicht maschinenlesbarer Form eingereicht, wird durch diesen die Verjährungsfrist nicht gewahrt (LG Darmstadt NJW 86, 1695). Besteht der eingeführte Vordruck aus einem Durchschreibesatz, darf aber der formgerechte Mahnantrag nicht schon deshalb zurückgewiesen werden, weil der eingereichte Formularsatz nicht vollständig ist (so aber AG Marl DGVZ 79, 46 bei fehlendem VB-Blatt; abzulehnen), denn eine nachträgl Ergänzung (auch mittels eines neu erstellten Formulars) ist nicht ausgeschlossen (zutr LG Düsseldorf Rpfleger 79, 348; Salten MDR 95, 669; § 691 Rn 4; vgl auch unten Rn 7). Sollen im Mahnverfahren mehrere Personen als **Gesamtschuldner** in Anspruch genommen werden, bedarf es für jeden Antragsgegner der Ausfüllung eines gesonderten Vordrucksatzes (Einzelheiten: Engels AnwBl 77, 236). Sind die gegen Gesamtschuldner erlassenen VBe verbunden, darf sie der Gläubiger von sich aus nicht trennen (AG Wilhelmshaven DGVZ 79, 189, str; vgl dazu § 699 Rn 12). Der Vordruckzwang für den *Mahnantrag* in Form der Verwendung eines Durchschreibesatzes wirkt sich als Vordruckzwang für den **Vollstreckungsbescheid** aus (vgl Rn 5); die Zustellung der für den Antragsteller bestimmten Ausfertigung des VB (ohne Rechtsbehelfsbelehrung) setzt die Einspruchsfrist nicht in Lauf (LG Darmstadt NJW 86, 1945; DGVZ 96, 62; aA Karlsruhe NJW-RR 87, 895; sa § 699 Rn 15 und allg Einl Rn 57a [aa]).

b) Die Zurückweisung eines formularfrei gestellten **Antrags auf Erlaß des Vollstreckungsbescheids** (§ 699 I) ist zwar nicht ausdrücklich vorgeschrieben (§§ 690 I, II, 691 I ist in § 699 nicht für entspr anwendbar erklärt, vgl § 699 I 2 HS 3), gleichwohl wendet die Praxis die Grundsätze der Rn 6 auch beim VB-Antrag an (vgl LG Düsseldorf Rpfleger 79, 348). Kein Verstoß gegen den Formularzwang liegt vor, wenn für den Antrag auf Erlaß des VB nicht das vom Amtsgericht zurückgesandte (vorbereitete) Formular, sondern ein neu erstelltes Formblatt verwendet wird (LG Düsseldorf Rpfleger 79, 348); mag auch der „Vordruck“ als Durchschreibesatz ausgestaltet sein, so heißt das doch nicht, daß der Ersatz eines Blattes des Formularsatzes durch ein gleichartiges anderes ausgeschlossen wäre (zutr LG Düsseldorf Rpfleger 79, 348). Zuzustellen ist aber eine Ausfertigung des amtlichen Vordrucks (Rn 6). 7

c) Für den **Widerspruch** des Antragsgegners nach § 694 ist die Benutzung des (eingeführten; vgl Rn 2) Vordrucks nicht zwingend, sondern nur durch Sollvorschrift vorgeschrieben (§ 692 I Nr 5); der ausländische Antragsgegner braucht den Vordruck ohnedies nicht zu verwenden (§ 1 I S 2 der VO vom 6. 5. 77, § 1 II der VO vom 6. 6. 78). 8

d) Der **Einspruch** und die **Rechtsbehelfe** sind formularfrei (vgl Rn 3). 9

III) Zu Abs III. Nach jahrelangen Vorarbeiten (s ie Keller NJW 81, 1184) wurde ab 1. 10. 82 in Baden-Württemberg (durch VO vom 25. 5. 82, GBl 267) sukzessiv die maschinelle Bearbeitung des Mahnverfahrens eingeführt; seit 1. 1. 87 erfolgt sie im gesamten Land (VO v 2. 7. 86, GBl 275); zentrales Mahngericht ist das AG Stuttgart (§ 1 der VO vom 2. 7. 86). Die ersten Erfahrungen haben gezeigt (s ie Mayer NJW 83, 92), daß dieses Verfahren insbesondere von Großgläubigern sehr rasch angenommen worden ist (zu Kontrollmechanismen s Bamberg aaO, S 90 ff). Besondere Probleme ergeben sich aber aus der schnellen technischen Weiterentwicklung im EDV-Bereich, die letztendlich dazu führt, daß das jetzt eingeführte Verfahren den an es gestellten Anforderungen, nämlich das Mahnverfahren schneller, einfacher und kostensparender zu gestalten, schon nicht mehr voll genügen kann. Hamburg plant daher die Neuentwicklung eines echten Online-Verfahrens. Die Landesregierungen können die ihnen durch **III** erteilte Ermächtigung auf die Landesjustizverwaltungen weiterübertragen; das ist teilweise geschehen (so in Bayern durch VO v 9. 3. 77, GVBl 88; in Baden-Württemberg durch VO v 7. 10. 80, GBl 570; in Hessen durch VO v 2. 10. 80, GVBl 350; in Berlin durch VO v 24. 4. 87, GVBl 1547; in Nordrhein-Westfalen durch VO v 14. 7. 87, GVBl 269). 10

703d

[Zuständigkeit bei ausländischem allgemeinen Gerichtsstand des Antragsgegners]

(1) Hat der Antragsgegner keinen allgemeinen Gerichtsstand im Inland, so gelten die nachfolgenden besonderen Vorschriften.

(2) Zuständig für das Mahnverfahren ist das Amtsgericht, das für das streitige Verfahren zuständig sein würde, wenn die Amtsgerichte im ersten Rechtszug sachlich unbeschränkt zuständig wären. § 689 Abs. 3 gilt entsprechend.

Abs III mit Wirkung vom 1. 1. 1992 aufgehoben durch Art 1 Nr 57 des RechtspflegeVereinfG.

1 **I) Allgemeines. Internationale Zuständigkeit. 1)** § 703d regelt die Zuständigkeit für das Mahnverfahren abweichend von § 689 II für den Fall, daß der Antragsgegner im Inland keinen allgemeinen Gerichtsstand hat, aber im Inland wenigstens ein besonderer Gerichtsstand nach §§ 20 ff, 32 oder ein wirksam vereinbarter Gerichtsstand (§ 38) besteht. Wenn demzufolge die deutschen Gerichte für ein streitiges Verfahren international zuständig sind, sind sie es auch für das Mahnverfahren. Wo der Antragsteller seinen allgemeinen Gerichtsstand hat, ist ohne Belang (BGH NJW 81, 2647 = Rpfleger 81, 394 = ZIP 81, 1025). Voraussetzung für die Zulässigkeit des Mahnverfahrens ist auch hier, daß der MB ohne Inanspruchnahme öffentl Zustellung im Inland (etwa bei einem vorübergehenden inländischen Aufenthalt des Antragsgegners oder an einen Bevollmächtigten, dessen Vollmacht vorliegt) oder in einem Staat, mit dem ein entsprechendes Abkommen besteht, zugestellt werden kann (§ 688 II, III; dort Rn 7, 10).

2 **2) Wenn der Antragsgegner seinen allgemeinen Gerichtsstand** im Ausland **außerhalb des Anwendungsbereichs** des Europäischen Gerichtsstands- und Vollstreckungsübereinkommens **(EuGVÜ)** hat, aber das AVAG Anwendung findet (s § 688 Rn 10), so bestimmen sich die für das Mahnverfahren in Betracht kommenden besonderen Gerichtsstände nach der ZPO. § 23 ist dann anwendbar (Bsp: AG München Rpfleger 91, 425 mit Anm Druwe). Wenn er seinen **Wohnsitz oder Sitz in einem Vertragsstaat** des genannten Übereinkommens hat (EG-Staaten einschließlich Spanien und Portugal), gehen dagegen dessen Bestimmungen vor (vgl Schlosser NJW 75, 2132; Geimer NJW 75, 442; WM 76, 834; Wagner RIW 95, 91 f; nicht unterscheidend: BGH NJW 81, 2647). Nach Art 2 I EuGVÜ kann der Antragsgegner außerhalb seines Wohnsitzstaats nur in einem durch das Übereinkommen zugelassenen Gerichtsstand in Anspruch genommen werden. Damit entfallen mehrere der in der ZPO vorgesehenen besonderen Gerichtsstände, insbes der des Vermögens (§ 23; s a Art 3 II EuGVÜ), aber auch weitere, wie zB der des Aufenthaltsorts (§ 20) oder der Vermögensverwaltung (§ 31). Auch soweit das Übereinkommen eine ausschließl internationale Zuständigkeit festlegt (Art 16), scheiden sonst gegebene inländische Gerichtsstände aus, wenn die Anknüpfungsmerkmale des Art 16 nicht auf das Inland zutreffen; insbes ist insoweit auch die Vereinbarung eines inländischen Gerichtsstands wirkungslos. Andererseits erweitert das Übereinkommen auch die internationale Zuständigkeit durch Bestimmung von Gerichtsständen, die die ZPO nicht vorsieht (zB Art 6 Nr. 1 EuGVÜ; vom BGH NJW 95, 3317 = aaO [Rn 3] nicht beachtet). Zur Zuständigkeitsordnung des EuGVÜ s auch Schlosser und Geimer aaO.

3 **3)** Gegen **mehrere Antragsgegner,** von denen (nur) einer einen allgemeinen Gerichtsstand im Inland hat, kann im Gerichtsstand gem **II S 1** kein *gemeinsames* Mahnverfahren durchgeführt werden, denn **II S 1** ist eine eng auszulegende Ausnahmevorschrift, die auf den inländischen Antragsgegner nicht erstreckt werden kann (BGH NJW 95, 3317 = MDR 96, 306 = Rpfleger 96, 116 mit krit Anm Hintzen); für ihn verbleibt es bei § 689 II 1. Möglich ist aber, gem § 36 Nr 3 vorzugehen (offen BGH aaO). Eine Bestimmung des gem § 689 II 1 zuständigen Gerichts würde zwar nach der nF von § 690 I Nr 5 (vgl dort Rn 16) nicht mehr an der Angabe des gem **II S 1** zuständigen Gerichts im Mahnantrag scheitern; gleichwohl scheidet das Gericht am Antragsteller-Wohnsitz für eine im Ausland wohnhafte Partei aus, da dann jede Prüfung der internationalen Zuständigkeit im Mahnverfahren (Rn 2) entfiele; als gemeinsamer Gerichtsstand iS von § 36 Nr 3 käme daher nur der gem **II S 1** auch für die *inländische* Partei in Frage; der Verlust der Begünstigung gem § 689 II 1 ist dem Antragsteller zuzumuten, da die gemeinsame Durchführung des Mahnverfahrens in seinem Interesse liegt.

4 **II) Verfahren.** Der Mahnantrag ist im Falle des § 703d nicht an das in § 689 II S 1 oder 2 bezeichnete AG zu richten, sondern an das AG, bei dem der besondere Gerichtsstand gegeben ist **(II S 1).** § 689 II 1 wird durch **II S 1** verdrängt (BGH NJW 95, 3317 = aaO; sa § 689 Rn 2). Unter mehreren besonderen Gerichtsständen hat der Antragsteller die Wahl (§ 35). Wenn von der Möglichkeit der Zuständigkeitskonzentration Gebrauch gemacht ist, ist im Zweifel auch bei Auslandsmahnverfahren das zentrale AG anzurufen, zu dessen Bezirk das AG des besonderen Gerichtsstands gehört (**II S 2** mit § 689 III; dazu BGH NJW 93, 2752; sa § 689 Rn 4). Im Mahnantrag ist das für das Streitverfahren zuständige Gericht zu bezeichnen, also entweder das AG des besonderen Gerichtsstands oder das ihm übergeordnete LG (§ 690 I Nr 5). Außerdem ist im Mahnantrag anzugeben, worauf die Zuständigkeit des angerufenen AG gegründet wird; wenn es sich um eine Gerichtsstandsvereinbarung zB nach Art 17 EuGVÜ handelt, ist diese urkundl zu belegen (§ 34 II AVAG). Wenn Widerspruch erhoben (zur Widerspruchsfrist sa § 34 III AVAG) und Durchführung des streitigen Verfahrens beantragt wird, ist die Sache gemäß § 696 I an das im Antrag als zuständig bezeichnete Gericht (AG oder LG) abzugeben, ggfalls gemäß § 698 an die Prozeßabteilung (oder auch das Familiengericht) des schon als Mahngericht tätig gewordenen AG. Das gleiche gilt gemäß § 700 III im Falle des Einspruchs gegen den VB.

5 **III)** Wegen des **Gebühren**anfalls s Rn 20 vor § 688.

Achtes Buch

ZWANGSVOLLSTRECKUNG

1 **I) Zwangsvollstreckung** (ZwV) ist Verfahrensrecht zur Durchsetzung eines materiellen Anspruchs mit staatlichem Zwang. Verfahrensziel ist die Befriedigung einer Geldforderung, die Herausgabe einer Sache, die Erwirkung einer Handlung oder Unterlassung. Dem Gläubiger ist Selbsthilfe zur Durchsetzung seines Anspruchs versagt; Träger der Vollstreckungsgewalt ist allein der Staat (Gaul Rpfleger 71, 1 [2]; Besonderheit für Vorpfändung § 845). Er handelt als Inhaber des Zwangsmonopols (BVerfG 61, 126 [136] = NJW 83, 559) durch seine Organe gegenüber Verfahrensbeteiligten hoheitlich. Bei der ZwV wegen Geldforderungen wird durch staatliche Gewalt in das durch Art 14 I S 1 GG geschützte Eigentum des Schuldners eingegriffen (BVerfG 49, 252 [256] = NJW 79, 538). Das GG gibt hierfür in Art 14 I S 2 die verfassungsrechtliche Ermächtigung. Als Staatstätigkeit ist ZwV öffentlich-rechtlicher Natur.

II) Zu unterscheiden sind

2 – der **Vollstreckungsanspruch** des Gläubigers, daß der Staat durch seine Organe die beantragte Vollstreckungsmaßnahme unter den gesetzlichen Voraussetzungen vornimmt. Die Justizgewährpflicht des Staates (Einl Rn 49) verpflichtet zu wirkungsvoller Durchsetzung zivilrechtlicher Ansprüche (BVerfG NJW 88, 3141);

3 – der zu **vollstreckende Anspruch** des Gläubigers gegen den Schuldner; er hat das Recht zum Inhalt, vom Schuldner ein Tun, Unterlassen oder Dulden zu verlangen. Ob er besteht, wird für die und während der ZwV nicht geprüft; von ihm ist daher auch der Vollstreckungsanspruch nicht abhängig. Das Fehlen des vollstreckbaren Anspruchs macht die ZwV nicht rechtswidrig oder unzulässig. Grundlage der ZwV ist der Vollstreckungstitel. Die ZwV richtet sich nach dem Inhalt des Titels; von der materiellen Rechtmäßigkeit des vollstreckbaren Anspruchs ist sie gelöst (BVerfG 28, 1 [8]; München Rpfleger 74, 29). Sie ist daher unabhängig vom rechtlichen Bestand des Anspruchs (BGH 110, 319 [322] = NJW 90, 1662) und auch bei nur vorläufiger Vollstreckbarkeit des Urteils rechtmäßig (BGH 85, 110 [113] = NJW 83, 232). Nichtbestehen, insbes Untergang des Anspruchs, ist mit Angriff gegen den Titel geltend zu machen (§ 767), der diesem die Vollstreckbarkeit entziehen muß.

4 **III) 1) Geregelt** ist die **ZwV bürgerlich-rechtlicher Ansprüche** im 8. Buch der ZPO. Die gerichtliche ZwV ist damit Teil der ordentlichen Zivilgerichtsbarkeit. Die Vollstreckungsorgane üben mit Vollstreckungshandeln öffentliche Gewalt im Sinne der Rechtsweggarantie des Art 19 IV S 1 GG aus (BVerfG 49, 252 [256]; Böhmer BVerfG 49, 241 = NJW 79, 535). Entscheidungen im Erinnerungs- und Beschwerdeverfahren sind Rechtsprechung im materiellen Sinn, die dem Richter vorbehalten sind (Art 92 GG; zur Abgrenzung Gaul Rpfleger 71, 1 [43 ff]).

5 **2)** Die **allgemeinen Vorschriften der ZPO** (§§ 1–252) und die Bestimmungen über gerichtliche Verfahren (§§ 253–591) gelten neben den Verfahrensvorschriften des 8. Buchs über ZwV, soweit diese keine Regelungen treffen oder Wesen und Zweck der ZwV nicht entgegenstehen. Anwendung finden insbes die Vorschriften über Parteien (§§ 50–58), Prozeßbevollmächtigte und Beistände (§§ 78–90), Prozeßkostenhilfe (§§ 114 ff), richterliche Aufklärungs- und Hinweispflicht (§§ 139, 278 III) und das Verfahren bei Zustellungen (§§ 166–213a).

6 **3) Arbeitsgerichtliche Urteile** (Vollstreckungsbescheide, Beschlüsse) werden nach den Vorschriften des 8. Buchs der ZPO vollstreckt (§ 46a I, § 62 II, § 85 ArbGG mit Besonderheiten). Diese gelten sinngemäß auch für die Vollstreckung von Entscheidungen der **Finanzgerichte** gegen den Bund, ein Land, einen Gemeindeverband, eine Gemeinde, Körperschaft, Anstalt oder Stiftung des öffentl Rechts (§ 151 FGO). In der **freiwilligen Gerichtsbarkeit** ist für rechtskräftige Entscheidungen, Vergleiche und einstw Anordnungen ZwV nach den Vorschriften der ZPO vielfach vorgesehen (zB § 13a II, § 53a IV, § 53g III, §§ 83, 98, 99, 158 FGG, § 35 III, § 52 IV, § 85 III, § 104 VI usw AktG, § 45 III WEG ua); gleiches bestimmt für den Kostenfestsetzungsbeschluß in Strafsachen § 464b S 3 StPO. Aus Vollstreckungstiteln der **Sozialgerichte** findet zugunsten einer Privatperson die ZwV nach dem 8. Buch der ZPO statt (§ 198 I, §§ 199 ff SGG mit Einzelheiten).

Dies gilt ebenso für die ZwV zugunsten einer Privatperson aus Titeln der **Verwaltungsgerichte** (§ 167 I, §§ 168 ff VwGO mit Besonderheiten); Zuständigkeit des Verwaltungsgerichts als Vollstreckungsgericht § 167 I S 2 VwGO (dazu § 899 Rn 1).

7 4) Im **Verwaltungszwangsverfahren** vollstreckt werden Verwaltungsakte, mit denen eine Geldleistung (eine öffentlich-rechtliche Geldforderung), eine sonstige Handlung, eine Duldung oder Unterlassung gefordert wird. Verwaltungszwangsverfahren ist Vollstreckung im Verwaltungsweg durch Vollstreckungsbehörden. Geregelt ist Verwaltungsvollstreckung für die Verwaltungsakte der Finanzbehörden in der Abgabenordnung (AO 1977, §§ 249–346), im übrigen in den Verwaltungsvollstreckungsgesetzen des Bundes (v 27. 4. 1953 mit Änderungen) und der Länder (zB Baden-Württemberg v 12. 3. 1974, GBl 93; Bayern v 11. 11. 1970, BayRS 2010-2-I; Bremen v 15. 12. 1981, GBl 283; Hamburg v 13. 3. 1961, GVBl 79 [136]; Hessen v 4. 7. 1966, GVBl I 151; Niedersachsen v 2. 6. 1982, GVBl 139; Nordrhein-Westfalen v 13. 5. 1980, GV.NW 510; Rhld-Pfalz v 8. 7. 1957, GVBl 101; Saarland v 27. 3. 1974, ABl 430; Sachsen v 17. 7. 1992, GVBl 327; Sachsen-Anhalt v 23. 6. 1994, GVBl 710; Thüringen v 27. 9. 1994, GVBl 1053; tlw mit Änderungen) sowie in Sondergesetzen (zB Justizbeitreibungsordnung). Das Verfahren beruht auf folgenden **Grundsätzen:** Die Verwaltungsvollstreckung in bewegliche Sachen führt die Vollstreckungsbehörde durch Vollziehungsbeamte aus; sie erläßt bei Vollstreckung in Geldforderungen und andere Vermögensrechte die Pfändungs- und Einziehungsverfügung selbst. Die für Vollstreckung in das unbewegliche Vermögen erforderlichen Anträge stellt die Verwaltungsbehörde; daß die Voraussetzungen für die Vollstreckung der Geldleistung vorliegen, unterliegt nicht der Beurteilung des Vollstreckungsgerichts oder Grundbuchamts. Ein Verwaltungsakt, der auf Vornahme einer Handlung oder auf Duldung oder Unterlassung gerichtet ist, wird mit Zwangsmitteln (Zwangsgeld, Ersatzvornahme, unmittelbarer Zwang) durchgesetzt. Nach den Vorschriften der AO bzw der Verwaltungsvollstreckungsgesetze richtet sich auch die Vollstreckung zugunsten der öffentlichen Hand von gerichtlichen Entscheidungen der Finanzgerichte (§ 150 FGO), Sozialgerichte (§ 200 SGG) und Verwaltungsgerichte (§ 169 VwGO).

8 5) Für die Vollstreckung zugunsten der **Behörden der Sozialversicherung** (gesetzliche Kranken-, Unfall- und Rentenversicherung einschl Altershilfe für Landwirte) und durch Verwaltungsbehörden der Kriegsopferversorgung gelten gleichfalls die Verwaltungsvollstreckungsgesetze des Bundes und der Länder (§ 66 SGB X, Verwaltungsverfahren). Aus einem Verwaltungsakt einer solchen Behörde kann aber auch die ZwV in entsprechender Anwendung der ZPO stattfinden (§ 66 IV SGB X mit Einzelheiten; dazu Hornung Rpfleger 87, 225).

9 **IV) Organe** der ZwV sind Gerichtsvollzieher (§ 753 I), Vollstreckungsgericht (§ 764), Prozeßgericht des 1. Rechtszuges (§§ 887, 888, 890), Grundbuchamt (§ 867 I) sowie Schiffsregisterbehörde (§ 870a).

V) Parteien der ZwV sind

10 – **Gläubiger,** das ist derjenige, der durch Antrag das ZwV-Verfahren in Gang bringt. Er muß sich aus Vollstreckungstitel oder -klausel namentlich ergeben (§ 750 I).

11 – Vollstreckungs**schuldner,** das ist derjenige, gegen den die ZwV stattfindet. Für den Beginn der ZwV muß er in Vollstreckungstitel oder -klausel als Verpflichteter des durchzusetzenden Anspruchs namentlich bezeichnet sein (§ 750 I).

12 – **Dritte,** das sind Personen, die sich mit einem Antrag am Verfahren beteiligen oder deren Rechte von einem Vollstreckungsverfahren betroffen oder berührt sind.

12a Zwischen Gläubiger und Schuldner begründet der Vollstreckungszugriff eine **gesetzliche Sonderbeziehung** privatrechtlicher Art (BGH = NJW 85, 3080 [3081]; allgemein zum Prozeßrechtsverhältnis Einl Rn 52 ff). Sie kann für den Gläubiger Pflichten zur Wahrung der Interessen des Schuldners erzeugen (BGH aaO); deren Verletzung kann zu Schadensersatzanspruch aus dem Gesichtspunkt der positiven Forderungsverletzung führen (BGH aaO mit Nachw).

13 **VI) Voraussetzungen** der ZwV. 1) Die ZwV ist **unabhängig vom Erkenntnisverfahren.** ZwV erfordert nicht notwendig einen Rechtsstreit; sie kann auch aus nichtrichterlichen Vollstreckungstiteln erfolgen (zB § 794). Auch führt nicht jedes Erkenntnisverfahren zur ZwV.

14 2) Durch einen **Vollstreckungstitel** muß der vollstreckbare Anspruch des Gläubigers (Rn 3) urkundlich ausgewiesen sein (§§ 704, 794). Das Vollstreckungsorgan hat den vollstreckbaren Anspruch nicht festzustellen (Grundsatz der Trennung von Erkenntnis- und Vollstreckungsverfahren) und nicht zu überprüfen (BGH NJW 94, 460 [461]), mithin auch Einwendungen des Schuldners gegen den zu vollstreckenden Anspruch nicht zu prüfen (§ 767; auch Rn 3). Grundlage der Tätigkeit des Vollstreckungsorgans ist der Vollstreckungstitel. Er muß (hiervon einzelne Ausnahmen) vollstreckbar ausgefertigt (§ 724) und zugestellt (§ 750) sein. Im Einzelfall können weitere besondere Voraussetzungen zu beachten sein (zB § 751 I, II, §§ 756, 765, 798). Es dürfen keine Vollstreckungshindernisse bestehen wie Einstellung (zB §§ 765a, 775, 776), Konkurseröffnung über das Schuldnervermögen (§ 14 KO), Vergleichsverfahren (§ 47 VerglO).

3) Die **Prozeßvoraussetzungen** (vor § 253 Rn 9 ff) müssen als Verfahrensvoraussetzung gegeben sein; vom Vollstreckungsorgan sind sie von Amts wegen zu prüfen, insbesondere: 15

a) **Persönliche Prozeßvoraussetzungen:** Parteifähigkeit (Hamm MDR 90, 347 = OLGZ 90, 209), Prozeßfähigkeit, gesetzliche Vertretung und Prozeßführungsbefugnis. Prozeßfähigkeit auch des Schuldners (oder gesetzliche Vertretung) muß in der ZwV immer gegeben sein (Arens FS Schiedermair 1; Hoffmann KTS 73, 149; H. Schneider DGVZ 87, 52; StJ/Münzberg (vor § 704 Rn 79; Oldenburg Rpfleger 69, 135), weil er in dem rechtsstaatlichen Vollstreckungsverfahren Gelegenheit haben muß, seine Rechte zu wahren (Rn 28) und sich über Einlegung zulässiger Rechtsbehelfe schlüssig werden muß. Pfändung als rangwahrender Zugriff (nicht aber Pfandverwertung) ist jedoch auch gegen den prozeßunfähigen (nicht vertretenen) Schuldner immer zulässig (für ihn keine Besserstellung; StJ/Münzberg vor § 704 Rn 80; Roth JZ 87, 895 [899]; AG Bersenbrück DGVZ 92, 60). Nach früherer Ansicht mußte Prozeßfähigkeit des Schuldners nur vorhanden sein, wenn die Erzwingung von Handlungen in Frage steht (§§ 807, 883, 887 ff), die Vollstreckung sich gegen seine Person richtet, eine Handlung ihm gegenüber vorzunehmen ist (§§ 829, 857), sein Gehör vorgeschrieben ist (§ 891) oder er Einwendungen erheben will (dazu § 52 Rn 12). Rechtskraftfähige Titel weisen Partei- und Prozeßfähigkeit sowie Vertretung zur Zeit der Entscheidung für das Vollstreckungsorgan aus (Arens, Hoffmann, H. Schneider aaO; für minderj Schuldner aber auch Kirberger FamRZ 74, 637; differenzierter Roth JZ 87, 895 [901]: für Vollstreckungsgericht Bindung nur, wenn vom Prozeßgericht die Prozeßfähigkeit des Schuldners erörtert und ausdrücklich bejaht wurde); spätere Änderungen sind von ihm in eigener Verantwortung (von Amts wegen) zu prüfen. Für Feststellung der Prozeßfähigkeit gilt Freibeweis (§ 56 Rn 8; Frankfurt Rpfleger 75, 441; Oldenburg aaO). Störungen der Geistestätigkeit sind nach der Lebenserfahrung Ausnahmeerscheinungen; auszugehen ist daher davon, daß jeder Erwachsene, sofern nicht besondere Umstände rechtliche Bedenken erwecken, geschäfts- und prozeßfähig ist (Frankfurt aaO). Zweifel an der Prozeßfähigkeit genügen allein nicht (BGH 86, 184 [189]; Oldenburg aaO). Die Beweislast für eine behauptete (nicht erkennbare) Prozeßunfähigkeit trifft somit die Partei, die sich darauf beruft (BGH NJW-RR 86, 157; Frankfurt aaO). Verliert der Schuldner die Prozeßfähigkeit nach Pfändung, tritt keine Verfahrensunterbrechung ein; für die erforderliche Bestellung eines Betreuers ist jedoch dem Vormundschaftsgericht Mitteilung zu machen (§ 50 FGG); bei Gefahr im Verzug ist ein Vertreter nach § 57 zu bestellen. Prozeßfähigkeit und Vertretung nach Bestellung eines Betreuers: § 52 Rn 2a, § 53 Rn 5. 16

b) **Sachliche Prozeßvoraussetzungen** allgemein: Antrag, Gerichtsbarkeit, Rechtsweg und Zuständigkeit des Vollstreckungsorgans. Auch das Rechtsschutzbedürfnis muß gegeben sein (BVerfG 61, 126 [135] = NJW 83, 559; Frankfurt MDR 73, 323; Prüfung § 765a Rn 30); es fehlt, wenn der Gläubiger kein schutzwürdiges Interesse an der Vollstreckungsmaßregel hat. 17

4) Zugriff auf das **Schuldnervermögen** als Gegenstand der ZwV wegen Geldforderungen. Der Gläubiger darf grundsätzlich nur in das Vermögen seines Schuldners vollstrecken (BGH 95, 10 [15] = NJW 85, 1959 [1960]). Dieser haftet mit seinem ganzen Vermögen; vor Kahlpfändung ist er jedoch geschützt (Rn 30). Vollstreckungsorgane nehmen aber nur eine „formelle" Prüfung vor. Dem Zugriff des GV unterliegen körperliche Sachen im Gewahrsam des Schuldners (§ 808 I), das Vollstreckungsgericht pfändet angebliche Forderungen und Rechte des Schuldners (§ 829 I), Eintragung einer Sicherungshypothek erfolgt, wenn der Schuldner eingetragener Grundstücks- oder Schiffseigentümer ist (§ 39 GBO, § 46 SchRO). Der Vollstreckungstitel kann die Schuldnerhaftung auf bestimmte Vermögensmassen beschränken (so für Partei kraft Amtes, bei Erbenhaftung, § 780, mit Vorbehalt nach dem BinSchG, LG Berlin Rpfleger 76, 438) oder erweitern (Fälle des AnfG). Rechtswidrig handelt der Gläubiger, wenn er Vollstreckung in schuldnerfremdes Vermögen betreibt (BGH aaO; BGH 55, 20 [26] = NJW 71, 799). Eigentumsverletzung mit ZwV in einen schulderfremden Gegenstand kann (auch bei Beeinträchtigung fremden Sicherungseigentums) eine deliktische Haftung (§ 823 I BGB) desjenigen (auch eines Prozeßbevollmächtigten) begründen, der sie betreibt (BGH 118, 201 = NJW 92, 2014 mit Nachw und Einzelheiten). 18

VII) Verfahrensgrundsätze der ZwV. **1) Antragsgrundsatz** und **Parteiherrschaft:** ZwV dient Gläubigerinteressen. Sie erfolgt daher nur auf Antrag. Er ist verfahrenseinleitende Prozeßhandlung (vor § 128 Rn 14). Damit bestimmt der Gläubiger Beginn, Art und Ausmaß des Vollstreckungszugriffs. Er hat die Herrschaft über seinen vollstreckbaren Anspruch (kann ihn stunden, darauf verzichten usw), bleibt somit auch „Herr" seines Verfahrens. Das ZwV-Verfahren endet daher, wenn der Gläubiger dies verlangt (ermöglicht jederzeit Zurücknahme des Antrags). Der Antrag auf ZwV (und jede Vollstreckungshandlung) unterbricht die Verjährung (§ 209 II Nr 5 BGB; dazu BGH 93, 287 [295] = NJW 85, 1711). 19

2) Amtsbetrieb: Die auf Antrag eingeleitete ZwV wird von Amts wegen fortgeführt (KG Rpfleger 68, 328), bis der geltend gemachte Anspruch durchgesetzt ist oder der Gläubiger das Verfahren zum Stillstand bringt oder mit Antragsrücknahme beendet. Antrag ist jedoch vielfach zur Einleitung gesonderter Verfahrensabschnitte erforderlich, so nach §§ 825, 844, 850e Nr 2, 2a, 4, 20

§ 850g). Einzustellen oder zu beschränken ist die ZwV nur in gesetzlich bestimmten Fällen (insbes §§ 765a, 775, 776). Einwendungen des Schuldners oder Dritter halten den Fortgang des Verfahrens nicht auf, solange nicht mit einem zulässigen Rechtsbehelf eine Entscheidung über die (einstweilige oder endgültige) Einstellung herbeigeführt ist.

21 3) **Einzelvollstreckung:** ZwV dient den Interessen des antragstellenden einzelnen Gläubigers. Gegenstand des Vollstreckungszugriffs sind einzelne Vermögenswerte des Schuldners. Jede Vollstreckungsart erfordert daher gesonderten Antrag des Gläubigers. Vollstreckungsorgane werden in den voneinander unabhängigen Antragsverfahren selbständig nebeneinander tätig (anschaulich Gaul Rpfleger 71, 81 [86]).

22 4) **Formalisierung:** Vollstreckungsvoraussetzungen, Zugriffstatbestände und Vollstreckungsverfahren sind formalisiert (Gaul Rpfleger 71, 81 [90]; LG Frankfurt MDR 88, 504 = NJW-RR 88, 1215). Das soll ein zügiges und energisches Vollstreckungsverfahren gewährleisten. Damit wird im Spannungsfeld zwischen den Interessen des Gläubigers, des Schuldners und der sonst etwa Beteiligten Rechtssicherheit gewährleistet und gleichermaßen Wahrung der unterschiedlichsten Belange der Verfahrensbeteiligten unter Berücksichtigung der sozialen Auswirkungen gesichert (BGH 70, 206 [210] = NJW 78, 950).

23 5) **Mündliche Verhandlung** erfordert das auf Vollstreckungshandeln angelegte Verfahren nicht; vor Entscheidungen ist sie freigestellt (nicht nötig; § 764 III, § 891 S 1).

24 6) **Parteivereinbarungen, Vollstreckungsverträge:** ZwV ist als formalisiertes Verfahrensrecht (Rn 22) öffentlich-rechtlicher Natur (Rn 1) zwingendes Recht. Die Voraussetzungen und Grenzen des staatlichen Vollstreckungshandelns sind daher den Abmachungen der Parteien entzogen (RG 128, 81 [85]; Hamm MDR 68, 333; Köln Rpfleger 69, 437). Parteivereinbarungen sind im ZwV-Verfahren deshalb nur in beschränktem Umfang zulässig.

25 a) **Vollstreckungsbeschränkende Vereinbarungen** (zeitliche und sachliche) sind zulässig (Emmerich ZZP 82 [1969] 413; Hamm MDR 77, 675; München Rpfleger 79, 466; LG Bonn JR 72, 157 mit Anm Hellwig). Die Parteien können vereinbaren, daß von einem Vollstreckungstitel überhaupt nicht oder nur teilweise (BGH MDR 91, 668 = NJW 91, 2295) oder erst bei Eintritt eines bestimmten Ereignisses (Abschluß des Nachverfahrens) oder nur in bestimmter Weise Gebrauch gemacht werden darf (BGH MDR 68, 307 = NJW 68, 700) oder daß nur in bestimmter Weise (zB nicht durch Rechtspfändung) oder nicht in bestimmte Vermögensgegenstände des Schuldners (nur in Geschäftsvermögen oder Nachlaß, nicht in das persönliche Vermögen) vollstreckt werden darf. Vielfach kommen solche Vereinbarungen als Ratenzahlungsvergleiche vor (Frankfurt OLGZ 81, 112; Karlsruhe MDR 75, 234 = NJW 74, 2242; LG Arnsberg NJW 72, 1430 mit Anm Schmidt) mit der Absprache, die Vollstreckungsbefugnis bei Schuldnerzahlungen (sonst für bestimmte Zeit) nicht zu verfolgen (ist nicht Stundung der Forderung als materielle Vereinbarung, die ebenso getroffen sein kann). Geltend zu machen sind beschränkende Vereinbarungen als Einwendungen nach § 767 I (BGH NJW 91, 2295; Köln NJW-RR 95, 576); sie sind wegen ihres prozessualen, die Art und Weise der ZwV betreffenden Charakters jedenfalls auch im ZwV-Verfahren zu berücksichtigen, können daher auch mit Erinnerung (§ 766) und Beschwerde (§ 793) geltend gemacht werden (Frankfurt, Hamm, Karlsruhe je aaO; Bürck ZZP 85 [1972] 391; enger LG Münster Rpfleger 88, 321: Vereinbarungen mit materiell-rechtl Charakter [zB Stundung] sind nur nach § 775 zu berücksichtigen). Vereinbarungen (nur) über den materiellen Anspruch (Erlaß, Stundung der Forderung) sind nach § 767 zu verfolgen.

26 b) **Unzulässig** sind **vollstreckungserweiternde Abreden;** die Vollstreckungsbefugnis kann nicht über die gesetzlichen Möglichkeiten hinaus erweitert werden (Baur/Stürner Rn 10.3; Brox/Walker Rn 203). Der Schuldner kann sich daher nicht damit einverstanden erklären, daß ohne Titel oder Klausel, auf andere Art oder in anderer Weise (zB Hamm MDR 68, 333) vollstreckt wird. Er kann nicht auf Schuldnerschutzbestimmungen (zB §§ 765a, 811, 850 ff) verzichten (RG 72, 181; KG NJW 60, 682; Köln Rpfleger 69, 439; Stuttgart NJW 71, 50). Davon zu unterscheiden ist, daß sich der Schuldner nicht auf Schutzbestimmungen mit Erinnerung beruft.

27 c) Über den durch den vollstreckbaren Titel **festgestellten Anspruch** (Rn 3) können die Parteien auch während der ZwV **verfügen.** Rechtsweg für Einwendungen dann § 767.

28 7) **Rechtliches Gehör** (Art 103 I GG) ist auch in der ZwV zu gewähren. ZwV-Verfahren erfordern jedoch in der Regel sofortigen Zugriff, der eine vorherige Anhörung des Schuldners ausschließt. In diesen Fällen ist Verweisung des Betroffenen auf nachträgliche Anhörung (Wahrung der Rechte mit Rechtsbehelf, insbes nach § 766) mit dem GG vereinbar (BVerfG 57, 346 [358 f] = NJW 81, 2111). Anhörung ist freigestellt in §§ 730, 733, vorgeschrieben für Entscheidungen nach §§ 887–890 (§ 891), untersagt bei Forderungspfändung (§ 834), notwendig bei Pfändung bedingt pfändbarer Bezüge (§ 850b III).

29 8) **Rechtsstaatliche Verfahrensgestaltung:** Verfahrensrecht und Verfahrensgestaltung stehen unter den Garantiefunktionen des GG (BVerfG 42, 64 = NJW 76, 1391; BVerfG 46, 325 = NJW 78,

368; BVerfG 49, 220 = NJW 79, 534; BVerfG 51, 150 = KTS 79, 275; BVerfG 52, 131 = NJW 79, 1925; BVerfG 52, 214 = NJW 79, 2607). Verfassungsrechtliche Gewährleistung der Grundrechte und die aus dem Rechtsstaatsprinzip herzuleitenden Verfassungsprinzipien verpflichten Vollstreckungsorgane, mit der Verfassung nicht in Einklang stehende Eingriffe in grundgesetzlich geschützte Bereiche zu unterlassen. Vollstreckungsorgane haben die Verpflichtung, die Grundrechte durchzusetzen (s grundsätzlich BVerfG 49, 252 [257] = NJW 79, 538) und die erforderlichen Vorkehrungen zu treffen, damit Verfassungsverletzungen durch ZwV-Maßnahmen ausgeschlossen bleiben (BVerfG 52, 214 [220]). Vollstreckungsverfahrensrecht muß daher im Blick auf die Grundrechte ausgelegt und angewendet werden (BVerfG 49, 252 [257]; ie Vollkommer Rpfleger 82, 1; im übrigen bei den einzelnen Bestimmungen, zB §§ 758, 765a, 901). Das gebietet rechtsstaatliche Verfahrensgestaltung, aber auch Beachtung des verfassungsrechtlichen **Grundsatzes der Verhältnismäßigkeit** (BVerfG 52, 214 [219]). Das materielle Recht des Gläubigers muß deshalb im Vollstreckungsverfahren eine reale Verwirklichungschance haben (Quack Rpfleger 78, 197; s auch Rn 2). Wahrung der Gläubigerbelange gebietet insbes zügigen und wirksamen (s Geimer NJW 91, 3072) Vollstreckungszugriff. Dem Schuldner muß effektiver (wirksamer) Rechtsschutz gewährt werden (BVerfG 46, 325 [334]; 49, 220 [225]; 49, 252 [257]). Das schließt den Anspruch auf faire Verfahrensdurchführung ein (BVerfG aaO). Der Eingriff in das grundgesetzlich geschützte Eigentum darf nicht über das notwendige Maß hinausgehen. Begrenzt ist der Zugriff auf das Eigentum des Schuldners insbes durch den Grundsatz der Verhältnismäßigkeit und das Übermaßverbot. Immer muß der Eigentumseingriff erforderlich und angemessen sein, um das Verfahrensziel zu erreichen. Zweck und Mittel müssen in einem vernünftigen Verhältnis zueinander stehen (Böhmer zu BVerfGE 49, 228 = NJW 79, 535).

9) Wahrung der **Schuldnerbelange.** Schutz der sozialen Existenz des Schuldners sichern die von Amts wegen zu beachtenden Pfändungsverbote (Schutz vor Kahlpfändung; dazu Vollkommer Rpfleger 82, 1 [2]). Verschleuderung gepfändeter Vermögenswerte beugt die Regelung vor, daß Verwertung vom Erreichen eines bestimmten Mindestgebots abhängig ist (§ 817a; BVerfG 46, 325 [332]). Mit Antrag auf Schuldnerschutz im Einzelfall kann der Schuldner Härten der ZwV abwenden und die Möglichkeit finden, die Zwangsverwertung seines Eigentums zu verhindern. **30**

10) **Trennung** von Erkenntnis- und Vollstreckungsverfahren (s bereits Rn 14). **31**

11) Der Grundsatz von **Treu und Glauben** (dazu Einl Rn 56) beherrscht auch das Vollstreckungsverfahrensrecht. **32**

12) Begrenzung der **Vollstreckungsdauer** durch **Beginn** und **Ende** der ZwV. Insbes können daher Rechtsbehelfe des ZwV-Verfahrens (Erinnerung, § 766, Beschwerde, § 793, Widerspruchsklage, § 771) nur nach Beginn und vor dem Ende der ZwV geltend gemacht werden. ZwV durch den GV (Mobiliarpfändung, Wegnahme, Räumung) beginnt mit der ersten gegen den Schuldner gerichteten Vollstreckungshandlung (Köln JurBüro 89, 870; LG Berlin DGVZ 91, 9 [Aufforderung des erschienenen GV, die Wohnungsdurchsuchung zu gestatten, auch bei Weigerung des Schuldners]), nicht jedoch mit schriftlicher Ankündigung des GV, er werde zur ZwV erscheinen und bei Abwesenheit des Schuldners die Wohnung öffnen lassen (KG DGVZ 94, 113; LG Berlin aaO). Die ZwV durch das Vollstreckungsgericht beginnt mit Erlaß (Unterzeichnung) des gerichtlichen Beschlusses (der Vorpfändung nach § 845) oder der vorgehenden verfahrensleitenden Verfügung, nicht erst mit Zustellung des Pfändungsbeschlusses, auch nicht erst mit „Hinausgabe" (Einlegung ins Postabholfach oder an Justizwachtmeister zur Beförderung durch die Post; dazu Zeller/Stöber ZVG Einl Rn 20). Vollstreckungsbeginn im Offenbarungsverfahren ist sonach Bestimmung des Termins. Die Androhung nach § 890 ist Beginn der ZwV, wenn sie durch besonderen Beschluß ergeht (§ 890 Rn 12); für Grundbucheintragung ist ZwV-Beginn die Unterzeichnung der Eintragungsverfügung. Die ZwV endet im ganzen mit völliger Befriedigung des Gläubigers (auch für Kosten, § 788), bei Einzelvollstreckungsmaßnahmen mit deren vollständigem Abschluß, zB durch Aufhebung einer Vollstreckungsmaßnahme des GV nach Freigabe der gepfändeten Sache (hierzu auch § 771 Rn 7). **33**

VIII) Fehlerhafte ZwV-Maßnahmen. 1) Eine ZwV-Handlung kann fehlerhaft sein, weil Vollstreckung nicht in dem vorgesehenen Verfahren (Rn 4, 6–8) erfolgt ist oder nicht das zuständige ZwV-Organ gehandelt hat (Rn 9), weil Voraussetzungen der ZwV (Rn 14–18) zu Unrecht angenommen worden sind oder ein Pfändungsverbot oder eine Pfändungsbeschränkung unbeachtet geblieben ist, schließlich auch, weil bei Durchführung der ZwV gegen eine Verfahrensvorschrift oder gegen einen allgemeinen Verfahrensgrundsatz (Rn 19 ff) verstoßen worden ist. Eine demnach fehlerhafte ZwV ist nur ausnahmsweise, nämlich bei **schwerer und offenkundiger Fehlerhaftigkeit, ohne Wirkung** (nichtig; BGH 121, 98 = NJW 93, 735 = ZZP 107 [1994] 94 m Anm Walker). Als nichtig wirkungslos sind insbes ZwV-Handlungen durch Behörden oder Beamte, die mit ZwV oder einzelnen ZwV-Verfahren überhaupt nicht befaßt sind (Beispiel: Forderungspfändung durch GV, Ausnahme: § 845 I S 2; Sachpfändung durch Vollstreckungsgericht, Pfändung durch eine **34**

ausländische Behörde) sowie eine ZwV-Handlung bei Verstoß gegen eine wesentliche Formvorschrift für deren Ausführung (zB fehlende Inbesitznahme oder Anlegung von Siegeln, § 808 I, II; Fehlen des Drittschuldnerverbots, § 829 I). Für unwirksam wird auch eine Pfändung gehalten, der kein wirksamer Titel zugrunde liegt (vgl BGH 70, 313 [317]; 103, 30 [35] = NJW 88, 1026 [1027]; 112, 356 [361] = NJW 91, 496; 114, 315 [328]; 121, 98 [dazu aber § 836 Rn 7]; RG 56, 70); ein solcher Mangel kann richtig aber nur Anfechtbarkeit begründen (Stöber Anm AP § 829 Nr 8). Die von einem zuständigen Vollstreckungsorgan in den Grenzen seiner Amtsbefugnisse vorgenommene Vollstreckungshandlung ist als staatlicher Hoheitsakt (Rn 1) grundsätzlich auch dann wirksam, wenn sie bei richtiger Sachbehandlung hätte unterbleiben müssen (Beispiele: Klausel oder Zustellung des Titels fehlen als Voraussetzungen der ZwV; der gepfändete Gegenstand wäre unpfändbar). Die Fehlerhaftigkeit führt dann lediglich dazu, daß die ZwV-Maßnahme auf **Rechtsbehelf** (ggfs auch von Amts wegen) wieder **aufzuheben** ist (BGH 30, 173 [175] = NJW 59, 1873; 66, 79 [81] = NJW 76, 851; BGH MDR 79, 922 = NJW 79, 2045; BGH Betrieb 80, 1937 = WM 80, 870). Solange die Fehlerhaftigkeit nicht durch die dafür zuständige Stelle festgestellt ist, muß die im Namen des Staates getroffene ZwV-Handlung beachtet werden (BGH 66, 79 [81] u Betrieb 80, 1937). Insbes ist die Pfändungsmaßnahme eines Vollstreckungsorgans wirksam, wenn sachliche oder förmliche Voraussetzungen nicht vorgelegen haben, bis die Maßnahme durch abändernde Entscheidung beseitigt wird und damit rückwirkend wegfällt (BGH Betrieb 80, 1937).

35 2) Wenn mit **Behebung des Mangels** die Fehlerhaftigkeit einer ZwV-Maßnahme beseitigt ist, kann sie (auch wenn mit Rechtsbehelf Anfechtung bereits erfolgt ist) nicht mehr aufgehoben werden (Heilung ex tunc; RG 125, 286 [288]; Hamm OLGZ 74, 314 = NJW 74, 1516; KG NJW-RR 88, 1406 [1407]; LG Bielefeld DGVZ 87, 9 [für Klauselerteilung gegen Erben und Zustellung erst nach Pfändung]; Stöber Rpfleger 62, 9 und FdgPfdg Rn 749). Der Schuldner und ein Dritter, auch wenn er erst nach Heilung des Mangels selbst ein Vollstreckungspfandrecht erworben hat, kann daher die fehlerhaft gewesene ZwV-Maßnahme nicht mehr anfechten. Der Gläubiger eines durch spätere Pfändung erlangten Pfandrechts (§ 804 I, III) kann durch anschließende Behebung des der vorgehenden Pfändung anhaftenden Mangels in seinen Rechten jedoch nicht beeinträchtigt werden (aA, Heilung ex tunc auch gegenüber Dritten, die nachgepfändet haben, Celle Rpfleger 54, 313; Frankfurt MDR 56, 111; Hamburg MDR 61, 329). Ein vor Behebung des Mangels wirksam gewordenes ZwV-Pfandrecht berechtigt den nachpfändenden Gläubiger daher weiterhin zur Anfechtung der fehlerhaft gewesenen ZwV-Maßnahme. Damit kann jedoch nicht Aufhebung der jetzt mangelfreien Pfändung, sondern nur Beseitigung des fehlerhaft gewesenen besserrangigen Pfandrechts erstrebt werden. Die Entscheidung über den Rechtsbehelf führt daher zu einem Rangtausch des weiterhin Anfechtungsberechtigten mit dem erstpfändenden Gläubiger (Stöber Rpfleger 1962, 9 und FdgPfdg Rn 749).

36 3) Wenn eine Voraussetzung der ZwV in unredlicher Weise herbeigeführt (zB die Bewilligung der öffentlichen Zustellung des Titels an Schuldner erschlichen) worden ist, haftet der ZwV kein vollstreckungsrechtlicher Mangel an (BGH 57, 108 = NJW 71, 2226). Der Ausnutzung einer durch **rechtsmißbräuchliches Verhalten** mit ZwV erlangten Rechtsposition (auch besseren Rangstelle) kann aber der Einwand der unzulässigen Rechtsausübung (§§ 242, 826) entgegenstehen (BGH 57, 108). Für unzulässige Rechtsausübung mit Ausnutzung einer durch ZwV erlangten Rechtsposition, wenn die Rechtsverfolgung mit den Regeln von Treu und Glauben nicht zu vereinbaren ist, gelten im übrigen gleiche Grundsätze wie für sittenwidrige Ausnutzung eines sachlich unrichtigen Urteils (BGH 53, 42 = NJW 70, 565; BGH MDR 71, 567 = NJW 71, 1751); s hierwegen vor § 322 Rn 72 ff.

37 **IX) Internationales Vollstreckungsrecht:** Die Maßnahmen der Vollstreckungsorgane auf dem Gebiet der ZwV sind Ausfluß der Staatsgewalt. ZwV auf deutschem Hoheitsgebiet findet daher nur nach deutschen Gesetzen statt. Die **Befreiung** von der deutschen Gerichtsbarkeit (§§ 18–20 GVG) hat auch für die ZwV Bedeutung (näher Vorbem und Anm zu §§ 18–20 GVG). ZwV mit **Titeln ausländischer Gerichte** kann im Bundesgebiet nur erfolgen, wenn sie für zulässig erklärt ist, sei es allgemein auf Grund von Staatsverträgen oder im Einzelfall durch Vollstreckungsurteil (§§ 722, 723). Wegen der Vollstreckung im Ausland näher Anm zu § 791.

Erster Abschnitt

ALLGEMEINE VORSCHRIFTEN

704 *[Zwangsvollstreckung und Titel]*
(1) Die Zwangsvollstreckung findet statt aus Endurteilen, die rechtskräftig oder für vorläufig vollstreckbar erklärt sind.

(2) Urteile in Ehe- und Kindschaftssachen dürfen nicht für vorläufig vollstreckbar erklärt werden. Dies gilt auch für den Ausspruch nach § 643 Abs. 1 Satz 1.

I) Vollstreckungstitel für ZwV (vor § 704 Rn 14) ist das **Endurteil** (§ 300; auch als Teilurteil, § 301, oder Vorbehaltsurteil, §§ 302, 599), wenn es formell **rechtskräftig** (§ 705) ist. Ein nicht rechtskräftiges Urteil ist als Titel ZwV-Grundlage, wenn es für **vorläufig vollstreckbar** erklärt ist. Die vorläufige Vollstreckbarkeit muß in der Urteilsformel (§§ 708, 709) oder durch Beschluß des Berufungs- oder Revisionsgerichts (§§ 534, 560) ausgesprochen sein. Ein Endurteil, das einem selbständig anfechtbaren Zwischenurteil über prozeßhindernde Einreden (§ 280) oder über den Grund des Anspruchs (§ 304) nachfolgt oder das im Nachverfahren nach einem Vorbehaltsurteil (§§ 302, 599) ergangen ist, kann vollstreckt werden, wenn es und das Zwischen- oder Vorbehaltsurteil formell rechtskräftig geworden (KG OLG 18, 387) oder für vorläufig vollstreckbar erklärt ist (KG aaO; Hamburg OLG 43, 140; auch RG 107, 330; StJ/Münzberg Rn 3a). Das gilt auch, wenn das End- oder Nachurteil ein Versäumnisurteil ist (Falkmann/Hubernagel Anm 4 gegen RG 14, 343). Urteile der Arbeitsgerichte sind gesetzlich nach Maßgabe des § 62 I (§ 64 VII) ArbGG vorläufig vollstreckbar; das gilt auch bei Verurteilung zu einer Abfindung nach §§ 9, 10 KSchG (BAG 57, 120 = BB 88, 843 mwN; dagegen Fischer BB 88, 2039). 1

II) 1) Der Urteils**inhalt** muß seiner Natur nach einer Vollstreckung fähig sein, sonach als **Leistungstitel** einen mit ZwV durchsetzbaren Anspruch des Gläubigers ausweisen (vor § 300 Rn 7). Inhalt und Umfang des Rechts auf Vollstreckung müssen bestimmt oder bestimmbar bezeichnet sein (zu den Parteien § 750 Rn 4 ff). Keine ZwV (abgesehen vom Kostenausspruch als Grundlage der Festsetzung, § 103 I) findet statt aus einem Urteil, das ein Rechtsverhältnis feststellt (§ 256) und aus einem Gestaltungsurteil (zB Auflösung einer Gesellschaft). Ein Urteil über eine unmögliche Leistung hat keinen vollstreckungsfähigen Inhalt (BGH NJW-RR 92, 450). 2

2) Der zu vollstreckende Anspruch des Gläubigers (vor § 704 Rn 3) muß sich aus der Urteils**formel** (§ 313 I Nr 4) ergeben; der übrige Urteilsinhalt kann ergänzend heranzuziehen sein (§ 313 Rn 8; StJ/Münzberg vor § 704 Rn 27; MK/Krüger Rn 8). 3

3) Den vollstreckbaren Anspruch (Art und Umfang der Handlung) muß das Urteil als Vollstreckungstitel inhaltlich **bestimmt** ausweisen (BGH 122, 16 [17]). Das ist der Fall, wenn der Titel aus sich heraus verständlich ist (Dresden JW 38, 1468) und auch für jeden Dritten erkennen läßt, was der Gläubiger vom Schuldner verlangen kann (Hamm MDR 74, 238 = NJW 74, 652 u FamRZ 88, 1307). Ein Zahlungsanspruch ist bestimmt, wenn er betragsmäßig festgelegt ist oder sich ohne weiteres errechnen läßt (BGH 88, 62 [65] = NJW 83, 2262 mN; Oldenburg Rpfleger 85, 448). Bestimmt sein müssen auch Nebenleistungen (BGH DNotZ 80, 307 [310]); Bestimmung von Zinsen auf der Grundlage des Diskontsatzes der Bundesbank genügt, BGH 22, 54 ([61]; 122, 16 [22]; s a § 794 Rn 26) und die Gegenleistung beim Zug-um-Zug-Urteil (BGH 45, 287 = NJW 66, 1755). Nicht bestimmt ist die Verpflichtung zur Leistung von Unterhalt in Höhe von einem Drittel des (jeweiligen) Nettogehalts des Schuldners (LG Berlin Rpfleger 74, 29), eines Unterhalts, der dem Betrag der „Düsseldorfer Tabelle" entspricht (Koblenz FamRZ 87, 1291) oder dessen Höhe sich allgemein nach Kriterien richtet, die auch im Einkommen und Familienstand des Schuldners liegen (AG/LG Düsseldorf DGVZ 81, 92), eines zahlenmäßig bezeichneten Unterhalts „abzüglich des jeweiligen hälftigen staatlichen Kindergelds" (Frankfurt FamRZ 81, 70), eines von dem Inhalt eines anderen Schriftstücks (BAFöG-Bescheid) abhängigen Unterhalts (Karlsruhe OLGZ 84, 341) oder sonst eines Betrags, der nur aus dem Inhalt eines anderen Schriftstücks (zB Minderung für Mängelbeseitigung) ermittelt werden kann (Nürnberg Rpflger 90, 306). Die Verurteilung, zusammen mit dem Kläger die Auseinandersetzung der BGB-Gesellschaft der Parteien durchzuführen, ist als Vollstreckungsgrundlage nicht bestimmt, weil sie nur die allgemeine Verpflichtung des § 730 I BGB darstellt, nicht aber eine konkrete Leistungspflicht (s §§ 732–735 BGB) festlegt (Hamm MDR 83, 849). Zur Bestimmtheit vollstreckbarer Urkunden s auch § 794 Rn 26. 4

4) Durch **Auslegung** muß der wahre Sinn der Urteilsformel festgestellt werden, wenn ihre Fassung zu Zweifeln Anlaß gibt (RG 147, 27 [29]; BGH NJW 67, 821 [822]; BGH 122, 16 [17 f]) Feststellung des Inhalts eines nicht klaren Vollstreckungstitels (auch eines Prozeßvergleichs, § 794 Rn 14a) durch Auslegung hat durch das Vollstreckungsorgan zu erfolgen. Für Auslegung der Urteilsformel ist Heranziehung der Urteilsgründe statthaft und geboten (BGH 122, 16 [18]; 5

Hamm OLG 26, 161 [162]; Köln NJW 85, 274 = OLGZ 84, 238). Auf andere tatsächliche oder rechtliche Umstände als gesetzliche Vorschriften darf jedoch nicht zurückgegriffen werden (Hamm OLGZ 74, 59; Köln Rpfleger 92, 527), auch bei nichtstreitigem Urteil ohne Entscheidungsgründe nicht auf den Parteivortrag (anders Köln FamRZ 92, 1446; jedoch kann durch das Vollstreckungsorgan der Inhalt des Titels nicht wie im Erkenntnisverfahren ein rechtskraftfähiger Entscheidungsinhalt [vor § 322 Rn 31] bestimmt werden). Bezugnahme auf eine nicht zum Urteilsbestandteil erhobene Urkunde verleiht dem Titel keinen vollstreckungsfähigen Inhalt (Hamburg MDR 59, 767; Nürnberg aaO; Saarbrücken OLGZ 67, 34; LG Berlin DGVZ 94, 8 [für Zug-um-Zug-Gegenleistung]), selbst wenn die zu vollstreckende Handlung unter Beiziehung eines in den Gerichtsakten befindlichen Gutachtens zu ermitteln wäre, auf das Bezug genommen ist (Hamm aaO). Nicht aus dem Titel zu klärende Unbestimmtheiten sind nicht im Vollstreckungsverfahren aufzukären, sondern gehören in ein Erkenntnisverfahren (BGH NJW 62, 109 [110]; Hamm OLGZ 74, 59 [61] u FamRZ 88, 1307). Wenn eine Urteilsformel so unbestimmt oder widerspruchsvoll ist, daß auch durch Auslegung keine mit ZwV durchsetzbare bestimmte Verpflichtung festgestellt werden kann, ist der Titel mangels eines vollstreckbaren Inhalts für die ZwV ungeeignet (Hamm MDR 83, 849). Auf Bestimmtheitszweifel, die der Schuldner durch eigene Handlung nach Titelschaffung selbst hervorgerufen hat, kann er sich nach Treu und Glauben nicht berufen (Köln JurBüro 79, 1210).

6 **5)** Ein Urteil auf **Zahlung von Bruttolohn** ist vollstreckungsfähig (BAG 15, 220 = NJW 64, 1338 u 1823 mit krit Anm Putzo; BGH BB 66, 820 = Betrieb 66, 1196; LG Berlin DGVZ 93, 27; LG Gießen NJW 61, 416 mit zust Anm Haberkorn). Beigetrieben wird aus ihm der volle Bruttolohn; bereits abgeführte Steuerbeträge (auch Sozialabgaben) sind mit den Rechtsbehelfen der ZwV geltend zu machen (Einstellung nach § 775 Nr 4 bei Vorlage der Quittung, BGH aaO; LG Berlin aaO; LG Freiburg Rpfleger 82, 347). Einziehung des Bruttolohns verpflichet den Gläubiger zur Entrichtung des Arbeitnehmeranteils an den Sozialversicherungsträger oder Erstattung an den Arbeitgeber nach Beitragszahlung durch diesen (LAG Berlin BB 91, 628 L). Ebenso ist die Verurteilung zur Zahlung eines Bruttobetrags abzüglich eines erhaltenen Nettobetrags (wegen der Differenz) vollstreckbar (Frankfurt JurBüro 90, 920 = OLGZ 90, 327; LG Lüneburg DGVZ 78, 115; AG Bln-Neukölln DGVZ 78, 29), nicht aber die Verurteilung zur Zahlung eines bestimmten Lohns „abzüglich des erhaltenen Arbeitslosengeldes" (BAG NJW 79, 2634) und nicht ein Urteil zur Zahlung eines Bruttobetrags mit der Maßgabe, daß ein (unbestimmter) pfändbarer Nettobetrag an einen Pfändungsgläubiger zu leisten ist (LAG Niedersachsen Betrieb 92, 1148 = NZA 92, 713).

7 **6)** Schuldtitel über **Lohnbruchteile** (zB „ein Drittel") und über sonst zahlenmäßig unbestimmte Ansprüche (Gehalt einer bestimmten Beamtengruppe) sind als unbestimmt nicht vollstreckbar (BGH 22, 54 = NJW 57, 23; Braunschweig FamRZ 79, 928; LG Berlin Rpfleger 74, 29).

8 **7)** Privatschriftliche **Änderungen,** die Zweifel am Inhalt (an der Identität der Parteien) aufkommen lassen, oder handschriftlich eingefügte Zusätze (zB „bezahlt", eine Büroverfügung) können geeignet sein, die Beweiskraft (§ 419) und damit die Vollstreckbarkeit des Titels zu beseitigen (LG Bremen DGVZ 82, 8). Ein Hinweis auf geänderte Vertretungsverhältnisse, der die Lesbarkeit des Originaltextes nicht berührt, schmälert die Vollstreckbarkeit des Titels nicht (LG Berlin DGVZ 73, 139).

9 **8) Zwei** für denselben Anspruch erwirkte Vollstreckungstitel bewirken keine Verdoppelung des Anspruchs; vollstreckt werden darf nur einmal (BAG 20, 72 = NJW 68, 74).

10 **9) Weitere Vollstreckungstitel** s § 794 und Anm dazu. Landesrecht: § 801.

11 **III)** Für **mehrere Gläubiger** oder **Schuldner** muß sich ihr Beteiligungs- oder Haftungsverhältnis aus dem Vollstreckungstitel ergeben. In Betracht kommen bei teilbarer Leistung Teilgläubiger/Teilschuldnerschaft nach § 420 BGB, Gesamtgläubigerschaft (Gesamtberechtigung nach § 428 BGB), Haftung als Gesamtschuldner (§ 421 BGB) und Gesamthandsverhältnis (Erbengemeinschaft, BGB-Gesellschaft, Gütergemeinschaft usw). Auch das nicht ausdrücklich bezeichnete Rechtsverhältnis des Gläubigers oder Schuldners kann durch Auslegung festgestellt werden (Rn 5); bei unteilbarer Leistung gilt im Zweifel § 431 BGB. Für samtverbindliche Haftung kann auch § 11 II GmbHG über solidarische Haftung der vor Eintragung einer GmbH handelnden Personen herangezogen werden (LG Berlin Rpfleger 79, 145). Streitgenossen (mit demselben Anwalt) sind im Zweifel Gesamtgläubiger (§ 428 BGB) eines Kostenerstattungsanspruchs (BGH Rpfleger 85, 321); desgleichen steht die Kostenforderung einer Rechtsanwaltsgemeinschaft im Zweifel jedem der namentlich bezeichneten Rechtsanwälte als Gesamtgläubiger zu (Saarbrükken Rpfleger 78, 227; LG Saarbrücken JurBüro 89, 711; anders für Bürogemeinschaft mit Steuerberater und Wirtschaftsprüfer LG Bonn Rpfleger 84, 28). Auslegungsregeln sind auch § 420 BGB (bei teilbarer Leistung Teilschuld; unzutreffende Gegenansicht LG Hamburg Rpfleger 66, 338 mit abl Anm Berner) und § 427 BGB (bei vertraglich begründeter teilbarer Leistung Gesamtschuldner, KG DGVZ 71, 71; LG Berlin MDR 77, 146; gilt auch für Auslegung eines Prozeßvergleichs, KG

MDR 89, 77 = NJW-RR 88, 1406); gegen sie lassen sich aus (späterem) Verhalten des Gläubigers im Vollstreckungsverfahren Bedenken nicht erheben (Gläubiger hat Schuldner samtverbindlich in Anspruch genommen; unrichtig daher LG Berlin aaO; oder gegen jeden Schuldner voll, somit doppelt zu vollstrecken versucht; nicht richtig daher Hamburg Rpfleger 62, 382 mit abl Anm Berner). Wenn das Haftungsverhältnis auch durch Auslegung nicht zu ermitteln ist (wohl selten), ist die ZwV aus dem Titel unzulässig, ebenso, wenn sich das Berechtigungsverhältnis nicht feststellen läßt wie zB dann, wenn an mehrere Personen als Unterhalt ein einheitlicher Betrag pauschal und ohne Aufschlüsselung nach den einzelnen Berechtigten zu zahlen ist (so für Prozeßvergleich Zweibrücken FamRZ 86, 1237). Nur ein Gläubigeranspruch ist vollstreckungsfähiger Urteils/Vergleichsinhalt (daher keine Angabe eines Berechtigungsverhältnisses), wenn Unterhalt an eine (vollstreckungsbefugte) Partei (für diese und als Prozeßstandschafter von Kindern) zu zahlen ist (Oldenburg FamRZ 90, 899).

IV) Urteile in **Ehesachen** (§ 606) und in **Kindschaftssachen** (§ 640 II) sowie die Verurteilung zur **Leistung des Regelunterhalts** im Kindschaftsprozeß (§ 643 I S 1) dürfen nicht für vorläufig vollstreckbar erklärt werden (Abs 2). Das gilt auch für klageabweisende Urteile in diesen Angelegenheiten und für den Kostenausspruch, auch bei unzulässiger Statusklage (Bremen ZZP 69 [1956] 215). Folgesachen: § 629d Rn 11. Das Urteil auf Herausgabe eines Kindes durch einen Dritten (durch Elternteil = Verfahren nach FGG, s BGH MDR 83, 820 = NJW 83, 2775) wird für vorläufig vollstreckbar erklärt (Zweibrücken MDR 75, 851 = OLGZ 75, 451). 12

V) Urteile (andere Vollstreckungstitel) der Gerichte der **ehem DDR** aus der Zeit vor dem 3. Okt 1990 (s insbes § 88 ZPO 1975) bleiben wirksam. Sie können (im gesamten Bundesgebiet) nach den Vorschriften der ZPO vollstreckt werden (Art 18 I EinigungsV). Die Umrechnung des auf Währung der ehem DDR lautenden Titels hat das Vollstreckungsorgan vorzunehmen; Umstellung auf DM im Verhältnis 2 : 1 s Art 7 § 1 der Anl I zum Staatsvertrag mit Ausnahmen in Abs 2 (nur für die nach dem 30. 6. 1990 fällig werdenden wiederkehrenden Zahlungen, auch Unterhalt, Umstellung 1 : 1; s LG Hildesheim DAVorm 91, 952; LG Konstanz Rpfleger 92, 530; BezG Gera FamRZ 92, 851; Arnold DGVZ 92, 20 [22]; Brüggemann FamRZ 92, 280; Vultejus DGVZ 91, 72; die DDR-VO v 4. 7. 1990 [Umstellung rückständigen Unterhalts 1:1] ist nichtig; LG Berlin DGVZ 92, 11; LG Konstanz u BezG Gera je aaO; Janke DtZ 94, 62; kritisch Hammermüller DtZ 93, 236). Rechtsbehelf gegen die Berechnung: § 766 (BGH 36, 11). 13

705 *[Formelle Rechtskraft]*

Die Rechtskraft der Urteile tritt vor Ablauf der für die Einlegung des zulässigen Rechtsmittels oder des zulässigen Einspruchs bestimmten Frist nicht ein. Der Eintritt der Rechtskraft wird durch rechtzeitige Einlegung des Rechtsmittels oder des Einspruchs gehemmt.

I) Formell rechtskräftig (auch äußere Rechtskraft) sind Urteile (Beschlüsse), die mit einem ordentlichen (befristeten, vgl § 19 I EGZPO) Rechtsmittel (Rechtsbehelf) nicht mehr angefochten werden können (§ 705), wenn somit jede Änderung im Rechtsmittelzug ausgeschlossen ist (RG 56, 31 [34]; BGH NJW-RR 88, 1465 u NJW 92, 2296). Wegen der materiellen Rechtskraft vor § 322. Formell rechtskräftig werden Entscheidungen, die einem befristeten Rechtsmittel oder Einspruch (§ 338) unterliegen, nämlich Urteile, Vollstreckungsbescheide (§ 700 I), Beschlüsse, die mit der sofortigen (§ 577) oder befristeten (§ 621e) Beschwerde anfechtbar sind und Entscheidungen der letzten Rechtsmittelinstanz, die ein Verfahren mit befristetem Rechtsmittel abschließen (Schmidt Rpfleger 74, 177). Ein Nachverfahren ist kein Rechtsmittel; auch das durch etwaige Aufhebung im Nachverfahren auflösend bedingte Endurteil im Urkunden- oder Wechselprozeß (§ 599 III, § 602) ist daher der äußeren Rechtskraft fähig (BGH 69, 270 = NJW 78, 43; anders Tiedemann ZZP 93 [1980] 23). Desgleichen hindern die Möglichkeit der Wiederaufnahme (§ 578) und Wiedereinsetzung (§ 233) den Eintritt der Rechtskraft nicht, somit auch nicht ein Wiedereinsetzungsgesuch (sondern erst rückwirkend die Entscheidung, welche die Wiedereinsetzung für zulässig erklärt, BGH 1, 200 [203]) und auch nicht der Antrag, für ein noch einzulegendes Rechtsmittel Prozeßkostenhilfe zu bewilligen (Stuttgart Justiz 88, 159). Auch Verfassungsbeschwerde hemmt die Rechtskraft nicht (BVerfG NJW 96, 1736). 1

II) Wirkungen der formellen Rechtskraft: 1) Endgültige Vollstreckbarkeit (§ 704 I). Weil die ZwV nicht mehr mit vorläufiger Vollstreckbarkeit erfolgt, ist eine Sicherheit zurückzugeben (§ 715) und Zugriff auf eine zur Abwendung der ZwV geleistete Sicherheit möglich (BGH 69, 270). 2

2) Unanfechtbarkeit mit Abschluß des Rechtsstreits (Verfahrens) und damit Unabänderlichkeit durch die höhere Instanz. Die Entscheidungen, die in ihrem Bestand gegenüber dem erlassenden Gericht durch §§ 318, 577 III gesichert werden (Unwiderruflichkeit), werden durch § 705 auch gegen die Einleitung oder Erneuerung eines Rechtsmittelverfahrens abgesichert. Entscheidungen, auf die §§ 318, 577 III nicht anwendbar sind (Beschlüsse, die der Anfechtung durch 3 einfache Beschwerde unterliegen), können zwar durch Erschöpfung des Beschwerdewegs, durch Verzicht auf Beschwerde oder Verwirkung des Beschwerderechts unanfechtbar werden, formelle Rechtskraft tritt aber nicht ein (Schmidt Rpfleger 74, 177 [180]; s auch StJ/Münzberg Rn 1). Sie sind, wie sich aus § 571 ergibt, nicht unabänderlich.

4 **III)** Der Zeitpunkt des **Fristablaufs** richtet sich nach der Zustellung der Entscheidung (§§ 317, 329 III, §§ 516, 552), für jeden Beteiligten gesondert. Die Zustellung erfolgt von Amts wegen (§ 270); wegen der Zustellung an eine prozeßunfähige Partei s § 171 Rn 8. Besonderheit bei Urteilsergänzung (§ 517; zur Berichtigung dort Rn 3).

5 **IV) Eintritt der Rechtskraft bei Entscheidungen: 1)** Rechtskräftig werden Entscheidungen **a) des Amtsgerichts:** Versäumnisurteile mit Ablauf der Einspruchsfrist (2 Wochen, § 339 I); zweites Versäumnisurteil (§ 345) und Versäumnisurteil im Falle des § 238 II S 2 mit Ablauf der Berufungsfrist (§§ 513, 516); Beschlüsse nach § 341 II und sonstige Entscheidungen, zB §§ 91a, 99 II, die der sofortigen (§ 577) oder der befristeten (§ 621e) Beschwerde unterliegen, mit Ablauf der Beschwerdefrist von 2 Wochen bei der sofortigen (§ 577 II), von einem Monat bei der befristeten (§ 621e III, § 516) Beschwerde; alle Endurteile – auch Urteile, bei denen unverrückbar feststeht, daß die Berufungssumme (§ 511a) nicht erreicht wird (hM KG VersR 72, 352; StJ/Münzberg Rn 3; aA Leppin MDR 75, 899) – mit Ablauf der Rechtsmittelfrist.

6 **b) des Landgerichts:** in **erster** Instanz erlassene Versäumnisurteile, zweite Versäumnisurteile, Endurteile, Entscheidungen nach § 341 II und sonstige Entscheidungen, die der sofortigen Beschwerde unterliegen: wie Entscheidungen des AG; in **zweiter** Instanz erlassene Versäumnisurteile mit Ablauf der Einspruchsfrist; Endurteile mit der Verkündung (§ 545 I), Beschwerdeentscheidungen, die nach § 568 II S 1 mit § 577 der weiteren sofortigen Beschwerde unterliegen, mit Ablauf der Beschwerdefrist; Entscheidungen in Kostensachen (§ 568 III) mit der Verkündung (Mitteilung, Zustellung, § 329).

7 **c) der Oberlandesgerichte:** Endurteile in vermögensrechtlichen wie in nichtvermögensrechtlichen Streitigkeiten und in den Familiensachen des § 621d mit Ablauf der Revisionsfrist (§ 552; Celle NJW 77, 204; Hamm MDR 80, 408 = NJW 80, 713 mwN; KG NJW 83, 2266; StJ/Münzberg Rn 3; Münzberg NJW 77, 2058; Prütting NJW 80, 361 mwN). Bis zum Ablauf der Revisionsfrist ist der Eintritt der Rechtskraft auch dann hinausgeschoben, wenn die Zulässigkeit der Revision an im konkreten Fall fehlende besondere Voraussetzungen (Zulassung oder Erreichung einer Rechtsmittelsumme, §§ 546, 621d) geknüpft ist (GemS BGH 88, 353 = NJW 84, 1027; BGH 4, 294 u MDR 90, 320 = NJW-RR 90, 323), Rechtskraft tritt auch in solchen Fällen nicht bereits mit Verkündung (Zustellung nach § 310) ein (anders für nichtvermögensrechtliche Streitigkeiten Bremen FamRZ 78, 819; Frankfurt FamRZ 77, 715 u 78, 819; Hamm NJW 78, 382; Karlsruhe FamRZ 77, 715; 78, 124; 81, 581; KG FamRZ 78, 420 u NJW 78, 1812; Saarbrücken NJW 76, 1325 L; Schleswig FamRZ 78, 610; außerdem für vermögensrechtliche Streitigkeiten Köln NJW 78, 1442 = OLGZ 78, 118). Bei Verwerfung der an sich statthaften (ohne Rücksicht auf besondere Zulässigkeitsvoraussetzungen gegebenen) und rechtzeitig eingelegten Revision tritt die Rechtskraft des Urteils erst mit der Rechtskraft der Verwerfungsentscheidung ein, nicht bereits mit dem Ablauf der Rechtsmittelfrist oder etwa folgendem Eintritt des Zulässigkeitsmangels (GemS BGH 88, 353). Besonderheiten gelten für Endurteile in Kostensachen (§ 99 II, § 567 IV), in Arrest- und einstw Verfügungsverfahren (§ 545 II) sowie über die vorzeitige Besitzeinweisung in Enteignungs- oder Umlegungsverfahren (§ 545 II): diese werden mit Verkündung rechtskräftig. Versäumnisurteile werden mit Ablauf der Einspruchsfrist rechtskräftig, zweite Versäumnisurteile mit Ablauf der Revisionsfrist (BGH MDR 79, 127), Beschlüsse nach §§ 542, 341 II, § 567 IV mit Ablauf der Beschwerdefrist, Beschlüsse in Verfahren der sofortigen Beschwerde mit Verkündung (Mitteilung, Zustellung, § 329).

8 **d)** Mit Verkündung (§ 310) werden außerdem rechtskräftig Urteile des **BGH** und des **BayObLG** (nicht aber erste Versäumnisurteile dieser Gerichte).

9 2) Unabhängig vom Ablauf der Rechtsmittelfrist tritt die Rechtskraft ein bei **beiderseitig** nach Erlaß des Urteils erklärtem **Verzicht** auf Rechtsmittel (§§ 514, 566) gegenüber dem Gericht (ist unwiderruflich und unanfechtbar, BGH FamRZ 85, 801, FamRZ 93, 694 u NJW-RR 94, 386; iü § 514 Rn 8 u 14), und zwar mit der letzten Erklärung (s Anm zu § 514). Einseitiger Rechtsmittelverzicht bewirkt Rechtskraft auch dann nicht, wenn Gegenpartei nicht beschwert ist (Karlsruhe NJW 71, 664). Wenn durch den Verzicht vor Ablauf der Rechtsmittelfrist die Rechtskraft eingetreten ist, bleibt es für den Zeitpunkt der Rechtskraft gleichgültig, wann das entgegen dem Verzicht eingelegte Rechtsmittel verworfen wird, in den übrigen Fällen hemmt jedoch das dem Verzicht zuwider, aber rechtzeitig eingelegte Rechtsmittel die Rechtskraft der angefochtenen Entscheidung bis zur Rechtskraft der das Rechtsmittel verwerfenden Entscheidung (StJ/Münzberg Rn 9). Beim Einspruch genügt (einseitiger) Verzicht der säumig gewesenen Partei.

10 3) Durch **Zurücknahme eines Rechtsmittels** wird die Rechtskraft nur herbeigeführt, wenn sie **nach** Ablauf der Rechtsmittelfrist erfolgt, sonst ist bis zu ihrem Ablauf die erneute Einlegung

möglich. Die Rechtskraft tritt bei Zurücknahme nach Ablauf der Rechtsmittelfrist im Zeitpunkt der Rücknahme ein, nicht schon mit Ablauf der Rechtsmittelfrist (KG JZ 52, 424 mit abl Anm Bötticher; Oldenburg MDR 54, 367; StJ/Münzberg Rdn 10). Der Beschluß nach § 515 III ist für den Eintritt der Rechtskraft und seinen Zeitpunkt ohne Bedeutung.

V) Teilrechtskraft: Eine teilweise Anfechtung (auch wenn das Urteil mehrere prozessuale Ansprüche zum Gegenstand hat) hemmt zunächst die Rechtskraft des ganzen Urteils (BGH 7, 143 = NJW 52, 1295 u 54, 283 = NJW 73, 11; BGH MDR 88, 1033 = NJW 89, 170; BGH NJW 94, 657 [659]; München NJW 66, 1082; anders Grunsky NJW 66, 1393), auch wenn das Urteil im übrigen mangels Beschwer von der insoweit obsiegenden Partei nicht angefochten werden kann (BGH MDR 92, 1083 = NJW 92, 2296 u NJW 94, 657 [659]); zur vorläufigen Vollstreckbarkeit §§ 534, 560. Teilrechtskraft tritt insoweit ein, sobald der Gegner sich dem Rechtsmittel nicht mehr anschließen kann (StJ/Münzberg Rn 5), di in der Berufungsinstanz mit dem Schluß der letzten mündl Verhandlung (RG 56, 31 [34], in der Revisionsinstanz mit Ablauf der Frist des § 556 I (BGH NJW 94, 657), oder wenn im übrigen (eindeutig) auf Rechtsmittel verzichtet ist (BGH NJW 89, 170 u NJW 92, 2296). Dazu ist das Rechtsmittel auszulegen (RG JW 27, 845). Vorbehalt der Erweiterung der Rechtsmittelanträge (BGH 7, 143) oder auch Ankündigung nur beschränkter Rechtsmittelanträge (BGH NJW 58, 343; BGH LM § 318 Nr 2) schließt Annahme eines teilweisen Rechtsmittelverzichts jedoch aus; ein nur materiell-rechtlicher Anspruchsverzicht steht einem (Teil-) Rechtsmittelverzicht nicht gleich (BGH MDR 88, 1033). Rechtskraft nur im Verhältnis zu einem nicht notwendigen Streitgenossen (§ 61 Rn 9) tritt selbständig ein, wird somit durch ein Rechtsmittel nur eines Streitgenossen (oder gegen nur einen von ihnen) nicht gehemmt (kein Fall der Teilrechtskraft, Karlsruhe OLGZ 89, 77). Zu Scheidungsausspruch und Folgesachen § 629a Rn 22 u § 629d Rn 3 ff. 11

706 *[Notfrist- und Rechtskraftzeugnis]*

(1) Zeugnisse über die Rechtskraft der Urteile sind auf Grund der Prozeßakten von der Geschäftsstelle des Gerichts des ersten Rechtszuges und, solange der Rechtsstreit in einem höheren Rechtszuge anhängig ist, von der Geschäftsstelle des Gerichts dieses Rechtszuges zu erteilen.

(2) Insoweit die Erteilung des Zeugnisses davon abhängt, daß gegen das Urteil ein Rechtsmittel nicht eingelegt ist, genügt ein Zeugnis der Geschäftsstelle des für das Rechtsmittel zuständigen Gerichts, daß bis zum Ablauf der Notfrist eine Rechtsmittelschrift nicht eingereicht sei. Eines Zeugnisses der Geschäftsstelle des Revisionsgerichts, daß eine Revisionsschrift nach § 566a nicht eingereicht sei, bedarf es nicht.

I) Rechtskraftzeugnis (Abs 1). 1) § 706 gilt für Urteile, Vollstreckungsbescheide und Beschlüsse, die der formellen Rechtskraft fähig sind (§ 705 Rn 1; RG 25, 392), nicht dagegen für Vergleiche. Die Rechtskraft des Urteils ist (auf Antrag) gesondert auch auf dem Kostenfestsetzungsbeschluß zu bescheinigen, der auf Grund des nur vorläufig vollstreckbar gewesenen Urteils erlassen wurde (Frankfurt MDR 56, 361). 1

2) a) Zweck: Das Rechtskraftzeugnis dient zum Nachweis der (formellen) Rechtskraft (zB zur ZwV, § 704 I; in Fällen der §§ 586, 715; in Fällen des materiellen Rechts). Beweiswirkung: § 418. Das Zeugnis hat nur formelle Bedeutung; es entfaltet keine Bindung der Parteien im Sinne einer rechtskräftigen Feststellung, ob und wann das Urteil rechtskräftig geworden ist (BGH 31, 388 [391] = NJW 60, 671; BGH FamRZ 71, 635). Zur Durchführung der ZwV ist das Zeugnis nicht erforderlich; diese erfolgt mit vollstreckbarer Ausfertigung (§ 724 I). 2

b) Antrag: Erteilt wird das Rechtskraftzeugnis nur auf Antrag (BGH 31, 388). Antragsberechtigt sind die Prozeßparteien, auch die Streithelfer (BGH aaO). Ein unbeteiligter Dritter hat kein Antragsrecht, auch wenn er das Urteil in Händen hat (die Erteilung des Zeugnisses gehört zum Prozeßverfahren; so auch MK/Krüger Rn 2; anders StJ/Münzberg Rn 11; BL/Hartmann Rn 7). Der Antrag kann formlos (auch mündlich) gestellt werden. Anwaltszwang besteht nicht (§ 78 III). 3

c) Zuständig für die Erteilung ist der Urkundsbeamte des Gerichts 1. Instanz. Durch den Urkundsbeamten des Gerichts der höheren Instanz wird das Zeugnis erteilt, solange der Rechtsstreit dort anhängig ist. Für Erteilung eines Teilrechtskraftzeugnisses nur über den Scheidungsausspruch ist der Urkundsbeamte des Rechtsmittelgerichts auch dann zuständig, wenn sich bei ihm die Akten nach Einlegung eines Rechtsmittels wegen einer Folgesache befinden (KG FamRZ 79, 530, 727 u 89, 1206; München FamRZ 79, 444 u 942). Die Zuständigkeit der Geschäftsstelle des Rechtsmittelgerichts beginnt mit Einreichung einer Rechtsmittelschrift, nicht schon mit Einreichung nur eines Prozeßkostenhilfegesuchs (BGH Rpfleger 56, 97 mit zust Anm Lappe). Anhängig 4 ist vom Standpunkt der Geschäftsstelle zu verstehen, die mit der Bearbeitung der Sache im Rechtsmittelzug bis zur Rücksendung der Akten auch noch befaßt bleibt, wenn das Rechtsmittelgericht seine rechtsprechende Tätigkeit bereits abgeschlossen hat oder das Rechtsmittel zurückgenommen ist (BGH aaO).

5 **d)** Der Urkundsbeamte **prüft** die formelle Rechtskraft der Entscheidung. Ein Rechtsschutzinteresse ist nicht zu prüfen, somit auch nicht, zu welchem Zweck der Antragsteller das Zeugnis benötigt (BGH 31, 388; München FamRZ 85, 502). Grundlage der Prüfung sind die Prozeßakten; Nachweise, die sich aus ihnen nicht ergeben (Zustellungsnachweis, Notfristzeugnis; Celle NdsRpfl 79, 49) hat der Antragsteller beizubringen. Wenn ein Rechtsmittel (Einspruch) nicht statthaft ist, ist das Zeugnis ohne weiteres zu erteilen. Ist ein Rechtsmittel (Einspruch) statthaft, so ist vor Erteilung des Zeugnisses der Eintritt der formellen Rechtskraft (Anm zu § 705) festzustellen. Ein in der Notfrist eingereichtes statthaftes Rechtsmittel (Einspruch) ist nicht daraufhin zu überprüfen, ob es zulässig ist (zu den Begriffen vor § 511 Rn 4); Rechtsmittel (Einspruch) nach Ablauf der Notfrist hindert die Erteilung des Zeugnisses nicht. Bei Rechtskraft eines Vorbehaltsurteils ist das Zeugnis zu erteilen, auch wenn das Nachverfahren noch anhängig ist (§ 705 Rn 1); letzteres kann im Zeugnis vermerkt werden.

6 **e) Form:** Das Rechtskraftzeugnis wird dem Antragsteller ausgehändigt; es wird auf der vorgelegten Entscheidungsausfertigung angebracht und ist vom Urkundsbeamten zu unterzeichnen. Wortlaut: Vorstehendes Urteil ist rechtskräftig.
. . ., den . . . . . . Urkundsbeamter der Geschäftsstelle.

Bei Urteilen in Ehe- und Kindschaftssachen ist der Tag des Eintritts der Rechtskraft zu vermerken. Bei Entscheidungen über den Versorgungsausgleich ist Angabe des Datums der Rechtskraft üblich oder (wenn ein Ehegatte bereits rentenberechtigt ist) geboten (KG FamRZ 93, 1221). Das Zeugnis kann auch als selbständige Bescheinigung (ohne Verbindung mit der Urteilsausfertigung) ausgestellt werden. In den Akten wird die Erteilung des Zeugnisses vermerkt. Zu unterscheiden von diesem Aktenvermerk und von dem Rechtskraftzeugnis ist der **Rechtskraftvermerk zu den Akten** nach § 7 Nr 1 AktO. Demnach hat der zuständige Beamte, sobald die Rechtskraft einer Entscheidung bei den Akten nachgewiesen ist, die Entscheidung am Kopf mit dem Vermerk „Rechtskräftig" zu versehen; Unterschrift, Amtsbezeichnung und Datum der Niederschrift des Vermerks sind beizufügen. In Ehe- und Kindschaftssachen (ggfs auch bei einer Versorgungsausgleichssache) ist auch der Tag anzugeben, an dem die Rechtskraft eingetreten ist („Rechtskräftig seit . . .").

7 **3)** Bei **Teilrechtskraft** (§ 705 Rn 11) ist ein entsprechend beschränktes Rechtskraftzeugnis zu erteilen (Karlsruhe Justiz 71, 59; Lappe Rpfleger 56, 4), nicht aber, solange eine Anschlußrevision möglich ist (Karlsruhe MDR 83, 676). (Teil-)Rechtskraftzeugnis nur für den Scheidungsausspruch des Verbundurteils ist zu erteilen, wenn er mit beiderseitigem Rechtsmittelverzicht (§ 629a Rn 39a), durch Verstreichen der in § 629a III vorgesehenen Fristen oder auf andere Weise (§ 629d Rn 7) rechtskräftig geworden ist (Frankfurt FamRZ 85, 821; Karlsruhe NJW 79, 1211; KG FamRZ 79, 530 u 727; München FamRZ 79, 444 u 85, 502).

8 **II) Notfristzeugnis (Abs 2). 1) a) Zweck:** Es dient (regelmäßig für Erteilung des Rechtskraftzeugnisses) als Nachweis dafür, daß gegen das Urteil (einen Beschluß) bis zum Ablauf der Notfrist eine Rechtsmittelschrift (ein Einspruch) nicht eingelegt ist. Das Rechtskraftzeugnis ersetzt es nicht. Ist nach der Art des Urteils (Beschlusses) ein Rechtsmittel (Einspruch) ausgeschlossen, so kann ein Notfristzeugnis nicht verlangt werden (RG 108, 349), ebenso, wenn die Geschäftsstelle zugleich das Rechtskraftzeugnis zu erteilen hat oder wenn sie den fruchtlosen Ablauf der Notfrist sicher übersehen kann, zB weil nach Ablauf der Notfrist mehrere Wochen verstrichen sind, ohne daß das Rechtsmittelgericht die Akten eingefordert hat (vgl Lappe Rpfleger 58, 104). Da die Geschäftsstelle des Revisionsgerichts von der Einlegung der Sprungrevision der Geschäftsstelle des Landgerichts innerhalb 24 Stunden Nachricht zu geben hat (§ 566a VII), bedarf es in diesem Fall keines Notfristzeugnisses (Abs 2 S 2). Weil der Beweis der Unrichtigkeit zulässig ist (§ 418 II), muß es der Geschäftsstelle auch erlaubt sein, ein unzulässig erteiltes (oder gewordenes) Zeugnis zurückzurufen (zB durch Rückforderung; Verständigung der für Erteilung des Rechtskraftzeugnisses zuständigen Geschäftsstelle).

9 **b) Antrag:** Wie Rn 3; kein Anwaltszwang (§ 78 III).

10 **c) Zuständig** ist der Urkundsbeamte der Geschäftsstelle des für das Rechtsmittel (den Einspruch) zuständigen Gerichts.

11 **d)** Der Urkundsbeamte **prüft,** daß bis zum Ablauf der Notfrist (im Zweifelsfall bis zur Ausstellung des Zeugnisses) keine Rechtsmittelschrift (kein Einspruch) eingereicht ist. Das erfordert auch Prüfung, daß den verschiedenen Abteilungen der Geschäftsstelle (zB Zivilkammer und Kammer für Handelssachen) keine Rechtsmittelschrift vorliegt (KG OLG 22, 357). Erleichterung des Geschäftsgangs und Sicherheit hierfür ermöglicht § 39 Nr 1 AktO mit Bildung einer besonde-

ren Abteilung der Geschäftsstelle. Den nicht aktenkundigen Beginn der Notfrist hat der Antragsteller zu belegen. Wirksamkeit der Zustellung und damit Ablauf der Rechtsmittelfrist sowie Statthaftigkeit eines Rechtsmittels (Einspruchs) sind vom Urkundsbeamten nicht zu prüfen, weil er der Entscheidung der unteren Instanz bei Erteilung des Rechtskraftzeugnisses nicht vorgreifen kann. Nicht zu prüfen ist außerdem, ob Wiedereinsetzung (§ 233) beantragt ist; wenn Wiedereinsetzung erteilt ist, kann das Zeugnis aber nicht ausgestellt werden. Desgleichen ist die Verlängerung der Beschwerdefrist nach § 577 II S 3 (wenn Erfordernisse der Nichtigkeits- oder Restitutionsklage vorliegen) nicht zu prüfen, das Zeugnis bei Einlegung eines Rechtsmittels in dieser Frist aber nicht mehr zu erteilen.

e) Form: Das Zeugnis wird als Bescheinigung des Urkundsbeamten erteilt; es kann auf die Entscheidung gesetzt werden (nicht zweckmäßig). Der Inhalt des Zeugnisses muß nicht rundweg den gesetzlichen Wortlaut wiedergeben. Den angenommenen Tag des Ablaufs der Notfrist hat es zu bezeichnen; im Zweifelsfall ist zu bescheinigen, „daß bis zum Tag der Ausstellung des Zeugnisses keine Rechtsmittelschrift (kein Einspruch) (gegen die zu nennende Entscheidung) eingereicht ist". Ein nach Ablauf der Notfrist eingereichtes Rechtsmittel (Einspruch) ist unter Angabe des Tages des Eingangs zu vermerken. Das Zeugnis ist vom Urkundsbeamten unter Tagesangabe zu unterzeichnen. Es ist dem Antragsteller portofrei zu übersenden (RG 131, 151). 12

2) Bei **teilweiser Anfechtung** des Urteils ist Erteilung eines Teil-Notfristzeugnisses (über den nicht angefochtenen Teil) unzulässig (Lappe Rpfleger 56, 4). Für das (selbständige) Verfahren eines nicht notwendigen Streitgenossen ist das Notfristzeugnis gesondert zu erteilen, wenn nur durch oder nur gegen den anderen Streitgenossen ein Rechtsmittel eingelegt ist (Karlsruhe JurBüro 88, 1571 = OLGZ 89, 77; aA MK/Krüger Rn 8; zur Rechtskraft in diesem Fall § 705 Rn 11). 13

3) Wenn ein Rechtsmittel eingelegt und dann wieder **zurückgenommen** worden ist, kann ein Notfristzeugnis nicht erteilt werden; dann ist auch nicht die Rücknahme des Rechtsmittels zu bescheinigen. Die Wirksamkeit der Zurücknahme des Rechtsmittels für Eintritt der Rechtskraft ist bei der Erteilung des Rechtskraftzeugnisses zu prüfen, nicht aber von dem Urkundsbeamten des für das Rechtsmittel zuständigen Gerichts zu bescheinigen. Wenn das Rechtsmittel vor Ablauf der Einlegungsfrist zurückgenommen wurde (führt Rechtskraft nicht herbei; s § 515 Rn 23), ist aber ein Notfristzeugnis mit dem Inhalt zu erteilen, daß keine weitere Rechtsmittelschrift (oder auch nach Zurücknahme in der Frist nicht erneut eine Rechtsmittelschrift) eingereicht worden ist. 14

III) Rechtsbehelfe: Gegen **Versagung** des Rechtskraft- oder Notfristzeugnisses: Anrufung des Prozeßgerichts nach § 576 I (kein Anwaltszwang, RG 66, 202); gegen dessen ablehnende Entscheidung einfache Beschwerde (§ 567; RG 42, 421; Bamberg FamRZ 83, 519; Hamm NJW-RR 93, 511); keine weitere Beschwerde (Hamm aaO). Gegen die **Erteilung** des Zeugnisses: Anrufung des Prozeßgerichts durch den Gegner (§ 576); die Bestätigung durch das Gericht ist unanfechtbar (RG 98, 389), und zwar auch in Ehesachen (Bamberg FamRZ 83, 519; aA Stuttgart Justiz 79, 384). Hebt das Gericht das Zeugnis auf: einfache Beschwerde des Antragstellers, weil Versagung (Celle FamRZ 78, 920). Nach späterer Erteilung des Zeugnisses ist eine Beschwerde gegen die Verweigerung für erledigt zu erklären (Hamburg FamRZ 79, 532; anders StJ/Münzberg Rn 12: Hauptsache [Zeugniserteilung] ist für erledigt zu erklären). Fehlerhafte Bescheinigung der Zeit der Rechtskraft und Ablehnung des Antrags auf Änderung des bescheinigten (Rn 6) Rechtskraftdatums sind wie Versagung des Zeugnisses anfechtbar (KG FamRZ 93, 1221). 15

IV) Gebühren: 1) des **Gerichts:** Keine (§ 1 I GKG). – **2)** des **Anwalts:** Beim Prozeßbevollmächtigten mit der Prozeßgebühr abgegolten. Für den die Zwangsvollstreckung betreibenden RA: § 58 II Nr 1 BRAGO. 16

707 *[Einstellung bei Wiedereinsetzung und Wiederaufnahme]*

(1) Wird die Wiedereinsetzung in den vorigen Stand oder eine Wiederaufnahme des Verfahrens beantragt oder wird der Rechtsstreit nach der Verkündung eines Vorbehaltsurteils fortgesetzt, so kann das Gericht auf Antrag anordnen, daß die Zwangsvollstreckung gegen oder ohne Sicherheitsleistung einstweilen eingestellt werde oder nur gegen Sicherheitsleistung stattfinde und daß die Vollstreckungsmaßregeln gegen Sicherheitsleistung aufzuheben seien. Die Einstellung der Zwangsvollstreckung ohne Sicherheitsleistung ist nur zulässig, wenn glaubhaft gemacht wird, daß der Schuldner zur Sicherheitsleistung nicht in der Lage ist und die Vollstreckung einen nicht zu ersetzenden Nachteil bringen würde.

(2) Die Entscheidung kann ohne mündliche Verhandlung ergehen. Eine Anfechtung des Beschlusses findet nicht statt.

Lit: *Vogg,* Einstweiliger Rechtsschutz und vorläufige Vollstreckbarkeit, 1991.

1 **I) Grundgedanke.** Dem Schuldner stehen keine materiellen Abwehrrechte gegen den Gläubiger zu, wenn dieser aus einem vorläufig vollstreckbaren Urteil vorgeht. Er kann sich dagegen insbesondere nicht mit einer einstweiligen Verfügung wehren (BGH LM § 719 ZPO Nr 14; sa Rn 5; ausführlich Vogg, aaO). Die Interessenabgrenzung ist deshalb durch § 707 (und § 719) geregelt worden.

2 **II) Anwendungsbereich.** Außer den in I 1 genannten Fällen (§§ 233, 578, 302, 600) noch durch Bezugnahme in §§ 700 (VB); 719 (Rechtsmittel, Einspruch); 769 (Vollstreckungsgegenklage); 924 III, 936 (Arrest u einstweilige Verfügung, s § 924 Rn 13); 1042c (Schiedsspruch); 1044a (Schiedsvergleich). Zur Einstellung der Vollstreckung aus einer **einstweiligen Anordnung** s § 719 Rn 1 aE und hier Rn 3.

3 1) **Entsprechend anzuwenden** auf Prozeßvergleich einschließlich des Streits über seine Wirksamkeit (BGHZ 28, 175) und Zwischenvergleich (Hamm FamRZ 85, 306); in Baulandsachen gegen Besitzeinweisung (Celle NJW 74, 2290; Zweibrücken OLGZ 73, 255); bei Ergänzungsanträgen nach § 321 (LG Hannover MDR 80, 408); bei leugnender Feststellungsklage nach einstweiliger Unterhaltsanordnung (str, Frankfurt FamRZ 90, 767 im Anschluß an Hamburg NJW-RR 90, 7 = FamRZ 89, 888 für den der negativen Feststellungsklage gleichstehenden Klageabweisungsantrag des Unterhaltungsschuldners im Rahmen der Hauptsache-Leistungsklage des Gl; aA Hamburg FamRZ 96, 745; Düsseldorf FamRZ 93, 816: § 769; Stuttgart FamRZ 92, 203: § 769, keine Stellungnahme zur Beschwerdefrist; Hamburg (2 WF) FamRZ 90, 1379 und (12 WF) NJW-RR 90, 394 = FamRZ 90, 431 unter Aufgabe von FamRZ 89, 888: § 769 entsprechend und hiergegen dann einfache Beschwerde; (15 WF) FamRZ 90, 431: § 769 entsprechend und hiergegen sofortige Beschwerde nach § 793; s auch § 719 Rn 1; § 620 f Rn 15a).

4 2) **Unanwendbar** bei rechtskraftdurchbrechender Klage aus § 826 BGB (München NJW 76, 1748; aber einstweilige Verfügung möglich: RGZ 61, 359); bei Abänderungsklagen gem § 323 (aber § 769 anwendbar: BGH LM § 323 Nr 1); bei Anfechtungsklagen nach Anerkennung der Vaterschaft (Saarbrücken DAVorm 85, 155); bei Vollstreckung aus dem KFB eines Verfügungsverfahrens trotz anhängiger Hauptsache, wenn gegen die einstweilige Verfügung kein Widerspruch eingelegt worden ist (Karlsruhe Justiz 73, 321).

5 3) **Konkurrenzen.** Neben § 707 ist § 765a anwendbar (Schuschke I Rn 4). Für eine einstweilige Verfügung ist das Rechtsschutzbedürfnis nur gegeben, wenn § 707 unanwendbar ist oder Einstellung abgelehnt wird, zB bei Klage auf Feststellung des Inhalts einer Vollstreckungsurkunde (KG NJW 58, 873; sa Rn 1, 4). **Zeitlich** ist § 707 nur anwendbar bis zur Beendigung der Zwangsvollstreckung; Unterbrechung (§ 249) schließt Schutzanträge nicht aus (Bamberg NJW-RR 89, 576).

6 **III) Ausschließlich zuständig** das Gericht der Hauptsache (Karlsruhe MDR 88, 975), also bei Urteil des Einzelrichters dieser (Schleswig SchlHA 75, 63), ggf auch das Rechtsmittelgericht (Hamm FamRZ 85, 306, 307). Die Zuständigkeit besteht auch in der Zwischeninstanz fort, reicht also über die Urteilsverkündung hinaus bis zur Einlegung eines Rechtsmittels (Hamm aaO). Bei Revision im Urkundenprozeß gegen Vorbehaltsurteil bleibt Einstellungszuständigkeit des LG im Nachverfahren unberührt (Nürnberg NJW 82, 392).

7 **IV)** Die **Ermessensentscheidung** („kann" in Abs 1) muß die Parteiinteressen abwägen (Schneider MDR 73, 356); formularmäßige Einstellung ist gesetzwidrig. Immer ist zu beachten:

8 1) Bei unzulässigem Hauptantrag ist der Einstellungsantrag zwar zulässig, idR mangels Erfolgsaussichten des Hauptantrags aber unbegründet (MK/Krüger Rn 8; sa BGHZ 8, 49).

9 2) Sachliche Erfolgsaussicht darf nicht fehlen (Bamberg NJW–RR 89, 576), weshalb immer Begründung abzuwarten ist (Schneider MDR 73, 358). **Beweisantizipation** zulässig (§ 719 Rn 3).

10 3) Bei Abwägung der wirtschaftlichen Auswirkungen (KG FamRZ 78, 413) haben die Gläubigerinteressen im Zweifel Vorrang (Köln OLGZ 79, 113). Wo ohnehin nur gegen Sicherheitsleistung vollstreckt werden darf, ist das Risiko der vorläufigen Zahlung entsprechend dem Gesetzeszweck der §§ 708, 712 dem Schuldner auferlegt worden (s Rn 12), der es auch in höherer Instanz tragen und damit auch für die Avalprovision der Sicherheitsleistung, um die es letztlich fast immer geht, aufkommen muß (Köln MDR 75, 850; Braunschweig NJW 74, 2138). Wenn noch Klärung geboten erscheint, kommt auch Einstellung bis zur besseren Prüfung in Betracht; dann auch vorübergehend ohne Anhörung des Gegners (Celle MDR 70, 243). Entsprechend ist das Gericht in der Auswahl zulässiger Anordnungen frei; es muß sich jedoch im Rahmen des Antrags halten (Braunschweig NJW 74, 2138). Spätere bessere Einsicht rechtfertigt Abänderung, wenn sie beantragt wird; Beschwerde kann in Antrag umgedeutet werden (KG MDR 79, 679). Jeder neue Antrag gibt dem Gericht Entscheidungsfreiheit, so daß Veränderung der Sachlage nicht zu fordern ist. Nachträgliche Gehörsgewährung ist allerdings immer Sachverhaltsänderung, wenn Schuldner sich äußert (Celle MDR 70, 243).

V) Sicherheitsleistung (§§ 108 ff; ausgeschlossen im Arbeitsgerichtsverfahren, § 62 I 3 ArbGG; Vogg, aaO § 10; Schuschke I Rn 14; aA LAG Düsseldorf JurBüro 92, 499) ist regelmäßig Voraussetzung der drei möglichen Maßnahmen nach § 707 I 1. 11

1) Einstweilige Einstellung. a) Gegen **Sicherheitsleistung** des Schuldners, wozu regelmäßig kein Anlaß besteht, wenn Gläubiger ohnehin nur gegen Sicherheitsleistung vollstrecken darf (Schleswig SchlHA 76, 184; Bamberg NJW-RR 89, 576; Hamburg MDR 90, 931, das jedoch bei verfahrensfehlerhaft ergangenen Urteilen eine Ausnahme zuläßt; Köln ZIP 94, 1053; enger Frankfurt NJW 76, 2137; abl Celle MDR 87, 505; Hamburg ZMR 90, 17 = MDR 90, 161). Mit vom Gläubiger bereits gepfändeten Vermögensgegenständen kann Schuldner Sicherheit nicht erbringen; dies kann aber für die Höhenbemessung berücksichtigt werden (Celle NJW 59, 2268; Schleswig SchlHA 69, 121). 12

b) Ohne Sicherheitsleistung nur unter den engen Voraussetzungen des Abs 1 S 2. Schuldner muß glaubhaft machen (§ 294), daß er die Sicherheit nicht aufbringen kann, wofür die nachgewiesene Weigerung einer Bank, Bürgschaft zu stellen, alleine nicht ausreicht (Hamm OLGR 95, 167) **und** ihm ein nicht zu ersetzender Vollstreckungsnachteil droht. Unersetzbar ist nur, was nicht mehr rückgängig gemacht oder ausgeglichen werden kann. LAG Düsseldorf (LAGE ArbGG § 62 Nr 13) läßt es genügen, daß wegen Vermögenslosigkeit des Arbeitnehmers mit einer Rückzahlung der beigetriebenen Forderung nicht zu rechnen ist. Die ordentliche Gerichtsbarkeit ist strenger. Danach genügen bloße finanzielle Nachteile nicht, solange sie nicht mit irreparablen Folgeschäden verbunden sind, wie zB Verlust der Existenzgrundlage, nicht aber drohender Konkurs (Köln ZIP 94, 1053), zB einer reinen BeteiligungsAG (Frankfurt MDR 82, 239) oder einer GmbH in Liquidation (BGH KTS 93, 414; Frankfurt JurBüro 85, 782). Einschlägige Fälle sind äußerst selten; Gläubigerschutz verlangt strenge und sorgfältige Prüfung. Der unersetzliche Nachteil muß gerade durch die Vollstreckung ausgelöst werden (Celle OLGZ 69, 458). Möglicher Zwang zur Abgabe der Offenbarungsversicherung genügt nicht (BGH LM § 109 ZPO Nr 1), auch nicht Unmöglichkeit der Rückgängigmachung eines durchgesetzten Beschäftigungsanspruchs (LAG Berlin DB 80, 2448; s dazu Berkowsky BB 81, 1038) oder daß der Schuldner arbeitsloser Ausländer ist (LAG Bremen MDR 83, 171), erst recht nicht materiellrechtliche Bedenken gegen den Titel (Celle MDR 53, 57; anders wegen Ausnahmeregelung bei § 719 I 2, s Düsseldorf MDR 80, 676). Regelmäßige Vollstreckungsfolgen müssen grundsätzlich hingenommen werden (Köln OLGZ 79, 113). Hamm (FamRZ 96, 113) läßt es ausreichen, wenn wahrscheinlich ist, daß vom Unterhaltsgläubiger gepfändete Beträge unwiederbringlich sind (aA Hamm OLGR 95, 166). Auf den „nicht zu ersetzenden Nachteil“ wird auch abgestellt in § 712 I 1 (s dort Rn 1, 2) und § 719 II 2 (s dort Rn 6). 13

2) Vollstreckung gegen Sicherheitsleistung dann, wenn Gläubiger sie nicht schon kraft Urteils erbringen muß oder die angeordnete Sicherheitsleistung zu gering ist (RGZ 27, 364). 14

3) Aufhebung von Vollstreckungsmaßregeln nur gegen Sicherheitsleistung zulässig. Dem Gläubiger muß voller Ersatz für den Wegfall bereits erlangter Rechte gewährleistet werden. Keine Aufhebung vorgesehen in Art 38 III EuGVÜ (BGH WPM 83, 420). 15

4) Teilweise Einstellung ist dem Gericht erlaubt und dann hinsichtlich der Sicherheitsleistung nach den Grundsätzen für volle Einstellung zu behandeln. Ausschlaggebend ist die Sicherung des Einstellungsteils des Streitgegenstandes. Entsprechende Entscheidung dann angebracht, wenn nur teilweise Erfolgsaussicht besteht (Schneider MDR 73, 358 zu 4). 16

5) Eine **vollzogene Pfändung** kann in Ausnahmefällen den Gläubiger bereits so gesichert haben, daß Sicherheitsanordnung zur Übersicherung führen würde. Dann liegt kein Fall des § 707 I 2 vor, so daß ohne dessen Voraussetzungen Einstellung ohne Sicherheitsleistung erlaubt ist. Dieser Ausnahmefall wird jedoch nur dann angenommen werden können, wenn die bereits erlangte hinreichende Sicherheit des Gläubigers eindeutig feststeht! 17

VI) Verfahren. Mündliche Verhandlung steht frei (II 1), wird jedoch nie angeordnet. Gegner ist grundsätzlich zu hören (BVerfGE 34, 346). Ist dies wegen Eilbedürftigkeit untunlich, muß Gehör nachgeholt und gfls die vorläufige Einstellung abgeändert werden (Köln NJW-RR 88, 1467; Celle MDR 86, 63; Hamm FamRZ 85, 306, 307; Schneider MDR 73, 357). 18

1) Entscheidung durch Beschluß, der zu begründen ist, wenn ohne Sicherheitsleistung eingestellt wird. Keine Kostenentscheidung (Frankfurt AnwBl 78, 425), es sei denn, mündl Verhandlung war angeordnet (s § 719 Rn 10) und im Beschwerdeverfahren (s § 769 Rn 11). Verlautbarung nach §§ 329 II, 707 II 2 durch formlose Mitteilung; bei Ablehnung ohne Anhörung des Gläubigers nur an Schuldner. 19

2) Einstellungswirkung besteht in der Beseitigung der Vollstreckbarkeit einschließlich der Kostenfestsetzung aus einem Urteil und ist von den Vollstreckungsorganen sowie vom Drittschuldner zu beachten, der nicht mehr leisten darf. Vollstreckbare Ausfertigung darf jedoch weiterhin erteilt werden, wobei Einstellung zweckmäßigerweise in der Klausel zu erwähnen ist. 20

Vollzug nach §§ 775 Nr 1, 2, 776. Spätere Entscheidung zur Hauptsache macht den Einstellungsbeschluß hinfällig, und zwar endgültig, so daß Aufhebung der Hauptsacheentscheidung ihn nicht wieder aufleben läßt.

21 3) Die **Sicherheitsleistung** haftet für Hauptsache, Zinsen, Kosten und für Schäden infolge Vollstreckungsverzögerung, wenn es beim Obsiegen der Hauptsache bleibt. Gestellung der Sicherheit nicht mit denjenigen Vermögensgegenständen möglich, die Gläubiger bereits gepfändet hat (Rn 12).

22 4) **Beschwerde** ist ausgeschlossen (II 2), aber wegen der Abänderungsbefugnis (Rn 18) immer als Änderungsantrag zu deuten. Des weiteren ausnahmsweise sofortige Beschwerde bei „greifbarer Gesetzeswidrigkeit" (München OLGR 95, 177; Hamburg WuM 93, 466; Karlsruhe MDR 93, 798; Zweibrücken JurBüro 87, 298; Köln NJW-RR 88, 1467; Saarbrücken DAVorm 88, 1042; Schneider MDR 80, 529; 85, 547; 87, 64; Künkel MDR 89, 309 II 1; ablehnend Spangenberg DAVorm 86, 289; enger Düsseldorf JurBüro 89, 863 mit Hinweis auf BGH NJW 88, 49 [zu § 567]; s auch § 567 Rn 41), zB bei Mitwirkung eines unzuständigen Richters (Frankfurt MDR 88, 63) oder bei Einstellung ohne Antrag (Hamm FamRZ 90, 1267). Verfahrensfehler sind nicht gleich Verkennung des Geltungsbereichs des § 707, zB nicht fehlende Begründung (Köln NJW-RR 88, 1467; Zweibrücken JurBüro 87, 298); Gehörsverletzungen nur dann, wenn dadurch die tatsächliche Ermessensgrundlage verfälscht wird (Schleswig SchlHA 84, 164, s auch Hamm MDR 72, 362; weitergehend Köln AnwBl 85, 381; LG Saarbrücken DAVorm 86, 87). Diese Grundsätze gelten auch für eine nach § 568 II eröffnete weitere Beschwerde. Verwerfung, wenn lediglich Ermessensausübung (nach Frankfurt MDR 88, 975 sogar bei irrig unterlassener Ausübung) des Einstellungsgerichts gerügt wird; werden aber die Grenzen des Ermessens überschritten, läßt Koblenz (WRP 90, 366) mit der wohl hM zu Recht Beschwerde zu. Zurückweisung, wenn „greifbare Gesetzwidrigkeit" dargelegt, aber nicht bejaht wird (s Schneider MDR 85, 547). Gegenvorstellung (§ 567 Rn 22 ff) beim Einstellungsgericht kann Änderungsbeschluß veranlassen (nach Düsseldorf FamRZ 78, 125 nur bei Tatsachenänderung).

23 **VII) Gebühren: 1)** des **Gerichts:** keine. Beschwerdeverfahren: KV 1906. – **2)** des **Anwalts:** § 37 Nr 3 BRAGO; findet eine mündl Verhandlung statt: § 49 BRAGO. Beschwerdeverfahren: § 61 BRAGO.

708 *[Vorläufige Vollstreckbarkeit ohne Sicherheitsleistung]*

Für vorläufig vollstreckbar ohne Sicherheitsleistung sind zu erklären:

1. Urteile die auf Grund eines Anerkenntnisses oder eines Verzichts ergehen;

2. Versäumnisurteile und Urteile nach Lage der Akten gegen die säumige Partei gemäß § 331a;

3. Urteile, durch die gemäß § 341 der Einspruch als unzulässig verworfen wird;

4. Urteile, die im Urkunden-, Wechsel- oder Scheckprozeß erlassen werden;

5. Urteile, die ein Vorbehaltsurteil, das im Urkunden-, Wechsel- oder Scheckprozeß erlassen wurde, für vorbehaltlos erklären;

6. Urteile, durch die Arreste oder einstweilige Verfügungen abgelehnt oder aufgehoben werden;

7. Urteile in Streitigkeiten zwischen dem Vermieter und dem Mieter oder Untermieter von Wohnräumen oder anderen Räumen oder zwischen dem Mieter und dem Untermieter solcher Räume wegen Überlassung, Benutzung oder Räumung, wegen Fortsetzung des Mietverhältnisses über Wohnraum auf Grund der §§ 556a, 556b des Bürgerlichen Gesetzbuchs sowie wegen Zurückhaltung der von dem Mieter oder dem Untermieter in die Mieträume eingebrachten Sachen;

8. Urteile, die die Verpflichtung aussprechen, Unterhalt, Renten wegen Entziehung einer Unterhaltsforderung oder Renten wegen einer Verletzung des Körpers oder der Gesundheit zu entrichten, soweit sich die Verpflichtung auf die Zeit nach der Klageerhebung und auf das ihr vorausgehende letzte Vierteljahr bezieht;

9. Urteile nach §§ 861, 862 des Bürgerlichen Gesetzbuchs auf Wiedereinräumung des Besitzes oder auf Beseitigung oder Unterlassung einer Besitzstörung;

10. Urteile der Oberlandesgerichte in vermögensrechtlichen Streitigkeiten;

11. andere Urteile in vermögensrechtlichen Streitigkeiten, wenn der Gegenstand der Verurteilung in der Hauptsache eintausendfünfhundert Deutsche Mark nicht übersteigt oder wenn nur die Entscheidung über die Kosten vollstreckbar ist und eine Vollstreckung im Wert von nicht mehr als zweitausend Deutsche Mark ermöglicht.

1 **I) 1)** Die vorläufige Vollstreckbarkeit (näher Schilken, Grundfragen der vorläufigen Vollstreckbarkeit, JuS 1990, 641 ff) ist vAw für alle Endurteile mit vollstreckungsfähigem Inhalt auszuspre-

chen, die nicht bereits mit der Verlautbarung (Verkündung, Zustellung) rechtskräftig und damit endgültig vollstreckbar werden. Sonderregelung für Ehe- und Kindschaftssachen in § 704 II. Urteile der **Arbeitsgerichte** sind mit Verkündung kraft Gesetzes ohne Sicherheitsleistung sofort vollstreckbar (§ 62 I 1 ArbGG), auch hinsichtlich der im Kündigungsschutzprozeß gem § 9 KSchG zuerkannten Abfindung (str, s BAG ArbGG 1979 § 62 Nr 4 m Anm Pecher; LAG Berlin LAGE KSchG § 9 Nr 1 m abl Anm Schneider). In § 708 sind nur die Urteile aufgeführt, in denen die vorläufige Vollstreckbarkeit nicht von einer Sicherheitsleistung abhängig zu machen ist (mit Sicherheitsleistung: § 709). Bei Urteilen nach § 708 Nr 4–11 muß zugunsten des Schuldners Abwendungsbefugnis ausgesprochen werden (§ 711; zur materiell-rechtlichen Wirkung s Krüger, Die Leistung zur Abwendung der ZwV im Spannungsfeld zwischen materiellem und formellem Recht, NJW 90, 1208; Köln NJW-RR 92, 237), es sei denn, daß kein Rechtsmittel gegeben ist (§ 713). Bei Konkurrenzen innerhalb § 708 Nr 1–11 hat im Hinblick auf § 711 die dem Kläger günstigere Regelung in Nr 1–3 Vorrang (Koblenz NJW-RR 91, 512).

2) Der Ausspruch über die vorläufige Vollstreckbarkeit erfaßt auch die Kostenentscheidung, 2
bei Feststellungs- oder Gestaltungsurteilen und solchen auf Abgabe einer Willenserklärung nur diese (§ 534 Rn 5). Wird ein Rechtsmittel oder ein Einspruch durch Urteil verworfen oder zurückgewiesen, so erstreckt sich dessen Vollstreckbarkeitsentscheidung ohne weiteres auf die Vorentscheidung, auch wenn diese keinen solchen Ausspruch enthält. Bei einer gemischten Kostenentscheidung, die auf teilweiser Hauptsacheerledigung beruht (§ 91a), keine Sicherheitsleistung für diejenigen Kosten, die auf die erledigte Hauptsache entfallen; das ergibt sich aus §§ 794 I 1 Nr 3, 91a II. Entsprechendes gilt für Teilklage- oder teilweiser Rechtsmittelrücknahme (§§ 269 III, 515 III) und Teilanerkenntnis (§ 307).

II) Nr 1: Anerkenntnis (§ 307) und Verzicht (§ 306), auch bei Teilurteil. 3

Nr 2: Nur echte Versäumnisurteile (§§ 330, 331 II Hs 1), wozu auch das zweite VU gehört 4
(§ 345). Wird VU aufrechterhalten (§ 343), gilt § 709, s dort Rn 8 und § 343 Rn 4. Bei Zurückweisung einer Berufung durch echtes VU (§ 542) entfällt wegen des vorrangigen § 708 Nr 10 auch die vorinstanzlich angeordnete Sicherheitsleistung (LG Hildesheim MDR 62, 829). **Aktenlageentscheidung** nur gegen säumige Partei (§ 331a), also nicht alle Fälle des § 251a.

Nr 3: Im Beschlußverfahren (§ 341 III 1) Vollstreckbarkeit nach § 794 I Nr 3. 5

Nr 4: §§ 592, 602, 605a, auch bei Klageabweisung. 6

Nr 5: Bestätigende Urteile im Nachverfahren § 600; bei Aufhebung kommt Nr 11 in Betracht. 7

Nr 6: §§ 922, 925, 927, 936, auch bei Abänderung, selbst wenn nur in der Sicherheitsleistung. 8
Entsprechende Anwendung auf Hauptsacheerledigung durch Urteil (LG Ulm ZZP 68 [1955], 465). Bei bestätigenden Urteilen bleibt es bei der Vollstreckbarkeit der Vorentscheidung, da diese nur wiederholt wird; deshalb kein neuer Ausspruch. Bei OLG-Urteilen tritt nach § 545 II 1 sofort Rechtskraft ein, so daß Vorläufigkeit entfällt. Die Abwendungsbefugnis nach § 711 entfällt mit Eintritt der formellen Rechtskraft des Vorbehaltsurteils (BGH LM ZPO § 599 Nr 5 m Anm Merz).

Nr 7: s § 23 Nr 2a GVG Rn 6 ff für Wohnraum; § 29a I für „andere Räume“. 9

Nr 8: Lit: Höhne, Zum Vollstreckbarkeitsausspruch im Berufungsurteil, MDR 87, 626. – Hierher 10
rechnen auch Änderungsurteile nach § 323 (ganz hM; Scheffler, FamRZ 86, 532, will § 708 Nr 11 anwenden) u Urteile auf Zahlung einer Abfindung gem §§ 9, 10 KSchG (LAG Bremen MDR 83, 1054 gg LAG Hamburg NJW 83, 1344). Keine Differenzierung nach gesetzlichen oder vertraglichen Unterhaltsansprüchen oder Renten; diese Unterscheidung ist aber für Zuständigkeit (§ 23a Nr 2 GVG) und Gebührenstreitwert (§ 17 I 2 GKG) zu beachten. Andere wiederkehrende Leistungen, zB Gehalts- oder Leibrentenansprüche fallen nicht darunter, wohl aber Auskunftsansprüche einer Unterhalts-Stufenklage (AG Hamburg FamRZ 77, 815; Schuschke I Rn 9; aA München FamRZ 90, 84). Für nicht privilegierte Rückstände sind die §§ 708 Nr 11, 709 maßgebend (Schuschke I Rn 9), für OLG-Urteile gilt § 708 Nr 10; wird auf Säumnis entschieden, gilt insgesamt nur § 708 Nr 2.

Nr 9: Anwendbar auch bei teilweisem (§ 865 BGB) und mittelbarem (§ 869 BGB) Besitz. 11

Nr 10: Zu Arrest- und Verfügungsurteilen siehe bei Nr 6. Nichtvermögensrechtliche Streitigkei- 12
ten werden überhaupt nicht für vorläufig vollstreckbar erklärt, wenn sie Ehe- und Kindschaftssachen betreffen (§ 704 II), sonst gem § 709 gg Sicherheitsleistung (München MDR 80, 408). Aufhebende und zurückverweisende Urteile gem §§ 538, 539 haben in der Hauptsache keinen vollstrekkungsfähigen Inhalt und können deshalb allenfalls wegen einer beigefügten Kostenentscheidung für vorläufig vollstreckbar erklärt werden (str, s § 543 Rn 24). Auch Widerrufsurteile in nichtvermögensrechtlichen Angelegenheiten sind vorläufig vollstreckbar; str jedoch, ob nach § 888 oder § 894 (s BGHZ 68, 336; Frankfurt NJW 82, 113). Der Vollstreckbarkeitsausspruch im OLG-Urteil erfaßt ohne weiteres das vorinstanzliche Urteil und ändert dieses uU hinsichtlich der Sicherheits-

leistung automatisch ab (München OLGZ 1985, 458). Verwerfungsbeschlüsse nach § 519b richten sich nur nach § 794 I Nr 3 (LG Stuttgart NJW 73, 1050).

13 **Nr 11:** Bei **Verurteilung** ist nur deren Gegenstand ohne Zinsen und Kosten (§ 4 I) maßgebend. **Bei objektiver Klagenhäufung** ist zusammenzurechnen (§ 5), wobei aber solche Ansprüche außer Betracht bleiben, bei denen bereits nach Nr 1–10 Sicherheitsleistung entfällt. Bei **subjektiver Klagenhäufung** ist der Verurteilungsbetrag maßgebend, zu dem Streitgenossen als Gesamtschuldner verurteilt werden; bei Einzelverurteilung ist auf den einzelnen Beklagten abzustellen. Obsiegen klagende Streitgenossen, ist die Gesamtbelastung des Beklagten maßgebend (aA MK/Krüger Rn 20 Fn 39): bis 1 500 DM keine Sicherheitsleistung, bei Überschreiten Sicherheitsleistung für jeden Streitgenossen in Höhe des ihm zuerkannten Betrages (Blomeyer NJW 67, 2346). Bei **Klageabweisung** berechnet sich die Grenze von 2 000 DM nur nach dem vollstreckbaren Kostenerstattungsanspruch. Für Streitgenossen ist je eigene Sicherheitsvollstreckung anzuordnen, wenn ihre addierten Erstattungsansprüche oberhalb 2 000 DM liegen. Bei teilweisem Obsiegen (Fälle des § 92) gilt für den Kläger die Grenze von 1 500 DM, für den Beklagten wegen der Kosten die von 2 000 DM. **Nichtvermögensrechtliche Streitigkeiten** mit Ausnahme derjenigen des § 704 II richten sich bei Verurteilung nach § 709, bei Klageabweisung wegen der Kosten nach § 708 Nr 11 analog (aA Schuschke I Rn 14).

709 *[Vorläufige Vollstreckbarkeit gegen Sicherheitsleistung]*

Andere Urteile sind gegen eine der Höhe nach zu bestimmende Sicherheit für vorläufig vollstreckbar zu erklären. Handelt es sich um ein Urteil, das ein Versäumnisurteil aufrechterhält, so ist auszusprechen, daß die Vollstreckung aus dem Versäumnisurteil nur gegen Leistung der Sicherheit fortgesetzt werden darf.

1 **I) Auffangtatbestand** für „andere Urteile" als die des § 708, bei denen gem § 711 Abwendungssicherheit des Schuldners anzuordnen ist. Gilt auch für den Fiskus (BGH MDR 63, 290). Obsiegen beide Parteien teilweise, ist vorläufige Vollstreckbarkeit ohne oder gegen Sicherheit je selbständig nach §§ 708, 709 zu beantworten. Anträge auf abweichende Anordnung nach §§ 710–712 möglich (aber §§ 713, 714 beachten!). Vollstreckungsklausel: § 726; Vollstreckung: § 751 II; Rückgabe der Sicherheit: § 109.

2 **II) Festsetzung der Sicherheit** (Oetker, Die Festsetzung der Sicherheitsleistung bei vorläufig vollstreckbaren Urteilen, ZZP 102 (1989), 499) im Urteilstenor; gfs Ergänzung nach §§ 716, 321. Bindung des Gerichts nach § 318, also Berichtigung nur in den Grenzen des § 319 (Frankfurt MDR 69, 1016).

3 **III) Höhe der Sicherheit** ist so zu bemessen, daß Schuldner vor Schaden aus ungerechtfertigter Vollstreckung (§ 717 II) geschützt wird. Die Sicherheit darf auf keinen Fall zu niedrig bemessen werden, da ihre Höhe innerhalb der Instanz wegen § 318 unabänderlich ist (§ 108 Rn 16). Unter dieser Voraussetzung ist zu unterscheiden:

4 **1) Vermögensrechtliche Streitigkeiten.** Kläger obsiegt: Hauptforderung plus rückständige und zukünftige Zinsen plus Anwaltskosten des Klägers plus Gerichtskosten (§§ 49, 54 Nr 1, 58 II 1 GKG) plus möglicher Vollstreckungsschaden gem § 717 II. Endbetrag ist aufgerundet zu beziffern. Beklagter obsiegt: Nur dessen Anwaltskosten. Teilweises Obsiegen und Unterliegen: Ebenso, jedoch beschränkt auf die vollstreckungsfähigen Positionen. Gleichliegend bei unterschiedlichem Ausgang für Streitgenossen.

5 **2) Nichtvermögensrechtliche Streitigkeiten** (vorbehaltlich § 704 II s Schleswig SchlHA 82, 43): Kosten und möglicher Vollstreckungsschaden (München MDR 80, 409); Höhe des Streitwerts ist also nicht gleich Höhe der Sicherheit!

6 **3) Sonderfälle:** Bei **wiederkehrenden Leistungen** Sicherheit „in Höhe des jeweils beizutreibenden Betrages" zulässig (in anderen Fällen nicht: Köln NJW-RR 95, 1280; MK/Krüger Rn 5; oben § 108 Rn 4). Dann jedoch Sicherheitszuschlag angebracht. Formulierung: „Das Urteil ist vorläufig vollstreckbar in Höhe des jeweils beizutreibenden Betrages zuzüglich 10%." Ähnlich LG Wiesbaden (MDR 87, 239): 4% über dem jeweiligen Diskontsatz, mindestens 6%. Bei Verurteilung zur **Auskunft** ist die Höhe nach dem voraussichtlichen Aufwand an Zeit u Kosten der Auskunftserteilung zu schätzen (BGH GrZS NJW 95, 664 = VersR 95, 314). Gegenleistung bei **Verurteilung Zug um Zug** bleibt unberücksichtigt. Zu **gemischten Kostenentscheidungen** s § 708 Rn 2. Zur Sicherheitsleistung beim **Duldungstitel**: Schneider/Schneider MDR 91, 1033.

7 **IV) Art der Sicherheit:** Beschluß nach § 108 (s näher dort Rn 8, 9), der jedoch (wie beim Gebührenstreitwert) in aller Regel mit dem Urteil verbunden wird, ohne dadurch Urteilsbestandteil und unabänderlich zu werden. Zugelassene Bankbürgschaft muß selbstschuldnerisch sein

(§ 239 II BGB). „Deutsche Großbank“ ist hinreichend bestimmt. Volksbanken rechnen nicht dazu und müssen besonders erwähnt werden (ausf § 108 Rn 8).

V) Versäumnisurteile (§ 708 Nr 2) werden aufrechterhalten (§ 343 S 1) unter erneuter Beurteilung der Sicherheitsleistung. Fällt das neue Urteil unter § 708, entfällt die Sicherheit weiterhin; sonst gilt § 709 S 2, so daß die Vollstreckungs**fortsetzung** von einer Sicherheit abhängig zu machen ist (s § 343 Rn 4). Für die Vollstreckung aus dem bestätigten VU einschließlich seiner Kosten und die Vollstreckung wegen der nach Erlaß des VU entstandenen Kosten wird die Höhe der Sicherheitsleistung einheitlich bestimmt (aA Mertins DRiZ 83, 228 m Nachw zur gegenteiligen Praxis S 229 Fn 2). 8

710 *[Ausnahmen von der Sicherheitsleistung des Gläubigers]*

Kann der Gläubiger die Sicherheit nach § 709 nicht oder nur unter erheblichen Schwierigkeiten leisten, so ist das Urteil auf Antrag auch ohne Sicherheitsleistung für vorläufig vollstreckbar zu erklären, wenn die Aussetzung der Vollstreckung dem Gläubiger einen schwer zu ersetzenden oder schwer abzusehenden Nachteil bringen würde oder aus einem sonstigen Grunde für den Gläubiger unbillig wäre, insbesondere weil er die Leistung für seine Lebenshaltung oder seine Erwerbstätigkeit dringend benötigt.

I) Regelungszweck ist das Bestreben, einen Gläubiger, der obsiegt hat, nicht wegen seiner ungünstigen wirtschaftlichen Verhältnisse gegenüber einem vermögenden Gläubiger zu benachteiligen. Ausgleichsregelung zugunsten des Schuldners findet sich in §§ 711, 712. 1

II) Voraussetzungen sind objektiv ein **Leistungshindernis** und subjektiv **Unbilligkeit.** Das Hindernis liegt vor bei Unvermögen des Gläubigers oder bei Leistungsfähigkeit nur unter erheblichen Schwierigkeiten. Hinzu kommen muß Unbilligkeit einer Vollstreckungsaussetzung. Dafür bringt § 710 beispielhaft vier Anwendungsfälle: schwer zu ersetzender Nachteil; schwer abzusehender Nachteil; Benötigung der Sicherheit für die Lebenshaltung (zB in Unterhaltssachen, Bamberg FamRZ 90, 184; hier jedoch erst für die Zeit ab Antragstellung: Frankfurt FamRZ 87, 174); Benötigung für die Erwerbstätigkeit. Soweit diese Anwendungsfälle nicht gegeben sind, kann Unbilligkeit immer noch „aus einem sonstigen Grunde“ zu bejahen sein. Er muß aber ein sachliches Gewicht haben. Daher kaum bei Inanspruchnahme eines Bankkredits oder einer Bürgschaft, Absage eines gebuchten Urlaubs uä. Der Nachteil wird regelmäßig vermögensrechtlicher Art sein, was jedoch nicht zwingend ist. **Gesamtbeurteilung** ist erforderlich. Ist etwa ein Handwerker auf die Beitreibung des geschuldeten Geldbetrages angewiesen, um die Existenz seines Betriebes nicht zu gefährden, muß auch die Möglichkeit eigener Rettungs- oder Sanierungsmaßnahmen ausgeschlossen sein. Auf die Situation des Schuldners kommt es nicht an. 2

III) Verfahren. Antrag vor Schlußverhandlung (§ 714 I); Nachholung im zweiten Rechtszug ausgeschlossen (aA Schleswig SchlHA 85, 156 unter Aufgabe von SchlHA 79, 144; s § 714 Rn 1). Glaubhaftmachung der tatsächlichen Angaben nötig (§§ 714 II, 294). Entscheidung im Urteilstenor. Wegen der Bindung nach § 318 nachträgliche Änderung, zB Aufteilung auf einzelne Ansprüche, unzulässig, sofern nicht § 319 anwendbar ist (Frankfurt OLGZ 70, 172). 3

711 *[Abwendungsbefugnis des Schuldners]*

In den Fällen des § 708 Nr. 4 bis 11 hat das Gericht auszusprechen, daß der Schuldner die Vollstreckung durch Sicherheitsleistung oder Hinterlegung abwenden darf, wenn nicht der Gläubiger vor der Vollstreckung Sicherheit leistet. Für den Gläubiger gilt § 710 entsprechend.

I) Abwendungsbefugnis gleicht das Fehlen der Gläubigersicherheit gem § 709 aus. Sie muß (auch bei gemischten Kostenentscheidungen: § 708 Rn 2; krit für Fälle teilweiser Klageabweisung: Dochnahl MDR 89, 423) vAw aufgenommen werden, falls nicht ein Rechtsmittel ausgeschlossen erscheint (§ 713). Unerheblich, ob Gl vor dem Amtsgericht selbst aufgetreten ist, Anwaltskosten also nicht entstanden sind; das kann sich nur auf die Höhe der Sicherheitsleistung auswirken. Ob Sicherheitsleistung oder Hinterlegung oder beides wahlweise zugelassen wird, entscheidet das Gericht unter Berücksichtigung von Parteianregungen nach Ermessen. Der Gl darf sofort unbedingt vorläufig vollstrecken, muß dies aber dem Sch kurzfristig ankündigen, damit dieser durch Abwendungssicherheit Vollstreckungskosten vermeiden kann (Koblenz DGVZ 85, 139, 141). Leistet der Gl die Sicherheit, was im Berufungsverfahren auch durch „Stehenlassen“ der erstinstanzlich geleisteten Gläubigersicherheit geschehen kann (Berger JuS 82, 199), dann kann der Sch seine Sicherheit nach § 109 zurückfordern. Bei Wechselvorbehaltsurteilen endet die Abwendungsbefugnis mit Eintritt formeller Rechtskraft (BGH LM ZPO § 599 1

Nr 5 m Anm Merz). Zur Rückgabe der Sicherheit des Sch, wenn auch der Gl geleistet hat, s § 109 Rn 3.

2 **II) Höhe der Sicherheit** ist so zu bemessen, daß der Schaden abgedeckt ist, der durch den Vollstreckungsaufschub eintreten kann und nicht auf den Verzögerungsschaden beschränkt ist (Berger JuS 82, 198). Da regelmäßig die Erfüllung auf dem Spiel steht, sind die Grundsätze des § 709 maßgebend (s dort Rn 3). Bemessung grundsätzlich für beide Parteien gleich, da Gl nur die Sicherheit des Sch gegensichern muß. Unterschiedliche Bemessung kommt in Betracht, wenn beim Gl nur ein Verzögerungsschaden (RGZ 141, 195) abzudecken ist, weil der Hauptanspruch bereits gesichert ist, zB durch Vormerkung.

3 **III)** Konkurrenz mit § 710 ist möglich (§ 711 S 2). Dann Gläubigerantrag nötig (§ 714 I). Bei Konkurrenz zwischen § 708 Nr 1–3 und Nr 4–11 geht die dem Gl günstigere Regelung vor, also zB keine Abwendungsbefugnis bei Anerkenntnis-Vorbehaltsurteil im Scheckprozeß (Koblenz NJW-RR 91, 512; aA LG Aachen NJW-RR 86, 359; Schuschke I Rn 1). Sind die Voraussetzungen des § 710 glaubhaft gemacht, lautet die Urteilsformel nur: „Das Urteil ist vorläufig vollstreckbar."

4 **IV) Anfechtung** unterbliebener Vollstreckbarkeitsentscheidung: § 716 Rn 3.

712 *[Abwendungsbefugnis ohne Rücksicht auf eine Sicherheitsleistung des Gläubigers]*

(1) Würde die Vollstreckung dem Schuldner einen nicht zu ersetzenden Nachteil bringen, so hat ihm das Gericht auf Antrag zu gestatten, die Vollstreckung durch Sicherheitsleistung oder Hinterlegung ohne Rücksicht auf eine Sicherheitsleistung des Gläubigers abzuwenden. Ist der Schuldner dazu nicht in der Lage, so ist das Urteil nicht für vorläufig vollstreckbar zu erklären oder die Vollstreckung auf die in § 720a Abs. 1, 2 bezeichneten Maßregeln zu beschränken.

(2) Dem Antrag des Schuldners ist nicht zu entsprechen, wenn ein überwiegendes Interesse des Gläubigers entgegensteht. In den Fällen des § 708 kann das Gericht anordnen, daß das Urteil nur gegen Sicherheitsleistung vorläufig vollstreckbar ist.

1 **I)** Der **besondere Schuldnerschutz** setzt den Eintritt eines für den Sch unersetzlichen Nachteils (s die Beispiele §§ 707 Rn 13; 719 Rn 6) bei Durchführung der Vollstreckung voraus (§ 712 I 1). Die Fälle, in denen entsprechende Feststellungen getroffen werden können, sind selten. Es genügt zB nicht Auslandsaufenthalt des Gl oder bloß wahrscheinlicher Nachteil; vielmehr muß das Gericht von dessen Eintritt überzeugt sein. So kann es etwa liegen, wenn der Sch ein einmaliges Kunst- oder Sammlerobjekt verlöre, er seinen Betrieb einstellen müßte, seine Wohnung zu räumen hätte (LG Frankfurt WuM 89, 304) oder er in seiner gewerblichen Tätigkeit existenzgefährdend zurückgeworfen würde, zB bei Offenbarung des Kundenkreises (vgl Bierbach GRUR 81, 436).

2 **II)** Wird der nicht zu ersetzende Nachteil bejaht, muß das Gericht vAw in eine **Interessenprüfung** eintreten, da überwiegendes Vollstreckungsinteresse des Gl vorrangig ist (§ 712 II 1). Hierbei sind unter § 710 fallende Umstände zu berücksichtigen. Erheblich ist auch der bisherige Verlauf des Verfahrens. Bei OLG-Urteilen haben die Gläubigerinteressen nach der Wertung der §§ 708 Nr 10, 717 III größeres Gewicht. Wird das erstinstanzliche Urteil in der Berufungsinstanz bestätigt, dann spricht eine große Wahrscheinlichkeit dafür, daß sachlich richtig entschieden worden ist, mit der Folge, daß der Anwendungsbereich des § 712 I 1 noch enger zu ziehen ist (Düsseldorf GRUR 79, 189). Hatte der Gl dem Sch zu dessen Schonung eine Übergangslösung angeboten, so spricht es bei der Abwägung gegen den Sch, wenn er abgelehnt hat (Düsseldorf aaO).

3 **III)** Fällt die Abwägung (Rn 2) zugunsten des Sch aus, kann das Gericht, falls nicht § 713 entgegensteht, folgende Maßnahmen treffen: **1) Urteil fällt unter § 709: a)** Gestattung, daß der Sch die Vollstreckung durch Sicherheit oder Hinterlegung trotz Sicherheitsleistung des Gl abwenden darf (§ 712 I 1) **b)** Beschränkung des Vollstreckungsrechts des Gl auf die Maßnahmen des § 720a I, II, wenn der Sch zur Sicherheit oder Hinterlegung außerstande ist. **c)** Letzte und einschneidendste Schutzmaßnahme ist der Ausschluß vorläufiger Vollstreckung (§ 712 I 2).

4 **2) Urteil fällt unter § 708: a)** Alle Maßnahmen möglich wie Rn 3. **b)** Zusätzlich Anwendung des § 709 (§ 712 II 2). Das gilt wegen des umfassenden Schutzzwecks des § 712 für alle Fälle des § 708, nicht nur für die in § 711 erwähnten, wie Engels (AnwBl 78, 163 Fn 2) meint.

5 **IV) Verfahren. 1) Antrag** des Sch innerhalb der Frist des § 714 I (Anwaltszwang) und Glaubhaftmachung (§§ 714 II, 294). Der Antragsteller hat seine Vermögensverhältnisse offenzulegen (BGH WPM 85, 1435). Bei übergangenem Antrag: §§ 716, 321 (Celle OLGR 94, 326). Nachholung eines erstinstanzlich versäumten Antrages in zweiter Instanz: § 714 Rn 1.

2) Abwägung nach § 712 II 1 gem den Grundsätzen in Rn 2. Beweislast für § 712 I trägt der Sch, für § 712 II 1 der Gl; bei Zweifeln am Überwiegen des Gläubigerinteresses muß deshalb dem Schutzantrag des Sch stattgegeben werden. Beschleunigte Entscheidung in der Hauptsache hat Vorrang, so daß keine verzögerlichen selbständigen Feststellungen über die Voraussetzung der Vollstreckungsabwendung zu treffen sind. 6

3) Entscheidung. Bei Unschlüssigkeit oder fehlender Glaubhaftmachung oder Überwiegen des Gläubigerinteresses ist der Schutzantrag des Sch im Tenor nicht zu erwähnen, sondern nur in den Entscheidungsgründen abzulehnen. Wird dem Schutzantrag stattgegeben oder trotz Überwiegens des Gläubigerinteresses Sicherheitsleistung des Gl gem § 712 II 2 angeordnet, ist die Entscheidung im Urteilstenor zu treffen. Hat der Sch die Sicherheit zu leisten, ist der Vollstreckbarkeitsausspruch durch den Zusatz zu ergänzen, der Bekl dürfe die Vollstreckung durch Sicherheit oder/und Hinterlegung in Höhe von x,– DM abwenden. Die in § 711 I 2 Hs 2 vorgesehene Abwendungsbefugnis des Gl wird dann nicht in den Tenor aufgenommen. Braucht der Sch keine Sicherheit zu leisten, ist im Tenor hinzuzufügen, daß die Zwangsvollstreckung nach Maßgabe des § 720a beschränkt ist oder der Gl entgegen § 708 Sicherheit leisten muß; anderenfalls ist der Ausspruch über die vorläufige Vollstreckbarkeit ganz wegzulassen. 7

V) Rechtsfolgen. Erbringt der Sch die Abwendungssicherheit, dann darf der Gl nicht vollstrekken (§§ 775 Nr 3, 776 gelten). Vollstreckungsbeschränkung gem § 720a erlaubt vorläufige Vollstreckbarkeit in dessen Rahmen. Wird dem Gl entgegen § 708 Sicherheitsleistung auferlegt, ist diese für ihn Vollstreckungsvoraussetzung. Ist vorläufige Vollstreckbarkeit nicht zugelassen, muß der Gl mit der Vollstreckung bis zur Rechtskraft zuwarten. Deren Eintritt erledigt auch alle anderen Beschränkungen, desgleichen eine Entscheidung nach § 717. Alle Beschränkungen gelten auch für den Kostenerstattungsanspruch. 8

713 *[Absehen von Anordnungen zugunsten des Schuldners]*

Die in den §§ 711, 712 zugunsten des Schuldners zugelassenen Anordnungen sollen nicht ergehen, wenn die Voraussetzungen, unter denen ein Rechtsmittel gegen das Urteil stattfindet, unzweifelhaft nicht vorliegen.

I) Ob § 713 eingreift, ist **von Amts wegen** zu prüfen. Unanwendbar bei Urteilen, die mit Verkündung rechtskräftig werden wie Berufungsurteile der Landgerichte, OLG-Urteile in Arrest- und Verfügungsverfahren. **Ermessen** (ähnlich MK/Krüger Rn 2: Beurteilungsspielraum) des Gerichts ist eingeschränkt; „soll" bedeutet Pflicht zur Anwendung des § 713, wenn ein Rechtsmittel unzweifelhaft ausgeschlossen ist; bei Zweifeln sind die Anordnungen der §§ 711, 712 zu treffen (Schneider DRiZ 77, 116). Tenor: „Das Urteil ist vorläufig vollstreckbar" (Brocker DRiZ 95, 266 = DGVZ 95, 6). 1

II) Maßstäbe der Beurteilung sind die §§ 511a, 546, 547. Bei einfachen Forderungsklagen ist die Rechtsmittelbeschwer eindeutig; bei eventueller Klagenhäufung, Widerklage oder Aufrechnung ist bei Streitfragen vom höchstmöglichen Wert auszugehen. Wo nach § 3 zu schätzen oder eine nichtvermögensrechtliche Streitigkeit zu bewerten ist, muß beachtet werden, daß die maßgebliche Entscheidung dem Rechtsmittelgericht obliegt; kann dies auch nur möglicherweise zu einer höheren Bewertung kommen, ist von dieser auszugehen. Stets ist zu bedenken, daß der Rechtsmittelwert vom Gebührenwert abweichen kann, zB §§ 8, 9 ZPO gegenüber §§ 16, 17 GKG. 2

III) Zweifelhaft ist, ob mit „Rechtsmittel" auch die **unselbständige Anschließung** (§§ 521, 556) gemeint ist. Anschlußberufung und Anschlußrevision sind nach hM keine Rechtsmittel (§ 521 Rn 4, 20). § 713 bezweckt jedoch die Abwendung vollstreckungsrechtlicher Nachteile in der sog Zwischeninstanz. Solange aber eine Partei ein Rechtsmittel einlegen und die andere sich für diesen Fall anschließen kann, läßt sich eine Vollstreckungsgefährdung nicht im voraus ausschließen. Deshalb ist auch die unselbständige Anschließung als Rechtsmittel iSd § 713 anzusehen und dürfen die Schutzanordnungen nach §§ 711, 712 nicht unterbleiben. 3

714 *[Anträge nach §§ 710, 711 S 2, § 712]*

(1) Anträge nach den §§ 710, 711 Satz 2, § 712 sind vor Schluß der mündlichen Verhandlung zu stellen, auf die das Urteil ergeht.

(2) Die tatsächlichen Voraussetzungen sind glaubhaft zu machen.

I) Nach dem klaren Wortlaut der Vorschrift muß der Antrag **in der Instanz** gestellt werden; das kann der erste oder der zweite Rechtszug sein. Wird er im Berufungsverfahren gestellt, dann kann das Berufungsurteil abweichend vom angefochtenen Urteil erkennen. Bei **teilweiser Anfechtung** 1 ist auf Antrag wegen der unangefochtenen Verurteilung bedingungslos für vorläufig vollstreckbar zu erklären (§ 534). Ist ein Vollstreckungsschutzantrag übergangen worden, so ist das Urteil auf Antrag zu ergänzen (§§ 716, 321; Celle OLGR 94, 326). Zweitinstanzlich kann auf Antrag des Sch nach § 719 eingestellt werden (Edelmann/Hellmann AnwBl 94, 384; s § 719 Rn 3); dem Gl bleibt nur die einstweilige Verfügung als letztes Mittel (MK/Krüger Rn 3). Weitergehende Änderungs- oder Abhilfemöglichkeiten bestehen nicht (Saarbrücken JurBüro 85, 1579; aA Düsseldorf NJW 69, 1910). Umstritten ist, ob es bei dieser Rechtslage verbleiben muß, wenn die Stellung eines in § 714 I genannten Antrages in der Instanz versäumt worden ist oder ob dann der Antrag im zweiten Rechtszug nachgeholt werden kann. Bejaht wird letzteres zB von Hamm NJW-RR 87, 252; Koblenz NJW-RR 89, 1024; JurBüro 90, 396; Bamberg FamRZ 90, 184; StJ/Münzberg Rn 3, 3a; verneint wird es zB von Frankfurt OLGZ 94, 106 mN zum Streitstand; OLGR 94, 106; Celle OLGR 94, 326. Karlsruhe (Justiz 86, 21) verneint die Antragsbefugnis jedenfalls dann, wenn Einstellung nach §§ 719, 707 erreicht werden kann; Hamburg (MDR 94, 1246), wenn die maßgeblichen Umstände unverändert blieben. Zutreffend ist die grundsätzlich ablehnende Auffassung (Schuschke I Rn 2; Edelmann/Hellmann AnwBl 94, 384; Lambsdorff AnwBl 95, 517, 524), da sonst entgegen § 714 die erstinstanzliche Entscheidung über **Sachanträge** (Schneider MDR 83, 905; Frankfurt OLGZ 70, 173) in diejenige Instanz verlagert würde, die dafür nicht zuständig ist, wie sich aus §§ 714, 718 eindeutig ergibt; das Berufungsgericht hat sich nur mit **erlassenen und angefochtenen** vorinstanzlichen Entscheidungen zu befassen. Die Gegenmeinung müßte sich auch über das Ergänzungsverbot der §§ 716, 321 nach Fristversäumung hinwegsetzen (zutr Saarbrücken JurBüro 85, 1579). Sie führt weiter in die zusätzliche Kontroverse, ob § 718 direkt oder analog anzuwenden wäre und ob es dazu einer Anschlußberufung bedürfte (so Schleswig SchlHA 85, 156) oder nicht (so Hamburg MDR 70, 244). Bei Notwendigkeit einer Anschlußberufung, die wohl kaum verneint werden könnte, würde sich die weitere Frage stellen, ob der erstmals in zweiter Instanz gestellte Schutzantrag in eine Anschlußberufung umzudeuten ist (so Düsseldorf FamRZ 85, 307). Schließlich muß sich diese Auffassung über den Grundsatz hinwegsetzen, daß die unselbständige Anschlußberufung nicht teilurteilsfähig ist (§ 521 Rn 31; s Karlsruhe aaO). Diese prozessualen Schwierigkeiten verdeutlichen, daß es verfehlt ist, die klare Regelung des § 714 I aufzugeben und Schutzanträge trotz des eindeutigen Wortlautes auch noch *nach* Schluß der mündlichen Verhandlung, auf die das Urteil ergeht, zuzulassen.

2 **II)** Zwang zur Glaubhaftmachung gilt für das Vorbringen beider Parteien, also auch das entkräftende des Gegners. Übergehung des Antrags: §§ 716, 321. Bei Teilanfechtung Vollstreckbarkeitserklärung nach § 534 I 1 möglich.

715 *[Rückgabe der Sicherheit]*

(1) Das Gericht, das eine Sicherheitsleistung des Gläubigers angeordnet oder zugelassen hat, ordnet auf Antrag die Rückgabe der Sicherheit an, wenn ein Zeugnis über die Rechtskraft des für vorläufig vollstreckbar erklärten Urteils vorgelegt wird. Ist die Sicherheit durch eine Bürgschaft bewirkt worden, so ordnet das Gericht das Erlöschen der Bürgschaft an.

(2) § 109 Abs. 3 gilt entsprechend.

1 **I) Anwendungsbereich.** § 715 gilt nur, wenn der Gläubiger nach §§ 709, 711, 712 II 2 Sicherheit geleistet hat. Der (umständlichere) Weg des § 109 bleibt offen. **Unmittelbare Anwendung** auch nach Rechtskraft eines Vorbehaltsurteils, §§ 302, 599 (RGZ 47, 364). **Entsprechende Anwendung** in anderen Fällen auflösend bedingter Endurteile (§§ 280, 304), wenn die Rechtskraft des Zwischen- oder Grundurteils und die des Schlußurteils nachgewiesen wird. Nach Haakshorst/Comes (NJW 77, 2344) auch bei Einstellung nach §§ 719 I, 707 durch das Berufungsgericht; abzulehnen, weil es mangels Rechtskraft an der Analogiebasis fehlt (BGHZ 11, 304). **Unanwendbar** bei Prozeßbeendigung durch Vergleich oder Klagerücknahme.

2 **II) Obsiegt der Schuldner,** kann er seine hinterlegte Sicherheitsleistung nach § 109 zurückfordern. Aus der Gläubigersicherheit kann er sich nur durch Klage oder im Verfahren nach § 717 II 2 einen Erstattungstitel verschaffen. Obsiegt der **Gläubiger,** kann er von der Hinterlegungsstelle unter Vorlage des rechtskräftigen Titels Auszahlung verlangen (§§ 378, 379 BGB; § 13 II Nr 2 HinterlO). War zur Abwendung der vorläufigen Vollstreckbarkeit (§§ 708 Nr 4–11, 711 S 1) eine Bürgschaft geleistet, kann der Gl nach Rechtskraft den Bürgen in Anspruch nehmen (BGHZ 69, 270; s auch Berger JuS 82, 195); war die Bürgschaft erbracht für die einstweilige Einstellung (§§ 707, 719), ist die Bürgenschuld schon fällig mit Erlaß des nach der Einstellung ergehenden Urteils (München EWiR § 765 BGB 1/94, 39 – Herget).

3 **III) Zuständig** ist der Rechtspfleger (§ 20 Nr 3 RPflG) des Gerichts, das über die Sicherheitsleistung entschieden hat; nach Zurückweisung der Berufung wieder die erste Instanz.

1) Antrag nötig, aber kein Anwaltszwang (Verweis auf § 109 III 1). Rechtskraftzeugnis (§ 706) kann sich aus den Akten ergeben; anderenfalls ist es vorzulegen. Bei Gesamtschuldnern Rechtskraft gegenüber allen nötig (München SA 70, 97). 4

2) Entscheidung ohne mdl Verhandlung (§§ 715 II, 109 III 2). Jedoch muß der Gegner vorher gehört werden (Art 103 I GG). Gericht **muß** entscheiden und darf nicht auf den Weg des § 109 verweisen. **Beschluß** hat Rückgabe der Sicherheit (§ 715 I 1) oder Erlöschen der Bürgschaft (§ 715 I 2) anzuordnen, wenn der Antrag nicht abgelehnt wird. Formlose Mitteilung, da keine Frist in Lauf gesetzt wird (§ 329 II), bei Ablehnung nur an Antragsteller. 5

3) Rechtsbehelfe. Gegen Rechtspflegerentscheidung Erinnerung nach § 11 I RPflG. Der Richter muß entscheiden (§ 11 II 3 RpflG); Nichtabhilfebeschluß und Vorlage an das übergeordnete Gericht sind unzulässig (Karlsruhe Rpfleger 96, 73). Entscheidung des Richters bei Nichtabhilfe durch Rechtspfleger: Gegen die Anordnung der Rückgabe durch den Richter keine Beschwerde (Frankfurt Rpfleger 74, 322). Gegen Ablehnung des Rückgabeantrages einfache Beschwerde nach § 567 II (mittelbare Prozeßkosten, vgl § 568 Rn 40). 6

IV) Gebühren: 1) des **Gerichts:** keine. – **2)** des **Anwalts:** Für den ProzBev gilt § 37 Nr 3 BRAGO; im übrigen: § 56 BRAGO. 7

716 *[Ergänzung des Urteils]*

Ist über die vorläufige Vollstreckbarkeit nicht entschieden, so sind wegen Ergänzung des Urteils die Vorschriften des § 321 anzuwenden.

I) Ob vAw oder auf (rechtzeitig gestellten: § 714 I) Antrag zu entscheiden gewesen wäre, ist unerheblich. Es genügt auch, daß die Höhe der Sicherheit oder der Hinterlegung nicht beziffert worden ist; bei fehlerhafter Bezifferung liegt jedoch eine Entscheidung vor. 1

II) Sind **erstinstanzliche** Entscheidungen nach §§ 708, 709, 711 S 1 übergangen worden, dürfen im Ergänzungsverfahren die Schutzanträge der §§ 710, 711 S 2, 712 I wiederholt oder nachgeholt werden. Frankfurt (FamRZ 90, 539) läßt in diesem Fall das Nachholen auch zu, wenn statt Urteilsergänzung zu begehren, Antrag nach § 718 gestellt wird (s § 714 Rn 1). Solange Ergänzung möglich ist, kein Rechtsschutzbedürfnis für eine Berufung nur wegen der vorläufigen Vollstreckbarkeit. Ist vorherige Tatbestandsberichtigung nötig, beginnt die Frist des § 321 II erst mit Zustellung des Berichtigungsbeschlusses zu laufen (BGH MDR 82, 663). Nach Ablauf der Frist kann Änderung des im Vollstreckbarkeitsausspruch lückenhaften Urteils mit der Berufung erreicht werden, weil das Urteil durch die Unvollständigkeit auch bezüglich der Rechtsverwirklichung des Anspruchs sachlich unrichtig ist. Vorinstanzlich versäumte Schutzanträge können in zweiter Instanz nicht nachgeholt werden (§ 714 Rn 1). 2

III) Hat das **Berufungsgericht** die Vollstreckbarkeitsentscheidung übergangen, steht wegen § 718 II nur der Weg des § 716 offen (BGH NJW 84, 1240; MDR 78, 127). 3

IV) Gebühren: s § 321 Rn 12. 4

717 *[Kraftlosigkeit der Vollstreckbarerklärung und Schadensersatzpflicht des Klägers]*

(1) Die vorläufige Vollstreckbarkeit tritt mit der Verkündung eines Urteils, das die Entscheidung in der Hauptsache oder die Vollstreckbarkeitserklärung aufhebt oder abändert, insoweit außer Kraft, als die Aufhebung oder Abänderung ergeht.

(2) Wird ein für vorläufig vollstreckbar erklärtes Urteil aufgehoben oder abgeändert, so ist der Kläger zum Ersatz des Schadens verpflichtet, der dem Beklagten durch die Vollstreckung des Urteils oder durch eine zur Abwendung der Vollstreckung gemachte Leistung entstanden ist. Der Beklagte kann den Anspruch auf Schadensersatz in dem anhängigen Rechtsstreit geltend machen; wird der Anspruch geltend gemacht, so ist er als zur Zeit der Zahlung oder Leistung rechtshängig geworden anzusehen.

(3) Die Vorschriften des Absatzes 2 sind auf die im § 708 Nr. 10 bezeichneten Urteile der Oberlandesgerichte, mit Ausnahme der Versäumnisurteile, nicht anzuwenden. Soweit ein solches Urteil aufgehoben oder abgeändert wird, ist der Kläger auf Antrag des Beklagten zur Erstattung des von diesem auf Grund des Urteils Gezahlten oder Geleisteten zu verurteilen. Die Erstattungspflicht des Klägers bestimmt sich nach den Vorschriften über die Herausgabe einer ungerechtfertigten Bereicherung. Wird der Antrag gestellt, so ist der Anspruch auf Erstattung als zur Zeit der Zahlung oder Leistung rechtshängig geworden anzusehen; die mit der Rechts-

hängigkeit nach den Vorschriften des bürgerlichen Rechts verbundenen Wirkungen treten mit der Zahlung oder Leistung auch dann ein, wenn der Antrag nicht gestellt wird.

1 **I) Außerkrafttreten** (Abs 1). **1)** Die vorläufige Vollstreckbarkeit entfällt mit der Verlautbarung des neuen Urteils (Verkündung, § 311 II, oder Zustellung, § 310 II, III). Soweit das erste Urteil aufrechterhalten bleibt, gilt seine Vollstreckbarkeitsentscheidung fort. Die aufhebende oder abändernde Entscheidung löst die Wirkungen des § 717 I auch dann aus, wenn sie selbst nicht für vollstreckbar erklärt ist oder deswegen einstweilen eingestellt wird; daher sind die §§ 775 Nr 1, 776 immer anwendbar. Der Aufhebungsgrund ist unerheblich (Düsseldorf NJW 74, 1714; Köln JMBlNRW 64, 184; LG Berlin NJW 56, 1762 m Anm Lent; Rn 3). Aufhebung des aufhebenden Urteils in der Revisionsinstanz mit Zurückverweisung stellt den alten Zustand nicht wieder her (KG MDR 89, 1110; Boemke-Albrecht, Wiederaufleben der vorläufigen Vollstreckbarkeit? NJW 91, 1333; aA Frankfurt NJW 90, 721), weil dadurch die erstinstanzliche Entscheidung nicht bestätigt wird, sondern weiterhin offenbleibt. Wird ein bestätigendes Berufungsurteil aufgehoben und zurückverwiesen, verbleibt es bei der vorläufigen Vollstreckbarkeit des erstinstanzlichen Urteils (BGH MDR 59, 122). Wird das erstinstanzliche Urteil vom Berufungsgericht aufgehoben und entscheidet der Erstrichter nach Zurückverweisung wiederum wie zuvor, sind Ansprüche aus § 717 II, III wegen zwischenzeitlicher Vollstreckung ausgeschlossen (Nürnberg OLGZ 73, 45).

2 2) Aufhebung des der Kostenfestsetzung zugrunde liegenden Titels macht auch das Kostenfestsetzungsverfahren gegenstandslos. Deshalb kann ein Schadensersatzanspruch, der durch die Vollstreckung des Urteils oder eine Abwendungsleistung des Schuldners entstanden ist, nicht im Kostenfestsetzungsverfahren verfolgt werden (LG Lübeck Rpfleger 82, 439).

3 **II) Der Schadensersatzanspruch** (Abs 2). **1)** Die verschuldensunabhängige Haftung nach § 717 II 1 bürdet dem Gläubiger die ganze Gefahr der ungerechtfertigten Vollstreckung auf (BGHZ 54, 76; MDR 80, 826). Diese Gefährdungs- (BGH MDR 83, 221) oder Garantiehaftung (kritisch Roth NJW 82, 926) läßt den Gläubiger in bedenklicher Weise für Fehler des Gerichts einstehen; denn auf die Richtigkeit des aufhebenden oder abändernden Urteils kommt es nicht an (LG Bochum VersR 80, 659) und auch nicht auf den Grund. Der Gl haftet aber nicht, wenn die Änderung darauf beruht, daß der Sch erst nach der Vollstreckung Einreden erhebt (Karlsruhe Rpfleger 96, 73: Einrede des Zurückbehaltungsrechts erst in zweiter Instanz). Da § 717 II 1 einen materiellrechtlichen Anspruch schafft, der mit Aufhebung oder Abänderung des für vorläufig vollstreckbar erklärten Urteils entsteht (BGH NJW 57, 1926), sind die §§ 249 ff BGB anwendbar; für die Verjährung gilt § 852 BGB (BGHZ 9, 212). Teilweise Abänderung begründet einen entsprechenden Ersatzanspruch (Hamm Rpfleger 77, 216); Abänderung nur im Kostentenor beschränkt den Ersatzanspruch auf den Schaden infolge gerade der Kostenbeitreibung (Landsberg ZMR 82, 70). Unerläßlich ist ein eigener wirklich eingetretener Schaden (BGH MDR 85, 128; s Rn 8).

4 2) **Anwendungsbereich. a)** § 717 II bezieht sich unmittelbar nur auf Urteile. Darüber hinaus ist die Vorschrift in einer Reihe weiterer Fälle kraft gesetzlicher Regelung oder Analogie entsprechend anwendbar, insbesondere: **Arrest, einstweilige Verfügung** (§ 945); **Aufrechnung,** wenn unter Vorbehalt ergangenes Urteil aufgehoben wird (§ 302 IV); **Gesetzesnichtigkeit,** wenn vom BVerfG festgestellt und dadurch einer anfechtbaren Entscheidung die Grundlage entzogen wird (BGHZ 54, 76); **Kostenfestsetzungsbeschluß** (s §§ 103, 104 Rn 21 „Rückfestsetzung") und die sonstigen Entscheidungen nach § 794 I Nr 2–3, wenn daraus vollstreckt, der Beschluß aber aufgehoben wird; **Schiedsspruch,** schiedsrichterlicher Vergleich, bei Aufhebung im Widerspruchsverfahren (§§ 1042c II, 1044a III); **Urkunden-,** Wechsel- oder Scheckprozeß, wenn Vorbehaltsurteil aufgehoben wird (§ 600 II). **Urteilsberichtigung** nach § 319 ZPO.

5 **b) Unanwendbar** ist § 717 II auf: **Erledigung der Hauptsache** des vollstreckbaren Urteils (BGH MDR 88, 575 = ZZP 102 (1989), 98 m krit Anm Matthies; MDR 72, 765; BVerwG NJW 81, 699; aA Landsberg ZMR 82, 69, das Analogie befürwortet); **Kindesherausgabe** (Schleswig SchlHA 78, 216); **Klagerücknahme** (§ 269 III; Düsseldorf OLGR 95, 177); **Prozeßvergleich** (Düsseldorf MDR 92, 903; Karlsruhe OLGZ 79, 370; Schneider JurBüro 79, 1278; zulässig ist aber nach Vergleich die Rückfestsetzung gezahlter Kosten, Hamm AnwBl 89, 238; KG MDR 91, 258; sa §§ 103, 104 Rn 21 „Rückfestsetzung"); **Verwaltungsakte,** etwa ein ungerechtfertigt vollzogener **Steuerbescheid** (BGHZ 39, 77); Vollziehung eines später aufgehobenen Heranziehungsbescheides zur Bardepotpflicht (BGH MDR 82, 733); **Wiederaufnahmeverfahren,** da unvorhersehbar (RGZ 91, 202); **Wiedereinsetzung** in den vorigen Stand; **vollstreckbare Urkunden** nach § 794 I Nr 5 (BGH KTS 95, 67; Karlsruhe Justiz 75, 100); **Vollstreckungsklagen** wegen ihrer Selbständigkeit (§§ 767, 771), auch wenn ihretwegen einstweilen eingestellt wird (für § 771 III s BGH JR 85, 508 m Anm Gerhardt = NJW 85, 1959 m abl Stellungnahme Häsemeyer NJW 86, 1028; München MDR 89, 552). Umstritten ist die analoge Anwendung des § 717 II bei der Vollstreckung einer ungerechtfertigten einstweiligen Anordnung aus §§ 127a, 620; mit Rücksicht auf die nur summarische Vorprüfung ist sie zu verneinen (zB BGH MDR 85, 32; Nürnberg JurBüro 84, 1097; Kohler ZZP 99, 1986,

36; StJ/Münzberg Rn 70; aA für § 127a AG Viersen FamRZ 84, 300; zum materiellen Bereicherungsanspruch in diesem Fall s Kohler aaO). Kein Anspruch nach § 717 II, wenn ein materiellrechtlich richtiges rechtskräftiges Urteil zu einer Zeit vollstreckt wird, zu der bereits eine die Vollstreckung hindernde Einwendung entstanden war (Kohler aaO).

3) **Vollstreckungsschaden.** Die Ersatzpflicht des Gläubigers erstreckt sich: **a)** Auf die Wiederherstellung des früheren Zustandes durch Rückgabe alles dessen, was der Schuldner gezahlt oder geleistet hat, sei es auch durch Unterlassen (BGH WPM 1962, 817), zB Rückgabe weggenommener Sachen, gfs nach Wiederbeschaffung, Pfändungsaufhebung, Eintragungslöschung. Leistungen zur Abwendung der Zwangsvollstreckung sind dabei alle Zahlungen, die der Schuldner nach vorläufig vollstreckbarer Entscheidung geleistet hat (LG Bochum VersR 80, 659; BL/Hartmann Rn 8; zur Leistung des Sch vor Sicherheitsleistung des Gl s aber auch Rn 7); bei der Hinterlegung leistet der Schuldner bereits mit Übergabe des Geldes an den Gerichtsvollzieher (Köln NJW-RR 87, 1210). 6

b) Auf den „durch die Vollstreckung des Urteils" entstandenen Schaden, auch wenn er erst später bezifferbar wird (BGHZ 69, 379): Aufwendungen zur Beschaffung einer Sicherheit (RGZ 30, 419; LG Düsseldorf JurBüro 87, 605 [zur **Bankbürgschaft**]); entgangener Gewinn (Köln JurBüro 91, 1263 zur Darlegungslast), wenn Versteigerung einer Sache die günstigere Veräußerung verhindert hat oder Schuldner wegen Inhaftierung (§ 913) seine Berufstätigkeit nicht ausüben konnte (Hamburg OLGE 16, 287); Prozeßkosten; vermögensrechtliche Folgen psychogener Erkrankungen durch den Vollstreckungsschock (RGZ 143, 120); Vollstreckungskosten; Zinsverlust, Zwangsgeld nach § 888. Freiwillige Zahlungen sind dann schadenskausal, wenn mit ihnen eine drohende Vollstreckung abgewendet werden sollte, zB wenn Gl Vollstreckungsklausel erwirkt und zustellt, sofern er nicht gleichzeitig erklärt, daß er von der Vollstreckung noch absehe. Die Kausalität fehlt, wenn der Sch bereits aufgrund nicht rechtskräftigen Feststellungsurteils zahlte (BAG JZ 90, 194 mit Anm von Münzberg). Kein Schadenersatz, wenn das zu vollstreckende Unterlassungsurteil keine Strafandrohung (§ 890 II) enthielt (BGH NJW 76, 2162 = LM § 823 [Ag] BGB Nr 10); dabei wurde angenommen, die Vollstreckung könne trotz fehlender Sicherheitsleistung des Gl schon drohen. Hiervon weicht der BGH (ZIP 96, 95 = WRP 96, 207) jetzt ab: Trotz Ordnungsmittelandrohung im Urteil leistet der Sch nur dann zur Anwendung der Vollstreckung, wenn er sich mit der Leistung einem „Vollstreckungsdruck" beugt, was bei eigener Leistung vor Sicherheitsleistung des Gl regelmäßig nicht der Fall ist (so schon Grunsky NJW 75, 936; BL/Hartmann Rn 8; aA MK/Krüger Rn 15; StJ/Münzberg Rn 31), weil der Verstoß gegen die Unterlassungspflicht kein Ordnungsgeld nach sich zieht, solange dem Sch die erbrachte Sicherheitsleistung nicht nachgewiesen wird. 7

c) Die Ersatzpflicht beschränkt sich auf den **entstandenen** Schaden. Deshalb sind Ansprüche ausgeschlossen, die lediglich auf Grund einer fiktiven Schadensberechnung ermittelt (BGH Warneyer 84 Nr 223) oder auf Schadensliquidation im Drittinteresse gestützt werden (Hamm ZIP 83, 119; aA StJ/Münzberg Rn 27), desgleichen Kreditschäden des Schuldners infolge Bekanntwerdens der gegen ihn betriebenen Zwangsvollstreckung (BGH JR 83, 246 m Anm Gerhardt). 8

d) Schadenszeitraum. Haftung nach § 717 II ohne Entreicherungseinrede nach §§ 812, 818 BGB für die Zeit bis Erlaß des Berufungsurteils (ab dann Verkürzung des Ersatzanspruchs gem § 717 III). Abzustellen ist darauf, in welchen Zeitabschnitt die Schadensursache fällt (Fricke WRP 79, 100); unerheblich also, wenn der Schaden selbst erst nach dem Berufungsurteil eintritt (BGHZ 69, 373). Beharrt Gläubiger bei alsbald begonnener Vollstreckung auf dem geschaffenen Zustand oder findet eine fortgesetzte Vollstreckung statt, dann haftet er ab Berufungsurteil nur nach Bereicherungsrecht (§ 717 III; BGH aaO). 9

4) **Mitwirkendes Verschulden** des Schuldners oder seines ProzBev (§§ 254 II 2; 85 II) ist zu berücksichtigen (Hamm MDR 78, 234). Beispiele: Ausbleiben im Termin; nachlässige Prozeßführung. Unerheblich dagegen, ob das Urteil aus formellen oder materiellen Gründen aufgehoben oder abgeändert worden ist (Rn 1, 3). 10

5) **Materiellrechtliche Einwendungen** darf der Schuldner geltend machen, insbesondere Aufrechnung im anhängigen Prozeß nach Zwischenantrag oder Widerklage (BGH MDR 80, 826 = ZZP 94 [1981], 444 m krit Anm Pecher) oder in einem selbständigen Prozeß. Der wegen Unzulässigkeit abgewiesene Kläger darf sich nur in einem selbständigen Prozeß mit Aufrechnung verteidigen. Keine Geltendmachung eines Zurückbehaltungsrechts nach § 273 BGB, dessen Voraussetzungen erst durch die Vollstreckung geschaffen worden sind (RGZ 123, 396: für Wegnahme nach § 883). Der Anspruch des Beklagten aus § 717 II kann sich auch ohne Einsatz von Gegenrechten erledigen, etwa durch Aufhebung des aufhebenden Urteils oder Prozeßvergleich (RGZ 145, 332). 11

6) **Anspruchsgegner** ist ungeachtet der Parteirolle der ersatzpflichtige Vollstreckungsgläubiger (BGH NJW 62, 806), bei Abtretung nach Rechtshängigkeit der Rechtsnachfolger, obwohl der ursprüngliche Kläger wegen § 265 Partei bleibt (BGH MDR 67, 916 = ZZP 81 [1968], 290 m Anm Grunsky). Nach Nieder (NJW 75, 1004) ist der Rechtsnachfolger auch Partei des Inzidentantrages 12

auf Schadensersatz; diese Stellung erlangt er indessen nur, wenn er durch selbständige Klage in Anspruch genommen wird. Der Rechtsnachfolger des Beklagten kann Ersatzansprüche nur in einem besonderen Prozeß verfolgen. Einem Dritten, der für den Schuldner geleistet hat, steht überhaupt kein Ersatzanspruch zu (BGH NJW 85, 128); auch wenn in sein Vermögen vollstreckt worden ist (RGZ 77, 48).

13 7) **Geltendmachung** während noch anhängiger Hauptsache, also auch in höherer Instanz oder im Nachverfahren, durch **Inzidentantrag oder Widerklage** bis zum Schluß der mdl Verhandlung (§ 717 II 2). Führung eines gesonderten Rechtsstreits steht frei. **Erhebung besonderer Klage** mit allen Wahlgerichtsständen, auch § 32, da unerlaubte Handlung (RGZ 74, 249). Läuft Hauptprozeß noch, Aussetzung nach § 148 zu erwägen (nach LAG Köln MDR 93, 684; MK/Krüger Rn 22 ausgeschlossen). **Streitwert:** § 3 Rn 16 „Rückerstattungsanspruch".

14 8) **Rechtsfolgen.** Der Inzidentantrag macht den Schadensersatzanspruch rechtshängig unter Rückbeziehung auf die Zeit der Zahlung oder Leistung (§ 717 II 2). Ab dann Beginn der Verzinsungspflicht (§ 291 BGB). Verjährungsbeginn gem § 852 BGB ab Erlaß des aufhebenden Urteils ohne Rücksicht auf dessen Rechtskraft (Karlsruhe OLGZ 79, 370). Wird besondere Klage erhoben (Rn 13), keine Rückwirkung nach § 717 II 2.

15 9) **Verfahren.** Bei Geltendmachung des Ersatzanspruchs im Rechtsstreit ist das angegangene Gericht ohne Rücksicht auf die Höhe des Streitwerts zuständig, also Verweisung nach § 506 ausgeschlossen. Bei selbständiger Klage Zuständigkeitsprüfung nach allgemeinen Grundsätzen (Zinsschaden und Kosten aus Unterhaltsstreit sind daher Familiensache, Düsseldorf FamRZ 88, 298). Entschieden wird durch selbständig anfechtbares Endurteil; § 301 I ist anwendbar (RGZ 85, 214 [221]). Bei Übergehen des Antrags Ergänzung nach § 321. Schadensschätzung: § 287. Entscheidung bewirkt Rechtskraft analog § 322 I.

16 **III) OLG-Urteile** (Abs III 1; § 708 Nr 10). Das Vertrauen auf ihre Richtigkeit, auch auf LAG-Urteile (LAG Hamm NJW 76, 1110), wird privilegiert (BGHZ 69, 378), wobei Aufhebung aus materiellen und prozessualen Gründen gleichbehandelt wird (BGH MDR 59, 122). Bei Versäumnisurteilen gilt § 717 II, weil keine abschließende Prüfung stattfindet. Voraussetzung, daß das obergerichtliche Urteil vollstreckt wurde oder der Schuldner zur Abwendung seiner Vollstreckung geleistet hat. Zur Abgrenzung bei früher begonnener, fortwirkender Vollstreckung s Rn 9.

17 1) **Erstattungsanspruch** geht nur auf Bereicherung (§ 717 III 3), also auf Rückgabe des Empfangenen einschließlich gezogener Nutzungen und der Surrogate für Zerstörung oder Beschädigung; § 818 III BGB ist unanwendbar (BAG JW 62, 98). Kein Ersatz für Verluste kraft Gesetzes, zB Zwangshypothek nach § 868 (BGH MDR 71, 378). Rückgriff auf sonstige Anspruchsgrundlagen, insbes §§ 823, 826 BGB, nicht möglich. Verschulden nicht erforderlich. Zinsen nach §§ 291, 246 BGB; mehr als 4% nur bei Verzug (LAG Hamm NJW 76, 1119). Einwendungen und Einreden, auch Aufrechnung (Rn 10, 11), können wie bei § 717 II geltend gemacht werden.

18 2) **Geltendmachung** auch hier durch Zwischenantrag, Widerklage oder selbständige Klage (Rn 12, 13). Rechtshängigkeitsfiktion wie Rn 14, so daß § 818 IV BGB Haftung ab Zahlung oder Leistung begründet (Ordemann NJW 62, 478).

718

[Vorabentscheidung des Berufungsgerichts über vorläufige Vollstreckbarkeit]

(1) In der Berufungsinstanz ist über die vorläufige Vollstreckbarkeit auf Antrag vorab zu verhandeln und zu entscheiden.

(2) Eine Anfechtung der in der Berufungsinstanz über die vorläufige Vollstreckbarkeit erlassenen Entscheidung findet nicht statt.

1 **I) Anwendungsbereich.** § 718 I soll die **Korrektur** einer vorinstanzlich fehlerhaften Entscheidung vor zweitinstanzlicher Sachentscheidung ermöglichen (Frankfurt OLGR 94, 106 mN; Edelmann/Hellmann AnwBl 94, 384); Hamm (OLGR 95, 264) läßt auch Anpassung an neue Situation zu. Die Vorschrift gilt deshalb nur, soweit das Urteil angefochten wird (sonst § 534 I). Beschränkt sich der Berufungsantrag auf die vorinstanzliche Vollstreckbarkeitsentscheidung, scheidet eine Vorabentscheidung aus, weil es dann daneben keine andere Hauptsache mit einem anderen Streitgegenstand gibt (Nürnberg NJW 89, 842; Frankfurt NJW 82, 1890). Im Verfahren nach § 718 kann nicht lediglich die **Art** der Sicherheitsleistung überprüft werden (Schneider MDR 83, 906 m Nachw gg Frankfurt MDR 81, 677); dafür ist das Berufungsgericht nur zuständig, wenn es auch über die Höhe (Herauf- oder Herabsetzung) entscheidet. Für die isolierte Entscheidung über die Art der Sicherheitsleistung bleibt die Vorinstanz zuständig (Celle NdsRpfl 52, 4; aA Frankfurt MDR 81, 677; LG Memmingen NJW 74, 321, gegen diese Schneider MDR 83, 906). Die Vollstreckung muß noch nicht begonnen haben; sie darf aber nicht beendet sein (Köln MDR 80, 764 und München OLGR 95, 71: kein Rechtsschutzbedürfnis).

II) Voraussetzungen. Antrag auf Vorabentscheidung kann von jeder Partei gestellt werden, er setzt keine eigene Berufung oder Anschlußberufung voraus (VGH Kassel NVwZ 87, 517; Hamburg MDR 70, 244; Karlsruhe OLGZ 75, 486). Vorab ist Zulässigkeit der Berufung zu prüfen (§ 519b). Unzulässig, einen erstinstanzlich versäumten Antrag zweitinstanzlich nachzuholen (§ 714 Rn 1), nach Frankfurt (OLGZ 86, 254) jedenfalls dann nicht, wenn ein Einstellungsantrag nach §§ 719, 707 erfolgversprechend ist, weil es dann am Rechtsschutzbedürfnis fehle. Die Voraussetzungen für eine Vorabentscheidung auf Vollstreckbarerklärung ohne Sicherheitsleistung sind nicht mehr gegeben, wenn der Beklagte die Urteilssumme zur Abwendung der Vollstreckung geleistet hat, nachdem der Kläger die ihm erstinstanzlich auferlegte Sicherheitsleistung erbracht hatte (Hamburg VersR 84, 895). 2

III) Verfahren. Entscheidung (auch durch den Einzelrichter, § 524 Rn 76; aA Frankfurt MDR 90, 931) nur auf Grund mündlicher Verhandlung durch unanfechtbares (§ 718 II) **Teilurteil** (VGH Kassel aaO; Bamberg FamRZ 90, 184; Köln NJW-RR 95, 1280; § 521 Rn 31). Dabei ist lediglich zu prüfen, ob die §§ 708 ff richtig angewendet worden sind (MK/Krüger Rn 3; Frankfurt NJW-RR 88, 189 = EWiR § 718 ZPO 1/88, 931 m krit Anm Spätgens: Antrag auf Festsetzung einer besonderen Sicherheitsleistung für beabsichtigte **Teil**vollstreckung ist unzulässig; aA Groeger NJW 94, 431: Ermäßigungsantrag zulässig bei nur beschränkt eingelegter Berufung; ThP Rn 3; BL/Hartmann Rn 3; Düsseldorf OLGR 94, 197: Teilsicherheitsleistung je für Auskunft und Zahlung; Frankfurt OLGR 96, 154). Eine Beurteilung der Hauptsache hat zu unterbleiben (Karlsruhe FamRZ 87, 496); wohl ist die Vorabentscheidung durch die spätere Hauptsacheentscheidung auflösend bedingt. Bei der Vorabentscheidung sind auch (erstinstanzlich bereits beschiedene, s § 714 Rn 1) Anträge nach §§ 710, 711 S 2, 712 zu erledigen. Bei Aufhebung des Teilurteils durch das spätere Schlußurteil ist § 717 II unanwendbar. 3

IV) Gebühren: 1) des **Gerichts:** keine. – **2)** des **Anwalts:** § 37 Nr 3 BRAGO; § 49 BRAGO ist nicht anzuwenden (G/S/von Eicken § 49 Rn 2; Hamm MDR 75, 501). 4

719 *[Einstellung der Zwangsvollstreckung bei Rechtsmittel und Einspruch]*

(1) Wird gegen ein für vorläufig vollstreckbar erklärtes Urteil der Einspruch oder die Berufung eingelegt, so gelten die Vorschriften des § 707 entsprechend. Die Zwangsvollstreckung aus einem Versäumnisurteil darf nur gegen Sicherheitsleistung eingestellt werden, es sei denn, daß das Versäumnisurteil nicht in gesetzlicher Weise ergangen ist oder die säumige Partei glaubhaft macht, daß ihre Säumnis unverschuldet war.

(2) Wird Revision gegen ein für vorläufig vollstreckbar erklärtes Urteil eingelegt, so ordnet das Revisionsgericht auf Antrag an, daß die Zwangsvollstreckung einstweilen eingestellt wird, wenn die Vollstreckung dem Schuldner einen nicht zu ersetzenden Nachteil bringen würde und nicht ein überwiegendes Interesse des Gläubigers entgegensteht. Die Parteien haben die tatsächlichen Voraussetzungen glaubhaft zu machen.

(3) Die Entscheidung kann ohne mündliche Verhandlung ergehen.

I) Anwendungsbereich des Abs 1. Außer auf Einspruch oder Berufung auch anwendbar auf Vollstreckungsbescheide gem § 700 (Düsseldorf MDR 80, 675) und in den Fällen der §§ 534, 560. Antragsberechtigt ist auch der Rechtsmittelbeklagte, soweit er vorinstanzlich unterlegen ist und sich dem Rechtsmittel anschließt. **Unanwendbar:** bei Abänderungsurteilen nach § 323, für die § 769 gilt; in Beschlußsachen wegen des vorrangigen § 572; bei Entscheidungen mit nicht vollstreckungsfähigem Inhalt, wobei unerheblich ist, ob sie für vorläufig vollstreckbar erklärt worden sind (aA MK/Krüger Rn 3); wegen Stellung des Antrages auf Eröffnung des Vergleichsverfahrens (LAG Düsseldorf ZIP 83, 94). Für **Arrest** und **einstweilige Verfügung** ist zu unterscheiden: Bei Aufhebung durch Urteil hindert einstweilige Einstellung die Aufhebung bereits erfolgter Vollstreckungsmaßnahmen (§§ 775 Nr 1, 776) und ermöglicht Kostenvollstreckung (Frankfurt OLGZ 76, 373). Bei Urteilen, die eine einstweilige Verfügung bestätigen oder erlassen, ist Einstellung zulässig (§§ 924 III 2, 936), jedoch nur ganz ausnahmsweise veranlaßt (Frankfurt MDR 83, 585; WRP 91, 405; 92, 120 = JurBüro 92, 196; Stuttgart WRP 83, 242), etwa wenn bereits feststeht, daß das Urteil aufzuheben ist (Koblenz WPR 81, 545 mN; Celle NJW 90, 3280) oder fehlende Dringlichkeit glaubhaft gemacht ist (Köln GRUR 82, 504; s dazu Klette GRUR 82, 471); s auch § 924 Rn 13 und für Wettbewerbsprozesse Melullis 3.12.9. In Unterhaltssachen führt die einstweilige Einstellung analog §§ 719, 707 nach Berufung gegen ein herabsetzendes Abänderungsurteil dazu, daß weiterhin aus dem ursprünglichen Titel vollstreckt werden darf (Karlsruhe FamRZ 80, 909). Nach Erhebung einer Feststellungsklage auf fehlende Unterhaltspflicht darf Vollstreckung aus einem Anordnungstitel (§ 620 I Nr 6) eingestellt werden (Schleswig FamRZ 86, 184 unter Aufgabe von 1

SchlHA 83, 140; Frankfurt FamRZ 84, 717; umstr, aA zB Hamm NJW 83, 460; s näher Gießler FamRZ 82, 129; § 707 Rn 3).

2 **II)** Zu den Einstellungsvoraussetzungen s § 707 Rn 7 ff. **1)** Bei **Einspruch** gegen ein VU oder einen VB (§§ 338 ff, 542, 700) ist Einstellung grundsätzlich nur gegen Sicherheitsleistung zulässig, da auch § 707 I 2 glaubhaft gemacht werden muß (Frankfurt MDR 82, 588; KG MDR 85, 330). Ausnahmen nur bei ungesetzlich (hierzu § 344 Rn 1; Hamburg MDR 91, 259) ergangenem VU (bzw VB: LG Fulda MDR 87, 149) oder schuldloser Säumnis, wobei die Voraussetzungen des § 707 I 2 nicht zusätzlich gegeben sein müssen (Hamm MDR 78, 412; Düsseldorf MDR 80, 675; Köln JurBüro 88, 1086; Müssig ZZP 98, 1985, 324; aA Hamburg NJW 79, 1464; KG MDR 84, 61; 85, 330; LG Hamburg MDR 91, 1089, das aber eine Ausnahme macht bei vor Rechtshängigkeit ergangenem VU). Wird auch Wiedereinsetzung gegen Versäumung der Einspruchsfrist (§ 339 I) beantragt, ist § 707 I 2 anwendbar (Hamm NJW 81, 132).

3 **2)** Bei Einstellungsanträgen **nach Berufungseinlegung** ist zunächst die Begründung abzuwarten (Köln EWiR § 719 ZPO 2/86, 1043); sodann sind vorweg Zulässigkeit und Erfolgsaussichten des Rechtsmittels zu prüfen (Köln MDR 75, 850; Frankfurt 76, 2137; Schneider MDR 73, 356). **Beweisantizipation** im Rahmen der Ermessensentscheidung zulässig; wenn angebotene Beweise bei der gegebenen Sach- und Rechtslage und der Beweislastverteilung aussichtslos erscheinen, keine Einstellung. Bei der gebotenen Abwägung der Interessen haben diejenigen des Gläubigers kraft gesetzlicher Wertung Vorrang (Düsseldorf NJW-RR 87, 702), so daß insbesondere bei vorinstanzlich angeordneter Sicherheitsleistung des Gläubigers dem Einstellungsantrag nur stattgegeben werden darf, wenn der Schuldner darüber hinausgehende schutzwürdige Einstellungsinteressen darlegt und glaubhaft macht (Köln aaO; Frankfurt MDR 84, 764; OLGR 93, 137). Routinemäßige Einstellung nach Formular ist gesetzwidrig. Ist nach § 718 entschieden, kommt sicherheitslose Einstellung nach § 707 I 2 nur noch wegen neuer Umstände in Betracht. Ein die Unterhaltsleistung vorläufig vollstreckbar ermäßigendes Abänderungsurteil (§ 323) nimmt dem abgeänderten Titel die Vollstreckbarkeit, so daß kein Rechtsschutzbedürfnis für eine einstweilige Einstellung besteht (Zweibrücken FamRZ 86, 376). War in der Vorinstanz versäumt worden, einen Schutzantrag (§ 712) zu stellen, kann dies nicht nachgeholt werden (s § 714 Rn 1); der Antrag nach § 719 I bleibt aber zulässig (Edelmann/Hellmann AnwBl 94, 384, 386; Lambsdorff AnwBl 95, 517, 524; MK/Krüger Rn 6; ThP Rn 4; Düsseldorf MDR 87, 415; aA BL/Hartmann Rn 1; Vorauflage; Frankfurt NJW 84, 2955; OLGZ 89, 384; Karlsruhe NJW-RR 89, 1470). Das Versäumnis ist zwar bei der Abwägung zu berücksichtigen, schließt aber § 719 I nicht von vornherein aus wie gerade die Fälle zeigen, in denen der Grund für eine Einstellung erst nach Instanzende entsteht oder dann für den Sch erkennbar wird. **Antrag auf PKH** für die Durchführung der Berufung steht der Berufungseinlegung nicht gleich, so daß ein Einstellungsantrag (vor PKH-Bewilligung u ggf Wiedereinsetzung) unbegründet ist. Wenn ein PKH-Antrag für die Berufung beim OLG vom erstinstanzlichen RA gestellt wird und dieser Einstellung beantragt, muß (nach Hinweis, § 139) wegen fehlender Postulationsfähigkeit (§ 78 I 1) verworfen werden.

4 **III)** Für das **Revisionsverfahren** enthält Abs 2 eine selbständige Regelung, die derjenigen des § 712 nachgebildet ist (von Stackelberg MDR 86, 109). Revisionsgerichte sind der BGH und das BayObLG, das auch in BGH-Sachen einstweilen einstellen kann, solange es sich noch nicht für unzuständig erklärt hat (BGH NJW 67, 1967). Die Sonderregelung des § 719 II schließt eine Einstellungsbefugnis der Vorinstanz nicht aus; daher darf LG im Nachverfahren trotz Revision gegen Vorbehaltsurteil im Urkundenprozeß noch vorläufige Einstellung aus dem Vorbehaltsurteil beschließen (Nürnberg NJW 82, 392).

5 **1)** Auch hier **Zulässigkeits- und Erfolgsprüfung** vorzunehmen (BGHZ 8, 47; BAG NJW 71, 910; LAG Berlin BB 80, 1749). Keine Einstellung, wenn dadurch das Urteil seine materielle Wirkung völlig verlieren würde, zB bei befristeten Unterlassungsansprüchen (BGH MDR 79, 996; BAG NJW 72, 1775). Daß der Schuldner zur Abwendung der ihm angedrohten Zwangsvollstreckung unter dem Vorbehalt der Rückforderung gezahlt hat, nimmt seinem Einstellungsantrag nicht das Rechtsschutzbedürfnis (München MDR 85, 1034).

6 **2) Unersetzlicher Nachteil** (s dazu auch §§ 707 Rn 13; 712 Rn 1) für den Schuldner (nicht für einen anderen: BGH WPM 83, 1020) tritt nicht schon ein, wenn die Vollstreckung endgültige Verhältnisse schafft, die auch bei erfolgreicher Revision bestehenbleiben (BGH WRP 96, 107; AnwBl 91, 54; anders noch BGHZ 21, 377). Regelmäßig gegebene Vollstreckungsnachteile reichen nicht aus, etwa der Zwang zur eidesstattlichen Versicherung oder Versteigerung gepfändeter Sachen unter Wert (Köln OLGZ 79, 113), der infolge der Vollstreckung drohende Konkurs einer schon in Liquidation befindlichen GmbH (BGH WuB VI E § 719 ZPO 1.86 – Hess = EWiR § 719 ZPO 1/86, 1041 m Anm Grunsky; Frankfurt MDR 85, 507), die Abtretung einer Briefgrundschuld (BGH WPM 84, 321) oder der Zwang, einen Geldbetrag auf ein Sperrkonto einzuzahlen (BGH NJW 52, 425; LM § 719 ZPO Nr 7). Auch Einstellung der Zwangsvollstreckung auf Rechnungslegung kommt grundsätzlich nicht in Betracht, weil die Vorwegnahme des Prozeßergebnisses der

Vorstufe zur Anspruchsverwirklichung kein unersetzlicher Nachteil ist (BGH WRP 79, 715). Will der Schuldner in solchen Fällen gleichwohl Einstellung erreichen, muß er darlegen,warum ihm ausnahmsweise ein unersetzlicher Nachteil droht (BGH LM § 109 ZPO Nr 1 m Anm Johannsen), und dazu muß er auch seine Vermögensverhältnisse offenlegen. Der Gläubiger kann dann seinerseits überwiegendes Eigeninteresse darlegen und dadurch Einstellung verhindern.

3) **Vorinstanzliches Versäumen von Anträgen** auf Abwehrmaßnahmen beim Berufungsgericht geht zu Lasten des Schuldners, wenn der unersetzliche Nachteil bereits erkennbar und nachweisbar war (std Rspr des BGH, zB NJW-RR 88, 1530; FamRZ 90, 996; 91, 1176; AnwBl 91, 53; ZIP 96, 885 = NJW 96, 1970; MDR 96, 844 = NJW 96, 2103). Das gilt auch für einen unterbliebenen oder noch nachholbaren Ergänzungsantrag nach §§ 716, 321 (BGH WPM 81, 1236; FamRZ 93, 50). Falsche Einschätzung der Erfolgsaussichten des Rechtsmittels (NJW-RR 92, 189) oder Substantiierung der Einstellungsgründe erst im Revisionsrechtszug (MDR 91, 1085) rechtfertigen die Einstellung nicht. Versäumung der Antragsfrist für Urteilsergänzung geht zu Lasten des Schuldners (BGH MDR 84, 649). Bei dringendem Geheimhaltungsinteresse (BGH GRUR 80, 755 m Anm Kicker) muß ggf beim Berufungsgericht hilfsweise beantragt werden zu gestatten, Erklärungen nur gegenüber einer zur Verschwiegenheit verpflichteten Person abzugeben (BGH WRP 79, 715). 7

4) **Zulässige Maßnahme** ist nur einstweilige Einstellung der Zwangsvollstreckung. Da das Revisionsgericht nicht nach § 719 I verfahren darf, kommt bei ihm nur Einstellung ohne Sicherheitsleistung in Betracht; dies aber auch dann, wenn das Berufungsurteil dem Schuldner Abwendungsbefugnis durch Sicherheitsleistung eingeräumt hat und er die Sicherheit erbringen könnte, weil dadurch der unersetzliche Nachteil nicht ausgeräumt würde (BGH MDR 51, 482). Die Einstellung darf auf Teile des Urteils, bestimmte Vollstreckungsmaßnahmen (BAG NJW 58, 1905) oder auf die Zwangsvollstreckung in bestimmte Vermögenswerte (BGHZ 18, 219 u 398) beschränkt werden. Versagung der Einstellung schließt einstweilige Verfügung nicht aus (BGH NJW 57, 1193); jedoch keine einstweilige Verfügung an Stelle einstweiliger Einstellung (§ 707 Rn 1). 8

IV) Verfahren. 1) Glaubhaftmachung nach § 719 I 2 einschließlich § 707 I 2 (Rn 2; dort auch zu den Ausnahmen). Für das Revisionsverfahren gilt § 719 II 2. 9

2) **Entscheidung** durch Beschluß, sobald Einspruch oder Rechtsmittel eingelegt ist. Keine zeitliche Begrenzung des Einstellungsantrages; zulässig also bis zur Urteilsverkündung und sogar noch in der Zwischeninstanz (Hamm FamRZ 85, 306). Mit Urteilsverkündung wird der Beschluß ohne weiteres wirkungslos. Ab LG besteht Anwaltszwang. Gegner muß gehört werden (Art 103 I GG). Kostenentscheidung nur, wenn mdl Verhandlung angeordnet war (dann Zusatzgebühren nach § 49 I BRAGO) und im Beschwerdeverfahren (s § 769 Rn 11). Der Beschluß ist abänderbar (§ 707 Rn 18), zB auf Gegenvorstellung (BGH FamRZ 89, 849), als die zunächst jede Beschwerde zu behandeln ist (Celle MDR 86, 63). Beschwerde ausgeschlossen, sofern nicht die gesetzliche Grundlage für die Entscheidung fehlte (s § 707 Rn 22; § 567 Rn 18). Beschwerde auch nicht gegeben, um eine Einstellung ohne Sicherheitsleistung rückgängig zu machen (KG MDR 79, 679; Schneider MDR 80, 530). 10

3) Keine entsprechende Anwendung des § 715 auf Rückgabe der Sicherheitsleistung nach Einstellung gem § 719 (s § 715 Rn 1). 11

V) Gebühren: wie Rn 23 zu § 707. 12

720 *[Hinterlegung bei Vollstreckungsabwendung]*

Darf der Schuldner nach § 711 Satz 1, § 712 Abs. 1 Satz 1 die Vollstreckung durch Sicherheitsleistung oder Hinterlegung abwenden, so ist gepfändetes Geld oder der Erlös gepfändeter Gegenstände zu hinterlegen.

I) Fallgestaltungen: 1) Leistet allein der **Schuldner** Sicherheit oder hinterlegt er, dann ist die Zwangsvollstreckung unzulässig und nach § 775 Nr 3 einzustellen; bereits getroffene Vollstreckungsmaßregeln sind aufzuheben (§ 776). 1

2) **Leistet auch** der **Gläubiger** im Fall des § 711 S 1, ist § 720 unanwendbar, weil der Schuldner dann die Vollstreckung nicht abwenden darf. Es besteht folglich keine Pflicht zur Hinterlegung des Geldes oder des Erlöses. 2

3) **Leistet** der **Schuldner nicht** die ihm nachgelassene Abwendungssicherheit nach § 712, dann ist § 720 anwendbar, weil es nicht darauf ankommt, ob der Schuldner Sicherheit leistet, sondern nur darauf, ob er sie leisten „darf" (BayObLG MDR 76, 852). Die Zwangsvollstreckung ist zulässig; jedoch ist gepfändetes Geld oder der Erlös gepfändeter Sachen zu hinterlegen, so daß 3

eine Befriedigung des Gläubigers nicht eintritt. Ebenso liegt es, wenn im Fall des § 711 S 1 keine Partei Sicherheit leistet. Hier hat der Gläubiger jedoch die Möglichkeit, die Rechtslage zu seinen Gunsten zu verändern; leistet er nämlich seine Sicherheit, ist gepfändetes Geld oder Pfändungserlös an ihn abzuführen (BGHZ 12, 92).

4 **II) Zahlung des Schuldners. 1)** Zahlt er vor der Pfändung **an den GV,** ohne Hinterlegung zu verlangen, dann ist das Geld dem Gl abzuliefern; denn der Schuldner fügt sich dem Urteilsspruch und will den Gl befriedigen (Schuschke I Rn 3).

5 **2)** Zahlt der Schuldner freiwillig unmittelbar **an den Gläubiger,** kommt keine Vollstreckung und damit auch keine Sicherheitsleistung oder Hinterlegung zur Abwendung in Betracht; § 720 ist tatbestandlich unanwendbar. Ebenso, wenn die Zwangsvollstreckung nach §§ 707, 719 gegen Sicherheitsleistung einstweilen eingestellt wird; dann muß sie geleistet werden, damit die Einstellungswirkungen eintreten (BGH NJW 68, 398; LG Berlin MDR 70, 787).

720a *[Zwangsvollstreckung ohne Sicherheitsleistung]*

(1) Aus einem nur gegen Sicherheit vorläufig vollstreckbaren Urteil, durch das der Schuldner zur Leistung von Geld verurteilt worden ist, darf der Gläubiger ohne Sicherheitsleistung die Zwangsvollstreckung insoweit betreiben, als

a) bewegliches Vermögen gepfändet wird,

b) im Wege der Zwangsvollstreckung in das unbewegliche Vermögen eine Sicherungshypothek oder Schiffshypothek eingetragen wird.

Der Gläubiger kann sich aus dem belasteten Gegenstand nur nach Leistung der Sicherheit befriedigen.

(2) Für die Zwangsvollstreckung in das bewegliche Vermögen gilt § 930 Abs. 2, 3 entsprechend.

(3) Der Schuldner ist befugt, die Zwangsvollstreckung nach Absatz 1 durch Leistung einer Sicherheit in Höhe des Hauptanspruchs abzuwenden, wegen dessen der Gläubiger vollstrecken kann, wenn nicht der Gläubiger vorher die ihm obliegende Sicherheit geleistet hat.

1 **I) Zweck:** Rechtsschutz der im ersten Rechtszug siegreichen Partei. Vor Sicherheitsleistung kann der Gläubiger einer Geldforderung aus einem nur bedingt vollstreckbaren Urteil Maßnahmen zur Sicherung seines Anspruchs ergreifen (BT-Drucks 7/2729, S 44, 109).

2 **II) Voraussetzung: 1)** Urteil, das auf eine Geldforderung (Währung gleich) lautet (kann auch gegen einen Dritten auf Duldung der ZwV wegen einer Geldforderung gerichtet sein, BayObLG JurBüro 95, 162 = Rpfleger 95, 305; s auch vor § 802 Rn 1) und nur **gegen Sicherheit** des Gläubigers vorläufig **vollstreckbar** ist (Fälle nach §§ 709, 712 II S 2), oder dessen Vollstreckung auf Schutzantrag des Schuldners (Fall des § 712 I S 2) nach der Urteilsformel auf die Maßregeln des § 720a I, II beschränkt ist. Abwendungsbefugnis des Schuldners nach § 711 S 1, § 712 I S 1 rechnet nicht zur Sicherungsvollstreckung; der Gläubiger kann nach § 711 vollstrecken, wenn er Sicherheit geleistet hat (selbst wenn auch der Schuldner von seiner Abwendungsbefugnis Gebrauch gemacht hat, LG Heidelberg MDR 93, 272); wenn durch den Schuldner Sicherheit nicht geleistet oder Hinterlegung nicht erfolgt ist, kann im Falle von § 711 S 1, § 712 I S 1 die ZwV mit der Folge betrieben werden, daß nach § 720 hinterlegt wird (BGH 12, 92). Aus einem Kostenfestsetzungs- oder Regelunterhaltsbeschluß findet Sicherungsvollstreckung nach § 720a statt, wenn er auf einem nur gegen Sicherheitsleistung vorläufig vollstreckbaren Urteil beruht (§ 795 S 2).

3 **2) Sicherheitsleistung** des Gläubigers (sonst erforderlich nach § 751 II) **entfällt** für den Beginn der Sicherungsvollstreckung. Die anderen allgemeinen Voraussetzungen der ZwV müssen immer auch für die Sicherungsvollstreckung erfüllt sein, so vollstreckbare Ausfertigung (§ 724 I), Parteibezeichnung, Titelzustellung und Zustellung etwaiger Urkunden (§ 750 I, II), Kalendertagablauf (§ 751 I), Erfordernisse der Zug-um-Zug-Leistung (§§ 756, 765) usw.

4 **3)** Als besonderes Erfordernis verlangt § 750 III **Zustellung** des Urteils und der Vollstreckungsklausel **mindestens zwei Wochen** vor Beginn der Sicherungsvollstreckung. Diese **Wartefrist** soll den Schuldner schützen; er soll erst nach deren Ablauf mit Sicherungsmaßnahmen des Gläubigers rechnen müssen und in der Zwischenzeit Gelegenheit finden, den Sicherungszugriff nach Abs 3 abzuwenden. Zugestellt sein muß zwei Wochen vorher nach Wortlaut und Zweck des § 750 III (Wartefrist für Schuldner) auch die einfache Klausel (§ 725) (Hamm JurBüro 89, 1748 = Rpfleger 89, 378; Karlsruhe MDR 91, 161 = Rpfleger 91, 51; KG DGVZ 88, 93 = MDR 88, 504; Schleswig NJW-RR 88, 700; Stuttgart MDR 90, 61 = NJW-RR 89, 1535 und LGe, zul LG Göttingen DGVZ 95, 73 u LG Ravensburg JurBüro 89, 260), nicht nur die Klausel in den besonderen Fällen des § 750 II (so aber LG Frankfurt Rpfleger 82, 296 und weitere LGe, zul LG Münster JurBüro 86,

239, auch Münzberg Rpfleger 83, 58). Amtszustellung genügt (Düsseldorf JurBüro 88, 239 mit abl Anm Mümmler; auch bereits LG Frankfurt aaO). Zustellung und Wartefrist erfordert infolge entspr Anwendung des § 750 III (§ 795 S 1) auch die Sicherungsvollstreckung aus einem Kostenfestsetzungs- oder Regelunterhaltsbeschluß.

III) Sicherungsvollstreckung kann betrieben werden im Wege der ZwV in das

- bewegliche Vermögen mit **Pfändung** körperlicher Sachen (§ 808; auch im Drittgewahrsam, § 809) oder von Forderungen und anderen Vermögensrechten (§§ 829 ff). Pfändungswirkungen: § 720a II mit § 930 II, III; 5
- unbewegliche Vermögen mit Eintragung einer **Sicherungshypothek** (§§ 866 I, 867) („normale" Sicherungshypothek, nicht Höchstbetragshypothek; auf § 932 ist nicht Bezug genommen) oder einer Schiffshypothek (§ 870a I). Zwangsversteigerung oder -verwaltung darf aus der Sicherungshypothek nicht betrieben werden, solange Verwertungsberechtigung (Rn 8) nicht eingetreten ist. Erlischt die Sicherungshypothek in dem auf Antrag eines anderen betriebenen Zwangsversteigerungsverfahrens (§ 91 I ZVG), dann muß auf sie fallender Erlös vor Eintritt der Befriedigungsberechtigung des Gläubigers (Rn 8) hinterlegt werden. 6

Zulässig sind ohne Sicherheitsleistung auch **Vorpfändung** (§ 845; dort Rn 2, auch zur Wartefrist) und bei aussichtsloser oder fruchtloser Pfändung (§ 807) Antrag auf **Offenbarungsversicherung** (§§ 899 ff; Düsseldorf NJW 80, 2717; Hamm MDR 82, 416; KG MDR 89, 745 = OLGZ 89, 369; Koblenz MDR 91, 63 = Rpfleger 91, 66 [unter Aufgabe von MDR 79, 766 = NJW 79, 2521]; München MDR 91, 64 = Rpfleger 91, 66; Stuttgart MDR 80, 409 = NJW 80, 1698 und LGe, zul LG Frankenthal JurBüro 82, 1412 = Rpfleger 82, 190; aA LGe, zul LG Berlin Rpfleger 89, 206; Fahlbusch Rpfleger 79, 248). 7

Die bei Sicherungsvollstreckung entstehenden **Kosten der ZwV** (§ 788) können nur nach Maßgabe des § 720a mit vollstreckt werden, solange nicht der Gläubiger Sicherheit geleistet hat (KG JurBüro 84, 1572). 7a

IV) Verwertung und **Gläubigerbefriedigung** sind möglich, wenn der Vollstreckungstitel mit Rechtskraft endgültig (oder sonst vorläufig ohne Sicherheitsleistung) vollstreckbar geworden ist, oder wenn der Gläubiger die ihm nach dem vollstreckbaren Titel obliegende Sicherheit voll geleistet hat (Abs 1 S 2). Nachweis dieser Sicherheitsleistung für Fortsetzung der ZwV zur Befriedigung des Gläubigers: § 751 II. 8

V) 1) Abwendungsbefugnis: Sicherungsvollstreckung kann der Schuldner immer durch Leistung einer Sicherheit in Höhe des für den Gläubiger vollstreckbaren Hauptanspruchs (aus Vereinfachungsgründen ohne Zinsen und Kosten) abwenden (Abs 3). Ein Ausspruch des Gerichts im Urteil ist nicht nötig und erfolgt nicht. Hauptsumme ist beim Kostenfestsetzungsbeschluß (auch wenn er auf das Urteil gesetzt ist) der festgesetzte Kostenbetrag (ohne Zinsen), beim Regelunterhaltsbeschluß sind es die (fälligen) Unterhaltsbeträge. Art der Sicherheitsleistung: § 108 (nach Anordnung auch Bankbürgschaft, § 108 I S 1; München DGVZ 90, 185 = OLGZ 91, 75). Hat der Schuldner Sicherheit geleistet, kann der Gläubiger Sicherungsvollstreckung nicht betreiben (bei Verstoß Aufhebung auf Erinnerung, § 766). Ist Sicherungsvollstreckung bei Leistung der Sicherheit durch den Schuldner bereits erfolgt, ist nach § 775 Nr 3, § 776 einzustellen und aufzuheben. Die Sicherheit des Schuldners sichert den für vorläufig vollstreckbar erklärten Anspruch selbst, nicht nur einen Verzögerungsschaden (Köln NJW-RR 87, 251); abgesichert sind auch die nicht mehr vollstreckbaren Zinsen und Kosten (vgl § 707 Rn 21). Einstellung des Offenbarungsverfahrens gegen den zur Sicherheitsleistung nach Abs 3 für Abwendung der Sicherungsvollstreckung unfähigen Schuldner kann nach §§ 707, 719 erfolgen (Frankfurt MDR 89, 462); sonst ist Einstellung einer Sicherungsvollstreckung ohne Sicherheitsleistung auch dann nicht zulässig, wenn Schuldner ein Bundesland ist (Frankfurt MDR 86, 63 = NJW-RR 86, 359). 9

2) Sicherheitsleistung des Gläubigers: Abwendungsbefugnis des Schuldners nach Abs 3 beseitigt nur die Möglichkeit der Sicherungsvollstreckung (ZwV nach Abs 1), nicht jedoch die vorläufige Vollstreckbarkeit des Titels. Der Gläubiger kann daher mit der ihm nach der Urteilsformel obliegenden Sicherheitsleistung jederzeit die Voraussetzungen der Vollstreckbarkeit des Titels herstellen (§ 704 I; anders im Falle des § 712 I S 2). Nachweis: § 751 II. Damit entfällt für eine bereits geleistete Sicherheit des Schuldners die Veranlassung; sie ist nach § 109 zurückzugeben (München DGVZ 90, 185 [196] = JurBüro 91, 594 [595]; StJ/Münzberg Rn 14, MK/Krüger Rn 5, aA [Erinnerung gem § 766 gegen die ZwV des Gläubigers, die nun Überpfändung ist] Gilleßen und Jakobs DGVZ 77, 110 [113]). 10

721 *[Räumungsfrist]*

(1) Wird auf Räumung von Wohnraum erkannt, so kann das Gericht auf Antrag oder von Amts wegen dem Schuldner eine den Umständen nach angemessene Räumungsfrist gewähren. Der Antrag ist vor dem Schluß der mündlichen Verhandlung zu stellen, auf die das Urteil ergeht. Ist der Antrag bei der Entscheidung übergangen, so gilt § 321; bis zur Entscheidung kann das Gericht auf Antrag die Zwangsvollstreckung wegen des Räumungsanspruchs einstweilen einstellen.

(2) Ist auf künftige Räumung erkannt und über eine Räumungsfrist noch nicht entschieden, so kann dem Schuldner eine den Umständen nach angemessene Räumungsfrist gewährt werden, wenn er spätestens zwei Wochen vor dem Tage, an dem nach dem Urteil zu räumen ist, einen Antrag stellt. §§ 233 bis 238 gelten sinngemäß.

(3) Die Räumungsfrist kann auf Antrag verlängert oder verkürzt werden. Der Antrag auf Verlängerung ist spätestens zwei Wochen vor Ablauf der Räumungsfrist zu stellen. §§ 233 bis 238 gelten sinngemäß.

(4) Über Anträge nach den Absätzen 2 oder 3 entscheidet das Gericht erster Instanz, solange die Sache in der Berufungsinstanz anhängig ist, das Berufungsgericht. Die Entscheidung kann ohne mündliche Verhandlung ergehen. Vor der Entscheidung ist der Gegner zu hören. Das Gericht ist befugt, die im § 732 Abs. 2 bezeichneten Anordnungen zu erlassen.

(5) Die Räumungsfrist darf insgesamt nicht mehr als ein Jahr betragen. Die Jahresfrist rechnet vom Tage der Rechtskraft des Urteils oder, wenn nach einem Urteil auf künftige Räumung an einem späteren Tage zu räumen ist, von diesem Tage an.

(6) Die sofortige Beschwerde findet statt

1. gegen Urteile, durch die auf Räumung von Wohnraum erkannt ist, wenn sich das Rechtsmittel lediglich gegen die Versagung, Gewährung oder Bemessung einer Räumungsfrist richtet;

2. gegen Beschlüsse über Anträge nach den Absätzen 2 oder 3.

(7) Die Absätze 1 bis 6 gelten nicht für Mietverhältnisse über Wohnraum im Sinne des § 564b Abs. 7 Nr. 4 und 5 und in den Fällen des § 564c Abs. 2 des Bürgerlichen Gesetzbuchs.

1 I) 1) a) Bei Verurteilung zur **Räumung** von **Wohnraum**, der dem Schuldner, seinen Familienangehörigen und/oder sonstigen Hausgenossen dient, kann das Gericht von Amts wegen (auch bei Säumnis des Beklagten, LG Mannheim MDR 66, 242; MK/Krüger Rn 2; aA Hoffmann MDR 65, 170) oder auf Antrag eine angemessene Räumungsfrist gewähren (Abs 1). Zur Antragstellung und -begründung ist der Rechtsanwalt des Beklagten verpflichtet (Hamm NJW-RR 95, 526). § 721 greift als Schutzvorschrift zugunsten des Räumungsschuldners von Wohnraum (auch des Untermieters, der in Kenntnis gewerblicher Zwischenvermietung gemietet hatte, LG Stuttgart NJW-RR 90, 654) nur ein bei Räumungsklagen (Räumungsurteilen), auch wenn Kündigung durch den Schuldner erfolgt war oder es sich nicht um eine Mietstreitigkeit handelt (StJ/Münzberg Rn 18; MK/Krüger Rn 2), nicht bei einstw Verfügung nach § 940a (dazu LG Hamburg NJW-RR 93, 1233), nicht bei einstw Anordnung über die Benutzung der Ehewohnung (§ 620 Nr 7; Hamburg FamRZ 83, 1151) und nicht bei anderen Vollstreckungstiteln auf Räumung von Wohnraum wie Beschlüssen nach § 93 ZVG und § 117 KO. Räumungsschutz zugunsten des Ehebrechers, der in die Ehewohnung eingezogen ist, kommt bei Beseitigung der Ehestörung nicht in Betracht (Celle NJW 80, 711). Der Vollstreckungsschutz bei einem Räumungsvergleich hat in § 794a eine gesonderte Regelung gefunden (München OLGZ 69, 43; LG Hamburg MDR 71, 671; Burkhardt NJW 68, 687; aA LG Mannheim MDR 67, 1018; Schmidt-Futterer NJW 68, 143). Räumungsfrist im **Ehewohnungszuteilungsverfahren** ist nach § 15 HausrVO vom Familiengericht zu gewähren (Karlsruhe Justiz 79, 438; München NJW 78, 548; Stuttgart FamRZ 80, 467). Zusätzliche Anträge (§§ 709 ff) schließt § 721 nicht aus (Räumungsfrist kann vor Urteilsrechtskraft enden, s BGH MDR 90, 1003 = NJW 90, 2823).

2 b) **Wohnraum** sind alle Räume, die tatsächlich Wohnzwecken dienen. Hierher gehören Gebäudeteile, möblierte Zimmer (je mit Nebenräumen wie Keller und Boden), Schiffe, Wohnwagen, Boote, Wohnlauben, nicht dagegen rein gewerblich genutzte Räume, auch nicht Räume, die für Fremdenbeherbergung dienen (gewerbl Zimmervermietung). Bei Mischmietverhältnis (Wohn- und Gewerberäume) kommt es darauf an, welche Nutzungsart überwiegt (BGH MDR 77, 745 = NJW 77, 1394; MDR 79, 394; anders MK/Krüger Rn 8; StJ/Münzberg Rn 8). Für die Wohnräume kann auch bei überwiegendem gewerbl Mietanteil Räumungsfrist gewährt werden, wenn sie baulich und funktional selbständig sind und daher getrennt von den Geschäftsräumen herausgegeben werden können (Hamburg MDR 72, 955; LG Hamburg MDR 93, 444 = NJW-RR 93, 662; LG Mannheim NJW-RR 93, 713 u ZMR 94, 21). Auf den Rechtsgrund des Innehabens des Wohnraums kommt es nicht an; § 721 ist daher bei Nießbrauch, Dienstbarkeit, Besitz, Miete, Pacht und sonst schuldrechtlicher Nutzungsbefugnis anwendbar (LG Hamburg MDR 93, 444), auch bei

Wohnbaracke des Schuldners auf gepachtetem Grundstück (LG Mannheim MDR 71, 223; AG Wuppertal MDR 71, 667), bei als Wohnraum untervermietetem Geschäftsraum (AG Stuttgart WuM 74, 180) und bei Nutzung als Wohnraum durch gewerblichen Mieter (Betrieb eines Frauenhauses durch Verein, LG Lübeck ZMR 93, 223).

c) **Ausgeschlossen** (Abs 7) ist Gewährung eines Räumungsschutzes nach § 721 für Vollstrekkung eines Räumungsurteils nach Beendigung eines Mietverhältnisses über (dem Mieter vor dem 1. 6. 1995 überlassenen) Wohnraum in **Ferienhäusern** und Ferienwohnungen in Ferienhausgebieten, über den von einer jur Person des öffentlichen Rechts angemieteten und Dritten überlassenen Wohnraum (je unter weiterer Voraussetzung von § 564b VII Nrn 4 u 5 BGB), sowie eines **Zeitmietverhältnisses** über Wohnraum, das für nicht mehr als 5 Jahre bestanden hat, unter den weiteren Voraussetzungen des § 564c II BGB (familiärer Eigenbedarf oder erhebliche bauliche Maßnahmen, rechtzeitig erklärte Verwendungsabsicht mit nochmaliger Anzeige), nicht aber bei vorzeitiger Beendigung des Zeitmietverhältnisses (StJ/Münzberg Rn 16a). § 765a bleibt dennoch anwendbar. 3

2) **Zuständig ist das Prozeßgericht,** nicht das Vollstreckungsgericht (dieses aber für Schutz nach § 765a). Ein Antrag ist vor Schluß der mündlichen Verhandlung zu stellen, auf die das Urteil ergeht, bei Entscheidung ohne mündliche Verhandlung bis zu dem entsprechenden Zeitpunkt (§ 128 II, III; anders LG Berlin JurBüro 95, 530: bis Erlaß des Urteils). Die Entscheidung über die Räumungsfrist ist im Urteil zu treffen. Der Ausspruch über Gewährung einer Räumungsfrist ist in den Urteilsausspruch aufzunehmen, auch die Versagung einer Räumungsfrist, und zwar gleichgültig, ob die Frage der Räumungsfrist von Amts wegen oder auf Antrag geprüft wird. Bei Versagung einer Räumungsfrist genügt es aber auch, daß diese Frage in den Entscheidungsgründen erörtert wird; übergangen mit der Folge, daß § 321 eingreift, ist ein Antrag auf Räumungsfrist nur, wenn weder Urteilsspruch noch Gründe sich mit ihm befassen (aA Hoffmann MDR 65, 170 [175], der Verfahren nach § 321 immer zulassen will, wenn sich das Urteil mit der Frage der Räumungsfrist nicht befaßt, damit auch, wenn kein Antrag gestellt war). Bis zur Entscheidung im Verfahren nach § 321 kann die ZwV wegen des Räumungsanspruchs auf Antrag einstweilen eingestellt werden (Köln MDR 80, 764). Das Ergänzungsurteil muß sich in der Formel über die Räumungsfrist aussprechen. Wird der Beklagte zur Räumung von Wohnung verurteilt, ohne daß er beantragt hat, eine Räumungsfrist zu gewähren, so kann er diesen Antrag zwar noch in der Berufungsinstanz stellen, jedoch nicht die Einstellung der ZwV bis zur Entscheidung über den Antrag verlangen (Köln aaO). 4

3) **Die Bewilligung einer Räumungsfrist** und die Bestimmung ihrer Dauer stehen im Ermessen des Gerichts; es hat dabei die Interessen der beiden Parteien gegeneinander abzuwägen (s Hamm NJW-RR 95, 526; Rspr-Übersicht bei Buche MDR 72, 189 [191]; zur Pflicht des Mieters zur Beschaffung von Ersatzraum LG Mannheim NJW-RR 93, 713; Schmidt-Futterer NJW 71, 1829; s auch BayObLG MDR 75, 492). Eine Mindestfrist ist nicht bestimmt, eine zu kurze Räumungsfrist (zB unter 1 Monat) verfehlt jedoch ihren Zweck. In der Regel wird bei Erstbewilligung die Höchstdauer nicht auszuschöpfen sein (LG Wuppertal NJW 66, 260). Das Gericht kann die Räumungsfrist auf einen **Teil der zu räumenden Wohnung beschränken** oder auch für verschiedene Teile der Wohnung unterschiedliche Räumungsfristen bewilligen (LG Lübeck SchlHA 67, 151). Die Räumungsfrist darf nach der den Gläubiger schützenden Sondervorschrift des Abs 5 (Hamm NJW 82, 341 [342]) nicht mehr als ein Jahr betragen, gerechnet von der Rechtskraft des Urteils. Damit ist aber die Frage des Laufs einer nach Zeiträumen (Wochen, Monaten) bestimmten Frist, insbes das Ende einer solchen Frist, gesetzlich nicht geregelt. Der Mieter bedarf schon zur Wahrung der Frist für einen Verlängerungsantrag (Abs 3) Klarheit über das Fristende. Es empfiehlt sich daher eine datumsmäßige Festlegung der Räumungsfrist; unterbleibt dies, so läuft die Frist vom Wirksamwerden der Entscheidung (Verkündung oder Zustellung) an (LG Mannheim MDR 70, 594; StJ/Münzberg Rn 14). 5

4) a) Bei einem Urteil auf **künftige Räumung** (§ 259) kann, wenn über eine Räumungsfrist noch nicht (auch nicht ablehnend) entschieden ist, dem Schuldner auf Antrag eine den Umständen angemessene Räumungsfrist bewilligt werden (Abs 2 S 1). Der Antrag ist spätestens 2 Wochen vor dem Tag zu stellen, an dem nach dem Urteil zu räumen ist; Fristende im Falle des § 222 II mit dem nächsten Werktag (Münzberg WuM 93, 9; StJ/Münzberg Rn 22a). Bei unverschuldeter Versäumung der Antragsfrist ist auf Antrag Wiedereinsetzung zu gewähren (Abs 2 mit §§ 233–238). 6

b) Auch kann eine gerichtlich **bewilligte Räumungsfrist** (nicht eine vom Gläubiger außergerichtlich zugebilligte, LG Wuppertal NJW 67, 832; aA LG Essen NJW 68, 162; s auch Buche MDR 72, 189) auf Antrag **verlängert** oder **verkürzt** werden (Abs 3); die Voraussetzungen für eine gerichtliche Räumungsfrist müssen jedoch auch vorliegen, wenn man auch die Verlängerung einer vom Gläubiger bewilligten Räumungsfrist für zulässig hält. Für Verlängerung der Frist kann es wesentlich darauf ankommen, ob der Schuldner sich hinreichend um eine Ersatzwohnung 7 bemüht hat (BGH MDR 90, 1003 = NJW 90, 2823). Verlängerung ist (regelmäßig) zu gewähren, wenn Ersatzwohnraum binnen 3 Monaten erlangt werden kann (LG Münster WuM 93, 62). Der Antrag auf Verlängerung ist spätestens 2 Wochen vor Ablauf der Räumungsfrist zu stellen (Abs 3 S 2); der letzte Tag der gewährten Frist ist in die 2 Wochen mit einzurechnen (ThP Rn 5). Beispiel: Räumungsfrist bis 31. 5., Antrag bis 17. 5. Fristende im Falle des § 222 II mit dem nächsten Werktag (Münzberg WuM 93, 9; StJ/Münzberg Rn 22a; LG Hamburg NJW-RR 90, 657; aA LG Berlin NJW 93, 144; LG Freiburg DWW 88, 118). Bei Versäumung der Antragsfrist sind die Vorschriften über die Wiedereinsetzung entspr anzuwenden (Abs 2 S 2, Abs 3 S 2). Ist die Frist versäumt oder sind die Möglichkeiten des § 721 erschöpft, kommt uU **Vollstreckungsschutz nach § 765a** in Betracht (s § 765a Rn 13, dort auch zur Abgrenzung). Zur Verwirkung weiteren Räumungsschutzes s LG Münster MDR 67, 405.

8 **c)** Über Anträge auf Bewilligung einer Räumungsfrist bei Vollstreckungstitel auf künftige Räumung und auf Verlängerung oder Abkürzung einer bewilligten Räumungsfrist entscheidet das Prozeßgericht 1. Instanz (auch wenn die Hauptsache in der Revisionsinstanz anhängig ist, BGH MDR 90, 1003 = NJW 90, 2823) oder das Berufungsgericht (Abs 4 S 1) in einem Beschlußverfahren. Die Entscheidung kann ohne mündliche Verhandlung ergehen; der Gegner ist vorher zu hören. Das zuständige Gericht kann eine Anordnung nach § 732 II erlassen.

9 **II) Rechtsbehelfe:** Gegen ein **Urteil** auf Räumung (auch Versäumnisurteil) sind die an sich zulässigen Rechtsbehelfe (**Berufung,** Einspruch) zu ergreifen, wenn das Urteil in der Hauptsache **einschließlich** der Entscheidung über die Räumungsfrist angefochten wird. Richtet sich jedoch das Rechtsmittel **ausschließlich** gegen die Versagung, Gewährung oder Bemessung einer Räumungsfrist, so ist gegen das **Urteil** (auch Versäumnisurteil, LG Mannheim MDR 66, 242, auch wenn es zur Räumungsfrist völlig schweigt, LG Köln NJW-RR 87, 143, nicht jedoch 2. Versäumnisurteil, § 345, LG Dortmund MDR 65, 579) insoweit **sofortige** Beschwerde gegeben (Abs 6 S 1 Nr 1). Zur Frage, wie das Nebeneinander von Berufung und sofortiger Beschwerde verfahrensrechtlich zu behandeln ist s LG Landshut NJW 67, 1374 mit Anm Schmidt-Futterer. Gegen einen **Beschluß** nach Abs 2 (Entscheidung **außerhalb des Urteils** über Bewilligung einer Räumungsfrist bei **künftiger Räumung**) und Abs 3 (Verlängerung oder Verkürzung einer Räumungsfrist) ist das Rechtsmittel die **sofortige Beschwerde** (Abs 6 S 1 Nr 2). Für die zum Erkenntnisverfahren gehörende Gewährung von Räumungsfrist (deshalb keine Anwendung von § 793) ist der Beschwerdeweg auf den Rechtszug der Hauptsache begrenzt; nicht zulässig ist daher eine Beschwerde gegen die Entscheidung des LG im Berufungsverfahren (§ 567 III) und gegen eine Entscheidung des OLG (§ 567 IV); eine weitere Beschwerde findet (ebenso wie im Falle des § 794a) nicht statt (§ 568 II; Celle NdsRpfl 91, 245; Köln ZMR 95, 30; Frankfurt NJW-RR 94, 715; Karlsruhe MDR 92, 303; München MDR 92, 516, MDR 93, 1006 = OLGZ 94, 251 u NJW-RR 93, 1235; Stuttgart MDR 91, 788 = OLGZ 91, 466; Zweibrücken MDR 92, 1081).

10 **III) Wirkung:** Bewilligung einer Räumungsfrist läßt die Beendigung des Mietverhältnisses unberührt. Der Gläubiger ist in der Durchsetzung seines Räumungstitels im Wege der ZwV gehindert. Er kann für die Dauer der Vorenthaltung als Entschädigung den vereinbarten Mietzins oder einen vergleichbaren ortsüblichen Mietzins verlangen (§ 557 I BGB). Diese Zahlungspflicht endet mit dem Auszug des Mieters (nicht erst mit dem späteren Ablauf der bewilligten Räumungsfrist, Staudinger/Sonnenschein § 557 Rn 28; StJ/Münzberg Rn 3; MK/Krüger Rn 12, je mit Hinweis auf möglichen anderen Anspruch). Der Mieter von Wohnraum (auch ein Untermieter dem Eigentümer, LG Stuttgart NJW-RR 90, 654) ist für die Zeit von der Beendigung des Mietverhältnisses bis zum Ablauf der Räumungsfrist zum Ersatz eines weiteren Schadens nicht verpflichtet (§ 557 III BGB); Ansprüche aus § 987 BGB (Herausgabe von Nutzungen) können neben § 557 BGB geltend gemacht werden (hM; Staudinger/Sonnenschein § 557 Rn 66 mwN). Zum Rechtsverhältnis zwischen Mieter und Vermieter nach Gewährung einer Räumungsfrist nach § 721 im einzelnen s Müller MDR 71, 253. Ob in der Entgegennahme von Nutzungsentschädigungen nach Erlaß eines Räumungstitels der Abschluß eines neuen Mietvertrags gesehen werden kann, der den Mieter zu einer Vollstreckungsabwehrklage (§ 767) berechtigt, richtet sich nach allgemeinen Grundsätzen des Zivilrechts. Kurzfristiges Zuwarten des Gläubigers mit der Räumungsvollstreckung genügt allgemein nicht; auch aus dem Ablauf der Frist des Abs 5 läßt sich nichts entnehmen. Es sind jeweils die Umstände des Einzelfalls umfassend zu würdigen. Längeres Zuwarten mit der ZwV kann (braucht aber nicht) Ausdruck des Willens sein, das Mietverhältnis fortzusetzen; dann ist bei Willensübereinstimmung mit dem Schuldner Begründung eines neuen Mietverhältnisses anzunehmen (Hamm MDR 82, 147 = NJW 82, 341; AG Ffm-Höchst NJW-RR 88, 204). Der Schuldner kann auf die ihm durch Bewilligung einer Räumungsfrist eingeräumten Rechte verzichten. Die Erwägungen, aus denen ein Verzicht auf Vollstreckungsschutz als unzulässig angesehen wird, greifen hier nicht, da es sich nicht um eine Schutzmaßnahme im öffentlichen Interesse (§ 811 Rn 10) handelt.

IV) Kostenentscheidung: Ergeht die Entscheidung über die Bewilligung einer Räumungsfrist im **Urteilsverfahren** (Abs 1), so ist für eine **gesonderte** Kostenentscheidung kein Raum. Über die Kosten ist jedoch nach Maßgabe des § 93b zu entscheiden. Bei Entscheidung im **Beschlußverfahren** nach Abs 2 und 3 sind §§ 91 ff anzuwenden (LGe Essen Rpfleger 71, 407, Konstanz MDR 67, 307, Wuppertal JMBlNW 65, 95; StJ/Münzberg Rdn 34; Buche MDR 72, 189 [195]; Hausser NJW 65, 804; Schmidt-Futterer MDR 65, 701 [704]); auch im Beschwerdeverfahren in allen Fällen, nicht nur bei erfolgloser Beschwerde, Buche aaO; aA LG Lübeck SchlHA 65, 66). Die Kosten im Beschlußverfahren sind weder Kosten des Rechtsstreits noch Kosten der ZwV (§ 788; aA LG München I WuM 82, 81). Kostenausspruch im Beschwerdeverfahren: § 97. 11

V) Gebühren: 1) des **Gerichts:** Keine (§ 1 I GKG); Beschwerdeverfahren: KV 1906. **2)** des **Anwalts:** § 50 BRAGO; Beschwerde (Abs. 6): § 61 I Nr 1 BRAGO. 12

722 *[Vollstreckung aus ausländischem Urteil]*

(1) Aus dem Urteil eines ausländischen Gerichts findet die Zwangsvollstreckung nur statt, wenn ihre Zulässigkeit durch ein Vollstreckungsurteil ausgesprochen ist.

(2) Für die Klage auf Erlaß des Urteils ist das Amtsgericht oder Landgericht, bei dem der Schuldner seinen allgemeinen Gerichtsstand hat, und sonst das Amtsgericht oder Landgericht zuständig, bei dem nach § 23 gegen den Schuldner Klage erhoben werden kann.

I) Überblick: §§ 722, 723 betreffen ausschließl die Vollstreckbarkeit (Vollstreckungswirkung) ausl Urteile im Inland. Hinsichtl der sonstigen prozessualen Wirkungen, die ein ausl Urteil im Inland entfaltet (Rechtskraftwirkung, Gestaltungswirkung etc), ist § 328 maßgebend. – Die meisten Staatsverträge regeln das Vollstreckbarerklärungsrecht nur marginal, dh sie überlassen seine Ausgestaltung dem Recht des Zweitstaates (AVAG), zB Art 13 UVÜ 1973, Art 6 UVÜ 1958, Art 6 dt-österr Vertrag. Die große Ausnahme bringen Art 31 ff GVÜ und im Anschluß daran die Verträge mit Norwegen, Israel und Spanien. – Vgl auch § 1025 Rn 60. 1

II) Nichtanerkennung der erststaatl Vollstreckbarkeit (Geimer/Schütze I 1412). **1) Die einem ausl Urteil** nach dem Recht des Urteilsstaates **zukommende Vollstreckbarkeit wird nicht anerkannt, also nicht auf das Inland erstreckt.** Die Vollstreckbarkeit nach dem Recht des Erststaates beinhaltet die Anweisung an die Vollstreckungsorgane des Erststaates, den festgestellten Anspruch auf Antrag notfalls mit Zwang durchzusetzen. Eine Anweisung an Vollstreckungsorgane eines anderen Staates scheidet aus völkerrechtl Gründen (Respektierung der Souveränität fremder Staaten) aus. Eine Erstreckung dieser Anweisung auf das Inland lehnt das dt Recht ab. Es soll auch der Anschein vermieden werden, als würden dt Vollstreckungsorgane den Befehlen auswärtiger Gerichte gehorchen. Davon abgesehen würde eine Anerkennung der ausl Vollstreckbarkeit auf erhebl praktische Schwierigkeiten stoßen. Durch die Anerkennung würde nämlich die ausl Vollstreckbarkeit auf das Inland erstreckt mit der Folge, daß der Umfang der Vollstreckung einschließl der Frage, wann diese einzustellen ist etc, nach dem Vollstreckungsrecht des Urteilsstaates zu beurteilen wäre. Von einem dt Vollstreckungsorgan, insbes GV, kann aber die Kenntnis ausl Vollstreckungsrechts nicht verlangt werden, Geimer/Schütze I 1413. 2

2) Die Vollstreckbarkeit im Inland muß einem ausl Urteil aus den vorgenannten Gründen **originär verliehen werden,** BGH FamRZ 86, 45 = EWiR 85, 207 (Geimer) = RIW 86, 554 = NJW 1440 = IPRax 294 (Dopffel 277). Das dt Vollstreckungsurteil ist deshalb kein Feststellungsurteil, das die Erstreckung der ausl Vollstreckbarkeit auf das Inland feststellt, sondern **ein (prozessuales) Gestaltungsurteil.** Die durch das dt Vollstreckungsurteil dem ausl Titel verliehene Vollstreckbarkeit beurteilt sich ausschließl nach dt Recht, Geimer IZPR Rz 3101. Die durch das dt Vollstreckungsurteil dem ausl Titel verliehene Vollstreckbarkeit bleibt auch nach Beseitigung der Vollstreckbarkeit im Erststaat bestehen (hM). Sie kann aber nach § 767 durch Vollstreckungsgegenklage gegen das dt Vollstreckungsurteil beseitigt werden, vgl § 1044 IV 1. Damit ist gewährleistet, daß die Voraussetzungen des Wegfalls der Vollstreckbarkeit im Streitverfahren und nicht im Zwangsvollstreckungsverfahren geprüft werden. Die ausl Titeln verliehene Vollstreckbarkeit deckt sich inhaltl mit der inländischen Titeln zukommenden Vollstreckbarkeit, § 328 Rn 18; Geimer/Schütze I 1149. So ist zB ein US-amerikan Titel nach §§ 803 ff zu vollstrecken, nicht nach US-Vollstreckungs- (contempt of court-)Regeln. 3

3) Voraussetzung für die Verleihung der deutschen Vollstreckbarkeit an ein ausl Urteil ist, daß dieses nach dem Recht des Urteilsstaates vollstreckbar ist. Die **Eröffnung des Konkurses im Erststaat** hindert die Vollstreckbarerklärung im Inland nicht, da die Wirkungen des ausl Konkurses im Inland insoweit – auch nach der grundsätzl Kehrtwendung der Rspr durch BGHZ 95, 269 = NJW 85, 2897 = RIW 720 = ZIP 85, 944 (Hanisch 1233) = IPRspr 85/218; s nun Art 102 EGInsO – nicht zu beachten sind. Das inländische Vollstreckbarerklärungsverf wird durch einen ausl 4

Konkurs nicht unterbrochen. § 240 ist – auch analog – nicht anzuwenden, Saarbrücken RR 94, 636 = ZIP 94, 1609. Hierzu Prütting ZIP 96, 1280. Der ausl Konkurs erfaßt auch inländisches Vermögen des Gemeinschuldners; der ausl Konkursverwalter darf dieses daher zur Konkursmasse ziehen, Geimer IZPR Rz 350b. Die Singularexekution im Inland wird durch den erststaatl Konkurs nicht gehindert, § 237 KO, bestr. Vor Inkrafttreten der neuen Insolvenzordnung geht es um die Bestimmung der **Reichweite des § 237 KO,** Geimer IZPR Rz 1945d. Hält dieser die Singularexekution nur für im Zeitpunkt der Konkurseröffnung im Ausland bereits bestehende Titel offen mit der Folge, daß im übrigen das Verbot der Einzelrechtsverfolgung nach der lex concursus zu beachten ist? So Lüke KTS 86, 13; Trunk KTS 87, 422; Ebenroth ZZP 101 (1988), 131. Dagegen wird in der international-konkursrechtl Literatur eingewandt, die **restriktive Interpretation des § 237 KO** mißachte „ein legitimes Vertrauen in bestehende Zuständigkeiten", Flessner ZIP 89, 753; Flessner/Schulz IPRax 91, 164; Arnold in Gottwald, Insolvenzrechts-Handbuch, 1990, § 122 Rz 40. Grasmann Rev. crit. d. i. p. 90, 460 will zwar das Verbot der individuellen Rechtsverfolgung nach ausl Konkursrecht anerkennen, bei streitigen Forderungen aber doch die Feststellung gegen den ausl Konkursverwalter im Inland weiter zulassen. Bedenkenswert ist auch das Plädoyer Flessners, im Inland wenigstens eine **Arrestzuständigkeit** offen zu halten, mit dem Ziel, die im Inland befindl Vermögenswerte des Gemeinschuldners bis zum Ausgang des ausl Verf hier festzuhalten (unter Ausschluß ihrer Verwertung durch den Arrestgläubiger). So könne man Zeit gewinnen. Erst am Ende des ausl Konkursverf könne man „wirklich verläßl" beurteilen, „ob das (im Ausland) durchgeführte Verfahren und seine Ergebnisse so sind, daß sie – auch unter Berücksichtigung des ja immer vorbehaltenen inländischen ordre public – im Inland volle Anerkennung verdienen", Flessner/Schulz IPRax 91, 164; Flessner IPRax 92, 152/153 sowie in der FS Merz, 1992, 100. AA Frankfurt/M EWiR 94, 593 (Mohrbutter). – Auch wenn man § 237 KO eng auslegt, könnte man – trotz des temporären Vollstreckungsverbotes aufgrund des ausl Konkurses – die Vollstreckbarerklärung zulassen, weil es sich dabei noch nicht um ein Zwangsvollstreckungsverf handelt. – Von der Frage der Zulässigkeit der Zwangsvollstreckung im Inland zu unterscheiden ist die Frage, ob der Gläubiger den Vollstreckungserlös behalten darf oder ob er ihn an den ausl Konkursverwalter abführen muß; Schlosser RIW 83, 478; BGHZ 88, 147 = NJW 83, 2147 = IPRspr 205 = IPRax 84, 264 (Pielorz 241). – Zur Klagesperre auf Grund Art 265 II 2 schweizer SchKG (Konkursverlustschein) Stuttgart RIW 91, 159 und BGH NJW 93, 2312 = LM § 237 KO (Geimer) = EuZP 94, 301 (Paulus). – Bei Konkurs im Inland s § 1042 Rn 10a.

5 4) **Feststellungsurteile** können nicht für vollstreckbar erklärt werden, ebenso nicht **Gestaltungsurteile** (abgesehen von der Verurteilung zur Kostenzahlung; insoweit handelt es sich um ein Leistungsurteil), Geimer/Schütze I 972, 1615; § 328 Rn 73; § 1041 Rn 71.

6 5) **Streitgegenstand** ist nicht der dem ausl Titel zugrundeliegende materiellrechtl Anspruch, sondern der Anspruch des Gläubigers auf Verleihung der Vollstreckbarkeit im Inland. Dieser Anspruch ist begründet, sofern die Vollstreckbarerklärungsvoraussetzungen gegeben sind. Nach § 722 daher keine Rechtshängigkeit des materiellrechtl (ursprüngl) Anspruchs, Rn 16, 61.

7 6) **Justizgewährungsanspruch:** Liegen die Vollstreckbarerklärungsvoraussetzungen vor bzw ist kein Versagungsgrund gegeben, so hat der Gläubiger Anspruch auf Vollstreckbarerklärung. **Staatsangehörigkeit spielt keine Rolle.** Wirtschaftl Interessen des Inlandes (Abfluß inländischer Vermögenswerte in das Ausland bzw an einen Ausländer) bleiben außer Betracht, vorbehaltl der devisenrechtl Bestimmungen, Rn 38. Auch muß der Gläubiger nicht darlegen und beweisen, ob, wann und wie er vollstrecken will. Selbst wenn er ausdrückl erklärt, er wolle (vorerst) nicht im Inland vollstrecken, darf die Vollstreckbarerklärung ebensowenig verweigert werden, wie ein dt Leistungsurteil im dt Erkenntnisverfahren, Geimer IZPR Rz 976, 1081; Kallmann 318. – Vgl § 1044 Rn 22a. Nach Vollstreckbarerklärung des ausl Titels im Inland hat Gläubiger **Anspruch auf Durchführung** der **Zwangsvollstreckung nach dt Recht,** Rn 67.

8 **III) Vollstreckbarerklärungsfähige Urteile und sonstige Titel** (Geimer/Schütze I 1163, 1617; Geimer Anerkennung 169). 1) Der **Anwendungsbereich** des § 722 knüpft an § 328 (Rn 67) an. Doch deckt sich der Kreis der ausl Urteile, die für eine Vollstreckbarerklärung in Betracht kommen, nicht mit dem der nach § 328 anerkennungsfähigen Urteile, § 328 Rn 192. Urteile, die nach dem Recht des Erststaates nicht vollstreckbar sind, scheiden aus, Rn 5. Insoweit ist der Anwendungsbereich kleiner. – Auch ein (hinsichtl der res iudicata) anerkennungsfähiges Leistungsurteil, das bereits vom Schuldner erfüllt bzw befolgt wurde, kann nicht mehr für vollstreckbar erklärt werden, Geimer/Schütze I 1142, 1145, 1697. Andererseits erfaßt § 722 auch Vollstrekkungstitel, die einer Anerkennung per definitionem (§ 328 Rn 18) nicht fähig sind, weil sie nach dem Recht des Erststaates keine anerkennungsfähigen Wirkungen (res iudicata, Gestaltungswirkung etc, § 328 Rn 26, 30) entfalten, Geimer Anerkennung 169. Beispiel: Vorbehaltsurteil und Prozeßvergleich sind zwar vollstreckbar, entfalten aber keine materielle Rechtskraft. Unter § 722 fallen ua: **Kostenfestsetzungsbeschlüsse** anerkannter Urteile (RG 109, 387, Geimer IPRax 86, 215; vgl Rn 12), die den **Vollstreckungsbescheiden** entspr ausl Staatsakte (OLG 17, 323), aber auch

analog § 722 vollstreckbare **Prozeßvergleiche** (Riezler IZPR 530; Breuer in Rahm/Künkel VIII Rn 255 Fn 7) und **vollstreckbare Urkunden ausl Notare** (Geimer DNotZ 75, 464; aA hM, weil § 722 in § 795 nicht erwähnt, LG Hamburg IPRspr 82/180; Gottwald ZZP 103 [1990], 268) und **ausl Konsuln.** Im Ausland (Drittstaat oder BRepD) errichtete konsularische Urkunden sind dem Entsendestaat zuzurechnen, Geimer DNotZ 75, 474 Fn 29; Baumann 8. Vergleiche und vollstreckbare Urkunden sind in den Anwendungsbereich der meisten Anerkennungs- und Vollstreckungsübereinkommen einbezogen, zB Art 50 GVÜ, Art 1 II und Art 25 Haager Unterhaltsvollstrekkungsübereinkommen 1973, § 39 I AVAG, Baumann 23, 97, Verwilghen-Bericht Nr 98. Unter § 722 fallen nicht **Schiedssprüche** (RG 30, 369), § 1044 Rn 3, auch nicht die den Schiedsspruch in sich inkorporierende oder für vollstreckbar erklärende Entscheidung des staatl Gerichts, aA BGH RIW 84, 557 (Dielmann und Schütze 734) = NJW 84, 2765 Hamburg RR 92, 568 = RIW 92, 939 = IPRspr 91/211; Schütze DIZPR 219, ferner nicht **Arreste und einstweilige Verfügungen/Anordnungen;** OLG 17, 347; OLG 18, 392; Stuttgart IPRspr 82/175; nicht präzis Düsseldorf FamRZ 83, 421; Eilers 223 mwN; etwas anderes gilt, wenn sie nach dem Recht des Erststaates geeignet sind, die Streitsache endgültig zu erledigen, Geimer RIW 75, 86. Weitergehend VertragsR, insbes Art 25 GVÜ, Geimer/Schütze I 984, 1073, 1440; Hamm FamRZ 93, 213 = IPRspr 91/213, Karl 128. Im FG-Bereich ist man bei der Vollstreckung einstw Sorgerechtsanordnungen (§§ 16a, 43, 35a FGG) großzügiger, Hamm FamRZ 87, 506. Hierzu Geimer FS Ferid, 1988, 112. – § 328 Rn 70.

Abänderungsurteile können grundsätzl anerkannt und für vollstreckbar erklärt werden, § 328 Rn 74. Für das Verhältnis zu dem (abgeänderten) Titel kommt es darauf an, ob die Abänderungsentscheidung die erste Entscheidung ausdrückl oder konkludent aufhebt und an ihre Stelle eine komplett neue Entscheidung „aus einem Guß" setzt oder nur eine Zusatzentscheidung fällt, zB die zusätzl Unterhalt zuerkennt. Im ersten Fall kommt nur noch die Anerkennung und Vollstreckbarerklärung der zweiten Entscheidung in Betracht. Beispiel: Franz Unterhaltsurteil wird in der Schweiz durch neue Unterhaltsentscheidung aufgrund Abänderungsklage ersetzt, dann kann nur mehr schweizer Titel für vollstreckbar erklärt werden. Anders wenn Schweizer Gericht nur zusätzl Unterhalt zuspricht, Baumann 92. Zur „Nachforderungsklage" (Zusatzklage) nach dt Recht BGH FamRZ 87, 368. StJ/Leipold § 323 Rz 3.

2) Soll auf Grund des ausl Urteils **keine Zwangsvollstreckung im engeren Sinn,** sondern eine andere, keinen Zwang gegen den Schuldner enthaltende Handlung, zB eine Eintragung in das Grundbuch, vorgenommen werden, so ist Vollstreckungsurteil unnötig, RG 88, 249; Wolff Rz 21; aA StJ/Münzberg Rz 4. **Kann das ausl Urteil wegen § 888 II im Inland nicht vollstreckt werden,** zB Verurteilung zur Leistung des vereinbarten Dienstes (Art 319 ZGB), so ist das ausl Urteil gleichwohl für vollstreckbar zu erklären. AA Jellinek 193. Das dt Exequatur ist Voraussetzung für die Geltendmachung des Interesses (§ 283 BGB, § 893 II), Kallmann 313 Fn 2, mißverständl aber 318: Ob ausl Titel vollstreckungsfähigen Inhalt habe, beurteile das Recht des Zweitstaates. Dies ist nur richtig hinsichtl der **Durchführung der Zwangsvollstreckung** im Inland, nicht jedoch für die Vollstreckbarerklärung. 9

Kennt das Recht des Erststaates eine dem § 894 vergleichbare Fiktion, gilt also die Willenserklärung bereits als abgegeben, so ist dies – ohne Rücksicht auf den Standpunkt der nach dt IPR ermittelten lex causae – im Inland analog § 328 anzuerkennen; einer Vollstreckbarerklärung bedarf es nicht. AA hM, die Vollstreckbarerklärung verlangt, Hellwig/Oertmann, System der dt ZPR II (1919) 255; Kallmann 363; MK/Gottwald § 328 Rn 142. Da aber die dt Vollstreckbarerklärung nicht ex tunc, sondern als Gestaltungsurteil nur ex nunc wirkt, gälte die WE zu einem späteren Zeitpunkt als abgegeben als im Erststaat. Ein wenig befriedigendes Ergebnis. 9a

Fehlt nach dem Recht des Erststaates eine § 894 vergleichbare Norm und wurde die Abgabe der WE im Ausland noch nicht (durch Beugemittel) erzwungen, dann bedarf es der Vollstreckbarerklärung nach § 722. Mit formeller Rechtskraft der dt Vollstreckbarerklärung tritt die Fiktion gemäß § 894 ein, Geimer IZPR Rz 3122. Denn für die Durchführung der Zwangsvollstreckung im Inland aufgrund der dt Vollstreckbarerklärung (Rn 56) ist allein das dt ZwangsvollstreckungsR maßgebend, Rn 67. 9b

Zu unterscheiden sind die Fälle, in denen das ausl Gericht nicht zur Abgabe einer Willenserklärung verurteilt, sondern selbst eine Rechtsgestaltung vornimmt, zB gem Art 166 schweizer OR eine Forderung auf den Kläger übertragen hat (Kallmann 366 Fn 89). Hier geht es nicht um die Vollstreckbarerklärung eines ausl Leistungsurteils, sondern um die Anerkennung der Gestaltungswirkung der ausl Entscheidung (§ 328 Rn 44). Zur umgekehrten Konstellation (dt Urt auf Abgabe einer WE im Ausland) Kropholler Rz 175; StJ/Münzberg § 894 Rz 5: Vollstreckung nach § 888). 9c

3) **Urteile der ehem DDR-Gerichte:** Art 18 I EinigungsV AG Hamburg-Wandsbek DtZ 91, 307 = IPRspr 91/215. Auch davor waren sie nie ausl Urt, näher 16. Aufl Rn 10; BGH RIW 82, 592 = IPRax 83, 33; Hamm FamRZ 91, 1078 = IPRspr 91/214. – § 704 Rn 13. 10

11 4) **Ausl Exequaturentscheidungen** fallen nicht unter § 722, Baur/Stürner I Rn 57.1; Geimer 26 Fn 7; MK/Gottwald Rn 16; § 328 Rn 66. Wurde zB ein schwedisches Urteil in Dänemark für vollstreckbar erklärt, so kann dem dänischen Urteil nicht das dt Exequatur erteilt werden, Geimer/Schütze I 1624. Die von Schütze ZZP 77 (1984), 287 begründete (abzulehnende) Theorie von der Doppelexequierung ist wieder in den Mittelpunkt der Diskussion gerückt, weil der BGH (§ 1044 Rn 7 a) für ausl Urteile, die einen Schiedsspruch für vollstreckbar erklären, die Klage nach §§ 722, 723 zulassen will (Rn 8); denn es kann keinen Unterschied machen, ob die ausl Exequaturentscheidung sich auf einen Schiedsspruch oder auf ein Urteil eines staatl Gerichts bezieht, Schütze RIW 84, 734. – In Deutschland können jedoch titulierte **Kosten eines drittstaatl Exequaturverfahrens** (zB aus Vollstreckbarerklärung eines engl Urteils in der Schweiz) und drittstaatl Vollstreckungskosten für vollstreckbar erklärt werden, Geimer IPRax 90, 192.

12 5) **Die Kostenentscheidung** richtet sich als Nebenentscheidung nach der für die Hauptentscheidung geltenden Rechtsgrundlage, sofern nicht Art 18 HZPÜ (M. J. Schmidt 217 mwN) bzw Art 9 III Europ Niederlassungsabk (BGBl 59 II 998 = Jayme/Hausmann Nr 106) eingreift, so für eine Kostenentscheidung gegen den Kläger, der die Klage zurückgenommen hatte, Frankfurt/M IPRax 84, 32 (Panckstadt 17); Geimer IPRax 86, 215; 90, 192; Taupitz IPRax 90, 150. S auch BGH NJW 93, 1270 = RIW 93, 591 = LM Dt – österr Anerkennungsvertrag – Zivilsachen Nr 2 (Geimer) = IPRax 93, 321 (Geimer 292). Für vollstreckbar können jedoch nur Titel erklärt werden, die den (zivilrechtl) Kostenerstattungsanspruch einer Partei gegen die andere betreffen – sofern sie tituliert sind (Kostengrundentscheidung genügt nicht, da kein Vollstreckungstitel nach erststaatl Recht, Saarbrücken RIW 91, 69) –, nicht jedoch als **öffentlich-rechtl einzuordnende Kostenanforderungen des Gerichtsstaates.** Unrichtig daher AG Nürnberg, zitiert bei Peter, Der Umweltschutz am Hochrhein, 1987, 147 Fn 72, das auch die Gerichtskosten-Anforderung des Kantons Zürich für vollstreckbar erklärte. AA Kallmann 330. Kostenentscheidungen fallen in den **Anwendungsbereich des Haager Unterhaltsvollstreckungsübereinkommens 1973,** jedoch – soweit nicht nur über Unterhalt entschieden worden ist – nur hinsichtl des auf den Unterhalt entfallenden Kostenanteils. Falls aus dem ausl Titel sich keine Kostenspaltung ergibt, hat der dt Zweitrichter diese analog § 287 vorzunehmen, Geimer IPRax 92, 9 bei Fn 68. Zur Durchsetzung von Rechtsanwaltshonoraren M. J. Schmidt 90 ff.; ders RIW 91, 626. S auch LG Karlsruhe RIW 91, 156 = IPRax 92 (Reinmüller) = EuZW 91, 223 = IPRspr 90/204.

12a 6) **Beweisbeschlüsse** und **Beweissicherungsmaßnahmen** (§ 328 Rn 69) fallen nicht unter § 722. So kann zB die ordonnance de référé expertise eines franz Gerichts, wonach ein franz Sachverständiger beauftragt wird, in Essen eine gewerbl Anlage zu begutachten, nicht (nach Art 31 GVÜ) für vollstreckbar erklärt werden, Hamm RIW 89, 566. Das gleiche gilt für die **Durchsetzung von Ladungen** ausl Gerichte an Beweispersonen (Parteien, Zeugen, Sachverständigen), dort zu erscheinen. – § 363 Rn 149a.

13 7) **Insolvenzrechtl Entscheidungen:** Schlosser RIW 83, 480; Geimer Anerkennung 188.

14 8) Vollstreckbarerklärung von **Entscheidungen der Organe der EG,** insbes der Kommission und des EuGH, Art 187, 192 II EWGV, Art 44, 92 II EGKSV, Art 159, 164 EAGV. Bestr ist, ob die Vereinbarkeit der europäischen Titel mit dem GG geprüft werden darf, LG Bonn NJW 86, 665 (Rupp 640); Sauter NJW 88, 1429. Vgl auch Hellmann/Rehmann NJW 88, 611. **Entscheidungen des EuGH u des Europäischen Gerichts erster Instanz** sind wie dt Urteile vollstreckbar. Die Vollstreckungsklausel erteilt in Deutschland der Bundesminister der Justiz (BGBl 1961 II 50), BVerfG WM 87, 772; MK/Gottwald Rn 12. – Das gleiche gilt für die Erteilung der Vollstreckungsklausel nach Art 110 des **Abk über den EWR,** BGBl 1994 II 588.

15 **IV) Vollstreckbarerklärungsvoraussetzungen:** § 723; Geimer NJW 75, 1086; Geimer/Schütze I 1141, 1624. Zum maßgebl Zeitpunkt Geimer/Schütze I 1607 und § 328 Rn 39, 51, 124.

16 **V) Vollstreckbarerklärungsverfahren:** Es handelt sich um **kein Zwangsvollstreckungsverfahren** (daher ist das Vollstreckungsgericht nicht zuständig, sondern das Prozeßgericht), sondern um ein (durch § 723 I beschränktes) **Erkenntnisverfahren,** BGH NJW 92, 3097 = EWiR 92, 827 (Geimer) = ZIP 92, 1256, Geimer/Schütze I Kallmann 321; Schwab/Walter, Schiedsgerichtsbarkeit, 5. Aufl, 1995, Kap 27 Rz 1; Schack IZVR Rz 942; Geimer DNotZ 1991, 268. Es steht zwischen dem ausl Erkenntnisverf, das zur Verurteilung führte, und dem an das Verfahren nach §§ 722, 723 möglicherweise (aber nicht notwendigerweise) anschließenden Zwangsvollstreckungsverf in Deutschland, Geimer/Schütze I 1134, 1616 („Zwischenverfahren"). **Streitgegenstand** ist der öffentlichrechtl Anspruch auf Verleihung der Vollstreckbarkeit (Rn 7), nicht das Rechtsverhältnis, das Gegenstand des ausl Erkenntnisverfahrens war und über das das ausl Urteil entschieden hat. Über das letztere darf das dt Gericht nicht mehr entscheiden, § 723 I. Wegen der Leistungsklage auf Grund ausl Urteils Rn 57. – **Zustellung** der Klage/des Antrags auf Vollstreckbarerklärung erfolgt – sofern Bekl nicht im Inland, zB während Besuchs einer Messe etc angetroffen werden kann, § 180 – nach den einschl Staatsverträgen bzw nach § 199, es sei denn, daß die Parteien eine Zustellungsvereinbarung getroffen hatten (§ 199 Rn 16). Nach ordnungsgemäßer Zustellung des

verfahrenseinleitenden Schriftstücks sind die Zustellungen durch Aufgabe zur Post (§ 199 Rn 19) zu bewirken, §§ 174, 175. Dies gilt auch für die von Amts wegen (§§ 317, 270 I, 208, 166 ff; § 9 I AVAG) zuzustellende, gerichtl Entscheidung/Vollstreckbarerklärung. Liegen die Voraussetzungen der §§ 174, 175 nicht vor, muß gerichtl Entscheidung gem § 199, notfalls öffentl zugestellt werden, § 203. Vgl Saarbrücken RIW 93, 672. – **Prozeßkostenhilfe:** Im AVAG nicht geregelt, jedoch findet sich – mit Ausnahme des dt-norweg Vertrages – in allen Staatsverträgen, auf das AVAG anwendbar, eine Befreiungsvorschrift, Art 44 GVÜ, Art 15 UVÜ 1973, Art 12 dt-israel Vertr, Art 16 dt-span Vertr; Baumann 203. – Zur Anwendung des § 265 im Vollstreckbarerklärungsverf BGH NJW 92, 3096 = ZIP 92, 1256 (Bungert 1707) = EWiR 92, 827 (Geimer).

VI) Die verschiedenen Verfahrensarten: Die ZPO stellt für die Vollstreckbarerklärung ausl 17
Urteile kein besonderes Verf zur Verfügung. Diese erfolgt daher im normalen Klageverf. Dieses ist erfahrungsgemäß kostspielig und zeitraubend. Ein rascher Zugriff des Gläubigers, von dem oft überhaupt der Erfolg der Vollstreckung abhängt, ist nicht mögl. Insbes ist es dem dt Zweitgericht (vor Beendigung der Instanz) nicht gestattet, durch eine vorläufige Anordnung die Vollstreckung aus dem ausl Urteil einstweilen zuzulassen, auch nicht gegen Sicherheitsleistung. Vorläufige Sicherungen lassen sich nur unter den engen Voraussetzungen der §§ 916 ff erreichen. Die Ausführungsbestimmungen zu den Staatsverträgen sehen ein vereinfachtes Beschlußverfahren vor, Geimer NJW 65, 1413 ff. Man unterscheidet vier verschiedene Verfahrensarten, nämlich

1) **das Urteilsverfahren der ZPO:** Es findet immer dann Anwendung, wenn keine Sonderrege- 18
lung eingreift. Hat justizstatistisch nur untergeordnete Bedeutung, Martiny I Rz 72.

2) das **fakultative Beschlußverfahren:** §§ 1042a I, 1042b, 1042d werden entspr angewendet. Das 19
Exequaturgericht kann ohne mündl Verhandlung durch Beschluß entscheiden. Es kann auch mündl Verhandlung anordnen. Dann ist wie im Falle 1) ein Urteil zu erlassen. Insbes die AusführungsG zu Abk mit Belgien, Griechenland, Großbritannien, Italien, Österreich und der Schweiz lassen dieses Verfahren zu (vorbehaltl Rn 21 ff). Bei inkorrekter Entscheidung des Gerichts (dieses wählt unrichtige Entscheidungsform, es erläßt also statt Beschluß Urteil oder umgekehrt) kann die beschwerte Partei nach dem Grundsatz der Meistbegünstigung wählen. Sie darf auch das für die inkorrekte Entscheidungsart statthafte Rechtsmittel einlegen. Rn 28 ff vor § 511; Geimer/Schütze I 1 § 146 XVI 3; München IPRspr 1980/170; Frankfurt/M RIW 93, 676. – Ist das FamG zuständig (Rn 31), dann geht Beschwerde gegen AG zum OLG, BGH FamRZ 85, 1018.

3) das **obligatorische Beschlußverfahren:** Das Urteilsverfahren wird ganz ausgeschaltet. Das 20
Beschlußverfahren ist obligatorisch vorgeschrieben. Dadurch soll eine Beschleunigung der Exequaturerteilung herbeigeführt werden, so § 21 G über gerichtl Verfahren in Binnenschiffahrtssachen und AusführungsG zum dt-niederl Anerkennungs- und Vollstreckungsvertrag und das AusfG zum dt-österr Konkurs- und Vergleichsvertrag vom 8. 3. 1985 (BGBl I 535) (§ 19). Die Vollstreckbarerklärung erfolgt in Form der Klauselerteilung.

4) Ähnlich ist das **Verfahren nach Art 31 ff GVÜ** (§ 328 Rn 5). Geimer JZ 1977, 214; Gei- 21
mer/Schütze I 1191 ff; Schack IZVR Rz 947 ff; M. J. Schmidt 39 f. Der Antrag, den Schuldtitel mit der Vollstreckungsklausel zu versehen, kann bei dem LG schriftl eingereicht oder mündl zu Protokoll der Geschäftsstelle gestellt werden, § 3 II AVAG. Daher kein Anwaltszwang. Es entscheidet der Vorsitzende einer (Zivil-) Kammer des LG, Art 32 I GVÜ iVm § 5 I AVAG, auch bei Familiensache (§ 23b GVG, vgl Rn 31); denn GVÜ hat Vorrang, Düsseldorf IPRax 84, 217 (Henrich). Wurden in dem ausl Urteil mehrere (als Gesamtschuldner) verurteilt, so steht es dem Gläubiger frei, gegen einen, mehrere oder alle Schuldner den Antrag auf Vollstreckungsklausel zu stellen. Zulässig auch subjektive Antragshäufung. Zuständigkeit analog Art 6 Nr 1 GVÜ, nicht § 36 Nr 3 ZPO, Geimer NJW 75, 1087.

Läßt der Vorsitzende die ZwV aus dem ausl Titel zu, ordnet er also die **Erteilung der Vollstrek-** 22
kungsklausel an, so kann der Antragsgegner (Schuldner) dagegen Beschwerde zum OLG einlegen, Art 36, 37 I GVÜ § 11 I AVAG. Die Frist beginnt mit Zustellung des mit der dt Klausel versehenen ausl Titels (§§ 8, 9 AVAG), Frankfurt IPRspr 82/177. – Zur Wiedereinsetzung bei Versäumung der Beschwerdefrist Koblenz RIW 88, 739 = IPRspr 88/184; Frankf/M IPRspr 88/197. Gegen die Erteilung der (unbeschränkten) Vollstreckungsklausel auf Grund der (vom OLG bestätigten) Anordnung des Vorsitzenden findet keine Beschwerde statt, Düsseldorf IPRspr 88/185. – § 512a kommt nicht zur Anwendung. Daher Beschwerde zum OLG zulässig, wenn örtl Unzuständigkeit des LG gerügt wird, weil Verf vor dem Vorsitzenden einseitig (ohne Anhörung des Antraggegners), Köln RIW 93, 498. Dagegen ist § 549 II analog anzuwenden. – Zu Art 31 ff GVÜ Geimer IZPR Rz 3140.

Zur **Rechtskraft der gerichtl Entscheidungen im Klauselerteilungsverfahren** Geimer/Schütze 23
I 1, 1983, § 146 VII und XVII. Unklar Stuttgart Justiz 80, 276 = IPRspr 80/163; § 328 Rn 192. AA Kallmann 314, 325, 342; BGH FamRZ 87, 370, wo – pauschal – der Zurückweisung des Antrags auf

Vollstreckbarerklärung jede (materielle) Rechtskraftwirkung abgesprochen wird. Richtigerweise wäre zu differenzieren, ob aus sachl oder formellen Gründen abgewiesen wurde.

24–29 Einstweilen frei.

30 5) Klauselerteilungsverfahren nach Art 13 ff des **dt-israel Vertrages** (BGBl 1980 II) ist Art 31 ff GVÜ nachgebildet, ebenso das Klauselerteilungsverfahren nach Art 12 ff des **dt-norweg Vertrages** und Art 11 des dt-span Vertrages, § 35 I Nr 3–5 AVAG.

31 **VII) Zuständigkeit** (im Urteilsverfahren). **1)** Die **internationale Zuständigkeit Deutschlands** zur Vollstreckbarerklärung ausl Titel stützt sich zunächst auf § 722 II, § 10 III AUG, BGH IPRax 91, 111 (Böhmer 90); Schack IZVR Rz 942. Sie ist aber auch zu bejahen, wenn der Bekl kein Vermögen im Inland hat, Geimer/Schütze I 1143; Geimer IZPR Rz 1245, 2358; Geimer Anerkennung 174; Schack IZVR Rz 944; Böhmer IPRax 91, 91. Fehlt eine örtl Zuständigkeit, sind die Gerichte am Sitz der Bundesregierung örtl zuständig, analog §§ 15 I 2, 27 II, Geimer IZPR Rz 965. Vgl auch § 1042 Rn 12. Abwegig wäre es, einen **„hinreichenden Inlandsbezug“ für die Exequaturklage** zu verlangen, LG Heilbronn RIW 95, 55 (Mankowski) = IPRax 96, 123 (Munz 89).

31a 2) Die **sachl Zuständigkeit** richtet sich nach dem Wert des Gegenstandes, für den das Vollstreckungsurteil beantragt wird; § 23 Nr 2 und § 71 II u III GVG findet keine Anwendung. AA MK/Gottwald Rn 19. Ausschließl (§ 802) zuständig ist somit in allen Sachen bis zu einem Streitwert von 10 000 DM das Amtsgericht, darüber die Zivilkammer des Landgerichts, nicht die Kammer für Handelssachen. In Betracht kommt aber auch der Familienrichter oder Richter der freiwilligen Gerichtsbarkeit, BGHZ 88, 113 = FamRZ 83, 1008 = NJW 83, 2775 = IPRax 84, 323 (Siehr 309); BGH FamRZ 86, 45 (auch für Unterhaltsvergleich) = NJW 86, 1440 = IPRax 86, 294 (Dopffel 277) = EWiR 86, 207 (Geimer); Hamm IPRax 86, 234 (Böhmer 216); kritisch Wolff RIW 86, 728. Im Anwendungsbereich der Verträge hat die vertragl Regelung Vorrang; so ist für Vollstreckbarerklärung eines in den Anwendungsbereich des GVÜ fallenden Unterhaltstitels der Vorsitzende der Zivilkammer (Art 32) zuständig, §§ 2 I, 5 I AVAG, nicht der Familienrichter (§ 23b GVG), Baumann 199, Düsseldorf IPRax 84, 217 = IPRspr 83/180. – Die Qualifikation als **Familiensache** hatte Auswirkung auf den Instanzenzug. Beispiel: Vollstreckbarerklärung eines ausl Unterhaltstitels nach dem Haager Übereinkommen über die Anerkennung und Vollstrekkung von Entscheidungen auf dem Gebiet der Unterhaltspflicht gegenüber Kindern vom 15. 4. 1958 (BGBl 1961 I 1005) ist Familiensache (§ 23b Nr 5 GVG); gegen die Entscheidung des AG (§ 1 I AusfG) ist sofortige Beschwerde zum OLG (§ 119 Nr 2 GVG) gegeben. Dagegen ist weitere Beschwerde zum BGH nicht statthaft, da § 621 I Nr 4 in § 621e II nicht erwähnt ist, BGH FamRZ 85, 1018. – Nunmehr ist für HVÜ 1973 das LG ausschließl zuständig, §§ 1 I, 2 I, 35 AVAG. Das UVÜ 1958 hat noch Bedeutung für titulierte Unterhaltsrückstände vor Inkrafttreten des HVÜ 1973, Art 24 II, Baumann 7; Gottwald FamRZ 90, 179. LG DAVorm 90, 835 = IPRspr 90/206; KG DAVorm 90, 559 = IPRspr 90/209. Zur Bindung an einen **Verweisungsbeschluß** (§ 281 II 2) BGH FamRZ 88, 491. – Für Unterhaltstitel im Anwendungsbereich des AUG begründet dessen § 10 III die ausschließl Zuständigkeit des AG.

32 3) Ausschließl **örtl zuständig** ist das Gericht, bei dem der Schuldner seinen allgemeinen Gerichtsstand (§§ 13–19) hat, in Ermangelung eines solchen das Gericht des Ortes, wo sich Vermögen des Beklagten (bei Forderungen der Drittschuldner) befindet, § 23. Für Seeleute auf See gilt § 16, BGH IPRax 83, 80. Hat der Schuldner noch kein Vermögen im Inland, gleichwohl Vollstreckbarerklärung zulässig, Geimer IZPR Rz 1245. Vgl § 1045 Rn 1. Bei mehreren Schuldnern § 36 Nr 3, BayObLG RIW 88, 995 = EWiR 89, 97 (E. Schneider); RIW 89, 309 = NJW 88, 2184; Schack IZVR Rz 943.

33 **4) Parteivereinbarungen** sind unzulässig; für die sachl Zuständigkeit bestr, Geimer/Schütze I 1735.

34 5) Für die Vollstreckbarerklärung ausl **arbeitsgerichtl Urteile** sind nicht die Arbeitsgerichte, sondern die ordentl Zivilgerichte zuständig, vgl BGHZ 42, 194 ff; Riezler IZPR 564; Geimer/Schütze I 1736, II 191; MK/Gottwald Rn 22 aA wohl BGHZ 67, 255.

35 **VIII) Klageantrag. 1) Urteilsformel:** „Das Urteil des Gerichts . . . vom . . . Az . . ., durch das der Bekl verurteilt wurde, an den Kläger . . . zu bezahlen und die Kosten zu tragen, wird für vollstreckbar erklärt.“

36 2) Eine **Umrechnung eines auf ausl Valuta lautenden Titels in DM** findet nicht statt, Baumann IPRax 90, 29, MK-BGB/Martiny, nach Art 34 Anh I Rz 58; MK/Gottwald Rn 27; LG Ravensburg DAVorm 89, 159 = IPRspr 88/196. § 244 BGB gibt dem Schuldner nur die Befugnis, in dt Währung zu bezahlen, aber nicht dem Gläubiger das Recht, Zahlung in DM zu verlangen, Bachmann, Fremdwährungsschulden in der Zwangsvollstreckung, 1994; Geimer IZPR Rz 3161; Geimer/Schütze I 1171; Hanisch ZIP 88, 341; ders ZZP 109 (1996), 93; Reithmann/Martiny Rn 281; Staudinger/von Hoffmann[12] Art 38 EGBGB Rz 242. BGH IPRax 85, 101 (Nagel 83) zum Zeitp der Umrechnung; weitere Entscheidung in diesem Fall BGH IPRax 86, 157 (Mezger 142). – Auch ein

auf Zahlung ausl Valuta lautender Titel ist nach §§ 804 ff zu vollstrecken, da Geldforderung, Maier/Reimer NJW 85, 2053; Hanisch IPRax 89, 279. – Nürnberg DAVorm 79, 450 = IPRspr 78/99 hält passim eine auf res iudicata des ausl Urteils (§ 328) gestützte, auf DM lautende Leistungsklage (Rn 57) für mögl. – Umrechnung erfolgt erst durch Vollstreckungsorgan, zB GV, § 130 Nr 4 GVGA. Nachw bei Bachmann, Fremdwährungsschulden in der Zwangsvollstreckung, 1994 – Vgl auch § 5 EG-Beitr (BGBl 1979 I 1429); hierzu App RIW 96, 236.

Soweit eine **Devisengenehmigung** erforderl ist, muß nach § 32 AußenwirtschaftsG iVm der AußenwirtschaftsVO in Vollstreckbarerklärung der Vorbehalt aufgenommen werden, daß die Leistung oder ZwV erst erfolgen darf, wenn die Genehmigung erteilt ist. **37**

Erfolgt eine **Verurteilung unter Vorbehalt,** obwohl die Leistung durch eine Einzel- oder eine allgem Genehmigung gedeckt bzw eine Devisengenehmigung für die Leistung gar nicht erforderl ist, so ist der Kläger dadurch beschwert und könnte Rechtsmittel gegen die Entscheidung einlegen. Ein unrichtiger Vorbehalt kann auch durch eine Bestätigung der Bundesbank (Landeszentralbank) entkräftet werden, daß die Leistung einer Devisengenehmigung oder einer Einzeldevisengenehmigung nicht bedarf. Eine Verurteilung unter Vorbehalt ist nicht ein Vorbehaltsurteil iS der ZPO, sondern die unbedingte Verurteilung zu einer durch Erteilung der devisenrechtl Leistungsgenehmigung aufschiebend bedingten Leistung. Die Vollstreckung eines Urteils gegen einen Devisenausländer bedarf keiner devisenrechtl Genehmigung, wenn sie im Ausland oder auf dem zulässigen Zahlungsweg erfolgt. Die Vollstreckbarerklärung darf auch vor der Erteilung der Genehmigung ausgesprochen werden, Geimer/Schütze II 218. **38**

Enthält das ausl Urteil nur einen Ausspruch darüber, daß **gesetzl Zinsen** zu zahlen sind, so hat der dt Richter das ausl Urteil insoweit zu ergänzen, BGH NJW 90, 3084 = RIW 90, 497 = MDR 90, 1107 = WuB VII B 1 Art 31 EuGVÜ Nr. 1.90 (Thode); Celle NJW 88, 2183 = RIW 88, 565 (Laborde); Geimer/Schütze I § 152 II 1; Schack IZVR Rz 939. – Ein (franz) Zahlungsurteil **„zuzügl aufgelaufener Zinsen"** will – wohl unzutreffend – Saarbrücken NJW 88, 3100 nicht konkretisieren. **39**

Ist zur Zahlung der nicht näher bezifferten **Mehrwertsteuer** verurteilt, dann hat auch insoweit der dt Zweitrichter eine Ergänzung vorzunehmen. **40**

Ist der ausl **Unterhaltstitel nicht ziffernmäßig bestimmt,** sind vielmehr zum Regelunterhalt Sonderbeiträge hinzuzurechnen, so hat das dt Gericht diese auf Antrag des Gläubigers festzusetzen. Das dt Gericht hat auf einen Antrag hinzuwirken, der den dt Bestimmtheitsanforderungen genügt, BGH NJW 93, 1801 = RIW 93, 588 = LM EuÜbk Nr 38 (Geimer). AA Düsseldorf FamRZ 82, 630, das eine neue Leistungsklage verlangt. Das deutsche Exequaturgericht hat auch eine **Unterhaltserhöhung kraft Gesetzes bzw kraft Indexierung** zu beachten, Hamburg FamRZ 83, 1157; AG Waiblingen IPRspr 82/179; hierzu Dopffel DAVorm 84, 217 und BGH FamRZ 86, 45 (Rn 3, 56); Stuttgart DAVorm 90, 713; hierzu Geimer EWiR 86, 207; Baumann 27, Stürner/Münch JZ 87, 178; Münch RIW 89, 18; Wolff RIW 86, 728; Schack IZVR Rz 938. Wird der ausl Titel dem für dt Titel geltenden Bestimmtheitserfordernis (§ 704 Rn 2) nicht gerecht, ergeben sich jedoch die Kriterien, nach denen sich die Leistungspflicht bestimmt, aus den ausl Vorschriften oder ähnl, im Inland gleichermaßen zugängl und sicher feststellbaren Umständen, so ist es geboten, den ausl Titel im dt Vollstreckbarerklärungsverf zu konkretisieren. Eine klarstellende Entscheidung vor Durchführung des dt Exequaturverf ist also nicht erforderl, Rn 56. **41**

Der dt Exequaturrichter darf zum Zweck der **Auslegung des ausl Titels auch auf die (ausl) Entscheidungsgründe zurückgreifen,** um so für die dt Vollstreckbarerklärung/Klauselerteilung die nach dt VollstreckungsR erforderl Bestimmtheit (Rn 56) herzustellen. Dies ist keine (verbotene) révision au fond (§ 723 I). Enger Roth IPRax 89, 16. **41a**

Hamburg RIW 94, 424 hält zutreffend auch die Konkretisierung der **Parteibezeichnung** für zulässig. **41b**

IX) Durchführung des Verfahrens. Grundvoraussetzung ist das Vorliegen der **Gerichtsbarkeit der Bundesrepublik Deutschland.** Gegen Bekl, die von der dt Gerichtsbarkeit befreit sind (§§ 18 ff GVG), darf kein Vollstreckungsurteil ergehen. – § 1044 Rn 22c. **42**

Das Gericht muß prüfen, ob die Klage für und gegen diejenigen begründet ist, die als Parteien bezeichnet sind, Frankfurt/M IPRspr 89/215. Tritt nach Erlaß des ausl Urteils **Rechtsnachfolge** ein, so hat das dt Gericht darüber zu entscheiden, RG 13, 348. Tritt nach Erlaß des Vollstreckungsurteils Rechtsnachfolge ein, so kommen §§ 727, 730 zur Anwendung. Auch wenn der **Gläubiger nicht Partei des ausl Prozesses** war, kann er Rechte aus dem erststaatl Titel geltend machen, wenn ihm nach dem Recht des Erststaates solche zustehen. So kann nach § 80 II des finnischen EheG im Scheidungsurteil der Unterhalt des Kindes geregelt werden. Dann kann das Kind die Vollstreckbarerklärung betreiben, Hamburg FamRZ 83, 1157. Ebenso AG Lahnstein RR 86, 560 = FamRZ 86, 289. Zur Vertretung des Kindes durch die Mutter im Vollstreckbarerklärungsverf gegen den Vater; BGH IPRax 86, 382 (Böhmer 362). Baumann 27: **Keine Vollstreckungsstandschaft.** Aktiv legitimiert ist nur das Kind. S auch AG Stuttgart IPRax 89, 54 (Jayme). **43**

– § 265 II ist anwendbar, BGHZ 118, 312 = NJW 92, 3096, 3098 (Koch 3073) = RIW 93, 132 (Schütze) = JZ 93, 261 (Deutsch) = ZIP 92, 1256 (Bungert 1707 sowie ZIP 93, 815) = EuZW 92, 705 = EWiR 92, 827 (Geimer) = LM Nr 38/39/40 zu § 328 ZPO (Kronke) = ZZP 106 (1993), 79 (Schack) = IPRax 93, 310 (Koch/Zekoll 288) = IPRspr 92/218b.

44 Das Verf richtet sich nach den allgemeinen **Regeln des ordentl Prozesses.** Anerkenntnis ist ausgeschlossen, soweit es um Vollstreckbarerklärungsvoraussetzungen bzw Versagungsgründe geht, die **von Amts wegen** zu prüfen sind, und daher keine Dispositionsfreiheit der Parteien gegeben ist (Versagungsgründe im unmittelbar staatl Interesse). Jedoch ist ein **Anerkenntnis** mögl, wenn in concreto nur Anerkennungs- bzw Vollstreckbarerklärungsvoraussetzungen (= Nichtvorliegen von Versagungsgründen) in Betracht kommen, auf deren Geltendmachung die betroffene Partei verzichten kann. S auch § 1042 Rn 7. Erging – unzulässig – ein Anerkenntnisurteil, das mit ordentl Rechtsmitteln (insoweit) nicht angefochten wurde, so ist das Rechtsmittelgericht an die (rechtskräftige) Vollstreckbarerklärung gebunden, Köln IPRax 89, 53 (Henrich). – Auch ein **Vergleich** über den Exequaturantrag ist nicht mögl. Die Parteien können sich jedoch über den dem ausl Urteil zugrunde liegenden Anspruch vergleichen. So kann sich der Beklagte in einem Vergleich zur Zahlung verpflichten. Vollstreckungstitel ist dann der gerichtl Vergleich (§ 794 I Nr 1). Die allenfalls nach § 328 auf das Inland erstreckte Rechtskraft des ausl Urteils steht einem Vergleich nicht entgegen, da sich eine Partei in Abweichung von gerichtl Urteilen zu einer Leistung im Rahmen der Vertragsfreiheit verpflichten kann, § 328 Rn 180, 278.

45 **Ein Klageverzicht nach § 306 ist zulässig.** Der Kläger verzichtet dadurch auf seinen öffentlichrechtl Anspruch auf Verleihung der Vollstreckbarkeit für den Bereich des Inlands (Rn 7), nicht jedoch auf die sonstigen Urteilswirkungen, soweit solche nach § 328 anzuerkennen sind (Rechtskraft etc). Zu prüfen ist jedoch stets, ob in dem Klageverzicht auch ein Verzicht auf den zugrundeliegenden Anspruch liegt. Dies ist eine Frage der Auslegung. Im Zweifel beschränkt sich der Verzicht des Klägers im Exequaturverf nur auf den Streitgegenstand, also auf die Verleihung der Vollstreckbarkeit. Sind die Anerkennungsvoraussetzungen gegeben, so bleibt die Verpflichtung des Beklagten aufgrund der Rechtskraftwirkung des ausl Urteils auch für den Bereich des Inlands bindend festgestellt, eine zwangsweise Durchsetzung im Wege der Vollstreckung ist aber ausgeschlossen. Es liegt dann eine sog Naturalobligation stärkerer Wirkung vor.

46 Vollstreckbarerklärung im **Versäumnisverfahren** mögl. Jedoch kommt die Geständnisfiktion des § 331 I insoweit nicht zum Zuge, als die Vollstreckbarerklärungsvoraussetzungen bzw -versagungsgründe nicht zur Disposition der Parteien (§ 328 Rn 181) stehen, Geimer/Schütze I 1747, II 203. – Im gleichen Umfang führt auch ein **Anerkenntnis** (§ 307) nicht zur Vollstreckbarerklärung, Rn 44. Generell gegen Anwendbarkeit des § 307 MK/Gottwald Rn 23.

47 Der **Urkunden- und Wechselprozeß** ist nicht statthaft, weil Streitgegenstand nicht Leistung einer bestimmten Geldsumme oder Menge anderer vertretbarer Sachen ist, MK/Gottwald Rn 2.

47a **Vollstreckbarerklärung durch einstw Verfügung** nicht mögl, jedoch Sicherung des dem ausl Titel zugrundeliegenden materiellen Anspruchs, §§ 916 ff, Geimer/Schütze I 1636; § 1042 Rn 8.

47b **Über die Kosten des Vollstreckbarerklärungsverf** ist nach §§ 91 ff zu entscheiden, MK/Gottwald Rn 26, nicht nach § 788, aA Hamburg OLGZ 89, 451 = RIW 89, 568 = MDR 89, 552 = IPRspr 89/235.

48 Der Kläger kann neben Klage nach §§ 722, 723 **hilfsweise für den Fall des Nichtvorliegens der Vollstreckbarerklärungsvoraussetzungen** (§ 723 II) den dem ausl Urteil zugrundeliegenden Anspruch erneut einklagen, vgl Rn 57; Geimer JZ 77, 214; BGH NJW 79, 2477 = RIW 80, 61.

49 Der Beklagte kann **Widerklage** erheben (bestr), allerdings nicht mit dem Antrag, festzustellen, daß die Vollstreckbarerklärung des ausl Urteils unzulässig ist, Geimer IZPR Rz 3131. – Zur Widerklage hinsichtl der im Erststaat übergangenen Aufrechnung Rn 54a. Im Vollstreckbarerklärungsverfahren sind auch (nachträgl) vollstreckungsbeschränkende Vereinbarungen vorzubringen, Roth IPRax 89, 17 Fn 45. – S auch § 328 Rn 192.

49a Kommt der Antragsteller der gerichtl Aufforderung zur Nachreichung fehlender Urkunden nicht nach (zB Art 46, 47 GVÜ), will Frankf/M IPRspr 88/198 Antrag „als derzeit unzulässig" abweisen. Nach richtiger Ansicht erfolgt endgültige Abweisung als unbegründet, da Antragsteller seinen Antrag nicht beliebig wiederholen können darf.

50 Der Kläger kann auch seinen Exequaturantrag mit dem Antrag auf Feststellung verbinden, daß das **ausl Urteil nach § 328 Rechtskraft oder Gestaltungswirkung etc im Inland entfalte,** Rn 57; § 328 Rn 192.

51 **X)** Im Verfahren nach § 722 können **Einwendungen** gegen den im ausl Urteil/Titel festgestellten Anspruch nur soweit erhoben werden, als diese nach der erststaatl Parallelnorm zu § 767 II bzw nach dem vom erststaatl Recht davor bestimmten Zeitpunkt zulässig wären; vgl auch § 13 AVAG. Berücksichtigt werden können also nur Einwendungen, die im ausl Erkenntnisverf nicht

mehr vorgebracht werden konnten und daher außerhalb der zeitl Grenzen der Rechtskraft- bzw Präklusionswirkung nach erststaatl Recht liegen, Geimer Anerkennung 180. Dieses kann von der **Zeitgrenze des § 767 II** abweichen. Daher ist zB das **Novenverbot** des österr ZPR zu beachten, BGH NJW 93, 1270 = RIW 93, 591 = IPRax 93, 321 (Geimer 292) = LM Dt-österr Anerkennungsvertrag – Zivilsachen Nr 2 (Geimer) = IPRspr 92/227. Weitere Nachw 18. Aufl. – Im Fall der **Aufrechnung** (Rn 54a) darf die zur Aufrechnung gestellte Forderung erst nach dem genannten Zeitpunkt entstanden sein. Ebenso Bremen IPRspr 77/152. Soweit der Schuldner mit solchen Einwendungen durchdringt, ist nicht das ausl Urteil aufzuheben, sondern die Vollstreckbarkeit zu versagen; daher uU Vollstreckbarerklärung nur hinsichtl eines Teilbetrages. Der Kläger kann aber auch von sich aus von vornherein nur die Vollstreckbarerklärung hinsichtl eines Teiles beantragen **(Teilexequatur)**, § 328 Rn 285.

Die Frage, wie die Einwendungen vorzubringen sind, regelt allein die dt lex fori. Unbeachtl daher zB Art 81 I, 85 schweizer SchKG, wonach nur Urkundenbeweis zulässig, Kallmann 356; § 767 III auch dann anzuwenden, wenn Erststaat oder lex causae eine solche Regel nicht kennt (zB Art 86 schweizer SchKG, Kallmann 357). Wurde die ausl Entscheidung, deren Vollstreckbarerklärung beantragt ist, im Erststaat aufgehoben oder abgeändert, so ist dies auch noch in der Revisions- bzw Rechtsbeschwerdeinstanz zu beachten, BGH NJW 80, 2022 = MDR 80, 1017. Im Vollstreckbarerklärungsverf kann auch der Einwand der **Herabsetzung der Urteilsschuld** (Böhmer IPRax 91, 92. AA BGH NJW 90, 1419; KG NJW 91, 644; Koblenz IPRspr 85/173 A, Schleswig IPRspr 85/174) und der der **Urteilsverjährung** erhoben werden, AG Waiblingen IPRspr 82/179, nicht jedoch der Einwand der Anspruchsverjährung (dieser wäre im Erstverf vorzubringen gewesen und ist deshalb nach dem insoweit beachtl erststaatl Recht [Parallelnorm zu § 767 II, vgl Rn 51] präkludiert). 52

Zu Unrecht bringt AG Hamburg IPRax 86, 178 den ordre public (§ 328 I Nr 4) ins Spiel, wenn dem Unterhaltsschuldner nach Abzug des vom ausl Gericht titulierten Unterhalts weniger als das Existenzminimum verbleiben würde. Zum einen kann der Schuldner den Herabsetzungseinwand (Rn 52) erheben. Zum anderen richtet sich die ZwV nach dt Recht, Rn 56. Dieses verbietet die **Kahlpfändung**, § 765a. Für **vollstreckbare Urkunden** ausl Notare gilt die Zeitgrenze des § 767 II nicht, Geimer DNotZ 75, 482 und Wolfsteiner, Die vollstreckbare Urkunde, 1978, 205 Rz 82.27. Ebenso für eine in den Niederlanden **vollstreckbare Honorarliquidation** eines dortigen Anwalts, LG München AWD 1972, 630 (Hahn) = IPRspr 72/160. 53

Die **Ausschöpfung der Rechtsmittel, Rechtsbehelfe und sonstigen prozessualen Möglichkeiten im Erststaat** ist nicht Voraussetzung für die Zulässigkeit des Einwandes gegen den dem Titel zugrundeliegenden Anspruch. Der Schuldner braucht also im Erststaat nicht die Vollstreckungsgegenklage zu erheben. AA (im Verhältnis zur früheren DDR) ohne überzeugende Begründung Düsseldorf FamRZ 79, 313. – Er muß jedoch im dt Vollstreckbarerklärungs-/Klauselerteilungsverf alle Rechtsmittel ausschöpfen, um Präklusion zu vermeiden. So zu § 15 AVAG Frankf/M IPRspr 88/197. 54

Ob die **Einwendungen materiellrechtl begründet** sind, entscheidet die **lex causae,** die das Erstgericht seiner Entscheidung zugrundegelegt hat, zB Leistung an Erfüllungsstatt, Aufrechnung etc. Für die „Fortsetzung" des Schuldverhältnisses nach dem für die ausl res iudicata maßgebl Zeitpunkt (Rn 51) ist dt IPR nicht maßgebl, Geimer IZPR Rz 3115, 3152 gegen hM, die lex causae nach dt Recht bestimmt. – S auch § 328 Rn 16. 54a

Materielle Einwendungen können auch gegen ausl **Kostenfestsetzungen** (Rn 12) geltend gemacht werden, München JW 36, 3583 = IPRspr 35–44/642. 54b

Die Zeitgrenze des § 767 II gilt nicht für **Prozeßvergleiche.** Gegen einen Prozeßvergleich können auch Einwendungen geltend gemacht werden, die sie auf vor dem Vergleichsabschluß entstandene Gründe stützen, BGH FamRZ 87, 804. 54c

XI) Das Vollstreckungsurteil/Vollstreckbarerklärung unterliegt wie jedes andere dt Urteil den ordentl **Rechtsmitteln.** Obwohl kein Leistungs-, sondern Gestaltungsurteil, ist es nach §§ 708 ff für vorläufig vollstreckbar zu erklären. 55

XII) Grundlage für die Zwangsvollstreckung im Inland ist ausschließl das dt Vollstreckungsurteil, nicht das ausl Urteil, BGH RIW 93, 588 = LM EuÜbk Nr 38 (Geimer) = MDR 93, 904; Geimer IZPR Rz 3155; ders Anerkennung 164. Dieses ist allenfalls zur Ermittlung des Umfangs der angeordneten Vollstreckbarkeit im Wege der Auslegung heranzuziehen, wenn im dt Vollstreckungsurteil der Inhalt des ausl Urteils nicht ausreichend wiedergegeben ist, Rn 35. Zur ZwV ist daher ausschließl dem dt Vollstreckungsurteil die Vollstreckungsklausel zu erteilen. – **Bestimmtheitserfordernis** (§ 704 Rn 2) gilt nur für dt Vollstreckungsurteil, nicht ausl Titel. Vgl auch StJ/Schlosser § 1044 Rz 76 Fn 235. – **Durchführung der Zwangsvollstreckung erfolgt ausschließl nach dt Recht:** Zustellung der Vollstreckbarerklärung von Amts wegen reicht nicht aus, es ist 56 vielmehr Zustellung im Parteibetrieb (§ 750) erforderl. Die Zwangsmittel richten sich nur nach dt Recht. Das gleiche gilt für die Vorschriften über Schuldnerschutz etc.

57 **XIII) Leistungsklage aus ausl Urteil.** Nach hM (Martiny I Rz 1614; Baumann IPRax 90, 29 Fn 6; Baur/Stürner I 57.3; Siehr IPRax 89, 373 Fn 3; Rahm/Künkel/Breuer VIII Rz 296; § 1044 Rn 23) soll der im ausl Prozeß siegreiche Kläger trotz Zulässigkeit der Vollstreckbarerklärung nach §§ 722, 723 die Möglichkeit haben, aus dem ausl Urteil auf Leistung zu klagen, wobei das dt Gericht an die Rechtskraft des ausl Urteils – sofern die Anerkennungsvoraussetzungen gegeben sind – gebunden ist und deshalb ohne eigene Sachprüfung die Verurteilung auszusprechen hat, BGH NJW 79, 2477; FamRZ 87, 370 = NJW 87, 1146; Düsseldorf FamRZ 89, 98 (Henrich). Nürnberg IPRax 84, 162; Hamm DAVorm 83, 971 u FamRZ 91, 718; Karlsruhe FamRZ 91, 600; Hamm FamRZ 91, 718; aA Schütze Betrieb 67, 498; Oldenburg NdsRpfl 84, 145 = IPRspr 84/167; differenzierend, ob Rechtsschutzbedürfnis vorliegt oder nicht, Riezler 521 und Geimer 37 Fn 70; noch enger Nagel IZPR Rz 719. Vgl auch LG Essen DAVorm 78, 693 = IPRspr 77/88. Ablehnend Kallmann 320. Jedenfalls dort, wo die Ausführungsbestimmungen zu den Staatsverträgen ein beschleunigtes und vereinfachtes Exequaturverfahren zur Verfügung stellen, wird das Rechtsschutzbedürfnis für die Leistungsklage idR fehlen, Gottwald FamRZ 87, 780; MK/Gottwald Rn 31; Baumann 185. Skeptisch auch Baur/Stürner I Rn 57.3. Weitere Nachw bei Bachmann 37. Vgl § 328 Rn 30; StJ/Schumann § 328 Rz 29. Rechtsschutzbedürfnis zu bejahen, wenn mit Vollstreckbarerklärung auch Erhöhung im Wege der Abänderung (Rn 62) verlangt wird, im Ergebnis ähnlich Martiny I Rz 1615; für GVÜ hält der EuGH NJW 77, 495 (Geimer 2023 und EuR 77, 364) eine erneute Leistungsklage für unzulässig, Geimer/Schütze I 1138, 1181.

Mit der Klage aus § 722 (auf Vollstreckbarerklärung) kann nicht nur **Abänderungsantrag** (Rn 62) (§ 323 bzw maßgebl lex causae) verbunden werden, BGH NJW 87, 1146 = FamRZ 87, 370 = IPRspr 86/183; Hamm FamRZ 91, 718 = IPRspr 90/190; Karlsruhe FamRZ 91, 600 = IPRspr 90/114 (zur Auslegung der Klageanträge); Hamburg IPRspr 90/208 (skeptisch); Linke IZPR Rz 444, ausdrückl § 10 AUG, sondern auch die Eventual-Leistungsklage aus dem ursprüngl Rechtsverhältnis (= Streitgegenstand des Erstprozesses), für den Fall, daß Vollstreckbarerklärung wegen Fehlens einer Vollstreckbarerklärungsvoraussetzung (Rn 15) nicht mögl ist, Geimer/Schütze I 1121, 1125. Schütze DB 77, 2130; Geimer JZ 77, 147; Martiny I Rz 1625, Rn 48. Anders nach hM im Klauselerteilungsverf Gottwald FamRZ 90, 1378; BGH FamRZ 90, 504 = NJW 90, 1419 = IPRax 91, 111 (Böhmer 90) = MDR 90, 718 = IPRspr 90/205; KG NJW 91, 644 = FamRZ 90, 1376 = IPRspr 90/213, bzw Vollstreckbarerklärungsverf entspr §§ 1042a ff (Rn 19). – **Verhältnis zur Feststellungsklage bezügl Anerkennungsfähigkeit anderer Urteilswirkungen:** Neben der Klage aus § 722 ist die Klage auf Feststellung der Anerkennung der Rechtskraft bzw Gestaltungswirkung (= Erstreckung auf das Inland) zulässig, Rn 49, 50; MK/Gottwald Rn 16, 33. Dies ist bei Feststellungs- und Gestaltungsurteilen klar, weil die Vollstreckbarerklärung der Kosten nach § 722 wohl nicht die Anerkennungsfähigkeit der „Hauptsache" feststellt (Problematik ähnlich bei Teilklagen), sondern auch bei Leistungstiteln. Denn die Vollstreckbarerklärungsvoraussetzungen (§ 723 II 2) decken sich nicht immer mit den Anerkennungsvoraussetzungen, § 328 Rn 209; Geimer/Schütze I 1108, 1141, 1625. AA Martiny I Rz 1627.

58 **XIV) Keine executio non conveniens.** Wann, wo und wie der Gläubiger vollstrecken will, ist seine Sache. Die Vollstreckbarerklärung darf also nicht mit der Begründung abgelehnt werden, der Gläubiger könne in einem anderen Staat leichter, ergiebiger oder sonstwie vorteilhafter vollstrecken. Auch darf das dt Zweitgericht nicht den Nachweis verlangen, daß der Schuldner (vollstreckungsfähiges) Vermögen im Inland habe, Geimer Anerkennung 182; Geimer/Schütze I 1, 1983, § 150 XIII; abzulehnen Stuttgart Justiz 80, 276 = IPRspr 80/163.

59 **XV) Vollstreckungsgegenklage** (§ 767). **1) Gegen ausl Titel** unzulässig, da §§ 722, 723 als Spezialregelung eingreifen. In diesem Verf sind Einwendungen, die nach Abschluß des ausl Verf entstanden sind (§ 767 II), zu berücksichtigen, Rn 51. Vor Verleihung der Vollstreckbarkeit, also vor Einleitung des Vollstreckbarerklärungsverf, besteht kein Rechtsschutzbedürfnis für Klage nach § 767: Der Titel ist im Inland nicht vollstreckbar, MK/Gottwald Rn 34. Der Beklagte kann jedoch **negative Feststellungsklage** erheben mit dem Antrag festzustellen, daß die Voraussetzungen für die Vollstreckbarerklärung nicht gegeben sind. Dem Schuldner ist nicht zuzumuten zu warten, bis der Gläubiger nach §§ 722, 723 vorgeht. Er hat ein berechtigtes Interesse an der Klärung der Rechtslage, vgl § 328 Rn 191. AA Kallmann 353, der besonderes Feststellungsinteresse verlangt. – Eine Klage auf Unterlassung der Vollstreckbarerklärung bzw der Klage nach § 722 / des Antrags nach Art 31 ff GVÜ ist aber unzulässig.

60 **2) Gegen die Vollstreckbarerklärung durch das dt Gericht.** Gegen das dt Vollstreckbarerklärungsurteil (im Anwendungsbereich der Verträge: Vollstreckbarerklärungs-/Klauselerteilungsbeschluß) kann nach Abschluß des Vollstreckbarerklärungsverfahrens Vollstreckungsgegenklage (§ 767) erhoben werden, allerdings sind Einwendungen präkludiert, die im Vollstreckbarerklärungsverf hätten vorgebracht werden können. Zust Rahm/Künkel/Breuer VIII Rz 294. Dagegen

MK/Gottwald Rn 34. Der Schuldner muß sich also nach Abschluß des dt Vollstreckbarerklärungsverf wegen danach entstandener Einwendungen nicht an die Gerichte des Erststaates wenden. Dies folgt daraus, daß das Vollstreckbarerklärungsurteil bzw der Vollstreckbarerklärungs-/Klauselerteilungsbeschluß ein dt Vollstreckungstitel (Rn 56) ist, für den § 767 gilt. Nichts anderes gilt für die Ausführungsgesetze zu den Verträgen. § 29 AVAG und die Parallelvorschr in den anderen AusfG stehen nicht entgegen. Sie enthalten keine abschließende Regelung der Einwendungsmöglichkeiten nach Abschluß des dt Vollstreckbarerklärungsverf. – Gegen rechtskräftige dt Vollstreckbarerklärung will Linke IZPR Rz 442 im Falle der Aufhebung oder Abänderung des ausl Titels im Erststaat analog § 580 Nr 6 **Restitutionsklage** zulassen.

XVI) Rechtshängigkeit. Da Streitgegenstand der Klage nach § 722 ausschließl die Verleihung der Vollstreckbarkeit für das ausl Urteil ist, wird der dem ausl Urteil zugrundeliegende Anspruch nicht rechtshängig, Rn 6. Trotzdem wird Verjährung unterbrochen, § 209 I BGB. 61

XVII) Abänderungsklage auf Erhöhung des im ausl Titel festgesetzten Betrages kann mit Klage aus § 722 verbunden werden (Rn 57), Nürnberg IPRax 84, 162 = IPRspr 83/179; Düsseldorf FamRZ 89, 98. Der Einwand, die im Ausland titulierte Forderung habe sich wegen wesentl Änderung der Verhältnisse (§ 323 I) verringert, ist im Verf nach § 722 zulässig, allerdings nur in den Zeitgrenzen des § 323 II. AA BGH NJW 90, 1419; vgl Rn 51. Der BGH geht aber nicht auf die Frage ein, ob § 323 als lex fori immer anzuwenden ist oder nur dann, wenn dt Recht Abänderungsstatut. Ausführl Henrich IPRax 89, 53 und Baumann IPRax 90, 32. Der Abänderungsantrag darf aber nicht zur Verzögerung der Vollstreckbarerklärung des ausl Titels benutzt werden. Daher erfolgt analog § 304 „Vorabentscheidung" über Exequaturantrag ohne Änderung. Wenn man § 304 nicht anwenden will, bleibt Trennungsmöglichkeit nach § 145. 62

XVIII) Ermächtigung zur Ersatzvornahme (§ 887) und Anordnung von Zwangsgeld und -haft (§ 888) zur Vollstreckung ausl Titels erfolgt durch das dt Exequaturgericht (§ 722 II). Dieses ist „Prozeßgericht"; denn nur die dt Vollstreckbarerklärung ist Grundlage für die ZwV im Inland, Rn 56. 63

XIX) Freie Ausfuhr des Vollstreckungserlöses ist mit der Vollstreckbarerklärung nie garantiert. Dies ist vielmehr eine Frage des dt Devisenrechts, Geimer/Schütze I 1640. 64

XX) Versagung der Vollstreckbarerklärung: Soweit Anerkennungsvoraussetzungen sich inhaltl mit den Vollstreckbarerklärungsvoraussetzungen bzw -versagungsgründen decken, stellt rechtskräftige Verweigerung der Vollstreckbarerklärung durch Nichtvorliegen der Versagungsgründe fest, Geimer/Schütze I 1108, II 21; § 328 Rn 209; Martiny I Rz 426; Nürnberg DAVorm 85, 345 = IPRspr 84/170. Zur Rückforderung des aufgrund des ausl Titels bereits Geleisteten § 328 Rn 276; Geimer/Schütze I 1138, 1154. 65

XXI) Zur Vollstreckung aus Urteilen, Anordnungen und Beschlüssen aus dem **Bereich der Freiwilligen Gerichtsbarkeit** (vgl § 16a FGG) gem § 33 FGG ohne vorherige Vollstreckbarerklärung nach § 722: Geimer FS Ferid 80, 1988, 112; ausführl Richardi 179 ff; Krefft 30 ff, der Vollstreckbarerklärung im Verf der fG verlangt; BGHZ 88, 113 = IPRax 84, 323; Düsseldorf FamRZ 82, 534; BayObLGZ 81, 246 = NJW 82, 1228 = IPRax 82, 106 (Hüßtege), BayObLGZ 85, 145 = RR 86, 3 = FamRZ 85, 737 (Knöpel 1211); BayObLGZ 84, 184, 192. Art 7 MSA (§ 640a Rn 17) regelt nur die Anerkennung, nicht jedoch die Vollstreckung. Maßgebend ist der jeweils im Verhältnis zum Erststaat geltende Anerkennungs- und Vollstreckungsvertrag bzw § 33 FGG; hierzu Rahm/Künkel/Paetzold VIII Rz 625; MK-BGB/Siehr Art 19 EGBGB Anh II Rz 302; Mitzkus, 335, 347; BayObLGZ 81, 256. – Die meisten Staatsverträge erfassen nur echte Parteistreitigkeiten, klammern aber den klassischen Bereich der FG aus, Geimer/Schütze I 1437. AA MK-BGB/Siehr Art 19 Anh II Rz 279 für dt-schweizer Abk (Art 3). – Vollstreckung einer **ausl Kindesherausgabeanordnung** (an anderen Elternteil) erfolgt im Verf nach §§ 621 I Nr 3, 621a, 621e nach den für FG geltenden Grundsätzen, Düsseldorf FamRZ 83, 421 und BGHZ 88, 113 = IPRax 84, 323 (Siehr 309); Rahm/Künkel/Paetzold VIII Rz 624. Das Haager Übereinkommen vom 25. 10. 1980 über die zivilrechtl Aspekte internationaler Kindesentführungen (BT-Drucks 11/5315; BGBl 1990 II 206; AusfG BGBl 90 I 701) verpflichtet zur sofortigen Rückgabe widerrechtl in einen Vertragsstaat verbrachter oder dort zurückgehaltener Kinder; Böhmer RabelsZ 46 (1982), 646; Bruch FamRZ 93, 745; Jorzik, Das neue zivilrechtl KindesentführungsR, 1995; Staudinger/Blumenwitz Art 5 EGBGB Art 5 nF Rz 480; Siehr IPRax 89, 373; ders StAZ 90, 330; Linke IZPR Rz 452; von Bar II Rz 334; Koblenz FamRZ 93, 97; Hamburg FamRZ 96, 685 (Diedrich); Stuttgart FamRZ 96, 688; Frankfurt/M FamRZ 96, 689; KG FamRZ 96, 691; s auch BVerfG FamRZ 96, 405 und 479. 66

XXII) Zwangsvollstreckung im Inland. Ist der ausl Titel in Deutschland für vollstreckbar erklärt, dann erfolgt – auf Antrag des Gläubigers – die Zwangsvollstreckung, Rn 7, ausschließl nach dt Recht. Irgendwelche Vollstreckungsmodalitäten, -methoden, -mittel oder -gebräuche des Erststaates oder der lex causae (der zu vollstreckenden Obligation) bleiben außer Betracht. Vgl 67

Rn 9b. – Zu den international-rechtl Fragestellungen des dt ZwangsvollstreckungsR Baur/Stürner Rz 57.6; Schack IZVR Rz 957 ff.

68 **XXIII) Anerkennung ausl Zwangsvollstreckungsakte:** § 328 Rn 34 u 81a, Geimer IZPR Rz 3283; MK-BGB/Kreuzer Anh III nach Art 38 EGBGB Rz 25 (analog).

69 **XXIV) Gebühren 1) des Gerichts:** Einschlägig ist KV Teil 1 IV 2. Verfahren über Anträge auf Vollstreckbarerklärung ausländischer Schuldtitel und ähnliche Verfahren. – 2a) betrifft Verfahren nach § 3 II AusfG v 8. 3. 1960 zum deutsch-österreichischen Vertrag v 6. 6. 59: KV 1420–1425. Es entsteht eine 1,0 Verfahrensgebühr, die sich auf 0,25 ermäßigt, wenn nicht durch Urteil entschieden wird. Urteil mit Begründung: 2,5 Gebühr; ohne Begründung: 1,5 Gebühr. Beschluß mit (1,5 Gebühr), ohne (0,75 Gebühr) schriftlicher Begründung. – 2b) betrifft Verfahren auf Zulassung der Zwangsvollstreckung aus Schuldtiteln und auf Feststellung der Anerkennung einer Entscheidung nach dem Anerkennungs- und VollstreckungsausführungsG v 30. 5. 1988 (AVAG): KV 1426–1427. Für das Antragsverfahren entsteht eine Festgebühr von 140 DM; eine weitere Festgebühr (70 DM) wird erhoben für das Verfahren über den Antrag auf Aufhebung oder Änderung der Beschlüsse (KV 1427 neu eingefügt durch das KostRÄndG 1994). – 2c) erfaßt alle sonstigen Verfahren, soweit nicht in Staatsverträgen bestimmt ist, daß ein Schuldtitel kostenfrei für vollstreckbar zu erklären ist: KV 1430–1435. Eine 1,0 Verfahrensgebühr wird erhoben, entfällt aber wieder bei Zurücknahme des Antrags, bevor der Gegner angehört worden ist, und früher als eine Woche vor Beginn des Tages, der für die mündliche Verhandlung vorgesehen war (KV 1430). Der über den Widerspruch entscheidende Beschluß löst eine weitere 1,0 Gebühr aus (KV 1431). Für das Endurteil mit Begründung: 2,5 Gebühr; ohne Begründung: 1,5 Gebühr. Der § 91a-Beschluß löst 1,5 Gebühr aus mit und 0,75 Gebühr ohne schriftliche Begründung. In den Fällen 2a) und 2c) werden für das Berufungsverfahren Gebühren nach KV 1220 ff erhoben; im Fall 2b) sind die Gebühren für Beschwerde und Rechtsbeschwerde geregelt in KV 1901–1903; dabei handelt es sich um Festgebühren. Gegen den in KV 1431, IV 2c) gebührenrechtlich erfaßten Beschluß kann Beschwerde erhoben werden; Gebühr: 1,0 nach KV 1904. – **2) des Anwalts:** § 47 BRAGO.

723 *[Vollstreckungsurteil]*

(1) Das Vollstreckungsurteil ist ohne Prüfung der Gesetzmäßigkeit der Entscheidung zu erlassen.

(2) Das Vollstreckungsurteil ist erst zu erlassen, wenn das Urteil des ausländischen Gerichts nach dem für dieses Gericht geltenden Recht die Rechtskraft erlangt hat. Es ist nicht zu erlassen, wenn die Anerkennung des Urteils nach § 328 ausgeschlossen ist.

1 **I) Abs 1.** Eine **sachl Nachprüfung des ausl Urteils (révision au fond)** ist anläßl der Vollstreckbarerklärung ebenso wenig zulässig wie bei der Anerkennung (§ 328 Rn 151). Das dt Zweitgericht hat die Richtigkeit des ausl Urteils weder in tatsächl noch in rechtl Hinsicht nachzuprüfen. Es ist nicht befugt zu prüfen, ob ausl Prozeßvoraussetzungen (zB örtl und sachl Zuständigkeit) oder sonstige Verfahrensvorschriften des ausl Rechts beachtet wurden. Es hat nur die Voraussetzungen des § 328 zu untersuchen (näher § 328 Rn 91) und hat in dem Verfahren nach § 723 über Einwendungen aus §§ 767, 768, die nach dem Erlaß des ausl Urteils entstanden sind, sowie über die Aufrechnung mit einer *nach* (nicht auch vor) Erlaß des ausl Urteils entstandenen Gegenforderung zu entscheiden, RG 114, 173; OLG 43, 142. Gleiches gilt von der im Wege der Wiederaufnahme erfolgten Beseitigung des ausl Urteils. Eine nach Erlaß des ausl Urteils entstandene **Rechtsnachfolge** unterliegt der Prüfung des dt Gerichts, § 722 Rn 43, 51. Zum maßgebl Zeitpunkt BGH LM Nr 2 dt-österr Anerkennungsvertrag – Zivilsachen (Geimer).

2 **II) Nach Abs 2** ist Voraussetzung des Erlasses eines Vollstreckungsurteils die vom Antragsteller bis zum Schluß der mündl Verhandlung nachzuweisende **formelle Rechtskraft** des ausl Urteils **nach ausl Recht.** Bloße vorläufige Vollstreckbarkeit genügt nicht. Rechtsvergleichendes bei Schlosser Bericht Nr 196, Bericht Verwilghen Nr 56, Baumann 23. Der **Nachweis** der formellen Rechtskraft und der Vollstreckbarkeit ist mit allen Beweismitteln zulässig. Die Verträge schreiben vor, welche Unterlagen der Gläubiger dem Antrag auf Vollstreckbarerklärung beizufügen hat. Dies soll nur den Nachweis erleichtern, schließt also andere Beweismittel nicht aus, Geimer/Schütze II 142; wohl auch München Rpfleger 82, 302 = IPRax 82, 202.

3 Hervorzuheben ist, daß das EuGVÜ u das LugÜ sowie die neueren bilateralen Vollstreckungsabkommen (mit Belgien, Österreich, Großbritannien, Griechenland, den Niederlanden, Israel, Norwegen) eine Pflicht zur Vollstreckbarerklärung auch vorläufig vollstreckbarer Titel vorsehen; ebenso Art 31 ff GVÜ und Art 4 II Haager Unterhaltsvollstreckungsübereinkommen 1973, Baumann 23.

4 **III)** Die **Kostenentscheidung** eines Urteils in Ehesachen, für dessen Anerkennung die Durchführung eines Feststellungsverf vor der zuständigen Landesjustizverwaltung gemäß Art 7 FamRÄndG notwendig ist, kann erst dann für vollstreckbar erklärt werden, wenn die Landesjustizverwaltung festgestellt hat, daß die Anerkennungsvoraussetzungen gegeben sind. Dies folgt aus dem **Entscheidungsmonopol der Justizverwaltung**, Geimer NJW 67, 1402 Fn 32.

wie Schuldner vorhanden sind; jede Ausfertigung ist nur mit der Klausel gegen je einen der Schuldner zu versehen. Sind mehrere Beklagte als Gesamtschuldner verurteilt, so wird nur eine vollstreckbare Ausfertigung erteilt (weitere nur nach § 733). Sind mehrere Personen als Gesamtschuldner in voneinander getrennten Entscheidungen verurteilt, so soll der vollstreckbaren Ausfertigung der späteren Entscheidung beizufügen sein, daß sie gegen den Beklagten erteilt wird, der für die Urteilssumme als Gesamtschuldner mit dem durch . . . Urteil des Amtsgerichts . . . vom . . . verurteilten . . . haftet (zB StJ/Münzberg § 725 Rn 5 Fußn 24). Das bewirkt jedoch nichts. Der vollstreckbare Anspruch hat sich zudem aus dem Urteil selbst zu ergeben; er ist in der Klausel nicht zu wiederholen (§ 725 Rn 1) und nicht zu berichtigen. Steht **mehreren Gläubigern** der Anspruch gemeinschaftlich zu (Gesamthandsgläubiger), so ist ihnen nur eine vollstreckbare Ausfertigung zu erteilen. Gläubigern eines Titels über eine unteilbare Leistung (432 BGB) kann ebenso vollstreckbare Ausfertigung nur über diesen Anspruch erteilt werden, nicht aber einzeln Teilausfertigung zur Vollstreckung eines jeweils anteiligen Betrags (Hamm Rpfleger 92, 258). Nur wenn von mehreren Gläubigern jeder Einzelanspruch auf einen bestimmten Teil der Leistung hat, ist jedem eine vollstreckbare Ausfertigung für seinen Teil erteilen.

VI) Rechtsbehelfe: Bei Erteilung der Klausel durch den Urkundsbeamten oder Rechtspfleger 13
für Schuldner Einwendungen nach § 732, auch Klage nach § 768. Bei Ablehnung durch den Urkundsbeamten Antrag auf Entscheidung des Prozeßgerichts (§ 576 I) mit Abänderungsrecht des Urkundsbeamten (Palm Rpfleger 67, 365), gegen Entscheidung des Gerichts dann einfache Beschwerde (§ 576 II), bei zwischenzeitlichem Übergang der Zuständigkeit für Klauselerteilung auf das höhere Gericht (§ 724 II) auch Gegenvorstellung bei diesem (BGH JR 84, 287 mit Anm Gerhardt = NJW 84, 806). Bei Ablehnung durch Rechtspfleger (unbefristete Durchgriffs-)Erinnerung (§ 11 I RpflG; KG FamRZ 85, 627) mit Abhilferecht/-pflicht des Rechtspflegers. Nach Erteilung der Vollstreckungsklausel auf Anweisung des Erinnerungs- oder Beschwerdegerichts oder durch dieses für Schuldner Einwendungen nach § 732 I; aA [Beschwerde] Hamm NJW-RR 90, 1277 = OLGZ 90, 362, dem jedoch mit Münzberg Rpfleger 91, 210 (Anm) nicht gefolgt werden kann (weitere Beschwerde schließt jetzt auch § 568 II aus), auch Klage nach § 768. Bei Ablehnung für Gläubiger außerdem Klage nach § 731. Zu Familiensachen § 621 Rn 20.

VII) Vollstreckungsverfahren: Die vollstreckbare Ausfertigung ist notwendige urkundliche 14
Voraussetzung der ZwV (§ 724 I). Das Vollstreckungsorgan (auch das als solches zuständige Prozeßgericht, RG 53, 181 [183]; Düsseldorf OLGZ 76, 376) hat daher zu prüfen, ob sie vorhanden und ordnungsgemäß (von dem zuständigen Beamten und formgerecht) erteilt ist (Hamm Rpfleger 73, 440 [441] u FamRZ 82, 199 [200]). Ob die Vollstreckungsklausel erteilt werden durfte (deren Rechtmäßigkeit), hat das Vollstreckungsorgan nicht zu prüfen (Frankfurt JurBüro 76, 1122 u 77, 1462 [1463]; Hamm FamRZ 81, 199). Das ist im Vollstreckungsverfahren auch vom Erinnerungs- und Beschwerdegericht nicht zu prüfen (Hamm aaO). Der Nachprüfung entzogen sind damit die mit der Vollstreckungsklausel bescheinigten sachlichen Erfordernisse der Vollstreckung (Rn 1 u 3–6), nicht aber, ob die Urkunde Vollstreckungstitel ist (durch irrige Erteilung der Klausel wird ein „nicht vollstreckbarer Titel" nicht zu einem vollstreckbaren; BGH 15, 190; auch Jaspersen Rpfleger 95, 4) und nicht ein fehlender vollstreckbarer Inhalt des Titels (ihn kann die Klausel nicht ersetzen). Die Klausel bestimmt damit auch, für und gegen welche Personen die Vollstreckung stattfinden darf; Prüfung der Identität ist Sache des Vollstreckungsorgans (§ 750 I). Auf Mängel des Titels und Bedenken gegen die Klausel hat das Vollstreckungsorgan aufmerksam zu machen (Amtspflicht; so auch StJ/Münzberg Rn 2). Eine ZwV ohne Vollstreckungsklausel ist nur anfechtbar (vor § 704 Rn 34; StJ/Münzberg § 725 Rn 12), nicht aber unheilbar nichtig (wie noch RG 98, 81 annimmt). Verlust der vollstreckbaren Ausfertigung nach Pfändung hindert nur den Fortgang der ZwV, das Pfandrecht bleibt bestehen.

VIII) Andere Gesetze s § 794 Rn 35. 15

IX) Auslieferung der vollstreckbaren Ausfertigung **an Schuldner** durch GV: § 757. Materiell- 16
rechtlicher Herausgabeanspruch nach (sicherer) Befriedigung des Gläubigers: § 371 BGB (entspr Anwendung), s § 767 Rn 2.

X) Gebühren: 1) des **Gerichts:** Keine. – **2)** des **Anwalts:** §§ 37 Nr 7, 58 II Nr 1 BRAGO. 17

725 *[Vollstreckungsklausel]*

Die Vollstreckungsklausel:

„Vorstehende Ausfertigung wird dem usw (Bezeichnung der Partei) zum Zwecke der Zwangsvollstreckung erteilt"

ist der Ausfertigung des Urteils am Schluß beizufügen, von dem Urkundsbeamten der Geschäftsstelle zu unterschreiben und mit dem Gerichtssiegel zu versehen.

1 **I)** Der in § 725 festgelegte **Wortlaut** der Vollstreckungsklausel bezeichnet das Mindestmaß der Anforderungen. Fassung der Klausel mit diesem Wortlaut ist üblich, aber nicht zwingend. Der Urkundsbeamte darf nach Lage des Falles abweichen und insbes Änderungen kenntlich machen (klarstellende Zusätze). Notwendig ist, daß die Klausel inhaltlich dem § 725 entspricht, somit als Zeugnis für die ZwV erkenntlich ist und den Gläubiger bezeichnet (KG JW 38, 56), der die ZwV betreiben kann. Die Bezeichnung „Kläger", „Antragsteller" genügt bei ausreichender Nennung im Urteil (§ 313 I Nr 1; im sonstigen Vollstreckungstitel), bei vollstreckbarer Urkunde desgleichen „Gläubiger", wenn keine Verwechslungsgefahr besteht (sonst weitere Angabe erforderlich; zB Kläger zu 2; Gläubiger Müller). Was sich aus dem Urteil ergibt, wird nicht nochmals bezeichnet, sein Inhalt mithin auch nicht wiederholt. Im Normalfall entfällt daher Bezeichnung des Schuldners und des vollstreckbaren Anspruchs. Über den Urteilsinhalt hinaus darf die Klausel eine Vollstreckbarkeit nicht bescheinigen, auch nicht für Zinsen und Kosten. Angaben über die Geldempfangsvollmacht eines Vertreters gehören nicht in die Klausel. Einschränkungen sind zulässig (so bei Teilklausel, auf Antrag, bei Beschränkung auf den dinglichen Anspruch; zur Fassung in diesem Fall Haegele/Schöner/Stöber Rn 2061). Entfällt eine Einschränkung, so ist eine neue Klausel zu erteilen (auch in der Form, daß die bisherige Klausel erweitert wird). Als Urteilsinhalt werden Abhängigkeit der Vollstreckung von einer Sicherheitsleistung (§§ 709, 712 II S 2), Abwendungsbefugnis des Schuldners (§§ 711, 712) und Beschränkung auf Sicherungsvollstreckung (§ 712 I S 2) in der Klausel nicht erwähnt. Zu vermerken ist in der Klausel aktenkundige nachträgliche Anordnung einer Sicherheitsleistung (§§ 707, 719 usw; so auch StJ/Münzberg Rn 3), nicht aber nachträgliche Gewährung einer Räumungsfrist (§ 721, aA StJ/Münzberg Rn 3: Vermerk auch hier zulässig).

2 **II) 1)** Die Klausel kann auf eine vollständige oder abgekürzte (§ 317 II S 2) **Ausfertigung** (§ 170 Rn 3) des Urteils **gesetzt** werden. Sie ist der Ausfertigung am Schluß beizufügen, darf aber auch auf den Rand oder auf ein mit der Ausfertigung (fest) zu verbindendes Blatt gesetzt werden (statt „vorstehende" wird dann gesagt, „nebenstehende" oder „angeheftete"). Verwendet werden kann eine bereits früher erteilte oder eine erst anzufertigende Urteilsausfertigung. Wenn die Ausfertigung erst angefertigt wird, kann der Ausfertigungsvermerk (§ 170 Rn 6) selbständig abgefaßt und unterzeichnet, aber auch der Vollstreckungsklausel zur gemeinsamen Unterzeichnung vorangestellt werden („I. Ausfertigungsvermerk ... II. Klausel ..."). Es kann aber auch der Ausfertigungsvermerk mit dem Klauselwortlaut zusammengefaßt werden. Beispiel:

Vorstehende mit der Urschrift übereinstimmende Ausfertigung wird dem ... (Bezeichnung der Partei) zum Zwecke der Zwangsvollstreckung erteilt.

Ort, Datum Der Urkundsbeamte der Geschäftsstelle

Zusammenlegung des Ausfertigungsvermerks mit dem Klauselwortlaut kann auch in der Weise erfolgen, daß der (unbeglaubigten) Urteilsabschrift lediglich eine ordnungsgemäße Vollstreckungsklausel beigefügt wird (nicht zu empfehlen). Beispiel:

„Vorstehende Ausfertigung wird der Klage-Partei zum Zwecke der Zwangsvollstreckung erteilt".

Das Schriftstück erlangt dadurch zugleich die Eigenschaft einer Ausfertigung (BGH MDR 63, 576 = NJW 63, 1307).

3 **2)** Die vollstreckbare Ausfertigung wird üblicherweise durch einen Kopfvermerk als solche **bezeichnet** (überschrieben); notwendig ist das nicht. Zweckmäßig und üblich, nicht aber notwendig ist Angabe des Tages der Erteilung. Die Klausel muß vom Urkundsbeamten oder Rechtspfleger (eigenhändig) unterschrieben (individueller Schriftzug erforderlich; AG Bremen DGVZ 81, 61) und mit dem Gerichtssiegel (Stempel genügt) versehen sein; sie muß erkennen lassen, ob sie vom Urkundsbeamten oder Rechtspfleger (§ 12 RpflG) erteilt ist. Grundlage der ZwV kann nur das (unterzeichnete und mit Siegel versehene) Original der Vollstreckungsklausel sein, nicht aber eine Ausfertigung dieser Vollstreckungsklausel (LG Frankenthal Rpfleger 85, 244).

4 **III)** Vollstreckungsklausel ist zu dem von **mehreren Urteilen** zu erteilen, das als Leistungsurteil Vollstreckungstitel ist. Ist durch Urteil der höheren Instanz die verurteilende Entscheidung der unteren Instanz schlechthin bestätigt worden, so ist letztere mit der Vollstreckungsklausel zu versehen (KG JW 22, 627; Celle JurBüro 85, 1731). War das Ersturteil gegen Sicherheitsleistung vollstreckbar und wurde das Rechtsmittel durch ein ohne Sicherheitsleistung vollstreckbares Urteil zurückgewiesen, so ist dies in der Vollstreckungsklausel zu dem auszufertigenden ersten Urteil zu vermerken. Wenn von dem ersten Urteil eine vollstreckbare Ausfertigung bereits erteilt wurde, genügt zum Nachweis der nun unbedingten Vollstreckbarkeit (einfache) Ausfertigung des zweiten Urteils (Celle aaO; StJ/Münzberg Rn 6); vollstreckbar ausgefertigt wird das bestätigende Urteil nicht. Ist das Urteil in der höheren Instanz abgeändert worden, so ist dieses Vollstreckungstitel (Hamm Rpfleger 73, 440; zum Abänderungsurteil nach § 323 s § 775 Rn 4); der Urkundsbeamte des Gerichts der unteren Instanz hat die vollstreckbare Ausfertigung des Urteils der höheren Instanz auf Grund der in den Akten befindlichen Abschrift desselben (§§ 544, 566) zu erteilen (RG 11, 411). Von dem streitigen Urteil ist die vollstreckbare Ausfertigung zu erteilen,

wenn es ein auf Zahlung lautendes Versäumnisurteil auf Einspruch nur teilweise aufrechterhält (bestätigt), insoweit die Vollstreckung von einer Sicherheitsleistung abhängig macht und das Veräumnisurteil im übrigen aufhebt (Karlsruhe DGVZ 65, 87). Ist das Urteil der höheren Instanz so abgefaßt, daß erst aus dem Zusammenhalt der Urteilsformeln des in der unteren und des in der oberen Instanz ergangenen Urteils der Inhalt der vollstreckbaren Entscheidung sich ergibt, so sind bei der vollstreckbaren Ausfertigung die beiden Entscheidungen miteinander zu verbinden (München NJW 56, 996). Dies kann in der Weise geschehen, daß die Urteilsformel des Urteils der unteren Instanz an das Urteil der höheren Instanz mit dem Bemerken angereiht wird: „Die in dem vorstehenden Urteil in Bezug genommene Urteilsformel der unteren Instanz hat folgenden Wortlaut: . . .“ In der Vollstreckungsklausel ist ausdrücklich anzuführen, daß „die vorstehende Ausfertigung des Urteils der höheren Instanz zum Zwecke der ZwV erteilt wird“. Ist die vorläufige Vollstreckbarkeit in einer besonderen Entscheidung ausgesprochen (§§ 716, 718), so genügt es, in der Vollstreckungsklausel diese Entscheidung zu vermerken. Hat der Kläger von dem ersten Versäumnisurteil eine vollstreckbare Ausfertigung erhalten, so ist von dem zweiten für vorläufig vollstreckbar erklärten Urteil keine vollstreckbare Ausfertigung zu erteilen, weil das Urteil einer Vollstreckung nicht fähig ist. Bei einem Vollstreckungsurteil (§ 722) ist nur dieses auszufertigen; das gleiche gilt bei der Vollstreckbarerklärung von Schiedssprüchen (§§ 1042 ff).

IV) Berichtigung der Klausel nach § 319 ist möglich. 5

726 *[Vollstreckbare Ausfertigung bei bedingten und Zug-um-Zug-Leistungen]*

(1) Von Urteilen, deren Vollstreckung nach ihrem Inhalt von dem durch den Gläubiger zu beweisenden Eintritt einer anderen Tatsache als einer dem Gläubiger obliegenden Sicherheitsleistung abhängt, darf eine vollstreckbare Ausfertigung nur erteilt werden, wenn der Beweis durch öffentliche oder öffentlich beglaubigte Urkunden geführt wird.

(2) Hängt die Vollstreckung von einer Zug um Zug zu bewirkenden Leistung des Gläubigers an den Schuldner ab, so ist der Beweis, daß der Schuldner befriedigt oder im Verzug der Annahme ist, nur dann erforderlich, wenn die dem Schuldner obliegende Leistung in der Abgabe einer Willenserklärung besteht.

I) Zweck: Eintritt einer vom Gläubiger für Zulässigkeit der ZwV zu beweisenden Tatsache hat 1
das Vollstreckungsorgan vor Vollstreckungsbeginn nicht zu prüfen. Dies ist dem für das Klauselverfahren zuständigen Organ aufgetragen (§ 724 Rn 1). Dem Vollstreckungsorgan wird mit Erteilung der Klausel die Vollstreckungsvoraussetzung bindend bescheinigt (§ 724 Rn 14). Nur vorherige prozessuale Sicherheitsleistung des Gläubigers prüft das Vollstreckungsorgan selbst (§ 751 II); wenn eine Sicherheitsleistung Vollstreckungsvoraussetzung ist (anders bei Verurteilung gegen eine nach materiellem Recht zu leistende Sicherheit, zB § 273 III BGB; RG JW 36, 250), wird daher die Vollstreckungsklausel ohne weiteres (nach § 724 durch den Urkundsbeamten) erteilt. Zur Zug-um-Zug-Leistung Rn 8.

II) 1) Vollstreckungsklausel kann erst nach Führung des Nachweises erteilt werden, wenn die 2
Vollstreckung des Urteils (sonstigen Titels) **nach seinem Inhalt abhängig** ist **a)** entweder vom **Eintritt einer aufschiebenden Bedingung** (eines zukünftigen ungewissen Ereignisses) oder Tatsache, nicht jedoch von einer Sicherheitsleistung des Gläubigers. **Beispiele:** Kündigung (und Ablauf der Kündigungsfrist), Vorleistung des Gläubigers (zB Zahlung erst nach Mängelbeseitigung und Abnahme, Oldenburg Rpfleger 85, 448, nach Durchführung von Sanierungsarbeiten nach Maßgabe eines Gutachtens, Koblenz JurBüro 91, 1270 = NJW 92, 378; bei Räumung (Auszug) bis . . . [zur Auslegung Köln JurBüro 94, 611 = NJW-RR 94, 893; LG Kassel NJW-RR 94, 466], nach Leistung von Sozialhilfe in Höhe zugesprochener Beträge [Künkel FamRZ 94, 540, 548]; anders bei Verurteilung zur Leistung nach Empfang der Gegenleistung, § 322 II BGB, Rn 8 a), durch Titel nicht ausgewiesener Verzug des Schuldners, Rechtskraft einer anderen Entscheidung (Beendigung eines anderen Prozesses, RG 81, 299), Zinszahlung bei Verzug (zum Nachweisverzicht Rn 17), nach BayObLG DNotZ 76, 366 auch Geltendmachung von Zinsen nach Erlöschen der Hauptschuld (zutr abl StJ/Münzberg Rn 6 Fußn 43), Wegfall einer Stundung, Genehmigung durch Pfleger zu Vergleich eines durch Vertreter ohne Vertretungsmacht vertretenen Minderjährigen (Nürnberg MDR 60, 318 = Rpfleger 60, 129 mit Anm Bull), behördliche (BGH 28, 153 = NJW 58, 1969), auch vormundschaftsgerichtl Genehmigung (und Mitteilung nach § 1829 BGB; Bull Rpfleger 60, 130), Räumungsvergleich mit Ersatzraumklausel (Hamm Rpfleger 65, 238; nicht dem Gericht, BGH LM § 317 Nr 1; BayObLG 50, 909; Karlsruhe MDR 55, 67, wohl aber einer Behörde, BGH NJW 55, 665; s auch Habscheid MDR 54, 392, kann als Schiedsgutachter die Feststellung übertragen werden, daß der Ersatzraum angemessen ist), Räumungsvergleich zur Vollstreckung bei Zahlungsverzug, Höhe einer berechenbar festgestellten Schuld wird erst durch eine zukünftige Tatsache bestimmt („Schadensersatz von . . . DM pro m^2 am 31. 12. 19 . . nicht

verkaufter Wohnfläche, KG DNotZ 83, 681 = OLGZ 83, 213), Notarmitteilung, daß die Auflassungsvormerkung rangrichtig eingetragen ist und behördliche Bestätigungen, Freistellungsunterlagen, Vertragsgenehmigung durch Dritte (zB § 12 WEG, § 5 ErbbVO) usw vorliegen (Nachweis durch Notarbestätigung in Form der Eigenurkunde, somit unterzeichnete und gesiegelte Erklärung). Aufschiebende Bedingung ist auch Voraussetzung für Vollstreckung eines Prozeßvergleichs, der zur Zahlung ab (oder nach oder für den Fall) rechtskräftiger Scheidung verpflichtet (München Rpfleger 84, 106; LG Hamburg Rpfleger 65, 276 mit zust Anm Stöber; dort war „. . . Scheidung aus Alleinverschulden des Schuldners" Vollstreckungsvoraussetzung; StJ/Münzberg Rn 3a; anders Blomeyer Rpfleger 72, 385 u 73, 80; Hornung Rpfleger 73, 77; Braunschweig FamRZ 72, 385; AG Berlin-Wedding DGVZ 74, 24; die praktische Bedeutung ist jedoch gering, weil die nach § 726 I zu erteilende Klausel Offenkundigkeit als Grundlage hat).

3 **b)** oder vom **Ablauf** einer nicht nach dem Kalendertag bestimmten **Frist,** zB ein Monat nach Rechtskraft, nach Kündigung (Bedingung und Befristung); für feststehende Frist § 751 I.

4 **2)** Der **Gläubiger muß** den Eintritt der Tatsache nach dem Inhalt des Titels (oder nach den Beweislastregeln, Rn 15 ff vor § 284) zu **beweisen** haben.

5 **3)** Ob eine Bedingung (Befristung) vorliegt und vom Gläubiger zu beweisen ist, ist erforderlichenfalls durch Auslegung des Titels zu bestimmen. Ist für einen Titel eine Vollstreckungsklausel nicht nötig (§ 724 Rn 2), dann wird sie auch im Falle des § 726 nicht benötigt.

6 **III)** Den erforderlichen Beweis (Rn 2, 3) hat der Gläubiger durch **öffentliche** (§§ 415, 416) oder **öffentlich beglaubigte** (§ 129 BGB) **Urkunden** zu führen. Er muß die Urkunden vorlegen; Bezugnahme genügt nur, wenn die Urkunde dem Gericht (in einer anderen Sache) bereits eingereicht ist. Vorlage einer beglaubigten Abschrift genügt; jedoch kann das Original verlangt werden (§ 435). Glaubhaftmachung (§ 294) ist nur bei Vereinbarung dieser erleichterten Beweisführung (in Vergleich, vollstreckbarer Urkunde) ausreichend (Rn 17). Offenkundige (§ 291) und bei Anhörung zugestandene (§§ 288, 730; Frankfurt Rpfleger 75, 326; Münzberg NJW 92, 201) Tatsachen bedürfen auch im Klauselverfahren keines Urkundenbeweises (Nichtbestreiten ist jedoch kein Zugeständnis; s § 727 Rn 20). Für **Kündigung** oder Angebot (sonstige Willenserklärung) muß nicht die Erklärung (und ihre Wirksamkeit), sondern nur deren Zugang in urkundlicher Form nachgewiesen sein (Zustellungsurkunde, Protokoll des GV; nicht ausreichend ist Einschreibenachweis oder Postrückschein); Klauselerteilung bei Kündigung ist erst nach Fristablauf zulässig (Frankfurt Rpfleger 73, 323). Kann Urkundenbeweis nicht geführt werden, muß der Gläubiger auf Klauselerteilung klagen (§ 731).

7 **IV) Zuständig** für Erteilung der Vollstreckungsklausel ist im Falle des § 726 I der Rechtspfleger (§ 20 Nr 12 RpflG). Anhörung des Schuldners: § 730. Erteilt wird die Vollstreckungsklausel (Form § 725), wenn die allgemeinen Voraussetzungen (§ 724 Rn 3 ff) erfüllt sind und die zu beweisende Tatsache urkundlich nachgewiesen ist. Die für den Beweis herangezogenen (nicht weitere vom Gläubiger zusätzlich vorgelegte) Urkunden sind in der Klausel zu bezeichnen (Grund: Zustellungserfordernis nach § 750 II), desgleichen Offenkundigkeit (Münzberg NJW 92, 201) oder Zugeständnis. **Rechtsbehelfe:** § 724 Rn 13. Eine vom Urkundsbeamten statt durch den Rechtspfleger erteilte Vollstreckungsklausel ist (wegen Überschreitung der funktionellen Zuständigkeit) unwirksam (Hamm MDR 87, 682 = NJW-RR 87, 957 u DGVZ 90, 21 = Rpfleger 89, 466; Frankfurt MDR 91, 162 = Rpfleger 91, 12; LG Detmold Rpfleger 96, 19; anders LG Kassel JurBüro 86, 1255; AG Oldenburg DGVZ 89, 142; MK/Wolfsteiner § 724 Rn 16), auch wenn er nach § 724 verfahren ist (Hamm MDR 87, 682; LG Detmold aaO; insoweit anders: nur anfechtbar, da unrichtige sachliche Bearbeitung, StJ/Münzberg Rn 22; AG Wildeshausen DGVZ 75, 47). Pfändung bei mangelhafter Klausel ist fehlerhaft, aber nicht unwirksam.

8 **V) 1)** Bei einer **Zug um Zug** zu bewirkenden Leistung des Gläubigers an den Schuldner hat der GV die Gegenleistung anzubieten, sonst er oder das andere Vollstreckungsorgan Erfüllung der Gegenleistung oder Schuldnerverzug zu prüfen (§§ 756, 765). Daher gelten hier für die Erteilung der Vollstreckungsklausel keine Besonderheiten (§ 724 mit Zuständigkeit des Urkundsbeamten). Wenn jedoch die Leistung des Schuldners nach dem Urteil in der **Abgabe einer Willenserklärung** besteht, soll sie nicht trotz ausstehender Gegenleistung des Gläubigers bereits mit Rechtskraft des Titels als abgegeben gelten (§ 894 I S 2; Schutz des Schuldners); vielmehr gilt dann die Willenserklärung erst mit Erteilung einer vollstreckbaren Ausfertigung des rechtskräftigen Urteils als abgegeben. Für diesen Fall ist deshalb in § 726 II die Erteilung einer vollstreckbaren Ausfertigung gleichfalls von dem Beweis abhängig gemacht, daß der Schuldner befriedigt oder in Verzug der Annahme ist (gilt nicht für Prozeßvergleich; Frankfurt Rpfleger 80, 291 [292]). Zuständigkeit des Rechtspflegers (Hamm OLGZ 87, 270; StJ/Münzberg Rn 15) und Verfahren: Rn 6, 7. Bestimmt das Urteil den Umfang der Gegenleistung nicht eindeutig (zB Geldbetrag als Gegenleistung für Auflassung, Löschung usw nach Hauptanspruch, Zins usw), so ist es wegen dieses Mangels nicht vollstreckbar (BGH 45, 287 = NJW 66, 1755; MDR 93, 347 = NJW 93, 324;

NJW 94, 586 [587] u BGH 125, 41 = NJW 94, 3221; Blunck NJW 67, 1598; s auch § 756 Rn 3); eine vollstreckbare Ausfertigung ist dann nicht zu erteilen (anders früher BGH Rpfleger 72, 397; überholt).

2) Verurteilung zur **Leistung nach Empfang der Gegenleistung** erfolgt bei Annahmeverzug des Schuldners (§ 322 II BGB), ist für Klauselerteilung und ZwV (§ 756 Rn 3) daher der Zug-um-Zug-Verurteilung gleichzubehandeln. Die Vollstreckungsklausel wird daher vom Urkundsbeamten nach § 724, nicht nach § 726 I (würde nochmaligen Nachweis des bereits im Urteil festgestellten Annahmeverzugs, mithin Fortbestand des Verzugs, erfordern) erteilt (Karlsruhe MDR 75, 938; BGB-RGRK/Ballhaus § 332 Rn 7; Staudinger/Otto § 322 Rn 22; StJ/Münzberg Rn 17; Gabius NJW 71, 866, je mit Stellungnahme zu anderen Ansichten). 8a

VI) **Keine Anwendung** findet § 726 in folgenden Fällen: 1) Leistung des Schuldners besteht in der Abgabe einer Willenserklärung, ist jedoch **nicht** von einer Zug um Zug zu bewirkenden Gegenleistung des Gläubigers abhängig. 9

2) **Auflösende Bedingung** (zB Zahlung einer Rente auf Lebenszeit, RG 28, 145; Zahlung von Unterhalt bis zur Rechtskraft des Scheidungsurteils; Vollstreckung kann durch Leistung eines anderen Gegenstandes oder durch Stellung eines Ersatzmieters abgewendet werden; LG Köln MDR 59, 394). Der Gläubiger ist in solchen Fällen bis zum Eintritt der Bedingung berechtigt (§ 158 I BGB). Die Beweislast trifft daher den Schuldner. Gleiches gilt für Freistellung von der Zahlungsverpflichtung, solange ein Dritter (eine abgetretene) Forderung leistet (Bamberg JurBüro 75, 515). 10

3) **Ersatzverurteilung** (zB § 283 BGB; § 259); bei ihr ist der Schuldner nacheinander zu mehreren Leistungen verurteilt, zB zur Herausgabe und für den Fall, daß Leistung nicht erfolgt, zur Zahlung einer Geldsumme (s AG Friedberg DGVZ 91, 47). 11

4) Verurteilung zur Vornahme einer **Handlung** und für den Fall, daß die Handlung nicht binnen einer bestimmten **Frist** vorgenommen ist, zur Zahlung einer Entschädigung (§ 510b); auch bei entsprechend gestaltetem Vergleich (Hamburg MDR 72, 1040; Birmanns DGVZ 81, 147). 12

5) Leistung gegen **Quittung** (§ 368 BGB). Nur um Ausgestaltung des Rechts auf Quittung, nicht aber um Befriedigung eines selbständigen Gegenanspruchs handelt es sich auch bei (überflüssiger) Zug-um-Zug-Verurteilung gegen Herausgabe eines Wechsels (Frankfurt Rpfleger 79, 144 u OLGZ 81, 261; LG Düsseldorf DGVZ 72, 59; anders Nürnberg BB 65, 1293) oder **Schecks** (§ 756 Rn 4). Entsprechendes gilt für Übergabe eines Hypotheken- oder Grundschuldbriefs und Aushändigung von Löschungsurkunden (§ 1144 BGB) sowie für Leistung gegen Abtretungsurkunde (§ 410 BGB). 13

6) Vereinbarung einer **Verfallklausel** (kassatorische Klausel). Sie kommt in Vergleichen (auch vollstreckbaren Urkunden) mit der Abrede vor, daß der Schuldner die gesamte (restige) Verbindlichkeit sofort zu leisten hat, wenn er mit einem Teilbetrag (einer Rate usw) in Rückstand kommt (auch: „... länger als ... im Rückstand bleibt"). Bei solcher Vereinbarung kann der Schuldner mit pünktlicher Zahlung die Vollstreckung abwenden, ohne daß der fällige Anspruch des Gläubigers geschmälert wäre. Nach der Parteivereinbarung trifft den Schuldner der Beweis für rechtzeitige Leistung (wie sonst für Erfüllung), nicht aber den Gläubiger der Beweis für einen Verzug (BGH DNotZ 65, 544). Daher liegt kein Fall des § 726 I vor (BGH aaO; RG 134, 156). Einwendungen des Schuldners gegen den Eintritt des Verfalls sind solche nach § 767 (nicht § 768; BGH aaO); er kann auch rechtzeitige Zahlung nach § 775 Nr 4, 5 geltend machen. Bei **Rücktrittsklausel** (Wirkung nicht bereits mit Zahlungsverzug, sondern erst mit Fälligstellung durch Gläubiger nach Zahlungsrückstand), desgleichen bei Stundung der Forderung selbst unter auflösender Bedingung (§ 158 II BGB; zB Verzug mit anderer noch geschuldeter Leistung) handelt es sich jedoch um Fälle des § 726 I. 14

7) Bestätigter **Vergleich** infolge der Besonderheit des § 85 III VerglO. 15

8) **Wahlschuld** (§ 264 BGB; KG OLG 18, 394), weil der Schuldner die Leistungen alternativ gleichwertig schuldet. 16

9) **Befreiung** des Gläubigers **von der Nachweispflicht** durch den Schuldner, vielfach mit Erklärung in notariellen Urkunden (s § 794 Rn 31), daß „... dem Gläubiger auf Antrag eine vollstreckbare Ausfertigung auch ohne den Nachweis derjenigen Tatsachen erteilt werden soll, von deren Eintritt die Fälligkeit der Forderung oder die Entstehung bedingter oder künftiger (s § 800 Rn 4–7) Leistungen abhängt" oder „... ohne Nachweis des Entstehens und der Fälligkeit der Schuld erteilt werden soll" (Brambring DNotZ 77, 572; Keidel/Kuntze/Winkler § 52 BeurkG Rn 25; Celle DNotZ 69, 104; Düsseldorf DNotZ 77, 413; Hamm JurBüro 91, 869; KG JW 34, 1731; München NJW-RR 95, 763; Gläubigeranspruch muß nach dem Titel aber eine bestimmte Geldsumme sein, s § 794 Rn 26 insbes wegen des Zinsbeginns). Gläubigernachweis kann ebenso für Erteilung der Vollstreckungsklausel zu einem bei Zahlungsverzug vollstreckbaren Räumungsvergleich erlassen sein (LG Mannheim Rpfleger 82, 72). Auch erleichterte Beweisführung kann (statt voller Befreiung von der Nachweispflicht) in der Urkunde (im Vergleich, Stuttgart NJW-RR 86, 549) vorgese- 17

hen sein (Glaubhaftmachung Rn 6, Nachweis nur durch Privaturkunde). Das Vollstreckungsorgan prüft nach Erteilung der Klausel den für Beginn der ZwV erforderlichen Eintritt der (nicht nachgewiesenen) Tatsache nicht (Zeller/Stöber § 15 Rn 15.3; auch LG Wiesbaden Rpfleger 87, 118 mit abl Anm Münzberg Rpfleger 87, 207, der darauf hinweist, daß Kalendertagsfälligkeit nach § 751 I vorlag); auch Nachweise nach § 750 II sind nicht zu führen (§ 750 Rn 20); vielmehr sind Einwendungen des Schuldners gegen die Vollstreckung nach § 767 zu verfolgen (§ 750 Rn 20).

727 *[Rechtsnachfolge]*

(1) Eine vollstreckbare Ausfertigung kann für den Rechtsnachfolger des in dem Urteil bezeichneten Gläubigers sowie gegen denjenigen Rechtsnachfolger des in dem Urteil bezeichneten Schuldners und denjenigen Besitzer der in Streit befangenen Sache, gegen die das Urteil nach § 325 wirksam ist, erteilt werden, sofern die Rechtsnachfolge oder das Besitzverhältnis bei dem Gericht offenkundig ist oder durch öffentliche oder öffentlich beglaubigte Urkunden nachgewiesen wird.

(2) Ist die Rechtsnachfolge oder das Besitzverhältnis bei dem Gericht offenkundig, so ist dies in der Vollstreckungsklausel zu erwähnen.

1 **I) Zweck:** Beginn der ZwV erfordert auch bei Urteilswirkung für oder gegen einen Dritten (§ 325 Rn 1) namentliche Bezeichnung des Gläubigers oder Schuldners (§ 750 I). Nachträglich kann diese nur in der Vollstreckungsklausel erfolgen. Vollstreckbarkeit des Urteils für oder gegen eine andere Person ist damit von dem für das Klauselverfahren zuständigen Organ zu prüfen und mit Erteilung der Vollstreckungsklausel vor Beginn der ZwV für das Vollstreckungsorgan bindend zu bescheinigen (§ 726 Rn 1). Entsprechendes gilt für andere Vollstreckungstitel (§ 795). Besonderheiten oder entsprechend anwendbare Fälle regeln § 728 (Nacherbe und Testamentsvollstrekker), § 729 (Vermögens- und Firmenübernehmer), § 738 (Nießbrauch), §§ 742, 744, 745 II (Gütergemeinschaft), § 744a (Eigentums- und Vermögensgemeinschaft) und § 749 (Testamentsvollstreckung).

2 **II) Voraussetzungen: 1) Rechtsnachfolge** auf Gläubiger- oder Schuldnerseite ist jeder Wechsel der im Urteil (sonstigen Vollstreckungstitel) als Gläubiger oder Schuldner des zu vollstreckenden Anspruchs (vor § 704 Rn 3) bezeichneten Person (vor § 704 Rn 10, 11). Auf die Art der Rechtsnachfolge kommt es nicht an. Gläubigerrecht oder Schuldnerverpflichtung können auf andere Personen übergegangen sein im Wege der Gesamtrechtsnachfolge (unter Lebenden oder von Todes wegen; § 325 Rn 14 f) oder Sonderrechtsnachfolge. Die Rechtsnachfolge kann als abgeleiteter Rechtserwerb durch Rechtsgeschäft, Hoheitsakt oder kraft Gesetzes eingetreten sein; sie kann ursprünglicher Rechtserwerb (insbes im Wege der ZwV) sein. Es kann sich um vollen Rechtsübergang oder um Erwerb eines minderen Rechts handeln (zB Einziehungsrecht nach Pfändung und Überweisung).

3 **2)** Rechtsnachfolge auf **Gläubigerseite** liegt vor, wenn eine andere Person im eigenen Namen und eigenem Interesse den Anspruch des im Urteil (sonstigen Titel) bezeichneten Gläubigers geltend machen kann (RG 53, 10; 82, 38). **Rechtsnachfolger des Gläubigers** ist:

4 **a)** sein **Erbe** (§ 1922 BGB). Ihm kann die Klausel schon vor Annahme der Erbschaft erteilt werden (§ 1942 BGB; Nachweis aber nicht denkbar). Bis zur Auseinandersetzung kann Miterben die Klausel (wegen §§ 2032, 2039 BGB) nur gemeinsam erteilt werden, einzelnen Miterben nur mit der Maßgabe, daß Leistung nur an alle bewirkt werden kann (§ 2039 BGB). Nach Auseinandersetzung ist die Klausel dem (früheren) Miterben als Gläubiger zu erteilen, dem die ganze Forderung zugewiesen ist oder der das Vermögensstück erlangt hat. Ausgeschlossen ist Klauselerteilung für den Erben, wenn der Anspruch für ihn nicht fortbestehen kann (§ 1615 I BGB für Erlöschen des Unterhaltsanspruchs mit dem Tod des Berechtigten; möglich Klauselerteilung nur noch für Rückstände).

5 **b)** jeder **sonstige Gesamtrechtsnachfolger,** zB bei Verschmelzung durch Aufnahme (§ 2 Nr 1, §§ 4 ff, 20 I Nr 1 UmwG) oder Neugründung (§ 2 Nr 2, § 36 I mit § 20 I Nr 1 UmwG) und Vermögensübertragung (§§ 174, 176 III, 178 II usw UmwG), sowie Sonderrechtsnachfolge bei Spaltung (Aufspaltung, Abspaltung und Ausgliederung, §§ 123, 131 I Nr 1, § 135 I UmwG; zur Sonderrechtsnachfolge bei Spaltung Haidenhain ZIP 95, 801). Bei Formwechsel erhält der Rechtsträger eine andere Rechtsform (§ 190 I UmwG); er besteht in der neuen Rechtsform weiter (§ 202 I Nr 1 UmwG); Rechtsnachfolge liegt somit nicht vor. Seine bisher geführte Firma darf der Rechtsträger neuer Rechtsform beibehalten (§ 200 I Nr 1 UmwG); ändert er die Firma (auch durch Aufnahme eines Gesellschaftszusatzes), kann die Änderung mit klarstellendem Zusatz kenntlich gemacht werden (Rn 32). Das gilt auch für die Namen der Gesellschafter (bisher Anteilsinhaber, § 202 I Nr 2 UmwG) bei Formwechsel in eine BGB-Gesellschaft, mit dem die Firma der formwechseln-

den Gesellschaft erlischt (§ 200 V UmwG). Zur Titelumschreibung auf die Deutsche Telekom AG s LG Wuppertal DGV 95, 118; AG Solingen DGVZ 95, 118; AG Solingen DGVZ 95, 59; SchmittmannDGVZ 95, 49).

c) der **neue Gläubiger nach Abtretung** (auch Teilabtretung) des Anspruchs (§ 398 BGB; KG OLG 31, 85). Abtretung einer Grundschuld (Rechtsnachfolge für dinglichen Anspruch, § 1147 BGB) beinhaltet jedoch nicht zugleich auch Abtretung der Forderung aus dem abstrakten Schuldversprechen (§ 780 BGB) in Höhe des Nennbetrags der Grundschuld mit Nebenleistungen (LG München II MittBayNot 79, 126). Davon zu unterscheiden ist jedoch der (§ 794 Rn 27 dargestellte) Fall, daß bei Bestellung einer Eigentümergrundschuld die persönliche Haftung für den Grundschuldbetrag übernommen und mit Abtretung der Grundschuld an den Gläubiger einer (zu sichernden) Forderung diesem Begründung einer persönlichen Verpflichtung in Höhe des Grundschuldbetrags (§ 780 BGB) angetragen wird (hier keine Abtretung der Gläubigerrechte aus der persönlichen Schuldverpflichtung; dazu BGH DNotZ 91, 753 = MDR 91, 331 = NJW 91, 228). 6

d) der **Neugläubiger nach Forderungsübergang kraft Gesetzes** (§ 412 BGB), zB in Fällen der § 268 III S 1 BGB (Ablösung), § 426 II S 1 BGB (befriedigender Gesamtschuldner, dazu Christmann DGVZ 87, 81 [83]), § 774 S 1 BGB (Bürge; Hamburg OLG 18, 44), § 1143 I BGB (zahlender Eigentümer), § 1173 II BGB (ersatzberechtigter zahlender Eigentümer eines gesamtbelasteten Grundstücks, Düsseldorf Rpfleger 96, 75), § 1225 BGB (zahlender Verpfänder), § 1249 BGB (Ablösung vor Pfandveräußerung), § 1607 II S 2, § 1615b BGB (Übergang des Unterhaltsanspruchs), § 411 II, § 441 II HGB (Befriedigung im Speditions- und Frachtgeschäft), § 141m AFG (Übergang des Anspruchs auf Arbeitsentgelt auf Bundesanstalt für Arbeit nach Stellung des Antrags auf Konkursausfallgeld, dazu LAG Frankfurt Rpfleger 85, 200; LAG München NJW-RR 87, 956 u KTS 89, 452; LAG Nürnberg NZA 94, 1056 L), § 37 BAFöG (Übergang von Unterhaltsansprüchen auf Land), § 27h BVG (Übergang eines Unterhaltsanspruchs auf Träger der Kriegsopferfürsorge), § 116 SGB (X) (Übergang eines Schadensersatzanspruchs auf Versicherungs- oder Sozialhilfeträger), § 67 VVG (Übergang des Ersatzanspruchs auf Versicherer). Auch dem mitverurteilten Gesamtschuldner kann als Rechtsnachfolger Klausel nur erteilt werden, wenn für den gesetzlichen Forderungsübergang auch die Höhe des Ausgleichsanspruchs (§ 426 II BGB) offenkundig oder urkundlich nachgewiesen ist (KG NJW 55, 913; BayObLG 70, 125 [126] = NJW 70, 1800; Düsseldorf Rpfleger 96, 75; LG Bonn MDR 65, 493). Gleiches gilt vom **Wechsel**gesamtschuldner. Wer als Indossant den Wechsel eingelöst hat, ist für den Rückgriffsanspruch aus dem Wechsel gegen die Vormänner (Art 49 WechselG) nicht Rechtsnachfolger iS des § 727, desgleichen nicht der zahlende Aussteller eines Wechsels für seinen Anspruch an den Akzeptanten nach § 28 II WechselG (Hamburg MDR 68, 248 u 1014; KG OLG 25, 152; 31, 86; Marienwerder OLG 11, 420; Greilich MDR 82, 15; aA LG Münster MDR 80, 1030; Liesecke WM 73, 1157). Forderungsübergang auf ein Bundesland (§ 8 I Ges) erfolgt mit Übergang eines Anspruchs in Höhe von Unterhaltsleistungen nach § 7 des **Unterhaltsvorschußgesetzes** (BGBl 1994 I 166) mit Bewirkung der Leistung (Karlsruhe FamRZ 81, 72; Überleitungsanzeige somit nicht erforderlich; Zweibrücken DAVorm 87, 373 u FamRZ 87, 736). Ein solcher Rechtsnachfolgefall ist jedoch nicht gegeben, wenn aus einem Titel nur der Elternteil berechtigt ist (zB § 620 S 1 Nr 4), nicht aber das Kind, das Unterhaltsleistung erhalten hat (Düsseldorf FamRZ 85, 628; Hamburg FamRZ 82, 425 u 426; Köln FamRZ 83, 646). 7

e) der Gläubiger nach **Pfändung und Überweisung** an Zahlungs Statt (bewirkt Forderungsübergang, § 835 II) oder zur Einziehung (RG 34, 386; 57, 326; 82, 35 [38]; Hamburg MDR 67, 849; KG OLGZ 83, 205 = ZZP 96 [1983] 368 mit Anm Münzberg; Stöber FdgPfdg Rn 669), wenn die gepfändete Forderung des Schuldners an den Drittschuldner größer ist jedoch nur bis zur Höhe der Forderung des Gläubigers an den Schuldner (aA SächsLAG JurBüro 96, 105; aber keine weitergehende Einziehungsbefugnis, Stöber FdgPfdg Rn 590). Gleiches gilt für denjenigen, dem ein Recht (oder eine Sache) verpfändet ist, nach Pfandreife (§ 1282 BGB). 8

f) für einen Anspruch des Eigentümers auf **Räumung** und Herausgabe der Mietsache der Erwerber des Grundstücks (LG Berlin Rpfleger 69, 395) und ebenso für einen solchen Anspruch des Nießbrauchers mit dessen Tod (sonstigem Erlöschen des Rechts) der Eigentümer des Grundstücks (Celle Rpfleger 53, 82). 9

g) der **Träger der Sozialhilfe,** auf den kraft Gesetzes ein bürgerl-rechtl Unterhaltsanspruch des Hilfeempfängers für die Zeit, für die Sozialhilfe gewährt ist, nach § 91 BSHG übergegangen ist (auch bei Unterhalt für Hilfegewährung bis 27. 6. 1993, BGH MDR 95, 929 = NJW 95, 3391 mwN, auch zur Gegenansicht; Unterhalt für Vergangenheit nun § 91 III S 1 BSHG) oder der einen anderen Anspruch des Hilfeempfängers nach § 90 BSHG übergeleitet hat (dazu Scholz FamRZ 94,1). Die Überleitungsanzeige ist Verwaltungsakt (BVerwG 57, 74 [75]; BGH FamRZ 83, 896 mit Nachw), der nach dem VwZG zugestellt werden kann (BGH aaO). Für die Zukunft (für künftige Leistungen, wenn Hilfe voraussichtlich weiter zu gewähren ist) ist Erteilung der Rechtsnachfolge- 10 klausel nicht möglich (Anspruchsübergang erst mit Leistung der Aufwendungen: ebenso zum früheren Recht Bamberg FamRZ 83, 204; Bremen FamRZ 80, 725; Düsseldorf FamRZ 80, 378; Köln Rpfleger 79, 28; Stuttgart FamRZ 81, 696; Helwich Rpfleger 83, 226 [228]). Der Träger der **öffentlichen Jugendhilfe** ist Rechtsnachfolger bei Überleitung von Ansprüchen nach § 94 KJHG.

11 **h)** nach einem **Zwangsvergleich** der Gemeinschuldner, damit er aus dem vom Konkursverwalter erwirkten Schuldtitel vollstrecken kann (KG OLG 25, 219). Ebenso ist der im Vergleich zur Befriedigung der Gläubiger bestellte Treuhänder Rechtsnachfolger, wenn es sich um die Vollstreckung eines gegen den Schuldner lautenden Titels handelt.

12 **i)** der **Zwangsverwalter** für einen von der Zwangsverwaltung erfaßten Anspruch (BGH MDR 86, 750 = NJW 86, 3206) und nach Beendigung der Zwangsverwaltung der Eigentümer des Grundstücks (Schuldner im Zwangsverwaltungsverfahren; Düsseldorf OLGZ 77, 250).

12a **k)** nach **Bedingungseintritt** ein aufschiebend bedingt berechtigter neuer sowie der nach auflösender Bedingung wieder berechtigte frühere Gläubiger (§ 158 BGB).

13 **3)** Das in **gesetzlicher Prozeßstandschaft** von der Partei nach Abtretung des eingeklagten Anspruchs zur Zahlung an den neuen Gläubiger erwirkte Urteil (§ 265 II) begründet für diesen keinen Anspruch auf Klauselerteilung unmittelbar nach § 724 (§ 724 Rn 3). Als Rechtsnachfolger hat der neue Gläubiger ein Recht auf Erteilung der Klausel jedoch nach § 727 (§ 731) jedenfalls dann, wenn der Prozeßstandschafter nicht seinerseits vollstreckbare Ausfertigung beantragt, der Schuldner der Gefahr der Doppelvollstreckung somit nicht ausgesetzt ist (BGH JR 84, 287 mit Anm Gerhardt = NJW 84, 806; RG 167, 321 [328]). Das gilt auch in anderen Fällen gesetzlicher Prozeßstandschaft (mithin auch für das Kind zur Vollstreckung des von einem Elternteil erwirkten Unterhaltstitels, § 1629 III BGB; § 724 Rn 3, und für den Elternteil zur Vollstreckung des auf das Kind lautenden Unterhaltstitels, LG Koblenz FamRZ 95, 490) sowie dann, wenn der neue Gläubiger sich am Rechtsstreit als Streithelfer beteiligt hat (BGH aaO). Der Prozeßstandschafter ist nach Rückübertragung der Forderung durch den nach dem Urteil ausgewiesenen Zahlungsempfänger (Forderungsgläubiger; auch sonst nach gesetzlichem Übergang der Forderung) Rechtsnachfolger (dieses bisherigen materiellrechtl Gläubigers); Klausel zur Vollstreckung für den (bisherigen) Prozeßstandschafter als (nunmehrigen) Anspruchsinhaber ist daher nach § 727 zu erteilen (LG Mannheim Rpfleger 88, 490). Entsprechendes gilt für das in **gewillkürter Prozeßstandschaft** erstrittene Urteil über einen fremden Anspruch (§ 724 Rn 3). Umschreibung der Vollstreckungsklausel auf den Ermächtigenden in entspr Anwendung des § 727 ist zulässig, wenn der Prozeßstandschafter die Vollstreckung ablehnt oder verzögert oder wenn sie aus einem sonstigen Grund von ihm nicht durchgeführt werden könnte (vor § 50 Rn 40, 56 mit Nachw; BGH MDR 83, 308; Köln JurBüro 94, 741 = VersR 93, 1382; aA KG Rpfleger 71, 103; hierzu Heintzmann ZZP 92 [1979] 61 u Becker-Eberhard ZZP 104 [1991] 413 [439]). Ermächtigung eines Dritten durch den Urteilsgläubiger, den titulierten Anspruch im eigenen Namen zu vollstrecken (Vollstreckungsermächtigung ohne Übertragung des Anspruchs; sog **isolierte Vollstreckungsstandschaft**) ist keine Rechtsnachfolge (BGH 92, 347 = JR 85, 287 mit Anm Olzen = JZ 85, 341 mit Anm Brehm = NJW 85, 809; BGH NJW-RR 92, 61; dazu Münzberg NJW 92, 1867; Scherer Rpfleger 95, 89; aA Dresden NJW-RR 96, 444 [insbes für Forderungsübertragung nach Erlangung des Titels mit gleichzeitiger Einzugsermächtigung, die der Neugläubiger dem bisherigen Gläubiger erteilt); Klauselerteilung für den Ermächtigten kommt somit nicht in Betracht (BGH 92, 347).

14 **4) Rechtsnachfolger des Schuldners** ist: **a)** sein **Erbe** nach Annahme der Erbschaft oder Ablauf der Ausschlagungsfrist (§§ 1944, 1958 BGB; der Antragsteller muß einen dieser Umstände nachweisen), mehrere Erben als Gesamtschuldner (§§ 1967, 2058 BGB). Die Vollstreckungsklausel kann gegen alle Miterben gemeinsam zur Vollstreckung in den Nachlaß (§ 747) und sonst gemeinschaftliches Vermögen oder gegen jeden einzelnen Miterben zur Vollstreckung in sein gesamtes Vermögen und damit insbes auch in den Nachlaßanteil (§ 2033 BGB) erteilt werden (BayObLG 70, 125 [130]; Geltendmachung der Haftungsbeschränkung: §§ 781, 785). Etwaige Gegenrechte (§§ 2059, 2060 BGB) muß jeder Miterbe durch Vollstreckungsgegenklage (§ 767) geltend machen. Der Erbe ist Rechtsnachfolger auch für die Verpflichtung zur Abgabe einer Willenserklärung (§ 894) sowie zur Rechnungslegung und Auskunftserteilung unter Einschluß der Verpflichtung zur Abgabe der eidesstattl Versicherung (§§ 259, 260 BGB; BGH 104, 369 = NJW 88, 2729; München MDR 87, 416 = NJW-RR 87, 649). Der eigenständige beamtenrechtliche Anspruch eines Angehörigen auf Versorgung (Witwenpension, Waisengeld) begründet keine Schuldrechtsnachfolge; daher keine Titelumschreibung auf die Witwe eines Beamten nach Erbausschlagung wenn sie Hinterbliebenenbezüge erhält (München NJW-RR 88, 576).

15 **b)** jeder **sonstige Gesamtrechtsnachfolger** (vgl Rn 5).

16 **c)** der Neuschuldner bei **befreiender Schuldübernahme** (§ 325 Rn 24), nicht jedoch bei Schuldmitübernahme (§ 325 Rn 26) und gesetzlichem Schuldbeitritt (BGH Rpfleger 72, 260).

d) der **Besitzer** der in Streit befangenen Sache, gegen den das Urteil nach § 325 wirksam ist (dazu § 325 Rn 18–22), auch der Eigenbesitzer für die Zwangsverwaltung wegen eines (dinglichen) Anspruchs aus einem eingetragenen Recht (§ 147 ZVG; BGH 96, 61 [67] = NJW-RR 86, 358). Demnach (oder doch in entspr Anwendung von § 727 mit § 325) kann der gegen den Ehemann als Alleinmieter erstrittene Räumungstitel nach seinem Auszug aus der Wohnung auch auf die (geschiedene) Ehefrau umgeschrieben werden (LG Münster MDR 73, 934; LG Mannheim NJW 62, 815), nicht aber eine einstw Anordnung über Hausrat (§ 620 Nr 7) auf einen Dritten (Hamm FamRZ 87, 509). 17

e) der **Eigentümer** nach Grundbucheintragung wegen des (dinglichen) Anspruchs des Gläubigers einer Hypothek, Grundschuld, Rentenschuld oder von Reallastleistungen aus dem gegen den Nichteigentümer (§ 1148 BGB) vollstreckbaren Titel (Hamm Rpfleger 90, 215; Zeller/Stöber § 28 Rn 3.7; aA StJ/Münzberg Rn 31a Fn 158; MK/Wolfsteiner Rn 34). 17a

5) **Parteien kraft Amtes** (Konkurs-, Nachlaß-, Zwangsverwalter, auch Kanzleiabwickler nach § 55 BRAO; LG Hamburg MDR 70, 429; LG Bremen KTS 77, 124 für Konkursverwalter, Jaspersen Rpfleger 95, 243 für Nachlaßverwalter) sind, wenn **für** oder **gegen sie** vollstreckt werden soll, iS des § 727 als Rechtsnachfolger anzusehen, soweit der Anspruch das ihrer Verwaltung unterliegende Vermögen betrifft. Der Konkursverwalter ist daher nicht Rechtsnachfolger für die in einer vollstreckbaren Urkunde über die Bestellung einer Grundschuld (Konkursverwalter ist Rechtsnachfolger wegen des dinglichen Anspruchs § 4 II, § 47 KO) enthaltenen persönlichen Ansprüche (§ 14 I KO), auch nicht für die Forderung aus abstraktem Schuldversprechen (LG Köln MittRhNotK 89, 28) und nicht hinsichtlich einer vom Gemeinschuldner vorzunehmenden unvertretbaren Handlung (Auskunftsanspruch; Düsseldorf OLGZ 80, 484; insoweit aA KG JW 31, 2153). Soll nach Konkursbeendigung aus einem von dem **Konkursverwalter** erlangten Titel für den früheren Gemeinschuldner (Kiel OLG 16, 322; KG OLG 25, 219; LG Lübeck DGVZ 80, 140) oder für den vormaligen Konkursverwalter als Treuhänder (BGH MDR 92, 1084 = NJW 92, 2159) vollstreckt werden, so ist die Klausel umzustellen. Klauselumstellung gegen den früheren Gemeinschuldner ist nötig, wenn gegen ihn aus einem gegen den Konkursverwalter zugunsten eines Aussonderungsberechtigten, Absonderungsberechtigten oder Massengläubigers ergangenen Urteil vollstreckt werden soll; möglich sein kann sie auch zu einem erst nach Konkursbeendigung gegen den früheren Konkursverwalter noch ergangenen Urteil (Celle NJW-RR 88, 447). Betrifft der gegen den Konkursverwalter begründete Titel eine Konkursforderung, so gelten die §§ 164 II, 194, 206 II KO. Wechselt nur die Person des Verwalters, liegt keine Rechtsnachfolge vor, der neue Verwalter kann sich des auf seinen Vorgänger lautenden Titels bedienen (LG Essen DGVZ 91, 117 = NJW-RR 92, 576; Baur/Stürner Rn 17.12; StJ/Münzberg Rn 27). Wertlos (mangels Rechtsschutzinteresse sonach unzulässig) ist die Umschreibung für den Gläubiger, wenn er vor der Konkurseröffnung kein Absonderungs- oder Aussonderungsrecht erlangt hat, also seine Rechte nach § 138 KO nur durch Anmeldung seiner Konkursforderung geltend machen muß. Wertlos ist auch die Umschreibung nach Konkursbeendigung, da dann die ZwV nur auf Grund Tabellenauszuges erfolgen kann. Der **Zwangsverwalter** ist nur Nachfolger in Miet- und Pachtverträge (§ 152 ZVG); in andere Rechte und Verbindlichkeiten tritt er nicht ein. Umschreibungen, die keinen erkennbaren Zweck verfolgen, sind abzulehnen. **Testamentsvollstrecker:** §§ 748, 749. Der **Nachlaßpfleger** ist gesetzlicher Vertreter des Erben (BGH 49, 1 [5] = NJW 68, 353), nicht Rechtsnachfolger; zur Vollstreckung in den Nachlaß (§ 778 I) ist daher der gegen den Erblasser noch erwirkte Titel gegen den (die) „unbekannten Erben, vertreten durch den Nachlaßpfleger“ umzuschreiben (s auch § 778 Rn 6). Ebenso benötigt der Nachlaßpfleger für Vollstreckung eines vom Erblasser noch erwirkten Titels eine Rechtsnachfolgeklausel „für den (die) unbekannten Erben, vertreten durch den Nachlaßpfleger . . .“ (aA AG Hamburg DGVZ 92, 43 [keine Rechtsnachfolgeklausel]). Ein Titel gegen den durch den Nachlaßpfleger vertretenen Erben über eine Masseschuld kann auf den Nachlaßkonkursverwalter umgeschrieben werden (für Kostenfestsetzungsbeschluß Stuttgart JurBüro 90, 918 = Rpfleger 90, 312). Beim Wechsel des Verwalters einer Wohnungseigentümergemeinschaft ist § 727 unanwendbar, gleichgültig, ob der frühere Verwalter in Prozeßstandschaft in eigenem Namen oder als Vertreter der Wohnungseigentümer in deren Namen geklagt hat (LG Hannover NJW 70, 436 mit Anm Diester). 18

6) Die Rechtsnachfolge (auch Besitzerlangung) muß **nach Rechtshängigkeit** (§ 261 I, II, § 696 III, § 700 II) eingetreten sein (BGH 120, 387 [392] = NJW 93, 1396 = ZZP 107 [1994] 81 m Anm Becker-Eberhard; Grund: Verweisung in § 727 auf § 325). Umschreibung des Vollstrekkungsbescheids kann daher nicht erfolgen, wenn bereits im Mahnbescheid ein falscher Schuldner bezeichnet (LG Gießen JurBüro 82, 1093) oder der Schuldner schon vor Erlaß des Mahnbescheids verstorben ist (LG Oldenburg JurBüro 79, 1718). Bei den ohne Erkenntnisverfahren erwirkten Titeln (s Rn 13 vor § 704; zB § 794 Nr 5) ist der Zeitpunkt ihrer Errichtung (Beurkundung) maßgebend. (BGH aaO). Das gilt auch für den in einem Vergleich geregelten Anspruch, der nicht Gegenstand des Rechtsstreits war (BGH aaO). 19

20 **7) a)** Die Rechtsnachfolge oder das Besitzverhältnis muß durch öffentliche oder öffentlich beglaubigte Urkunden **nachgewiesen** oder bei dem Gericht **offenkundig** (§ 291) sein (Karlsruhe MDR 89, 363 = OLGZ 89, 253). Offenkundigkeit begründet allein schlüssige Darlegung der Tatbestandsmerkmale der die Rechtsnachfolge bewirkenden Norm nicht (Bamberg JurBüro 94, 615), und kann auch nicht angenommen werden, wenn die Abtretung im Prozeß unstreitig war (Celle MDR 95, 1262). Die vom (neuen) Schuldner (durchweg bei Anhörung nach § 730) (ausdrücklich, auch mit Einverständnis zur Erteilung der Nachfolgeklausel) zugestandene Rechtsnachfolge bedarf keines Urkundenbeweises (§ 288; Münzberg NJW 92, 201; Bamberg JurBüro 92, 195; Saarbrücken JurBüro 91, 726 = Rpfleger 91, 161; Schleswig JurBüro 93, 176; s auch StJ/Münzberg Rn 38 [bei Wechsel auf Gläubigerseite Anhörung des Urgläubigers] sowie § 726 Rn 6). Schweigen des Schuldners bei Anhörung hat (auch wenn Forderungsübergang schlüssig dargelegt ist) keine Geständniswirkung (keine Erklärungslast des Schuldners im Klauselverfahren, daher keine Anwendung des § 138 III; dazu eingehend Münzberg NJW 92, 201 [204]), macht Urkundennachweis (oder Offenkundigkeit) somit nicht entbehrlich (Bamberg JurBüro 92, 195; Braunschweig MDR 95, 94; Hamm Rpfleger 94, 72; Karlsruhe JurBüro 91, 275 u VersR 96, 392 [auch nicht, wenn Gläubiger zustimmt]; Köln JurBüro 94, 310 = MDR 93, 381 u VersR 94, 1371 = Rpfleger 95, 78 L; Nürnberg MDR 93, 685 = NJW-RR 93, 1340; Oldenburg NdsRpfl 92, 238; Stuttgart MDR 90, 1021 = Rpfleger 90, 519; Zweibrücken MDR 91, 162 = NJW-RR 91, 638; LG Hamburg Rpfleger 94, 423; LAG Düsseldorf Rpfleger 92, 119; Joswig Rpfleger 91, 144; **aA** Braunschweig JurBüro 93, 240; Celle JurBüro 90, 111 = Rpfleger 89, 467 u JurBüro 94, 741; Düsseldorf JurBüro 91, 1552 = Rpfleger 91, 465; Koblenz JurBüro 90, 1675 = Rpfleger 90, 518; Köln MDR 90, 452 = Rpfleger 90, 264 u JurBüro 91, 1000 u JurBüro 95, 94 = MDR 95, 533; Oldenburg JurBüro 92, 430 = Rpfleger 92, 306; LG Bremen Rpfleger 91, 465; LGe Heilbronn u Ingolstadt JurBüro 92, 634; LG Mainz MDR 95, 1265). Vorlage einer beglaubigten Abschrift einer öffentlichen oder öffentlich beglaubigten Urkunde genügt (für Erbschein: LG Mannheim Rpfleger 73, 64; aA MK/Wolfsteiner Rn 45; enger auch StJ/Münzberg Rn 37 mit Fn 196); jedoch kann Vorlage des Originals verlangt werden (§ 435); unzureichend ist beglaubigte Abschrift (Kopie) einer Privaturkunde (bezeugt nur Übereinstimmung mit dem Original der Privaturkunde; LAG München NJW-RR 87, 956). Für Abtretung (Rn 6) genügt (öffentlich beglaubigte) Abtretungserklärung (§ 403 BGB; BayObLG MittBayNot 95, 484 [485]; die Annahmeerklärung (§ 398 BGB) ergibt sich schlüssig aus dem Verhalten des Gläubigers, wenn er die Vollstreckungsklausel beantragt (s § 794 Rn 29). Weist die Urkunde (nochmalige) Abtretung einer früher bereits abgetretenen Forderung aus, so ist auch Rückabtretung der Forderung an den Titelgläubiger, die Wirksamkeit seiner Verfügung als Nichtberechtigter (§ 185 BGB; BayObLG aaO) oder die Unwirksamkeit der ersten Abtretung urkundlich nachzuweisen. Hat ein Bevollmächtigter des Gläubigers dessen Forderung abgetreten, muß durch (öffentliche oder öffentl beglaubigte) Urkunde auch nachgewiesen werden, daß die Vollmacht im Zeitpunkt der Abtretung noch bestand. Daß Arbeitsentgelt auf die BfA nach § 141m AFG übergegangen ist, kann durch Vorlage des Bewilligungsbescheids (und des mit Eingangsstempel versehenen Antrags) nachgewiesen werden (Schleswig SchlHA 90, 72; LAG München KTS 89, 452; anders LAG Düsseldorf JurBüro 89, 1018: Originalantrag und öffentl beglaubigte Kopie genügen nicht). Nachweis mit Verfügung von Todes wegen in öffentlicher Urkunde und Niederschrift über die Eröffnung (vgl § 35 GBO) ist möglich (freie Beweiswürdigung), ein gerichtlich eröffnetes Privattestament ist jedoch keine öffentliche Urkunde (KG OLG 26, 377). Bei gegenständlich beschränktem Erbschein (§ 2369 BGB; auch für „DDR"-Grundvermögen bei Erbfall zwischen 1. 1. 76 und 3. 10. 90) ist die Rechtsnachfolge nur für die Nachlaßgegenstände nachgewiesen, auf die er sich bezieht, die Vollstreckungsklausel demgemäß nur entsprechend eingeschränkt zu erteilen (so auch Mümmler JurBüro 94, 530). Beschaffung der Urkunden durch den Gläubiger ermöglicht § 792. Kann der Nachweis nicht geführt werden: Klage nach § 731.

21 **b)** Nachweis der **Rechtsnachfolge eines Landes,** auf das ein Anspruch mit Leistung zur Ausbildungsförderung (§ 37 BAFöG) oder mit **Unterhaltsleistung** (§ 7 Unterhaltsvorschußgesetz, Rn 7) übergegangen ist, oder Offenkundigkeit dieser Rechtsnachfolge erbringt ein Bewilligungsbescheid allein nicht; es ist auch Ausführung der bewilligten Zahlung zu belegen (Karlsruhe FamRZ 87, 852 u 81, 387 unter Aufgabe von FamRZ 81, 72; Köln FamRZ 94, 52 [für BAFöG]; Stuttgart FamRZ 87, 82 = NJW-RR 86, 1504), für Ausbildungsförderung außerdem, in welcher Höhe auf den Bedarf des Auszubildenden das Einkommen und Vermögen des Unterhaltspflichtigen nach dem BAFöG anzurechnen ist (Stuttgart FamRZ 95, 489 = Rpfleger 95, 306). Vom Leistungsträger gefertigte oder beglaubigte Belege oder ein Rechenausdruck allein (sogen Fallauszug) sind keine geeigneten Nachweisurkunden (Stuttgart DAVorm 82, 792 u NJW-RR 86, 1504). Zeugnisurkunde der Behörde (§ 418) muß jedoch genügen (Stuttgart FamRZ 87, 81 = NJW-RR 86, 1505 u NJW-RR 93, 580; auch Rn 22). Schriftliche Bestätigung des Unterhaltsberechtigten (seines Vertreters) über Zeit und Höhe der nach dem Unterhaltsvorschußgesetz empfangenen Beträge begründet Offenkundigkeit nicht (KG FamRZ 85, 627; Hamburg DAVorm 83, 739; Karlsruhe FamRZ 87, 852 [unter Aufgabe von Justiz 82, 161]; Koblenz FamRZ 87, 83; Stuttgart aaO). Rechtswah-

rungsanzeige (§ 7 II UVGes) ist für Leistungen auf vergangene Zeiträume weder nachzuweisen noch zu überprüfen (Stuttgart NJW-RR 93, 580 = Rpfleger 93, 167; anders unzutr Helwich Rpfleger 83, 226).

c) Für den Übergang eines Unterhaltsanspruchs auf den **Träger der Sozialhilfe** (Rn 10) kann Gewährung der Sozialhilfe (§ 91 I S 1 BSHG) durch eine Aufstellung des Sozialamts über die Höhe der den Übergang des Anspruchs bestimmenden Aufwendungen (ist öffentliche Urkunde, § 418) geführt werden (Bamberg JurBüro 83, 141; Hamm FamRZ 81, 915; Stuttgart aaO; LG Düsseldorf FamRZ 84, 923; zum Titel auf monatliche Unterhaltsrenten sind die effektiv geleisteten monatlichen Beträge spezifiziert aufzulisten, Düsseldorf = Rpfleger 86, 392). Beachtung der sozialhilferechtl Schutzvorschriften (§ 91 BSHG) ist nicht urkundlich nachzuweisen; Ausschlußtatbestände sind vielmehr vom Schuldner mit Klage (§ 767) geltend zu machen (Künkel FamRZ 94, 540 [549]). Bei Anspruchsüberleitung (Fall des § 90 BSHG, Rn 10) kann Rechtsnachfolge durch die amtliche Mitteilung der Überleitung (§ 90 BSHG; Entwurf genügt nicht; Düsseldorf FamRZ 72, 402; Stuttgart MDR 81, 696), die Posturkunde über die Zustellung dieser Überleitungsanzeige (bei Zustellung mit eingeschriebenem Brief, § 4 VwZG, Nachweis der Aufgabe bei der Post, nicht auch des Zugangs; Stuttgart aaO; anders KG Rpfleger 74, 119) und (soweit nicht bereits in der Überleitungsanzeige beziffert) eine Aufstellung des Sozialamts über die Höhe der den Übergang des Anspruchs bestimmenden Aufwendungen geführt werden. 22

III) Verfahren: 1) Antrag wie § 724 Rn 8. **Anhörung** des Schuldners: § 730. 23

2) Zuständigkeit wie § 724 Rn 9. Die Erteilung der vollstreckbaren Ausfertigung im Fall des § 727 ist dem Rechtspfleger übertragen (§ 20 Nr 12 RpflG; wegen anderer Titel s § 797 III). 24

3) a) Die Vollstreckungsklausel (Form § 725) für oder gegen den Rechtsnachfolger oder Besitzer der streitbefangenen Sache **wird erteilt,** wenn die allgemeinen Voraussetzungen (§ 724 Rn 3 ff) erfüllt sind und die Rechtsnachfolge oder das Besitzverhältnis urkundlich nachgewiesen (Urkundenzustellung ist nicht erforderlich; LG Nürnberg-Fürth JurBüro 82, 138) oder offenkundig ist (Rn 20). Sie muß erteilt werden (trotz „kann“ kein Ermessen), wenn die Voraussetzungen des § 727 erfüllt sind. Zulässig ist Erteilung der Klausel für und gegen den Rechtsnachfolger schon vor Rechtskraft des Urteils, also auch bei vorläufiger Vollstreckbarkeit (KG OLG 29, 171). Bei mehrfacher Rechtsnachfolge (Beispiel: Klausel gegen Erbeserben; nach wiederholter Forderungsabtretung) wird die Nachfolgeklausel nur für oder gegen den letzten Rechtsnachfolger erteilt. 25

b) Ob gutgläubiger Erwerb vorliegt, ist bei Erteilung der Klausel nicht zu prüfen; der Schuldner muß seine Rechte nach §§ 732, 768 wahrnehmen. Hat er die Sache gutgläubig iS des § 325 II erworben, so kann er sein Eigentum durch Klage geltend machen, auch wenn er die Rechtsbehelfe nach §§ 732, 768 nicht wahrgenommen hat (BGH 4, 283). Der Gläubiger muß sodann beweisen, daß bösgläubiger Besitz (zB Scheinkauf) vorliegt. Bei der Reallast, Hypothek, Grund- und Rentenschuld gibt es keinen guten Glauben hinsichtlich der Rechtshängigkeit bei Veräußerung des Grundstücks. Gegenüber einem Ersteher in der Zwangsversteigerung gilt dies nur, wenn die Rechtshängigkeit angemeldet worden ist (§ 325 III), auch bei deren Kenntnis (RG 122, 156). 26

c) Wenn eine bereits erteilte vollstreckbare **Ausfertigung zurückgegeben** wird, kann sie wieder verwendet werden (§ 733 Rn 3). Erfolgt Rückgabe nicht, dann wird die vollstreckbare Ausfertigung für oder gegen den Rechtsnachfolger als weitere vollstreckbare Ausfertigung nur unter den Voraussetzungen des § 733 erteilt (§ 733 Rn 2, 3). Die (bei mehrfacher Rechtnachfolge: alle) für den Nachweis herangezogenen (nicht weitere vom Gläubiger zusätzlich vorgelegte) Urkunden sind in der Klausel zu bezeichnen (Grund: Zustellungserfordernis nach § 750 II); hat nur eine beglaubigte Abschrift vorgelegen, so ist auch das anzugeben (s § 750 Rn 20). Offenkundigkeit der Rechtsnachfolge oder des Besitzverhältnisses ist in der Klausel zu vermerken (Abs 2). 27

d) Wortlaut einer Vollstreckungsklausel: 28

Vorstehende Ausfertigung wird dem . . . zum Zwecke der ZwV erteilt. Der Kläger hat mit öffentlich beglaubigter Urkunde des Notars . . . in . . . vom . . . UrkRNr . . . den Urteilsanspruch dem . . . abgetreten.
Ort, Datum (Gerichtssiegel) . . . Rechtspfleger.

4) Rechtsbehelfe: § 724 Rn 13 (auch § 726 Rn 7). Nehmen mehrere eine Forderung für sich in Anspruch, für die einem von ihnen eine vollstreckbare Ausfertigung erteilt ist, so können die anderen die Beseitigung dieser Klausel von dem Inhaber verlangen (RG Recht 40 Nr 1307). Pfändung bei **mangelhafter Klausel** ist fehlerhaft, aber nicht unwirksam. Ist Klauselerteilung nach § 727 möglich, so ist neue Leistungsklage (für oder gegen den Rechtsnachfolger) unzulässig (RG 88, 267; BGH NJW 57, 1111; anders bei Vergleich und vollstreckbarer Urkunde, BGH aaO, auch vor § 253 Rn 18). Einstweilige Verfügung trotz möglicher Klauselumstellung: § 935 Rn 13. 29

5) Dem **ursprünglichen** Gläubiger ist, solange nicht das Recht auf Vollstreckung durch Erteilung der Vollstreckungsklausel auf den neuen Gläubiger übergegangen ist, die Vollstreckungsklausel auch dann zu erteilen, wenn die Rechtsnachfolge offenkundig ist. Der Schuldner hat 30 gegen den ursprünglichen Gläubiger die Klage nach § 767, gegen die Erteilung der Klausel an den neuen Gläubiger die Klage nach § 768. Bei der Erteilung der Klausel an den bisherigen Gläubiger sind dem neuen Gläubiger, der diesem das Recht auf die Klausel abspricht, und bei Erteilung der Klausel an den neuen Gläubiger sind dem bisherigen Gläubiger, der ihm die Berechtigung abstreitet, in entspr Anwendung der §§ 732, 768 Erinnerung (§ 732) und Rechtsgestaltungsklage (§ 768) zu gewähren. Siehe näher StJ/Münzberg Rn 44 ff.

31 **IV) 1) a) Änderung** nur des **Namens** der im Urteil (sonstigen Vollstreckungstitel) als Gläubiger oder Schuldner des Anspruchs (vor § 704 Rn 3) genannten Person, die unverändert Gläubiger oder Schuldner ist, zB infolge Verheiratung, Ehescheidung, Annahme an Kindes Statt, Namensänderung, ist kein Rechtsnachfolgefall nach § 727. Der (nachgewiesene) neue Name ist bei Erteilung der Vollstreckungsklausel kenntlich zu machen; wenn Vollstreckungsklausel bereits erteilt ist, ist ihr der neue Name als klarstellender Zusatz beizuschreiben (vgl § 725 Rn 1; BayObLG 78, 143 [144] = DNotZ 79, 55; BayObLG 87, 446 [448]; Bremen Rpfleger 89, 172; AG Krefeld MDR 77, 762; auch Petermann Rpfleger 73, 156).

32 **b)** Ebenso ist **Änderung der Firma** (§§ 31, 107 HGB ua) Namensänderung (§ 750 Rn 10), bei einer OHG oder KG auch bei (gleichzeitigem) Wechsel sämtlicher Gesellschafter (Zweibrücken MDR 88, 418), desgleichen Erlöschen der Firma des Einzelkaufmanns (§ 31 II HGB), der Gläubiger oder Schuldner bleibt und für die ZwV nur noch mit seinem bürgerlichen Namen zu bezeichnen ist (§ 750 Rn 10). Auch die geänderte Firma oder der bürgerliche Name nach Erlöschen der Firma ist als Änderung (mit klarstellendem Zusatz) kenntlich zu machen (§ 725 Rn 1).

33 **c)** Solcher Fassung (oder Ergänzung) der Klausel fehlt das Rechtsschutzinteresse nicht deshalb, weil Feststellung der Identität des unter einem früher anderen Namen (Firma) bezeichneten Gläubigers oder Schuldners auch durch das Vollstreckungsorgan erfolgen kann (§ 750 Rn 4). Kenntlichmachung der Namens- oder Firmenänderung gehört zur Fassung der Vollstreckungsklausel (§ 725 Rn 1); es handelt sich weder um einen Fall des § 727 noch um dessen entspr Anwendung, so daß Nachweis nicht in der Form des § 727 vorliegen muß und deren Vermerk oder Hinweis auf Offenkundigkeit in der Klausel sowie Zustellung nach § 750 II nicht zu erfolgen haben. Für den klarstellenden Klauselvermerk bleibt daher auch der Urkundsbeamte in all den Fällen zuständig, die nicht aus anderen Gründen nach § 20 Nr 12, 13 RpflG dem Rechtspfleger übertragen sind.

34 **d)** Wenn die **Firma nicht erloschen** ist, kann der gegen einen Kaufmann unter seiner Firma erwirkte Titel (§ 17 II HGB) auch in solcher Weise nicht auf den bürgerlichen Namen „umgeschrieben" werden; ebenso kann Berichtigung des von oder gegen einen Kaufmann unter seinem bürgerlichen Namen erwirkten Titels auf seine Firma nicht erfolgen. Die Klausel hat den unverändert gebliebenen Urteilsinhalt weder zu wiederholen (§ 725 Rn 1) noch zu berichtigen.

35 **e)** Änderung der Haftform einer **Personenhandelsgesellschaft** (OHG wird durch Aufnahme eines Kommanditisten KG oder KG wird mit Ausscheiden aller Kommanditisten OHG) ist kein Rechtsnachfolgefall. Zur Firmenänderung anläßlich solcher Umwandlung s bereits Rn 32. Eine **Vor-GmbH** (andere Gründervereinigung, § 50 Rn 39; zum Titel § 750 Rn 12) geht mit Eintragung der GmbH (anderen jur Person) in das Handelsregister in dieser auf (BGH 80, 129 = NJW 81, 1373); wenn die Registereintragung nicht mehr betrieben (aufgegeben) wird, ist die fortbestehende Personenvereinigung nicht mehr Durchgangsstufe zur jur Person; sie hat sich in eine OHG oder BGB-Gesellschaft umgewandelt. In der damit erlangten Rechtsform besteht die Vorgesellschaft somit fort; auch diese Veränderung ist daher nicht Rechtsnachfolge (BayObLG 87, 446; Stuttgart NJW-RR 89, 637 [für Verbotstitel]), sondern durch Klauselvermerk kenntlich zu machen. Für die (vormalige) Einmann-GmbH in Gründung, deren Registereintragung nicht mehr betrieben wird, ist Vermögensträger der Gründer. Auch hier liegt kein Rechtsnachfolgefall vor; die Vollstreckbarkeit des unter der Firma der Vor-GmbH erwirkten Titels gegen den Einmann-Gründer ist gleichfalls durch Klauselvermerk kenntlich zu machen.

36 **2) Auflösung einer Personenhandelsgesellschaft** (OHG, KG), **Kapitalgesellschaft** (AG, GmbH) oder Genossenschaft (eG) hat Liquidation zur Folge, berührt somit die Identität der Gesellschaft (Genossenschaft) nicht. Ein Fall der Rechtsnachfolge ist daher nicht gegeben. Nach Beendigung der Liquidation einer Kapitalgesellschaft oder Genossenschaft haften frühere Gesellschafter bzw Genossen den Gläubigern nicht persönlich (vgl § 13 II GmbHG, § 1 I S 2 AktG, § 2 GenG). Bei Personenhandelsgesellschaften (OHG, KG) haften zwar die Gesellschafter als solche weiter; sie sind aber nicht Rechtsnachfolger der erloschenen Gesellschaft, Umschreibung des Titels gegen sie ist daher unzulässig; eine entspr Anwendung des § 727 verbietet § 129 IV HGB. Es ist somit Klage gegen die Gesellschafter nötig (RG 124, 146; BayObLG NJW 52, 28; Düsseldorf Rpfleger 76, 327; Frankfurt Betrieb 82, 590 = JurBüro 82, 458; Hamm NJW 79, 51; LG Kiel SchlHA 75, 164).

3) Bezeichnung des **gesetzlichen Vertreters** im Vollstreckungstitel ist nicht Vollstreckungsvoraussetzung (§ 750 Rn 13, 14). Änderung oder Wegfall des im Vollstreckungstitel genannten gesetzlichen Vertreters ist daher nicht durch klarstellenden Klauselvermerk nachzutragen (bei unrichtiger Bezeichnung nur Berichtigung nach § 319 möglich). 37

728 *[Nacherbe. Testamentsvollstreckung]*

(1) Ist gegenüber dem Vorerben ein nach § 326 dem Nacherben gegenüber wirksames Urteil ergangen, so sind auf die Erteilung einer vollstreckbaren Ausfertigung für und gegen den Nacherben die Vorschriften des § 727 entsprechend anzuwenden.

(2) Das gleiche gilt, wenn gegenüber einem Testamentsvollstrecker ein nach § 327 dem Erben gegenüber wirksames Urteil ergangen ist, für die Erteilung einer vollstreckbaren Ausfertigung für und gegen den Erben. Eine vollstreckbare Ausfertigung kann gegen den Erben erteilt werden, auch wenn die Verwaltung des Testamentsvollstreckers noch besteht.

I) **Zweck:** Prüfung der Urteilswirkung für und gegen den Nacherben sowie für und gegen den Erben bei Prozeßführung des Testamentsvollstreckers (§§ 326, 327, je mit Anm) ist dem für das Klauselverfahren zuständigen Organ aufgetragen und mit Erteilung der Vollstreckungsklausel vor Beginn der ZwV für das Vollstreckungsorgan bindend zu bescheinigen (§ 726 Rn 1). 1

II) **Voraussetzungen 1) Nacherbfolge** muß eingetreten sein (§ 2100 BGB), das gegenüber dem Vorerben ergangene Urteil muß für oder gegen den Nacherben wirken (§ 326 mit Anm; im Falle des § 326 I somit keine Klausel gegen den Nacherben), dies muß offenkundig oder durch öffentliche oder öffentlich beglaubigte Urkunden nachgewiesen sein (§ 728 I mit § 727 I). Erforderlich ist ein dem Nacherben auf den Nacherbfall erteilter Erbschein; Erbschein des Vorerben und dessen Sterbeurkunde bezeugen das Nacherbenrecht nicht (BGH 84, 196 = NJW 82, 2499). Nachzuweisen sind auch die einzelnen Voraussetzungen des § 326 (Rechtskraft vor Eintritt der Nacherbfolge, Nachlaßverbindlichkeit als Prozeßgegenstand, Gegenstand unterliegt Nacherbfolge, Verfügungsbefugnis des Vorerben), wenn sie nicht offenkundig sind (Grundlage hierfür Urteilsinhalt und Prozeßakt; Urteil muß nach §§ 2112 ff, 2136 iVm Testament geprüft werden; Nachweis aber zB für entgeltliche Verfügung des befreiten Vorerben nötig nach § 2113 II mit § 2136; insoweit abw hM nicht zutr). Bei mehrfacher Nacherbfolge (Nacherben sind nacheinander eingesetzt) steht der zunächst berufene Nacherbe dem folgenden Nacherben wieder als Vorerbe gegenüber, auch hier gelten daher §§ 326, 728. 2

2) Das vom **Testamentsvollstrecker** (§ 327 mit Anm) erwirkte Urteil kann für den Erben erst nach Beendigung der Prozeßführungsbefugnis des Testamentsvollstreckers (§ 2212 BGB) mit Beendigung der Testamentsvollstreckung oder auf sonstige Weise (zur Freigabe KG NJW-RR 87, 3 = OLGZ 86, 464) erteilt werden. Anders für Urteilsausfertigung gegen den Erben (Abs 2 S 2), der seine beschränkte Erbenhaftung dann nach § 767 mit § 780 II geltend machen kann. Beendigung der Verfügungsbefugnis des Testamentsvollstreckers und die Voraussetzungen der Urteilswirkung nach § 327, somit auch Erbenstellung (Erbfolge) für das von dem oder gegen den Testamentsvollstrecker gerichtlich geltend gemachte Recht (den Anspruch), müssen offenkundig oder durch öffentliche oder öffentlich beglaubigte Urkunden nachgewiesen sein (wie Rn 2). Urkunde mit Beweisfunktion kann auch die auf die Rückseite der mit einem Testamentsvollstreckungsvermerk versehenen Erbscheinsausfertigung gesetzte Ausfertigung eines Beschlusses des Nachlaßgerichts sein, daß die Testamentsvollstreckung beendet ist (KG aaO). 3

III) **Verfahren** und Einzelheiten: Wie im Falle des § 727. Zuständigkeit des Rechtspflegers § 20 Nr 12 RpflG. Rechtsbehelfe: § 724 Rn 13. 4

729 *[Vermögensübernahme und Fortführung eines Handelsgeschäfts]*

(1) Hat jemand das Vermögen eines anderen durch Vertrag mit diesem nach der rechtskräftigen Feststellung einer Schuld des anderen übernommen, so sind auf die Erteilung einer vollstreckbaren Ausfertigung des Urteils gegen den Übernehmer die Vorschriften des § 727 entsprechend anzuwenden.

(2) Das gleiche gilt für die Erteilung einer vollstreckbaren Ausfertigung gegen denjenigen, der ein unter Lebenden erworbenes Handelsgeschäft unter der bisherigen Firma fortführt, in Ansehung der Verbindlichkeiten, für die er nach § 25 Abs. 1 Satz 1, Abs. 2 des Handelsgesetzbuchs haftet, sofern sie vor dem Erwerb des Geschäfts gegen den früheren Inhaber rechtskräftig festgestellt worden sind.

1 **I) Zweck:** Prüfung der Vollstreckungsmöglichkeit nach Vermögensübernahme und Fortführung eines Handelsgeschäfts ist dem für das Klauselverfahren zuständigen Organ übertragen. Es hat die Vollstreckbarkeit des Schuldtitels auch gegen die bei solchem Rechtsgrund haftende Person mit Erteilung der Vollstreckungsklausel vor Beginn der ZwV für das Vollstreckungsorgan bindend zu bescheinigen (§ 726 Rn 1).

2 **II) Vermögensübernahme: 1) a)** Bei Übernahme des Vermögens eines anderen durch Vertrag (§ 419 BGB) muß der Übernehmer die Rechtskraft des Urteils gegen sich gelten lassen (§ 325 Rn 34). Die für Urteilsvollstreckung gegen den Übernehmer, der unbeschadet der Fortdauer der Haftung des bisherigen Schuldners haftet (§ 419 I BGB), erforderliche Vollstreckungsvoraussetzung (§ 750 I) wird mit Klauselerteilung nach Abs 1 ermöglicht.

3 **b)** Vermögensübernahme **erfordert** Rechtsübergang durch Übereignung und/oder Abtretung (BGH 54, 101 = NJW 70, 1413). Ausschluß unpfändbarer Gegenstände oder einzelner Vermögensstücke von unbedeutendem Wert schadet nicht (RG 123, 54; 139, 203; BGH 66, 217 = NJW 76, 1398 u NJW 93, 921 [922]). Vertrag ist rechtsgeschäftliche (entgeltliche oder unentgeltliche) Vermögensübertragung (BGH 66, 217). Abzustellen für die Vollstreckungsmöglichkeit nach Abs 1 ist auf das dingliche Rechtsgeschäft (den Rechtsübergang; Hamm MDR 92, 1002). Haftung nach materiellem Recht erfordert Kenntnis des Übernehmers, daß Vermögensmasse oder -verhältnisse die Voraussetzung erfüllen (BGH 55, 105 = NJW 71, 505; BGH 66, 217).

4 **2)** Vermögensübernahme **nach Rechtskraft** muß offenkundig oder durch öffentliche oder öffentlich beglaubigte Urkunde **nachgewiesen** sein (§ 729 I mit § 727 I). Für Vollstreckungstitel, die nicht in Rechtskraft erwachsen, ist der Zeitpunkt ihrer Entstehung maßgebend. Kenntnis des Übernehmers als Haftungsvoraussetzung des § 419 BGB ist nach § 729 I nicht zu prüfen (aA Düsseldorf NJW-RR 93, 959 für Übernahme mit Erwerb eines einzelnen Vermögensgegenstandes); fehlt sie und damit Haftung nach § 419, muß Einwendung mit Klage gegen die Vollstreckungsklausel (§§ 767, 768) erhoben werden. Dennoch ist Anwendung des § 729 I außerhalb § 731 praktisch nur schwer vorstellbar.

5 **3) Haftungsbeschränkung** des Übernehmers auf das übernommene Vermögen (§ 419 II) bleibt bei Klauselerteilung unbeachtet. Sie ist nach §§ 786, 781, 785 mit § 767 geltend zu machen.

6 **4) Vollstreckbare Ausfertigung** kann gegen den Vermögensübernehmer erstmals erteilt werden, desgleichen auch noch gegen den weiter haftenden Schuldner (Gesamtschuldnervermerk wie nachf). Die Klausel kann auch der gegen den ursprünglichen Schuldner bereits erteilten vollstreckbaren Ausfertigung beigesetzt werden. Es kann auch vollstreckbare Ausfertigung neu erteilt werden (dann Fall des § 733). Der gegen den Vermögensübernehmer erstmals oder neu erteilten vollstreckbaren Ausfertigung ist beizufügen: „Der Vermögensübernehmer . . . und der ursprüngliche Schuldner . . . haften als Gesamtschuldner" (Rostock OLG 31, 88). Rechtsbehelfe im Klauselverfahren: § 724 Rn 13.

7 **5)** Wenn Nachweis nach § 729 I nicht möglich ist, muß Klage nach § 731 erhoben werden. Bei Vermögensübernahme vor rechtskräftiger Verurteilung des Schuldners ist nur neue Leistungsklage gegen den Vermögensübernehmer (§ 419 BGB) möglich.

8 **III) Geschäftsfortführung: 1) a)** Bei Fortführung eines **unter Lebenden erworbenen Handelsgeschäfts** unter bisheriger Firma (§ 25 I S 1 HGB; gilt nur für Vollkaufmann, nicht für Minderkaufmann, § 4 I HGB) muß der Erwerber die Rechtskraft des Urteils gegen sich gelten lassen (Ausnahme bei abweichender Vereinbarung nach § 25 II HGB). Urteilsvollstreckung gegen den Erwerber (die unbeschadet der Fortdauer der Haftung des bisherigen Schuldners zulässig ist) ist daher möglich; Klauselerteilung ermöglicht Abs 2.

9 **b)** Erwerb des Handelsgeschäfts unter Lebenden und Fortführung unter bisheriger Firma nach Rechtskraft sowie Geschäftsverbindlichkeit müssen durch öffentliche oder öffentlich beglaubigte Urkunde **nachgewiesen** oder offenkundig sein (§ 729 II mit § 727 I). Nachweis ist nach Eintragung des Inhaberwechsels (§ 31 HGB) durch beglaubigte Handelsregisterblattabschrift möglich (§ 9 HGB; bei Bezugnahme auf das Registerblatt des gleichen Gerichts Offenkundigkeit). Nachweis aus Handelsregister erstreckt sich auch auf das Nichtvorliegen einer abweichenden Vereinbarung (§ 25 II HGB); daß kein Haftungsausschluß durch Mitteilung erfolgt ist (§ 25 II HGB), ist nicht gesondert nachzuweisen. Einwendungen aus § 25 II HGB sind mit Klage gegen die Vollstreckungsklausel geltend zu machen (§§ 767, 768). Ein eingetragener Haftungsausschluß hindert Klauselerteilung; bei Verstoß sind die Rechtsbehelfe des Klauselverfahrens gegeben. Daß die rechtskräftig festgestellte Forderung Geschäftsverbindlichkeit ist, muß offenkundig (Grundlage hierfür Urteilsinhalt und Prozeßakt) oder mit Urkunde nachgewiesen werden. Von Offenkundigkeit ist auszugehen, wenn der bisherige Inhaber unter seiner Firma verklagt war; Nachweis ist bei Verurteilung unter dem bürgerlichen Namen erforderlich. Für den Kaufmann als Inhaber eines Grundhandelsgewerbes (§ 1 HGB) ist Handelsregistereintragung für Geltung des § 25 HGB

und damit auch Anwendung des § 729 II nicht erforderlich. Weil Nachweis kaum anders erbracht werden kann, wird ohne Registereintragung nur § 731 Bedeutung erlangen.

2) **Vollstreckbare Ausfertigung** wird gegen den Erwerber des Handelsgeschäfts (unter seiner Firma oder nach Antrag mit bürgerlichem Namen; § 17 II HGB) erteilt. Haftung des Erwerbers besteht mit seinem ganzen Vermögen; eine Beschränkung wird daher in der vollstreckbaren Ausfertigung nicht vermerkt. Im übrigen wie Rn 6; für nicht rechtskraftfähige Titel wie Rn 4. 10

3) Wenn Nachweis nach § 729 II nicht möglich ist, muß Klage nach § 731 erfolgen. Verklagt werden muß der neue Geschäftsinhaber (Leistungsklage), wenn Übernahme des Geschäfts vor Rechtskraft des gegen den früheren Inhaber erlassenen Urteils erfolgt ist oder ein Fall des § 25 III HGB vorliegt (keine Firmenfortführung, aber Haftung aus besonderem Verpflichtungsgrund). 11

IV) Verfahren im übrigen und Einzelheiten: Wie im Fall des § 727. Zuständigkeit des Rechtspflegers: § 20 Nr 12 RpflG. 12

V) Auf den **Erbschaftskauf** wird § 729 I sinngemäß angewendet (Haftung nach § 2382 BGB; Jonas JW 35, 2540). Für den Sachwalter zur Vergleichserfüllung gilt § 729 I nicht (§ 92 V VerglO), desgleichen nicht bei Verzicht auf den Anteil an der fortgesetzten Gütergemeinschaft (LG München MDR 52, 44). Für die bei Eintritt in das Handelsgeschäft eines Einzelkaufmanns als persönlich haftender Gesellschafter oder Kommanditist begründete **Haftung der Gesellschaft** für alle Verbindlichkeiten des früheren Geschäftsinhabers (§ 28 HGB) wird § 729 II entsprechend angewendet (StJ/Münzberg Rn 8 mit Einzelheiten; offen gelassen von BGH Rpfleger 74, 260; nicht anwendbar aber § 727, BGH aaO; bei § 729 II ist Zeitpunkt der Rechtskraft bedeutsam). Die Bestimmung ist auch bei **Erbenhaftung** (§ 27 I HGB) entsprechend anwendbar (aA StJ/Münzberg Rn 7 Fn 23). Auf eine Haftung nach Rechtsscheingrundsätzen ist § 729 II nicht entsprechend anwendbar (Köln NJW-RR 94, 1118). 13

730 *[Anhörung des Schuldners]*

In den Fällen des § 726 Abs. 1 und der §§ 727 bis 729 kann der Schuldner vor der Erteilung der vollstreckbaren Ausfertigung gehört werden.

Anhörung des Schuldners (des im Titel genannten bei Rechtsnachfolge auf Gläubigerseite, sonst des Rechtsnachfolgers, zB Erben, gegen den Klausel als Schuldner erteilt werden soll) bei Klauselerteilung durch den Rechtspfleger (nicht für Erteilung der einfachen Klausel nach § 724) kann schriftlich, persönlich oder durch die Geschäftsstelle erfolgen. Die Anhörung steht im Ermessen des Rechtspflegers („kann"; für Auslegung des § 730 aus der Sicht des Art 103 I GG Münzberg Rpfleger 91, 161; StJ/Münzberg Rn 3). Sie soll dem Schuldner insbes Gelegenheit geben, Einwendungen gegen den Beweis der besonderen Voraussetzungen für Klauselerteilung (zu diesen § 732 Rn 12) bereits im Klauselverfahren vorzubringen. Daher empfiehlt sie sich stets, wenn Vorbringen des Schuldners für Klauselerteilung Bedeutung erlangen kann und besondere Dringlichkeit mit Gläubigerinteresse an raschem Vollstreckungszugriff nicht gegeben ist. Wenn Nachweis für Klauselerteilung durch öffentliche oder öffentlich beglaubigte Urkunde (zB Erbschein, beurkundete Abtretungserklärung) zweifelsfrei geführt ist, ist Anhörung des Schuldners zur Beurteilung der Voraussetzungen für Klauselerteilung nicht sachdienlich (dem Schuldner wird Anhörung kaum nutzen; s Münzberg aaO). Auch wenn Nachweise nicht vorliegen, somit die Erteilung der Klausel zu verweigern ist, kann Anhörung des Schuldners nicht geboten sein (so auch MK/Wolfsteiner Rn 5; aA Hamm Rpfleger 91, 161, weil Zugeständnis des Schuldners [§ 726 Rn 6 u § 727 Rn 20] Klage nach § 731 mit sofortigem Anerkenntnis vermeiden kann; vorprozessuales Verhalten des Schuldners ist aber nicht im Anhörungsverfahren zu ermitteln, urkundliche Nachweise sind vielmehr vom Gläubiger [auch zur Vermeidung der Kostenfolge bei sofortigem Anerkenntnis im Klageverfahren nach § 731] einzufordern und beizubringen; zum Problem auch Münzberg aaO). Art 103 I GG gebietet Anhörung vor Erteilung der Klausel nicht; die Klausel schafft nicht die Vollstreckbarkeit des Titels gegen den Schuldner, sondern bescheinigt sie als formelle Vollstreckungsvoraussetzung; Klauselerteilung ist somit kein (Erkenntnis-)Verfahren „vor Gericht". Daß die besonderen Voraussetzungen für Erteilung der vollstreckbaren Ausfertigung vorliegen und urkundlich nachgewiesen sind, ist dem Schuldner nicht durch Anhörung vor Klauselerteilung, sondern mit Zustellung vor Vollstreckungsbeginn (§ 750 II) offenzulegen. Ohne Anhörung wäre zudem Rechtsgehör (Art 103 I GG) nicht versagt, weil der Schuldner Einwendungen noch rechtzeitig vortragen kann (§ 732). Der Ablehnung des Gläubigerantrags ohne Anhörung des Schuldners steht Art 103 I GG nicht entgegen (Münzberg Rpfleger 91, 161 [162]). Anhörung des Titelgläubigers (als Dritter) zu dem Antrag seines (urkundlich ausgewiesenen) Rechtsnachfolgers auf Erteilung der vollstreckbaren Ausfertigung gebieten weder § 730 (anders Münzberg aaO) noch Art 103 I GG. 1

731 *[Klage auf Erteilung der Vollstreckungsklausel]*
Kann der nach dem § 726 Abs. 1 und den §§ 727 bis 729 erforderliche Nachweis durch öffentliche oder öffentlich beglaubigte Urkunden nicht geführt werden, so hat der Gläubiger bei dem Prozeßgericht des ersten Rechtszuges aus dem Urteil auf Erteilung der Vollstreckungsklausel Klage zu erheben.

1 **I) Zweck:** Klauselklage ist subsidiärer Rechtsbehelf (StJ/Münzberg Rn 1) für den Fall, daß ein für Klauselerteilung durch den Rechtspfleger notwendiger urkundlicher Nachweis in der erforderlichen Form nicht beigebracht werden kann, der einfachere Weg somit keine Erfolgsaussicht bietet. Die mit fortbestehender Rechtskraftwirkung mögliche Vollstreckung des Titels auch gegen den Rechtsnachfolger oder einen Dritten beschränkt den Streitgegenstand auf die Zulässigkeit der Klauselerteilung. Zu beweisen ist nur noch die fehlende Voraussetzung der Vollstreckungsklausel, möglich ist Nachweis durch jedes Beweismittel, Einwendungen des Beklagten sind begrenzt.

2 **II) Klage** auf Erteilung der Vollstreckungsklausel **setzt voraus,** daß ein nach § 726 I oder §§ 727–729 erforderlicher Nachweis durch öffentliche oder öffentlich beglaubigte Urkunden nicht geführt werden kann. Das ist der Fall, wenn der Kläger die Urkunden nicht besitzt und nicht mit zumutbarem (geringerem) Aufwand (sonach nur sehr schwer, KG JW 32, 191) beschaffen kann (Beweislast dafür hat Kläger), ebenso, wenn Antrag auf Klauselerteilung wegen Unzulänglichkeit vorhandener Urkunden abgewiesen wurde. Ob dann gegen die Entscheidung des Rechtspflegers noch mit Erinnerung vorzugehen ist, bestimmt sich nach dem Einzelfall (Erfolgsaussichten, Art der Beweisschwierigkeit; so zutr StJ/Münzberg Rn 4); die Anforderungen dürfen jedoch nicht überspannt werden; Beschwerde vor Klage kann nicht gefordert werden (StJ/Münzberg aaO; BL/Hartmann Rn 2, ThP Rn 6). Besitzt der Kläger Urkunden nicht, so muß er nicht erst mit Antrag an den Rechtspfleger versuchen, Klausel mit Geständnis des Schuldners zu erlangen (StJ/Münzberg Rn 3; aA ThP Rn 6; dagegen sprechen aber Gesetzeswortlaut und -zweck). Hat der Kläger die Urkunde, will er nur keinen Gebrauch davon machen, oder kann er sie sich leicht beschaffen, so fehlt für die Klage das Rechtsschutzbedürfnis (RG 124, 151).

3 **III) Zuständig** ist das Prozeßgericht erster Instanz des früheren Verfahrens (RG 45, 343) ausschließlich (§ 802), einerlei, von welcher Instanz das zu vollstreckende Urteil erlassen worden ist (§§ 731, 795, 802). Die Zuständigkeit des Prozeßgerichts erster Instanz ist auch dann gewahrt, wenn die Klage auf Erteilung der Vollstreckungsklausel im Wege der Klageänderung in einem in der Berufungsinstanz anhängigen Rechtsstreit geltend gemacht wird, der in erster Instanz vor dem Prozeßgericht anhängig war (RG 157, 160). Zuständigkeit bei Vollstreckungsbescheid: § 796 III, bei vollstreckbarer Urkunde: § 797 V, bei Urkunde über ein Grundpfandrecht im Falle des § 800 III das Gericht des dinglichen Gerichtsstandes, für Schiff und Schiffsbauwerk § 800a II. Bei Nachschußberechnung: §§ 109 III, 114 III GenG; bei Konkurstabellen: §§ 164 III, 194 KO; bei Schiedssprüchen: §§ 1042, 1046 I (RG 85, 396); bei Erbauseinandersetzung: § 98 FGG.

4 **IV)** Die Klage ist **prozessuale Feststellungsklage,** die Voraussetzungen des § 256 müssen vorliegen; das Prozeßgericht erteilt die Klausel nicht, sondern stellt nur fest, daß die Erteilung der Klausel zulässig ist (LG Hildesheim NJW 64, 1232; aA StJ/Münzberg Rn 8: prozessuale Gestaltungsklage). Streitgegenstand ist Erteilung der Klausel, nicht nochmalige Verurteilung zur Leistung des materiellen Anspruchs. Zu klagen ist im **ordentlichen Verfahren,** nicht Urkunden- und Wechselprozeß; zulässig jedoch Geltendmachung durch Widerklage gegenüber der Klage aus § 768 (RG Gruch 33, 1202). Zustellung der Klage an den Prozeßbevollmächtigten des Vorprozesses (§§ 178, 81). Im Verfahren kann sich der Kläger aller zulässigen Beweismittel bedienen; Anerkenntnis und Geständnis ersetzen den Beweis. Von Gesamtgläubigern kann jeder einzelne klagen, bei Gesamthandverhältnis (§§ 432, 2039 BGB) jeder einzelne auf Klauselerteilung an alle (RG 28, 399). Der Beklagte kann im Verfahren Einwendungen gegen den durch das Urteil festgestellten Anspruch, soweit dies nach § 767 II zulässig ist (RG 34, 347), Gründe, welche die Wiederaufnahme rechtfertigen, und seine Haftungsbeschränkung (§§ 780, 786, 785) geltend machen; im Verfahren nach § 731 kann auch eine Räumungsfrist gewährt werden (LG Wuppertal NJW 67, 2267, abl Burkhardt NJW 68, 306). Kostenentscheidung nach §§ 91 ff (kein Fall des § 788).

5 **V) Klageantrag** und **Urteilsformel:** „Dem Kläger ist Vollstreckungsklausel zu dem Urteil des ... vom ... in Sachen ... zur ZwV gegen den Beklagten zu erteilen."

6 **VI)** Ist das Anordnungsurteil rechtskräftig oder für vorläufig vollstreckbar erklärt (nach §§ 708 ff wenn das Ersturteil rechtskräftig oder vorläufig vollstreckbar ist), dann wird das **Ersturteil vollstreckbar ausgefertigt.** Zustellung des Klauselurteils ist nicht nötig; zu ihm wird auch keine Vollstreckungsklausel erteilt. Als Grundlage der auf das Ersturteil zu setzenden Vollstreckungsklausel ist es jedoch in dieser zu vermerken (Klarstellung für Vollstreckungsorgan, daß kein Zustellungsfall nach § 750 II vorliegt). Zuständig ist der Urkundsbeamte (Fall des § 724; ThP Rn 9; Napierala Rpfleger 89, 493; LG Hildesheim NJW 64, 1232 [1233]), nicht der Rechtspfleger

(so aber StJ/Münzberg Rn 16; MK/Wolfsteiner Rn 21; BL/Hartmann Rn 1; Wüllenkemper Rpfleger 89, 87). Erinnerung gegen die Klausel und Klage nach § 768 sind für den Schuldner durch das Urteil ausgeschlossen, desgleichen nach rechtskräftiger Abweisung der Klauselklage Erteilung der Vollstreckungsklausel für den Kläger aus Gründen, die bis zum Schluß der mündlichen Verhandlung im Klageverfahren vorgebracht werden konnten.

VII) Für neue Klage aus dem zugrunde liegenden Rechtsverhältnis beseitigt die Möglichkeit einer Klauselklage nach § 731 nicht das Rechtsschutzinteresse (BGH MDR 87, 840 = NJW 87, 2863 für neue Klage gegen einen Vermögensübernehmer; LG Berlin JurBüro 95, 219; LG Osnabrück JurBüro 91, 1401; anders StJ/Münzberg Rn 6). 7

VIII) Gebühren: 1) des **Gerichts:** Gebühren wie für gewöhnliche Klagen. – **2)** des **Anwalts:** Gebühren des § 31 BRAGO; vgl § 37 Nr 7; § 58 II Nr 1 BRAGO. 8

732

[Einwendungen gegen Zulässigkeit der Vollstreckungsklausel]

(1) Über Einwendungen des Schuldners, welche die Zulässigkeit der Vollstreckungsklausel betreffen, entscheidet das Gericht, von dessen Geschäftsstelle die Vollstreckungsklausel erteilt ist. Die Entscheidung kann ohne mündliche Verhandlung ergehen.

(2) Das Gericht kann vor der Entscheidung eine einstweilige Anordnung erlassen; es kann insbesondere anordnen, daß die Zwangsvollstreckung gegen oder ohne Sicherheitsleistung einstweilen einzustellen oder nur gegen Sicherheitsleistung fortzusetzen sei.

I) Zweck: Prüfung der mit Vollstreckungsklausel zu bescheinigenden Vollstreckungsvoraussetzungen ist als selbständiger Prozeßvorgang vor die Vollstreckung gestellt. Einwendungen gegen Erteilung oder Verweigerung der Vollstreckungsklausel können daher nicht mit den Rechtsbehelfen des späteren ZwV-Verfahrens vorgebracht werden. Die Rechtsbehelfe zur gerichtlichen Kontrolle der mit Vollstreckungsklausel bescheinigten Vollstreckbarkeit des Titels sind deshalb selbständig geregelt, für den Schuldner in § 732 (und § 768). Ziel der mit § 732 zu verfolgenden Einwendungen ist Beseitigung (oder nur Einschränkung) der Vollstreckungsklausel. 1

II) 1) Rechtsbehelfe des Gläubigers bei Ablehnung des Gesuchs um Erteilung einer vollstreckbaren Ausfertigung: Antrag auf Entscheidung des Prozeßgerichts (§ 576 I) bzw Rechtspflegererinnerung (§ 11 I RpflG; § 724 Rn 13) und Klauselklage (§ 731). 2

2) Rechtsbehelfe des Schuldners gegen die Erteilung der Vollstreckungsklausel: Einwendungen (§ 732) und Klage wegen Unzulässigkeit (§ 768). Zur Abgrenzung Rn 12. Im Vollstreckungsverfahren kann der Schuldner Einwendungen gegen die Zulässigkeit der Vollstreckungsklausel nicht vorbringen (Hamm FamRZ 81, 199 mN; im übrigen § 724 Rn 14). 3

3) Wenn der **Rechtspfleger** die Klausel erteilt hat (§ 20 Nr 12, 13 RpflG) sind Einwendungen des Schuldners gleichfalls nach § 732 zu erheben. Das Gericht hat auch zu entscheiden, wenn die Einwendungen nicht begründet sind; es kann diese nicht als Durchgriffserinnerung dem Rechtsmittelgericht vorlegen. § 732 beruht auf der Erwägung, daß über die Rechtmäßigkeit der Klausel auf Einwendung des Schuldners das Gericht selbst nach Anhörung der Beteiligten entscheiden soll; Beschwerde an das nächsthöhere Gericht ist nicht statthaft. Als besonderer Rechtsbehelf des Klauselverfahrens verdrängt § 732 (wie § 766) die Erinnerung nach § 11 RpflG. Das ist jetzt allgemeine Ansicht, zB Celle JurBüro 82, 1264; Düsseldorf JMBlNW 73, 232; Karlsruhe JurBüro 83, 776 u Rpfleger 83, 118; Schleswig SchlHA 74, 43; Stuttgart MDR 84, 591 L; LG Frankenthal MDR 83, 237; LG Mannheim Justiz 77, 458; StJ/Münzberg Rn 9; Baltzer DRiZ 1977, 228; E. Schneider JurBüro 78, 1118; aM Karlsruhe Rpfleger 77, 453; LAG Hamm MDR 71, 612. 4

III) 1) Nach § 732 sind **formelle Einwendungen** gegen die Zulässigkeit der Vollstreckungsklausel geltend zu machen. Es kann gerügt werden, daß die Klausel unzulässig erteilt sei 5

a) zu einem **nicht bestehenden** (nach BGH 15, 190 = NJW 55, 182 nicht vollstreckbaren) **Titel** (§ 724 Rn 5), zB weil das Urteil nicht wirksam geworden (auch wegen Fehlens der deutschen Gerichtsbarkeit wirkungslos, LG Gießen NJW 56, 555) oder eine Urkunde nicht wirksam errichtet ist (BGH MDR 88, 136 = NJW-RR 87, 1149; BGH NJW-RR 90, 246), der vollstreckbar beurkundete Anspruch keine bestimmte Geldsumme betrifft (so bei fehlendem Zinsbeginn, § 794 Rn 26; Düsseldorf DNotZ 88, 243 mit Anm Reithmann = NJW-RR 88, 698), oder weil es sich nicht um einen Prozeßvergleich handelt (BGH 15, 190), weil das Urteil im Berufungs- oder Revisionsverfahren, auf Einspruch oder im Nachverfahren aufgehoben worden ist, weil ein noch nicht rechtskräftiges Urteil mit Klagerücknahme wirkungslos oder durch einen späteren Vergleich hinfällig geworden ist (KG JW 30, 2066) oder die ZwV für unzulässig erklärt ist (§ 767 I); 6

7 **b)** zu einem **nicht vollstreckbaren Titel** (§ 724 Rn 6), weil das Endurteil weder rechtskräftig noch für vorläufig vollstreckbar erklärt ist oder weil die Vollstreckbarkeit wieder außer Kraft getreten ist (§ 717 I), oder auch, weil der Titel nicht in dem Umfang vollstreckbar ist, in dem die Klausel erteilt wurde (weil die nach dem Urteil von Sicherheitsleistung abhängige Vollstreckbarkeit des Kostenfestsetzungsbeschlusses nicht vermerkt ist; München NJW 56, 996);

8 **c)** zu einem **inhaltlich unbestimmten Titel** (§ 704 Rn 4; Karlsruhe OLGZ 91, 227) oder zu einem Titel **ohne vollstreckungsfähigen Inhalt** (§ 724 Rn 7);

9 **d)** einem **Gläubiger,** der **nicht** als Prozeßbeteiligter ein Recht auf Vollstreckung und damit auf Erteilung einer vollstreckbaren Ausfertigung hat (§ 724 Rn 3);

10 **e)** gegen eine Person, die **nicht** der nach dem vollstreckbaren Titel zur Leistung (Unterlassung) verpflichtete **Schuldner** ist (Düsseldorf OLGZ 84, 93);

11 **f)** unter **Verletzung von Verfahrensvorschriften** (§ 724 Rn 8–11), so ohne Antrag, durch nicht zuständigen Beamten, in unrichtiger Form (auch wenn Mangel der Vertretungsmacht des in der Klausel genannten gesetzlichen Vertreters gerügt wird, Oldenburg MDR 55, 488).

12 **2)** Macht der Schuldner geltend, die **besonderen Voraussetzungen** für Erteilung der vollstreckbaren Ausfertigung in den Sonderfällen der §§ 726 I, 727–729, 738, 742, 744, 744a, 745 II, 749 seien nicht durch öffentliche oder öffentlich beglaubigte Urkunden nachgewiesen (auch wenn Offenkundigkeit oder Zugeständnis beanstandet wird), so können damit gerügt sein die Voraussetzungen der Vollstreckbarkeit des Titels (§ 726; erforderliche Tatsache sei nicht eingetreten), das Recht des Gläubigers zur Vollstreckung (Urkunde belegt keinen Forderungsübergang mit Abtretung) oder die Vollstreckbarkeit gegen den Schuldner (Schuldner ist nicht Erbe, nicht Vermögensübernehmer), aber auch Verletzung von Verfahrensvorschriften (Beispiel: Form der Urkunde entspricht nicht; Urkundsbeamter hat unzuständig Klausel erteilt). Einwendungen gegen die für Vollstreckbarkeit des Titels in solchen Fällen als eingetreten angenommene Tatsache können auf unzulänglichem Nachweis (Form der Urkunde) oder unrichtiger rechtlicher Würdigung des Nachweises (keine Abtretung, keine Vermögensübernahme) ebenso gestützt werden wie auf Gründe des materiellen Rechts, die im Klauselverfahren nicht mit Urkunden unter Beweis gestellt sind. Dem Schuldner ist daher in diesen Sonderfällen auch Klage gegen die Vollstreckungsklausel ermöglicht. Damit sind für den Schuldner Schwierigkeiten für Abgrenzung der Rechtsbehelfe ausgeräumt. Unterschiede bestehen dennoch, und zwar wie folgt: Mit Einwendungen nach § 732 kann jeder Mangel einer Klauselvoraussetzung (alle formellen Beanstandungen) geltend gemacht werden, mit Klage nach § 768 kann nur für die Sonderfälle bestritten werden, daß der als bewiesen angenommene Eintritt der besonderen Voraussetzung für die Erteilung der Klausel gegeben ist. Einwendungen nach § 732 ermöglichen nur formell Überprüfung des Klauselverfahrens daraufhin, ob die vorgelegten Nachweise den Anforderungen entsprechen (Form) und den erforderlichen Beweis bringen. Im Klageverfahren besteht keine Beweismittelbeschränkung; vorgebracht werden können daher auch Einwendungen, die nicht durch die im Klauselverfahren eingereichten Urkunden ausgewiesen sind (Beispiel: urkundlich nachgewiesene Abtretung ist nichtig). Ein Rechtsschutzbedürfnis für Einwendungen (§ 732) oder Klage (§ 768) kann daher nicht verneint werden, weil auch der andere Rechtsbehelf offensteht (nach StJ/Münzberg Rn 6 u Koblenz JurBüro 91, 1270 = NJW 92, 378 Wahlrecht).

13 **IV) Zulässig** sind Einwendungen nach § 732 nur gegen die erteilte vollstreckbare Ausfertigung; vor Erteilung der Vollstreckungsklausel ist der Rechtsbehelf nicht gegeben. Nach Beendigung der ZwV mit Befriedigung des Gläubigers sind Einwendungen gegen die Vollstreckungsklausel nicht mehr zulässig (anders StJ/Münzberg Rn 8; zulässig, wenn noch ein Rechtsschutzbedürfnis besteht). Durchführung nur einzelner ZwV-Maßnahmen ist nicht hinderlich (Eintragung einer Sicherungshypothek; LG Hildesheim NJW 62, 1256). (Materielle) Einwendungen gegen den durch das Urteil festgestellten Anspruch selbst (zB Erfüllung, Erlaß, Stundung, Beendigung gesetzlicher Prozeßstandschaft, Köln FamRZ 85, 626; München FamRZ 90, 653 mwN) sind mit Klage nach § 767 geltend zu machen. Sie schließt gleichzeitige Verfolgung formeller Mängel mit Einwendungen nach § 732 nicht aus (BGH 92, 348 [349]; LG Hildesheim aaO). Rechtskraft- oder Präklusionswirkung (§ 767 II) eines Urteils nach § 731 steht Einwendungen aus § 732 entgegen.

14 **V) Verfahren: 1)** Einwendungen nach § 732 unterliegen nicht dem Anwaltszwang (§ 78 III). Ausschließlich (§ 802) zuständig ist das Gericht, von dessen Geschäftsstelle die Vollstreckungsklausel erteilt ist (§ 732 I, auch § 795; für Urkunden § 797 III, für Vergleiche der Gütestellen § 797a IV S 3). Wenn Einwendungen der Titel in einer Familiensache zugrunde liegt, ist auch das Klauselvefahren Familiensache (Düsseldorf FamRZ 76, 427). Der Einzelrichter entscheidet nur, wo er in der Hauptsache entschieden hat (§ 348 Rn 3; überholt Oldenburg NJW 63, 257), der Vorsitzende der Kammer für Handelssachen nur im Fall des § 349 III. Der Urkundsbeamte und der Rechtspfleger kann abhelfen (Palm Rpfleger 67, 365 [366]; dann für Gegenpartei Rechtsbe-

helfe des Klauselverfahrens, § 724 Rn 13). Die Entscheidung kann ohne mündliche Verhandlung ergehen (Abs 1 S 2); rechtliches Gehör ist dem Gläubiger zu gewähren (Art 103 I GG).

2) Die Entscheidung ergeht durch **Beschluß.** Sie kann „die ZwV aus der am . . . dem Gläubiger erteilten Vollstreckungsklausel für unzulässig erklären" (nicht auch die ganze Ausfertigung einziehen) oder teilweise für unzulässig erklären (StJ/Münzberg Rn 10a; aA Kiel OLG 29, 184; LG Essen NJW 72, 2050 mit Anm Pohlmann NJW 73, 199) oder die Einwendungen des Schuldners zurückweisen. Maßgebend ist der Zeitpunkt der Entscheidung, nicht, ob die Klausel bei Erteilung zulässig war. Gründe, die nach Klauselerteilung entstanden sind (Wegfall der Vollstreckbarkeit), sind ebenso zu berücksichtigen wie Einwendungen unbegründet werden, wenn ein gerügter Mangel während des Verfahrens entfällt (KG NJW-RR 87, 3 = OLGZ 86, 464); das gilt auch für die nach §§ 726–729 usw in besonderer Form zu erbringenden Nachweise (KG aaO). Gibt der Schuldner erst im Rahmen der von ihm gem § 732 erhobenen Einwendungen die Tatsachen zu, die nach § 726 I usw durch öffentliche oder öffentlich beglaubigte Urkunden nachzuweisen gewesen wären, so bedarf es nicht der Aufhebung der Vollstreckungsklausel; vielmehr ist über deren Rechtmäßigkeit nach dem nunmehrigen Vorbringen zu entscheiden. Kosten: Bei Zurückweisung § 97 I, bei Erfolg § 91 I S 1 (nicht § 788, Hamburg JurBüro 95, 547). Mitteilung (formlos) erfolgt an Antragsteller (und gehörten Antragsgegner), § 329 II. Entscheidungswirkung nach § 775 Nr 1, § 776. 15

3) **Rechtsbehelfe:** Bei Zurückweisung einfache Beschwerde des Schuldners (BayObLG JurBüro 96, 272; München OLG 33, 90); bei Erfolg des Schuldners einfache Beschwerde des Gläubigers (KG OLG 31, 88; München OLG 37, 160; Stettin HRR 33 Nr 1268; StJ/Münzberg Rn 11). Beschwerde nicht bei Entscheidung des LG im Berufungs- und im Beschwerdeverfahren (§ 567 III) und nicht gegen Entscheidungen des OLG (§ 567 IV); keine weitere Beschwerde (ist nicht bestimmt, § 568 II; BayObLG aaO; Köln NJW-RR 92, 632 = Rpfleger 92, 206 u JurBüro 95, 388). Der Erwerber einer Sache, gegen den ein Urteil auf Herausgabe nach Klauselumschreibung vollstreckt wird, kann, sofern er die Sache gutgläubig iS des § 325 II erworben hat, sein Eigentum durch neue Klage geltend machen, auch wenn er die Rechtsbehelfe nach §§ 732, 768 nicht wahrgenommen hat (BGH 4, 283). 16

VI) Einstweilige Anordnung: Einwendungen nach § 732 haben keine aufschiebende Wirkung. Das Gericht (infolge des Abänderungsrechts auch Urkundsbeamter und Rechtspfleger) kann aber auf Antrag oder von Amts wegen eine einstw Anordnung erlassen (Abs 2); die Aufhebung schon erfolgter Vollstreckungsmaßnahmen ist nicht zulässig (Hamburg MDR 58, 44). Die einstw Anordnung wird mit der Entscheidung gegenstandslos. Beschwerde gegen die einstw Anordnung ist nicht zulässig (StJ/Münzberg Rn 14; Hamm MDR 79, 852; Stuttgart Rpfleger 94, 220; anders Köln MDR 91, 1196 = NJW-RR 92, 632 (633); die Anordnung des Urkundsbeamten ist mit Erinnerung an das Gericht (§ 576 I), die des Rechtspflegers mit befristeter Rechtspflegererinnerung (§ 11 I RpflG) anfechtbar. 17

VII) Gebühren: 1) des **Gerichts:** Keine. – **2)** des **Anwalts:** § 58 III Nr 1 BRAGO. 18

733 *[Weitere vollstreckbare Ausfertigung]*

(1) Vor der Erteilung einer weiteren vollstreckbaren Ausfertigung kann der Schuldner gehört werden, sofern nicht die zuerst erteilte Ausfertigung zurückgegeben wird.

(2) Die Geschäftsstelle hat von der Erteilung der weiteren Ausfertigung den Gegner in Kenntnis zu setzen.

(3) Die weitere Ausfertigung ist als solche ausdrücklich zu bezeichnen.

I) Zweck: Schutz des Schuldners gegen mehrfache ZwV aus demselben Titel (Düsseldorf DNotZ 77, 571; Frankfurt NJW-RR 88, 512) bei gleichzeitiger Wahrung berechtigter Belange des Gläubigers. 1

II) 1) Erteilt wird eine **weitere** vollstreckbare **Ausfertigung,** wenn die Vollstreckungsklausel (§ 725) einer neuen (zusätzlichen) Ausfertigung des Urteils (sonstigen Titels) wegen des gleichen vollstreckbaren Anspruchs (KG OLGZ 73, 112) oder auch nur wegen eines betragsmäßigen Teils davon (BayObLG JurBüro 88, 1205) beigefügt wird. Das ist nicht der Fall, wenn nur eine Teilklausel erteilt war und später wegen des weiteren Anspruchs eine (erste) vollstreckbare Ausfertigung verlangt wird, ebenso nicht, wenn Klauseln nacheinander für Teilansprüche mehrerer Gläubiger oder gegen mehrere gesondert oder nach Teilen haftende Schuldner erteilt werden (§ 724 Rn 12), auch nicht, wenn die bisherige Klausel berichtigt wird (KG OLGZ 73, 112; München Rpfleger 72, 264), ebenso nicht, wenn über einen abgetretenen (kraft Gesetzes übergegangenen) Teilanspruch Rechtsnachfolgeklausel (§ 727) erteilt und auf der bisherigen Ausfertigung vermerkt wird, daß sie sich nicht mehr auf den abgetretenen (übergegangenen) Teil erstreckt 2

(KG aaO u FamRZ 76, 545 = OLGZ 73, 133; unklar Köln Rpfleger 94, 172). Mit- oder Teilberechtigte einer Rechtsgemeinschaft mit Einzelprozeßführungsbefugnis haben auch bei gemeinschaftlicher Klage (begründet keine notwendige Streitgenossenschaft) einzeln Anspruch auf eine vollstreckbare Ausfertigung (daher kein Fall des § 733; KG OLG 4, 432 für Auskunftsanspruch mehrerer Pflichtteilsberechtigten; Köln OLGZ 91, 72 für Geltendmachung von Eigentumsstörung durch Miteigentümer). § 733 ist auch bei weiterer Ausfertigung eines Vollstreckungsbescheids anwendbar (LG Berlin Rpfleger 71, 73).

3 **2)** Besonderheiten für Erteilung einer weiteren vollstreckbaren Ausfertigung regelt § 733 nur für den Fall, daß **nicht** die zuerst erteilte Ausfertigung **zurückgegeben** wird. Erfolgt Rückgabe (und wird eine neue vollstreckbare Ausfertigung verlangt, zB weil die Ausfertigung beschädigt oder unleserlich ist), dann wird eine Ausfertigung wieder nach § 724 erteilt. Zuständig hierfür ist der Urkundsbeamte (Hamm MDR 88, 592). Gleiches gilt (aber Zuständigkeit des Rechtspflegers) bei Rechtsnachfolge (§ 727) und in anderen Sonderfällen, wenn die Nachfolgeklausel auf die bisherige vollstreckbare Ausfertigung gesetzt (diese „umgeschrieben") wird. Nur wenn die dem Gläubiger bereits erteilte vollstreckbare Ausfertigung nicht zurückgegeben wird, wird seinem Rechtsnachfolger (§ 727) bzw in anderen Sonderfällen eine weitere vollstreckbare Ausfertigung erteilt (Frankfurt NJW-RR 88, 512 mwN; LG Koblenz DNotZ 70, 409).

4 **III) 1)** Der Gläubiger muß ein **Recht** auf Erteilung der vollstreckbaren Ausfertigung (§ 724 Rn 3) und **zusätzlich ein Interesse** an einer nochmaligen vollstreckbaren Ausfertigung haben. Das ist der Fall:

5 **a)** bei Verlust der ersten Ausfertigung (nicht aber bei Beschädigung usw; s Rn 2). Verschulden ist nicht schädlich; gleich ist daher, ob der Titel bei Übersendung durch das Gericht, beim Gläubiger, seinem Prozeßbevollmächtigten oder einer Vollstreckung verloren gegangen ist. Er kann auch dem Schuldner durch den Gläubiger (Stuttgart Rpfleger 76, 144; Königsberg OLG 40, 32) oder GV (Hamm Rpfleger 79, 431), auch infolge falscher Berechnung der Gläubigerforderung (aber Rn 12) ausgehändigt worden sein (dann jedoch Beschränkung der neuen Klausel auf Restforderung; aA Frankfurt Rpfleger 78, 104: bei falscher Abrechnung für restige Vollstreckungskosten keine neue Ausfertigung, bedenklich). Dem Verlust ist der Fall gleich, daß sich nicht klären läßt, ob der Gläubiger die in den Akten vermerkte Ausfertigung erhalten hat (LG Köln JurBüro 69, 1218; Schleswig SchlHA 81, 81 L).

6 **b)** wenn gleichzeitig an mehreren Orten in verschiedene Vermögenswerte des Schuldners zu vollstrecken ist (Karlsruhe Rpfleger 77, 453; Pfändung durch GV und Zwangsversteigerung; Vollstreckung in Wohnung und Geschäftsräumen), nicht aber, wenn der Titel dem Vollstrekkungsgericht für ein Offenbarungsverfahren eingereicht ist (Karlsruhe aaO; aA MK/Wolfsteiner Rn 15).

7 **c)** wenn ein Gesamtgläubiger ein Interesse an der gesonderten Ausfertigung zur selbständigen Vollstreckung gegen den Schuldner hat.

8 **d)** wenn der Titel gegen Gesamtschuldner ausgefertigt ist und der Gläubiger ein Interesse an selbständiger Vollstreckung gegen die einzelnen Schuldner an verschiedenen Orten (Koblenz JurBüro 87, 1228 [1229]) oder durch mehrere Vollstreckungsorgane hat.

9 **2)** Berechtigte **Interessen des Schuldners** dürfen nicht verletzt (gefährdet) werden. Eine weitere vollstreckbare Ausfertigung ist daher nur ausnahmsweise zu erteilen (KG JW 38, 969; Zweibrücken JurBüro 89, 869). Maßgebend sind die Umstände des Einzelfalls. Dem Schuldner dürfen keine Nachteile entstehen (Karlsruhe aaO). Keine Zweitausfertigung ist (regelmäßig; Ausnahme bei besonderem Einzelfallinteresse) zu erteilen, wenn der Prozeßbevollmächtigte des Gläubigers an der erteilten Ausfertigung ein Zurückbehaltungsrecht geltend macht (Saarbrükken AnwBl 81, 161; LG Hannover JurBüro 81, 1582 = Rpfleger 81, 444; aA Stuttgart Rpfleger 95, 220; StJ/Münzberg Rn 3) oder wenn der Gläubiger die Erstausfertigung dem Notar unter Verzicht auf Rücknahme mit der Weisung ausgehändigt hat, sie nach Grundbucheintragung dem Schuldner zu geben (BGH MDR 94, 479 = NJW 94, 1161 [1162]). Ein Herausgabetitel ist für Beitreibung von Zinsen der zur Abwendung der Vollstreckung vereinbarungsgemäß geleisteten Forderung nicht erneut auszufertigen (LG Essen DGVZ 1977, 125). § 733 ist der Parteidisposition entzogen; auch weitere vollstreckbare Ausfertigung einer notariellen Urkunde kann daher nicht mit Einvernehmen des Schuldners, sondern nur unter den besonderen Voraussetzungen (§ 733 mit § 797 III) erteilt werden (Brambring DNotZ 77, 573).

10 **3)** Auch für den **Rechtsnachfolger des Gläubigers,** dem bereits vollstreckbare Ausfertigung erteilt wurde (insbes dessen Zessionar), kann eine vollstreckbare Ausfertigung (als zweite, s Rn 3) nur erteilt werden, wenn besondere Gründe dafür vorhanden sind (Frankfurt NJW-RR 88, 512; KG FamRZ 85, 627; auch KG OLGZ 73, 112 [114]; aA Stuttgart MDR 90, 162 = NJW-RR 90, 126). Wahrung der Schuldnerbelange (Rn 9; Gefahr mehrfacher ZwV aus mehreren Ausfertigungen) gebietet für Erteilung einer vollstreckbaren Ausfertigung an den Rechtsnachfolger des

Gläubigers (insbes den Zessionar) Rückgabe der dem Rechtsvorgänger (Zedenten) bereits erteilten vollstreckbaren Ausfertigung (dazu Rn 3; Frankfurt aaO). Ein zusätzliches Interesse des Rechtsnachfolgers an einer nochmaligen (weiteren) Ausfertigung besteht, wenn die dem Rechtsvorgänger erteilte vollstreckbare Ausfertigung verloren gegangen ist oder aus einem sonstigen Grund nicht mehr zur Vollstreckung verwendet werden kann (Frankfurt aaO; zu anderen Gründen Rn 5–8; für Erstausfertigung im Schuldnerbesitz zB LG Koblenz DNotZ 70, 409). Der Rechtsnachfolger hat daher die seinem Vorgänger erteilte Ausfertigung zu beschaffen und vorzulegen (Frankfurt aaO; KG JW 33, 1779 u FamRZ 85, 627; anders Hamm FamRZ 91, 695 = JurBüro 92, 269; Stuttgart aaO u JurBüro 80, 1098 = Rpfleger 80, 304), soweit das im Hinblick auf berechtigte Schuldnerbelange erwartet werden kann (Neuausfertigung dann nach dem Rn 3 Gesagten). Daß der Rechtsnachfolger glaubhaft macht, die vollstreckbare Ausfertigung des Rechtsvorgängers sei nicht in seinen Besitz gelangt und könne daher nicht vorgelegt werden, genügt nicht (anders wohl München Rpfleger 72, 264). Für den Neugläubiger nach Forderungsübergang kraft Gesetzes oder Überleitung (§ 727 Rn 6 u 10) können jedoch besondere Anforderungen an das Gläubigerinteresse nicht gestellt (daher auch Rückgabe der Erstausfertigung nicht verlangt) werden. Bei Teilrechtsnachfolge auf Gläubigerseite ist für Erteilung der Rechtsnachfolgeklausel gleichfalls die bereits erteilte vollstreckbare Ausfertigung (zur Einschränkung, Rn 2) vorzulegen (Köln JurBüro 94, 613; einschränkender Vermerk Rn 2) oder ein besonderes Gläubigerinteresse darzutun. Bei Rechtsnachfolge (auch bei teilweiser) auf Schuldnerseite besteht ein Interesse in den Fällen Rn 5 u 6; sonst kann die Nachfolgeklausel auf die schon erteilte Ausfertigung gesetzt werden (Rn 3).

IV) Verfahren: 1) Antrag kann formlos gestellt werden (kein Anwaltszwang, § 78 III). **Zuständig** ist der Rechtspfleger (§ 20 Nr 12 RpflG); für notarielle Urkunden § 797 III. Klauselerteilung durch den Urkundsbeamten ist unwirksam (LG Berlin Rpfleger 71, 74). **Anhörung** des Schuldners (schriftlich oder mündlich) hat zu erfolgen (trotz Kann-Bestimmung geboten jedenfalls in allen nicht eindeutigen Fällen), wenn sie nicht untunlich ist (zB bei besonderer Dringlichkeit; Eilinteresse hat Gläubiger darzulegen, Koblenz JurBüro 87, 1228 [1229]). 11

2) Der Rechtspfleger **prüft** Antrag und Voraussetzungen für Erteilung einer ersten (§ 724 Rn 10) und die besonderen Voraussetzungen der weiteren vollstreckbaren Ausfertigung (§ 733). Einwendungen des Schuldners gegen die Gründe für Erteilung der weiteren Klausel sind zu berücksichtigen, nicht aber Einwendungen gegen den vollstreckbaren Anspruch (hierfür § 767). Letztere können jedoch ergeben, daß (insbes nach Aushändigung des Titels) kein Rechtsschutzinteresse des Gläubigers an einer weiteren vollstreckbaren Ausfertigung besteht (anders MK/Wolfsteiner Rn 19). Die Beweislast trifft den Gläubiger; ausreichend ist Glaubhaftmachung (§ 294; Hamm Rpfleger 79, 431; bei Verlust kann anwaltliche Versicherung genügen, Düsseldorf FamRZ 94, 1271), wenn nicht der Einzelfall weitere Nachweise gebietet (s KG JW 38, 969; Beispiel Stuttgart Rpfleger 76, 144: nach Aushändigung des Titels ist nachzuweisen, daß ein Anspruch noch besteht, auch LG Hechingen DGVZ 84, 116 = Rpfleger 84, 151; LG Nürnberg-Fürth JurBüro 82, 137; AG Unna/LG Dortmund Rpfleger 94, 308). 12

3) Die weitere vollstreckbare Ausfertigung ist ausdrücklich als solche (als „weitere" oder „zweite" usw) zu **bezeichnen** (Abs 3). Üblich und zweckmäßig ist Bezeichnung in der Überschrift (müßte allein ausreichen) und im Wortlaut der Klausel „Vorstehende zweite Ausfertigung wird dem ... erteilt" (genügt allein). Vermerk auf dem Urteil § 734; Nachricht an den Schuldner Abs 2. Kosten: § 788 Rn 13 „weitere vollstr Ausfertigung". 13

V) Rechtsbehelfe: 1) Für Gläubiger bei Ablehnung § 11 RpflG (§ 724 Rn 13); für Schuldner Einwendungen nach § 732 (nicht als Durchgriffserinnerung; § 732 Rn 4) und Klage nach § 768. Keine Klauselklage nach § 731 für Gläubiger (Marienwerder OLG 10, 395), soweit die weitere Ausfertigung aus Gründen des § 733 versagt worden ist (anders, wenn die in § 731 genannten Nachweise nicht geführt sind). 14

2) Leistungsklage kann nicht erneut erhoben werden, wenn eine zweite vollstreckbare Ausfertigung nach § 733 erteilt werden kann. Wird eine 2. Ausfertigung nicht erteilt, auch weil sie nach Vernichtung oder Verlust der Akten nicht mehr hergestellt werden kann, so hat der Gläubiger neu zu klagen. Herausgabeanspruch hat der Gläubiger im Klageweg geltend zu machen, wenn der Schuldner die vollstreckbare Ausfertigung in Händen hat (s Stuttgart aaO). 15

VI) Gebühren: 1) des **Gerichts:** Erteilung einer weiteren vollstreckbaren Ausfertigung ist durch die Verfahrensgebühr abgegolten; aber Antragsschreibauslagen nach KV 9000. – **2)** des **Anwalts:** § 58 III Nr 2 BRAGO. 16

734 *[Vermerk über Ausfertigungserteilung]*

Vor der Aushändigung einer vollstreckbaren Ausfertigung ist auf der Urschrift des Urteils zu vermerken, für welche Partei und zu welcher Zeit die Ausfertigung erteilt ist.

1 **Zweck:** Sicherung, daß Vollstreckungsklausel nicht unzulässig mehrfach erteilt wird. **Vermerk** ist auf allen Titeln anzubringen (§ 795). Verantwortlich ist der Urkundsbeamte oder Rechtspfleger, der die Klausel erteilt; angebracht werden kann der Vermerk auch durch andere Bedienstete. Von Urteilen der Rechtsmittelinstanz ist nur eine beglaubigte Abschrift zu den Akten erster Instanz zu bringen (§ 544 II, § 566). Darauf ist der Vermerk daher zu setzen (AG Bergisch Gladbach Rpfleger 89, 336), und zwar auch dann, wenn die Klausel in der höheren Instanz erteilt wird (§ 724 Rn 9). Dies kann sogleich urschriftlich geschehen (zweckmäßig) oder in der Weise, daß der Vermerk auf die zu den Sammelakten genommene Entscheidungsurschrift gesetzt und in die beglaubigte Abschrift übernommen wird.

735 *[Zwangsvollstreckung gegen Verein]*

Zur Zwangsvollstreckung in das Vermögen eines nicht rechtsfähigen Vereins genügt ein gegen den Verein ergangenes Urteil.

1 **I) Vermögen** eines nicht rechtsfähigen **Vereins** (§§ 54, 21 BGB) gehört den Mitgliedern zur gesamten Hand als dem Vereinszweck gewidmetes Sondervermögen (BGH 50, 325 = NJW 68, 1830). Für die ZwV in dieses Vermögen (auch nach Auflösung bis zur Vollbeendigung der Liquidation) genügt ein **gegen den** passiv parteifähigen nicht rechtsfähigen **Verein** (§ 50 II) **ergangenes Urteil** (anderer Titel, §§ 735, 795). Vertreten wird der nichtrechtfähige Verein in der ZwV durch den Vorstand (die Liquidatoren); mehrere Vorstandsmitglieder vertreten gemeinschaftlich oder nach anderer Regelung in der Satzung. Die ZwV kann in Forderungen (zB Mitgliedsbeiträge, RG 76, 278), in körperliche Sachen im Gewahrsam (§ 808) der Vereinsorgane und auch in Grundstücksrechte, die im Grundbuch auf den Namen aller Mitglieder eingetragen sind (Jung NJW 86, 157), erfolgen. Gegen Vereinsorgane kann auch ein gegen den nichtrechtsfähigen Verein lautender Titel auf Herausgabe, Handlung oder Unterlassung (§§ 883 ff) vollstreckt werden. Andere Vereinsmitglieder sind Dritte, deren Gewahrsam nach § 809 geschützt ist (s auch § 100 Nr 1 GVGA). Sie können einer Pfändung nach § 809 widersprechen und bei Pfändung Erinnerung nach § 766 erheben; unzulässig ist Widerspruchsklage (§ 771) eines Mitglieds auf Grund Miteigentums am Vereinsvermögen. ZwV in das Privatvermögen der Mitglieder (auch Organe) ermöglicht der Vollstreckungstitel gegen den nicht rechtsfähigen Verein nicht (RG 143, 216). Keine Rechtsnachfolge, sondern Personenidentität liegt vor, wenn der verurteilte nicht rechtsfähige Verein Rechtsfähigkeit (§§ 21, 22 BGB) erlangt; der Titel ist daher ohne Klauselumstellung auch gegen den rechtsfähigen Verein vollstreckbar. Entsprechendes gilt, wenn sich ein Verein mit Verzicht auf die Rechtsfähigkeit als solcher in einem nicht rechtsfähigen Verein fortsetzt (Stöber Vereinsrecht Rn 291). Wenn Vermögen eines aufgelösten Vereins an Mitglieder verteilt ist, kann der Vereinstitel nur bei Wirkung gegen sie als Besitz-, ggfs Rechtsnachfolger nach allgemeinen Grundsätzen (§§ 727, 729) vollstreckt werden.

2 **II)** Ein eigener **Titel gegen alle Vereinsmitglieder** ist zur ZwV in Vereinsvermögen nicht erforderlich. Der Gläubiger kann aber auch alle Mitglieder des nicht rechtsfähigen Vereins als solche verklagen (§ 50 Rn 36) und mit dem so erlangten Titel in das Vereinsvermögen vollstrekken (dies dann nach § 736; s auch § 100 Nr 2 GVGA), ebenso dann auch in Privatvermögen der Mitglieder, wenn sich nicht die Beschränkung der Haftung auf das Vereinsvermögen (zumindest durch Auslegung an Hand der Gründe) aus dem Titel ergibt. Für Vollstreckung in Vereinsvermögen mit einem gegen alle Mitglieder erwirkten Titel ist auch Gewahrsam der Mitglieder (§ 809) nicht geschützt.

3 **III)** Sind Mitglieder **persönlich verurteilt** (§ 52 S 2 BGB), dann kann nur in ihr Privatvermögen vollstreckt werden.

736 *[Zwangsvollstreckung in Gesellschaftsvermögen]*

Zur Zwangsvollstreckung in das Gesellschaftsvermögen einer nach § 705 des Bürgerlichen Gesetzbuchs eingegangenen Gesellschaft ist ein gegen alle Gesellschafter ergangenes Urteil erforderlich.

1 **I) 1) BGB-Gesellschaftern** (§§ 705 ff BGB) gehört Gesellschaftsvermögen (§ 718 BGB) gemeinschaftlich zur gesamten Hand (§ 719 BGB). Erforderlich zur ZwV in dieses dinglich gebundene Sondervermögen ist ein gegen **alle** (namentlich zu bezeichnende, § 750 I) **Gesellschafter**

lautendes Urteil (oder anderer Titel, §§ 736, 795). Es kann zur Beitreibung gemeinschaftlicher Schulden (vgl § 733 I BGB) erwirkt sein; aber auch andere Verbindlichkeiten („Privatschulden"), für die Gesellschafter gesamtschuldnerisch haften, können mit einem Titel nach § 736 in das Gesellschaftsvermögen vollstreckt werden (Brehm KTS 83, 21; Noack MDR 74, 811; Oehlerking KTS 80, 14; aA Kornblum BB 70, 1445). Verurteilung aller Gesellschafter (als Gesamtschuldner) kann auch gesondert erfolgt sein (RG 68, 223). Ebenso können inhaltsgleiche Titel verschiedener Art als gegen alle Gesellschafter gerichtete Titel in das Gesellschaftsvermögen vollstreckt werden (gleichlautender Inhalt von Urteil gegen Gesellschafter A, Vergleich gegen B und vollstreckbarer Urkunde gegen C; Brüggemann DGVZ 61, 33; StJ/Münzberg vor § 735 Rn 6). Vollstreckt werden kann der gegen alle Gesellschafter lautende Titel in Gesellschaftsvermögen, das sich in Händen des (eines) geschäftsführenden Gesellschafters befindet und ebenso in Gesellschaftsvermögen in Gewahrsam (§ 808) eines Gesellschafters, der nicht Geschäftsführer ist. Der Gläubiger kann aber auch gegen jeden einzelnen Gesellschafter persönlich vollstrecken, sofern nicht der Titel eine Haftungsbeschränkung auf das Gesellschaftsvermögen enthält (zum Vorbehalt Noack und Kornblum aaO). ZwV auf Herausgabe, Handlung oder Unterlassung (§§ 883 ff) gegen Gesellschafter als zusammen (samtverbindlich) Haftende erfordert gleichfalls Titel nach § 736 gegen alle.

2) Das Urteil (der Schuldtitel) muß gegen alle Gesellschafter lauten, die der Gesellschaft **zur Zeit** (bei Beginn) **der ZwV angehören** (§ 750 I; s § 101 GVGA). Tritt vor der ZwV ein **neuer Gesellschafter** in die Gesellschaft ein, so haftet er für vorher begründete Verbindlichkeiten zwar nur bei besonderer Vereinbarung mit dem Gläubiger (BGH 74, 240 = NJW 79, 1821). Mit dem Gesellschafts-(Gesamthand-)Vermögen haftet er jedoch auch für die vor seinem Beitritt begründeten Gläubigeransprüche (BGH aaO u NJW 81, 1095). Er ist insoweit Rechtsnachfolger eines ausscheidenden Gesellschafters, wenn dieser seinen Anteil übertragen hat (Sonderrechtsnachfolger) oder als dessen Gesamtrechtsnachfolger (zB Erbe) oder aller Gesellschafter hinsichtlich der auf ihn übergegangenen Beteiligungen, wenn er als weiteres Mitglied aufgenommen wurde. Der gegen alle Gesellschafter erwirkte Titel (nicht auch Einzeltitel gegen die samtverbindlich Haftenden) wird gegen den Eintretenden nach § 727 umgeschrieben (hA, zB MK/Arnold Rn 24; aA StJ/Münzberg Rn 2; s auch Paulus DGVZ 92, 65). Klauselerteilung erfolgt mit Ausdehnung auf den Eingetretenen; Ausschluß der persönlichen Haftung ist zu bezeichnen. 2

3) Zur **Vollstreckung eines Gesellschafters** in Gesellschaftsvermögen genügt ein Titel gegen die übrigen Gesellschafter (StJ/Münzberg Rn 1; MK/Arnold Rn 26). Sind nur **einzelne Gesellschafter** verurteilt, so kann nur in ihr Privatvermögen vollstreckt werden. Dazu gehört auch der pfändbare (§ 859 I) Anteil am Gesellschaftsvermögen. Der gegen eine Gesellschaft ohne Bezeichnung der Gesellschafter (oder unter Bezeichnung mit einer „Firma", zB „Fa Karl Meier und Fritz Schulte, Kfz-Reparaturbetrieb") ergangene Titel ist unwirksam; ZwV in Gesellschaftsvermögen gestattet er nicht (LG Berlin Rpfleger 73, 104 mit zust Anm Petermann; LG Kaiserslautern DGVZ 90, 91; LG Mainz DGVZ 73, 157; aA Lindacher ZZP 96 [1983] 486 [497]). Gleiches gilt für Titel gegen die (sonst) nicht namentlich, sondern nur unter einer Sammelbezeichnung genannte „Gesellschaft, vertreten durch den Geschäftsführer . . .". Konkurs eines Gesellschafters hindert die Vollstreckung des Titels nach § 736 in Gesellschaftsvermögen nicht, jedoch (§ 14 KO) Konkurs aller Gesellschafter (BGH 23, 307). Bei der Innengesellschaft ist (im Außenverhältnis) nur ein Partner Vermögensinhaber; Vollstreckung erfordert daher Titel nur gegen ihn. 3

II) Zur ZwV in das Gesellschaftsvermögen einer **OHG** ist ein gegen die Gesellschaft gerichteter vollstreckbarer Schuldtitel erforderlich (§ 124 II HGB). Ein Titel gegen alle Gesellschafter genügt nicht (KG OLG 14, 166). Dies gilt auch für die **Kommanditgesellschaft** (§ 161 II HGB), somit auch für die **GmbH & Co KG;** ein gegen deren persönlich haftende Gesellschafterin (die GmbH) gerichteter Titel genügt für Vollstreckung in das KG-Vermögen nicht (BayObLG 86, 163 = NJW 86, 2578; Auslegung hindert Personenverschiedenheit). Konkurs der Gesellschaft schmälert Vollstreckbarkeit des (eigenen) Titels gegen den mithaftenden Gesellschafter nicht (LG Hannover DGVZ 92, 11). Umwandlung der OHG in eine KG oder umgekehrt ist nur Änderung der Haftform, nicht des Schuldners, so daß die Vollstreckbarkeit des Titels davon nicht berührt wird. Auflösung § 727 Rn 36. Schuldtitel nach § 124 II HGB ermöglicht auch Vollstreckung gegen die im Handelsregister gelöschte Gesellschaft, wenn noch Vermögen vorhanden ist (vgl § 50 Rn 4 u 17). Gegen die Gesellschafter der OHG oder KG kann aus einem gegen die Gesellschaft gerichteten Titel nicht vollstreckt werden (§ 129 IV HGB). Umschreibung des Titels nach Auflösung der OHG oder KG ist unzulässig (Düsseldorf Rpfleger 76, 327). Wegen der Haftung der Gesellschafter aus Rechtsschein s BGH 61, 69 = NJW 73, 1691. Die **Reederei** ist als solche parteifähig; es gilt das für die OHG Ausgeführte (Hamburg OLG 23, 93; StJ/Münzberg Rn 9). 4

III) Die **Europäische wirtschaftliche Interessenvereinigung** (EWIV; § 50 Rn 19b) ist der OHG weitgehend gleichgestellt, der sie nach deutschem Recht am meisten ähnelt (§ 1 EWIV-AusfG, BGBl 1988 I 514). Zur ZwV in das Vermögen der Vereinigung ist daher ein gegen sie gerichteter vollstreckbarer Schuldtitel erforderlich (§ 124 II HGB). Vertreten wird die Vereinigung durch den 5 (jeden oder nach anderer Regelung im Gründungsvertrag) Geschäftsführer (Art 20 VO EWG Nr 2137/85, ABl L 199/1). Gegen die haftenden Gesellschafter (Art 24 VO EWG) kann aus einem gegen die Gesellschaft gerichteten Titel nicht vollstreckt werden (§ 129 IV HGB).

6 **IV)** Die **Partnerschaft** ist als Personengesellschaft in vielerlei Hinsicht der OHG ähnlich. Zur ZwV in ihr Vermögen (Gesamthandsgemeinschaft, § 124 I HGB mit § 7 II PartGG) ist ein gegen die Partnerschaft (Bezeichnung mit ihrem Namen, § 2 PartGG) gerichteter Schuldtitel erforderlich (§ 124 II HGB mit § 7 II PartGG); ein Titel gegen alle Partner genügt nicht. Gegen die (haftenden) Angehörigen der Partnerschaft kann aus dem gegen diese selbst gerichteten Titel nicht vollstreckt werden (§ 129 IV HGB mit § 8 II S 2 PartGG). Auflösung (§ 10 PartGG) wie § 727 Rn 36. Umwandlung der Partnerschaft in eine BGB-Gesellschaft, OHG oder KG oder umgekehrt ist identitätswahrender Rechtsformwechsel (Änderung der Haftform, wie Rn 4).

737 *[Zwangsvollstreckung in Nießbrauch bei einem Vermögen]*

(1) Bei dem Nießbrauch an einem Vermögen ist wegen der vor der Bestellung des Nießbrauchs entstandenen Verbindlichkeiten des Bestellers die Zwangsvollstreckung in die dem Nießbrauch unterliegenden Gegenstände ohne Rücksicht auf den Nießbrauch zulässig, wenn der Besteller zu der Leistung und der Nießbraucher zur Duldung der Zwangsvollstreckung verurteilt ist.

(2) Das gleiche gilt bei dem Nießbrauch an einer Erbschaft für die Nachlaßverbindlichkeiten.

1 **I) Zweck:** Wahrung der Rechte des Nießbrauchers bei Geltendmachung des unmittelbaren Zugriffsrechts von Gläubigern.

2 **II) 1)** Nießbrauchsbestellung **an einem Vermögen** (§ 1085 BGB) schmälert nicht das Recht der (persönlichen) Gläubiger des Bestellers, für ihre vor Bestellung entstandenen Forderungen Befriedigung aus den dem Nießbrauch unterliegenden Gegenständen zu verlangen (§ 1086 BGB; unmittelbares Zugriffsrecht). Gleiches gilt bei Bestellung eines Nießbrauchs an einer Erbschaft (§ 1089 BGB) für Nachlaßgläubiger. ZwV in die dem Nießbrauch unterliegenden Gegenstände wegen eines Geld- oder Herausgabeanspruchs erfordert Verurteilung des Bestellers zur **Leistung** und des **Nießbrauchers zur Duldung** der ZwV in alle dem Nießbrauch unterliegenden Gegenstände (§ 737; Unterwerfung des Nießbrauchers: § 794 II). Einverständnis des Nießbrauchers (nach § 809) oder Leistungsurteil gegen ihn (er ist nicht Vermögenseigentümer) ersetzt den Duldungstitel nicht; Duldungstitel gegen den Nießbraucher allein genügt gleichfalls nicht (ersetzt Leistungstitel gegen Besteller nicht). Gleichgültig ist, ob der Nießbrauch unentgeltlich oder entgeltlich bestellt ist. § 737 gilt ebenso, wenn Nießbrauch an dem Bruchteil eines Vermögens bestellt ist. Einzelnießbrauch an einer beweglichen Sache (§ 1030 BGB) oder an einem Recht (§ 1068 BGB) schließt ZwV durch Gläubiger des Bestellers wegen einer persönlichen Forderung aus (Besonderheiten Rn 3). Zwangsversteigerung eines Grundstücks (anderen unbeweglichen Vermögens, § 864) kann ohne Duldungstitel gegen den Nießbraucher angeordnet werden, weil sie das Nutzungsrecht des Nießbrauchers nicht schmälert (Zeller/Stöber § 15 Rn 26; anders: Duldungstitel für persönliche Gläubiger ist nötig Bunger BWNotZ 63, 100) und Rechte eines besserrangigen Nießbrauchs mit dem Deckungsgrundsatz (Bestehenbleiben in der Zwangsversteigerung, §§ 44, 52 ZVG) gewahrt sind. Liegt auch ein Duldungstitel gegen den Nießbraucher vor (§ 737), dann wird der Gläubiger vor dem Berechtigten des Nießbrauchs befriedigt, der nicht bestehen bleibt, sondern mit dem Zuschlag erlischt. Bei Zwangsversteigerung auf Antrag eines im Rang gleich oder vor dem Nießbrauch am Grundstück lastenden Rechts sind Interessen des dinglichen Nießbrauchers (§ 1030 BGB) nicht zu wahren; sein Recht erlischt mit dem Zuschlag und erhält aus einem (dafür ausreichenden) Erlös Wertersatz (§ 92). Zwangsverwaltung ist nur beschränkt möglich (Zeller/Stöber § 146 Rn 10; Stöber ZVG-Handbuch Rn 584).

3 **2)** Bei dem Nießbrauch **an einem Vermögen** ist für **ZwV in bewegliches Vermögen** (bewegliche Sachen und Forderungen) und für Herausgabeansprüche (sowie für Zwangsverwaltung) zu **unterscheiden: a)** Bestellung des Nießbrauchs **nach** Entstehen der Forderung und **aa) vor Rechtshängigkeit:** § 737; **bb) nach Rechtshängigkeit:** § 737, jedoch bei Veräußerung einer in Streit befangenen Sache Urteilswirkung nach § 325 mit Klauselerteilung nach § 727.

4 **b)** Bestellung des Nießbrauchs **nach** Entstehen der Forderung und **nach Rechtskraft:** Klauselerteilung nach § 738.

5 **c)** Bestellung des Nießbrauchs **vor** Entstehen der Forderung gegen Besteller: Die Gläubiger können in das dem Nießbrauch unterliegende Vermögen nicht vollstrecken (evtl AnfG).

6 **d) Erzeugnisse** (insbes Früchte, § 99 BGB) und sonstige Bestandteile werden mit Trennung Eigentum des Nießbrauchers (§ 954, auch § 1039 BGB). **Verbrauchbare Sachen** (§ 92 BGB) sind Eigentum des Nießbrauchers (§ 1067 BGB). Bei Vollstreckung der Gläubiger des Bestellers für

Nießbraucher daher § 771. An die Stelle verbrauchbarer Sachen ist jedoch der Anspruch des Bestellers auf sofortigen Ersatz des Wertes getreten (§ 1086 S 2 BGB). Zur Pfändung des Ersatzanspruchs des Bestellers bedarf der Gläubiger keinen Titel gegen den Nießbraucher; er ist nur Drittschuldner.

e) Vollstreckung der für die Dauer des Nießbrauchs **geschuldeten Zinsen** und anderen wieder- 7
kehrenden Leistungen einer vor Bestellung des Nießbrauchs entstandenen Forderung gegen den Nießbraucher (Haftung nach § 1088 BGB) in sein Privatvermögen erfordert Zahlungstitel gegen diesen (Klauselumstellung nach § 727 möglich).

f) Enstehen der **Forderung** erst **nach** Bestellung des **Nießbrauchs** schließt Individualvollstrek- 8
kung gegen den Nießbraucher aus.

3) **Entstanden** ist eine Verbindlichkeit, wenn der Tatbestand der Entstehung gegeben ist; 9
Eintritt einer Bedingung oder Befristung ist nicht erforderlich. Bei wiederkehrenden Leistungen ist daher Entstehung des Rechtsverhältnisses maßgebend, nicht Fälligkeit. ZwV ohne erforderlichen Duldungstitel kann der Nießbraucher (nicht Besteller; aber auch ein Drittschuldner) mit Erinnerung nach § 766 anfechten.

738 *[Zwangsvollstreckung bei Nießbrauch nach rechtskräftiger Feststellung der Schuld]*

(1) Ist die Bestellung des Nießbrauchs an einem Vermögen nach der rechtskräftigen Feststellung einer Schuld des Bestellers erfolgt, so sind auf die Erteilung einer in Ansehung der dem Nießbrauch unterliegenden Gegenstände vollstreckbaren Ausfertigung des Urteils gegen den Nießbraucher die Vorschriften der §§ 727, 730 bis 732 entsprechend anzuwenden.

(2) Das gleiche gilt bei dem Nießbrauch an einer Erbschaft für die Erteilung einer vollstreckbaren Ausfertigung des gegen den Erblasser ergangenen Urteils.

I) Prüfung und **Bescheinigung der Duldungspflicht** des Nießbrauchers erfolgen **im Klauselver-** 1
fahren, wenn der Nießbrauch an einem Vermögen oder an einer Erbschaft erst nach Rechtskraft (§ 705) des Leistungsurteils (gegen Erblasser) bestellt (§§ 1085, 1089 BGB) worden ist. Verpflichtung zur Bestellung (§ 311 BGB) ist nicht ausreichend. Bestellung des Nießbrauchs an einer in Streit befangenen Sache (§ 265) begründet Urteilswirkung nach § 325; Klauselumstellung gegen Nießbraucher dann nach § 727. Bedeutung des § 738 daher insbes für Geldforderungen.

II) Vollstreckbare Ausfertigung wird gegen den Nießbraucher nur in Ansehung der dem Nieß- 2
brauch unterliegenden Gegenstände erteilt. Die Beschränkung ist in der Klausel anzugeben; nicht anzuführen sind die dem Nießbrauch unterliegenden einzelnen Gegenstände; Prüfung der Zugehörigkeit zum Vermögen hat durch das Vollstreckungsorgan zu erfolgen. § 325 II findet keine Anwendung; Gutgläubigkeit des Nießbrauchers hindert Haftung nach § 1086 BGB und Klauselerteilung nicht.

III) Klausel**verfahren:** § 727 Rn 23. Zuständig ist der Rechtspfleger (§ 20 Nr 12 RpflG). Nach- 3
zuweisen (Form: § 727) sind Bestellung des Nießbrauchs und ihr Zeitpunkt sowie Rechtskraft (nicht aber Zugehörigkeit einzelner Gegenstände zum Vermögen). **Wortlaut** „Vorstehende Ausfertigung wird dem Gläubiger ... gegen ... zur Duldung der Zwangsvollstreckung in die seinem Nießbrauch unterliegenden, zum Vermögen (Nachlaß) des ... gehörenden Gegenstände erteilt."

739 *[Zwangsvollstreckung gegen Ehegatten]*

Wird zugunsten der Gläubiger eines Ehemannes oder der Gläubiger einer Ehefrau gemäß § 1362 des Bürgerlichen Gesetzbuchs vermutet, daß der Schuldner Eigentümer beweglicher Sachen ist, so gilt, unbeschadet der Rechte Dritter, für die Durchführung der Zwangsvollstreckung nur der Schuldner als Gewahrsamsinhaber und Besitzer.

I) **Zweck:** Sicherstellung des Vollstreckungszugriffs mit Vermutung des dafür erforderlichen 1
Gewahrsams (§ 808) oder Besitzes (§ 883), der nach den tatsächlichen Verhältnissen bei Eheleuten nicht leicht und eindeutig zu klären wäre. § 739 enthält die für Durchführung der ZwV erforderliche Ergänzung der Eigentumsvermutung des § 1362 BGB. Denn trotz vermutetem Eigentum würde Besitz oder Mitbesitz des nicht schuldenden Ehegatten der Pfändung (§ 809) oder Wegnahme (§ 886) entgegenstehen. Es besteht kein Zusammenhang mit der sonst in §§ 735–749 geregelten Frage, gegen wen zur ZwV im einzelnen ein Vollstreckungstitel erforderlich ist. Einordnung ist an Stelle des früheren § 739 erfolgt, der Bestimmung über den zur ZwV in eingebrachtes Gut der Frau nötigen Titel traf.

2 II) **Anwendungsbereich:** 1) Gilt bei jedem Güterstand (auch bei Gütertrennung, Bamberg DGVZ 78, 19; Düsseldorf DGVZ 81, 114; LG München II JurBüro 89, 1311; LG Verden DGVZ 81, 79 = FamRZ 81, 778; AG Bln-Wedding DGVZ 88, 44), bei Gütergemeinschaft jedoch nur, wenn feststeht, daß der Gegenstand nicht Gesamtgut (§ 1416 BGB, dann §§ 740–745) ist. Gültige Ehe und Güterstand müssen im Zeitpunkt der Pfändung oder Wegnahme bestehen. Gewahrsam (Besitz) eines Dritten (auch eines Kindes) berührt § 739 nicht (dann §§ 809, 886 oder Pfändung des Herausgabeanspruchs); keine Bedeutung erlangt die Vorschrift bei ZwV in Forderungen und andere Vermögensrechte sowie in das unbewegliche Vermögen (LG Coburg FamRZ 62, 387).

3 2) **Eigentumsvermutung** des § 1362 BGB muß bestehen für bewegliche Sachen, auch Geld; gleichgestellt sind Inhaber- und Orderpapiere, die mit Blankoindossament versehen sind. Die Sachen müssen sich im Besitz eines Ehegatten oder beider Ehegatten befinden. Das schafft Vermutung zugunsten der Gläubiger des Mannes oder der Gläubiger der Frau, daß sie dem Schuldner gehören (§ 1362 I S 1 BGB). Diese Eigentumsvermutung und damit Gewahrsam (Besitz) des Schuldners **gelten nicht**

4 a) nach § 1362 I S 2 BGB, wenn die Ehegatten im Zeitpunkt der Pfändung (Wegnahme) nicht nur vorübergehend (LG Münster DGVZ 82, 12) **getrennt leben** (dafür genügt Strafhaft allein nicht, Düsseldorf NJW-RR 95, 963 = Rpfleger 95, 119; LG Berlin DGVZ 91, 57) für die Sachen im Besitz des Ehegatten, der nicht Schuldner ist. Abgestellt ist lediglich auf das äußere Merkmal der räumlichen und zeitlichen Trennung (Köln FamRZ 65, 510). Tatsächliches Getrenntleben (möglich auch innerhalb der ehelichen Wohnung; Köln JR 65, 462) genügt damit; ein Recht zum Getrenntleben (§ 1353 II BGB) oder Regelung durch einstweilige Anordnung (§ 620 Nr 5) ist nicht erforderlich.

5 b) nach § 1362 II BGB für ausschließlich zum **persönlichen Gebrauch** eines Ehegatten (nicht auch zum Gebrauch/Mitgebrauch des anderen) **bestimmte Sachen.** Darauf, wer die Sachen erworben hat, kommt es nicht an. Für sie wird Eigentum (§ 1362 II BGB) und (§ 739) Gewahrsam (nur) dieses Ehegatten vermutet. Daher können sie für seine Gläubiger auch bei (tatsächlichem) Besitz des anderen oder beider Ehegatten gepfändet (weggenommen) werden. Zugunsten der Gläubiger des Ehegatten, für den Eigentum und Gewahrsam (Besitz) nicht vermutet wird, können solche Sachen nicht gepfändet (weggenommen) werden (aA StJ/Münzberg Rn 21a: bei tatsächlichem Gewahrsam möglich, für Eigentümer dann § 771). **Beispiel:** Kleider, Schmuck, persönliche Arbeitsgeräte, nicht aber Küchen- und Haushaltsgeräte wie Waschmaschine usw. Wertvolle Schmucksachen, die als Kapitalanlage für die Familie beschafft sind, sind auch dann nicht für den persönlichen Gebrauch bestimmt, wenn sie von der Frau nach ihrem Belieben getragen werden (BGH FamRZ 59, 13 = NJW 59, 142). Eintragung eines Ehegatten im Kfz-Brief beweist Bestimmung für seinen alleinigen Gebrauch nicht (LG Essen NJW 62, 2307).

6 c) für Sachen, die zu dem von einem Ehegatten erkennbar allein betriebenen **Erwerbsgeschäft** gehören und sich in seinem alleinigen Besitz deutlich getrennt vom häuslichen Gewahrsam befinden (Geschäftseinrichtung, Maschinen, Werkzeuge, Warenlager, Kasse, nicht aber geschäftliche Gegenstände im häuslichen Bereich). Dies ist mit unterschiedlicher Begründung (zB unmittelbare Anwendung des § 1362 II BGB usw; StJ/Münzberg Rn 18; auch denkbar: Vermutung des § 1362 BGB und § 739 durch Verhältnisse widerlegt) allgemeine Ansicht (LG Aurich DGVZ 66, 171; LG Essen DGVZ 63, 103; LG Itzehoe DGVZ 72, 91; LG Mosbach MDR 72, 518).

7 **III) Folge:** 1) Bei Eigentumsvermutung nach § 1362 BGB **gilt** der **Schuldner** als **Gewahrsamsinhaber** oder **Besitzer.** Diese Vermutung besteht für die ZwV unwiderlegbar (Bamberg, Düsseldorf, LG München II aaO). ZwV mit Titel gegen den Schuldner ermöglicht daher Pfändung (§ 808 I) und Herausgabevollstreckung (§ 883). Tatsächlicher Gewahrsam oder Besitz ist vom GV nicht zu prüfen; Mitgewahrsam oder Mitbesitz des anderen Ehegatten bleiben unbeachtet. Gewahrsam des Schuldners für Sachen im tatsächlichen Besitz beider Ehegatten kann auch nicht durch Vorlage eines Gütertrennungsvertrags widerlegt werden (Bamberg, Düsseldorf, LG München II, LG Verden aaO). Der GV **prüft** nur Besitz eines oder beider Ehegatten (§ 1362 I BGB), ob diese nicht getrennt leben (Rn 4; Getrenntleben hat ggfs Schuldner zu beweisen; AG Gießen DGVZ 86, 140) und daß es sich nicht um Sachen handelt, die ausschließlich zum persönlichen Gebrauch des anderen Ehegatten bestimmt sind. ZwV gegen den Ehegatten mit Gewahrsam nach § 739 ist in Gegenstände, die sich in der Ehewohnung befinden, auch nach Konkurseröffnung über das Vermögen des anderen Ehegatten möglich (anders bei Alleinbesitz des Konkursverwalters, § 117 KO, LG Frankenthal MDR 85, 64).

8 2) Wenn die Ehegatten **getrennt leben,** gilt der Schuldner nur für die Sachen als Gewahrsamsinhaber (Besitzer), die sich in seiner tatsächlichen Gewalt befinden. Sachen im Gewahrsam (Besitz) des getrennt lebenden Schuldners können somit gepfändet oder weggenommen werden; Widerspruch des anderen Ehegatten nach § 771, s Rn 10. Gewahrsam (Besitz) des getrennt lebenden anderen Ehegatten ermöglicht auch bei Eigentum des Schuldners Pfändung (Wegnah-

me) nur unter den Voraussetzungen der §§ 809, 883. Sonst ist (wie bei Besitz Dritter) Pfändung des Herausgabeanspruchs nötig.

IV) Rechtsbehelfe: 1) Für Gläubiger, wenn GV trotz Schuldnergewahrsam (-besitz) nach § 739 ZwV ablehnt: § 766 (§ 793). Schuldner, anderer Ehegatte (und seine Gläubiger) können Erinnerung nicht auf die Begründung stützen, nach § 739 geltender Gewahrsam (Besitz) bestehe tatsächlich nicht (Rn 7), auch nicht bei Widerlegung der Vermutung des § 1362 BGB (Brox FamRZ 81, 1125 mit Nachw zum Streitstand; Kilian JurBüro 96, 67). Jedoch Einwendungen des anderen Ehegatten nach § 766 (§ 793) (nicht auch des Schuldners), wenn ZwV entgegen § 739 bei seinem Gewahrsam (Besitz) erfolgt ist (zB in persönliche Sachen oder bei Getrenntleben). 9

2) **Eigentum** (auch Miteigentum, § 771 Rn 10 „Eigentum") kann als vollstreckungshindernd durch den nicht schuldenden Ehegatten (wie durch Dritte) mit Widerspruchsklage (§ 771) geltend gemacht werden. Für den nicht schuldenden Ehegatten schließt dies § 739 nicht aus. § 739 gewährleistet nur die von Gewahrsam (Besitz) abhängige Durchführung der ZwV. Vermögen des anderen Ehegatten wird damit nicht der Haftung für Verbindlichkeiten des schuldenden Ehegatten unterstellt. Der nicht schuldende Ehegatte kann sich daher gegen einen verfahrensrechtlich möglichen, materiell aber nicht zulässigen Vollstreckungszugriff auf sein Vermögen wie jeder Dritte mit Widerspruchsklage (§ 771) verteidigen. Für den Erfolg ist die Eigentumsvermutung des § 1362 BGB zu entkräften. Für Widerlegung der Eigentumsvermutung des § 1362 I S 2 BGB kann aber nicht schon angenommen werden, daß Eheleute an den zur Deckung des gewöhnlichen Lebensbedarfs angeschafften Einrichtungs-/Hausratsgegenständen „im Zweifel" (über § 1357 BGB) Miteigentum erworben haben (BGH 114, 74 = NJW 91, 2283). Doch wird die Einigungserklärung eines Ehegatten beim Erwerb von Hausrat für den gemeinsamen Haushalt (wenn nicht etwas anderes erklärt ist oder besondere Umstände dagegen sprechen) dahin verstanden, daß beide Ehegatten Miteigentümer werden sollen (BGH aaO). Beweisen muß der nicht schuldende Ehegatte für Widerlegung der Vermutung des § 1362 BGB lediglich seinen Eigentumserwerb, dagegen nicht den Fortbestand seines Eigentums (BGH MDR 76, 309 = NJW 76, 238). Er kann sich daher gegen die Pfändung auch damit wehren, daß er den Beweis für den vorehelichen Erwerb der Sache führt. Zu seinen Gunsten greift für Widerlegung der Eigentumsvermutung des § 1362 I BGB auch die Vermutung des § 1006 II BGB ein, wenn er den Nachweis führt, daß er schon vor der Ehe Besitzer der Sache war (BGH MDR 92, 904 = NJW 92, 1162). 10

3) **Alleiniger Besitz** des nicht schuldenden Ehegatten, der außerhalb der ehelichen Lebensgemeinschaft erlangt ist (zB an einer gemieteten oder geliehenen Sache, bei Verwahrung für Dritte, bei Pfandbesitz), kann, wenn der andere Ehegatte nicht durch eheliche Gemeinschaft Mitbesitz erlangt hat, als die Veräußerung hinderndes Recht gleichfalls mit Widerspruchsklage geltend gemacht werden. 11

V) 1) Pfändung derselben beweglichen Sache sowohl durch Gläubiger **des Mannes** wie durch Gläubiger **der Frau** (die jeweils gesondert Titel erwirkt haben) ist nach § 739 möglich. Vermutung des Gewahrsams, die nach § 739 für Gläubiger des Mannes und der Frau gilt, kann mit Erinnerung durch den jeweils anderen Ehegatten nicht ausgeräumt werden (Rn 9). Zulässig ist aber Widerlegung der Eigentumsvermutung des § 1362 BGB durch einen Ehegatten (Rn 10) oder durch einen der Gläubiger nach § 805 oder im Verfahren nach §§ 872 ff. Sonst bestimmt sich der Rang nach dem Grundsatz der Priorität (§ 804 III). 12

2) a) Für **Wohngemeinschaften** (AG Tübingen DGVZ 73, 141), zusammenlebende Verwandte und ähnliche häusliche Gemeinschaften (Weimar JR 82, 323; MK/Arnold Rn 20) gilt die Gewahrsamsvermutung des § 739 nicht. § 739 ist auch bei **nichtehelicher Lebensgemeinschaft** nicht (entsprechend) anzuwenden. Vereinfachung (Erleichterung) des Gläubigerzugriffs in gleicher Weise wie bei formwirksam geschlossener Ehe mit ihren vielfältigen – bei der nichtehelichen Lebensgemeinschaft fehlenden – Rechten und Pflichten verbietet die eigenverantwortliche Entscheidung der Partner, keine Ehe miteinander eingehen zu wollen. Prüfung und Beurteilung der Lebensbeziehungen und Wertung der Eheähnlichkeit des Zusammenlebens, damit auch Abgrenzung zu sonst in häuslicher Gemeinschaft zusammenlebenden Personen (Haushalts- und Wirtschaftsgemeinschaften), ist dem GV als Vollstreckungsorgan in dem formalisierten Zugriffsverfahren zudem verwehrt (zutr Brox/Walker Rn 241). Gewahrsam als leicht überschaubares Merkmal ist auch bei Personen, die in Wohngemeinschaft leben, zu prüfender Zugriffstatbestand (§ 808 Rn 3). Weitergehende Erleichterung des Zugriffs auf Schuldnervermögen mit vollstrekkungsrechtlicher Gleichsetzung des Partners einer nichtehelichen Lebensgemeinschaft mit dem Ehegatten (Verweisung auf Klage nach § 771 zur Geltendmachung entgegenstehenden Eigentums mit Beweislast, Rn 10) gebieten (und ermöglichen) weder Zweck noch Entstehungsgeschichte des § 739 (Brox/Walker aaO). Zutr daher gegen Gewahrsamsvermutung nach § 739 bei nichtehelicher Lebensgemeinschaft: StJ/Münzberg Rn 11; Baur/Stürner Rn 19.9; Brox FamRZ 81, 1125 [1126]; Kabisch DGVZ 66, 26 u DGVZ 63, 17; Köln FamRZ 90, 623 = NJW 89, 1737; LG 13

Frankfurt DGVZ 85, 115 = NJW 86, 729; AG Gütersloh DGVZ 79, 94; AG Tübingen aaO; Knoche MDR 88, 743; aA Thran NJW 95, 1458; Weimar aaO; MK/Arnold Rn 19.

14 **b) Eigentum** (auch Miteigentum, § 771 Rn 10 „Eigentum") kann nach Pfändung auch von dem Mitglied einer Wohngemeinschaft sowie von dem Partner einer nichtehelichen Lebensgemeinschaft (wie durch einen Ehegatten, Rn 10, oder Dritte) mit Widerspruchsklage geltend gemacht werden. Für den Partner einer (langjährigen) nichtehelichen Lebensgemeinschaft, der allein und mit eigenen Mitteln Sachen (Fernsehgerät und Videorecorder) für den gemeinsamen Haushalt angeschafft hat, ist angenommen worden, daß er alleiniger Eigentümer ist (Hamm MDR 89, 271 = NJW 89, 909; s aber auch Düsseldorf MDR 92, 381 = NJW 92, 1706: keine Regel für Eigentumserwerb). Ein Gläubiger des anderen Partners, der solche Sachen pfänden (und auch versteigern) läßt, vollstreckt daher rechtswidrig in schuldnerfremdes Vermögen (Rn 18 vor § 704); er hat somit auch einen Versteigerungserlös gem § 812 BGB dem Eigentümer herauszugeben.

740 *[Zwangsvollstreckung in das Gesamtgut]*

(1) Leben die Ehegatten in Gütergemeinschaft und verwaltet einer von ihnen das Gesamtgut allein, so ist zur Zwangsvollstreckung in das Gesamtgut ein Urteil gegen diesen Ehegatten erforderlich und genügend.

(2) Verwalten die Ehegatten das Gesamtgut gemeinschaftlich, so ist die Zwangsvollstreckung in das Gesamtgut nur zulässig, wenn beide Ehegatten zur Leistung verurteilt sind.

1 **I) Zweck:** Regelung der Auswirkungen der Gesamtgutsverwaltung. Bei Verwaltung nur durch Mann oder Frau führt der verwaltende Ehegatte Gesamtgut-Rechtsstreitigkeiten im eigenen Namen (§ 1422 S 1 BGB); gemeinschaftlich verwaltende Ehegatten können Gesamtgut-Rechtsstreitigkeiten nur gemeinschaftlich führen (§ 1450 I S 1 BGB). Übereinstimmend damit ist zur ZwV in das Gesamtgut Vollstreckungstitel gegen den alleinverwaltenden (Abs 1) oder die gemeinschaftlich verwaltenden (Abs 2) Ehegatten erforderlich. ZwV in Sonder- und Vorbehaltsgut (§§ 1417, 1418 BGB): § 739; Besonderheit bei Erwerbsgeschäft § 741.

2 **II) Anwendungsbereich, Voraussetzungen: 1)** § 740 gilt für Geldvollstreckung in bewegliches und unbewegliches Vermögen (ersetzt jedoch Voreintragung beider Ehegatten nicht, § 39 GBO, § 17 I ZVG), nicht aber für die Wegnahmevollstreckung (§ 883; aA MK/Arnold Rn 8 Fn 5; StJ/Münzberg Rn 3). Letztere erfolgt gegen den tatsächlichen Gewahrsamsinhaber (gegen allein verwaltenden Ehegatten sonach, wenn er eine zum Gesamtgut gehörende Sache in Besitz hat, § 1422 S 1 BGB), so daß Titel immer gegen ihn lauten muß. Für Eintragung einer Vormerkung (KG OLG 11, 283; München OLG 25, 18) oder eines Widerspruchs (§§ 885, 899 BGB) genügt einstw Verfügung gleichfalls gegen den verwaltenden Ehegatten. Der Titel zur Abgabe einer Willenserklärung ersetzt die nach materiellem Recht erforderliche Einwilligung des anderen Ehegatten nicht (zB §§ 1423, 1424, 1425 BGB; aA MK/Arnold Rn 24).

3 **2) Gesamtgut:** Gemeinschaftliches Vermögen beider Ehegatten (§ 1416 BGB); ausgenommen Sondergut (§ 1417 BGB) und Vorbehaltsgut (§ 1418 BGB). Gütergemeinschaft besteht seit 1. 7. 1958, wenn sie durch Ehevertrag vereinbart ist (§ 1415 BGB) oder die Eheleute vor diesem Zeitpunkt in allgemeiner Gütergemeinschaft gelebt haben (Art 8 I Nr 6 GlBerG).

4 **3) Verwaltung** des Gesamtguts seit 1. 7. 1958 einzeln durch Mann oder Frau oder durch beide Ehegatten nach Bestimmung des Ehevertrags (§ 1421 S 1 BGB), wenn Bestimmung fehlt durch Ehegatten gemeinschaftlich (§ 1421 S 2 BGB). War allgemeine Gütergemeinschaft vor dem 1. 4. 1953 vereinbart, wird das Gesamtgut weiterhin vom Mann verwaltet; wenn Gütergemeinschaft zwischen 1. 4. 1953 und 30. 6. 1958 vereinbart wurde, ist ehevertragliche Vereinbarung der Eheleute über Gesamtgutsverwaltung maßgebend (Art 6 I Nr 8 GlBerG).

5 **4)** Der **Gerichtsvollzieher** hat bei ZwV gegen Eheleute vom gesetzlichen Güterstand auszugehen (daher § 739), bis ihm Gütergemeinschaft (anderer Güterstand) nachgewiesen ist (§ 96 GVGA verlangt Nachweis durch öffentliche Urkunde; zu weitgehend). Wenn Gütergemeinschaft nachgewiesen ist, wird vermutet, daß Gegenstände der Ehegatten zum Gesamtgut gehören (§ 97 Nr 1 GVGA; LG München II DGVZ 82, 188; auch § 739 Rn 2), auch wenn die Gütergemeinschaft im Güterrechtsregister nicht eingetragen ist. Für ZwV geht GV von der Verwaltung durch beide Ehegatten (bei Gütergemeinschaft aus Zeit vor 1. 4. 1953 von Verwaltung des Mannes) aus, bis andere Verwaltung oder Fall des § 741 nachgewiesen ist. Eigene Ermittlungen stellt das Vollstreckungsorgan nicht an (LG Frankenthal Rpfleger 75, 371).

6 **5)** Gütergemeinschaft und Gesamtgutsverwaltung durch Titelschuldner müssen im **Zeitpunkt der Pfändung** bestehen; spätere Änderungen der güterrechtlichen Verhältnisse berühren die Wirksamkeit der ZwV nicht (Koblenz Rpfleger 56, 164; bei Änderung in der Verwaltung des Gesamtguts ist der andere Ehegatte als Schuldner für das weitere Verfahren zuzuziehen).

III) 1) Alleinverwaltung: Gesamtgutsverbindlichkeiten nach § 1437 I BGB (dabei immer Gläubiger des verwaltenden Ehegatten). Für ZwV in das Gesamtgut ist Leistungsurteil (jeder sonstige Leistungstitel, § 795) gegen den allein verwaltenden Ehegatten erforderlich und genügend (Abs 1), ohne daß die Haftung des Gesamtguts bezeichnet sein muß. Ein Titel gegen den anderen Ehegatten genügt nicht (Ausnahme § 741), auch nicht während der Zeit der Notverwaltung (§ 1429; StJ/Münzberg Rn 5; Koblenz aaO) oder für Kosten (§ 1438 II BGB; StJ/Münzberg Rn 7), desgleichen nicht ein Titel auf Duldung der ZwV in das Gesamtgut (aA StJ/Münzberg Rn 5; Duldungstitel für dinglichen Anspruch, § 1147 BGB, ist jedoch Titel iS von Abs 1). Der nicht verwaltende Ehegatte hat weder im Titel noch in der Klausel bezeichnet zu sein. Für ihn besteht bei ZwV in das Gesamtgut mit dafür nach § 740 I erforderlichem Titel kein Recht, Gewahrsam oder Mitgewahrsam (§ 809) geltend zu machen (Hamburg OLG 5, 131; KG OLG 25, 197; Koblenz aaO), auch nicht bei Getrenntleben oder bei Taschenpfändung (Noack JurBüro 80, 647 [651]). Die Voraussetzungen für ZwV in das Gesamtgut allein auf Grund eines Titels gegen einen Ehegatten muß der Gläubiger nachweisen (s Rn 5; Behauptung oder unterlassene Eintragung in das Güterrechtsregister genügen nicht; LG Frankenthal aaO). 7

2) **Schuldner** sind bei ZwV in das Gesamtgut beide Ehegatten (gegen beide findet ZwV statt, vor § 704 Rn 11), auch wenn zur ZwV ein Titel gegen den allein verwaltenden Ehegatten genügt (LG Zweibrücken Rpfleger 95, 223; aA StJ/Münzberg Rn 4; Noack aaO; hier bis 19 Aufl). 8

3) **Gemeinschaftliche Verwaltung:** Gesamtgutverbindlichkeiten nach § 1459 I BGB. Für ZwV in das Gesamtgut ist Leistungstitel (auch alle sonstigen Vollstreckungsvoraussetzungen wie Klausel, Zustellung usw) gegen beide Ehegatten nötig (Abs 2), der auch in getrennten Verfahren erwirkt sein kann (BGH FamRZ 75, 405). Leistungstitel gegen einen und Duldungstitel gegen den anderen Ehegatten genügen nicht (LG Deggendorf FamRZ 64, 49; aA Tiedtke FamRZ 75, 538; StJ/Münzberg Rn 6), ein Titel gegen nur einen Ehegatten genügt nicht (Frankfurt FamRZ 83, 172), auch nicht im Notverwaltungsfall (§ 1454 BGB), nicht für Kosten (§ 1460 Abs 2 BGB; hierfür auch keine Klauselerteilung nach § 742, Stuttgart MDR 87, 331 = NJW-RR 87, 258; anders Nürnberg JurBüro 78, 762) und nicht bei einzeln möglichen Verwaltungshandlungen (§ 1455 Nr 7–9 BGB). Die Vollstreckung eines der Ehegatten in das Gesamtgut (mit Titel nur gegen den anderen) ist nicht vorgesehen (BGH 111, 248 [257] = NJW 90, 2252). 9

4) Titel allein gegen den **nicht verwaltenden** Ehegatten erlaubt nur Vollstreckung in dessen Vorbehalts- und Sondergut. Die Vermutung für das Gesamtgut (Rn 5) ist bei Besitz oder Mitbesitz des verwaltenden Ehegatten vom Gläubiger zu widerlegen (dann § 739). 10

IV) Rechtsbehelfe: Für Gläubiger, wenn GV Vollstreckung mit Titel gegen einen Ehegatten trotz Alleinverwaltung ablehnt, § 766 (§ 793); für jeden Ehegatten bei Vollstreckung ohne den erforderlichen Titel § 766 (§ 793), für Ehegatten, gegen den Titel fehlt, auch Klage (§ 771), die jedoch nicht begründet ist, wenn das Gesamtgut haftet (§ 1437 I, § 1459 I BGB). 11

V) Für Gesamtgut der **Errungenschafts-** und **Fahrnisgemeinschaft,** die am 1. 7. 1958 bestanden haben, gilt § 740 aF weiter. Auch die früheren Vorschriften des BGB über diese Güterstände sind noch anwendbar. Schuldenhaftung des Gesamtguts bei Errungenschaftsgemeinschaft: §§ 1530 ff BGB aF (keine Haftung des Gesamtguts für vor Eintritt der Errungenschaftsgemeinschaft entstandene Verbindlichkeiten der Frau); bei Fahrnisgemeinschaft: §§ 1549, 1557 iVm § 1459 und § 1465 BGB aF. S auch 10. Aufl Vorb vor § 739 und 740. 12

741 *[Erwerbsgeschäft]*

Betreibt ein Ehegatte, der in Gütergemeinschaft lebt und das Gesamtgut nicht oder nicht allein verwaltet, selbständig ein Erwerbsgeschäft, so ist zur Zwangsvollstreckung in das Gesamtgut ein gegen ihn ergangenes Urteil genügend, es sei denn, daß zur Zeit des Eintritts der Rechtshängigkeit der Einspruch des anderen Ehegatten gegen den Betrieb des Erwerbsgeschäfts oder der Widerruf seiner Einwilligung zu dem Betrieb im Güterrechtsregister eingetragen war.

I) Zweck: ZwV im Hinblick auf die Haftung des Gesamtguts bei Erwerbsgeschäft. Haftung des Gesamtguts bewirken Rechtsgeschäfte und Rechtsstreitigkeiten des Ehegatten, der nicht oder nicht allein verwaltet, wenn sie aus dem selbständigen Betrieb eines Erwerbsgeschäfts folgen, vorausgesetzt, daß der allein- oder mitverwaltende andere Ehegatte eingewilligt hat (Einzelheiten: §§ 1431, 1440, 1456, 1462 BGB). Einwilligung des (mit)verwaltenden Ehegatten ist bereits gegeben, wenn er den Betrieb des Erwerbsgeschäfts kennt und keinen Einspruch einlegt; dieser ist Dritten gegenüber nur wirksam, wenn er bekannt oder im Güterrechtsregister eingetragen ist (§ 1412 BGB). Vollstreckungsmöglichkeit in das Gesamtgut ist zur Wahrung der Interessen des Geschäftsverkehrs mit Leistungstitel gegen den das Geschäft betreibenden Ehegatten in allen Fällen ermöglicht; kann im Einzelfall materiell-rechtlich dennoch Befriedigung aus dem Gesamt- 1 gut nicht verlangt werden, muß der andere Ehegatte Einwendungen im Klageweg verfolgen (§ 774; keine materielle Prüfung durch Vollstreckungsorgan).

2 **II) 1) Anwendungsbereich:** Wie § 740 Rn 2.

3 **2) Voraussetzungen: a)** Gütergemeinschaft und Gesamtgut (wie § 740 Rn 3) sowie Erwerbsgeschäft (nachf) im Zeitpunkt der Pfändung (§ 740 Rn 6).

4 **b) Erwerbsgeschäft** ist jede auf selbständigen Erwerb gerichtete regelmäßige wirtschaftliche Betätigung (Berufstätigkeit); sie kann eine gewerbliche, handelsgewerbliche, künstlerische oder wissenschaftliche sein, aber auch eine freiberufliche Tätigkeit als Rechtsanwalt oder Arzt (BGH 83, 76 = NJW 82, 1810; RG 144, 2; Karlsruhe OLGZ 76, 333), ebenso der Betrieb der Landwirtschaft (BayObLG 83, 187 = FamRZ 83, 1128). Nicht darunter fällt die Tätigkeit als Arbeitnehmer (Düsseldorf OLG 22, 161).

5 **c) Selbständig** betreibt der nicht oder nicht allein verwaltende Ehegatte das Erwerbsgeschäft, wenn er es im eigenen Namen führt (wenn auch nicht als alleiniger Inhaber) (Breslau JW 27, 131) oder für sich durch andere führen läßt. Es genügt, daß er persönlich haftender Gesellschafter einer OHG oder KG ist (RG 87, 100 [102]; RG JW 15, 1008; Düsseldorf aaO; Breslau JW 27, 131). Selbständig durch einen Ehegatten betrieben wird das Erwerbsgeschäft auch dann, wenn es von beiden in Gütergemeinschaft lebenden und das Gesamtgut gemeinschaftlich verwaltenden Ehegatten geführt wird (BayObLG 83, 187). Wer die Arbeit leistet oder die Verwaltung des Geschäfts führt, ist belanglos (RG aaO). Die Stellung als Kommanditist, eine Beteiligung nur als stiller Gesellschafter oder GmbH-Gesellschafter genügt nicht (bloße Kapitalanlage). Abhängige Berufstätigkeit (Dienstvertrag) für andere gehört nicht hierher. Verbindlichkeiten aus einem Erwerbsgeschäft des allein verwaltenden Ehegatten sind ohne weiteres Gesamtgutsverbindlichkeiten (§ 1437 I BGB); Vollstreckung daher mit Titel gegen ihn nach § 740.

6 **d)** Im **Güterrechtsregister** (§ 1412 BGB) darf bei Eintritt der Rechtshängigkeit (§ 261 I, II; bei anderen Titeln zur Zeit der Errichtung) **kein Einspruch** des (mit)verwaltenden Ehegatten gegen den Betrieb des Erwerbsgeschäfts und nicht der Widerruf seiner Einwilligung zu dem Betrieb eingetragen gewesen sein.

7 **III) Folge:** ZwV in das Gesamtgut ist auch mit Leistungsurteil (jedem sonstigen Leistungstitel, § 795) gegen den nicht oder nicht allein verwaltenden Ehegatten, der das Erwerbsgeschäft führt, zulässig (auch alle sonstigen Vollstreckungsvoraussetzungen wie Klausel, Zustellung usw gegenüber diesem erforderlich). Es bedarf keines Titels gegen den verwaltenden oder mitverwaltenden Ehegatten (§ 740; keine Zustellung an ihn usw). Für diesen besteht bei ZwV in das Gesamtgut mit dafür nach § 741 genügendem Titel kein Recht, Gewahrsam oder Mitgewahrsam (§ 809) geltend zu machen (Bettermann ZZP 62 [1941] 228; Beitzke ZZP 68 [1955] 257; StJ/Münzberg Rn 10). Die ZwV ist zulässig wegen sämtlicher Schulden des Ehegatten, der das Erwerbsgeschäft führt, gleichgültig, ob es Geschäfts- oder Privatschulden sind (BayObLG 83, 187). Es soll nicht in jedem Fall nachgewiesen und durch das Vollstreckungsorgan geprüft werden müssen, daß es sich um Geschäftsschulden handelt (materiell nicht bestehende Haftung muß vielmehr nach § 774 geltend gemacht werden, BayObLG aaO). Der Gläubiger muß jedoch die Voraussetzungen für ZwV mit Titel nach § 741 nachweisen (s bereits § 740 Rn 7). Das Vollstreckungsorgan hat zu prüfen, ob Gütergemeinschaft nachgewiesen ist, ob der Titelschuldner selbständig ein Erwerbsgeschäft betreibt und ob keine hindernde Güterrechtsregistereintragung besteht (letztere soll nach allgemeiner Ansicht nicht zu prüfen, sondern vom anderen Ehegatten nach § 766 oder § 774 geltend zu machen sein; aber gegen Wortlaut und Zweck des Gesetzes; Nachweispflicht des Gläubigers und Prüfungspflicht des GV sind durchaus zumutbar und anderen Nachweis- bzw Prüfungspflichten vergleichbar). § 741 erleichtert die Vollstreckung für den Gläubiger, schließt damit aber nicht aus, daß er Titel gegen den verwaltenden oder beide Ehegatten erwirkt und nach § 740 vollstreckt.

8 **IV) Rechtsbehelfe: a)** Für **Gläubiger** wie § 740 Rn 11. **b)** Für jeden **Ehegatten** § 766 (§ 793) zur Geltendmachung, daß die Voraussetzungen des § 741 nicht erfüllt sind (wenn es zB am selbständigen Betrieb eines Erwerbsgeschäfts fehlt). Für allein- oder mitverwaltenden Ehegatten, der das Erwerbsgeschäft nicht betreibt zur Geltendmachung des Vorbringens, daß das Gesamtgut materiell nicht haftet (zB weil ihm Betrieb des Erwerbsgeschäfts nicht bekannt war, weil Gläubiger vom Widerruf der Einwilligung Kenntnis hatte, weil es sich nicht um eine Geschäftsschuld handelt) § 774.

742 *[Vollstreckungstitel]*

Ist die Gütergemeinschaft erst eingetreten, nachdem ein von einem Ehegatten oder gegen einen Ehegatten geführter Rechtsstreit rechtshängig geworden ist, und verwaltet dieser Ehegatte das Gesamtgut nicht oder nicht allein, so sind auf die Erteilung einer in Ansehung des Gesamtgutes vollstreckbaren Ausfertigung des Urteils für oder gegen den anderen Ehegatten die Vorschriften der §§ 727, 730 bis 732 entsprechend anzuwenden.

I) Zweck: Prüfung und Bescheinigung der Vollstreckbarkeit nach Eintritt der Gütergemeinschaft für und gegen Gesamtgutsverwalter (und damit Gesamtgut) im Klauselverfahren (wie bei Rechtsnachfolge). 1

II) Voraussetzungen: Gütergemeinschaft mit Vereinbarung durch Ehevertrag (§ 1408 I, § 1415 BGB) und Eintritt einer etwaigen Bedingung (zB Eheschließung) muß nach Rechtshängigkeit (§ 261 I, II, auch § 696 III, § 700 II) des Rechtsstreits (sonst nach Errichtung des Titels) eingetreten sein, der von dem oder gegen den das Gesamtgut nicht oder nicht allein verwaltenden Ehegatten (§ 740 Rn 4) geführt wurde. Dieser Ehegatte konnte seinen Rechtsstreit im eigenen Namen fortsetzen (§§ 1433, 1455 Nr 7 BGB). Für Urteilsvollstreckung (§ 750 I) dann auch durch den (oder beide) das Gesamtgut verwaltenden Ehegatten oder in das Gesamtgut (§ 740) ermöglicht § 742 die erforderliche Klauselerteilung. Einer Klage des oder gegen den anderen Ehegatten fehlt das Rechtsschutzbedürfnis. § 742 trifft auch dann zu, wenn die Rechtshängigkeit bei Eintritt der Gütergemeinschaft bereits beendet war und ein rechtskräftiger Titel für oder gegen den Ehegatten vorliegt. Ein Urteil gegen den Ehegatten, der das Gesamtgut allein verwaltet, ermöglicht Vollstreckung nach § 740 I; Klauselerteilung nach § 742 ist hier ausgeschlossen. 2

III) Verfahren: 1) Antrag kann formlos gestellt werden (kein Anwaltszwang, § 78 III). Zuständig ist der Rechtspfleger (§ 20 Nr 12 RpflG). Anhörung des Schuldners (bei Ehegatten: Gesamtgutsverwalter) wie § 730 Rn 1. 3

2) **Gütergemeinschaft** und Gesamtgutsverwaltung sind urkundlich **zu belegen** (§ 727; Vertragsausfertigung nach § 792; evtl Heiratsurkunde, Güterrechtsregisterauszug); Eintritt der Rechtshängigkeit ist aktenkundig. 4

3) Der Rechtspfleger **prüft** Antrag und Voraussetzungen für Erteilung der ersten (§ 724 Rn 10) sowie ggfs die besonderen Voraussetzungen der weiteren vollstreckbaren Ausfertigung (§ 733), außerdem nach § 742 Eintritt der Gütergemeinschaft nach Rechtshängigkeit sowie, ob der Titel für oder gegen den nicht oder nicht allein verwaltenden Ehegatten lautet. 5

4) a) Zur ZwV als **Gläubiger** (für das Gesamtgut, § 1422 BGB) wird dem **allein verwaltenden** (anderen) Ehegatten die vollstreckbare Ausfertigung auf seinen Namen (unbeschränkt) erteilt. Sie wird ebenso **beiden** Ehegatten gemeinschaftlich erteilt, wenn sie das Gesamtgut zusammen verwalten (§ 1450 I). Diese Vollstreckungsklausel kann erstmals erteilt, aber auch der dem Ehegatten als Prozeßpartei schon erteilten vollstreckbaren Ausfertigung beigefügt werden (Umschreibung oder Ergänzung dieser vollstreckbaren Ausfertigung). Dann erfolgt Erteilung nach § 727 (mit § 742), nicht auch nach § 733 (§ 733 Rn 2, 3). Wenn dem Ehegatten als Prozeßpartei bereits eine vollstreckbare Ausfertigung erteilt wurde und diese nicht zurückgegeben, sondern (von dem verwaltenden Ehegatten) eine vollstreckbare Ausfertigung neu verlangt wird, ist diese (als weitere) jedoch nur unter den Voraussetzungen des § 733 zu erteilen. 6

b) **Gegen** den allein **verwaltenden Ehegatten,** der nicht Prozeßpartei war, kann eine vollstreckbare Ausfertigung nur in Ansehung des Gesamtguts erteilt werden, nicht auch als Rechtsnachfolger der Prozeßpartei (StJ/Münzberg Rn 1). In diese Klausel ist daher die Beschränkung aufzunehmen, daß sie nur **„zur ZwV in das Gesamtgut"** erteilt wird. Diese Beschränkung hat bei gemeinschaftlicher Verwaltung des Gesamtguts auch die einheitliche Klausel hinsichtlich des Ehegatten, der nicht Prozeßpartei war, zu enthalten; in diesem Fall ermöglicht die gegen den anderen Ehegatten (Prozeßpartei) unbeschränkt erteilte vollstreckbare Ausfertigung auch Vollstreckung in dessen Vorbehaltsgut. Wenn vollstreckbare Ausfertigung gegen den Ehegatten als Prozeßpartei bereits erteilt ist, ist Erteilung der Vollstreckungsklausel gegen den anderen Ehegatten in Ansehung des Gesamtguts zugleich ein Fall des § 733, wenn die weitere Klausel nicht auf die bereits erteilte Ausfertigung gesetzt werden kann (dann dem Fall der Vollstreckungsklausel gegen Gesamtschuldner gleich). Erteilung der zusätzlichen Vollstreckungsklausel ist daher nur bei Interesse an nochmaliger Ausfertigung möglich (vgl § 733 Rn 5 ff; so auch StJ/Münzberg Rn 9). 7

c) **Wortlaut einer Vollstreckungsklausel:** „Vorstehende Ausfertigung wird dem . . . (Gläubiger) zum Zwecke der ZwV gegen . . . (Ehegatte als Prozeßpartei) und in Ansehung des Gesamtgutes der Gütergemeinschaft auch gegen . . . (allein- oder mitverwaltenden Ehegatten) erteilt. Nach der Bescheinigung des Amtsgerichts . . . vom . . . haben die Ehegatten Gütergemeinschaft am . . ., also nach der am . . . eingetretenen Rechtshängigkeit, vereinbart." 8

IV) Rechtsbehelfe: Für Gläubiger bei Ablehnung § 11 RpflG (§ 724 Rn 13); für Schuldner (verwaltenden und anderen Ehegatten) Einwendungen nach § 732, für verwaltenden Ehegatten außerdem § 768 (zB wenn Rechtsstreit Vorbehaltsgut betraf, § 1418 III, § 1440 BGB). 9

743 *[Beendigte Gütergemeinschaft]*

Nach der Beendigung der Gütergemeinschaft ist vor der Auseinandersetzung die Zwangsvollstreckung in das Gesamtgut nur zulässig, wenn beide Ehegatten zu der Leistung oder der eine Ehegatte zu der Leistung und der andere zur Duldung der Zwangsvollstreckung verurteilt sind.

1 **I) Zweck:** Auswirkung der Gesamtgutsverwaltung nach Beendigung der Gütergemeinschaft. Bis zur Auseinandersetzung verwalten die Ehegatten (für einen Verstorbenen dessen Erben) das Gesamtgut gemeinschaftlich (§ 1472 I BGB; auch wenn bisher ein Ehegatte allein verwaltet hat). Leistungstitel (ggf iVm Duldungstitel) ist gegen beide Ehegatten erforderlich.

2 **II) Voraussetzungen: 1)** Gesamtgut (§ 740 Rn 3) der beendeten Gütergemeinschaft, das bis zur Auseinandersetzung fortbesteht (§ 1471 II BGB). Die Gütergemeinschaft endet durch Tod (sofern nicht Fortsetzung mit Abkömmlingen erfolgt, § 1483 BGB) und jede andere Auflösung der Ehe (Scheidung, Aufhebung, Nichtigkeit mit Besonderheit nach § 26 II EheG), durch Ehevertrag (§ 1408 BGB) und durch Aufhebungsurteil (§§ 1449, 1470 BGB).

3 2) Für ZwV in das Gesamtgut (solange Gegenstände noch zum Gesamtgut gehören) ist Leistungsurteil (sonstiger Titel, § 795) **gegen beide Ehegatten** (für einen Verstorbenen gegen dessen Erben) oder gegen einen Ehegatten (gleichgültig gegen wen) und Duldungstitel gegen den anderen (nur mit dem Gesamtgut haftenden, RG 89, 363; 108, 286; 118, 113) Ehegatten erforderlich. Die Titel können gegen beide Ehegatten in getrennten Verfahren erwirkt worden sein (RG 59, 234; 89, 360 [367]). Duldungstitel gegen beide Ehegatten genügen nicht. Für Gläubiger mit Leistungstitel nur gegen einen Ehegatten ist Anteilspfändung nach § 860 II möglich.

4 **III) ZwV in Gesamtgut** ist zulässig, bis Auseinandersetzung mit Verwertung (§ 1475 III) und vollständiger Verteilung (§ 1477) beendet ist. Dann ist ZwV nur nach allgemeinen Vorschriften mit Titel gegen den Ehegatten möglich, in dessen Vermögen vollstreckt werden soll. Das gilt auch für ZwV gegen den Ehegatten, der wegen vorzeitiger Gesamtgutsteilung nach § 1480 BGB persönlich haftet; Geltendmachung dieser Haftungsbeschränkung ist nur bei Vorbehalt im Urteil möglich (§ 786 mit §§ 780 I, 781, 785). Beendigung der Gütergemeinschaft nach Pfändung berührt die Wirksamkeit der ZwV nicht (so auch MK/Arnold Rn 10: teilw anders StJ/Münzberg Rn 1: Fortsetzung gegen beide Ehegatten erfordert Titel nach § 743, den Gläubiger in angemessener Frist beibringen muß; dies ermöglicht § 744).

5 **IV) Rechtsbehelfe:** Für beide Ehegatten bei Vollstreckung in Gesamtgut ohne erforderlichen Titel: § 766 (§ 793). Für Ehegatten, gegen den kein Titel vorliegt, auch § 771; streitig, ob die Klage erfolglos bleiben muß, wenn Gesamtgut haftet, Vollstreckung sonach geduldet werden muß (zu bejahen wie § 740 Rn 11). Die Rechtsbehelfe stehen auch dem nur zur Duldung der ZwV in das Gesamtgut verurteilten Ehegatten zu, wenn in Gegenstände seines übrigen Vermögens (ehemaliges Vorbehalts- oder Sondergut oder Neuerwerb nach Beendigung der Gütergemeinschaft) vollstreckt wird (RG 89, 360 [366]).

744 *[Umschreibung des Vollstreckungstitels]*

Ist die Beendigung der Gütergemeinschaft nach der Beendigung eines Rechtsstreits des Ehegatten eingetreten, der das Gesamtgut allein verwaltet, so sind auf die Erteilung einer in Ansehung des Gesamtguts vollstreckbaren Ausfertigung des Urteils gegen den anderen Ehegatten die Vorschriften der §§ 727, 730 bis 732 entsprechend anzuwenden.

1 **I) Zweck:** Bescheinigung einer auch nach Beendigung der Gütergemeinschaft in Ansehung des Gesamtguts bestehenden Vollstreckbarkeit des Titels im Klauselverfahren. Bei alleinigem Verwaltungsrecht eines Ehegatten erfolgt ZwV in das Gesamtgut mit einem Titel gegen diesen allein prozeßführungsbefugten (§ 1422 BGB) Ehegatten (§ 740 I). Nach Beendigung der Gütergemeinschaft ist die ZwV in das Gesamtgut (wegen der jetzt gemeinschaftlichen Verwaltung, § 1472 I BGB) jedoch nur mit einem Titel gegen beide Ehegatten zulässig (§ 743). Für die durch Beendigung der Gütergemeinschaft nicht beeinträchtigte Vollstreckbarkeit des Urteils (anderen Titels, § 795) in das nun durch beide Ehegatten verwaltete Gesamtgut ermöglicht § 744 die erforderliche Klauselerteilung auch gegen den anderen Ehegatten.

2 **II) Voraussetzungen: 1)** Gesamtgut der beendeten Gütergemeinschaft (§ 743 Rn 2, 3).

3 2) Beendigung der Gütergemeinschaft (§ 743 Rn 2) nach (rechtskräftiger, § 705) Beendigung des Rechtsstreits (für sonstige Titel, § 795, nach Errichtung).

4 3) (Rechtskräftiger) Leistungstitel (s § 740 Rn 2) gegen Ehegatten, der Gesamtgut allein verwaltet hat (s § 740 Rn 4). Verwaltung durch beide Ehegatten hätte Leistungstitel bereits gegen beide erfordert (§ 740 II), so daß „Nachfolge"klausel nicht in Betracht kommt.

III) Folge: Erteilung einer in Ansehung des Gesamtguts vollstreckbaren Ausfertigung (auch) gegen den anderen Ehegatten wie bei Rechtsnachfolge. 5

IV) Verfahren: Wie § 742 Rn 3–5. Zuständig ist der Rechtspfleger (§ 20 Nr 12 RpflG). Nachzuweisen und zu prüfen sind auch Beendigung der Gütergemeinschaft und alleiniges Verwaltungsrecht des Titelschuldners sowie Rechtskraft. Erteilt wird die vollstreckbare Ausfertigung gegen den anderen Ehegatten nur „in Ansehung des Gesamtguts" (vgl § 742 Rn 7), auch soweit die Vollstreckungsklausel zugleich neben der gegen den Ehegatten erteilt wird, der Prozeßpartei war (bei gesonderter Erteilung uU § 733). ZwV wegen des Anspruchs aus persönlicher Haftung eines Ehegatten beschränkt auf zugeteilte Gegenstände (§ 1480 BGB) erfordert Leistungstitel nach allgemeinen Vorschriften; § 744 ermöglicht Klauselerteilung (gegen den anderen Ehegatten) hierfür nicht (Beschränkung auf Vollstreckung ins Gesamtgut; aA: Klausel unbeschränkt; Einwendungen nach § 786; StJ/Münzberg Rn 3 und allgem Ansicht, jedoch nicht zutreffend, weil es sich um eine neu begründete persönliche Haftung handelt). 6

V) Rechtsbehelfe: Für Gläubiger wie § 742 Rn 9. Für Ehegatten Einwendungen nach § 732, außerdem § 768; bei Vollstreckung in sein sonstiges Vermögen § 771. 7

VI) 1) Bei **Beendigung** der Gütergemeinschaft **vor** oder während des Rechtsstreits (vor Rechtskraft) ist § 744 nicht anwendbar. Vollstreckung ins Gesamtgut erfordert dann Titel nach § 743. Für einen Gesamtgutsgegenstand, der in Streit befangene Sache iS der §§ 265, 325 ist, Erteilung der Klausel gegen den anderen Ehegatten jedoch nach § 727 (StJ/Münzberg Rn 4). 8

2) Ein vom verwaltenden Ehegatten über einen **Gesamtgutsanspruch** erwirkter Titel ist nach Beendigung der Gütergemeinschaft bis zur Auseinandersetzung für beide Ehegatten (bzw den überlebenden und den Erben des verstorbenen Ehegatten) gemeinsam als Gesamtgläubiger vollstreckbar auszufertigen. Berechtigung beider in Ansehung des Gesamtguts gilt dabei als Fall des § 727; der Zeitpunkt der Rechtskraft (vor oder nach Beendigung der Gütergemeinschaft) ist hier bedeutungslos. Nach der Auseinandersetzung wird die vollstreckbare Ausfertigung (wieder nach § 727) dem Ehegatten erteilt, dem die Forderung zugeteilt ist (Colmar OLG 13, 186); neue Klausel ist nicht nötig, wenn der Titel bereits unbeschränkt auf den Namen dieses Ehegatten lautet. 9

744a *[Zwangsvollstreckung bei Eigentums- und Vermögensgemeinschaft]*

Leben die Ehegatten gemäß Artikel 234 § 4 Abs. 2 des Einführungsgesetzes zum Bürgerlichen Gesetzbuch im Güterstand der Eigentums- und Vermögensgemeinschaft, sind für die Zwangsvollstreckung in Gegenstände des gemeinschaftlichen Eigentums und Vermögens die §§ 740 bis 744, 774 und 860 entsprechend anzuwenden.

I) Zweck: Regelung der Besonderheiten für ZwV gegen Ehegatten, die weiterhin im gesetzlichen Güterstand des Familiengesetzbuchs der ehem DDR (= FGB) leben. 1

II) 1) Für Ehegatten, die am 3. Okt 1990 im gesetzlichen Güterstand der Eigentums- und Vermögensgemeinschaft des Familiengesetzbuchs der DDR (dort §§ 13–16) gelebt haben, gelten (soweit nichts anderes vereinbart ist) die Vorschriften über den gesetzlichen Güterstand der **Zugewinngemeinschaft** (Art 234 § 4 I EGBGB). Gemeinschaftl Eigentum der Ehegatten wurde Eigentum zu gleichen Bruchteilen (Art 234 § 4a I EGBGB mit widerleglicher Vermutung in Abs 3). Diese **Überleitung** gilt jedoch als **nicht erfolgt,** wenn ein Ehegatte (sofern nicht vorher ein Ehevertrag geschlossen oder die Ehe geschieden worden ist) bis 2. 10. 1992 (Ablauf von zwei Jahren nach Wirksamwerden des Beitritts) dem Kreisgericht gegenüber (notariell beurkundet) erklärt hat, daß der **bisherige gesetzliche Güterstand fortgelten** solle (Art 234 § 4 II EGBGB). 2

2) Für ZwV gegen Ehegatten in **Zugewinngemeinschaft** sind die Vermögen von Mann und Frau getrennte Schuldvermögen (§ 1363 II BGB). ZwV in Vermögen im Alleineigentum eines Ehegatten erfordert daher einen gegen ihn als Schuldner lautenden Vollstreckungstitel (§§ 704, 750 I, § 794). In Vermögenswerte des anderen Ehegatten kann der Gläubiger nicht vollstrecken (vor § 704 Rn 18). Für Durchführung der ZwV gilt jedoch die Gewahrsamsvermutung des § 739 (widerlegt zugleich die Vermutung von Art 234 § 4a III EGBGB). 3

III) 1) Leben die Ehegatten noch im Güterstand der **Eigentums- und Vermögensgemeinschaft,** dann gehören, wenn nicht andere Zuordnung einzelner Vermögenswerte durch abweichende Vereinbarung bewirkt ist (§ 14 I FGB) 4

a) den **Ehegatten gemeinsam** die von einem oder beiden Ehegatten während der Ehe (auch bei Getrenntleben, Arnold DtZ 91, 80 [81]) durch Arbeit oder aus Arbeitseinkünften (desgleichen aus Renten, Stipendien oder ähnlichen wiederkehrenden Leistungen) erworbenen Sachen, Vermögensrechte und Ersparnisse (§ 13 I FGB); der noch nicht erfüllte Anspruch auf **Arbeitslohn** 5 gegen den Arbeitgeber gehört nicht dazu, steht somit jedem Ehegatten allein zu (Arnold DtZ 91, 80 [82]),

6 **b) jedem Ehegatten allein** die vor der Eheschließung erworbenen, die ihm während der Ehe als Geschenk oder als Auszeichnung zugewendeten und die durch Erbschaft zugefallenen Sachen und Vermögensrechte, desgleichen die nur von ihm zur Befriedigung persönlicher Bedürfnisse (Beispiele: Schmuck, Sportgeräte) oder zur Berufsausübung genutzten Sachen von nicht unverhältnismäßig großem Wert (§ 13 II FGB).

7 2) Auf das (bestehende und künftige) **gemeinschaftl Eigentum** der Ehegatten im Güterstand der Eigentums- und Vermögensgemeinschaft finden die Vorschriften über das durch beide Ehegatten verwaltete Gesamtgut einer Gütergemeinschaft (§§ 1450–1470 BGB) entspr Anwendung (Art 234 § 4a II S 1 EGBGB).

8 **IV) 1)** Zur ZwV in die im **Eigentum** nur eines Ehegatten stehenden Gegenstände ist ein gegen ihn als Schuldner lautender Vollstreckungstitel erforderlich (wie Rn 3). Es gilt die Gewahrsamsvermutung des § 739 (dort Rn 2).

9 2) Zur ZwV in das durch **beide Ehegatten** verwaltete Gesamtgut ist ein Leistungstitel gegen beide Ehegatten nötig (§ 740 II; dort Rn 9). Ein Urteil gegen den Ehegatten, der selbständig ein Erwerbsgeschäft betreibt, ist nach § 741 genügend (dazu Arnold DtZ 91, 80 [84]), DGVZ 92, 20 [26] u MK Rn 27). Vollstreckbare Ausfertigung ist nach § 742 für oder gegen den anderen Ehegatten bei Eintritt des Güterstands (auch mit Erklärung in der Zweijahresfrist [Rn 17], Arnold DtZ 91, 80 [84]. DGVZ 92, 20 [26] u MK Rn 28) erst nach Rechtshängigkeit zu erteilen. Nach **Beendigung des Güterstands** ist zur ZwV in das gemeinschaftl Eigentum ein Leistungstitel gegen beide Ehegatten oder ein Leistungstitel gegen den einen und ein Duldungstitel gegen den anderen Ehegatten erforderlich. Ein in Ansehung des gemeinsamen Vermögens vollstreckbarer Titel kann in diesem Fall nach Maßgabe von § 744 wie bei Rechtsnachfolge erteilt werden.

10 **V) Für beweglicheSachen,** die der **gemeinsamen Lebensführung** der Familie dienen, gilt die Vermutung, daß sie gemeinschaftliches Eigentum und Vermögen der Ehegatten sind (vgl § 118 I ehem DDR-ZPO). **Einwendungen** eines Ehegatten bei ihm gegenüber unzulässiger ZwV in das gemeinsame Vermögen sind nach § 774 geltend zu machen. Mit Widerspruchsklage zu verfolgen sind daher Einwendungen eines Ehegatten, der nicht Schuldner (auch nicht Mitschuldner) ist, aber die ZwV in das gemeinsame Vermögen dulden muß, wenn er sich auf Alleineigentum beruft (dazu Arnold DtZ 91, 80 [85]). Widerspruchsklage ist Rechtsbehelf auch für Einwendungen, die sich auf einen Widerspruch nach § 16 II FGB gründen, der bewirkt, daß auf Gläubigerantrag das Gericht in entspr Anwendung der Bestimmungen des FGB über die Verteilung des gemeinschaftlichen Eigentums und Vermögens bei Beendigung einer Ehe (§ 39) festzulegen hat, inwieweit dessen Teile der Haftung unterliegen (aA Arnold DGVZ 92, 20 [26] u MK Rn 24: Widerspruchsrecht des § 16 II FGB ist gegenstandslos).

11 **VI)** Wiederherstellung des Güterstands der Eigentums- und Vermögensgemeinschaft durch Erklärung eines Ehegatten (innerhalb 2 Jahren) erst nach Pfändung siehe 19. Aufl.

745 *[Zwangsvollstreckung bei fortgesetzter Gütergemeinschaft]*

(1) Im Falle der fortgesetzten Gütergemeinschaft ist zur Zwangsvollstreckung in das Gesamtgut ein gegen den überlebenden Ehegatten ergangenes Urteil erforderlich und genügend.

(2) Nach der Beendigung der fortgesetzten Gütergemeinschaft gelten die Vorschriften der §§ 743, 744 mit der Maßgabe, daß an die Stelle des Ehegatten, der das Gesamtgut allein verwaltet, der überlebende Ehegatte, an die Stelle des anderen Ehegatten die anteilsberechtigten Abkömmlinge treten.

1 **I) Zweck:** Regelung der Auswirkungen der Gesamtgutsverwaltung bei fortgesetzter Gütergemeinschaft (Abs 1) und nach deren Beendigung (Abs 2) sowie Bescheinigung einer auch nach Beendigung dieses Güterstands in Ansehung des Gesamtguts bestehenden Vollstreckbarkeit des Titels im Klauselverfahren (Abs 2).

2 **II) Anwendungsbereich, Voraussetzungen, Folgen: 1)** Geldvollstreckung wie § 740 Rn 2.

3 2) Gesamtgut der **fortgesetzten Gütergemeinschaft** (Abs 1). Güterstand besteht nach dem Tod eines Ehegatten zwischen dem überlebenden Ehegatten und den gemeinschaftlichen Abkömmlingen bei Ehevertrag auf Gütergemeinschaft und Todesfall seit 1. 7. 1958, wenn dies im Ehevertrag besonders vereinbart ist (§ 1483 BGB), bei älterem Ehevertrag kraft Gesetzes (wenn nicht durch Ehevertrag oder letztwillige Verfügung ausgeschlossen), in allen Fällen aber nur, wenn der überlebende Ehegatte die Fortsetzung der Gütergemeinschaft nicht (innerhalb be-

stimmter Frist) abgelehnt hat (§ 1484 BGB). Gesamtgut der fortgesetzten Gütergemeinschaft ist das eheliche Gesamtgut und Neuerwerb des überlebenden Ehegatten (genau § 1485 I BGB).

3) **Verwaltung** des Gesamtguts durch den überlebenden Ehegatten allein (§ 1487 I mit § 1422 BGB). Die rechtliche Stellung der anteilsberechtigten Abkömmlinge entspricht der des nicht verwaltenden Ehegatten bei Gütergemeinschaft (§ 1487 I BGB). 4

4) Für **ZwV** in Gesamtgut daher Leistungsurteil (jeder sonstige Leistungstitel, § 795) gegen den überlebenden Ehegatten allein erforderlich. Hierwegen Anm zu § 740 entspr. 5

5) **Beendigung** der fortgesetzten Gütergemeinschaft mit Aufhebung durch den überlebenden Ehegatten (§ 1492 I BGB) oder durch Vertrag (§ 1492 II BGB), mit Wiederverheiratung des Ehegatten (§ 1493 I BGB), mit dessen Tod (§ 1494) oder mit Rechtskraft eines Aufhebungsurteils (§ 1496 BGB), außerdem mit Tod sämtlicher Abkömmlinge ohne Hinterlassung von Abkömmlingen (§ 1490 BGB) und Verzicht sämtlicher Abkömmlinge auf ihren Anteil (§ 1491 BGB). Nach Beendigung besteht (soweit nicht Anwachsung an überlebenden Ehegatten in Fällen der §§ 1490, 1491 BGB erfolgt) Gesamtgut bis zur Auseinandersetzung fort (§ 1497 II BGB); jedoch wird es jetzt vom Ehegatten (ggfs seinen Erben) und den Abkömmlingen gemeinschaftlich verwaltet (§ 1497 II mit § 1472 I BGB). ZwV in Gesamtgut daher nur noch, wenn Ehegatte und anteilsberechtigte Abkömmlinge zur Leistung oder Ehegatte zur Leistung und Abkömmlinge zur Duldung der ZwV verurteilt sind (§ 745 II mit § 743). Das zu § 743 Gesagte gilt entsprechend. 6

6) **Beendigung** der fortgesetzten Gütergemeinschaft **nach** (rechtskräftiger) Beendigung des **Rechtsstreits** gegen den überlebenden Ehegatten ermöglicht Erteilung einer in Ansehung des Gesamtguts vollstreckbaren Ausfertigung auch gegen die anteilsberechtigten Abkömmlinge nach Maßgabe des § 744. Das zu § 744 Gesagte gilt entsprechend. 7

III) 1) Nachrücken von Abkömmlingen bei Tod eines anteilsberechtigten Abkömmlings (§ 1490 BGB) ist Rechtsnachfolge; daher § 727. Im übrigen treten für Anwendung des § 745 nachgerückte Abkömmlinge an die Stelle des weggefallenen anteilsberechtigten Abkömmlings. 8

2) Verbindlichkeiten der anteilsberechtigten Abkömmlinge gehören nicht zu den Gesamtgutsverbindlichkeiten (§ 1488 BGB). Anteilspfändung nach § 860 II. 9

746 (weggefallen)

747 *[Zwangsvollstreckung in Nachlaß]*

Zur Zwangsvollstreckung in einen Nachlaß ist, wenn mehrere Erben vorhanden sind, bis zur Teilung ein gegen alle Erben ergangenes Urteil erforderlich.

I) **Zweck:** Folge des erbengemeinschaftlichen Gesamthandseigentums (§§ 2032 ff BGB). 1

II) **Anwendungsbereich:** Gilt für Geldvollstreckung in das bewegliche und unbewegliche Vermögen, außerdem für Eintragung einer Vormerkung oder eines Widerspruchs, nicht aber für Wegnahmevollstreckung (§ 740 Rn 2; aA MK/Arnold Rn 2; StJ/Münzberg Rn 2). 2

III) **Voraussetzungen: 1) Mehrere Erben,** deren gemeinschaftl Vermögen der Nachlaß ist (§ 2032 I BGB). Ein Alleinerbe ist alleiniger Vermögensinhaber; ZwV in Nachlaßgegenstände daher mit Titel gegen ihn wie sonst für ZwV in sein (eigenes) Vermögen. Besonderheiten Rn 9. 3

2) **Ungeteilter Nachlaß.** Er besteht als Schuldnervermögen der Erbengemeinschaft bis zur vollständigen Verteilung für alle noch nicht verteilte (veräußerte oder in Einzelvermögen der Miterben übergeführte) Gegenstände. Nach Teilung erfolgt ZwV nur noch in das (eigene) Vermögen des einzelnen (bisherigen) Miterben mit Titel gegen ihn. 4

3) Urteil (sonstiger Vollstreckungstitel, § 795) **gegen alle Erben.** Auch alle sonstigen Vollstreckungsvoraussetzungen (wie Klausel, Zustellung usw) müssen gegen alle Erben erfüllt sein und zwar im Zeitpunkt der Pfändung (des Vollstreckungsbeginns). Einheitliches Urteil braucht nicht vorzuliegen; genügend sind auch getrennte Urteile, auch Titel verschiedener Art (Urteil, Vollstreckungsbescheid, Vergleich, vollstreckbare Urkunde; BGH 53, 110 = NJW 70, 473; aber samtverbindliche Haftung muß ausgewiesen sein, Rn 7). Leistungstitel nur gegen einen Teil der Erben und Duldungstitel gegen die übrigen genügen nicht. Mit Erbteilsübertragung (§ 2033 I BGB) tritt der Erwerber an Stelle des veräußernden Miterben in die Mitberechtigung am Nachlaß; Titel ist damit auch gegen ihn (nicht mehr daher gegen den ausgeschiedenen Miterben) erforderlich (so auch MK/Arnold Rn 15; StJ/Münzberg Rn 2; Umschreibung nach § 727; nach MK/Arnold u StJ/Münzberg je aaO nach § 729 I entspr). Solange jedoch die Erbteilsübertragung nicht offenge- 5

legt ist (zB mit Grundbucheintragung, Anzeige an Nachlaßgericht, § 2384 BGB) und Gläubiger oder Vollstreckungsorgan sie nicht kennt, muß (auch im Hinblick auf § 2365 BGB) Titel gegen alle Miterben genügen (Rechtsscheinhaftung im formalisierten Vollstreckungsverfahren; s auch § 859 Rn 16). Mit Übertragung sämtlicher Anteile auf einen Miterben vereinigt sich die Erbschaft in dessen Person; erforderlich ist daher (wie für ZwV gegen den Alleinerben) Vollstreckungstitel gegen ihn. Vollstreckungstitel gegen den (Pfändungs- oder Vertrags-)Pfandgläubiger eines Miterben erfordert Pfändung (Eintragung einer Sicherungshypothek, Anordnung der Zwangsversteigerung oder -verwaltung) nicht; Veräußerung soll jedoch in den Fällen des § 772 nicht erfolgen (dazu Zeller/Stöber § 15 Rn 27).

6 4) Ist ein **Miterbe Gläubiger,** so ist ein gegen die übrigen Miterben ergangener Titel genügend (RG Gruch 57, 158; auch BGH MDR 88, 653 = NJW-RR 88, 710).

7 **IV) Zulässig ist ZwV** mit Titel nach Rn 5, 6 in den Nachlaß für Gläubiger von Nachlaßforderungen, der gegen die Miterben als Gesamtschuldner (§ 2058 BGB; ermöglicht Vollstreckung in den Nachlaß und gegen die Miterben persönlich, hierfür jedoch § 780 I) oder mit Gesamthandklage (§ 2059 II BGB; eröffnet Zugriff lediglich in den Nachlaß) erlangt sein kann (BGH MDR 88, 653), aber auch für andere Gläubiger, denen die Erben aus demselben Rechtsgrund als Gesamtschuldner haften (zB unerlaubte Handlung, Geschäftsschulden; BGH 53, 110). Daß ohne Rücksicht auf die Art der zugrunde liegenden Forderung und gesamtschuldnerischen Haftung gegen die Miterben ein Titel vorliegt, genügt nicht (BGH aaO).

8 V) **Rechtsbehelfe,** wenn Titel gegen alle Erben fehlt: für jeden (auch verurteilten) Miterben § 766 (§ 793); für Miterben, gegen den ohne Titel vollstreckt wird, auch § 771.

9 VI) 1) Titel gegen den Erblasser kann gegen die Erben nach § 727 vollstreckbar ausgefertigt werden. Fortsetzung einer bei Tod des Erblassers begonnenen ZwV § 779. ZwV vor Erbschaftsannahme § 778. Vorbehalt der Erbenhaftung §§ 780 ff. ZwV bei Nacherbschaft § 773, bei Nachlaßverwaltung § 784. Keine ZwV bei Nachlaßkonkurs, KO §§ 14, 221.

10 2) Mit Titel gegen **nur einen** der **Erben** (insbesondere wegen einer persönlichen Schuld dieses Erben) ist Pfändung seines Nachlaßanteils möglich (§ 859 II).

748 *[Testamentsvollstrecker]*

(1) Unterliegt ein Nachlaß der Verwaltung eines Testamentsvollstreckers, so ist zur Zwangsvollstreckung in den Nachlaß ein gegen den Testamentsvollstrecker ergangenes Urteil erforderlich und genügend.

(2) Steht dem Testamentsvollstrecker nur die Verwaltung einzelner Nachlaßgegenstände zu, so ist die Zwangsvollstreckung in diese Gegenstände nur zulässig, wenn der Erbe zu der Leistung, der Testamentsvollstrecker zur Duldung der Zwangsvollstreckung verurteilt ist.

(3) Zur Zwangsvollstreckung wegen eines Pflichtteilsanspruchs ist im Falle des Absatzes 1 wie im Falle des Absatzes 2 ein sowohl gegen den Erben als gegen den Testamentsvollstrecker ergangenes Urteil erforderlich.

1 I) **Zweck:** Regelung der Auswirkungen der Testamentsvollstreckung (§§ 2197 ff BGB). Der Testamentsvollstrecker (TV) hat die letztwilligen Verfügungen des Erblassers zur Ausführung zu bringen (§ 2203 BGB), den Nachlaß zu verwalten, in Besitz zu nehmen und über einzelne Nachlaßgegenstände zu verfügen (§ 2205 BGB). Sein Wirkungskreis kann durch den Erblasser beschränkt worden sein (§ 2208 BGB); seiner Verwaltung können nur einzelne Nachlaßgegenstände unterliegen. Ihm kann auch nur die Verwaltung des Nachlasses übertragen sein (§ 2209 BGB). Der Erbe kann über einen der Verwaltung des TV unterliegenden Nachlaßgegenstand nicht verfügen (§ 2211 BGB). Prozeßführungsrecht des TV für Aktivprozesse § 2212 BGB; für Passivprozesse ist wesentlich, ob der TV den ganzen Nachlaß, nur einzelne Nachlaßgegenstände oder nichts zu verwalten hat (s auch Anm zu § 327).

2 II) **Anwendungsbereich:** § 748 gilt ab Tod des Erblassers (Folge von § 2211 BGB), nicht erst ab Annahme des Amtes (§ 2202 I BGB).

3 III) Zur ZwV in den der **Verwaltung des TV unterliegenden Nachlaß** ist ein gegen den TV ergangenes Urteil (anderer Titel, § 795) erforderlich und genügend (Abs 1; hierfür somit Titel gegen den/die Erben entbehrlich). Ein Nachlaßanspruch kann bei Verwaltung des ganzen Nachlasses sowohl gegen den Erben wie gegen den TV (gegen diesen auch schon vor Annahme der Erbschaft, § 2213 II mit § 1958) geltend gemacht werden (§ 2213 I S 1 BGB). Klage ist möglich gegen beide auf Leistung oder gegen den Erben auf Leistung (ermöglicht Vollstreckung in sein Vermögen) und gegen den TV auf Duldung (§ 2213 III BGB). Daher genügt auch Duldungstitel gegen den TV für ZwV in den seiner Verwaltung unterliegenden Nachlaß, wenn ein Leistungstitel

gegen den Erben vorliegt (§ 2213 III BGB). Gewahrsam des Erben hindert Vollstreckung des Titels, der sich nur gegen den TV richtet, nicht (Baur/Stürner Rn 20.21; hM; aA StJ/Münzberg Rn 3). Ist der TV Nachlaßgläubiger (zB als Vermächtnisnehmer), genügt zur ZwV in den Nachlaß Titel gegen den Erben (RG 82, 151).

IV) Wenn dem TV nur die Verwaltung **einzelner Nachlaßgegenstände** zusteht (Teilverwaltung, vgl § 2208 I S 2 BGB), ist zur ZwV in diese Gegenstände Leistungstitel gegen den (die) Erben und Duldungstitel gegen den TV notwendig (Abs 2); Bezeichnung der einzelnen Nachlaßgegenstände im Duldungstitel ist zweckmäßig, aber nicht zwingend. Grundlage für Geltendmachung von Leistungs- und Duldungsanspruch zusammen: § 2213 III BGB. Für ZwV in Gegenstände, die nicht der Verwaltung des TV unterliegen, ist Titel gegen den Erben (bei mehreren gegen alle, § 747) erforderlich. 4

V) Ein **Pflichtteilsanspruch** kann, auch wenn dem TV die Verwaltung des Nachlasses zusteht, nur gegen den Erben geltend gemacht werden (§ 2213 I S 3 BGB). Wenn aber dem TV die Verwaltung entweder des ganzen (Abs 1) oder eines Teils (Abs 2) des Nachlasses zusteht, ist auch hier Titel gegen ihn auf Duldung erforderlich; dies gilt auch, wenn der Erbe den Pflichtteilsanspruch anerkannt hat (Celle MDR 67, 46). 5

VI) 1) Leistungs- und Duldungstitel gegen Erben und TV müssen nicht in einem Rechtsstreit erwirkt sein; getrennte Urteile und auch Titel verschiedener Art sind ausreichend (Ersetzung des Duldungstitels durch Unterwerfung unter sofortige ZwV in notarieller Urkunde: § 794 II). 6

2) **Mehrere TV** führen das Amt gemeinschaftlich. Ein gegen den TV erforderlicher Titel muß daher gegen alle vorliegen (getrennte Urteile oder Titel verschiedener Art auch hier möglich). Bei Teilverwaltung (gesonderter Aufgabenkreis für jeden TV) ist Leistungstitel gegen den Erben und Duldungstitel gegen den jeweiligen TV (nach Abs 2) erforderlich. 7

3) Wenn dem TV die Verwaltung des Nachlasses überhaupt nicht zusteht, ist die Geltendmachung eines Nachlaßanspruchs nur gegen den Erben zulässig (§ 2213 I S 2 BGB). Für ZwV in den Nachlaß ist dann dieser Titel ausreichend. 8

4) Eigen**gläubiger des Erben** können sich nicht an die der Verwaltung eines TV unterliegenden Nachlaßgegenstände halten (§ 2214 BGB). 9

VII) Rechtsbehelfe: Für TV, wenn Titel gegen ihn fehlt, § 766 (§ 793), auch § 771; für Erben nur § 766 (§ 793), wenn Titel gegen den TV fehlt (aA MK/Arnold Rn 30 u StJ/Münzberg Rn 7: kein Rechtsbehelf für Erben), auch § 771, wenn erforderlicher Titel gegen Erben selbst fehlt. 10

749 *[Umschreibung der Klausel bei Testamentsvollstreckung]*

Auf die Erteilung einer vollstreckbaren Ausfertigung eines für oder gegen den Erblasser ergangenen Urteils für oder gegen den Testamentsvollstrecker sind die Vorschriften der §§ 727, 730 bis 732 entsprechend anzuwenden. Auf Grund einer solchen Ausfertigung ist die Zwangsvollstreckung nur in die der Verwaltung des Testamentsvollstreckers unterliegenden Nachlaßgegenstände zulässig.

I) Zweck: Prüfung und Bescheinigung der Vollstreckbarkeit des vor Erbfall ergangenen Urteils für und gegen den TV in Klauselverfahren (wie bei Rechtsnachfolge). 1

II) Voraussetzungen: 1) Urteil (anderer Titel, § 795) für oder gegen den Erblasser. Rechtskraft ist nicht notwendig. 2

2) Testamentsvollstrecker (= TV) mit Wirkungskreis (§ 748 Rn 1), der Geltendmachung des für den Erblasser festgestellten Leistungsanspruchs ermöglicht oder für ZwV nach § 748 I, II Titel gegen TV erfordert. Keine Klauselerteilung daher, wenn dem TV die Verwaltung des Nachlasses überhaupt nicht zusteht. 3

3) Annahme des Amtes (§ 2202 I BGB), nicht aber Annahme der Erbschaft (§ 2213 II BGB). 4

III) Verfahren: 1) Antrag wie § 742 Rn 3. Zuständig: Rechtspfleger (§ 20 Nr 12 RpflG). 5

2) Ernennung des TV (damit zugleich Tod des Erblassers) und Annahme seines Amtes sowie Umfang seiner Befugnisse sind urkundlich zu belegen (§ 727); Nachweis durch TV-Zeugnis (§ 2368 BGB; s § 792). 6

3) Prüfung: § 742 Rn 5 entsprechend. 7

4) **Wortlaut der Klausel** gegen den TV: „Vorstehende Ausfertigung wird dem ... (Bezeichnung der Partei) zum Zwecke der ZwV gegen ... (Bezeichnung des TV) als TV für den Nachlaß des ... (Bezeichnung des Erblassers) nach § 749 ZPO erteilt. Die Ernennung des ... zum TV ist durch TV-Zeugnis des Amtsgerichts (Nachlaßgerichts) ... vom ... Az ... nachgewiesen". 8

9 **IV) Rechtsbehelfe:** Für Gläubiger/TV bei Antragszurückweisung wie § 742 Rn 9. Für Schuldner/TV: Einwendungen nach § 732, außerdem § 768. Die Dreimonatseinrede des § 2014 steht auch dem TV zu (§ 782).

10 **V) 1) ZwV gegen den TV** ist nur in die seiner Verwaltung unterliegenden Nachlaßgegenstände nach Maßgabe des § 748 I, II, zulässig. Das muß neben der (ausreichenden) Bezeichnung des TV in der Klausel nicht ausdrücklich herausgestellt werden. Für ZwV in Nachlaß, der ganz der Verwaltung des TV unterliegt, genügt die gegen ihn erteilte vollstreckbare Ausfertigung (§ 748 I). Wenn dem TV nur die Verwaltung einzelner Nachlaßgegenstände zusteht (ist in Klausel gegen ihn nach der im TV-Zeugnis bezeichneten Beschränkung zu vermerken), ist der nach § 748 II erforderliche Leistungstitel gegen den Erben nach § 727 zu beschaffen.

11 2) Wenn dem Erblasser oder Erben bereits eine vollstreckbare Ausfertigung erteilt worden ist, kann für den TV Urteilsausfertigung nach § 749 nur als weitere Ausfertigung unter den Voraussetzungen des § 733 erteilt werden. Vom Erben kann der TV Herausgabe der bereits erteilten vollstreckbaren Ausfertigung verlangen (§ 2205 BGB). Besitzt der TV den Titel, ohne die Verwaltung zu haben, so muß er ihn dem Erben herausgeben (§§ 2218, 667 BGB). Bei Streit zwischen Erben und TV wegen des Titels treffen nicht §§ 732, 768 zu; hier Klage aus dem besseren Recht auf Besitz des Titels nach bürgerlichem Recht.

750 *[Zwangsvollstreckung erst nach Zustellung]*

(1) Die Zwangsvollstreckung darf nur beginnen, wenn die Personen, für und gegen die sie stattfinden soll, in dem Urteil oder in der ihm beigefügten Vollstreckungsklausel namentlich bezeichnet sind und das Urteil bereits zugestellt ist oder gleichzeitig zugestellt wird. Eine Zustellung durch den Gläubiger genügt; in diesem Fall braucht die Ausfertigung des Urteils Tatbestand und Entscheidungsgründe nicht zu enthalten.

(2) Handelt es sich um die Vollstreckung eines Urteils, dessen vollstreckbare Ausfertigung nach § 726 Abs. 1 erteilt worden ist, oder soll ein Urteil, das nach den §§ 727 bis 729, 738, 742, 744, dem § 745 Abs. 2 und dem § 749 für oder gegen eine der dort bezeichneten Personen wirksam ist, für oder gegen eine dieser Personen vollstreckt werden, so muß außer dem zu vollstreckenden Urteil auch die ihm beigefügte Vollstreckungsklausel und, sofern die Vollstreckungsklausel auf Grund öffentlicher oder öffentlich beglaubigter Urkunden erteilt ist, auch eine Abschrift dieser Urkunden vor Beginn der Zwangsvollstreckung zugestellt sein oder gleichzeitig mit ihrem Beginn zugestellt werden.

(3) Eine Zwangsvollstreckung nach § 720a darf nur beginnen, wenn das Urteil und die Vollstreckungsklausel mindestens zwei Wochen vorher zugestellt sind.

1 **I) Zweck:** Weitere urkundliche Voraussetzungen für den Beginn der ZwV, entgegen dem zu engen Wortlaut aber auch für die Fortsetzung der Vollstreckung (BGH DNotZ 63, 673 [674]). **Abs 1** stellt sicher, daß Identifizierung von Gläubiger und Schuldner als Parteien der ZwV (vor § 704 Rn 10, 11) durch das Vollstreckungsorgan mit dem Grundlage der ZwV bildenden Vollstreckungstitel (vor § 704 Rn 14) zuverlässig möglich ist. **Abs 2** und **3** ermöglichen dem Schuldner mit Aushändigung der Vollstreckungsunterlagen, die Rechtmäßigkeit der ZwV einwandfrei nachzuprüfen. Mit der Wartefrist des **Abs 3** findet der Schuldner Gelegenheit, Sicherungszugriff auf sein Vermögen durch eigene Sicherheitsleistung abzuwenden (§ 720a III).

2 **II) Beginn der ZwV:** vor § 704 Rn 33. Daß Vollstreckungstitel als urkundlicher Nachweis des Vollstreckungsanspruchs des Gläubigers und alle weiteren Voraussetzungen für den Beginn der ZwV (auch wirksame Zustellung) vorliegen, hat jedes Vollstreckungsorgan selbständig zu prüfen (Frankfurt Rpfleger 73, 323). Wenn Vollstreckungsvoraussetzungen fehlen wie auch dann, wenn begründeter Zweifel an der Identität von Gläubiger oder Schuldner besteht, ist die Vollstreckung abzulehnen (Petermann DGVZ 76, 84).

3 **III) 1) Namentliche Bezeichnung** von Gläubiger und Schuldner im Urteil (sonstigen Titel, § 795) oder in der Vollstreckungsklausel (Abs 1 S 1) gebietet die Trennung von Erkenntnis- und Vollstreckungsverfahren (vor § 704 Rn 14). Gewährleistet wird damit, daß staatlicher Zwang nur zur Durchsetzung eines urkundlich bereits ausgewiesenen Anspruchs erfolgt. Sichergestellt wird mit namentlicher Bezeichnung die Prüfung des Vollstreckungsorgans, daß Gläubiger und Schuldner als Parteien des ZwV-Verfahrens mit den Personen identisch sind, für und gegen die der durch das Leistungsurteil (den sonstigen Titel) vollstreckbar festgestellte Anspruch durchzusetzen ist. Daher muß im Einzelfall erforderliche (und zulässige) Auslegung der Namensbezeichnung Klarheit und Sicherheit gewährleisten. Unklarheiten gehen zu Lasten des Gläubigers. Formalistische Engherzigkeit wäre jedoch fehl am Platze (KG Rpfleger 82, 191). Ein nach § 319 berichtigter Titel ist nur in der Fassung des Berichtigungsbeschlusses maßgebend (§ 319 Rn 25),

auch wenn die Berichtigung nicht auf dem Titel selbst vorgenommen, sondern in einem besonderen Beschluß ausgesprochen worden ist (§ 319 Rn 23); für diesen ist dann aber Zustellungsnachweis zu führen (§ 750 I; aA: Berichtigung muß amtlich mit dem Titel verbunden sein, LG Hannover JurBüro 70, 886). Zum fehlerhaften Berichtigungsbeschluß § 319 Rn 29. Sind in der Klausel andere Personen als Gläubiger oder Schuldner genannt als im Titel, so ist sie maßgebend (Folge von §§ 727 ff). Für oder gegen andere als in Titel oder Klausel bezeichnete Personen darf die ZwV nicht erfolgen, auch wenn zweifelsfrei feststeht, daß sie Gläubiger oder Schuldner sind. Gläubiger ist nicht ein Dritter, an den nach dem Urteilsinhalt zu leisten ist (s auch § 724 Rn 3); für seine Bezeichnung in Urteil oder Klausel trifft § 750 I daher keine Bestimmung (AG Schwetzingen DGVZ 89, 26); ihn hat als Zahlungsempfänger die Urteilsformel mit dem vollstreckbaren Anspruch (bestimmt) auszuweisen (§ 704 Rn 3 ff; für Vollstreckung zB § 835 Rn 3, § 867 Rn 8).

2) a) **Gläubiger** und **Schuldner** müssen so genau bezeichnet sein, daß sie sicher festgestellt werden können. Namentlich richtig sind sie bezeichnet, wenn derjenige, für oder gegen den vollstreckt werden soll, die im Titel genannte Person ist (RG JW 14, 943). Bei natürlichen Personen genügt durchweg Bezeichnung mit Familien- und Vornamen, (möglichst auch) Stand oder Gewerbe und Wohnort (§ 130 Nr 1, auch § 313 I Nr 1, § 690 I Nr 1), dabei Straße und Hausnummer. Bei juristischen Personen und Handelsgesellschaften ist idR Bezeichnung mit Name oder Firma und Sitz (s Rn 12) geboten. Möglich ist auch Bezeichnung einer juristischen Person des öffentlichen Rechts lediglich mit dem Namen einer nichtrechtsfähigen Anstalt (LG Bonn Rpfleger 92, 441; s auch BayObLG 72, 373 = Rpfleger 73, 56). Im Einzelfall können weitere die Person deutlich kennzeichnende Merkmale erforderlich sein, so bei Gleichnamigkeit von Vater und Sohn (LG Münster Rpfleger 62, 176 mit Anm Bull; LG Mainz DGVZ 73, 170; hier sen und jun; besser Geburtsdatum, aber auch Beruf kann genügen). Mehrere Gläubiger (oder Schuldner) müssen einzeln (mit ihrem Beteiligungsverhältnis, § 704 Rn 11) aufgeführt sein; Bezeichnung unter einem Sammelbegriff (Erbengemeinschaft X), mit einem gemeinsamen Vertreter (LG Berlin DGVZ 78, 59), als „Rechtsanwalt X und Partner" (LG Bonn Rpfleger 84, 28) oder „Rechtsanwälte Dr N ua" (LG Gießen DGVZ 95, 88) ist unzureichend. Zur Vollstreckung für und auch gegen eine **Wohnungseigentümergemeinschaft** ist (wie bei Klage, § 50 Rn 27) für namentliche Bezeichnung sämtlicher Eigentümer (verlangt Frankfurt MDR 86, 766) Erleichterung durch Kurzbezeichnung (Sammelbezeichnung) mit Angabe des Gemeinschaftsverhältnisses und vertretenden Verwalters für ausreichend zu erachten (LG Hannover MDR 86, 59 u 89, 358; AG Frankfurt DGVZ 94, 79; enger: für Gläubiger- nicht für Schuldnerbezeichnung genügend, BayObLG NJW-RR 86, 564; LG Hannover MDR 86, 59 u 89, 358; LG Kempten Rpfleger 89, 93). Die Kurzbezeichnung nennt die bei Rechtshängigkeit der Gemeinschaft angehörenden Miteigentümer (BayObLG aaO). Namentliche Aufführung durch klarstellenden Klauselzusatz (§ 725 Rn 1) ist für zulässig zu erachten. Erschwernisse (bei fehlender namentlicher Bezeichnung) bei Eintragung einer Zwangshypothek § 867 Rn 8. 4

b) Eine **unrichtige Schreibweise** des Namens oder sonstiger kennzeichnender Merkmale schadet nicht, wenn Feststellung der Identität dadurch nicht beeinträchtigt wird (AG Hannover DGVZ 76, 64; AG Köln MDR 68, 157; AG Mönchengladbach DGVZ 63, 43). Das gilt auch, wenn die Schreibweise bei Automatisierung geringfügig abgewandelt wurde (LG Hannover JurBüro 80, 774). Beispiele (kann je nach Einzelfall anders sein): Köhl statt Kohl (Petermann Rpfleger 73, 153; AG Köln DGVZ 67, 77 = Rpfleger 67, 220), Meier statt Mayer, Schmidt statt Schmid, Roeb statt Roes, B . . . in statt B . . .ys. Desgleichen schadet nicht, wenn der sonst richtigen Bezeichnung der Schuldnerin (versehentlich) die Anrede „Herr" (für richtig Frau) vorangestellt ist (LG Bielefeld JurBüro 83, 1411). 5

c) Ebenso ist es unschädlich, wenn Nachname und Vorname (Lothar Herrmann) ununterscheidbar aneinandergereiht sind (LG Hannover JurBüro 92, 57) oder der **Vorname** nicht ausgeschrieben ist (Hildegard/Hilde), oder wenn statt des im Geburtenbuch eingetragenen Vornamens nur eine abgekürzte Rufform verwendet ist (Wilhelm/Willy, Friedrich/Fritz, Karlheinz/Karl [BayObLG JurBüro 83, 116 = Rpfleger 82, 466]; Irmgard/Irma [LG Bielefeld JurBüro 87, 930]), desgleichen, wenn der Vorname nur mit Anfangsbuchstaben angegeben ist (nicht zutr LG Hamburg Rpfleger 57, 257 mit Anm Bull), fehlt (RG JW 14, 934; Hamm MDR 62, 994; Köln MDR 68, 762) oder durch den Buchstaben N („non notus") ersetzt ist, sofern die Personengleichheit mit sonstigen Angaben (sicher) geklärt werden kann (Petermann aaO). Eine als solche bezeichnete Ehefrau kann daher neben dem Familiennamen auch mit dem Vornamen des Mannes benannt sein (AG Mönchengladbach MDR 62, 414). Bei unrichtiger Angabe des Vornamens ist Vollstreckung nur unzulässig, wenn Feststellung des Schuldners nicht möglich ist (LG Hamburg DGVZ 81, 157; AG Bonn DGVZ 94, 95). 6

d) Ein **Künstlername** (angenommener Name) hat Individualisierungskraft, wenn er sich durchgesetzt hat (dazu Staudinger/Coing § 12 Rn 19 ff); dann kommt ihm auch Kennzeichnungskraft nach § 750 I zu. Für andere Decknamen (Pseudonym, aber auch nur angenommener Vorna- 7 me) gilt entsprechendes (so für die im Rechtsstreit als Jutta statt unbeliebt Amalie aufgetretene Schuldnerin, Petermann aaO).

8 **e)** Unrichtige Angabe des **Standes** oder **Gewerbes,** auch des Personenstandes (Eheleute für nicht verheiratete Personen, so für Mutter und Sohn, AG Mönchengladbach DGVZ 64, 124 = JurBüro 64, 696) schadet ebenso nicht.

9 **f) Änderung des Namens** (durch Eheschließung, mit Kindesannahme, Namenserteilung, amtl Änderung) schadet nicht, wenn die Feststellung der Identität des Gläubigers (LG Landau DAVorm 81, 896) oder Schuldners (LG Verden JurBüro 86, 778) mit dem im Titel bezeichneten Namensträger durch das Vollstreckungsorgan sicher gewährleistet bleibt (Bestätigung des Einwohnermeldeamts, LG Bielefeld JurBüro 87, 930; LG Braunschweig FamRZ 95, 1212 = NJW 95, 1971). Das gilt auch, wenn Namensänderung bei Erlaß des Titels bereits erfolgt war. Zur Bezeichnung in der Vollstreckungsklausel § 727 Rn 31.

10 **g)** Unter der **Firma eines Einzelkaufmanns** (§ 17 II HGB) ist der Inhaber zur Zeit der Rechtshängigkeit als Gläubiger (LG Berlin DGVZ 67, 171) oder Schuldner bezeichnet (RG 54, 15; 66, 416; 86, 63 [65]; 159, 337 [350]; BayObLG 56, 218 = MDR 56, 687 = NJW 56, 1800; KG JurBüro 82, 784 = Rpfleger 82, 191; München NJW 71, 1615 u KTS 71, 289). Damit kann auch in das Privatvermögen des so bezeichneten Kaufmanns vollstreckt werden (LG Ellwangen DGVZ 71, 119; LG Ravensburg NJW 57, 1325; LG Stuttgart MDR 68, 504). Hierfür muß auch bei einer abgeleiteten Firma (§ 22 HGB) der bürgerliche Name des Kaufmanns nicht noch zusätzlich genannt sein (BayObLG, Petermann aaO). Feststellung des mit seiner Firma bezeichneten Einzelkaufmanns hat durch das Vollstreckungsorgan in eigener Verantwortung zu erfolgen (BayObLG aaO). Die Identitätsprüfung muß ohne große Schwierigkeiten möglich sein; Ermittlungspflichten für den Gläubiger obliegen dem Vollstreckungsorgan nicht (München KTS 71, 289). Offenkundige äußere Umstände sind immer zu berücksichtigen. Daher hat das Vollstreckungsorgan auch das Handelsregister einzusehen, wenn es (für GV am Ort, für Vollstreckungsgericht als Abteilung des gleichen Gerichts) ohne Erschwernisse zugänglich ist. Sonst hat der Gläubiger Nachweis darüber zu erbringen, wer mit seiner Firma als Partei bezeichnet ist, insbes durch Vorlage einer (nicht alten) beglaubigten Handelsregisterabschrift (Registerzeugnis oder -bescheinigung, § 9 HGB; BayObLG aaO). Läßt sich die Personenidentität nicht einwandfrei feststellen (zB bei nicht im Handelsregister eingetragener Firma, wenn sich hinreichende Anhaltspunkte auch sonst nicht zeigen), dann ist der Titel zur Vollstreckung gegen den in Anspruch genommenen Schuldner ungeeignet (München aaO); existiert die Firma nicht, ist eine ZwV nicht möglich (Köln MDR 96, 97 = NJW-RR 96, 292). Unrichtige Schreibweise des Firmennamens ist unschädlich, wenn sie die Kennzeichnungskraft nicht schmälert (wie Rn 5; ist Frage des Einzelfalls); bei der mit dem Geschäft von einer OHG übernommenen abgeleiteten Firma kann auch ein Hinweis auf die frühere Vertretung unschädlich sein (LG Berlin Rpfleger 78, 106). Die Änderung der Firma (vgl § 31 HGB) ist Namensänderung, schadet somit nicht, wenn Feststellung der Identität gewährleistet bleibt (bei Handelsregistereintragung immer; nicht richtig LG Ellwangen DGVZ 65, 136; AG Kiel DGVZ 81, 173). Bei Wechsel des Inhabers der Firma liegt Rechtsnachfolge vor, wenn auch die Forderung auf den Erwerber übergegangen ist (vgl § 25 HGB), dieser auch für die Geschäftsverbindlichkeiten haftet (vgl § 25 HGB) oder Rechtsnachfolge in bezug auf die Streitsache gegeben ist (§ 325). Ist das Geschäft (mit Firma) ohne die Streitsache auf den neuen Inhaber übergegangen, der bisherige Inhaber mithin unverändert Gläubiger oder Schuldner, aber nicht mehr mit seiner Firma, sondern nur noch mit seinem bürgerlichen Namen zu bezeichnen, so handelt es sich wieder nur um Namensänderung; der unter der früheren Firma erwirkte Titel ist daher weiterhin in das Privatvermögen des vormaligen Inhabers vollstreckbar (AG Hannover JurBüro 74, 1307). Mit Erlöschen der Firma endet die Möglichkeit, in das Privatvermögen des so bezeichneten vormaligen Kaufmanns zu vollstrecken, nicht (Schneider JurBüro 79, 489; Aden MDR 79, 103 [104]; s auch Köln BB 77, 510 = JMBlNW 77, 138 für Prozeßführung unter Firma erst nach deren Erlöschen).

11 **h)** Aus dem unter einer **nicht eingetragenen Firma** gegen einen Minderkaufmann oder sonstigen Gewerbetreibenden ergangenen Titel kann gegen den als „Inhaber" so Bezeichneten vollstreckt werden, wenn Identifizierung des Schuldners zweifelsfrei möglich ist (KG JurBüro 82, 784 = Rpfleger 82, 191), so wenn das Wort „Firma" nur dem Vor- und Familiennamen vorangestellt ist (Petermann aaO; anders aber bei Inhaberwechsel, KG aaO), die „Firma" mithin nur einen Zusatz zur Kennzeichnung des Schuldners mit seiner beruflichen (gewerblichen) Tätigkeit darstellt („Fa N, Inhaber Anton N"; Köln MDR 96, 97 = NJW-RR 96, 292; „Fa S. Inhaberin Johanna W"; LG Nürnberg-Fürth Rpfleger 58, 319), dann auch, wenn der Vorname nur mit einem Anfangsbuchstaben geschrieben ist (LG Berlin DGVZ 64, 9), außerdem wenn auch der richtige Name im Titel angeführt ist (Firma Eckbankfabrik Kl . . . in . . . für Tischlermeister K . . . in . . .) und nicht aus anderen Gründen Zweifel an der Identität bestehen (Hamm MDR 62, 994; ebenso zu Fa Hildegard K . . ., Papiergroßhandlung, für Buchhändlerin Hildegard K: OLG Hamm Rpfleger 59, 280)

und auch, wenn durch Auskunft über die Gewerbeanzeige die Inhaberschaft aufgeklärt werden kann (BayObLG aaO). Bei zweifelsfreier Identität ist der gegen den Schuldner unter seiner nicht eingetragenen „Firma" lautende Titel auch vollstreckbar, wenn das Geschäft nicht mehr betrieben wird (LG Stuttgart MDR 68, 504). Wenn als Schuldner eine Firma angegeben und ein Inhaber namentlich (aber unzutreffend) genannt ist, ist Schuldner im Zweifel diese bezeichnete Person, nicht der andere – wirkliche – Inhaber der Firma (LG Koblenz Rpfleger 72, 458; AG München DGVZ 82, 172).

i) Handelsgesellschaften können nur unter ihrer Firma im Rechtsverkehr auftreten (zu OHG u KG § 736 Rn 4). Sie müssen daher unter ihrer Firma und mit ihrem Sitz (AG Darmstadt DGVZ 78, 46 für GmbH; auch LG Hamburg MDR 58, 925 für Verein) bezeichnet sein. Für ungenaue Bezeichnungen (insbes Schreibversehen, auch Fehlen des Sitzes) gilt das Rn 5–8 Gesagte entsprechend. Unschädlich können demnach bleiben die zusätzliche Angabe einer „Privatanschrift" (Köln Rpfleger 75, 102) sowie ein (nicht bestehender) Firmenzusatz und ein Zusatz über den persönlich haftenden Gesellschafter (LG Berlin Rpfleger 74, 407). Angabe des vertretenden Gesellschafters einer Personenhandelsgesellschaft ist nicht erforderlich. ZwV in das Gesellschaftsvermögen einer **Gründungs-GmbH** erfordert Titel gegen die Vor-GmbH (BayObLG 87, 446 [448]). Körperschaftlich strukturiert ist die Vor-GmbH auch bei Einmanngründung; auch ZwV in ihr Gesellschaftsvermögen erfordert daher Titel gegen sie. Dieser Titel kann nur in das Vermögen der Vor-GmbH, nicht aber auch in das Privatvermögen des Gründers vollstreckt werden (durch Schuldnerbezeichnung Beschränkung der Haftung auf das Vermögen der Vor-GmbH, vgl vor § 704 Rn 18). Privatgläubiger des Gründers können mit dem Titel gegen ihn nicht in das Vermögen der Einmann-GmbH in Gründung vollstrecken (zT streitig, s Nachweise bei LG Berlin NJW-RR 88, 1183; Pfändung des GmbH-Anteils des Gründers § 859 Rn 13). Wenn die Registereintragung nicht mehr betrieben wird (s § 727 Rn 35) ist Vermögensträger der Gründer; ZwV mit Titel gegen ihn kann daher auch in sein Vermögen erfolgen, das in die vormalige Vor-GmbH eingebracht war (LG Berlin aaO; zum Titel gegen die Vor-GmbH § 727 Rn 35). 12

k) Den gesetzlichen Vertreter einer **Körperschaft** des öffentlichen Rechts (AG Melsungen DGVZ 74, 91) oder einer **juristischen Person** (GmbH-Geschäftsführer; Frankfurt Rpfleger 76, 27; LG Essen JurBüro 72, 76) muß der Vollstreckungstitel nicht bezeichnen (so auch Petermann aaO; aA für Verein LG Hamburg aaO, nicht zutr). Unschädlich ist dessen nichtssagende Bezeichnung mit „. . . vertreten durch den Vorstand" (LG Hamburg aaO u Rpfleger 59, 355). Auch Bezeichnung einer Person als Vertreter (Geschäftsführer der GmbH) bindet das Vollstreckungsorgan nicht; es muß den Vertreter selbständig prüfen (Frankfurt aaO). 13

l) Auch der **gesetzliche Vertreter** eines **Minderjährigen** braucht im Titel nicht bezeichnet sein. Wirksamkeit der Zustellung (auch von Amts wegen) an den gesetzlichen Vertreter ist jedoch vom Vollstreckungsorgan zu prüfen (AG Wolfratshausen DGVZ 75, 47). Zulässig ist die Vollstreckung gegen einen Minderjährigen auch, wenn sich die Minderjährigkeit des Schuldners aus dem Titel ergibt und kein gesetzlicher Vertreter im Titel bezeichnet ist (aA AG Cochem DGVZ 74, 122; Schüler DGVZ 74, 97). Wenn im Vollstreckungstitel ein Elternteil mit dem Zusatz „als gesetzl Vertreter des Minderjährigen" bezeichnet ist, soll nicht der Minderjährige Schuldner sein, sondern der genannte Elternteil (LG Essen JurBüro 75, 1254 = Rpfleger 75, 372; dagegen StJ/Münzberg Rn 27; kann nach Einzelfall unterschiedlich zu beurteilen sein). 14

IV) 1) Bereits **zugestellt** sein oder bei Beginn der ZwV zugestellt werden müssen Urteil (Abs 1 S 1) und sonstige Vollstreckungstitel (§ 795). Die letztere Möglichkeit besteht nur, wenn der GV Vollstreckungsorgan ist; sonst muß die Zustellung nachgewiesen werden. Vorherige Zustellung ist auch erforderlich bei Vollstreckung von selbständigen Kostenfestsetzungsbeschlüssen, Regelunterhaltsbeschlüssen und vollstreckbaren Urkunden (Wartefrist des § 798), bei Anpassungsbeschlüssen nach § 641p und Kostenfestsetzungsbeschlüssen dazu (wegen § 798a) und vor Sicherungsvollstreckung (§ 750 III). Einmalige Zustellung genügt auch für mehrfache Vollstreckung desselben Titels. 15

2) Zustellung von Amts wegen (§ 270 I) der Urteile (§ 317 I), auch an Stelle der Verkündung (§ 310 III), und Beschlüsse (§ 329) ist Zustellung auch iS des § 750 I (München OLGZ 82, 101; LG Aachen NJW 65, 2064; LG Krefeld JurBüro 71, 273). Für Beginn der ZwV genügt aber auch eine Zustellung des Gläubigers im Parteibetrieb (§ 750 I S 2). Das gilt für alle Titel, auch für einen Kostenfestsetzungsbeschluß (LG Frankfurt AnwBl 81, 198). Zustellung durch Aufgabe zur Post (§§ 175, 213) ist ausreichend (LG Berlin NJW 89, 1434); Zustellung einer (gerichtlichen oder vom Jugendamt) beurkundeten Verpflichtungserklärung kann durch Aushändigung einer beglaubigten Abschrift erfolgt sein (§ 62 II BeurkG, § 60 I S 2 KJHG; früher auch § 50 I S 2 JWG). Bei Zustellung im Parteibetrieb braucht die Urteilsausfertigung Tatbestand und Entscheidungsgründe nicht enthalten (§ 750 I S 2); für Zustellung kann auch eine andere Ausfertigung desselben Titels verwendet worden sein als die zur ZwV vorgelegte (LG Göttingen JurBüro 79, 1388). Die Zustellung im Parteibetrieb muß fehlerfrei nach §§ 166 ff erfolgt sein, somit insbes an den 16

Prozeßbevollmächtigten (§§ 176, 178; genügend daher Zustellung des zweitinstanzlichen Urteils an den Prozeßbevollmächtigten 2. Instanz, LG Köln DGVZ 90, 122; aber keine Zustellung des Gläubigers an sich selbst als Vertreter des Schuldners, KG Rpfleger 78, 105). Ein Zustellungsmangel kann nach § 187 S 1 als geheilt anzusehen sein; unbeachtlich ist, daß § 187 S 2 gleichzeitig Beginn einer Notfrist, zB Einspruchsfrist, ausschließt (LG Düsseldorf DGVZ 87, 75 = JurBüro 87, 454). Zustellung für ZwV kann uU auch unter einer Adresse erfolgt sein, die der Schuldner im Erkenntnisverfahren gegen sich hat gelten lassen, solange keine andere Anschrift feststeht (Köln OLGZ 75, 365). Zustellung (des jeweils gegen ihn lautenden Titels) muß an Leistungs- und/oder Duldungsschuldner erfolgt sein, wenn ein Titel gegen mehrere Schuldner erforderlich ist (zB §§ 736, 740 II) an alle Schuldner, bei Verurteilung von Gesamtschuldnern an den, gegen den vollstreckt werden soll. Jedoch genügt Zustellung des Titels durch den Schuldner an den Gläubiger; nochmalige Zustellung an den Schuldner ist dann nicht notwendig (Frankfurt MDR 81, 591 = OLGZ 82, 251).

17 **3)** Die Zustellung von Amts wegen (auch im Falle der § 62 II BeurkG, § 60 I S 2 KJHG) wird durch den auf dem Titel angebrachten **Zustellungsvermerk** (eine Zustellungsbescheinigung, § 213a) nachgewiesen; die Zustellungsurkunde braucht dem Vollstreckungsorgan nicht vorgelegt werden (Hamm DGVZ 68, 81 = JurBüro 67, 338). Die Zustellung im Parteibetrieb wird durch Urkunde nachgewiesen (§ 190 I, § 195 II). Sie kann auch durch andere Beweismittel dargetan und nach freier Überzeugung festgestellt werden (BGH 65, 296 = NJW 76, 478; Frankfurt Rpfleger 78, 134), so durch beglaubigte Fotokopie der Zustellungsurkunde oder durch das Pfändungsprotokoll (LG Göttingen JurBüro 79, 1388).

18 **4)** Zugestellt sein (oder werden) muß **nur** das **Urteil** (der sonstige **Titel**) ohne Vollstreckungsklausel (gilt auch für das arbeitsgerichtliche Urteil; Frankfurt JurBüro 77, 1781). Anlagen, die Bestandteil des Titels sind, müssen mit zugestellt sein (Saarbrücken OLGZ 67, 35).

19 **V) 1)** Die **Vollstreckungsklausel** muß in den Sonderfällen des **Abs 2** zugestellt sein oder gleichzeitig zugestellt werden (Ausnahmen §§ 799, 800 II, 800a). Bei Zustellung der Klausel muß feststehen, zu welchem Titel sie erteilt ist, so daß sie nicht einzeln (isoliert), sondern nur mit der Ausfertigung des Titels, der sie beigefügt ist (§§ 724, 725), zugestellt werden kann (nach allgemeiner Ansicht Zustellung auch einzeln, wenn Zusammenhang mit Titel eindeutig feststeht; kaum denkbar).

20 **2) a)** Wenn die Vollstreckungsklausel in den Sonderfällen des Abs 2 auf Grund einer öffentlichen oder öffentlich beglaubigten Urkunde erteilt ist, muß auch eine **Abschrift dieser Urkunde** zugestellt sein (oder gleichzeitig zugestellt werden, Abs 2). Die Unterlagen der erst im Klauselverfahren festgestellten besonderen Vollstreckbarkeit des Titels werden damit dem Schuldner zuverlässig bekanntgemacht. Auch diese Zustellung hat an einen Prozeßbevollmächtigten zu erfolgen (§§ 176, 178). Zugestellt sein müssen die in der Klausel bezeichneten Urkunden; das zuzustellende Schriftstück (von dem beglaubigte Abschrift zu übergeben [§ 170 I]) und auf das die Zustellungsurkunde zu setzen oder mit dem sie zu verbinden ist [§ 190 II]) muß demnach Urschrift oder Ausfertigung (ersetzt die Urkunde im Verkehr, § 724 Rn 1) der öffentlichen oder öffentlich beglaubigten Urkunde sein (die beglaubigte Abschrift muß auch den Beglaubigungsvermerk einschließen, Hamm Rpfleger 94, 173); beglaubigte Abschrift (zB des Erbscheins) kann für Zustellung nur verwendet werden, wenn sie Grundlage für Klauselerteilung war (§ 727 Rn 20; von AG/LG Aachen DGVZ 90, 42 = Rpfleger 90, 520 nicht berücksichtigt). Zustellung einer auszugsweisen Ausfertigung (§ 49 V BeurkG) genügt nur, wenn sie urkundliche Grundlagen der Klausel (und in ihr als solche bezeichnet) ist; Zustellung einer Ausfertigung (oder Abschrift) mit unkenntlich gemachten (geschwärzten) Stellen ist unzureichend (AG Schöneberg DGVZ 95, 190). Zustellung einer inhaltsgleichen anderen Urkunde (zB nochmalige [spätere] Abtretung) genügt nicht. Ist die in der Klausel bezeichnete Urkunde (vor Zustellung oder Zustellungsnachweis) verloren gegangen, kann die ZwV nicht stattfinden (möglich aber Erteilung einer neuen Klausel aufgrund der neuen [anderen] Urkunde; dazu Hintzen/Wolfsteiner Rpfleger 94, 511).

21 **b)** Wenn Urkunden in der Klausel nicht bezeichnet sind, diese aber nach ihrem Inhalt nach §§ 726, 727 oder einer anderen Bestimmung nach Abs 2 erteilt ist, müssen die Urkunden zugestellt sein, die die Voraussetzungen der Klauselerteilung belegen (Stephan Rpfleger 68, 214). Wenn jedoch die Klausel nicht nach einer der Sonderbestimmungen des Abs 2, sondern (zu Unrecht) als einfache vollstreckbare Ausfertigung (§§ 724, 725) erteilt wurde, ist Urkundenzustellung nach Abs 2 nicht nachzuweisen (dann § 732; so zutr StJ/Münzberg Rn 39a; aA: Abs 2 schaffe eine eigene, vom Klauselverfahren zu trennende Prüfungszuständigkeit, Frankfurt Rpfleger 73, 323; LG Bonn Rpfleger 68, 125). Für einen erst nach Kündigung vollstreckbaren Titel (§ 726 I) ist der Nachweis nicht erbracht, wenn die urkundlich belegte Kündigung erst für einen in der Zukunft liegenden Zeitpunkt ausgesprochen und dieser Zeitpunkt noch nicht erreicht ist (Frankfurt aaO). Die Zustellung entfällt, wenn in der Klausel vermerkt ist, daß die Voraussetzungen der Klauselerteilung offenkundig waren oder vom Schuldner zugestanden sind. Wenn die vollstreckbare

Ausfertigung nur nach § 724, nicht aber unter besonderen Voraussetzungen zu erteilen war, zB trotz Vollstreckbarkeit erst nach Kündigung nicht nach § 726 I, weil von der Nachweispflicht befreit war (§ 726 Rn 17), trifft § 750 II überhaupt nicht zu; es trifft dann nicht den Gläubiger der Beweis für die Fälligkeit, vielmehr sind Einwendungen des Schuldners gegen den Eintritt der Fälligkeit solche nach § 767 (wie § 726 Rn 14; vgl LG Bonn Rpfleger 68, 125). Auch in den Fällen des § 750 II ist gesonderte Zustellung der Urkunden nicht erforderlich, wenn ihr Inhalt vollständig in die (zugestellte) Klausel aufgenommen ist (Frankfurt Rpfleger 77, 416; Stephan Rpfleger 68, 106; Stöber Rpfleger 66, 22). Zustellung muß jedoch auch dann erfolgen, wenn die Klausel nur ganz allgemein auf die Urkunde Bezug nimmt, deren Inhalt aber nicht (wörtlich oder sinngemäß bis ins einzelne) wiedergibt (Frankfurt aaO), oder wenn sie nur den wesentlichen Urkundeninhalt darstellt (LG Berlin DGVZ 64, 107 u Rpfleger 66, 21; Stöber Rpfleger 66, 22; aA Gottwald JR 64, 347). Zuzustellende Urkunde ist auch das Klauselurteil nach § 731; es genügt jedoch dessen Zustellung vor Klauselerteilung (auch von Amts wegen; streitig), die dem Vollstreckungsorgan nachzuweisen ist.

VI) (Vorheriger) **Verzicht** des Schuldners auf Bezeichnung in Titel oder Klausel ist nicht zulässig (vor § 704 Rn 26). Verzicht auf Beanstandungen ist entspr § 295 zulässig, desgleichen bei oder nach Vornahme der Vollstreckungshandlung Verzicht auf Zustellung (Abs 1 und 2) sowie auf Einhaltung der Wartefrist (StJ/Münzberg Rn 8). Streitig ist, ob schon vor ZwV auf Zustellung (nach Abs 1 und 2) verzichtet werden kann. Das ist zulässig, weil mit Zustellung allein Schuldnerinteressen gewahrt werden (Berner Rpfleger 66, 134 mwN; LG Ellwangen DGVZ 66, 170 = Rpfleger 66, 145; AG Montabaur DGVZ 75, 93; Emmerich ZZP 82 [1968] 425; für Abs 2 auch Stephan Rpfleger 68, 106; aA RG 83, 332 [336]; KG Gutachten, mitget von Kirchner DGVZ 62, 4; LG Flensburg DGVZ 60, 173 = Rpfleger 60, 303). Der nicht im Vollstreckungstitel selbst enthaltene Verzicht muß jedoch dem Vollstreckungsorgan zur Prüfung (zu weitgehend Stephan Rpfleger 68, 107: im Falle des Abs 2 dem Schuldner auch zugestellt) urkundlich (Original oder öffentliche bzw öffentlich beglaubigte Urkunde) nachgewiesen werden. 22

VII) Sicherungsvollstreckung (Abs 3): S § 720a Rn 4. 23

VIII) Rechtsbehelfe, Verstöße: Rechtsbehelf für Schuldner (und Dritte), wenn eine Voraussetzung des § 750 fehlt: § 766 (§ 793). Fehlende Zustellung macht die ZwV nur anfechtbar (BGH 76, 79 = NJW 76, 851). Im übrigen zu Verstößen Rn 34–36 vor § 704. 24

IX) Anwaltsgebühren: § 58 II Nr. 2 BRAGO. 25

751 *[Zwangsvollstreckungsbeginn]*

(1) Ist die Geltendmachung des Anspruchs von dem Eintritt eines Kalendertages abhängig, so darf die Zwangsvollstreckung nur beginnen, wenn der Kalendertag abgelaufen ist.

(2) Hängt die Vollstreckung von einer dem Gläubiger obliegenden Sicherheitsleistung ab, so darf mit der Zwangsvollstreckung nur begonnen oder sie nur fortgesetzt werden, wenn die Sicherheitsleistung durch eine öffentliche oder öffentlich beglaubigte Urkunde nachgewiesen und eine Abschrift dieser Urkunde bereits zugestellt ist oder gleichzeitig zugestellt wird.

I) Zweck: Voraussetzungen der ZwV, die das Vollstreckungsorgan vor Beginn des Vollstreckungsverfahrens (von Amts wegen) zu prüfen hat. Im Klauselverfahren erfolgt in diesen Fällen keine Prüfung (vgl § 726 Rn 1); vollstreckbare Ausfertigung wird vielmehr sogleich erteilt. 1

II) Eintritt eines Kalendertages für Geltendmachung des zu vollstreckenden Anspruchs (vor § 704 Rn 3) ist Vollstreckungsvoraussetzung bei Verurteilung auf künftige Leistung oder Räumung (§§ 257, 259), insbes für wiederkehrende Leistungen (§ 258; zB ab 1. 10. 1996 vierteljährlich vorauszahlbarer Unterhalt von wöchentlich 500 DM), auch für Zahlung einer Entschädigung nach Fristablauf (§ 510b; § 726 Rn 12), desgleichen bei künftigen Ansprüchen aus sonstigen Titeln (§ 795). Vorratspfändung für die Zukunft ist damit ausgeschlossen; Ausnahme § 850d III (zur Dauerpfändung § 850d Rn 26). Abhängigkeit von einem Kalendertag besteht, wenn der Tag ohne weiteres nach dem Kalender zu bestimmen ist, so bei Angabe des Datums oder eines bestimmten Tages (Neujahr, Ostern, am Letzten des Monats ...), außerdem wenn Beginn einer bestimmten Frist nach einem Datum oder Tag bezeichnet ist. Ungewiß ist dagegen der Fälligkeitstag (Fall des § 726), wenn die Leistung zwei Wochen nach Zustellung, seit Rechtskraft, nach Verzug des Schuldners (anders bei § 510b; s oben) zu erfolgen hat. Zulässig ist die Vollstreckung, wenn der Kalendertag abgelaufen ist (nicht schon am Fälligkeitstag), auch wenn der Tag ein Sonntag, Feiertag oder Sonnabend ist (keine Anwendung des § 193 BGB; aA StJ/Münzberg Rn 2; MK/Arnold Rn 15; aber keine entspr Anwendung, weil Schuldner mit unzulässiger Vollstreckung am Fälligkeitstag ausreichend geschützt ist). § 761 trifft zu, wenn der Tag nach dem Fälligkeitstag ein Sonntag usw ist. Prozessuale Vollstreckungserfordernisse (zB Ablauf einer Wartefrist, 2

§ 750 III, §§ 798, 798a, Ablauf einer Räumungsfrist, § 721, einer Einstellung nach § 765a) sind vom Vollstreckungsorgan von Amts wegen zu beachten; nach dem Inhalt des Titels ist der zu vollstreckende Anspruch selbst von ihrem Eintritt nicht abhängig; sie gehören daher weder zu den Tatsachen des § 726 noch zu den kalendermäßigen Erfordernissen des § 751 I.

3 **III) 1)** Von einer **Sicherheitsleistung** des Gläubigers ist die Vollstreckung des Urteils abhängig in den Fällen der §§ 709, 712 II, auch § 711 (Besonderheiten der Sicherungsvollstreckung § 720a Rn 3 ff). Art und Höhe der Sicherheitsleistung bestimmen sich nach der Anordnung im Urteil (§ 108 Rn 2). Soweit es keine Bestimmung trifft und die Parteien nichts anderes vereinbart haben, bestimmt sich die Art der Sicherheitsleistung nach § 108 (Wertpapiere: § 234 BGB; im einzelnen § 108 Rn 5). Sicherheitsleistung in der durch das Urteil bestimmten Art hat das Vollstreckungsorgan zu prüfen. Parteivereinbarungen außerhalb des Urteils müssen nach Abs 2 nachgewiesen sein (anders MK/Arnold Rn 19: Original oder öffentl begl Abschrift); Zugeständnis des Schuldners genügt (§ 295).

4 **2) Nachzuweisen** ist die Sicherheitsleistung durch öffentliche oder öffentlich beglaubigte Urkunde (Abs 2). Nachweis einer Hinterlegung ist möglich durch Zweitstück des Annahmeantrags mit Annahmeverfügung der Hinterlegungsstelle (§ 6 HinterlO) und Quittung der Hinterlegungskasse, nicht aber durch Postschein über die Einzahlung (so auch § 83 Nr 4 GVGA). Zur Sicherheitsleistung durch Hinterlegung einer Bürgschaftsurkunde Hamburg MDR 82, 588.

5 **3) Abschrift der Urkunde,** mit der Sicherheitsleistung nachgewiesen wird, muß bereits **zugestellt** sein oder (bei ZwV durch den GV) gleichzeitig zugestellt werden. Zustellung auch hier an den Prozeßbevollmächtigten (§§ 176, 178). Im übrigen s § 750 Rn 15 ff.

6 **4)** Bestimmung der Sicherheitsleistung (§ 108) durch **Bürgschaft** ist heute die Regel. Einzelheiten: § 108 Rn 7–11. ZwV darf nur beginnen, wenn Zustandekommen des Bürgschaftsvertrags (§ 108 Rn 11) nachgewiesen ist. Nur die Form des Nachweises, nicht aber der Bürgschaftserklärung und des Zustandekommens des Bürgschaftsvertrags regelt Abs 2 (zu dessen Unzulänglichkeit bei Bürgschaft s Hamm OLGZ 75, 305 = MDR 75, 763; Koblenz Rpfleger 93, 355; StJ/Münzberg Rn 12). Wenn der GV erst bei Beginn der ZwV die Bürgschaftserklärung übergibt oder zustellt (zulässig, LG Hannover Rpfleger 82, 348) erübrigt sich weiterer Nachweis und auch dessen Zustellung. Ist die Bürgschaft vor Beginn der ZwV schon zustandegekommen, so darf die ZwV erst beginnen, wenn die Übergabe oder Zustellung der Bürgschaftserklärung durch öffentliche oder öffentlich beglaubigte Urkunde nachgewiesen ist (erfordert praktisch Nachweis mit Zustellungsurkunde). Diese Nachweisurkunde muß nicht wieder gesondert zugestellt werden (allgemeine Ansicht, zB Frankfurt NJW 66, 521 = OLGZ 66, 304; Hamm u Koblenz je aaO; StJ/Münzberg Rn 12). Zur Frage, ob auch Zustellung mit Empfangsbekenntnis des Anwalts genügt § 108 Rn 11.

7 **5)** Nachweis der **Sicherheitsleistung entfällt,** wenn die Rechtskraft des Urteils bescheinigt ist (§ 706 I), wenn gem §§ 534, 560, 718 die Vollstreckbarkeit ohne Sicherheitsleistung angeordnet ist oder wenn Zurückweisung oder Verwerfung der Berufung gegen das Urteil 1. Instanz vorläufig vollstreckbar belegt ist (vgl § 83 Nr 5 GVGA) sowie für Sicherungsvollstreckung (§ 720a).

8 **IV) Rechtsbehelfe, Verstöße:** Rechtsbehelf für Gläubiger bei Weigerung des Vollstreckungsorgans und für Schuldner sowie Dritte, wenn eine Voraussetzung des § 751 fehlt: § 766 (§ 793). Verstöße machen die ZwV nicht nichtig, sondern nur anfechtbar (vor § 704 Rn 34). Verzicht des Schuldners ist möglich (wie § 750 Rn 21). Pfändung ohne (mit unwirksamer) Sicherheitsleistung hat als Sicherungsvollstreckung (§ 720a) Bestand, wenn deren Voraussetzungen (auch § 750 III) vorliegen (Düsseldorf DGVZ 90, 156).

9 **V) Gebühren** des **Anwalts:** Die Zustellung der Bürgschaftsurkunde löst Vollstreckungsgebühr aus (aA Frankfurt KoRsp BRAGO §§ 57, 58 Nr 68 mit abl Anm von Lappe). Ausf zum Gebührenanfall im Zusammenhang mit der Sicherheitsleistung Lappe Anm zu KoRsp BRAGO § 37 Nr 5, 7, 9.

752 (weggefallen)

753 *[Gerichtsvollzieher]*

(1) Die Zwangsvollstreckung wird, soweit sie nicht den Gerichten zugewiesen ist, durch Gerichtsvollzieher durchgeführt, die sie im Auftrag des Gläubigers zu bewirken haben.

(2) Der Gläubiger kann wegen Erteilung des Auftrags zur Zwangsvollstreckung die Mitwirkung der Geschäftsstelle in Anspruch nehmen. Der von der Geschäftsstelle beauftragte Gerichtsvollzieher gilt als von dem Gläubiger beauftragt.

I) Der **Gerichtsvollzieher** (= GV) ist Beamter im Sinne des Beamtenrechts (§ 1 GVO). Seine Dienst- und Geschäftsverhältnisse bestimmen sich nach bundes- und landesrechtlichen Vorschriften (bundeseinheitliche Geschäftsanweisung für GV = GVGA; bundeseinheitliche Gerichtsvollzieherordnung = GVO mit landesrechtlichen Ergänzungsvorschriften; s Anm zu § 154 GVG). Seinen Geschäftsbetrieb regelt der GV nach eigenem pflichtgemäßen Ermessen (§ 45 GVO); er hält an seinem Amtssitz ein Geschäftszimmer (§ 46 GVO). Aufgaben des GV § 154 GVG Rn 4. Für Amtspflichtverletzung haftet der Staat (Art 34 GG, § 839 BGB). 1

II) 1) Die **ZwV,** soweit sie nicht den Gerichten übertragen ist, führt der **GV im Auftrag des Gläubigers** durch (Abs 1); gemeint ist damit ein Antrag (BVerwG NJW 83, 896 [897 reSp]). Zum Aufgabenbereich des GV gehören ZwV-Handlungen (s § 57 Nr 2 GVGA) bei ZwV wegen Geldforderungen in bewegliche körperliche Sachen einschl der Wertpapiere und der noch nicht vom Boden getrennten Früchte (§§ 803–827), bei Pfändung von Forderungen aus Wechseln usw durch Wegnahme des Papiers (§ 831), zur Erwirkung der Herausgabe, Überlassung und Räumung (§§ 883–885), zur Beseitigung eines Widerstands des Schuldners nach § 892 und bei ZwV durch Haft (§§ 899–914) sowie bei Vollziehung von Arrestbefehlen und einstw Verfügungen (§§ 916–945). Bei ZwV in Forderungen wirkt der GV nur in beschränktem Umfang mit (§§ 172–178 GVGA). 2

2) Örtlich zuständig ist der GV für den Bezirk des Amtsgerichts (Dienstbehörde, § 20 Nr 1 GVGA, § 17 GVO). Die Verteilung der Geschäfte unter mehreren GV erfolgt nach GV-Bezirken (§ 16 GVO). Jedoch ist eine Amtshandlung nicht deshalb unwirksam, weil sie ein anderer als der nach der Geschäftsverteilung zuständige GV oder ein GV außerhalb seines Bezirks vorgenommen hat (§ 16 Nr 7, § 20 Nr 2 GVGA; letztere aber als mangelhaft anfechtbar). Ausschließung des GV von der Amtsausübung § 155 GVG; jedoch keine Ablehnung wegen Befangenheit (LG Coburg DGVZ 90, 89; AG Köln DGVZ 66, 26). Verstoß gegen die sachliche Zuständigkeit (zB Forderungspfändung durch GV; Besonderheit § 845 I S 2) bewirkt Nichtigkeit. 3

3) Der GV **handelt** bei der ihm zugewiesenen ZwV **selbständig** (§ 58 Nr 1 GVGA), somit „in eigener Verantwortung" (BGH 93, 287 [298] = MDR 85, 562 [563]). Aufträge hat der GV schnell und nachdrücklich durchzuführen (§ 64 GVGA); er darf die Erledigung insbes nicht verzögern (§ 6 GVGA). Wenn der Gläubiger (sein Vertreter) Zuziehung zur ZwV verlangt, hat ihn der GV unter Angabe der Zeit der Vollstreckung (LG Hof DGVZ 91, 123; LG Münster DGVZ 91, 123 = NJW-RR 91, 1407; AG Bln-Charlottenburg DGVZ 86, 141) rechtzeitig zu benachrichtigen (§ 62 Nr 5 GVGA; zuzuziehen, KG DGVZ 83, 72; anders LG Kassel DGVZ 88, 173; hierzu auch § 758 Rn 28). Der GV handelt hoheitlich (vor § 704 Rn 1); er wird nicht als Vertreter des Gläubigers tätig (RG 156, 395 [398]; auch BVerwG NJW 83, 896). Als ZwV-Organ und damit ausschließlich hoheitlich wird der GV auch tätig bei Entgegennahme der freiwilligen Leistung (§ 754), beim Angebot der Gegenleistung nach § 756, bei Gewährung von Stundung im Gläubigerauftrag und wenn er sonstige Erklärungen für den Gläubiger abgibt oder entgegennimmt (zB Vereinbarung eines Vergleichs) (so zutr Fahland ZZP 92 [1979] 432 gegen früher hM von Doppelfunktion des GV als Organ staatlicher Zwangsgewalt und als Vertreter des Gläubigers bei Abschluß eines privatrechtlichen Rechtsgeschäfts). Die Vorschriften der GVGA hat der GV zu beachten; sie soll ihm jedoch nur das Verständnis der gesetzlichen Vorschriften erleichtern und erhebt keinen Anspruch auf Vollständigkeit. Bindung des GV abweichend vom Gesetz begründet die GVGA nicht. Weisungen des Gläubigers, die Beginn, Art und Ausmaß der ZwV betreffen, sind für den GV bindend (Parteiherrschaft, vor § 704 Rn 19), wenn sie mit Gesetzen (zB §§ 803, 811) oder der GVGA nicht in Widerspruch stehen (§ 58 Nr 2 GVGA; RG 161, 115); Auswahl der zu pfändenden Gegenstände trifft der GV (LG Berlin MDR 77, 146); Gläubiger kann aber bestimmte Gegenstände von der Pfändung ausnehmen (AG Offenbach DGVZ 77, 44), nicht jedoch den Zeitpunkt der Vollstreckungshandlung bestimmen (für Zeit von Kassenpfändungen AG Gelsenkirchen DGVZ 72, 120; AG Memmingen DGVZ 89, 27). Der Gläubiger kann den GV auch vor Vollstreckungsbeginn anweisen, den Auftrag einstweilen ruhen zu lassen und weitere Weisung abzuwarten (AG Straubing Rpfleger 79, 72), desgleichen, den Versteigerungstermin bei Teilzahlungen jeweils zu verlegen (KG DGVZ 78, 112). 4

III) 1) „Auftrag" des Gläubigers ist dessen Antrag (vor § 704 Rn 19) an den GV, eine Amtshandlung vorzunehmen. Er kann schriftlich (§ 829 Rn 3; ungenügend ist Faksimilestempel nach LG Ingolstadt DGVZ 94, 92 = JurBüro 95, 51; LG München DGVZ 83, 57; AG Aachen DGVZ 84, 61; AG/LG Coburg DGVZ 94, 62; EDV-Ausdruck ohne handschriftliche Unterzeichnung nach Müller DGVZ 93, 7; Unterzeichnung durch RA-Angestellten nach AG Seligenstadt DGVZ 95, 12) oder mündlich (§ 754), auch telefonisch, unmittelbar beim GV (§ 62 GVGA) oder durch Vermittlung der Geschäftsstelle (Abs 2), bei einem Amtsgericht mit mehreren GV auch über die Verteilungsstelle (§ 33 GVO) gestellt werden. 5

2) a) Im Auftrag sind Gläubiger und Schuldner mit ihren Anschriften, die verlangte Tätigkeit des GV, bei ZwV wegen Geldforderungen der beizutreibende Betrag, zu bezeichnen. Die **Anschrift** des Schuldners ist so anzugeben, daß dessen Wohnung auffindbar ist (AG Darmstadt 6

DGVZ 81, 62). Ermittlungspflichten für den Gläubiger obliegen dem GV nicht; er hat offenkundigen Anhaltspunkten und mühelos feststellbaren Äußerlichkeiten jedoch Rechnung zu tragen (daher Pflicht zu Erkundung in einem Mehrfamilienhaus, insbes bei Vermieter oder Hauswirt, nach der Wohnung des Schuldners, AG Hannover DGVZ 77, 26; AG Leverkusen DGVZ 82, 175). Feststellung (Ermittlung) der Anschrift des verzogenen Schuldners ist nicht Aufgabe des GV (LG Osnabrück DGVZ 71, 175). Die **Forderung** hat nach Kosten, Zinsen und Hauptsache bezeichnet zu sein, Teilzahlungen sind vom Gläubiger zu verrechnen (§ 367 BGB sowie § 11 VerbrKrG), nicht vom GV (LG Berlin DGVZ 74, 11 = Rpfleger 74, 30 u Rpfleger 92, 30; LG Braunschweig DGVZ 74, 29; Stöber Rpfleger 67, 114 ber 156 und FdgPfdg Rn 466 mit Nachw, auch für Gegenmeinung). Dem Auftrag ist daher ggfs eine übersichtliche Zinsberechnung beizufügen (LG Darmstadt DGVZ 95, 45; LG Kassel DGVZ 70, 89 u 63, 189; auch § 130 Nr 3 GVGA). Eine maschinell gefertigte Forderungsaufstellung muß lesbar (und leicht nachprüfbar) sein (dann Überprüfung durch GV; AG Frankfurt DGVZ 71, 25 mit abl Anm Schriftl); der GV hat sie nicht erst mittels Schlüsselzahlen umzusetzen oder sonst zu entziffern (LG Kaiserslautern Rpfleger 93, 29; LG Tübingen u AG Reutlingen DGVZ 68, 150; LG Paderborn DGVZ 89, 63; AG Hamburg-Wandsbeck DGVZ 69, 173; LG Tübingen DGVZ 71, 156; AG Gelsenkirchen DGVZ 76, 138; AG Burg aF DGVZ 79, 76).

6a b) Ein **Pfändungs**auftrag (§§ 803, 808) kann mit einem **Verhaftungsantrag** (§ 909 S 1) gleichartig (kumulativ; jeder selbständige Antrag ist unabhängig von dem anderen zu erledigen) oder alternativ (Verhaftung für den Fall der Erfolglosigkeit des Pfändungsversuchs) **verbunden** werden (LG Kassel DGVZ 85, 123; Cirullies DGVZ 86, 83). Die Eventualhäufung der Anträge als zulässige innerprozessuale Bedingung (vor § 128 Rn 18) bewirkt, daß Vollziehung des Haftbefehls (§ 909) vom fruchtlosen Verlauf der vorrangig beantragten Pfändung abhängig ist. Dann hat Einstellung (§ 775) der (für diesen Fall nicht beantragten) Verhaftung des Schuldners nicht zu erfolgen, wenn die vollstreckte Geldforderung bezahlt wird oder mit Pfändung ZwV in das bewegliche Vermögen in dem zur Befriedigung des Gläubigers und Deckung der Kosten erforderlichen (oder nach dem Antrag minderen, LG Frankfurt DGVZ 90, 158) Umfang (§ 803 I, § 808) erfolgt. Notwendigkeit der ZwVKosten: § 788 Rn 9. Ein (isolierter) Verhaftungsauftrag (§ 909 S 1) schließt einen Auftrag zur Pfändung (§ 808) nicht ein; der GV kann daher keine Sachpfändung vornehmen, wenn er bei Ausführung des Haftauftrags pfändbares Schuldnervermögen vorfindet (LG Berlin DGVZ 85, 59; LG Essen DGVZ 81, 187; LG Osnabrück DGVZ 80, 124; Cirullies aaO). Nur ausnahmsweise ist der Verhaftungsauftrag auch als (vorrangiger) Pfändungsauftrag anzusehen, wenn konkrete Anhaltspunkte im Einzelfall eine solche Auslegung der Prozeßhandlung gebieten (ähnlich Cirullies aaO). Erfordern kann die Interessenlage eine solche Auslegung in besonderen Ausnahmefällen, wenn der GV im Schuldnerbesitz pfändbare Gegenstände vorfindet, deren Verwertung sicher zur vollständigen und baldigen Gläubigerbefriedigung führen kann (LG Berlin u Cirullies aaO; Verhinderung von Rechtsverlust, wenn Bargeld, Wertgegenstände, ein Postsparbuch usw vorgefunden werden, keine Zweifel am Schuldnereigentum bestehen und sich kein Anhalt für entgegenstehende sachliche Gläubigerinteressen findet wie zB dann, wenn der Verhaftungsauftrag als zweckmäßigere und kostengünstigere Verfahrensart zu gelten hat). Ergeben sich Zweifel, dann erfordert die Amtspflicht des GV (§ 139 ZPO), sich zur Klarstellung des Auftrags mit dem Gläubiger (ggf fernmündlich) in Verbindung zu setzen.

7 3) Auftrag kann auch nur wegen eines **Teils** der vollstreckbaren Forderung erteilt werden (kein Rechtsmißbrauch). Eine Berechnung seiner Forderung unter Darstellung aller Ratenzahlungen des Schuldners braucht der Gläubiger nicht einzureichen (Schleswig DGVZ 76, 135 mit abl Anm Zeiss = Rpfleger 76, 224; LG Amberg DGVZ 92, 157 = JurBüro 93, 369; LG Düsseldorf MDR 86, 505 L; LG Stuttgart DGVZ 93, 156; aA AG Aachen DGVZ 84, 61 = JurBüro 84, 297). Auch wenn der Teilbetrag als **Restforderung** geltend gemacht wird, hat der GV nicht zu prüfen, ob Teilzahlungen des Schuldners vollständig und richtig verrechnet sind; eine Gesamtabrechnung kann vom Gläubiger daher nicht verlangt werden (LG Essen DGVZ 92, 173 = JurBüro 93, 435; LG Oldenburg DGVZ 80, 88 = Rpfleger 80, 236; LG Kaiserslautern DGVZ 82, 157; Stöber FdgPfdg Rn 464 mit zahlr Nachw; Schilken DGVZ 91, 1; MK/Arnold Rn 29; StJ/Münzberg § 754 Rn 1a; auch LG Darmstadt DAVorm 90, 480 [Restunterhalt ohne Zinsen und Kosten]; sehr umstritten; aA zB LG Lüneburg DGVZ 87, 45; AG Bln-Schöneberg DGVZ 91, 177 = JurBüro 91, 1265; E. Schneider DGVZ 82, 149 u Stuttgart JurBüro 87, 1813: Prüfung von Restforderungen, in die Vollstreckungskosten eingegangen sind, auch Köln DGVZ 83, 9). Das gebieten die Grundsätze des Vollstrekkungsrechts, nach denen für den GV Grundlage der ZwV der Titel ist (vor § 704 Rn 3, 14), der Gläubiger mit seinem Antrag den Umfang der ZwV bestimmt (Rn 19 vor § 704), das Vollstrekkungsorgan den Anspruch nicht festzustellen und zu prüfen hat (vor § 704 Rn 14), vielmehr Nichtbestehen, insbes Untergang des Anspruchs mit Angriff gegen den Titel geltend zu machen sind (vor § 704 Rn 3). Für das Vollstreckungsrecht des Gläubigers kann auch hier nichts anderes gelten wie im Falle von § 775 Nr 4, 5, in dem Fortsetzung der ZwV auf Antrag des Gläubigers zu erfolgen hat, obwohl Zahlungsbelege vorliegen (§ 775 Rn 12; nicht richtig LG Nürnberg-Fürth

JurBüro 82, 139). Nur wenn der Gläubiger zur Begründung seiner Restforderung eine Aufstellung einreicht, muß diese nachprüfbar sein und den Anspruch richtig ausweisen (LG Hamburg DGVZ 75, 91; LG Saarbrücken DGVZ 95, 43); dafür sind auch verlangte Vollstreckungskosten zu überprüfen (LG Essen JurBüro 76, 1383; LG Saarbrücken aaO; Stöber aaO). Bei Vollstreckung von Unterhalt (anderen wiederkehrenden Leistungen) ist Angabe der Gesamtsumme und des Berechnungszeitraums erforderlich; eine Berechnung dieser Forderung (der Höhe des Unterhaltsrückstands nach Zahlungen) braucht nicht vorgelegt werden (LG Berlin DGVZ 69, 125; LG Bochum DAVorm 85, 809; LG Hannover DAVorm 76, 657; LG Darmstadt aaO); die Verrechnung der außerhalb der ZwV erbrachten Teilleistungen ist vom GV nicht zu überprüfen (LG Kiel DGVZ 94, 60).

4) Zahlungen des Schuldners auf eine Gläubigerforderung, für die das **VerbrKrG** gilt, sind (abweichend von § 367 I BGB) zunächst auf Kosten der Rechtsverfolgung, dann auf den übrigen geschuldeten Betrag (§ 11 I VerbrKrG) und zuletzt auf die nach Eintritt des Verzugs angefallenen Zinsen (die auf gesondertem Konto zur nachrangigen Verrechnung zu verbuchen sind, § 11 II VerbrKrG) anzurechnen (§ 11 III S 1 VerbrKrG). Für die ZwV erlangt diese Tilgungsreihenfolge Bedeutung, wenn der Vollstreckungstitel sie ausweist; verstößt bereits das Urteil (der sonstige Schuldtitel) gegen § 11 VerbrKrG, dann ist titelgemäß zu vollstrecken (und zu verrechnen, Münzberg WM 91, 170 zu II 2b, III u V), sofern nicht der Gläubiger Verrechnung nach § 11 III S 1 VerbrKrG verlangt (Vollstreckungstätigkeit des GVG darf nicht weiter als beantragt gehen; Braun/Raab-Gaudin DGVZ 92, 1 [2]; StJ/Münzberg § 754 Rn 2a); eigene Ermittlungen und Berücksichtigung sonstiger Umstände (auch von Nachweisen, die der Schuldner beibringt, sind dem GV verwehrt (tlw aA Braun/Raab-Gaudin aaO). Nach der Tilgungsreihenfolge des § 11 III S 1 VerbrKrG hat auch eine Restforderung des im Vollstreckungstitel gesondert mit Haupt- und Nebenforderungen bezeichneten Gläubigeranspruchs, für den das VerbrKrG gilt, berechnet zu sein; dieser Tilgungsreihenfolge hat ebenso der auf einen Teil der Gläubigerforderung nach dem VerbrKrG beschränkte Antrag Rechnung zu tragen. Rechtsbehelf des Schuldners bei Vollstreckung einer unter Verstoß gegen § 11 III S 1 VerbrKrG berechneten Rest- oder Teilforderung: § 767 (auch hier keine Prüfung der Forderung durch den GV). Die Tilgungsreihenfolge des § 11 III S 1 VerbrKrG gilt nicht, soweit Zahlungen auf einen Vollstreckungstitel geleistet werden, dessen Hauptforderung auf Zinsen lautet (§ 11 III S 4 VerbrKrG; zu Problemen, die sich damit stellen, Münzberg WM 91, 170; Braun WM 91, 165, WM 90, 1359 u DGVZ 90, 129; Braun/Raab-Gaudin DGVZ 92, 1 [3 ff]; Reinking/Nießen ZIP 91, 634 [636]). 7a

5) Auch der Gläubiger einer **Kleinforderung** (Minimal- oder Bagatellforderung) kann ihre Beitreibung mit ZwV verlangen. Seinem Vollstreckungsanspruch (vor § 704 Rn 2) fehlt grundsätzlich das Rechtsschutzbedürfnis nicht. Es gibt keinen allgemeinen Grundsatz, daß ZwV wegen einer nur geringen Forderung nicht betrieben werden dürfe (dazu eingehend Zeller/Stöber ZVG Einl 48.4). Eine Kleinforderung kann auch ein Schuldner in bedrängten Verhältnissen aufbringen (Düsseldorf NJW 80, 1171). Wenn der Gläubiger für eine Minimalforderung einen Vollstreckungstitel erwirken konnte, hat er auch das Recht, die damit voll ausgewiesene Forderung durchzusetzen; sonst würde das rechtmäßige Erkenntnisverfahren ins Leere gehen (Schiffhauer ZIP 81, 832; LG Berlin DGVZ 79, 168; AG Karlsruhe NJW-RR 86, 1256). Ein Rechtsschutzinteresse kann weder mit der Höhe der Vollstreckungskosten noch mit dem Verfassungsgrundsatz der Verhältnismäßigkeit verneint werden (Jauernig ZwVR § 1 X). Auch die Vollstreckung einer geringen Restforderung (insbes von Zinsen) ist grundsätzlich zulässig (LG Konstanz NJW 80, 297). Rechtsmißbräuchlich ist die ZwV nicht schon deshalb, weil Kosten entstehen, die die Restforderung mehrfach übersteigen (LG Wuppertal NJW 80, 297; LG Lübeck DGVZ 79, 73 für 0,56 DM Zinsen unter Aufgabe von DGVZ 74, 77; LG Aachen DGVZ 87, 139 = JurBüro 87, 924 u LG Hannover DGVZ 91, 190 für 0,11 bzw 0,18 DM Gesamtzinsen, die nach Hauptsachezahlung der aufgeforderte Schuldner nicht geleistet hat; AG Braunschweig DGVZ 81, 186 für 0,83 DM Rest; AG Flensburg MDR 75, 765 für 3,21 DM Zinsen; auch AG Tostedt DGVZ 78, 171; AG Würzburg JurBüro 79, 1081; anders AG Dortmund DGVZ 79, 121 für 1,23 DM Zinsen; AG Jever DGVZ 72, 121 für 4,90 DM Zinsen; AG Gelsenkirchen-Buer DGVZ 71, 43 für 3 DM Rest; AG Kamen DGVZ 83, 190 für 2,16 DM Rest; s auch LG Stade DGVZ 78, 171 mit abl Anm E. Schneider) oder weil die bisherigen Vollstreckungskosten die Hauptforderung übersteigen (LG Bochum Rpfleger 94, 117). Nur dann kann das Rechtsschutzinteresse für Vollstreckung einer geringen (unbedeutenden) Restforderung (insbes Nebenforderung) verneint werden, wenn im Einzelfall aus besonderen Gründen berechtigte Schutzinteressen des Schuldners eindeutig überwiegen. Beispiel: Bis zur Gutschrift des bereits überwiesenen Forderungsbetrags noch aufgelaufene geringfügige Zinsen und Kosten (Düsseldorf NJW 80, 1171). Wenn der Schuldner die Zahlung hartnäckig verweigert (böswillig nicht zahlt), kann dem Gläubiger ein Rechtsschutzinteresse nicht abgesprochen werden (AG Staufen DGVZ 78, 189; AG Dinslaken DGVZ 82, 159). 8

6) Ob **sittenwidrige Vollstreckung,** insbes bei Erschleichen des Vollstreckungstitels (Einzelheiten vor § 322 Rn 72 ff) und bei Kostenvollstreckung, wenn Vollstreckungsbescheid noch nach 9

Zahlung erwirkt wurde, GV (ebenso Vollstreckungsgericht) zur Ablehnung eines Gläubigerantrags berechtigt, ist streitig. ZwV in solchen Fällen wird nun überwiegend als unzulässige Rechtsausübung (prozessuale Arglist; Verstoß gegen Treu und Glauben) für unzulässig gehalten (E. Schneider DGVZ 77, 129 u DGVZ 78, 85; LG Koblenz DGVZ 82, 45; AG Dortmund DGVZ 81, 44; AG Freiburg DGVZ 82, 31). Prüfung des durch den Titel ausgewiesenen Vollstreckungsanspruchs des Gläubigers sollte jedoch nicht im ZwV-Verfahren erfolgen können, sondern dem Erkenntnisverfahren vorbehalten bleiben (Brehm JZ 78, 262).

10 **7)** Der **Vollstreckungstitel** (vollstreckbare Ausfertigung oder – wenn es keiner Klausel bedarf – Ausfertigung) muß dem GV übergeben, andere für den Beginn der ZwV nötige Urkunden müssen ihm ausgehändigt werden (zum Nachweis von ZwV-Kosten § 788 Rn 15). Ob die Voraussetzungen der ZwV vorliegen sowie die Zulässigkeit der einzelnen Vollstreckungshandlungen prüft der GV selbständig (§ 58 Nr 1 GVGA) in eigener Verantwortung (RG 140, 429). Prüfung des urkundlich nachgewiesenen vollstreckbaren Anspruchs (vor § 704 Rn 14), mithin auch die Rechtmäßigkeit des Titels und der Vollstreckungsklausel (dazu § 724 Rn 1) kann durch den GV nicht erfolgen (zB AG Siegen DGVZ 71, 122; AG Würzburg JurBüro 79, 1081). Der GV hat daher auch Verjährung nicht zu beachten (LG Hamburg DGVZ 73, 141; LG Koblenz DGVZ 85, 62; AG Lichtenfels DGVZ 81, 28; AG Münster NJW-RR 92, 1531; hierfür § 767). Durch den Titel ausgewiesene Unterhaltsrückstände muß der Gläubiger nicht erst noch nachweisen (AG Mönchengladbach DGVZ 74, 29). Zum Nachweis der Vollmacht des Gläubigervertreters genügt die Bezeichnung als Prozeßbevollmächtigter im Schuldtitel (§ 62 Nr 2 GVGA). Sonst ist ein Mangel der Vollmacht von Amts wegen zu berücksichtigen, bei Vertretung durch einen Rechtsanwalt jedoch nur bei Rüge durch den Gegner (§ 88 II; auch § 62 Nr 2 GVGA).

11 **8) Zurücknahme** des Auftrags ist bis zur Beendigung der ZwV jederzeit zulässig; sie beendet das ZwV-Verfahren (vor § 704 Rn 19). ZwV-Maßnahmen muß der GV aufheben (§ 111 Nr 1 GVGA). Der Gläubiger kann infolge seiner Herrschaft über den vollstreckbaren Anspruch (vor § 704 Rn 19) den GV auch anweisen, die ZwV einzustellen, zu beschränken, oder die Erledigung eines Vollstreckungsauftrags zurückzustellen (LG Augsburg DGVZ 93, 188); er kann auch einen gepfändeten Gegenstand freigeben (§ 111 Nr 1 GVGA). Wenn der Gläubiger die Leistung stundet (auch mit Ratenzahlungen; vgl auch § 754 Rn 3, 6) bleiben bereits durchgeführte ZwV-Maßnahmen bestehen (§ 111 Nr 2 GVGA). Behandlung und Überwachung eines ruhenden Vollstreckungsauftrags durch den GV §§ 40, 41 GVO. Nur vorübergehende Rückforderung und Rückgabe des Schuldtitels steht der Antragszurücknahme nicht gleich. Weil jedoch der Titel als Ausweis für ZwV-Handlungen vorliegen muß (§ 755; auch § 62 Nr 3 GVGA), kann die ZwV erst nach Wiedervorlage des Schuldtitels fortgesetzt werden (für ruhende Vollstreckungsaufträge sieht § 40 GVO noch besonderen Antrag des Gläubigers vor). Zurücknahme des Auftrags durch einen Neugläubiger, auf den mit Ablösung die Gläubigerforderung übergegangen ist (§ 268 III BGB), erfordert Nachweis der Rechtsnachfolge; Vollstreckungsunterlagen auf seinen Namen (Titel mit umgeschriebener Klausel) braucht der Ablösende nicht vorzulegen (Zeller/Stöber § 15 Rn 20.23).

12 **9) Abgelehnt** wird vom GV die Übernahme eines Auftrags, wenn Voraussetzungen für Zulässigkeit der ZwV (Rn 10) nicht vorliegen oder wenn der Antrag sonst mit bestehenden Vorschriften (zB §§ 811, 828) unvereinbar ist (§ 5 Nr 3 GVGA). Bestehen Hindernisse nur teilweise (zB mangelhafte Zinsberechnung, nicht nachgewiesene Vollstreckungskosten), so ist insoweit abzulehnen; der weitergehende Antrag ist auszuführen (LG München I DGVZ 95, 91). Von der Ablehnung ist der Auftraggeber unter Bekanntgabe der Gründe zu verständigen (§ 5 Nr 3 S 2 GVGA).

13 **IV)** Vereinfachte Behandlung eines Auftrages zur Vollstreckung gegen einen **vermögenslosen Schuldner** sieht § 63 GVGA vor. Der GV sendet dem Gläubiger demnach den Schuldtitel mit einer entsprechenden Bescheinigung (Unpfändbarkeitsbescheinigung) zurück, wenn er begründeten Anhalt dafür hat, daß die ZwV fruchtlos verlaufen werde. Dabei teilt der GV dem Gläubiger mit, daß er den Auftrag (zur Vermeidung unnötiger Kosten) als **zurückgenommen** betrachtet. Das gilt nicht, wenn der Wunsch des Gläubigers zur Ausführung des Auftrags aus der Sachlage hervorgeht (zB Pfändungsauftrag zur Unterbrechung der Verjährung, § 63 Nr 2 GVGA; mit Antragsrücknahme, die Behandlung nach § 63 GVGA bewirkt, entfällt Unterbrechung, § 216 II BGB). Auszuführen ist der Pfändungsauftrag somit auch, wenn der Gläubiger mit büromäßiger Erledigung nicht einverstanden ist und verlangt, daß die ZwV der Geldforderung in körperliche Sachen bewirkt wird (AG Freudenstadt DGVZ 88, 124). Dann kann der Auftrag nur abgelehnt werden, wenn der Gläubiger kein schutzwürdiges Interesse an einem Vollstreckungsversuch gegen den (sicher) vermögenslosen und unpfändbaren Schuldner hat, das Rechtsschutzbedürfnis (vor § 253 Rn 18) somit fehlt (Ausnahmefall, zB LG Hannover DGVZ 84, 90). Auch Taschenpfändung, deren Erfolglosigkeit abzusehen ist, kann demnach abgelehnt werden (LG Karlsruhe DGVZ 88, 43; AG Frankfurt DGVZ 75, 95); dies gilt insbes, wenn das voraussehbare Ergebnis überwiegend darin besteht, den Schuldner öffentlich bloßzustellen (AG Passau DGVZ 74, 190).

V) Rechtsbehelfe: Für Gläubiger bei Weigerung des GV, einen Auftrag zu übernehmen oder nach Antrag durchzuführen: § 766 II (dann § 793); für Gläubiger und Schuldner gegen Art und Weise der ZwV und das Verfahren des GV: § 766 (dann § 793). Für die **Dienstaufsicht** (zu ihr Gaul ZZP 87 [1974] 241) ist unmittelbarer Vorgesetzter des GV der aufsichtführende Richter des Amtsgerichts (§ 2 Nr 2 GVO). Maßnahmen der Dienstaufsicht können jedoch nur für die Geschäftsführung gefordert und getroffen werden (vgl § 101 GVO; zB Verzögerung, Nichtbearbeitung eines Antrags; Gleußner DGVZ 95, 145 [148]), nicht aber für die Tätigkeit des GV bei der ZwV, bei der er selbständig zu handeln hat. Bei Einziehung der Kosten unterliegt der GV uneingeschränkt der Dienstaufsicht. Zu dieser näher BVerwG NJW 83, 898, auch NJW 83, 899. 14

754 *[Vollstreckungsantrag]*

In dem schriftlichen oder mündlichen Auftrag zur Zwangsvollstreckung in Verbindung mit der Übergabe der vollstreckbaren Ausfertigung liegt die Beauftragung des Gerichtsvollziehers, die Zahlungen oder sonstigen Leistungen in Empfang zu nehmen, über das Empfangene wirksam zu quittieren und dem Schuldner, wenn dieser seiner Verbindlichkeit genügt hat, die vollstreckbare Ausfertigung auszuliefern.

I) Zweck: Mit den Rechten und Pflichten des GV gegenüber seinem Auftraggeber (sonst § 755), die er außerhalb der eigentlichen ZwV (§§ 803 ff) wahrzunehmen hat, legt § 754 Selbstverständliches fest. Die Vorschrift geht noch auf die ältere Anschauung zurück, daß der GV als Vertreter (damit Beauftragter) des Gläubigers handle (s Fahland ZZP 92 [1979] 432 [434]). 1

II) Voraussetzungen: Auftrag zur ZwV (§ 753 Rn 5) und Übergabe der vollstreckbaren Ausfertigung (§§ 724 ff). Übergabe der Ausfertigung des Titels genügt, wenn er keiner Vollstreckungsklausel bedarf (§ 724 Rn 2). Nur vorübergehende Rückgabe des Titels berührt die Befugnisse des GV aus § 754 nicht. Sie kommen mit Rücknahme (Erledigung) des Auftrags in Wegfall. 2

III) Folge: Auftrag schließt ohne weitere Erklärung des Gläubigers (§ 62 Nr 3 GVGA; ein entgegenstehender Wille wäre unbeachtlich; Frankfurt NJW 63, 773 [774]) auch die Beauftragung des GV ein, als Organ staatlicher Zwangsgewalt 3

a) die **Zahlungen** und sonstigen Leistungen **in Empfang zu nehmen** (vgl Anm zu § 755), die der Schuldner zur Abwendung der ZwV oder freiwillig erbringt, entgegen § 266 BGB auch Teilleistungen (s auch § 11 III S 2 VerbrKrG). Leistungen, die unter einer Bedingung oder unter Vorbehalt angeboten werden, weist der GV zurück (§ 106 Nr 1 GVGA), wenn nicht der Gläubiger einverstanden ist (Rn 6). Freiwillige Teilleistung, die nicht Forderungen mehrer zugleich vollstreckender Gläubiger deckt, darf der GV nur als Zahlung annehmen, wenn der Schuldner mit verhältnismäßiger Verteilung unter allen Gläubigern einverstanden ist (§ 168 Nr 2 GVGA; anders Stolte DGVZ 88, 145, nicht zutreffend, weil der GV damit seine Pflicht zur Gleichbehandlung der Gläubiger bei Pfändung [dazu § 804 Rn 5] verletzen würde). Willigt der Schuldner nicht ein, so ist das Geld für sämtliche Gläubiger zu pfänden (GVGA aaO). Leistungen Dritter hat der GV mit Zustimmung des Schuldners anzunehmen (§ 267 BGB); bei Widerspruch des Schuldners ist wegen des Ablehnungsrechts (§ 267 II BGB) das Einverständnis des Gläubigers einzuholen.

b) über das Empfangene wirksam zu **quittieren** (§ 757 I). 4

c) die **vollstreckbare Ausfertigung** dem Schuldner, der seine Verbindlichkeit voll erfüllt hat, **auszuhändigen** (§ 757 I). 5

IV) Über die Befugnisse nach § 754 hinaus ist der GV gesetzlich zur Abgabe und Entgegennahme privatrechtlicher Erklärungen und Vornahme von Handlungen für den Gläubiger nicht befugt. Er darf daher ohne besondere Erlaubnis des Gläubigers keinen Vergleich abschließen (RG JW 89, 204), keine Stundung gewähren (zur Teilleistung vor Pfändung § 106 Nr 5 GVGA; zu Zahlungsaufschub danach § 141 Nr 2 GVGA), Ersatzleistungen (§ 346 I BGB), die im Schuldtitel nicht vorgesehen sind, nicht annehmen (zB durch Wechsel, Zession, Scheck; dazu nachf), gepfändete Gegenstände nicht freigeben (RG 18, 392), und Willenserklärungen (Rücktritt, Wandelung, Minderung, Aufrechnung) nicht entgegennehmen und nicht abgeben. Annahme von Bar- und Verrechnungs**schecks** ist bei gleichzeitiger Durchführung der ZwV-Maßnahme erlaubt; ist Einlösung durch Scheckkarte gesichert, wird auch die ZwV einstweilen eingestellt (§ 106 Nr 2 GVGA). Mit ausdrücklicher Ermächtigung des Gläubigers ist der GV auch zur Entgegennahme anderer Ersatzleistungen, zu nachträglichen Vereinbarungen mit dem Schuldner und zur Abgabe sonstiger Erklärungen berechtigt. Der GV nimmt auch dann Amtspflichten wahr, handelt somit hoheitlich (näher Fahland aaO; auch LG Kiel Rpfleger 70, 71 [72]; anders zB LG Hildesheim NJW 59, 537; enger auch Frankfurt aaO: Bevollmächtigter). Zur Übernahme solcher weitergehender Ge- 6 schäfte des Gläubigers ist der GV berechtigt, aber nicht verpflichtet (LG Hildesheim aaO). Erklärungen an den dazu nicht ermächtigten GV werden dem Gläubiger gegenüber erst mit Zugang als übermittelte Erklärungen des Schuldners wirksam.

755 *[Gerichtsvollzieher, Schuldner und Dritter]*

Dem Schuldner und Dritten gegenüber wird der Gerichtsvollzieher zur Vornahme der Zwangsvollstreckung und der im § 754 bezeichneten Handlungen durch den Besitz der vollstreckbaren Ausfertigung ermächtigt. Der Mangel oder die Beschränkung des Auftrags kann diesen Personen gegenüber von dem Gläubiger nicht geltend gemacht werden.

1 **I) Zweck:** Legitimation des GV dem Schuldner und Dritten gegenüber.

2 **II) Voraussetzung:** GV muß vollstreckbare Ausfertigung besitzen (nicht bei sich tragen); daß Schuldner (Dritter) davon Kenntnis hat, ist nicht erforderlich, desgleichen nicht, daß dem GV Auftrag zur ZwV (§ 753 Rn 5) erteilt ist und in welchem Umfang (anders bei § 754). Für Titel, die keiner Vollstreckungsklausel bedürfen, genügt Ausfertigung (wie § 754 Rn 2). Auch nach Zurücknahme (Erledigung) des Auftrags bleibt der GV nach § 755 ermächtigt, solange er im Besitz des Titels ist, selbst wenn der Schuldner (Dritte) Kenntnis hat; daher ist Leistung des Schuldners mit befreiender Wirkung auch jetzt noch möglich. Zur persönlichen Legitimation dient der dem GV ausgestellte Dienstausweis (§ 8 GVO).

3 **III) Folge: 1)** GV ist dem Schuldner und Dritten gegenüber zur ZwV und zu den in § 754 bezeichneten Handlungen ermächtigt. Als Ausweis zur ZwV ist die vollstreckbare Ausfertigung dem Schuldner (Dritten) auf Verlangen vorzuzeigen (§ 62 Nr 3 GVGA). Der Gläubiger muß Handlungen des GV auch bei Antragsmangel (auch bei Beauftragung durch einen nicht bevollmächtigten Vertreter) oder Antragsbeschränkung gegen sich gelten lassen (S 2), selbst wenn der Schuldner (Dritte) davon Kenntnis hatte oder haben konnte (anders § 169 BGB). Schuldner und Dritte können Antragsmangel nach § 766 (§ 793) geltend machen, müssen dies aber nicht.

4 **2) Zahlung** (auch freiwillige Leistung) an den legitimierten GV hat Erfüllungswirkung (§ 362 BGB; Zahlung bei Wegnahme von Geld s Anm zu § 815). Bei **freiwilliger** Zahlung durch den Schuldner tritt Erfüllungswirkung mit Ablieferung des Geldes an den Gläubiger ein (Wieser DGVZ 88, 129 [132]; Brox/Walker Rn 314; MK/Arnold Rn 44 u 50; anders StJ/Münzberg § 755 Rn 2 u § 815 Rn 23). Geldleistung an den GV zur Abwehr der Pfändung eines vorläufig vollstreckbaren Titels erfolgt unter Vorbehalt und ohne Schuldanerkennung; sie beendet Verzug des Schuldners (Guntau DGVZ 84, 17); als nur vorläufige Regelung ist die Erfüllungswirkung jedoch durch den Bestand (Eintritt der Rechtskraft) des Urteils bedingt (RG 63, 330; BGH 86, 267 [269] u MDR 91, 46 = NJW 90, 2756; Brox/Walker Rn 315; auch Köln MDR 92, 347 (vorläufig vollstreckbare Fremdwährungsschuld). Dasselbe gilt für Zahlung zur Abwendung der ZwV aus einem durch etwaige Aufhebung im Nachverfahren auflösend bedingten (rechtskräftigen) Vorbehaltsurteil (BGH 69, 270 [272] u 86, 267 [269]). Das Geleistete wird mit Ablieferung durch den GV Eigentum des Gläubigers (Einzelheiten Fahland ZZP 92 [1979] 432; auch Guntau DGVZ 84, 17 [24]; Baur/Stürner Rn 8.7). Die Gefahr für den Verlust des Geldes trifft also hier den Schuldner, § 815 III gilt weder unmittelbar noch entsprechend (StJ/Münzberg § 815 Rn 23 mwN, auch für Gegenmeinung; AG Bad Homburg DGVZ 91, 121; anders Wieser DGVZ 88, 129 [133]; Geißler DGVZ 91, 166; Brox/Walker Rn 314). Leistung an den GV ist auch Übergabe an eine beim Zahlungsverkehr beschäftigte Büro- und Schreibhilfe (§ 49 Nr 2, § 74 Nr 1 GVO). Vor Ablieferung kann der GV den vom Schuldner geleisteten Betrag nicht als Eigentum des Gläubigers mit einem Titel gegen diesen pfänden (AG Homburg/Saar DGVZ 93, 116: keine Pfändung sogleich wieder zugunsten des Schuldners). Ist eine unpfändbare Forderung an den GV gezahlt (Unterhalt, § 850b I Nr 2; Arbeitseinkommen, soweit nicht pfändbar), dann ist das Geld auch deshalb unpfändbar, weil der Pfändungsschutz für die Gläubigerforderung an dem geleisteten Geld in der Hand des GV fortbesteht (Stöber FdgPfdg Rn 19).

5 **3)** Eine dem **Schuldner** zur Abwendung der ZwV nachgelassene **Sicherheit** darf der GV (wie für den Gläubiger Zahlungen zur Erfüllung) in Empfang nehmen und für den Schuldner hinterlegen (Köln NJW-RR 87, 1210; Schmidt-vRhein DGVZ 81, 145; Guntau DGVZ 84, 17 [24]). Der GV wird auch für verpflichtet gehalten, den zur Abwendung der ZwV angebotenen Betrag anzunehmen und zu hinterlegen (Schmidt-vRhein aaO). Übergabe des Geldes an den GV begründet bis zur Hinterlegung ein öffentlich-rechtliches Verwahrungsverhältnis (Köln aaO), bei dem die Gefahr für den Verlust des Geldes den Schuldner trifft (Köln aaO). Als erfüllt gelten die vollstreckbaren Ansprüche des Gläubigers in Höhe einer dem GV übergebenen Sicherheitsleistung, wenn der Schuldner zugunsten des Gläubigers auf Rückgabe des zur Abwendung der ZwV beim GV „hinterlegten" Geldbetrags (nachdem die Voraussetzung für Sicherheitsleistung weggefallen ist) verzichtet (BGH JurBüro 84, 386 = Rpfleger 1984, 74).

756 *[Gerichtsvollzieher. Zug-um-Zug-Leistung]*

Hängt die Vollstreckung von einer Zug um Zug zu bewirkenden Leistung des Gläubigers an den Schuldner ab, so darf der Gerichtsvollzieher die Zwangsvollstreckung nicht beginnen, bevor er dem Schuldner die diesem gebührende Leistung in einer den Verzug der Annahme begründenden Weise angeboten hat, sofern nicht der Beweis, daß der Schuldner befriedigt oder im Verzug der Annahme ist, durch öffentliche oder öffentlich beglaubigte Urkunden geführt wird und eine Abschrift dieser Urkunden bereits zugestellt ist oder gleichzeitig zugestellt wird.

I) Zweck: Sicherstellung der dem Schuldner zustehenden Gegenleistung mit Nachweis der Erfüllung oder des Annahmeverzugs unter gleichzeitiger Wahrung der Interessen des Gläubigers, die Gegenleistung bis zur Leistung des Schuldners zu behalten. Weil der Gläubiger seine Gegenleistung auch unmittelbar vor Beginn der Vollstreckung anbieten lassen kann, hat der GV die ZwV-Voraussetzung selbst (von Amts wegen) zu prüfen. Im Klauselverfahren erfolgt keine Prüfung (vgl § 726 Rn 1); Vollstreckungsklausel wird vielmehr sogleich erteilt. 1

II) Anwendungsbereich: Nur ZwV durch den GV (§ 753 Rn 2); nicht bei ZwV durch das Vollstreckungsgericht (hier § 765) und nicht bei Verurteilung zur Abgabe einer Willenserklärung (§ 726 II; dazu § 726 Rn 8). 2

III) Voraussetzungen: 1) a) Verurteilung (sonstiger Titel, § 795) zur **Leistung Zug um Zug** gegen eine vom Gläubiger zu bewirkende Leistung (ermöglicht dem Schuldner nach Leistung nicht Vollstreckung gegen den nicht verurteilten Gläubiger [s BGH NJW 92, 1172 (1173)] zur Durchsetzung der Gegenleistung). Die Verpflichtung zur Zug-um-Zug-Leistung muß sich aus dem Titel selbst ergeben (LG Hamburg DGVZ 92, 41); ein Prozeßvergleich zu beiderseitigen Leistungen ohne Bestimmung, daß sie Zug um Zug zu bewirken sind, ist daher für jede Partei selbständig vollstreckbar (AG Bielefeld MDR 77, 500), ebenso ein Prozeßvergleich, der nur einen der beiden Ansprüche als Zug-um-Zug-Leistung ausweist, für den Gläubiger des „anderen" Anspruchs (LG Tübingen/Stuttgart DGVZ 86, 60). Verurteilung zur Leistung nach Empfang der Gegenleistung ist gleichfalls nur nach § 756 vollstreckbar (Karlsruhe MDR 75, 938; Köln DGVZ 89, 151 = JurBüro 89, 870). Im Urteil muß die Gegenleistung (zumindest bei Auslegung) bestimmt (eindeutig) bezeichnet sein; sonst ist der Titel nicht vollstreckbar (§ 726 Rn 8; BGH FamRZ 94, 101; Frankfurt JurBüro 79, 1389 = Rpfleger 79, 432 [Damenmantel]; KG MDR 94, 617 = Rpfleger 94, 309 u LG Berlin DGVZ 94, 8 [EDV-Kabelmietabrechnung]; LG Hannover DGVZ 78, 61 [4 Reifen mit Felgen]; LG Frankenthal MDR 82, 61 [dem Beklagten gehörender Kühler]); LG Düsseldorf DGVZ 86, 139 [Klischees für Bucheinbanddeckel]; LG Darmstadt DGVZ 89, 71 [schwarzer Kater]; LG Kleve DGVZ 91, 12 = NJW-RR 91, 704 [Kohleofen]; LG Mainz Rpfleger 93, 253 [Auskunft über Informanten]); bei einem Kraftfahrzeug genügt (regelmäßig) Typenbezeichnung, Motor- oder Fahrgestellnummer brauchen nicht angegeben werden (AG Groß-Gerau MDR 81, 504; ist aber Frage des Einzelfalls). ZwV bei „doppelter Zug-um-Zug-Verurteilung" (Anspruch auf Zahlung Zug um Zug gegen Mängelbeseitigung, daß aber wiederum Nachbesserung nur Zug um Zug gegen Zuschußzahlung durchzuführen ist) s BGH 90, 354 [359 ff]). Herausgabe von Software als Gegenleistung s München CR 89, 695; KG NJW-RR 94, 959 = Rpfleger 94, 309; LG Landau DGVZ 95, 87; v Grafenreuth BB 89, 1926 u Münzberg BB 90, 1011. 3

b) Zahlung gegen **Aushändigung eines Wechsels** (Art 39, 50, 77 WG), Schecks (Art 34, 47 ScheckG), des Hypotheken-/Grundschuldbriefes oder sonstiger Urkunden (löschungsfähige Quittung, § 1144 BGB; Anweisung, Orderpapier) ist kein Zug-um-Zug-Anspruch. Auch wenn das Urteil (unkorrekt) auf Zahlung „Zug um Zug" gegen Herausgabe des Wechsels usw lautet, handelt es sich nur um die besondere Ausgestaltung des Rechts auf Quittung. § 756 gilt daher für diesen Fall nicht. Weil jedoch der Schuldner nur gegen Aushändigung des Wechsels (der Urkunde) zu leisten hat (beim Wechsel/Scheckurteil oder -vollstreckungsbescheid auch, wenn der Titel die Aushändigungsklausel nicht enthält, RG 37, 1 [5]; AG/LG Hannover DGVZ 91, 142; AG Aschaffenburg DGVZ 92, 175); muß dem GV für den Beginn der ZwV mit dem Titel auch die Urkunde vorliegen (s auch § 62 Nr 3 GVGA) (Hamm DGVZ 79, 122 = JurBüro 79, 913; Frankfurt OLGZ 81, 261 = JurBüro 81, 938 u Rpfleger 79, 144; LG Aachen DGVZ 83, 75; LG Düsseldorf DGVZ 79, 59; AG/LG Saarbrücken DGVZ 90, 43 [für Scheck]; anders nur Nürnberg BB 65, 1293). Für Vollstreckung eines selbständigen Kostenfestsetzungsbeschlusses aus einem solchen Verfahren gilt auch das nicht, weil er allein Titel ist (Frankfurt OLGZ 81, 261). Nur wenn das Urteil (auf Gegenklage) auch Verurteilung des Gläubigers enthält, Zug um Zug gegen Zahlung den Wechsel (Scheck, Urkunde) herauszugeben, darf nur unter den Voraussetzungen des § 756 vollstreckt werden (Frankfurt aaO). 4

2) a) Angebot der dem Schuldner gebührenden Leistung durch den GV in einer den **Verzug der Annahme** begründenden Weise. In Verzug kommt der Schuldner, wenn er die ihm (oder seinem Vertreter, nicht aber einer Ersatzperson nach Zustellungsrecht) angebotene Leistung nicht annimmt (§ 293 BGB; Einzelheiten §§ 294 ff BGB, auch § 84 GVGA). Wird der Schuldner (sein Vertreter) nicht angetroffen, so kann die Gegenleistung nicht wirksam angeboten werden 5

(AG München DGVZ 80, 190; anders bei wörtlichem Angebot, Rn 7). In Verzug kommt der Schuldner auch, wenn er bereit ist, die angebotene Gegenleistung anzunehmen, ohne die ihm obliegende Leistung voll zu erbringen (§ 298 BGB). Daher darf der GV dem Schuldner die angebotene Leistung nur gegen Bewirkung der von diesem zu erfüllenden Leistung übergeben, nicht aber schon dann, wenn er genügend Pfandstücke vorfindet (BGH 73, 317 [320] = NJW 79, 1203). Leistet der Schuldner nicht, dann ist infolge seines Ausnahmeverzugs die ZwV ohne Bewirkung der angebotenen Gegenleistung zu betreiben (vgl § 274 II, § 322 III BGB; LG Hildesheim NJW 59, 537). Zur Leistung des Schuldners für Abwendung des Annahmeverzugs gehören auch Kosten für das Angebot der Gegenleistung (Hamburg MDR 71, 145 = NJW 71, 387; s aber § 788 Rn 4) und ZwV-Kosten des Gläubigers (nicht jedoch Prozeßkosten). Der Schuldner gerät daher auch in Annahmeverzug, wenn er zur Hauptleistung bereit ist, Zahlung der ZwV-Kosten aber ablehnt (LG Hildesheim aaO; Bank JurBüro 80, 1137). Kosten für Abtransport einer vom Schuldner herauszugebenden Sache (Hamburg aaO) und Kosten des Rechtsstreits gehören nicht zu der dem Schuldner Zug um Zug obliegenden Leistung (LG Hildesheim aaO). Bei Abgabe des Angebots handelt der GV als Vollstreckungsorgan, sonach hoheitlich. Annahme des Angebots durch den Schuldner bewirkt Leistung des Gläubigers; das Rechtsgeschäft kommt durch Einschaltung des hoheitlich handelnden GV zustande (näher Faland ZZP 92 [1979] 432 [459]).

6 **b)** Die nach dem Titel zu bewirkende Leistung muß dem Schuldner durch den GV **tatsächlich angeboten** werden (§ 294 BGB; LG Düsseldorf DGVZ 80, 187), dh ohne Mängel (RG 111, 89), vollständig (§ 266 BGB; gilt auch für Vollstreckung nur eines Teilbetrags und bei teilbarer Gegenleistung, LG Wuppertal DGVZ 86, 90; AG Schönau DGVZ 90, 45), am rechten Ort (§ 269 BGB) und zur rechten Zeit (§ 271 BGB; RG 17, 367). Tatsächlich angeboten ist, wenn der GV den Schuldner mit der Gegenleistung in der Hand (LG Berlin DGVZ 93, 28; auch zB einer privatschriftlichen Abtretungserklärung für Zahlung gegen Abtretung einer Forderung, Köln MDR 91, 260) zur Leistung auffordert oder wenn der Gläubiger die ihm obliegende Leistung in Gegenwart des GV anbietet (LG Berlin DGVZ 78, 25 = Rpfleger 78, 63), wenn der Schuldner also nur zuzugreifen braucht (BGH 90, 354 [359]; RG 109, 324 [328]). Angebot und Erklärung des Schuldners dazu sind in das **Protokoll** des GV aufzunehmen (§§ 762, 763; auch § 84 Nr 2 Abs 3 GVGA). Aufrechnung kann für eine anzubietende Geldleistung nicht erfolgen (LG Hildesheim aaO). Mit einem als Gegenleistung zu erbringenden Pkw muß (ohne ausdrücklichen Urteilsausspruch) auch der zugehörige Kfz-Brief angeboten werden (AG Mannheim DGVZ 71, 79). Ein vorprozessuales Angebot des Gläubigers oder ein Angebot des Gläubigers selbst außerhalb der ZwV genügt ohne urkundlichen Nachweis (Rn 10) nicht (LG Dortmund DGVZ 77, 10), desgleichen nicht Verweis auf den Besitz eines Dritten unter Abtretung des Herausgabeanspruchs (AG Cochem DGVZ 73, 171). Mangelhaftigkeit der angebotenen Sache ist unschädlich (Stuttgart DGVZ 91, 8 = MDR 91, 546; LG Bremen DGVZ 77, 157; LG Rottweil DGVZ 90, 171 für Rückabwicklung infolge Gebrauchtwagenmängel), wenn nicht der Titel selbst eine Beschreibung der Gegenleistung (zB als Gattungssache) enthält oder mangelfreie Leistung bestimmt (AG Darmstadt DGVZ 79, 126).

7 **c)** Ein **wörtliches Angebot**, für das dem GV besonderer Auftrag erteilt sein muß (Gilleßen/Jakobs DGVZ 81, 49 [53]; AG Lampertheim DGVZ 80, 188; aA LG Augsburg DGVZ 95, 8 [GV-Auftrag schließt Ermächtigung schon ein]) genügt nur (§ 295 BGB; s auch § 84 Nr 1 GVGA), wenn der Schuldner bereits erklärt hat, daß er die Gegenleistung nicht annehmen wolle oder wenn zur Bewirkung der Gegenleistung eine Handlung des Schuldners erforderlich ist, insbes wenn er die geschuldete Sache abzuholen hat (Oldenburg DGVZ 91, 172 = MDR 92, 74; LG Bonn DGVZ 81, 188; LG Freiburg DGVZ 79, 182; LG Ulm NJW-RR 91, 190; AG Sinzig NJW-RR 87, 704). Die Ablehnung muß sich aus dem Titel ergeben (oder urkundlich nachgewiesen sein; Nachricht an Gläubiger genügt nicht, wohl aber Erklärung zu Protokoll des GV); unbeachtlich für den GV ist die materielle Rechtslage, die im Urteil keinen Niederschlag gefunden hat (Kaufvertrag usw; LG Berlin aaO). Daß es sich um eine Holschuld handelt, muß sich gleichfalls aus dem Titel ergeben (SchlHOLG DGVZ 92, 57 [kann auch Auslegung eines Vergleichs ausweisen]; LG Aachen DGVZ 77, 88; LG Berlin aaO; LG Gießen DGVZ 86, 76; LG Oldenburg DGVZ 82, 124; LG Ravensburg DGVZ 86, 88); das kann auch aus Tatbestand oder Entscheidungsgründen hervorgehen (Gilleßen/Jakobs aaO); nach aA soll es auch der GV aus § 269 BGB oder anderen materiellen Vorschriften (wie bei Rückabwicklung eines Kaufvertrags) ableiten können (zB LG Freiburg DGVZ 79, 182; LG Ulm aaO; AG Lampertheim DGVZ 80, 188; AG Hamburg DGVZ 80, 189; AG Euskirchen/LG Bonn DGVZ 81, 188; s auch LG Bonn DGVZ 83, 185); das ist zu weitgehend, denn GV kann für Urteilsergänzung weder Umstände noch Natur des Schuldverhältnisses würdigen noch Wohnsitz bei Entstehung des Schuldverhältnisses ermitteln (kein Fall der Urteilsauslegung).

8 **d)** Die angebotene Gegenleistung muß **richtig** und **vollständig** (ggfs auch frei von Mängeln, s Rn 6 aE) sein, eine Gattungssache daher von mittlerer Art und Güte (§ 243 BGB, § 360 HGB), eine handwerkliche Leistung (vom Annahmeverzug abgesehen) tatsächlich erbracht sein (Stutt-

gart DGVZ 88, 11; LG Arnsberg DGVZ 83, 151; LG Stuttgart DGVZ 90, 92; Schneider DGVZ 82, 37); ein herauszugebendes Kfz darf nicht nach Urteilserlaß durch einen Unfall erheblich beschädigt worden sein (LG Bonn DGVZ 83, 187; LG Hannover DGVZ 84, 152). Der **GV hat** dies **zu prüfen** (Frankfurt aaO; LG Frankenthal MDR 82, 61; aber keine Prüfung beim wörtlichen Angebot von Vorhandensein und Ordnungsmäßigkeit der Leistung; Gilleßen/Jakobs aaO mwN). Die Prüfung, ob für Zahlung gegen Beseitigung von Mängeln ordnungsgemäß nachgebessert ist, ist mithin ins ZwV-Verfahren verlagert (BGH 61, 42 [46] = NJW 73, 1792). Fehlt dem GV eigene Sachkunde, muß er erforderliche Feststellungen durch einen Sachverständigen treffen lassen (so für Änderungs- und Ergänzungsarbeiten LG Hannover DGVZ 81, 88; für Nachbesserungsarbeiten Hamm DGVZ 95, 182 [183]; Köln MDR 86, 1033; Stuttgart MDR 82, 416; LG Heidelberg DGVZ 77, 91; LG Stuttgart DGVZ 90, 92; aA Stojek MDR 77, 456). Wenn nachgebessert ist, darf die ZwV nicht deshalb verweigert werden, weil der Schuldner weitere Mängel geltend macht (LG Bonn DGVZ 89, 12). Übertragung des Eigentums an einer beweglichen Sache als Gegenleistung erfordert Angebot zur Übereignung unter Übergabe der Sache; das Angebot zur Abtretung eines Herausgabeanspruchs (§ 931 BGB) genügt nicht (Köln Rpfleger 92, 527).

e) **Vorübergehende Verhinderung** an der Annahme der angebotenen Leistung darf Annahmeverzug nicht ausschließen (§ 299 BGB). Verhinderung besteht nicht, wenn dem Schuldner der Termin des tatsächlichen Angebots durch den GV angemessene Zeit vorher angekündigt wurde, er aber nicht anwesend ist (§ 299 BGB; LG Hamburg DGVZ 84, 115). Daher wird für sichere Feststellung des Annahmeverzugs Ankündigung des Angebots angemessene Zeit vorher empfohlen (Gilleßen/Jakobs DGVZ 81, 49 [53]). 9

3) a) Beweis durch **öffentliche** oder **öffentlich beglaubigte Urkunden** (zB GV-Protokoll über früheres Angebot, auch durch einen anderen GV [Beweiskraft: § 418; dazu Köln MDR 86, 765 = NJW-RR 86, 863], notariell beglaubigte Quittung), daß der Schuldner befriedigt oder in Verzug der Annahme ist, ermöglicht Beginn der ZwV ohne vorheriges Angebot der Gegenleistung durch den GV. Der Nachweis des Annahmeverzugs oder der Befriedigung des Schuldners kann auch mit Hilfe eines anderen (rechtskräftigen oder vorläufig vollstreckbaren, LG Augsburg JurBüro 94, 307) Urteils geführt werden (KG OLGZ 74, 306 = MDR 75, 149). Ausreichend ist Nachweis, daß der Annahmeverzug schon vor Urteilserlaß eingetreten ist (LG Bonn NJW 63, 721). Deshalb kann der Annahmeverzug sich auch aus dem Leistungsurteil selbst (dessen Gründen) ergeben (KG OLGZ 72, 481 = NJW 72, 2052; Köln DGVZ 89, 151 = JurBüro 89, 870 u MDR 91, 260 = NJW-RR 91, 383; LG Berlin DGVZ 72, 44; ; LG Hagen DGVZ 73, 75; Feststellungsantrag hierfür empfiehlt Doms NJW 84, 1340, auch Schibel NJW 84, 1945; abw Christmann DGVZ 90, 1: tenorierte Feststellung des Annahmeverzugs hebt Wirkung der Zug-um-Zug-Verurteilung auf; das Urteil ist wie ein unbedingtes Leistungsurteil zu vollstrecken). Allein dadurch, daß der Schuldner nach dem Urteilstatbestand dem Zug-um-Zug-Antrag des Gläubigers mit dem Klageabweisungsantrag entgegengetreten ist, ist der Annahmeverzug jedoch nicht bewiesen (KG aaO u OLGZ 74, 306 [311]; Frankfurt JurBüro 79, 1389 = Rpfleger 79, 432; LG Berlin DGVZ 78, 64 = Rpfleger 78, 25; LG Düsseldorf DGVZ 80, 187; LG Wuppertal Rpfleger 88, 153; aA nur LG Bonn aaO). Eine Willenserklärung (Auflassung) ist als Gegenleistung nur dann bereits mit Urteilsrechtskraft (ggfs Erteilung einer vollstreckbaren Ausfertigung) abgegeben (§ 894 I), wenn der Gläubiger zur Abgabe dieser Erklärung verurteilt ist (nicht klar LG Koblenz DGVZ 89, 43). Nachweis durch Urkunde ist nicht mehr zu führen, wenn nach dem Zugeständnis des Schuldners die Gegenleistung unstreitig bereits erbracht ist (LG Hannover DGVZ 85, 171; AG Fürstenfeldbruck DGVZ 81, 90; Münzberg DGVZ 91, 88 [89]; § 288 entspr). Hinterlegung (§ 378 BGB) beweist Befriedigung des Schuldners nicht, weil er als Berechtigter der Gegenleistung durch den Titel bestimmt, sonach nicht unbekannt iS von § 372 S 2 BGB ist (KG DGVZ 64, 151). Wenn der Gläubiger die Leistung bereits erbracht hat, urkundlichen Beweis aber nicht führen und Zugeständnis des Schuldners nicht erhalten kann, kann nicht vollstreckt werden; Gläubiger kann dann auf Zulässigkeit uneingeschränkter Vollstreckung klagen (nach Koblenz Rpfleger 93, 28 auf Feststellung der Vollstrekkungsvoraussetzungen), ebenso, wenn Schuldner den Besitz der Sache – ohne durch Leistung des Gläubigers befriedigt zu sein – auf sonstige Weise erlangt hat (Celle DGVZ 58, 185 u 59, 41). 10

b) **Zustellung** einer Abschrift der Urkunden (Rn 10) an den Schuldner (seinen Vertreter, §§ 176, 178) muß spätestens bei Beginn der ZwV erfolgt sein. 11

IV) **Verstoß** gegen § 756 macht die ZwV anfechtbar (vor § 704 Rn 34). 12

V) **Rechtsbehelf:** Für Gläubiger und Schuldner Erinnerung (§ 766; dann § 793). Erinnerung (nicht Feststellungs- oder Vollstreckungsabwehrklage) auch, wenn zu klären ist, ob eine Gegenleistung (Nachbesserung) ordnungsgemäß erfolgt ist (KG DGVZ 89, 70 = NJW-RR 89, 638; AG Pirmasens MDR 75, 62). Ob eine Gegenleistung ordnungsgemäß angeboten ist, entscheidet auf Erinnerung das Vollstreckungsgericht selbständig (§ 766 Rn 27; anders LG Hannover DGVZ 84, 152: Prüfung des GV ist zu respektieren und kann nur korrigiert werden, wenn er die Grenzen seines Ermessens überschritten hat). Zugeständnis des Schuldners, daß die Gegenleistung er- 13 bracht (oder angeboten) ist, kann nach § 138 III nicht schon angenommen werden, wenn er mit Erinnerung nur gerügt hat, daß Urkundenbeweis nicht geführt ist (Münzberg DGVZ 91, 88, auch zu Geständnisfiktion oder Bestreiten nach § 138 III nach Tatsachenbehauptung des Gläubigers). Dringt der Gläubiger bei Weigerung des GV mit Erinnerung (und Beschwerde, § 766, 793) nicht durch, bleibt ihm nur der Weg neuer Klage (BGH NJW 62, 2004). Wird dem Gläubiger die Erfüllung seiner (Gegen)Leistung (zB die Herausgabe von Sachen) ohne sein Verschulden unmöglich und behält er den Anspruch auf Leistung, so kann er neue Klage stellen, daß die ZwV gegen den Schuldner ohne Gegenleistung für zulässig erklärt wird (RG 96, 184); die Urteilsrechtskraft kann jedoch entgegenstehen, wenn Wegfall der Gegenleistung schon im Vorprozeß hätte vorgetragen werden können (BGH 117, 1 = NJW 92, 1172; dazu auch vor § 322 Rn 34a u 57). Soweit sich der Schuldner gegen den Anspruch als solchen wendet, zB er sei von der Hauptleistung befreit, weil die Gegenleistung unmöglich geworden ist, ist Vollstreckungsabwehrklage zulässig (§ 767); desgleichen dann, wenn der Schuldner Unzulässigkeit der ZwV wegen eines Mangels der Gegenleistung geltend macht, die nach dem Urteilsinhalt im Vollstreckungsverfahren nicht geprüft werden kann (LG Hamburg DGVZ 84, 10).

757 *[Quittung durch Gerichtsvollzieher]*

(1) Der Gerichtsvollzieher hat nach Empfang der Leistungen dem Schuldner die vollstreckbare Ausfertigung nebst einer Quittung auszuliefern, bei teilweiser Leistung diese auf der vollstreckbaren Ausfertigung zu vermerken und dem Schuldner Quittung zu erteilen.

(2) Das Recht des Schuldners, nachträglich eine Quittung des Gläubigers selbst zu fordern, wird durch diese Vorschriften nicht berührt.

1 **I) Zweck:** Schutz des Schuldners vor nochmaliger Vollstreckung.

2 **II)** Der GV hat die ihm angebotene Leistung oder Teilleistung anzunehmen und den Empfang zu bescheinigen (§ 106 Nr 1 GVGA). Eine **Quittung** (Urschrift; AG Herzberg DGVZ 66, 140) hat er im eigenen Namen dem Einzahler über alle Barzahlungen (auch Übergabe eines Schecks) und gepfändeten Beträge unaufgefordert zu erteilen (§ 74 Nr 1 GVO). Die zu quittierende Leistung muß an den GV selbst geschehen sein; sie kann freiwillig (Empfangsberechtigung § 754) oder zwangsweise (§ 815 III), auch durch Empfang des Erlöses aus Pfandverwertung (§ 819) erfolgt sein. Wenn in Anwesenheit des Gläubigers freiwillig geleistet wird, ist klarzustellen (anders StJ/Münzberg Rn 2), ob der GV die Leistung annimmt und sogleich weiterleitet (dann hat der GV zu quittieren, die Zahlung zu buchen und Auszahlung gegen Quitting zu leisten) oder ob unmittelbar an den Gläubiger geleistet wird (dann kein Fall des § 757 I; die ZwV ist vielmehr nach Erklärung des Gläubigers oder nach § 775 Nr 4, 5 einzustellen). Empfangsbescheinigung für Leistung einer herauszugebenden Sache (§§ 883f) an den GV ist gleichfalls zu erteilen.

3 **III) 1) a) Voll bewirkt** ist der Anspruch, wenn der nach der vollstreckbaren Ausfertigung (soweit eine Vollstreckungsklausel nicht erforderlich ist, § 724 Rn 2: der nach dem Titel) dem Gläubiger zustehende vollstreckbare Anspruch (vor § 704 Rn 3) an Hauptsache und allen Nebenforderungen (Zinsen), auch Kosten früherer ZwV und der nunmehrigen ZwV-Maßnahme (§ 788), durch Leistung an den GV (nicht auch teilweise an den Gläubiger selbst) vollständig gedeckt ist (Leistung unter Vorbehalt, Ersatzleistungen und Schecks s § 754 Rn 3, 6). Das kann auch durch Zahlung eines Restes erfolgt sein, der nach einer auf dem Titel schon vermerkten Teilleistung verblieben ist. Außer Betracht bleiben Beträge, die dem Gläubiger nach dem Titel noch gebühren, über die vollstreckbare Ausfertigung aber nicht erteilt ist. Wenn der Schuldtitel im Klauselverfahren (§ 732) oder Klauselklageverfahren (§ 768) oder eine vorläufig vollstreckbare Entscheidung im Rechtsstreit eingeschränkt worden ist, ist der verbleibende Gläubigeranspruch „vollständiger" Betrag nach § 757 I.

4 **b)** Der **GV übergibt dem Schuldner** bei vollständiger Leistung neben einer Quittung auch die vollstreckbare Ausfertigung (Abs 1; die Ausfertigung bei Vollstreckung ohne Klausel; enger: nur Vollstreckungsbescheid, MK/Arnold Rn 6); auf dieser wird nicht mehr zusätzlich quittiert. Der Gläubiger kann mit Widerspruch die Verpflichtung des GV, die vollstreckbare Ausfertigung auszuhändigen, nicht aufheben (AG Limburg DGVZ 84, 93). Bei Zahlung mit Scheck darf die Ausfertigung nur ausgehändigt werden, wenn der Scheckbetrag dem Dienstkonto des GV gutgeschrieben oder an ihn gezahlt worden ist (sonst wenn der Auftraggeber zustimmt, § 106 Nr 3 GVGA).

5 **2)** Hat der Schuldner unmittelbar **an den Gläubiger** (dessen Vertreter oder Prozeßbevollmächtigten) vollständig **geleistet** (auch wenn dies in Anwesenheit des GV geschehen ist), so darf der GV nur mit dessen Zustimmung die vollstreckbare Ausfertigung dem Schuldner ausliefern (§ 106

NJW 80, 2377 zu II 2). Taschenpfändung in Räumen Dritter (auch in Geschäftsräumen) erfordert unter den Voraussetzungen des Art 13 II GG Durchsuchungsanordnung (anders Brendel DGVZ 82, 181; Hamburg MDR 84, 963 = NJW 84, 2898 für Betriebs- und Geschäftsräume, Schank- und Aufenthaltsraum einer in einem Vergnügungsviertel gelegenen Pension; desgl LG Düsseldorf DGVZ 87, 76 = JurBüro 87, 454 für Taschenpfändung in Gaststätte eines Dritten).

e) Grundrechtsschutz nach Art 13 II GG besteht auch für **juristische Personen** und (rechtsfähige oder nicht rechtsfähige) **Personenvereinigungen** (BVerfG 32, 54 = NJW 71, 2299; BVerfG 42, 212 [219] = NJW 76, 1735). Deren Geschäftslokale, Betriebsräume, Klubräume und Vereinshäuser können daher ebenso nur mit richterlicher Anordnung durchsucht werden (LG Aachen JurBüro 82, 618; LG Düsseldorf MDR 81, 679; LG Lübeck DGVZ 81, 25; LG München I NJW 83, 2390; Bischof ZIP 83, 522 zu III 3). Öffentlich allgemein zugängliche Räume können davon nicht ausgenommen sein, so Verkaufsläden und Gaststätten, Ausstellungsräume, auch Warenhäuser (Bischof ZIP 83, 522 zu III 1; zur Gestattung jedoch Rn 8). 7

f) Eine Durchsuchung (Begriff Rn 2) findet **nicht** statt, **wenn der Schuldner** als Inhaber der Wohnung **die Räume** dem GV **zugänglich macht.** Die Einwilligung muß ausdrücklich erklärt werden (aA StJ/Münzberg Rn 10: kann stillschweigend gegeben werden); sie ist rechtlich nur beachtlich, wenn sie von dem Schuldner in dem Bewußtsein abgegeben worden ist, rechtserheblich zu handeln (Schubert MDR 80, 365; aA Seip DGVZ 80, 60; Langheid MDR 80, 21). Der GV, dem der Schuldner Zutritt zu seiner Wohnung gestattet, hat sich daher bei der Eröffnung seines Vollstreckungsauftrags und der Absicht, die Wohnung zu durchsuchen, durch ein kurzes Gespräch mit dem Schuldner zu vergewissern, daß dieser in Kenntnis seines Rechts, eine richterliche Anordnung zu verlangen, in die Durchsuchung einwilligt. Nur auf diese Weise wird sichergestellt, daß nicht nur der gerichtserfahrene, sondern auch der gerichts- und rechtsunkundige Schuldner, der einer besonderen Fürsorge bedarf, des von der Verfassung gewährleisteten Schutzes der Wohnung teilhaftig wird (Schubert aaO; gegen ausdrückliche Belehrung des Schuldners und zur Problematik s Schneider NJW 80, 2377 zu IV 3; Bischof ZIP 83, 522 zu III 6; Brendel DGVZ 82, 179 mwN). Die Einwilligung kann auf bestimmte Räume beschränkt werden; macht der Schuldner sonst Vorbehalte oder Einschränkungen, so ist die Einwilligung als verweigert anzusehen. Dies gilt auch, wenn der Schuldner zunächst einwilligt, im Verlauf der Durchsuchung jedoch seine Zustimmung zurücknimmt oder Vorbehalte macht. Der GV wird dann die Durchsuchung abbrechen (eine bereits erfolgte Pfändung bleibt wirksam), es sei denn, daß Gefahr im Verzug zu bejahen ist (s auch Schneider NJW 80, 2377 zu IV 3). Darin, daß Geschäftsräume (Gaststätten, Warenhäuser und dgl) der Öffentlichkeit zugänglich gemacht sind, liegt eine Erlaubnis des Inhabers zur Durchsuchung für Pfändung nicht (LG Wuppertal DGVZ 80, 11; Seip NJW 94, 352 [354]; Schneider NJW 80, 2377 zu III 2 gegen Hupe JurBüro 79, 1439; anders auch BFH NJW 89, 455: das bloße Betreten und Besichtigen von Geschäfts- oder Betriebsräumen und das Verweilen in diesen mit der Absicht, nach Zahlungsaufforderung zu einer Sachpfändung zu schreiten [Pfändung offen ausgelegter Waren] ist zulässig; nicht folgerichtig, weil Art 13 II GG auch das Betreten der Räume und das Verweilen darin durch Organe der öffentl Gewalt gegen den Willen des „Wohnungsinhabers" untersagt, s BVerfG 76, 83 [89, 90]). Bei Abwesenheit des Schuldners kann die Einwilligung auch von Dritten erteilt werden, die zu dem Personenkreis gehören, der auch sonst im Zivilprozeß (zB §§ 181 ff, 759) für den Schuldner tätig werden kann; das sind insbes Familienangehörige und Bevollmächtigte (Schneider NJW 80, 2377 zu IV 3; Weimar DGVZ 1980, 136; aA Kleemann DGVZ 80, 3). Den Zutritt zu Geschäftsräumen hat der Geschäftsinhaber als Träger des Grundrechts zu billigen, den Zutritt zu Räumen von Personenvereinigungen deren Vertreter oder Organe; Beschäftigte können bei Abwesenheit des Geschäftsinhabers usw das Einverständnis erklären, wenn sie stellvertretend tätig werden können (zB Prokurist, Hausmeister usw). Die Einwilligung des Schuldners für Durchsuchung der Wohnung zur Pfändung wirkt auch für das weitere ZwV-Verfahren; der GV kann die Wohnung daher auch zum Abholen der Pfandstücke betreten. Die Einwilligung ist jedoch widerruflich; wenn der Schuldner später widerspricht, muß daher der GV für weitere Vollstreckungshandlungen, auch für das Abholen der Pfandstücke, durch Durchsuchungsanordnung neu legitimiert sein (Schneider NJW 80, 2377 zu III 4, Bischof ZIP 83, 522 zu II 6, beide zutr gegen LG Wiesbaden DGVZ 80, 28). 8

g) **Gefahr im Verzug,** die Durchsuchung durch das Vollstreckungsorgan gestattet (Art 13 II GG), liegt nicht schon deshalb vor, weil ein durch das Auftauchen des GV gewarnter Schuldner pfändbare Sachen aus der Wohnung beiseite schaffen könnte (so auch vdHövel NJW 93, 2031), sondern nur, wenn die mit Einholung der Anordnung verbundene Verzögerung den Erfolg der Durchsuchung gefährden würde (BVerfG 51, 97). Diese Ausnahmesituation kann zB gegeben sein bei Vollstreckung einer im Beschlußverfahren erlassenen einstw Verfügung, weil sie einen dringenden Fall voraussetzt (AG Mönchengladbach-Rheydt DGVZ 80, 94; Schneider NJW 80, 2377 zu II 1; Bischof ZIP 83, 522 zu II 1; anders für einstw Verfügung nach mündlicher Verhandlung LG Düsseldorf DGVZ 85, 60; für Arrest Karlsruhe DGVZ 83, 139; LG Detmold DGVZ 83, 189). 9

Auch konkrete Anhaltspunkte für eine beabsichtigte Vollstreckungsvereitelung oder (im Arrestverfahren glaubhaft gemachte) bevorstehende Ausreise des Schuldners ins Ausland auf Dauer (LG Kaiserslautern DGVZ 86, 62) können eine Gefahr im Verzug ergeben, nicht aber allein ein bevorstehender Umzug, wenn die neue Anschrift bekannt ist (aA Karlsruhe DGVZ 92, 41). Eine gewisse Verzögerung der Vollstreckungsmaßnahme ist in Kauf zu nehmen; sie begründet als solche noch nicht Gefahr im Verzug (aA LG Berlin DGVZ 80, 186; Schneider NJW 80, 2377 zu II 1). Die Entscheidung, ob Gefahr im Verzug besteht, trifft der GV. Bejaht er Gefahr (die seiner Beurteilung zugrundeliegenden Tatsachen sind im Protokoll zu vermerken; LG Regensburg DGVZ 95, 185 [186]; auch AG München DGVZ 80, 190), so bedarf es – vorbehaltlich einer gerichtlichen Nachprüfung bei Erinnerung (§ 766) – nicht mehr einer nachträglichen richterlichen Anordnung, die seine Auffassung bestätigt (Schneider NJW 80, 2377 zu II 1; aA Kleemann DGVZ 80, 3 Fn 10 unter Berufung auf BVerfG 10, 302 [322] = NJW 60, 811; BVerfG 22, 311 [317] = NJW 68, 243, die zu Art 104 II GG ergangen sind und nicht entsprechend angewendet werden können; so zutr Schneider aaO).

10 **h)** Wohnungsdurchsuchung erfordert richterliche Durchsuchungsanordnung auch bei **ZwV sonstiger Ansprüche**, insbes sonach, wenn die Wohnung bei ZwV zur **Herausgabe beweglicher Sachen** oder Personen durchsucht werden soll (so auch § 107 Nr 8 GVGA; LG Düsseldorf DGVZ 85, 60; LG Kaiserslautern DGVZ 81, 87; LG Kiel DGVZ 85, 185; LG Berlin DGVZ 92, 11 [Wegnahme eines Pkw]; anders LG Berlin DGVZ 80, 86; LG Kassel DGVZ 81, 24; AG Darmstadt DGVZ 79, 187; Schneider NJW 80, 2377 zu II 3; Langheid MDR 80, 22; Bischof ZIP 83, 522 zu II 5 auch für Vergleich; Barz ua DGVZ 93, 177 für Einrichtungsgegenstände; AG Leverkusen DGVZ 84, 95 für Anordnung des Familiengerichts, Kinder einem Elternteil wegzunehmen). Nur wenn der Schuldtitel bereits die richterliche Erlaubnis zum Betreten der Wohnung für die Wegnahmevollstrekkung einschließt, bedarf es keiner weiteren Durchsuchungsanordnung; Beispiele: Demontage und Weggnahme eines in der Schuldnerwohnung installierten Gas- oder Stromzählers (LG Berlin DGVZ 88, 118); Zutritt zu elektrischen Meßeinrichtungen oder zu einem Gaszähler zur Sperrung (AG Bln-Wedding DGVZ 91, 46; LG Berlin DGVZ 92, 91) oder zur Ablesung der Zählerstände und zum Ausbau (AG Heidelberg DGVZ 86, 189); einstw Verfügung mit der Verpflichtung, dem Gläubiger Zutritt zur Wohnung zu gewähren und die Sperrung des darin befindlichen Stromzählers zu dulden (Köln NJW-RR 88, 832 = OLGZ 88, 338). Für **Räumung** einer Wohnung (auch einer unbeweglichen Sache, eines eingetragenen Schiffs oder Schiffsbauwerks, § 885) auf Grund richterlichen Titels muß eine Durchsuchungsanordnung nicht noch gesondert erwirkt werden (so auch § 107 Nr 8 GVGA). Der Räumungstitel schließt bereits die Anordnung ein, die Räume gegen den Willen des Schuldners zu betreten und ihn zur Besitzaufgabe zu zwingen (Düsseldorf NJW 80, 458; LG Düsseldorf DGVZ 85, 60; Schneider NJW 80, 2377 zu II 4 mwN; Bischof ZIP 83, 522 zu II 4; MK/Arnold Rn 59; aA nur Kühne DGVZ 79, 147). Räumungsvollstreckung eines Prozeßvergleichs (Schneider aaO; aA Bischof aaO mit Nachw), des Zuschlagbeschlusses des Rechtspflegers (Bremen OLGZ 94, 606 = Rpfleger 94, 77; AG Wolfsburg DGVZ 95, 13; Zeller/Stöber § 93 Rn 2; aA LG Düsseldorf JurBüro 87, 1578) oder eines Konkurseröffnungsbeschlusses (Schneider aaO) setzt jedoch richterliche Durchsuchungsanordnung voraus (anders LG Berlin DGVZ 81, 184 = JurBüro 82, 619 u MK/Arnold Rn 60: für zwangsweise Räumung nie erforderlich). Aufsuchen einer auf Grund **Haftbefehls** zu verhaftenden Person (§§ 908, 909) ist Wohnungsdurchsuchung (Rn 2), deren Anordnung bereits im Haftbefehl liegt; er gebietet alle zur Verhaftung notwendigen Maßnahmen (LG Berlin DGVZ 79, 170 u NJW 80, 457; LG Düsseldorf DGVZ 80, 10; LG Stuttgart DGVZ 80, 111; Schneider NJW 80, 2377 zu II 5 mwN; Schubert NJW 80, 459; Bischof ZIP 83, 522 zu II 3; aA LG Saarbrücken NJW 79, 2571 u 80, 457 mit Anm Schubert; Kleemann DGVZ 80, 6), nicht aber Durchsuchung der Wohnung eines Dritten (Schneider aaO; ob dafür Durchsuchungsanordnung erteilt werden kann, ist streitig, s Christmann DGVZ 88, 91 und [dagegen] Siegel DGVZ 87, 151; Bittmann DGVZ 89, 65); anders Brendel DGVZ 82, 179: Verhaftung in Räumen Dritter ohne Durchsuchungsbeschluß möglich, weil diesen gegenüber ZwV-Voraussetzungen nicht gegeben sind; das ist jedoch für Durchsuchung der Wohnung eines Dritten nicht Voraussetzung nach Art 13 GG, der zudem nicht nur die Wohnung eines Schuldners schützt).

11 **i) Anläßlich einer Räumungsvollstreckung,** die ohne Durchsuchungsanordnung zulässig durchgeführt wird, kann zugleich Durchsuchung nach § 758 zur Sachpfändung wegen einer Geldforderung erfolgen (StJ/Münzberg Rn 9). Das gilt jedenfalls für gleichzeitige Vollstreckung der Verfahrens- und ZwV-Kosten des Räumungsverfahrens (Düsseldorf NJW 80, 458; Schneider NJW 80, 2377 zu III 5; Bischof ZIP 83, 55 zu II 4), aber auch für Vollstreckung von Geldansprüchen, die aus der Raumnutzung erwachsen sind und im Räumungsprozeß geltend gemacht wurden (rückständige Miete, Schadensersatz für Beschädigung der Mietsache; s Schneider aaO). Für einen Leistungstitel, der in einem anderen Verfahren erwirkt wurde und anläßlich der Wohnungsräumung vollstreckt wird, zeigt sich aber keine Besonderheit (StJ/Münzberg Rn 9 Fußn 37, aA Schneider aaO). Vollstreckung eines Haftbefehls schließt die Erlaubnis zur Durchsuchung der Wohnung für eine Geldvollstreckung nicht ein (Schneider aaO).

k) Weitere Vollstreckungsaufträge (des gleichen Gläubigers oder anderer Gläubiger), für die keine eigene richterliche Ermächtigung vorliegt, kann der GV mit vollstrecken, wenn er sich aufgrund einer Durchsuchungsanordnung in der Wohnung des Schuldners befindet, soweit dadurch der Grundrechtseingriff (Betreten der Räume des Schuldners und Verweilen darin für die Dauer der Durchführung des Auftrags, für den die Durchsuchungsanordnung erwirkt ist) nicht erweitert wird (BVerfG 76, 83 = NJW 87, 2499). Durch die Durchsuchungsanordnung eines anderen Gläubigers (oder des Gläubigers wegen eines anderen Schuldtitels) wird die Vollstreckung auch für solche weitere Gläubiger gedeckt (BVerfG aaO), sofern (soweit) sie keine zusätzlichen, weitergehenden Maßnahmen (Durchsuchung anderer Räume und Behältnisse) erfordert, die zu einem längeren Verweilen des GV in den Räumen führen würde (s auch § 107 Nr 8 Abs 3 GVGA). Jedoch verstößt die Durchsuchung von Räumen zur Erledigung mehrerer Pfändungsaufträge gegen Art 13 I GG, wenn der GV sich wegen der weiteren Vollstreckung länger in den Räumen aufhalten muß (BVerfG aaO; s dazu aber Bittmann DGVZ 89, 136). Der Gläubiger, der keine Durchsuchungsanordnung erwirkt hat, muß sich dann mit einer Anschlußpfändung nach § 826 begnügen (erfordert keine Durchsuchungsanordnung, weil sie außerhalb der Räume des Schuldners erfolgen kann, Schneider NJW 80, 2377 zu III 5 e; Bischof ZIP 83, 522 zu II; AG/LG München DGVZ 85, 45), die ihn rangmäßig schlechterstellt (BVerfG aaO). Spätere Anschlußpfändung in der Form des § 808 erfordert eine Durchsuchungsanordnung. 12

l) Abs 2 konkretisiert die Wohnungsdurchsuchung dahin, daß auch innerhalb der Wohnung befindliche **verschlossene Behältnisse** geöffnet werden dürfen (Köln NJW 80, 1531). Hierfür ist eine besondere (eigene) richterliche Erlaubnis nicht mehr erforderlich. Behältnisse sind alle Sachen, die dem Schuldner zur Aufbewahrung dienen können; es gehören hierher Zimmer, Schränke, Taschen und Truhen, Kassetten, auch Kleidungsstücke. 13

III) Voraussetzungen für Erteilung der **Durchsuchungsanordnung** ergeben sich aus Art 13 II GG nicht; dort ist nur bestimmt, daß ein Richter eingeschaltet werden muß. Auch Art 13 III GG liefert keine Anhaltspunkte (BVerfG 57, 346). Prüfungsumfang und -maßstäbe ergeben sich aus den Bestimmungen, welche die Voraussetzungen für die Durchsuchung festlegen (BVerfG aaO). Es sind die sich aus der Verfassung und dem einfachen Recht ergebenden Voraussetzungen der Durchsuchung, nicht mehr aber der Inhalt des bereits vollstreckbaren Schuldtitels (Art 13 II GG schafft „keine neue Instanz"; BVerfG 51, 97 u 57, 346) in richterlicher Unabhängigkeit zu prüfen (BVerfG 57, 346). Die Prüfung hat sich daher auf die Vollstreckungsvoraussetzungen (sie müssen zur Überzeugung des Richters feststehen, BVerfG aaO) und darauf zu erstrecken, daß kein mit der Verfassung nicht in Einklang stehender Eingriff in den mit Art 13 II GG geschützten Bereich des Schuldners erfolgt (BVerfG 51, 97 u 57, 346; s auch vor § 704 Rn 29). Verfassungsrechtliche Gewährleistung der Grundrechte erfordert insbes Prüfung der Verhältnismäßigkeit der Vollstreckungsmaßnahme (vor § 704 Rn 29). Das kann Wohnungsdurchsuchung bei Krankheit des Schuldners oder eines Familienangehörigen, für Bagatellforderungen usw (zeitweilig) ausschließen (BVerfG 51, 97 u 57, 346; dazu auch Schneider NJW 80, 2377 zu IV 4). Der Gesundheitszustand des Schuldners (namentlich die Gefahr des Schlaganfalls oder Herzinfarkts, auch Suizidgefahr) ist ein gewichtiger Umstand, der in die Abwägung der gegenseitigen Interessen mit einzubeziehen ist (Oldenburg OLGR 95, 309; dazu auch § 765a Rn 11). Beweisangebote des Schuldners für sein Vorbringen, ihm drohe schwerwiegende gesundheitliche Gefährdung, sind sorgsam zu prüfen (LG Hannover Rpfleger 95, 471; § 765a Rn 11); zu berücksichtigen ist aber auch, daß Wohnungsdurchsuchung nach pfändbarer Habe weniger schwerwiegend ist (als Zwangsräumung und drohende Obdachlosigkeit) und daher weniger geeignet ist, eine Gläubigerbelange überwiegende Gesundheitsgefährdung des Schuldners zu rechtfertigen (LG Hannover aaO). Erkrankung des Schuldners oder eines Angehörigen ist aber jedenfalls kein Hinderungsgrund, wenn der Erkrankte für die Dauer der (kurz vorher angekündigten) Vollstreckungshandlung die Wohnung verlassen kann (Oldenburg aaO; LG Hannover NJW-RR 86, 288). Dem Verhältnismäßigkeitsgrundsatz entspricht die Durchsuchung dann nicht, wenn sie überflüssig ist, weil ohnehin keine verwertbaren Gegenstände vorhanden sind (Schneider NJW 80, 2377 zu IV 4); dafür müssen jedoch Anhaltspunkte vorliegen (gerichtsbekannte Unpfändbarkeit kann genügen), die im Einzelfall den Erfahrungssatz aufheben, daß bei heutigem Lebensstandard regelmäßig in Wohnungen verwertbare Pfandstücke zu finden sind (BVerfG 47, 346). Unzulässig ist Anordnung der Wohnungsdurchsuchung für kurzfristige Wiederholung erfolgloser ZwV, wenn konkrete Erfolgsaussichten nicht gegeben sind (LG Berlin DGVZ 83, 10; nicht der Fall nach fast 2 Jahren, wenn Schuldner eine neue Wohnung bezogen hat, LG Hannover JurBüro 88, 539; Frist nach LG Hannover JurBüro 87, 1568 idR 6 Monate, und zwar [wegen § 739] auch bei früher ergebnisloser ZwV gegen den Ehegatten). Unter Anwendung des Grundsatzes der Verhältnismäßigkeit kann aber der Gläubiger nicht allgemein auf andere Vollstreckungsmöglichkeiten (Forderungspfändung oder Offenbarungsversicherung) verwiesen werden (können im Ergebnis einschneidendere Folgen für den Schuldner haben; Düsseldorf NJW 80, 1171; LG Koblenz MDR 83, 238), somit auch nicht auf eine Immobiliarvollstreckung (Rn 20 aE). Die Einschaltung des Richters darf nicht bloße Form- 14 sache sein (BVerfG 57, 346). Sie muß aber auch dem formalisierten Vollstreckungsverfahren und dem Gläubigeranspruch auf effektive ZwV (vor § 704 Rn 2) Rechnung tragen, darf daher einen notwendigen Vollstreckungszugriff weder behindern noch unvertretbar verzögern.

15 **IV) 1)** Ein **Verfahren** zur Erteilung der richterlichen Durchsuchungsanordnung ist gesetzlich nicht geregelt. Es kann in Analogie zu dem Verfahren nach § 761 gestaltet werden (BVerfG 51, 97). Die Verfahrensvorschriften des 8. Buchs der ZPO sind entsprechend anzuwenden (BVerfG 51, 97; BGH MDR 85, 123 = NJW-RR 86, 286). Regeln darüber, welche Beweismittel der Richter für seine Überzeugungsbildung heranzuziehen hat, ergeben sich weder aus Art 13 II GG noch aus dem Rechtsstaatsprinzip (BVerfG 57, 346). Das bestimmt sich nach einfachrechtlichen Verfahrensvorschriften (BVerfG aaO). Das Verfahren ist daher vom Beibringungsgrundsatz beherrscht; es besteht Darlegungs- und Beweislast des Gläubigers (§ 766 Rn 5).

16 **2) Zuständig** (ausschließlich, § 802) ist der Richter beim AG (nicht das Vollstreckungsgericht des § 764, auch nicht das FamG als Prozeßgericht, Hamburg FamRZ 79, 1046), in dessen Bezirk die Vollstreckungshandlung vorgenommen werden soll (§ 761 analog; dazu § 761 Rn 4; Frankfurt JurBüro 95, 609 [für einstw Verfügung zur Sicherung eines Vernichtungsanspruchs]).

17 **3) a)** Die Anordnung ergeht auf **Antrag des Gläubigers.** Der GV kann sie namens des Gläubigers auch selbst einholen (Schneider NJW 80, 2377 zu IV 1; Kleemann DGVZ 80, 4; Hupe JurBüro 79, 1440; LG Wiesbaden DGVZ 95, 29 [für Abholung der Pfandstücke]; in Eilfällen hat er sie zu beantragen); das erfordert keinen gesonderten Auftrag (s auch § 761 Rn 5); aA: GV kann Antrag nicht stellen und auch vom Gläubiger dazu nicht ermächtigt werden: LG Hannover DGVZ 83, 154 = JurBüro 84, 139; AG München DGVZ 81, 189; AG Langenfeld DGVZ 81, 14; Bischof ZIP 83, 522 zu IV 2; außerdem: verpflichtet, Antrag für den Gläubiger zu stellen, ist der GV nicht, LG Bamberg DGVZ 89, 152; LG Berlin DGVZ 80, 23; LG Koblenz DGVZ 81, 24; AG Hannover DGVZ 81, 159; AG Lübeck DGVZ 80, 62; AG Rheine DGVZ 83, 28). Der Gläubiger kann Antrag auch schon vorsorglich mit dem Vollstreckungsauftrag für den Fall stellen, daß ein Vollstreckungsversuch scheitert; der GV hat diesen Antrag mit den Vollstreckungsunterlagen dem AG zuzuleiten (aA LG Aschaffenburg/AG Obernberg DGVZ 95, 159 u 185; nicht sachgerecht). Im Erkenntnisverfahren kann der Antrag nicht gestellt werden (Schubert MDR 80, 365 [367]; aA Langheid MDR 80, 21 [23]). Abgesehen von der fehlenden Zuständigkeit des Prozeßgerichts setzt die Anordnung ein Rechtsschutzbedürfnis voraus, das von der konkreten Lage im jeweiligen ZwV-Verfahren abhängt; auch ist für die Anwendung des Verhältnismäßigkeitsgrundsatzes auf die Umstände der einzelnen ZwV-Maßnahme abzustellen.

18 **b)** Dem Antrag müssen die für den Beginn der ZwV erforderlichen **Urkunden beigefügt** werden, sonach Vollstreckungstitel mit -klausel, ggf auch Nachweis der Sicherheitsleistung usw, nach LG Aschaffenburg DGVZ 85, 114 zur Überprüfung der Verhältnismäßigkeit auch das Protokoll über den vergeblichen Vollstreckungsversuch (kann im Einzelfall geboten sein, aber nicht allgemein gefordert werden). Der Vollstreckungstitel muß zugestellt sein (LG Berlin DGVZ 88, 74 = JurBüro 88, 665; LG Düsseldorf MDR 83, 238; LG Hannover DGVZ 81, 39; LG Lübeck JurBüro 80, 126; LG München DGVZ 83, 43; Schneider NJW 80, 2377 zu IV 2; aA LG Marburg DGVZ 82, 30; StJ/Münzberg Rn 15), bei Sicherungsvollstreckung muß auch die Vollstreckungsklausel zugestellt (§ 720 a Rn 4) und die Wartefrist (§ 750 III) abgelaufen sein (LG Darmstadt DGVZ 89, 120). ZwV-Kosten (§ 788) sind nur glaubhaft zu machen, wenn die Anordnung für ihre selbständige Beitreibung (ohne Anspruch auf aus dem Hauptsachetitel) beantragt wird (LG Berlin DGVZ 94, 28).

19 **c) Rechtliches Gehör** zu dem Antrag auf Durchsuchungserlaubnis ist dem Schuldner dem Grundsatz nach gem Art 103 I GG zwar zu gewähren (LG Darmstadt DGVZ 87, 86; LG Hannover DGVZ 86, 62 = JurBüro 86, 1417; LG Köln JurBüro 88, 537). Die Sicherung gefährdeter Gläubigerinteressen kann jedoch vorherige Anhörung ausschließen. Wenn der Vollstreckungserfolg gefährdet ist, wird der Erlaß der Anordnung ohne Anhörung des Schuldners den Besonderheiten dieser Durchsuchungsart auch unter dem Gesichtspunkt des Art 103 I GG gerecht (BVerfG 57, 346; auch bereits BVerfG 51, 97; LG Verden JurBüro 96, 272). Ob die Gefährdung besteht, hat das Gericht unter Abwägung aller Umstände des Einzelfalls zu prüfen (und in den Beschlußgründen erkennbar zu machen; LG Koblenz DGVZ 82, 91); allgemeine Erfahrungssätze können berücksichtigt werden (BVerfG 57, 346); erwogen werden kann auch, daß eine solche Gefährdung in der Praxis nahezu regelmäßig vorliegt (anders Hansens JurBüro 87, 179: Anhörung Regelfall).

20 **d)** Für Erteilung der Erlaubnis muß, wie für jede Vollstreckungsmaßregel (s vor § 704 Rn 17) ein **Rechtsschutzbedürfnis** gegeben und dargetan sein. Es fehlt, wenn der Schuldner mit der Durchsuchung der Wohnung einverstanden ist (LG Hannover DGVZ 79, 184; LG Köln DGVZ 79, 181; Schneider NJW 80, 2377 zu IV 3). Ein vorsorglicher Durchsuchungsbeschluß sogleich für den Vollstreckungsbeginn ist unzulässig (Köln Rpfleger 95, 167; LG Düsseldorf DGVZ 83, 13; aA StJ/Münzberg Rn 14; für „Eventualbeschluß" auch Bischof ZIP 83, 522 zu III 5). Dem Schuldner

muß Gelegenheit gegeben worden sein, die Durchsuchung der Wohnung zu gestatten (LG Düsseldorf JurBüro 81, 1418). Durchsuchungsanordnung kann daher grundsätzlich nur erlassen werden, wenn dem GV die Durchsuchung bereits verweigert wurde (LG Berlin DGVZ 79, 166; LG Düsseldorf JurBüro 83, 142), auch von einer mit dem Schuldner in häuslicher Gemeinschaft lebenden Person (LG Berlin DGVZ 90, 137; LG Nürnberg-Fürth DGVZ 89, 14) oder von einer Angestellten (LG Berlin DGVZ 93, 27), oder wenn konkrete Anhaltspunkte dafür vorliegen, daß der Schuldner die Einwilligung zur Durchsuchung verweigern wird (LG Darmstadt u LG München II JurBüro 80, 775; nach KG MDR 82, 945 = NJW 82, 2326 kann schon Einzelfallbetrachtung gebieten, von Vollstreckungsversuch abzusehen; [nicht näher substantiierte] GV-Mitteilung, der Schuldner habe die Wohnung bisher nie freiwillig geöffnet, genügt jedoch nicht, LG Köln JurBüro 88, 537). Diese Voraussetzung ist als erfüllt anzusehen, wenn der GV bei (nach Bremen DGVZ 89, 40 = NJW-RR 89, 1407 u LG Aachen DGVZ 89, 172: wiederholt) versuchter Vollstreckung (diese erfordert keine Zustellung des Titels, LG Berlin DGVZ 88, 74 = JurBüro 88, 665; aA LG Itzehoe DGVZ 88, 63) in der Wohnung des Schuldners niemand angetroffen hat (LG Berlin DGVZ 79, 166 u 80, 86; LG Köln DGVZ 93, 190), soweit nicht die Wohnung zu Zeiten aufgesucht wurde, zu denen sich Berufstätige im allgemeinen nicht zu Hause befinden (LG Düsseldorf JurBüro 81, 1418). Wenn der GV niemand angetroffen hat, wird ein weiterer Vollstreckungsversuch nach Vorankündigung in angemessenem zeitlichem Abstand (Köln MDR 95, 850 = Rpfleger 95, 167) oder zu einer Zeit gefordert, in der mit der Anwesenheit des Schuldners gerechnet werden kann (LG Aachen DGVZ 93, 55; LG Berlin DGVZ 88, 74 = JurBüro 88, 665, DGVZ 89, 70 u DGVZ 91, 90; LG Frankfurt DGVZ 80, 23; LG Regensburg DGVZ 95, 58; für 2 Vollstreckungsversuche möglichst zu verschiedenen Tageszeiten Brendel DGVZ 81, 179; für 3 Versuche in 2 Wochen (davon einmal zu einer Zeit, in der auch Berufstätige idR zu Hause sind) OVG Lüneburg SchlHA 89, 194; noch weitergehend Mümmler JurBüro 80, 777; Celle Rpfleger 87, 73; vgl auch AG/LG Kiel DGVZ 81, 40 u LG Mannheim DGVZ 90, 60: Abwesenheit des Schuldners ist nur dann als Zutrittsverweigerung anzusehen, wenn Vollstreckungsversuch vorher terminlich mitgeteilt oder um Terminsvereinbarung vergeblich nachgesucht wurde; aber auch LG Frankfurt MDR 80, 323: kommt auf Einzelfall an und kann nicht generell von einem Vollstreckungsversuch in den frühen Morgen- oder späten Abendstunden abhängig gemacht werden). Erfolglosen Vollstreckungsversuch zur Nachtzeit oder an Sonn- und Feiertagen kann die Anordnung nicht erfordern (LG Berlin DGVZ 79, 166; LG Frankfurt DGVZ 80, 23; LGe München und Zweibrücken DGVZ 79, 185; anders LG Dortmund DGVZ 85, 170, zu weitgehend). Der Vollstreckungsversuch muß in angemessenem zeitlichem Zusammenhang mit der Durchsuchungsanordnung stehen, darf somit nicht zu weit zurückliegen (LG Hannover JurBüro 95, 161: zehn Monate ist zuviel). Vollstreckungsversuch ist jedoch nicht in allen Fällen zu verlangen; so kann zB davon abgesehen werden, wenn er, wie uU bei ZwV auf Leistung Zug um Zug (§ 756), unverhältnismäßig hohe Kosten verursachen wird. Das Rechtsschutzbedürfnis kann in diesem Fall auch auf andere Weise nachgewiesen werden (Schneider NJW 80, 2377 zu IV 3; s auch LG Mannheim MDR 79, 943). Rechtsschutzinteresse kann auch bei Vollstreckung einer Bagatellforderung zu bejahen sein (s bereits Rn 14, insbes aber § 753 Rn 8 u § 761 Rn 6; anders AG Hannover NJW-RR 86, 1256 für Restforderung von 8,50 DM, u JurBüro 86, 1418 für Forderung von 8,90 DM und 33,50 DM ZwV-Kosten, bedenklich; auch LG Hannover JurBüro 87, 932), jedenfalls dann, wenn sie auch der in bedrängten Verhältnissen lebende Schuldner aufbringen kann (Düsseldorf NJW 80, 1171) oder wenn andere, weniger einschneidende Zugriffsmöglichkeiten nicht zur Verfügung stehen (Düsseldorf aaO; LG Berlin DGVZ 79, 168; LG Konstanz NJW 80, 297). Davon, daß der Gläubiger zuvor eine ihm mögliche Immobiliarvollstreckung versucht, kann die Erteilung der Durchsuchungsanordnung nicht abhängig gemacht werden (KG NJW 82, 2326 = OLGZ 83, 79).

e) **Die Erlaubnis** (Beschluß) hat Gläubiger und Schuldner zu bezeichnen und die Durchsu- 21
chung der Wohnung anzuordnen (Art 13 II GG). Diese ist nach ihrer örtlichen Lage zu nennen (Köln OLGZ 93, 375 u JurBüro 96, 213). Weil die Anordnung nur für ein konkretes Vollstreckungsverfahren gilt, müssen die entsprechenden Angaben der Entscheidungsformel entnommen werden können. Der Beschluß ist (jedenfalls kurz) zu begründen (KG DGVZ 83, 72 [73]; LG Hagen JurBüro 85, 783; LG Köln JurBüro 88, 536). Näherer Bezeichnung des Zwecks der Durchsuchung und der bei Durchsuchung zulässigen Maßnahmen, wie sie BVerfG 42, 212 = NJW 72, 1735 (auch NJW 92, 551) für einen auf § 102 StPO gestützten Durchsuchungsbefehl fordert, bedarf es nicht. Als Durchsuchungsanordnung im ZwV-Verfahren der ZPO zur Vollstreckung eines (in der Erlaubnis zu bezeichnenden, Köln OLGZ 93, 375 u JurBüro 96, 213) Schuldtitels ergeben sich der Umfang des durch die Durchsuchung ermöglichten Eingriffs (§ 808) und die zulässigen Maßnahmen bei der Durchsuchung (§ 758) unmittelbar aus dem Gesetz. Die Erlaubnis kann zeitlich beschränkt werden (enger StJ/Münzberg Rn 17: ist idR zu befristen). Sie wirkt in dieser Zeit für die gesamte ZwV. Sie schließt die Erlaubnis zur Nacht- und/oder Sonntagspfändung nach § 761 nicht ein, ebenso wie diese nicht die Anordnung für die Wohnungsdurchsuchung enthält (§ 761 Rn 7). Die Anweisung des GV im Erinnerungsverfahren (§ 766), eine ZwV durchzuführen, enthält

nicht zugleich auch die Erlaubnis zur Durchsuchung der Wohnung (KG DGVZ 83, 72 = JurBüro 83, 1424 unter Hinweis auf die Abweichung zu BVerfG 16, 239; aA Cirullies JurBüro 84, 661).

22 f) Der Beschluß wird dem **Gläubiger** formlos **mitgeteilt** (§ 329 II), dem Schuldner wird er nur mitgeteilt, wenn er gehört wurde, sonst nicht (er war dann am Verfahren nicht als Partei beteiligt). Der Zurückweisungsbeschluß ist dem Gläubiger mitzuteilen. (Zustellung hat jeweils zu erfolgen, wenn sofortige Beschwerde als zulässiges Rechtsmittel angesehen wird; s Rn 25).

23 **g)** Die Erlaubnis ist **dem Schuldner** bei der ZwV unaufgefordert **vorzuzeigen** und auf Begehren abschriftlich mitzuteilen (§ 761 II analog; s auch § 909; so auch Schneider NJW 80, 2377 zu IV 2; AG Aschaffenburg DGVZ 87, 31). Zuzustellen ist sie nicht; § 750 findet keine Anwendung (OVG Hamburg NJW 95, 610; AG Hamburg Rpfleger 80, 395; aA LG Zweibrücken DGVZ 80, 27).

24 **h)** Die Durchsuchungsanordnung **gilt für den Vollstreckungsauftrag,** für den sie erteilt ist. Mit seiner Erledigung, nicht aber durch Vollstreckungsversuche, ist sie verbraucht (Schneider NJW 80, 2377 zu V 1 mN). Nachpfändung (wenn sich der Wert der Pfandstücke als unzureichend erweist) erlaubt sie nicht (Schneider aaO). Eine Erlaubnis für nur eine Vollstreckungshandlung („einmalige Öffnung und Durchsuchung"; unzweckmäßig) ist verbraucht, wenn der GV in die Wohnung gelangt ist und dort Gelegenheit zur Vollstreckung hatte, aber von einer (ihm nicht verwehrten) Pfändung absieht (OVG Hamburg NJW 95, 610). Die Durchsuchungsanordnung für Pfändung gilt für spätere Abholung gepfändeter Sachen, die im Schuldnergewahrsam gelassen wurden (§ 107 Nr 8 GVGA; Schneider NJW 80, 2377 zu III 4). Widersetzt sich der Schuldner der Abholung, so darf der GV ohne neuen Durchsuchungsbeschluß Gewalt anwenden (Schneider aaO; Bischof ZIP 83, 522 zu II 6; anders bei Widerruf der Einwilligung, s Rn 8). Versteigerung gepfändeter Sachen in der Wohnung des Schuldners gegen dessen Willen ist durch die Durchsuchungsanordnung nicht gedeckt (Hamm NJW 85, 75). Hat der Schuldner nach Erlaß der Durchsuchungsanordnung seine **Wohnung gewechselt,** so ist eine neue Anordnung erforderlich; die Anordnung erlaubt nur Durchsuchung der in ihr bezeichneten Wohnung (LG Köln DGVZ 85, 91; Brendel DGVZ 82, 179).

25 **V) 1) Rechtsbehelfe:** Gegen Versagung/Erteilung der Durchsuchungserlaubnis für Gläubiger und Schuldner: (einfache) Beschwerde, § 567 (wie § 761 Rn 9), nach aA jedoch sofortige Beschwerde (Hamm MDR 84, 411 = NJW 84, 1792; Koblenz MDR 86, 64; Saarbrücken Rpfleger 93, 146 [auch wenn Schuldner nicht gehört wurde]; Stuttgart Justiz 88, 72 und [für Ablehnung nach Anhörung der Beteiligten] NJW-RR 87, 759; LG Hagen DGVZ 85, 75; LG Koblenz DGVZ 82, 91; Schneider NJW 80, 2377 zu V 2; nicht eindeutig KG NJW 82, 2326) oder auch Erinnerung nach § 766 (KG MDR 86, 417 = OLGZ 87, 464 [auch KG MDR 86, 680 = NJW-RR 86, 1000 für nicht angehörten betroffenen Dritten]; LG Arnsberg NJW 84, 499 [aufgehoben durch Hamm aaO]; LG Düsseldorf MDR 85, 62; LG Karlsruhe NJW-RR 86, 550; LG Oldenburg Rpfleger 84, 471). Die Anordnung erlaubt die Vollstreckungshandlung (s § 761), geht ihr also voraus; das Gericht, das die Durchsuchungserlaubnis erteilt, ist nicht Vollstreckungsorgan (s Rn 16); die Durchsuchungsanordnung kann der Anfechtung daher nicht als Entscheidung im ZwV-Verfahren unterliegen (§ 793; Einschränkung des Schuldners durch Beschwerdefrist von 2 Wochen ist zudem nicht gerechtfertigt) und ebenso nicht mit Einwendung gegen die Art und Weise der ZwV (§ 766). Beschwerde ist auch zulässig, wenn der Durchsuchungsbeschluß bereits ausgeführt ist (LG Koblenz aaO; LG Köln JurBüro 88, 536; LG Bad Kreuznach DGVZ 89, 139; aA LG Baden-Baden DGVZ 88, 41; LG Frankfurt MDR 87, 943 = NJW-RR 87, 1343) oder wenn die bei Durchsuchung versuchte Pfändung fruchtlos ausgefallen und die Anordnung wegen sachlicher oder zeitlicher Beschränkung verbraucht ist (KG NJW-RR 87, 126), solange nur die ZwV nicht beendet ist.

25a 2) **Verstoß: a)** ZwV in der Wohnung **ohne** richterliche **Erlaubnis** (außer bei Gefahr im Verzug, Rn 3) ist nicht rechtmäßig. Die Pfändung ist wirksam, aber mit Erinnerung (§ 766; dann sofortige Beschwerde, § 793) anfechtbar.

25b **b)** Wenn **bei Entscheidung** über die Erinnerung (Beschwerde) des Schuldners (zum Zeitpunkt § 766 Rn 77) eine Durchsuchungsanordnung **nicht erwirkt** ist, ist die Pfändung infolge des Verstoßes gegen Art 13 II GG aufzuheben (AG Cham/LG Regensburg DGVZ 95, 185; AG München DGVZ 80, 190; aA StJ/Münzberg Rn 21). Dafür ist ohne Belang, ob sich der gepfändete Gegenstand noch im Schuldnergewahrsam in der Wohnung befindet (§ 808 II) oder ob ihn der GV schon in Verwahrung genommen hat. Bei unzulässigem Eingriff in den grundgesetzlich geschützten Bereich (vor § 704 Rn 29) kann nicht zwischen (fehlerhaftem) Aufsuchen von Pfändbarem und nicht fehlerhaftem Pfänden unterschieden und auch nicht erwogen werden, daß die Erlaubnis nicht Pfändungs„voraussetzung" ist, sondern (ausschließlich) Voraussetzung für das Aufsuchen von Pfändbarem (anders aber StJ/Münzberg aaO). Die nicht erlaubte Pfändung in der Wohnung des Schuldners ist ebenso mit der Verfassung nicht in Einklang stehender Eingriff wie das Aufsuchen des Gegenstandes in der Schuldnerwohnung ohne richterliche Erlaubnis (vor § 704 Rn 29). Sie war zu unterlassen. Da zudem der GV auch für das Abholen der Pfandstücke durch Durchsuchungsanordnung legitimiert sein muß (Rn 8 aE; so auch StJ/Münzberg Rn 19 u 23), kann diese nicht lediglich als Voraussetzung für das Aufsuchen von Pfändbarem gehalten werden. Grundrechtsverletzung bei ZwV begründet Fehlerhaftigkeit als Verstoß gegen einen allgemeinen Verfahrensgrundsatz ebenso wie Verstoß gegen eine Verfahrensvorschrift (vor § 704 Rn 34). Die Vollstreckungsmaßnahme kann daher keinen Bestand haben; die Fehlerhaftigkeit erfordert daß die fehlerhafte ZwV-Maßnahme auf Rechtsbehelf aufgehoben wird (vor § 704 Rn 34). Nach Aufhebung der Pfändung kann der GV die bereits in seinem Gewahrsam befindliche Sache nicht wieder neu pfänden (anders LG Regensburg/AG Cham DGVZ 95, 186). (Effektiver) Rechtsschutz des Schuldners und Gewährleistung des Grundrechts (vor § 704 Rn 29) gebieten Schutz des Schuldners auch vor Zwangsvollstreckung in einen Gegenstand, dessen Besitz der GV durch Eingriff in den grundsätzlich geschützten Bereich erlangt hat.

c) Wenn die richterliche Durchsuchungsanordnung **nachträglich erwirkt** und im Erinnerungsverfahren vorgelegt wird, besteht die Fehlerhaftigkeit bei Entscheidung nicht mehr. Dann kann auch die Pfändung nicht mehr aufgehoben werden (vor § 704 Rn 35; aA MK/Arnold Rn 95; E. Schneider NJW 80, 2377 [2385]). **25c**

d) Der Gläubiger eines durch **spätere Pfändung** ordungsgemäß (mit Durchsuchungsanordnung) erlangten Pfandrechts kann durch den der vorgehenden Pfändung anhaftenden Mangel in seinem Recht nicht beeinträchtigt werden. Anfechtung der fehlerhaften ZwV-Maßnahme durch den nachrangigen Dritten führt daher zu Rangtausch (dazu vor § 704 Rn 35; aA StJ/Münzberg Rn 22). **25d**

e) Ob **Gefahr im Verzug** vorgelegen hat, wird im Erinnerungsverfahren geprüft (Rn 9). Die Prüfung unterliegt eigener Ermessensausübung des Vollstreckungsgerichts (Rn 27); kleinliche Korrektur des GV ist jedoch nicht angebracht. Grundlage für Prüfung gibt das Protokoll des GV (Rn 9); Darlegungs- und Beweislast im Erinnerungsverfahren (§ 766 Rn 27) gebieten ebenso aber auch Berücksichtigung aller sonstigen Beweismittel. **25e**

VI) 1) Erlaubte Durchsuchung schließt die Befugnis des Gerichtsvollziehers ein, **verschlossene Haustüren** (erforderlichenfalls auch eine gemeinsame, ebenso zur Wohnung des Vermieters führende Haustür für den Zugang zur Einliegerwohnung des Schuldners, LG Hildesheim DGVZ 87, 122), **Zimmertüren und Behältnisse** (Begriff Rn 13) **öffnen zu lassen** (Abs 2). Dem Schuldner soll dies schriftlich angekündigt werden (§ 107 Nr 7 GVGA). Ein Sachverständiger (sachkundiger Handwerker) ist erforderlichenfalls beizuziehen. In jedem Fall muß die Öffnung sachgemäß so erfolgen, daß der Schaden so gering wie nur möglich bleibt, wie es nach Lage der Dinge möglich ist (BGH NJW 57, 544 L = ZZP 70 [1957] 251). Abzusehen ist von gewaltsamer Öffnung von Türen und Behältnissen, wenn dadurch Schaden entstehen wird und der ZwV-Auftrag anders in gehöriger Weise erfüllt werden kann, aber auch, wenn sich die Maßnahme nach dem Grundsatz der Verhältnismäßigkeit verbietet, so dann, wenn der Schuldner beim ersten Vollstreckungsversuch während der Tageszeit in seiner Wohnung nicht angetroffen wird (vgl Düsseldorf DGVZ 79, 40). **26**

2) **Gewalt** darf der GV anwenden, wenn der Schuldner sich erlaubter Durchsuchung oder Öffnung von Türen und Behältnissen widersetzt (Abs 3). Die Gewalt kann sich gegen den Widerstand des Schuldners und ihn unterstützender anderer Personen richten, nicht aber gegen widersprechende Gewahrsamsinhaber (§§ 809, 886). Widerstand: § 759 Rn 2. Ob der GV Widerstand selbst überwindet (Zeugen: § 759) oder sofort um polizeiliche Unterstützung nachsucht (Abs 3), steht in seinem Ermessen. **27**

3) Der **Gläubiger** (sein mit Vollmacht versehener Vertreter) kann bei ZwV-Handlungen anwesend sein (LG Münster DGVZ 91, 123 = NJW-RR 91, 1407). Sein Recht auf Anwesenheit gründet sich auf seine Parteistellung im ZwV-Verfahren (vor § 704 Rn 10) und folgt aus seiner Weisungsbefugnis für Durchführung des Zwangsverfahrens. Den Schuldner verpflichtet die durch den Vollstreckungszugriff begründete gesetzliche Sonderbeziehung (vor § 704 Rn 12a), auch bei Vollstreckung in der Wohnung die Anwesenheit des Gläubigers (seines Vertreters) zur Wahrung seiner Rechte zu dulden. Verfahren des GV, wenn der Gläubiger seine Zuziehung verlangt: § 62 Nr 5 GVGA (auch § 753 Rn 4). Das Anwesenheitsrecht des Gläubigers (seines Vertreters) schließt bei Pfändung in der Wohnung des Schuldners notwendig den Zutritt zu diesen Räumen ein (enger StJ/Münzberg Rn 33: bei wesentlichem Interesse und soweit der Zweck der Vollstreckung es erfordert). Auch sein Zutrittsrecht hat in der Durchsuchungsbefugnis (Abs 1) des von ihm beauftragten GV (§ 753 I) seine gesetzliche Grundlage (aA [kein Anwesenheitsrecht in der Schuldnerwohnung] LG Berlin DGVZ 91, 140 [142]; LG Bochum DGVZ 91, 172 = JurBüro 92, 57; enger MK/Arnold Rn 120: Zutritt gegen den Willen des Schuldners nur unter besonderen Umständen; Wertenbruch DGVZ 94, 19: bei Geldvollstreckung kein Zutritt zur Wohnung ohne Einverständnis des Schuldners). Im Grundsatz der Verhältnismäßigkeit (vgl vor § 704 Rn 29) findet dieses Gläubigerrecht seine Grenze. Wie die Durchsuchungsbefugnis des GV (Rn 3) steht auch das Recht des Gläubigers auf Zutritt zur Schuldnerwohnung für Anwesenheit bei Pfändung nach § 13 II GG unter dem Vorbehalt richterlicher Anordnung. Es wird angenommen, daß die (einfache) Durchsuchungsanordnung dem GV nicht schon die Befugnis gibt, den Zutritt des **28**

Gläubigers (seines Vertreters) zur Wohnung des Schuldners gegen dessen Willen zu erzwingen, Erlaubnis dafür mithin gesondert erteilt sein muß (LG Hof DGVZ 91, 123; LG Kassel DGVZ 88, 173; LG Stuttgart DGVZ 91, 188 = NJW-RR 92, 511). Diese wurde für zulässig erachtet, wenn besondere Umstände Anwesenheit gebieten, insbes wenn sie zur Unterstützung des GV bei der Vollstreckungshandlung erforderlich ist (zB zur Identifizierung einer wegzunehmenden Sache, LG Berlin DGVZ 83, 10; LG Hannover DGVZ 88, 119 = JurBüro 88, 1578; LG Hof DGVZ 91, 123; LG Stuttgart DGVZ 91, 188; AG Düren DGVZ 86, 45 = NJW-RR 86, 677; Christmann DGVZ 84, 83). In den Gang der Vollstreckungshandlung darf der Gläubiger (sein Vertreter) nicht eingreifen. Vor Übergriffen des Schuldners hat der GV den Gläubiger (seinen Vertreter) und ebenso zugezogene Hilfspersonen, ggfs mit den Zwangsmitteln des Abs 3, zu schützen (LG Hof DGVZ 91, 123).

29 4) **Kosten,** die durch Anwesenheit des Gläubigers (bei Notwendigkeit) oder für Maßnahmen nach Abs 2 und 3 entstehen, hat der Schuldner als ZwV-Kosten nach § 788 zu tragen.

30 5) Für **Schaden,** der an zu öffnenden Türen oder Behältnissen trotz sorgsamem und sachkundigem Vorgehen entsteht, hat der Schuldner keinen Ersatzanspruch gegen den GV; sonst: § 839 BGB. Beeinträchtigte Dritte (Hauseigentümer) können Anspruch nach §§ 904, 1004 BGB oder Aufopferung haben (StJ/Münzberg Rn 31 Fn 166).

31 **VII)** Für Vollstreckung im Verwaltungsweg **nach der Abgabenordnung** (vor § 704 Rn 7) durch Vollziehungsbeamte bestimmt deren **§ 287 Abs 4** (Fassung BGBl 1980 I 1545 [1555]):

(4) Für die richterliche Anordnung einer Durchsuchung ist das Amtsgericht zuständig, in dessen Bezirk die Durchsuchung vorgenommen werden soll.

Anzuwenden ist für Erteilung dieser Durchsuchungsanordnung das Verfahrensrecht der ZPO (nicht das der FGO, KG MDR 82, 945 = NJW 82, 2326). Es müssen die Voraussetzungen der Abgabenordnung für Verwaltungsvollstreckung ausreichend dargetan sein (Köln OLGZ 93, 375 = Rpfleger 93, 29; LG Aachen JurBüro 84, 467). In der Erlaubnis ist der vollstreckbare Anspruch nach Grund und Höhe unter Angabe des jeweiligen Steuerbescheids zu bezeichnen (Köln aaO). Gegen Entscheidung des Amtsgerichs nach § 287 IV AO ist der Rechtszug der ZPO eröffnet (KG aaO). Rechtsbehelf daher wie Rn 25.

31a Das AG, in dessen Bezirk die Durchsuchung erfolgen soll, ist auch zuständig für Anordnung der Wohnungsdurchsuchung zur Vollstreckung eines Bußgeldbescheids, den eine bundesunmittelbare Körperschaft wegen einer Ordnungswidrigkeit nach §§ 741, 773 I Nr 3 RVO erlassen hat (BGH MDR 86, 123 = NJW-RR 86, 286), und sonst bei Vollstreckung behördlicher Bußgeldentscheidungen (VG Schleswig KKZ 85, 57; VGH Mannheim NJW 86, 1190). Zuständigkeit des Strafgerichts des ersten Rechtszug, wenn die Strafvollstreckungsbehörde wegen einer gerichtlichen Bußgeldentscheidung die ZwV betreibt: LG Berlin Rpfleger 85, 320.

32 **VIII) Gebühren: 1)** des **Gerichts:** Keine. – **2)** des **Anwalts:** Keine besond Vollstreckungsgebühr, es sei denn, der RA ist nur für das Verfahren gem § 758 beauftragt; nach Wohnungswechsel wiederholter Antrag (Rn 17) begründet dann aber keine neue Angelegenheit (München JurBüro 92, 326 = OLGR 92, 128). – **3)** des **Gerichtsvollziehers:** Das Ersuchen an die Polizei um Unterstützung gilt als Nebengeschäft, das durch die für die Amtshandlung (§§ 16 ff GVKostG) angesetzte Gebühr abgegolten wird, GVKostGr Nr 1 III 2a. **Auslagen:** An die zugezogenen Personen gezahlte Entschädigungen sind als Auslagen einzuziehen (GVKostG § 35 I Nr 6, GVKostGr Nr 40 I und IV).

759 *[Bei Widerstand Zuziehung von Zeugen]*

Wird bei einer Vollstreckungshandlung Widerstand geleistet oder ist bei einer in der Wohnung des Schuldners vorzunehmenden Vollstreckungshandlung weder der Schuldner noch eine zu seiner Familie gehörige oder in dieser Familie dienende erwachsene Person anwesend, so hat der Gerichtsvollzieher zwei erwachsene Personen oder einen Gemeinde- oder Polizeibeamten als Zeugen zuzuziehen.

1 **I) Zweck:** Beweissicherung und Schutz des GV vor Verdächtigungen sowie des Schuldners mit Sicherstellung eines gesetzmäßigen Verfahrens des GV.

2 **II) Voraussetzung:** Widerstand bei einer Vollstreckungshandlung (§ 758 III) jeder Art und gleich an welchem Ort oder Vornahme einer Vollstreckungshandlung in der Wohnung des Schuldners (§ 758 Rn 4), wenn niemand angetroffen wird. Widerstand ist jedes Verhalten, das geeignet ist, die Annahme zu begründen, die ZwV werde sich nicht ohne Gewaltanwendung durchführen lassen (§ 108 Nr 3 GVGA); Drohungen des Schuldners können genügen. In der Familie dienende Personen s § 181 I. Erwachsen (bezieht sich auch auf Familienangehörige) erfordert kein bestimmtes Alter (nicht Volljährigkeit, AG Limburg DGVZ 75, 174: 14jähriger Sohn), sondern Befähigung, nach der körperlichen und geistigen Entwicklung die Vorgänge ihrer Bedeutung nach zu erkennen, zu beobachten und wiederzugeben (RG 14, 338; 47, 375). Der GV muß sich Gewißheit darüber verschaffen, ob eine angetroffene Person zur Familie gehört oder in

Erfolgsaussicht der Vollstreckungshandlung (LG Berlin NJW 57, 798; LG Frankfurt DGVZ 80, 23 [26]; LG Köln MDR 71, 588). Voraussetzungen der ZwV, die erst bei ihrem Beginn vorzuliegen haben, müssen vorweg noch nicht erfüllt sein, aber doch rechtzeitig herbeigeführt werden können. Für Erteilung der Erlaubnis hat daher ein vollstreckbarer Titel vorzuliegen; es muß aber die einfache Klausel noch nicht erteilt und Zustellung nicht erfolgt sein (LG Marburg DGVZ 82, 30); sonstige besondere ZwV-Voraussetzungen (zB § 751 II, § 756) brauchen nicht nachgewiesen sein. Der Schuldner wird zu dem Antrag nicht gehört, sofern Dringlichkeit oder Sicherung des Vollstreckungserfolgs seiner Zuziehung schon vor Vollstreckungsbeginn entgegenstehen (LG Marburg aaO; LG Zweibrücken MDR 80, 62; auch keine Anhörung im Beschwerdeverfahren); Art 103 I GG wird damit nicht verletzt (LG Zweibrücken aaO; auch Stuttgart OLGZ 70, 182 = NJW 70, 1329).

4) Erteilung der **Erlaubnis erfordert,** daß nach dem Ermessen des Amtsrichters eine ZwV-Maßnahme zur Nachtzeit oder an einem Sonn/Feiertag den durch Vollstreckung zur gewöhnlichen Zeit nicht gewährleisteten Erfolg der ZwV sichert oder doch jedenfalls eine größere Erfolgsaussicht bietet (LG Berlin Rpfleger 81, 444; AG Gladbach MDR 90, 1123). **Beispiel:** Kassenpfändung bei Veranstaltung, Abwesenheit des Schuldners tagsüber, Vollstreckungsvereitelung, Pfändung in Gaststätte, Zugriff auf Einnahmen des Schuldners ohne geregelte Tätigkeit (LG Berlin NJW 57, 798). Nicht erforderlich ist, daß Gefahr im Verzuge ist (Colmar OLG 22, 360; LG Berlin DGVZ 71, 61) oder der Schuldner sich absichtlich der Vollstreckung zur gewöhnlichen Tageszeit entzieht (LG Frankfurt aaO). Es ist der Grundsatz der Verhältnismäßigkeit zu beachten (Frankfurt DGVZ 80, 23; LG Trier DGVZ 1981, 13; auch Stuttgart aaO; kann bei ganz unbedeutender Forderung Erlaubnis ausschließen, LG Berlin DGVZ 71, 61, oder doch strenge Würdigung erfordern). Daher dürfen auch die Anforderungen an die Darlegungspflicht des Gläubigers nicht überspannt werden (LG Berlin DGVZ 67, 90). Zu beurteilen sind die Besonderheiten des Einzelfalls. Bei einem berufstätigen Schuldner müßte genügen, daß er bei je einem Vollstreckungsversuch innerhalb und außerhalb der normalen Berufszeit nicht angetroffen wurde (LG Trier aaO; zu eng LG Berlin Rpfleger 81, 444: daß der Schuldner zu unterschiedlichen Zeiten in der Wohnung nicht angetroffen wurde, rechtfertigt allein die Erlaubnis nicht; anders LG Berlin DGVZ 71, 61: im Regelfall genügen fehlgeschlagene wiederholte ZwV-Versuche zur Tageszeit). Im Einzelfall kann ein Vollstreckungsversuch nicht erforderlich sein (zu weitgehend LG Frankfurt aaO: keine besondere Erforderlichkeitsprüfung). Von zwangsweiser Wohnungsöffnung zur Tageszeit darf die Erlaubnis nicht abhängig gemacht werden (Noack MDR 73, 549 [550]). 6

5) Die Erlaubnis (**Verfügung,** s Abs 2) muß die gestattete ZwV-Maßnahme (Pfändung allgemein oder nur Vollstreckung in besondere Vermögensmasse, zB in Tageskasse, in Gaststättenräumen) und die Zeit der erlaubten Vollstreckung (nur zur Nachtzeit, nur an Sonn/Feiertagen oder beides) bezeichnen. Sie darf nur so weit gehen, wie es die Interessen des Gläubigers erfordern und es dem Schuldner nach seinem bisherigen Verhalten zugemutet werden kann (Stuttgart aaO). Das erfordert Interessenabwägung, stets aber auch zeitliche Befristung der Erlaubnis (Stuttgart aaO), zB „innerhalb 4 Wochen ab . . ." (kann im Einzelfall großzügig zu handhaben sein, zB bei Vollstreckung in Gastwirtschaft mit Aussicht auf Tilgung der Forderung in absehbarer Zeit, LG Berlin DGVZ 58, 28 = Rpfleger 57, 313; LG Mönchengladbach MDR 72, 245), die auch durch Beschränkung auf zahlenmäßig bestimmte ZwV-Handlungen möglich ist. Die Verfügung ist (jedenfalls kurz) zu begründen (wie § 758 Rn 21). Die Erlaubnis hat Wirkung nur für eine Vollstreckungshandlung (AG Varel DGVZ 62, 189; LG Mönchengladbach aaO), wird aber durch einen Vollstreckungsversuch nicht verbraucht (LG Aachen DGVZ 62, 188), wohl aber, wenn bei der durchgeführten Vollstreckung pfändbare Habe nicht vorgefunden wurde (Noack aaO). Die Erlaubnis kann auch für mehrmalige Vollstreckung erteilt werden (Stuttgart, LG Mönchengladbach je aaO; LG Hagen DGVZ 67, 41 = JurBüro 67, 673); die Verfügung muß dann die Wiederholung zulassen (zB an 4 aufeinanderfolgenden Sonntagen ab . . .). Die Erlaubnis enthält ohne besonderen Ausspruch nicht zugleich die Genehmigung zur Wohnungsdurchsuchung (§ 758; LG Stuttgart DGVZ 81, 11; aA Bischof ZIP 83, 522 zu II 2); diese schließt umgekehrt auch die Erlaubnis nach § 761 nicht ein. 7

Weitere Vollstreckungsaufträge kann der GV mit vollstrecken (dann Gleichrang), sofern (soweit) keine zusätzlichen, weitergehenden Maßnahmen zur Nachtzeit sowie an Sonntagen und allgemeinen Feiertagen erforderlich sind (§ 758 Rn 12 gilt entspr). Verstoß: § 761 Rn 9. 7a

6) Beispiel für **Verfügung:** In Sachen . . . wird auf Antrag des Gläubigers – GV – die Pfändung bei dem Schuldner . . . am Sonntag, dem . . . sowie an den darauffolgenden Sonntagen . . . erlaubt, § 761 I ZPO. Gründe: . . . Die Verfügung wird nur dem Gläubiger (GV) ausgehändigt; dem Schuldner wird sie nicht (nach § 329) zugestellt (Noack MDR 73, 549). Bei der ZwV ist die Verfügung unaufgefordert vorzuzeigen (Abs 2). Ein Verstoß gegen Abs 2 berührt die Wirksamkeit der ZwV nicht (nur Ordnungsvorschrift, Stuttgart aaO). 8

IV) 1) Rechtsbehelfe: Gegen Versagung/Erteilung der Erlaubnis für Gläubiger/Schuldner: (einfache) Beschwerde, § 567 (so auch LG Darmstadt DGVZ 77, 7; Wieczorek Anm B I), nach aA 9 jedoch sofortige Beschwerde nach § 793 (zB Hamm DMR 84, 411 = NJW 84, 1972; Koblenz MDR 86, 64; Köln Rpfleger 76, 24; LG Berlin MDR 81, 941; StJ/Münzberg Rn 3) oder auch Erinnerung nach § 766 (Stuttgart aaO; LG Düsseldorf MDR 85, 61; LG Karlsruhe NJW-RR 86, 550); dazu bereits § 758 Rn 25. Bei unzulässiger Erteilung durch den Rechtspfleger: § 11 I S 1 RpflG.

10 2) **Verstoß:** ZwV ohne Erlaubnis (auch unzulässige Mitvollstreckung, Rn 7a) ist nicht rechtmäßig. Pfändung und Vollstreckungshandlungen sind aber wirksam (LG Augsburg NJW 86, 2769). Der Verfahrensfehler könnte mit Erinnerung (§ 766) beanstandet werden. Sie kann aber praktisch keine Bedeutung erlangen (für Erinnerung gegen Terminsankündigung des GV zur Schonzeit ohne Erlaubnis StJ/Münzberg Rn 3), weil bei Entscheidung (zum Zeitpunkt § 766 Rn 27) ohne Erlaubnis vollstreckt werden könnte, die Fehlerhaftigkeit somit nicht mehr besteht und daher auch die Pfändung nicht mehr aufgehoben werden kann (vor § 704 Rn 35). Für den Gläubiger eines noch vor Ablauf der Schonzeit durch spätere Pfändung ordnungsgemäß (mit Erlaubnis) erlangte Pfandrechts (wegen der kurzen Zeitspanne praktisch kaum vorstellbar) kommt Anfechtung zum Zwecke des Rangtausches in Betracht (wie § 758 Rn 25d; aA StJ/Münzberg Rn 3).

11 V) **Gebühren:** 1) des **Gerichts:** Keine. – 2) des **Anwalts:** § 58 II Nr 3 BRAGO. – 3) des **Gerichtsvollziehers:** § 34 GVKostG.

762 *[Protokoll bei Vollstreckung]*

(1) Der Gerichtsvollzieher hat über jede Vollstreckungshandlung ein Protokoll aufzunehmen.

(2) Das Protokoll muß enthalten:

1. **Ort und Zeit der Aufnahme;**
2. **den Gegenstand der Vollstreckungshandlung unter kurzer Erwähnung der wesentlichen Vorgänge;**
3. **die Namen der Personen, mit denen verhandelt ist;**
4. **die Unterschrift dieser Personen und den Vermerk, daß die Unterzeichnung nach Vorlesung oder Vorlegung zur Durchsicht und nach Genehmigung erfolgt sei;**
5. **die Unterschrift des Gerichtsvollziehers.**

(3) Hat einem der unter Nr. 4 bezeichneten Erfordernisse nicht genügt werden können, so ist der Grund anzugeben.

1 I) **Zweck:** Beweissicherung.

2 II) Ein **Protokoll** hat der GV **über jede Vollstreckungshandlung** aufzunehmen (Abs 1), das ist jede Handlung, die er zum Zwecke der ZwV vornimmt (näher § 110 Nr 1 GVGA), nicht die Annahme freiwilliger Zahlung und die ihr vorausgehende Zahlungsaufforderung (Frankfurt NJW 63, 773; MK/Arnold Rn 4), auch nicht die Feststellung, daß der Schuldner unter der angegebenen Anschrift nicht ermittelt werden kann (AG München DGVZ 83, 171; VG Karlsruhe Justiz 91, 404; MK/Arnold Rn 6; StJ/Münzberg Rn 1; aA AG Reutlingen DGVZ 89, 47: wenn Schuldner verzogen ist und GV dessen neue Anschrift erfährt, ist ein Protokoll aufzunehmen; eine zu protokollierende Vollstreckungshandlung erfolgt hier aber nicht). Aufzunehmen ist das Protokoll im unmittelbaren Anschluß an die Vollstreckungshandlung und an Ort und Stelle; Gründe für Abweichung hiervon sind im Protokoll anzugeben (§ 110 Nr 3 GVGA). Als Urkunde ist das Protokoll vollständig, deutlich und klar abzufassen. (§ 10 Nr 1b GVGA). Nicht beschriebene Zwischenräume in einem Vordruck sind durch Füllstriche zu weiteren Eintragungen ungeeignet zu machen (§ 10 Nr 1b GVGA). Radierungen sind untersagt; nachträgliche Berichtigung ist möglich, sie muß den Grund erkennen lassen und mit Datum und Unterschrift versehen werden (§ 10 Nr 1g GVGA). Bei gleichzeitiger Pfändung für mehrere Gläubiger ist nur ein (gemeinsames) Protokoll aufzunehmen (§ 168 Nr 3 GVGA), desgleichen bei gleichzeitigem erfolglosem Vollstreckungsversuch (GVGA aaO; aA AG Frankfurt DGVZ 85, 92, nicht sachgerecht).

3 III) **Inhalt:** Abs 2, 3 und § 763 I. **Zu Nr 2:** Zum Inhalt des Protokolls s insbes die Bestimmungen der **GVGA,** so für Vollstreckungshandlungen § 110, Pfändung § 135, Anschlußpfändung § 167 Nr 2, Pfändung von Früchten auf dem Boden § 152 Nr 4, ZwV in Forderungen aus Wechseln usw § 175 Nr 3, Wegnahme beweglicher Sachen § 179 Nr 6, Herausgabe eines Grundstücks usw § 180 Nr 6, ZwV in Anspruch auf Herausgabe beweglicher Sachen § 176 Nr 3, Verhaftung § 187 Nr 2, § 188 Nr 2, Beseitigung des Widerstands des Schuldners gegen Handlungen § 185 Nr 3. Zum Versteigerungsprotokoll § 146 GVGA. Als **wesentliche Vorgänge** sind auch anzuführen: Das Angebot einer Gegenleistung (§ 756) und Erklärungen des Schuldners dazu (§ 84 Nr 2 GVGA), die vom Angetroffenen gegen eine Durchsuchung geltend gemachten Gründe und die vorgezeigte Durchsu-

chungsanordnung (§ 107 Nr 2, 5, auch § 118 Nr 5 GVGA), die Erklärung eines Dritten, daß er zur Herausgabe bereit sei oder der Pfändung zustimmt (§ 137 GVGA), das Ergebnis der Schätzung des Verkaufswertes (§ 132 Nr 8 GVGA), die Erklärung eines der Pfändung widersprechenden Dritten (§ 136 Nr 3 GVGA), die Einstellung, Beschränkung sowie ggfs Aufhebung der ZwV und die Belehrung des Schuldners über den Antrag auf Verwertungsmoratorium (§ 112 Nr 4, 5 GVGA) sowie die zur Unterbringung der Pfandstücke getroffenen Maßnahmen (§ 139 Nr 2 GVGA). Bei einem Geschäft, das nach der aufgewendeten Zeit vergütet wird, ist die Zeitdauer unter Beachtung der für die Berechnung der Kosten maßgebenden Grundsätze nach den einzelnen Zeitabschnitten genau anzugeben (§ 10 Nr 1c GVGA). Protokollinhalt zur Feststellung von Geldforderungen des Schuldners s § 806a Rn 13.

Kann eine **Pfändung** überhaupt **nicht** oder nicht in Höhe der beizutreibenden Forderung **erfolgen,** so genügt im Protokoll nach § 135 Nr 6 S 3 GVGA (seit Änderung 1995) der allgemeine Hinweis, daß eine Pfändung unterblieben ist, weil der Schuldner nur Sachen besitzt, die nicht gepfändet werden dürfen oder nicht gepfändet werden sollen oder von deren Verwertung ein Überschuß über die ZwV-Kosten nicht zu erwarten ist. Zu verzeichnen sind im Protokoll jedoch (§ 135 Nr 6 GVGA) a) Sachen, deren Pfändung vom Gläubiger ausdrücklich beantragt war, unter Angabe der Gründe, aus denen der GV von einer Pfändung abgesehen hat; b) die Art der Früchte, die vom Boden noch nicht getrennt sind, und die gewöhnliche Zeit der Reife, wenn eine Pfändung nach § 810 I S 2 noch nicht erfolgen durfte; c) Art, Beschaffenheit und Wert der Sachen, wenn eine Austauschpfändung (§ 811a) in Betracht kommt, unter der Angabe der Gründe, aus denen von einer vorläufigen Austauschpfändung (§ 811b) abgesehen wurde; d) Art und Wert eines Tieres, das im häuslichen Bereich und nicht zu Erwerbszwecken gehalten wird, wenn dessen Pfändung nach § 811c II in Betracht kommen kann. Sind bereits Entscheidungen des Vollstreckungsgerichts ergangen, durch die die Unpfändbarkeit vergleichbarer Sachen festgestellt wurde, so soll sie der GV im Protokoll erwähnen, soweit sie für den Gläubiger von Belang sind (§ 135 Nr 6 S 3 GVGA). Für nur kurze Erwähnung der wesentlichen Vorgänge (Abs 2 Nr 2) können weitergehende Angaben als Protokollinhalt nicht gefordert werden. Es kann daher auch nicht verlangt werden, daß vorgefundene, aber nicht gepfändete Sachen ihrer Art, Beschaffenheit und (soweit § 803 II oder § 812 in Frage kommt) auch ihrem Wert nach wenigstens im allgemeinen bezeichnet werden (anders § 135 Nr 6 GVGA in früherer Fassung und Rspr dazu; s 19. Aufl Rn 3). Erwähnung der wesentlichen Vorgänge gebietet nicht Aufzeichnung der Habe (vorgefundener unpfändbarer Sachen) im Schuldnerbesitz und auch nicht Erstellung eines dataillierten Verzeichnisses eines unpfändbaren Warenbestandes (so auch Kassel JurBüro 96, 215). Weitergehende Angaben können als Protokollinhalt daher auch nicht gefordert werden, wenn der Gläubiger von vorneherein Einzelbezeichnung solcher Sachen verlangt hat. 3a

Zu Nr 3: Schuldner, Gläubiger, Zeugen, Sachverständige, Polizeibeamte, nicht Gehilfen. 4

Zu Nr 4: Unterschrift auch der nach § 759 zugezogenen Zeugen (§ 108 Nr 2 GVGA). Der Vermerk kann lauten „Vorgelesen, genehmigt und unterschrieben", abgekürzt „V g u u". Wird die Unterschrift verweigert, ist der Grund im Protokoll anzugeben (Abs 3). 5

Zu Nr 5: Faksimilestempel darf nicht verwendet werden (§ 10 Nr 1a GVGA). 6

IV) Beweiskraft: Das Protokoll ist öffentliche Urkunde (Frankfurt Rpfleger 77, 144; KG NJW-RR 94, 959), daher §§ 415, 418. Ein Verstoß berührt weder die Wirksamkeit der Pfändung noch das Pfandrecht (anders nur bei Anschlußpfändung, § 826 I). Nichtbeachtung wesentlicher Formvorschriften (zB Abs 2 Nr 1, 4 [mit 3], 5) schmälert oder zerstört die Beweiskraft. 7

V) Rechtsbehelf bei Verstoß des GV: § 766 (dann § 793). 8

VI) Berichtigung von Protokollunrichtigkeiten kann durch den GV erfolgen (§ 164 I entspr), nicht aber im Erinnerungsverfahren oder durch das Rechtsmittelgericht vorgenommen werden (Braunschweig DGVZ 92, 120; dazu § 164 Rn 11). 9

VII) Gebühren des **Gerichtsvollziehers:** Für die Protokollaufnahme keine. Die Zeit für die Aufnahme des Protokolls ist bei der Berechnung des Zeitaufwandes für die Amtshandlung mit einzurechnen, wenn die Höhe der Gebühr von der Dauer der Amtshandlung abhängt (§ 14 GVKostG, Nr 14 GVKostGr). 10

763 *[Aufforderungen und Mitteilungen des Gerichtsvollziehers und Protokoll]*

(1) Die Aufforderungen und sonstigen Mitteilungen, die zu den Vollstreckungshandlungen gehören, sind von dem Gerichtsvollzieher mündlich zu erlassen und vollständig in das Protokoll aufzunehmen.

(2) Kann dies mündlich nicht ausgeführt werden, so hat der Gerichtsvollzieher eine Abschrift des Protokolls unter entsprechender Anwendung der §§ 181 bis 186 zuzustellen oder durch die

Post zu übersenden. Es muß im Protokoll vermerkt werden, daß diese Vorschrift befolgt ist. Eine öffentliche Zustellung findet nicht statt.

1 **I) Zweck:** Schutz des Schuldners (sonst Beteiligter) mit Gewährung rechtlichen Gehörs und Benachrichtigung bei Abwesenheit, zugleich Beweissicherung.

2 **II)** Mündlich zu erlassen und zu protokollieren sind nur **Aufforderungen,** die zu Vollstreckungshandlungen gehören (nicht sonstige, § 762 Rn 2). Solche Aufforderungen kennt die ZPO nicht, wohl aber die **GVGA,** zB die Aufforderung, eine zur Bewirkung der Gegenleistung erforderliche Handlung vorzunehmen (§ 84 Nr 1), die Aufforderung zu leisten (§ 105 Nr 2), auch bei Abwesenheit des Schuldners (AG München DGVZ 81, 141; nicht aber vor freiwilliger Leistung, § 762 Rn 2), die Aufforderung, bewegliche Habe vorzuzeigen und Zimmer sowie Behältnisse zu öffnen (§ 131 Nr 1). Mitteilungen: § 808 III, § 811b II, III, § 826 III.

3 **III)** Aufforderungen und Mitteilungen, die mündlich nicht ausgeführt werden konnten, sind durch **Übersendung** einer (beglaubigten, § 170 I) Abschrift des Protokolls vorzunehmen (Abs 2; auch § 110 Nr 5 GVGA; dazu § 760 Rn 5). Übersendung erfolgt an Schuldner, nicht an Prozeß-, General- oder Zustellungsbevollmächtigten, durch gewöhnlichen Brief, wenn nach dem Ermessen des GV so ein sicherer Zugang nicht wahrscheinlich ist, mit Zustellung bei entsprechender Anwendung von §§ 181–186. Öffentliche Zustellung findet nicht statt (Abs 2 S 3), Mitteilung unterbleibt daher auch, wenn der Aufenthalt des zu Benachrichtigenden unbekannt ist. Das ist nicht schon der Fall, wenn eine Nachricht mit dem Vermerk „Empfänger unbekannt verzogen" zurückkommt; dann muß vielmehr weitere Nachforschung, die der Gläubiger im üblichen Umfang nach dem Aufenthaltsort des Schuldners anstellt, erfolglos bleiben (LG Essen MDR 73, 414). Auf Mitteilung an Beteiligte über die Antragserledigung bezieht sich Abs 2 nicht (§ 760 Rn 3, 4).

4 **IV) Verstoß:** Ordnungsvorschrift; Verletzung berührt daher Wirksamkeit der ZwV nicht.

764 *[Vollstreckungsgericht]*

(1) Die den Gerichten zugewiesene Anordnung von Vollstreckungshandlungen und Mitwirkung bei solchen gehört zur Zuständigkeit der Amtsgerichte als Vollstreckungsgerichte.

(2) Als Vollstreckungsgericht ist, sofern nicht das Gesetz ein anderes Amtsgericht bezeichnet, das Amtsgericht anzusehen, in dessen Bezirk das Vollstreckungsverfahren stattfinden soll oder stattgefunden hat.

(3) Die Entscheidungen des Vollstreckungsgerichts können ohne mündliche Verhandlung ergehen.

1 **I) 1) Vollstreckungsgericht** ist das Amtsgericht (Abs 1), auch bei Vollstreckung des Titels eines Familiengerichts (BGH MDR 79, 564 = NJW 79, 1048; Celle FamRZ 79, 57; Düsseldorf FamRZ 77, 725 u 78, 524 = NJW 78, 1012; Schleswig SchlHA 78, 173 u 79, 130) und eines Arbeits- oder Sozialgerichts. Diese Zuständigkeit geht auf das Rechtsmittelgericht über (Devolutiveffekt). Bei Arrestvollziehung wird in den Fällen von § 930 I S 3, § 931 III das Arrestgericht als Vollstreckungsgericht tätig. Als Vollstreckungsorgan (nicht Vollstreckungsgericht) werden außerdem tätig das Prozeßgericht (§§ 887, 888, 890; hierzu Hamm NJW-RR 86, 420) und das Grundbuchamt (§ 867). Das Verwaltungsgericht des ersten Rechtszugs ist Vollstreckungsgericht für die Vollstreckung verwaltungsgerichtlicher Entscheidungen (§ 167 I S 2, auch § 170 VwGO).

2 2) Die Geschäfte des Vollstreckungsgerichts sind dem **Rechtspfleger** (bis auf wenige Ausnahmen) übertragen (§ 20 Nr 17 RpflG). Richtervorbehalt für Haftanordnung: § 4 II Nr 2 RpflG.

3 3) Bewilligung der **Prozeßkostenhilfe** nur für das ZwV-Verfahren gehört zur Zuständigkeit des Vollstreckungsgerichts (BGH MDR 79, 564 = NJW 79, 1048).

4 **II) 1) Örtlich zuständig** ist (sofern nicht eine besondere Regelung getroffen ist), das Amtsgericht, in dessen Bezirk das Vollstreckungsverfahren, das sind die einzelnen Vollstreckungshandlungen, stattfinden soll oder stattgefunden hat (Abs 2). Diese Zuständigkeit ist während der ganzen ZwV nicht immer die gleiche. Neue Vollstreckungsmaßnahmen begründen als weitere (selbständige) Vollstreckungsverfahren eine neue Zuständigkeit. Das Gericht, in dessen Bezirk eine Vollstreckungsmaßnahme stattgefunden hat oder abgelehnt wurde, bleibt nur für die ihr zuzurechnenden unselbständigen Verfahrensteile zuständig (wenn es sonach bei seiner Mitwirkung um Überprüfung, Fortdauer oder Auswirkung der Maßnahme geht, s StJ/Münzberg Rn 4; MK/Arnold Rn 29). Nach dem Bezirk des bisherigen Vollstreckungsgerichts bestimmt sich die Zuständigkeit daher für Rechtsbehelfe (Kiel OLG 16, 324) und den Erlaß des Haftbefehls bei eidesstattl Versicherung. Für Anordnung anderer Verwertung (§ 825) ist das Gericht zuständig, in dessen Bezirk sich die Sache befindet (RG 139, 351). Wechselt der Schuldner seinen Wohnsitz unter Mitnahme der gepfändeten Sache, so ist das Amtsgericht des neuen Vollstreckungsbezirks

zuständig (KG OLG 25, 155). Einstellung der ZwV erfolgt durch das Amtsgericht, in dessen Bezirk die ZwV durchgeführt wird. Sind jedoch am Wohnsitz des Schuldners befindliche Sachen auswärts zu versteigern, so entscheidet das Wohnsitzgericht (RG 139, 351).

2) Ein **anderes Amtsgericht** ist bezeichnet in § 828 II (ZwV in Forderungen), § 848 (Pfändung von Ansprüchen, die eine unbewegliche Sache betreffen), §§ 853–855 (Pfändung von Ansprüchen für mehrere Gläubiger), § 858 II (Schiffspart), § 872 (Verteilungsverfahren) und §§ 899, 902 (eidesstattliche Versicherung). 5

3) Ein zuständiges Vollstreckungsgericht kann bei ZwV gegen mehrere Schuldner, für die verschiedene Vollstreckungsgerichte örtlich zuständig sind (§ 828 II) nach § 36 Nr 3 (entspr) **bestimmt werden** (RG DR 40, 741; BayObLG 59, 270). Zuständigkeitsbestimmung bei Kompetenzkonflikt erfolgt nach § 36 Nr 5, 6 (s Frankfurt Rpfleger 78, 260, auch BGH NJW 82, 2070). 6

III) Sachliche und örtliche Zuständigkeit sind **ausschließliche** (§ 802). Verstoß gegen die sachliche Zuständigkeit bewirkt Nichtigkeit; die Entscheidung eines örtlich nicht zuständigen Gerichts ist wirksam, aber anfechtbar (vor § 704 Rn 34). Ein vom Rechtspfleger vorgenommenes Geschäft des Richters ist nichtig (§ 8 IV RpflG); Vornahme eines dem Rechtspfleger übertragenen Geschäfts durch den Richter berührt die Wirksamkeit nicht (§ 8 I RpflG). 7

IV) Verfahren: Fakultative mündliche Verhandlung (Abs 3). Rechtliches Gehör: vor § 704 Rn 28. Die Entscheidung ergeht durch Beschluß, der zuzustellen ist (§ 329 III; zu verkünden nur nach mündlicher Verhandlung). Eigenständig geregelt sind die Bekanntmachung der Vollstreckungsmaßnahmen (zB § 829 II), das Verteilungsverfahren (§§ 872 ff) und das Verfahren zur Abgabe der eidesstattlichen Versicherung (§§ 899 ff). 8

765 *[Zug-um-Zug-Leistung und Vollstreckungsgericht]*

Hängt die Vollstreckung von einer Zug um Zug zu bewirkenden Leistung des Gläubigers an den Schuldner ab, so darf das Vollstreckungsgericht eine Vollstreckungsmaßregel nur anordnen, wenn der Beweis, daß der Schuldner befriedigt oder im Verzug der Annahme ist, durch öffentliche oder öffentlich beglaubigte Urkunden geführt wird und eine Abschrift dieser Urkunden bereits zugestellt ist. Der Zustellung bedarf es nicht, wenn bereits der Gerichtsvollzieher die Zwangsvollstreckung nach § 756 begonnen hatte und der Beweis durch das Protokoll des Gerichtsvollziehers geführt wird.

I) Zweck: § 756 Rn 1; Besonderheit des Verfahrens erfordert jedoch Zurückstellung der Gläubigerinteressen. 1

II) Anwendungsbereich: Für alle ZwV-Maßregeln des Vollstreckungsgerichts, insbes bei ZwV in Forderungen und Vermögensrechte (§§ 828 ff) und Offenbarungsverfahren (§§ 899 ff), nicht für ZwV durch den GV und nicht bei Verurteilung zur Abgabe einer Willenserklärung (s § 756 Rn 2). Entsprechend anzuwenden ist § 765, wenn die Vollstreckungsmaßnahme vom Prozeßgericht (LG Frankenthal Rpfleger 76, 109) oder Grundbuchamt (BayObLG 75, 399 [404]; Hamm Rpfleger 83, 393 mit Anm Münzberg Rpfleger 84, 276) zu treffen ist (§ 764 Rn 1). 2

III) Voraussetzungen: Wie § 756 Rn 3. Die Gegenleistung kann dem Schuldner jedoch nicht zunächst durch das Vollstreckungsgericht angeboten werden. Vielmehr ist die Vollstreckung nur zulässig, wenn der Beweis geführt wird, daß der Schuldner bereits befriedigt oder im Verzug der Annahme ist. Das Vollstreckungsgericht hat den Beweis selbständig zu prüfen (LG Mainz Rpfleger 93, 253); an Maßnahmen des GV (auch soweit sie im Erinnerungs- oder Beschwerdeverfahren bestätigt worden sind) ist es nicht gebunden (Köln MDR 91, 260 = NJW-RR 91, 383; LG Oldenburg DGVZ 82, 122). Das Protokoll des GV (§ 762) ist öffentliche Urkunde iS des § 418 (§ 762 Rn 7); seine Beweiskraft wird daher nicht bereits durch den Nachweis einer möglichen Unrichtigkeit ausgeräumt, sondern nur dadurch, daß die Möglichkeit der Richtigkeit des Protokolls ausgeschlossen wird (Köln MDR 86, 765 = NJW-RR 86, 863). Den Beweis als öffentliche Urkunde bringt ein Protokoll des GV nur, wenn er bei Aufnahme in dem ihm zugewiesenen Geschäftsbereich gehandelt hat (Hamm Rpfleger 72, 148), dh bei der ihm obliegenden ZwV nach § 756, nicht aber isoliert nur zur Feststellung der Befriedigung oder des Annahmeverzugs des Schuldners. § 765 S 2 entbindet lediglich von der Zustellung des Protokolls des GV als Beweisurkunde; auf seine Beweiskraft muß es das Vollstreckungsgericht (Grundbuchamt) prüfen (Hamm Rpfleger 83, 393). Überprüft werden vom GV festgestellte Tatsachen jedoch nur in rechtlicher, nicht auch in tatsächlicher Hinsicht (LG Oldenburg aaO; aA für Tatsachen StJ/Münzberg Rn 2). Für den Nachweis der Zustellung anderer Urkunden genügt bei Zustellung von Anwalt zu Anwalt das schriftliche Empfangsbekenntnis (§ 198; LG Oppeln DR 40, 257). Bei Beweis durch Protokoll des GV über ZwV nach § 756 ist Zustellung nicht erforderlich (§ 765 S 2); bei gerichtlicher Vollstrek- 3 kung (sowie im Erinnerungs- und Beschwerdeverfahren) genügt daher Vorlage des GV-Protokolls (Köln aaO).

4 IV) **Verstoß** und **Rechtsbehelf:** Wie § 756 Rn 12, 13.

765a

[Allgemeine Härteklausel]

(1) Auf Antrag des Schuldners kann das Vollstreckungsgericht eine Maßnahme der Zwangsvollstreckung ganz oder teilweise aufheben, untersagen oder einstweilen einstellen, wenn die Maßnahme unter voller Würdigung des Schutzbedürfnisses des Gläubigers wegen ganz besonderer Umstände eine Härte bedeutet, die mit den guten Sitten nicht vereinbar ist. Betrifft die Maßnahme ein Tier, so hat das Vollstreckungsgericht bei der von ihm vorzunehmenden Abwägung die Verantwortung des Menschen für das Tier zu berücksichtigen.

(2) Eine Maßnahme zur Erwirkung der Herausgabe von Sachen kann der Gerichtsvollzieher bis zur Entscheidung des Vollstreckungsgerichts, jedoch nicht länger als eine Woche, aufschieben, wenn ihm die Voraussetzungen des Absatzes 1 glaubhaft gemacht werden und dem Schuldner die rechtzeitige Anrufung des Vollstreckungsgerichts nicht möglich war.

(3) Das Vollstreckungsgericht hebt seinen Beschluß auf Antrag auf oder ändert ihn, wenn dies mit Rücksicht auf eine Änderung der Sachlage geboten ist.

(4) Die Aufhebung von Vollstreckungsmaßregeln erfolgt in den Fällen der Absätze 1 und 3 erst nach Rechtskraft des Beschlusses.

1 **I) Zweck:** Schuldnerschutz zur Milderung untragbarer, dem allgemeinen Rechtsgefühl widersprechender Härten, die das formstrenge Vollstreckungsrecht im Einzelfall mit sich bringt.

2 **II) 1) Anwendungsbereich:** § 765a gilt als **allgemeine Schutzvorschrift** des Vollstreckungsrechts für ZwV jeder Art, somit bei ZwV wegen Geldforderungen in das bewegliche Vermögen für ZwV in körperliche Sachen (§§ 808–827) sowie in Forderungen und andere Vermögensrechte (§§ 828–863), bei ZwV wegen Geldforderungen in das unbewegliche Vermögen (§§ 864–871 und ZVG; mit Besonderheit bei Zwangsverwaltung, s Zeller/Stöber Einl Rn 52.3), bei ZwV zur Erwirkung der Herausgabe von Sachen (auch bei Räumungsvollstreckung aus einem Zuschlagsbeschluß, München OLGZ 69, 43; LG Kiel NJW 92, 1174; Räumungsschutz in Ehewohnungszuteilungsverfahren ist jedoch nach § 15 HausrVO vom Familiengericht zu gewähren [München NJW 78, 548; Brudermüller FamRZ 87, 109, 122; auch § 721 Rn 1]) und zur Erwirkung von Handlungen oder Unterlassungen (§§ 883–898; für § 887: LG Frankenthal Rpfleger 84, 28; für § 890: LG Frankenthal Rpfleger 82, 479 zutr gegen LG Berlin NJW 59, 53 mit abl Anm Merdsche) und im Verfahren der eidesstattl Versicherung (§§ 899–915h; Frankfurt MDR 81, 412 = OLGZ 81, 250; KG NJW 65, 2408 = OLGZ 65, 288; Oldenburg JR 56, 304). Anwendbar ist § 765a auch bei Zwangsversteigerung zur Aufhebung einer Gemeinschaft, weil sie mit Verwirklichung des schuldrechtlichen Auseinandersetzungsanspruchs in Form rechtlichen Zwangs in einem als Teil des ZwV-Rechts geregelten Verfahren (§ 869) unter Anwendung der allgemeinen Bestimmungen des Vollstreckungsrechts durchgeführt wird und daher nicht (wie angenommen wird) einem freihändigen Verkauf gleich ist (Stöber Rpfleger 60, 237; Teufel Rpfleger 76, 84; Braunschweig NJW 61, 129; Bremen Rpfleger 79, 92; Hamburg MDR 54, 369; Karlsruhe OLGZ 94, 107 [110] = Rpfleger 93, 413 [414] u Rpfleger 94, 223; Köln MDR 91, 452 = NJW-RR 92, 126; Nürnberg NJW 54, 722; Schleswig SchlHA 64, 263; LG Stuttgart MDR 93, 83 = Rpfleger 92, 491; anders LG Berlin FamRZ 87, 1067 sowie Rpfleger 93, 297; StJ/Münzberg Rn 3; und früher hM, Nachw bei Zeller/Stöber Einl Rn 52.6). Entsprechend anwendbar ist § 765a im Konkurs-Eröffnungsverfahren (BGH LM § 765a Nr 5 = MDR 78, 39). Auf Tätigkeit des GV außerhalb der ZwV (Pfandverkauf usw; s § 766 Rn 5) findet § 765a keine Anwendung.

3 2) Auf § 765a kann sich **jeder Schuldner** berufen, gegen den sich eine ZwV richtet, auch der Konkursverwalter (Hamm NJW 76, 1754 = OLGZ 76, 489; s auch Rn 19), ein Ausländer oder Staatenloser, jede Personenhandelsgesellschaft (OHG, KG) und juristische Person (GmbH und AG).

4 **III) Voraussetzungen des Schutzes:** 1) Schutz ermöglicht § 765a nur gegen Vollstreckungs**maßnahmen,** nicht gegen die ZwV allgemein (Köln NJW 94, 1743 = Rpfleger 94, 267).

5 2) Wegen **ganz besonderer Umstände** muß die ZwV-Maßnahme eine **Härte** bedeuten, die **mit den guten Sitten nicht zu vereinbaren** ist (Abs 1 S 1). § 765a ist damit als Ausnahmevorschrift (trotz des scheinbaren Ermessensspielraums) eng auszulegen (BGH 44, 138 [143] = NJW 65, 2107; Frankfurt OLGZ 81, 250). Mit Härten, die jede ZwV mit sich bringt, muß sich der Schuldner abfinden. Daher begründet es keine Härte iS des § 765a, daß die ZwV überhaupt durchgeführt wird (Köln aaO u NJW-RR 95, 1472) und eine ZwV-Maßnahme einen erheblichen Eingriff in den Lebenskreis des Schuldners bewirkt (Frankfurt aaO). Für Anwendung des § 765a genügen weder

allgemeine wirtschaftliche Erwägungen (Jonas/Pohle Anm 1, 4a) noch soziale Gesichtspunkte. Anzuwenden ist § 765a nur in besonders gelagerten Fällen, nämlich nur dann, wenn im Einzelfall das Vorgehen des Gläubigers zu einem ganz untragbaren Ergebnis führen würde (BGH aaO). Bei Prüfung dessen, was als eine mit den guten Sitten nicht zu vereinbarende Härte anzusehen ist, sind auch die Wertentscheidungen des GrundG und die dem Schuldner in der ZwV gewährleisteten Grundrechte zu berücksichtigen (BVerfG 52, 214 [219] = NJW 79, 2607 mwN [Zwangsräumung]; BVerfG [Kammerbeschluß] NJW 94, 1272 = Rpfleger 94, 427 [Selbstmordgefahr wegen Zwangsversteigerung], auch Rn 11).

3) Sittenwidrige Härte für den Schuldner muß die ZwV unter voller Würdigung des **Schutzbedürfnisses des Gläubigers** nach den besonderen Umständen des Einzelfalls bewirken. Diese Gegenüberstellung des Schutzbedürfnisses des Gläubigers, dem voll Rechnung getragen werden muß, und der Schuldnerbelange erfordert Interessenabwägung. Schuldnerschutz kann daher nur bei krassem Mißverhältnis der für und gegen die Vollstreckung sprechenden Interessen gewährt werden. Die für die Beurteilung des Falles wesentlichen Umstände müssen eindeutig sein und so stark zugunsten des Schuldners sprechen, daß für Zweifel kein Raum bleibt (Jonas/Pohle Anm 4d; LG Braunschweig DGVZ 91, 187). Nicht erforderlich ist, daß den Gläubiger ein Vorwurf trifft. 6

4) **Schutzwürdigkeit** und -bedürftigkeit des Schuldners ist zwar nicht Voraussetzung der Maßnahme nach § 765a. Eine ZwV-Maßnahme gegen einen schutzunwürdigen Schuldner wird aber regelmäßig nicht als sittenwidrig anzusehen sein. In besonderen Ausnahmefällen (zB Taschenpfändung am Kranken- oder Sterbebett; Vorführung oder Räumungsvollstreckung trotz existenzbedrohender Gefahr für Schuldner) kann es aber unbeachtlich bleiben müssen, daß der Schuldner durch eigenes Verschulden zahlungsunfähig (räumungspflichtig) geworden ist (Frankfurt NJW-RR 94, 81) oder hartnäckig die Leistung verweigert. Darauf, daß durch eine Schutzmaßnahme die ZwV vermieden wird (Voraussetzung nach § 30a ZVG) kommt es für § 765a nicht an. 7

5) Auf Belange **Dritter** kann sich der Schuldner nicht berufen: sie können bei Interessenabwägung auch nicht zugunsten des Gläubigers Berücksichtigung finden (München BayJMBl 55, 76; Schleswig SchlHA 56, 115; LG Kiel SchlHA 55, 278; LG Wiesbaden MDR 55, 620; StJ/Münzberg Rn 9). In den Auswirkungen der ZwV auf Angehörige des Schuldners (Köln NJW 94, 1743; so bei Gefahr für Leben und Gesundheit bei Räumung; Frankfurt NJW-RR 94, 81) und sonst auf Dritte (Räumung eines Altenpflegeheims während der Nachtzeit; AG Groß-Gerau Rpfleger 83, 407) kann jedoch auch für den Schuldner selbst eine den Schutz gebietende Härte liegen. 8

6) Die sittenwidrige Härte kann sich aus der **Art** der Vollstreckungsmaßnahme oder dem **Zeitpunkt** der Vollstreckung ergeben (Frankfurt OLGZ 81, 250). Allein deshalb, weil die ZwV dem Gläubiger voraussichtlich keine Befriedigung seiner Forderung bringen wird, kann Schuldnerschutz zwar nicht gewährt werden; solche Begründung würde vielmehr regelmäßig eine unzulässige Vorwegnahme des Vollstreckungsergebnisses darstellen (Köln MDR 72, 877; LG Hannover MDR 84, 764; LG Koblenz DGVZ 87, 45; LG Lüneburg MDR 76, 1027). Sittenwidrig kann jedoch die ZwV betrieben werden, wenn der Gläubiger ohne Erfolgsaussicht mutwillig (böswillig) gegen den Schuldner vorgeht. Das ist der Fall, wenn der Gläubiger eine ZwV-Maßnahme, die ihm keinen Nutzen bringt, nur zu dem Zweck betreibt, dem Schuldner Kosten zu verursachen (Zwangsverwaltung wegen einer geringen Restforderung an schlechter Rangstelle, die mit Mietpfändung sicher beigetrieben werden könnte; Offenbarungsversicherung wegen einer geringen Forderung gegen einen bekannt vermögenslosen Schuldner). Beispiele auch: Pfändung eines Nießbrauchs, den der Schuldner verliert, ohne daß der Gläubiger befriedigt wird, weil das Nießbrauchsrecht in der Weise bestellt ist, daß es bei Pfändung erlischt (Frankfurt OLGZ 80, 482); Fortsetzung der ZwV mit Versteigerung der Pfandstücke, obwohl die Vorgläubiger Stundung gewährt haben oder Ratenzahlungen erhalten und der Nachgläubiger mit keinem Erlösüberschuß rechnen kann (LG Berlin DGVZ 71, 88; LG Koblenz DGVZ 87, 45). Deshalb, weil der Gläubiger von mehreren Vollstreckungsmöglichkeiten diejenige gewählt hat, die ihm am wirksamsten Erfolg verspricht, begründet die ZwV-Maßnahme keine sittenwidrige Härte (Zeller/Stöber Einl Rn 55.5). Pfändung des Anteils an einer Baugenossenschaft kann sittenwidrige Härte begründen, wenn dem Schuldner Verlust seiner langjährig bewohnten günstigen Mietwohnung droht und er (ohne Sozialhilfe) zur Anmietung einer anderen Wohnung nicht in der Lage sein wird (Hamm WuM 83, 267 = ZMR 84, 154). Für den zur eidesstattl Versicherung verpflichteten Schuldner kann auch eine schwerwiegende psychische Störung eine sittenwidrige Härte bedeuten (LG Lübeck DGVZ 80, 26). Die Kassenpfändung bei einem Gewerbetreibenden kann sittenwidrige Härte sein, wenn dadurch dem Schuldner der notwendige Lebensbedarf entzogen wird (LG Berlin DGVZ 79, 43). Keine sittenwidrige Härte bewirkt der Zugriff des Gläubigers auf Kaufpreisraten aus dem Warenverkauf im früheren Geschäft des Schuldners deshalb, weil dieser dann Sozialhilfe in Anspruch nehmen muß (Düsseldorf NJW-RR 86, 1512). 9

10 7) Rechtsgrund, Betrag und Alter des beizutreibenden **Anspruchs** können für Beurteilung der Härte und Sittenwidrigkeit Bedeutung erlangen. Zugunsten des Gläubigers kann sprechen, daß eine Unterhaltsforderung oder ein Anspruch aus einer vorsätzlich begangenen unerlaubten Handlung beigetrieben wird; für den Schuldner kann zu berücksichtigen sein, daß er eine nicht alte Forderung zu leisten hat, die in angemessener Zeit erfüllt werden kann, oder eine geringe Restforderung, die der Gläubiger erst abgerechnet hat.

10a 8) Betrifft die ZwV-Maßnahme ein **Tier**, dann finden emotionale Beziehungen zwischen Schuldner und dem Tier bereits bei Abwägung der widerstreitenden Interessen nach Abs 1 S 1 Berücksichtigung. So konnte die Pfändung eines Hundes uU (bei hohem Alter der Schuldnerin) eine Härte darstellen, die mit den guten Sitten nicht vereinbar ist (LG Heilbronn DGVZ 80, 111; für Hund im häuslichen Bereich jetzt § 811c I). Darüber hinaus muß die ZwV-Maßnahme stets aber auch mit dem **Tierschutzgedanken** in Einklang stehen. Die Verantwortung des Menschen für das Tier, den Schutz seines Lebens und Wohlbefindens zu gewährleisten (§ 1 TierschutzG; ethischer Tierschutz), ist daher auch allgemein bei Prüfung, ob die ZwV wegen ganz besonderer Umstände eine Härte bedeutet, zu berücksichtigen (Abs 1 S 2). Wenn die Maßnahme mit dem Tierschutz nicht in Einklang steht, ist Schutz daher nach § 765a auch gegen ZwV zu gewähren, die für den Schuldner selbst sittenwidrige Härte nicht begründet. Bedeutung kann dieser Vollstreckungsschutz bei Herausgabe-, Unterlassungs- oder Beseitigungsvollstreckung erlangen, bei Forderungvollstreckung dann, wenn das Tier nicht unpfändbar ist (§ 811c I und die dort in Rn 2 genannten Fälle). Für Zulassung der Pfändung nach § 811c II sind Belange des Tierschutzes bereits zu würdigen, so daß sie nicht neuerlich für Schutz im Härtefall zu berücksichtigen sein können.

11 9) a) Bei **Zwangsräumung** sind stets auch die Wertentscheidungen des GrundG und die dem Schuldner in der ZwV gewährleisteten Grundrechte (vor § 704 Rn 29) zu berücksichtigen (BVerfG [Kammerbeschluß] NJW 94, 1719 = Rpfleger 94, 470 u MDR 92, 412 = NJW 91, 3207; BVerfG 84, 245 = NJW 91, 3207: vorläufige Einstellung wegen altersbedingter geistiger Gebrechlichkeit; Köln JurBüro 94, 367 = NJW 93, 2248). Einem Vorbringen des Schuldners, ihm drohe (schwerwiegende) Grundrechtsbeeinträchtigung, ist daher sorgfältig nachzugehen (BVerfG NJW 79, 2607, 91, 3207 u 94, 1719; KG NJW-RR 95, 848 = Rpfleger 95, 469). Beweisangebote des Schuldners für sein Vorbringen, ihm drohe schwerwiegende Gefahr für Leben und Gesundheit, sind besonders sorgfältig zu prüfen (BVerfG 52, 214 [220] u NJW 94, 1719). Risiken für Leben und/oder Gesundheit des Schuldners sind (unabhängig von ihrer Ursache) unter Würdigung aller Umstände des Einzelfalls mit den Gläubigerinteressen abzuwägen (Walker/Gruß NJW 96, 352); Suizidgefahr ist ein gewichtiger Umstand, der in die Abwägung der gegenseitigen Interessen ebenso einzubeziehen ist wie die Umstände, auf denen sie beruht (Köln NJW 93, 2248). Läßt die Zwangsräumung einen schwerwiegenden Eingriff in das Recht des Schuldners auf Leben und/oder körperliche Unversehrtheit besorgen und wiegen Schuldnerinteressen im konkreten Fall wesentlich schwerer als Gläubigerbelange, so begründet die Zwangsmaßnahme sittenwidrige Härte (BVerfG NJW 91, 3207 u 94, 1719 je zur Interessenabwägung bei Suizidgefahr); die ZwV ist dann zumindest zeitweilig einzustellen (BVerfG NJW 91, 3207). In besonders gelagerten Einzelfällen kann Schutz des lebensbedrohten oder gesundheitsgefährdeten Schuldners auch Einstellung der ZwV für einen längeren Zeitraum rechtfertigen (BVerfG NJW 79, 2607 u 94, 1719). Zur Verdrängung der Schuldnerinteressen durch Gläubigerbelange Walker/Gruß aaO; hierfür kann auch die Dauer des Räumungsverfahrens zu berücksichtigen sein (Köln NJW 93, 2248 [2249]). Zu ärztlich attestierten Gesundheitsschäden bei einem 81jährigen Mieter auch LG Aachen WuM 71, 31 mit abl Anm Weimar = ZMR 71, 157; zu Räumungsunfähigkeit und Suizidgefahr sowie zu den Anforderungen an ärztliche Atteste s auch Köln MDR 90, 257; LG Darmstadt Rpfleger 91, 117 [dieses auch zur Wahrung der Belange des erkrankten Gläubigers]; Scherer DGVZ 95, 33; Scholz ZMR 86, 227; E. Schneider JurBüro 94, 321 [auch zu Gläubigerbelangen].

12 b) **Räumungsschutz** kann nach § 765a zu gewähren sein, wenn der Schuldner die Räume ohnehin schon wenige Tage nach dem Räumungstermin freigeben kann und wird (LG Köln WuM 69, 103), wenn er trotz angespannter Lage auf dem Wohnungsmarkt (unter Einschaltung eines Maklers) eine Ersatzwohnung gefunden hat, diese aber erst nach mehreren Monaten beziehen kann (LG Stuttgart Rpfleger 85, 71 mit krit Anm Rupp/Fleischmann), wenn er bereits eine Ersatzwohnung zugesagt erhalten hat und bis zu deren Bezugsfertigkeit in ein Obdachlosenheim ziehen müßte (für 80jährigen Schuldner mit Ehefrau: AG Lübeck WuM 70, 67 u LG Lübeck WuM 70, 13), desgleichen, wenn Fertigstellung der in Aussicht genommenen Neubauwohnung in 3 Monaten zu erwarten ist (LG Braunschweig WuM 73, 82), und auch, wenn eine Eigentumswohnung (erst) in etwa 8 Monaten bezugsfertig wird (AG Bergheim BlGBW 73, 60), oder auch nur bis zum Bezug eines zu errichtenden Altenheims (AG Sonthofen WuM 69, 173; bedenklich). In solchen Fällen kann es als unbillige, sittenwidrige Härte auch bereits anzusehen sein, daß der Schuldner in kurzer Zeit mehrmals umziehen müßte (LG Lübeck WuM 70, 13; LG Münster ZMR 78, 220 L; LG Braunschweig aaO); mehrfacher Wohnungswechsel in verhältnismäßig kurzer Zeit (Köln

FamRZ 95, 1428 = NJW-RR 95, 1163) und doppelte Umzugskosten (Rupp/Fleischmann aaO) rechtfertigen Schutz aber nur in Sonderfällen. Das Schutzbedürfnis eines Mieters, der mit drei Kindern (Alter 5–10 Jahre) in einem Obdachlosenheim untergebracht werden oder sein Vorhaben, ein Eigenheim zu errichten, in Frage stellen müßte, kann auch dann überwiegen, wenn der Vermieter trotz dringenden Eigenbedarfs für eine gewisse Zeit noch etwas beengte Wohnraumverhältnisse hinnehmen muß (LG Aachen WuM 73, 174). Bei einer Familie mit 4 Kindern (die alle noch zur Schule bzw in den Kindergarten gehen) kann Räumung wenige Wochen vor Schuljahresende sittenwidrige Härte darstellen (Köln FamRZ 95, 1428 = NJW-RR 95, 1163). Bei unmittelbar bevorstehender Entbindung (Frankfurt JurBüro 80, 1898 = Rpfleger 81, 24), bei Gefahr einer Fehlgeburt, wie überhaupt sechs Wochen vor und acht Wochen nach dem Entbindungstermin der Mieterin (LG Bonn DGVZ 94, 75; AG Schwetzingen DWW 78, 264) ist Räumungsschutz zu gewähren, selbst dann, wenn die nach § 721 V bestmögliche Räumungsfrist bereits ausgeschöpft ist (Frankfurt aaO; enger LG Wuppertal DGVZ 95, 41; allenfalls bis 5 Tage nach der Entbindung jedenfalls dann, wenn die Schuldnerin sich nicht intensiv um eine Ersatzwohnung bemüht hat). Daß eine Ersatzwohnung fehlt, gibt für sich allein keinen Grund für eine Maßnahme nach § 765a (Oldenburg NJW 61, 2119; LG Göttingen MDR 67, 847; LG Wiesbaden DGVZ 94, 120). Bei monatelangem (erheblichem) Mietrückstand (ca 14000 DM bei 1850 DM Monatsmiete) können Interessen des Gläubigers vorgehen (LG Hildesheim MDR 95, 1010 = NJW-RR 95, 1164). Dem Gläubiger (Privatperson) ist auch nicht zuzumuten, für unbestimmte Zeit auf Mieteinnahmen zugunsten eines bedürftigen Räumungsschuldners zu verzichten (AG Hameln DWW 72, 83). Auch Arbeitslosigkeit oder Gefährdung des Arbeitsplatzes bei Zwangsräumung (auch für Ehegatten) stellt für sich allein keine Härte dar (LG Wiesbaden aaO). Sittenwidrige Härte kann aber zu bejahen sein, wenn der Gläubiger durch Kontaktaufnahme mit dem Vermieter einer neuen Wohnung und negative Information über den Schuldner eine Ursache dafür setzt, daß der neue Vermieter die Überlassung der Wohnung an den Schuldner ablehnt (Köln MDR 95, 1064 = NJW-RR 95, 1039). Gegenüber einem alleinstehenden Mieter kann sittenwidrige Härte erfordern, daß bis zur Beziehbarkeit der Ersatzwohnung nur noch eine kurze Frist (von einigen Wochen) bevorsteht (LG Mannheim DWW 73, 97). Wenn Anmietung einer Ersatzwohnung verzögert wurde und dann auch der Einzug nicht hinreichend betrieben wird, kann Räumungsschutz nicht verlangt werden (LG Hannover Rpfleger 86, 439; LG Heilbronn DGVZ 93, 140 = Rpfleger 93, 501). Selbst für eine Familie mit 4 Kindern kann Räumungsschutz uU nicht zu gewähren sein, so wenn sie in einer vom Bauaufsichtsamt für unbewohnbar erklärten Wohnung wohnt (LG Köln WuM 72, 66). Daß im Einzelfall Wiedereinweisung durch die Gemeinde zur Vermeidung von Obdachlosigkeit möglich sein kann (dazu aber Schlink NJW 88, 1689), rechtfertigt allein Ablehnung von Schutz nach § 765a nicht; § 765a schützt gegen sittenwidrige Härte der Räumung als Zwangsmaßnahme, daher kann nicht Bedeutung erlangen, wie später Obdachlosigkeit als polizeiwidriger Zustand behoben werden kann (enger aber Rupp/Fleischmann Rpfleger 85, 71). Räumungsschutz nach § 765a kann auch bei Vollstreckung eines Vergleichs (§ 794 I Nr 1) und auch dann gewährt werden, wenn Gewerberäume (gewerbliche Objekte) herauszugeben sind; für einschränkende Anwendung nur auf Umstände, die erst nach Abschluß des Vergleichs entstanden sind und nicht bei Vergleichsabschluß im Risikobereich des Schuldners lagen (so aber Fenger Rpfleger 88, 55) bietet § 765a als allgemeine Schutzvorschrift keine Handhabe.

10) Anwendung des § 765a in der **Zwangsversteigerung:** Zeller/Stöber Einl Rn 52–61. 12a

11) Gegenüber **anderen Schutzvorschriften** der ZPO (zB §§ 721, 794a, 813a, 850f I, § 900 IV) 13
und sonstiger Gesetze (§§ 30a–d ZVG) hat § 765a dem Grundsatz nach zwar nicht nur subsidiäre Bedeutung (LG Osnabrück Rpfleger 55, 19); § 765a ist mithin nicht Auffangtatbestand für die Fälle, in denen andere Schutzmöglichkeiten erschöpft sind (LG Osnabrück aaO; anders Rupp/Fleischmann Rpfleger 85, 71: Rückgriff auf § 765a ist ausgeschlossen, soweit der Anwendungsbereich von §§ 721, 794a reicht). Der Schuldner kann einen Antrag nach § 765a daher auch auf Gründe stützen, die bereits im Verfahren nach § 721 (§ 794a) hätten vorgebracht werden können (die vor Ablauf der Antragsfrist des § 721 entstanden sind; auch bei verschuldeter Fristversäumnis) (anders Rupp/Fleischmann aaO; § 765a gewährt jedoch unabhängig von Verschulden Schutz gegen sittenwidrige Härte der ZwV, Rn 5–7). Weil § 765a als Ausnahmevorschrift eng auszulegen ist, kann ein Schutzbedürfnis aber nicht gegeben sein, wenn der Schuldner bereits nach anderen Bestimmungen ausreichend geschützt ist oder werden kann, so durch Gewährung einer Räumungsfrist nach §§ 721, 794a (LG Mannheim DWW 73, 97), nach Versäumung der Antragsfrist auch, wenn Wiedereinsetzung möglich (aussichtsreich) ist. Die strengen Voraussetzungen des § 765a können daher nur erfüllt sein, wenn erforderlicher Schutz nicht nach allgemeinen Vorschriften gewährt werden kann wie dann, wenn der Schuldner Ratenzahlungen zunächst nicht leisten kann oder Verwertungsaufschub über die Jahresfrist des § 813a IV hinaus benötigt. Räumungsschutz kann daher nach § 765a nur zugebilligt werden, wenn die Voraussetzungen für den Antrag nach § 721 so spät eingetreten sind, daß der Schuldner die Antragsfrist nicht mehr einhalten kann, wenn die nach § 721 V höchstmögliche Räumungsfrist von einem Jahr

schon voll ausgeschöpft ist (Frankfurt aaO; Köln NJW-RR 95, 1163; LG Kempten MDR 69, 1015; LG Mannheim aaO; LG Lübeck WuM 70, 13) oder überschritten werden soll (Rupp/Fleischmann aaO), wenn dem Gläubiger die Rechtsfolge des § 557 III BGB (Ausschluß des Schadensersatzes) nicht zugemutet werden kann oder wenn es sich um andere Räume als Wohnraum handelt.

14 12) Mit **sachlichen Einwendungen** (auch Einreden) gegen Bestand und Höhe des durch den Vollstreckungstitel festgestellten Anspruchs kann eine sittenwidrige Härte iS von § 765a nicht begründet werden. Materielle Einwendungen gegen die zu vollstreckende Forderung (auch Verwirkung, LG Frankenthal Rpfleger 84, 68) sind nicht im Vollstreckungsverfahren (vor § 704 Rn 14) nachzuprüfen, sondern mit Klage gegen den Titel (insbes § 767) geltend zu machen. Das gilt auch für das Vorbringen, die ZwV selbst sei als sittenwidrig unzulässig, weil der Titel erschlichen (sonst unkorrekt erlangt) sei (Hamburg MDR 70, 426; KG FamRZ 66, 157; Koblenz NJW 57, 1197; LG Kaiserslautern Rpfleger 65, 239; aA LG Düsseldorf MDR 59, 309 für den Fall, daß der Titel erschlichen ist; LG Kiel SchlHA 70, 141 für Verfahrensmängel, wenn Gläubiger sie verursacht und dadurch Vorteile erzielt hat; vgl auch AG Braunschweig DGVZ 75, 12 für Vollstreckung wegen der Kosten des Mahnverfahrens nachdem sich herausgestellt hat, daß Schuldner schon 6 Wochen vor dem Antrag auf Mahnbescheid Zahlung geleistet hat). Auch die Vollstreckung eines nur vorläufig vollstreckbaren Titels bringt daher keine sittenwidrige Härte mit sich, auch dann nicht, wenn das Berufungsgericht einer beantragten einstweiligen Einstellung nicht stattgegeben hat; entsprechendes gilt für die Vollstreckung einer Kostenschuld (durch die Gerichtskasse), wenn über Einwendungen noch nicht entschieden ist (Frankfurt MDR 81, 412).

15 **IV) Zulässige Maßregeln:** Das Vollstreckungsgericht kann die ZwV-Maßnahmen ganz oder teilweise: **1) aufheben.** Bezieht sich auf bereits erfolgte ZwV-Maßnahmen; Aufhebung (gegen und ohne Sicherheitsleistung möglich) nur im äußersten Fall, wenn Härte im Fortbestand der Vollstreckungsmaßnahme liegt und einstw Einstellung nicht genügt (unzulässig zB bei Pfändung einer beweglichen Sache, wenn Härte in der Verwertung, nicht jedoch in der Begründung des Pfändungspfandrechts liegt; zulässig uU bei Forderungspfändung, wenn einstw Einstellung ungenügend, da Schuldner zur Vermeidung einer unsittlichen Härte auf Eingang der gepfändeten Forderung angewiesen ist). Mit Aufhebung ohne Sicherheitsleistung ist äußerste Zurückhaltung zu üben, da Gläubiger Sicherung und Rang gegenüber anderen Gläubigern verliert.

16 2) **untersagen.** Bezieht sich auf künftige ZwV-Maßnahmen und wird in der Regel nur dann anzuordnen sein, wenn für den Fall, daß ZwV bereits eingeleitet, Maßnahmen aufzuheben wären. Untersagung von ZwV-Maßnahmen werden regelmäßig nur Umstände rechtfertigen, die nach Urteilserlaß eingetreten sind (Jonas/Pohle Anm 5b) oder die im Erkenntnisverfahren nicht geprüft werden konnten (Krankheit des Räumungsschuldners). Einleitung neuer ZwV ist dann unzulässig. Gewährung von Vollstreckungsschutz darf aber dem Grundsatz nach nicht dazu führen, daß der Vollstreckungstitel praktisch außer Kraft gesetzt wird; Untersagung der ZwV (nicht nur einer einzelnen ZwV-Maßnahme bei Geldvollstreckung) ist daher allgemein nur auf Zeit zulässig (LG Frankenthal Rpfleger 84, 68 für Räumungsschutz); nur in einem besonderen Ausnahmefall kann Räumungsschutz auch auf Dauer geboten sein (BVerfG NJW 92, 1155 = Rpfleger 92, 259).

17 3) **einstweilen einstellen.** Einstellung wird die im Regelfall gebotene Maßnahme sein. Bei der einstw Einstellung bleiben die erfolgten Vollstreckungsmaßnahmen bestehen, das Verfahren nimmt jedoch keinen Fortgang, es ruht. Ausdrückliche Befristung der Einstellung ist zulässig (üblich und geboten), jedoch nicht zwingend (aA Koblenz NJW 57, 1197).

18 Die Möglichkeit, eine ZwV-Maßnahme ganz oder teilweise aufzuheben, zu untersagen oder einstw einzustellen, schließt auch die Befugnis des Vollstreckungsgerichts in sich, die **Anordnung mit** bestimmten **Auflagen,** insbes Zahlungsauflagen für den Schuldner, zu verbinden (StJ/Münzberg Rn 15) oder auch gegen Sicherheitsleistung anzuordnen. Da jedoch für Verwertung gepfändeter Sachen § 813a für Zahlungsfristen eine besondere Regelung trifft, werden solche Auflagen bei ZwV-Maßnahmen in Betracht kommen, die nicht die ZwV wegen Geldforderungen in bewegliche Sachen betreffen, insbes also bei Herausgabeansprüchen (für Räumungsvollstreckung AG Seligenstadt Rpfleger 88, 417). Unterbleiben müssen solche Anordnungen bei einem zahlungsunfähigen Schuldner, wenn sie gebotenen Schutz hinfällig machen würden.

19 **V) Verfahren: 1)** Nur auf **Antrag** des Schuldners werden die Schutzvoraussetzungen des § 765a geprüft. Dem Schuldner ist damit die Entscheidung anheimgegeben, ob er von der Schutzvorschrift Gebrauch machen will; sieht er davon ab, so nimmt er das damit verbundene Risiko in Kauf. Das Antragserfordernis ist mit dem GG vereinbar (BVerfG 61, 126 = NJW 83, 559). Bei Verwertung eines in die Konkursmasse fallenden Gegenstands ist nur der Konkursverwalter antragsberechtigt (s BVerfG 51, 405 = NJW 79, 2510), nicht daneben auch der Schuldner (nicht richtig Celle ZIP 81, 1005). Der Antrag unterliegt nicht dem Anwaltszwang (§ 78 III); er kann zu Protokoll der Geschäftsstelle oder schriftlich gestellt werden. Antrag ist jedes aus Erklärungen des Schuldners für das Gericht erkennbare Begehren um Schutz (Frankfurt Rpfleger 79, 391; KG

NJW 65, 2408 = OLGZ 65, 288). Es genügt, wenn der Schuldner sich mit einer Eingabe an das Gericht wendet, weil er das unsittliche Vorgehen des Gläubigers für unzulässig hält. Auch in einer Erinnerung (§ 766; auch § 11 RpflG) kann daher ein Schutzantrag mit enthalten sein. Im Offenbarungsverfahren ist der Antrag mit Widerspruch (§ 900 V) zu stellen (Hamm MDR 65, 494 = NJW 65, 1339; NJW 68, 2247; LG München I Rpfleger 74, 371); er ist aber auch noch nach dem Termin vor Erlaß des Haftbefehls und später zur Abwendung der Haftvollstreckung zulässig. Der Antrag ist an keine Frist gebunden; er ist zulässig, wenn eine bestimmte ZwV-Maßnahme droht (bevorsteht), nicht mehr aber nach Beendigung der ZwV-Maßnahme, bei Räumung somit auch noch, wenn der GV nur das Schloß ausgetauscht, die Sachen des Schuldners aber nicht weggeschafft hat (LG Hamburg WuM 93, 417) und nach Räumung noch für Maßnahmen hinsichtlich beweglicher Sachen nach § 885 II–IV (KG MDR 86, 1033 = NJW-RR 86, 1510). Bei ZwV zur Vornahme einer vertretbaren Handlung (§ 887) besteht ein schutzwürdiges Bedürfnis erst, wenn eine Entscheidung des Prozeßgerichts über die Ersatzvornahme getroffen ist (LG Frankenthal Rpfleger 84, 28 verlangt auch Rechtskraft). Eine Vollmacht ist nach allgemeinen Grundsätzen nachzuweisen.

2) **Zuständig** ist ausschließlich (§ 802) das Vollstreckungsgericht (§ 764 Rn 1; als solches bei Arrestvollziehung in den Fällen von § 930 I S 3, § 931 III auch das Arrestgericht), auch für Schutz gegen ZwV-Maßnahmen des Prozeßgerichts (§§ 887, 888, 890; LG Frankenthal Rpfleger 84, 28), oder des Grundbuchamts. Die örtliche Zuständigkeit bestimmt sich nach § 764 II und den besonderen Bestimmungen (insbes § 828 II, § 899). Es entscheidet der Rechtspfleger (§ 20 Nr 17 RpflG; Einschränkung für Arrestgericht nach § 20 Nr 16 RpflG). 20

3) Fakultative **mündliche Verhandlung** nach § 764 III. **Rechtliches Gehör:** vor § 704 Rn 28. Es gelten die allgemeinen Grundsätze der ZPO-Verfahren (§ 766 Rn 27). 21

4) **a)** Die **Entscheidung** ergeht durch **Beschluß,** der zuzustellen ist (§ 329 III). Kosten: § 788; daher (bei stattgebender wie ablehnender Entscheidung) kein Kostenausspruch, wenn die Kosten dem Schuldner als ZwV-Kosten zur Last fallen. Kostenentscheidung hat aber bei Überbürdung auf den Gläubiger nach § 788 III zu ergehen. **b) Wirksamwerden** des Beschlusses, der eine Vollstreckungsmaßregel des Vollstreckungsgerichts selbst (rechtsgestaltend) **aufhebt,** tritt nicht bereits mit Bekanntmachung, sondern **erst mit** (formeller) **Rechtskraft** ein (Abs 4). Damit werden Nachteile für den Gläubiger (insbes Rangverlust) vermieden, die bei sofortiger Wirksamkeit bis zur Neuvornahme der ZwV-Maßnahme nach Aufhebung (Änderung) des Aufhebungsbeschlusses im Erinnerungs/Beschwerdeverfahren eintreten könnten. Zweckmäßig ist Ausspruch im Beschluß „Die Aufhebung der ZwV-Maßnahme wird erst mit Rechtskraft des Beschlusses wirksam". Aufschub der Entscheidungswirkung ist davon nicht abhängig; er besteht auch, wenn der Beschluß die Wirkung des Abs 4 nicht ausspricht. Daher besteht für den Drittschuldner kein Schutz, wenn er nach Aufhebung des Pfändungsbeschlusses und vor seiner Wiederherstellung durch das Beschwerdegericht an den Schuldner zahlt (Schuler NJW 61, 719 gegen Stuttgart NJW 61, 34 mit zust Anm Riedel). ZwV-Maßnahmen des GV hat dieser nach § 775 Nr 2, § 776 aufzuheben, jedoch erst nach Rechtskraft des die Aufhebung anordnenden Beschlusses. 22

5) **Rechtsbehelf: a)** Sofortige Beschwerde nach § 793 (sofortige Rechtspflegererinnerung nach § 11 I S 2 RpflG, nicht aber unmittelbar sofortige Beschwerde an das Landgericht; Stuttgart OLGZ 77, 115). Der Rechtspfleger kann nicht abhelfen (§ 11 II S 1 RpflG). Sofortige weitere Beschwerde bei neuem selbständigem Beschwerdegrund (§ 793 II, § 568 II). 23

b) Wenn Schutz**antrag** nach § 765a **erst** in dem Verfahren über eine **Beschwerde** gegen eine andere Entscheidung des Vollstreckungsgerichts (insbes nach Entscheidung über eine Erinnerung nach § 766) gestellt wird, kann das Beschwerdegericht nicht über ihn entscheiden (Köln NJW-RR 89, 189). Das Beschwerdegericht muß den Antrag an das Vollstreckungsgericht verweisen. Mit dem Antrag nimmt der Schuldner Rechtsschutz in einem gerichtlichen Verfahren in Anspruch, dessen Gegenstand nicht der des bereits anhängigen Beschwerdeverfahrens ist. Der Antrag kann daher auch nicht als neues Vorbringen (§ 570) in das Beschwerdeverfahren eingeführt werden (StJ/Münzberg Rn 27; aA MK/Arnold Rn 79). Gegenteiliges ergibt sich für Vollstreckungsverfahren nach der ZPO auch nicht aus der Besonderheit bei Zwangsversteigerung, daß im Beschwerdeverfahren nach Entscheidung über einen auf §§ 30a–d gestützten Einstellungsantrag das Einstellungsverlangen neu auch auf § 765a gestützt werden kann (Einzelheiten und Streitstand bei Zeller/Stöber Einl Rn 59). Mit dem Einstellungsbegehren ändert sich im ZVG-Beschwerdeverfahren der vom Schuldner verlangte Entscheidungsinhalt nicht; in sonstigen Vollstreckungsverfahren aber haben Beschwerdeverfahren und das neue Einstellungsbegehren grundlegend unterschiedliche Verfahrensziele, so daß das (ausschließlich, § 802) zuständige Gericht 1. Instanz nicht entfallen kann. 24

6) **Zurückgenommen** werden kann der Antrag bis zur Rechtskraft der Entscheidung (auch noch im Rechtsmittelverfahren; nach Rechtskraft Abs 3). Die Zurücknahme wird mit Eingang wirksam. Damit wird ein bereits ergangener (noch nicht rechtskräftiger) Beschluß über den 25

Antrag wirkungslos, ohne daß es seiner ausdrücklichen Aufhebung bedarf. **Verzicht** auf Vollstreckungsschutz nach § 765a ist vor Wirksamkeit der einzelnen ZwV-Maßnahmen nicht zulässig (Hamm NJW 60, 104). Auch Verzicht während der Vollstreckung ist nicht als zulässig anzusehen, da § 765a nicht nur der Wahrung der Einzelinteressen des Schuldners dient, sondern als Schutzbestimmung des Vollstreckungsrechts auch öffentlichen Interessen Rechnung trägt (so auch MK/Arnold Rn 108). Absehen von Antragstellung nach Wirksamkeit der ZwV-Maßnahme oder Zurücknahme eines Antrags ist kein Verzicht auf Schutz, so daß Antrag noch während der ZwV jederzeit (ggfs wieder) gestellt werden kann.

26 **7) Wiederholt** werden kann der abgelehnte Antrag, wenn das Schutzbegehren nach veränderter Sachlage auf neue Gründe gestützt werden kann.

27 **VI) 1)** Ein Schutzantrag des Schuldners hat keine aufschiebende Wirkung. Das **Vollstreckungsgericht** (Rechtspfleger) kann jedoch vor Entscheidung in entspr Anwendung von § 766 I S 2, § 732 II eine **einstweilige Anordnung** dahin erlassen, daß die ZwV gegen oder ohne Sicherheitsleistung einstw einzustellen oder nur gegen Sicherheitsleistung fortzusetzen ist (Celle MDR 54, 426 u 68, 333; Schleswig SchlHA 57, 159; kritisch Seibel MDR 64, 979). Hierfür ist glaubhaftes Vorbringen des Schuldners zu verlangen, das Beurteilung der Erfolgsaussicht des Antrags ermöglicht. Aufhebung der ZwV-Maßnahme im Wege der einstw Anordnung ist nicht zulässig. Rechtsbehelf bei Erlaß der einstw Anordnung durch den Rechtspfleger: § 11 I S 2 RpflG (keine Abhilfe; § 11 II S 1 RpflG); bei Einstellung durch den Richter (gegen dessen Entscheidung über die Erinnerung) wird Beschwerde nicht für zulässig erachtet (s § 732 Rn 17).

28 **2)** Der **Gerichtsvollzieher** kann eine ZwV-Maßnahme zur Erwirkung der Herausgabe von Sachen (§§ 883–886), somit auch die Vollstreckung eines Räumungsurteils (LG Mannheim MDR 62, 907; AG Köln MDR 67, 500, abl Anm Prahl MDR 68, 248) – nicht aber eine Geldvollstreckung – bis zur Entscheidung des Vollstreckungsgerichts, jedoch nicht länger als eine Woche aufschieben (Abs 2). Er darf die ZwV nicht zum Schutz des Schuldners zeitweilig oder endgültig einstellen (AG Hameln DWW 72, 83), auch nicht bei Räumungsvollstreckung gegen einen betagten Schuldner, der durch Zwangsräumung gesundheitlich gefährdet ist (AG Köln MDR 68, 248; AG Wuppertal DGVZ 93, 14). Aufschub durch den GV erfordert, daß ihm die tatsächlichen Verhältnisse, die Schutz nach Abs 1 rechtfertigen können, glaubhaft zur Kenntnis gelangt sind, und dem Schuldner die rechtzeitige Anrufung des Vollstreckungsgerichts nicht möglich war. Näher § 113 GVGA. Hat der Schuldner Antrag gestellt, entscheidet das Vollstreckungsgericht aber nicht und erläßt es auch keine einstw Anordnung, dann kann nicht der GV mit Aufschub nach Abs 2 Schutz gewähren. Auf die Vollziehung einer Anordnung zur Herausgabe einer Person (§ 33 II FGG) ist Abs 2 entsprechend anzuwenden. Rechtsbehelf gegen das Verfahren des GV: § 766.

29 **VII) Aufhebung** oder **Änderung** des Beschlusses durch das Vollstreckungsgericht (es ist zuständig, auch wenn der aufzuhebende oder abzuändernde Beschluß von einem Land/Oberlandesgericht erlassen worden ist, Donau NJW 54, 1315) ist (nur) **bei Änderung der Sachlage** zulässig (Abs 3). Die Entscheidung ergeht auf Antrag des Gläubigers oder Schuldners. Änderung der Sachlage ist nur gegeben, wenn sich die der abzuändernden Entscheidung zugrunde liegenden Tatsachen geändert haben, nicht aber bei anderer Beurteilung der unveränderten Tatsachen. Wenn die Änderung auch nicht nach Erlaß der Entscheidung eingetreten zu sein braucht, so muß doch der Schuldner außerstande gewesen sein, diese Tatsachen früher geltend zu machen (anders Köln NJW 93, 2248 für weiteren Schutzantrag). Die entspr Anwendung des Grundsatzes des § 767 II ist nicht gerechtfertigt, weil der Charakter des § 765a als allgemeine Härteklausel eine weitgehende Freistellung des Vollstreckungsgerichts erfordert. Aufhebung oder Änderung kann vor Rechtskraft der Entscheidung erfolgen (Ausnahme von § 577 III), somit auch während eines Beschwerdeverfahrens (wird dann in der Hauptsache im Umfang der Änderung gegenstandslos). Aufgehoben oder geändert werden kann aber auch ein (formell) rechtskräftiger Beschluß. Mit der Möglichkeit zur Aufhebung (Änderung) entfällt die Bindung des Vollstreckungsgerichts an Entscheidungen des übergeordneten Land/Oberlandesgerichts in Beschwerdeverfahren. Zuständig für die Aufhebung (Änderung) ist der Rechtspfleger (§ 20 Nr 17 RpflG; es wird nicht die frühere Entscheidung auf ihre Richtigkeit überprüft, sondern auf Antrag über die geänderte Sachlage neu entschieden). Verfahren: Rn 19 ff, Rechtsbehelf Rn 23, 24; einstw Anordnung auch hier entspr § 766 I S 2, § 732 II zulässig (Rn 27); Wirkung der Aufhebung einer Vollstreckungsmaßregel auch bei Änderung nur nach Rechtskraft (Abs 4).

30 **VIII)** Mit den Schutzvoraussetzungen des § 765a können sich **überschneiden: 1)** das fehlende **Rechtsschutzbedürfnis** (vor § 704 Rn 17), das von Amts wegen zu prüfen ist (Oldenburg JurBüro 91, 1276 = MDR 91, 968).

31 **2) Vorkehrungen gegen Verfassungsverletzungen** durch ZwV-Maßnahmen mit rechtsstaatlicher Verfahrensgestaltung (vor § 704 Rn 29), insbes auch mit Beachtung des Grundsatzes der Verhältnismäßigkeit. Diese Vorkehrungen haben die ZwV-Organe von Amts wegen zu treffen.

IX) Gebühren: 1) des **Gerichts:** Für jedes Verfahren nach § 765a eine Festgebühr in Höhe von 20 DM (KV 1641); Beschwerdeverfahren: KV 1905 mit der Festgebühr von 50 DM, wenn die Beschwerde verworfen oder zurückgewiesen wird. – **2)** des **Anwalts:** § 58 III Nr 3 BRAGO. 32

766 *[Erinnerungen gegen Art und Weise der Zwangsvollstreckung]*

(1) Über Anträge, Einwendungen und Erinnerungen, welche die Art und Weise der Zwangsvollstreckung oder das vom Gerichtsvollzieher bei ihr zu beobachtende Verfahren betreffen, entscheidet das Vollstreckungsgericht. Es ist befugt, die im § 732 Abs. 2 bezeichneten Anordnungen zu erlassen.

(2) Dem Vollstreckungsgericht steht auch die Entscheidung zu, wenn ein Gerichtsvollzieher sich weigert, einen Vollstreckungsauftrag zu übernehmen oder eine Vollstreckungshandlung dem Auftrag gemäß auszuführen, oder wenn wegen der von dem Gerichtsvollzieher in Ansatz gebrachten Kosten Erinnerungen erhoben werden.

I) Zweck: Rechtsschutz mit gerichtlicher Kontrolle (Art 19 IV GG) des ZwV-Verfahrens, insbes der ZwV-Maßnahmen der hoheitlich handelnden Vollstreckungsorgane. Über Zulässigkeit und Rechtmäßigkeit der ZwV und der Vollstreckungstätigkeit der ZwV-Organe hat das Vollstreckungsgericht nach Anhörung der Beteiligten zu entscheiden. Rechtsmittel dann § 793. 1

II) Anwendungsbereich, Abgrenzung: 1) Erinnerung ist Rechtsbehelf bei ZwV durch den **Gerichtsvollzieher** nach dem 8. Buch der ZPO (Rn 4 vor § 704) und gegen **ZwV-Maßnahmen des Vollstreckungsgerichts** (Richters oder Rechtspflegers) sowie bei Vorpfändung (§ 845), auch wenn ein Vollstreckungstitel eines Arbeitsgerichts usw (Rn 6 vor § 704) vollstreckt wird. Gegen Entscheidungen, die das Vollstreckungsgericht im ZwV-Verfahren trifft, findet sofortige Beschwerde statt (§ 793 I). Abgrenzung: ZwV-Maßnahmen des Vollstreckungsgerichts sind Vollstreckungsakte (Maßnahmen und Handlungen) zur Durchsetzung des Anspruchs des Gläubigers (vor § 704 Rn 1, 2). Sie beruhen auf dem Antrag und Vorbringen des Gläubigers und werden ohne Anhörung des Schuldners vorgenommen. Mit Erinnerung hat der Schuldner (sonstige Erinnerungsführer) sonach erstmals die Möglichkeit, sich rechtliches Gehör zu verschaffen (OVG Münster NJW 80, 1709). **Entscheidungen** werden als Richterspruch nach Anhörung der Parteien (Beteiligten) getroffen, mithin nach tatsächlicher und rechtlicher Würdigung des beiderseitigen Vorbringens. Hierfür ist unerheblich, ob die Anhörung notwendig oder freigestellt war oder unzulässig erfolgt ist (Hamm MDR 75, 938; KG OLGZ 78, 491). Eine Entscheidung liegt auch vor, wenn das Vollstreckungsgericht (Richter oder Rechtspfleger) eine ZwV-Maßnahme ablehnt; hier erfolgt im einseitigen Antragsverfahren bei Entscheidung Würdigung nur des Gläubigervorbringens. Demnach können bei ZwV durch das Vollstreckungsgericht für Schuldner (nach Anhörung sofortige Beschwerde), Drittschuldner sowie einen Dritten (ohne Anhörung Erinnerung) verschiedene Rechtsbehelfe gegeben sein; eine Einheitlichkeit des Rechtsbehelfsverfahrens gibt es nicht (dazu Stöber FdgPfd Rn 730a; auch MK/K.Schmidt Rn 16 u 17). 2

2) Vollstreckungsmaßnahmen des **Rechtspflegers** sind (nur) mit Erinnerung nach § 766 anfechtbar. Das Vollstreckungsgericht hat daher auch zu entscheiden, wenn die Einwendungen nicht begründet sind; es kann Einwendungen nicht als Durchgriffserinnerung dem Rechtsmittelgericht vorlegen. § 766 beruht auf der Erwägung, daß über die Rechtmäßigkeit der ZwV-Maßnahmen das Vollstreckungsgericht nach Anhörung der Beteiligten zu entscheiden hat, mithin Beschwerde an das nächsthöhere Gericht nicht statthaft ist. Damit verdrängt § 766 als besonderer Rechtsbehelf des ZwV-Verfahrens (ebenso wie die Klauselerinnerung nach § 732) die (Durchgriffs-)Erinnerung des § 11 RpflG (jetzt allgemeine Ansicht, s insbes Hamm Rpfleger 73, 222 u MDR 74, 239; KG NJW 73, 289 L = Rpfleger 73, 32; Koblenz Rpfleger 73, 65 u 72, 220; Köln Rpfleger 72, 65; Stöber Rpfleger 74, 52; aA Kümmerlein Rpfleger 71, 11; LG Trier JurBüro 72, 334 mit krit Anm Mümmler). Lehnt der Rechtspfleger dagegen einen Antrag des Gläubigers (ganz oder teilweise) ab, eine ZwV-Maßnahme zu erlassen (§ 829 Rn 28), oder gewährt er dem Schuldner (zB § 850b) oder dem Drittschuldner rechtliches Gehör, so trifft er eine Entscheidung (Rn 2); dann findet nach § 11 RpflG (§ 793) befristete Durchgriffserinnerung statt. 3

3) Das **Grundbuchamt** wird bei Eintragung einer Sicherungshypothek im Grundbuchverfahren tätig; Rechtsbehelf daher § 71 GBO (nicht § 766; § 867 Rn 20); Entsprechendes gilt für die Schiffsregisterbehörde (§ 870a). Für die Entscheidungen des **Prozeßgerichts** 1. Instanz nach §§ 887, 888, 890 ist Anhörung des Schuldners vorgeschrieben (§ 891); es findet daher sofortige Beschwerde statt (§ 887 Rn 13). 4

4) Erinnerung nach § 766 findet nicht statt, wenn der GV **außerhalb der ZwV** zuständig und tätig ist wie bei öffentlicher Versteigerung (zB bei Pfandverkauf, § 1235 I BGB; Karlsruhe MDR 76, 54; LG Mannheim MDR 73, 318; auch in den Fällen der §§ 383 III, 559, 1233 BGB usw), bei freihändigem Verkauf und bei Zustellung (§ 166 I). Rechtsbehelf: § 23 I EGGVG (Karlsruhe aaO). 5

6 5) Rechtsbehelfe für Einwendungen gegen Erteilung oder Verweigerung der **Vollstreckungsklausel** sind selbständig geregelt; Erinnerung nach § 766 findet nicht statt (§ 732 Rn 1).

7 6) **Materielle Einwendungen** des Schuldners oder Dritter sind im Erkenntnisverfahren geltend zu machen, nicht mit den Rechtsbehelfen des ZwV-Verfahrens. Materiell-rechtliche Einwendungen des Schuldners gegen den durch das Urteil (den sonstigen Vollstreckungstitel) ausgewiesenen Anspruch sind nicht vom Vollstreckungsorgan (Rn 14 vor § 704) und daher auch nicht im Erinnerungsverfahren zu prüfen. Rechtsweg hierfür § 767. Ebenso können Einwendungen Dritter, daß ihnen am Gegenstand der ZwV ein die Veräußerung hinderndes Recht zustehe, nicht nach § 766 geltend gemacht werden; Rechtsweg hierfür § 771.

8 7) **Dienstaufsichtsbeschwerde:** § 753 Rn 14.

9 **III) Zulässigkeit:** 1) Erinnerung können erheben als Parteien des ZwV-Verfahrens der Gläubiger und der Schuldner, bei Forderungspfändung als Beteiligter auch der Drittschuldner (BGH 69, 144 = NJW 77, 1881), außerdem ein Dritter, der durch eine ZwV-Maßnahme in seinem Recht beeinträchtigt wird (Düsseldorf DGVZ 78, 73 u NJW 80, 458; Köln DGVZ 92, 170 = JurBüro 92, 702; LG Köln Rpfleger 70, 71; LG Münster DGVZ 78, 12; AG Warendorf DGVZ 78, 12); Beispiele: Gewahrsamsinhaber, nachpfändender Gläubiger (Erinnerung für Gläubiger, der nachrangig eine Briefhypothek/-grundschuld gepfändet hat, vor Briefübergabe auch, wenn er zusätzlich den Briefherausgabeanspruch gepfändet hat, BGH MDR 89, 633 = NJW-RR 89, 636). Ein Dritter, der durch die ZwV (Pfändung) nur wirtschaftlich betroffen ist (München OLG 19, 1; LG Koblenz MDR 82, 503 für Wohnsitzgemeinde als Sozialhilfeträger) und der Besitzdiener (zB Angestellte) des Schuldners können Erinnerung nicht erheben.

10 2) Unter § 766 I fallen alle Anträge, Einwendungen und Erinnerungen (Einwendungen im folgenden mit „Erinnerung" zusammengefaßt), die die **Art und Weise der ZwV** oder das vom GV oder Vollstreckungsgericht (Richter oder Rechtspfleger) bei ZwV zu beachtende **Verfahren** betreffen. Sie richten sich immer gegen das Verfahren des Vollstreckungsorgans (BGH 57, 108 = NJW 71, 2226) und können dessen Unzulässigkeit oder Mangelhaftigkeit geltend machen. Verfahrens**mängel** können betreffen: ZwV-Voraussetzungen (Titel, Klausel, s aber Rn 6, Zustellung, Fristablauf, Sicherheitsleistung usw), ZwV-Hindernisse (Konkurseröffnung, § 14 KO, Einstellungs-/Aufhebungsgründe nach §§ 775, 776) oder Verfahrensdurchführung, außerdem nach Bestimmung in Abs 2 die Antragsablehnung durch den GV, auch bei Weigerung, einen Auftrag nach der Weisung des Gläubigers auszuführen, und bei Verzögerung zulässiger Vollstreckungsanträge (Gleußner DGVZ 94, 145 [147 f]; aA AG Karlsruhe DGVZ 84, 29: früherer Termin für Räumung kann dem GV nicht aufgegeben werden), und den Kostenansatz des GV. Nicht unter § 766 fallen Rangstreitigkeiten zwischen mehreren Pfändungsgläubigern (§ 872 Rn 1).

11 3) Verstöße gegen die Bestimmungen der **Geschäftsanweisung** für GV (GVGA; LG Bonn JurBüro 94, 311 [312]) und gegen sonstige Dienstanweisungen (GVO usw) können für sich nicht mit Erinnerung beanstandet werden. Diese Dienstanweisungen der Justizverwaltung begründen zwar Amtspflichten für den GV (RG 145, 204 [215]), auf deren Einhaltung die Dienstaufsicht zu achten hat (Karlsruhe MDR 76, 54), sie enthalten jedoch keine selbständigen Verfahrensvorschriften, sondern sollen dem GV nur das Verständnis der gesetzlichen Vorschriften erleichtern (§ 1 II GVGA). Verstöße gegen Bestimmungen solcher Dienstanweisungen rechtfertigen daher Einwendungen nur, wenn damit zugleich die erläuterten Verfahrensvorschriften der ZPO (oder sonstige gesetzliche Regelungen des Vollstreckungsrechts) verletzt sind. Die (örtliche) Zuständigkeit des GV (§ 753 Rn 3) kann durch das Vollstreckungsgericht nicht geändert werden; Übertragung der Durchführung der Vollstreckung auf einen anderen (erfahrenen) GV kann mit Erinnerung daher nicht verlangt werden (AG Bayreuth DGVZ 84, 74).

12 4) Rechtsschutzbedürfnis erfordert **Rechtsbeeinträchtigung** des Erinnerungsführers. Gläubiger und Schuldner können mit Erinnerung daher nur Verfahrensverstöße beanstanden, durch die sie selbst beschwert sind, nicht aber Rechte Dritter wahrnehmen. Der Schuldner kann daher nicht Verletzung des Gewahrsams (§ 809), des Eigentums (§ 771) oder eines Vorzugsrechts (§ 805) eines Dritten mit Erinnerung beanstanden; ebenso können Dritte nur Verletzung einer ihrem Schutz dienenden Verfahrensbestimmung mit Erinnerung rügen.

13 5) Zulässig ist Erinnerung als Rechtsbehelf im ZwV-Verfahren bei Geldvollstreckung erst **nach Beginn** (vor § 704 Rn 33) der zu beanstandenden ZwV-Maßnahme (KG DGVZ 94, 113; Köln JurBüro 89, 870 mit Nachw) und nur **bis zu deren Beendigung** (Rn 33 vor § 704). Besonderheit bei Überweisung an Zahlungs Statt § 835 Rn 13. Bei Individualvollstreckung und ZwV gegen Personen (so bei Räumung, Verhaftung zur Offenbarungsversicherung) besteht ein Rechtsschutzbedürfnis für Erinnerung bereits, wenn die ZwV droht, nicht mehr aber nach deren Beendigung. Mit Erinnerung kann nach Beendigung der ZwV daher nicht verlangt werden, eine Räumung rückgängig zu machen (LG Braunschweig DGVZ 75, 154), festzustellen, ob richtig verfahren wurde (AG Bln-Schöneberg DGVZ 91, 140; AG Köln DGVZ 78, 30) oder daß eine ZwV-Maßnahme

rechtswidrig war (Frankfurt OLGZ 83, 337). Einwendungen können nicht mehr erhoben werden bei Geldpfändung nach Eigentumserwerb durch den Gläubiger, bei Sachwegnahme oder Räumung (§§ 883, 885) nach Besitzeinweisung des Gläubigers, bei Rechtspfändung nach Leistung des Drittschuldners an den Gläubiger, bei Anspruchspfändung gemäß §§ 847, 848, wenn der Gläubiger aus der Sachverwertung Leistung erhalten hat. Nur wenn besondere Umstände auch nach Abschluß einer ZwV-Maßnahme noch ein Rechtsschutzbedürfnis begründen, können Einwendungen mit Erinnerung weiter verfolgt werden (Bamberg JurBüro 83, 298), so bei Hinterlegung des Erlöses (Kiel JW 34, 177, nicht aber, wenn das Verteilungsverfahren einzutreten hat, § 872; LG Koblenz DGVZ 83, 676) oder bei der Unpfändbarkeitsbescheinigung des GV, die als Grundlage für weitere Verfahren dient (LG Düsseldorf DGVZ 85, 152 = JurBüro 85, 1733; LG Hamburg MDR 64, 1042); allerdings können nach Einleitung des Offenbarungsverfahrens nach § 899 Einwendungen gegen die Unpfändbarkeitsbescheinigung nur mehr in diesem Verfahren geltend gemacht werden (KG NJW 56, 1115 mit abl Anm Keller). Auch wegen der vom GV in Ansatz gebrachten Kosten ist Erinnerung noch nach Beendigung der ZwV gegeben (Abs 2). Wenn nach Beendigung der ZwV Erinnerung nicht zur Verfügung steht, kann Feststellung der Rechtswidrigkeit einer Maßnahme des GV bei der ZwV auch nicht im Verfahren nach §§ 23 ff EGGVG erwirkt werden (KG MDR 82, 155).

IV) Einzelfälle 1) Erinnerung des **Gläubigers,** wenn GV sich weigert, den ZwV-Auftrag zu übernehmen oder weisungsgemäß durchzuführen oder wenn er die Erledigung des Auftrags verzögert, wenn Einstellung oder Beschränkung der ZwV zu Unrecht erfolgt ist, der GV den Wert des gepfändeten Gegenstandes zu hoch geschätzt hat; GV gepfändete Kostbarkeiten in Verwahrung eines Dritten gibt, ohne diesen ausdrücklich zum Verwahrer zu bestellen oder die Zustimmung des Gläubigers und Schuldners einzuholen (BGH NJW 53, 902); wenn GV die Herausgabe des Erlöses oder von Sachen verweigert, die er durch die ZwV erlangt hat (Noack DGVZ 75, 97). Dagegen kann im Erinnerungsverfahren nicht entschieden werden, ob die Quittung des Gläubigers wegen Willensmangel unwirksam ist, wenn sich der GV weigert, aufgrund einer ihm vorliegenden formell wirksamen Quittung die Verhaftung des Schuldners im Offenbarungsverfahren durchzuführen (LG Mannheim MDR 67, 222). 14

2) Erinnerung des **Schuldners:** Das Vollstreckungsorgan ist unzuständig; **Vollstreckungstitel** fehlt, ist fehlerhaft oder nichtig (Rostock OLG 31, 95); Schuldner ist nicht die richtige Partei (Celle OLG 29, 190); die vom Gläubiger auf Grund des Titels geforderte Leistung kommt nicht ihm zu (Rostock OLG 39, 73); ordnungsmäßige Vollstreckungsklausel fehlt (RG 56, 70); Umschreibung der Klausel auf den Rechtsnachfolger (§ 727) ist nicht erfolgt (BGH MDR 92, 1084 = NJW 92, 2159); Titel oder Vollstreckungsunterlagen sind nicht zugestellt (§§ 750 ff); Sicherheit ist nicht richtig geleistet (RG 56, 71); es fehlt Besitzergreifung von Pfandgegenständen; Siegelung und Kenntlichmachung ist fehlerhaft; es fehlt Durchsuchungsordnung oder Erlaubnis zur Vollstreckung während der Nachtzeit usw; die **Gegenleistung** ist unvollständig (OLG Rostock 31, 91); nicht aber bei Verurteilung zur Leistung Zug um Zug gegen Vorlage einer Abrechnung inhaltliche Mängel der Abrechnung (Köln MDR 68, 504); der im Titel für die Verpflichtung des Schuldners festgesetzte Endtermin ist nicht beachtet (Hamburg OLG 37, 158); es ist gegen §§ 737, 739 ff durch Pfändung **nicht haftender Vermögensmassen** des Schuldners verstoßen; **Einstellung der ZwV** ist trotz Vorliegens der Voraussetzungen des § 775 **nicht erfolgt** (zuerst um Einstellung angehen, bei Ablehnung Erinnerung); der Gläubiger ist durch ein Pfand- oder Zurückbehaltungsrecht an beweglichen Sachen gesichert (§ 777); die Pfändung ist **verfrüht** (§ 810; RG 34, 380); es liegt **Überpfändung** vor (§ 803); es wurde trotz **gesetzlichen Verbots** gepfändet (weil unentbehrlich oder Zubehör; §§ 811, 812, 859 ff; die Legitimation des Schuldners bei Geltendmachung der Unpfändbarkeit nach § 811 ist nicht an das Eigentum an dem Vollstreckungsgegenstand geknüpft; LG Darmstadt MDR 58, 43); Schuldnerschutz des VerbrKrG bei der Pfandverwertung nach **§ 825** (greift nicht durch bei Pfandverwertung durch öffentliche Versteigerung, LG Bielefeld NJW 70, 337; Karlsruhe MDR 75, 54); Pfändung erfolgte **trotz Konkurseröffnung** (RG 29, 78), Eröffnung des Vergleichsverfahrens, §§ 47 f VerglO (LG Düsseldorf MDR 54, 688); ZwV ist in das Privatvermögen einer Partei kraft Amtes (Testamentsvollstrecker) erfolgt. Die Unzulässigkeit der ZwV aus einem **vor der Vertreibung erwirkten** Titel (Urteil oder Vergleich) kann nach § 766 (§ 86 BVFG), daneben aber auch nach § 767 (BGH 26, 110) geltend gemacht werden. 15

3) Erinnerung des **Drittschuldners:** Einwand, die Forderung sei nach §§ 850 ff unpfändbar (KG MDR 63, 853; LG Hagen Rpfleger 62, 215); der Pfändungsbeschluß sei unwirksam mangels ausreichender Bezeichnung der Forderung (BGH MDR 78, 135); das Vollstreckungsgericht sei unzuständig; der gepfändete Lohn könne an den Pfändungsgläubiger erst bezahlt werden, soweit er nach Abzug der dem Schuldner gezahlten Vorschüsse noch pfändbar sei (RArbG JW 36, 2107: Einwand sachlich nicht berechtigt). Drittschuldner kann auch der Sozialversicherungsträger sein (KG Rpfleger 76, 144; Hamm Rpfleger 77, 109). Beschwerderecht des Drittschuldners auch dann, wenn er den Pfändungsbeschluß nicht mit Erinnerung angegriffen, das AG aber eine sachlich 16

beschwerende Entscheidung auf Erinnerung des Schuldners erlassen hat (Hamburg MDR 54, 685).

17 4) Der **Gemeinschuldner** kann gegen schlechthin unwirksame Vollstreckungsmaßnahmen trotz des Verwaltungsrechts des Konkursverwalters Einwendungen erheben (RG 29, 76). Der **Konkursverwalter** hat gegen eine vor Konkurseröffnung bewirkte ungesetzliche Pfändung (zB Verletzung der §§ 750 oder 798) das Recht der Einwendungen (RG 125, 287). Macht der Konkursverwalter geltend, eine Pfändung beweglicher Sachen des Vergleichsschuldners sei in der Sperrfrist infolge Eröffnung des Anschlußkonkurses unwirksam geworden, so steht ihm nur der Rechtsbehelf der Erinnerung, nicht der Vollstreckungsgegenklage zu (BGH MDR 60, 222). Der Gemeinschuldner kann Erinnerung (§ 766) erheben, wenn der Konkursverwalter auf Grund vollstreckbarer Ausfertigung des Konkurseröffnungsbeschlusses zu Unrecht Gegenstände zur Masse gezogen hat (RG 131, 113).

18 5) **Erinnerung eines Dritten:** Die Sachen waren bei der Pfändung in seinem **Gewahrsam,** er hat der Pfändung widersprochen (§ 809; ermöglicht Berufung nur auf Verletzung eigenen Gewahrsams, nicht auch des Gewahrsams eines anderen, LG Frankfurt NJW-RR 88, 1215); **Haus- und Familienangehörige** machen die Unpfändbarkeit von Hausgeräten geltend (§ 811 Nr 1, 2, 3, 12; Kiel OLG 4, 152); der **Ehegatte,** wenn die Voraussetzungen des § 739 fehlen; **dingliche Gläubiger** (zB Hypothekengläubiger) wenden sich gegen die nach §§ 810, 865 II unzulässige Pfändung von Zubehör oder stehenden Früchten; ein nachfolgender Gläubiger (auch bei Pfändung einer Briefgrundschuld vor Briefübergabe, Rn 9) ist durch die Pfändung in seinem Rang betroffen (RG 121, 349); ein Grundstücksbesitzer verwahrt sich gegen den Abriß einer Mauer (Köln DGVZ 92, 170 = JurBüro 92, 702). Der Dritteigentümer kann die Herausgabe von gem § 885 III auf die Pfandkammer geschafftem Räumungsgut bei Verweigerung des GV nur im Wege der Erinnerung nach § 766, nicht im Wege der Klage nach § 771 erreichen (AG Hannover NdsRpfl 72, 243). Unzulässig ist Erinnerung eines Dritten, dem das gepfändete Recht angeblich zusteht (Celle Rpfleger 65, 59).

19 V) **Abs 2** trifft zu, wenn der GV den Auftrag überhaupt ablehnt, sei es auch wegen Nichtzahlung des angeforderten Vorschusses (§ 5 GVKostG), oder verzögert, wenn der GV vom Gläubiger begehrte Kosten der ZwV als nicht notwendig iS des § 91 behandelt (§ 788), wenn der Schuldner die Erstattungspflicht von ZwV-Kosten bestreitet oder wenn die Höhe der vom GV berechneten Kosten und Auslagen beanstandet wird. Wurden zuviel berechnete Kosten eingezogen und an den Gläubiger abgeführt, so kann der Rückgewähranspruch nach § 717 II geltend gemacht werden. Bei Prozeßkostenhilfe kann der Begünstigte gebührenfreie Amtshandlung des GV nur verlangen, wenn er deren Bewilligung bei Erteilung des Auftrags geltend macht (AG Leipzig DGVZ 40, 52; LG Dresden DGVZ 40, 52); die Gebührenfreiheit ist nicht von dem Vermerk im Auftrag abhängig; sie steht der Partei mit Bewilligung der Prozeßkostenhilfe zu (Jonas JW 34, 3186). Hat der GV infolge Fehlens des Vermerks „Prozeßkostenhilfesache" Gebühren eingezogen, muß er sie, wenn Prozeßkostenbewilligung nachgewiesen ist, mit Ausnahme der Nachnahmekosten, die der Schuldner schuldhaft verursacht hat, zurückerstatten (AG Gladbeck DGVZ 89, 159).

20 VI) Mit Erinnerung nach § 766 **können zusammentreffen** (nicht aber verbunden werden): **Feststellungsklage,** wenn die ZwV schlechthin unwirksam ist, zB die Auslegung des Schuldtitels durch den Gläubiger und GV vom Vollstreckungsgegner beanstandet wird, der Titel nichtig oder die Identität der Parteien festzustellen ist (s RG 34, 377; 40, 367); bei Streit zwischen Konkursverwalter und Gemeinschuldner über die Zugehörigkeit eines Gegenstandes zur Konkursmasse (BGH NJW 62, 1392); **Leistungsklage,** wenn der Titel verschieden ausgelegt werden kann, also unklar ist oder nach mangelhafter Pfändung die Pfandsache in den Besitz eines anderen gelangt ist und von diesem nun Herausgabe verlangt wird (RG 56, 71 f); **Klage aus § 771** oder **§ 805,** wenn sowohl ihre Voraussetzungen als auch ein Verfahrensverstoß iS des § 766 vorliegen (RG 34, 422; 108, 262; Bamberg JR 55, 25). **Beispiele:** Es wurden Vermögensstücke des Schuldners gepfändet, mit denen er nicht haftet; es wurde in Sachen im Gewahrsam eines nicht zur Herausgabe bereiten Dritten, der gleichzeitig Eigentümer der Pfandsachen ist, vollstreckt (§ 809); es wurde entgegen § 865 und unter Verletzung der Rechte der Hypothekengläubiger Zubehör gepfändet. Eine Entscheidung aus § 766 schließt die Klage aus § 771 nicht aus; denn § 766 betrifft nur das Verfahren, § 771 das sachliche Recht. Ist aber in dem Verfahren nach § 766 rechtskräftig entschieden, kann über die gleiche Frage (zB ob die gepfändete Sache als Zubehör anzusehen ist) keine Klage aus § 771 mehr erhoben werden (KG JW 30, 3862). Sind nur die Voraussetzungen des § 771 gegeben, kommt § 766 nicht in Frage.

21 **VII) Verfahren: 1)** Erinnerung kann schriftlich oder zu Protokoll der Geschäftsstelle eingelegt werden. Sie ist an keine Frist gebunden (Begrenzung jedoch durch Beendigung der ZwV, Rn 13). Anwaltszwang besteht nicht (§ 78 III). Falsche Bezeichnung des Rechtsbehelfs ist unschädlich. Eine Vollmacht ist nach allgemeinen Grundsätzen nachzuweisen (§ 88 II).

2) Als Verfahrens**antrag** muß die Erinnerung die verlangte Nachprüfung der Vollstreckungsmaßnahme bezeichnen, somit erkennbar machen, was gerügt wird. Ein ausdrücklicher (förmlicher) Antrag und eine Begründung sind darüber hinaus nicht zwingend. Die Erinnerung kann auf neue Tatsachen und Beweise gestützt werden (§ 570 entspr). 22

3) a) Der **GV** kann in den Fällen des **Abs 2 abhelfen,** sonach vor Entscheidung des Vollstreckungsgerichts einen abgelehnten Vollstreckungsauftrag übernehmen und ausführen oder die Vollstreckungshandlung dem Auftrag gemäß erledigen und seine Kostenberechnung berichtigen. Abhilfe durch Aufhebung einer ZwV-Maßnahme ist nicht gestattet; das folgt aus §§ 775, 776, die regeln, unter welchen Voraussetzungen eine ZwV-Maßnahme durch den GV aufgehoben werden kann, den Fall der (begründeten) Erinnerung jedoch nicht erfassen. Der GV kann aber auch nach Erinnerung auf Antrag (Verlangen) des Gläubigers die ZwV-Maßnahme aufheben. 23

b) Der **Rechtspfleger** kann der Erinnerung nach § 766 **abhelfen** (nicht aber der Durchgriffserinnerung gegen eine Entscheidung, § 11 II S 1 RpflG). Er kann daher eine Vollstreckungsmaßnahme, insbes einen von ihm erlassenen Pfändungs-(Überweisungs-)Beschluß aufheben (Aufschub bis Rechtskraft s Rn 30), wenn die Erinnerung begründet ist (Düsseldorf Rpfleger 60, 19; Frankfurt Rpfleger 79, 111; Hamm Rpfleger 57, 413 u 63, 19; Koblenz Rpfleger 72, 220, 73, 65 u 78, 226); zur Abhilfe ist er bei begründeter Erinnerung verpflichtet (kein Ermessen; Köln Rpfleger 75, 140). Vor Aufhebung einer ZwV-Maßnahme bei begründeter Erinnerung muß jedoch dem Gläubiger rechtliches Gehör gewährt werden (Frankfurt aaO). Ist eine Erinnerung nur teilweise begründet, so hat der Rechtspfleger insoweit abzuhelfen, im übrigen der Richter zu entscheiden (keine Zurückweisung durch den Rechtspfleger, Berner Rpfleger 60, 249; aA [Entscheidung nur durch Richter] LG Lüneburg NdsRpfl 81, 122). Rechtsbehelf, wenn der Rechtspfleger abgeholfen hat, je nach Art der Maßnahme Erinnerung nach § 766 oder (bei Entscheidung, s Rn 3) Durchgriffserinnerung nach § 11 RpflG. 24

4) Die Erinnerung kann bis zur Entscheidung **zurückgenommen** werden. Eine zurückgenommene Erinnerung kann bis zur Beendigung der ZwV wiederholt (erneut erhoben) werden. Verzicht auf den Rechtsbehelf ist zulässig, vor Erlaß des Vollstreckungsakts jedoch nur, wenn der Schuldner über das Recht verfügen kann (nicht in den Fällen der §§ 811, 850 ff). Verzicht begründet für den Gegner eine Einrede. 25

5) **Zuständig** für Entscheidung über die Erinnerung ist das **Vollstreckungsgericht** (der **Richter,** § 20 Nr 17a RpflG). Zuständiges Vollstreckungsgericht ist das Amtsgericht, in dessen Bezirk das ZwV-Verfahren stattgefunden hat (auch bei Wohnsitzwechsel des Schuldners) oder stattfinden soll (§ 764 II), auch bei Pfändung von Forderungen aus indossablen Papieren und auf Herausgabe von Sachen (nicht das in § 828 II bezeichnete Gericht). Bei ZwV in Forderungen und andere Vermögensrechte ist als Vollstreckungsgericht das Amtsgericht des allgemeinen Gerichtsstandes des Schuldners zuständig (§ 828 II mit Einzelheiten), und zwar bei Beginn der ZwV; spätere Wohnsitzänderung berührt die Zuständigkeit nicht; insofern bilden Vollstreckungsverfahren und das Verfahren über die Einwendung ein Verfahren mit gleicher Zuständigkeit. Bei Arrestpfändung entscheidet über die Erinnerung das Arrestgericht, soweit es Vollstreckungsgericht ist (§ 930 I, § 931 III; Stuttgart Rpfleger 75, 407; Frankfurt JurBüro 80, 1737 = Rpfleger 80, 485), bei Arrestpfändung durch den GV das Vollstreckungsgericht des § 764. 26

6) Für das Erinnerungs**verfahren** gelten die **allgemeinen Grundsätze** des ZPO-Verfahrens. Es ist vom Beibringungsgrundsatz beherrscht (Rn 1 vor § 284) mit Darlegungs- und Beweislast (Rn 19 vor § 284) der Parteien des ZwV-Verfahrens. Glaubhaftmachung genügt nur, wo das Gesetz sie vorsieht (§ 294 Rn 1), zB §§ 769, 807, 815, 903, sowie für Berücksichtigung von ZwV-Kosten (§ 788 Rn 15). Ermessenshandlungen des Vollstreckungsorgans sind durch eigene Ermessensausübung des Vollstreckungsgerichts zu überprüfen (vgl § 570 Rn 6). Fakultative mündliche Verhandlung: § 764 II. Rechtliches Gehör: Rn 28 vor § 704; im (einseitigen) Erinnerungsverfahren nach Abs 2 und nach abgelehnter Forderungspfändung (§ 834 Rn 2; dort zu Einschränkungen) erfolgt Anhörung des nicht beteiligten Schuldners nicht. Der GV ist nicht Verfahrensbeteiligter (Rn 37); rechtliches Gehör wird ihm daher so wenig gewährt wie Anhörung des Rechtspflegers zu erfolgen hat, dessen ZwV-Maßnahme angefochten ist. Dienstliche Äußerung kann aber zur Sachverhaltsaufklärung eingeholt werden (Verwendung erst nach Mitteilung an die Beteiligten); Abgabe einer vom Vollstreckungsgericht angeforderten Stellungnahme ist Amtspflicht des GV. Für die Entscheidung sind die Verhältnisse bei ihrem Erlaß maßgebend (wegen § 570; Köln OLGZ 88, 214 [216]), nicht zur Zeit der Pfändung oder Beanstandung mit Erinnerung. 27

7) Entschieden wird mit **Beschluß.** Er ist zu begründen. Die Erinnerung ist zurückzuweisen, wenn sie unzulässig oder unbegründet ist. Auf zulässige und begründete Erinnerung ist 28

a) die **ZwV** (ganz oder teilweise) **für unzulässig zu erklären** (§ 775 Nr 1 entspr). Aufhebung der Maßregel hat durch den GV nach § 776 (mit § 775 Nr 1) zu erfolgen. Pfandrecht und Verstrickung (§ 804) erlöschen erst damit. Überflüssig ist daher gesonderte Anweisung an den GV in der Entscheidung, eine bestimmte ZwV-Maßnahme aufzuheben. 29

30 **b)** die vom Vollstreckungsgericht (Rechtspfleger oder Richter) selbst erlassene **ZwV-Maßnahme aufzuheben.** Die Aufhebung erfolgt hier durch das zuständige Vollstreckungsorgan (auch nach Beschwerde, Devolutiveffekt; § 764 Rn 1). Sie wird daher sofort mit Bekanntmachung der Entscheidung wirksam (BGH 66, 394 = NJW 76, 1453; Celle Rpfleger 61, 56 u 62, 282; Hamm Rpfleger 57, 384, 59, 283 u 76, 298; Koblenz JurBüro 86, 1733 = Rpfleger 86, 229; Saarbrücken Rpfleger 91, 513 u 93, 80), und zwar auch bei Aufhebung des Pfändungsbeschlusses durch den Rechtspfleger, der einer (begründeten) Erinnerung abhilft (Rn 24; Köln NJW-RR 87, 380 = OLGZ 87, 209). Damit sind die Wirkungen der ZwV-Maßnahme erloschen; ihr Rang ist unwiderruflich verloren. Sicherung des Gläubigers ist mit der Anordnung möglich und (durchweg) geboten, daß die Wirksamkeit der Entscheidung (wie im Falle von § 765a IV) bis zu ihrer Rechtskraft hinausgeschoben wird (zu weitgehend Schleswig SchlHA 93, 91: Aufhebung eines Pfändungsbeschlusses ist zwingend mit einer Aussetzungsanordnung zu verbinden).

31 **c)** der Gerichtsvollzieher **anzuweisen,** einen Vollstreckungs**auftrag durchzuführen** (oder auch nur: von seinen [bisherigen] Bedenken gegen den Auftrag abzusehen), die ZwV in bestimmter Weise vorzunehmen oder Kosten in bestimmter Höhe nicht anzusetzen.

32 **d)** eine vom Vollstreckungsgericht selbst als Vollstreckungsorgan verlangte **ZwV-Maßnahme anzuordnen;** der Erlaß kann auch dem Rechtspfleger übertragen werden (§ 575 entspr).

33 **8)** Die auf Grund mündlicher Verhandlung (Ausnahme) ergehende Entscheidung wird verkündet (§ 329 I; bei Pfändung aber § 829 II, III); sonst ist der **Beschluß zuzustellen** (§ 329 II), und zwar nur dem Antragsteller, wenn der Schuldner (ein sonstiger Beteiligter) zum (einseitigen) Erinnerungsverfahren gegen die Ablehnung eines ZwV-Antrags nicht zugezogen wurde, sonst dem Gläubiger, Schuldner und etwaigen weiteren Verfahrensbeteiligten.

34 **VIII) Kosten:** Über sie ist zu entscheiden (§ 308 II entspr; BGH MDR 89, 142 = NJW-RR 89, 125). Kosten einer ohne Erfolg eingelegten Erinnerung sind dem Erinnerungsführer aufzuerlegen (§ 97 I entspr). Kostenpflicht bei erfolgreicher Erinnerung: §§ 91 ff (BGH aaO). Bei Zurücknahme Kostenentscheidung nach § 269 III (abw StJ/Münzberg Rn 41a: entspr § 515 III), bei Erledigung nach § 91a, je durch den Richter (LG Frankenthal Rpfleger 84, 361). Im (einseitigen) Verfahren (Rn 27) können dem nicht beteiligten Schuldner Kosten nicht auferlegt werden (LG Düsseldorf JurBüro 84, 1734). Der GV ist nicht Beteiligter des Verfahrens über die Erinnerung (Rn 37); Kosten können ihm daher auch nicht auferlegt werden, wenn er angewiesen wird, die ZwV durchzuführen (Hamm DGVZ 94, 27; LG Wetzlar DGVZ 95, 127; LG Wuppertal DGVZ 93, 59; Beschwerde bei unzulässiger Entscheidung § 793 Rn 5). Auch zu Lasten der Landeskasse kann eine Kostenentscheidung nicht ergehen (Hamm aaO).

35 **IX)** Durch **einstweilige Anordnung** kann das Vollstreckungsgericht (auch der Rechtspfleger infolge seines Abänderungsrechts, Rn 24) auf Antrag oder von Amts wegen vor der Entscheidung über die Erinnerung (auch im Fall des § 825, LG Dresden JW 30, 1527) die ZwV gegen oder ohne Sicherheitsleistung einstellen oder bestimmen, daß sie nur gegen Sicherheitsleistung fortgesetzt werden darf (Abs 1 S 2). Über die Zulässigkeit der ZwV wird erst durch den das Erinnerungsverfahren abschließenden Beschluß entschieden. Die Aufhebung schon erfolgter ZwV-Maßnahmen durch einstw Anordnung ist daher nicht zulässig. Die einstw Anordnung wird mit Entscheidung über die Erinnerung gegenstandslos. Beschwerde gegen die einstw Anordnung wird nicht für zulässig erachtet (§ 732 Rn 17). Aufhebung der Anordnung ist möglich.

36 **X) Rechtsbehelf: 1)** Sofortige Beschwerde § 793 I (bei Kosten aber § 567 II). Der Beschluß kann vom Vollstreckungsgericht nicht mehr geändert werden (§ 577 III). Beschwerdefrist: 2 Wochen (§ 577 II), sie läuft ab Zustellung (§ 329). Sofortige Beschwerde mit dem Ziel der Wiederherstellung des auf Erinnerung aufgehobenen Vollstreckungsaktes ist zulässig (Celle OLG 35, 125; Karlsruhe JW 35, 3319; KG JW 25, 1889). Ist durch Aufhebung die Wirkung des Vollstreckungsaktes beseitigt, muß er neu erlassen werden. Gegen die Entscheidung des Beschwerdegerichts ist nach § 793 II mit §§ 568, 577 **weitere Beschwerde** zulässig. Ein neuer selbständiger Beschwerdegrund liegt auch vor, wenn das LG anstelle des AG über eine Erinnerung nach § 766 entscheidet (Hamm Rpfleger 74, 75). Bei ZwV-Maßnahmen des GV, die sich ausschließlich auf den Kostenansatz in der ZwV beziehen, ist weitere Beschwerde gegen das LG nicht zulässig (§ 568 III).

37 **2)** Der **GV** ist Organ der ZwV, nicht Beteiligter. Daher ist er nicht befugt, gegen Maßnahmen des Vollstreckungsgerichts Erinnerung zu erheben und Entscheidungen des Vollstreckungsgerichts mit (sofortiger) Beschwerde anzufechten. Maßnahmen und Entscheidungen des Vollstreckungsgerichts sind für den GV gleichermaßen verbindlich wie Entscheidungen des im Instanzenzug übergeordneten Gerichts für das Erstgericht. Gegen Erinnerungsbefugnis des GV daher: Braunschweig OLG 25, 155 (157); Hamburg OLG 22, 360; KG OLG 4, 364; Königsberg OLG 1, 197; gegen Beschwerderecht Düsseldorf NJW 80, 1111 (unter Aufgabe von NJW 78, 2205) u NJW-RR 93, 1280; Stuttgart DGVZ 79, 58; LG Düsseldorf NJW 79, 1990; anders noch LG Osnabrück DGVZ 80, 124. Auch gegen Entscheidungen über Kosten (Abs 2) kann der GV kein Rechtsmittel

einlegen (LG Frankfurt DGVZ 93, 74 [75]; LG Wiesbaden DGVZ 91, 59 [60]; Christmann DGVZ 90, 19; aA LG Nürnberg-Fürth DGVZ 81, 120; MK/K.Schmidt Rn 53; StJ/Münzberg § 793 Rn 4a, demgegenüber aber § 766 Rn 10a; Geißler DGVZ 85, 129 u 90, 105 [107]), somit auch nicht gegen die Entscheidung über einen Kostenvorschuß (§ 5 GVKostG; LG Rottweil DGVZ 89, 73). GV-Kosten werden für die Landeskasse erhoben (§ 1 GVKostG; Nr 1 I Grundsätze dazu). Der GV steht in keinem Auftragsverhältnis zur Partei. Anspruch auf Entschädigung hat er nur gegen den Dienstherrn (BVerwG NJW 83, 896). Der GV ist daher weder Partei des Kostenerinnerungsverfahrens noch als Dritter in einem eigenen Gebührenrecht beeinträchtigt. Ältere Rspr kann keine Anwendung mehr finden.

XI) Entscheidungen nach § 766 sind mit Ablauf der Beschwerdefrist (2 Wochen, 577 II, § 793), Rücknahme der Beschwerde nach Fristablauf oder (allseitigem) Rechtsmittelverzicht formell **rechtskräftig** (§ 705); Wirkung: § 705 Rn 3. Materielle Rechtskraftwirkung für/gegen Erinnerungsführer und den als Partei gehörten Gegner (deren Rechtsnachfolger usw, §§ 325 ff) entfalten Beschlüsse nach § 766, soweit sie eine der materiellen Rechtskraft fähige sachliche Entscheidung enthalten (RG 167, 328 [333]; zuletzt Stuttgart Justiz 83, 301; LG Wiesbaden NJW 86, 939; ie streitig; dazu Rn 9 vor § 322 u § 329 Rn 42; StJ/Münzberg Rn 50; MK/K.Schmidt Rn 55; Brox/Walker Rn 1248; Baur/Stürner Rn 43.18). Neue Tatsachen (Gründe) ermöglichen eine nochmalige Entscheidung (Braunschweig NdsRpfl 55, 54; StJ/Münzberg aaO; MK/K.Schmidt aaO; Wieczorek Anm G), auch wenn sie schon früher vorgelegen, im (ersten) Erinnerungsverfahren aber unverschuldet oder schuldhaft nicht geltend gemacht waren (so auch MK/K.Schmidt u StJ Münzberg je aaO); die materielle Rechtskraft beschränkt sich auf die vorgebrachten Tatsachen (den zugrundeliegenden Tatsachenstand) (StJ/Münzberg u MK/K.Schmidt je aaO; s auch Baur/Stürner Rn 42.6: kein weiteres Verfahren, wenn nur neue Beweise angeboten werden). Keine Rechtskraftwirkung besteht gegenüber Dritten, die am Erinnerungsverfahren nicht beteiligt waren (StJ/Münzberg Rn 50; Brox/Walker Rn 1249; anders BL/Hartmann Rn 28). 38

XII) Gebühren: 1) des Gerichts: Keine; Auslagen sind anzusetzen. Beschwerdeverfahren s KV 1906. – **2)** des **Anwalts:** Die Tätigkeit des RA des Gläubigers ist durch die Gebühr für den Vollstreckungsauftrag mit abgegolten. Für den RA des Schuldners entsteht die $^{3}/_{10}$ Gebühr des § 57 BRAGO besonders. Dies gilt auch für einen RA, der Erinnerung nach § 766 für einen Dritten einlegt. Beschwerdeverfahren: § 61 I Nr 1 BRAGO. 39

767 *[Vollstreckungsabwehrklage]*

(1) Einwendungen, die den durch das Urteil festgestellten Anspruch selbst betreffen, sind von dem Schuldner im Wege der Klage bei dem Prozeßgericht des ersten Rechtszuges geltend zu machen.

(2) Sie sind nur insoweit zulässig, als die Gründe, auf denen sie beruhen, erst nach dem Schluß der mündlichen Verhandlung, in der Einwendungen nach den Vorschriften dieses Gesetzes spätestens hätten geltend gemacht werden müssen, entstanden sind und durch Einspruch nicht mehr geltend gemacht werden können.

(3) Der Schuldner muß in der von ihm zu erhebenden Klage alle Einwendungen geltend machen, die er zur Zeit der Erhebung der Klage geltend zu machen imstande war.

I) Einwendungen des Schuldners (zum Parteibegriff Scherer JR 96, 45, 49k) gegen **festgestellte materielle** Leistungsansprüche (nicht auch Feststellungsklagen: München HRR 36 Nr 1371) sind mit der sog Vollstreckungsabwehr- (oder Vollstreckungsgegen-)klage des § 767 geltend zu machen, gleichgültig, ob diese Einwendungen rechtsvernichtend oder (wie bei Stundung) nur rechtshemmend wirken. Im einzelnen s unten Rn 5. Die Klage (sa Merz, Die Vollstreckungsabwehrklage, Jura 89, 449) nach § 767 ist nach ganz hM eine prozessuale Gestaltungsklage (zB BGH WPM 78, 439; Frankfurt MDR 85, 330; aA Kainz, Funktion und Dogmatik der Einordnung der Vollstreckungsabwehrklage, 1984: Feststellungsklage). Streitgegenstand ist allein die gänzliche oder teilweise, endgültige oder zeitweilige Vernichtung der Vollstreckbarkeit (Düsseldorf FamRZ 80, 156; Frankfurt VersR 85, 997 = ZIP 85, 316 mwN; LG Amberg MDR 92, 1084; aA Kainz aaO: Streitgegenstand ein öffentlich-rechtlicher Abwehranspruch gegen den Staat). 1

Will der Schuldner (oder ein Dritter) das Urteil oder dessen Vollstreckung in anderer Richtung angreifen, so muß er die entsprechenden Rechtsbehelfe geltend machen: 2

- **Abänderungsklage** nach § 323 (Jakoby, Das Verhältnis der Abänderungsklage gem § 323 ZPO zur Vollstreckungsabwehrklage gem § 767, 1991; Walter, Vollstreckungsgegenklage, Abänderungsklage und Probleme der Rechtskraft, DAVorm 93, 231). Mit der Begründung einer Abänderungsklage, die nur für die Zukunft wirkt, kann keine Vollstreckungsabwehrklage gestützt werden, die den Titel rückwirkend unvollstreckbar macht (Düsseldorf MDR 72, 76), es sei denn, daß es nicht nur um eine veränderte Leistungsfähigkeit, sondern um die Verpflichtung als solche geht (Zweibrücken JurBüro 79, 914), etwa bei Arglist (LG Köln NJW 67, 1377). Zu Abgrenzungsschwierigkeiten vgl BGH FamRZ 88, 1156; 89, 159 zu

Karlsruhe FamRZ 88, 195; KG FamRZ 90, 187 (zu § 1579 BGB); Bamberg FamRZ 88, 640; Frankfurt FamRZ 91, 1328: § 767 für die Vergangenheit, § 323 für die Zukunft; München FamRZ 92, 213; Graba NJW 89, 481; Hoppenz FamRZ 87, 1097; Hahne FamRZ 83, 1191; Scheld Rpfleger 80, 321; Meister FamRZ 80, 864 sowie § 323 Rn 15. Wenn aus Unterhaltstiteln wegen Getrenntlebens noch nach Rechtskraft der Scheidung vollstreckt wird, muß der unterhaltsberechtigte Ehegatte neu klagen, während sich der Schuldner nach § 767 wehren muß (BGHZ 78, 130; NJW 81, 978; Düsseldorf FamRZ 80, 793; Oldenburg FamRZ 80, 1002; Hamm FamRZ 80, 1060). Jedoch darf die Abänderungsklage hilfsweise mit der Vollstreckungsklage verbunden werden, wenn die Zulässigkeitsvoraussetzungen des § 260 gegeben sind (BGH FamRZ 79, 474 m Anm Baumgärtel S 791).

● **Bereicherungsklage** nach unrechtmäßiger Vollstreckung (BGHZ 83, 280).

● **Drittwiderspruchsklage** (§ 771), um die Vollstreckung in einen konkreten Gegenstand oder eine Forderung (falsch LG Aachen EWiR § 767 ZPO 1/89, 411 – Schneider: § 767) abzuwehren.

● **Erinnerung** gem § 766, um formelle Mängel einzelner Vollstreckungsmaßnahmen zu rügen (zB Nichtbeachtung der zeitlichen Begrenzung eines Trennungsunterhaltstitels, AG Groß-Gerau FamRZ 89, 776) oder um die Beachtung der Einstellungsvoraussetzungen des § 775 Nr 4, 5 durchzusetzen (Geißler NJW 85, 1869), vorausgesetzt daß der Gläubiger nicht bestreitet (Hamm Rpfleger 73, 324; Köln EWiR § 775 ZPO 1/85, 813).

● **Feststellungsklage** auf Nichtbestehen des Anspruchs (BGH NJW 73, 803), soweit nicht § 767 II oder die Rechtskraft der Entscheidung entgegensteht. Möglich auch neben der Klage aus § 767 hilfsweise Feststellung einer zeitlich oder betragsmäßig begrenzten Unzulässigkeit, auch wenn damit die Vollstreckbarkeit der Urkunde nicht beseitigt werden kann (BGH WPM 85, 703). Auch der Gläubiger kann ein Rechtsschutzinteresse an der Feststellung haben, daß die Vollstreckung des Titels noch zulässig ist (BGH MDR 66, 841).

● Klage auf **Herausgabe des Vollstreckungstitels** nach § 826 BGB (s Rn 72 ff vor § 322; ablehnend Münzberg NJW 86, 361). Ist der Gläubiger unstreitig befriedigt, dann kann analog § 371 BGB auf Herausgabe des Schuldtitels geklagt werden (BGH NJW 94, 1161; NJW 94, 3225 = WM 94, 2033), anderenfalls ist nur der Weg des § 767 offen, wobei jedoch beide Anträge verbunden werden dürfen (StJ/Münzberg § 724 Rn 6 m Nachw; s auch BGHZ 26, 391). Solange der Gläubiger den Titel nicht herausgibt, bleibt aber die Klage aus § 767 zulässig, ausgenommen bei Titeln auf wiederkehrende Leistungen (s Rn 8).

● **Klage gegen** die **Vollstreckungsklausel** (§ 768).

● **Klauselerinnerung** (§ 732; ausführlich Windel ZZP 102 [1989], 175), um die Unzulässigkeit der bereits erteilten Vollstreckungsklausel geltend zu machen. Liegt ein formell vollstreckungsfähiger Titel vor, ist die Vollstreckungsabwehrklage zulässig; auf die Frage, ob der Titel aus mat-rechtl Gründen unwirksam ist oder nicht, kommt es dann nicht mehr an (BGH MDR 92, 902 = NJW 92, 2160, Aufgabe von MDR 88, 136 mit abl Besprechung Rieble/Rumler MDR 89, 499: nur § 732 bei unwirksamem Titel; Köln WM 94, 197, 199; s auch Olzen DNotZ 93, 211); letzteres wird in diesem Verfahren aber nicht geprüft (hierzu Rn 7 aE „unwirksamer Titel").

● **Leistungsklage** bei Notwendigkeit eines neuen Titels, zB weil der alte unklar ist (KG OLGE 9, 117).

● **Schadensersatz** aus schuldhaft fehlerhafter Vollstreckung (BGHZ 74, 9) oder wegen Urteilsmißbrauchs (§ 826 BGB; Rn 72 ff vor § 322).

● **Vollstreckungsschutzantrag** (§ 765a), um die Unzulässigkeit einer einzelnen Vollstreckungsmaßnahme geltend zu machen (Koblenz OLGZ 1985, 455).

● **Wiederaufnahmeklage** nach §§ 578 ff (RGZ 35, 395).

3 **II)** Die Klage kann auf vollstreckungsbeschränkende **Vereinbarungen der Parteien** gestützt werden. S näher Rn 12 „Vereinbarung".

4 **III)** Die **Wahl** zwischen Berufung (nicht Revision, § 561) u Vollstreckungsabwehrklage steht dem Schuldner offen, wenn eine Einwendung nach Schluß der mündl Verhandlung der 1. Instanz, aber vor Eintritt der Rechtskraft entstanden ist (Frankfurt JurBüro 83, 143; VGH Bad-Württ VBlBW 85, 185). Nach Einlegung der Berufung fehlt das Rechtsschutzbedürfnis für Klage nach § 767 (BAG EzA ZPO § 767 Nr 1; Hamm ZIP 93, 523), es sei denn, das Rechtsmittel ist als unzulässig verworfen (BAG NJW 80, 141) oder der Einwand, auf den die Klage gestützt wird, steht im Berufungsverfahren nicht zur Prüfung an (Frankfurt OLGR 94, 82). Die Berufung ist nicht unzulässig, wenn bereits Vollstreckungsabwehrklage erhoben, da mit Berufung auch bereits vor Schluß der mündlichen Verhandlung entstandene Einwendungen geltend gemacht werden können und die Berufung zur Aufhebung des Urteils, die Vollstreckungsabwehrklage aber nur zur Unzulässigkeitserklärung der Zwangsvollstreckung führen kann (Geißler NJW 85, 1869).

5 **IV)** Die Vollstreckungsabwehrklage **beseitigt** lediglich die **Vollstreckbarkeit des Titels,** führt also nicht zur rechtskraftfähigen Bejahung oder Verneinung des titulierten materiellrechtlichen Anspruchs (aA MK/Schmidt Rn 98); diese Wirkung kann nur durch Feststellungsklage erreicht werden (BGH MDR 85, 138; WPM 89, 1514). Dementsprechend ist die Klage nur anwendbar auf Titel (Leistungs- und Haftungstitel), die einen vollstreckbaren Inhalt haben; sie ist somit unzu-

lässig gegen Feststellungs- und Gestaltungsurteile, zB Ehescheidungsurteil (RGZ 100, 101). Vollstreckungstitel sind vollstreckbare Urteile und die unter § 794 fallenden Urkunden. Gegenüber **einstweiligen Anordnungen** nach § 620, deren Vollstreckbarkeit nicht durch ungünstige Prozeßbeendigung erlischt, kann eingewandt werden, die materiellrechtlichen Anordnungsvoraussetzungen hätten nie bestanden (BGHZ 94, 320).

1) **Anwendbar** ist § 767 auf: 6

- **AGBG** § 19.
- **Auszug aus dem Umlegungsverzeichnis** (LG Darmstadt NVwZ 82, 525).
- **Beschäftigungsurteile** (ArbG Münster BB 81, 243).
- **BVerfGG** § 79 II 3.
- **Dispache:** § 767 trifft nur zu für Einwendungen, die im Termin durch Widerspruch nicht geltend gemacht werden konnten, §§ 149, 158 III FGG.
- **Einstweilige Anordnung** (§§ 620 ff), wenn der Schuldner rechtsvernichtende Einwendungen (Hamburg FamRZ 96, 810), zB Erfüllung geltend macht (Saarbrücken FamRZ 80, 385; Nürnberg MDR 79, 149; Schleswig SchlHA 79, 41; Flieger MDR 80, 803; Heinze MDR 80, 895). Zulässigkeit wird verneint und negative Feststellungsklage bejaht, soweit lediglich Rechtskraft des Scheidungsurteils vorgebracht wird (hM, s § 620 f Rn 14; MK/Schmidt Rn 12; aA München MDR 80, 148; Köln FamRZ 83, 940).
- **Einstweilige Verfügungen,** die auf **eine Geldleistung** lauten (§ 936), auch auf Unterlassungsverfügungen nach wesentlicher Änderung der rechtlichen oder tatsächlichen Voraussetzungen (so Völp GRUR 84, 486).
- **Erbauseinandersetzung:** § 93 FGG; §§ 797 IV, V ZPO; § 767 II gilt hier nicht.
- **Fristbestimmung** nach §§ 255, 510b: s § 255 Rn 1; § 510b Rn 11.
- **Hausratsverteilungsverfahren:** Hamm FamRZ 88, 745; aA LG Mönchengladbach NJW 49, 229 m krit Anm Ferge.
- **Konkurrierende Gläubiger** u **Rechtsnachfolger** des Schuldners können Einwendungen erheben, die der Schuldner nach § 767 II noch selbst vorbringen könnte (BGH MDR 88, 314).
- **Konkurstabelle:** Die Vollstreckungsabwehrklage ist nur zulässig, wenn die Einwendungen nach Feststellung der Forderung (§ 145 II KO) entstanden sind (BGH WPM 84, 1547). Zuständigkeit des Gerichts: §§ 164 III, 194, 206 KO.
- **Kostenfestsetzungsbeschlüsse,** § 794 I Nr 2: Die Einreden des Vergleichs, der Aufrechnung, Stundung und Verjährung sind gem §§ 767, 794, 795 geltend zu machen (BGHZ 3, 381; NJW 94, 3292; Rpfleger 95, 375). Jedoch keine Vollstreckungsabwehr mit Aufrechnung des zuerst eingeklagten materiellen Anspruchs nach Klagerücknahme (BGH WuB VII A. § 269 ZPO 1.87 m Anm Deuchler = KoRsp ZPO § 269 Nr 48 m Anm Lappe = JR 87, 331 m Anm Schubert; MDR 92, 705 (auch zur Belästigungsabsicht); München MDR 84, 501; Bremen NJW-RR 92, 765 = EWiR § 269 ZPO 1/91, 1031 – Oellers). Mit jedem anderen Anspruch kann die Aufrechnung aber erklärt werden (Hamm NJW-RR 91, 1334).
- **Nachschuß- und Umlagefestsetzungen** im Konkurs der **Versicherungsgesellschaften:** § 52 VAG.
- **Prozeßvergleiche,** § 794 I Nr 1: Soweit bei Unwirksamkeit des Vergleichs der Vorprozeß fortzusetzen ist, fehlt für eine Klage nach § 767 das Rechtsschutzbedürfnis (BGH NJW 71, 467; Düsseldorf NJW 66, 2367; Zweibrücken OLGZ 70, 185; aA Kühne NJW 67, 1115 u ZZP 85 [1972], 98). Wird jedoch von einer Partei nach Abschluß eines Prozeßvergleichs außer der Nichtigkeit des Vergleichs hilfsweise auch geltend gemacht, die durch den Vergleich begründete Forderung sei weggefallen, dann für alle Einwendungen Klage nach § 767 (BGH NJW 67, 2014). Keine Abwehrklage, wenn aus zuvor erwirktem Versäumnisurteil, nunmehr beschränkt bis zur Höhe des Vergleichsbetrags, weiter vollstreckt wird (Hamm NJW 88, 1988).
- **Schiedssprüche:** §§ 1040, 1042. Klage nach § 767 nur auf Grund von Tatsachen, die im Erkenntnisverfahren nicht vorgebracht werden konnten (BGH MDR 91, 132; Geißler NJW 85, 1868). Einrede des Schiedsvertrags (§ 1027a) macht die Klage unzulässig, wenn die Einwendung des Schuldners der Schiedsabrede unterliegt (BGH NJW-RR 96, 508; MDR 87, 302 = EWiR § 1027a ZPO 1/87, 305 – Schütze = WuB A. § 1027a ZPO 1.87 – Deuchler = JR 88, 282 m Anm Herrmann = ZZP 100 [1987], 452 m Anm Schwab; LG Köln MDR 95, 959; Geimer unten § 1027a Rn 3).
- **Sozialabfindungsplan:** bei Eintragung als bevorrechtigt in die Konkurstabelle vor der Entscheidung BVerfG NJW 84, 475 (Eisenburger ZIP 84, 655).
- **Vergleichsordnung:** Die Einwendungen müssen nach dem Vergleichstermin entstanden sein, §§ 85 I, 86 VglO.
- **Vollstreckbare Urkunden:** § 794 I Nr 5 (ausführlich Windel ZZP 102 [1989], 175 mit Abgrenzung zu § 732). Nach Heilung eines ursprünglich nichtigen Kaufvertrages wegen Verstoßes gegen § 313 S 2 BGB keine Vollstreckungsgegenklage mehr (BGH WPM 85, 545).
- **Vollstreckungsbescheide:** § 794 I Nr 4, § 796 II (zur Präklusion nach § 767 II s Rn 20).
- **Vollstreckungsurteile:** § 723.

● **Zinsforderung:** Vollstreckungsgegenklage statt Erinnerung, wenn die Vollstreckungsmaßnahmen unklar lassen, ob und inwieweit wegen der nicht titulierten Zinsforderung vollstreckt wird (Düsseldorf OLGZ 80, 339).

● **Zuschußberechnung:** Gegen sie findet binnen eines Monats Anfechtungsklage statt, § 111 GenG; sie kann nur auf Gründe gestützt werden, die im Termin vor dem Konkursgericht vorgebracht wurden (§ 107 GenG); wegen später entstandener Einwendungen Klage nach § 767 (§ 111 GenG). Zuständigkeit: § 109 II GenG.

● **Zwangsversteigerungsverfahren:** Zuschlagsbeschlüsse, §§ 93, 132 ZVG (Schleswig ZIP 82, 160; LG Ulm NJW-RR 87, 511). Teilungsplan: §§ 115, 156 ZVG (BGH NJW 80, 2586). Für den Zuschlagsbeschluß und die Vollstreckung aus einer Ersatzübertragung gilt § 767 II nicht.

7 2) **Nicht anwendbar** ist § 767:

● Bei **Arresten:** Nur Widerspruch, § 924, oder Verfahren nach § 927.

● Bei **einstw Verfügungen** (Breslau OLGE 42, 52), es sei denn, sie sind auf Befriedigung (Unterhaltszahlung) gerichtet (München OLGE 40, 402; Braunschweig OLGE 43, 153; Dresden JW 34, 1184; KG DR 39, 1766). Änderung für die Zukunft ist nach § 927 zu verfolgen. Analog § 767 II ist die Vollstreckungsabwehrklage ausgeschlossen, wenn der Schuldner noch Widerspruch einlegen kann (Karlsruhe OLGE 13, 189).

● Im **Justiz-Beitreibungsverfahren.**

● Im **Kostenfestsetzungsverfahren,** wenn die erfolgreiche Vollstreckungsabwehrklage zwar die Vollstreckbarkeit des titulierten Anspruchs, nicht jedoch die Eignung des Titels als Zwangsvollstreckungsgrundlage beseitigt hat (LG Berlin MDR 83, 136; s §§ 103, 104 Rn 21 „Vollstreckungsgegenklage").

● Bei Einwendungen gegen den **Kostenvorschuß** (§ 887 II; BGH MDR 93, 272 = BauR 93, 111).

● Bei **unwirksamem Titel:** Keine unmittelbare Anwendung des § 767 (BGH NJW 92, 2160), aber auch nicht ausschließlich die Klauselerinnerung (Rn 2 „Klauselerinnerung"). Nach BGH ist eine prozessuale Gestaltungsklage **analog** § 767 I statthaft (NJW 94, 460 = JR 95, 66 mit Anm Schubert = ZZP Bd 107 (1994), 265 mit Anm Foerste = DZWir 95, 24 mit abl Anm Pawlowski S 20 und in AcP 195 (1995), 549.

8 **V) Zulässigkeit. 1)** Die **Klage** ist **zulässig** bei Vorliegen der allgemeinen Prozeßvoraussetzungen; ob eine Einwendung schlüssig behauptet ist, rechnet zur Begründetheit (Rn 10; Geißler NJW 85, 1867). Das **Rechtsschutzbedürfnis** ist gegeben, sobald eine ZwV ernstlich droht, also auch schon vor Erteilung (RGZ 134, 162) oder Umschreibung (BGH MDR 92, 1084 = WuB VI E. § 767 ZPO 2.92, 1357 – Münzberg; Köln VersR 90, 403; Celle NdsRpfl 63, 37) der Vollstreckungsklausel bis zur endgültigen Befriedigung des Gl (RGZ 84, 292). Es fehlt, wenn eine ZwV unzweifelhaft nicht beabsichtigt ist (Frankfurt MDR 88, 241) oder nicht mehr droht (BGH MDR 84, 830; AnwBl 89, 163 = NJW-RR 89, 124; NJW 94, 1161: endgültige Übergabe des Titels an den Notar; München OLGR 95, 225: Löschung der Grundschuld, aus der vollstreckt wurde). **Nach** Beendigung der ZwV nur Klage aus materiellem Recht (RGZ 100, 100; Frankfurt NJW 61, 1479 [verlängerte Vollstreckungsabwehrklage]; Düsseldorf NJW-RR 86, 424; aA Brehm ZIP 83, 1420: § 767 auch nach Beendigung der ZwV; zur Schlüssigkeit der verlängerten Abwehrklage BGH WPM 88, 845). Vorläufiger Verzicht auf Vollstreckung oder auf ein erlangtes Pfändungspfandrecht macht Klage nicht unzulässig (Breslau JW 30, 3345). Die Vollstreckungsabwehrklage bleibt zulässig, bis der Titel dem Sch ausgehändigt (BGH MDR 92, 960; Ausnahmen möglich bei Titel auf wiederkehrende Leistungen: BGH MDR 84, 830; KG FamRZ 88, 84; jedoch nicht bei unkorrektem Verhalten des Gl: Karlsruhe JurBüro 90, 399) oder ihm vom Gl ein Anerkenntnis der Befriedigung ausgestellt worden ist (BGH NJW 85, 2481; Köln VersR 90, 403); bloßer Verzicht des Gl auf seine Rechte aus dem Vollstreckungstitel ohne dessen Herausgabe an den Sch beseitigt das Rechtsschutzbedürfnis nicht (BGH NJW 84, 2826; Hamm WRP 92, 195). Dagegen fehlt das Rechtsschutzbedürfnis für eine Vollstreckungsabwehrklage des Konkursverwalters gegen einen Konkursgläubiger, der vor Konkurseröffnung einen Vollstreckungstitel erwirkt hat, wenn sie nur damit begründet wird, daß dem Gl infolge des Auszuges aus der Konkurstabelle ein stärkerer Schuldtitel zur Verfügung stehe (BGH NJW 60, 435); ebenfalls fehlt es, wenn das Rechtsschutzziel über § 620f I erreicht werden kann (Düsseldorf FamRZ 91, 721; Rn 6 „Einstweilige Anordnung" aE). Wird die ZwV nach Erhebung der Abwehrklage beendet, dann muß der Kl, seinen Antrag ändernd, beantragen, den Bekl zur Erstattung des Empfangenen u gfls zum Schadenersatz zu verurteilen (BAG NJW 80, 141; BGH WuB VII A. § 767 ZPO 1.88, 1251 – Messer; Stuttgart MDR 89, 463; Schleswig NJW-RR 92, 192). Ein besonderes „Feststellungsinteresse" ist für die Zulässigkeit nicht nötig, weil keine Feststellungsklage iS des § 256 vorliegt, sondern eine prozessuale Gestaltungsklage. Jedoch ist der Antrag auf hilfsweise Feststellung einer zeitlich oder betragsmäßig begrenzten Unzulässigkeit der ZwV zulässig (BGH WPM 85, 703). Gewillkürte (isolierte) **Vollstreckungsstandschaft** wird im Gegensatz zur gewillkürten Prozeßstandschaft vom BGH nicht zugelassen (BGH MDR 85, 309; NJW-RR 92, 61; Stöber oben § 727 Rn 13 aE; aA Dresden NJW-RR 96, 444). **Aussetzung** nach § 148 grds ausgeschlossen (Schneider JurBüro 79, 785; aA Frankfurt JurBüro 90, 652).

2) **Aktiv** zur Prozeßführung befugt ist der Vollstreckungsschuldner, dh jeder, gegen den sich als Schuldner die Zwangsvollstreckung richtet (hierzu Scherer JR 96, 45, 49), also auch der Rechtsnachfolger (§ 727) u Duldungsschuldner, nicht der Dritte, der ein Widerspruchsrecht nach § 771 hat, auch nicht der Drittschuldner (BGH NJW 64, 687) u der Vollstreckungsstandschafter (BGH MDR 85, 309 = JR 85, 287 m Anm Olzen; NJW-RR 92, 61; krit Münzberg NJW 92, 1867; aA Dresden NJW-RR 96, 444; ausf Becker-Eberhard, In Prozeßstandschaft erstrittene Leistungstitel in der ZwV, ZZP 104 [1991] 413 ff). Bei Verurteilung Zug um Zug bewirkt das Abhängigmachen der Vollstreckung von der Gegenleistung keinen Vollstreckungstitel gegen den Gläubiger, daher keine Vollstreckungsabwehrklage des Gläubigers (RGZ 100, 198). **Zu verklagen** ist derjenige, dem die Klausel erteilt worden ist, oder wer die Zwangsvollstreckung im eigenen Namen betreibt (AG Viersen FamRZ 88, 306; Nürnberg FamRZ 87, 1172), also auch der Rechtsnachfolger, auch wenn die Klausel noch nicht auf ihn umgestellt ist, wenn er sich als Gl ausgibt und ZwV droht, weil bei ihm die Voraussetzungen für die Erteilung einer vollstreckbaren Ausfertigung vorliegen (BGH Rpfleger 93, 291 = ZZP 107 [1994], 81 m Anm Becker-Eberhard). Gesamthandgläubiger sind alle zu verklagen, bei Gesamtgläubigern u Teilgläubigern (§§ 402, 428 BGB) nur der einzelne Vollstreckungsgläubiger. Ist an einen Dritten zu leisten, so ist Beklagter der aus dem Schuldtitel ersichtl Gläubiger. Die für den Vorprozeß erteilte Prozeßvollmacht erstreckt sich auch auf den Prozeß aus § 767 (§ 81). 9

VI) Zuständigkeit. Örtlich und sachlich ausschließlich zuständig (§ 802; krit Steines KTS 87, 27 für die „verlängerte" Abwehrklage) ist das **Gericht des Vorprozesses erster Instanz,** auch das Familiengericht (BGH NJW 81, 346; Hamburg FamRZ 84, 804; Oldenburg FamRZ 91, 719 zu Altverfahren vor 1977; Hamm FamRZ 89, 875 stellt darauf ab, daß der Kl mit einem familienrechtlichen Anspruch aufrechnet) oder ein Sondergericht (zB Arbeitsgericht, wenn der Arbeitgeber sich in notarieller Urkunde der sofortigen Zwangsvollstreckung wegen eines Anspruches aus dem Arbeitsverhältnis unterworfen hat, Frankfurt MDR 85, 330), und zwar ohne Rücksicht auf den Streitwert. Prozeßgericht ist das Gericht des Verfahrens, in dem der Vollstreckungstitel geschaffen worden ist (BGH NJW 80, 188), auch wenn die Vollstreckungsabwehrsache eine Familiensache ist (BGH Rpfleger 80, 182) oder wenn das titelschaffende Gericht unter Verstoß gegen Zuständigkeitsvorschriften entschieden hatte (St/J/Münzberg § 767 Rn 46). Richtet sich die Zuständigkeit nicht nach dem Streitgegenstand, sondern nach dem zugrunde liegenden materiellen Anspruch (für Familiensachen BGH Rpfleger 80, 15), so gilt dies auch für den Rechtsmittelzug (vgl BGH FamRZ 92, 538 betr Abwehrklage gegen KFB in einer Hausratssache). Zuständig ist daher für die Berufung in einer Vollstreckungsabwehrklage bei einer Familiensache der Familiensenat des OLG (Hamm NJW 78, 281). Welche Abteilung oder Kammer (Baulandsachen: BGH NJW 75, 829) zu entscheiden hat, ist Sache der Geschäftsverteilung (RGZ 45, 343; 47, 384). Bei ausländischen Urteilen oder Schiedssprüchen ist das inländische Gericht zuständig, welches das Vollstreckungsurteil oder den Vollstreckungsbeschluß erlassen hat, §§ 722, 1042a (RGZ 13, 347; 165, 374); beim Zuschlagsbeschluß das beschließende AG (LG Ulm NJW-RR 87, 511). Zur interlokalen Zuständigkeit s BGH FamRZ 82, 785 u Beitzke IPRax 83, 16. Bei vollstreckbaren gerichtl und notariellen Urkunden ist örtlich das Gericht zuständig, bei dem der Schuldner seinen allgemeinen Gerichtsstand, in Ermangelung eines solchen den Gerichtsstand des Vermögens, § 23, hat (§ 797 V); mehrere Kl mit verschiedenen Gerichtsständen haben ein Wahlrecht (BGH MDR 92, 301). Handelt es sich um eine Urkunde, aus der die Zwangsvollstreckung wegen des dingl oder persönl Anspruchs gegen den jeweiligen Grundstückseigentümer betrieben wird, so ist das Gericht zuständig, in dessen Bezirk das Grundstück belegen ist, § 800 III (KG OLGE 22, 371). Für die sachliche Zuständigkeit ist der Wert des zu vollstreckenden Anspruchs maßgebend. § 23 GVG ist entsprechend anwendbar. Bei **Prozeßvergleichen** ist das Gericht zuständig, bei dem der durch den Vergleich erledigte Rechtsstreit in erster Instanz anhängig war; bei einem Vergleich nach § 118 ist das Gericht zuständig, bei dem um PKH nachgesucht war. § 621 II S 1 (Gericht der **Ehesache**) hat keinen Vorrang vor §§ 767 I, 802 (BGH NJW 80, 1393; MK/Schmidt Rn 50); BayObLG (FamRZ 91, 1455) bejaht den Vorrang gegenüber §§ 797 V, 802. 10

VII) Begründetheit. 1) Die **Klage** ist **begründet,** wenn bei gegebener Sachbefugnis des Klägers eine Einwendung durchgreift, die den durch das Urteil festgestellten Anspruch selbst betrifft, wobei Abs 2 u 3 zu beachten sind. Erweist sich die Klage als unbegründet, dann bleibt sie gleichwohl zulässig, weil dazu die schlüssige Behauptung einer Einwendung ausreicht (Geißler NJW 85, 1867). Bestreitet der Beklagte die Echtheit der Unterschrift bei einer Urkunde, auf die sich der Kläger stützt, muß der Kläger den **Echtheitsbeweis** führen (BGH EWiR § 278 ZPO 1/87, 511 – E. Schneider); wendet der Beklagte Scheingeschäft ein, trägt er die Beweislast (BGH ZIP 91, 544). Der Kläger hingegen muß, wenn er aus einer Grundschuld in Anspruch genommen wird, die aus einer behaupteten Sicherungsabrede abgeleiteten Einwendungen darlegen und beweisen (BGH WM 91, 668; 91, 954). **Beweislastumkehr** bei Verzicht auf den Nachweis des Entstehens der Forderung als Vollstreckungsvoraussetzung (BGH NJW 81, 2756; dagegen Wolfsteiner NJW 82, 11

2851; ausführlich Münch, Die Beweislastverteilung bei der Vollstreckungsgegenklage, NJW 91, 795, 801).

12 **2) Gründe, auf denen die Einwendung beruhen kann:**

● **Abtretung** s „Gläubigerwechsel", „Wegfall der Aktivlegitimation".

● **Anfechtung:** Sowohl Irrtums- wie Täuschungs- und Drohungsanfechtung (§§ 119, 123 BGB) sind präkludiert, soweit das Gestaltungsrecht vor Schluß der mündlichen Verhandlung begründet war. Wirkt die Täuschung oder die Drohung jedoch fort und hindert den Berechtigten an der Geltendmachung des Gestaltungsrechts, dann ist erst deren Beendigung maßgebend (Ernst NJW 86, 404).

● **Auflösende Bedingung** (RGZ 123, 70).

● **Aufrechnung** (§ 388 BGB; sa Rn 14 zu 767 II; Ernst NJW 86, 401). Bei ihr ist der Grund zur Einwendung nicht erst entstanden, wenn die Aufrechnung erklärt worden ist, sondern schon, sobald sich die Forderungen aufrechenbar gegenüberstanden (einhellige Rspr; zB Hamburg FamRZ 92, 328; hiergegen StJ/Münzberg Rn 37). Auf die Aufrechnung kann daher die Klage nur gestützt werden, wenn etwa die aufzurechnende Forderung erst nachträglich von dem Schuldner erworben oder erst nachträglich fällig wurde (Düsseldorf MDR 87, 682: Steuerberaterhonorar). Auf ein Verschulden kommt es hierbei nicht an. Aufrechnung gegenüber einem inzident oder widerklagend verfolgten Schadensersatzanspruch wegen ungerechtfertigter Vollstreckung möglich, wenn das vorläufig vollstreckbare und vollstreckte Urteil durch Sachentscheidung aufgehoben worden ist (BGH NJW 80, 2527). Keine Begründung der Vollstrekkungsgegenklage mit einer im Vorprozeß wegen § 530 II nicht zugelassenen Aufrechnung (Düsseldorf MDR 83, 586; BGH JR 95, 460 mit zust Anm Schreiber). Versagt wird die Aufrechnungsbefugnis gegenüber dem Kostenerstattungstitel mit dem materiellen Anspruch aus der zurückgenommenen Klage (s Rn 6 „Kostenfestsetzungsbeschlüsse"; ebenso für ein Zurückbehaltungsrecht Köln JMBlNRW 83, 274). Zur **Rechtskraftwirkung** nach § 322 II bei Aufrechnung im Vollstreckungsprozeß s BGHZ 48, 358 ff; JR 84, 330 m Anm Haase. Zur Aufrechnung im **Kostenfestsetzungsverfahren** s §§ 103, 104 Rn 21 unter „Aufrechnung".

● **EheG** § 70: Hamm FamRZ 92, 583.

● **Entscheidung,** neue, die den im älteren Urteil unter denselben Parteien festgestellten Anspruch verneint (RGZ 52, 217), Feststellung der Nichtehelichkeit eines Kindes nach Rechtskraft eines Unterhaltsurteils (AG Lahnstein FamRZ 84, 1236).

● **Erbausschlagung.**

● **Erfüllung** des Anspruchs, wenn also der Sch behauptet, daß er oder, soweit er nicht in Person zu leisten hat (§§ 267 ff, 1142, 1224, 1249 BGB), ein Dritter die zugesprochene Leistung an den Gl bewirkt oder daß dieser eine andere Leistung an Erfüllungs Statt angenommen hat oder eine zu erwirkende vertretbare Handlung vorgenommen worden sei. Der Einwand der Erfüllung ist immer durch Vollstrekkungsabwehrklage geltend zu machen (Hamm DGVZ 80, 153; LG Frankfurt DGVZ 89, 42; LG Stade JurBüro 91, 721 und LG Essen JurBüro 93, 435: Nachprüfung einer Verrechnung). Bei Gesamtschuldnerschaft kann jeder Gesamtschuldner den Erfüllungseinwand nach § 767 geltend machen (Frankfurt ZIP 82, 880). Zur **Präklusion** des Erfüllungseinwands, wenn während des Vorprozesses, jedoch nur zur Abwendung der ZwV geleistet worden war: BGH NJW 90, 2756 und allgemein § 708 Rn 1. Zur Titelherausgabe nach Erfüllung s Rn 8. Zur Prüfung des Erfüllungseinwandes im Zwangsvollstreckungsverfahren s § 887 Rn 7; § 888 Rn 11; abl Düsseldorf MDR 96, 309.

● **Erfüllungsablehnung** durch Konkursverwalter: Bereits titulierter Erfüllungsanspruch des Gemeinschuldners kann nicht mehr vollstreckt werden (BGH ZIP 87, 304).

● **Erlaß** (§ 397 BGB).

● **Erlöschen** des Anspruchs (Düsseldorf FamRZ 92, 943: Trennungsunterhalt).

● **Fälligkeit,** fehlende (Hamm NJW-RR 88, 266).

● **Gesetzesänderung** (BGH FamRZ 77, 461), auch auf Grund bindender Rspr des BVerfG (Nürnberg JurBüro 85, 1894; LG München WRP 84, 577), jedoch nicht, weil eine Verfassungsbeschwerde wegen verfassungswidriger Anwendung eines Gesetzes Erfolg hatte (Köln WPM 85, 1539; zu den **„Bürgenurteilen"** Hasler MDR 95, 1086) oder wegen der Änderung fachgerichtlicher Rspr (Naumburg JW 34, 3015).

● **Gestaltungsrechte:** s unter „Anfechtung" und „Aufrechnung" sowie Ernst NJW 86, 401.

● **Gläubigerwechsel** (Hamburg FamRZ 96, 810; Frankfurt DGVZ 93, 91; AG München DGVZ 84, 76; AG Limburg DGVZ 84, 121; AG/LG Karlsruhe DGVZ 84, 155).

● **Haftungsbeschränkung,** Einwand der **beschränkten Erbenhaftung** gegen KFB, wenn das Urteil noch gegen den Erblasser, der Beschluß schon gegen die Erben erging (Celle NJW-RR 88, 133).

● **Hinterlegung** aus einem in der Person des Gl liegenden Grund, wenn der Sch auf die Rücknahme verzichtet hat oder doch den Gl auf das Hinterlegte verweist, §§ 378, 379 BGB (LG Karlsruhe DGVZ 84, 155).

● **Klagerücknahme** nach Erlaß eines für vorläufig vollstreckbar erklärten Urteils.

● **Konkurseröffnung.** Hat der Konkursverwalter eine Forderung als Masseschuld anerkannt oder ist er im Rechtsstreit zur Zahlung verurteilt worden, dann kann er der Vollstreckung in die Konkursmasse mit dem Einwand begegnen, die Masse sei zur vollständigen Befriedigung aller Masseschulden unzureichend (LG Oldenburg DGVZ 79, 74; BAG ZIP 86, 1338). S auch Rn 15 u „Erfüllungsablehnung".

● **Miterben.** Sie können ihr Recht einwenden, bis zur Teilung des Nachlasses die Berichtigung der Nachlaßverbindlichkeiten aus ihrem Privatvermögen zu verweigern (§ 2059 S 1 BGB), sowie nach §§ 785, 786 die gem §§ 419, 1480, 1504, 2014 f, 2187 BGB eintretende beschränkte Haftung (Düsseldorf Rpfleger 77, 416).

● **Nacherbfolge,** Eintritt.

● **Notbedarf,** §§ 519, 529 II BGB.

● **Optionsrecht,** wenn es ausgeübt worden ist (BGH JR 85, 468 m Anm Haase; ebenso das **Abänderungsrecht** gemäß § 7 **VerBAV,** BGH NJW-RR 87, 1168).

● **Pfändungs- und Überweisungsbeschluß** wegen Gläubigerwechsels (AG München DGVZ 84, 76 m Nachw; s auch unter „Gläubigerwechsel").

● **Prozeßführungsbefugnis** gem § 1629 III BGB sei während der ZwV erloschen (Köln FamRZ 85, 626; München FamRZ 90, 653; Becker-Eberhard ZZP 104 (1991) 413 ff 431–433 V 2; Hochgräber FamRZ 96, 272), zB weil dem ehemaligen Prozeßstandschafter das Sorgerecht entzogen (Schleswig FamRZ 90, 189) oder das Kind volljährig wurde (Oldenburg FamRZ 92, 844; Hamm FamRZ 92, 843; Köln FamRZ 95, 308; vgl auch Frankfurt FamRZ 91, 1210: negative Feststellungsklage); aA Frankfurt FamRZ 83, 1268 (§ 766).

● **Räumungstitel:** Das Erlangungsinteresse des Vermieters sei entfallen (AG Bonn WuM 91, 495). Die Abrede, im Falle künftig pünktlicher Zahlung werde nicht vollstreckt (LG Köln WuM 91, 673). Einweisungsverfügung führt nicht zum Titelverbrauch (LG Darmstadt DGVZ 93, 154). Sa „Rechtsmißbrauch", „Verwirkung".

● **Rechtsmißbrauch,** zB Schikane, § 226 BGB (Rostock OLGE 31, 96; Münzberg Anm zu Köln JZ 96, 313); Vollstreckung aus durch unerlaubte Handlung eines Dritten erlangten Titel (LG Münster NJW-RR 87, 506) oder eines Räumungsurteils erst 1½ Jahre nach dessen Erlaß (AG Frankfurt-Höchst DGVZ 87, 127); Räumungstitel als Druckmittel zur Durchsetzung unberechtigter Forderungen (AG Pinneberg WuM 95, 662). Mißbräuchlich auch die Zwangsvollstreckung gegen eine Gesellschaftergruppe einer aufgelösten OHG aus einer titulierten Forderung gegen diese OHG nach Kauf durch einen Dritten mit Mitteln der anderen Gesellschaftsgruppe (Köln WPM 80, 1077). Rechtsmißbräuchlich handelt auch ein Schuldner, der den ihm aufgegebenen Prozeßkostenvorschuß nicht zahlt und sich dann auf ein später ergangenes, dem Vorschußberechtigten ungünstiges Sachurteil beruft. Vorausgesetzt ist aber immer, daß der Rechtsmißbrauch den Bestand der Forderung betrifft und nicht etwa nur einzelne Vollstreckungsmaßnahmen, gegen die nach § 765a vorzugehen ist (Koblenz OLGZ 1985, 455). Zum Rechtsschutz gegen die Vollstreckung aus **sittenwidrigen Kreditgeschäften** s Geißler NJW 87, 166; Grün NJW 90, 2865; Grunsky ZIP 86, 1361; Kohte NJW 85, 2217; Münzberg NJW 86, 361; Sandkühler JA 88, 1; Steinmetz NJW 91, 881 und aus **„Bürgenurteilen"** s Hasler MDR 95, 1086.

● **Rentenbezug** aufgrund **Versorgungsausgleich** (BGH FamRZ 89, 159: § 767 für die Zeit vor Klageerhebung; aA Karlsruhe FamRZ 88, 195: nur § 323).

● **Rücktritt** vom Vertrag nach Erlaß des Urteils (RGZ 104, 17).

● **Schuldnereigenschaft,** wenn außer der fehlenden Bezeichnung als Vollstreckungsschuldner (dann § 766) auch das materielle Fehlen der Schuldnereigenschaft behauptet wird (Düsseldorf OLGZ 84, 93).

● **Stundung** (Karlsruhe OLGE 13, 188; Königsberg OLGE 18, 408).

● **Unmöglichkeit** der Erfüllung, wenn sie die Leistungspflicht berührt, § 275 BGB (RGZ 107, 235; Hamm NJW-RR 88, 1087); zB wenn ein Dritter dem Schuldner eine erforderliche Zustimmung verweigert (Düsseldorf MDR 91, 260); anders wenn der Sch die Unmöglichkeit zu vertreten hat (Köln NJW-RR 91, 1022: § 324 I BGB).

● **Unzulässige Rechtsausübung** (BGHZ 42, 1; Stuttgart MDR 86, 1034: Vollstreckung aus offensichtlich unrichtigem Urteil; s unter „Rechtsmißbrauch").

● **Veräußerung** des Handelsgewerbes gem § 25 HGB.

● **Vereinbarungen** der Parteien vor Urteilserlaß, wie das Urteil zwischen ihnen wirken soll (RG DJZ 00, 301). Vollstreckungsbeschränkende Vereinbarungen, die nach dem Vorprozeß getroffen worden sind, können ebenfalls nach § 767 geltend gemacht werden (BGHZ 16, 182; BGH NJW 82, 2072; MDR 91, 668 mwN; Frankfurt OLGZ 81, 112).

● **Vergleich,** auch Prozeßvergleich (Karlsruhe MDR 77, 937) und Zwangsvergleich sowie die Begrenzung der persönlichen Haftung der Gesellschafter durch Vergleich gem § 109 Nr 3 VglO. Ebenso im Unterhaltsrecht, wenn nach Vereinbarung einer niedrigeren Zahlung der Unterhaltsgläubiger voll aus dem ursprünglichen Titel vollstreckt (Schleswig SchlHA 80, 161).

● **Verjährung** des rechtskräftigen Anspruchs, § 218 BGB; jedoch nicht, wenn während der Verjährungsfrist ein Verbotsurteil befolgt worden ist (BGH MDR 72, 761), und keine Verjährungseinrede des aus § 128 HGB rechtskräftig verurteilten Gesellschafters mit der Begründung, die Forderung des Gläubigers gegen die Gesellschaft sei nachträglich verjährt (BGH NJW 81, 2579 = ZIP 81, 861).

● **Verwirkung** (MK/Schmidt Rn 62), zB eines Räumungsanspruches (LG Itzehoe WuM 95, 662; AG Remscheid DGVZ 81, 126; s „Rechtsmißbrauch"). Nach Frankfurt (1 WF; FamRZ 88, 62 betr Unterhalt) gilt für den Verwirkungseinwand § 323: Zu Recht aA Frankfurt (3 WF) FamRZ 91, 1328; ebenso BGH FamRZ 91, 1175.

• **Verzicht** auf die Urteilsvollstreckung oder auf den Anspruch.

• **Wahlrecht,** Verlust des sich aus dem Titel ergebenden -s (BAG NJW 64, 687).

• **Wegfall der Aktivlegitimation** des Gläubigers infolge Abtretung, Pfändung oder Überweisung des Anspruchs (s „Gläubigerwechsel"). Abtretungseinwand auch dann erheblich, wenn der Titelgläubiger einverständlich weitervollstrecken will, weil es keine isolierte Vollstreckungsstandschaft gibt (str; s Rn 8 aE; 9).

• **Wegfall der Passivlegitimation** des Schuldners durch befreiende Schuldübernahme; nach § 242 BGB kann der Sch aber die Übernahme der Schuld durch einen Dritten nicht einwenden, wenn er die Genehmigung der Schuldübernahme ohne Rechtsgrund erlangt hatte (BGH ZIP 90, 720; Besprechung Brehm ZIP 91, 1041 ff, 1045 ff). Bei bestrittener Schuldnereigenschaft s Rn 12 unter „Schuldnereigenschaft".

• **Zurückbehaltungsrecht** (RGZ 158, 149), auch bei Geltendmachung weiterer Zurückbehaltungsgründe, wenn die Zwangsvollstreckung von einer Zug um Zug zu bewirkenden Leistung des Gläubigers abhängig ist und der Gläubiger wegen Bewirkens der Gegenleistung auf Duldung der Vollstreckung schlechthin klagt (BGH MDR 62, 976). Keine Berufung auf ein Zurückbehaltungsrecht gegen Vollstreckung aus einem KFB, weil der Vollstreckungsgläubiger die Auskunft noch nicht erteilt habe, zu der er in der Hauptsache verurteilt worden sei (Köln JMBlNRW 83, 274).

13 **3) Keine erheblichen Gründe sind:**

• **Änderung der Rechtsprechung** (Naumburg JW 34, 3015) oder das Bestreben, die Änderung einer materiellrechtlichen Anspruchsnorm zu erreichen (Frankfurt FamRZ 79, 139).

• **Auslegung** eines Prozeßvergleichs. Hier ist Feststellungsklage zu erheben; str aA BGH NJW 77, 583; BVerwG NJW 92, 191 mit krit Anm von Renck S 2209; Schuschke I Rn 27.

• **Bürge:** Wenn der rechtskräftig verurteilte Hauptschuldner Befriedigung des Gläubigers behauptet, weil der Bürge auf Grund vorläufig vollstreckbar erklärten Urteils zur Abwendung der Zwangsvollstreckung an den Gläubiger bezahlt habe (RGZ 98, 329).

• **Dissens:** Da es nur um einen im Prozeß nicht erkannten oder rechtlich verkannten, also nicht nachträglich veränderten Sachverhalt geht, ist die Berufung darauf unbeachtlich.

• **Einwendung gegen die Zulässigkeit der Vollstreckungsklausel: § 732** (vgl BGH NJW 57, 23), **gegen die Art u Weise der Durchführung der Zwangsvollstreckung: § 766.** Die Abgrenzung ist häufig schwierig (vgl BGH WuB VI E. § 767 ZPO 2.92, 1357 für den Einwand fehlender Titelumschreibung: § 766; kritisch Münzberg aaO S 1358 II). Zur Beanstandung der Gegenleistung als mangelhaft s LG Hamburg DGVZ 84, 10 u Rn 12 unter „Erfüllung".

• **Erbenhaftung,** bei **fehlendem Vorbehalt der Beschränkung** (RGZ 59, 304).

• **Geschäftsunfähigkeit.** Die Rechtsungültigkeit des Verfahrens (Mangel der Geschäftsfähigkeit der Partei) kann nur durch zulässige Rechtsmittel oder durch Nichtigkeitsklage geltend gemacht werden (RGZ 35, 398).

• **Inhalt des Urteils,** bei Streit darüber muß notfalls neu geklagt werden (RGZ 82, 161; 122, 363).

• **Nichtigkeit** eines Grundstückskaufvertrages, der nach § 313 S 2 BGB geheilt ist (BGH WPM 85, 545).

• **Wandlung der Verkehrs- oder Rechtsauffassung,** es sei denn, es handelt sich um eine grundlegende Wandlung der gesamten Rechtsauffassung (vgl BGH NJW 53, 745; LG Berlin MDR 59, 582).

• **Zinsschwankungen,** durch die sich der bei der Verurteilung zugrunde gelegte Zinssatz nachträglich verändert (BGH MDR 87, 830 = ZZP 101, 1988, 449 m Anm Brehm = WuB VII A. § 323 ZPO 2.87 - Braun = EWiR § 767 ZPO 1/87, 835 - Münzberg; MK/Schmidt Rn 58; sa Münzberg JuS 88, 345; Schulze MDR 89, 510; Herr MDR 89, 778; Deichfuß MDR 92, 334).

• **Zug-um-Zug**-Leistung. Einwand, der Gl habe seine Leistung noch nicht erbracht (KG NJW-RR 89, 638: § 766); ist diese nahezu wertlos, kann Sch mit der Abwehrklage gegen das Schikaneverbot verstoßen (LG Berlin NJW-RR 89, 638).

• **Zwangsvergleich.** Wird behauptet, daß ein Zwangsvergleich mit dem Inhalt, in dem er die Bestätigung des Gerichts gefunden hat, tatsächlich nicht zustande gekommen sei, so trifft § 767 nicht zu (RGZ 122, 361).

14 **4) Abs 2.** Die Klage ist nur begründet (RGZ 77, 352), wenn die Gründe, auf denen die Einwendungen beruhen, **nach dem Schluß der letzten mündl Tatsachenverhandlung** entstanden sind und durch Einspruch nicht mehr geltend gemacht werden können. Nach VU (§§ 338, zum VB s 796 II) kann die Klage aus § 767 nur auf nach Ablauf der Einspruchsfrist entstandene Einwendungen gestützt werden; frühere müssen in der Begründung (§ 340 III) vorgebracht werden (BGH NJW 82, 1812; str, s MK/Schmidt Rn 15 mN). Belanglos ist, wann die Partei von dem Grund Kenntnis erlangt hat (BGH NJW 73, 1328; Koblenz FamRZ 88, 746 zur Aufrechnung u **Verwirkung**), auf Verschulden kommt es also nicht an (BGHZ 61, 26; MK/Schmidt Rn 77). Wird die Rechtswirkung erst durch eine hinzukommende Willenserklärung ausgelöst (**Gestaltungsrechte**),

so ist maßgebend der Zeitpunkt, zu dem die Willenserklärung abgegeben werden kann (ganz h Rspr, wohl schon gewohnheitsrechtlich verfestigt; krit dazu StJ/Münzberg § 767 Rn 30–39). Solche Gestaltungsrechte sind Aufrechnung, Anfechtung, gesetzl Rücktritt, Wandlung und Minderung (s Rn 62 ff vor § 322), nicht hingegen ein Optionsrecht (Rn 12 bei „Option") und das Kündigungsrecht (LG Bielefeld NJW-RR 91, 182), für die der Zeitpunkt der Ausübung maßgebend ist (ebenso Hamm BauR 89, 743: Zeitpunkt des Verzugseintritts bei Vorschuß wegen Mängelbeseitigung). Daß das Entstehen der Einwendung mit der Befugnis zur Ausübung des Gestaltungsrechts gleichgesetzt wird (zB BGHZ 24, 97; 34, 279; 94, 29; NJW 94, 2769), macht den rechtskräftigen Titel weitgehend unangreifbar, schafft aber die größtmögliche Rechtssicherheit (zu anderen Datierungen des Entstehens s Geißler NJW 85, 1867 mN). **Widerrufsrechte** (§ 1 HaustürWG; § 7 VerbrKG) sind präkludiert, wenn der Widerruf erst nach dem in § 767 II genannten Zeitpunkt erklärt wird (ausf Lorenz NJW 95, 2258). Gehört die Kenntnis zum Tatbestand, wie zB bei der **Abtretung** in §§ 407, 408 BGB, dann kommt es auf den Zeitpunkt der Kenntnis an (Koblenz JurBüro 89, 704; aA Dresden MDR 95, 559 mit zust Anm Karst = NJW-RR 96, 444). Ist ein **Vorbehaltsurteil** über eine zur Aufrechnung gestellte Forderung (§ 302) oder im Urkunden- und Wechselprozeß (§ 600) ergangen, dann müssen die Gründe nach der letzten mündl Verhandlung im Nachverfahren entstanden sein, soweit in dem Verfahren noch Einwendungen zulässig waren (KG OLGE 37, 165; Hamburg OLGE 42, 34). Ist über den Grund des Anspruchs entschieden, so müssen die bis zum Erlaß des Urteils über die Höhe entstandenen Einwendungen in diesem Verfahren vorgebracht werden; insoweit ist die Vollstreckungsabwehrklage ausgeschlossen. **Veräußert** der Beauftragte Sachen des Auftraggebers weisungsgemäß im eigenen Namen und wird der Anspruch des Auftraggebers auf Abführung des vereinnahmten Erlöses in einem Rechtsstreit zwischen beiden in eine gegenseitige Abrechnung mit Überschuß zugunsten des Auftraggebers eingebracht, dann kann dieser sich später nicht mehr darauf berufen, er habe nach Urteilserlaß erfahren, daß es sich um gestohlene Sachen gehandelt habe und er deswegen dem Käufer den Kaufpreis habe zurückzahlen müssen (Köln JMBlNRW 80, 64).

a) **Einwendungen** gegen die Zwangsvollstreckung aus der **Konkurstabelle** dürfen erst **nach** dem Prüfungstermin entstanden sein. Bei uneingeschränkter Verurteilung des Konkursverwalters wegen einer Masseforderung kann die Unzulänglichkeit der Masse mit Vollstreckungsabwehrklage geltend gemacht werden (Rn 12 unter „Konkurseröffnung"); Abs 2 steht nur dann entgegen, wenn der Stand der Masse bereits vor Schluß der letzten mündlichen Verhandlung im Erkenntnisverfahren soweit geklärt war, daß sich die Quote nach § 60 I KO errechnen ließ (BAG NJW 80, 141). Hat der Konkursverwalter den Einwand der Masseunzulänglichkeit unsubstantiiert vorgebracht, dann ist ihm die nachträgliche Substantiierung abgeschnitten, soweit sie auf Tatsachen gestützt wird, die vor Schluß der mdl Verhandlung bestanden haben (BAG ZIP 86, 1338). Dementsprechend können auch im Prozeßverfahren verspätet vorgebrachte oder als unzulässig verworfene Einwendungen nicht mehr durch Klage aus § 767 geltend gemacht werden. Bei Entscheidung **im schriftl Verfahren** nach § 128 II ist der Zeitpunkt maßgebend, bis zu dem nach dem Beschluß des Gerichts Schriftsätze eingereicht (§ 128 II 2) oder nachgereicht (§ 283) werden können. Bei der Entscheidung **nach Lage der Akten** (§ 251a) kommt es auf den Termin an, dessen Versäumung die Entscheidung veranlaßt hat. 15

b) Die Klage aus § 767 kann auch erhoben werden, wenn der Klageberechtigte die Berufungsfrist hat verstreichen lassen (Rn 4). Wird die **Berufung** als unzulässig verworfen oder ergeht infolge Zurücknahme des Rechtsmittels Beschluß nach § 515 III, so ist der für die Geltendmachung von Einwendungen maßgebende Zeitpunkt die mündl Verhandlung, auf die das angefochtene Urteil erlassen wurde (RG JW 07, 310). 16

c) Die Zulässigkeit von Einwendungen, die der Schuldner gegenüber dem durch **Schiedsspruch** festgestellten Anspruch selbst mit der Vollstreckungsabwehrklage geltend macht, bestimmt sich auch bei **ausländischen Schiedssprüchen** nach § 767 II. Jedoch kann der Schuldner, der mit einer Gegenforderung vor dem Schiedsgericht nicht aufgerechnet hat, im Verfahren der Vollstreckungsabwehrklage dann noch aufrechnen, wenn das Schiedsgericht entweder für die Entscheidung über die Aufrechnung nicht zuständig war oder wenn feststeht, daß es darüber trotz bestehender Zuständigkeit nicht entschieden hätte (BGH NJW 65, 1138). 17

d) Ist gegen ein **Versäumnisurteil** in dem Zeitpunkt, in dem sich die Notwendigkeit zur Klageerhebung nach § 767 ergibt (zB drohende Zwangsvollstreckung trotz Zahlung nach Urteilserlaß), noch Einspruch zulässig, dann kann nur er eingelegt werden. Eine Klage aus § 767 ist nur zulässig, wenn im Zeitpunkt der Notwendigkeit der Klageerhebung ein Einspruch nicht mehr möglich ist (s Schumann NJW 82, 1862; Geißler NJW 85, 1868). Beim **Vollstreckungsbescheid** liegt es ebenso. Die Zustellung entspricht dem Verhandlungsschluß (§ 796 II). 18

e) Bei der **Rückerstattungsanordnung** nach §§ 9, 11 WiStG kommt es auf den Zeitpunkt der Zustellung des Bußgeldbescheides an (BGH MDR 82, 488 = WPM 82, 195). 19

20 5) Die Präklusion nach Abs 2 greift nicht ein bei Titeln ohne Rechtskraftwirkung: **Prozeßvergleich,** da er keine mündliche Verhandlung voraussetzt (BGH MDR 87, 933; BAG BB 80, 728). **Vollstreckbare Urkunden** (§§ 794 I Nr 5, 797 IV). Bei Ansprüchen aus **Kostenfestsetzungsbeschlüssen** kann der Kostenschuldner auch dann noch gegen den Erstattungsanspruch nach Erlaß der Kostenentscheidung aufrechnen, wenn er vor der Schlußverhandlung hätte erklären können (BGHZ 3, 381; NJW 94, 3292; Rpfleger 95, 375 für Vergütungsfestsetzung des Insolvenzverwalters; krit Frankfurt AnwBl 87, 94: Abs 2 gilt für Beschränkung der Erstattungspflicht auf die Vergleichsquote). Der Einwand, der Erstattungsberechtigte sei **vorsteuerabzugsberechtigt,** ist mit der Klage nach § 767 geltend zu machen, weil nach § 104 II 3 bei Abgabe der Erklärung ohne Prüfung festzusetzen ist (von Eicken/Madert NJW 96, 1651; § 91 Rn 13 „Umsatzsteuer"), so daß der Einwand nicht präkludiert sein kann (Hansens JurBüro 95, 173, 175; aA Lappe Anm zu KG KoRsp ZPO § 104 (B) Nr 215: Rückfestsetzung entsprechend § 107). Auf den Festsetzungsbeschluß nach § 19 BRAGO wendet der BGH (MDR 76, 914 m Nachw) Abs 2 an (gegen Celle NdsRpfl 52, 28; Nürnberg MDR 57, 367; Pohlmann NJW 57, 107). **Vollstreckungsbescheide** (§ 699) sind nach allg M der formellen und materiellen Rechtskraft fähig, so daß die Sperre des § 767 II gilt (s § 700 Rn 15 f). Zu **wiederholten Vollstreckungsgegenklagen** s Rn 22.

21 6) Ist die Klage begründet, so ergeht der **Ausspruch** dahin, daß die Zwangsvollstreckung ganz oder teilweise (BGH NJW-RR 87, 59; WM 91, 668) unzulässig oder nur unter Bedingungen zulässig ist. Mit der Klage kann der Anspruch auf Herausgabe des Schuldtitels verbunden werden, nicht aber die Klage auf Schadensersatz oder aus ungerechtfertigter Bereicherung (Hamburg OLGE 33, 97). Mit der Vollstreckungsabwehrklage kann nicht beantragt werden, die Zwangsvollstreckung aus einem Titel nur insoweit für unzulässig zu erklären, als es sich um bestimmte Vollstreckungsmaßnahmen handelt; wohl kann die Klage gegen einen Teil eines Titels gerichtet werden (BGH MDR 61, 32; Köln Rpfleger 76, 138).

22 **VIII) Abs 3.** Lit: *Burgard,* Die Präklusion der zweiten Vollstreckungsgegenklage, ZZP 106 [1993], 23 ff. Bei einer wiederholten Vollstreckungsgegenklage werden nach Abs 3 die im ersten Verfahren versäumten Einwendungen präkludiert (Burgard aaO mwN). Deshalb muß der Schuldner **alle Einwendungen,** die er zur Zeit der Erhebung der Klage geltend zu machen imstande ist, mit **einer einzigen Klage** geltend machen (BGH MDR 67, 586); nicht notwendig in der Klageschrift, sondern genügend im laufenden Verfahren (Geißler NJW 85, 1868). Auf Verschulden kommt es nicht an (Geißler aaO; im Ergebnis auch MK/Schmidt Rn 90; aA Burgard aaO S 27 III mwN). Werden andere Einwendungen vorgebracht, die sich als Klageänderung darstellen, so gelten §§ 263, 267 und für die Berufungsinstanz § 529 (aA Geißler aaO). Auswechseln oder Nachschieben von Einwendungen ist nur zulässig, wenn der Beklagte einwilligt oder das Gericht die Klageänderung für sachdienlich erachtet (BGH NJW 67, 107 mit Anm Schlechtriem). Nicht vorgebrachte Gründe dürfen nicht von Amts wegen berücksichtigt werden (RGZ 109, 69). Die Klage aus § 767 läßt sich auf Grund von Einwendungen, die **nach** Schluß der mündl Verhandlung der vorausgegangenen Klage entstanden sind oder durch Einspruch nicht mehr geltend gemacht werden konnten, beliebig wiederholen (vgl BGH LM Nr 32 zu § 767). Eine solche wiederholte Abwehrklage kann aber nicht auf neue Beweismittel gestützt werden (Düsseldorf NJW-RR 92, 1216) oder auf eine zwischenzeitliche Änderung der BGH-Rechtsprechung (Köln WuB VI E. § 767 ZPO 1.92, 1215 – Jost). Abs III gilt nicht bei Rücknahme oder übereinstimmender Erledigterklärung der früheren Abwehrklage (BGH MDR 91, 1204); nach Hamm (FamRZ 93, 581) steht eine vorausgegangene **Abänderungsklage** der Klage nach § 767 gleich.

23 **IX)** Die Erhebung der Vollstreckungsabwehrklage hemmt weder die begonnene Vollstreckung noch beseitigt sie die Vollstreckbarkeit des Titels. Das Prozeßgericht, in dringenden Fällen auch das Vollstreckungsgericht, kann aber auf Antrag vorläufige Anordnungen zum Schutze des Schuldners erlassen, § 769. Da die Unzulässigerklärung nicht den Titel, sondern lediglich dessen Vollstreckbarkeit beseitigt (Rn 5), bleibt er bestehen mit der Folge, daß er noch Grundlage für die Kostenfestsetzung sein kann (s §§ 103, 104 Rn 21 „Vollstreckungsgegenklage" aE).

24 **X) Gebühren:** wie bei Klagen im ordentlichen Prozeß, § 11 GKG; §§ 31 ff BRAGO.

768 *[Klage wegen Unzulässigkeit der Vollstreckungsklausel]*

Die Vorschriften des § 767 Abs. 1, 3 gelten entsprechend, wenn in den Fällen des § 726 Abs. 1, der §§ 727 bis 729, 738, 742, 744, des § 745 Abs. 2 und des § 749 der Schuldner den bei der Erteilung der Vollstreckungsklausel als bewiesen angenommenen Eintritt der Voraussetzung für die Erteilung der Vollstreckungsklausel bestreitet, unbeschadet der Befugnis des Schuldners, in diesen Fällen Einwendungen gegen die Zulässigkeit der Vollstreckungsklausel nach § 732 zu erheben.

I) Einwendungen **förmlicher Art** (Fehlen eines vollstreckbaren Titels oder des Nachweises der Rechtsnachfolge) gegen die Vollstreckungsklausel sind im Beschlußverfahren nach § 732 durchzusetzen (RGZ 50, 365; Koblenz NJW 92, 378). Dagegen sind **sachl Einwendungen** gegen die Erteilung der Vollstreckungsklausel (zB Nichteintritt der Verfallklausel wegen fristgerechter Zahlung oder Nichtigkeit der Abtretung, die der Erteilung der Klausel zugrunde lag) nach § 732 oder durch Klage nach § 768 geltend zu machen. **Analoge Anwendung** der §§ 768, 732, wenn der Altgläubiger die Wirksamkeit der Rechtsnachfolge auf einen neuen Gläubiger bestreitet, dem die Klausel erteilt worden ist (Schlosser, ZPR II, 1984, Rn 148). Mögl ist es, zuerst Einwendungen nach § 732 u nach ihrer Zurückweisung Klage zu erheben (RGZ 50, 372). Bei Klage u Einwendung nebeneinander empfiehlt es sich, die Entscheidung über die Klage gem § 148 auszusetzen, die Einstellung der Zwangsvollstreckung aber entweder auf Grund des § 732 II oder des § 769 anzuordnen. Hatte der Gläubiger auf Erteilung der Vollstreckungsklausel **geklagt,** weil er den Nachweis der Rechtsnachfolge usw durch Urkunden nicht erbringen konnte (§ 731), so kann der Schuldner nicht mehr Klage nach § 768 erheben. Andererseits **schließt** ein nach § 768 erwirktes **rechtskräftiges Urteil** die **Einwendung nach § 732** aus. Keine unzulässige Klageänderung liegt vor bei Übergang von der Klage aus § 768 zur Klage aus § 767 (RGZ 65, 126), wohl aber im umgekehrten Fall. Ein Rechtsschutzbedürfnis für die Klage aus § 768 ist schon gegeben, wenn der Gläubiger einen mit der Vollstreckungsklausel versehenen Titel besitzt; es ist nicht erforderlich, daß der Gläubiger mit der Vollstreckung droht (RGZ 159, 387). Wird ein Urteil auf Herausgabe einer Sache nach Umschreibung der Vollstreckungsklausel gem § 727 gegen den Erwerber der Sache vollstreckt, so kann dieser, sofern er die Sache gutgläubig iS des § 325 II erworben hat, sein Eigentum durch neue Klage geltend machen, auch wenn er den Rechtsbehelf nach §§ 732, 768 nicht wahrgenommen hat (BGHZ 4, 283). 1

II) **Klageantrag:** „Die Zwangsvollstreckung auf Grund der zu dem Urteil vom . . . erteilten Vollstreckungsklausel wird für unzulässig erklärt." Die Beweislast richtet sich nicht nach der Parteirolle, sondern bleibt dieselbe wie im Verfahren bei der Erteilung der Klausel (Renzing MDR 76, 286; StJ/Münzberg Rn 6a). Der Kläger muß nur behaupten (Koblenz NJW 92, 378), nicht beweisen, daß die als erwiesen angenommenen Tatsachen nicht vorliegen. Urteilsvollzug nach § 775 Nr 1. Eines besonderen Ausspruchs, daß auch die Zwangsvollstreckung unzulässig ist, bedarf es nicht, da sich dies, wenn keine Klausel vorhanden ist, von selbst versteht. Eine Beseitigung der Klausel auf der Ausfertigung ist nicht möglich, da die Rückgabe nicht erzwungen werden kann. Lagen die Voraussetzungen für die Vollstreckungsklausel, zB Rechtsnachfolge, zwar noch nicht zur Zeit der Erteilung vor, sind sie aber am Schluß der mündl Verhandlung (der ersten oder der zweiten Instanz) eingetreten, so ist die Klage auf Unzulässigkeit der Klausel nicht mehr begründet. Dagegen sind Zwangsvollstreckungsakte, die vor Eintritt der Voraussetzungen vorgenommen sind, fehlerhaft. Hierauf kann sich nicht bloß der Schuldner berufen u Beseitigung der Pfandzeichen verlangen, sondern auch ein Dritter (RGZ 41, 376). 2

III) **Zuständig** für die Klage ist das Prozeßgericht erster Instanz, § 767 I; zum VB vgl § 796 III. 3

IV) **Gebühren:** wie Rn 24 zu § 767. 4

769 *[Vorläufige Anordnungen zur Hemmung der Zwangsvollstreckung]*

(1) Das Prozeßgericht kann auf Antrag anordnen, daß bis zum Erlaß des Urteils über die in den §§ 767, 768 bezeichneten Einwendungen die Zwangsvollstreckung gegen oder ohne Sicherheitsleistung eingestellt oder nur gegen Sicherheitsleistung fortgesetzt werde und daß Vollstreckungsmaßregeln gegen Sicherheitsleistung aufzuheben seien. Die tatsächlichen Behauptungen, die den Antrag begründen, sind glaubhaft zu machen.

(2) In dringenden Fällen kann das Vollstreckungsgericht eine solche Anordnung erlassen, unter Bestimmung einer Frist, innerhalb der die Entscheidung des Prozeßgerichts beizubringen sei. Nach fruchtlosem Ablauf der Frist wird die Zwangsvollstreckung fortgesetzt.

(3) Die Entscheidung über diese Anträge kann ohne mündliche Verhandlung ergehen.

I) **Abs 1.** In den Fällen der §§ 767, 768, 771, 785, 786, 805 kann das Prozeßgericht eine **vorläufige Anordnung** wegen der Zwangsvollstreckung treffen, auch bei der Abänderungsklage nach § 323 (BGH LM § 323 ZPO Nr 1; Köln FamRZ 87, 963; Brandenburg FamRZ 96, 356) oder nach § 641q (Frankfurt FamRZ 82, 736), nicht jedoch, wenn Vollstreckung ausgeschlossen ist, zB bei der Feststellungsklage (KG NJW 58, 873; Köln NJW 73, 195). Auf die die Rechtskraft durchbrechende Deliktsklage gem § 826 BGB (s vor § 578 Rn 17) entsprechend anwendbar (MK/Schmidt Rn 4; Zweibrücken MDR 92, 76 = WuB VI E. § 769 1.92, 453 – abl Raab-Gaudin; Karlsruhe FamRZ 82, 400; 86, 1141; aA Hamm MDR 87, 505 = EWiR § 769 ZPO 1/87, 409 – abl Schneider und Frankfurt NJW-RR 92, 511: einstweilige Verfügung). Zur einstweiligen Einstellung bei Unterhaltsvollstrek- 1 kung während noch bestehender Ehe und nach rechtskräftiger Scheidung s § 620 f Rn 2, 15; § 707 Rn 3 sowie Gießler FamRZ 82, 129; 83, 518 m Nachw. Keine analoge Anwendung im Wohnungseigentumsverfahren (BayObLG MDR 90, 57); ebensowenig bei Anfechtung einer Anerkennungs- und Verpflichtungsurkunde zur Vaterschaft (§ 1600 m BGB), weil die Vaterschaft bis zur Rechtskraft eines gegenteiligen Urteils vermutet wird (Saarbrücken DAVorm 85, 155).

2 **1)** Die Anordnungen nach § 769 sind zu unterscheiden von den einstw Verfügungen, die nur nach Beendigung der ZwV zulässig sind, aber auch bei Versagen der Einstellung für Klagen aus § 826 BGB gewährt werden (München NJW 76, 1748; Karlsruhe OLGZ 76, 335). Wurde irrtümlich eine einstw Verfügung erlassen, kann sie mit Widerspruch oder Beschwerde angegriffen werden (Meistbegünstigung; Karlsruhe MDR 92, 808). Ist die Einstellung der ZwV nach §§ 767, 769 zulässig, fehlt für eine einstw Einstellung durch einstw Verfügung das Rechtsschutzbedürfnis (Schleswig SchlHA 89, 44).

3 **2) Prozeßgericht** ist das Gericht, bei dem die Hauptsache anhängig ist, bei Berufung das Berufungsgericht (RGZ 33, 389), auch der Einzelrichter, § 348. Vor Rechtshängigkeit ist zuständig das (durch Einreichung der Klageschrift oder eines Antrags auf Bewilligung von PKH) mit der Sache befaßte, nicht notwendig das für die Klage zuständige Gericht. **Notzuständigkeit** (kritisch zum Begriff MK/Schmidt Rn 12) des zunächst angerufenen Gerichts bei Zweifeln, ob es sich um eine Familiensache handelt (Zweibrücken MDR 79, 324); Notzuständigkeit des Rechtsmittelgerichts nur, wenn auch bei ihm ein besonderes Eilbedürfnis dargelegt und glaubhaft gemacht wird (Hamburg FamRZ 84, 804). Ist bereits Klage auf Feststellung der Nichtigkeit eines beurkundeten Vertrages rechtshängig, dann kann das Prozeßgericht als Hauptsachegericht eine einstw Verfügung auf Einstellung der Zwangsvollstreckung erlassen, so daß die Erhebung einer Vollstreckungsgegenklage mit entsprechendem Einstellungsantrag nach § 769 nicht geboten ist (Düsseldorf OLGZ 1985, 493).

4 **3)** Das Prozeßgericht kann die einstw Anordnung schon vor Rechtshängigkeit erlassen, wenn die Klageschrift (nicht lediglich ein **PKH-Antrag**, Köln FamRZ 87, 963; Schleswig WM 92, 263; aA Schuschke I Rn 2) eingereicht worden ist (KG FamRZ 88, 313; Schleswig FamRZ 90, 303; Hamburg NJW-RR 90, 394), lediglich noch zugestellt werden muß.

5 **4)** Vor dem Kollegialgericht besteht Anwaltszwang. **Glaubhaftmachung** der tatsächlichen Behauptungen nach § 294, die nicht durch Sicherheitsleistung ersetzbar ist. An Darlegungen und Glaubhaftmachung der Einwendungen sind strenge Anforderungen zu stellen, da sonst die Vollstreckungsfähigkeit eines Titels entwertet wird.

6 **II)** Die Entscheidung ergeht durch **Beschluß**, der zu begründen ist (Düsseldorf FamRZ 89, 89; Celle JurBüro 89, 545; 88, 1571; KG KGR 95, 130). Fehlende Begründung ist aber nicht „greifbar" gesetzwidrig (Schneider MDR 87, 64; 85, 548; aA KG KGR 95, 130; s auch Rn 13 u § 707 Rn 22). Mündl Verhandlung ist freigestellt (Abs 3); dem Gegner ist rechtl Gehör zu gewähren, Art 103 I GG, falls der Antrag nicht sofort abgewiesen wird. Die Anordnung nach § 769 ist in das pflichtgemäße Ermessen des Gerichts gestellt. **Voraussetzungen** wie § 707 Rn 7–10. Insbesondere sind vor Einstellung die Aussichten des Rechtsbehelfs zu prüfen u bei der Beschlußfassung über den Einstellungsantrag zu berücksichtigen. Aussicht auf Erfolg ist Einstellungsvoraussetzung (Stuttgart DAVorm 85, 716; Zweibrücken FamRZ 87, 820; KG NJW 95, 1035); Beweisantizipation zulässig (§ 719 Rn 5). Eine formularmäßige Entscheidung, bei der die Einstellung häufig mehr oder minder unbesehen bewilligt wird, ist unzulässig (Schleswig SchlHA 77, 204; Hamburg NJW 78, 1272).

7 **1)** Das Gericht kann gegen oder ohne Sicherheitsleistung einstellen, die Fortsetzung der Zwangsvollstreckung von Sicherheitsleistung abhängig machen (Hamm MDR 93, 348) und die Aufhebung der Zwangsvollstreckung gegen Sicherheit anordnen; es kann auch die Veräußerung des Gegenstandes u Hinterlegung des Erlöses anordnen. Auch die Anordnung der Sequestration ist zuzulassen, etwa wenn die Abwehrklage gegen ein Urteil auf Herausgabe eines wertvollen Gemäldes gerichtet ist und dem Abwehrkläger droht, daß sein Gegner bei Herausgabe das unersetzliche Gemälde veräußert; anderenfalls käme nur ein Veräußerungsverbot durch einstw Verfügung in Betracht (§ 938 Rn 12, 13). Bei der Klage aus § 771 darf es ohne Sicherheitsleistung aufheben, § 771 III 2. Einstellung ohne Sicherheitsleistung setzt nicht, wie bei § 707 I 2, Glaubhaftmachung voraus, daß der Schuldner zur Sicherheitsleistung nicht in der Lage ist und daß die Vollstreckung einen nicht zu ersetzenden Nachteil bringen würde (Karlsruhe FamRZ 87, 1289). Die Sicherheit muß dem Gläubiger vollen Ersatz für die ihm aus der Anordnung entstehenden Nachteile gewähren (RGZ 97, 127), was immer der Fall sein wird, wenn aus dem Urteil bereits gepfändet ist u der Schätzwert die Forderung des Gläubigers in Haupt- u Nebensache erreicht.

8 **2)** Der Gläubiger erwirbt mit der Hinterlegung ein gesetzl Pfandrecht an der Forderung auf Rückerstattung, die der Hinterleger gegen die Hinterlegungsstelle hat. Wird die Zwangsvollstrek-

kung aufgehoben, muß die Sicherheit so hoch sein wie die Gesamtforderung des Gläubigers einschl der Kosten des Verfahrens u der bisherigen Vollstreckung (RGZ 86, 39).

3) Die Anordnung nach § 769 wirkt, sofern nicht **befristet** (was nach KG FamRZ 90, 85, 86 bei Einstellung vor Rechtshängigkeit und Schleswig FamRZ 90, 303 bei Einstellung während eines PKH-Verfahrens immer geboten ist), bis zur Verkündung (nicht bis zur Rechtskraft) des Urteils über die Vollstreckungsabwehrklage usw. Einer besonderen Aufhebung der Anordnung nach Urteilsverkündung bedarf es nicht (Dresden OLGE 26, 385); sie ist aber zu empfehlen, da mit Einstellungsbeschlüssen, zumal, wenn sie nicht genau gefaßt sind, nach Erlaß der Hauptentscheidung Mißbrauch getrieben werden kann. 9

4) Das Gericht darf den Beschluß **ändern,** aber immer nur die ZwV einstellen oder aufheben und die Einstellung rückgängig machen, nicht anordnen, daß die ZwV fortgesetzt werden muß und in welcher Weise sie zu betreiben ist (Hamburg MDR 56, 749). Die Abänderung kann durch Veränderung der Umstände, zB auf Grund einer Beweisaufnahme oder der Einlegung einer Beschwerde, veranlaßt sein, ist aber grundsätzlich immer zulässig (Hamm MDR 88, 241; Köln MDR 89, 919 mwN; Schneider MDR 85, 549). Einstellungsbeschlüsse aus § 769 sind beiden Parteien vAw zuzustellen, § 329 III. 10

5) **Entscheidung über die Kosten** (auch des Vollstreckungsgerichts) ist nicht nötig. In der Beschwerdeinstanz ist jedoch über die Kosten zu entscheiden (Schuschke I Rn 16; Celle OLGR 96, 47; aA Brandenburg FamRZ 96, 356; LG Frankfurt Rpfleger 85, 208; MK/Schmidt Rn 36). 11

III) In **dringenden Fällen** kann das Vollstreckungsgericht eine einstw Anordnung nach Abs 2 erlassen, unter Bestimmung einer Frist, innerhalb der die Entscheidung des Prozeßgerichts beizubringen ist (Abs 2 S 1). Um einen dringenden Fall handelt es sich meist nicht, wenn der Betroffene noch beim Prozeßgericht Klage erheben kann. Das Vollstreckungsgericht wird deshalb nur in Ausnahmefällen zu entscheiden haben. Erst wenn die Zwangsvollstreckung begonnen hat, kann ein dringender Fall vorliegen. Will der Schuldner nur Zeit gewinnen oder seine Kostenpflicht abwenden, muß das Vollstreckungsgericht das Gesuch ablehnen. In dem schriftl oder zu Protokoll des Urkundsbeamten zu stellenden Antrag sind die tatsächl Behauptungen und die Dringlichkeit glaubhaft zu machen. Einreichung (Zustellung) der Klage ist nicht Voraussetzung. Die Anordnung nach Abs 2 ist zu befristen und entfällt dann von selbst. Verlängerung der Frist ist möglich, § 224 II. Die Versäumung der Frist schließt später Einstellung durch das Prozeßgericht nicht aus. Durch die Anordnung des Prozeßgerichts erledigt sich ohne weiteres diejenige des Vollstreckungsgerichts. Zuständig ist der Rpfleger, § 20 Nr 17 RPflG. Zur **Notzuständigkeit** des möglicherweise unzuständigen Gerichts s Rn 3. 12

IV) Sofortige Beschwerde. Analog § 707 II 2 ausgeschlossen, es sei denn, vorinstanzlich wurden die Grenzen des Ermessensspielraums verkannt oder eine sonst greifbar gesetzwidrige Entscheidung wurde getroffen (so die wohl hM; zB Rostock FamRZ 96, 115; Köln MDR 96, 716; FamRZ 95, 1003; Zweibrücken FamRZ 95, 307; Düsseldorf OLGR 94, 152; Nürnberg NJW-RR 93, 1216; Celle NdsRpfl 90, 43 zur Verletzung des rechtlichen Gehörs; Köln MDR 89, 919; JurBüro 93, 627 und Karlsruhe FamRZ 88, 634; 93, 225 zur fehlenden Begründung [richtigerweise aber nicht greifbar gesetzwidrig, s Rn 6]; Schleswig FamRZ 90, 303; München NJW-RR 88, 1532; FamRZ 90, 1267, Aufgabe der bish Rspr; Bamberg JurBüro 89, 874; 90, 1519; Koblenz JurBüro 89, 267; Hamm FamRZ 86, 1234; 87, 499; aA Frankfurt OLGR 96, 21; Köln VersR 91, 833; München AnwBl 89, 51; NJW-RR 88, 1342; 87, 767; LG Koblenz NJW-RR 87, 506: Sofortige Beschwerde, § 793, statthaft, jedoch nur eingeschränkte Prüfungskompetenz; ohne diese Einschränkung: Hamburg FamRZ 90, 431; aA Hamburg FamRZ 89, 298; 90, 1379; 90, 431 = NJW-RR 90, 394; Künkel MDR 89, 309: Einfache Beschwerde, § 567 I, bei Zurückweisung des Antrags; stattgebende Entscheidungen grds unanfechtbar). Neue Tatsachen sind dabei nicht zu berücksichtigen, da deren Außerachtlassung vorinstanzlich nicht verfahrenswidrig gewesen sein kann (Köln OLGR 94, 264; Frankfurt FamRZ 87, 393; Hamburg FamRZ 84, 922); Saarbrücken (FamRZ 94, 1538 mit Anm Gottwald) verweist dann zurück. Stets ausgeschlossen ist eine mittelbar vorgreifliche sachliche Beurteilung der Hauptsache (Hamm MDR 88, 241). Die Rechtsmittelbeschränkung ist unbedenklich, da das vorinstanzliche Gericht immer zur freien Abänderung befugt ist (hM; Düsseldorf JurBüro 86, 622, 623; Spangenberg DAVorm 86, 290). Der Rechtsbehelf wird nach Instanzbeendigung gegenstandslos (München OLGE 22, 367; Saarbrücken NJW 71, 386). Dasselbe gilt nach Fristablauf bei Abs. 2. Hat der Rechtspfleger entschieden (§ 20 Nr 17 RPflG), keine Durchgriffserinnerung, sondern amtsrichterliche Entscheidung in eigener Zuständigkeit (LG Frankenthal Rpfleger 81, 314). Einstellungsentscheidung des Vollstreckungsgerichts ist unanfechtbar (Hamm MDR 77, 322). 13

V) Gebühren: 1) des **Gerichts:** keine. Beschwerdeverfahren: KV 1906. – **2)** des **Anwalts:** § 37 Nr 3 BRAGO, bei abgesonderter mündl Verhandlung: § 49 BRAGO. 14

770 *[Entscheidung des Prozeßgerichts über vorläufige Anordnungen]*

Das Prozeßgericht kann in dem Urteil, durch das über die Einwendungen entschieden wird, die in dem vorstehenden Paragraphen bezeichneten Anordnungen erlassen oder die bereits erlassenen Anordnungen aufheben, abändern oder bestätigen. Für die Anfechtung einer solchen Entscheidung gelten die Vorschriften des § 718 entsprechend.

1 Das Prozeßgericht kann in den Fällen der §§ 767, 768, 785, 786 u 805 auf Antrag oder vAw in seinem (wenn auch vorläufig vollstreckbaren) Urteil Anordnungen der in § 769 bezeichneten Art treffen, die mit Urteilsrechtskraft ohne weiteres außer Kraft treten. Die Vorschrift trifft auch bei den nach § 794 I Nr 3 sofort vollstreckbaren Beschlüssen zu. Die Anordnung ist sofort vollstreckbar, §§ 775, 776. Anfechtung nur mit der Hauptsacheentscheidung. Berufung: § 718; Revision ist unzulässig: § 718 II. Das Berufungsgericht kann aber auch selbständig nach § 769 verfahren.

2 **Gebühren: 1)** des **Gerichts:** keine. – **2)** des **Anwalts:** § 37 Nr 3 BRAGO.

771 *[Widerspruchsklage Dritter]*

(1) Behauptet ein Dritter, daß ihm an dem Gegenstand der Zwangsvollstreckung ein die Veräußerung hinderndes Recht zustehe, so ist der Widerspruch gegen die Zwangsvollstreckung im Wege der Klage bei dem Gericht geltend zu machen, in dessen Bezirk die Zwangsvollstreckung erfolgt.

(2) Wird die Klage gegen den Gläubiger und den Schuldner gerichtet, so sind diese als Streitgenossen anzusehen.

(3) Auf die Einstellung der Zwangsvollstreckung und die Aufhebung der bereits getroffenen Vollstreckungsmaßregeln sind die Vorschriften der §§ 769, 770 entsprechend anzuwenden. Die Aufhebung einer Vollstreckungsmaßregel ist auch ohne Sicherheitsleistung zulässig.

Lit: *Brox/Walker,* Die Drittwiderspruchsklage, JA 86, 133; *Prütting/Weth,* Die Drittwiderspruchsklage gemäß § 771 ZPO, JuS 88, 505.

1 **I) Grundgedanke.** Mögliche Widerspruchsklage schließt materiellrechtliche Klage, etwa aus § 985 BGB, aus, weil sonst die Vollstreckung unterlaufen würde (RGZ 108, 260; BGH NJW 87, 1880; Geißler NJW 85, 1871). Der Gläubiger darf nur gegen den Schuldner vollstrecken, nicht gegen Dritte. Diesen steht jedoch kein Selbsthilferecht gegen ungerechtfertigte Vollstreckungsmaßnahmen zu. § 771 gewährt deshalb den erforderlichen staatlichen Rechtsschutz durch Eröffnung der sog **Drittwiderspruchsklage** (s zu ihr Münzberg/Brehm, FS Baur, 1981, S 517 ff). Die Vorschrift ist auch anwendbar, wenn aus materiellen Gründen eine unberechtigte Teilungsversteigerung (§§ 180 ff ZVG) verhindert werden soll (Düsseldorf FamRZ 95, 309; Karlsruhe OLGZ 1983, 333; allg M); in entsprechender Anwendung kann ein Grundstückseigentümer, der nicht Titelschuldner ist und auf dessen Grundstück eine Zwangshypothek lastet, das Erlöschen der Forderung geltend machen (Düsseldorf WM 93, 1692).

2 Liegt ein **Verfahrensverstoß** vor, so sind Widerspruchsklage und Erinnerung nach § 766 nebeneinander zulässig (Beispiel: Pfändung einer Sache des Dritten in dessen Gewahrsam, s Bamberg JR 55, 25), es sei denn im Erinnerungsverfahren ist über die Unpfändbarkeit bereits rechtskräftig entschieden (KG JW 30, 3862). Die formelle Gültigkeit des Vollstreckungsaktes ist nicht Voraussetzung der Widerspruchsklage (Hamburg MDR 59, 933). Sie ist daher gegen eine Forderungspfändung auch dann zulässig, wenn die Pfändung unwirksam ist, weil die Forderung dem Schuldner schon nicht mehr zustand (BGH WPM 81, 648).

II) Vollstreckt werden darf nur in das **Vermögen des Schuldners.** Ob ein Gegenstand zum Vermögen des Schuldners gehört, ist jedoch von den Vollstreckungsorganen nicht abschließend zu prüfen. Die ZwV ist vielmehr bei der Vollstreckung wegen Geldforderungen in körperliche Sachen und in das unbewegliche Vermögen schon dann zulässig, wenn äußere Umstände für die Zugehörigkeit zum Vermögen des Schuldners sprechen (Gewahrsam, Grundbucheintrag), bei der Vollstreckung in Forderungen und andere Vermögensrechte, wenn die Zugehörigkeit zum Vermögen des Schuldners schlüssig vorgetragen wird. Der Dritte, der behauptet, an dem Gegenstand der ZwV stehe ihm ein die Veräußerung hinderndes Recht zu, hat dieses Recht im Wege der Widerspruchsklage geltend zu machen. Die Vollstreckungsorgane, insbesondere der GV, dürfen sich von der Vollstreckung nicht dadurch abhalten lassen, daß der Schuldner die im Gewahrsam des Schuldners befindlichen Sachen als einem Dritten gehörig oder als Gegenstand eines einem Dritten zustehenden Pfand- oder Vorzugsrechtes oder eines anderen die Veräußerung hindernden Rechts bezeichnet, oder daß ein Dritter das Eigentum oder ein solches Recht in Anspruch nimmt. Werden Sachen, bezüglich derer Ansprüche Dritter geltend gemacht werden, gepfändet, so hat der GV den bei der ZwV erhobenen Widerspruch im Protokoll festzustellen und den Gläubiger sofort zu benachrichtigen. Wird an gepfändetem Geld von einem Dritten ein die Veräußerung hinderndes Recht behauptet, macht dieser zB geltend, das Geld sei für ihn vereinnahmt, so hat der GV, wenn ihm das Recht glaubhaft gemacht wird, das Geld zu hinterlegen. Wird ihm nicht binnen 2 Wochen eine Entscheidung des nach § 771 I zuständigen Gerichts beigebracht, so hat er die Herausgabe des Geldes von der Hinterlegungsstelle an den Gläubiger zu veranlassen, § 815 II. 3

III) Die Klage ist **prozessuale Gestaltungsklage** (BGH MDR 72, 684). Die ZwV ist nicht von Anfang an unzulässig, sondern wird es erst durch den Urteilsausspruch, der sie für unzulässig erklärt. Im Regelfall hat der **Dritte** nach Beginn der ZwV nur den Weg des § 771. Eine Klage auf Freigabe, Einwilligung in die Auszahlung des Hinterlegten, Herausgabe der gepfändeten Sachen oder Unterlassung der Störung, die sich auf ein unter § 771 fallendes Recht stützt, ist, wenn vor dem Gericht des § 771 geklagt wird, in eine Widerspruchsklage umzudeuten. Wird sie bei einem anderen Gericht erhoben, dann ist sie wegen des ausschließlichen Gerichtsstands des § 771 unzulässig (RGZ 67, 310; 108, 260). Für eine Feststellungsklage des Dritten fehlt das rechtliche Interesse. Wohl aber kann der **Pfändungsgläubiger,** bevor Widerspruchsklage erhoben ist, eine solche aber droht, durch negative Feststellungsklage beantragen, festzustellen, daß der von dem Dritten geltend gemachte Widerspruch unbegründet sei (RG 73, 278). Die Drittwiderspruchsklage ist auch dann zulässig, wenn vor ihrer Erhebung der vom Gläubiger gepfändete angebliche Anspruch des Schuldners gegen den Drittschuldner auf Herausgabe beweglicher Sachen untergeht, weil der Drittschuldner sie mit Zustimmung des Gläubigers einem zweiten Vollstreckungsgläubiger zur Verwahrung auch für den – ersten – Gläubiger überläßt, weil dies die vom Gläubiger betriebene Zwangsvollstreckung nicht beendet (BGH JR 79, 283 m Anm Olzen = LM § 771 ZPO Nr 13 m Anm Wolf). 4

1) Zeitlich zulässig ist die Klage, die keine Feriensache ist (BGH MDR 88, 405), von Beginn der Zwangsvollstreckung an. Bei Vollstreckung auf Herausgabe von Sachen oder auf Räumung genügt es, daß die Vollstreckung droht (KG JW 30, 169 m Anm Jonas). Vor Beginn der Zwangsvollstreckung ist nur Abwehrklage des Dritten (§ 1004 BGB) und Vollzug nach § 890 oder negative Feststellungsklage des Gläubigers denkbar (RGZ 25, 188). Nach Beendigung der Zwangsvollstreckung Bereicherungsklage gem § 812 BGB (RGZ 156, 399) wegen §§ 1242, 1244, 1247 BGB. 5

a) Die **Zwangsvollstreckung beginnt** bei Sachen durch Pfändung, bei Pfändung von Forderungen und anderen Vermögensrechten mit Erlaß (nicht erst mit Zustellung) des Pfändungsbeschlusses oder der Vorpfändung nach § 845, bei unbewegl Sachen durch Unterzeichnung der Eintragungsverfügung (bei der Sicherungshypothek, § 867) bzw des Anordnungs- oder Beitrittsbeschlusses (Zeller/Stöber Einl Rn 20). Sa Rn 33 vor § 704. 6

b) Die **Zwangsvollstreckung endet** mit Befriedigung des Gläubigers (RGZ 80, 189); bei Eintragung einer Zwangshypothek mit Befriedigung aus dem Grundstück (RGZ 81, 65). Beendigung der Zwangsvollstreckung ist nicht schon gegeben bei Aufhebung der Pfändung gegen Sicherheitsleistung, Hinterlegung durch den Drittschuldner unter Verzicht auf das Recht der Rücknahme, mit der Überlassung der Pfandsache mit Zustimmung des Gläubigers an einen weiteren Vollstreckungsgläubiger zur Verwahrung auch für den ersten Gläubiger (BGH s Rn 4), mit Einleitung des Verteilungsverfahrens, Verkauf der Pfandstücke und Erlöshinterlegung. Bei Hinterlegung ist Erweiterung der Klage auf Herausgabe des hinterlegten Betrags möglich, wenn die Widerspruchsklage vor der Versteigerung bereits erhoben war (RGZ 69, 93). 7

2) Örtlich (ausschließlich: § 802) **zuständig** ist das Gericht, in dessen Bezirk die Zwangsvollstreckung begonnen hat (RGZ 35, 407), bei Vorpfändung das künftige Pfändungsgericht, bei Sachpfändung das Gericht des Pfändungsortes, auch noch nach Wegschaffung der Sachen in einen anderen Gerichtsbezirk (RGZ 35, 404), bei Anschlußpfändung das Gericht der Hauptpfän- 8 dung (Kiel OLGE 29, 194), bei Rechtspfändung (zB Pfändung einer Forderung, Hypothek) das Gericht, das den Pfändungsbeschluß erlassen hat (RGZ 65, 367; 67, 311), bei arrestweiser Forderungspfändung das Arrestgericht, § 930 (RGZ 65, 378), nach Einleitung des Verteilungsverfahrens das Verteilungsgericht, für Anfechtungsklagen des Konkursverwalters gegen Vollstreckungen in das Vermögen des späteren Gemeinschuldners gilt der Gerichtsstand des Abs I (MK/Schmidt Rn 44 mwN; aA BGH MDR 90, 622 = ZIP 90, 246). **Sachlich zuständig** ist je nach der Höhe des Streitwerts das AG oder LG; zur Zuständigkeit des Familiengerichts s § 621 Rn 19). Arbeitsgerichte sind nie, auch nicht bei arbeitsrechtlich titulierten Ansprüchen, zuständig (LAG Berlin MDR 89, 572; MK/Schmidt Rn 54).

9 **IV) Dritter** iS des § 771 und damit sachlich zur Klage legitimiert ist jeder, der nicht Vollstreckungsschuldner ist, gegen den also nicht vollstreckt wird und aus dem Titel nicht vollstreckt werden darf.

10 **1) Dritter** ist zB:

- Der **andere Ehegatte,** der nach § 1480 BGB mithaftet, gegen den aber kein Titel vorliegt (RGZ 68, 424), oder der gem § 1477 II BGB übernahmeberechtigt ist (Frankfurt FamRZ 85, 504), soweit Mitgewahrsam nicht lediglich auf dem ehelichen Zusammenleben beruht, s § 739 (hierzu Rn 14 „Besitz").
- Der **Erbe** vor Annahme der Erbschaft, § 778, u wenn er nur mit dem Nachlaß haftet. Beschränkt sich die Haftung des Erben für Nachlaßverbindlichkeiten auf den Nachlaß, so steht ihm gegen die Vollstreckung in sein eigenes Vermögen die Klage aus § 785 zu.
- Der **Gesellschafter einer OHG,** wenn nur Urteil gegen die Gesellschaft vorliegt.
- Der **Konkursverwalter,** der eine vom Gläubiger erwirkte Pfändung anficht (RGZ 18, 393; JW 10, 14), ferner wenn in sein eigenes Vermögen statt in Konkursvermögen vollstreckt wird.
- Der **Miteigentümer** eines Grundstücks bei Pfändung des Anteils eines anderen Miteigentümers an einer Mietzinsforderung, §§ 432, 1011 BGB oder Pfändung der Sache statt des Miteigentumsanteils des Schuldners (Geißler NJW 85, 1870).
- Der nicht verurteilte **Miterbe,** §§ 778, 785 (KG OLGE 17, 190) u der einer Teilungsversteigerung wegen Teilungsverbots widersprechende Miterbe (Hamburg NJW 61, 610).
- Der **Nacherbe.**
- Der **Nießbraucher** eines Grundstücks wegen Pfändung der angebl ihm zustehenden Mietzinsen durch Gläubiger des Grundstückseigentümers (RGZ 93, 123).
- Der **Schuldner** selbst, wenn er zugleich Vertreter einer besonderen Vermögensmasse ist, die dem Gläubiger nicht haftet (RG JW 07, 522).
- Der **Testamentsvollstrecker** bei Vollstreckung in sein Vermögen statt in den Nachlaß.
- Bei **Treuhänderschaft** der Treugeber oder Treunehmer; s Rn 14 „Sicherungsübereignung", „Treuhänder".
- Der **Vergleichsverwalter,** dem eine Sache zur Erfüllung eines Vergleichs treuhänderisch übertragen wurde (Celle MDR 52, 755).

11 **2) Dritter** ist zB **nicht:**

- Der **Drittschuldner** bei der Forderungspfändung.
- Der **Inhaber einer Einzelfirma** (Geißler NJW 85, 1870).
- Der **Konkursverwalter,** wenn die Pfändung vor Konkurseröffnung erfolgte (RGZ 42, 343).
- Der **Schuldner,** wenn er die gepfändete Sache für den Dritten besitzt (zB als Mieter, Verwahrer, zwecks Ausführung eines Auftrags) oder wenn er die gepfändete Sache an einen Dritten verkauft hat (hier ist nur der Käufer nach § 771 klageberechtigt).

12 **V) Gegenstand der Zwangsvollstreckung** kann sein: eine Sache, auch wenn sie der Dritte nicht besitzt (besitzt er sie: §§ 771 oder 766) oder ein Recht. Beispiel: Es ist der Anspruch des A gegen B auf Herausgabe einer bewegl Sache gepfändet, C behauptet, die Sache sei sein Eigentum (RGZ 48, 295); bei Pfändung einer Forderung des A gegen B behauptet C, die Forderung sei ihm abgetreten. Der Gegenstand, bezüglich dessen die Zwangsvollstreckung für unzulässig erklärt werden soll, ist als streitbefangen iS des § 265 anzusehen (Hamburg MDR 69, 673).

13 **VI) Die Klage richtet sich gegen den, der die Zwangsvollstreckung im eigenen Namen,** wenn auch für fremde Rechnung **betreibt,** also bei § 265 ZPO, §§ 432, 1077 I, 2039 BGB gegen den Kläger, bei Gesamtgläubigern, § 428 BGB, gegen den Vollstreckenden, bei Gesamthandgläubigern gegen alle zusammen, im Fall des § 126 gegen den RA. Klage gegen den Rechtsnachfolger setzt Umstellung der Klausel auf ihn voraus (Hamburg OLGE 33, 98). Bestreitet der Schuldner das Recht des Dritten, so kann dieser mit der Klage aus § 771 die Klage gegen den Schuldner auf Feststellung oder auf Herausgabe verbinden. Gläubiger und Schuldner sind dann einfache Streitgenossen, § 771 II.

VII) Die **Klage** ist **begründet,** wenn dem Dritten (Rn 10) „ein die Veräußerung hinderndes Recht" (die Formulierung ist zu eng und darf nicht wörtlich genommen werden, MK/Schmidt Rn 16) zusteht und das Recht nicht durch Einwendungen des Beklagten ausgeschlossen wird. **Klagegrund** kann jedes Recht sein, auf Grund dessen der Dritte den Gegenstand der Zwangsvollstreckung für sich in Anspruch nehmen kann (RGZ 116, 366). **Einzelheiten:** 14

- **Abtretung** vor Pfändung der Forderung (RGZ 6, 278); nicht auch des Abtretungsversprechens (RGZ 64, 313); auch Inkassozession (RGZ 53, 419); bei Abtretung künftiger Forderungen müssen diese schon im Augenblick der Abtretung so genügend bestimmbar sein, daß es nur noch ihrer Entstehung bedarf, um die Übertragung von da an ohne weiteres wirksam werden zu lassen. Die Abtretung „der zukünftigen Außenstände des Schuldners" ist weder bestimmbar noch bestimmt (RGZ 92, 238).

- **Aneignungsgestattung** (§ 956 BGB), die mit unmittelbarem Besitz des Erwerbers verbunden ist, wenn die Erzeugnisse oder Bestandteile (§§ 810, 865) gepfändet werden.

- **Anfechtungsrecht** bezüglich einer Pfändung gem § 37 KO (KG NJW 58, 914; Schmidt JZ 90, 619; MK/Schmidt Rn 44 mwN; BL/Hartmann Rn 14; aA BGH ZIP 90, 246) oder § 7 AnfG (RGZ 30, 372; 67, 310).

- **Anwartschaftsrecht** s „Eigentumsvorbehalt".

- **Besitz** an bewegl Sachen (RG JW 21, 1246 m Anm Rosenberg; BL/Hartmann Rn 15 mwN, wohl noch hM, zweifelnd Zimmermann Rn 7; aA MK/Schmidt Rn 38; ThP Rn 21). Der Dritte hat hier neben der Klage aus § 771 die Erinnerung nach § 766. Besitz an Grundstücken hindert Veräußerung nicht, § 891 BGB (RGZ 127, 8, aA RGZ 116, 364). Widerspruchsberechtigt ist auch der **mittelbare Besitzer,** insbes auch, wer durch Konnossement, Ladeschein oder Lagerschein über die Sache verfügen kann, §§ 424, 430, 457 HGB. Besitz des Ehegatten, der nicht Schuldner ist, ist kein hinderndes Recht (Kilian JurBüro 96, 67, 70).

- **Eigentum** (RGZ 49, 170) einschließlich **Miteigentum** (RGZ 144, 236; Hamm OLGR 94, 94), Bruchteils- (LG Darmstadt MDR 58, 928) u Gesamteigentum (RGZ 13, 180; 131, 381). Behauptet eine Ehefrau, in der Wohnung gepfändete Sachen seien ihr Eigentum, so muß sie die zugunsten des pfändenden Gläubigers sprechende Vermutung des § 1362 I BGB widerlegen, es sei denn, es handelt sich um ausschließlich zu ihrem persönl Gebrauch bestimmte Sachen, zB Kleider, Schmucksachen, § 1362 II BGB. Bei nachgewiesenem Alleineigentum hat sie ein Widerspruchsrecht, es sei denn, der Erwerb ist nach § 3 AnfG anfechtbar (Hamm MDR 87, 505).

- **Eigentumsvorbehalt:** Er kann formlos, muß aber bei Vertragsabschluß, spätestens bei Übergabe der Sachen an den Erwerber vereinbart werden. Nach Übertragung des Eigentums ist Vereinbarung des Eigentumsvorbehalts nicht mehr möglich; der Verkäufer kann sich dann nur den Gegenstand zurückübereignen lassen u Rückkauf oder Sicherungsübereignung mit dem Käufer vereinbaren. Einräumung des Mitbesitzes ist noch nicht Eigentumsvorbehalt (RGZ 53, 219). Hat sich der Verkäufer das Eigentum vorbehalten, darf ihn der Pfändungsgläubiger befriedigen (für den Käufer bezahlen) u dadurch den Eigentumsvorbehalt zum Erlöschen bringen. Lehnt der Verkäufer die Annahme der Befriedigung wegen Widerspruchs des Schuldners (§ 267 II BGB) ab, begründet dies den Einwand der Arglist (Celle NJW 60, 2196). Zum Widerspruch berechtigt ist nur der Verkäufer, nicht der Käufer. Ist eine Sache unter aufschiebender Bedingung (Eigentumsvorbehalt) übereignet, so kann der Anwärter die Anwartschaft an einen Dritten veräußern. Die Veräußerung hat zur Folge, daß der Dritte das Eigentum bei Eintritt der Bedingung unmittelbar, ohne Durchgang durch das Vermögen seines Rechtsvorgängers, erwirbt, auch wenn der Inhaber des Vollrechts der Übertragung nicht zugestimmt hat (abw RGZ 140, 223); § 185 BGB ist auf diese Fälle nicht anwendbar. Ist die Sache in der Zwischenzeit durch einen Gläubiger des ersten Anwartschaftsberechtigten gepfändet worden, so wird die Pfändung bei Eintritt der Bedingung nicht wirksam; dem Eigentumserwerber steht die Widerspruchsklage nach § 771 zu (BGHZ 20, 88 = NJW 56, 665; Hamburg MDR 59, 398; s auch LG Köln NJW 54, 1773 mit zust Anm Bauknecht; LG Bückeburg NJW 55, 1156 m zust Anm Bauknecht). Der Vorbehaltskäufer kann auf Grund seiner **Eigentumsanwartschaft** widersprechen (§ 771), wenn ein Gläubiger des Verkäufers in die Kaufsache vollstreckt (BGH MDR 71, 212; MK/Schmidt Rn 21).

- **Einmann-GmbH.** Die Widerspruchsklage einer Einmann-GmbH bei Vollstreckung in das GmbH-Vermögen aus einem Titel gegen den Alleingesellschafter ist rechtslogisch begründet. Wegen der außerordentlich großen Mißbrauchgefahr (Hin- und Herschieben der Vermögenszuordnung) wird die Widerspruchsklage jedoch versagt (Karlsruhe DR 43, 811; Hamm NJW 77, 1159 m abl Anm Wilhelm S 1887; Geißler NJW 85, 1870; BL/Hartmann Rn 18; aA MK/Schmidt Rn 50).

- **Erbbaurecht:** Es erfaßt die Sache mit dingl Wirkung, so daß bei Mitberechtigung § 771 gilt.

- **Forderung:** Berechtigt wie das Eigentum zur Widerspruchsklage, auch wenn bei Pfändung der „angeblichen" Forderung des Schuldners keine Beschlagnahme eintritt; der Rechtsschein wirksamer Pfändung reicht als Gefährdung aus (BGH WPM 81, 649; NJW 77, 384, 385). Forderung des Spediteurs gegen den Frachtführer zugunsten des Versenders: RGZ 92, 11. S ferner bei „Kommissionsverhältnis".

- **Gesamtgut:** § 774.

- **Grunddienstbarkeit,** die sich auf wesentl Bestandteile erstreckt u auf Anlagen ausgedehnt werden kann, §§ 1021, 1022 BGB.

● **Herausgabeanspruch** des früheren Besitzers, § 1007 BGB; denn verlorene, gestohlene u abhanden gekommene Sachen kann auch der gutgläubige Rechtsnachfolger nicht erwerben, §§ 932, 935 BGB. Ferner der schuldrechtl Herausgabeanspruch; hierunter fallen alle Ansprüche auf Rückgabe von Gegenständen, die der Dritte dem Schuldner auf Grund Miete, Pacht, Verpfändung, Leihe usw überlassen hat. Bloße Verschaffungsansprüche genügen nicht, weil bei ihnen der Gegenstand noch zum Schuldnervermögen gehört (siehe aber unter „Kommissionsverhältnis").

● **Hinterlegung:** Anspruch auf Rückgewähr ist Recht iS des § 771 (Frankfurt NJW-RR 88, 1408).

● **Hypothek** bezügl Zubehör u Früchte einschl Miete (§§ 810, 865; RGZ 18, 365; 55, 208, s auch Hoche NJW 52, 961); sonst verhindert die Hypothek eine Veräußerung nicht, §§ 1121, 1124 BGB; das gleiche gilt von der Reallast.

● **Kommissionsverhältnis:** Forderungen aus einem von dem Kommissionär abgeschlossenen Geschäft gelten im Verhältnis zwischen dem Kommittenten und dem Kommissionär oder dessen Gläubigern nicht als Forderung des Kommittenten, § 392 II HGB. Der Pfändung dieser Forderung durch Gläubiger des Kommissionärs kann der Kommittent widersprechen. § 392 II HGB bezieht sich aber nicht auf die dem Kommissionär gelieferte Ware.

● **Leasinggut:** Der Leasinggeber kann widersprechen, wenn ein Gl des Leasingnehmers vollstreckt (StJ/Münzberg Rn 34a).

● **Mietwohnung.** Einwand eines Familienmitglieds, Mitmieter zu sein (s § 885 Rn 5 ff; Artzt/Schmidt, Räumungsvollstreckung bei **Lebensgemeinschaften,** ZMR 94, 90; Becker-Eberhard FamRZ 94, 1296).

● **Mitbesitz** des Ehegatten s **Besitz.**

● **Nacherbfolge:** § 773.

● **Nießbrauch** und sonstige dingl Rechte gewähren nur dann ein Widerspruchsrecht, wenn die Vollstreckung das dingl Recht beeinträchtigt. Beispiel: Dem A ist an einer bewegl Sache oder an einem Grundstück ein Nießbrauch eingeräumt. Wird die Sache gepfändet oder das Grundstück zur Zwangsverwaltung beschlagnahmt, so kann der Nießbraucher A Widerspruchsklage erheben. Die Klage wäre nicht zulässig, wenn der Gläubiger die Zwangsversteigerung des Grundstücks oder die Eintragung einer Sicherungshypothek herbeigeführt hätte; denn diese Vollstreckung beeinträchtigt das Recht des Nießbrauchers nicht. Keine Widerspruchsklage für den Nießbraucher, wenn der Nießbrauch dem Gläubigerrecht nachgeht (RGZ 81, 150).

● **Obligatorische Rechte** begründen kein Widerspruchsrecht, wenn sie auf Verschaffung des Eigentums gerichtet sind, und zwar auch dann nicht, wenn der Anspruch durch eine Vormerkung gesichert ist (BGH NJW 94, 128). Wer also zB nur den Anspruch auf Übertragung des Eigentums an der gepfändeten Sache hat, kann die Klage aus § 771 nicht erheben. Nicht unter § 771 fällt der sog **Verschaffungsanspruch** auf Sachen des Schuldners, zB bei Kauf, Tausch, Werklieferung (RGZ 63, 308; RG JW 05, 725), da dieser obligatorische Anspruch kein solcher an der Sache, sondern nur auf Verschaffung der Sache ist. Nur einen Verschaffungsanspruch begründen auch Rücktritt (§§ 325, 326 BGB), Wandlung (§§ 462, 465 BGB), Wiederkaufsrecht (Hamburg MDR 63, 509) u Widerruf (§ 530 BGB).

● **Pfandrecht,** wenn Gläubiger den Besitz hat, sonst § 805, s auch § 809 (RGZ 87, 321). Zum Schutz von Pfandrechten an Eigentumsanwartschaften bei Sachpfändung durch Dritte vgl Frank NJW 74, 2211. **Inhaberschaft** einer **Forderung** oder eines **anderen Vermögensrechts:** Pfändet jemand die angeblich seinem Schuldner gegen einen Dritten zustehende Forderung und behauptet ein anderer, die Forderung stehe ihm zu, so kann er als wahrer Gläubiger gegen den Pfändenden Widerspruchsklage erheben (RGZ 49, 347); gleichgültig ist, ob er von Anfang an Inhaber der Forderung war oder ob er sie durch eine **vor** der Pfändung liegende Abtretung erworben hat (RGZ 73, 278) oder ob die Forderung sonst durch Sondernachfolge auf ihn übergegangen ist.

● **Sicherungsübereignung** (eigennützige Treuhand) mit Besitzkonstitut, durch das der Sch (Sicherungsgeber) den unmittelbaren Besitz am Sicherungsgut kraft eines Miet-, Leih- oder Verwahrungsvertrags behält (s dazu auch Geißler NJW 85, 1870): Der **Sicherungsnehmer** ist widerspruchsberechtigt bei ZwV durch Gl des Sicherungsgebers (RGZ 124, 73; BGH NJW 81, 1835 = MDR 81, 840; aA LG Bielefeld MDR 50, 750 mit abl Anm Bötticher MDR 50, 705; zu einem Fall von Rechtsmißbrauch: Bremen OLGZ 90, 73). Der **Sicherungsgeber** ist widerspruchsberechtigt gegen die ZwV eines Gl des Sicherungsnehmers in das Sicherungsgut bis zu dem Zeitpunkt, von dem an der Sicherungsnehmer die Sache verwerten darf (BGH LM § 771 ZPO Nr 13a m Anm Brunotte = JR 79, 160 m Anm Olzen mwN; kritisch MK/Schmidt Rn 29). Bei der Sicherungsübereignung eines Warenlagers ist die Vereinbarung zulässig, daß der Sch die übereigneten Gegenstände im ordnungsgemäßen Geschäftsgang veräußern darf. Er hat dann den Erlös aus der verkauften Ware mit dem Gl abzurechnen u ganz oder teilweise an ihn abzuführen. Zulässig ist auch die Vereinbarung, daß neu angeschaffte Ersatzware mit der Einbringung in die für den Gl reservierten Räume – Regale – Eigentum des Gl werden soll (RGZ 118, 364). Eine Sicherungsübereignung verstößt gegen die guten Sitten, wenn durch sie der Sch seine ganze Habe übereignet, sein Geschäft aber unter dem Schein der Selbständigkeit fortführt und Dritte, die mit ihm Geschäfte abschließen, täuscht. Einwand der Vermögensübernahme (§ 419 BGB) gegen Sicherungsnehmer möglich (BGHZ 80, 296 = MDR 81, 840); da Sicherungsnehmer ein Recht auf Vorwegbefriedigung hat, Einwand nur sinnvoll, soweit der Wert des übertragenen Vermögens die gesicherte Forderung übersteigt. Der Gl kann sein besseres

Recht, notfalls mit Hilfe der Arglisteinrede, entgegensetzen, zB älteres Vermieterpfandrecht vor Sicherungseigentum (Geißler NJW 85, 1871).

- **Treuhänder** (uneigennützige Treuhand): Widerspruchsberechtigt ist derjenige, zu dessen Vermögen der Vollstreckungsgegenstand wirtschaftlich gehört, also der Treugeber, da der Treuhänder das übertragene Recht zwar im eigenen Namen ausübt, aber nicht zu seinem Vorteil gebrauchen soll, zB bei Treuhandsverwaltung zu bestimmten Zwecken (RGZ 84, 217; 94, 307; vgl auch BGH NJW 59, 1223 u NJW 71, 559; Thomas NJW 68, 1705). Publizität des Treuhandverhältnisses ist nicht zwingend (BGH NJW 93, 2622 = EWiR 771 ZPO 1/93, 1139-Lüke; MDR 96, 630: Anderkonto; Celle OLGR 95, 106). Bei der Treuhand zur Sanierung (Vergleichsverfahren) dürfen die beteiligten Gläubiger nicht ohne Rücksicht auf Besitz beliebig in das Treugut vollstrecken (LG Hannover MDR 52, 239), sondern sind an den Vergleich gebunden, nach dem keine ZwV erfolgen, sondern der Treuhänder die Masse verwalten und die Gläubiger befriedigen soll (Köln JW 32, 760 m Anm Emmerich). Die Widerspruchsklage des Treuhänders stützt sich hier auf den Vergleichsinhalt (LG Hannover MDR 52, 239). Die am Vergleich nicht beteiligten Gläubiger können in das Treugut vollstrecken; nicht jedoch Neugläubiger. Zur eigennützigen Treuhand s unter „Sicherungsübereignung“.
- **Veräußerungsverbot** nach §§ 135, 136 BGB: § 772.
- **Vorzugsrecht** nach § 49 KO gibt Klagebefugnisse aus § 771 nur, wo es zum Besitz berechtigt (kaufmännisches Zurückbehaltungsrecht), sonst nur Klage aus § 805.

VIII) Einwendungen des Beklagten gegen die Widerspruchsklage: 15

- **Anfechtung** des Erwerbs des Dritten nach §§ 2 ff AnfG, 29 ff KO.
- **Arglisteinrede,** zB des Inhabers eines Lagerpfandrechts (Hamburg MDR 59, 580), des Vollstreckungsgläubigers (Bekl) gegen die Widerspruchsklage des als Gesamtschuldner mithaftenden Ehegatten des Klägers (AG Hannover MDR 67, 408) oder des Inhabers eines Vermieterpfandrechts gegenüber dem Sicherungseigentümer (Geißler NJW 85, 1871). Jedoch darf nicht verkannt werden, daß die Berücksichtigung der materiellen Rechtslage das vollstreckungsrechtliche Grunderfordernis eines Titels aufgibt (zur Entwicklung der Rspr s Schneider JurBüro 66, 549). Deshalb ist die Einschränkung zu machen, daß das eingewandte dingliche oder obligatorische Recht den tatsächlichen Voraussetzungen nach unstreitig ist und bei Erhebung einer Widerklage titulierungsfähig wäre.
- **Bestreiten:** Dadurch wird das Recht des Klägers in Zweifel gestellt, etwa weil es sich um ein Scheingeschäft (§ 117 BGB) oder um eine sittenwidrige Rechtsübertragung (§ 138 I BGB) handele, was der Beklagte jedoch beweisen muß.
- **Nichtigkeit** der Sicherungsübereignung wegen Verstoßes gegen die guten Sitten, § 138 I BGB; Knebelungsverträge (RGZ 103, 34; 131, 213). Siehe auch „Arglisteinrede“.
- **Unerlaubte Handlung** des Dritten. Er hat sich zB alle pfändbaren Gegenstände des Schuldners kurz vor der Pfändung übereignen lassen, obwohl er wußte, daß der Schuldner eine ganze Reihe von Verbindlichkeiten hatte; oder der Dritte ist stiller Teilhaber des Schuldners geworden, der zur Sicherung seinen ganzen Betrieb dem Dritten übereignet hat und nur noch nach außen hin als Unternehmer erscheint; oder der Gläubiger ist durch Verschweigung der vom Schuldner einem Dritten gegebenen Sicherheiten zur Gewährung oder Belassung von Krediten an den kreditunwürdigen Schuldner bestimmt worden (Kreditbetrug: RGZ 136, 293; RG JW 32, 2522 [2525]).
- **Vermögensübernahme** iS des § 419 BGB durch Sicherungs- oder Treuhandübereignung (BGH MDR 81, 840 = JR 82, 15 m Anm Linke).
- **Vollstreckungsvereitelung:** Der Gläubiger weist nach, daß der Schuldner infolge drohender Zwangsvollstreckung den Pfandgegenstand an den Dritten veräußert hat, um die Befriedigung seiner anderen Gläubiger zu vereiteln; der Dritte hat sich weit mehr Gegenstände übereignen lassen, als er zu seiner Sicherung nötig hat (RG JW 21, 1247 m Anm Rosenberg).

IX) Klageantrag: Die Zwangsvollstreckung (die Pfändung nachfolgender Gegenstände . . .) 16
wird für unzulässig erklärt (RGZ 81, 191), also nicht: Der Beklagte hat freizugeben oder in die Aufhebung der ZwV einzuwilligen (dann aber Auslegung: Rn 4). Zustellung der Klage an Gläubiger oder ProzBev erster Instanz. In der Begründung ist das die Veräußerung hindernde Recht genau zu bezeichnen; es genügt nicht zu behaupten, der Kläger sei Eigentümer der gepfändeten Sache; nötig ist vielmehr Angabe, aus welchem Rechtsgrund er Eigentümer ist.

X) Beweis. Wer Widerspruchsklage erhebt, muß die **Kosten des Verfahrens** tragen, **wenn** er 17
sein die Veräußerung hinderndes **Recht** dem Pfändungsgläubiger (Bekl) gegenüber nicht schon **vor Klageerhebung genügend „glaubhaft gemacht“** und zur Freigabe aufgefordert hat, falls Bekl sofort anerkennt, § 93. Dem Bekl muß zugebilligt werden, daß er die Rechtslage an Hand des Vorbringens des klagenden Dritten, wann und auf welche Weise dieser an der gepfändeten Sache ein deren Veräußerung hinderndes Recht erlangt habe, zunächst genau prüft, ehe er sich entscheidet, ob er die gepfändete Sache freigebe. Genügt dem Gläubiger die Glaubhaftmachung nicht, dann muß er dem Dritten mitteilen, inwiefern er weitere Glaubhaftmachung wünscht (Breslau JW 30, 2071), und gleichzeitig uU einen anstehenden Versteigerungstermin verlegen lassen. Auf keinen Fall darf er die Glaubhaftmachung durch den Dritten dadurch vereiteln, daß

er auf dessen Schreiben nicht anwortet (München OLGR 92, 111) oder zwar weitere Glaubhaftmachung verlangt, einen kurz anstehenden Versteigerungstermin aber nicht verlegen läßt; denn dadurch zwingt er den Dritten zur Klage (Schuschke I Rn 43). Dem Gläubiger übersandte privatschriftliche eidesstattl Versicherung genügt allein nicht zur Glaubhaftmachung (KG JW 25, 2340). **Der Sicherungseigentümer** muß den Eigentumserwerb und den Bestand der Forderung darlegen und nachweisen (LG Köln MDR 81, 592). Zum Eigentumsnachweis der **Schuldner-Ehefrau** wegen Schenkung genügt nicht die Aussage des Schuldners zu einem Schenkungsvermerk auf der Kaufrechnung (München MDR 81, 403).

18 **XI) Urteilsfolgen.** Das der Klage stattgebende **Urteil** läßt die für unzulässig erklärte Vollstreckungsmaßnahme nicht ohne weiteres außer Kraft treten. Das zuständige Vollstreckungsorgan muß vielmehr auf Grund vorzulegender vollstreckbarer Ausfertigung des Urteils die Zwangsvollstreckung einstellen oder aufheben, §§ 775 Nr 1, 776. Das Prozeßgericht kann im Urteil vorläufige Anordnungen gem § 769 I treffen (§ 770). Auf Grund des Urteils entsteht keine Verpflichtung zur Wiederherstellung des Zustandes vor der Zwangsvollstreckung, insbesondere auch nicht zur Zurückschaffung der Pfandsache zum Schuldner.

19 **XII) Einstweilige Einstellung der Zwangsvollstreckung.** Die Erhebung der Widerspruchsklage hemmt die Zwangsvollstreckung nicht. Die einstw Einstellung der Zwangsvollstreckung ist vielmehr vom Gericht auf Antrag des Dritten besonders anzuordnen. § 769 ist entsprechend anzuwenden (s dort); allerdings verdient der Kläger stärkeren Schutz als in den Fällen der §§ 707, 719, 769 ZPO (KG Rpfleger 87, 510). Keine analoge Anwendung des § 717 II, wenn sich eine einstweilige Einstellung später als ungerechtfertigt erweist (§ 717 Rn 5 aE).

20 1) **Zuständig** für die einstw Anordnung ist im **Regelfall** das **Prozeßgericht;** es kann die Anordnung erst erlassen, wenn es mit der Sache befaßt ist. In **dringenden** Fällen kann das **Vollstreckungsgericht** die einstw Anordnung erlassen. Dringlichkeit ist grundsätzl nur gegeben, wenn Klageeinreichung und Anrufung des Prozeßgerichts nicht mehr möglich sind. Das Vollstreckungsgericht hat eine Frist zu bestimmen, innerhalb deren die Entscheidung des Prozeßgerichts beizubringen ist. Über die **Kosten** entscheidet das Vollstreckungsgericht nicht, sie sind Kosten des Rechtsstreits (RGZ 50, 357).

21 2) Die tatsächlichen Behauptungen, die den Antrag begründen, sind glaubhaft zu machen. Voraussetzung der Einstellung ist die Erfolgsaussicht der Klage. Unzulässig ist es, die Einstellung der Zwangsvollstreckung durch einstw Verfügung anzuordnen (MK/Schmidt Rn 68), und zwar auch dann, wenn es sich um die Vollstreckung aus einer Urkunde nach § 794 I Nr 5 handelt (KG JW 30, 654).

22 3) **Rechtsbehelfe** wie bei § 769 (s dort Rn 13).

23 **XIII) Materiellrechtliche Ansprüche.** Versäumt der Dritte aus eigenem Verschulden oder weil er vom Schuldner nicht benachrichtigt worden ist, die Klage aus § 771, so steht ihm ein Bereicherungsanspruch (§ 812 I 1 BGB) gegen den pfändenden Gläubiger auch noch nach beendigter Zwangsvollstreckung zu (RGZ 156, 399; BGH Rpfleger 75, 292), der sich um die dem Vollstreckungsgläubiger entstandenen Zwangsvollstreckungskosten vermindert (BGH aaO; aA StJ/Münzberg Rn 75). Der Dritte kann auch gem § 823 BGB Schadensersatz verlangen, wenn der pfändende Gläubiger schuldhaft den Verkauf der gepfändeten fremden Sachen nicht verhindert hat und dem Dritten kein mitwirkendes Verschulden (§ 254 BGB) zur Last fällt (RGZ 108, 262; 156, 400; KG JW 27, 1323; BGHZ 32, 240; vgl auch LG Berlin NJW 72, 1675, abl Anm Berg NJW 72, 1996). StJ/Münzberg (Rn 77a) stützt eine Haftung auf entsprechende Anwendung von §§ 989, 990 I BGB. Erklärt der Pfandgläubiger nach Erhebung der Widerspruchsklage die Pfandfreigabe, so kann der Dritte (Kläger) nur Schadensersatz nach §§ 823 ff BGB (unerlaubte Handlung) geltend machen (RGZ 108, 260). Nach rechtskräftiger Abweisung der Widerspruchsklage kann der Kläger (Dritte) im Verfahren auf Herausgabe der Bereicherung oder Schadensersatz nicht geltend machen, ihm stehe doch das die Veräußerung hindernde Recht zu (MK/Schmidt Rn 79, 80 mwN).

24 **XIV) Gebühren:** wie Rn 24 zu § 767, Rn 14 zu § 769.

772 *[Widerspruchsklage bei Veräußerungsverbot]*

Solange ein Veräußerungsverbot der in den §§ 135, 136 des Bürgerlichen Gesetzbuchs bezeichneten Art besteht, soll der Gegenstand, auf den es sich bezieht, wegen eines persönlichen Anspruchs oder auf Grund eines infolge des Verbots unwirksamen Rechtes nicht im Wege der Zwangsvollstreckung veräußert oder überwiesen werden. Auf Grund des Veräußerungsverbots kann nach Maßgabe des § 771 Widerspruch erhoben werden.

I) § 135 BGB: **Gesetzliches** Veräußerungsverbot, zB § 1128 BGB (StJ/Münzberg Rn 1; aA Schuschke I Rn 1) iVm §§ 97 ff VVG; § 136 BGB: **Behördliches** Veräußerungsverbot, zB § 106 KO (LG Hannover DGVZ 90, 42; MK/Schmidt Rn 5; Lohkemper ZIP 95, 1641, 1647 Fn 57, 58); § 58 VglO; § 2 III GesO (Hess Anh VII § 2 GesO Rn 79, 85); § 111c V StPO; § 938 II ZPO. Nicht hierher gehören Widerspruch und Vormerkung (Hamburg MDR 63, 509) sowie die mit der Pfändung oder sonstigen Beschlagnahme im Wege der Zwangsvollstreckung und der Konkurs- und Vergleichseröffnung erlassenen Verfügungs- und Veräußerungsverbote (StJ/Münzberg Rn 2). Ein **rangbesseres Recht** fällt nicht unter § 772 (RG Warneyer 1910, 484). 1

II) Liegt ein relatives, dh ein zum Schutz bestimmter Personen bestimmtes Veräußerungsverbot vor, so soll (nicht: darf) die Veräußerung des gepfändeten Gegenstandes bzw die Überweisung der Forderung oder des sonstigen Vermögensrechts nicht erfolgen, weil der Erwerber an dem Gegenstand nur ein unsicheres Recht erlangen und daher ein angemessenes, die Interessen des Schuldners wahrendes Gebot nicht zu erzielen sein würde. Die Pfändung und Eintragung einer Sicherungshypothek, sowie die Anordnung der Zwangsversteigerung und Zwangsverwaltung kann ohne weiteres erfolgen (StJ/Münzberg Rn 9), und zwar auch dann noch, wenn **Sequestration** angeordnet ist (Kuhn/Uhlenbruck § 106 Rn 4b; StJ/Münzberg Rn 5a; AG Siegen DGVZ 95, 93 zu § 106 KO; gegen diese hM Lohkemper ZIP 95, 1641, 1648 II aE: generelles Vollstreckungsverbot). Im Geltungsbereich der GesO kann der gemäß § 2 III GesO bestellte Sequester aber nach § 2 IV GesO die vorläufige Einstellung der ZwV erreichen, ohne auf die Klage nach §§ 772, 771 angewiesen zu sein (Arnold DGVZ 93, 33, 34 Fn 9 aE; Steinecke EWiR § 7 GesO 2/95, 61). Erwerb in gutem Glauben nach § 135 II BGB ist in der ZwV nicht möglich (RGZ 90, 335; MK/Schmidt Rn 16; StJ/Münzberg Rn 7; Palandt/Heinrichs § 136 Rn 9). Zum Erlöschen der Rechte geschützter Dritter in der Zwangsversteigerung s § 817 Rn 8 und §§ 90 I, 91 I ZVG. 2

III) Rechtsbehelf: Widerspruchsklage für den durch Verbot geschützten Dritten. Sie hat aber nur das Ziel, die Veräußerung im Wege der Zwangsvollstreckung bzw die Überweisung für unzulässig zu erklären, eine Aufhebung der Pfändung kann nicht verlangt werden. Endet das Veräußerungsverbot nach Rechtskraft des der Klage stattgebenden Urteils, durch das die Unzulässigkeit der Verwertung ohne Beschränkung ausgesprochen ist, dann kann der Gläubiger die Aufhebung der Vollstreckungswirkung des Urteils im Wege des § 767 erwirken (StJ/Münzberg Rn 13). Der Dritte und der Schuldner (BL/Hartmann Rn 3; Steder ZIP 96, 1072, 1073, 1.3.1.; aA Hamburg MDR 66, 516: für § 28 ZVG; Schuschke I Rn 5 und StJ/Münzberg Rn 10: nur der Dritte) können die Verletzung der Ordnungsvorschrift des § 772 über das Verfahren durch Erinnerung nach § 766 geltend machen. Lehnt das Vollstreckungsorgan die Verwertung unter Berufung auf § 772 ab, so kann der Gläubiger nach § 766 vorgehen. 3

773 *[Widerspruchsklage des Nacherben]*

Ein Gegenstand, der zu einer Vorerbschaft gehört, soll nicht im Wege der Zwangsvollstreckung veräußert oder überwiesen werden, wenn die Veräußerung oder die Überweisung im Falle des Eintritts der Nacherbfolge nach § 2115 des Bürgerlichen Gesetzbuchs dem Nacherben gegenüber unwirksam ist. Der Nacherbe kann nach Maßgabe des § 771 Widerspruch erheben.

I) Vorerbschaft: §§ 2100 ff BGB. § 773 enthält eine Ordnungsvorschrift („soll"); Nichtbefolgung ist nach RGZ 80, 35 Amtspflichtverletzung. **Verboten** ist nur Veräußerung (des Gegenstandes) und Überweisung (der Forderung), wenn sie das Recht des Nacherben vereiteln oder beeinträchtigen würden, § 2115 BGB. Zulässig sind dagegen Pfändung, Eintragung einer Sicherungshypothek und Anordnung der Zwangsversteigerung und Zwangsverwaltung. Die Beschränkung des § 773 gilt auch für die bei der Auseinandersetzung auf den gepfändeten Anteil entfallenden Nachlaßgegenstände. Steht fest, daß der Nacherbe (Drittschuldner) der vom Gläubiger beabsichtigten Zwangsvollstreckungsmaßnahme widersprechen wird, so ist der Antrag eines Gläubigers des Vorerben auf Anordnung der Teilungsversteigerung abzuweisen (Celle MDR 68, 249). Unbeschränkt zulässig ist die Zwangsvollstreckung wegen Nachlaßverbindlichkeiten und solcher dinglicher Ansprüche, die vor oder nach dem Erbfall von dem Vorerben in ordnungsgemäßer Verwaltung des Nachlasses (s § 2120 BGB) oder mit Einwilligung des Nacherben eingegangen wurden (RGZ 90, 95; BGH NJW 90, 1237 = NJW-RR 90, 582) sowie die Pfändung von Nutzungen der Erbschaft durch die persönlichen Gläubiger des Vorerben (RGZ 80, 7) und die Zwangsvollstreckung aus einer vom befreiten Vorerben entgeltlich bestellten Sicherungshypothek (RGZ 133, 264). 1

II) Rechtsbehelfe: Des Nacherben: Widerspruchsklage, wobei mehrere Nacherben keine notwendigen Streitgenossen sind (BGH WM 93, 1158; ThP Rn 1; BL/Hartmann Rn 1), und Erinnerung § 766; des Gläubigers: Erinnerung § 766; des Schuldners: Erinnerung § 766. Die Ausführungen zu § 772 gelten entsprechend. Der Widerspruch des Nacherben richtet sich gegen die Verwertung (RGZ 80, 33). 2

774 *[Widerspruchsklage des Ehegatten]*
Findet nach § 741 die Zwangsvollstreckung in das Gesamtgut statt, so kann ein Ehegatte nach Maßgabe des § 771 Widerspruch erheben, wenn das gegen den anderen Ehegatten ergangene Urteil in Ansehung des Gesamtgutes ihm gegenüber unwirksam ist.

1 I) Betreibt der das Gesamtgut nicht oder nicht allein verwaltende Ehegatte selbständig ein Erwerbsgeschäft, so ist nach § 741 grundsätzlich wegen aller Verbindlichkeiten dieses Ehegatten die Zwangsvollstreckung in das Gesamtgut zulässig. Der das Gesamtgut verwaltende (mitverwaltende) Ehegatte kann jedoch gegen eine solche Vollstreckung Widerspruch erheben, wenn der Titel ihm gegenüber unwirksam ist. Dies ist der Fall, wenn es sich nicht um eine Geschäftsschuld handelt, wenn er von dem Betrieb des Geschäftes keine Kenntnis hatte oder wenn dem Gläubiger der Mangel der Einwilligung bekannt war oder wenn bei Rechtshängigwerden der Klage der Einspruch oder Widerspruch gegen das Erwerbsgeschäft im Güterrechtsregister eingetragen war; im letzten Fall kann er auch Erinnerung nach § 766 einlegen, die allerdings an § 739 scheitern kann. Der begründete Einwand des Gläubigers, der klagende Ehegatte habe trotz allgemeinen Widerspruchs dem einzelnen Geschäft zugestimmt, führt zur Abweisung der Klage. Der Widerspruch macht nicht die Unwirksamkeit des Urteils gegenüber dem Gesamtgut, sondern die fehlende Haftung des Gesamtguts geltend. Eine Widerspruchsklage, mit der ein Ehegatte gem § 774 die Unzulässigkeit der Zwangsvollstreckung in das eheliche Gesamtgut geltend macht, ist jedenfalls dann keine Familiensache, wenn der Vollstreckungstitel, der Grundlage der Zwangsvollstreckung ist, keine Familiensache betrifft (BGH MDR 79, 386; MK/Schmidt Rn 5; Zimmermann Rn 1; BL/Hartmann Rn 1).

2 II) **Gebühren:** wie Rn 24 zu § 767, Rn 14 zu § 769.

775 *[Einstellung oder Beschränkung der Zwangsvollstreckung]*
Die Zwangsvollstreckung ist einzustellen oder zu beschränken:

1. **wenn die Ausfertigung einer vollstreckbaren Entscheidung vorgelegt wird, aus der sich ergibt, daß das zu vollstreckende Urteil oder seine vorläufige Vollstreckbarkeit aufgehoben oder daß die Zwangsvollstreckung für unzulässig erklärt oder ihre Einstellung angeordnet ist;**
2. **wenn die Ausfertigung einer gerichtlichen Entscheidung vorgelegt wird, aus der sich ergibt, daß die einstweilige Einstellung der Vollstreckung oder einer Vollstreckungsmaßregel angeordnet ist oder daß die Vollstreckung nur gegen Sicherheitsleistung fortgesetzt werden darf;**
3. **wenn eine öffentliche Urkunde vorgelegt wird, aus der sich ergibt, daß die zur Abwendung der Vollstreckung erforderliche Sicherheitsleistung oder Hinterlegung erfolgt ist;**
4. **wenn eine öffentliche Urkunde oder eine von dem Gläubiger ausgestellte Privaturkunde vorgelegt wird, aus der sich ergibt, daß der Gläubiger nach Erlaß des zu vollstreckenden Urteils befriedigt ist oder Stundung bewilligt hat;**
5. **wenn ein Postschein vorgelegt wird, aus dem sich ergibt, daß nach Erlaß des Urteils die zur Befriedigung des Gläubigers erforderliche Summe zur Auszahlung an den letzteren bei der Post eingezahlt ist.**

1 I) **Zweck:** Hinderungsgründe, die den Fortgang der nach Gläubigerantrag von Amts wegen zu betreibenden ZwV (vor § 704 Rn 20) aufhalten.

2 II) **Anwendungsbereich:** § 775 gilt als allgemeine Vorschrift des Vollstreckungsrechts für ZwV jeder Art (§ 765a Rn 2). Für Zwangshypothek jedoch Besonderheit in § 868.

3 III) **Einstellungsfälle:** Die Aufzählung in § 775 ist erschöpfend; für Anwendung auf andere Fälle ist kein Raum. Übergang des vollstreckbaren Anspruchs auf einen Dritten ist mit Klage nach § 767 geltend zu machen, begründet jedoch keinen Einstellungsfall nach § 775 (Düsseldorf Rpfleger 77, 416; LG Karlsruhe DGVZ 84, 155; AG Limburg DGVZ 84, 121); zur Zahlung nach Übergang als Einstellungsgrund nach Nr 4 oder Nr 5 s Rn 7. Ebenso ist Pfändung als Einwendung gegen den Urteilsanspruch mit Klage nach § 767 geltend zu machen; § 775 findet auch in diesem Fall keine Anwendung (Frankfurt/LG Wiesbaden DGVZ 93, 91; AG München DGVZ 84, 76; Münzberg DGVZ 85, 145; Stöber FdgPfdg Rn 670; anders Scheld DGVZ 84, 49); der GV hat vielmehr die Zahlung des Drittschuldners anzunehmen und nach § 815 II (analoge Anwendung) zu hinterlegen (zutr Schmidt-vRhein DGVZ 88, 65). Unzulässigkeit der ZwV nach § 14 KO (auch § 47 VerglO) fällt nicht unter § 775; Konkurseröffnung (Vergleichseröffnung) ist als Vollstreckungshindernis von Amts wegen zu beachten. Die zugunsten eines Vergleichsgläubigers oder eines sonst betroffenen Gläubigers anhängige ZwV ist kraft Gesetzes einstweilen eingestellt (§ 48 I VerglO); Berücksichtigung hat daher nicht nur bei Vorlage des Eröffnungsbeschlusses zu erfolgen, sondern stets, wenn die Eröffnung des Verfahrens amtlich bekannt ist. Antrag auf Vergleichsverfah-

ren hindert eine ZwV nur, wenn sie vom Vergleichsgericht einstweilen eingestellt ist (§ 13 VerglO). Näher zur ZwV während eines Vergleichsverfahrens § 89 GVGA.

Nr 1: Nötig ist Vorlage einer **Ausfertigung** einer vollstreckbaren Entscheidung (Urteil, Beschluß). Beglaubigte Abschrift der Ausfertigung genügt nicht (so auch MK/K.Schmidt Rn 13); die Urschrift in den (vorliegenden oder greifbaren) Gerichtsakten (durchweg nicht für GV) ersetzt die Ausfertigung. Rechtskraft, Vollstreckungsklausel oder Zustellung sind nicht nötig (RG 84, 203). Auf Grund eines gerichtlichen Vergleichs, der das mit Berufung oder Einspruch angefochtene Urteil (auch einen anderen Schuldtitel) beseitigt, darf das Vollstreckungsorgan nicht einstellen; die Unzulässigkeit der Vollstreckungsklausel ist nach § 732, die der ZwV nach § 767 (einstw Anordnung, §§ 732 II, 769) geltend zu machen (KG JW 30, 2066; LG Tübingen JurBüro 86, 624). **Aufhebung** des rechtskräftigen Urteils infolge Wiederaufnahmeklage (§§ 578 ff), des vorläufig vollstreckbaren Urteils auf Einspruch oder Rechtsmittel oder im Nachverfahren (§§ 302, 600), auch des Arrestbefehls und der einstw Verfügung (§§ 923, 925–928, 936; BGH NJW 76, 1453). Hat die Berufung des Arrestgläubigers gegen das Urteil, durch das im Widerspruchsverfahren der Arrest aufgehoben wurde, Erfolg, so lebt die aufgehobene Vollstreckungsmaßnahme nicht wieder auf; sie kann nur neu vollzogen werden (BGH aaO). Hat der Arrestgläubiger vor Arrestaufhebung ein vollstreckbares Urteil im Hauptsacheprozeß erwirkt und sofort zustellen lassen, so verwandelt sich das Arrestpfandrecht in ein Vollstreckungspfandrecht; sein Rang bestimmt sich jedoch nach dem Tag der Zustellung des Hauptsachetitels (RG 121, 352). Ermäßigung künftig fällig werdender Leistungen durch ein vorläufig vollstreckbares **Abänderungsurteil** (§ 323) nimmt dem früheren Titel im Umfang der Ermäßigung die Vollstreckbarkeit, gibt somit Grundlage für Einstellung nach Nr 1 (Zweibrücken FamRZ 86, 376). Durch ein Abänderungsurteil, das mit „Aufhebung" des bisherigen Titels zu höheren künftig fällig werdenden Leistungen (Unterhalt) verpflichtet (§ 323 Rn 41; das den gesamten Unterhalt neu festsetzt), tritt der in ihm aufgehende bisherige Titel für bereits wirksam gewordene Vollstreckungsmaßnahmen (auch Vorratspfändung, § 850d III) nicht außer Kraft (Karlsruhe FamRZ 88, 859); für diese begründet das Abänderungsurteil keinen Einstellungsgrund nach Nr 1. Für neue Vollstreckungsmaßnahmen hat jedoch der vorausgehende Titel (mit Aufhebung iS von Nr 1) seine Wirksamkeit verloren (Stuttgart Rpfleger 85, 199 für Neufestsetzung des Regelunterhalts nach § 642b I). Keine Entscheidung nach Nr 1 ist ein Leistungsurteil (auf Unterlassung der ZwV analog § 1004 BGB, auf Herausgabe des Titels analog § 371 BGB oder gem § 812 BGB, auf Auskehrung beigetriebener Beträge) sowie ein Feststellungsurteil (daß die Gläubigerforderung nicht oder nur in bestimmter Höhe besteht, BGH NJW 94, 460 [461]). **Aufhebung der vorläufigen Vollstreckbarkeit** durch das Berufungsgericht (§ 718); wirksam mit Urteilsverkündung (§ 717 I). Der Aufhebung steht nicht gleich die nachträgliche Abhängigmachung von Sicherheitsleistung. **Unzulässigerklärung und endgültige Einstellung der ZwV** infolge Einwendung gegen die Vollstreckungsklausel (§§ 732, 768), die Art und Weise der ZwV (§ 766), gegen den im Urteil festgestellten Anspruch (§ 767), Widerspruchsklage des Dritten (§ 771–774). Wenn das Urteil, das die ZwV für unzulässig erklärt, nur gegen Sicherheitsleistung für vorläufig vollstreckbar erklärt ist, muß auch die Sicherheitsleistung nachgewiesen werden (LG Bonn MDR 83, 850 L). Dem Fall, daß die ZwV für unzulässig erklärt oder ihre Einstellung angeordnet ist, ist auch die Aufhebung einer ZwV-Maßnahme nach § 765a zuzurechnen. Bei Klagerücknahme genügt Beweis durch Protokoll nicht, doch hat das Prozeßgericht bei Vollstreckungsmaßnahmen, für die es zuständig ist, Klagezurücknahme zu berücksichtigen, gleiches gilt für Verzicht, solange Verzichtsurteil nicht ergangen (StJ/Münzberg Rn 8). § 775 Nr 1 ist auch auf alle Vollstreckungstitel des § 794 entsprechend anzuwenden. **Aufhebung** der Vollstreckung: § 776. 4

Nr 2: Einstweilige Einstellung der ZwV zB gem §§ 572, 707, 719, 732, 765a, 766, 769, 770, Aussetzung der Vollziehung § 620e. Ist Einstellung unter einer Bedingung (Sicherheitsleistung, Klagezustellung, Prozeßgebührbezahlung) angeordnet, muß deren Eintritt nachgewiesen sein (Vorlage der Bestätigung der Hinterlegungsstelle usw). Im übrigen genügt stets Nachweis durch Vorlage einer Ausfertigung des Einstellungsbeschlusses. Der Beschluß über die einstw Einstellung der ZwV wirkt bereits von dem Zeitpunkt an, in welchem er existent geworden ist, dh mit dem ersten Hinausgehen der Entscheidung, ohne Rücksicht darauf, ob er dem Gläubiger bekannt gemacht worden ist (BGH 25, 60 = NJW 57, 1480; LG Berlin Rpfleger 76, 26; Kirberger Rpfleger 76, 8). ZwV-Einstellung bewirkt Verfahrensstillstand; die Pfändung bleibt bestehen, nur die Versteigerung findet nicht statt. Ist eine Forderung gepfändet, darf der Drittschuldner nur an den Gläubiger und Schuldner gemeinsam leisten oder für beide hinterlegen (KG OLG 35, 122; LG Berlin Rpfleger 73, 73). Stillstand des Verfahrens bzw Aufhebung der Vollstreckung: § 776. 5

Nr 3: Hierher gehören die Fälle der §§ 711, 712 I, § 720a III. Einstellung gegen Sicherheit (§ 719) führt nur zur Einstellung nach Nr 2 (LG Berlin Rpfleger 71, 322). Gefordert ist öffentliche, nicht öffentlich beglaubigte Urkunde (öffentliche Urkunden sind namentlich Erklärungen der Hinterlegungsstelle). Postschein genügt nicht. Ist Sicherheitsleistung durch Bürgschaft zugelassen, so 6 genügt Nachweis, daß schriftliche Bürgschaftserklärung dem Gläubiger gem § 198 zugestellt ist (München OLGZ 65, 292) oder daß das Original dem GV übergeben wurde (LG Hagen DGVZ 76, 29). Aufhebung der Vollstreckung: § 776.

7 **Nr 4:** Betrifft den Fall, daß der Schuldner den Gläubiger nach Urteilsverkündung, bei schriftlichem Verfahren nach Zustellung der Urteilsformel, wegen Hauptsache, Nebenforderung und Kosten voll befriedigt oder der Gläubiger dem Schuldner Stundung bewilligt hat. Die Echtheit der Privaturkunde des Gläubigers hat das Vollstreckungsorgan zu prüfen. Bei Bedenken muß es beim Gläubiger anfragen und ev die ZwV zunächst aussetzen. Vorlage einer unbeglaubigten Ablichtung des Zahlungsbelegs genügt für Einstellung nicht (AG Bln-Wedding DGVZ 76, 93). Befriedigung kann erfolgen durch Zahlung, Erlaß, Aufrechnung (falls sie nur vom Schuldner erklärt und nicht vom Gläubiger in der Urkunde ausdrücklich anerkannt, Klage nach § 767; LG Dresden JW 34, 1258), Einzahlung auf Sperrkonto (Koblenz MDR 56, 164), auch durch Pfändung und Überweisung des Anspruchs des Gläubigers an den Schuldner für diesen (RG 33, 290; Hamburg OLG 10, 377; Kassel OLG 20, 345; LG Düsseldorf MDR 56, 175). Bei teilweiser Befriedigung des Gläubigers ist die ZwV entsprechend zu beschränken (Hamm JMBlNW 62, 95). Zahlung an einen Dritten, auf den die Gläubigerforderung nach gesetzlicher Vorschrift übergegangen ist (Beispiele § 727 Rn 7, 10) bewirkt Tilgung der Schuld; die Urkunde über diese Zahlung (zB Quittung des Dritten) ist daher bei nachgewiesenem Forderungsübergang nach Nr 4 (auch Nr 5) gleichfalls Einstellungsgrundlage (LG Braunschweig DGVZ 82, 42). Nr 4 betrifft nur Befriedigung und Stundung, nicht andere sachlich-rechtliche Einwendungen gegen den titulierten Anspruch wie zB Rücktritt nach § 13 VerbrKrG, selbst wenn sich der Rücktritt aus öffentl Urkunde ergibt (LG Münster MDR 64, 603; MK/K.Schmidt Rn 19; StJ/Münzberg Rn 17; aA LG Köln MDR 63, 688; vgl auch LG Bonn MDR 62, 660). Stillstand des Verfahrens: § 776.

8 **Nr 5:** Dem **Postschein** stehen gleich die Quittung im Posteinlieferungsbuch oder auf dem Abschnitt der Postanweisung sowie die Einzahlungsquittung oder Überweisungsbescheinigung einer Bank (auch der Postbank AG) oder Sparkasse (BGH NJW-RR 88, 881; Köln NJW 93, 3079), nicht auch Einlieferung eines Wertbriefes oder sonstigen Wertsendung und nicht die Ablichtung eines Belegs, auch nicht ein unbestätigter Banküberweisungsdurchschlag (auch nicht, wenn die Bank den „Eingang" bestätigt hat, LG Düsseldorf DGVZ 90, 140) oder der Kontoauszug über die Abbuchung eines Betrages. Die Vorlegung eines Postscheins bedeutet nur die Glaubhaftmachung der Leistung an den Gläubiger; sie hat daher auch nicht die Aufhebung, sondern nur die Einstellung oder Beschränkung (Hamm aaO) der ZwV zur Folge (§ 776); das Vollstreckungsverfahren an sich dauert fort. Zur Aushändigung des Schuldtitels an den Schuldner berechtigen Vorlegung des Posteinlieferungsscheins und Zahlung der Kosten der ZwV an den GV jedenfalls nicht. Dazu ist die Ermächtigung des Gläubigers abzuwarten. Reicht der Geldbetrag nur zur Deckung der Forderung des Gläubigers aus, nicht aber zur Deckung der Gebühren und Auslagen des GV, so ist die Vollstreckung wegen des Restes fortzusetzen, aber insoweit einzuschränken (RG 49, 398), ebenso, wenn nur ein Teil der Hauptsache bezahlt ist.

9 **IV) Verfahren: 1)** Die **Vorlage der Urkunden** (§ 775 Nrn 1–5) ist Sache der Parteien oder eines beteiligten Dritten (RG 121, 351; 128, 83). Das Gericht hat keine Mitteilungspflicht (Mitteilung von Einstellungsbeschlüssen ist aber üblich und zweckmäßig). Für das Vollstreckungsgericht besteht keine Ermittlungspflicht, daher auch keine Verpflichtung zur Beiziehung von Prozeßakten (Kirberger Rpfleger 76, 8, [9]). Einzustellen ist jedoch nicht nur, wenn die hierfür erforderliche Entscheidung (Urkunde) vom Schuldner vorgelegt werden, sondern auch, wenn GV oder Vollstreckungsgericht auf andere Weise von der Anordnung der einstweiligen Einstellung durch das Prozeßgericht oder einem sonstigen Einstellungsgrund Kenntnis erlangen. Auch die auf solche Weise bekannt gewordene Unzulässigkeit der Vollstreckung ist von Amts wegen nach § 775 zu berücksichtigen (Kirberger aaO; s auch RG 128, 84; anders noch RG LZ 18, 1276). Bei Vorlage eines Einstellungsbeschlusses (oder sonstigen Nachweises) durch den Gläubiger an den GV mit dem Ersuchen, die ZwV einzustellen oder zu beschränken, unterbleibt der Verfahrensfortgang jedoch auf Weisung des Gläubigers (§ 753 Rn 11); für eine Einstellung nach § 775 ist dann kein Raum mehr.

10 **2)** Einstellung der vom **Vollstreckungsgericht** getroffenen ZwV-Maßnahmen hat durch **Beschluß** zu erfolgen (RG 70, 402); er hat den Einstellungsgrund zu bezeichnen; den Beteiligten ist er mitzuteilen (§ 329 II), dem Drittschuldner ist er nach wirksamer Pfändung zuzustellen. Durch Einstellungsbeschluß hat das Vollstreckungsgericht als Vollstreckungsorgan auch eine ihm als Einstellungsgrundlage vorgelegte vollstreckbare Entscheidung gesondert zu vollziehen. Mit Einstellung durch das Vollstreckungsgericht selbst (zB nach §§ 765a, 766 I S 2, § 769 II) verbindet sich bereits der Vollziehungsbeschluß, so daß er nicht noch gesondert zu ergehen hat. Ein Offenbarungsverfahren ist durch Terminsaufhebung einzustellen; nach Erlaß des Haftbefehls hat Einstellungsbeschluß gesondert zu ergehen. Der GV hat die Einstellung, die bei einer Vollstrek-

kungshandlung erfolgt, in das Protokoll aufzunehmen, sonst zu den Vollstreckungsakten zu vermerken und den Gläubiger unverzüglich zu benachrichtigen (§ 112 Nr 4 GVGA).

3) Wenn **nur Einstellung** zu erfolgen hat, bleibt die **Pfändung bestehen.** Büromäßig behandelt der GV das eingestellte Verfahren als ruhenden Vollstreckungsauftrag (§ 112 Nr 6 GVGA, §§ 40, 41 GVO). Aufhebung der Vollstreckungsmaßregel nur nach § 776 oder auf Gläubigerantrag. 11

4) **Fortzusetzen** ist die ZwV durch das Vollstreckungsgericht oder den GV **a)** von Amts wegen, wenn die ZwV nach § 769 II nur befristet eingestellt war (s auch § 815 II S 2); **b)** sonst nur **auf Antrag** des Gläubigers, der den Wegfall des Einstellungsgrundes zu belegen hat. Nachweise: In den Fällen der Nrn 1 und 2 Vorlage einer die Einstellung aufhebenden oder die Fortsetzung anordnenden Entscheidung, in den Fällen der Nr 3 Nachweis der Rechtskraft oder einer die Fortsetzung ermöglichenden Sicherheitsleistung des Gläubigers. Bei Nrn 4 und 5 ist Grundlage nur die vorläufige Berücksichtigung materiellrechtlicher Einwendungen im Vollstreckungsverfahren. Fortzusetzen ist das Verfahren daher stets auf Antrag des Gläubigers, der ausdrücklich (oder konkludent) die Befriedigung oder Stundung bestreitet. Die materielle Rechtslage (Befriedigung oder Stundung; damit auch nicht die Verrechnung nachgewiesener Zahlungen auf Hauptsache, Zinsen und Kosten oder auch auf eine andere als die durch den Titel ausgewiesene Forderung) ist dann nicht im Vollstreckungsverfahren zu klären (auch nicht im Rechtsbehelfsverfahren über Einstellung oder Fortsetzung); der Schuldner muß Einwendungen gegen den vollstreckbaren Anspruch vielmehr mit Vollstreckungsgegenklage geltend machen (§ 767; LG Frankfurt DGVZ 89, 142) und Einstellung nach § 769 erwirken. Wenn der Gläubiger bereits der Einstellung widerspricht und auf Durchführung (oder Fortsetzung) der ZwV besteht, hat das Vollstreckungsorgan trotz Vorlage der urkundlichen Nachweise überhaupt nicht nach Nr 4 oder 5 einzustellen (Hamm MDR 73, 857 = OLGZ 73, 488 u DGVZ 80, 153; Frankfurt MDR 80, 63 L; LG Berlin MDR 76, 149; LG Karlsruhe DGVZ 83, 188; LG Trier DGVZ 78, 28). 12

5) Nach Einstellung der ZwV durch das Prozeßgericht verbietet sich jede Vollstreckungstätigkeit; eine ZwV darf daher auch **nicht mehr** (neu) **beginnen** (BGH 25, 60; Bremen NJW 61, 1824) oder sonst fortgesetzt werden, ein Pfändungsbeschluß deshalb nicht mehr zugestellt werden (Stuttgart JurBüro 75, 1378 = Rpfleger 75, 407; LG Hannover MDR 54, 368). Eine ZwV, die GV oder Vollstreckungsgericht nach Einstellung der ZwV durch das Prozeßgericht (in Kenntnis oder Unkenntnis dieser Entscheidung) gleichwohl noch vornehmen, ist als fehlerhafter Vollstrekkungsakt zwar wirksam, aber anfechtbar und aufzuheben (kein Fall des § 776 S 2 Halbs 2, der nur die vor Wirksamwerden des Einstellungsbeschlusses vorgenommene ZwV betrifft; Bremen NJW 61, 1284; Marienwerder HRR 36 Nr 1341; LG Berlin MDR 75, 672). 13

V) **Rechtsbehelfe** für Gläubiger und Schuldner gegen Maßnahmen des GV § 766, desgleichen bei Einstellung der ZwV oder Ablehnung der Einstellung durch das Vollstreckungsgericht. Wenn das Vollstreckungsgericht über das Vorliegen der Voraussetzungen des § 775 entschieden hat (Abgrenzung s § 766 Rn 2) findet sofortige Beschwerde statt (§ 793), somit bei Entscheidung des Rechtspflegers Durchgriffserinnerung nach § 11 RpflG. 14

776 *[Aufhebung von Vollstreckungsmaßregeln]*

In den Fällen des § 775 Nr. 1, 3 sind zugleich die bereits getroffenen Vollstreckungsmaßregeln aufzuheben. In den Fällen der Nummern 4, 5 bleiben diese Maßregeln einstweilen bestehen; dasselbe gilt in den Fällen der Nummer 2, sofern nicht durch die Entscheidung auch die Aufhebung der bisherigen Vollstreckungshandlungen angeordnet ist.

I) Mit Einstellung oder Beschränkung der ZwV nach § 775 wird das ZwV-Verfahren zunächst im augenblicklichen Stand „eingefroren", es kommt zu einem Verfahrensstillstand. Weitere Vollstreckungsmaßnahmen sind unzulässig. Über den **Fortbestand** der bereits getroffenen **Vollstrekkungsmaßnahmen** bestimmt § 776 Näheres. Sie sind in den Fällen § 775 Nr 1 und 3 zugleich, dh in möglichst nahem zeitlichen Zusammenhang mit der Einstellung und ohne die Rechtskraft des Einstellungsbeschlusses abzuwarten, **aufzuheben.** In den Fällen Nr 4 und 5 bleiben sie bestehen, ebenso in den Fällen Nr 2, sofern nicht durch die Entscheidung auch die Aufhebung der bisherigen Vollstreckungsmaßnahmen angeordnet ist. S näher die Anm zu § 775. 1

II) 1) **Aufhebung** einer Vollstreckungsmaßregel des Vollstreckungsgerichts erfolgt durch Beschluß; Zustellung wie § 775 Rn 10. Wenn der Gläubiger auf die Rechte aus dem Pfändungsbeschluß verzichtet (§ 843), ist bereits damit die ZwV-Maßnahme erloschen; Einstellung und Aufhebung (§§ 775, 776) kann dann nicht mehr erfolgen. Der GV hebt die Pfändung auf, indem er die Pfandstücke dem Empfangsberechtigten zur Verfügung stellt und, wenn sie aus dem Gewahrsam des Schuldners oder eines Dritten entfernt waren, herausgibt. Bei Bekanntmachung der Freigabe 2 wird der Schuldner ausdrücklich zur Entfernung der Pfandzeichen ermächtigt. Näher dazu: § 171 GVGA.

3 2) **Rechtsbehelfe:** Wie § 775 Rn 14.

4 3) Mit **Aufhebung** (Ausnahme § 765a IV) entfällt die ZwV-Maßnahme, wenn nicht mit der Aufhebung eine Anordnung nach § 572 II verbunden war. Sie lebt bei Wegfall des Aufhebungsbeschlusses nicht wieder auf, sondern kann nur neu vollzogen werden, weshalb zwischenzeitlich gem § 804 III ein Rangverlust eintreten kann; die Aufhebung hängt nicht von der formellen Rechtskraft der aufhebenden Entscheidung ab (BGH 66, 394 = NJW 76, 1453). Hebt das Beschwerdegericht die Aufhebung auf, so lebt die ZwV-Maßnahme nicht wieder auf, sie muß neu vorgenommen werden und wirkt nur ex nunc (Berner Rpfleger 61, 56). Die Aufhebung einer ZwV-Maßnahme steht einer neuen Pfändung nicht entgegen (Müller DGVZ 76, 1).

5 4) Bleiben die ZwV-Maßnahmen **bestehen** (Nr 4 und 5; Nr 2 grundsätzlich), so ist der Gläubiger durch das Pfändungspfandrecht weiter gesichert ohne jedoch eine Verwertungsmöglichkeit zu haben. Der Schuldner kann die Aufhebung erwirken durch Vorlage einer Entscheidung nach § 775 Nr 1, durch die im Fall der Nr 2 die Entscheidung über die einstweilige Einstellung ersetzt wird, oder durch die in den Fällen Nr 4 und 5 nach erfolgreicher Klage (§ 767) wegen der materiellrechtlichen Einwendungen die ZwV aus dem ursprünglichen Titel für unzulässig erklärt wird.

777

[Beschränkungen der Zwangsvollstreckung, wenn Pfandrecht usw vorliegt]

Hat der Gläubiger eine bewegliche Sache des Schuldners im Besitz, in Ansehung deren ihm ein Pfandrecht oder ein Zurückbehaltungsrecht für seine Forderung zusteht, so kann der Schuldner der Zwangsvollstreckung in sein übriges Vermögen nach § 766 widersprechen, soweit die Forderung durch den Wert der Sache gedeckt ist. Steht dem Gläubiger ein solches Recht in Ansehung der Sache auch für eine andere Forderung zu, so ist der Widerspruch nur zulässig, wenn auch diese Forderung durch den Wert der Sache gedeckt ist.

1 I) **Zweck:** Ausschluß der ZwV in Schuldnervermögen, die zur Befriedigung des bereits nach materiellem Recht gesicherten Gläubigers nicht erforderlich ist; daher Verweisung des Gläubigers auf Vorausverwertung der vorhandenen Sicherheit. Vergleichbar mit dem Schutzzweck des § 803 I S 2 (Verbot der Überpfändung).

2 II) **Anwendungsbereich:** ZwV wegen Geldforderungen (§§ 803–882a) in das bewegliche Vermögen (körperliche Sachen sowie Forderungen und andere Vermögensrechte) und in das unbewegliche Vermögen sowie Offenbarungsverfahren (§ 807 mit §§ 899 ff).

3 III) **Voraussetzungen: 1) a) Pfandrecht** an einer beweglichen (körperlichen, § 90 BGB) Sache des Schuldners (Miteigentum genügt, nicht aber Eigentum eines Dritten), auch (stehen gleich) an Inhaberpapieren (§§ 793 ff, s auch § 1293 BGB) oder Inhaberzeichen (§ 807 BGB), nicht aber an Legitimationspapieren (§ 808 BGB), Rekta- und Orderpapieren (wie Wechsel, Scheck), auch nicht an Forderungen sowie an unbeweglichem Vermögen (damit auch nicht an Schiffen und Schiffsbauwerken, s § 870a, sowie Luftfahrzeugen), auch nicht an Bestandteilen oder Zubehör unbeweglicher Sachen (sie haften den Grundstücksbelastungen, § 1120 BGB). Das Pfandrecht kann rechtsgeschäftlich als Vertragspfandrecht (§§ 1204 ff BGB; Nutzungspfand genügt, § 1213 BGB), als gesetzliches Pfandrecht (zB §§ 559, 590, 704 BGB, §§ 397 ff, 410, 421, 440 HGB) oder als Surrogationspfand (zB § 1287 BGB) entstanden sein und auch erst nach der ZwV-Maßnahme, der widersprochen wird. Das Vollstreckungspfandrecht fällt nicht unter § 777 (hier § 803; so iE auch MK/K.Schmidt Rn 9), daher auch nicht das Arrestpfandrecht (aA StJ/Münzberg Rn 2).

4 **b)** Oder: **Zurückbehaltungsrecht,** zB §§ 273, 972, 1000 BGB, §§ 369 ff, 615, 627 HGB (für § 273 BGB aA MK/K.Schmidt Rn 11; StJ/Münzberg Rn 2).

5 **2) a) Besitz des Gläubigers** (Alleinbesitz), der Verwertung ohne gerichtliches Verfahren ermöglicht. Das Pfandrecht des Vermieters, Verpächters oder Gastwirts hat Wirkung nach § 777 daher erst ab Inbesitznahme. Mitbesitz und mittelbarer Besitz genügen nur, wenn der Gläubiger Verwertung ohne Herausgabeklage gegen den Schuldner oder einen Dritten betreiben kann oder selbst seinen Alleinbesitz aufgegeben hat (mit Verwahrung durch Dritte usw, § 868 BGB). Daß sich der Gläubiger von Anfang an mit mittelbarem Besitz begnügt hat (§ 1205 II BGB), rechtfertigt Widerspruch nicht, weil er auf solche Weise ein der Pfändung vorgehendes leichtes Verwertungsrecht nie erlangt hat (aA StJ/Münzberg Rn 3).

6 **b) Sicherungsübereignung** ist dem Pfandrecht gleichgesetzt, wenn die Besitzvoraussetzungen gegeben sind (LG Detmold Rpfleger 90, 432). Entsprechend anwendbar ist § 777 bei Pfandrecht an einer Forderung gegen den Staat, insbes an die Hinterlegungsstelle (§ 233 BGB, näher Köln

OLGZ 88, 214) und auf eine Mietkaution (AG/LG München DGVZ 84, 77). Bürgschaft genügt nicht.

3) Der **Wert** des Sicherungsrechts **muß** die Vollstreckungs**forderung** des Gläubigers nach Hauptsache, Zinsen und Kosten (voll) **decken.** Die gesicherte Forderung muß die Vollstreckungsforderung sein; wenn die Sicherheit auch für andere Forderungen besteht, muß sie über diese hinaus auch noch die Vollstreckungsforderung decken. Deckt der Wert der Sache die Forderung nur teilweise, vollstreckt der Gläubiger aber seine volle Forderung, so ist Widerspruch nach § 777 hinsichtlich des gedeckten Forderungsteils zulässig („. . . soweit . . . gedeckt ist"). 7

IV) **Widerspruch** und **Verfahren:** Schuldner kann der ZwV in sein übriges Vermögen widersprechen. Der Gläubiger kann durch Verzicht auf das Pfand- und Zurückbehaltungsrecht den Widerspruch unzulässig (gegenstandslos) machen. GV und Vollstreckungsgericht dürfen sich durch den Widerspruch von der Pfändung nicht abhalten lassen. Der Widerspruch ist mit Erinnerung (§ 766) geltend zu machen (im Offenbarungsverfahren daher nicht mit Widerspruch oder Haftbeschwerde, LG Hannover Rpfleger 86, 187; aA LG Detmold aaO). Die ZwV in das übrige Vermögen des Schuldners muß daher begonnen haben; sie darf noch nicht beendet sein. Verfahren und Rechtsbehelf nach Widerspruch wie bei § 766. Die Beweispflicht, auch für die Deckung, trifft den widersprechenden Schuldner; mehrere Forderungen, auf die sich der Gläubiger beruft, hat er zu beweisen (anders LG Detmold aaO: Schuldner hat die weitere Forderung im Prozeßweg klarstellen zu lassen; Beweis [§ 766 Rn 27] und Entscheidung haben aber im Erinnerungsverfahren zu erfolgen). 8

778 *[Zwangsvollstreckung vor Annahme der Erbschaft]*

(1) Solange der Erbe die Erbschaft nicht angenommen hat, ist eine Zwangsvollstreckung wegen eines Anspruchs, der sich gegen den Nachlaß richtet, nur in den Nachlaß zulässig.

(2) Wegen eigener Verbindlichkeiten des Erben ist eine Zwangsvollstreckung in den Nachlaß vor der Annahme der Erbschaft nicht zulässig.

I) **Zweck:** Regelung der verfahrensrechtlichen Auswirkungen, die sich mit der nur vorläufigen Rechtsstellung des Erben bis zur Annahme der Erbschaft ergeben. 1

II) **Anwendungsbereich:** § 778 gilt bei allen ZwV-Arten, auch für Arrestvollziehung (§ 928). 2

III) **Voraussetzung:** Erbe darf die ihm angefallene Erbschaft (§§ 1922, 1941 BGB) noch nicht (ausdrücklich oder stillschweigend) angenommen haben (§ 1943 BGB). 3

IV) **ZwV wegen eines Nachlaßanspruchs** (Abs 1): Eine Nachlaßverbindlichkeit (§ 1967 II BGB) kann **vor Annahme der Erbschaft** nicht gegen den Erben gerichtlich geltend gemacht (§ 1958 BGB) und daher auch nur in den Nachlaß, nicht aber in das eigene Vermögen des Erben, vollstreckt werden. Der Nachlaßanteil eines Miterben ist Eigenvermögen, dessen Pfändung (§ 859 II) nach Abs 1 ausgeschlossen ist. Zu unterscheiden ist bei Vollstreckung des von einem Nachlaßgläubiger bereits **gegen den Erblasser** erwirkten Vollstreckungstitels nach Erbfall: 4

1) Hatte bei Tod des Schuldners die ZwV gegen ihn **bereits begonnen,** so wird sie in den Nachlaß fortgesetzt (§ 779). Vor Annahme der Erbschaft ist sie nicht auch in das eigene Vermögen des Erben zulässig (Abs 1). 5

2) Hatte bei Tod des Schuldners die ZwV gegen ihn **noch nicht begonnen,** dann ist sie vor Annahme der Erbschaft nur in den Nachlaß zulässig (Abs 1). Es ist ein Nachlaßpfleger zu bestellen (§ 1961, auch § 1960 III BGB; der Gläubiger ist antragsberechtigt), gegen den (als Vertreter des oder der unbekannten Erben als Rechtsnachfolger des Erblassers) vollstreckbare Ausfertigung zu erwirken ist (§ 727; BayObLG KTS 91, 624 = Rpfleger 92, 28) und die ZwV-Voraussetzungen (§ 750) vorliegen müssen. 6

3) **Nach Annahme der Erbschaft** ist Fortsetzung der ZwV in den Nachlaß zulässig (Rn 5), aber auch weitere (neue) ZwV gegen den Erben in den Nachlaß und in sein eigenes Vermögen. Die Nachlaßschulden werden jetzt dem Erben gegenüber genau so behandelt wie seine privaten Schulden. Für ZwV gegen den Erben in den Nachlaß (wegen bereits begonnener ZwV s Anm zu § 779) oder in sein eigenes Vermögen müssen gegen ihn als Rechtsnachfolger des Erblassers vollstreckbare Ausfertigung erwirkt sein und die ZwV-Voraussetzungen (§ 750) vorliegen. Für ZwV notwendige Grundbucheintragung erfordert Voreintragung des Erben (§ 39 GBO), die auch der Gläubiger beantragen kann (§ 14 GBO). Erbscheinserteilung (§ 792 ZPO) oder Erbscheinsausfertigung (§ 85 FGG) kann der Gläubiger verlangen. Erbteilspfändung als Vollstreckung in Eigenvermögen: § 859 II. Haftungsbeschränkung bei Vollstreckung gegen den Erben: §§ 780–786. 7

8 **4)** Wenn der vollstreckbare Anspruch nicht nur Nachlaßverbindlichkeit, sondern **auch Eigenschuld** des (samtverbindlich) mithaftenden „Erben“ ist, kann gegen ihn als Mitschuldner vollstreckt werden; Abs 1 bezieht sich nicht auf die Vollstreckung der Eigenschuld. Haftet für eine Eigenschuld des „Erben“ ein Nachlaßgegenstand dinglich, dann gilt für Geltendmachung des dinglichen Anspruchs Abs 1, dh er kann vor Annahme der Erbschaft nur gegen einen Nachlaßpfleger (Testamentsvollstrecker usw) verfolgt werden (Rn 6).

9 **V)** ZwV wegen einer **eigenen Verbindlichkeit des Erben** (Abs 2): Sie ist vor Annahme der Erbschaft in den Nachlaß nicht zulässig. Spätere Beschränkung bei Testamentsvollstreckung: § 2214 BGB; hierzu § 748.

10 **VI) Mehrheit von Erben:** Annahme der Erbschaft durch einen (oder einzelne) von mehreren Erben (§ 1922 I, §§ 2032 ff) ermöglicht ZwV in dessen eigenes Vermögen; für die übrigen Miterben besteht die Beschränkung des Abs 1 weiter. Zur ZwV in den ungeteilten Nachlaß ist ein Nachlaßpfleger nur den Erben zu bestellen, die die Erbschaft noch nicht angenommen haben. Die gegen alle Erben zu erwirkende Vollstreckungsklausel (§ 747 mit § 750) hat gegen den Nachlaßpfleger und gegen die Erben, die die Erbschaft bereits angenommen haben, zu lauten. ZwV wegen eigener Verbindlichkeiten (Abs 2) nur eines Teils der Erben in den Nachlaß scheitert an dem gegen alle erforderlichen Titel (§ 747).

11 **VII) Rechtsbehelfe:** Für Erben, der Verstoß gegen Abs 1 rügt, Erinnerung (§ 766), aber auch Vollstreckungsgegenklage (§ 771), bei unzulässiger Klauselerteilung außerdem §§ 732, 768. Erinnerung auch für beeinträchtigte Dritte (§ 766 Rn 9; zB Nachlaßgläubiger nach Pfändung). Ebenso für Erben, Nachlaßpfleger oder -verwalter und Testamentsvollstrecker bei Verstoß gegen Abs 2. Für Gläubiger, wenn ZwV in das eigene Vermögen (Abs 1) oder in den Nachlaß (Abs 2) abgelehnt wird, Erinnerung nach § 766, bei Entscheidung des Vollstreckungsgerichts sofortige Beschwerde (§ 793; sofortige Rechtspflegererinnerung nach § 11 RpflG).

779 *[Fortsetzung der Zwangsvollstreckung nach dem Tod des Schuldners]*

(1) Eine Zwangsvollstreckung, die zur Zeit des Todes des Schuldners gegen ihn bereits begonnen hatte, wird in seinen Nachlaß fortgesetzt.

(2) Ist bei einer Vollstreckungshandlung die Zuziehung des Schuldners nötig, so hat, wenn die Erbschaft noch nicht angenommen oder wenn der Erbe unbekannt oder es ungewiß ist, ob er die Erbschaft angenommen hat, das Vollstreckungsgericht auf Antrag des Gläubigers dem Erben einen einstweiligen besonderen Vertreter zu bestellen. Die Bestellung hat zu unterbleiben, wenn ein Nachlaßpfleger bestellt ist oder wenn die Verwaltung des Nachlasses einem Testamentsvollstrecker zusteht.

1 **I) Zweck:** Tod des Schuldners unterbricht begonnene ZwV nicht und kann sie auch nicht erschweren.

2 **II) Anwendungsbereich:** ZwV jeder Art in den Nachlaß (auch ImmobiliarZwV), nicht aber ZwV zur Erwirkung von Handlungen oder Unterlassungen (§§ 887, 888, 890), die gegen den Erben selbst zu erfolgen hat (Obermaier DGVZ 1973, 145 [147] mit Abgrenzung im Falle des § 887; Hamm MDR 86, 156 [zu § 890]). Begonnene ZwV eines Kostenvorauszahlungsbeschlusses (§ 887 II) ist jedoch Forderungsvollstreckung.

3 **III) Voraussetzung:** Beginn der ZwV (vor § 704 Rn 33) vor Tod des Schuldners; sonst § 778 I.

4 **IV) 1) Fortsetzung der begonnenen ZwV** ist in den gesamten Nachlaß zulässig. Zugelassen ist damit die Fortsetzung der ZwV im ganzen, die mit der ersten Vollstreckungsmaßnahme des GV oder Vollstreckungsgerichts begonnen hat, nicht nur die Fortsetzung einer einzelnen ZwV-Maßnahme. Es dürfen daher begonnene einzelne Vollstreckungsmaßregeln zu Ende geführt, insbes gepfändete Sachen vom GV versteigert oder ein bereits erlassener Pfändungsbeschluß dem Drittschuldner zugestellt werden, aber auch neue ZwV-Maßnahmen eingeleitet werden (LG Dortmund NJW 73, 374; LG München I MDR 79, 853 L; LG Stuttgart DGVZ 87, 12; LG Verden MDR 69, 932; hM; aA Schüler JurBüro 76, 1003; LG Osnabrück JurBüro 57, 86; AG Schöneberg DGVZ 63, 92).

5 2) Fortsetzung der ZwV kann erfolgen ohne Klauselumstellung (§ 727) und erneute Zustellung (§ 750) vor und nach Annahme der Erbschaft. Für Eintragung einer Zwangshypothek muß Voreintragung (§ 39 GBO) des Schuldners (Erblassers) genügen, die auch nach seinem Tod auf Antrag des Gläubigers (§ 14 GBO) noch erfolgen kann (Haegele/Schöner/Stöber Rn 2183; Hagena Rpfleger 75, 389 gegen KG Rpfleger 75, 133). Nur die ZwV des Titels darf aber fortgesetzt werden, die begonnen hatte; Vollstreckung eines **anderen** Titels (auch eines Kostenfestsetzungsbeschlusses) ist neuer Beginn einer ZwV, mithin durch § 779 nicht erleichtert. ZwV-Kosten werden

zugleich mit dem Anspruch beigetrieben (§ 788 I), können somit, auch soweit sie erst nach dem Tode des Schuldners und durch zulässig neu eingeleitete ZwV-Verfahren entstanden sind, nach Abs 1 beigetrieben werden. Für die Vollstreckung der durch Vornahme einer Handlung entstandenen Auslagen bestimmt nicht bereits das Verfahren nach § 887 den Beginn der ZwV, sondern erst der Beginn der Geldvollstreckung für die ZwV-Kosten (§ 788).

V) 1) Ein **besonderer Vertreter** ist dem Erben (nicht dem Nachlaß) auf Antrag des Gläubigers zu bestellen, wenn bei einer Vollstreckungshandlung Zuziehung des Schuldners nötig ist, aber vor Annahme der Erbschaft oder weil der Erbe unbekannt ist, nicht erfolgen kann (Abs 2), nicht aber, wenn ein Nachlaßpfleger (zu dessen Bestellung LG Oldenburg Rpfleger 82, 105), Nachlaßverwalter oder Testamentsvollstrecker vorhanden ist, gegen den sich die ZwV richtet; Fortbestand der Vollmacht (§ 86) erübrigt Vertreterbestellung nicht. Nötig ist Zuziehung des Schuldners, wenn er bei ZwV mitwirken muß, auch wenn nur eine Zustellung oder Benachrichtigung an ihn zu richten ist, sonach insbesondere in folgenden Fällen: § 808 III (Bekanntmachung der Pfändung durch GV), § 826 III (Bekanntmachung der Anschlußpfändung), § 829 II S 2 (Zustellung des Pfändungsbeschlusses), § 835 III S 1 (Zustellung des Überweisungsbeschlusses), § 844 III (Anhörung vor anderer Verwertung), §§ 872 ff (Verteilungsverfahren), § 885 II (Übergabe beweglicher Sachen bei Herausgabevollstreckung). Unbekannter Aufenthalt des bekannten Erben ist kein Fall des Abs 2; es hat Bestellung eines Abwesenheitspflegers (§ 1911 BGB) oder Zuziehung mit öffentlicher Zustellung (§§ 203 ff) zu erfolgen. Der Gläubiger kann wahlweise Pflegerbestellung nach Abs 2 oder Bestellung eines Nachlaßpflegers (§ 1961 BGB) beantragen. 6

2) Die **Bestellung** erfolgt durch **Beschluß,** der dem Gläubiger und dem Vertreter mitzuteilen ist (§ 329 II); der ablehnende Beschluß ist dem Gläubiger zuzustellen (§ 329 III). Zuständig ist der Rechtspfleger (§ 20 Nr 17 RpflG). 7

3) Der Bestellte ist besonderer **Vertreter kraft Bestellung;** er hat die Stellung eines gesetzlichen Vertreters. Übernahmepflicht besteht nicht. Vertretungsmacht besteht für alle in der ZwV erforderlichen Handlungen, insbes für den Empfang aller Zustellungen und Benachrichtigungen, aber auch für Anträge und Erklärungen, auch zur Abwendung unzulässiger Vollstreckungsmaßnahmen, somit auch für Rechtsbehelfe (§§ 732, 766, 793; § 11 RpflG). Offenbarungsversicherung hat der Bestellte nicht zu leisten (Zuziehung erfolgt nur für den Schuldner, nicht als Schuldner). Die Befugnis des Bestellten erlischt, wenn der Erbe als Schuldner (auch ein Nachlaßpfleger, Nachlaßverwalter oder Testamentsvollstrecker) zugezogen werden kann (nicht erst, wenn er in das Verfahren eintritt), außerdem mit zulässigem Widerruf der Bestellung. 8

4) **Fortgesetzt** werden darf die ZwV, die Zuziehung des Schuldners erfordert, erst, wenn der Vertreter bestellt ist (vgl § 92 Nr 1 GVGA). 9

5) Für die **Kosten** des Bestellten haftet die Staatskasse nicht. Sie sind vom Gläubiger zu tragen, der sie nach § 788 erstattet verlangen kann. 10

VI) **Rechtsbehelf** für Gläubiger, wenn Vertreterbestellung abgelehnt wird: § 793 (§ 11 RpflG). Vertreterbestellung ist nicht anfechtbar (der Vertreter kann ablehnen). 11

VII) **Gebühren: 1)** des **Gerichts:** Für die Vertreterbestellung keine. – **2)** des **Anwalts:** Die Bestellung von Vertretern gehört zum Rechtszug bzw zum Zwangsvollstreckungsverfahren, § 37 Nr 3, § 57 BRAGO. 12

780 *[Vorbehalt der beschränkten Haftung]*

(1) Der als Erbe des Schuldners verurteilte Beklagte kann die Beschränkung seiner Haftung nur geltend machen, wenn sie ihm im Urteil vorbehalten ist.

(2) Der Vorbehalt ist nicht erforderlich, wenn der Fiskus als gesetzlicher Erbe verurteilt wird oder wenn das Urteil über eine Nachlaßverbindlichkeit gegen einen Nachlaßverwalter oder einen anderen Nachlaßpfleger oder gegen einen Testamentsvollstrecker, dem die Verwaltung des Nachlasses zusteht, erlassen wird.

I) **Zweck:** Regelung des Verfahrens zur Beschränkung der Erbenhaftung. 1

II) **Erbenhaftung: 1)** Der Erbe haftet als Gesamtrechtsnachfolger für die Nachlaßverbindlichkeiten dem Grundsatz nach unbeschränkt (§ 1967 I BGB). Ein nach Annahme der Erbschaft (§ 1958 BGB) gegen den Erben erwirkter Vollstreckungstitel kann daher auch in sein eigenes Vermögen vollstreckt werden. Die unbeschränkte Haftung des Erben ist jedoch nur eine vorläufige; er kann die Haftung auf den Nachlaß beschränken. Im Rechtsstreit ist die Beschränkung der Haftung auf den Nachlaß geltend zu machen; bei der ZwV wird sie daher nur berücksichtigt, wenn sich der als Erbe des Schuldners Verurteilte darauf beruft (§ 781). Hierfür muß die Haftungsbeschränkung im Urteil vorbehalten sein (Abs 1 mit Ausnahmen in Abs 2). 2

3 2) Die vorbehaltene **Beschränkung der Haftung** des Erben „auf den Nachlaß" kann erfolgen mit Nachlaßverwaltung oder Nachlaßkonkurs (§ 1975 BGB; Beschränkung bleibt auch nach Verfahrensaufhebung bestehen, BGH NJW 54, 635) sowie Vergleichsverfahren über den Nachlaß (§ 113 I Nr 4 VerglO), Gläubigerausschluß im Aufgebotsverfahren (§ 1973 BGB), 5jähriger Gläubigersäumnis (§ 1974 BGB), Erschöpfungs- (§ 1989 BGB) und Dürftigkeitseinrede (§§ 1990–1992 BGB) sowie mit dem Verweigerungsrecht des Miterben (§ 2059 BGB).

4 3) Die **Möglichkeit** der Haftungsbeschränkung **verliert der Erbe** gegenüber allen Nachlaßgläubigern durch Versäumung der Inventarfrist (§ 1994 I S 2 BGB) oder Inventaruntreue (§ 2005 BGB), gegenüber einzelnen Nachlaßgläubigern durch Verweigerung der Inventarerrichtung (§ 2006 BGB) und Verzicht auf die Beschränkung.

5 **III) 1) Anwendungsbereich:** § 780 gilt für Erben und Miterben (§ 2059 BGB), für den Nacherben nach Maßgabe des § 2144 BGB (dem als Erbe die Erbschaft anfällt, § 2139 BGB, so daß für ihn unerheblich ist, ob der Vorerbe beschränkt oder unbeschränkt haftend verurteilt war) und für den Erbschaftskäufer nach § 2383 BGB, nicht aber für Haftung nach Teilung des Nachlasses (§ 2060 BGB), weil Verurteilung auf den Haftungsteil in der Urteilsformel zum Ausdruck kommt. Der Vorerbe hat nach Eintritt der Nacherbfolge zur Geltendmachung seiner Haftungsbeschränkung aus § 2145 I BGB die Klage nach § 767, auch wenn sie ihm nicht vorbehalten ist, aus § 2145 II BGB aber nur den Weg des § 780.

6 2) **Haftungsvorbehalt** ist bei allen gegen den Erben (als ursprünglich Beklagter oder nach Eintritt in den Prozeß, §§ 239, 246) erwirkten vollstreckungsfähigen Urteilen erforderlich, bei Leistungsklage bereits im Grundurteil (§ 304; Köln VersR 68, 380), bei ausländischen Urteilen im Vollstreckungsurteil (§ 722; auch wenn das ausländische Recht den Vorbehalt nicht kennt), bei schiedsgerichtlichen Verfahren schon im Schiedsspruch, nicht jedoch in einem Feststellungsurteil, bei Verurteilung zur Abgabe einer Willenserklärung dann, wenn die Wirkung der §§ 894, 895 ausgeschlossen sein soll (Vollstreckung dann nach § 888; RG BayZ 1920, 303; RG 49, 417; KG OLG 11, 117; dazu aber auch Schmidt JR 89, 45). Zum Klauselverfahren s § 731 Rn 4 und unten Rn 9. Haftungsvorbehalt muß außerdem enthalten sein in urteilsgleichen sonstigen Titeln (§ 795), also Vollstreckungsbescheiden (§§ 699, 700 I; RG JW 1898, 356; Köln NJW 52, 1145; daher wegen eines fehlenden Vorbehalts Widerspruch oder Einspruch gegen Mahn/Vollstreckungsbescheid erforderlich; dann bei sofortigem Anerkenntnis unter Vorbehalt kein Kostenrisiko; Köln aaO und nachf Rn 7) sowie in Vergleichen (BGH MDR 92, 195 = NJW 91, 2839; Bezeichnung als Erbe im Protokoll genügt nicht) und vollstreckbaren Urkunden (StJ/Münzberg Rn 8; MK/K.Schmidt Rn 3; Wolfsteiner, Die vollstr Urkunde, Rn 53.2).

7 3) Der Haftungsvorbehalt muß auch für **Prozeßkosten** im Urteil (als Grundtitel) ausgesprochen sein. Der Vorbehalt kann jedoch nur für Kosten erfolgen, die Nachlaßverbindlichkeiten (§ 1967 II BGB), also in der Person des Erblassers entstanden sind. Kosten eigener Prozeßführung hat der Erbe als Prozeßpartei selbst zu tragen (Celle OLGR 95, 204; Köln aaO; bei Vorbehalt daher Kostentrennung notwendig). Kostenentscheidung bei sofortiger Anerkenntnis mit Vorbehalt: § 93 (vgl § 305 Rn 3). Der Vorbehalt beschränkter Erbenhaftung für die Urteilsforderung erstreckt sich nicht auch auf die Prozeßkosten (Stuttgart JurBüro 76, 675). In den Kostenfestsetzungsbeschluß kann der Vorbehalt der beschränkten Erbenhaftung nur aufgenommen werden, wenn ihn das Urteil für die Kostenentscheidung enthält (§§ 103, 104 Rn 21 „Haftungsbeschränkung"), somit nicht, wenn die Kostenfestsetzung gegen den Erben des verurteilten und danach verstorbenen Schuldners betrieben wird (Hamm Rpfleger 82, 354); auch in einem solchen Fall kann somit der Erbe die Beschränkung seiner Haftung ohne Vorbehalt in dem bereits gegen ihn ergangenen KfBeschluß geltend machen (Celle NJW-RR 88, 133).

8 4) **Nicht erforderlich** ist der Vorbehalt in den Fällen des Abs 2. Grund: Schuldner haftet in jedem Fall nur mit dem Nachlaß. Entbehrlich ist der Vorbehalt außerdem bei einem Individualanspruch, der unstreitig einen Nachlaßgegenstand betrifft (Herausgabe oder Übereignung), und bei einem nur auf einen Nachlaßgegenstand bezogenen Duldungsanspruch (dinglicher Anspruch nach § 1147 BGB).

9 5) Ohne Vorbehalt kann der Erbe die Haftungsbeschränkung bei Vollstreckung eines **noch gegen den Erblasser erwirkten Vollstreckungstitels** geltend machen (keine Berücksichtigung des Vorbehalts bei Klauselumstellung nach § 727; Köln JW 32, 1405; s auch Rn 10); Besonderheit jedoch bei Klauselklage s § 731 Rn 4.

10 **IV) Verfahren: 1)** Der Vorbehalt der beschränkten Erbenhaftung wird **nur auf Einrede** des Erben (ohne besonderen Antrag; RG 69, 291; BGH NJW 83, 2378 [2379]) in das Urteil aufgenommen. Die Einrede (Anwaltspflicht, BGH NJW 92, 2694) ist bis zum **Schluß der letzten mündlichen Tatsachenverhandlung** vorzubringen. Die in erster Instanz nicht geltend gemachte Haftungsbeschränkung kann der Erbe in der Berufungsinstanz nachholen; Berufung ist auch lediglich mit dem Ziel zulässig, nachträglich den Vorbehalt der Haftungsbeschränkung zu erreichen (Celle

OLGR 95, 204; MK/K.Schmidt Rn 19; StJ/Münzberg Rn 5). Das Revisionsgericht kann den Vorbehalt auch ohne Revisionsrüge nachholen, wenn der Tatrichter über den geltend gemachten Vorbehalt der Erbenhaftung nicht entschieden hat (BGH NJW 83, 2378). Erst im Revisionsrechtszug kann der als Erbe des Schuldners Verurteilte die Beschränkung seiner Haftung nicht geltend machen (BGH MDR 62, 568 = NJW 62, 1250). Eine Ausnahme gilt, wenn in der Tatsacheninstanz für die Einrede noch kein Anlaß vorlag (Aufhebung der Nachlaßverwaltung erst in der Revisionsinstanz, RG DR 44, 292 [294]; BGH aaO) oder sie noch nicht möglich war (Erbfall erst in der Revisionsinstanz, BGH aaO u BGH 17, 69 [73] = NJW 55, 788). Wenn jedoch der Erbe in der Revisionsinstanz nicht die rechtliche Nachprüfung des angefochtenen Urteils verlangt, sondern lediglich Antrag auf Vorbehalt der beschränkten Erbenhaftung stellt, ist die Revision unzulässig (BGH 54, 204 = NJW 70, 1742). Wenn die Einrede in der Revisionsinstanz verwehrt ist, kann die nur beschränkte Erbenhaftung auch ohne Urteilsvorbehalt mit Vollstreckungsgegenklage geltend gemacht werden (BGH 54, 204; s Rn 9). Antrag und Verfahren, wenn Aussetzung nach Verkündung des Endurteils wegen Todes des Beklagten erfolgt ist und von der anderen Partei gegen den Erben vor Einlegung eines Rechtsmittels vor dem Gericht der Instanz weiter betrieben wird: Düsseldorf NJW 70, 1689.

2) Der Vorbehalt wird ohne **Prüfung** ausgesprochen, ob dem Erben noch die Haftungsbeschränkung möglich ist. Auch wenn der Erbe behauptet, daß die Haftungsbeschränkung bereits feststehe oder wenn der Kläger vorträgt, daß sie allgemein oder ihm gegenüber verloren sei, wird über das Bestehen der Haftungsbeschränkung nicht entschieden; das Prozeßgericht kann sich auf den Vorbehalt allgemein beschränken. 11

3) Der Ausspruch erfolgt im **Urteilstenor.** Fassung: „Dem Beklagten wird als Erbe die Beschränkung seiner Haftung auf den Nachlaß des . . . (Erblassers) vorbehalten. Dieser Vorbehalt betrifft nicht die Kostenentscheidung". (Fassungsbeispiel auch bei Celle OLGR 95, 204). Vorbehalt in den Gründen soll genügen (ist jedenfalls nicht ratsam). Verurteilung „als Erbe" schließt einen Vorbehalt nicht ein (RG JW 11, 948). Nicht genügend somit „A hat als Erbe des . . . an den Kläger . . . zu zahlen"; denn damit ist auch die unbeschränkte Haftung vereinbar. Wenn der Vorbehalt abgelehnt wird, erfolgt Darstellung nur in den Gründen. 12

V) Rechtsbehelf: Bei unterlassenem Vorbehalt nur Rechtsmittel gegen das Urteil. Bei Übergehen der Einrede durch das Gericht Urteilsergänzung nach § 321. 13

VI) Wirkung: Vollstreckt der Gläubiger in Gegenstände des eigenen Vermögens des Erben, so kann der beschränkt haftende Erbe nach §§ 781, 785 mit § 767 Einwendungen gegen die ZwV geltend machen. Ist das gegen den Erben erlassene Urteil rechtskräftig geworden, ohne daß die Haftungsbeschränkung geltend gemacht oder berücksichtigt wurde, dann kann der fehlende Ausspruch nicht mehr nachgeholt werden (BVerwG NJW 56, 805). 14

VII) Das **Prozeßgericht** kann auch selbst (nach Schmidt JR 89, 45 muß es dies bei Entscheidungsreife) über die Haftungsbeschränkung sachlich entscheiden (BGH NJW 83, 2378 [2379] u NJW-RR 89, 1226 [1230] mwN); dann entfällt ein Haftungsvorbehalt im Urteil zur späteren Entscheidung nach §§ 781, 785. Es verurteilt in diesem Fall ohne Vorbehalt, wenn die geprüfte Beschränkung der Erbenhaftung verneint wird (RG 77, 245; Schmidt aaO); für den Erben ist dann nur der Rechtsmittelweg gegeben (Schmidt aaO). Abgewiesen wird die Klage, wenn die (geprüfte) Haftungsbeschränkung bejaht wird, aber feststeht, daß dem Zugriff des Klägers offenstehende Vermögensstücke in der Nachlaßmasse nicht oder nicht mehr vorhanden sind (RG 137, 50 [54]; BGH NJW 54, 635; Celle NJW-RR 88, 133 [134]; Schmidt JR 89, 45 mwN). Nur zur „Leistung aus dem Nachlaß" wird verurteilt, wenn die Beschränkung der Erbenhaftung vom Prozeßgericht geprüft und bejaht wird (Schmidt aaO; StJ/Münzberg Rn 7; bei ZwV in nicht zum Nachlaß gehörende Gegenstände für den Erben dann Klage nach § 767 mit § 785 auf Unzulässigkeit des Zugriffs; s § 785 Rn 2). Stehen bei sachlicher Entscheidung mit der Haftungsbeschränkung auch die Nachlaßgegenstände fest, so werden zugleich diese im Urteil bezeichnet (Leistungsurteil unter Beschränkung der Haftung auf diese Gegenstände, zB Grundstücke; nach Schmidt JR 89, 45 Duldungsurteil). Entscheidet das Gericht sachlich über das Bestehen oder Nichtbestehen der Haftungsbeschränkung, dann ist die Frage auch für spätere Prozesse – abgesehen von nachträglich eintretenden Umständen – rechtskräftig entschieden; ob eine solche sachliche Entscheidung vorliegt, ist uU durch Auslegung des Urteils zu ermitteln (BGH aaO). 15

VIII) Gerichtsgebühren: Das Urteil ist gebührenpflichtiges Endurteil (s § 300 Rn 7), sofern in dem betreffenden Verfahren überhaupt Urteilsgebühren entstehen, also nicht im Prozeßverfahren erster Instanz. 16

781 *[Beachtung der Beschränkung der Haftung]*
Bei der Zwangsvollstreckung gegen den Erben des Schuldners bleibt die Beschränkung der Haftung unberücksichtigt, bis auf Grund derselben gegen die Zwangsvollstreckung von dem Erben Einwendungen erhoben werden.

1 Die ZwV gegen den Erben ist in den Nachlaß und auch in sein eigenes Vermögen zulässig (RG 69, 292; § 93 Nr 3 GVGA; Einschränkung des Titels s § 780 Rn 15). Die Haftungsbeschränkung bleibt (trotz Urteilsvorbehalt) unberücksichtigt (s auch § 94 GVGA), wenn nicht der Gläubiger seinen Antrag einschränkt. Der Erbe hat daher auch die Offenbarungsversicherung für sein ganzes Vermögen (unter Einschluß des Nachlasses) abzugeben (Gläubiger kann aber Antrag auf Versicherung des Nachlasses beschränken). **Berücksichtigt wird die Beschränkung** der Haftung des Erben auf den Nachlaß erst, wenn sich der Erbe darauf beruft (vgl § 780 Rn 2). Dafür muß dem als Erbe des Schuldners Verurteilten die Haftungsbeschränkung vorbehalten sein (§ 780); bei Vollstreckung eines noch gegen den Erblasser erwirkten Titels sowie im Falle des § 780 II wird die Haftungsbeschränkung ohne Vorbehalt geltend gemacht (§ 780 Rn 9, 10). Verfahren: § 785.

782 *[Aufschiebende Einreden des Erben]*
Der Erbe kann auf Grund der ihm nach den §§ 2014, 2015 des Bürgerlichen Gesetzbuchs zustehenden Einreden nur verlangen, daß die Zwangsvollstreckung für die Dauer der dort bestimmten Fristen auf solche Maßregeln beschränkt wird, die zur Vollziehung eines Arrestes zulässig sind. Wird vor dem Ablauf der Frist die Eröffnung des Nachlaßkonkurses beantragt, so ist auf Antrag die Beschränkung der Zwangsvollstreckung auch nach dem Ablauf der Frist aufrechtzuerhalten, bis über die Eröffnung des Konkursverfahrens rechtskräftig entschieden ist.

1 **I)** Geltendmachung der aufschiebbaren **Dreimonatseinrede** (§ 2014 BGB) oder der **Einrede des Aufgebotsverfahrens** (§ 2015 BGB) bewirkt Aufnahme des Vorbehalts der beschränkten Erbenhaftung in das Urteil (§ 305). Die ZwV in den Nachlaß und in das eigene Vermögen des Erben hindert dieser Vorbehalt nicht (§ 781); der Erbe muß seine Einwendung mit Klage nach § 767 mit § 785 geltend machen. Er kann mit der aufschiebenden Einrede der §§ 2014, 2015 BGB jedoch nicht der ZwV als solcher (auch nicht der in sein eigenes Vermögen) entgegentreten, sondern nur für die Dauer der Schutzfrist verlangen, daß die ZwV auf (Sicherungs)Maßnahmen der Arrestvollziehung **beschränkt** wird. Zu diesen §§ 930–932. Voraussetzung ist, daß der Erbe nicht bereits unbeschränkt haftet (§ 2016 I BGB; als Ausschlußtatbestand vom Beklagten nachzuweisen). Der **Klageantrag** kann lauten: „Die Versteigerung oder sonstige Verwertung der auf Grund Endurteils des . . . Gerichts vom . . . bei dem Kläger gepfändeten Gegenstände, nämlich . . . (im Falle des § 883: „Die Hinausgabe . . . an den Beklagten") wird bis zum . . . einschließlich für unzulässig erklärt." – „Das auf Grund . . . Urteil des . . . vom . . . bei dem Kläger gepfändete Geld ist zu hinterlegen (s § 930 II)". – „Aus dem Urteil des . . . vom . . . ist bis zum . . . nur die Pfändung (Eintragung einer Zwangshypothek, Wegnahme), nicht auch die Verwertung (Hinausgabe an Beklagten) zulässig."

2 **II)** Zuständiges Gericht: § 767 I mit § 785. Der Urteilsvorbehalt (§ 305) ist nicht Klageerfordernis bei einem noch gegen den Erblasser erwirkten Vollstreckungstitel; urteilsgleiche Titel müssen ihn ausweisen (§ 780 Rn 6). Zulässigkeit der Klage auch bereits vor Vollstreckungsbeginn beurteilt sich nach dem § 785 Rn 3 Gesagten. Anwendung des § 767 III, einstw Einstellung und Anordnung sowie Vollziehung des Einstellungsbeschlusses und Urteils: § 785 Rn 4. Eine Sicherungshypothek, die an Stelle der unzulässigen Beschlagnahme durch Zwangsversteigerung oder Zwangsverwaltung beantragt wird, erhält nicht den Beschlagnahmerang (StJ/Münzberg Rn 5). Bei Individualvollstreckung (§§ 883 ff) bleibt die Wegnahme gestattet, für unzulässig erklärt wird die Übergabe an den Gläubiger (StJ/Münzberg aaO mit Ausnahme für Räumung nach § 885). Nach Ablauf der im Urteil zu bezeichnenden Schutzfrist ist die ZwV fortzusetzen, wenn nicht inzwischen andere Hinderungsgründe (zB Eröffnung des Nachlaßkonkurses) eingetreten sind. Hat der Erbe inzwischen seine beschränkte Haftung durchgeführt, so kann er der ZwV in das eigene Vermögen nach §§ 781, 785 widersprechen, auch wenn die Fristen der §§ 2014, 2015 BGB abgelaufen sind.

3 **III)** Trifft **Satz 2** zu, so muß der Erbe nach § 785 auf Verlängerung der in Rn 1 behandelten Beschränkung klagen mit dem **Antrag:** „Das Urteil vom . . . bleibt bis zur rechtskräftigen Entscheidung über den Antrag auf Eröffnung des Konkurses über den Nachlaß des . . . aufrechterhalten." Nach Eröffnung des Konkursverfahrens § 784.

4 **IV) 1)** Einredeberechtigt sind ohne Vorbehalt im Urteil auch der Testamentsvollstrecker (§ 2213 BGB), Nachlaßverwalter (§ 1984 BGB) und Nachlaßpfleger (§ 2017 BGB), der Erbe somit

auch gegen die ZwV aus einem gegen eine solche Person ergangenen Urteil, das gem § 727 gegen ihn vollstreckbar ausgefertigt ist.

5 2) Gegenüber einem vom Aufgebot nicht betroffenen dinglichen (gleichgestellten) Gläubiger (§ 1971 BGB) bestehen die Einreden nach §§ 2014, 2015 BGB nicht (§ 2016 II mit Abgrenzung; als Ausschlußtatbestand vom beklagten Gläubiger nachzuweisen).

783 *[Beschränkung der ZwV in den Nachlaß wegen persönlicher Schulden des Erben]*

In Ansehung der Nachlaßgegenstände kann der Erbe die Beschränkung der Zwangsvollstreckung nach § 782 auch gegenüber den Gläubigern verlangen, die nicht Nachlaßgläubiger sind, es sei denn, daß er für die Nachlaßverbindlichkeiten unbeschränkt haftet.

1 Dem Erben wird durch § 783 entsprechend den §§ 2014, 2015 BGB Zeit zur ungestörten Errichtung des Inventars und zu der Überlegung, ob er von seinem Recht auf beschränkte Haftung Gebrauch machen will, verschafft und zur vollständigen Erreichung dieses Zwecks auch gegenüber seinen persönlichen Gläubigern (damit ohne Urteilsvorbehalt) die Befugnis zur Beschränkung der ZwV auf Arrestmaßregeln in Ansehung der Nachlaßgegenstände gewährt (Mot 161). Geltendmachung des Rechts durch Klage nach § 785; **Antrag:** „Die Verwertung der . . . gepfändeten Gegenstände ist unzulässig", s § 782. Der Erbe hat zu beweisen, daß es sich bei dem Pfandgegenstand um ein Nachlaßstück handelt und daß die Dreimonatsfrist (andere Schutzfrist) noch nicht abgelaufen ist. Der Gläubiger muß nachweisen, daß der Erbe allen Nachlaßgläubigern gegenüber unbeschränkt haftet (zur unbeschränkten Haftung § 780 Rn 4).

784 *[Zwangsvollstreckung gegen Erben bei Nachlaßverwaltung oder -konkurs]*

(1) Ist eine Nachlaßverwaltung angeordnet oder der Nachlaßkonkurs eröffnet, so kann der Erbe verlangen, daß Maßregeln der Zwangsvollstreckung, die zugunsten eines Nachlaßgläubigers in sein nicht zum Nachlaß gehörendes Vermögen erfolgt sind, aufgehoben werden, es sei denn, daß er für die Nachlaßverbindlichkeiten unbeschränkt haftet.

(2) Im Falle der Nachlaßverwaltung steht dem Nachlaßverwalter das gleiche Recht gegenüber Maßregeln der Zwangsvollstreckung zu, die zugunsten eines anderen Gläubigers als eines Nachlaßgläubigers in den Nachlaß erfolgt sind.

1 I) Bestimmung trifft § 784 für Aufhebung der Vollstreckungsmaßnahmen, die bei Anordnung der Nachlaßverwaltung oder Eröffnung des Nachlaßkonkurses **bereits erfolgt** sind. Nachlaßverwaltung und Nachlaßkonkurs bewirken (von Ausnahmen abgesehen, § 1994 I S 2, § 2005 I, § 2006 III, § 2013 I BGB) Beschränkung der Erbenhaftung auf den Nachlaß (§ 1975 BGB). Gegenüber einer **nach** diesem Zeitpunkt erst beginnenden ZwV in sein eigenes Vermögen kann der Erbe die Haftungsbeschränkung nur mit Klage nach §§ 781, 785 geltend machen, wenn sie ihm vorbehalten (§ 780 I) oder Urteilsvorbehalt nicht erforderlich (§ 780 Rn 4, 5) ist.

2 II) 1) **Aufhebung** der zugunsten eines Nachlaßgläubigers bereits erfolgten Vollstreckungsmaßnahme (Rn 1) in sein **eigenes Vermögen** kann der **Erbe** bei Nachlaßverwaltung oder Nachlaßkonkurs nach Abs 1 verlangen. Grund: Beschränkung der Erbenhaftung gebietet Befriedigung aus dem Nachlaß in dem dafür eingeleiteten Verfahren. Entsprechendes gilt in den Fällen §§ 1973 ff, 1990 BGB. Ausgeschlossen ist das Recht nach Abs 1 (auch wenn Nachlaßverwaltung angeordnet ist, StJ/Münzberg Rn 2), wenn ein Ausnahmefall unbeschränkter Erbenhaftung (Rn 1) vorliegt (als Ausnahmetatbestand vom Gläubiger zu beweisen). Das ist auch der Fall, wenn der Erbe dem Gläubiger gegenüber unbeschränkt verurteilt ist (dazu StJ/Münzberg Rn 2).

3 2) Zu verfolgen hat der Erbe sein Recht nach § 784 I mit **Klage** beim Prozeßgericht 1. Instanz (§ 785). **Klageantrag:** „Die ZwV in die von dem GV . . . auf Grund Urteils . . . vom . . . gepfändeten Gegenstände . . . ist unzulässig." Der Erbe muß nachweisen, daß der Pfändungsgläubiger Nachlaßgläubiger ist und der gepfändete Gegenstand nicht zum Nachlaß gehört. Es darf bei Erlaß des Urteils die (aufzuhebende) ZwVMaßnahme noch nicht beendet sein. Im übrigen Anm zu § 785.

4 III) Bei Nachlaßverwaltung kann der **Nachlaßverwalter** Aufhebung der ZwVMaßnahmen verlangen, die in Gegenstände des Nachlasses zugunsten eines persönlichen Gläubigers des Erben **bereits erfolgt** sind (Abs 2). Grund: Rücksicht auf die Rechte der Nachlaßgläubiger dahin, daß der Nachlaß in erster Linie zu ihrer Befriedigung verwendet wird (Mot). Nachlaßgläubiger können nach Anordnung der Nachlaßverwaltung mit Titel/Klausel gegen den Verwalter (§ 727 Rn 18) ohne weiteres in den (haftenden, § 1975; Rn 1) Nachlaß vollstrecken. Die ZwV anderer Gläubiger in den Nachlaß ist ausgeschlossen (§ 1984 II). Für Nachlaßverwalter bei ZwV **vor** Anordnung der Nachlaßverwaltung Klage nach Abs 2, bei ZwV **nach** Anordnung der Verwaltung ohne Titel/Klau-

sel gegen ihn Erinnerung (§ 766), wenn Klausel gegen den Verwalter erteilt ist, §§ 732, 768 (Jaspersen Rpfleger 95, 243).

5 **IV)** Eröffnung des **Vergleichsverfahrens** zur Abwendung des Nachlaßkonkurses wirkt für die Erbenhaftung wie ein Nachlaßkonkurs (§ 113 I Nr 4 VerglO). Der Erbe hat damit gleichfalls die Rechte aus § 784 I und auch II (StJ/Münzberg Rn 5).

6 **V)** Eröffnung des **Nachlaßkonkurses** schließt ZwV der Konkursgläubiger aus (§ 14 KO, für Konkursverwalter Erinnerung nach § 766); davor, aber nach Eintritt des Erbfalls erfolgte ZwV in den Nachlaß ermöglicht weder einem Nachlaßgläubiger noch einem persönlichen Gläubiger des Erben abgesonderte Befriedigung (§ 221 I KO). Der Konkursverwalter kann ohne Rücksicht auf die ZwV die Verwertung der Massegegenstände durchführen und die Fortsetzung der ZwV mit Erinnerung (§ 766) hintanhalten. Abgesonderte Befriedigung im übrigen: §§ 47 ff KO.

7 **VI) Privatgläubiger** des Erben, für die ZwV in den Nachlaß unzulässig ist, können den Anspruch des Erben an den Nachlaß- oder Konkursverwalter auf Ausschüttung eines nach Erledigung des Verfahrens verbleibenden Überschuß pfänden.

785 *[Vollstreckungsabwehrklage des Erben]*

Die auf Grund der §§ 781 bis 784 erhobenen Einwendungen werden nach den Vorschriften der §§ 767, 769, 770 erledigt.

1 **I)** Das Recht des Erben, die Beschränkung seiner Haftung geltend zu machen (§ 780), das bei ZwV gegen ihn unberücksichtigt bleibt (§ 781) ist (auch gegenüber einem vorläufig vollstreckbaren Urteil und wenn Berufung eingelegt ist, Frankfurt NJW-RR 92, 31) mit **Klage nach § 767,** somit bei dem Prozeßgericht des ersten Rechtszugs, zu verfolgen (§ 767 I mit § 785). Vorausgesetzt ist Urteilsvorbehalt (§ 780 I; RG 59, 301), sofern nicht einem noch gegen den Erblasser erwirkten Vollstreckungstitel widersprochen wird (§ 780 Rn 9); ausgeschlossen ist Berufung auf Haftungsbeschränkung damit, wenn bereits das Prozeßgericht eine sachliche Entscheidung getroffen hat (§ 780 Rn 15). Verurteilung zur „Leistung aus dem Nachlaß" (§ 780 Rn 15) wahrt dem Erben das Recht, der ZwV in Gegenstände seines eigenen Vermögens zu widersprechen.

2 **II) 1) Nach Beginn der ZwV** gegen den Erben (Zugriff auf sein eigenes Vermögen) werden mit Haftungsbeschränkung die allgemeine Einschränkung des Titels und zugleich die Unzulässigkeit der (bestimmten) Vollstreckungsmaßnahme in einen Gegenstand (auch mehrere) geltend gemacht. Klage**antrag** daher: „Die ZwV aus dem Urteil des . . . gerichts . . . v . . . (Az . . .) in das nicht zum Nachlaß gehörende Vermögen des Klägers und die am . . . erfolgte Pfändung des . . . (Gegenstands) werden für unzulässig erklärt." Zu diesem Klageantrag mit Bezeichnung der Gegenstände, in die vollstreckt ist, BGH FamRZ 72, 449 = WM 72, 363. Der Erbe hat als Kläger nachzuweisen, daß es sich um eine Nachlaßschuld handelt, seine Haftung nach dem § 780 Rn 3 Gesagten allgemein oder dem Gläubiger gegenüber beschränkt ist (also Nachlaßkonkurs eröffnet, der Gläubiger im Aufgebotsverfahren ausgeschlossen ist usw) und daß der Gegenstand, in den vollstreckt wird, nicht zum Nachlaß gehört. Die Untunlichkeit der Nachlaßverwaltung oder des Nachlaßkonkurses folgt für Entscheidung über die Dürftigkeitseinrede (§ 1990 I BGB) aus der Ablehnung durch das Nachlaß- oder Konkursgericht mangels Masse (Bindung des Prozeßgerichts an diese Entscheidung, BGH NJW-RR 89, 1226). Einen Anspruch aus Verwalterhaftung des Erben (§ 1991 I, § 1978 I BGB) kann der Nachlaßgläubiger mit Einwand gegen die Dürftigkeitseinrede geltend machen; Folge: die Klage ist abzuweisen, soweit der Erbe zur Ersatzleistung aus seinem Eigenvermögen verpflichtet ist (BGH aaO). Wenn über die Haftungsbeschränkung bereits das Prozeßgericht sachlich entschieden hat (mit Verurteilung zur „Leistung aus dem Nachlaß" oder [allgemein] auf Klage nach § 785 nach früherer Pfändung [vgl Fassung des vorst Klageantrags]), dann ist bei (erstmaligem oder weiterem) Zugriff auf eigenes Vermögen des Erben nur noch der ZwV der davon betroffenen Gegenstände mit Klageantrag zu widersprechen, daß diese Vollstreckungsmaßnahme (zB Pfändung in den zu bezeichnenden (bestimmten) Gegenstand (auch mehrere) für unzulässig erklärt wird. Zuständig ist auch für diese Klage nach § 767 I mit § 785 das Prozeßgericht des ersten Rechtszugs (kein Fall von § 771).

3 2) Bereits **vor Vollstreckungsbeginn** wird Klage des Erben zu der (nach dem Titel noch möglichen, s Rn 2) Beschränkung seiner Haftung mit dem Ziel der nur allgemeinen Begrenzung der Vollstreckungsfähigkeit des Titels auf den Nachlaß für zulässig erachtet (StJ/Münzberg Rn 4; Schmidt JR 89, 45). Das Rechtsschutzbedürfnis für diese Klage wird bejaht (Titel gegen den Erblasser muß jedoch auf den Erben umgeschrieben sein, Schmidt aaO), für Schutz des Gläubigers gegen voreilige Klage § 93 als ausreichend angesehen. Zulässig ist diese Klage vor Vollstreckungsbeginn jedenfalls dann, wenn nicht vollstreckt wird, weil (vereinbarungsgemäß) die Entscheidung des Prozeßgerichts abgewartet werden soll (Celle NJW-RR 88, 133), ebenso dann,

wenn der Nachlaß erschöpft ist und daher verlangt wird, die ZwV insgesamt für unzulässig zu erklären (Celle aaO, Frankfurt NJW-RR 92, 31; vergleichbar der sachlichen Entscheidung des Prozeßgerichts mit Klageabweisung, s § 780 Rn 15; Kosten können aber nach § 93 den Kläger treffen). Klage**antrag:** „Die ZwV aus dem Urteil des ... gerichts ... v ... (Az ...) in das nicht zum Nachlaß gehörende Vermögen des Klägers wird für unzulässig erklärt." Klage auch oder (nach früherer Entscheidung über die allgemeine Haftungsbeschränkung, Rn 2 aE) nur mit dem Antrag, die ZwV in bestimmte Gegenstände des eigenen Vermögens des Erben für unzulässig zu erklären, setzt stets Vollstreckungsbeginn voraus (StJ/Münzberg Rn 5).

III) Erledigung der Einwendungen des Schuldners nach § 767 hat auch Anwendung dessen **Abs 3** zur Folge (Zusammenfassung aller Einwendungen); **Abs 2** des § 767 schließt nach sachlicher Entscheidung des Prozeßgerichts über die Haftungsbeschränkung (§ 780 Rn 15) oder auf frühere Klage des Erben nochmalige Einwendung mit Klage nach § 785 aus. Einstw Einstellung der ZwV erfolgt nach § 769, einstw Anordnung im Urteil nach § 770 (je mit § 785); Vollzug des Einstellungsbeschlusses und Urteils: §§ 775, 776. Eine Offenbarungsversicherung ist nach erfolgreicher Klage auf den Nachlaß zu beschränken (Rostock OLG 36, 228; Dresden OLG 37, 170 hält Klage nicht für nötig, sondern Widerspruch für möglich, § 900 V, abzulehnen wegen § 785; s auch Rostock OLG 40, 407). Wird die Klage aus § 785 auf allgemeine Einschränkung des Titels abgewiesen, so entfällt die Wirksamkeit des formell fortbestehenden Vorbehalts für die Zukunft. Dringt der Erbe mit der Klage durch, so wird der Gläubiger (als Beklagter) bezüglich der Klage aus § 785 und der ZwV kostenpflichtig. 4

IV) Klage in den Fällen der §§ 782–784 siehe die Anm hierzu. 5

V) Gebühren s § 767 Rn 24 und § 769 Rn 14. 6

786 *[Vollstreckungsabwehrklage bei fortgesetzter Gütergemeinschaft usw]*

Die Vorschriften des § 780 Abs. 1 und der §§ 781 bis 785 sind auf die nach § 1489 des Bürgerlichen Gesetzbuchs eintretende beschränkte Haftung, die Vorschriften des § 780 Abs. 1 und der §§ 781, 785 sind auf die nach den §§ 419, 1480, 1504, 2187 des Bürgerlichen Gesetzbuchs eintretende beschränkte Haftung entsprechend anzuwenden.

I) Bei beschränkter Haftung des überlebenden Ehegatten bei fortgesetzter Gütergemeinschaft für Gesamtgutsverbindlichkeiten, für die er vorher nicht haftete (§ 1489 BGB), finden §§ 780 I, 781–785 entsprechende Anwendung, da die Verhältnisse hier ähnlich wie bei der Erbschaft liegen. Bei Haftung des Übernehmers eines Vermögens für die Schulden bis zum Bestand des Vermögens (§ 419 BGB), bei beschränkter Haftung eines Ehegatten nach Beendigung der Gütergemeinschaft für die vor Teilung nicht berichtigten Gesamtgutsverbindlichkeiten (§ 1480 BGB), bei beschränkter Haftung der anteilsberechtigten Abkömmlinge bei fortgesetzter Gütergemeinschaft für die vor Teilung nicht berichtigten Gesamtgutsverbindlichkeiten (§ 1504 BGB) und bei Haftung des mit einer Auflage beschwerten Vermächtnisnehmers für diese Auflage, soweit das Vermächtnis nicht ausreicht (§ 2187 BGB), finden §§ 781 und 785 entsprechende Anwendung. Die Vorschriften §§ 782–784 sind in diesen vier Fällen nicht für anwendbar erklärt; hier erfolgt also alsbald Vollstreckungspfändung (nicht bloßer Arrest) und bewirkt der Erschöpfungseinwand deren Aufhebung. Im Falle des § 419 muß der Übernehmer die Zahlungspflicht als solche mit Vorbehalt sofort anerkennen (§ 93), aber gegen das Urteil alsbald Gegenklage mit Erschöpfungseinrede erheben und die ZwV einstellen lassen. Wegen der Gegenleistung kann er sich nur an den Übergeber halten. 1

II) Gebühren s § 767 Rn 24 und § 769 Rn 14. 2

786a *[Auswirkung seerechtlicher Haftungsbeschränkung auf die ZwV]*

(1) Die Vorschriften des § 780 Abs. 1 und des § 781 sind auf die nach § 486 Abs. 1, 3, §§ 487 bis 487d des Handelsgesetzbuchs eintretende beschränkte Haftung entsprechend anzuwenden.

(2) Ist das Urteil nach § 305a unter Vorbehalt ergangen, so gelten für die Zwangsvollstreckung die folgenden Vorschriften:

1. **Wird im Geltungsbereich dieses Gesetzes die Eröffnung eines Seerechtlichen Verteilungsverfahrens beantragt, an dem der Gläubiger mit dem Anspruch teilnimmt, so entscheidet das Gericht nach § 5 Abs. 3 der Seerechtlichen Verteilungsordnung über die Einstellung der Zwangsvollstreckung; nach Eröffnung des Verteilungsverfahrens sind die Vorschriften des § 8 Abs. 4 und 5 der Seerechtlichen Verteilungsordnung anzuwenden.**

2. Ist nach Artikel 11 des Haftungsbeschränkungsübereinkommens (§ 486 Abs. 1 des Handelsgesetzbuchs) von dem Schuldner oder für ihn ein Fonds in einem anderen Vertragsstaat des Übereinkommens errichtet worden, so sind, sofern der Gläubiger den Anspruch gegen den Fonds geltend gemacht hat, die Vorschriften des § 34 der Seerechtlichen Verteilungsordnung anzuwenden. Hat der Gläubiger den Anspruch nicht gegen den Fonds geltend gemacht oder sind die Voraussetzungen des § 34 Abs. 2 der Seerechtlichen Verteilungsordnung nicht gegeben, so werden Einwendungen, die auf Grund des Rechts auf Beschränkung der Haftung nach § 486 Abs. 1, 3, §§ 487 bis 487d des Handelsgesetzbuchs erhoben werden, nach den Vorschriften der §§ 767, 769, 770 erledigt; das gleiche gilt, wenn der Fonds in dem anderen Vertragsstaat erst bei Geltendmachung des Rechts auf Beschränkung der Haftung errichtet wird.

(3) Ist das Urteil eines Gerichts, das seinen Sitz außerhalb des Geltungsbereichs dieses Gesetzes hat, unter dem Vorbehalt ergangen, daß der Beklagte das Recht auf Beschränkung der Haftung nach dem Haftungsbeschränkungsübereinkommen geltend machen kann, wenn ein Fonds nach Artikel 11 des Übereinkommens errichtet worden ist oder bei Geltendmachung des Rechts auf Beschränkung der Haftung errichtet wird, so gelten für die Zwangsvollstreckung wegen des durch das Urteil festgestellten Anspruchs die Vorschriften des Absatzes 2 entsprechend.

1 **I) Zweck:** Regelung des Verfahrens bei seerechtlicher Haftungsbeschränkung. Einfügung dieser Vorschrift und Inkrafttreten siehe § 305a Rn 1.

2 **II)** Geltend machen kann der Schuldner in der ZwV eine **seerechtliche Haftungsbeschränkung** nach § 486 I, III, §§ 487–487d HGB (dazu Anm zu § 305a) nur, wenn sie ihm nach § 305a S 2 im Urteil vorbehalten ist (§ 786a I mit § 780 I). Auch dann bleibt die Haftungsbeschränkung unberücksichtigt, kann der Gläubiger somit wegen seiner Forderung die ZwV in das Schuldnervermögen betreiben, bis der Schuldner Einwendungen gegen die ZwV erhebt (§ 786a I mit § 781).

3 **III)** Geltendmachung der Haftungsbeschränkung erfordert nach dem Urteilsvorbehalt (§ 305a S 2) **Errichtung eines Fonds** iS des Art 11 des Übereinkommens von 1976 über die Beschränkung der Haftung für Seeforderungen (BGBl 1986 II 786; Haftungsbeschränkungsübereinkommen). Zur Errichtung (im Inland; sonst Rn 4) und Verteilung dieses Fonds findet auf Antrag ein gerichtliches Verteilungsverfahren nach dem Gesetz v 25. 7. 1986 (BGBl I 1130; Seerechtliche Verteilungsordnung) statt. Mit Errichtung des Fonds beschränkt sich die Haftung für alle Ansprüche, für die das Verteilungsverfahren eröffnet worden ist, auf die eingezahlte Haftsumme (gegenständliche Haftungsbeschränkung; § 8 I Seerechtl VerteilungsO). Ansprüche, für welche demnach die Haftung auf die Haftungssumme beschränkt worden ist, können nur noch im Verteilungsverfahren verfolgt werden (§ 8 II S 1 Seerechtl VerteilungsO). Die ZwV wegen dieser Ansprüche ist unzulässig, bis das Verfahren aufgehoben oder eingestellt wird (§ 8 IV S 1 Seerechtl VerteilungsO). Die vorbehaltene Haftungsbeschränkung ist daher nicht nach § 785 geltend zu machen; vielmehr entscheidet nach **Abs 2 Nr 1: a) bis zur Eröffnung** des (beantragten) Verteilungsverfahren das dafür zuständige Amtsgericht (§ 2 Seerechtl VerteilungsO) über die Einstellung der ZwV längstens auf die Dauer von drei Monaten nach § 5 III der Seerechtl VerteilungsO; **b) nach Eröffnung** des Verteilungsverfahrens (erfolgt mit Eröffnungsbeschluß, der die Stunde der Eröffnung bezeichnet) das Prozeßgericht des ersten Rechtszugs, bei dem die Unzulässigkeit der ZwV im Wege der Klage geltend zu machen ist (§ 8 IV S 2 Seerechtl VerteilungsO). Anordnung der Einstellung und Aufhebung der ZwV regeln § 8 IV u V Seerechtl VerteilungsO.

Einstellungsbeschluß und Entscheidung des Verteilungsgerichts und des Prozeßgerichts finden im Vollstreckungsverfahren nach §§ 775, 776 Berücksichtigung. Wenn ein Anspruch und das Recht seines Gläubigers auf Teilnahme an dem Verteilungsverfahren festgestellt ist (§ 19 Seerechtl VerteilungsO), ordnet das Vollstreckungsgericht auf Antrag des Schuldners die endgültige Einstellung der ZwV und die Aufhebung von ZwVMaßnahmen wegen des Anspruchs an; die Anordnung darf erst nach Rechtskraft vollzogen werden (§ 21 Seerechtl VerteilungsO).

4 **IV)** Errichtet der Schuldner (oder für ihn ein Dritter) den **Fonds** nicht im Inland, sondern **in einem anderen Vertragsstaat** des Haftungsbeschränkungsübereinkommens, so ist zu unterscheiden: **1)** wenn der Gläubiger den **Anspruch gegen** den im anderen Vertragsstaat errichteten **Fonds geltend macht,** gilt nach **Abs 2 Nr 2 S 1** mit § 34 Seerechtl VerteilungsO für die ZwV deren § 8 IV u V (s Rdn 3) entsprechend; es ist mithin die Unzulässigkeit der ZwV im Wege der Klage geltend zu machen und kann einstw Einstellung der ZwV angeordnet werden; **2)** wenn der Gläubiger den Anspruch **nicht** gegenüber dem in einem anderen Vertragsstaat errichteten Fonds geltend gemacht hat oder wenn § 34 II Seerechtl VerteilungsO Geltendmachung der Haftungsbeschränkung nach dem vorst (Rn 4 Ziff 1) Gesagten ausschließt (das ist der Fall, wenn der Anspruch gegen den Fonds vor dem ihn verwaltenden Gericht nicht geltend gemacht werden kann oder wenn der Fonds für den Anspruch nicht tatsächlich zur Verfügung steht oder wenn er nicht frei transferierbar ist), hat der Schuldner nach **Abs 2 Nr 2 S 2** die nach dem Vorbehalt des

§ 305a S 2 summenmäßige Beschränkung der Haftung mit Klage nach § 767 (einstw Anordnungen nach §§ 769, 770) geltend zu machen. Dies gilt auch dann, wenn der Fonds in dem anderen Vertragsstaat bei Beginn der ZwV noch nicht errichtet war, sondern erst bei Geltendmachung des Rechts auf Beschränkung der Haftung errichtet wird.

V) Die Vorschriften des Abs 2 (Rn 3, 4) finden nach **Abs 3** entsprechende Anwendung, wenn im Inland die ZwV aus dem **Urteil eines ausländischen Gerichts** erfolgt, das mit Haftungsvorbehalt nach dem Haftungsbeschränkungsgesetz ergangen ist. Zuständiges „Prozeßgericht des ersten Rechtszugs" ist hier das Gericht, welches das Vollstreckungsurteil erlassen oder – aufgrund staatsvertraglicher Regelung – die Vollstreckung zugelassen hat. 5

787 *[Vertreterbestellung für ein aufgegebenes Grundstück und Schiff]*

(1) Soll durch die Zwangsvollstreckung ein Recht an einem Grundstück, das von dem bisherigen Eigentümer nach § 928 des Bürgerlichen Gesetzbuchs aufgegeben und von dem Aneignungsberechtigten noch nicht erworben worden ist, geltend gemacht werden, so hat das Vollstreckungsgericht auf Antrag einen Vertreter zu bestellen, dem bis zur Eintragung eines neuen Eigentümers die Wahrnehmung der sich aus dem Eigentum ergebenden Rechte und Verpflichtungen im Zwangsvollstreckungsverfahren obliegt.

(2) Absatz 1 gilt entsprechend, wenn durch die Zwangsvollstreckung ein Recht an einem eingetragenen Schiff oder Schiffsbauwerk geltend gemacht werden soll, das von dem bisherigen Eigentümer nach § 7 des Gesetzes über Rechte an eingetragenen Schiffen und Schiffsbauwerken vom 15. November 1940 (RGBl. I S. 1499) aufgegeben und von dem Aneignungsberechtigten noch nicht erworben worden ist.

Ist bereits für den Rechtsstreit ein Vertreter nach § 58 bestellt, so genügt dieser auch für die ZwV. Ein besonderer Vertreter nach § 787 ist nur zu bestellen, wenn (auf die dingliche Klage hin) ein Vollstreckungstitel gegen den seitherigen Eigentümer zur ZwV in das Grundstück oder vollstreckbare Urkunde gegen den jeweiligen Eigentümer (§ 800) vorliegt, und dieser das Eigentum während des Prozesses (§ 265) oder nach dessen Beendigung aufgegeben hat. Die Vollstreckungsklausel ist dann gegen ihn zu erteilen (§§ 727, 750 II). Nun kann die ZwVersteigerung oder ZwVerwaltung gegen ihn betrieben werden (RG 80, 312). § 17 ZVG, wonach die ZwVersteigerung nur angeordnet werden wird, wenn der Schuldner als Eigentümer des Grundstücks eingetragen oder dessen Erbe ist, findet in diesem Fall keine Anwendung (Mot 162). Zuständig ist der Rechtspfleger (§ 20 Nr 17 RpflG). Rechtsbehelf: Befristete Durchgriffserinnerung. 1

Gebühren s § 779 Rn 12. 2

788 *[Kosten der Zwangsvollstreckung]*

(1) Die Kosten der Zwangsvollstreckung fallen, soweit sie notwendig waren (§ 91), dem Schuldner zur Last; sie sind zugleich mit dem zur Zwangsvollstreckung stehenden Anspruch beizutreiben. Als Kosten der Zwangsvollstreckung gelten auch die Kosten der Ausfertigung und der Zustellung des Urteils.

(2) Die Kosten der Zwangsvollstreckung sind dem Schuldner zu erstatten, wenn das Urteil, aus dem die Zwangsvollstreckung erfolgt ist, aufgehoben wird.

(3) Die Kosten eines Verfahrens nach den §§ 765a, 811a, 811b, 813a, 850k, 851a und 851b kann das Gericht ganz oder teilweise dem Gläubiger auferlegen, wenn dies aus besonderen, in dem Verhalten des Gläubigers liegenden Gründen der Billigkeit entspricht.

I) Zweck: Regelung der Kostenpflicht in der ZwV und eines vereinfachten Verfahrens (ohne nochmaligen oder mit nur geringem Kostenanfall) zur Durchsetzung des Erstattungsanspruchs des Gläubigers. 1

2 **II) Anwendungsbereich:** Gilt als allgemeine Vorschrift des ZwV-Rechts für alle ZwV-Arten, auch für Arrestvollziehung (§ 928; Dresden OLG 25, 227).

3 **III) 1) a) Kosten der ZwV** sind die Aufwendungen der Parteien (Gläubiger und Schuldner) aus Anlaß der ZwV. Sie können für Vorbereitung oder Durchführung der ZwV anfallen. Vorbereitungskosten entstehen nach urkundlicher Feststellung des vollstreckbaren Anspruchs durch den Vollstreckungstitel (vor § 704 Rn 14) mit Einleitung, aber noch vor Beginn (vor § 704 Rn 33) der ZwV. Wie im Rechtsstreit (vor § 91 Rn 1) entstehen in der ZwV **Gerichtskosten** und **außergerichtliche Kosten,** außerdem Kosten für Tätigkeit des **GV,** die nach dem Gesetz über Kosten der GV (GVKostG) erhoben werden. § 788 regelt die **Kostenpflicht zwischen** den **Parteien** der ZwV. **Dritte,** gegen die Maßnahmen der ZwV wirken (Gewahrsamsinhaber, Drittschuldner, Dritteigentümer), sind nicht Parteien der ZwV (vor § 704 Rn 12); ihre Kosten betrifft § 788 nicht. Beteiligt sich ein Dritter mit einem Antrag an einem durch die ZwV veranlaßten Verfahren, so sind seine Aufwendungen Kosten dieses Verfahrens (insbes bei Erinnerung, Beschwerde, Drittwiderspruchsklage). Wer der **Staatskasse** (auch dem GV) gegenüber Kostenschuldner ist, bestimmen die Kostengesetze (vor § 91 Rn 2).

3a **b)** Kosten **ausländischer Beitreibungsmaßnahmen** gehören bei Vollstreckung eines ausländischen Urteils (anderen Titels) im Inland (s § 722) nicht zu den Kosten der ZwV. Grundlage der ZwV im Inland ist das Vollstreckungsurteil (§ 722 Rn 56) oder die deutsche Vollstreckungsklausel. Nur Aufwendungen ihrer Vollstreckung sind solche der ZwV nach § 788 (ausländischer Anwalt s § 91 Rn 13). Die Kosten für Beitreibungsverfahren im ausländischen Urteilsstaat (auch in anderen Hoheitsgebieten) sind keine Aufwendungen für Durchsetzung des vollstreckbaren Anspruchs aus der Vollstreckungsgrundlage zur ZwV im Inland (so zutr Ilg gegen LG Passau Rpfleger 89, 342; aA StJ/Münzberg Rn 10). Die Kosten des Klageverfahrens zur Vollstreckbarerklärung (§ 722) sind Prozeß- (§§ 91 ff), nicht aber ZwV-Kosten (StJ/Münzberg § 722 Rn 24 u § 788 Rn 8); auf die Kosten des landgerichtl Klauselverfahrens nach dem AVAG (BGBl 1988 I 662) ist nach dessen § 8 IV ZPO § 788 entspr anzuwenden. Die Vollstreckbarerklärung eines ZPO-Titels durch einen **ausländischen Staat** und dessen ZwV im Ausland sind keine ZPO-Verfahren, die Kosten somit nicht solche der ZwV nach § 788 (Hök JurBüro 90, 1393 gegen Düsseldorf Rpfleger 90, 184; aA StJ/Münzberg Rn 7); die Erstattung richtet sich nach dem Recht des Vollstreckungsorts.

4 **2) a)** Als **Vorbereitungskosten** sind Kosten der ZwV die der **Ausfertigung** und Zustellung des Urteils (sonstigen Vollstreckungstitels, § 795) nach Abs 1 S 2, somit auch Kosten für Erteilung der vollstreckbaren Ausfertigung (LG Frankenthal JurBüro 79, 1325), für Ermittlung der Schuldnerwohnung, für Urkundenbeschaffung (§ 792), Grundbucheintragung des Schuldners (§ 14 GBO), Parteikosten für Beauftragung eines Rechtsanwalts usw. Abzugrenzen sind die ZwV-Kosten zu den Kosten der Prozeßführung, für die §§ 91 ff Kostenpflicht und Erstattungsverfahren regeln; Kosten für das Verfahren über den Antrag, das Urteil für vorläufig vollstreckbar zu erklären (§§ 534, 716; Düsseldorf MDR 55, 560; Hamm MDR 72, 1043), und für das Räumungsfristverfahren (§§ 721, 794a) fallen im Rechtsstreit an, nicht in der ZwV (§ 721 Rn 11). Kosten einer vom Gläubiger zu bewirkenden **Gegenleistung** (§§ 756, 765) sind durch seine materielle Leistungspflicht verursacht, nicht durch Vorbereitung der ZwV, gehören sonach nicht zu den ZwV-Kosten (Frankfurt JurBüro 79, 1721 = Rpfleger 80, 28; anders Hamburg MDR 71, 145 = NJW 71, 387; LG Ulm NJW-RR 91, 191). ZwV-Kosten sind jedoch die Mehraufwendungen, die bei Erfüllung der Gegenleistung ohne ZwV nicht entstanden wären (GV-Kosten, auch Sachverständigenkosten für Prüfung der Gegenleistung, uU Kosten für Angebot durch den GV, wenn wörtliches Angebot für Vollstreckungsbeginn nicht ausreichend war; Hamburg aaO).

5 **b)** Kosten für Beschaffung und Festlegung einer zur Vollstreckung erforderlichen **Sicherheit** (Bürgschaftskosten, Avalprovision usw) sind als Vorbereitungskosten solche der ZwV (Celle NJW 65, 2261; Düsseldorf JurBüro 84, 598; Frankfurt MDR 78, 233; Hamburg MDR 84, 673; Hamm Rpfleger 76, 220; Karlsruhe Rpfleger 87, 431 [für Arrestvollziehung]); KG JurBüro 85, 1270; Koblenz OLGZ 90, 127 u 93, 211 [213]; Köln JurBüro 79, 763 u JurBüro 95, 496 = Rpfleger 95, 520; München JurBüro 83, 938 = MDR 83, 676 u JurBüro 91, 598; Schleswig JurBüro 81, 1026; offen gelassen von BGH MDR 74, 573 = NJW 74, 693; aA RG 145, 296 [300]; Düsseldorf JurBüro 81, 609 = Rpfleger 81, 121 [für Kosten der Kreditbeschaffung, mwN]; München NJW 70, 1195 u JurBüro 91, 598 [für Zinsen eines Darlehens zur Leistung der Sicherheit]; StJ/Münzberg Rn 9; MK/K.Schmidt Rn 17). Erstattungsfähig sind sie jedoch nur, soweit sie notwendig waren; das kann ausgeschlossen sein für Kosten der Kreditbeschaffung (im Gegensatz zu Kosten einer Bankbürgschaft; Düsseldorf aaO mwN; Köln Rpfleger 95, 520), für Avalprovision, wenn Parteivereinbarung ausschließl im wirtschaftlichen Interesse des Gläubigers Sicherheit durch Bankbürgschaft ermöglicht hat (Bamberg JurBüro 87, 933), für Zinsverluste infolge Hinterlegung eigenen Kapitals (Düsseldorf aaO; Hamm MDR 82, 416; Köln aaO; München MDR 68, 158 = NJW 68, 257 u JurBüro 91, 598) und für Anwaltskosten zur Beschaffung der Prozeßbürgschaft (Frankfurt MDR 82, 412; München MDR 89, 364; Schleswig aaO; Stuttgart JurBüro 82, 560) sowie Hinterle-

gung (Schleswig JurBüro 84, 941; aA Karlsruhe JurBüro 84, 1515). Notwendigkeit der Kosten einer Avalprosision besteht so lange, bis die Bürgschaft an die Bank zurückgegeben werden kann (Karlsruhe NJW-RR 87, 128); Kosten, die wegen verspäteter Rückgabe der Bürgschaftsurkunde entstanden sind, gehören zu den zu erstattenden notwendigen, wenn der Schuldner mit der Rückgabe in Verzug war, nicht somit, wenn der Gläubiger die Urkunde nicht zurückgefordert hat (Stuttgart JurBüro 96, 37 mwN). Kosten des **Schuldners** für Sicherheitsleistung zur Abwendung der ZwV sind für Rechtsverteidigung gegen ZwV, sonach aus Anlaß der ZwV entstanden; sie gehören damit gleichfalls zwar zu den ZwV-Kosten (Celle Rpfleger 83, 498; Frankfurt JurBüro 86, 109; Schleswig JurBüro 78, 122; 81, 444 mit Anm Mümmler; 84, 140; 85, 940; 88, 257 u 93, 622 mwN; aA Köln JurBüro 79, 906); gilt nicht für freiwillige, nicht nach § 712 gestattete Sicherheitsleistung (Koblenz JurBüro 85, 943; aA Karlsruhe JurBüro 90, 64; Schleswig JurBüro 85, 940; Stuttgart JurBüro 89, 1751). Im Kostenfestsetzungsverfahren können sie (nach Aufhebung des Urteils) aber nicht geltend gemacht werden, weil § 788 keine Festsetzungsgrundlage (s Rn 21) bildet (anders Düsseldorf MDR 87, 766 = NJW-RR 87, 1210 u JurBüro 88, 879; Karlsruhe u Stuttgart je aaO; Schleswig JurBüro 88, 257). Diese Kosten gehören als dem Schuldner selbst erwachsene ZwV-Kosten (Rn 24) auch nicht zu den nach Abs 2 zu erstattenden Kosten (insoweit aA Celle aaO); Anspruch auf Erstattung solcher Aufwendungen kann nur nach § 717 II, III oder mit selbständiger Klage geltend gemacht werden (Bamberg JurBüro 78, 1247; Hamburg JurBüro 85, 778; Hamm MDR 78, 234 u JurBüro 87, 1083; KG NJW 78, 1440, je mwN, auch für Gegenansicht; aA Frankfurt JurBüro 86, 109; Koblenz JurBüro 80, 461; Nürnberg JurBüro 85, 776; Schleswig JurBüro 84, 140). Kosten bei Einstellung der ZwV nach § 769 s LG Berlin JurBüro 91, 965 mwN.

c) Kosten für (anwaltliche) **Zahlungsaufforderung** nach Erwirkung des Vollstreckungstitels 6
mit Vollstreckungsandrohung (Mahnschreiben; nicht aber für erste Nachricht an den Rechtsanwalt des Schuldners; Stuttgart JurBüro 84, 143) sind als Vorbereitungskosten solche der ZwV (aA StJ/Münzberg Rn 13a). Erstattungsfähig sind sie jedoch nur bei Notwendigkeit (Rn 9). Diese erfordert zwar nicht vorherige Zustellung des Titels (wegen § 750 I; Frankfurt JurBüro 88, 786; Köln JurBüro 86, 1582; Saarbrücken JurBüro 82, 242; aA Bremen JurBüro 84, 298; Düsseldorf JurBüro 81, 1028; München MDR 89, 652; LAG Hamm MDR 94, 202), kann aber nur bejaht werden, wenn Kosten eines im Zeitpunkt der Mahnung an ihrer Stelle erteilten Vollstreckungsauftrags notwendig entstanden wären. Notwendigkeit der Mahnkosten ist zu verneinen, wenn ein ZwV-Auftrag Vollstreckungsbeginn noch nicht ermöglicht hätte, weil Voraussetzungen der ZwV, die nicht zugleich bei Beginn vorgenommen werden können, noch nicht erfüllt waren (Köln JurBüro 82, 1525), zB die vollstreckbare Ausfertigung noch nicht erteilt war (KG JurBüro 87, 390; LG Tübingen JurBüro 82, 244; LAG Düsseldorf JurBüro 88, 740; LAG Frankfurt JurBüro 86, 1205; LAG Hamm MDR 84, 1053; ArbG Dortmund JurBüro 90, 1521), die Wartefrist der § 750 III, § 798 noch nicht abgelaufen war (Hamburg JurBüro 83, 92; Stuttgart JurBüro 82, 560; Köln JurBüro 82, 1525; LG Göttingen DGVZ 95, 73), die Wartefrist des § 882a oder bei Vollstreckung gegen eine Gemeinde eine Wartefrist nach landesrechtl Vorschrift (§ 15 Nr 3 EGZPO) nicht gewahrt war (aA SchlHOLG JurBüro 95, 33), der Schuldner nach einer Zug-um-Zug-Verurteilung sich noch nicht in Verzug befunden hat (§§ 756, 765; Hamm JurBüro 92, 406), aber auch Sicherheit des Gläubigers nicht geleistet (nachgewiesen) war (Koblenz MDR 85, 943 = NJW 85, 1657, JurBüro 89, 91 u Rpfleger 95, 313; AG Münster DGVZ 94, 159; anders für gleichzeitige Zustellung der Bürgschaftsurkunde Düsseldorf MDR 88, 784) oder noch rechtzeitige Leistung des Schuldners (Rn 9) entgegensteht.

d) Kosten eines im Vollstreckungsverfahren geschlossenen **Vergleichs** (vgl BGH MDR 92, 137; 7
auch zur Vermeidung weiterer ZwV) gehören dem Grundsatz nach zu den ZwV-Kosten (KG JurBüro 81, 1359 = MDR 81, 1029 = Rpfleger 81, 410; Stuttgart JurBüro 94, 739 = Rpfleger 94, 367; Zweibrücken MDR 92, 909 = Rpfleger 92, 408; LG Darmstadt Rpfleger 85, 325 mwN u DGVZ 95, 45 [46]; LG München I MDR 89, 169; AG Traunstein MDR 91, 260; AG Westerstede MDR 91, 453; aA Frankfurt MDR 73, 860; auch Köln JurBüro 79, 1642; LG Aachen JurBüro 85, 1734; LG Siegen JurBüro 83, 1569 u DGVZ 91, 27). Die Parteien können vergleichsweise jedoch die prozessuale Kostenfolge des § 788 I wirksam ausschließen. Nach dem auch für den ZwV-Vergleich geltenden § 98 S 1 ist eine solche Abrede im Zweifel anzunehmen (KG aaO). Daher sind die durch den Vergleich bedingten Mehrkosten des Gläubigers bei Notwendigkeit nur nach Abs 1 beitreibbar (und nur festsetzbar), wenn der Schuldner sie ausdrücklich übernommen hat. Fehlt eine solche Abrede, so sind die Vergleichskosten entspr § 98 S 1 als gegeneinander aufgehoben anzusehen (Düsseldorf MDR 94, 1052 = Rpfleger 94, 264; KG aaO). Das gilt auch für die Kosten eines im Vollstreckungsverfahren abgeschlossenen Ratenzahlungs/Teilzahlungsvergleichs (anders LG Ingolstadt JurBüro 89, 1546 = Rpfleger 89, 256; LG Baden-Baden DGVZ 91, 79 = JurBüro 91, 1273; LG Münster DGVZ 95, 168: sind nicht Kosten der ZwV); treffen sie demnach den Schuldner, dann ist eine anwaltliche Vergleichsgebühr (zur Frage, ob und wann sie entsteht s die Kommentare zu § 23 BRAGO) nach § 91 II S 1 erstattungsfähig, andere Vergleichskosten sind es bei Notwendig-

keit. Enthält der Vergleich, mit dem die Parteien das Urteil aufheben, eine Vereinbarung über die „Kosten des Rechtsstreits", so werden die Kosten bereits betriebener ZwV nicht umfaßt (KG MDR 79, 408; Frankfurt MDR 80, 60 = Rpfleger 79, 429).

8 3) a) **Notwendige ZwV-Kosten fallen dem Schuldner zur Last** (Abs 1 S 1). Diese Regelung beruht auf der Entscheidung des Gesetzgebers, daß die obsiegende Partei die notwendigen Kosten der durch das Urteil (den sonstigen Vollstreckungstitel) eröffneten Maßnahmen zur Verfolgung und Durchsetzung ihres Anspruchs von dem Schuldner (als Unterlegenem) zurückfordern kann. Die Kostenpflicht des § 788 I ist unabhängig von der für die Kosten des Rechtsstreits. Der Kostenausspruch des Schuldtitels bestimmt nur die Erstattung der Prozeßkosten; für ZwV-Kosten hat er keine Bedeutung. ZwV-Kosten können auch zu einem Zeitpunkt entstehen, beigetrieben und festgesetzt werden, zu dem es noch an einer Kostenentscheidung in der Hauptsache fehlt (Koblenz Rpfleger 75, 324).

9 **b) aa)** Kostenpflichtig ist der Schuldner (nur) für **notwendige Kosten** der ZwV (Abs 1 mit § 91). Die Notwendigkeit bestimmt sich für Art und Umfang der Vollstreckungsmaßnahmen nach den Erfordernissen zweckentsprechender Rechtsverfolgung. Auch in der ZwV hat der Gläubiger (wie jede Partei) seine Maßnahmen zur Wahrung seiner Rechte so einzurichten, daß die Kosten möglichst niedrig gehalten werden (Naumburg JW 37, 2825; KG Rpfleger 72, 459; Frankfurt JurBüro 81, 397 = Rpfleger 81, 161). Gesetzliche Gebühren (insbes § 57 [Angelegenheit § 58] BRAGO) und Auslagen des **Rechtsanwalts** des Gläubigers, der notwendige ZwV-Maßnahmen betreibt (dies für „obsiegende Partei"), sind nach Maßgabe des § 91 II erstattungsfähig (Bamberg JurBüro 79, 1520). In eigener Sache sind dem Rechtsanwalt als Gläubiger sonach Gebühren und Auslagen zu erstatten, die ein bevollmächtigter Anwalt verlangen könnte (§ 91 II S 4).

9a **bb)** Ob eine ZwV-Maßnahme **notwendig** war, Kosten somit erstattungsfähig sind, bestimmt sich nach dem Standpunkt des Gläubigers zu dem **Zeitpunkt**, in dem die Kosten durch die Vollstreckungsmaßnahme verursacht sind (Düsseldorf Rpfleger 75, 265; Frankfurt JurBüro 88, 786; Koblenz DGVZ 84, 56; LG Hannover JurBüro 90, 1679; LG Heilbronn DGVZ 94, 172; LG Wiesbaden DGVZ 89, 13 = JurBüro 89, 652; Münzberg JurBüro 90, 780; StJ/Münzberg Rn 18). Wesentlich ist, ob der Gläubiger die Maßnahme zu dieser Zeit objektiv für erforderlich (notwendig) halten konnte, auch wenn sie erfolglos geblieben ist (Hamburg NJW 63, 1015; Karlsruhe Justiz 80, 199 u 86, 410; Münzberg aaO [auch zur Beweislast]) oder nach Leistung des Schuldners der Antrag zurückgenommen wurde (München Rpfleger 69, 402). Notwendigkeit besteht **nicht** für Kosten unzulässiger (München Rpfleger 68, 40; KG Rpfleger 68, 229; LG Berlin JurBüro 85, 1580 [Räumung nach Tod des Schuldners]), schikanöser, überflüssiger oder offenbar aussichtsloser ZwV-Maßnahmen und nicht für ungerechtfertigte (vermeidbare) Mehrkosten notwendiger ZwV. **Nicht** notwendig sind zB Kosten eines nicht ausgeführten Vollstreckungsantrags, weil der Gläubiger die (bekannte oder feststellbare) Anschrift des Schuldners nicht richtig angegeben hat (AG Itzehoe DGVZ 80, 28), oder weil er den Drittschuldner unzureichend bezeichnet hat (Bamberg JurBüro 78, 243), Mehrkosten für verschiedene Mobiliar- oder Forderungspfändungen, wenn für Forderungen aus mehreren Schuldtiteln ein Vollstreckungsantrag möglich war (AG Memmingen Rpfleger 89, 302; AG Oldenburg DGVZ 81, 30), Kosten eines neuerlichen Pfändungsantrags nach bereits fruchtloser ZwV, wenn kein konkreter Anhalt dafür bestand, daß der Schuldner pfändbares Vermögen erworben haben könnte, ebenso Kosten des mit dem Auftrag zur Verhaftung verbundenen Pfändungsauftrags (LG Aachen DGVZ 88, 41 u JurBüro 90, 778; LG Frankfurt DGVZ 89, 41 = Rpfleger 89, 126; LG Heilbronn DGVZ 94, 172 = MDR 94, 951; LG Köln JurBüro 85, 551; LG Oldenburg DGVZ 91, 41 = JurBüro 91, 1003; LG Paderborn JurBüro 84, 464; AG Obernburg/LG Aschaffenburg MDR 83, 939; aA bei Zeitablauf LG Münster DGVZ 90, 125; AGe Ludwigsburg u AG Peine DGVZ 82, 14 u 95; noch weitergehend LG Oldenburg JurBüro 84, 884; AG Lüdinghausen JurBüro 82, 1040).

9b **cc)** Die Notwendigkeit von ZwV-Maßnahmen bei **nicht rechtzeitiger Leistung** ist dem Grundsatz nach zu bejahen (Koblenz Rpfleger 95, 313: 2 Wochen nach rechtskräftiger Verurteilung in 2. Instanz; Köln JurBüro 93, 604 = Rpfleger 93, 120: nach Ablauf der Rechtsmittelfrist, bei Kosten der Wartefrist des § 798). Umstände und Besonderheiten des Einzelfalls können jedoch eine andere Beurteilung erfordern. Einleitung der ZwV sogleich nach Vorliegen aller Vollstreckungsvoraussetzungen ohne Gewährung angemessener Frist für freiwillige Leistung (s BVerfG 84, 6 = NJW 91, 2758: 6 Wochen für Bundesinnenministerium) kann daher verfrüht sein (Frankfurt JurBüro 88, 786: für leistungsbereiten Schuldner; Hamburg MDR 85, 593 u Düsseldorf JurBüro 91, 231: wenn Zahlung durch Haftpflichtversicherung erfolgen wird [Notwendigkeit aber 21 Tage nach Zustellung des Kf-Beschlusses an Haftpflichtversicherung bejaht von Nürnberg NJW-RR 93, 1534]; Schleswig JurBüro 90, 923: sogleich nach Sicherheitsleistung für eine durch Haftpflichtversicherung zu erfüllende Forderung; Koblenz JurBüro 95, 208: wenn Zahlung seit Erlaß des unanfechtbaren Berufungsurteils [Freitag vor Pfingsten] wegen mehrerer anschließender Feiertage noch nicht erfolgen konnte; LG Hannover JurBüro 85, 786: Vollstreckung eines arbeitsgerichtlichen Vergleichs gegen früheren Arbeitgeber). Für gerichtlichen Vergleich (ohne Zahlungsfrist) kann eine nur kurze Wartezeit zur freiwilligen Leistung genügen (iE zutr LG Bochum DGVZ 92, 28).

dd) Eine dem Schuldner eingeräumte **Zahlungsfrist** ist verkehrsüblich dahin zu verstehen, daß in dieser Zeit Leistung zu erfolgen hat, eine Geldschuld als Bringschuld (§ 270 I BGB) sonach beim Gläubiger eingegangen sein muß (kann im Einzelfall auch als Frist für Erteilung des Überweisungsauftrags zu verstehen sein; LG Tübingen/Stuttgart JurBüro 86, 392). Gleiches gilt für die **Wartefrist** (§ 750 III, § 798). Kosten einer nach Fristablauf eingeleiteten ZwV sind daher notwendige ZwV-Kosten (LG Itzehoe MDR 74, 1024; LG Nürnberg-Fürth JurBüro 80, 463; aA Celle MDR 69, 1007; LG Hannover DGVZ 91, 57 = JurBüro 91, 1274 u für Zahlungsfrist AG Biedenkopf DGVZ 81, 29; ArbG Mannheim JurBüro 80, 1683; AG Neustadt/Rbge DGVZ 79, 92; für Wartefrist LG Münster NJW-RR 88, 128; AG Ehingen DGVZ 81, 90; LG Bonn JurBüro 81, 1899; AGe Bln-Tempelhof u -Charlottenburg JurBüro 82, 1421 u 88, 1579; AG Ellwangen DGVZ 92, 45; AG Köln DGVZ 83, 191). Vom Schuldner kann erwartet werden, daß er von einer in der Frist veranlaßten, noch nicht ausgeführten Zahlung dem Gläubiger Kenntnis gibt (Christmann DGVZ 91, 106 [107]. Hat dieser damit oder infolge sonstiger Anhaltspunkte hinreichende Gewißheit von der veranlaßten Erfüllung, so ist der Zahlungs/Wartefrist die übliche Laufzeit der Überweisung (des Zahlungswegs) hinzuzurechnen. Bei Zahlungseingang nach Fristablauf sind dann Kosten der sogleich eingeleiteten ZwV nicht notwendig (Zweibrücken JurBüro 88, 929). 9c

c) Gesamtschuldnern der Vollstreckungsforderung fallen nur Kosten gemeinsamer ZwV-Maßnahmen (Pfändung einer gemeinsamen Forderung oder Sache) samtverbindlich zur Last (keine Haftung nach Kopfteilen; § 100 I findet keine Anwendung; aA für den Fall, daß Gläubiger nicht notwendig gemeinsam vorgehen mußte, München MDR 74, 408 = NJW 74, 957). Für Einzelvollstreckung haftet nur der Schuldner, gegen den die ZwV-Maßnahme betrieben wurde; andere Gesamtschuldner haben solche Einzelkosten nicht zu tragen (§ 100 IV findet keine Anwendung; München aaO; Köln MDR 77, 850; LG Aurich FamRZ 73, 203; LG Berlin Rpfleger 77, 220 u MDR 83, 140; LG Frankenthal JurBüro 89, 1264; LG Kassel JurBüro 85, 1271 = Rpfleger 85, 153; LG Lübeck DGVZ 91, 156 = JurBüro 92, 58; LG Osnabrück MDR 72, 700; aA LG Hamburg MDR 69, 583; LG Hannover NdsRpfl 69, 208; AG Walsrode DGVZ 85, 156; Alisch DGVZ 84, 36; Schimpf MDR 85, 102 u DGVZ 85, 177). Das folgt aus dem Grundsatz der Einzelvollstreckung (vor § 704 Rn 21) und der Trennung der Kostenpflicht für Prozeß und ZwV (Rn 8). Mehrkosten gleichzeitiger Einzel-ZwV gegen mehrere (viele) Gesamtschuldner sind nur bei Notwendigkeit (Rn 9) erstattungsfähig (verneint von LG Lübeck DGVZ 86, 119 für gleichzeitige ZwV gegen 20 Gesamtschuldner). Kosten einer einheitlichen Vollstreckungshandlung gegen mehrere Schuldner (Räumungsvollstreckung) fallen diesen gesamtschuldnerisch zur Last (LG Mannheim MDR 71, 769 = NJW 71, 1320); einen mitverurteilten Räumungsschuldner treffen Kosten nicht, wenn er bereits ausgezogen war und die Räumungsvollstreckung nur noch gegen den anderen Schuldner durchgeführt wurde (LG Stuttgart Rpfleger 93, 38). 10

d) Der Gläubiger hat die Kosten **nicht notwendiger** ZwV-Maßnahmen zu tragen, die er veranlaßt hat (arg 1 S 1); dazu gehören auch dem Schuldner durch solche ZwV-Maßnahmen entstandene Aufwendungen (Rn 3). Den Gläubiger treffen somit die Kosten der ZwV, die überhaupt nicht notwendig war (zB infolge rechtzeitiger Leistung), Kosten nicht notwendiger einzelner (zB überflüssiger) ZwV-Maßnahmen und nicht notwendige Mehrkosten notwendiger ZwV-Maßnahmen. Erstattungsanspruch des Schuldners Rn 21. 11

4) Durch ZwV ausgelöste **Kosten anderer Verfahren** sind von den ZwV-Kosten zu unterscheiden; § 788 regelt ihre Erstattungspflicht nicht. Hierher gehören die Kosten besonderer Prozesse, Zwischenstreite, Anträge, Einwendungen, Beschwerden, die durch die beabsichtigte oder begonnene ZwV verursacht sind (§§ 732, 738, 742, 744, 744a, 749, 766–774, 777, 785 ff, 797, 805, 810 II, 825, 885 IV, 930 III). Über die Verpflichtung zur Tragung dieser Kosten hat das Gericht im Urteil oder Beschluß des betr Verfahrens nach §§ 91 ff zu entscheiden. Die **einstw Anordnungen** nach §§ 707, 719, 769, 732 II, 766 I S 2 usw enthalten einen Ausspruch über die Kostenpflicht nicht; die Kosten der Anordnung sind Teil der Kosten des nachfolgenden Verfahrens. Wenn jedoch das Streitgericht von der vorausgegangenen einstw Anordnung des Vollstreckungsgerichts (§ 769 II) keine Kenntnis hatte oder mit der Sache überhaupt nicht mehr befaßt worden ist, so hat das Vollstrekkungsgericht selbst auf Antrag nachträglich über die Verpflichtung zur Tragung der Kosten der einstw Anordnung gem § 91 zu entscheiden. Hierbei hat es zu berücksichtigen, daß das Anordnungsverfahren an sich nur ein Durchgangsabschnitt zu dem bei Weiterbetrieb der Sache folgenden Rechtsstreit darstellt, in dem über die Rechtmäßigkeit der ZwV endgültig entschieden werden soll. Infolgedessen hat es dem in letzterem unterlegenen Teil auf Antrag die Kosten des Anordnungsverfahrens aufzuerlegen. Hat aber der Antragsteller Erhebung des Widerspruchs oder der Vollstreckungsgegenklage unterlassen, so ist zu unterscheiden: **Gibt der Pfandgläubiger,** ohne vorher aufgefordert worden zu sein, auf Grund der einstw Anordnung den Pfandgegen- 12 stand sofort **frei,** so fallen die Kosten des Anordnungsverfahrens nach § 93 dem Antragsteller zur Last; erklärt dagegen jener erst nach unbegründetem Zögern die Freigabe, so hat er als unterliegender Teil nach § 91 die Kosten der einstw Anordnung zu tragen. Versäumt der Antragsteller innerhalb der Frist des § 769 II Klage zu erheben und wird infolgedessen die ZwV fortgesetzt, so treffen ihn die Kosten. **Nimmt der Antragsteller** (Schuldner, Gläubiger, Dritte) **den** an das Vollstreckungs- oder Prozeßgericht gestellten **Antrag** (Einwendung usw) **zurück,** bevor dem Gegner in der Sache Kosten erwachsen oder nachdem sie ihm erstattet sind, so kann letzterer mangels rechtlichen Interesses eine Kostenentscheidung nicht beantragen. Hat der Gegner aber ein derartiges Interesse, sind ihm zB Kosten für Zeitversäumnis, Beiziehung eines Anwalts, entstanden und noch nicht ersetzt, so hat das Gericht auf Antrag in Anwendung des § 269 III S 2, 3 dem anderen Teil, der die Einwendung usw zurückgenommen hat, die Kosten aufzuerlegen, und zwar auch dann, wenn es sich um ein durch Beschluß zu erledigendes Verfahren handelt, ohne Unterschied, ob er die Zurücknahme wegen Aussichtslosigkeit des Antrags oder wegen Befriedigung oder wegen sonstiger Erledigung der Sache erklärt hat (BayZ 24, 238).

13 **IV) Einzelfälle (erstf** = erstattungsfähig):

● **Ablösung** der Gläubigerforderung durch einen gefährdeten Dritten begründet keine ZwV-Kosten, sondern bewirkt Forderungsübergang (§ 268 III BGB). Rechtsnachfolgeklausel: § 727 Rn 7; Einwendungen für Schuldner: § 775 Rn 3.

● **Anwartschaft:** Aufwendungen des Gläubigers zur Ablösung des Eigentumsvorbehalts bei Abzahlungskäufen erstf (LG Aachen Rpfleger 68, 60; LG Bonn Rpfleger 56, 44 mit zust Anm Berner; Petermann Rpfleger 58, 169 [173]; Stöber Fdg Pfdg Rn 1500; aA Jonas JW 36, 632; StJ/Münzberg/Brehm § 788 Rn 15 u § 857 Rn 86).

● **Anwesenheit des Gläubigers** bei der ZwV, Zeitversäumnis und Fahrtkosten: notwendige erstf.

● **Auskunft** über Anschrift des Schuldners, Arbeitgeber und Kreditwürdigkeit: erforderliche (auch bei erfolglos gebliebener Anfrage) erstf (LG Bonn JurBüro 90, 349; LG Köln JurBüro 83, 1571).

● **Detektivkosten** zur Vorbereitung der Vollstreckung (zB bei Herausgabe eines Kindes; zur Ermittlung der Anschrift des polizeilich nicht gemeldeten oder vom Einwohnermeldeamt wegen einer Auskunftssperre nicht benannten Schuldners): erforderliche erstf (vgl KG JW 38, 2844; LG Aachen JurBüro 85, 1734; LG Berlin JurBüro 85, 628 u Rpfleger 86, 107; LG Bochum JurBüro 88, 256 [Ermittlung der Arbeitsstelle, wenn OE-Verfahren wegen § 903 nicht zulässig ist]; LG Münster MDR 64, 683; Koblenz Rpfleger 96, 120 L [zur Notwendigkeit]), nicht aber bei nur allgemeiner Überwachung des Schuldners (LG Hannover MDR 89, 364) und nicht bei grundloser (vermeidbarer) Einschaltung der Detektei (LG Berlin Rpfleger 90, 37; LG Köln JurBüro 69, 362).

● **Eidesstattl Versicherung:** Kosten des Verfahrens, der Verhaftung, Vorführung und Haftvollstreckung erstf (Königsberg JW 31, 1123).

● **Erbschein** für ZwV: erstf.

● **Eintragung** in das **Grundbuch:** Sicherungshypothek s dort. Einer Vormerkung auf Grund einstw Verfügung (§ 885 I BGB) erstf. Die Eintragung ist Vollziehung (§ 941 Rn 2), die Kosten sind damit solche der ZwV (Düsseldorf MDR 85, 770; KG JurBüro 91, 1412 = Rpfleger 91, 433; aA Köln JurBüro 87, 763; München JurBüro 74, 1036). Entsprechendes gilt für andere Eintragungen auf Grund einstw Verfügung (Widerspruch, § 899 II BGB [aA München aaO]; Veräußerungsverbot usw) sowie für solche Eintragungen in das Schiffsregister. Ersetzt das Urteil eine Bewilligung oder sonst zur Eintragung erforderliche Erklärung (§§ 894, 895), dann ist es urkundliche Eintragungsgrundlage (§ 29 GBO); die Eintragung ist dann nicht Maßnahme der ZwV (vgl § 894 Rn 5), Eintragungskosten sind somit nicht Kosten der ZwV (Celle NJW 68, 2246 [2247]).

● **Eintragung** in das **Handelsregister:** nicht erstf. Verurteilung zur Anmeldung ist Eintragungsgrundlage im Registerverfahren (§ 16 I S 1 HGB); ZwV findet nicht statt (KG MDR 71, 1020).

● **Erhaltung** der Pfandsachen durch sachgemäße Unterbringung oder Versicherung: erstf (Kiel OLG 29, 199).

● **Forderungspfändung:** erstf bei Notwendigkeit, nicht bei bloßer Verdachtspfändung (wenn Beschluß ohne Anhaltspunkte für das Bestehen der Forderung erwirkt wurde) (AG Frankfurt DGVZ 94, 46). Mehrkosten durch selbständige (getrennte) Pfändung mehrerer Forderungen des Schuldners an verschiedene Drittschuldner sind (ohne sachliche Notwendigkeit für Einreichung gesonderter Anträge) nicht erstattungsfähig (Stöber JVBl 65, 152; Düsseldorf MDR 93, 701 = JurBüro 94, 351; LG Aschaffenburg Rpfleger 74, 204; LG Nürnberg-Fürth Rpfleger 72, 108; AG Memmingen Rpfleger 89, 302), desgl nicht Mehrkosten für Pfändung einer Forderung des Schuldners durch gesonderte Beschlüsse bei gleichzeitiger Vollstreckung mehrerer Schuldtitel (Hauptsache- und Kostentitel; AG Oldenburg/Holst DGVZ 81, 30).

● **Futterkosten** für gepfändetes Vieh: erstf (Kiel OLG 29, 199); s auch nachf Stichwort.

● **Gebühren und Auslagen** des GV, auch soweit sie durch Zuziehung von Zeugen und Sachverständigen oder durch Unterbringung und Unterhaltung von gepfändeten Tieren entstanden sind, ferner der durch die Vollstreckung eines Arrestes oder einer einstw Verfügung entstandenen, erstf (LG Breslau JW 20, 1046; LG Oppeln JW 16, 1554). Kosten eines Mietfahrzeugs zur Beförderung des verhafteten Schuldners, wenn Verhaftungsversuch erfolglos, erstf (AG Bln-Neukölln DGVZ 79, 190; aA SchlHVG DGVZ 79, 14 mit abl Anm Schriftl).

- **Gesamtschuldner:** Bei Haftpflichtversicherer und Versichertem kann nur die Aufforderung an den Haftpflichtversicherer als notwendige Maßnahme angesehen werden (Hamburg JurBüro 79, 1721).

- **Grundbuchauszug** zur Liegenschaftsvollstreckung: erstf, auch wenn Vollstreckung wegen späterer Befriedigung durch den Schuldner unterbleibt (Karlsruhe JW 30, 729).

- **Gutachten** für Ermittlung des Wertes und Prüfung der Reife der Früchte auf dem Halm sowie über den Betrag der vom Schuldner nach § 887 II vorauszuzahlenden Kosten: erstf (KG OLG 25, 171), für Ermittlung der voraussichtlichen Kosten zur Beseitigung der verschiedenen Handwerksbereichen zuzuordnenden Baumängel erstf (Frankfurt MDR 83, 140).

- **Handlung:** Kosten des Gläubigers dafür, daß er die Sache, an der der Schuldner eine Handlung vorzunehmen hat, auf dessen Wunsch in seinen Herrschaftsbereich bringt, erstf (Frankfurt JurBüro 81, 1583 = Rpfleger 81, 495).

- **Hebegebühr** des Rechtsanwalts (§ 22 BRAGO) s § 91 Rn 13 „Geld".

- **Herausgabe** einer Sache § 883 Rn 11.

- **Inkassobüro:** nicht erstf, wenn Gläubiger anwaltschaftlich vertreten wird (LG Berlin Rpfleger 75, 373; LG Wiesbaden DGVZ 89, 13 = JurBüro 89, 652; AG Homburg DGVZ 96, 46; AG Paderborn JurBüro 85, 1896; s auch Heider DGVZ 77, 82; Lappe Rpfleger 85, 282; Schmidt Rpfleger 70, 82), sonst erstf bis zur Höhe von Anwaltskosten (LG Hamburg JurBüro 90, 1292; AG Ibbenbüren DGVZ 88, 78; AG Straubing JurBüro 87, 933; für eigene Gebührensätze LG Münster JurBüro 91, 1215), wenn Gläubiger Einschaltung des Inkassobüros zur Beitreibung der Forderung für erforderlich (erfolgversprechend und damit notwendig) halten konnte (LG Nürnberg-Fürth JurBüro 87, 1258), selbst wenn dessen Bemühungen letztlich erfolglos bleiben und dann der Gläubiger einen Rechtsanwalt zuzieht (LG Wiesbaden aaO; anders LG Landau DGVZ 88, 28; LG Mosbach Rpfleger 84, 199; AG Kreuznach Rpfleger 84, 367).

- **Lagerung des Pfandgegenstandes,** Kosten hierfür erstf; dies auch für bei Räumung einem Lagerhalter für Aufbewahrung der Möbel des Mieters zu zahlende Beträge, wenn Mieter zur Unterbringung der Möbel nicht bereit oder nicht imstande war und der GV deshalb die Unterbringung veranlassen mußte (Karlsruhe Rpfleger 74, 408); des mit der Zwangsräumung beauftragten, aber nicht in Anspruch genommenen Spediteurs, erstf (LG Berlin DGVZ 77, 118); nicht erstf: Transport- und Lagerkosten, wenn Schuldner auf Grund einstw Verfügung an vom Gläubiger beauftragten GV bewegliche Sachen zur Sicherstellung herausgegeben hat (LG Berlin DGVZ 76, 156; aA LG Stuttgart DGVZ 81, 26).

- **Löschung** einer Zwangs- oder Arrestsicherungshypothek: Kosten dafür sind keine ZwV-Kosten (Frankfurt JurBüro 81, 786; München MDR 89, 460; LG Berlin JurBüro 88, 1419 = Rpfleger 88, 547), auch nicht die Kosten der Löschungsbewilligung (KG JurBüro 78, 764 = Rpfleger 78, 150; Stuttgart JurBüro 81, 285 = Rpfleger 81, 158; s auch Sicherungshypothek). Gleiches gilt für Kosten der Löschung eines aufgrund einstw Verfügung eingetragenen Widerspruchs (SchlHOLG JurBüro 88, 763).

- **Mietaufwendungen** für Bereitstellung einer Ersatzwohnung: nicht erstf (LG Münster JMBl NRW 55, 7).

- **Notfristzeugnis:** erstf.

- **Patentanwaltskosten:** Erstf beurteilt sich nach § 91 I S 1; § 32 V WZG gilt nur für Erkenntnisverfahren (Hamburg JurBüro 86, 1906).

- **Pfändungsankündigung** s § 845 Rn 6.

- **Privatgutachten:** Kosten können erstf sein (Zweibrücken JurBüro 86, 467 [s auch Gutachten]).

- **Protokollabschriften** aus dem VollstrAkt (§ 760) erstf.

- **Rechtskraftzeugnis:** erstf (Posen OLG 25, 64).

- **Rechtsstreit:** Kosten eines nach Forderungspfändung gegen den Drittschuldner geführten, nicht von vornherein aussichtslosen **Rechtsstreits:** erstf (Düsseldorf JurBüro 90, 1014; LAG Bremen NJW 61, 2334; LG Berlin JurBüro 85, 1898; enger Stuttgart Rpfleger 96, 117 [nicht bei Unterliegen im Drittschuldnerprozeß]; aA [sind keine ZwV-Kosten] Bamberg JurBüro 94, 612; München MDR 90, 931 = Rpfleger 90, 258; Schleswig JurBüro 92, 500; LG Berlin DGVZ 90, 138 = JurBüro 90, 1678), und zwar auch Kosten für Zeitversäumnis und Zuziehung eines Prozeßbevollmächtigten (§ 12a I ArbGG; Düsseldorf MDR 90, 730 = Rpfleger 90, 527; Karlsruhe JurBüro 94, 614 = MDR 94, 95; KG MDR 89, 745 [Aufgabe von KG JurBüro 77, 259 = Rpfleger 77, 178]; Koblenz JurBüro 87, 1257 = Rpfleger 87, 385 u JurBüro 91, 602; Köln Rpfleger 74, 164; LG Bielefeld MDR 70, 1021; LG Bochum Rpfleger 84, 286; LG Krefeld MDR 72, 788; LG Mainz NJW 73, 1134; LG Mannheim MDR 89, 746; LG München MDR 66, 338; LG Oldenburg JurBüro 91, 727 = Rpfleger 91, 218; LG Saarbrücken JurBüro 95, 271; LG Tübingen MDR 82, 944 = NJW 82, 1980; LG Ulm AnwBl 75, 239; vgl auch AG Herborn MDR 66, 849; aA LG Hamburg MDR 62, 829; LAG Bad-Württ Rpfleger 86, 28; LAG Frankfurt AnwBl 79, 28).

- **Rückgabe der Sicherheit:** Kosten der Rückgabe einer vom Gläubiger für Vollstreckbarkeit des Urteils bestellten Sicherheit sind erstf, mag die Mitwirkung des Gerichts bei Rückgabe in Anspruch genommen werden oder nicht (RG Gruchot 38, 501).

- **Sachverständigenkosten** des Gläubigers zum Nachweis der Nachbesserung für ZwV einer Zug-um-Zug-Forderung: nicht erstf, weil Prüfung dem GV obliegt (§ 756 Rn 8; Köln MDR 86, 1033).

- **Sequestration:** § 938 Rn 9.
- **Sicherungshypothek:** Eintragungskosten erstf; die Kosten der ZwV aus der ZwHypothek sind nicht mehr Kosten des Leistungstitels, sondern des für die ZwV aus der Hypothek erforderlichen Duldungstitels (Düsseldorf Rpfleger 75, 355); s auch Löschung.
- **Steuerberaterkosten** für Geltendmachung eines gepfändeten Anspruchs auf Steuererstattung: bei Notwendigkeit (§ 91 I) erstf (Hansens JurBüro 85, 1 u 89, 1033; LG Dortmund JurBüro 90, 1050; LG Düsseldorf DGVZ 91, 11 = JurBüro 91, 130; anders LG Berlin DGVZ 85, 43: keine ZwV-Kosten; nicht richtig). Sie ist im Regelfall nicht gegeben, so insbes dann, wenn der Gläubiger ohne weiteres in der Lage gewesen wäre, den formularmäßigen Erstattungsantrag selbst zu stellen (LG Gießen DGVZ 94, 8; AG Melsungen DGVZ 83, 140; Erstf dagegen bejaht von LG Essen JurBüro 85, 412; LG Kassel JurBüro 83, 1837 und, bis zur Höhe der Kosten eines Rechtsanwalts, LG Heilbronn JurBüro 83, 1570 mit zust Anm Mümmler); verneint für „Gebühr" des Gläubigervertreters LG Köln JurBüro 90, 1355).
- **Stundung:** Kosten einer infolge Stundung aufgehobenen oder hinausgeschobenen ZwV erstf; das gleiche gilt von dem durch ein Stundungsgesuch des Schuldners veranlaßten Schriftverkehr des Prozeßbevollmächtigten des Gläubigers mit dem Schuldner und GV.
- **Transportkosten** für Abholung von Pfandstücken erstf (AG Itzehoe DGVZ 85, 124). Herausgabevollstreckung: § 883 Rn 11. Kosten des eigenmächtigen Transports des nach Zug-um-Zug-Verurteilung zurückzugebenden Gegenstandes nicht erstf (LG Aurich JurBüro 84, 943).
- **Übersetzungskosten** für eine zur Auslandsvollstreckung nach staatsvertraglicher Regelung erforderliche Übersetzung, erstf (LG Berlin JurBüro 86, 1585).
- **Veröffentlichung** eines Urteils, wenn Befugnis zuerkannt, erstf; wenn Urteil keine Veröffentlichungsbefugnis enthält, nicht erstf (Stuttgart JurBüro 83, 940 = Rpfleger 83, 175).
- **Vorbereitung** von Handlungen des Gläubigers auf Grund von Ermächtigungen gem §§ 928, 936: erstf.
- **Vorpfändung** § 845 Rn 6.
- **Weitere vollstr Ausfertigung:** erstf (nur), wenn Erforderlichkeit nicht vom Gläubiger zu vertreten ist (Hamm JurBüro 92, 431), somit nicht bei versehentlicher Aushändigung der Erstausfertigung.
- **Zeugengebühren** im Falle des § 759: erstf.
- **Zurücknahme** des Vollstreckungsgesuchs: Kosten erstf, wenn auf Ersuchen des Schuldners erfolgt.
- **ZwVKosten:** erstf sind die Kosten einer früheren fruchtlosen ZwV aus demselben Titel, die Mehrkosten mehrfacher Beitreibungen, wenn der Gläubiger nicht in der Lage ist, alle entstandenen Kosten gemeinsam beizutreiben (LG Berlin JW 18, 109; RG JW 99, 41). Erstf sind auch die Kosten einer notwendigen Vorbereitung der ZwV (KG OLG 25, 171), wenn die Vollstreckungsmaßregel auch in Gang gebracht, im Falle des § 887 also mindestens der Antrag gestellt ist. Nicht erstf sind Aufwendungen, die nur mittelbar der Vollstreckung dienen, wie zB Aufwendungen, um die gepfändeten Gegenstände von Rechten Dritter zu befreien (KGBl 1910, 116; Koblenz Rpfleger 77, 66; vgl auch München OLG 18, 398). Erstf sind die Kosten der Wahrnehmung des **Versteigerungstermins** durch Gläubiger (Naumburg JW 34, 2493). Das bei Durchführung der Vollstreckung durch Stundungsgewährung entstandene Schreibwerk ist durch die Vollstreckungsgebühr abgegolten, auch wenn es außergewöhnlich war. Kosten der Ersatzvornahme § 887: erstf (Nürnberg BayJMBl 55, 190). **Kosten aus § 888** erstf; ist Schuldner seiner Verpflichtung erst nachgekommen, nachdem Gläubiger einen Antrag gem § 888 gestellt hatte, so sind die Kosten für diesen Antrag gleichfalls als ZwV-Kosten zu behandeln. Der Antrag des Gläubigers, die Kosten dem Schuldner aufzuerlegen, ist als Kostenfestsetzungsantrag anzusehen (München BayJMBl 52, 93; LG Göttingen NdsRpfl 50, 22 mwN). Für Erstattung der dem Gläubiger im **Verfahren nach § 890** anfallenden Kosten gilt § 788, ebenso für Kosten des Beschlusses nach § 890 II nach einem Prozeßvergleich, da die ZwV bereits mit dem Androhungsbeschluß beginnt (Bremen NJW 71, 58).

14 V) 1) **Beigetrieben** werden die dem Schuldner zur Last fallenden notwendigen Kosten der ZwV zugleich mit dem zur ZwV stehenden Anspruch (Abs 1 S 1). Damit ist festgelegt, daß Vollstreckungstitel für Beitreibung auch der ZwV-Kosten der Hauptsachetitel ist; ein selbständiger (gesonderter) Vollstreckungstitel (vgl § 794 I Nr 2) ist nicht zu beschaffen. Gleichzeitige Beitreibung erfolgt nicht nur wegen der Kosten der beantragten einzelnen Vollstreckungsmaßnahme, sondern auch wegen aller durch frühere ZwV-Maßnahmen bereits angefallener ZwV-Kosten, auch wegen der Vorbereitungskosten. Auf Zinsen erstreckt sich das Beitreibungsrecht nicht (§ 104 I S 2 gilt nur für Festsetzung). Daß auch der Hauptsacheanspruch selbst noch vollstreckt wird, ist nicht notwendig, desgleichen nicht, daß der Hauptsachetitel auf Geldzahlung lautet (LG Berlin Rpfleger 92, 37; LG Stade DGVZ 91, 119 je für Räumungskosten; MK/K.Schmidt Rn 26; StJ/Münzberg Rn 26a). Wenn alle Ansprüche aus dem Schuldtitel schon getilgt sind, können daher auf Grund des Hauptsachetitels rückständig gebliebene ZwV-Kosten (zusammen mit den Kosten ihrer Vollstreckung) auch allein eingezogen werden (§ 109 I GVGA). Für die als Annex der Hauptsachevollstreckung ausgestaltete (kostensparende) Mitvollstreckung der ZwV-Kosten genügt, wie bei ZwV selbst (§ 766), nachträglicher Rechtsschutz den Anforderungen des Art 19 IV GG; für verfassungsrechtliche Bedenken, die Lappe MDR 79, 795 (auch Rpfleger 83, 248) erhebt, findet sich daher kein Anhalt (so auch LG Göttingen JurBüro 84, 141 mit zust Anm Mümmler = Rpfleger 83, 498 mit zust Anm Giebel; Christmann DGVZ 85, 147). Aufhebung des Hauptsacheti-

tels (durch Berufungs-/Revisionsgericht, Vergleich vor Rechtskraft, KG MDR 79, 408, usw) beendet die Möglichkeit der Kostenvollstreckung nach § 788. Teilaufhebung des Hauptsachetitels, auch soweit der noch nicht rechtskräftige Titel durch einen Vergleich gegenstandslos wird, bewirkt, daß schon entstandene ZwV-Kosten nur noch in einer Höhe erstattet verlangt und beigetrieben werden können, in der sie bei Vollstreckung nur wegen der noch bestehenden Forderung entstanden wären (Bremen MDR 87, 854 = NJW-RR 87, 1208; Frankfurt JurBüro 79, 604; Hamburg MDR 79, 944, MDR 81, 763 u JurBüro 91, 1132; KG JurBüro 94, 313 = Rpfleger 93, 291, Karlsruhe Rpfleger 93, 85; Köln JurBüro 79, 763; München MDR 83, 676; Schleswig JurBüro 92, 500; LG Köln JurBüro 91, 600; aA [für Vergleich] Hamm MDR 93, 917), wenn nicht der Vergleich eine abweichende Regelung trifft (wie bei Übernahme weitergehender Zahlungspflicht durch den Schuldner, Koblenz OLGZ 93, 211). Eine Vereinbarung in dem Vergleich über die „Kosten des Rechtsstreits" (oder „Verfahrens") umfaßt ZwV-Kosten nicht (Bremen u KG aaO; Karlsruhe NJW-RR 89, 1150 u MDR 94, 733; Koblenz OLGZ 93, 211 [212]). Einziehung von Vorschüssen zur Durchführung der Vollstreckung ermöglicht § 788 nicht (AG München DGVZ 80, 142).

2) a) Die Zulässigkeit der gleichzeitigen Vollstreckung von **ZwV-Kosten** mit dem Hauptsachetitel ist von dem jeweiligen Vollstreckungsorgan zu **prüfen** (Christmann DGVZ 85, 147; LG Oldenburg DGVZ 93, 156 = JurBüro 94, 741). Es hat zu prüfen (Abs 1 S 1), ob die mit Vollstrekkungsantrag verlangten Kosten dem Grunde nach Kosten der ZwV des mit dem Hauptsachetitel ausgewiesenen Anspruchs sind, ob sie in der verlangten Höhe entstanden sind und ob sie notwendig waren (§ 91). Anerkenntnis des Schuldners schmälert diese Prüfungspflicht nicht (LG Ravensburg JurBüro 90, 46 [47]), weil nur die berechtigte und nicht darüber hinaus eine zugestandene Forderung des Gläubigers beigetrieben werden darf. Für Berücksichtigung eines Ansatzes gelten die gleichen Anforderungen wie für Festsetzung der Kosten. Es genügt daher, daß der **Ansatz glaubhaft gemacht** ist (§ 104 II). Glaubhaftmachung muß sich auf Entstehen, Höhe und Notwendigkeit der ZwV-Kosten erstrecken (LG Darmstadt JurBüro 88, 1087 = Rpfleger 88, 332). Für einem Rechtsanwalt (für die beantragte und für frühere ZwV-Maßnahmen) erwachsene Auslagen für Post- und Telekommunikationsdienstleistungen (nicht jedoch für andere Auslagen, wie zB für Ermittlung der Schuldneranschrift) genügt dessen Versicherung, daß diese Auslagen entstanden sind (§ 104 II S 2). Berücksichtigung von Umsatzsteuerbeträgen erfordert Erklärung des Antragstellers, daß er die Beträge nicht als Vorsteuer abziehen kann (§ 104 II S 3; so auch StJ/Münzberg Rn 25). Im übrigen werden die Anforderungen vielfach überspannt; oft aber werden auch ZwV-Kosten nur pauschal und nicht nachprüfbar geltend gemacht. Glaubhaftmachung und Notwendigkeit der Prüfung erfordern eine übersichtliche Darstellung der einzelnen Kostenbeträge unter Mitteilung der sie auslösenden ZwV-Handlungen und Maßnahmen. Das Vollstrekkungsorgan kann daher vom Gläubiger eine nachprüfbare Aufstellung der Kosten verlangen (LG Kaiserslautern Rpfleger 93, 29). Zur Frage, ob Kosten dargestellt und glaubhaft gemacht werden müssen, somit eine Gesamtabrechnung verlangt werden kann, wenn nur noch ein Rest- oder Teilhauptsachebetrag vollstreckt wird, s § 753 Rn 7. Glaubhaftmachung erfordert aber nicht immer Vorlage aller Belege oder sonst förmliche Beweisführung (§ 294). Auch sonstige geeignete Beweismittel genügen (§ 294 Rn 5); RAKosten für Vollstreckungsauftrag können durch Vorlage des Pfändungsprotokolls (ebenso der an den RAnw gerichteten Unpfändbarkeitsbescheinigung) glaubhaft gemacht werden (LG Darmstadt aaO; LGe Essen u Hagen Rpfleger 84, 202). Was aus sich heraus glaubhaft ist und sich von selbst versteht, braucht nicht durch Vorlage von Belegen usw noch förmlich glaubhaft gemacht werden. Bezugnahme auf dem Gericht sofort verfügbare Akten (nicht der Fall für GV-Akten) genügt (§ 294 Rn 5). Hinweis darauf, daß Kosten bereits bei früheren ZwV-Verfahren von anderen Vollstreckungsorganen als notwendig anerkannt wurden, ersetzt Glaubhaftmachung nicht (AG Karlsruhe-Durlach/LG Karlsruhe DGVZ 79, 173; Herzig JurBüro 66, 619). 15

b) Der **GV** hat den Gläubiger von der Absetzung verlangter, aber nicht als erstattungsfähig festgestellter ZwV-Kosten zu **verständigen** (auch § 130 Nr 1 GVGA). Das Vollstreckungsgericht hat den Vollstreckungsantrag hinsichtlich nicht erstattungsfähiger ZwV-Kosten als unbegründet zurückzuweisen. 16

3) Rechtsbehelfe des Gläubigers und Schuldners bestimmen sich nach der ZwV-Handlung, mit der ZwV-Kosten beigetrieben werden oder vollstreckt werden sollen. Rechtsbehelf des Gläubigers somit, wenn der GV die gleichzeitige Beitreibung von ZwV-Kosten ablehnt: § 766 (dann § 793), wenn das Vollstreckungsgericht den Antrag wegen verlangter ZwV-Kosten zurückweist: § 793 (bei Rechtspflegerentscheidung § 11 I RpflG), für Schuldner, wenn er Erstattungsfähigkeit oder Höhe von ZwV-Kosten beanstandet, Erinnerung (§ 766), dann § 793. Der Schuldner hat auch die Möglichkeit, im Rahmen des Verfahrens nach § 767 die zur Vollstreckung gebrachten (nicht festgesetzten) Kosten im ordentlichen Verfahren nachprüfen zu lassen (Düsseldorf Rpfleger 75, 355). Nach Beendigung der ZwV kann der Schuldner nur noch auf Rückzahlung zuviel geleisteter Kosten (ungerechtfertigte Bereicherung) klagen. Die Vollstreckungskosten sind mit ihrer Entste- 17 hung fällig und daher auch aufrechenbar, ohne daß es ihrer Festsetzung bedürfte (Pohle MDR 59, 314).

18 **VI) 1) Festsetzung von ZwV-Kosten** ist trotz der Möglichkeit gleichzeitiger Beitreibung zulässig (BVerfG 84, 6 [7] = NJW 91, 2758 [2759]; BGH 90, 207 [210] = NJW 84, 1968, unstreitig). Nachweis eines besonderen Interesses erfordert sie nicht. Vorteilhaft ist Kostenfestsetzung, wenn die Notwendigkeit der Kosten zweifelhaft werden kann, das ZwV-Organ die Beitreibung ablehnt, ferner bei Fruchtlosigkeit der Vollstreckung (Dresden OLG 25, 227), wenn später der Nachweis der Kosten erschwert ist, zum Beweis bei Behörden, Versicherungen usw, zur Unterbrechung der Verjährung und bei Abgabe der Kostenbelege zu den Akten oder an andere Personen. Festsetzungsgrundlage (§ 103 I) ist der Hauptsachetitel mit § 788 I S 1 (zu den vom Gläubiger zu erstattenden Kosten des Schuldners s jedoch Rn 21 u 26). Wenn Kosten festgesetzt sind, findet die ZwV aus dem Kostenfestsetzungsbeschluß statt (§ 794 I Nr 2). Daß dieser nicht verwendet, sondern nach § 788 I mit beigetrieben wird, ist dadurch nicht ausgeschlossen; die Zulässigkeit der Festsetzung hebt für den Gläubiger die Beitreibungsmöglichkeit des § 788 I nicht auf (aA LG Bad Kreuznach Rpfleger 90, 313; StJ/Münzberg Rn 23).

19 2) Ein besonderes **Verfahren für die Festsetzung** der Kosten der ZwV sieht das Gesetz nicht vor. Es sind die §§ 103–107 über das Verfahren zur Festsetzung der Prozeßkosten entsprechend anzuwenden, mithin auch § 104 I S 2 über Festsetzung von Zinsen (Hamm MDR 92, 1006 = Rpfleger 92, 315; Köln JurBüro 93, 602 = Rpfleger 93, 120; LGe Aachen u Bielefeld Rpfleger 89, 522; LG Münster MDR 89, 77; Lappe Rpfleger 82, 38 zutr gegen AG Groß-Gerau MDR 82, 153; wie dieses Saarbrücken JurBüro 91, 970; LG Bielefeld Rpfleger 86, 152). **Zuständig** ist nach (nicht überzeugend begründeter; s auch MK/K.Schmidt Rn 32) Ansicht des BGH (MDR 82, 728 = NJW 82, 2070; BGH 90, 207 u BGH MDR 86, 732 = NJW 86, 2438) der Rechtspfleger (§ 21 RpflG) des **Prozeßgerichts** des ersten Rechtszugs (damit auch des Arbeitsgerichts), nicht der des Vollstrekkungsgerichts (anders Stöber Rpfleger 66, 296 und früher viele OLGe; jetzt wie BGH: BAG 42, 62 = MDR 83, 611; BayObLG JurBüro 87, 761 = Rpfleger 87, 124; BayObLG 88, 305 [307] u JurBüro 89, 1575 = MDR 89, 918; Bremen JurBüro 81, 397 u 83, 451; Düsseldorf JurBüro 86, 1043; Hamm MDR 87, 854 = Rpfleger 87, 431 u JurBüro 87, 1709; Koblenz JurBüro 83, 297 = Rpfleger 83, 85; München JurBüro 90, 259 = MDR 90, 162; Zweibrücken MDR 87, 332; s außerdem KG JurBüro 85, 1562 = Rpfleger 85, 208 u AnwBl 84, 383: „jedenfalls auch Prozeßgericht"). Festsetzung von Kosten der ZwV aus einem Vollstreckungsbescheid, damit auch sonstigen Schuldtiteln, die nicht in einem gerichtlichen Erkenntnisverfahren erwirkt wurden, hat nach BGH MDR 88, 291 = NJW-RR 88, 186 (auch Stuttgart JurBüro 88, 1033) durch den Rechtspfleger des Gerichts (des ersten Rechtszugs) zu erfolgen, das für eine Entscheidung im Streitverfahren zuständig gewesen wäre (s § 796 III, § 797 V, § 797a III usw; so auch Düsseldorf Rpfleger 91, 339 für den Fall, daß ein Verfahren bei dem nach diesen Bestimmungen zuständigen Gericht schon anhängig war), Festsetzung von ZwVKosten aus einem Vollstreckungsbescheid über 10 000 DM somit durch das Landgericht (Koblenz Rpfleger 90, 38; aA Düsseldorf JurBüro 90, 921 = MDR 90, 639: Vollstrekkungsgericht zuständig für Kosten der ZwV-Vollstreckung einer notariellen Urkunde). Der Rechtspfleger des Vollstreckungsgerichts ist jedoch zuständig, wenn Kosten eines vom Vollstrekkungsgericht (Beschwerdegericht, § 793) in einem Vollstreckungsverfahren entschiedenen Zwischenstreits (§ 766 Rn 34) festzusetzen sind, Festsetzungsgrundlage (§ 103 I) somit die in diesem Streitverfahren ergangene Kostenentscheidung ist (BGH MDR 89, 142 = NJW-RR 89, 125; Schleswig JurBüro 91, 603 [Kostenentscheidung nach Zurücknahme eines Zwangsversteigerungsantrags]). Festsetzung der vom Gläubiger zu tragenden ZwVKosten des Schuldners erfordert Kostenausspruch als Festsetzungsgrundlage (Rn 21 u 26), hat somit gleichfalls durch den Rechtspfleger des Vollstreckungsgerichts zu erfolgen. Einwendungen des Schuldners, über die Beweis erhoben werden müßte (zB ZwV sei rechtsmißbräuchlich gewesen, Kostenforderung sei durch Aufrechnung erloschen) sind nicht im Festsetzungsverfahren zu prüfen, sondern mit Gegenklage (§ 767) geltend zu machen (Stuttgart JurBüro 82, 1420 = Rpfleger 82, 298; Frankfurt MDR 83, 587).

20 **VII) 1)** Die Kostenpflicht bestimmt sich auch bei **Zurückweisung** oder **Zurücknahme eines Antrags** nach § 788 I, also nicht nach dem Unterliegen (§ 91 I, § 92 I, nicht nach § 91a [abw LG Fulda FamRZ 93, 455 = Rpfleger 93, 173] und auch nicht nach § 269 III S 2 entspr), sondern danach, ob durch den Antrag Kosten der ZwV notwendig entstanden sind. Weil § 788 I unmittelbare Erstattungsgrundlage ist, wenn die ZwV-Kosten trotz Antragszurückweisung oder -zurücknahme notwendig waren (Rn 9) und daher vom Schuldner zu tragen sind, ist das auch durch Kostenausspruch nicht noch gesondert festzustellen; klarstellende Begründung im Zurückweisungsbeschluß kann aber erfolgen.

21 2) Vom Gläubiger zu tragende **ZwV-Kosten des Schuldners,** die durch nicht notwendige ZwV-Maßnahmen verursacht sind (Rn 11), können nicht nach § 788 I beigetrieben werden (Hamm JurBüro 73, 553). Sie müssen im Festsetzungsverfahren geltend gemacht werden, für das

ein Kostenausspruch als Festsetzungsgrundlage erforderlich ist (Hamm aaO). Weist das Vollstreckungsgericht einen ZwV-Antrag zurück und war der Schuldner bereits am Antragsverfahren beteiligt, so muß daher, soweit Kosten den Gläubiger treffen, ebenso eine Kostenentscheidung ergehen (KG Rpfleger 81, 318; Koblenz JurBüro 82, 1897) wie dann, wenn sich die ZwV-Hauptsache vor Entscheidung erledigt (Koblenz aaO). Ist diese Kostenentscheidung unterblieben, kann der Beschluß vom Schuldner allein im Kostenpunkt angefochten werden; § 99 I steht nicht entgegen (KG aaO). Kostenentscheidung im Verfahren nach §§ 887, 888, 890 s § 887 Rn 9.

VIII) 1) Zu **erstatten** sind **dem Schuldner** die Kosten der ZwV, **wenn das Urteil** (der sonstige Vollstreckungstitel, § 795, auch der Kostenfestsetzungsbeschluß mit Wegfall des Grundtitels) bei Entscheidung über einen Einspruch, ein Rechtsmittel, im Nach- oder Wiederaufnahmeverfahren, **aufgehoben wird** (Abs 2). Die Bestimmung schafft eine dem § 717 II gleiche Rechtslage. Sie gilt auch bei Aufhebung des Urteils durch Vergleich (KG JurBüro 91, 389; Koblenz OLGZ 93, 211; s Rn 14, dort auch zur möglichen anderen Kostenregelung im Vergleich) oder wenn es mit Klagerücknahme wirkungslos wird (§ 269 III; KG Rpfleger 78, 150), nicht aber, wenn nur die vorläufige Vollstreckbarkeit aufgehoben wird oder wenn die Vollstreckbarkeit infolge Vollstreckungsabwehrklage entfällt (Düsseldorf Rpfleger 93, 172) oder mit Drittwiderspruchsklage eingeschränkt wird (StJ/Münzberg Rn 31). Bei teilweiser Aufhebung des Urteils (Titels) sind die Mehrkosten zu erstatten, die bei Vollstreckung nur des verbliebenen Anspruchs nicht entstanden wären (Düsseldorf JurBüro 77, 1144; Hamburg JurBüro 81, 1397; LG Köln JurBüro 91, 600). 22

2) Erstattungs**pflichtig ist der Gläubiger** (nicht der GV, dem Kosten bezahlt sind), im Falle des § 126 der Rechtsanwalt, der Kosten beigetrieben hat. 23

3) Als **Kosten** zu erstatten sind die beigetriebenen oder zur Abwendung der Vollstreckung freiwillig gezahlten ZwV-Kosten (Koblenz JurBüro 85, 943), nicht aber Kosten, die dem Schuldner durch Kostenentscheidung (Rn 12) auferlegt sind, und nicht dem Schuldner selbst durch Beteiligung am Verfahren erwachsene ZwV-Kosten (Düsseldorf JurBüro 90, 531; KG Rpfleger 78, 150; Köln JurBüro 94, 370 = Rpfleger 93, 464; München Rpfleger 94, 128; Schleswig JurBüro 91, 603); zu diesen Rn 25. 24

4) Die zurückzuerstattenden Kosten können nach Abs 1 beim Gläubiger **beigetrieben** werden (KG JW 33, 2018 u DR 40, 1896; streitig; aA StJ/Münzberg Rdn 36; MK/K.Schmidt Rn 40). Erstattungsgrund und Höhe müssen hierfür durch einwandfreie Unterlagen nachgewiesen werden (Belege, GV-Protokolle). Vollstreckbarer Titel ist das aufhebende Urteil (der Beschluß). Festsetzung (Titelgrundlage: aufhebendes Urteil bzw Beschluß; aA LG Köln JurBüro 91, 600: § 788 II als gesetzliche Grundlage) ist trotz der möglichen Beitreibung zulässig (Düsseldorf aaO; KG JurBüro 91, 389; Koblenz OLGZ 93, 211 [213]; kritisch MK/K.Schmidt Rn 40). Wenn Rückzahlungsbeträge streitig sind oder über materiellrechtliche Einwendungen gegen den Rückzahlungsanspruch entschieden werden muß, ist der Erstattungsanspruch mit Klage (auch entspr § 717 II S 2) geltend zu machen (KG aaO; StJ/Münzberg Rn 36: Klage steht zur Wahl; nach AG Krefeld MDR 80, 942 immer zulässig). Macht der Schuldner über Abs 2 hinaus eigene Kosten oder einen Schadensersatzanspruch geltend, so hat er den Anspruch nur durch neue Klage oder nach § 717 II zu verfolgen (RG 49, 411; KG Rpfleger 78, 150). Rückfestsetzung von Kosten s §§ 103, 104 Rn 21. 25

IX) 1) Durch **Entscheidung** des Gerichts im Verfahren über einen Antrag auf **Vollstreckungsschutz** (§ 765a), Austauschpfändung (§§ 811a, b), Verwertungsaufschub (§ 813a), Aufhebung einer Guthabenpfändung (§ 850k) sowie Pfändungsschutz für Landwirte oder Miet/Pachtzinsen (§§ 851a, b) können **Kosten dem Gläubiger auferlegt** werden (Abs 3); die Kostenpflicht des Schuldners (Abs 1) wird damit für dieses Verfahren aufgehoben. Der Kostenbeschluß begründet einen Erstattungsanspruch des Schuldners gegen den Gläubiger. Grundsätzlich fallen die Kosten dieser Verfahren als ZwV-Kosten dem Schuldner auch dann zur Last, wenn eine von ihm beantragte Maßnahme ergeht (Köln FamRZ 95, 1428 = NJW-RR 95, 1163) oder sich erübrigt, weil der Gläubiger seinen ZwV-Antrag zurückgenommen oder das Verfahren sich (auch einvernehmlich) erledigt hat (Düsseldorf NJW-RR 96, 637; LG Berlin Rpfleger 91, 219). Notwendige Kosten des Verfahrens kann der Gläubiger daher nach Abs 1 erstattet verlangen; für nicht notwendige Kosten schließt bereits Abs 1 diese Erstattungspflicht aus. Eine Kostenentscheidung darüber, daß der Schuldner die Verfahrenskosten als ZwV-Kosten zu tragen hat, ergeht nicht (aA LG Berlin aaO; StJ/Münzberg Rn 41: stets zu empfehlen; Klarstellung in der Begründung genügt). Dem Gläubiger kann das Gericht aber die Kosten eines Verfahrens ganz oder teilweise auferlegen, wenn dies aus **besonderen Gründen der Billigkeit** entspricht (Abs 3). Die Gründe für den Kostenbeschluß gegen den Gläubiger müssen **in seinem Verhalten** liegen (Köln aaO); die Tätigkeit des beauftragten GV wird dem Gläubiger zugerechnet. Ein Verschulden des Gläubigers ist nicht verlangt. Das Verhalten des Schuldners, insbes sein ernsthaftes Bestreben, die Schuld nach Kräften zu erfüllen, kann zu berücksichtigen sein (StJ/Münzberg Rn 39). Daß der Gläubiger mit seinem Antrag gegen die vom Schuldner verlangte Maßnahme erfolglos geblieben ist, genügt 26 allein nicht (Jonas/Pohle Anm 2); auch seine besseren wirtschaftlichen Verhältnisse können nicht gegen ihn verwertet werden (Jonas/Pohle aaO). Dem Gläubiger werden aber Kosten aufzuerlegen sein, wenn er trotz eines eindeutigen Interesses des Schuldners uneinsichtig auf ZwV-Maßnahmen beharrt, die objektiv nicht gerechtfertigt sind. Kostenausspruch zu Lasten des Gläubigers hat zu ergehen, wenn die Voraussetzungen des Abs 3 vorliegen; mit „kann" ist nur der Ausnahmecharakter der Bestimmung gekennzeichnet, nicht aber dem Gericht völlig freies Ermessen eingeräumt (StJ/Münzberg Rn 40). Der Erstattungsanspruch des Schuldners muß im Kostenfestsetzungsverfahren geltend gemacht werden, Festsetzungsgrundlage ist der Kostenausspruch.

27 2) Im **Beschwerdeverfahren** gilt bei erfolgloser Beschwerde § 97 (Celle NdsRpfl 55, 217; Hamm NJW 57, 28; Köln JurBüro 96, 158 = NJW-RR 95, 1163; München NJW 59, 393; Oldenburg NdsRpfl 55, 75; Nürnberg NJW 65, 1282; Bauknecht MDR 54, 391; aA Karlsruhe NJW 54, 1206; Schleswig SchlHA 55, 254 u MDR 57, 422; LG Berlin Rpfleger 91, 219; LG Essen Rpfleger 55, 164; LG Freiburg NJW 54, 1690). Hat die Beschwerde des Schuldners Erfolg (wird seinem Schutzantrag erst im Beschwerdeverfahren entsprochen), so hat er die notwendigen Kosten beider Verfahren als ZwVKosten zu tragen (Abs 1; Düsseldorf NJW-RR 96, 637 [638]; Köln aaO; LG Berlin Rpfleger 91, 219). Die Kosten (nur des Verfahrens einer Instanz oder auch beider Verfahren) kann das Gericht dann aber auch nach Abs 3 aus besonderen Gründen dem Gläubiger auferlegen (Köln aaO). Wird auf Beschwerde des Gläubigers die Entscheidung des LG aufgehoben und der Schutzantrag des Schuldners zurückgewiesen, so bleibt es bei der Kostenpflicht des Schuldners für ZwV-Kosten (Abs 1); Kosten können aber auch dann nach Abs 3 dem Gläubiger auferlegt werden. Zur Kostenentscheidung im Vollstreckungsschutzverfahren: Grund NJW 58, 1119.

789 *[Einschreiten von Behörden zwecks Zwangsvollstreckung]*

Wird zum Zwecke der Vollstreckung das Einschreiten einer Behörde erforderlich, so hat das Gericht die Behörde um ihr Einschreiten zu ersuchen.

1 **I)** Rechts- und Amtshilfe der Behörden s Art 35 GrundG. § 789 ist (derzeit) praktisch bedeutungslos. § 758 III S 2 über „militärische Hilfe" ist aufgehoben; im Falle des § 791 hat sich der Gläubiger unmittelbar an das Prozeßgericht zu wenden. Landesrechtliche Vorschriften könnten nach § 15 Nr 3 EGZPO für die ZwV wegen einer Geldforderung gegen eine Gemeinde (einen Gemeindeverband) Bestimmung treffen. Unterstützung der polizeilichen Vollzugsorgane (§ 758 III, § 892) hat der GV unmittelbar anzufordern; er hat auch selbst einen Polizeibeamten als Zeugen zuzuziehen (§§ 759, 892). Nicht anwendbar ist § 789, soweit der Gläubiger selbst Antrag bei der Behörde zu stellen hat, wie namentlich für Eintragung in das Grundbuch. Für Einschreiten einer Behörde bestimmt § 789 Ersuchen durch das Vollstreckungsgericht (hat durch das Prozeßgericht somit zu erfolgen, soweit es vollstreckt; §§ 887, 891). Gegen Ablehnung oder unrichtige Erledigung des Ersuchens durch die Behörde Dienstaufsichtsbeschwerde. Lehnt das Gericht ab, das Ersuchen zu stellen, einfache Beschwerde (§ 567), falls der Rpfleger zuständig ist, unbefristete Erinnerung (§ 11 RpflG), bei Zuständigkeit des GV Erinnerung (§ 766).

2 **II) Gebühren: 1)** des **Gerichts:** Keine; Beschwerdeverfahren: KV 1906. – **2)** des **Anwalts:** Durch Prozeß- bzw Vollstreckungsgebühr abgegolten; Beschwerdeverfahren: § 61 I Nr 1 BRAGO.

790 (weggefallen)

791 *[Zwangsvollstreckung im Ausland]*

(1) Soll die Zwangsvollstreckung in einem ausländischen Staate erfolgen, dessen Behörden im Wege der Rechtshilfe die Urteile deutscher Gerichte vollstrecken, so hat auf Antrag des Gläubigers das Prozeßgericht des ersten Rechtszuges die zuständige Behörde des Auslandes um die Zwangsvollstreckung zu ersuchen.

(2) Kann die Vollstreckung durch einen Bundeskonsul erfolgen, so ist das Ersuchen an diesen zu richten.

1 **I)** Die Anerkennung u Vollstreckung ausl Entscheidungen gehört nach modernem Verständnis nicht zur internationalen Rechtshilfe, Geimer Anerkennung 108. § 791 I trifft zu, wenn die ausl Behörden ohne ausl Vollstreckungsurteil (nach dem Modell des § 722) dt Urteile vollstrecken u der Gläubiger die ausl Behörde nicht unmittelbar angehen kann. Ersuchende Behörde ist das

Prozeßgericht 1. Instanz; **Rechtsbehelf** gegen Ablehnung des Antrags: einfache Beschwerde, § 567, OG Danzig ZOR 5 (1938/39), 267 = IPRspr 35–44/688.

II) § 791 I u II **sind heute praktisch gegenstandslos,** da kein Staat ausl Urteile im Wege der „Rechtshilfe" ohne Antrag des Gläubigers vollstreckt. Nahezu überall ist eine **Vollstreckbarerklärung** vorgeschrieben, die nicht von Amts wegen, sondern auf **Antrag des Gläubigers** erteilt wird. Vgl § 41 I ZRHO sowie die Länderberichte in Bülow/Böckstiegel/Geimer/Schütze 1000 ff. Auch das ZV-Verf wird nur auf Antrag des Gläubigers in Gang gesetzt. – Ausnahmen: Art 18 HZPÜ (Gottwald ZZP 103 [1990], 285; M. J. Schmidt 214) sowie Art 6 des UN-Übereinkommens v 20. 6. 1956 über die Geltendmachung von Unterhaltsansprüchen im Ausland, BGBl 1959 II 150, sowie § 8 AUG. 2

III) Nachweise über die ausl Rechtsgrundsätze hinsichtl der Anerkennung und Vollstreckung dt Urteile bei MK/Gottwald § 723 Anh. 3

IV) Gebühren: 1) des **Gerichts:** Die Ersuchen an die ausl Behörde (§ 5 Nr 3 ZRHO) sind gebührenfrei. Auslagen sind zu erheben (§ 5 I JVwKostO iVm § 137 Nr 15 KostO). – **2)** des **Anwalts:** Die Tätigkeit ist durch die 3/10 Vollstreckungsgebühr aus § 57 BRAGO abgegolten. 4

792 *[Urkunden zur Zwangsvollstreckung an Gläubiger]*

Bedarf der Gläubiger zum Zwecke der Zwangsvollstreckung eines Erbscheins oder einer anderen Urkunde, die dem Schuldner auf Antrag von einer Behörde, einem Beamten oder einem Notar zu erteilen ist, so kann er die Erteilung an Stelle des Schuldners verlangen.

I) Zum Zweck der ZwV jeder Art: zB zur Erwirkung der Vollstreckungsklausel (§ 727), in den Fällen der §§ 866, 867 iVm GBO §§ 14, 39 (Zwangshypothek), des § 17 ZVG (Schuldner ist nicht als Eigentümer eingetragen); § 830 I S 3, § 837 I S 2 (Pfändung einer Hypothek des im Grundbuch nicht als Berechtigter eingetragenen Schuldners). Erfordernis für Anwendung des § 792 ist, daß der Gläubiger im Besitz eines zur ZwV geeigneten Schuldtitels ist. Vollstreckbare Ausfertigung braucht er nicht vorzulegen. § 792 ist auch anzuwenden auf die Teilungsversteigerung; ein Miteigentümer kann Erbschein zugunsten eines anderen Miterben zur Durchführung der Teilungsversteigerung verlangen (BayObLG 94, 158 = NJW-RR 95, 272; Hamm MDR 60, 1018; LG Essen Rpfleger 86, 387). § 792 trifft nur zu, wenn der Gläubiger nicht auf andere leichtere Weise, ohne Titel, die Urkunde erhält, so nach § 9 II HGB, §§ 34, 85 FGG, § 1563 BGB (Hamm OLG 29, 202). **Andere Urkunden:** zB Zeugnis über Fortsetzung der Gütergemeinschaft (§ 1507 BGB), über Ernennung eines Testamentsvollstreckers (§ 2368 BGB), eine notarielle Erwerbsurkunde, Registerauszug, Grundschuldbrief (LG Koblenz NJW 55, 506). **Erteilung** ist auch Ersterteilung. Der Gläubiger hat dann unter Vorlage seines Vollstreckungstitels und Nachweis seines rechtlichen Interesses an Stelle des Erben die nach § 2356 BGB erforderliche eidesstattliche Versicherung abzugeben (Mot 163). Das **Verfahren** richtet sich nach dem FGG, auch für Beschwerde bei Ablehnung des Antrags. Gegen Erteilung des Erbscheins gibt es keinen Rechtsbehelf. Kein Beschwerderecht des Gläubigers gegen die Ablehnung oder Einziehung des Erbscheins. **Gebühr für Erbschein:** § 107 KostO; für eidesstattliche Versicherung § 49 KostO. Die nach § 792 entstehenden Kosten hat der Schuldner gem § 788 zu erstatten. Ist dem Erben bereits Erbschein erteilt, so kann der Gläubiger Ausfertigung nach § 85 FGG verlangen (KG Rpfleger 78, 140). 1

II) Gebühren: 1) des **Gerichts:** s Rn 1 aE. – **2)** des **Anwalts:** § 118 BRAGO. 2

793 *[Sofortige Beschwerde im Zwangsvollstreckungsverfahren]*

(1) Gegen Entscheidungen, die im Zwangsvollstreckungsverfahren ohne mündliche Verhandlung ergehen können, findet sofortige Beschwerde statt.

(2) Hat das Landgericht über die Beschwerde entschieden, so findet, soweit das Gesetz nicht etwas anderes bestimmt, die sofortige weitere Beschwerde statt.

I) Zweck: S § 766 Rn 1. Geregelt ist in § 793 nur die Statthaftigkeit der sofortigen Beschwerde; im übrigen gelten §§ 567–577. 1

II) Anwendungsbereich, Abgrenzung: 1) Sofortige Beschwerde ist **Rechtsmittel gegen Entscheidungen** des Vollstreckungsgerichts, die im ZwV-Verfahren ohne mündliche Verhandlung ergehen können (§ 764 III; auch wenn sie stattgefunden hat), nicht aber gegen prozeßleitende Verfügungen (Anordnung einer mündlichen Verhandlung oder Beweisaufnahme). Abgrenzung zu ZwV-Maßnahmen § 766 Rn 2. Einwendungen gegen Erteilung oder Verweigerung der Vollstreckungsklausel (§ 766 Rn 6) sowie gegen Rechtskraft- und Notfristzeugnisse (§ 706) sind nicht mit 2 den Rechtsbehelfen des ZwV-Verfahrens geltend zu machen, können daher auch nicht mit Beschwerde nach § 793 weiter verfolgt werden. Sofortige Beschwerde findet insbes statt gegen die Zurückweisung eines ZwV-Antrags durch das Vollstreckungsgericht (§ 766 Rn 2) und gegen Entscheidungen nach § 765a (Vollstreckungsschutz), § 766 (Erinnerung), §§ 825, 844 (besondere Verwertung), § 900 IV (Vertagung des Offenbarungstermins), außerdem gegen Vollstreckungsentscheidungen des Prozeßgerichts (§ 766 Rn 4). Wegen weiterer Einzelheiten s die Hinweise auf Rechtsbehelfe bei den einzelnen Bestimmungen. Grundbuchamt und Schiffsregisterbehörde: § 766 Rn 4.

3 2) Gegen Entscheidungen des **Rechtspflegers** (Abgrenzung zu ZwV-Maßnahmen § 766 Rn 2) findet Erinnerung statt, die in der für die sofortige Beschwerde geltenden Frist einzulegen ist (§ 11 I RpflG). Der Rechtspfleger kann nicht abhelfen (§ 11 II RpflG).

4 **III) 1) Beschwerderecht** haben als Parteien des ZwV-Verfahrens der Gläubiger und der Schuldner, bei Forderungspfändung als Beteiligter außerdem der Drittschuldner, ferner ein Dritter, der durch die Entscheidung in seinem Recht beeinträchtigt ist (vgl § 766 Rn 2 und 9). Rechtsschutzbedürfnis erfordert Rechtsbeeinträchtigung (Beschwer; § 766 Rn 12). Gegen eine Entscheidung über die Verpflichtung, Kosten zu tragen, ist sofortige Beschwerde nur bei Beschwerdewert über 200 DM zulässig, gegen andere Entscheidungen über Kosten nur bei einem Beschwerdewert über 100 DM (§ 567 II). Mit Beendigung der ZwV wird die Beschwerde in der Regel gegenstandslos (unzulässig; s § 766 Rn 13), außer es bleibt trotz der Beendigung ein rechtliches Interesse bestehen, wie zB bei Beschwerde gegen den Kostenansatz des GV. Nach wirksam gewordener Aufhebung einer ZwV-Maßnahme ist Beschwerde (und sofortige weitere Beschwerde) mit dem Ziel zulässig, die Maßnahme erneut anzuordnen, obwohl sie rückwirkend nicht wieder hergestellt werden kann (Nürnberg Rpfleger 61, 52; Karlsruhe Rpfleger 72, 220).

5 2) Der **Gerichtsvollzieher** ist nicht berechtigt, sich gegen eine Entscheidung des Vollstreckungsgerichts zu beschweren (§ 766 Rn 37). Jedoch richtet sich eine ihn belastende unzulässige (§ 766 Rn 34) Kostenentscheidung gegen den GV selbst; als damit betroffener Beteiligter ist er in diesem Fall auch beschwerdeberechtigt (LG Wetzlar DGVZ 95, 127).

6 3) **Einzulegen** ist die sofortige Beschwerde binnen einer **Notfrist von zwei Wochen,** die für jeden Beschwerdeberechtigten gesondert mit der Zustellung beginnt (§ 577 II S 1), beim Vollstreckungsgericht (§ 569 I); die zulässige Einlegung beim Beschwerdegericht genügt zur Wahrung der Notfrist (§ 577 II S 2 mit § 569 I). Ob auch Einlegung der sofortigen Rechtspflegererinnerung sogleich beim Beschwerdegericht die Frist wahrt, ist streitig (§ 577 Rn 14).

7 4) Die Beschwerde (Rechtspflegererinnerung) hat keine aufschiebende Wirkung; jedoch kann der **Vollzug** der angefochtenen Entscheidung **ausgesetzt** werden (§ 572 II, III). Zum Beschwerdeverfahren im übrigen §§ 567–577. Im (einseitigen) Beschwerdeverfahren (§ 766 Rn 27) erfolgt Anhörung des nicht beteiligten Schuldners nicht; Kosten können ihm nicht auferlegt werden (Zweibrücken JurBüro 90, 534; LG Amberg DGVZ 92, 157; auch § 766 Rn 34). Das Verschlechterungsverbot (§ 536) gilt auch im ZwV-Beschwerdeverfahren (Hamm JurBüro 84, 1904). Die Beschwerde kann auf neue Tatsachen und Beweise gestützt werden (§ 570). Beibringungsgrundsatz mit Darlegungs- und Beweislast wie § 766 Rn 27. Anordnungen einer Vollstreckungsmaßregel durch das Beschwerdegericht § 828 Rn 1. Die Aufhebung eines Pfändungsbeschlusses durch das Beschwerdegericht wird mit Bekanntgabe der Entscheidung wirksam; die Wirksamkeit der aufhebenden Entscheidung kann jedoch bis zu ihrer Rechtskraft hinausgeschoben werden (§ 766 Rn 30). Wenn eine Beschwerde gegen einen Pfändungsbeschluß nur teilweise unbegründet ist, darf daher auch nicht insgesamt aufgehoben und zurückverwiesen werden, wenn nicht die Wirksamkeit bis zur Rechtskraft ausgesetzt wird, weil der Gläubiger sein Pfandrecht endgültig verlieren würde (Köln ZIP 80, 578).

8 **IV) Sofortige weitere Beschwerde** findet gegen die Entscheidung des Landgerichts als Beschwerdegericht statt (Abs 2 mit § 568 II S 1); Grund: Förderung einheitlicher Rechtsprechung zu vollstreckungsrechtlichen Fragen (BT-Drucks 11/3621 S 50). Sie ist nur bei neuem selbständigem Beschwerdegrund zulässig (§ 568 II S 2). Ausgeschlossen ist sie, wenn das Gesetz das bestimmt, somit bei Entscheidungen über Kosten (§ 568 III) und zB nach § 30b III S 2, § 74a V S 3 ZVG, § 189 III KO). Entscheidungen bei ZwV aus einem Kostentitel fallen jedoch nicht unter die Beschränkung des § 568 III (Stuttgart Justiz 83, 302). Gegen Beschwerdeentscheidungen des OLG (so in den Fällen der §§ 888–890 und soweit das LG als Arrestgericht vollstreckt hat, § 930 I S 3, § 931 III) findet keine weitere Beschwerde statt (Abs 2; auch § 567 IV).

9 **V) Gebühren: 1)** des **Gerichts:** KV 1906; war erstinstanzlich für die Entscheidung oder das Verfahren eine Festgebühr angefallen: KV 1905. – **2)** des **Anwalts:** § 61 I Nr 1 BRAGO.

794 *[Vollstreckungstitel außer Urteil]*

(1) Die Zwangsvollstreckung findet ferner statt:

1. aus Vergleichen, die zwischen den Parteien oder zwischen einer Partei und einem Dritten zur Beilegung des Rechtsstreits seinem ganzen Umfang nach oder in betreff eines Teiles des Streitgegenstandes vor einem deutschen Gericht oder vor einer durch die Landesjustizverwaltung eingerichteten oder anerkannten Gütestelle abgeschlossen sind, sowie aus Vergleichen, die gemäß § 118 Abs. 1 Satz 3 oder § 492 Abs. 3 zu richterlichem Protokoll genommen sind;

2. aus Kostenfestsetzungsbeschlüssen;

2a. aus Beschlüssen, die den Betrag des vom Vater eines nichtehelichen Kindes zu zahlenden Regelunterhalts, auch eines Zu- oder Abschlags hierzu, festsetzen;

2b. aus Beschlüssen, die über einen Antrag auf Abänderung eines Unterhaltstitels im Vereinfachten Verfahren entscheiden;

3. aus Entscheidungen, gegen die das Rechtsmittel der Beschwerde stattfindet, dies gilt nicht für Entscheidungen nach § 620 Satz 1 Nr. 1, 3 und § 620 b in Verbindung mit § 620 Satz 1 Nr. 1, 3;

3a. aus einstweiligen Anordnungen nach den §§ 127 a, 620 Satz 1 Nr. 4 bis 9 und § 621 f;

4. aus Vollstreckungsbescheiden;

4a. aus den für vollstreckbar erklärten Schiedssprüchen, schiedsrichterlichen Vergleichen und Vergleichen nach § 1044 b Abs. 1, sofern die Entscheidung über die Vollstreckbarkeit rechtskräftig oder für vorläufig vollstreckbar erklärt ist; ferner aus den nach § 1044 b Abs. 2 für vollstreckbar erklärten Vergleichen;

5. aus Urkunden, die von einem deutschen Gericht oder von einem deutschen Notar innerhalb der Grenzen seiner Amtsbefugnisse in der vorgeschriebenen Form aufgenommen sind, sofern die Urkunde über einen Anspruch errichtet ist, der die Zahlung einer bestimmten Geldsumme oder die Leistung einer bestimmten Menge anderer vertretbarer Sachen oder Wertpapiere zum Gegenstand hat, und der Schuldner sich in der Urkunde der sofortigen Zwangsvollstreckung unterworfen hat. Als ein Anspruch, der die Zahlung einer Geldsumme zum Gegenstand hat, gilt auch der Anspruch aus einer Hypothek, einer Grundschuld, einer Rentenschuld oder einer Schiffshypothek.

(2) Soweit nach den Vorschriften der §§ 737, 743, des § 745 Abs. 2 und des § 748 Abs. 2 die Verurteilung eines Beteiligten zur Duldung der Zwangsvollstreckung erforderlich ist, wird sie dadurch ersetzt, daß der Beteiligte in einer nach Absatz 1 Nr. 5 aufgenommenen Urkunde die sofortige Zwangsvollstreckung in die seinem Rechte unterworfenen Gegenstände bewilligt.

I) Zweck: Bestimmung weiterer Vollstreckungstitel, die neben Endurteilen (§ 704) Grundlage der ZwV nach den Vorschriften der ZPO sein können (vor § 704 Rn 14). 1

II) Vollstreckungstitel sind **Vergleiche,** die zwischen den Parteien oder zwischen einer Partei und einem Dritten zur Beilegung des Rechtsstreits in seinem ganzen Umfang oder zu einem Teil des Streitgegenstands vor einem deutschen Gericht oder vor einer landesrechtlich eingerichteten oder anerkannten Gütestelle (§ 797a Rn 1) abgeschlossen sind, sowie Vergleiche, die im Prozeßkostenhilfe- (§ 118 I) oder im selbständigen Beweisverfahren (§ 492 III) zu Protokoll genommen sind (nach § 118 I S 3 auch bei Beurkundung durch den Rechtspfleger, § 20 Nr 4a RpflG). Der Vergleich muß wie jeder Titel (§ 704 Rn 4) inhaltlich bestimmt sein (Hamm MDR 74, 238 = NJW 74, 652 = OLGZ 74, 59). 2

1) Der **Prozeßvergleich** ist seiner **Rechtsnatur** nach sowohl Rechtsgeschäft des bürgerlichen Rechts wie Prozeßhandlung, **Doppelnatur** (hM: BGH 16, 388 = NJW 55, 705; BGH 28, 171 = NJW 58, 1970; BGH 41, 310 = NJW 64, 1524; BGH 46, 278 = NJW 67, 440; BGH NJW 72, 159; BGH 61, 394 [398] = NJW 74, 107; BGH 79, 71 = NJW 81, 823; BGH FamRZ 85, 166 = NJW 85, 1962; BGH DNotZ 88, 448 = NJW 88, 65; BAG 4, 84 = NJW 57, 1157; BVerwG NJW 94, 2306). Prozeßhandlung und Rechtsgeschäft stehen jedoch nicht getrennt nebeneinander; vielmehr bildet der Prozeßver- 3 gleich eine Einheit, die gegenseitige Abhängigkeit der prozessualen Wirkungen und der materiellen Regelungen bewirkt (BGH 79, 71). Als **privatrechtliches Geschäft** ist der Vergleich nach § 779 BGB zu beurteilen, sein Inhalt besteht in der Beilegung des Rechtsstreits durch gegenseitiges Nachgeben. Der Vergleich kann sich auch auf einen Teil des Streitgegenstandes beziehen; er braucht sich nicht auf den unmittelbaren Streitgegenstand beschränken (BGH 14, 386 = NJW 54, 1886 u 35, 309 = NJW 61, 1817; München NJW 69, 2149; weitergehend StJ/Münzberg Rn 11: Vergleich kann nicht nur zusätzlich, sondern ausschließlich Angelegenheiten regeln, die außerhalb des Prozesses streitig sind oder Dritte betreffen). Das gegenseitige Nachgeben muß sich im Rahmen der den Parteien (oder Dritten) zustehenden Verfügungsmacht halten (StJ/Münzberg Rn 13), es braucht nicht auf dem Gebiet des materiellen Rechts liegen; ein prozessuales Nachgeben genügt; es kann auch darin liegen, daß eine Partei eine ihr zustehende prozessuale Möglichkeit aufgibt oder nicht ausnutzt, namentlich das Recht auf Urteil. Ein nur einseitiges Nachgeben genügt nicht (München JurBüro 85, 622 = Rpfleger 85, 164). Als **Prozeßhandlung** (s vor § 128 Rn 17) muß der Vergleich vor einem deutschen Gericht zwischen den Parteien oder zwischen den Parteien und einem Dritten in mündlicher Verhandlung zur Beilegung des Rechtsstreits abgeschlossen sein. Eine Vereinbarung, durch die lediglich der Streit um bestimmte Anspruchselemente beseitigt werden soll („Zwischenvergleich"), ist kein Vergleich iS der Nr 1, weil dadurch der Rechtsstreit nicht beigelegt wird (KG NJW 74, 912), im Gegensatz zum Teilvergleich, bei dem der Rechtsstreit über mehrere teilbare Streitgegenstände hinsichtlich einzelner Streitgegenstände beendet wird.

4 2) **Weitere Voraussetzungen: a)** Es muß ein Verfahren bei einem Gericht **anhängig** sein, in dem für mündliche Verhandlung Raum ist; im Regelfall handelt es sich um das Anhängigwerden eines Anspruchs (StJ/Münzberg Rn 16); im ordentlichen Prozeß ist auf die Rechtshängigkeit (§§ 261, 253) abzustellen (aA StJ/Münzberg aaO; MK/Wolfsteiner Rn 47: Einreichung der Klage). Soweit beim Verbund von Scheidungs- und Folgesachen (§ 623, § 630) die Parteien über den Gegenstand des Rechtsstreits verfügen können, zB Unterhaltsregelung, nicht Scheidung, ist ein Vergleich als Teilvergleich möglich (vgl § 98 Rn 4, § 617 Rn 5–8 und § 630 Rn 15 ff). Ist der Teilvergleich durch die Ehescheidung bedingt, so sollte ausdrücklich erklärt werden, daß er „für den Fall der Ehescheidung abgeschlossen ist". Vergleich ist auch in sonstigen Verfahren wie im Verfahren nach § 620, im Arrest- (BGH MDR 91, 1199 = NJW-RR 91, 1021), EinstwVerfügungs-, ZwV-, ZwVersteigerungsverfahren (auch Teilungsversteigerung, RG 165, 161) möglich, auch wenn Rechtshängigkeit nach § 261 nicht eintritt. Im Mahnverfahren ist ein Vergleich erst nach Überleitung in das Streitverfahren möglich. Zu Protokoll kann ein Vergleich schon im Prozeßkostenhilfe- (§ 118 I) und selbständigen Beweisverfahren (§ 492 III) geschlossen werden. Nach rechtskräftigem Verfahrensabschluß ist ein Prozeßvergleich, das ist eine Vereinbarung zur Beendigung des Rechtsstreits, nicht mehr möglich; im Verfahren nach § 620 kann daher nach Rechtskraft des Scheidungsurteils ein Vergleich nicht mehr geschlossen werden (BGH 15, 190 [193] = NJW 55, 182). Zwischen den Instanzen (nach Urteilsverkündung und vor Rechtsmitteleinlegung) ist ein Vergleich möglich; er nimmt dem Urteil die Wirkung (s Rn 13).

5 **b)** Vergleich vor einem **deutschen Gericht,** das ist vor dem mit dem Rechtsstreit (in erster Instanz, in der Rechtsmittel- auch Beschwerdeinstanz) befaßten Prozeßgericht, Einzelrichter (§ 348), der beauftragte oder ersuchte Richter (§ 355), auch Rechtspfleger (in allen ihm übertragenen Verfahren [§ 4 I RpflG]). Gericht ist nicht nur das Prozeßgericht und das Vollstreckungsgericht (RG 165, 161 [163]), sondern auch ein Strafgericht (StJ/Münzberg Rn 19; Meyer JurBüro 84, 1121), oder ein Arbeitsgericht, ein Gericht der freiwilligen Gerichtsbarkeit (hM Stuttgart OLGZ 84, 131; Keidel/Kuntze/Winkler Vorb 22 vor §§ 8–18 FGG; Bassenge Rpfleger 72, 237), insbes ein landwirtschaftliches Gericht (BGH 14, 381 = NJW 54, 1886).

6 **c)** Der Prozeßvergleich wird von den **Parteien** des beizulegenden Verfahrens abgeschlossen oder zwischen einer Partei (auch beiden Parteien) und einem **Dritten.** Der Streitgenosse (§ 61) handelt nur für seinen Prozeß, es sei denn, er hat Vertretungs- und Verfügungsmacht auch für die anderen Streitgenossen. Bei notwendiger Streitgenossenschaft ist der von einem Genossen abgeschlossene Vergleich auch für diesen Genossen wirkungslos, wenn er nicht nach materiellem Recht als Vergleich auch für die Prozesse der anderen Genossen wirkt. **Vollstreckungstitel** ist der Vergleich nur für und gegen die (am Vergleichsabschluß beteiligten) Parteien des Rechtsstreits, für und gegen einen Dritten nur, wenn er mit einer Partei (oder den Parteien) den Vergleich zur Beilegung des Rechtsstreits abgeschlossen hat und nach dem Vergleichsinhalt der zu vollstreckende Anspruch ihm als Gläubiger oder gegen ihn als Schuldner begründet ist. Verpflichtung des Beklagten zur Zahlung und Anführung des Dritten nur im Vergleichsrubrum mit dem Zusatz „. . . dem Vergleich auf Seiten des Schuldners beigetreten", verpflichtet den Dritten nicht als Titelschuldner (Köln Rpfleger 85, 305). Das Recht auf Erteilung der Vollstreckungsklausel steht nur den am Vergleichsabschluß beteiligten Parteien oder dem beteiligten (beigetretenen) Dritten (deren Rechtsnachfolger, §§ 727 ff) zu. Auch für einen nicht bei Vergleichsabschluß mitwirkenden Dritten können die Parteien des Vergleichs einen Leistungsanspruch materiellrechtlich begrün-

den (Vertrag zugunsten des Dritten, § 328 BGB). Der begünstigte Dritte rückt damit jedoch nicht in die Parteistellung ein, erlangt somit nicht das (prozessuale) Recht, vollstreckbare Ausfertigung zu verlangen und den Vergleich zu vollstrecken (für Unterhaltsvergleich wegen § 1629 III nachf). Vollstreckbar ist der Vergleich auch hinsichtlich der Leistung an den Dritten nur auf Antrag einer Partei (oder eines am Vergleichsschluß entsprechend beteiligten Dritten) (Celle MDR 66, 767 = NJW 66, 1367; KG NJW 73, 2032; München MDR 57, 490 = NJW 57, 1367; Stuttgart Rpfleger 79, 145; Zweibrücken FamRZ 79, 174; dazu auch BGH FamRZ 80, 342; anders StJ/Münzberg Rn 36 mwN: für Dritten vollstreckbar, wenn ihm ersichtlich eigene Rechte verschafft sind). Jedoch wirkt (jetzt) ein zwischen den Eltern im Scheidungsverfahren über Unterhaltsansprüche eines Kindes geschlossener Vergleich auch für (und gegen) das Kind (§ 1629 III S 2 BGB); nach Rechtskraft des Scheidungsausspruchs (bis dahin § 1629 III S 1 BGB) kann die ZwV daher nur durch das Kind als Gläubiger betrieben werden (Hamburg FamRZ 85, 624 mwN; Frankfurt FamRZ 83, 1268; AG Berlin-Charlottenburg FamRZ 84, 506; anders KG FamRZ 84, 505; Hamburg FamRZ 84, 927; LG Düsseldorf JurBüro 85, 1735 mwN).

d) Die Vergleichspartner müssen in der mündlichen Verhandlung anwesend oder vertreten sein. Im **Anwaltsprozeß** (§ 78; auch im Verfahren vor dem Familiengericht, § 78 Rn 11) müssen sich die Parteien für den Abschluß des Prozeßvergleichs durch ihre Anwälte vertreten lassen, und zwar auch im Verfahren vor dem Einzelrichter (§ 78 Rn 11), nicht aber vor dem beauftragten oder ersuchten Richter (§ 78 III; s auch § 78 Rn 46). Der lediglich dem Prozeßvergleich beitretende **Dritte** braucht auch im Anwaltsprozeß nicht durch einen beim Prozeßgericht zugelassenen Rechtsanwalt vertreten sein (BGH 86, 160 = NJW 83, 1433). 7

e) Materiell-rechtlich kommt der Vergleich als Vertrag durch übereinstimmende Willenserklärungen (§§ 145 ff BGB) der rechts- und geschäftsfähigen Parteien zustande, die über den Vergleichsgegenstand verfügen können. Verfügungsmacht setzt einerseits voraus, daß der Gegenstand des Prozeßvergleichs der Verfügung der Parteien unterliegt (vgl § 1025), andererseits die Verfügungsbefugnis den Parteien zusteht, zB im Falle der Veräußerung nach Eintritt der Rechtshängigkeit. § 54 ist beim Prozeßvergleich wegen der Doppelnatur nicht anwendbar, so daß Genehmigung des Vormundschaftsgerichts nach § 1822 Nr 12 BGB erforderlich ist. Unwirksam ist aus materiell-rechtlichen Gründen ein Vergleich, wenn zwingende Rechtssätze entgegenstehen oder wenn er gegen § 138 BGB verstößt. 8

f) Der Prozeßvergleich bedarf der für das Verfahren des Gerichts vorgeschriebenen **Form;** er ist in mündlicher Verhandlung (zum Güteversuch § 279) vor dem Gericht zu erklären und nach § 159 zu protokollieren. Das Protokoll muß den Anforderungen der §§ 160 ff (§ 160 Rn 5) entsprechen. Bezugnahme auf ein dem Protokoll nicht nach Maßgabe des § 160 V beigefügtes Schriftstück begründet Vollstreckbarkeit seines Inhalts nicht (Zweibrücken MDR 93, 84). 9

g) aa) Der Vergleich kann unter einer aufschiebenden oder auflösenden **Bedingung** (§ 158 BGB) oder unter einer **Zeitbestimmung** (§ 163 BGB) abgeschlossen werden; auch können sich die Parteien den **Rücktritt** vom Vergleich vorbehalten (§§ 346 ff BGB) (BGH 46, 277 [279] = NJW 67, 440). Der in den Prozeßvergleich zugunsten einer Partei oder beider Parteien aufgenommene Vorbehalt, den Vergleich bis zum Ablauf einer bestimmten Frist **zu widerrufen,** stellt im Regelfall eine aufschiebende Bedingung für die Wirksamkeit des Vergleichs dar (BGH aaO u 88, 364 = NJW 84, 312; BVerwG NJW 93, 2193). Aus dem unter Widerrufsvorbehalt abgeschlossenen Vergleich entstehen, wenn sich ein anderer Wille der Parteien nicht unmittelbar aus dem Vergleichswortlaut ergibt, bindende Rechtswirkungen daher erst, wenn bei ungenutztem Ablauf der Widerrufsfrist feststeht, daß der Vergleich Bestand hat; dann erst kann aus dem Vergleich auch vollstreckt werden (BGH 88, 364). Der Widerrufsvorbehalt des gemeinsamen Prozeßbevollmächtigten von Miterben ist idR dahin auszulegen, daß jeder vertretene Miterbe berechtigt ist, den Vergleich innerhalb der gesetzten Frist zu widerrufen und daß der Vergleich nur wirksam zustande kommt, wenn keiner der Miterben von dem Widerrufsrecht Gebrauch macht (BGH 61, 394 = NJW 74, 107). Der Widerrufsvorbehalt ist Gegenstand des sachlich-rechtlichen Vergleichsinhalts (RG 161, 253 [255]; BGH 46, 277). 10

bb) Den **Empfänger** der Widerrufserklärung (des Widerrufsschriftsatzes) können die Parteien frei bestimmen (BGH MDR 80, 471 = NJW 80, 1753 [1754]). Wenn nichts anderes vereinbart ist, ist der Widerruf dem Gegner, nicht dem Gericht gegenüber auszusprechen (RG 161, 253; BGH Betrieb 55, 214; LG Aachen MDR 62, 403; anders wegen des Verfahrens nach VwGO: BVerwG MDR 93, 1123 = NJW 93, 2193; OVG Lüneburg NJW 92, 3253); eine abweichende tatsächliche Übung ist jedoch zu beachten; daß Widerruf durch Einreichen eines Schriftsatzes bei Gericht erfolgen soll, kann sich auch aus den Umständen ergeben (Köln NJW 90, 1369). Ausübung des Rechts, den Vergleich wieder zu beseitigen, erfordert empfangsbedürftige Willenserklärung sachlichrechtlicher Art, die in dem Zeitpunkt wirksam wird, in dem sie dem Vergleichsgegner zugeht (§ 130 BGB; RG 161, 253 [255]). Ausübung eines selbständigen prozessualen Gestaltungsrechts ist der Vergleichswiderruf, der (wie üblich) vereinbarungsgemäß (Auslegung kann ergeben, daß 10a der Widerruf auch dem Gericht gegenüber erklärt werden kann [Düsseldorf NJW-RR 87, 255 = OLGZ 87, 111; Brandenburg NJW-RR 96, 123]) dem Prozeßgericht gegenüber erklärt werden soll (dazu auch StJ/Münzberg Rn 64 mit Fußn 389, 392: Widerruf als solcher ist stets Prozeßhandlung und materielles Rechtsgeschäft; Formvereinbarung kann nicht über Rechtsnatur des Widerrufs entscheiden; BGH NJW 80, 1752 = MDR 80, 283: nicht nur Willenserklärung, sondern zugleich Prozeßhandlung; zum Widerruf auch Schnorrenberg AnwBl 82, 404).

10b **cc)** Die Erklärung des Widerrufs ist formfrei, auch fernmündlicher Widerruf ist zulässig, falls nichts anderes vereinbart ist (BAG 9, 172 = NJW 60, 1365). Eine für den Widerruf vereinbarte **Form** muß für dessen Wirksamkeit eingehalten werden (Hamm NJW 92, 1705). Hat der Widerruf durch Schriftsatz zu erfolgen, der bis . . . beim Gericht eingegangen sein muß, dann muß der fristgerecht eingegangene Schriftsatz unterzeichnet sein (BAG NJW 89, 3035); es genügt dessen Zugang iS des § 130 I S 1 BGB; „Einreichen", wie bei bestimmenden Schriftsätzen, ist in diesem Fall nicht erforderlich (BGH NJW 80, 1752). Wahrung der Schriftform bei Widerruf durch Telefax s § 130 Rn 11 (Schriftform aber nicht gewahrt, wenn die Kopiervorlage keine Unterschrift trägt oder die eingegangene Kopie diese Unterschrift nicht wiedergibt, Hamm NJW 92, 1705; München NJW 92, 3402).

10c **dd)** Über die **Frist** können die Parteien beliebig verfügen (KG JW 30, 2081), sie können die Frist (ohne Mitwirkung des Gerichts) verlängern (bedarf keiner Protokollierung, Hamm FamRZ 88, 535; StJ/Roth § 224 Rn 5), aber auch vor Fristablauf auf Widerruf, auch stillschweigend, verzichten (LAG Bremen MDR 65, 331). Zu laufen beginnt die Widerrufsfrist, wenn eine andere Vereinbarung nicht getroffen ist (gem § 187 I BGB) am Tag nach dem Vergleichsabschluß, nicht erst mit dem Zugang des Terminsprotokolls beim Prozeßbevollmächtigten (Schleswig NJW-RR 87, 1022, Leits ber NJW-RR 87, 1344). Für Berechnung der Frist gilt § 193 BGB (BGH MDR 79, 49); Wiedereinsetzung gegen die Versäumung der Frist ist unzulässig (BGH LM Nr 2 zu § 130 BGB; BGH 61, 394 = NJW 74, 107 mwN; BAG 29, 358 = AP ZPO § 794 Nr 24 mit Anm Vollkommer = NJW 78, 1876; Hamm FamRZ 88, 535; München NJW 92, 3042; zur Aufnahme einer Wiedereinsetzungsklausel in den Prozeßvergleich s Bull AnwBl 74, 387). (Rechtzeitiges) Einlegen des Widerrufsschriftsatzes in ein beim AG für das LG eingerichtetes Abholfach (Empfangseinrichtung des LG) genügt (BGH MDR 90, 43 = NJW-RR 89, 1214). Zum Zugang eines eingeschrieben versandten Vergleichswiderrufs BGH NJW 86, 1373. Ist in einem vor dem auswärtigen Senat eines OLG abgeschlossenen Vergleich Widerruf innerhalb bestimmter Frist durch einen bei diesem Senat eingehenden Schriftsatz vorbehalten, so ist zur Wirksamkeit des Widerrufs Eingang beim auswärtigen Senat innerhalb dieser Frist erforderlich, Eingang beim Stammgericht genügt nicht (BGH NJW 80, 1752 mit Anm Grundmann JR 80, 331). Der durch schriftliche Anzeige an das Gericht vorbehaltene Vergleichswiderruf kann (im Zweifel) nicht wirksam auch gegenüber dem Prozeßgegner ausgeübt werden (BAG NJW 92, 1127 L = NZA 92, 134; München aaO). Doch muß der Gegner den Widerruf als fristgerecht erklärt gelten lassen, wenn bei ihm kein anderer Vertrauenstatbestand begründet wird als der, der bei ordnungsgemäßer Erklärung gegenüber dem Gericht gegeben gewesen wäre (BAG NJW 69, 110).

10d **ee)** Als Prozeßvertreter hat der **RA** (auf rechtzeitige Weisung seines Mandanten) den Widerruf des Vergleichs zu erklären und für rechtzeitigen und formgerechten Eingang bei der zuständigen Stelle in beweisbarer Form Sorge zu tragen (dazu sowie zu Zeitpunkt des Widerrufs und Sorgfaltspflichten des RA BGH NJW 95, 521 = VersR 95, 297).

10e **ff)** Der Widerruf ist unwiderruflich (BGH LM Nr 3 zu § 794 I Nr 1). In dem Einverständnis des Gegners mit der Zurückziehung des Widerrufs eines bedingt geschlossenen Prozeßvergleichs kann ein Neuabschluß des Vergleichs erblickt werden. Aber nur wenn der Neuabschluß gem § 160 III Nr 1 durch Aufnahme in das Protokoll festgestellt worden ist, kann der Vergleich als Vollstreckungstitel dienen (München BayJMBl 53, 220). Zum Widerruf und seinen Risiken s Bergerfurth NJW 69, 1797. Abänderung eines gerichtlichen Vergleichs nach § 323 s dort. Wegen der Klage auf Abänderung der auf Grund des Vergleichs dem Dritten geschuldeten Leistung s LG Saarbrücken NJW 69, 435 mit abl Anm Heil NJW 69, 1909.

11 **h)** Ob ein Vergleich nach Nr 1 vorliegt, ist bei der Erteilung der Vollstreckungsklausel zu prüfen; besonders zu beachten ist, daß der Vergleich als Prozeßhandlung ordnungsgemäß ist.

12 **3) Wirkung des gerichtlichen Vergleichs: a) Materiell-rechtlich** begründet der Vergleich Verpflichtungen nach Maßgabe seines Inhalts (BGB-RGRK/Steffen § 779 Rn 35); vielfach enthält er zugleich das Verfügungsgeschäft (Abtretung, Auflassung, Verzicht usw). Der gerichtliche Vergleich (nicht aber der vor einer Gütestelle geschlossene Vergleich) ersetzt die notarielle Beurkundung (§ 127a BGB); auch dem Erfordernis gleichzeitiger Anwesenheit der Vertragspartner genügt der Prozeßvergleich. Dies ist für die Auflassung ausdrücklich bestimmt (§ 925 I S 3 BGB; s auch BGH 14, 381 u 35, 309; möglich auch in Vergleich vor Verwaltungsgericht, BVerwG NJW 95, 2179 = Rpfleger 95, 497); allerdings kann eine Auflassung, weil bedingungsfeindlich, (§ 925 II BGB), nicht in einem bedingten Vergleich wirksam erklärt werden (BayObLG 72, 257 = NJW 72,

2131), somit nicht in einem Widerrufsvergleich (Rn 10, BGH MittBayNot 87, 245; aA BVerwG aaO; nicht richtig). (Persönlicher) Abschluß eines Erbvertrags s § 137 Rn 5 u vor § 159 Rn 2. Nicht ersetzt werden kann eine Erklärung vor einer Behörde, wenn die Behörde ausdrücklich als ausschließlich zuständig erklärt ist, zB der Standesbeamte bei der Eheschließung (§§ 11, 13 EheG).

b) Als Prozeßhandlung **beendet** der gerichtliche Vergleich den **Rechtsstreit** und die Rechts- 13
hängigkeit. Ein den Vergleichsgegenstand betreffendes vorhergehendes nicht rechtskräftiges Urteil wird wirkungslos, soweit es durch den Vergleich nicht ausdrücklich aufrechterhalten wird. Diese Wirkung kommt allerdings nur einem materiell wirksamen Vergleich zu; ein nichtiger Prozeßvergleich, sei es daß die Nichtigkeit von Anfang an bestanden hat oder rückwirkend eingetreten ist, beendet die Rechtshängigkeit nicht (BGH 41, 310; 79, 71; aA BGH NJW 59, 532); das gilt auch, wenn der Vergleich über den Streitfall hinaus zuvor nicht rechtshängige Ansprüche regelt (BGH 79, 71). Ein in einem Privatklageverfahren geschlossener Vergleich, in dem der Angeklagte die Kosten des Verfahrens übernimmt, ist nur dann Prozeßvergleich iS des § 794 I Nr 1, wenn er die Zurücknahme der Privatklage enthält, da dem Vergleich nur in diesem Fall prozeßbeendende Wirkung zukommt (Lüneburg NJW 63, 312). Rechtsbehelf, wenn ein durch einen Vergleich wirkungslos gewordenes Urteil vollstreckt wird: §§ 732, 768 (§ 732 Rn 6).

c) Der Prozeßvergleich ist **Vollstreckungstitel** (§ 794 I Nr 1; s Rn 6), soweit er einen vollstrek- 14
kungsfähigen Inhalt hat. Die ZwV erfolgt nach § 795. Vollstreckbare Ausfertigung wird jedoch nicht erteilt, wenn die Parteien die zwangsweise Durchsetzung (Vollstreckung) des Anspruchs ausgeschlossen haben, so dann, wenn sie nur Einvernehmen über ein Rechtsverhältnis festgestellt haben (LG Berlin Rpfleger 90, 83) oder wenn für den Fall nicht freiwilliger Erfüllung andere Leistungen (Forderungsabtretung) vereinbart sind (Düsseldorf NJW-RR 87, 640). Bei ZwV nach § 890 ist Androhungsbeschluß erforderlich; im Vergleich kann Androhung nicht erfolgen (§ 890 Rn 12); möglich ist Festsetzung einer Vertragsstrafe (vgl Hamm MDR 67, 42, s aber Hamburg MDR 65, 584: kein zur ZwV geeigneter Titel, und LG Berlin Rpfleger 78, 32). Eine Willenserklärung kann im Vergleich abgegeben werden; verpflichtet sich der Schuldner nur zur Abgabe einer Willenserklärung, so ist nach § 888 zu vollstrecken oder der Anspruch mit Leistungsklage durchzusetzen (§ 894 Rn 3). Einer Klage aus einem Prozeßvergleich, in dem der eine Teil sich zur Rücknahme eines Strafantrags verpflichtet hat, fehlt das Rechtsschutzbedürfnis (Meyer NJW 74, 1325; aA BGH NJW 74, 900). Ein Vergleich im Verfahren über eine einstw Verfügung, wonach die Kostenverteilung der künftigen Hauptsacheentscheidung folgen soll, stellt erst nach deren Rechtskraft einen als Festsetzungsgrundlage geeigneten Titel dar (KG MDR 79, 1029).

d) Als Vollstreckungstitel kann der Vergleich bei nicht zweifelsfreiem Inhalt nach den für 14a
Urteilsauslegung geltenden Grundsätzen (§ 704 Rn 5) **ausgelegt** werden (BGH NJW 93, 1995). Maßgebend ist daher allein der protokollierte Inhalt des Vergleichs. Auf andere Umstände als gesetzliche Vorschriften (daher können §§ 420, 427 BGB berücksichtigt werden, § 704 Rn 11), auch auf die Prozeßakten und die im Rechtsstreit vor Vergleichsabschluß gestellten Anträge, kann nicht zurückgegriffen werden (KG MDR 89, 77 = NJW-RR 88, 1406; Frankfurt VersR 95, 1061). Daher kann auch mit einem über den Unterhaltsanspruch eines Ehegatten für die Zeit ab Scheidung der Ehe geschlossenen Prozeßvergleich nicht (ohne entsprechenden Parteiwillen) der Unterhaltsanspruch vollstreckt werden, den dieser Ehegatte nach der Scheidung einer neuen Ehe gem § 1586a BGB wieder verlangt (BGH MDR 88, 210 = NJW 88, 557; Einwendung ist nach § 767 geltend zu machen). Eine Verpflichtung des Unterhaltsschulders, Unterhalt über eine freiwillige geleistete Zahlung (Sockelbetrag) hinaus zu leisten, wird (idR) nur als Vollstreckungstitel in Höhe des Spitzenbetrags verstanden (BGH NJW 93, 1995). Zur Auslegung einer Abgeltungsklausel über Gewährleistung („Erledigung beiderseitiger Ansprüche, die Gegenstand des Rechtsstreits waren") s BGH MDR 95, 890 = NJW-RR 95, 1201.

**4) Nichtigkeit, Anfechtbarkeit, Rücktritt, Aufhebung, Wegfall der Geschäftsgrundla- 15
ge: a)** Die sachlich- und prozeßrechtliche Wirkung des Prozeßvergleichs tritt nur ein, wenn er **materiell-rechtlich wirksam** und als **Prozeßhandlung ordnungsgemäß** ist. Auch wenn keine prozeßrechtlichen Mängel vorliegen, kann der Vergleich aus materiell-rechtlichen Gründen nichtig (zB §§ 134, 138, 306, 779 BGB) oder anfechtbar (zB § 123 BGB) sein (vgl § 279 Rn 3; zu Einwendungen gegen einen Räumungsvergleich bei Zweifeln am Eigenbedarf Pankow NJW 94, 1182). § 140 S 2 KostO begründet nicht stets Nichtigkeit des vom Notar in einem Gebührenprozeß geschlossenen Vergleichs (BGH DNotZ 88, 448 = NJW 88, 65). Die von vornherein bestehende Nichtigkeit oder die rückwirkende Vernichtung des materiellen Vergleichs bewirkt nicht nur, daß der Vergleich keine privatrechtlichen Wirkungen entfaltet, sondern auch, daß die Prozeßhandlung als „Begleitform" des materiell-rechtlichen Vergleichs ihre Wirksamkeit verliert (BGH NJW 85, 1962), ihm somit jede verfahrensrechtliche Wirkung fehlt. Der wegen eines formellen (prozeßrechtlichen) Mangels **unwirksame Prozeßvergleich** führt dagegen nicht ohne weiteres zur Ungültigkeit der materiell-rechtlichen Vereinbarung. Sie kann gleichwohl als außergerichtlicher

materiell-rechtlicher Vergleich Bestand haben, wenn dies dem mutmaßlichen Parteiwillen entspricht (BGH MDR 85, 392 = NJW 85, 1962; BAG 9, 172 [174] = NJW 60, 1364; BVerwG NJW 94, 2306; LAG Frankfurt NJW 70, 2229; auch KG FamRZ 84, 284; ist durch Auslegung zu ermitteln, § 140 BGB), auch wenn der Formfehler einen Dritten betrifft (BAG NJW 73, 918).

15a **b)** Ein unwirksamer (nichtiger) Vergleich führt **nicht zur Beendigung des Rechtsstreits,** so daß dieser bei Geltendmachung der Nichtigkeit fortzuführen ist (BGH 28, 171 [176] = NJW 58, 1970; BGH 41, 310 = NJW 64, 1524; BGH 51, 141 = NJW 69, 925; BGH NJW 83, 2034 mwN; neue Klage aber bei Vergleich über nicht anhängig gewesene Folgesache nach Rechtskraft des Scheidungsurteils, Frankfurt FamRZ 90, 178). Ein Streit über die Wirksamkeit des Vergleichs ist auch dann im selben Verfahren auszutragen, wenn der Vergleich in der Revisionsinstanz geschlossen wurde (BAG NJW 60, 2211). Das bisherige Verfahren ist auf Antrag, auch bei Einspruch (Köln MDR 68, 332), durch Terminsanberaumung fortzusetzen. Bei Fortführung des Rechtsstreits geht der Streit zunächst nur um die Frage, ob der Rechtsstreit durch den Vergleich erledigt wurde (vgl BGH 16, 171). Wird die Erledigung verneint, so kann hierüber Zwischenurteil ergehen. Bis dahin beeinträchtigt die Fortsetzung des Rechtsstreits durch eine Partei mit der Behauptung, der Vergleich sei aus materiellen Gründen unwirksam, dessen Vollstreckbarkeit nicht (der Urkundsbeamte hat bei Erteilung der Vollstreckungsklausel die sachliche Wirksamkeit des Vergleichs nicht zu prüfen; Frankfurt MDR 95, 201 = NJW-RR 95, 703). Wird der Vergleich als wirksam angesehen, so ergeht Endurteil dahin, daß der Rechtsstreit durch den Vergleich erledigt ist. Die weiteren Kosten treffen den, der die Unwirksamkeit des Vergleichs geltend gemacht hat. Ist die prozeßerledigende Wirkung eines Prozeßvergleichs durch rechtskräftiges Urteil ausgesprochen worden, so kann in einem neuen Rechtsstreit grundsätzlich nicht mehr die materiellrechtliche Unwirksamkeit des Vergleichs geltend gemacht werden (BGH 79, 71), dagegen Pecher ZZP 97 [1984] 139). Die für den Fall der Nichtigkeit des Vergleichs wegen materiell-rechtlicher Mängel entwickelten Grundsätze, die der Prozeßökonomie gegenüber theoretischen Erwägungen den Vorrang geben, sind auch auf Fälle nachträglicher Unwirksamkeit des materiellen Geschäfts, nämlich durch Rücktritt, vertragliche Aufhebung und Wegfall der Geschäftsgrundlage zu erstrekken (BAG 3, 43; Hamburg NJW 75, 225 für Rücktritt nach § 326 BGB; aA BGH 16, 388 [393] = NJW 55, 705 für § 326 BGB; BGH 41, 310 = NJW 64, 1524 für vertragliche Aufhebung; BGH NJW 66, 1658 für Wegfall der Geschäftsgrundlage; auch BGH MDR 86, 749 = NJW 86, 1348 für Fehlen der Geschäftsgrundlage; Koblenz MDR 93, 687; BVerwG NJW 94, 2306). Einer Vollstreckungsabwehrklage fehlt das Rechtsschutzbedürfnis (BGH NJW 71, 467; Zweibrücken OLGZ 70, 185). Einer neuen Klage steht die Einrede der Rechtshängigkeit aus dem bei Unwirksamkeit des Vergleichs noch rechtshängigen Prozeß entgegen. Trotz wirksamen Prozeßvergleichs besteht für eine hierauf gestützte Leistungsklage ein Rechtsschutzbedürfnis, sofern der Gläubiger mit Einwendungen gegen die Forderung oder einer Vollstreckungsabwehrklage rechnen muß (Hamm NJW 76, 246). Zum Rechtsschutzbedürfnis für einen Antrag auf Feststellung der Unwirksamkeit eines Prozeßvergleichs s BGH MDR 74, 567; zur Rechtshängigkeit bei späterer einvernehmlicher Aufhebung eines Prozeßvergleichs s BAG NJW 74, 2151. Wird ein Eilverfahren durch Prozeßvergleich beendet, der nicht nur dessen Gegenstand, sondern darüber hinaus die Hauptsache oder sonstige Parteibeziehungen regelt, so kann ein Streit um die Gültigkeit des Vergleichs nicht durch Fortsetzung des ursprünglichen Eilverfahrens ausgetragen werden; vielmehr muß die Vergleichsnichtigkeit im Erkenntnisverfahren auf Grund entsprechender Klage überprüft werden (Hamm MDR 80, 1019). Einer Klage auf **Unwirksamkeit** des Vergleichs fehlt das Rechtsschutzbedürfnis, nicht jedoch der Klage auf Feststellung der **Wirksamkeit** (Frankfurt MDR 75, 584). Die Unwirksamkeit kann allerdings insoweit durch besondere Klage festgestellt werden, als in dem Vergleich auch andere nicht rechtshängige Gegenstände als der ursprüngliche Prozeßgegenstand mitgeregelt sind und die Unwirksamkeit nur bezüglich dieser Gegenstände geltend gemacht wird (BGH NJW 83, 2034 [2035]).

15b **c)** Bei einem **Gesamtvergleich,** in dem mehrere anhängige Verfahren verglichen wurden, kann jedes der beendeten Verfahren fortgesetzt werden mit der Behauptung, der Gesamtvergleich sei unwirksam. Dieses Verfahren ist vorgreiflich für die anderen Verfahren, die ggfs auszusetzen sind; die Entscheidung bindet die Gerichte, bei denen die anderen Verfahren anhängig sind. Sind in dem Vergleich auch Ansprüche geregelt, die ausschließlich Gegenstand eines anderen Rechtsstreits zwischen den Parteien waren, so kann die Unwirksamkeit der insoweit getroffenen Regelung in dem anderen Verfahren geltend gemacht werden (BGH MDR 83, 838). Macht eine Partei nach Vergleichsabschluß außer der Nichtigkeit des Vergleichs hilfsweise auch geltend, die durch den Vergleich begründete Forderung sei nachträglich weggefallen, so ist für alle Einwendungen die Vollstreckungsabwehrklage gegeben (BGH MDR 68, 43). Das Revisionsgericht kann die tatrichterliche Auslegung eines Prozeßvergleichs, soweit es sich darum handelt, welche sachlichrechtlichen Ansprüche und Streitpunkte durch ihn erledigt worden sind, nur in beschränktem Umfang nachprüfen (BGH MDR 68, 576). **Einstweilige Einstellung** der ZwV: § 707. Bei **Teilnichtigkeit** des Vergleichs kann nach dem mutmaßlichen Parteiwillen der übrige Vergleichsinhalt

Wirksamkeit behalten (§ 139 BGB), so zB als materiell-rechtliche Regelung die schuldrechtliche Verpflichtung zur Grundstücksübereignung bei Nichtigkeit der im Vergleich erklärten (bedingten) Auflassung (BGH MittBayNot 87, 245).

d) Mit **Vollstreckungsgegenklage** (§ 767) gegenüber einem Vergleich können auch Einwendungen geltend gemacht werden, die sich auf zeitlich vor dem Vergleich liegende Tatsachen stützen (BGH Rpfleger 77, 99; § 767 Rn 20), ebenso der nachträgliche Wegfall der Verpflichtung aus dem Vergleich (BGH NJW 67, 2014). Der Streit um die Auslegung eines Prozeßvergleichs kann im Wege der Vollstreckungsabwehrklage ausgetragen werden; die Fortsetzung des Verfahrens, das durch den Vergleich beendet worden ist, kommt nicht in Frage (BGH Rpfleger 77, 99). Wird die Klage oder ein Rechtsmittel auf Grund eines außergerichtlichen Vergleichs zurückgenommen, so endet der Rechtsstreit durch Klage- oder Rechtsmittelzurücknahme (§ 271 III, § 515 II, § 566), und nicht durch Prozeßvergleich; sollen die sich hieraus ergebenden Folgen beseitigt werden, so ist immer neuer Prozeß notwendig. 16

5) Ein **außergerichtlicher Vergleich** übt keinen unmittelbaren Einfluß auf den anhängigen Rechtsstreit aus; er macht insbes nicht wie der Prozeßvergleich ein noch nicht rechtskräftiges Urteil hinfällig (BGH MDR 64, 313; für das arbeitsgerichtliche Verfahren vgl BAG NJW 63, 1469). Erklären die Parteien, daß sie sich außergerichtlich verglichen haben und übergeben sie nur ihr Abkommen, so liegt ein „gerichtlicher" Vergleich, aus dem ZwV erfolgen kann, nicht vor; anders wenn die Parteien nach dem Protokoll erklärt haben, daß sie den „hiermit übergebenen" Vergleich schließen und diese Erklärung und die übergebene Anlage gem § 162 verlesen wurde. Auf Grund außergerichtl Vergleichs kann im Wege zuzulassender Klageänderung Verurteilung entsprechend dem Vergleich beantragt werden. Verpflichtung zur Klagerücknahme in außergerichtlichem Vergleich: vor § 128 Rn 22 und § 269 Rn 3. 17

III) 1) Nr 2: Die ZwV aus einem **Kostenfestsetzungsbeschluß** (§ 104 I) erfolgt selbständig ohne Vorlage des Urteils (LG Essen JW 26, 76). Der Festsetzungsbeschluß ergänzt das Urteil für die Höhe der Kosten. Ist es nur gegen Sicherheitsleistung vorläufig vollstreckbar, so ist es auch der Beschluß. Vollstreckbare Ausfertigung aber kann sofort erteilt werden (§ 726 I). Ob die Sicherheit geleistet ist, hat das Vollstreckungsorgan zu prüfen (§ 751 II). Aufhebung des Urteils oder seiner vorläufigen Vollstreckbarkeit (§ 717) trifft auch den Beschluß, ebenso die einstw Einstellung der ZwV aus dem Urteil (§§ 769 ff, auch § 775 Nr 1, 2; Stuttgart Rpfleger 88, 39). Der Festsetzungsbeschluß muß, wenn er nicht auf das Urteil gesetzt ist, nach § 798 dem Schuldner 2 Wochen vor Beginn der ZwV zugestellt sein (besondere Wartefrist im Fall des § 798a). Die Bescheinigung über diese Zustellung wird von der Geschäftsstelle auf die vollstreckbare Ausfertigung gesetzt (§ 213a). Ist der Festsetzungsbeschluß gem § 105 auf das Urteil gesetzt, so erfolgt die ZwV auf Grund vollstreckbarer Ausfertigung des Urteils (es bedarf dann keiner Vollstreckungsklausel für den Beschluß, § 795a). Umschreibung des im Namen der armen Partei erwirkten Festsetzungsbeschlusses auf den Namen des beigeordneten PKH-RA (GV): § 126 Rn 19. 18

2) Nr 2a Regelunterhaltsbeschlüsse: Die auf Regelunterhalt (§§ 1615f u 1615g BGB; RegelunterhaltVO) lautenden Titel des § 642 haben keinen vollstreckungsfähigen Inhalt, da eine Betragsangabe fehlt. Vollstreckungstitel ist erst der Festsetzungsbeschluß (§ 642a I, §§ 642b–d, auch § 643 II), wie Nr 2a ausdrücklich klarstellt. Der Festsetzungsbeschluß ist bereits mit seinem Wirksamwerden vollstreckbar, der formellen Rechtskraft bedarf es nicht (§ 642a Rn 9). Beginnen darf die ZwV allerdings erst 2 Wochen nach Zustellung (§ 798). 19

3) Nr 2b Beschlüsse im Vereinfachten Verfahren zur **Abänderung von Unterhaltstiteln,** s näher Anm zu §§ 641l ff. Wartefrist § 798a. 20

IV) 1) Nr 3: Hierher gehören Entscheidungen zB aus § 99 II, 641d, die infolge Zurücknahme der Klage ergehende Kostenentscheidung sowie die Beschlüsse aus §§ 887, 888, 890; ferner nach **hM** die mit ihrem Wirksamwerden rechtskräftigen Beschlüsse (§§ 567, 568 III), Arreste, einstw Verfügungen (§§ 928, 936; Vollstreckungsklausel § 929 I) und Zuschlagsbeschlüsse nach §§ 82, 93, 96 ff ZVG (RG 71, 413). Einlegung der Beschwerde hindert Vollstreckung (nicht aber Erteilung einer vollstreckbaren Ausfertigung) nur in den Fällen, in denen der Beschwerde (wie zB bei § 181 GVG und §§ 380, 390, 409, 613) ausdrücklich aufschiebende Wirkung beigelegt oder Aussetzung der Vollziehung angeordnet ist (§ 572). Für Aufhebung der gegen Zeugen und Sachverständige ausgesprochenen Verurteilung sind §§ 381, 402 zu beachten. 21

2) Nr 3a: Einstw Anordnungen nach §§ 127a, 620 S 1 Nr 4 bis 9 und § 621 f s dort. Eine einstw Anordnung nach § 620 S 1 Nr 1–3 (insbes Herausgabe eines Kindes) und entsprechend ändernde Entscheidungen nach § 620b sind nach § 33 FGG zu vollstrecken. 22

V) 1) Nr 4: Vollstreckungsbescheide stehen einem für vorläufig vollstreckbar erklärten Versäumnisurteil gleich (§ 700). Die Vollstreckbarkeit endigt nicht schon mit Einlegung des Einspruchs, sondern erst mit Aufhebung des Vollstreckungsbescheids durch Endurteil des Prozeßgerichts; die ZwV kann aber nach §§ 719, 707 einstweilen eingestellt werden. Vollstreckungsklau- 23 sel: § 796 I; sie wird hier auf den Vollstreckungsbescheid gesetzt. Ist der Vollstreckungsbescheid zu Verlust gegangen, so kann eine weitere vollstreckbare Ausfertigung erteilt werden.

24 2) **Nr 4a:** Aus **Schiedssprüchen, schiedsrichterlichen Vergleichen** und **Rechtsanwaltsvergleichen** (§ 1044b) findet die Vollstreckung nur statt, wenn sie durch rechtskräftige oder für vorläufig vollstreckbar erklärte Entscheidung des zuständigen staatlichen Gerichts, der RA-Vergleich bei Zustimmung der Parteien auch durch einen Notar, für vollstreckbar erklärt sind (§ 1042 I, § 1042c, § 1044a, b). Vollstreckungstitel ist hier der **Beschluß** des staatlichen Gerichts oder Notars; er ist mit der Vollstreckungsklausel zu versehen (Geimer DNotZ 91, 266 [274]).

25 **VI) 1)** Unter **Nr 5** fallen **Urkunden,** die von einem deutschen Gericht oder einem deutschen **Notar** innerhalb der Grenzen ihrer Befugnisse in der vorgeschriebenen Form aufgenommen worden sind (§ 20 BNotO, §§ 1, 62 BeurkG; bis 31. 12. 69 waren §§ 167 ff FGG und die sie ergänzenden Landesgesetze maßgebend). Zuständig zur Beurkundung sind außerdem Konsularbeamte (§ 10 II KonsularG 1974; s auch VGH München NJW 83, 1992). Die Erteilung der Vollstreckungsklausel regelt § 797. Urkunden eines Beamten (Angestellten) des Jugendamts über eine Verpflichtung nach § 59 I S 1 Nr 3, 4 KJHG (früher § 49 JWG) sind nach § 60 KJHG Vollstrekkungstitel (auch für beurkundeten Unterhalt nach Volljährigkeit eines ehelichen Kindes, LG Kleve FamRZ 91, 357 = JurBüro 91, 269).

26 **2) a) Gegenstand** der Urkunde kann ein Anspruch sein, der sich zur Geltendmachung im Urkundenprozeß eignet (§ 592). Er muß die Zahlung einer **bestimmten** Geldsumme oder die Leistung einer bestimmten Menge anderer vertretbarer Sachen oder Wertpapiere zum Inhalt haben. Die Verpflichtung zur Räumung eines Grundstücks oder einer Wohnung kann nicht in einer Urkunde vollstreckbar übernommen werden (LG Koblenz DGVZ 82, 120). Bestimmt ist der Anspruch (daß er bestimmbar ist, genügt nicht, KG ZIP 83, 370), wenn der Betrag entweder ziffernmäßig festgelegt ist oder sich ohne weiteres aus den Angaben der Urkunde berechnen läßt (BGH 22, 54 [56] = NJW 57, 23; BGH DNotZ 71, 233; BGH 88, 62 = DNotZ 83, 679 = NJW 83, 2262; BGH DNotZ 95, 770 = NJW 95, 1162; zu Einzelheiten s § 704 Rn 4). Dies gilt auch für Zinsen und sonstige Nebenleistungen (Stuttgart DNotZ 74, 358 = OLGZ 73, 284). Auch eine künftige oder bedingte Forderung ist unter diesen Voraussetzungen unterwerfungsfähig (BGH 88, 62; RG 132, 6; LG Köln MittRhNotK 85, 10 für bedingte Zinsen); die Höhe des bedingten oder künftigen Anspruchs muß allerdings in der Urkunde festgestellt sein (BGH aaO; Klauselerteilung nach §§ 726, 795) oder sich ohne weiteres aus deren Angaben berechnen lassen (Zins nach Bundesbankdiskontsatz, BGH 22, 54 [619]; Düsseldorf Rpfleger 77, 67; s auch § 704 Rn 4); nicht vollstreckbar ist daher die Unterwerfung wegen der Zinsen, wenn der Zinsbeginn sich nicht aus der Urkunde ergibt, sondern nur anhand außerhalb der Urkunde liegender Umstände zu ermitteln ist, zB „ab Auszahlung" (BayObLG NJW-RR 96, 38 für Hypotheken-Eintragungsbewilligung), „ab Räumung" oder „Notarbestätigung über bestimmte Umstände" (Düsseldorf DNotZ 88, 243 mit Anm Reithmann = NJW-RR 88, 698) sowie auch „wegen etwaiger Verzugszinsen" ohne Bezeichnung der Höhe und/oder des Zinsbeginns (Düsseldorf OLGZ 80, 339; aA MK/Wolfsteiner Rn 229, 230; aber Erteilung der Klausel dient nicht der nachträglichen Bestimmung der vollstreckbaren Geldsumme und Auslegung der Urkunde bei fehlendem Zinsbeginn bekundet nur das Bemühen, erforderliche Bestimmtheit des Zinsbeginns als Urkundeninhalt noch zu finden). Für die Unterwerfungserklärung ist auch Zusammenfassung eines unbedingten (festen) Zinssatzes mit einem bedingten Zinssatz (Strafzinsen von 1% jährlich für den Fall des Verzugs) zu einem Höchstzinssatz (bis zu . . . vH) zulässig (BGH 88, 62). Bestimmt ist der Zinsbeginn ab Grundbucheintragung (Haegele/Schöner/Stöber Rn 2042 mit Nachw). Dem Erfordernis der Bestimmtheit ist genügt, wenn der Schuldner ohne Rücksicht auf die zZ der Errichtung der Urkunde noch nicht feststehende Höhe seiner Verbindlichkeit eine bestimmte Summe aufnehmen läßt (Düsseldorf NJW 71, 437). Auch kann den Vollstreckungsorganen zur Feststellung des ziffernmäßigen Betrags der Vollstreckungsschuld ein gewisses Rechenwerk unter Heranziehung von allgemein zugänglichen in der Urkunde in Bezug genommenen Daten zugemutet werden (Düsseldorf aaO; AG Darmstadt DGVZ 80, 173). So bietet der vom Statistischen Bundesamt ermittelte und bekanntgegebene Index der Lebenshaltungskosten verschiedener Einkommensgruppen eine Grundlage für das Vollstreckungsorgan, durch Ablesen aus einer Tabelle den Betrag der Schuld festzustellen (Düsseldorf NJW 71, 437; LG Kempten DGVZ 96, 28; LG Lüneburg DGVZ 92, 173; Geitner/Pulte Rpfleger 80, 93; ist jedoch nicht unbestritten, s BGH FamRZ 89, 267 mN; Anknüpfung an Lebenshaltungskostenindex eines Bundeslandes wird als unbestimmt angesehen, Karlsruhe OLGZ 91, 227); eine umfassende Erkundungspflicht und umfangreiches Rechenwerk kann dem Vollstreckungsorgan jedoch nicht zugemutet werden (BGH 22, 54 = NJW 57, 23: Höchstpension der Rente eines bayer Notars nicht bestimmt). Eine Forderung in ausländischer Währung ist bestimmt (s vor § 803 Rn 2).

26a **b)** Zur Bestimmtheit des Anspruchs gehört auch die **Bestimmtheit der Gläubigerbezeichnung** (KG Rpfleger 75, 371 mit zust Anm Wolfsteiner MittBayNot 76, 35; abl Anm Zauner NJW 76,

1824). Für mehrere Gläubiger muß sich ihr Beteiligungsverhältnis, für mehrere Schuldner ihr Haftungsverhältnis aus der Urkunde ergeben (§ 704 Rn 11). Das Anteilsverhältnis mehrerer Gläubiger ist bestimmt dargestellt, wenn sie mit ihrem im Grundbuch eingetragenen (§ 47 GBO) und in der Urkunde aufgeführten Rechtsverhältnis (auch Miteigentumsanteile von Wohnungseigentümern) berechtigt sein sollen, nicht aber, wenn dieses Rechtsverhältnis nicht in die Urkunde aufgenommen und erst durch Einsicht in das Grundbuch festgestellt werden muß (nicht eindeutig und mit irreführendem Leits BGH DNotZ 95, 770 = NJW 95, 1162 = Rpfleger 95, 366 mit Anm Münzberg; der Grundbuchinhalt ist nicht offenkundig, s § 12 GBO; zutr kritisch deshalb Münch DNotZ 95, 749).

c) Als Anspruch, der die Zahlung einer Geldsumme zum Gegenstand hat, gilt auch der Anspruch aus einer **Hypothek,** Grundschuld, Rentenschuld oder Schiffshypothek (s hierwegen Anm zu § 800). Daneben übernimmt der Grundstückseigentümer vielfach „wegen des Anspruchs aus der Grundschuld" zusätzlich die **persönliche Haftung** mit seinem ganzen übrigen Vermögen. Dieses abstrakte Schuldversprechen in Höhe des Nennbetrags der Grundschuld und sämtlicher Nebenleistungen (§ 780 BGB) und eine damit verbundene Unterwerfung unter die sofortige ZwV wegen dieser (abstrakten) persönlichen Zahlungsverpflichtung verstoßen (regelmäßig) nicht gegen das AGBGes (BGH 99, 274 = DNotZ 87, 488 = NJW 87, 904 u DNotZ 90, 552 = NJW-RR 90, 246; Haegele/Schöner/Stöber Rn 2077 u 2289, je mwN; anders für Sicherungsgeber und Besteller der Grundschuld, der nicht Forderungsschuldner ist, BGH 114, 9 = DNotZ 92, 91 mit Anm Stürner). Auszulegen ist die vollstreckbare Urkunde idR dahin, daß der Gläubiger den angegebenen Betrag nur einmal verlangen und vollstrecken kann (Einwendungen aber mit Gegenklage), auch wenn die (vereinbarungsgemäß) gesicherte Forderung höher ist (BGH DNotZ 88, 487 mit abl Anm Schmitz-Valckenberg = NJW 88, 707; Hamm NJW-RR 91, 819); kumulative ZwV-Unterwerfung muß in der Urkunde zum Ausdruck gebracht werden (dazu BGH und Hamm je aaO). Auch der Grundstückseigentümer, der eine **Eigentümergrundschuld** bestellt, kann sich wegen des Grundschuldkapitals (samt Zinsen) **persönlich** der sofortigen ZwV unterwerfen. Darin liegt idR ein an den Zessionar der Grundschuld gerichtetes Angebot zur Begründung eines abstrakten Schuldversprechens (BGH DNotZ 58, 579 mit Anm Hieber; BGH DNotZ 76, 364 = NJW 76, 567; BGH DNotZ 91, 753 = NJW 91, 228; Frankfurt OLGZ 81, 49; anders noch KG Rpfleger 75, 341). Die Annahme dieses Angebots muß in der Urkunde nicht enthalten sein (s Rn 29); sie ergibt sich schlüssig aus dem Verhalten des Gläubigers, wenn er die Erteilung der Vollstreckungsklausel beantragt, ist sonach idR nicht nachzuweisen (BGH DNotZ 76, 364 u NJW 91, 228; Hieber DNotZ 58, 382 [383]; Frankfurt aaO). Zur Unterwerfung wegen eines Teilbetrags s § 800 Rn 2; zur ZwV-Unterwerfung bei Zustandekommen eines Vertrags durch Angebot und Annahme s Haegele/Schöner/Stöber Rn 2038 mwN. Durch Abschluß eines Unterwerfungsvertrags, den der Gläubiger anbietet und der Schuldner annimmt, gelangt eine ZwV-Unterwerfung nicht zur Entstehung (BayObLG DNotZ 87, 176). 27

3) Der Schuldner muß sich in der Urkunde **der sofortigen ZwV unterwerfen.** 28

a) Nur die einseitige Erklärung des Schuldners und seine Unterwerfung unter die ZwV sind zu beurkunden. Die **Unterwerfungserklärung** ist keine privatrechtliche, sondern eine ausschließlich auf das Zustandekommen des Vollstreckungstitels gerichtete **einseitige prozessuale Willenserklärung,** die lediglich prozeßrechtlichen Grundsätzen untersteht (RG 146, 308 [312]; BGH DNotZ 81, 738 u 85, 474 = NJW 85, 2423; BayObLG 70, 254 [258] = DNotZ 71, 48 = NJW 71, 514 u DNotZ 92, 309; Frankfurt Rpfleger 72, 140 mit zust Anm Winkler; Werner DNotZ 69, 713; aA Wieczorek Anm H V: Prozeßhandlung und einseitig abstr Rechtsgeschäft). Für das Wirksamwerden der Unterwerfungserklärung ist der Bestand der sachlich-rechtlichen Verpflichtung nicht erforderlich (BGH DNotZ 85, 474; Fehlen ist mit Gegenklage geltend zu machen). Nichtigkeit eines Grundstücksverkaufsvertrags wegen Unterverbriefung bewirkt daher nicht die Unwirksamkeit der Unterwerfungserklärung (BGH aaO; keine Gegenklage nach Heilung des Kaufvertrags gem § 313 S 2 BGB; aA [von BGH aufgehoben] Düsseldorf NJW 83, 686). Vorschriften des BGB (etwa § 139) können auf die prozessuale Unterwerfungserklärung nicht angewendet werden (RG 146, 308 [312]; BGH aaO). Ihrer **Auslegung** sind (wie der des Vergleichs, Rn 14a) mit den für die Urteilsauslegung geltenden Grundsätzen Grenzen gesetzt. Es kann über den Urkundenwortlaut hinaus daher nicht auf außerhalb der Urkunde liegende andere Umstände als gesetzliche Vorschriften zurückgegriffen werden (BayObLG DNotZ 92, 309; Frankfurt MDR 87, 507 = NJW-RR 88, 1213). Eine Unterwerfungserklärung wegen des (fortlaufenden) Anspruchs auf Mietzins umfaßt daher nicht den nach Beendigung des Mietverhältnisses an dessen Stelle tretenden Entschädigungsanspruchs nach § 557 I BGB (Frankfurt aaO), eine Unterwerfung wegen einer Kaufpreisforderung nicht einen an deren Stelle tretenden Schadensersatzanspruch (BGH MDR 80, 389 = NJW 80, 1050; Köln NJW-RR 95, 1107) (Einwendung ist nach § 767 geltend zu machen). Die Unterwerfungserklärung ist nicht empfangsbedürftig durch den Gläubiger; sie entfaltet jedoch nur Rechtswirkung, wenn sie mit dem Willen des Erklärenden in den Rechtsverkehr gelangt (vgl auch Wolfsteiner § 9.2). Beurkundung der Annahme der Erklärung ist nicht erforderlich. Ist der 29

Schuldner nicht prozeßfähig, muß der gesetzliche Vertreter in der Urkunde zustimmen (RG 84, 318); Genehmigung des Vormundschaftsgerichts kann erforderlich sein (§ 54 Rn 1; auch oben Rn 8).

29a **b)** Die Erklärung kann auch durch einen **Bevollmächtigten** abgegeben werden (§ 85 I S 1; dazu Stöber Rpfleger 94, 393); die zur Vertretungsberechtigung vorgelegte Vollmacht soll der Niederschrift in Urschrift oder begl Abschrift beigefügt werden (§ 12 S 1 BeurkG). Unterwerfung durch einen vollmachtlosen (RG 146, 308 [überholt KG JFG 11, 26 = DNotZ 34, 595]; RG DNotZ 34, 425; Celle OLG 20, 348; LG Berlin DNotZ 74, 611 L = MittRhNotK 73, 359; LG Bonn Rpfleger 90, 374; LG Essen Rpfleger 73, 324) oder nicht ausgewiesenen Vertreter erlangt erst mit Genehmigung des Vertretenen oder Vollmachtsnachweis volle Wirksamkeit gegen den Schulder (RG 146, 308 [317]). Klauselerteilung und Prüfung durch das Vollstreckungsorgan: Rn 31a. Erteilung einer Vollmacht zur Unterwerfung (insbes für den Anspruch aus einer Grundschuld) an den Gläubiger selbst unwiderruflich und unter Befreiung vom Verbot der Unterwerfung wegen seines eigenen Anspruchs ist als zulässig anzusehen (näher Dux WM 94, 11145; auch StJ/Münzberg Rn 92a), bindet jedoch einen späteren Grundstückseigentümer (bei Einzelrechtsnachfolge) nicht (Dux aaO).

30 **c)** In der Urkunde kann vereinbart werden, daß von ihr nur unter **bestimmten Voraussetzungen** Gebrauch gemacht werden darf; eine solche Abrede engt weder den Gegenstand der Urkunde ein, noch nimmt sie ihr die Eigenschaft als Vollstreckungstitel, sondern schränkt lediglich die Benutzung der Urkunde ein (BGH 16, 180 = NJW 55, 546).

31 **d) Vollstreckbare Ausfertigung** (zu ihr § 797 Rn 2) ist erst zulässig nach Entstehen des Anspruchs und Eintritt der Fälligkeit, die durch öffentliche Urkunde nachzuweisen sind (§ 726 mit Anm), es sei denn, Schuldner hat auf Nachweis verzichtet (§ 726 Rn 17). Nachweisverzicht bewirkt keine Beweislastumkehr für Einwendungen gegen die vollstr Urkunde, verstößt daher nicht gegen § 11 Nr 15 AGBG und ebenso nicht gegen § 9 AGBG sowie (im Bauträgervertrag) nicht gegen die MaBV (Celle NJW-RR 91, 667; Hamm DNotZ 93, 244 = Rpfleger 91, 376 u DNotZ 94, 57; München NJW-RR 92, 125; LG Mönchengladbach NJW-RR 91, 696; LG München II DNotZ 90, 574 = NJW-RR 90, 1465; Münch NJW 91, 795 [801]; Rastätter NJW 91, 392; Wolfsteiner DNotZ 90, 531; aA Düsseldorf NJW-RR 96, 148; Hamm DNotI 95, 70; Nürnberg DNotZ 90, 564 = NJW-RR 90, 1467; Koblenz BauR 88, 748; Stuttgart NJW-RR 93, 1535 = OLGZ 94, 101; LG Köln DNotZ 90, 570 u 577; LG Mainz DNotZ 90, 567; LG Waldshut-Tiengen NJW 90, 192; offen gelassen von BGH 118, 229). Empfohlen wird Klarstellung in der Urkunde, daß vollstreckbare Ausfertigung auch ohne Nachweis der Entstehung und Fälligkeit zulässig ist (Stoll DNotZ 69, 109). Unwirksamer Nachweisverzicht könnte Unwirksamkeit der Urkunde als Vollstreckungstitel nicht bewirken (BGH 118, 229 [233 ff]), würde Klauselerteilung jedoch nur bei Nachweis nach § 726 ermöglichen (insoweit aA Wolfsteiner MittBayNot 95, 438, nicht zutr). Bei kassatorischer Klausel kann die vollstreckbare Ausfertigung sofort erteilt werden (s § 726 Rn 14). Wenn die Urkunde keine Angaben über die Fälligkeit enthält, eine Fälligkeitsvoraussetzung sich sonach nicht aus dem Inhalt der Urkunde selbst ergibt, sondern aus dem materiellen Recht (zB § 1193 BGB bei Grundschuld), ist bei Erteilung der vollstreckbaren Urkundenausfertigung die Fälligkeit nicht zu prüfen (dann kein Fall des § 726 I; KG DNotZ 83, 699 = ZZP 96 [1983] 368 mit zust Anm Münzberg). Nachweis der Kündigung: § 726 Rn 6. Enthält eine notarielle Urkunde eine Erklärung der in § 794 I Nr 5 und eine Erklärung der in § 794 II bezeichneten Art, so genügt die einfache Vollstreckungsklausel des § 725, um den Gläubiger zu der ZwV aus den beiden in der Urkunde verbundenen Schuldtiteln zu ermächtigen (BayObLG OLG 1, 257).

31a **e)** Erteilung einer **vollstreckbaren Ausfertigung** der durch einen **Bevollmächtigten** oder vollmachtlosen Vertreter errichteten Urkunde (Rn 29a) erfordert Prüfung des wirksamen Bestandes des Vollstreckungstitels (§ 724 Rn 5), somit Prüfung der Vollmacht oder Genehmigung des Vertretenen (Stöber Rpfleger 94, 393). Die Vollmachtsurkunde (auch wenn Vollmacht für Beurkundung schriftlich erteilt war) oder Genehmigung hat in der Form des Vollstreckungstitels, somit in öffentlicher (§ 415) oder gleichgestellter öffentlich beglaubigter Form vorzuliegen (Stöber aaO). § 80 I (nur schriftliche Vollmacht) ist nicht einschlägig (aA StJ/Münzberg § 797 Rn 14), weil nicht nur Erteilung der Vollmacht mit gesetzlich festgelegtem Umfang (§ 81), sondern auch ihr Umfang nachgewiesen sein muß. § 726 (mit § 795) ist (entgegen verbreiteter Ansicht, zB BayObLG 64, 75 = DNotZ 64, 573; RG DNotZ 34, 425; Celle OLG 20, 374; Nürnberg MDR 60, 318; Zweibrücken DNotZ 70, 640 L = MittRhNotK 70, 137; LG Bonn Rpfleger 90, 374; LG Essen Rpfleger 73, 324; LG Halle JW 32, 3216) nicht anwendbar (Stöber aaO), weil die Bevollmächtigung oder Genehmigung Wirksamkeitserfordernis des Vollstreckungstitels, nicht aber Inhaltserfordernis für Vollstreckung einer bereits wirksam errichteten Urkunde (s auch StJ/Münzberg § 797 Rn 14: § 726 ist anwendbar, wenn in der Urkunde die Vollstreckung von einer die Unterwerfung deckenden Vollmacht oder Genehmigung abhängig gemacht ist). Die Vollmacht oder Genehmigung hat zur ZwV für Prüfung der Wirksamkeit der Urkunde als Vollstreckungstitel (Abs 1 Nr. 5: „. . . der Schulder" muß sich in der Urkunde der sofortigen ZwV unterworfen haben) auch dem Vollstreckungsgericht oder GV vorzuliegen (§ 80 I; Form jedoch wie vor [Stöber aaO]; Bezugnahme auf eine nicht vorliegende notarielle Urkunde genügt nicht); denn allein durch Erteilung der Vollstreckungsklausel würde eine nicht vom Schuldner errichtete und daher gegen ihn nicht nach § 794 I Nr 5 vollstreckbare Urkunde nicht zu einer vollstreckbaren (vgl BGH 15, 190 [191]). Dem Schuldner hat folglich auch die öffentliche oder öffentlich beglaubigte Vollmachts- oder Genehmigungsurkunde nach § 750 I zugestellt zu sein (nach verbreiteter Ansicht nach § 750 II, zB LG Bonn u LG Halle je aaO; Wolfsteiner MittRhNotK 85, 113 (114). Das gilt auch bei Vertretung durch einen Rechtsanwalt; § 88 II findet keine Anwendung (Stöber aaO), weil die Unterwerfungserklärung keine Rechtshandlung ist, die in den Rahmen der Prozeßführung fällt (hierwegen KG DNotZ 35, 194 [195]).

f) Wird eine in der Urkunde enthaltene Abrede der Parteien **nachträglich geändert,** so genügt es, über die Änderung eine neue Urkunde zu errichten, in der auf die frühere Urkunde Bezug genommen wird (KG OLG 39, 76). Verpflichtet sich der Schuldner nachträglich zu Leistungen, die in der früheren Urkunde nicht festgesetzt waren, so muß die neue Urkunde insoweit auch die Unterwerfung unter die sofortige ZwV enthalten. Zur Abänderung einer vollstreckbaren Urkunde durch Urteil s näher Anm zu § 323. 32

VII) 1) In den in **Abs 2** bezeichneten Fällen ist neben dem Leistungstitel ein **Duldungstitel** erforderlich. Der Duldungsschuldner kann die Verurteilung zur Duldung der ZwV dadurch ersetzen, daß er in einer Urkunde gem Abs 1 Nr 5 die sofortige ZwV in die diesem Recht unterworfenen Gegenstände bewilligt; das Erfordernis, daß Gegenstand der Urkunde nur ein zur Geltendmachung im Urkundenprozeß geeigneter Anspruch sein kann, besteht hier nicht. 33

2) Die einzelnen **Fälle des Abs 2: § 737:** ZwV bei Nießbrauch an Vermögen oder Erbschaft. **§ 743:** ZwV in Gesamtgut nach Beendigung der Gütergemeinschaft, Leistungstitel gegen den einen und Duldungstitel gegen den anderen Ehegatten; **§ 745 II:** ZwV nach Beendigung der fortgesetzten Gütergemeinschaft, Leistungstitel gegen den überlebenden Ehegatten, Duldungstitel gegen Abkömmlinge; **§ 748 II:** ZwV gegen Testamentsvollstrecker, der nur einzelne Nachlaßgegenstände verwaltet. Leistungstitel gegen die Erben. 34

VIII) Andere Schuldtitel nach Bundesrecht, aus denen ZwV nach Maßgabe der ZPO stattfindet, sind ua (s auch vor § 704 Rn 6): Gerichtliche Festsetzung der Vergütung der Gründungsprüfer einer **AktG** nach § 35 II S 5 AktG. Rechtskräftig bestätigte **Auseinandersetzung** zwischen Miterben oder Ehegatten bezüglich des Gesamtguts (§§ 98, 99 FGG). Rechtskräftig bestätigte **Dispache** (§ 158 II FGG). Vergleiche, die vor einer Einigungsstelle nach dem Gesetz über die **Erstreckung von gewerblichen Schutzrechten** (Erstreckungsgesetz, BGBl 1992 I 938) geschlossen sind (§ 39 III ErstrG). Rechtskräftige Entscheidungen, Vergleiche und einstw Anordnungen nach **§ 16 HausratsVO.** Vollstreckbare Zahlungsaufforderungen wegen rückständiger Kammerbeiträge (§ 84 BRAO) und rechtskräftige Urteile der Ehrengerichte für **Rechtsanwälte,** in denen auf Geldbuße erkannt ist (BRAO § 204); entspr gilt bei **Patentanwälten.** Die im Falle des Konkurses der **Genossenschaft** von dem Konkursgericht für vollstreckbar erklärte Vorschuß-, Zuschuß- und Nachschußberechnung (§§ 109 ff GenG). Entscheidungen und Vergleiche der Fideikommißsenate (§ 19 Ges 26. 6. 1935; RGBl I 785). **Konkurstabelle** §§ 164, 194, 206 KO; aus ihr findet nach Aufhebung oder rechtskräftiger Einstellung des Konkursverfahrens ZwV gegen den Gemeinschuldner statt, wenn die Forderung festgestellt und nicht vom Gemeinschuldner im Prüfungstermin ausdrücklich bestritten ist (§ 164 KO), ebenso aus dem rechtskräftig bestätigten **Zwangsvergleich** gegen den Gemeinschuldner und diejenigen, die in dem Vergleich ohne Vorbehalt der Einrede der Vorausklage Verpflichtung übernommen haben (§ 194 KO). Beschlüsse und Vergleiche der **Landwirtschaftsgerichte** (§ 31 LwVG). **Notarkostenrechnung** (§ 155) KostO; Zustellung dieser vollstreckbaren Kostenberechnung im Parteibetrieb. Rückzahlungsanordnung § 157 KostO. Entscheidungen des **Seemannsamts** (§ 131 SeemO). Kostenfestsetzungsbeschlüsse im Verfahren bei **Todeserklärung** (§ 38 VerschG). **Strafgerichtsentscheidungen** über Vermögensstrafen und Bußen (§ 463 StPO) und stattgebende Entscheidungen nach § 406 StPO, Entscheidungen nach §§ 15, 16 VHG, Vergleiche und angenommene Einigungsvorschläge der Schiedsstelle nach §§ 14, 14a des Ges über die Wahrnehmung von **Urheberrechten** und verwandten Schutzrechten (BGBl 1985 I 1140) und Kostenfestsetzungsbeschlüsse der Aufsichtsbehörde (§ 15 III UrhSchiedsV, BGBl 1985 I 2543). Vergleiche, die vor einer Einigungsstelle nach § 27a UWG geschlossen wurden (§ 27a VII UwG); Bestätigte **Vergleiche im Vergleichsverfahren** mit Auszug aus dem berichtigten Gläubigerverzeichnis (§ 85 VerglO). Vor den **Jugendämtern** aufgenommene **Verpflichtungserklärungen** zum Unterhalt eines Kindes oder Jugendlichen usw s Rn 25. **Zuschlagsbeschlüsse** im ZwV-Verfahren (§§ 93, 132 ZVG). 35

794a *[Zwangsvollstreckung aus Räumungsvergleich]* **(1) Hat sich der Schuldner in einem Vergleich, aus dem die Zwangsvollstreckung stattfindet, zur Räumung von Wohnraum verpflichtet, so kann ihm das Amtsgericht, in dessen Bezirk der Wohnraum belegen ist, auf Antrag eine den Umständen nach angemessene Räumungsfrist bewilligen. Der Antrag ist spätestens zwei Wochen vor dem Tage, an dem nach dem Vergleich zu räumen ist, zu stellen; §§ 233 bis 238 gelten sinngemäß. Die Entscheidung kann ohne mündliche Verhandlung ergehen. Vor der Entscheidung ist der Gläubiger zu hören. Das Gericht ist befugt, die im § 732 Abs. 2 bezeichneten Anordnungen zu erlassen.**

(2) Die Räumungsfrist kann auf Antrag verlängert oder verkürzt werden. Absatz 1 Sätze 2 bis 5 gilt entsprechend.

(3) Die Räumungsfrist darf insgesamt nicht mehr als ein Jahr, gerechnet vom Tage des Abschlusses des Vergleichs, betragen. Ist nach dem Vergleich an einem späteren Tage zu räumen, so rechnet die Frist von diesem Tage an.

(4) Gegen die Entscheidung des Amtsgerichts findet die sofortige Beschwerde statt.

(5) Die Absätze 1 bis 4 gelten nicht für Mietverhältnisse über Wohnraum im Sinne des § 564b Abs. 7 Nr. 4 und 5 und in den Fällen des § 564c Abs. 2 des Bürgerlichen Gesetzbuchs.

1 I) Für den **gerichtlichen Räumungsvergleich** trifft § 794a die § 721 entsprechende Regelung. Ausschluß von Räumungsschutz nach Abs 5 s § 721 Rn 3. Auf außergerichtliche Räumungsvergleiche ist § 794a nicht, auch nicht entsprechend anzuwenden (LG Wuppertal NJW 67, 832; aA LG Essen NJW 68, 162; LG Ulm MDR 80, 944).

2 **II)** 1) Die Bewilligung einer Räumungsfrist ist unabhängig davon, ob die Parteien im Vergleich (LG Wuppertal WuM 81, 113) oder danach außergerichtlich eine Räumungsfrist vereinbart haben. Da es sich jedoch bei dem Vergleich um eine vereinbarte Regelung handelt, bei der schon die besonderen Interessen des Schuldners an einer Hinausschiebung der Räumung berücksichtigt werden können, wird eine Räumungsfrist idR nur zu bewilligen sein, wenn bisher nicht bekannte Gründe für eine Räumungsfrist oder weitere Räumungsfrist sprechen (enger LG Heilbronn JurBüro 92, 569 = Rpfleger 92, 528: Antrag kann nicht deshalb abgelehnt werden, weil außergewöhnliche, vorher nicht absehbare Umstände nicht vorgebracht sind; LG Mannheim ZMR 94, 21: Änderung der tatsächlichen Verhältnisse ist nicht vorausgesetzt). Der Schuldner muß sich intensiv um Ersatzwohnraum bemüht haben (LG Mannheim WuM 93, 62 mit Einschr für sozial schwache Familie). War bei Vergleichsabschluß eine Ersatzwohnung fest zugesagt und wurde diese Zusage danach ohne Verschulden des Mieters widerrufen, so ist dem Mieter durch Gewährung ausreichender Räumungsfrist die Möglichkeit zu geben, eine anderweitige Unterkunft zu suchen (LG Mannheim ZMR 66, 280). Die nach § 794a bewilligte Räumungsfrist kann auf Antrag verlängert oder verkürzt werden (Abs 2); eine im Vergleich vereinbarte Räumungsfrist ist nur (auf Antrag nach Abs 1, LG Heilbronn DGVZ 92, 569) verlängerbar (LG Köln WuM 67, 65; LG Mannheim DWW 81, 175; aA LG Bielefeld MDR 66, 333, LG Hamburg MDR 81, 236). Die Räumungsfrist darf insgesamt nicht mehr als ein Jahr betragen, gerechnet vom Tage des Abschlusses des Vergleichs, falls nicht nach dem Vergleich später zu räumen ist (Abs 3).

3 2) Bewilligung der Räumungsfrist erfordert **Antrag** des Schuldners. Zuständig ist das Amtsgericht, in dessen Bezirk die Wohnung belegen ist. Der Antrag ist spätestens innerhalb zwei Wochen vor dem in dem Vergleich bestimmten Räumungstermin zu stellen (dazu § 721 Rn 6). Ist im Vergleich ein bestimmter Termin nicht vorgesehen oder liegt der bestimmte Termin innerhalb zwei Wochen nach Vergleichsabschluß, so beginnt die Wochenfrist mit dem Abschluß des Vergleichs (zweifelnd StJ/Münzberg Rn 8; aA Th/P Rn 4: Anwendung des § 794a entfällt). Die Vorschriften über die Wiedereinsetzung, §§ 233–238, gelten sinngemäß.

4 3) Das **Amtsgericht** entscheidet als Prozeßgericht, nicht als Vollstreckungsgericht; zuständig ist daher der Richter, nicht der Rechtspfleger (LG Essen Rpfleger 71, 323; LG Hildesheim MDR 68, 55). Das AG ist auch zuständig, wenn der Räumungsvergleich vor dem Arbeitsgericht abgeschlossen ist (LAG Tübingen NJW 70, 2046). Vor Entscheidung ist der Gläubiger zu hören. Die Entscheidung kann ohne mündliche Verhandlung ergehen. Das AG entscheidet durch Beschluß; einstw Anordnung kann nach § 732 II erlassen werden.

5 4) Gegen den Beschluß des AG ist **sofortige Beschwerde** (§ 577) statthaft; weitere Beschwerde ist ausgeschlossen (§ 568 II; s § 721 Rn 9).

6 5) Wegen der **Kosten** des Verfahrens s § 721 Rn 11. Die dort dargelegten Grundsätze gelten entsprechend (LG Essen Rpfleger 71, 407).

7 **III)** Wegen der Wirkung s näher § 721 Rn 10. Auf Anwendung des § 794a kann bei Abschluß des Prozeßvergleichs nicht verzichtet werden (anders LG Heilbronn DGVZ 92, 569).

795 *[Zwangsvollstreckung aus Titeln des § 794]*
Auf die Zwangsvollstreckung aus den in § 794 erwähnten Schuldtiteln sind die Vorschriften der §§ 724 bis 793 entsprechend anzuwenden, soweit nicht in den §§ 795a bis 800 abweichende Vorschriften enthalten sind. Auf die Zwangsvollstreckung aus den in § 794 Abs. 1 Nr. 2, 2a erwähnten Schuldtiteln ist § 720a entsprechend anzuwenden, wenn die Schuldtitel auf Urteilen beruhen, die nur gegen Sicherheitsleistung vorläufig vollstreckbar sind.

§ 720a: Entsprechend anzuwenden bei Schuldtiteln nach § 794 I Nr 2 und 2a, wenn sie auf Urteilen beruhen, die nur gegen Sicherheitsleistung vorläufig vollstreckbar sind (Satz 2). **§ 724:** Vollstreckbare Ausfertigung ist zur ZwV erforderlich (s § 724 Rn 2); zuständig ist bei Vergleichen der Urkundsbeamte erster Instanz, auch wenn der Vergleich vor dem beauftragten oder ersuchten Richter oder in höherer Instanz geschlossen wurde, es sei denn, die Akten befinden sich noch bei der höheren Instanz. Zuständigkeit bei vollstreckbaren Urkunden: § 797; Besonderheit bei Kostenfestsetzungsbeschlüssen: § 795a. Bei Vollstreckungsbescheiden ist Vollstreckungsklausel nur nach Maßgabe des § 796 I erforderlich. **§ 725:** Der Gläubiger muß aus der Klausel ersichtlich sein (KG JW 32, 2174). **§ 726 I** s näher § 794 Rn 31. **§ 727:** Bei Vergleichen vor einer anerkannten Gütestelle sowie nach § 118 I oder § 492 III und bei Urkunden nach § 794 I Nr 5 ist für die Umschreibung auf den Rechtsnachfolger die Zeit der Beurkundung maßgebend; keine Umschreibung, wenn die Rechtsnachfolge vor Beurkundung eingetreten war. **§ 750:** Titel nach Nr 1 und 5 des § 794 I **sind** vom Gläubiger, die übrigen Vollstreckungstitel, die an sich von Amts wegen zuzustellen sind, **können** vom Gläubiger zugestellt werden (§ 750 I S 2 1. Halbsatz). Urkundenaushändigung durch Notar an Gläubiger auf Veranlassung des Schuldners bewirkt keine Zustellung nach § 750 I (LG Frankfurt JurBüro 93, 750). Die öffentliche Zustellung (§ 204) von Vergleichen bewilligt das Prozeßgericht, diejenige von vollstreckbaren Urkunden das in § 797 III bezeichnete AG (KG OLG 37, 112). **Ausnahme** von § 750 I: § 798; von § 750 II: §§ 799, 800. **§§ 767, 768:** Zuständig für die Klage aus §§ 767, 768 ist das Prozeßgericht 1. Instanz, im Verfahren nach § 118 das Gericht, bei dem um Prozeßkostenhilfe nachgesucht war. **§ 767 II** ist bei vollstreckbaren Urkunden (§ 797 IV), gerichtlichen Vergleichen (BGH NJW 77, 584; Hamm NJW 77, 247) und Kostenfestsetzungsbeschlüssen (anders bei Festsetzungsbeschluß nach BRAGO), s § 767 Rn 20, nicht anwendbar. Wegen der Anwendung von § 767 II bei Vollstreckungsbescheiden s § 796 II. Von den §§ 724 ff **abweichende Zuständigkeitsvorschriften:** §§ 796 III, 797 I, III, V, VI, 797a, 800. Auch **§ 707** ist entsprechend anwendbar, wenn ein durch Prozeßvergleich beendeter Rechtsstreit wegen Nichtigkeit des Vergleichs aufgenommen wird (BGH 28, 171 [175]; Düsseldorf MDR 74, 52; StJ/Münzberg § 707 Rn 28 u § 794 Rn 54). 1

795a *[Zwangsvollstreckung aus Kostenfestsetzungsbeschlüssen auf Urteil]*
Die Zwangsvollstreckung aus einem Kostenfestsetzungsbeschlusse, der nach § 105 auf das Urteil gesetzt ist, erfolgt auf Grund einer vollstreckbaren Ausfertigung des Urteils; einer besonderen Vollstreckungsklausel für den Festsetzungsbeschluß bedarf es nicht.

§ 795a gilt für alle Vollstreckungstitel, bei denen vereinfachte Kostenfestsetzung nach § 105 erfolgt ist (s Anm zu § 105). Da Schuldtitel und Kostenfestsetzungsbeschluß zusammen ausgefertigt und zugestellt werden, entfällt die Wartefrist (§ 798). 1

796 *[ZwV aus Vollstreckungsbescheiden, Einwendungen, Klagen auf Klauselerteilung]*
(1) Vollstreckungsbescheide bedürfen der Vollstreckungsklausel nur, wenn die Zwangsvollstreckung für einen anderen als den in dem Bescheid bezeichneten Gläubiger oder gegen einen anderen als den in dem Bescheid bezeichneten Schuldner erfolgen soll.

(2) Einwendungen, die den Anspruch selbst betreffen, sind nur insoweit zulässig, als die Gründe, auf denen sie beruhen, nach Zustellung des Vollstreckungsbescheids entstanden sind und durch Einspruch nicht mehr geltend gemacht werden können.

(3) Für Klagen auf Erteilung der Vollstreckungsklausel sowie für Klagen, durch welche die den Anspruch selbst betreffenden Einwendungen geltend gemacht werden oder der bei der Erteilung der Vollstreckungsklausel als bewiesen angenommene Eintritt der Voraussetzung für die Erteilung der Vollstreckungsklausel bestritten wird, ist das Gericht zuständig, das für eine Entscheidung im Streitverfahren zuständig gewesen wäre.

I) Vollstreckungsbescheide bedürfen der Vollstreckungsklausel nur in den Fällen der §§ 727, 728, 729, 738, 742, 744a, 745, 749; s auch § 35 AG EuGÜbK. Zuständig (§ 724 II) ist das AG, das den 1

Mahnbescheid erlassen hat, bei zentralem Mahngericht (§ 689 II) somit dieses (BGH NJW 93, 3141 = Rpfleger 94, 72; Hamm Rpfleger 94, 30; aA Koblenz Rpfleger 94, 307 m abl Anm Hintzen).

2 **II)** Für den Ausschluß von Einwendungen gegen den Anspruch **(Präklusion)** tritt beim Vollstreckungsbescheid an die Stelle des Zeitpunkts der (fehlenden) mündlichen Verhandlung der Zeitpunkt der Zustellung des Bescheids, im übrigen stimmt Abs 2 mit § 767 II überein. Auch solche Einwendungen, die nach der Zustellung des Vollstreckungsbescheids entstanden sind, aber im Zeitpunkt der Notwendigkeit der Klagestellung nicht mehr durch Einspruch geltend gemacht werden können, sind zulässig (s näher § 767 Rn 14).

3 **III) Zuständig** für Klagen nach §§ 731, 767, 768 ist das Gericht, das für eine Entscheidung im Streitverfahren zuständig gewesen wäre (Abs 3). Der Gerichtsstand ist ausschließlich (§ 802).

4 **IV) Gebühren: 1)** des **Gerichts: a)** Erteilung der Vollstreckungsklausel (Abs 1): Keine, da durch Verfahrensgebühr abgegolten; keine auch für Klauselerteilung auf deutschem Vollstreckungsbescheid, auf Grund dessen ein Gläubiger die Zwangsvollstreckung in einem anderen Vertragsstaat des EuGVÜ betreiben will. **b)** Klage auf Erteilung der Vollstreckungsklausel (Abs 3): Regelgebühren wie bei gewöhnlichen Klagen (KV 1201 ff). – **2)** des **Anwalts: a)** nach Abs 1 und 2: § 58 II Nr 1 BRAGO; **b)** nach Abs 3: Regelgebühren der §§ 31 ff BRAGO.

797 *[Verfahren bei vollstreckbaren gerichtlichen und notariellen Urkunden]*

(1) Die vollstreckbare Ausfertigung gerichtlicher Urkunden wird von dem Urkundsbeamten der Geschäftsstelle des Gerichts erteilt, das die Urkunde verwahrt.

(2) Die vollstreckbare Ausfertigung notarieller Urkunden wird von dem Notar erteilt, der die Urkunde verwahrt. Befindet sich die Urkunde in der Verwahrung einer Behörde, so hat diese die vollstreckbare Ausfertigung zu erteilen.

(3) Die Entscheidung über Einwendungen, welche die Zulässigkeit der Vollstreckungsklausel betreffen, sowie die Entscheidung über Erteilung einer weiteren vollstreckbaren Ausfertigung wird bei gerichtlichen Urkunden von dem im ersten Absatz bezeichneten Gericht, bei notariellen Urkunden von dem Amtsgericht getroffen, in dessen Bezirk der im zweiten Absatz bezeichnete Notar oder die daselbst bezeichnete Behörde den Amtssitz hat.

(4) Auf die Geltendmachung von Einwendungen, die den Anspruch selbst betreffen, ist die beschränkende Vorschrift des § 767 Abs. 2 nicht anzuwenden.

(5) Für Klagen auf Erteilung der Vollstreckungsklausel sowie für Klagen, durch welche die den Anspruch selbst betreffenden Einwendungen geltend gemacht werden oder der bei der Erteilung der Vollstreckungsklausel als bewiesen angenommene Eintritt der Voraussetzung für die Erteilung der Vollstreckungsklausel bestritten wird, ist das Gericht, bei dem der Schuldner im Inland seinen allgemeinen Gerichtsstand hat, und sonst das Gericht zuständig, bei dem nach § 23 gegen den Schuldner Klage erhoben werden kann.

(6) Auf Vergleiche nach § 1044 b Abs. 2 sind die Absätze 2 bis 5 entsprechend anzuwenden.

1 **I)** § 797 trifft nur zu bei **Urkunden des § 794 I Nr 5,** nicht auch bei den vor Gericht abgeschlossenen Vergleichen des § 794 I Nr 1 (aA München NJW 61, 2265; AG Königswinter FamRZ 89, 1201). Die Erteilung der Vollstreckungsklausel ist Akt der streitigen Gerichtsbarkeit (RG 129, 168); sie bestimmt sich bei vollstreckbaren Urkunden ausschließlich nach ZPO (§ 52 BeurkG). § 797 trifft abgesehen von Abs 4 und 6 nur eine Regelung der Zuständigkeit bei gerichtlichen und notariellen Urkunden nach § 794 I Nr 5, im übrigen gelten gem § 795 die §§ 724 ff.

2 **II) 1)** Anspruch auf Erteilung einer **vollstreckbaren Ausfertigung** hat der Gläubiger, über dessen mit ZwV durchsetzbaren Anspruch (Rn 1 vor § 704) die Urkunde errichtet ist, wenn sie nach dem Willen desjenigen, der die Unterwerfungserklärung abgegeben und damit den Vollstreckungstitel in Urkundenform geschaffen hat (§ 794 Rn 29) als Herr über den Urkundeninhalt zur Verwendung im Rechtsverkehr in die Hände dieses Gläubigers gelangen kann. Vollstreckbare Ausfertigung wird dem Gläubiger daher auf Antrag nach ZPO-Vorschriften (§ 52 BeurkG) (nur) erteilt, wenn er nach § 51 BeurkG eine Ausfertigung verlangen kann (oder sie bereits in Händen hält). Das ist der Fall (§ 51 II BeurkG), wenn der Schuldner, der die beurkundete Unterwerfungserklärung im eigenen Namen abgegeben hat oder in dessen Namen sie abgegeben worden ist (auch sein Rechtsnachfolger) in der Niederschrift oder durch besondere Erklärung gegenüber dem Notar (der zuständigen Stelle) Erteilung der Ausfertigung an den Gläubiger bestimmt hat. Hat der Gläubiger demnach nicht nach § 51 BeurkG Anspruch auf Erteilung einer einfachen Ausfertigung, so darf ihm auch eine vollstreckbare Ausfertigung nicht erteilt werden (Celle DNotZ 74, 484; Frankfurt DNotZ 70, 162; Hamburg DNotZ 87, 356; Hamm DNotZ 88, 241 = NJW-RR 87, 1404; Schleswig MDR 83, 761; LG Frankfurt DNotZ 85, 479 mit Anm Wolfsteiner; Ertl Rpfleger 80, 41 [47]; Haegele/Schöner/Stöber Rn 2057; streitig, aA Röll DNotZ 70, 147; Winkler

NJW 71, 652; Keidel/Kuntze/Winkler § 52 BeurkG Rn 27; LG Kempten MittBayNot 86, 142; LG München II MittBayNot 79, 192). Seinen Anspruch auf Erteilung einer vollstreckbaren Ausfertigung verliert der Gläubiger, wenn der sich der ZwV unterwerfende Schuldner die an den Notar gerichtete Ermächtigung, dem Gläubiger eine (vollstreckbare) Ausfertigung zu erteilen, widerruft, bevor dem Gläubiger eine (einfache) Ausfertigung erteilt worden ist (Hamm aaO; LG Frankfurt aaO; LG Lüneburg NJW 74, 506; Haegele/Schöner/Stöber aaO). Daß der durch die Urkunde Begünstigte Verfahrensbeteiligter sein müßte (so für Urteil § 724 Rn 3; für Vergleich § 794 Rn 6), ist nach dem Wesen des Beurkundungsrechts und dem Zustandekommen des Vollstreckungstitels durch einseitige Unterwerfungserklärung nicht Erfordernis des Vollstreckungsrechts des Gläubigers.

2) Die vollstreckbare Ausfertigung **gerichtlicher Urkunden**, die sich in gerichtlicher Verwahrung befinden, wird im Fall des § 724 vom Urkundsbeamten, in den Fällen des § 20 Nr 12 RpflG (§ 726 I, §§ 727 bis 729, 733, 738, 742, 744, 744a, 745 II, § 749) vom Rechtspfleger erteilt. Abs 1 trifft auch zu, wenn die Urkunde auf Ersuchen im Rechtshilfeweg von einem anderen Gericht aufgenommen und in Urschrift an das ersuchende Gericht übersandt wurde (Begr 47; RG 106, 346). 3

3) Die vollstreckbare Ausfertigung **notarieller Urkunden** wird von dem Notar erteilt, der die Urkunde (Urschrift) verwahrt (§ 25 BNotO). Verwahrt bei Abwesenheit oder Verhinderung des Notars ein anderer Notar oder das Amtsgericht die Akten (§ 45 BNotO), so ist der andere Notar oder das AG zuständig. Eine solche Zuständigkeit kann sich auch nach § 51 BNotO ergeben, wenn das Amt des Notars erloschen ist oder der Amtssitz des Notars in einen anderen AG-Bezirk verlegt wurde. Hat der Grundstückseigentümer für eine auf dem Grundstück lastende Hypothek die persönliche Schuld übernommen und sich der ZwV unterworfen, so ist zur **Erteilung der Vollstreckungsklausel** gegen den persönlichen Schuldner sowohl der Notar zuständig, der das ursprüngliche dingliche und persönliche Schuldbekenntnis mit Unterwerfungsklausel aufgenommen hat, als auch der Notar, der die Schuldübernahme und die Unterwerfungserklärung des neuen Schuldners beurkundet hat (München DNotZ 36, 33 = HRR 34 Nr 704). Wird der Notar als Rechtsanwalt des Gläubigers in der ZwV tätig, so ist er von der Erteilung der Vollstreckungsklausel zu der von ihm aufgenommenen Urkunde ausgeschlossen (RG 145, 202). 4

4) **Prüfung** der Voraussetzungen für Erteilung der vollstreckbaren Ausfertigung durch den Notar: wie § 724 Rn 10. Für wirksamen Bestand als Vollstreckungstitel (§ 724 Rn 5) muß die Urkunde nach Form und Inhalt (§ 794 Rn 25–29) zur ZwV geeignet sein (BGH 118, 229 [233] = DNotZ 93, 235 mit Anm Wolfsteiner = NJW 92, 2160; Oldenburg DNotZ 95, 145 = OLGZ 94, 499; zur Prüfung nur der formellen Voraussetzungen auch BayObLG MittBayNot 95, 484; KG DNotZ 51, 274; LG Aachen MittRhNotK 85, 9; LG Duisburg MittRhNotK 84, 27; LG Kleve DNotZ 78, 680 mit Anm Wolfsteiner); Unterwerfung durch einen Vertreter § 794 Rn 31a). Materiellrechtliche Wirksamkeit, damit auch, ob der Anspruch besteht (Oldenburg aaO), ist nicht zu prüfen (BGH aaO). Materiellrechtliche Fehlerhaftigkeit rechtfertigt Versagung der Klausel somit nicht; daß Vollstreckung aus der nach Form und Inhalt vollstreckungsfähigen Urkunde wegen materiellrechtlicher Einwendungen unzulässig ist, ist mit Klage nach § 767 geltend zu machen. Die vollstreckbare Ausfertigung ist daher auch zu erteilen, wenn die Nichtigkeit des Grundstückskaufvertrags geltend gemacht ist (Oldenburg aaO), wenn angenommen wird, daß der Anspruch nicht mehr besteht (erloschen ist; Frankfurt DNotZ 90, 105 = OLGZ 89, 418) oder wenn sonst Einwendungen gegen den Anspruch vorgebracht sind. Es wird angenommen, daß eine Ausnahme in Erwägung gezogen werden müsse (Oldenburg aaO), wenn feststeht (der Notar positiv weiß, LG Koblenz DNotZ 72, 190: Zahlung über Notaranderkonto), offenkundig oder durch öffentliche oder öffentl beglaubigte Urkunde nachgewiesen ist (BayObLG MittBayNot 95, 484; Frankfurt DNotZ 95, 144 = OLGZ 94, 501; LG Passau MittBayNot 86, 99), daß der vollstreckbar beurkundete Anspruch nicht besteht (wie bei Nichtigkeit des Rechtsgeschäfts) oder erloschen ist (Frankfurt aaO), oder wenn sich der Gesetzesverstoß aus der Urkunde selbst ergibt oder die Beurkundung nach § 4 BeurkG abzulehnen gewesen wäre (LG Bochum DNotZ 90, 571; für Ausnahmefälle auch Wolfsteiner, Die vollstr Urkunde, Rn 35.16–35.20); Zweifel oder Bedenken allein genügen jedenfalls nicht (LG Aachen aaO). Dem kann jedoch nicht gefolgt werden. Sachliche Einwendungen können vom Notar so wenig wie vom Urkundsbeamten (und Rechtsmittelgericht) im Klauselverfahren berücksichtigt werden (vgl § 724 Rn 5: keine Berücksichtigung aktenkundiger Tatsachen); sie sind in gleicher Weise wie für das Vollstreckungsorgan (auch hier im Beschwerdeverfahren) unerheblich (§ 775; dort Rn 12 auch dazu, daß im Fall von § 775 Nr 4 die materielle Rechtslage nicht zu würdigen ist). Wirksamer Bestand der Urkunde begründet, wenn Einwendungen gegen den Anspruch selbst nicht auf dem dafür bestimmten Rechtsweg (§ 767 mit § 797 V) durchgesetzt sind, stets auch ein Rechtsschutzbedürfnis (vor § 704 Rn 17) für Erteilung der vollstreckbaren Ausfertigung. Antrag des Gläubigers auf Klauselerteilung begründet stets jedenfalls Zweifel an Nichtigkeit oder Erlöschen des Anspruchs, die im Klauselverfahren nicht geprüft werden können (zutr LG Duisburg aaO: Erlaßvertrag zu Urkunde des Notars belegt nicht dessen Wirksamkeit). Ebenso sind im Klauselverfahren auch treuwidriges Verhalten des Gläubigers (vor 5

§ 704 Rn 32) und Verstoß gegen die guten Sitten (Klausel zur Vollstreckung, die der Rechtsordnung grob widersprechen würde, s München NJW-RR 95, 763) nicht zu würdigen (auch hier Widerspruchsklage). Geltendmachung sachlicher Einwendungen durch den Schuldner kann aber als (gleichzeitiger) Widerruf der Erlaubnis, (vollstr) Ausfertigung zu erteilen, hindern (§ 797 Rn 2).

6 5) Trifft § 726 zu, so darf der Notar nur solche Tatsachen berücksichtigen, von deren Eintritt der Schuldner seine **Leistungspflicht abhängig** gemacht hat, und zwar nur insoweit, als diese Tatsachen in der Urkunde bezeichnet sind; bei Änderungen **außerhalb** der Urkunde muß der Schuldner seine Einwendungen im Wege der Vollstreckungsabwehrklage geltend machen. So darf der Notar zur Begründung seiner Weigerung keinesfalls die Verfügung des Grundbuchamts, daß die Urkunde unvollziehbar sei, heranziehen, dies auch dann nicht, wenn diese Verfügung auf die Urkunde gesetzt worden ist. Denn sie ist damit nicht Inhalt der Urkunde iS des § 726 geworden.

7 6) Auch eine **weitere vollstreckbare Ausfertigung** einer notariellen Urkunde (§ 733) wird vom Notar erteilt. Sie ist beim Notar zu beantragen, der von Amts wegen die Entscheidung des Amtsgerichts (Rechtspflegers) einholt (Abs 3). Der Rechtspfleger weist bei begründetem Antrag den Notar an, die weitere Ausfertigung zu erteilen (Düsseldorf DNotZ 77, 571). Ein Hinweis auf diese Anweisung (Abs 3) gehört nicht zum Wortlaut der Vollstreckungsklausel; in ihr wird diese Entscheidung daher nicht bezeichnet (nicht erwähnt; Haegele/Schöner/Stöber Rn 2065). Wird die früher erteilte vollstreckbare Urkundenausfertigung zurückgegeben, dann wird eine neue vollstreckbare Ausfertigung wieder nach § 724 (nicht als weitere nach § 733) erteilt (§ 733 Rn 3); gleiches gilt, wenn eine Nachfolgeklausel auf die bisherige vollstreckbare Ausfertigung gesetzt (diese „umgeschrieben") wird. Eine Entscheidung des Gerichts nach § 797 III ist dann nicht einzuholen und nicht zu treffen (Hamm MDR 88, 592 = MittRhNotK 88, 125 = Rpfleger 88, 508; BayObLG MittBayNot 95, 484 [485]).

8 **III) Rechtsbehelfe: 1)** Für **Gläubiger:** Gegen die Ablehnung der Erteilung einer vollstreckbaren Ausfertigung findet Beschwerde nach § 54 BeurkG statt, auch soweit Ausfertigung einer gerichtlichen oder behördlichen Urkunde beantragt war (§ 1 II BeurkG; Jansen § 54 BeurkG Anm 1). Daher ist bei Ablehnung durch den Urkundsbeamten zunächst das Gericht anzurufen (entspr § 576 I), bei Ablehnung durch den Rechtspfleger die Beschwerde als (einfache) Erinnerung nach § 11 I RpflG zu erheben; bei Ablehnung durch den Notar findet sogleich Beschwerde nach § 54 I BeurkG statt. Abhilferecht/-pflicht des für die Klauselerteilung zuständigen Organs ist in allen Fällen gegeben. Zuständig ist das Gericht, dessen Urkundsbeamter oder Rechtspfleger die Klauselerteilung abgelehnt hat (Abs 1), für die Entscheidung über die Beschwerde dann das Landgericht, in dessen Bezirk die Stelle, gegen die sich die Beschwerde richtet, ihren Sitz hat (§ 54 II S 2 BeurkG). Für das Verfahren über die Einwendung oder Erinnerung und für das Beschwerdeverfahren gelten die Vorschriften des FGG (§ 54 II S 1 BeurkG). Weitere Beschwerde findet daher nach § 27 FGG statt (KG NJW 62, 2162 u OLGZ 73, 112; Frankfurt DNotZ 82, 320 = OLGZ 82, 201). Der Notar (das für Klauselerteilung zuständige Organ) ist am Beschwerdeverfahren nicht beteiligt. Bei Erfolg des Rechtsbehelfs ist die zuständige Stelle (Urkundsbeamter, Rechtspfleger oder Notar) anzuweisen, die Klausel zu erteilen. In Fällen des § 731 ist für Gläubiger auch Klage bei dem nach Abs 5 zuständigen Gericht gegeben.

9 2) Für **Schuldner** Einwendungen gegen die Erteilung der Vollstreckungsklausel nach § 732 (§§ 795, 797 III), auch wenn Unwirksamkeit oder Nichtigkeit der Unterwerfung aus (sonstigen) prozessualen Gründen geltend gemacht wird (BGH 22, 54 = NJW 57, 23). Für materielle Einwendungen gegen die Wirksamkeit des Titels zugleich Klage nach § 767 (BGH 118, 229 = DNotZ 93, 235 = NJW 92, 2160 abw von fr Rspr; auch BGH NJW 94, 460 [462]). Zuständiges Gericht für Einwendungen nach § 732: Abs 3. Es wird im Verfahren nach der ZPO (nicht der freiw Gerichtsbarkeit) entschieden (KG NJW 62, 2162; Frankfurt DNotZ 81, 320). Weitere Beschwerde findet daher nicht statt (§ 568 II S 1; überholt KG, Frankfurt je aaO). Für Schuldner ist außerdem Klage gegen die Klausel nach § 768 gegeben; Zuständigkeit: Abs 5.

10 **IV) Zuständigkeit:** Die (ausschließliche, § 802) Gerichtsstandsregelung des Abs 5 (Regelung nur der örtlichen Zuständigkeit) gilt für Klagen auf Erteilung der Vollstreckungsklausel (§ 731), gegen Erteilung der Vollstreckungsklausel (§ 768) und gegen den Anspruch selbst (§ 767), nicht für Abänderungsklagen nach § 323 IV. Beklagter ist der Schuldner oder Gläubiger, nicht der Notar oder die verwahrende Behörde (RG 36, 347; 45, 391). Für Klagen nach § 731 gegen mehrere Schuldner ist das gemeinschaftliche Gericht nach § 36 Nr 3 zu bestimmen. Für die Klage mehrerer Schuldner (als Streitgenossen) nach §§ 767, 768 gilt § 35 entsprechend (BGH MDR 92, 301 = NJW 91, 2910; s auch § 35 Rn 1). Nach Abs 5 (nicht § 800 III) bestimmt sich die Zuständigkeit auch für Klagen, die nur den durch eine Hypothek oder Grundschuld gesicherten persönlichen Anspruch betreffen (KG NJW-RR 89, 1407). Die sachliche Zuständigkeit richtet sich nach §§ 23, 23a, 23b, 71 GVG. Das Arbeitsgericht ist zuständig, wenn ein arbeitsrechtlicher Anspruch Gegenstand des Streits ist (Frankfurt OLGZ 85, 97 für Vollstreckungsabwehrklage). Das in Abs 3 (nicht

das in Abs 5) bezeichnete Gericht (der Richter, nicht der Rechtspfleger) ist für die Anordnung öffentlicher Zustellung (§ 204; BayObLG NJW-RR 90, 64) und für Zustellungsersuchen im Ausland (§ 202) zuständig (StJ/Münzberg Rn 28).

V) Die **Präklusionswirkung** des § 767 II greift nicht ein (Abs 4), wenn gegen eine vollstreckbare Urkunde erstmals Vollstreckungsgegenklage erhoben wird. Mit der Vollstreckungsgegenklage können daher auch vor der Errichtung der Urkunde liegende Einwendungen erhoben werden. Grund (s BGH 61, 25 [28]): Die titulierte Forderung ist noch nicht gerichtlich geprüft, ein Ausschluß früher entstandener Einwendungen daher nicht gerechtfertigt. Ist über den Anspruch bereits in einem früheren Vollstreckungsgegenklageverfahren gerichtlich entschieden worden, dann ist in einem späteren Verfahren auch § 767 II anzuwenden (BGH aaO u NJW-RR 87, 59). 11

VI) Bei Vollstreckbarerklärung des **Anwaltsvergleichs** durch einen Notar (§ 1044b II) ist das Klauselerteilungsverfahren usw mit Anwendung der Abs 2–5 dem Verfahren bei vollstreckbaren notariellen Urkunden gleichgestellt (Abs 6). Vollstreckbar ausgefertigt wird die notarielle Vollstreckbarerklärung (nicht der Anwaltsvergleich, § 794 Rn 24). 12

VII) Gebühren: 1) des **Gerichts:** Für die Erteilung der Vollstreckungsklausel keine Gebühr; bei Klagen nach Abs 5: Regelgebühren wie bei gewöhnlichen Klagen. – **2)** des **Anwalts:** Für die Erwirkung der Vollstreckungsklausel nach Abs 2: Keine Gebühr, § 58 II Nr 1 BRAGO; die Einwendungen gegen die Erteilung der Vollstreckungsklausel nach Abs 3 gelten nach § 58 III Nr 1 BRAGO als besondere Angelegenheit. Für die Vertretung im Prozeß aus Klagen nach Abs 5: §§ 31 ff BRAGO. 13

797a

[Zwangsvollstreckung aus Vergleichen der Gütestellen]

(1) Bei Vergleichen, die vor Gütestellen der im § 794 Abs. 1 Nr. 1 bezeichneten Art geschlossen sind, wird die Vollstreckungsklausel von dem Urkundsbeamten der Geschäftsstelle desjenigen Amtsgerichts erteilt, in dessen Bezirk die Gütestelle ihren Sitz hat.

(2) Über Einwendungen, welche die Zulässigkeit der Vollstreckungsklausel betreffen, entscheidet das im Absatz 1 bezeichnete Gericht.

(3) § 797 Abs. 5 gilt entsprechend.

(4) Die Landesjustizverwaltung kann Vorsteher von Gütestellen ermächtigen, die Vollstrekkungsklausel für Vergleiche zu erteilen, die vor der Gütestelle geschlossen sind. Die Ermächtigung erstreckt sich nicht auf die Fälle des § 726 Abs. 1, der §§ 727 bis 729 und des § 733. Über Einwendungen, welche die Zulässigkeit der Vollstreckungsklausel betreffen, entscheidet das im Absatz 1 bezeichnete Gericht.

I) Vergleiche der **Gütestellen** nach § 794 I Nr 1 sind Vollstreckungstitel (notarielle Beurkundung ersetzen sie nicht, § 794 Rn 12). Gütestellen bestehen (s Verzeichnis JMBlNW 93, 149) in **Bayern:** Schlichtungsstelle in Zivilsachen je bei den AGen München (früher auch Augsburg), Traunstein, Regensburg und Würzburg; **Bremen:** Bauschlichtungsstelle Bremen; **Hamburg:** Öffentliche Rechtsauskunfts- und Vergleichsstelle der Hansestadt Hamburg sowie Schlichtungs- und Einigungsstelle des Bau-Innung Hamburg; **Hessen:** Bau-Schlichtungsstelle bei der Handwerkskammer Rhein-Main (bis 16. 5. 89 auch Schlichtungsstelle Lahn-Dill mit auswärtigen Abteilungen); **Nordrhein-Westfalen:** Bau-Schlichtungsstelle bei der Handwerkskammer Dortmund, Bau-Schlichtungsstelle bei der Handwerkskammer Düsseldorf und Gemeinsame Mietschlichtungsstelle in Düsseldorf; **Saarland:** Mietschlichtungsstelle Saarbrücken; **Schleswig-Holstein:** Öffentliche Rechtsauskunfts- und Vergleichsstelle der Hansestadt Lübeck. 1

II) Bei Vergleichen der Gütestelle ist (wenn eine landesrechtliche Regelung nach Abs 4 nicht getroffen ist) für die Erteilung der Vollstreckungsklausel der Urkundsbeamte des AG, in dessen Bezirk die Gütestelle ihren Sitz hat, zuständig. Der Rechtspfleger ist in den Fällen § 20 Nr 12, 13 RpflG zuständig. Bei Ablehnung durch den Urkundsbeamten § 576, durch den Rechtspfleger unbefristete Durchgriffserinnerung (§ 11 RpflG). 2

III) Wird die Vollstreckungsklausel erteilt, so kann der Schuldner seine Einwendungen nach §§ 732, 768 geltend machen, s näher Anm zu §§ 732 und 768. 3

IV) Die Zuständigkeit für die Klagen aus §§ 731, 767, 768 regelt Abs 3 durch Verweisung auf § 797 V. Auch für die Vergleiche nach § 797a gilt, wie für Vergleiche allgemein, die zeitliche Beschränkung des § 767 II nicht (BGH NJW 53, 345). 4

V) Bei Ermächtigung durch die Landesjustizverwaltung (so in Bayern) ist der Vorsteher der Gütestelle zur Erteilung der Vollstreckungsklausel zuständig (Abs 4 S 1 mit Einschränkung nach Satz 2). Rechtsbehelf bei Ablehnung: Anrufung des für den Sitz der Gütestelle zuständigen AG (Abs 4 S 3 mit Abs 1); zuständig zur Entscheidung ist der Richter; bei Erteilung der Klausel §§ 732, 768. 5

6 **VI)** Das AG, in dessen Bezirk die Gütestelle ihren Sitz hat, ist auch für die **Aufgaben des Prozeßgerichts** zuständig (entsprechende Anwendung von § 797a Abs 1 und 2; s auch § 797 Rn 8), so für Ersuchschreiben zur Auslandszustellung (§ 202), Bewilligung der öffentlichen Zustellung (§ 204) und ZwV zur Erwirkung von Handlungen und Unterlassungen (§§ 887, 888, 890).

7 **VII)** Der vor einer **gemeindlichen Schiedsstelle** im Beitrittsgebiet im Verfahren nach dem Gesetz über die Schiedsstellen in den Gemeinden v 13. 9. 1990 (GBl-DDR I 1527; s EinigungsV Anl II Kap III A I Nr 3, BGBl 1990 II 889 [1153] geschlossene Vergleich ist Vollstreckungstitel (§ 34 I Ges). Die Vollstreckungsklausel erteilt das Amtsgericht (§ 34 II S 2 Ges). Im übrigen findet § 797a entspr Anwendung (§ 34 II S 1 Ges). Dazu Müller DtZ 92, 18. Der Beschluß einer **Schiedsstelle für Arbeitsrecht** (Gesetz über deren Errichtung v 29. 6. 1990, GBl-DDR I 505; s EinigungsV Anl II Kap VIII A III 3, BGBl 1990 II 889 [1207] und eine Einigung in einem solchen Schiedsverfahren müssen vom Amtsgericht für vollstreckbar erklärt werden (§ 20 Ges).

8 **VIII) Gebühren: 1)** des **Gerichts:** Die Erteilung der Vollstreckungsklausel ist gebührenfrei; wegen der Einwendungen s Rn 18 zu § 732. S im übr § 797 Rn 11. – **2)** des **Anwalts:** § 797a II: § 58 III Nr 1 BRAGO.

798 *[Wartefrist bei ZwV aus selbständigen Kostenfestsetzungsbeschlüssen]*

Aus einem Kostenfestsetzungsbeschluß, der nicht auf das Urteil gesetzt ist, aus Beschlüssen nach § 794 Abs. 1 Nr. 2a, aus Vergleichen nach § 794 Abs. 1 Nr. 4a zweiter Halbsatz sowie aus den nach § 794 Abs. 1 Nr. 5 aufgenommenen Urkunden darf die Zwangsvollstreckung nur beginnen, wenn der Schuldtitel mindestens zwei Wochen vorher zugestellt ist.

1 **I) Zweck:** Der Schuldner soll von der Vollstreckung nicht überrascht werden.

2 **II)** Eine **Wartefrist** von 2 Wochen **ist einzuhalten** bei ZwV aus **Kostenfestsetzungsbeschlüssen nach §§ 104, 106,** Regelunterhaltsbeschlüssen (§ 794 I Nr 2a), notariell vollstreckbar erklärten Anwaltsvergleichen (§ 794 I Nr 4a Hs 2) sowie vollstreckbaren Urkunden nach § 794 I Nr 5 und § 794 II, § 800 I, vollstreckbarer Kostenentscheidung des § 8 AusfG HZPrAbk und bei Zwangsbeitreibung auf Grund einer Kostenberechnung des Notars (§ 155 KostO), außerdem für die ZwV nach § 720a (§ 750 III). Einzuhalten ist die Wartezeit auch nach Neuzustellung des Titels wegen Rechtsnachfolge (§§ 727, 750 I). Der auf das Urteil gesetzte Kostenfestsetzungsbeschluß (§ 105) wird mit dem Urteil ausgefertigt, zugestellt und ohne Wartefrist vollstreckt (§ 795a).

3 **III) Wartefrist ist gesetzliche Frist;** keine Verlängerung oder Abkürzung, auch keine Wiedereinsetzung. Der Tag der Zustellung rechnet nicht; Beginn der ZwV daher am 15. Tag nach Zustellung (des Schuldtitels, im Fall des § 750 II auch der Vollstreckungsklausel und Urkunde), wenn er ein Sonntag, Sonnabend oder allgemeiner Feiertag ist, am nächsten Werktag, § 187 I BGB, § 222 ZPO (RG 83, 338 u 125, 286). Ein ohne Einhaltung der Schutzfrist vorgenommener Vollstreckungsakt ist wirksam, wenn auch fehlerhaft (BGH 30, 175 = NJW 59, 1873; Hamm NJW 74, 1516 = OLGZ 74, 314 mwN, s auch vor § 704 Rn 34, 35; aA RG 125, 288: ZwV unwirksam, erlangt aber durch Ablauf der Frist Wirksamkeit, unbeschadet der Weitergeltung von Rechten, die Dritte vor Behebung des Mangels am Gegenstand der Pfändung erworben haben). Verzicht auf Wartefrist ist unwirksam (AG Montabaur DGVZ 75, 92). **Rechtsbehelf** des Schuldners: § 766.

798a *[Wartefrist bei Beschlüssen nach § 641p]*

Aus einem Beschluß nach § 641p darf die Zwangsvollstreckung nur beginnen, wenn der Beschluß mindestens einen Monat vorher zugestellt ist. Aus einem Kostenfestsetzungsbeschluß, der auf Grund eines Beschlusses nach § 641p ergangen ist, darf die Zwangsvollstreckung nicht vor Ablauf der in Satz 1 bezeichneten Frist beginnen; § 798 bleibt unberührt.

1 Im Vereinfachten Verfahren zur Abänderung von Unterhaltstiteln ist gegen den Beschluß, der dem Antrag stattgibt (§ 641p), wegen bestimmter Einwendungen sofortige Beschwerde (§ 641p III), und nach § 641q I innerhalb einer Klagefrist von einem Monat Abänderungsklage zulässig. Für den Beginn der ZwV ist der Ablauf der Klagefrist abzuwarten (Satz 1). Mit der Abänderungsklage kann zugleich die einstweilige Einstellung der ZwV beantragt werden, die nach § 769 zulässig ist (s § 769 Rn 1). Aus dem Kostenfestsetzungsbeschluß, der auf Grund eines Beschlusses nach § 641p ergangen ist, kann ebenfalls vor Ablauf der Monatsfrist von S 1, somit seit Zustellung des Anpassungsbeschlusses, nicht vollstreckt werden. Die Wochenfrist des § 798 muß unabhängig von dieser Wartefrist des § 798a gewahrt sein, wenn der Kostenfestsetzungsbeschluß nachträglich selbständig ergangen ist und zugestellt wurde. Für Vergleiche nach § 641r S 4 gilt die Wartefrist des § 798a nicht.

799 *[Zwangsvollstreckung aus vollstreckbaren Urkunden für Rechtsnachfolger]* **Hat sich der Eigentümer eines mit einer Hypothek, einer Grundschuld oder einer Rentenschuld belasteten Grundstücks in einer nach § 794 Abs. 1 Nr. 5 aufgenommenen Urkunde der sofortigen Zwangsvollstreckung unterworfen und ist dem Rechtsnachfolger des Gläubigers eine vollstreckbare Ausfertigung erteilt, so ist die Zustellung der die Rechtsnachfolge nachweisenden öffentlichen oder öffentlich beglaubigten Urkunde nicht erforderlich, wenn der Rechtsnachfolger als Gläubiger im Grundbuch eingetragen ist.**

§ 799 enthält für vollstreckbare Urkunden (§ 794 I Nr 5) über Grundpfandrechte eine Abweichung von § 750 II, weil der Eigentümer von der Eintragung des Rechtsnachfolgers des Gläubigers durch das Grundbuchamt Nachricht erhält (§ 55 GBO). Nichtverständigung durch das GBA schadet dem Gläubiger nicht. Daß die Eintragung erfolgt ist, ist dem Vollstreckungsorgan nachzuweisen, wenn es nicht in der Klausel bescheinigt ist. Die Zustellung der Vollstreckungsklausel (§ 750 II) ist nicht erlassen. Ist der Rechtsnachfolger im Grundbuch nicht eingetragen (zB bei Abtretung eines Briefrechts, § 1154 I BGB), so findet § 750 II unbeschränkt Anwendung. § 799 trifft nicht zu bei Vollstreckung gegen den persönlichen Schuldner. 1

800 *[Vollstreckbare Urkunde gegen den jeweiligen Grundstückseigentümer]* **(1) Der Eigentümer kann sich in einer nach § 794 Abs. 1 Nr. 5 aufgenommenen Urkunde in Ansehung einer Hypothek, einer Grundschuld oder einer Rentenschuld der sofortigen Zwangsvollstreckung in der Weise unterwerfen, daß die Zwangsvollstreckung aus der Urkunde gegen den jeweiligen Eigentümer des Grundstücks zulässig sein soll. Die Unterwerfung bedarf in diesem Falle der Eintragung in das Grundbuch.**

(2) Bei der Zwangsvollstreckung gegen einen späteren Eigentümer, der im Grundbuch eingetragen ist, bedarf es nicht der Zustellung der den Erwerb des Eigentums nachweisenden öffentlichen oder öffentlich beglaubigten Urkunde.

(3) Ist die sofortige Zwangsvollstreckung gegen den jeweiligen Eigentümer zulässig, so ist für die im § 797 Abs. 5 bezeichneten Klagen das Gericht zuständig, in dessen Bezirk das Grundstück belegen ist.

I) Zweck: Erleichterung der Durchsetzung des Rechts des Gläubigers einer Hypothek, Grundschuld oder Rentenschuld auf Befriedigung aus dem Grundstück gegen den jeweiligen Eigentümer. Die ZwV gegen jeden im Grundbuch eingetragenen späteren Eigentümer ist ohne (den sonst nach § 750 II erforderlichen) Nachweis der Erwerbsurkunde zulässig. 1

II) 1) Wegen des dinglichen Anspruchs des Gläubigers einer **Hypothek, Grundschuld** oder **Rentenschuld** „auf Zahlung aus dem Grundstück" (§§ 1113, 1191, 1199 je mit § 1147 BGB) kann sich der Eigentümer in einer Urkunde nach § 794 I Nr 5 der sofortigen ZwV in der Weise unterwerfen, daß die ZwV aus der Urkunde **gegen den jeweiligen Eigentümer** des Grundstücks zulässig sein soll (Abs 1 S 1). Unterwerfung kann auch nur wegen eines (bestimmt bezeichneten) Teilbetrags des Grundpfandrechts erfolgen (und eingetragen werden) (BGH 108, 372 [377] = DNotZ 90, 586 mit Anm Wolfsteiner = NJW 90, 258; BayObLG 85, 141 [142] = DNotZ 85, 476; Hamm DNotZ 88, 231 mit Anm Wolfsteiner = NJW 87, 1090 [1091]); Teilung des Rechts erfordert Teilunterwerfung nicht (BayObLG aaO; Haegele/Schöner/Stöber Rn 2044; anders Hamm DNotZ 84, 489 = OLGZ 84, 48; Köln JurBüro 84, 1422 = MittRhNotK 85, 105). Bei Zwangsversteigerung wird das Recht in das geringste Gebot nicht aufgenommen, wenn der Gläubiger nur wegen des vollstreckbaren Teilbetrags betreibt (Zeller/Stöber § 44 Rn 4.3; anders [falsch] MK/Wolfsteiner § 794 Rn 244). Zulässig ist auch Unterwerfung wegen eines „zuletzt zu zahlenden Teilbetrags" des Grundpfandrechts (und deren Eintragung) (BGH 108, 372; Verrechnungsbestimmung). Davon zu unterscheiden ist die auf einen „rangmäßig" abgespaltenen (zB letztrangigen) Teilbetrag beschränkte Unterwerfungserklärung (und deren Eintragung); sie kann ohne Teilung des Grundpfandrechts nicht erfolgen (kein unterschiedlicher Rang für „ein" Grundpfandrecht; dies zutr Hamm u Köln je aaO; s Haegele/Schöner/Stöber aaO; anders Muth JurBüro 84, 9 u 175). Unterwerfung „bis zu" einem Höchstzinssatz ist zulässig (BGH 88, 62 = DNotZ 83, 679 = NJW 83, 2262; § 794 Rn 26). Möglich ist dingliche Unterwerfungsklausel auch bei einer Eigentümergrundschuld (§ 1196 BGB; BGH 64, 316 = NJW 75, 1356); der Eigentümer kann jedoch nicht selbst die ZwV betreiben (§ 1197 II BGB); ihm kann daher auch keine vollstreckbare Ausfertigung erteilt werden. 2

2) a) Die **Unterwerfungserklärung** muß die dingliche Duldungspflicht eindeutig (und ausdrücklich) bezeichnen; das geschieht am besten mit dem Wortlaut von Abs 1. Ausreichend, jedoch nicht empfehlenswert, wäre auch „Wegen der Hypothek ist die sofortige ZwV gegen den jeweiligen Eigentümer des Grundstücks zulässig" (Dresden OLG 6, 476), oder „Die jeweiligen Eigentümer unterliegen der sofortigen ZwV" (KG OLG 7, 354). Dadurch, daß der Eigentümer sich 3 gleichzeitig auch persönlich wegen der Schuldverpflichtung der sofortigen ZwV aus der Urkunde unterwirft, wird die Wirksamkeit einer dinglichen Unterwerfungsklausel nicht berührt (Düsseldorf Rpfleger 77, 67).

4 **b)** Unterwerfung wegen des Anspruchs aus einer Hypothek, Grundschuld oder Rentenschuld kann für den **künftigen** Anspruch (§ 794 Rn 26) auch bereits **vor Eintragung des Grundpfandrechts** erfolgen (üblich). Erteilung der vollstreckbaren Ausfertigung erfordert dann Nachweis (§ 726 I), daß der dingliche Anspruch mit Eintragung des Grundpfandrechts entstanden ist (§ 873 I BGB; Rechtserwerb mit Grundstücksbelastung ist nach dem Urkundeninhalt Erfordernis des Vollstreckungsbeginns); Einigung als Erwerbstatbestand ist schon wegen § 891 BGB, aber auch deshalb nicht nachzuweisen, weil der Urkundeninhalt nach § 726 I diesen Nachweis nicht gebietet. Befreiung von der Nachweispflicht (§ 726 Rn 17; vielfach üblicher Urkundeninhalt) ermöglicht Erteilung der vollstreckbaren Ausfertigung auch bereits vor Grundbucheintragung (Haegele/Schöner/Stöber Rn 2056 mit Nachw).

5 **c)** Wirksam ist Unterwerfung wegen des Anspruchs aus einer Hypothek, Grundschuld oder Rentenschuld auch bereits dann, wenn der sich Unterwerfende bei Errichtung der Urkunde **noch nicht Grundstückseigentümer** ist, sondern das Grundstück erst nachträglich erwerben wird (Saarbrücken DNotZ 77, 624 = NJW 77, 1202, damit aufgehoben LG Saarbrücken NJW 77, 548 mit Anm Zawar; KG DNotZ 88, 238 = NJW-RR 87, 1229). Mit der Unterwerfungserklärung wird der Vollstreckungstitel für den künftigen dinglichen Anspruch geschaffen; Wirksamkeit erlangt die Unterwerfungserklärung damit, wenn der sich Unterwerfende als Erwerber mit Eintragung Eigentümer des haftenden Grundstücks wird. Erteilung der Vollstreckungsklausel setzt damit nach § 726 I Nachweis des Eigentumserwerbs voraus (KG aaO). Befreiung von der Nachweispflicht (§ 726 Rn 17) ermöglicht Erteilung der vollstreckbaren Ausfertigung auch bereits vor Eigentumsübergang. Die Unterwerfungserklärung des künftigen Erwerbers des Grundstücks kann auch bereits in der Weise erfolgen, daß die ZwV gegen den jeweiligen Grundstückseigentümer zulässig sein soll; auch diese Unterwerfungserklärung ist bei späterem Eigentumserwerb Grundlage der Eintragung nach § 800 I S 2 (Saarbrücken aaO).

6 **d)** Unterwerfung wegen des Anspruchs aus einer Hypothek, Grundschuld oder Rentenschuld ist damit gleichermaßen wegen des künftigen Anspruchs (§ 794 Rn 26) aus einem **erst noch einzutragenden** Grundpfandrecht (Rn 4) an einem durch den sich Unterwerfenden noch zu erwerbenden Grundstück (Rn 5) möglich (Saarbrücken aaO), mithin bei Belastung des Grundstücks durch den „Käufer" vor Eigentumsübergang.

7 **e)** Unterwerfung wegen des Anspruchs aus einer Hypothek, Grundschuld oder Rentenschuld kann nach (oder [zumeist] auch bereits vor) Eintragung des Grundpfandrechts und schon vor Eigentumsübergang mit Eintragung des Grundstückserwerbers durch den Grundstücksveräußerer (dinglicher Schuldner bei Belastung, Rn 4) und den Grundstückserwerber (dinglicher Schuldner nach Belastung ab Eigentumsübergang, Rn 6) in gemeinsamer notarieller Urkunde erfolgen. Dann kann bei Befreiung von der Nachweispflicht (wenn Erteilung schon vor Eigentumsübergang erlaubt ist) vollstreckbare Urkundenausfertigung gegen den Grundstückserwerber auch bereits vor Eigentümereintragung erteilt werden. Daher bedarf es nach Eigentumsübergang einer Klauselumschreibung auf den Erwerber nicht mehr, wenn Grundstücksveräußerer und -erwerber in gemeinsamer notarieller Urkunde sich (dinglich) der ZwV unterworfen haben und alsdann vollstreckbare Ausfertigung über sämtliche Ansprüche gegen die Verpflichteten erteilt wurde, weil in der Klausel ein Schuldner nicht näher bezeichnet ist (KG DNotZ 88, 238).

8 **f)** Die ZwV-Unterwerfung eines **Nichtberechtigten** im eigenen Namen kann als prozessuale Erklärung nicht mit Zustimmung des Berechtigten (§ 185 II BGB) wirksam werden. Dingliche Unterwerfungserklärung bei Bestellung eines Grundpfandrechts durch den Käufer eines Grundstücks kann daher vor Eigentumsübergang nicht mit Zustimmung des Eigentümers (Veräußerers) Wirksamkeit erlangen und eingetragen werden (BayObLG 70, 254 [258] = NJW 71, 514; Frankfurt Rpfleger 72, 140 mit Anm Winkler; Werner DNotZ 69, 713; aA Wolfsteiner NJW 71, 1141; Wolfsteiner, Die vollstr Urkunde, § 12.20); s auch Köln DNotZ 80, 628, das Einwilligung (§ 185 I BGB; ebenso Köln Rpfleger 91, 13), nicht aber Genehmigung (§ 185 II BGB) für Grundschuldbestellung mit Unterwerfungserklärung für möglich hält. Hat ein Nichtberechtigter die Unterwerfungserklärung im eigenen Namen abgegeben, so muß der Berechtigte sie (ggfs in gesetzlicher Frist) wiederholen (Winkler Rpfleger 72, 141). Von dem Fall der Erklärung der Unterwerfung durch einen Nichtberechtigten ist die Unterwerfung durch einen **vollmachtlosen Vertreter** zu unterscheiden; sie ist ebenso wie die Unterwerfung durch einen durch Vollmacht ausgewiesenen Vertreter zulässig (wegen vollstreckbarer Ausfertigung s § 794 Rn 31a). Vollmacht „zur Belastung des Grundstücks" oder „zur Mitwirkung bei der Beleihung des Grundstücks" wird für (dingliche) Unterwerfung nach § 800 nicht als ausreichend angesehen (BayObLG Rpfleger 87, 153 L; Düsseldorf MDR 88, 784 = OLGZ 88, 297). Vollmacht zur dinglichen Unterwerfung des Eigentümers bei

Belastung des Grundstücks ist dahin auszulegen, daß der jeweilige Eigentümer nach § 800 I der sofortigen ZwV unterworfen werden kann (Düsseldorf MittRhNotK 89, 193 = Rpfleger 89, 499).

g) ZwV-Unterwerfung erst **nach Eintragung des Grundpfandrechts,** damit auch Eintragung der Unterwerfungsklausel kann ohne Zustimmung der im Rang gleich- und nachstehenden dinglichen Berechtigten erfolgen, weil die Klausel den Umfang der Belastung nicht ändert (KG OLG 45, 99 = HRR 26 Nr 862). **Nachträgliche Unterwerfungserklärung** für ein auf Grund (nur) öffentlich beglaubigter Eintragungsbewilligung bereits eingetragenes Grundpfandrecht setzt nicht voraus, daß auch noch die Bestellung des eingetragenen Grundpfandrechts beurkundet wird (BGH 73, 156 = DNotZ 79, 342 = NJW 79, 928; Frankfurt Rpfleger 78, 294; LG Stade Rpfleger 77, 261; anders früher KG DNotZ 32, 39; München DNotZ 41, 36). 9

h) Beim **gesetzlichen Güterstand** bedarf die dingliche Unterwerfungserklärung (anders für Bestellung des Grundpfandrechts) auch dann nicht der Zustimmung des anderen Ehegatten, wenn das Grundstück das gesamte Vermögen des sich der ZwV unterwerfenden Ehegatten bildet (Staudinger/Felgentraeger § 1365 Rn 55). Bei Gütergesamtschaft erfordert Unterwerfungserklärung des das Gesamtgut (allein) verwaltenden Ehegatten nicht Genehmigung des anderen Ehegatten, da die Unterwerfung keine Verfügung über das Grundstück ist (§ 1424 BGB). Wenn beide Ehegatten Gesamtgutsverwalter sind, ist jedoch Vollstreckungstitel gegen beide erforderlich (§ 740 II; s auch § 741). 10

III) Eintragung: 1) Für dingliche Wirkung der Unterwerfung ist **Eintragung in das Grundbuch** erforderlich (§ 800 I S 2). Bezugnahme auf die Eintragungsbewilligung (§ 874 BGB) genügt nicht. Zu Antrag und Bewilligung für Eintragung s BayObLG 74, 30 = DNotZ 73, 376; Haegele/Schöner/Stöber Rn 2049. Der Eintragungsvermerk kann lauten (s Haegele/Schöner/Stöber Rn 2050) „Sofort vollstreckbar gegen den jeweiligen Grundstückseigentümer" oder „Der jeweilige Eigentümer ist der sofortigen ZwV unterworfen", aber auch kurz „Sofort vollstreckbar nach § 800 ZPO"; als ausreichend angesehen wird auch „Vollstreckbar nach § 800 ZPO" (Köln Rpfleger 74, 150; LG Nürnberg-Fürth Rpfleger 66, 338; Bedenken hat Dieckmann Rpfleger 63, 267; abl Wolfsteiner, Die vollstr Urkunde Rn 65.15). Unzureichend wäre „Die sofortige ZwV ist zulässig". 11

2) **Zinserhöhung** und jede sonstige Erweiterung der dinglichen Leistungspflicht (zB Einführung einer Entschädigung) erfordert erneute dingliche Unterwerfung und Eintragung der weiteren Unterwerfungsklausel (KGJ 52, 190; KG OLG 39, 75 [77]), nicht aber nachträgliche Beschränkung der Eigentümerverpflichtung (KG DNotZ 54, 199; BGH DNotZ 65, 544) und nicht Rangänderung. Soll nachträglich für ein mit der Unterwerfungsklausel nach § 800 eingetragenes Grundpfandrecht ein anderes Grundstück **mitbelastet** und die Unterwerfungsklausel hierauf erstreckt werden, so muß sich der Eigentümer der sofortigen ZwV in dieses Grundstück besonders unterwerfen; dafür genügt bereits die Erklärung, daß „das Grundpfandrecht samt Unterwerfungsklausel" auf den erworbenen (sonst weiteren) Grundbesitz als weiteres Pfand erstreckt wird (BayObLG 92, 309). Den Anspruch (auch den Zinsbeginn, AG/LG Aachen Rpfleger 91, 15) muß die neue Urkunde bestimmt oder bestimmbar bezeichnen (§ 794 Rn 26). Dafür genügt Bezugnahme auf die Grundbucheintragung nicht, Bezugnahme auf die frühere vollstreckbare Urkunde nur, wenn sie nach § 9 I S 2 BeurkG beigefügt ist (Wolfsteiner, Die vollstr Urkunde, Rn 16.11 u 16.12); Verzicht auf Beifügung nach § 13a II BeurkG erfüllt die an bestimmte Bezeichnung des Anspruchs im Vollstreckungstitel (und damit in der Unterwerfungserklärung) zu stellenden Anforderungen nicht (aA MK/Wolfsteiner Rn 146). Der (in die Veränderungsspalte) einzutragende Mithaftvermerk bezieht sich bei Mitbelastung auch auf die in der Haupteintragung der Belastung enthaltene Unterwerfungsklausel (BGH 26, 344 = DNotZ 58, 252 = NJW 58, 630; BayObLG DNotZ 92, 309; Köln MittRhNotK 82, 177; LG Essen DNotZ 57, 670). Soll das nachträglich mitbelastete Grundstück nicht der bei der Haupteintragung bereits eingetragenen Unterwerfungsklausel unterliegen, so muß das im Mithaftvermerk dargestellt werden (BGH, Köln, LG Essen je aaO). Bei Umwandlung einer Hypothek in eine Grundschuld gilt die in Ansehung der Hypothek erklärte ZwV-Unterwerfung mit Wirkung gegenüber dem jeweiligen Grundstückseigentümer auch für die Grundschuld, ohne daß es einer neuen Unterwerfungserklärung bedarf (LG Düsseldorf DNotZ 62, 97). 12

IV) Die **ZwV** aus der Urkunde **gegen jeden späteren** (neuen) **Eigentümer** kann erfolgen, wenn gegen ihn als Rechtsnachfolger eine vollstreckbare Ausfertigung erteilt und ihm die Urkunde (als Vollstreckungstitel) sowie die ihr beigefügte Vollstreckungsklausel zugestellt ist (§§ 727, 750 I, II, § 798; LG Frankfurt ZIP 83, 1516). Nicht erforderlich ist Zustellung der den Erwerb des Eigentums nachweisenden öffentlichen oder öffentlich beglaubigten Urkunde (Abs 2). Nach Eintragung der Unterwerfungserklärung ohne Errichtung einer neuen Urkunde erfolgte Vereinbarungen (zB über Fälligkeit der Hypothek) sind bei Klauselerteilung nicht zu beachten. 13

V) Gegen den Eigentümer, der sich wegen des dinglichen Anspruchs des Gläubigers einer Hypothek, Grundschuld oder Rentenschuld auf Zahlung aus dem Grundstück in notarieller 14

Urkunde der sofortigen ZwV unterworfen hat (§ 794 I Nr 5), wirkt die dingliche Unterwerfung auch **ohne Eintragung** in das Grundbuch (BGH NJW 81, 2756). ZwV gegen seinen Rechtsnachfolger ist auch dann zulässig, jedoch nicht unter den erleichterten Voraussetzungen des § 800.

15 **VI) Veränderung** der Grundbuchstelle (Band und Blattnr) oder der katastermäßigen Bezeichnung des Grundstücks (mit anderer Gemarkung, anderer Nutzungsart, anderer Flurstücknummer, auch nach Verschmelzung oder Zerlegung usw) berühren die Vollstreckbarkeit der Urkunde wegen des dinglichen Anspruchs (Rn 2) nicht (dazu und zu Veränderungen im Bestand mit Teilung, Vereinigung oder Bestandteilszuschreibung Zeller/Stöber § 16 Rn 3.7–3.11).

16 **VII) 1)** Bei einer **Höchstbetragshypothek** (§ 1190 BGB; Forderung erst festzustellen, daher Geldsumme nicht bestimmt) kann die ZwV-Unterwerfung nicht eingetragen werden. Eintragungsfähig ist hier jedoch die Klausel für einen (dinglichen) Teilbetrag innerhalb des Höchstbetrags, für den eine gesicherte Forderung (nach Betrag und Rechtsgrund) schon (bestimmt und unwandelbar) festgestellt ist (RG 132, 6 [8]; BGH 88, 62 [65] = DNotZ 83, 679 = NJW 83, 2262; KG DNotZ 26, 260; BayObLG 54, 196 = DNotZ 55, 313 = NJW 54, 1808 u DNotZ 90, 594 mit Anm Münch = NJW-RR 89, 1467; Oldenburg DNotZ 57, 669; Frankfurt Rpfleger 77, 220; Hornung NJW 91, 1649). Eintragung einer Unterwerfungsklausel bei einer weiteren (neuen) Höchstbetragshypothek wegen eines Teilbetrags für einen Anspruch aus dem vorweg bereits gesicherten Forderungskreis ist nicht zulässig (Hornung aaO mit Einzelheiten).

17 **2)** Bei der **Reallast** (damit auch beim **Erbbauzins;** Haegele/Schöner/Stöber Rn 1807 mwN) kann Unterwerfung zur ZwV gegen den jeweiligen Eigentümer nicht erfolgen und nicht eingetragen werden (BayObLG 59, 83 = DNotZ 59, 402 = NJW 59, 1876 u DNotZ 80, 94 [96]; Hieber DNotZ 59, 390; Ripfel DNotZ 69, 84 [91]; aA MK-BGB/Joost § 1105 Rn 37). Der Schuldner persönlich und als Eigentümer (wegen des dinglichen Anspruchs) kann sich wegen der Einzelleistungen aus einer Reallast (ebenso bei Erbbauzins) jedoch nach § 794 I Nr 5 der ZwV unterwerfen. Wirkung: Wie Rn 14.

18 **VIII)** Für die in § 797 V bezeichneten **Klagen** (auch für Vollstreckungsabwehrklage), die den dinglichen Anspruch zum Gegenstand haben, ist (ausschließlich, § 802) das Gericht zuständig, in dessen Bezirk das Grundstück belegen ist, und zwar auch dann, wenn die Klage zugleich (sonst § 797 Rn 8) den persönlichen Anspruch betrifft (KG NJW-RR 89, 1407).

800a *[Vollstreckbare Urkunde bei Schiffshypothek]*

(1) Die Vorschriften der §§ 799, 800 gelten für eingetragene Schiffe und Schiffsbauwerke, die mit einer Schiffshypothek belastet sind, entsprechend.

(2) Ist die sofortige Zwangsvollstreckung gegen den jeweiligen Eigentümer zulässig, so ist für die im § 797 Abs. 5 bezeichneten Klagen das Gericht zuständig, in dessen Bezirk das Register für das Schiff oder das Schiffsbauwerk geführt wird.

801 *[Landesrechtliche Schuldtitel]*

Die Landesgesetzgebung ist nicht gehindert, auf Grund anderer als der in den §§ 704, 794 bezeichneten Schuldtitel die gerichtliche Zwangsvollstreckung zuzulassen und insoweit von diesem Gesetz abweichende Vorschriften über die Zwangsvollstreckung zu treffen.

1 Landesrechtliche Vollstreckungstitel sind im ganzen Bundesgebiet vollstreckbar (VO v 15. 4. 37, RGBl I 466). Der Leistungsbescheid einer bay Gemeinde (Art 26 BayVwZVG) ist ein auch im übrigen Bundesgebiet vollstreckbarer landesrechtl Schuldtitel (LG Berlin Rpfleger 71, 156). Der Vergütungsbeschluß des Vormundschaftsgerichts (§ 1836 BGB) stellt keinen (landesrechtl) Schuldtitel dar (Hamm Rpfleger 84, 234 für NRW; LG Frankfurt FamRZ 90, 1034 für Hessen).

802 *[Ausschließliche Gerichtsstände]*

Die in diesem Buche angeordneten Gerichtsstände sind ausschließliche.

1 § 802 bezieht sich sowohl auf den sachlichen wie auf den örtlichen Gerichtsstand. Eine Ausnahme gilt für die sachliche Zuständigkeit in den Fällen, in denen sie sich nach dem Streitwert richtet, zB § 722 II, § 771 I, § 796 III, § 805 II, § 879 I, insoweit ist für die sachliche Zuständigkeit auch Prorogation zulässig. Ein ausschließlicher Gerichtsstand ist auch dann bestimmt, wenn das Prozeßgericht 1. Instanz für zuständig erklärt ist.

ausgewiesene Forderung an (BGH JR 56, 185). Kündigt der Schuldner mit beachtlichen Gründen die Geltendmachung der Unpfändbarkeit und Drittwiderspruchsklage an, so verstößt der Gläubiger nicht gegen das Verbot der Überpfändung, wenn er noch vor Freigabeerklärung andere, sofort verwertbare Vermögensgegenstände des Schuldners pfänden läßt (Celle MDR 54, 79; LG Traunstein MDR 53, 112). Der GV darf nicht mehr pfänden, als nach seiner Überzeugung zur Deckung der Forderung des Gläubigers nötig ist. Abzustellen ist auf den voraussichtlichen Versteigerungserlös; eine Überpfändung liegt daher nicht ohne weiteres schon vor, wenn der Schätzwert gepfändeter Gegenstände den Gläubigeranspruch (samt Vollstreckungskosten) übersteigt (OVG Bremen NJW 86, 2131). Für den durch Überpfändung dem Schuldner entstandenen Schaden haftet der Staat (RG 143, 123).

b) Der Schuldner muß **Überpfändung,** die bis zur gegenteiligen Entscheidung des Gerichts voll wirksam ist, **durch Erinnerung nach § 766** geltend machen. Der GV selbst darf gepfändete Sachen nicht mehr aus dem Pfandverband entlassen, das Vollstreckungsgericht einen Pfändungsbeschluß nicht wieder von sich aus aufheben. Wurden Sachen gepfändet, die nach Angabe des Schuldners Eigentum eines Dritten sind usw, kann der Gläubiger sich ihm bietende andere Vollstreckungsmöglichkeiten (zB Pfändung von Geldforderungen des Schuldners) erschöpfen. 6

3) Haften mehrere Personen als **Gesamtschuldner,** so kann der Gläubiger gleichzeitig gegen alle vollstrecken (Abs 1 S 2 hindert Pfändung wegen der ganzen Forderung gegen andere Gesamtschuldner nicht); wird der Gläubiger von einem der Schuldner befriedigt, können die anderen Klage nach § 767 stellen. Die Durchführung der ZwV gegen nur einen Gesamtschuldner darf nicht von der Vorlage aller gegen die Schuldner erteilten Vollstreckungstitel abhängig gemacht werden (LG Bremen DGVZ 82, 76; LG Stuttgart Rpfleger 83, 161; AG Arnsberg DGVZ 79, 188; AG Groß-Gerau MDR 81, 151; aA AG Günzburg DGVZ 83, 168; AG Mönchengladbach-Rheydt DGVZ 82, 79; AG Wilhelmshaven DGVZ 79, 189; AG Wolfratshausen DGVZ 81, 159). Pfändung gegen gesamtschuldnerisch haftende Ehegatten bei einem Schuldtitel s Hamm Rpfleger 62, 22. 7

4) Nachpfändung: Ergibt sich nach der Pfändung, daß der schätzungsweise angenommene Versteigerungserlös voraussichtlich nicht erreicht, der Gläubiger somit nicht voll befriedigt werden wird, so hat der GV, ohne neue Weisung des Gläubigers abzuwarten, anderweitig zu pfänden. Er handelt fahrlässig, wenn er diese Pflicht erkennt und trotzdem die unverzügliche Nachpfändung unterläßt (RG HRR 26 Nr 1355). Nachpfändung durch Wegschaffen weiterer, bisher nicht gepfändeter Sachen s § 808 Rn 15. 8

III) 1) Zwecklose Pfändung: Abs 2 dient dem Schutz des Schuldners vor Verlust eines Vermögensgegenstands, der keine Gläubigerbefriedigung (Verringerung der Verbindlichkeit des Schuldners) bewirkt (Brehm DGVZ 85, 65), soll aber auch Belastung des Gläubigers mit unnötigen Kosten unterbinden. Das Verbot gilt für die Erstpfändung; eine Anschlußpfändung (§ 826) hat (nach Abs 2) zu unterbleiben, wenn sie schon als Erstpfändung nicht erfolgen könnte (zB deshalb, weil der Wert des Pfandgegenstandes sich gemindert hat oder bei Erstpfändung zu hoch geschätzt wurde). Anschlußpfändung kann aber nach Abs 2 nicht nur deshalb unterbleiben, weil vorrangige Pfändungen einen Erlös für anschließende Pfandgläubiger zunächst nicht mehr erwarten lassen (die Anschlußpfändung kann sich mit Wegfall der früheren Maßnahme in eine Erstpfändung umwandeln; LG Marburg Rpfleger 84, 406; AG Bersenbrück DGVZ 89, 76; Brehm aaO; StJ/Münzberg Rn 29). Wenn jedoch kein vernünftiger Zweifel bestehen kann, daß der Verwertungserlös voll dem früher pfändenden Gläubiger bleiben wird (Wieser DGVZ 85, 37) oder wenn sich Anschlußpfändungen derart häufen, daß der letzte Gläubiger zweifellos leer ausgehen wird (Lorenz MDR 52, 663), hat auch weitere Pfändung nach Abs 2 zu unterbleiben (anders Mümmler JurBüro 88, 1461). Bei gleichzeitiger Vollstreckung für mehrere Gläubiger kann nur Pfändung nach Abs 2 insgesamt unterbleiben (StJ/Münzberg Rn 29a; aA LG Berlin MDR 83, 501; Lappe NJW 84, 1217: wegen Aufteilung der Auslagen nach Kopfteilen kann Pfändung nur für einzelne Gläubiger nach Abs 2 unzulässig sein; Gleichstellung mit nachpfändendem Gläubiger schließt das aber aus). Der GV hat die Verwertbarkeit der vorhandenen pfändbaren Sachen zu prüfen; ein die Kosten der ZwV übersteigender Verwertungserlös erfordert Deckung nicht nur der Pfändungskosten, sondern auch der voraussichtlichen Verwertungskosten (Transport-, Lager- und Versteigerungskosten; LG Köln DGVZ 88, 60 = JurBüro 87, 1810; AG Bad Hersfeld DGVZ 93, 158; anders LG Düsseldorf DGVZ 88, 155); auch eine glaubhaft erscheinende Berechtigung der Ansprüche Dritter an dem Gegenstand ist zu berücksichtigen (aA Wieser aaO: Ansprüche Dritter sind nicht zu berücksichtigen; auch Mümmler JurBüro 88, 1461); Berücksichtigung des Pfandrechts des Vermieters s § 560 II BGB. Sichert der Gläubiger für einen zu pfändenden Gegenstand selbst ein Gebot oder Erwerb mit Übereignung (§ 825) gegen ein Entgelt zu, das die zu erwartenden Kosten der ZwV deutlich übersteigt, kann die Pfändung aus den Gründen des Abs 2 nicht abgelehnt werden (LG Köln DGVZ 88, 60; AG Neustadt/Rbge DGVZ 79, 94; AG Walsrode DGVZ 85, 157). Sonst ist unter den Voraussetzungen des Abs 2 die Pfändung eines Gegenstandes auch 9 dann unzulässig, wenn der Gläubiger die Verwertung des Gegenstandes nach § 825 begehrt (LG Essen DGVZ 72, 186).

10 2) Abs 2 schließt zugleich die Pfändung solcher Sachen aus, die überhaupt **keinen Vermögenswert** für ZwV verkörpern (vgl § 847 Rn 1), so auch die Pfändung eines Kfz-Kennzeichens für ein vom Schuldner geleastes Fahrzeug (LG Stuttgart DGVZ 91, 58).

11 3) Eine trotz Abs 2 erfolgte Pfändung ist wirksam. **Rechtsbehelf** des Schuldners: § 766.

804 *[Pfändungspfandrecht]*

(1) Durch die Pfändung erwirbt der Gläubiger ein Pfandrecht an dem gepfändeten Gegenstande.

(2) Das Pfandrecht gewährt dem Gläubiger im Verhältnis zu anderen Gläubigern dieselben Rechte wie ein durch Vertrag erworbenes Faustpfandrecht; es geht Pfand- und Vorzugsrechten vor, die für den Fall eines Konkurses den Faustpfandrechten nicht gleichgestellt sind.

(3) Das durch eine frühere Pfändung begründete Pfandrecht geht demjenigen vor, das durch eine spätere Pfändung begründet wird.

1 I) Die **Pfändung** bewirkt Beschlagnahme (Verstrickung) und begründet für den Gläubiger ein Pfändungspfandrecht (Abs 1). **Beschlagnahme** (Verstrickung) ist die durch hoheitlichen Zugriff (vor § 704 Rn 1) bewirkte Sicherstellung der Sache für die Gläubigerbefriedigung. Sie unterstellt den Gegenstand für das Vollstreckungsverfahren staatlicher Verfügungsmacht zur Befriedigung des Gläubigers nach Maßgabe der gesetzlichen Vorschriften des Vollstreckungsrechts. Die Beschlagnahmewirkungen sollen den Erfolg des Verfahrens sichern. Rechtsänderungen durch Rechtshandlungen des Schuldners schließt die Beschlagnahme daher als Veräußerungsverbot nach §§ 135, 136 BGB aus. Strafrechtlicher Schutz gepfändeter beweglicher Sachen: § 136 StGB.

2 II) 1) Der Gläubiger erwirbt durch die Pfändung ein **Pfandrecht** an dem gepfändeten Gegenstande (Abs 1). Dieses Pfändungspfandrecht begründet den prozessualen Anspruch auf Erlöszuteilung (-auszahlung) nach bestimmter Rangordnung. Es hat damit vornehmlich rangsichernde Funktion (StJ/Münzberg Rn 1, 1a). Der Gläubiger hat infolge seines durch Pfändung begründeten Pfandrechts bei Konkurrenz mit anderen pfändenden Gläubigern und mit Gläubigern eines Vertragspfandrechts (BGH 52, 99 [107 f] = NJW 69, 1347; BGH 93, 71 [76] = NJW 85, 863) oder gesetzlichen Pfandrechts (Vorzugsrechts) Anspruch auf Befriedigung aus dem gepfändeten Gegenstand nach dem Zeitpunkt der Entstehung seines Pfandrechts (Abs 2, 3). Im Konkurs gewährt das Pfändungspfandrecht ein Recht auf abgesonderte Befriedigung (§ 49 I Nr 2 KO). Rechtsnatur und Wesen des Pfändungspfandrechts wurden vielfach erörtert. Infolge seiner prozessualen Bedeutung ist es (wie ZwV als Staatstätigkeit, vor § 704 Rn 1) **öffentlich-rechtlicher** Natur. Es entsteht durch hoheitliches Handeln eines ZwV-Organs und sichert Erlöszuteilung bei Pfandverwertung, die in Ausübung staatlicher Zwangsgewalt nach Maßgabe der Verfahrensvorschriften des ZwV-Rechts erfolgt. Damit ist das Pfändungspfandrecht wesensverschieden vom bürgerlich-rechtlichen Pfandrecht (§§ 1204 ff BGB): Inhalt und Wirkungen bestimmen sich nach dem ZwV-Recht. Das schließt nicht aus, daß bei unzulänglicher Regelung des ZwV-Verfahrensrechts Vorschriften des BGB über das Pfandrecht auch auf das Pfändungspfandrecht (entsprechende) Anwendung finden (BGH LM § 859 Nr 4 = NJW 68, 2059 mN; BGH 108, 237 [242] = NJW 89, 2536 [1537] reSp). Sie erlangen für das Pfandrecht an beweglichen Sachen wegen der umfassenden Regelung des Vollstreckungsverfahrensrechts wenig Bedeutung; für das Pfandrecht an Forderungen und vor allem an Rechten können sie nicht ausgeklammert bleiben. Vorschriften des BGB über das (rechtsgeschäftlich erlangte) Pfandrecht können auf das Pfändungspfandrecht aber stets nur (ergänzend) Anwendung finden, soweit das Vollstreckungsverfahrensrecht keine eigene Regelung trifft und die besondere Natur des Pfändungspfandrechts nicht entgegensteht (RG 156, 395 [397 f]; BGH aaO mit Nachw). Zum Wesen des Pfändungspfandrechts haben sich drei **Theorien** (mit Varianten) herausgebildet: Die öffentlich-rechtliche Theorie (Entstehung, Bedeutung und Untergang richten sich allein nach öffentlichem Recht), die gemischte privatrechtlich/öffentlich-rechtliche Theorie (Grundlage ist öffentlich-rechtliche Verstrickung, Verwertung erfolgt hoheitlich, im übrigen richtet sich Entstehung ebenso wie Bedeutung nach materiellem Recht, Untergang erfolgt mit Beendigung der Verstrickung oder aus Gründen des materiellen Rechts) und die privatrechtliche Theorie (dritte Art des privatrechtlichen Pfandrechts; wird nicht mehr vertreten). Die (praktischen) Auswirkungen des Streits um Pfandrechtstheorien sind gering (zutr Brox/Walker Rn 386; auch StJ/Münzberg Rn 5). Ihre (nochmalige) Erörterung gehört nicht in diese Kommentierung. S wegen der Theorien daher zB BGH 119, 75 [82 ff] = NJW 92, 2570 (2572 f); Baumann/Brehm § 18 I 2b; Baur/Stürner Rn 27.6 ff; Brox/Walker Rn 374–393; Ro/Gaul/Schilken, § 50 III 3; Jauernig § 16; StJ/Münzberg Rn 1 ff; MK/Schilken Rn 4–12.

2) Beschlagnahme und Pfändungspfandrecht **entstehen mit wirksamer Pfändung** (mag sie auch als fehlerhaft anfechtbar sein). Damit sind Beschlagnahme und Pfändungspfandrecht zugleich untrennbar miteinander verbunden (ThP § 803 Rn 8); das Pfandrecht teilt das Schicksal der Pfändung, weil es nur für Zwecke der ZwV entsteht. Unwirksamkeit der Pfändung begründet daher auch kein Pfändungspfandrecht (StJ/Münzberg Rn 7 u 41); gutgläubiger Erwerb ist ausgeschlossen, weil es durch Staatsakt, nicht rechtsgeschäftlich erworben wird. Über wirksame Pfändung hinaus gibt es für das Pfändungspfandrecht keinen weiteren Entstehungstatbestand (StJ/Münzberg Rn 7). Es hat nicht zur Voraussetzung, daß die zu sichernde Forderung (der vollstreckbare Anspruch) besteht oder fortbesteht (ist somit nicht akzessorisch), entsteht daher auch neben einem bereits bestehenden anderen Pfandrecht, wenn der Gläubiger die schon mit seinem Pfandrecht belastete Sache auch noch pfänden läßt (Frankfurt MDR 75, 228 für Vermieterpfandrecht und zu Verwertungsfragen) und entsteht auch an körperlichen Sachen, die dem Schuldner nicht gehören (ohne Rücksicht auf Gut- und Bösgläubigkeit), aber auch an Sachen des Gläubigers wie mit Pfändung unter Eigentumsvorbehalt stehender (BGH 15, 171 = NJW 55, 64; BGH 39, 97 = NJW 63, 763; RG 79, 241) oder sicherungsübereigneter Sachen (daher auch kein Erlöschen bei Zusammentreffen mit dem Eigentum in einer Person; § 1256 BGB findet keine Anwendung). 3

3) Im **Verhältnis zu anderen Gläubigern** (nicht gegenüber Schuldner und Dritten) gewährt das Pfändungspfandrecht dieselben Rechte wie ein durch Vertrag erworbenes Faustpfandrecht (Abs 2 Hs 1). Pfand- und Vorzugsrechte, denen es (gesetzlich) immer vorgehen würde, weil sie für den Fall eines Konkurses den Faustpfandrechten nicht gleichgestellt sind, sind nicht erkennbar; Abs 2 Hs 2 dürfte damit gegenstandslos geworden sein. Die absonderungsberechtigten öffentlichen Abgaben des § 49 I Nr 1 KO gehen dem Pfändungspfandrecht vor (§ 49 II KO); im übrigen ist für das **Rangverhältnis** zwischen Pfändungspfandrecht und vertraglichem Pfandrecht (damit auch für das Rangverhältnis zu anderen Absonderungsberechtigten, § 49 I KO) allein die **zeitliche Priorität** der Entstehung maßgebend (BGH 52, 99 [107 f] = NJW 69, 1347; BGH 93, 71 [76] = NJW 85, 86). Vorrang vor dem früheren Pfändungspfandrecht haben nach § 1208 BGB später gutgläubig erworbene Vertragspfandrechte. Gutgläubiger Erwerb des Vorrangs eines Pfändungspfandrechts bleibt ausgeschlossen (Erwerb durch Staatsakt, nicht rechtsgeschäftlich). 4

4) Für **mehrere Pfändungspfandrechte** gilt das **Prioritäts-** (auch Präventions-)**Prinzip.** Eine frühere Pfändung geht der späteren Pfändung vor (Abs 3); gleichzeitige Pfändungen haben gleichen Rang. Auf die Reihenfolge, in der die Vollstreckungsaufträge an den GV (auch das Vollstreckungsgericht) gelangt sind, kommt es nicht an (vgl § 168 Nr 1 GVGA). Pfändungsaufträge mehrerer Gläubiger gegen denselben Schuldner sind gleichzeitig zu behandeln; die Pfändung ist deshalb für alle beteiligten Gläubiger zugleich zu bewirken (§ 168 Nr 1 GVGA). Bei Vorrang wird der Gläubiger des früheren Rechts vor dem nachrangigen Gläubiger voll befriedigt. Bei Gleichrang wird der Erlös im Verhältnis der einzelnen Forderungen verteilt. Hat der Gläubiger den besseren Rang rechtsmißbräuchlich erlangt, so steht der Ausnutzung der erworbenen Rechtsposition der Einwand der unzulässigen Rechtsausübung (§ 242 BGB) entgegen (BGH 57, 108 = NJW 71, 2226). Nach dem Präventionsprinzip ist auch die Pfändung von Sachen, die zur Zeit der Pfändung einer Bank übereignet waren, wirksam gegenüber einem dritten Gläubiger, der sich nach der Pfändung die Ansprüche des Schuldners gegen die Bank hat abtreten lassen, die ihm für den Fall der Rückzahlung des Kredits bezüglich der sicherungsübereigneten Gegenstände zustehen (Braunschweig MDR 72, 57 mit abl Anm Tiedtke NJW 72, 1404). Nur für Beschlagnahme auf Grund dinglichen Titels (s § 810 II) bestimmt das Recht den „Rang". Haben mehrere Hypothekengläubiger auf Grund dinglichen Schuldtitels Gegenstände, die für die Hypothek haften, nacheinander pfänden lassen, so ist mithin das Rangverhältnis (§§ 879 ff BGB) unter ihren Grundpfandrechten auch für die Pfändung maßgebend; es geht also die Pfändung zugunsten der im Rang vorgehenden Hypothek auch vor, wenn sie später als die Pfändung zugunsten des Gläubigers der im Rang nachstehenden Hypothek erfolgt ist. Gleiches gilt, wenn von einem Nießbraucher des Grundstücks und einem Hypothekengläubiger Mietzinsen des Grundstücks gepfändet werden (RG 103, 140). Rang**änderung** ist als Vereinbarung der Pfändungsgläubiger untereinander zulässig (Vertragsfreiheit, BAG NJW 90, 2641 [2642]; StJ/Münzberg Rn 38 mwN); sie erfordert Willensübereinstimmung mit Rangrücktrittserklärung des vorrangigen und Annahme durch den nachrangigen Pfandgläubiger (BAG aaO). 5

5) a) **Gegenüber dem Schuldner** hat der Gläubiger des Pfändungspfandrechts das (bei Arrestvollziehung, Sicherungsvollstreckung und Vorpfändung nur bedingte) Recht auf Befriedigung aus dem Pfandobjekt (Ablieferung des Erlöses) nach Maßgabe der Verfahrensvorschriften des Vollstreckungsrechts. Als nur prozessuales Befriedigungsrecht bildet es keine Rechtsgrundlage dafür, daß der Gläubiger den Erlös endgültig behalten darf. Vielmehr muß der Gläubiger einen (materiell) rechtsgrundlos erlangten Erlös (so insbes bei Pfändung und Verwertung einer schuldnerfremden Sache, s Rn 18 vor § 704) ggfs nach § 812 BGB wieder herausgeben, soweit nicht schon § 717 II anwendbar ist (StJ/Münzberg Rn 22–27). 6

7 **b)** Das Pfändungspfandrecht **erstreckt sich** auf den gepfändeten **Gegenstand** und die von ihm nach der Pfändung **getrennten Erzeugnisse** (entspr Anwendung von § 1212 BGB), ferner auf die **Ersatzgegenstände** (Erlös aus der Versteigerung oder dem freihändigen Verkauf), die **hinterlegte Sicherheit** oder das **Rückforderungsrecht**, bei Hinterlegung gepfändeter Forderungen sowohl bezüglich der Hauptforderung als auch der Hinterlegungszinsen. Sind mehrere Sachen für dieselbe Forderung gepfändet, so haftet jede für die ganze Forderung (§ 1222 BGB entspr). Ist der Gläubiger aus einer Sache befriedigt, kann Überpfändung (§ 803 I S 2) gerügt, aber auch mit Vollstreckungsgegenklage Aufhebung der Pfändung der übrigen Sachen verlangt werden.

8 **c)** Für sein Befriedigungsrecht haftet dem Gläubiger der Pfandgegenstand in **Höhe der Forderung**, für die vollstreckt ist, einschließlich der laufenden Zinsen bis zum Zeitpunkt der Befriedigung (vgl § 1210 I S 1 BGB) und der Kosten der ZwV (keine Akzessorietät; aber Höhe des Erlösrechts durch Vollstreckungszugriff begrenzt). Verwendungen kann der Gläubiger nur als ZwV-Kosten nach § 788 erstattet verlangen (§ 1216 BGB gilt nicht).

9 **d)** Der Pfandgläubiger ist nicht zur Verwahrung verpflichtet (§ 1215 BGB ist unanwendbar). Sicherungsverwertung nach § 1219 BGB ist ausgeschlossen (dafür § 816 I, § 930 II). Die Gefahr des Verlustes des Pfandgegenstands geht nicht auf den Gläubiger über. Unterschlägt der GV die gepfändete Sache, so trifft der Verlust den Schuldner; der Gläubiger haftet ihm nicht für Schaden (RG JW 13, 101). Der Schuldner wiederum kann sich an den Staat halten (§ 839 BGB).

10 **e)** Gegen Beeinträchtigung ist der Pfandgläubiger nach § 1227 BGB geschützt; er hat nach dieser entspr anwendbaren Vorschrift die Ansprüche eines beeinträchtigten Eigentümers. Herausgabe der Sache kann er jedoch nur an GV verlangen. Widerrechtliche Verletzung des Pfändungspfandrechts (sonstiges Recht mit absoluter Wirkung) begründet Anspruch nach § 823 I BGB.

11 **f)** Gleich- oder nachstehende Gläubiger schützt ihr **Ablösungsrecht** gegen den Pfändungsgläubiger (§ 268 BGB). Diesem steht das Ablösungsrecht nach § 1249 BGB nicht zu; dafür § 805.

12 **6)** Forderungsauswechslung schließt der Zusammenhang von Beschlagnahme und Pfändungspfandrecht aus. Umwandlung in ein Vertragspfandrecht ist nicht möglich. Mit **Rechtsnachfolge** in die Vollstreckungsforderung geht auch das Pfändungspfandrecht auf den neuen Gläubiger über (§ 401 BGB); das gilt für Gesamtrechtsnachfolge (insbes Erbfolge) ebenso wie für Einzelrechtsnachfolge, die mit Verfügung (Übertragung, § 398 BGB) oder gesetzlich (§ 412 BGB) eintritt (aA BL/Hartmann Rn 8: geht nicht mit der Forderung über, außer bei Erbfolge, und ist ohne Forderung übertragbar). Zur Geltendmachung ist aber Umschreibung des Vollstreckungstitels auf den neuen Gläubiger gem § 727 erforderlich.

13 **III)** Das Pfändungspfandrecht **erlischt**, wenn die Verstrickung endet (deren Schicksal es teilt), also mit Verwertung oder Aufhebung der Pfändung durch ein Vollstreckungsorgan (s § 776; aA Oldenburg NdsRpfl 54, 223: durch die gerichtliche Entscheidung, die die ZwV für unzulässig erklärt, ohne besondere Aufhebung; auch Düsseldorf JMBlNW 66, 140: durch Verzicht des Gläubigers, der dem Schuldner oder dem GV als Vollstreckungsorgan gegenüber zu erklären ist; s auch § 843). Verzicht allein auf das Pfandrecht an einer Sache ohne Aufhebung der Pfändung (Verstrickung) ist wegen des Zusammenhangs von Beschlagnahme und Pfandrecht ausgeschlossen (für Forderungen und Rechte § 843). Verstrickung und Pfandrecht erlöschen, wenn ein im Hinblick auf die Pfändung gutgläubiger Dritter das Eigentum an der Pfandsache erwirbt (§ 936 BGB).

805 *[Klage auf vorzugsweise Befriedigung]*

(1) Der Pfändung einer Sache kann ein Dritter, der sich nicht im Besitz der Sache befindet, auf Grund eines Pfand- oder Vorzugsrechts nicht widersprechen; er kann jedoch seinen Anspruch auf vorzugsweise Befriedigung aus dem Erlös im Wege der Klage geltend machen, ohne Rücksicht darauf, ob seine Forderung fällig ist oder nicht.

(2) Die Klage ist bei dem Vollstreckungsgericht und, wenn der Streitgegenstand zur Zuständigkeit der Amtsgerichte nicht gehört, bei dem Landgericht zu erheben, in dessen Bezirk das Vollstreckungsgericht seinen Sitz hat.

(3) Wird die Klage gegen den Gläubiger und den Schuldner gerichtet, so sind diese als Streitgenossen anzusehen.

(4) Wird der Anspruch glaubhaft gemacht, so hat das Gericht die Hinterlegung des Erlöses anzuordnen. Die Vorschriften der §§ 769, 770 sind hierbei entsprechend anzuwenden.

1 **I) Zweck:** Berücksichtigung des Rechts eines Dritten, der Gläubiger eines besitzlosen Pfand- oder Vorzugsrechts ist, auf den Erlös aus Verwertung einer gepfändeten Sache. Seinen rangbes-

seren Anspruch auf den Erlös kann der Dritte, der sich nicht im Besitz der Sache befindet, nur mit Klage nach § 805 geltend machen. Die Klage nach § 771 auf Grund eines die Veräußerung hindernden Rechts zielt dagegen auf Erhaltung des Gegenstands.

II) Anwendungsbereich: Nur bei Pfändung körperlicher Sachen (§ 808 I; Begriff § 90 BGB), nicht bei Rechten (anders MK/Schilken Rn 3 mwN; StJ/Münzberg Rn 16; Hamm NJW-RR 90, 233: für Vertragspfandrecht an GmbH-Geschäftsanteil). 2

III) Voraussetzungen: 1) Pfand- oder Vorzugsrecht eines Dritten. Anspruch auf vorzugsweise Befriedigung geben als Verwertungsrechte des bürgerlichen Rechts **a) Pfandrechte,** und zwar: Vertragspfand (§§ 1205 ff BGB), gesetzliches Pfandrecht (§ 1257 BGB), insbes des Vermieters, Verpächters, Gastwirts, auch das Pfandrecht des Düngemittellieferanten nach dem Düngemittelsicherungsgesetz (§ 810 Rn 11), außerdem Grundpfand- und Registerpfandrecht sowie Reallast, soweit die ihnen haftenden Gegenstände der ZwV in das bewegliche Vermögen unterliegen (§ 865 II), ferner das Pfandrecht am Inventar des Pächters eines landwirtschaftlichen Grundstücks nach dem Pachtkreditgesetz (dort §§ 11, 12). 3

b) Zurückbehaltungsrechte mit Verwertungsbefugnis nach § 49 I Nr 3 und 4 KO. 4

2) Kein Besitz des Pfand- oder Vorzugsberechtigten an der gepfändeten Sache. Auf Grund eines besitzlosen (sonst § 809) Pfand- und Vorzugsrechts kann der Dritte der Pfändung nicht widersprechen. Er kann nur den Anspruch auf vorzugsweise Befriedigung aus dem Erlös im Klageweg geltend machen (Abs 1), auch wenn sein Anspruch noch nicht fällig ist. Vermieter, Verpächter und Gastwirt können wegen ihres gesetzlichen Pfandrechts nach § 805 klagen, wenn sie die Sache noch nicht in Besitz genommen haben (§§ 561, 581, 704 BGB). Aber auch der zur Widerspruchsklage berechtigte Dritte und der besitzende Pfandgläubiger, dessen Recht mit Gewahrsamsverlust durch Pfändung nicht erloschen ist (StJ/Münzberg Rn 16), kann sich an Stelle der Widerspruchsklage (§ 771) mit der (dieser gegenüber minderen) Klage auf vorzugsweise Befriedigung aus dem Erlös nach § 805 begnügen. Besitzverlust des Pfandgläubigers darf nicht das Erlöschen des Pfandrechts bewirkt haben (zB § 1253 I BGB). Ein Vermieterpfandrecht erlischt nicht dadurch, daß die gepfändete Sache im Wege der ZwV vom Mietgrundstück entfernt wird (BGH JZ 86, 686 mit Anm Baumgärtel = NJW 86, 2426; Frankfurt MDR 75, 228). 5

3) Anspruch auf vorzugsweise Befriedigung aus dem Erlös vor dem Vollstreckungsgläubiger. Er besteht, wenn das Pfand- oder Vorzugsrecht Rang vor dem Pfändungsgläubiger oder soweit es gleichen Rang mit ihm hat (vgl § 804 Rn 2). Gutgläubiger Erwerb des Pfandrechts nach der Pfändung bewirkt mit Vorrang (§ 1208 BGB) Anspruch auf vorzugsweise Befriedigung. 6

IV) 1) Die **Klage** ist prozessuale Gestaltungsklage; sie ist ab Pfändung zulässig, solange die ZwV noch nicht beendet ist (BGH aaO), damit auch noch nach Hinterlegung des Versteigerungserlöses bei einem Treuhänder (BGH aaO), nicht mehr aber nach Erlösauszahlung an den Gläubiger. Sie schließt andere auf das behauptete Recht gestützte Klagen gegen den Gläubiger aus (BGH aaO). Nach Beendigung der ZwV ist nur noch die Klage des besser berechtigten Pfandgläubigers gegen den Vollstreckungsgläubiger aus ungerechtfertigter Bereicherung oder unerlaubter Handlung zum ordentlichen Gericht zulässig (RG 119, 269; BGH aaO). Hat der Gläubiger das Pfand- oder Vorzugsrecht vorsätzlich oder fahrlässig verletzt, dann hat der Dritte gegen ihn Anspruch auf Schadensersatz (§ 823 BGB). Für den Vermieter, Verpächter und Gastwirt erlangt die Monatsfrist des § 561 (mit §§ 581, 704) BGB keine Bedeutung, weil nicht Zurückschaffung der Sache verlangt wird. Kein Rechtsschutzinteresse besteht, wenn der Vollstreckungsgläubiger (oder Schuldner) der Auszahlung des Erlöses an den Vorzugsberechtigten zugestimmt hat. Zu erheben ist die Klage gegen jeden (von mehreren) Pfändungsgläubiger, der das Vorzugsrecht nicht anerkennt. Gleichzeitige Klage gegen Pfändungsgläubiger und Schuldner ist nur geboten, wenn der Schuldner das Vorzugsrecht des Dritten bestreitet. In diesem Fall sind Gläubiger und Schuldner als Streitgenossen anzusehen (Abs 3; §§ 59 ff). Beweispflichtig ist der Kläger für das behauptete Pfand- oder Vorzugsrecht und dessen Rang, damit auch für den Anspruch, für den er vorzugsweise Befriedigung begehrt. Beweisen muß er (regelmäßig) nur das Entstehen der Forderung, nicht aber, daß sie nicht erloschen ist (BGH aaO mit Anm Baumgärtel). 7

2) Zuständig (ausschließlich, § 802) ist sachlich je nach dem Wert des Streitgegenstandes (§ 23 GVG) das AG oder LG, örtlich das Gericht, in dessen Bezirk (Abs 2 mit § 764 II) die ZwV stattgefunden hat. 8

3) Klageantrag (Urteilsausspruch) geht dahin, daß der Kläger wegen des ihm zustehenden Betrags aus dem Versteigerungserlös (Reinerlös nach Abzug der Vollstreckungskosten) des (zu bezeichnenden) gepfändeten Gegenstandes bis zum Betrag seiner Forderung . . . (Kosten, Zinsen und Nebenforderungen, Hauptsache) vor dem beklagten Gläubiger zu befriedigen ist. 9

4) Vollziehung: Durch GV nach Vorlage des Titels entspr § 775 oder durch Hinterlegungsstelle (§ 13 Nr 2 HinterlO). Wenn der Anspruch des Klägers noch nicht fällig ist, erfolgt Hinterlegung (anders StJ/Münzberg Rn 23: bei unbekanntem Fälligkeitstermin Auszahlung unter Abzug von 10

Zwischenzinsen für unverzinsliche Forderung; auch MK/Schilken Rn 19). Das Ablösungsrecht nach § 268 BGB steht dem Pfand- oder Verzugsberechtigten neben der Klage aus § 805 zu.

11 5) Durch **einstweilige Anordnung** (§ 769) kann das Prozeßgericht auf Antrag die Hinterlegung des Erlöses anordnen; wird der Anspruch glaubhaft gemacht (§ 294), so ist die Hinterlegung von Amts wegen anzuordnen. In dringenden Fällen kann das Vollstreckungsgericht nach § 769 II eine einstw Anordnung unter Bestimmung einer Frist für Beibringung der Entscheidung des Prozeßgerichts erlassen; hierfür ist der Rechtspfleger zuständig (§ 20 Nr 17 RpflG).

12 **V) Gebühr: 1)** des **Gerichts: a)** Regelgebühren (KV 1201 ff). **b) Keine** Gebühr für Verfahren der einstw AO (Abs 4). – **2)** des **Anwalts:** §§ 31 ff BRAGO. Das Verfahren der einstw AO auf Erlöshinterlegung gehört zum Rechtszug (§ 37 Nr 3 BRAGO). Findet eine (abgesonderte) mündl Verhandlung statt: § 49 BRAGO.

806 *[Keine Gewähr bei Pfandverkauf]*

Wird ein Gegenstand auf Grund der Pfändung veräußert, so steht dem Erwerber wegen eines Mangels im Recht oder wegen eines Mangels der veräußerten Sache ein Anspruch auf Gewährleistung nicht zu.

1 § 806 soll (entsprechend § 56 S 3 ZVG) etwaigen Zweifeln vorbeugen, die sich aus den Vorschriften des BGB über den Kaufvertrag ergeben könnten (Begr). Praktische Bedeutung hat die Vorschrift bei der Veräußerung im Wege öffentlicher Versteigerung kaum, da für diese Fälle schon § 935 II, § 461 BGB und § 367 HGB die erforderliche Bestimmung zum Schutze des Erwerbers treffen. Beim Verkauf aus freier Hand oder bei sonstiger Verwertung nach §§ 820 ff, 825, 844, 857 dagegen kann der Erwerber, wenn die Sachen dem Eigentümer gestohlen, verloren oder sonst abhanden gekommen waren, zur Herausgabe verpflichtet sein. Er hat dann nach § 806 keinen Anspruch auf Gewährleistung, aber ev einen Bereicherungsanspruch gegen den Schuldner (KomBer). Ebenso verhält es sich bei Mängeln der Sache (München DGVZ 80, 122; LG Aachen DGVZ 86, 184). Falsche Auskunft des GV über Art und Wert der zur Versteigerung aufgerufenen (wirtschaftlich wertlosen) Sache (zB Versteigerung einer verpackten mangelhaften Ware im Vertrauen auf die Richtigkeit der Beschriftung ohne Prüfung) kann jedoch Ansprüche auf Schadensersatz wegen Amtspflichtverletzung begründen (zutr Birmanns DGVZ 86, 185 [186]). Nicht unter § 806 fällt der Selbsthilfeverkauf durch den GV (§ 373 HGB; RG JW 02, 545).

806a *[Forderungsmitteilung durch Gerichtsvollzieher]*

(1) Erhält der Gerichtsvollzieher anläßlich der Zwangsvollstreckung durch Befragung des Schuldners oder durch Einsicht in Schriftstücke Kenntnis von Geldforderungen des Schuldners gegen Dritte und konnte eine Pfändung nicht bewirkt werden oder wird eine bewirkte Pfändung voraussichtlich nicht zur vollständigen Befriedigung des Gläubigers führen, so teilt er Namen und Anschriften der Drittschuldner sowie den Grund der Forderungen und für diese bestehende Sicherheiten dem Gläubiger mit.

(2) Trifft der Gerichtsvollzieher den Schuldner in der Wohnung nicht an und konnte eine Pfändung nicht bewirkt werden oder wird eine bewirkte Pfändung voraussichtlich nicht zur vollständigen Befriedigung des Gläubigers führen, so kann der Gerichtsvollzieher die zum Hausstand des Schuldners gehörenden erwachsenen Personen nach dem Arbeitgeber des Schuldners befragen. Diese sind zu einer Auskunft nicht verpflichtet und vom Gerichtsvollzieher auf die Freiwilligkeit ihrer Angaben hinzuweisen. Seine Erkenntnisse teilt der Gerichtsvollzieher dem Gläubiger mit.

1 **I) Zweck:** Klarstellung, unter welchen Voraussetzungen es dem GV obliegt, den Gläubiger über Geldforderungen des Schuldners zu unterrichten (BT-Drucks 11/3621 S 51).

2 **II) Voraussetzungen: 1) a) ZwV** wegen einer Geldforderung durch den GV (§ 753 I) in das bewegliche Vermögen (erfolgt durch Pfändung, § 803 I), auch Sicherungsvollstreckung (§ 720a) und Arrestvollziehung (§ 930 I), nicht aber Verhaftung (§ 909, da keine ZwV mit Pfändung), Herausgabe-ZwV (§ 883) oder Beseitigung eines Widerstands (§ 892), und nicht nur Ausführung einer Zustellung (§§ 166 ff). Allein die Feststellung von Forderungen (oder nur des Arbeitgebers) kann dem GV, dem kein ZwV-Auftrag erteilt ist, nicht aufgetragen werden.

3 **b)** Die Voraussetzungen der ZwV wegen einer Geldforderung müssen erfüllt sein (vor § 704 Rn 14–17; §§ 704, 725, 750 usw). Ablehnung eines Gläubigerauftrags wegen fehlender Vollstrekkungsvoraussetzungen ermöglicht Unterrichtung des Gläubigers über Schuldnerforderungen daher nicht.

ten, vor oder während der Ehe, an seine oder seines Ehegatten Verwandte in auf- oder absteigender Linie, an seine oder seines Ehegatten voll- oder halbbürtigen Geschwister oder an den Ehegatten einer dieser Personen;

2. **die im letzten Jahre vor dem ersten zur Abgabe der eidesstattlichen Versicherung anberaumten Termin von dem Schuldner vorgenommenen unentgeltlichen Verfügungen, sofern sie nicht gebräuchliche Gelegenheitsgeschenke zum Gegenstand hatten;**
3. **die in den letzten zwei Jahren vor dem ersten zur Abgabe der eidesstattlichen Versicherung anberaumten Termin von dem Schuldner vorgenommenen unentgeltlichen Verfügungen zugunsten seines Ehegatten.**

Sachen, die nach § 811 Nr. 1, 2 der Pfändung offensichtlich nicht unterworfen sind, brauchen in dem Vermögensverzeichnis nicht angegeben zu werden, es sei denn, daß eine Austauschpfändung in Betracht kommt.

(2) Der Schuldner hat zu Protokoll an Eides Statt zu versichern, daß er die von ihm verlangten Angaben nach bestem Wissen und Gewissen richtig und vollständig gemacht habe. Die Vorschriften der §§ 478 bis 480, 483 gelten entsprechend.

I) Zweck: Pflicht des Schuldners zur Vermögensoffenbarung, die Interessen des Gläubigers dient. Ihm sollen Unterlagen für weitere ZwV-Maßnahmen zugänglich gemacht werden. Er soll vor allem die Kenntnis derjenigen Vermögensstücke erlangen, die möglicherweise seinem Zugriff im Wege der ZwV unterliegen (BVerfG 61, 126 = NJW 83, 559; BGHSt 15, 128 = NJW 60, 2200 [2201]). 1

II) Anwendungsbereich: ZwV wegen Geldforderungen (§§ 803–882a) mit Offenbarungsverfahren nach §§ 899–915h. Geregelt ist außerdem die Offenbarungspflicht bei Herausgabevollstreckung in § 883 II, bei Konkurs in § 125 KO, im Vergleichsverfahren in § 69 II VerglO. Das BGB bestimmt Offenbarungspflichten zB in §§ 259, 260, 2006, 2028, 2057; Verfahren in diesen Fällen §§ 79, 163 FGG und, wenn der Schuldner verurteilt ist, § 889. 2

III) Voraussetzungen der Offenbarungspflicht: 1) Die Voraussetzungen der **ZwV wegen einer Geldforderung** müssen erfüllt sein (vor § 704 Rn 14–17; §§ 704, 725, 750 usw). Hierfür kann Vollstreckungstitel auch ein Urteil auf Hinterlegung einer Geldforderung oder auf Duldung der ZwV wegen einer Geldforderung, ein Arrestbefehl (§ 928) oder eine auf Geldzahlung lautende einstw Verfügung (§ 940) sein. Offenbarungspflicht besteht auch für Sicherungsvollstreckung (§ 720a Rn 7). Das Rechtsschutzbedürfnis (vor § 704 Rn 17) fehlt, wenn der Gläubiger bereits das gesamte Vermögen des Schuldners zuverlässig kennt (Dresden OLG 37, 185; auch LG Frankenthal Rpfleger 81, 363; nicht wenn der Schuldner Kenntnis nur behauptet, LG Berlin Rpfleger 92, 169 mit Anm Hintzen, und nicht bei Offenlegung der Vermögensverhältnisse mit außergerichtlicher Unterrichtung, LG Köln MDR 87, 944 = NJW-RR 87, 1407; LG Verden Rpfleger 86, 186), sicher weiß, daß der Schuldner kein Vermögen hat (LG Itzehoe Rpfleger 85, 153), oder wenn Gläubiger auf einfacherem Weg Befriedigung erlangen könnte (LG Mannheim MDR 74, 148). 3

2) **Antrag** des Gläubigers (§ 900 I). Der Gläubiger kann seinen Antrag auch auf einen Teil der Angaben beschränken, deren Offenlegung er nach § 807 verlangen kann, zB auf den Verbleib eines bestimmten Gegenstandes (BGHSt 15, 128), auf Verzeichnung nur des geschäftlichen Vermögens, nur des Nachlasses, auf Angabe nur des Arbeitgebers. Andere als die nach § 807 zu offenbarenden Angaben kann der Gläubiger nicht verlangen. 4

3) a) Schuldner als Antragsgegner. Die Offenbarungspflicht begründet § 807 für die nach dem Leistungstitel verpflichtete natürliche oder juristische Person oder Handelsgesellschaft (§ 124 HGB) als Schuldner (§ 750 Rn 3 ff). Bezeichnet der Schuldtitel einen Einzelkaufmann unter seiner Firma, dann ist der Inhaber zur Zeit der Rechtshängigkeit als Schuldner offenbarungspflichtig (§ 750 Rn 10); er hat sein Gesamtvermögen (sein Privatvermögen und das dem Handelsgeschäft dienende Vermögen) zu offenbaren. 5

6 **b)** Die **Offenbarungspflicht** hat der **prozeßfähige Schuldner** zu erfüllen. Der arbeitsmündige **Minderjährige** (§ 113 BGB) ist jedoch nur offenbarungspflichtig, wenn die Vollstreckungsforderung aus dem mit Ermächtigung des gesetzlichen Vertreters eingegangenen Dienst- oder Arbeitsverhältnis herrührt und dann nur beschränkt auf sein zur erlaubten Tätigkeit gehörendes Sondervermögen (zB Angabe des Arbeitgebers; LG Münster DGVZ 74, 41). Der zum Betrieb eines Erwerbsgeschäfts ermächtigte Minderjährige (§ 112 BGB) ist nur für das Betriebsvermögen offenbarungspflichtig (Breslau OLG 35, 140; KG MDR 68, 930 = NJW 68, 2245). Der in Ehesachen nach § 607 I prozeßfähige, in der Geschäftsfähigkeit beschränkte Ehegatte ist wegen des Vergütungsanspruchs seines Prozeßbevollmächtigten in der Ehesache nicht offenbarungspflichtig (Hamm FamRZ 60, 156). Wenn der Schuldner nicht prozeßfähig ist, hat für ihn sein **gesetzlicher Vertreter** im Zeitpunkt des Termins (Schleswig Rpfleger 79, 73 mwN; LG Köln Rpfleger 70, 406, StJ/Münzberg Rn 44; MK/Eickmann Rn 29; aA KG JW 32, 3196: Zustellung der Ladung; im übrigen Rn 8) zu offenbaren (LG Koblenz DGVZ 72, 117), nicht jedoch derjenige von mehreren gesetzlichen Vertretern (dazu Rn 10), dem die Vermögensverwaltung nicht obliegt (Braunschweig OLG 20, 371; vgl auch Schmidt MDR 60, 980). Ein Nachlaßpfleger ist als gesetzlicher Vertreter des unbekannten Erben (für den seiner Verwaltung unterliegenden Nachlaß) offenbarungspflichtig (LG Düsseldorf JurBüro 84, 1425); ein Betreuer (§ 1902 BGB) hat die Offenbarungspflicht für den Schuldner (auch für geschäftsfähigen, LG Frankfurt Rpfleger 88, 528) zu erfüllen, wenn ihm die Verwaltung des Schuldnervermögens obliegt (KG MDR 68, 930 = NJW 68, 2245; LG Bonn MDR 64, 418; LG Frankfurt aaO; auch § 53 Rn 5) oder er zur Vertretung im Vollstreckungsverfahren und Abgabe der Versicherung bestellt ist (BayObLG 90, 322 = MDR 91, 443), nicht aber, wenn er sonst nur für bestimmte Angelegenheiten bestellt ist (Braunschweig OLG 20, 373). Wenn ein Leistungs- und Duldungstitel vorliegt, sind der Leistungs- und der Duldungsschuldner offenbarungspflichtig, bei **Gesamtschuldnern** ist jeder der Schuldner, bei Gütergemeinschaft jeder Ehegatte im Falle des § 740 II offenbarungspflichtig, wenn jedem gegenüber die Voraussetzungen des § 807 vorliegen. Sonst ist bei Gütergemeinschaft nur der verurteilte Ehegatte offenbarungspflichtig (§ 740 I, § 741). Bei Zugewinngemeinschaft begründet § 739 für den anderen Ehegatten keine Verpflichtung zur Vermögensoffenbarung. Der Schuldner hat auch während eines Zwangsverwaltungsverfahrens die Versicherung über sein Vermögen (nicht aber über die vom Verwalter eingezogenen und zu verteilenden Nutzungen, §§ 152, 155 ZVG; s Rn 11) abzugeben (LG Düsseldorf MDR 58, 171), bei Konkurs über das konkursfreie Vermögen, wenn wegen erst nach Konkurseröffnung fällig gewordener Unterhaltsforderungen vollstreckt wird (LG Düsseldorf MDR 58, 172).

7 **c)** Für eine **OHG** oder **KG** (auch GmbH & Co KG) sind die vertretungsberechtigten Gesellschafter (§ 125 mit § 161 II HGB) oder Liquidatoren (§§ 146, 149 mit § 161 II; Nürnberg JW 31, 2151) für das Vermögen der Gesellschaft offenbarungspflichtig, gegen die die ZwV betrieben wird (§ 124 II HGB; Hamburg OLG 29, 261; KG NJW 68, 930 = OLGZ 68, 428), bei Auflösung der GmbH & Co KG mit Eröffnung des Konkurses über das Vermögen der Komplementär-GmbH (§ 131 Nr 5 mit § 161 II HGB) somit die Liquidatoren der KG (dabei der Konkursverwalter für die Komplementär-GmbH; Frankfurt MDR 88, 153 = NJW-RR 88, 807). Der frühere Liquidator bleibt nach Auflösung und Löschung im Handelsregister offenbarungspflichtig (LG Saarbrücken JurBüro 88, 1242; s auch Rn 8). Für eine **Partnerschaft** (§ 736 Rn 6) sind die vertretungsberechtigten Partner (§ 125 HGB mit § 7 III PartGG) oder Liquidatoren (§ 10 I PartGG) offenbarungspflichtig, für eine **EWIV** die vertretenden Geschäftsführer (§ 736 Rn 5). Für den **Verein** (auch für den nicht rechtsfähigen, § 735) hat der Vorstand (§ 26 BGB) die Offenbarungspflicht zu erfüllen, nach Auflösung trifft die Pflicht die Liquidatoren (§ 48 BGB); nach aA müssen für den nicht rechtsfähigen Verein nach Auflösung die einzelnen Mitglieder das fortbestehende Vereinsvermögen (§ 730 II BGB) offenbaren (Rostock OLG 25, 175).

8 **d)** Für eine **GmbH** trifft den (die) Geschäftsführer im Zeitpunkt des Termins (Düsseldorf MDR 61, 328; Hamm OLGZ 85, 227 u MDR 84, 854; Köln MDR 83, 676; Schleswig Rpfleger 79, 73; E. Schneider MDR 83, 724 [725]), nicht am Tage der Zustellung der Ladung (so noch Frankfurt JurBüro 76, 387 = Rpfleger 76, 27; KG JW 32, 3196), im Falle der Liquidation den (die) Abwickler (KG JW 30, 2066) die Verpflichtung zur Offenbarung des Gesellschaftsvermögens, auch wenn er im Handelsregister nicht eingetragen ist (Düsseldorf u Frankfurt aaO; Frankfurt JW 26, 2114). Der nach Erlaß des Haftbefehls abberufene (ausgeschiedene) Geschäftsführer bleibt zur Abgabe der Versicherung verpflichtet (daher keine Aufhebung des Haftbefehls, Stuttgart MDR 84, 238 = OLGZ 84, 177; LG Nürnberg-Fürth DGVZ 94, 172; aA LG Düsseldorf JurBüro 88, 1580 [Gläubiger kann Verfahren gegen neuen Geschäftsführer beantragen]). Bei Geschäftsführerwechsel zwischen Antragstellung und Termin ist der neue Geschäftsführer offenbarungspflichtig (Schleswig u Düsseldorf aaO; Frankfurt JW 26, 2114). Ein ausgeschiedener Geschäftsführer ist, auch wenn er noch im Handelsregister eingetragen und nach Abberufung noch kein neuer Geschäftsführer bestellt ist, nicht mehr offenbarungspflichtig (LG Bonn DGVZ 89, 120); er kann bei einer Treu und Glauben widersprechenden Beeinträchtigung der Gläubigerinteressen offenbarungspflichtig

bleiben, so wenn er sein Amt nur niedergelegt hat (oder als Einmanngesellschafter seine Abberufung beschlossen hat), um sich der Verpflichtung zu entziehen (KG JW 29, 2164; Düsseldorf aaO; Frankfurt JW 26, 2114 u 27, 726; Hamm OLGZ 85, 227; Nürnberg JW 30, 3783; Schleswig aaO; E. Schneider aaO). Dafür kann (nicht muß) sprechen, daß ein neuer Geschäftsführer nicht bestellt ist (vgl LG Hannover DGVZ 81, 60; AG Burgdorf DGVZ 80, 45; aA Köln MDR 83, 676; Schneider aaO, die fallbezogene tatsächliche Feststellungen verlangen); das ist nicht der Fall, wenn der neue Geschäftsführer zur Abgabe der Versicherung für die Gesellschaft in der Lage ist (Schleswig aaO). Amtsniederlegung, die der Geschäftsführer ohne wichtigen Grund erklärt, ist jedenfalls dann unwirksam (entbindet somit von der Offenbarungspflicht für die GmbH nicht), wenn sie von dem einzigen Geschäftsführer erklärt ist, der zugleich alleiniger Gesellschafter der GmbH ist und dieser nicht gleichzeitig einen oder mehrere neue Geschäftsführer bestellt hat (BayObLG 81, 266; Hamm DNotZ 89, 396 = OLGZ 88, 411, auch für den Fall, daß das objektive Vorliegen eines wichtigen Grundes ungeklärt ist). Für eine wegen Vermögenslosigkeit nach dem LöschG 1934 gelöschte GmbH sind die letzten Geschäftsführer (nicht aber ein bereits zuvor ausgeschiedener, LG Hannover DGVZ 88, 120; anders LG Zweibrücken JurBüro 96, 212 = Rpfleger 96, 209 für den einzigen Geschäftsführer nach späterer Löschung der GmbH) oder Liquidatoren, für eine nach Beendigung der Liquidation auf Anmeldung der Abwickler gelöschte GmbH sind die letzten Liquidatoren verpflichtet, die Offenbarungsversicherung abzugeben (Frankfurt JurBüro 76, 1260 = Rpfleger 76, 329, auch MDR 83, 135 = OLGZ 83, 75; KG MDR 91, 952 = NJW-RR 91, 933; Köln GmbHR 91, 66 = OLGZ 91, 214; LG Frankenthal DGVZ 81, 9; LG Freiburg Rpfleger 80, 117; LG München I Rpfleger 74, 371; LG Siegen Rpfleger 87, 380; Kirberger Rpfleger 75, 341 [343 f]; aA, nur ein neu zu bestellender Liquidator ist verpflichtet, Stuttgart NJW-RR 94, 1064 = Rpfleger 94, 424 u 95, 168 L m abl Anm Schmidt; LG Berlin JurBüro 75, 673 = Rpfleger 75, 374 u Rpfleger 90, 374). Wegen der Vermutung der Vermögenslosigkeit, die die Löschung durch das Registergericht begründet, genügt es jedoch nicht, daß der Gläubiger behauptet, die Gesellschaft müsse noch Vermögenswerte besitzen. Vermögenslosigkeit muß vielmehr durch substantiierten Vortrag der Tatsachen entkräftet werden, aus denen das Vorhandensein von Gesellschaftsvermögen sich ergeben soll (Frankfurt u KG je aaO; LGe Berlin, München I u Frankenthal je aaO; Kirberger aaO; aA Stuttgart aaO mwN; LG Freiburg Rpfleger 80, 117). Eine für das Offenbarungsverfahren noch fehlende Zustellung des Vollstreckungstitels (§ 750 I) und sonstige Zustellungen können an die GmbH jedoch nicht mehr vorgenommen werden; hierfür ist der frühere Geschäftsführer (Liquidator) nicht mehr Vertreter; vielmehr ist entspr § 273 IV AktG ein Geschäftsführer neu zu bestellen (Frankfurt MDR 83, 135).

Für eine **AG**, eine **KG aA**, eine **eG** und einen **VVaG** sind die Mitglieder des Vorstands (bzw der 9
persönlich haftenden Gesellschafter) oder die Liquidatoren offenbarungspflichtig.

e) **Gesetzliche Vertreter** Minderjähriger oder sonst nicht prozeßfähiger Personen, vertretende 10
Gesellschafter einer OHG oder KG, vertretende Partner einer Partnerschaft, Mitglieder des Vorstands (Liquidatoren) eines Vereins, einer AG, KG aA, eG oder eines VVaG und die Geschäftsführer (Liquidatoren) einer GmbH sowie EWIV **offenbaren im Namen des Schuldners** (der Gesellschaft usw) **dessen Vermögen.** Wenn die Vertretung durch **mehrere** gesetzliche **Vertreter,** Vorstandsmitglieder, Geschäftsführer oder Liquidatoren zu erfolgen hat (Gesamtvertretung), ist die Offenbarungsversicherung von so vielen Vorstandsmitgliedern abzugeben, wie zur Vertretung erforderlich sind (Frankfurt MDR 88, 153 = NJW-RR 88, 807). Die eidesstattliche Versicherung für den Vertretenen (die Gesellschaft usw) mit der Folge, daß Eintragung in das Schuldnerverzeichnis zu erfolgen hat, ist daher erst abgegeben, wenn alle zur Gesamtvertretung erforderlichen Vertreter die Versicherung abgegeben haben (Schweyer Rpfleger 70, 406; Dresden SeuffArch 67, 375; aA LG Köln Rpfleger 70, 406; Versicherung durch ein Vorstandsmitglied eines Vereins befreit die anderen Vorstandsmitglieder von ihrer Offenbarungspflicht). Nach aA soll, wenn mehrere Vertreter vorhanden sind, aber Einzelvertretungsbefugnis besteht oder zwar Gesamtvertretung besteht, aber nicht alle Mitglieder des Vorstands (Geschäftsführer usw) handeln müssen (zB Vertretung durch je zwei gemeinsam), das Gericht entspr § 455 I S 2 mit § 449 bestimmen können, welcher Vertreter die Versicherung abzugeben hat (LG Frankfurt Rpfleger 93, 502; StJ/Münzberg Rn 44; MK/Eickmann Rn 32; auch ThP Rn 18). Wirksame Prozeßhandlung erfordert jedoch Vornahme durch Vertreter in der für die Gesamtvertretung erforderlichen Zahl, so daß bis zur Versicherung durch Vertreter in erforderlicher Zahl die Offenbarungspflicht für alle besteht.

f) Eine **Partei kraft Amtes** (Konkursverwalter, Zwangsverwalter, Testamentsvollstrecker, 11
§ 748) ist als Schuldner für das seiner Verwaltung unterliegende Vermögen offenbarungspflichtig. Die Offenbarungspflicht hat der Verwalter zu erfüllen, der das haftende Vermögen im Zeitpunkt des Termins verwaltet. Legt er sein Amt nieder, dann besteht die Offenbarungspflicht nur bei Treu und Glauben widersprechender Beeinträchtigung der Gläubigerinteressen fort (Rn 8).

g) **Der Erbe** und der sonst nach § 786 beschränkt Haftende muß sein eigenes Vermögen und 12
den Nachlaß offenbaren, solange die beschränkte Haftung nicht rechtskräftig feststeht. Steht sie

fest und wird der Erbe allgemein zur Abgabe der eidesstattl Versicherung geladen, kann er durch Klage beantragen zu erkennen: Die ZwV durch Ladung des Klägers zur Abgabe der eidesstattl Versicherung wird für unzulässig erklärt, soweit sie für das nicht ererbte Vermögen des Schuldners in Frage kommt (§§ 781, 785, 767, Hamburg OLG 11, 99; aA Marienwerder OLG 19, 4).

13 4) Die Pfändung darf zu einer **vollständigen Befriedigung** des Gläubigers **nicht geführt haben** (ist nachzuweisen) oder durch Pfändung darf der Gläubiger Befriedigung nicht vollständig erlangen können (ist glaubhaft zu machen) (Abs 1 S 1). (Erfolglose) Vollstreckung gegen einen Schuldner (auch) im Ausland erfordert § 807 nicht (Frankfurt JurBüro 78, 131). Kenntnis von Schuldnervermögen im Ausland kann jedoch in besonderen Fällen (im ausl Staat sofort vollstreckbarer Titel; rangsichere Zugriffsmöglichkeit mit zuverlässiger Befriedigungschance) das Rechtsschutzbedürfnis (Rn 3) für ein Offenbarungsverfahren entfallen lassen (ähnlich, aber allgemeiner, Heß Rpfleger 96, 89 [92]).

14 **a) aa)** Die ganz oder teilweise **erfolglos** gebliebene **Pfändung** körperlicher Sachen muß auch in der Wohnung versucht worden sein; Vollstreckungsversuch nur im Geschäftslokal (oder auch nur in der Wohnung, nicht aber im Geschäftslokal) genügt nicht (Köln MDR 76, 53; LG Berlin DGVZ 73, 190; LG Wuppertal MDR 64, 1012). Bei weiterem Wohnsitz muß die Pfändung auch dort versucht worden sein (aA Frankfurt Rpfleger 77, 415: nur Hauptwohnsitz; auch LG Oldenburg JurBüro 92, 570). Pfändung auch in der Wohnung oder im Nebenwohnsitz ist aber nur dann vorausgesetzt, wenn der Gläubiger diese kennt oder deren Lage auf zumutbare Weise ermitteln kann (Köln aaO; LG Essen MDR 76, 53). Befriedigung des Gläubigers durch Pfändung wurde nicht schon dann erfolglos betrieben, wenn der Schuldner die Durchsuchung seiner Wohnung oder Geschäftsräume verweigert hat (§ 758 Rn 3 ff; KG MDR 89, 745 = OLGZ 89, 369; Stuttgart Rpfleger 81, 152 u viele LGe, zB LG Berlin DGVZ 94, 89; LG Essen DGVZ 91, 189; LG Frankenthal Rpfleger 89, 247; LG Hannover DGVZ 91, 189; LG Kassel DGVZ 91, 40 = JurBüro 91, 605; LG Köln MDR 90, 257; LG München I NJW-RR 89, 64; LG Oldenburg DGVZ 92, 13 = JurBüro 92, 266; Leisner Rpfleger 89, 443; anders LG Aachen Rpfleger 81, 444, dem aber Glaubhaftmachung im Einzelfall genügte; LG Ansbach Rpfleger 92, 119; LG Aschaffenburg DGVZ 91, 74 = JurBüro 91, 1268 [bei Weigerung ohne jede Begründung]; LG Duisburg DGVZ 95, 152 = JurBüro 96, 211; LG Detmold NJW 86, 2261; LG Nürnberg-Fürth DGVZ 93, 93; LG Osnabrück MDR 89, 463 u weitere LGe). Der Gläubiger muß vielmehr nach Erwirkung der richterlichen Durchsuchungsanordnung die Pfändung beweglicher Sachen im Gewahrsam des Schuldners versucht haben, und zwar auch bei einem Schuldner, der lediglich eine Schlafstelle bei Familienangehörigen oder einem sonstigen Dritten hat (Stuttgart aaO). Gleiches gilt, wenn der GV den Schuldner nicht angetroffen und Einholung einer Durchsuchungsanordnung anheimgestellt hat (LG Aschaffenburg DGVZ 91, 189 = JurBüro 91, 124).

15 **bb)** Daß der Schuldner Vermögen besitzt, für das die Vorschriften über die ZwV in das **unbewegliche Vermögen** gelten (§ 864), hindert die Durchführung des Offenbarungsverfahrens nicht. Ebensowenig ist nachzuweisen, daß die ZwV in Forderungen oder andere Vermögensrechte (§§ 828–863) erfolglos war, da dem Gläubiger Vollstreckungsmöglichkeiten in solche Rechte idR nicht bekannt sind. Kennt jedoch der Gläubiger eine (pfändbare) Forderung des Schuldners, dann muß auch dargetan sein, daß deren Pfändung nicht möglich ist (auch weil der Gläubiger Pfändungsvoraussetzungen nicht vortragen kann) oder Befriedigung nicht ermöglichen wird (so auch MK/Eickmann Rn 21). Hat der Gläubiger eine angebliche Forderung des Schuldners pfänden lassen, muß er nachweisen, daß sie nicht oder erst in absehbarer Zeit einbringlich ist (Jena OLG 14, 169; KG JW 27, 2063; s auch Bierbach MDR 56, 78). Dafür kann Erklärung des Drittschuldners genügen, uU auch Glaubhaftmachung, daß von diesem weder Zahlung noch Auskunft zu erlangen ist (so, wenn Drittschuldner Auskunft nach § 840 I nicht erteilt, LG Itzehoe SchlHA 85, 107). Kennt der Gläubiger den Arbeitgeber des Schuldners (aber keine Ermittlungspflicht bei unpräziser Nachricht des GV; s LG Leipzig JurBüro 96, 44 m Anm Schmidt), muß er nachweisen, daß Pfändung des Arbeitseinkommens keine (keine alsbaldige) Befriedigung verschaffen wird, oder glaubhaft machen, daß Pfändung (zB wegen hoher Vorpfändung oder Abtretung) keinen Erfolg verspricht (KG MDR 68, 56; LG Berlin MDR 75, 497; LG Heilbronn MDR 93, 273 = Rpfleger 93, 292).

16 **cc)** Daß Pfändung zu einer vollständigen Befriedigung des Gläubigers nicht geführt hat, ist nachzuweisen (GV-Protokollabschrift). Der Nachweis kann auch durch Rückschlüsse aus einer Mitteilung des GV oder durch Bezugnahme auf die Sonderakten des GV erbracht werden (LG Essen DGVZ 79, 9). Der Nachweis ist bei der **Antragstellung** zu führen. Er muß daher mit dem Antrag in einem zeitlichen und tatsächlichen Zusammenhang stehen, der ergibt, daß die Offenbarungsversicherung wegen dieser erfolglosen Pfändung verlangt wird (Schneider MDR 76, 533 mwN). Ein fester Zeitraum läßt sich hier nicht bestimmen, es kommt auf die Umstände des Einzelfalls an (Frankfurt DGVZ 75, 120 = OLGZ 74, 486; LG Hamburg MDR 83, 140). Erforderlichenfalls hat der Gläubiger darzulegen, worauf eine unverhältnismäßig lange Zwischenzeit zwi-

schen Pfändungsversuch und Antragstellung zurückzuführen ist. Mit Vorlage des Nachweises **bei** Antragstellung ist der Nachweis grundsätzlich auch **für die Dauer des Verfahrens** geführt, es sei denn, der Gläubiger hat durch eigene Untätigkeit oder nutzlose Prozeßhandlung das Verfahren verzögert (Frankfurt Rpfleger 77, 144; Schneider aaO; auch Dempewolf BB 77, 1630).

dd) Ergibt das Pfändungsprotokoll, daß nur die gepfändeten Sachen pfändbar waren, und hat der Gläubiger diese freigegeben, nachdem der Dritte ein die Veräußerung hinderndes Recht (§ 771) oder ein Vorrecht (§ 805) geltend oder glaubhaft gemacht hat, ist die Unpfändbarkeit des Schuldners dargetan (LG Köln Rpfleger 71, 229). Bei einem Interventionsprozeß gilt das gleiche nur, wenn die ZwV eingestellt ist (Düsseldorf OLGZ 69, 460). Aussetzung der Pfandverwertung nach § 813a s dort Rn 14. Bis der Gläubiger die Verwertung gepfändeter Sache nach § 825 versucht hat, kann der GV die Erteilung der Unpfändbarkeitsbescheinigung vorläufig zurückstellen (LG Oldenburg NJW 69, 2243). Der Gläubiger ist nicht genötigt, seine unter Eigentumsvorbehalt stehende Sache bei Vollstreckung wegen der Kaufpreisrestforderung zu pfänden; besitzt der Schuldner keine sonstigen pfändbaren Sachen, so hat der GV Unpfändbarkeitsbescheinigung zu erteilen (LG Saarbrücken MDR 66, 768). 17

b) Offenbarungspflicht besteht auch, wenn kein Unpfändbarkeitsnachweis erbracht ist, der Gläubiger jedoch **glaubhaft macht,** daß er durch Pfändung **volle Befriedigung nicht erlangen kann.** Glaubhaftmachung (§ 294) kann insbes durch eine Bescheinigung des GV erfolgen, daß die ZwV fruchtlos verlaufen werde, auch deshalb, weil in letzter Zeit beim Schuldner im Auftrag anderer Gläubiger durchgeführte Pfändungen erfolglos waren (sogen **Unpfändbarkeitsbescheinigung,** § 63 GVGA). Auch diese Bescheinigung muß mit dem Antrag in einem zeitlichen Zusammenhang stehen (Rn 16); ob eine ältere Bescheinigung zur Glaubhaftmachung ausreicht, ist nach den Umständen des Einzelfalls zu beurteilen (LG Frankfurt MDR 87, 65; LG Hagen MDR 75, 497). Hinweis auf ungelöschte Haftbefehle kann, muß aber nicht (wie zB bei geringer Gläubigerforderung, LG Heilbronn MDR 93, 800) zur Glaubhaftmachung genügen (LG Aachen JurBüro 90, 261; LG Bochum Rpfleger 90, 128 [1 Haftbefehl iVm weiteren für Zahlungsunfähigkeit sprechenden Umständen]; LG Frankenthal JurBüro 85, 466 = Rpfleger 84, 472; LG Hanau JurBüro 84, 783; LGe Hannover u Kassel JurBüro 87, 457; LG Kassel JurBüro 96, 46 = Rpfleger 95, 512; LG Konstanz JurBüro 90, 117; LG Limburg JurBüro 90, 1052; LG Mosbach JurBüro 90, 489; LG Oldenburg JurBüro 95, 442; LG Wuppertal JurBüro 90, 655; aA LG Berlin DGVZ 84, 188 = Rpfleger 84, 361; LG Bielefeld JurBüro 84, 782; LG Hannover JurBüro 83, 1415: ungenügend; LG Stuttgart Justiz 89, 130: idR nicht ausreichend); im Einzelfall kann (nach Lebenserfahrung) eine hohe Titelforderung zur Glaubhaftmachung genügen (AG Heilbronn JurBüro 96, 211). Vorlage einer allgemeinen Statistik ersetzt Glaubhaftmachung nicht (LG Hannover aaO). Einwendungen gegen die Unpfändbarkeitsbescheinigung sind vor Einleitung des Offenbarungsverfahrens durch Erinnerung (§ 766, LG Hamburg MDR 64, 1012), nach Verfahrenseinleitung durch Widerspruch nach § 900 V (KG NJW 56, 1115 m abl Anm Keller) geltend zu machen. 18

IV) 1) Der **Schuldner** ist verpflichtet, ein **Verzeichnis seines Vermögens** vorzulegen (zu diesem Stöber Rpfleger 94, 321 [322]) und für seine Forderungen den Grund und die Beweismittel zu bezeichnen (Abs 1 S 1). Die Erklärung des Schuldners, nichts oder nur unpfändbare Sachen zu besitzen, kann die Vorlegung eines ordnungsgemäßen Vermögensverzeichnisses nicht ersetzen. Zu verzeichnen ist nur der „gegenwärtige" Stand des (inländischen und ausländischen, Heß Rpfleger 96, 89 [91]; LG Stade Rpfleger 84, 324) Vermögens. Früheres Vermögen muß nur angegeben werden, wenn darüber in der in Abs 1 S 2 Nr 1–3 näher bezeichneten Weise verfügt worden ist. Im übrigen brauchen Angaben über den Verbleib früherer Vermögensgegenstände nicht gemacht werden (BGH NJW 68, 1388). In dem Vermögensverzeichnis sind nach dem Verfahrensziel (Rn 1) die einzelnen (vor § 704 Rn 21) **beweglichen Vermögenswerte,** nämlich körperliche Sachen (§ 808) sowie Forderungen und andere Vermögensrechte (§ 828), und **Grundstücke** sowie alle anderen Werte des unbeweglichen Vermögens (§§ 864–871), auch Luftfahrzeuge und Rechte daran (Ges über Rechte an Luftfahrzeugen) vollständig so zu bezeichnen, daß dem Gläubiger der Zugriff auf vorhandene pfändbare Vermögensgegenstände ermöglicht wird. Die Angaben des Schuldners im Vermögensverzeichnis müssen daher so vollständig sein, daß der Gläubiger sofort Maßnahmen zu seiner Befriedigung ergreifen kann (LG Köln MDR 76, 150). Die Ausfüllung eines Formblatts zur Vermögensaufstellung mit Strichen reicht jedenfalls bei Fragen aus, die im Falle der Verneinung nur mit „nein", „keine" oder „nicht vorhanden" beantwortet werden können (LG Essen Rpfleger 72, 324). Wenn der Schuldner nach dem Vollstreckungstitel nur beschränkt mit einer Vermögensmasse haftet (vor § 704 Rn 18), sind nur die zu ihr gehörenden Vermögensstücke in das Vermögensverzeichnis aufzunehmen. 19

2) a) Für **körperliche Sachen** (§ 808), insbes für Geld, Kostbarkeiten und Wertpapiere, die einen Börsen- oder Marktpreis haben (§ 821) sowie für Postsparbücher (auch für einen unter Eigentumsvorbehalt erworbenen Gegenstand) (BGHSt 15, 128 = NJW 60, 2200) ist auch der räumliche Verbleib (der Aufbewahrungsort in der Wohnung usw) zu bezeichnen (BGH 7, 287 20

[293, 294] = NJW 53, 261), soweit er sich nicht von selbst versteht (wie zB für Möbel, Teppiche usw, das Kraftfahrzeug im Besitz des Schuldners; Besonderheiten des Einzelfalls können aber auch Angabe erfordern, wo sich das Kfz befindet, s Mümmler JurBüro 93, 526). Die allgemeine Angabe des Schuldners, er besitze Geld oder ein Postsparbuch, genügt nicht (Frankfurt JurBüro 76, 384 = Rpfleger 75, 442). Die Angabe eines Geschäftsmanns, es befänden sich „diverse Büromöbel in der Wohnung" bezeichnet einzelne Vermögenswerte (Rn 19) nicht, ist sonach unzureichend (LG Oldenburg Rpfleger 83, 163). Anzugeben sind auch gepfändete, sicherungsübereignete (mit Grund der Übereignung, LG Krefeld Rpfleger 79, 146), versetzte und solche Gegenstände, die teilweise bezahlt sind; bei Abzahlungssachen ist der Rückstand zu nennen, bei Kauf unter Eigentumsvorbehalt das Anwartschaftsrecht (BGH LM § 154 StGB Nr 17). Auch der **Pfändung nicht unterliegende Sachen,** die einen selbständigen Vermögenswert haben, sind zu bezeichnen. Nicht angegeben werden brauchen nur offenbar wertlose Gegenstände und der Pfändung schlechthin Entzogenes wie zB nur gemietete, geliehene oder in Verwahrung genommene Sachen. Besitz auf Grund Leasing-Vertrages (gehört nicht zum pfändbaren Schuldnervermögen) ist nicht anzugeben (streitig); die (künftige) Erwerbsmöglichkeit des Leasingnehmers, von der der Schuldner nicht Gebrauch machen muß, ist nicht Anwartschaftsrecht oder sonst pfändbares Vermögensrecht; sie muß daher nicht angegeben werden (LG Berlin MDR 76, 409).

21 **b) Nicht anzugeben** sind Sachen, die nach **§ 811 Nr 1** als dem persönlichen Gebrauch oder dem Haushalt dienend wie Kleidungsstücke, Wäsche, Betten, Haus- und Küchengeräte, ferner Gartenhäuser, Wohnlauben usw, und **Nr 2** (Nahrungs-, Feuerungs- und Beleuchtungsmittel für vier Wochen oder zur Beschaffung erforderlicher Geldbetrag) der **Pfändung offensichtlich nicht unterworfen** sind. Von solchen Angaben ist das Vermögensverzeichnis entlastet, weil sie für den Gläubiger offensichtlich nutzlos sind, nachdem er aus ihnen ohnehin keine Befriedigung erlangen kann. Die seiner Erleichterung dienende Bestimmung stellt den Schuldner vor eine mitunter nur schwer zu bewältigende Aufgabe; uU können ihm auch strafrechtliche Schwierigkeiten erwachsen (Müller NJW 79, 905; auch Hornung Rpfleger 79, 284; Arnold MDR 79, 358). Offensichtlich unpfändbar dürften nur Sachen sein, bei denen keine Zweifel bestehen, daß sie nicht pfändbar sind. Die Offenbarungspflicht erstreckt sich daher auf Sachen immer auch dann, wenn die Unpfändbarkeit nicht mit Sicherheit anzunehmen ist. Auch persönliche Gebrauchs- oder Haushaltsgegenstände und Gartenhäuser, Wohnlauben usw (Nr 1 des § 811) sind jedoch zu bezeichnen, wenn eine **Austauschpfändung** (§ 811a) in Betracht kommen kann. Ob das der Fall ist, bestimmt sich nach objektiven Gesichtspunkten, nicht nach dem Ermessen des Schuldners, dessen Beurteilungsvermögen sich die Frage idR entzieht. Angaben über Sachen, die der Austauschpfändung unterliegen können, sind für den Gläubiger nicht überflüssig, so daß sie im Zweifelsfall in das Vermögensverzeichnis aufzunehmen sind. Dem rechtsunkundigen Schuldner ist zu empfehlen, erst nach Belehrung durch den Rechtspfleger die Entscheidung über die Aufnahme einer Sache in das Vermögensverzeichnis zu treffen.

22 **3) a)** Eine **Forderung** (ein sonstiges Vermögensrecht) ist so bestimmt, somit detailliert zu bezeichnen, daß Feststellung ihrer Identität für Pfändung (s § 829 Rn 8) gesichert ist. Zu nennen sind deshalb (hierzu zB LG Augsburg JurBüro 95, 442) Name und Anschrift des Drittschuldners (fehlende Angabe auch der Postleitzahl verpflichtet aber nicht zur Nachbesserung, aA LG Berlin JurBüro 95, 331, nicht richtig), Grund des Anspruchs, nach dem Zweck des Verzeichnisses (Rn 1) aber auch Betrag (Größenordnung allgemein kann genügen, „nach bestem Wissen und Gewissen") sowie Nebenleistungen (Zinsen), außerdem die Beweismittel. Angaben über Zahlungsunwilligkeit und -fähigkeit des Drittschuldners sind nicht zu machen (Hamburg MDR 81, 61). Anzugeben sich auch unsichere Forderungen und solche, deren Bestand aus tatsächlichen oder rechtlichen Gründen zweifelhaft ist (BGH NJW 53, 390). Die zur Geltendmachung einer (gepfändeten) Forderung nötige Auskunft (§ 836 III) kann im Offenbarungsverfahren nicht verlangt werden.

23 **b) Unterhaltsansprüche** sind anzugeben; es ist jedoch nur das Bestehen des Anspruchs, damit auch Name und Anschrift, nicht aber Geburtsname (aA LG Kleve JurBüro 92, 269) des unterhaltspflichtigen Ehegatten (LG Augsburg JurBüro 95, 442; LG Bonn Rpfleger 93, 30 = MDR 92, 901 [902]) oder Verwandten (LG Bremen Rpfleger 93, 119), nicht dessen Beruf und Einkommen zu nennen (LG Aachen JurBüro 90, 659; LG Augsburg DGVZ 94, 88 = Rpfleger 94, 424; LG Bonn aaO; LG Mannheim Rpfleger 80, 237; auch StJ/Münzberg Rn 33 und 33a; anders Köln FamRZ 94, 455 = NJW 93, 3335 [Nettoeinkommen, wenn nicht bekannt Beruf und Beschäftigungsstelle des Ehegatten, sind anzugeben]; LG Oldenburg JurBüro 89, 1611 u LG Osnabrück Rpfleger 92, 259: für Feststellung eines [pfändbaren] Taschengeldanspruchs gegen Ehegatten sind Familienverhältnisse zu benennen; LG Heilbronn MDR 92, 808 = Rpfleger 92, 400; LG Köln Rpfleger 93, 455: Nettoeinkommen des Ehegatten ist anzugeben; LG Karlsruhe DGVZ 93, 92; LG Bielefeld JurBüro 95, 46; AG Aschaffenburg JurBüro 96, 50: Name, Berufstätigkeit und [soweit bekannt] Einkommensverhältnisse des Ehegatten sind anzugeben; LG Stade JurBüro 93, 31: Vermögensverhältnisse des Ehepartners sind zu benennen; LG Ellwangen JurBüro 93, 173: Vermögenssituation der Familie ist anzugeben; Scherer DGVZ 95, 81: umfassende Offenbarungspflicht für Taschengeld-

anspruch, nicht richtig). Ein titulierter oder sonst mit beziffertem Geldbetrag zu erfüllender familienrechtlicher Unterhaltsanspruch ist als solcher auch betragsmäßig zu bezeichnen (LG Aachen aaO).

c) **Arbeitseinkommen** (§ 850) ist unter Bezeichnung des Arbeitgebers (mit Anschrift, auch bei ausländischem Drittschuldner, LG Stade Rpfleger 84, 324) anzugeben. Kenntnis des Gläubigers für Zugriff auf pfändbare Einkommensteile (Rn 19) gebietet auch Angabe des Auszahlungszeitraums (LG Lübeck Rpfleger 86, 99) sowie nach § 850a der Pfändung entzogene Beträge nach Rechtsgrund und (ungefährer) Höhe (abw LG Regensburg JurBüro 93, 31: anzugeben sind Brutto- und Nettolohn) und der Unterhaltspflichten (§ 850c). Kennzeichnung des angegebenen Betrages als Nettoeinkommen genügt bei nicht klargestellter Verwendung dieses Begriffs jedenfalls nicht (LG Köln MDR 88, 327 = NJW-RR 88, 695). Ein Arbeitsverhältnis ist unabhängig davon zu bezeichnen, ob rückständige Lohnforderungen bestehen und die Möglichkeit besteht, das Arbeitsverhältnis zu lösen und Verpflichtungen aus dem Arbeitsvertrag nicht zu erfüllen; auf Zweifel an dem (Fort)Bestehen des Arbeitsverhältnisses ist jedoch hinzuweisen (Hamm BB 68, 128 = AP § 807 Nr 1). Der Anspruch auf Arbeitslohn aus einem den Arbeitgeber bindenden Arbeitsvertrag ist zu nennen, wenn der Vertrag erst zu einem künftigen Zeitpunkt zu laufen beginnt und daher noch keine fälligen Ansprüche daraus hergeleitet werden können (BGH NJW 58, 427 L u BGHSt 37, 340 = NJW 91, 2844 [2845]). Ein früher beendetes Arbeitsverhältnis ist anzugeben, wenn daraus noch Ansprüche bestehen (sonst nicht; BGH NJW 68, 1388; LG Koblenz MDR 74, 148). Der Schuldner verletzt seine Offenbarungspflicht, wenn er über solche Arbeitsverhältnisse, etwa über den Zeitpunkt der Beendigung, unrichtige Angaben macht (BGH NJW 68, 1388), ein arbeitsloser Schuldner verletzt sie, wenn er wahrheitswidrig erklärt, daß er als Arbeiter bei einem bestimmten Arbeitgeber beschäftigt ist (Hamm NJW 61, 421; vgl auch Stuttgart NJW 61, 2319 u Prinzing NJW 62, 567). Ein **Gelegenheitsarbeiter** (auch Aushilfsbedienung, LG München I JurBüro 82, 937 = Rpfleger 82, 231) hat die (regelmäßigen) Arbeitgeber (Auftraggeber, BGH NJW 91, 2844 [2845]) mit Anschrift (nach LG München I Rpfleger 89, 33 für die letzten zwölf Monate) und die durchschnittliche Höhe der Entlohnung anzugeben (zeitliche Ausdehnung ist nach LG Frankfurt NJW-RR 88, 383 vom Einzelfall abhängig). Es genügt nicht, daß der Schuldner nur anführt, als Gelegenheitsarbeiter (Aushilfsarbeiter) ständig wechselnde Auftraggeber zu haben oder solche Arbeiten für Bekannte ständig wechselnd auszuführen (LG Berlin JurBüro 78, 1722 = Rpfleger 79, 113; LG Düsseldorf JurBüro 86, 940; LG Essen Rpfleger 72, 324; LG Frankenthal JurBüro 85, 624; LG Frankfurt Rpfleger 85, 73; LG Koblenz MDR 74, 148; LG Landau JurBüro 90, 1054; LG Mönchengladbach MDR 82, 504; LG München I aaO), desgleichen nicht Angabe des Schuldners, er sei Gelegenheitsarbeiter, stehe in keinem festen Arbeitsverhältnis und habe derzeit keinen Job (LG Berlin aaO) oder er bestreite seinen Lebensunterhalt durch Zuwendungen Dritter (LG Stuttgart JurBüro 93, 114). Wenn Arbeitseinkommen abgetreten ist, ist auch die Anschrift (nicht nur der Name) des Gläubigers und seine Forderung zu bezeichnen; der Vollstreckungsgläubiger muß in der Lage sein, die Angaben über die Abtretung nachzuprüfen (KG DGVZ 81, 75). 24

d) Arbeits„einkommen" ist bei **Lohnschiebung** oder **-verschleierung** (§ 850h) gleichermaßen zu offenbaren. Es ist bei Lohnverschleierung jedenfalls nach Art, ggfs auch nach Zeitaufwand, der Tätigkeit anzugeben (LG Heilbronn MDR 92, 711 = Rpfleger 92, 359; LG Landau Rpfleger 91, 28; LG Lübeck Rpfleger 86, 99; LG München I Rpfleger 88, 491), bei Lohnschiebung unter Bezeichnung des Drittberechtigten. Vorausgesetzt ist in beiden Fällen, daß der Schuldner „Arbeiten oder Dienste" leistet, die einem Dritten „in einem ständigen Verhältnis" erbracht und „nach Art und Umfang üblicherweise vergütet werden" (§ 850h II) oder für die als Vergütung Leistungen an einen Dritten bewirkt werden (zu weitgehend daher LG Berlin Rpfleger 95, 370: ein einkommensloser Schuldner muß stets angeben, „ob" er im Betrieb seines Ehegatten unentgeltlich tätig ist). 25

e) Die **Haushaltsführung** des (sonst erwerbslosen) Ehegatten gründet sich auf die Pflicht zur ehelichen Lebensgemeinschaft, gehört somit nicht zu (solcher, Rn 25) Erwerbstätigkeit (§ 1356 BGB). Haushaltsführung durch den (insb nicht berufstätigen) Partner einer **nichtehel Lebensgemeinschaft** beruht auf der Übereinstimmung zur Wohn- und Wirtschaftsgemeinschaft, gehört damit gleichfalls nicht zu den Diensten, die üblicherweise vergütet werden (Stöber FdgPfdg Rn 1222a). Der erwerbstätige Partner, der Kosten der gemeinsamen Lebensführung leistet, trägt mit laufendem Unterhalt (überwiegend in Natur) zweckfördernde Aufwendungen (Stöber aaO); diese fallen pfändbar nicht unter § 850b I Nr 2 oder Nr 3. Zur Angabe des Namens des Lebensgefährten verpflichtet § 807 den Schuldner daher nicht. Die Verpflichtung zur Verzeichnung des Vermögens gebietet nicht Rechtfertigung der Erwerbs- und Einkommenslosigkeit, damit auch nicht Angabe des nicht berufstätigen Schuldners („Hausmann") über Bestreitung des Lebensbedarfs in nichtehel Lebensgemeinschaft (anders LG Frankenthal JurBüro 94, 409; LG München I MDR 84, 764; LG Münster Rpfleger 94, 33 u JurBüro 95, 328; AG Backnang JurBüro 95, 330; AG Leipzig JurBüro 95, 329), oder sonst durch Zuwendungen Dritter (anders LG Münster JurBüro 95, 328: Angabe auch des Bruders, der Unterstützung leistet; nicht richtig; auch LG Köln JurBüro 26

96, 50: auch Zuwendungen von Bekannten und Freunden). Für Angabe auch der wirtschaftlichen Verhältnisse des Lebensgefährten (so LG Münster Rpfleger 94, 33: Nettoeinkommen bzw Art der Tätigkeit) besteht ebenso keine Gesetzesgrundlage.

27 f) **Arbeitseinkommen des Ehegatten** (LG Augsburg DGVZ 94, 88 = Rpfleger 94, 424; LG Bonn MDR 92, 901 [902]; LG Hildesheim DGVZ 94, 88; LG Kleve JurBüro 92, 269; aA [nicht zutr] LG Heilbronn MDR 92, 808 = Rpfleger 92, 400; Hintzen Rpfleger 92, 260 u NJW 95, 1861 [1864]) und eines Verwandten mit Unterhaltsanspruch (§ 850c; LG Kassel JurBüro 96, 48 = Rpfleger 95, 263 mit unzutr Leits) ist als deren Vermögenswert vom Schuldner nicht zu offenbaren. § 807 verpflichtet zur Vorlage eines Verzeichnisses des Schuldnervermögens, damit zur Angabe des Arbeitseinkommens des Schuldners, nicht aber zur Darstellung persönlicher Verhältnisse zu Dritten für Gläubigerantrag zur Bestimmung nach billigem Ermessen pfändbarer Einkommensteile (§ 850c IV). Für diese Bestimmung ist zudem nicht allein die Höhe des Arbeitseinkommens, sondern sind ebenso eigene sonstige Einkünfte des Unterhaltsberechtigten wie Zinsen und Mieteinnahmen, Renten, Unterhaltsansprüche an dessen Verwandte usw und zudem weiter noch durch persönliche und berufliche Bedürfnisse verursachter Lebensbedarf erheblich. Für Verpflichtung des Schuldners zur Offenlegung solcher persönlicher Einzelfallangaben aus dem Lebensbereich eines unterhaltsberechtigten Angehörigen gibt § 807 keine Grundlage und § 850c IV keine Rechtfertigung. Schließlich bietet § 901 (Haft bei verweigerter Angabe) auch kein Zwangsmittel zur Offenlegung solcher Angaben (Gesetzesgrundlage für Freiheitsentziehung fehlt; Art 104 I GG); eine nicht nach § 901 erzwingbare Verpflichtung begründet § 807 keinesfalls. Ein Vermögensverzeichnis ohne solche Angabe ist daher nicht unvollständig, so daß es zu rechtfertigen wäre, die Versicherung des Schuldners nicht entgegenzunehmen (Rn 36 u § 900 Rn 18). Das schließt es zugleich aus, Angaben über Einkommen eines Angehörigen mit Nachbesserung des Vermögensverzeichnisses (§ 900 Rn 14) nachzufordern.

28 g) Ein **Provisionsvertreter** hat die Geschäftsverbindungen anzugeben, die ihm die Möglichkeit bieten, Provisionsforderungen zu erwerben (Auftraggeber, für die er in der Vergangenheit häufiger tätig war, LG Arnsberg JurBüro 85, 472; LG Kiel JurBüro 91, 1408), auch wenn ihm gegenwärtig keine Forderungen zustehen; entspr gilt für einen ambulanten Gewerbetreibenden mit festem Kundenkreis (LG Hagen JurBüro 89, 876; LG Münster MDR 90, 61 [belieferte Kunden aus letztem Halbjahr]) und für einen sonst in vergleichbarem Bereich selbständig tätigen Schuldner [Wirtschaftsdetektiv und Unternehmensberater], der die Auftraggeber zu benennen hat, für die er in zurückliegender Zeit häufig tätig war (LG Münster JurBüro 94, 298 u 502 [für Unternehmensberater in den letzten 12 Monaten]; LG Kassel DGVZ 91, 41 = JurBüro 91, 604 mit zu weitgehender zeitlicher Abgrenzung nach den Aufbewahrungsfristen für Geschäftsbücher; LG Münster Rpfleger 93, 501). Daß der Schuldner anführt, er kaufe und verkaufe als Vertreter auf eigene Rechnung Ware und habe keine Forderungen, genügt demnach nicht (Hamm NJW 56, 1729), desgleichen nicht, daß ein Handelsvertreter nur sagt, er habe „derzeit keine Forderungen gegen Dritte". Der Schuldner muß vielmehr angeben, für welche Unternehmer er tätig ist, ob diese ein Provisionskonto für ihn unterhalten, ob der jeweilige Vertrag gekündigt ist und ob ein Ausgleichsanspruch besteht. Kunden brauchen dagegen nicht genannt zu werden (Hamm MDR 79, 149). Ein **Rechtsanwalt** (Rechtsbeistand, Arzt [Köln MDR 93, 1007 = VersR 94, 500 L; aA LG Memmingen NJW 96, 713, nicht zutr]; Zahnarzt, Tierarzt, Steuerberater [Köln OLGZ 94, 372 (373); LG Lübeck Rpfleger 89, 31] usw) ist verpflichtet, Namen und Anschriften der Mandanten und die Höhe der Honorarforderungen zu offenbaren (BGHSt 37, 340 [341] = NJW 91, 2844 [2845]; Frankfurt JurBüro 77, 727; LG Frankfurt AnwBl 85, 258; LG Wiesbaden JurBüro 77. 728 = Rpfleger 77, 179), ebenso Kommanditanteile, die er treuhänderisch für einen Mandanten erworben hat (KG JR 85, 161). Ein Makler hat auch eingeleitete, aber noch nicht abschlossene und damit noch nicht provisionsfähige Vermittlungen offenzulegen (BGHSt 37, 340 = NJW 91, 2844 [2845]). Auch ein selbständiger Malermeister (sonst Selbständiger) soll alle Auftraggeber der letzten 12 Monate (mit Art und Umfang seiner Tätigkeit sowie Höhe der jeweiligen Vergütung) anzugeben haben (Köln JurBüro 94, 408); dem jedoch ist zu widersprechen (s auch Rn 34); eingezogene Forderungen aus zurückliegenden Dienst- oder Arbeitsverträgen sind nicht zu nennen, mit der (nicht naheliegenden) Erwartung, daß der Schuldner auch künftig für gleiche Auftraggeber tätig sein werde, stehen pfändbare Forderungen in solchen Fällen bestimmbar nicht in Aussicht.

29 h) **Renten** und pfändbare Ansprüche auf andere **soziale Geldleistungen** (zB Arbeitslosengeld, Koblenz MDR 77, 323; nicht mithin Sozialhilfeleistungen) sind nach Art und Höhe sowie unter Angabe der Zahlstelle (des Leistungsträgers als Drittschuldner) darzulegen (LG Oldenburg JurBüro 83, 1414 = Rpfleger 83, 163); die Angabe „ca 1000 DM monatliche Rente von der . . . kasse" ermöglicht Vollstreckungszugriff, reicht sonach aus (aA LG Oldenburg aaO). Der **künftige** Anspruch auf **Altersrente** (auch Rente wegen verminderter Erwerbsfähigkeit in der gesetzlichen Rentenversicherung) ist (auch wenn eine Anwartschaft noch nicht gewahrt ist) übertragbar und pfändbar (§ 850i Rn 21). Als pfändbarer gegenwärtiger Vermögenswert sind

daher für diese (künftige) Rentenforderung die Rechtsgrundlage (Rentenversicherung als Arbeiter, Angestellter oder in der Knappschaft usw) und der Leistungsträger (Landesversicherungsanstalt, BfA Bln usw) im Vermögensverzeichnis anzugeben (LG Berlin Rpfleger 95, 307; LG Köln JurBüro 96, 51; LG Oldenburg JurBüro 95, 662; frühere Rspr [18. Aufl Rn 25] ist mit Neuregelung der Pfändbarkeit in § 54 IV SGB I überholt). Die Versicherungsnummer ist Ordnungsmerkmal zur rationellen Gestaltung der Verwaltungsabläufe; der Bezeichnung der Forderung dient sie nicht, Angabe kann daher nicht verlangt werden (verbieten zudem Bestimmungen über die Geheimhaltung zum Schutz der Sozialdaten, §§ 67–85 SGB X; anders LG Göttingen JurBüro 89, 1468; LG Lübeck JurBüro 89, 550; LG Regensburg JurBüro 90, 782). Nicht als pfändbarer künftiger Anspruch auf eine laufende Geldleistung anzusehen sind eine Verletztenrente oder eine Rente an Hinterbliebene aus der Unfallversicherung vor Eintritt des Arbeitsunfalls oder eine Rente wegen Todes (Witwen- oder Witwerrente) in der gesetzlichen Rentenversicherung vor dem Tod des versicherten Ehegatten (§ 850 i Rn 27). Als reine Hoffnung (Erwartung) sind diese denkbaren Sozialleistungen im Vermögensverzeichnis nicht aufzuführen. Unpfändbares Erziehungsgeld (§ 54 III Nr 1 SGB I) und Kindergeld (§ 76 EStG) sowie andere Geldleistungen für Kinder (§ 54 V SGB I; für Gläubiger eines gesetzl Unterhaltsanspruchs infolge Kenntnis, Rn 3) sind nicht zu bezeichnen.

i) **Hypothek,** Grundschuld oder Rentenschuld, auch eine Eigentümergrundschuld, sind unter Bezeichnung des belasteten Grundstücks anzugeben. Bei Briefrechten ist außerdem der Aufbewahrungsort des Briefes zu benennen. **Rückgewähranspruch** s Rn 32. 30

k) Als **sonstige Forderungen** sind insbes Ansprüche aus Sparguthaben, Kontokorrentverhältnissen und andere Ansprüche an Banken (Sparkassen usw), Postbankguthaben, Mietkaution, Versicherungsansprüche (unter Bezeichnung des Verwahrungsorts des Versicherungsscheins; bei Lebensversicherung auch mit Benennung der Bezugsberechtigung eines Dritten sowie, ob diese Bezugsberechtigung widerruflich ist oder nicht, LG Duisburg NJW 55, 717), auch ein Anspruch auf Prämienrückvergütung in der Kfz-Haftpflichtversicherung anzugeben. Zur Bezeichnung der Größenordnung der Forderung (Rn 22) gehören bei einer Lebensversicherung Versicherungssumme und -dauer (Zeitraum der Prämienzahlung, §§ 173–176 VVG; LG Landshut JurBüro 95, 217). Der durch unwiderrufliche Bezugsberechtigung für die Kapitalversicherung eines anderen Versicherungsnehmers (oft Angehörigen) begünstigte Schuldner hat bereits das Bezugsrecht auf Zahlung der Versicherungsleistung mit Eintritt des Versicherungsfalls (pfändbar, Stöber FdgPfdg Rn 196) erworben (BGH 45, 162 [165] = NJW 66, 1071), muß es als Vermögensrecht somit angeben. Bezeichnung auch der Kontonummer einer Bankverbindung usw kann bei sonst ausreichender Kennzeichnung der Forderung (zB Girokonto- oder Sparguthaben bei . . .) nicht verlangt werden, desgleichen dann nicht, wenn versichert wird, daß aus laufender Geschäftsverbindung mit der Bank „kein Guthaben" besteht (Bamberg JurBüro 88, 1422); zu offenbaren ist das gegenwärtige Vermögen (Rn 19); eine Bankverbindung mit Schuldsaldo (Konto im Debet) gehört nicht dazu (LG Heilbronn Rpfleger 90, 430; StJ/Münzberg Rn 24 Fußn 110 [mit Einschr bei Kreditlinie]; aA Behr Rpfleger 90, 430; MK/Eickmann Rn 42; vgl auch Rn 34). Als sonstige **Vermögensrechte** (vgl §§ 857, 859) anzugeben sind insbes Gesellschaftsanteile und -rechte (an Personengesellschaften, GmbH), Geschäftsanteile an Genossenschaften, ein Miterbenanteil (auch der Stand einer Erbauseinandersetzung, BGHSt 10, 278 = NJW 57, 1200), sowie das Anwartschaftsrecht als Nacherbe (entsteht erst mit dem Tod des Erblassers und besteht bis zum Eintritt der Nacherbfolge), ein Nießbrauch, Patent- und Urheberrechte. 31

l) Ein **Rückgewähranspruch** ist (pfändbares) Vermögensrecht, somit anzugeben. Entstanden ist er bereits mit Abschluß des Sicherungsvertrags als durch Tilgung der gesicherten Forderung aufschiebend bedingter Anspruch. Zu bezeichnen sind daher (auch betragsmäßig) die Grundschuld (hierzu § 857 Rn 15), Eigentümergrundschuld oder Forderung (der sonstige Vermögensgegenstand), die sicherungshalber bestellt oder abgetreten und daher zurückzugeben ist, der Sicherungsnehmer (Gläubiger des Rechts) mit zustellungsfähiger Anschrift und dessen gesicherte Forderung (ihr noch geschuldeter Rest), mit deren Tilgung Erfüllung des (noch aufschiebend bedingten) Anspruchs geltend gemacht werden (s LG Aachen Rpfleger 91, 327; LG Berlin Rpfleger 78, 229; LG Koblenz DGVZ 92, 75 = JurBüro 92, 570; LG Landshut JurBüro 95, 218 (Abtretung einer Lebensversicherung sicherungshalber); für Grundschuld anders Kather Anm Rpfleger 91, 327 [nicht zutr]). Die Angaben müssen so genau sein, daß Pfändung erfolgen kann; das erfordert bei der Grundschuld auch Nennung des belasteten Grundstücks, bei einer Forderung so detaillierte Benennung, daß Feststellung ihrer Identität gesichert ist (vgl Rn 22; s zB LG Koblenz aaO; LG Stuttgart JurBüro 91, 876). Ein nur allgemeiner Hinweis auf den Rückgewähranspruch ist ungenügend. 32

4) Als **unbewegliches Vermögen** sind alle der Immobiliar-ZwV unterliegenden Gegenstände anzugeben, der Bruchteilsanteil eines Miteigentümers unter Bezeichnung als solcher (§ 864). Darstellung in Übereinstimmung mit dem Grundbuch (§ 28 GBO) oder unter Nennung der Grundbuchstelle braucht nicht erfolgen, wenn die Angaben sonst zur sicheren Identifizierung 33

ausreichen. Miteigentümer und Belastungen zugunsten Dritter (sind nicht Schuldnervermögen) brauchen nicht angegeben zu werden (wohl aber Eigentümerrechte).

34 5) Die Offenbarungspflicht erstreckt sich **nicht** auf **sonstige Angaben**, die dem Schuldner, zB über Erwerbsmöglichkeit, gestellt werden (BGHSt 8, 399 = NJW 56, 599; BGHSt 19, 126). Bloße Erwerbsmöglichkeiten (für den Inhaber einer Verkaufsstelle, eines Fachgeschäfts usw; s BGHSt 8, 399), damit auch das Betreiben eines Handelsgeschäfts (BGH Rpfleger 80, 339 u BGHSt 37, 340 = NJW 91, 2844 [2845]) brauchen daher nicht in das Verzeichnis aufgenommen werden, desgleichen nicht die Kundenliste eines Geschäftsmanns (RGSt 71, 300). Zur Angabe eines Handelsgeschäfts ist der Schuldner vielmehr nur verpflichtet, wenn sich aus dem Betrieb des Geschäfts gegenwärtige dem Zugriff des Gläubigers offenstehende Werte ergeben (BGH Rpfleger 80, 339 mwN; BGHSt 37, 340 = NJW 91, 2844 [2845]). § 807 dient nicht dazu, dem Gläubiger eine allgemeine Kontrolle über die Erwerbsmöglichkeit des Schuldners zu verschaffen, um dadurch späteren Vermögenserwerb aufzuspüren (BGH NJW 68, 2251).

35 6) Die Offenbarungspflicht des Schuldners umfaßt auch bestimmte nach dem AnfG **anfechtbare Rechtsgeschäfte.** Sie müssen konkret bezeichnet und als entgeltliche oder unentgeltliche Verfügung (nachprüfbar) dargestellt werden (LG Flensburg DGVZ 95, 119 = Rpfleger 95, 424). Die Anfechtbarkeit der in Abs 1 S 2 Nr 1–3 bezeichneten Geschäfte ergibt sich aus § 3 I Nr 2, 3 u 4 AnfG. Diese Bestimmungen sind daher auch für die Auslegung des § 807 heranzuziehen. Die geringen Textabweichungen dürften dabei ohne Bedeutung sein. **Zu offenbaren** sind alle Geschäfte im Sinn der Nr 1–3, die **vor der Abgabe** der eidesstattlichen Versicherung bis einschließlich des letzten Jahres oder der letzten zwei Jahre vor dem **ersten zur Abgabe der Versicherung anberaumten Termin vorgenommen** wurden. Abzustellen ist bei Grundstücksübereignung (-belastung) auf die Eintragung in das Grundbuch, nicht auf die frühere Auflassung (oder Bewilligung) (BGH 99, 274 [286] = NJW 87, 904; BGH 121, 179 [188] u NJW 79, 102). Diese Auslegung allein entspricht dem Sinn und Zweck des Gesetzes. Nach dem Wortlaut ist dies allerdings nicht zweifelsfrei (vgl Richthofen NJW 53, 1858). Der jetzige Wortlaut ist auf die Ausschußberatungen zurückzuführen. Der Entwurf hatte vorgesehen, daß die im letzten Jahr oder in den letzten zwei Jahren abgeschlossenen Rechtsgeschäfte aufgenommen werden sollten. Der Änderung lag der Gedanke zugrunde, der Gläubiger dürfe nicht dadurch schlechter gestellt werden, daß dem Schuldner für die Abgabe der Versicherung ein Aufschub gewährt wird. Dabei wurde jedoch übersehen, daß der Jahres- und Zweijahreszeitraum des AnfG auf den Zeitpunkt der Anfechtung bezogen ist und daß daher eine Erstreckung des Zeitraumes nach § 807 über die Zeiträume des AnfG hinaus für den Gläubiger praktisch wertlos ist, wenn nicht die Anfechtbarkeit nach dem AnfG in gleicher Weise erweitert wird. Dieser Erfolg ließe sich unter entsprechender Anwendung des § 3 AnfG dadurch erreichen, daß die Zeit zwischen dem 1. Termin und der Abgabe der Versicherung in die Fristen des § 3 AnfG nicht eingerechnet wird. Die jetzige Fassung des Gesetzes ist auch in ihrem Wortlaut mißverständlich; bei strenger Wortauslegung wären nur die vor dem ersten Termin vorgenommenen Rechtsgeschäfte, nicht aber die Rechtsgeschäfte zwischen 1. Termin und Abgabe der Versicherung anzugeben. Unentgeltliche Verfügung zugunsten des Ehegatten iS von Abs 1 S 2 Nr 3 ist auch die sogen **ehebezogene** (auch unbenannte) **Zuwendung.** Sie wird um der Ehe willen und als Beitrag zur Verwirklichung oder Ausgestaltung, Erhaltung oder Sicherung der ehel Lebensgemeinschaft erbracht (BGH DNotZ 91, 492 = NJW-RR 90, 386; BGH 116, 167 [170] = NJW 92, 564), hat somit darin ihre Geschäftsgrundlage und ist deshalb keine Schenkung (BGH aaO mit Einzelheiten und ständig). Im Verhältnis zu Gläubigern ist diese Vermögensentäußerung jedoch (anfechtbare) unentgeltliche Zuwendung nach § 3 I Nr 3 AnfG (BGH 71, 61 = NJW 78, 1326; BGH 116, 167 [173]; Celle NJW 90, 720); sie ist daher auch offenbarungspflichtiges (unentgeltliches) Rechtsgeschäft zugunsten des Ehegatten. Dem Wortlaut nach erfaßt Abs 1 S 2 Nrn 1 u 3 nur Fälle, in denen der Schuldner und sein Angehöriger natürliche Personen sind. Die entsprechende Anwendung der Anfechtungsbestimmungen auch auf Handelsgesellschaften (oHG, KG) und juristische Personen (insbes GmbH) wird aber bejaht; so gilt die GmbH jedenfalls dann als naher Angehöriger (des Gemeinschuldners iS von § 31 Nr 2 KO), wenn ihr geschäftsführender Mehrheitsgesellschafter ein solcher naher Angehöriger ist (BGH 96, 352 = NJW 86, 1407 mit Hinw auf weitere Fälle und Rspr). Sinn und Zweck gebieten daher auch entspr Anwendung auf die Verpflichtung zur Vermögensoffenbarung.

36 **V) 1)** Der Schuldner (zum Verpflichteten näher Rn 5 ff) persönlich (Abs 2 S 2 mit § 478) hat zu Protokoll **an Eides Statt zu versichern,** daß er die von ihm verlangten Angaben nach bestem Wissen und Gewissen richtig und vollständig gemacht hat (Abs 2 S 1). Über die Bedeutung der eidesstattlichen Versicherung ist der Schuldner vorher in angemessener Weise zu belehren (Abs 2 S 2 mit § 480). Solange das Vermögensverzeichnis nicht vorgelegt und nicht vollständig ausgefüllt ist, darf die eidesstattliche Versicherung nicht abgenommen werden. Die Weigerung, ein Vermögensverzeichnis vorzulegen, gilt als Verweigerung der Versicherung.

37 2) Der Schuldner, der einer Religionsgemeinschaft angehört, deren Glaubenssätze die Abgabe einer eidesstattlichen Versicherung verbieten, ist von der Verpflichtung, sein Vermögen zu offen-

baren und die Richtigkeit und Vollständigkeit eidesstattlich zu versichern, nicht entbunden. Es ist ihm allenfalls zu gestatten, die Richtigkeit und Vollständigkeit in einer Form zu versichern, die jeden Bezug auf eine dem Schuldner nach seiner religiösen Überzeugung verbotene Erklärung vermeidet (vgl LG Berlin Rpfleger 74, 123). Stumme (auch Taube) versichern in entsprechender Anwendung von § 483 (Abs 2 S 2).

3) Die eidesstattliche Versicherung erfaßt auch die Angaben des Schuldners über seine **persönlichen Verhältnisse,** soweit sie die Bestimmung des Trägers pfändbarer Vermögensstücke oder deren Rechtsform berühren und dazu geeignet sind, dem Gläubiger den Zugriff zu erschweren oder unmöglich zu machen (BGHSt 11, 223 = NJW 58, 677; NJW 68, 2251; s auch BGHSt 8, 399 = NJW 56, 599; BayObLGSt 56, 247 = NJW 57, 427). Die eidesstattliche Versicherung erstreckt sich auch darauf, daß das Vermögensverzeichnis **richtig** ist, dh keine Gegenstände erhält, die in Wahrheit nicht zum Vermögen des Schuldners gehören (BGHSt 7, 375 = NJW 55, 1237). 38

4) Die Abgabe der Offenbarungsversicherung kann der Schuldner **nicht** dadurch **umgehen,** daß er vor einem Notar seine Vermögensverhältnisse offenbart und die Vollständigkeit und Richtigkeit an Eides Statt versichert (LG Detmold Rpfleger 87, 165; LG Düsseldorf Rpfleger 81, 151; LG Frankenthal Rpfleger 85, 33). Von der Verpflichtung, Auskunft zu erteilen und die eidesstattliche Versicherung abzugeben, wird der Schuldner auch dann nicht frei, wenn er damit zugleich eine strafbare Handlung offenbaren muß (BGHSt 19, 126 = NJW 64, 60 u NJW 53, 390; BGH 41, 318 = NJW 64, 1460; BGHSt 37, 340 = NJW 91, 2844 [2845, für Vergehen nach der GewO mit Einzelheiten]; LG Koblenz MDR 76, 587; auch Belzer NJW 61, 446). Durch **Vereinbarung mit dem Gläubiger** (vor § 704 Rn 25) kann die Offenbarungspflicht ganz oder auf Zeit ausgeschlossen oder nur auf bestimmte Vermögenswerte (eine Vermögensmasse, zB nur auf Geschäftsvermögen) beschränkt sein (StJ/Münzberg Rn 3). Das Verfahren zur Abnahme der Versicherung gegen einen **Gewerbetreibenden** und dessen Eintragung in das Schuldnerverzeichnis stellen grundsätzlich noch keinen Eingriff in den eingerichteten und ausgeübten Gewerbebetrieb dar (BGH 74, 9 = NJW 79, 1351). 39

II. Zwangsvollstreckung in körperliche Sachen

808 *[Bewirkung der Pfändung]*

(1) Die Pfändung der im Gewahrsam des Schuldners befindlichen körperlichen Sachen wird dadurch bewirkt, daß der Gerichtsvollzieher sie in Besitz nimmt.

(2) Andere Sachen als Geld, Kostbarkeiten und Wertpapiere sind im Gewahrsam des Schuldners zu belassen, sofern nicht hierdurch die Befriedigung des Gläubigers gefährdet wird. Werden die Sachen im Gewahrsam des Schuldners belassen, so ist die Wirksamkeit der Pfändung dadurch bedingt, daß durch Anlegung von Siegeln oder auf sonstige Weise die Pfändung ersichtlich gemacht ist.

(3) Der Gerichtsvollzieher hat den Schuldner von der erfolgten Pfändung in Kenntnis zu setzen.

I) Zweck und **Anwendungsbereich:** Bestimmung, wie die Pfändung (§ 803 I) in körperliche Sachen bei Schuldnergewahrsam zu vollziehen ist. 1

II) 1) Körperliche Sachen, deren Pfändung nach § 808 erfolgt, s § 803 Rn 1. 2

2) **Gewahrsam des Schuldners** ist für die ZwV in sein Vermögen (vor § 704 Rn 18) **formalisierter Zugriffstatbestand** (dazu Gaul Rpfleger 71, 91). Die Prüfung des GV beschränkt sich auf dieses leicht überschaubare Merkmal (Prüfung nur auf erste Sicht), das den Schluß auf die Rechtszugehörigkeit des so festgestellten Vollstreckungsobjekts zum Schuldnervermögen zuläßt (Gaul aaO; BGH 95, 10 [15] = NJW 85, 1959 [1960]; LG Frankfurt MDR 88, 504 = NJW-RR 88, 1215). Ob eine Sache im Gewahrsam des Schuldners tatsächlich zu dessen Vermögen gehört, prüft der GV in dem auf Rechtsdurchsetzung zugeschnittenen formalisierten Vollstreckungsverfahren nicht (Gaul aaO; auch BGH NJW 57, 1877). Für ZwV durch den GV geht das Gesetz davon aus, daß der in der Regel leicht feststellbare Gewahrsam für die Zugehörigkeit zum Schuldnervermögen spricht (BGH LM § 808 Nr 2 = ZZP 70 [1957] 251; BGH 95, 10 [16]; auch § 119 Nr 1 GVGA). Die Pfändung von Gegenständen im Schuldnergewahrsam beruht somit auf einer nur summarischen Prüfung der Zugehörigkeit der Pfandsache zum Schuldnervermögen (BGH 95, 10 [16]); der GV hat Sachen im Gewahrsam des Schuldners ohne Rücksicht auf den Widerspruch Dritter (BGH NJW 57, 1877), auch bei behauptetem Sicherungseigentum (BGH 118, 201 [206] = NJW 93, 2014; für Dritte Widerspruchsklage nach § 771) und auch dann zu pfänden, wenn der Schuldner behauptet, daß er die tatsächliche Gewalt über die Sache nur für den Besitzer ausübe 3

oder daß er sein Besitzrecht von einem anderen ableite (§ 119 Nr 1 GVGA). Der Pfändung eines Gegenstands im Schuldnergewahrsam steht daher auch nicht entgegen, daß der Schuldner einen Sicherungsübereignungsvertrag vorlegt, nach dem Eigentümer ein Dritter ist (LG Bonn MDR 87, 770) und auch nicht, daß er geltend macht, der Gegenstand sei ihm nur als Leasing-Nehmer überlassen (LG Dortmund NJW-RR 86, 1497) (für den Dritten § 771 ZPO). Zu unterbleiben hat die Pfändung jedoch, wenn ein Gegenstand **offensichtlich zum Vermögen eines Dritten** gehört (§ 119 Nr 2 GVGA), wenn sonach für den GV nach Lage der Dinge vernünftigerweise überhaupt kein Zweifel daran bestehen kann, daß Rechte Dritter Personen der Inanspruchnahme bestimmter Gegenstände entgegenstehen (BGH NJW 57, 1877). Beispiele (s § 119 Nr 2 GVGA): einem Handwerker zur Reparatur, einem Frachtführer zum Transport, einem Pfandleiher zum Pfand übergebene Sachen, Klagewechsel in den Akten eines Rechtsanwalts. Entsprechendes gilt für wertvolleres Leergut, das nach Übung im Handelsverkehr dem Käufer nur leihweise überlassen wird, wenn es im Einzelfall durch Rechnungen, Lieferscheine, Vermerke oder Zeichen auf dem Leergut selbst als Eigentum eines Dritten bezeichnet ist (§ 119 Nr 3 GVGA). Beispiele (nach § 119 Nr 3 GVGA): Eisen-, Stahl-, Blei- und Korbflaschen, Kupfer- und Aluminiumkannen sowie Metallfässer bei Lieferung von Erzeugnissen der chemischen Industrie, Fässer, Glas- und Korbflaschen sowie Flaschenkästen bei Lieferung von Flüssigkeiten, wertvollere Kisten und Säcke bei Lieferungen sonstiger Art. Auch in solchen Fällen pfändet jedoch der GV, wenn der Gläubiger dies ausdrücklich verlangt (§ 119 Nr 2, 3 GVGA mit Einzelheiten). Zur Pfändung von Einrichtungen für den Telegrafen- oder Fernsprechverkehr § 119 Nr 4 GVGA. Aufsuchen und Auswahl der Pfandstücke allgemein § 131 GVGA.

4 **3)** Ausnahmsweise ist Gewahrsam allein für Pfändung nicht genügend, wenn der **Schuldner** nur **mit** dem seiner Verwaltung unterliegenden **fremden Vermögen** (nicht mit eigenem) **haftet,** zB als Testamentsvollstrecker, Konkursverwalter, Zwangsverwalter. Dann hat der GV auch zu prüfen, ob die Sache zu dem Vermögen gehört, in das zu vollstrecken ist (s § 118 Nr 4 GVGA).

5 **4) a)** In **Gewahrsam des Schuldners** befinden sich alle Sachen, die in äußerlich erkennbarer Weise seinem Machtbereich (seiner Herrschaft) unterliegen, durch den sie nach der Verkehrsauffassung als sein Vermögen ausgewiesen sind (ähnlich StJ/Münzberg Rn 8; auch LG Frankfurt MDR 88, 504 = NJW-RR 88, 1215). Es sind dies alle Gegenstände, die sich in der tatsächlichen Gewalt des Schuldners befinden (insoweit Übereinstimmung mit Besitz des § 854 BGB), wie Sachen in der Wohnung des Schuldners (Ausnahme für Sachen, die ein Familienmitglied unter alleinigem Verschluß ständig verwahrt, zB in einem Schreibtisch oder Schrank; StJ/Münzberg Rn 8) oder in den von ihm benutzten abgeschlossenen Räumen (Werkstätten, Büro, Lagerräumen, Keller, Scheunen usw) oder in Taschen und Behältnissen, über die er tatsächlich verfügt oder die sonst seinem Machtbereich unterliegen (Gewahrsam an dem in der Nähe der Wohung [des sonstigen Aufenthaltsorts] abgestellten Kfz LG Karlsruhe DGVZ 93, 141; eines Strafgefangenen an Sachen in der Ehewohnung LG Berlin DGVZ 91, 57). Der GV darf daher auch **Kleider** und Taschen des Schuldners durchsuchen (sind Behältnisse iS von § 758 II; dazu § 107 Nr 9 GVGA); hierfür hat er bei einer Schuldnerin eine zuverlässige weibliche Hilfsperson (eine GVin bei einem Schuldner eine männliche Hilfsperson) zuzuziehen (GVGA aaO). Zu erfolgen hat eine Durchsuchung der Kleidungsstücke, die der Schuldner am Körper trägt, nur, wenn sie nach Beurteilung des GV erfolgversprechend erscheint (LG Detmold DGVZ 95, 11; gebieten Art 1 I GG und der Grundsatz der Verhältnismäßigkeit; dazu vor § 704 Rn 29) wie dann, wenn der Gläubiger konkrete Hinweise dafür gegeben hat oder sonst Anhalt besteht, daß der Schuldner pfändbare (vgl § 811 Nr 2 u 8) Geldbeträge mit sich führt (LG Detmold aaO). Ein nur allgemeiner (Formblatt-)Antrag des Gläubigers auf Taschenpfändung verpflichtet den GV nicht schon zur Durchsuchung der Kleider und Taschen des Schuldners. Auch an Sachen, die sich auf einem Grundstück (LG Oldenburg DGVZ 83, 58) oder in Räumen eines Dritten befinden, kann der Schuldner Gewahrsam haben; das ist zB der Fall, wenn der Untermieter einen Teil seiner Sachen, die er in dem ihm vermieteten Zimmer nicht unterbringen kann, in anderen Räumen des Untervermieters verwahrt (vgl § 118 Nr 1 GVGA) oder umgekehrt, wenn der Untervermieter Sachen (zB in einem Schrank) in dem untervermieteten Raum verwahrt. In solchen Fällen ist der GV auch berechtigt, die Räume des Dritten zur Durchführung der Vollstreckung zu betreten (vgl § 118 Nr 1 GVGA; wegen Durchsuchungsanordnung jedoch § 758 Rn 3 ff).

6 **b)** Der **Mieter** hat Gewahrsam an seinen in die Wohnung (den Raum) eingebrachten Sachen. Auch die in der Wohnung verbliebenen, dem Mieter zum Gebrauch überlassenen Sachen des Vermieters stehen im Alleingewahrsam des Mieters. Mitgewahrsam besteht an Sachen in einem vom Vermieter und Mieter gemeinsam benutzten Raum, so bei Vermietung einer Schlafstelle, aber auch eines Hotelzimmers. Kein Mitgewahrsam folgt aber daraus, daß sich der Vermieter eines möblierten Zimmers ein Betretungsrecht zur Pflege seiner Sachen und zu Dienstleistungen vorbehalten hat (so auch MK/Schilken Rn 8; anders StJ/Münzberg Rn 8; Kabisch DGVZ 63, 19); die Sachen befinden sich in der alleinigen Herrschaft des Mieters, die Interessen des Vermieters

bleiben damit gewahrt, daß Pfändung der offensichtlich ihm gehörenden Sachen zu unterbleiben hat (Rn 3).

c) Einigung über Besitzerwerb (§ 854 II BGB; insoweit aA MK/Schilken Rn 6) und Erbenbesitz (§ 857 BGB; insoweit aA MK/Schilken aaO) begründen für sich allein keinen Gewahrsam; mittelbarer Besitz (§ 868 BGB) stellt keinen Gewahrsam dar. Nur vorübergehende Verhinderung in der Ausübung der Gewalt beendet Gewahrsam nicht (wie § 856 II BGB). 7

d) Für Sachen, die er einem **Besitzdiener** (§ 855 BGB) überlassen hat, bleibt der Schuldner alleiniger Gewahrsamsinhaber. Der Besitzdiener übt die tatsächliche Gewalt für den Schuldner in dessen **Haushalt, Erwerbsgeschäft** oder in einem **ähnlichen Abhängigkeitsverhältnis** aus, so daß der Gewahrsam dem Besitzherrn zuzurechnen ist. Beispiele (nach § 118 Nr 3 GVGA): Hausangestellte, Gewerbegehilfe, Kellner, Kraftdroschkenfahrer. Der GV darf solche Sachen auch gegen den Willen des Besitzdieners pfänden; er kann den Widerspruch des Besitzdieners mit Gewalt brechen (§ 758 III; § 118 Nr 3 GVGA). Die Pfändung des vom Kellner für den Wirt eingenommenen und verwahrten Geldes (nicht aber des anteiligen Bedienungsgeldes des Kellners) ist daher für Gläubiger des Wirts zulässig (LG Dortmund JW 35, 2759; AG Stuttgart DGVZ 82, 191). Gleiches gilt, wenn das in der Wirtschaft vereinnahmte Geld die Ehefrau des Wirtes in ihrer Geldtasche verwahrt oder wenn der Wirt beim Kommen des GV den Kassenbestand rasch einem Bediensteten zur „Verwahrung" übergibt, da nur eine Scheinübertragung vorliegt. Räumliche Entfernung allein hebt das Besitzdienerverhältnis nicht auf. Der vom Geschäftsinhaber auf Reise geschickte Angestellte bleibt daher auch am entfernten Ort Besitzdiener bezüglich der ihm mitgegebenen Waren, zB des Musterkoffers (RG DGVZ 25, 39). Der Bote, Kutscher, Kraftfahrer des Schuldners kann der Pfändung der ihm vom Schuldner anvertrauten Sachen auf der Straße somit nicht widersprechen. Wenn sich jedoch nicht mehr ergibt (nach außen nicht erkennbar ist), daß die tatsächliche Gewalt in einem Abhängigkeitsverhältnis ausgeübt wird, ist nur der „Besitzdiener" Gewahrsamsinhaber, so etwa der (selbständige) Reisende, Einkäufer, Filialleiter. An eigenen Sachen haben Hausangestellte, Gewerbegehilfen usw nur selbst Gewahrsam, auch wenn sie sich in den Räumen des Geschäftsherrn befinden. 8

e) Der **Haushaltungsvorstand** (beide Ehegatten mit den aus § 739 folgenden Besonderheiten) ist alleiniger Gewahrsamsinhaber auch für Sachen in den zum Haushalt gehörenden Räumlichkeiten, die von Familienangehörigen (auch erwachsenen; so für gemeinsam benutzten Kleiderschrank KG DGVZ 64, 7) und Gästen benutzt oder mitbenutzt werden. Das gilt aber nicht für Sachen unter alleinigem Verschluß des Familienangehörigen (Rn 5) und ebenso nicht für die eindeutig erkennbar eigenen Sachen des Familienangehörigen (so auch StJ/Münzberg Rn 9; KG aaO). Bei entgeltlicher Überlassung eines Raums an einen Familienangehörigen zur ausschließlichen Benutzung gilt das Rn 6 für Sachen in Mieträumen Gesagte. 9

f) Für die ZwV gegen **Minderjährige** und **Geschäftsunfähige** sind Sachen, die der **gesetzliche Vertreter** des Schuldners für diesen in Gewahrsam hat, wie solche im Gewahrsam des Schuldners zu behandeln (§ 118 Nr 1 GVGA). Der GV hat daher zwar nicht die Eigentumsverhältnisse zu prüfen, aber doch zu klären, ob der Vertreter Sachgewahrsam für den Schuldner hat. Fehlt ein Wille des Vertreters, Gewahrsam für den Schuldner auszuüben, hat er vielmehr eindeutig persönlichen Gewahrsam, so ist er bei ZwV wie ein Dritter zu behandeln (LG Berlin DGVZ 72, 114). Gegenstände im Gewahrsam des gesetzlichen Vertreters, die nach Lage der Dinge nicht zum Vermögen des minderjährigen Schuldners gehören, dürfen nicht gepfändet werden (Rn 3). 10

g) In **Gewerberäumen** (Geschäftsbetrieben) hat der Inhaber (als Besitzdiener sein Geschäftsführer oder Beauftragter, der für ihn die tatsächliche Gewalt ausübt) alleinigen Gewahrsam (Noack JurBüro 78, 974). Wenn eine Person Gewahrsam hat, die zugleich Angestellter des Schuldners und eines Dritten ist, kommt es darauf an, für wen der Angestellte im Zeitpunkt der Pfändung den Gewahrsam ausübt (Hamm DGVZ 63, 40). 11

h) Gewahrsam einer **juristischen Person** oder **Personengesellschaft** wird durch ihr vertretendes Organ (Vorstand, Geschäftsführer der GmbH, Liquidator) oder den geschäftsführenden Gesellschafter ausgeübt. Organ oder Geschäftsführer haben keinen eigenen Gewahrsam an Sachen, die sie in dieser Eigenschaft in Händen halten (Köln JurBüro 96, 217); ihr Gewahrsam wird der juristischen Person (für Besitz BGH 57, 166 = NJW 72, 43; für Einmann-GmbH auch BGH NJW 57, 1877) oder Personengesellschaft zugerechnet. Gewahrsam über Gesellschaftsvermögen kann der Geschäftsführer einer GmbH daher auch in seinen Privaträumen (Wohnung) ausüben (LG Mannheim DGVZ 83, 118), für eine GmbH & Co KG der Geschäftsführer der GmbH (als persönl haftende Gesellschafterin) auch in deren Geschäftsräumen (LG Düsseldorf JurBüro 87, 1425). Der GV muß sich daher Gewißheit darüber verschaffen, ob Gewahrsam für die juristische Person oder Personengesellschaft ausgeübt wird. Unklarheit bei Abgrenzung, ob der Vertreter persönlichen Gewahrsam hat, muß zu Lasten der juristischen Person oder Personengesellschaft gehen, vor allem dann, wenn die Verhältnisse dazu dienen sollen, dem Gläubiger Vermögenswerte zu entziehen (LG Kassel DGVZ 78, 114). Eine GmbH (nicht aber ihr Geschäftsführer) 12 ist auch Gewahrsamsinhaberin der Büroeinrichtung, die in den bisherigen Geschäftsräumen nur noch zur Erledigung von Abwicklungsarbeiten benutzt werden (LG Kassel DGVZ 78, 114; s auch AG Köln DGVZ 68, 95 dazu, daß Gewahrsam der Liquidatoren einer GmbH i.L. dieser zuzurechnen ist). Auch der Gewahrsam eines Kommanditisten an einem Gegenstand des Gesellschaftsvermögens kann der Gesellschaft zuzurechnen sein (so für Kfz, dessen Halterin nach dem Kfz-Brief die KG ist: KG MDR 77, 500 = NJW 77, 1160). Zu persönlichem Gewahrsam des Organs und zu Vermögen, das nicht der juristischen Person oder Personengesellschaft gehört, s Rn 10.

13 **i)** Wer mittels Lagerscheins, Ladescheins oder Konnossement über eine Sache verfügen kann, ohne die Sache in unmittelbarer Gewalt zu haben, hat keinen Gewahrsam.

14 **k)** Zum Gewahrsam von Eheleuten s § 739 Rn 7 ff; Mitgewahrsam s § 809 Rn 4.

15 **III) 1)** Die **Pfändung wird dadurch bewirkt,** daß der GV die zu pfändenden **Sachen** tatsächlich **in Besitz nimmt.** Dies bedeutet, daß der GV die tatsächliche Gewalt über die Sachen erlangen (§ 854 BGB) und die Verfügungsgewalt des Schuldners ausschließen muß (RG 118, 277; OVG Münster NJW 58, 1460; Pfändung des Geldinhalts eines Spielautomaten; zu den sich bei der ZwV in Automaten ergebenden Fragen näher Schmidt MDR 72, 374). Bloße Erklärung der Inbesitznahme, mündliches Wegschaffungsverbot bis zur Herbeiholung von Transportmitteln genügen nicht, wohl aber Einsperren der Sachen in einen anderen Personen nicht zugänglichen Raum und Versiegeln (RG 118, 278). Im einzelnen zur Vollziehung der Pfändung § 132 GVGA. Wenn der GV an Stelle vertretbarer Sachen, die er bei späterem Wegschaffen nicht mehr vollständig vorfindet, bisher noch nicht gepfändete gleichartige Sachen mitnimmt, hat deren Wegschaffung die rechtliche Wirkung der Pfändung, weil der GV damit die weggeschafften Sachen beschlagnahmen wollte und diese Pfändung mit Inbesitznahme und Wegschaffung auch nach Abs 1 bewirkt hat (Karlsruhe MDR 79, 237).

16 **2) Geld, Kostbarkeiten** und **Wertpapiere** hat der GV sogleich an sich zu nehmen. Gepfändetes Geld ist dem Gläubiger abzuliefern (§ 815 I); Ausnahmen bei Abwendungsbefugnis des Schuldners nach § 720 und im Fall des § 815 II. Gepfändete Wertpapiere, Gold- und Silbersachen, Juwelen und ähnliche Kostbarkeiten, desgleichen Geld bis zur Auszahlung oder Hinterlegung hat der GV grundsätzlich (Ausnahmen: BGH LM § 808 Nr 1 = NJW 53, 902) in eigene Verwahrung zu nehmen. Unterbringung und Kosten: §§ 138, 140 GVGA. **Kostbarkeiten** sind Gegenstände, deren Wert im Verhältnis zu ihrem Umfang besonders hoch ist (BGH aaO) wie Gegenstände aus Gold, Silber oder Platin, Edelsteine, echte Perlen, Münzen, Kunstwerke, Kunstaltertümer, Briefmarkensammlungen und dgl (Orientteppiche: § 813 Rn 4). Pfandkammerverwahrung statt Eigenverwahrung unter sicherem Verschluß oder (kostengünstigerer) Verwahrung bei einer Bank/Sparkasse (§ 138 Nr 2 GVGA) ist Amtspflichtverletzung (LG Koblenz DGVZ 86, 28). Wenn die Wegschaffung besonderen Schwierigkeiten begegnet oder eine erhebliche Gefahr für die Sache bedeutet, zB bei wertvollen Kunstsammlungen, wird der GV die Einwilligung des Gläubigers zur Belassung im Gewahrsam des Schuldners einholen.

17 **3) Andere Sachen** als Geld, Kostbarkeiten und Wertpapiere sind **im Gewahrsam des Schuldners zu belassen,** sofern nicht hierdurch die Befriedigung des Gläubigers gefährdet wird (Abs 2 S 1). Ob eine solche Gefährdung vorliegt, hat der GV selbständig zu beurteilen. An Weisungen des Gläubigers ist er insoweit nicht gebunden. Kommt der GV zu dem Ergebnis, daß eine solche Gefährdung vorliegt, zB weil Beiseiteschaffung durch den Schuldner oder Dritte zu besorgen ist, weil der Schuldner für Erhaltung der Gegenstände nicht sorgen kann oder will oder weil diese, zB wegen Feuchtigkeit der Unterbringungsräume der Gefahr des Verderbens ausgesetzt sind, so ist er, wenn nicht der Gläubiger in die Belassung einwilligt, zur **Wegschaffung verpflichtet** (vgl BGH MDR 59, 282). Wird eine Gefährdung später erkennbar, so hat der GV die Pfandstücke, selbst wenn die ZwV inzwischen eingestellt worden ist, nachträglich an sich zu nehmen. Der GV hat für die sichere Unterbringung und Verwahrung der von ihm weggeschafften Sachen zu sorgen und die zu ihrer Erhaltung erforderlichen Vorkehrungen zu treffen. Bei Verlust oder Beschädigung fortgeschaffter Sachen hat der wegen Amtspflichtsverletzung des GV in Anspruch genommene Staat mindestens nachzuweisen, daß der Verlust oder die Beschädigung ohne Verschulden des GV eingetreten sein kann (RG HRR 33 Nr 1751). Der GV handelt, wenn er gepfändete Sachen bei einem Dritten einlagert, diesem gegenüber nicht hoheitlich. Der **Lagervertrag** ist ein rein privatrechtliches Geschäft (BGH 89, 82 = NJW 84, 1759; RG 145, 204 [209]). Diesen Lagervertrag schließt der GV jedoch nicht persönlich im eigenen Namen (so aber RG aaO; LG Hanau DGVZ 75, 168; LG Hannover DGVZ 77, 60; LG Kassel DGVZ 78, 158 u 192; StJ/Münzberg Rn 23; Baur/Stürner Rn 28.20; Brox/Walker Rn 334; Schilken DGVZ 86, 145 [150]), sondern bei Vertreterhandeln (§ 164 I BGB) als bevollmächtigter Vertreter des Justizfiskus. Verpflichtet wird aus dem Verwahrungsvertrag daher nur der Justizfiskus. Der GV kann jedenfalls dann den Lagervertrag als bevollmächtigter Vertreter des Justizfiskus schließen, wenn er eine Arrestpfändung für einen Gläubiger durchführt, der nach § 8 GVKostG von der Zahlung der Kosten befreit ist, und die gepfändeten Sachen mit erheblichem Kostenaufwand bei einem Dritten einlagert (BGH aaO).

Der Justizfiskus kann den GV verantwortlich machen, wenn er nicht vorher die Einbringlichkeit der Lagerkosten als Vollstreckungskosten geprüft hat. Auch Arrest und einstw Verfügung, mögen sie als noch so dringlich bezeichnet sein, entheben den GV nicht der Pflicht, die Kostenfrage vorher zu klären und ev Vorschuß einzufordern. Hat der GV die gepfändete Sache dem **Gläubiger übergeben** und hat alsdann dieser auf die Erinnerung des Schuldners die gepfändete Sache zwar freigegeben, weigert er sich aber, die Sache dem Schuldner herauszugeben (Eigentumsvorbehalt), so kann das Vollstreckungsgericht den **GV nicht** anweisen, die Sache dem Schuldner herauszugeben und sie vorher dem **Gläubiger wegzunehmen.** Der GV ist zu Zwangsmaßnahmen nur gegenüber dem Schuldner und solchen Dritten berechtigt, die der Vollstreckung gegen den Schuldner Widerstand leisten, **nicht** aber **gegenüber dem Gläubiger** (KG DR 40, 1162). Nimmt der GV die Sache mit sich, so erwirbt er unmittelbaren Besitz an der Pfandsache und vermittelt dem Gläubiger mittelbaren Besitz ersten, dieser dem Schuldner mittelbaren Besitz zweiten Grades. Beläßt der GV die Sache im Gewahrsam des Schuldners, so erlangt dieser den ihm nach § 808 I entzogenen Besitz wieder und wird Besitzmittler des GV und des Gläubigers (RG 94, 341; 105, 415; 118, 227).

IV) 1) Werden die Sachen im Gewahrsam des Schuldners belassen, so ist die Wirksamkeit der 18
Pfändung dadurch bedingt, daß sie durch **Anlegung von Siegeln** oder auf sonstige Weise ersichtlich gemacht ist (Abs 2 S 2); das gilt auch, wenn die Fortschaffung der Sachen nur aufgeschoben wird. Dabei genügt es nicht, nur überhaupt ersichtlich zu machen, daß gepfändet wurde; es muß auch erkennbar sein, welche einzelnen Sachen gepfändet sind. Bei Ersichtlichmachung der Pfändung hat der GV peinlichste **Sorgfalt** anzuwenden; lieber ein Siegel, eine Anzeige mehr als zu wenig; denn **Verstoß gegen Abs 2 S 2** macht die Pfändung unheilbar unwirksam (**nichtig,** RG 81, 191). Die Nichtigkeit wird auch durch spätere Besitzergreifung und Verwertung nicht geheilt. Es ist kein Pfandrecht entstanden. Der GV setzt durch einen Verstoß den Staat und damit sich der Gefahr der Haftung aus. Die Pflicht, die Pfändung körperlicher Sachen, die im Gewahrsam des Schuldners bleiben, durch Anlegung von Siegeln oder in sonstiger Weise ersichtlich zu machen, obliegt dem GV als Amtspflicht nicht nur dem Gläubiger, sondern auch dem Schuldner gegenüber (BGH MDR 59, 734 = NJW 59, 1775).

2) Das **Anbringen des Siegels** und das sonstige **Erkenntlichmachen der Pfändung** stellt Abs 2 19
S 2 gleichwertig nebeneinander (RG 126, 346 [347]; StJ/Münzberg Rn 28; abw RG JW 10, 116). Doch hat der GV nur dann, wenn die Anbringung von Siegelmarken (oder anderer Pfandzeichen) unmöglich oder unzweckmäßig ist, das Dienstsiegel (oder den Dienststempel) zur Kennzeichnung der Pfändung zu verwenden (§ 132 Nr 2 S 7 GVGA). Wenn möglich ist jedes einzelne Pfandstück an einer in die Augen fallenden Stelle mit einer Siegelmarke oder einem sonst geeigneten Pfandzeichen zu versehen. Ein Pfandzeichen muß mit dem Pfandstück mechanisch verbunden sein; es ist so anzubringen, daß die Sache nicht beschädigt wird (§ 132 Nr 2 S 5 u 6 GVGA). Die Schonung der Interessen des Schuldners muß bei Anbringung von Siegeln (Pfandzeichen) zurücktreten, wenn die Rechtswirksamkeit der Pfändung gefährdet wird. Das Siegel (Pfandzeichen) darf also zB nicht auf der der Wand zugekehrten Seite von Möbeln, Bildern, nicht auf der unteren Seite einer Tischplatte, eines Teppichs usw, auch nicht so angebracht werden, daß es für den Dritten erst einer besonderen Nachschau oder besonderer Aufmerksamkeit bedarf, um die Pfändung zu erkennen. Ein gewisses Maß von Auffälligkeit ist bei Pfändung immer geboten. Es ist zwar nicht nötig, daß das Pfandzeichen jedem Beschauer sofort ins Auge fällt (AG Göttingen DGVZ 72, 32); es genügt, wenn es bei Anwendung der im Verkehr üblichen Sorgfalt von Dritten bemerkt werden kann (Königsberg DGVZ 38, 135). Bei frei laufenden Tieren ist Pfandzeichen (zB Blechmarke) am Horn, Halsband erforderlich, bei Schafen und dgl ist auch Farbanstrich möglich. Bei Pfändung einer **größeren Anzahl** gleicher (oder ähnlicher) **Sachen,** die gesondert oder in besonderen Behältnissen lagern, kann die Pfändung dadurch ersichtlich gemacht werden, daß eine gemeinsame Pfandanzeige angebracht wird (RG 126, 346 [347]); sie muß so angelegt werden, daß darüber, welche Sachen gepfändet sind, kein Zweifel bestehen kann. Sind Zweifel möglich, so ist jede Sache mit einem besonderen Pfandzeichen zu versehen oder die Pfändung durch Anbringung einer Pfandanzeige vorzunehmen. Für **Pfändung von Stoffwaren** genügt, daß diese mit einer Schnur zusammengebunden werden und an der Stelle, wo die Schnur zusammengeknüpft wird, ein Pfandzeichen angebracht wird, für **Pfändung von Eisenwaren,** daß diese in eine Kiste verpackt werden und der Verschluß der Kiste mit einem Pfandzeichen versiegelt wird. Raumverschluß und -versiegelung kann bei Pfändung einer Sachgemeinschaft (Warenlager mit Verpackungsmaterial und Maschinenbestand) zulässig sein, wenn die Gesamtheit der Pfandgegenstände weder anderweit gelagert noch für die Vollstreckung gesichert werden kann (LG Kiel SchlHA 89,45). Nimmt der GV sonst mit der dann jederzeit widerruflichen (Bänder Recht 37 Nr 3791) Zustimmung des Schuldners die **Versiegelung von Räumen** vor, so hat er darauf zu achten, daß die Pfandzeichen an allen Türen angebracht werden. Die Schlüssel versiegelter Behältnisse oder Räume hat der GV an sich zu nehmen. Die Pfändung von Fischen in Teichen ist wirksam, wenn der GV an den die Teiche verschließenden Vorrichtungen sowie an

benachbarten Bäumen Pfandzeichen (haltbar) anbringt, aus denen sich ergibt, daß alle Fische in den Teichen gepfändet und in Besitz genommen sind (Röder DGVZ 95, 38). Nicht nötig ist, die Gattung der Fische und ihre vermutliche Zahl anzugeben (Soergel 30 S 275).

20 3) **Läßt sich** wegen der Beschaffenheit der Pfandstücke ein **Pfandzeichen nicht anlegen** oder reicht ein solches nicht aus, um die Pfändung ersichtlich zu machen, so ist an dem Ort, an dem sich die Pfandstücke befinden (zB auf dem Lagerboden, dem Viehstall, dem Speicher), ein auf die Pfändung hinweisendes Schriftstück **(Pfandanzeige)** in der Art anzubringen, daß jedermann davon Kenntnis nehmen kann. Es genügt also zB bei Pfändung von Waren, die in einem Regal aufbewahrt sind, nicht, wenn die Pfandanzeige an der Innenseite des Regals angebracht wird. Die Pfandanzeige hat die Pfandstücke genau zu bezeichnen; sie ist mit der Unterschrift des GV und dem Dienstsiegel zu versehen. Wird **ein Teil des Vorrats gepfändet** (s § 811 Nr 2–4), so ist er von dem nicht gepfändeten Teil äußerlich zu trennen. Unwirksam ist die Pfändung von „etwa 200 Ztr Getreide“ durch Anbringung einer Anzeige am Getreideschuppen ohne körperl Ausscheidung dieses Teils des gesamten Vorrats (RG JW 36, 200); ebensowenig genügt eine Pfandanzeige, die den gepfändeten Teil eines Weinlagers nur ungefähr bezeichnet (RG JW 16, 1023) oder nach der gewisse im Schlafzimmer befindliche Sachen gepfändet sind (RG JW 15, 523). **Erforderlichenfalls** ist für gepfändete Sachen ein **Hüter** (auch eine bei dem Gläubiger oder dem Schuldner im Dienst stehende Person) zu bestellen. Die Vergütung des Hüters ist nach den ortsüblichen Preisen, soweit tunlich im voraus, festzusetzen.

21 4) Ob der **Schuldner** die in seinem Gewahrsam belassenen gepfändeten **Gegenstände weiter benutzen** darf, ist nach Lage des Einzelfalles zu entscheiden. Ausgeschlossen ist die Benutzung jedenfalls, wenn sie ohne Beseitigung der Pfandzeichen nicht erfolgen kann, sowie bei Gegenständen, die ihrer Beschaffenheit oder ihrer natürlichen Zweckbestimmung nach bei dem Gebrauch einer starken Abnützung unterliegen. Würde sich eine solche Abnützung ergeben, so wäre die Befriedigung des Gläubigers durch die Belassung beim Schuldner gefährdet. Der GV darf daher solche Gegenstände dem Schuldner nicht belassen; wenn die Gefährdung nachträglich eintritt, muß er sie aus dem Gewahrsam des Schuldners entfernen. Es wird aber genügen, wenn der GV einen für die Benutzung wesentlichen Bestandteil des gefährdeten Gegenstandes in seinen Gewahrsam nimmt, sofern dadurch die Gefährdung der Befriedigung des Gläubigers beseitigt erscheint. Bei **Kraftfahrzeugen** jeder Art wird eine Gefährdung regelmäßig angenommen werden müssen (Düsseldorf MDR 68, 424; Hamburg MDR 67, 763; s auch LG Kiel MDR 70, 597 m abl Anm Burkhardt). Zur Pfändung eines Kraftfahrzeugs sowie Bedeutung von Kfz-Schein und -Brief s näher §§ 157–162 GVGA, auch KG JurBüro 94, 297 u 502 = OLGZ 94, 113; zur Haftung des Staates bei ZwV in Kraftfahrzeuge s Schetting MDR 67, 800; die Stillegung des Kfz (eine Mitwirkung bei ihr) obliegt dem GV nicht (Holch DGVZ 92, 129). Werden **gepfändete Tiere** im Gewahrsam des Schuldners belassen (nicht zulässig nach Abs 2 wegen Gefährdung der Gläubigerbefriedigung, wenn ein gepfändetes Reitpferd bei Turnieren eingesetzt wird, AG Aschaffenburg DGVZ 91, 45), so kann der GV mit dem Schuldner vereinbaren, daß dieser befugt sein soll, als Entgelt für die Fütterung und Pflege des Tieres dessen gewöhnliche Nutzungen (zB die Milch einer gepfändeten Kuh) in Anspruch zu nehmen. Der Schuldner ist anzuweisen, eine Erkrankung des Tieres, insbes eine etwa erforderlich werdende Notschlachtung, dem GV sofort anzuzeigen.

22 5) Dem **Schuldner,** bei Abwesenheit einem etwa anwesenden Angehörigen, **ist zu eröffnen,** daß die gepfändeten Sachen sich nunmehr im Besitz des GV befinden und der Schuldner sie nur für diesen in Gewahrsam nahm, ferner, daß der Schuldner sowie jeder andere sich jeder Verfügung über die Pfandstücke sowie der Beschädigung oder Ablösung der angelegten Siegel oder der angebrachten Anzeigen bei Meidung der gesetzlichen Strafen enthalten muß. Nichtbefolgung des Abs 3 macht die Pfändung nicht unwirksam. Kommen die Sachen aus dem Gewahrsam des Schuldners und bleibt das Abhandenkommen unaufgeklärt, dann braucht der in Anspruch genommene Staat bzw der GV Entlastungsbeweis nicht führen (RG 137, 155; 138, 42).

23 6) Sind die zur Ersichtlichmachung der Pfändung getroffenen Vorkehrungen später beseitigt oder die angebrachten Siegelmarken usw abgefallen (die Wirksamkeit der Pfändung wird dadurch nicht berührt), so hat der GV, sobald er davon Kenntnis erhält, für die Erneuerung der Ersichtlichmachung zu sorgen. Auch hat er zu prüfen, ob durch weitere Belassung der Pfandstücke im Gewahrsam des Schuldners die Befriedigung des Gläubigers gefährdet wird; ist dies der Fall, so hat er die Pfandstücke aus dem Gewahrsam des Schuldners zu entfernen (BGH LM § 839 [Fi] BGB Nr 12 = MDR 59, 282).

24 7) Besondere Vorschriften über das **Pfändungsprotokoll** (§ 762) gibt § 135 GVA.

25 V) 1) Wenn **mehrere Aufträge** auf Pfändung vorliegen, die gleichzeitig zu behandeln sind (§ 168 Nr 1 GVGA), ist die **Pfändung für alle beteiligten Gläubiger zugleich** zu bewirken (anders MK/Schilken Rn 31; Priorität nach Antragseingang ist jedoch gesetzlich nicht bestimmt; Antragseingang begründet auch nicht die Erwartung, daß sich Vollstreckungshandeln unmittelbar anschließen werde [wäre ohnedies nicht zu erwarten zB bei größerer räumlicher Entfernung des

Orts der Pfändung, bei längerer Abwesenheit des GV in einer anderen Vollstreckungssache]). Hierüber wird nur **ein** Pfändungs**protokoll** aufgenommen (§ 762 Rn 2), das die Erklärung enthalten muß, daß die Pfändung gleichzeitig für alle Gläubiger bewirkt ist (s § 168 Nr 3 GVGA).

2) Gleichzeitige **Pfändung derselben Sache** bei ZwV gegen **verschiedene Schuldner** (ermöglicht § 739 mit Titel gegen Eheleute; s § 739 Rn 12; sogen **Doppelpfändung**) erfolgt als selbständige Pfändung für jeden Gläubiger (keine Anschlußpfändung, § 826 Rn 2). Über diese Pfändung sind daher selbständige Protokolle aufzunehmen (Verstoß macht gleichzeitige Pfändung jedoch nicht nichtig; StJ/Münzberg Rn 32). Daß zweifache Siegelung nach Abs 2 S 2 erfolgt, wird nicht gefordert und ist nach dem Zweck der Vorschrift auch nicht zu verlangen (StJ/Münzberg aaO). Wenn Pfändung bei ZwV gegen einen der Schuldner bereits früher erfolgt ist, muß die weitere Pfändung in dem neuen Verfahren gegen den anderen Schuldner in derselben Form wie eine Erstpfändung erfolgen (s § 167 Nr 1 GVGA). Aktenvermerk des GV s § 167 Nr 1 GVGA. 26

3) Als **Anschlußpfändung** erfolgt eine spätere Pfändung bei ZwV gegen denselben Schuldner; dazu § 826 mit Anm. 27

4) Mit **Hilfspfändung** nimmt der GV Papiere vorläufig in Besitz, die nur eine Forderung beweisen, aber nicht Träger des Rechts sind (damit einen selbständigen Wert nicht haben), zB Sparkassenbücher, Pfandscheine, Versicherungsscheine und Depotscheine, ferner Hypotheken- und solche Grundschuld- und Rentenschuldbriefe, die nicht auf den Inhaber lauten. Solche Sachen sind nicht Wertpapiere, die wie bewegliche körperliche Sachen zu pfänden wären. Die Hilfspfändung dient nur der Vorbereitung und Sicherung der Forderungs-ZwV. Wenn der Gläubiger nicht alsbald, spätestens binnen eines Monats, den Pfändungsbeschluß über die Forderung vorlegt, die dem Papier zugrunde liegt, gibt der GV die nur hilfsweise gepfändeten Papiere dem Schuldner zurück. Grundlage: § 156 GVGA (nur Verwaltungsvorschrift, der die Praxis folgt). 28

VI) **Rechtsbehelfe:** Für Gläubiger und Schuldner: **Erinnerung** (§ 766), dann § 793. Das Vollstreckungsgericht prüft jedoch nur, ob objektiv erkennbare Merkmale Gewahrsam des Schuldners ausweisen (LG Frankfurt MDR 88, 504 = NJW-RR 88, 1215). Wird die Pfändung vom Vollstreckungsgericht für unzulässig erklärt, so erlischt mit der Freigabe des Pfandstücks durch den GV das Pfandrecht, und zwar auch dann, wenn das Beschwerdegericht die Pfändung als zulässig ansieht und deshalb den Beschluß des Vollstreckungsgerichts aufhebt; das Erlöschen des Pfandrechts kann nur dadurch verhindert werden, daß das Vollstreckungsgericht die Vollziehung seiner Entscheidung bis zur Rechtskraft aussetzt (§ 572; KG MDR 1966, 515). 29

VII) **Gebühren** des **Gerichtsvollziehers:** § 17 GVKostG. 30

809 *[Pfändung bei Dritten oder beim Gläubiger]*

Die vorstehenden Vorschriften sind auf die Pfändung von Sachen, die sich im Gewahrsam des Gläubigers oder eines zur Herausgabe bereiten Dritten befinden, entsprechend anzuwenden.

I) **Zweck** und **Anwendungsbereich:** Bestimmung, wann und wie die Pfändung (§ 803 I) körperlicher Sachen bei Gewahrsam des Gläubigers oder eines Dritten erfolgen kann. 1

II) **Voraussetzungen: 1) a) Gewahrsam** (§ 808 Rn 3) des Gläubigers oder eines Dritten. **Dritte** sind alle Personen, die nach dem Titel (auch der Klausel) nicht Gläubiger oder Schuldner sind und die nicht für den Gläubiger oder Schuldner als deren gesetzlicher Vertreter, Organ oder vertretender Gesellschafter (§ 808 Rn 10 u 12) Gewahrsam haben. Für die einem Besitzdiener überlassenen Sachen bleibt der Schuldner alleiniger Gewahrsamsinhaber (§ 808 Rn 8), so daß auch sein Besitzdiener nicht Dritter ist. Der Erbe, gegen den nach § 779 die ZwV fortgesetzt wird, ist Schuldner, nicht Dritter. 2

b) Maßgebend ist das **Gewahrsamsverhältnis bei Pfändung;** spätere Änderungen (so wenn ein Dritter nach Pfändung den Besitz an Wohn- oder Geschäftsräumen erlangt, in denen sich die Pfandsache befindet, wenn der Schuldner die gepfändete Sache einem Dritten zur Reparatur, Aufbewahrung oder zum Gebrauch übergibt, wenn der Dritte sie eigenmächtig an sich genommen hat) bleiben für die Wirksamkeit der Pfändung ohne Bedeutung. Wenn der Dritte erst nach der Pfändung Gewahrsam erlangt hat, kann jedoch mit gutgläubigem Eigentumserwerb das Pfändungspfandrecht erloschen sein (§ 936 BGB). Ist das nicht der Fall, dann ist der Dritte zur Herausgabe an den GV verpflichtet. Dieser kann aber kein Zwangsmittel zur Durchsetzung des Herausgabeanspruchs anwenden (kein „Verfolgungsrecht"; StJ/Münzberg Rn 6; Pawlowski DGVZ 76, 33; LG Bochum DGVZ 90, 73; AG Dortmund DGVZ 74, 24; aA LG Berlin DGVZ 59, 89; LG Köln MDR 65, 213; LG Saarbrücken DGVZ 75, 170; LG Stuttgart MDR 69, 675; Furtner DGVZ 65, 49; Wasner ZZP 79 [1966] 113). Die ZwV kann mit Pfandverwertung daher nur fortgesetzt werden, wenn der Dritte nach § 809 zustimmt oder der Gläubiger den Widerstand des Dritten mit 3

Klage aus seinem Pfandrecht überwunden hat (Pawlowski DGVZ 76, 33; dort auch zu Möglichkeiten auf Grund strafrechtlichen Schutzes der ZwV).

4 c) **Mitgewahrsam:** Haben Schuldner **und ein Dritter** gemeinschaftlichen Gewahrsam (vgl für Besitz § 866 BGB), so würde die Pfändung den Mitgewahrsam des Dritten beeinträchtigen. Sie ist daher, wenn Mitgewahrsam des Dritten äußerlich erkennbar gegeben ist (LG Berlin MDR 75, 939), nur nach § 809 zulässig, wenn der Dritte einwilligt (allgemeine Ansicht; zB LG Berlin aaO; StJ/Münzberg § 808 Rn 17). Das gilt auch für den Inhalt eines Schrankfachs unter Mitverschluß des Vermieters (LG Berlin DR A 40, 1640). Wenn zwei (mehrere) Personen eine Wohnung gemeinsam bewohnen, liegt, soweit es sich nicht erkennbar um persönliche Gegenstände im Alleingewahrsam handelt (s § 808 Rn 5, 9) in der Regel (zu Besonderheiten § 808 Rn aaO und nachf) Mitgewahrsam an den in der Wohnung befindlichen Gegenständen vor (LG Berlin MDR 75, 939). Dieser hindert jedoch lediglich Pfändung und Wegnahme gegen den Willen des Dritten, nicht aber (mit richterlicher Erlaubnis; § 758 Rn 5) Durchsuchung der vom Schuldner mitbenutzten Räume und Feststellung pfändbarer Gegenstände des Schuldners (LG Wiesbaden DGVZ 81, 60). Bei nichtehelicher Lebensgemeinschaft und bei anderen Wohngemeinschaften gilt die Gewahrsamsvermutung des § 739 nicht (§ 739 Rn 13), so daß Mitgewahrsam Dritter nach § 809 zu beachten ist. Nach den besonderen Umständen wird Mitgewahrsam vielfach aber nur für die gemeinsam benutzten Einrichtungsgegenstände anzunehmen sein, nicht auch für Gegenstände, die bei getrennter Raumnutzung in der gemeinsamen Wohnung in einzeln genutzten Räumen stehen. Ebenso wird vielfach Alleingewahrsam für Sachen unter Alleinverschluß und Pfändungsmöglichkeit für eindeutig erkennbare eigene Sachen der Mitglieder der Wohngemeinschaft (§ 808 Rn 9) gegeben sein. Wenn der Mitgewahrsam eines Dritten erst nach der Pfändung begründet wurde, gilt das in Rn 3 Gesagte. Nach Pawlowski DGVZ 76, 33 (39) kann dann der GV die Vollstreckung fortsetzen, wenn der Gläubiger den Mitbesitz seines Schuldners nach § 857 sich hat pfänden und überweisen lassen.

5 d) **Scheingewahrsam** eines Dritten, insbes Verwandten, Freundes, Bekannten, Bediensteten, der vom GV (im Erinnerungsverfahren vom Gericht) festgestellt ist, kann vor Vollstreckungszugriff nicht schützen (vgl bereits § 808 Rn 8). Deshalb kann § 809 keine Anwendung finden, wenn der Dritte im Einvernehmen (auf Veranlassung) des Schuldners Sachen in Gewahrsam genommen hat, um sie der ZwV zu entziehen (so auch LG Berlin DGVZ 69, 71; LG Stuttgart DGVZ 69, 168; AG Flensburg DGVZ 95, 60 [hält Durchsuchungsanordnung zur Pfändung des Pkw des Schuldners bei dem Dritten für zulässig]; aA StJ/Münzberg Rn 4a mit Nachw; Baur/Stürner Rdn 28.10; Pawlowski DGVZ 76, 33 [35]). Nichtbeachtung des Drittgewahrsams wird auch als möglich erachtet, wenn der Dritte zugibt, daß er keine Recht an der Sache hat und sie nur vorübergehend für den Schuldner aufbewahrt (StJ/Münzberg aaO); dem ist nicht zu folgen, weil damit unlauteres Handeln des Dritten noch nicht gegeben ist. Wenn der Dritte in Anwesenheit des GV Sachen des Schuldners fortschaffen will, um sie der ZwV zu entziehen, kann der GV den Dritten unter Anwendung von Zwang hindern, die ZwV zu vereiteln (Pawlowski DGVZ 76, 33 [36]).

6 2) **Herausgabebereitschaft** des Dritten als Zustimmung zur Durchführung der ZwV (nicht auch des Gläubigers, der mit der ZwV jedoch einverstanden sein muß; Schilken DGVZ 86, 145; MK/Schilken Rn 4). Ob der Gewahrsamsinhaber zur Herausgabe bereit ist, hat der GV durch Befragen festzustellen. Die Bereitschaft des Dritten muß sich auf die Herausgabe zur Verwertung, nicht nur zur Pfändung erstrecken (RG HRR 27 Nr 535). Sie kann formlos, ausdrücklich oder stillschweigend und als Genehmigung auch nach der Pfändung erklärt werden (Nürnberg OLG 31, 112); sie muß unbedingt sein. Die an einen Vorbehalt (eine Bedingung) geknüpfte Herausgabebereitschaft gilt als verweigerte Herausgabe, sofern nicht die gestellten Bedingungen von allen Beteiligten angenommen werden (abw Schilken DGVZ 86, 145; Bedingung zulässig, daß eigene Rechte vorweg befriedigt werden). Die Herausgabebereitschaft kann zugunsten einzelner Gläubiger beschränkt werden (Göhler MDR 65, 339; Schilken aaO; aA Sonnenberger MDR 62, 22; StJ/Münzberg Rn 9; BL/Hartmann Rn 5). Widerruf ist bis zur Pfändung möglich (aA: unwiderruflich; Schilken u StJ/Münzberg je aaO). Die Erklärung des Dritten, daß er zur Herausgabe bereit sei, ist im Protokoll des GV zu vermerken (§ 137 GVGA). Widerspruchslose Unterzeichnung des Pfändungsprotokolls, das diese Erklärung nicht enthält, kann nicht ohne weiteres als stillschweigende Zustimmung angesehen werden (KG DGVZ 64, 7). Anspruch auf Zustimmung zur Duldung der ZwV durch den Dritten besteht nur bei selbständigem Verpflichtungsgrund; für den GV kommt ihm nur Bedeutung zu, wenn er durch einen Duldungstitel nachgewiesen ist. Lehnt die Person, bei der Sachen des Schuldners gepfändet werden sollen, die Herausgabe ab oder bestreitet sie, solche Sachen in Gewahrsam zu haben, so ist diese Erklärung im Protokoll festzuhalten und von der Pfändung abzusehen, auch wenn dem GV ein Herausgabeanspruch des Schuldners offensichtlich erscheint (LG Oldenburg DGVZ 83, 58 u 84, 91). Dem Gläubiger bleibt die Pfändung des Anspruchs, der dem Schuldner auf Herausgabe oder Leistung der Sache zusteht (§§ 846, 847).

III) 1) Pfändung körperlicher Sachen (§ 803 Rn 1) im Gewahrsam des Gläubigers oder eines zur Herausgabe bereiten Dritten erfolgt nach § 808 ebenso wie die Pfändung von Sachen im Gewahrsam des Schuldners. Dafür, daß der GV auch noch zu prüfen habe, ob der Gegenstand zum Schuldnervermögen (dafür aber Paschold DGVZ 94, 107) und nicht etwa einem anderen (sogen Vierten) gehört (so aber StJ/Münzberg Rn 4; MK/Schilken Rn 4), gibt das Gesetz keinen Anhalt; ebenso wie bei Pfändung von Sachen im Gewahrsam des Schuldners beschränkt sich die Prüfung auf den leicht überschaubaren Zugriffsbestand; das ist bei Drittgewahrsam die Herausgabebereitschaft des Dritten iVm der durch den Pfändungsantrag geltend gemachten Rechtszugehörigkeit. Wenn der Gegenstand offensichtlich zum Vermögen eines anderen gehört, hat die Pfändung nach allgemeinen Grundsätzen zu unterbleiben (§ 808 Rn 3). Verlangt der Gewahrsamsinhaber die Fortschaffung des Pfandstücks, so ist dem Verlangen zu entsprechen (s § 137 GVGA). Wenn die Sachen im Gewahrsam des Gläubigers oder Dritten belassen werden, ist die Pfändung durch Anlegung von Siegeln oder auf sonstige Weise ersichtlich zu machen (§ 808 II S 2); für eingelagertes Räumungsgut genügt daher Anlegung einer Siegelmarke in der Lagerakte nicht (LG Frankfurt DGVZ 90, 59). Der Dritte wird vom GV nicht zum Verwahrer bestellt (für Verwahrungsvertrag aber Schilken DGVZ 86, 145 [150]; MK/Schilken Rn 10; nur für weggeschaffte Sachen hat der GV jedoch Maßnahmen zur Unterbringung zu treffen). 7

2) Mit Pfändung bei dem herausgabebereiten Dritten verliert dieser ein **Widerspruchsrecht,** das er als berechtigter Besitzer der Sache nach § 771 geltend machen könnte (BGH MDR 78, 401), nicht aber sein materielles, die Veräußerung hinderndes Recht, wenn er (irrtümlich) eigene Sachen an den GV herausgegeben hat (BGH aaO; auch zum Rechtsbehelf und zum möglichen Verzicht auf das die Veräußerung der Pfandsache hindernde Recht). Klage nach § 805 bleibt dem herausgabebereiten Dritten. 8

IV) Verstoß gegen § 809 berührt die Wirksamkeit der sonst ordnungsgemäßen Pfändung nicht, sondern begründet lediglich Anfechtbarkeit. **Rechtsbehelf** für den Dritten (nicht auch für den Schuldner) § 766 (dann § 793); dies auch für einen etwa beeinträchtigten anderen Dritten. Für Gläubiger Erinnerung (§ 766; dann § 793), wenn der GV trotz Herausgabebereitschaft des Dritten die Pfändung ablehnt. 9

810 *[Früchte auf dem Halm]*

(1) Früchte, die von dem Boden noch nicht getrennt sind, können gepfändet werden, solange nicht ihre Beschlagnahme im Wege der Zwangsvollstreckung in das unbewegliche Vermögen erfolgt ist. Die Pfändung darf nicht früher als einen Monat vor der gewöhnlichen Zeit der Reife erfolgen.

(2) Ein Gläubiger, der ein Recht auf Befriedigung aus dem Grundstück hat, kann der Pfändung nach Maßgabe des § 771 widersprechen, sofern nicht die Pfändung für einen im Falle der Zwangsvollstreckung in das Grundstück vorgehenden Anspruch erfolgt ist.

I) Zweck: ZwV in Teile des unbeweglichen Vermögens (§ 94 BGB) mit Rücksicht auf die bevorstehende Trennung in der für bewegliche Sachen geregelten Form durch den GV. 1

II) Voraussetzungen: 1) Früchte vor Reife und (vgl § 824) Aberntung sind in regelmäßigen Zeitabschnitten anfallende Bodenerzeugnisse wie Obst, Getreide, Gemüse, Kartoffeln, Hackfrüchte, Tabak usw (Noack Rpfleger 69, 113), nicht aber Rechtsfrüchte und nicht sonstige Bodenerzeugnisse wie Steine, Kies, Lehm, Ton, Torf, Sand, Mineralien, Holz auf dem Stamm (sie unterliegen nur der Immobiliarvollstreckung). 2

2) Pfändbarkeit nach Trennung darf **nicht ausgeschlossen** sein. Pfändung der Früchte „auf dem Halm" ist daher unzulässig, wenn sie mit Trennung Zubehör werden (§ 865 II; §§ 97, 98 Nr 2 BGB) oder nach § 811 Nr 2-4 unpfändbar sind. 3

3) Die **Zeit der gewöhnlichen Reife** darf nicht ferner als **einen Monat** sein (Abs 1 S 2). Abzustellen ist nach objektiven Kriterien auf die Zeit der gewöhnlichen Reife nach der Art der Frucht und den örtlichen Verhältnissen (RG 42, 382), nicht auf die Reifezeit im Jahr der ZwV oder den Erntebeginn durch den Schuldner im konkreten Fall (BGH 120, 368 [374] = NJW 93, 1791 [1793]). Fristberechnung § 222. Wenn im Einzelfall Aberntung von einer Reifezeit unabhängig ist (Pflanzen des Handelsgärtners), ist auch die ZwV zeitlich nicht gebunden. 4

4) **Gewahrsam des Schuldners** (§ 808) oder eines zur Herausgabe bereiten Dritten (§ 809) mit Besitz des Grundstücks, weil die Früchte für die ZwV als bewegliches Vermögen desjenigen behandelt werden, dem sie mit Trennung zufallen. Ist das Grundstück verpachtet oder besteht daran ein Nießbrauch, so ist Pfändung mit Titel gegen den besitzenden Pächter oder Nießbraucher (Eigentumserwerb mit Trennung, §§ 954, 956 BGB) ohne weiteres, bei einer ZwV gegen den 5

Grundstückseigentümer, den Verpächter oder Besteller des Nießbrauchers aber nur mit Zustimmung des Pächters oder Nießbrauchers zulässig (§ 809).

6 **III) 1)** Die **Pfändung** der Früchte erfolgt in gleicher Weise wie die Pfändung beweglicher Sachen, somit nach § 808 (§ 809; Verwertung nach § 824). Die Pfändung ist in geeigneter Weise durch Aufstellen von Pfandtafeln oder Pfandzeichen mit einer vom GV unterschriebenen und mit dem Dienstsiegel versehenen Pfandanzeige oder durch andere zweckentsprechende Maßnahmen, tunlichst unter Verwendung des Dienstsiegels, für jedermann erkennbar zu machen (s § 152 Nr 2 GVGA). Bei Pfändung von Obst an einer Landstraße hat der GV zwischen den in Frage kommenden Km-Steinen Pfandtafeln aufzustellen mit entsprechender Aufschrift. Außerdem empfiehlt sich die Bestellung eines Hüters. Zur Frage der von einem GV bei der Pfändung von Trauben auf dem Stock und deren nachfolgenden Vermostung zu beachtenden Amtspflichten s RG DR 39, 1921. Ist die Bestellung eines Aufsehers erforderlich, so ist vorzugsweise der Feldhüter der Gemeinde zu wählen. Zur Beiziehung eines landwirtschaftlichen Sachverständigen s § 152 Nr 3 GVGA. Die Pfändung bleibt, wenn keine Beschlagnahme des Grundstücks erfolgt, nach Trennung der Früchte fortbestehen; im Falle des Ausdreschens von Getreide setzt sich das Pfandrecht an den Körnern (und dem erlangten Stroh) fort (RG 74, 248).

7 **2) Getrennte Früchte** werden als bewegliche Sachen gepfändet, desgleichen nur vorübergehend eingefügte Pflanzen, die nicht zu den Grundstücksbestandteilen gehören (§ 95 BGB).

8 **IV) 1)** Die Beschlagnahme des Grundstücks durch Zwangsversteigerung oder Zwangsverwaltung (§§ 20, 146 I ZVG) umfaßt die mit dem Boden noch verbundenen Früchte (§ 20 II, § 21 I, § 148 ZVG). Pfändung **nach Beschlagnahme** ist daher bei ZwV gegen den Eigentümer oder Nießbraucher unzulässig (Abs 1 S 1 Hs 2). Von der Beschlagnahme wird jedoch das Recht des **Pächters** auf den Fruchtgenuß nicht berührt (§ 21 III ZVG, § 956 BGB). Wenn ein Pächter Gewahrsam hat, dürfen bei ZwV gegen ihn daher Früchte auch noch nach Beschlagnahme gepfändet werden, selbst wenn erst nach Beschlagnahme verpachtet wurde (Zeller/Stöber ZVG § 21 Rdn 2.2).

9 **2)** Wenn Beschlagnahme erst **nach Pfändung** erfolgt, bleibt das Pfandrecht unberührt. Der Gläubiger hat jedoch seinen Anspruch nach § 37 Nr 4 ZVG anzumelden (RG 143, 241).

10 **3)** Das gesetzliche **Pfandrecht des Verpächters** geht dem Pfändungspfandrecht eines Gläubigers des Pächters vor (§ 585 BGB). Vorzugsweise Befriedigung des Verpächters ist nach § 805 geltend zu machen.

11 **4)** Ein gesetzliches Pfandrecht kann nach dem **Gesetz zur Sicherung der Düngemittel- und Saatgutversorgung** v 19. 1. 1949 (WiGBl 8) bestehen. Es geht allen an den Früchten bestehenden dinglichen Rechten im Rang vor (§ 2 IV Ges), schützt somit auch vor Zugriff nach Abs 1 (BGH 120, 368 [374] = NJW 93, 1791 [1793]). Geltend zu machen ist es nach § 805.

12 **V) Verstoß** mit verfrühter Pfändung macht diese nicht unwirksam. **Rechtsbehelf** des Schuldners oder eines Betroffenen: § 766 (dann § 793). Beginn der Monatsfrist vor Reife vor Entscheidung über die Erinnerung macht diese unzulässig (Königsberg HRR 31 Nr 143). Früchtepfändung nach Beschlagnahme können Beschlagnahmegläubiger, Schuldner und Zwangsverwalter mit Erinnerung anfechten (§ 766; dann § 793). Für den Gläubiger ist auch Klage nach § 771 und nach Verwertung Bereicherungsklage zulässig. Werden Früchte, die einem Pächter zustehen, wegen einer Schuld des Verpächters gepfändet, so kann der Pächter Einwendungen nach § 766 (dann § 793) und Klage nach § 771 erheben.

13 **VI)** Jeder Gläubiger, der ein **Recht auf Befriedigung aus dem Grundstück** hat (§ 10 ZVG), also sowohl der Hypotheken- usw Gläubiger als derjenige, der wegen einer persönlichen Schuld des Grundeigentümers die Beschlagnahme des Grundstücks erwirkt hat, kann der Pfändung nicht getrennter Früchte **gem § 771 widersprechen** (Abs 2). Der Realgläubiger kann sich aber auch als der Pfändung vorgehender Gläubiger mit vorzugsweiser Befriedigung (§ 805) begnügen. Ist das Grundstück verpachtet und beim Pächter wegen einer Schuld desselben gepfändet worden, so kann der Realgläubiger dieser Pfändung nach § 771 nicht widersprechen (§ 21 III ZVG). Der im Rang nach § 10 ZVG nachstehende Realgläubiger kann der Pfändung des vorgehenden Realgläubigers (nicht des persönlichen Gläubigers) nicht widersprechen (Abs 2 Hs 2). Es kann also der erststellige Hypothekgläubiger gegen jede Pfändung stehender Früchte Widerspruch erheben, der zweitstellige Hypothekgläubiger hat (auch nach Aberntung der Früchte, Königsberg JW 32, 3195) nur ein Widerspruchsrecht, wenn ein ihm nachstehender Realgläubiger oder ein persönlicher Gläubiger des Grundeigentümers gepfändet hat.

811 *[Unpfändbare Sachen]*

Folgende Sachen sind der Pfändung nicht unterworfen:

1. **die dem persönlichen Gebrauch oder dem Haushalt dienenden Sachen, insbesondere Kleidungsstücke, Wäsche, Betten, Haus- und Küchengerät, soweit der Schuldner ihrer zu einer seiner Berufstätigkeit und seiner Verschuldung angemessenen, bescheidenen Lebens- und Haushaltsführung bedarf; ferner Gartenhäuser, Wohnlauben und ähnliche Wohnzwecken dienende Einrichtungen, die der Zwangsvollstreckung in das bewegliche Vermögen unterliegen und deren der Schuldner oder seine Familie zur ständigen Unterkunft bedarf;**
2. **die für den Schuldner, seine Familie und seine Hausangehörigen, die ihm im Haushalt helfen, auf vier Wochen erforderlichen Nahrungs-, Feuerungs- und Beleuchtungsmittel oder, soweit für diesen Zeitraum solche Vorräte nicht vorhanden und ihre Beschaffung auf anderem Wege nicht gesichert ist, der zur Beschaffung erforderliche Geldbetrag;**
3. **Kleintiere in beschränkter Zahl sowie eine Milchkuh oder nach Wahl des Schuldners statt einer solchen insgesamt zwei Schweine, Ziegen oder Schafe, wenn diese Tiere für die Ernährung des Schuldners, seiner Familie oder Hausangehörigen, die ihm im Haushalt, in der Landwirtschaft oder im Gewerbe helfen, erforderlich sind; ferner die zur Fütterung und zur Streu auf vier Wochen erforderlichen Vorräte oder, soweit solche Vorräte nicht vorhanden sind und ihre Beschaffung für diesen Zeitraum auf anderem Wege nicht gesichert ist, der zu ihrer Beschaffung erforderliche Geldbetrag;**
4. **bei Personen, die Landwirtschaft betreiben, das zum Wirtschaftsbetrieb erforderliche Gerät und Vieh nebst dem nötigen Dünger sowie die landwirtschaftlichen Erzeugnisse, soweit sie zur Sicherung des Unterhalts des Schuldners, seiner Familie und seiner Arbeitnehmer oder zur Fortführung der Wirtschaft bis zur nächsten Ernte gleicher oder ähnlicher Erzeugnisse erforderlich sind;**

4a. **bei Arbeitnehmern in landwirtschaftlichen Betrieben die ihnen als Vergütung gelieferten Naturalien, soweit der Schuldner ihrer zu seinem und seiner Familie Unterhalt bedarf;**

5. **bei Personen, die aus ihrer körperlichen oder geistigen Arbeit oder sonstigen persönlichen Leistungen ihren Erwerb ziehen, die zur Fortsetzung dieser Erwerbstätigkeit erforderlichen Gegenstände;**
6. **bei den Witwen und minderjährigen Erben der unter Nummer 5 bezeichneten Personen, wenn sie die Erwerbstätigkeit für ihre Rechnung durch einen Stellvertreter fortführen, die zur Fortführung dieser Erwerbstätigkeit erforderlichen Gegenstände;**
7. **Dienstkleidungsstücke sowie Dienstausrüstungsgegenstände, soweit sie zum Gebrauch des Schuldners bestimmt sind, sowie bei Beamten, Geistlichen, Rechtsanwälten, Notaren, Ärzten und Hebammen die zur Ausübung des Berufs erforderlichen Gegenstände einschließlich angemessener Kleidung;**
8. **bei Personen, die wiederkehrende Einkünfte der in den §§ 850 bis 850b bezeichneten Art beziehen, ein Geldbetrag, der dem der Pfändung nicht unterworfenen Teil der Einkünfte für die Zeit von der Pfändung bis zu dem nächsten Zahlungstermin entspricht;**
9. **die zum Betrieb einer Apotheke unentbehrlichen Geräte, Gefäße und Waren;**
10. **die Bücher, die zum Gebrauch des Schuldners und seiner Familie in der Kirche oder Schule oder einer sonstigen Unterrichtsanstalt oder bei der häuslichen Andacht bestimmt sind;**
11. **die in Gebrauch genommenen Haushaltungs- und Geschäftsbücher, die Familienpapiere sowie die Trauringe, Orden und Ehrenzeichen;**
12. **künstliche Gliedmaßen, Brillen und andere wegen körperlicher Gebrechen notwendige Hilfsmittel, soweit diese Gegenstände zum Gebrauch des Schuldners und seiner Familie bestimmt sind;**
13. **die zur unmittelbaren Verwendung für die Bestattung bestimmten Gegenstände.**

1 **I) Zweck:** Schuldnerschutz vor Kahlpfändung. Konkretisiert sind mit diesem Schutz Art 1 GG („Würde des Menschen") und Art 2 GG („Freie Entfaltung der Persönlichkeit"); verwirklicht ist damit der Schutzgedanke des Sozialstaatsprinzips (Art 20, 28 GG). Wie Sozialhilfe (vgl § 1 BSHG) dient § 811 der Aufgabe, dem Schuldner die Führung eines Lebens zu ermöglichen, das der Würde des Menschen entspricht. Der Schutz soll ihn befähigen, unabhängig von Sozialhilfe zu leben (vgl § 1 II BSHG). Es sollen insbes nicht Organe des Staates dem Schuldner bei ZwV zugunsten des Gläubigers wegnehmen dürfen, was der Staat mit Leistung von Sozialhilfe zur sozialen Sicherung wieder geben müßte.

2 **II) Anwendungsbereich:** § 811 gilt für die ZwV wegen Geldforderungen in körperliche Sachen, auch bei Anschlußpfändung, Arrestvollziehung und Vollstreckung einer auf Geldzahlung lautenden einstw Verfügung, nicht aber bei Vollstreckung eines Herausgabeanspruchs (§ 883).

3 **III) Allgemeine Grundsätze: 1)** § 811 dient **öffentlichem Interesse.** Er sichert dem Schuldner ein Mindestmaß von Lebensraum für sich und die zu seinem Hausstand gehörenden Personen sowie für die Ausübung seines Berufs und schafft damit einen gerechten Ausgleich zwischen dem Zugriffsinteresse des Gläubigers sowie dem Schutzinteresse des Schuldners. In ihrer Ausgestaltung ist die Bestimmung noch vielfach von Vorstellungen getragen, denen die weitgehend überholten sozialen Strukturen des 19. Jahrhunderts zugrunde liegen. Ausgelegt und angewendet werden muß § 811 als Schutzbestimmung des Verfahrensrechts jedoch mit Blick auf die Grundrechte (vgl BFH 159, 421 = DGVZ 90, 118 = NJW 90, 1871 u in anderem Zusammenhang BVerfG 49, 252 = NJW 79, 538). Für die Bewertung der Schutzfunktion der Pfändungsverbote bieten die Regelungen des BSHG Anhalt (so zutr Schneider u Becher DGVZ 80, 177 [179]). Insbes sind bei Anwendung der Schutzbestimmungen die Person des Schuldners, die Art seines Bedarfs sowie die örtlichen und zeitlichen Verhältnisse mit zu berücksichtigen (Schneider u Becher aaO), ebenso aber auch die besonderen Verhältnisse in der Familie des Schuldners (vgl § 7 BSHG) und die Notwendigkeit, dem Schuldner die Sicherung einer Lebensgrundlage durch eigene Tätigkeit zu gewährleisten (vgl § 30 BSHG). Die damit notwendig auf Besonderheiten des Einzelfalls auszurichtende Auslegung verbietet starre Anwendung der Schutzbestimmungen als Ausnahmevorschriften (LG Berlin NJW-RR 92, 1038 [1039]) ebenso wie unbesehene Übernahme (insbes älterer Rechtsprechung (zumal in ihr keine einheitliche Linie ersichtlich wird). Interessen des Gläubigers können so wenig Vorzug erlangen (so aber noch Jonas/Pohle ZwVNotrecht Anm 3b) wie Schuldnerbelange keine Ausweitung des Schutzes mit erweiternder Auslegung ermöglichen.

4 2) Die Pfändungsverbote gelten für **alle Schuldner,** damit auch für juristische Personen und für den Erben hinsichtlich eines Nachlaßgegenstandes (LG Berlin JW 38, 1917). Einschränkungen ergeben sich, soweit auf bestimmte Personengruppen (zB Nr 4: Landwirte; Nr 5: Personen, die aus Arbeit Erwerb ziehen; Nr 7: Beamte usw) oder auf den persönlichen Lebensbedarf einer natürlichen Person abgestellt ist.

5 3) Art und Höhe der **beizutreibenden Forderung** erlangen für Pfändungsschutz ebenso keine Bedeutung wie Verfassungsgrundsätze (Verhältnismäßigkeit und Übermaßverbot). Diese Grundsätze schaffen eigene Schranken für den Zugriff auf das verfassungsrechtlich geschützte Eigentum (Art 14 GG; vgl vor § 704 Rn 29). Eine Besonderheit für die Art der Forderung gilt nach Nr 8.

6 4) Zumeist bestimmt die **Art einer Sache** ihre Unpfändbarkeit, nicht ihr Wert (für Hausrat aber auch § 812). Bei hohem Wert kann Unpfändbarkeit mit der Möglichkeit der Austauschpfändung eingeschränkt sein (§§ 811a, b).

7 5) **Eigentum des Schuldners** an Sachen ist nicht Voraussetzung der Unpfändbarkeit. § 811 schützt nicht das Eigentum des Schuldners, sondern setzt der Pfändbarkeit im öffentlichen Interesse Grenzen (s Rn 1 u 3). Daher gilt § 811 für alle Sachen als Zugriffsobjekt, gleich ob sie im Gewahrsam des Schuldners, des Gläubigers oder eines zustimmenden Dritten stehen (§§ 808, 809). Die Pfändungsverbote des § 811 greifen daher auch ein, wenn Sachen dem Gläubiger selbst gehören (RG 79, 241 [245]), insbes wenn gepfändet werden sollen vom Gläubiger **unter Eigentumsvorbehalt gelieferte Sachen** wegen des Kaufpreisrestes (LG Berlin DGVZ 73, 71; LG Bochum DGVZ 82, 43; LG Heilbronn DGVZ 93, 12; LG Köln DGVZ 79, 60; LG Kiel/Schleswig DGVZ 78, 9; LG Oldenburg DGVZ 91, 119; LG Saarbrücken DGVZ 76, 90; aA: pfändbar, Rechte des Schuldners aus VerbrKrG (bisher AbzG) bleiben unberücksichtigt: LG Berlin MDR 74, 1025; LG Freiburg DGVZ 73, 74; LG Rottweil DGVZ 75, 59; LG Verden DGVZ 71, 63; AG Kempten DGVZ 91, 44; AG Offenbach NJW 87, 387; AG Wuppertal DGVZ 83, 173) oder eine dem Gläubiger **sicherungsübereignete Sache** wegen des Anspruchs, zu dessen Sicherung sie übereignet ist (Celle MDR 73, 58; Hamm MDR 84, 855 = OLGZ 84, 368; Köln Rpfleger 69, 439; KG NJW 60, 692; LG Berlin DGVZ 79, 8; LG Detmold DGVZ 79, 59; LG Heilbronn NJW 88, 148; LG Hildesheim DGVZ 89, 172; LG Oldenburg MDR 79, 1032; LG Rottweil DGVZ 93, 57; aA München MDR 71, 580; LG/AG Limburg DGVZ 75, 121; LG Stuttgart DGVZ 80, 91); kein Schutz nach § 811 besteht jedoch, wenn eine solche Sache infolge des Herausgabeanspruchs des Gläubigers weggenommen wird (s Rn 2). Ob Berücksichtigung der Pfändungsschutzbestimmungen bei Geldvollstreckung

des Gläubigers, der die Herausgabe des gepfändeten Gegenstandes auf Grund eines Herausgabetitels (oder auch nur seines Herausgabeanspruchs nach späterer Erwirkung eines Titels) betreiben könnte, gegen Treu und Glauben verstößt, kann nicht im Vollstreckungsverfahren durch das Vollstreckungsorgan entschieden werden; dieses Verfahren ist weder dazu bestimmt noch geeignet, Ansprüche oder Einwendungen, die im materiellen Recht ihre Grundlage haben, zu prüfen und über sie zu entscheiden. Zwar ist im Vollstreckungsverfahren Berufung auf Arglist (oder Verwirkung der Erinnerungsbefugnis aus den Gründen des § 811) nicht ausgeschlossen. Doch kann nach dem Grundsatz der Einzelvollstreckung (vor § 704 Rn 21) Schutz des Schuldners mit Unpfändbarkeit einer Sache bei Geldvollstreckung nicht schon deshalb als arglistig angesehen werden, weil der Gläubiger auch einen Herausgabeanspruch geltend machen könnte (s zB Celle DGVZ 72, 152 = Rpfleger 72, 324; Hamm aaO mwN; LG Freiburg DGVZ 74, 85; LG Kiel DGVZ 74, 85; LG Mannheim Justiz 77, 99; LG München I DGVZ 72, 61; LG Siegen DGVZ 72, 139). Berufung auf Arglist ist daher, wie allgemein, nur mit Erfolg möglich, wenn dafür ganz besondere Umstände vorgebracht werden, die zu einer vorsätzlichen Schädigung des Gläubigers führen würden.

6) Unpfändbar nach § 811 können auch Gegenstände sein, die der Schuldner im Wege einer **Vermögensübernahme** erworben hat, und zwar auch bei ZwV eines Gläubigers, der Ansprüche nach § 419 BGB geltend macht (Hamm MDR 54, 490). Dagegen kann sich der Schuldner gegenüber der ZwV aus einem gegen ihn nach dem **AnfG** erwirkten Titel nicht auf die Unpfändbarkeit des anfechtbar erworbenen Gegenstandes berufen (Hamm MDR 63, 310). 8

7) Unpfändbarkeit nach § 811 hat der **GV** nach den Verhältnissen bei Ausführung des Vollstreckungsauftrags zu prüfen und von Amts wegen zu beachten. Er pfändet, wenn die Unpfändbarkeit zweifelhaft ist und andere Pfandstücke nicht in ausreichendem Maße vorhanden sind (s § 120 Nr 1 GVGA). Eine vor der Pfändung zwischen den Parteien getroffene Vereinbarung über die Pfändbarkeit unpfändbarer Sachen hat der GV nicht zu berücksichtigen (s auch Rn 10). Zulässige Pfändung einer Sache wird mit Veränderung der tatsächlichen Verhältnisse erst danach nicht unzulässig. Dafür, daß Unpfändbarkeit nach § 811 nicht gegeben ist, kommt es allein auf den **Zeitpunkt** der Pfändung an (Gläubiger hat Pfandrecht fehlerfrei erworben), nicht den der späteren Entscheidung über die Erinnerung (Beschwerde) (KG NJW 52, 751; LG Berlin Rpfleger 77, 262; LG Bochum DGVZ 80, 37; AG Sinzig DGVZ 90, 95; aA StJ/Münzberg Rn 17). Wenn eine gepfändete, bei ZwV aber unpfändbare Sache danach pfändbar wird, ist bei Entscheidung über die Erinnerung (Beschwerde) der Fortfall der Voraussetzungen des § 811 mit Veränderung der tatsächlichen Verhältnisse zu berücksichtigen (zB im Fall der Nr 5 die Einstellung des Gewerbes). Hat der GV die Pfändung abgelehnt, sind die Verhältnisse zur Zeit der Entscheidung über die Erinnerung (Beschwerde) maßgebend. Liegen **mehrere Pfändungen** (Anschlußpfändungen) in denselben Gegenstand vor, so sind die Voraussetzungen des § 811 für jede einzelne Vollstrekkung getrennt zu beurteilen (Düsseldorf JMBlNW 54, 103). Erkennt der GV erst nach der Pfändung einen Verstoß gegen § 811, so darf er die Pfändung nicht aufheben; der Gegenstand bleibt wirksam gepfändet bis zur Freigabe durch den Gläubiger oder auf Anweisung des Gerichts (RG 18, 391). Nach Verwertung kann der Schuldner den dem Gläubiger ausgehändigten Erlös nicht mehr als Bereicherung herausverlangen (Marienwerder OLG 10, 378), wohl aber Haftung des Gläubigers nach §§ 823 II, 826 BGB geltend machen (dagegen Aufrechnung nach § 393 BGB). Anspruch gegen den Erwerber besteht nur bei unerlaubter Handlung. 9

8) Verzicht des Schuldners auf den Schutz des § 811 ist weder vor noch bei noch nach der Pfändung möglich (RG 72, 183; 128, 85; BayObLG MDR 50, 558 = NJW 50, 697; Bremen MDR 52, 237; Frankfurt NJW 53, 1835; Köln Rpfleger 69, 439; Nürnberg OLG 23, 216; LG Oldenburg DGVZ 80, 39; AG Sinzig NJW-RR 87, 357), weil § 811 nicht nur seinem privatrechtlichen Schutz, sondern überwiegend öffentlichen Interessen dient (Rn 1, 2); aA Celle OLG 17, 196; Hamburg OLG 4, 368; Karlsruhe OLG 14, 174; KG JR 52, 281 mwN (für Verzicht bei Pfändung); LG Bonn MDR 63, 303; LG Bremen MDR 51, 752; AG Essen DGVZ 78, 175. 10

IV) Die einzelnen Pfändungsbeschränkungen: Nr 1 erklärt die dem **persönlichen Gebrauch** und dem **Haushalt** dienenden Sachen sowie die **Wohnzwecken** dienenden Einrichtungen für unpfändbar, stellt somit auf die **Zweckbestimmung** ab, verlangt aber nicht Unentbehrlichkeit. 11

a) Als Sachen des persönlichen Gebrauchs oder für den Haushalt (zu diesen auch § 812) sind unpfändbar bezeichnet insbes (somit nur beispielhaft) Kleidungsstücke, Wäsche, Betten, Haus- und Küchengeräte; dazu gehören auch entsprechende Ersatzstücke und Stücke zum Wechseln (Kleidung für Werktag und Sonntag; für Sommer und Winter). Der Hausstand muß bereits bestehen und fortdauern (auch nach Zwangsräumung bei vorübergehender Obdachlosigkeit der Fall; LG München DGVZ 83, 93). Nach ihm bestimmt sich der Bedarf des Haushalts, zu dem alle Familienmitglieder gehören, die in häuslicher Gemeinschaft mit dem Schuldner leben und von ihm wirtschaftlich abhängig sind, auch Pflegekinder, Hausangestellte, Lehrlinge, Handlungsgehilfen, wenn sie in die Wohnung aufgenommen sind. Unterhaltspflicht braucht nicht zu bestehen. Sachen, die dem Bedürfnis des Haushalts nicht mehr dienen, sind pfändbar; kein Pfändungs- 12 schutz nach Nr 1 besteht daher, wenn Haushaltsgegenstände, zB ein Schreibtisch oder ein Bücherschrank, im Wege der nicht gewerbsmäßigen Untervermietung an Dritte überlassen sind (AG Berlin DGVZ 39, 11).

13 b) Geschützt sind nur Sachen, die der Schuldner zu einer seiner Berufstätigkeit und seiner Verschuldung angemessenen, **bescheidenen Lebens- und Haushaltsführung bedarf;** dazu gehört auch, daß das Wohnzimmer möbliert ist (LG Wiesbaden DGVZ 89, 141). Der Schuldner muß sich auf eine solche Lebenshaltung einstellen, gleichgültig, welch soziale Stellung er einnimmt; er darf jedoch nicht auf den Stand äußerster Dürftigkeit und völliger Ärmlichkeit herabgedrückt werden (RG 72, 183; LG Heilbronn MDR 92, 1001; AG München DGVZ 81, 94). Grad und Art der Verschuldung finden keine Berücksichtigung (StJ/Münzberg Rn 26).

14 c) Was unpfändbar ist, läßt sich nur nach den **Besonderheiten des Einzelfalls** bestimmen. Bedeutung können Person des Schuldners (und der Angehörigen seines Hausstandes), persönliche, berufliche, örtliche und zeitliche Verhältnisse (vgl bereits Rn 3), damit auch die zunehmende Ausstattung der Haushalte mit technischen Geräten, erlangen, ebenso Zahl und Alter der Haushaltsangehörigen, Behinderung, körperliche und persönliche Belastungen. Auch wenn der Schuldner mehrere Wohnungen unterhält, kann Unpfändbarkeit der dem Haushalt dienenden Sachen nur nach den Umständen des Einzelfalls beurteilt werden (zB Unterhaltung der Zweitwohnung für Berufsausübung; wie hier BL/Hartmann Rn 16; anders AG Korbach DGVZ 84, 154: für Sachen in weniger benutzter Wohnung kein Pfändungsschutz; nicht richtig).

15 d) Als dem **persönlichen Gebrauch** dienend kann auch eine Armband- (München DGVZ 83, 140 = OLGZ 83, 325) oder Taschenuhr unpfändbar sein, desgleichen ein Fahrrad (auch das für den Ehegatten oder Kinder bestimmte) und ein Heizkissen (aA Köln MDR 69, 151). Zu den dem **Haushalt** dienenden Sachen gehören auch die zur Aufbewahrung, Herstellung oder Erhaltung von Kleidungsstücken, Wäsche usw dienenden Gegenstände (StJ/Münzberg Rn 28) wie Stoffe (Stuttgart OLG 42, 37), Bügeleisen und Nähmaschine (KG DGVZ 53, 116). Unpfändbar sein können als Gegenstände der **Wohnungseinrichtung** Tisch, (4) Stühle sowie ein Sideboard (nicht aber auch noch eine Glasvitrine, LG Heilbronn DGVZ 93, 12 = MDR 92, 1001), Schrank, Liege, Wanduhr, Öfen und Heizgeräte (uU auch ein Teppich, KG DGVZ 67, 105), als **Haus- und Küchengeräte** Gas- oder Elektroherd, andere Heizgeräte, Warmwasserbereiter (AG Bochum-Langendreer DGVZ 67, 188), Kaffeemaschine, elektrische Kaffeemühle (aA Köln MDR 69, 151) und Staubsauger, aber auch ein Kühlschrank (Frankfurt MDR 64, 1012 = Rpfleger 64, 276; AG München DGVZ 74, 95; aA AG Wolfsburg MDR 71, 76: auch bei Vorhandensein kleiner Kinder pfändbar, nicht zu billigen), eine Gefrier- oder Tiefkühltruhe (aA LG Kiel DGVZ 78, 115: auch bei einem gehbehinderten Schuldner pfändbar, wenn noch ein Kühlschrank vorhanden ist; LG Itzehoe DGVZ 84, 30: pfändbar bei 2-Personen-Haushalt; AG Paderborn DGVZ 79, 27), eine Waschmaschine (Waschautomat, LG Berlin NJW-RR 92, 1038; aA LG Konstanz DGVZ 91, 25: pfändbar bei alleinstehender [weder behinderter noch betagter] Schuldnerin; AG Syke DGVZ 73, 173: grundsätzlich pfändbar; AG Bln-Schöneberg DGVZ 90, 15: pfändbar bei 2-Personen-Haushalt) und eine Wäscheschleuder. Gegenstände, die in vertretbarem Umfang Beziehungen zur Umwelt und eine Teilnahme am kulturellen Leben (s § 12 I S 2 BSHG) und die Möglichkeit der Information über das Zeitgeschehen ermöglichen, dienen persönlichen Bedürfnissen des täglichen Lebens, können somit als für den persönlichen Gebrauch bestimmt unpfändbar sein. Daher ist ein **Rundfunkgerät** unpfändbar. Auch ein **Fernsehgerät** dient heute bescheidener Lebens- und Haushaltsführung (anders bei längerer Haft; Köln DGVZ 82, 62), ist somit ebenfalls unpfändbar (aA noch LG München JurBüro 80, 1901; außerdem: KG NJW 65, 1387; LG Aurich NJW 62, 1779; LG Berlin DGVZ 70, 91; LG Hamburg MDR 68, 57; AG Hannover NJW 70, 764), und zwar ein Schwarzweißgerät ebenso wie ein Farbfernsehgerät (AG München DGVZ 81, 94 mit Nachw), ohne Rücksicht auf seinen Wert (vgl Rn 6; evtl Austauschpfändung) und auch, soweit daneben noch ein Rundfunkgerät vorhanden ist (BFH 159, 421 = DGVZ 90, 118 = NJW 90, 1871; Stuttgart MDR 86, 767 = NJW 87, 196; LG Augsburg DGVZ 93, 55; LG Bonn DGVZ 88, 12; LG Detmold DGVZ 90, 26; LG Frankfurt DGVZ 88, 154; LG Hannover DGVZ 90, 60 = JurBüro 89, 1469; LG Itzehoe DGVZ 88, 11 u 120; LG Lahn-Gießen NJW 79, 769 L; LG Nürnberg-Fürth NJW 78, 113; AG München aaO; LG Bochum DGVZ 83, 12 = JurBüro 83, 301: Radiogerät dann pfändbar; LG Duisburg MDR 86, 682: Stereokompaktanlage dann pfändbar; aA Pardey DGVZ 78, 102; LG Aachen DGVZ 88, 154; LG Berlin DGVZ 73, 1561; LG Bremen DGVZ 86, 186 u 88, 13; LG Limburg DGVZ 73, 119; LG Wiesbaden DGVZ 90, 63, 91, 157 = JurBüro 92, 59 u DGVZ 94, 43; für Unpfändbarkeit, wenn kein Rundfunkgerät vorhanden ist: Frankfurt NJW 70, 152 u 570 L mit Anm Blumenthal; LG Bayreuth DGVZ 72, 167; LG Berlin MDR 73, 506; LG Essen MDR 69, 581 u NJW 70, 153; LG Kiel SchlHA 73, 222; LG Lübeck DGVZ 85, 153). Stereoanlage, CD- und Kassettenabspielgerät sind (jedenfalls) pfändbar, wenn der Schuldner im Besitz eines (unpfändbaren) Fernsehgeräts ist (VGH Baden-Wttbg DGVZ 95, 150 = JurBüro 95, 664 = NJW 95, 2804). Pfändung eines **Telefonapparats** (nicht aber eines Anrufbeantworters oder Telefaxgeräts) schei-

det nach Nr 1 (regelmäßig) aus (s Schmittmann DGVZ 94, 49); jedoch ist Austauschpfändung (§ 811a) denkbar.

16 e) Als **Wohnzwecken** dienende Einrichtungen sind, wenn sie der ZwV in bewegliches Vermögen unterliegen (zur Abgrenzung s §§ 864, 865 II), unpfändbar Gartenhäuser, Wohnlauben und ähnliche Einrichtungen (Behelfsheime, Wohnwagen, Wohnboote), soweit sie der Schuldner oder seine Familie zur ständigen Unterkunft bedarf (mithin nicht Wochenendhäuser). Auf Größe des Bauwerks und dessen Wert, damit auch einfachere oder aufwendige Ausstattung kommt es nicht an (Zweibrücken Rpfleger 76, 328; nicht richtig LG Braunschweig DGVZ 75, 25: es müsse sich um bescheidene Wohngelegenheiten handeln). Austauschpfändung ist möglich.

17 **Nr 2:** Unpfändbar sind **Nahrungs-, Feuerungs-** und **Beleuchtungsmittel,** die für den Schuldner, seine Familie und seine Hausangehörigen, die ihm im Haushalt helfen, auf die Dauer von vier Wochen erforderlich sind. Zur Familie zählen die mit dem Schuldner in häuslicher Gemeinschaft lebenden Angehörigen, auch Pflegekinder, ohne Rücksicht darauf, ob sie unterhaltsberechtigt sind. Haushaltsangehörige sind nur die zu häuslichen Diensten angestellten, in der Hausgemeinschaft lebenden Personen, nicht auch Gewerbe- und Handlungsgehilfen, Hauslehrer. Lebende Tiere sind als Nahrungsmittel unpfändbar (sonst Nr 3), wenn sie zum alsbaldigen Verzehr bestimmt sind (Schlachthuhn, Fisch). Wenn die nötige Menge nicht vorhanden ist, ist dem Schuldner der für die Beschaffung erforderliche Geldbetrag nur für 4 Wochen und auch dies nur insoweit zu belassen, als die Beschaffung nicht auf andere Weise gesichert ist, zB durch unmittelbar bevorstehende Gehalts- oder Lohnzahlung. Der Zeitraum rechnet ab Pfändung. Hat der Schuldner nach einer Woche eine Lohnzahlung zu erwarten, so ist nur ein für die Beschaffung der Vorräte für eine Woche erforderlicher Geldbetrag unpfändbar. Die Bedürfnisse für den Gewerbebetrieb des Schuldners bleiben außer Betracht, ebenso der nötige Geldbetrag für Miete, Kleidung und andere nicht in Nr 2 erwähnte Lebensnotwendigkeiten.

18 **Nr 3:** Unpfändbar sind **Kleintiere** (dh hier Hühner, Kaninchen, Gänse, Enten) in beschränkter Zahl sowie eine **Milchkuh** oder nach Wahl des Schuldners statt einer solchen insgesamt zwei Schweine, Ziegen oder Schafe. Unterläßt der Schuldner die Wahl, so trifft sie der GV. Der Pfändungsschutz besteht nur, soweit diese Tiere für die Ernährung des Schuldners, seiner Familien- oder Hausangehörigen, die ihm im Haushalt, in der Landwirtschaft oder im Gewerbe helfen, **erforderlich** sind. Der Kreis der zu berücksichtigenden Personen schließt hier auch die Gewerbegehilfen ein. Nicht genügt, daß die Tiere zur Ernährung des Schuldners bestimmt sind, andererseits müssen sie aber auch hierfür nicht unentbehrlich sein (s Düsseldorf MDR 50, 295). Gleichgültig ist, ob die Tiere durch ihre Frucht oder als Schlachttiere für die Ernährung des Schuldners usw erforderlich sind. Hat der Schuldner neben eigenem Vieh sog Stallvieh (Leihvieh), so ist das eigene Vieh pfändbar, wenn die Ernährung des Schuldners usw durch das Stallvieh gesichert ist. Unpfändbar sind auch die zur Fütterung und zur Streu auf vier Wochen erforderlichen Vorräte. Soweit solche Vorräte nicht vorhanden sind und ihre Beschaffung für einen Zeitraum von vier Wochen auf anderem Wege, zB durch neue Ernte, nicht gesichert ist, ist der zur Beschaffung erforderliche Geldbetrag unpfändbar.

19 **Nr 4:** Regelt Pfändungsschutz für **Landwirte. a)** Landwirtschaft betreiben Personen bei **erwerbsmäßiger Nutzung** eigenen oder fremden **Bodens** zur Gewinnung von Nutzpflanzen (auch -bäumen) und von Nutztieren und deren Erzeugnissen (Staub/Brüggemann HGB § 3 Rn 4; zT anders Diedrich AgrarR 92, 124 [126 f]). Dazu rechnen Ackerbau, Wiesen- und Weidebau, Obstbau, Weinbau, Gemüsebau, Tabakbau, auch eine Baumschule (mit überwiegender Urerzeugung, also Aufzucht von Bäumen und Stauden, BGH 24, 169 = NJW 57, 1191) sowie Vieh- und Pferdezucht (bei Fütterung selbstgewonnener Erzeugnisse, nicht rein gewerbsmäßige Pferdezucht, LG Oldenburg DGVZ 80, 170), die Fischzucht (in einem teichwirtschaftl Betrieb; dazu Röder DGVZ 95, 38), außerdem Imkerei und Forstwirtschaft (LG Oldenburg aaO). Geschützt sind auch Personen, die als Pächter (Nießbraucher) oder nur in Nebentätigkeit die Landwirtschaft ausüben (vgl Karlsruhe OLG 4, 152) sowie eine jur Person und Personenhandelsgesellschaft (Diedrich AgrarR 92, 124 [125 f]). Rein gewerbsmäßige Betriebe, zB eine Fuchsfarm, Pelztierfarm, Hundezucht, Molkerei, auch eine (gewerbsmäßige) Viehzucht, die nicht mit der landwirtschaftlichen Ausnutzung des Grund und Bodens verbunden ist (zB Viehmastanstalt, Hühnerfarm, LG Leipzig JW 30, 289; Geflügelhaltung, LG Göttingen NdsRpfl 57, 74) sind nicht als Landwirtschaftsbetriebe geschützt, auch nicht die Intensivhaltung von Legehennen zur Eierproduktion (LG Hildesheim NdsRpfl 71, 257), die Geflügelzucht aber dann, wenn eine für die Ernährung wesentliche eigene Weidefläche vorhanden ist (s KG JW 33, 716). Pfändbar ist daher die Zuchtstute eines nichtlandw Pferdezüchters (LG Oldenburg aaO; LG Frankenthal MDR 89, 364 = NJW-RR 89, 896). Ein Fuhrunternehmer, der 3 Morgen Land gepachtet hat und darauf Gemüse und Obst baut, ist regelmäßig kein Landwirt; er hat Schutz weder nach Nr 3 noch nach

Nr 5 (Soergel Rsp 36 S 276). Einem Siedler steht ebenso wie jedem Landwirt ein über § 811 hinausgehender Schutz seiner Erzeugnisse nicht zu (KG JW 38, 1337). Geschützt sind:

20 **b) Geräte:** Das sind alle beweglichen Sachen, die der Pflege des unentbehrlichen landwirtschaftlichen Viehbestandes, überhaupt unmittelbar der Ausübung des Landwirtschaftsbetriebes dienen (auch zB eine Zugmaschine). In kleinen Wirtschaften wird meist das sämtliche Gerät und Feldinventar unentbehrlich sein. Landwirtschaftliche Maschinen sind pfändbar, wenn nach der Lage des Wirtschaftsbetriebes genügend andere Kräfte zum Ersatz der ausfallenden Maschinenkraft bereitstehen und die Wirtschaft ohne die betreffenden Maschinen ordnungsgemäß weiter betrieben werden kann. Dazu gehört auch das dem Arbeitnehmer dienende Hausgerät und Mobiliar, erforderlichenfalls auch eine Büroeinrichtung (Diedrich AgrarR 92, 124 [128]). An den Nachweis der Gebrauchsnotwendigkeiten sind strenge Anforderungen zu stellen. Hochdruckheupresse s LG Oldenburg DGVZ 80, 39: unpfändbar.

21 **c) Vieh, soweit** es zum Wirtschaftsbetrieb **erforderlich** ist. Dazu gehören Arbeitsvieh, die für den Betrieb benötigten Zuchttiere und das Milchvieh, das zum Unterhalt der der Wirtschaft dienenden Menschenkraft unentbehrlich ist, das Federvieh, aber auch Mastvieh (RG 142, 379), bei einem Schäfereibetrieb die Schafherde (AG Kirchheim/Teck DGVZ 83, 62) sowie der Hofhund (Diedrich AgrarR 92, 124 [128]). Erforderlich ist Mastvieh zum Wirtschaftsbetrieb, wenn nach dem Wirtschaftsplan des Landwirts, insbes nach den bereitstehenden Futtervorräten, die Weitermast erforderlich (RG aaO), somit objektiv nötig ist, um die Wirtschaft als Ganzes zu erhalten (LG Rottweil MDR 85, 1034). Pfändbar dagegen ist das zum Verkauf bestimmte Mastvieh.

21a **d)** Als **Dünger** unpfändbar ist der natürliche und künstliche Dünger, gleich ob er selbst erzeugt oder erworben ist (Diedrich AgrarR 92, 124 [128]).

22 **e) Landwirtschaftliche Erzeugnisse** (tierische und pflanzliche Produkte), soweit sie zur Sicherung des Unterhalts des Schuldners, seiner Familie und seiner Arbeitnehmer **oder** zur Fortführung der Wirtschaft bis zur nächsten Ernte gleicher oder ähnlicher Erzeugnisse **erforderlich** sind. Unter die zweite Alternative fallen nicht solche Erzeugnisse, die nur mittelbar durch ihren Verkaufserlös der Wirtschaftsführung (zB mit Lohnzahlung, Anschaffung eines Geräts) dienen (Celle MDR 62, 139; LG Kleve DGVZ 80, 38; Diedrich AgrarR 92, 124 [129]), auch wenn Verkauf erst nach Weiterverarbeitung erfolgen wird (AG Worms DGVZ 84, 126).

23 **Nr 4a.** Unpfändbar sind bei **Arbeitnehmern in landwirtschaftlichen Betrieben** die als Vergütung für Arbeit gelieferten Naturalien (Deputat), soweit der Schuldner ihrer zu seinem und seiner Familie Unterhalt bedarf. Die Naturalien müssen nicht notwendig landwirtschaftliche Erzeugnisse sein. Gleichgültig ist auch, ob sie im Betrieb des Arbeitgebers gewonnen wurden. Der Pfändungsschutz für das von den Naturalien ernährte Vieh bemißt sich nach Nr 3.

24 **Nr 5** schützt den **Erwerb durch persönliche Arbeit.** Der Schuldner soll damit befähigt werden, seine Arbeitskraft weiter zur Beschaffung des Lebensunterhalts für sich und seine unterhaltsberechtigten Angehörigen einzusetzen (vgl § 18 I BSHG). Weil der Schutzbereich damit letztlich der Sicherung des Unterhalts der Familie dient, erstreckt er sich auch auf den Ehegatten des Schuldners (s § 1360 BGB). Die Erwerbstätigkeit des einen Ehegatten soll danach auch dem anderen zugute kommen. Auch die Fortsetzung der Tätigkeit des nichtschuldenden Ehegatten darf deshalb durch ZwV nicht unmöglich gemacht oder wesentlich erschwert werden. Gegenstände des Schuldners, die für seinen Ehegatten zur Fortsetzung der Erwerbstätigkeit notwendig sind, können daher ebenfalls nicht gepfändet werden (Hamm MDR 84, 855 = OLGZ 84, 368; LG Hagen MDR 95, 121 [Pkw für Mitarbeit im Gewerbebetrieb der Ehefrau]; LG Nürnberg-Fürth FamRZ 63, 650; LG Siegen NJW-RR 86, 224; StJ/Münzberg Rn 55; aA Stuttgart FamRZ 63, 297; LG Göttingen NdsRpfl 54, 9).

24a **a)** Geschützt sind **Personen in abhängiger Arbeit,** somit alle im fremden kaufmännischen, gewerblichen, land- oder forstwirtschaftlichen Betrieb oder in einem Fabrikbetrieb gegen Entgelt beschäftigte Personen (Gesellen, Gehilfen, Werkmeister, Techniker, Buchhalter, Kassier, auch Auszubildende, usw) und **Personen in selbständiger Stellung** (LG Heilbronn MDR 94, 405), zB Kaufleute (auch Minderkaufleute, zB Obst- und Milchhändler, KG JW 30, 653; Schank- und Gastwirte; bei persönlicher Leistung auch der Vollkaufmann [aA LG Saarbrücken DGVZ 94, 30]), sonstige Gewerbetreibende, insbes Handwerker (nicht erforderlich ist Eintrag in der Handwerksrolle; LG Bielefeld MDR 54, 426 m abl Anm Freybe), andere selbständig Tätige (Ärzte, Steuerberater, Rechtsanwälte, Journalisten), auch Künstler (Schauspieler, Artisten, Musiker, Photografen) und Schriftsteller. Eine nur vorübergehende Nichtausübung der Tätigkeit hat nicht Zulässigkeit der Pfändung zur Folge (Köln JMBlNW 56, 64; LG Tübingen DGVZ 76, 28; AG Mönchengladbach DGVZ 74, 29); dagegen kein Schutz, wenn der Schuldner auf lange Zeit durch Freiheitsstrafe an der Ausübung seines Gewerbes gehindert ist (Hamburg JW 39, 250 L).

25 **b)** Beschäftigung von **Mitarbeitern** und **Einsatz von Maschinen,** insbes bei Rationalisierung und Automation der Betriebsstätte, schließt Unpfändbarkeit der für Erwerbstätigkeit des

Schuldners erforderlichen Gegenstände nicht aus. Nicht nach Nr 5 geschützt sind jedoch **Kapitalnutzung** mit Einsatz von Sachwerten und Organisation von Arbeits- oder Dienstleistungen, die andere erbringen. Die Abgrenzung muß sich nach dem wirtschaftlichen Charakter der Schuldnertätigkeit bestimmen. Es muß die persönliche Tätigkeit des Schuldners im Gegensatz sowohl zur Leistung anderer (Gehilfen) wie auch zur Ausnutzung sachlicher Betriebsmittel (Maschinen) die überwiegende Bedeutung für den Erwerb des Schuldners haben (BGH NJW 93, 921 [922 reSp]; Hamm Rpfleger 56, 46; LG Berlin DGVZ 76, 971; LG Bochum DGVZ 82, 43; LG Hamburg DGVZ 84, 26; LG Hildesheim DGVZ 76, 27; LG Oldenburg DGVZ 93, 12), zumindest aber wesentlich ins Gewicht fallen. Für den Inhaber eines kleineren Bauunternehmens kann daher Schutz nach Nr 5 bestehen (AG Schönau DGVZ 74, 61), desgleichen für eine Geschäftsfrau, die ihr aus einem Ladengeschäft, einem Markthandel und einer Vertretertätigkeit bestehendes Erwerbsgeschäft überwiegend persönlich betreut (KG Rpfleger 58, 225) sowie für den Inhaber einer Kfz-Werkstatt mit 6 Mitarbeitern (LG Bochum DGVZ 82, 43). Ein Schausteller, der mit einem Karussell, Schießwagen und Auto-Scooter (im Anschaffungswert von mehr als 300000 DM) arbeitet, gehört hingegen nicht zu dem geschützten Personenkreis (AG Hannover DGVZ 75, 75), auch nicht ein Frachtführer mit 3½ Mitarbeitern (Hamburg DGVZ 84, 57). Bei kapitalistischer Arbeitsweise besteht Schutz nach Nr 5 auch dann nicht, wenn der Schuldner seinen fabrikmäßig arbeitenden Betrieb auf einen Handwerksbetrieb umstellen will (LG Duisburg JR 51, 665).

c) Geschützt sind Arbeit und Leistungen nur, wenn der Schuldner daraus **seinen Erwerb** 26
zieht. Um hauptberufliche Tätigkeit braucht es sich nicht zu handeln; geschützt ist auch die Tätigkeit, die Erwerb mit Nebenverdienst begründet (Hamm Rpfleger 56, 46; LG Rottweil DGVZ 93, 57; AG Karlsruhe DGVZ 89, 141; anders LG Regensburg DGVZ 78, 45: Nebentätigkeit als Musiker), nicht aber die Freizeittätigkeit ohne Erwerbsabsicht (Instrument des Musikliebhabers). Geschützt ist außerdem die auf künftigen Erwerb gerichtete persönliche Tätigkeit, so die Berufsausbildung (auch der Studierenden; s StJ/Münzberg Rn 48) und die Gründung sowie Einrichtung eines Betriebs, der noch keine Einnahmen bringt (LG Hannover NJW 53, 1717); mit alsbaldiger Aufnahme der neuen Erwerbstätigkeit muß jedoch sicher zu rechnen sein; bloße Möglichkeit künftiger Berufsausübung allein genügt nicht (s auch StJ/Münzberg aaO). **Juristische Personen** und **Handelsgesellschaften** (OHG, KG) gehören als solche nicht zu dem geschützten Personenkreis; Schutz nach Nr 5 besteht gleichwohl, wenn deren Inhaber in solcher Rechtsform aus persönlicher Arbeit Erwerb ziehen, so wenn der Geschäftsführer einer GmbH alleiniger Gesellschafter ist und seinen Unterhalt überwiegend aus persönlicher Arbeit für die GmbH zieht (StJ/Münzberg Rn 43) oder wenn alle Gesellschafter einer OHG (auch KG oder BGB-Gesellschaft, AG Bersenbrück DGVZ 92, 78) ihren Erwerb aus körperlicher Arbeit im Gewerbebetrieb der OHG ziehen (Oldenburg NJW 64, 505).

d) Unpfändbar sind die zur **Fortsetzung** der geschützten **Erwerbstätigkeit erforderlichen** 27
(BGH NJW 93, 921 [922 reSp]) **Gegenstände,** mithin was der Schuldner zur Fortführung seiner bisherigen Erwerbstätigkeit notwendig braucht (Unentbehrlichkeit ist nicht verlangt). Das können sein Arbeitskleidung, Hilfsmittel für den Weg zur Arbeitsstätte oder den Besuch von Kunden, so Fahrrad, Kfz, Lieferwagen, damit auch das Fahrzeug des Arbeitnehmers für die täglichen Fahrten von der Wohnung zum Arbeitsplatz und zurück (Hamm MDR 84, 55 = OLGZ 84, 368; LG Heilbronn NJW 88, 148; LG Rottweil DGVZ 93, 57; nicht aber bei zumutbarer Benutzung öffentlicher Verkehrsmittel, LG Stuttgart DGVZ 86, 78) oder für tägliche Fahrt einer alleinerziehenden Schuldnerin zum Tagesheim ihres 8jährigen Sohnes, die Berufsausübung ermöglicht (LG Tübingen DGVZ 92, 137), Werkzeuge, Maschinen und Geräte, die zur Unterstützung, Ergänzung oder Verbesserung der menschlichen Arbeitsleistung gebräuchlich sind, gleich, ob sie vom Schuldner selbst oder von seinen Gehilfen benutzt werden, wie insbes Werkzeuge eines Handwerksbetriebs (s LG Verden DGVZ 73, 92; Beispiele: Bohrmaschine eines Schlossers, Holzbearbeitungsmaschine eines Schreiners), aber auch die zur Verarbeitung bestimmten Rohstoffe (Materialvorräte). Pfändbar sind dagegen ebenso wie die Waren eines (Voll- oder Minder-)Kaufmanns (Köln DGVZ 68, 164 [Einzelhändler]; LG Düsseldorf DGVZ 85, 74 = JurBüro 85, 788; LG Göttingen DGVZ 94, 89 = JurBüro 95, 160 [kleines Bekleidungsgeschäft]; LG Kassel JurBüro 96, 215 [Einzelhändler]; LG Lübeck DGVZ 82, 78; LG Münster DGVZ 68, 189; StJ/Münzberg Rn 53; enger Frankfurt DGVZ 60, 125; vgl auch Rn 28 „Waren") die zur Veräußerung bestimmten Warenbestände (Fertig- oder Rohfabrikate) eines Gewerbetreibenden (aA LG Tübingen DGVZ 76, 28: Pfändungsschutz, soweit der Schuldner auf den Erlös für seinen Lebensunterhalt angewiesen ist). Wechselgeld eines Gewerbetreibenden ist zur Fortsetzung der Erwerbstätigkeit notwendig, somit zu belassen (daher keine Kahlpfändung bei Kassenpfändung, LG Heidelberg DGVZ 71, 138; AG Horbach DGVZ 89, 78 [für kleine Gaststätte]; für Freibetrag nach Nr 2 hingegen LG Berlin DGVZ 57, 94 und Paschold DGVZ 74, 22; für volle Pfändung des Kassenbestands AG Limburg DGVZ 73, 173). Was **erforderlich** ist, bestimmt sich nach den Bedürfnissen des arbeitenden Schuldners im Einzelfall sowie nach wirtschaftlichen und betrieblichen Erwägungen (näher StJ/Münzberg

Rn 50), insbes nach Art und Umfang der Tätigkeit oder des Betriebs, Lage der Betriebsstätte. Erforderlich sind alle zur Fortsetzung der Erwerbstätigkeit benötigten Sachen, mögen sie zur Zeit der Pfändung vom Schuldner oder seinen Leuten schon benutzt sein oder nicht. Beispiel: Ein Arbeiter erwirbt für Fahrten zu und von seiner Arbeitsstelle unter Verkauf seines Fahrrads ein Motorrad. Das Motorrad wird gepfändet, bevor es in Benutzung genommen wird. Es ist unpfändbar. Dazu gehören Geräte und Materialvorräte, die branchenüblich sind und Konkurrenzfähigkeit gewährleisten (LG Hamburg DGVZ 84, 26; AG Bln-Charlottenburg DGVZ 78, 92; AG Bersenbrück DGVZ 90, 78 für Personal-Computer eines Versicherungskaufmanns). Einem Berufsmusiker können auch mehrere Musikinstrumente zur Berufsausübung zu belassen sein (AG Mönchengladbach DGVZ 74, 29). Der Gegenstand muß zur Fortsetzung „dieser" Erwerbstätigkeit erforderlich sein; das soll Fortsetzung in bisheriger Weise ermöglichen, der Schuldner kann daher weder auf betriebliche Neuorganisation (Modernisierung) noch auf alleinige Fortführung seiner Arbeit mit persönlicher Leistung ohne Gehilfen und moderne technische Hilfsmittel verwiesen werden, auch nicht auf veraltete (primitivere) Arbeitsweise, die anderwärts noch üblich ist (LG Bochum DGVZ 82, 43; AG Bersenbrück aaO).

28 e) **Entscheidungen** (s auch Rn 27)**: aa) Unpfändbar** können sein (s aber auch Rn 3):

• **Ausstellungsstücke** eines Küchenstudios (in angemessenem Umfang, LG Saarbrücken DGVZ 88, 159);

• **Bandsäge,** Hobelmaschine und Abrichtmaschine eines Tischlers (Marienwerder JW 30, 3108);

• **Baugerüst**, desgl Baustellenzubehör, Bauwerkzeuge und kleinere Baumaschinen eines kleineren Bauunternehmers (AG Schönau DGVZ 74, 61; für Baugerüst aA Kiel OLG 20, 351);

• **Beleuchtungskörper** im Wartezimmer eines Arztes, Zahnarztes usw (KG OLG 25, 180);

• **Biervorrat** (geringere Menge) eines (kleinen) Gastwirts (Dresden HRR 37 Nr 1260);

• **Bohrmaschine** eines Schlossers (Darmstadt OLG 15, 165 Fußn);

• **Bücher** einer Leihbücherei (DGVZ 38, 90; aA LG Düsseldorf MDR 64, 63);

• **Computer** s Personal-Computer;

• **Drehorgel** für eine (unpfändbare) Schiffschaukel (Dresden OLG 19, 6);

• **Diktiergerät** eines Rechtsanwalts (LG Mannheim MDR 66, 516 = Rpfleger 66, 269);

• **Einrichtungsgegenstände** eines Pensionats oder Zimmervermieters, der Mietern gegenüber zur Leistung persönlicher Dienste verpflichtet ist (KG JW 37, 3050 u MDR 52, 627); anders für Führung eines größeren Pensionsbetriebs (LG Bielefeld NJW 58, 1192);

• **Fahrrad** eines Berufstätigen (Braunschweig NJW 52, 751; unpfändbar nach Nr 1, auch wenn Nr 5 nicht zutrifft) sowie eines Handwerkers (zum Besuch der Kunden; München OLG 29, 213);

• **Falzmaschine** eines Druckers (LG Hamburg DGVZ 84, 26);

• **Fernsehgerät** einer kleinen Gastwirtschaft (LG Lübeck DGVZ 56, 28 = SchlHA 56, 174; aA LG Lübeck SchlHA 58, 174; Münch NJW 58, 133);

• **Fleischwolf** und Fleischkutter eines Schlachters (RG Warn 1921 Nr 28; Braunschweig MDR 53, 741);

• **Fotokopiergerät** eines Architekten (LG Frankfurt DGVZ 95, 58) und eines Rechtsanwalts (aA AG/LG Berlin DGVZ 85, 142; nicht überzeugend);

• **Fotopapier** eines Fotokaufmanns, der selbst Entwicklungen vornimmt (AG Melsungen DGVZ 78, 92);

• ein **Gartenzwerg** (der nicht Grundstückszubehör ist; sonst § 865 II) nur ausnahmsweise (Wieser NJW 90, 1971);

• **Geflügel** einer (gewerbsmäßigen) Geflügelhaltung zu Erwerbszwecken (genießt nicht Schutz als Landwirtschaftsbetrieb nach Nr 4; s Rn 19) bei Erwerbsziehung durch persönliche Arbeit (Rn 24–26) und Erforderlichkeit zur Fortsetzung der Erwerbstätigkeit (Rn 27; aA LG Göttingen NdsRpfl 57, 74 [320 Junghennen einer Geflügelzucht als „Kapitalwert" pfändbar]). Persönliche Arbeit hat München DGVZ 33, 37 bejaht bei einer mit 200 Hühnern besetzten Farm; erst recht gilt dies für Kleinbetrieb mit 50 Hühnern. Eine Pfändung, die dem Schuldner zwar die Möglichkeit läßt, mit den paar Hühnern weiterzuarbeiten, die aber eine Lahmlegung des bisherigen Betriebs durch Aufhebung der Rentabilität zur Folge hat, überschreitet die für Erforderlichkeit zur Fortsetzung der persönlichen Erwerbstätigkeit zu wahrende Grenze. Es wird deshalb nötigenfalls unter Einholung von Gutachten zu prüfen sein, wo diese Grenze verläuft. Demgegenüber hat das OLG München den ganzen Hühnerbestand von 200 Stück als unentbehrlich bezeichnet, das LG Halle einem Gesamtbestand von 800 Hühnern die Erforderlichkeit zugebilligt und das OLG Dresden bei einem Gesamtbestand von 300 Hühnern die Entbehrlichkeit einzelner Tiere verneint (DGVZ 39, 200). Geflügelhaltung für den Hausbedarf begründet Unpfändbarkeit nach Nr 3 (Rn 18).

• **Handwagen** eines Tapezierers (Breslau OLG 20, 352), Malers, Schreiners usw;

• **Hochdruckreiniger** in einer Kfz-Werkstätte (LG Bochum DGVZ 82, 43);

• **Kamera** (mit Weitwinkel- u Teleobjektiv) eines Photographen (München OLG 20, 352; AG Köln DGVZ 68, 90 = JMBlNW 68, 19);

• **Klavier** und **Noten** eines Musiklehrers (Hamburg OLG 33, 105), auch 2 Flügel bei einem Musiklehrer mit fortgeschrittenen Schülern (KG DGVZ 39, 277), das Klavier in einem Kabarett (KG JW 26, 615 mit Anm Just u 842 L mit Anm Pick);

● **Kraftfahrzeug** eines Vertreters, Reisenden oder Handwerkers, der Kunden besuchen muß (Celle MDR 69, 226 = Rpfleger 68, 290; Hamm Rpfleger 56, 46; KG Rpfleger 58, 225; LG Braunschweig MDR 70, 338; sa Düsseldorf MDR 57, 428: Pfändbarkeit bejaht bei Pkw eines Großhändlers); das Kfz eines Immobilienmaklers (LG Koblenz JurBüro 89, 1470), des Inhabers einer Speisegaststätte (AG Mönchengladbach DGVZ 77, 95) oder kleineren Gastwirtschaft im ländlichen Raum (wenn es für die Beschaffung von Waren, zB auf Großmarkt erforderlich ist, AG Bersenbrück DGVZ 92, 140). Die Unpfändbarkeit eines Kraftfahrzeugs kann sich aus Nr 4, 5 u 12 ergeben. Sie kann bestehen bei Kraftdroschken und Mietwagen, auch wenn der Schuldner Hilfspersonen beschäftigt;

● **Kraftrad** (Motorrad) mit Beiwagen und ein solches ohne Beiwagen für einen Fahschullehrer (AG Berlin DGVZ 39, 139);

● **Kraftwagen** der Arbeiter (LG Traunstein DGVZ 63, 89 = MDR 63, 319) und Angestellten (vgl Rn 27);

● **Ladeneinrichtung** eines Bäckers (KG OLG 39, 77); Ladeneinrichtung und Schnellwaage eines Kleingewerbetreibenden (Darmstadt JW 34, 1740);

● **Lastkraftwagen** eines Transportunternehmers (LG Bonn DGVZ 60, 173 = MDR 60, 770), sowie eines auf dem Lande wohnenden Schweinehändlers (LG Kiel JW 30, 2996); Last- und Lieferkraftwagen in Fuhrbetrieb (Neustadt NJW 51, 80; aA LG Darmstadt NJW 55, 357);

● **Moped** eines Bauarbeiters (Oldenburg MDR 62, 486);

● **Motor** für Bedienung einer Schnellpresse (KG OLG 5, 453 Fußn); anders Kassel OLG 15, 9: Lokomobile zum Antrieb einer Dreschmaschine und Kreissäge ist pfändbar;

● **Nähmaschine** einer Schneiderin und Zwischenmeisterin (LG Berlin DGVZ 39, 121);

● **Personal-Computer** für ein elektrotechnisches Planungsbüro (LG Heilbronn JurBüro 94, 740 = NJW-RR 95, 255 = Rpfleger 94, 370; s auch Rn 27 u 29);

● **Pferde** (ein angemessener Bestand; 9 Pferde) und Vorführwagen einer Reitschule (LG Dresden DGVZ 39, 277); das Pferd eines Altmaterialhändlers zum Transport aufgekaufter Lumpen und Abfälle (München BayZ 26, 159); Pferde eines herumziehenden Zirkusbesitzers, die er selbst vorzuführen pflegt (Kiel OLG 3, 154);

● **Rechenmaschine** eines Architekten (LG Berlin DGVZ 57, 62);

● **Röntgenanlage** eines Zahnarztes nur bedingt (Hamm JMBlNW 53, 40), wenn keine Gelegenheit für ihn besteht, Aufnahmen am selben Ort ohne besondere Umstände machen zu lassen;

● **Sahnespender** einer Ausflugsgaststätte (LG Hildesheim MDR 62, 996);

● **Schreibmaschine** und Vervielfältigungsapparat eines Schriftstellers, Kaufmanns, Handwerkers, Vertreters, wenn der Betrieb mit Schreibarbeit verbunden (Düsseldorf JMBlNW 53, 105); als zulässig angesehen wurde aber Pfändung eines Schreibmaschinentisches, KG DGVZ 38, 74; heute bedenklich);

● **Telefaxgerät** (nicht jedoch bei beschäftigungslosem Versicherungvertreter; FG Saarland DGVZ 95, 171 mit krit Anm Schmittmann);

● **Telefonanrufbeantworter** (LG Düsseldorf DGVZ 86, 44 [45]; LG Mannheim BB 74, 1458; AG Iserlohn DGVZ 75, 63);

● **Tonbandgerät** (LG Göttingen NdsRpfl 59, 36);

● **Vergrößerungsgerät** eines Fotografen (AG Melsungen DGVZ 78, 92);

● **Waren,** die Materialvorrat darstellen (Dresden HRR 37 Nr 1260; LG Düsseldorf DGVZ 85, 74 = JurBüro 85, 788) (nicht somit bei kaufmännischem Warenvertrieb zur Kapitalbeschaffung bestimmte verkaufsbereite Warenvorräte, s Rn 27); so Futterstoffe, die nach Verarbeitung zur Weiterveräußerung bestimmt sind, der Holzvorrat des Stellmachers und der Brettervorrat des Tischlers, auch das Stofflager des Schneiders. Wenn Schuldnertätigkeit nicht auf Kapitalerlös durch kaufmännischen Warenvertrieb ausgerichtet ist, sondern persönliche Arbeitsleistung die Erwerbstätigkeit kennzeichnet, bleiben (nach Nr 5) die zur Fortsetzung dieser Arbeit erforderlichen Waren (Gegenstände in geringem Wert) unpfändbar (vgl StJ/Münzberg Rn 53; LG Düsseldorf aaO; zu allgemein MK/Schilken: verkaufsbereite Waren und angemessener Vorrat unpfändbar, Warenlager pfändbar). Nicht pfändbar nach Nr 5 sind daher Waren, die ein Hausierer mit sich führt, um sie der Kundschaft zu zeigen (Stuttgart NJW 32, 2637), nach AG Köln DGVZ 92, 47 auch in einem kleineren Ladengeschäft eines Minderkaufmanns der für sinnvolle Geschäftsfortführung erforderliche Warenbestand (großzügige Verallgemeinerung wäre durch Nr 5 nicht gedeckt);

● **Wechselgeld** s Rn 27;

● **Zigarren-** und **Zigarettenautomat** an einem Tabakwarengeschäft (LG Wiesbaden JW 36, 3592);

● **Zuchthunde** einer Hundezucht (auch als Nebenerwerbsbetrieb) (AG Itzehoe DGVZ 96, 44).

bb) Pfändbar sind: Der Geldschrank eines Baumeisters, mindestens ein Teil der Stoffvorräte, 29
die sich ein Schneider hält, um sie Kunden zum Kauf anzubieten und dann zu Anzügen zu verarbeiten (KG JW 31, 2142); der Lieferwagen im Schlächterbetrieb, wenn die Anfuhr des Fleisches ohne ihn keine hohen Kosten verursacht (Kiel Recht 37 Nr 339); ein Kraftwagen, dessen sich ein Geschäftsreisender zur Ausübung seiner Tätigkeit bedient hatte, der aber wegen eines Fehlers für den Reisenden unbrauchbar geworden ist; die Pfändung ist zulässig, selbst wenn der Reisende aus dem Erlös des Wagens einen neuen Kraftwagen für seine Tätigkeit

anschaffen will (KG JW 37, 1669). Pfändbar ist ferner eine zum Vermieten bestimmte Dreschmaschine, ein in einem von Ehegatten betriebenen Lohndreschunternehmen verwendeter Mähdrescher (Düsseldorf JMBlNW 68, 18), oder ein Kinoapparat (Karlsruhe JW 30, 3190), sowie das Klavier in einer Gastwirtschaft, sofern es nicht der Gastwirt selbst zur Unterhaltung der Gäste spielt (Stuttgart JW 32, 2097); Orientteppiche eines Anlageberaters (AG München DGVZ 95, 11); Papierpresse und Federwaage eines Altpapierhändlers, wenn die persönliche Tätigkeit des Schuldners im Gegensatz zur Leistung des Gehilfen sowie zur Ausnutzung sachlicher Betriebsmittel nicht überwiegt (AG Schweinfurt JurBüro 77, 1287 m Anm Mümmler); Schreibtisch eines Handelsvertreters (AG Iserlohn DGVZ 75, 63; bedenklich); Hebebühne eines Kfz-Handwerkers (LG Berlin DGVZ 70, 39); Wählautomat eines Immobilienmaklers (LG Düsseldorf DGVZ 86, 44); Anrufbeantworter eines (Polizei)Beamten (LG Berlin NJW-RR 92, 1038 [1039]); Personal-Computer eines Architekten zur Buchführung (LG Frankfurt DGVZ 90, 58), eines Versicherungsagenten (LG Koblenz JurBüro 92, 264), eines Anlageberaters (AG München DGVZ 95, 11) oder der zur Examensvorbereitung und für Arbeiten an einer Dissertation dient (AG Heidelberg DGVZ 89, 15); Sonnenbänke eines (münzbetriebenen) Sonnenstudios (LG Oldenburg DGVZ 93, 12); Video-Filmkassetten eines Video-Filmverleihs (LG Frankfurt NJW-RR 88, 1471; LG Augsburg NJW-RR 89, 1536; AG Dortmund DGVZ 88, 158).

30 **Nr 6:** Die ZwV muß sich gegen die **Witwe** oder minderjährigen **Erben** der in Nr 5 genannten Personen richten. Betreibt die Witwe oder ein Erbe die Erwerbstätigkeit des Verstorbenen persönlich weiter, so fallen sie uU unter Nr 5.

31 **Nr 7: Unpfändbar sind Dienstbekleidungsstücke** (jedoch nicht in unbeschränkter Zahl) jeder zum Tragen von Dienstbekleidung berechtigten und verpflichteten Person, zB Polizei- und Zollbeamte, Gefängnisaufseher. Freiwillig getragene Dienstbekleidung (zB von Privatkraftwagenführern) sind pfändbar. **Beamte:** zB die unmittelbaren und mittelbaren Beamten der Länder, der öffentlichen Körperschaften und der öffentl-rechtlichen Religionsgemeinschaften. Als Beamter ist auch ein gegen feste Vergütung angestellter Postagent anzusehen, der Räume für den Dienstbetrieb zur Verfügung gestellt hat (Breslau JW 34, 1254). **Lehrer** an öffentlichen Lehranstalten: nicht Haus- und Privatlehrer, jedoch Lehrer an einer staatlich anerkannten nichtstaatlichen Unterrichtsanstalt. **Ärzte:** in Deutschland approbiert, auch Zahn- und Tierärzte. Unpfändbar ist nach Nr 7 auch der Kraftwagen eines Land- oder vielbeschäftigten Stadtarztes, nicht aber der Pkw eines in der Großstadt tätigen Hautarztes (FG Bremen DGVZ 94, 14) oder eines Zahnarztes (für Behandlung in der Praxis nicht erforderlich, AG Sinzig NJW-RR 87, 508). Zum Vollstreckungsschutz des Arztes s auch Weimar DGVZ 78, 184. Naturheilkundige fallen unter Nr 5.

32 **Nr 8** sichert die Existenz der Empfänger von **Gehalt, Lohn** oder anderer wiederkehrender Arbeitsvergütung, gleichgültig ob sie in einem öffentlichen oder privaten Dienstverhältnis stehen, und der Empfänger von Renten und Versorgungsbezügen; unter Nr 8 fallen alle wiederkehrenden Einkünfte iS der §§ 850 bis 850b. Der GV muß dem Schuldner, nachdem ihm das Gehalt, der Lohn usw ausgezahlt worden ist, in jedem Fall einen Betrag belassen, der dem unpfändbaren Bezugsanspruch gleichkommt, einerlei aus welcher Zahlung der vorgefundene Geldbetrag stammt. Läßt also der Gläubiger beim Schuldner an dessen Gehaltsauszahlungstag pfänden, so muß ihm genau soviel belassen werden, wie wenn vorher Gehaltspfändung erfolgt wäre. Überweisung wiederkehrender Einkünfte auf das Konto bei einem Geldinstitut: § 850k. Bargeld der Empfänger von Sozialgeldleistungen: § 55 IV SGB (§ 850i Rn 48).

33 **Nr 9:** Schutz gilt für Eigen- und Pacht**apotheke** (auch für Gesellschaft). Geschützt sind Arbeitsmittel (Feinwaage, Mikroskop usw) und Einrichtungsgegenstände (auch Labor- und Büroeinrichtung; Kotzur DGVZ 89, 165). Als Waren geschützt sind Stoffe und verkaufsbereite Arzneimittel (Kotzur aaO), ebenso apothekenübliche Nichtarzneimittel (anders Kotzur aaO). Auch dem Gläubiger sicherungsübereignete Arzneimittel sind unpfändbar (Köln NJW 61, 975; Rn 7).

34 **Nr 10:** Die **Bücher** sind, auch wenn entbehrlich, unpfändbar. **Kirche** ist jede staatlich anerkannte oder geduldete Religionsgemeinschaft. Unpfändbarkeit einer Bibel (Schmuckausgabe): AG Bremen DGVZ 84, 157 (auch keine Austauschpfändung). Unpfändbarkeit eines Kultleuchters für Hausandachten einer jüdischen Familie s Wacke DGVZ 86, 161 [164] mwN; Pfändbarkeit eines Gebetsteppichs AG Hannover DGVZ 87, 31. **Schule:** staatlich oder nichtstaatliche Lehranstalt, auch Fachschule, Fortbildungsschule, Hochschulen jeder Art, Konservatorium.

35 **Nr 11: Haushaltungs- und Geschäftsbücher.** Hierher gehören auch Beibücher, Kontobücher, Quittungen, Belege und der mit Kunden geführte Briefwechsel, auch die Kundenkartei, die einen allgemeinen Wert hat (Frankfurt MDR 79, 316 = OLGZ 79, 338 gegen KG OLG 17, 194). **Familienpapiere:** Urkunden, auch des Standesamts, über die persönlichen Verhältnisse des Schuldners und seiner Familie. Familienbilder sind pfändbar (aA ThP Rn 35: unpfändbar wie Familienpapiere, es sei denn, sie stellen einen selbständigen Vermögenswert dar). **Trauring:** auch wenn er gerade nicht getragen wird oder die Ehe des Schuldners nicht mehr besteht. Der Verlobungsring ist pfändbar (aA StJ/Münzberg Rn 68: unpfändbar, soweit er als Zeichen eines bestehenden

Verlöbnisses getragen wird). **Orden und Ehrenzeichen,** in- und ausländische, auch soweit sie nach dem Tode des Besitzers der Familie verblieben sind. Unpfändbar sind nur die Originale, nicht Verkleinerungen und Nachbildungen.

Nr 12: Künstliche Gliedmaßen usw. Hierher gehören auch Fahrstuhl, Krücken, Perücken, Gebiß, Blindenhund, ein behindertengerechter Büro-Drehstuhl (LG Kiel SchlHA 84, 75), uU auch der Personenkraftwagen des Gebrechlichen (Jena JW 35, 1105; Köln NJW-RR 86, 488 = OLGZ 86, 83; LG Hannover DGVZ 85, 121; AG/LG Lübeck DGVZ 79, 25; AG Germersheim DGVZ 80, 127; anders LG Düsseldorf DGVZ 89, 14 = JurBüro 88, 1581; LG Waldbröl DGVZ 91, 119), ein Kriegsversehrten-Kraftwagen (LG Köln MDR 64, 604; AG Bielefeld DGVZ 72, 126; vgl auch Schmidt-Futterer DAR 61, 219). Hat der Schuldner ein neues Hilfsmittel erworben und im Gebrauch, so ist das alte nicht mehr zum Gebrauch bestimmt, wenn Verkaufsauftrag erteilt ist (Hamm JMBlNRW 61, 235). 36

Nr 13: Bestattungsgegenstände. Vorausgesetzt ist ein Todesfall in der Familie des Schuldners; nicht geschützt sind Beerdigungsanstalten, Sargfabriken usw. Ein Grabdenkmal (Grabstein) fällt nicht unter Nr 13 (Köln DGVZ 92, 116 = JurBüro 91, 1703 [Schutz aber nach § 765a möglich]; LG Wiesbaden NJW-RR 89, 575 unter Aufgabe von DGVZ 84, 119; aA Stuttgart DGVZ 91, 59; LG Oldenburg DGVZ 92, 92; AG Mönchengladbach DGVZ 96, 78; Dillenburger u Pauly DGVZ 94, 180); es ist aber idR aus Pietätsgründen nicht pfändbar (KG JW 35, 2072; AG Miesbach MDR 83, 499; anders [pfändbar] Christmann DGVZ 86, 56); Ausnahme: Pfändung wegen des Werklohnanspruchs des Herstellers (LG Hamburg DGVZ 90, 90; LG Koblenz DGVZ 88, 11; LG Stuttgart aaO [bei Eigentumsvorbehalt]; LG Weiden DGVZ 90, 142; AG Miesbach aaO; AG Wiesbaden aaO; Wacke DGVZ 86, 161 [nur bei Eigentumsvorbehalt]; anders [auch hier nicht pfändbar] LG Oldenburg JurBüro 90, 1680 u DGVZ 92, 92; LG Verden DGVZ 90, 31; AGe Aalen u Walsrode DGVZ 89, 188; AG Kaiserslautern DGVZ 87, 77). Zustimmung der Friedhofsverwaltung ist wegen ihres Gewahrsams (§ 809) erforderlich (Köln aaO; LG Wiesbaden DGVZ 84, 119). 37

V) Ein **Verstoß** gegen § 811 macht die Pfändung nicht unwirksam, sondern nur anfechtbar. 38

VI) Rechtsbehelfe: a) des **Schuldners,** auch wenn er nicht Eigentümer der gepfändeten Gegenstände ist, sie aber benützt (Kiel OLG 3, 154; München OLG 31, 106): Erinnerung nach § 766 (dann § 793); sie ist bis zur Beendigung der Vollstreckung, somit auch nach Versteigerung vor Erlösauszahlung (LG Rottweil DGVZ 93, 57) und auch noch zulässig, solange der Erlös hinterlegt ist (Kiel JW 34, 177). Er muß die Unpfändbarkeit des Gegenstandes beweisen (§ 766 Rn 27). 39

b) des **Gläubigers** wegen Ablehnung seines Pfändungsantrags: § 766 II (dann § 793). 40

c) Dritter: im Falle der Nr 1, 2, 3, 4, 4a, 5 (hierwegen Rn 24; OLG Hamm OLGZ 84, 368), 12 und 13, wenn ihre Rechte (zB Familienangehöriger, KG Rpfleger 57, 415) verletzt sind: § 766 (dann § 793). 41

d) Die **Rechtskraft** einer vor etwa 4 Jahren gem §§ 766, 811 Nr 1 zwischen den Parteien ergangenen Entscheidung steht **neuerliche Prüfung** der Pfändbarkeit wegen **veränderter Sachlage** nicht entgegen. Eine Änderung liegt auch vor, wenn in den abgelaufenen 4 Jahren infolge gehobenen allgem Lebensstandards die Beurteilung sich geändert hat, was zu angemessener, bescheidener Lebens- und Haushaltsführung erforderlich ist (LG Braunschweig NdsRpfl 55, 54). 42

VII) Weitere Pfändungsbeschränkungen: 1) Von der Pfändung ausgeschlossen sind Gegenstände, deren Veräußerung durch den GV ausgeschlossen, zB Aschenurnen, oder ausdrücklich durch Gesetz verboten ist, zB gesundheitsschädliche Lebensmittel, Lose verbotener Lotterien. 43

2) Der Pfändung sind durch besonderes Gesetz ua entzogen **a)** Postsendungen (§ 23 PostG v 3. 7. 1989, BGBl I 1450); **b)** Fahrbetriebsmittel der Eisenbahnen (Ges v 3. 5. 1886, RGBl 131); **c)** bei Austauschpfändung der dem Schuldner überlassene Geldbetrag (§ 811a III); **d)** unter Urheberschutz stehende Originale von Werken, wenn nicht der Urheber oder seine Erben einwilligen, sowie bestimmte Vorrichtungen zur Vervielfältigung von geschützten Werken der bildenden Künste und Photographie (§§ 113 ff UrhG); **e)** Barmittel aus Miet- und Pachtzinsforderungen, die der Schuldner zur laufenden Unterhaltung des Grundstücks braucht (§ 851b I S 2). 44

811a

[Austauschpfändung]

(1) Die Pfändung einer nach § 811 Nr. 1, 5 und 6 unpfändbaren Sache kann zugelassen werden, wenn der Gläubiger dem Schuldner vor der Wegnahme der Sache ein Ersatzstück, das dem geschützten Verwendungszweck genügt, oder den zur Beschaffung eines solchen Ersatzstückes erforderlichen Geldbetrag überläßt; ist dem Gläubiger die rechtzeitige Ersatzbeschaffung nicht möglich oder nicht zuzumuten, so kann die Pfändung mit der Maßgabe zugelassen werden, daß dem Schuldner der zur Ersatzbeschaffung erforderliche Geldbetrag aus dem Vollstreckungserlös überlassen wird (Austauschpfändung).

(2) Über die Zulässigkeit der Austauschpfändung entscheidet das Vollstreckungsgericht auf Antrag des Gläubigers durch Beschluß. Das Gericht soll die Austauschpfändung nur zulassen, wenn sie nach Lage der Verhältnisse angemessen ist, insbesondere wenn zu erwarten ist, daß der Vollstreckungserlös den Wert des Ersatzstückes erheblich übersteigen werde. Das Gericht setzt den Wert eines vom Gläubiger angebotenen Ersatzstückes oder den zur Ersatzbeschaffung erforderlichen Betrag fest. Bei der Austauschpfändung nach Absatz 1 Halbsatz 1 ist der festgesetzte Betrag dem Gläubiger aus dem Vollstreckungserlös zu erstatten; er gehört zu den Kosten der Zwangsvollstreckung.

(3) Der dem Schuldner überlassene Geldbetrag ist unpfändbar.

(4) Bei der Austauschpfändung nach Absatz 1 Halbsatz 2 ist die Wegnahme der gepfändeten Sache erst nach Rechtskraft des Zulassungsbeschlusses zulässig.

1 **I) Zweck:** Möglichkeit des Zugriffs auf den (Mehr-)Wert einer unpfändbaren Sache, wenn der Schutzzweck (Verwendungszweck) des § 811 durch Bereitstellung eines geringerwertigen Ersatzstücks erfüllt werden kann (sog Austauschpfändung).

2 **II) Voraussetzungen: 1) Zulassung** durch das Vollstreckungsgericht (Abs 1 Hs 1) vor Pfändung (vorläufige Austauschpfändung § 811b). Zugelassen werden kann die Austauschpfändung **nur für die nach § 811 Nr 1, 5 und 6 unpfändbaren Sachen.** Entsprechende Anwendung auf andere Fälle des § 811 ist wegen der enumerativen Aufzählung der Ausnahmen vom Pfändungsverbot ausgeschlossen (für Schmuckausgabe einer Bibel, § 811 Nr 10: AG Bremen DGVZ 84, 157). Ergibt sich die Unpfändbarkeit nicht nur aus Nr 1, 5 oder 6, sondern auch aus einer anderen Bestimmung des § 811, geht die Unpfändbarkeit vor (anders Köln NJW-RR 86, 488 = OLGZ 86, 83: Austauschpfändung für Pkw nach § 811 Nr 12 zulässig; dazu auch Schneider MDR 86, 726).

3 2) Zulassung erfordert **Ersatzleistung,** die dem geschützten Verwendungszweck genügt. Sie kann erfolgen dadurch, daß der Gläubiger dem Schuldner ein (gebrauchtes oder neu beschafftes) **Ersatzstück überläßt** oder den zur Beschaffung eines Ersatzstücks erforderlichen **Geldbetrag zur Verfügung stellt,** ausnahmsweise auch dadurch, daß der zur Ersatzbeschaffung erforderliche Geldbetrag dem Schuldner (erst) aus dem Versteigerungserlös überlassen wird (Abs 1). Ein Ersatzstück genügt dem geschützten Verwendungszweck, wenn er in bescheidener, der Verschuldung angemessener Weise erreicht werden kann. Das Ersatzstück braucht nicht notwendig derselben Art (Kleinempfänger statt Großsuper; LG Kassel MDR 51, 53) zu sein (daher zulässig Bett mit Matratze statt Schlafcouch, Celle NdsRpfl 51, 101; uU Fahrrad oder Motorrad für Personenwagen). Eine Einschränkung, die zu einer unwirtschaftlichen, unzeitgemäßen Lebenshaltung oder Arbeitsweise nötigt (zB Petroleumlampe statt elektrischem Beleuchtungskörper) kann dem Schuldner jedoch nicht zugemutet werden. Auch muß die Ersatzsache nach Güte (aA MK/Schilken Rn 5) und Haltbarkeit der Pfandsache entsprechen (StJ/Münzberg Rn 3). Die Überlassung muß durch Eigentumsübertragung erfolgen (Rn 11); nur leihweise Überlassung eines Ersatzstücks wird dem geschützten Verwendungszweck nicht genügen. Ersatzleistung durch Überlassung eines Geldbetrags aus dem Versteigerungserlös kann nur angeordnet werden, wenn dem Gläubiger die rechtzeitige Beschaffung eines Ersatzstücks nicht möglich ist (Abs 1 Hs 2). Dies wird dann der Fall sein, wenn der Gläubiger nach seinen eigenen Verhältnissen nicht in der Lage ist, die für die Beschaffung eines Ersatzstücks notwendigen Mittel aufzubringen, oder wenn ihm die Ersatzbeschaffung sonst nach Sachlage nicht zumutbar ist.

4 3) Die Austauschpfändung muß nach Lage der Verhältnisse **angemessen** sein; insbes muß zu erwarten sein, daß der voraussichtliche Versteigerungserlös (nicht der Schätz- oder Marktwert des Gegenstands) den Wert des Ersatzstücks wesentlich übersteigt (Abs 2 S 2), der Unterschiedsbetrag somit dem Gläubiger eine nennenswerte Befriedigung sichert (LG Mainz NJW-RR 88, 1150). Daß der Unterschiedsbetrag die (uU hohe) Vollstreckungsforderung des Gläubigers nennenswert deckt, ist dagegen nicht erforderlich. Nicht angemessen ist die Austauschpfändung, wenn der Schuldner noch pfändbare Sachen besitzt, deren Verwertung voraussichtlich Befriedigung des Gläubigers ermöglicht.

5 4) Zu beurteilen sind die Voraussetzungen für Zulässigkeit der Austauschpfändung nach dem **Zeitpunkt** der sonst unzulässigen Pfändung (Düsseldorf JMBlNW 60, 218; § 811 Rn 9).

6 **III) Zulassung: 1) Zuständig** (ausschließlich, § 802) ist das Vollstreckungsgericht (§ 764; dort auch zur örtlichen Zuständigkeit); es entscheidet der Rechtspfleger (§ 20 Nr 17 RpflG).

7 2) Die Entscheidung des Vollstreckungsgerichts ergeht auf **Antrag** des Gläubigers (Abs 2 S 1), der keinem Anwaltszwang unterliegt (§ 78 III). Der Antrag hat die Ersatzleistung (Rn 3), somit auch eine als Ersatzstück angebotene Sache, bestimmt zu bezeichnen; er kann (muß aber nicht) den zur Ersatzbeschaffung erforderlichen Betrag ziffernmäßig begrenzen. Die für den Beginn der ZwV erforderlichen Urkunden müssen beigefügt werden, sonach (zugestellter) Vollstreckungstitel mit -klausel, ggfs auch Nachweis der Sicherheitsleistung usw.

3) Die **Entscheidung** kann ohne mündliche Verhandlung ergehen (§ 764 III). Dem Schuldner ist jedoch **rechtliches Gehör** zu gewähren (Art 103 I GG); ohne vorherige Anhörung des Schuldners kann entschieden werden, wenn der Vollstreckungserfolg gefährdet wäre (vgl § 758 Rn 19). Das Verfahren folgt den allgemeinen Grundsätzen des ZPO-Verfahrens. Es ist vom Beibringungsgrundsatz beherrscht mit Darlegungs- und Beweislast des Gläubigers (s § 766 Rn 27); den Schuldner trifft die Beweislast für außergewöhnliche Umstände, die eine Unangemessenheit begründen könnten (StJ/Münzberg Rn 11). Glaubhaftmachung genügt nicht. Eignung und Wert des vom Gläubiger angebotenen Ersatzstücks hat das Vollstreckungsgericht zu prüfen. Einvernehmen der Parteien ersetzt die Voraussetzungen der Austauschpfändung (als Ausnahme zu dem von Amts wegen zu beachtenden Pfändungsverbot) nicht. Freie Beweiswürdigung (§ 286) gestattet Verwertung der Lebenserfahrung; über Wertfragen entscheidet das Gericht unter Würdigung aller Umstände nach freier Überzeugung (§ 287 entsprechend); kostspieliger Sachverständigenbeweis sollte unterbleiben. Es besteht Bindung an den Antrag (§ 308 I), so daß keine andere als die verlangte Ersatzleistung bestimmt und der bezifferte Ersatzbetrag nicht überschritten werden kann. Ist beantragte Austauschpfändung nach Lage der Verhältnisse nicht angemessen, muß der Antrag zurückgewiesen werden. 8

4) Das Vollstreckungsgericht entscheidet durch **Beschluß** (Abs 2 S 1). Läßt es die Pfändung zu, ist die zu pfändende Sache zu bezeichnen, die Art der Ersatzleistung zu bestimmen (somit auch das zu überlassende Ersatzstück genau zu bezeichnen) und der Wert des Ersatzstücks oder der zur Ersatzbeschaffung erforderliche Geldbetrag festzusetzen; der Beschluß ist zu begründen. Die Bestimmung des Ersatzstücks nur der Gattung nach wird dann als zulässig angesehen, wenn ein fabrikneues Stück aus einer näher zu bezeichnenden Fertigungsserie überlassen werden soll. Zulässig ist es auch, Überlassung eines Ersatzstücks oder (wahlweise) des zur Beschaffung erforderlichen Geldbetrags zuzulassen. Der zur Beschaffung erforderliche Geldbetrag ist nach den zeitlichen und örtlichen Erwerbspreisen zu bestimmen; Erwerbskosten (Transportkosten) und besondere Erwerbsmöglichkeiten (Rabattkauf) sind zu berücksichtigen. Der Beschluß wird dem Gläubiger und Schuldner zugestellt. Bei Ablehnung erfolgt Zustellung an den Gläubiger und Mitteilung an den Schuldner; wenn der Schuldner nicht gehört wurde, unterbleibt Zustellung (Mitteilung) an ihn. Kosten: § 788 III (§ 788 Rn 26). 9

IV) Vollstreckung: 1) Mit Erlaß (nicht erst mit Rechtskraft) des zulassenden Beschlusses **wird die** (bis dahin unpfändbare) **Sache** beim Schuldner **pfändbar.** Bei Austauschpfändung mit Überlassung des für Ersatzbeschaffung erforderlichen Geldbetrags aus dem Versteigerungserlös muß die gepfändete Sache vor Rechtskraft des Beschlusses dem Schuldner jedoch auch dann belassen werden, wenn sonst Wegnahme erforderlich wäre (Abs 4 mit Abs 1 Hs 2). 10

2) Ein **Ersatzstück** muß dem Schuldner spätestens bei Wegnahme der Pfandsache **überlassen werden.** Prüfung, ob die Ersatzleistung dem Beschluß entspricht, erfolgt durch den GV. Der Schuldner erwirbt das Eigentum an dem Ersatzstück auf Grund rechtsgeschäftlicher Übereignung nach §§ 929 ff BGB. Der Gläubiger ist verpflichtet, Eigentum und unmittelbaren Besitz zu verschaffen. Jedoch darf die Eigentums- und Besitzverschaffung nicht von dem Verhalten des Schuldners abhängig sein. In entsprechender Anwendung des Grundgedankens des § 756 ist der Gläubiger auch durch ordnungsgemäßes Angebot seiner Verschaffungspflicht nachgekommen; die Voraussetzungen der Pfändung sind damit gegeben (StJ/Münzberg Rn 26 mit Nachw). Dem Schuldner werden wegen eines Mangels des Ersatzstückes (Rechts- und Sachmängel) auf der Grundlage eines gesetzlichen Schuldverhältnisses Ansprüche nach Maßgabe des Kaufrechts zuzubilligen sein (vgl Dresden JW 34, 3307; Ritter JW 37, 1673). Rücktritt und Wandlung werden jedoch nicht in Betracht kommen (vgl Böhle-Stamschräder NJW 53, 1450). 11

3) Bei Zulassung der Austauschpfändung mit der Maßgabe, daß dem Schuldner der zur Ersatzbeschaffung erforderliche **Geldbetrag aus dem Versteigerungserlös** überlassen wird, muß der Schuldner die Wegnahme der Sache zur Durchführung der Verwertung zulassen, ohne daß ihm das Ersatzstück oder der zur Beschaffung eines solchen Ersatzstücks erforderliche Geldbetrag sogleich zur Verfügung steht. Zum Schutz des Schuldners bestimmt daher Abs 4, daß in diesem Fall die Wegnahme erst nach Rechtskraft des Zulassungsbeschlusses zulässig ist. Den aus dem Versteigerungserlös zur Ersatzbeschaffung zu überlassenden Geldbetrag hat der GV zu entnehmen und dem Schuldner zu übergeben. 12

4) Wenn der Gläubiger das Ersatzstück gestellt oder den Ersatzbetrag geleistet hat, gehört der vom Gericht festgestellte Wert oder Betrag (soweit geleistet) zu den **Kosten der ZwV.** Er ist dem Gläubiger aus dem Versteigerungserlös vorweg zu erstatten (Abs 2 S 3). 13

5) Die **Ersatzleistung ist unpfändbar,** und zwar bei Leistung eines Ersatzstückes oder Beschaffung aus dem Ersatzbetrag nach § 811 Nr 1, 5 oder 6, als Geldbetrag nach Abs 3. 14

15 **V) Rechtsbehelfe:** 1) Gegen den Beschluß des Gerichts befristete Rechtspflegererinnerung (§ 11 I S 2 RpflG) bzw sofortige Beschwerde (§ 793), dann weitere sofortige Beschwerde nach Maßgabe von § 568 II. Gegen das Vollstreckungsverfahren des GV: § 766 (dann § 793).

16 **VI) Kosten des Verfahrens** nach § 811a: § 788 III; § 123 GVGA.

17 **VII) Gebühren: 1)** des **Gerichts:** Keine. – **2)** des **Anwalts:** § 58 III Nr 4 BRAGO. – **3)** des **Gerichtsvollziehers:** Austauschpfändung (§ 123 GVGA) ist Pfändung bewegl Sachen, für die die volle Pfändungsgebühr des § 17 I GVKostG anfällt.

811b *[Vorläufige Austauschpfändung]*

(1) Ohne vorgängige Entscheidung des Gerichts ist eine vorläufige Austauschpfändung zulässig, wenn eine Zulassung durch das Gericht zu erwarten ist. Der Gerichtsvollzieher soll die Austauschpfändung nur vornehmen, wenn zu erwarten ist, daß der Vollstreckungserlös den Wert des Ersatzstückes erheblich übersteigen wird.

(2) Die Pfändung ist aufzuheben, wenn der Gläubiger nicht binnen einer Frist von zwei Wochen nach Benachrichtigung von der Pfändung einen Antrag nach § 811a Abs. 2 bei dem Vollstreckungsgericht gestellt hat oder wenn ein solcher Antrag rechtskräftig zurückgewiesen ist.

(3) Bei der Benachrichtigung ist dem Gläubiger unter Hinweis auf die Antragsfrist und die Folgen ihrer Versäumung mitzuteilen, daß die Pfändung als Austauschpfändung erfolgt ist.

(4) Die Übergabe des Ersatzstückes oder des zu seiner Beschaffung erforderlichen Geldbetrages an den Schuldner und die Fortsetzung der Zwangsvollstreckung erfolgen erst nach Erlaß des Beschlusses gemäß § 811a Abs. 2 auf Anweisung des Gläubigers. § 811a Abs. 4 gilt entsprechend.

1 **I)** Ohne die nach § 811a vorgängige Entscheidung des Vollstreckungsgerichts ist eine **vorläufige Austauschpfändung** zulässig, wenn eine Zulassung durch das Gericht zu erwarten ist (Beispiel München JurBüro 83, 1418 = OLGZ 83, 325: goldene Armbanduhr). Die vorläufige Austauschpfändung obliegt dem GV als dem zuständigen Vollstreckungsorgan. In Abs 1 S 2 ist noch einmal ausdrücklich hervorgehoben, daß die vorläufige Austauschpfändung nur vorzunehmen ist, wenn zu erwarten ist, daß der Vollstreckungserlös den Wert des Ersatzstücks erheblich übersteigt (bei ca 150 DM Erlös für ein Farbfernsehgerät nicht der Fall, LG Düsseldorf DGVZ 95, 43; sicher auch nicht bei 500 DM erwartetem Erlös für ein Fernsehgerät; aA LG Berlin DGVZ 91, 91; bedenklich). Bei der vorläufigen Austauschpfändung darf die Pfändung nach § 808 nur in der Weise bewirkt werden, daß die Sache im Gewahrsam des Schuldners belassen wird. Gegen das Verfahren des GV ist Erinnerung nach § 766 zulässig.

2 **II)** Der GV hat die **Pfändung aufzuheben,** wenn der Gläubiger nicht binnen 2 Wochen nach Benachrichtigung einen Antrag nach § 811a II gestellt hat oder wenn ein solcher Antrag rechtskräftig zurückgewiesen ist (Abs 2). Die Benachrichtigung ist formlos vorzunehmen; Hinweispflicht des GV: Abs 3. Der Zeitpunkt des Zugangs der Benachrichtigung bestimmt sich nach § 270 II. Der Nachweis der rechtzeitigen Antragstellung beim Vollstreckungsgericht obliegt dem Gläubiger, der Nachweis der rechtskräftigen Zurückweisung des Antrags dem Schuldner. Wegen Versäumung der Zweiwochenfrist ist Wiedereinsetzung nach § 233 nicht zulässig (keine Notfrist).

3 **III)** Die **Übergabe** eines dem GV zur Verfügung gestellten Ersatzstückes oder des zu einer Beschaffung erforderlichen Geldbetrages darf erst nach Zulassung der Austauschpfändung durch das Vollstreckungsgericht und auf Anweisung des Gläubigers erfolgen. Auch darf die ZwV nur auf besondere Anweisung des Gläubigers fortgesetzt werden. Ist die Pfändung mit der Maßgabe zugelassen, daß dem Schuldner der zur Ersatzbeschaffung erforderliche Geldbetrag aus dem Vollstreckungserlös überlassen wird, so darf die ZwV erst nach Rechtskraft des Zulassungsbeschlusses fortgesetzt werden. Die Fortsetzung bedarf aber auch hier einer besonderen Anweisung des Gläubigers.

4 **IV) Kosten des Verfahrens** nach § 811b: § 788 III. Verfahren des GV s § 124 GVGA.

811c *[Unpfändbarkeit von Tieren]*

(1) Tiere, die im häuslichen Bereich und nicht zu Erwerbszwecken gehalten werden, sind der Pfändung nicht unterworfen.

(2) Auf Antrag des Gläubigers läßt das Vollstreckungsgericht eine Pfändung wegen des hohen Wertes des Tieres zu, wenn die Unpfändbarkeit für den Gläubiger eine Härte bedeuten würde, die auch unter Würdigung der Belange des Tierschutzes und der berechtigten Interessen des Schuldners nicht zu rechtfertigen ist.

I) **Zweck:** Tierschutz mit eigenständiger Unpfändbarkeit von Tieren im häuslichen Bereich. 1

II) **Unpfändbar** sind nach Abs 1 **Tiere** (jeder Art), die im **häuslichen Bereich,** somit in räumlicher Nähe zum Schuldner (daher auch im Hausgarten, in der Zweitwohnung, im Wohnwagen) gehalten werden (hierzu Lorz MDR 90, 1057 [1060]; Hornung Rpfleger 84, 125 [127]), ohne Rücksicht auf ihren Wert. Grund: Der Tierschutzgedanke (§ 765a Rn 10a) schließt Eingriff in die engen Beziehungen zwischen Schuldner und seinem Tier mit Pfändung aus. Schutz besteht auch für ein Tier, das der Schuldner nur vorübergehend (in Pflege usw) hält (Gewahrsam als Pfändungserfordernis § 808 Rn 3), weil auch dann das Tier von ihm als Tierhüter „im häuslichen Bereich" gehalten wird (aA StJ/Münzberg Rn 3; BL/Hartmann Rn 1 mit Hinweis auf den wegen des anderen Normzwecks nicht vergleichbaren Tierhalter des § 833 BGB). Ausnahme: Tiere, die zu Erwerbszwecken gehalten werden (Nutztiere; bei der Tierhaltung stehen wirtschaftliche Erwägungen im Vordergrund, Lorz aaO); für sie kann Pfändungsschutz nach § 811 Nr 5 bestehen. Für Wachhunde kommt auch § 811 Nr 4–7, für Blindenhunde § 811 Nr 12 in Betracht. 2

III) **Zuzulassen** hat das Vollstreckungsgericht die Pfändung eines im häuslichen Bereich gehaltenen wertvollen Tiers ausnahmsweise (keine Kannvorschrift), wenn die Unpfändbarkeit für den Gläubiger eine Härte bedeuten würde, die auch unter Würdigung der Belange des Tierschutzes und der berechtigten Schuldnerinteressen nicht zu rechtfertigen ist (Abs 2). Beispiele (BT-Drucks 11/5463 S 7): wertvolle Reitpferde (nicht aber ein 20jähriges Pferd, das sein „Gnadenbrot" erhält, AG Paderborn DGVZ 96, 44), Rassehunde, seltene Tierarten. Grund (BT-Drucks aaO): Ausgleich der wechselseitigen Interessen des Gläubigers und Schuldners sowie der Belange des Tierschutzes rechtfertigen in einem solchen Fall Unpfändbarkeit nicht. Hoher (materieller, nicht ideeller) Wert setzt voraus, daß ein Erlös zu erwarten ist, der die (bis 1990 in § 811 Nr 14 festgelegte) Wertgrenze von 500 DM beträchtlich übersteigt. Abwägung von Gläubigerinteressen und Belangen des Tierschutzes hat nach allen Umständen des Einzelfalls zu erfolgen; „unbillige" Härte ist nicht verlangt, auch das Fehlen einer anderweitigen Vollstreckungsmöglichkeit bedeutet nicht stets eine Härte für den Gläubiger (BT-Drucks 11/7369 S 8). Unpfändbarkeit, die auf anderem Grund (s Rn 2) beruht, kann nicht nach Abs 2 mit Zulassung einer Pfändung aufgehoben werden. 3

IV) **Verfahren.** 1) Zuständig (ausschließlich, § 802) ist das Vollstreckungsgericht (§ 764; dort auch zur örtlichen Zuständigkeit); es entscheidet der Rechtspfleger (§ 20 Nr 17 RpflG). 4

2) Die Entscheidung ergeht auf **Antrag** des Gläubigers. Der Antrag unterliegt keinem Anwaltszwang (§ 78 III). 5

3) Die **Entscheidung** kann ohne mündliche Verhandlung ergehen (§ 764 III). Dem Schuldner ist jedoch rechtliches Gehör zu gewähren (Art 103 I GG; Ausnahme wie § 811a Rn 8). Es gelten die allgemeinen Grundsätze des ZPO-Verfahrens (§ 766 Rn 27). Es ist vom Beibringungsgrundsatz beherrscht mit Darlegungs- und Beweislast des Gläubigers für den hohen Wert des Tieres und die Umstände, die Härte begründen (§ 766 Rn 27). 6

4) Entschieden wird durch **Beschluß;** er ist zu begründen. Kosten: § 788 I (nicht Abs 3); daher (bei stattgebender wie ablehnender Entscheidung) kein Kostenausspruch. Der Beschluß wird bei Ablehnung dem Gläubiger zugestellt und dem (angehörten) Schuldner mitgeteilt, bei Anordnung der Pfändung erfolgt Mitteilung an den Gläubiger und Zustellung an den (angehörten) Schuldner (§ 329 II, III). 7

5) **Pfändbar** wird das Tier mit Erlaß (Wirksamwerden) des zulassenden Beschlusses, nicht erst mit dessen Rechtskraft. Bis dahin besteht Unpfändbarkeit nach Abs 1. Gleichwohl kann das Tier nach § 811d bereits vorweg gepfändet werden, wenn Zulassung der Pfändung nach Abs 2 zu erwarten ist. Dann jedoch ist das Tier im Schuldnergewahrsam zu belassen, somit bis zur Zulassung auch Pfandverwertung ausgeschlossen und die Pfändung aufzuheben, wenn nicht binnen eines Jahres Pfändbarkeit mit Zulassung eingetreten ist. 8

V) **Rechtsbehelfe:** Für Gläubiger, wenn der GV Pfändung wegen Abs 1 ablehnt, und für Schuldner, wenn GV unter Verstoß gegen Abs 1 pfändet (Pfändung ist bis zur Aufhebung wirksam): § 766 (dann § 793). Gegen den Beschluß nach Abs 2 (auch bei Ablehnung des Antrags): § 793, somit befristete Rechtspflegererinnerung nach § 11 I S 2 RpflG. 9

VI) **Zugelassen** ist die Pfändung **nur für den Gläubiger,** auf dessen Antrag (in dessen ZwV-Sache) die Bestimmung getroffen ist (Grundsatz der Einzelvollstreckung, vor § 704 Rn 21). Pfändung (auch als Anschlußpfändung, § 826) durch einen weiteren Gläubiger erfordert neuerliche Zulassung auf dessen Antrag (die Unpfändbarkeit muß auch für ihn eine Härte bedeuten). Der Schutz nach Abs 1 erstreckt sich nicht auf den Anspruch des Schuldners auf den Übererlös aus Verwertung des Tieres. Pfändung des Anspruchs auf den Erlösüberschuß (§ 829 Rn 33 „Versteigerungserlös") erfordert daher keine Zulassung nach Abs 2. 10

811d *[Vorwegpfändung]*

(1) Ist zu erwarten, daß eine Sache demnächst pfändbar wird, so kann sie gepfändet werden, ist aber im Gewahrsam des Schuldners zu belassen. Die Vollstreckung darf erst fortgesetzt werden, wenn die Sache pfändbar geworden ist.

(2) Die Pfändung ist aufzuheben, wenn die Sache nicht binnen eines Jahres pfändbar geworden ist.

1 Eine unpfändbare Sache kann bereits gepfändet werden, wenn zu erwarten ist, daß sie demnächst pfändbar wird. Demnächst pfändbar iS dieser Vorschrift wird eine Sache, wenn der Schutz des § 811 alsbald entfällt oder im Falle des § 811c (nicht aber für Austauschpfändung, für die § 811b Bestimmung trifft) mit Zulassung zu rechnen ist (s § 811c Rn 8). Grund: Sicherung gefährdeter Gläubigerinteressen. § 811d betrifft nicht eine schuldnerfremde Sache, an der dem Schuldner nur aufschiebend bedingtes Eigentum zusteht (AG Gronau MDR 67, 223). Über Zulässigkeit der Vorwegpfändung trifft der GV Bestimmung; Zulassung durch das Vollstreckungsgericht (mit einstw Anordnung oä) ist nicht nötig und nicht zulässig. Die Vorwegpfändung (§ 808) darf nur in der Form bewirkt werden, daß die Sache im Gewahrsam des Schuldners belassen wird. Fortgesetzt werden darf die Vollstreckung erst, wenn die Sache pfändbar geworden ist. Erst zu diesem Zeitpunkt wird daher die Wegschaffung der Sache aus dem Gewahrsam des Schuldners und Verwertung der Sache zulässig.

2 Aufzuheben ist die Vorwegpfändung durch den GV ohne Antrag des Schuldners, wenn die Sache nicht binnen eines Jahres pfändbar geworden ist (s auch § 122 GVGA).

3 **Rechtsbehelf:** § 766 (dann § 793).

812 *[Hausratpfändung]*

Gegenstände, die zum gewöhnlichen Hausrat gehören und im Haushalt des Schuldners gebraucht werden, sollen nicht gepfändet werden, wenn ohne weiteres ersichtlich ist, daß durch ihre Verwertung nur ein Erlös erzielt werden würde, der zu dem Wert außer allem Verhältnis steht.

1 **Zweck:** Gegenstände des gewöhnlichen Gebrauchs, die für die Errichtung des **Hausstandes** (nicht Gewerbes) nicht unerheblichen Wert und damit für den Schuldner große Bedeutung haben, meist aber älter und abgenutzt sind und daher nur einen geringen Veräußerungswert darstellen, sollen der Pfändung entzogen werden (Mot 167). Ein Fernsehgerät (LG Essen DGVZ 73, 24) sowie ein Stereoturm und ein Videogerät (LG Hannover DGVZ 90, 60 = JurBüro 89, 1469) sind, wenn sie nicht schon unter § 811 Nr 1 fallen, zum gewöhnlichen Hausrat zu rechnen. Trotz des Wortes „sollen" Mußvorschrift für den GV. Die Pfändung hat zu unterbleiben, wenn bei Verwertung nur ein Erlös erzielt werden würde, der zu dem Wert, den die Sachen für den Schuldner haben, außer allem Verhältnis steht. **Rechtsbehelf** bei Verstoß gegen § 812: Erinnerung nach § 766, auch für Gläubiger, mit der Behauptung, es sei zu Unrecht gepfändet worden. Die unter § 812 fallenden Gegenstände unterliegen (anders als die nach § 811 unpfändbaren Sachen) dem gesetzlichen Pfandrecht des Vermieters.

813 *[Schätzung der gepfändeten Sachen]*

(1) Die gepfändeten Sachen sollen bei der Pfändung auf ihren gewöhnlichen Verkaufswert geschätzt werden. Die Schätzung des Wertes von Kostbarkeiten soll einem Sachverständigen übertragen werden. In anderen Fällen kann das Vollstreckungsgericht auf Antrag des Gläubigers oder des Schuldners die Schätzung durch einen Sachverständigen anordnen.

(2) Ist die Schätzung des Wertes bei der Pfändung nicht möglich, so soll sie unverzüglich nachgeholt und ihr Ergebnis nachträglich in der Niederschrift über die Pfändung vermerkt werden.

(3) Zur Pfändung von Früchten, die von dem Boden noch nicht getrennt sind, und zur Pfändung von Gegenständen der in § 811 Nr. 4 bezeichneten Art bei Personen, die Landwirtschaft betreiben, soll ein landwirtschaftlicher Sachverständiger zugezogen werden, sofern anzunehmen ist, daß der Wert der zu pfändenden Gegenstände den Betrag von 1000 Deutsche Mark übersteigt.

(4) Die Landesjustizverwaltung kann bestimmen, daß auch in anderen Fällen ein Sachverständiger zugezogen werden soll.

I) Zweck und **Anwendungsbereich:** Versteigerung gepfändeter Sachen (§§ 808, 809, 814), auch von Wertpapieren ohne Börsen- und Marktpreis (§ 821), darf nur gegen ein Mindestgebot erfolgen (§ 817a); die dafür notwendige Bewertung erfolgt durch Schätzung. Bedeutung erlangt der Wert auch bei anderweitiger Verwertung (§ 825) und für das Verbot der Überpfändung (§ 803 I 2). 1

II) Zu schätzen ist die gepfändete Sache auf ihren **gewöhnlichen Verkaufswert** (Verkehrswert). Das ist der Preis, der bei freihändiger Veräußerung normalerweise zu erzielen ist. Rechnung zu tragen ist der Beschaffenheit (auch dem Zustand) der Sache sowie den allgemeinen wirtschaftlichen und den besonderen örtlichen Verhältnissen; ungewöhnliche und persönliche Verhältnisse (Ausverkaufs-, Sonder-, Rabatt- oder Liebhaberpreise) bleiben unberücksichtigt. Bei Gold- und Silbersachen wird sowohl der Gold- bzw Silberwert (wegen § 817a III) als auch der gewöhnliche Verkaufswert geschätzt (s § 132 Nr 8 GVGA). 2

III) 1) Die Schätzung hat in der Regel der **GV** selbst bei der Pfändung vorzunehmen. Er ist nicht befugt, von sich aus einen Sachverständigen zuzuziehen, wo das nicht vorgesehen ist (LG Aachen JurBüro 86, 1256; LG Konstanz DGVZ 94, 140; LG München II Rpfleger 78, 456; Schultes DGVZ 94, 161; aA Pawlowski ZZP 90 [1977] 345 [367]; insbes auch Mümmler DGVZ 73, 81: immer, wenn nach pflichtgemäßem Ermessen Zuziehung notwendig oder zweckdienlich, weil die Schätzung die vom GV zu erwartende allgemeine Sachkunde übersteigt; auch Paschold DGVZ 95, 52). Das Ergebnis der Schätzung ist in das Pfändungsprotokoll aufzunehmen (§ 762 II Nr 2 mit GVGA § 132 Nr 8). Ist die Schätzung bei Pfändung nicht sogleich möglich, so ist sie unverzüglich nachzuholen und das Ergebnis im Pfändungsprotokoll zu vermerken (Abs 2 und GVGA aaO) sowie den Parteien mitzuteilen (GVGA aaO). 3

2) Einem **Sachverständigen** soll (= hat) der GV die Schätzung bei der Pfändung von **Kostbarkeiten** (Begriff § 808 Rn 16) übertragen. Den Sachverständigen wählt der GV aus. Das Ergebnis der Schätzung ist den Parteien rechtzeitig mitzuteilen (§ 132 Nr 8 GVGA). Orientteppiche sind (abgesehen von besonderen Wertstücken) als Gebrauchsstücke nicht zu den Kostbarkeiten zu rechnen (aA StJ/Münzberg Rn 6; MK/Schilken § 808 Rn 17; auch KG NJW-RR 86, 201: durch Sachverständigen zu schätzen, wenn GV nicht über ausreichende Sachkunde verfügt; AG Schwäbisch-Hall DGVZ 90, 79). 4

3) Schätzung durch einen Sachverständigen kann das **Vollstreckungsgericht** auch in anderen Fällen **auf Antrag** des Gläubigers oder des Schuldners anordnen; der GV und Dritte haben kein Antragsrecht (LG Berlin DGVZ 78, 112). Zuständig ist der Rechtspfleger (§ 20 Nr 17 RpflG). Das Gericht entscheidet nach pflichtgemäßem Ermessen; es wählt auch den Sachverständigen aus. Der Sachverständige hat die Schätzung dem GV schriftlich oder zu Protokoll abzugeben; den Parteien ist das Ergebnis der Schätzung rechtzeitig mitzuteilen (vgl § 132 Nr 8 GVGA). Die Bewertung durch den Sachverständigen ersetzt eine bei der Pfändung durch den GV (oder die durch den von ihm zugezogenen Sachverständigen; vgl Rn 4) vorgenommene Schätzung, die für das weitere Verfahren keine Bedeutung mehr hat. 5

4) Zuziehung eines **landwirtschaftlichen Sachverständigen** ist nach Abs 3 bei einem voraussichtlichen Wert der zu pfändenden Sache über 1000 DM bestimmt. Auswahl und Zuziehung erfolgt durch den GV. Auch bei einem Wert unter 1000 DM soll ein Sachverständiger zugezogen werden, wenn der Schuldner es verlangt und dadurch die ZwV weder verzögert wird noch unverhältnismäßige Kosten entstehen (§ 150 Nr 1 GVGA). 6

5) Bestimmung der Landesjustizverwaltung über Zuziehung eines Sachverständigen auch in anderen Fällen (Abs 4) treffen § 150 Nr 2, § 152 Nr 3 GVGA für Pfändung bei Personen, welche Landwirtschaft betreiben. Danach hat der Sachverständige (ohne Bindung für den GV) zu begutachten, ob die zu pfändenden Sachen zu den im § 811 Nr 4 bezeichneten oder zu den hypothekarisch haftenden (§ 1120 BGB) gehören, bei Pfändung von Früchten auf dem Halm (§ 810) außerdem die Zeit der gewöhnlichen Reife und ob sie zur Fortführung der Wirtschaft erforderlich sind. 7

6) Erneute Schätzung (Nachschätzung) durch den GV oder einen Sachverständigen kann bei wesentlicher Veränderung der Verhältnisse (nach Eintritt neuer Tatsachen) erfolgen (zB Änderung der allgemeinen wirtschaftlichen Verhältnisse, des Preisgefüges, aber auch der örtlichen Marktlage); Anlaß zur Prüfung kann insbes bestehen, wenn zwischen Pfändung und Verwertung längere Zeit liegt. Rechtliches Gehör der Beteiligten: oben Rn 3 u § 817 Rn 2. Neuschätzung ohne Anlaß verbietet sich als willkürliche Änderung der Schätzung ebenso wie Nachschätzung nach vergeblichem Verwertungsversuch lediglich zu dem Zweck, die Sache mit Rücksicht auf Gebote eines Erwerbsinteressenten verwertbar zu machen. Der von einem Sachverständigen geschätzte Wert von Kostbarkeiten (Abs 1 S 2) kann vom GV (auch nach erfolgloser Versteigerung) nicht selbst herabgesetzt werden (AG München DGVZ 89, 31); bei Schätzung durch einen Sachverständigen auf Anordnung des Gerichts nach Abs 1 S 3 kann Nachschätzung nur durch einen Sachverständigen auf neuerliche gerichtliche Anordnung erfolgen. Schreibfehler und andere 8 offenbare Unrichtigkeiten einer Schätzung können jederzeit berichtigt werden (§ 319 entspr); die Berichtigung ist den Parteien rechtzeitig mitzuteilen.

9 **IV)** § 813 enthält nur eine **Sollvorschrift,** ist aber vom GV von Amts wegen zu beachten. Verstoß berührt die Wirksamkeit der Pfändung und der Verwertung nicht.

10 **V) Rechtsbehelf:** Für Gläubiger und Schuldner gegen Zuziehung (auch Auswahl) bzw Nichtzuziehung eines Sachverständigen, für sachliche Einwendungen gegen das Sachverständigengutachten und für das Verfahren bei Schätzung im übrigen § 766 (dann § 793), für Einwendungen gegen Schätzungsfehler des GV nur Antrag nach Abs 1 S 3 (nicht Erinnerung, LG Aachen JurBüro 86, 1256; LG Limburg DGVZ 88, 159), gegen Entscheidung des Gerichts über den Antrag auf Anordnung der Schätzung durch einen Sachverständigen (Abs 1 S 3) befristete Rechtspflegererinnerung (§ 11 RpflG mit § 793 ZPO).

813a *[Verwertungsmoratorium]*

(1) Das Vollstreckungsgericht kann auf Antrag des Schuldners die Verwertung gepfändeter Sachen unter Anordnung von Zahlungsfristen zeitweilig aussetzen, wenn dies nach der Persönlichkeit und den wirtschaftlichen Verhältnissen des Schuldners sowie nach der Art der Schuld angemessen erscheint und nicht überwiegende Belange des Gläubigers entgegenstehen.

(2) Wird der Antrag nach Absatz 1 nicht binnen einer Frist von zwei Wochen nach der Pfändung gestellt, so ist er ohne sachliche Prüfung zurückzuweisen, wenn das Vollstreckungsgericht der Überzeugung ist, daß der Schuldner den Antrag in der Absicht der Verschleppung oder aus grober Nachlässigkeit nicht früher gestellt hat.

(3) Anordnungen nach Absatz 1 können mehrmals ergehen und, soweit es nach Lage der Verhältnisse, insbesondere wegen nicht ordnungsmäßiger Erfüllung der Zahlungsauflagen, geboten ist, auf Antrag aufgehoben oder abgeändert werden.

(4) Die Verwertung darf durch Anordnungen nach Absatz 1 und Absatz 3 nicht länger als insgesamt ein Jahr nach der Pfändung hinausgeschoben werden.

(5) Vor den in Absatz 1 und in Absatz 3 bezeichneten Entscheidungen ist, soweit dies ohne erhebliche Verzögerung möglich ist, der Gegner zu hören. Die für die Entscheidung wesentlichen tatsächlichen Verhältnisse sind glaubhaft zu machen. Das Gericht soll in geeigneten Fällen auf eine gütliche Abwicklung der Verbindlichkeiten hinwirken und kann hierzu eine mündliche Verhandlung anordnen. Die Entscheidungen nach den Absätzen 1, 2 und 3 sind unanfechtbar.

(6) In Wechselsachen findet eine Aussetzung der Verwertung gepfändeter Sachen nicht statt.

1 **I) Zweck:** Schuldnerschutz mit Verwertungsaufschub, der es ermöglichen soll, durch freiwillige Leistung die Zwangsverwertung der gepfändeten Sache abzuwenden. § 813a begründet weder ein Hindernis für die Pfändung noch bietet er eine Grundlage für deren Aufhebung.

2 **II) Anwendungsbereich:** Gilt nur bei ZwV wegen Geldforderungen in bewegliche Sachen (§§ 808 ff), nicht jedoch, wenn Geld gepfändet ist oder Sicherungsvollstreckung (Arrestvollziehung) stattgefunden hat (§§ 720a, 930), weil hier eine Verwertung nicht erfolgt, die unter Anordnung von Zahlungsfristen abgewendet werden müßte. Nicht anwendbar ist § 813a im Offenbarungsverfahren, bei ZwV in Forderungen und andere Vermögensrechte (Ausnahme § 847 II) und bei ZwV zur Erwirkung der Herausgabe von Sachen und zur Erwirkung von Handlungen oder Unterlassungen. Der Schutz des § 813a kommt allen Schuldnern zugute, auch Ausländern und juristischen Personen (AG, GmbH usw). In Wechselsachen findet § 813a keine Anwendung (Abs 6); für Schecksachen (§ 605a) gilt das nicht entsprechend (aA StJ/Münzberg Rn 7; MK/Schilken Rn 8). Wechselsache ist jeder Rechtsstreit, dem ein Anspruch aus einem Wechsel zugrunde liegt, gleichgültig, ob der Anspruch im Wechselprozeß (Wechselmahnverfahren) oder im gewöhnlichen Verfahren geltend gemacht ist (LG Traunstein MDR 62, 745).

3 **III) Voraussetzungen: 1)** Pfändung einer beweglichen körperlichen Sache (§§ 808, 809). Daß die Pfändung bevorsteht (droht), genügt nicht.

4 **2) Schutzwürdigkeit des Schuldners: a)** Der Schuldner muß seiner **Persönlichkeit** nach schutzwürdig sein. Ein unredlicher oder unzuverlässiger Schuldner verdient keine Nachsicht. Die Unzuverlässigkeit kann sich außer aus der Art der Schuld auch aus dem Verhalten des Schuldners gegenüber dem Gläubiger vor oder während des Rechtsstreits oder der ZwV ergeben.

5 **b)** Seinen **wirtschaftlichen Verhältnissen** nach muß der Schuldner außerstande sein, den Gläubiger sofort zu befriedigen; es muß ihm aber Zahlung der Schuld in angemessener Frist möglich sein. In hoffnungslosen Fällen ist Aussetzung keineswegs am Platz.

c) Auch nach der **Art der Schuld** muß der Verwertungsaufschub angemessen sein. Deshalb kann er sich verbieten für Forderungen wegen laufender Unterhaltsleistung und wegen laufenden Arbeitslohns, die ihrer Natur nach sofort zu erfüllen sind, ebenso bei Heizungskosten (AG Köln MDR 56, 486). Bei anderen Forderungen, wie Versicherungsbeiträgen, wirkt sich der Aufschub zum Nachteil des Schuldners selbst aus. Dagegen ist der Entstehungsgrund der unerlaubten Handlung nicht notwendig ein Anlaß, allgemein einen Aufschub der Verwertung zu versagen. Es kommt hier ganz auf die Umstände des einzelnen Falles an. 6

3) Überwiegende Belange des Gläubigers dürfen **nicht entgegenstehen.** Sie stehen entgegen, wenn die dem Gläubiger durch den Aufschub entstehenden Nachteile im Verhältnis größer sind als der Nutzen des Schuldners. Dies ist zB der Fall, wenn der Lebensunterhalt oder die wirtschaftliche Existenz des Gläubigers gefährdet wird, insbesondere, wenn er selbst als Schuldner seinem eigenen Gläubiger gegenüber in Schwierigkeiten kommt. Die Interessen des Gläubigers sind vor allem zu beachten bei der Bemessung der Dauer der Aussetzung. Sind dem Mieterpfandrecht unterliegende Gegenstände für einen anderen Gläubiger gepfändet, so ist es zweckmäßig, die Aussetzung der Verwertung nur unter der Bedingung zu bewilligen, daß die Miete pünktlich bezahlt und die Mietzinsquittungen dem Gläubiger vom Schuldner jeweils sofort vorgelegt werden; denn zahlt der Mieter seine Miete nicht, wird das Pfändungspfandrecht praktisch wertlos. Ebenso kann einem Aufschub der Verwertung entgegenstehen, daß die gepfändete Sache leicht verderblich ist oder daß ungewöhnlich hohe Lagerkosten entstehen. 7

IV) Verfahren: 1) Zuständig (ausschließlich, § 802) ist das Vollstreckungsgericht (§ 764; dort auch zur örtlichen Zuständigkeit); es entscheidet der Rechtspfleger (§ 20 Nr 17 RpflG). 8

2) Die Entscheidung ergeht auf **Antrag** des Schuldners (Abs 1); Anwaltszwang besteht nicht (§ 78 III). Der Antrag kann allgemein auf Verwertungsaufschub gehen und Bestimmung der Raten dem Ermessen des Gerichts überlassen; er kann auch die beanspruchten Zahlungsfristen und Ratenbeträge konkret bezeichnen. Der Antrag ist zwar nicht befristet; wird er jedoch nicht binnen 2 Wochen nach Pfändung gestellt, so ist der Antrag ohne sachliche Prüfung zurückzuweisen, wenn das Vollstreckungsgericht der Überzeugung ist, daß ihn der Schuldner in der Absicht der Verschleppung oder aus grober Nachlässigkeit nicht früher gestellt hat (Abs 2). Verschleppungsabsicht ist die Absicht, das Verfahren hinauszuziehen. Grob fahrlässig handelt der Schuldner, wenn er die in der Prozeßführung erforderliche Sorgfalt und insbes die auf den Gegner zu nehmende Rücksicht (RG HRR 32 Nr 999) außer acht läßt. 9

3) Die Entscheidung kann ohne mündliche Verhandlung ergehen (§ 764 III). Dem Gläubiger ist rechtliches Gehör zu gewähren (Art 103 I GG), soweit dies ohne erhebliche Verzögerung möglich ist (Abs 5 S 1). Vereinfachung des Verfahrens ist bei offensichtlich begründetem Ratenzahlungsantrag, der eine Äußerung des Gläubigers nicht erwarten läßt, in der Weise möglich, daß unter Vorbehalt der Stellungnahme des Gläubigers in einer Frist ab Zustellung sofort auf den Schuldnerantrag endgültig entschieden wird (Einzelheiten Seither Rpfleger 69, 232). In geeigneten Fällen soll das Gericht auf gütliche Abwicklung der Verbindlichkeit hinwirken; hierzu kann es mündliche Verhandlung anordnen (Abs 5 S 3), das gilt aber auch für das schriftliche Verfahren. Das Verfahren folgt den allgemeinen Grundsätzen des ZPO-Verfahrens; jedoch sind die für die Entscheidung wesentlichen tatsächlichen Verhältnisse nur glaubhaft zu machen (Abs 5 S 2 mit § 294), sonach nicht zu beweisen. Darzulegen und glaubhaft zu machen hat der Schuldner alle Voraussetzungen des Verwertungsaufschubs (Rn 3–6), der Gläubiger entgegenstehende überwiegende Belange oder daß der Schuldner nicht schutzwürdig ist. Darzulegen und glaubhaft zu machen sind die wesentlichen tatsächlichen Verhältnisse, die Prüfung ermöglichen, ob Verwertungsaufschub zulässig ist und angemessen erscheint bzw Gläubigerbelange entgegenstehen. Das erfordert substantiiertes Vorbringen; nur allgemein gehaltene Behauptungen und Formulierungen entsprechen den Anforderungen nicht (Friese NJW 55, 448; E. Schneider JurBüro 70, 366). Die Anforderungen an das Vorbringen müssen sich jedoch auch an dem verlangten Rechtsschutz orientieren und zu ihm in einem rechten Verhältnis stehen; sie dürfen daher bei geringer Vollstreckungsforderung oder nur kurzem Verwertungsaufschub, wenn sonach baldige Befriedigung des Gläubigers zu erwarten ist, nicht überspannt werden (das rechtfertigt auch die dargestellte Verfahrensvereinfachung), und können in Fällen umfassender Beschränkung des Vollstreckungsrechts des Gläubigers durchaus mit strengerem Maßstab zu messen sein. 10

4) Das Vollstreckungsgericht entscheidet durch **Beschluß.** Der stattgebende Beschluß hat die Verwertung der zu bezeichnenden gepfändeten Sache auszusetzen und Zahlungsfristen unter Bestimmung der Ratenzahlungsbeträge festzusetzen. Bestimmung nur eines Endtermins für die vollständige Tilgung der Forderung in (zeitlich dann nicht festgelegten) Raten ist nicht zulässig (aA StJ/Münzberg Rn 16), ebenso nicht eine nur einmalige Stundung (aA MK/Schilken Rn 13). Weitere Auflagen (zB pünktliche Mietzahlung, wenn der Pfandgegenstand dem Vermieterpfandrecht unterliegt, StJ/Münzberg Rn 16) sind neben den Zahlungsfristen zulässig. Über den Antrag, der Zahlungsfristen und Ratenbeträge bezeichnet, darf der Beschluß nicht hinausgehen (§ 308 I); 11

werden kürzere Zahlungsfristen und/oder höhere Raten bestimmt, dann ist der weitergehende Antrag zurückzuweisen. Hinausgeschoben werden darf die Verwertung **nicht länger als ein Jahr** (Abs 4). Die Frist beginnt mit der Pfändung. Sie darf nicht als Regelfrist angesehen werden; ein Jahr ist vielmehr die längste Dauer des Aufschubs; die Verwertung wird daher nur in Ausnahmefällen so weit hinauszuschieben sein. Die Frist gilt auch, wenn der Gläubiger bereits freiwillig eine Aussetzung gewährt hatte (Celle NJW 54, 723). Bei Einverständnis des Gläubigers, dessen Interessen mit der zeitlichen Begrenzung gewahrt werden, ist das Gericht an die Jahresfrist nicht gebunden (Seither Rpfleger 68, 382; MK/Schilken Rn 15 aA StJ/Münzberg Rn 9). Der Beschluß, der den Schuldnerantrag zurückweist, ist zu begründen. Der stattgebende Beschluß ist zu begründen, wenn Einwendungen gegen den Antrag nicht entsprochen wurde; er bedarf keiner Begründung, wenn auf Rechtsmittel und Begründung verzichtet ist, die Entscheidung übereinstimmenden Anträgen oder Auffassungen der Parteien entspricht oder wenn nach dem notwendigen Beschlußinhalt die Erwägungen für Gewährung des Verwertungsmoratoriums auf der Hand liegen.

12 5) **Kosten:** § 788 III (s § 788 Rn 26).

13 6) **Zustellung** des Beschlusses erfolgt nach § 329 II S 2 an die beschwerte Partei; sonst ist der Beschluß nur mitzuteilen (§ 329 II S 1), der auf Grund mündlicher Verhandlung ergehende Beschluß ist zu verkünden (§ 329 I).

14 7) Die Aussetzung der Verwertung kommt einer einstw Einstellung gleich; die Pfändung und damit das Pfändungspfandrecht bleiben bestehen. Das Verbot der Überpfändung (§ 803 I S 2) gilt gegenüber der Pfändung auch bei Aussetzung der Verwertung nach § 813a. Soweit sie zur Befriedigung des Gläubigers und zur Deckung der Kosten des ZwV ausreicht, ist daher jede weitere ZwV in das bewegliche Vermögen unzulässig. Unter der gleichen Voraussetzung entfällt auch die Verpflichtung des Schuldners zur Abgabe der eidesstattl Versicherung nach § 807 (LG Düsseldorf MDR 58, 345; aA KG JW 35, 2565; LG Essen MDR 61, 1023; Herzig JurBüro 68, 366). Die Aussetzung der Verwertung tritt mit Ablauf der Zeit außer Kraft, für die sie ausgesprochen ist. Sie wird bei Säumnis des Schuldners wirkungslos, wenn bestimmt ist, daß sie außer Kraft tritt, wenn der Schuldner Zahlungsfristen nicht einhält (LG Frankfurt NJW 54, 724).

15 8) § 765a und § 813a schließen einander nicht aus.

16 V) **Mehrmalige Anordnung** des Verwertungsaufschubs unter Anordnung von Zahlungsfristen kann auf Antrag ergehen (Abs 3). Für den wiederholten Antrag beginnt die Frist des Abs 2 mit dem Zeitpunkt, in dem der Schuldner Kenntnis von der Fortsetzung des Vollstreckungsverfahrens (Durchführung der Verwertung) erhält (LG Itzehoe SchlHA 58, 141). Die Verwertung darf auch in diesem Fall insgesamt nicht länger als ein Jahr nach der Pfändung hinausgeschoben werden (Abs 4). Auf Antrag des Gläubigers oder des Schuldners kann die Anordnung (auch die wiederholte nach Abs 3) auch **aufgehoben oder abgeändert** werden, soweit es nach der Lage der Verhältnisse, insbesondere wegen nicht ordnungsgemäßer Erfüllung von Zahlungsauflagen, geboten ist. Das erfordert, daß eine Veränderung gegenüber den bei der Beschlußfassung zugrunde gelegten Verhältnissen eingetreten sein muß. Die Wiederholung eines abgelehnten Antrags ist nach allgemeinen Grundsätzen nur auf Grund neuer Tatsachen zulässig. Verfahren auf wiederholten Antrag wie Rn 8 ff.

17 VI) **Rechtsbehelfe:** Eine Einstellung (Antragsablehnung; Aufhebung oder Änderung nach Abs 3) durch den Richter ist nicht anfechtbar (Abs 5 S 4; für Ausnahmefälle gelten die zu § 707 entwickelten Grundsätze entsprechend); gegen die Entscheidung des Rechtspflegers findet daher befristete Erinnerung statt (§ 11 I RpflG), der der Rechtspfleger nicht abhelfen darf und über die der Richter entscheidet (§ 11 II RpflG).

18 VII) **Einstweilige Anordnung** nach § 732 II (entsprechend) kann vor Entscheidung über den Antrag getroffen werden; zuständig ist der Rechtspfleger. Die Einstellung der ZwV durch einstweilige Anordnung kann auch mit (vorläufigen) Zahlungsauflagen verbunden werden. Die einstweilige Einstellung ist unanfechtbar (Schleswig SchlHA 1958, 1412); bei Rechtspflegerentscheidung findet befristete Erinnerung statt, über die der Richter entscheidet (§ 11 I, II RpflG).

19 VIII) Der **GV** darf ohne Anweisung des Vollstreckungsgerichts die Verwertung eines Pfandstücks nur mit Zustimmung des Gläubigers aussetzen. Er kann uU von einer stillschweigenden Zustimmung des Gläubigers ausgehen. Einzelheiten regelt § 141 Nr 2 GVGA.

20 **IX) Gebühren: 1)** des **Gerichts:** Festgebühr von 20 DM (KV 1642). Das gegen die Entscheidung des Rechtspflegers (§ 20 Nr 17 RpflG) zulässige Erinnerungsverfahren ist gebührenfrei (§ 11 VI I RpflG); das folgende Beschwerdeverfahren ist nur gebührenpflichtig, soweit die Beschwerde verworfen oder zurückgewiesen wird (KV 1905, ebenfalls eine Festgebühr: 50 DM). – **2)** des **Anwalts:** $^{3}/_{10}$ der Regelgebühren des § 31 BRAGO besonders. Auch jedes neue Verfahren, insbesondere jedes Verfahren über Anträge auf Änderung getroffener Anordnungen, zB auf Abänderung auferlegter Ratenzahlungen oder von gewährtem Zahlungsaufschub (unter bestimmten Auflagen) usw, gilt als besondere Angelegenheit (§ 58 III Nr 3 BRAGO). Auf bereits verdiente Zwangsvollstreckungsgebühren sind die $^{3}/_{10}$ der Regelgebühren des § 31 iVm § 57 I BRAGO nicht anzurechnen. – Wenn der Richter über die Rechtspflegererinnerung selbst

entscheidet, gehört die anwaltl Tätigkeit zum Rechtszug der Zwangsvollstreckung (§ 37 Nr 5 BRAGO). Wird die Rechtspflegererinnerung durch Vorlage an das Rechtsmittelgericht zur Beschwerde (§ 11 II 4 u 5 RpflG), so liegt nur ein Gebührenrechtszug vor, so daß der RA nur die Gebühren nach § 61 I Nr 1 BRAGO erhält.

814 *[Versteigerung durch Gerichtsvollzieher]*

Die gepfändeten Sachen sind von dem Gerichtsvollzieher öffentlich zu versteigern.

I) Zweck: Pfandverwertung durch öffentliche Versteigerung soll mit Konkurrenz der am Erwerb Interessierten einen möglichst hohen Erlös gewährleisten. 1

II) 1) Die Pfandverwertung führt der **GV** ohne weiteren Auftrag des Gläubigers durch (Besonderheit bei vorläufiger Austauschpfändung, § 811b IV). Verwertung erfolgt in der Regel durch **öffentliche Versteigerung** (§ 814), ausnahmsweise durch freihändigen Verkauf (§§ 817a, 821) oder auf andere Weise nach Anordnung des Vollstreckungsgerichts (§ 825); Pfandverwertung von Geld: § 815. Öffentlich ist die Versteigerung, wenn zu ihr (während ihrer Dauer) die Öffentlichkeit (somit jedermann) freien Zutritt hat. Unzulängliche Größe des Versteigerungsraums rechtfertigt Einschränkung der Öffentlichkeit nicht (aA hM); Sicherheitsbestimmungen des öffentlichen Rechts können jedoch der Öffentlichkeit Grenzen setzen. 2

2) Zuständig für Versteigerung ist der GV, der gepfändet hat. Besonderheit bei mehrfacher Pfändung § 827, bei mehrfacher Pfändung durch GV und einen Vollziehungsbeamten in der Verwaltungsvollstreckung § 308 AO, bei Wohnungswechsel des Schuldners § 816 Rn 3. Der GV handelt bei der Versteigerung (ebenso wie bei anderer Pfandverwertung) hoheitlich; er wird insbesondere nicht als Vertreter (Beauftragter) des Gläubigers oder Schuldners tätig (§ 753 Rn 4). An (gesetzlich zulässige; s § 753 Rn 4) Weisungen des Gläubigers ist der GV auch bei Verwertung jedoch gebunden; sie ist daher auf Anweisung des Gläubigers auszusetzen. Das kann dadurch geschehen, daß Versteigerungstermin (vorerst) nicht anberaumt oder wieder aufgehoben oder (auch mehrfach) verlegt wird (Wieser DGVZ 87, 49). Verfahren der Versteigerung: §§ 816–819. Die Versteigerung ist nicht Pfandverkauf nach § 1233 ff BGB. Rechtsbehelf bei Verstoß: § 766 (dann § 793). 3

3) Verwertung durch Versteigerung **setzt wirksame** (gültige) **Pfändung** und außerdem **voraus,** daß Fortsetzung der ZwV zulässig ist. Verwertung erfolgt daher auch, wenn der Schuldner verstorben oder das Konkursverfahren über sein Vermögen eröffnet ist (vgl § 141 Nr 2 GVGA); ihr steht aber Eröffnung des Vergleichsverfahrens entgegen, wenn der Gläubiger an ihm als Vergleichsgläubiger beteiligt ist oder sein Anspruch nach § 29 Nr 3, 4 VerglO nicht geltend gemacht werden kann (§ 48 VerglO). Verwertung unterbleibt, solange sie nach Sicherungsvollstreckung (§ 720a) oder Arrestpfändung (§ 930) nicht zulässig ist, außerdem in den Fällen der §§ 772, 773, 775 Nr 2, 4, 5; sie ist aufgeschoben bei Einstellung der ZwV (§§ 707, 719, 769; auch bei entspr Anordnung nach § 765a) und bei entspr einstw Anordnungen sowie im Fall der § 811d I und § 813a. 4

III) Gebühren des **Gerichtsvollziehers:** §§ 22, 35 I Nr 4 GVKostG. 5

815 *[Gepfändetes Geld]*

(1) Gepfändetes Geld ist dem Gläubiger abzuliefern.

(2) Wird dem Gerichtsvollzieher glaubhaft gemacht, daß an gepfändetem Geld ein die Veräußerung hinderndes Recht eines Dritten bestehe, so ist das Geld zu hinterlegen. Die Zwangsvollstreckung ist fortzusetzen, wenn nicht binnen einer Frist von zwei Wochen seit dem Tage der Pfändung eine Entscheidung des nach § 771 Abs. 1 zuständigen Gerichts über die Einstellung der Zwangsvollstreckung beigebracht wird.

(3) Die Wegnahme des Geldes durch den Gerichtsvollzieher gilt als Zahlung von seiten des Schuldners, sofern nicht nach Absatz 2 oder nach § 720 die Hinterlegung zu erfolgen hat.

I) 1) Pfandverwertung von Geld erfolgt durch **Ablieferung an den Gläubiger** (Abs 1); die Kosten des GV werden vorweg entnommen (§ 6 GVKostG). **Geld** iS des § 815 sind die inländischen geltenden (verkehrsüblichen) Zahlungsmittel (Banknoten und Scheidemünzen der Deutschen Bundesbank). (Noch gültige) Briefmarken, Stempelmarken, Versicherungs- und Kostenmarken kann der GV selbständig in Geld umwechseln und nach Abs 1 behandeln. Ausländisches Geld und ausländische Wertzeichen fallen nicht unter § 815; denn die Zahlungswirkung der Wegnahme setzt Zahlungsmittel voraus, die der GV dem Gläubiger überlassen kann (Abs 3); die Verwertung ist aber hier nach § 821 durchzuführen (StJ/Münzberg Rn 3). **Ablieferung** ist Übereignung durch Hoheitsakt („. . . auf der Pfändung beruhende staatliche Verfügung über das Geld"; StJ/Münzberg Rn 15). Sie bewirkt Eigentumsübergang. Erfolgen kann sie durch Übergabe 1 der Zahlungsmittel oder im bargeldlosen Zahlungsverkehr (§ 73 GVO). Empfangnahme durch einen Bevollmächtigten (auch RA) erfordert Nachweis (§ 172 I BGB) der Geldempfangsvollmacht (LG Braunschweig DGVZ 77, 22) durch Vorlage der Urschrift oder einer Ausfertigung (LG Aachen DGVZ 91, 173 [fax-Kopie genügt nicht]; LG Bielefeld DGVZ 93, 28 [begl Ablichtung genügt nicht]; LG Ingolstadt DGVZ 94, 92 = JurBüro 95, 51 [Generalinkassovollmacht ist unzureichend]). Prozeßvollmacht genügt nicht (AG Brake DGVZ 94, 77; Ausnahme für Prozeßkosten, § 81).

2 2) Als **Zahlung** seitens **des Schuldners** (für ihn Befreiung, § 362 I BGB; zur freiwilligen Zahlung § 755 Rn 4) gilt bereits die Wegnahme des Geldes durch den GV (Abs 3; regelt nur das Verhältnis Gläubiger/Schuldner). Die Schuld ist damit getilgt, auch wenn der Betrag noch auf dem Dienstkonto des GV verbucht ist (BGH JZ 84, 151). Zinsen enden daher; der Titel ist verbraucht, er wird nach § 757 ausgehändigt bzw abquittiert. **Ausnahmen:** Wenn das Geld nach Abs 2 oder nach § 720 (bei Abwendungsbefugnis), aber auch aus sonstigem Grund, zB bei Sicherungsvollstrekkung (§ 720a) oder Arrestvollziehung (§ 930 II) oder nach § 827 zu hinterlegen ist. Von der Wegnahme an, die als Zahlung gilt, trägt der Gläubiger die Gefahr für den Verlust des Geldes, auch bei Unterschlagung durch den GV (dem Gläubiger haftet der Staat; diesem wieder der GV). **Eigentum** an dem Geld erlangt der Gläubiger erst mit der Ablieferung; bis dahin bestehen staatliche Verstrickung und das Pfändungspfandrecht des Gläubigers nach § 804 (zur Surrogation bei Abwicklung über Dienstkonto des GV s StJ/Münzberg Rn 14). Daher entfällt die Zahlungsfiktion des Abs 3, wenn die Pfändung vor Ablieferung aufgehoben wird (oder auch eingestellt; hier für die Dauer der Einstellung). Eigentum erwirbt der Gläubiger mit Ablieferung auch, wenn das Geld dem Schuldner nicht gehört. Wenn der Gläubiger Anspruch nur auf Hinterlegung (nicht Zahlung) des Geldes hat, ist er mit Hinterlegung befriedigt (StJ/Münzberg Rn 22).

3 3) **Beendet ist die ZwV** erst mit Ablieferung des Geldes an den Gläubiger. Bis dahin ist daher noch Einstellung der ZwV und Anschlußpfändung möglich, da das Geld Eigentum dessen bleibt, dem es bei Pfändung gehört hat (RG 14, 80; 51, 91); desgleichen ist noch Anfechtung nach § 30 Nr 2 KO oder auf Grund des AnfG möglich (RG aaO und 17, 26).

4 **II)** 1) Wenn dem GV ein die **Veräußerung hinderndes Recht eines Dritten** (dazu § 771 Rn 14) am gepfändeten Geld glaubhaft gemacht ist (§ 294), hat er zu **hinterlegen** (Abs 2). Die Bestimmung verschafft dem Dritten eine Interventionsmöglichkeit, die sonst wegen des zügigen Ablaufs der Vollstreckung nach Geldpfändung nicht gegeben wäre. Der Dritte, der sein Recht durch Klage nach § 771 verfolgen muß, kann die Ablieferung des Geldes an den Gläubiger vor Klagezustellung (und einstw Einstellung der ZwV durch das Prozeßgericht) somit dadurch verhindern, daß er dem GV sein Recht glaubhaft macht. Hinterlegung hat aber auch zu erfolgen, wenn das Recht des Dritten durch den Schuldner oder einen Vertreter glaubhaft gemacht ist; für diesen kann sich die Glaubhaftmachung auch auf die Bevollmächtigung erstrecken. Eidesstattliche Versicherung zur Glaubhaftmachung kann auch zu Protokoll des GV erklärt werden. Die Glaubhaftmachung muß bis zur Ablieferung des Geldes erfolgt sein; zum Widerruf eines Überweisungsauftrags im bargeldlosen Zahlungsverkehr ist der GV jedoch nicht verpflichtet. Der GV hat die Glaubhaftmachung frei zu würdigen. Erachtet er das Recht des Dritten nicht für glaubhaft gemacht, so hat er das Geld an den Gläubiger abzuliefern. Ist das Recht des Dritten glaubhaft gemacht, muß der GV den gepfändeten Betrag ohne Abzug von Kosten bei der Hinterlegungsstelle (nach §§ 5 ff HinterlO) unter Vorbehalt des Rechts der Rücknahme nach Ablauf von zwei Wochen zur Fortsetzung der ZwV (Abs 2) oder auf gerichtliche Entscheidung (über Erinnerung oder Beschwerde) hinterlegen. Weil die Hinterlegung nicht als Zahlung gilt, besteht das Pfändungspfandrecht des Gläubigers am Rückforderungsanspruch des GV gegen die Hinterlegungsstelle fort (vgl § 7 HinterlO mit § 233 BGB). Erfolgt Einstellung der ZwV durch das Prozeßgericht (oder Vorlage des Einstellungsbeschlusses an den GV) erst nach Ablauf der Zweiwochenfrist, aber vor Ablieferung des Geldes an den Gläubiger, dann hat Hinterlegung auf Grund des Einstellungsbeschlusses zu erfolgen (Rn 3).

5 2) a) **Fortzusetzen** ist die ZwV ohne Antrag, wenn dem GV (nicht der Hinterlegungsstelle, die aber zur Verständigung des GV verpflichtet ist) nicht innerhalb von zwei Wochen seit dem Tag der Pfändung (Berechnung nach § 222) eine Entscheidung des nach § 771 I zuständigen Gerichts über die Einstellung des ZwV beigebracht ist (keine Ermittlungspflicht des GV); eine Entscheidung des Vollstreckungsgerichts nach § 769 II reicht nicht aus. Fortzusetzen hat der GV; er hat das Geld zurückzuholen und (nach Abs 1; jetzt Kostenentnahme nach § 6 GVKostG möglich) dem Gläubiger abzuliefern. Herauszugeben ist dem GV das Geld durch die Hinterlegungsstelle auch, wenn er sich das Rücknahmerecht (Rn 4) nicht vorbehalten hat, sofern er dienstlich versichert, daß ihm eine Entscheidung über die Einstellung der ZwV nicht vorliegt (Erklärung wird als genügender Nachweis angesehen; Bülow/Mecke/Schmidt Anh zu § 13 HinterlO Rn 68). Der GV kann auch Herausgabe an den Gläubiger bewilligen und es diesem überlassen, die Herausgabe an sich zu beantragen (Bülow/Mecke/Schmidt aaO).

b) Wird eine **Entscheidung** des Prozeßgerichts **beigebracht,** so bleibt das Geld hinterlegt. Herausgabe erfolgt dann nur noch durch die Hinterlegungsstelle sogleich an den Berechtigten, dessen Empfängerrecht nachgewiesen sein muß, nach §§ 12 ff HinterlO; Mitwirkung des GV findet nicht mehr statt. 6

3) Entsprechend anwendbar ist Abs 2, wenn das Recht eines Dritten auf vorzugsweise Befriedigung (§ 805) glaubhaft gemacht ist (s § 136 Nr 4 GVGA), wenn Einwendungen des unter Vorbehalt verurteilten Erben glaubhaft gemacht sind (§§ 780, 781) und in entsprechenden Fällen beschränkter Haftung (§ 786; Noack MDR 74, 814). Nicht anwendbar ist Abs 2 bei Wegnahmevollstreckung (§ 883) und Auszahlung des Versteigerungserlöses (StJ/Münzberg Rn 5). 7

III) Rechtsbehelfe: Für Schuldner und Dritten, wenn GV Ablieferung vornehmen (nicht hinterlegen) wird: § 766 (dann § 793), aber nur bis zur Beendigung der ZwV mit Ablieferung. Für Gläubiger gegen Hinterlegung nach Abs 2: § 766 (dann § 793). 8

816 *[Zeit und Ort der Versteigerung]*

(1) Die Versteigerung der gepfändeten Sachen darf nicht vor Ablauf einer Woche seit dem Tage der Pfändung geschehen, sofern nicht der Gläubiger und der Schuldner über eine frühere Versteigerung sich einigen oder diese erforderlich ist, um die Gefahr einer beträchtlichen Wertverringerung der zu versteigernden Sache abzuwenden oder um unverhältnismäßige Kosten einer längeren Aufbewahrung zu vermeiden.

(2) Die Versteigerung erfolgt in der Gemeinde, in der die Pfändung geschehen ist, oder an einem anderen Ort im Bezirk des Vollstreckungsgerichts, sofern nicht der Gläubiger und der Schuldner über einen dritten Ort sich einigen.

(3) Zeit und Ort der Versteigerung sind unter allgemeiner Bezeichnung der zu versteigernden Sachen öffentlich bekanntzumachen.

(4) Bei der Versteigerung gelten die Vorschriften des § 1239 Abs. 1 Satz 1, Abs. 2 des Bürgerlichen Gesetzbuchs entsprechend.

I) Zweck: Wahrung der Belange des Gläubigers, Schuldners und etwaiger Drittberechtigter bei Pfandverwertung mit öffentlicher Versteigerung. 1

II) 1) Den **Termin** zur öffentlichen Versteigerung der Pfandsache (§ 814) bestimmt der GV idR sogleich bei der Pfändung; zurückgestellt wird die Anberaumung des Termins nur, wenn die Parteien einverstanden sind (Gläubigerantrag genügt) oder sofortige Terminsbestimmung nicht tunlich oder nicht zweckmäßig erscheint. Einzelheiten: § 142 Nr 1 GVGA. In die Nachtzeit sowie auf einen Sonn- oder allgemeinen Feiertag darf der Termin nur nach Maßgabe des § 761 gelegt werden. Durchgeführt werden darf die Versteigerung **nicht vor Ablauf einer Woche** seit Pfändung (Abs 1; Berechnung nach § 222); bei Anschlußpfändung rechnet die Frist für jeden Gläubiger gesondert; versteigert werden darf bei Anschlußpfändung daher nur zur Deckung der Gläubiger, für welche die Frist bereits abgelaufen ist (KG OLG 2, 77). Die Frist soll dem Schuldner Gelegenheit zur Zahlung, den Beteiligten zur Beschaffung von Bietern, Dritten zur Geltendmachung ihrer Rechte geben. Von Einhaltung der Frist ist abzusehen, wenn sich Schuldner und Gläubiger einigen oder wenn längere Aufbewahrung wegen der Verderblichkeit der Sache oder wegen unverhältnismäßiger Kosten untunlich wäre (Abs 1). Später als einen Monat nach der Pfändung soll die Versteigerung idR nicht erfolgen (§ 142 Nr 3 GVGA; nur Verwaltungsvorschrift). 2

2) Der **Versteigerungsort** hat in der Gemeinde zu liegen, in der die Pfändung erfolgt ist (Abs 2; nicht am Ort der Aufbewahrung). In Wohn- und Geschäftsräumen des Schuldners kann ohne dessen Zustimmung nicht versteigert werden (§ 758 Rn 24). Auch an einem anderen Ort im Bezirk des Vollstreckungsgerichts (§ 764) darf die Versteigerung nach pflichtgemäßem Ermessen des GV erfolgen. Wenn Gläubiger und Schuldner sich über einen anderen Ort geeinigt haben, hat die Versteigerung dort zu erfolgen. Liegt Versteigerung an einem demnach nicht in Frage kommenden Ort sonst im Interesse der Beteiligten, so ist gerichtliche Anordnung nach § 825 zu erwirken; auf die Antragsmöglichkeit soll der GV dann hinweisen (§ 142 Nr 2 GVGA). Zur Abgabe, wenn der Versteigerungsort nicht im GV-Bezirk liegt, §§ 29, 30 GVO. Wenn der Schuldner bei Ortswechsel (Wohnungswechsel) die in seinem Gewahrsam belassenen Pfandstücke mitgenommen hat, kann Versteigerung durch den nunmehr zuständigen GV erfolgen, an den der Vollstreckungsauftrag abgegeben wird (zur Abgabe § 32 GVO); Anordnung nach § 825 erfordert das nicht (so auch StJ/Münzberg Rn 2; MK/Schilken Rn 3). 3

3) Die Versteigerung (Zeit und Ort unter allgemeiner Bezeichnung der zu versteigernden Sache) muß **öffentlich bekannt gemacht** werden (Abs 3 mit näheren Anordnungen in § 143 GVGA). Die Bekanntmachung soll Personen, die als Interessenten in Betracht kommen, mög- 4 lichst umfassend auf die Versteigerung hinweisen und durch Heranziehung zahlreicher Bieter ein möglichst günstiges Versteigerungsergebnis sichern (§ 143 Nr 3 GVGA). Die Bekanntmachung muß daher, und zwar vor jedem Versteigerungstermin, rechtzeitig erfolgen (nach § 143 Nr 1 GVGA spätestens am Tag vor dem Termin; das kann aber unzureichend sein). Über Art der Bekanntmachung (Ausruf, Aushang, Veröffentlichung in der Zeitung) entscheidet der GV nach pflichtgemäßem Ermessen unter Berücksichtigung des Einzelfalles (auch der örtlichen Verhältnisse) und der Weisungen der Justizverwaltung. Richtlinien gibt die GVGA in § 143 Nr 3. Gesonderte Nachricht an Gläubiger und Schuldner schreibt die ZPO nicht vor (München OLG 40, 408); nach Anordnung der GVGA (§ 142 Nr 4) sind sie vor dem Versteigerungstermin besonders zu benachrichtigen (bei Verletzung Haftung, RG JW 31, 2427), wenn ihnen der Termin nicht bereits anderweit bekanntgegeben ist (zB mündlich, LG Essen MDR 73, 414, durch Übersendung einer Abschrift des Protokolls, § 142 Nr 4 GVGA). Diese Mitteilung an den Schuldner kann unterbleiben, wenn sein Aufenthalt nicht zu ermitteln ist (LG Essen aaO). Nach § 143 Nr 6 GVGA sind, wenn der Versteigerungstermin aufgehoben wird, Aushänge und Anschläge zu entfernen und, ebenso wie von jeder Terminsverlegung, die Beteiligten zu benachrichtigen; öffentlich bekanntzugeben ist die Terminsaufhebung, soweit dies noch tunlich ist (GVGA aaO).

5 4) **Mitbieten** kann bei der Versteigerung der Pfandgläubiger und der Schuldner (Abs 4 mit § 1239 I S 1 BGB). Das Gebot (jedes, nicht nur das Meistgebot) des Eigentümers (Schuldners oder eines Dritten) darf (für Schuldner Pflicht nach § 145 Nr 2b GVGA) zurückgewiesen werden, wenn nicht der Betrag sogleich erlegt wird (Abs 4 mit § 1239 II S 1 BGB). Das gleiche gilt von dem Gebot des Schuldners, wenn das Pfand für eine fremde Schuld haftet (Abs 4 mit § 1239 II S 2).

6 5) Der (versteigernde) **GV** und die von ihm zugezogenen Gehilfen (Ausrufer, Schätzungssachverständige, Lager- und Transportarbeiter, auch Protokollführer) dürfen weder für sich persönlich noch durch einen anderen (Stellvertreter) noch als Vertreter eines anderen mitbieten (§ 456 BGB). Damit wird Unparteilichkeit bei Abwicklung des Verfahrens gewahrt. Zweiterwerb vom Ersteher ist vom Verbot nicht erfaßt, kann aber als Gesetzesumgehung unter § 456 fallen (Staudinger/Honsell BGB § 456 Rn 3). Der GV darf nach § 141 Nr 4 S 2 GVGA (Verwaltungsbestimmung) auch seinen Angehörigen und den bei ihm Beschäftigten das Mitbieten nicht gestatten.

7 **III) Verstoß** gegen § 816 I–III macht die Versteigerung nicht unwirksam, begründet aber **Anfechtungsrecht** (§ 766; dann § 793; möglich nur bis zur Beendigung der ZwV) und kann Haftung des GV, auch gegenüber Dritten, auslösen. Verstoß gegen § 456 BGB hindert den Eigentumserwerb; Heilung mit Genehmigung aller Beteiligten (Gläubiger, Schuldner und Eigentümer) ist möglich (§ 458 BGB).

817 *[Zuschlag]*

(1) Dem Zuschlag an den Meistbietenden soll ein dreimaliger Aufruf vorausgehen; die Vorschriften des § 156 des Bürgerlichen Gesetzbuchs sind anzuwenden.

(2) Die Ablieferung einer zugeschlagenen Sache darf nur gegen bare Zahlung geschehen.

(3) Hat der Meistbietende nicht zu der in den Versteigerungsbedingungen bestimmten Zeit oder in Ermangelung einer solchen Bestimmung nicht vor dem Schluß des Versteigerungstermins die Ablieferung gegen Zahlung des Kaufgeldes verlangt, so wird die Sache anderweit versteigert. Der Meistbietende wird zu einem weiteren Gebot nicht zugelassen; er haftet für den Ausfall, auf den Mehrerlös hat er keinen Anspruch.

(4) Wird der Zuschlag dem Gläubiger erteilt, so ist dieser von der Verpflichtung zur baren Zahlung so weit befreit, als der Erlös nach Abzug der Kosten der Zwangsvollstreckung zu seiner Befriedigung zu verwenden ist, sofern nicht dem Schuldner nachgelassen ist, durch Sicherheitsleistung oder durch Hinterlegung die Vollstreckung abzuwenden. Soweit der Gläubiger von der Verpflichtung zur baren Zahlung befreit ist, gilt der Betrag als von dem Schuldner an den Gläubiger gezahlt.

1 **I) Zweck:** Regelung des Verfahrens bei Versteigerung und von Versteigerungsbedingungen.

2 **II) 1)** Bei **Pfandverwertung** mit öffentlicher Versteigerung handelt der GV als Organ der ZwV **hoheitlich** (vor § 704 Rn 1 u § 753 Rn 4). Zuschlag und anschließende Eigentumsübertragung sind daher Vorgänge öffentlich-rechtlicher Natur (RG 153, 261; 156, 395 [397]; BGH 55, 20 [25] = NJW 71, 799 [800]; StJ/Münzberg Rn 4 mit Nachw).

3 2) Bereitstellung der Pfandstücke für Kauflustige sieht die **GVGA** (als Verwaltungsvorschrift) in § 144 vor; über den Versteigerungstermin trifft sie in § 145 eingehende Bestimmungen. Danach sind bei Eröffnung des Termins zunächst die Versteigerungsbedingungen (Rn 4) bekanntzugeben. Alsdann fordert der GV zum Bieten auf. Die Gegenstände werden einzeln ausgeboten.

Sachen, die sich dazu eignen, können auch zusammen ausgeboten werden. Bei Bestimmung der Reihenfolge, in der die Gegenstände zum Ausgebot kommen, hat der GV die Wünsche des Schuldners tunlichst zu berücksichtigen. Zur Bekanntgabe des gewöhnlichen Verkaufswertes und des Mindestgebots s § 817a I S 2.

3) Die Versteigerung hat zu den **gesetzlichen Bestimmungen** zu erfolgen, die sich aus dem Vollstreckungsrecht der ZPO (mit Einzelheiten insbes in §§ 806, 816 IV, §§ 817, 817a) ergeben. Eine davon **abweichende** Versteigerungsbedingung ist nur zulässig, wenn Gläubiger und Schuldner sie vereinbart haben oder das Vollstreckungsgericht sie angeordnet hat (§ 825); eine von Abs 3 abweichende Zahlungszeit kann auch bestimmt werden, wenn der Gläubiger erklärt, daß er für den Eingang des Geldes die Gefahr übernimmt. Grundlegende, zwingende Verfahrensbestimmungen (zB über Charakter der Zwangsverwertung, Rn 2, Bindung des Gebots, Zuschlag an Meistbietenden und Zuschlagswirkung) dürfen nicht geändert werden. 4

4) **Gebote** der Interessenten sind als Anträge auf Erteilung des Zuschlags (Abs 1 mit Verweisung auf § 156 BGB) Prozeßhandlungen (Begriff vor § 128 Rn 17). Daher gelten die allgemeinen Grundsätze über prozessuale Erklärungen (Stellvertretung mit Vollmachtsnachweis, Auslegung). Abgegeben werden kann ein Gebot nur im Versteigerungstermin, nicht schriftlich vorher (LG Itzehoe DGVZ 78, 122). Die Erklärung kann (zB wegen Irrtums) angefochten werden (aA StJ/Münzberg Rn 8; MK/Schilken Rn 5). Gebunden ist der Bieter mit Wirksamkeit seines Gebots, die eintritt, wenn es vom GV vernommen ist, nach Maßgabe des § 145 BGB. Das Gebot erlischt mit Abgabe eines wirksamen Übergebots oder wenn die Versteigerung ohne Erteilung des Zuschlags geschlossen wird (Abs 1 mit § 156 S 2; letzterem steht Versteigerung zu anderen Bedingungen gleich, Staudinger/Dilcher BGB § 156 Rn 2) sowie mit Zurückweisung durch den GV (§ 146 BGB entsprechend), nicht aber dadurch, daß der Bieter sich nach Abgabe des Gebots entfernt. Sofort zurückgewiesen werden muß ein unwirksames Gebot (zB eines Geschäftsunfähigen; ein nicht ernstlich gemeintes Gebot, § 118 BGB) sowie jedes unzulässige Gebot (zB weil es als Untergebot unter dem Nennbetrag eines schon wirksam abgegebenen Gebots liegt; Gebot des Meistbietenden bei neuer Versteigerung nach Abs 3 S 2), nicht aber das Gebot unter der Hälfte des Wertes (es ist zuzulassen, hat jedoch Zuschlagsversagung nach § 817a I zur Folge). Nicht zuzulassen, somit zurückzuweisen sind auch Gebote, die gegen Grundsätze der öffentlichen Versteigerung verstoßen, so ein Gebot, das Ausschaltung der Konkurrenz der Bieter bewirkt (vgl § 145 Nr 3 GVGA; dort auch zu Verkäuferringen und ähnlichen Zusammenschlüssen), das Gebot eines Zahlungsunfähigen, eines Angehörigen des GV oder einer bei ihm beschäftigten Person (§ 141 Nr 4 GVGA). 5

5) Dem **Meistbietenden** ist die zu versteigernde Sache **zuzuschlagen** (Abs 1 mit § 156 S 1 BGB). Jedoch begründet das Meistgebot kein Recht und damit keinen (mit Rechtsbehelf des Bieters durchsetzbaren) Anspruch auf Erteilung des Zuschlags (anders § 81 I ZVG). Grundlose Versagung des Zuschlags kann als Pflichtverletzung (Verfahrensverstoß) jedoch Amtshaftung begründen. Dem Zuschlag soll ein **dreimaliger Aufruf** vorausgehen (Abs 1; als Sollvorschrift bei Verletzung ohne Folgen für Zuschlagswirkung), der die Versteigerung jedoch nicht beendet und daher auch anschließende weitere Gebote nicht hindert. Insbes darf daher die Versteigerung nicht überstürzt geschlossen und der Zuschlag nicht zugunsten eines Bieters übereilt werden (vgl § 145 Nr 4 GVGA). Zu versagen ist der Zuschlag, wenn sich ein Grund ergibt, der der Fortsetzung der ZwV entgegensteht, wie bei Zurücknahme oder Einschränkung des Gläubigerantrags mit Bewilligung von Ratenzahlung oder dem Gesuch, die Pfandverwertung zu verschieben (den Termin aufzuheben) oder mit dem Verlangen, den Zuschlag nicht zu erteilen, infolge Einstellung der ZwV oder sonstiger Einstellungsgründe nach § 775 oder infolge vollständiger Zahlung der Vollstreckungsforderung mit Kosten an den GV. 6

6) Der **Zuschlag** ist Hoheitsakt, der durch das Meistgebot ausgelöst wird (s StJ/Münzberg Rn 20). Er wird mit Abgabe (Verkündung) wirksam; Kenntnisnahme durch den Bieter ist nicht erforderlich. Als Hoheitsmaßnahme des Zwangsverfahrens bewirkt der Zuschlag nicht Zustandekommen eines privatrechtlichen Vertrags (Vertragsabschluß folgt damit auch nicht aus der Verweisung auf § 156 BGB in Abs 1; für Zustandekommen eines öffentlich-rechtlichen Vertrags ThP Rn 2; München DGVZ 80, 122 [123]). Eigentumsübergang bewirkt der Zuschlag nicht (anders § 90 I ZVG; Grund der Abweichung: Übereignung erfordert gleichzeitige Zahlung). Als öffentlich-rechtlicher Vorgang begründet der Zuschlag die Amtspflicht des GV zur Ablieferung der zugeschlagenen Sache an den Meistbietenden zu den Versteigerungsbedingungen (Abs 2); diese Amtspflicht des GV ist mit Rechtsbehelf (§ 766) durchsetzbar; Verletzung begründet Schadensersatzhaftung. Einen klagbaren Erfüllungsanspruch begründet der Zuschlag weder für den Staat (Rn 11) noch für Gläubiger, Schuldner und Bieter (StJ/Münzberg Rn 16, 20). 7

III) 1) Übereignung der versteigerten Sache hat **durch den GV** zu erfolgen. Veräußerung (Zuschlag an Meistbietenden) und Übereignung sind damit bei Pfandverwertung durch den GV selbständige Verfahrensakte. Die Übereignung erfolgt **mit Ablieferung der zugeschlagenen Sache** 8 an den Meistbietenden (Abs 2). Sie darf nur gegen bare Zahlung geschehen (Abs 2; Abweichung s Rn 4), die bis Schluß des Versteigerungstermins (Abs 3 S 1) oder zu der in den Versteigerungsbedingungen sonst bestimmten Zeit (Rn 4) zu erfolgen hat. Ablieferung ist (wie Besitzübergabe im Falle des § 929 BGB) körperliche Übergabe. Erklärung des GV, er gestatte dem Ersteher, die Sache alsbald in Besitz zu nehmen und wegzuschaffen, genügt nicht (RG 153, 257). Die Zuweisung des mittelbaren Besitzes durch Abtretung des Herausgabeanspruchs entspr § 931 BGB genügt nur, wenn sich der zugeschlagene Gegenstand nicht am Versteigerungsort befindet (München BayJMBl 56, 60). Ist der Gegenstand trotz Verbindung mit einem Grundstück bewegliche Sache geblieben, so erwirbt der Ersteher durch den Zuschlag des GV und dessen Aufforderung, den Gegenstand alsbald wegzuschaffen, noch nicht das Eigentum; dazu ist vielmehr Ausbau und körperliche Übergabe erforderlich. Eigentumsübertragung mit Ablieferung der Sache durch den GV bewirkt lastenfreien Eigentumserwerb durch Hoheitsakt, und zwar ohne Rücksicht darauf, ob der Schuldner Eigentümer oder der Ersteher gutgläubig war (RG 156, 395; BGH 55, 20 = NJW 71, 799 [800]; BGH 100, 95 [98] = NJW 87, 1880; BGH 119, 75 = NJW 92, 2570). Rechte Dritter an der verwerteten Sache (auch eine Eigentumsanwartschaft, BGH aaO) erlöschen damit; sie setzen sich am Erlös fort (Surrogation); die Verstrickung der Sache endet.

9 2) Als **Voraussetzungen** des Eigentumsübergangs werden angesehen: wirksame Pfändung (muß noch im Zeitpunkt der Übergabe bestehen), öffentliche Versteigerung, bei der keine wesentliche Vorschrift verletzt sein darf, sowie Einhaltung der bekanntgegebenen Mindestgrenze (StJ/Münzberg Rn 23 mit Nachw, auch für abweichende Meinungen; zur Barzahlung als Erfordernis KG DGVZ 56, 55). Verletzung anderer Bestimmungen (fehlende Titelforderung, Einstellung der ZwV, fehlerhafter Zuschlag, sonstige Verfahrensverstöße) soll die Wirksamkeit der Eigentumsübertragung nicht berühren. Als hoheitliche Maßnahme der ZwV könnte die Übereignung mit Ablieferung (Abs 2) jedoch nur nichtig sein, wenn Ursache ein schwerwiegender Fehler bei Vornahme dieser Maßnahme selbst wäre. Fehlerhafte Erfordernisse der Vornahme (Zulässigkeit) dieses Zwangsaktes (wirksame Pfändung, wirksame öffentliche Versteigerung und Einhaltung des Mindestgebots) können Unwirksamkeit des durch hoheitliches Handeln des GV bewirkten Eigentumsübergangs daher nicht bewirken. § 1243 f BGB sind auch nicht entsprechend anzuwenden (RG 156, 395). Hat der Meistbietende Besitz erlangt, Eigentumsübergang aber dennoch nicht stattgefunden, so muß neu nach § 809 oder § 846 f gepfändet werden; Wegnahme ohne Titel gegen den Dritten ist nicht möglich (StJ/Münzberg Rn 26).

10 3) Auch **Einstellung der ZwV** (Beachtung aller Einstellungsgründe des § 775) erst nach Zuschlag hindert Ablieferung der zugeschlagenen Sache nach Abs 2 und damit Eigentumsübertragung an den Meistbietenden. Ebenso kann der Gläubiger bis zum Zeitpunkt des Eigentumsübergangs den Verfahrensfortgang noch mit Bewilligung der Einstellung oder Antragsrücknahme aufhalten. In den Fällen des § 776 hat daher auch nach Zuschlag noch Aufhebung der Pfändung zu erfolgen. Nicht richtig wäre es, solche Vollstreckungshindernisse nur bis zum Zuschlag zuzulassen, weil er ein Recht auf Übereignung nur nach den Verfahrensregeln des ZwV-Rechts begründet, bei Vorliegen eines Einstellungsgrunds Fortgang der ZwV jedoch unterbleibt, und der Zuschlag Eigentum des Meistbietenden an der versteigerten Sache noch nicht begründet hat.

11 **IV) Anderweit versteigert** wird die Sache (ohne neuen Antrag), wenn der Meistbietende **Ablieferung** gegen Zahlung des Kaufgeldes **nicht verlangt** (Abs 3 mit Regelung des Zeitpunkts). Die Versteigerung kann sofort in dem noch andauernden Versteigerungstermin oder in einem (dann wieder nach § 816 III bekanntzumachenden) neuen Versteigerungstermin erfolgen. Nach Erteilung des Zuschlags wird somit Erfüllung des Gebots gegen den Meistbietenden nicht durchgesetzt. Folge der Nichterfüllung des Gebots ist jedoch, daß der Meistbietende, dem der Zuschlag erteilt wurde, für den bei nochmaliger Versteigerung entstehenden Ausfall haftet (Abs 3 S 2), der auch durch weitere Kosten verursacht sein kann. Der Anspruch wird aber nicht durch den GV geltend gemacht; vielmehr muß der Berechtigte (Gläubiger; bei Übererlös Eigentümer) klagen. Auf einen Mehrerlös bei Wiederversteigerung hat der Meistbietende keinen Anspruch; er wird als Erlös aus Pfandverwertung dem Berechtigten (Gläubiger; bei Übererlös Schuldner) abgeführt. Auch wird der Meistbietende zu einem Gebot der nochmaligen Versteigerung nicht zugelassen (Abs 3 S 2).

12 V) 1) Ist der **Zuschlag dem Gläubiger** erteilt, so ist dieser nach Abs 4 von der Verpflichtung zur **baren Zahlung** so weit **befreit,** als der Erlös nach Abzug der Kosten der ZwV zu seiner Befriedigung zu verwenden ist. Zu zahlen hat er daher nur den auf Kosten der ZwV treffenden Erlös (nur Kosten, die nach § 6 GVKostG vorweg zu entnehmen sind; nicht nach § 788 beigetriebene eigene ZwV-Kosten des Gläubigers) und den Erlösteil, der sich nach seiner Befriedigung als Überschuß ergibt, bei Austauschpfändung auch, was dem Schuldner zur Ersatzbeschaffung nach § 811a I aus dem Erlös zu überlassen ist. Der Betrag, von dessen barer Zahlung der Gläubiger als Ersteher befreit ist, gilt als von dem Gläubiger dem Schuldner bezahlt (Abs 4 S 2). Diese Verrechnungswirkung dient der Verfahrensvereinfachung. Sie befreit von der Erlöszahlung auch, wenn

ein dem Schuldner nicht gehörender Gegenstand versteigert wurde. Dritteigentum wäre nach § 771 geltend zu machen gewesen; nach Eintritt der Verrechnungswirkung ist der Gläubiger durch Befreiung von der Zahlungspflicht auf Kosten des Dritteigentümers bereichert (BGH MDR 87, 663 = NJW 87, 1880; Hamburg MDR 53, 103; vGerkan MDR 62, 785 u NJW 63, 1140; StJ/Münzberg Rn 15); der Bereicherungsanspruch ist mit Klage geltend zu machen.

2) Auch der **Gläubiger muß** als Ersteher das ganze Meistgebot bar **zahlen,** wenn dem Schuldner nachgelassen ist, durch **Sicherheitsleistung** oder Hinterlegung die Vollstreckung **abzuwenden** (Abs 4 S 1 mit §§ 711, 712 I, § 720). Ebenso hat der Gläubiger Zahlung zu leisten, soweit der Erlös infolge Pfändung vorgehender oder gleichrangiger Gläubiger (§ 804 III; auch §§ 826, 827) deren Forderungen deckt, weil er insoweit dem Ersteher als Gläubiger nicht zur Befriedigung gebührt. 13

VI) Rechtsbehelf: Für Gläubiger, Schuldner und beeinträchtigte Dritte (nur gegen Verfahren) gegen Versteigerungsverfahren, Zuschlag und Eigentumsübertragung: § 766 (dann § 793), jedoch nur bis Eigentumsübergang (gegen Ablieferung nach Abs 2, daher praktisch bedeutungslos), dann bis zur Beendigung der ZwV nur noch gegen Erlösverteilung. 14

VII) Bei **Abzahlungsgeschäften** gilt die Verwertung der Abzahlungssache durch den Gläubiger, und zwar gleichgültig, ob Verwertung nach §§ 814–824 durch den GV unter Ersteigerung der Sache durch den Gläubiger oder durch einen Dritten oder nach § 825 durchgeführt wird, nach § 13 III VerbrKrG (früher § 5 AbzG) als Rücktritt (BGH 55, 59 = NJW 71, 191). Pfändung der Kaufsache löst diese Rücktrittswirkung noch nicht aus; die Rücktrittsfiktion begründet auch kein Verfahrenshindernis für die Verwertung. Die Herbeiführung der Rücktrittsfolge des § 13 III VerbrKrG kann für sich nicht als Umgehung des Schutzgedankens des VerbrKrG angesehen werden. Nicht zu verkennen ist allerdings, daß Schutz des Schuldners mit Erfüllung der gegenseitigen Verpflichtungen Zug um Zug für die Zurücknahme der Abzahlungssache durch den Gläubiger (§ 13 II S 1 VerbrKrG mit § 348 BGB) praktisch nicht gegeben ist. Es erscheint daher geboten, ungeachtet der Tatsache, daß der Rücktritt erst durch den mit der Verwertung verbundenen endgültigen Besitzverlust ausgelöst wird, Abhilfe durch Zubilligung der Einrede nach §§ 348, 320 BGB mit § 13 II S 1 VerbrKrG schon gegenüber der Verwertung selbst zu schaffen. Es handelt sich dann um eine Einwendung gegen die ZwV iS des § 767 (München MDR 69, 60; auch Noack MDR 69, 180). Auf diesem Weg ist der auf der Regelung des materiellen Rechts beruhende Schutzgedanke in dem ordentlichen Prozeßverfahren zu verwirklichen, das hierfür vorgesehen ist. 15

817a *[Mindestgebot]*

(1) Der Zuschlag darf nur auf ein Gebot erteilt werden, das mindestens die Hälfte des gewöhnlichen Verkaufswertes der Sache erreicht (Mindestgebot). Der gewöhnliche Verkaufswert und das Mindestgebot sollen bei dem Ausbieten bekanntgegeben werden.

(2) Wird der Zuschlag nicht erteilt, weil ein das Mindestgebot erreichendes Gebot nicht abgegeben ist, so bleibt das Pfandrecht des Gläubigers bestehen. Er kann jederzeit die Anberaumung eines neuen Versteigerungstermins oder die Anordnung anderweitiger Verwertung der gepfändeten Sache nach § 825 beantragen. Wird die anderweitige Verwertung angeordnet, so gilt Absatz 1 entsprechend.

(3) Gold- und Silbersachen dürfen auch nicht unter ihrem Gold- oder Silberwert zugeschlagen werden. Wird ein den Zuschlag gestattendes Gebot nicht abgegeben, so kann der Gerichtsvollzieher den Verkauf aus freier Hand zu dem Preis bewirken, der den Gold- oder Silberwert erreicht, jedoch nicht unter der Hälfte des gewöhnlichen Verkaufswertes.

I) Zweck: Zum Schutz des verfassungsrechtlich gewährleisteten Eigentums (Art 14 I GG) wird mit dem Erfordernis, daß Erteilung des Zuschlags vom Erreichen eines bestimmten Mindestgebots abhängig ist, Verschleuderung von Vermögenswerten bei ZwV verhindert (vgl BVerfG 46, 325 [332] = NJW 1978, 368). § 817a dient damit den Interessen von Gläubiger und Schuldner als den Verfahrensbeteiligten, nicht aber den Interessen Dritter (Düsseldorf MDR 92, 1035 = NJW-RR 92, 1245). 1

II) 1) Erteilt werden darf der Zuschlag nur auf ein Gebot, das mindestens die **Hälfte des gewöhnlichen Verkaufswertes** der Sache erreicht (Mindestgebot; Abs 1 S 1). Einem Meistgebot unter diesem Mindestgebot ist der Zuschlag zu versagen; der Versagungsgrund ist von Amts wegen zu beachten. Gewöhnlicher Verkaufswert § 813 Rn 2; Feststellung erfolgt nach § 813; Nachschätzung bei wesentlicher Änderung der Verhältnisse § 813 Rn 8. Auf Einhaltung der Schutzvorschrift des Abs 1 S 1 können die Beteiligten verzichten (hM; einschr München NJW 59, 1832: Vorausverzicht des Schuldners unzulässig). Der Zuschlag ist daher auch auf ein Gebot unter dem gesetzlichen Mindestgebot zu erteilen, wenn alle beteiligten Gläubiger und der 2

Schuldner einverstanden sind (so auch § 145 Nr 2c aE GVGA). Wahrung des Verhältnismäßigkeitsgrundsatzes kann Erteilung des Zuschlags auf ein Gebot unter der Hälfte des Verkaufswerts auch rechtfertigen, wenn die sofortige Versteigerung erforderlich ist, um die Gefahr einer beträchtlichen Wertverringerung der zu versteigernden Sache abzuwenden oder um unverhältnismäßige Kosten für eine längere Aufbewahrung zu vermeiden (GVGA aaO und § 145 Nr 2c; auch StJ/Münzberg Rn 3 unter Beschränkung auf den Eilfall des § 816 I aE).

3 2) Der gewöhnliche Verkaufswert und das Mindestgebot sollen **bei dem Ausbieten bekanntgegeben** werden (Abs 1 S 2); Verstoß ist bei höherem Gebot unschädlich, bei Gebot unter dem Mindestgebot ist der Zuschlag dennoch zu versagen. Wenn sich erst im Versteigerungstermin eine andere Schätzung des Verkaufswerts als erforderlich erweist (§ 813 Rn 8) und sich dadurch ein niedrigeres Mindestgebot ergibt, ist den Beteiligten rechtliches Gehör zu gewähren (LG Essen DGVZ 93, 137 [138]). Das gebietet rechtsstaatliche Verfahrensgestaltung; wenn eine der Parteien im Termin nicht anwesend und nicht vertreten ist, muß daher neuer Termin anberaumt und den Beteiligten zunächst das Ergebnis der abweichenden Schätzung mitgeteilt werden (so zutreffend auch § 145 Nr 2f GVGA). Das Ergebnis einer höheren Schätzung ist lediglich nach Abs 1 S 2 bekanntzugeben.

4 **III)** Wird der **Zuschlag nicht erteilt,** weil ein das Mindestgebot erreichendes Gebot nicht abgegeben ist, so bleibt das Pfandrecht des Gläubigers bestehen (Abs 2 S 1). Auf seinen Antrag ist neuer Versteigerungstermin zu bestimmen (Abs 2 S 2). Auch in diesem Termin darf der Zuschlag nur unter der Voraussetzung des Abs 1 S 1 erteilt werden. Der Gläubiger kann auch die Anordnung anderweitiger Verwertung der gepfändeten Sache nach § 825 beantragen, bei der ebenfalls Abs 1 S 1 zu beachten ist (Abs 2 S 3). Bleibt auch der neue Termin oder der Versuch anderweitiger Verwertung ohne Erfolg (oder ist er nicht tunlich) und ist auch weiterhin kein Erfolg zu erwarten, so kann der GV die Pfändung (in entspr Anwendung von § 803 II) aufheben; dem Gläubiger ist vorher Gelegenheit zur Äußerung in angemessener Frist zu geben (§ 145 Nr 2c GVGA). Widerspricht der Gläubiger, so entscheidet über seine Einwendungen gegen das vom GV in Aussicht genommene Verfahren das Vollstreckungsgericht nach § 766.

5 **IV) Gold- und Silbersachen** (Schätzung durch Sachverständigen, § 813 I S 2) dürfen nicht unter dem Mindestgebot des Abs 1, wenn ihr Edelmetallwert höher ist aber auch nicht unter ihrem (vollen) Gold- oder Silberwert zugeschlagen werden (Abs 3 S 1). Wird ein entsprechendes Gebot nicht abgegeben, so darf der GV (ohne Anordnung nach § 825) Gold- und Silbersachen auch freihändig verkaufen (Abs 3 S 2; auch zum Mindestpreis, der aber nicht ausschließt, daß der GV alle Möglichkeiten zur Erzielung eines höheren Erlöses bei freihändiger Veräußerung ausschöpft).

6 **V) Verstoß** mit Veräußerung unter dem halben Verkaufswert berührt den Eigentumserwerb des Erstehers nicht (§ 817 Rn 9 gegen hM). **Rechtsbehelf** bei Verstoß gegen § 817a: Erinnerung nach § 766 (dann § 793), zulässig jedoch nur bis zur Beendigung der ZwV; s jedoch zur Schätzung § 813 Rn 10 und zum Verwertungsvorgang § 817 Rn 14.

7 **VI)** Unterlassungsanspruch gegen den GV wegen Förderung fremden Wettbewerbs, wenn er den gewöhnlichen Verkaufswert gepfändeter Sachen (Orientteppiche) nicht ordnungsgemäß feststellt und entgegen § 817a nicht den gewöhnlichen Verkaufswert sowie das Mindestgebot bekanntgibt, sofern er auf diese Weise dazu beiträgt, daß Preismanipulationen von Pfändungsgläubigern und/oder -schuldner nicht entdeckt und die Sachen somit zu überhöhten Preisen versteigert werden: KG NJW-RR 86, 201.

818 *[Einstellung der Versteigerung]*

Die Versteigerung wird eingestellt, sobald der Erlös zur Befriedigung des Gläubigers und zur Deckung der Kosten der Zwangsvollstreckung hinreicht.

1 § 818 setzt voraus, daß bei einer Mehrheit zu versteigernder Sachen durch Versteigerung eines Teils der Sachen der Anspruch des Gläubigers und die Kosten, auch die der ZwV, gedeckt sind. Der GV hat bei Versteigerung außer dem Anspruch des Gläubigers in Haupt- und Nebensache, wegen dessen gepfändet wurde, und der Kosten der ZwV (§ 788) die Beträge, wegen deren Anschlußpfändung erfolgte (s §§ 826, 827), zu berücksichtigen, vorausgesetzt, daß auch hier die Frist des § 816 abgelaufen ist oder Gläubiger und Schuldner einwilligen. Das Recht Dritter auf vorzugsweise Befriedigung darf er nur berücksichtigen, wenn alle Beteiligten einwilligen oder ein rechtskräftiges Urteil gegen den nicht zustimmenden Gläubiger oder Schuldner vorgelegt wird. Die Einwilligung ist aktenkundig zu machen. Die Pfandstücke, deren Versteigerung nicht erforderlich ist, sind an Schuldner zurückzugeben; ebenso erhält dieser den Erlösüberschuß, wenn er nicht für andere Forderungen gegenüber dem GV gepfändet ist. Bei Verstoß: § 766.

819 *[Wirkung der Empfangnahme des Erlöses]*
Die Empfangnahme des Erlöses durch den Gerichtsvollzieher gilt als Zahlung von seiten des Schuldners, sofern nicht dem Schuldner nachgelassen ist, durch Sicherheitsleistung oder durch Hinterlegung die Vollstreckung abzuwenden.

I) 1) Die **Empfangnahme** des vom Meistbietenden (oder Erwerber bei freihändiger Veräußerung, § 825) zu zahlenden Erlöses durch den GV **gilt als Zahlung** von seiten des Schuldners. Die Zahlungswirkung entspricht der des § 815 III, betrifft somit nur das Verhältnis Gläubiger/Schuldner. Von der Empfangnahme an trägt daher der Gläubiger die Gefahr für den Verlust des Geldes; Eigentum erlangt er jedoch erst mit Ablieferung. Einzelheiten: § 815 Rn 2. **Ausnahme:** Wenn dem Schuldner nachgelassen ist, durch Sicherheitsleistung oder Hinterlegung die Vollstreckung abzuwenden. Dann trägt auch die Gefahr des Verlustes trotz Hinterlegung der Schuldner. 1

2) Beendet ist die ZwV erst mit Ablieferung des Erlöses an den Gläubiger. Bis dahin ist daher noch Einstellung der ZwV (§ 775 mit Aufhebung nach § 776) und Anschlußpfändung sowie Anfechtung möglich (§ 815 Rn 3), desgleichen Klage aus § 771 oder § 805 (mit Einstellungsantrag); ebenso kann noch Erinnerung nach § 766 erhoben (dann auch Beschwerde nach § 793 eingelegt) werden mit Antrag auf Einstellung der ZwV. 2

II) 1) Der **bare Versteigerungserlös** tritt für die mit Ablieferung dem Meistbietenden lastenfrei übereignete Sache (§ 817 Rn 8) an die Stelle der veräußerten Sache (**Surrogationsgrundsatz;** zu diesem § 817 Rn 8; StJ/Münzberg Rn 1; Zeller/Stöber Rn 2.5 zu § 91 ZVG). Ist (abweichend von § 817 II) das Kaufgeld gestundet, ist die Forderung gegen den Ersteher (Erwerber) Erlös, der an die Stelle der veräußerten Sache getreten ist. Am Erlös setzen sich die an der veräußerten Sache erloschenen Rechte fort. Er steht im Eigentum des Schuldners; Beschlagnahme (Verstrickung) und Gläubigerpfandrecht (§ 804 Rn 1, 2) setzen sich an ihm fort, desgleichen erloschene Rechte Dritter, und zwar als Rechte auf Befriedigung aus dem Versteigerungserlös (Überlassung des Erlöses). Verteilung des Erlöses erfolgt durch den GV im ZwV-Verfahren; in diesem können nur der beizutreibende Anspruch des Gläubigers und das als Anspruch auf den Übererlös fortbestehende Eigentum des Schuldners Berücksichtigung finden. Ansprüche Dritter auf den Erlös sind als die Veräußerung (Verwertung mit Erlösabwicklung) hindernde Rechte mit Klage (§ 771; bei Anspruch auf vorzugsweise Befriedigung nach § 805) geltend zu machen. Hinterlegung bei mehrfacher Pfändung: § 827 II. Zahlung auf eine dem Ersteher gestundete Forderung hat der GV bei Fälligkeit zur Abwicklung als Erlös entgegenzunehmen (StJ/Münzberg Rn 12 mit Einzelheiten). 3

2) Wie der GV mit dem Erlös zu verfahren hat, bestimmt das Gesetz nicht ausdrücklich. Aus dem Wesen der Geldvollstreckung und dem Zusammenhang der einschlägigen Bestimmungen ergibt sich jedoch, daß der GV seine Kosten (Gebühren und Auslagen) vorweg entnehmen kann (§ 6 GVKostG), auch bei Kostenbefreiung des Gläubigers (LG Köln DGVZ 90, 159 mwN; AG Itzehoe DGVZ 94, 126; Besonderheiten jedoch bei Prozeßkostenhilfe in § 7 GVKostG) und den übrigen Erlös dem Gläubiger, nach dessen Befriedigung als Erlösüberschuß dem Schuldner, abzuführen hat, soweit nicht nach dem Vollstreckungstitel (oder weil Sicherheitsleistung angeordnet ist) Hinterlegung erfolgen muß oder ein vorzugsberechtigter Dritter einen Titel nach § 805 vorgelegt hat. Die Pflicht zur Erlösauszahlung ist öffentlich-rechtlicher Natur. Erlösauszahlung ist als Zwangsverfügung Übereignung durch Hoheitsakt, die Eigentumsübergang bewirkt (§ 815 Rn 1). Der GV muß den Erlös dem Berechtigten unverzüglich übermitteln. Zum Geldempfang durch einen Bevollmächtigten und zum bargeldlosen Zahlungsverkehr s § 815 Rn 1. Auszahlung des Erlöses durch den GV und Verfahren bei Auszahlung regeln als Verwaltungsvorschriften §§ 169, 170 GVGA. Für die Verrechnung des Erlöses auf die Forderung des Gläubigers gilt, wenn nicht der Schuldtitel eine andere Tilgungsreihenfolge ausweist (wie insbes im Falle des § 11 VerbrKrG) § 367 BGB (Kosten, dann Zinsen und zuletzt Hauptleistung). **Rechtsbehelf** gegen Auszahlungsverfahren des GV (auch bei unrichtiger Berechnung der Forderung des Gläubigers): § 766 (dann § 793). 4

3) a) Bei **ZwV durch einen Dritten** (als Gläubiger) gegen den „Gläubiger" (im neuen Verfahren Schuldner), der den Erlös aus der ZwV gegen seinen Schuldner zur Deckung seiner Vollstrekkungsforderung zu erhalten hat, kann der Dritte einen „Anspruch auf Auszahlung des Erlöses gegen den GV" nicht pfänden (Stöber FdgPfdg Rn 126 mit Nachw); desgleichen kann das Pfändungspfandrecht nicht selbständig gepfändet werden (Stöber aaO Rn 125). Zu pfänden ist die Vollstreckungsforderung des „Gläubigers" gegen seinen Schuldner (als Drittschuldner); ihre Pfändung erfaßt als Nebenrecht mit dem Pfandrecht auch den Anspruch auf Auszahlung des Versteigerungserlöses (Stöber aaO). Der GV hat eine ihm nachgewiesene Pfändung bei Erlösabwicklung zu beachten. 5

b) Solange der dem Schuldner der ZwV als Eigentümer (Rn 3) gehörende Übererlös sich noch im Besitz des GV befindet, kann er wegen einer weiteren Forderung (des gleichen oder eines anderen Gläubigers) gegen denselben Schuldner im Wege der **Anschlußpfändung** nach § 826 6 gepfändet werden (LG Berlin DGVZ 83, 93). Ob daneben ein pfändbarer Anspruch des Schuldners auf den ihm gebührenden Überschuß des Versteigerungserlöses besteht (drittschuldnerloses Recht, zu pfänden nach § 857 II; GV ist nicht Drittschuldner), ist nicht geklärt, dürfte aber zu bejahen sein (so Stöber aaO Rn 129).

820 (weggefallen)

821 *[Wertpapiere]*

Gepfändete Wertpapiere sind, wenn sie einen Börsen- oder Marktpreis haben, von dem Gerichtsvollzieher aus freier Hand zum Tageskurs zu verkaufen und, wenn sie einen solchen Preis nicht haben, nach den allgemeinen Bestimmungen zu versteigern.

1 **I) Zweck:** Regelung der Pfandverwertung von Wertpapieren, deren erzielbarer Erlös mit einem durch ihren Börsen- oder Marktpreis ausgedrückten Wert sicher gewährleistet ist.

2 **II) 1) Wertpapiere** werden bei der ZwV wegen Geldforderungen wie bewegliche körperliche Sachen behandelt. Gepfändet werden sie nach § 808 (auch § 809) dadurch, daß der GV sie in Besitz nimmt. Wertpapiere sind

3 **a)** die **Inhaberpapiere,** bei denen das im Papier verkörperte Recht nicht einer namentlich bezeichneten Person, sondern schlechthin dem Inhaber des Papiers zusteht, zB Aktie, Pfandbrief, Inhaberschuldverschreibung, Investmentzertifikat auf den Inhaber (Berner Rpfleger 60, 33; LG Berlin Rpfleger 70, 361), Grundschuld- und Rentenschuldbrief auf den Inhaber (§§ 1195, 1199 BGB), Scheck (auch Verrechnungsscheck, LG Göttingen NJW 83, 635), der auf den Inhaber lautet oder neben dem Namen des Zahlungsempfängers die Worte „oder Überbringer" enthält, auch die sog kleinen (unvollkommenen) Inhaberpapiere (§ 807 BGB) wie Lotterielos, Theater- und andere Eintrittskarte, Fahrkarte (je ohne Bezeichnung des Berechtigten) sowie Biermarke. Der Bestand des Rechts ist bei einem Inhaberpapier mit dem Besitz des Papiers verbunden. Die Urkunde ist Träger des Rechts. Ebenso wie daher Übertragung durch Übereignung des Papiers nach sachenrechtlichen Grundsätzen erfolgt, findet auch der Zugriff im Wege der ZwV durch Pfändung des Papiers als bewegliche körperliche Sache statt (§§ 808, 809).

4 **b)** die **Namenspapiere,** dh solche Wertpapiere, bei denen das im Papier verkörperte Recht einer namentlich bezeichneten Person zusteht, die es durch Indossament (zB § 68 I AktG) oder auch durch Abtretung und Übergabe des Papiers übertragen kann. Dem entsprechend findet auch ZwV durch Zugriff auf das Papier statt, somit durch Pfändung des Papiers als bewegliche körperliche Sache (§§ 808, 809). Namenspapiere sind zB Zwischenschein, Namensaktie (§ 8, 10 AktG, auch bei Vinkulierung, § 68 II AktG; zustimmungsbedürftig ist erst Verwertung; Bork FS Henckel [1995] 23), Investmentzertifikat auf den Namen (Berner u LG Berlin aaO), auf den Namen umgeschriebene Schuldverschreibung, der auf eine bestimmte Person zahlbar gestellte Scheck, der mit dem Vermerk versehen ist „nicht an Order".

4a **c)** Ein **Genußschein** verbrieft ein Gläubigerrecht (Vermögens-, nicht Mitgliedschaftsrecht); als Wertpapier kann er auf den Inhaber oder Namen lauten; Verfügung über ihn, somit auch Pfändung und Verwertung, erfolgt nach Wertpapiergrundsätzen.

5 **2)** Inländische **Banknoten** sind als bares Geld zu behandeln (§§ 808, 815 I). Ausländische Banknoten werden als Inhaberpapiere nach § 808 (809) gepfändet und nach § 821 verwertet.

6 **3) Nicht** zu den Wertpapieren des § 821 gehören: **a) Legitimationspapiere** (§ 808 BGB; zu ihnen s § 156 GVGA), ds Urkunden zur Ausweiserleichterung dergestalt, daß sich der Schuldner der Forderung durch Leistung an den Inhaber befreien kann, wie zB Sparkassenbuch, Pfandschein, Lebensversicherungspolice (Hamm NJW-RR 95, 1434), Depotschein, Flugschein (LG Frankfurt DGVZ 90, 169; StJ/Münzberg Rn 5 mit Fußn 17). **b) Wechsel** und andere Papiere (nicht Wertpapiere), die durch Indossament übertragen werden können; zu ihnen s § 831. **c) Beweisurkunden** (s § 808 Rn 28); zu diesen gehört auch die Bahncard (Frankfurt VersR 95, 1356).

7 **III) 1)** Für **Verwertung** gepfändeter Wertpapiere (Rn 2–4) erlangt Bedeutung, ob sie einen Börsen- oder Marktpreis haben. Börsenpreis ist der amtliche Kurs des an der Börse zugelassenen Papiers; Marktpreis ist der an dem maßgeblichen Handelsplatz festgestellte Preis. Darüber, ob das gepfändete Wertpapier einen Börsen- oder Marktpreis hat, hat sich der GV zuverlässig zu unterrichten. Die erforderlichen Aufschlüsse kann er aus dem in den Zeitungen veröffentlichten Kurszetteln entnehmen oder bei einer mit dem Verkehr mit solchen Papieren vertrauten Behörde oder Privatperson (Bank) erholen.

2) Wertpapiere **mit** Börsen- oder Marktpreis sind vom GV aus freier Hand zum Tageskurs gegen Barzahlung (§ 817 II) zu verkaufen. Die Papiere sind unverzüglich zu veräußern. 8

3) Wertpapiere, die **keinen** Börsen- oder Marktpreis haben, sind vom GV öffentlich zu versteigern (§ 814), und zwar nach den allgemeinen Bestimmungen über die Versteigerung gepfändeter Sachen (§§ 817, 817a). Sie müssen somit auch auf ihren gewöhnlichen Verkaufswert geschätzt werden (§ 813). Mit ihrer Schätzung kann das Vollstreckungsgericht auf Antrag des Gläubigers oder des Schuldners einen Sachverständigen beauftragen (§ 813 I S 3). Bei der Versteigerung muß mindestens die Hälfte des gewöhnlichen Verkaufswertes erreicht werden (Mindestgebot; § 817a). 9

IV) Die **Übereignung** (Übertragung) freihändig veräußerter (Rn 8) oder versteigerter (Rn 9) Wertpapiere hat durch den GV zu erfolgen. Die Übereignung (Übertragung) bei freihändiger Veräußerung oder nach Zwangsversteigerung ist Maßnahme der ZwV; bei ihr handelt der GV daher hoheitlich (§ 817 Rn 2). Übereignung von Inhaberpapieren erfolgt nach sachenrechtlichen Grundsätzen (Rn 2), somit durch Einigung und Übergabe des Papiers an den Erwerber (oder Übergabesurrogat; §§ 929 ff BGB). Das durch das Papier verbriefte Recht wird damit auf den Erwerber übertragen. Übertragung des durch ein Namenspapier verkörperten Rechts erfordert Indossament oder Abtretung; sie regelt § 822. 10

V) Verwertung eines vom GV gepfändeten **Schecks** (auch Verrechnungsschecks) kann in der Weise erfolgen, daß der GV den Scheck der bezogenen Bank vorlegt und den durch Einlösung erlangten Betrag dem Gläubiger aushändigt (LG Göttingen NJW 83, 635). Ein kleines Wertpapier (Rn 3) mit festem Rücknahmepreis (zB Fahrkarte) ist vom GV einzulösen (entspricht Veräußerung aus freier Hand; StJ/Münzberg Rn 9). 11

VI) Gebühren des **Gerichtsvollziehers:** § 21 GVKostG; die Gebühren nach Abs III–V idF des KostRÄndG 1994 sind jetzt an die Festgebühr (§ 13 II GVKostG) gekoppelt. Die Gebühren können aus dem Erlös vorweg entnommen werden (§ 6 GVKostG), nicht aber Auslagen, die mit einer Amtshandlung nach § 21 GVKostG zusammenhängen. 12

822 *[Namenspapiere]*

Lautet ein Wertpapier auf Namen, so kann der Gerichtsvollzieher durch das Vollstreckungsgericht ermächtigt werden, die Umschreibung auf den Namen des Käufers zu erwirken und die hierzu erforderlichen Erklärungen an Stelle des Schuldners abzugeben.

I) Namenspapiere (die nicht Forderungspapiere sind, s § 821 Rn 4 mit 6) müssen bei Verwertung aus freier Hand oder durch öffentliche Versteigerung dem Erwerber durch Indossament oder auch durch Abtretung und Übergabe des Papiers übertragen werden (§ 821 Rn 10). Die Abtretungserklärung oder das Indossament stellt der GV anstelle des Schuldners aus, nachdem ihn das Vollstreckungsgericht dazu ermächtigt hat (§ 822; außerdem § 155 Nr 3 S 1 GVGA). Die Mitwirkung des Vollstreckungsgerichts soll Überprüfung der Rechtmäßigkeit der Maßnahme sichern. Wenn Verwertung nach § 822 rechtlich möglich ist, sind die Voraussetzungen der ZwV jedoch nicht mehr zu prüfen, weil die Verwertung mit Versteigerung oder freihändiger Veräußerung bereits durchgeführt ist („kann" gibt daher auch kein Ermessen). Zuständig für Erteilung der Ermächtigung ist der Rechtspfleger (§ 20 Nr 17 RpflG). Antrag hat der Gläubiger beim Vollstreckungsgericht (oder durch Vermittlung des GV) zu stellen (nach hM der GV selbst; zulässig wäre auch Antrag des Erwerbers). Dem Antrag sind der Schuldtitel und das Pfändungsprotokoll beizufügen. Indossament oder die Abtretungserklärung wird dem Wertpapier am Schluß beigesetzt oder auf einen mit ihm zu verbindenden Bogen geschrieben. Für das Indossament kann folgende Formel gewählt werden: „An Herrn . . . (Namen, Stand und Wohnort des Käufers)"; es folgt Unterschrift des GV mit dem Beifügen: „Für Herrn . . . (Name und Wohnort des Schuldners) auf Grund Ermächtigung des Vollstreckungsgerichts A vom . . .". Für die Abtretungserklärung ist folgende Formel möglich: „Der Anspruch aus dem Wertpapier wird Herrn . . . (Name, Stand u Wohnort des Käufers) abgetreten. A, den . . . (Datum). NN, GV bei dem AG A, für Herrn . . . (Name, Stand u Wohnort des Schuldners) auf Grund Ermächtigung des Vollstreckungsgerichts vom . . .". – Die Umschreibung im Aktienbuch erfolgt durch die AktGes auf Antrag des GV. Bei der Schuldverschreibung kommt außer der Umschreibung nach Wahl die Rückverwandlung in eine Inhaberschuldverschreibung in Frage, die der GV bei der Ausstellungsstelle beantragt (§ 823). 1

II) Gerichtsgebühren für die **Erteilung der Ermächtigung:** Keine. – **Umschreib**tätigkeit des **GV** gebührenfreies Nebengeschäft (GVKostGr Nr 1 IIId); Auslagen: § 35 I Nr 7 GVKostG. 2

823 *[Außer Kurs gesetzte Inhaberpapiere]*
Ist ein Inhaberpapier durch Einschreibung auf den Namen oder in anderer Weise außer Kurs gesetzt, so kann der Gerichtsvollzieher durch das Vollstreckungsgericht ermächtigt werden, die Wiederinkurssetzung zu erwirken und die hierzu erforderlichen Erklärungen an Stelle des Schuldners abzugeben.

1 § 823 findet nur noch Anwendung auf die Rückverwandlung der genannten Papiere in Inhaberpapiere (§ 806 BGB; s Art 176 EGBGB, Art 26 EGHGB). Die Entscheidung nach § 823 ist dem Rechtspfleger übertragen (§ 20 Nr 17 RpflG).

2 **Gerichtsgebühren** für die **Ermächtigung zur Wiederinkurssetzung:** Keine. – Wiederinkurssetzung durch GV gebührenfreies Nebengeschäft (GVKostGr Nr 1 IIId); Auslagen: § 35 I Nr 7 GVKostG).

824 *[Versteigerung von Früchten auf dem Halm]*
Die Versteigerung gepfändeter, von dem Boden noch nicht getrennter Früchte ist erst nach der Reife zulässig. Sie kann vor oder nach der Trennung der Früchte erfolgen; im letzteren Falle hat der Gerichtsvollzieher die Aberntung bewirken zu lassen.

1 **I) Zweck:** Regelung der Pfandverwertung der vom Boden noch nicht getrennten Früchte, die noch als Teil des unbeweglichen Vermögens bereits in der für bewegliche Sachen geregelten Form durch den GV gepfändet wurden (§ 810).

2 **II) 1) Früchte** werden mit Rücksicht auf die bevorstehende Trennung als bewegliche Sachen gepfändet und daher auch als solche durch öffentliche Versteigerung (§ 814) verwertet (Ausnahme von § 93 BGB). Zulässig ist die Versteigerung vom Boden noch nicht getrennter Früchte erst **nach der Reife** (Satz 1). Früher kann Versteigerung mit Zustimmung des Gläubigers und Schuldners oder Anordnung des Vollstreckungsgerichts (§ 825) erfolgen. Trennung der Früchte erfolgt vor der tatsächlichen Reife nicht. Nach der Reife kann Versteigerung **vor oder nach der Trennung** (Aberntung) durchgeführt werden. Der Zeitpunkt richtet sich danach, auf welchem Weg voraussichtlich ein höherer Erlös erzielbar ist. Die Bestimmung trifft der GV (ggfs nach Anhörung eines Sachverständigen; s § 153 Nr 1 GVGA mit Einzelheiten). Der GV muß dafür Sorge tragen, daß er von dem bevorstehenden Eintritt der Reife rechtzeitig Kenntnis erlangt, damit der Versteigerungstermin angesetzt und bekanntgemacht werden kann und nicht durch Überreife der Früchte Verlust entsteht. Versteigerung **vor Aberntung** erfolgt zweckmäßig an Ort und Stelle. In den Versteigerungsbedingungen ist stets zu bestimmen, innerhalb welcher Zeit der Käufer die Früchte von dem Grund und Boden wegzuschaffen, sonach auch abzuernten hat (§ 153 Nr 3 GVGA). Bei Versteigerung vor Trennung wird der Ersteher mit der Übergabe Eigentümer (§ 817 Rn 8), nicht erst mit der Trennung (Durchbrechung von § 93 BGB); Übergabe kann auch durch Besitzverschaffung mit Gestattung der Aberntung erfolgen (StJ/Münzberg Rn 2; Noack Rpfleger 69, 177). Eine nachfolgende Beschlagnahme ist daher ohne Bedeutung. Weil das jedoch streitig ist, darf der Erlös erst ausgezahlt werden, wenn die Früchte weggeschafft sind oder die für ihre Fortschaffung bestimmte Frist verstrichen ist (§ 153 Nr 3 GVGA).

3 2) Sollte die Versteigerung der Früchte erst **nach der Trennung** erfolgen, so hat der GV die Früchte durch eine zuverlässige Person abernten zu lassen (Satz 2; dazu § 153 Nr 2 GVGA). Die Vergütung (§ 35 GVKostG) wird zweckmäßigerweise im voraus vereinbart. Der GV hat die Aberntung tunlichst zu beaufsichtigen und für sichere Unterbringung und Verwahrung der Ernte bis zur Versteigerung zu sorgen (§ 153 Nr 2 GVGA). Zur Deckung der Kosten für Aberntung und Verwahrung hat der GV vom Gläubiger einen Vorschuß zu fordern; bei Nichtleistung wird in der Regel Versteigerung vor Früchtetrennung erfolgen. Auch bei Versteigerung nach Trennung ist in den Bedingungen zu bestimmen, innerhalb welcher Zeit der Käufer die Früchte von dem Grund und Boden wegzuschaffen hat (dazu § 153 Nr 3 GVGA). Der Ersteher wird mit Ablieferung der zugeschlagenen getrennten Früchte Eigentümer (§ 817 Rn 8).

4 **III) Beschlagnahme durch Zwangsversteigerung** vor Trennung (zum Einfluß der Versteigerung auch Rn 2) umfaßt Früchte als land- und forstwirtschaftliche Erzeugnisse (§ 21 I ZVG). Die bereits erfolgte Verstrickung und das Pfändungspfandrecht berührt die nachfolgende Beschlagnahme jedoch nicht. Daher bleibt der GV dafür verantwortlich, daß rechtzeitig abgeerntet wird. Er kann aber nicht mehr verwerten; der Gläubiger muß sein Pfändungspfandrecht im Zwangsversteigerungsverfahren (rechtzeitig, § 37 Nr 4 ZVG) anmelden (Noack Rpfleger 69, 113, 117; Zeller/Stöber Rn 2 zu § 21 ZVG; enger § 153 Nr 4 GVGA: Zwangsvollstreckung ist einzustellen, wenn die Beschlagnahme erfolgt). Wenn Trennung schon stattgefunden hat, ist die Vollstreckung trotz der Beschlagnahme fortzusetzen (§ 153 Nr 4 GVGA); das kann aber nicht gelten, wenn die Früchte als Zubehör des Grundstücks beschlagnahmt sind. Besonderheit bei ZwV gegen einen Pächter infolge § 21 III ZVG. Wird **Zwangsverwaltung** angeordnet wird, umfaßt die Beschlagnah-

me auch die vom Boden getrennten Früchte (§ 148 I ZVG), wenn sie nicht bereits mit der Trennung in das Eigentum eines anderen gelangt (§ 1120 BGB) oder infolge Veräußerung und/oder Entfernung haftungsfrei geworden sind (§§ 1121, 1122 BGB mit § 20 II sowie § 146 I ZVG). Der GV stellt daher die ZwV ein und unterläßt Aberntung sowie Versteigerung (dazu § 153 Nr 4 GVGA).

825 *[Besondere Verwertung]*

Auf Antrag des Gläubigers oder des Schuldners kann das Vollstreckungsgericht anordnen, daß die Verwertung einer gepfändeten Sache in anderer Weise oder an einem anderen Ort, als in den vorstehenden Paragraphen bestimmt ist, stattzufinden habe oder daß die Versteigerung durch eine andere Person als den Gerichtsvollzieher vorzunehmen sei.

I) Zweck: Nutzung persönlicher, sachlicher oder örtlicher Besonderheiten zur schnellen Erzie- 1
lung eines günstigen (insbes eines höheren) Verwertungserlöses (BGH 119, 75 [77] = NJW 92, 2570).

II) Anordnung einer **anderen Art der Verwertung** ist gegenüber der öffentlichen Versteigerung 2
(§ 814) die **Ausnahme.** Sie ist daher nicht wahlweise neben der Versteigerung zulässig, sondern nur, wenn sie vorteilhafter erscheint. Das kann der Fall sein, wenn die Versteigerung einen dem Wert der Sache entsprechenden Erlös nicht erwarten läßt, wenn sie aus sonstigen Gründen nicht zweckmäßig ist oder wenn sie überhaupt nicht mit Erfolg durchführbar erscheint (s LG Freiburg DGVZ 82, 186). Vorheriger Versteigerungsversuch ist nicht Erfordernis anderweitiger Verwertung, aber geboten, wenn Bietinteressenten vorhanden sind (LG Berlin Rpfleger 73, 34). Die Anordnung setzt (wie Versteigerung, § 814 Rn 4) wirksame Pfändung und außerdem voraus, daß Fortsetzung der ZwV zulässig ist. Das Vollstreckungsgericht entscheidet nach seinem Ermessen (LG Nürnberg-Fürth Rpfleger 78, 332); „kann" im Gesetzeswortlaut sagt, daß dem Gericht ein Ermessensspielraum zusteht. Zu würdigen ist nicht nur das Interesse des Gläubigers an voller Deckung seiner Forderung und alsbaldiger Befriedigung, sondern auch das schutzwürdige Interesse des Schuldners, der den Pfandgegenstand nicht verschleudert sehen möchte (Stuttgart DGVZ 64, 182 = Rpfleger 64, 179). Wenn die Parteien selbst Versteigerungsbedingungen zulässig abweichend bestimmen (§ 817 Rn 4), hat Anordnung nach § 825 nicht zu erfolgen. Für andere Verwertung als durch öffentliche Versteigerung (zB durch freihändigen Verkauf; Ausnahme § 821) ist gerichtliche Anordnung aber auch bei Einvernehmen der Parteien erforderlich, solange die Verstrickung der gepfändeten Sache besteht. Das Einvernehmen der Parteien über einen freihändigen Verkauf ist als übereinstimmender Antrag auf dessen Anordnung nach § 825 zu werten. Frei befinden können die Parteien über die Verwertung entstrickter Sachen.

III) Als **andere Art der Verwertung** kann angeordnet werden: **1)** daß die öffentliche Versteige- 3
rung durch den GV (§ 814) zu **Versteigerungsbedingungen abweichend** von den gesetzlichen Vorschriften (§§ 816–817a) erfolgt, insbes abweichend von § 816 II an einem anderen Ort, von § 816 I vor Ablauf der Wochenfrist (Anordnung nach § 761 für Versteigerung zur Nachtzeit sowie an einem Sonn- oder Feiertag), abweichend von § 817 I nur an bestimmte Personen (zB nur an Kaufleute, fachkundige Handwerker), von § 817 II in der Weise, daß Zahlung des Versteigerungserlöses gestundet wird (dann kann auch Übergang des Eigentums, wie nach § 455 BGB, vorbehalten werden), von § 817a I nur bei Erzielung eines höheren Mindestgebots. Nicht geändert werden können die zwingenden Verfahrensgrundsätze der öffentlichen Versteigerung (s Zeller/Stöber Rn 3 zu § 59 ZVG), zB über Zuschlag an den Meistbietenden (auch bei Beschränkung des Personenkreises der Bieter), Bindung an das Gebot mit Haftung für den Ausfall bei Wiederversteigerung, hoheitlichen Verfügungsakt der Veräußerung nach öffentlicher Versteigerung durch den GV. Zu den nicht änderbaren Bestimmungen gehört § 817a über Beachtung des Mindestgebots, so daß anderweitige Verwertung (freihändige Veräußerung durch den GV oder eine andere Person, Erwerb durch eine bestimmte Person, Zuweisung an Gläubiger) nicht zu einem Erlös angeordnet werden kann, der die Hälfte des gewöhnlichen Verkaufswerts nicht erreicht; Wertänderungen seit Pfändung ist mit Nachschätzung (§ 813 Rn 8) Rechnung zu tragen, nicht mit Bestimmung eines geringeren Veräußerungsbetrags nach § 825.

2) daß die Verwertung abweichend von § 814 durch **freihändige Veräußerung** der Sache durch 4
den GV zu erfolgen hat (Rn 15);

3) daß Versteigerung oder auch freihändige Veräußerung der Sache **durch eine andere Amts-** 5
oder eine **Privatperson** (zB Kunsthändler, gewerbl Versteigerer, Notar) zu erfolgen hat;

4) daß abweichend von § 814 das Vollstreckungsgericht selbst den **Erwerb durch eine be-** 6
stimmte Person (auch den Gläubiger) **anordnet** (Rn 16, 17). Zuweisung an den Gläubiger setzt voraus (vgl bereits Rn 2), daß mit Versteigerung oder freihändigem Verkauf kein Erlös erzielt

werden kann, der den vom Gläubiger gebotenen Anrechnungspreis übersteigt (LG Koblenz MDR 81, 236; LG Bochum DGVZ 77, 89). Zuweisung an den Schuldner ist auf seinen Antrag zulässig, außer wenn der Gläubiger die gepfändete Sache freigibt (dazu Steines KTS 89, 309); ein Antrag des Gläubigers, die Sache dem Schuldner zuzuweisen, wäre (mangels Rechtsschutzbedürfnis) unzulässig (Steines aaO). An wesentlichen Bestandteilen eines Grundstücks (§ 93 BGB) kann Eigentum durch Maßnahmen nach § 825 nicht erworben werden (§ 864 Rn 8).

7 **IV) Verfahren: 1) Zuständig** (ausschließlich, § 802) ist das Vollstreckungsgericht (§ 764), (örtlich) in dessen Bezirk die öffentliche Versteigerung als gesetzliche Verwertung zu erfolgen hat bzw müßte (§ 816 Rn 3). Es entscheidet der Rechtspfleger (§ 20 Nr 17 RpflG). Beruft sich der Schuldner auf Unpfändbarkeit der Sache (§ 811), dann entscheidet darüber (da Erinnerung nach § 766) der Richter (aA Lüke JuS 70, 630: Einwand ist vom Rechtspfleger im Verfahren nach § 825 zu beachten; jedoch ist mit Unpfändbarkeit eine über die Ablehnung des Antrags hinausgehende gerichtliche Entscheidung über die Unzulässigkeit der Pfändung verlangt).

8 2) Die Anordnung ergeht nur auf **Antrag** des Gläubigers (jeder von mehreren ist antragsberechtigt) oder Schuldners (dessen Konkursverwalter), nicht aber eines am Erwerb interessierten Dritten. Der Antrag unterliegt nicht dem Anwaltszwang (§ 78 III); er kann zu Protokoll der Geschäftsstelle oder schriftlich gestellt werden. Der Antrag muß die verlangte Anordnung bezeichnen (Bindung nach § 308 I; Änderungen kann das Gericht nach § 139 anregen). Für Zuweisung der Pfandsache an den Gläubiger muß der Antrag daher den Erwerbspreis nennen (Bindung nach § 308 I; daher Zurückweisung, wenn der Preis zu gering ist und der Antrag nicht geändert wird; LG Koblenz MDR 81, 236). Dem Antrag müssen die für die ZwV (deren Fortsetzung mit Verwertung) erforderlichen Urkunden beigefügt werden. Zulässig ist der Antrag bis zum Zuschlag; zurückgenommen werden kann er bis zur Entscheidung.

9 3) **Einstweilige Anordnung** ist entsprechend § 766 I S 2 (mit § 732 II) möglich; zuständig ist der Rechtspfleger. Einstellung der ZwV kann auch mit der Maßgabe angeordnet werden, daß der Erwerbsinteressent noch vor dem Versteigerungstermin den Erlöspreis bar bei dem GV hinterlegt; damit kann verhindert werden, daß mit Antrag nach § 825 lediglich die drohende Versteigerung verschleppt wird. Erfolgt die Hinterlegung nicht, muß die Versteigerung durchgeführt werden (AG Schöneberg DGVZ 40, 68).

10 4) Fakultative **mündliche Verhandlung** nach § 764 III. **Rechtliches Gehör:** vor § 704 Rn 28. Antrag auf Verwertung eines Haushaltsgegenstands (insbes als Abzahlungssache) oder einer sonst unpfändbaren Sache gebietet gerichtliche Aufklärung des Schuldners nach § 139 mit der Anfrage, ob er die Unpfändbarkeit geltend machen will (Frankfurt Rpfleger 80, 303). Es gelten die allgemeinen Grundsätze des ZPO-Verfahrens (§ 766 Rn 27). Geeignet zur Feststellung der Voraussetzung einer abweichenden Verwertung ist jedes **Beweismittel,** auch dienstliche Äußerung des GV (LG Koblenz MDR 81, 236).

11 5) Die Entscheidung ergeht durch **Beschluß.** Er hat die abweichende Art der Verwertung zu bezeichnen. Die Anordnung muß bestimmt sein; ein Wahlrecht unter mehreren Möglichkeiten anderweitiger Verwertung (zB freihändiger Verkauf oder öffentliche Versteigerung zu anderen Bedingungen) darf dem GV nach seinem Ermessen nicht eingeräumt werden (LG Nürnberg-Fürth Rpfleger 78, 333). Der Beschluß ist dem Gläubiger und Schuldner von Amts wegen zuzustellen (§ 329 III); Parteizustellung setzt die Rechtsmittelfrist nicht in Lauf (LG Berlin Rpfleger 75, 103). Bei Antragsablehnung ist der Beschluß nur dem Antragsteller zuzustellen; an Antragsgegner erfolgt nur formlose Mitteilung. Kosten: § 788 I; bei Antragszurückweisung ist Kostenentscheidung erforderlich, wenn der Gegner am Verfahren beteiligt war.

12 6) **Rechtsbehelf:** Sofortige Beschwerde (§ 793) bzw befristete Rechtspflegererinnerung (§ 11 I S 2 RpflG), nicht Erinnerung nach § 766; die Anordnung ist Entscheidung im ZwV-Verfahren, nicht ZwV-Maßnahme (KG NJW 66, 1885; LG Braunschweig MDR 68, 249; LG Hamburg MDR 59, 45; LG Nürnberg-Fürth Rpfleger 78, 332). Mit dem Rechtsbehelf kann auch die Schätzung des Wertes angegriffen werden (LG Essen MDR 57, 301). Mit Durchführung der Verwertung (Rn 14 ff) wird der Rechtsbehelf unzulässig bzw gegenstandslos, weil die ZwV beendet ist.

13 7) Für GV und Parteien ist die Entscheidung des Vollstreckungsgerichts **bindend;** nach Anordnung einer anderen Art der Verwertung kann daher Verwertung im Wege öffentlicher Versteigerung oder Versteigerung wieder zu den gesetzlichen Bedingungen nicht erfolgen (LG Nürnberg-Fürth aaO). Jedoch kann die Anordnung vom Vollstreckungsgericht auf Antrag (auch noch nach Rechtskraft) **geändert** (auch aufgehoben) werden, wenn eine neue Sachlage eingetreten ist (LG Nürnberg-Fürth aaO; StJ/Münzberg Rn 6).

14 **V) 1)** Die **Verwertung** hat entsprechend dem gerichtlichen Beschluß **durch den GV** oder die sonst bestimmte Person zu erfolgen. Eine Zuständigkeit des Vollstreckungsgerichts auch für Durchführung der anderweitigen Verwertung begründet § 825 nicht. Nach Anordnung anderweitiger Verwertung kann der GV nicht von sich aus wieder zur gesetzlichen Verwertungsart überge-

hen (Rn 13). Rechtskraft des Beschlusses ist für Durchführung der angeordneten Verwertung nicht erforderlich; jedoch kann der Vollzug des Beschlusses vom Ablauf einer (kürzeren) Frist abhängig gemacht werden, damit der Schuldner Rechtsmittel einlegen und eine einstweilige Anordnung des Rechtsmittelgerichts erwirken kann.

2) Wenn **freihändige Veräußerung** durch den **GV** angeordnet ist (auch für Durchführung oder Fortsetzung eines Ausverkaufs), werden Käufer und Preis (Mindestgebot nach § 817a I ist zu beachten; s Rn 3; Bestimmung eines höheren Mindestgebots durch das Vollstreckungsgericht ist zulässig) durch Übereinkunft bestimmt (StJ/Münzberg Rn 9). Der GV handelt, ebenso wie bei Verwertung durch öffentliche Versteigerung, als Organ der ZwV hoheitlich. Daher ist das Einvernehmen mit dem Käufer wie der Zuschlag (§ 817 Rn 7), den es ersetzt, Hoheitsmaßnahme des Zwangsverfahrens, nicht aber Zustandekommen eines privatrechtlichen Vertrags (ebenso StJ/Münzberg Rn 10; Gewährleistungsausschluß nach § 806; anders MK/Schilken Rn 8: öffentlichrechtl Vertrag). Übereignung hat durch den GV wie die Ablieferung der zugeschlagenen Sache zu erfolgen (§ 817 Rn 8); Übergabeersatz in Form der §§ 930, 931 ist ausgeschlossen (München MDR 71, 1018 L). Die Gleichstellung der Übereinkunft bei freihändiger Veräußerung mit dem Zuschlag bei Versteigerung gebietet auch Berücksichtigung einer nachfolgenden Einstellung bis zum Eigentumsübergang (§ 817 Rn 10). Einstellung oder Aufhebung des Beschlusses des Vollstreckungsgerichts nach Übereignung berührt diese nicht mehr. Der Erlös aus freihändiger Veräußerung ist (auch iS von § 805) Verwertungserlös (§ 819) und als solcher durch den GV abzuwickeln (§ 819 Rn 4). Verfahren bei freihändigem Verkauf s auch § 148 GVGA; Protokoll (§ 762) s § 149 GVGA. 15

3) a) Wenn vom Vollstreckungsgericht selbst **Erwerb durch eine bestimmte Person angeordnet** ist, hat diese Anordnung die Wirkung des Zuschlags, den sie ersetzt. Die Anordnung kann daher nur ergehen, wenn das Angebot (Einverständnis) des Erwerbers gegeben ist (Steines KTS 89, 309 [313]). Übereignung der so verwerteten Sache hat durch den GV mit Ablieferung an den Erwerber (wie nach Erteilung des Zuschlags an den Meistbietenden) zu erfolgen; hierfür hat der GV auch Versendung nach auswärts zu besorgen (LG Berlin DGVZ 66, 174; enger LG Nürnberg-Fürth DGVZ 92, 136). Der Beschluß des Vollstreckungsgerichts bewirkt keinen Eigentumsübergang (so auch StJ/Münzberg Rn 10). Ablieferung an den Erwerber darf durch den GV (wenn keine andere Anordnung getroffen ist) nur gegen Barzahlung erfolgen; sie bewirkt lastenfreien Eigentumsübergang durch Hoheitsakt (zu allem s auch § 817 Rn 8). Der Erlös ist Verwertungserlös (Rn 15 aE). 16

b) Auch bei **Zuweisung** der Pfandsache **an den Gläubiger** hat der Beschluß des Vollstreckungsgerichts nur die Wirkung des Zuschlags, den er ersetzt. Den Erwerbspreis hat der Beschluß auch in diesem Fall unter Beachtung des Mindestpreises nach § 817a I (LG Frankfurt DGVZ 93, 112) zu bestimmen und zu bezeichnen. Eigentumserwerb bewirkt der Beschluß nicht. Daher hat noch Übereignung durch den GV mit Ablieferung der Sache an den Gläubiger zu erfolgen (wie Rn 16). Das Eigentum geht auf den Gläubiger mit der Aushändigung (Ablieferung) des Pfandstücks über (Celle MDR 61, 858 = NJW 61, 1730). Von der Erlöszahlung ist der Gläubiger nach § 817 IV befreit. Kosten der ZwV und Erlösüberschuß hat er bei Ablieferung der Sache (§ 817 II; sonst abweichende Anordnung erforderlich) bar zu zahlen. Hat Hinterlegung des Erlöses nach § 817 IV zu erfolgen, darf Zuweisung der Pfandsache an den Gläubiger nur gegen bare Zahlung des vollen Erlöses bei Ablieferung erfolgen (aA StJ/Münzberg Rn 16: Anordnung ist ausgeschlossen). 17

c) Zuweisung der Pfandsache an den Gläubiger ist auch zulässig, wenn es sich um eine **Abzahlungssache** handelt. Die Verwertung löst die Rücktrittswirkung des § 13 III VerbrKrG (früher § 5 AbzG) aus (Prüfung und Feststellung dieser Rechtsfolge im Beschluß erfolgt nicht), die jedoch kein Verfahrenshindernis für die Verwertung begründet (§ 817 Rn 15). Die Einrede nach §§ 348, 320 BGB mit § 13 II S 1 VerbrKrG schon gegenüber der Verwertung ist nach § 767 zu verfolgen (§ 817 Rn 15). Im ZwV-Verfahren sind Gegenansprüche des Schuldners nicht zu berücksichtigen; daher ist auch nicht (lediglich summarisch) zu prüfen, ob dem Schuldner gegen den Gläubiger als Verkäufer ein Geldanspruch zusteht (Mümmler JurBüro 77, 1657 [1662 ff] mit Nachw, auch für vielfach vertretene Gegenmeinung). Rechtsmißbrauch kann der Schuldner nach § 765a begegnen (Frankfurt NJW 54, 1083). Verwertung mit Zuweisung der Abzahlungssache an den Gläubiger erfordert Bestimmung des Erwerbspreises; dieser bemißt sich nach dem Verkaufswert (s § 817a; oben Rn 17; Abnutzung ist daher zu berücksichtigen, so auch BL/Hartmann Rn 7; anders AG Norden Rpfleger 87, 28); er muß ebenso feststehen wie das Meistgebot bei öffentlicher Versteigerung, die zur Rücktrittswirkung nach § 13 III VerbrKrG führt (nicht richtig Hadamus Rpfleger 80, 420, der auch nicht berücksichtigt, daß die materiellen Voraussetzungen des § 13 III VerbrKrG nicht im formalisierten Verwertungsverfahren geprüft werden können). Ausführung mit Ablieferung der Sache an den Gläubiger und Erlösverteilung erfolgt wie im Fall Rn 17. Rücktrittswirkung mit Zuweisung der Pfandsache hat auch zur Folge, daß der Abzahlungsver- 18 käufer aus dem Zahlungstitel nicht mehr vollstrecken darf; Ansprüche aus § 13 II VerbrKrG muß er mit neuer Klage geltend machen, auf Anforderung des Schuldners ist er zur Herausgabe des Zahlungstitels verpflichtet (LG Stuttgart MDR 67, 54). Zum Bereicherungsanspruch des Eigentümers gegen den Gläubiger bei Eigentumsvorbehalt mit Verarbeitungsklausel im Falle des § 825 s Neustadt NJW 64, 1802.

19 4) Eine **andere Person** (auch ein öffentlich bestellter Versteigerer) wird bei der ihr übertragenen Versteigerung oder freihändigen Veräußerung nicht für den GV hoheitlich, sondern auf Grund des ihr erteilten Auftrags privatrechtlich tätig (BGH 119, 75 [79] = NJW 92, 2570 [2571] mwN; StJ/Münzberg Rn 13; auch BGH MDR 66, 999). Der Vertrag kommt daher bei Versteigerung mit Zuschlag zustande (§ 156 BGB), bei freihändiger Veräußerung als Kaufvertrag (§ 433 BGB), je mit anschließender Eigentumsübertragung nach §§ 929 ff BGB. Erwerb einer schuldnerfremden Sache ist daher nur möglich, wenn der Ersteher hinsichtlich des Eigentums des Schuldners gutgläubig ist; allein das Vertrauen auf die Wirksamkeit der Verstrickung und der Verwertungsanordnung schützen ihn nicht (BGH NJW 92, 2570). Die Gewährleistung bestimmt sich nach § 806 nur dann, wenn der Dritte bei der Verwertung auf den Anordnungsbeschluß nach § 825 hingewiesen hat. Der Verwertungserlös ist nach Anordnung des Vollstreckungsgerichts durch die mit der Versteigerung beauftragte Person zu verteilen; wenn keine Anordnung getroffen ist, ist er an den GV abzuliefern, der ihn als Verwertungserlös zu verteilen hat (§ 819 Rn 4). Wird der Erlös nicht abgeführt (und nicht abgerechnet), ist der Anspruch gegen die beauftragte Person (ggfs auf Herausgabe an den GV) vom Gläubiger (AG Cham DGVZ 95, 189) oder Schuldner (nicht aber durch den GV oder das Vollstreckungsgericht) als privatrechtlicher Anspruch mit Klage (Mahnantrag) geltend zu machen.

20 5) **Rechtsbehelf** für Gläubiger und Schuldner gegen das Verfahren des GV oder der beauftragten Person bei Durchführung der angeordneten Verwertung: § 766 (dann § 793).

21 **VI) Gebühren: 1)** des **Gerichts:** keine. – **2)** des **Anwalts:** § 58 III Nr 4a BRAGO. – **3)** des **Gerichtsvollziehers:** s § 21 V GVKostG; nach S 1 höchstens das Dreifache der Festgebühr, nach S 2 weitere Festgebühren nach der ersten Stunde für jede angefangene weitere Stunde, die das Geschäft in Anspruch nimmt. Festgebühr, § 13 II GVKostG: 20 DM.

826 *[Anschlußpfändung]*

(1) Zur Pfändung bereits gepfändeter Sachen genügt die in das Protokoll aufzunehmende Erklärung des Gerichtsvollziehers, daß er die Sachen für seinen Auftraggeber pfände.

(2) Ist die erste Pfändung durch einen anderen Gerichtsvollzieher bewirkt, so ist diesem eine Abschrift des Protokolls zuzustellen.

(3) Der Schuldner ist von den weiteren Pfändungen in Kenntnis zu setzen.

1 **I) Zweck:** Verfahrensvereinfachung für Anschlußpfändung, weil die bereits erfolgte und fortbestehende Verstrickung Wiederholung der Beschlagnahmeformalitäten erübrigt.

2 **II) 1)** ZwV mit Pfändung einer beweglichen Sache (auch von Geld, vgl § 815 I) kann auch erfolgen, wenn die Sache schon gepfändet ist. Vorgenommen werden kann diese sogen **Anschlußpfändung** für einen anderen Gläubiger, aber auch für denselben Gläubiger wegen einer anderen vollstreckbaren Forderung. Zulässig ist Anschlußpfändung (in der erleichterten Form des § 826) nur bei ZwV gegen den gleichen Schuldner und Haftung mit gleichem Vermögen; diese Vermögensidentität besteht nicht bei ZwV gegen den Schuldner persönlich und (in der anderen Sache) als Konkursverwalter. Wenn sich die ZwV gegen einen anderen Schuldner (zB die Ehefrau) als den der Erstpfändung (zB den Ehemann) richtet, kann die Pfändung einer bereits gepfändeten Sache nur in Form einer Erstpfändung erfolgen (sogen Doppelpfändung; § 167 Nr 1 GVGA; s § 739 Rn 12 u § 808 Rn 26; aA, Anschlußpfändung auch hier möglich, Gerlach ZZP 89 [1976] 294); eine Anschlußpfändung in Form des § 826 wäre in einem solchen Fall unwirksam (LG Berlin DGVZ 62, 140). Zulässig ist Anschlußpfändung, solange die mit der Erstpfändung bewirkte Verstrickung besteht, nach Ablieferung einer verwerteten Sache (§ 817 II) somit in den an deren Stelle getretenen Erlös (LG Berlin DGVZ 83, 93; s § 815 Rn 3). Zum Verbot der zwecklosen Pfändung § 803 Rn 9.

3 2) **Erfolgen** kann Anschlußpfändung sowohl in **Form** der Erstpfändung (nach § 808) wie auch (s § 826 I: „genügt") in der erleichterten Form des § 826. Danach genügt zur Bewirkung der Anschlußpfändung die in das neue Protokoll (§ 762) aufzunehmende Erklärung des GV, daß er die schon gepfändete Sache für seinen Auftraggeber neu pfände (Abs 1); zu Einzelfragen § 167 GVGA. Wenn der GV die Sache selbst in Besitz hat, findet neue Besitzergreifung nicht statt, so daß Anschlußpfändung nur in der Form des § 826 erfolgen kann. Zu ihrer Wirksamkeit setzt die Anschlußpfändung Bestehen der staatlichen Verstrickung mit formwirksamer (§ 808), für Sachen im Schuldnergewahrsam somit ordnungsgemäß (§ 808 II S 2) kenntlich gemachter Erstpfändung

voraus, die im Zeitpunkt der neuen Pfändung noch ersichtlich sein muß (StJ/Münzberg Rn 8). Dies hat der GV durch Einsicht in das über die erste Pfändung aufgenommene Protokoll und Feststellung zu prüfen, ob die Pfandstücke im Gewahrsam des Schuldners (oder eines Dritten) noch vorhanden sind und ob die Pfändung noch ersichtlich ist (§ 167 Nr 3 GVGA). Die Erklärung, „daß er die Sachen für seinen (neuen) Auftraggeber pfände" (Abs 1), braucht vom GV aber nicht vor Dritten, auch nicht vor dem anderen GV, der die Erstpfändung vorgenommen hat, abgegeben und protokolliert werden. Daher berührt auch die Verletzung der dem GV mit § 167 Nr 3 GVGA (Verwaltungsvorschrift) aufgetragene Prüfungspflicht die Wirksamkeit der Anschlußpfändung nicht; sie ist auch wirksam, wenn sie nicht „angesichts der Pfandsache", somit vor verschlossener Tür erfolgt ist, ihre Voraussetzungen aber gegeben sind (Bremen DGVZ 71, 4; LG Braunschweig DGVZ 62, 139; AG Fürth DGVZ 77, 14; aA AG Elmshorn DGVZ 92, 46). Anfechtbarkeit der Erstpfändung schließt Anschlußpfändung nicht aus und berührt auch ihre Wirksamkeit nicht, wenn nach Anfechtung noch Aufhebung der Erstpfändung erfolgt. War mit Erstpfändung eine Sache im Gewahrsam eines Dritten gepfändet worden, so bedarf die Anschlußpfändung der Zustimmung des Dritten (§ 809; Düsseldorf OLGZ 73, 50; Gerlach aaO; Schilken DGVZ 86, 145 [149]), unabhängig davon, ob er die Zustimmung für die Erstpfändung schon erklärt hat oder nicht. Möglich ist Anschlußpfändung durch Protokollerklärung auch, wenn die frühere Pfändung durch einen anderen GV vorgenommen wurde. Mitteilung hat (immer) an den Schuldner (Abs 3) und (zutreffendenfalls) durch Zustellung einer (beglaubigten, § 170 I) Protokollabschrift an den anderen GV, der die Erstpfändung durchgeführt hat (Abs 2) zu erfolgen; die Mitteilungen sind für die Wirksamkeit der Anschlußpfändung aber nicht wesentlich (RG 13, 345).

III) 1) Die Anschlußpfändung nach § 826 ist nur erleichterte Form der Beschlagnahme; sie begründet für den neuen Gläubiger ein **selbständiges Pfändungspfandrecht** (§ 804 I); zu dessen Rang § 804 III. Sie gibt Anspruch auf Befriedigung bei Verwertung der Sache aus dem Teil des Erlöses, der nach Deckung des vorgehenden Rechts übrig bleibt. Die Pfändung ist zugleich eine eventuelle Erstpfändung für den Fall, daß die vorgehende Pfändung trotz formeller Ordnungsmäßigkeit (§ 808) unwirksam ist oder die vorgehende Forderung wegfällt. Heilung der unwirksamen Erstpfändung zugunsten ihres Gläubigers kann die Anschlußpfändung nicht bewirken. Holt der GV bei Anschlußpfändung zugleich eine unwirksame Erstpfändung nach, so haben Erst- und Anschlußpfändung gleichen Rang. Hat die Erstpfändung Verstrickung nicht begründet oder wird die frühere Pfändung aufgehoben, rückt die Anschlußpfändung an ihre Stelle. 4

2) Jeder Anschlußpfandgläubiger kann die ZwV **selbständig** weiter betreiben, auch wenn der andere Pfandgläubiger Stundung bewilligt hat oder sein Verfahren einstweilen eingestellt ist. Für die Verwertung des Pfandes gelten die §§ 816 ff und § 827. Ist das Recht des Erstgläubigers übersehen und an den im Rang nachfolgenden Gläubiger ausbezahlt worden, dann hat ersterer den Bereicherungsanspruch nach § 812 gegen den Nachranggläubiger, ev auch Schadensersatzanspruch gegen den Staat wegen Amtspflichtverletzung des GV. 5

IV) Auch nach erster Pfändung im Wege der **Verwaltungsvollstreckung** kann Anschlußpfändung in der Form des § 826 erfolgen (StJ/Münzberg Rn 3, MK/Schilken Rn 3; Wieczorek Anm B IIc). Weil das jedoch nicht unstreitig ist (anders zB BL/Hartmann Rn 2; s aber zB § 307 II S 2 AO), sieht § 167 Nr 10 GVGA (als Verwaltungsvorschrift) vor, daß der GV bei einer folgenden Vollstreckung nach der ZPO die Form der Erstpfändung zu wählen hat. Für die Verwaltungsvollstreckung nach der **Abgabenordnung** (und den darauf verweisenden Vollstreckungsgesetzen) bestimmt 6

§ 307 AO: Anschlußpfändung

(1) Zur Pfändung bereits gepfändeter Sachen genügt die in die Niederschrift aufzunehmende Erklärung des Vollziehungsbeamten, daß er die Sache für die zu bezeichnende Forderung pfändet. Dem Vollstreckungsschuldner ist die weitere Pfändung mitzuteilen.

(2) Ist die erste Pfändung für eine andere Vollstreckungsbehörde oder durch einen Gerichtsvollzieher erfolgt, so ist dieser Vollstreckungsbehörde oder dem Gerichtsvollzieher eine Abschrift der Niederschrift zu übersenden. Die gleiche Pflicht hat ein Gerichtsvollzieher, der eine Sache pfändet, die bereits im Auftrag einer Vollstreckungsbehörde gepfändet ist.

§ 308 AO: Verwertung bei mehrfacher Pfändung

(1) Wird dieselbe Sache mehrfach durch Vollziehungsbeamte oder durch Vollziehungsbeamte und Gerichtsvollzieher gepfändet, so begründet ausschließlich die erste Pfändung die Zuständigkeit zur Versteigerung.

(2) Betreibt ein Gläubiger die Versteigerung, so wird für alle beteiligten Gläubiger versteigert.

(3) Der Erlös wird nach der Reihenfolge der Pfändungen oder nach abweichender Vereinbarung der beteiligten Gläubiger verteilt.

(4) Reicht der Erlös zur Deckung der Forderungen nicht aus und verlangt ein Gläubiger, für den die zweite oder eine spätere Pfändung erfolgt ist, ohne Zustimmung der übrigen beteiligten Gläubiger eine

andere Verteilung als nach der Reihenfolge der Pfändungen, so ist die Sachlage unter Hinterlegung des Erlöses dem Amtsgericht, in dessen Bezirk gepfändet ist, anzuzeigen. Der Anzeige sind die Schriftstücke, die sich auf das Verfahren beziehen, beizufügen. Für das Verteilungsverfahren gelten die §§ 873 bis 882 der Zivilprozeßordnung.

(5) Wird für verschiedene Gläubiger gleichzeitig gepfändet, so finden die Vorschriften der Absätze 2 bis 4 mit der Maßgabe Anwendung, daß der Erlös nach dem Verhältnis der Forderungen verteilt wird.

7 **V) Gebühren** des **Gerichtsvollziehers:** wie für Erstpfändung: volle Gebühr nach dem Betrag der beizutreibenden Forderung (§ 17 GVKostG, Nr 25 GVKostGr). Hilfspfändung (§ 156 GVGA) s Nr 26 GVKostGr. In § 17 III GVKostG bildet jetzt die Festgebühr (§ 13 II GVKostG) die Gebührenobergrenze.

827 *[Einheitlichkeit des Zwangsvollstreckungsverfahrens]*

(1) Auf den Gerichtsvollzieher, von dem die erste Pfändung bewirkt ist, geht der Auftrag des zweiten Gläubigers kraft Gesetzes über, sofern nicht das Vollstreckungsgericht auf Antrag eines beteiligten Gläubigers oder des Schuldners anordnet, daß die Verrichtungen jenes Gerichtsvollziehers von einem anderen zu übernehmen seien. Die Versteigerung erfolgt für alle beteiligten Gläubiger.

(2) Ist der Erlös zur Deckung der Forderungen nicht ausreichend und verlangt der Gläubiger, für den die zweite oder eine spätere Pfändung erfolgt ist, ohne Zustimmung der übrigen beteiligten Gläubiger eine andere Verteilung als nach der Reihenfolge der Pfändungen, so hat der Gerichtsvollzieher die Sachlage unter Hinterlegung des Erlöses dem Vollstreckungsgericht anzuzeigen. Dieser Anzeige sind die auf das Verfahren sich beziehenden Schriftstücke beizufügen.

(3) In gleicher Weise ist zu verfahren, wenn die Pfändung für mehrere Gläubiger gleichzeitig bewirkt ist.

1 **I) Zweck:** Regelung der Zuständigkeit für das weitere ZwV-Verfahren und der einheitlichen Verwertung, wenn verschiedene GV dieselbe Sache gepfändet haben, sowie der Besonderheiten bei Verteilung des Erlöses, der die Forderungen aller Gläubiger nicht deckt.

2 **II) 1) Zuständig** für das weitere ZwV-Verfahren nach Pfändung derselben Sache (auch in Form des § 826) durch verschiedene GV ist der GV, der die erste Pfändung bewirkt hat (Abs 1 S 1, dessen Bedeutung nur noch gering ist). Auf ihn gehen die Aufträge der weiteren Gläubiger über; mit der Zuständigkeit der anderen GV entfallen für sie die Antragswirkungen (zB § 754). Der Auftragsübergang erfolgt kraft Gesetzes, wenn der erste GV von den weiteren Pfändungen Kenntnis erlangt. Die bisher mit der Pfändung befaßten anderen GV haben den Schuldtitel mit den sonstigen für die Vollstreckung erforderlichen Urkunden an den zuständigen GV abzugeben (§ 167 Nr 6 GVGA). Die Verwertung in dem einheitlichen weiteren Verfahren erfolgt von Amts wegen für alle Gläubiger gemeinsam (Abs 1 S 2), wenn für einzelne ein Hindernis besteht (zB mit einstw Einstellung) für die übrigen. Erfordert die Verwertung Einverständnis der Gläubiger (zB nach § 816 II, zur Abänderung von Versteigerungsbedingungen), so müssen alle zustimmen, für die Verwertung erfolgt. Die Selbständigkeit der Vollstreckungsverfahren der Gläubiger berührt der Auftragsübergang nicht. Wenn ein Gläubiger Stundung bewilligt hat oder sein Verfahren eingestellt worden ist, wird das Verfahren daher für die selbständig vollstreckenden weiteren Gläubiger fortgesetzt. Soweit die Pfändungen sich teilweise auf andere Sachen erstrecken, tritt Auftragsübergang nicht ein. Wenn der GV anschließend pfändet, an den nach Ortswechsel des Schuldners unter Mitnahme der Pfandsache der Vollstreckungsauftrag abgegeben worden ist (§ 816 Rn 3), liegt kein Fall des § 827 I vor.

3 2) Das **Vollstreckungsgericht kann** auf Antrag aus besonderen Gründen **anordnen,** daß das weitere Verfahren von einem anderen der beteiligten oder von einem bisher mit keinem Verfahren befaßten GV zu übernehmen ist (Abs 1 S 2). Antragsberechtigt ist jeder Gläubiger und der Schuldner. Die (örtliche) Zuständigkeit (§ 764 II) bestimmt sich nach den Verhältnissen zur Zeit der ersten Pfändung; es entscheidet der Rechtspfleger (§ 20 Nr 17 RpflG). Verfahrensgrundsätze: wie im Fall des § 825.

4 3) Zuständigkeit bei Pfändung derselben Sache durch **Vollziehungsbeamte** und GV s § 308 I AO (abgedr § 826 Rn 6).

5 **III) 1)** Den **Versteigerungserlös** (auch gepfändetes Geld, § 815 I) hat der GV nach Abzug der Verwertungskosten **an die Gläubiger abzuführen** (§ 819 Rn 4). Reicht der Erlös zur Deckung der Forderungen aller Gläubiger (auch der durch Anschlußpfändung nach § 826 Berechtigten) nicht aus, dann sind zunächst die Gebühren des § 21 GVKostG für Versteigerung (andere Verwertung) vorweg zu entnehmen (§ 6 S 1 GVKostG; so auch LG München DGVZ 74, 58; nach aA alle Kosten der Verwertung; Besonderheit bei Prozeßkostenhilfe nach § 7 GVKostG). Der Resterlös ist sodann nach der Reihenfolge der Pfändungen (§ 804 III; abweichend von § 366 BGB auch bei mehreren Pfändungen für denselben Gläubiger), bei mehreren gleichzeitigen Pfändungen nach

dem Verhältnis der Forderungen, auf die Gläubiger zu verteilen (s auch § 169 Nr 3 mit § 167 Nr 7 und § 168 Nr 5 GVGA). Die dem Erlös nicht entnommenen sonstigen Kosten der ZwV werden bei Ablieferung des Geldes an den Gläubiger einbehalten (§ 6 S 2 GVKostG). Bei unzulänglicher Masse hat Anrechnung nach § 367 I BGB zuerst auf die Kosten, dann auf die Zinsen, zuletzt auf die Hauptsache, oder nach der durch den Schuldtitel ausgewiesenen anderen Tilgungsreihenfolge (insbes im Falle des § 11 VerbrKrG) zu erfolgen.

2) Zu **hinterlegen** hat der GV den Erlös, wenn er zur Deckung der Forderungen aller Gläubiger nicht ausreicht und einer der nachrangigen (auch ein gleichrangiger) Gläubiger (auch wenn sein Verfahren eingestellt ist) ohne Zustimmung der übrigen beteiligten Gläubiger (Schuldnerzustimmung ist nicht erforderlich; für ihn § 766) eine andere Verteilung als nach der Reihenfolge der Pfändungen verlangt (Abs 2). Hinterlegung hat im Verfahren nach der HinterlO zu erfolgen; danach bedarf die Annahme des Geldes durch die Hinterlegungskasse einer Annahmeverfügung der Hinterlegungsstelle, die auf Antrag des GV ergeht (§§ 1, 6 HinterlO). Die Hinterlegung hat der GV dem Vollstreckungsgericht anzuzeigen (Abs 2); Zuständigkeit: § 764 II; sie bestimmt sich nach dem GV, auf den die Anträge gesetzlich übergegangen sind (Abs 1). Der Anzeige hat der GV seine Akten mit den Vollstreckungstiteln und den sonstigen ZwV-Unterlagen sowie der Annahmeverfügung beizufügen. Hinterlegungsfolge mit Anzeige: Verteilungsverfahren nach §§ 872 ff. Auch wenn die Gläubiger sich nach Hinterlegung über die Verteilung einigen, ist Auszahlung direkt an sie nicht zulässig; Auszahlung des Hinterlegungsgeldes muß vielmehr an den GV erfolgen, der bei der Hinterlegungsstelle die Herausgabe zu beantragen hat. Sollte der GV den Auszahlungsantrag nicht stellen, so können ihn die Gläubiger mit Erinnerung (§ 766) dazu anhalten lassen (KG [Präs] DR 39, 1690). 6

3) Zusammentreffen mit einer **Verwaltungsvollstreckung:** § 308 AO (abgedr § 826 Rn 6). 7

IV) Gleichzeitige Pfändung, wenn mehrere Pfändungsanträge vorliegen: § 808 Rn 25. 8

V) Gebühren: 1) des **Gerichts:** Für die Anordnung nach Abs 1 keine Gebühr. – **2)** des **Anwalts:** Der Antrag des RA des Gläubigers auf Bestimmung eines GV nach Abs 1 wird durch die Vollstreckungsgebühr abgegolten (§ 58 II Nr 4 BRAGO). Stellt der RA des Schuldners den Antrag, so erhält er eine (3/10) Gebühr aus § 57 BRAGO. – **3)** des **Gerichtsvollziehers:** § 15 GVKostG, Nr 15 Ia GVKostGr. 9

III. Zwangsvollstreckung in Forderungen und andere Vermögensrechte

828 *[Gerichtsstand]*

(1) Die gerichtlichen Handlungen, welche die Zwangsvollstreckung in Forderungen und andere Vermögensrechte zum Gegenstand haben, erfolgen durch das Vollstreckungsgericht.

(2) Als Vollstreckungsgericht ist das Amtsgericht, bei dem der Schuldner im Inland seinen allgemeinen Gerichtsstand hat, und sonst das Amtsgericht zuständig, bei dem nach § 23 gegen den Schuldner Klage erhoben werden kann.

I) 1) Zuständig für die (alle) gerichtlichen Handlungen, welche die ZwV in Forderungen und andere Vermögensrechte zum Gegenstand haben, ist (ausschließlich, § 802) das AG als **Vollstreckungsgericht,** auch wenn eine einstw Verfügung vollzogen oder der Titel eines Familien- (BGH MDR 79, 564 = NJW 79, 1048) oder Arbeitsgerichts vollstreckt wird. Die Vollziehung eines Arrestes durch Pfändung erfolgt durch das **Arrestgericht** (§ 930 I S 3). Als Beschwerdegericht ist das LG oder OLG in Beschwerdeverfahren für die Entscheidungen des Vollstreckunsgerichts, somit auch für den Erlaß eines Pfändungsbeschlusses zuständig. Die Aufgaben des Vollstreckungsgerichts sind dem **Rechtspfleger** übertragen (§ 20 Nr 17 RpflG; Besonderheit bei Arrestvollziehung § 20 Nr 16 RpflG). Zuständigkeit des Verwaltungsgerichts (§ 167 I S 2 VwGO) § 899 Rn 1. 1

2) a) **Örtlich** zuständig ist das AG, bei dem der Schuldner im Inland seinen allgemeinen Gerichtsstand hat, sonst das AG, bei dem nach § 23 gegen ihn Klage erhoben werden kann (Abs 2). Dies gilt auch bei ZwV gegen eine **Partei kraft Amtes,** zB den Testamentsvollstrecker, Konkurs- und Nachlaßverwalter, ebenso für den Nachlaßpfleger, der gesetzlicher Vertreter (nicht Partei kraft Amtes) ist (hM; StJ/Brehm Rn 4; aA LG Berlin JR 54, 464). Gegen **mehrere** Schuldner mit allgemeinem Gerichtsstand bei verschiedenen AGen sind getrennte Anträge an die einzelnen zuständigen AGe zu stellen. Steht die zu pfändende Forderung mehreren Schuldnern mit Wohnsitz in verschiedenen AG-Bezirken gemeinschaftlich (nach Bruchteilen oder zur gesamten Hand) zu, so ist das zuständige Gericht in Anwendung des § 36 Nr 3 auf Antrag von dem gemeinschaftlichen höheren Gericht zu bestimmen (RG DR 40, 741; BayObLG 59, 270 = MDR 60, 2

57 u Rpfleger 83, 288). Durch Verlegung des Wohnsitzes des Schuldners in einen anderen Gerichtsbezirk wird die einmal begründete Zuständigkeit des Vollstreckungsgerichts nicht berührt (BGH Rpfleger 90, 308 für § 850g; München JurBüro 85, 945 = Rpfleger 85, 154 für § 850f I, für diese beiden Fälle aber nicht überzeugend). Bei Soldaten ist § 9 BGB zu beachten (LG Münster Rpfleger 63, 303). Bei dem besonderen Gerichtsstand des Vermögens (§ 23, hier Satz 2) hat der Gläubiger die Wahl unter mehreren nach dieser Bestimmung zuständigen Gerichten. Ausnahme § 858 II. Bestimmung des zuständigen Gerichts nach § 36 Nr 6: RG 139, 351; BGH NJW 83, 1859; BayObLG 85, 397 = NJW-RR 86, 421. Das nach Abs 1 und 2 zuständige Gericht ist auch zuständig für Erinnerung nach § 766.

3 **b) Verweisung** auf Antrag: § 281 entspr (ohne Schuldneranhörung, § 834). Der Verweisungsbeschluß ist nicht bindend (so auch StJ/Brehm Rn 9; aA BayObLG 85, 397); für den nicht angehörten Schuldner kann er Wirksamkeit und Unanfechtbarkeit der Pfändung als ZwV-Maßnahme nicht begründen (Erinnerung des Schuldners bei Unzuständigkeit Rn 4); daher kann er auch das Vollstreckungsgericht nicht von der Prüfung der für Wirksamkeit der Vollstreckungsmaßnahme erforderlichen (ausschließlichen, § 802) Zuständigkeit entbinden (Stöber FdgPfdg Rn 455).

4 **II) Verstoß** gegen die Zuständigkeit: Der Pfändungsbeschluß einer Behörde (eines Beamten), die keine Zuständigkeit für Forderungspfändung hat (zB eines GV), ist nichtig (zur Verwaltungsvollstreckung aber vor § 704 Rn 7). Pfändung durch ein sachlich oder örtlich nicht zuständiges Gericht ist wirksam, als fehlerhaft aber anfechtbar; im Rechtsbehelfsverfahren muß Aufhebung erfolgen (München aaO beschränkt Prüfung auf Erinnerung und schließt sie in Beschwerdeinstanz aus, § 512a entspr; überzeugt nicht, es ist nicht über die Verfahrenszuständigkeit, sondern über die Fehlerhaftigkeit der ZwV-Maßnahme zu entscheiden). Für Verstoß bei Pfändung durch ein sachlich unzuständiges Gericht ist das streitig; für Verstoß gegen die örtliche Zuständigkeit ist das einhellige Ansicht. Einzelheiten und Nachweise Stöber FdgPfdg Rn 456, 457.

829 *[Pfändung einer Geldforderung]*

(1) Soll eine Geldforderung gepfändet werden, so hat das Gericht dem Drittschuldner zu verbieten, an den Schuldner zu zahlen. Zugleich hat das Gericht an den Schuldner das Gebot zu erlassen, sich jeder Verfügung über die Forderung, insbesondere ihrer Einziehung, zu enthalten.

(2) Der Gläubiger hat den Beschluß dem Drittschuldner zustellen zu lassen. Der Gerichtsvollzieher hat den Beschluß mit einer Abschrift der Zustellungsurkunde dem Schuldner sofort zuzustellen, sofern nicht eine öffentliche Zustellung erforderlich wird. Ist die Zustellung an den Drittschuldner auf unmittelbares Ersuchen der Geschäftsstelle durch die Post erfolgt, so hat die Geschäftsstelle für die Zustellung an den Schuldner in gleicher Weise Sorge zu tragen. An Stelle einer an den Schuldner im Ausland zu bewirkenden Zustellung erfolgt die Zustellung durch Aufgabe zur Post.

(3) Mit der Zustellung des Beschlusses an den Drittschuldner ist die Pfändung als bewirkt anzusehen.

1 **I) Zweck** und **Anwendungsbereich:** Bestimmung, wie bei ZwV einer Geldforderung des Gläubigers (2. Abschnitt des 8. Buchs) die Pfändung (§ 803 I) einer Geldforderung des Schuldners gegen einen Dritten (Drittschuldner, gegen den der Schuldner Anspruch auf Zahlung hat) zu vollziehen ist. Mit dieser Pfändung erlangt der Gläubiger ein Pfandrecht an der Geldforderung seines Schuldners gegen den Drittschuldner (§ 804 I). Verwertung erfolgt mit Überweisung (§ 835) oder anderweit (§ 844). Besonderheiten gelten für Pfändung der durch Hypothek gesicherten Forderung (§§ 830, 830a), der Forderung aus einem Wechsel oder anderen indossablen Papier (§ 831), auch der Postspareinlage (§ 23 IV PostG); zu den Wertpapieren s § 821.

2 **II)** Als **Geldforderung** zu pfänden ist jeder auf Geldzahlung gerichtete Anspruch, gleich aus welchem (rechtsgeschäftlichen oder gesetzlichen) Rechtsgrund (damit auch die Forderung öf-

fentlich-rechtlicher Art) und ohne Rücksicht darauf, ob die Geldsumme in inländischer oder ausländischer Währung zu leisten ist (RG 109, 62; 168, 245). Pfändbar ist eine Geldforderung bereits vor Fälligkeit, wenn sie von einer Gegenleistung abhängig ist oder ein Zurückbehaltungsrecht besteht und ebenso, wenn sie unter einer aufschiebenden oder auflösenden Bedingung (§ 158 BGB; BGH 53, 32 = NJW 70, 241 [242]) oder unter Zeitbestimmung (§ 163 BGB) geschuldet ist. Eine zukünftige Geldforderung kann gepfändet werden, sobald eine rechtliche Grundlage vorhanden ist, die ihre Bestimmung der Art und der Person des Drittschuldners nach ermöglicht (RG 74, 82; 82, 227; 134, 227; 135, 140 [141]; BGH NJW 55, 544; BGH 20, 127 [131] = NJW 56, 790; BGH MDR 79, 1016 = NJW 79, 2038), auch wenn ihre Höhe noch ungewiß oder unbestimmt ist, ob überhaupt eine Forderung entstehen wird (näher Stöber FdgPfdg Rn 27). Ebenso kann eine Geldforderung des Schuldners gegen den vollstreckenden Gläubiger selbst gepfändet werden (RG 20, 371; 33, 290; 57, 363; JW 38, 2399; Köln NJW-RR 89, 190; Stuttgart Rpfleger 83, 409; vGerkan Rpfleger 63, 369; Rimmelspacher JZ 73, 271). **Pfändungsbeschränkungen** und **-verbote** sind jedoch in zahlreichen Vorschriften bestimmt (zB §§ 850 ff, 851, 852 I; außerdem SGB § 54 usw).

III) 1) Pfändung einer Geldforderung erfolgt **durch Beschluß** des Vollstreckungsgerichts (Zuständigkeit § 828), der auf **Antrag** des Gläubigers (vor § 704 Rn 19) ergeht. Der Antrag unterliegt keinem Anwaltszwang (§ 78 III). Handschriftliche Unterzeichnung ist geboten; weil jedoch keine Form vorgeschrieben ist, ist bei fehlender Unterschrift frei zu würdigen, ob der Antrag ernstlich gewollt ist (s Vollkommer Rpfleger 75, 490; Stöber FdgPfdg Rn 469 mwN; aA Dempewolf MDR 77, 801: Antrag erfordert keine Unterschrift; auch LG Augsburg DGVZ 89, 75; LG Berlin MDR 76, 148 u Müller DGVZ 93, 7: Unterschrift erforderlich). Zu bezeichnen sind in dem Antrag Gläubiger, Schuldner und die verlangte ZwV-Handlung, somit die beizutreibende Vollstreckungsforderung des Gläubigers und die zu pfändende Forderung des Schuldners an seinen zu nennenden Drittschuldner. Die Angaben müssen so deutlich sein, daß bestimmte Fassung des Pfändungsbeschlusses (Rn 7 ff) möglich ist. Die Vollstreckungsforderung des Gläubigers an seinen Schuldner (auch eine Restforderung) hat daher nach Kosten, Zinsen und Hauptsache bezeichnet zu sein. Die Angabe der ursprünglichen Gesamtforderung und der geleisteten Teilzahlungen genügt nicht; der Gläubiger muß vielmehr Teilzahlungen selbst (nach § 367 BGB oder § 11 III VerbrKrG) verrechnen (§ 753 Rn 6); das kann auch schlüssig dargetan sein, wenn der Titel (oder Gläubigerantrag) die Reihenfolge der Anrechnung ausweist und der Gläubiger seine Forderung einzeln auflistet sowie Zahlungen konkret bezeichnet. Gestellt werden kann der Antrag auch nur wegen eines Teils der vollstreckbaren Forderung (§ 753 Rn 7) und wegen einer Kleinforderung (§ 753 Rn 8). Der Vollstreckungstitel und die sonst für den Beginn der ZwV erforderlichen Urkunden sind dem Vollstreckungsgericht vorzulegen (Nachweis von ZwV-Kosten § 788 Rn 15). 3

2) Das **Vollstreckungsgericht prüft** die Voraussetzungen der ZwV (vor § 704 Rn 13–17; Prüfung, wenn ein Rest- oder Teilforderung geltend gemacht wird, für die das VerbrKrG gilt, § 753 Rn 7a), den Antrag auch daraufhin, ob er alle für den Inhalt des Pfändungsbeschlusses notwendigen Angaben enthält. Es prüft aber nicht den Tatsachenvortrag des Gläubigers (s Gaul Rpfleger 71, 91); der Gläubiger muß nicht belegen (beweisen oder glaubhaft machen), daß die zu pfändende Forderung besteht. In dem formalisierten Zugriffsverfahren werden die Angaben des Gläubigers als richtig unterstellt; geprüft wird nur, ob das Vorbringen des Gläubigers die Forderung als Gegenstand der ZwV im Schuldnervermögen pfändbar ausweist. Dafür genügt, daß dem Schuldner die Forderung aus irgend einem vertretbaren Rechtsgrund zustehen kann (so auch StJ/Brehm Rn 37). Ist das der Fall, dann pfändet das Vollstreckungsgericht **die „angebliche" Forderung,** die der Schuldner gegen den Drittschuldner haben soll. Der Pfändungsbeschluß erlangt daher nur dann Wirkungen, wenn die so gepfändete Forderung des Schuldners an den Drittschuldner besteht, ggfs als künftige oder aufschiebend bedingte Forderung. Ob das der Fall ist, wird nicht im Pfändungsverfahren geprüft, sondern als Streit über den materiellen Anspruch (die Einziehungsbefugnis oder auch nur das Pfandrecht des Pfändungsgläubigers) im Prozeßverfahren. Ist das nicht der Fall, dann geht die Pfändung ins Leere. Steht die Forderung nicht dem Schuldner, sondern einem anderen als Gläubiger zu, dann wird dessen Anspruch gegen seinen Schuldner (den Drittschuldner) durch die Pfändung nicht berührt (BGH NJW 86, 2430; BGH 100, 36 = NJW 87, 1703; BGH NJW 88, 495; KG MDR 73, 233 = OLGZ 73, 49). Die Pfändung wird auch nicht dadurch wirksam, daß der Schuldner die Forderung später erwirbt; es bedarf vielmehr einer neuen Pfändung (RG 64, 196; Kiel OLG 40, 412). Das gilt auch, wenn eine Forderung, die bereits vor der Pfändung vom Schuldner abgetreten war, nach der Pfändung von ihrem (neuen) Gläubiger an den Schuldner zurück abgetreten wird (BGH 56, 339 = NJW 71, 1938; abl Tiedtke NJW 72, 746 u ZIP 93, 1452; aA München NJW 54, 1124 m abl Anm Merz NJW 55, 347; vgl auch Börker NJW 70, 1104) und ebenso, wenn die Abtretung vor Pfändung erfolgreich wegen Gläubigerbenachteiligung angefochten ist (BGH 100, 36; neue Pfändung auf Grund des im Anfechtungsprozeß ergangenen Urteils; s auch § 850 Rn 21; aA Tiedtke aaO). Auch die nach § 354a HGB mögliche Abtretung einer vereinbarungsgemäß (§ 399 BGB) nicht übertragbaren Forderung bewirkt 4

Rechtsübergang (Wagner NJW 95, 180); Pfändung berührt daher die Rechte des Zessionars nicht; für Zahlung nach § 354a S 2 HGB schmälert sie aber die Leistung an den Schuldner (hierzu Stöber FdgPfdg Rn 767).

5 3) **Zurückzuweisen** ist der Antrag des Gläubigers, wenn eine ZwV-Voraussetzung (vor § 704 Rn 13–17) nicht gegeben ist oder wenn nach dem Tatsachenvortrag des Gläubigers die zu pfändende Forderung dem Schuldner aus tatsächlichen oder rechtlichen Gründen nicht zustehen kann oder nicht pfändbar ist (KG Rpfleger 80, 197; Frankfurt MDR 78, 763 = OLGZ 78, 363; Hamburg MDR 52, 368; Hamm MDR 79, 149; LG Kempten Rpfleger 68, 291 mit krit Anm Mes). Unsubstantiierte Behauptungen (bloße Vermutungen, insbes in Formblattanträgen) enthalten keinen schlüssigen Tatsachenvortrag; sie zielen auf Erschließung von Erkenntnisquellen, rechtfertigen Pfändung somit nicht. Als Ausforschungspfändung (Verdachtspfändung) nicht zulässig ist daher Pfändung der Kontokorrent-Forderungen aus Giroverträgen mit zahlreichen Kreditinstituten am Ort (264 Institute als Drittschuldner, München Betrieb 90, 1916 = OLGZ 91, 322; ohne Tatsachenvortrag für konkrete Geschäftsbeziehungen aber auch 20 Institute, LG Hannover DGVZ 85, 43 = JurBüro 85, 789; Stöber FdgPfdg Rn 485d; Alisch DGVZ 85, 107; dazu auch Münzberg ZZP 102 [1989] 129 [132]), desgleichen nicht allgemein die Pfändung aller rechtlich nur irgendwie denkbaren Forderungen und Ansprüche aus rechtlich möglicher Geschäftsbeziehung mit einer Bank (Stöber aaO; LG Aurich Rpfleger 93, 357). Vor Zurückweisung ist der **Gläubiger auf ein Hindernis hinzuweisen,** ihm ist Gelegenheit zur Äußerung zu geben (§ 139, insbes auch § 278 III). Ermittlungen von Amts wegen durchzuführen steht dem Vollstreckungsgericht nicht zu.

6 4) Über den Pfändungsantrag entscheidet das Vollstreckungsgericht (Rechtspfleger, § 20 Nr 17 RpflG) durch **Beschluß.** Mündliche Verhandlung (nur mit dem Gläubiger) wäre möglich (§ 764 III), ist aber praktisch nicht denkbar. Anhörung des Schuldners erfolgt nicht (§ 834; Ausnahme § 850b III). Der notwendige Inhalt des Pfändungsbeschlusses stellt zugleich die Entscheidungsbegründung dar; eine gesonderte Begründung ist nur erforderlich, wenn über eine streitige Rechtsfrage zu entscheiden, nach Billigkeit zu pfänden oder eine sonstige Besonderheit des Einzelfalls zu würdigen war. Ob mehrere Forderungen des Schuldners gegen denselben oder verschiedene Drittschuldner (auch bei gesonderten Anträgen) oder ob (bei getrennten Anträgen wegen mehrerer Gläubigeransprüche) eine Forderung des Schuldners (zB Arbeitseinkommen, LG Detmold Rpfleger 91, 427) zugleich durch einen Beschluß gepfändet werden, liegt im Ermessen des Gerichts (Verbindung nach § 147 oder, bei einheitl Antrag, Trennung nach § 145 I, je analog; LG Berlin Rpfleger 93, 167); Mehrkosten durch getrennte Pfändung sind nicht erstattungsfähig, wenn keine sachliche Notwendigkeit für getrennte Anträge bestand (KG Rpfleger 76, 327; LG Aschaffenburg Rpfleger 74, 204). Getrennte Antragstellung oder Verfahrenstrennung kann geboten sein, wenn zum Gesuch um Pfändung einer Forderung der Schuldner zu hören ist (§ 850b III), im übrigen jedoch Anhörung des Schuldners zu unterbeiben hat (§ 834; LG Berlin Rpfleger 93, 167). Werden mehrere Forderungen oder Ansprüche gepfändet, dann hat Unwirksamkeit der Pfändung eines Vollstreckungsgegenstands nicht die Unwirksamkeit der weiteren Pfändung zur Folge (BGH MDR 72, 414 = NJW 72, 259; KG Rpfleger 76, 327).

7 IV) 1) Der **Pfändungsbeschluß** hat zu bezeichnen: als Parteien Gläubiger und Schuldner (sowie deren Vertreter), die Forderung des Gläubigers, die vollstreckt wird, nach Hauptsache, Zinsen und anderen Nebenleistungen, Prozeßkosten und bisherigen ZwV-Kosten sowie Kosten des Pfändungsbeschlusses selbst (Mitbeitreibung ermöglicht § 788 I; dazu § 788 Rn 14), außerdem eine (von § 367 I BGB) abweichende Tilgungsreihenfolge (s § 753 Rn 7a) für die auf Grund eines Kreditvertrags geschuldete Gläubigerforderung nach § 11 III VerbrKrG (wenn sie der Vollstreckungstitel ausweist oder der Antrag des Gläubigers verlangt) und sodann die Anordnung der Pfändung unter Angabe der zu pfändenden Forderung des Schuldners an den Drittschuldner, somit auch diesen namentlich. Er hat dem Drittschuldner zu verbieten, an den Schuldner zu zahlen (Abs 1 S 1) und dem Schuldner zu gebieten, sich jeder Verfügung über die Forderung, insbesondere ihrer Einziehung, zu enthalten (Abs 1 S 2). Das **Drittschuldnerverbot** ist für die Pfändung wesentlich; fehlt es, so ist die Pfändung unwirksam (RG Gruchot 57, 1087 = WarnRspr 1913 Nr 390); unwesentlich ist das Gebot an den Schuldner, sich Verfügungen zu enthalten (RG 112, 351; KG JW 36, 3335; anders nach § 857 II). Bezeichnung von Gläubiger und Schuldner müssen für Identifizierung ausreichend bestimmt sein (KG MDR 94, 513 = Rpfleger 94, 425: Gläubigeranschrift; Stuttgart NJW-RR 94, 1023: nicht mögliche Identifizierung des Schuldners infolge fehlender Adressenangabe; Derleder JurBüro 95, 11). Genaue Bezeichnung der Vollstreckungsforderung des Gläubigers ist zur Bestimmung des Umfangs der Pfändung erforderlich (Stöber Rpfleger 67, 113 ber 156). Hierfür ist auch die Angabe des Schuldtitels üblich (gefordert von StJ/Brehm Rn 40), aber nicht zwingend (unschädlich ist daher auch falsche Bezeichnung, Köln NJW-RR 89, 190). ZwV auch wegen der Zinsen des Gläubigers ist nicht durch § 751 I begrenzt; sie kann wegen der bis zur Befriedigung des Gläubigers weiterlaufenden Zinsen ange-

ordnet werden (Stöber FdgPfdg Rn 495). Die **Drittschuldnervertretung** des Bundes und der Länder ist durch Gesetz bzw Rechtsverordnungen geregelt, zB Verwaltungsanordnung über die Vertretung des Bundes als Drittschuldner im Bereich des Bundesministers der Verteidigung v 20. 11. 1981, BAnz Nr 9/1982 = VMBl 1982, 7; VO über die gerichtliche Vertretung des Freistaates Bayern v 4. 10. 1995, GVBl 733; RdErl Vertretung des Landes Nds v 9. 1. 1995, MBl 38) (im übrigen Stöber FdgPfdg Anhang). Soweit Bestimmungen fehlen, ist die Vertretung des Fiskus allgemeinen Grundsätzen zu entnehmen (BGH 8, 197 = NJW 53, 380). Vermerk über Geldempfangsvollmacht ist unzulässig (s § 835 Rn 5).

2) a) **Anordnung und Umfang der Pfändung** muß der Pfändungsbeschluß als hoheitlicher Gerichtsakt **klar und bestimmt** darstellen. Er muß daher insbes die **zu pfändende Forderung** des Schuldners an den Drittschuldner so **bestimmt bezeichnen,** daß feststeht, welche Forderung Gegenstand der ZwV ist; die bezeichnete Pfandforderung muß von anderen unterschieden werden können, Feststellung ihrer Identität muß gesichert sein (BGH 13, 42 = NJW 54, 369; BGH LM § 829 Nr 5 = MDR 61, 408; BGH LM § 857 Nr 8 = JurBüro 65, 617; BGH MDR 75, 567 = NJW 75, 980; BGH JurBüro 78, 1003 = MDR 78, 839; BGH MDR 80, 303 = NJW 80, 584; BGH MDR 83, 486 = NJW 83, 886; BGH 93, 82 [83] = NJW 85, 1031; BGH MDR 88, 859 = NJW 88, 2543; BGH NJW-RR 91, 1197 [1198]; BAG BB 62, 615; BFH 157, 32 = NJW 90, 2645 [2646]; RG stRspr). Der Rechtsgrund der gepfändeten Forderung (das Rechtsverhältnis, aus dem sie hergeleitet wird) muß deshalb idR wenigstens in allgemeinen Umrissen angegeben sein (BGH MDR 83, 486 u NJW 88, 2543 mwN). Diese Klarheit muß der Beschluß nicht nur für Gläubiger, Schuldner und Drittschuldner als unmittelbar Beteiligte, sondern auch für andere Personen in sich tragen (RG 140, 342; 160, 40; BGH 13, 42; BGH MDR 61, 408 und ständig, zB BGH 93, 82). Wenn der Pfändungsbeschluß nicht in dieser Weise bestimmt ist, ist die Pfändung unwirksam; ein Pfändungspfandrecht begründet der Beschluß dann nicht (RG 139, 99; 140, 342). 8

b) Übermäßige Anforderungen werden allerdings für die Bezeichnung der Forderung, die gepfändet werden soll, nicht gestellt, weil der Gläubiger in der Regel die Verhältnisse des Schuldners nur oberflächlich kennt (BGH LM § 857 Nr 8, MDR 83, 486 u NJW 88, 2543; BFH aaO). Deshalb sind Ungenauigkeiten bei der Bezeichnung der Forderung unschädlich, wenn sie nicht Anlaß zu Zweifeln geben, welche Forderung des Schuldners gegen den Drittschuldner bei der Pfändung gemeint ist (BGH MDR 80, 303, MDR 83, 486 u NJW 88, 2543). **Auslegung** ist daher möglich. Für die Auslegung kommt es jedoch nur auf den objektiven Sinn des Wortlauts des Pfändungsbeschlusses an (BGH MDR 75, 567 u NJW 88, 2543; BAG AP § 850 Nr 1 u Nr 4 = NJW 62, 1933; BGH 93, 82; BGH NJW-RR 91, 1197 [1198]; BFH aaO). Über den Wortsinn hinaus darf in freier Weise nicht ausgelegt werden (RG 95, 237). Zu Einzelheiten Stöber FdgPfdg Rn 509–521. Ungenügend ist Bezeichnung der Forderung „... aus jedem Rechtsgrund" (BGH LM § 857 Nr 8), oder „... aus Verträgen oder sonstigen Rechtsgründen" (RG 157, 324); ein nur allgemein gehaltener Zusatz („... und aus jedem sonstigen Rechtsgrund", „... usw") hat keine Kennzeichnungskraft (Aufnahme in Pfändungsbeschluß hat daher zu unterbleiben); formblattmäßige Darstellung einer Vielzahl von Bezeichnungen für Pfändung aller denkbaren Forderungen ist nicht hinreichend bestimmt (LG Düsseldorf JurBüro 81, 1260; LG Münster MDR 89, 464), auch bei einem Aneinanderreihen der verschiedenartigsten Schuldgründe kann keine hinreichende Bezeichnung der Forderung mehr vorliegen („... aus Darlehen, Vorschüssen und ungerechtfertigter Bereicherung", Kassel OLG 14, 179). Unterschiedliche Bezeichnung der vollstreckbaren Forderung des Gläubigers in Zahlen und Buchstaben wird als Pfändung wegen des niedrigeren Betrages auszulegen sein (aA OLG Frankfurt MDR 77, 676: Nichtigkeit; bedenklich). Der **Drittschuldner** muß so bezeichnet sein, daß er zweifelsfrei feststeht. Hierfür wird es bei nicht namentlicher Bezeichnung als genügend angesehen, wenn aus dem Beschluß deutlich erkennbar ist, an wen sich das Zahlungsverbot richtet (RG 42, 330). Wenn der Gläubiger die Anschrift des Drittschuldners nicht genau oder unrichtig angegeben hat, wird das Vollstreckungsgericht die richtige Bezeichnung in den Pfändungsbeschluß aufnehmen. Wirkungslos ist das Zahlungsverbot, wenn die Drittschuldnerbezeichnung fehlt. Zustellung an den tatsächlichen, aber nicht bezeichneten Drittschuldner heilt nicht (RG 30, 325 [331]). Fehlerhafte Schreibweise des Namens ist unschädlich; sonst ungenaue Bezeichnung kann unschädlich sein, wenn Feststellung der Identität gewährleistet ist. Bei falscher Bezeichnung (zB Ehefrau, Bruder, Vater) kann der Beschluß jedoch keine Wirksamkeit gegen den richtigen Drittschuldner erlangen. 9

3) Pfändung einer **künftigen Forderung** muß im Pfändungsbeschluß ausgesprochen werden. Andernfalls erstreckt sich die Pfändung nur auf Forderungen, die dem Schuldner bei Wirksamwerden des Beschlusses zustehen (Karlsruhe NJW-RR 93, 242). Besonderheit: § 832. 10

4) Pfändung nur eines Forderungs**teils** muß als **Teilpfändung** ausdrücklich angeordnet werden (BGH MDR 75, 399 = NJW 75, 738). Bei Teilpfändung bleibt der Forderungsrest pfandfrei. **Vorrang** eines gepfändeten Teilbetrags der Forderung vor dem ungepfändeten Rest (oder umgekehrt) muß (auf Antrag) im Pfändungsbeschluß ausdrücklich angeordnet werden; sonst haben 11

die Forderungsteile Gleichrang. Ob Teilpfändung in der Pfändung „in Höhe des Anspruchs", „wegen und in Höhe", „bis zur Höhe" zu erblicken ist, ist streitig, kann jedoch nicht angenommen werden (Stöber FdgPfdg Rn 761–763 mit Nachw, auch für andere hM, zB BGH aaO). Weil die Pfändung bei solcher Fassung des Beschlusses nicht klar ist, sollte sie unterbleiben und nur „wegen der Forderung des Gläubigers" erfolgen (Einschränkung bringt Überweisung). Wenn mehrere Forderungen des Schuldners für einen Gläubiger bis zur Höhe der zu vollstreckenden Schuld gepfändet sind, erfaßt die Pfändung (wenn man darin Teilpfändung erblickt) jede der gepfändeten Forderungen bis zur Höhe der Schuld (BGH aaO).

12 5) **Überpfändung** verbietet § 803 I S 2. Weil sich aber der Wert der Forderung mit ihrer Einbringlichkeit, die aus rechtlichen und tatsächlichen Gründen ungewiß sein kann, nur schwer sicher feststellen läßt, wird durchweg Vollpfändung auch einer Forderung, deren Nennbetrag höher als die Vollstreckungsforderung des Gläubigers ist, ebenso für zulässig erachtet wie Pfändung mehrerer Forderungen mit höherem Nennbetrag oder Forderungspfändung neben anderen ZwV-Maßnahmen. Führt das im Einzelfall zu einer nachweisbaren Überpfändung, muß Prüfung auf Erinnerung (mit Darlegungs- und Beweislast des Schuldners) erfolgen. Einzelheiten Stöber FdgPfdg Rn 755–760; Zunft NJW 55, 441.

13 6) **Berichtigung** des Pfändungsbeschlusses ist nach § 319 zur Richtigstellung von Schreibfehlern, Rechenfehlern und ähnlichen offenbaren Unrichtigkeiten möglich. Auch die Bezeichnung von Gläubiger, Schuldner und Drittschuldner sowie der zu pfändenden Forderung darf berichtigt werden. Unzulässig ist „Berichtigung", die tatsächlich Abänderung des Vollstreckungszugriffs bewirkt, so Parteiwechsel mit anderer Bezeichnung von Gläubiger oder Schuldner, Zugriff auf eine andere Forderung im Schuldnervermögen mit anderer Bezeichnung des Drittschuldners oder der zu pfändenden Forderung (zB zweiter Lebensversicherungsvertrag, LG Frankfurt NJW-RR 89, 1466, auch wenn unzulängliche Bezeichnung Nichtigkeit der Pfändung bewirkt hat). Gewährleistet eine Änderung die Identität der Parteien und der zu pfändenden Forderung (auch des Drittschuldners) nicht sicher, dann liegt keine offenbare Unrichtigkeit vor, die nach § 319 richtiggestellt werden könnte (dazu Stöber FdgPfdg Rn 523).

14 V) 1) **Wirksam** wird die Pfändung mit der **Zustellung** des Beschlusses **an den Drittschuldner** (§ 829 III), auch wenn der Gläubiger selbst Drittschuldner ist (er muß sich den Beschluß selbst zustellen lassen, RG Gruchot 57, 1090). Pfändungswirkungen (Rn 16 ff) und Pfändungsrang (§ 804 III) bestimmen sich nach diesem Zeitpunkt. Die Zustellung erfolgt auf Betreiben des Gläubigers (§ 829 II S 1) durch den GV (§§ 166 ff). Vermittlung durch die Geschäftsstelle erfolgt jedoch, wenn nicht der Gläubiger erklärt, daß er selbst einen GV beauftragen wolle (§ 168). Daher könnte die Geschäftsstelle die Post auch unmittelbar um Bewirkung der Zustellung ersuchen (§ 196; unüblich). Zustellung von Amts wegen durch die Geschäftsstelle (§§ 208 ff) wäre wirkungslos (keine Heilung nach § 187). Ersatzzustellung an den Schuldner für den Drittschuldner ist als zulässig anzusehen (Noack DGVZ 81, 33 gegen BAG AP § 829 Nr 7 mit zust Anm Walchshöfer = NJW 81, 1399; anders auch Hamme NJW 94, 1035 [nichts spricht jedoch gegen die rangwahrende Wirkung auch dieser Zustellung nach § 804 III und für Schutz des Drittschuldners nach Kenntnis von der Ersatzzustellung besteht keine Notwendigkeit]; s auch RG 87, 412 [414]). Öffentliche Zustellung an den Drittschuldner ist ausgeschlossen; weil er nicht Partei ist, finden §§ 203 ff keine Anwendung (RG 22, 490; allg Ansicht). Bestellung eines Abwesenheitspflegers für den Drittschuldner zur Beschlußzustellung wird nicht für zulässig erachtet, weil sie lediglich Gläubigerinteressen dienen würde (Zweibrücken MDR 87, 586 = NJW-RR 87, 584). Die Zustellung an den Schuldner ersetzt die fehlende Zustellung an den Drittschuldner nicht (RG Gruchot 34, 1172); bei drittschuldnerlosen Rechten gilt § 857 II.

15 2) **Zustellung** des Beschlusses **an den Schuldner** (seinen Prozeßbevollmächtigten, § 176; zum Rechtszug § 178) zusammen mit einer Abschrift der Zustellungsurkunde (über Zustellung an Drittschuldner) hat der GV (ohne weiteren Antrag des Gläubigers) sogleich nach Zustellung an den Drittschuldner zu bewirken; sie kann ersatzweise auch an den Drittschuldner erfolgen (§ 185 verbietet das nicht, LG Siegen JurBüro 95, 161), unterbleibt aber, wenn öffentliche Zustellung erforderlich wäre (Abs 2 S 2). Für diese Zustellung an den Schuldner hat die Geschäftsstelle Sorge zu tragen, wenn Drittschuldnerzustellung auf ihr unmittelbares Ersuchen (§ 196) erfolgt ist (Abs 2 S 3). Durch Aufgabe zur Post (§ 175) erfolgt Zustellung an den Schuldner für eine Auslandszustellung (Abs 2 S 4). Mit dieser Zustellung wird der Schuldner von der wirksamen Pfändung in Kenntnis gesetzt (daher auch keine Zustellung von Amts wegen nach Anhörung, s Rn 31), damit er mit Einwendungen gegen die ZwV seine Rechte wahrnehmen kann; für Wirksamkeit der Pfändung ist die Zustellung an den Schuldner unwesentlich (RG JW 1900, 426; Ausnahme § 857 II). Die Zustellung an den Schuldner darf der GV, auch auf Wunsch des Gläubigers, nicht aufschieben oder dem Gläubiger selbst überlassen (KG OLGZ 67, 41). Auf ausdrückliches Verlangen des Gläubigers ist dem Schuldner schon vor Zustellung an den Drittschuldner

zuzustellen (§ 173 Nr 1 u 3 GVGA); wirksam wird die Pfändung jedoch damit nicht, sondern nach Abs 3.

16 **VI) 1)** Die Pfändung einer Forderung bewirkt **Beschlagnahme (Verstrickung)** und begründet für den Gläubiger ein **Pfändungspfandrecht.** Beschlagnahme (Verstrickung) als die durch hoheitlichen Eingriff bewirkte Sicherstellung der Forderung für die Gläubigerbefriedigung entzieht diese der Verfügungsbefugnis des Schuldners (§ 804 Rn 1). Grund für Trennung von Pfändung und Pfandverwertung mit Überweisung (§ 835): Vollstreckungszugriff mit Pfändung ist auch in Fällen möglich, in denen sich Verwertung noch verbietet, so (jetzt) bei Sicherungsvollstreckung (§ 720a) und Arrestvollziehung (§ 930), oder nicht durch Überweisung (§ 835), sondern auf andere Weise als sachdienlich erweist. Sonst werden Pfändung und Überweisung (auf Antrag) durchweg in einem Beschluß ausgesprochen (s § 835 Rn 3).

17 **2)** Der **Gläubiger** erlangt mit Pfändung die Rechtsstellung, die ein Rechtspfandgläubiger nach BGB vor Pfandreife hat. Er kann Sicherung der gepfändeten Forderung betreiben, aus ihr (ohne Überweisung, § 835) Befriedigung aber nicht suchen, sie insbes nicht allein einziehen. Das Einziehungsverbot schließt auch Kündigung einer noch nicht fälligen Forderung durch den Gläubiger aus (RG 153, 224). Der Gläubiger kann somit nur verlangen, daß eine fällige Forderung an ihn und den Schuldner gemeinsam geleistet oder für beide hinterlegt wird (RG 104, 13; 108, 320). Er kann gegen Dritte negative Feststellungsklage erheben (RG 73, 277) und gegen den Drittschuldner auf Feststellung (s RG 83, 116) oder Leistung an Gläubiger und Schuldner gemeinsam (Hinterlegung für beide) klagen. Streitverkündung: § 841. Einzelheiten Stöber FdgPfdg Rn 554–558.

18 **3)** Dem **Schuldner** (Gläubiger der gepfändeten Forderung) sind durch Pfändung Verfügungen zum Nachteil des Gläubigers verboten (§ 829 I S 2); relative Wirkung des Verfügungsverbots nach §§ 135, 136 BGB (dazu BGH Rpfleger 68, 318; RG 158, 42 u JW 35, 3541). Verboten ist insbes Einziehung, Stundung, Erlaß, Aufrechnung (LG Dortmund MDR 57, 750), Übertragung, vertragsmäßige Aufhebung oder Minderung, auch wenn die Verfügung nicht auf Beeinträchtigung des Gläubigers ausgeht oder wenn eine Verfügung im technischen Sinn des Gesetzes nicht vorliegt wie zB bei Rücknahme einer Kündigung. Eine dem Schuldner verbotene Verfügung ist dem Pfändungsgläubiger gegenüber unwirksam (§§ 135, 136 BGB); mit seiner Genehmigung erlangt sie auch ihm gegenüber Wirksamkeit. Sicherungsmaßnahmen, die auch dem Gläubiger erlaubt sind, darf der Schuldner wahrnehmen; seine Klage unterbricht die Verjährung (BGH MDR 86, 203 = NJW 86, 423). Solange die Forderung nicht zur Einziehung überwiesen ist, kann der Schuldner vom Gläubiger Mitwirkung zur Kündigung und zur Einziehung für beide verlangen und gegen den Drittschuldner auf Hinterlegung klagen (RG 49, 201). Wird ein rechtshängiger Anspruch gepfändet, so muß der Schuldner zur Vermeidung der Abweisung seiner Klage seinen auf Zahlung lautenden Klageantrag ändern (LG Berlin MDR 86, 327) und Feststellung des Anspruchs oder Verurteilung zur Hinterlegung verlangen. Zu Einzelheiten Stöber FdgPfdg Rn 559–564. Auf das Rechtsverhältnis, aus dem die Forderung herrührt, erstreckt sich die Pfändung nicht; der Schuldner kann daher sein Dienstverhältnis oder die Miete kündigen oder die Erbschaft ausschlagen. Davon zu unterscheiden sind jedoch Rechtshandlungen, die unmittelbar den Bestand der gepfändeten Forderung betreffen; sie sind dem Schuldner verwehrt; Beispiel: Abkürzung oder Aufhebung eines auf bestimmte Zeit geschlossenen Leasingvertrags, bei dem der Anspruch auf Zahlung sämtlicher Leasingraten als betagte Forderung bereits mit Vertragsschluß entstanden ist (s BGH 111, 84 = MDR 90, 1785). Ein (vertragliches oder gesetzliches) Rücktrittsrecht kann vom Schuldner nach Pfändung nur noch mit Zustimmung des Gläubigers geltend gemacht werden (§ 1276 BGB entspr Anwendung; Rückgängigmachung des Vertrags würde Leistungspflichten beseitigen, somit unter Verstoß gegen das Verfügungsverbot Aufhebung der gepfändeten Forderung bewirken; dazu Stöber FdgPfdg Rn 562a).

19 **4)** Dem **Drittschuldner** ist Zahlung (Erfüllung) an den Schuldner (auch Leistung im Ausland, RG 140, 342) verboten. Er muß einer Leistungsklage des Schuldners mit dem Einwand der Pfändung (BGH 86, 337 = NJW 83, 886; Stöber FdgPfdg Rn 667) und der Beitreibung der gepfändeten Forderung durch den Schuldner, der bereits einen Vollstreckungstitel in Händen hat, mit Klage nach § 767 (Antrag nach § 769) entgegentreten; die dem Schuldner erteilte Vollstreckungsklausel kann er auch bereits mit Einwendung nach § 732 beseitigen lassen (Münzberg DGVZ 85, 145). Leisten kann der Drittschuldner (vor Überweisung, s § 835) nur noch an Gläubiger und Schuldner gemeinsam (s § 1281 BGB); wenn beide eine fällige Forderung nicht gemeinsam einziehen, kann Hinterlegung erfolgen (§ 372 BGB; Befreiung bei Verzicht auf Rücknahme, § 378 BGB). Zahlt der Drittschuldner dennoch an den Schuldner, so hat die Leistung keine Wirksamkeit gegenüber dem Gläubiger; er kann (nach Überweisung; sonst wie Rn 17) nochmalige Zahlung verlangen (RG 77, 254). Jedoch muß der Gläubiger eine in (nachgewiesener; Beweis auch mit Parteivernehmung, LG Hannover JurBüro 84, 1259) Unkenntnis des Drittschuldners vom Wirksamwerden der Pfändung mit Ersatzzustellung erfolgte Leistung gegen sich gelten lassen (Stöber FdgPfdg Rn 556, 567 mit Einzelheiten; Schutz entspr § 407 BGB, BGH 105, 358 =

JZ 89, 299 mit Anm Brehm = NJW 89, 905). Wenn der Drittschuldner die zur Erfüllung notwenige Leistungshandlung bereits vorgenommen (Überweisungsauftrag für einmalige Zahlung der Bank/Sparkasse erteilt) hat, wird er nach Pfändung nicht für verpflichtet gehalten, die schon in die Wege geleitete Zahlung wieder rückgängig zu machen (den Überweisungsauftrag zu widerrufen; BGH aaO). Dem ist nicht zu folgen. Verboten ist dem Drittschuldner nicht nur eigene Leistung; er darf sie an seinen Gläubiger (den Schuldner) auch nicht durch einen Vertreter oder Erfüllungsgehilfen vornehmen lassen; ebenso verbietet es sich, Leistung mit Abbuchung einer bereits in der Wege geleiteten Zahlung bewirken zu lassen, wenn sie bei Aufwendung erforderlicher Sorgfalt noch unterbunden werden kann (Geld ist noch nicht aus der Verfügungsgewalt des Drittschuldners entlassen; dazu Stöber FdgPfdg Rn 565a). Überweisungsauftrag kann den Drittschuldner jedenfalls dann nicht schützen, wenn erst nach Pfändung Deckung des Kontos erfolgt; weitere Zahlung mit Dauerauftrag (so auch Brehm aaO), im Abbuchungs- oder Einziehungsermächtigungsverfahren verbietet Pfändung ebenso. Die Rechtsstellung des Drittschuldners verändert die Pfändung sonst nicht; sie wird weder verschlechtert noch verbessert. Verzug des Drittschuldners wird daher durch Pfändung nicht hinfällig, Einwendungen und Einreden können auch dem Gläubiger entgegengehalten werden (s § 836 Rn 6). Durch verbotswidrige Zahlung an den Schuldner verliert der Drittschuldner solche Einwendungen und Einreden gegenüber dem Gläubiger nicht (BGH 58, 25 = NJW 72, 428). Im einzelnen Stöber FdgPfdg Rn 565–577b. Schutz bei Leistung an einen Abtretungsempfänger besteht für den Drittschuldner nicht, wenn ihm nach Pfändung eine zurückdatierte, tatsächlich aber erst nach der Pfändung ausgestellte Abtretungsurkunde vorgelegt wird und er im Vertrauen auf die Urkunde und in Unkenntnis des zeitlichen Vorrangs der Pfändung leistet (BGH 100, 36 = NJW 87, 1703). Auskunftspflicht § 840. Einen Anspruch auf Erstattung von **Kosten für außergerichtliche Wahrnehmung seiner Interessen** an (vereinbarter) Vertragsabwicklung (Geltendmachung von Einwendungen, Einreden oder Gegenansprüchen) begründet die Pfändung für den Drittschuldner gegen den Gläubiger nicht; § 788 regelt einen Kostenerstattungsanspruch des Drittschuldners nicht; allein als Beteiligter des von der Pfändung betroffenen Rechtsverhältnisses hat er gegen den Gläubiger keinen Kostenerstattungsanspruch. Ein Erstattungsanspruch des Drittschuldners an den Gläubiger ist daher nur bei besonderem Verpflichtungsgrund gegeben (Kostenübernahme, Aufwendungs- oder Schadensersatz usw; Gleichstellung mit dem Forderungsschuldner, der sich nach Abtretung oder Verpfändung mit dem neuen Gläubiger oder Pfandgläubiger auseinandersetzen muß; dazu BGH JZ 85, 629 mit Anm Brehm = NJW 85, 1155). Kosten des Einziehungsprozesses: § 836 Rn 42.

20 **5)** Die Pfändung erstreckt sich auf **Nebenansprüche** sowie **Neben-** und **Vorzugsrechte.** Zinsen der Forderung (auch rückständige; aA Düsseldorf Rpfleger 84, 473) sind daher auch ohne ausdrücklichen Ausspruch mitgepfändet (RG HRR 31 Nr 144; ausdrückliche Mitpfändung empfiehlt sich dennoch, Stöber FdgPfdg Rn 696). Als unselbständige Nebenrechte (§ 401 BGB) erfaßt die Pfändung gesetzlich, rechtsgeschäftlich und durch ZwV erlangte Pfandrechte (Hamburg OLG 12, 141; zum Faustpfand § 838), den Anspruch gegen einen Bürgen, die Rechte aus einer Vormerkung (RG 83, 438; 142, 33; KG JFG 8, 321), den Anspruch auf Auskunft sowie Rechnungslegung (Zweibrücken JurBüro 89, 706 = OLGZ 89, 334 [auch zur Vollstreckung des bereits titulierten Auskunftsanspruchs durch Schuldner]; LG Frankfurt MDR 86, 594; auch § 850 Rn 19; daher keine selbständige Pfändung des Anspruchs auf eidesstattl Versicherung nach § 259 II BGB, BGH 104, 369 [371] = NJW 88, 2729), und eine für die Forderung später bestellte Hypothek (Hamm DNotZ 82, 257 = OLGZ 81, 19), auch ein Rücktrittsrecht (Mitpfändung wird für zulässig erachtet; Geltendmachung kann aber nur mit Zustimmung des Schuldners erfolgen; Stöber FdgPfdg Rn 562a; zum Rückgewährungsanspruch dort Rn 562b). Erstreckung der Pfändung auf ein Forderungspfandrecht des Schuldners kann im Pfändungsbeschluß unter Bezeichnung des Drittschuldners des Sicherungsrechts ausgesprochen werden (Stuttgart Rpfleger 83, 409; LG Frankfurt Rpfleger 76, 26). Selbständige (abstrakte) Sicherungsrechte müssen selbständig gepfändet werden, zB die eine Forderung sichernde Grundschuld, Sicherungseigentum, vorbehaltenes Eigentum, zur Sicherheit abgetretene Forderung.

21 **VII)** Eine **schon gepfändete Forderung** kann **erneut gepfändet** werden, solange sie dem Schuldner noch gehört, mithin nicht eingezogen (Behauptung des Gläubigers genügt; keine Prüfung, Rn 4) oder an Zahlungs Statt (wirksam) überwiesen ist (§ 835). Die Pfändung erfolgt wie die Erstpfändung mit Pfändungsbeschluß, der mit Zustellung an den Drittschuldner wirksam wird; Rang: § 804 III. Erleichterte Anschlußpfändung (entspr § 826) ist für Forderungen nicht vorgesehen.

22 **VIII) Verstöße** und **Mängel: 1)** Der Pfändungsbeschluß ist **a) ohne Wirkung** wenn **aa)** Zustellung an den Drittschuldner nicht (nicht wirksam) erfolgt ist (§ 829 III; Rn 14); **bb)** die Pfändung ins Leere geht, weil die gepfändete Forderung nicht besteht (Rn 4);

23 **b) unwirksam aa)** in den Fällen, in denen ein Vollstreckungsakt nichtig ist (vor § 704 Rn 34), zB bei Fehlen der funktionellen Zuständigkeit wie bei Erlaß des Pfändungsbeschlusses durch den

Gerichtsvollzieher, **bb)** wenn der Pfändungsgegenstand (auch der Drittschuldner) nicht bestimmt genug bezeichnet ist (Rn 8, 9); **cc)** wenn das Drittschuldnerverbot fehlt (Rn 7);

c) **anfechtbar** bei Verfahrensverstößen, die nicht Unwirksamkeit (Rn 23) zur Folge haben, so zB bei fehlender Zustellung des Vollstreckungstitels (BGH 66, 79 = NJW 76, 851), fehlender Vertretungsmacht eines Bevollmächtigten bei Antragstellung (Saarbrücken Rpfleger 91, 513). Verstoß gegen Pfändungsverbot oder -beschränkung (Pfändung trotz Unpfändbarkeit) ist Verfahrensverstoß, der nicht Nichtigkeit bewirkt, sondern nur Anfechtung ermöglicht. 24

2) a) Daß der Pfändungsbeschluß **ohne Wirkung** ist (Rn 22), wird im Rechtsstreit geprüft. Ein Rechtsbehelf gegen den Pfändungsbeschluß (Rn 28) kann darauf nicht gestützt werden. 25

b) Die **Unwirksamkeit** des Pfändungsbeschlusses (Rn 23) kann vom Schuldner und Drittschuldner im Klageweg oder als Einwendung geltend gemacht werden, ohne daß die Berufung auf die Unwirksamkeit von der vorherigen Aufhebung des Beschlusses im (hierwegen zulässigen) Erinnerungsverfahren abhängig wäre. Dies gilt uneingeschränkt bei Leistungsklage des Gläubigers gegen den Drittschuldner. Die negative Feststellungsklage des Schuldners oder Drittschuldners auf Feststellung der Unwirksamkeit des Pfändungsbeschlusses setzt weiter voraus, daß ein Rechtsschutzbedürfnis gegeben ist. Es ist idR zu verneinen, weil mit dem Erinnerungsverfahren (§ 766) ein einfacherer und billigerer Rechtsweg zur Aufhebung des Beschlusses zur Verfügung steht. Dagegen ist ein Rechtsschutzbedürfnis für die Klage auf Feststellung des Nichtbestehens der gepfändeten Forderung zu bejahen, weil darüber im Erinnerungsverfahren (§ 766) nicht entschieden werden kann (s Rn 25). 26

c) **Anfechtung bei Verfahrensverstößen** s Rn 28 ff. Der anfechtbare Pfändungsbeschluß ist bis zu seiner Aufhebung wirksam. Das Prozeßgericht hat daher ungeachtet etwaiger Mängel des Beschlusses so lange von dessen Geltung auszugehen, wie er nicht in dem dafür vorgesehenen Erinnerungsverfahren (§ 766) aufgehoben ist (BGH 66, 79). Der Drittschuldner kann jedoch auch im Rechtsstreit die Unpfändbarkeit der Forderung einwenden, wenn sie ihren Grund im materiellen Schuldverhältnis hat (in der materiellen Rechtsstellung des Drittschuldners; RG 66, 233; 93, 74 [78]; 146, 295; Celle NJW 62, 1731; Hamm NJW-RR 92, 665; LG Koblenz MDR 76, 232; Stöber FdgPfdg Rn 752; aA Pohle JZ 62, 344: immer Erinnerung). Auf ein prozessuales Pfändungsverbot (zB §§ 850b, 850d, 850f II, III) kann sich der Drittschuldner im Rechtsstreit nicht selbständig berufen. 27

IX) Rechtsbehelfe: 1) Für **Gläubiger** bei (auch nur teilweiser) **Ablehnung** seines Antrags: Sofortige Beschwerde (§ 793) bzw befristete Rechtspflegererinnerung (§ 11 I S 2, II RpflG; Koblenz Rpfleger 73, 65, NJW-RR 86, 679 u JurBüro 89, 1179 = Rpfleger 89, 276; aA LG Koblenz MDR 90, 1123: auch bei nur teilweiser Ablehnung Erinnerung), ebenso, wenn der Rechtspfleger den Pfändungsbeschluß nach Erinnerung des Schuldners, der er abhilft (ganz oder teilweise) aufhebt (Koblenz Rpfleger 73, 65). Auch wenn der Pfändungsbeschluß zu Unrecht aufgehoben worden ist, muß aber der Gläubiger für Wiederherstellung der Vollstreckungsmaßnahme ein schutzwürdiges Interesse haben; es fehlt, wenn der Drittschuldner bereits Zahlungen in ausreichender Höhe an den Gläubiger geleistet hat (Köln Rpfleger 84, 29). 28

2) **Gegen den Pfändungsbeschluß** für den nicht angehörten (§ 834) **Schuldner:** Erinnerung nach § 766 (Hamm Rpfleger 73, 222), dann sofortige Beschwerde nach § 793, und zwar auch, wenn das Amtsgericht durch Beschwerdeentscheidung angewiesen wurde, den Pfändungsbeschluß zu erlassen; gegen diese Entscheidung auf Beschwerde des Gläubigers (gegen die Ablehnung seines Antrags, Rn 28), hat der Schuldner kein Rechtsmittel (Köln NJW-RR 88, 1467). Es entscheidet der Richter (§ 20 Nr 17a RpflG); er wäre bei eigenem Vollstreckungshandeln nach § 766 zur nochmaligen Überprüfung seiner Vollstreckungstätigkeit zuständig; daher hat er auch Einwendungen gegen die ZwV-Maßnahme des Rechtspflegers selbst nachzuprüfen. Vorlage an das Beschwerdegericht als Durchgriffserinnerung (§ 11 II RpflG) verbietet sich damit (jetzt allgemeine Meinung; Hamm aaO; KG Rpfleger 73, 32; Koblenz Rpfleger 72, 220; Köln Rpfleger 72, 65). Der Erinnerung (§ 766) kann der Rechtspfleger **abhelfen.** Er hat sie daher zu prüfen und (ggfs teilweise) abzuhelfen, wenn sie begründet ist. Vor Aufhebung des Pfändungsbeschlusses (Wirkungsaufschub bis Rechtskraft s § 766 Rn 30) auf begründete Erinnerung muß jedoch der Gläubiger gehört werden (Frankfurt Rpfleger 79, 111). Der Rechtspfleger kann vor Abhilfe auch eine einstweilige Anordnung nach § 766 I S 2, § 732 II treffen. 29

3) Für den vor Erlaß des Pfändungsbeschlusses nicht angehörten **Drittschuldner** (BGH 69, 144 = NJW 77, 1881; KG Rpfleger 76, 144; Frankfurt JurBüro 81, 458) und für **Dritte** gegen den Pfändungsbeschluß: Erinnerung nach § 766 (wie Rn 29). 30

4) **Nach Anhörung** des Schuldners ist Erlaß des Pfändungsbeschlusses Entscheidung. Rechtsbehelf des Schuldners deshalb § 793 bzw befristete Rechtspflegererinnerung (§ 11 I S 2, II RpflG), nicht Erinnerung nach § 766. Befristete Erinnerung auch für den angehörten Schuldner gegen den ihn belastenden Kostenausspruch bei Ablehnung des Antrags (LG Kaiserslautern JurBüro 31

90, 654). Entsprechendes gilt für den Drittschuldner (auch für einen Dritten), wenn er vor Erlaß des Pfändungsbeschlusses gehört wurde. Wenn nur der Schuldner gehört wurde, hat nur er sofortige Beschwerde (befristete Rechtspflegererinnerung), der nicht gehörte Drittschuldner und Dritte dagegen Erinnerung (§ 766); dazu näher Stöber FdgPfdg Rn 730a; aA Bamberg NJW 78, 1389; LG Bochum Rpfleger 84, 278. Die Frist beginnt für den (angehörten) Schuldner mit der Zustellung nach Abs 2 S 2 (für den angehörten Drittschuldner Abs 2 S 1). Zustellung von Amts wegen an den (angehörten) Schuldner (Drittschuldner) erfolgt nicht (Köln MDR 91, 1091 = Rpfleger 91, 360; LG Düsseldorf Rpfleger 90, 376 [Aufgabe von Rpfleger 83, 255] mit abl Anm Schauf Rpfleger 90, 469, der aber mit Zustellung an den Schuldner diesem unter Verstoß gegen Abs 2 vor Wirksamwerden der Pfändung Kenntnis gibt; Dressel Rpfleger 93, 100; aA [für fr § 54 VI SGB] Frankfurt Rpfleger 93, 57 [unterrichtet Schuldner unter Verstoß gegen Abs 2 S 2 vorzeitig]).

31a 5) Lehnt der GV Zustellung des Pfändungsbeschlusses ab, so kann der Gläubiger mit Erinnerung (§ 766 II) Anweisung beantragen (KG DGVZ 66, 152 = OLGZ 67, 41).

32 6) **Behauptet ein Dritter,** daß ihm die gepfändete Forderung oder ein Vorzugsrecht hieran zusteht, so kann er gegen den Pfändungsgläubiger aus § 771 bzw § 805 klagen.

33 **X) Einzelfälle**

- **Arbeitnehmersparzulage** (§ 13 des 5. VermBG): Sie ist (jetzt) unpfändbar (§ 851 Rn 2).

- **Arzt,** Rechtsanwalt, Rechtsbeistand, Steuerberater, Tierarzt, Zahnarzt: Deren Honorarforderungen sind als Geldforderungen pfändbar (Diepold MDR 93, 835; Stuttgart NJW 94, 2838 = Rpfleger 95, 77). Dem steht nicht entgegen (§ 851 II entspr), daß eine Abtretung wegen Verstoßes gegen ein Verbotsgesetz (§ 203 I Nr 1 StGB) unzulässig (nichtig, § 134 BGB) sein kann (zB BGH 115, 123; BGH 122, 115 = NJW 93, 1638 u NJW 93, 1912; BGH NJW 96, 775) oder nach § 49b IV S 2 BRAO eingeschränkt ist (Berger NJW 95, 1406 [1408]; ltw abw Diepold MDR 95, 231). Schutz des Patienten/Mandantengeheimnisses kann Einschränkung der Auskunfstpflicht des Schuldners (§ 836 III) zur Folge haben (Diepold MDR 93, 835; Stuttgart aaO). Pfändungsschutz bei Arbeitseinkommen: § 850 Rn 9 u § 850i Rn 1.

- **Ausländer:** Pfändungsbeschluß hat auch zu ergehen, wenn der Drittschuldner im Ausland wohnt (Frankfurt MDR 76, 321; Schmidt MDR 56, 204; aA LG Berlin JW 38, 1841), exterritorialer Ausländer ist oder als ausländischer Staat der deutschen Gerichtsbarkeit nicht unterliegt (§§ 18 ff GVG; LG Bonn MDR 66, 935; Schack aaO; Geimer IZPR Rdn 405–408, 612 u 1226). Zustellung an exterritorialen Ausländer und ausländischen Staat auf diplomatischem Weg oder wenn auf Exterritorialität verzichtet ist. Sonst wird die Pfändung mit Zustellung an den im Inland anwesenden Drittschuldner wirksam (RG 22, 404; Karlsruhe JW 32, 687; LG Dresden JW 33, 1350; aA RG 140, 340; KG JW 36, 2760). Für Zustellung auf fremdem Hoheitsgebiet muß der ausländische Staat bei ZwV durch Ausführung des Zustellungsersuchens (§ 199) mitwirken (RG 140, 340); ausländische Behörden lehnen ein Tätigwerden jedoch vielfach ab (zB Schweiz MDR 61, 511; dazu auch Unterreitmayer Rpfleger 72, 123 liSp). S hierzu auch Bleckmann, ZwV gegen fremden Staat, NJW 1978, 1092; Gramlich, Staatliche Immunität und Zugriff auf iranische Konten, NJW 1981, 2618; Kaufmann, Pfändung und Überweisung eines Anspruchs gegen ausländischen Drittschuldner, JW 1929, 416; Ost, Zustellung dinglicher Arreste und einstw Verfügungen im Ausland im Rechtshilfeweg, Justiz 1975, 134; Schack, Internationale ZwV in Geldforderungen, Rpfleger 1980, 175; Schmidt, Pfändung ausländischer Forderungen und Zustellung an Drittschuldner im Ausland, MDR 1956, 204; Stöber FdgPfdg Rn 38–44. S auch NATO-Truppenstatut.

- **Automatenaufsteller:** Pfändbare Geldforderung ist der Anspruch gegen den Gewerbetreibenden (Wirt usw), der den Automaten entleert, auf die anteiligen Einspielergebnisse, desgleichen der Zahlungsanspruch des Gewerbetreibenden (Wirts usw) an den Aufsteller, der den Automaten selbst entleert, auf die Gegenleistung für Aufstellung und Betrieb des Automaten. Der Geldinhalt eines Automaten in fremden Gewerberäumen (Gaststätte usw), zu dessen Geldfach nur der Schuldner den Schlüssel besitzt, steht in seinem Allgemeingewahrsam; Pfändung daher nach § 808. Wenn dem GV der Zutritt zu dem Raum verwehrt wird, kann mit Hilfspfändung des Schuldneranspruchs gegen den Besitzer der Räumlichkeiten auf Gestattung des Zutritts zur Entleerung des Automaten Ausübung durch den GV ermöglicht werden (bei weiterer Weigerung Klage oder einstw Verfügung); hierzu LG Aurich MDR 90, 932 = NJW-RR 91, 192; AG Bonn MDR 63, 603; OVG Münster NJW 58, 1460; Stöber FdgPfdg Rn 1509 [auch zu abw Ansicht]); s auch Noack, Pfändung des Inhalts eines Automaten in einem Geschäftslokal, KKZ 1975, 223; Schmidt, Automatenaufstellvertrag und ZwV, MDR 1972, 374; Weyland, Automatenaufstellung, 1989.

- **Baugeldforderungen** (Ges v 1. 6. 1909, RGBl 449, mit Änderungen) können als zweckgebunden nur von Baugläubigern gepfändet werden (KG OLG 13, 211 u 16, 378; München OLG 33, 117; Nürnberg OLG 23, 217; LG Aachen Rpfleger 62, 449). Einzelheiten Stöber FdgPfdg Rn 79–84.

- **Bausparkasse:** Die Forderung eines Bausparers auf Auszahlung der Bausparsumme nach Zuteilung, Auszahlung der voll angesparten Bausparsumme oder Rückzahlung des Guthabens nach Kündigung ist pfändbar, die Bausparsumme (nicht das Eigenkapital als Sparguthaben) als zweckgebunden jedoch nur eingeschränkt (Stuttgart BB 56, 1012; LG Bremen NJW 53, 1397; siehe Baugeldforderungen). Auf die Nebenrechte zur Kündigung und Vertragsänderung erstreckt sich die Pfändung; ausdrückliche Mitpfändung wird dennoch vielfach zugelassen. Wegen prämienschädlicher Rückzahlung siehe bei Sparguthaben. Einzelheiten: Stöber FdgPfdg Rn 86–91.

● **Bergmannsprämie:** Anspruch auf sie ist nicht übertragbar (§ 5 Ges v 12. 5. 1969, BGBl I 434) und daher unpfändbar (§ 851 I; AG Essen Rpfleger 56, 314). Als Steuererstattungsanspruch pfändbar ist der Anspruch des Arbeitgebers an das Finanzamt (§ 3 I S 3 Ges).

● **Bundesentschädigungsgesetz** (v 29. 6. 1956, BGBl I 562 mit Änderungen). Es regelt die Pfändung der Entschädigungsansprüche selbständig; § 54 SGB I findet keine Anwendung (§ 850i Rn 7). Insbesondere **§ 14 BEG** wie folgt:

Der Anspruch auf Entschädigung kann abgetreten, verpfändet oder gepfändet werden. Die Abtretung, Verpfändung oder Pfändung ist nur mit Genehmigung der Entschädigungsbehörde zulässig.

Außerdem für Hinterbliebenenrente **§ 26 BEG** wie folgt:

(1) Der Anspruch auf die laufende Rente ist weder übertragbar noch vererblich; dies gilt auch für den Anspruch der Witwe oder des Witwers auf Abfindung im Falle der Wiederverheiratung.

Einzelfragen Stöber FdgPfdg Rn 98–107; BGH LM BEG 1956 § 14 Nr 5 = NJW/RzW 66, 357 mit Anm Brunn; BGH LM BEG 1956 § 39 Nr 4 = MDR 63, 572 = NJW/RzW 63, 36; BGH LM BEG 1956 § 39 Nr 3 = MDR 62, 468 = NJW/RzW 62, 370; LG Berlin NJW/RzW 59, 545 u Rpfleger 78, 150.

● **Bundesseuchengesetz** (idF v 18. 12. 1979, BGBl I 2262): Pfändung der Ansprüche für Impfschäden (§ 51 Ges) richtet sich nach §§ 54, 55 SGB I (§ 60 II Ges; § 850i Rn 11). Verdienstausfallentschädigung wegen Beschränkungsmaßnahmen für die ersten 6 Wochen (§ 49 II S 2 Ges) ist wie Arbeitseinkommen zu pfänden (§ 60 I S 1 Ges); für Entschädigung ab 7. Woche (§ 49 II S 3 Ges) gilt §§ 54, 55 SGB I (§ 60 I S 2 Ges). Die Entschädigung für vernichtete oder beschädigte Gegenstände (§ 57 Ges) ist unpfändbar; jedoch gilt § 850b II, III entspr (§ 60 I S 3 Ges).

● **Darlehen:** Die Forderung auf Rückzahlung eines vom Schuldner gewährten Darlehens (§ 607 I BGB) ist pfändbar, desgleichen das Schuldscheindarlehen (Schuldschein ist Beweisurkunde). Als Darlehensanspruch ist die Forderung auf Auszahlung des Kreditbetrags aus einem mit dem Schuldner bereits abgeschlossenen Darlehensvertrag pfändbar. Das Recht auf Abschluß eines Darlehensvertrags (auch auf weitere Einräumung eines Kredits) kann als höchstpersönlich nicht gepfändet werden. Dazu RG 51, 119; BFH JurBüro 78, 1003 = MDR 78, 839; BGH 93, 315 = JZ 85, 487 mit krit Anm Grunsky = NJW 85, 1218; Stöber FdgPfdg Rn 111–120, sowie unter „Kontokorrent".

● **Ehebezogene** (unbenannte) **Zuwendung** begründet bei ungestörter Ehe keinen (pfändbaren) Ausgleichsanspruch (Stöber FdgPfdg Rn 121a). Nach Scheitern der Ehe erfolgt bei Zugewinngemeinschaft Ausgleich nach güterrechtlichen Vorschriften (BGH 119, 392 [396] = NJW 93, 385). Ausnahmsweise sowie bei anderem Güterstand kann auch Rückforderung nach den Regeln über den Wegfall der Geschäftsgrundlage in Betracht kommen (BGH aaO). Pfändung dieses Anspruchs erscheint nach dem Rechtsgedanken von § 852 II nur unter dessen Voraussetzungen möglich (Stöber FdgPfdg Rn 121b; s auch [zur Anfechtung] § 807 Rn 35). Entsprechendes gilt für den (familienrechtlichen) Ausgleichsanspruch bei Vermögensmehrung durch Arbeitsleistung (zB Bau eines Hauses auf dem Grundstück des anderen Ehegatten; Mitarbeit in dessen Betrieb; zu solchen Ansprüchen BGH 84, 361 = NJW 82, 2235 u NJW 94, 2525).

● **Eigenheimzulage:** Als Anspruch auf Steuervergütung (§ 15 I EigZulG, BGBl 1996 I 114) ist sie nach § 46 AO ab Entstehung (§ 10 EigZulG) pfändbar.

● **Erbausgleich:** Der Anspruch des nichtehelichen Kindes an seinen Vater (§ 1934d BGB) ist nach Vereinbarung oder rechtskräftiger Entscheidung (auch nach Rechtshängigkeit entspr § 852) übertragbar und pfändbar (Damrau FamRZ 69, 589); vor Geltendmachung (anders danach aber vor rechtskr Entscheidung) kann der Anspruch auch nicht als künftige Forderung gepfändet werden (Stöber FdgPfdg Rn 123 mwN; aA StJ/Brehm § 852 Rn 4).

● **Erbersatzanspruch** des nichtehelichen Kindes usw (§ 1934a BGB). Er ist übertragbar (§ 1934b II mit § 2317 II BGB), mithin auch pfändbar; § 852 ist nicht anwendbar.

● **Forderungspfändung:** Das durch sie erlangte Pfandrecht kann selbständig nicht gepfändet werden. Zu pfänden ist die Forderung des Schuldners an den Drittschuldner; Erstreckung auf das Forderungspfändungspfandrecht kann zum Ausdruck gebracht werden (s Rn 20).

● **Gefangenengelder:** Geregelt ist die Pfändung wie folgt in **§ 51 Abs 4 und 5 StVollzG:**

(4) Der Anspruch auf Auszahlung des Überbrückungsgeldes ist unpfändbar. Erreicht es nicht die in Absatz 1 bestimmte Höhe, so ist in Höhe des Unterschiedsbetrages auch der Anspruch auf Auszahlung des Eigengeldes unpfändbar. Bargeld des entlassenen Gefangenen, an den wegen der nach Satz 1 oder Satz 2 unpfändbaren Ansprüche Geld ausgezahlt worden ist, ist für die Dauer von vier Wochen seit der Entlassung insoweit der Pfändung nicht unterworfen, als es dem Teil der Ansprüche für die Zeit von der Pfändung bis zum Ablauf der vier Wochen entspricht.

(5) Absatz 4 gilt nicht bei einer Pfändung wegen der in § 850d Abs 1 Satz 1 der Zivilprozeßordnung bezeichneten Unterhaltsansprüche. Dem entlassenen Gefangenen ist jedoch so viel zu belassen, als er für seinen notwendigen Unterhalt und zur Erfüllung seiner sonstigen gesetzlichen Unterhaltspflichten für die Zeit von der Pfändung bis zum Ablauf von vier Wochen seit der Entlassung bedarf.

Sonst ist die Forderung auf Rückzahlung von Eigengeld pfändbar, desgleichen der Anspruch eines Gefangenen auf Arbeitsentgelt (soweit nicht nach § 51 I StVollzG Überbrückungsgeld zu bilden ist;

Pfändungsbeschränkungen der §§ 850 ff gelten nicht; Karlsruhe Rpfleger 94, 370; SchlHOLG Rpfleger 95, 29; LG Berlin Rpfleger 81, 455 u 92, 128; LG Hagen Rpfleger 93, 78 (wenn es zum Eigengeld gutgeschrieben ist); LG Hannover Rpfleger 95, 264; LG Itzehoe JurBüro 91, 872 = Rpfleger 91, 521 [nimmt Unpfändbarkeit an]; LG Münster JurBüro 96, 107; Stöber FdgPfdg Rn 137; aA Celle KKZ 81, 202 u KKZ 81, 203; Frankfurt JurBüro 85, 469 = Rpfleger 84, 425 [für Zusammenrechnung nach § 850e Nr 3 mit Naturalleistungen für Lebensunterhalt]; LG Arnsberg Rpfleger 91, 520; LG Karlsruhe NJW-RR 89, 1536 = NStZ 90, 56; s aber auch BVerfG NJW 82, 1583). Hausgeld eines Gefangenen ist pfändbar; aA (Hausgeld als Arbeitsentgelt nur nach § 850 ff pfändbar) Hamm NStZ 84, 432; Karlsruhe NStZ 85, 430 mit Anm Volckart; KG JR 85, 218; Stuttgart NStZ 86, 47); auch (als zweckgebunden unpfändbar) LG Münster MDR 92, 521 = Rpfleger 92, 129. Arbeitseinkommen des Freigängers s Fluhr NStZ 94, 115; Stöber FdgPfdg Rn 144. Zur Entlassungsbeihilfe bestimmt **§ 75 III StVollzG:**

(3) Der Anspruch auf Beihilfe zu den Reisekosten und die ausgezahlte Reisebeihilfe sind unpfändbar. Für den Anspruch auf Überbrückungsbeihilfe und für Bargeld nach Auszahlung einer Überbrückungsbeihilfe an den Gefangenen gilt § 51 Abs 4 Satz 1 und 3, Abs 5 entsprechend.

Für den Untersuchungsgefangenen wird Überbrückungsgeld nicht gebildet; sein Anspruch auf Auszahlung des Eigengeldes ist pfändbar (§ 51 StVollzG gilt nicht); ein Taschengeldbetrag für persönliche Bedürfnisse (bei bervorstehender Entlassung auch für Unterhalt) ist zu belassen (§ 811 Nr 8 entspr Anwendung; zu diesem Freibetrag LG Frankfurt Rpfleger 89, 33 u LG Koblenz Rpfleger 89, 124). Dazu näher Stöber FdgPfdg Rn 132–144.

● **Genossenschaft:** Die Forderung an ihre Genossen auf Einzahlung der Geschäftsanteile und auf anteilige Fehlbeträge ist unpfändbar (RG 135, 55). Besonderheit bei Liquidation nach § 88a GenG. Ein Beitrittsgeld (Aufnahmegebühr) ist pfändbar (RG 135, 55). Zulässig ist Pfändung der an den Genossen zu zahlenden **Dividende.** Bestimmt jedoch das Statut, daß eine Dividende nicht auszuzahlen, sondern dem Geschäftsguthaben zuzuschreiben ist, so bleibt die ZwV wirkungslos, weil auch der Gläubiger die Auszahlung nicht verlangen kann. Der Gläubiger muß daher uU Geschäftsguthaben und Dividende gleichzeitig pfänden. Überhaupt empfiehlt es sich, wenn Genossen (zB der Konsumvereine) am Gewinn beteiligt sind, die ZwV auch auf die Dividende auszudehnen, weil die ZwV in das Geschäftsguthaben die Dividende nicht ohne weiteres einschließt. Pfändung des Geschäftsguthabens § 859 Rn 14.

● **Gesellschaft mbH:** Ihre Forderung gegen Gesellschafter auf Zahlung der Stammeinlage ist zur Erhaltung der Kapitaleinlage zweckbestimmt (§ 19 II S 1 GmbHG). Gepfändet werden kann sie daher von dem Gläubiger der Gesellschaft, wenn dieser mit der Gegenleistung des Gläubigers ein vollwertiges Entgelt zugeflossen ist (RG 133, 83; 149, 293; BGH MDR 63, 111 = NJW 63, 102; Frankfurt GmbHR 77, 249) oder wenn aus besonderen Gründen Erhaltung der Kapitalgrundlage entfallen ist (BGH MDR 63, 111; BGH MDR 76, 912; BGH MDR 80, 826 = NJW 80, 2253; Celle GmbHR 92, 371 u 94, 246; Hamm Betrieb 91, 1925 = GmbHR 92, 111 [bereits gelöschte GmbH] u GmbHR 92, 370; Köln NJW-RR 89, 354, Rpfleger 91, 466 u [für Liquidationsstadium] NJW 92, 2229); aA Berger ZZP 107 [1994] 29. Näher dazu Stöber FdgPfdg Rn 343–349.

● **Häftlingshilfegesetz** (HHG idF v 2. 6. 1993, BGBl I 839): Beschädigten- und Hinterbliebenenversorgung (§§ 4, 5 Ges) wird in entsprechender Anwendung des Bundesversorgungsgesetzes (BVG) gewährt; die Ansprüche sind daher nur nach §§ 54, 55 SGB I pfändbar (§ 850i Rn 11). Eingliederungshilfen (§§ 9a–c Ges) und Unterstützungen der „Stiftung für ehem politische Häftlinge" (§ 18 Ges) unterliegen in der Person des unmittelbar Berechtigten nicht der ZwV (§ 25b Ges).

● **Haftpflichtversicherung:** Ein Schuldbefreiungsanspruch (siehe dort) ist nicht pfändbar; Pfändung ist jedoch für den Verletzten möglich, auch in der Pflichtversicherung des Kfz-Halters (Hamburg VersR 72, 631; Prölss NJW 67, 786 gegen AG München). Nach Umwandlung in einen Zahlungsanspruch mit Befriedigung des Haftpflichtgläubigers durch den Versicherten (Schuldner) unterliegt die Geldforderung der Pfändung. Dazu Stöber FdgPfdg Rn 145–150a. Der Anspruch auf Beitragsrückvergütung (Prämienerstattung) ist pfändbar (AG Sinzig NJW-RR 86, 967).

● **Haushaltsmittel:** Eine Forderung eines Landes gegen den Bund „aus Haushaltsmitteln" kann nicht gepfändet werden (LG Mainz Rpfleger 74, 166).

● **Heimkehrerstiftung** – Stiftung für ehem Kriegsgefangene (Ges über die Heimkehrerstiftung – HKStG, v 21. 12. 1992, BGBl I 2101): Die Leistungen unterliegen in der Person des unmittelbar Berechtigten nicht der ZwV (§ 3 VI Ges).

● **HIV-Hilfe-Stiftung:** Leistungen sind nicht pfändbar (§ 17 III HIV-Hilfegesetz, BGBl 1995 I 972).

● **Kontokorrent: a) Guthaben** (§ 355 HGB) sind als Geldforderung pfändbar. Hauptfall: Bankkontokorrent auf Grund Girovertrag mit Kontokorrentabrede, der Geschäftsbesorgungsvertrag mit Dienstvertragscharakter iS des § 675 BGB ist (BGH 84, 371 [374] mwN; BGH 93, 315 [322] = JZ 85, 487 mit teilw krit Anm Grunsky = NJW 85, 1218; BGH NJW 85, 2699). **Zu pfänden** ist die Forderung auf Auszahlung des Überschusses bei Rechnungsabschluß aus der Geschäftsverbindung („. . . Zahlungen jeglicher Art aus der laufenden Geschäftsverbindung" soll unbestimmt sein, Stuttgart ZIP 94, 222; überzeugt nicht), deren beiderseitige Ansprüche und Leistungen in laufender Rechnung (als Kontokorrent) ausgeglichen werden (s § 355 HGB). Angabe der Giro-Kontonummer ist für Wirksamkeit der Pfändung eines Bankkontokorrents bei sonst genügend bestimmter Bezeichnung der Kontokorrentforderung nicht erforderlich (BGH NJW 82, 2193 [2195 reSp]; LG Oldenburg JurBüro 82, 620 = Rpfleger 82, 112). Wenn der Bezeichnung der zu pfändenden Ansprüche zu entnehmen ist, daß Guthaben sämtlicher vom Drittschuldner geführten Schuldnerkonten der Pfändung unterworfen sein sollen, läßt auch die bloße Nennung nur einer Kontonummer (bei der Drittschuldnerbezeichnung) nicht den Schluß zu, es solle nur das Guthaben auf diesem Konto gepfändet sein (Auslegung; BGH MDR 88, 859 = NJW 88, 2543). Eine dem Kontokorrent unterstellte Einzelforderung ist nicht pfändbar (BGH 80, 172 = NJW 81, 1161).

b) Die Pfändung erstreckt sich nach § 357 HGB auf den sogen **Zustellungssaldo** und nicht (unter Ausschluß neuer Schuldposten) auf den nächsten periodisch fällig werdenden Abschlußsaldo (BGH 80, 172). Dem Gläubiger gegenüber wirksame Schuldposten (§ 357 HGB) aus Scheckeinlösung bestehen auch, wenn bereits vor Pfändung durch Aushändigung der eurocheque-Karte und -Formulare an den Scheckaussteller (Schuldner) die rechtliche Grundlage für die Verpflichtung der Bank, eurocheques einzulösen, angelegt wurde; die Garantiehaftung nach Scheckbegebung ist dann nicht durch ein „neues Geschäft" iS von § 357 S 1 HGB ausgelöst (BGH 93, 71 = NJW 85, 863). Pfändung auch **künftiger** Kontokorrentforderungen ist möglich; erforderlich ist ausdrückliche Anordnung in dem Pfändungsbeschluß (Rn 10). Die Pfändung der künftigen Guthaben erstreckt sich nicht nur auf den nächsten Aktivsaldo, sondern auf alle weiteren künftigen Aktivsalden bis zur vollen Befriedigung des Gläubigers (BGH 80, 172; jetzt hM; früher aA RG 140, 219 [222]; Oldenburg MDR 52, 549 [abw aber bereits WM 79, 591]; München JurBüro 76, 968 = WM 74, 957). Beim Bankkontokorrent (auch bei sonstigem Kontokorrent mit stetem Auszahlungsanspruch) ist als Geldforderung außerdem pfändbar der Anspruch auf **fortlaufende Auszahlung** des sich zwischen den Rechnungsabschlüssen ergebenden Guthabens mit dem Recht, über dieses Guthaben durch Überweisungsaufträge zu verfügen (BGH 84, 325 = NJW 82, 2192; BFH NJW 84, 1919). Die Pfändung dieser Ansprüche aus dem Girovertrag muß ausdrücklich beantragt und ausgesprochen werden (BGH 84, 371 [378] = MDR 82, 903 = NJW 82, 2193). Pfändung des Anspruchs auf laufende Auszahlung zwischen den Rechnungsabschlüssen gutgeschriebener Beträge erfaßt die sogen Tagesguthaben, nicht aber eingehende Beträge als Einzelforderungen. Gutgeschriebene Beträge (Habenposten) sind als Rechnungsposten kontokorrentgebunden, somit mit einem bestehenden Debet zu verrechnen, nicht aber als Auszahlungsanspruch pfändbar (BGH 93, 315). Der Anspruch auf Durchführung von Überweisungen ist eine neben dem Zahlungsanspruch des Kontoinhabers bestehende (Dienstleistungs-)Verpflichtung aus dem Girovertrag; sie kann ohne Deckung (Kontokorrentguthaben oder Kredit) nicht Pfandgegenstand sein (BGH 93, 315; anders [der girovertragliche Anspruch auf Besorgung einer Überweisung ist unpfändbar] Häuser WM 90, 129). Als pfändbar wird schließlich der Anspruch des Schuldners als Kontoinhaber auf Gutschrift aller laufend eingehenden Beträge angesehen. Dessen Pfändung hat zur Folge, daß eingehende Beträge dem Konto gutgeschrieben werden müssen, der Kontoinhaber also nicht vor Gutschrift über diese anderweit verfügen kann; Auszahlungsanspruch begründet diese (Hilfs-)Pfändung nicht (BGH 93, 315). Dazu weiter Stöber FdgPfdg Rn 154–166a.

c) Ein Kontoguthaben aus Darlehensvertrag kann gepfändet werden, wenn Anspruch auf Kreditgewährung aus einem bereits abgeschlossenen Darlehensvertrag besteht (s „Darlehen"). Die Bank (der sonstige Kontokorrentpartner) muß verpflichtet sein, dem Schuldner Kredit zur Verfügung zu stellen. Bloße Duldung der Überziehung des Kontos gibt dem Schuldner der Bank gegenüber keinen Anspruch auf Auszahlung eines Kredits, schafft somit keine pfändbare Forderung (BGH 93, 315). Ein Anspruch auf „Zurverfügungstellung eines Kredits" (sogen **„Kreditlinie"**) besteht pfändbar nicht (Darlehensvertrag kann für Schuldner nicht durch Gläubiger geschlossen werden; Schleswig NJW 92, 579; LG Dortmund NJW 86, 997 = Rpfleger 85, 497 mit Anm Alisch; LG Hannover JurBüro 86, 303 u Rpfleger 88, 372; LG Hildesheim JurBüro 88, 548; LG Landau JurBüro 85, 1742; LG Lübeck NJW 86, 1115; LG Wuppertal JurBüro 89, 1317; Gaul KTS 89, 3 [17]; offen gelassen BGH 93, 315; aA Köln ZIP 83, 810; LG Düsseldorf JurBüro 85, 470 u JurBüro 87, 936; LG Itzehoe NJW-RR 87, 819; enger: LG Hamburg MDR 86, 327 = NJW 86, 998: pfändbar, Verwertung mit Auszahlung an Gläubiger jedoch erst nach Ausübung des Abrufrechts durch den Schuldner, dazu Anm Baßlsperger Rpfleger 86, 266).

d) Einschränkung der Überweisungswirkung § 835 III S 2. Schutzvorschriften: § 850k; SGB § 55 (§ 850 i Rn 48 ff). Der Anspruch auf **Auskunft** und Rechnungslegung ist als Nebenrecht mitgepfändet (Rn 20; nicht pfändbar nach LG Stuttgart Rpfleger 94, 471); die Erteilung von Kontoauszügen soll er nicht einschließen; der Anspruch auf Erteilung von Kontoauszügen kann auch mit künftigem Kontokorrent- und fortlaufendem Auszahlungsanspruch nicht mitgepfändet werden (LG Aachen JurBüro 91, 873; LG Frankfurt MDR 86, 594; LG Itzehoe NJW-RR 88, 1394; LG Stuttgart aaO; AG Meldorf SchlHA 87, 152; aA AG Rendburg NJW 87, 819 = SchlHA 87, 151 mit abl Anm Kieback).

● **Kostenerstattungsanspruch:** Er kann von Rechtshängigkeit des gerichtlichen Verfahrens an abgetreten (BGH MDR 88, 857 = NJW 88, 3204) und daher gepfändet werden (RG 140, 222), der Anspruch auf Erstattung von ZwV-Kosten von Erteilung des einzelnen Vollstreckungsauftrags an.

● **Lastenausgleich** (LAG, BGBl 1993 I 847): Hauptentschädigung § 244 LAG, Kriegsschadenrente § 262 LAG, Hausratsentschädigung § 294 LAG. Dazu Berner Rpfleger 1954, 21; Stöber FdgPfdg Rn 183–190.

● **Lebensversicherung:** Ansprüche sind als Forderungen auf Geldzahlung pfändbar. Pfändungsbeschränkungen können bestehen nach § 850 III, § 850b I Nr 4 und für Lebensversicherungen von Handwerkern (§ 22 der 1. DVO HWG). Die Versicherungsnummer muß im Pfändungsbechluß für Bezeichnung der Forderung nicht angegeben sein (LG Frankfurt NJW-RR 89, 1466; Stöber FdgPfdg Rn 193); Pfändung der Ansprüche aus mehreren selbständigen Versicherungsverhältnissen muß diese bestimmt (somit nicht nur in Einzahl) bezeichnen (LG Frankfurt aaO). Gestaltungsrechte (Kündigung § 165 VVG, Umwandlung in prämienfreie Versicherung § 174 VVG, Bestimmung, Änderung oder Widerruf einer Bezugsberechtigung § 166 VVG) sind Nebenrechte, auf die sich die Pfändung erstreckt; ihre selbständige

Pfändung ist unzulässig; vielfach werden sie „mitgepfändet" (David MDR 96, 24). Wenn ein Dritter Bezugsberechtigter ist, erwirbt er mit Eintritt des Versicherungsfalls das Recht auf die Leistung (§ 166 II VVG). Durch Widerruf des Schuldners (als Versicherungsnehmer) bis zum Eintritt des Versicherungsfalls fällt diese Bezugsberechtigung weg. Der Gläubiger muß daher vor Eintritt des Versicherungsfalls das Bezugsrecht des Dritten ausdrücklich widerrufen. Unwiderrufliche Bezugsberechtigung schließt Pfändung für Gläubiger des Versicherungsnehmers nicht aus; Bedeutung erlangt sie aber nur, wenn das Bezugsrecht vor Eintritt des Versicherungsfalls noch entfällt. Herausgabe des Versicherungsscheins samt Prämienquittung: § 836 III. Eintritt eines Bezugsberechtigten in den Versicherungsvertrag nach Pfändung: § 177 I S 1 VVG. Beim Lebensversicherungsvertrag über verbundene Leben hat jeder Ehegatte Anspruch auf die Versicherungsleistungen im Zweifel (§ 420 BGB) zu gleichen Teilen; der Anspruch jeden Partners ist daher gesondert pfändbar.

• **Lohnfortzahlungsgesetz** v 27. 7. 1969 (BGBl I 946, mit Änderungen): Der Erstattungsanspruch des Arbeitgebers nach § 10 Ges (ist nicht aufgehoben, s Art 60 Ges 26. 5. 1994, BGBl I 1069) ist als Geldforderung pfändbar.

• **Mietzins:** Der Anspruch auf Zahlung ist als Geldforderung pfändbar. Pfändung künftig fällig werdender Beträge ist ausdrücklich anzuordnen (kein Fall des § 832; Mitpfändung kann aber mit Auslegung des Pfändungsbeschlusses anzunehmen sein, Stöber FdgPfdg Rn 223). Wahrung der Zweckbestimmung nach § 851b ZPO. Umgelegte (gesondert ausgeworfene) Bewirtschaftungskosten (Mietnebenkosten) sind als zweckgebunden unpfändbar (Stöber FdgPfdg Rn 221; LG Frankfurt Rpfleger 89, 294). Möglich ist Pfändung, solange nicht Beschlagnahme durch Zwangsverwaltung erfolgt ist (§ 865 II mit ZVG § 148 I; bei Zwangsverwaltung auch keine dingliche Mietpfändung; Saarbrücken Rpfleger 93, 80); Zwangsversteigerungsbeschlagnahme steht nicht entgegen (§ 21 II ZVG). Pfändung vor Beschlagnahme hat Wirkung nur bis dahin (§ 1124 BGB) sowie für die über ein Jahr fälligen Beträge (§ 1123 II BGB). Einzelheiten Stöber FdgPfdg Rn 219–238. Beschlagnahme ist auch Mietzinspfändung auf Grund dinglichen Titels (RG 101, 5; 103, 137; Saarbrücken aaO; dazu Lauer MDR 84, 977). Bevorzugte Pfändung wegen einer öffentlichen Last: Ges v 9. 3. 1934, RGBl I 181.

• **NATO-Truppenstatut:** siehe Art 34 u 35 des Zusatzabkommens zum NATO-Truppenstatut (BGBl 1961 II 1219) sowie Art 5 des Ges zum NATO-Truppenstatut und zu den Zusatzvereinbarungen (BGBl 1961 II 1183). Einzelheiten: 18. Aufl § 829 Rn 33 „NATO-Truppenstatut".

• **Notar:** Eigentum an Geldern, die dem Notar zur Verwahrung auf Anderkonto überwiesen oder bar übergeben werden, gehen auf ihn als Erwerber über (BGH 76, 9 [13]). Als Geldforderung pfändbar ist daher der Anspruch des Hinterlegers (Einzahlers) an den Notar auf Rückzahlung dieses Geldes. Vertraglich vereinbarte Kaufpreiszahlung auf das Anderkonto eines Notars hat nur Erfüllungswirkung (Auszahlungsanspruch dann als Geldforderung pfändbar), wenn dies (ausnahmsweise) vereinbart ist (BGH 87, 156 [162] = DNotZ 83, 549 mit Anm Zimmermann = NJW 83, 1605; BGH 105, 60 [64] = DNotZ 89, 234 = NJW 89, 230). Bei Kaufpreiszahlung auf ein notarielles Anderkonto ohne Erfüllungswirkung hat der Schuldner als Verkäufer zwei Ansprüche: den gegen den Käufer auf den Kaufpreis (dazu auch Rupp/Zimmermann NJW 83, 2368) und den gegen den Notar auf Auszahlung (dazu Stöber FdgPfdg Rn 1780, 1781). Pfändung des Anspruchs des Verkäufers gegen den Notar (als Drittschuldner) auf Auszahlung des auf dessen Anderkonto eingezahlten Kaufpreises wird dann nur bewirkt, wenn auch die noch bestehende Forderung des Verkäufers gegen den Käufer auf den Kaufpreis gepfändet wird (BGH 105, 60).

• **Opfer von Gewalttaten** (Ges über ihre Entschädigung; OEG v 7. 1. 1985, BGBl I 1): § 850i Rn 11.

• **Postbank-Girokonto:** Der Auszahlungsanspruch des Postgiroteilnehmers ist als Geldforderung pfändbar (§ 23 III S 2 PostG). Geführt werden Postgirokonten als Kontokorrentkonten. Zu pfänden ist daher der gegenwärtige Saldo (Zustellungssaldo), das künftige Guthaben und das Guthaben zwischen den Rechnungsperioden sowie der Anspruch auf Gutschrift eingehender Gelder (wie bei Kontokorrent; s dort). Die Postgironummer braucht zur Bezeichnung der Forderung nicht notwendig angegeben werden (Stöber FdgPfdg Rn 279). Drittschuldnerin ist die Deutsche Postbank AG, Sitz Bonn. Bei Zustellung unter dieser Anschrift erfordert Bezeichnung der zu pfändenden Forderung Angabe auch der kontoführenden Niederlassung (Stöber Rpfleger 95, 277 [280]). Als Drittschuldnerin kann die Postbank AG auch mit dem Namen der kontoführenden Niederlassung bezeichnet werden. Der Zustellung an den Leiter einer anderen Niederlassung kommt jedoch keine Wirksamkeit zu. Hierzu Stöber Rpfleger 95, 277 und FdgPfdg Rn 276 ff. Nicht pfändbar ist das Recht, Löschung des Postgirokontos zu verlangen (§ 23 III S 3 PostG).

• **Postsendungen** und Ansprüche des Absenders einer Postsendung gegenüber der Deutschen Bundespost können nicht gepfändet werden (§ 23 I, II PostG). Unzulässig ist auch die Pfändung des Anspruchs auf Zahlung von Geld aus dem Postanweisungs-, Zahlkarten- oder Nachnahmeverkehr. Daher kann auch der Empfänger einer Postauftrags- oder Nachnahmesendung nach Einlösung des Auftrags oder der Nachnahme nicht den Anspruch des Absenders auf Auszahlung des eingezogenen Betrags pfänden. Gepfändet werden können lediglich die Ansprüche auf Schadenersatz aus Inanspruchnahme der Dienste der Bundespost und auf Erstattung von Leistungsentgelten (§ 23 V PostG).

• **Rechtsanwalt:** Der Anspruch auf Auszahlung (für den Schuldner) eingezogener oder beigetriebener Geldbeträge ist pfändbar; Pfändungsbeschränkungen bestehen nicht (uU § 811 Nr 8). Der dem Rechtsanwalt erteilte Einziehungsauftrag begründet für Unpfändbarkeit (§ 851 Rn 3) keine treuhänderische

Zweckbindung (vgl BGH 71, 380 [383] = NJW 78, 1807 u 113, 90 [95] = NJW 91, 839 [841]). Unpfändbar für Gläubiger eines Elternteils ist wegen der fortbestehenden Zweckgebundenheit (§ 851 Rn 3) jedoch sein Auszahlungsanspruch auf den für ihn als Prozeßstandschafter (§ 1629 III BGB) eingezogenen Kindesunterhalt (BGH NJW 91, 839). Pfändbar ist ein Regreßanspruch des Schuldners gegen seinen Anwalt, auch wenn er sich daraus ergibt, daß der Rechtsstreit, in dem der Titel erwirkt wurde, falsch entschieden wurde (BGH NJW 96, 48); diese Pfändung erfaßt auch den (durch neue schuldhafte Pflichtverletzung) entstandenen Sekundäranspruch (BGH 94, 380 [385]), auch wenn er erst nach der Pfändung entstanden und im Pfändungsbeschluß nicht erwähnt ist (BGH NJW 96, 48). Als Geldforderung pfändbar ist die aus der Staatskasse zu zahlende Vergütung des im Wege der PKH beigeordneten Rechtsanwalts (§ 121 BRAGO) und des in Strafsachen gerichtlich bestellten Verteidigers (§§ 97 ff BRAGO), auch die Vergütung für Beratungshilfe (§ 131 BRAGO). Vor Beiordnung (Beratungshilfe) besteht kein pfändbarer künftiger Anspruch. S auch „Arzt".

• **Rechtsschutzversicherung:** Anspruch geht auf Schuldbefreiung; er ist daher nicht pfändbar. Nur der Gläubiger, von dessen Forderung der Versicherte freigestellt werden soll (Rechtsanwalt wegen Gebührenforderung, Gerichtskasse wegen Verfahrenskosten) kann pfänden (s Schuldbefreiung). In einen Zahlungsanspruch geht der Freistellungsanspruch über, wenn der Schuldner (Versicherungsnehmer) die Kosten, von denen er Freistellung verlangen kann, selbst bezahlt; dieser Zahlungsanspruch ist pfändbar (Hamm Betrieb 84, 1345 = JurBüro 84, 789). Angabe der Versicherungsnummer ist bei sonst genügend bestimmter Bezeichnung eines zu pfändenden Anspruchs nicht erforderlich (Hamm aaO). S hierzu Bergmann, Rechtsbeziehungen zwischen Rechtsanwalt, Mandanten und Rechtsschutzversicherung, VersR 1981, 512; Kurzka, Zugriff Dritter auf Rechtsschutzversicherungsanspruch, VersR 1980, 12.

• **Reisevertragsansprüche** gegen einen Reiseveranstalter auf Aufwendungsersatz usw (§ 651c III, §§ 651d, e, f, j, und i BGB), auch auf Geldersatz für nutzlos aufgewendete Urlaubszeit (§ 651f II BGB), sind als Geldforderungen pfändbar (Stöber FdgPfdg Rn 292a; Müller JurBüro 86, 1459).

• **Reparationsschädengesetz** (v 12. 2. 1969, BGBl I 105, mit Änderungen) s § 42 RepG.

• **Rückerstattungsansprüche** gegen das ehemalige Deutsche Reich und gleichgestellte Rechtsträger sind nach § 8 BRüG (v 19. 7. 1957, BGBl I 734) pfändbar.

• **Schadensersatzforderungen:** Pfändbar sind Ersatzforderungen für Sachschaden und für Beerdigungskosten (für diese streitig). Schadensersatz für Verdienstausfall ist wie Arbeitseinkommen geschützt (§§ 850 ff). Renten wegen Verletzung des Körpers oder der Gesundheit und Unterhaltsrenten sind nach § 850b I Nr 1, II nur beschränkt pfändbar. Entsprechendes gilt für Ersatzansprüche aus Gefährdungshaftung nach RHaftpflG, LuftVG, StVG, AtomG usw.

• **Schadensversicherung:** Der Anspruch auf Ersatz des Vermögensschadens in der Feuer-, Hagel-, Tier- und Transportversicherung ist als Geldforderung pfändbar. Einschränkung bei Versicherung einer unpfändbaren Sache (§ 811) nach § 15 VVG (dazu LG Dortmund Rpfleger 88, 154) und in der Gebäudeversicherung (dazu Stöber FdgPfdg Rn 310–317; zur Pfändbarkeit der Brandversicherungsforderung nach Wiederherstellung des Gebäudes BGH NJW-RR 94, 343 = Rpfleger 94, 313).

• **Schmerzensgeld** ist pfändbar (fr § 847 I S 2 BGB seit 1. 7. 1990 aufgehoben, BGBl 1990 I 478).

• **Schuldbefreiung:** Der Anspruch auf Befreiung von einer Schuld kann nur für den Gläubiger gepfändet werden, dessen Forderung durch Drittschuldnerleistung getilgt werden soll; er ist im übrigen nicht pfändbar. Für diesen Gläubiger ist nach Überweisung der gepfändete Anspruch Zahlungsanspruch gegen den Drittschuldner (RG 158, 11; BGH 7, 244 = NJW 52, 1333; KG MDR 80, 676 = NJW 80, 1341; Stöber FdgPfdg Rn 92).

• **Sparguthaben:** Die Forderung auf Auszahlung der Spareinlage ist als Geldforderung pfändbar. Angabe der Sparbuchnummer ist bei sonst genügend bestimmter Bezeichnung der Forderung nicht erforderlich (siehe Kontokorrent). Das Sparkassenbuch ist als Legitimationspapier nicht Gegenstand der ZwV; Herausgabepflicht des Schuldners besteht nach § 836 III; Hilfspfändung (vorläufige Besitzergreifung durch den Gerichtsvollzieher) sieht § 156 GVGA vor. Pfändbar ist auch die Forderung aus einem nach dem Spar-Prämiengesetz begünstigten Sparvertrag (kein Schutz nach 5. VermBG; LG Essen JurBüro 73, 256 = Rpfleger 73, 148 u MDR 73, 323). Darüber kann der Gläubiger vor Ablauf der Sperrfrist nur verfügen, wenn vorzeitige Abhebung nach Vereinbarung des Kontoinhabers mit der Sparkasse (Bank) zugelassen ist (Beyer BB 52, 586; Brych Betrieb 74, 2054; Rewolle Betrieb 66, 151; LG Essen MDR 73, 323; aA LG Bamberg MDR 87, 243; Butenschön BB 57, 906; Muth Betrieb 79, 1118 u 85, 1381; Quardt JurBüro 59, 39). Schutz des Schuldners vor prämienschädlicher Verfügung: § 765a.

• **Sparkassenbrief:** Der Anspruch aus einem als Namensschuldverschreibung ausgestellten Sparkassenbrief ist als Schuldscheindarlehen pfändbar (s bei Darlehen).

• **Steuererstattung:** Bestimmung trifft **§ 46 AO** wie folgt:

(1) Ansprüche auf Erstattung von Steuern, Haftungsbeträgen, steuerlichen Nebenleistungen und auf Steuervergütungen können abgetreten, verpfändet und gepfändet werden.

(2)–(5) ... (6) Ein Pfändungs- und Überweisungsbeschluß oder eine Pfändungs- und Einziehungsverfügung dürfen nicht erlassen werden, bevor der Anspruch entstanden ist. Ein entgegen diesem Verbot erwirkter Pfändungs- und Überweisungsbeschluß oder erwirkte Pfändungs- und Einziehungsverfügung sind nichtig. Die Vorschriften der Absätze 2 bis 5 sind auf die Verpfändung sinngemäß anzuwenden.

(7) Bei Pfändung eines Erstattungs- oder Vergütungsanspruchs gilt die Finanzbehörde, die über den Anspruch entschieden oder zu entscheiden hat, als Drittschuldner im Sinne der §§ 829, 845 der Zivilprozeßordnung.

Verfassungsrechtliche Bedenken gegen § 46 VI AO sind nicht begründet (Frankfurt MDR 76, 763 = NJW 78, 2397; Hamm MDR 79, 149; Schleswig JurBüro 78, 120 = Rpfleger 78, 387). Pfändbar entstanden ist der Erstattungsanspruch, wenn der Tatbestand verwirklicht ist, an den das Gesetz die Leistungspflicht knüpft (§ 38 AO). Abgabe der Steuererklärung und Festsetzung mit Steuerbescheid sind nicht erforderlich; Einzelregelung jetzt vielfach in Steuergesetzen. Für Klage gegen das Finanzamt auf Auszahlung ist der Finanzrechtsweg gegeben (BFH NJW 88, 1407 für Umsatzsteuererstattung). Die Einkommensteuer als Kalenderjahres-Steuer (§ 25 I EStG), mithin auch der Erstattungsanspruch aus Überzahlung, entsteht pfändbar mit Ablauf des Kalenderjahres (§ 36 I EStG; BFH 160, 108 (110) = BB 90, 1404). Vorpfändung (§ 845) ist gleichfalls nur in diesen Grenzen möglich. Steuerart und Erstattungsgrund sind im Pfändungsbeschluß zu bezeichnen (Stöber Rpfleger 73, 116 [117]; Alisch und Voigt Rpfleger 80, 10 [11]; BFH 157, 32 = NJW 90, 2645 [Erstattungsanspruch für das Jahr . . . genügt auch iVm der Steuernr nicht]; aA Stuttgart MDR 79, 324). Der Erstattungszeitraum ist mit dem (angegebenen) abgelaufenen Kalenderjahr und davor liegenden Veranlagungszeiträumen hinreichend bestimmt bezeichnet (LG Itzehoe MDR 88, 1064). Drittschuldner: § 46 VII AO. Auch wenn Veranlagung nur auf Antrag erfolgt (zur Anrechnung von Lohnsteuer auf Einkommensteuer, § 46 II Nr 8 EStG), kann der Erstattungsanspruch bereits nach Entstehen (bei ESt: mit Kalender-Jahresablauf) gepfändet werden (§ 46 VI AO; dazu Stöber FdgPfdg Rn 385). Die Pfändung des Erstattungsanspruchs berechtigt den Gläubiger nicht dazu, steuerliche Erklärungspflichten des Schuldners zu erfüllen (Stöber FdgPfdg Rn 388 a und e). Eine Steuererklärung kann der Gläubiger für den Schuldner daher nicht abgeben (Stöber FdgPfdg Rn 388a; David MDR 93, 412). Für Erstattung von Einkommensteuer geht die Finanzverwaltung (nun) davon aus, daß Pfändung des Erstattungsanspruchs (Zahlungsanspruchs) den Gläubiger auch nicht dazu berechtige, Antrag auf Einkommensteuerveranlagung nach § 46 II Nr 8 EStG „für den Schuldner" zu stellen (Antrag wird als höchstpersönliches, von den Rechtsbeziehungen des § 46 AO nicht erfaßtes steuerliches Gestaltungsrecht angesehen; dazu zu § 46 Nr 4 AEAO; Nr 149 Abs 7 LStR; Riedel Rpfleger 96, 275; anders Stöber FdgPfdg Rn 388b). Dem ist nicht zu folgen (anders zum vormaligen Antrag auf Lohnsteuer-Jahresausgleich auch BFH BB 73, 1198 = Rpfleger 74, 64). Von dem Zahlungsanspruch des Schuldners, damit seiner Rechtsstellung als Gläubiger eines Erstattungsanspruchs, zu unterscheiden ist dessen (nicht übertragbare, damit auch nicht pfändbare) Eigenschaft als Steuerpflichtiger (seine Rechtsstellung im Steuerfestsetzungsverfahren). (Zulässige) Pfändung des Erstattungsanspruchs berechtigt den Gläubiger zur Geltendmachung dieses Zahlungsanspruchs in gerichtlichen und behördlichen Verfahren; zur zügigen Beitreibung nach Überweisung verpflichtet zudem § 842. Daher berechtigt den Gläubiger die mit Pfändung erlangte Befugnis (auch Verpflichtung) zur Geltendmachung des Zahlungsanspruchs auch zur Stellung des Veranlagungsantrags nach § 46 II Nr 8 EStG. Als **Erstattungsantrag** ist er verfahrensrechtlicher Natur; er setzt lediglich das Erstattungsverfahren in Gang, bewirkt damit, daß eine Veranlagung zur ESt für Festsetzung des Erstattungsbetrags (nicht aber weitergehend zur Feststellung von Nachzahlungen) auch durchgeführt wird, wenn das aus anderem Grund nicht zu geschehen hätte, führt somit zu keinerlei Änderung der Rechtsverhältnisse des Schuldners als Gläubiger des bereits entstandenen Erstattungsanspruchs (ist damit nicht steuerliches Gestaltungsrecht und daher auch nicht höchstpersönlicher Natur). Die **Steuererklärung** als Veranlagungsgrundlage ist davon zu unterscheiden. Nur diese hat der Schuldner als Steuerpflichtiger selbst abzugeben und eigenhändig zu unterschreiben (Verpflichtung nach § 149 I AO, § 25 II EStG). Sie ist abzugeben, wenn Veranlagung erfolgt (§ 25 I EStG), somit auch, wenn sie nach § 46 II Nr 8 EStG vom Gläubiger beantragt ist (hierfür Aufforderung durch die Finanzbehörde, § 149 I AO, und Verwaltungszwang nach § 328 AO). Als verfahrensrechtliche Befugnis kann das Recht, Antrag auf Veranlagung zur ESt zu stellen, (selbständig) nicht gepfändet und auch nicht zusammen mit dem Erstattungsantrag „mitgepfändet" werden (Stöber FdgPfdg Rn 388c). Der **Arbeitgeber** ist Drittschuldner, wenn er den Lohnsteuer-Jahresausgleich durchführt (§ 42b EStG; nicht richtig: Rechtsweg zum Arbeitsgericht, LAG Frankfurt BB 89, 295; LAG Hamm BB 89, 634 L; s Stöber FdgPfdg Rn 377). Die Pfändung des von ihm zu leistenden Erstattungsanspruchs unterliegt nicht der zeitlichen Beschränkung des § 46 VI AO (Stöber FdgPfdg Rn 380 mit Nachw; vereinzelt wird der Erstattungsanspruch dann als Arbeitseinkommen angesehen, so LAG Hamm aaO, nicht richtig, s Stöber aaO).

• **Stiftung „Hilfswerk für behinderte Kinder"** (Ges v 17. 12. 1971, BGBl I 2018): Kapitalentschädigung und lebenslängliche Rente können nicht gepfändet werden (§ 14 V Ges).

• **Stiftung „Mutter und Kind** – Schutz des ungeborenen Lebens" (Ges idF v 19. 3. 1993, BGBl I 407): Leistungen aus Mitteln der Stiftung und zur Erreichung des Stiftungszwecks aus Mitteln anderer Stiftungen sind nicht pfändbar (§ 5 I S 1 u 2 Ges). Nach Überweisung einer Geldleistung auf das Konto der werdenden Mutter bei einem Geldinstitut gilt § 55 SGB I (§ 850i Rn 48) entsprechend (§ 5 I S 3 Ges).

• **Strafverfolgungsentschädigung:** Der Anspruch ist bis zur rechtskräftigen Entscheidung über den Antrag (gleich steht betragsmäßige Zuerkennung im Justizverwaltungsverfahren) nicht übertragbar (§ 13 II StrEG v 8. 3. 1971, BGBl I 157 mit Änderungen) und daher nicht pfändbar (§ 851 I), auch nicht als künftige Forderung. Danach ist der Anspruch pfändbar (Hamm MDR 75, 938 = NJW 75, 2075).

• **Treuhandforderungen** werden nur dem Treuhänder geschuldet; dem Treugeber steht daran kein Recht zu. Pfändung bei Vollstreckung gegen den Treuhänder ist daher zulässig; für Treugeber jedoch

Widerspruchsklage gegen Zugriff auf das wirtschaftlich ihm gehörende Vermögen (erfordert bei Sonder- oder Fremdkonto Publizität nicht zwingend, BGH MDR 93, 1119 = NJW 93, 2622; BGH 61, 72 = NJW 73, 1754; Stöber FdgPfdg Rn 402). Mit Titel gegen den Treugeber können die auf Treuhänder als Fiduziar zu vollem Recht übertragenen Forderungen nicht gepfändet werden. Gläubiger des Treugebers können jedoch dessen schuldrechtlichen Anspruch an den Treuhänder auf Rückübertragung der Forderung pfänden (BGH 11, 37 = NJW 54, 190).

- **Untermietzins** ist pfändbar (keine Zweckbindung; Frankfurt NJW 53, 1597 und [mit Einschränkung] NJW 56, 41; Hamm NJW 57, 68; LG Berlin NJW 55, 309 [mit Besonderheit]). Schutz ist möglich nach § 765a.
- **Vermögenswerte:** Der Anspruch auf Rückübertragung, Rückgabe oder Entschädigung nach dem Gesetz zur Regelung offener Vermögensfragen (Vermögensgesetz, VermG, BGBl 1994 I 3561) kann gepfändet werden (§ 3 I S 2 Ges). Dazu Stöber FdgPfdg Rn 1778a u Keller VIZ 92, 389.
- **Vermögenswirksame Leistungen:** S § 850 Rn 13. Zur Anlage s „Sparguthaben".
- **Versteigerungserlös:** Ein Anspruch auf den Versteigerungserlös des Schuldners, der gegen einen Dritten vollstreckt hat, ist ebenso wie das Pfändungspfandrecht selbständig nicht pfändbar (AG Essen Rpfleger 79, 67; AG Hannover Rpfleger 68, 362); zu pfänden ist die Forderung des Schuldners gegen den Drittschuldner. Auch nach freiwilliger Zahlung des Schuldners besteht kein pfändbarer Auszahlungsanspruch gegen den GV (LG Kiel Rpfleger 70, 71). Der Anspruch des Schuldners auf den Überschuß des Versteigerungserlöses in der Mobiliarzwangsvollstreckung ist vom Zuschlag an pfändbar; Pfändung nach § 857 II; der GV ist nicht Drittschuldner (Stöber Rpfleger 62, 399).
- **Zwangsverwaltung:** Forderungspfändung in die Zwangsverwaltungsmasse ist nicht zulässig (RG 135, 197). Nach wirksamer Pfändung einer Hypothek, Grundschuld oder Vollstreckungsforderung eines dinglich nicht gesicherten Gläubigers kann vom Pfandgläubiger der Anspruch auf Zahlung aus den Grundstückserträgnissen geltend gemacht werden (§§ 155 ff ZVG; vor Überweisung Hinterlegung). Für Zahlung durch den Zwangsverwalter hat das Vollstreckungsgericht seine Zahlungsanweisung zu ergänzen (§ 157 ZVG). Der Anspruch des Grundstückseigentümers gegen den Zwangsverwalter auf Aushändigung des Kassenbestands nach Verfahrensaufhebung ist Forderungsrecht; Pfändung nach § 829 (LG Freiburg Rpfleger 88, 422). Drittschuldner ist der Zwangsverwalter. S hierzu Stöber, Pfändung eines Anspruchs auf die vom Zwangsverwalter zu verteilenden Nutzungen eines Grundstücks, Rpfleger 1962, 397.

XI) 1) Kindergeld wird zur steuerlichen Freistellung eines Einkommensbetrags in Höhe des Existenzminimums eines Kindes sowie zur Förderung der Familie gezahlt (§ 31 I S 1 u 2 EStG; zum Kindergeld nach BKGG § 850i Rn 12 u 35), und zwar monatlich (§ 31 I S 3, § 71 EStG). Anspruchsberechtigte: § 62 EStG (Zahlung in Sonderfällen § 74 EStG). Die Pfändbarkeit regelt 34

§ 76

Pfändung

Der Anspruch auf Kindergeld kann nur wegen gesetzlicher Unterhaltsansprüche eines Kindes, das bei der Festsetzung des Kindergeldes berücksichtigt wird, gepfändet werden. Für die Höhe des pfändbaren Betrages bei Kindergeld gilt:

1. **Gehört das unterhaltsberechtigte Kind zum Kreis der Kinder, für die dem Leistungsberechtigten Kindergeld gezahlt wird, so ist eine Pfändung bis zu dem Betrag möglich, der bei gleichmäßiger Verteilung des Kindergeldes auf jedes dieser Kinder entfällt. Ist das Kindergeld durch die Berücksichtigung eines weiteren Kindes erhöht, für das einer dritten Person Kindergeld oder dieser oder dem Leistungsberechtigten eine andere Geldleistung für Kindergeld zusteht, so bleibt der Erhöhungsbetrag bei der Bestimmung des pfändbaren Betrages des Kindergeldes nach Satz 1 außer Betracht.**
2. **Der Erhöhungsbetrag (Nummer 1 Satz 2) ist zugunsten jedes bei der Festsetzung des Kindesgeldes berücksichtigten unterhaltsberechtigten Kindes zu dem Anteil pfändbar, der sich bei gleichmäßiger Verteilung auf alle Kinder, die bei der Feststellung des Kindergeldes zugunsten des Leistungsberechtigten berücksichtigt werden, ergibt.**

2) Die Regelung beruht auf der Erwägung, daß dem Unterhaltspflichtigen (Schuldner) Kindergeld für Unterhalt der Zahl- sowie Zählkinder zur Verfügung stehen soll. Berücksichtigung eines Kindes bei der Festsetzung des Kindergeldes: § 63 EStG. Gepfändet werden kann Kindergeld auch wegen der länger als ein Jahr fälligen gesetzlichen Unterhaltsansprüche eines Kindes (Stöber FdgPfdg Rn 1387a). Ausgeschlossen ist die Pfändung von Kindergeld, wenn wegen des gesetzlichen Unterhaltsanspruchs eines anderen Berechtigten (Ehegatte, früherer Ehegatte, Kind, das bei Festsetzung nicht berücksichtigt ist, zB weil es die Altersgrenze überschritten oder geheiratet hat), wegen einer Forderung aus vorsätzlich begangener unerlaubter Handlung oder wegen einer sonstigen (gewöhnlichen) Geldforderung vollstreckt wird. Grund: Zweckbindung. 35

3) Wenn ein **Zahlkind** (= Kind, für das Kindergeld gezahlt wird) gesetzlichen **Unterhalt vollstreckt** und nur Zahlkinder vorhanden sind (dem Schuldner somit Kindergeld für alle bei ihm berücksichtigten Kinder zusteht), ist Kindergeld bis zu dem Betrag pfändbar, der bei gleichmäßiger Verteilung des Kindergeldes auf jedes dieser Kinder entfällt (§ 76 Nr 1 S 1 EStG). Bei Teilung des Betrags sind auch die nicht unterhaltsberechtigten Kinder, für die Kindergeld erbracht wird (zB Stiefkinder, Pflegekinder) zu berücksichtigen. Beispiele bei Stöber FdgPfdg Rn 1387b und Hornung Rpfleger 1988, 213. 36

37 4) Wenn ein **Zahlkind** gesetzlichen **Unterhalt vollstreckt** und auch ein Zählkind (Rn 38) vorhanden ist, ergibt sich der pfändbare Betrag aus Nrn 1 u 2 des § 76 EStG. Es bleibt zunächst der Erhöhungsbetrag infolge Berücksichtigung des Zählkindes bei Bestimmung des pfändbaren Kindergeldbetrags außer Betracht (§ 76 Nr 1 S 2 EStG). Der pfändbare anteilige Kindergeldbetrag (Rn 36) wird also zunächst ohne diesen sog „Zählkindervorteil" berechnet; dazu kommt nach § 76 Nr 2 EStG als weiterer pfändbarer Kindergeldbetragsteil der anteilige Zählkindervorteil (Rn 38). Beispiele bei Stöber FdgPfdg Rn 1387b und Hornung aaO.

38 5) Wenn ein **Zählkind** (für das der Schuldner selbst Kindergeld zwar nicht erhält, das aber bei Bestimmung der Höhe seines Kindergeldes für die anderen Kinder mitgezählt wird) gesetzlichen **Unterhalt vollstreckt,** ist der Erhöhungsbetrag des Kindergeldes anteilig pfändbar (§ 76 Nr 2 EStG). Mit Teilung des Erhöhungsbetrags durch die Zahl sämtlicher beim Schuldner berücksichtigten Kinder wird erreicht, daß der Zählkindervorteil auf diese Kinder gleichmäßig verteilt wird. Beispiele bei Stöber FdgPfdg Rn 1387d und Hornung aaO.

39 6) **Drittschuldner** ist die (örtlich zuständige) Familienkasse, die das Kindergeld durch Bescheid festsetzt (§ 70 EStG), auch wenn Auszahlung (nach § 73 EStG) durch den Arbeitgeber erfolgt. Familienkassen sind die Dienststellen der Bundesanstalt für Arbeit (§ 5 Nr 11 FinanzverwaltungsG, Fassung BGBl 1995 I 1962), somit die Arbeitsämter (übereinstimmend damit § 13 BKGG; mit Regelung durch das FinanzverwaltungsG erlangt jedoch die § 850i Rn 42 behandelte Rspr hier keine Bedeutung). Für Pfändung von Kindergeld eines Angehörigen des öffentlichen Dienstes (genau § 72 I EStG) ist Drittschuldner die Körperschaft, Anstalt oder Stiftung des öffentlichen Rechts, die als Familienkasse Kindergeld festsetzt und auszahlt (§ 72 I [Ausnahme: § 72 IV] EStG); für Pfändung des Kindergeldes eines Beamten und Versorgungsempfängers der Deutschen Post AG, der Deutschen Postbank AG sowie der Deutschen Telekom AG sind diese jur Personen Drittschuldner (als Familienkasse setzen sie Kindergeld fest und zahlen es aus, § 72 II mit I EStG; Ausnahme dort IV). Der Pfändungsbeschluß wird für diese Angehörigen des öffentl Dienstes an die Stelle zu richten sein, die für die Festsetzung und Auszahlung der Bezüge oder des Arbeitsentgelts zuständig ist (§ 72 VII EStG).

40 7) Der **Pfändungsbeschluß** kann als Blankettbeschluß für die Bestimmung der Höhe des pfändbaren Kindergeldbetrags auf die gesetzliche Regelung in § 76 EStG Bezug nehmen (Stöber FdgPfdg Rn 1387i). Beschluß**beispiel** (so auch Stöber FdgPfdg Rn 1386): „Gepfändet wird wegen dieser gesetzlichen Unterhaltsansprüche des Gläubigers der angebliche Anspruch des Schuldners an . . . – Drittschuldner – auf fortlaufende Auszahlung des Kindergeldes in Höhe des nach § 76 Nrn 1 und 2 EStG zu bemessenden pfändbaren Betrags." Betragsmäßige Berechnung ist dann Sache des Drittschuldners. Der Blankettbeschluß ist ohne Wirkung, wenn der vollstreckende Gläubiger nicht (nicht mehr) zu den Kindern gehört, die bei der Festsetzung der Geldleistungen berücksichtigt sind. Die Pfändung erfaßt auch die künftig fällig werdenden Beträge (§ 832 entspr). Vorratspfändung ermöglicht § 850d III entspr. Jede Änderung der mit Blankettbeschluß gepfändeten Leistungen hat der Drittschuldner von sich aus zu berücksichtigen (erfordert keinen Änderungsbeschluß nach § 850g). Das gilt auch für die Beendigung der Pfändungswirkung, wenn der vollstreckende Gläubiger als bei Kindergeldfestsetzung berücksichtigtes Kind wegfällt (wenn er die Altersgrenze oder die Grenze für Bruttobezüge aus einem Ausbildungsverhältnis überschreitet).

41 8) **Vorpfändung** unter Wahrung der Pfändungsgrenzen des § 76 EStG ermöglicht § 845. Schutz nach Überweisung auf ein Bankkonto und von Bargeld: § 850k Rn 1.

42 9) Bei **Veranlagung zur Einkommensteuer** wird der Kinderfreibetrag abgezogen, wenn steuerliche Freistellung durch das Kindergeld allein nicht in vollem Umfang bewirkt wird (§ 31 S 4 u 5 EStG). Ein Steuererstattungsanspruch, der sich dann ergibt, ist nach § 46 AO pfändbar (s Rn 29 „Steuererstattung"); § 76 EStG erlangt dafür keine Bedeutung.

43 **XII) Gebühren: 1)** des **Gerichts:** KV 1640: 20 DM. – **2)** des **Anwalts:** $^{3}/_{10}$ Vollstreckungsgebühr aus § 57 BRAGO; doch wird durch diese Gebühr für den Antrag auf Forderungspfändung (§ 829) auch der Antrag auf Überweisung zur Einziehung oder an Zahlungs Statt (§ 835) – selbst bei getrennter Antragstellung – mit abgegolten (§ 58 I BRAGO). Zum Gegenstandswert s § 57 II BRAGO idF des KostRÄndG 1994.

830 *[Hypothekenforderung]*

(1) Zur Pfändung einer Forderung, für die eine Hypothek besteht, ist außer dem Pfändungsbeschluß die Übergabe des Hypothekenbriefes an den Gläubiger erforderlich. Wird die Übergabe im Wege der Zwangsvollstreckung erwirkt, so gilt sie als erfolgt, wenn der Gerichtsvollzieher den Brief zum Zwecke der Ablieferung an den Gläubiger wegnimmt. Ist die Erteilung des Hypothekenbriefes ausgeschlossen, so ist die Eintragung der Pfändung in das Grundbuch erforderlich; die Eintragung erfolgt auf Grund des Pfändungsbeschlusses.

(2) Wird der Pfändungsbeschluß vor der Übergabe des Hypothekenbriefes oder der Eintragung der Pfändung dem Drittschuldner zugestellt, so gilt die Pfändung diesem gegenüber mit der Zustellung als bewirkt.

(3) Diese Vorschriften sind nicht anzuwenden, soweit es sich um die Pfändung der Ansprüche auf die im § 1159 des Bürgerlichen Gesetzbuchs bezeichneten Leistungen handelt. Das gleiche gilt bei einer Sicherungshypothek im Falle des § 1187 des Bürgerlichen Gesetzbuchs von der Pfändung der Hauptforderung.

I) Zweck und **Anwendungsbereich:** Bestimmung, wie bei ZwV einer Geldforderung des Gläubigers (2. Abschnitt des 8. Buchs) die Pfändung der durch eine Hypothek gesicherten Geldforderung des Schuldners gegen einen Dritten zu vollziehen ist, unter Berücksichtigung der Besonderheiten, die sich mit der auf dem Grundbuchsystem beruhenden Rechtsnatur des Sicherungsrechts ergeben. Verwertung erfolgt mit Überweisung (§ 837) oder auf sonstige Weise. Entsprechende Anwendung findet § 830 auf die ZwV in eine Grundschuld usw nach § 857 VI. Besonderheiten gelten für die Forderung aus einer Inhaberschuldverschreibung mit Hypothek (§ 1187 BGB; Pfändung/Verwertung nach §§ 808, 821) und die Forderung aus einem Wechsel oder anderen indossablen Papier mit Hypothek (dazu § 831). 1

II) 1) a) Forderung und Hypothek als akzessorisches Sicherungsrecht sind auch bei ZwV **untrennbar** (vgl § 1113 I, § 1153 BGB). Zugriff auf die Forderung im Wege der ZwV erfaßt daher auch die Hypothek. Die Pfändung der Hypothekenforderung hat daher mit Übergabe (Wegnahme) des Briefes oder Grundbucheintragung zugleich dem sachenrechtlichen Publizitätserfordernis Rechnung zu tragen, somit den Besonderheiten zu entsprechen, die bereits für Abtretung (§§ 873, 1154 BGB) sowie Verpfändung einer Hypothekenforderung (§ 1274 BGB) gelten. Erforderlich für Pfändung einer Hypothekenforderung sind demnach (Abs 1 mit Ausnahme in Abs 3) Pfändungsbeschluß nach § 829 (Rn 3), **und** beim **Brief**recht: Übergabe des Hypothekenbriefes (Rn 4 ff), beim **Buch**recht: Eintragung der Pfändung in das Grundbuch (Rn 9 ff). 2

b) Briefübergabe oder Grundbucheintragung ist Wirksamkeitsvoraussetzung der Pfändung; Nichtbeachtung schließt Entstehung eines Pfändungspfandrechts aus (RG 76, 231 [234]), auch wenn nicht bekannt war, daß die Forderung durch Hypothek gesichert ist oder wenn der Schuldner nach Erwerb der Hypothek (Abtretung mit Briefübergabe, Erbfolge) nicht als Hypothekengläubiger in das Grundbuch eingetragen wurde oder wenn der Brief verloren gegangen oder vernichtet ist. Zustellung des Pfändungsbeschlusses an den Drittschuldner (§ 829 III) erfordert die Pfändung einer Hypothekenforderung dagegen nicht; sie ist dennoch zulässig (Bedeutung nach Abs 2) und zu empfehlen wegen der nach Abs 3 vereinfacht zu pfändenden Ansprüche und wegen des nur nach § 829 wirksam werdenden Zugriffs auf die Forderung, wenn die Hypothek doch noch nicht Gläubigerrecht ist (Rn 14) oder nichtig wäre.

2) Der **Pfändungsbeschluß** muß den Erfordernissen des § 829 entsprechen (RG Gruchot 72, 224). Antrag und Prüfung des Vollstreckungsgerichts: Wie § 829 Rn 3, 4. Wenn sicher feststeht, daß die im Antrag behauptete Hypothek nicht besteht (Kenntnis des Vollstreckungsgerichts aus Grundbucheintragung; der Grundbuchinhalt ist jedoch nicht zu ermitteln, § 829 Rn 5 aE), fehlt das Rechtsschutzinteresse für Erstreckung der Pfändung auf die Hypothek. Zu pfänden ist dann nur die Forderung unter Zurückweisung des weitergehenden Antrags (vorherige Anhörung des Gläubigers nach §§ 139, 278 III). Forderung samt Hypothek sowie als Drittschuldner Forderungsschuldner und Grundstückseigentümer (dinglicher Drittschuldner; ohne gesonderte Angabe ist von Personengleichheit auszugehen; bei Auslegung wird großzügig verfahren) sind in dem Pfändungsbeschluß zu bezeichnen (Stöber FdgPfdg Rn 1804, 1805 mit Einzelheiten), desgleichen der Anfangszeitpunkt der Hypothekenzinsen, wenn sich die Pfändung auf Zinsen aus der Zeit vor ihrem Wirksamwerden erstrecken soll (Oldenburg Rpfleger 70, 100; Stöber FdgPfdg Rn 1807). Die Wirksamkeit der Pfändung der noch bestehenden Hypothekenforderung wird nicht beeinträchtigt (Auslegung, § 829 Rn 9), wenn die bezeichnete Forderung und damit Hypothek dem Schuldner nicht (oder nicht mehr) in voller Höhe zusteht, vielmehr das Grundpfandrecht teilweise Eigentümergrundschuld (§§ 1163, 1168, 1170, 1177 usw BGB) oder auf einen Dritten übergegangen ist oder gelöscht wurde. Bezeichnung nur der Forderung, nicht auch der Hypothek, macht zwar den Gegenstand der ZwV hinreichend erkennbar (829 Rn 8, 9), ist aber für Briefwegnahme (vgl § 174 Nr 3 GVGA) und Grundbucheintragung (§ 28 GBO) unzureichend. Ergänzung des Beschlusses durch Bezeichnung auch der Hypothek ändert daher den Pfändungsgegenstand nicht, ist somit als Berichtigung zulässig. Auch Angabe des belasteten Grundstücks ist zweckmäßig, kann aber nicht notwendig gefordert werden, weil ein fehlender Hinweis auf den belasteten Grundbesitz die bestimmte Darstellung der Forderung mit Hypothek als Gegenstand der Pfändung nicht schmälert. Gegenteiliges ergibt sich nicht aus BGH MDR 75, 567 = NJW 75, 980, weil dort zur Kennzeichnung des Individualanspruchs auf Leistung der Grundschuld, nicht aber der Forderung und ihres Sicherungsrechts Stellung genommen ist. 3

4 **III) 1)** Die Pfändung der durch **Briefhypothek** gesicherten Forderung wird nach Erlaß (Aushändigung) des Pfändungsbeschlusses mit **Übergabe des Hypothekenbriefes** an den Gläubiger (seinen Besitzmittler, insbes Prozeßbevollmächtigten) durch den Schuldner oder einen Dritten (Abs 1 S 1) oder Briefwegnahme durch den GV im Wege der ZwV (Abs 1 S 2) wirksam (Düsseldorf OLGZ 69, 208), bei Briefbesitz des Gläubigers bereits mit Aushändigung des Pfändungsbeschlusses (RG Warn 1921 Nr 97). Grundbucheintragung könnte die Briefübergabe nicht ersetzen. Einräumung einfachen Mitbesitzes (§ 866 BGB), bei dem auch der Schuldner unmittelbarer Besitzer bleibt, genügt nicht. Qualifizierter Mitbesitz durch Einräumung des Mitverschlusses wird als ausreichend erachtet (Frankfurt NJW 55, 1483), desgleichen Hinterlegung des Briefes und deren Annahme durch den Gläubiger (RG 135, 274). Mit Briefrückgabe erlischt das Pfandrecht (RG 95, 265); unfreiwilliger Verlust des Briefes berührt das Pfandrecht nicht.

5 **2) Briefwegnahme beim Schuldner** im Wege der ZwV erfolgt durch den GV nach § 883. Die Wegnahmevollstreckung erfolgt mit Ausfertigung des Pfändungsbeschlusses (Zustellung nach § 750 I, nicht aber Vollstreckungsklausel ist erforderlich), wenn zugleich der Schuldtitel dem GV vorliegt (§ 174 Nr 2 GVGA; Stöber FdgPfdg Rn 1813). Die Verpflichtung des Schuldners zur Herausgabe des Briefes braucht der Pfändungsbeschluß nicht gesondert auszusprechen; erforderlich ist genaue Bezeichnung der Hypothek, die es ermöglicht, den Brief aufzusuchen und wegzunehmen (§ 174 Nr 3 GVGA). Für das mit Briefwegnahme entstandene Pfandrecht ist belanglos, wann die Übergabe durch den GV an den Gläubiger erfolgt. Findet der GV den Hypothekenbrief beim Schuldner nicht, so kann der Gläubiger die Abgabe der Offenbarungsversicherung nach § 883 II verlangen; Vollstreckungstitel auch hierfür ist der Pfändungsbeschluß zusammen mit dem Schuldtitel. Desgleichen kann der Gläubiger Antrag auf Kraftloserklärung und anschließende Neubildung des Briefes stellen; hierfür ist Hilfspfändung nicht erforderlich (Stöber FdgPfdg Rn 1830 mit Einzelheiten).

6 **3)** Befindet sich der **Brief im Besitz eines Dritten,** der sein eigenes Recht am Brief nicht aufgeben kann, dann kann die Pfändung auch mit Ersetzung der Briefübergabe in entspr Anwendung von § 1274 I, 1205 II, 1206 BGB wirksam gemacht werden (Stöber FdgPfdg Rn 1817–1820; RG Warn 1921 Nr 97; Frankfurt NJW 55, 1483; KG OLG 15, 12 und 29, 217; aA StJ/Brehm Rn 10). Wenn der zur Herausgabe verpflichtete Dritte nicht zur Herausgabe des Briefes (oder zu Übergabeersatz) bereit ist, kann Briefherausgabe von ihm nur nach Pfändung des Herausgabeanspruchs des Schuldners verlangt werden. Diese Pfändung ist Hilfspfändung im Dienste der Geldvollstrekkung (nach aA Pfändung nach § 886); sie erfolgt daher auf Grund des zur Geldvollstreckung erwirkten Schuldtitels (streitig; s Stöber FdgPfdg Rn 1822 mit Einzelheiten; demgegenüber aber BGH MDR 79, 922 = NJW 79, 2045) und kann auch bereits im Hypothekenpfändungsbeschluß angeordnet werden. Drittschuldner dieser Hilfspfändung ist der Dritte, der den Brief besitzt. Sie berechtigt den Gläubiger nach Überweisung, den Herausgabeanspruch mit Klage geltend zu machen; der GV kann den Brief beim Dritten nicht bereits auf Grund dieser Hilfspfändung wegnehmen. Die Hilfspfändung ersetzt auch die notwendige Briefübergabe nicht, bewirkt mithin nicht Wirksamwerden der Hypothekenpfändung (BGH aaO, auch zur Verstrickung des Herausgabeanspruchs und Unwirksamkeit nachfolgender Abtretung der Hypothek).

7 **4)** Auch **Teilpfändung** (§ 829 Rn 11; dort zum Rang) einer Briefhypothek wird mit Briefübergabe oder Übergabeersatz (Rn 4, 6) wirksam, aber auch mit Herstellung und Aushändigung eines Teilbriefs (Oldenburg Rpfleger 70, 100). Nicht ersetzt werden kann die Briefübergabe dadurch, daß der Schuldner den ungeteilten Brief zugleich als Eigenbesitzer für sich selbst und als Fremdbesitzer für den (pfändenden) Gläubiger besitzt (BGH 85, 263 = NJW 83, 568 für Abtretung). Auf Antrag ist Anordnung der Herausgabe des Briefes an das Grundbuchamt oder einen Notar zur Bildung eines Teilbriefs unter Pfändung und Überweisung des Rechts des Schuldners auf Bildung eines Teilbriefs in den Pfändungsbeschluß aufzunehmen. Als Teil der Hypothekenforderung kann in dieser Weise auch nur das Recht auf die künftigen Zinsen gepfändet werden (RG 74, 80).

8 **5) Grundbucheintragung** der wirksamen Pfändung einer Briefhypothek ist als Grundbuchberichtigung zur Sicherung des Verfügungsverbots gegen Beeinträchtigung mit gutgläubigem Erwerb Dritter zulässig (§ 135 II mit § 892 BGB). Sie erfolgt auf Antrag des Gläubigers (§ 13 GBO), wenn durch Vorlage des Pfändungsbeschlusses und Hypothekenbriefs die Grundbuchunrichtigkeit nachgewiesen ist und erfordert Voreintragung des Schuldners oder Nachweis seines Gläubigerrechts in der Form des § 1155 BGB (§ 39 I GBO). Dazu Stöber FdgPfdg Rn 1831, 1832; Haegele/Schöner/Stöber Rn 2473–2483.

9 **IV) 1)** Die Pfändung der durch **Buchhypothek** gesicherten Forderung wird nach Erlaß (Aushändigung) des Pfändungsbeschlusses mit **Eintragung der Pfändung in das Grundbuch** wirksam (Abs 1 S 3). In dieser Weise ist auch **Teil**pfändung möglich (§ 829 Rn 11, auch zum Rang). Die Eintragung erfolgt auf Antrag des Gläubigers (§ 13 GBO; er bedarf nicht der Form des § 29 GBO) auf Grund des Pfändungsbeschlusses (Abs 1 S 3), der nicht zugestellt sein muß. Vorlage des

Vollstreckungstitels ist nicht nötig. Voreintragung des Schuldners ist nach § 39 GBO (Besonderheiten: § 40 GBO) erforderlich (Antragsrecht des Gläubigers nach § 14 GBO). Das Vollstrekkungsgericht kann das Grundbuchamt um Eintragung nicht ersuchen. Zu Antrag, Eintragungsverfügung und Einzelheiten: Haegele/Schöner/Stöber Rn 2452–2472. Pfändung einer **Gesamthypothek** ohne Brief (§ 1132 BGB) wird erst mit Eintragung bei allen belasteten Grundstücken wirksam (RG 63, 75; 84, 80; 145, 351). Unzulässig ist Pfändung einer Gesamthypothek nur hinsichtlich eines Grundstücks (KGJ 44, 187). Fehlt die Eintragung auch nur auf einem Grundstück, so ist die Pfändung überhaupt unwirksam und wird auch durch spätere Löschung der Gesamthypothek auf den mitbelasteten Grundstücken nicht wirksam.

2) Als Buchhypothek zu pfänden ist auch die **Sicherungshypothek** (§§ 1184, 1185 I BGB), desgleichen die Zwangs- und Arrest-Sicherungshypothek (§ 866 I, § 932), nicht aber die Sicherungshypothek für verbriefte Forderungen (Abs 3 S 2 mit § 1187 BGB; dazu Rn 1), außerdem die Höchstbetragshypothek (§ 1190 mit § 1185 BGB; Ausnahme aber nach § 837 III). **10**

3) Die **Hypothek nach dem Zivilgesetzbuch** der (ehem) **DDR** (§ 452) ist mit der Forderung untrennbar verbunden; sie besteht nur in der jeweiligen Höhe der Forderung (samt Zinsen und Nebenforderungen). Mit der Forderung erlischt auch die Hypothek (§ 454 ZGB). Ein Brief wurde nicht erteilt. Für Übertragung dieser Hypothek (die am 3. 10. 1990 bestanden hat) gelten die Vorschriften des BGB über Übertragung einer Sicherungshypothek entsprechend (Art 233 § 6 Abs 1 EGBGB). Zu pfänden ist die Hypothekenforderung somit als Forderung einer Buchhypothek. Die Übertragung einer Hypothek aus der Zeit vor dem Inkrafttreten des ZGB-DDR (1. 1. 1976) richtet sich nach den entspr Vorschriften des BGB; Pfändung erfolgt somit nach § 830. **10a**

V) Wenn der **Pfändungsbeschluß dem Drittschuldner** vor Übergabe des Hypothekenbriefs oder Eintragung der Pfändung einer Buchhypothek (im Parteibetrieb, § 829 II) **zugestellt** wird, **gilt diesem gegenüber** die Pfändung mit dieser Zustellung als **bewirkt** (Abs 2). Diese Zustellungswirkung besteht nur, wenn die Pfändung wirksam nachgefolgt ist (BGH 127, 146 [151]); die Zustellung allein bewirkt nicht Wirksamkeit der Pfändung; sie begründet (sichert) auch keinen Pfändungsrang. Nur dem Drittschuldner gegenüber wird die später wirksam gewordene Pfändung als Zahlungsverbot auf den Zeitpunkt der Zustellung zurückdatiert. Rechtliche Wirkung gegenüber dem Schuldner (als Gläubiger der Hypothek) und Dritten hat die Zustellung nicht; der Schuldner kann deshalb auch noch nach Zustellung (bis zur Wirksamkeit der Pfändung nach Abs 1) über die Hypothekenforderung frei verfügen; wenn nach wirksamer Verfügung (Abtretung, Aufhebung) der Gläubiger ein Pfandrecht nicht mehr erlangen kann, ist auch die mit Zustellung für den Fall wirksam nachfolgender Pfändung bereits eingetretene pfandrechtliche Bindung des Drittschuldners beendet (RG 76, 231 [234]; OG Danzig DJ 1938, 1078; Düsseldorf NJW 61, 1266; Stöber Rpfleger 58, 258; Stöber FordPfdg Rn 1865; für Rangwahrung anders RG 97, 233). **11**

VI) **Erneut gepfändet** werden kann auch eine bereits gepfändete Forderung, für die eine Hypothek besteht. Die Pfändung erfolgt wie die Erstpfändung (§ 829 Rn 21), sonach mit Pfändungsbeschluß und Übergabe des Hypothekenbriefes oder Grundbucheintragung (Abs 1). Rang: § 804 III. Weil mit Briefrückgabe das Pfandrecht eines früheren Gläubigers erlöschen würde (Rn 4), kann die spätere Pfändung nur mit Ersetzung der Briefübergabe (Rn 6) Wirksamkeit erlangen. Hierzu Stöber FordPfdg Rn 1857–1865. **12**

VII) **Vorpfändung** (§ 845) ist möglich (RG 71, 183); sie wird mit Zustellung an den Drittschuldner bewirkt; Briefübergabe oder Grundbucheintragung erfordert sie nicht (aA Löscher JurBüro 62, 252; Tempel JuS 67, 169; Köln OLGZ 91, 154 = Rpfleger 91, 241); entspr Anwendung des § 830 sieht § 845 für die nur kurzzeitige Vorpfändung nicht vor (Gesetzeswortlaut sonst zB wie §§ 846, 857 I), dessen Abs 2 bestimmt Wirkungen der Vorpfändung (nach § 930 somit wie die jeder anderen Pfändung) vielmehr mit (Zustellung der) Benachrichtigung an Drittschuldner (aA auch Hintzen Rpfleger 91, 241: Vorpfändung nicht eintragbar). Die Wirkung des § 845 II erfordert, daß die nach § 830 wirksame Pfändung in der Monatsfrist nachfolgt; Beschlußzustellung an Drittschuldner (Abs 2), Wegnahmeauftrag an GV und Eintragungsantrag beim Grundbuchamt wahren die Frist nicht (Hamburg OLG 14, 211; Stöber Rpfleger 58, 260 u FordPfdg Rn 1866). **13**

VIII) **Als** (gewöhnliche) **Geldforderung** nach § 829 (Wirksamkeit mit Zustellung des Beschlusses an Drittschuldner) **zu pfänden** sind nach Abs 3 (mit § 1159 BGB) die Forderung auf **Rückstände** von (vertraglichen oder gesetzlichen) **Zinsen,** auf andere **Nebenleistungen** (s § 1115 BGB) und **Kosten** der Kündigung sowie der Rechtsverfolgung zur Befriedigung aus dem Grundstück (§ 1118 BGB, § 10 II ZVG). Rückständig sind Zinsen und Nebenleistungen, die bei Wirksamwerden der Pfändung (nach § 829 III) fällig sind. Die Pfändung dieser Ansprüche bestimmt sich nach § 829 nicht nur, wenn sie selbständig gepfändet werden (Teilpfändung), sondern auch, wenn zugleich die Pfändung der Hauptsacheforderung und künftig fällig werdender Zinsen sowie Nebenleistungen erfolgt. Tilgungsbeträge (Annuitätenteile) sind Kapitalbeträge, somit auch **14** nach Fälligkeit nach § 830 zu pfänden. Auf die durch Hypotheken**vormerkung** (§ 883 BGB) gesicherte Forderung findet § 830 keine Anwendung; Pfändung hat nach § 829 zu erfolgen. Gleiches gilt für die mit Zuschlag in der Zwangsversteigerung **erloschene Hypothek**, deren Pfändung als Anspruch auf Befriedigung aus dem Versteigerungserlös nach § 829 zu erfolgen hat (§ 857 Rn 30; Stöber FdgPfdg Rn 1871). Wenn Eintragung einer Hypothek bewilligt, aber noch nicht erfolgt ist, ist nur die Forderung nach § 829 zu pfänden (KG JFG 4, 413; RG WarnRspr 35 Nr 58). Gleiches gilt, wenn Eintragung der Hypothek im Grundbuch erfolgt ist, sie aber noch nicht dem eingetragenen Gläubiger zusteht, sondern noch Eigentümergrundschuld ist (eine Briefhypothek nach § 1163 II wegen noch ausstehender Briefübergabe; Hamm DNotZ 82, 257 = NJW 81, 354 L); weil Übergabe des Briefes durch Vereinbarung nach § 1117 II BGB ersetzt sein kann, empfiehlt es sich aber, Pfändung auch in der Form des § 830 zu betreiben. Ist die Geldforderung wirksam nach § 829 gepfändet und entsteht die Hypothek dann nachträglich (auch dadurch, daß der Eigentümer den Brief an den Pfändungsgläubiger herausgibt), so erstreckt sich auf sie von selbst das bereits an der Geldforderung begründete Pfandrecht (RG 63, 14; 126, 383; Hamm aaO). Damit besteht Grundbuchunrichtigkeit; Grundbucheintragung der Pfändung kann daher als Grundbuchberichtigung erfolgen.

15 **IX) Gebühren: 1)** des **Gerichts:** Für die Eintragung der Pfändung in das Grundbuch: die Hälfte der vollen Gebühr nach § 64 I KostO. – **2)** des **Anwalts:** Bei der Pfändung einer Forderung, für die eine Hypothek besteht, gehört auch die Wegnahme des Briefes oder der Antrag auf Eintragung der Pfändung in das Grundbuch zur gleichen Angelegenheit (§ 58 I BRAGO); dieser Antrag ist daher durch die $\frac{3}{10}$ Vollstreckungsgebühr aus § 57 BRAGO mit abgegolten. – **3)** des **Gerichtsvollziehers:** §§ 22, 13 II GVKostG (Festgebühr).

830a *[Schiffshypothek]*

(1) Zur Pfändung einer Forderung, für die eine Schiffshypothek besteht, ist die Eintragung der Pfändung in das Schiffsregister oder in das Schiffsbauregister erforderlich; die Eintragung erfolgt auf Grund des Pfändungsbeschlusses.

(2) Wird der Pfändungsbeschluß vor der Eintragung der Pfändung dem Drittschuldner zugestellt, so gilt die Pfändung diesem gegenüber mit der Zustellung als bewirkt.

(3) Diese Vorschriften sind nicht anzuwenden, soweit es sich um die Pfändung der Ansprüche auf die im § 53 des Gesetzes über Rechte an eingetragenen Schiffen und Schiffsbauwerken vom 15. November 1940 (Reichsgesetzbl. I S. 1499) bezeichneten Leistungen handelt. Das gleiche gilt, wenn bei einer Schiffshypothek für eine Forderung aus einer Schuldverschreibung auf den Inhaber, aus einem Wechsel oder aus einem anderen durch Indossament übertragbaren Papier die Hauptforderung gepfändet wird.

1 **I)** § 830a enthält für die **Schiffshypothek** die dem § 830 entsprechende Regelung. Die Schiffshypothek ist als Sicherungshypothek stets Buchhypothek (§ 8 SchiffsG v 15. 11. 1940, RGBl I 1499). Zur Pfändung ist daher Pfändungsbeschluß und Eintragung der Pfändung in das Schiffsregister (Schiffsbauregister) erforderlich. Der Eintragungsantrag des Gläubigers kann schriftlich gestellt werden. Zustellung des Pfändungsbeschlusses an den Drittschuldner ist für die Wirksamkeit der Pfändung nicht notwendig. Abs 3 S 1 regelt entspr § 830 III, daß die Pfändung der Forderung auf Rückstände von Zinsen oder andere Nebenleistungen, auf Kostenerstattung, außerdem der Forderung auf entrichtete Prämien und sonstige dem Versicherer auf Grund des Versicherungsvertrags geleistete Zahlungen (§ 53 I mit § 38 II SchiffsG) nach § 829 erfolgt.

2 **II)** Für Pfändung der durch **Registerpfandrecht** an einem in der Luftfahrzeugrolle eingetragenen **Luftfahrzeug** gesicherten Forderung gilt § 830a entspr (§ 99 I Ges über Rechte an Luftfahrzeugen v 26. 2. 1959, BGBl I 57).

3 **III) Gebühren: 1)** des **Gerichts:** Für die Eintragung der Pfändung in das Schiffsregister oder in das Schiffsbauregister $\frac{1}{4}$ der vollen Gebühr (§§ 84, 85 KostO). – **2)** des **Anwalts:** Der Antrag auf Eintragung der Pfändung gehört zur Vollstreckungsinstanz (§§ 57, 58 I BRAGO).

831 *[Forderungen aus Wechseln usw.]*

Die Pfändung von Forderungen aus Wechseln und anderen Papieren, die durch Indossament übertragen werden können, wird dadurch bewirkt, daß der Gerichtsvollzieher diese Papiere in Besitz nimmt.

1 **I) Zweck** und **Anwendungsbereich:** Bestimmung, wie bei ZwV einer Geldforderung des Gläubigers (2. Abschnitt des 8. Buchs) die Pfändung der Forderungen aus Wechseln und anderen durch Indossament zu übertragenden Papieren zu vollziehen ist.

Baden-Württemberg BB 67, 80 = Betrieb 67, 166), nach Ableistung eines Wehrdienstes, Verbüßung einer Freiheitsstrafe (LG Essen aaO) oder nach kurzzeitigem Ausscheiden mit dem Ziel, die Pfändung zu lösen (Düsseldorf Betrieb 85, 1336; LG Wiesbaden aaO; ArbG Bremen BB 55, 802). Zum Betriebsübergang s § 613a BGB. Verneint wird Einheitlichkeit des Arbeitsverhältnisses insbes, wenn nach endgültiger Entlassung später Wiedereinstellung erfolgt, die nicht bereits in Aussicht genommen war (LG Köln DAVorm 91, 421; LAG Düsseldorf BB 55, 802), bei fristloser Entlassung aus wichtigem Grund (BAG MDR 93, 1122 = NJW 93, 2701 [2702]; LAG Hamm BB 53, 736), aber auch bei Versetzung von einer Arbeitsgemeinschaft (des Baugewerbes) zu einem Partner der Arbeitsgemeinschaft (LAG Baden-Württemberg aaO).

833 *[Diensteinkommen]*

(1) Durch die Pfändung eines Diensteinkommens wird auch das Einkommen betroffen, das der Schuldner infolge der Versetzung in ein anderes Amt, der Übertragung eines neuen Amtes oder einer Gehaltserhöhung zu beziehen hat.

(2) Diese Vorschrift ist auf den Fall der Änderung des Dienstherrn nicht anzuwenden.

I) Künftig fällig werdende Bezüge aus einem Dienstverhältnis, auf die sich die Pfändung erstreckt (§ 832), sind (nach Abs 1) auch die Dienstbezüge der Beamten und Angestellten im öffentlichen Dienst, aber auch der Angestellten bei privaten Arbeitgebern, **nach Versetzung** in ein anderes Amt bei demselben Dienstherrn (auch bei Übernahme des Angestellten in das Beamtenverhältnis) und nach Gehaltserhöhung sowie die Ruhestandsbezüge, die der bisherige Arbeitgeber leistet (RG Gruchot 51, 1078). 1

II) Mit **Änderung des Dienstherrn** wechselt der Drittschuldner; auf Einkommen, das der neue Drittschuldner leistet, an den sich das Zahlungsverbot nicht richtet, erstreckt sich die Pfändung daher nicht (Abs 2). Änderung des Dienstherrn liegt vor bei Übertritt vom Landes- oder Kommunaldienst in den Bundesdienst oder vom Bundes- usw Dienst in den Privatdienst und umgekehrt. Betriebsübernahme (s § 613a BGB) und Änderung nur der Rechtsform des Dienstberechtigten (unter Aufrechterhaltung der Identität; RAG JW 38, 978) bleiben ohne Auswirkung. 2

834 *[Gehör des Schuldners]*

Vor der Pfändung ist der Schuldner über das Pfändungsgesuch nicht zu hören.

I) Zweck: Schutzvorschrift zur Sicherung des Vollstreckungserfolgs; der Schuldner soll keine Gelegenheit zur Vereitelung der ZwV mit vorheriger Verfügung über die Forderung finden. 1

II) Anhörung des Schuldners erfolgt **vor Pfändung** weder schriftlich noch mündlich, auch **nicht,** wenn die Überweisung mit dem Pfändungsantrag verbunden ist (§ 835 Rn 3). Verweisung des Schuldners auf Wahrung seiner Rechte mit Rechtsbehelf nach Pfändung ist mit Art 103 I GG vereinbar (vor § 704 Rn 28). Der Schuldner ist auch nicht im (einseitigen) Rechtsmittelverfahren nach abgelehntem Pfändungsantrag zu hören (KG NJW 80, 1341), im Verfahren der weiteren Beschwerde auch nicht, wenn der LG den Pfändungsbeschluß aufgehoben hat (KG OLGZ 94, 593 = Rpfleger 94, 425), ebenso nicht zu einem Antrag auf Gewährung von Prozeßkostenhilfe für die Pfändung und nicht für Bestimmung des zuständigen Gerichts (§ 36; BGH FamRZ 83, 578 [579]). Ausnahme: § 850b III. Verstoß ist ohne Folge für das Verfahren, kann aber Haftung begründen. Wenn der Gläubiger Anhörung des Schuldners beantragt, ist dem zu entsprechen (Celle MDR 72, 958; LG Mannheim JurBüro 84, 299; E. Schneider MDR 72, 912). Zu Anträgen, über die nach wirksamer Pfändung zu entscheiden ist, ist auch dem Schuldner rechtliches Gehör zu gewähren (vor § 704 Rn 28), mithin zum Antrag auf gesonderte Überweisung nach wirksamer Pfändung, zur Erinnerung des Drittschuldners oder eines Dritten, nicht aber zu einem Antrag des Gläubigers, der auf Vornahme weiterer Pfändung zielt, die wieder erst mit Zustellung an den Drittschuldner wirksam wird. 2

835 *[Überweisung]*

(1) Die gepfändete Geldforderung ist dem Gläubiger nach seiner Wahl zur Einziehung oder an Zahlungs Statt zum Nennwert zu überweisen.

(2) Im letzteren Falle geht die Forderung auf den Gläubiger mit der Wirkung über, daß er, soweit die Forderung besteht, wegen seiner Forderung an den Schuldner als befriedigt anzusehen ist.

(3) Die Vorschriften des § 829 Abs. 2, 3 sind auf die Überweisung entsprechend anzuwenden. Wird ein bei einem Geldinstitut gepfändetes Guthaben eines Schuldners, der eine natürliche Person ist, dem Gläubiger überwiesen, so darf erst zwei Wochen nach der Zustellung des Überweisungsbeschlusses an den Drittschuldner aus dem Guthaben an den Gläubiger geleistet oder der Betrag hinterlegt werden.

1 **I) Zweck:** Regelung der dem Pfandobjekt entsprechenden Pfandverwertung zur Gläubigerbefriedigung nach Beschlagnahme mit Pfändung (§ 829 Rn 16). Besonderheiten: §§ 837, 837a.

2 **II) 1) Pfandverwertung** einer Geldforderung erfolgt mit **Überweisung** zur Einziehung, Überweisung an Zahlungs Statt (Abs 1) oder auf sonstige Weise (§ 844). Pfandverwertung mit Überweisung findet statt bei Pfändung einer Geldforderung durch das Vollstreckungsgericht (§ 829) und durch den GV (§ 831 Rn 3). Die Überweisung wird durch Beschluß des Vollstreckungsgerichts (Zuständigkeit § 828) angeordnet, der auf Antrag des Gläubigers ergeht (Abs 1). Der Antrag unterliegt keinem Anwaltszwang (§ 78 III). Er kann mit dem Pfändungsantrag (an das Vollstreckungsgericht) verbunden oder gesondert gestellt werden. Zu bezeichnen sind die verlangte Art der Überweisung (zur Einziehung oder an Zahlungs Statt), in dem gesondert gestellten Antrag außerdem auch Gläubiger und Schuldner, die zu überweisende gepfändete Forderung und eine zwischenzeitliche Ermäßigung der vollstreckbaren Forderung. Wenn nur „Überweisung“ beantragt ist, wird von Überweisung zur Einziehung als praktische Regel ausgegangen (Antragsauslegung). Der Vollstreckungstitel und die sonst für den Beginn (die Fortsetzung) der ZwV erforderlichen Urkunden sind dem Vollstreckungsgericht vorzulegen.

3 2) Die Überweisung kann vom Vollstreckungsgericht (Rechtspfleger, § 20 Nr 17 RpflG), wenn Pfandverwertung sogleich möglich ist, bereits mit der Pfändung in **einem Beschluß** ausgesprochen werden (Stöber NJW 96, 1180; zur Hypothekenforderung aber auch § 837 Rn 7); einheitliches Vollstreckungshandeln gebietet und rechtfertigt vorherige Anhörung des Schuldners nicht (Kahlke NJW 91, 2688 zutr gegen Hoeren NJW 91, 410; MK/Smid Rn 7; StJ/Brehm Rn 2 [hält aber unüblich Aufschub der Überweisungswirkung für geboten, damit Schuldner Erinnerung einlegen und Maßnahmen nach § 766 I S 2 erwirken kann]). Bei getrennter (dann nur nachträglicher) Überweisung prüft das Vollstreckungsgericht, ob die Voraussetzungen der ZwV (vor § 704 Rn 14–17) für Gläubigerbefriedigung zur Zeit der Überweisung gegeben sind (zwischenzeitliche Einstellung der ZwV oder Titelaufhebung hindern Überweisung), den Antrag auch daraufhin, ob er Verwertung einer wirksam gepfändeten Forderung verlangt. Wirksamkeit der Pfändung durch den GV (§ 831) muß daher nachgewiesen werden; daß auch Wirksamkeit eines Pfändungsbeschlusses (§ 829 III) geprüft wird, wird nicht verlangt (bedenklich). Immer prüft das Vollstreckungsgericht, ob Pfandverwertung mit Überweisung erfolgen kann (nicht bei Sicherungsvollstreckung, § 720a, und Arrestvollziehung, § 930 [Nichtigkeit bei Verstoß § 836 Rn 7]). Bei Überweisung erst nach wirksamer Pfändung ist der Schuldner zu hören (Art 103 I GG; § 834 Rn 2). Ist nach dem Schuldtitel nicht an den Gläubiger, sondern an einen anderen Zahlungsempfänger zu leisten oder die Forderung zu hinterlegen, dann ist dem Drittschuldner bei Überweisung zur Einziehung (solche an Zahlungs Statt verbietet sich) diese Leistung aufzugeben.

4 3) a) Der **gesonderte Überweisungsbeschluß** hat die Parteien, die vollstreckbare Forderung des Gläubigers (je § 829 Rn 7) und die Anordnung der Überweisung zur Einziehung oder an Zahlungs Statt als Maßnahme der ZwV unter Bezeichnung der gepfändeten Forderung mit ihrem Drittschuldner zu enthalten. Angeordnet werden darf die Überweisung nur wegen der Forderung des Gläubigers, die mit Pfändung vollstreckt wurde, nicht wegen anderer Gläubigeransprüche. Wegen weiterer ZwV-Kosten, auch wegen der gesonderten Kosten des Überweisungsbeschlusses darf Überweisung sonach nur erfolgen, wenn auch für sie (zumindest pauschal) Beschlagnahme (Verstrickung) erfolgt ist. Überweisung nur eines Teils der gepfändeten Forderung bringt das Pfändungspfandrecht am weiteren Forderungsteil nicht zum Erlöschen.

4a **b) Auslegung** des Überweisungsbeschlusses ist ebenso möglich wie Auslegung des Pfändungsbeschlusses, s daher § 829 Rn 9; außerdem (bei formularmäßiger Überweisung nur der Forderung, nicht auch der mitgepfändeten Grundschuld) KG OLGZ 83, 205; Münzberg ZZP 96 [1983] 372; Stöber FdgPfdg Rn 588a.

5 4) **Unzulässig** ist Aufnahme eines **Vermerks über die Geldempfangsvollmacht** des Prozeßbevollmächtigten des Gläubigers in den Überweisungsbeschluß (LG Essen Rpfleger 59, 166 mit zust Anm Petermann; Pentz Rpfleger 58, 147; Berner Rpfleger 64, 366; aA Schopp Rpfleger 66, 327; LG Berlin DGVZ 68, 187 = Rpfleger 68, 291; LG Nürnberg-Fürth JurBüro 64, 614 = Rpfleger 64, 380), desgleichen die Aufforderung, „das Geld postgebührenfrei zu überweisen“ (Stöber FdgPfdg Rn 494). Dem Anliegen des Gläubigers, im Pfändungsbeschluß eine Zahlstelle (auch ein Bankkonto) zu bezeichnen, kann nur in der Weise entsprochen werden, daß es als Mitteilung des Gläubigers dem Drittschuldner zugeleitet wird; dann muß sicher erkennbar sein, daß diese Mitteilung nicht zum amtlichen Teil des Pfändungsbeschlusses gehört (Stöber aaO; StJ/Brehm

Rn 6). Der Drittschuldner hat dann die Geldempfangsvollmacht des bezeichneten Empfängers eigenverantwortlich zu prüfen; ebenso hat der Gläubiger das spätere Erlöschen der Geldempfangsvollmacht dem Drittschuldner unmittelbar anzuzeigen.

5) **Wirksam** wird die Überweisung mit Zustellung des Beschlusses an den Drittschuldner (Abs 3 S 1 mit § 829 III), jedoch nicht vor der Pfändung (weil Überweisung kein Zahlungsverbot bewirkt), auch die gesondert beschlossene Überweisung sonach frühestens mit der Pfändung. Die Zustellung des gesonderten Überweisungsbeschlusses erfolgt auf Betreiben des Gläubigers (Abs 3 S 1 mit § 829 II S 1) durch den GV (§§ 166 ff) unter Vermittlung der Geschäftsstelle; desgleichen ist anschließende Zustellung an den Schuldner zu bewirken; Einzelheiten § 829 Rn 14, 15. 6

III) 1) Bei **Überweisung zur Einziehung** bleibt die gepfändete Forderung Vermögensbestandteil des Schuldners (BGH 24, 239 = NJW 57, 1438; BGH MDR 78, 743 = NJW 78, 1914; RG JW 35, 3541). Den Gläubiger ermächtigt die Überweisung zur Einziehung, die Forderung des Schuldners geltend zu machen (§ 836 mit Einzelheiten). Die Vollstreckungsforderung des Gläubigers ist daher mit Überweisung zur Einziehung noch nicht befriedigt, die ZwV somit nicht beendet. Daher ist Anschlußpfändung noch möglich. Eine zunächst nur zur Einziehung überwiesene Forderung kann dem Gläubiger später auch noch an Zahlungs Statt überwiesen werden. 7

2) Mit Wirksamkeit (Abs 3 S 1 mit § 829 III) der **Überweisung an Zahlungs Statt** (als Ausnahme selten) geht die Forderung auf den Gläubiger über (Abs 2; Gläubigerwechsel); sie scheidet aus dem Vermögen des Schuldners aus (RG 18, 398). Soweit die gepfändete und überwiesene Forderung des Schuldners an den Drittschuldner besteht, ist der Gläubiger wegen seiner Vollstreckungsforderung damit durch ZwV befriedigt (Abs 2). Die Vollstreckungsforderung ist in Höhe des überwiesenen Betrags (soweit die überwiesene Forderung besteht) erloschen, einerlei, ob der Betrag beitreibbar ist oder nicht. Der Schuldner haftet für Uneinbringlichkeit nicht. Überweisung an Zahlungs Statt wird wegen des damit für den Gläubiger verbundenen Risikos nur selten und nur dann beantragt, wenn die Einbringlichkeit der Forderung außer Zweifel steht. Besteht die überwiesene Forderung nicht (auch soweit sie Einwendungen des Drittschuldners ausgesetzt ist, §§ 404 ff BGB), sind auch die Überweisungswirkungen nicht eingetreten. Der Gläubiger kann seine dann nicht erloschene Vollstreckungsforderung weiter vollstrecken. Streit darüber, ob die Forderung des Gläubigers mit Überweisung erloschen ist, ist mit Gegenklage (§ 767; für Gläubiger auch mit Feststellungsklage) auszutragen. 8

3) Überweisung **an Zahlungs Statt ist ausgeschlossen** nach Pfändung einer nach § 399 BGB nicht übertragbaren Forderung (§ 851 II), einer von einer Gegenleistung abhängigen Forderung (StJ/Brehm Rn 37), eines anderen Anspruchs ohne Nennwert und im Falle des § 849; nur Überweisung zur Einziehung mit der Maßgabe, daß der Schuldbetrag zu hinterlegen ist, darf nach § 839 erfolgen. 9

IV) Überweisung des bei einem **Geldinstitut gepfändeten Guthabens** einer natürlichen Person als Schuldner (vgl § 850k) erlaubt Leistung an den Gläubiger oder Hinterlegung aus dem Guthaben erst 2 Wochen nach der Zustellung des Überweisungsbeschlusses (nicht des Pfändungsbeschlusses; Abs 3 S 2). Damit soll der Schuldner Gelegenheit finden, Schutzantrag nach § 850k zu stellen und eine einstweilige Anordnung oder vorläufige Aufhebung des Vollstreckungsgerichts zu erwirken. Der zeitliche Aufschub besteht kraft Gesetzes; Hinweis darauf im Überweisungsbeschluß muß nicht erfolgen (Stöber FdgPfdg Rn 588). Das Geldinstitut ist zu früherer Leistung weder verpflichtet noch berechtigt. Es hat auch nicht zu prüfen, ob die Voraussetzungen des § 850k im Einzelfall gegeben sind. Der Aufschub gilt für alle Guthaben natürlicher Personen bei einem Geldinstitut. Frühere Leistung an einen dann zur Einziehung nicht berechtigten Gläubiger hat gegenüber dem Schuldner, dem noch Schutz nach § 850k gewährt wird, keine Wirkung. 10

V) Haben **mehrere Gläubiger** dieselbe Forderung gepfändet (§ 829 Rn 21), so ist Überweisung zur Einziehung an jeden zulässig. Der Rang der Pfändungen (§ 804 III) ändert sich damit nicht; die Überweisungen schaffen keinen eigenen Rang. Der Leistungsklage des Nachrangigen muß der Drittschuldner mit der Einrede der vorrangigen Pfändung begegnen. Leistet der Drittschuldner irrtümlich an einen nachrangigen Gläubiger und muß er deshalb nochmals an den vorrangigen Gläubiger zahlen, so kann er den an den nachrangigen Gläubiger gezahlten Betrag aus ungerechtfertigter Bereicherung zurückverlangen und muß sich insoweit nicht an den Schuldner halten (BGH 82, 28 = NJW 82, 173). Überweisung an Zahlungs Statt an den vorrangigen Gläubiger hat Gläubigerwechsel zur Folge, schließt somit wegen des Forderungsbetrags des Erstgläubigers weitere Pfändung (§ 829 Rn 21) und auch Überweisung an andere Gläubiger aus. Überweisung an Zahlungs Statt an einen nachrangigen Gläubiger wirkt nur vorbehaltlich der Rechte des besserrangigen Gläubigers, verbietet somit auch spätere Überweisung an diesen nicht. 11

VI) **Verstöße** und **Mängel:** wie § 829 Rn 22 ff. Die Wirksamkeit der Pfändung wird durch Unwirksamkeit nur der Überweisung nicht berührt (Breslau HRR 39 Nr 1343). 12

13 **VII) Rechtsbehelfe:** wie § 829 Rn 28 ff. Daß der Überweisungsbeschluß zu Unrecht erlassen wurde, kann auch der Drittschuldner mit Erinnerung geltend machen. Einwendungen gegen den Anspruch selbst (§ 767) stehen nur dem Schuldner zu. Überweisung an Zahlungs Statt kann mit Erinnerung (nach Anhörung mit sofortiger Beschwerde) angefochten werden, bis der Drittschuldner die Forderung an den Gläubiger bezahlt hat (Stöber FdgPfdg Rn 598); Erinnerung des Schuldners bis zur Zahlung ist jedenfalls nach wirksamer Überweisung an Zahlungs Statt noch zulässig, wenn er vor dem Überweisungsbeschluß nicht gehört wurde (Düsseldorf ZIP 82, 366; aA LG Düsseldorf JurBüro 82, 305 = Rpfleger 82, 112 sowie Münzberg Rpfleger 82, 329).

14 **VIII) Gebühren: 1)** des **Gerichts:** Für das Verfahren über Anträge auf Pfändung (§ 829) und Überweisung (§ 835) nur einmaliger Ansatz der Gebühr von 20 DM nach KV 1640, denn mehrere Verfahren innerhalb eines Rechtszuges gelten als ein Verfahren, sofern sie denselben Anspruch und denselben Gegenstand betreffen. – **2)** des **Anwalts:** Bei der Pfändung von Forderungen gehören zu derselben Tätigkeit des RA iS des § 58 I BRAGO sämtliche Tätigkeiten, die zur Durchführung der Pfändung derselben Forderung des Schuldners wegen der gleichen Forderung des Gläubigers vorgenommen werden; als eine Angelegenheit gilt daher der Antrag auf Pfändung der Forderung (§ 829), der Antrag auf Überweisung zur Einziehung oder an Zahlungs Statt (§ 835) – u zwar auch bei getrennter Antragstellung – sowie der Vollstreckungsauftrag gegen den Schuldner auf Herausgabe (Wegnahme: § 883) der über die Forderung vorhandenen Urkunden nach § 836 III, die Aufforderung an den Drittschuldner zur Erklärung nach § 840 und die Pfändungsankündigung nach § 845.

836 *[Wirkung der Überweisung]*

(1) Die Überweisung ersetzt die förmlichen Erklärungen des Schuldners, von denen nach den Vorschriften des bürgerlichen Rechts die Berechtigung zur Einziehung der Forderung abhängig ist.

(2) Der Überweisungsbeschluß gilt, auch wenn er mit Unrecht erlassen ist, zugunsten des Drittschuldners dem Schuldner gegenüber so lange als rechtsbeständig, bis er aufgehoben wird und die Aufhebung zur Kenntnis des Drittschuldners gelangt.

(3) Der Schuldner ist verpflichtet, dem Gläubiger die zur Geltendmachung der Forderung nötige Auskunft zu erteilen und ihm die über die Forderung vorhandenen Urkunden herauszugeben. Die Herausgabe kann von dem Gläubiger im Wege der Zwangsvollstreckung erwirkt werden.

1 **I) Zweck:** Regelung und Klarstellung der Überweisungswirkungen.

2 **II) Überweisung an Zahlungs Statt** hat Gläubigerwechsel (mit Übergang der Gläubigerstellung) durch Hoheitsakt bewirkt (§ 835 II). Der Vollstreckungsgläubiger ist damit als neuer Forderungsgläubiger an die Stelle des Vollstreckungsschuldners (als bisheriger Forderungsgläubiger) getreten (vgl § 398 S 2 BGB). Die Berechtigung des Vollstreckungsgläubigers zur Einziehung (Geltendmachung) der gepfändeten und ihm an Zahlungs Statt überwiesenen Forderung folgt damit bereits unmittelbar aus seiner Gläubigerstellung.

3 **III) 1) Überweisung zur Einziehung** überträgt dem Gläubiger durch Hoheitsakt die **Einziehungsberechtigung** für die Forderung (Abs 1), die im Schuldnervermögen bleibt (BGH 114, 138 [141]). Als Maßnahme der Pfandverwertung begrenzt die Überweisung nach Pfändung einer größeren Forderung (zur Vollpfändung § 829 Rn 12) die Einziehungsberechtigung des Gläubigers auf den Betrag seines Vollstreckungsanspruchs, für den sein Pfändungspfandrecht besteht, auch wenn der Überweisungsbeschluß keine einschränkende Anordnung ausspricht. Einziehung eines Mehrbetrags ist dem Gläubiger auch unter Vorbehalt der Erstattung an den Schuldner nicht erlaubt. Der Drittschuldner kann einen Mehrbetrag nicht schuldbefreiend an Gläubiger leisten.

4 2) Den **Gläubiger** ermächtigt die Überweisung zur Einziehung zu allen im Recht des Schuldners begründeten, der Befriedigung dienenden Maßnahmen (BGH MDR 78, 743 = NJW 78, 1914 u NJW 82, 173 [174]). Er darf deshalb im eigenen Namen die Forderung kündigen, einziehen, mit ihr aufrechnen (s auch RG 58, 108) und vor allem auf Leistung an sich klagen (BGH aaO); er kann mit Erfüllungswirkung annehmen (RG 169, 54 [56]), mit dem Drittschuldner wegen der Forderung einen Vergleich schließen, wenn dadurch der Schuldner in Höhe des Anspruchs des Gläubigers befriedigt wird, ferner, wenn der Schuldner den Drittschuldner vor Pfändung auf Zahlung verklagt hatte, dem Streit als Nebenintervenient beitreten, und wenn das Urteil zugunsten des Schuldners erlassen wurde, die Vollstreckungsklausel auf sich umschreiben lassen (§ 727). Der Pfändungsgläubiger kann ferner die ihm zur Einziehung überwiesene Forderung im Konkurs des Drittschuldners anmelden und zusammen mit dem Schuldner das Stimmrecht ausüben. Betrifft der Überweisungsbeschluß eine Forderung des Schuldners gegen eine OHG oder KG, so gibt die Überweisung dem Gläubiger auch die Klagebefugnis gegen die persönlich haftenden Gesellschafter (RAG JW 38, 978). **Nicht befugt** ist der Gläubiger ohne Zustimmung des Schuldners zur Gewährung einer Stundung, zur Bewilligung von Teilzahlungen, Gewährung eines Nachlasses

und zur Einziehung eines seinen Anspruch in Haupt- und Nebensache übersteigenden Betrages. Zum Faustpfand § 838. Die durch Einziehung der Forderung dem Gläubiger erwachsenden **Kosten** sind Kosten der ZwV (s aber auch § 788 Rn 13 „Rechtsstreit"); für sie haftet dem Gläubiger daher nach § 788 der Schuldner. Der Pfandgläubiger kann die Kosten bei Zahlung durch den Drittschuldner mit verrechnen. Im Verhältnis zum Drittschuldner sind die Kosten des Einziehungsrechtsstreits Prozeßkosten, über die nach §§ 91 ff entschieden wird; Kostenfestsetzung gegen den Drittschuldner erfolgt nach §§ 103 ff. Für Festsetzung als ZwV-Kosten gegen den Schuldner bietet § 788 Grundlage.

3) Der **Schuldner,** der bei Überweisung zur Einziehung Forderungsgläubiger bleibt, kann über die Pfandforderung weiterhin nicht mehr zum Nachteil des Gläubigers verfügen (s § 829 Rn 18). Er darf, solange die Pfändung besteht, die Forderung vor allem nicht einziehen, auch nicht auf Zahlung an sich „unbeschadet der Rechte des Pfändungsgläubigers" oder auf Hinterlegung für sich und den Gläubiger klagen (RG 77, 144). Zulässig dagegen ist seine Klage gegen den Drittschuldner auf Feststellung des Bestehens der Schuld (RG 83, 118; BGH 114, 138 [141]), oder auf Zahlung an den Pfändungsgläubiger (RG 83, 119; BGH aaO); der Schuldner kann auch gegen den Drittschuldner wegen der gepfändeten Forderung einen Arrest erwirken (RG 27, 282). 5

4) a) Der **Drittschuldner** kann die zur Einziehung überwiesene Forderung nur noch an den Gläubiger schuldbefreiend erfüllen (Rn 3). Einwendungen und Einreden gegen die gepfändete Forderung, die gegen den Schuldner (als den Gläubiger der Forderung) bisher begründet waren, kann der Drittschuldner auch dem einziehungsberechtigten Gläubiger entgegenhalten (§§ 404 ff; RG 89, 215; BGH JZ 85, 629 mit Anm Brehm = NJW 85, 1155 [1157]). Einwendungen gegen die vollstreckte Forderung des Gläubigers (für Schuldner § 767) stehen dem Drittschuldner nicht zu (BAG AP § 829 Nr 8 mit Anm Stöber = NJW 89, 1053 mwN). Aufrechnen kann der Drittschuldner gegenüber dem Pfändungsgläubiger nach Maßgabe des § 392 BGB (RG 58, 108), jedoch nicht mit einer Forderung, die der Schuldner gegen den Gläubiger hat (AG Langen MDR 81, 237). Wenn der Drittschuldner die Einrede des nicht erfüllten Vertrags geltend macht, hat der Gläubiger die Gegenleistung zu beschaffen, gegen deren Bewirkung der Drittschuldner Zug um Zug zu leisten hat (RG 6, 379). Ist eine Forderung gepfändet und dem Gläubiger zur Einziehung überwiesen worden und macht der Drittschuldner seinerseits gegen den Schuldner einen Anspruch geltend, so kann der Schuldner dem Drittschuldner gegenüber die Leistung mit der Wirkung verweigern, daß er verurteil wird, nur Zug um Zug mit der Maßgabe zu leisten, daß der Drittschuldner die bisher dem Schuldner gebührende Leistung an den Pfändungsgläubiger bewirkt (Braunschweig JR 55, 342). Einstellung der ZwV verbietet Leistung durch den Drittschuldner an den Gläubiger (Rn 7). 6

b) Der Überweisungsbeschluß kann **ohne Wirkung** (§ 835 Rn 6 u § 837 Rn 3, 4) oder **unwirksam** sein (§ 829 Rn 22, 23). Mit Hinterlegung wegen Gläubigerungewißheit (§ 372 BGB) kann der Drittschuldner in zweifelhaften Fällen Zahlungsrisiko vermeiden (Prüfung des Pfändungs- und Überweisungsbeschlusses als Herausgabenachweis nach § 13 II Nr 1 HinterlO für Herausgabeverfügung [§ 12 HinterlO] durch Hinterlegungsstelle, Oldenburg Rpfleger 94, 265). Drittschuldnerschutz bei Leistung an den trotz wirkungsloser oder unwirksamer Überweisung einziehenden Gläubiger besteht nicht (BGH 121, 98 = NJW 93, 735 = ZZP 107 [1994] 98 mit Anm Walker; kritisch dazu Derleder JurBüro 95, 122 [Nichtigkeit aber nicht wegen Fehlens eines Titels, s vor § 704 Rn 34, sondern weil Überweisung keine Sicherungsmaßregel bei Arrestvollziehung ist, somit wegen Verstoßes gegen § 930 I]; dagegen StJ/Brehm Rn 2). Bei Überweisung einer Hypothekenforderung begründet Abs 2 Drittschuldnerschutz vor Wirksamwerden der Pfändung mit Briefübergabe oder Grundbucheintragung (§ 830) nicht (Stöber NJW 96, 1180 gegen BGH 127, 146 = MDR 95, 454 m Anm Diepold = NJW 94, 3225 = Rpfleger 95, 119 m Anm Riedel = ZZP 108 [1995] 250 m krit Anm Henckel; hier jedoch keine Legitimation des Gläubigers nach §§ 893, 1155 BGB; anders auch KG JurBüro 93, 32 m krit Anm Jungermann; dazu auch Hintzen u Wolf Rpfleger 95, 94 sowie Lüke JuS 95, 202). Der Überweisungsbeschluß kann aber auch nur **fehlerhaft** sein (§ 829 Rn 24). Dann wird der Drittschuldner in seinem Vertrauen auf die Wirksamkeit des hoheitlichen Zwangsaktes **nach Abs 2** geschützt (s § 409 BGB als entspr Schutzbestimmung). Leistung (andere Erfüllung) des Drittschuldners an den Gläubiger, dessen Einziehungsbefugnis sich auf einen zu Unrecht erlassenen Überweisungsbeschluß gründet, hat dann unter den Voraussetzungen des Abs 2 dem Schuldner gegenüber Wirksamkeit. Nach Aufhebung des Pfändungs/Überweisungsbeschlusses kann der Drittschuldner, der noch keine Zahlung geleistet hat, sich gegenüber dem wahren Berechtigten nicht mehr auf Abs 2 berufen, Zahlung rückständiger Leistungen daher nicht verweigern (BAG 65, 147 = NJW 90, 2641). Der Schutz des Abs 2 besteht auch gegenüber einem anderen Pfändungsgläubiger des Schuldners und für den Pfändungsrang (BGH 66, 394 = NJW 76, 1453). Abs 2 schützt den Drittschuldner daher auch bei unbekannter Rangänderung (§ 804 Rn 5) der Pfändungsgläubiger (BAG aaO); jedoch kann der Drittschuldner, der keine Zahlung geleistet hat, dann, wenn er von der Rangänderung Kenntnis erlangt hat, sich gegenüber dem nun vorrangigen Gläubiger nicht mehr auf Abs 2 berufen, Zahlung rückständiger Leistungen 7 an ihn daher nicht verweigern (BAG aaO). Kenntnis von einer einstw Einstellung der ZwV steht bereits der Kenntnis von der Aufhebung des Überweisungsbeschlusses gleich, schließt somit Schutz nach Abs 2 aus. Ein Irrtum des Drittschuldners, der Überweisungsbeschluß sei aufgehoben, ist durch Abs 2 nicht geschützt (Schuler NJW 61, 719; aA Stuttgart NJW 61, 34 m zust Anm Riedel). Einen Schutz auch auf Vertrauen auf das Bestehen der gepfändeten „angeblichen" Forderung und darauf, daß der Schuldner deren Inhaber ist, begründet Abs 2 nicht (BGH NJW 88, 495); gegenüber einem tatsächlichen Forderungsgläubiger begründet Leistung an den Vollstreckungsgläubiger daher keine Schuldbefreiung. Wenn zweifelhaft ist, ob der Schuldner Forderungsinhaber ist, leitet der Drittschuldner an den Pfändungsgläubiger daher auf eigene Gefahr (BGH NJW 88, 495). Die Wirksamkeit der Leistung an den nichtberechtigten Pfändungsgläubiger kann mit Genehmigung des Forderungsgläubigers herbeigeführt werden (§ 185 II BGB; kann für Bereicherungsanspruch erheblich sein, s BGH NJW 88, 495). Auch kann der Gläubiger aus Abs 2 Rechte gegen den Drittschuldner nicht herleiten.

8 **IV) Abs 3** entspricht dem § 402 BGB. Der **Schuldner** ist verpflichtet: **1)** dem Gläubiger die zur Geltendmachung der Forderung nötige **Auskunft** zu erteilen. Die Auskunftspflicht besteht auch hinsichtlich solcher Tatsachen, die erst nach der Pfändung eingetreten sind (zB Zahlung nach der Pfändung, aber vor Zustellung des Pfändungsbeschlusses an den Drittschuldner). Bei Weigerung Klage auf Auskunftserteilung (StJ/Brehm Rn 12); Vollstreckung nach § 888.

9 **2)** dem Gläubiger die über die Forderung vorhandenen Urkunden herauszugeben. **a) Urkunden über die Forderung** sind ua: Schuldschein, Pfandschein, Sparkassenbuch, Versicherungspolice (Frankfurt JurBüro 77, 855 = Rpfleger 77, 221), Mietvertrag, Briefe, Vollstreckungstitel, auch eine Gehalts/Lohnabrechnung (Hamm DGVZ 94, 188 = JurBüro 95, 163; LG Berlin Rpfleger 93, 294; LG Bochum DGVZ 94, 189; LG Hannover Rpfleger 94, 221; LG Münster DGVZ 94, 155; LG Ravensburg Rpfleger 90, 266; Scherer Rpfleger 95, 446; aA noch LG Hannover DGVZ 89, 26; LG Hildesheim DGVZ 94, 156), nicht jedoch solche über gezahlte Lohnforderungen (sind von der Pfändung nicht erfaßt), idR aber **nicht** Leistungsbescheide des Arbeitsamts (LG Hannover JurBüro 86, 302 = Rpfleger 86, 143), nicht Lohnabtretungsurkunden (Stöber FdgPfdg Rn 623; aA LG Ansbach Rpfleger 95, 511), andere (vorgehende) Pfändungsbeschlüsse sowie Belege über Ratenzahlungen (LG Hof DGVZ 91, 138), und nicht (weil der Schuldner die Steuererklärung abzugeben hat, s § 829 Rn 33 „Steuererstattung") die Lohnsteuerkarte und andere Steuerbelege (Riedel Rpfleger 96, 275 [277]; Stöber FdgPfg Rn 389–390d mit Einschr Rn 391–391c bei Ermittlung der Besteuerungsgrundlage oder Schätzung durch die Finanzbehörde; LG Krefeld MDR 95, 414; aA fr zahlr LGe, zB LG Berlin JurBüro 95, 48 = NJW 94, 3303; LG Dortmund Rpfleger 94, 511 = 95, 35 L m zust Anm Christ u Riedel; LG Koblenz JurBüro 94, 742 m Anm Mümmler = Rpfleger 95, 171; LG Münster MDR 96, 528 = Rpfleger 96, 36 L). Ec-Vordrucke sind Urkunden über die Forderung aus einem Kontokorrentverhältnis (§ 829 Rn 33 „Kontokorrent"); Herausgabe nach Abs 3 kann jedoch nur als Schuldnerverpflichtung zur Rückgabe der Formulare an die Bank (Sparkasse) verfolgt und angeordnet werden (Stöber FdgPfdg Rn 166m; s auch LG Dortmund DGVZ 92, 188; aA [Herausgabe kann nicht angeordnet werden] LG Stuttgart Rpfleger 94, 471). Herausgabe auch der ec-Karte kann nach Abs 3 nicht angeordnet werden (Gläubiger kann ec-Service nicht an Stelle des Schuldners nutzen; Stöber FdgPfdg Rn 166n; auch LG Stuttgart aaO; aA LG Detmold aaO). Offenlegung der persönlichen Geheimzahl (als Berechtigungsmerkmal zur Nutzung der ec-Geldautomaten) kann vom Schuldner nicht verlangt werden (Stöber aaO). Eine Schuldnerpflicht zur Fertigung und Übergabe einer Forderungsaufstellung begründet Abs 3 nicht (LG Hof aaO). Ist die Forderung nur zum Teil überwiesen, so muß der Schuldner die Urkunde, die zum Beweis der Forderung dient, über die ganze Forderung herausgeben vorbehaltlich der Rückgabe nach Einziehung des überwiesenen Teils (RG 21, 368).

10 **b)** Die **Wegnahme** durch den GV (§ 883 I) erfolgt auf Grund des Vollstreckungstitels und Überweisungsbeschlusses (LG Limburg DGVZ 75, 11; AG Dortmund DGVZ 80, 29), wenn in ihm die Urkunden bestimmt (§ 883 Rn 5; dh konkret und genau) bezeichnet sind (LG Freiburg JurBüro 94, 368; LG Göttingen JurBüro 94, 369 = Rpfleger 94, 372). Einer besonderen Herausgabeanordnung bedarf es nicht (LG Darmstadt DGVZ 91, 9 = JurBüro 91, 730; LG Hannover JurBüro 91, 221); Vollstreckungsgrundlage kann auch ein Ergänzungsbeschluß sein (in welchen auch die Pflicht zur Zurückgabe nach Gebrauch aufzunehmen ist, LG Hannover aaO), der keiner Vollstreckungsklausel bedarf, dem Schuldner aber gem § 750 zugestellt sein muß (StJ/Brehm Rn 15; aA RG 21, 364; RG JW 04, 93; AG Bad Schwartau DGVZ 81, 63 mit abl Anm Schriftl; s auch Kuhnt ZZP 43 [1913] 348, 355).

11 **c)** Sind die Urkunden nicht auffindbar, kann der Gläubiger den Schuldner zur Abgabe der eidesstattl Versicherung laden (§ 883 II). Anträge aus § 888 oder § 890 können nicht zum Erfolg führen. Befindet sich die Urkunde im Besitz eines **nicht zur Herausgabe bereiten Dritten,** so kann der Gläubiger auf Grund des Überweisungs- bzw Ergänzungsbeschlusses den Schuldneranspruch auf Herausgabe gegen den Dritten durch Klage geltend machen (RG 21, 364), ohne daß er

sich noch diesen Anspruch auf Herausgabe der Urkunde überweisen zu lassen braucht (RG JW 04, 92). Hat jemand den Erstattungsanspruch des PKHAnwalts an die Staatskasse gepfändet und bedarf er zur Durchführung der Festsetzung der Erklärung des PKHAnwalts über den Empfang etwa anrechnungsfähiger Vorschüsse, so muß er sie gemäß § 836 III durch besondere Klage erzwingen. Auch die Versicherung über die Höhe der Auslagen oder statt ihrer die Vorlage der Handakten muß der Gläubiger sich nötigenfalls gemäß § 836 III verschaffen. § 840 bietet jedoch dem Gläubiger eine näher liegende Möglichkeit und geht dem § 836 III deshalb vor (AG Bonn Rpfleger 63, 125; aA StJ/Brehm Rn 18).

837 *[Überweisung von Hypothekenforderungen]*

(1) Zur Überweisung einer gepfändeten Forderung, für die eine Hypothek besteht, genügt die Aushändigung des Überweisungsbeschlusses an den Gläubiger. Ist die Erteilung des Hypothekenbriefes ausgeschlossen, so ist zur Überweisung an Zahlungs Statt die Eintragung der Überweisung in das Grundbuch erforderlich; die Eintragung erfolgt auf Grund des Überweisungsbeschlusses.

(2) Diese Vorschriften sind nicht anzuwenden, soweit es sich um die Überweisung der Ansprüche auf die im § 1159 des Bürgerlichen Gesetzbuchs bezeichneten Leistungen handelt. Das gleiche gilt bei einer Sicherungshypothek im Falle des § 1187 des Bürgerlichen Gesetzbuchs von der Überweisung der Hauptforderung.

(3) Bei einer Sicherungshypothek der im § 1190 des Bürgerlichen Gesetzbuchs bezeichneten Art kann die Hauptforderung nach den allgemeinen Vorschriften gepfändet und überwiesen werden, wenn der Gläubiger die Überweisung der Forderung ohne die Hypothek an Zahlungs Statt beantragt.

I) Zweck: Regelung der Pfandverwertung einer durch Hypothek gesicherten Geldforderung unter Berücksichtigung der Besonderheiten, die sich mit der auf dem Grundbuchsystem beruhenden Rechtsnatur des Sicherungsrechts ergeben. 1

II) 1) Pfandverwertung einer Geldforderung erfolgt mit Überweisung zur Einziehung oder an Zahlungs Statt (§ 835) auch, wenn die gepfändete Forderung durch Hypothek (§ 830) gesichert ist. Wirksam wird die Überweisung jedoch nicht mit Zustellung des Beschlusses an den Drittschuldner (§ 835 III), sondern 2

a) bei der **Briefhypothek** immer mit (formloser) Aushändigung des Überweisungsbeschlusses an den Gläubiger (Abs 1 S 1), jedoch nicht vor der Pfändung, sonach frühestens zugleich mit dieser (KGJ 28 A 136); 3

b) bei der **Buchhypothek** die Überweisung zur **Einziehung** mit Aushändigung des Überweisungsbeschlusses an den Gläubiger (Abs 1 S 1), jedoch nicht vor der Pfändung; 4

c) bei der **Buchhypothek** die Überweisung an **Zahlungs Statt** mit Eintragung in das Grundbuch (Abs 1 S 2). Die Eintragung erfolgt auf (formlosen) Antrag des Gläubigers auf Grund des Überweisungsbeschlusses (Abs 1 S 2), der nicht zugestellt sein muß und keiner Vollstreckungsklausel bedarf. Eintragung der Überweisung ist nicht vor Wirksamwerden der Pfändung mit Eintragung (§ 830) zulässig. 5

Die Überweisung einer Brief- oder Buchhypothek zur Einziehung kann (neben der Pfändung) nicht in das Grundbuch eingetragen werden, weil die Forderung nicht auf den Pfandgläubiger übergeht (KGJ 33 A 276). Bei Überweisung einer Briefhypothek an Zahlungs Statt ersetzt der Überweisungsbeschluß die Abtretungserklärung (§ 836 I; § 1155 BGB); nach Wirksamwerden kann die Überweisung an Zahlungs Statt daher auf Antrag als Grundbuchberichtigung eingetragen werden (KGJ 33 A 274). Eintragungsgrundlage ist der Überweisungsbeschluß, der keiner Vollstreckungsklausel bedarf; Briefvorlage und Nachweis, daß die Pfändung wirksam geworden ist, sind erforderlich. 6

2) Pfändungs- und Überweisungsbeschluß können auch bei Pfändung einer Hypothekenforderung zusammen erlassen werden (§ 835 Rn 3; Stöber NJW 96, 1180). Wegen (nicht zutr; s bereits § 836 Rn 7) aA des BGH (127, 146 = wie § 836 Rn 7) wird Hinweis auf die noch ausstehende Wirksamkeit der Pfändung mit Briefübergabe oder Grundbucheintragung empfohlen (hierzu Stöber aaO; Hintzen u Wolf Rpfleger 95, 94; Riedel Rpfleger 95, 121; vgl. auch BGH 127, 146 [154]). 7

3) Löschungsfähige Quittung kann der Gläubiger dem Drittschuldner nach Befriedigung durch diesen aushändigen, auch wenn die Hypothek nur zur Einziehung überwiesen wurde (KG OLG 3, 392; 8, 209; LG Düsseldorf MittRhNotK 82, 23). Löschungsbewilligung (ohne Zahlungsquittung) kann der Gläubiger, dem die Hypothek nur zur Einziehung überwiesen ist, nicht erteilen (KG OLG 8, 209; 15, 377; LG Düsseldorf aaO). 8

9 **III)** Anspruch auf die **im § 1159 BGB bezeichneten Leistungen** (Rückstände von Zinsen usw) werden nicht nach § 830, sondern als Geldforderungen nach § 829 gepfändet (§ 830 Rn 14). Ebenso bestimmt sich ihre Überweisung nicht nach § 837 in der für Hypothekenforderungen vorgeschriebenen Form, sondern nach § 835 in der für gewöhnliche Geldforderungen geltenden Weise (Abs 2 S 1). Desgleichen erfolgt Verwertung der Forderung aus einer Inhaberschuldverschreibung mit Hypothek (§ 1187 BGB) und aus einem Wechsel oder anderen indossablen Papier wie deren Pfändung (§ 830 Rn 1) auf dem allgemein für solche Rechte bestimmten Weg, dh nach § 821 bzw § 835.

10 **IV)** Eine Forderung, für die eine **Höchstbetragshypothek** (§ 1190 BGB) bestellt ist, kann wie jede andere Forderung mit Buchhypothek gepfändet und überwiesen werden. Entsprechend der Regelung des § 1190 BGB, nach der in diesem Fall die Forderung auch ohne die Hypothek übertragen werden kann und die Trennung von Hypothek und Forderung schon eintritt, wenn die Forderung nach den allgemeinen Grundsätzen übertragen wird, gestattet Abs 3 dem Gläubiger, die Hauptforderung ohne die Hypothek nach den allgemeinen Grundsätzen zu pfänden, unter der Voraussetzung, daß er die Verwertung in der Form der Überweisung an Zahlungs Statt beabsichtigt. Der Pfändungsantrag muß einen dahingehenden Antrag enthalten. Der Beschluß muß die Beschränkung der Pfändung auf die Forderung zum Ausdruck bringen; Pfändung und Überweisung werden mit Zustellung an den Drittschuldner wirksam.

837a *[Überweisung bei Schiffshypothek]*

(1) Zur Überweisung einer gepfändeten Forderung, für die eine Schiffshypothek besteht, genügt, wenn die Forderung zur Einziehung überwiesen wird, die Aushändigung des Überweisungsbeschlusses an den Gläubiger. Zur Überweisung an Zahlungs Statt ist die Eintragung der Überweisung in das Schiffsregister oder in das Schiffsbauregister erforderlich; die Eintragung erfolgt auf Grund des Überweisungsbeschlusses.

(2) Diese Vorschriften sind nicht anzuwenden, soweit es sich um die Überweisung der Ansprüche auf die in § 53 des Gesetzes über Rechte an eingetragenen Schiffen und Schiffsbauwerken vom 15. November 1940 (Reichsgesetzbl. I S. 1499) bezeichneten Leistungen handelt. Das gleiche gilt, wenn bei einer Schiffshypothek für eine Forderung aus einer Schuldverschreibung auf den Inhaber, aus einem Wechsel oder aus einem anderen durch Indossament übertragbaren Papier die Hauptforderung überwiesen wird.

(3) Bei einer Schiffshypothek für einen Höchstbetrag (§ 75 des im Absatz 2 genannten Gesetzes) gilt § 837 Abs. 3 entsprechend.

1 § 837a enthält für die Schiffshypothek, die nur als Buchhypothek besteht, eine dem § 837 entsprechende Regelung, soweit sie für die Buchhypothek getroffen ist. Für das Registerpfandrecht an Luftfahrzeugen gilt § 837a entsprechend (vgl § 830a Rn 2).

838 *[Beschränkung des Rechts des Überweisungsgläubigers]*

Wird eine durch ein Pfandrecht an einer beweglichen Sache gesicherte Forderung überwiesen, so kann der Schuldner die Herausgabe des Pfandes an den Gläubiger verweigern, bis ihm Sicherheit für die Haftung geleistet wird, die für ihn aus einer Verletzung der dem Gläubiger dem Verpfänder gegenüber obliegenden Verpflichtungen entstehen kann.

1 **I) Zweck:** Sicherung des Schuldners für seine fortbestehende Haftung auf Grund eines für die gepfändete Forderung bestehenden Pfandrechts.

2 **II)** Ein die gepfändete Forderung sicherndes **Pfandrecht an einer beweglichen Sache** wird als Nebenrecht von der Pfändung erfaßt (§ 829 Rn 20). Der Gläubiger kann vom Schuldner daher die Herausgabe des Pfandes verlangen (§ 1251 I BGB); das Begehren ist im Klageweg, nicht nach § 836 III, geltend zu machen. Der Schuldner haftet nach Herausgabe jedoch (als bisheriger Pfandgläubiger) wie ein selbstschuldnerischer Bürge nach Maßgabe des § 1251 II S 2 BGB für den Schaden, der dem Verpfänder durch Verletzung der Pflichten entsteht, in die der Gläubiger (an Stelle des Schuldners) eingetreten ist. § 838 gibt dem Schuldner das Recht, die Herausgabe des Pfandes an den Gläubiger zu verweigern, bis ihm Sicherheit für die fortbestehende Haftung geleistet ist. Urteil geht auf Herausgabe Zug um Zug gegen Sicherheitsleistung; Vollstreckung erfolgt nach §§ 726, 756 (Stöber FdgPfdg Rn 704; MK/Smid Rn 2; streitig; nach aA, zB StJ/Brehm Rn 2, führt fehlende Sicherheitsleistung zur Klageabweisung). Sicherheit ist nach § 232 BGB zu leisten; §§ 108, 109 finden keine Anwendung.

839 *[Überweisung bei Hinterlegung]*
Darf der Schuldner nach § 711 Satz 1, § 712 Abs. 1 Satz 1 die Vollstreckung durch Sicherheitsleistung oder Hinterlegung abwenden, so findet die Überweisung gepfändeter Geldforderungen nur zur Einziehung und nur mit der Wirkung statt, daß der Drittschuldner den Schuldbetrag zu hinterlegen hat.

Auch bei Verwertung einer gepfändeten Geldforderung ist der **Abwendungsbefugnis des Schuldners** nach § 711 S 1, § 712 I S 1 mit Hinterlegung Rechnung zu tragen. Damit entspricht § 839 dem § 720 sowie § 815 III, § 819. Die Verpflichtung des Drittschuldners zur Hinterlegung ist in dem Überweisungsbeschluß auszusprechen (sonst § 836 II). Mit Hinterlegung wird der Drittschuldner befreit; der Gläubiger erwirbt an dem hinterlegten Betrag ein Pfandrecht (§ 233 BGB). Auszahlung des Hinterlegungsgelds erfolgt auf Antrag, wenn die Berechtigung nachgewiesen ist (§ 13 I HinterlO). Auf andere Fälle der Einstellung der ZwV ist § 839 nicht entsprechend anzuwenden (BGH 49, 117 = NJW 68, 398; LG Hamburg MDR 52, 45). 1

Gebühren: Ein etwa isoliert erlassener Überweisungsbeschluß nach § 839 löst keine besondere Gebühr aus; er ist durch die Gebühr KV 1640, die eine Verfahrensgebühr ist, abgegolten. 2

840 *[Auskunftserteilungspflicht des Drittschuldners]*
(1) Auf Verlangen des Gläubigers hat der Drittschuldner binnen zwei Wochen, von der Zustellung des Pfändungsbeschlusses an gerechnet, dem Gläubiger zu erklären:

1. ob und inwieweit er die Forderung als begründet anerkenne und Zahlung zu leisten bereit sei;

2. ob und welche Ansprüche andere Personen an die Forderung machen;

3. ob und wegen welcher Ansprüche die Forderung bereits für andere Gläubiger gepfändet sei.

(2) Die Aufforderung zur Abgabe dieser Erklärungen muß in die Zustellungsurkunde aufgenommen werden. Der Drittschuldner haftet dem Gläubiger für den aus der Nichterfüllung seiner Verpflichtung entstehenden Schaden.

(3) Die Erklärungen des Drittschuldners können bei Zustellung des Pfändungsbeschlusses oder innerhalb der im ersten Absatz bestimmten Frist an den Gerichtsvollzieher erfolgen. Im ersteren Fall sind sie in die Zustellungsurkunde aufzunehmen und von dem Drittschuldner zu unterschreiben.

I) Zweck: Wahrung der Gläubigerbelange mit Verpflichtung des Drittschuldners zur Auskunft über Bestand und Wert der gepfändeten Forderung an den Gläubiger, der die Verhältnisse meist nicht näher kennt, sich für sein weiteres Vorgehen aber darauf einstellen muß. 1

II) Voraussetzung der Auskunftspflicht: 1) Zustellung des (wirksamen) Pfändungs-, nicht auch des Überweisungsbeschlusses (RG 27, 346; BGH 68, 289 = NJW 77, 1199) und nicht Bestand der gepfändeten (angeblichen) Forderung (Schleswig NJW-RR 90, 448). Auskunftspflicht besteht auch bei Sicherungsvollstreckung (§ 720a), Arrestpfändung (§ 930), nach Überweisung an Zahlungs Statt und nach Einstellung der ZwV unter Aufrechterhaltung der Pfändung, nicht aber nach Vorpfändung (BGH 68, 289 [291]; BGH WM 72, 525) und nicht bei Pfändung von Forderungen aus Wechseln und anderen Papieren durch den GV (§ 831). Bei Pfändung einer Hypothekenforderung (§§ 830, 830a) ist Aufforderung bei Zustellung schon zulässig, bevor die zur Entstehung des Pfandrechts erforderliche Briefübergabe bzw Grundbucheintragung erfolgt ist. 2

2) Verlangen des Gläubigers mit **Aufforderung** zur Abgabe der Erklärung bei Zustellung des Pfändungsbeschlusses (Abs 1 mit 2). Die Aufforderung muß in die Zustellungsurkunde aufgenommen werden (Abs 2; wesentliches Erfordernis, RG 60, 330). Erforderlich ist daher Zustellung durch den GV; Aufforderung im Pfändungsbeschluß genügt nicht (anders § 316 AO). Der GV hat dem Drittschuldner grundsätzlich persönlich zuzustellen (LG Tübingen MDR 74, 677); wird er nicht angetroffen, ist auch Ersatzzustellung zulässig (auch durch Niederlegung, § 182; AG Itzehoe DGVZ 94, 126). Zum Verfahren des GV bei Zustellung an mehrere Drittschuldner in verschiedenen AG-Bezirken s § 173 Nr 2 GVGA. Bei Zustellung durch die Post ist § 840 nicht anwendbar, da der Postzusteller die Erklärung des Drittschuldners nicht entgegennehmen kann (LG Tübingen aaO; aA LG Schweinfurt BayJMBl 56, 41 = DGVZ 56, 71). Öffentliche Zustellung ist nicht möglich. Nachträglich (nach Zustellung des Pfändungsbeschlusses) kann die Aufforderung gesondert zugestellt werden. Sie muß auf den Pfändungsbeschluß Bezug nehmen, der nicht nochmals zugestellt werden muß (RG 60, 330). Durch nachträgliche Aufforderung entstehende Mehrkosten sind nur bei besonderem Anlaß erstattungsfähig (§ 788). 3

3) Verpflichtet zur Abgabe der Erklärung nach § 840 ist (unter den Voraussetzungen von Rn 2 und 3) bei Pfändung einer Gesamtschuld oder von Bruchteilen jeder einzelne Drittschuldner, bei akzessorischen Rechten sowohl der dingliche als auch der persönliche Drittschuldner, bei Ge- 4 samtgutverbindlichkeiten der zur Prozeßführung befugte Ehegatte, bei juristischen Personen die gesetzlichen Vertreter, bei bürgerlich-rechtlicher Gesellschaft, OHG und KG jeder vertretende einzelne Gesellschafter (nicht der Kommanditist). Die Auskunftspflicht geht dem Bankgeheimnis vor (Stöber FdgPfdg Rn 627). Die Erklärungspflicht der Bundespost über Postbank- und Postsparguthaben sieht § 6 PostG vor, die Erklärungspflicht eines Leistungsträgers nach SGB wird durch das Sozialgeheimnis nicht berührt (§ 71 I S 2 SGB X).

5 **III)** Zu **erklären hat** sich **der Drittschuldner** darüber, **1) ob und inwieweit er die Forderung als begründet anerkennt und Zahlung zu leisten bereit sei.** Die Frage der Leistungsbereitschaft umfaßt Bestand, Art und Höhe der Forderung, soweit sie beschlagnahmt ist. Sie erfordert bei Gesamtgläubigerschaft (zB „Oder"-Konto) auch Bezeichnung des Forderungsrechts des anderen Gesamtgläubigers (Stöber FdgPfdg Rn 643a; App JurBüro 90, 935). Sie gebietet auch Äußerung, wenn Zahlungsbereitschaft wegen einer Aufrechnungsmöglichkeit nicht besteht (Stöber FdgPfdg Rn 642a; „Aufrechnung bleibt vorbehalten" kann genügen). Die Erklärung, daß die Forderung nicht anerkannt werde, braucht nicht näher begründet zu werden (München NJW 75, 174; wenngleich das klarstellend zweckmäßig sein kann); zur Vorlage von Belegen ist der Drittschuldner, der die Forderung nicht anerkennt, nicht verpflichtet (BGH 86, 23 = NJW 83, 687). Die Erklärung hat auch dem Gläubiger nicht einzeln die für sein weiteres Vorgehen wesentlichen Tatsachen zu bezeichnen. Sie muß daher Aufschluß zu Einzelfragen wie Einreden, Fälligkeit, Bedingung, Gestaltungsrechte (Rücktritt, Anfechtung, Minderung) nicht enthalten (StJ/Brehm Rn 9). Bei Einkommenspfändung gehören Angaben über Bruttoeinkünfte und Abzüge sowie Zahl (ggfs auch Bezeichnung) der unterhaltsberechtigten Angehörigen nicht zum (gesetzlichen) Inhalt der Auskunft (Angabe kann dennoch zweckmäßig sein) (LAG Düsseldorf DGVZ 95, 115 = JurBüro 95, 478 u MDR 95, 1044; Stöber FdgPfdg Rn 939; Scherer Rpfleger 95, 447; aA AG Bonn Rpfleger 63, 126; VerwG Frankfurt NJW 71, 1479). Irreführende Angaben verletzen die Auskunftspflicht ebenso wie die unterlassene Erklärung (RG 149, 255). Die Erklärung, daß der Drittschuldner die Forderung **als begründet anerkenne,** stellt nur eine Auskunft tatsächlicher Art dar (BGH 69, 328 = NJW 78, 44; Benöhr NJW 76, 174; Marburger JR 72, 7), kein deklaratorisches (so aber München NJW 75, 174; Braunschweig NJW 77, 1888 L) oder bestätigendes Schuldanerkenntnis. Im Rechtsstreit des Gläubigers gegen den Drittschuldner hat die Erklärung jedoch gewisse Beweiskraft; mit Vorlage des schriftlichen Anerkenntnisses genügt der Gläubiger seiner Darlegungs- und Beweispflicht. Der Drittschuldner hat die Möglichkeit des Gegenbeweises; die Beweislast ist daher praktisch umgekehrt. Da die Erklärung nicht bindend ist, sondern bei Unrichtigkeit zu Schadensersatz verpflichtet (Abs 2), entfallen Anfechtung und Kondiktion.

6 **2) ob und welche Ansprüche andere Personen an die Forderung machen,** auch wenn die Ansprüche zweifelhaft (ungewiß) sind. Als Rechtsgrund für „Ansprüche" kommen in Betracht: Abtretung, Übergang kraft Gesetzes, Verpfändung. Die anderen Berechtigten sind mit Namen, Anschrift sowie Grund und Betrag der Ansprüche zu bezeichnen (LAG Hannover NJW 74, 768). Auch eine Verfügung (Abtretung usw) erst zwischen Pfändung und Auskunft muß angegeben werden (Stöber FdgPfdg Rn 644).

7 **3) ob und wegen welcher Ansprüche die Forderung bereits für andere Gläubiger gepfändet sei.** Zu bezeichnen sind Gläubiger und Art sowie Höhe seiner Ansprüche, auch der Pfändungsbeschluß nach Gericht (Behörde) und Tag. Noch wirksame Vorpfändungen sind anzugeben; nachrangige Pfändungen brauchen nicht bezeichnet zu werden.

8 Der Gläubiger kann sein Auskunftsverlangen auch auf einzelne Fragen des § 840 **beschränken,** nicht aber auf weitere Einzelfragen ausdehnen. Zur Wiederholung oder Ergänzung seiner Angaben ist der Drittschuldner, der die Fragen des § 840 beantwortet (und verneint) hat, nicht verpflichtet, desgleichen nicht zur Vorlage von Belegen (BGH 86, 23).

9 **IV) 1)** Zu erteilen ist die Auskunft **binnen zwei Wochen** von der Zustellung des Pfändungsbeschlusses mit der Aufforderung an den Drittschuldner an, auch wenn sie im Ersatzwege erfolgt ist. Fristberechnung: § 222. Der Tag der Zustellung rechnet nicht mit. Die Frist ist Überlegungsfrist; zur Fristwahrung genügt daher rechtzeitige Absendung (Stöber FdgPfdg Rn 637; StJ/Brehm Rn 6; MK/Smid Rn 9; streitig; für Zugang in der Frist wohl BGH 79, 275 = NJW 81, 990); Fristwahrung ist vom Drittschuldner zu beweisen. Ist der letzte Tag der Frist ein Sonnabend, Sonn- oder Feiertag, so kann die Erklärung noch am nächsten Werktag abgeben werden; zwischenzeitliche Einstellung der ZwV berührt Erklärungspflicht und Frist nicht. Fristverlängerung ist nur durch den Gläubiger möglich, nicht durch den GV oder das Vollstreckungsgericht. Folge der Fristversäumnis: Haftung nach Abs 2. Ergänzung der Erklärung ist jederzeit möglich (RG 149, 256).

10 **2)** Die **Erklärung kann bei Zustellung** des Pfändungsbeschlusses oder innerhalb der Zweiwochenfrist **an den GV** erfolgen (Abs 3). Zum Inhalt der nach Abs 3 S 2 aufzunehmenden Zustellungsurkunde s § 173 Nr 2 GVGA. Auch innerhalb der Frist kann die Erklärung noch an den GV erfolgen (Abs 3 S 1), der sie durch Protokoll festzustellen und unverzüglich dem Gläubiger zu übermitteln hat (s § 173 Nr 2 Abs 2 GVGA). Die Erklärung kann schriftlich auch unmittelbar an

den Gläubiger, nicht aber an das Vollstreckungsgericht gerichtet werden; nach Ablauf der Erklärungsfrist kann der GV die Entgegennahme der Erklärung ablehnen.

3) Zu **Ergänzung** oder Berichtigung der bei Abgabe richtigen Erklärung verpflichtet § 840 I den Drittschuldner nicht (die Erklärungspflicht ist erfüllt, BGH 86, 23 [26]), wenn das Gläubigerpfandrecht erst durch ein nachträgliches Ereignis beeinträchtigt wird (StJ/Brehm Rn 13 mwN; LAG Hamm JurBüro 91, 131 = MDR 91, 88 [für Ende der Lohnfortzahlung nach Erkrankung]). **10a**

4) **Kosten** der Auskunft hat der Gläubiger dem Drittschuldner nicht zu erstatten (BAG BB 86, 188 mit Anm Petersen = NJW 85, 1181 mwN; BVerwG Rpfleger 95, 261; LG München I MDR 63, 757 = NJW 63, 1509; AG Bad Bramstedt MDR 81, 854; AG München AnwBl 81, 40; AG Münster JurBüro 91, 276; aA: bei schwieriger Sach- und Rechtslage sind auch Rechtsanwaltskosten zu erstatten: Eckert MDR 86, 799; Gutzmann BB 76, 700; Olschewski MDR 74, 714; AG Düsseldorf JurBüro 85, 723; MK/Smid Rn 8; kritisch Cebulka AnwBl 79, 409; auch LG Essen JurBüro 85, 627: keine Erstattung in einfachen Fällen). Die Arbeitsgerichte sind für Geltendmachung des Anspruchs eines Lohnpfändungsgläubigers gegen den Drittschuldner auf Kostenerstattung nicht zuständig (BAG aaO). **11**

V) 1) Bei **Nichterfüllung der Auskunftspflicht** haftet der Drittschuldner dem Gläubiger für den entstehenden Schaden (Abs 2 S 2; gesetzliches Schuldverhältnis). Die Haftung besteht auch bei nur unvollständiger, falscher (Düsseldorf OLGR 96, 35) oder nicht rechtzeitig erteilter Auskunft (RG 149, 255), bei letzterer für den Schaden bis zur Auskunftserteilung. Die Haftung setzt Verschulden voraus (BGH 79, 275). Den Drittschuldner trifft ein Verschulden auch, wenn er die Frage, wem die gepfändete Forderung zusteht, nicht mit der gebotenen Sorgfalt geprüft hat (BGH MDR 83, 308). Daß ihn kein Verschulden trifft, hat der Drittschuldner zu beweisen (BGH aaO). Eigenes Verschulden muß sich der Gläubiger nach Maßgabe des § 254 BGB anrechnen lassen (BGH MDR 83, 308). **12**

2) Die Haftung beschränkt sich auf den **Schaden** des Gläubigers, der durch dessen Entschluß verursacht ist, die gepfändete Forderung gegen den Drittschuldner geltend zu machen oder davon abzusehen (BGH 98, 291 = JZ 87, 46 mit Anm Brehm = NJW 87, 64). Der Schaden besteht zunächst in den Kosten des vom Gläubiger gegen den Drittschuldner unnütz geführten Einziehungsrechtsstreits oder vorgerichtlicher Rechtsverfolgung. Setzt der Gläubiger den Rechtsstreit in der Hauptsache fort, wenn nachträglich Auskunft erteilt (oder richtiggestellt) worden ist, dann sind die bisherigen Prozeßkosten nicht unnütz aufgewendet, mithin nicht als Schaden entstanden. Desgleichen begründet Klage des Gläubigers trotz negativer Auskunft (der er mißtraut) keinen Schadensersatzanspruch, wenn er diese dann doch als richtig hinnimmt (Hamm MDR 87, 770). Schaden kann auch dadurch entstehen, daß der Gläubiger infolge der nicht erteilten oder unrichtigen Auskunft andere Vollstreckungsmöglichkeiten gegen den Schuldner versäumt (BGH 69, 328 u JurBüro 82, 66 = ZIP 82, 1482; Düsseldorf OLGR 96, 35). Wenn der Gläubiger sich auf die Pfändung beschränkt, die von Anfang an unsicher ist, und andere aussichtsreiche Vollstrekkungsversuche unterläßt, kann eine nicht oder unrichtig erteilte Auskunft jedoch nicht als schadensverursachend angesehen werden (BGH ZIP 82, 1482). Als Schadensersatz kann der Gläubiger nicht verlangen so gestellt zu werden, wie wenn die Forderung des Schuldners gegen den Drittschuldner bestünde. Der Gläubiger kann daher nicht Ersatz des Schadens verlangen, der ihm dadurch erwächst, daß er keine Zahlung erlangt, weil die gepfändete Forderung nicht besteht oder mit Einreden bzw Einwendungen behaftet ist (BGH 69, 328). Auf einen Schaden, der durch Unterlassen einer Pfändung aus weiteren Titeln des Gläubigers entstanden ist, bezieht sich die Haftung nicht (BGH 98, 291). Auch Vermögensschaden, den der Gläubiger nicht bei ZwV, sondern im Vertrauen auf die Drittschuldnererklärung bei anderen wirtschaftlichen Dispositionen erleidet (zB mit weiterer Kreditgewährung), ist nicht zu ersetzen (LG Detmold ZIP 80, 1080). Kosten des Hauptsacheverfahrens sind nach Arrestpfändung nicht Teil des nach Abs 2 zu ersetzenden Schadens (BGH 68, 289). Weitergehende Haftung aus Verletzung der Erklärungspflicht (Erteilung einer falschen Auskunft) kann sich aus § 826 BGB ergeben (BGH 98, 291). **13**

3) Im **Rechtsstreit** kann der Gläubiger, der infolge nicht rechtzeitiger Auskunftserteilung Zahlungsklage gegen den Drittschuldner erhoben hat, zur Klage auf Feststellung der Haftung des Drittschuldners für den aus der Nichterfüllung der Auskunftsverpflichtung entstandenen Schaden übergehen, wenn sich herausgestellt hat, daß der gepfändete Anspruch nicht besteht (BGH 79, 275; Düsseldorf NJW-RR 88, 574), und zwar auch vor dem Arbeitsgericht (BAG 10, 39 = NJW 61, 92; LAG Bad-Wttbg JurBüro 94, 135; LAG Kiel NJW 66, 800; aA LAG Frankfurt NJW 56, 1334). Auf Geltendmachung seines Schadensersatzanspruchs in einem neuen Prozeß ist der Gläubiger nicht verwiesen; desgleichen ist weder § 91a entsprechend anzuwenden noch kann Kostenersatz in entsprechender Anwendung des § 93 erfolgen (BGH MDR 79, 1000 = WM 79, 1128; BGH 79, 275). Der Gläubiger kann auch nicht darauf verwiesen werden, mit seiner Schadensersatzforderung gegen den Kostenerstattungsanspruch des Drittschuldners aus dem erledigten Rechtsstreit über die Zahlungsklage aufzurechnen (BGH 79, 275). Wenn der Gläubiger **14**

nicht im Wege der Klageänderung seinen Schaden durch Klageantrag auf Feststellung der Verpflichtung zum Schadensersatz (BGH 79, 275) oder durch einen bezifferten Antrag (BGH MDR 79, 1000) geltend macht, ist die Klage daher abzuweisen; Kosten sind dem Kläger aufzuerlegen (BGH MDR 79, 1000 u 79, 275). Im Arbeitsgerichtsprozeß ist der Erstattungsanspruch aus dem Schuldgrund des § 840 II S 2 durch § 12a S 1 ArbGG nicht beschränkt; der Erstattungsanspruch gegen den Drittschuldner umfaßt daher auch Kosten für Zuziehung eines Prozeßbevollmächtigten (BAG 65, 139 = NJW 90, 2643 unter Aufgabe von BAG 10, 39; BAG 21, 1 = NJW 68, 1740 u BAG 24, 486 = NJW 73, 1061; LG Köln MDR 90, 162 = NJW-RR 90, 125; LG Rottweil AP § 840 Nr 5 = Rpfleger 90, 265; LG Tübingen NJW 82, 1890; LAG Bad-Wttbg JurBüro 94, 135; LAG Düsseldorf MDR 95, 1044).

15 VI) 1) Einen **einklagbaren Anspruch** gegen den schweigenden Drittschuldner auf die Auskünfte des § 840 I hat der Gläubiger **nicht** (BGH 91, 126 = NJW 84, 1901; LG Nürnberg-Fürth ZZP 96 [1983] 118 m. Anm Waldner, je mwN zu der früher heftig umstritten gewesenen Frage). § 840 begründet Auskunftspflicht mit der Folge, daß sich die Haftung des Drittschuldners in seiner Schadensersatzpflicht erschöpft; ihm ist damit auferlegt, vermeidbaren Schaden durch Klarstellung (Offenlegung) der Verhältnisse abzuwenden; einen im Wege der Klage durchsetzbaren Auskunftsanspruch begründet § 840 darüber hinaus nicht (BGH aaO; für einen nach Lohnpfändung im Drittschuldnerprozeß durchsetzbaren Auskunftsanspruch noch Staab NZA 94, 439). Der (materielle) Anspruch auf Auskunft sowie Rechnungslegung, auf den sich eine Pfändung als Nebenanspruch erstreckt (§ 829 Rn 20), kann unabhängig von der Auskunftspflicht des § 840 geltend gemacht und mit Klage verfolgt werden. Das gilt auch für den Anspruch auf Lohn- und Provisionsabrechnung (§ 87c HGB).

16 2) Eine **Auskunft**, die der Drittschuldner **ohne rechtliche Verpflichtung** erteilt, muß richtig sein. Eine falsche oder unvollständige freiwillige Auskunft begründet Haftung (aA Düsseldorf OLGR 96, 35), und zwar auch dann, wenn die Auskunft nachträglich unrichtig wird, der Drittschuldner jedoch den Gläubiger nicht benachrichtigt.

17 **VII) Gebühren: 1)** des **Anwalts des Gläubigers:** Für die Aufforderung an den Drittschuldner zur Erklärung nach § 840 erhält der RA neben der bereits verdienten Vollstreckungsgebühr für den Antrag auf Forderungspfändung keine weitere Gebühr (§ 58 I BRAGO). Die weitere gegen den Drittschuldner gerichtete Tätigkeit des RA des Gläubigers wird nicht durch die Vollstreckungsgebühr abgegolten; er erhält für diese Tätigkeit die gleichen Gebühren wie bei jedem anderen Auftrag zur Mahnung oder Klageerhebung. – **2) Für die Erklärung (im Auftrag des Drittschuldners) nach § 840** erhält der RA die ($^{3}/_{10}$) Gebühr aus § 57 BRAGO. – **3)** des **Gerichtsvollziehers:** Für die persönliche Zustellung mit Aufforderung nach § 840: § 16 III GVKostG. Die Gebühr ermäßigt sich im Fall des § 16 IV GVKostG. Für die Aufnahme der vom Drittschuldner abgegebenen Erklärungen werden Schreibauslagen erhoben (§ 36 I Nr 5 GVKostG).

841

[Pflicht zur Streitverkündung]

Der Gläubiger, der die Forderung einklagt, ist verpflichtet, dem Schuldner gerichtlich den Streit zu verkünden, sofern nicht eine Zustellung im Ausland oder eine öffentliche Zustellung erforderlich wird.

1 Zuziehung des Schuldners bei der gegen den Drittschuldner anzustrengenden Leistungs- oder Feststellungsklage mit Streitverkündung dient Schuldnerinteressen. Sie hat auch nach Überweisung an Zahlungs Statt und im arbeitsgerichtlichen Verfahren zu erfolgen. Form und Wirkungen der Streitverkündung: §§ 68, 73, 74 III.

2 **Unterlassung** der Streitverkündung macht unter Umständen den Gläubiger dem Schuldner (nicht auch dem Drittschuldner) schadensersatzpflichtig (RG 83, 121).

842

[Verzögerte Beitreibung]

Der Gläubiger, der die Beitreibung einer ihm zur Einziehung überwiesenen Forderung verzögert, haftet dem Schuldner für den daraus entstehenden Schaden.

1 Interessen des Schuldners verpflichten den Gläubiger, seine mit Überweisung erlangte Einziehungsbefugnis (§ 836 Rn 4) alsbald außergerichtlich und gerichtlich geltend zu machen. Schuldhafte (LAG Hamm Betrieb 88, 1703; StJ/Brehm Rn 1) Verzögerung der Beitreibung (Einziehung) begründet Haftung des Gläubigers für den dem Schuldner daraus entstehenden Schaden (§ 249 BGB; zB wenn ein Drittschuldner zahlungsunfähig wird, infolge Ablaufs tariflicher Verfallfrist). Mitverschulden des Schuldners ist nach § 254 BGB zu werten. Rechtsbeziehungen zwischen Schuldner und Drittschuldner berührt die Verantwortlichkeit des Gläubigers nach § 842 nicht (BGH NJW 96, 48 [50] = VersR 96, 190). § 842 trifft nicht zu bei Überweisung an Zahlungs Statt, da sie den Gläubiger befriedigt und der Schuldner befreit wird.

843 *[Verzicht des Pfandgläubigers]* **Der Gläubiger kann auf die durch Pfändung und Überweisung zur Einziehung erworbenen Rechte unbeschadet seines Anspruchs verzichten. Die Verzichtleistung erfolgt durch eine dem Schuldner zuzustellende Erklärung. Die Erklärung ist auch dem Drittschuldner zuzustellen.**

I) **Zweck:** Aufhebung der Pfändungswirkungen durch Gläubiger ohne Mitwirkung des Vollstreckungsgerichts. 1

II) **Verzichtserklärung** des Gläubigers ist Prozeßhandlung. Muster: Stöber FdgPfdg Rn 676. Der Verzicht muß dem Schuldner erklärt werden. Ihm ist die schriftliche Erklärung des Gläubigers (seines Prozeßbevollmächtigten) im Parteibetrieb zuzustellen (§§ 166 ff). Auch einfache Erklärung (ohne Zustellung) an den Schuldner bewirkt aber Verzicht, weil § 843 nur den formellen Weg zur Abwendung von Beweisschwierigkeiten aufzeigt (BGH MDR 83, 486 = NJW 83, 886; RG 139, 172 [175] u JW 35, 3541). Der Verzicht auf die durch Pfändung erworbenen Rechte schließt die Einziehungsbefugnis ein; Verzicht nur auf die durch Überweisung zur Einziehung erlangten Rechte wird für zulässig erachtet, dürfte aber praktische Bedeutung kaum erlangen, weil Überweisung zur Einziehung andere Verwertung nicht hindert. Übernahme der Verpflichtung, unter bestimmten Voraussetzungen Rechte aus der Pfändung/Überweisung aufzugeben, hat keine Verzichtswirkung. Auch unter aufschiebender (nicht aber auflösender) Bedingung kann Verzicht erklärt sein. Rangrücktritt hinter einen nachfolgenden Gläubiger ist kein Verzicht (RG JW 13, 885), auch nicht, wenn der Gläubiger das Pfandrecht nicht voll ausschöpft (zB durch Abschluß eines Ratenzahlungsvergleichs mit Drittschuldner). Überweisung an Zahlungs Statt hat Forderungsübergang mit Gläubigerbefriedigung bewirkt, schließt somit Verzicht aus. 2

III) **Verzichtswirkung,** die bereits mit Zustellung der Erklärung an Schuldner eintritt (RG 139, 172); Zustellung an den Drittschuldner ist dafür nicht wesentlich; sie entfaltet allein auch keine Wirkung (BGH NJW 83, 886 [887]): Beschlagnahme (Verstrickung) der Forderung und Pfandrecht des Gläubigers (§ 829 Rn 16) sowie dessen mit Überweisung erlangte Einziehungsermächtigung (§ 836 Rn 3) erlöschen ohne Aufhebung des Pfändungs- und Überweisungsbeschlusses. Der Schuldner ist wieder Berechtigter einer ungepfändeten Forderung. Der Drittschuldner erhält davon durch Zustellung nach S 2 Mitteilung; er ist durch § 836 II geschützt, bis er vom Wirksamwerden des Verzichts Kenntnis erlangt. Auf Antrag des Schuldners, Drittschuldners oder Gläubigers ist der Pfändungs/Überweisungsbeschluß aufzuheben, wenn dem Vollstreckungsgericht Wirksamwerden des Verzichts nachgewiesen ist (streitig; s Stöber FdgPfdg Rn 682 mit Nachw). Den vollstreckbaren Anspruch des Gläubigers und seinen durch den Vollstreckungstitel ausgewiesenen Vollstreckungsanspruch berührt der Verzicht nicht (S 1). Der Gläubiger kann weiter vollstrecken; er kann auch dieselbe Forderung wieder pfänden. 3

IV) **Gebühren: a) des Anwalts:** Für die Erklärung eines Verzichts keine, wenn der RA bereits die Vollstreckungsgebühr aus § 57 BRAGO verdient hat (§ 58 I BRAGO). – **b)** des **Gerichtsvollziehers:** Für die Zustellung der Verzichtserklärung an Schuldner u Drittschuldner je Zustellungsgebühr nach § 16 GVKostG (§ 15 Nr 1, 3 GVGA, Nr 18 I GVKostGr) Höhe: 10 DM, wenn der GVollz persönlich zustellt (§ 16 I GVKostG); ansonsten 1/4 der Gebühr nach Abs I. 4

844 *[Andere Art der Verwertung]* **(1) Ist die gepfändete Forderung bedingt oder betagt oder ist ihre Einziehung wegen der Abhängigkeit von einer Gegenleistung oder aus anderen Gründen mit Schwierigkeiten verbunden, so kann das Gericht auf Antrag an Stelle der Überweisung eine andere Art der Verwertung anordnen.**

(2) Vor dem Beschluß, durch welchen dem Antrag stattgegeben wird, ist der Gegner zu hören, sofern nicht eine Zustellung im Ausland oder eine öffentliche Zustellung erforderlich wird.

I) **Zweck:** Wie § 825 Rn 1. **Anordnung** einer **anderen Art der Verwertung** ist gegenüber der Überweisung (§ 835) die Ausnahme; sie ist nur zulässig, wenn sie vorteilhafter erscheint (§ 825 Rn 2), weil die gepfändete Forderung bedingt oder betagt oder ihre Einziehung wegen der Abhängigkeit von einer Gegenleistung oder aus anderen Gründen (zB Zahlungsunfähigkeit des Drittschuldners) mit Schwierigkeiten verbunden ist (Abs 1). Schutzwürdige Interessen des Schuldners sind zu würdigen (§ 825 Rn 2). 1

II) Als **andere Art der Verwertung** kann angeordnet werden: die **Versteigerung** der gepfändeten Forderung (im Fall des § 857 des Rechts); Verwertung durch **freihändige Veräußerung** der Forderung (des Rechts); Überweisung an Zahlungs Statt zu einem **unter dem Nennwert** liegenden Betrag (Schätzwert usw); **Ausübung** eines gepfändeten **Rechts** durch einen anderen, insbes Verwaltung oder Verpachtung (s auch § 857 IV). Erweiterung der Pfändungswirkungen (§ 829 Rn 16) ermöglicht § 844 nicht; Rechte des Pfändungsgläubigers können nicht ausgedehnt werden. Unzulässig ist daher Anordnung der Versteigerung einer nur teilweise gepfändeten Forde- 2 rung zum vollen Betrag (KG OLG 5, 330), Ermächtigung des Gläubigers, mit dem Drittschuldner neue Zahlungsbestimmungen zu vereinbaren (Stöber FdgPfdg Rn 1479; aA StJ/Brehm Rn 14), Stundung zu gewähren oder ihm mit Vergleich entgegenzukommen.

3 **III) Verfahren: 1) Zuständig** (ausschließlich, § 802) ist das Vollstreckungsgericht nach dem Gerichtsstand des Schuldners bei Antragstellung (§ 828; RG 61, 330 [332]), bei Wohnsitzänderung nach Pfändung sonach das neue Wohnsitzgericht. Es entscheidet der Rechtspfleger (§ 20 Nr 17 RpflG); Besonderheit, wenn Schuldner Unpfändbarkeit geltend macht, s § 825 Rn 7.

4 2) Die Anordnung ergeht auf **Antrag** des Gläubigers oder Schuldners, nicht aber des Drittschuldners. Der Antrag des Gläubigers kann mit dem Pfändungsantrag verbunden werden; die (gesonderte) Entscheidung über ihn muß jedoch bis zum Wirksamwerden der Pfändung und dann möglicher Anhörung des Schuldners ausgesetzt werden. Antragsberechtigt ist auch ein nachrangig pfändender Gläubiger (RG 87, 324; 164, 169); der erstpfändende Gläubiger, dem die Art der Verwertung nachteilig ist, kann Erinnerung (§ 766) erheben (RG 97, 34 [41]). Der Antrag kann auch nach Überweisung zur Einziehung noch gestellt werden, nicht mehr jedoch nach Überweisung an Zahlungs Statt. Zum Antrag s § 825 Rn 8.

5 **3) Einstweilige Einstellung.** Wie § 825 Rn 9 (jedoch hier kaum von Bedeutung); **Verfahren** über den Antrag mit rechtlichem Gehör und Entscheidung durch Beschluß: wie § 825 Rn 10, 11. Als Gegner zu hören ist auch ein Gläubiger mit besserem Pfandrecht. Auch Anhörung des Drittschuldners kann nach Lage des Falles zweckdienlich sein. Zustellung des andere Verwertung anordnenden Beschlusses hat auch an den Drittschuldner zu erfolgen. **Rechtsbehelf:** wie § 825 Rn 12. Zum Beschwerderecht einer GmbH, wenn die Verwertung eines der Geschäftsanteile angeordnet ist, s Frankfurt Rpfleger 76, 372.

6 **IV) Verwertung** der gepfändeten Forderung (des Rechts) hat entsprechend dem gerichtlichen Beschluß durch den GV oder die sonst bestimmte Person zu erfolgen (§ 825 Rn 14). Gesetzliche Verwertung mit Einziehung infolge Überweisung (§ 835) kann nach Anordnung anderer Verwertung nicht mehr betrieben werden (s § 825 Rn 14). Wenn freihändige **Veräußerung** (auch an einen bestimmten Interessenten) **durch den GV** angeordnet ist, werden Käufer und Preis durch Übereinkunft bestimmt; der GV handelt als Organ der ZwV hoheitlich (§ 825 Rn 15). Der Rechtsübergang erfordert jedoch Verfügungsgeschäft nach materiellem Recht. Den dafür notwendigen Vertrag schließt der GV mit dem Erwerber (RGZ 164, 172), auch wenn Verkauf und/oder Veräußerung (zB nach § 2033 I BGB, § 15 III, IV S 1 GmbHG) notarieller Beurkundung bedürfen. Eine sonstige Person wird bei der ihr zugewiesenen Veräußerung privatrechtlich tätig (§ 825 Rn 19). Auch für sie schließt Verwertung die Befugnis zur erforderlichen notariellen Beurkundung bei Verkauf und/oder Veräußerung ein. Der Erlös aus freihändiger Veräußerung ist Verwertungserlös (§ 819). **Versteigerung durch den GV** erfolgt nach Anordnung des Vollstreckungsgerichts nach §§ 816 ff (dies auch, wenn der Beschluß die Versteigerungsart nicht ausdrücklich bestimmt) oder nach § 156 BGB; eine andere Person (privater Versteigerer, auch Notar) wird bei der ihr übertragenen Versteigerung auf Grund des erteilten Auftrags privatrechtlich tätig (§ 825 Rn 19), so daß Versteigerung immer nach § 156 BGB erfolgt (BGH MDR 66, 999). Der Gläubiger kann mitbieten (KG HRR 33 Nr 964). Besondere Anordnungen des Vollstreckungsgerichts muß der GV (§ 172 Nr 2 GVGA) oder andere Versteigerer beachten. Bei Versteigerung durch den GV nach § 816 erfolgt Rechtsübergang nicht schon durch Zuschlag, sondern erst durch nachfolgende Erklärung (§ 817 II entspr), so daß er von der Zahlung des Kaufpreises abhängig gemacht werden kann. Die Formvorschriften des BGB gelten nicht; die Übertragung des Rechts durch den GV ersetzt auch eine für den Rechtsübergang (sonst) vorgeschriebene Form, zB bei Veräußerung eines Nachlaßanteils (§ 2033 I BGB), einer Hypothekenforderung (§ 1154 BGB) oder eines Wechsels (Indossament daher nicht erforderlich). Aushändigung des Versteigerungserlöses: § 819. Keine Anwendung findet bei freihändiger Verwertung oder bei Versteigerung **§ 817a über das Mindestgebot** (LG Berlin DGVZ 62, 173; LG Krefeld Rpfleger 79, 147; aA LG Münster DGVZ 69, 172; LG Essen NJW 57, 108; Petermann Rpfleger 73, 387). Das Vollstreckungsgericht kann und soll jedoch einen Mindestverkaufspreis festlegen (ist notwendig, wenn der Wert der Forderung zweifelhaft oder streitig ist; LG Berlin aaO), dessen Höhe es selbst bestimmen oder durch einen Sachverständigen (auch durch den GV) feststellen lassen kann (LG Krefeld aaO). Auch ohne Mindestgebot darf jedoch der GV (Versteigerer) den Zuschlag nur gegen ein angemessenes Gebot erteilen (LG Berlin aaO; LG Hannover DGVZ 90, 140 [GV soll dann Sachverständigengutachten einzuholen haben]).

7 **V) Gebühren: 1)** des **Gerichts:** Keine. – **2)** des **Anwalts:** Für den Antrag auf andere Art der Verwertung keine neben der bereits verdienten Vollstreckungsgebühr aus § 57 BRAGO. – **3)** des **Gerichtsvollziehers:** § 21 GVKostG.

845 *[Vorpfändung]*
(1) Schon vor der Pfändung kann der Gläubiger auf Grund eines vollstreckbaren Schuldtitels durch den Gerichtsvollzieher dem Drittschuldner und dem Schuldner die Benachrichtigung, daß die Pfändung bevorstehe, zustellen lassen mit der Aufforderung an den Drittschuldner, nicht an den Schuldner zu zahlen, und mit der Aufforderung an den Schuldner, sich jeder Verfügung über die Forderung, insbesondere ihrer Einziehung, zu enthalten. Der Gerichtsvollzieher hat die Benachrichtigung mit den Aufforderungen selbst anzufertigen, wenn er von dem Gläubiger hierzu ausdrücklich beauftragt worden ist. Der vorherigen Erteilung einer vollstreckbaren Ausfertigung und der Zustellung des Schuldtitels bedarf es nicht.

(2) Die Benachrichtigung an den Drittschuldner hat die Wirkung eines Arrestes (§ 930), sofern die Pfändung der Forderung innerhalb eines Monats bewirkt wird. Die Frist beginnt mit dem Tage, an dem die Benachrichtigung zugestellt ist.

I) Zweck und **Anwendungsbereich:** Zulassung privater ZwV-Maßnahme mit befristeter Wirkung zum Schutz des Gläubigers vor den Folgen einer Verzögerung des Vollstreckungsakts des Vollstreckungsgerichts bei ZwV in Forderungen und andere Vermögensrechte. Vorpfändung findet demgemäß nur in den Fällen statt, in denen die nachfolgende ZwV mit Pfändungsbeschluß des Vollstreckungsgerichts erfolgt, somit bei ZwV durch dieses in eine Geldforderung (§ 829), auch wenn für sie eine Hypothek besteht (§§ 830, 830a; dazu § 830 Rn 13) und für den Anspruch auf Arbeitseinkommen (§§ 850 ff), in andere Vermögensrechte (§ 857) und in Ansprüche auf Herausgabe oder Leistung körperlicher Sachen (§§ 846 ff), **nicht** aber bei Pfändung von Wertpapieren (§ 808 II, § 831) und der Forderung aus einem Wechsel sowie anderem indossablen Papier (§ 831) und einer Postspareinlage (§ 23 IV PostG), die durch den GV erfolgt. 1

II) Voraussetzungen, die bei Zustellung (nicht Anfertigung) der Vorpfändung erfüllt sein müssen: Vorliegen eines vollstreckbaren Schuldtitels wegen einer Geldforderung (Abs 1 S 1), für Kosten somit Festsetzungsbeschluß (nicht nur Kostenausspruch im Urteil), außerdem Bedingungseintritt (§ 726), Kalendertagablauf (§ 751 I mit Ausnahme in § 850d III), Angebot der Gegenleistung bei einer Verurteilung Zug-um-Zug (§ 765; jedoch kein Zustellungsnachweis für Urkunden), Ablauf der Wartefrist des § 798 als Erfordernis der Vollstreckbarkeit des Schuldtitels (aA BGH NJW 82, 1150; Düsseldorf NJW 75, 2210; LG Frankfurt/Oder JW 36, 405; Münzberg DGVZ 79, 165). **Nicht** erforderlich sind Erteilung der vollstreckbaren Ausfertigung und Zustellung des Vollstreckungstitels (Abs 1 S 3) sowie der in § 750 II bezeichneten Urkunden, desgleichen nicht Ausfertigung nach § 727 für bzw gegen den Rechtsnachfolger (hier müssen auch die Beweisurkunden für bzw gegen den Rechtsnachfolger nicht vorliegen und nicht zugestellt sein; RG 71, 179 [182]), Sicherheitsleistung (s § 720a; KG MDR 81, 412; LG Hannover JurBüro 81, 1417) sowie Zustellung des nur gegen Sicherheitsleistung vorläufig vollstreckbaren Titels mit Vollstreckungsklausel und Ablauf der Frist des § 750 III (KG MDR 81, 412; LG Frankfurt JurBüro 83, 623 = Rpfleger 83, 32; AG München DGVZ 86, 47; Münzberg DGVZ 79, 164; aA Gilleßen/Jakobs DGVZ 79, 103 [106]). Bei einer künftigen Forderung muß bereits eine Rechtsbeziehung zwischen Schuldner und Drittschuldner bestehen, die Pfändung ermöglicht (s § 829 Rn 2). Daher ist Vorpfändung eines Steuererstattungsanspruchs nicht zulässig, bevor der Anspruch entstanden ist (§ 46 VI S 1 AO). Auftrag an den GV kann bereits vor diesem Zeitpunkt erteilt werden. Eine entgegen dem Pfändungsverbot dem Drittschuldner vor Entstehen des Anspruchs zugestellte Vorpfändung ist jedoch nichtig (§ 46 VI S 2 AO; dazu Buciek Betrieb 85, 1428). 2

III) Durchführung: 1) Bewirkt wird die Vorpfändung durch **Zustellung** einer vom Gläubiger (seinem Vertreter, RG 64, 217) gefertigten schriftlichen **Benachrichtigung an Drittschuldner** und Schuldner, daß die Pfändung bevorstehe. Die Benachrichtigung muß den für wirksamen Pfändungszugriff mit Pfändungsbeschluß erforderlichen Inhalt haben (§ 829 Rn 7 ff), insbes somit die Forderung, deren Pfändung angekündigt wird (RG 64, 216), so bestimmt oder bestimmbar bezeichnen, daß über die Identität der späteren Pfändung mit der Vorpfändung kein Zweifel aufkommen kann (Düsseldorf MDR 74, 409). Auslegung erfolgt wie beim Pfändungsbeschluß (§ 829 Rn 9), nicht aber über den Wortsinn hinaus (s Düsseldorf aaO), Pfändungsgrenzen (§§ 850c, d) sind zu beachten (wird mitunter nicht berücksichtigt). Die Benachrichtigung muß die Aufforderung an den Drittschuldner enthalten, nicht mehr an den Schuldner zu zahlen, und die Aufforderung an den Schuldner, sich jeder Verfügung über die Forderung, insbes ihrer Einziehung, zu enthalten (Abs 1 S 1). Zugestellt wird im Parteibetrieb durch den GV (§§ 166 ff); öffentliche Zustellung an Drittschuldner ist ausgeschlossen (zulässig ist sie im Falle des § 857 II an den Schuldner; AG Flensburg JurBüro 81, 464). Wirksam wird die Vorpfändung mit der Zustellung an den Drittschuldner (Abs 2 S 1; s § 829 III; fehlt ein Drittschuldner, gilt § 587 II). Ersatzzustellung kann wie bei Pfändung selbst erfolgen. Benachrichtigung des Drittschuldners ohne Mitwirkung des GV (durch Boten, mit Eilbrief, Einwurf in den Briefkasten) ist unwirksam (Koblenz DGVZ 84, 58; LG Hechingen DGVZ 86, 188; LG Marburg DGVZ 83, 119 = JurBüro 83, 1573; LG Koblenz MDR 83, 587; Schneider DGVZ 83, 33; aA AG Kassel JurBüro 85, 1738: 3

Heilung nach § 187). Nicht wesentlich für Wirksamkeit ist Zustellung an den Schuldner (s § 829 Rn 15; anders in Fällen des § 857 II), die aber Amtspflicht des GV ist, deren Verletzung Schadensersatzpflicht begründen kann. Daß an den Schuldner auch Abschrift der Urkunde über die Zustellung an den Drittschuldner zuzustellen sei, ist für die nur kurzlebige Vorpfändung (die zur Einziehungsbefugnis des Gläubigers nicht führen kann) nicht bestimmt (aA AG/LG Stuttgart DGVZ 90, 15: § 829 II S 2 entspr).

4 2) Der **GV** (Zuständigkeit bei persönlicher Zustellung wie § 166 Rn 2, sonst § 22 GVO) hat die Benachrichtigung mit der Aufforderung selbst anzufertigen, wenn er von dem Gläubiger hierzu ausdrücklich beauftragt worden ist (Abs 1 S 2). Ausnahme: § 857 VII. Auftrag kann schriftlich oder mündlich erteilt werden; die Beauftragung muß jedoch ausdrücklich erfolgen. Wird der Auftrag des Gläubigers gleichzeitig oder nachträglich mit einem Vollstreckungsauftrag nach § 753 I verbunden, so kann sich der Gläubiger auf die pauschale Anweisung beschränken, die dem Schuldner zustehenden und dem GV bei Durchführung des Vollstreckungsauftrags bekannt werdenden pfändbaren Forderungen vorläufig zu beschlagnahmen. In diesem Fall hat der GV festgestellte pfändbare Forderungen in die Benachrichtigung aufzunehmen. Der Auftrag endet mit der ZwV-Maßnahme. Für später (nach Rückgabe des Schuldtitels) noch bekannt werdende Forderungen besteht der Auftrag zur Anfertigung der Vorpfändung nicht fort (Stöber FdgPfdg Rn 801). Der Gläubiger kann den GV aber auch beauftragen, unabhängig von einer Vollstreckung die Benachrichtigung mit den Aufforderungen zu fertigen. In diesem Fall sind die zur Bezeichnung der zu pfändenden Forderung nötigen Angaben (auch Name des Drittschuldners) mitzuteilen. Selbständige Forderungsermittlung (ohne ZwV-Auftrag) kann dem GV nicht aufgegeben werden (Stöber FdgPfdg Rn 801b). Bei Anfertigung der Benachrichtigung handelt der GV selbständig als staatliches ZwV-Organ (Arnold MDR 79, 358 [360]; Hornung Rpfleger 79, 284; Gilleßen u Jakobs DGVZ 79, 103 [104]; aA Münzberg DGVZ 79, 161: als Vertreter des Gläubigers). Er hat daher die Voraussetzungen der Vorpfändung zu prüfen, somit auch, ob der Gläubiger einen vollstreckbaren Schuldtitel erwirkt hat (s § 178 Nr 3 GVGA), und die Vorpfändung abzulehnen, wenn bzw soweit ein Pfändungsverbot oder eine Pfändungsbeschränkung ZwV verbietet. Prüfung der vom Gläubiger selbst gefertigten Benachrichtigung hat nicht zu erfolgen; in diesem Fall beschränkt sich die Mitwirkung des GV auf die Zustellung. Aufträge mehrerer Gläubiger auf Anfertigung einer Vorpfändung derselben Forderung hat der GV gleichzeitig zu behandeln (gebietet gleichzeitige Zustellung, Stöber FdgPfdg Rn 801h; s auch § 804 Rn 5).

5 **IV) Wirkungen:** 1) Die Benachrichtigung hat, wenn die Pfändung der Forderung **innerhalb eines Monats** bewirkt wird, die **Wirkung** eines Arrestes (§ 930), dh **der Arrestvollziehung mit Forderungspfändung** (Abs 2 S 1), also die Wirkung der Beschlagnahme im Wege der ZwV (BGH 87, 166 [168]). Das gilt auch für eine Sicherungspfändung nach § 720a (BGH 93, 71 = NJW 85, 863). Die Frist beginnt mit Zustellung der Benachrichtigung an den Drittschuldner (Zustellungstag rechnet nicht mit); Berechnung nach § 222. Die nachfolgende Pfändung muß in der Monatsfrist mit Zustellung an den Drittschuldner (§ 829 III; zu § 830 s dort Rn 13) Wirksamkeit erlangen, bei zwischenzeitlicher Sicherung der Forderung durch Hypothek nach § 830; nicht erforderlich ist, daß sie ausdrücklich auf die Vorpfändung verweist. Die Wirksamkeit der rechtzeitig nachfolgenden Pfändung wird damit auf den Zeitpunkt der Vorpfändung zurückdatiert. Pfändungswirkungen (Beschlagnahme und Pfändungspfandrecht, § 829 Rn 16), damit auch Pfändungsrang (§ 804 III; RG 97, 223) bestimmen sich dann nach dem Zeitpunkt der Vorpfändung. Alle Verfügungen über die gepfändete Forderung nach Wirksamwerden der Vorpfändung sind damit dem Gläubiger gegenüber unwirksam. Die hM wertet diese Wirkungen der privaten Vollstreckungshandlung des Gläubigers als auflösend bedingtes Pfandrecht (StJ/Brehm Rn 14 mit Nachw; MK/Smid Rn 15). Rechtzeitig nachfolgende rechtswirksame Pfändung ist jedoch gesetzliche Voraussetzung der Pfändungswirkungen, somit dafür, daß bereits mit Zustellung der Vorpfändung das Pfandrecht begründet ist. Das entspricht nicht dem Wesen der auflösenden Bedingung; sie kann daher auch der gesetzlich angeordneten Rückwirkung der Pfändungswirkungen nach Vorpfändung nicht zugrunde gelegt werden. **Wirkungslos** bleibt die Vorpfändung, wenn nicht innerhalb der Frist die Pfändung der Forderung bewirkt ist. Gleichgültig ist, ob der Gläubiger die Frist versäumt hat oder ob Pfändung nicht mehr möglich war, zB wegen Einstellung der ZwV, Beschlagnahme durch Zwangsverwaltung. Ohne Wirkung ist die Pfändungsbenachrichtigung auch wegen des Betrags der Gläubigerforderung, der nur in der Vorpfändung bezeichnet ist, für den die wegen einer geringeren Forderung innerhalb der Frist wirksam gewordene Pfändung sonach nicht erfolgt ist. Keine Bedeutung hat die Pfändungsankündigung, soweit Pfändung wegen einer weiteren Forderung erfolgt. In diesem Fall hat die Vorpfändung die Pfändungswirkungen der Arrestpfändung, soweit die Gläubigerforderung von Vorpfändung und Pfändung sich deckt, während die Pfändung wegen des Mehrbetrags mit ihrer Zustellung nach § 829 III (oder nach § 830) neu wirksam wird. Wenn die rechtzeitig bewirkte Pfändung wieder aufgehoben wird, entfallen damit auch die Pfändungswirkungen, die nach Abs 2 S 1 für sie die Vorpfändung bewirkt hat. Für die Anfechtung der Pfändung im Konkurs (§§ 29 ff KO) ist der Zeitpunkt der

Vorpfändung maßgebend (RG 83, 332). Wird nach Zustellung der Benachrichtigung über das Vermögen des Schuldners der Konkurs oder das Vergleichsverfahren eröffnet oder die ZwV aus dem der Vorpfändung zugrunde liegenden Schuldtitel eingestellt, so ist die Pfändung nicht mehr zulässig (RG 42, 365; Darmstadt JW 33, 1539; aA Meyer-Reim NJW 93, 3041). Erfolgt die Pfändung erst nach Beginn der Sperrfrist des § 28 VerglO, dann verliert auch die vorher erfolgte Vorpfändung mit Bestätigung des Vergleichs ihre Wirkung (RG 151, 265). Betraf die Vorpfändung eine Mietzinsforderung und wurde inzwischen das Grundstück veräußert oder versteigert, so wirkt die durch nach der Veräußerung bzw Versteigerung erfolgte gerichtliche Pfändung wirksam gewordene Vorpfändung, soweit der laufende und folgende Kalendermonat in Frage kommt, auch gegen den Grundstückserwerber.

2) **Wiederholung** einer Vorpfändung ist zulässig, erlangt Wirksamkeit jedoch nur neu nach Abs 2; Rückbeziehung auf den Zeitpunkt der früheren Vorpfändung (damit Rangwahrung) ist ausgeschlossen. **Auskunftspflicht** des Drittschuldners begründet die Vorpfändung nicht (§ 840 Rn 2); wenn Auskunft gleichwohl erteilt wird, muß sie aber richtig sein (§ 840 Rn 16). **Verzicht** auf Vorpfändung ist nach § 843 möglich. Die **Kosten** der Vorpfändung sind, soweit sie notwendig waren, als ZwV-Kosten erstattungsfähig (§ 788; Notwendigkeit bei begründetem Anlaß nach den Umständen des Einzelfalls, s Frankfurt MDR 94, 843; KG JurBüro 87, 715 = MDR 87, 595; München NJW 73, 2070; Hamburg JurBüro 90, 533 = MDR 90, 344; LAG Köln JurBüro 93, 622 = MDR 93, 915 u MDR 95, 423). Erstattungsfähigkeit erfordert nicht stets, daß der Drittschuldner den Gläubiger auf Grund der Pfändungsankündigung befriedigt oder daß dieser die Pfändung folgen läßt (KG DR 39, 1190; vgl auch Anm zu § 91). Als nicht notwendig können in den Fällen der §§ 720a, 798 uU auch die dem Schuldner durch Vorpfändung vor Zustellung des Titels erwachsenen Kostennachteile angesehen werden, wenn der Schuldner die Wartefrist rechtzeitig genutzt hat (Münzberg DGVZ 79, 166). Mehrkosten für selbständige Vorpfändungen mehrerer Forderungen sind nicht erstattungsfähig, wenn einheitliche Vorpfändung sachlich möglich war (LG Kempten JurBüro 90, 1050; s auch § 829 Rn 6). 6

3) **Unwirksam** ist die Vorpfändung, wenn eine ihrer Voraussetzungen (Rn 2) fehlt, sowie in den Fällen, in denen ein Pfändungsbeschluß nichtig wäre, außerdem dann, wenn der Pfändungsgegenstand nicht bestimmt genug bezeichnet ist oder das Drittschuldnerverbot fehlt, sowie bei Verstoß gegen ein Pfändungsverbot oder eine Pfändungsbeschränkung (§ 829 Rn 24). Nichtigkeit auch bei Verfahrensverstoß und Fehlen eines Erfordernisses der Vorpfändung ist gegeben, weil ihr als private Maßnahme der ZwV der staatlichen Vollstreckungsakten bis zur Aufhebung zukommende Bestandsschutz fehlt. Private Vollstreckungsmaßnahme bleibt die Vorpfändung auch, wenn sie vom beauftragten GV angefertigt ist; Mängel der Benachrichtigung und Aufforderung machen daher auch die von ihm gefertigte Vorpfändung unwirksam (StJ/Brehm Rn 2; Münzberg DGVZ 79, 161 [164]; aA Hornung Rpfleger 79, 284). 7

V) **Rechtsbehelfe:** Für Gläubiger gegen GV, der Anfertigung oder Zustellung einer Benachrichtigung verweigert, Erinnerung (§ 766; dann § 793). Für Schuldner, Drittschuldner und Dritte gegen Vorpfändung Erinnerung nach § 766 (dann § 793) (Hamm Rpfleger 57, 354 mit Anm Berner u JurBüro 71, 175 = Rpfleger 71, 113; s § 829 Rn 29, 30), wenn ein Verfahrensverstoß (auch ein Mangel der Voraussetzung der Vorpfändung) beanstandet werden soll. Zuständigkeit: § 828. Das Rechtsschutzinteresse für die Erinnerung entfällt, wenn die Benachrichtigung mit Ablauf der Monatsfrist ihre Bedeutung verloren hat, weil Pfändung nicht erfolgt ist (KG JW 33, 1270; Köln Rpfleger 91, 261). Ist die Pfändung rechtzeitig und ordnungsgemäß bewirkt worden, bleibt Erinnerung nur noch gegen den Pfändungsbeschluß zulässig (Köln aaO). Eine Ausnahme gilt für den Fall, daß ein berechtigtes Interesse an der Aufhebung oder Abänderung der rangwahrenden Vorpfändung allein besteht, zB wenn nur die Vorpfändung Mängel aufweist, die der Pfändungsbeschluß nicht hat. Dies gilt auch dann, wenn die Forderungspfändung der Erinnerung gegen die Vorpfändung nachfolgt (Hamm JurBüro 71, 175). Eine auf Erinnerung aufgehobene Vorpfändung wird auch bei erfolgreicher Beschwerde des Gläubigers nicht wieder wirksam (Beschwerde daher regelmäßig mangels Rechtsschutzinteresse nicht zulässig; Köln MDR 89, 464 = NJW-RR 89, 1406); für eine weitere Beschwerde des Schuldners fehlt ein Rechtsschutzbedürfnis (Hamm Rpfleger 57, 354). Zu Rechtsbehelfen im übrigen § 829 Rn 28 ff. 8

VI) **Gebühren: 1)** des **Gerichts:** Für die Vorpfändung: keine (da diese ohne Mitwirkung des Gerichts geschieht); für die Entscheidung über die Vollstreckungserinnerung gemäß § 766: ebenfalls keine. Beschwerdeverfahren: KV 1906. – **2)** des **Anwalts:** $^{3}/_{10}$ Gebühr nach § 57 BRAGO; die Vorpfändung gilt bereits als Akt der Zwangsvollstreckung. Wird im Anschluß daran der Pfändungs- und Überweisungsbeschluß beantragt, so können für diese Tätigkeiten zusammen nur einmal $^{3}/_{10}$ der Vollstreckungsgebühr berechnet werden (§ 58 I BRAGO). – **3)** des **Gerichtsvollziehers:** §§ 16a (Hälfte der Festgebühr), 36 I Nr 1b (Schreibauslagen) GVKostG. 9

846 *[ZwV auf Herausgabe oder Leistung körperlicher Sachen]*

Die Zwangsvollstreckung in Ansprüche, welche die Herausgabe oder Leistung körperlicher Sachen zum Gegenstand haben, erfolgt nach den §§ 829 bis 845 unter Berücksichtigung der nachstehenden Vorschriften.

1 **I) ZwV** wegen einer Geldforderung des Gläubigers in einen (schuldrechtlichen oder dinglichen) **Anspruch** des Schuldners auf **Herausgabe** (= Verschaffung des unmittelbaren Besitzes) oder **Leistung** (= Übertragung des Eigentums) einer körperlichen (beweglichen oder unbeweglichen) Sache (auch eines Wertpapiers, § 808) findet mit Pfändung und Pfandverwertung nach §§ 829–845 und den Besonderheiten von §§ 847–849 statt. Besonderheiten regeln diese Bestimmungen im Hinblick darauf, daß Erfüllung des gepfändeten Anspruchs keine Gläubigerbefriedigung bewirken kann und daher zur weiteren ZwV in die Sache führen muß. Zu pfänden nach § 846 ist auch, wenn ein Dritter Sachen des Schuldners in Gewahrsam hat und deren Herausgabe an den GV verweigert (RG 25, 187). Zulässig ist Pfändung des Anspruchs auch, wenn er von einer Gegenleistung abhängig ist. Ist der GV im Besitz der Sache, muß der Gläubiger sich diese für seine Forderung nach § 808 (oder § 826) pfänden lassen. Der Anspruch auf Vorlegung einer Sache oder ein sonstiges Tun oder Unterlassung (zB Mitwirkung bei Öffnung eines Schließfachs) fällt nicht unter § 846 (§ 857 Rn 2).

2 **II) Gebühren: 1)** des **Gerichts:** Festgebühr von 20 DM (KV 1640). – **2)** des **Anwalts:** § 57 BRAGO.

847 *[Anspruch auf Herausgabe von beweglichen Sachen]*

(1) Bei der Pfändung eines Anspruchs, der eine bewegliche körperliche Sache betrifft, ist anzuordnen, daß die Sache an einen vom Gläubiger zu beauftragenden Gerichtsvollzieher herauszugeben sei.

(2) Auf die Verwertung der Sache sind die Vorschriften über die Verwertung gepfändeter Sachen anzuwenden.

1 **I) Zweck** und **Anwendungsbereich:** Regelung der Besonderheiten (§ 846 Rn 1) bei Pfändung eines Anspruchs des Schuldners gegen einen Dritten auf Herausgabe oder Leistung einer beweglichen körperlichen Sache (auch von Wertpapieren, s § 808). Pfändbar ist der Anspruch auf Herausgabe oder Leistung nur, wenn die geschuldete Sache Gegenstand der weiteren ZwV wegen der Geldforderung des Gläubigers sein kann. Ausgeschlossen ist Anspruchspfändung deshalb, wenn die Sache unpfändbar ist (§ 811; KG OLG 37, 202; Celle JW 35, 1718; Düsseldorf DR 41, 639), wenn sie nur der ZwV in das unbewegliche Vermögen unterliegt (Zubehör, § 865; KG OLG 37, 202) oder wenn sie als Beweisurkunde keinen Vermögenswert für ZwV verkörpert, wie zB Schuldschein, Sparkassenbuch, Hypothekenbrief (RG 74, 79; Dresden OLG 16, 308), Kfz-Brief (LG Berlin DGVZ 62, 186). Der durch ein indossables kaufmännisches Papier ausgewiesene Anspruch auf Leistung von Sachen kann nur durch den GV nach § 831 gepfändet werden (§ 831 Rn 6).

2 **II) 1)** Die **Pfändung** des Anspruchs **erfolgt durch Beschluß** des Vollstreckungsgerichts (§ 829); zuständig ist der Rechtspfleger (§ 20 Nr 17 RpflG). Inhalt des Pfändungsbeschlusses: wie § 829 Rn 7. Bestimmte Bezeichnung des zu pfändenden Anspruchs (§ 829 Rn 8) erfordert auch Bezeichnung der zu leistenden Sache (LG Lübeck SchlHA 56, 204). Ungenügend ist daher die pauschale Bezeichnung „Rückgewähr (oder Rückgabe) der (= aller) Sicherheiten"; die Ansprüche sind mit Bezeichnung der zu leistenden Sachen (für Grundstück § 857 Rn 15) konkret zu benennen (Frankfurt Rpfleger 87, 511; Koblenz Rpfleger 88, 72; LG Aachen Rpfleger 90, 215 u JurBüro 91, 873 = Rpfleger 91, 326; LG Bochum NJW 86, 3149; LG Köln ZIP 80, 114; LG Landshut JurBüro 94, 307; LG Limburg NJW 86, 3148; LG Saarbrücken JurBüro 88, 1581; Stöber FdgRfdg Rn 514; Hein Rpfleger 87, 491; aA LG Berlin MDR 77, 59 u Rpfleger 91, 28; LG Bielefeld Rpfleger 87, 116). Drittschuldner ist, wer den zu pfändenden Anspruch zu erfüllen hat. Das (für die Pfändung wesentliche, § 829 Rn 7) Zahlungsverbot an ihn ist dahin zu fassen, daß verboten wird, „die Sache an den Schuldner herauszugeben oder zu leisten" (Stöber FdgPfdg Rn 2016). In dem Beschluß ist (auch ohne besonderen Antrag und auch, wenn Überweisung des Anspruchs nicht erfolgen kann) auszusprechen, daß die Sache an einen vom Gläubiger zu beauftragenden (im Beschluß zweckmäßig nicht namentlich zu bezeichnenden) GV herauszugeben ist (Abs 1). Die Herausgabeanordnung kann (da neben dem Drittschuldnerverbot nicht wesentliches Pfändungserfordernis) später gesondert (RG JW 14, 416; Köln JW 21, 535) und auch nach Konkurseröffnung (München OLG 19, 11) ausgesprochen werden. Steht der Herausgabeanspruch dem Schuldner und anderen Personen nach Bruchteilen zu, so ist der GV zusammen mit den anderen Berechtigten zur Empfangnahme der Sache zu ermächtigen (StJ/Brehm Rn 6).

2) **Wirksam** wird die Pfändung mit Zustellung des Beschlusses an den Drittschuldner (§ 829 III mit § 846) durch den GV im Parteibetrieb (§ 829 Rn 14). Vorpfändung (§ 845) kann erfolgen. 3

III) Pfändungswirkungen: 1) Die Pfändung bewirkt **Beschlagnahme** des Anspruchs und begründet an ihm für den Gläubiger ein **Pfändungspfandrecht.** Nach Wirksamwerden der Pfändung darf der Drittschuldner die Sache nur noch an den GV herausgeben; Hinterlegung oder Leistung an den Gläubiger und Schuldner gemeinschaftlich ist (ohne Gläubigerzustimmung) nicht mehr zulässig (StJ/Brehm Rn 8). Verweigert der Drittschuldner die Herausgabe der Sache, so darf sie ihm der GV nicht wegnehmen. Der Gläubiger oder Schuldner (nicht aber der GV) muß vielmehr auf Grund des Pfändungsbeschlusses und der Anordnung auf Herausgabe an den GV klagen. Überweisung des Anspruchs zur Einziehung erfordert die Klagebefugnis des Gläubigers nicht (München BayJMBl 53, 10; Hoche NJW 55, 153). § 841 ist zu beachten. Das Urteil ist nach § 883 zu vollstrecken. Der Anspruch kann zur Einziehung, nicht aber an Zahlungs Statt überwiesen (§ 835 mit §§ 846, 849) oder anderweit verwertet werden (§ 844). Überweisung hat Bedeutung insbes für Pfandverwertung nach Herausgabe (Rn 7), für Schutz des leistenden Drittschuldners (§ 836 II) sowie für Auskunfts- und Herausgabepflicht des Schuldners (§ 836 III). 4

2) **Mit Herausgabe** der Sache an einen vom Gläubiger beauftragten GV verwandelt sich das durch die Anspruchspfändung begründete Pfandrecht ohne weiteres in ein Pfandrecht an der geleisteten Sache (BGH 67, 378 [383]; BGH 72, 334 = NJW 79, 373 mwN). Sachpfändung nach § 808 erfolgt förmlich nicht mehr. Geht der Anspruch auf Eigentumsübertragung, so geht mit Herausgabe durch den Drittschuldner an den GV das Eigentum auf den Schuldner über; Entstehung des Pfandrechts an der Sache ist aber unabhängig davon, ob der Schuldner das Eigentum zu diesem Zeitpunkt oder später oder überhaupt nicht erwirbt. Weil Inbesitznahme durch den GV für den Pfandrechtserwerb an der Sache konstitutive Wirkung hat, findet dieser nicht statt, wenn der Drittschuldner eines von mehreren Gläubigern gepfändeten Herausgabeanspruchs die Sache ohne jede Mitwirkung des GV hinterlegt oder treuhänderisch in Verwahrung nimmt oder gibt (BGH 72, 334). 5

3) Pfänden **mehrere Gläubiger** den Herausgabeanspruch, so bestimmt sich die Rangordnung (§ 804 III) nach dem Zeitpunkt der Anspruchspfändung (§ 829 III). Herauszugeben ist an den GV, der nach dem zuerst zugestellten Beschluß zuständig ist; im übrigen § 854. Ein Pfandrecht, das mit Pfändung der Sache (§ 809) vor der Herausgabe an den GV entstanden ist, geht dem Pfandrecht vor, das infolge Pfändung des Herausgabeanspruchs mit Herausgabe an den GV entstanden ist (RG 13, 344). Nach Herausgabe kann nur noch Sachpfändung (Anschlußpfändung) nach § 826 erfolgen (s auch § 176 Nr 7 GVGA zur Pfändung bei Übergabe). Das mit der Herausgabe an der Sache entstandene Pfandrecht geht dem Pfandrecht vor, das erst nach (auch bei) Herausgabe mit Pfändung der Sache entsteht. 6

4) **Verwertung** der dem GV herausgegebenen Sache erfolgt durch diesen nach §§ 814 ff. Sie darf nur durchgeführt werden, wenn der gepfändete Anspruch zur Einziehung überwiesen oder dem GV nachgewiesen ist, daß die Pfandverwertung nach dem Schuldtitel zulässig ist (nicht möglich im Falle von §§ 720a, 930, nach Einstellung). Über Zulässigkeit der Verwertung entscheidet nur noch der GV; Rechtsbehelf: § 766 (dann § 793). Überweisung zur Einziehung kann nach Herausgabe nicht mehr erfolgen (aA StJ/Brehm Rn 15), somit auch keine Wirksamkeit mehr erlangen. 7

IV) Rechtsbehelfe: Wie § 829 Rn 28–32. Behauptet ein Dritter, ein besseres Recht an der Sache oder ein solches auf vorzugsweise Befriedigung zu haben, kann er bereits gegen die Anspruchspfändung Klage nach § 771 bzw § 805 erheben (Dresden OLG 15, 162). Mit Herausgabe ist die ZwV noch nicht beendet. Dritte können ihre Rechte an der Sache nach Herausgabe nach § 771 oder nach § 805 geltend machen, auch der Drittschuldner, wenn er ein älteres Recht hat. 8

V) Gebühren: 1) des **Gerichts und** des **Anwalts:** s Rn 2 zu § 846. – **2)** des **Gerichtsvollziehers** für die Übernahme beweglicher Sachen zum Zwecke der Verwertung: Die Hälfte der vollen Gebühr nach dem Betrag der (im Zeitpunkt der Übernahme noch) beizutreibenden Forderung, also nicht der geschätzte Wert (§§ 18 I, 13 GVKostG). Verzieht der Schuldner unter Mitnahme der Pfandstücke in einen anderen AG-Bezirk, s § 18 II GVKostG. 9

847a *[Anspruch auf Herausgabe von Schiffen]*

(1) Bei der Pfändung eines Anspruchs, der ein eingetragenes Schiff betrifft, ist anzuordnen, daß das Schiff an einen vom Vollstreckungsgericht zu bestellenden Treuhänder herauszugeben ist.

(2) Ist der Anspruch auf Übertragung des Eigentums gerichtet, so vertritt der Treuhänder den Schuldner bei der Übertragung des Eigentums. Mit dem Übergang des Eigentums auf den

Schuldner erlangt der Gläubiger eine Schiffshypothek für seine Forderung. Der Treuhänder hat die Eintragung der Schiffshypothek in das Schiffsregister zu bewilligen.

(3) Die Zwangsvollstreckung in das Schiff wird nach den für die Zwangsvollstreckung in unbewegliche Sachen geltenden Vorschriften bewirkt.

(4) Die vorstehenden Vorschriften gelten entsprechend, wenn der Anspruch ein Schiffsbauwerk betrifft, das im Schiffsbauregister eingetragen ist oder in dieses Register eingetragen werden kann.

1 Für Pfändung des Anspruchs auf ein **eingetragenes Schiff** sowie ein eingetragenes oder eintragbares Schiffsbauwerk trifft § 847a eine dem § 848 entsprechende Regelung. Es ist der Sequester als Treuhänder bezeichnet und Erwerb einer Schiffshypothek (§ 8 SchiRG) bestimmt. Für die Pfändung des Anspruchs auf ein in der Luftfahrzeugrolle eingetragenes **Luftfahrzeug** gilt § 847a entsprechend mit der Maßgabe, daß Erwerb eines Registerpfandrechts an dem Luftfahrzeug erfolgt (§ 99 I Ges über Rechte an Luftfahrzeugen, wie § 830a Rn 2).

848 *[Anspruch auf Herausgabe von unbeweglichen Sachen]*

(1) Bei Pfändung eines Anspruchs, der eine unbewegliche Sache betrifft, ist anzuordnen, daß die Sache an einen auf Antrag des Gläubigers vom Amtsgericht der belegenen Sache zu bestellenden Sequester herauszugeben sei.

(2) Ist der Anspruch auf Übertragung des Eigentums gerichtet, so hat die Auflassung an den Sequester als Vertreter des Schuldners zu erfolgen. Mit dem Übergang des Eigentums auf den Schuldner erlangt der Gläubiger eine Sicherungshypothek für seine Forderung. Der Sequester hat die Eintragung der Sicherungshypothek zu bewilligen.

3) Die Zwangsvollstreckung in die herausgegebene Sache wird nach den für die Zwangsvollstreckung in unbewegliche Sachen geltenden Vorschriften bewirkt.

1 **I) Zweck und Anwendungsbereich:** Regelung der Besonderheiten (§ 846 Rn 1) bei Pfändung eines Anspruchs des Schuldners gegen einen Dritten auf Herausgabe oder Leistung einer unbeweglichen Sache (Grundstück, Grundstücksanteil eines Miteigentümers, somit auch Wohnungseigentum, Gebäudeeigentum, Zubehör; § 865, grundstücksgleiches Recht, insbes Erbbaurecht).

2 **II) 1)** Die **Pfändung** des Anspruchs **erfolgt durch Beschluß** des Vollstreckungsgerichts, der mit Zustellung an den Drittschuldner im Parteibetrieb wirksam wird (wie § 847 Rn 2, 3). Bezeichnung des zu pfändenden Anspruchs erfordert auch Bezeichnung des Grundstücks, wegen § 28 GBO möglichst übereinstimmend mit dem Grundbuch. In dem Beschluß ist (auch ohne besonderen Antrag und auch, wenn Überweisung des Anspruchs nicht erfolgt) anzuordnen, daß die Sache an einen auf Antrag des Gläubigers vom AG der belegenen Sache zu bestellenden Sequester herauszugeben ist (Abs 1). Herausgabeanordnung hat auch bei Pfändung nur des Eigentumsübertragungsanspruchs zu erfolgen (Dresden OLG 33, 112). Die (für Wirksamkeit der Pfändung nicht wesentliche) Anordnung kann nachgeholt werden (§ 847 Rn 2).

3 **2)** Der **Sequester** kann schon im Pfändungsbeschluß bestellt werden, wenn das Vollstreckungsgericht (§ 828 II) zugleich AG der belegenen Sache ist. Andernfalls oder wenn der Gläubiger Antrag auf Sequesterbestellung noch nicht gestellt hat, ist Bestellung des Sequesters vom Gläubiger beim AG der belegen Sache (AG, in dessen Bezirk das Grundstück liegt) zu erwirken. Nachzuweisen ist Erlaß, nicht Zustellung des Pfändungsbeschlusses. Zuständig ist der Rechtspfleger (§ 20 Nr 17 RpflG). Bei Auswahl des Sequesters (Einzelperson, juristische Person, OHG oder KG, insbes Treuhandgesellschaft) ist das Gericht an den Vorschlag des Gläubigers nicht gebunden. Der Bestellungsbeschluß ist (wie der Pfändungsbeschluß) im Parteibetrieb zuzustellen (§ 829 II). Eine Verpflichtung zur Annahme des Amtes als Sequester besteht nicht. Für seine Tätigkeit setzt das Gericht der belegenen Sache (Rechtspfleger; nicht das Vollstreckungsgericht) eine Vergütung in entspr Anwendung von § 153 ZVG (auch unter Berücksichtigung der Verantwortlichkeit) fest (s Celle Rpfleger 69, 216; LG München I Rpfleger 69, 212; außerdem Stöber FdgPfdg Rn 2039, 2040).

4 **III) Pfändungswirkungen: 1)** Die Pfändung (nicht erst die Sequesterbestellung) bewirkt **Beschlagnahme** des Anspruchs und begründet an ihm für den Gläubiger ein **Pfändungspfandrecht** (§ 847 Rn 4 mit Einzelheiten). Der Sequester kann den Herausgabeanspruch nicht gerichtlich geltend machen.

5 **2)** Wenn der **Sequester** mit **Herausgabe Besitz** an der dem Schuldner gehörenden unbeweglichen Sache **erlangt** hat, findet in sie die ZwV statt (Abs 3 mit §§ 866 ff). Dafür wahrt die Anspruchspfändung keinen Rang. Zur Grundstücksverwaltung (Einziehung der Mieten) ist der Sequester nicht befugt. Die praktische Bedeutung ist daher gering, weil Schuldnerbesitz für

Zwangsversteigerung oder Eintragung einer Zwangshypothek nicht erforderlich ist; Bedeutung besteht daher nur für die Zwangsverwaltung bei Fremdbesitz und in den Fällen der §§ 810, 865 II (s Stöber FdgPfdg Rn 2041).

6 **3) a)** Nach Pfändung des Anspruchs auf **Übertragung des Eigentums** hat **Auflassung an den Sequester** als Vertreter des Schuldners zu erfolgen (Abs 2 S 1); die Einigung muß dahin gehen, daß der Schuldner Eigentümer werden soll (BayObLG Rpfleger 89, 396 L). Erklärt werden muß die Auflassung bei gleichzeitiger Anwesenheit des Drittschuldners und des Sequesters (als Schuldnervertreter) vor dem Notar (§ 925 BGB; auch in gerichtlichem Vergleich). In das Grundbuch wird als Eigentümer sodann der Schuldner (nicht der Sequester) eingetragen. Die Eintragung erfolgt auf Antrag des Sequesters oder Veräußerers (§ 13 GBO); Gläubiger (streitig) und Schuldner sind nicht antragsberechtigt (s Stöber FdgPfdg Rn 2045 mwN). Die Auflassung kann auch unter Mitwirkung des Schuldners erklärt und der Eintragungsantrag vom Schuldner gestellt werden, wenn der Sequester zugestimmt hat (Bremen MDR 54, 559 = NJW 54, 1689). Wenn **Auflassung** bei Pfändung des (fortbestehenden) Eigentumsübertragungsanspruchs **bereits erklärt** ist (zB bei Mitbeurkundung im Erwerbsvertrag), hat der Drittschuldner nochmalige Auflassung an den Sequester nicht zu erklären (Jena Rpfleger 96, 101). Für Eintritt des Leistungserfolgs (Erlöschen des Übereignungsanspruchs mit Eigentumsübergang) hat der Sequester jedoch die bereits erklärte Auflassung zu genehmigen (§ 362 II mit § 185 II BGB; Stöber FdgPfdg Rn 2045a; Jena aaO). Grundbucheintragung kann der Sequester (als Schuldnervertreter, KG JFG 3, 297) und der Drittschuldner, nicht aber der Gläubiger beantragen; auf Schuldnerantrag kann Grundbucheintragung bei Pfändung erst nach Auflassung nicht (mehr) erfolgen (dazu Stöber FdgPfdg Rn 2045b). Schutz gegen pfandrechtswidrige Verfügung bietet jedoch nur Sicherung durch Vormerkung (Rn 10).

7 **b)** Mit Übergang des Eigentums auf den Schuldner durch Grundbucheintragung nach Auflassung (§ 873 BGB) **erlangt der Gläubiger eine Sicherungshypothek** für seine Forderung (Abs 2 S 2) unter Einschluß der ZwV-Kosten (StJ/Brehm Rn 7). Die Sicherungshypothek entsteht kraft Gesetzes und auch für Forderungen unter 500 DM (§ 866 III findet keine Anwendung). Sie ist bei Arrestvollziehung Arrestsicherungshypothek (§ 930), bei Pfändung des Anspruchs auf Auflassung mehrerer Grundstücke Gesamthypothek (München JFG 22, 165; Düsseldorf Rpfleger 81, 199 [200 reSp]). In das Grundbuch ist die Sicherungshypothek auf Bewilligung des Sequesters einzutragen (Abs 2 S 3 mit § 19 GBO); Eintragungsantrag (§ 13 GBO) kann der Sequester oder der Gläubiger stellen. Die Eintragung ist Grundbuchberichtigung (Jena aaO). Unterbleibt die Eintragung der gesetzlich entstandenen Sicherungshypothek, dann droht ihrem Gläubiger (wegen § 892 BGB) Gefahr mit gutgläubigem Erwerb des Grundstücks oder eines Rechts daran durch Dritte. Ist unrichtigerweise der Sequester als Eigentümer unter Kennzeichnung dieser Eigenschaft in das Grundbuch eingetragen, so ist das auf die Wirksamkeit der von ihm bewilligten Sicherungshypothek ohne Einfluß.

8 **c)** Die Sicherungshypothek des Pfändungsgläubigers erhält **Rang** nach den Rechten, die vom Erwerber nach dem Rechtsverhältnis (schuldrechtlichen Vertrag), das den Eigentumsübertragungsanspruch begründet hat, zu bestellen und wegen § 16 II GBO gleichzeitig mit dem Eigentumsübergang zu vollziehen sind (KG JFG 4, 339 [346]; BayObLG 72, 46 = DNotZ 72, 536; LG Frankenthal Rpflger 85, 231); den (vorher) vom Schuldner bewilligten Grundpfandrechten geht sie im Rang vor (BGH 49, 197 = DNotZ 68, 483); sie geht ebenso einer Auflassungsvormerkung für den Anspruch eines Dritten im Rang vor, dem der Schuldner das Grundstück weiterverkauft hat; Jena aaO). Durch Eintragung der Sicherungshypothek im Rang vor einem nach dem Erwerbsvertrag zu bestellenden Recht (wie der Kaufgeldhypothek) wird das Grundbuch unrichtig (LG Frankenthal aaO).

9 **d)** Wenn der **Drittschuldner sich weigert,** die Auflassung zu erklären, kann der Gläubiger auf Abgabe der Auflassungserklärung an den Sequester zur Eintragung des Schuldners als Eigentümer **klagen** (s § 847 Rn 4). Alsdann finden §§ 894, 895 Anwendung. Die mit der Bescheinigung der Rechtskraft (und evtl mit der Vollstreckungsklausel) versehene Ausfertigung des Urteils ersetzt die Auflassungserklärung des Drittschuldners; der Sequester gibt unter Vorlage des Urteils, des Pfändungsbeschlusses sowie des Beschlusses über seine Bestellung die zur Auflassung an den Schuldner als Erwerber erforderliche Erklärung ab und bewilligt die Eintragung der Sicherungshypothek.

10 **e)** Auf den Anspruch auf **Einräumung einer Auflassungsvormerkung** (§ 883 BGB) erstreckt sich die Pfändung des Anspruchs auf Leistung des Grundstücks (= Übertragung des Eigentums); er ist Nebenanspruch (§ 829 Rn 20), der vom Gläubiger, auch wenn Überweisung nicht erfolgt ist, geltend gemacht werden kann (Stöber FdgPfdg Rn 2048). Eine zur Sicherung des Anspruchs bereits eingetragene **Auflassungsvormerkung** wird als (unselbständiges) Nebenrecht von der Pfändung erfaßt (§ 829 Rn 20). Die Auflassungsvormerkung sichert Schuldner (als Vormerkungsberechtigten) und pfändenden Gläubiger zusammen gegen Vereitelung oder Beeinträchtigung

des Auflassungsanspruchs, sperrt aber das Grundbuch nicht (näher dazu Stöber DNotZ 85, 587; tlw anders noch BayObLG 85, 332 = DNotZ 86, 345 mit Anm Reithmann). Die (wirksame) Pfändung des Eigentumsübertragungsanspruchs (nicht aber die Überweisung) kann auf Antrag (§ 13 GBO) bei der Auflassungsvormerkung im Wege der Grundbuchberichtigung eingetragen werden (Stöber FdgPfdg Rn 2048; Haegele/Schöner/Stöber Rn 1598, auch Rn 1571 für Verpfändung mit Nachw). Löschung der Vormerkung samt Pfandvermerk erfordert auch Bewilligung des Gläubigers (BayObLG DNotZ 83, 758; Stöber DNotZ 85, 587). Der Sicherungshypothek des Gläubigers gebührt **Rang** vor allen nach der Auflassungsvormerkung (auch wenn bei ihr die Pfändung nicht eingetragen war; dann aber gutgläubiger Erwerb möglich) eingetragenen (nicht nach dem Erwerbsvertrag zu bestellenden) Rechten am Grundstück. Der Vorrang besteht jedoch nicht kraft Gesetzes; er darf daher ohne Nachweise der Zustimmung der Inhaber dieser Rechte nicht im Grundbuch vermerkt werden. Anspruch auf Zustimmung zum Rangrücktritt der nach der Vormerkung eingetragenen Rechte begründet für den Pfändungsgläubiger der Vormerkungsschutz (§ 883 II, § 888 BGB; KG JFG 8, 318). Hat der Sequester die Eintragung der Sicherungshypothek für den Pfändungsgläubiger bewilligt und beantragt, so darf ein späterer Erwerber, an den der Schuldner das Grundstück aufgelassen hat, als Eigentümer erst eingetragen werden, nachdem nicht nur der Antrag auf Eintragung des Schuldners als Eigentümer, sondern auch der Antrag auf Eintragung der Sicherungshypothek erledigt ist, mag auch Eintragung des Eigentumsrechts des späteren Erwerbers früher beantragt sein als Eintragung des Pfändungsschuldners und der Sicherungshypothek (KG JFG 7, 335).

11 **f)** Bei **mehrfacher Pfändung** des Eigentumsübertragungsanspruchs (damit auch der Anwartschaft aus Auflassung) haben die Sicherungshypotheken Rang in der Reihenfolge der Pfändungen (§ 804 III; ihres Wirksamwerdens), gleichgültig, welcher Gläubiger die Bestellung des Sequesters beantragt hat (Braunschweig HRR 35 Nr 1711; Stöber FdgPfdg Rn 2053).

12 **g)** Der Anspruch eines in **Bruchteilsgemeinschaft** Mitberechtigten auf Übertragung des Eigentums (Beispiel: Kauf eines Grundstücks durch Eheleute für Erwerb als Miteigentümer je zur Hälfte, Vollstreckung nur gegen den Ehemann) betrifft gleichfalls eine unbewegliche Sache (der Miteigentumsanteil ist Gegenstand der ZwV in das unbewegliche Vermögen [§ 864 II], daher auch einzeln mit einer Zwangshypothek belastbar [§ 866 I; auch § 1114 BGB]). Pfändung des Anspruchs auf Übereignung des Bruchteilsmiteigentumsanteils hat daher gleichfalls nach § 846 (mit Anordnung nach § 848) zu erfolgen (Stöber FdgPfdg Rn 2053a; anders [§ 857] BayObLG 92, 131 = NJW-RR 92, 1368). Aufzulassen ist an den Sequester als Vertreter des Schuldners (§ 848 II) und an den Mitberechtigten, dessen Erwerbsanspruch nicht gepfändet ist, für Erwerb in Bruchteilen (Stöber aaO); anders BayObLG aaO: keine Mitwirkung eines Sequesters). Eine Sicherungshypothek erlangt der Gläubiger nach § 848 II S 2 an dem Miteigentumsanteil des Schuldners; deren Eintragung hat der Sequester nach § 848 II S 3 zu bewilligen.

13 **IV) 1) Nach Auflassung** kann als pfändbares Vermögensrecht ein **Anwartschaftsrecht** des Auflassungsempfängers bestehen. Es besteht, wenn die Auflassung erklärt und der Umschreibungsantrag vom Erwerber gestellt ist (BGH 49, 197 = DNotZ 68, 483; BGH DNotZ 76, 96; auch BGH 45, 186 = DNotZ 66, 673; BGH 128, 184 [187] = NJW 85, 659 [660]), nach der Rechtsprechung des BGH mit Auflassung auch, wenn für den Erwerber eine Auflassungsvormerkung eingetragen ist (BGH 83, 395 [399] = DNotZ 82, 619 mit Anm Ludwig = NJW 82, 1639; Hamm DNotZ 75, 488 = NJW 75, 897; s auch Düsseldorf DNotZ 81, 130). Die Pfändung dieses Anwartschaftsrechts wird mit Zustellung des Pfändungsbeschlusses an den Auflassungsempfänger wirksam; der Zustellung an den Veräußerer bedarf es nicht (BGH 49, 197). Pfändung des Anwartschaftsrechts beschränkt die Verfügungsbefugnis des Schuldners; er kann über sein Anwartschaftsrecht nicht mehr allein (ohne Mitwirkung des Gläubigers) verfügen; er kann es nicht mehr übertragen (Erwerber könnte seine Grundbucheintragung beantragen und würde Grundstückseigentum unmittelbar vom Veräußerer erlangen) und nicht mehr aufheben. Der Gläubiger kann sich dem Antrag des Schuldners auf Grundbucheintragung anschließen; dieser kann dann Eintragung der Auflassung durch Rücknahme seines Eintragungsantrags nicht mehr verhindern. Anspruch auf Erwerb des Grundstückseigentums begründet das Pfandrecht am Anwartschaftsrecht nicht. Es berechtigt auch nicht zur Geltendmachung des schuldrechtlichen Eigentumsübertragungsanspruchs. Zu diesen Pfandwirkungen Haegele/Schöner/Stöber Rn 1590. Bei einer für den Schuldner eingetragenen Auflassungsvormerkung kann die Pfändung des Anwartschaftsrechts eingetragen werden (Hoche NJW 55, 932; Haegele/Schöner/Stöber Rn 1594, 1600 mwN; streitig). Mit Zurückweisung des Eintragungsantrags des (durch Vormerkung nicht gesicherten) Auflassungsempfängers entfällt die Wirkung der Anwartschaftspfändung (BGH 45, 186). Ein Sequester wirkt bei dieser Pfändung nicht mit (BayObLG MittBayNot 94, 39 = Rpfleger 94, 162). Für den Pfändungsgläubiger entsteht mit Übergang des Eigentums auf den Schuldner eine Sicherungshypothek kraft Gesetzes entsprechend § 848 II S 2 mit § 857 I; deren Eintragung ist Grundbuchberichtigung (ohne Eintragung kein Schutz gegenüber dem öffentlichen Glauben des

Grundbuchs, daher Rechtsverlust [vornehmlich Rangverschlechterung] bei gutgläubigem Rechtserwerb Dritter, s BayObLG aaO). Ihre Eintragung kann auch beantragt werden, wenn der Antrag des Schuldners auf Eintragung des Eigentums noch nicht gestellt (oder zurückgewiesen) ist. Zur Behandlung dieses Antrags durch das Grundbuchamt LG Düsseldorf Rpfleger 85, 305 und Münzberg in Anm dazu. Rang hat diese Sicherungshypothek nach den Belastungen des Grundstücks, die nach dem Erwerbsvertrag zu bestellen (LG Frankenthal Rpfleger 85, 231) und mit der Auflassung beantragt sind; den vor Pfändung schon vom Schuldner bewilligten (sonstigen) Belastungen geht diese Sicherungshypothek jedoch im Rang vor (BGH 49, 197; Bremen MDR 54, 559). Zur Anwartschaftspfändung s auch Stöber FdgPfdg Rn 2055–2065.

2) Wenn nach Auflassung vom Erwerber Umschreibungsantrag noch nicht gestellt (oder sein Antrag zurückgewiesen) und der Erwerbsanspruch auch nicht durch Vormerkung gesichert ist, besteht kein übertragbares und damit kein pfändbares Anwartschaftsrecht (BGH 106, 108 = NJW 89, 1039; Jena Rpfleger 96, 101). Pfändung der sogen „schwächeren" (auch „ungesicherten") Anwartschaft kann somit nicht erfolgen (BGH aaO; Stöber FdgPfdg Rn 2066–2068). 14

3) Pfändung des Anwartschaftsrechts (Rn 13) und des nach Auflassung fortbestehenden (schuldrechtlichen) Eigentumsübertragungsanspruchs (Rn 1 ff) stehen dem Gläubiger wahlweise zur Verfügung (LG Essen NJW 55, 1401 mit Anm Horber; KG JFG 4, 339; Vollkommer Rpfleger 69, 413); Rechts- und Anspruchspfändung können auch gemeinsam erfolgen. Dazu Stöber FdgPfdg Rn 2072–2079. Wirkung der Anspruchspfändung s bereits Rn 6. 15

V) **Rechtsbehelfe:** wie § 829 Rn 28–32. 16

VI) **Gebühren: 1)** des **Gerichts:** Festgebühr von 20 DM für das Verfahren (KV 1640); für die Ernennung des Sequesters keine besondere Gebühr. Die etwaige Klage des Gläubigers auf Herausgabe bzw auf Abgabe der Auflassungserklärung (Rn 9) gegen den Drittschuldner leitet einen besonderen Rechtsstreit ein, für den die allgemeinen Verfahrensgebühren, ggfs auch Urteilsgebühren (aber nicht im Prozeßverfahren erster Instanz) zu erheben sind. – **2)** des **Anwalts:** Der Antrag des RA des Gläubigers auf Bestellung eines Sequesters wird durch die bereits verdiente ($^3/_{10}$) Vollstreckungsgebühr aus § 57 BRAGO abgegolten (§ 58 II Nr 4 BRAGO). 17

849 *[Keine Überweisung der Ansprüche des § 846 an Zahlungs Statt]*

Eine Überweisung der im § 846 bezeichneten Ansprüche an Zahlungs Statt ist unzulässig.

Die Ansprüche haben keinen Nennwert. Eine Überweisung zur Einziehung ist zulässig (Bedeutung § 847 Rn 4). Das gilt auch für das Anwartschaftsrecht des Auflassungsempfängers. 1

850 *[Arbeitseinkommen und gleichgestellte Bezüge]*

(1) Arbeitseinkommen, das in Geld zahlbar ist, kann nur nach Maßgabe der §§ 850a bis 850i gepfändet werden.

(2) Arbeitseinkommen im Sinne dieser Vorschrift sind die Dienst- und Versorgungsbezüge der Beamten, Arbeits- und Dienstlöhne, Ruhegelder und ähnliche nach dem einstweiligen oder dauernden Ausscheiden aus dem Dienst- oder Arbeitsverhältnis gewährte fortlaufende Einkünfte, ferner Hinterbliebenenbezüge sowie sonstige Vergütungen für Dienstleistungen aller Art, die die Erwerbstätigkeit des Schuldners vollständig oder zu einem wesentlichen Teil in Anspruch nehmen.

(3) Arbeitseinkommen sind auch die folgenden Bezüge, soweit sie in Geld zahlbar sind:

a) Bezüge, die ein Arbeitnehmer zum Ausgleich für Wettbewerbsbeschränkungen für die Zeit nach Beendigung seines Dienstverhältnisses beanspruchen kann;

b) Renten, die auf Grund von Versicherungsverträgen gewährt werden, wenn diese Verträge zur Versorgung des Versicherungsnehmers oder seiner unterhaltsberechtigten Angehörigen eingegangen sind.

(4) Die Pfändung des in Geld zahlbaren Arbeitseinkommens erfaßt alle Vergütungen, die dem Schuldner aus der Arbeits- oder Dienstleistung zustehen, ohne Rücksicht auf ihre Benennung oder Berechnungsart.

I) **Zweck:** Schuldnerschutz vor Kahlpfändung (wie § 811 Rn 1). Einsatz der Arbeitskraft zur Beschaffung des Lebensunterhalts hat Vorrang vor Anspruch auf soziale Leistung (§§ 1, 2 I, § 18 BSHG). Daher wird auch dem Schuldner, in dessen Arbeitseinkommen vollstreckt wird, ein Teil pfandfrei belassen, der ihm und seiner Familie die Führung eines menschenwürdigen Lebens 1 ermöglicht (BT-Drucks 8/693 S 45). Zur Geschichte des Einkommensschutzes seit dem Lohnbeschlagnahmegesetz 1869 s Arnold BB 78, 1314 [1315].

2 **II) Arbeitseinkommen: 1)** Alle **Vergütungen in Geld,** die dem Schuldner aus **Arbeits- oder Dienstleistung** zustehen, sind Arbeitseinkommen, das dem Pfändungsschutz der §§ 850a–i unterliegt. Die Geldbezüge können für bereits geleistete Arbeit schon verdient, aber noch nicht bezahlt oder noch nicht fällig sein, oder als Vergütung zu erwarten sein, die der Schuldner durch künftige Arbeitsleistung erst verdienen muß (vgl § 832). Gleichgültig ist, ob sie aus einem Dienstverhältnis des öffentlichen oder des privaten Rechts hervorgehen, ebenso, ob die Dienstleistung in körperlicher oder geistiger Arbeit, in Diensten „niederer" oder „höherer" Art (vgl § 622 BGB) besteht. Auch auf eine bestimmte Dauer des Dienstverhältnisses kommt es nicht an. Der Begriff des Arbeitseinkommens deckt sich im allgemeinen mit dem, was im Einkommensteuerrecht zu den Einkünften aus nichtselbständiger Arbeit (§ 19 I EStG) gehört. Der Anspruch auf eine **nicht in Geld zahlbare Vergütung** (Sachleistung) ist nach §§ 846, 847 zu pfänden; Unpfändbarkeit: § 811 (s § 847 Rn 1). Demgemäß ist der Anspruch landwirtschaftlicher Arbeitnehmer auf eine in Naturalien geschuldete Vergütung nach § 811 Nr 4a unpfändbar. Zur Anrechnung von Naturaleinkommen bei Pfändung von Geldleistungen s § 850e Nr 3. Bereits **ausbezahlte** Geldbezüge sind nach Maßgabe von § 811 Nr 8 unpfändbar; für ein **auf Konto** überwiesenes Einkommen kann Schutz nach § 850k beantragt werden. Für hinterlegtes Arbeitseinkommen besteht der Pfändungsschutz der §§ 850ff fort (LG Düsseldorf MDR 77, 586; LSozG Mainz BB 78, 663), auch nach Hinterlegung durch den GV, der die Forderung des Schuldners bei seinem Arbeitgeber beigetrieben hat (KG JW 33, 231 mit Anm Nipperdey; LG Berlin DGVZ 76, 154). Einer Hinterlegung ist Einzahlung auf Sperrkonto gleichzuachten, über das der Schuldner nicht verfügen kann (vgl LG Verden MDR 53, 495). Mit Zahlung an den (empfangsberechtigten) Prozeßbevollmächtigten des Schuldners erlischt die Forderung an den Arbeitgeber infolge Erfüllung; der Pfändungsschutz für Arbeitseinkommen endet damit (LG Düsseldorf Rpfleger 77, 183; Stöber FdgPfdg Rn 17; aA LG Koblenz MDR 55, 618), Schutz kann dann aber nach § 811 Nr 8 bestehen (LG Berlin DGVZ 76, 154).

3 2) Einnahmen aus einer Beschäftigung der Personen, deren Einkünfte Arbeitseinkommen im Sinne von §§ 850 ff sind, stellt Abs 2 an (nicht erschöpfenden) Beispielen dar. Dazu gehören:

4 a) Die **Dienst- und Versorgungsbezüge der Beamten** (ebenso der Richter, § 1 I Nr 2 BBesG, § 1 II BeamtVG) des Bundes, der Länder, Gemeinden und Gemeindeverbände sowie sonstigen Körperschaften, Anstalten und Stiftungen des öffentl Rechts (§§ 2 ff, 121 Beamtenrechtsrahmengesetz – BRRG idF v 27. 2. 1985, BGBl I 462), auch der Beamten auf Widerruf (Bezüge der Anwärter und Referendare, die Vorbereitungsdienst ableisten; Bamberg JurBüro 73, 239; Braunschweig MDR 56, 44 = NJW 55, 1599), außerdem die Bezüge der Beamten öffentl-rechtlicher Religionsgesellschaften. Dienst- und Versorgungsbezüge sind als vermögensrechtliche Ansprüche alle wiederkehrenden oder einmaligen Bezüge, die Beamte nach den Besoldungs- und Versorgungsgesetzen erhalten, insbes Grundgehalt, Zuschüsse dazu, Ortszuschlag, Zulagen und Vergütungen, Auslandsdienstbezüge (BGH MDR 80, 385), Sonderzuwendungen und Urlaubsgeld, nicht aber Kindergeld nach §§ 62 ff EStG, weiter Ruhegehalt oder Unterhaltsbeitrag, Hinterbliebenenversorgung, Übergangsgeld usw. Zu unpfändbaren Ansprüchen (Sterbegeld, Kosten eines Heilverfahrens und der Pflege, Unfallausgleich, einmalige Unfallentschädigung) s § 51 BeamtVG. Wie Beamtenbezüge zu behandeln sind die Ansprüche der Mitglieder der Bundesregierung und der Parl Staatssekretäre sowie die Versorgung ihrer Hinterbliebenen (Amtsbezüge, Übergangsgeld und Ruhegehalt; BMinsterG v 27. 7. 1971, BGBl I 1166; ParlStG v 24. 7. 1974, BGBl I 1538) und die Dienstbezüge der Mitglieder der Landesregierungen (samt der Hinterbliebenenbezüge), außerdem die Entschädigung der Mitglieder des Bundestages (Abgeordnetengesetz v 21. 2. 1996, BGBl 327; Pfändungsbeschränkung: § 31 S 2–4); zur Pfändbarkeit von Abfindungszahlungen nach dem Ausscheiden aus dem Parlament vgl AG Bremerhaven MDR 80, 504; zur Entschädigung eines Landtagsabgeordneten in NW: Düsseldorf MDR 85, 242 = OLGZ 85, 102.

5 Als Beamtenbezüge Arbeitseinkommen sind auch die Dienstbezüge der **Berufssoldaten** und **Soldaten auf Zeit** der Bundeswehr, die nach beamtenrechtlichen Grundsätzen besoldet werden (s § 30 SoldatenG v 15. 12. 1995, BGBl I 1738, und § 1 I Nr 3 BBesG). Auch für ihre Versorgung (SoldatenversorgungsG v 19. 1. 1995, BGBl I 51) gelten zum Teil die beamtenrechtlichen Vorschriften; zum Teil ist dagegen (bei Wehrdienstbeschädigung, § 80 SVG) das BVG entsprechend anwendbar (Pfändungsbeschränkung dann nach § 54 SGB I). Zu unpfändbaren Versorgungsansprüchen (Übergangsbeihilfe, Sterbegeld, Unfallentschädigung, einmalige Entschädigung usw, s § 48 II SVG und (Ausgleich für Wehrdienstbeschädigung) § 85 V SVG. Auch **Wehrsold** und Dienstgeld der **Soldaten,** die auf Grund der Wehrpflicht **Wehrdienst leisten,** sind pfändungsrechtlich Arbeitseinkommen (jetzt einhellige Ansicht, zB Neustadt MDR 62, 996; Nuppeney Rpfleger 62, 162 [199]; Stöber FdgPfdg Rn 905 mit Nachw; zur Hinzurechnung der Naturalbezüge s § 850e Rn 26, 27). Das gleiche gilt für den Grenzschutzsold der Dienstleistenden des **Bundesgrenzschutzes** (§ 59 BGSG v 18. 8. 1972, BGBl I 1834), die Bezüge der Dienstpflichtigen im

Zivildienst (§ 35 ZivildienstG v 31. 7. 1986, BGBl I 1205) und die Entschädigung bei Ableistung eines freiw ökologischen oder sozialen Jahres (FÖJG v 17. 12. 1993, BGBl I 2118, u Ges v 17. 8. 1964, BGBl I 640; dazu Stöber FdbPfdg Rn 914a).

b) Arbeits- und Dienstlöhne der Arbeiter und Angestellten im öffentlichen Dienst, in Handel und Industrie, in einem kaufm Arbeitsverhältnis, in Land- und Forstwirtschaft, im Haushalt, in einem Ausbildungsverhältnis (s § 850a Rn 13) oder in einem sonstigen privatrechtlichen Arbeitsverhältnis (zB der Lizenzfußballspieler, BAG NJW 80, 470; Stöber FdgPfdg Rn 889, auch der Entwicklungshelfer, EhfG v 18. 6. 1969, BGBl I 549), außerdem **Ruhegelder** und ähnliche nach dem einstweiligen oder dauernden Ausscheiden aus dem Dienst- oder Arbeitsverhältnis gewährte fortlaufende Einkünfte dieser Dienstpflichtigen. Als vermögensrechtliche Ansprüche sind Arbeits- und Dienstlöhne alle wiederkehrenden oder einmaligen Bezüge, die als Gegenleistung für Dienste gewährt werden, auch die Entgeltzahlung an Feiertagen (§ 2 EntgeltfortzahlungsG) und das Arbeitsentgelt, das bei Arbeitsunfähigkeit infolge unverschuldeter Krankheit fortgezahlt wird (EntgeltfortzahlungsG v 26. 5. 1994, BGBl I 1014 [1065]) sowie das während des Beschäftigungsverbots nach § 3 MutterschutzG v 18. 4. 1968, BGBl I 315 gem § 11 Ges weitergezahlte Arbeitsentgelt (Rewolle Betrieb 62, 396). Ob die Tätigkeit gegen ein Beschäftigungsverbot verstößt (zB Beschäftigung ausländischer Arbeiter ohne Arbeitsgenehmigung nach § 19 AFG; Neben/Schwarzarbeit eines Bauhandwerkers), ist für den Pfändungsschutz nicht wesentlich (LAG Düsseldorf Betrieb 69, 931). Auch braucht das Arbeits- oder Dienstverhältnis die Erwerbstätigkeit des Schuldners nicht notwendig voll in Anspruch zu nehmen (zB Halbtagsbeschäftigung). Als Arbeitseinkommen ist daher auch **Altersentgelt** (samt Aufstockungsbetrag) für Altersteilzeit-Arbeit zu pfänden (Altersteilzeitgesetz v 23. 7. 1996, BGBl I 1078; für eine Übergangszeit auch noch Ges v 20. 12. 1988, BGBl I 2348; dazu Stöber FdgPfdg Rn 881a). Wenn mehrere nebeneinanderlaufende Arbeitsverhältnisse bestehen, wird dem Schuldner für jedes Arbeitseinkommen Pfändungsschutz gewährt (aber Zusammenrechnung nach § 850e Nr 2 möglich; vgl Hamm JMBlNW 55, 270). Ein ständiges Arbeitsverhältnis kann auch vorliegen, wenn ein Arbeiter nicht alle Tage der Woche beschäftigt ist, aber bei Bedarf zur Verfügung des Arbeitgebers zu stehen hat (RAG JW 33, 2930). Arbeitseinkommen ist auch das **Bedienungsgeld des Kellners,** das dieser für den Wirt vereinnahmt und erst nach Abrechnung mit diesem endgültig einbehalten darf (RAG JW 31, 1293; RAG JW 38, 3316; BAG MDR 65, 944 = NJW 66, 469; ArbG Göttingen BB 57, 893; LG Hildesheim BB 63, 1177 = Rpfleger 63, 247; LAG Landau BB 63, 1177; Rewolle Betrieb 62, 936), nicht aber Trinkgeld, das nicht der Betriebsinhaber zu beanspruchen hat, vielmehr dem Bedienungspersonal vom Gast persönlich (freiwillig) zugewendet wird (RAG 11, 357; 17, 194 = JW 37, 58; BAG NJW 96, 1012). Entsprechendes gilt für den Reisenden mit Inkassovollmacht, für den Auslieferungsfahrer (BAG Betrieb 78, 942), den angestellten Taxifahrer (LAG Düsseldorf Betrieb 72, 1540) und Tankstellenverwalter, die ihr Gehalt vereinbarungsgemäß aus vereinnahmten Geldern einbehalten dürfen. Der Arbeitgeber muß in diesen Fällen nach Lohnpfändung dafür sorgen, daß er die vom Schuldner einbehaltenen Beträge erhält, um sie an den Gläubiger abführen zu können (BAG MDR 65, 944; LG Dortmund MDR 57, 750; LG Hildesheim Rpfleger 63, 247; LAG Düsseldorf aaO; aM LG Bochum MDR 57, 1158). Soweit der Schuldner vor Zustellung des Pfändungsbeschlusses mit seinen Ansprüchen gegen den Drittschuldner bereits befriedigt ist, entfällt diese Abführungspflicht. Die Spesenvergütung des Reisenden ist Arbeitseinkommen (s § 850a Rn 7). Nicht als Arbeitseinkommen gelten solche Teilbeträge einer dem Arbeitnehmer gezahlten Vergütung, die dieser nicht in seinem Interesse verwenden darf, zB zur Entlohnung von Hilfskräften zu verwenden hat (RAG HRR 31 Nr 604; JW 36, 1245 mit Anm Jonas). 6

Ruhegelder usw sind alle einzelvertraglich (auch mit betrieblicher Übung, Betriebsvereinbarung) während des Arbeitsverhältnisses vereinbarten wiederkehrenden Bezüge, die der bisherige Arbeitgeber, eine selbständige Pensionskasse oder andere selbständige Versorgungseinrichtung (wie die Zusatzversorgungsanstalt des Bundes und der Länder [s BGH 111, 248 (253)], auch die Träger der Insolvenzversicherung, Ges v 19. 12. 1974, BGBl I 3610) dem Dienstpflichtigen aus Anlaß seiner Tätigkeit für das Unternehmen für die Zeit nach seinem Ausscheiden aus dem Arbeitsleben zugesagt und zu leisten hat. **Vorruhestandsgeld** (zahlt Arbeitgeber, ggf eine Ausgleichskasse) ist wie Arbeitseinkommen pfändbar (§ 7 III VorruhestandsG; dazu Stöber FdgPfdg Rn 884a). 7

c) Hinterbliebenenbezüge, die nach dem Tod eines Beamten (Rn 4) oder Dienstpflichtigen bzw Arbeitnehmers (Rn 6) seine Angehörigen, insbes die Witwe (auch eine frühere Ehefrau), Kinder, uU auch Verwandte aufsteigender Linie nach den Versorgungsgesetzen (Rn 4) oder nach der arbeitsvertraglichen Versorgungsvereinbarung (Rn 7) als wiederkehrende (auch einmalige) Leistungen erhalten. 8

d) Sonstige Vergütungen für Dienstleistungen aller Art, die die Erwerbstätigkeit des Schuldners vollständig oder zu einem wesentlichen Teil in Anspruch nehmen. Abgestellt ist damit nicht darauf, ob die Entgelte auf Grund eines freien oder eines abhängigen Dienstvertrags gewährt 9 werden. Wesentlich ist vielmehr, daß es sich um wiederkehrend zahlbare Vergütungen für (selbständige oder unselbständige) Dienste handelt, die die Existenzgrundlage des Dienstpflichtigen bilden, weil sie seine Erwerbstätigkeit ganz oder zu einem wesentlichen Teil in Anspruch nehmen (BAG AP § 850 Nr 3 = NJW 62, 1221; BGH MDR 78, 387 = NJW 78, 756; BGH 96, 324 [327] = JZ 85, 498 mit Anm Brehm). Es kommt nicht auf die objektive Erwerbsfähigkeit des Schuldners, sondern auf die tatsächlich ausgeübte Tätigkeit an (Düsseldorf MDR 53, 559; KG JW 37, 2232), so daß für die Vergütung für eine nur einzige sonstige Dienstleistung Pfändungsschutz auch besteht, wenn der Schuldner zeitlich weitere Arbeit verrichten könnte. Dazu gehören insbes die Ansprüche der Handelsvertreter auf Fixum und Provision (BAG aaO), die Bezüge eines Versicherungsvertreters (KG Rpfleger 62, 219; LG Berlin Rpfleger 62, 217), die Dienstbezüge des Vorstandsmitglieds einer Aktiengesellschaft (BGH aaO) und des Geschäftsführers einer GmbH (Timm ZIP 81, 10, auch das Geschäftsführergehalt eines Gesellschafters, Düsseldorf MDR 70, 934, nicht aber seine Erfolgsbeteiligung, LG Berlin Rpfleger 59, 132) sowie Ruhestandsbezüge (BGH aaO) dieser Personen und damit ebenso Hinterbliebenenbezüge ihrer Angehörigen. Die Vergütung eines Kassenarztes (-zahnarztes) gehört dazu, wenn die kassenärztliche Tätigkeit ihn zum wesentlichen Teil in Anspruch nimmt (BGH 96, 324; Nürnberg JW 26, 2471; Hamburg JW 36, 2940; KG JW 38, 1918; Hamm Rpfleger 58, 280), nicht aber der Vergütungsanspruch eines beigeordneten Rechtsanwalts gegen die Staatskasse. Forderungen auf fortlaufend gezahlten Werklohn aus Werkvertrag können bei persönlicher Arbeit in einem ständigen Auftragsverhältnis als sonstige Vergütungen pfändungsrechtlich geschützt sein (BAG AP § 850 Nr 8 = Rpfleger 75, 220).

10 3) **Arbeitseinkommen** sind **nach Abs 3** auch **a) Wettbewerbsrenten** (Buchst a), die einem Arbeitnehmer (auch einem GmbH-Geschäftsführer; Rostock NJW-RR 95, 173) auf Grund Vereinbarung mit dem Arbeitgeber als Entschädigung für übernommene Beschränkungen seiner Berufstätigkeit nach Beendigung des bisherigen Dienstverhältnisses gewährt werden (für Handlungsgehilfen §§ 74 ff HGB; für technische Angestellte die Karenzentschädigung nach §§ 133 f GewO iVm §§ 74 f HGB); gleiches gilt für den Ausgleichsanspruch eines Handelsvertreters (§§ 87, 89b, 90a HGB). Zusammenrechnung mit anderweitigem Arbeitseinkommen s § 850e Nr 2. Wird dem Arbeitnehmer eine Abfindung für übernommene Wettbewerbsbeschränkungen kapitalisiert ausbezahlt, so kommt § 850i in Betracht.

11 **b) Versorgungsrenten** früherer Arbeitnehmer oder unterhaltsberechtigter Angehöriger, **die auf Versicherungsverträgen beruhen** und bestimmungsgemäß Ruhegeld- oder Hinterbliebenenbezüge ersetzen oder ergänzen sollen, nicht aber Versicherungsrenten (für Lebensunterhalt im Alter) früher freiberuflich tätig oder überhaupt nicht berufstätig gewesener Personen (Stöber FdgPfdg Rn 892; anders StJ/Brehm Rn 49). Insbes kommen Renten aus (Lebens-)Versicherungen in Betracht, die der Arbeitgeber zur Versorgung des Arbeitnehmers oder seiner unterhaltsberechtigten Angehörigen (sei es durch laufende Prämien oder durch Kapitalzahlung) auf deren Leben eingegangen ist (sog „Direktversicherung"; vgl § 1 II des Ges über betriebl Altersversorgung v 19. 12. 1974, BGBl I 3610, die Beiträge sind Arbeitgeberleistungen, nicht jedoch Arbeitseinkommen; aber keine Gehaltsumwandlung mehr nach Einkommenspfändung; Stöber FdbPfdg Rn 892a). Berufsunfähigkeits(zusatz)rente § 850b Rn 2. Wenn der in den Ruhestand getretene Arbeitnehmer mit einer Versicherungsrente ein neues Arbeitsverhältnis eingeht, ist die Rente mit neuem Arbeitseinkommen zusammenrechenbar (§ 850e Nr 2). Rechte aus einer Kapitalversicherung, die zur Versorgung des Arbeitnehmers (seiner Hinterbliebenen) eingegangen wurde, sind voll pfändbar (Einzelheiten s Berner Rpfleger 57, 197), desgleichen eine von der Rentenversicherungspflicht befreiende Kapitallebensversicherung (für diese auch kein Schutz nach § 54 I SGB, BFH 164, 399 = NJW 92, 527). Über die Pfändung von Versicherungsrenten, die durch Kapitalzahlung erkauft wurden, um das Kapital dem Gläubigerzugriff zu entziehen, vgl Freiburg VersR 54, 553, dazu Goll VersR 54, 577. Zu Lebensversicherungsansprüchen s auch § 850b Rn 10. Wegen der Renten aus der Sozialversicherung und der Versorgungsrenten nach dem BVersG s § 850i Rn 5, 10.

12 4) a) **Benennung und Berechnungsart** des in Geld zahlbaren Arbeitseinkommens sind gleichgültig (Abs 4); Arbeitseinkommen sind alle Vergütungen, die dem Schuldner als Gegenleistung für Arbeits- oder Dienstleistung zustehen ohne Rücksicht darauf, nach welcher Rechtsgrundlage (Tarifvertrag, Einzelarbeitsvertrag, gesetzliche Lohnregelung) Art und Höhe der Vergütung geregelt sind. Unter die §§ 850 ff fallen also (zu vermögensrechtlichen Ansprüchen der Beamten und Soldaten s bereits Rn 4, 5) das Gehalt der Angestellten und Zeitlohn der Arbeiter (Wochen- und Stundenlohn), Stücklohn und Akkordlohn, Überstundenvergütung (Mehrarbeits- und Überstundenzuschlag), alle sonstigen Lohnzuschläge und -zulagen (auch Teuerungszulage, Düsseldorf OLG 37, 182), auch Leistungsprämien, Erfolgsbeteiligung (LG Berlin Rpfleger 59, 132) und Sozialzulagen (dabei auch ein Kindergartenzuschuß [§ 3 Nr 33 EStG]), außerdem Fixum und Provision, Inkassoprämie (BAG Betrieb 78, 942), eine während der Einarbeitung gezahlte Garantiesumme (LG Berlin Rpfleger 62, 217), Diäten, Honorare, Gagen und Auftrittsgelder, Gewinnan-

teile und Verkaufsprämien, Lehrlingsvergütung, Mietzuschüsse, Teuerungsprämien und Gratifikationen (wegen Sonderregelung für verschiedene dieser Bezüge s § 850a).

Vermögenswirksame Leistungen nach dem 5. VermBG v 4. 3. 1994 (BGBl I 407) sind Bestandteil des Lohnes oder Gehalts (§ 2 VII Ges); der Anspruch auf sie gegen den Arbeitgeber ist aber nach § 2 VII Ges nicht übertragbar und daher auch nicht pfändbar. Das gilt auch für die nach § 11 Ges für Vermögensbildung festgelegten Teile des Arbeitseinkommens; bei der Berechnung des pfändbaren Arbeitseinkommens bleiben sie außer Betracht. Die aus solchen Geldern gebildeten Sparguthaben sind pfändbar (§ 829 Rn 33, dort auch zur Pfändung der Sparzulagen). 13

Arbeitseinkommen sind die während des **Urlaubs** weitergezahlten Beträge (s § 850a Rn 3). Zum Konkursausfallgeld, §§ 149 ff AFG, s § 850i Rn 47. 14

Zum Arbeitseinkommen zählen auch Bezüge, die der Arbeitgeber als **Ersatz für entgangene** oder vorenthaltene **Arbeitsvergütung** zu bezahlen hat, wie der Lohnersatz bei vorzeitiger Entlassung (§ 628 BGB), die Abfindung aus einem Sozialplan (AG Krefeld MDR 80, 853) oder die Vergütung bei Annahmeverzug (§ 615 BGB). Andere Ersatzansprüche sind wie Arbeitseinkommen pfändungsrechtlich geschützt, so Schadensersatzforderungen für Verdienstausfall (Krebs VersR 62, 390; im Regelfall greift § 850b Nr 1 oder Nr 2 Platz, nicht aber Kapitalabfindung, RG JW 36, 2403) sowie Streik- und Aussperrungsvergütung (Stöber FdgPfdg Rn 883). Zu nennen sind weiter Übergangsgelder, die beim Ausscheiden aus einem Dienstverhältnis gezahlt werden und den Übergang in andere Lebensverhältnisse erleichtern sollen, zB beim Ausscheiden aus dem Wehrdienst (s § 850i Rn 1). Hierher gehört auch der Auslgeichsanspruch des ausgeschiedenen Handelsvertreters nach § 89b HGB (bei Zahlung in einer Summe Schutz nach § 850i); die Abfindung nach §§ 9 f KündigungsschutzG (v 25. 8. 1969, BGBl I 1317; BAG Rpfleger 60, 247) genießt Pfändungsschutz nach § 850i. 15

b) Kein Arbeitseinkommen sind ua die Bergmannsprämien (§ 829 Rn 33), Winter- und Winterausfallgeld der Bauarbeiter (§§ 80 ff AFG), auch nicht das Kindergeld (s Rn 4) sowie Arbeitsentgelt der Strafgefangenen s § 829 Rn 33. Auf die bei Lohnsteuerjahresausgleich vom Arbeitgeber zu erstattende Lohnsteuer besteht ein öffentl-rechtlicher Erstattungsanspruch, für den die Pfändungsbeschränkungen des §§ 850 ff nicht gelten (§ 46 AO, vgl § 829 Rn 33). 16

III) 1) Die **Pfändung** des Arbeitseinkommens erfolgt durch **Beschluß** des Vollstreckungsgerichts (§ 829; örtliche Zuständigkeit § 828). Zuständig ist der Rechtspfleger (§ 20 Nr 17 RpflG). Inhalt des Pfändungsbeschlusses: wie § 829 Rn 7. Mit „Arbeitseinkommen" bezeichnet der Pfändungsbeschluß alle (wiederkehrend oder einmalig) zu zahlenden Vergütungen als gepfändet, die dem Schuldner aus Arbeits- oder Dienstleistung ohne Rücksicht auf ihre Benennung oder Berechnungsart zustehen (BAG AP § 850 Nr 1 = BB 61, 1053; BAG MDR 80, 346 = NJW 80, 800). Die nach § 850c und d der Pfändung nicht unterworfenen Einkommensteile muß der Pfändungsbeschluß bezeichnen. Ergeben sich aus nur allgemein gefaßten Angaben des Beschlusses im Einzelfall Unklarheiten (zB darüber, ob eine bestimmte Vergütung als Arbeitseinkommen mit gepfändet oder ein Angehöriger bei Berechnung unpfändbarer Einkommensteile zu berücksichtigen ist), dann hat das Vollstreckungsgericht eine klarstellende Entscheidung zu treffen. Der Antrag auf Klarstellung ist Erinnerung gegen den Pfändungsbeschluß; es finden daher die Verfahrensgrundsätze des Erinnerungsverfahrens Anwendung (§ 766 Rn 27). 17

2) Die **Pfändung erfaßt** als Arbeitseinkommen alle noch nicht gezahlten (rückständigen), alle gegenwärtigen (in der laufenden Abrechnungsperiode verdienten) und alle nach der Pfändung fällig werdenden (§ 832) Bezüge, die von dem Arbeitgeber, an den sich als Drittschuldner das Zahlungsverbot richtet, dem Schuldner aus dem mit ihm bestehenden Dienstverhältnis geschuldet werden (§ 829 Rn 4). Sie erstreckt sich ohne weiteres auf mehrere Arbeitsvergütungen, die vom selben Drittschuldner geleistet werden. Ins Leere geht die Pfändung, wenn Rechtsbeziehungen zwischen Schuldner und Drittschuldner nicht bestehen, die Grundlage für Anspruch auf Arbeitseinkommen für künftig zu erbringende Arbeitsleistung sein könnten, auch wenn der Schuldner später (nach Zustellung des Pfändungsbeschlusses, § 829 III) ein Arbeitsverhältnis bei diesem Arbeitgeber begründet (§ 829 Rn 4). Arbeitseinkommen aus einem **künftigen Arbeitsverhältnis** (erforderliche Bezeichnung im Pfändungsbeschluß § 829 Rn 10) kann gepfändet werden, wenn bereits eine rechtliche Grundlage für seine Bestimmung vorhanden ist, somit nach Abschluß des Arbeitsvertrags vor Arbeitsaufnahme, oder wenn Anstellung in Aussicht genommen ist (Stöber FdgPfdg Rn 949, 950). Auf Bezüge, die ein **anderer Drittschuldner** als der zu leisten hat, an den sich das Zahlungsverbot richtet, erstreckt sich eine Einkommenspfändung nicht, somit nicht auf neues Arbeitseinkommen nach Arbeitsplatzwechsel (§ 832 Rn 3; § 833 Rn 1, 2; macht neue Pfändung nötig) oder auf Ruhegelder, die nicht der Arbeitgeber als Drittschuldner leistet, sondern eine selbständige Pensions- oder Versorgungseinrichtung. Abstellung zu einer Arbeitsgemeinschaft und Leiharbeitnehmer s Stöber FdgPfdg Rn 901, 902. 18

19 3) **Pfändungswirkungen:** § 829 Rn 16 ff. Der (arbeitsrechtliche) Anspruch des Schuldners an den Arbeitgeber auf **Lohnabrechnung** (Provisionsabrechnung, § 87c HGB) oder auf Auskunft ist Nebenrecht; er wird von der Pfändung erfaßt (§ 829 Rn 20; zu unterscheiden von der Schuldnerpflicht zur Auskunft nach § 836 III). Der Anspruch kann daher gegen den Drittschuldner auch vom Gläubiger (mit Klage) geltend gemacht werden (Hamm DGVZ 94, 188 = JurBüro 95, 163; LG Mainz Rpfleger 94, 309; Stöber FdgPfdg Rn 940; Scherer Rpfleger 95, 446). Einzeln (oder hilfsweise) ist dieser Anspruch nicht pfändbar (Zweibrücken DGVZ 95, 148 = JurBüro 95, 600; LG Hildesheim DGVZ 94, 156; LG Mainz Rpfleger 94, 309; Stöber FdgPfg Rn 1741; aA LGe Bochum u Verden DGVZ 94, 189); seine Mitpfändung als Nebenrecht kann jedoch (auf Antrag) im Einkommenspfändungsbeschluß mit ausgesprochen werden (Stöber aaO; aA Zweibrücken aaO). **Kündigung** (Auflösung) des Arbeits- oder Dienstverhältnisses schließt die Pfändung nicht aus, weil sie sich auf das Rechtsverhältnis nicht erstreckt (§ 829 Rn 18). Der Arbeitgeber kann das Arbeitsverhältnis wegen einer Lohnpfändung, auch wenn sie schuldhaft veranlaßt wurde, nicht kündigen (LAG Hamm BB 78, 1363 = Betrieb 77, 2237; LAG Berlin BB 79, 972 = Betrieb 79, 605). Auch das Vorliegen mehrerer Lohnpfändungen (oder -abtretungen) rechtfertigt für sich allein noch keine ordentliche Kündigung (BAG BB 82, 556 = NJW 82, 1062; LAG Düsseldorf BB 56, 434; LAG Rheinland-Pfalz BB 79, 375; Schäcker BB 64, 391). Wesentliche Störungen im Arbeitsablauf (etwa in der Lohnbuchhaltung oder in der Rechtsabteilung) oder in der betrieblichen Organisation infolge zahlreicher Lohnpfändungen (oder -abtretungen) können im Einzelfall (erfordert umfassende Abwägung der Interessen beider Arbeitsvertragsparteien) eine ordentliche Kündigung jedoch sozial rechtfertigen (§ 1 II KSchG; BAG aaO; Stöber FdgPfdg Rn 934).

20 4) **Abgetretenes Arbeitseinkommen** steht dem Neugläubiger zu; da es nicht Schuldnervermögen ist (anders bei Abtretungsverbot, § 399 BGB, oder wenn die Abtretung nichtig ist, 134 BGB), geht seine Pfändung ins Leere (Stöber FdgPfdg Rn 1251b; BAG NJW 93, 2699 = Rpfleger 93, 456 u MDR 93, 1122 = NJW 93, 2701). Wenn mit Freistellung des künftigen Arbeitseinkommens von den Rechten des Zessionars die Abtretungswirkungen entfallen, erstreckt sich jedoch das Pfändungspfandrecht auf die weiter fällig werdenden Beträge (§ 832; Stöber FdgPfdg Rn 1258l; BAG NJW 93, 2699; auch bereits LAG Hamm MDR 92, 786 L = ZIP 92, 1168). Eine Abtretung an Erfüllungs Statt (§ 364 BGB) begründet für die über den Betrag der wegzufertigenden Forderung des Zessionars hinausgehenden künftigen Einkommensbeträge kein Gläubigerrecht des Zessionars. Entsprechendes gilt für die Abtretung erfüllungshalber (Stöber FdgPfdg Rn 1258b). Das unter aufschiebender oder auflösender Bedingung (§ 158 BGB) oder unter Zeitbestimmung (§ 163 BGB) abgetretene Arbeitseinkommen steht dem Schuldner als Arbeitnehmer mit Erledigung des Sicherungszwecks oder nach Zeitablauf wieder zu. Auf diese künftig fällig werdenden Einkommensansprüche des Schuldners erstreckt sich die Pfändung (§ 832), auch wenn der Pfändungsbeschluß ausdrückliche Mitpfändung künftigen Einkommens nicht ausspricht. Bei der vom Rechtsgrund losgelösten (unbedingten) Abtretung erlangt der Zessionar Anspruch auf das künftige Arbeitseinkommen nicht schon mit Abschluß des Abtretungsvertrags, sondern erst, wenn mit Arbeitsleistung und Fälligkeit der Anspruch für den späteren Abrechnungszeitraum zur Entstehung gelangt (Stöber FdgPfdg Rn 1258). Wenn davor der Zessionar die Vorausabtretung in Erfüllung des Freistellungsanspruchs aus der zugrundeliegenden Sicherungsabrede freigibt (aufhebt oder darauf verzichtet), entsteht mit Arbeitsleistung und Fälligkeit der Einkommensanspruch sogleich als Forderung des Arbeitnehmers (Schuldners). Auf solche künftig fällig werdende Einkommensbeträge erstreckt sich daher ein zwischenzeitlich durch Pfändung erlangtes Pfandrecht (§ 832). Den Freigabeanspruch kann auch der Pfändungsgläubiger geltend machen (dient der Pfandsicherung); auch seine hilfsweise Pfändung zur Geltendmachung durch den Gläubiger ist als zulässig anzusehen (Stöber FdgPfdg Rn 1258m). In all diesen Fällen besteht somit kein übertragbarer und damit kein pfändbarer schuldrechtlicher Anspruch auf Rückübertragung (Rückzession) der Forderung auf Zahlung des künftigen Arbeitseinkommens und auch kein pfändbares „dingliches Anwartschaftsrecht" (Stöber FdgPfdg Rn 1258 u 1258h; Baur Betrieb 68, 251; auch Vollkommer Rpfleger 72, 191). Pfändung solcher Schuldnerrechte ist daher ausgeschlossen; ergeht Pfändungsbeschluß dennoch, hat er keine Wirkung. Nicht richtig ist daher die Meinung, der Gläubiger, der den „Rückübertragungsanspruch" oder das „Anwartschaftsrecht" auf künftiges Arbeitseinkommen gepfändet habe, könne andere Gläubiger, die vor ihm das künftige (§ 832) Einkommen gepfändet haben, überrunden („Überholungseffekt"; zB Behr Rpfleger 90, 243; Börker NJW 70, 1104; LG Berlin MDR 77, 412; LG Münster Rpfleger 91, 379; LG Verden Rpfleger 86, 394). Nach **stiller Zession** bleibt der Arbeitnehmer (infolge Einziehungsermächtigung) befugt, Zahlung des fortlaufend fällig werdenden Einkommens an sich zu verlangen (§ 407 BGB). Das Arbeitseinkommen bleibt für seine Gläubiger daher pfändbar. Der nach der Zession Berechtigte kann jedoch vom pfändenden Gläubiger eingezogene Beträge (abzüglich ZwV-Kosten) uU aus ungerechtfertigter Bereicherung herausverlangen (BGH 66, 150 = NJW 76, 1090; LG Köln JurBüro 80, 1098; Stöber FdgPfdg Rn 1253; aA Tiedtke Betrieb 76, 421). Auch wenn die Abtretung offengelegt wird, der Schuldner jedoch auf Grund Einziehungsermächtigung

abgetretenes Einkommen im eigenen Namen und für eigene Rechnung weiter einziehen kann, ist Pfändung durch Gläubiger des Einziehungsberechtigten möglich (BAG AP § 829 Nr 6 = MDR 80, 522). Einkommens**abtretung** erst **nach Pfändung** ist dem pfändenden Gläubiger gegenüber unwirksam (§ 829 I S 2).

5) Dadurch, daß der Abtretungsgläubiger im **Anfechtungs**prozeß rechtskräftig zur Duldung der ZwV verurteilt wird, wird die Pfändung nachträglich nicht wirksam (BAG 72, 238 = NJW 93, 2699 = Rpfleger 93, 456; anders [als Vorinstanz] LAG Hamm MDR 92, 786 L = ZIP 92, 1168 u Tiedtke ZIP 93, 1452). Es bedarf einer neuen Pfändung des dem Anfechtungsgegner zustehenden abgetretenen Teils des Schuldnereinkommens auf Grund des im Anfechtungsprozeß ergangenen Urteils (BAG aaO). 21

6) Pfandverwertung: § 835. Wirkungen der Überweisung zur Einziehung: § 836 Rn 3–6 (andere Verwertung praktisch kaum denkbar). Verwaltungsgerichte sind zuständig für Klage auf Zahlung gepfändeter Bezüge eines Beamten, Ruhestandsbeamten, früheren Beamten oder Hinterbliebenen (§ 126 I BRRG; VerwG Neustadt JurBüro 88, 668); Zuständigkeit der Gerichte für **Arbeitssachen** für Einziehungsrechtstreitigkeiten besteht in den Fällen der §§ 2, 3 ArbGG. Auf Erstattung der **Kosten** für die Zuziehung eines Prozeßbevollmächtigten (Beistands) und auf Entschädigung wegen Zeitversäumnis besteht gegen den Drittschuldner im Urteilsverfahren des ersten Rechtszugs vor dem Arbeitsgericht kein Anspruch (§ 12a ArbGG; Einzelheiten Stöber FdgPfdg Rn 961; anders für § 840 II S 2, s dort Rn 14). Die durch Einziehung erwachsenen Kosten des Arbeitsgerichtsverfahrens sind Kosten der ZwV, für die (bei Notwendigkeit) dem Gläubiger nach § 788 der Schuldner haftet (§ 788 Rn 13 „Rechtsstreit"). Für deren Festsetzung als ZwV-Kosten bietet § 788 Grundlage (§ 836 Rn 4). 22

6) Vorpfändung ist möglich (§ 845 Rn 1). 23

IV) Rechtsbehelf: § 829 Rn 28–32. 24

V) Gebühren des **Gerichts und** des **Anwalts:** Rn 34 zu § 829 sowie Rn 14 zu § 835. 25

850a *[Unpfändbare Bezüge]*

Unpfändbar sind

1. **zur Hälfte die für die Leistung von Mehrarbeitsstunden gezahlten Teile des Arbeitseinkommens;**
2. **die für die Dauer eines Urlaubs über das Arbeitseinkommen hinaus gewährten Bezüge, Zuwendungen aus Anlaß eines besonderen Betriebsereignisses und Treugelder, soweit sie den Rahmen des Üblichen nicht übersteigen;**
3. **Aufwandsentschädigungen, Auslösungsgelder und sonstige soziale Zulagen für auswärtige Beschäftigungen, das Entgelt für selbstgestelltes Arbeitsmaterial, Gefahrenzulagen sowie Schmutz- und Erschwerniszulagen, soweit diese Bezüge den Rahmen des Üblichen nicht übersteigen;**
4. **Weihnachtsvergütungen bis zum Betrage der Hälfte des monatlichen Arbeitseinkommens, höchstens aber bis zum Betrage von 540 Deutsche Mark;**
5. **Heirats- und Geburtsbeihilfen, sofern die Vollstreckung wegen anderer als der aus Anlaß der Heirat oder der Geburt entstandenen Ansprüche betrieben wird;**
6. **Erziehungsgelder, Studienbeihilfen und ähnliche Bezüge;**
7. **Sterbe- und Gnadenbezüge aus Arbeits- oder Dienstverhältnissen;**
8. **Blindenzulagen.**

I) Allgemeines: Die zweckgebundenen Einkommen oder Einkommensteile, die § 850a aufzählt, sind der Pfändung entzogen. Sie können selbständig nicht gepfändet werden; bei Berechnung gepfändeten Arbeitseinkommens bleiben sie als unpfändbar außer Betracht (§ 850e Nr 1). Bei Vollstreckung eines Unterhaltsanspruchs sind die in Nrn 1, 2 und 4 genannten Bezüge nur teilweise unpfändbar (§ 850d I); die übrigen Bezüge des § 850a sind auch der Pfändung durch Unterhaltsgläubiger entzogen. Die Aufzählung in § 850a ist nicht erschöpfend; in Sondergesetzen sind noch andere Bezüge für unpfändbar erklärt (vgl § 829 Rn 33). Jedoch darf § 850a nicht ausdehnend ausgelegt werden. 1

II) Einzelfälle. 1) Nr 1: Mehrarbeitsstunden sind Arbeitsstunden, die ein Arbeitnehmer über den sich aus Tarifvertrag, Betriebs- oder Dienstordnung ergebenden gewöhnlichen Arbeitsplan hinaus leistet, sei es im Anschluß an die gewöhnliche Arbeitszeit, sei es in gewöhnlich freier Zeit, zB an Sonn- u Feiertagen oder zur Nachtzeit (Überstunden). Ist Sonntags- oder Nachtarbeit als normale Arbeitszeit vorgesehen, so fällt der hierfür gezahlte Arbeitsverdienst (dann mit den 2

Zuschlägen für die Sonntags- oder Nachtarbeit) nicht unter Nr 1. Unpfändbar sind nicht nur die für die Leistung von Mehrarbeitsstunden gezahlten Zuschläge, sondern zur Hälfte die auf die Zeit der Mehrarbeit treffenden Teile des gesamten Arbeitseinkommens. Der halbe Betrag hat dem Schuldner ohne Abzüge zu verbleiben; Steuern und Soziallasten sind dem übrigen Einkommen des Schuldners zu entnehmen, nicht etwa anteilig auf die nach Nr 1 pfändungsfrei gestellten Einkommensteile zu verrechnen. Wenn für Mehrarbeit (zB eines Angestellten) keine besondere Vergütung bezahlt wird, besteht kein weitergehender Pfändungsschutz; ein der Mehrarbeit entsprechender Anteil der Gesamtvergütung ist dann nicht pfandfrei. Nr 1 ist auch anzuwenden, wenn Mehreinnahmen nach Arbeitsschluß durch Tätigkeit für einen dritten Beschäftigungsgeber erzielt werden, die Überschreitung der üblichen Arbeitszeit also auf Beschäftigung bei mehreren Arbeitgebern beruht (Hamm BB 56, 209; Pohle AP § 850a Nr 3).

3 **2) Nr 2: a) Urlaubsgeld** ist Sonderzuwendung mit Gratifikationscharakter, die der Arbeitnehmer über sein sonstiges Einkommen hinaus vom Arbeitgeber als Zuschuß zur Ermöglichung der Erholung erhält. Ausnahmsweise ist Pfändung zugunsten einer Forderung möglich, die durch besondere Urlaubsaufwendungen entstanden ist (zB eines Reisebüros; wahrt Zweckbindung; Peters Betrieb 66, 1133). Die während des Urlaubs weitergezahlte (gewöhnliche oder gekürzte) Arbeitsvergütung (Urlaubsentgelt, s § 11 BUrlaubsG v 8. 1. 63, BGBl I 2), bei Beamten die Dienstbezüge, sind Arbeits- bzw Diensteinkommen (werden somit nicht für die Dauer des Urlaubs darüber hinaus gewährt) und bleiben als solches der Pfändung (nach § 850) unterworfen (BAG AP § 850 Nr 5 m zust Anm Pohle = NJW 66, 222; LAG Düsseldorf BB 66, 1454; ArbG Bremen AP § 850a Nr 2; Berner Rpfleger 60, 5 mwN und Hinw auf fr Gegenansicht; Stöber FdgPfdg Rn 987 mwN; s auch BGH 59, 109 = NJW 72, 1703 u 59, 154 = NJW 72, 1705; aA Hohmeister BB 95, 2110: für den gesetzlichen Mindesturlaub unpfändbar). Die **Abgeltung für nicht genommenen Urlaub** soll es dem Arbeitnehmer nach Beendigung des Arbeitsverhältnisses ermöglichen, sich Freizeit zu nehmen, ohne seine Bedürfnisse einschränken zu müssen. Der Abgeltungsanspruch (die Forderung auf Abgeltung nicht gewährten Urlaubs) wird deshalb als unpfändbar angesehen (BAG AP § 611 BGB [Urlaubsrecht] Nr 42 = BB 59, 340; LAG Düsseldorf BB 66, 1454; LAG Schleswig-Holstein BB 64, 596 = Betrieb 64, 555; Schweer BB 61, 680; Stöber FdgPfdg Rn 989 mwN; aA LAG Berlin Betrieb 91, 2496 L = NZA 92, 122; Boewer/Bommermann Lohnpfändung Rn 450 und Bischoff-Rochlitz Lohnpfändung Anm 3b zu § 850a: pfändbar in den Grenzen der §§ 850 ff; Rauscher MDR 63, 11 [13]; Tschöpe BB 81, 1902); außerdem Faecks NJW 72, 1448 [1450]). Über ZwV in Urlaubsgeld bei tariflicher Urlaubsmarkenregelung s Sieg RdA 57, 411; Quardt BB 58, 1212.

4 **b) Zuwendungen aus Anlaß eines besonderen Betriebsereignisses.** Hierunter fallen Geschenke aus Anlaß zB des 25jährigen Bestehens des Betriebes oder aus Anlaß eines außergewöhnlich günstigen Betriebserfolges. Regelmäßig ausgeschüttete Erfolgsbeteiligungen (Tantiemen) gehören nicht hierher (LG Berlin Rpfleger 59, 132), auch nicht Barzuwendungen zum Maifeiertag (vgl BFH Betrieb 73, 40).

5 c) **Treugelder** sind Zuwendungen aus Anlaß langjähriger Zugehörigkeit zu einem bestimmten Betrieb, zB bei einem Arbeitsjubiläum. Sparguthaben, die aus Treuegeldern bestehen, sind aber pfändbar (LG Essen Rpfleger 73, 148).

6 d) Die in Nr 2 genannten Beträge (Rn 3–5) dürfen den **Rahmen des Üblichen nicht übersteigen,** dh sie sind unpfändbar, wenn zB gleichartige Betriebe auch eine Zuwendung in derselben Höhe zahlen. Für Urlaubsgeld kann nicht schon die nur für Weihnachtsgeld (Nr 4) bestimmte Betragsgrenze gelten (Stöber FdgPfdg Rn 986 gegen Henze Rpfleger 80, 456). Ist die erhöhte Zuwendung gewählt, um zugunsten des Schuldners einen Lohnanteil dem Zugriff seiner Gläubiger zu entziehen, überschreitet die Zuwendung das Übliche, ist sie überhaupt nicht üblich oder als Entgelt für zusätzlich geleistete Dienste anzusehen, so ist sie (insoweit) als Teil des der Pfändung unterliegenden Arbeitseinkommens nach § 850 anzusehen und wird von der Pfändung desselben mit erfaßt.

7 **3) Nr 3: a) Aufwandsentschädigungen.** Darunter fallen Reisekostenvergütung und Reisespesen, Tage- und Übernachtungsgeld, Trennungsentschädigung, Umzugskostenvergütung, Entschädigung für die Haltung eines Kraftwagens, Repräsentationskosten, Mankogelder der Kassenbeamten. Bei Provisionsreisenden kommen beispielsweise in Betracht (s auch Sebode JW 38, 3073; Hamm BB 56, 668) Beträge zur Deckung der Auslagen für Eisenbahn, Straßenbahn, Ersatz für den mit Kundenbesuchen zur Einholung von Aufträgen verbundenen Mehrverzehr, bei Benützung eines Kraftwagens Vergütung für Treibstoff, Schmiermittel, Reparaturen, Abnützung des Wagens (KG JW 36, 519) oder km-Gelder (LAG Düsseldorf Betrieb 70, 256). Zu den Auswärtszulagen und zur Fahrkostenerstattung im einzelnen s Hohn BB 68, 548, 1431. Gleichgültig ist, ob die Spesen im voraus gezahlt oder nachträglich ersetzt werden (Jonas JW 36, 890, 1245). Als unpfändbar nach Nr 3 können Aufwandsentschädigungen (Zulagen usw) nur dann gelten, wenn sie als solche getrennt vom Verdienst (Fixum, Provision) berechnet (auch durch Pauschbe-

träge abgegolten), mithin der Höhe nach selbständig ausgewiesen sind (Frankfurt JW 36, 347; Hamm BB 72, 855; LAG Mannheim BB 58, 1057; Stöber FdgPfdg Rn 992). Teile des Gesamtarbeitseinkommens, die besonderen berufsbedingten Bedürfnissen des Schuldners dienen sollen, sind nach § 850f I pfandfrei zu stellen (anders früher überwiegende Ansicht, zB RAG JW 36, 1245; KG JW 36, 519; Hamm BB 56, 668; LAG Hamburg BB 71, 132; Hohn BB 68, 548). Die von einer kassenärztlichen (-zahnärztlichen) Vereinigung zu zahlende Gesamtvergütung für Versorgung der Versicherten ist einer Aufspaltung in Entgelt und Aufwandsentschädigung nicht zugänglich; § 850a Nr 3 erfaßt solche Ansprüche nicht, analoge Anwendung ist ausgeschlossen; es greift § 850f I ein (BGH 96, 324 = JZ 85, 498 mit Anm Brehm = NJW 86, 2362; vGlasow Rpfleger 87, 289; anders KG HRR 37 Nr 1613, JW 38, 1918). Die Aufwandsentschädigungen müssen sich im **Rahmen des Üblichen** halten; üblich sind die durch Tarifvertrag (auch Dienst- oder Betriebsordnung), im öffentlichen Dienst die durch gesetzliche Regelung, sonst die in anderen Unternehmen eingeführten Sätze; Vergütungen, die Lohnsteuerrichtlinien als steuerfrei anerkennen, können auch iS der Nr 3 als üblich angesehen werden (BAG AP § 850a Nr 4 = BB 71, 1197; BGH 96, 324 [329]). Dagegen geht es nicht an, zB einem Reisenden zum Schutz gegen Gläubigerzugriffe ein niedriges festes Einkommen und übermäßig hohe Reisespesen zu gewähren; bei den Aufwandsentschädigungen darf es sich nicht um verdeckten Lohn handeln (s LG Essen MDR 70, 516). Über Berücksichtigung der beim Verbrauch von Spesengeldern eingesparten Lebenshaltungskosten s Braunschweig Rpfleger 52, 90. Wohnungsgeld, Leistungs- und Schwerarbeiterzulagen sind dem allgemeinen Arbeitseinkommen hinzuzurechnen und gehören nicht hierher. Unter Nr 3 fallen auch Aufwandsentschädigungen für eine selbständige ehrenamtliche Tätigkeit, zB als Schöffe oder sonst nichtrichterlicher Beisitzer, ehrenamtlicher Bürgermeister, Mitglied einer kommunalen Vertretungskörperschaft (BezG Frankfurt/O Rpfleger 93, 457; anders Kohls NVwZ 84, 294: wegen treuhandartiger Zweckgebundenheit außerhalb der Zweckbestimmung unpfändbar), Mitglied anderer Ausschüsse mit öffentl-rechtl Aufgaben (Quardt Büro 58, 417). Auch bei sonstigen Amtsträgern und Angestellten in herausgehobener Stellung, die Repräsentationspflichten haben oder zu ähnlichen Aufwendungen genötigt sind, kommen unter die Nr 3 fallende Aufwandsentschädigungen in Betracht. Für Bestimmung des Rahmens des Üblichen sind mehrere Aufwandsentschädigungen aus ehrenamtl Tätigkeit zusammenzurechnen (BezG Frankfurt/O aaO für Stadtverordneten und Kreistagsmitglied).

b) Auslösungsgelder und **sonstige soziale Zulagen für auswärtige Beschäftigung.** Auslösungsgelder (vgl RAG DR 39, 953; BAG Betrieb 75, 311; LAG Düsseldorf Betrieb 56, 24; Hohn BB 68, 1305) zB als Tage- und Übernachtungsgelder zur Entschädigung der Arbeitnehmer, die nicht unter denselben Bedingungen wie ihre Arbeitskameraden ihrer Arbeit nachgehen können, weil sie an einem vom Betriebssitz verschiedenen Ort beschäftigt werden. Die Entschädigung umfaßt die Vergütung für den Mehraufwand durch Benützung zB von Transportmitteln sowie die mit solchen Fahrten verbundenen Unannehmlichkeiten, eine Entschädigung für weite Anmarschwege zur Arbeitsstätte, Ausgleichsgelder für die Trennung von der Familie (Mehrausgaben für Beköstigung usw). Wird die Auslösung in der Weise gezahlt, daß der Arbeitnehmer eine höhere Arbeitsvergütung erhält wie Arbeitnehmer am Betriebssitz, so hat das Vollstreckungsgericht nach § 850f Ia darüber zu entscheiden, welcher Teilbetrag als Auslösung anzusehen ist. 8

c) Wird für **selbstgestelltes Arbeitsgerät** (Werkzeug, Kraftfahrzeug usw) keine besondere Vergütung, sondern ein höherer Stundenlohn bezahlt, so gilt das vorstehend Aufgeführte entspr. 9

d) Gefahrenzulagen, Schmutz- und **Erschwerniszulagen:** In Betracht kommen Zulagen für besonderen Aufwand des Schuldners, der durch Gefährdung seiner Person verursacht ist (zB Milchzulagen der Bleiarbeiter), oder Zulagen als Entschädigung für besonderes Risiko bei gefährlichen Arbeiten (zB Entschärfen von Sprengmunition, Umgang mit Giften). **Schmutz- und Erschwerniszulagen** sind unpfändbar. Bei Arbeitern pflegen sie durch Tarif oder Betriebsvereinbarung festgesetzt oder betriebsüblich bezahlt zu werden; regelmäßig werden sie in der Lohnabrechnung gesondert ausgewiesen. In Betracht kommen Zuschläge für Arbeiten, die der Einwirkung von Hitze, Wasser, Staub, Säuren besonders ausgesetzt sind, für Schacht- und Tunnelarbeiten, für Arbeiten unter Druckluft und unter Wasser; Zuschläge für Nacht- (LAG Frankfurt Betrieb 89, 1732) oder Sonn- und Feiertagsarbeit gehören nicht hierher (BJM BB 52, 859). Sind besondere Arbeitserschwernisse durch höhere tarifliche Einstufung berücksichtigt, ohne daß ziffernmäßig bezeichnete gesonderte Zulagen ausgeworfen sind, die als unpfändbar auszusondern wären, so greift die Nr 3 nicht Platz; Abhilfe ggfs über § 850f I. Die Gefahren-, Schmutz- und Erschwerniszulagen sind nur soweit unpfändbar, als sie den Rahmen des Üblichen nicht übersteigen. Wegen der Leistungs- und Sozialzulagen s Rn 7. 10

4) Nr 4: Weihnachtsvergütungen (dazu Hohn BB 66, 1272; Schäcker BB 63, 517) genießen wegen ihrer Zweckbestimmung aus sozialen Gründen einen besonderen Pfändungsschutz. Der halbe Bruttobetrag des monatlichen Einkommens, höchstens 540 DM, muß dem Schuldner ganz 11 verbleiben; die auf die Weihnachtsvergütung treffenden Steuern und Soziallasten sind dem übrigen Einkommen zu entnehmen. Ein etwa überschießender Betrag ist dem übrigen Arbeitseinkommen des Schuldners im Auszahlungsmonat (ggfs sonach auch dem November- oder Januareinkommen, BAG 55, 44 = AP § 850 Nr 11 mit Anm Stöber = MDR 87, 611) hinzuzurechnen und untersteht auf diese Weise dem allgemeinen Pfändungsschutz des § 850c (Beteiligung des Schuldners am Mehrbetrag). Ein pfändbarer Anspruch auf Weihnachtsvergütung für das nächste Weihnachten kann auch erworben sein, wenn der Arbeitgeber sie nur als freiwillige Leistung zugesagt hatte und diese Zusage stillschweigend angenommen wurde (BAG Rpfleger 62, 168; NJW 62, 220; 64, 1690). Durch Vereinbarung zwischen Arbeitgeber und Arbeitnehmer können solche Ansprüche nicht der Pfändung entzogen werden (BAG Rpfleger 62, 168).

12 5) **Nr 5: Heirats-** und **Geburtsbeihilfen,** die der Arbeitgeber gewährt, sind unpfändbar, wenn die Gläubigerforderung in keinem Zusammenhang zu der Heirat oder Geburt steht, zB Zahlungsanspruch für Lieferung von Nahrungsmitteln aus einer Zeit vor Verheiratung. Hat der Schuldner aus Anlaß seiner Heirat oder der Geburt eines Kindes Aufwendungen gemacht (zB für Hochzeitsfeier oder Kindstaufe Waren bezogen), deretwegen nun der Gläubiger gegen ihn mit ZwV vorgeht, oder lassen der Arzt oder die Hebamme wegen Hilfeleistung bei der Geburt des Kindes pfänden, dann ist die dem Schuldner von seinem Arbeitgeber aus dem besonderen Anlaß (Heirat usw) gewährte Zuwendung dem Arbeitseinkommen des Monats, in dem die Zuwendung gewährt wurde, hinzuzurechnen. Heirats- und Geburtsbeihilfe der Angehörigen des öffentlichen Dienstes (uU auch auf Grund von Tarifverträgen, BAG AP Art 47 BayBesoldG Nr 2) sind nach Nr 5 unpfändbar; andere Beihilfen dieser Bediensteten sind wegen ihrer Höchstpersönlichkeit und Zweckgebundenheit (Schutz vor Notlage) ebenso unpfändbar. Ausnahme (nach Nr 5) für Gläubiger, dessen Anspruch aus Anlaß der Krankheit oder des sonstigen Beihilfefalls entstanden ist (Faber ZBR 57, 41; LG Münster Rpfleger 94, 473). Wegen der auf Freiwilligkeit beruhenden Unterstützungen und Notstandsbeihilfen, soweit sie nicht auf den in Nr 5 aufgeführten Anlässen beruhen, s § 850b Nr 3.

13 6) **Nr 6: Erziehungsgelder, Studienbeihilfen** und **ähnliche Bezüge,** gleichgültig, ob sie von der öffentlichen Hand, von Stiftungen oder Privaten gewährt werden und welcher Person sie zufließen (anders Frankfurt NJW 53, 1800: nur Beihilfen, die für den Arbeitnehmer selbst bestimmt sind). Die einem Auszubildenden (nach Vereinbarung im Ausbildungsvertrag, § 10 BBiG) zu zahlende Vergütung ist pfändbares arbeitsrechtliches Entgelt, nicht aber unpfändbares Erziehungsgeld (Stöber FdgPfdg Rn 1002; Wieczorek Anm B VIb; aA StJ/Brehm Rn 32; Hoffmann BB 59, 852). Der (bare) Kindergartenzuschuß (§ 850 Rn 12) fällt nicht unter die Bestimmung; er gehört zum (pfändbaren) Arbeitseinkommen. Nach Bamberg Rpfleger 74, 30 sollen nur Beihilfen unter die Bestimmung fallen, die unmittelbar der Erziehung und Ausbildung, nicht zugleich auch anderen Zwecken dienen. Es werden hierher aber auch die Studienbeihilfen und Stipendien zu rechnen sein, die nicht uneingennützig von privaten Unternehmungen und öffentlichen Stellen (zB Bundesbahn, Bundespost, Bundeswehr) zur Gewinnung qualifizierter Nachwuchskräfte vergeben werden mit der Verpflichtung, nach Studienabschluß in den Dienst der vergebenden Stelle zu treten (Beispiele: BAG JZ 64, 183; AP § 2 ArbGG 1953 – Zuständigkeitsprüfung – Nr 31; BGH MDR 72, 589; LG München NJW 68, 2016; BVerwG NJW 68, 2023; DÖV 74, 597; OVG Münster FamRZ 75, 296); diese Beihilfen werden auch steuerlich nicht zum Einkommen gerechnet (BFH NJW 74, 254; Betrieb 73, 1782, 2494). Beihilfen der öffentlichen Hand sind nun weitgehend durch Sozialgesetze geregelt, die durch Art II § 1 SGB I zu besonderen Teilen des SGB erklärt sind, so daß auf sie die Pfändungsschutzbestimmungen der Art I §§ 54, 55 SGB I Anwendung finden (hierzu § 850i Rn 6 ff). Das BayAusbildungsFöG (BayRS 2230-2-2) verweist für den Pfändungsschutz auf die §§ 54, 55 SGB I. Unmittelbar unter Nr 6 fallen die Stipendien nach dem BayBegabtenFöG (GVBl 83, 1109). Die Ausbildungsbeihilfen nach §§ 31 ff BSHG (dazu BVerwG NJW 75, 2035) sind nach § 4 des Ges unpfändbar. Die Ausbildungsbeihilfen nach § 302 LAG (dazu BVerwG FamRZ 75, 655) sollen nach dem Inhalt der Bestimmung ausschließlich den begünstigten Personen zukommen und sind schon wegen dieser Zweckbestimmung unpfändbar. Die Nr 6 ist in § 850d nicht genannt; die unter diese Bestimmung fallenden Bezüge sind daher auch für Unterhaltsgläubiger nicht pfändbar.

14 7) **Nr 7: Sterbe- und Gnadenbezüge:** Hierher gehören (nach dem Wortlaut) nur Bezüge aus Arbeits- und Dienstverhältnissen, die der Arbeitgeber (Dienstherr) gewährt. Bezüge aus Sterbekassen und Kleinlebensversicherungen fallen unter § 850b I Nr 4. Sterbegeld der Beamten und Richter ist unpfändbar (§ 51 III BeamtVG, BGBl 90 I 2298), auch das der Soldaten (§ 48 II SVG [s Rn 5]), während der Sterbemonatsbezug wie sonstige Dienstbezüge gepfändet werden kann. Für vergleichbare Bezüge privater Arbeitnehmer (zB Sterbegelder und Unterstützungen, die nach längerer Betriebszugehörigkeit gewährt werden), ist in Nr 7 eine vergleichbare Regelung getroffen. Die Gelder können auch von Unterhaltsgläubigern nicht gepfändet werden (Nr 7 in § 850d I nicht aufgeführt).

8) Nr 8: Blindenzulagen: Für die Blindenzulagen nach § 35 BVersG gilt der Pfändungsschutz nach §§ 54, 55 SGB I. Die Blindenbeihilfen nach § 67 BSHG sind nach dessen § 4 unpfändbar. Unter Nr 8 fallen die zusätzlichen Blindenhilfen nach Landesrecht (zB NRW: LandesblindenG v 16. 6. 70, GVBl 435; dazu BVerfG 37, 154), soweit die Landesgesetze nicht auf §§ 54, 55 SGB Bezug nehmen (so Art 7 I BayBlindG, GVBl 1995, 150) oder selbst Unpfändbarkeit bestimmen. Auch Unterhaltsgläubiger können die unter Nr 8 fallenden Bezüge nicht pfänden (Nr 8 in § 850d nicht aufgeführt). 15

850b *[Bedingt pfändbare Bezüge]*

(1) Unpfändbar sind ferner

1. **Renten, die wegen einer Verletzung des Körpers oder der Gesundheit zu entrichten sind;**
2. **Unterhaltsrenten, die auf gesetzlicher Vorschrift beruhen, sowie die wegen Entziehung einer solchen Forderung zu entrichtenden Renten;**
3. **fortlaufende Einkünfte, die ein Schuldner aus Stiftungen oder sonst auf Grund der Fürsorge und Freigebigkeit eines Dritten oder auf Grund eines Altenteils oder Auszugsvertrags bezieht;**
4. **Bezüge aus Witwen-, Waisen-, Hilfs- und Krankenkassen, die ausschließlich oder zu einem wesentlichen Teil zu Unterstützungszwecken gewährt werden, ferner Ansprüche aus Lebensversicherungen, die nur auf den Todesfall des Versicherungsnehmers abgeschlossen sind, wenn die Versicherungssumme 4 140 Deutsche Mark nicht übersteigt.**

(2) Diese Bezüge können nach den für Arbeitseinkommen geltenden Vorschriften gepfändet werden, wenn die Vollstreckung in das sonstige bewegliche Vermögen des Schuldners zu einer vollständigen Befriedigung des Gläubigers nicht geführt hat oder voraussichtlich nicht führen wird und wenn nach den Umständen des Falles, insbesondere nach der Art des beizutreibenden Anspruchs und der Höhe der Bezüge, die Pfändung der Billigkeit entspricht.

(3) Das Vollstreckungsgericht soll vor seiner Entscheidung die Beteiligten hören.

I) Zweck: Regelung von Besonderheiten für ZwV in Renten und rentenähnliche Bezüge, die wie Arbeitseinkommen dem Lebensunterhalt des Schuldners dienen. Der Pfändungsschutz nach Abs 1 hat die Existenz des Schuldners zu sichern. Die unter besonderen Voraussetzungen mögliche Pfändbarkeit der Renten dient demgegenüber berechtigten Interessen des Gläubigers (BGH 53, 41 = MDR 70, 128 = NJW 70, 282; BGH 70, 206 = MDR 78, 835 = NJW 78, 950). 1

II) Die einzelnen bedingt pfändbaren Bezüge. 1) Renten infolge Verletzung des Körpers oder der Gesundheit (Abs 1 Nr 1) sind wiederkehrende Geldleistungen, die bei Invalidität gezahlt werden. Dazu gehören insbes Haftpflichtrenten auf Grund gesetzlicher Vorschrift; nähere vertragliche Regelung schadet aber nicht (BGH 31, 210 [218] = NJW 60, 572). Unter Nr 1 fallen die Geldrenten nach § 843 BGB wegen Aufhebung oder Minderung der Erwerbsfähigkeit, ferner Geldrenten nach § 8 HaftpflG, § 13 StVG, § 38 LuftVG, § 30 AtomG, auch nach § 618 III BGB oder § 62 HGB wegen Verletzung der Fürsorgepflicht des Arbeitgebers (RG 87, 85). Ebenso sind Unfall- und Invaliditätsrenten unpfändbar, die auf vertraglicher Grundlage gewährt werden (BGH 70, 206; enger früher RG 164, 68; BGH 31, 210) damit auch eine Berufsunfähigkeits(zusatz)rente (Oldenburg MDR 94, 257 = NJW-RR 94, 479 mwN; Saarbrücken VersR 95, 1227 [1228]; Hülsmann MDR 94, 537 u VersR 96, 308; aA München VersR 96, 318 [fallen unter § 850 III b]). Geschützt sind auch rückständige und daher in einer Summe zu zahlende Rentenbeträge (RG JW 36, 2403; vgl auch BGH 31, 210 [218] u BGH NJW 88, 819). Keine Anwendung findet Nr 1 jedoch auf Kapitalabfindungen, die anstelle von Schadensersatzrenten vereinbart werden; sie sind unbeschränkt pfändbar. Keine Anwendung findet Nr 1 auf Ansprüche auf Erstattung von Auslagen, die dem Verletzten durch die nur zeitweise Steigerung seiner Bedürfnisse infolge der Verletzung entstanden sind (RG 87, 86); auch nicht auf die im Strafverfahren zuerkannte Geldbuße, die als einmalige Zahlung anstelle einer nach bürgerl Recht geschuldeten Geldrente verlangt wurde; sie ist nach Zuerkennung unbeschränkt pfändbar. Unter Nr 1 fallen auch nicht Rentenansprüche, die aus Freigebigkeit oder durch letztwillige Verfügung eingeräumt wurden, ohne daß eine entspr gesetzliche Verpflichtung bestand (s aber Nr 3). Sozialversicherungsrenten und Renten nach dem BVersG und hierauf Bezug nehmenden Gesetzen gehören nicht hierher (dazu § 850i Rn 6 ff). 2

2) a) Unterhaltsrenten auf Grund gesetzlicher Vorschrift. Dem Rentenbegriff des BGB, der auf gleichbleibend hohe periodische Zahlungen abstellt, brauchen sie trotz des Wortlauts des Gesetzes nicht genügen (Frankfurt Rpfleger 75, 263; Hamm Rpfleger 65, 239). Geschützt sind auch Rückstände (BGH 31, 210 [218]). In Betracht kommen die gesetzlichen Unterhaltsansprüche des Ehegatten, des früheren Ehegatten, der ehelichen und nichtehelichen Kinder (zur 3

Zweckbindung bei Prozeßstandschaft eines Elternteils s § 851 Rn 3) und der übrigen Verwandten, auch der Unterhaltsanspruch der nichtehelichen Mutter nach §§ 1615l, 1615n BGB. Ob der Unterhaltsanspruch auf Vertrag, Vergleich, Urteil gestützt wird, ist gleichgültig, wenn es sich nur um Unterhalt handelt, der auf gesetzlicher Vorschrift beruht (BGH aaO). Die Schutzbedürftigkeit entfällt bei Übergang des Unterhaltsanspruchs kraft Gesetzes auf einen nur in zweiter Linie Unterhaltspflichtigen, der anstelle des primär Unterhaltspflichtigen Unterhalt geleistet hat (Kropholler FamRZ 65, 416; s auch BGH MDR 82, 225 = NJW 82, 515); so auch bei Übergang nach § 1542 RVO (BGH 35, 317 [327] = NJW 61, 1966). Eine zur Erfüllung der Unterhaltspflicht an den Unterhaltsberechtigten abgetretene Forderung ist unbeschränkt pfändbar (Celle OLG 37, 180; Stuttgart OLGZ 85, 338 [341] = Rpfleger 85, 407; s dagegen Dresden HRR 37 Nr 1262). Pfändungsschutz besteht nicht fort nach Zahlung an den Prozeßbevollmächtigten des Schuldners (LG Düsseldorf Rpfleger 77, 183; Stöber FdgPfdg Rn 17; aA LG Koblenz MDR 55, 618); er geht aber durch Hinterlegung nicht verloren (LG Düsseldorf aaO; LSozG Mainz BB 78, 663), auch nicht bei Hinterlegung durch den Gerichtsvollzieher, der die Unterhaltsforderung beigetrieben hat (KG JW 33, 231; LG Berlin DGVZ 76, 154), wohl aber durch Zahlung an den Schuldner selbst oder Überweisung auf dessen Konto. Da aber die Vorschriften über Pfändung von Arbeitseinkommen anwendbar sind (Abs 2), besteht für Bargeld anteiliger Schutz nach § 811 Nr 8, für das Kontoguthaben nach § 850k. Der Unterhaltsanspruch auf Freistellung von einer Zahlungspflicht gegenüber Dritten, die wegen ausgebliebener Unterhaltsleistung noch offensteht, kann zur Erfüllung dieser Verpflichtung gepfändet werden (LG Flensburg SchlHA 63, 145). Der Unterhaltsanspruch wegen eines einmaligen Sonderbedarfs (zB ärztliche Behandlung) ist als zweckgebunden unpfändbar (Ausnahme [auch für Schuldbefreiungsanspruch] für Gläubiger der Forderung, wegen der dem Schuldner der Sonderbedarf erwachsen ist, KG MDR 80, 676 = NJW 80, 1341 = OLGZ 80, 332; LG Frankenthal NJW-RR 89, 1352; Stöber FdgPfdg Rn 1012).

4 **b) Wirtschaftsgeld** (als Teil des Unterhalts bei häuslicher Gemeinschaft, § 1360 BGB) ist nicht pfändbar (MünchKomm/Wacke Rn 18 zu § 1360a BGB; Smid JurBüro 88, 1105 [1107]). Taschengeld s Rn 17.

5 **c)** Der aus dem Unterhaltsanspruch fließende (BGH 56, 92 = NJW 71, 1262) Anspruch eines Ehegatten auf **Prozeßkostenvorschuß** fällt als einmalige Zahlung nicht unter Abs 1 Nr 2; er kann jedoch wegen seiner Zweckbindung nur für den Kostenanspruch des Prozeßbevollmächtigten und des Gerichts gepfändet werden (BGH MDR 85, 631 = NJW 85, 2263; LG Berlin FamRZ 71, 173). Die Pfändung der Unterhaltsrenten nach den Sozialgesetzen bemißt sich nach §§ 54, 55 SGB I (dazu § 850i Rn 6 ff). Unterhaltsleistungen an Angehörige eines Wehrpflichtigen nach § 9 UnterhaltssicherungsG (BGBl 1987 I 2614), sind keine Unterhaltsrenten iS der Nr 2, sie sind unpfändbar. Das gleiche gilt für Unterhaltsleistungen, die ein Träger von Sozialleistungen gem §§ 48, 49 SGB I unmittelbar an unterhaltsberechtigte Angehörige abführt.

5a **d)** Unterhaltsvorschuß oder -ausfalleistung nach dem **Unterhaltsvorschußgesetz** (BGBl 1994 I 166) unterliegen als Unterhaltsleistungen dem Schutz nach Abs 1 Nr 2.

6 **e) Schadensersatzrenten** wegen Entziehung des Unterhaltsanspruchs durch Tötung des Unterhaltspflichtigen sind insbes Renten nach § 5 II, § 8 I HaftpflG, § 13 II StVG, § 38 II LuftVG, § 28 II AtomG (s Krebs VersR 62, 389). Ebenso ist ein Schadensersatzanspruch unpfändbar, der als Rente wegen Entzugs eines Unterhaltsanspruchs an seine Stelle getreten ist (Rupp u Fleischmann Rpfleger 83, 377 [379]). Der Pfändungsschutz entfällt (s Rn 2), wenn Kapitalabfindung vereinbart wird. Nur beschränkt pfändbar sind auch Schadensersatzansprüche Dritter wegen entgangener Dienstleistungen nach § 845 BGB (Krebs VersR 62, 392; Stöber FdgPfdg Rn 1010, streitig; aA Neustadt VersR 58, 744).

7 **3) a) Fortlaufende Einkünfte aus Stiftungen** oder sonst auf Grund der **Fürsorge** und (nicht oder; Breslau OLG 19, 19) **Freigebigkeit eines Dritten** (Abs 1 Nr 3). Es muß sich um fortlaufende – wenn auch rückständige – **Einkünfte** in Geld (oder Naturalien) auf Grund Vertrags oder letztwilliger Verfügung (als Vermächtnis, vgl RG 106, 205) handeln, die auf fürsorglicher Absicht **und** Freigebigkeit eines Dritten beruhen. Das wurde verneint für die von Angehörigen zugunsten eines in Haft befindlichen Schuldners unter bestimmter Zweckangabe (Ermöglichung der Selbstverpflegung, Deckung von Heilungskosten) eingezahlten, von der Anstalt verwahrten Beträge (LG Düsseldorf Rpfleger 60, 304; LG Berlin Rpfleger 66, 311; s aber Berner Rpfleger 61, 205; 66, 312). Ruhegeldbezüge gehören nicht hierher (es fehlt an der Unentgeltlichkeit); sie sind nach § 850 II pfändbar. Notstandsbeihilfen des Staates usw für seine Bediensteten (vgl Unterstützungsgrundsätze mit landesrechtl Ergänzungen) fallen unter die Bestimmung, soweit nicht schon § 850a Nr 5 eingreift, dagegen nicht die Regelbeihilfen nach den Beihilfevorschriften, weil auf sie ein Rechtsanspruch besteht, also keine Freiwilligkeit vorliegt (s hierzu § 850a Nr 5). Für den Schuldner unentgeltliche Kapitalzuwendungen sind pfändbar, außer wenn praktisch nur die Zinsen des Kapitals zugewendet sind (RG 12, 383). Zuwendungen aus Unterstützungskassen: Nr 4.

b) Fortlaufende Einkünfte aus **Altenteils- und Auszugsvertrag** (Abs 1 Nr 3; auch Leibgeding, Leibzucht; s Art 96 EGBGB) sind im Regelfall die Vorteile, die der Übernehmer eines landwirtschaftlichen oder auch städtischen (BGH 53, 41 = NJW 70, 282; Düsseldorf JMBlNW 61, 237; LG Lübeck SchlHA 56, 116) Grundbesitzes aus Anlaß des Generationenwechsels dem Übergeber des Grundbesitzes (auch dessen Ehegatten und weichenden Erben) als Versorgung auf Lebenszeit eingeräumt hat. Eine Grundstücksübergabe ist jedoch nicht begrifflich Voraussetzung des Leibgedings-(Altenteils-)vertrags; notwendig ist nur eine örtliche Bindung des Berechtigten an ein Grundstück, auf dem die Naturalleistungen, insbes das Wohnrecht, gewährt werden (RG 162, 56; BayObLG Rpfleger 75, 314). Die Leistungen können dinglich gesichert oder nur obligatorisch geschuldet sein (BGH 53, 41); sie können in Nutzungsrechten (zB Wohnrecht), in Naturalien (Bewertung: § 850e Rn 27) und daneben auch in Geld bestehen; in der Regel sind sie auf die Leistungsfähigkeit (nicht auf den Veräußerungswert) des Grundbesitzes abgestellt, aus dessen Erträgnissen der Altenteil bestritten werden soll. Da der Versorgungszweck im Vordergrund steht, kommt es auf wirtschaftliche Ausgewogenheit von Leistung und Gegenleistung nicht an (BayObLG aaO). Nähere persönliche Beziehungen, wenn auch nicht notwendig verwandtschaftliche, sind regelmäßig Voraussetzung für die Annahme von Altenteilsansprüchen (Hamm OLGZ 70, 49). Geschützt sind auch Rentenrückstände aus dem Altenteil (BGH 53, 41). Veräußerungsrenten auf Grund gewöhnlicher Kaufverträge fallen nicht unter Nr 3 (Hamm aaO; KG MDR 60, 234; München MDR 53, 434; LG Göttingen Rpfleger 60, 341; abw wohl Düsseldorf aaO). 8

4) a) Einmalige oder fortlaufende Bezüge aus **Witwen-, Waisen-, Hilfs- und Krankenkassen** (Abs 1 Nr 4). Gleichgültig ist, ob es sich bei diesen Kassen um öffentlich-rechtliche Einrichtungen (Leistungsträger nach den Sozialgesetzen gehören aber nicht hierher, s Köln Rpfleger 90, 130) oder privatrechtliche Rechtsträger (insbes VVaG) handelt. Voraussetzung ist, daß die Leistungen ausschließlich oder zu einem wesentlichen Teil zu **Unterstützungszwecken** gewährt werden; Geldmittel, die für bestimmte Notfälle bereitgestellt sind, sollen vor dem Zugriff dritter Gläubiger geschützt werden. Unter Nr 4 fallen ua Ansprüche auf Krankengeld, (einmaligen) Ersatz von Krankheitskosten (KG OLGZ 85, 86 = Rpfleger 85, 73; LG Lübeck Rpfleger 93, 207; nicht aber die nach dem Tod des Berechtigten noch ausstehenden Versicherungsleistungen, KG aaO), Leistungen aus privater Zusatzversicherung für privatärztliche Behandlung und Wahlleistungen (LG Hannover Rpfleger 95, 511), Krankenhaustagegeld zur Deckung der Pflegesätze (LG Lübeck aaO), Sterbegeld aus privaten Krankenversicherungen (LG Lübeck JW 37, 2611; s auch LG Oldenburg JurBüro 83, 778 = Rpfleger 83, 33), Zahlungen durch private Hilfsvereine, die sich die Unterstützung ihrer Mitglieder oder deren Hinterbliebenen zur Aufgabe gemacht haben. Auf Ansprüche aus privaten Unfallversicherungen bezieht sich die Bestimmung nicht (RG 52, 59). 9

b) Ansprüche aus **Lebensversicherungsverträgen,** wenn die Versicherung **nur** für den Todesfall des Versicherungsnehmers abgeschlossen ist, also nicht, wenn die Versicherungssumme auch bei Erreichen eines bestimmten Lebensalters fällig wird (BGH 35, 261 = NJW 61, 1720) oder die Versicherung auf den Tod eines Dritten abgeschlossen ist, und wenn die Versicherungssumme 4 140 DM nicht übersteigt (Erhöhung von 1 500 DM auf 3 000 DM durch ÄndG v 28. 2. 78; auf 3 600 DM durch ÄndG v 8. 3. 84; auf 4 140 durch ÄndG v 1. 4. 92). Solche Versicherungsleistungen sollen zur Deckung der Sterbefallkosten zur Verfügung stehen. Einzelheiten: Berner Rpfleger 57, 197; 64, 68. Beträgt die Versicherungssumme mehr als 4 140 DM, so ist der Anspruch in voller Höhe, nicht nur hinsichtlich des überschießenden Betrags, pfändbar, weil es sich dann nicht mehr um die typische Sterbefallversicherung handelt (Berner Rpfleger 64, 68; aA Bamberg JurBüro 85, 1739). Mehrere Kleinlebensversicherungen sind nur unpfändbar, wenn sie zusammen den Betrag von 4 140 DM nicht übersteigen (Hamm MDR 62, 661; LG Essen VersR 62, 245; Stöber FdgPfdg Rn 1021; Haegele Rpfleger 69, 157; aA Berner Rpfleger 63, 197 u 64, 68; AG Fürth VersR 82, 59). Bei Lebensversicherungen, die von **Handwerkern** zur Befreiung von der Versicherungspflicht (Ges über die Altersversorgung für das deutsche Handwerk v 21. 12. 38, RGBl I 1900) abgeschlossen wurden, bestand für ein Kapital bis zu 10 000 DM Pfändungsschutz (§ 22 der 1. DVO v 13. 7. 39, RGBl I 1255). Er gilt auch nach der Neuregelung durch das HandwerkerversicherungsG v 8. 9. 60 (BGBl I 737) für vor dem 1. 1. 62 abgeschlossene Handwerkerlebensversicherungen weiter (BGH 35, 261 = NJW 61, 1720; BGH 44, 192 = NJW 66, 155; Berner Rpfleger 64, 217). Bei mehreren Lebensversicherungen wird der Freibetrag von 10 000 DM nur einmal gewährt (LG Berlin Rpfleger 78, 223). Sonst erstreckt sich der Pfändungsschutz auf Ansprüche aus privaten Versicherungsverträgen auch dann nicht, wenn sie zur Befreiung von der Rentenversicherungspflicht abgeschlossen sind (VG Arnsberg NJW 69, 2298). Lebensversicherungen sonst § 829 Rn 33. 10

III) Voll **unpfändbar** sind die in Abs 1 aufgeführten Bezüge für alle Gläubiger, somit auch für Unterhaltsgläubiger (RG 106, 205; BGH MDR 62, 977). Nur unter besonderen Voraussetzungen (ausnahmsweise) kann die Pfändung nach Abs 2 zugelassen werden (Rn 12). Die Pfändbarkeit begründet dann erst der (konstitutiv wirkende, BGH 53, 41 = NJW 70, 282) Pfändungsbeschluß des Vollstreckungsgerichts. Daher ist Vorpfändung (§ 845) ausgeschlossen (Vorpfändung ist 11 mithin unwirksam; Wieczorek Anm A Ia; Stöber FdgPfdg Rn 1034; aA StJ/Brehm Rdn 33: nur anfechtbar). Ebenso ist die Abtretung der nach Abs 1 unpfändbaren Bezüge (§ 400 BGB) und die Aufrechnung mit ihnen (§ 394 BGB) ausgeschlossen (RG DR 43, 942; BGH 53, 41; auch BGH NJW 78, 950 [951] u MDR 88, 125 = NJW 88, 819 [für Schadensersatz zur Deckung von Landesblindengeld]; Düsseldorf FamRZ 81, 970). Zulassung der Pfändbarkeit nach Abs 2 kann nur bei ZwV (Erlaß des Pfändungsbeschlusses) und nur mit Wirkung für sie erfolgen. Selbständig können die Ansprüche durch das Vollstreckungsgericht nicht für abtretbar, aufrechenbar oder pfändbar erklärt werden (LG Berlin JurBüro 75, 1510 = Rpfleger 75, 374; LG Hamburg MDR 84, 1035; aA Denck MDR 79, 450 [452]). Zur Abtretung an Dritte, die ohne Rechtspflicht Unterhalt vorschußweise gewährt oder sonst eine gleichwertige Gegenleistung erbracht haben, s BGH 4, 153; 7, 30; 12, 360; LG München II NJW 76, 1796.

12 **IV) 1) Gepfändet** werden können die Bezüge **ausnahmsweise** (Abs 2), wenn **a)** die **ZwV** in das sonstige bewegliche (nicht auch unbewegliche) Vermögen (körperliche Sachen, §§ 808 ff, sowie Forderungen und andere Vermögensrechte, §§ 829 ff) des Schuldners zu einer vollständigen **Befriedigung** des Gläubigers **nicht geführt** hat oder voraussichtlich nicht führen wird; **und b)** die Pfändung nach den Umständen des Falles, insbes der Art des beizutreibenden Anspruchs und der Höhe der Bezüge, **der Billigkeit entspricht.** Damit ist berechtigten Interessen des Gläubigers Rechnung getragen (Rn 1); ihn treffende Härten sollen insbes in den Fällen gemildert werden, in denen es sich einerseits um größere Bezüge des Schuldners, andererseits um eine besondere Notlage des Gläubigers handelt (BGH 53, 41). Über die Zulassung der Pfändung entscheidet das Vollstreckungsgericht mit Erlaß des Pfändungsbeschlusses (nicht selbständig, Rn 11).

13 2) Die **Voraussetzungen** für Zulassung der Pfändung, somit die Erfolgs- oder Aussichtslosigkeit der Vollstreckung in das sonstige bewegliche Vermögen und die für die Billigkeit sprechenden Umstände des Falles, hat der Gläubiger **durch** substantiierten **Tatsachenvortrag darzustellen** (Stöber FdgPfdg Rn 1027) und erforderlichenfalls zu beweisen (Rn 15). Nur allgemeine Formulierungen, insbes eine inhaltlose Wiederholung des Gesetzeswortlauts, sind unzureichend; es sind Tatsachen darzustellen (anders LG Verden Rpfleger 86, 100: Schweigen von Schuldner und Drittschuldner bei Anhörung begründet Annahme, daß Pfändung billig ist; nicht zutr).

14 **3) Rechtliches Gehör** soll vor der Entscheidung dem Schuldner und Drittschuldner gewährt werden (Abs 3 als Ausnahme von § 834). Die Anhörung kann schriftlich oder mündlich erfolgen.

15 **4) Entscheidungsgrundlage** ist das schlüssige tatsächliche Vorbringen des Gläubigers, wenn und soweit es nicht bestritten ist (insbes soweit Schuldner und Drittschuldner sich dazu nicht geäußert haben). Vom Schuldner oder Drittschuldner bestrittenes Vorbringen muß der Gläubiger beweisen (Wieczorek Anm IV; Stöber FdgPfdg Rn 1027). Glaubhaftmachung (§ 294) genügt nicht (ist nicht vorgesehen). Zu entscheiden ist nach freier Überzeugung (§ 286). Erfolglosigkeit der ZwV in das bewegliche Vermögen kann durch Bescheinigung des GV bewiesen werden; von sonstigen, nicht im Wege der Mobiliarpfändung zu erfassenden Vermögenswerten des Schuldners hat der Gläubiger zumeist keine Kenntnis, so daß seine Versicherung genügen muß, daß ihm solche Werte nicht bekannt sind. Offenbarungsversicherung (§ 807) nach erfolglosem Vollstrekkungsversuch ist nicht Pfändungsvoraussetzung, muß sohin nicht abgegeben sein. Was zur Billigkeit der Pfändung zu belegen ist, richtet sich nach den Umständen des Einzelfalles (s dazu auch unten); überspannte Anforderungen sind insoweit an den Gläubiger nicht zu stellen. Neben Art des beizutreibenden Anspruchs (ergibt sich bereits aus ZwV-Unterlagen) und der Höhe der zu pfändenden Bezüge können Bedeutung erlangen die Zweckbestimmung des zu pfändenden Anspruchs und die wirtschaftlichen Verhältnisse des Gläubigers; von Bedeutung kann insbes sein, in welchem Maße er auf die Beitreibung seiner Forderung angewiesen ist (vgl BGH 53, 41). Auch deren Höhe kann eine Rolle spielen (vgl LG Mainz VersR 72, 142). Bevorzugt zu behandeln sind möglicherweise Unterhaltsansprüche oder Ansprüche aus unerlaubter Handlung, auch Forderungen aus Bevorschussung oder Kreditierung lebensnotwendigen Bedarfs des Schuldners. So wird Pfändung regelmäßig gerechtfertigt sein, wenn die Schuld durch den Bezug von Lebensmitteln oder notwendigen Kleidungsstücken entstanden ist; anders wird der Fall zu beurteilen sein, daß einem bedürftigen Schuldner wertvolle Gegenstände auf Abzahlung verkauft werden, die er nicht nötig hatte; hier mußte der Gläubiger damit rechnen, daß er nicht ohne weiteres zu seinem Geld kommen werde. Vor allem sind die gesamten Einkommensverhältnisse des Schuldners zu berücksichtigen; er darf durch die Pfändung nicht iS des BSHG hilfsbedürftig werden; zu berücksichtigen sind auch besondere Verhältnisse iS des § 850f I, die der begehrten Vollstreckung entgegenstehen. Ein Vorgehen nach Abs 2 kann andererseits gegenüber dem böswilligen Schuldner veranlaßt sein, der durch ständigen Arbeitsplatzwechsel die Pfändung seines Arbeitslohns verhindert (vgl LG Mannheim MDR 65, 144). Zum Billigkeitsgesichtspunkt bei Pfändung einer unter Nr 4 fallenden Kleinlebensversicherung vgl LG Koblenz VersR 69, 790; LG Mainz VersR 72, 142; bei Pfändung wegen Gebührenforderung eines RA Köln JurBüro 75, 1381, wegen Kostenforderung des Unterhaltspflichtigen LG Berlin JurBüro 75, 1510 = Rpfleger 75, 374.

5) Entschieden wird über den Antrag auf Pfändung der Bezüge nach Abs 1 durch Zurückweisung als unbegründet oder **Erlaß des Pfändungsbeschlusses** (§ 829 I). Dieser ist zu begründen (LG Düsseldorf JurBüro 83, 1575 = Rpfleger 83, 255). Die **Pfändung** hat nach den **für Arbeitseinkommen geltenden Vorschriften** zu erfolgen (Abs 2). Dem Schuldner müssen daher von der Rente bzw seinen rentenähnlichen wiederkehrenden Leistungen pfandfrei Beträge nach Maßgabe des § 850c (bei Vollstreckung eines Unterhaltsanspruchs nach § 850d), ggfs auch nur nach § 850f II, belassen werden; Sonderbedarf ist nach § 850f I festzusetzen; Zusammenrechnung hat ggfs nach § 850e zu erfolgen. Der Pfändungsbeschluß hat diese nicht pfändbaren Teile der Bezüge zu bestimmen und zu bezeichnen (für § 850 c ist Blankettbeschluß möglich; aA Hülsmann NJW 95, 1521; auch MDR 94, 537, widerspricht aber dem „für Arbeitseinkommen geltenden" § 850c). Unbeschränkte Pfändung der Renten bzw rentenähnlichen Bezüge ist nicht zulässig. Den Beschluß hat der Gläubiger dem Drittschuldner zustellen zu lassen (§ 829 II S 1; an Schuldner Zustellung nach § 829 II S 2, nicht aber von Amts wegen, s § 829 Rn 31). Wirksam wird die Pfändung mit der Zustellung an den Drittschuldner (§ 829 III). Pfändung eines dinglich gesicherten Altenteils hat nach Maßgabe des § 857 VI (Reallast) zu erfolgen (Stöber FdgPfdg Rn 1032). 16

V) Der **Taschengeldanspruch** des (nicht erwerbstätigen, insbes des haushaltführenden) Ehegatten während bestehender Lebensgemeinschaft ist Teil des nach Abs 1 Nr 2 nicht pfändbaren Unterhalts (§§ 1360, 1360a I BGB); auch seine Pfändung kann nach Abs 2 zugelassen werden, wenn sie der Billigkeit entspricht (Bamberg JurBüro 88, 542 = Rpfleger 88, 154; Celle MDR 62, 830 = NJW 62, 1731, MDR 73, 322, FamRZ 86, 196 u FamRZ 91, 726 = NJW 91, 1960; Frankfurt FamRZ 76, 154 = OLGZ 75, 448, FamRZ 91, 727 u Rpfleger 96, 77 L; Hamm JurBüro 79, 917 = Rpfleger 79, 271 u NJW-RR 89, 516 = Rpfleger 89, 207 m Anm Otto; Karlsruhe OLGZ 75, 58 u FamRZ 84, 1249; Koblenz NJW 61, 2166; Köln FamRZ 94, 455 = NJW 93, 3335 u FamRZ 95, 309 = Rpfleger 95, 76; München NJW-RR 88, 894; Stuttgart MDR 83, 762 = OLGZ 83, 347 u Rpfleger 87, 466; Zweibrükken FamRZ 80, 445; zahlr LGe, zu diesen [und früher abw Ansicht] s Stöber FdgPfdg Rn 1015; Ackmann FamRZ 83, 520; Büttner FamRZ 94, 1433 [1439]; Sauer u Meiendresch FamRZ 94, 1441; aA [nicht pfändbar] nun MK/Smid Rn 7; Derleder JurBüro 94, 129 u 195). Für den mitverdienenden Ehegatten besteht (durchweg) kein pfändbarer Zahlungsanspruch (Stöber FdgPfdg Rn 1031b); ein getrennt lebender oder geschiedener Ehegatte und Verwandte haben Taschengeldanspruch als ausscheidbaren, selbständig pfändbaren Unterhaltsanspruch nicht (die gesetzliche Unterhaltsrente in Geld könnte nach Abs 2 ausnahmsweise gepfändet werden). Auch Pfändung des Taschengeldanspruchs des in häuslicher Gemeinschaft lebenden, nicht berufstätigen Ehegatten kann nur ausnahmsweise (Rn 12) der Billigkeit entsprechen (erfordert schlüssiges, ggfs zu beweisendes Gläubigervorbringen, Rn 15; s Köln FamRZ 91, 587 [588]). Bei kleinerem (aber auch bei nicht überdurchschnittlichem, s Rn 12) Einkommen des Ehegatten und damit geringem Unterhaltsanspruch ist Pfändung des bescheidenen Taschengeldanspruchs sicher nicht billig und daher nicht nach Abs 2 zuzulassen (so LG Oldenburg Rpfleger 80, 352; auch Hamm JurBüro 65, 245 = Rpfleger 65, 239 m zust Anm Berner u NJW-RR 89, 516; LG Köln JurBüro 93, 549 = Rpfleger 93, 78 [Pfändung idR nur bei überdurchschnittlichen Einkommensverhältnissen]; zur Billigkeit auch Köln FamRZ 95, 309 [Gläubigerforderung muß nicht mit der Ehe in Zusammenhang stehen und nicht so hoch sein, daß sie nur langfristig getilgt werden kann]; Karlsruhe FamRZ 84, 1249; Stuttgart OLGZ 83, 347; LG Bonn FamRZ 83, 520 m Anm Ackmann = MDR 82, 1027; LG Dortmund Rpfleger 89, 467; LG Kiel NJW 74, 2096; LG Würzburg JurBüro 94, 406; AG/LG Siegen Rpfleger 88, 273; FG Berlin NJW 92, 528; Otto Rpfleger 89, 207). Nach Pfändung des Arbeitseinkommens des alleinverdienenden Ehemanns (bis zur Freigrenze des § 850c) kann ein Taschengeldanspruch der (samtverbindlich mithaftenden) Ehefrau nicht mehr gepfändet werden (Karlsruhe MDR 92, 1095; Pfändung wäre jedenfalls nicht „billig"). Wird die Pfändung nach Abs 2 zugelassen (kein Verstoß gegen Art 6 I GG, BVerfG FamRZ 86, 773), so hat sie nach den für Arbeitseinkommen geltenden Vorschriften zu erfolgen; zu beachten sind somit die Pfändungsgrenzen des § 850c (auch d und f II). Ausgeschlossen ist Zusammenrechnung mit dem in Natur zu leistenden Unterhalt (Stöber FdgPfdg Rn 1031g; würde Taschengeldanspruch voll erfassen und gegen § 1360 BGB verstoßen). Bedeutung erlangt vielmehr, daß der notwendige Lebensbedarf des Schuldners mit dem nicht pfändbaren Familienunterhalt in Natur und als Wirtschaftsgeld bereits voll gedeckt ist. Daher ist nach § 850c II Taschengeld als Mehreinkommen zu $^3/_{10}$ unpfändbar (Karlsruhe JurBüro 92, 570; kein fester Freibetrag für Schuldner selbst [aA Celle NJW 91, 1960] und kein weiterer Freibetrag bei Unterhaltspflichten [Celle aaO]), somit in Höhe von sieben Zehnteln dem Gläubigerzugriff verfügbar (Stöber FdgPfdg Rn 1031h mit Beispiel für Pfändungsbeschluß; Frankfurt Rpfleger 96, 77 L; LG Mönchengladbach Rpfleger 96, 77 L; LG Stuttgart JurBüro 96, 104 [pfandfrei aber mindestens 60 DM mtl]); bei Vollstreckung eines Unterhaltsanspruchs ist nach § 850d, bei Vollstreckung einer Forderung aus vorsätzlicher unerlaubter Handlung nach § 850f II, der für notwendige Bedürfnisse zu belassende Freibetrag im Pfändungsbeschluß festzulegen. Bestimmung über Bestand und damit Höhe des angeblichen Taschengeldanspruchs trifft das Vollstreckungsgericht nicht (vgl § 829 Rn 4); Festlegung (Bezif- 17 ferung) des gepfändeten Taschengeldanspruchs dem Betrage nach hat im Pfändungsbeschluß daher nicht zu erfolgen (Frankfurt FamRZ 91, 727; unzutreffend Hamm FamRZ 90, 547; Köln FamRZ 91, 587 u 95, 309; s auch Karlsruhe JurBüro 92, 570). Bei Streit ist der gepfändete Anspruch im Prozeßweg geltend zu machen, damit im Einziehungserkenntnisverfahren der dem Gläubiger gebührende anteilige Betrag nach den wirtschaftlichen Verhältnissen der Eheleute festzustellen. Im Rechtsstreit kann der Ehegatte als Drittschuldner sich auf Unpfändbarkeit nicht berufen (Celle FamRZ 86, 196; Hamm FamRZ 85, 407); mit Erinnerung (§ 766) bzw sofortiger Beschwerde (§ 793) kann auch er Unpfändbarkeit (Unbilligkeit nach Abs 2) geltend machen.

18 **VI) Rechtsbehelf** für Schuldner (nach Anhörung) und Drittschuldner (nach Anhörung): Sofortige Beschwerde (§ 793) bzw befristete Erinnerung (§ 11 I S 2 RpflG), weil nach Anhörung mit Pfändung über den Gläubigerantrag entschieden wird (Frankfurt FamRZ 76, 154 = Rpfleger 75, 263; dazu § 829 Rn 31). Mit diesem Rechtsbehelf ist auch geltend zu machen, die Pfändungsvoraussetzungen des Abs 2 seien unzutreffend bejaht worden. Für Gläubiger bei Zurückweisung seines Antrags: wie § 829 Rn 28. Für nicht angehörten Schuldner: § 766 (§ 829 Rn 29); Verstoß gegen das Anhörungsgebot (Abs 3) rechtfertigt jedoch nicht Aufhebung des Pfändungsbeschlusses (LG Lübeck Rpfleger 93, 207).

850c

[Pfändungsschutz für Arbeitseinkommen im allgemeinen]

(1) Arbeitseinkommen ist unpfändbar, wenn es, je nach dem Zeitraum, für den es gezahlt wird, nicht mehr als

1 209 Deutsche Markt monatlich,
279 Deutsche Mark wöchentlich oder
55,80 Deutsche Mark täglich

beträgt.

Gewährt der Schuldner auf Grund einer gesetzlichen Verpflichtung seinem Ehegatten, einem früheren Ehegatten oder einem Verwandten oder nach §§ 1615l, 1615n des Bürgerlichen Gesetzbuchs der Mutter eines nichtehelichen Kindes Unterhalt, so erhöht sich der Betrag, bis zu dessen Höhe Arbeitseinkommen unpfändbar ist, auf bis zu

3 081 Deutsche Mark monatlich,
711 Deutsche Mark wöchentlich oder
142,20 Deutsche Mark täglich,

und zwar um

468 Deutsche Mark monatlich,
108 Deutsche Mark wöchentlich oder
21,60 Deutsche Mark täglich

für die erste Person, der Unterhalt gewährt wird, und um je

351 Deutsche Mark monatlich,
81 Deutsche Mark wöchentlich oder
16,20 Deutsche Mark täglich

für die zweite bis fünfte Person.

(2) Übersteigt das Arbeitseinkommen den Betrag, bis zu dessen Höhe es je nach der Zahl der Personen, denen der Schuldner Unterhalt gewährt, nach Absatz 1 unpfändbar ist, so ist es hinsichtlich des überschießenden Betrages zu einem Teil unpfändbar, und zwar in Höhe von drei Zehnteln, wenn der Schuldner keiner der in Absatz 1 genannten Personen Unterhalt gewährt, zwei weiteren Zehnteln für die erste Person, der Unterhalt gewährt wird, und je einem weiteren Zehntel für die zweite bis fünfte Person. Der Teil des Arbeitseinkommens, der 3 796 Deutsche Mark monatlich (876 Deutsche Mark wöchentlich, 175,20 Deutsche Mark täglich) übersteigt, bleibt bei der Berechnung des unpfändbaren Betrages unberücksichtigt.

(3) Bei der Berechnung des nach Absatz 2 pfändbaren Teils des Arbeitseinkommens ist das Arbeitseinkommen, gegebenenfalls nach Abzug des nach Absatz 2 Satz 2 pfändbaren Betrages, wie aus der Tabelle ersichtlich, die diesem Gesetz als Anlage beigefügt ist, nach unten abzurunden, und zwar bei Auszahlung für Monate auf einen durch 20 Deutsche Mark, bei Auszahlung für Wochen auf einen durch 5 Deutsche Mark oder bei Auszahlung für Tage auf einen durch 1 Deutsche Mark teilbaren Betrag. Im Pfändungsbeschluß genügt die Bezugnahme auf die Tabelle.[1]

---

1) Die **Tabelle** (Pfändungsfreigrenzen ab 1. 7. 1992) ist im Anhang zu § 850c abgedruckt.

(4) Hat eine Person, welcher der Schuldner auf Grund gesetzlicher Verpflichtung Unterhalt gewährt, eigene Einkünfte, so kann das Vollstreckungsgericht auf Antrag des Gläubigers nach billigem Ermessen bestimmen, daß diese Person bei der Berechnung des unpfändbaren Teils des Arbeitseinkommens ganz oder teilweise unberücksichtigt bleibt; soll die Person nur teilweise berücksichtigt werden, so ist Absatz 3 Satz 2 nicht anzuwenden.

I) **Zweck:** Festlegung der bei Pfändung wegen einer gewöhnlichen Vollstreckungsforderung im Einzelfall nach der Zweckbestimmung des Arbeitseinkommens (§ 850 Rn 1) unter Berücksichtigung der Unterhaltsverpflichtungen des Schuldners unpfändbaren Einkommensteile. Deren pauschale Festlegung ist durch Erfordernisse eines funktionsfähigen Vollstreckungsverfahrens bedingt (BT-Drucks 8/693, S 45). Individuelle Bedürfnisse lassen die gesetzlichen Pfändungsfreigrenzen daher (anders als Leistungen der Sozialhilfe) außer Betracht; ihnen ist im Einzelfall nach § 850f Rechnung zu tragen. 1

II) 1) **Anwendungsbereich:** Die zugriffsfreien Einkommensteile bestimmt § 850c für die Pfändung wegen gewöhnlicher Geldforderungen. Das sind alle Gläubigeransprüche, die nicht als gesetzliche Unterhaltsforderungen (§ 850d) oder als Ansprüche aus vorsätzlich begangener unerlaubter Handlung (§ 850f II) bevorrechtigt sind. Die Härteklausel des § 850f I und III ermöglicht Abweichung von den Freibeträgen des § 850c zugunsten des Schuldners wie des Gläubigers. 2

2) Für **Arbeitseinkommen,** das in Geld **fortlaufend zahlbar** ist, bestimmt § 850c die pfändungsfreien Teile. Bei Zusammentreffen solcher Bezüge mit unter § 850i fallenden Vergütungen sind beide Einkommensarten pfändungsrechtlich gesondert zu behandeln (LG Kiel SchlHA 58, 85). Berücksichtigung von Naturalbezügen: § 850e Nr 3. Zusammenrechnung mehrerer fortlaufender Arbeitseinkommen in Geld: § 850e Nr 2. Zusammenrechnung mit Geldleistungen für Kinder sowie Sozialleistungen: § 850e Nr 2a. Auszugehen ist vom **Nettoeinkommen,** das nach § 850e Nr 1 festzustellen ist. Für die Berechnung der Pfändungsfreigrenze maßgebend ist der jeweilige **Auszahlungszeitraum.** Er bestimmt sich nach den die Leistungspflicht des Drittschuldners begründenden arbeitsvertraglichen Beziehungen, somit danach, ob (und in welchem Umfang) die gepfändete angebliche Einkommensforderung geschuldet wird; daher kann klarstellende Entscheidung des Vollstreckungsgerichts darüber, ob die pfändbaren Beträge nach der Tabelle für monatliche, wöchentliche oder tägliche Lohnzahlung zu berechnen sind, nicht verlangt werden (LG Bochum Rpfleger 85, 370). Maßgebend ist der Auszahlungszeitraum auch, wenn in einem Monat (einer Woche) nicht voll gearbeitet wurde (Fehltage, Beginn oder Beendigung der Arbeit in der Periode, StJ/Brehm Rn 13; Stöber FdgPfdg Rn 1038; ArbG Münster BB 90, 1708 L; aA ArbG Hameln BB 58, 450). Auch bei Arbeitseinkommen von wechselnder Höhe ist das in jedem Lohnabschnitt anfallende Einkommen zugrunde zu legen (RAG ARS 41, 421; vgl Dresden JW 36, 3489; Köln NJW 57, 879); eine Ausgleichsberechnung über mehrere Auszahlungszeiträume sieht das Gesetz nicht vor (Stöber FdgPfdg Rn 1038; Wieczorek Anm A I; anders Jonas JW 36, 3489, LG Essen u Stehle NJW 56, 1930). Bei täglicher Lohnzahlung bestimmt sich der pfandfreie Betrag auch dann nach den dafür einschlägigen Sätzen, wenn nicht an allen Arbeitstagen der Woche gearbeitet wird; es ist nicht etwa ein fiktiver Wochenlohn zu errechnen und nach ihm der pfandfreie Betrag zu bestimmen (Köln NJW 57, 879). Die **Nachzahlung** rückständiger Lohnbeträge ist dem Lohnzahlungszeitraum hinzuzuschlagen, zu dem sie gehört (s auch ArbG Wetzlar BB 88, 2320 L). War damals noch nicht gepfändet, so wird der Anspruch auf die Nachzahlung vom nunmehrigen Pfändungsbeschluß in Höhe des für den zurückliegenden Zeitraum nach Zusammenrechnung mit dem bereits ausbezahlten Einkünften festzustellenden pfändbaren Betrags erfaßt. 3

3) Pfändungsschutz regelt § 850c für Arbeitseinkommen mit **Freibeträgen** je nach dem Auszahlungszeitraum durch Festlegung eines unpfändbaren **Grundbetrags,** der nach den Unterhaltspflichten des Schuldners gestaffelt und nach oben begrenzt ist (Abs 1 S 1) und Bestimmung eines unpfändbaren Teils des über den Grundfreibetrag **hinausgehenden Teils** des Arbeitseinkommens (**Mehreinkommen,** Abs 2), der gleichfalls nach oben begrenzt ist. Mit pfandfreier Überlassung angemessener Teile des Mehrverdienstes wird dem Interesse des arbeitswilligen Schuldners an der Erhöhung seines Einkommens Rechnung getragen. 4

Der höhere Freibetrag für die **erste Person,** der Unterhalt gewährt wird, beruht auf der Erwägung, daß es sich im allgemeinen um den Ehegatten des Schuldners handeln wird, so daß dessen Unterhaltsbedarf und besondere Mehraufwendungen für Führung eines eigenen Haushalts gedeckt sein sollen. Demgegenüber ist bei Bemessung der geringeren Freibeträge für weitere unterhaltsberechtigte Angehörige berücksichtigt, daß es sich regelmäßig um Kinder handeln wird, für die auch Kindergeld gewährt wird (BT-Drucks 8/693, S 48; 10/229, S 41). Die verhältnismäßig höheren Freibeträge bei täglichem Einkommen berücksichtigen, daß mit täglicher Entlohnung regelmäßig auch beschäftigungsfreie Tage überbrückt werden müssen. Begrenzung der

Freibeträge auf Unterhaltspflichten für 5 Personen dient vornehmlich Interessen der Kreditfähigkeit des Schuldners; weitergehenden Schuldnerbelangen im Einzelfall trägt § 850f Ic Rechnung.

5 **4) Berücksichtigung von Unterhaltspflichten des Schuldners: a)** Erhöhte Freibeträge stehen dem Schuldner zu, der gesetzliche Unterhaltspflichten zu erfüllen hat und sie auch erfüllt („Gewährt der Schuldner . . . Unterhalt"; vgl BAG AP § 850c Nr 2 = NJW 66, 903; LG Göttingen NdsRpfl 57, 135; LAG Mainz BB 66, 741; LSozG NW Rpfleger 84, 278 m Anm Schultz; Pohle AP § 850c Nr 1). Nur gesetzliche, nicht auch vertragliche Unterhaltspflichten sind zu berücksichtigen; vertragliche Ausgestaltung einer gesetzlichen Unterhaltspflicht schadet aber nicht. Unterhaltsrenten, die der Schuldner etwa als Schadensersatz bezahlen muß, gehören nicht hierher. Als nach dem Gesetz Unterhaltsberechtigte kommen in Betracht der Ehegatte, ein früherer Ehegatte, die Verwandten in gerader Linie (§ 1601 BGB), zu denen auch die nichtehelichen Kinder gehören (Streichung des § 1589 II BGB durch Art 3 Nr 1 NEG); nicht Schwiegereltern, Geschwister, Stiefkinder (Hamm Rpfleger 54, 361) oder Pflegekinder. Der (dauernd) getrennt lebende Ehegatte wird berücksichtigt, wenn ihm der Schuldner Unterhalt schuldet (§ 1361 BGB) und leistet. Zu einer Erhöhung des pfandfreien Betrags führen auch Unterhaltspflichten gegenüber der nichtehelichen Mutter nach §§ 1615l, 1615n BGB (Unterhalt für die Zeit vor und nach der Entbindung), nicht Zahlungspflichten nach §§ 1615k, 1615m BGB (Schwangerschafts-, Entbindungs- und Sterbefallkosten); die letzteren können allenfalls nach der Härteklausel des § 850f I berücksichtigt werden. Eine gesetzliche Unterhaltspflicht gegenüber einem bedürftigen volljährigen Kind erfüllt der Schuldner auch, wenn er leistet und sich nicht auf Gefährdung seines angemessenen Unterhalts (§ 1603 I BGB) beruft; das Kind ist dann für Bemessung des Freibetrags zu berücksichtigen, § 850c gebietet dem Schuldner nicht, sich im Gläubigerinteresse zum Nachteil seines Kindes auf Leistungsfreiheit nach § 1603 I BGB zu berufen (zutr Stephan Anm AP § 850c Nr 8 gegen BAG dort = BAG 53, 359 = NJW 87, 1573; aA auch LG Frankfurt Rpfleger 94, 473 [zutr hier § 850c IV]). Unterhaltsleistung durch den Schuldner an Angehörige erfolgt auch, wenn deren Unterhalt nach Pfändung (und Überweisung) vom Arbeitseinkommen des Schuldners (insbes nach § 850d) einbehalten wird (LSozG NW aaO m Anm Schultz). Zu berücksichtigen ist Erfüllung einer Unterhaltspflicht mit ZwV bei Feststellung der für einen anderen Gläubiger gepfändeten Beträge auch dann, wenn der Unterhaltsgläubiger erst nach diesem Gläubiger gepfändet hat (LSozG NW aaO). Erhöhung des pfandfreien Grundbetrags und im Hinblick auf unterhaltsberechtigte Angehörige gewährte Zusatzzehntel entfallen aber, wenn sich der Schuldner der Unterhaltspflicht entzieht (LG Berlin DAVorm 76, 661). Sie entfallen auch, wenn er deswegen keinen Unterhalt leistet, weil seine Angehörigen solche Leistungen nicht benötigen; so, wenn der Schuldner in abhängiger Stellung im Geschäft seiner Frau tätig ist und nur eine für seinen eigenen Lebensbedarf verwendete (wenn auch nicht unangemessen niedrige und daher nicht zur Anwendung des § 850h II führende) Vergütung erhält, während Frau und Kinder vom Geschäftsertrag ihr Auskommen haben (vgl LAG Frankfurt AP § 850c Nr 1; NJW 65, 2075; außerdem [für § 850h II] LAG Hamm BB 93, 795 = ZIP 93, 610 [612] u Betrieb 93, 1428; aA Menken Betrieb 93, 161 [165]). Nicht maßgebend ist, ob vom Schuldner erbrachte Unterhaltsleistungen den Pauschbetrag erreichen, um den sich nach Abs 1 und 2 wegen der Unterhaltspflichten der Freibetrag erhöht (BAG AP § 850c Nr 3 = FamRZ 75, 488 m Anm Fenn).

6 **b)** Der **Ehegatte** des Schuldners **mit eigenem Einkommen** wird für Bemessung des Freibetrags nach § 850c als Person berücksichtigt, der vom Schuldner Unterhalt gewährt wird, wenn der Schuldner unterhaltspflichtig ist und Unterhalt tatsächlich leistet. Darauf, daß der Schuldner den vollen pfändungsfreien Betrag aufwenden muß, kommt es nicht an. Gleiches gilt für **Kinder** des Schuldners (oder andere Angehörige) mit eigenem Einkommen, wenn der Schuldner noch unterhaltspflichtig ist und Unterhalt leistet. Der mitverdienende Ehegatte ist daher grundsätzlich als unterhaltsberechtigte Person zu berücksichtigen, wenn der Schuldner zum Familienunterhalt (§ 1360 S 1 BGB) beiträgt; er erfüllt mit diesem Beitrag zum Familienunterhalt die gesetzliche Unterhaltspflicht gegenüber dem Ehegatten (BAG FamRZ 83, 899 = ZIP 83, 1247 m Anm Fenn). Zu berücksichtigen ist der Ehegatte, der zum Familienunterhalt beiträgt, daher, wenn seine Einkünfte aus eigener Erwerbstätigkeit unter den Einkünften des Schuldners liegen (BAG AP § 850c Nr 2 mit krit Anm Gernhuber = NJW 66, 903; BAG AP § 850c Nr 3 mit krit Anm Beitzke = FamRZ 75, 488 m Anm Fenn), ebenso aber auch dann, wenn sein Einkommen höher ist als das Arbeitseinkommen des Schuldners (BAG MDR 83, 788; BAG 53, 359 = je aaO). Ein Ausgleich ist nur durch Bestimmung des Vollstreckungsgerichts nach Abs 4 möglich. Diese leicht zu handhabende Abgrenzung wird insbes auch den Grundsätzen der Rechtsklarheit und Praktikabilität gerecht. Sämtliche Beteiligte, insbes Drittschuldner und Gläubiger, müssen leicht feststellen können, welcher Teil des Arbeitseinkommens des Schuldners pfändbar ist. Dazu gehört auch, daß sich leicht ermitteln läßt, ob bestimmte unterhaltsberechtigte Personen nach dem Pfändungsbeschluß zu berücksichtigen sind (BAG MDR 83, 788). Für Prüfung oft komplizierter Einzelfragen des materiellen Unterhaltsrechts ist in dem formalisierten Vollstreckungsverfahren (vor § 704 Rn 22) kein Raum; die Klärung solcher Fragen kann auch nicht dem Drittschuldner

aufgelastet werden, dem die Berechnung der gepfändeten Einkommensteile obliegt. Der Rechtsprechung des BAG ist daher uneingeschränkt zu folgen (ablehend nur Fenn ZIP 83, 1250 Anm und bereits FamRZ 75, 488 sowie AcP 167, 184).

c) Wenn Arbeitseinkommen **beider** (einzeln oder samtverbindlich) haftender **Ehegatten** gepfändet wird, bleibt der infolge seiner Unterhaltspflicht gegenüber dem anderen Ehegatten erhöhte Freibetrag jedem Schuldner nach Maßgabe des Rn 6 Gesagten selbständig (Grundsatz der Einzelvollstreckung; Abhilfe nur nach Abs 4). Ebenso wird, wenn Eltern **gemeinschaftlichen Kindern** unterhaltspflichtig sind und Unterhalt leisten, bei ZwV gegen beide Elternteile jedem Schuldner der um den Kinderfreibetrag erhöhte pfändungsfreie Einkommensteil voll belassen (BAG AP § 850c Nr 3; LG Bayreuth MDR 94, 621; LG Oldenburg Rpfleger 80, 352); die jeweilige Unterhaltsleistung des anderen Elternteils ist aber Einkommen, das Anordnung nach Abs 4 rechtfertigen kann. 7

5) Die (differenzierte) Berechnung des unpfändbaren Einkommens, die Abs 1 und 2 vorsehen, brauchen die Beteiligten nicht selbst vorzunehmen; ob und in welcher Höhe betragsmäßig Einkommen von der Pfändung ergriffen wird, weist die **Tabelle** aus, die nach Abs 3 S 1 der ZPO als **Anlage** angefügt ist; sie berücksichtigt zugleich die in Abs 3 S 1 angeordnete Abrundung des Arbeitseinkommens. Nur bei Nettoeinkommen über 3 796 DM monatlich (876 DM wöchentlich; 175,20 DM täglich) muß der pfändbare Betrag, wenn er nicht vom Vollstreckungsgericht bezeichnet ist (Abs 2 S 2) näher festgestellt werden; das Gesetz geht davon aus, daß bei so hohem Einkommen Gehaltspfändungen die Ausnahme bilden. Zunächst ist aus der Tabelle abzulesen, welcher Betrag bei einem Einkommen von 3 796 DM monatlich (876 DM wöchentlich; 175,20 DM täglich) unter Berücksichtigung der etwa gegebenen Unterhaltspflichten schon von der Pfändung erfaßt wird. Diesem Betrag ist das Nettoeinkommen hinzuzuschlagen, das 3 796 DM monatlich (876 DM wöchentlich; 175,20 DM täglich) übersteigt. Ein dem Schuldner zu belassender Anteil an diesem überschießenden Betrag ist vom Gesetz nicht mehr vorgesehen; er kann nur noch nach § 850f I zugebilligt werden. 8

III) 1) Der **Pfändungsbeschluß** muß die nach der Höhe des Arbeitseinkommens, den Auszahlungszeiträumen und den Unterhaltspflichten des Schuldners festzustellenden pfändbaren Einkommensteile nicht betragsmäßig bezeichnen; er braucht die pfändbaren Beträge auch nicht durch Angabe der zu berücksichtigenden unterhaltsberechtigten Angehörigen umgrenzen. Es genügt Bezugnahme auf die Tabelle (Abs 3 mit Anlage), somit Pfändung mit sogen **Blankettbeschluß** (Stöber FdgPfdg Rn 1054). Die betragsmäßige Feststellung des gepfändeten Arbeitseinkommens und damit auch die Ermittlung und Berücksichtigung der Angehörigen, denen der Schuldner Unterhalt schuldet und leistet, hat dann der Drittschuldner vorzunehmen. Er kennt das Einkommen des Schuldners; zur Feststellung der unterhaltsberechtigten Angehörigen kann er auf die Personalunterlagen sowie die Lohnsteuerkarte zurückgreifen, aber auch Schuldner und Gläubiger Gelegenheit zur Äußerung geben (zu weitgehend [beiläufig] BAG 53, 359 = NJW 87, 1573: Der Arbeitgeber, dem von seinem Arbeitnehmer mitgeteilt wird, daß er verheiratet ist und eine bestimmte Zahl minderj Kinder zu unterhalten hat, kann von einer entspr Zahl unterhaltsberechtigter Personen ausgehen, ohne irgendwelche Nachforschungen anstellen zu müssen; nachzuprüfen sind Unterhaltsansprüche nur, wenn der Schuldner volljährige oder verheiratete Kinder oder sonstige Angehörige berücksichtigt wissen will; dazu auch Liese Betrieb 90, 2065: Befragung des Schuldners ist Obliegenheit des Arbeitgebers, der er nachzukommen hat, wenn er nicht wegen falscher Berechnung haften will). Die Eintragungen in der Lohnsteuerkarte (§ 39 EStG; Steuerklasse und Zahl der Kinderfreibeträge mit Zähler „0,5" oder „1" für jedes steuerlich berücksichtigte Kind) tragen nur der familienbezogenen Zielsetzung des Steuerrechts Rechnung. Unterhaltsberechtigte weisen sie nicht in Übereinstimmung mit § 850c aus. Seit Bescheinigung der Kinderfreibeträge (meist Verhältnisse zu Jahresbeginn) können zudem Änderungen eingetreten sein. Nach den Angaben der Lohnsteuerkarte kann sich der Drittschuldner daher nicht mehr schon in der Regel richten (so bisher BAG FamRZ 75, 490; LAG Mainz BB 66, 741; ArbG Ludwigshafen BB 65, 333; Rewolle Betrieb 68, 1387; Stöber Rpfleger 74, 77; Bedenken Quardt BB 67, 251); sie können nur Grundlage für Feststellung der im Einzelfall § 850c tatsächlich zu berücksichtigenden Unterhaltsberechtigungen bieten. Erforderliche Feststellungen hat der Drittschuldner zu treffen. Zum Schutz des Drittschuldners Rixecker JurBüro 82, 1761 u Liese Betrieb 90, 2065. Ermittlungen darüber, ob der Schuldner seine Unterhaltspflichten tatsächlich erfüllt, können dem Drittschuldner nicht zugemutet werden (so auch LAG Mainz u Rewolle je aaO). Das gilt vor allem, wenn die Unterhaltsberechtigten in seinem Haushalt leben oder für ihre Ansprüche Vollstreckungstitel in Händen haben. Er wird die Nichterfüllung nur berücksichtigen können, wenn er von ihr zuverlässige Kenntnis hat. Im allgemeinen kann er es dem Gläubiger überlassen, im Erinnerungsverfahren oder unter den Voraussetzungen des Abs 4 nach dieser Bestimmung auf eine Abänderung des Pfändungsbeschlusses hinzuwirken (vgl BAG FamRZ 75, 489). Bei Zweifeln hat aber auch der Drittschuldner das Recht auf Anrufung des Vollstreckungsgerichts, damit es die Sachlage klärt (LG Düsseldorf BB 55, 1140; LG Essen NJW 69, 668; LAG 9

Hamm BB 52, 859 m Anm Brecht; Sebode DR 42, 1603; vgl BGH 69, 148). Wenn während laufender Pfändung Unterhaltsberechtigte neu hinzutreten (zB durch Heirat, Geburt eines weiteren Kindes), hat der Schuldner das dem Arbeitgeber nachzuweisen, damit dieser den pfandfreien Betrag neu errechnen kann. Das gleiche gilt auch, wenn eine nichteheliche Mutter Ansprüche nach §§ 1615 l, 1615n BGB erhebt. Der Drittschuldner kann dann wieder selbst den abzuführenden Betrag neu errechnen. Solange er von solchen Veränderungen keine Kenntnis hat, darf er den bisherigen Lohnabzug fortsetzen (vgl Stöber Rpfleger 74, 78); bei zweifelhafter Sachlage kann er wie oben verfahren. Auch Schuldner oder Gläubiger können eine Änderung des Pfändungsbeschlusses nach § 850g herbeiführen und damit eine sichere Grundlage für den weiteren Vollzug der Pfändung schaffen.

10 2) Zu empfehlen ist (vgl Grunau JurBüro 61, 267 u 62, 241), daß sich der Arbeitgeber bei Eingang des Pfändungsbeschlusses vom Schuldner schriftlich bestätigen läßt, welchen Personen er Unterhalt zu gewähren hat und gewährt, und dann dem Gläubiger (auch unabhängig von § 840) und dem Schuldner eine Berechnung etwa folgender Art übermittelt:

Berechnung des gepfändeten Arbeitseinkommens des . . .

Monatliches Bruttoeinkommen	. . . . DM; davon ab
Lohnsteuer	. . . . DM
Kirchensteuer	. . . . DM
Sozialversicherungsbeiträge	. . . . DM
Vermögenswirksam angelegter Einkommensteil	. . . . DM
Nach § 850a unpfändbare Bezüge	. . . . DM
Verbleibt pfändbares Nettoeinkommen	. . . . DM

Der Schuldner ist ledig – gewährt insgesamt . . . Personen kraft Gesetzes Unterhalt, nämlich – seiner Ehefrau – seiner Mutter – . . . ehelichen minderjährigen Kindern – . . . nichtehelichen Kindern. Den nach der Tabelle pfändbaren Betrag von . . . DM erhält der Pfändungsgläubiger auf Kosten des Schuldners übersandt.

11 IV) 1) Auf Gläubiger**antrag** kann das Vollstreckungsgericht nach billigem Ermessen **bestimmen,** daß ein nach Abs 1, 2 bei Berechnung des unpfändbaren Einkommens gesetzlich zu berücksichtigender Angehöriger, der **eigene Einkünfte** hat, ganz oder teilweise **unberücksichtigt bleibt** (Abs 4). Diese flexible Regelung soll es ermöglichen, den Umständen des Einzelfalls Rechnung zu tragen (Begründung BT-Drucks 8/693, S 49, abgedr bei Stöber FdgPfdg Rn 1059).

12 2) **Eigene Einkünfte** nach Abs 4 können sein: Einkommen aus eigener (selbständiger oder abhängiger) Erwerbstätigkeit, Einkünfte aus früherer Erwerbstätigkeit (Rente) und Vermögenseinkünfte (Mieteinnahmen, Zinsen, Leibrente usw). Regelmäßige Zuwendungen Dritter gehören ebenso dazu wie alle sonstigen Bezüge, die zur Bestreitung des Unterhalts verwendet werden können (Arnold BB 78, 138 Fußn 46), somit auch soziale Geldleistungen (nicht jedoch, wenn sie einen Mehraufwand abdecken; Hintzen NJW 95, 1861 [1862]), auch ein (unpfändbares, § 54 III Nr 1 SGB) Erziehungsgeld (aA LG Hagen Rpfleger 93, 30; Hintzen aaO), nicht aber Kindergeld und andere Geldleistungen für Kinder (Grund: Rn 4), weiter Unterhaltsleistungen, aber auch Naturalbezüge (unentgeltliches Wohnen; freie Kost; Hornung Rpfleger 78, 353 [356]); Abs 4 ist daher auch anwendbar bei Einkommenspfändung gegen die nichteheliche Mutter, wenn der Vater des Kindes oder ihr Ehemann zum Unterhalt des Kindes beitragen (zur bisherigen Rechtslage LAG Hamm MDR 65, 165). Zur Berücksichtigung von Unterhaltsleistungen als „eigene Einkünfte" s auch Stöber FdgPfdg Rn 1060; LG Frankfurt Rpfleger 94, 221 u LG Paderborn JurBüro 84, 787; anders LG Bayreuth MDR 94, 621.

13 3) **Antrag** nach Abs 4 kann der Gläubiger bereits **mit dem Pfändungsgesuch** stellen. Dann hat er die Voraussetzungen des Abs 4 durch substantiierten Tatsachenvortrag schlüssig darzustellen (Bezeichnung des Angehörigen sowie Art und Höhe der Einkünfte; allgemeine Formulierungen sind unzureichend; Stöber FdgPfdg Rn 1064). Beweis oder Glaubhaftmachung der Angaben sind nicht verlangt (Hornung Rpfleger 78, 353 [357]; auch Behr JurBüro 94, 705 [706]; enger Arnold BB 78, 1314 [1319]). Entschieden wird über den Antrag sogleich bei Erlaß des Pfändungsbeschlusses (nicht aber davor, LG Hannover JurBüro 92, 265); Anhörung des Schuldners erfolgt nicht (§ 834; Behr aaO; Hintzen NJW 95, 1861 [1866]; aA MK/Smid Rn 27, 28). Rechtfertigt der Antrag eine Anordnung nach Abs 4, so wird sie in den Pfändungsbeschluß aufgenommen und mit diesem ausgefertigt (keine gesonderte Zustellung); andernfalls wird der Antrag zurückgewiesen.

14 4) Über den **nach** Wirksamwerden (§ 829 III) der **Pfändung gestellten Antrag** entscheidet das Vollstreckungsgericht. Zuständig ist der Rechtspfleger (§ 20 Nr 17 RpflG), weil die in das besondere Abänderungsverfahren verwiesene Entscheidung keine Erinnerung nach § 766 darstellt. Der Schuldner, nicht auch der Drittschuldner und nicht der Angehörige mit eigenen Einkünften (Henze Rpfleger 81, 52; Hintzen aaO), ist vor Entscheidung zu hören (§ 834 greift nicht Platz; so auch Hartmann NJW 78, 610). Für den Gläubigervortrag gelten die allgemeinen Grundsätze des ZPO-Verfahrens (§ 766 Rn 27). Der Gläubiger ist somit für die Einkünfte des Unterhaltsberechtig-

ten und ihre Höhe darlegungspflichtig; von Amts wegen ist der Sachverhalt nicht zu ermitteln. Das schlüssige Gläubigervorbringen ist Entscheidungsgrundlage, wenn es nicht bestritten ist (LG Münster JurBüro 90, 1363). Bestrittenes Vorbringen muß der Gläubiger beweisen (Glaubhaftmachung genügt nicht); Entscheidung erfolgt nach freier Überzeugung (§ 268; Stöber FdgPfdg Rn 1065).

5) Die Bestimmung nach Abs 4 ist nach **billigem Ermessen** zu treffen. Abzuwägen ist auch die wirtschaftliche Lage des Gläubigers gegen die des Schuldners sowie der von ihm unterhaltenen Angehörigen (BAG Betrieb 84, 2466). Bindung an starre Regelungen besteht nicht; kleinliche Korrektur des unpfändbaren Einkommens ist unangebracht. Von maßgeblicher Bedeutung werden die eigenen Einkünfte des Unterhaltsberechtigten sein; auch dessen Lebensbedarf, der aus den Einkünften zu bestreiten ist, ist jedoch in die Erwägung einzubeziehen (LG Frankfurt Rpfleger 88, 73). LG Münster aaO u AG Hamm JurBüro 90, 1366 gehen vom Sozialhilfebedarf +20% aus; LGe Marburg Rpfleger 92, 167 u Braunschweig JurBüro 95, 217 legen den Grundfreibetrag von Abs 1 S 1 zugrunde; für Orientierung am Grundfreibetrag auch Oldenburg JurBüro 95, 48 = Rpfleger 95, 262; LG Osnabrück JurBüro 96, 271 läßt einen Unterhaltsberechtigten unberücksichtigt, wenn dessen Einkommen, gekürzt um den berufsbedingten Mehrbedarf, seinen Unterhaltsbetrag nach den Richtlinien des örtlichen OLG (Düsseldorfer Tabelle usw) übersteigt; für teilw Berücksichtigung von Ratenzahlungen zur Erhaltung eines Teilschuldenerlasses LG Hannover JurBüro 84, 788. An die Prüfung sollen keine überspannten Anforderungen gestellt werden, um das Vollstreckungsverfahren praktikabel zu gestalten (Begründung aaO). Wenn die Voraussetzungen des Abs 4 nicht gegeben sind (auch wenn die verlangte Bestimmung nach billigem Ermessen nicht zu treffen ist), wird der Antrag als unbegründet zurückgewiesen. Sind die Einkünfte des Unterhaltsberechtigten unbedeutend (so eine Ausbildungsvergütung unter dem Sozialhilfesatz, LG Saarbrücken JurBüro 88, 671; Entgelt für Ferienarbeit eines Schülers, LG Frankfurt aaO), ist der Antrag zurückzuweisen. 15

6) Die Bestimmung nach Abs 4 wird durch **Beschluß** getroffen; er hat in seiner Entscheidungsformel die Anordnung bestimmt zu bezeichnen und ist zu begründen. Er muß ersehen lassen, ob ihm Rückwirkung auf den Zeitpunkt des Pfändungsbeschlusses zukommen soll (vgl BAG NJW 61, 1180; 62, 510; LAG Niedersachsen DAVorm 77, 518; Berner Rpfleger 64, 329). Den Drittschuldner berührt eine solche allerdings nicht, soweit er auf Grund des vorausgegangenen Pfändungsbeschlusses gezahlt hat (§ 850g S 3 entspr). Kosten: § 788 I. Der Beschluß ist Gläubiger, Schuldner und Drittschuldner (nicht aber dem Angehörigen mit eigenem Einkommen; Henze Rpfleger 81, 52), von Amts wegen zuzustellen (§ 329 III; für Zustellung an Drittschuldner auf Betreiben der Partei wohl die zum ähnlichen Fall des § 850g vertretene aA; dazu auch München MDR 72, 698). Gegen den Beschluß steht den Beteiligten (nach LG Frankfurt Rpfleger 89, 400 auch dem Drittschuldner) die befristete Rechtspflegererinnerung (§ 11 I S 2 RpflG) zu; der Angehörige mit eigenem Einkommen ist nicht Verfahrensbeteiligter, kann somit Rechtsmittel nicht einlegen (Henze aaO; aA Stuttgart Justiz 87, 147 = Rpfleger 87, 255; Oldenburg JurBüro 91, 871 = Rpfleger 91, 261; StJ/Brehm Rn 41; Hintzen NJW 95, 1861 [1866]). Wenn der Gläubiger geltend macht, daß der Unterhaltsberechtigte erst nach Erlaß des Pfändungsbeschlusses eigene Einnahmen erlangt habe, ist der Änderungsantrag nach § 850g zu beurteilen (s dort Rn 1). 16

7) Hat der Unterhaltsberechtigte nach Bestimmung des Vollstreckungsgerichts **ganz unberücksichtigt** zu bleiben, dann vermindert sich bei Berechnung des pfändbaren Arbeitseinkommens die Zahl der unterhaltsberechtigten Personen um eine. Das damit pfändbar gewordene weitere Arbeitseinkommen ist vom Pfändungsbeschluß mit seinem ursprünglichen Rang erfaßt; eine Neuanordnung der Pfändung erfolgt nicht (Stöber FdgPfdg Rn 1071). Wenn der Unterhaltsberechtigte nach Bestimmung des Vollstreckungsgerichts **teilweise** zu berücksichtigen ist, soll Bezugnahme auf die Tabelle nach Abs 3 mit Anlage nicht erfolgen, das Vollstreckungsgericht somit den unpfändbaren Teil des Arbeitseinkommens des Schuldners selbst bestimmen (Abs 4 letzter Halbs). Augeschlossen bleibt damit die Bezugnahme auf die Tabelle nur für den weggefallenen Berechtigten, nicht aber für die nach Einkommenshöhe, Auszahlungszeitraum und übrige Unterhaltsberechtigte pfändbaren Beträge (Stöber FdgPfdg Rn 1068; Hornung Rpfleger 78, 353 [358]; LG Frankfurt Rpfleger 88, 73; aA Hintzen NJW 95, 1861 [1865]: quotenmäßige [zB 5/8] Nichtberücksichtigung kann angeordnet werden; nicht richtig; ersetzt die erheblichen „eigenen Einkünfte" und den Lebensbedarf des Unterhaltsberechtigten durch wechselnde (schwankende) Beträge des Schuldnereinkommens). 17

8) Der Beschluß über die volle oder teilweise Nichtberücksichtigung eines Angehörigen mit eigenem Einkommen **wirkt nur für den Pfändungsgläubiger,** auf dessen Antrag (in dessen ZwV-Verfahren) die Bestimmung getroffen worden ist (Grundsatz der Einzelvollstreckung; vor § 704 Rn 21). Nur für die Berechnung der einem nachrangigen Gläubiger gebührenden gepfändeten Einkommensteile hat der Beschluß daher Wirkung, wenn ihn allein dieser Gläubiger erwirkt, 18

der Pfändungsgläubiger mit besserem Rang Bestimmung nach Abs 4 aber nicht herbeigeführt hat (BAG 46, 148 = MDR 85, 65; BAG 53, 359 = NJW 87, 1573; LAG Hamm Betrieb 82, 1676; ArbG Kempen JurBüro 96, 106; ArbG Nienburg JurBüro 89, 1316; Stöber FdgPfdg Rn 1071; Hornung Rpfleger 78, 353 [359]). Die Anordnung begründet jedoch keinen selbständigen Pfändungsrang auf den weiter pfändbaren Betrag. Wenn später auch der zuerst pfändende Gläubiger in seinem Vollstreckungsverfahren eine (gleiche) Anordnung nach Abs 4 erwirkt, gebühren ihm (vom Zeitpunkt der Zustellung des Änderungsbeschlusses an den Drittschuldner an) daher die weiteren pfändbaren Beträge mit dem Rang seines durch die frühere Pfändung begründeten vorrangigen Pfandrechts (§ 804 III; BAG 46, 148). Eine weitere Abtretungsmöglichkeit, auf die sich ein vorrangiger Abtretungsgläubiger berufen könnte, begründet der Beschluß nicht (BAG 46, 148; LAG Hamm aaO; ArbG Bamberg JurBüro 90, 264).

19 **9) Änderung** der nach Abs 4 getroffenen Bestimmung kann nach § 850g erfolgen.

20 **V) Weitere Einzelheiten:** Auch wenn der Vollstreckungstitel eine Pfändung des gesamten dem Gläubigerzugriff offenstehenden Einkommensteils ermöglichen würde, steht es dem Gläubiger frei, die Pfändung auf geringere Beträge zu beschränken, als sie gem § 850c pfändbar wären, etwa weil er dem Schuldner die Abtragung in weniger drückenden Teilbeträgen ermöglichen will. Möglich sind auch Vereinbarungen dahin, daß der Drittschuldner die von der Pfändung erfaßten Beträge nicht ganz an den Gläubiger abzuführen brauche. Dazu Rewolle BB 67, 338, BAG NJW 75, 1575, Reische NJW 75, 2311 (Rangverhältnis zwischen stundendem und nachpfändendem Gläubiger). Lohnabtretungen ändern an der Berechnung des pfändbaren Betrags nichts; ob solche vorliegen, ist bei Erlaß des Pfändungsbeschlusses nicht zu prüfen. Darüber, inwieweit sie der Drittschuldner bei der Errechnung des an den Gläubiger abzuführenden Betrags zu berücksichtigen hat, s § 850e Rn 2.

Anhang nach § 850c: Lohnpfändungstabelle

Nettolohn **monatlich**	Pfändbarer Betrag bei Unterhaltspflicht*) für					
	0	1	2	3	4	5 und mehr Personen
	in DM					
–1 219,99	–	–	–	–	–	–
1 220,00–1 239,99	7,70	–	–	–	–	–
1 240,00–1 259,99	21,70	–	–	–	–	–
1 260,00–1 279,99	35,70	–	–	–	–	–
1 280,00–1 299,99	49,70	–	–	–	–	–
1 300,00–1 319,99	63,70	–	–	–	–	–
1 320,00–1 339,99	77,70	–	–	–	–	–
1 340,00–1 359,99	91,70	–	–	–	–	–
1 360,00–1 379,99	105,70	–	–	–	–	–
1 380,00–1 399,99	119,70	–	–	–	–	–
1 400,00–1 419,99	133,70	–	–	–	–	–
1 420,00–1 439,99	147,70	–	–	–	–	–
1 440,00–1 459,99	161,70	–	–	–	–	–
1 460,00–1 479,99	175,70	–	–	–	–	–
1 480,00–1 499,99	189,70	–	–	–	–	–
1 500,00–1 519,99	203,70	–	–	–	–	–
1 520,00–1 539,99	217,70	–	–	–	–	–
1 540,00–1 559,99	231,70	–	–	–	–	–
1 560,00–1 579,99	245,70	–	–	–	–	–
1 580,00–1 599,99	259,70	–	–	–	–	–
1 600,00–1 619,99	273,70	–	–	–	–	–
1 620,00–1 639,99	287,70	–	–	–	–	–
1 640,00–1 659,99	301,70	–	–	–	–	–
1 660,00–1 679,99	315,70	–	–	–	–	–
1 680,00–1 699,99	329,70	1,50	–	–	–	–
1 700,00–1 719,99	343,70	11,50	–	–	–	–
1 720,00–1 739,99	357,70	21,50	–	–	–	–
1 740,00–1 759,99	371,70	31,50	–	–	–	–
1 760,00–1 779,99	385,70	41,50	–	–	–	–
1 780,00–1 799,99	399,70	51,50	–	–	–	–
1 800,00–1 819,99	413,70	61,50	–	–	–	–
1 820,00–1 839,99	427,70	71,50	–	–	–	–
1 840,00–1 859,99	441,70	81,50	–	–	–	–
1 860,00–1 879,99	455,70	91,50	–	–	–	–
1 880,00–1 899,99	469,70	101,50	–	–	–	–

Nettolohn **monatlich**	Pfändbarer Betrag bei Unterhaltspflicht*) für					
	0	1	2	3	4	5 und mehr Personen
	in DM					
1 900,00–1 919,99	483,70	111,50	–	–	–	–
1 920,00–1 939,99	497,70	121,50	–	–	–	–
1 940,00–1 959,99	511,70	131,50	–	–	–	–
1 960,00–1 979,99	525,70	141,50	–	–	–	–
1 980,00–1 999,99	539,70	151,50	–	–	–	–
2 000,00–2 019,99	553,70	161,50	–	–	–	–
2 020,00–2 039,99	567,70	171,50	–	–	–	–
2 040,00–2 059,99	581,70	181,50	4,80	–	–	–
2 060,00–2 079,99	595,70	191,50	12,80	–	–	–
2 080,00–2 099,99	609,70	201,50	20,80	–	–	–
2 100,00–2 119,99	623,70	211,50	28,80	–	–	–
2 120,00–2 139,99	637,70	221,50	36,80	–	–	–
2 140,00–2 159,99	651,70	231,50	44,80	–	–	–
2 160,00–2 179,99	665,70	241,50	52,80	–	–	–
2 180,00–2 199,99	679,70	251,50	60,80	–	–	–
2 200,00–2 219,99	693,70	261,50	68,80	–	–	–
2 220,00–2 239,99	707,70	271,50	76,80	–	–	–
2 240,00–2 259,99	721,70	281,50	84,80	–	–	–
2 260,00–2 279,99	735,70	291,50	92,80	–	–	–
2 280,00–2 299,99	749,70	301,50	100,80	–	–	–
2 300,00–2 319,99	763,70	311,50	108,80	–	–	–
2 320,00–2 339,99	777,70	321,50	116,80	–	–	–
2 340,00–2 359,99	791,70	331,50	124,80	–	–	–
2 360,00–2 379,99	805,70	341,50	132,80	–	–	–
2 380,00–2 399,99	819,70	351,50	140,80	0,30	–	–
2 400,00–2 419,99	833,70	361,50	148,80	6,30	–	–
2 420,00–2 439,99	847,70	371,50	156,80	12,30	–	–
2 440,00–2 459,99	861,70	381,50	164,80	18,30	–	–
2 460,00–2 479,99	875,70	391,50	172,80	24,30	–	–
2 480,00–2 499,99	889,70	401,50	180,80	30,30	–	–
2 500,00–2 519,99	903,70	411,50	188,80	36,30	–	–
2 520,00–2 539,99	917,70	421,50	196,80	42,30	–	–
2 540,00–2 559,99	931,70	431,50	204,80	48,30	–	–
2 560,00–2 579,99	945,70	441,50	212,80	54,30	–	–
2 580,00–2 599,99	959,70	451,50	220,80	60,30	–	–
2 600,00–2 619,99	973,70	461,50	228,80	66,30	–	–
2 620,00–2 639,99	987,70	471,50	236,80	72,30	–	–
2 640,00–2 659,99	1 001,70	481,50	244,80	78,30	–	–
2 660,00–2 679,99	1 015,70	491,50	252,80	84,30	–	–
2 680,00–2 699,99	1 029,70	501,50	260,80	90,30	–	–
2 700,00–2 719,99	1 043,70	511,50	268,80	96,30	–	–
2 720,00–2 739,99	1 057,70	521,50	276,80	102,30	–	–
2 740,00–2 759,99	1 071,70	531,50	284,80	108,30	2,00	–
2 760,00–2 779,99	1 085,70	541,50	292,80	114,30	6,00	–
2 780,00–2 799,99	1 099,70	551,50	300,80	120,30	10,00	–
2 800,00–2 819,99	1 113,70	561,50	308,80	126,30	14,00	–
2 820,00–2 839,99	1 127,70	571,50	316,80	132,30	18,00	–
2 840,00–2 859,99	1 141,70	581,50	324,80	138,30	22,00	–
2 860,00–2 879,99	1 155,70	591,50	332,80	144,30	26,00	–
2 880,00–2 899,99	1 169,70	601,50	340,80	150,30	30,00	–
2 900,00–2 919,99	1 183,70	611,50	348,80	156,30	34,00	–
2 920,00–2 939,99	1 197,70	621,50	356,80	162,30	38,00	–
2 940,00–2 959,99	1 211,70	631,50	364,80	168,30	42,00	–
2 960,00–2 979,99	1 225,70	641,50	372,80	174,30	46,00	–
2 980,00–2 999,99	1 239,70	651,50	380,80	180,30	50,00	–
3 000,00–3 019,99	1 253,70	661,50	388,80	186,30	54,00	–
3 020,00–3 039,99	1 267,70	671,50	396,80	192,30	58,00	–
3 040,00–3 059,99	1 281,70	681,50	404,80	198,30	62,00	–
3 060,00–3 079,99	1 295,70	691,50	412,80	204,30	66,00	–
3 080,00–3 099,99	1 309,70	701,50	420,80	210,30	70,00	–

*) Zu berücksichtigen sind Unterhaltsleistungen des Schuldners gegenüber seinem Ehegatten, einem früheren Ehegatten, einem Verwandten oder der Mutter eines nichtehelichen Kindes nach §§ 1615l, 1615n des Bürgerlichen Gesetzbuchs.

Nettolohn **monatlich**	Pfändbarer Betrag bei Unterhaltspflicht*) für					
	0	1	2	3	4	5 und mehr Personen
	in DM					
3 100,00–3 119,99	1 323,70	711,50	428,80	216,30	74,00	1,90
3 120,00–3 139,99	1 337,70	721,50	436,80	222,30	78,00	3,90
3 140,00–3 159,99	1 351,70	731,50	444,80	228,30	82,00	5,90
3 160,00–3 179,99	1 365,70	741,50	452,80	234,30	86,00	7,90
3 180,00–3 199,99	1 379,70	751,50	460,80	240,30	90,00	9,90
3 200,00–3 219,99	1 393,70	761,50	468,80	246,30	94,00	11,90
3 220,00–3 239,99	1 407,70	771,50	476,80	252,30	98,00	13,90
3 240,00–3 259,99	1 421,70	781,50	484,80	258,30	102,00	15,90
3 260,00–3 279,99	1 435,70	791,50	492,80	264,30	106,00	17,90
3 280,00–3 299,99	1 449,70	801,50	500,80	270,30	110,00	19,90
3 300,00–3 319,99	1 463,70	811,50	508,80	276,30	114,00	21,90
3 320,00–3 339,99	1 477,70	821,50	516,80	282,30	118,00	23,90
3 340,00–3 359,99	1 491,70	831,50	524,80	288,30	122,00	25,90
3 360,00–3 379,99	1 505,70	841,50	532,80	294,30	126,00	27,90
3 380,00–3 399,99	1 519,70	851,50	540,80	300,30	130,00	29,90
3 400,00–3 419,99	1 533,70	861,50	548,80	306,30	134,00	31,90
3 420,00–3 439,99	1 547,70	871,50	556,80	312,30	138,00	33,90
3 440,00–3 459,99	1 561,70	881,50	564,80	318,30	142,00	35,90
3 460,00–3 479,99	1 575,70	891,50	572,80	324,30	146,00	37,90
3 480,00–3 499,99	1 589,70	901,50	580,80	330,30	150,00	39,90
3 500,00–3 519,99	1 603,70	911,50	588,80	336,30	154,00	41,90
3 520,00–3 539,99	1 617,70	921,50	596,80	342,30	158,00	43,90
3 540,00–3 559,99	1 631,70	931,50	604,80	348,30	162,00	45,90
3 560,00–3 579,99	1 645,70	941,50	612,80	354,30	166,00	47,90
3 580,00–3 599,99	1 659,70	951,50	620,80	360,30	170,00	49,90
3 600,00–3 619,99	1 673,70	961,50	628,80	366,30	174,00	51,90
3 620,00–3 639,99	1 687,70	971,50	636,80	372,30	178,00	53,90
3 640,00–3 659,99	1 701,70	981,50	644,80	378,30	182,00	55,90
3 660,00–3 679,99	1 715,70	991,50	652,80	384,30	186,00	57,90
3 680,00–3 699,99	1 729,70	1 001,50	660,80	390,30	190,00	59,90
3 700,00–3 719,99	1 743,70	1 011,50	668,80	396,30	194,00	61,90
3 720,00–3 739,99	1 757,70	1 021,50	676,80	402,30	198,00	63,90
3 740,00–3 759,99	1 771,70	1 031,50	684,80	408,30	202,00	65,90
3 760,00–3 779,99	1 785,70	1 041,50	692,80	414,30	206,00	67,90
3 780,00–3 796,00	1 799,70	1 051,50	700,80	420,30	210,00	69,90

Der Mehrbetrag über 3 796,00 DM ist voll pfändbar.

Vom Abdruck der Lohnpfändungstabellen bei **wöchentlicher** und bei **täglicher** Lohnzahlung wird abgesehen. Sie gelten seit dem 1. Juli 1992. Verwiesen wird auf die in **BGBl 1992 I Seiten 750–755** abgedruckten Tabellen; sie sind auch in Schönfelder, Anlage zur ZPO (Nr 100) sowie bei Stöber FdgPfdg Seiten 1118–1123 wiedergegeben.

850d *[Pfändung wegen Unterhaltsansprüchen]*

(1) Wegen der Unterhaltsansprüche, die kraft Gesetzes einem Verwandten, dem Ehegatten, einem früheren Ehegatten oder nach §§ 1615l, 1615n des Bürgerlichen Gesetzbuchs der Mutter eines nichtehelichen Kindes zustehen, sind das Arbeitseinkommen und die in § 850a Nr. 1, 2 und 4 genannten Bezüge ohne die in § 850c bezeichneten Beschränkungen pfändbar. Dem Schuldner ist jedoch so viel zu belassen, als er für seinen notwendigen Unterhalt und zur Erfüllung seiner laufenden gesetzlichen Unterhaltspflichten gegenüber den dem Gläubiger vorgehenden Berechtigten oder zur gleichmäßigen Befriedigung der dem Gläubiger gleichstehenden Berechtigten bedarf; von den in § 850a Nr. 1, 2 und 4 genannten Bezügen hat ihm mindestens die Hälfte des nach § 850a unpfändbaren Betrages zu verbleiben. Der dem Schuldner hiernach verbleibende Teil seines Arbeitseinkommens darf den Betrag nicht übersteigen, der ihm nach den Vorschriften des § 850c gegenüber nicht bevorrechtigten Gläubigern zu verbleiben hätte. Für die Pfändung wegen der Rückstände, die länger als ein Jahr vor dem Antrag auf Erlaß des Pfändungsbeschlusses fällig geworden sind, gelten die Vorschriften dieses Absatzes insoweit nicht, als nach Lage der Verhältnisse nicht anzunehmen ist, daß der Schuldner sich seiner Zahlungspflicht absichtlich entzogen hat.

(2) Mehrere nach Absatz 1 Berechtigte sind mit ihren Ansprüchen in folgender Reihenfolge zu berücksichtigen, wobei mehrere gleich nahe Berechtigte untereinander gleichen Rang haben:

streckungsgericht nicht bindend (LG Essen MDR 58, 433; LG Kassel Rpfleger 74, 76 m Anm Stöber; einschränkend Bremen OLGZ 72, 485). Der (formell) rechtskräftige Beschluß des Vollstreckungsgerichts schneidet seinerseits neue Feststellungen im Verfahren nach § 850f nicht ab (Hamm Rpfleger 77, 224).

c) **Rechtsbehelfe:** Gegen den Pfändungsbeschluß steht dem Schuldner und dem Drittschuldner sowie einem zurückgesetzten Unterhaltsberechtigten, ausnahmsweise auch dem Gläubiger (Koblenz Rpfleger 78, 286), Erinnerung (§ 766) zu. Gegen ganze oder teilweise Ablehnung seines Pfändungsantrags hat der Gläubiger die befristete Rechtspflegererinnerung (§ 11 I S 2 RpflG). Das gilt auch, wenn der Rechtspfleger einer Erinnerung (§ 766) durch Aufhebung des Pfändungsbeschlusses oder Festsetzung eines höheren Freibetrags abgeholfen hat (Koblenz Rpfleger 73, 65; 78, 226; Stöber Rpfleger 74, 52; aA LG Lübeck Rpfleger 74, 76; LG Koblenz BB 77, 1070). 14

IV) Rangordnung mehrerer Unterhaltsberechtigter (Abs 2). **1)** Einzelheiten: Kandler NJW 58, 2048. Abs 2 ist von Bedeutung, wenn die mehreren Unterhaltsgläubiger pfänden, ebenso aber, wenn nur einer von ihnen mit Pfändung vorgeht, weil sich nach Abs 2 bestimmt, ob dem Schuldner für seine anderen Unterhaltsberechtigten gleichfalls der „notwendige“ Betrag als Zuschlag zu dem für den Schuldner selbst freizulassenden Betrag zu verbleiben hat oder ob sich diese zur gleichmäßigen Befriedigung mit dem pfändenden Gläubiger eine Kürzung gefallen lassen müssen oder ob sie überhaupt hinter den pfändenden Gläubiger zurückzutreten haben (vgl Frisinger NJW 70, 715). Der Vorrang wirkt sich zunächst nur im Verhältnis der laufenden Unterhaltsansprüche der mehreren Gläubiger aus (Sprey DR 41, 2272); der in der Rangordnung vorgehende Gläubiger kann also nicht verlangen, daß er auch mit seinen nach Abs 1 S 4 bevorrechtigten Rückständen vor den laufenden Ansprüchen des schlechterrangigen Gläubigers befriedigt wird (aA Kandler aaO). Bleibt aber nach Befriedigung aller laufenden Ansprüche noch etwas zur Abtragung von Rückständen übrig, so kommt die Rangordnung erneut zum Zug; der besserrangige Gläubiger kann also verlangen, daß seine am Vorrecht teilhabenden Rückstände (Rn 5) vor denjenigen des schlechterrangigen befriedigt werden (Sprey aaO). Dagegen besteht kein Rangverhältnis zwischen den überjährigen Ansprüchen mehrerer Gläubiger, deren Befriedigung sich der Schuldner nicht absichtlich entzogen hat; denn insoweit ist § 850d nicht anwendbar (Abs 1 S 4), also auch nicht Abs 2, sondern § 850c (Holthöfer DRiZ 57, 267); es entscheidet die Priorität. Gleichmäßige Befriedigung bedeutet nicht stets gleich hohe Beträge (LG Essen MDR 55, 113; LG Darmstadt MDR 58, 245; LG Bremen Rpfleger 61, 186; LG Berlin MDR 61, 512; LG Mannheim NJW 70, 56; Berner Rpfleger 58, 308). Eine Aufteilung nach der unterschiedlichen Höhe der Bedürfnisse (zB Kleinkind einerseits, Erwachsene andererseits) statt nach Kopfteilen wird aber nur im Erinnerungsverfahren möglich sein, da bei Erlaß des Pfändungsbeschlusses Näheres regelmäßig nicht bekannt ist. 15

1. Gruppe: Eheliche minderjährige unverheiratete **Kinder,** gleichviel, welcher Ehe sie entstammen, auch solche aus nichtiger Ehe (§ 1591 I S 1 BGB), auch Adoptivkinder und nichteheliche Kinder. Geschiedene oder verwitwete minderjährige Kinder zählen zu den unverheirateten. Stiefkinder kommen nicht in Betracht (Hamm Rpfleger 54, 633). Zur 1. Rangklasse gehören weiter der **Ehegatte** und ein früherer Ehegatte. Ihr Rangverhältnis innerhalb der 1. Gruppe ist jedoch durch Verweisung auf § 1582 BGB dem materiell-rechtlichen angeglichen; die Stellung des früheren Ehegatten ist damit in bestimmten Lagen verbessert (dazu Engelhardt JZ 76, 579; Dieckmann FamRZ 77, 163; Diederichsen NJW 77, 361; LG Frankenthal Rpfleger 84, 106). Die Verweisung bedeutet im Ergebnis, daß bei leistungsschwachem Unterhaltsverpflichteten (§ 1581 BGB) der frühere Ehegatte unter den (komplizierten) Voraussetzungen des § 1582 BGB dem jetzigen vorgeht (sonst bleibt es beim Gleichrang). Dann jedoch läßt § 1582 II BGB wiederum § 1609 II BGB unberührt, wonach der geschiedene Ehegatte (nicht auch der relativ nachrangige neue Ehegatte, BGH 104, 158 = NJW 88, 1722; Köln FamRZ 92, 845 = NJW-RR 93, 393 u FamRZ 93, 1226 = Rpfleger 93, 412) den minderj unverheirateten Kindern gleich steht. Vom Gleichrang der Berechtigten in Gruppe 1 wird im Regelfall, wenn nicht schon der Titel Aufschluß gibt, das Vollstreckungsgericht bei Pfändung ausgehen müssen, so daß die endgültige Festlegung des Rangverhältnisses dem Erinnerungs- oder Abänderungsverfahren nach Abs 2a Hs 3 vorbehalten bleibt. Wenn die frühere Ehe noch nach dem bis 30. 6. 77 geltenden materiellen Recht aufgelöst wurde, ist § 850d Abs 2a in der bisherigen Fassung anzuwenden (Art 12 Nr 9 des 1. EheRG), nach der früherer und jetziger Ehegatte einander im Rang schlechthin gleichstehen. Seit dem 3. ÄndG ist schließlich auch die **Mutter eines nichtehelichen Kindes** mit ihren Unterhaltsansprüchen nach §§ 1615l, 1615n BGB in der 1. Rangklasse bevorrechtigt. Das sich aus dem Gesetz ergebende Rangverhältnis (im Regelfall Gleichstellung) der zur 1. Gruppe gehörenden Personen kann das Vollstreckungsgericht nach billigem Ermessen anderweitig regeln. Auf diese Weise kann auch dafür gesorgt werden, daß das nichteheliche Kind, das einen Vollstreckungstitel über Regelunterhalt (ggf mit Zu- oder Abschlägen) hat und damit unterhaltsrechtlich besser stehen kann als eheliche Kinder, von Einkommen des Schuldners nicht mehr pfändet als für die ehelichen Kinder 16 verbleibt, deren Unterhaltsansprüche sich schon nach materiellem Recht nach der Leistungsfähigkeit des Verpflichteten richten (vgl Köln FamRZ 76, 119). Das Rangverhältnis kann auch für Anspruchsteile abweichend geregelt werden. Abweichende Feststellung des Rangverhältnisses durch das Vollstreckungsgericht nach billigem Ermessen darf aber nicht ein Unterhaltsurteil des Familiengerichts unterlaufen; zu weitgehend LG Frankenthal Rpfleger 84, 106: weil es dem Prozeßgericht vorbehalten sei, titulierte Unterhaltsansprüche auf Abänderungsklage abzuändern, kann Rangänderung durch das Vollstreckungsgericht nur bewirken, daß Unzuträglichkeiten bei Vollstreckung von Unterhaltsrückständen vermieden werden. Die vom gesetzlichen Rangverhältnis abweichende Einstufung durch das Vollstreckungsgericht setzt einen Antrag des Schuldners oder eines Berechtigten voraus. Vor Entscheidung sind die Beteiligten zu hören (Abs 2 Buchst a Hs 3 u 4). Zuständig ist der Rechtspfleger (§ 20 Nr 17 RpflG); gegen seine Entscheidung befristete Durchgriffserinnerung nach § 11 I S 2 RpflG.

17 **2. Gruppe:** Die **übrigen Abkömmlinge,** also volljährige und verheiratete Kinder, Enkel usw, wobei die Kinder (Abkömmlinge des 1. Grades) den Abkömmlingen entfernterer Grade vorgehen. Die Kinder haben unter sich gleichen Rang, desgleichen unter sich auch die Abkömmlinge desselben entfernteren Grades. Volljährige Kinder sind auch dann in Gruppe 2 zu berücksichtigen, somit den minderjährigen unverheirateten Kindern in Gruppe 1 nicht gleichgestellt, wenn sie infolge einer körperlichen oder geistigen Behinderung nicht erwerbstätig sein können; andere Berücksichtigung kann jedoch uU auf Antrag nach § 765a erfolgen.

18 **3. Gruppe:** Die **Verwandten aufsteigender Linie** (§§ 1601, 1606 BGB), wobei die näheren Grade den entfernteren vorgehen. Die Eltern kommen also vor den Großeltern.

19 Alle 3 Rangklassen gehen mit ihren laufenden Unterhaltsansprüchen (nicht mit Rückständen) den Gläubigern aus vorsätzlich unerlaubter Handlung vor, falls diese auf Grund entsprechender Bewilligung des Vollstreckungsgerichts (§ 850f II) in den Teilbereich des Einkommens eindringen dürfen, der sonst gem § 850d den bevorrechtigten Unterhaltsgläubigern vorbehalten ist. Zusammentreffen von bevorrechtigten mit gewöhnlichen Gläubigern s § 850e Nr 4.

20 **2) Verwirklichung des Rangverhältnisses: a) Pfändung durch einen Unterhaltsgläubiger:** Wenn er einen besseren Rang hat als die Unterhaltsberechtigten des Schuldners (zB getrennt lebende Ehefrau einerseits, volljährige Kinder andererseits), so wirkt sich der Vorrang dahin aus, daß dem Schuldner ungekürzt zunächst der notwendige Unterhalt für seine Person verbleibt; für seine Unterhaltspflichten gegenüber den anderen Unterhaltsberechtigten kann ihm nur das zukommen, was bei Befriedigung des pfändenden Gläubigers übrig bleibt. Für Unterhaltspflichten gegenüber Berechtigten, die gleichen Rang wie der pfändende Gläubiger haben, ist dem Schuldner soviel zu belassen, daß eine gleichmäßige Befriedigung (wenn auch nicht notwendig stets mit gleich hohen Beträgen; vgl Rn 15) möglich ist (s Köln NJW-RR 93, 1156 = Rpfleger 94, 33). Pfändet ein schlechterrangiger Unterhaltsgläubiger (zB ein volljähriges Kind, während zum Haushalt des Schuldners Ehefrau und minderjährige Kinder gehören), so muß dem Schuldner außer seinem eigenen notwendigen Lebensbedarf auch der Betrag belassen werden, der zur Befriedigung der laufenden Unterhaltsansprüche der vorgehenden Berechtigten erforderlich ist.

21 **b) Pfänden nacheinander mehrere Unterhaltsgläubiger,** so gilt zunächst ohne Rücksicht auf ihren Rang der Grundsatz der Priorität (§ 804 III). Ist der **erstpfändende** Gläubiger nach Abs 2 **bevorrechtigt,** dann berührt die weitere Pfändung sein rangbesseres Pfandrecht nicht. Hat der **nachrangige** Gläubiger **zuerst gepfändet** (zB erste Pfändung durch volljähriges Kind, zweite durch Ehefrau), dann wird sein rangbesseres Pfandrecht (§ 804 III) in den nach § 850c allgemein pfändbaren Teil des Arbeitseinkommens durch die weitere Pfändung nicht geschmälert. Von dem nur nach § 850d für bevorrechtigte Gläubiger pfändbaren weiteren Einkommensteil ist für den nach Abs 2 nachrangigen Gläubiger nicht pfändbar, was der Schuldner zur Erfüllung seiner laufenden (nicht auch rückständigen) Unterhaltspflicht gegenüber dem rangbesseren zweitpfändenden Gläubiger bedarf (Abs 1 S 2). Durch die (betragsmäßig) weitergehende spätere Pfändung wird daher dieser pfändbare Mehrbetrag beschlagnahmt. Wenn bei Erstpfändung des Nachranggläubigers ein Freibetrag für den (zweitpfändenden) bevorrechtigten Unterhaltsgläubiger nicht berücksichtigt ist, ist der frühere Pfändungsbeschluß auf Antrag des benachteiligten Gläubigers oder des Schuldners zu ändern (§ 850g). Entsprechendes gilt bei Konkurrenz Gleichberechtigter (zB bei Pfändung durch Ehefrau und minderj Kind) für Freibeträge zu gleichmäßiger Befriedigung. Die Änderung kann das Vorrangpfandrecht des erstpfändenden Gläubigers (§ 804 III) in dem nach § 850c für alle Gläubiger pfändbaren Einkommensbereich nicht beeinträchtigen, ist somit auf den Einkommensteil beschränkt, der nach § 850d nur durch bevorrechtigte Unterhaltsgläubiger gepfändet werden kann (LG Aurich MDR 90, 640 = NJW 90, 844; StJ/Brehm Rn 36, 37; Stöber FdgPfdg Rn 1271; Frisinger NJW 70, 715; aA [Grundsatz der Priorität, § 804 III, wird durchbrochen] LG Bamberg MDR 86, 245; LG Mannheim MDR 70, 245 = NJW 70, 56; Henze Rpfleger 80, 456). Für eine Änderung auch im Bereich des nach § 850c pfändbaren Einkommensteils könnte (auf Antrag) aber § 850 f Ic Anwendung finden. Solange die Änderung durch das

Vollstreckungsgericht nicht durchgeführt ist, kann der Drittschuldner nach dem Inhalt der ihm zugestellten Pfändungsbeschlüsse mit befreiender Wirkung leisten (§ 850g S 3).

V) Vorratspfändung (Abs 3); **Dauerpfändung: 1) Abs 3** behandelt die **Vorratspfändung** (Vorzugspfändung). Dazu Berner Rpfleger 62, 237; 64, 299; Baer NJW 62, 574; Baur Betrieb 68, 251. Da eine Schuldnerforderung schon vor ihrer Fälligkeit gepfändet werden kann, besteht kein Hindernis, die Pfändung von Arbeitseinkommen auch auf erst künftig fällig werdende Lohnbeträge aus dem bestehenden Arbeitsverhältnis zu erstrecken (vgl Baur aaO); daß diese Lohnbeträge erst verdient werden müssen, steht nicht entgegen (Anm zu § 832). Dagegen muß nach § 751 die Fälligkeit der zu vollstreckenden Gläubigerforderung bereits eingetreten sein, bevor ihretwegen Pfändungsbeschluß ergeht. Letzeres Erfordernis wird durch Abs 3 durchbrochen, jedoch nur unter 3 Voraussetzungen: 22

a) Vollstreckungsforderung muß ein **gesetzlicher Unterhaltsanspruch** iS des Abs 1 S 1 oder ein **Rentenanspruch** aus Anlaß der Verletzung des Körpers oder der Gesundheit (s § 850b I Nr 1) sein. Daß der Anspruch mit Vorrang nach § 850d vollstreckt wird, ist nicht verlangt; Vorratspfändung kann daher auch erfolgen, wenn dem Schuldner bei Vollstreckung des Unterhalts- oder Rentenanspruchs auf Gläubigerantrag Einkommensbeträge in erweitertem Umfang nach § 850c pfandfrei verbleiben. Rückstände über ein Jahr gehören zu den Ansprüchen des Abs 1, die Vorratspfändung ermöglichen, jedoch nur, wenn sich der Schuldner seiner Zahlungspflicht absichtlich entzogen hat. 23

b) Die Vollstreckungsforderung muß bei Erlaß des Pfändungsbeschlusses (KG MDR 60, 931; LG Berlin MDR 66, 596) wenigstens zu einem Teilbetrag **fällig** geworden sein (der Grundsatz des § 751 wird also nicht vollständig aufgegeben); es können also zB die fortlaufenden Gehaltsbezüge des Schuldners am 10. 7. bei Vollstreckung eines seit dem 1. 7. fälligen Unterhaltsbetrags auch wegen der am 1. 8., 1. 9. usw fälligen Unterhaltsbeträge gepfändet werden. Der Zeitpunkt der Fälligkeit bestimmt sich nach dem Schuldtitel, wenn dieser keine Angabe enthält (zB ein Vergleich) nach den jeweiligen Umständen (Auslegung); „monatlich im voraus" heißt dann nicht ohne weiteres am 1. Werktag des Monats (LG Wuppertal MDR 90, 640). Keine Vorratspfändung kann wegen eines fortlaufenden Unterhalts- oder Schadenersatzrentenanspruchs erfolgen, dessen bisher fällig gewordene Raten bezahlt sind, so daß ausschließlich wegen künftiger gepfändet würde, auch wenn Gläubiger für die Zukunft Zahlungssäumigkeit des Schuldners befürchtet (Frankfurt NJW 54, 1774; KG u LG Berlin aaO; LG Essen NJW 66, 1222; LG Münster FamRZ 71, 667). Andererseits genügt nicht das Vorhandensein von Rückständen, deretwegen schon früher eine Pfändung ausgebracht wurde; soll wegen erst künftig fällig werdender Unterhaltsansprüche eine Vorratspfändung vorgenommen werden, so muß durch dieselbe Vollstreckungsmaßnahme zugleich auch wegen bereits fälliger Unterhaltsforderungen gepfändet werden (LG Münster aaO). Zahlung der bereits fälligen Beträge nach Erlaß (nicht Zustellung) der Vorratspfändung rechtfertigt aber noch nicht Aufhebung des Beschlusses (Hamm JMBlNRW 56, 234; KG MDR 60, 931; Düsseldorf MDR 77, 147). Die Aufrechterhaltung der Vorratspfändung nach Wegfertigung des Rückstands kann aber mißbräuchlich sein, wenn es zum Rückstand nur infolge eines Irrtums gekommen ist und Gewähr besteht, daß der Schuldner die künftig fällig werdenden Beträge freiwillig pünktlich bezahlt (Bamberg FamRZ 94, 1540; Düsseldorf aaO). 24

c) Zugriffsgegenstand muß das **Arbeitseinkommen des Schuldners** sein. Fortlaufende Sozialleistungen in Geld stehen gleich (sind nach § 54 IV SGB I wie Arbeitseinkommen zu pfänden). Dagegen scheidet Anwendung des Abs 3 aus, wenn wegen einer Forderung nach a) und b) andere fortlaufende Einkünfte des Schuldners (zB aus Vermietung oder Leibrente) (Hamm MDR 63, 226; SchlHOLG Rpfleger 65, 161; LG Essen Rpfleger 67, 419), das Bankkonto eines selbständig Tätigen (LG Hannover JurBüro 87, 463) oder zB der Anspruch auf Rückabtretung einer Grundschuld (LG Berlin Rpfleger 78, 331) gepfändet werden soll. 25

2) Pfändung mit aufschiebend bedingter Dauerwirkung (dazu Baer NJW 62, 574; Berner Rpfleger 62, 237; 63, 20; 64, 299; 65, 182, 308): Bei ihr kommt es nicht auf den Rechtsgrund des schuldnerischen Anspruchs auf wiederkehrende Leistungen an, so daß auch Miet- und Pachtzinsforderungen usw des Schuldners gepfändet werden können (München Rpfleger 72, 321; LG Bremen Rpfleger 50, 275; LG Essen NJW 66, 1822; Rpfleger 67, 419; LG Hamburg Rpfleger 62, 281; LG Mannheim NJW 49, 869; LG Würzburg NJW 56, 1160; einschränkend LG Stuttgart ZZP 71, 287; aA [Bedenken aus § 751 I] Hamm MDR 63, 226; Schleswig Rpfleger 65, 181; abl LG Berlin Rpfleger 78, 331; dazu insbes Berner aaO; vgl auch Celle NdsRpfl 52, 153). Dauerpfändung in Forderungen auf künftige einmalige, aber teilbare (wohl: in Raten zahlbare) Leistungen läßt LG Saarbrücken Rpfleger 73, 373 zu (so auch Berner Rpfleger 62, 239; zweifelnd Stöber FdgPfdg Rn 692), Dauerpfändung eines Nachlaßanteils halten Hamm NJW-RR 94, 895 = Rpfleger 94, 222; Karlsruhe FamRZ 86, 378 u LG Düsseldorf Rpfleger 85, 119 für zulässig (bedenklich; gegen Dauerpfändung von Bankkonten LG Berlin ZIP 82, 1130). Auch bei dieser Art der Pfändung muß bei Erlaß des Pfändungsbeschlusses wenigstens ein Teilanspruch des Vollstreckungsgläubigers 26 bereits fällig sein; daß die weiteren Teilansprüche, zu deren Gunsten die Dauerpfändung ausgebracht wird, noch nicht fällig sind, schadet nicht, wenn die Beschlagnahme ihretwegen nach ausdrücklicher Anordnung des Vollstreckungsgerichts erst am Tage nach der (im Pfändungsbeschluß zu bezeichnenden) jeweiligen Fälligkeit (§ 751 I) wirksam werden soll, also für zwischenzeitliche Verfügungen des Schuldners oder Pfändungen dritter Gläubiger Raum läßt. Im Gegensatz zur Vorratspfändung verschafft diese Art der Dauerpfändung dem Vollstreckungsgläubiger keinen einheitlichen (vorgezogenen) Pfändungsrang auch hinsichtlich der erst künftig fällig werdenden Unterhalts- oder Schadensrentenansprüche (Hamm aaO; München Rpfleger 72, 321).

27 3) Eine zulässige Vorratspfändung nach Abs 3 ergreift das **fortlaufende Arbeitseinkommen** oder Renteneinkommen des Schuldners **auch wegen der erst künftig fällig werdenden Teilbeträge der Vollstreckungsforderung** (der künftigen Unterhaltsraten oder Rentenbeträge) sofort und sperrt es auch insoweit schon jetzt zugunsten des vollstreckenden Gläubigers, so daß andere Gläubiger, die das gleiche Arbeitseinkommen in der Zeit zwischen dem Pfändungsbeschluß und dem Fälligwerden der künftigen Unterhalts-(Renten-)Beträge pfänden, im Rang nachgehen (Merten DR 40, 1977; Berner Rpfleger 62, 238). Zahlung kann der Unterhalts-(Renten-)Gläubiger wegen der ihm künftig gebührenden Teilbeträge aber jeweils erst verlangen, sobald sie fällig geworden sind; zwar nicht die Pfändung, wohl aber die Überweisung tritt insoweit erst dann in Wirksamkeit. Die hinsichtlich der ganzen fortlaufenden Vollstreckungsforderung im voraus einheitlich ausgesprochene Überweisung erlangt also stückweise – jeweils mit dem Fälligwerden einer neuen dem Gläubiger gebührenden Rate – Wirksamkeit.

28 **VI) Gerichtl u anwaltl Gebühren** s Forderungspfändung u Überweisung Rn 34 zu § 829 sowie Rn 14 zu § 835. Gegenstandswert im Fall des § 850d III: § 57 II 3 BRAGO idF des KostRÄndG 1994.

850e *[Berechnung des pfändbaren Arbeitseinkommens]*

Für die Berechnung des pfändbaren Arbeitseinkommens gilt folgendes:

1. Nicht mitzurechnen sind die nach § 850a der Pfändung entzogenen Bezüge, ferner Beträge, die unmittelbar auf Grund steuerrechtlicher oder sozialrechtlicher Vorschriften zur Erfüllung gesetzlicher Verpflichtungen des Schuldners abzuführen sind. Diesen Beträgen stehen gleich die auf den Auszahlungszeitraum entfallenden Beträge, die der Schuldner

a) nach den Vorschriften der Sozialversicherungsgesetze zur Weiterversicherung entrichtet oder

b) an eine Ersatzkasse oder an ein Unternehmen der privaten Krankenversicherung leistet, soweit sie den Rahmen des Üblichen nicht übersteigen.

2. Mehrere Arbeitseinkommen sind auf Antrag vom Vollstreckungsgericht bei der Pfändung zusammenzurechnen. Der unpfändbare Grundbetrag ist in erster Linie dem Arbeitseinkommen zu entnehmen, das die wesentliche Grundlage der Lebenshaltung des Schuldners bildet.

2a. Mit Arbeitseinkommen sind auf Antrag auch Ansprüche auf laufende Geldleistungen nach dem Sozialgesetzbuch zusammenzurechnen, soweit diese der Pfändung unterworfen sind. Der unpfändbare Grundbetrag ist, soweit die Pfändung nicht wegen gesetzlicher Unterhaltsansprüche erfolgt, in erster Linie den laufenden Geldleistungen nach dem Sozialgesetzbuch zu entnehmen. Ansprüche auf Geldleistungen für Kinder dürfen mit Arbeitseinkommen nur zusammengerechnet werden, soweit sie nach § 76 des Einkommensteuergesetzes oder nach § 54 Abs. 5 des Ersten Buches Sozialgesetzbuch gepfändet werden können.

3. Erhält der Schuldner neben seinem in Geld zahlbaren Einkommen auch Naturalleistungen, so sind Geld- und Naturalleistungen zusammenzurechnen. In diesem Falle ist der in Geld zahlbare Betrag insoweit pfändbar, als der nach § 850c unpfändbare Teil des Gesamteinkommens durch den Wert der dem Schuldner verbleibenden Naturalleistungen gedeckt ist.

4. Trifft eine Pfändung, eine Abtretung oder eine sonstige Verfügung wegen eines der in § 850d bezeichneten Ansprüche mit einer Pfändung wegen eines sonstigen Anspruchs zusammen, so sind auf die Unterhaltsansprüche zunächst die gemäß § 850d der Pfändung in erweitertem Umfang unterliegenden Teile des Arbeitseinkommens zu verrechnen. Die Verrechnung nimmt auf Antrag eines Beteiligten das Vollstreckungsgericht vor. Der Drittschuldner kann, solange ihm eine Entscheidung des Vollstreckungsgerichts nicht zugestellt ist, nach dem Inhalt der ihm bekannten Pfändungsbeschlüsse, Abtretungen und sonstigen Verfügungen mit befreiender Wirkung leisten.

1 **I) Nettoeinkommen als Berechnungsgrundlage** (Nr 1): **1) Nr 1** regelt den Grundsatz, daß das pfändbare Arbeitseinkommen (auch im Falle des § 850d) nach dem **Nettolohnsystem** zu berechnen ist. Die Berechnung nach dem Nettoarbeitseinkommen (reines Einkommen) hat der Dritt-

schuldner (Arbeitgeber) ohne besondere Anordnung im Pfändungsbeschluß vorzunehmen. **Abzuziehen** sind vom (Brutto)Einkommen bei Pfändung durch gewöhnliche Gläubiger (§ 850c) zunächst die nach § 850a der Pfändung entzogenen Bezüge, zB die halbe Mehrarbeitsvergütung (§ 850a Nr 1) und die Weihnachtsvergütung ganz oder teilweise (§ 850a Nr 4). Bei Pfändung durch einen Unterhaltsgläubiger (§ 850d) bleiben gem § 850d I S 2 Hs 2 die Bezüge des § 850a Nr 1, 2 und 4 (nach Bestimmung des Pfändungsbeschlusses) nur mit mindestens der Hälfte unberücksichtigt. Weiter sind abzuziehen: der gesamte auf dem gepfändeten Arbeitseinkommen lastende **Steuerbetrag** (Lohnsteuer, Kirchensteuer), auch soweit er auf den dem Schuldner verbleibenden Einkommensteil entfallen würde (keine Zerlegung der Steuerabzüge, Henze Rpfleger 80, 456). Nicht abzuziehen sind Steuern, die nicht vom Arbeitgeber einbehalten werden, weil sie der Arbeitnehmer wegen seines Wohnsitzes im Ausland unmittelbar entrichten muß (dafür aber Freibetragserhöhung nach § 850f I; BAG Betrieb 86, 1399 = NJW 86, 2208) und Zahlungen auf die jährliche Einkommensteuer (BAG aaO u BAG 32, 159 [169] = Betrieb 80, 835 [837]). Weiter abzuziehen sind die den Arbeitnehmer treffenden Anteile der **Soziallasten** (Beiträge zur gesetzlichen Kranken- und Pflegeversicherung, Rentenversicherung der Arbeiter oder Angestellten, Arbeitslosenversicherung ohne den Arbeitgeberanteil). Ersatzkassenbeiträge und Beiträge zu privaten Krankenversicherungsunternehmen (auch für Krankenhausaufenthalt und -tagegeld, LG Berlin Rpfleger 62, 217) sind abzugsfähig, soweit sie den Rahmen des Üblichen nicht übersteigen (Nr 1b; Anhalt bieten Versicherungsbeitragssätze der Sozialversicherung; LG Berlin Rpfleger 94, 426); üblich sind auch Beiträge eines Beamten zur Abdeckung von der Beihilfe nicht gedeckter Arztkosten (LG Hannover JurBüro 83, 1423), somit auch Beiträge des Beamten für freiw Versicherung bei einer Ersatzkasse (LG Hannover JurBüro 87, 464). Abzugsfähig sind weiter Beiträge nach Sozialversicherungsgesetzen zur Weiterversicherung (insbes in Renten- und Krankenversicherung); Selbstversicherung und freiw Höherversicherung fallen nicht darunter. Abzug **vermögenswirksamer Leistungen** s § 850 Rn 13. Nicht abgezogen werden können Beiträge zur Berufsorganisation, Spenden und ähnliche Leistungen. Bei Zweifel darüber, welcher Betrag abzugsfähig ist, kann das Vollstreckungsgericht angerufen werden; zuständig zur Klarstellung der Tragweite des Pfändungsbeschlusses ist der Rechtspfleger (§ 20 Nr 17 RpflG; vgl Berner Rpfleger 62, 218 gegen LG Berlin aaO).

2) a) Ein **vor** Einkommenspfändung geleisteter **Lohnvorschuß** (= Vorauszahlung auf den noch nicht erarbeiteten oder noch nicht fälligen Lohnanspruch) wird für Berechnung des in einem Lohnzahlungszeitraum pfändbaren Arbeitseinkommens nach Pfändung nicht mitgerechnet. Die Pfändung nach Zahlung des Lohnvorschusses erfaßt nur das bei ihrem Wirksamwerden (§ 829 III) noch geschuldete Arbeitseinkommen (Stöber Anm AP § 850 Nr 11 u FdgPfdg Rn 1266). Der nach § 850c (d oder f II) pfändbare Einkommensteil wird nur von diesem noch verbleibenden und bei Abschlußzahlung zu leistenden Arbeitseinkommen berechnet (Stöber aaO gegen BAG 55, 44 = BB 87, 1743 = MDR 87, 611). Von diesem gepfändeten „Rest"einkommen sind somit nach Nr 1 die (noch enthaltenen) nicht pfändbaren Bezüge des § 850a und für den Lohnzahlungszeitraum abzuführende steuer- und sozialversicherungsrechtliche Abgaben (auch gleichgestellte Leistungen) abzusetzen. Nach aA (der nicht gefolgt werden kann) muß der pfändbare Betrag von dem gesamten Einkommen (Vorauszahlung eingerechnet), also von dem „ursprünglich" geschuldeten Einkommen bestimmt und dem Gläubiger zugewiesen, der Lohnvorschuß sonach von dem unpfändbaren Lohnteil abgesetzt werden (BAG 2, 322 [324] = NJW 56, 926; BAG 55, 44; RG 133, 252; RAG 16, 172 = JW 36, 2107 m Anm Jonas; LArbG Mannheim BB 52, 802; ArbG Berlin BB 65, 203; Denck BB 79, 480; MK/Smid Rn 6), jedoch soll dem Schuldner immer der notwendige Lebensbedarf verbleiben (Verrechnung daher nur bis zur Bedarfsgrenze des § 850d erlaubt), ein höherer Einbehaltungsbedarf folglich auf den pfändbaren Einkommensteil des Gläubigers anzurechnen sein (Denck aaO; iE dazu Bischoff BB 52, 434; anders auch StJ/Brehm Rn 15 u Boewer/Bommermann Lohnpfändung Rn 565: Schuldner verbleibt der nach dem Gesamteinkommen berechnete unpfändbare Teil; Gläubiger wird auf den Rest des pfändbaren Lohnteils verwiesen). 2

b) Lohnvorschuß (Vorauszahlung) **nach** Einkommenspfändung verstößt für gepfändete Lohnteile gegen das Zahlungsverbot, ist dem Gläubiger gegenüber somit unwirksam. Das gepfändete Einkommen ist daher so zu berechnen, als sei ein Rückzahlungsbetrag nicht einzubehalten (so auch Boewer/Bommermann Rn 564; ArbG Berlin BB 65, 203). Der pfandfreie Lohnteil des Schuldners wird um den Vorauszahlungsbetrag gekürzt (Vorauszahlung hat diesen Lohnteil bereits vorzeitig getilgt).

3) a) Mit **Abschlagszahlung vor** Einkommenspfändung (Zahlung auf einen bereits verdienten [fälligen] Lohnanspruch, dessen Abrechnung hinausgeschoben ist), ist der Zahlungsanspruch des Arbeitnehmers erloschen (§ 362 BGB). Von einer Pfändung nach Abschlagszahlung wird der getilgte Lohnanspruch nicht mehr erfaßt. Der pfändbare Lohnteil wird daher nur von dem für den Lohnzahlungszeitraum noch verbleibenden (bei Abschlußzahlung zu leistenden) Einkommen berechnet (wie Rn 2; Stöber aaO; Bischoff-Rochlitz Bem V 47; Boewer/Bommermann Rn 563; aA 2a

[Berechnung nach dem vollen Einkommen des Zahlungszeitraums und Anrechnung der Abschlagszahlung auf den unpfändbaren Lohnteil] BAG 55, 44; LAG Düsseldorf Betrieb 56, 259).

b) Abschlagszahlung **nach** Einkommenspfändung verstößt gegen das Zahlungsverbot, soweit gepfändete Einkommensteile noch an den Schuldner geleistet werden. Dem Gläubiger gegenüber ist die Leistung gepfändeter Einkommensteile an den Schuldner mit Abschlagszahlung daher (wie jede gegen das Zahlungsverbot verstoßende Lohnzahlung) unwirksam (Stöber FdgPfdg Rn 1268).

2b **4) a) Darlehenszahlung** an den Schuldner **vor** Einkommenspfändung (Kredit „auf längere Zeit" ohne Zusammenhang mit alsbaldiger Lohnzahlung; zur Abgrenzung, s LAG Bremen BB 61, 448; LAG Düsseldorf BB 55, 834 m Anm Gumpert u Anm Larenz AP § 614 BGB-Gehaltsvorschuß Nr 1; LG Heidelberg BB 52, 520) erfordert Aufrechnung des Arbeitgebers mit seinem Rückzahlungsanspruch. Aufrechnung nach Pfändung (Zulässigkeit dem Gläubiger gegenüber bestimmt sich nach § 392 BGB; Stöber FdgPfdg Rn 572) hat Einbehaltung der Rückzahlungsraten aus dem nach § 850c pfändbaren Einkommensteil zur Folge, so daß dem Schuldner der pfandfreie Betrag erhalten bleibt (BAG 2, 322; Volkmar ARS 39, 43; Larenz aaO). **b)** Darlehenshingabe **nach** Einkommenspfändung ermöglicht gegenüber dem pfändenden Gläubiger keine Aufrechnung der Rückzahlungsraten.

2c **5) Mehrfache Einkommenspfändung** sowie Zusammentreffen von Pfändung und **Abtretung** (§ 398 BGB) bleiben ohne Auswirkung auf die Feststellung des Nettoeinkommens nach Nr 1 und Berechnung des (jeweils im Umfang von § 850c, d oder f II) pfändbaren bzw abtretbaren sowie unpfändbaren bzw nach § 400 BGB nicht abtretbaren Einkommensteils; bereits gepfändete oder abgetretene Beträge werden für Feststellung des Nettoeinkommens nicht abgezogen.

3 **II) Zusammenrechnung mehrerer Geldeinkommen** (Nr 2): **1) Jedes** in Geld zahlbare Arbeitseinkommen aus dem mit einem Arbeitgeber oder Dienstherrn (Drittschuldner) begründeten selbständigen Arbeits- oder Dienstverhältnis (das sind alle Bezüge, die nach § 850 Arbeitseinkommen sind, auch zB Versorgungsbezüge, eine Betriebsrente usw) ist als einzelner Vermögenswert des Schuldners Vollstreckungsgegenstand (vor § 704 Rn 21). Daher bleiben auch für Feststellung der nach § 850c unpfändbaren sowie pfändbaren Einkommensteile die Arbeitseinkommen aus **mehreren** Arbeits- oder Dienstverhältnissen bei **verschiedenen Arbeitgebern** oder Dienstherren selbständig. Wahrung der Schuldnerbelange erfordert bei ZwV in Arbeitseinkommen jedoch nur Unpfändbarkeit des Gesamteinkommens in Höhe der einmalig gesetzlich pfandfreien Beträge. Daß der Schuldner, der mehrere Arbeitseinkommen von verschiedenen Drittschuldnern bezieht, für die Berechnung der nach § 850c unpfändbaren Einkommensteile einem Schuldner mit nur einem Arbeitseinkommen gleichgestellt wird, kann mit Zusammenrechnung der Einkommen erreicht werden; diese ermöglicht § 850e Nr 2. Die Arbeitgeber (Drittschuldner) können sich über eine Zusammenrechnung nicht selbst verständigen, mithin nicht von sich aus mehrere Arbeitseinkommen in Höhe eines einmaligen Freibetrags nach § 850c als unpfändbar behandeln, selbst wenn die Pfändung der Einkommen in einem (dann nur äußerlich zusammengefaßten) Beschluß angeordnet worden ist. Zu erfolgen hat die Zusammenrechnung insbes zur Berechnung der bei Vollstreckung durch einen gewöhnlichen Gläubiger nach § 850c pfändbaren Einkommensteile. Bei der Pfändung durch Unterhalts- (§ 850d) und andere bevorrechtigte Gläubiger (§ 850f II) sind weitere Einkünfte des Schuldners bei Bemessung des ihm als notwendiger Unterhalt für sich und seine Familie zu belassenden Betrags schon ohne weiteres zu berücksichtigen; hierzu bedarf es einer förmlichen Zusammenrechnung nicht (aA Mertes Rpfleger 84, 453: Zusammenrechnung auch hier zulässig; sie liegt bereits in der Berücksichtigung des weiteren Einkommens). Auch dann kann Zusammenrechnung jedoch Bedeutung erlangen zur Feststellung des Betrags, der dem Schuldner höchstens pfandfrei verbleiben darf, weil er durch den unpfändbaren Betrag des § 850c begrenzt ist (§ 850d I S 3). Für Zusammenrechnung nach Nr 2 kommen nur mehrere Arbeitseinkommen des Schuldners in Betracht; eine Zusammenrechnung mit Einkommen aus selbständiger Tätigkeit (LG Hannover JurBüro 90, 1059), mit regelmäßigen sonstigen Einkünften (Zinsen, Mieteinnahmen, Frankfurt JurBüro 91, 723; Grunsky ZIP 83, 908), mit Trinkgeldern (LG Regensburg JurBüro 95, 218) oder mit Einkünften seines Ehegatten findet nicht statt. Eigenes Einkommen des Ehegatten kann nur dazu führen, daß er nicht als Unterhaltsberechtigter zu berücksichtigen ist (§ 850c IV).

4 **2)** Die **Zusammenrechnung** der mehreren Arbeitseinkommen ist auf Antrag des Gläubigers (nicht auch des Schuldners; aA MK/Smid Rn 18, und nicht des Drittschuldners) durch das Vollstreckungsgericht anzuordnen. Zuständig ist der Rechtspfleger (§ 20 Nr 17 RpfG). Der **Antrag** kann bereits mit dem Pfändungsgesuch (dann keine Anhörung des Schuldners vor Wirksamwerden der Pfändung, § 834) oder nach Wirksamwerden der Pfändung selbständig (dann rechtliches Gehör für Schuldner, Art 103 I GG; aA LG Frankenthal Rpfleger 82, 231) gestellt werden. Die Voraussetzungen der Zusammenrechnung sind nachzuweisen (Vorhandensein mehrerer Arbeitseinkommen, ggfs Wirksamwerden der Pfändung eines der Einkommen, ungefähre Höhe und

auch Beständigkeit zur Feststellung, welches die wesentliche Grundlage der Lebenshaltung des Schuldners bildet). Das Vollstreckungsgericht hat danach nicht von Amts wegen zu forschen.

5 **3) a) Angeordnet** wird die Zusammenrechnung bei Entscheidung über das Pfändungsgesuch durch Aufnahme der Bestimmung in den Pfändungsbeschluß oder nach dessen Wirksamwerden durch besonderen Beschluß. Der **Beschluß** hat die Zusammenrechnung anzuordnen (Nr 2 S 1) und das Arbeitseinkommen zu bezeichnen, dem der unpfändbare Grundbetrag (Nr 2 S 2) sowie die weiteren nicht pfändbaren Einkommensteile zu entnehmen sind. Betragsmäßige Berechnung des unpfändbaren Teils des Gesamteinkommens erfolgt durch den Beschluß nicht. Die Zusammenrechnung wird mit Blankettbeschluß abstrakt angeordnet; die Berechnung der danach pfändbaren und nicht pfändbaren Einkommensteile hat der Drittschuldner nach Feststellung der Höhe des Gesamteinkommens unter Zugrundlegung des jeweiligen Auszahlungszeitraums und der Unterhaltspflichten des Schuldners vorzunehmen (so auch MK/Smid Rn 22; aA Behr JurBüro 96, 234 [235], insbes aber Grunsky ZIP 83, 908 [914]: das hinzuzurechnende Einkommen muß mit einem festen Betrag angegeben werden; bei schwankendem Einkommen Abänderung des Zusammenrechnungsbeschlusses; nicht praktikabel). Wenn sich bei abstrakter Anordnung der Zusammenrechnung im Einzelfall Zweifel über die betragsmäßige Berechnung ergeben, kann klarstellende Entscheidung des Vollstreckungsgerichts verlangt werden. Beschlußbeispiel: Stöber FdgPfdg Rn 1137.

6 **b)** Dem Arbeitseinkommen, das die **wesentliche Grundlage der Lebenshaltung** des Schuldners bildet, ist in erster Linie der unpfändbare Grundbetrag (§ 850c I) zu entnehmen. Dafür kommt es nicht allein auf die Höhe der Bezüge an; in Betracht zu ziehen ist auch, welches der Einkommen das sicherere (LG Berlin DR 41, 2410) und beständigere ist. Bestimmung hat das Vollstreckungsgericht im Zusammenrechnungsbeschluß zu treffen. Deckt das Haupteinkommen den Grundbetrag nicht, dann ist der Rest dem anderen Einkommen zu entnehmen („. . . in erster Linie"). Für den unpfändbaren Mehrbetrag (§ 850c II) kann das Vollstreckungsgericht nach billigem Ermessen bestimmen, daß er dem Haupteinkommen, das wesentliche Lebensgrundlage bildet, oder dem anderen Einkommen zu entnehmen ist. Regelmäßig wird anzuordnen sein, daß auch der weitergehende, mithin der gesamte Freibetrag dem Haupteinkommen zu entnehmen ist (Stöber FdgPfdg Rn 1146). Anordnung, daß die unpfändbaren Beträge dem ungepfändeten anderen Einkommen zu entnehmen sind, kann der Gläubiger, der nur eines von mehreren Arbeitseinkommen gepfändet hat, nach seiner Wahl nicht verlangen (Stöber FdgPfdg Rn 1147).

7 **4)** Nach Anordnung der Zusammenrechnung im **Pfändungsbeschluß** wird nur dieser dem Gläubiger ausgehändigt; er hat ihn zustellen zu lassen (§ 829 II S 1; näher § 829 Rn 14); gesonderte Zustellung des Zusammenrechnungsbeschlusses erfolgt nicht. Der nach Pfändung **selbständig** erlassene **Zusammenrechnungsbeschluß** ist von Amts wegen (§ 329 II) dem Gläubiger, Schuldner und Drittschuldner (nicht notwendig auch dem anderen Arbeitgeber, wenn nur eines der Einkommen gepfändet ist) **zuzustellen.** Der Drittschuldner kann bis zu dieser Zustellung (oder sonstigen Kenntnis) an den Schuldner nach Maßgabe des ihm zugestellten Pfändungsbeschlusses ohne Rücksicht auf das weitere Arbeitseinkommen befreiend leisten.

8 **5) a)** Zusammenrechnung hat zur **Folge,** daß sich das nach § 850c unpfändbare Arbeitseinkommen nach dem Gesamteinkommen (Nettoeinkommen nach § 850e Nr 1) bestimmt. Bereits an den Schuldner ausbezahltes Einkommen erfaßt die Zusammenrechnung nicht (Grunsky ZIP 83, 908 [913]). Pfändung eines der Arbeitseinkommen bewirkt die Zusammenrechnung selbständig nicht (§ 829 III); sie führt daher auch nicht dazu, daß nach Pfändung nur eines der mehreren Arbeitseinkommen auch das ungepfändete weitere Einkommen in die Verstrickung einbezogen wird. Die Zusammenrechnung dehnt die ZwV auch nicht auf nach § 850a unpfändbare Bezüge aus; wenn eines der Arbeitseinkommen Mehrarbeitsvergütung ist, bleibt es daher auch weiterhin zur Hälfte nach Maßgabe des § 850a Nr 1 unpfändbar.

9 **b)** Sind **beide Arbeitseinkommen** für den Gläubiger wirksam **gepfändet,** dann hat jeder Drittschuldner das Gesamteinkommen festzustellen und den pfandfreien Betrag bzw den gepfändeten Einkommensteil zu berechnen. Dafür sind der unpfändbare Grundbetrag und die weiteren unpfändbaren Einkommensteile dem vom Gericht bei der Zusammenrechnung bezeichneten Einkommen zu entnehmen. Jeder Drittschuldner bleibt zur Berechnung der gepfändeten Teile des von ihm zu zahlenden Arbeitseinkommens auch dann verpflichtet, wenn die Einkommen (oder nur eines von ihnen) in jedem Berechnungszeitraum unterschiedlich hoch sind.

10 **c)** Wenn **nur eines** der in die Zusammenrechnung einzubeziehenden Arbeitseinkommen gepfändet ist, berührt die Anordnung der Zusammenrechnung die Verpflichtung des anderen Arbeitgebers nicht, das nicht gepfändete Einkommen bei Fälligkeit an den Schuldner zu leisten. Die Zusammenrechnung dehnt die Pfändung nicht auf dieses pfandfreie Arbeitseinkommen aus (s bereits Rn 8). Der Arbeitgeber, gegen den als Drittschuldner Zahlungsverbot ergangen ist (§ 829 I), hat das Gesamteinkommen festzustellen und den danach gepfändeten Betrag unter Berücksichtigung des Auszahlungszeitraums und der Unterhaltspflichten des Schuldners nach

§ 850c zu berechnen. Wenn das gepfändete Einkommen nicht dasjenige ist, dem nach dem Zusammenrechnungsbeschluß der nach § 850c nicht pfändbare Betrag zu entnehmen ist, bleibt der Schuldner mit dem Betrag, der ihm aus der Summe der Einkommen pfandfrei zu belassen ist, ganz (ggf auch nur teilweise) auf das weitere (nicht gepfändete) Einkommen verwiesen. Wenn (und soweit) jedoch dem gepfändeten Arbeitseinkommen nach dem Zusammenrechnungsbeschluß der nach § 850c unpfändbare Einkommensteil zu entnehmen ist, hat der Drittschuldner diesen nach dem Gesamteinkommen festzustellen und dem Schuldner auszuzahlen. Wenn der Gläubiger demnach bei Zusammenrechnung nicht auf seine Rechnung kommt, muß er auch das andere Einkommen pfänden und erneute Zusammenrechnung veranlassen (vgl Quardt BB 57, 619).

11 6) Bei Einkommenspfändung für **mehrere Gläubiger** wirkt der Zusammenrechnungsbeschluß nur für den Gläubiger, auf dessen Antrag (in dessen ZwV-Verfahren) die Bestimmung getroffen worden ist (Grundsatz der Einzelvollstreckung; wie § 850c Rn 18; LAG Düsseldorf Betrieb 86, 649 = Rpfleger 86, 100). Für Gläubiger, die keinen Zusammenrechnungsbeschluß erwirkt haben, bleibt es beim Lohnabzug mit ihrem Pfändungsrang (§ 804 III) aus dem gepfändeten Einzeleinkommen (Stöber FdgPfdg Rn 1140; teilw abw Grunsky ZIP 83, 908).

12 7) **Rechtsbehelfe:** Bei Zusammenrechnung sogleich im Pfändungsbeschluß: Erinnerung (§ 766; dann § 793), wie § 829 Rn 29. Bei gesonderter Anordnung der Zusammenrechnung nach wirksamer Pfändung und Anhörung des Schuldners: Befristete Rechtspflegererinnerung (§ 11 I RpflG mit § 793); Erinnerung nach § 766 findet statt, wenn der Schuldner nicht gehört wurde (LG Frankenthal Rpfleger 82, 231). Für Gläubiger bei Zurückweisung seines Antrags (auch bei Teilzurückweisung): Befristete Rechtspflegererinnerung (§ 11 I RpflG mit § 793).

13 8) Wenn der Gläubiger gleichzeitig **mehrere Einkommen** des Schuldners pfändet, die dieser **von demselben Drittschuldner** bezieht, so sind sie als einheitliches Einkommen anzusehen; der Drittschuldner hat sie zu addieren und den pfändbaren Betrag aus der Summe zu berechnen. Einer ausdrücklichen Zusammenrechnungsanordnung bedarf es dazu nicht. Gleiches gilt, wenn der Gläubiger die mehreren von dem gleichen Drittschuldner geschuldeten Einkommen **nacheinander pfändet** (praktisch kaum denkbar).

14 9) Mit **einmaliger Vergütung** iS des § 850i I, die zu wiederkehrendem Einkommen hinzutritt, findet eine Zusammenrechnung nicht statt (StJ/Brehm Rn 51). Der pfändbare Betrag nach § 850c ist aus dem fortlaufenden Einkommen zu berechnen, während die weitere Vergütung im Bedarfsfall nach § 850i geschützt werden kann. **Zusammenrechnung** ist auch **nicht möglich** mit fortlaufenden Einnahmen anderer Art, die keinen Pfändungsschutz genießen, zB mit Vermögenserträgnissen wie Mieteinnahmen, Zinsen usw; dem Schuldner kann daher der Freibetrag aus dem gepfändeten Arbeitseinkommen nicht mit der Begründung versagt werden, er könne seinen Unterhalt aus den weiteren Einnahmen bestreiten (anders im Falle des § 850d, s dort Rn 11). Zusammenrechnung mit nach § 850b bedingt pfändbaren fortlaufenden Bezügen ist nur ausnahmsweise unter den besonderen Voraussetzungen des § 850b II möglich (nur dann kann nach den Pfändungsvorschriften für Arbeitseinkommen verfahren werden); sonst sind sie bei der Zusammenrechnung nicht zu berücksichtigen (Köln FamRZ 90, 190).

15 **III) Zusammenrechnung von Arbeitseinkommen und Sozialleistungen und Kindergeld** (Nr 2a): **1)** Für Feststellung unpfändbarer sowie pfändbarer Einkommensbeträge nach § 850c bleiben auch Arbeitseinkommen und laufende Geldleistungen nach dem SGB (zu ihnen § 850i Rn 7–16b) **selbständig** (s Rn 3). Daß der Schuldner mit solchen Bezügen von verschiedenen Drittschuldnern für Berechnung des nach § 850c unpfändbaren Einkommens einem Schuldner mit nur einem aus laufenden Geldbeträgen bestehenden **Gesamteinkommen** gleichgestellt wird, kann mit Zusammenrechnung erreicht werden (s Rn 3); diese ermöglicht Nr 2a. Die Bestimmung bezieht sich nur auf laufende SGB-Geldleistungen, nicht auf Leistungen ähnlicher Art auf Grund von Einzelgesetzen, die nicht Bestandteil des SGB sind (dazu § 850i Rn 7). Ausgeschlossen ist Zusammenrechnung mit (unpfändbarer, § 4 BSHG) Sozialhilfe, weil sonst das ohnehin unzulängliche Einkommen des Schuldners wieder durch erhöhte Sozialhilfeleistungen ergänzt werden müßte (Köln FamRZ 90, 190 [191]; LG Berlin MDR 78, 323; LG Hannover JurBüro 79, 292). Wohngeld kann wegen seines Förderungszwecks (Deckung erhöhter Aufwendungen für Wohnraum; wäre nach § 850 f I pfandfrei zu stellen) nicht mit Arbeitseinkommen zusammengerechnet werden (Hornung Rpfleger 94, 442 [445]; Stöber FdgPfdg Rn 1157; aA LG Bielefeld JurBüro 96, 270; LGe Dortmund u Saarbrücken JurBüro 95, 492 u 493 m zust Anm Behr; ders JurBüro 96, 234 [235]). Zusammenrechnung der nach § 850b bedingt pfändbaren Bezüge mit Sozialleistungen ist nur ausnahmsweise möglich (§ 850b II; Rn 14). Ausgeschlossen ist Zusammenrechnung mit Leistungen, die auf Grund anderer Vorschriften unpfändbar sind (zB mit Landesblindengeld, Köln FamRZ 90, 190), mit ausländischen Sozialleistungen (LG Aachen MDR 92, 521) und mit einer Rente des Ehepartners (LG Marburg Rpfleger 92, 167; ist aber Antrag nach § 850c IV).

2) **Zusammenrechnung** ermöglicht Nr 2a S 1 mit laufenden (nicht einmaligen) Geldleistungen nach dem SGB, soweit diese **nach § 54 IV SGB I** (ggfs auch nach § 54 V SGB I) der Pfändung unterworfen sind (dazu § 850i Rn 25). Die infolge ihrer Zweckbestimmung nach § 54 III SGB I unpfändbaren Sozialleistungen (§ 850i Rn 22–24) können mit Arbeitseinkommen nach Nr 2a nicht zusammengerechnet werden. Geldleistungen für Kinder: Rn 21. Im übrigen ist zu unterscheiden: 16

3) a) Zusammenrechnung einer **nicht** gepfändeten laufenden Geldleistung nach dem SGB **mit gepfändetem** (oder zu pfändendem; zur Aufnahme der Bestimmung in den Pfändungsbeschluß Rn 20) **Arbeitseinkommen.** Diese kann bewirken, daß die laufende Sozialgeldleistung auf den unpfändbaren Teil des Gesamteinkommens zu verrechnen ist, von der Pfändung somit entsprechend höhere Teile des Arbeitseinkommens erfaßt werden. 17

b) Zusammenrechnung einer **gepfändeten** (zu pfändenden) laufenden Geldleistung nach dem SGB mit **nicht gepfändeten Arbeitseinkommen.** Sie könnte bewirken, daß Arbeitseinkommen auf den unpfändbaren Teil des Gesamteinkommens zu verrechnen ist, somit die laufende Sozialgeldleistung entweder überhaupt erst pfändbar wird oder in weiterem Umfang der Pfändung unterliegt. Jedoch kann der Gläubiger nicht nach seiner Wahl verlangen, daß die unpfändbaren Beträge (für den Grundbetrag entgegen der Regel von Nr 2a S 2) dem nicht gepfändeten Arbeitseinkommen zu entnehmen sind (vgl Rn 6 aE), somit nicht erwirken, daß die SGB-Geldleistungen in erweitertem Umfang der Pfändung unterworfen sind. Diese Zusammenrechnung wird somit nur möglich, wenn im Einzelfall ausnahmsweise unpfändbare Beträge doch vom Arbeitseinkommen gedeckt werden sollen. 18

c) Zusammenrechnung **gepfändeten** (zu pfändenden) **Arbeitseinkommens** mit gepfändeten (zu pfändenden) laufenden Geldleistungen nach dem SGB. Diese würde (je nach Berücksichtigung des unpfändbaren Gesamteinkommens) bewirken, daß entsprechend höhere Teile des Arbeitseinkommens oder/und der Sozialgeldleistung (s aber Rn 18) der Pfändung unterliegen. 19

4) **Antrag** auf Zusammenrechnung, **Verfahren** und **Anordnung:** Wie Rn 4–7. Als Voraussetzung der Zusammenrechnung ist auch das Vorhandensein der laufenden Geldleistung nach dem SGB und deren Höhe nachzuweisen (vgl Rn 4). Der unpfändbare Grundbetrag (§ 850c I) ist, sofern nicht der Gläubiger eines gesetzlichen Unterhaltsanspruchs vollstreckt, in erster Linie den laufenden Geldleistungen nach dem SGB zu entnehmen (Nr 2a S 2). Grund: Diese werden regelmäßig das sicherere und beständigere Einkommen darstellen. Bestimmung, welchem Einkommen der nach den Gesamtbezügen zu berechnende unpfändbare Grund- und Mehrbetrag zu entnehmen ist (Rn 6), ist im Zusammenrechnungsbeschluß zu treffen. Zusammenrechnung kann sogleich bei Pfändung des Arbeitseinkommens im Pfändungsbeschluß angeordnet werden; sonst ist Zusammenrechnung nach Einkommenspfändung gesondert durch Beschluß vorzunehmen. Betragsmäßige Angabe der von dem Zusammenrechnungsbeschluß erfaßten laufenden Geldleistungen nach dem SGB wird verlangt (LAG Düsseldorf Betrieb 86, 649 = Rpfleger 86, 100). **Folge** der Zusammenrechnung: Rn 8–11 entsprechend. **Rechtsbehelfe:** Rn 12. 20

5) **Geldleistungen für Kinder** (Kindergeld nach § 76 EStG sowie nach BKGG, Kinderzuschläge und vergleichbare Rentenbestandteile, § 850i Rn 35) dürfen bei Pfändung durch den Gläubiger einer gewöhnlichen Geldforderung sowie durch den Gläubiger einer Forderung aus vorsätzlich begangener unerlaubter Handlung (§ 850f II) mit Arbeitseinkommen nicht zusammengerechnet werden (Nr 2a S 3); sie bleiben bei Pfändung von Arbeitseinkommen dem Schuldner zusätzlich zu den Erhöhungsbeträgen des § 850c für Kinder pfandfrei. Grund: § 850c Rn 4. Daher ist in einem Zusammenrechnungsbeschluß ggfs auch zu bestimmen, daß „ausgenommen ist von der Zusammenrechnung mit Arbeitseinkommen der als Rentenbestandteil gewährte Kinderzuschlag (Kinderzuschuß oder -zulage)“ (Stöber FdgPfdg Rn 1152a); auch ohne solche Anordnung erstreckt sich die Zusammenrechnung jedoch nicht auf Geldleistungen für Kinder (Stöber aaO). Anrechnung bei Unterhaltsvollstreckung § 850d Rn 11. Zusammenrechnung und Bedeutung hier Rn 3. Möglich ist Zusammenrechnung bei Unterhaltsvollstreckung jedoch nur in Höhe des nach § 76 EStG oder § 54 V SGB I pfändbaren Betrags der Geldleistungen für Kinder (Nr 2a S 3). 21

6) Für **Zusammenrechnung laufender Geldleistungen** nach dem SGB, die von **verschiedenen Leistungsträgern** erbracht werden (zB Hinterbliebenenrente aus der gesetzlichen Unfallversicherung mit Altersrente aus der gesetzlichen Rentenversicherung), trifft das Gesetz keine ausdrückliche Bestimmung. Aus § 54 IV SGB I, daß laufende Geldleistungen „wie Arbeitseinkommen“ zu pfänden sind, ergibt sich jedoch, daß § 850e Nr 2a entsprechend anzuwenden ist. 22

Einstweilen frei. 23–25

IV) Zusammenrechnung von Geld- und Sachleistungen (Nr 3): **1)** Arbeitsvergütung des Schuldners in Geld und **Naturalleistungen** (zB freie Kost, Wohnung, Deputate, Arbeitskleidung, unentgeltliche oder verbilligte tägliche Mahlzeiten [vgl § 40 II Nr 1 EStG]), die von demselben Arbeitgeber geleistet werden, sind (einheitliches) Arbeitseinkommen aus einem Arbeits- oder 26

Dienstverhältnis. Der Anspruch auf Naturalbezüge ist dann zwar für sich (regelmäßig) unpfändbar (§ 399 BGB mit § 851; s auch § 811 Nr 4a). Jedoch hat der Drittschuldner bei Pfändung des Arbeitseinkommens in Geld die Nettobezüge (§ 850e Nr 1) mit dem Wert der **Naturalleistungen zusammenzurechnen** (Nr 3 S 1) und den nach § 850c pfändbaren Betrag aus dem sich (als Summe) ergebenden Gesamteinkommen zu berechnen. Der unpfändbare Teil des Gesamteinkommens ist dabei zunächst mit den dem Schuldner verbleibenden Naturalleistungen zu verrechnen (Nr 3 S 2). Hierfür bedarf es einer Zusammenrechnungsanordnung des Vollstreckungsgerichts nicht (wie Rn 13). Für die Zusammenrechnung und die Bestimmung des pfandfreien Einkommensteils hat der Drittschuldner die Naturalbezüge zu bewerten. Mit klarstellender Entscheidung kann erforderlichenfalls Bewertung der Sachleistungen durch das Vollstreckungsgericht verlangt werden (Hamm MDR 63, 227). Zusammenrechnung des Arbeitseinkommens mit Sachbezügen, die nicht Dienstleistungsvergütung sind, zB Versorgungsleistungen auf Grund Übergabevertrags (Frankfurt JurBüro 91, 723 [725] = OLGZ 91, 461), Naturalleistungen (freie Kost und Wohnung), die der Lebensgefährte gewährt (LG Regensburg JurBüro 95, 218) ermöglicht Abs 2 nicht. Bei Pfändung durch Unterhaltsgläubiger ist der Wert der Naturalbezüge (ohne Zusammenrechnung) sogleich auf den dem Schuldner zu belassenden Freibetrag anzurechnen (§ 850d Rn 11).

27 2) Einen Maßstab für **Bewertung der Naturalbezüge** gibt das Gesetz nicht. Sie sind mit ihrem tatsächlichen Geldwert am Verbraucherort (ortsüblicher Mittelwert) anzusetzen (Saarbrücken NJW 58, 227; LG Verden NdsRpfl 54, 225), nicht mit dem geringeren Einkaufspreis eines im großen beziehenden Arbeitgebers (Berner Rpfleger 68, 54), Sachleistungen an Altenteiler mit dem Erzeugerpreis (SchlHA 53, 77). In dieser Weise sind auch Naturalbezüge mit ihrem Geldvorteil anzusetzen, die infolge des Arbeitsverhältnisses gegen eine besondere geringe Vergütung (zu einem Vorzugspreis) gewährt werden (Saarbrücken NJW 58, 227). Zur einheitlichen Bewertung der Sachbezüge innerhalb der Bundeswehr ist ihr Geldwert durch Erlaß des BM für Verteidigung v 10. 9. 1968 (VMBl 1968, 399; zuletzt geändert durch Erlaß v 15. 3. 1996, VMBl 1996, 224) festgelegt (deren Angemessenheit war früher umstritten, kann jetzt jedoch für den Regelfall nicht in Zweifel gezogen werden; s Stöber FdgPfdg Rn 1171). Im übrigen werden die auf Grund der Ermächtigung in § 17 I Nr 3 SGB IV (BGBl 76 I 3845) und § 173a AFG für die Sozialversicherung festgesetzten Werte (SachbezugsVO 1996, BGBl 1995 I 1643), die in der Hauptsache auch für das Einkommen- und Lohnsteuerrecht gelten (§ 8 II EStG; dazu auch § 3 II LohnsteuerDVO und Nr 18 der Lohnsteuerrichtlinien) brauchbare Anhaltspunkte geben (s Fenn ZZP 93 [1980] 229; Frankfurt JurBüro 91, 723 [725]); Bindung bewirken sie nicht.

28 3) Arbeitseinkommen in Geld und/oder Naturalleistungen, die von **verschiedenen Arbeitgebern** (Drittschuldnern) geschuldet werden, bleiben selbständige Vermögenswerte des Schuldners (s bereits Rn 3). Die Arbeitgeber können sich daher über eine Zusammenrechnung bei Pfändung des in Geld zahlbaren Arbeitseinkommens nicht verständigen (Rn 3). Die von mehreren Drittschuldnern zu leistenden Bezüge in Geld und Naturalien können nur nach § 850e Nr 2 durch Bestimmung des Vollstreckungsgerichts zusammengerechnet werden. Als Besonderheit ergibt sich aus § 850e Nr 3 S 2 hierfür, daß der unpfändbare Einkommensteil zunächst durch den Wert der dem Schuldner verbleibenden Naturalleistungen zu decken ist. Bestimmung darüber, ob der Schuldner Naturalleistungen als Arbeitsentgelt erhält, kann im Streitfall das Vollstreckungsgericht klarstellend nicht treffen (LG Hanover JurBüro 91, 1405; Stöber FdgPfdg Rn 1170a). Naturalbezüge, die nicht Dienstleistungsvergütung sind (zB Versorgungsleistungen auf Grund Übergabevertrags) können mit Arbeitseinkommen auch durch Anordnung des Vollstreckungsgerichts nicht zusammengerechnet werden (Frankfurt JurBüro 91, 723).

29 V) **Zusammentreffen von Unterhalts- und anderen Ansprüchen** (Nr 4): **1)** Wenn das Arbeitseinkommen des Schuldners **sowohl von bevorrechtigten** (§§ 850d, 850f II) **wie von nichtbevorrechtigen** (§ 850c) **Gläubigern gepfändet** wird, ist es rechnerisch in 3 Teile zu zerlegen:

a) in den Teil, der dem Schuldner nach § 850d (§ 850f II) auch gegenüber den bevorrechtigten Gläubigern als notwendiger Unterhalt für sich selbst und seine Angehörigen **in jedem Falle** verbleiben muß;

b) in den Teil, der **nur** dem Zugriff der **bevorrechtigten** Gläubiger **offensteht** (das ist der Mehrbetrag über a) hinaus, jedoch abzüglich des Betrags c);

c) in den Teil, der nach § 850c **jedem Gläubiger** offensteht.

30 Pfändet **zunächst ein nicht bevorrechtigter Gläubiger,** so wird von dieser Pfändung der Bereich c) erfaßt. Pfändet dann ein bevorrechtigter Gläubiger, so kann er auf den bisher nicht in Anspruch genommenen, aber ihm offenstehenden Teil b) zugreifen; im Bereich c) geht er wegen des Prioritätsgrundsatzes (§ 804 III) dem ersten Gläubiger nach. Bei Berechnung des für den gewöhnlichen Gläubiger im Bereich c) unpfändbaren Betrags wird auch der vollstreckende

Unterhaltsgläubiger berücksichtigt (Erfüllung des Anspruchs durch ZwV, § 850c Rn 5), so daß Bereich b) auf Kosten des Bereichs c) erweitert ist.

Hat **zuerst ein bevorrechtigter Gläubiger** gepfändet und dabei nur den Einkommensteil c) in Anspruch genommen (Pfändung im Umfang des § 850c, nicht aber bevorrechtigt nach § 850d), so wäre dieser für später pfändende gewöhnliche Gläubiger – die in den Bereich b) nicht eindringen können – versperrt, während dem Schuldner über den Einkommensteil a) hinaus auch noch der Teil b) verbliebe, obgleich er auch einem bevorrechtigten Pfändungsgläubiger gegenübersteht. Für diesen Fall trifft **Nr 4** Vorsorge. Auf Antrag hat das Vollstreckungsgericht anzuordnen, daß der Anspruch des bevorrechtigten Gläubigers zunächst aus dem Einkommen b) – und nur, wenn dieser nicht ausreicht, auch aus dem Einkommensteil c) – zu befriedigen ist; der bevorrechtigte Gläubiger wird also zunächst auf den ihm allein offenstehenden Einkommensteil verwiesen, damit, wenn sein Anspruch die zusammengenommenen Teile b) und c) nicht erschöpft, auch noch für den Zugriff gewöhnlicher Gläubiger Raum bleibt. Wird nicht einmal der Teil b) erschöpft, so kann der gewöhnliche Gläubiger deswegen doch nicht mehr erhalten als den Einkommensteil c); die Anordnung nach Nr 4 bewirkt nicht, daß er auf mehr zugreifen könnte als auf den für ihn nach § 850c pfändbaren Betrag. Auch die Gläubiger aus vorsätzlicher unerlaubter Handlung (§ 850f II), die dem Unterhaltsberechtigten im Rang nachgehen, können diesen auf die beschriebene Weise in den Einkommensbereich b) abdrängen. 31

Wenn an einen gewöhnlichen Gläubiger (in den Grenzen des § 400 BGB mit § 850c bzw des Art I § 53 SGB I) wirksam **abgetreten** worden ist, kann der nachher pfändende Unterhaltsgläubiger einen etwa noch verfügbaren Rest des Einkommensteils c) und außerdem den Teil b) für sich beanspruchen (über die Berechnung in dem Fall, daß der Schuldner noch weitere Unterhaltsverpflichtungen hat, vgl Hamm u Berner Rpfleger 53, 185). War dagegen an einen bevorrechtigten Gläubiger abgetreten und folgt dann eine Pfändung eines gewöhnlichen Gläubigers, so kann der erstere wiederum nach Nr 4 durch Anordnung des Vollstreckungsgerichts darauf verwiesen werden, den Abtretungsbetrag zunächst dem Einkommensteil b) zu entnehmen, so daß dem Schuldner nur der nach § 850d unpfändbare Betrag verbleibt = Einkommensteil a) und der Einkommensteil c) oder ein etwaiger Rest desselben für den Zugriff des gewöhnlichen Gläubigers offensteht. Durch die Verrechnungsanordnung des Vollstreckungsgerichts wird hier also der Abtretungsvertrag ergänzt oder geändert. Verrechnung nach Abs 4 kann jedoch nicht erfolgen, wenn eine Abtretung an einen gewöhnlichen Gläubiger mit einer (zeitlich früheren) Pfändung (Abtretung, anderen Verfügung) wegen eines Anspruchs nach § 850d zusammentrifft (erforderlich ist Pfändung wegen eines sonstigen Anspruchs; LG Gießen Rpfleger 85, 370; StJ/Brehm Rn 86; Stöber FdgPfdg Rn 1278; aA Denck MDR 79, 450). 32

2) **Zum Verfahren:** Die Verrechnung wird nur auf Antrag eines Beteiligten vorgenommen (S 2). Der Antrag ist keine Vollstreckungserinnerung (§ 766); es soll nicht nachgeprüft werden, ob der Pfändungsbeschluß zu Recht ergangen ist. Zuständig ist der Rechtspfleger (§ 20 Nr 17 RpflG). Zu dem Antrag sind die Beteiligten zu hören; § 834 ist nicht anwendbar. Der Beschluß ist den mehreren Gläubigern, dem Schuldner und dem Drittschuldner von Amts wegen zuzustellen (§ 329 III). Bis zur Zustellung an ihn darf der Drittschuldner nach Maßgabe des vorausgegangenen Pfändungsbeschlusses bzw der sonstigen Verfügung über die Forderung (Abtretung, Verpfändung) mit befreiender Wirkung leisten (S 3) Vgl Merten DR 40, 1970; Püschel DR 41, 978, 2268 ff. Gegen den Beschluß steht dem durch ihn beschwerten Beteiligten die befristete Rechtspflegererinnerung (§ 11 I S 2 RpflG) zu. 33

850f

[Pfändungsschutz in Ausnahmefällen]

(1) Das Vollstreckungsgericht kann dem Schuldner auf Antrag von dem nach den Bestimmungen der §§ 850c, 850d und 850i pfändbaren Teil seines Arbeitseinkommens einen Teil belassen, wenn

a) der Schuldner nachweist, daß bei Anwendung der Pfändungsfreigrenzen entsprechend der Anlage zu diesem Gesetz (zu § 850c) der notwendige Lebensunterhalt im Sinne des Abschnitts 2 des Bundessozialhilfegesetzes für sich und für die Personen, denen er Unterhalt zu gewähren hat, nicht gedeckt ist,

b) besondere Bedürfnisse des Schuldners aus persönlichen oder beruflichen Gründen oder

c) der besondere Umfang der gesetzlichen Unterhaltspflichten des Schuldners, insbesondere die Zahl der Unterhaltsberechtigten, dies erfordern

und überwiegende Belange des Gläubigers nicht entgegenstehen.

(2) Wird die Zwangsvollstreckung wegen einer Forderung aus einer vorsätzlich begangenen unerlaubten Handlung betrieben, so kann das Vollstreckungsgericht auf Antrag des Gläubigers

den pfändbaren Teil des Arbeitseinkommens ohne Rücksicht auf die in § 850c vorgesehenen Beschränkungen bestimmen; dem Schuldner ist jedoch so viel zu belassen, wie er für seinen notwendigen Unterhalt und zur Erfüllung seiner laufenden gesetzlichen Unterhaltspflichten bedarf.

(3) Wird die Zwangsvollstreckung wegen anderer als der in Absatz 2 und in § 850d bezeichneten Forderungen betrieben, so kann das Vollstreckungsgericht in den Fällen, in denen sich das Arbeitseinkommen des Schuldners auf mehr als monatlich 3 744 Deutsche Mark (wöchentlich 864 Deutsche Mark, täglich 172,80 Deutsche Mark) beläuft, über die Beträge hinaus, die nach § 850c pfändbar wären, auf Antrag des Gläubigers die Pfändbarkeit unter Berücksichtigung der Belange des Gläubigers und des Schuldners nach freiem Ermessen festsetzen. Dem Schuldner ist jedoch mindestens so viel zu belassen, wie sich bei einem Arbeitseinkommen von monatlich 3 744 Deutsche Mark (wöchentlich 864 Deutsche Mark, täglich 172,80 Deutsche Mark) aus § 850c ergeben würde.

1 **I) Zweck:** Sicherung des individuellen Sozialhilfebedarfs und Zulassung weiterer besonderen Verhältnissen angepaßter individueller Einzelregelungen in Fällen, in denen die pauschale Festlegung der unpfändbaren Einkommensteile (Rn 1 zu § 850c) nicht zu befriedigenden Ergebnissen führt.

II) Härteklausel zugunsten des Schuldners (Abs 1)

2 1) Antrag nach **Abs 1 Buchst a** ermöglicht dem Schuldner sicherzustellen, daß sein nach der Pfändung verbleibendes Resteinkommen nicht mit Anwendung der bundeseinheitlich pauschalierten Freigrenzen des § 850c seinen **individuellen Sozialhilfebedarf** unterschreitet (zur Anwendung im Falle des § 850d s dort Rn 10). Abgestellt ist auf die Beschaffung des Lebensunterhalts durch Einsatz der Arbeit (§ 18 I BSHG); anderes Einkommen oder Vermögen des Schuldners ist daher nicht anzurechnen (Stöber FdgPfdg Rn 1176i; aA Hornung Rpfleger 92, 331 [335]). Anspruch auf Sozialhilfe nach dem **2. Abschnitt des BSHG** (§§ 11–26) besteht zum **Lebensunterhalt** außerhalb von und zum Lebensunterhalt in Anstalten, Heimen oder gleichartigen Einrichtungen (s § 21 III BSHG). Ein besonderer Freibetrag ist daher auch zu belassen, wenn hohe Anstaltskosten (auch Kosten für ein Altersheim) nicht gedeckt sind. Der notwendige Lebensunterhalt umfaßt besonders Ernährung, Unterkunft, Kleidung, Körperpflege, Hausrat, Heizung und persönliche Bedürfnisse des täglichen Lebens (§ 12 I BSHG). Der Sozialhilfebedarf für einen unterhaltsberechtigten Angehörigen ist immer dann zu belassen, wenn dieser für Bestimmung des pfandfreien Betrags nach § 850c zu berücksichtigen ist, der Schuldner somit (zivilrechtlich) Unterhalt schuldet und tatsächlich auch leistet; ohne Bedeutung bleibt daher, ob der Angehörige sozialhilferechtlich auf die Aufnahme einer Erwerbstätigkeit verwiesen werden könnte (Köln FamRZ 93, 584 = NJW 92, 2836). Laufende Leistungen (§ 21 I BSHG) zum Lebensunterhalt außerhalb von Anstalten usw werden nach **Regelsätzen** gewährt (§ 22 I S 1 BSHG), in Ausnahmen sind sie davon abweichend nach den Besonderheiten des Einzelfalls zu bemessen (§ 22 I S 2 BSHG). Einzelheiten: RegelsatzVO v 20. 7. 1962 (BGBl I 515, mit Änderungen). Mehrbedarf: § 23 BSHG; Berufstätigkeit rechtfertigt keinen zusätzlichen Hundertsatz des Regelsatzes (KG FamRZ 95, 1047 = Rpfleger 94, 373; aA Christmann Rpfleger 95, 100); durch Berufstätigkeit bedingte vermehrte Lebensbedürfnisse sind aber nach Abs 1b zu berücksichtigen (Stöber FdgPfdg Rn 1176e). Einmalige Leistungen (§ 21 I, II BSHG) werden gewährt für besondere (nicht regelmäßig wiederkehrende) Bedürfnisse wie Kleidung und Anschaffungen größerer Haushaltsgegenstände (sind vom Regelsatz nicht erfaßt). Pauschalierung kann ohne Feststellung eines langfristigen konkreten Durchschnittsbedarfs nicht erfolgen, insbes nicht für die erste Zeit nach der Pfändung und dann nicht, wenn sie nicht von langer Dauer sein wird (dazu näher Stöber FdgPfdg Rn 1176f unter Hinweis auf andere Rspr mit unterschiedlichen Durchschnittsätzen von 10%–30%; für pauschalen Zuschlag auch zum Regelsatz Angehöriger Köln Rpfleger 96, 118; s auch LG Stuttgart Rpfleger 90, 173: Pauschale von 30% für zeitlich begrenzte Pfändung kein geeigneter Ansatz). Für Unterkunft werden laufende Leistungen in Höhe der tatsächlichen Aufwendungen (gemindert jedoch um Wohngeld, auch wenn der Anspruch nicht geltend gemacht ist, LG Aachen JurBüro 90, 118) gewährt, Aufwendungen über einen angemessenen Umfang jedoch nur so lange, als es dem Schuldner nicht möglich oder nicht zuzumuten ist, durch Wohnungswechsel, Vermieten oder auf andere Weise die Aufwendungen zu senken (§ 3 I RegelsatzVO, auch Köln NJW 92, 2836; LG Berlin Rpfleger 94, 221 u 96, 76; LG Stuttgart Rpfleger 90, 173).

3 2) Individuelle Anpassung des unpfändbaren Schuldnereinkommens an **sonst ungünstige Verhältnisse** im Einzelfall ermöglichen auf Antrag **Abs 1 Buchst b und c.** Berücksichtigung finden können in diesen Fällen nur Bedürfnisse des Schuldners, denen nicht schon bei Bemessung der Freibeträge des § 850c (bzw § 850d) Rechnung getragen ist (Hamm JurBüro 77, 861 = Rpfleger 77, 224). Jedoch handelt es sich um keine Ausnahmeregelung; die Bestimmung ist anzuwenden, wenn ihre Voraussetzungen vorliegen.

a) Besondere **Bedürfnisse aus persönlichen Gründen** (Buchst b) können sein zB erhebliche Mehraufwendungen infolge Krankheit (bei Zuckererkrankung uU nicht gegeben, LG Krefeld MDR 72, 152), für besondere Ernährung zur Wiederherstellung der Gesundheit (Diätverpflegung; LG Essen ua Rpfleger 90, 470), für notwendige Beschaffung von Bekleidungs- und Gebrauchsgegenständen durch einen seiner Habe Entblößten, bei besonders hoher Miete (wenn bzw soweit Anspruch auf Wohngeld nicht besteht, LG Frankenthal DAVorm 68, 207). Ausgaben für eine Tageszeitung, Fernseh- und private Telefongebühren zählen nicht zu „besonderen" Bedürfnissen, desgleichen nicht Beiträge zur freiwilligen Höherversicherung zur Erzielung einer größeren Rentenanwartschaft (LG Fulda JurBüro 84, 466). Aus **beruflichen Gründen** können besondere Mehraufwendungen für Ausbildung (vgl für Referendare Braunschweig NJW 55, 1599) und Berufstätigkeit Berücksichtigung finden, soweit sie nicht schon durch zusätzliche oder erhöhte Bezüge nach § 850a Nr 3 abgegolten sind (dazu § 850a Rn 7), zB erhöhte Aufwendungen für Arbeitskleidung, für weite Anfahrt zur Arbeitsstätte, für Telefon (LG Berlin Rpfleger 62, 217), für einen Arbeitsraum (dazu LG Berlin u KG Rpfleger 62, 217 [219]). Alte Schulden können regelmäßig nicht berücksichtigt werden (Oldenburg MDR 59, 134), außer wenn sie zur Befriedigung von Bedürfnissen eingegangen wurden, die noch in der Gegenwart fortbestehen (Hamm JurBüro 77, 411 = Rpfleger 77, 110; Frankfurt Rpfleger 78, 265); es sollen nicht Gläubiger, die nicht gepfändet haben, auf Kosten des Vollstreckungsgläubigers bevorzugt werden. 4

b) Einen besonderen Umfang **gesetzlicher** (nicht auch vertraglicher) **Unterhaltspflichten** (Buchst c) können besonders hohe Unterhaltspflichten des Schuldners begründen, so bei Vorhandensein von mehr als 5 Unterhaltsberechtigten (bis zu 5 Unterhaltsberechtigte sind in der Tabelle schon berücksichtigt). Abs 1c kann auch anzuwenden sein, wenn sich Kinder in der Ausbildung und an einem auswärtigen Schulort befinden oder bei gehäuften Krankheitsfällen in der Familie. Stets ist mit Sorgfalt zu prüfen (KG DR 41, 1162), wessen Belange überwiegen. Schutz darf jedoch nicht zur Begünstigung von Unterhaltsberechtigten führen, die dem pfändenden Gläubiger im Rang nachgehen (LG Braunschweig JurBüro 86, 1422). Rein tatsächliche, auf keinem Rechtsgrund beruhende Unterhaltsleistungen (zB Unterhalt, der einer Lebensgefährtin geleistet wird) ermöglichen Erhöhung des pfandfreien Betrags nicht (LG Schweinfurt NJW 84, 374; aber § 765a denkbar). 5

3) Zur Deckung des individuellen Sozialhilfebedarfs (Buchst a) ist dem Schuldner der nach dem 2. Abschnitt des BSHG zu bemessende Betrag zu belassen, nötigenfalls daher auch der pfändbare Einkommensteil ganz (LG Gießen Rpfleger 96, 118; LG Köln JurBüro 95, 103; aA Hornung Rpfleger 92, 331 [334]: keine völlige Freistellung). Sonst (in den Fällen Buchst b und c) ist nur Belassung eines **weiteren Teils** vorgesehen und damit bestimmt, daß ein Rest immer dem Gläubiger verbleiben muß (Koblenz JurBüro 87, 306; LG Aachen JurBüro 90, 122; LG Essen MDR 55, 428). Ausnahme ist nach § 765a möglich. 6

4) Überwiegende **Belange des Gläubigers** dürfen im Einzelfall weiterem Pfändungsschutz **nicht entgegenstehen.** Das erfordert Abwägung der Belange von Schuldner und Gläubiger, insbes der wirtschaftlichen Lage, aber auch zB der Gesundheit, Unterhaltslasten. Sicherstellung des sozialhilferechtlichen Lebensbedarfs (Buchst a) wird durch Gläubigerbelange nur selten beeinträchtigt sein (Beispiel aber Celle Rpfleger 90, 376). Sonst kann erheblich sein, daß sich die Abtragung der Vollstreckungsforderung ungemessene Zeit hinausziehen würde (vgl den Fall KG VersR 62, 174, wo bei Anwendung des Abs 1 nicht einmal mehr die Zinsen der Gläubigerforderung gedeckt gewesen wären) oder der Gläubiger bei Anwendung des Abs 1 selbst in Notlage käme. 7

III) Privilegierung von Ansprüchen aus unerlaubter Handlung (Abs 2)

1) Ansprüche aus vorsätzlicher **unerlaubter Handlung** werden durch Abs 2 ähnlich bevorzugt wie gesetzliche Unterhaltsforderungen nach § 850d; ein Zugriff in die Bezüge nach § 850a Nr 1, 2 und 4 ist aber nicht möglich. Diese Bevorrechtigung beruht auf der Erwägung, daß der Schuldner für vorsätzliches unerlaubtes Handeln bis zur Grenze seiner Leistungsfähigkeit einstehen soll (Stöber FdgPfdg Rn 1190). Der über § 850c hinaus pfändbare Einkommensbereich steht nicht schon kraft Gesetzes offen, sondern nur bei Entscheidung des Vollstreckungsgerichts. Antrag des Gläubigers ist erforderlich; der Drittschuldner ist nicht antragsberechtigt (LG Essen NJW 69, 668). Ob sich die unerlaubte Handlung gegen die Person oder das Vermögen des Gläubigers richtete, gilt gleich. Eine noch so grob fahrlässige unerlaubte Handlung genügt nicht. Zinsen (und Verzugsfolgen) und Kostenerstattungsansprüche aus dem Schadensersatzprozeß wegen der unerlaubten Handlung sind nicht bevorzugt (LG München I Rpfleger 65, 278; aA KG Rpfleger 72, 66; LG Dortmund Rpfleger 89, 75), ebenso nicht Kosten eines Rechtsanwalts in einem Strafverfahren gegen den Schädiger (LG Hannover Rpfleger 82, 232); ZwV-Kosten sind wie die Hauptsacheforderung bevorrechtigt (KG aaO). Für einen Rechtsnachfolger des Gläubigers (Erbe, Zessionar) besteht das Pfändungsvorrecht in gleicher Weise wie für den Geschädigten (Stöber FdgPfdg Rn 1192). 8

9 2) Aus dem **Titel** wird sich meist ergeben, ob der Verurteilung eine vorsätzliche unerlaubte Handlung zugrunde liegt; wenn dort eine solche angenommen (oder verneint) wurde, ist (auch beim Vollstreckungsbescheid, Smid ZZP 102 [1989] 22 [55]; MK/Smid Rn 17; zT anders LG Düsseldorf NJW-RR 87, 758) das Vollstreckungsgericht daran gebunden (BGH 109, 275 [277] = JZ 90, 392 m Anm Brehm = NJW 90, 834 = ZZP 103 [1990] 355 m Anm Smid; Düsseldorf NJW 73, 1139; anders Hager KTS 91, 1 [Bindung nur an Urteil, das über eine Zwischenfeststellungsklage entscheidet]). Für den Gläubiger ist es zweckmäßig, auf die (zulässige, wenn auch ungebräuchliche) Bezeichnung des Schuldgrunds im Urteilstenor hinzuwirken (LG Dortmund NJW 62, 1828; Hoffmann NJW 73, 1111); es genügt aber auch, wenn die Urteilsgründe das Erforderliche ersehen lassen (hM). Beim Versäumnisurteil kann auf das als zugestanden anzusehende Vorbringen des Klägers zurückgegriffen werden (LG Darmstadt Rpfleger 85, 155; LG München I NJW 65, 768), bei Vollstreckungsbescheiden auf die aus dem Mahnbescheid übernommene Angabe des Schuldgrunds (Düsseldorf aaO; LG Wuppertal MDR 76, 54; aA AG Freyung MDR 86, 595). Wenn der Vollstreckungstitel nichts ergibt, hat das Vollstreckungsgericht nach dem Vorbringen des Gläubigers (Nachweis erforderlich, zB durch Strafurteil, LG Stuttgart MDR 85, 150) selbständig zu prüfen, ob die Forderung auf vorsätzlich begangener unerlaubter Handlung beruht (Hamm OLGZ 73, 379 = NJW 73, 1332; LG Bonn Rpfleger 94, 264 [mit Einschr]; LG Darmstadt aaO; LG Krefeld MDR 70, 768 u MDR 83, 325; Behr JurBüro 95, 8 [9]; Hager KTS 91, 1; auch BGH 36, 11 = MDR 62, 37; Prüfungsrecht nicht zutreffend bezweifelt von BGH 109, 275 = JZ 90, 392 m insoweit krit Anm Brehm). Nach nicht zutr aA soll dann das Pfändungsprivileg nicht Platz greifen können (Zweibrücken JurBüro 88, 933; LG Augsburg DGVZ 95, 26 = Rpfleger 95, 122; LG Baden-Baden JurBüro 95, 385; Berner Rpfleger 65, 278 unter Bezugnahme auf die Gesetzgebungsverhandlungen; auch Bull SchlHA 62, 290; Danzer MDR 60, 552; Hoffmann aaO; Knopp FamRZ 59, 278; Stehle BB 59, 237; MK/Smid Rn 17, 18). Eine streitige Verhandlung mit Beweisaufnahme zur Feststellung, ob eine vorsätzliche unerlaubte Handlung vorlag (wenn etwa im Prozeß die Schuldform nicht geklärt oder das Urteil auf einen anderen Klagegrund gestützt wurde), vor dem Vollstreckungsgericht kann jedoch nicht in Betracht kommen (Hiendl NJW 62, 901; Hoffmann aaO; wohl auch Schneider MDR 70, 769; aA Celle MDR 72, 958 u Hamm aaO, wonach bei Versagen des Titels und sonst urkundlicher Unterlagen das Vollstreckungsgericht uneingeschränkt zur Prüfung des Deliktcharakters der Vollstreckungsforderung befugt und verpflichtet sei). Solchenfalls wird Klage auf Feststellung für zulässig erachtet, der titulierte Anspruch sei auch aus dem Gesichtspunkt der vorsätzlich begangenen unerlaubten Handlung gerechtfertigt, und zwar auch, wenn sich diese Qualifikation des Anspruchs erst nach Abschluß des Erkenntnisverfahrens herausgestellt hat (BGH 109, 275; auch BGH 36, 11 [17]; Oldenburg NJW-RR 92, 573; Schneider MDR 72, 769 [770]; aA Hager KTS 91, 1).

10 3) Erweiterte ZwV nach Abs 2 „kann" erfolgen; die Entscheidung liegt somit im pflichtgemäßen Ermessen des Vollstreckungsgerichts (StJ/Brehm Rn 14; Stöber FdgPfdg Rn 1195; aA Berner Rpfleger 59, 79; Danzer aaO; LG Essen Rpfleger 71, 325). Bei Entscheidung über den Antrag sind die Interessen von Gläubiger und Schuldner abzuwägen (Stöber aaO). Ebenso („. . . kann") hat das Vollstreckungsgericht bei Bemessung des dem Schuldner zu belassenden Freibetrags einen Ermessensspielraum (so auch LG Essen aaO), so daß die größere oder geringere Verwerflichkeit der unerlaubten Handlung, ein durch sie vom Schuldner erzielter Vorteil, die Dringlichkeit der Wiedergutmachung berücksichtigt werden können (vgl Hamm NJW 73, 1333). Der notwendige Unterhalt für sich und die gesetzlich Unterhaltsberechtigten (§ 850d) muß dem Schuldner aber mindestens verbleiben (Hs 2). Es kann auch angemessen sein, hier für unterhaltsberechtigte Familienangehörige mehr zu belassen als im Fall des § 850d, jedoch nicht über die Freigrenze des § 850c hinaus (LG Berlin Rpfleger 74, 167). Zur Bemessung des Freibetrags s § 850d Rn 10. UU kann zusätzlich zum notwendigen Unterhalt eine dem Schuldner auferlegte Geldstrafe berücksichtigt werden, damit er nicht durch Vollstreckung der Ersatzfreiheitsstrafe die Verdienstmöglichkeit verliert (LG Frankfurt NJW 60, 2249; aA LG Frankenthal JurBüro 95, 664). Dem Schuldner zufließendes Kindergeld ist bei der Bemessung des Freibetrags für ihn und seine Familie zu berücksichtigen (Düsseldorf MDR 76, 410; früher streitig, vgl einerseits Düsseldorf MDR 72, 152 = OLGZ 72, 310; LG Krefeld MDR 76, 410; andererseits LG Mannheim Rpfleger 71, 114). Im Pfändungsbeschluß ist (wie im Fall des § 850d) der pfandfreie Betrag (nicht der pfändbare Einkommensteil) zu bestimmen (LG Stuttgart MDR 85, 150). Zur Formulierung des Beschlusses auch Karlsruhe MDR 71, 401. Aus Hs 2 folgt auch, daß bei Konkurrenz von Vollstreckungen wegen gesetzlicher Unterhaltsforderung und Forderung aus vorsätzlicher unerlaubter Handlung die letztere nachgeht, der Unterhaltsgläubiger sich also nicht etwa mit dem Gläubiger nach Abs 2 in den Einkommensbereich zwischen den Freigrenzen des § 850d u des § 850c teilen muß.

IV) Erweiterte Pfändungsmöglichkeit in höhere Einkommen (Abs 3)

11 Abs 3 bezieht sich auf die Pfändung wegen Forderungen, die weder nach Abs 2 noch nach § 850d privilegiert sind, wenn das Arbeitseinkommen (ggf nach Zusammenrechnung gem § 850e)

netto 3 744 DM monatlich, 864 DM wöchentlich, 172,80 DM täglich übersteigt. Hier darf das Vollstreckungsgericht auf Antrag nach seinem Ermessen den sich aus § 850c II ergebenden Freibetrag kürzen, wenn dies bei Abwägung der Belange des Schuldners und Gläubigers angemessen ist. Es müssen somit besondere Gründe des Einzelfalls für eine Besserstellung des Gläubigers sprechen. Daß seine Forderung wegen des Pfändungsschutzes nach § 850c nicht oder nur in geringem Umfang durchsetzbar ist, ermöglicht allein Anwendung von Abs 3 nicht (ergibt sich aus dem System des Pfändungsschutzes; Köln FamRZ 91, 1462). Bedeutung kann jedoch erlangen, daß der Gläubiger bei Ausfall seiner Forderung selbst in Not geraten würde oder eine Forderung beizutreiben hat, die einen besonders schutzwürdigen Bedarf decken soll (Köln aaO). Dem Schuldner muß aber mindestens der Betrag belassen werden, der bei einem Einkommen von monatlich 3 744 DM, wöchentlich 864 DM, täglich 172,80 DM nach der Tabelle pfandfrei bliebe (S 2). Der Anwendungsbereich der Bestimmung ist damit derzeit nicht groß.

V) Verfahren: 1) a) Erhöhung des unpfändbaren Einkommens **nach Abs 1** erfordert Antrag des Schuldners. Unterhaltsberechtigte, denen die erstrebte Vergünstigung zugute käme, haben (entgegen früher überwiegend anderer Ansicht) kein Antragsrecht. Sie sind nicht Partei des Vollstreckungsverfahrens (vor § 704 Rn 10, 11) und können die Entschließung des Schuldners nicht treffen, ob er von der Schutzvorschrift Gebrauch machen will (vgl § 765a Rn 19). Der Drittschuldner ist nicht antragsberechtigt (LG Essen MDR 69, 225 = NJW 69, 668, LG Wuppertal MDR 52, 237). Der Antrag ist an keine Frist gebunden; für bereits ausgezahlte Einkommensbeträge kann nachträglich Schutz nach Abs 1 jedoch nicht mehr verlangt und gewährt werden. 12

b) Der Antrag leitet ein gesondertes **Verfahren zur Abänderung** des Pfändungsbeschlusses aufgrund neu geltend gemachter Tatsachen ein. Er ist nicht Erinnerung nach § 766 (zur Abgrenzung s Frankfurt Rpfleger 78, 265; Köln NJW-RR 89, 189); eine Erinnerung kann nicht zugleich als Abänderungsantrag behandelt werden (Köln aaO; Auslegung aber denkbar; anders LG Stuttgart Rpfleger 94, 175: Erhöhung nach Abs 1 kann auch mit Erinnerung verlangt werden). Geltendmachung völliger Unpfändbarkeit ist Erinnerung, wenn Überprüfung der Rechtmäßigkeit des Beschlusses verlangt wird (Frankfurt aaO). Die Darlegungs- und Beweislast für die Voraussetzungen zur Erhöhung des unpfändbaren Betrags trifft den Schuldner als Antragsteller; der Gläubiger hat seine weitergehendem Schutz entgegenstehende überwiegende Belange darzulegen und zu beweisen. Eine Bescheinigung der örtlich zuständigen Sozialbehörde für Nachweis des Sozialhilfebedarfs (Buchst a) bindet das Vollstreckungsgericht nicht (Frankfurt JurBüro 92, 59 = Rpfleger 91, 378; Köln FamRZ 93, 584 = NJW 92, 2836 u Rpfleger 96, 118; LG Stuttgart Rpfleger 90, 173 u 93, 358; Stöber FdgPfdg Rn 1186), auch nicht für einen bescheinigten Mehrbedarf (LG Stuttgart Rpfleger 93, 358) und nicht, soweit es um die Möglichkeit oder Zumutbarkeit geht, überhöhte Aufwendungen für die Unterkunft zu senken. Ihre Beweiskraft ist nach freier Überzeugung zu würdigen (§ 286). Die Regelsätze für laufende Leistungen zum Lebensunterhalt nach dem BSHG sind (als landesrechtliche Normen) ohne Nachweis zu würdigen (s § 293). 13

c) Der Antrag verlangt **neue Bemessung** des Pfändungsfreibetrags aufgrund neu geltend gemachter Tatsachen. Eine Rechtskraft des Pfändungsbeschlusses steht daher der Gewährung von Schutz nach Abs 1 nicht entgegen (Hamm JurBüro, 861 = Rpfleger 77, 224). 14

d) Der **Gläubiger** ist zum Antrag des Schuldners zu **hören.** Zuständig ist der Rechtspfleger, da der Vorbehalt des § 20 Nr 17 Hs 2 Buchst a RpflG nicht eingreift (vgl zu § 19 Nr 14a RpflG 1957 Danzer MDR 60, 552; Berner Rpfleger 62, 218); zur örtlichen Zuständigkeit nach Wohnsitzwechsel des Schuldners § 828 Rn 2. Entschieden wird durch Beschluß. Er hat den in Abänderung (nicht jedoch teilweiser Aufhebung) des Pfändungsbeschlusses zu belassenden weiteren pfandfreien Betrag bestimmt zu bezeichnen und ist zu begründen. Kosten: § 788 (daher keine Kostenentscheidung). Die Entscheidung ist, wenn sie nicht auf Grund mündlicher Verhandlung verkündet wird, den Parteien und dem Drittschuldner von Amts wegen zuzustellen (§ 329 III); gegenüber dem Drittschuldner tritt Wirksamkeit aber auch mit Parteizustellung ein (vgl Jonas JW 35, 762). Gegen den Beschluß hat im Falle der Zurückweisung seines Antrags der Schuldner, bei Stattgabe der Gläubiger befristete Durchgriffserinnerung nach § 11 I S 2 RpflG. Ihr kann der Rechtspfleger nicht abhelfen; der Richter entscheidet über sie, wenn er sie für zulässig und begründet hält; andernfalls wird sie als Beschwerde dem LG vorgelegt (§ 11 II RpflG). Gegen die abhelfende Entscheidung des Richters sofortige Beschwerde (§§ 793, 577). Wenn eine den Schuldner begünstigende Anordnung nach Abs 1 wieder aufgehoben wird, besteht die Pfändung des gesamten pfändbaren Teils der Arbeitsvergütung mit ihrem ursprünglichen Rang fort (Stöber FdgPfdg Rn 1187a; anders Köln FamRZ 92, 845 = NJW-RR 93, 393 u FamRZ 93, 584 = NJW 92, 2836; nicht richtig; die Abänderung wirkt nicht anders wie der Wegfall eines Unterhaltsberechtigten für den Umfang der Pfändung nach § 850c oder die Änderung des Pfändungsbeschlusses nach § 850g). Ein nachfolgender Pfändungsgläubiger, dem gegenüber eine Änderung nach § 850f I nicht ergangen war, hat daher keinen Vorrang vor dem erstpfändenden Gläubiger, der von der Anordnung 15 betroffen war (Stöber FdgPfdg Rn 1189). Geänderte Voraussetzungen ermöglichen nach § 850g auch Abänderung einer rechtskräftigen Anordnung nach Abs 1.

16 **2)** Im Falle der **Abs 2** und **3** ist der Schuldner zum Antrag des Gläubigers, der schon mit dem Pfändungsgesuch verbunden, aber auch später gestellt werden kann, gem § 834 nicht zu hören (Düsseldorf NJW 73, 1133; Koblenz MDR 75, 939; aM Hamm NJW 73, 1332 = OLGZ 73, 1332), es sei denn, daß der Gläubiger – vielleicht in der Hoffnung, der Schuldner werde das Vorliegen der nach dem Titel nicht unzweifelhaften vorsätzlichen unerlaubten Handlung einräumen – die Anhörung beantragt (Celle MDR 72, 958; LG Mannheim JurBüro 84, 299; dazu Schneider MDR 72, 912). Im Regelfall kann der Schuldner seine Belange erst im Erinnerungsverfahren geltend machen. Zuständig ist der Rechtspfleger (§ 20 Nr 17 RpflG; vgl zu RpflG 1957 KG Rpfleger 60, 126 wohl auch für die Fälle des Abs 2 und 3; Berner Rpfleger 59, 79 [80]; 62, 299; aA AG Essen Rpfleger 62, 348). Der Gläubiger hat, wenn seinem Antrag nicht oder nicht voll entsprochen wurde, befristete Durchgriffserinnerung nach § 11 I S 2 RpflG (aA LG Koblenz MDR 79, 944: § 766), der durch die erweiterte Pfändung beschwerte Schuldner Erinnerung nach § 766, die an den Richter geht (so auch Düsseldorf NJW 73, 113; Koblenz MDR 75, 939; aA Hamm NJW 73, 1332: gleichfalls Durchgriffserinnerung). Gegen Entscheidung des Richters sofortige Beschwerde (§§ 793, 577).

17 **VI) Besonderheiten: 1)** Auch nach **Vorpfändung** (hat die Wirkung einer Pfändung auf Grund Arrestbefehls) ist für deren Dauer dem Schuldner auf Antrag nach Abs 1 ein weiterer Einkommensteil unpfändbar zu belassen (Stöber FdgPfdg Rn 1187).

18 2) Nach **mehrfacher Einkommenspfändung** wirkt eine Bestimmung über Belassung eines weiteren Einkommensteils (Abs 1) nur in dem Vollstreckungsverfahren, in dem in Abänderung des Pfändungsbeschlusses die Erhöhung des unpfändbaren Schuldnereinkommens angeordnet ist. Hat der Gläubiger dieser Pfändung Nachrang, dann bestimmt sich der Betrag des für den besserrangigen Gläubiger gepfändeten Arbeitseinkommens unverändert nach § 850c. Dem Schuldner kann dann ein zusätzlicher Einkommensfreibetrag zu Lasten dieses von der erweiternden Bestimmung nicht betroffenen vorrangigen Gläubigers vom Drittschuldner nicht ausbezahlt werden (Stöber FdgPfdg Rn 1189b). Hat hingegen der Gläubiger Vorrang, in dessen Pfändungsverfahren dem Schuldner nach Abs 1 ein weiterer pfandfreier Betrag belassen wird, dann gebührt dieser zusätzliche Freibetrag dem Schuldner zur Deckung des sozialrechtlichen Lebensbedarfs oder durch besondere Bedürfnisse erhöhten Lebensunterhalts. Der andere Gläubiger bleibt nachrangig (§ 804 III), hat somit ein Recht auf Befriedigung aus dem Arbeitseinkommen erst nach Deckung des Gläubigers des besserrangigen Pfandrechts (mit erhöhtem Freibetrag für den Schuldner). Nach dessen Wegfall (mit Befriedigung, Verzicht, Aufhebung des Pfändungsbeschlusses) äußert die Einzelfallbestimmung keine Wirkung mehr. Das Arbeitseinkommen ist für den (bisher) nachrangigen Gläubiger daher im Umfang des § 850c gepfändet, wenn nicht inzwischen auch in dieser anderen Vollstreckungssache Bestimmung nach Abs 1 ergangen ist. Dazu Stöber FdgPfdg Rn 1189c.

19 **3)** Für eine Pfändungsverfügung einer **Verwaltungs-Vollstreckungsbehörde** (§ 309 AO, im übrigen vor § 704 Rn 4) kann nur diese, nicht aber das (mit Verwaltungsvollstreckung nicht befaßte) Vollstreckungsgericht Bestimmung nach Abs 1 treffen (Stöber FdgPfdg Rn 1189d; s auch § 850k Rn 17).

20 **4)** Bei **Einkommensabtretung** kann in einem Rechtsstreit zwischen Arbeitnehmer (Zedent) und Arbeitgeber (Drittschuldner) der pfändungsfreie Betrag nicht in entspr Anwendung von Abs 1 erhöht werden (BAG 67, 193 = NJW 91, 2038). Es kann auch das (mit Abtretung nicht befaßte) Vollstreckungsgericht nicht Bestimmung nach Abs 1 zur Erhöhung des nach § 400 BGB nicht abtretbaren Einkommens treffen (offen gelassen von BAG aaO). Nach Abtretung gebührt dem Zessionar daher Arbeitseinkommen auch dann im Umfang des § 850c (mit § 400 BGB), wenn danach Pfändung erfolgt und das Vollstreckungsgericht auf Antrag des Schuldners in der Vollstreckungssache Bestimmung nach Abs 1 trifft. Abtretung nach Pfändung ist dem pfändenden Gläubiger gegenüber unwirksam (§ 829 I S 2). Ein weiterer pfandfreier Einkommensbetrag, der dem Schuldner in der Vollstreckungssache auf Antrag nach Abs 1 belassen wird, kann daher nicht dem (nachrangigen) Zessionar zugute kommen (vergleichbar dem nachrangigen von mehreren Pfändungsgläubigern, Rn 18). Dieser zusätzliche Freibetrag gebührt trotz nachfolgender Abtretung daher (für die Dauer der vorrangigen Pfändung) dem Schuldner zur Deckung des sozialrechtlichen Lebensbedarfs oder des erhöhten Lebensunterhalts (s Stöber FdgPfdg Rn 1189 f).

21 **VII) Gebühren: 1)** des **Gerichts:** Keine für das Verfahren der Änderung eines unpfändbaren Teils des Arbeitseinkommens. – **2)** des **Anwalts:** a) stellt der RA des Schuldners den Antrag nach Abs 1, so erhält er die $\frac{3}{10}$ Vollstreckungsgebühr aus § 57 BRAGO; b) die Anträge des Gläubigers nach Abs 2 und 3 gehören zu der gleichen Angelegenheit (§ 58 I BRAGO) und werden daher durch die $\frac{3}{10}$ Gebühr nach §§ 57 I, 31, 58 I BRAGO mit abgegolten.

850g *[Änderung der Unpfändbarkeitsvoraussetzungen]*

Ändern sich die Voraussetzungen für die Bemessung des unpfändbaren Teils des Arbeitseinkommens, so hat das Vollstreckungsgericht auf Antrag des Schuldners oder des Gläubigers den Pfändungsbeschluß entsprechend zu ändern. Antragsberechtigt ist auch ein Dritter, dem der Schuldner kraft Gesetzes Unterhalt zu gewähren hat. Der Drittschuldner kann nach dem Inhalt des früheren Pfändungsbeschlusses mit befreiender Wirkung leisten, bis ihm der Änderungsbeschluß zugestellt wird.

I) 1) Als **Änderung der Voraussetzungen** für die Bemessung des unpfändbaren Teils des 1 (insbes weiter fällig werdenden, § 832) Arbeitseinkommens (S 1) kommen in Betracht zB Geburt oder Tod eines Unterhaltsberechtigten, Wegfall der Unterhaltsbedürftigkeit mit Erlangung eigenen Einkommens, Wiederverheiratung des Schuldners, erhöhter Unterhaltsbedarf (im Falle des § 850d) nach Verlegung des Wohnsitzes in eine Großstadt (LG Hamburg MDR 88, 154 u 241 L m zust Anm Schultz), Pfändung durch einen Unterhaltsberechtigten mit besserem Rang nach Pfändung eines anderen Unterhaltsberechtigten, auch Minderung oder Erhöhung des Arbeitseinkommens.

2) Änderung der Verhältnisse, die **nach Erlaß** des Pfändungsbeschlusses eingetreten ist (wenn 2 zB der Schuldner geheiratet hat oder Vater eines Kindes geworden oder ein Unterhaltsberechtigter entfallen ist), berücksichtigt bei Blankettbeschluß (§ 850c Rn 9) der Drittschuldner. Das Vollstreckungsgericht hat den Pfändungsbeschluß zu ändern (S 1), wenn es den unpfändbaren Teil des Arbeitseinkommens (Fälle der §§ 850d, 850e Nr 2, 2a u 3, § 850f, § 850i I, II) oder die für seine Feststellung maßgeblichen Tatsachen (Klarstellungsbeschluß im Falle des § 850c) festgelegt hat. Änderung ist außerdem möglich, wenn die geänderte Tatsache Grundlage für Zulassung der Pfändung nach § 850b II war (Köln FamRZ 94, 1272 = Rpfleger 94, 426). S 1 ermöglicht Abänderung auch, wenn die Voraussetzungen für Umfang (auch Zulässigkeit) der Pfändung (zB Zahl der Unterhaltsberechtigten) bereits **bei Erlaß** des Pfändungsbeschlusses unrichtig angenommen wurde (Schleswig JurBüro 59, 134 = SchlHA 58, 338; Pohle AP § 850d Nr 8; Stöber FdgPfdg Rn 1202; aA [nur § 766] LG Düsseldorf JurBüro 82, 938 = Rpfleger 82, 300; StJ/Brehm Rn 1); in diesem Fall steht wahlweise auch Erinnerung nach § 766 zur Verfügung. Nur wenn nicht eine Änderung der Verhältnisse geltend gemacht, sondern vorgebracht wird, der bei Pfändung berücksichtigte unveränderte Sachverhalt sei nicht richtig gewürdigt, handelt es sich um Erinnerung nach § 766 (mit Abhilferecht des Rechtspflegers). Geändert werden können nach S 1 auch ein auf Erinnerung (§ 766) sowie ein vom LG/OLG als Beschwerdegericht erlassener, bestätigter oder geänderter Pfändungsbeschluß. Diese Entscheidungen unterliegen der Innenbindung nach § 318; abweichende Beurteilung von Umständen, über die mit Erinnerung oder Beschwerde entschieden worden ist, scheidet damit aus (Köln aaO); zur Innenbindung im Instanzenzug § 318 Rn 14); Tatsachen, die bereits vorgelegen haben, aber nicht Gegenstand der Entscheidung waren, können hingegen im Abänderungsverfahren noch berücksichtigt werden (Köln aaO).

II) Verfahren: 1) Änderung des Pfändungsbeschlusses erfolgt nur auf **Antrag** (S 1). Antrags- 3 berechtigt sind der Schuldner und der Gläubiger (S 1) sowie ein unterhaltsberechtigter Dritter (S 2), der durch die Änderung begünstigt wird, wie zB nach Wiederverheiratung der neu zu berücksichtigende Ehegatte, nicht aber der Drittschuldner (Stöber FdgPfdg Rn 1202; aA Frankfurt Betrieb 90, 639; StJ/Brehm Rn 4 mwN). Anwaltszwang besteht nicht (§ 78 III). An eine Frist ist der (bis Beendigung der ZwV mit Lohnzahlung zulässige) Antrag nicht gebunden. Er ist keine auf Überprüfung des Pfändungsbeschlusses gerichtete Erinnerung (§ 766). Er leitet ein neues Verfahren zur Änderung des Pfändungsbeschlusses auf Grund der geänderten Tatsachen ein (aA Köln aaO: kein neues Verfahren).

2) Örtlich **zuständig** ist das Wohnsitzgericht des Schuldners bei Antragstellung (§ 828 II; 4 Stöber FdgPfdg Rn 1203), nicht ohne weiteres das AG, das den Pfändungsbeschluß erlassen hat (aA BGH Rpfleger 90, 308; München JurBüro 85, 945 = Rpfleger 85, 154). Es entscheidet der Rechtspfleger (§ 20 Nr 17 RpflG), auch wenn den Pfändungsbeschluß der Erinnerungs- oder Beschwerderichter erlassen hat (Holthöfer JW 36, 2443; LG Essen MDR 55, 113). Wenn geltend gemacht wird, der (unveränderte) Sachverhalt sei nicht richtig gewürdigt, handelt es sich um eine Erinnerung (§ 766; Rn 2), über die der Richter entscheidet (§ 20 Nr 17 S 2 a RpflG; LG Hannover JurBüro 86, 622; Abhilferecht des Rechtspflegers).

3) Der Antragsgegner ist vor Entscheidung zu hören; davon kann nur in dringenden, zweifels- 5 freien Fällen (zB nachgewiesene Geburt eines Kindes) abgesehen werden.

4) Entschieden wird durch **Beschluß**. Er ist zu begründen. Herabsetzung des unpfändbaren 6 Betrags erweitert die Pfändung mit dem Rang des Pfändungsbeschlusses (dieser wird geändert; Neupfändung mit neuem Rang erfolgt nicht). Die Abänderung kann rückwirkend auf das die Verhältnisse ändernde Ereignis (zB Geburt eines weiteren Kindes) angeordnet werden. In bereits abgewickelte Vollstreckungsmaßnahmen kann aber nicht mehr eingegriffen werden (BAG MDR

61, 799; BAG AP § 850d Nr 8 = NJW 62, 510; BAG Betrieb 91, 1528 = NJW 91, 1774; Köln JurBüro 88, 933 = Rpfleger 88, 419; Berner Rpfleger 61, 290; 62, 170; 64, 329; aM LG Frankenthal Rpfleger 64, 436). Ob solche Rückwirkung beabsichtigt ist, muß der Änderungsbeschluß erkennen lassen. Das vom Gläubiger mit Klage gegen den Drittschuldner angegangene Prozeßgericht ist an die konstitutive Festsetzung des pfandfreien Betrags durch das Vollstreckungsgericht gebunden (BAG MDR 61, 799; MDR 62, 339; Bötticher AP § 850d Nr 1 u MDR 61, 800; Pohle JZ 62, 344; Berner aaO).

7 5) **Zustellung** des Änderungsbeschlusses erfolgt an Gläubiger, Schuldner und Drittschuldner von Amts wegen (§ 329 III), auch an den Unterhaltsberechtigten, der nach S 2 Antrag gestellt hat. Wenn einem Antrag voll entsprochen ist, erfolgt an Antragsteller nur Mitteilung (§ 329 II). Wenn der Antrag (insgesamt) zurückgewiesen wird, erfolgt Zustellung an Antragsteller und Mitteilung an die (angehörten) Beteiligten. Wirksamkeit gegenüber dem Drittschuldner tritt mit Zustellung ein (kein Fall des § 829 III; Stöber FdgPfdg Rn 1205), erfolgt aber auch mit Parteizustellung an ihn (vgl Jonas JW 35, 762; LG Frankenthal Rpfleger 64, 346). Nach aM ist an Drittschuldner stets Parteizustellung nötig.

8 6) **Rechtsbehelf:** Befristete Erinnerung (§ 11 I S 2 RpflG, da sofortige Beschwerde nach § 793 I). Ein nicht angehörter Beteiligter hat Erinnerung nach § 766 (aA LG Hagen JurBüro 85, 945: Beschluß ist immer Entscheidung, daher stets Rechtspflegererinnerung). Durch Zurückweisung eines Antrags des Schuldners ist auch der Unterhaltsberechtigte (S 2; ebenso umgekehrt) beschwert; sein eigenes Antragsrecht besteht aber fort, wenn er von Rechtsmittel absieht.

9 7) **Drittschuldnerschutz** besteht bis zur Zustellung des Änderungsbeschlusses (S 3); vgl BAG NJW 62, 510.

10 **III) Gebühren** des **Gerichts und** des **Anwalts:** wie Rn 21 zu § 850f.

850h

[Verschleiertes Arbeitseinkommen]

(1) Hat sich der Empfänger der vom Schuldner geleisteten Arbeiten oder Dienste verpflichtet, Leistungen an einen Dritten zu bewirken, die nach Lage der Verhältnisse ganz oder teilweise eine Vergütung für die Leistung des Schuldners darstellen, so kann der Anspruch des Drittberechtigten insoweit auf Grund des Schuldtitels gegen den Schuldner gepfändet werden, wie wenn der Anspruch dem Schuldner zustände. Die Pfändung des Vergütungsanspruchs des Schuldners umfaßt ohne weiteres den Anspruch des Drittberechtigten. Der Pfändungsbeschluß ist dem Drittberechtigten ebenso wie dem Schuldner zuzustellen.

(2) Leistet der Schuldner einem Dritten in einem ständigen Verhältnis Arbeiten oder Dienste, die nach Art und Umfang üblicherweise vergütet werden, unentgeltlich oder gegen eine unverhältnismäßig geringe Vergütung, so gilt im Verhältnis des Gläubigers zu dem Empfänger der Arbeits- und Dienstleistungen eine angemessene Vergütung als geschuldet. Bei der Prüfung, ob diese Voraussetzungen vorliegen, sowie bei der Bemessung der Vergütung ist auf alle Umstände des Einzelfalles, insbesondere die Art der Arbeits- und Dienstleistung, die verwandtschaftlichen oder sonstigen Beziehungen zwischen dem Dienstberechtigten und dem Dienstverpflichteten und die wirtschaftliche Leistungsfähigkeit des Dienstberechtigten Rücksicht zu nehmen.

1 **I) Zweck:** Verhütung von Rechtsnachteilen für den Gläubiger; es soll verhindert werden, daß durch unlautere Machenschaften Schuldnereinkommen dem Gläubigerzugriff entzogen wird.

2 **II) Lohnzahlung an Dritten.** Abs 1 ermöglicht Pfändung auch bei Lohn**schiebung** (nach der früheren Pfändungsfreigrenze als **1 500-M-Vertrag** bezeichnet). Damit wird ein der Pfändung unterworfener Betrag Gläubigern durch Vereinbarung mit dem Dienstberechtigten (festes Arbeits- oder Dienstverhältnis ist nicht Voraussetzung) entzogen, daß der Schuldner selbst nichts oder nur einen Teilbetrag, etwa nur den der Pfändung nicht unterworfenen Betrag, erhalten solle, während die Vergütung (nicht notwendig eine periodisch wiederkehrende) oder der Mehrbetrag an einen (meist nahestehenden) Dritten (zB die Ehefrau) auszuzahlen sei. Der Schuldner will so idR einen der Pfändung unterworfenen Betrag seinen Gläubigern entziehen. Benachteiligungsabsicht setzt Abs. 1 jedoch nicht voraus (BGH AP § 850h Nr 12 = WM 68, 1254); es kann zB auch Unterhaltszahlung bei Getrenntleben bezweckt sein. Den Anspruch des Drittberechtigten (im Beispielsfall der Ehefrau) auf Auszahlung des der Pfändung unterworfenen Betrages kann in diesem Fall der Gläubiger auf Grund seines gegen den Schuldner lautenden Vollstreckungstitels in einem Verfahren gegen diesen pfänden (und sich überweisen) lassen. Ein Titel gegen den Drittberechtigten ist dazu nicht erforderlich; ihm braucht auch der Titel gegen den Schuldner vor Pfändung nicht zugestellt sein (er ist nicht Schuldner nach § 750). Den **Pfändungsbeschluß** erläßt das Vollstreckungsgericht (Rechtspfleger, § 20 Nr 17 RpflG) nach den Angaben des Gläubigers und ohne Anhörung des Schuldners (§ 834) sowie des Drittberechtigten und ohne Prüfung der

Voraussetzungen des § 850h I. Durch diesen wird das Arbeitseinkommen des Schuldners und außerdem der (angebliche) Anspruch des Drittberechtigten gegen den Arbeitgeber (Drittschuldner) auf Auszahlung des nach § 850c, d oder f II der Pfändung unterliegenden Teils des Arbeitseinkommens gepfändet (und überwiesen). Der Beschluß erfaßt ohne weiteres den Zahlungsanspruch des Drittberechtigten mit (S 2), wie wenn er unverändert dem Schuldner zustünde. Der Gläubiger erhält Ausfertigung des Beschlusses zur Zustellung an den Drittschuldner (§ 829 II); nach Zustellung an diesen ist der Beschluß auch dem Schuldner und dem Drittberechtigten zuzustellen (S 3). Bewirkt ist die Pfändung bereits mit Zustellung an den Drittschuldner (§ 829 III); Zustellung an Schuldner und Drittberechtigten ist nicht Wirksamkeitsvoraussetzung. Wenn der Drittschuldner (Arbeitgeber) nicht an den Pfändungsgläubiger zahlt, muß dieser Zahlungsklage (zum Arbeitsgericht im Fall von § 2 ArbGG) erheben. Das Prozeßgericht prüft, ob die Voraussetzungen des § 850h I vorliegen. Gegen den Pfändungsbeschluß steht dem Schuldner und dem Drittschuldner Erinnerung (§ 766) zu, nicht aber dem Drittberechtigten; er kann ggf Drittwiderspruchsklage nach § 771 erheben. **Antrag:** „Die durch Beschluß des Amtsgerichts . . . erfolgte Pfändung des Arbeitseinkommens des . . . wird in Höhe des auf Grund Vereinbarung des Schuldners mit seinem Arbeitgeber von dem letzteren an . . . (Drittberechtigter) zu leistenden Betrags von monatlich 500 DM für unzulässig erklärt.“ Bei Abtretung des Arbeitseinkommens (§ 398 BGB; zB an einen Gläubiger), die sich ohne Mitwirkung des Arbeitgebers vollzieht, trifft § 850h I nicht zu; uU Anfechtung nach dem AnfG.

III) Verschleiertes Arbeitsverhältnis. 1) Abs 2 ermöglicht Pfändung bei **verschleiertem Arbeits-** oder **Dienstverhältnis.** Es soll nicht nur Lohn**schiebung** verhütet, sondern darüber hinaus Befriedigung des Gläubigers ermöglicht werden, wenn der Schuldner für seine Dienstleistung zwar keinen Vergütungsanspruch gegen den Empfänger der Dienste hat, die Umstände aber eine Nichtbefriedigung des Gläubigers als grob unbillig und andererseits die Zahlung eines Entgelts für die Arbeitsleistung als gerechtfertigt erscheinen lassen (RAG JW 36, 1246; BAG NJW 78, 343; Arbeiten und Dienste Ordensangehöriger werden üblicherweise nicht vergütet, BVerfG NJW 92, 2471). Entsprechendes gilt, wenn nur eine im Verhältnis zur üblichen Vergütung unangemessen niedrige (vgl RAG ARS 36, 64; BAG MDR 65, 944) vereinbart ist. Für die Entscheidung, ob für die Dienste eine (höhere) Vergütung üblich ist, ist stets zu prüfen, ob es sich um Dienste handelt, für die nach allgemein herrschender Auffassung mit Rücksicht auf Art und Umfang die Zahlung einer Vergütung gerechtfertigt erscheint, weil solche Dienste allgemein nur gegen Vergütung geleistet werden (RAG JW 36, 1246; RAG 16, 17). Von Bedeutung ist auch, ob durch die Tätigkeit des Schuldners eine andere Arbeitskraft erspart wird (RAG DR 41, 1806; LAG Baden SJZ 50, 594). Abs 2 erfaßt alle Fälle unbelohnter oder gering vergüteter Dienstleistung (Düsseldorf NJW-RR 89, 390); im Auge hat die Bestimmung insbes zwei Fälle des täglichen Lebens: **Der Ehemann arbeitet im Betrieb seiner Frau,** der Sohn in demjenigen seines Vaters und erhält nur Wohnung, Verpflegung, Kleidung und ein kleines Taschengeld. Auch eine Teilzeitbeschäftigung kann als Arbeitsleistung nach § 850 II anzusehen sein (LAG Hamm BB 88, 488 u 1754 m Anm Smid). 3

2) a) Arbeitet der vermögenslose, verschuldete **Mann im Geschäft der Ehefrau,** so wird meist ein verschleiertes Arbeitsverhältnis vorliegen. Absicht der Gläubigerbenachteiligung setzt Abs 2 nicht voraus (RAG JW 36, 1247; BGH AP § 850h Nr 12). Im Verhältnis zum Gläubiger kann eine Vergütung auch dann nach § 850h als geschuldet angesehen werden, wenn wegen der zwischen dem Schuldner und dem Dritten bestehenden Familienbande eine unentgeltliche Tätigkeit moralisch gerechtfertigt ist (RAG ARS 36, 63; LAG Mainz AP § 850h Nr 6 = BB 60, 171; LAG Berlin BB 63, 348; LAG Frankfurt MDR 65, 1026 mit Anm Wenzel; Wenzel MDR 66, 973). Denn es kommt nicht entscheidend darauf an, ob bei Mitarbeit auf familiärer Grundlage im Innenverhältnis zwischen Dienstleistendem und Leistungsempfänger eine Vergütung geschuldet wird; maßgebend ist, ob bei Absehen von den familiären Beziehungen aus der Sicht eines Dritten eine üblicherweise zu vergütende Tätigkeit vorliegt. Die familiären Beziehungen sind dann nur für die Höhe des Entgelts von Bedeutung (BAG NJW 78, 343). Gleichartige Verhältnisse können auch bei ehelosem Zusammenleben zwischen Dienstleistendem und Leistungsempfänger gegeben sein (Hamm GoltdArch 75, 180). Auch wenn der Mann nach Scheidung und Zugewinnausgleich weiter unterbezahlt im Betrieb der früheren Ehefrau mitarbeitet, ist die Anwendung des Abs 2 gerechtfertigt, da der Ehefrau nach wie vor die wirtschaftlichen Vorteile aus dieser Tätigkeit zufließen; darauf, ob der Mann aus diesen Vorteilen auch seinerseits Nutzen zieht oder ob er andere Beweggründe hat, auf angemessene Entlohnung zu verzichten, kann es nicht ankommen (aA ArbG Heilbronn BB 68, 1159). Es ist auch möglich, daß eine verschuldete Ehefrau über das durch die eheliche Lebensgemeinschaft gebotene Maß (§ 1353 BGB) im Betrieb des Mannes mitarbeitet und eine volle Arbeitskraft ersetzt, so daß, wenn ihr nicht ohnehin Gewinnbeteiligungsansprüche (vgl BGH 8, 249 = NJW 53, 418; BGH 31, 197 = NJW 60, 428; BGH 47, 157 = NJW 67, 1275; FamRZ 62, 357; 73, 22; 73, 181; 75, 35; Henrich FamRZ 75, 533; Maiberg Betrieb 75, 385) zustehen, mindestens im Verhältnis zu den Gläubigern eine angemessene Vergütung als geschuldet zu gelten hat. 4

5 b) Bei der Feststellung, welche Vergütung angemessen wäre, ist im allgemeinen vom Tariflohn (BAG MDR 65, 944; LAG Hamm BB 93, 795 = ZIP 93, 610; Wenzel MDR 65, 1027; 66, 973) oder der üblichen Vergütung für solche Dienstleistungen auszugehen; Naturalleistungen sind gem § 850e Nr 3 zu berücksichtigen. Die wirtschaftliche Leistungsfähigkeit des Dienstberechtigten kann ebenso zu berücksichtigen sein (RAG JW 36, 687; BAG AP § 850h Nr 10 = MDR 65, 944). Wenn dieser wegen schlechter Vermögenslage zur Zahlung des Tariflohns oder der ortsüblichen Vergütung völlig außerstande oder nicht ohne Gefährdung seiner wirtschaftlichen Existenz und derjenigen der Familie imstande wäre, so wäre es unbillig, ihm solche Leistungen aufzuerlegen (RAG JW 36, 686; einschränkend LAG Mannheim BB 52, 718). Ebenso ist nach RAG JW 36, 2666 bei Festsetzung der Vergütung neben dem Wert der Arbeitsleistungen die Leistungsfähigkeit des Betriebs zu berücksichtigen; dabei sind nicht nur Betriebsunkosten, sondern sonstige Umstände des Falles in Betracht zu ziehen. Nicht entscheidend ist, was der Schuldner in einem anderen Betrieb verdienen könnte (RAG JW 38, 257).

6 c) Wenn der Ehemann den landwirtschaftlichen Besitz seiner Ehefrau im eigenen Namen und für eigene Rechnung verwaltet, trifft Abs 2 nicht zu, weil er dann nicht einem Dritten Dienste leistet, sondern in die eigene Tasche arbeitet (RAG JW 36, 686); hier kommt Pfändung der erwirtschafteten Erträgnisse in Betracht. Leitet ein Landwirt einen größeren Gutsbesitz seiner Ehefrau dagegen in deren Namen und für deren Rechnung, so ist zu prüfen, ob nicht ein Arbeitsverhältnis anzunehmen ist, das unter einen einschlägigen Tarifvertrag für Gutsbeamte fällt, der einen unabdingbaren Lohnanspruch gewähren würde. Über Leitung des Geschäfts der Ehefrau durch den Ehemann s BGH WM 68, 1254; BAG NJW 78, 343; LAG Bremen Betrieb 52, 656; LAG Hannover BB 52, 575; LAG Mainz BB 60, 171. Zur Frage der Annahme von verschleiertem Arbeitseinkommen bei gesellschaftsrechtlichen Verhältnissen zwischen Ehegatten vgl Düsseldorf OLGZ 79, 223, für Alleingeschäftsführer einer Familien-GmbH Frankfurt GmbHR 94, 708. Als Empfängerin der geleisteten Dienste kann die Ehefrau auch in Betracht kommen, wenn der Mann ohne angemessene Vergütung in einem Geschäft mitarbeitet, das die Ehefrau zusammen mit anderen Verwandten als OHG-Gesellschafterin betreibt (BAG NJW 74, 380). Zur Anwendung des Abs 2, wenn der Gemeinschuldner nach Abschluß des Konkursverfahrens das Geschäft durch seine Ehefrau weiterbetreiben läßt und im Geschäft mitarbeitet: LAG Breslau ARS 39, 10; LG Mannheim MDR 54, 178. Wenn eine Ehefrau ihrem Ehemann (dem Schuldner) freie Station gewährt, ohne ihn in ihrem gutgehenden Gewerbebetrieb in angemessener und zumutbarer Weise zu beschäftigen, obgleich der Mann gerade diesen Beruf erlernt hat, ist § 850h II nicht anwendbar (keine Dienstleistung des Schuldners). Es reicht nicht aus, daß der Schuldner Dienste leisten könnte und wegen des gegen ihn bestehenden Unterhaltsanspruchs auch verpflichtet wäre, seine Arbeitskraft einzusetzen (BAG FamRZ 73, 626 m Anm Fenn; BAG AP § 850h Nr 16 = NJW 78, 343; LAG Düsseldorf Betrieb 55, 346). In DJ 40, 407 wurde in einem solchen Falle eine Schadensersatzpflicht der Ehefrau nach § 826 BGB angenommen, weil sie wissentlich zum Nachteil der Gläubiger deren Schuldner ein arbeits- und verantwortungsloses Leben ermöglichte. BAG NJW 78, 343 läßt offen, ob nicht § 826 BGB zur Anwendung kommen kann, wenn das Geschäft vorher dem Mann gehörte und in beiderseitiger Gläubigerbenachteiligungsabsicht auf die Frau übertragen wurde.

7 3) **Dienstleistung des Sohnes im Betrieb seines Vaters** oder seiner Mutter (vgl KG JR 58, 260; BGH VersR 64, 642) ohne besondere oder nur gegen eine geringe Vergütung ermöglicht Pfändung nach Abs 2. Häufig will sich der Sohn auf diese Weise mit Unterstützung des Vaters einer Unterhaltspflicht entziehen. Verschleierung eines Arbeitsverhältnisses zum Zweck der Gläubigerbenachteiligung ist auch hier nicht Voraussetzung; die Bestimmung kann auch eingreifen, wenn die Tätigkeit des Sohnes nur auf familienrechtlicher Grundlage beruht (§ 1619 BGB; RAG DR 41, 1806; BGH AP § 850h Nr 12; Wenzel MDR 65, 1027; vgl auch Weimar FamRZ 55, 158; BGH NJW 58, 706; FamRZ 60, 101; 65, 430; NJW 72, 429, 1716). Letzterenfalls ist auch die Art der Vollstrekkungsforderung (zB Unterhaltsforderung) von Bedeutung (RAG JW 36, 1246; s jedoch Fenn AcP 167, 178 f). Auch hier kann zugunsten des Gläubigers zunächst davon ausgegangen werden, daß der Sohn Anspruch auf Tariflohn oder ortsübliche Vergütung hat; darauf, ob im Innenverhältnis zwischen Sohn und Elternteil eine Vergütung geschuldet ist, kommt es nicht entscheidend an. Dem Verzicht des Sohnes auf eine über das Taschengeld hinausgehende Vergütung wird zwar häufig die Erwartung zugrunde liegen, durch spätere Übernahme des elterlichen Geschäfts oder Anwesens für die gegenwärtige Arbeitsleistung entgolten zu werden; mit der Aussicht auf ein solches in der Zukunft liegendes Entgelt für die Arbeitsleistung ist den Gläubigern aber nicht gedient (Fenn aaO 165 ff). Damit § 850h II nicht im Einzelfall zu Unbilligkeiten führt, ist aber auch auf sonstige Verpflichtungen, die der Drittschuldner (Vater) aus seinem Betrieb zu decken hat, und auf die eigene Unterhaltspflicht des Schuldners gegenüber bedürftigen Eltern Rücksicht zu nehmen (LAG ARS 30, 114; RAG DR 41, 1806). Über die Pfändung bei Landwirtssöhnen, die auf dem elterlichen Hof arbeiten, siehe insbes LAG ARS 29, 7; RAG JW 36, 1246; RAG 16, 17; RAG DR 41, 1806.

4) Wenn nach dem Vorbringen des Gläubigers die Voraussetzungen des Abs 2 vorliegen, hat das **Vollstreckungsgericht** (Rechtspfleger) ohne sachliche Nachprüfung der Verhältnisse (also ohne Prüfung, ob ein Anspruch besteht) die dem Schuldner **angeblich** zustehende **Vergütung** (unter Berücksichtigung der Pfändungsbeschränkungen, RAG DR 39, 1599) **zu pfänden** und zur Einziehung zu überweisen. Die Höhe der fingierten Vergütung ist vom Vollstreckungsgericht nicht festzusetzen, außerhalb von Blankettpfändungen aber der pfandfreie Betrag (Schleswig JurBüro 56, 431 = SchlHA 56, 294; LG Berlin MDR 61, 510; LG Frankenthal MDR 84, 856; Berner Rpfleger 62, 170; vgl Pohle JZ 62, 346). Zu dessen Bemessung mit Rücksicht auf den Familienstand vgl § 850c Rn 5 aE. Von der Pfändung des Arbeitseinkommens wird (ohne besonderen Ausspruch) auch der nach Abs 2 fingierte Vergütungsanspruch erfaßt (RAG 19, 165 [169]; BGH Betrieb 91, 39; StJ/Brehm Rn 41; ebenso wird von der Pfändung der fingierten Lohnforderung auch eine etwa wirklich geschuldete Vergütung mit erfaßt (RAG ARS 41, 421). 8

5) **„Rückständige Ansprüche“** aus einem verschleierten Arbeitsverhältnis können nicht gepfändet werden (LAG Hamm BB 90, 710 = MDR 90, 747; LAG Schleswig-Holst AP § 850h Nr 13 = Betrieb 71, 2414; Boewer/Bommermann Rn 855; Geißler JurBüro 86, 1295 u Rpfleger 97, 5; aA StJ/Brehm Rn 35); § 850h II fingiert ab Zustellung des Pfändungsbeschlusses an den Drittschuldner eine auf sein Verhältnis zum Gläubiger beschränkte angemessene Vergütung, bewirkt aber keine weitergehende Begünstigung des Gläubigers (LAG Hamm aaO). Deshalb ist auch Erlaß eines Rückstände pfändenden Beschlusses abzulehnen. Nach abweichender Ansicht kann der Pfändungsbeschluß durch entsprechende Anordnung auch auf rückständige fiktive Vergütung erstreckt werden (RAG 20, 255 [258]; LAG München Betrieb 52, 124). Auch dann werden aber die Umstände des Einzelfalls (Abs 2 S 2) die Annahme gebieten, daß der Drittschuldner eine etwa geschuldete Vergütung fortlaufend ausgezahlt hätte, Rückstände somit nicht vorhanden wären; er kann daher auch durch Lohnpfändung mit rückständigen Leistungen nicht belastet werden (Stöber FdgPfdg Rn 1228). 9

6) **Zahlt der Drittschuldner** die gepfändeten Teile der angemessenen Vergütung **nicht,** so muß der Gläubiger Zahlungsklage erheben (dieses Erfordernis umgeht LG Mannheim MDR 54, 178). Als Prozeßgericht ist, obwohl Abs 2 nur einen Zahlungsanspruch gegen den Drittschuldner, nicht aber ein Arbeitsverhältnis fingiert, idR das Arbeitsgericht zuständig (LG Braunschweig MDR 55, 490; Meyer MDR 55, 657; Fenn AcP 167, 186), nach BGH 68, 127 = NJW 77, 853 bei familienrechtlicher Mitarbeit jedenfalls dann, wenn der Schuldner nach seiner sozialen Stellung und wirtschaftlichen Abhängigkeit vom Drittschuldner einer arbeitnehmerähnlichen Person gleichzusetzen ist. Bei Mitarbeit in leitender Stellung kommt Zuständigkeit des Zivilgerichts in Betracht. Beweislast: Frankfurt GmbHR 94, 708 (Drittschuldner obliegt Substantiierung für eingeschränkte Leistungsfähigkeit); Oldenburg JurBüro 95, 104 = MDR 95, 344 m Anm Sitz (eingeschränkte Leistungsfähigkeit hat Drittschuldner zu belegen); LAG Düsseldorf BB 52, 576 u MDR 94, 1020; LAG Hamm BB 88, 488 u 1754 m Anm Smid; Wenzel MDR 66, 973. Das Arbeitsgericht ist im Falle des § 850d, f II an die Festsetzung des pfandfreien Betrags durch das Vollstreckungsgericht (die nur auf Erinnerung hin abgeändert werden kann) gebunden (BAG AP § 850d Nr 4; Berner Rpfleger 62, 171; Fenn aaO 186); es entscheidet darüber, ob die Voraussetzungen des § 850h vorliegen, welche Vergütung als angemessen anzusehen ist (bei Tarifbindung kommt Tariflohn in Betracht, BAG MDR 65, 944; LAG Düsseldorf BB 55, 1140; LAG Hamm BB 93, 795 = ZIP 93, 610) und welcher Betrag nach Maßgabe des sich aus der Tabelle ergebenden oder vom Vollstreckungsgericht festgesetzten Freibetrags an den Gläubiger abgeführt werden muß. Im Rechtsstreit kann sich der Drittschuldner auf die gesetzlichen Pfändungsbeschränkungen berufen, wenn das Vollstreckungsgericht den pfandfreien Betrag nicht festgesetzt hat (weitergehend RAG DR 39, 1599). 10

7) Dem Gläubiger gegenüber kann der Drittschuldner nicht mit einer eigenen Forderung gegen den Schuldner **aufrechnen;** solche Gegenforderung ist aber bei Festsetzung der Höhe der als geschuldet fingierten Vergütung zu berücksichtigen (RAG JW 39, 584; LAG Mainz AP § 850h Nr 6 = BB 60, 171; LAG Bremen BB 63, 768). Mit einer eigenen Forderung gegen den Gläubiger kann der Dienstberechtigte dagegen aufrechnen. Auf Zahlung von (fingierten) Lohnbeträgen, die auf die Zeit nach Schluß der mündlichen Verhandlung treffen, kann der Gläubiger nur unter den Voraussetzungen des § 259 klagen (RAG 18, 152), da § 258 nur für Forderungen gilt, die nicht von einer erst zu erbringenden Leistung abhängen. 11

8) Der **Rang** mehrerer Gläubiger, die verschleiertes Einkommen gepfändet haben, bestimmt sich nach § 804 III. Daher hat § 850h II nicht ohne Rücksicht auf vorrangige Gläubiger nur zugunsten des vollstreckenden Gläubigers Wirkungen, der den Anspruch gerichtlich durchsetzt (so aber ArbG Lübeck MDR 84, 174; auch LAG Köln Betrieb 88, 2060). Der nachrangige Gläubiger kommt vielmehr erst zum Zuge, wenn zugunsten des Vorranggläubigers die von seinem Pfandrecht erfaßten Beträge abgesetzt sind, auch wenn sie nicht an ihn gezahlt worden sind, ihm aber bei richtiger Berechnung des pfändbaren Teils der angemessenen Vergütung zustehen 12 würden (insoweit hat die Vorrangpfändung das fingierte Einkommen erfaßt; BGH 113, 27 = JZ 91, 243 m Anm Grunsky = NJW 91, 495; BAG NJW 95, 414 = Rpfleger 95, 166; LAG Hamm BB 90, 710 L; ArbG Wesel BB 90, 1422 = Betrieb 90, 2175; Brommann SchlHA 86, 49 u 65; abw Lüke JuS 95, 872). Der Schuldner erwirbt aus Abs 2 keine eigenen Ansprüche gegen den Dienstleistungsempfänger (Vater, Ehefrau usw), s BGH VersR 64, 642; LAG Bremen Betrieb 53, 867; die Regelung wirkt sich auch nicht bei Lohnabtretung zugunsten des Abtretungsgläubigers aus (LAG Frankfurt Betrieb 91, 1388 L.; LAG Schleswig Betrieb 71, 2414).

850i

[Sonderfälle des Pfändungsschutzes]

(1) Ist eine nicht wiederkehrend zahlbare Vergütung für persönlich geleistete Arbeiten oder Dienste gepfändet, so hat das Gericht dem Schuldner auf Antrag so viel zu belassen, als er während eines angemessenen Zeitraums für seinen notwendigen Unterhalt und den seines Ehegatten, eines früheren Ehegatten, seiner unterhaltsberechtigten Verwandten oder der Mutter eines nichtehelichen Kindes nach §§ 1615l, 1615n des Bürgerlichen Gesetzbuchs bedarf. Bei der Entscheidung sind die wirtschaftlichen Verhältnisse des Schuldners, insbesondere seine sonstigen Verdienstmöglichkeiten, frei zu würdigen. Dem Schuldner ist nicht mehr zu belassen, als ihm nach freier Schätzung des Gerichts verbleiben würde, wenn sein Arbeitseinkommen aus laufendem Arbeits- oder Dienstlohn bestände. Der Antrag des Schuldners ist insoweit abzulehnen, als überwiegende Belange des Gläubigers entgegenstehen.

(2) Die Vorschriften des Absatzes 1 gelten entsprechend für Vergütungen, die für die Gewährung von Wohngelegenheit oder eine sonstige Sachbenutzung geschuldet werden, wenn die Vergütung zu einem nicht unwesentlichen Teil als Entgelt für neben der Sachbenutzung gewährte Dienstleistungen anzusehen ist.

(3) Die Vorschriften des § 27 des Heimarbeitsgesetzes vom 14. März 1951 (Bundesgesetzbl. I S. 191) bleiben unberührt.

(4) Die Bestimmungen der Versicherungs-, Versorgungs- und sonstigen gesetzlichen Vorschriften über die Pfändung von Ansprüchen bestimmter Art bleiben unberührt.

1 **I) Einmalige Arbeitsvergütungen** (Abs 1): **1) Anwendungsfälle:** § 850i faßt verschiedene Fälle des Pfändungsschutzes zusammen. Abs 1 schützt Einkommen aus Arbeit, das aus einmaliger oder nur von Fall zu Fall gezahlter Vergütung besteht. Stets muß es sich um persönlich geleistete Dienste handeln; von einem Unternehmer durch abhängige Arbeitskräfte erbrachte Werkleistungen gehören nicht hierher. Die Tätigkeit muß die Arbeitskraft des Schuldners zu einem wesentlichen Teil in Anspruch nehmen; Vergütung nur für gelegentliche Dienstleistung wird nicht geschützt. Nicht wesentlich ist die Rechtsgrundlage der Dienstleistung (Dienstvertrag, Werkvertrag, Geschäftsbesorgung usw). In Betracht kommen insbes die freien Berufe. So genießen Schutz des Abs 1 ua Werklohnansprüche der (in eigener Person tätig gewordenen) Handwerker, Honoraransprüche der Ärzte und Zahnärzte (zum Kassenarzthonorare s auch § 850 Rn 9 u § 850a Rn 7); ferner Ansprüche der Krankengymnasten, Therapeuten, Hebammen, Rechtsanwälte (auch gegen die Staatskasse in Prozeßkostenhilfesachen) und Notare, der Schriftsteller, freien Journalisten, der Mitarbeiter des Rundfunks (vgl BAG Betrieb 78, 1035), der Architekten, der selbständigen Handelsvertreter, die keine wiederkehrende Vergütung erhalten (KG JW 35, 1892; s auch § 850 Rn 9), der Makler, Konkurs- und Zwangsverwalter, Testamentsvollstrecker (Übertragbarkeit, damit auch Pfändbarkeit seines Vergütungsanspruchs KG MDR 74, 318 = NJW 74, 752), Gläubigerausschußmitglieder. Als weitere Gruppe kommen in Betracht Personen, die ein festes Arbeitseinkommen beziehen, außerdem aber einmalige oder nur von Fall zu Fall wiederkehrende Vergütungen erhalten, wie angestellte Krankenhausärzte, die daneben eine Privatpra-

xis betreiben, Ärzte, die neben regelmäßig abgerechneten Vergütungen der Kassenärztlichen Vereinigung auch Honorare von Privatpatienten erhalten. In solchen Fällen sind die fortlaufenden Bezüge und die unter Abs 1 fallenden Vergütungen pfändungsrechtlich gesondert zu behandeln (LK Kiel SchlHA 58, 85). Wenn der dem Schuldner für sich und seine Familie zustehende Freibetrag schon dem fortlaufenden Einkommen entnommen werden kann, ist (außer in Fällen des § 850f) für einen Pfändungsschutz der einmaligen Vergütung kein Raum mehr (LG Aachen JurBüro 84, 468; Stöber FdgPfdg Rn 1242). Schließlich kommen auch einmalig zu zahlende Beträge in Betracht, die Arbeitnehmer bei Ausscheiden aus dem Arbeitsverhältnis als Abfindung erhalten, wie der arbeitsrechtliche Abfindungsanspruch nach §§ 112, 113 BetrVG (BAG MDR 92, 590 = NJW 92, 1646 L; Düsseldorf MDR 80, 63 = NJW 79, 2520) und die Abfindungen nach §§ 9 f KSchG (sind Arbeitseinkommen im weiteren Sinne, vgl BAG AP § 850 Nr 1 m Anm Förster = Rpfleger 60, 247 m Anm Berner; BAG 32, 96 = MDR 80, 346); sie genießen (auch bei einvernehmlicher Festlegung im Aufhebungsvertrag, Köln OLGZ 90, 236) Pfändungsschutz nach Abs 1 (LG Düsseldorf Rpfleger 77, 284; Güntner BB 61, 1053; aA Berner aaO; Rewolle Betrieb 62, 936; Schmidt Betrieb 65, 1629; BAG aaO läßt dahingestellt; bei Abfindung, die auch Arbeitsvergütung für zurückliegende Zeit abgilt, kann auch Unterhaltsbedarf vor Antragstellung Berücksichtigung finden, Stuttgart MDR 84, 947 = OLGZ 85, 69). Gleiches gilt für einmalige Abfindungen der Beamten nach dem BeamtVG, wie nach § 21 (Witwenabfindung), § 48 (Ausgleich bei vorgezogener Altersgrenze). Die einmalige Dienstunfallentschädigung (§ 43) ist dagegen unpfändbar (§ 51 III BeamtVG). Hierher gehören auch das Entlassungsgeld nach § 9 WehrsoldG (Hamm JurBüro 85, 631 = OLGZ 84, 457; LG Koblenz MDR 69, 769; aA [unpfändbar] Riecker JurBüro 85, 1772) sowie das in einer Summe fällige Stornoreserveguthaben eines Außendienstmitarbeiters (LAG Hamm BB 92, 2224 L). Einkünfte aus Lizenzverträgen über ein während des Arbeitsverhältnisses geschaffenes, dem Arbeitgeber überlassenes Gebrauchsmuster sind nicht Arbeitseinkommen (BGH 93, 82 = NJW 85, 1031), fallen somit auch nicht unter § 850i I (Karlsruhe BB 58, 629; LG Essen MDR 58, 433; anders LG Berlin WRP 60, 291).

2) **Verfahren** und **Entscheidung:** Der Pfändungsbeschluß wird ohne Pfändungsschutz erlassen. Schutz nach Abs 1 wird nur auf Antrag gewährt, nicht mehr aber nach Beendigung der ZwV mit Zahlung des Drittschuldners an den Gläubiger (Köln OLGZ 90, 236 mit Ausnahme bei fortbestehendem Rechtsschutzinteresse). Antragsberechtigt sind der Schuldner sowie seine unterhaltsberechtigten Angehörigen, nicht der Drittschuldner. Der Antrag ist keine Erinnerung (§ 766); er bezweckt nicht eine Überprüfung des Pfändungsbeschlusses, sondern die Berücksichtigung neu geltend gemachter Tatsachen. Zuständig ist der Rechtspfleger (§ 20 Nr 17 RpflG). Der Gläubiger ist zu hören. Die wirtschaftlichen Verhältnisse des Schuldners, insbes andere Einkommensmöglichkeiten, sind frei zu würdigen (Abs 1 S 2); der Gläubiger kann dem Antrag daher durch den Nachweis entgegentreten, daß der Schuldner anderweit ausreichenden Verdienst hat (KG JW 35, 1892). Anspruch auf Sozialhilfe ist nachrangig; auf ihn kann der Schuldner nicht verwiesen werden, er wird daher nicht als anderweitiges Einkommen berücksichtigt (Köln OLGZ 90, 236). Mehrere einmalige Vergütungen sind zusammenzurechnen (Breslau HRR 38 Nr 1252). Dem Schuldner ist ein Betrag pfandfrei zu belassen, der während eines angemessenen Zeitraums für seinen und der übrigen Unterhaltsberechtigten notwendigen Unterhalt ausreicht (Abs 1 S 1, vgl Düsseldorf Rpfleger 79, 469; Hamm OLGZ 84, 457; LG Berlin Rpfleger 95, 170). Abzuschätzen ist im Wege einer notwendig mit Unsicherheiten behafteten Prognose, wann und in welcher Höhe dem Schuldner weitere Einnahmen zufließen werden, mit denen er nach Ablauf des ins Auge gefaßten („angemessenen") Zeitraums seinen weiteren Lebensbedarf bestreiten kann. Dem Schuldner ist nicht mehr zu belassen, als ihm bei fortlaufendem Einkommen während des genannten Zeitraums pfandfrei verbliebe (Abs 1 S 3); Fällen des § 850f I kann aber auch hier Rechnung getragen werden. Auslagen des Schuldners können im Rahmen des § 850a Nr 3 berücksichtigt werden (vgl Hamm Rpfleger 58, 279). Wenn überwiegende Belange des Gläubigers entgegenstehen, er insbes wegen seiner eigenen wirtschaftlichen Verhältnisse auf Befriedigung dringend angewiesen ist, ist der Schutzantrag (ganz oder teilweise) abzulehnen (Abs 1 S 4); auch der sonst Arbeitnehmern zustehende Freibetrag wird also nicht bedingungslos gewährt. Der Beschluß ist allen Beteiligten von Amts wegen zuzustellen (§ 329 III); je nach Beschwer steht dem Gläubiger oder Schuldner die befristete Rechtspflegererinnerung (§ 11 I S 2 RpflG) zu. 2

II) Gemischte Ansprüche (Abs 2): Typischer Fall ist die Überlassung eines möblierten Zimmers gegen Entgelt iVm nicht ganz unerheblichen persönlichen Dienstleistungen, wie Instandhaltungs- und Reinigungsarbeiten, Bereitstellung von Mahlzeiten durch den Vermieter (vgl Braunschweig NdsRpfl 58, 238). Forderungen nur aus Untervermietung fallen nicht unter Abs 2 (zu ihrer Pfändung § 829 Rn 33). Als sonstige Sachleistung kommt zB in Betracht Überlassung einer landwirtschaftlichen Arbeitsmaschine unter gleichzeitiger Bedienung durch den Eigentümer, Überlassung einer Garage unter gleichzeitiger Übernahme der Fahrzeugpflege. Auch hier muß der Schuldner persönlich tätig werden; wenn seine Dienste nur einen ganz unerheblichen 3

Teil der Leistung ausmachen, ist Abs 2 nicht anwendbar. Pfändungsschutz genießt die ganze Vergütung ohne Ausscheidung eines auf die Dienstleistung treffenden Teils. Andere Einkünfte des Schuldners können zur Versagung des Pfändungsschutzes führen. Abs 1 ist für das Verfahren insofern entsprechend anwendbar, als der Pfändungsbeschluß ohne Einschränkungen zu ergehen hat und die Gewährung eines Freibetrags von einem Antrag des Schuldners (bzw seiner unterhaltsberechtigten Angehörigen) abhängt.

III) Heimarbeit (Abs 3): **§ 27 HeimarbeitsG** (v 14. 3. 51, BGBl I 191) lautet:

Für das Entgelt, das den in Heimarbeit Beschäftigten oder den Gleichgestellten gewährt wird, gelten die Vorschriften über den Pfändungsschutz für Vergütungen, die auf Grund eines Arbeits- oder Dienstverhältnisses geschuldet werden, entsprechend.

4 Geschützt werden Personen, die ihre Arbeitsleistung persönlich unabhängig erbringen (keine Bindung an Arbeitszeit und Arbeitsort), die aber für einen bestimmten Auftraggeber arbeiten und von ihm ebenso wirtschaftlich abhängig sind wie sonst Arbeitnehmer. In Betracht kommen Heimarbeiter, Hausgewerbetreibende, Zwischenmeister und die ihnen durch Verwaltungsanordnung gleichgestellten Personen (§ 1 Ges idF v 29. 10. 74, BGBl I 2879). Büroberufliche Heimarbeit ist mit eingeschlossen. Begriffsbestimmungen: BVerfG Betrieb 76, 727; Wlotzke Betrieb 74, 2252; § 12 SGB IV. Bei dauerndem Beschäftigungsverhältnis sind §§ 850c oder 850d, ev § 850f II, entspr anzuwenden. Wenn die in Heimarbeit Tätigen ihre Vergütung bei Ablieferung ihrer Erzeugnisse und damit zu unregelmäßigen Zeitpunkten erhalten, ist sie auf die den §§ 850c, 850d zugrundeliegenden Zeiträume umzurechnen und dementsprechend der Freibetrag zu bestimmen. Bei gleichzeitiger Tätigkeit für mehrere Auftraggeber kann Zusammenrechnung nach § 850e Nr 2 erfolgen. Gesondert gewährte Aufwandsentschädigung und gesondertes Entgelt für selbstgestelltes Arbeitsmaterial sind nach § 850a Nr 3 unpfändbar; wird nur ein Gesamteinkommen gezahlt, das Aufwand und selbstgestelltes Arbeitsmaterial einschließt, dann sind Teile für solche Zwecke nach § 850f I pfandfrei zu stellen (§ 850a Rn 7). Bei einmaligen Aufträgen ist § 850i I entspr anzuwenden; der Pfändungsbeschluß ergeht dann ohne Einschränkungen; dem Schuldner bleibt überlassen, wie nach Abs 1 Pfändungsschutz zu erwirken.

5 **IV) Versicherungs- und Versorgungsgesetze** (Abs 4): Mit der Bestimmung, daß **Vorschriften außerhalb der ZPO** über die Pfändung von Ansprüchen bestimmter Art unberührt bleiben (Abs 4), waren Zweifel über die Fortgeltung der älteren (vor dem Lohnpfändungsrecht ergangenen) Regelungen und über die Wirksamkeit danach getroffener besonderer Vorschriften ausgeräumt. Die Bestimmung ist mit Regelung der Pfändung von Sozialleistungen in §§ 54, 55 SGB I (Rn 6 ff) weitgehend gegenstandslos geworden. Bedeutung hat sie nur für vereinzelte Sonderregelungen (zB § 51 IV, V StVollzG), auch in Beamten- und Soldatenversorgungsgesetzen (s § 850 Rn 4, 5, auch § 829 Rn 33) und für die Pfändungsbestimmungen der im SGB nicht geregelten auslaufenden Sozialleistungsbereiche (Rn 7).

6 **V) Pfändung von Sozialleistungen: 1)** Sie ist seit 1. 1. 1976 im **Sozialgesetzbuch** (SGB) I (BGBl 1975 I 3015) geregelt. § 54 Abs 3 und 4 wurden neu gefaßt durch das 2. SGBÄndG (BGBl 1994 I 1229); Abs 5 wurde (damals als Abs 4) angefügt durch das 1. SGBÄndG (BGBl 1988 I 1046); die durch das 1. SGBÄndG weiter angefügten Abs 5 und 6 wurden durch das 2. SGBÄndG aufgehoben. Eingehend zum 2. SGBÄndG Hornung Rpfleger 94, 442.

§ 54 SGB Pfändung

(1) Ansprüche auf Dienst- und Sachleistungen können nicht gepfändet werden.

(2) Ansprüche auf einmalige Geldleistungen können nur gepfändet werden, soweit nach den Umständen des Falles, insbesondere nach den Einkommens- und Vermögensverhältnissen des Leistungsberechtigten, der Art des beizutreibenden Anspruchs sowie der Höhe und der Zweckbestimmung der Geldleistung, die Pfändung der Billigkeit entspricht.

(3) Unpfändbar sind Ansprüche auf

1. Erziehungsgeld und vergleichbare Leistungen der Länder,

2. Mutterschaftsgeld nach § 13 Abs. 1 des Mutterschutzgesetzes, soweit das Mutterschaftsgeld nicht aus einer Teilzeitbeschäftigung während des Erziehungsurlaubs herrührt oder anstelle von Arbeitslosenhilfe gewährt wird, bis zur Höhe des Erziehungsgeldes nach § 5 Abs. 1 des Bundeserziehungsgeldgesetzes,

3. Geldleistungen, die dafür bestimmt sind, den durch einen Körper- oder Gesundheitsschaden bedingten Mehraufwand auszugleichen.

(4) Im übrigen können Ansprüche auf laufende Geldleistungen wie Arbeitseinkommen gepfändet werden.

(5) Ein Anspruch des Leistungsberechtigten auf Geldleistungen für Kinder (§ 48 Abs. 1 Satz 2) kann nur wegen gesetzlicher Unterhaltsansprüche eines Kindes, das bei der Festsetzung der Geldleistungen berücksichtigt wird, gepfändet werden. Für die Höhe des pfändbaren Betrages bei Kindergeld gilt:

1. Gehört das unterhaltsberechtigte Kind zum Kreis der Kinder, für die dem Leistungsberechtigten Kindergeld gezahlt wird, so ist eine Pfändung bis zu dem Betrag möglich, der bei gleichmäßiger Verteilung des Kindergeldes auf jedes dieser Kinder entfällt. Ist das Kindergeld durch die Berücksichtigung eines weiteren Kindes erhöht, für das einer dritten Person Kindergeld oder dieser oder dem Leistungsberechtigten eine andere

Geldleistung für Kinder zusteht, so bleibt der Erhöhungsbetrag bei der Bestimmung des pfändbaren Betrages des Kindergeldes nach Satz 1 außer Betracht.

2. Der Erhöhungsbetrag (Nummer 1 Satz 2) ist zugunsten jedes bei der Festsetzung des Kindergeldes berücksichtigten unterhaltsberechtigten Kindes zu dem Anteil pfändbar, der sich bei gleichmäßiger Verteilung auf alle Kinder, die bei der Festsetzung des Kindergeldes zugunsten des Leistungsberechtigten berücksichtigt werden, ergibt.

2) § 54 SGB I regelt die Pfändung für **Ansprüche aus allen Sozialleistungsbereichen.** Vereinzelte Abweichungen ergeben sich auf Grund des Vorbehalts in § 37 SGB I aus Einzelgesetzen (zB § 4 BSHG und für Konkursausfallgeld). Einige auslaufende und weitgehend abgewickelte Sozialleistungsbereiche hat das SGB I nicht mehr berührt wie Lastenausgleich und Bundesentschädigungsgesetz (s Stichworte § 829 Rn 33). Nach § 54 (auch § 55) SGB I bestimmt sich die Pfändung auch wegen der vor dem 1. 1. 1976 entstandenen Vollstreckungsforderungen (LG Augsburg Rpfleger 77, 332) und auch dann, wenn gegen den Rechtsnachfolger nach Tod des Sozialleistungsberechtigten vollstreckt wird (Stöber FdgPfdg Rn 1359). Mit Abtretung einer Sozialgeldleistung (eines Teilanspruchs, § 53 SGB I) wird sie zur Forderung des neuen Gläubigers (§ 398 BGB); als solche unterliegt sie bei Vollstreckung gegen den Zessionar nicht mehr dem Pfändungsschutz des § 54 SGB I (Stuttgart MDR 85, 944 = OLGZ 85, 338; auch § 850b Rn 3); Schutzmöglichkeit besteht dann nur nach § 765a (nicht § 850b I Nr 2 bei Abtretung zur Erfüllung einer gesetzlichen Unterhaltspflicht, weil die Forderung nicht zur Unterhaltsrente wird; anders für den über die Grenze des § 850c hinaus bis zur Grenze des § 850d abgetretenen Anspruch Stuttgart aaO). Im einzelnen regelt § 54 SGB I die Anspruchspfändung für folgende Sozialleistungsbereiche: 7

a) Bildungsförderung (§ 3 I SGB). Leistungsarten regelt das BAföG. Leistungsträger sind die Ämter und die Landesämter für Ausbildungsförderung (§ 18 II SGB). 8

b) Arbeitsförderung (§ 3 II SGB). Leistungsarten regeln das Arbeitsförderungsgesetz (AFG mit Besonderheiten für Schwerbehindertenrecht in § 20 SGB und SchbG), das Vorruhestandsgesetz (VRG) und das Altersteilzeitgesetz (BGBl 1996 I 1078, vorübergehend auch noch das Altersteilzeitgesetz 1988). Für ZwV erlangen insbes Arbeitslosengeld und Arbeitslosenhilfe Bedeutung. Leistungsträger sind die Arbeitsämter, für vereinzelte Sonderleistungen auch sonstige Dienststellen der Bundesanstalt für Arbeit (§§ 19 II, 19a II, 19b II SGB). Drittschuldner ist der Direktor des Arbeitsamts (§ 148 AFG, BGBl 1984 I 1557; dazu Gagel NJW 84, 714). Besonderheiten gelten für Kurzarbeiter-, Winter-, Winterausfall- und Konkursausfallgeld (Rn 46, 47). 9

c) Sozialversicherung (§ 4 SGB). Leistungen erfolgen im Rahmen der gesetzlichen Kranken-, Unfall- und Rentenversicherung, der sozialen Pflegeversicherung sowie der Alterssicherung der Landwirte (§§ 21–23 SGB). Regelungen treffen SGB V (gesetzliche Krankenversicherung), VI (gesetzliche Rentenversicherung) und XI (soziale Pflegeversicherung) sowie Einzelgesetze dieser Leistungsbereiche. Für die ZwV erlangen Bedeutung insbes in der Krankenversicherung das Krankengeld, in der Unfallversicherung die Rente wegen Minderung der Erwerbsfähigkeit und die Hinterbliebenenrente (auch Rentenabfindung), in der Rentenversicherung die Renten wegen Alters, verminderter Erwerbsfähigkeit sowie die Hinterbliebenenrente und Leistungen für Pflegepersonen der sozialen Pflegeversicherung. Leistungsträger sind die Orts-, Betriebs- und Innungskrankenkassen, die See-Krankenkasse, die landwirtschaftlichen Krankenkassen, die Bundesknappschaft und die Ersatzkassen (§ 21 II SGB), die bei den Krankenkassen errichteten Pflegekassen (§ 21a II SGB), die gewerblichen Berufsgenossenschaften, Gemeindeunfallversicherungsverbände, Feuerwehrunfallversicherungskassen usw, die landwirtschaftliche Unfallversicherung und Berufsgenossenschaften, die See-Unfallversicherung und Berufsgenossenschaft und weitere Ausführungsbehörden des Bundes und der Länder (§ 22 II SGB); die Landesversicherungsanstalten, Seekasse und Bahnversicherungsanstalt, die Bundesversicherungsanstalt für Angestellte sowie die Bundesknappschaft und die landwirtschaftlichen Alterskassen (§ 23 II SGB). 10

d) Soziale Entschädigung für Gesundheitsschäden (§ 5 SGB). Leistungsarten regeln (§ 24 I SGB) das Bundesversorgungsgesetz (BVG) und andere Gesetze, die eine entsprechende Anwendung des BVG vorsehen, so § 80 Soldatenversorgungsgesetz, § 59 I Bundesgrenzschutzgesetz (mit § 80 SVG), § 47 Zivildienstgesetz, § 51 Bundes-Seuchengesetz, §§ 4, 5 Häftlingshilfegesetz, § 1 Gesetz über die Entschädigung für Opfer von Gewalttaten (OEG) und §§ 21, 22 Strafrechtl Rehabilitierungsgesetz (BGBl 1992 I 1814). Leistungsträger sind die Versorgungsämter, für Einzelleistungen auch die Landesversorgungsämter und andere Dienststellen (§ 24 II SGB). 11

e) Minderung des Familienaufwands (§ 6 SGB). Leistungen regelt mit Kindergeld das Bundeskindergeldgesetz (BKGG) sowie das Bundeserziehungsgeldgesetz (BErzGG [BGBl 1994 I 180]). Leistungsträger für Ansprüche nach dem BKGG sind die Arbeitsämter und die in § 45 Ia S 1 BKGG genannten Stellen (§ 25 II SGB); dazu Rn 42. Kindergeld nach dem BKGG erhält nur noch, wer nach § 1 I–III EStG nicht unbeschränkt steuerpflichtig ist und auch nicht als unbeschränkt steuerpflichtig behandelt wird, uU auch, wer Vollwaise ist oder den Aufenthalt seiner 12

Eltern nicht kennt (§ 1 BKGG mit Einzelheiten). Zum Kindergeld nach § 31 EStG s § 829 Rn 34–42.

13 f) **Zuschuß für angemessenes Wohnen** (§ 7 SGB). Leistungen regeln mit dem Wohngeld das Wohngeldgesetz (WoGG) und das Wohngeldsondergesetz (BGBl 1992 I 2407). Leistungsträger sind durch Landesrecht bestimmte Behörden (§ 26 II SGB).

14 g) **Kinder- und Jugendhilfe** (§ 8 SGB). Leistungen (§ 27 SGB) für Pfändung fallen nicht an.

15 h) **Sozialhilfe** (§ 9 SGB). Leistungen verschiedenster Art (§ 28 SGB) regelt das Bundessozialhilfegesetz (BSHG). Nach § 4 BSHG kann der Anspruch auf Sozialhilfe nicht gepfändet werden.

16 i) **Rehabilitation** (§ 10 SGB) mit Leistungen verschiedenster Art (§ 29 SGB), die nicht selbständig geregelt sind, sondern in nahezu allen Sozialleistungsbereichen von den dort zuständigen Leistungsträgern gewährt werden.

16a k) Die Pfändbarkeit der Produktionsaufgabenrente eines **Landwirts** (auch der Witwe oder des Witwers) sowie des Ausgleichsgeldes der Arbeitnehmer und mitarbeitenden Familienangehörigen (Leistungsträger: Landw Alterskassen) bestimmt sich nach § 54 SGB I (entspr Anwendung nach § 18 I FELEG, BGBl 1989 I 233).

16b l) Das Erste Buch SGB, somit insbes § 54, gilt entsprechend (hierzu Stöber FdgPfdg Rn 1333a–c) für Pfändung von Leistungen nach dem Ges über Entschädigungen für Opfer des Nationalsozialismus im Beitrittsgebiet v 22. 4. 1992 (BGBl I 906), UnterstützungsabschlußG v 6. 5. 1994 (BGBl I 990), Strafrechtl RehabilitierungsG v 29. 10. 1992 (BGBl I 1814), Verwaltungsrechtl RehabilitierungsG v 23. 6. 1994 (BGBl I 1311) und Berufl RehabilitierungsG v 23. 6. 1994 (BGBl I 1313; Anspruch auf Ausgleichsleistungen ist nach § 9 II BerRehaG unpfändbar).

17 3) **Ansprüche auf Dienstleistungen** (zB Krankenpflege, Haushaltshilfe, Betriebshilfe für Landwirte) und auf **Sachleistungen** (zB Versorgung mit Medikamenten, orthopädischen Hilfsmitteln, Krankenhausaufnahme, Pflegesachleistung) können nicht gepfändet werden (§ 54 I SGB I). Sie sind auf die persönlichen Bedürfnisse des Leistungsberechtigten zugeschnitten, können nach ihrer Zweckbestimmung sonach Dritten nicht erbracht werden. Wenn statt der Sachleistung die zur Eigenbeschaffung durch den Schuldner erforderlichen Geldbeträge zugesagt werden, ist die Pfändbarkeit des Anspruchs nach § 54 II SGB I und damit unter Billigkeitsgesichtspunkten zu beurteilen. Wegen der engen Bindung an einen bestimmten Zweck wird die Pfändung dann meist als unbillig und damit unzulässig anzusehen sein (Schreiber Rpfleger 77, 295); eine Ausnahme kann etwa zugunsten von Personen oder Stellen in Betracht kommen, die eine Anschaffung bevorschußt und damit zur Zweckerreichung beigetragen haben.

18 4) a) Ansprüche auf **einmalige Geldleistungen** können nur gepfändet werden, wenn dies nach näherer Maßgabe von § 54 II SGB I der Billigkeit entspricht. Eine einmalige Geldleistung wird gewährt, wenn die Sozialleistung nach dem Leistungsgesetz nicht in wiederkehrenden Zeitabschnitten zu erbringen ist, dann auch, wenn sie in Teilbeträgen (ratenweise) ausgezahlt wird. Beispiele: Rentenabfindung, Kapitalabfindung, Sterbegeld, Beitragserstattung (pfändbar auch, wenn Voraussetzungen erfüllt sind, aber noch kein Erstattungsantrag gestellt ist, KG JurBüro 86, 943 = Rpfleger 86, 230; Karlsruhe Rpfleger 84, 155; LG Lübeck Rpfleger 84, 474; zu weitgehend Bremen JurBüro 88, 932; aA LG Düsseldorf JurBüro 85, 1901 [erst wenn Rückzahlungsanspruch geltend gemacht ist; nicht richtig]). Rückständige wiederkehrende Leistungen, die in einer Summe ausbezahlt werden (zB Rentennachzahlung) gehören nicht zu den einmaligen Geldleistungen, ebenso nicht der Anspruch auf Rückzahlung zuviel entrichteter Beiträge nach § 26 SGB IV (anders zu § 119 RVO: KG Rpfleger 76, 144; Koblenz NJW 62, 1778), da er nicht auf Sozialleistung gerichtet ist (BSozG NJW 66, 1045). Unterhaltsgläubiger sind bei Pfändung einmaliger Geldleistungen nicht bevorrechtigt; ihrer Vollstreckungsforderung kann aber unter dem Gesichtspunkt der Billigkeit Bedeutung zukommen.

19 b) **Billigkeit** für Pfändung soll es ermöglichen, Gläubiger- und Schuldnerinteressen nach den Umständen des Einzelfalls in sozial- und rechtspolitisch vertretbarer Weise gegeneinander abzuwägen (BT-Drucks 7/868 S 3). Die maßgeblichen wesentlichen Gesichtspunkte führt der Gesetzeswortlaut auf; diese sind jedoch nur beispielhaft, nicht abschließend, so daß auch alle anderen bedeutsamen Umstände des Einzelfalls zu würdigen sind wie Umstände, die zum Entstehen der Forderung geführt haben, uU auch andere Pfändungsmöglichkeiten (dazu Stöber FdgPfdg Rn 1352), nicht aber Einwendungen gegen die Vollstreckungsforderung des Gläubigers (LG Berlin Rpfleger 77, 31; LG Wiesbaden JurBüro 81, 626 = Rpfleger 81, 491). Ergebnislose ZwV in das Schuldnervermögen muß jedoch nicht (wie im Falle des § 850b) versucht worden sein oder aussichtslos erscheinen. Die **Einkommens- und Vermögensverhältnisse** des Schuldners (vgl LG Berlin Rpfleger 77, 31) ermöglichen Beurteilung, in welchem Maße er auf die Sozialleistung angewiesen ist. Bei Abwägung der beiderseitigen Belange können aber auch bedrängte Verhältnisse des Gläubigers ins Gewicht fallen (vgl [zu § 850b] BGH 53, 41 = NJW 70, 282). Von Bedeutung ist weiter die **Art des beizutreibenden Anspruchs.** So kann es angemessen sein,

dringliche Unterhaltsforderungen eher unter Hintanstellung der Belange des Schuldners zum Zug kommen zu lassen als andere Ansprüche. Besondere Berücksichtigung können zB auch, entspr § 850f II, Gläubigeransprüche aus vorsätzlicher unerlaubter Handlung verdienen, desgleichen die (auch in § 53 II Nr 1 SGB I privilegierten) Ersatz- oder Darlehensansprüche von Gläubigern, die Mittel für notwendige Aufwendungen des Schuldners vorgestreckt haben (vgl LG Köln NJW 77, 1640). Ähnlich sind Mietforderungen zu beurteilen (LG Berlin Rpfleger 77, 31). Die Art der Vollstreckungsforderung kann andererseits Anlaß sein, das Schutzbedürfnis des Schuldners voranzustellen, zB gegenüber der Kaufpreisforderung aus dem Schuldner aufgedrängter Anschaffung oder Darlehensforderung aus überzogener Kreditgewährung (vgl KG MDR 81, 505; Frankfurt MDR 78, 323; LG Kassel NJW 77, 302; LG Köln NJW 77, 1640). Besondere Bedeutung kommt bei Abwägung der beiderseitigen Belange der **Zweckbestimmung** der zu pfändenden Leistung zu (BGH 92, 339 [345]; Celle NJW 77, 1641; Stöber Rpfleger 77, 121; Hornung Rpfleger 77, 291 [295]; 78, 239 f). Bei Leistungen, die dazu bestimmt sind, besonderen Bedürfnissen des Schuldners abzuhelfen, spricht die Zweckbestimmung gegen eine Pfändbarkeit; denn durch sie würde die Befriedigung als schutzwürdig anerkannter Bedürfnisse beeinträchtigt oder vereitelt (BGH 92, 339 [345]).

c) Als selbständige Regelung läßt § 54 II SGB I unter den genannten Voraussetzungen (im Gegensatz zu § 850b I) die **Pfändung grundsätzlich zu.** Es besteht somit keine Unpfändbarkeit, die (wie im Falle des § 850b; dort Rn 11) nur auf Grund einer konstitutiv wirkenden Entscheidung des Vollstreckungsgerichts durchbrochen wäre (BGH 92, 339 = NJW 85, 976 = Rpfleger 85, 155 m zust Anm Hornung zum vormaligen § 54 III SGB I). 20

5) **Laufende Geldleistungen** werden gewährt, wenn die Leistungen regelmäßig wiederkehrend für bestimmte Zeitabschnitte gezahlt werden (Begründung BT-Drucks 7/868 S 31). Beispiele: Arbeitslosengeld und Arbeitslosenhilfe, Krankengeld, Verletzten- und Hinterbliebenenrente, Rente wegen Berufsunfähigkeit, Erwerbsunfähigkeit oder Alters, Wohngeld. Nachzahlungen bleiben laufende Geldleistungen (Rn 18). Laufende Sozialleistungen sind entweder nach § 54 III SGB I unpfändbar oder können wie Arbeitseinkommen gepfändet werden (§ 54 IV SGB I). 21

6) **Nicht pfändbar** (unpfändbar) sind, auch wenn der Gläubiger eines Unterhaltsanspruchs oder einer Forderung aus vorsätzlicher unerlaubter Handlung vollstreckt: **a) Erziehungsgeld** nach dem BErzGG (Rn 12) und vergleichbare Leistungen der Länder (§ 54 III Nr 1 SGB I). 22

b) Mutterschaftsgeld nach § 13 I Mutterschutzgesetz bis zur Höhe des Erziehungsgeldes nach § 5 I BErzGG (§ 54 III Nr 2 SGB I). Grund: Das für die Zeit nach der Geburt laufend zu zahlende Mutterschaftsgeld, das nach der RVO, dem Gesetz über die Krankenversicherung der Landwirte oder dem Mutterschutzgesetz selbst gewährt wird (nicht aber das Mutterschaftsgeld nach § 13 II Mutterschutzgesetz nicht gesetzlich krankenversicherter Frauen) wird auf das Erziehungsgeld angerechnet (§ 7 I S 1 BErzGG). Die Mutter erhält in der achtwöchigen (uU zwölfwöchigen) Schutzfrist nach der Geburt somit lediglich Mutterschaftsgeld, aber kein Erziehungsgeld. Daher ist an Stelle des damit entfallenden Erziehungsgeldes (Rn 22) in gleicher Höhe das (anzurechnende) Mutterschaftsgeld unpfändbar. Erziehungsgeld nach § 5 I BErzGG: 600 DM monatlich; § 7 II S 1 BErzGG begrenzt die Anrechnung auf 20 DM kalendertäglich. Ausgenommen von dieser Anrechnung ist das laufend zu zahlende Mutterschaftsgeld, das die Mutter auf Grund einer Teilzeitarbeit oder anstelle von Arbeitslosenhilfe während des Bezugs von Erziehungsgeld erhält (§ 7 II S 2 BErzGG). Diese Arten von Mutterschaftsgeld werden somit zusätzlich zum Erziehungsgeld bezahlt; sie bleiben daher nach § 54 IV SGB I pfändbar. 23

c) **Geldleistungen,** die dafür bestimmt sind, den durch einen **Körper- oder Gesundheitsschaden bedingten Mehraufwand** auszugleichen (§ 54 III Nr 3 SGB I). Grund: Zweckbindung; Dekkung des Mehraufwandes soll gewährleistet bleiben. Geldleistungen zur Deckung solcher Mehraufwendungen sind (s BT-Drucks 12/5187 S 29) insbes die Grundrente und die Schwerstbeschädigtenzulage nach § 31 BVG, die Pflegezulage nach § 35 BVG, die Kleiderverschleißzulage nach § 15 BVG und eine Beihilfe für fremde Führung oder Blindenführhund (§ 14 BVG). Dazu gehören auch Leistungen nach dem für alle Behinderte geltenden Schwerbehinderten- und Rehabilitationsrecht wie zB Hilfen für die Beschaffung eines Kraftfahrzeugs oder Hilfen an Schwerbehinderte gem § 31 III Nr 1 SchwerbehindertenG (BT-Drucks aaO). Nicht erfaßt werden jedoch Sozialleistungen an Schwerbeschädigte oder Schwerbehinderte, die dem Ausgleich von Einkommensverlusten dienen (BT-Drucks aaO), wie zB die Ausgleichsrente nach § 32 BVG und der Berufsschadensausgleich nach § 30 BVG; solche Leistungen sind nach § 54 IV SGB I wie Arbeitseinkommen pfändbar (BT-Drucks aaO). Leistungen der Pflegeversicherung (Rn 10) an Pflegebedürftige (Pflegegeld usw) sind gleichfalls zur Deckung des krankheitsbedingten Mehraufwands bestimmt und damit nach § 54 III Nr 3 SGB I unpfändbar (Stöber FdgPfdg Rn 1358; Sauer u Meiendresch NJW 96, 765 [diese auch zu Leistungen privater Versicherer und zur Pfändbarkeit von Leistungen für Pflegepersonen]). 24

25 **7) a) Andere laufende Geldleistungen** (Rn 21) als die Rn 22–24 Genannten sind „wie Arbeitseinkommen" pfändbar (§ 54 IV SGB I; zu Kindergeld und anderen Geldleistungen für Kinder jedoch Rn 35 ff). Die Pfändung hat somit zu erfolgen, wenn die Voraussetzungen vorliegen; als Zugriffserfordernis entfallen ist, daß die Pfändung der Billigkeit zu entsprechen hat und der Schuldner nicht hilfebedürftig werden darf (so § 54 III Nr 2 SGB I aF). Damit haben sich vielfache Streit- und Zweifelsfragen der unpraktikablen vormaligen Regelung erledigt (s zuletzt 18. Aufl). Das Pfändungsverfahren ist von der früheren Einzelfallprüfung (zuletzt § 54 VI SGB I aF) entlastet; Einzelfallbedürfnissen des Schuldners kann nun mit Erhöhung des unpfändbaren Betrags der laufenden Geldleistungen nach § 850f I ZPO Rechnung getragen werden. Folge der Neuregelung ist zudem der notwendige Gleichlauf der Zulässigkeit (oder Unzulässigkeit) von Pfändung und Abtretung sowie Verpfändung der Geldleistungen mit Lohnersatzfunktion und eine nun einheitliche Regelung der Pfändung aller Lohnersatzleistungen; früher konnte nur Konkursausfallgeld nach § 141 l II AFG und Vorruhestandsgeld bei Zahlungseinstellung des Arbeitgebers (Verweisung in § 9 IV VRG auf § 141 l II AFG) wie Arbeitseinkommen gepfändet werden, während im Gegensatz dazu andere Lohnersatzleistungen den weitergehenden Pfändungsbeschränkungen des § 54 III SGB I aF unterlagen. Wohngeld gehört zu den laufenden Geldleistungen (LG Hannover FamRZ 96, 812 = Rpfleger 96, 35 u 119); ein Rechtsschutzbedürfnis für Pfändung nach § 54 IV SGB I („wie Arbeitseinkommen") der unter der Freigrenze (§§ 850c, d, f II) liegenden Beträge besteht jedoch nicht (Stöber FdgPfdg Rn 1364 mit 1377; aA LG Bielefeld JurBüro 96, 270; LG Hannover aaO). Einbeziehung in eine Zusammenrechnung: § 850e Rn 15.

26 **b)** Wie Arbeitseinkommen bleiben laufende Geldleistungen **stets unpfändbar** in Höhe der nach § 850c (bei Vollstreckung gewöhnlicher Geldforderungen), in Sonderfällen nach § 850f, sowie der nach § 850d (wenn wegen eines Unterhaltsanspruchs vollstreckt wird) nicht pfändbaren Beträge. Rückständiger Unterhalt über ein Jahr hat das Vorrecht nur unter den Voraussetzungen des § 850d I S 4; sonst kann für solche Ansprüche nur unter Wahrung der Pfändungsgrenzen des § 850c vollstreckt werden. Auf die nach der Pfändung fällig werdenden laufenden Geldleistungen aus einheitlichem Sozialrechtsverhältnis (Stöber FdgPfdg Rn 1374) erstreckt sich das Pfandrecht nach Maßgabe des § 832 (für Arbeitslosengeld und -hilfe BSozG JurBüro 82, 1176, NJW 83, 958 L u MDR 89, 187; aA SozialG Münster JurBüro 79, 289 m krit Anm Mümmler). Vorratspfändung ist bei Vollstreckung wegen gesetzlicher Unterhaltsansprüche sowie wegen der aus Anlaß einer Verletzung des Körpers oder der Gesundheit zu zahlenden Renten auch wegen künftig erst fällig werdender Gläubigeransprüche nach Maßgabe des § 850d III zulässig (Celle MDR 62, 414; LG Berlin Rpfleger 70, 441; zur Vorratspfändung von Krankengeld s aber auch die enge Ansicht des BSozG MDR 63, 256 = NJW 63, 556; dazu Berner Rpfleger 64, 299). Unpfändbare Leistungsteile können sich aus der entsprechenden Anwendung von § 850a (mit § 850e Nr 1) ergeben, insbes für Leistungen, die als Aufwandsentschädigungen gewährt werden (dazu näher Stöber FdgPfdg Rn 1357). Zusammenrechnung laufender Geldleistungen mit Arbeitseinkommen: § 850e Nr 2a.

27 **c)** Ein **künftiger** (noch nicht entstandener, § 40 SGB) **Anspruch** auf eine nach § 54 IV SGB I pfändbare laufende Geldleistung ist dem Grundsatz nach ebenso pfändbar (eine Anwartschaft braucht nicht gewahrt zu sein), wie Vorausabtretung (§ 53 II, III SGB I) künftiger Sozialleistungsansprüche grundsätzlich zulässig ist (hierzu BGH NJW 89, 2383 [2384 reSp]). Erforderlich ist, daß mit Zugang zur Renten- oder Krankenversicherung usw bereits eine Rechts**grundlage** für die Möglichkeit des Entstehens der zukünftigen Forderung vorhanden ist, die ihre Bestimmung ermöglicht (§ 829 Rn 2). Daß die künftige Entstehung der Forderung nur überhaupt (irgendwie) denkbar erscheint, genügt für die Pfändung nicht. Nicht ausreichend ist daher allein, daß der Schuldner Träger des Rechts ist, das auf Teilhabe an der sozialen Förderung und Sicherung gerichtet ist (§ 2 I S 1 SGB I). Es muß auch nach den tatsächlichen Gegebenheiten der künftige Eintritt der Anspruchsvoraussetzungen (§ 2 I S 2, § 40 I SGB I) möglich und bereits bestimmbar sein. Daher kann ein Anspruch auf eine „künftige" Sozialleistung als reine Hoffnung (Erwartung) nicht gepfändet werden, wenn es an einer hinreichenden (rechtlichen und tatsächlichen) Grundlage für die Möglichkeit des Entstehens der zukünftigen Forderung fehlt. Die Abgrenzung ist schwierig und nicht geklärt; Anhalt bietet die Tatsache, ob der Eintritt der gesetzlich bestimmten Voraussetzungen für das zukünftige Entstehen des Anspruchs auf die Sozialleistungen (§ 40 I SGB I) als künftiges (wenn auch noch unbestimmtes) Ereignis bereits festgestellt und bezeichnet werden kann oder ob die gesetzlichen Anspruchsvoraussetzungen durch ein künftiges ungewisses Ereignis (Ereignis, dessen künftiger Eintritt noch nicht feststeht) bedingt sind. Als pfändbar gilt daher bei Vollstreckung gegen einen berufstätigen Schuldner zutreffend die künftige Altersrente (auch Rente wegen verminderter Erwerbsfähigkeit) in der gesetzlichen Rentenversicherung (s Stöber FdgPfdg Rn 1359b; BFH NJW 92, 855; Celle NdsRpfl 92, 51; Oldenburg NJW-RR 92, 512; LG Berlin JurBüro 95, 547 = Rpfleger 95, 307; LG Bremen Rpfleger 96, 210 [fordert noch 60 Monate versicherungspflichtige Tätigkeit]; LG Heilbronn JurBüro 96, 157 = MDR 96, 419 = Rpfleger 95, 510). Der früheren Rechtsprechung (18. Aufl Rn 21a), die auf Prüfung der Billigkeit und des Nichteintritts der Sozialhilfebedürftigkeit abgestellt hat, kommt (nach Gesetzesände-

rung) keine Bedeutung mehr zu. Pfändung (nur) eines künftigen Rentenanspruchs muß im Pfändungsbeschluß ausgesprochen werden (vgl § 829 Rn 10 u § 850 Rn 18); § 832 erstreckt das Pfandrecht an fortlaufenden Sozialleistungen nur auf die nach der Pfändung fällig werdenden Bezüge, schließt aber nicht den späteren (bei Pfändung noch nicht entstandenen) Anspruch auf die künftigen Sozialleistungen ein. Gleichzeitige Pfändung (auch alternativ mit „oder") der Rente aus der gesetzlichen Rentenversicherung bei mehreren Leistungsträgern ist nicht möglich (Drittschuldner ist nicht bestimmt; LG Berlin aaO; LG Oldenburg JurBüro 95, 548). Nicht für zulässig erachtet werden kann, weil die gesetzlichen Anspruchsvoraussetzungen durch ein künftiges ungewisses Ereignis bedingt sind (somit als reine „Erwartung") zB Pfändung einer Verletztenrente oder einer Rente an Hinterbliebene aus der Unfallversicherung vor Eintritt des Arbeitsunfalls (Stöber FdgPfdg Rn 1359b) oder einer Rente wegen Todes (Witwen- oder Witwerrente) in der gesetzlichen Rentenversicherung (§ 46 SGB VI) vor dem Tod des versicherten Ehegatten. Gleiches muß gelten (keine künftige Anspruchspfändung) für den Anspruch auf Arbeitslosengeld vor (jedenfalls anstehendem) Eintritt der Arbeitslosigkeit (LG Berlin Rpfleger 95, 307) und für den Anspruch auf Krankengeld (§ 44 SGB VI) vor arbeitsunfähiger Erkrankung oder (jedenfalls anstehender) Krankenhausbehandlung. Nicht pfändbar sind die (nicht übertragbare) Rentenanwartschaft als solche (LG Berlin NJW 89, 1738; LG Frankenthal Rpfleger 91, 164; anders LG Verden MDR 82, 677) und das Recht, eine Rente zu beantragen (LG Wiesbaden NJW-RR 96, 59; Anspruch kann von Gläubiger geltend gemacht werden; Stöber FdgPfdg Rn 1308). Eine Pfändung des „künftigen" Anspruchs auf Konkursausfallgeld vor Antragstellung schließt § 141k II, § 141 l I S 1 AFG aus.

8) **Pfändungsverfahren: a)** Ein Pfändungs**verfahren** regelt das SGB nicht. Als Geldforderungen werden Sozialleistungen nach §§ 828 ff ZPO gepfändet; es gelten somit die ZPO-Verfahrensvorschriften für ZwV in Geldforderungen. Bewirkt ist die Pfändung mit Zustellung des Beschlusses an den Drittschuldner (§ 829 III), das ist der Rn 8–16a bezeichnete jeweilige Leistungsträger. 28

b) Das Vollstreckunsgericht **prüft** (dazu § 829 Rn 4) die Voraussetzungen der ZwV und den Antrag des Gläubigers, nicht jedoch den Tatsachenvortrag des Gläubigers auf seine Richtigkeit. Der Gläubiger muß daher nicht belegen (beweisen oder glaubhaft machen), daß die zu pfändende Forderung besteht; gepfändet wird die „angebliche" Forderung, die der Schuldner gegen den Drittschuldner haben soll. 29

c) Für Pfändung einer **einmaligen** Geldleistung hat der Gläubiger in seinem Antrag die Tatsachen darzustellen, die Bestehen der zu pfändenden Schuldnerforderung und deren Pfändbarkeit (schlüssig) ergeben (s § 829 Rn 4). Aus dem Gläubigervorbringen muß damit auch substantiiert folgen, daß die Pfändung nach § 54 II SGB I der Billigkeit entspricht. Anhörung des Schuldners ist ausgeschlossen (§ 834). Im Pfändungsbeschluß ist der Anspruch auf einmalige Geldleistung nach allgemeinen Grundsätzen (§ 829 Rn 8) bestimmt zu bezeichnen; allgemein gehaltene Angabe ist unzureichend (s BSozG BB 86, 2132: „Zahlung der gesamten Rentenbezüge" erfaßt nicht Anspruch auf Witwenrentenabfindung). Zu begründen ist der Pfändungsbeschluß mit Darstellung der Erwägungen, die ergeben haben, daß die Pfändung der Billigkeit entspricht (vgl zum fr § 54 III SGB I: Frankfurt JurBüro 92, 59 = Rpfleger 91, 378; Köln NJW 89, 2956; LG Berlin Rpfleger 77, 222; LG Düsseldorf JurBüro 83, 1575 = Rpfleger 83, 255; LG Wiesbaden JurBüro 81, 626 = Rpfleger 81, 491; Hornung Rpfleger 77, 32 [35] u 78, 66; zur Begründung bei Billigkeitsentscheidung allgemein Zeller/Stöber ZVG Einl Rn 28). Die Begründung kann kurz (in einfachen, zweifelsfreien Fällen auch stichwortartig) abgefaßt werden. Die formularmäßige Aussage, die Pfändung erfolge gem § 54 SGB I und entspreche der Billigkeit, läßt ein Abwägen der Gläubiger- und Schuldnerinteressen vermissen, gibt mithin keine ausreichende Begründung für die Prüfung der Billigkeit (Frankfurt aaO; KG OLGZ 82, 443 [446]). 30

d) Für Pfändung einer **laufenden** Geldleistung (Rn 25) wegen eines gesetzlichen **Unterhaltsanspruchs** (§ 54 III Nr 1 SGB I) hat der Antrag des Gläubigers die Angaben zu enthalten, die für Feststellung des nach dem Unterhaltsbedarf des Schuldners zu bestimmenden Freibetrags erforderlich sind (§ 850d Rn 12). Anhörung des Schuldners erfolgt nicht (§ 834). Daß sich die Pfändung im Umfang des § 850d nicht auf Geldleistungen für Kinder erstreckt, ist im Pfändungsbeschluß zu bestimmen (s Rn 34; auch Stöber FdgPfdg Rn 1385a). 31

e) Für Pfändung einer **laufenden** Geldleistung (Rn 25) wegen einer gewöhnlichen Vollstrekkungsforderung nach Maßgabe des § 850c hat der Antrag des Gläubigers (wie bei Pfändung von Arbeitseinkommen) Gläubiger und Schuldner und die verlangte ZwV-Handlung, somit die beizutreibende Vollstreckungsforderung des Gläubigers und die zu pfändende Forderung des Schuldners an seinen zu nennenden Drittschuldner (deutlich) zu bezeichnen (wie § 829 Rn 3). Anhörung des Schuldners zu dem Antrag erfolgt nicht (§ 834). 32

f) Zum **Inhalt des Pfändungsbeschlusses** s § 829 Rn 6, 7 ff. Die zu pfändende Geldleistung des Schuldners an den Drittschuldner ist im Pfändungsbeschluß nach allgemeinen Grundsätzen (§ 829 Rn 8, 9) bestimmt zu bezeichnen. Dem entsprechen Angabe des Sozialleistungs**bereichs** 33 (folgt durchweg schon aus der Drittschuldnerbezeichnung) und der Leistungs**art** (zB Arbeitslosengeld, Krankengeld, Hinterbliebenenrente, Erwerbsunfähigkeitsrente); Angabe des Geschäftszeichens des Leistungsträgers kann nicht gefordert werden (LG Saarbrücken JurBüro 84, 786; Stöber FdgPfdg Rn 1398 für Versicherungsnummer). Unzureichend sind: „. . . alle Ansprüche auf Sozialleistung nach dem SGB" (Hornung Rpfleger 77, 222 [223]); „. . . fortlaufende Geldleistungen nach dem SGB" (Stöber FdgPfdg Rn 1398); „. . . derzeitige und künftige Forderungen aller Leistungsansprüche aus Sozialversicherung" (Köln JurBüro 79, 1570 = OLGZ 79, 484); „. . . sämtliche laufende Geldleistungen nach dem AFG gemäß § 54 SGB wie Arbeitseinkommen nach § 850c ZPO" (BSozGE 53, 260 = ZIP 82, 1124); „. . . angebliche Ansprüche auf Geldleistungen gem §§ 19 und 25 SGB, soweit sie gem § 54 SGB pfändbar sind" (KG JurBüro 82, 462 = MDR 82, 417; Zweibrücken JurBüro 80, 1901); „Zuschüsse und Darlehen nach §§ 33–55 AFG" (LG Berlin Rpfleger 84, 426); „. . . alle Bezüge an Arbeitseinkommen bzw Leistungen des Arbeitsamts" (LG Krefeld DAVorm 77, 610); „. . . Zahlung aller Leistungen des Arbeitsamts ohne Rücksicht auf ihre Benennung oder Berechnungsart" mit Angabe der Stammnummer (Düsseldorf Rpfleger 78, 265; nicht unbedenklich, da mit Stammnummer konkretisiert); oder nur „. . . Arbeitseinkommen" (keine Umdeutung in Pfändung von Arbeitslosengeld oder -hilfe; LG Berlin Rpfleger 77, 223). Eine (gesonderte) Begründung des Pfändungsbeschlusses ist (in der Regel) nicht erforderlich (§ 829 Rn 6).

34 **g)** Die **unpfändbaren Teile** laufender Geldleistungen sind bei Vollstreckung eines gesetzlichen Unterhaltsanspruchs nach Maßgabe des § 850d I (dort Rn 13) im Pfändungsbeschluß zu bezeichnen. Wenn wegen anderer Ansprüche gepfändet wird, kann der Pfändungsbeschluß als Blankettbeschluß (§ 850c Rn 9) erlassen werden (Stöber FdgPfdg Rn 1402). Den nach der Tabelle (Bezugnahme nach § 850c III S 2; KG JurBüro 78, 1415 = Rpfleger 78, 334) unpfändbaren Betrag (bei Krankengeld nicht nach der Tagestabelle, BSozG MDR 93, 250 = NJW 93, 811) hat dann der Drittschuldner festzustellen; er hat hierfür auch die zu berücksichtigenden unterhaltsberechtigten Angehörigen des Schuldners festzustellen (Stöber FdgPfdg Rn 1402 mit Hinweis auf vereinzelte Gegenansicht; wie hier insbes auch KG aaO). Klarstellende Entscheidung des Vollstreckungsgerichts kann jedoch im Einzelfall verlangt werden (§ 850c Rn 9). Unterhaltsberechtigte Angehörige mit eigenem Einkommen bleiben nach Bestimmung des Vollstreckungsgerichts (§ 850c IV; Einzelheiten in Anm dazu) unberücksichtigt. Bei Pfändung einer Rente aus der sozialen Entschädigung, Renten- oder Unfallversicherung hat der Pfändungsbeschluß zum Ausdruck zu bringen, daß sie sich nicht auf Geldleistungen für Kinder (Rn 35) erstreckt. Der Drittschuldner hat die Unpfändbarkeit dieser Rentenbestandteile aber auch ohne ausdrückliche Anordnung im Pfändungsbeschluß zu berücksichtigen (§ 850e Nr 1 entspr; Stöber FdgPfdg Rn 1398a). Die Pfändung des Mutterschaftsgeldes ist auf die nach § 54 III Nr 2 SGB I pfändbaren Leistungsarten und die nach § 54 IV SGB I pfändbaren Beträge zu beschränken. Die demnach pfändbaren Leistungen können allgemein bezeichnet werden; Einzelfallbestimmung hat dann der Drittschuldner zu treffen. Beispiel: „Gepfändet wird das fortlaufende Mutterschaftsgeld der Schuldnerin, soweit es nicht nach § 54 III Nr 2 SGB I unpfändbar ist. Ausgenommen von der Pfändung bleiben jedoch . . . (folgt § 850c ZPO)", oder: „Gepfändet wird das fortlaufende Mutterschaftsgeld der Schuldnerin, soweit es das Erziehungsgeld nach § 5 I BErzGG übersteigt oder aus einer Teilzeitbeschäftigung während des Erziehungsurlaubs herrührt oder anstelle von Arbeitslosenhilfe gewährt wird. Ausgenommen von der Pfändung bleiben jedoch . . . (folgt § 850c)."

35 **h)** Pfändung **„wie Arbeitseinkommen"** ermöglicht und gebietet auch **aa)** Bestimmung nach § 850c IV, daß ein gesetzlich Unterhaltsberechtigter mit eigenen Einkünften bei der Berechnung des unpfändbaren Teils der laufenden Leistungen ganz oder teilweise unberücksichtigt bleibt; **bb)** Wahrung des individuellen Sozialhilfebedarfs nach § 850f I a; **cc)** individuelle Anpassung des unpfändbaren Teils der Bezüge nach § 850f I b und c; **dd)** Bevorzugte Pfändung für einen Anspruch aus unerlaubter Handlung nach § 850f II; **ee)** erweiterte Pfändung bei höheren Leistungen nach § 850f III; **ff)** Änderung des Pfändungsbeschlusses bei Änderung der Unpfändbarkeitsvoraussetzungen nach § 850g. Im einzelnen s die Erläuterungen zu diesen Vorschriften. Zusammenrechnung: § 850e Nr 2a. Unpfändbare Einzelbezüge können sich nach Maßgabe von § 850a ergeben. Kontopfändung s Rn 49 ff.

36 **i)** Der **Rang** mehrerer Pfändungen bestimmt sich nach § 804 III. Im einzelnen s die Erläuterungen zum Rang bei Pfändung von Arbeitseinkommen.

37 **9) a)** Ein Anspruch auf **Kindergeld** nach dem BKGG (Rn 12; sonst § 829 Rn 34–41) und **andere Geldleistungen für Kinder** kann nur wegen des gesetzlichen Unterhaltsanspruchs (auch wegen eines länger als ein Jahr fälligen, Stöber FdgPfdg Rn 1387a) eines bei der Festsetzung berücksichtigten Kindes und nur in begrenztem Umfang gepfändet werden (§ 54 V SGB I). Grund: wie § 829 Rn 35. Geldleistungen für Kinder sind nach § 48 I S 2 SGB I (außer Kindergeld)

- der Kinder**zuschlag** des Schwerbeschädigten nach dem Recht der sozialen Entschädigung (§ 5 SGB I; vgl § 33b BVG [nur wenn kein Anspruch auf Kindergeld besteht; daher praktisch selten]);

- der Kinder**zuschuß** in der Rentenversicherung (§ 1262 RVO, § 39 AVG, § 60 KnG; nur noch, wenn Anspruch vor dem 1. 1. 1984 bestanden hat);
- die Kinder**zulage** des Schwerverletzten in der Unfallversicherung (s § 583 RVO; nur noch, wenn Anspruch vor dem 1. 1. 1984 bestanden hat).

b) § 54 V SGB I regelt die Pfändung von Kindergeld und anderer Geldleistungen für Kinder übereinstimmend mit § 76 EStG; s daher die Erläuterungen hierzu § 829 Rn 34–41. 38

c) **Eigenkindergeld,** das der Leistungsberechtigte für sich selbst erhält (so ein Vollwaise, ein Kind, das den Aufenthalt seiner Eltern nicht kennt, § 1 II BKGG), ist nicht pfändbar (folgt aus § 54 V SGB I). 39

d) Der **Kinderzuschlag** nach dem Recht der sozialen Entschädigung wird in Höhe des gesetzlichen Kindergeldes gewährt; pfändbarer Betrag daher wie bei Kindergeld. Vergleichbare Rentenbestandteile (**Kinderzuschuß** in der Rentenversicherung und **Kinderzulage** in der Unfallversicherung) werden als Geldleistungen für jedes Kind in gleicher Höhe gewährt (nicht gestaffelt). Kinderzuschuß und -zulage kann daher in Höhe des Betrags gepfändet werden, um den die Rente oder das Altersruhegeld sich mit Berücksichtigung des vollstreckenden Kindes erhöht. 40

e) **Pfändungsbeschluß** wie § 829 Rn 40 (jedoch unpfändbare Beträge nach „§ 54 Abs 5 Nrn 1 und 2 SGB (Erstes Buch)". 41

f) **Drittschuldner** ist als Dienststelle der Bundesanstalt für Arbeit (Familienkasse, § 7 BKGG) das (örtlich zuständige) Arbeitsamt. Demgegenüber hat Karlsruhe (JurBüro 82, 1899 = Rpfleger 82, 387; ebenso LG Mosbach Rpfleger 82, 297) angenommen, Drittschuldner sei die Bundesanstalt für Arbeit; Zustellung könne wirksam daher sowohl an diese als auch an den Direktor des zuständigen Arbeitsamtes erfolgen. Weil jedoch auf die Verwaltungszuständigkeit abzustellen und Kindergeld beim Arbeitsamt als Leistungsträger zu beantragen ist (§ 16 I S 1 SGB I, § 13 BKGG), dessen Direktor auch die Entscheidung über den Antrag zugewiesen ist (§ 13 II BKGG), bestehen gegen eine Drittschuldnerzuständigkeit der Bundesanstalt für Arbeit als zentrale (rechtsfähige) Körperschaft grundlegende Bedenken (s auch § 829 Rn 39). 42

10) Vorpfändung: a) Ansprüche auf **einmalige Geldleistungen** sind grundsätzlich pfändbar (§ 850i Rn 20). Das ermöglicht auch Vorpfändung, die voraussetzt, daß die Pfändbarkeit bei Abwägung der Gläubiger- und Schuldnerinteressen nach Maßgabe von § 54 II SGB I besteht. 43

b) Vorpfändung **„anderer"** Ansprüche auf laufende Geldleistungen (§ 54 IV SGB I) ist wie die Vorpfändung von Arbeitseinkommen (§ 850 Rn 22) möglich. 44

11) **Rechtsbehelfe:** Wie § 829 Rn 28–32. 45

12) **Kurzarbeitergeld, Wintergeld** und Winterausfallgeld sind Sozialleistungen, die nach Maßgabe von § 54 IV SGB I pfändbar sind. Für die ZwV in diese Leistungsansprüche gilt jedoch der **Arbeitgeber** als Drittschuldner (§ 72 IVa, § 80 I S 6, § 86 III AFG). Ein Lohnpfändungsbeschluß erfaßt Kurzarbeiter-, Winter- oder Winterausfallgeld nicht. Als Sozialleistung muß der Leistungsanspruch vielmehr selbständig (ausdrücklich) gepfändet werden. Bedeutung kann die Pfändung aber nur bei Zusammenrechnung mit vermindertem Arbeitsentgeld erhalten (§ 850e Nr 2a). 46

13) Die Pfändung von **Konkursausfallgeld** ist gesondert geregelt in 47

§ 141k AFG

(1) Soweit die Ansprüche auf Arbeitsentgelt vor Stellung des Antrages auf Konkursausfallgeld auf einen Dritten übertragen worden sind, steht der Anspruch auf Konkursausfallgeld diesem zu. Ein Vorschuß nach § 141f Abs 1 steht ihm nur zu, wenn die Übertragung wegen einer gesetzlichen Unterhaltspflicht erfolgt ist.

(2) Soweit die Ansprüche auf Arbeitsentgelt vor Stellung des Antrages auf Konkursausfallgeld gepfändet oder verpfändet worden sind, wird hiervon auch der Anspruch auf Konkursausfallgeld erfaßt. Absatz 1 Satz 2 gilt entsprechend.

(2a) ... (3) ...

§ 141 l AFG

(1) Der Anspruch auf Konkursausfallgeld kann selbständig nicht verpfändet oder übertragen werden, bevor das Konkursausfallgeld beantragt worden ist. Eine Pfändung des Anspruchs auf Konkursausfallgeld vor diesem Zeitpunkt gilt als mit der Maßgabe ausgesprochen, daß sie den Anspruch auf Konkursausfallgeld erst von diesem Zeitpunkt an erfaßt.

(2) Der Anspruch auf Konkursausfallgeld kann wie der Anspruch auf Arbeitseinkommen gepfändet, verpfändet oder übertragen werden, nachdem das Konkursausfallgeld beantragt worden ist.

14) Schutz bei Pfändung von Kontoguthaben und Bargeld (§ 55 SGB I) 48

a) Er ist seit 1. 1. 1976 im Sozialgesetzbuch (SGB) I (BGBl 1975 I 3015) geregelt:

§ 55 SGB Kontenpfändung und Pfändung von Bargeld

(1) Wird eine Geldleistung auf das Konto des Berechtigten bei einem Geldinstitut überwiesen, ist die Forderung, die durch die Gutschrift entsteht, für die Dauer von sieben Tagen seit der Gutschrift der Überweisung unpfändbar. Eine Pfändung des Guthabens gilt als mit der Maßgabe ausgesprochen, daß sie das Guthaben in Höhe der in Satz 1 bezeichneten Forderung während der sieben Tage nicht erfaßt.

(2) Das Geldinstitut ist dem Schuldner innerhalb der sieben Tage zur Leistung aus dem nach Absatz 1 Satz 2 von der Pfändung nicht erfaßten Guthaben nur soweit verpflichtet, als der Schuldner nachweist oder als dem Geldinstitut sonst bekannt ist, daß das Guthaben von der Pfändung nicht erfaßt ist. Soweit das Geldinstitut hiernach geleistet hat, gilt Absatz 1 Satz 2 nicht.

(3) Eine Leistung, die das Geldinstitut innerhalb der sieben Tage aus dem nach Absatz 1 Satz 2 von der Pfändung nicht erfaßten Guthaben an den Gläubiger bewirkt, ist dem Schuldner gegenüber unwirksam. Das gilt auch für eine Hinterlegung.

(4) Bei Empfängern laufender Geldleistungen sind die in Absatz 1 genannten Forderungen nach Ablauf von sieben Tagen seit der Gutschrift sowie Bargeld insoweit nicht der Pfändung unterworfen, als ihr Betrag dem unpfändbaren Teil der Leistungen für die Zeit von der Pfändung bis zum nächsten Zahlungstermin entspricht.

49 **b)** Der **Sieben-Tage-Pfändungsschutz** (§ 55 I–III SGB I) gilt für einmalige und für wiederkehrende Leistungen; er erstreckt sich auf sie in voller Höhe, einschließlich eines etwa sonst pfändbaren Teils. Unterhaltsgläubiger sind nicht bevorzugt. Die Leistung muß vom Leistungsträger auf ein Konto (Girokonto, Sparkonto, Hamm JurBüro 90, 1058) des Schuldners (LG Berlin Rpfleger 72, 181) bei einem Geldinstitut (§ 850k Rn 2) überwiesen worden sein. Erstattungszahlungen Dritter, die Geldleistungen nach Abtretung, Überleitung usw empfangen hatten, gehören nicht dazu (LG Bremen JurBüro 90, 1672). Ein Gemeinschaftskonto der Ehegatten, über das jeder verfügungsberechtigt ist, wird gleichstehen; Überweisung auf ein Konto nur des Ehegatten des Berechtigten, für das dieser lediglich Bankvollmacht hat, begründet keinen Schutz (BGH NJW 88, 709). Der Überweisung sind Zahlungsvorgänge zur Kontogutschrift gleich (Scheckeinzug). Das Guthaben ist während der ersten 7 Tage seit der Gutschrift in Höhe derselben unpfändbar (§ 55 I S 1 SGB I); der Tag der Wertstellung ist nicht maßgebend. Bei Berechnung der Frist zählt der Tag der Gutschrift nicht mit (§ 187 I BGB); wenn die Frist an einem Sonnabend oder allgemeinen Feiertag (ein Sonntag kommt nicht in Betracht) auslaufen würde; endet sie erst mit Ablauf des folgenden Werktags (§ 193 BGB). Für die Dauer der Frist hat das Geldinstitut das Guthaben in voller Höhe der Sozialleistung auch dann zur Verfügung des Schuldners zu halten, wenn es während der Frist gepfändet wird; nach § 55 I S 2 SGB I gilt eine solche Pfändung als mit der Maßgabe ausgesprochen, daß sie das Guthaben in Höhe der überwiesenen Leistung vorübergehend nicht erfaßt. Vom ursprünglichen Betrag der Leistung sind Beträge abzusetzen, über die der Schuldner in der Zeit zwischen Gutschrift und Pfändung durch Abhebung oder in anderer Weise verfügt hat, da insoweit der Zweck der Vorschrift erfüllt ist, ohne daß der Schuldner ihren Schutz in Anspruch nehmen mußte (Liesecke WM 75, 323); daß die dem Schuldner auf diese Weise vorweg zugute gekommenen Beträge entgegen früher geäußerten Meinungen (LG Stuttgart MDR 57, 557; Fenge BB 69, 999) auf den pfändungsgeschützten und nicht auf einen etwa überschießenden (aus Ersparnissen oder sonstigen Einkünften herrührenden) Teil des Guthabens zu verrechnen sind, soll durch § 55 II S 2 SGB I zum Ausdruck gebracht werden (Terpitz BB 76, 1566 unter III; einschränkend Stöber FdgPfdg Rn 1436). Für Verfügung über das Guthaben in der 7-Tagefrist hat der Schuldner dem Geldinstitut (zB durch Vorlage des Rentenbescheids und des Überweisungsbelegs) nachzuweisen, daß es auf der überwiesenen Sozialleistung beruht, sofern nicht der Bedienstete des Geldinstituts – etwa auf Grund früher geführten Nachweises – darüber ohnehin unterrichtet ist (§ 55 II S 1 SGB I). Während der 7 Tage – und nach § 835 III S 2 nF noch darüber hinaus – darf das Geldinstitut den geschützten Teil des Guthabens weder an den Pfändungsgläubiger abführen noch hinterlegen; bei Verstoß behält der Schuldner seine Forderung gegen das Geldinstitut (§ 55 III SGB I). Streit darüber, ob eine durch Gutschrift entstandene Kontoforderung unpfändbar (Abs 1, 2) und eine Leistung unwirksam (Abs 3) ist, ist im Prozeßweg zu entscheiden, nicht nach § 766 durch das Vollstreckungsgericht (LG Heilbronn JurBüro 94, 610 = Rpfleger 94, 117; Stöber FdgPfdg Rn 1438). Erfaßt die Pfändung nach Ablauf der 7-Tageschutzfrist das Guthaben, dann hat sie Rang nach dem Zeitpunkt der Beschlußzustellung (§ 804 III mit § 829 III). § 55 I SGB I steht während des 7tägigen Schutzzeitraums auch der kontokorrentmäßigen Verrechnung durch das Geldinstitut entgegen (BGH NJW 88, 709; BGH 104, 309 [311] = NJW 88, 2670), und zwar auch bei einem Konto mit Debetsaldo (BGH 104, 309).

50 **c) Verlängerter Pfändungsschutz** (§ 55 IV SGB I, 1. Alternative): **aa)** Nach Ablauf der 7 Tage endet der uneingeschränkte Pfändungsschutz nach § 55 I–III SGB I. Wenn der Schuldner während der Schonfrist über das Guthaben nicht oder nicht in vollem Umfang verfügt hat und das Guthaben in dieser Zeit gepfändet wurde, fällt der stehengebliebene Betrag in die vorübergehend zurückgedrängte Pfändungsverstrickung zurück (Berner Rpfleger 70, 314, zu § 149 AFG; Quedenfeld Betrieb 73, 669; Stöber FdgPfdg Rn 1439; aA Terpitz BB 76, 1563, der den stehengebliebenen Betrag einem nicht mehr vom vorausgegangenen Pfändungsbeschluß erfaßten Neueingang gleichstellt). Der Gutschriftbetrag bzw sein Rest steht aber auch dann nicht ohne weiteres dem

Gläubiger zur Verfügung. Wenn er einer wiederkehrenden Sozialleistung entstammt, greift der verlängerte Pfändungsschutz nach § 55 IV SGB I Platz. Der Gutschriftbetrag bzw sein Rest wird nun noch in dem Umfang geschützt, in dem er bei Pfändung des Anspruchs gegen den Leistungsträger unpfändbar wäre. Es ist daher zunächst festzustellen, wieviel dem Schuldner bei einer solchen Pfändung für die ganze Bezugsperiode hätte belassen werden müssen. Dabei ist zwischen nicht privilegierten Gläubigern und Unterhaltsgläubigern zu unterscheiden und von der Tabelle zu § 850c oder von § 850d I S 2 auszugehen. Von dem hiernach für die ganze Zahlungsperiode als unpfändbar ermittelten Betrag ist dem Schuldner grundsätzlich der Betrag als pfandfrei zu belassen, der dem in Zeiteinheiten ausgedrückten Verhältnis der Zeitspanne zwischen Pfändung und nächstem Zahlungstermin zur ganzen Zahlungsperiode entspricht. Eine Obergrenze setzen aber die in Ausnützung der 7-Tage-Frist, sei es vor oder nach der Pfändung, vorgenommenen Verfügungen des Schuldners über das Guthaben. Wenn der Schuldner in dieser Zeit über das Guthaben in voller Höhe der Gutschrift verfügt hatte, ist in dem nach Ablauf der 7 Tage noch vorhandenen Guthaben nichts mehr enthalten, für das der verlängerte Pfändungsschutz in Anspruch genommen werden könnte. Hat er über das Guthaben in Höhe eines Teils der Gutschrift verfügt, so vermindert sich der begünstigte Betrag entsprechend. Für seine Berechnung ist der vom Schuldner bereits in Anspruch genommene Betrag zur Dauer der Bezugsperiode in Beziehung zu setzen. Wurde beispielsweise ein Monatsbezug von 900 DM gutgeschrieben und hatte der Schuldner während der Schonfrist 600 DM abgehoben, so ist von der Gutschrift nur noch ein dem letzten Monatsdrittel entsprechender Betrag verblieben; von dem unpfändbaren Teil der Monatsbezüge kann dem Schuldner daher nach § 55 IV SGB I höchstens noch der dritte Teil freigegeben werden, dies auch dann, wenn die Zeitspanne zwischen Pfändung und nächstem Zahlungstermin länger ist als der dritte Teil eines Monats. Andernfalls ginge der Pfändungsschutz zu Lasten derjenigen Bestandteile des Guthabens, die keinen Pfändungsbeschränkungen unterliegen und dem Zugriff des Gläubigers zugänglich bleiben müssen. Daß der Schuldner sich bei der Pfändung von Bargeld besser stellen kann, weil dort sein Verbrauch in der Zeit zwischen letztem Zahlungstermin und Pfändung nicht meßbar ist, steht nicht entgegen.

bb) Für Anwendung des Abs 4 ist die Reichweite des Pfändungsbeschlusses, den das Geldinstitut zu beachten hat (anders als in § 55 I S 2 SGB I) nicht eingeschränkt. Nach Ablauf der 7 Tage ist der Schuldner daher, ähnlich wie nach § 850k, darauf angewiesen, im Wege der **Vollstreckungserinnerung** (§ 766) eine Abänderung des Pfändungsbeschlusses dahin zu bewirken, daß ihm der in § 55 IV SGB I bezeichnete Betrag pfandfrei belassen wird (Hamm JurBüro 90, 1058; Liesecke WM 75, 324; Terpitz BB 76, 1567; Hornung RpflJB 1977, 365; Stöber FdgPfdg Rn 1439). Die Freigabe dieses Betrags aus der Verstrickung fällt daher – wohl entgegen den Vorstellungen des Gesetzgebers (vgl BT-Drucks 7/868 S 42, 44 u Quedenfeld Betrieb 73, 669) – nicht in die Verantwortung des Geldinstituts; mögliche Meinungsverschiedenheiten über die Grenzen der Pfändbarkeit sind also nicht im Rechtsstreit gegen das (insoweit von zwei Seiten bedrohte) Geldinstitut auszutragen. Die Freigabe obliegt vielmehr als konstitutive Entscheidung dem Vollstreckungsgericht. Gelegenheit zur Einlegung der Erinnerung hat der Schuldner in der Zweiwochenfrist des § 835 III S 2. 51

cc) Wenn das Guthaben des Schuldners erst **nach Ablauf der 7-Tagefrist gepfändet** wird, bemißt sich der Pfändungsschutz für den aus der laufenden Geldleistung stammenden (ggf durch Vorverfügung des Schuldners verminderten) Betrag von vornherein nach § 55 IV SGB I. Darüber hinaus besteht für Rücklagen, die aus pfandfreien Sozialleistungen aufgelaufen sind, kein Pfändungsschutz (LG Siegen JurBüro 90, 786). 52

dd) Der verlängerte Pfändungsschutz nach § 55 IV SGB I ist **nicht auf einmalige Sozialleistungen** erstreckt, die auf ein Konto des Schuldners überwiesen wurden. Der Anspruch auf solche Leistungen gegen den Leistungsträger kann nach § 54 II SGB I nur gepfändet werden, wenn dies der Billigkeit entspricht. Diese Billigkeitsprüfung, für die bei Erlaß eines ein Kontoguthaben betreffenden Pfändungsbeschlusses kein Raum ist, muß im gegebenen Falle nachholbar sein, damit der Schuldner nicht gezwungen ist, über den Betrag der einmaligen Leistung während der 7 Tage in vollem Umfang zu verfügen. Angesichts der engen Grenzen, die dem Vollstreckungsschutz nach § 765a gezogen sind, muß zu diesem Zweck § 54 II SGB I auf den Anspruch des Schuldners gegen das Geldinstitut entsprechend angewendet werden können, so daß die Pfändung des Guthabens auf Vollstreckungserinnerung hin in Höhe des gutgeschriebenen Betrags oder des nicht verbrauchten Rests aufgehoben werden kann, wenn dessen Inanspruchnahme durch den Gläubiger der Billigkeit widerspräche. 53

d) Pfändungsschutz für Bargeld (§ 55 IV SGB I, 2. Alternative): **aa)** Beziehern fortlaufender Sozialleistungen sollen die in bar ausgezahlten oder vom Konto abgehobenen Beträge im gleichen Umfang pfandfrei bleiben, wie dies in § 811 Nr 8 zugunsten der Bezieher von Arbeitseinkommen und sonstig wiederkehrender Einkünfte nach §§ 850 bis 850b bestimmt ist. Für **Bemessung des dem Schuldner** hiernach **zu belassenden Geldbetrags** ist (wie bei verlängertem Pfändungs- 54 schutz, Rn 50), von dem Betrag auszugehen, der bei Pfändung des Anspruchs gegen den Leistungsträger für die Zahlungsperiode pfandfrei zu verbleiben hätte. Bei Ermittlung dieses Ausgangsbetrags trifft den GV, wenn ein Unterhaltsgläubiger pfändet, auch die Aufgabe, den dem Schuldner als notwendiger Unterhalt für sich und seine Familie zustehenden Betrag (§ 850d I S 2) zu bemessen. Von dem ermittelten Ausgangsbetrag ist dem Schuldner derjenige Teilbetrag zu belassen, der dem Verhältnis der Zeitspanne zwischen Pfändung und nächstem Zahlungstermin zur ganzen Zahlungsperiode entspricht. Dieser Betrag ist dem Schuldner, wenn der vorgefundene Geldbestand dazu ausreicht, ohne Rücksicht darauf zu belassen, ob er in der Zeit zwischen letztem Zahlungstermin und Pfändung von der Sozialleistung bereits einen größeren als den verhältnismäßig auf diese Zeitspanne treffenden Betrag in Anspruch genommen hatte. Da es nicht Aufgabe des GV sein kann, etwaigen weiteren Einkünften des Schuldners und den Geldbewegungen auf seinem Konto nachzugehen, muß bei der Bargeldpfändung im Ergebnis unterstellt werden, daß sich die während einer Zahlungsperiode zu bestreitenden Ausgaben auf deren ganzen Verlauf gleichmäßig verteilten, daß der Schuldner seit dem letzten Zahlungstermin tatsächlich nur den auf diesen Zeitabschnitt treffenden Teil der Sozialleistung verbraucht habe und deshalb den auf den Rest der Zahlungsperiode treffenden Teil des unpfändbaren Betrags noch voll zu beanspruchen habe. Der Schuldner kann durch diese Regelung begünstigt oder benachteiligt sein, je nachdem, ob er vor der Pfändung bereits einen wesentlichen Teil der auf die Zahlungsperiode treffenden Aufwendungen bestritten oder ob er aufgestaute Ausgaben noch vor sich hat.

55 bb) Der **Pfändungsschutz** für Bargeld gilt **unabhängig davon, ob gleichzeitig** auch Pfändungsschutz für **ein Kontoguthaben** in Anspruch genommen wird. Denn der GV hat bei der Bargeldpfändung etwaigen Guthaben des Schuldners nicht nachzugehen; andererseits haben bei Kontenpfändung Geldinstitut und Vollstreckungsgericht nicht zu prüfen, über welche Mittel der Schuldner außerhalb seines Kontoguthabens verfügt. Der hiernach mögliche doppelte Pfändungsschutz, der einen Teil der früheren Rechtsprechung dazu veranlaßt hat, eine entspr Anwendung des § 811 Nr 8 auf Kontoguthaben abzulehnen (vgl KG MDR 67, 849), wurde in Kauf genommen, um andere Unbilligkeiten zu vermeiden.

56 cc) Gegen die Maßnahmen des GV ist – je nach Beschwer für Schuldner oder Gläubiger – **Erinnerung** (§ 766) gegeben. Weiteres Rechtsmittel: § 793. Den Schuldner trifft die Darlegungslast, daß der gepfändete Geldbetrag aus wiederkehrenden Leistungen iS des SGB I stammt (LG Regensburg Rpfleger 79, 467).

57 **VI) Gebühren: 1)** des **Gerichts:** Keine für das Verfahren der Änderung des Pfändungsbeschlusses. – **2)** des **Anwalts:** Die Abänderungsanträge, auch soweit sie sich auf den Pfändungsschutz beziehen, gehören zu der gleichen Angelegenheit der Vollstreckung (§ 58 I BRAGO). Stellt der RA eines Unterhaltsberechtigten den Antrag, so erhält er die ($^3/_{10}$) Vollstreckungsgebühr aus § 57 BRAGO.

850k *[Pfändungsschutz für Kontoguthaben aus Arbeitseinkommen und ähnlichen Bezügen]*

(1) Werden wiederkehrende Einkünfte der in den §§ 850 bis 850b bezeichneten Art auf das Konto des Schuldners bei einem Geldinstitut überwiesen, so ist eine Pfändung des Guthabens auf Antrag des Schuldners vom Vollstreckungsgericht insoweit aufzuheben, als das Guthaben dem der Pfändung nicht unterworfenen Teil der Einkünfte für die Zeit von der Pfändung bis zu dem nächsten Zahlungstermin entspricht.

(2) Das Vollstreckungsgericht hebt die Pfändung des Guthabens für den Teil vorab auf, dessen der Schuldner bis zum nächsten Zahlungstermin dringend bedarf, um seinen notwendigen Unterhalt zu bestreiten und seine laufenden gesetzlichen Unterhaltspflichten gegenüber den dem Gläubiger vorgehenden Berechtigten zu erfüllen oder die dem Gläubiger gleichstehenden Unterhaltsberechtigten gleichmäßig zu befriedigen. Der vorab freigegebene Teil des Guthabens darf den Betrag nicht übersteigen, der dem Schuldner voraussichtlich nach Absatz 1 zu belassen ist. Der Schuldner hat glaubhaft zu machen, daß wiederkehrende Einkünfte der in den §§ 850 bis 850b bezeichneten Art auf das Konto überwiesen worden sind und daß die Voraussetzungen des Satzes 1 vorliegen. Die Anhörung des Gläubigers unterbleibt, wenn der damit verbundene Aufschub dem Schuldner nicht zuzumuten ist.

(3) Im übrigen ist das Vollstreckungsgericht befugt, die in § 732 Abs. 2 bezeichneten Anordnungen zu erlassen.

1 **I) Zweck:** Besonderer Pfändungsschutz für sogen Lohn- und Gehaltskonten bei Geldinstituten. Die Bestimmung trägt der Entwicklung Rechnung, daß Löhne, Gehälter und sonstige fortlaufende Bezüge nicht mehr bar ausbezahlt, sondern auf Konten bei Geldinstituten überwiesen werden. Der Anspruch des Schuldners auf die nach §§ 850–850b nicht oder nur begrenzt

pfändbaren Leistungen erlischt infolge Erfüllung mit der Gutschrift auf seinem Konto; damit entfällt auch der für den Anspruch selbst bestehende Pfändungsschutz. Die aus fortlaufenden Einkünften stammenden Mittel sollen dem Schuldner jedoch zur Deckung des Lebensbedarfs auch weiterhin bis zum nächsten Auszahlungstermin erhalten bleiben. Zu diesem Zweck schafft § 850k die Möglichkeit, entsprechende Beträge von der Pfändung des Guthabens auszunehmen. Zeit für Stellung eines Schutzantrags nach § 850k erlangt der Schuldner durch den in § 835 III S 2 bestimmten Aufschub der Überweisungswirkung. Von § 850k nicht berührt wird der Pfändungsschutz für Konten, auf die Sozialleistungen iS der §§ 18 ff SGB I überwiesen werden (s § 850i Rn 48 ff). Verweisung in anderen Gesetzen auf die Pfändungsschutzbestimmungen der §§ 850 ff ist auch auf § 850 k zu beziehen (Art 3 Ges v 28. 2. 78). Den Schutz des § 850k genießen daher auch nicht unter die §§ 850 bis 850b fallende Bezüge, die nach gesetzlicher Vorschrift „wie Arbeitseinkommen" zu pfänden sind, aber nicht von der Sondervorschrift des § 55 SGB I erfaßt werden, wie zB die Verdienstausfallentschädigung nach § 49 II S 2, § 60 I S 1 BSeuchenG oder Konkursausfallgeld (§§ 141a, 141l II AFG; dazu auch § 850i Rn 47). Für Kindergeld nach § 31 und dem X Abschnitt des EStG (§ 829 Rn 34) sieht § 76 EStG keinen Kontoschutz vor. Unbeschränkte (sofortige) Pfändbarkeit nach Überweisung auf ein Schuldnerkonto kann aber der „Zweckbestimmung" der Leitung nicht entsprechen. Als Leistung zur „steuerlichen Freistellung eines Einkommensbetrags in Höhe des Existenzminimums eines Kindes" sollte Kindergeld gleich einer auf gesetzlicher Vorschrift beruhenden Unterhaltsrente zu behandeln sein (§ 850b I Nr 2, entspr Anwendung). Damit genießt es gleichfalls Kontoguthabenschutz nach § 850k sowie – als Bargeld – Schutz nach § 811 Nr 8. Kindergeld, das (nur noch selten) nach dem BKGG gewährt wird (§ 850i Rn 12) ist Sozialleistung, für die Pfändungsschutz nach § 55 SGB I besteht.

II) Voraussetzungen des Schutzes sind: 1) a) Konto des Schuldners bei einem **Geldinstitut,** auf das Lohn- oder Gehaltszahlungen (auch Vergütungen aus Heimarbeit, § 27 HeimarbG) durch Überweisung oder auf andere Weise (zB mit Scheckeinzug) erfolgen oder auf das andere wiederkehrende Leistungen zur Erfüllung der in §§ 850–850b bezeichneten Ansprüche überwiesen werden. Nicht dazu gehören Konten zur Überweisung nicht wiederkehrend zahlbarer Vergütungen für persönlich geleistete Arbeiten oder Dienste (§ 850i; Arnold BB 78, 1314 [1320]). Schutz sieht § 850k nur für Konten natürlicher Personen vor (Stöber FdgPfdg Rn 1282). Geldinstitute sind Banken (auch die Postbank) und Sparkassen. Für Sparguthaben (Sparkonten) besteht unter den Voraussetzungen des Abs 1 Schutz wie für Girokonten. 2

b) Das Konto braucht kein reines Lohn- oder Gehaltskonto zu sein; daß darauf auch Beträge anderer Herkunft eingehen, steht der Anwendbarkeit des § 850k nicht entgegen. Wie ein Konto des Schuldners sind auch Gemeinschaftskonten von Eheleuten zu behandeln, über die jeder Teil verfügungsberechtigt ist, so daß jedem der Auszahlungsanspruch zusteht, nicht aber das Konto des Ehegatten des Schuldners, für das dieser lediglich Bankvollmacht hat (§ 850i Rn 49). Der Pfändungsschutz kann nur eingreifen, wenn und soweit für die laufende Zahlungsperiode wiederkehrende Leistungen nach §§ 850 bis 850b tatsächlich eingegangen sind. Nur dann erfüllt der Guthabensschutz nach § 850k die ihm zugewiesene Aufgabe, den Pfändungsschutz zu ersetzen, der den Einkünften bei Pfändung an der Quelle zuteil geworden wäre. Daß in der Vergangenheit, wenn auch regelmäßig, Einkünfte der bezeichneten Art auf das Konto überwiesen wurden, die inzwischen ihrer Bestimmung zugeführt sind, kann für sich allein kein Anlaß sein, ein Kontoguthaben ganz oder teilweise dem Gläubigerzugriff zu entziehen (aA möglicherweise Hartmann NJW 78, 611). Auch durch Abs 3 S 3 wird verdeutlicht, daß eine (teilweise) Freigabe des Guthabens zugunsten des Schuldners nur in Betracht kommt, wenn auf dem Konto Bezüge nach den §§ 850 bis 850b gutgeschrieben wurden, die dem Unterhalt des Schuldners und seiner Familie gerade auch in der Zeit bis zum nächstfolgenden Zahlungstermin dienen sollten. In der Begründung (BT-Drucks 8/693 S 49) ist zwar bemerkt, das Guthaben des Schuldners solle Vollstreckungsschutz ohne Rücksicht darauf genießen, auf welcher Überweisung es beruht. Das kann nach der Zweckbestimmung des § 850k aber nur bedeuten, daß Pfändungsschutz auch zu gewähren ist, wenn das im Zeitpunkt der Pfändung vorhandene Guthaben nicht mehr auf der Gutschrift der begünstigten Bezüge beruht, weil über einen der Gutschrift entsprechenden Betrag bereits vor der Pfändung verfügt wurde, daß solche Vorverfügung also – anders als im Falle des § 55 SGB I (vgl § 850i Rn 49 ff) – die Freigabe der Mittel bis zum nächsten Zahlungstermin nicht hindert. Damit entspricht die Regelung dem Pfändungsschutz für Bargeld; denn auch nach § 811 Nr 8 ist nicht darauf abzustellen, welche Beträge der Schuldner zu Lasten seines Arbeitseinkommens in der Zeit zwischen Auszahlung und Pfändung verbraucht hat. 3

c) Für **neue Zahlungseingänge,** auf die sich die Pfändung eines Kontoguthabens erstreckt (§ 829 Rn 33 „Kontokorrent"), kann Guthabensschutz nach Abs 1 sogleich nach deren Wirksamwerden beantragt und vorweg jeweils für die Zeit gewährt werden, für die Einkünfte an den künftigen Zahlungsterminen gutgeschrieben werden (Stöber FdgPfdg Rn 1297; KG JurBüro 93, 4

26 = Rpfleger 92, 307; auch LG Hannover JurBüro 86, 1886; LG Oldenburg JurBüro 83, 778; LG Osnabrück Rpfleger 89, 248).

5 **d) Einmalige Vergütungen** nach § 850i, die auf das Konto des Schuldners überwiesen werden und damit den bisherigen Vollstreckungsschutz einbüßen, fallen nicht unter § 850k; die Bestimmung ist nur auf wiederkehrende Bezüge zugeschnitten; für einen der Gutschrift einer einmaligen Vergütung entsprechenden Betrag ist Vollstreckungsschutz nach § 765a in Anspruch zu nehmen. Entsprechendes gilt für Rückstände, die im Wege der ZwV eingezogen wurden (BGH 113, 90 [95] = NJW 91, 839 [840 f] für Unterhaltsrückstände). § 850k bleibt dagegen anwendbar, wenn mit der einmaligen Zahlung eine auf das Arbeitsentgelt während mehrerer Zahlungsperioden umzulegende Erhöhung der wiederkehrenden Bezüge bezweckt wird (durch Gehaltserhöhung ab einem zurückliegenden Zeitpunkt bedingte Nachzahlung, uU auch 13. Monatsgehalt). Die in § 850a aufgeführten einmaligen Zuwendungen aus besonderem Anlaß erhöhen (ggf mit einem Teilbetrag) über § 850c hinaus (bei Pfändung durch Unterhaltsgläubiger s § 850d I S 2 Hs 2) den der Pfändung nicht unterliegenden Teil des Arbeitseinkommens, aus dem gem Abs 1 der dem Schuldner freizugebende Betrag zu berechnen ist. Eine auf Schuldnerkonto überwiesene Versicherungssumme nach § 850b I Nr 4 und ebenso eine einmalige Erstattungsleistung einer Krankenkasse (die nicht Sozialleistung nach SGB ist) lassen sich zum laufenden Einkommen und Bedarf des Schuldners nicht in Beziehung setzen; sie sind vor Pfändung daher nicht nach § 850k geschützt (BGH 104, 309 = NJW 88, 2670), es gilt nur noch § 765a.

6 **e)** Wenn auf ein Konto, das zur Gutschrift von Bezügen nach §§ 850 bis 850b bestimmt ist, auch laufende Sozialleistungen iS der §§ 18 ff SGB I (etwa Wohngeld oder eine Beschädigtenrente) überwiesen werden, kann der Schuldner deren Freigabe nach Maßgabe des § 55 SGB I herbeiführen bzw erwirken, ohne daß sich dadurch am Pfändungsschutz für das Arbeitseinkommen nach § 850k etwas ändert. Beide Bestimmungen greifen dann je für ihren Anwendungsbereich nebeneinander ein.

7 **2) Pfändung des Kontoguthabens** mit Zustellung des Pfändungsbeschlusses an den Drittschuldner (§ 829 III; dazu § 829 Rn 33 „Kontokorrent"; Besonderheit für Postspareinlage § 23 IV PostG). Der Pfändungsbeschluß ergeht ohne betragsmäßige Einschränkung. Die Guthabenpfändung kann auch nicht abgelehnt (ihre Wirkungen können ebenso nicht eingeschränkt) werden, wenn dem Vollstreckungsgericht bekannt ist, daß es sich um ein Konto für wiederkehrende Schuldnereinkünfte der in §§ 850–850b bezeichneten Art handelt, weil Schutz nach Abs 1 (nur) auf Antrag gewährt wird. Das Geldinstitut kann nicht von sich aus die Unpfändbarkeitsvoraussetzungen prüfen und gutgeschriebene Beträge pfandfrei stellen. Der Schuldner kann (anders als nach § 55 I, II SGB I) die freie Verfügung über den Guthabensteil nicht dadurch erlangen, daß er dem Geldinstitut seine Herkunft und die Schutzvoraussetzungen des § 850k nachweist. **Vorpfändung** (§ 845) hat die Wirkung der Arrestvollziehung mit Forderungspfändung (§ 845 Rn 5) und ist damit nach dem Schutzzweck des § 850k (Rn 1) Pfändung des Schuldnerguthabens, die auf Antrag vom Vollstreckungsgericht (Rechtspfleger, Rn 10) aufzuheben ist. Dieser Schutz kann jedoch nur für die Monatsfrist des § 845 II S 1 gewährt werden (weitergehende Wirkung hat die Vorpfändung nicht); bei nachfolgender Pfändung ist deren Aufhebung daher neu zu beantragen und anzuordnen.

8 **3) Antrag** des Schuldners. Unterhaltsberechtigte Angehörige des Schuldners und der Drittschuldner sind nicht antragsberechtigt. Anwaltszwang besteht nicht (§ 78 III). Der Antrag kann Freigabe eines bestimmten, betragsmäßig bezeichneten Guthabensbetrags oder allgemein Aufhebung der Guthabenpfändung in den Grenzen des Abs 1 verlangen. Er unterliegt keiner zeitlichen Beschränkung, kann aber nach Beendigung der ZwV (Auszahlung der gepfändeten Beträge) nicht mehr gestellt werden. Wegen § 835 III S 2 muß Antrag praktisch sogleich nach Pfändung gestellt und mit Einstellungsantrag nach § 732 II (Abs 3) verbunden werden.

9 **III) Umfang des Schutzes:** Die Pfändung des Guthabens (das ist der mit der Gutschrift der überwiesenen Einkünfte dem Schuldner gutgebuchte Betrag, auch wenn sich bei einem Debetsaldo Pfändungswirkungen auf ihn nicht erstrecken, Stöber FdgPfdg Rn 1284a; s auch BGH 104, 309 [311]) ist insoweit aufzuheben, als das Guthaben dem der Pfändung nicht unterworfenen Teil der Einkünfte für die Zeit von der Pfändung bis zu dem nächsten Zahlungstermin entspricht. Es ist also zunächst nach § 850e Nr 1 das Nettoeinkommen zu bestimmen (erfordert insbes Absetzung der nach § 850a der Pfändung entzogenen Bezüge), dann der Betrag festzustellen, der dem Schuldner von den überwiesenen Einkünften nach § 850c (oder § 850f II) – bei Pfändung durch einen Unterhaltsgläubiger nach § 850d I S 2; auf Schuldnerantrag aber auch Berechnung nach § 850f I – für die Zahlungsperiode pfandfrei zu belassen wäre, wenn der Gläubiger bereits den Anspruch gegen den Arbeitgeber (sonstigen Drittschuldner) gepfändet hätte; ein Angehöriger mit eigenen Einkünften bleibt auf Gläubigerantrag nach § 850c IV (Bestimmung nach billigem Ermessen) ganz oder teilweise unberücksichtigt (LG Münster Rpfleger 89, 294). Von diesem Ausgangsbetrag ist dem Schuldner durch teilweise Aufhebung der Pfändung derjenige Teilbetrag

freizugeben, der dem in Zeiteinheiten ausgedrückten Verhältnis der Zeitspanne zwischen Pfändung (ihrem Wirksamwerden, § 829 III) und nächstem Zahlungstermin zur ganzen Zahlungsperiode entspricht (Abs 1). Ist nur ein unpfändbarer Einkommensteil auf das Schuldnerkonto überwiesen (weil nach Pfändung oder auch Abtretung des Arbeitseinkommens bereits der Drittschuldner die pfändbaren bzw abtretbaren Beträge einbehalten hat), dann ist davon ungekürzt der bis zum nächsten Zahlungstermin freizustellende anteilige Betrag freizugeben. Berechnungsbeispiel s Stöber FdgPfdg Rn 1290. Bei Bezügen nach § 850b kommt es darauf an, ob die Pfändbarkeitsvoraussetzungen des § 850b II erfüllt sind. Verneinendenfalls ist der auf die Zeit bis zum nächsten Zahlungstermin treffende Teilbetrag aus der vollen Höhe der überwiesenen Bezüge zu berechnen. Ob der Schuldner auch Barmittel im Besitz hat, mit denen er seinen und seiner Familie Lebensbedarf bis zum nächsten Zahlungstermin bestreiten könnte, ist für Bemessung des nach Abs 1 (endgültig) freizugebenden Betrags unerheblich; im Falle einer Mobiliarpfändung ist er nicht gehindert, auch für das Bargeld (nach § 811 Nr 8) Vollstreckungsschutz in Anspruch zu nehmen. Nur ein Antrag auf Vorwegfreigabe nach Abs 2 ist solchenfalls unbegründet, weil es dann an der geforderten Dringlichkeit fehlt.

IV) Verfahren, Entscheidung: 1) Vollstreckungsschutz nach Abs 1 gewährt das Vollstrekkungsgericht (§ 828 II); zuständig ist der Rechtspfleger (§ 20 Nr 17 RpflG). Der Gläubiger ist vor der Entscheidung zu hören; Anhörung des Drittschuldners hat nicht zu erfolgen (kann aber uU zweckmäßig sein). Es gelten die allgemeinen Grundsätze des ZPO-Verfahrens (§ 766 Rn 27). Die Beibringungs- und Beweislast trifft den Schuldner; die Schutzvoraussetzungen (Rn 1–8) sind nachzuweisen (Vorlage der Überweisungsbelege; Glaubhaftmachung genügt nur für Vorabschutz, Abs 2 S 3). Das gilt auch für die zur Bemessung des pfandfreien Betrags maßgebenden Umstände, insbes die Zahl der Unterhaltsberechtigten und die im Überweisungsbetrag etwa enthaltenen pfandfreien Bezüge nach § 850a, bei Pfändung durch einen Unterhaltsgläubiger für die Tatsachen zur Bemessung des für den eigenen Bedarf und den der übrigen Unterhaltsberechtigten notwendigen Betrags (§ 850d I S 2); zur Bestimmung dieses Freibetrags kann in der Regel auf die im Bezirk des Vollstreckungsgerichts üblichen Richtsätze Bezug genommen werden. 10

2) Entschieden wird durch **Beschluß.** Dieser hat das Guthaben betragsmäßig zu bezeichnen, für das die Pfändung aufgehoben wird (LG Bielefeld JurBüro 90, 1365; keine Bezugnahme auf die Tabelle zu § 850c; Köln JurBüro 85, 1272), und zwar auch bei Aufhebung der Pfändung für neue Zahlungseingänge (Rn 4; LG Darmstadt Rpfleger 88, 419; LG Osnabrück Rpfleger 89, 248 m Anm Hennings) und auch dann, wenn derzeit nur unpfändbare Teile des Arbeitseinkommens eingehen (aA LG Bielefeld aaO; LG Hannover JurBüro 90, 1059 [zu Wohngeld s Rn 6]). Der Beschluß ist zu begründen. Der Aufhebungsbeschluß ist dem Gläubiger und dem Drittschuldner zuzustellen, dem Schuldner nur, wenn seinem Antrag nicht voll entsprochen ist; sonst erfolgt an Schuldner formlose Mitteilung (§ 329 II, III). Der Beschluß, durch den der Antrag zurückgewiesen wird, ist dem Schuldner zuzustellen, dem Gläubiger nur formlos mitzuteilen (§ 329 III). Der Aufhebungsbeschluß wird sofort wirksam; das Pfändungspfandrecht erlischt damit, wenn nicht die Wirksamkeit der aufhebenden Entscheidung bis zu ihrer Rechtskraft aufgeschoben ist. Bei künftiger Änderung der Unpfändbarkeitsvoraussetzungen ist der Beschluß auf Antrag abzuändern (§ 850g entspr). 11

3) Über den durch (teilweise) Aufhebung der Pfändung freigegebenen Betrag kann der Schuldner durch Abhebung oder auf andere Weise verfügen. Er kann ihn aber auch auf dem Konto belassen, etwa um für Daueraufträge oder zu erwartende Lastschriften Deckung bereitzuhalten. Das Kontoguthaben zerfällt dann in einen gepfändeten und einen nicht der Pfändung unterliegenden Teil; nur der erstere kann vom Geldinstitut an den Gläubiger überwiesen werden. Der auf dem Konto belassene freigegebene Betrag kann auf Antrag des Gläubigers, in dessen Verfahren Aufhebung erfolgt ist, nicht nochmals gepfändet werden (LG Hannover JurBüro 86, 1886; Stöber FdgPfdg Rn 1292); von der Pfändung durch einen weiteren Gläubiger wird er neu erfaßt. Der Aufhebungsbeschluß wirkt nur für den vollstreckenden Gläubiger, gegen den (in dessen ZwV-Sache) er ergangen ist. Nach neuerlicher Pfändung (auch nach Pfändung durch einen weiteren Gläubiger nach Stellung des Antrags auf Schutz nach Abs 1, aber vor Entscheidung mit Aufhebung) muß Pfändungsschutz nach Abs 1 daher in der weiteren (neuen) ZwV-Sache erneut beantragt werden. 12

V) Mit **Vorabschutz** (Abs 2) soll der für den Schuldner und seine Familie notwendige Lebensbedarf schon vor der abschließenden Entscheidung über einen Schutzantrag sichergestellt werden. Vorabschutz ist damit für außerordentliche Eilfälle gedacht, in denen die einstweilige Anordnung nach Abs 3 nicht ausreicht (LG Oldenburg JurBüro 83, 778). Vorabentscheidung erfordert Einleitung des Schutzverfahrens mit Schuldnerantrag, nicht aber gesonderten (ausdrücklichen) Antrag auf teilweise Vorabaufhebung der Pfändung nach Abs 2. Vorwegaufhebung der Pfändung kann in Höhe desjenigen Betrags erfolgen, den der Schuldner dringend benötigt, um bis zum nächsten Zahlungstermin seinen notwendigen Unterhalt zu bestreiten und um seine gesetzlichen 13

Unterhaltspflichten gegenüber den dem Gläubiger vorgehenden Unterhaltsberechtigten zu erfüllen oder um die dem Gläubiger im Rang gleichstehenden Unterhaltsberechtigten gleichmäßig zu befriedigen (Abs 2 S 1). Mit Verwendung des Begriffs „notwendiger Unterhalt" knüpft das Gesetz an die Bemessungsgrundsätze des § 850d I an. Die Dringlichkeit einer begehrten Vorwegaufhebung hat der Schuldner zusätzlich glaubhaft zu machen (Abs 2 S 3 aE); dazu gehören auch Angaben darüber, ob ihm sonstige Mittel zur Verfügung stehen, mit denen die Zeit bis zur abschließenden Entscheidung überbrückt werden könnte. Zum Antrag auf Vorwegfreigabe oder zu der von Amts wegen beabsichtigten Vorwegentscheidung braucht der Gläubiger nicht gehört zu werden, wenn die Anhörung nicht sofort erfolgen kann und Verzögerungen dem Schuldner nicht zuzumuten wären (Abs 2 S 4). Bei der vorweggenommenen Teilaufhebung darf dem Schuldner nicht mehr zugebilligt werden, als ihm in der abschließenden Entscheidung voraussichtlich zu belassen ist (Abs 2 S 2).

14 **VI)** 1) Die **Kosten** des Pfändungsschutzverfahrens können abweichend von § 788 I ganz oder teilweise dem Gläubiger auferlegt werden, wenn dies aus besonderen, in seinem Verhalten liegenden Gründen billig erscheint (§ 788 III). So etwa, wenn der das Kontoguthaben pfändende Gläubiger Kenntnis davon hatte, daß das Arbeitseinkommen des Schuldners dorthin überwiesen wird, und seinen Antrag gleichwohl nicht entsprechend beschränkt hat.

15 2) Eine **einstweilige Anordnung** mit dem Inhalt des § 732 II kann der Rechtspfleger treffen (Abs 3); der Vollzug des Überweisungsbeschlusses kann danach ohne oder gegen Sicherheitsleistung eingestellt oder von Sicherheitsleistung des Gläubigers abhängig gemacht werden. Veranlassung dazu wird bestehen, wenn nicht vor Ablauf der Sperrfrist des § 835 III S 2 entschieden werden kann.

16 **VII) Rechtsbehelfe:** Dem Schuldner steht gegen die (auch teilweise) Ablehnung seines Schutzantrags befristete Durchgriffserinnerung (Frist 2 Wochen) nach § 11 I S 2 RpflG zu (vgl Stöber Rpfleger 74, 52), der der Rechtspfleger nicht abhelfen kann (§ 11 II S 1 RpflG); der Richter entscheidet, wenn er sie für zulässig und begründet hält (§ 11 II S 3 RpflG; dagegen sofortige Beschwerde, § 793); andernfalls legt er sie als sofortige Beschwerde dem Beschwerdegericht vor (§ 11 II S 4, 5 RpflG). Dem Gläubiger steht gegen Aufhebung (Teilaufhebung) der Pfändung der gleiche Rechtsbehelf nicht nur dann zu, wenn er vor Entscheidung gehört wurde. Denn eine „Entscheidung" des Rechtspflegers liegt schon darin, daß durch die Gewährung von Vollstreckungsschutz der Pfändungsantrag des Gläubigers (ggf teilweise) zurückgewiesen wird.

17 **VIII)** Eine Pfändungsverfügung einer **Verwaltungs-Vollstreckungsbehörde** (§ 309 AO; im übrigen vor § 704 Rn 7) kann nur diese, nicht aber das (mit Verwaltungsvollstreckung nicht befaßte) Vollstreckungsgericht nach § 850k aufheben (Stöber FdgPfdg Rn 1300a; Hamm Rpfleger 95, 170; s auch § 850f Rn 19; aA LG Frankfurt Rpfleger 92, 168 u 359 mit krit Anm Merla, nicht richtig).

18 **IX) Gebühren: 1)** des **Gerichts:** Keine. Beschwerdeverfahren: KV 1906. – **2)** des **Anwalts:** Für den Antrag auf Pfändungsaufhebung (Abs 1) einschließlich der Vorwegaufhebung (Abs 2) oder auch einer einstw Anordnung (Abs 3) erhält der RA des Schuldners die (3/10) Vollstreckungsgebühr des § 57 BRAGO, insgesamt jedoch nur einmal. Für den RA des Gläubigers, der die Pfändung und Überweisung des Kontoguthabens des Schuldners beantragt hat, ist die Tätigkeit im Verfahren der Pfändungsaufhebung einschl der Vorwegaufhebung durch die bereits verdiente 3/10 Vollstreckungsgebühr aus § 57 BRAGO abgegolten. Beschwerdeverfahren: § 61 BRAGO.

851 *[Nicht übertragbare Forderungen]*

(1) Eine Forderung ist in Ermangelung besonderer Vorschriften der Pfändung nur insoweit unterworfen, als sie übertragbar ist.

(2) Eine nach § 399 des Bürgerlichen Gesetzbuchs nicht übertragbare Forderung kann insoweit gepfändet und zur Einziehung überwiesen werden, als der geschuldete Gegenstand der Pfändung unterworfen ist.

1 **I) Zweck:** Ausschluß der Pfändbarkeit für gesetzlich nicht übertragbare Forderungen (Ansprüche). Pfändung stellt wie Verpfändung eine Abspaltung (Teil„abtretung") von Gläubigerbefugnissen, nämlich der Verwertungsrechte, dar. Sie muß daher für gesetzlich nicht übertragbare Forderungen und ebenso für ein unveräußerliches Recht ausgeschlossen bleiben (§§ 851, 857 III).

2 **II)** 1) Forderungen sind grundsätzlich abtretbar und damit pfändbar. **Ausnahme** von diesem **Grundsatz der Übertragbarkeit** sehen Bestimmungen des BGB und andere materiellrechtliche Vorschriften vor, zB für

- Kranzgeld: § 1300 II BGB (vor Anerkennung oder Rechtshängigkeit),
- Anspruch auf Arbeitnehmer-Sparzulage für ab 1. 1. 1994 angelegte vermögenswirksame Leistungen (§ 13 III S 2 [idF v 21. 7. 1994, BGBl I 1630 (1666)] mit § 17 I 5. VermBG [BGBl I 407]),

- Forderungen aus einer Versicherung über unpfändbare Sachen: § 15 VVG; unübertragbar/unpfändbar für andere als solche Gläubiger, die zum Ersatz der zerstörten oder beschädigten Sachen andere Sachen geliefert haben; Unpfändbarkeit der Versicherungsforderung wegen eines Brandes im Haushalt s LG Detmold Rpfleger 88, 154,
- die Mitgliedschaft in einem Verein und die Ausübung der Mitgliedschaftsrechte: § 38 BGB (andere Satzungsregelung ist zulässig, § 40 BGB),
- (idR) das Vorkaufsrecht: § 514 BGB,
- (idR) den Anspruch auf Ausführung eines Auftrags: § 664 II BGB, und Dienstleistung: § 613 S 2 BGB.

Gesetzlicher Abtretungsausschluß hat Unpfändbarkeit zur Folge (gleiche Schutzbedürftigkeit); Besonderheiten können jedoch ausdrücklich bestimmt sein (Abs 1). In gleicher Weise ist eine der Pfändung nicht unterworfene Forderung (insbes Arbeitseinkommen, §§ 850 ff) nach § 400 BGB von der Übertragbarkeit ausgeschlossen. Landesrecht (Art 55–152 EGBGB) kann in privatrechtlichen Vorschriften Unübertragbarkeit vorsehen (Folge: Unpfändbarkeit nach Abs 1); es kann im Bereich der Gesetzgebungskompetenz der Länder (Art 70 ff GG) Unübertragbarkeit und Unpfändbarkeit regeln oder nur eine dieser Regelungen treffen (Folge: Abs 1 oder § 400 BGB, soweit nichts anderes bestimmt ist).

2) Unübertragbar ist eine Forderung, wenn Gläubigerwechsel den **Inhalt der Leistung ändern** 3 würde (§ 399 BGB 1. Alternative). Dazu gehört auch eine mit Rücksicht auf ihren Entstehungsgrund **höchstpersönliche Forderung** (zB das Recht der Eltern auf Verwendung der Einkünfte des Kindesvermögens für den Familienunterhalt, § 1649 II BGB) und eine **zweckgebundene Forderung** (BGB-RGRK/Weber § 399 Rn 19; zur Inhaltsänderung allgemein BGH DNotZ 86, 269 = NJW 86, 713). Der Verwendungszweck einer Forderung gehört zum Inhalt der zu erbringenden Leistung. Zweckwidrige Verwendung würde demzufolge eine Veränderung des Leistungsinhalts iS des § 399 BGB (1. Alternative) darstellen. Daher ist Abtretung (außerhalb der Zweckbestimmung) ausgeschlossen. Daraus folgt Unpfändbarkeit nach § 851 I (BGH MDR 78, 747 u MDR 85, 631 = NJW 85, 2263 [2264]); Abs 2 betrifft (entgegen dem zu weit gefaßten Wortlaut) diesen Fall nicht (BGH aaO). Der Verwendungszweck einer Forderung kann gesetzlich bestimmt oder bei Anspruchsbegründung der Leistung als Inhalt beigelegt sein, insbes mit treuhänderischer Bindung des Leistungsempfängers (BGH MDR 78, 747); Beispiel: Vorschüsse auf Architektenhonorar zur Deckung von Bürounkosten (BGH aaO) oder zur Entlohnung von Unterangestellten (RAG HRR 31 Nr 604), Anspruch des Zeugen auf Auszahlung eines Auslagenvorschusses; von einem Elternteil als Prozeßstandschafter des Kindes (§ 1629 III BGB) geltend gemachte Unterhaltsforderung (BGH 113, 90 [94] = NJW 91, 840 [841]); Forderung des Erwerbers eines Mietobjekts auf Auszahlung der dem Veräußerer vom Mieter geleisteten Barkaution (Frankfurt NJW-RR 91, 1416). Pfändbar ist eine zweckgebundene Forderung, wenn sie durch die ZwV-Maßnahme ihrer Zweckbestimmung zugeführt werden soll (beschränkte Pfändbarkeit).

3) Die Pfändung unveräußerlicher (anderer) **Vermögensrechte** ist nach § 857 III insoweit zu- 4 lässig, als die Ausübung einem anderen überlassen werden kann.

4) Zu den einzelnen nicht übertragbaren und daher nicht pfändbaren Forderungen § 829 5 Rn 33; zu anderen Rechten Anm zu § 857 und § 859.

III) 1) Die **Abtretung** einer Forderung kann auch **durch Vereinbarung** des Schuldners (Forde- 6 rungsgläubigers) mit dem Drittschuldner ausgeschlossen sein (§ 399 BGB 2. Alternative; Einschränkung § 354a HGB; dazu § 829 Rn 4)). Dem Zugriff seiner Gläubiger kann der Schuldner Vermögenswerte durch Vereinbarung mit dem Drittschuldner jedoch nicht entziehen (BGH 95, 99 [102] = NJW 85, 2827). Die vereinbarungsgemäß nicht übertragbare Forderung **kann** daher **gepfändet werden,** wenn der geschuldete Gegenstand der Pfändung unterworfen ist (Abs 2). Grund: Auch Drittschuldnerinteressen sind dann nicht berührt. Gleichgültig ist, ob die Forderung von Anfang an mit der Maßgabe begründet wurde, daß ihre Abtretung unzulässig ist, oder ob der Ausschluß der Abtretung erst nach Entstehen der Schuld vereinbart worden ist (Stöber FdgPfdg Rn 15). Abtretungsausschluß durch kollektive Regelung (Tarifvertrag, Betriebsvereinbarung, BAG AP § 399 BGB Nr 4 m Anm Larenz = Rpfleger 61, 15) und durch Satzung des Leistungsträgers (München MDR 91, 453 = OLGZ 91, 342 für Satzung einer Anstalt des öffentl Rechts nach Bundesrecht; LG Oldenburg Rpfleger 85, 449 für Ärztekammer Nds) begründet vereinbarte Unübertragbarkeit und damit Pfändbarkeit nach Abs 2. Ob der geschuldete Gegenstand (Geld oder andere Sache) der Pfändung unterworfen ist, bestimmt sich nach § 811, auch §§ 850 ff. Die vertragliche Aufhebung des Abtretungsverbots wirkt von dem Zeitpunkt ihres Zustandekommens an, hat somit keine Rückwirkung; zwischen der Abtretung und der „Genehmigung" ausgebrachte Pfändungen bleiben daher wirksam (BGH 70, 299 = NJW 78, 813; BGH 108, 172 = NJW 90, 109 [für die von der Drittschuldnerzustimmung abhängige Abtretung]).

2) Eine nicht übertragbare, nach Abs 2 aber dennoch pfändbare Forderung kann **nur zur** 7 **Einziehung** überwiesen werden, nicht an Zahlungs Statt (die wie eine Abtretung wirken würde).

851a *[Vollstreckungsschutz bei Verkauf landwirtschaftlicher Erzeugnisse]*

(1) Die Pfändung von Forderungen, die einem die Landwirtschaft betreibenden Schuldner aus dem Verkauf von landwirtschaftlichen Erzeugnissen zustehen, ist auf seinen Antrag vom Vollstreckungsgericht insoweit aufzuheben, als die Einkünfte zum Unterhalt des Schuldners, seiner Familie und seiner Arbeitnehmer oder zur Aufrechterhaltung einer geordneten Wirtschaftsführung unentbehrlich sind.

(2) Die Pfändung soll unterbleiben, wenn offenkundig ist, daß die Voraussetzungen für die Aufhebung der Zwangsvollstreckung nach Absatz 1 vorliegen.

1 **I) Zweck:** Schutz für Forderungen aus dem Verkauf landw Erzeugnisse (gleichgestellt der Getreidepreiseausgleichsanspruch, Schleswig SchlHA 69, 122). Zu Erzeugnissen selbst § 811 Nr 4.

2 **II) Voraussetzungen: 1)** Wirksame Pfändung der Forderung aus Verkauf. Bankguthaben und Bargeld des Landwirts sind nicht nach § 851a geschützt (hierwegen § 765a); für seine Miet- und Pachtzinsforderungen gilt § 851b.

3 2) **Schuldner** muß im Haupt- oder Nebenberuf die Landwirtschaft (§ 811 Rn 19) betreiben; gleichgültig ist, ob es sich um einen Eigenbetrieb handelt oder um die Landwirtschaft des Pächters oder Nießbrauchers.

4 3) Die Forderung muß **aus dem Verkauf** von Erzeugnissen stammen, die im Betrieb des Schuldners erzeugt sind (nicht von erworbenen Erzeugnissen).

5 4) Die Einkünfte (ggfs Schutz nur für einen Teil) müssen zum Unterhalt des Schuldners, seiner Familie (der vom Schuldner zu unterhaltenden Personen) und seiner Arbeitnehmer (auch der gewerblichen) oder zur Aufrechterhaltung einer geordneten Wirtschaftsführung (auch für Anschaffungen und Reparaturen) **unentbehrlich** sein. Das sind sie, soweit eine Deckung dieses Bedarfs durch anderweitige Mittel nicht möglich ist. Würdigung der Gläubigerbelange ist nicht vorgesehen. Die Zweckbestimmung begründet jedoch eine Ausnahme für Vollstreckung einer Forderung für Aufwand, den § 851a sichert (kein Schutz zB bei Pfändung wegen Landpachtzinsforderung; anders für größere Pachtzinsrückstände Hamm RdL 55, 53).

6 5) Die Voraussetzungen (auch Tätigkeit als Landwirt und Unentbehrlichkeit) müssen im **Zeitpunkt der Entscheidung** gegeben sein (nicht bei Pfändung oder Antragstellung; aA Köln JurBüro 89, 878), auch wenn die Mittel erst später (zB bei Fälligkeit eines Dienstlohns, sonst einer betrieblichen Verpflichtung) zu verwenden sind.

7 6) **Antrag** (kein Anwaltszwang, § 78 III) ohne Fristbindung (kann daher bis zur Beendigung der ZwV gestellt werden).

8 **III) Verfahren:** Zuständig ist das Vollstreckungsgericht (§ 828 II). Es entscheidet der Rechtspfleger (§ 20 Nr 17 RpflG) durch Beschluß; er ist zu begründen. Darlegungs- und Beweislast trifft den Schuldner (§ 766 Rn 27); Glaubhaftmachung genügt nicht (ist nicht vorgesehen). Rechtliches Gehör: vor § 704 Rn 28. Fakultative mündliche Verhandlung: § 764 II. Kosten: § 788 III. Einstw Anordnung: § 766 I S 2 mit § 732 II entspr. Rechtsbehelf: Befristete Rechtspflegererinnerung (§ 11 RpflG).

9 **IV)** Ist offenkundig (keine Anhörung des Schuldners, § 834), daß die Voraussetzungen für die Aufhebung der ZwV nach Abs 1 vorliegen, soll die Pfändung unterbleiben (Abs 2). Der Pfändungsantrag des Gläubigers wird dann abgewiesen.

10 **V) Gebühren: 1)** des **Gerichts:** Keine. – **2)** des **Anwalts:** § 58 III Nr 3 BRAGO.

851b *[Vollstreckungsschutz bei Miet- und Pachtzinsen]*

(1) Die Pfändung von Miet- und Pachtzinsen ist auf Antrag des Schuldners vom Vollstreckungsgericht insoweit aufzuheben, als diese Einkünfte für den Schuldner zur laufenden Unterhaltung des Grundstücks, zur Vornahme notwendiger Instandsetzungsarbeiten und zur Befriedigung von Ansprüchen unentbehrlich sind, die bei einer Zwangsvollstreckung in das Grundstück dem Anspruch des Gläubigers nach § 10 des Gesetzes über die Zwangsversteigerung und die Zwangsverwaltung vorgehen würden. Das gleiche gilt von der Pfändung von Barmitteln und Guthaben, die aus Miet- oder Pachtzinszahlungen herrühren und zu den in Satz 1 bezeichneten Zwecken unentbehrlich sind.

(2) Die Vorschriften des § 813a Abs. 2, 3 und Abs. 5 Satz 1 und 2 gelten entsprechend. Die Pfändung soll unterbleiben, wenn offenkundig ist, daß die Voraussetzungen für die Aufhebung der Zwangsvollstreckung nach Absatz 1 vorliegen.

I) Zweck: Vollstreckungsschutz für Miet- und Pachtzinsen sowie die aus ihnen herrührenden Barmittel und Guthaben, die als Erträgnisse des Grundstücks wirtschaftlich für dessen Erhaltung und zur Deckung der auf ihm ruhenden Lasten bestimmt sind. 1

II) Voraussetzungen: 1) Wirksame Pfändung der Ansprüche, Barmittel oder Guthaben durch das Vollstreckungsgericht oder den GV. Zur Frage, wann ein Guthaben aus einer Miet- oder Pachtzinszahlung herrührt, s Oldenburg MDR 56, 614. Keine Anwendung findet § 851b bei Pfändung der Forderung (§ 829 Rn 33 „Untermietzins"), Barmittel sowie eines Guthaben aus Untermiete. Belange des Gläubigers schränken den Schutz nicht ein (§ 813a I findet keine Anwendung); daß ein Unterhaltsgläubiger vollstreckt, ist daher nicht erheblich (Köln JurBüro 91, 1402 = Rpfleger 91, 427). 2

2) **Unentbehrlichkeit** der Grundstückserträgnisse für den Schuldner zur laufenden Unterhaltung des Grundstücks (auch Wohnungseigentums, Erbbaurechts, Gebäudeeigentums, Dauerwohnrechts, nicht aber eines nur vorübergehend mit dem Grund und Boden verbundenen Gebäudes), zur Vornahme notwendiger Instandsetzungsarbeiten und zur Befriedigung von Ansprüchen, die bei einer ZwV in das Grundstück dem Anspruch des Gläubigers nach § 10 I Nr 1–4 ZVG vorgehen würden. Die Einkünfte aus Miet- und Pachtzinsen werden damit für Zwecke der Erhaltungs- und Instandsetzungslasten gebunden. Zur **laufenden Unterhaltung** des Grundstücks gehören zB Kehrichtabfuhr- und Straßenreinigungsgebühren, Wassergeld, Feuerversicherung, Fahrstuhlunterhaltung, Gas- und Elektrizitätskosten, Pförtnerlöhne, Sammelheizung, Treppenbeleuchtung, Anliegerbeiträge. Auch bereits ausgeführte, aber noch zu bezahlende Arbeiten fallen darunter (LG Dresden JW 34, 855). Zu den bei einer ZwV **vorgehenden Ansprüchen** gehören nicht Grundpfandrechte, mit denen das Grundstück erst nach Wirksamwerden der Pfändung belastet wurde (LG Berlin Rpfleger 90, 377). Vereinfachter Vollstreckungszugriff auf Miet- und Pachtzinsen (§ 865 Rn 10) soll Verwendung der Nutzungen des Grundstücks für seine Erhaltung und Deckung der Lasten in ähnlicher Weise wie bei der einschneidenderen Immobiliarvollstreckung (Zwangsverwaltung) gewährleisten, Gläubigerbefriedigung aber auch nicht weitergehend ausschließen. Abzustellen ist für Abgrenzung der Rechte des Pfandgläubigers zu vorgehenden Rechten am Grundstück daher auf die Pfändung. Unentbehrlich sind Einkünfte oder ein Guthaben, wenn dem Schuldner andere Mittel zur Bestreitung der Ausgaben nicht zur Verfügung stehen (KG MDR 69, 852 = NJW 69, 1860). Für notwendige Instandsetzungsarbeiten sind dem Schuldner ggfs auch Mieten aus anderen als denjenigen Monaten zu belassen, in denen die Arbeiten vorgenommen werden bzw wurden (LG Berlin JW 34, 179). 3

3) **Antrag** des Schuldners (kein Anwaltszwang, § 78 III). Schutz kann der Grundstückseigentümer (auch wenn er als Miteigentümer die Teilungsversteigerung betreibt, Köln OLGZ 92, 81), aber auch ein Nießbraucher (Hamburg JurBüro 60, 24) oder Pächter beantragen, wenn gegen ihn vollstreckt wird. Ein Erwerber ist wegen der höchstpersönlichen Natur des Pfändungsschutzes nicht Rechtsnachfolger in bezug auf den Streitgegenstand; er muß daher, will er den Pfändungsschutz in Anspruch nehmen, neuen Antrag stellen (KG MDR 69, 852). 4

III) Verfahren: Zuständig ist das Vollstreckungsgericht (§ 828 II); es entscheidet der Rechtspfleger (§ 20 Nr 17 RpflG). Die tatsächlichen Verhältnisse sind glaubhaft zu machen (Abs 2 S 1 mit § 813a V S 2). Der Gegner ist (sofern nicht eine erhebliche Verzögerung eintreten wird) zu hören (Abs 2 S 1 mit § 813a V S 1). Ohne sachliche Prüfung ist der Antrag zurückzuweisen, wenn er nicht binnen 2 Wochen nach Pfändung (Wirksamwerden, § 829 III) gestellt ist und nach Überzeugung des Vollstreckungsgerichts Verschleppung oder grobe Nachlässigkeit vorliegt (Abs 2 S 1 mit § 813a III). Dazu § 813a Rn 9. 5

IV) Entscheidung: Die Entscheidung erfolgt durch Beschluß. Aufhebung der Pfändung erfolgt in Höhe der für Erhaltung des Grundstücks sowie Befriedigung der auf ihm ruhenden Lasten unentbehrlichen Mittel. Die freizustellenden Mittel sind als fester oder bestimmter fortlaufender Betrag zu bezeichnen. Der Beschluß ist dem Gläubiger und Drittschuldner zuzustellen, ebenso dem Schuldner, wenn seinem Antrag nicht voll entsprochen wird (sonst an ihn nur Mitteilung, § 329 II, III). Bei Zurückweisung des Antrags wird dem Schuldner zugestellt und dem Gläubiger formlos mitgeteilt. Die Aufhebung der Pfändung wird sofort wirksam, wenn nicht die Wirksamkeit des Beschlusses bis zu seiner Rechtskraft aufgeschoben ist. Kosten: § 788 III. Einstweilige Anordnung kann nach § 732 II ergehen. 6

V) Anordnungen nach Abs 1 können **mehrmals** ergehen und, je nach Lage der Verhältnisse, auf Antrag aufgehoben oder **abgeändert** werden (Abs 2 S 1 mit § 813a III; s Anm hierzu). 7

VI) Rechtsbehelf: Durchgriffserinnerung (§ 11 I S 2 RpflG mit § 793); sofortige weitere Beschwerde sodann nach §§ 793, 568 II. 8

VII) Unterbleiben soll Pfändung, wenn offenkundig ist, daß die Voraussetzungen für Aufhebung der ZwV nach Abs 1 vorliegen (vgl § 851a Rn 4). Antrag des Schuldners ist dafür nicht erforderlich. Die Pfändung von Barmitteln hat der GV abzulehnen (Abs 2 mit Abs 1 S 2). **Rechts-** 9

behelf bei Ablehnung des Pfändungsantrags durch den Rechtspfleger: befristete Durchgriffserinnerung; bei Ablehnung des Pfändungsauftrags durch den GV Erinnerung nach § 766.

10 **VIII) Gebühren** des **Gerichts** u des **Anwalts:** wie bei § 851a Rn 10.

852 *[Pflichtteilsanspruch. Verarmter Schenker]*

(1) Der Pflichtteilsanspruch ist der Pfändung nur unterworfen, wenn er durch Vertrag anerkannt oder rechtshängig geworden ist.

(2) Das gleiche gilt für den nach § 528 des Bürgerlichen Gesetzbuchs dem Schenker zustehenden Anspruch auf Herausgabe des Geschenkes sowie für den Anspruch eines Ehegatten auf den Ausgleich des Zugewinns.

1 **I) Zweck:** Pfändungsbeschränkung für Pflichtteilsanspruch und ähnlich eingeschränkte Ansprüche (Abs 2), die vermeiden soll, daß der Anspruch gegen den Willen des Berechtigten geltend gemacht wird.

2 **II) 1)** Der **Pflichtteilsanspruch** (§ 2303 BGB) ist pfändbar, wenn er anerkannt oder rechtshängig geworden ist (Abs 1). Pflichtteil ist auch ein Pflichtteilsergänzungsanspruch (§§ 2305–2307, 2325 BGB), der Anspruch des Pflichtteilsberechtigten gegen den Beschenkten (§ 2329 BGB) und der Anspruch des von der fortgesetzten Gütergemeinschaft ausgeschlossenen Abkömmlings (§ 1511 II BGB). Auf anderen Erwerb von Todes wegen findet § 852 I keine Anwendung, insbes nicht auf einen Vermächtnisanspruch, auch wenn er dem Geldwert des Pflichtteils entspricht oder unter diesem liegt (§§ 2305 - 2307 BGB; BayObLG nF 8, 26). **Anerkennung** durch Vertrag ist jede auf Feststellung des Pflichtteilsanspruchs zielende Einigung des Erben mit dem pflichtteilsberechtigten Schuldner; Schriftform oder Schuldanerkenntnis nach § 781 BGB sind nicht verlangt (Karlsruhe HRR 30 Nr 1164; hM; aA LG Köln VersR 73, 679). **Rechtshängigkeit:** § 261 I (mit § 253 I), § 261 II, § 700 II („anhängig" sein genügt nicht; näher Stöber FdgPfdg Rn 327). Klagerücknahme nach wirksamer Pfändung berührt deren Wirkung nicht. Mit Abtretung wird der Anspruch für Gläubiger des Zessionars pfändbar.

3 **2) Vor** vertraglicher **Anerkennung oder Rechtshängigkeit** wird Pfändung des (übertragbaren, § 2317 II BGB) Pflichtteilsanspruchs als in seiner zwangsweisen Verwertbarkeit aufschiebend bedingter (nicht künftiger) Anspruch für zulässig erachtet (BGH 123, 183 = NJW 93, 2876; Naumburg OLG 40, 154; aA KG JW 35, 3486 u früher allgem Meinung; zur Auswirkung der Pfändung Greve ZIP 96, 699; Kuchinke NJW 94, 1769). Zulässig ist damit auch Überweisung zur Einziehung (Stöber ZAP 14, 133; Greve ZIP 96, 699 [701]; aA Kuchinke NJW 94, 1769 [1770]: erst zulässig, wenn Gläubiger Verwertbarkeit nachweist; auch Behr JurBüro 96, 65). Erforderlich ist jedoch, daß der Pflichtteilsanspruch mit dem Erbfall entstanden ist (§ 2317 BGB); davor besteht keine (pfändbare) Anwartschaft (Stöber aaO).

4 **3)** Im Pfändungs**antrag** braucht der Gläubiger Anerkennung oder Rechtshängigkeit nicht vorzutragen (Grund Rn 3; anders früher hM). Der Pfändungsbeschluß muß Anerkennungsvertrag oder Rechtshängigkeit nicht bezeichnen. Die **Pfändung erfaßt** vor Anerkennung oder Rechtshängigkeit den in seiner Verwertbarkeit durch Erfüllung der Voraussetzungen des § 852 I aufschiebend bedingten Pflichtteilsanspruch (BGH aaO). Der Schuldner kann daher als Berechtigter nach wie vor allein entscheiden, ob dieser Anspruch gegen den Erben durchgesetzt werden soll (BGH aaO). Der Gläubiger erlangt mit der (eingeschränkten) Pfändung bei Eintritt der Verwertungsvoraussetzungen ein vollwertiges Pfandrecht; dessen Rang bestimmt sich nach dem Zeitpunkt der Pfändung (BGH aaO). Abtretung oder Verpfändung des Pflichtteilsanspruchs ist auch nach eingeschränkter Pfändung dem Gläubiger gegenüber unwirksam (§ § 829 I S 2). Steht noch nicht fest, ob der Schuldner Miterbe oder Pflichtteilsberechtigter ist, dann kann der Miterbenanteil (§ 859 II) und (alternativ) zugleich der Pflichtteilsanspruch gepfändet werden (Stöber aaO; aA Behr JurBüro 96, 65 [stellt Gläubiger schutzlos]).

5 **III)** Gleiches gilt nach **Abs 2** für den Anspruch des verarmten Schenkers auf **Herausgabe des Geschenks** (§ 528 BGB) sowie für den Anspruch eines Ehegatten auf den **Ausgleich des Zugewinns** (§§ 1372 ff, 1378 BGB). Auch solche Ansprüche sind als aufschiebend bedingte pfändbar (Stöber aaO). Pfändbar ist der Anspruch eines Ausgleichsberechtigten gegen einen Dritten (§ 1390 BGB).

853 *[Mehrfache Pfändung einer Geldforderung]*

Ist eine Geldforderung für mehrere Gläubiger gepfändet, so ist der Drittschuldner berechtigt und auf Verlangen eines Gläubigers, dem die Forderung überwiesen wurde, verpflichtet, unter Anzeige der Sachlage und unter Aushändigung der ihm zugestellten Beschlüsse an das Amtsgericht, dessen Beschluß ihm zuerst zugestellt ist, den Schuldbetrag zu hinterlegen.

I) Zweck: Wahrung der Belange des Drittschuldners; er soll bei mehrfacher Pfändung einer Forderung nicht das Risiko tragen, den für Leistung zur Befreiung von der Verbindlichkeit bestrangig berechtigten Gläubiger festzustellen. 1

II) Voraussetzungen der Hinterlegung: Wirksame Pfändung einer Geldforderung für mehrere Gläubiger (§ 829 III), nicht auch Überweisung, somit auch Pfändung bei Sicherungsvollstreckung (§ 720a I) oder Arrestvollziehung (§ 930 I). Hinterlegung kann auch erfolgen, wenn die gepfändete Forderung größer ist als die Summe der Vollstreckungsansprüche der pfändenden Gläubiger. Hat nur **ein** Gläubiger gepfändet, so ist Hinterlegung durch den Drittschuldner nicht zulässig. Ist dieselbe Forderung gepfändet und abgetreten, so kann der Schuldner nur nach § 372 BGB hinterlegen (RG 144, 391; s auch AG Köln MDR 66, 931 zum Hinterlegungsgrund bei Konkurrenz von Gläubigern aus Abtretung und Pfändungsrecht). Nach Pfändung einer Geldforderung für mehrere Gläubiger bleibt der Drittschuldner weiter berechtigt, an die Gläubiger (nach Überweisung, § 835) in der Reihenfolge ihrer Pfandrechte (§ 804 III mit § 829 III) zu leisten. Dann ist der Drittschuldner jedoch dafür verantwortlich, daß der Leistungsempfänger der bestberechtigte Gläubiger ist (RAG JW 36, 2666; Braunschweig OLG 19, 26). Er ist auch hierfür in seinem Vertrauen auf die Rechtmäßigkeit des Überweisungsbeschlusses des bestrangig berechtigten Gläubigers nach § 836 II geschützt (BGH 66, 394 = NJW 76, 1453). 2

III) Verpflichtet zur Hinterlegung ist der Drittschuldner nach mehrfacher Pfändung einer Geldforderung, wenn dies einer der Gläubiger (auch ein nachrangiger) verlangt, dem die Forderung überwiesen (§ 835) und der Drittschuldner zur Leistung verpflichtet ist (Fälligkeit der gepfändeten Forderung, Bewirkung einer Gegenleistung usw). Die Hinterlegungsaufforderung bedarf keiner Form (aber Sicherung des Nachweises geboten). Wenn der Drittschuldner auch in einem solchen Fall an einen der gepfändeten Gläubiger leistet, besteht für ihn der Schutz des § 836 II nicht mehr. **Verweigert** oder verzögert der Drittschuldner **die Hinterlegung,** so kann jeder (also auch der zweite, dritte usw) Pfändungs- und Überweisungsgläubiger gegen ihn auf Hinterlegung gem § 856 oder Zahlung an sich selbst klagen. Beruft sich der Drittschuldner im Prozeß auf sein Recht, zu hinterlegen, kann er nur zur Zahlung oder Hinterlegung verurteilt werden (RG JW 13, 885). Hat der Pfändungsgläubiger geklagt, ohne den Drittschuldner aufgefordert zu haben zu hinterlegen, treffen den Kläger die Kosten (§ 93). Der Drittschuldner hat dann die Wahl zwischen Zahlung und Hinterlegung. Die Kosten der Hinterlegung (§ 788) darf der Drittschuldner von dem zu hinterlegenden Betrag abziehen. 3

IV) Zu **hinterlegen** ist bei der Hinterlegungsstelle (§ 1 HinterlO) des Leistungsorts (§ 374 I BGB) unter gleichzeitiger Anzeige der Sachlage und Aushändigung der Beschlüsse an das Amtsgericht, dessen Beschluß zuerst zugestellt wurden. Benachrichtigung des Pfändungsgläubigers braucht nicht zu erfolgen; Anzeige nach § 374 II BGB ist nicht zu erstatten. Hat den ersten Pfändungsbeschluß ein oberes Gericht als Beschwerde- oder Arrestgericht erlassen, so ist ihm die Anzeige zu erstatten; diese ist an das Amtsgericht abzugeben, das für die Erstpfändung örtlich zuständig gewesen wäre, wenn für Amtsgerichte die sachliche Zuständigkeit gegeben gewesen wäre (nicht an das AG für den Sitz des höheren Gerichts; Jena OLG 22, 389; aA Kiel SchlHA 06, 122: AG des Sitzes). Geht die an keine Form gebundene Anzeige bei einem unzuständigen Gericht ein, so hat dieses ohne weiteres das Schriftstück an das zuständige Gericht weiterzuleiten. Verweigert das angegangene Gericht die Annahme der Anzeige, so steht dem Drittschuldner sowie allen Gläubigern befristete Durchgriffserinnerung (§ 11 I S 2 RpflG mit § 793) zu (Frankfurt JurBüro 77, 1151 = Rpfleger 77, 184). Hinterlegung und Anzeige bei Pfändung durch ein Gericht und eine Vollstreckungsbehörde im Verwaltungszwangsverfahren: § 320 AO. 4

V) Die Hinterlegung wirkt als Zahlung (§ 378 BGB); der hinterlegte Betrag scheidet endgültig aus dem Vermögen des Hinterlegers aus; Rücknahme durch den Hinterleger ist somit unmöglich. Rücknahmeverzicht braucht daher bei Hinterlegung nicht erklärt werden. Hat der Drittschuldner mehr hinterlegt als er schuldet, so hat er gegen die Gläubiger Anspruch aus ungerechtfertigter Bereicherung (RG 49, 357). Reicht der hinterlegte Betrag nicht zur Befriedigung aller Pfändungsgläubiger, so tritt das Verteilungsverfahren (§ 872) ein. Hinterlegung ohne Anzeige hat keine befreiende Wirkung (RG 36, 360). 5

854 *[Mehrfache Pfändung eines Anspruchs, der eine bewegliche Sache betrifft]*

(1) Ist ein Anspruch, der eine bewegliche körperliche Sache betrifft, für mehrere Gläubiger gepfändet, so ist der Drittschuldner berechtigt und auf Verlangen eines Gläubigers, dem der Anspruch überwiesen wurde, verpflichtet, die Sache unter Anzeige der Sachlage und unter Aushändigung der ihm zugestellten Beschlüsse dem Gerichtsvollzieher herauszugeben, der nach dem ihm zuerst zugestellten Beschluß zur Empfangnahme der Sache ermächtigt ist.

Hat der Gläubiger einen solchen Gerichtsvollzieher nicht bezeichnet, so wird dieser auf Antrag des Drittschuldners von dem Amtsgericht des Ortes ernannt, wo die Sache herauszugeben ist.

(2) Ist der Erlös zur Deckung der Forderungen nicht ausreichend und verlangt der Gläubiger, für den die zweite oder eine spätere Pfändung erfolgt ist, ohne Zustimmung der übrigen beteiligten Gläubiger eine andere Verteilung als nach der Reihenfolge der Pfändungen, so hat der Gerichtsvollzieher die Sachlage unter Hinterlegung des Erlöses dem Amtsgericht anzuzeigen, dessen Beschluß dem Drittschuldner zuerst zugestellt ist. Dieser Anzeige sind die Schriftstücke beizufügen, die sich auf das Verfahren beziehen.

(3) In gleicher Weise ist zu verfahren, wenn die Pfändung für mehrere Gläubiger gleichzeitig bewirkt ist.

1 **I)** § 854 trifft die dem **§ 853 entsprechende Regelung** für mehrfache Pfändung eines Anspruchs, der eine bewegliche Sache betrifft; es gelten daher sinngemäß die Anm zu § 853; an Stelle der Hinterlegung tritt die Herausgabe an den GV, der nach dem zuerst zugestellten Beschluß zur Empfangnahme der Sache ermächtigt ist. Das Verlangen des Gläubigers, dem der Anspruch überwiesen ist, kann schriftlich oder mündlich gestellt werden. Zuständig zur Ernennung des GV im Fall des Abs 1 S 2 ist das AG (der Rechtspfleger) des Ortes, wo die Sache herauszugeben ist.

2 Der GV hat von der erfolgten Übernahme die übrigen Gläubiger sofort zu benachrichtigen und sich die vollstreckbaren Urkunden derselben aushändigen zu lassen. Sodann erfolgt Versteigerung des übernommenen Gegenstandes gemäß §§ 814–825 II. Reicht der Erlös aus oder wird von keiner Seite eine andere Verteilung des nicht ausreichenden Erlöses als nach der Reihenfolge der Pfändung beansprucht, so hat ihn der GV zu verteilen.

3 **Abs 2 u 3:** Die Rangordnung richtet sich nach dem Zeitpunkt der Anspruchspfändung. Verteilungsverfahren nach §§ 872 ff. Gleichzeitige Pfändung für mehrere Gläubiger: § 827 III.

4 **II) Gebühren: 1)** des **Gerichts:** Für das Verfahren der Bestimmung eines GV: Keine. – **2)** des **Anwalts:** Der vom RA des Gläubigers gestellte Antrag wird durch die Vollstreckungsgebühr aus § 57 BRAGO abgegolten (§ 58 II Nr 4 BRAGO). Stellt der RA des Drittschuldners den Antrag, so erhält er die Vollstreckungsgebühr aus § 57 BRAGO. – **3)** des **Gerichtsvollziehers:** §§ 13, 18 I, 36 I Nr 2 GVKostG.

855 *[Mehrfache Pfändung eines Anspruchs, der eine unbewegliche Sache betrifft]*

Betrifft der Anspruch eine unbewegliche Sache, so ist der Drittschuldner berechtigt und auf Verlangen eines Gläubigers, dem der Anspruch überwiesen wurde, verpflichtet, die Sache unter Anzeige der Sachlage und unter Aushändigung der ihm zugestellten Beschlüsse an den von dem Amtsgericht der belegenen Sache ernannten oder auf seinen Antrag zu ernennenden Sequester herauszugeben.

1 **I)** Pfändung des Anspruchs auf Herausgabe eines Grundstücks: § 848 I. Das Verfahren, wenn der Anspruch für mehrere Gläubiger gepfändet wurde, entspricht demjenigen des § 853. **Ernennung des Sequesters** durch das AG der belegenen Sache (Rechtspfleger, § 20 Nr 17 RpflG) auf Antrag des Gläubigers oder des Drittschuldners. **Sicherungshypotheken** (§ 848 II) entstehen in der Reihenfolge der Pfändungen. Gleichzeitige Pfändung für mehrere Gläubiger gibt bei Eintragung Gleichrang. Sache eines späteren Gläubigers ist es, einen beanspruchten Vorrang durch Widerspruch (§ 899 BGB) zu sichern.

2 **II) Gebühren: 1)** des **Gerichts:** Für die Ernennung eines Sequesters: Keine. – **2)** des **Anwalts:** Antrag des RA des Gläubigers: § 58 II Nr 4 BRAGO. Stellt der RA des Drittschuldners den Antrag: § 57 BRAGO.

855a *[Mehrfache Pfändung eines Anspruchs, der ein eingetragenes Schiff betrifft]*

(1) Betrifft der Anspruch ein eingetragenes Schiff, so ist der Drittschuldner berechtigt und auf Verlangen eines Gläubigers, dem der Anspruch überwiesen wurde, verpflichtet, das Schiff unter Anzeige der Sachlage und unter Aushändigung der Beschlüsse dem Treuhänder herauszugeben, der in dem ihm zuerst zugestellten Beschluß bestellt ist.

(2) Absatz 1 gilt sinngemäß, wenn der Anspruch ein Schiffsbauwerk betrifft, das im Schiffsbauregister eingetragen ist oder in dieses Register eingetragen werden kann.

856 *[Klage gegen den Drittschuldner auf Erfüllung]*
(1) Jeder Gläubiger, dem der Anspruch überwiesen wurde, ist berechtigt, gegen den Drittschuldner Klage auf Erfüllung der nach den Vorschriften der §§ 853 bis 855 diesem obliegenden Verpflichtungen zu erheben.

(2) Jeder Gläubiger, für den der Anspruch gepfändet ist, kann sich dem Kläger in jeder Lage des Rechtsstreits als Streitgenosse anschließen.

(3) Der Drittschuldner hat bei dem Prozeßgericht zu beantragen, daß die Gläubiger, welche die Klage nicht erhoben und dem Kläger sich nicht angeschlossen haben, zum Termin zur mündlichen Verhandlung geladen werden.

(4) Die Entscheidung, die in dem Rechtsstreit über den in der Klage erhobenen Anspruch erlassen wird, ist für und gegen sämtliche Gläubiger wirksam.

(5) Der Drittschuldner kann sich gegenüber einem Gläubiger auf die ihm günstige Entscheidung nicht berufen, wenn der Gläubiger zum Termin zur mündlichen Verhandlung nicht geladen worden ist.

I) Die Klage auf Hinterlegung des Geldes oder auf Herausgabe der Sache an den GV oder Sequester kann jeder Gläubiger stellen, dem der Anspruch zur Einziehung oder an Zahlungs Statt überwiesen wurde (§§ 835, 849). Ist eine Klage erhoben, kann sich ein anderer Pfändungsgläubiger dem Kläger als (notwendiger) Streitgenosse (§ 62) anschließen; dies gilt auch von dem Arrestgläubiger (§ 930). Hat ein Gläubiger Klage erhoben, dann steht der Klage eines anderen Gläubigers § 261 III Nr 1 (Rechtshängigkeit) entgegen (StJ/Brehm Rn 2). Die klagenden Gläubiger haben dem Schuldner den Streit zu verkünden (§ 841). **Anschließung** durch Einreichung eines Schriftsatzes oder Erklärung zu Protokoll. 1

II) 1) **Ladung** nur zur ersten mündlichen Verhandlung. Die Ladung erfolgt von Amts wegen durch die Geschäftsstelle, welcher der Drittschuldner nur die Gläubiger zu bezeichnen hat. 2

2) **Einwendungen des Drittschuldners:** a) Betreffen die Einwendungen die **Hinterlegungs-(Herausgabe)pflicht** gegenüber einzelnen Gläubigern, so ist die Klage erst dann abzuweisen, wenn eine **Mehrheit** von Gläubigern nicht mehr vorhanden ist. 3

b) Einwendungen, die sich **gegen den Bestand** des gepfändeten Anspruchs richten, kann der Drittschuldner gegen jeden Gläubiger geltend machen. Die Klage ist nur dann unbegründet, wenn an den Bestberechtigten Zahlung geleistet oder ihm gegenüber Aufrechnung erklärt ist. Gleich steht Überweisung an Zahlungs Statt oder bei Überweisung zur Einziehung im Verhältnis zum Schuldner Verrechnung des vollen Betrags der überwiesenen Forderung auf die beizutreibende Forderung (StJ/Brehm Rn 6). 4

III) **Rechtskraft.** Die Entscheidung ist hinsichtlich des in der Klage erhobenen Anspruchs, nicht darüber hinaus, für alle Gläubiger, aber nur gegen diejenigen Gläubiger wirksam, die beigetreten oder geladen waren; gegenüber dem Pfändungsschuldner schafft sie keine Rechtskraft (RG 83, 117). Umschreibung der Vollstreckungsklausel auf Gläubiger, die am Rechtsstreit nicht teilgenommen hatten: §§ 727, 730, unabhängig davon, ob der weitere Gläubiger vor oder nach Rechtshängigkeit der Drittschuldnerklage gepfändet hat (Saarbrücken NJW-RR 90, 1472). 5

IV) **Gebühren** des **Gerichts und** des **Anwalts:** Die Klage gegen den Drittschuldner gehört nicht zum Zwangsvollstreckungsverfahren, so daß Gericht und RA die Regelgebühren wie im ordentlichen Prozeß erhalten (KV 1201 ff, §§ 31 ff BRAGO). Die Streitverkündung an den Schuldner durch den RA der klagenden Gläubiger gehört zum Rechtszug (§ 37 Nr 3 BRAGO). 6

857 *[Zwangsvollstreckung in andere Vermögensrechte]*
(1) Für die Zwangsvollstreckung in andere Vermögensrechte, die nicht Gegenstand der Zwangsvollstreckung in das unbewegliche Vermögen sind, gelten die vorstehenden Vorschriften entsprechend.

(2) Ist ein Drittschuldner nicht vorhanden, so ist die Pfändung mit dem Zeitpunkt als bewirkt anzusehen, in welchem dem Schuldner das Gebot, sich jeder Verfügung über das Recht zu enthalten, zugestellt ist.

(3) Ein unveräußerliches Recht ist in Ermangelung besonderer Vorschriften der Pfändung insoweit unterworfen, als die Ausübung einem anderen überlassen werden kann.

(4) Das Gericht kann bei der Zwangsvollstreckung in unveräußerliche Rechte, deren Ausübung einem anderen überlassen werden kann, besondere Anordnungen erlassen. Es kann insbesondere bei der Zwangsvollstreckung in Nutzungsrechte eine Verwaltung anordnen; in

diesem Falle wird die Pfändung durch Übergabe der zu benutzenden Sache an den Verwalter bewirkt, sofern sie nicht durch Zustellung des Beschlusses bereits vorher bewirkt ist.

(5) Ist die Veräußerung des Rechtes selbst zulässig, so kann auch diese Veräußerung von dem Gericht angeordnet werden.

(6) Auf die Zwangsvollstreckung in eine Reallast, eine Grundschuld oder eine Rentenschuld sind die Vorschriften über die Zwangsvollstreckung in eine Forderung, für die eine Hypothek besteht, entsprechend anzuwenden.

(7) Die Vorschrift des § 845 Abs. 1 Satz 2 ist nicht anzuwenden.

1 **I) Zweck** und **Anwendungsbereich:** Bestimmung, wie bei ZwV einer Geldforderung des Gläubigers (2. Abschnitt des 8. Buchs) die Pfändung (§ 803 I) sonstiger Vermögensrechte, die nicht Geldforderungen (§§ 829, 830) oder Herausgabeansprüche (§§ 846–849) sind, zu vollziehen ist. Mit dieser Pfändung erlangt der Gläubiger ein Pfandrecht an dem Recht des Schuldners (§ 804 I). Verwertung erfolgt mit Überweisung (§ 835) oder anderweit (Abs 4, 5 mit § 844).

2 **II)** Als **Vermögensrecht** nach § 857 zu pfänden sind Rechte aller Art, die einen Vermögenswert derart verkörpern, daß die Pfandverwertung zur Befriedigung des Geldanspruchs des Gläubigers führen kann. Nicht pfändbar nach § 857 sind demnach Persönlichkeitsrechte, Familienrechte, Mitgliedsrechte ohne Vermögenswert, die Einziehungsermächtigung als Handlungsbefugnis (BAG AP § 829 Nr 6 = MDR 80, 522); außerdem als Gegenstand der ZwV in das unbewegliche Vermögen (Abs 1 mit § 864) nicht das Eigentum sowie ein Miteigentumsanteil an einem Grundstück, einem grundstücksgleichen Recht, eingetragenen Schiff sowie Schiffsbauwerk und an einem Luftfahrzeug, schließlich nicht das Eigentum an beweglichen körperlichen Sachen als Gegenstand des Mobiliar-ZwV (§§ 808 ff). Ein gesetzlich nicht übertragbares Recht ist nicht pfändbar (§ 851 I entspr; Ausnahme aber nach § 857 III); ein vereinbarungsgemäß nicht übertragbares Recht kann nach § 851 II gepfändet werden (BGH 95, 99 = NJW 85, 2827). Pfändbare Rechte sind zB **Anwartschaften** (s Rn 5, 6); das Bezugsrecht des **Aktionärs;** das **Dauerwohnrecht** (§ 31 WEG); das **Droschkennummernrecht** (KG OLG 29, 240; aA, Konzession unpfändbar, München OLG 29, 241; LG Köln MDR 64, 842); der Anteil an dem Gesellschaftsvermögen einer **bürgerlichen Gesellschaft,** einer **OHG,** einer **KG,** einer **stillen Gesellschaft** (s näher Anm zu § 859); der Geschäftsanteil einer **GmbH** (s näher Anm zu § 859); das **genossenschaftliche Geschäftsguthaben** (s Anm zu § 859); **Lizenzen,** das sind am Patent oder Gebrauchsmuster bestellte ausschließliche und nicht betriebsgebundene Nutzungsrechte; das Recht aus dem **Meistgebot** in der (Grundstücks-)Zwangsversteigerung (BGH 111, 16 = NJW 90, 989; Stöber FdgPfdg Rn 1794a; Zeller/Stöber ZVG § 81 Rn 3.7); der Anteil des **Miterben** am Nachlaß (s Anm zu § 859); das **Nacherbenrecht** als Ganzes, nicht als dingliches Recht an den einzelnen Nachlaßgegenständen; **Rückgewähranspruch** bei **Sicherungsgrundschuld** (Rn 15); Anspruch des Schuldners auf Mitwirkung der Bank zur Öffnung eines **Stahlkammerfachs; Unterlassungsansprüche; Verlegerrechte** an Werken der Literatur und der Tonkunst, nachdem das Werk erschienen ist, mit der sich aus § 28 VerlagsG ergebenden Beschränkung, ebenso bezüglich des Anspruchs auf Übertragung von Rechten; das Recht aus einer **Vollmacht,** wenn die Ausübung von einem Dritten erfolgen kann (aA StJ/Brehm Rn 3; BayObLG 78, 194: allenfalls dann, wenn sie im Interesse des Bevollmächtigten erteilt wurde; s auch Vortmann NJW 91, 1038: Kontovollmacht ist nicht pfändbar); das Recht auf Arbeitsleistung aus einem **Werkvertrag;** Rechte aus **Wertpapierverwahrung,** und zwar der Anspruch auf die Erlöse (fällige Erträge, sonstige Ausschüttungen und Rückzahlungsbeträge auf fällige und ausgeloste Stücke) als Geldforderung (kann kontokorrentgebunden sein) sowie bei Sonderverwahrung (§ 2 DepotG) nach § 846 der Herausgabeanspruch, bei Sammelverwahrung (§ 5 DepotG) nach § 857 der Schuldneranteil als Hinterleger und nach § 846 der Auslieferungsanspruch (§ 7 I DepotG); Einzelheiten mit Beschlußbeispielen Stöber FdgPfdg Rn 1787–1787m; außerdem der Schuldneranteil an sammelverwahrten Schuldbuchforderungen (Wertrechte) nach § 857 (Erk Rpfleger 91, 236); das (übertragbare, BGH MDR 91, 634 = NJW-RR 91, 526) **Wiederkaufsrecht** Stöber FdgPfdg Rn 1789–1791; auch Stachel JR 54, 130).

3 **Nicht selbständig pfändbar** sind Einzelbefugnisse, die dem Inhaber des Rechts im Rahmen eines bestimmten Rechtsverhältnisses zustehen, zB das Anfechtungsrecht, ein Kündigungsrecht (LG Saarbrücken Rpfleger 73, 147); der Anspruch des Schuldners gegen einen Dritten auf Herausgabe eines Hypothekenbriefs. Solche Befugnisse können aber uU im Wege der **Hilfspfändung** zur Durchsetzung des Hauptanspruchs gepfändet und zur Einziehung überwiesen werden, zB der Anspruch des Schuldners gegen einen Dritten auf Herausgabe eines Hypothekenbriefs. Die öffentlich-rechtliche Arzneimittelzulassung ist nicht selbständig pfändbar, sondern nur zusammen mit der zivilrechtlichen Befugnis (Patent, Lizenz, Marke oä), die es gestattet, das Arzneimittel in den Verkehr zu bringen (BGH NJW 90, 2931).

4 **III)** Auf die **Pfändung** eines Vermögensrechts sind die §§ 828–856 entspr anzuwenden. Die Pfändung erfolgt somit ebenfalls **durch Beschluß** des Vollstreckungsgerichts (Zuständigkeit:

§ 828; für Schiffspart: § 858 II), der auf Antrag des Gläubigers ergeht. Einzelheiten: § 829 Rn 3 ff. Wirksam wird die Pfändung mit Zustellung des Beschlusses an den Drittschuldner (Abs 1 mit § 829 III; dazu § 829 Rn 14). **Drittschuldner** (hier in weitem Sinn verstanden) ist jeder Dritte, dessen Leistung zur Ausübung des gepfändeten Rechts erforderlich ist oder dessen Rechtsstellung von der Pfändung sonstwie berührt wird (Stöber FdgPfdg Rn 8; RG 49, 405 [407]; auch BGH 49, 197 = NJW 68, 493). Wenn ein Drittschuldner nicht vorhanden ist, wird die Pfändung mit Zustellung an den Schuldner wirksam (Abs 2). Das Gebot an den Schuldner, sich jeder Verfügung über das gepfändete Recht, insbes seiner Einziehung, zu enthalten (§ 829 I S 2), ist dann für die Pfändung wesentlich (anders bei Vorhandensein eines Drittschuldners; § 829 Rn 7); fehlt es, ist die Pfändung eines drittschuldnerlosen Rechts unwirksam (KG JW 36, 3335). Zu dinglichen Rechten Abs 6. Auch Vorpfändung (§ 845) ist zulässig; jedoch kann Anfertigung der Benachrichtigung mit den Aufforderungen nicht dem GV übertragen werden (Abs 7).

IV) Einzelfälle. 1) Anwartschaftsrechte: a) Pfändbar ist das Anwartschaftsrecht, das bei der Veräußerung eines Grundstücks dem Auflassungsempfänger zusteht (§ 848 Rn 12). 5

b) Pfändbar ist das Anwartschaftsrecht, das dem Erwerber einer unter aufschiebender Bedingung zu Eigentum übertragenen **beweglichen Sache** vor Eintritt der Bedingung zusteht (BGH LM § 857 Nr 2 = NJW 54, 1325; Nürnberg MDR 53, 687; Ascher NJW 55, 46; Reinicke MDR 59, 613; aA Bauknecht NJW 54, 1749 u 55, 451; Münzel MDR 59, 345; Liermann JZ 62, 658). Die Pfändung des Anwartschaftsrechts wird durch Zustellung des Pfändungsbeschlusses an den Veräußerer (Drittschuldner; BGH aaO; offen gelassen in BGH 49, 197; aA Strutz NJW 69, 831: § 857 II) wirksam. Für den Schuldner (Vorbehaltkäufer) bewirkt die Pfändung des Anwartschaftsrechts eine (relative) Verfügungsbeschränkung zugunsten des Gläubigers. Der Schuldner darf über das Anwartschaftsrecht insoweit nicht mehr verfügen, als die Verfügung das Pfandrecht des Gläubigers beeinträchtigt. Er kann zB das Anwartschaftsrecht nicht mit Wirkung gegenüber dem Pfändungsgläubiger auf einen Dritten übertragen. Zahlung des Restkaufpreises, die zur Folge hat, daß das Anwartschaftsrecht untergeht, ist keine den Gläubiger beeinträchtigende Verfügung. Zweck der Pfändung des Anwartschaftsrechts ist neben der Verfügungsbeschränkung des Schuldners gerade, dem Gläubiger das Recht zu verschaffen, den Restkaufpreis selbst an den Drittschuldner zu zahlen (BGH NJW 54, 1325; Celle MDR 60, 848 = NJW 60, 2196; Hamburg MDR 59, 398). Mit Zahlung des Kaufpreisrestes ist das Anwartschaftsrecht in das Volleigentum übergegangen. Das Anwartschaftsrecht und damit das Pfandrecht bestehen dann nicht mehr. Der Gläubiger erlangt ein Pfändungspfandrecht an der Sache selbst (§ 804 I) nur dann, wenn auch diese für ihn nach § 808 gepfändet ist (BGH NJW 54, 1325). **Notwendig** ist daher sog **Doppelpfändung** (Verbindung von Rechts- und Sachpfändung; kritisch zur Doppelpfändung Raacke NJW 75, 248; Hübner NJW 80, 729 [733]; vgl auch StJ/Brehm Rn 87). Solange der Kaufpreis nicht bezahlt ist, hat Veräußerer gegen die Sachpfändung Widerspruchsklage nach § 771 (Hamburg MDR 58, 398), Gläubiger kann aber durch Ausübung des ihm zustehenden Rechts, den Kaufpreisrest abzulösen, den Widerspruch des Veräußerers abwenden. Der Rang mehrerer Pfändungspfandrechte an der Sache richtet sich nach dem Zeitpunkt der Sachpfändung (§ 804 III), nicht nach dem Zeitpunkt des Eigentumserwerbs durch den Schuldner. Verwertung des gepfändeten Anwartschaftsrechts nach Abs 5 durch Versteigerung, freihändige Veräußerung oder Überweisung zur Einziehung ist statthaft; letztere bewirkt allerdings keinen Übergang des Anwartschaftsrechts auf den Gläubiger, sie ermächtigt ihn nur, das Recht des Schuldners im eigenen Namen geltend zu machen. Die Anwartschaft verbleibt daher im Vermögen des Schuldners, so daß er und nicht der Gläubiger bei Bedingungseintritt Eigentümer wird (BGH NJW 54, 1325). Ein rechtsgeschäftlicher Erwerb des Anwartschaftsrechts vor dessen Pfändung berechtigt den Erwerber selbst dann zur Widerspruchsklage (§ 771), wenn der Pfändungsgläubiger vor dem Rechtsübergang eine Sachpfändung erwirkt hat (BGH 20, 88 = NJW 56, 665; LG Köln NJW 54, 1773; LG Bückeberg NJW 55, 1156, je m Anm Bauknecht: Zustimmung des Inhabers des Vollrechts ist für rechtsgeschäftlichen Erwerb des Anwartschaftsrechts nicht erforderlich; aA RG 140, 223). 6

2) Schutzrechte: a) Patentrechte (PatG): Pfändbar ist das Recht auf das Patent, der Anspruch auf Erteilung des Patents (für die angemeldete Erfindung) und das Recht aus dem Patent (§ 15 PatG; BGH 125, 334 = JZ 94, 1012 m Anm Berger = NJW 94, 3099). Wirksam wird die Pfändung durch Zustellung an Schuldner, da ein Drittschuldner fehlt; Nachweis gegenüber dem Patentamt durch Vorlage des Pfändungsbeschlusses. Hilfspfändung der Patenturkunde nach § 836 III; Vorpfändung (§ 845) ist zulässig. Verwertung (§§ 857, 844): Versteigerung oder freihändiger Verkauf des GV, Lizenzerteilung, Verwaltung; Stöber FdgPfdg Rn 1718–1731. Einzelheiten: BGH aaO. 7

b) Gebrauchsmuster (GebrMG): Wie Patentrechte (§ 13 GebrMG). 8

c) Geschmacksmuster: Vor der Anmeldung gegen Urheber und seine Erben nicht pfändbar (§ 3 Ges); unbeschränkt pfändbar nach Übertragung auf Dritte und nach der Anmeldung. Verwertung wie Patent. 9

10 **d)** Schutzfähige **Marken** (Zeichen, insbes Wörter und Personennamen, Abbildungen, Hörzeichen, dreidimensionale Gestaltungen usw, § 3 MarkenG; auch Kollektivmarken, § 97 MarkenG) und **geschäftliche Bezeichnungen** (Unternehmenskennzeichen und Werktitel, § 5 MarkenG) können Gegenstand der ZwV sein. Bei ZwV gegen den Markeninhaber können gepfändet werden das durch Eintragung, Benutzung oder notorische Bekanntheit begründete Recht (§ 29 I Nr 2 MarkenG) sowie die durch Anmeldung begründeten Rechte (§ 31 MarkenG). Pfändung erfolgt nach Abs 2; ein Drittschuldner ist nicht vorhanden; das Patentamt ist nicht Drittschuldner. Eintragung in das vom Patentamt geführte Register: § 31 II MarkenG. Verwertung: §§ 844, 857 IV. Für geschäftliche Bezeichnungen ergeben sich Einschränkungen; so ist die mit dem Handelsgeschäft verbundene (§ 23 HGB) Firma nicht pfändbar (RG 70, 229; BGH 93, 921 [923]); für einen Werktitel begründet der urheberrechtliche Titelschutz Besonderheit (Pfändung nur nach §§ 113, 115 UrhRG; ZwV zulässig damit gegen den Verleger als Inhaber des Werktitels).

11 **e) Urheberrechte** und **verwandte Schutzrechte** (UrhG): Es gelten die allgemeinen Bestimmungen, soweit nicht §§ 113–119 UrhG etwas anderes regeln (§ 112 UrhG). Danach ist die Pfändung wegen Geldforderungen gegen den Urheber oder seinen Rechtsnachfolger mit seiner Einwilligung und nur insoweit zulässig, als diese Nutzungsrechte einräumen können; §§ 112 ff UrhG sowie Stöber FdgPfdg Rn 1760–1770.

12 **3)** Ein (gesetzlich) **unveräußerliches Recht,** zB **Nießbrauch** (§ 1059 BGB), **beschränkte persönliche Dienstbarkeit** (§ 1092 BGB, auch als Wohnungsrecht, § 1093 BGB) ist, falls nicht im einzelnen anderes bestimmt ist, der Pfändung nach § 857 insoweit unterworfen, als die **Ausübung** einem anderen übertragen werden kann (Abs 3). Beim Nießbrauch kann die Ausübung einem anderen überlassen werden (§ 1059 S 2 BGB), bei der beschränkten persönlichen Dienstbarkeit (§ 1092 I S 2 BGB) nur, wenn dies vereinbart und im Grundbuch eingetragen ist (KG MDR 68, 760 = NJW 68, 1882; aA LG Detmold Rpfleger 88, 372 [Vereinbarung genügt]). Vertraglicher Ausschluß der Überlassung der Nießbrauchsausübung (hat dingliche Wirkung mit Grundbucheintragung) berührt die Pfändbarkeit nicht (Abs 1 mit § 851 II; BGH 95, 99; s bereits Rn 2). Gepfändet wird das Recht, zB der Nießbrauch selbst, nicht ein obligatorischer Anspruch auf seine Ausübung (BGH 62, 133 = NJW 74, 796 gegen früher hM; Frankfurt MDR 90, 922 = NJW-RR 91, 445). Abs 3 erklärt diejenigen unveräußerlichen Rechte, deren Ausübung übertragbar ist, selbst für pfändbar, nicht die Ausübung; die Unveräußerlichkeit wirkt sich außerdem dahin aus, wie in Abs 4 zum Ausdruck kommt, daß der Gläubiger sich nicht durch Verwertung des Rechts, sondern nur aus den Nutzungen des Rechts befriedigen darf. Die Pfändung wird mit Zustellung an den Eigentümer, der Drittschuldner ist (RG 74, 83), wirksam (§§ 857, 829 III); sie kann als Verfügungsbeschränkung auf Antrag des Gläubigers in das Grundbuch eingetragen werden (Stöber FdgPfdg Rn 1524; LG Bonn JurBüro 79, 1725 = Rpfleger 79, 349); die Eintragung ist im Hinblick auf §§ 892, 893 BGB geboten, zur Wirksamkeit der Pfändung aber nicht erforderlich (BGH 62, 133). Zur Löschung des Nießbrauchs ist die Zustimmung des Pfändungsgläubigers erforderlich (Frankfurt NJW 61, 1928; Bremen NJW 69, 1969; LG Bonn JurBüro 79, 1725 = Rpfleger 79, 349). Mit der Pfändung ist der Nießbrauch der Verfügung des Berechtigten entzogen (§§ 135, 136 BGB; BGH aaO; Bremen NJW 69, 2147). Auch ein **Miet-** oder **Pachtrecht** ist unter gleichen Voraussetzungen (Gestattung des Untervermietens oder -verpachtens) pfändbar, jedoch muß, wenn der Schuldner die Miete oder die Pacht noch nicht (im voraus) gezahlt hat, alsdann der Pfandgläubiger die Miete oder Pacht zahlen. Der Anspruch eines **Leasingnehmers** auf Gebrauchsüberlassung (Nutzung des Leasingobjekts) ist als unveräußerliches Recht ebenso (nur) pfändbar, wenn Überlassung des Gebrauchs an einen Dritten gestattet ist (Düsseldorf Betrieb 88, 955 = NJW 88, 1676; LG Düsseldorf Rpfleger 88, 75; Stöber FdgPfdg Rn 267 mwN); gleiches gilt für das Nutzungsrecht des Schuldners an einem sicherungsübereigneten Gegenstand (für Pkw: Schleswig SchlHA 90, 55). Der (schuldrechtliche) Anspruch des (Bruchteils-)**Miteigentümers** eines Grundstücks (§§ 741 ff, 1008 BGB) auf **Aufhebung der Gemeinschaft** allein ist ohne den Miteigentumsanteil nicht abtretbar, nach Abs 1 mit § 851 I daher auch nicht pfändbar (BGH 90, 207 = NJW 84, 1968). Zur Ausübung kann der Anspruch auf Auseinandersetzung jedoch dem überlassen werden (Abs 3), dem auch das (übertragbare) künftige Recht auf den dem Miteigentumsanteil entsprechenden Teil des Versteigerungserlöses abgetreten worden ist. Der Aufhebungsanspruch kann daher auch zusammen mit dem künftigen Anspruch auf eine den Anteilen entsprechende Teilung und Auskehrung des Versteigerungserlöses gepfändet werden (BGH 90, 207; Hamm NJW-RR 92, 665; Köln OLGZ 69, 338 = Rpfleger 69, 170; LG Aurich Rpfleger 62, 413 m zust Anm Berner; LG Bremen Rpfleger 55, 107 m Anm Berner; LG Hamburg MDR 77, 1019; LG Wuppertal NJW 61, 785; Stöber FdgPfdg Rn 1544). In das Grundbuch kann die Pfändung als „Anteilsbelastung" oder „Verfügungsbeschränkung" nicht eingetragen werden (AG/LG Siegen Rpfleger 88, 249 m Anm Tröster; Stöber FdgPfdg Rn 1545). Nach Pfändung (und Überweisung) kann der Gläubiger die Zwangsversteigerung des ganzen Grundstücks (§§ 180 ff ZVG) betreiben (BGH aaO). Geht man mit Gramentz (Aufhebung der Gemeinschaft nach Bruchteilen durch den Gläubiger eines Teilhabers, 1989) davon aus, daß Pfändung des Anteils (oder Erwerb

einer Zwangshypothek daran) nach § 751 S 2 mit § 1258 II S 2 BGB (analog) zugusten des Gläubigers einen eigenen, originären (materiell-rechtlichen) Anspruch begründet, dem jeder Teilhaber als Verpflichteter ausgesetzt ist, besteht die Pfändungswirkung fort, wenn der Schuldner seinen Miteigentumsanteil am Grundstück veräußert. Pfändung des **Miteigentums**anteils an einer **beweglichen Sache** erfolgt nach § 857 (BGH NJW 93, 935 [937] = FamRZ 93, 668; Stöber FdgPfdg Rn 1548). Der **Rangvorbehalt** (§ 881 BGB) ist nicht pfändbar (BGH 12, 238 = NJW 54, 954 u 1291 m Anm Jansen). Das **Sondernutzungsrecht** eines Wohnungseigentümers (zB als Kfz-Abstellplatz) ist als vereinbarte Eigentümerbefugnis Inhalt des Sondereigentums (§ 10 I, § 15 I WEG), nicht aber selbständiges Vermögensrecht; es kann daher nicht (auch nicht nach Abs 3) gepfändet werden (Stöber FdgPfdg Rn 1793; aA LG Stuttgart JurBüro 89, 158: pfändbar von Mitgliedern der WE-Gemeinschaft, nicht richtig).

V) Die **Verwertung** (Abs 5) kann durch Überweisung zur Einziehung oder an Zahlungs Statt 13
erfolgen, soweit dies nach der Art des zu verwertenden Rechts möglich ist (s § 835 I). Ordnet das Gericht eine andere Art der Verwertung (§ 844), zB bei veräußerlichen Rechten die **Veräußerung** durch den GV an, so vollzieht sie sich in Ermangelung näherer gerichtlicher Anordnung nach dem Rechtsgedanken des Vollstreckungsrechts (Versteigerung; entspr Anwendung von §§ 816 ff; Einzelheiten § 844 Rn 6). Da die Rechtsübertragung auf den Ersteher durch die Erklärung des GV erfolgt, wird dieser zweckmäßigerweise ausdrücklich den Inhalt seines Zuschlages auf den Abschluß des Kaufvertrags beschränken, die Übertragung des dinglichen Rechtes aber von einem nochmaligen Ausspruch und diesen wieder von der Zahlung durch den Ersteher abhängig machen (LG Dresden JW 39, 119); Versteigerung eines Anteils des Schuldners an ungeteilter Erbengemeinschaft: RG 87, 325; an GmbH: RG 91, 432; der Anwartschaft auf den durch Restkaufpreiszahlung bedingten Eigentumserwerb an unter Eigentumsvorbehalt verkaufter Sache: Dresden OLG 35, 181. Ein gepfändetes Nacherbenrecht, das der GV auf Grund Anordnung nach Abs 5 versteigert, geht mit dem Zuschlag (oder nachfolgender Übereignung des Rechts durch den GV) auf den Meistbietenden über, ohne daß es eines besonderen Übertragungsaktes in notarieller Form gem § 2033 I BGB bedarf. **§ 817a** u **§ 813** sind bei Versteigerung eines Rechts entsprechend anzuwenden (LG Essen NJW 57, 108). Bei ZwV in ein unveräußerliches Recht, dessen Ausübung einem anderen überlassen werden kann, kann das Gericht besondere Anordnungen treffen (Abs 4 S 1), zB Verwaltung (so bei Nießbrauch), Verpachtung, Übertragung der Ausübung an den Gläubiger, zB bei Lizenzen. Regelung der Verwaltung kann in Anlehnung an die ZVG-Vorschriften über die Zwangsverwaltung erfolgen (LG Lübeck Rpfleger 93, 360; Stöber FdgPfdg Rn 1712a).

VI) 1) Reallasten, Grundschulden, Rentenschulden werden wie Forderungen, für die eine 14
Hypothek besteht, gepfändet (Abs 6 mit § 830).

a) Zur Pfändung einer **Grundschuld** (gemeint ist hier zunächst nur die „Fremd"grundschuld; 15
zur Eigentümergrundschuld Rn 18 ff) oder einer Rentenschuld ist bei einem Briefrecht außer dem Pfändungsbeschluß die Übergabe des Grundschuld- oder Rentenschuldbriefes erforderlich. Ist die Erteilung des Briefes ausgeschlossen, so bedarf es der Eintragung der Pfändung in das Grundbuch (§ 830 I). Überweisung erfolgt nach § 837. Nichts besonderes gilt für die Pfändung der sog Sicherungsgrundschuld, dh einer Grundschuld, die zur Sicherung einer Forderung bestellt ist. Das Grundpfandrecht bleibt Grundschuld (§ 1191 BGB), ist somit nach Abs 6 mit § 830 zu pfänden. Die gesicherte Forderung ist aber selbständig nach § 829 zu pfänden. Für den Gläubiger empfiehlt es sich, jeweils beides zu pfänden (s näher Stöber BB 64, 1457 u FdgPfdg Rn 1874 ff sowie Huber BB 65, 609). Der schuldrechtliche **Rückgewähranspruch** des Schuldners ist abtretbar (BGH LM § 1169 BGB Nr 1 = Rpfleger 52, 487; BGH NJW 85, 800) und daher pfändbar (BGH 11, 43 = NJW 54, 190 u NJW 89, 2536 [2548 liSp]; Frankfurt AnwBl 85, 790); er ist nach §§ 857 I, 829 zu pfänden (dazu näher Stöber FdgPfdg Rn 1886 ff; zur inhaltlichen Bestimmtheit des Pfändungsbeschlusses BGH MDR 91, 1201 = NJW-RR 91, 1197). Eine für den Schuldner eingetragene Vormerkung zur Sicherung des Rückgewähranspruchs (§ 883 BGB) wird als Nebenrecht von der Pfändung erfaßt; bei ihr kann die Pfändung des Rückgewähranspruchs (berichtigend) in das Grundbuch eingetragen werden (KG HRR 37 Nr 246). Der Gläubiger kann auch selbst den Anspruch auf Eintragung der Vormerkung geltend machen und verlangen, daß die Pfändung mit der Vormerkung eingetragen wird (Stöber FdgPfdg Rn 1900 mit Nachw).

b) Eine **subjektiv dingliche Reallast** (§ 1105 II BGB) kann als Bestandteil (§ 96 BGB) nicht 16
von dem Eigentum am berechtigten Grundstück getrennt werden (§ 1110 BGB). Die Pfändung einer subjektiv-dinglichen Reallast für sich allein ist daher unzulässig. Möglich ist nur die Pfändung der einzelnen Leistungen aus der Reallast; auf sie finden die für die Zinsen einer Hypothekenforderung geltenden Vorschriften entsprechende Anwendung (§ 1107 BGB). Die **subjektiv persönliche Reallast** (§ 1105 I BGB) dagegen kann selbständig veräußert und mit einem Nießbrauch oder Pfandrecht belastet, also auch gepfändet werden. Unzulässig ist die Pfändung der Reallast als **Ganzes** dann, wenn einzelne Leistungen nicht übertragbar, also nicht pfändbar sind.

Ob einzelne Leistungen übertragbar bzw pfändbar sind, entscheidet sich nach §§ 399, 400 BGB, § 851 ZPO. Zulässig ist jedenfalls die Pfändung einzelner Leistungen aus der Reallast, auf welche die für die Zinsen einer Hypothekenforderung geltenden Vorschriften entsprechende Anwendung finden (§ 1107 BGB). Pfändung der Einzelleistungen erfolgt nach Abs 6 mit § 830. Die Pfändung rückständiger (bereits fälliger) Einzelleistungen wird sonach mit Zustellung des Beschlusses an den Grundstückseigentümer (Drittschuldner) wirksam (KG HRR 32 Nr 1003 = JW 32, 1564); die Pfändung künftiger Einzelleistungen erfordert Pfändungsbeschluß und Grundbucheintragung.

17 **c)** Die **Rentenschuld** (§ 1199 BGB) ist eine Sonderart der Grundschuld; sie ist als dingliches Recht auf Zahlung einer bestimmten Geldsumme in regelmäßig wiederkehrenden Terminen (nicht auf Zahlung eines Kapitals) gerichtet. Auf die einzelnen Leistungen finden die für Hypothekenzinsen, auf die Ablösungssumme die für ein Grundschuldkapital geltenden Vorschriften entsprechende Anwendung. Pfändung rückständiger Leistungen wie diejenige rückständiger Hypothekenzinsen; dafür keine Grundbucheintragung und keine Briefübergabe. Pfändung nicht fälliger Leistungen und des Anspruchs auf die Ablösungssumme erfordert Pfändungsbeschluß und Briefübergabe oder Grundbucheintragung (näher § 830).

18 **2)** Abs 6 ist auch für die Pfändung von **Eigentümergrundschulden** maßgebend.

19 **a)** Eigentümergrundpfandrechte sind die **Eigentümergrundschuld** und die **Eigentümerhypothek;** letztere entsteht bei Vereinigung einer Hypothek (§ 1113 BGB) mit dem Eigentum in einer Person, wenn dem Eigentümer auch die Forderung zusteht (§ 1177 II BGB). Die Eigentümergrundschuld kann als solche auf den Namen des Schuldners im Grundbuch eingetragen sein (sogen offene Eigentümerschuld) oder für ihn kraft Gesetzes aus einem Fremdrecht (der für einen anderen Gläubiger eingetragenen Hypothek oder Grundschuld) entstanden sein (sogen verschleierte Eigentümergrundschuld). Hauptfälle einer Eigentümergrundschuld: Bestellung einer Grundschuld für den Eigentümer (§ 1196 I BGB); Nichtentstehen oder Erlöschen der Forderung, für die eine Hypothek (nicht auch Grundschuld) bestellt ist (§ 1163 I BGB); unterbliebene Übergabe des Hypotheken- oder Grundschuldbriefes (§ 1163 II mit § 1192 I BGB); Verzicht des Gläubigers auf die Hypothek oder Grundschuld (§ 1168 mit § 1192 I BGB). Ein Eigentümerrecht entsteht auch mit Befriedigung des Gläubigers einer Hypothek (oder Grundschuld; hier aber nicht mit Zahlung der Forderung) durch den Eigentümer des Grundstücks (§§ 1142, 1143 mit § 1192 I BGB) sowie in weiteren Fällen bei der Gesamthypothek (Gesamtgrundschuld) nach §§ 1172–1174 mit § 1192 I BGB.

20 **b)** Eine Eigentümer**grundschuld** wird wie eine Hypothek gepfändet (Abs 6; früher teilw streitig; jetzt allgemeine Meinung; s insbes RG 97, 226; 120, 112; Celle NJW 68, 1682; Düsseldorf MDR 69, 490 = OLGZ 69, 208; Frankfurt NJW 55, 1483; Köln NJW 61, 369 = Rpfleger 61, 206 m Anm Stöber u OLGZ 71, 151; Oldenburg Rpfleger 70, 100; Saarbrücken OLGZ 67, 105; Stöber Rpfleger 58, 252; s außerdem BGH MDR 61, 120 = NJW 61, 601, BGH MDR 79, 922 = NJW 79, 2045 u BGH MDR 89, 633 = NJW-RR 89, 636). Erforderlich sind daher bei einem Briefrecht Pfändungsbeschluß (zu ihm § 830 Rn 3; jedoch keine Bezeichnung der Forderung) und Übergabe des Briefs an den Gläubiger oder Wegnahme durch den GV, bei einem Buchrecht Pfändungsbeschluß und Eintragung der Pfändung in das Grundbuch. Nebenansprüche (§ 830 III) werden in vereinfachter Form nach § 829 mit § 857 II gepfändet.

21 **aa)** Die Pfändung wird **wirksam** mit der Übergabe des Briefs bzw mit Eintragung der Pfändung in das Grundbuch (§ 830 Rn 4–6, 9). Der Pfändungsbeschluß hat dem Eigentümer zu gebieten, sich jeder Verfügung über die Grundschuld zu enthalten. Ein Drittschuldner ist nicht vorhanden (Stöber FdgPfdg Rn 1931 mit Nachw). Zustellung des Pfändungsbeschlusses an den Eigentümer ist für das Entstehen des Pfandrechts nicht wesentlich, aber zulässig und zu empfehlen (§ 830 Rn 2).

22 **bb)** Der **Zeitpunkt des Wirksamwerdens** der Pfändung ist insbes von Bedeutung für den Rang des Pfandrechts bei mehreren Pfändungen (§ 804 III). Maßgebend ist bei einem Briefrecht der Zeitpunkt, zu dem der Gläubiger den Besitz an dem Brief erlangt, bei einem Buchrecht die zeitliche Reihenfolge der Eintragungen im Grundbuch. Ist der Brief abhanden gekommen oder verloren gegangen, so kann der Gläubiger Antrag auf Kraftloserklärung und anschließende Neubildung des Briefes stellen (§ 830 Rn 5). Wirksam wird die Pfändung ist erst mit der Erstellung und Aushändigung des Briefs. Zur Verstrickung bei der Pfändung einer Eigentümerbriefgrundschuld vgl BGH NJW 79, 2045.

23 **cc)** Steht ein **Brief-Grundpfandrecht teilweise** dem Eigentümer als **Eigentümergrundschuld** und teilweise einem Dritten als **Fremdgrundpfandrecht** zu, so muß der Pfändungsgläubiger, falls der Dritte die Herausgabe des Briefs oder den Mitbesitz daran verweigert, das Miteigentum des Eigentümers am Brief (§§ 952, 1008 BGB) sowie dessen Ansprüche auf Aufhebung der Gemeinschaft am Brief (§ 749 BGB), auf Auseinandersetzung der Gemeinschaft (§ 752 BGB), auf Vorlegung des Briefs an das Grundbuchamt zur Bildung eines Teilgrundschuldbriefs (§§ 1145 I S 2, 1152 BGB) und auf Berichtigung des Grundbuchs (§§ 894, 896), den Anspruch des Eigentümers

gegen das Grundbuchamt auf Herausgabe des zu bildenden Teilbriefs, pfänden und sich zur Einziehung überweisen lassen (Hilfspfändung). Soweit Ansprüche gegen den Dritten bestehen, ist er Drittschuldner, Zustellung an ihn daher erforderlich. Das Pfändungspfandrecht an der Eigentümergrundschuld entsteht auch in diesem Fall erst mit der Übergabe des Teilbriefs an den Pfändungsgläubiger. Entsprechendes gilt bei Pfändung eines Teiles einer Eigentümergrundschuld, für die ein Brief erteilt ist. Zur Teilpfändung einer Grundschuld und Pfändung einer Miteigentümern in Bruchteilsgemeinschaft zustehenden Eigentümerbriefgrundschuld s auch Oldenburg Rpfleger 70, 100.

dd) Handelt es sich bei der Eigentümergrundschuld um ein **Buchrecht,** das noch **auf den Namen eines Dritten** als Gläubiger eingetragen ist, so steht dieser Umstand dem Erlaß eines Pfändungsbeschlusses nicht entgegen, da die „angebliche" Grundschuld gepfändet werden kann. Jedoch setzt die Eintragung der Pfändung ins Grundbuch voraus, daß dem Grundbuchamt in grundbuchmäßiger Form (§ 29 GBO) die Entstehung der Eigentümergrundschuld (Teileigentümergrundschuld) nachgewiesen wird. In diesem Fall kann der Gläubiger den Anspruch auf Berichtigung des Grundbuchs pfänden und sich überweisen lassen. Auf Grund dieses Beschlusses kann der Gläubiger die Aushändigung der Urkunden (zB löschungsfähige Quittungen für den Eigentümer), die zur Berichtigung des Grundbuchs erforderlich sind, erzwingen (§ 836 III) und einen Widerspruch gem § 899 BGB in das Grundbuch eintragen lassen (KGJ 26, 79). Die Eintragung der Pfändung ins Grundbuch setzt in diesem Fall nicht voraus, daß das Grundpfandrecht vorher auf den Eigentümer umgeschrieben wird (BGH MDR 68, 744 = NJW 68, 1674; Köln NJW 61, 368 = Rpfleger 61, 206 m Anm Stöber; Hamburg JurBüro 77, 860 = Rpfleger 73, 371). 24

ee) Die **künftige Eigentümergrundschuld** (das ist die aus der einem anderen als Gläubiger noch zustehenden Hypothek oder Grundschuld erst künftig entstehende Eigentümergrundschuld) kann durch gerichtlichen Pfändungsbeschluß gepfändet werden (Bezeichnung im Pfändungsbeschluß § 829 Rn 10); wirksam wird die Pfändung jedoch erst, wenn das Eigentümerrecht mit Briefübergabe bzw Grundbucheintragung entsteht. Daß der Eigentümer über eine künftige Eigentümergrundschuld noch nicht verfügen kann (BGH 53, 60 =NJW 70, 322; Staudinger/Scherübl § 1163 BGB Rz 37, 91 mwN), schließt Erlaß des Pfändungsbeschlusses nicht aus, weil eine rechtliche Grundlage für die Bestimmung des Gegenstands der ZwV bereits vorhanden ist (§ 829 Rn 2). Zulässig ist auch Pfändung einer vorläufigen Eigentümergrundschuld (s näher Staudinger/Scherübl § 1163 BGB Rz 92 mwN). Der Entstehung eines Pfändungspfandrechts steht jedoch bei einem Buchrecht entgegen, daß die vorläufige Eigentümergrundschuld und damit auch die Pfändung nicht eingetragen werden kann. Bei Briefrecht ist eine Pfändung möglich, wenn der Brief erlangt werden kann (vgl BGH 53, 60 = NJW 70, 322). Auch bei einem Buchrecht entsteht ein Pfändungspfandrecht, wenn die vorläufige Eigentümergrundschuld vorschriftswidrig in das Grundbuch eingetragen und damit auch die Eintragung der Pfändung bewirkt wird (RG 120, 110 [112]). Dagegen bleibt die Pfändung einer künftigen Eigentümergrundschuld wirkungslos, wenn die Eigentümergrundschuld und die Pfändung versehentlich ins Grundbuch eingetragen werden (RG 145, 343 [353]). 25

ff) Zur Pfändung der Eigentümergrundschuld eines Grundstücks**mit**eigentümers Stöber FdgPfdg Rn 1963–1969. 26

c) Die **Eigentümerhypothek** sichert eine Forderung. Gegenstand der Pfändung ist daher die Forderung als Hauptanspruch; deren Pfändung erfaßt auch die Eigentümerhypothek als Sicherungsrecht (§ 830 Rn 2). Sie hat daher nach § 830 zu erfolgen. Drittschuldner ist der Forderungsschuldner (Stöber Rpfleger 58, 252); er ist im Pfändungsbeschluß zu bezeichnen; Zahlungsverbot (§ 829 I) gegen ihn muß ergehen. Ungenaue Drittschuldnerbezeichnung gilt allerdings vielfach als unschädlich. Einzelheiten Stöber FdgPfdg Rn 1970–1974. 27

d) Bei einer **Höchstbetragshypothek** kann nach § 837 III die Forderung ohne die Hypothek nach den allgemeinen Vorschriften gepfändet werden. Für die Pfändung von Forderung und Hypothek gilt § 830. Wegen der Pfändung der vorläufigen Eigentümergrundschuld s Rn 25. Wird die endgültige Eigentümergrundschuld festgestellt und die Pfändung ins Grundbuch eingetragen, so endet der in § 161 BGB geregelte Schwebezustand und das Verfügungsverbot erlangt rückwirkende Kraft (RG 76, 233; 97, 223 [228]). 28

e) Der Pfändungsgläubiger kann, wie der Eigentümer, **Zinsen** nur in der Zwangsverwaltung geltend machen (§ 1197 II BGB). **ZwV in das Grundstück** kann der Gläubiger nach Überweisung der Eigentümergrundschuld betreiben; er unterliegt den Beschränkungen des **§ 1197 BGB nicht** (BGH 103, 30 = NJW 88, 1026; Köln NJW 59, 2167; LG Bremen MDR 54, 678 = NJW 55, 184; LG Hof Rpfleger 65, 369 m Anm Stöber; Stöber Rpfleger 58, 339; aA Düsseldorf NJW 60, 1723 m abl Anm Westermann; LG Darmstadt MDR 58, 853). Zur ZwV in das Grundstück benötigt der Pfändungsgläubiger einen dinglichen Titel (Stöber Rpfleger 58, 341 mwN). 29

3) Erlösanspruch: Befindet sich das belastete Grundstück in **Zwangsversteigerung,** so können Grundpfandrechte als solche bis zur Erteilung des Zuschlags gepfändet werden (BGH MDR 61, 30

675 = Rpfleger 61, 291), nach dem Zuschlag nur, soweit sie bestehen geblieben sind. Wenn die Hypothek oder eine Grundschuld erlischt (§§ 52, 91 ZVG), tritt an ihre Stelle das Recht auf Befriedigung aus dem Versteigerungserlös (**Surrogationsgrundsatz**). Das Ersatzrecht auf Befriedigung aus dem Erlös ist nicht mehr ein Recht am Grundstück; die für die Pfändung eines solchen Rechts geltenden besonderen Vorschriften der §§ 830, 857 VI können deshalb auf die Pfändung des Ersatzrechts keine Anwendung finden. Der Anspruch des Gläubigers oder Eigentümers als Inhaber einer nach § 91 ZVG erloschenen Hypothek, Grundschuld oder Eigentümergrundschuld auf Befriedigung aus dem Erlös ist vielmehr nach §§ 829, 857 I, II zu pfänden (BGH 58, 298 = NJW 72, 1135; Staudinger/Scherübl § 1163 BGB Rz 98). Die Pfändung ist mit der Zustellung des Pfändungsbeschlusses an den Drittschuldner bewirkt (§ 829 III), das ist der bisherige Grundstückseigentümer (bei erloschener Hypothek richtig aber der Forderungsschuldner, s Stöber Rpfleger 58, 253); bei drittschuldnerlosen Rechten (Eigentümergrundschuld) hat Zustellung an Schuldner als Grundstückseigentümer bei Zuschlag zu erfolgen (§ 857 II). Eine Zustellung an den Ersteher ist weder erforderlich noch ausreichend (BGH 58, 298). Das Vollstreckungsgericht ist nicht Drittschuldner; Zustellung an dieses bewirkt keine Pfändung (Stöber Rpfleger 58, 253). Ist der Erlösanteil wegen des Widerspruchs eines Beteiligten gegen den Teilungsplan hinterlegt, so ist die Pfändung erst mit der Zustellung an die Hinterlegungsstelle bewirkt (BGH 58, 298). Zu pfänden ist das Recht auf Befriedigung aus dem Versteigerungserlös (RG 75, 316, „Der Anspruch des Schuldners auf den Erlösanteil, der bei der ZwVerst des Grundstücks . . . auf diejenige Eigentümergrundschuld des Schuldners entfällt, die an die Stelle der auf dem Grundstück . . . in Abt III eingetragenen Hypothek getreten ist"). Solange das dingliche Recht in seiner ursprünglichen Form noch besteht, ist ein künftiger oder bedingter Anspruch auf den etwaigen Versteigerungserlös nicht ausscheidbar und kann daher auch nicht möglicher Gegenstand einer Abtretung und damit auch nicht einer Pfändung sein (RG 70, 278; RG HRR 32 Nr 156; RG DNotZ 35, 496; BGH MDR 64, 308 = NJW 64, 813; auch BGH 58, 298; Stöber Rpfleger 58, 251 [256]; Busse MDR 58, 825; s auch Hamburg MDR 59, 496). Nach Erteilung, aber vor Rechtskraft des Zuschlags ist (wegen noch möglicher Aufhebung des Zuschlags mit der Folge des § 91 I ZVG) Pfändung des Rechts (§§ 830, 857) und des Erlösanspruchs ratsam (Stöber FdgPfdg Rn 1988). Wenn der Teilungsplan mit Forderungsübertragung ausgeführt ist (§ 118 ZVG; Besonderheit bei Verzicht nach § 118 II ZVG), besteht pfändbar kein Erlösanspruch mehr, sondern nur noch die dem Berechtigten übertragene Forderung; deren Pfändung erfolgt nach § 829, nach Eintragung der Sicherungshypothek (§ 128 ZVG) nach § 830.

31 **VII) Gebühren: 1)** des **Gerichts:** Verfahrens(Fest-)gebühr nach KV 1640. – **2)** des **Anwalts:** je eine ($^3/_{10}$) Vollstreckungsgebühr nach § 57 BRAGO für a) die Tätigkeit des RA (Pfändungsantrag) bis zur Anordnung der Verwaltung (§ 58 I BRAGO), b) für die weitere Tätigkeit bei Ausführung der Verwaltung (§ 58 III Nr 5 BRAGO). – **3)** des **Gerichtsvollziehers:** $2^1/_2$fache Gebühr nach dem Betrag des Erlöses bei einer vom Gericht angeordneten anderen Art der Verwertung (§ 844; zB Veräußerung) durch den GV, die unter § 21 I GVKostG fällt.

858 *[Zwangsvollstreckung in die Schiffspart]*

(1) Für die Zwangsvollstreckung in die Schiffspart (§§ 489 ff. des Handelsgesetzbuchs) gilt § 857 mit folgenden Abweichungen:

(2) Als Vollstreckungsgericht ist das Amtsgericht zuständig, bei dem das Register für das Schiff geführt wird.

(3) Die Pfändung bedarf der Eintragung in das Schiffsregister; die Eintragung erfolgt auf Grund des Pfändungsbeschlusses. Der Pfändungsbeschluß soll dem Korrespondentreeder zugestellt werden; wird der Beschluß diesem vor der Eintragung zugestellt, so gilt die Pfändung ihm gegenüber mit der Zustellung als bewirkt.

(4) Verwertet wird die gepfändete Schiffspart im Wege der Veräußerung. Dem Antrag auf Anordnung der Veräußerung ist ein Auszug aus dem Schiffsregister beizufügen, der alle das Schiff und die Schiffspart betreffenden Eintragungen enthält; der Auszug darf nicht älter als eine Woche sein.

(5) Ergibt der Auszug aus dem Schiffsregister, daß die Schiffspart mit einem Pfandrecht belastet ist, das einem andern als dem betreibenden Gläubiger zusteht, so ist die Hinterlegung des Erlöses anzuordnen. Der Erlös wird in diesem Fall nach den Vorschriften der §§ 873 bis 882 verteilt; Forderungen, für die ein Pfandrecht an der Schiffspart eingetragen ist, sind nach dem Inhalt des Schiffsregisters in den Teilungsplan aufzunehmen.

1 **I)** Die im **Schiffsregister** (s Schiffsregisterordnung idF v 26. 5. 94, BGBl I 133) eingetragenen Schiffe unterliegen der ZwV in das unbewegliche Vermögen (§ 864 I, § 870a). Jedoch unterliegt die ZwV in die Schiffspart, den Miteigentumsanteil, den Vorschriften über die ZwV in das bewegliche Vermögen (§ 857).

II) Ausschließlich zuständig (§ 802) ist das AG (Rechtspfleger, § 20 Nr 17 RpflG), bei dem das Schiffsregister geführt wird (Gericht des Heimathafens, Abs 2). 2

III) Ein Drittschuldner fehlt. **Zustellung** des Pfändungsbeschlusses an den Schuldner (§ 857 II) ist für Wirksamkeit nicht wesentlich (StJ/Brehm Rn 5, Wieczorek Anm A II b 1; Quardt JurBüro 61, 273); wirksam wird die Pfändung mit Eintragung in das Schiffsregister (Abs 3 S 1). Zustellung an den Korrespondentreeder (§ 492 HGB; Schiffsdirektor, Schiffsdisponent) soll zwar erfolgen, ist aber zur Wirksamkeit der Pfändung nicht erforderlich und macht die Eintragung ins Schiffsregister nicht entbehrlich. Mit Zustellung an den Korrespondentreeder vor Eintragung ist die Pfändung ihm gegenüber wirksam (dazu § 830 Rn 11). Die der Mitgliedschaft entspringenden Gewinnanteile (s § 502 HGB) werden von der Pfändung der Schiffspart erfaßt, können aber auch selbständig gepfändet werden. 3

IV) Auszug aus dem Schiffsregister ist dem Antrag auf Anordnung der **Veräußerung** beizufügen, nicht schon dem Pfändungsantrag. Die Veräußerung erfolgt nach Anordnung des Gerichts (Rechtspfleger) durch den GV (§§ 816 ff, 844); Überweisung nach § 835 (an Zahlungs Statt oder zur Einziehung) ist unzulässig. Der Antrag auf Veräußerung kann mit dem Pfändungsantrag verbunden werden; obwohl das Vollstreckungsgericht zugleich Registerbehörde ist (Abs 2), wird statt der Vorlage des Auszugs die Bezugnahme auf das Register angesichts der eindeutigen Bestimmung im Gesetz nicht genügen. Ist dem Veräußerungsantrag der Auszug nicht beigegeben, so ist der Antrag abzulehnen. Die an der Part bestehenden Rechte erlöschen durch den Verkauf; der Erwerber hat die Berichtigung des Schiffsregisters herbeizuführen. Auch Anordnung der Verwaltung der Schiffspart ist zulässig (Quardt JurBüro 61, 274; Wieczorek Anm B). 4

V) Die Rechte vorgehender Pfändungsgläubiger wahrt Abs 5 iVm Abs 4. Nach Hinterlegung des Erlöses: Verteilungsverfahren nach §§ 872 ff. 5

VI) Gebühren: 1) des **Gerichts:** Verfahrens(Fest-)gebühr von 20 DM (KV 1640). Wird die besondere Anordnung des Gerichts nicht gleichzeitig mit dem Pfändungsbeschluß, sondern später isoliert erlassen, so kommt dadurch keine weitere Gebühr zum Ansatz. – **2)** des **Anwalts:** $^3/_{10}$ Vollstreckungsgebühr nach §§ 57, 58 I BRAGO. Für die Vertretung im Verteilungsverfahren s § 872 Rn 8. – **3)** des **Gerichtsvollziehers:** Rn 31 zu § 857. 6

859 *[Zwangsvollstreckung in Gesellschafter- und Miterbenanteil]*

(1) Der Anteil eines Gesellschafters an dem Gesellschaftsvermögen einer nach § 705 des Bürgerlichen Gesetzbuchs eingegangenen Gesellschaft ist der Pfändung unterworfen. Der Anteil eines Gesellschafters an den einzelnen zu dem Gesellschaftsvermögen gehörenden Gegenständen ist der Pfändung nicht unterworfen.

(2) Die gleichen Vorschriften gelten für den Anteil eines Miterben an dem Nachlaß und an den einzelnen Nachlaßgegenständen.

I) Zweck: Zulassung der ZwV in den Anteil eines Gesellschafters und eines Miterben mit Besonderheit infolge des vorhandenen Gesamthandvermögens. 1

II) BGB-Gesellschaft (§§ 705 ff BGB): **1)** Der **Gesellschaftsanteil** des Gesellschafters einer BGB-Gesellschaft ist (gesetzlich) nicht übertragbar (§ 717 S 1 BGB). Über seinen Anteil an dem Gesellschaftsvermögen kann der Gesellschafter nicht verfügen (§ 719 I BGB). **Pfändbar** ist der Anteil des Gesellschafters an dem Gesellschaftsvermögen (§ 718 BGB) dennoch (Abs 1 S 1). Als Vermögenswert des Schuldners ist ein Gesellschaftsanteil Vollstreckungsgegenstand für Gläubiger des einzelnen Gesellschafters. Für den Gläubiger, der einen gegen alle Gesellschafter lautenden Titel hat, ist das Gesellschaftsvermögen selbst Gegenstand der ZwV (§ 736). 2

2) Zu pfänden ist der Anteil eines Gesellschafters an dem Gesellschaftsvermögen einer BGB-Gesellschaft nach § 857 (mit § 829), auch wenn Grundstücke zum Gesellschaftsvermögen gehören (zur ungenauen Bezeichnung im Pfändungsbeschluß, wenn 2 BGB-Gesellschaften bestehen: BGH MDR 72, 414 = NJW 72, 259). Als Adressat für das an den Drittschuldner (die von der Pfändung betroffenen Mitgesellschafter; aA MK/Smid Rn 6: Gesellschaft als Gesamthand; soll Nennung aller Gesellschafter, auch des Schuldners, erfordern; nicht richtig) zu erlassende Zahlungsverbot wird der geschäftsführende Gesellschafter angesehen, Entgegennahme des Pfändungsbeschlusses somit als Geschäftsführungsmaßnahme gewertet, Zustellung des Pfändungsbeschlusses nur an den geschäftsführenden Gesellschafter daher als ausreichend erachtet (BGH 97, 392 = NJW 86, 1991; StJ/Brehm Rn 3; MK/Smid Rn 8; nicht entschieden von BGH MDR 72, 414). Bei gemeinschaftlicher Geschäftsführung mehrerer Gesellschafter unter Ausschluß der übrigen müßte demzufolge Erlaß und Zustellung des Zahlungsverbots an einen der geschäftsführenden Gesellschafter genügen (§ 171 III entspr; aA [an alle] StJ/Brehm aaO; ev auch BGH 97, 392). Zustellung an alle Gesellschafter bewirkt in jedem Fall eine wirksame Pfändung (BGH aaO); 3

sie empfiehlt sich stets, wenn die Regelung der Geschäftsführung im Gesellschaftsvertrag nicht sicher bekannt ist.

4 **3) Wirkungen der Pfändung:** § 725 I BGB. In das Gesellschaftsverhältnis (Schuldverhältnis) rückt der Gläubiger nicht ein; er erlangt weder die Stellung noch die Rechte eines Gesellschafters (RG 60, 131). Die Gesellschafter sind daher durch das Verfügungsverbot auch nicht gehindert, über die zum Gesellschaftsvermögen gehörenden Gegenstände zu verfügen (Staudinger/Keßler BGB § 725 Rn 9; BayObLG 90, 306 [311] = NJW-RR 90, 361; einschr Rupp/Fleischmann Rpfleger 84, 223: Verfügungsberechtigung endet mit Pfändung, wenn vertraglich freie Übertragbarkeit des Anteils vereinbart ist). In das Grundbuch eines zum Gesellschaftsvermögen gehörenden Grundstücks (grundstücksgleichen Rechts, an einem Grundstück lastenden Rechts wie einer Hypothek, Grundschuld) kann die Pfändung des Anteils eines BGB-Gesellschafters daher nicht eingetragen werden (Zweibrücken JurBüro 82, 1427 = Rpfleger 82, 413; Hamm NJW-RR 87, 723 = OLGZ 87, 175 [in Klarstellung zu DNotZ 77, 376 = OLGZ 77, 283]; LG Hamburg Rpfleger 82, 142 u JurBüro 88, 788; LG Stuttgart BWNotZ 85, 162 L; AG Ahrensburg JurBüro 64, 844; Haegele/Schöner/Stöber Rn 1674; MK/Smid Rn 9; aA KG HRR 27 Nr 2181, auch Rupp/Fleischmann aaO für den Fall, daß Gesellschaftsvertrag freie Übertragbarkeit des Anteils vorsieht). Der Gläubiger kann (nach Überweisung, Stöber FdgPfdg Rn 1566 mN) die Gesellschaft ohne Einhaltung einer Kündigungsfrist kündigen (Ausnahme bei nur vorläufiger Vollstreckbarkeit des Schuldtitels, desgleichen bei rechtskräftigem Vorbehaltsurteil, wenn das Nachverfahren noch anhängig ist, LG Lübeck NJW-RR 86, 836; Stöber FdgPfdg Rn 1566 mN). Wirksam wird die nur einem (mehreren) Gesellschaftern erklärte Kündigung, sobald auch die weiteren Gesellschafter (s BGH 97, 392 [395]; auch der Schuldner) von ihr Kenntnis erhalten haben (BGH MDR 93, 431 = NJW 93, 1002). Was dem Schuldner bei der Auseinandersetzung zukommt, wird ohne weiteres vom Pfandrecht des Gläubigers ergriffen (RG 95, 232 f), auch eine Abfindungsforderung (BGH NJW 72, 259). Das Recht auf Durchführung der (aus Gesetz oder Gesellschaftsvertrag abzuleitenden) Auseinandersetzung kann der Gläubiger (nach Überweisung zur Einziehung) ausüben (BGH 116, 222 = NJW 92, 830 = ZZP 105 [1992] 487 m Anm Brehm in Abweichung von RG 95, 231). Er kann Teilungsversteigerung eines Gesellschaftsgrundstücks jedoch nicht unmittelbar beantragen (LG Hamburg MDR 82, 1028; LG Lübeck NJW-RR 86, 836; Stöber FdgPfdg Rn 1572; Zeller/Stöber ZVG § 180 Rn 11.7; aA LG Konstanz NJW-RR 87, 1023). Ein Recht auf Ausübung der gesellschaftlichen Mitgliedsrechte (zB des Auskunfts- oder Stimmrechts) erlangt der Gläubiger durch Pfändung des Gesellschaftsanteils nicht (RG 157, 55; 139, 228; BGH aaO). Pflichten eines Gesellschafters ergeben sich für den Gläubiger nicht. Den Anspruch auf den Gewinnanteil kann der Gläubiger geltend machen (§ 725 II BGB). Die Mitgesellschafter sind berechtigt, den Gläubiger zu befriedigen und so die Auflösung der Gesellschaft abzuwenden (§§ 1249, 1273 mit § 268 BGB; abw RG 167, 298 [299]).

5 **4)** Selbständig (allein) gepfändet werden können die (abtretbaren, § 717 S 2 BGB) Ansprüche eines Gesellschafters auf seinen **Gewinnanteil**, auf die ihm aus **Geschäftsführung zustehenden Ansprüche**, soweit deren Befriedigung vor Auseinandersetzung verlangt werden kann (insbes die Ansprüche auf Ersatz von Aufwendungen und auf Vergütung für Dienste, die aber Pfändungsschutz der §§ 850 ff genießen können), und auf dasjenige, was dem Gesellschafter bei der Auseinandersetzung zukommt (sogen **Auseinandersetzungsguthaben**). Unpfändbar ist der Anspruch eines Gesellschafters auf Rechnungslegung und Auskunftserteilung. Zum Rang mehrerer Pfändungen und zu Zusammentreffen von Pfändung und Abtretung Stöber FdgPfdg Rn 1577.

6 **III) Offene Handelsgesellschaft** (§§ 105 ff HGB): **1)** Auf die OHG finden, soweit nicht das HGB Sonderrecht regelt, die BGB-Vorschriften über die Gesellschaft Anwendung (§ 105 II HGB). Der **Anteil** des Gesellschafters **an dem Gesellschaftsvermögen** einer OHG ist daher auch gleichermaßen (wie ein BGB-Gesellschaftsanteil) pfändbar. Als Vermögenswert des Schuldners ist der Gesellschaftsanteil Vollstreckungsgegenstand für Gläubiger des Gesellschafters. Für den Gläubiger, der eine Vollstreckungsforderung gegen die OHG unter ihrer Firma erwirkt hat, ist das Gesellschaftsvermögen selbst Gegenstand der ZwV (§ 124 II HGB).

7 **2) Zu pfänden** ist der Anteil eines Gesellschafters an dem Gesellschaftsvermögen einer OHG nach § 857 (mit § 829). Wegen des Wortlauts von § 135 HGB wird die Pfändung vorsorglich auch auf dasjenige erstreckt, was dem Gesellschafter bei der Auseinandersetzung zukommt; notwendig ist das nicht (Stöber FdgPfdg Rn 1583). Drittschuldner sind die übrigen Gesellschafter; bewirkt wird die Pfändung jedoch durch Zustellung an die Gesellschaft (BGH 97, 392 = aaO; StJ/Brehm Rn 12; Schmidt JR 77, 177 [178]; Schlegelberger HGB § 135 Anm 6; offen gelassen von BGH NJW 72, 259), für diese somit an den geschäftsführenden Gesellschafter (s Rn 3).

8 **3)** Der Gläubiger wird nicht Gesellschafter; er hat auch nicht die Rechte eines solchen (RG 60, 131; auch Rn 4). Kündigungsrecht: § 135 HGB; hierfür kommt es auf die Reihenfolge Vollstrekkungsversuch – Rechtskraft des Schuldtitels – Pfändung des Gesellschaftsanteils nicht an (BGH MDR 83, 32 = NJW 82, 2773; Düsseldorf BB 81, 2028 = Betrieb 81, 2600). Einzelheiten zur

Rn 32]; Rechtsscheingrundlage gebietet Vertrauensschutz in dem formalisierten Vollstreckungsverfahren; vgl auch § 747 Rn 5). Der Pfandgläubiger eines Miterben hat ein diesen beschränkendes Recht an dessen Nachlaßanteil, nicht aber die Stellung eines Miterben; Drittschuldner ist er daher nicht.

3) Durch Erbteilspfändung erlangt der **Gläubiger das Recht,** alle dem Schuldner als Miterben zustehenden, nicht höchstpersönlichen Rechte neben diesem auszuüben, insbes das Verwaltungs- und Verfügungsrecht (§§ 2038 ff BGB), das Recht auf Mitwirkung bei der Auseinandersetzung (§ 2042 BGB) und das Recht auf den nach Berichtigung der Nachlaßverbindlichkeiten verbleibenden anteiligen Überschuß (§ 2047 I mit § 1258 III BGB; RG 83, 30; BayObLG 59, 50 [56]). Der Schuldner bleibt Miterbe; jedoch ist er in seiner Mitberechtigung am Nachlaß zugunsten des Gläubigers beschränkt. Er kann insbes nicht mehr in Gemeinschaft mit den anderen Miterben frei über einzelne Nachlaßgegenstände verfügen; dazu bedarf er der Zustimmung des Gläubigers, damit eine Verfügung ihm gegenüber wirksam ist (BGH MDR 68, 913 = NJW 68, 2059; BayObLG 59, 50 [57, 60]; Frankfurt HRR 37 Nr 758 = JW 37, 2129 u JurBüro 79, 1089 = Rpfleger 79, 205). Auch die Nachlaßauseinandersetzung, die ohne Zustimmung des Gläubigers vorgenommen wird, ist ihm gegenüber unwirksam (BGH MDR 68, 913; BayObLG 59, 50 [58]). Wenn der Gläubiger bei rechtsgeschäftlicher Auseinandersetzung mitwirkt, erlangt er nach hM ohne weiteres ein Pfandrecht an den Gegenständen (mithin eine Sicherungshypothek an einem Grundstück), die dem Schuldner aus dem Nachlaß zugeteilt werden (dingliche Surrogation; BGH 52, 99 u NJW 69, 1903 L m Anm Wellmann; RG 60, 133; Liermann NJW 62, 2189; Ripfel NJW 68, 692); zutreffender indes erscheint die Ansicht, daß nur ein Anspruch auf Bestellung eines Pfandrechts (einer Sicherungshypothek) bei Auseinandersetzung besteht (Stöber FdgPfdg Rn 1693). Bei Verfügung des Schuldners über den Miterbenanteil selbst (§ 2033 I BGB: Übertragung, Verpfändung, Nießbrauchbestellung) erlangt ein Dritter diesen oder sein Recht an ihm auch gutgläubig nicht frei vom Erbteilspfandrecht; dieses geht als Belastung auch auf den gutgläubigen Erwerber über (BayObLG 25, 447; BayObLG 59, 50; KG HRR 34 Nr 265). Verfügung aller Miterben ohne Mitwirkung des Gläubigers über einen Nachlaßgegenstand ermöglicht jedoch gutgläubigen Erwerb (§§ 932, 936, 892, 1032, 1207 BGB; s Ripfel NJW 58, 693; Frankfurt JurBüro 79, 1089). Das Recht auf Auskunft und Rechnungslegung (§§ 2027, 2028, 2215, 205 BGB) ist als Nebenrecht (§ 829 Rn 20) von der Pfändung erfaßt; deren Mitpfändung (auf Antrag) wird dennoch für zulässig erachtet (KG JW 30, 1014); selbständige Pfändung ist jedoch unzulässig (KG aaO). Den Schuldner hindert die Pfändung nicht, als Erbe die Erbschaft auszuschlagen (§ 829 s Rn 18). Der Gläubiger ist nicht zur Anfechtung der Ausschlagung wegen Benachteiligung berechtigt; eine vor Ausschlagung in den Erbteil ausgebrachte Pfändung ist unwirksam; denn der Nächstberufene (§ 1953 BGB) ist nicht Rechtsnachfolger des Schuldners, erlangt den Erbanteil also pfandfrei. 17

4) **In das Grundbuch** eines zum Nachlaß gehörenden Grundstücks (grundstücksgleichen Rechts, eines das Grundstück belastenden Rechts wie Hypothek, Grundschuld) kann die Erbteilspfändung (nicht auch die Überweisung) eingetragen werden, um die gemeinschaftliche Verfügung der Miterben von der Zustimmung des Gläubigers abhängig zu machen (RG 90, 232 [236]; BayObLG 59, 50 [60]; Hamm Rpfleger 61, 201 u OLGZ 77, 283; Frankfurt JurBüro 79, 1089 = Rpfleger 79, 205). Die Eintragung ist Grundbuchberichtigung (zu ihr näher Haegele/Schöner/Stöber Rn 1659–1667); sie erfolgt auf (schriftlichen) Antrag des Gläubigers, wenn das Wirksamwerden der Pfändung nachgewiesen ist (§ 22 GBO). Voreintragung der Miterben in Erbengemeinschaft ist erforderlich (§ 39 GBO; Frankfurt JurBüro 79, 1089). Diese kann der Gläubiger beantragen (§ 13 II GBO; Stöber Rpfleger 76, 197 mit Nachw; Ripfel NJW 58, 693; aA Zweibrücken Rpfleger 76, 214); Unrichtigkeitsnachweis: § 35 GBO. Bei Briefrechten ist der Brief vorzulegen (Frankfurt JurBüro 79, 1089). Die Eintragung der Erbteilspfändung bewirkt keine Grundbuchsperre (BayObLG 59, 50; Hamm Rpfleger 61, 201); Löschung eines zum Nachlaß gehörenden Rechts (insbes Hypothek, Grundschuld, auch Eigentümergrundschuld) ist jedoch unzulässig (BayObLG 59, 50; BayObLG 54, 98). 18

5) **Pfandverwertung** kann erfolgen mit Überweisung des gepfändeten Miterbenanteils zur Einziehung (nicht an Zahlungs Statt; Ripfel NJW 58, 692) oder anderweit nach § 857 V, § 844. Überweisung ermöglicht es dem Gläubiger, das Schuldnerrecht auf Aufhebung der Gemeinschaft (§ 2042 I BGB) geltend zu machen (Mitpfändung des Auseinandersetzungsanspruchs nicht erforderlich). Er kann daher auch Auseinandersetzung (§ 86 FGG) betreiben und Teilungsversteigerung beantragen (s § 181 II ZVG; Einzelheiten Zeller/Stöber ZVG § 180 Rdn 11.10). 19

6) Wenn zum Nachlaß eine (vormalige) **Heimstätte** gehört, ist die Pfändung eines Miterbenanteils insoweit unwirksam, als sie gegen § 20 RHeimstG verstößt (Frankfurt DNotZ 59, 474; Köln NJW 57, 834; Hornung Rpfleger 67, 220). Diese Vollstreckungsbeschränkung des § 20 besteht nach Aufhebung des RHeimstG (Ges 17. 6. 1993, BGBl I 912) bis 31. 12. 1998 weiter für Forderungen, die am 1. 10. 1993 bestanden haben (Art 6 § 1 I S 1 Ges 1993), sofern nicht der Eigentümer auf Anwendung verzichtet hat (Art 6 § 1 II Ges 1993). 20

860 *[Eheliches Gesamtgut. Keine Anteilspfändung]*

(1) Bei dem Güterzustand der Gütergemeinschaft ist der Anteil eines Ehegatten an dem Gesamtgut und an den einzelnen dazu gehörenden Gegenständen der Pfändung nicht unterworfen. Das gleiche gilt bei der fortgesetzten Gütergemeinschaft von den Anteilen des überlebenden Ehegatten und der Abkömmlinge.

(2) Nach der Beendigung der Gemeinschaft ist der Anteil an dem Gesamtgut zugunsten der Gläubiger des Anteilsberechtigten der Pfändung unterworfen.

1 **I) Abs 1** entspricht den Vorschriften der § 1419 I, § 1487 I BGB, nach denen weder der Anteil an dem Gesamtgut als Ganzes noch der Anteil an einzelnen zu demselben gehörigen Gegenständen übertragbar ist; während **des Bestehens** der Gütergemeinschaft (LG Frankenthal Rpfleger 81, 241) oder fortgesetzten Gütergemeinschaft ist also der Anspruch auf künftige Auseinandersetzung nicht pfändbar; die Pfändung kann auch nicht als Pfändung des nach Beendigung der Gütergemeinschaft zufallenden Anteils erfolgen (RG HRR 26 Nr 1362; München JW 26, 2470; aA BayObLG 15, 409; Blume JW 26, 2470).

2 **II) Abs 2** macht von dem Grundsatz (s § 851 I), daß nicht übertragbare Rechte nicht pfändbar sind, eine Ausnahme. Auch nach Beendigung einer der Gemeinschaften können die Ehegatten bzw deren Abkömmlinge ihre Anteile nicht veräußern; sie sind aber berechtigt, Auseinandersetzung der Gemeinschaft zu verlangen (§ 1471 II, § 1497 II BGB). Um dem Gläubiger eines Anteilsberechtigten die Ausübung dieser Befugnis zu gewähren, ist Pfändung des Anteils an dem Gesamtgut als solchem (nicht auch an den einzelnen dazugehörenden Gegenständen) für zulässig erklärt (s RG JR 26 Nr 1362). Auf Grund des Pfändungsbeschlusses, der den übrigen am Gesamtgut Anteilsberechtigten als Drittschuldner zuzustellen ist, kann dann gem § 99 I, § 86 II FGG die Auseinandersetzung betrieben und die Überweisung der dem Anteilsberechtigten zukommenden Gegenstände zur Einziehung beantragt werden (s auch § 743; ZwV nach Beendigung der Gemeinschaft, aber vor Auseinandersetzung). Eintragung der Pfändung des Anteils am Gesamtgut in das Grundbuch ist als Grundbuchberichtigung zur Sicherung des Verfügungsverbots zulässig (s § 859 Rn 18). Ist der Schuldtitel gegen alle Anteilsberechtigte vollstreckbar, so können die einzelnen Gegenstände gepfändet werden (vgl §§ 743–745).

3 **III)** Leben die Ehegatten im Güterstand der **Eigentums- und Vermögensgemeinschaft** des Familiengesetzbuchs der (ehem) DDR (§ 744a Rn 2), dann sind die ihnen gemeinsam gehörenden Vermögenswerte (§ 744a Rn 5) für ZwV dem Gesamtgut gleich. Es findet § 860 entspr Anwendung (§ 744a). Während des Bestehens dieses Güterstandes sind somit weder der Anteil eines Ehegatten an den gemeinsamen Vermögenswerten noch der Anteil an einem einzelnen zu diesem Vermögen gehörenden Gegenstand pfändbar (Abs 1). Nach Beendigung (Aufhebung) der Eigentums- und Vermögensgemeinschaft ist bis zur Teilung (§§ 39 ff FGB) nach Abs 2 der Anteil eines Ehegatten an dem gemeinsamen Vermögen (nicht an den einzelnen dazu gehörenden Gegenständen) zulässig. Pfändung und Pfändungswirkungen: wie Rn 2 (zum Auseinandersetzungsverfahren Arnold DtZ 91, 80 [85]).

861, 862 (weggefallen)

863 *[Beschränkung des Erben durch Einsetzung eines Nacherben]*

(1) Ist der Schuldner als Erbe nach § 2338 des Bürgerlichen Gesetzbuchs durch die Einsetzung eines Nacherben beschränkt, so sind die Nutzungen der Erbschaft der Pfändung nicht unterworfen, soweit sie zur Erfüllung der dem Schuldner seinem Ehegatten, seinem früheren Ehegatten oder seinen Verwandten gegenüber gesetzlich obliegenden Unterhaltspflicht und zur Bestreitung seines standesgemäßen Unterhalts erforderlich sind. Das gleiche gilt, wenn der Schuldner nach § 2338 des Bürgerlichen Gesetzbuchs durch die Ernennung eines Testamentsvollstreckers beschränkt ist, für seinen Anspruch auf den jährlichen Reinertrag.

(2) Die Pfändung ist unbeschränkt zulässig, wenn der Anspruch eines Nachlaßgläubigers oder ein auch dem Nacherben oder dem Testamentsvollstrecker gegenüber wirksames Recht geltend gemacht wird.

(3) Diese Vorschriften gelten entsprechend, wenn der Anteil eines Abkömmlings an dem Gesamtgut der fortgesetzten Gütergemeinschaft nach § 1513 Abs. 2 des Bürgerlichen Gesetzbuchs einer Beschränkung der im Abs. 1 bezeichneten Art unterliegt.

Für den Fall der Pflichtteilsbeschränkung in guter Absicht (§ 2338 BGB) bestimmt Abs 1, daß die Nutzungen der Erbschaft (auch als Anspruch auf Unterhalt, Bremen JurBüro 83, 1572) in dem näher bezeichneten Umfang der Pfändung nicht unterworfen sind. Die Beschränkungen gelten nicht gegenüber den Nachlaßgläubigern (§§ 1967–1969 BGB) oder gegenüber Gläubigern, deren Recht auch gegenüber dem Nacherben oder dem Testamentsvollstrecker wirksam ist (§§ 2209 ff, 2112 ff BGB). § 863 gilt entsprechend, wenn der Anteil eines Abkömmlings an dem Gesamtgut der fortgesetzten Gütergemeinschaft gleichen Beschränkungen unterliegt (Abs 3). 1

Zweiter Titel

ZWANGSVOLLSTRECKUNG IN DAS UNBEWEGLICHE VERMÖGEN

Für die ZwV wegen Geldforderungen in das unbewegliche Vermögen gibt die ZPO nur einige grundsätzliche Vorschriften. Das Nähere überläßt sie für die Zwangsversteigerung und Zwangsverwaltung dem ZVG, während für die Eintragung einer Sicherungshypothek (Zwangshypothek) die Vorschriften der Grundbuchordnung ergänzend eingreifen.

864 *[Geltungsbereich]*

(1) Der Zwangsvollstreckung in das unbewegliche Vermögen unterliegen außer den Grundstücken die Berechtigungen, für welche die sich auf Grundstücke beziehenden Vorschriften gelten, die im Schiffsregister eingetragenen Schiffe und die Schiffsbauwerke, die im Schiffsbauregister eingetragen sind oder in dieses Register eingetragen werden können.

(2) Die Zwangsvollstreckung in den Bruchteil eines Grundstücks, einer Berechtigung der im Absatz 1 bezeichneten Art oder eines Schiffes oder Schiffsbauwerks ist nur zulässig, wenn der Bruchteil in dem Anteil eines Miteigentümers besteht oder wenn sich der Anspruch des Gläubigers auf ein Recht gründet, mit dem der Bruchteil als solcher belastet ist.

I) Die ZwV wegen Geldforderungen (2. Abschn des 8. Buchs) in das **unbewegliche Vermögen** (Arten: § 866 I) findet statt in 1

1) jedes **Grundstück** (im Rechtssinn), das ist ein von einer in sich zurücklaufenden Grenzlinie umschlossener Abschnitt der Erdoberfläche (RG 68, 25), der im Grundbuch (Ausnahme § 3 II GBO) als rechtliche Einheit auf einem besonderen Grundbuchblatt allein (§ 3 I GBO) oder auf einem gemeinschaftlichen Grundbuchblatt im Bestandsverzeichnis unter einer besonderen Nummer (§ 4 I GBO) eingetragen ist, mit seinen wesentlichen Bestandteilen (§§ 93, 94 BGB; Ausnahme somit für Scheinbestandteile, § 95 BGB, s Rn 8; zu Zubehör § 865). Unerheblich ist, ob das Grundstück katastermäßig eine oder mehrere Flurstücknummern hat. Zu den Begriffen Haegele/Schöner/Stöber Rn 561; Zeller/Stöber ZVG Einl Rn 11. **Wohnungs- und Teileigentum** (§ 1 WEG) ist Eigentum iS des Eigentumsbegriffs des bürgerlichen Rechts, über das der Wohnungs/Teileigentümer verfügen kann (§ 903 BGB; s Haegele/Schöner/Stöber Rn 2800); es unterliegt daher wie ein Grundstück der ZwV in das unbewegliche Vermögen.

2) **Grundstücksgleiche Rechte** (Abs 1): das **Erbbaurecht** (vor 22. 1. 1919 nach § 1017 BGB; dann §§ 1, 11 ErbbVO) sowie das Wohnungs- und Teilerbbaurecht (§ 30 WEG; nicht aber das Dauerwohn- und -nutzungsrecht, § 31 WEG; hierwegen Pfändung nach § 857), **Bergwerkseigentum** nach BBergG v 13. 8. 1980 (BGBl I 1310; § 9 I), nach § 149 BBergG aufrechterhaltenes Bergwerkseigentum und Kohlenabbaugerechtigkeiten (Art 67 EGBGB) und sonstige Mineralgewinnungsrechte (Art 68 EGBGB), außerdem landesrechtliche **Fischereirechte** (Art 69 EGBGB) und **Realgemeinderechte** (Art 164 EGBGB). Einzelheiten und sonstige Rechte s Zeller/Stöber ZVG Einl Rn 13. Das landesrechtliche Erbpachtrecht mit Einschluß des Büdner- und Häuslerrechts gehört nach Aufhebung von Art 63 EGBGB (durch KontrollratsG Nr 45) nicht mehr hierher. 2

3) **Schiffe** und **Schiffsbauwerke** (näher Abs 1 sowie § 870a; Zeller/Stöber ZVG § 162 Rn 1). 3

4) **Luftfahrzeuge**, die in der Luftfahrzeugrolle eingetragen sind (§ 88 I LuftfahrzeugrechteG; § 171a ZVG). 4

II) Der **Bruchteil eines Grundstücks**, einer Berechtigung (Rn 2) oder eines Schiffes usw unterliegt der Immobiliarvollstreckung, wenn er 5

6 1) in dem **Anteil eines Miteigentümers** besteht, das ist jeder ideelle Anteil (§§ 741 ff, § 1008 BGB), auch der nach § 3 VI GBO gebuchte (vgl § 1114 BGB) sowie Wohnungs- und Teileigentum, nicht aber ein Gesamthandsanteil wie Gesellschaftsvermögen (§ 719 BGB; §§ 736, 859 I), Gesamtgut ehelicher oder fortgesetzter Gütergemeinschaft (§§ 1416, 1419, 1485 BGB; §§ 740, 743–745, 860) und das Nachlaßgrundstück einer Erbengemeinschaft (§§ 2032, 2040 BGB, §§ 747, 859 II). Vollstreckung in einen Miteigentümerbruchteil kann auch erfolgen, wenn er erst nach Gesamtbelastung des Grundstücks mit einer Hypothek, Grundschuld usw entstanden ist. ZwV in eine anfechtbar erworbene Grundstückshälfte, wenn Bruchteilseigentum nach Eintragung des Erwerbers als Alleineigentümer nicht mehr besteht (§ 7 AnfG) s BGH 90, 207 [213] = NJW 84, 1968.

7 2) zwar nicht in dem Anteil eines Miteigentümers besteht, der (dingliche) **Anspruch des Gläubigers** sich aber auf ein **Recht** gründet, mit dem der **Bruchteil als solcher noch belastet** ist. Das ist der Fall, wenn der Bruchteil im Anteil eines Miteigentümers nach Einzelbelastung (s § 1114 BGB; auch mit Zwangshypothek) mit Änderung des Eigentums (Erwerb durch Alleineigentümer usw) weggefallen ist (s BayObLG DNotZ 71, 659), wenn ein nach § 3 VI GBO gebuchter Miteigentumsanteil des Grundstücks eines Eigentümers belastet ist (s § 1114 BGB), wenn ein Bruchteilseigentümer einen weiteren Bruchteil nur als Vorerbe erworben hat und den früheren (oder den erworbenen) Anteil gesondert belastet hat (BayObLG 68, 104 = NJW 68, 1431) sowie wenn die Sicherungshypothek für eine übertragene Forderung (§ 128 ZVG) an einem früheren Miteigentümeranteil eingetragen wurde. Dazu näher Zeller/Stöber ZVG Einl Rn 12. Nach Vereinigung der mit einer Gesamtgrundschuld belasteten Miteigentumsanteile in der Hand eines Miteigentümers (Dritten) kann der Grundgläubiger wegen Teilnichtigkeit der Sicherungsabrede gegenüber einem (einzelnen) der früheren Miteigentümer (als Sicherungsgeber) gehindert sein, die Zwangsversteigerung oder -verwaltung seines vormaligen Miteigentumsanteils zu betreiben; für Zwangsvollstreckung wird dann der Fortbestand des anderen vormaligen Miteigentumsanteils des „haftenden" Sicherungsgebers ebenso fingiert wie der eines einzeln belasteten Miteigentumsanteils nach Vereinigung mit einem unbelasteten Miteigentumsanteil in der Hand eines Miteigentümers (BGH 106, 19 [27] = NJW 89, 831).

8 **III)** In einen **realen Grundstücksteil** (Teilfläche; s § 7 GBO) kann nicht selbständig vollstreckt werden. Ausnahmen bestehen für Zwangsversteigerung (und -verwaltung) nach Vereinigung und Bestandteilszuschreibung (§ 890 BGB) selbständig belasteter Grundstücke. Einzelheiten Zeller/Stöber ZVG Einl Rn 11.3–11.4. **Wesentliche Bestandteile** eines Grundstücks (§ 94 BGB; dazu Zeller/Stöber ZVG § 20 Rn 3.2) sind nicht sonderrechtsfähig (§ 93 BGB). Sie unterliegen mit dem Grundstück der Immobiliarvollstreckung (§ 865); Eigentum kann an ihnen durch Maßnahmen der ZwV in das bewegliche Vermögen (Übereignung durch GV nach § 825, auch auf Grund Zuschlags nach § 817) nicht erworben werden (BGH 104, 298 = NJW 88, 2789; auch Pesch JR 93, 358 [nicht wegen § 93 BGB]; anders Gaul NJW 89, 2509). **Scheinbestandteile** (nur zu einem vorübergehenden Zweck mit dem Grundstück oder Gebäude verbundene Sachen, § 95 BGB), zB eine Baracke, Gartenlaube, ein auf fremdem Grund und Boden nur zu einem vorübergehenden Zweck errichtetes Gebäude) sind nicht unbewegliches Vermögen; sie unterliegen der ZwV in das bewegliche Vermögen (§§ 803 ff), die mit Pfändung der körperlichen Sache bewirkt wird (§§ 808, 809; RG 55, 284; 59, 21; Zweibrücken Rpfleger 76, 328; LG Braunschweig DGVZ 72, 169; LG Frankenthal DGVZ 76, 86; vgl auch LG Berlin DGVZ 76, 26 u Kerres DGVZ 90, 55). Über die ZwV in Baumschulbestände vgl RG 66, 88; Pfändung von Früchten auf dem Halm § 810. Zubehör s § 865.

9 **IV) 1)** Im **Beitrittsgebiet** besteht **Gebäudeeigentum** als Eigentumsform des unbeweglichen Vermögens fort (EGBGB Art 231 § 5 und Art 233 § 2b, § 4 [mit ZGB-DDR 288 IV u § 292 III] sowie § 8). Es gelten für dieses die sich auf Grundstücke beziehenden Vorschriften des BGB (Art 233 § 4 I EGBGB). Gebäudeeigentum (mit einem wesentlichen Bestandteilen) unterliegt damit der ZwV in das unbewegliche Vermögen (§§ 865–871); ZwV in einen Bruchteil ermöglicht Abs 2.

10 2) Auf **vertraglicher Grundlage** (§ 312 ehem ZGB „DDR") erfolgte die Nutzung von Bodenflächen durch Bürger für **kleingärtnerische** Zwecke, zur Erholung und Freizeitgestaltung. Vereinbart konnte sein, daß der Nutzungsberechtigte auf der Bodenfläche ein **Wochenendhaus** oder andere Baulichkeiten errichten konnte (§ 313 III ehem ZGB „DDR"); auch diese Baulichkeiten sind nicht Grundstücksbestandteil (Art 231 § 5 EGBGB); sie sind (vorbehaltlich anderer Vereinbarung) unabhängig vom Eigentum am Boden Eigentum des Nutzungsberechtigten (§ 296 I S 1 ehem ZGB „DDR"). Für das Eigentum an diesen Baulichkeiten gelten die Bestimmungen über das Eigentum an beweglichen Sachen entsprechend (§ 296 I S 2 ehem ZGB „DDR" mit Art 232 § 4 EGBGB). Diese Baulichkeiten unterliegen daher der ZwV in das bewegliche Vermögen mit Pfändung (§§ 808, 809) durch den GV.

865 *[Umfang der Zwangsvollstreckung in unbewegliches Vermögen]*

(1) Die Zwangsvollstreckung in das unbewegliche Vermögen umfaßt auch die Gegenstände, auf die sich bei Grundstücken und Berechtigung die Hypothek, bei Schiffen oder Schiffsbauwerken die Schiffshypothek erstreckt.

(2) Diese Gegenstände können, soweit sie Zubehör sind, nicht gepfändet werden. Im übrigen unterliegen sie der Zwangsvollstreckung in das bewegliche Vermögen, solange nicht ihre Beschlagnahme im Wege der Zwangsvollstreckung in das unbewegliche Vermögen erfolgt ist.

I) Zweck: Erhaltung des wirtschaftlichen Zusammenhangs zwischen Grundstück und mithaf- 1
tenden Gegenständen zur Erzielung eines angemessenen Erlöses und Wahrung der Interessen des Gläubigers, der seine Befriedigung aus dem Grundstück und den übrigen Gegenständen nicht in getrennten Verfahren suchen soll.

II) Gegenstände, auf die sich bei Grundstücken und Berechtigungen die **Hypothek erstreckt,** 2
umfaßt mit dem Grundstück (grundstücksgleichen Recht usw) die ZwV in das unbewegliche Vermögen (Abs 1). Das gilt auch für die ZwV in ein lastenfreies Grundstück und für die Zwangsversteigerung (Zwangsverwaltung) auf Antrag des Gläubigers eines (persönlichen) Zahlungsanspruchs. Solche Gegenstände sind

1) die von dem Grundstück **getrennten Erzeugnisse** (Bodenprodukte wie Bäume und Sträu- 3
cher sowie deren Früchte, Pflanzen und sonstige Ausbeute wie Torf, Lehm, vgl § 99 BGB) und **sonstige Bestandteile,** soweit sie nicht mit der Trennung nach den §§ 954–957 BGB in das Eigentum eines anderen als des Eigentümers oder des Eigenbesitzers des Grundstücks (zB des Pächters) gelangt sind (§ 1120 BGB). **Aus der Haftung ausgeschiedene** Erzeugnisse und Bestandteile unterliegen nur der ZwV in das bewegliche Vermögen (§§ 803 ff). Das ist der Fall, wenn sie vor Beschlagnahme veräußert **und** von dem Grundstück entfernt worden sind (§ 1121 I BGB; zu gutgläubigem Erwerb auch § 1121 II BGB) sowie für die innerhalb der Grenzen einer ordnungsgemäßen Wirtschaft getrennten Erzeugnisse und Bestandteile bereits mit dauernder Entfernung (§ 1122 I BGB). Pfändung und Entfernung durch den GV ist keine vorübergehende (RG 143, 247).

2) **Zubehör** des Grundstücks (§§ 97, 98, 1120 BGB). **Beispiele:** Maschinen und sonstige Gerät- 4
schaften einer Fabrik, Hotelinventar, Baumaterial auf Baugrundstück (RG 84, 285; 86, 326; BGH 58, 309 = NJW 72, 1187), Vieh und Gerät auf Landgut, Zuchthengst eines Reiterhofs (AG Oldenburg/H DGVZ 80, 93), landwirtschaftl Erzeugnisse zur Fortführung der Wirtschaft; Einzelheiten s Zeller/Stöber ZVG § 20 Rn 3.4, wegen Anwartschaft auch Rn 3.5. Zubehöreigenschaft begründet **nicht** die **nur vorübergehende Benutzung** einer Sache für den wirtschaftl Zweck einer anderen (§ 97 II BGB). Ausgenommen sind Zubehörstücke, die nicht in das Eigentum des Eigentümers des Grundstücks gelangt sind (§ 1120 aE BGB). Dieses „Fremd"zubehör und die **von der Haftung** vor Beschlagnahme **frei** gewordenen Zubehörstücke unterliegen der ZwV in das bewegliche Vermögen durch Pfändung (§ 803). Enthaftung kann eintreten mit Veräußerung **und** Entfernung vom Grundstück (§ 1121 BGB; Veräußerung allein genügt nicht, s BGH MDR 80, 137 = NJW 79, 2514) sowie ohne Veräußerung mit Aufhebung der Zubehöreigenschaft (§ 1122 II BGB; ist nicht schon der Fall bei Veräußerung ohne Entfernung, BGH aaO).

3) **Miet- und Pachtzinsforderungen** (§ 1123 I BGB). Ausgenommen sind, weil von der Haftung 5
frei geworden, fällige nicht beschlagnahmte Miet- und Pachtzinsforderungen mit dem Ablauf eines Jahres nach dem Eintritt der Fälligkeit (§ 1123 II BGB mit Einzelheiten). Wirksamkeit von Vorausverfügung und Aufrechnung: §§ 1124, 1125 BGB.

4) Ansprüche aus einem mit dem Eigentum am Grundstück verbundenen **Recht** (§ 96 BGB) 6
auf wiederkehrende Leistungen nach Maßgabe des § 1126 BGB.

5) **Versicherungsforderungen** nach Maßgabe der §§ 1127–1130 BGB. 7

III) Beschlagnahme, die Freiwerden von der hypothekarischen Haftung und damit Freistel- 8
lung als Gegenstand der Immobiliarvollstreckung ausschließt (Rn 2), ist Anordnung der Zwangsversteigerung (§ 20 ZVG) und Zwangsverwaltung (§ 146 I ZVG); zum Wirksamwerden §§ 22, 153 ZVG. Die Beschlagnahme durch Zwangsversteigerung umfaßt jedoch die Miet- und Pachtzinsforderungen sowie die Ansprüche aus einem Recht auf wiederkehrende Leistungen nicht (§ 21 II ZVG); deren Beschlagnahme erfolgt nur durch Zwangsverwaltung (§ 148 I ZVG). Land- und forstwirtschaftliche Erzeugnisse des Grundstücks sowie die Forderungen aus einer Versicherung solcher Erzeugnisse umfaßt die Beschlagnahme durch Zwangsversteigerung nur in den Grenzen des § 21 ZVG (weitergehend bei Zwangsverwaltung, § 148 I ZVG). Beschlagnahme in diesem Sinne ist nicht die Anordnung der Zwangsversteigerung oder Zwangsverwaltung auf Antrag des Konkursverwalters (§ 173 I ZVG), der Zwangsversteigerung auf Antrag eines Erben (§ 176 ZVG) und zum Zwecke der Aufhebung einer Gemeinschaft (Zeller/Stöber ZVG § 180 Rn 6.6).

9 **IV) 1) Zubehör,** das als hypothekarisch haftend (auch bei lastenfreiem Grundstück) der ZwV in das unbewegliche Vermögen unterliegt (Rn 4), **kann nicht** als Gegenstand der ZwV in das bewegliche Vermögen **gepfändet werden** (Abs 2). Grund: Der wirtschaftliche Zusammenhang von Grundstück und Zubehör soll auch durch ZwV nicht aufgehoben werden können. Für Befriedigung eines Grundpfandgläubigers aus nicht mit dem Grundstück versteigertem forthaftendem Zubehör findet nach dem Zuschlag mit Duldungstitel Mobiliar-ZwV statt (Hamm Rpfleger 94, 176; Zeller/Stöber § 65 Rn 3 mwN).

10 2) **Andere Gegenstände** (getrennte Erzeugnisse und sonstige Bestandteile, Miet- und Pachtzinsforderungen, Leistungen aus einem mit dem Eigentum verbundenen Recht und Versicherungsforderungen, Rn 3, 5–7) **unterliegen der ZwV in das bewegliche Vermögen** (§§ 803 ff) mit Pfändung (§§ 808, 829), **solange nicht ihre Beschlagnahme** im Wege der ZwV in das unbewegliche Vermögen (Rn 8) **erfolgt ist.** Grund: Vereinfachung des Vollstreckungsverfahrens; der Gläubiger soll für den Zugriff auf diese Gegenstände, insbes auf Miet- und Pachtzinsforderungen, nicht auf die einschneidende Immobiliarvollstreckung (insbes Zwangsverwaltung) beschränkt sein. Erfolgt erst nach (zulässig gewesener) Pfändung von Erzeugnissen oder Bestandteilen eine Beschlagnahme (weil noch kein Enthaftungsbestand nach §§ 1121, 1122 BGB gegeben ist), berührt sie die Pfändung nicht. Die Verwertung der Pfandstücke durch den GV hat aber nach § 772 zu unterbleiben, wenn ein rangbesserer Gläubiger (§ 10 ZVG) die Beschlagnahme erwirkt hat; der Pfändungsgläubiger muß dann sein Recht im Immobiliarvollstreckungsverfahren geltend machen (§ 37 Nr 4 ZVG). Bei Beschlagnahme durch einen rangschlechteren Gläubiger (§ 10 ZVG) hat der GV zu verwerten (s auch § 810 Rn 8; im übrigen näher StJ/Münzberg Rn 25 ff). Miet- oder Pachtzinspfändung (§ 829 Rn 33 „Mietzins") vor Beschlagnahme äußert gegenüber einer nachfolgenden Zwangsverwaltung (auch wenn sie auf Antrag eines persönlichen Gläubigers angeordnet ist) keine Wirkungen (Abgrenzung nach § 1124 II BGB). Einziehungsberechtigt ist nur noch der Zwangsverwalter (§ 152 I ZVG). Die in der Zeit der Zwangsverwaltung ruhende Mietzinspfändung lebt mit Erlöschen der Beschlagnahme wieder auf (RG 64, 420). Dazu Stöber FdgPfdg Rn 231, 232.

11 V) Unzulässige Pfändung von **Zubehör** durch den GV ist nichtig; Heilung erfolgt auch nicht mit nachträglichem Wegfall der Zubehöreigenschaft (München MDR 57, 428; Zeller/Stöber ZVG Einl Rn 17.1; Sebode DGVZ 67, 145); nach aA (Th/P Rn 2, 5; StJ/Münzberg Rn 36; MK/Eickmann Rn 61; Gaul NJW 89, 2509 [2512] mwN) ist die Pfändung als fehlerhaft nur anfechtbar. Unzulässige Miet/Pachtzinspfändung nach Beschlagnahme ist als nichtig wirkungslos (RG 59, 91; 135, 206; Dresden OLG 10, 122; Hamburg OLG 26, 408).

12 **VI) Rechtsbehelf:** Erinnerung (§ 766; dann § 793) gegen unzulässige Pfändung für Gläubiger der Immobiliarvollstreckung, Grundpfandgläubiger, Schuldner und Zwangsverwalter. Für Grundpfandgläubiger außerdem § 771, für Beschlagnahmegläubiger (auch persönlichen) § 772. Für rangbesseren Gläubiger bei unzulässiger Pfändung auch Vorzugsklage (§ 805). Nach Verwertung eines unzulässig gepfändeten Zubehörstücks ist das Recht des Realgläubigers erloschen. Gegen den Pfändungsgläubiger haben die Grundpfandgläubiger nach durchgeführter ZwV einen Bereicherungsanspruch.

13 **VII)** Bei **Schiffen** und **Schiffsbauwerken** gilt Entsprechendes für die der Schiffshypothek haftenden Gegenstände. Das sind das Zubehör des Schiffs (ausgenommen die nicht in das Eigentum des Schiffseigentümers gelangten Stücke, § 31 SchiffsG) und Versicherungsforderungen (§§ 32 ff SchiffG mit Einzelheiten).

866 *[Arten der Zwangsvollstreckung in ein Grundstück]*

(1) Die Zwangsvollstreckung in ein Grundstück erfolgt durch Eintragung einer Sicherungshypothek für die Forderung, durch Zwangsversteigerung und durch Zwangsverwaltung.

(2) Der Gläubiger kann verlangen, daß eine dieser Maßregeln allein oder neben den übrigen ausgeführt werde.

(3) Eine Sicherungshypothek (Absatz 1) darf nur für einen Betrag von mehr als fünfhundert Deutsche Mark eingetragen werden; Zinsen bleiben dabei unberücksichtigt, soweit sie als Nebenforderung geltend gemacht sind. Auf Grund mehrerer demselben Gläubiger zustehender Schuldtitel kann eine einheitliche Sicherungshypothek eingetragen werden.

1 I) Maßnahmen der ZwV in ein Grundstück (auch Wohnungs- und Teileigentum), Gebäudeeigentum, grundstücksgleiches Recht (§ 870) und in den Bruchteil eines Miteigentümers oder Mitberechtigten (§ 864 II, § 870) sind

1) Zwangsversteigerung; sie bezweckt Befriedigung des Gläubigers aus dem durch Grundstücksverwertung mit Zuschlag (§ 90 I ZVG) zu erzielenden Erlös (vgl § 49 I, § 107 ZVG);

2) **Zwangsverwaltung;** sie soll dem Gläubiger Befriedigung durch ordnungsgemäße Nutzung des Grundstücks aus seinen Erträgnissen (§§ 152, 155 ZVG) bringen; 2

3) **Eintragung einer Sicherungshypothek.** Mit ihrer Eintragung (§ 867 I S 2) erlangt der Gläubiger eine Sicherungshypothek nach § 1184 BGB mit Rang vor späteren Rechten am Grundstück (§ 879 BGB) und vor Gläubigern noch nicht gesicherte Vollstreckungsforderungen, die später die Beschlagnahme des Grundstücks mit Zwangsversteigerung oder Zwangsverwaltung erwirken (§ 10 I Nr 4, 5 ZVG). Die Sicherungshypothek verschafft dem Gläubiger (bei entsprechender Rangstelle) ausreichende Sicherheit bei gleichzeitiger Schonung des Schuldners. Von der Sicherungshypothek des bürgerlichen Rechts unterscheidet sich die Zwangshypothek nur durch ihren Entstehungstatbestand (Erwerb im Wege der ZwV) und mit einigen daraus folgenden Besonderheiten (insbes § 868). 3

II) Der Gläubiger kann verlangen, daß eine der Maßregeln der ZwV in ein Grundstück **allein** oder **neben den übrigen** (gleichzeitig oder nacheinander) ausgeführt wird (Abs 2). Grund: Die Befugnis entspricht der verschiedenen Bedeutung der einzelnen Maßregeln, die Schmälerung der Gläubigerinteressen zur Schonung des Schuldners nicht gebietet. Beschränkungen gelten bei Sicherungsvollstreckung (§ 720a I b), Arrestvollzug (§ 932) und Vollstreckung in eine (vormalige, s § 859 Rn 20) Heimstätte (§ 20 RHeimstG). Eintragung einer Sicherungshypothek begründet für den Gläubiger den **gesetzlichen Löschungsanspruch** mit Vormerkungswirkungen nach § 1179a BGB gegenüber vorrangigen (auch gleichrangigen) Eigentümer-Grundpfandrechten. Zur Sicherung dieses gesetzlichen Löschungsanspruchs wird ein Gläubiger Eintragung der Sicherungshypothek daher stets auch neben Zwangsversteigerung oder -verwaltung betreiben (s Stöber Rpfleger 77, 425 [426]). Die Zwangsversteigerung kann ein (dinglich nicht gesicherter) Vollstreckungsgläubiger (wegen seines persönlichen Anspruchs) auch betreiben, wenn bereits vorher auf Antrag eines anderen Gläubigers die Zwangsverwaltung angeordnet wurde. § 772 hindert bei Veräußerungsverboten, die auf einer ZwV beruhen, nicht die weitere Vollstreckung durch einen anderen Gläubiger (LG Köln NJW 52, 591). Eintragung einer Zwangshypothek erst nach dem Zwangsversteigerungsvermerk macht Anmeldung erforderlich (§ 37 Nr 4 ZVG); unterbleibt sie, tritt Rangverlust nach § 110 ZVG ein oder erfolgt keine Berücksichtigung (§ 114 I ZVG). 4

III) Die **Sicherungshypothek** darf nur für einen Betrag von **mehr als 500 DM** eingetragen werden (Abs 3 S 1). Forderungen des gleichen Gläubigers (auch derselben Gläubigermehrheit) aus mehreren Schuldtiteln (nicht aber Forderungen mehrerer Gläubiger, auch wenn für sie ein einheitlicher Titel besteht) gegen denselben Schuldner können (auch wenn sie einzeln unter 500 DM liegen) zusammengerechnet werden (Abs 3 S 2); nach Antrag des Gläubigers kann auch für jede ihm aus einem Schuldtitel zustehende Forderung über 500 DM eine Sicherungshypothek selbständig eingetragen werden. **Zinsen** bleiben bei Feststellung des Mindestbetrags von 500,01 DM unberücksichtigt, soweit sie in der ZwV als Nebensache geltend gemacht sind. Zinsrückstände, die in der ZwV betragsmäßig geltend gemacht werden (100 DM für die Zeit vom ... bis ...) werden als Hauptsache vollstreckt; sie sind sonach für den Mindestbetrag von 500,01 DM mit anderen Hauptsacheforderungen zusammenzurechnen, auch wenn sie im Rechtsstreit als Nebenforderung geltend gemacht waren; die Selbständigkeit der ZwV (vor § 704 Rn 13) erfordert nicht, daß Zinsen über das Erkenntnisverfahren hinaus ihren Charakter als Nebenforderungen behalten (Haegele/Schöner/Stöber Rn 2189; auch MK/Eickmann Rn 10; aA StJ/Münzberg Rn 6). Andere Nebenforderungen, insbes mit eingeklagte vorprozessuale Mahnkosten, Portokosten, aber auch frühere ZwV-Kosten, § 788 I) werden mitgerechnet, nicht aber Anwalts- und Gerichtskosten des Eintragungsverfahrens (§ 867 I S 3). Zinsrückstände allein können betragsmäßig für einen bestimmten Zeitraum geltend gemacht werden; eine Zwangshypothek kann daher auch allein für die kapitalisierte Zinsforderung über 500 DM eingetragen werden (LG Bonn Rpfleger 82, 75), auch wenn die Hauptsacheforderung noch besteht (Haegele/Schöner/Stöber Rn 2189; nicht richtig Schleswig JurBüro 82, 913 = Rpfleger 82, 301 m zust Anm Hellmig). Für nur als Nebenforderungen verlangte Zinsen kann eine Zwangshypothek nicht eingetragen werden (AG Pinneberg Rpfleger 69, 171 m Anm Haegele); auch nachträgliche Eintragung der als Nebenforderung vergessenen fortlaufenden Zinsen ist nicht zulässig (AG Pinneberg aaO; aA Haegele in Anm dazu). Auch für später festgesetzte Kosten kann nach Eintragung der Sicherungshypothek eine weitere Zwangshypothek nur eingetragen werden, wenn diese (wieder) 500 DM übersteigen (RG 61, 429). Die Wertgrenze von 500 DM findet auf andere Fälle einer Sicherungshypothek keine entsprechende Anwendung, insbes nicht im Fall des § 848 II. Eine Zwangshypothek für eine Forderung unter 500,01 DM ist **nichtig** (RG 60, 279 [284]; BayObLG 75, 398 [403]; Frankfurt JurBüro 82, 1098 = OLGZ 81, 261); sie ist als inhaltlich unzulässig von Amts wegen zu löschen; eine Eigentümergrundschuld entsteht nicht. 5

IV) Mit Eintragung der Sicherungshypothek ist diese entstanden (§ 867 I S 2). Diese **Maßnahme der ZwV** (nicht die ZwV insgesamt) ist damit (formal) **beendet** (ZwV ist hingegen nur „eingeleitet" iS von § 7 III GesO; BGH NJW 95, 2715 = Rpfleger 95, 514). Will der Gläubiger dann 6 als Hypothekengläubiger seinen dinglichen Anspruch auf Zahlung aus dem Grundstück (§ 1113 I mit § 1147) im Wege der ZwV (Zwangsversteigerung oder Zwangsverwaltung) verfolgen, so benötigt er einen dinglichen Titel (Zeller/Stöber ZVG Einl Rn 69 mwN; München MDR 84, 674 = OLGZ 84, 248; nicht mehr bestritten); Veranlassung zur Klageerhebung für Kostenpflicht s § 93 Rn 6 „Duldungsklage". Der Gläubiger kann aber auch wegen seines durch den persönlichen Leistungstitel ausgewiesenen Anspruchs mit Zwangsversteigerung oder Zwangsverwaltung in das Grundstück des Schuldners vollstrecken (§ 866 I, II). Bei Zwangsversteigerung bleibt dann eine vor Beschlagnahme eingetragene Zwangshypothek im geringsten Gebot bestehen (RG 76, 116 [120]; Zeller/Stöber ZVG § 44 Rdn 4.5 mit Einzelheiten). Bei Duldungsklage (§ 1147 BGB) ist der Gläubiger der auf Grund eines rechtskräftigen Schuldtitels erwirkten Zwangshypothek (auch nach Eigentumswechsel gegen den Grundstückserwerber, BGH MDR 88, 314 = NJW 88, 828) der Darlegungs- und Beweislast für die gesicherte Geldforderung enthoben (anders, wenn dem Titel die materielle Rechtskraft fehlt, BGH 124, 164 [165 f] = NJW 94, 460). Der (darlegungs- und beweispflichtige) Grundstückserwerber kann gegen diese Duldungsklage nur die nach § 767 II, § 796 II zulässigen Einwendungen erheben (BGH NJW 88,828).

7 V) **Verwaltungszwangsvollstreckung** durch Eintragung einer Sicherungshypothek: § 322 AO, auch § 6 JBeitrO. § 866, damit auch die Wertgrenze des Abs 3 S 1, findet Anwendung. Mehrere nach der JBeitrO zu vollstreckende Kostenforderungen müssen somit 500 DM übersteigen.

8 **VI) Gebühren** im Verfahren der **Zwangsversteigerung und Zwangsverwaltung: 1)** des **Gerichts:** KV 5100 ff. Wegen der für die Gebührenberechnung maßgebenden Werte: s §§ 29–31 GKG. – **2)** des **Anwalts:** §§ 68 ff BRAGO. – Gebühren für die Eintragung einer Zwangshypothek: s Rn 22 zu § 867 und Rn 2 zu § 870a.

867 *[Sicherungs-Zwangshypothek]*

(1) Die Sicherungshypothek wird auf Antrag des Gläubigers in das Grundbuch eingetragen; die Eintragung ist auf dem vollstreckbaren Titel zu vermerken. Mit der Eintragung entsteht die Hypothek. Das Grundstück haftet auch für die dem Schuldner zur Last fallenden Kosten der Eintragung.

(2) Sollen mehrere Grundstücke des Schuldners mit der Hypothek belastet werden, so ist der Betrag der Forderung auf die einzelnen Grundstücke zu verteilen; die Größe der Teile bestimmt der Gläubiger.

1 **I)** Die Eintragung der Sicherungshypothek ist als **ZwV-Maßnahme** Vollstreckungsakt **und** verfahrensrechtlich **Grundbuchgeschäft.** Das Grundbuchamt wird als Vollstreckungsorgan und als Organ der Grundbuchführung tätig (BGH 27, 310 = NJW 58, 1090; Hamm Rpfleger 73, 440). Es hat daher die Vollstreckungsvoraussetzungen und ebenso die Zulässigkeit der Grundbucheintragung nach den Vorschriften der GBO selbständig zu prüfen (BayObLG 56, 218 = DNotZ 56, 596 u Rpfleger 82, 466).

2 **II) 1) Vollstreckungsvoraussetzungen** sind insbes: **Antrag** (Abs 1); Anwaltszwang besteht nicht (§ 78 III); Schriftform genügt, ist wegen § 13 II S 1 GBO aber auch erforderlich; Antrag zu Niederschrift des Grundbuchamts ist möglich (§ 13 II S 3 GBO). Zurückgenommen werden kann der Antrag bis zur Eintragung mit Unterzeichnung (§ 44 GBO) oder Speicherung (§ 129 I GBO); Form (auch für Vollmacht) § 31 S 1 GBO (Hamm Rpfleger 85, 231). **Vollstreckungstitel** (§§ 704, 794 usw) und -klausel (§ 724 II; Ausnahme § 796 I), Zustellungsnachweis (§ 750 I, II) und Fälligkeit der Vollstreckungsforderung (§ 751 I), Ablauf einer Wartefrist (§ 750 III, § 798), Vorlage eines Wechsels (§ 756 Rn 4), Sicherheitsleistung (§ 751 II; wegen § 720a kaum noch von Bedeutung), Nachweis der Gegenleistung bei Zug-um-Zug-Verurteilung (§ 765 Rn 2), Wahrung landesgesetzl Erfordernisse bei ZwV gegen eine Gemeinde oder einen Gemeindeverband (§ 15 Nr 3 EGZPO; BayObLG Rpfleger 95, 106). Eine **Bevollmächtigung** ist nach Vollstreckungsrecht nachzuweisen, mithin durch schriftliche Vollmacht (§ 80 I). Prüfung erfolgt von Amts wegen nur, wenn als Bevollmächtigter kein Rechtsanwalt auftritt (§ 88 II). Bezeichnung des Bevollmächtigten im Schuldtitel genügt (§ 81), nicht aber Bezeichnung eines Nichtanwalts im Vollstreckungsbescheid, weil er ohne Vollmachtsnachweis erwirkt sein kann (§ 703; Bank JurBüro 80, 1620). Für **künftig** erst fällig werdende laufende Forderungen (Unterhalt) kann die Zwangshypothek nicht eingetragen werden (§ 751 I). Die als Nebenforderungen verlangten fortlaufenden **Zinsen** werden mit dem Hauptanspruch vollstreckt; § 751 I steht der Eintragung der Sicherungshypothek auch wegen solcher Zinsen nicht entgegen (Haegele/Schöner/Stöber Rn 2175; Stöber ZVG-Handbuch Rn 21). **ZwV-Kosten** (§ 788 I), die nicht festgesetzt sind, müssen glaubhaft gemacht werden (§ 294; s § 788 Rn 15). Nachweis in der Form des § 29 I S 2 GBO kann nicht verlangt werden (LG Regensburg Rpfleger 79, 147 unter Darstellung der gegensätzlichen Meinungen; aA zB Celle NJW 72, 1902), weil der Kostennachweis als Vollstreckungsvoraussetzung nach der ZPO zu führen ist.

2) **Grundbuchrechtliche Voraussetzungen** sind insbes Bezeichnung des Grundstücks (28 S 1 GBO) und der zu vollstreckenden Geldbeträge in DM (§ 28 S 2 GBO; keine Sicherungshypothek in ausländischer Währung, LG Osnabrück Rpfleger 68, 122; Höchstbetrag in Deutscher Währung, K. Schmidt ZZP 98 [1985] 32 [47]; künftig aber auch § 28 S 2 GBO), Eintragungsgrundlage für das Gemeinschaftsverhältnis mehrerer Gläubiger (§ 47 GBO), Voreintragung des Schuldners als Eigentümer (§ 39 GBO; für Grundbuchberichtigung Antragsrecht des Gläubigers nach § 14 GBO) oder Nachweis der Erbfolge (§ 35 GBO). Wenn die ZwV bei Tod des Schuldners schon begonnen hatte und in seinen Nachlaß fortgesetzt wird (§ 779), kann als Schuldner ausnahmsweise auch der Verstorbene eingetragen werden (Hagena Rpfleger 75, 390 gegen KG Rpfleger 75, 133). Einen gegen den noch nicht eingetragenen Ersteher gerichteten Antrag auf Eintragung einer Zwangshypothek hat das Grundbuchamt entgegenzunehmen, bei den Grundakten zu verwahren und im Anschluß an das Eintragungsersuchen (§ 130 ZVG) zu vollziehen (LG Lahn-Gießen Rpfleger 79, 352 m zust Anm Schiffhauer; Zeller/Stöber ZVG § 130 Rn 6.1). Ist ein Gemeinschaftsverhältnis der Gläubiger (§ 47 GBO) im Schuldtitel nicht bezeichnet (und auch durch Auslegung nicht zu ermitteln), können es die Gläubiger im Eintragungsantrag (dann in der Form des § 29 GBO) bestimmen (aA Köln OLGZ 86, 11 = Rpfleger 86, 91; Schneider MDR 86, 817: Angabe unterliegt nicht dem Formzwang des § 29 GBO; diese Eintragungsgrundlage ist aber durch das Urteil nicht ersetzt; MK/Eickmann Rn 23: unzulässige Titelergänzung). 3

3) Der Eintragungs**antrag** ist **nicht „rangwahrend"** nach § 17 GBO gestellt, wenn (soweit) ein Vollstreckungsmangel besteht. Daher kann zur Behebung eines **Vollstreckungsmangels** keine rangwahrende Zwischenverfügung nach § 18 GBO ergehen (s Rn 15; zT aA MK/Eickmann Rn 31; StJ/Münzberg Rn 26: Zwischenverfügung, wenn Vollstreckungsvoraussetzung bereits vorliegt, dem Grundbuchamt aber [noch] nicht nachgewiesen ist; nicht richtig [zudem unpraktikabel], Antrag wahrt in der ZwV keinen Rang). Gleichwohl hat sofortige Zurückweisung zu unterbleiben; Beanstandung hat im Vollstreckungsverfahren zu erfolgen, sonach mit nicht rangwahrender Verfügung nach § 139 (auch § 278 III; so zutr auch StJ/Münzberg Rn 27; MK/Eickmann Rn 32). Wenn infolge des Vollstreckungsmangels nur der Vollzug eines Teils des Antrags ausgeschlossen ist (zB Miteintragung der bisherigen ZwV-Kosten, weil sie nicht glaubhaft gemacht sind), ist für den weitergehenden, vollzugsreifen Teil des Antrags (sofern die Forderung noch mehr als 500 DM beträgt) die Vollzugsreihenfolge des § 17 GBO gewahrt. 4

4) Grundbuchrechtliche Antragshindernisse sind mit Zwischenverfügung nach § 17 GBO zu beanstanden. 5

5) **Einstellung der ZwV** durch einstw Anordnung nach §§ 707, 719, 732, 766, 785, 795 macht die Eintragung unzulässig (Frankfurt Rpfleger 74, 443); auf eine bereits erfolgte Eintragung ist sie nur nach Maßgabe des § 868 von Einfluß. Ein **Belastungsverbot** als Inhalt des Erbbaurechts (§ 5 II ErbbVO) ermöglicht Eintragung der Sicherungshypothek (auch am Eigentümererbbaurecht, Hamm MDR 85, 585) nur mit Zustimmung des Grundstückseigentümers (rechtskräftiger Ersetzung, Haegele/Schöner/Stöber Rn 2204; Hamm Rpfleger 53, 520); für Nachweis der Zustimmung (Ersetzung) ist angemessene Frist mit Zwischenverfügung zu gewähren (Celle MDR 85, 331). Für Ersetzung der Zustimmung hat der Gläubiger ein selbständiges Antragsrecht (Zeller/Stöber ZVG Einl 64.5 im Anschluß an BGH 100, 107 = NJW 87, 1942; Streuer Rpfleger 94, 59; aA [nur nach Pfändung und Überweisung des Zustimmungsanspruchs] früher BGH 33, 76 = NJW 60, 2093 und neuerlich Hamm MDR 93, 686 = Rpfleger 93, 334 u 94, 59 L m abl Anm Streuer). Eine Ausnahme vom Zustimmungserfordernis für Grundpfandrechte bestimmter Gläubiger (zB öffentliche Kreditanstalten) gilt auch für Zwangshypotheken solcher Gläubiger (Celle Rpfleger 85, 22; Haegele/Schöner/Stöber Rn 1779). In Umlegungsverfahren (AG Eschweiler Rpfleger 78, 187), in Sanierungsgebieten und Entwicklungsbereichen bedarf die Eintragung der Zwangshypothek keiner Genehmigung nach §§ 51, 144, 169 BauGB (LG Regensburg Rpfleger 77, 224). Wegen Geringwertigkeit des Grundstücks und weil wegen Vorbelastungen (derzeit) eine Befriedigung bei Zwangsversteigerung nicht zu erwarten ist, kann die Eintragung der Zwangshypothek nicht abgelehnt werden (LG Marburg Rpfleger 84, 406). 6

III) 1) Eintragung der Sicherungshypothek erfolgt nach § 1115 BGB. Die Hypothek wird im Grundbuch als Sicherungshypothek bezeichnet (§ 1184 II BGB; damit ist Brieferteilung ausgeschlossen, § 1185 I BGB). Angabe, daß die Eintragung im Wege der ZwV erfolgt, wird zur Kennzeichnung der Besonderheiten des Rechts (§ 868) vorgenommen (bei Fehlen jedoch kein Unwirksamkeitsgrund). Sicherungsvollstreckung (§ 720a) ist als Eintragungsgrund nicht zu bezeichnen (Haegele/Schöner/Stöber Rn 2186; abw StJ/Münzberg Rn 25). Einzutragen sind (§ 1115 I BGB): 7

a) der **Gläubiger** nach § 15 GBV, mehrere mit ihrem Gemeinschaftsverhältnis (§ 47 GBO). Für **Zwangsgeld** nach § 888 ist als Gläubiger der Kläger einzutragen, als Zahlungsempfänger die Gerichtskasse zu vermerken (AG Hamburg Rpfleger 82, 31). Der **Einzelkaufmann** ist mit seinem bürgerlichen Namen einzutragen, auch wenn er im Vollstreckungstitel mit seiner Firma (§ 17 II 8

HGB) bezeichnet ist (Prüfung/Feststellung durch das Grundbuchamt; keine Zwischenverfügung und Zurückweisung, wenn der Antrag oder Titel den bürgerlichen Gläubigernamen nicht nennt; Zeller/Stöber ZVG Einl Rn 67.2; Haegele/Schöner/Stöber Rn 2162; anders BayObLG NJW-RR 88, 980, nicht zutr). Die **Erben** sind als Berechtigte einzutragen, wenn der Nachlaßverwalter eine zum Nachlaß gehörende Forderung vollstreckt (Hamm MDR 88, 865). **Wohnungseigentümer** sind (einzeln, Köln MDR 95, 36 = Rpfleger 94, 496 m Anm Sauren; LG Aachen Rpfleger 94, 496) namentlich (§ 15 I GBV) mit ihrem Gemeinschaftsverhältnis (§ 47 GBO = Wohnungseigentümergemeinschaft, KG OLGZ 86, 47 = Rpfleger 85, 435) zu bezeichnen. Angabe der Familien- und Vornamen und der (aller) Grundbuchblattnummern der Wohnungseigentümer kann genügen (Köln aaO); nicht ausreichend ist „Gesamtberechtigte gem § 432 BGB (KG aaO). Die Wohnungseigentümer-Gemeinschaft als solche kann nicht als Gläubiger eingetragen werden (Köln aaO; LG Mannheim BWNotZ 82, 19; anders Bärmann DNotZ 85, 395), auch nicht als „Gemeinschaft der Wohnungseigentümer . . ., bestehend aus den in der dem Vollstreckungstitel beigefügten Liste angeführten Personen als Berechtigte gem § 432 BGB" (BayObLG 84, 239 = DNotZ 85, 424). Der Verwalter ist als Prozeßstandschafter (dazu vor § 50 Rn 26 u 49) einzutragender Berechtigter, wenn ihn der Vollstreckungstitel als Gläubiger bezeichnet (LG Bochum Rpfleger 85, 438; LG Lübeck Rpfleger 92, 343; Zeller/Stöber ZVG Einl Rn 67.2; StJ/Münzberg Rn 10a; anders Celle Rpfleger 86, 484; Köln Rpfleger 88, 526; LG Frankfurt NJW-RR 93, 589 [bei Zusatz „. . . als inkassobefugter Verwalter der Eigentümergemeinschaft"]; LG Mannheim aaO, nicht zutr).

9 b) der **Geldbetrag** der Vollstreckungsforderung (zum Bruttolohnurteil Zeller/Stöber Einl Rn 66.5; LG Bonn JurBüro 95, 159 = MDR 95, 747). Dazu gehören auch die nach dem Schuldtitel zu vollstreckenden Nebenforderungen (§ 866 Rn 5; sind Vollstreckungsforderung), Prozeßkosten (Festsetzungsbeschluß ist als Titel nötig, § 794 I Nr 2) und frühere ZwV-Kosten, die zugleich mit vollstreckt werden (§ 788 I; auch Kosten der Zustellung des Vollstreckungstitels). Diese Ansprüche insgesamt sind Vollstreckungsforderung; sie müssen eingetragen werden, wenn das Grundstück für sie haften soll. Als Vollstreckungsforderung sind sie mit ihrem Geldbetrag Hauptsache der Sicherungshypothek, sonach nicht als „andere Nebenleistungen" zu erfassen (s Haegele/Schöner/Stöber Rn 2187).

10 c) der Zinssatz, wenn **Zinsen** als Nebenleistungen geltend gemacht sind. Der Anfangszeitpunkt der Zinsen (er kann vor der Eintragung liegen) kann durch Bezugnahme auf den Schuldtitel eingetragen werden (§ 874 BGB; Haegele/Schöner/Stöber Rn 2188). Für einen gleitenden Zinssatz („. . . über dem Diskontsatz der Deutschen Bundesbank") muß ein Höchstzinssatz eingetragen werden (Bestimmtheitsgrundsatz); der Wertmesser, aus dem sich der Zinssatz konkret bestimmt, muß sich aus der in Bezug genommenen Eintragungsgrundlage ergeben. Wenn der Schuldtitel keinen Höchstzinssatz bezeichnet, kann der Gläubiger in seinem (schriftlichen) Antrag einen angemessenen Höchstzinssatz bestimmen (dann Bezugnahme auch darauf).

11 d) andere **Nebenleistungen** der Sicherungshypothek (nicht der Vollstreckungshauptsacheforderung; s Rn 9), zB Säumniszuschläge oder Zinseszins, einmalige oder fortlaufende Strafzinsen).

12 2) Die Sicherungshypothek **entsteht** mit der Eintragung (§§ 44, 129 GBO) als Grundstücksrecht. Ihr Rang bestimmt sich nach § 879. Einen **Rangvorbehalt** des Schuldners (Eigentümers) kann der Gläubiger bei Eintragung der Zwangshypothek nicht zum Nachteil des mit dem Vorbehalt belasteten Rechts ausnutzen (BGH 12, 238 = NJW 54, 954).

13 3) Für die dem Schuldner zur Last fallenden (notwendigen, § 788 mit § 91) **Kosten der Eintragung** haftet das Grundstück kraft Gesetzes (§ 867 I S 3). Eintragungskosten sind die Antragskosten (insbes Rechtsanwaltskosten) und die Gerichtskosten für die Eintragung, nicht aber Vorbereitungskosten (Kosten für Ausfertigung und Zustellung des Urteils, Urkundenbeschaffung, Grundbuchberichtigung mit Voreintragung des Schuldners usw). Eintragungskosten sind nicht als Geldbetrag der Sicherungshypothek einzutragen (Eintragung hat als überflüssig zu unterbleiben; keine inhaltliche Unzulässigkeit, Haegele/Schöner/Stöber Rn 2192; Zeller/Stöber ZVG Einl Rn 70.2 mN). Jedoch erübrigt sich, wenn der Antrag auch für Eintragungskosten gestellt ist, Teilzurückweisung; die Sicherungshypothek ist unter Weglassung der verlangten Eintragungskosten einzutragen (Haegele/Schöner/Stöber Rn 2192; StJ/Münzberg Rn 44; aA: Zurückweisung, KG DNotZ 34, 777 = JW 34, 1506; Honisch NJW 58, 1526). In Zwangsversteigerung und -verwaltung sind nicht eingetragene Eintragungskosten anzumelden (§ 37 Nr 4, § 156 II mit § 114 ZVG). Die Löschungskosten sind keine Kosten der ZwV (Frankfurt JurBüro 81, 786; Stuttgart JurBüro 81, 285 = Rpfleger 81, 158; LG Berlin JurBüro 88, 1419 = Rpfleger 88, 457).

14 4) Die Eintragung der Sicherungshypothek wird **auf dem** vollstreckbaren **Titel** (dessen vollstreckbarer Ausfertigung) **vermerkt** (Abs 1 S 2). Er wird mit den Vollstreckungsunterlagen **zurückgegeben;** zu den Grundakten werden beglaubigte **Abschriften** genommen (§ 10 I GBO); sie sind dem Antrag beizulegen; Mehrkosten für Anfertigung durch das Grundbuchamt sind nicht erstattungsfähig, § 788 I mit § 91).

IV) 1) Wenn **mehrere** (selbständige) **Grundstücke** des Schuldners (auch Bruchteile [§ 864 II] und andere Objekte [§ 864 I], damit auch nach § 3 VI GBO gebuchte Miteigentumsanteile [§ 864 Rn 6]; nicht ein aus mehreren Flurstücknummern bestehendes Grundstück, § 864 Rn 1) mit der Sicherungshypothek belastet werden sollen, ist der Betrag der **Forderung** nach Bestimmung des Gläubigers auf die einzelnen Grundstücke **zu verteilen** (Abs 2). Grund: Schuldner soll vor übermäßiger Belastung seiner Grundstücke geschützt werden; die mit einer Gesamthypothek verbundenen Schwierigkeiten sollen in der ZwV ausgeschaltet werden. Die Verteilung im Eintragungsantrag unterliegt nur seiner Form, somit der Schriftform (auch zu Niederschrift des Grundbuchamts möglich), nicht aber der Form des § 29 GBO. Die Einzelhypotheken können auch für einen Beitrag von 500 DM und weniger eingetragen werden (RG 84, 265 [276 f]; Dresden OLG 3, 201; Colmar OLG 5, 331; s auch RG 131, 21; dagegen Reuter Rpfleger 86, 285); § 866 III S 1 erfordert nur, daß die Vollstreckungsforderung insgesamt (die Summe der Einzelhypotheken) einen Betrag von 500 DM übersteigt (RG 84, 276). Zinsen sind als Nebenleistungen bei jeder Teilforderung einzutragen, nicht auf einem der Grundstücke als Nebenforderung allein (über die Teilforderung hinaus, s § 866 Rn 5). Die Verteilung ist vollstreckungsrechtliches Eintragungserfordernis (Rn 2). Fehlende Verteilung kann daher nicht mit rangwahrender Zwischenverfügung nach § 18 GBO beanstandet werden (BGH 27, 310; Düsseldorf MDR 90, 62 = OLGZ 90, 16). Vor Zurückweisung ist dem Gläubiger jedoch mit Verfügung nach § 139 (auch § 278 III) Gelegenheit zur Behebung des Vollstreckungshindernisses zu geben. Der Rang des Antrags bestimmt sich bei **Nachholung der Verteilung** nach dem Zeitpunkt, in dem der die Verteilung enthaltende Antrag beim Grundbuchamt eingegangen ist (BGH 27, 310). Die nachträgliche Verteilung ist Ergänzung des Vollstreckungsantrags, somit wie dieser schriftlich einzureichen; sie ist nicht teilweise Zurücknahme des unvollständigen Antrags und daher nicht in öffentlich beglaubigter Urkunde (§ 31 mit § 29 I S 1 GBO) zu erklären. Eine „Rang"folge der Teile ist (auch wenn gleich hohe Forderungeteile gebildet werden) vom Gläubiger nicht zu bezeichnen; Teilleistungen des Schuldners werden (mangels anderer Bestimmung) nach § 366 BGB verrechnet (BGH MDR 91, 1093 = NJW 91, 2022). 15

2) Nach Verteilung der Forderung entstehen mit Eintragung **Einzelhypotheken.** Zur (nicht zu empfehlenden) Sammelbuchung mit Zusammenfassung mehrerer Zwangshypotheken unter fortlaufenden Nummern mit gemeinsamen Vermerksteilen s Haegele/Schöner/Stöber Rn 2193. Unzulässig ist Eintragung einer Ausfallzwangshypothek für den Fall, daß eine Sicherungshypothek auf einem anderen Grundstück nicht zum Zuge kommt (Stuttgart NJW 71, 898). Teilung des mit einer Zwangshypothek belasteten Grundstücks (als Verfügung des Eigentümers) beeinträchtigt § 867 II nicht (BayObLG Rpfleger 96, 333). 16

3) Eine (rechtsgeschäftlich bestellte) Verkehrshypothek (§ 1113 BGB) steht der Eintragung der Zwangshypothek auf einem anderen Grundstück nicht entgegen (RG 98, 106; BayObLG MDR 91, 163), ebenso nicht eine Grundschuld (BayObLG aaO; LG Lübeck Rpfleger 85, 287). Eintragung einer weiteren Zwangshypothek für die gleiche Vollstreckungsforderung auf einem anderen Grundstück des gleichen Schuldners ist nicht zulässig (Abs 2; Düsseldorf MDR 90, 62 = OLGZ 90, 16), auch nicht als „Ausfall"zwangshypothek (LG Hechingen Rpfleger 93, 169) und nach Belastung eines Anteils auch nicht auf einem weiteren Miteigentumsanteil am gleichen Grundstück, den der Schuldner als Erbe erworben hat (Oldenburg JurBüro 96, 273 = Rpfleger 96, 242). Nicht eingetragen werden kann auf dem gleichen Grundstück eine Zwangshypothek für den Anspruch auf Übernahme der Haftung für Zahlung einer Grundschuldsumme (Köln JurBüro 96, 160 = Rpfleger 96, 153). Wenn die bereits eingetragene Zwangshypothek gelöscht (aufgehoben) wird oder der Gläubiger auf sie verzichtet hat (muß eingetragen sein, § 1168 BGB), kann der Schuldtitel mit Eintragung einer Zwangshypothek auf einem anderen (auch dem gleichen) Grundstück jedoch weiter vollstreckt werden. Unzulässige nachträgliche Eintragung einer Sicherungshypothek auf einem weiteren Grundstück des Schuldners berührt die Wirksamkeit der zuerst eingetragenen Sicherungshypothek nicht (BayObLG Rpfleger 86, 372; LG Mannheim Rpfleger 81, 406). 17

4) Eintragung einer Zwangshypothek als **Gesamthypothek** auf mehreren Grundstücken ist **inhaltlich unzulässig** (RG 163, 121 [125]; BayObLG 75, 398 [401]; Köln NJW 61, 368), somit von Amts wegen zu löschen (§ 53 I S 2 GBO). Eintragung einer zweiten Zwangshypothek unter Verletzung von § 867 II wird nur dann als inhaltlich unzulässig angesehen, wenn sich der Verstoß aus dem Grundbuchblatt des zweiten Grundstücks ergibt (BayObLG Rpfleger 86, 372). 18

5) Sind **mehrere Schuldner samtverbindlich** verurteilt, so kann eine Sicherungshypothek für die ganze Forderung auf je einem Grundstück (Bruchteil; LG Duisburg JurBüro 81, 624) jedes Gesamtschuldners eingetragen werden (KGJ 21 A 326; Zeller/Stöber ZVG Einl Rn 68.6). Für Bruchteilsmiteigentum jedes Schuldners gilt entsprechendes (§ 864 II, auch § 1114 BGB, LG Duisburg JurBüro 81, 624). Auf mehrere Grundstücke desselben Gesamtschuldners ist die Forderung jedoch zu verteilen. Diese Verteilung ist auch vorzunehmen, wenn die Zwangshypothek zuerst auf einem Grundstück eingetragen wurde und erst später Eintragung auch auf anderen 19

Grundstücken erfolgen soll; in Höhe des Betrages, der auf das weitere Grundstück eingetragen werden soll, muß der Gläubiger auf die an dem anderen Grundstück bereits bestehende Hypothek verzichten (RG 98, 108).

20 **V) Rechtsbehelfe:** Für Gläubiger gegen Zurückweisung seines Antrags Beschwerde (§ 71 I GBO) bzw Erinnerung nach § 11 RpflG. Bei Eintragung für Schuldner Beschwerde nach § 71 GBO (Rechtspflegererinnerung, nicht § 766 oder § 793; BayObLG 75, 398, Rpfleger 82, 98 u 95, 106; Frankfurt JurBüro 82, 1098 = OLGZ 81, 261; Köln JurBüro 96, 159 = Rpfleger 96, 189; anders KG MDR 87, 594 = NJW-RR 87, 592: stets Beschwerde nach § 71 II S 2 GBO, nicht richtig), jedoch nur mit dem Ziel, Eintragung eines Widerspruchs (erfordert Verletzung gesetzlicher Vorschriften, § 53 I GBO, hierzu Münzberg Rpfleger 90, 253 gegen Celle Rpfleger 90, 112) oder Löschung zu erwirken (§ 71 II GBO). Beschwerde gegen Eintragung einer inhaltlich zulässigen Sicherungshypothek mit dem Ziel ihrer Löschung ist zulässig, wenn die Möglichkeit gutgläubigen Erwerbs rechtlich ausgeschlossen ist (näher BGH 64, 194 = NJW 75, 1282). Wenn im Rechtsmittelverfahren die Zurückweisung des Antrags aufgehoben wird, ist der Antrag unerledigt mit der Folge, daß dessen Wirkungen (§§ 13, 17 GBO) wieder aufleben; inzwischen eingetragene Rechte bleiben jedoch in ihrem Rang unberührt (BayObLG Rpfleger 83, 101 m Anm Meyer-Stolte).

21 **VI) Vollstreckungsmängel:** Als ZwV-Akt ist auch die unter Verletzung von Vollstreckungsvoraussetzungen eingetragene Zwangshypothek nur ausnahmsweise nichtig (vor § 704 Rn 74; Rn 18: Gesamthypothek; § 866 Rn 5: Zwangshypothek unter 500,01 DM). Durchweg führen Mängel nur zur Anfechtbarkeit; Heilung mit Behebung der Fehlerhaftigkeit ist möglich. Einzelheiten sind umstritten; s hierwegen Zeller/Stöber ZVG Einl Rn 71, auch Haegele/Schöner/Stöber Rn 2201. Weil demnach die mangelhafte Zwangshypothek als auflösend bedingtes Recht, mithin bis zur Aufhebung mit Entscheidung über einen Rechtsbehelf wirksam besteht, hat sie bei Mängelheilung Rang nach dem Zeitpunkt der Eintragung (s Zeller/Stöber aaO mwN; Schleswig NJW-RR 88, 700; streitig).

22 **VII)** 1) Eintragung der Zwangshypothek auf dem **Miteigentumsbruchteil** eines Ehegatten **nach Überleitung aus dem Güterstand** der Eigentums- und Vermögensgemeinschaft (Art 234 § 4a EGBGB; sonst § 744a) erfordert Voreintrag des Schuldners mit seinem Miteigentumsbruchteil (§ 39 I, § 47 GBO; LG Neubrandenburg MDR 95, 525 = Rpfleger 95, 250). Diese kann der Gläubiger beantragen (§ 14 GBO); sein Berichtigungsantrag kann auch in dem Antrag auf Eintragung der Zwangshypothek gesehen werden (Meikel/Böhrunger Sbd C Rn 1228; aA LG Berlin Rpfleger 94, 247). Nachweis des Schuldnereigentums (-anteils) ermöglicht die Vermutung von Art 234 § 4a III EGBGB.

23 2) Wenn der Schuldner Eigentümer des **Grundstücks und zugleich des Gebäudeeigentums** ist, kann eine Belastung allein des Grundstücks oder des Gebäudes nicht mehr eingetragen werden (§ 78 I S 1 SachenRBerG). Es ist Belastung des Grundstücks zusammen mit dem Gebäudeeigentum für zulässig zu erachten (abweichend von Abs 2 infolge § 78 I S 1 SachenRBerG; so auch Zeller/Stöber ZVG Einl Rn 64.9; aA LG Chemnitz Rpfleger 95, 456 m Anm Wanek; s auch Dresden DtZ 96, 222).

24 **VIII) Gerichtskosten für** die **Eintragung:** Eine volle Eintragungsgebühr gem §§ 62 I, 32 KostO. Wird die Zwangshypothek auf mehreren Grundstücken unter Verteilung des Betrages der Forderung auf die einzelnen Grundstücke eingetragen, so liegen so viele selbständige Rechte vor, als Einzelbeträge eingetragen worden sind; die Eintragungsgebühr ist daher aus jedem einzelnen Forderungsbetrag zu berechnen (§ 63 I KostO). Hat das Grundbuchamt auf Ersuchen des Finanzamts (Steuervollstreckungsbehörde) eine Sicherungshypothek eingetragen, so haftet der Grundstückseigentümer als Steuerschuldner unmittelbar für die Kosten der Eintragung (§ 3 Nr 4 KostO). – **Gebühren** des **Anwalts:** § 58 III Nr 6 BRAGO.

868 *[Erwerb der Zwangshypothek durch den Grundeigentümer]*

(1) Wird durch eine vollstreckbare Entscheidung die zu vollstreckende Entscheidung oder ihre vorläufige Vollstreckbarkeit aufgehoben oder die Zwangsvollstreckung für unzulässig erklärt oder deren Einstellung angeordnet, so erwirbt der Eigentümer des Grundstücks die Hypothek.

(2) Das gleiche gilt, wenn durch eine gerichtliche Entscheidung die einstweilige Einstellung der Vollstreckung und zugleich die Aufhebung der erfolgten Vollstreckungsmaßregeln angeordnet wird oder wenn die zur Abwendung der Vollstreckung nachgelassene Sicherheitsleistung oder Hinterlegung erfolgt.

1 I) Ist die Sicherungshypothek entstanden, so gelten für sie **alle Vorschriften des BGB über die Eigentümergrundschuld** (RG 78, 408). Stellt sich das **Nichtbestehen der Forderung** heraus, so steht die Sicherungshypothek als Grundschuld von vornherein dem Eigentümer zur Zeit ihrer Eintragung zu; sie verbleibt ihm, auch wenn das Grundstück später auf einen anderen Eigentümer übergeht. Eine Entscheidung im Sinne des § 868 ändert hieran nichts (RG 78, 398; § 1163 I,

§ 1177 BGB). **Erlischt** die Forderung **nach** Eintragung der Hypothek (zB durch anderweitige Befriedigung des Gläubigers), so erwirbt der Eigentümer im Zeitpunkt des Erlöschens die Hypothek (nicht ein eingetragener Nichteigentümer, § 1163 I S 2 BGB). **Verzichtet** der Gläubiger auf die Hypothek, so erwirbt sie der Eigentümer (§ 1168 I BGB).

II) § 868 fügt den Rn 1 genannten Fällen der Eigentümergrundschuld für die Zwangshypothek weitere hinzu: **Wird nach Eintragung der Sicherungshypothek der Vollstreckungstitel** (Urteil, Kostenfestsetzungsbeschluß) oder seine vorläufige Vollstreckbarkeit (§ 718) durch eine vorläufig vollstreckbare oder rechtskräftige Entscheidung **aufgehoben,** so bleibt das Grundpfandrecht bestehen und geht auf denjenigen über, der zur **Zeit der Aufhebung** Eigentümer des Grundstücks war. Das gleiche gilt, wenn die **ZwV** aus dem Schuldtitel **für unzulässig erklärt wird** (§§ 732 I, 767 f, 771 ff), weil der Schuldtitel in seiner Wirksamkeit beseitigt oder beeinträchtigt ist; ferner, wenn die **einstweilige Einstellung** der ZwV und zugleich die Aufhebung der Vollstreckungsmaßnahmen angeordnet werden (§§ 707, 719, 769, 771, nicht auch § 766); oder wenn zur Abwendung der ZwV **Hinterlegung oder Sicherheitsleistung** (§ 711) **nachträglich erfolgt.** Gleiches gilt auch für die Arresthypothek (§ 932 II), wenn der Arrest durch eine vollstreckbare Entscheidung (zB nach Widerspruch wegen veränderter Umstände) aufgehoben wird. Besteht ein Anspruch, zu dessen Gunsten auf Grund einstw Verfügung eine Vormerkung eingetragen wurde, nicht, so ist die Vormerkung wirkungslos (BayObLG Rpfleger 80, 294). 2

III) 1) Der Eigentümer des Grundstücks erwirbt in den Fällen der Rn 2 **die Hypothek** mit Verkündung der vorläufig vollstreckbaren oder rechtskräftigen Entscheidung kraft Gesetzes. Für den Gläubiger bestehen keine Ansprüche nach § 717 III, wenn die auf Grund des verurteilenden Urteils der ersten Instanz erwirkte Zwangshypothek durch die erfolgreiche Berufung des Schuldners auf diesen übergegangen ist und das Berufungsurteil durch das Revisionsgericht aufgehoben wurde (BGH MDR 71, 578). Die Umschreibung der Hypothek in eine Eigentümergrundschuld erfolgt auf Grund der dem Grundbuchamt vorgelegten Ausfertigung der Entscheidung (§ 22 GBO). Kann der Nachweis nach § 22 BGO geführt werden, fehlt für eine auf Bewilligung der Grundbuchberichtigung gerichtete Klage das Rechtsschutzbedürfnis (Zweibrücken MDR 67, 840). Die Umschreibung ist Berichtigung des mit der neuen Entscheidung unrichtig gewordenen Grundbuchs. Wird der aufgehobene Schuldtitel wiederhergestellt, so lebt die zur Eigentümergrundschuld gewordene Sicherungshypothek nicht wieder auf. Der Gläubiger kann jetzt die Eigentümergrundschuld pfänden. Nach zwischenzeitlichem Eigentümerwechsel hat der Gläubiger keine Möglichkeit, sich aus dem Grundstück zu befriedigen. Der Nachweis der Unrichtigkeit der Eintragung einer Zwangshypothek (Übertragung der Hypothek auf den Eigentümer) ist nicht dadurch geführt, daß der Eigentümer den Vollstreckungstitel vorlegt (BayObLG Rpfleger 80, 347). 3

2) Der Rechtserwerb, der sich nach § 868 vollzieht, findet in dieser Vorschrift selbst seine innere Rechtfertigung, so daß dem Gläubiger kein Herausgabeanspruch aus rechtsgrundloser Bereicherung gegen den Eigentümer zusteht und zwar auch nicht, wenn das Urteil, das die ZwV aus dem der Eintragung zugrunde liegenden Titel für unzulässig erklärt, in Unkenntnis der Tatsache ergangen ist, daß die Sicherungshypothek eingetragen wurde (BGH MDR 76, 830). 4

869 *[Zwangsversteigerung und Zwangsverwaltung]*

Die Zwangsversteigerung und die Zwangsverwaltung werden durch ein besonderes Gesetz geregelt.

Gesetz über die Zwangsversteigerung und die Zwangsverwaltung. Die Verweisung des § 869 auf das ZVG bedeutet: die Vorschriften des ZVG gehören an sich in die ZPO selbst, und zwar an die Stelle, wo der darauf verweisende § 869 steht. Daß dies nicht geschehen ist, beruht nur auf Zweckmäßigkeitsgründen. Um aber den Zusammenhang unzweideutig klarzustellen, ist der § 869 in die ZPO aufgenommen. Das ZVG ist deshalb so zu lesen, als stünden seine Vorschriften in der ZPO selbst, und zwar an der Stelle des § 869. Im Verfahren nach dem ZVG kommen daher auch die einschlägigen Vorschriften der ZPO zur Anwendung, zB die Vorschriften über Prozeßkostenhilfe, über Aufklärungs- und Hinweispflicht (§§ 139, 278 III), soweit nicht Bestimmungen des ZVG entgegenstehen (RG 73, 194 [195]). 1

870 *[Zwangsvollstreckung in grundstücksähnliche Berechtigungen]*

Auf die Zwangsvollstreckung in eine Berechtigung, für welche die sich auf Grundstükke beziehenden Vorschriften gelten, sind die Vorschriften über die Zwangsvollstreckung in Grundstücke entsprechend anzuwenden.

1 **Berechtigungen** s § 864 Rn 2. Für landesrechtliche Berechtigungen konnten die Landesgesetze auch bezüglich der ZwV abweichende Vorschriften erlassen. Dies ist früher für die ZwV in Bergwerkseigentum in den Ausführungsgesetzen der meisten deutschen Länder geschehen.

870a *[Zwangsvollstreckung in ein Schiff oder Schiffsbauwerk]*

(1) Die Zwangsvollstreckung in ein eingetragenes Schiff oder in ein Schiffsbauwerk, das im Schiffsbauregister eingetragen ist oder in dieses Register eingetragen werden kann, erfolgt durch Eintragung einer Schiffshypothek für die Forderung oder durch Zwangsversteigerung.

(2) § 866 Abs. 2, 3, § 867 gelten entsprechend.

(3) Wird durch eine vollstreckbare Entscheidung die zu vollstreckende Entscheidung oder ihre vorläufige Vollstreckbarkeit aufgehoben oder die Zwangsvollstreckung für unzulässig erklärt oder deren Einstellung angeordnet, so erlischt die Schiffshypothek; § 57 Abs. 3 des Gesetzes über Rechte an eingetragenen Schiffen und Schiffsbauwerken vom 15. November 1940 (Reichsgesetzbl I S 1499) ist anzuwenden. Das gleiche gilt, wenn durch eine gerichtliche Entscheidung die einstweilige Einstellung der Zwangsvollstreckung und zugleich die Aufhebung der erfolgten Vollstreckungsmaßregeln angeordnet wird oder wenn die zur Abwendung der Vollstreckung nachgelassene Sicherheitsleistung oder Hinterlegung erfolgt.

1 **I)** Zwangsverwaltung ist unzulässig. Die nach § 165 ZVG anzuordnende Bewachung und Verwahrung eines Schiffes ist Schutzmaßnahme, keine ZwV. Schiffshypothek: § 8 SchiffG; Prüfung: wie § 867 Rn 1 (BayObLG JurBüro 91, 1565 = Rpfleger 92, 298); Eintragung § 24 SchiffG; Rechtsbehelf gegen Ablehnung: Beschwerde nach § 75 I SchRegO (BayObLG aaO; s § 867 Rn 20).

2 **II) Gebühren: 1)** des **Gerichts:** Für die Eintragung (oder Löschung) der Schiffshypothek: $\frac{1}{4}$ der vollen Gebühr (§§ 84 III 62, 63 I KostO). – **2)** des **Anwalts:** Der Antrag auf Eintragung einer Zwangshypothek gilt als besondere Angelegenheit der Zwangsvollstreckung (§ 58 III Nr 6 BRAGO).

871 *[Landesgesetzliche Vorbehalte]*

Unberührt bleiben die landesgesetzlichen Vorschriften, nach denen, wenn ein anderer als der Eigentümer einer Eisenbahn oder Kleinbahn den Betrieb der Bahn kraft eigenen Nutzungsrechts ausübt, das Nutzungsrecht und gewisse dem Betriebe gewidmete Gegenstände in Ansehung der Zwangsvollstreckung zum unbeweglichen Vermögen gehören und die Zwangsvollstreckung abweichend von den Vorschriften des Bundesrechts geregelt ist.

1 Landesrecht für Grundstücke usw eines Eisenbahn- und Kleinbahnunternehmens (Bahneinheit) sowie über Liquidation zur Gläubigerbefriedigung: Art 112 EGBGB. § 871 läßt weitergehend zu, daß durch Landesgesetz auch das von einem andern als dem Eigentümer der Bahn an ihr ausgeübte Nutzungsrecht (Nießbrauch, Pacht) für die ZwV als zum unbeweglichen Vermögen gehörig bezeichnet und die ZwV abweichend von den Bundesgesetzen geregelt wird.

Dritter Titel

VERTEILUNGSVERFAHREN

872 *[Voraussetzungen]*

Das Verteilungsverfahren tritt ein, wenn bei der Zwangsvollstreckung in das bewegliche Vermögen ein Geldbetrag hinterlegt ist, der zur Befriedigung der beteiligten Gläubiger nicht hinreicht.

1 **I) Zweck:** Durchführung eines gerichtlichen Verfahrens zur Verteilung des Erlöses, der die Forderungen aller Gläubiger nicht deckt.

2 **II) Verfahrensvoraussetzungen: 1) Hinterlegung** eines Geldbetrages bei ZwV in das bewegliche Vermögen, somit durch den GV nach § 827 II und § 854 oder durch den Drittschuldner nach § 853, und erforderliche Anzeige der Sachlage. Bei ZwV in eine Schiffspart wird hinterlegter Erlös im Falle des § 858 V verteilt. Kein Verteilungsverfahren nach § 872 findet statt, wenn Hinterlegung nach § 372 BGB (Gläubigerungewißheit oder Annahmeverzug) erfolgt ist (RG 144, 391; LG Berlin Rpfleger 81, 453), somit auch nicht, wenn der Drittschuldner (nach § 372 BGB; § 853 Rn 2)

hinterlegt hat, weil die Forderung gepfändet und abgetreten ist (RG aaO; LG Münster Rpfleger 95, 78). Wenn beim Zusammentreffen von Pfändungen und Abtretungen nach § 372 BGB und § 853 ZPO hinterlegt ist (kein Hinterlegungsfall, § 853 Rn 2), wird Verteilung des auf die Pfändungsgläubiger entfallenden Betrags der Hinterlegungsmasse für zulässig erachtet. Weil dann jedoch in dem Verfahren über das Recht des Zessionars, für den hinterlegt ist, nicht entschieden werden kann, kann das Verfahren nur unter Pfändungsgläubigern und nur für den von der Abtretung nicht erfaßten (überschießenden) Hinterlegungsbetrag stattfinden. Beschränkt bleibt das Verteilungsverfahren auf den die Abtretung übersteigenden Hinterlegungsbetrag ohne Rücksicht darauf, ob nach der Hinterlegungsanzeige der Zessionar vor den Pfändungsgläubigern oder nach ihnen berechtigt sein soll (RG aaO; München OLG 26, 407; LG Gießen NJW 67, 1138 mit Anm Hothorn) und ob Zessionar sowie Pfandgläubiger Rechte an dem Hinterlegungsbetrag in unterschiedlichem Umfang erlangt haben sollen (nach § 850c, d oder f I, II; infolge Nichtberücksichtigung eines Angehörigen nach § 850c IV nur für nachrangigen Pfandgläubiger; LG Münster aaO).

2) **Unzureichende Hinterlegungsmasse.** Der hinterlegte Betrag darf zur Befriedigung der (aller) beteiligten Gläubiger nicht ausreichen. Wenn ein für alle Gläubiger ausreichender Betrag hinterlegt ist (vom Drittschuldner nach § 853; bei Hinterlegung durch den GV mit Wegfall eines Pfandgläubigers), wird vom Verteilungsgericht die Auszahlung an die Berechtigten verfügt (ein Erlösüberschuß gebührt dem Schuldner), ohne daß die Förmlichkeiten des Verfahrens (Teilungsplan, Termin usw) zu beachten sind. Das Verteilungsverfahren wird nicht dadurch überflüssig, daß nach Pfändungen usw der ganze Betrag einem Gläubiger zuzuteilen ist, da die Rangordnung im Verteilungsverfahren festgestellt wird. 3

3) **Keine Einigung** der Beteiligten unter Einschluß des Schuldners über die Verteilung des Geldbetrages. Bei Einigung wird durch das Verteilungsgericht Auszahlung des hinterlegten Betrags ohne Verteilungsverfahren verfügt, und zwar in den Fällen der § 827 und § 854 an den GV (§ 827 Rn 6), im Falle des § 853 an die Beteiligten gemäß der Einigung. 4

III) Das Verteilungsverfahren tritt, wenn die Voraussetzungen Rn 2–4 vorliegen, **von Amts wegen** ein. Den Beteiligten (Rn 6) steht (wenn sie sich nicht einigen) für Erlösverteilung nur der Weg des § 872 offen; Klage mit dem Ziel der Erlösverteilung ist unzulässig (StJ/Münzberg Rn 8), ebenso bei Rangstreitigkeiten zwischen mehreren Pfändungsgläubigern die Erinnerung (Koblenz DGVZ 84, 58; enger Münzberg Rpfleger 86, 252 u StJ/Münzberg Rn 9: keine neue Erinnerung erst vom Verteilungstermin an; anhängige Erinnerung kann zu Ende geführt werden). Der Schuldner und Dritte können auch noch nach Hinterlegung und nach dem Termin (§ 875) mit Erinnerung (§ 766) und sonstigem Rechtsbehelf (§§ 767, 771) gegen die ZwV-Maßnahme vorgehen. Das Verteilungsverfahren findet auch statt, wenn nach Pfändung Befriedigung eines (oder aller) Gläubiger aus dem Verwertungserlös noch nicht erfolgen kann (aA StJ/Münzberg Rn 1: mindestens ein Gläubiger soll schon zur Befriedigung berechtigt sein); auf einen Gläubiger mit Pfandrecht nur auf Grund Sicherungsvollstreckung (§ 720a II), Arrestvollziehung (§ 930 II), Forderungspfändung ohne Überweisung oder Vorpfändung (§ 845) fallender Betrag wird (unter der entsprechenden Bedingung) hinterlegt. Einstellung der ZwV § 876 Rn 10. 5

IV) Beteiligte Gläubiger sind alle Gläubiger, für die Pfändung stattgefunden hat (StJ/Münzberg Rn 9a), auch der Arrestgläubiger (§ 930), der Gläubiger einer Sicherungsvollstreckung (§ 720a) und der Gläubiger, der eine Vorpfändung nach § 845 bewirkt hat. **Nicht beteiligt** sind bei Hinterlegung nach § 827 II, §§ 853, 854 (zur Hinterlegung nach § 372 BGB bereits Rn 2) Gläubiger, denen nur ein gesetzliches oder vertragliches Pfandrecht oder ein Vorzugsrecht nach § 805 oder ein Recht iS des § 771 zusteht; sie sind auf den Weg der Klage (ev gegen sämtliche Pfändungsgläubiger) zu verweisen (RG 51, 320). 6

V) Rechtsbehelfe: Gegen Ablehnung des Verfahrens durch den Rechtspfleger befristete Erinnerung der Gläubiger, nicht auch des hinterlegenden Drittschuldners, es sei denn, das Gericht lehnt die Annahme der Anzeige ab oder es sind dem Drittschuldner ZwV-Kosten erwachsen, die im Verfahren berücksichtigt werden sollen (Frankfurt Rpfleger 77, 184). Die Anordnung des Verfahrens ist unanfechtbar. Austragung des Rangstreits unter den Gläubigern: §§ 878 ff. 7

VI) Gebühren: 1) des **Gerichts:** Für das Verteilungsverfahren (§§ 872–882) wird eine halbe Gebühr erhoben (KV 1610). Bei Ablehnung oder Zurücknahme eines vom Drittschuldner oder von einem Gläubiger gestellten (unnötigen) Antrags auf Einleitung des Verfahrens entsteht keine Gebühr, da das Verfahren von Amts wegen einzuleiten ist. Die Gebühr gilt das gesamte Verteilungsverfahren ab. Fällig wird die Gebühr mit Aufforderung an die Gläubiger, eine Berechnung ihrer Forderungen einzureichen (§ 873). Die Kosten sind aus der Teilungsmasse vorweg zu entnehmen (§ 874 II). Ein Antragsteller, der für die Kosten aus § 49 S 1 GKG haftet, ist nicht vorhanden (Offizialverfahren!), alleiniger Kostenschuldner ist der Vollstreckungsschuldner (§ 54 Nr 4 GKG). Für die Widerspruchsklage nach §§ 878 ff gelangen die Gebühren wie im gewöhnlichen Rechtsstreit (KV 1201 ff) zur Erhebung. Gegen den aufgestellten Teilungsplan gibt es neben dem Widerspruch des § 876 als Rechtsbehelf die befristete Rechtspflegererinnerung des § 11 RpflG mit der ggfs nachfolgenden sofortigen Beschwerde aus § 793. Während das Erinnerungsverfahren gebührenfrei ist (§ 11 VI RpflG), 8 wird für die sof Beschwerde nach KV 1906 eine Gebühr erhoben; die Beschwerdegebühr entfällt, wenn das Rechtsmittel vor einer gerichtl (nach außen wirkenden) Verfügung zurückgenommen wird (§ 11 VI 2 RpflG).

2) des **Anwalts:** Für die Vertretung im Verteilungsverfahren erhält der RA eine 5/10 Gebühr, falls sich jedoch der Auftrag vor dem Verteilungstermin erledigt, nur eine 3/10 Gebühr (§ 60 BRAGO). Bei der Vertretung mehrerer Gläubiger entsteht dem RA die Gebühr für jeden Auftrag gesondert; keine Zusammenrechnung der einzelnen Forderungen (§ 82 BRAGO analog; aA G/S/von Eicken § 60 Rn 5 mN zur Gegenmeinung: Werteaddition).

873 *[Verteilungsgericht]*

Das zuständige Amtsgericht (§§ 827, 853, 854) hat nach Eingang der Anzeige über die Sachlage an jeden der beteiligten Gläubiger die Aufforderung zu erlassen, binnen zwei Wochen eine Berechnung der Forderung an Kapital, Zinsen, Kosten und sonstigen Nebenforderungen einzureichen.

1 **I) Zuständig** (ausschließlich, § 802) ist als Verteilungsgericht **sachlich** immer das AG. **Örtlich** zuständig ist das AG, an das die Anzeige nach §§ 827, 853, 854 (§ 858 II) zu richten war, gleichgültig, ob es auch für den Erlaß des Pfändungsbeschlusses zuständig war (RG 52, 312). Die Aufgaben des Verteilungsgerichts sind dem Rechtspfleger übertragen (§ 20 Nr 17 RpflG).

2 **II)** Das Verfahren **beginnt** (ohne förmliche Einleitungsverfügung) mit der Aufforderung an die beteiligten Gläubiger, eine Berechnung ihrer Forderungen einzureichen. Grund: Bezeichnung von Veränderungen seit Pfändung (Teilzahlungen, Vollstreckungskosten). Die weder abkürzbare noch verlängerbare Frist von 2 Wochen für Forderungsanmeldung läuft von Zustellung der Aufforderung an (s §§ 222, 224). Die Frist ist keine Notfrist.

3 **III)** Die Berechnung der Forderung kann schriftlich oder zu Protokoll des Urkundsbeamten erfolgen (Unterlagen beifügen). Nachholung bis zum Teilungsplan (§ 874 III).

874 *[Teilungsplan]*

(1) Nach Ablauf der zweiwöchigen Fristen wird von dem Gericht ein Teilungsplan angefertigt.

(2) Der Betrag der Kosten des Verfahrens ist von dem Bestand der Masse vorweg in Abzug zu bringen.

(3) Die Forderung eines Gläubigers, der bis zur Anfertigung des Teilungsplanes der an ihn gerichteten Aufforderung nicht nachgekommen ist, wird nach der Anzeige und deren Unterlagen berechnet. Eine nachträgliche Ergänzung der Forderung findet nicht statt.

1 **I)** Es wird ein **Teilungsplan** aufgestellt, der nach Verhandlung (§ 875) Grundlage der Erlösverteilung ist. In dem Teilungsplan sind die zu verteilende Masse (Hinterlegungsbetrag mit Hinterlegungszinsen) und die vorweg in Abzug zu bringenden Kosten (Abs 2) zu bezeichnen und sodann die Ansprüche unter Bezeichnung der Gläubiger, der Beträge und ihres Rangs (§ 804 III) darzustellen.

2 **II) Kosten des Verfahrens,** die von dem Bestand der Masse vorweg in Abzug zu bringen sind (Abs 2), sind die Gerichtskosten (Gebühren und Auslagen) des gemeinschaftlichen Verfahrens (§ 872 Rn 8). Sie werden von Amts wegen berechnet und berücksichtigt. Kosten der Versteigerung gehören nicht dazu; sie werden vom GV vorweg (vor Hinterlegung) entnommen (§ 6 GVKostG). Kosten der Gläubiger für Teilnahme am Verfahren sind ZwV-Kosten (§ 788); Befriedigung aus dem Erlös können sie nur mit dem Rang des Gläubigeranspruchs erlangen.

3 **III) 1)** Angefertigt wird der Teilungsplan **von Amts wegen** ohne mündliche Verhandlung. Als Gläubiger und Forderungen **aufgenommen** werden die Gläubiger mit ihren Ansprüchen, die durch (wirksame, Wieser ZZP 103 [1990] 171 [174]) Pfändung (§§ 803, 804) ein Recht auf Befriedigung aus dem hinterlegten Erlös erlangt haben, und zwar mit dem jeweiligen Rang ihres Pfandrechts (§ 804 III) (Zulässigkeit [Anfechtbarkeit] der Pfändung kann nicht geprüft werden; StJ/Münzberg Rn 2; Grund: Pfändung ist bis zur Aufhebung wirksam, vor § 704 Rn 34). Die Forderung eines Arrestgläubigers wird aufgenommen, solange der Arrestbeschluß besteht oder wenn er durch einen Hauptsachetitel ersetzt ist (RG 121, 351; der auf die Arrestforderung entfallende Betrag ist zu hinterlegen). Aufgenommen wird auch die Forderung eines Gläubigers, der mit Sicherungsvollstreckung (§ 720a) ein Pfandrecht erlangt hat. Aufzunehmen sind in den Plan die Ansprüche aller Gläubiger, auch ausfallende Forderungen nach ihrer Rangfolge (Karlsruhe JW 27, 2745).

4 2) Berücksichtigung der Gläubiger und Berechnung ihrer Forderungen erfolgt nach den der Anzeige beigefügten Schriftstücken und Beschlüssen (§ 827 II, §§ 853, 854 II), im übrigen nur

dann, wenn Anmeldung rechtzeitig (vgl Rn 5) erfolgt ist (Abs 3). Nur auf Anmeldung Berücksichtigung finden können demnach die Gläubigerkosten für Teilnahme am Verfahren (RAnw-Kosten, Auslagen). Wenn ein Gläubiger (ausdrücklich) weniger anmeldet (Minderanmeldung; auch beschränkte Anmeldung) als für ihn nach den Schriftstücken und Beschlüssen von Amts wegen zu berücksichtigen wäre, wird sein Anspruch mit dem angemeldeten Betrag berücksichtigt (§ 308 I entspr). Auch dann findet eine nachträgliche Ergänzung der Forderung nicht statt (Abs 3 S 2). Trotz Anmeldung nicht aufgenommen werden Ansprüche (Beträge, auch Berechtigte), die nach den der Anzeige beigefügten Schriftstücken und Beschlüssen kein Recht auf Befriedigung aus dem hinterlegten Erlös erlangt und ein solches Recht (zB durch Vorlage eines noch nicht eingereichten Pfändungsbeschlusses) auch nicht nachgewiesen haben. Anmeldungen, die demnach keinen Erlösanspruch begründen, bleiben unberücksichtigt; (förmliche) Zurückweisung durch Beschluß ist nicht vorgesehen.

3) Berichtigung und Ergänzung des Planes (damit auch Nachholung einer Anmeldung, 5
StJ/Münzberg Rn 5) ist möglich bis zur Niederlegung auf der Geschäftsstelle, später nicht mehr. Berichtigung im Termin: § 876.

IV) Form eines Teilungsplanes 6

Hinterlegt sind in dem Zwangsvollstreckungsverfahren gegen ... gemäß § 853 ZPO ... DM

Es wird gem § 874 I folgender **Teilungsplan** angefertigt:

1. Hinterlegungsbetrag ... DM
2. Hinterlegungszinsen ... DM; zusammen. .. DM
3. Vorweg in Abzug zu bringen sind die Kosten des Verfahrens (§ 874 II ZPO); sie betragen ... DM.
4. Pfändungsgläubiger und deren Ansprüche (Rang: § 804 III)

Nr.	Tag der Zustellg der Benachrichtigung Pfändung an den Drittschuldner	Gläubiger	Vertreter	Pfändungsbeschluß	Pfandsumme	Vollstreckungstitel	Anmeldung	Bemerkungen

5. Die Teilungsmasse von zusammen ... DM gebührt dem Gläubiger ... auf seinen an erster Rangstelle stehenden Anspruch in Höhe von ... DM Kosten, ... DM Zinsen, ... DM Teil der Hauptsache.

Die Unterschrift ist zur Gültigkeit nicht unbedingt erforderlich. ..... Rechtspfleger

V) Anmeldungen können nach Niederlegung des Plans auf der Geschäftsstelle (§ 875 I S 2; vgl 7
Rn 5) ganz oder teilweise **zurückgenommen,** sonst aber **nicht** mehr **ergänzt** werden (Abs 3 S 2; vgl Rn 5), es sei denn, es stimmen sämtliche Beteiligte zu. Ermäßigung des Anspruchs ist durch Erklärung des Gläubigers bis zur Planausführung jederzeit möglich.

VI) Das Verteilungsverfahren für **fortlaufende Bezüge** (§ 832) ist im Gesetz nicht geregelt. 8
Zulässig ist es in der Weise, daß der Teilungsplan auch für die zukünftig hinterlegten Beträge aufgestellt wird. In entsprechender Anwendung der §§ 156, 159 ZVG, die bei der ZwV in Grundstücke für diesen Fall die unbefristete Klage auf Änderung des Teilungsplans zulassen, auch wenn im Termin kein Widerspruch erhoben wurde, ist der Gläubiger hinsichtlich der nach dem Termin hinterlegten Beträge mit der Widerspruchsklage nicht nach § 878 ausgeschlossen. § 878 greift aber ein, wenn bei Hinzukommen einer weiteren Pfändung gem §§ 873 ff ein Nachtrag zum Teilungsplan in einem neuen Termin festgestellt wurde.

875 *[Terminsbestimmung]*

(1) Das Gericht hat zur Erklärung über den Teilungsplan sowie zur Ausführung der Verteilung einen Termin zu bestimmen. Der Teilungsplan muß spätestens drei Tage vor dem Termin auf der Geschäftsstelle zur Einsicht der Beteiligten niedergelegt werden.

(2) Die Ladung des Schuldners zu dem Termin ist nicht erforderlich, wenn sie durch Zustellung im Ausland oder durch öffentliche Zustellung erfolgen müßte.

I) Zweck des Termins: Verhandlung mit den Beteiligten über den Teilungsplan, über Wider- 1
sprüche und Planausführung, soweit ein Widerspruch nicht erhoben ist oder sich erledigt hat.

II) Terminsbestimmung: 2

Zur Erklärung über den Teilungsplan sowie zur Ausführung der Verteilung wird Termin auf ..., den ... 19 ..., vormittags ... Uhr, Geschäftszimmer Nr ... anberaumt.

Der Teilungsplan wird vom ... an im Geschäftszimmer Nr ... zur Einsicht niedergelegt. Nach dem Plane soll ... zum Zuge kommen ...

3 **III) Ladung** zum Termin erfolgt von Amts wegen (§ 214) durch Zustellung an alle beteiligten Gläubiger (ggfs mit öffentlicher Zustellung) und an den in Deutschland wohnhaften Schuldner, ohne Androhung eines Nachteils (§ 231). Ladungsfrist: 3 Tage (§ 217). Die Terminsbestimmung ist unanfechtbar.

4 **IV) Niederlegung** des Teilungsplans zur Einsicht der Beteiligten hat spätestens drei Tage vor dem Termin auf der Geschäftsstelle zu erfolgen (Abs 1 S 2). Unterlassung oder Verspätung der Niederlegung gibt den Beteiligten nur ein Recht auf Vertagung; es geht durch vorbehaltlose Erklärung verloren (§ 295). Anfechtung des Verfahrens aus diesem Grunde findet nicht statt.

5 V) Der Verteilungstermin ist **nicht öffentlich** (keine Verhandlung iS von § 169 GVG). Teilnehmen können nur die Beteiligten (auch der Drittschuldner, der hinterlegt hat).

876 *[Ausführung des Teilungsplanes]*

Wird in dem Termin ein Widerspruch gegen den Plan nicht erhoben, so ist dieser zur Ausführung zu bringen. Erfolgt ein Widerspruch, so hat sich jeder dabei beteiligte Gläubiger sofort zu erklären. Wird der Widerspruch von den Beteiligten als begründet anerkannt oder kommt anderweit eine Einigung zustande, so ist der Plan demgemäß zu berichtigen. Wenn ein Widerspruch sich nicht erledigt, so wird der Plan insoweit ausgeführt, als er durch den Widerspruch nicht betroffen wird.

1 I) **Widerspruch** ist Rechtsbehelf gegen den Teilungsplan, mit dem Änderung der Verteilung auf Grund eines besseren sachlichen Rechts verlangt wird. Mit Widerspruch sind Einwendungen gegen den Teilungsplan nicht nur geltend zu machen, wenn seine inhaltliche Änderung wegen unrichtiger sachlicher Würdigung begehrt wird, sondern auch dann, wenn die Verletzung von Verfahrensvorschriften gerügt wird, die zu einer inhaltlich unrichtigen Feststellung des Teilungsplans geführt hat (StJ/Münzberg Rn 2; MK/Eickmann Rn 3; aA BL/Hartmann Rn 2, 4; ThP Rn 3: Einwendungen gegen Rang, Bestand und Höhe vorgehender Forderungen § 878, sonst § 11 RpflG).

2 II) **Auszuführen** ist der Teilungsplan, wenn ein Widerspruch weder in dem Termin noch vor dem Termin schriftlich oder zu Protokoll der Geschäftsstelle erhoben ist (§ 876 S 1). Einverständnis abwesender Gläubiger in diesem Fall nach § 877 I. Die Planausführung kann durch Zahlung an die Berechtigten oder Anweisung auf den hinterlegten Betrag erfolgen (§ 117 ZVG, entspr Anwendung).

3 **III) 1)** Widerspruch **kann erheben** jeder (beteiligte) Gläubiger, der in seinem Recht auf Befriedigung aus der Teilungsmasse nach dem Teilungsplan durch einen anderen ganz oder zum Teil verdrängt wird. Der Widerspruch gegen den Teilungsplan kann zum Ziel haben die Aufnahme einer Forderung in den Plan mit Vorrang vor anderen, einen besseren Rang einer in den Plan aufgenommenen Forderung oder eine höhere Zuteilung auf eine solche Forderung.

4 2) Der **Schuldner** ist **nicht** widerspruchsberechtigt. Erlösverteilung erfolgt an die Gläubiger, die durch Pfändung ein Pfandrecht erlangt haben (§ 804). Einwendungen des Schuldners gegen deren vollstreckbare Ansprüche und damit den Fortgang der ZwV mit Befriedigung der Gläubiger sind daher nach §§ 767, 769, 770 (auch §§ 732, 765a usw) geltend zu machen. Einstellung durch das Vollstreckungsgericht in dringenden Fällen: § 769 II. Als Widerspruch vorgetragene Einwendungen des Schuldners bleiben ohne Wirkung (unbeachtet; Zurückweisung erfolgt nicht; Auslegung als Antrag nach § 769 II kann aber geboten sein).

5 3) **Nicht** widerspruchsberechtigt sind Gläubiger, die zwar einen Vollstreckungstitel vorgelegt, nach den der Anzeige beigefügten Schriftstücken und Beschlüssen aber kein Pfandrecht (§ 804) erlangt und ein solches auch nicht nachgewiesen haben. Sie sind am Verteilungsverfahren nicht beteiligt, können daher auch Widerspruch als Rechtsbehelf dieses Verfahrens nicht erheben. Als Dritte können sie ZwV-Rechtsbehelfe ergreifen (§ 872 Rn 5).

6 4) **Dritte** können ihre Rechte nach § 771 oder § 805 außerhalb des Verteilungsverfahrens durch Klage geltend machen.

7 IV) Der Widerspruch kann erhoben werden **in dem Termin** bei Verhandlung über den Teilungplan (bis zur Ausführung des Plans mit Zahlung an die Berechtigten) oder (s § 877 I) vor dem Termin ab Niederlegung des Plans schriftlich oder zu Protokoll der Geschäftsstelle. Der Widerspruch bedarf keiner Begründung; er muß aber erkennen lassen, welche anderweitige Zuteilung der Widersprechende verlangt, gegen welchen Anspruch er sich richtet und wer deshalb betroffen wird (RG 26, 424).

8 **V) Behandlung und Wirkung des Widerspruchs: 1)** Über den Widerspruch haben sich die beteiligten Gläubiger im Termin zu erklären (§ 876 S 2). Behandlung Abwesender: § 877 II.

Erledigt sich der Widerspruch durch gütliche Einigung (Anerkennung, Vergleich, Zurücknahme des Widerspruchs), so ist der Plan zu berichtigen (§ 876 S 3). Gelingt dies nicht, so ist der Plan auszuführen, soweit er nicht von dem Widerspruch betroffen ist (§ 876 S 4). Im übrigen bleiben die Beträge hinterlegt. Das Gericht darf über einen Widerspruch weder hinweggehen noch sachlich über ihn entscheiden. Die Zulassung des Widerspruchs ist unanfechtbar.

2) Der Gläubiger kann den Widerspruch auch noch nach dem Termin **zurücknehmen.** Planausführung nach Widerspruch, der nicht zurückgenommen ist: Nach fruchtlosem Ablauf der Klagefrist (§ 878 I S 2) oder auf Grund Urteils im Widerspruchsprozeß (§ 882). 9

VI) **Einzustellen** ist das Verteilungsverfahren unter den Voraussetzungen des § 775. Besteht der Einstellungsgrund gegen alle beteiligten Gläubiger, so wird das Verfahren nicht fortgesetzt; hat zugleich Aufhebung zu erfolgen (zB § 775 Nr 1 mit § 776), dann hat das Vollstreckungsgericht Auszahlung des Hinterlegungsbetrags (an Schuldner oder einen Drittberechtigten) zu veranlassen (Wieser ZZP 103 [1990] 171 [181]). Wenn der Einstellungsgrund nur einen einzelnen Gläubiger betrifft, bleibt dieser beteiligt; ein auf ihn fallender Betrag ist zu hinterlegen (Wieser aaO S 182). Liegt für diesen Gläubiger zugleich ein Aufhebungsgrund vor (§ 776), dann ist er (nach entspr Verfahrenseinstellung und -aufhebung) nicht mehr Beteiligter; es erfolgt Verfahrensfortführung mit den übrigen Gläubigern oder Auszahlung der jetzt ausreichenden Masse (§ 872 Rn 3; Wieser aaO). 10

VII) Der Teilungsplan hat nicht die Kraft eines Richterspruchs; bis zur Verteilung des Erlöses kann er abgeändert werden (RG 152, 252 [256]; Köln MDR 69, 401). 11

VIII) Einwendungen, die lediglich einen **Verfahrensverstoß** rügen, zB Unzuständigkeit, sachliche Entscheidung des Verteilungsgerichts über den Widerspruch, Verzögerung oder Verweigerung der Planausführung, sind mit **befristeter Durchgriffserinnerung** (Fristbeginn nach Terminstag) geltend zu machen (§ 11 RpflG, zT aA StJ/Münzberg Rn 4; Wieser ZZP 103 [1990] 171 [175]; Erinnerung [§ 766], wenn Anhörung vorher nicht erfolgt war). Da die befristete Erinnerung nur zur Nachprüfung formeller Rechtsverstöße führen kann, steht sie einer **Widerspruchsklage,** die die sachliche Richtigkeit angreift und eine Entscheidung mit materieller Rechtskraftwirkung erstrebt, nicht entgegen (Köln MDR 69, 401). 12

877 *[Versäumnisverfahren]*

(1) Gegen einen Gläubiger, der in dem Termin weder erschienen ist noch vor dem Termin bei dem Gericht Widerspruch erhoben hat, wird angenommen, daß er mit der Ausführung des Planes einverstanden sei.

(2) Ist ein in dem Termin nicht erschienener Gläubiger bei dem Widerspruch beteiligt, den ein anderer Gläubiger erhoben hat, so wird angenommen, daß er diesen Widerspruch nicht als begründet anerkenne.

I) Ein Gläubiger, der im Termin erschienen ist, aber keinen Widerspruch erhoben hat, steht einem in Abs 1 bezeichneten Gläubiger gleich (RG 125, 137). 1

II) Die Befriedigung des nicht erschienenen, vom Widerspruch betroffenen Gläubigers wird durch den Widerspruch, falls er begründet ist, vereitelt (RG 26, 424). Der Nichterschienene kann nachträglich zu gerichtlichem Protokoll den Widerspruch anerkennen und dadurch die Ausführung des Planes ermöglichen (KG JW 31, 2175 [2176]), andernfalls ist auch er nach § 878 zu verklagen. Der Widersprechende wird vor Klageerhebung einen nicht erschienen gewesenen Gläubiger zur Anerkennung des Widerspruchs auffordern, da sonst dem Kläger bei sofortiger Anerkennung nach § 93 die Kosten zur Last fallen können. 2

878 *[Widerspruchsklage des widersprechenden Gläubigers]*

(1) Der widersprechende Gläubiger muß ohne vorherige Aufforderung binnen einer Frist von einem Monat, die mit dem Terminstag beginnt, dem Gericht nachweisen, daß er gegen die beteiligten Gläubiger Klage erhoben habe. Nach fruchtlosem Ablauf dieser Frist wird die Ausführung des Planes ohne Rücksicht auf den Widerspruch angeordnet.

(2) Die Befugnis des Gläubigers, der dem Plan widersprochen hat, ein besseres Recht gegen den Gläubiger, der einen Geldbetrag nach dem Plan erhalten hat, im Wege der Klage geltend zu machen, wird durch die Versäumung der Frist und durch die Ausführung des Planes nicht ausgeschlossen.

1 **I)** Mit Widerspruch wird eine bessere materielle Berechtigung verfolgt (§ 876 Rn 1). Darüber darf das Verteilungsgericht daher nicht entscheiden (§ 876 Rn 8). Das mit Widerspruch geltend gemachte Recht auf den Erlös ist gegen den (die) bei dem Widerspruch beteiligten Gläubiger vielmehr **mit Klage** geltend zu machen.

2 **II)** Die Klage ist prozessuale Gestaltungsklage (Schuler NJW 61, 1601). Sie zielt auf eine Änderung des Teilungsplans. **Klageantrag:** „Der Kläger ist in dem Verteilungsverfahren . . . mit seiner Forderung zu . . . DM vor derjenigen des Beklagten zu . . . DM zu befriedigen." Die Klage kann auch als Widerklage erhoben werden, wenn der Gegner bereits Klage erhoben hat. Die Parteien können auch vereinbaren, daß ein zwischen ihnen bei dem Gericht des § 879 anhängiger Rechtsstreit die Bedeutung einer Widerspruchsklage haben soll.

3 **III) 1) Zuständig** ist das Gericht des § 879.

4 **2)** Ein **Rechtsschutzbedürfnis** besteht ab dem Erklärungstermin (§ 876), wenn feststeht, daß sich der Widerspruch nicht erledigt. Es entfällt mit der Durchführung des Teilungsplans.

5 **3) Aktiv legitimiert** ist der widersprechende Gläubiger. Die Klage ist gegen den oder die Gläubiger zu richten, die von dem Widerspruch betroffen sind und ihn nicht als begründet anerkannt haben (RG 26, 424); auch gegen den nicht im Termin erschienenen Gläubiger (§ 877 II). Mehrere Beklagte sind einfache Streitgenossen (§ 61).

6 **4)** Die Klage hat **aufschiebende Wirkung** (Abs 1), wenn der geforderte Nachweis innerhalb Monatsfrist erbracht ist. Der Widersprechende muß dem Verteilungsgericht innerhalb eines Monats nachweisen, daß er alles getan hat, um eine alsbaldige Zustellung der Klageschrift zu ermöglichen, dh daß er die Klageschrift beim Prozeßgericht eingereicht *und* entweder den Prozeßkostenvorschuß bezahlt oder ein Prozeßkostenhilfegesuch eingereicht hat; § 878 ist insoweit den geänderten Vorschriften über die Klagezustellung anzupassen (StJ/Münzberg Rn 3). Die Monatsfrist beginnt mit dem Terminstag (wird mitgerechnet; nach Wortlaut von Abs 1 S 1 keine Berechnung nach § 187 I BGB; aA StJ/Münzberg Rn 5); sie kann weder durch das Gericht noch durch die Parteien verlängert werden; gegen die Versäumung keine Wiedereinsetzung, da keine Notfrist. Die aufschiebende Wirkung der Klage tritt nur ein, wenn sich die Klage gegen **alle** Gläubiger richtet, die den Widerspruch nicht anerkannt haben.

7 **IV) 1)** Die **Klage hat Erfolg,** wenn dem Kläger ein besseres Recht an dem hinterlegten Betrag als dem im Plan berücksichtigten Beklagten zusteht.

8 **a)** Die Rangstellung der beteiligten Gläubiger ist eine auf Grund des **Titels** durch die **Pfändung** und das damit bewirkte **Pfändungspfandrecht** erlangte **Rechtsposition.** Der Kläger greift die Rechtsposition des Beklagten mit der Behauptung an, daß sein Pfandrecht einen besseren Rang als das Recht des Beklagten habe. Mit der Klage kann nicht nur geltend gemacht werden, daß dem Beklagten die ihm im Teilungsplan zugeteilte Rangstelle wegen Unwirksamkeit des Vollstreckungsaktes nicht zustehe, sondern auch, daß die erlangte formelle Rechtsposition nach den Maßstäben materieller Gerechtigkeit im Verhältnis zum Kläger zu Unrecht erlangt sei.

9 **b)** Der Widerspruch gegen den besseren Rang des Beklagten kann gestützt werden auf **formelle Mängel des Vollstreckungsaktes.**

10 **aa)** Ist der **Vollstreckungsakt** wegen des Mangels **unwirksam** (s vor § 704 Rn 74), entfällt das Pfändungspfandrecht des Beklagten. Das gleiche gilt, wenn ein anfechtbarer Vollstreckungsakt (zu ihm auch § 874 Rn 3) auf Anfechtung aufgehoben wurde.

11 **bb)** Hat ein fehlerhafter **Vollstreckungsakt durch Heilung Rechtsbeständigkeit** erlangt, so kommt es im Verhältnis des Rechtes des Klägers zum Recht des Beklagten darauf an, ob der fehlerfreie Vollstreckungsakt des Klägers vor dem Zeitpunkt wirksam wurde, zu dem die Heilung des Vollstreckungsaktes des Beklagten eingetreten ist. Die materielle Wirkung der Heilung folgt nicht von selbst ihrer prozessualen Wirkung; hier ist vielmehr Raum zur Verwirklichung von materiellen Gerechtigkeitsgrundsätzen, die insbes die Wahrung der Chancengleichheit der beteiligten Gläubiger zum Ziele haben (StJ/Münzberg Rn 14). Der Widerspruch ist jedoch nur dann begründet, wenn die formellen Mängel des Vollstreckungsaktes durch den Gläubiger beeinflußbar waren, zB vorzeitige Vollstreckung (§§ 751 I, 798). Vollstreckung vor Umschreibung der Vollstreckungsklausel, nicht jedoch wenn die Mängel dem Einfluß des Gläubigers entzogen waren, zB Zustellungsmängel.

12 **c) aa)** Der Kläger kann auch die **Einwendungen** geltend machen, **die dem Schuldner gegen die titulierte Forderung des Beklagten zustehen** (RG 121, 352), mit **Ausnahme** der dem Schuldner zustehenden, aber noch nicht ausgeübten Gestaltungsrechte und der echten Einreden (BGH 63, 61 = NJW 74, 2284). Ist die Forderung des Beklagten aber durch ein **rechtskräftiges** oder vorläufig vollstreckbares Urteil oder durch Vollstreckungsbescheid **festgestellt,** so darf der Kläger, der seine Rechtsstellung vom Schuldner ableitet, nicht besser als der Schuldner gestellt werden; er kann daher das Nichtbestehen der Forderung nur unter denselben Voraussetzungen

geltend machen wie der Schuldner selbst, dh in den Grenzen der § 767 II, § 580 oder durch Einspruch oder Rechtsmittel bei vorläufig vollstreckbaren Titeln (RG JW 33, 2019; RG 153, 204; Batsch ZZP 87, 1; s auch BGH 63, 61 = NJW 74, 2284; vgl auch Huber JuS 72, 621; aA StJ/Münzberg Rn 23).

bb) Der Kläger kann seinen Widerspruch auch darauf stützen, daß der Beklagte ihm gegenüber auf Grund eines Rechtsgeschäfts **zur Einräumung des Vorrangs verpflichtet** sei (RG 71, 426), daß der Beklagte den **Vorrang durch** eine dem Kläger gegenüber begangene **unerlaubte Handlung** erlangt habe (RG JW 02, 170), oder daß der früher pfändende Beklagte die **öffentliche Zustellung des Titels erschlichen** habe (BGH 57, 108 = NJW 71, 2226). Die gleiche Bedeutung hat die Anfechtung wegen Gläubigerbenachteiligung. Dagegen ist bei dem Einwand des Klägers, der Anspruch stehe nicht dem Beklagten, sondern einem Dritten zu, der Widerspruch nicht begründet, da sich dadurch der Rang der Forderung nicht ändert. 13

2) Der Entscheidung ist die Sach- und Rechtslage im **Zeitpunkt des Verteilungstermins** zugrunde zu legen (BGH Rpfleger 74, 188 u BGH 113, 169 = NJW 91, 1063 mwN; Düsseldorf NJW-RR 89, 599). 14

3) Der Beklagte kann dem behaupteten besseren Recht des Klägers mit denselben Einwendungen begegnen, wie sie der Kläger gegen den besseren Rang des Beklagten geltend gemacht hat. Verneint das Gericht ein besseres Recht des Klägers, so ist die Klage als unbegründet (wegen fehlender Sachlegitimation), nicht als unzulässig abzuweisen (BGH NJW 69, 1428). 15

V) Hat der Widersprechende die Frist zum Nachweis der Klageerhebung versäumt, so ist, solange der Plan noch nicht vollständig ausgeführt ist, Widerspruchsklage trotzdem zulässig (Abs 2). Planausführung kann aber die verspätete Klage nicht mehr aufhalten (daher einstw Einstellung erforderlich). Nach Ausführung des Planes kann der Gläubiger sein besseres Recht nur noch im Wege der **Bereicherungsklage** geltend machen und Herauszahlung des auf Grund des Teilungsplanes zu Recht, aber materiell zu Unrecht Empfangenen verlangen. Wird während der Widerspruchsklage das Verteilungsverfahren beendet, so kann der Widersprechende sofort zur Bereicherungsklage übergehen. Die Bereicherungsklage hat auch ein Gläubiger, der den Widerspruch selbst versäumt hat (BGH 39, 242 = NJW 63, 1497 u DNotZ 95, 204 m Anm Siegmann = NJW 94, 3299 [3301] = Rpfleger 95, 173), ebenso ein Dritter, dem an dem Gegenstand ein außerhalb der ZwV erlangtes früheres Pfand- oder Vorzugsrecht zustand (§ 805), der aber, weil nicht zugleich als Pfändungsgläubiger beteiligt, im Verfahren nicht berücksichtigt werden konnte (RG 58, 156; 145, 349; 154, 256). Für diese Klage gilt § 879 (Zuständigkeit) nicht. 16

VI) Gebühren des **Gerichts und** des **Anwalts** für die Widerspruchs- bzw Bereicherungsklage: KV 1201 ff, §§ 31 ff BRAGO. 17

879 *[Zuständigkeit]*

(1) Die Klage ist bei dem Verteilungsgericht und, wenn der Streitgegenstand zur Zuständigkeit der Amtsgerichte nicht gehört, bei dem Landgericht zu erheben, in dessen Bezirk das Verteilungsgericht seinen Sitz hat.

(2) Das Landgericht ist für sämtliche Klagen zuständig, wenn seine Zuständigkeit nach dem Inhalt der erhobenen und in dem Termin nicht zur Erledigung gelangten Widersprüche auch nur bei einer Klage begründet ist, sofern nicht die sämtlichen beteiligten Gläubiger vereinbaren, daß das Verteilungsgericht über alle Widersprüche entscheiden solle.

I) Streitgegenstand ist der Betrag, dessen andere Verteilung der Widersprechende verlangt. Ausschließlicher Gerichtsstand: § 802. War das AG, welches das Verteilungsverfahren durchgeführt hat, an sich unzuständig (zB Drittschuldner hat nicht dem AG, dessen Pfändungsbeschluß ihm zuerst zugestellt wurde, sondern einem anderen der AGe Anzeige erstattet und dieses hat das Verteilungsverfahren durchgeführt), so bleibt dasselbe bzw das ihm übergeordnete LG auch für die Klagen zuständig (RG 52, 312). § 879 gilt nicht für die Bereicherungsklage nach § 878 II. 1

II) Sind mehrere Widersprüche unerledigt geblieben, so ist für alle Klagen das LG zuständig, wenn nur in betreff einer der Klagen nach dem Inhalt des Widerspruchs die Zuständigkeit des LG begründet ist, und zwar auch dann, wenn diese Klage nicht erhoben wird oder der betreffende Widerspruch nach dem Termin zurückgenommen wird. Gehört keine der Klagen vor das LG, so wird es nicht dadurch zuständig, daß die Streitgegenstände aller Klagen zusammen die Zuständigkeitsgrenze der AG übersteigen. 2

880 *[Urteil]*
In dem Urteil, durch das über einen erhobenen Widerspruch entschieden wird, ist zugleich zu bestimmen, an welche Gläubiger und in welchen Beträgen der streitige Teil der Masse auszuzahlen sei. Wird dies nicht für angemessen erachtet, so ist die Anfertigung eines neuen Planes und ein anderweites Verteilungsverfahren in dem Urteil anzuordnen.

1 Das Verteilungsgericht ist an das Urteil, das den Widerspruch für begründet oder für unbegründet erklärt, gebunden. Auch wenn ein anderweites Verteilungsverfahren angeordnet ist, muß es bei Aufstellung des Planes das Urteil zugrunde legen. S 2 kommt infolge der speziellen Regelung von § 124 I ZVG bei Zwangsversteigerung nicht zum Zuge (BGH 96, 332 [336] = NJW 87, 131 [132). In dem neuen Verfahren ist ein Widerspruch auch nur insoweit zu berücksichtigen, als er sich darauf stützt, daß der Plan nicht nach dem Urteil aufgestellt sei. Die Gläubiger, die an dem Widerspruch nicht beteiligt waren, werden zu dem neuen Verfahren überhaupt nicht zugezogen, da der alte Plan insoweit ausgeführt ist (§ 876). Auch die nach dem ersten Plan ohne Widerspruch ausgefallenen Gläubiger sind nicht zuzuziehen. Wird der Widerspruch für unbegründet erklärt, so wird nach Rechtskraft der alte Plan ausgeführt. Dies gilt auch dann, wenn die Klage nur „wie angebracht" abgewiesen ist. Jedoch hat im letzteren Fall der Gläubiger noch das sich aus § 878 II ergebende Recht. Eine neue Aufforderung nach § 873 ist nicht nötig.

2 **Gebühren** des **Gerichts:** Seit dem KostRÄndG 1994 erwachsen im Prozeßverfahren erster Instanz keine Urteilsgebühren mehr.

881 *[Versäumnisurteil]*
Das Versäumnisurteil gegen einen widersprechenden Gläubiger ist dahin zu erlassen, daß der Widerspruch als zurückgenommen anzusehen sei.

1 Nach Rechtskraft des Veräumnisurteils findet Auszahlung statt, wie wenn der Widerspruch nicht erhoben wäre. Dem Widersprechenden geht durch das Urteil auch das Recht aus § 878 II verloren.

882 *[Auszahlung auf Grund Urteils]*
Auf Grund des erlassenen Urteils wird die Auszahlung oder das anderweite Verteilungsverfahren von dem Verteilungsgericht angeordnet.

1 Rechtskraft des Urteils hat Gläubiger nachzuweisen, vorher keine Anordnung nach § 882.

Vierter Titel

ZWANGSVOLLSTRECKUNG GEGEN JURISTISCHE PERSONEN DES ÖFFENTLICHEN RECHTS

882a *[Zwangsvollstreckung gegen juristische Personen des öffentlichen Rechtes]*
(1) Die Zwangsvollstreckung gegen den Bund oder ein Land wegen einer Geldforderung darf, soweit nicht dingliche Rechte verfolgt werden, erst vier Wochen nach dem Zeitpunkt beginnen, in dem der Gläubiger seine Absicht, die Zwangsvollstreckung zu betreiben, der zur Vertretung des Schuldners berufenen Behörde und, sofern die Zwangsvollstreckung in ein von einer anderen Behörde verwaltetes Vermögen erfolgen soll, auch dem zuständigen Minister der Finanzen angezeigt hat. Dem Gläubiger ist auf Verlangen der Empfang der Anzeige zu bescheinigen. Soweit in solchen Fällen die Zwangsvollstreckung durch den Gerichtsvollzieher zu erfolgen hat, ist der Gerichtsvollzieher auf Antrag des Gläubigers vom Vollstreckungsgericht zu bestimmen.

(2) Die Zwangsvollstreckung ist unzulässig in Sachen, die für die Erfüllung öffentlicher Aufgaben des Schuldners unentbehrlich sind oder deren Veräußerung ein öffentliches Interesse entgegensteht. Darüber, ob die Voraussetzungen des Satzes 1 vorliegen, ist im Streitfall nach § 766 zu entscheiden. Vor der Entscheidung ist der zuständige Minister zu hören.

(3) Die Vorschriften der Absätze 1 und 2 sind auf die Zwangsvollstreckung gegen Körperschaften, Anstalten und Stiftungen des öffentlichen Rechtes mit der Maßgabe anzuwenden, daß an die Stelle der Behörde im Sinne des Absatzes 1 die gesetzlichen Vertreter treten. Für

öffentlich-rechtliche Bank- und Kreditanstalten gelten die Beschränkungen der Absätze 1 und 2 nicht.

(4) (Ist aufgehoben, BGBl 1993 I 2378 [2410])

(5) Der Ankündigung der Zwangsvollstreckung und der Einhaltung einer Wartefrist nach Maßgabe der Absätze 1 und 3 bedarf es nicht, wenn es sich um den Vollzug einer einstweiligen Verfügung handelt.

I) Die ZwV gegen den Bund oder ein Land wegen einer Geldforderung richtet sich, soweit nicht dingliche Rechte verfolgt werden, nach § 882a (Fiskusprivileg); bei der Verfolgung dinglicher Rechte haben die juristischen Personen des öffentlichen Rechts **keine Sonderstellung.** Soweit § 882a keine Sonderregelung enthält, gelten für die ZwV gegen die in dieser Vorschrift bezeichneten Schuldner die übrigen Bestimmungen des 8. Buches der ZPO. 1

II) 1) Die **ZwV wegen Geldforderungen** (§§ 803–882a) gegen den Bund oder ein Land ist grundsätzlich zulässig. Sie darf aber – soweit nicht dingliche Rechte verfolgt werden – erst 4 Wochen nach dem Zeitpunkt beginnen (gilt auch für Vorpfändung nach § 845), in dem der Gläubiger (für ihn sein Prozeßbevollmächtigter) seine Absicht, die ZwV zu betreiben, der zur Vertretung des Schuldners berufenen Behörde und, sofern die ZwV in ein von einer anderen Behörde verwaltetes Vermögen erfolgen soll, auch dem zuständigen Minister der Finanzen angezeigt hat (Anzeige ist auch bei Vollstreckung von Zwangsgeld erforderlich, vgl § 888 Rn 14; LG Freiburg DGVZ 93, 11). 2

2) Die **Anzeige** ist Prozeßhandlung (StJ/Münzberg Rn 8). Sie hat die Absicht, die ZwV zu betreiben (nicht aber eine beabsichtigte ZwV-Maßnahme, Zeit usw) zum Ausdruck zu bringen (Abs 1 S 1), damit Gläubiger und Schuldner sowie Gläubigerforderung und den vollstreckbaren Titel zu bezeichnen. Es müssen bei Vollstreckungsankündigung alle Voraussetzungen für die ZwV (§§ 724 ff, 750 ff) vorliegen (Frankfurt Rpfleger 81, 158; AG Hamm JMBlNW 76, 138; zT anders MK/Eickmann Rn 9). Zustellung des Vollstreckungstitels braucht aber noch nicht erfolgt sein (ergibt § 750 I, § 845 I S 3). 3

3) Zu richten ist die Anzeige an die zur Vertretung des Schuldners berufene Behörde selbst oder an deren Prozeßbevollmächtigten (Vollmachtsumfang § 81) (Schneider MDR 85, 640, der auch empfiehlt, der Schuldner-Behörde eine Durchschrift der an ihren Prozeßbevollmächtigten gerichteten Anzeige zu senden). Der Gläubiger kann zum Nachweis der Anzeige eine Empfangsbescheinigung verlangen. Für Prüfung der Anzeige und des Fristablaufs vor Vollstreckungsbeginn können auch andere Nachweise (Zustellungsurkunde) beigebracht werden. Der Gläubiger einer öffentlichen Körperschaft ist nicht verpflichtet, vor Absendung der Anzeige bei dem Schuldner auf die Beseitigung von Bearbeitungsfehlern hinzuwirken, die den Zahlungsrückstand verursachen (Zweibrücken Rpfleger 73, 68). 4

4) **Bestimmung** des GV (Abs 1 S 3) kann schon vor Ablauf der 4-Wochenfrist beantragt und verfügt werden. Zuständig ist der Rechtspfleger (§ 20 Nr 17 RpflG). 5

III) Unter **Sachen** (Abs 2) sind körperliche Sachen iS des § 808 zu verstehen, also auch Geld. Unentbehrlich sind Sachen für die Erfüllung öffentlicher Aufgaben, wenn diese auf andere Weise nicht erfüllt werden können. Damit ist besondere Dringlichkeit des Bedarfs zur Erfüllung öffentlicher Aufgaben vorausgesetzt (StJ/Münzberg Rn 19; Schneider aaO). Das öffentliche Interesse steht der Veräußerung entgegen zB bei Kunstschätzen, Archiven, Bibliotheken und ähnlichen Einrichtungen der Kulturpflege. Der GV (im Falle des § 846 das Vollstreckungsgericht) hat die Zulässigkeit der ZwV zu prüfen und, wenn er sie verneint, die Pfändung der Sachen zu unterlassen. Im Streitfall entscheidet das Vollstreckungsgericht (Richter) auf Erinnerung nach § 766. Vor der Entscheidung ist der zuständige Minister zu hören. Das zuständige Vollstreckungsgericht ergibt sich aus §§ 764, 828. 6

IV) Die Vorschriften der Abs 1 und 2 sind auf die ZwV gegen **Körperschaften, Anstalten und Stiftungen des öffentlichen Rechts** mit Ausnahme von Gemeinden und Gemeindeverbänden (§ 15 Nr 3 EGZPO; s Anm dazu) anzuwenden (Abs 3). Sie gelten auch für **kirchliche Körperschaften** des öffentlichen Rechts. Ausgeschlossen nach Abs 2 (mit Abs 3) ist die ZwV nicht nur in Gegenstände, die eine kirchliche Körperschaft zur Erfüllung ihres Auftrags im engeren Sinne (res sacrae) benötigt, sondern auch in alle Sachen (Mittel), die für ihre kirchliche Tätigkeit, für ihre Sendung insgesamt, unentbehrlich sind (res circa sacra) (BVerfG 66, 1 [23]). Es treten an Stelle der Behörde iS des Abs 1 die gesetzlichen Vertreter. Die Beschränkungen des Abs 1 und 2 gelten jedoch nicht für öffentlich-rechtliche Banken und Kreditanstalten (Abs 3 S 2). 7

V) Der **Ankündigung der ZwV** und der **Einhaltung einer Wartefrist** nach Maßgabe der Abs 1 und 3 bedarf es nicht bei dem Vollzug einer einstweiligen Verfügung. Die Pfändungsverbote nach Abs 2 sind auch hier zu beachten. 8

9 **VI) Gebühren: 1)** des **Gerichts:** Die Bestimmung des zuständigen GV nach Abs 1 S 3 ist gerichtsgebührenfrei. Auch das Verfahren der gegen die Ablehnung der Pfändung durch den GV gegebenen Erinnerung nach § 766 (Rn 3) löst keine Gebühr aus. – **2)** des **Gerichtsvollziehers:** Für die Pfändung Gebühr nach § 17 GVKostG; bei Verneinung der Zulässigkeit der Zwangsvollstreckung und Ablehnung des Vollstreckungsauftrags vor seiner Übernahme entsteht die nach § 20 I GVKostG ermäßigte Gebühr nicht. – **3)** des **Anwalts:** Die Anzeige nach Abs 1 S 1 gilt nicht als besondere Angelegenheit der Zwangsvollstreckung (§ 58 II Nr 5 BRAGO).

Dritter Abschnitt

ZWANGSVOLLSTRECKUNG ZUR ERWIRKUNG DER HERAUSGABE VON SACHEN UND ZUR ERWIRKUNG VON HANDLUNGEN ODER UNTERLASSUNGEN

Der 3. Abschnitt regelt die Vollstreckung erzwingbarer Leistungen; er findet auch Anwendung, wenn sich die ZwV gegen den Staat (Fiskus) und andere öffentlich-rechtliche Personen richtet (§ 15 Nr 3 EGZPO). Die Vorschriften des 1. Abschnitts (§§ 704–802) finden auf das Verfahren des 3. Abschnitts Anwendung.

883 *[Zwangsvollstreckung zwecks Herausgabe bestimmter beweglicher Sachen]*

(1) Hat der Schuldner eine bewegliche Sache oder eine Menge bestimmter beweglicher Sachen herauszugeben, so sind sie von dem Gerichtsvollzieher ihm wegzunehmen und dem Gläubiger zu übergeben.

(2) Wird die herauszugebende Sache nicht vorgefunden, so ist der Schuldner verpflichtet, auf Antrag des Gläubigers zu Protokoll an Eides Statt zu versichern,

daß er die Sache nicht besitze, auch nicht wisse, wo die Sache sich befinde.

(3) Das Gericht kann eine der Sachlage entsprechende Änderung der eidesstattlichen Versicherung beschließen.

(4) Die Vorschriften der §§ 478 bis 480, 483 gelten entsprechend.

1 **I) Zweck:** Regelung des Verfahrens bei ZwV zur Erwirkung der Herausgabe einer beweglichen Sache oder einer Menge bestimmter beweglicher Sachen sowie Bestimmung der Gläubigerinteressen dienenden Offenbarungspflicht des Schuldners nach erfolglosem Vollstreckungsversuch.

2 **II) Voraussetzungen: 1) a)** Der nach dem Schuldtitel zu vollstreckende (schuldrechtliche oder dingliche) **Anspruch** (vor § 704 Rn 3) muß die **Herausgabe** (körperliche Übergabe) **einer beweglichen Sache** (§ 90 BGB) oder einer Menge bestimmter beweglicher Sachen zum Gegenstand haben. Dazu gehören auch Sachen, die erst durch Wegnahme (Abmontage) bewegliche werden sollen. Gleichgültig ist, ob Eigen- oder Fremdbesitz begründet werden soll, ob Herausgabe zur Hinterlegung, an einen Dritten oder an eine Behörde zu erfolgen hat. Die Übergabe kann auch zur Übertragung des Eigentums oder zur Bestellung eines Rechts geschuldet sein (§ 897). Nach § 883 zu vollstrecken ist auch der Anspruch auf Einsichtnahme in bestimmte Urkunden (zB Geschäftsunterlagen), wenn er nicht Nebenpflicht einer umfassenden Auskunftspflicht ist (s § 888 Rn 3), sondern nur auf Vorlage der Urkunden geht (vorübergehende Überlassung ohne Besitzaufgabe; Hamm MDR 74, 323 = NJW 74, 653; Frankfurt NJW-RR 92, 171, je mwN; Schilken DGVZ 88, 49 [52]), somit auch der Anspruch auf Erteilung einer Auskunft durch Vorlage einer Urkunde (Köln NJW-RR 88, 1210 = OLGZ 88, 382); Verurteilung zur Rechnungslegung gibt für ZwV zur Vorlage von Belegen jedoch keine Grundlage (Köln NJW-RR 89, 567 = OLGZ 89, 230). Der Anspruch auf Herausgabe von Software getrennt vom Träger geht auf Kopierung und uU (ist Frage des Titels) Löschung des Ausgangsprogramms auf der Diskette des Schuldners, ist somit nach § 887 zu vollstrecken (Bartsch Softwareüberlassung und Zivilprozeß [1991] 116; aA StJ/Brehm Rn 12a [§ 883 analog]). Sequestration s § 938 Rn 7. Eine auf Herausgabe gerichtete einstw Verfügung kann nicht durch Wegnahme vollstreckt werden, wenn ihre Vollziehung im Wege des § 890 angeordnet ist (AG Aachen DGVZ 79, 95). Ein Herausgabetitel ist durch Wegnahme (nicht nach § 888 analog) auch zu vollstrecken, wenn sich die Sache in einem (zur Europ Union gehörenden) ausländischen Staat befindet (Celle OLGR 95, 77).

3 **b)** Herauszugeben sein muß eine **individuell bestimmte Sache.** Vollstreckungsgegenstand kann eine Einzelsache sein, aber auch eine Mehrheit von Einzelsachen, auch eine bestimmte Sachgesamtheit wie eine Bibliothek, schließlich eine begrenzte Gattungsschuld (Vorratsschuld;

Leistungsgegenstand ist nach Gattungsmerkmalen bestimmt mit Begrenzung auf einen Vorrat, zB als Teil eines Lagerbestandes, Schilken DGVZ 88, 49 [51]). Vollstreckung der unbegrenzten Gattungsschuld: § 884. Die Gattungsschuld über eine unvertretbare Sache kann nach §§ 883, 884 nicht vollstreckt werden; es bleibt Klage nach § 893 (Schilken aaO; StJ/Brehm § 884 Rn 4).

c) Gläubiger**auftrag** (§ 753) muß erteilt sein; die allgemeinen ZwV-Voraussetzungen (Rn 14–17 vor § 704) müssen erfüllt sein. 4

d) Die herauszugebende Sache muß **im Vollstreckungstitel** bestimmt **bezeichnet** sein (§ 704 Rn 3–5); ungenügend ist zB Bezeichnung als Hausrat, Softwaren-Kopien, AG Offenburg NJW-RR 89, 445; auch LG Düsseldorf BB 94 Beil 14; Koch KTS 88, 49 [70]); Feststellung der Sache bei Wegnahme erfolgt durch den GV; Zuziehung eines Sachverständigen kann nicht verlangt werden (AG Oldenburg u LG Lübeck DGVZ 89, 30). Ein Streit darüber, ob eine Sache auch die im Schuldtitel bezeichnete ist, ist mit Erinnerung (§ 766; dann § 793) auszutragen. Auch das Begehren des GV, zu dem Vollstreckungsakt eine Person zu stellen, welche die Sache identifiziert, kann berechtigt sein, wenn sich bei der Art der wegzunehmenden Sache leicht Meinungsverschiedenheiten ergeben können (AG Berlin DGVZ 38, 215). 5

e) Steht nach dem Schuldtitel die **Wahl** zwischen mehreren bezeichneten Sachen dem Gläubiger zu, so kann er die Herausgabe der von ihm gewählten Stücke verlangen. Steht die Wahl dem Schuldner zu und nimmt sie dieser nicht vor Beginn der ZwV vor, so kann der Gläubiger die ZwV nach seiner Wahl auf das eine oder andere Stück richten; doch kann der Schuldner bis zu dem Zeitpunkt, zu dem der Gläubiger die gewählten Stücke empfangen hat, sich durch Leistung anderer Stücke befreien (§§ 262, 264 BGB). 6

f) **Kindes-Herausgabe**vollstreckung ist nur noch nach § 33 FGG vorzunehmen (Bittmann DGVZ 87, 134; Schüler DGVZ 80, 97; StJ/Brehm Rn 34; MK/Schilken Rn 16; AG München DGVZ 80, 174; auch BGH 88, 113; Bremen FamRZ 82, 92; Oldenburg DGVZ 83, 75). 7

2) Der **Schuldner** (oder ein herausgabebereiter Dritter) muß die herauszugebende Sache in **Gewahrsam** (§ 808 Rn 3, insbes 5) haben. Bei Drittgewahrsam sonst § 886 (nicht aber Zwang gegen den Schuldner nach § 888, Köln DGVZ 83, 74). 8

3) Schließt der Titel **neben** der Verurteilung zur Herausgabe **weitere sachbezogene Verpflichtungen** des Schuldners mit ein, wie die Verpflichtung zur Versendung oder zur Aufstellung der Sache, so ist bei unselbständiger Bedeutung dieser Verpflichtung, zB bei Versendung, Verpackung, nach § 883 zu vollstrecken (so für Herausgabe eines in die Wohnung des Gläubigers zurückzubringenden Tiers LG Frankenthal DGVZ 85, 184) und die Versendung (der Transport) durch den GV durchzuführen; bei selbständiger Bedeutung der weiteren Verpflichtung, zB bei Montage, Einbau, ist hierwegen nach § 887 zu vollstrecken. Wenn der Gläubiger einen Verschaffungstitel erwirkt hat (Beispiel: „Herausgabe" eines Pkw an einem vom Schuldnerwohnsitz weit entfernten Ort) ist nicht ein Herausgabeanspruch zu vollstrecken, sondern eine nicht vertretbare Handlung nach § 888 (Überführung des Wagens als unvertretbare Handlung, weil dem Schuldner der Besitz nicht zum Zweck der Überführung entzogen werden darf; E. Schneider MDR 83, 287 mwN; aA Frankfurt MDR 83, 325 = NJW 83, 1685). Der Anspruch auf Herausgabe der Arbeitspapiere wird nach § 883 vollstreckt; hat sie der Arbeitgeber erst auszufüllen, so ist dies unvertretbare Handlung nach § 888 (LAG Frankfurt Betrieb 81, 534). Ist eine vom Schuldner erst **herzustellende** oder zu beschaffende Sache herauszugeben, so ist bei unvertretbarer Sache nach § 883, bei vertretbarer Sache nach § 884 zu vollstrecken. Führt die Herausgabevollstreckung nicht zum Ziel, obwohl der Schuldner seiner Handlungspflicht nachgekommen ist, so bleibt dem Gläubiger Klage nach § 893. Erfüllt der Schuldner seine Pflicht zur Herstellung oder Beschaffung nicht, so kann diese Verpflichtung bei vertretbarer Handlung nach § 887, bei unvertretbarer Handlung über § 888 erzwungen werden (StJ/Brehm Rn 9 mwN; aA Köln NJW 58, 1355 m abl Anm Hartung NJW 59, 566. § 887 III steht der Anwendung des § 887 nicht entgegen, da er sich nur auf Herausgabeansprüche, nicht auf sonstige Ansprüche bezieht. 9

III) Durchführung: 1) Der GV **nimmt die** im Gewahrsam des Schuldners (oder eines herausgabebereiten Dritten) befindliche **Sache weg** und übergibt sie dem Gläubiger oder dem aus dem Titel ersichtlichen Dritten. Anwendung finden §§ 754–763 (nicht aber Unpfändbarkeitsbestimmungen, zB nicht §§ 811, 812). Zur Wohnungsdurchsuchung ist richterliche Durchsuchungsanordnung erforderlich (§ 758 Rn 10). Die Sache soll dem Gläubiger tunlichst an Ort und Stelle ausgehändigt werden; ist er (sein Vertreter) nicht anwesend, so sendet ihm der GV die weggenommene Sache zu (§ 179 Nr 2 GVGA). Erforderliche Maßnahmen, die den Abtransport erleichtern und die Kosten niedrig halten, hat der GV nach pflichtgemäßem Ermessen zu treffen (LG Hannover NJW 66, 2318). Mit Wegnahme geht die Gefahr auf den Gläubiger über (s § 897 I); der Schuldner ist befreit. Dritte haben ihr besseres Recht (bis zur Durchführung der Wegnahmevollstreckung) nach § 771 geltend zu machen. Mit Wegnahme ist der Schuldtitel vollstreckt; kehrt ein weggenommenes Tier (zB ein Hund) zum Schuldner zurück oder gelangt sonst eine weggenom- 10 mene Sache wieder in seinen Besitz, ist neue Klage nötig. Hat der Schuldner an den Gläubiger eine Sache herauszugeben und für sie bereits Zahlungen geleistet (zB bei Abzahlungsgeschäft, Eigentumsvorbehalt), so kann er nur gem § 767 vorgehen (vgl LG Braunschweig MDR 68, 157; Noack MDR 68, 817). Durch Anordnung eines Zwangsmittels, sei es im Urteil, sei es nachträglich durch Beschluß, kann die Herausgabe nicht gem § 888 erzwungen werden.

11 2) Arbeits**kosten** für Ausbau einer Sache, Abbau eines Gerüstes, Demontage von Regalen, Heraustragen von Geräten aus einem Hinterhof oder Kellerraum usw sind (bei Notwendigkeit) nur dann erstattungsfähige Kosten der Herausgabe-ZwV (§ 788 I), wenn sich die Verpflichtung des Schuldners auch zu dieser Arbeitsleistung aus dem Vollstreckungstitel ergibt (Hamburg JurBüro 81, 779; Koblenz NJW-RR 90, 1152; aA Schilken DGVZ 88, 49 [55]). Kosten für Verpakkung und Versendung (Transport) der Sache sind gleichermaßen nur dann erstattungsfähige Kosten der ZwV, wenn der Schuldner nach dem Vollstreckungstitel die Sache an den Gläubiger zu versenden (dort abzuliefern) hat (s Rn 9; Düsseldorf DGVZ 95, 86; Hamburg MDR 71, 145 = NJW 71, 387; Koblenz aaO; Schleswig DGVZ 53, 166; Stuttgart JurBüro 81, 943; LG Berlin DGVZ 76, 516; Jelinsky JurBüro 89, 151; aA AG Düsseldorf DGVZ 86, 28).

12 3) Herausgabevollstreckung und **Pfändungsauftrag** s § 179 Nr 4, 5 GVGA.

13 IV) Wenn die herauszugebende Sache **nicht vorgefunden** wird, ist der Schuldner (§ 807 Rn 5–12) zur **eidesstattlichen Versicherung** nach Abs 2 verpflichtet (Vollstreckungsversuch kann auch mit einstw Verfügung vor Erwirkung des Herausgabetitels erfolgt sein, Karlsruhe Rpfleger 93, 79). Dem Gläubiger soll damit Kenntnis vom Verbleib der Sache oder zuverlässige Kenntnis davon ermöglicht werden, daß der Herausgabeanspruch gegen den Schuldner mit ZwV nicht zu verwirklichen ist. Ist der eine Schuldner zur Herausgabe, der andere zur Duldung der ZwV verurteilt, so sind beide verpflichtet, die Versicherung abzugeben (StJ/Brehm Rn 36). Ein gesetzlicher Vertreter hat die Versicherung sowohl über eigene Handlungen und Wahrnehmungen wie über die des Vertretenen abzugeben. Nennt der Schuldner im Offenbarungsverfahren den Verbleib der herauszugebenden Sache, dann ist diese Angabe eidesstattlich zu versichern (nicht etwa von der Versicherung abzusehen; StJ/Brehm Rn 39). Verfahren: §§ 899 ff. Das Gericht (Rechtspfleger, § 20 Nr 17 RpflG) kann eine der Sachlage entsprechende Änderung des in Abs 2 bestimmten Wortlauts der Versicherung beschließen (Abs 3). Einwendungen gegen diese Anordnungen sind mit Widerspruch (§ 900 V) geltend zu machen, über den das Gericht (Rechtspfleger) durch mit befristeter Erinnerung anfechtbaren Beschluß entscheidet (§ 11 RpflG). Nach Abgabe der eidesstattlichen Versicherung kann nur noch das Interesse gefordert werden (§ 893); ein weitergehender Zwang ist nicht möglich. Kann jedoch der Gläubiger glaubhaft machen, daß der Schuldner nach Abgabe der Versicherung den Besitz erlangt hat, und ist ein nochmaliger Vollstreckungsversuch mißlungen, so kann die erneute Abgabe der eidesstattlichen Versicherung verlangt werden.

14 **V) Gebühren: 1)** des **Gerichts:** Für das Verfahren über den Antrag auf Abnahme der eidesstattlichen Versicherung wird eine Festgebühr von 35 DM (KV 1643) erhoben, mit der das gesamte Verfahren abgegolten ist. Antragsrücknahme läßt die Gebühr nicht entfallen. Die Gebühr nach KV 1643 kommt erneut zum Ansatz, wenn ein neuer Gläubiger den Antrag auf Abnahme stellt. Auslagen für die erste Zustellung werden nicht erhoben (KV 9002 aE). – **2)** des **Anwalts:** Das Verfahren zur Abnahme der eidesstattl Versicherung gilt als besondere Angelegenheit der Zwangsvollstreckung (§ 58 III Nr 11 BRAGO); dem RA können alle Gebühren des § 31 BRAGO in Höhe von $^3/_{10}$ entstehen (§ 57 I 1 BRAGO). Eine Ermäßigung der ($^3/_{10}$) Gebühren tritt nicht ein, weil die Anwendung der §§ 32, 33 I, II BRAGO ausgeschlossen ist (§ 57 I 2). Dies trifft insbes für die $^3/_{10}$ Verhandlungsgebühr bei nichtstreitiger Verhandlung zu. – **3)** des **Gerichtsvollziehers:** Für die Wegnahme der Sache einschließl deren Übergabe wird die Festgebühr (§ 13 II GVKostG) erhoben und zwar auch dann, wenn der Schuldner an den GV freiwillig leistet (§ 22 I GVKostG), und für die Verhaftung das Doppelte der Festgebühr, für jede Nachverhaftung – diese liegt vor, wenn gegen den bereits in Haft genommenen Schuldner ein weiterer Haftbefehl vollstreckt wird (§ 188 Nr 1 GVGA) – die Hälfte der Festgebühr (§ 26 I GVKostG). – Für die Wegnahme von Kindern (Rn 7) gilt § 22 GVKostG entsprechend mit der Maßgabe, daß das Doppelte der in § 22 bestimmten Gebühren nebst eines etwaigen Zeitzuschlags erhoben wird (§ 23 GVKostG). Sind mehrere Kinder wegzunehmen u auch tatsächl weggenommen worden, so wird die Doppelgebühr für jedes Kind gesondert, der etwaige Zeitzuschlag jedoch nur einmal erhoben (Nr 31 II GVKostGr).

884 *[Leistung bestimmter vertretbarer Sachen]*

Hat der Schuldner eine bestimmte Menge vertretbarer Sachen oder Wertpapiere zu leisten, so gilt die Vorschrift des § 883 Abs. 1 entsprechend.

1 **Vertretbare Sachen:** § 91 BGB. **Wertpapiere:** Aktien, Kuxe, Schuldverschreibungen auf den Inhaber, Lotterielose und indossable Papiere, wie Wechsel. Ob Inhaber- oder Namenspapier, ist belanglos. **Keine Wertpapiere** sind Pfandscheine, Versicherungs- und Schuldscheine.

2 Die Leistungspflicht kann in der Herausgabe zur Besitz- oder Eigentumsübertragung oder in der Lieferung, dh Anschaffung oder Herstellung und anschließenden Herausgabe bestehen. Voraussetzung für die Wegnahme ist, daß der Schuldner solche Sachen besitzt. Unter mehr vertretbaren Sachen im Schuldnerbesitz (als herauszugeben sind) hat der GV solche mittlerer Art und

Güte auszuwählen (§ 243 I BGB, § 360 HGB). Findet der GV solche Sachen nicht vor, kann sie sich der Gläubiger anderweitig beschaffen und in besonderer Klage vom Schuldner die Leistung des Interesses (Schadensersatz gem § 893) verlangen. Der Gläubiger kann jedoch nicht gem § 887 ermächtigt werden, sich die Sachen auf Kosten des Schuldners zu beschaffen (§ 887 III). Auch eidesstattliche Versicherung ist im Fall des § 884 unzulässig.

885 *[Herausgabe von Grundstücken oder Schiffen]*

(1) Hat der Schuldner eine unbewegliche Sache oder ein eingetragenes Schiff oder Schiffsbauwerk herauszugeben, zu überlassen oder zu räumen, so hat der Gerichtsvollzieher den Schuldner aus dem Besitz zu setzen und den Gläubiger in den Besitz einzuweisen.

(2) Bewegliche Sachen, die nicht Gegenstand der Zwangsvollstreckung sind, werden von dem Gerichtsvollzieher weggeschafft und dem Schuldner oder, wenn dieser abwesend ist, einem Bevollmächtigten des Schuldners oder einer zu seiner Familie gehörigen oder in dieser Familie dienenden erwachsenen Person übergeben oder zur Verfügung gestellt.

(3) Ist weder der Schuldner noch eine der bezeichneten Personen anwesend, so hat der Gerichtsvollzieher die Sachen auf Kosten des Schuldners in das Pfandlokal zu schaffen oder anderweit in Verwahrung zu bringen.

(4) Verzögert der Schuldner die Abforderung, so kann das Vollstreckungsgericht den Verkauf der Sachen und die Hinterlegung des Erlöses anordnen.

I) Zweck und **Anwendungsbereich:** Regelung des Verfahrens bei ZwV zur Herausgabe einer unbeweglichen Sache oder eines ihr gleichgestellten Schiffs oder Schiffsbauwerks. § 885 trifft zu bei der Herausgabe, Überlassung oder Räumung eines Grundstücks oder eines Teils eines solchen, zB einer Wohnung oder von Geschäftsräumen, sowie von eingetragenen Schiffen und Schiffsbauwerken. Entsprechend anzuwenden ist § 885 bei bewohnten Schiffen (AG Neustadt SchlHA 47, 90; StJ/Brehm Rn 3), Wohnwagen und Behelfsheimen. Andere nicht eingetragene Schiffe und Schiffsbauwerke sind nach § 883 wegzunehmen. Ein Titel auf Grundstücksherausgabe rechtfertigt auch die Zwangsräumung eines auf dem Grundstück errichteten Gebäudes (Celle MDR 62, 415 = NJW 62, 595; Hamm NJW 65, 2207; LG Berlin DGVZ 71, 116; aA Düsseldorf MDR 59, 215 u JMBlNW 60, 243 = JZ 61, 293). Ein Titel auf Beseitigung des Bauwerks ist nach § 887 zu vollstrecken (Celle aaO). Zu Rechtsmißbrauch bei Räumungsvollstreckung s LG Hannover MDR 79, 495 u 589. 1

II) Voraussetzungen: 1) Der nach dem Schuldtitel zu vollstreckende Anspruch (vor § 704 Rn 3) muß auf Herausgabe, Überlassung oder **Räumung** lauten. Ein Vollstreckungstitel über eine dieser Verpflichtungen ist ausreichend; der zur Räumung verpflichtende Titel braucht daher nicht gesondert auch noch eine Herausgabeverpflichtung zu enthalten (AG Ehingen DGVZ 79, 77); auch die (vergleichsweise) Verpflichtung „auszuziehen" bedeutet Räumung (Auslegung; AG Gießen DGVZ 91, 126; aA AG Bensheim DGVZ 78, 122). Nicht nach § 885 zu vollstrecken sind ein Vergleich nur über die Beendigung des Mietverhältnisses (LG Berlin DGVZ 91, 92; AG Bln-Schöneberg NJW-RR 91, 1488; anders [bei gleichzeitig vergleichsweise vereinbarter Räumungsfrist] LG Coburg DGVZ 91, 38) und die Verurteilung, „Übernahme eines Grundstücks (Betriebs usw) zu dulden" (RG JW 99, 394). Zum Abschluß eines neuen Mietvertrags nach Erlaß des Räumungstitels s § 721 Rn 10. Eine einstw Anordnung über die Benutzung der Ehewohnung (§ 620 Nr 7) wird nach § 885 vollstreckt, wenn sie zur Räumung, Herausgabe oder Überlassung verpflichtet (§ 620 Rn 72); die bloße Zuweisung der Ehewohnung zur alleinigen Nutzung durch einen Ehegatten genügt nicht. Ist dem Ehegatten nur aufgegeben, die eheliche Wohnung zu verlassen (auch auszuziehen), ist die Verpflichtung nach § 888 durchzusetzen (Köln FamRZ 83, 1231; AG Gladbeck DGVZ 92, 62 = FamRZ 92, 589). Ein Räumungsvergleich des einen Ehegatten gegen den anderen nach geschiedener Ehe ist nach § 885 (nicht nach § 890) zu vollstrecken (Köln MDR 66, 761). 2

2) Schuldtitel, der nach § 885 zu vollstrecken ist, kann auch sein **a)** ein **Zuschlagsbeschluß** zur ZwV gegen den Besitzer des Grundstücks (der Räume), des Schiffs oder Schiffsbauwerks (§ 93 I ZVG; s Zeller/Stöber ZVG § 93 Rn 1, 2); **b)** ein **Räumungsbeschluß** gegen den Schuldner bei Zwangsverwaltung (§ 149 II ZVG; dazu Zeller/Stöber ZVG § 149 Rn 3.8). Übergabe des Grundstücks an den Zwangsverwalter (§ 150 II ZVG), desgleichen bei gerichtlicher Verwaltung (§ 94 II ZVG), erfolgt dagegen im Auftrag des Vollstreckungsgerichts (s auch § 182 Nr 2 GVGA). 3

3) Gläubigerauftrag (§ 753) muß erteilt sein; die allgemeinen ZwV-Voraussetzungen (vor § 704 Rn 14–17) müssen erfüllt sein. Ist der Schuldner Zug um Zug gegen Zahlung eines Geldbetrags zur Räumung verurteilt (s § 756) und kommt er trotz vorheriger Ankündigung beim Angebot der Gegenleistung seiner Räumungspflicht nicht nach, so kann die zwangsweise Räumung ohne die 4

Gegenleistung durchgeführt werden (AG Neustadt DGVZ 76, 73). Die dem Schuldner gem § 721 (§ 794a oder § 765a) gewährte Räumungsfrist muß abgelaufen sein. Anberaumung des Räumungstermins ist schon vor Fristablauf zulässig; seine Bestimmung steht im pflichtgemäßen Ermessen des GV (LG Mannheim MDR 65, 144; AG Oberkirch DGVZ 95, 92 [Ablehnung 6 Wochen vor Fristablauf]). Gesonderte richterliche Durchsuchungsanordnung ist für Vollstreckung eines Urteils nicht erforderlich (§ 758 Rn 10, dort auch zu Prozeßvergleich und anderen Titeln).

5 **4) a)** Der **Schuldner** muß **Besitzer** (§ 854 BGB; § 886 spricht von „Gewahrsam") der herauszugebenden, zu überlassenden oder zu räumenden unbeweglichen Sache (des Schiffs oder Schiffsbauwerks) sein; er muß im Urteil (anderen Vollstreckungstitel) oder in der Vollstreckungsklausel **namentlich bezeichnet** sein (§ 750 I). Der GV kann für Besitz des Schuldners in dem formalisierten Vollstreckungsverfahren jedoch (wie für Gewahrsam zur Pfändung, § 808 Rn 3 u 5) nur von der äußerlich erkennbaren Sachherrschaft ausgehen. Ein Dritter muß daher ein nicht erkennbares entgegenstehendes Besitzrecht im Rechtsbehelfsverfahren (§§ 766, 793) oder mit Klage nach § 771 (BVerfG [1. Kammer 1. Senat] NJW-RR 91, 1101; Köln NJW 54, 1895; LG Oldenburg DGVZ 91, 139; StJ/Brehm Rn 27) geltend machen. Demnach muß gelten:

5a **b) Eheleute** üben (bei ungestörter Ehe) die Herrschaftsgewalt über die Räume der Ehewohnung gemeinsam aus, sind sonach Mitbesitzer (BGH 12, 380 [398–400] = NJW 54, 918). Darauf, wer als Mieter sein Besitzrecht vom Gläubiger ableitet, kommt es nicht an. Erlangt sein kann Mitbesitz auch durch Aufnahme des Ehegatten (ist vom Vermieter zu dulden) durch einen Alleinmieter. Räumungsvollstreckung erfordert daher Vollstreckungstitel gegen beide Ehegatten (Köln NJW 54, 1895; Oldenburg JurBüro 91, 1276 = MDR 91, 968, beide für Besitzrecht auf Grund gemeinsamen Mietvertrags, darauf kommt es aber nicht an; Oldenburg NJW-RR 94, 715 = Rpfleger 94, 366; LG Hamburg NJW-RR 93, 146; LG Mannheim NJW-RR 93, 147; Becker-Eberhard FamRZ 94, 1296; hierzu auch StJ/Brehm Rn 9–16 mwN). § 739 ist nicht anwendbar; güterrechtliche Verhältnisse sind unerheblich. Besondere Umstände können eine andere Beurteilung erfordern (BGH 12, 380 [399]), so bei Getrenntleben in der Ehewohnung Teilbesitz (§ 865 BGB) und Mitbesitz an Gemeinschaftsräumen (§ 866 BGB), nur ausnahmsweise aber Alleinbesitz eines Ehegatten (nur Mitbenutzung durch anderen Ehegatten unter Anerkennung dieses alleinigen Besitzes). Demgegenüber wird noch angenommen (so auch hier 17. Aufl), es komme bei gemieteten Räumen darauf an, wer als Mieter sein Besitzrecht vom Gläubiger ableitet. Hat nur ein Ehegatte den Mietvertrag abgeschlossen, so sei lediglich ein Titel gegen diesen erforderlich, selbst wenn der andere Ehegatte als Mitbesitzer anzusehen ist, weil sein Mitbesitz aus dem Mietrecht des Ehepartners abgeleitet werde und durch das eheliche Zusammenleben begründet sei (Frankfurt MDR 69, 853; Hamm NJW 56, 1681; Köln NJW 58, 598; LG Oldenburg DGVZ 91, 26 u 139; LG Tübingen NJW 64, 2021; LG Kiel WuM 82, 304; AG Frankfurt DGVZ 90, 173; Schilken DGVZ 88, 49 [56]; aA Staudinger/Emmerich BGB §§ 535, 536 Vorb 107; Arzt/Schmidt ZMR 94, 90; Pawlowski DGVZ 88, 97; Winderlich ZMR 90, 125). Keines Räumungstitels gegen den Ehegatten soll es auch bedürfen, wenn der Schuldner erst nach Erlangung eines Vollstreckungstitels geheiratet hat (LG Mannheim MDR 64, 59). Dem jedoch kann nicht gefolgt werden. Auch erweiternde Anwendung des Abs 2 (auch Abs 3) ergibt nicht, daß der Ehegatte (und andere Familienangehörige bei Besitz) ohne gegen ihn gerichteten Titel von der Räumungsvollstreckung betroffen wäre (ebenso StJ/Brehm Rn 12; KG MDR 94, 162 = NJW-RR 94, 713; Oldenburg NJW-RR 94, 366; LG Kiel DGVZ 92, 42; Arzt/Schmidt aaO; anders aber zB LG Heidelberg DGVZ 94, 9; MK/Schilken Rn 9; Brox/Walker Rn 1047; Geißler DGVZ 87, 66; H. Schneider DGVZ 86, 4; LG Mainz MDR 78, 765); es besteht weder eine Regelungslücke (Titel gegen den weiteren Besitzer kann erwirkt werden) noch rechtfertigt Empfangszuständigkeit (Fürsorge) Familienangehöriger für wegzuschaffende Sachen, die nicht Gegenstand der Herausgabe/Wegnahmevollstreckung sind, bei tatsächlichem Raumbesitz ZwV gegen sie ohne Schuldtitel zur Durchsetzung des Anspruchs auf Herausgabe der unbeweglichen Sache. Ist die ehelichen Lebensgemeinschaft aufgehoben und ein Ehegatte alleiniger Gewahrsamsinhaber geworden, dann kann aus einem Räumungstitel gegen den Mieter-Ehegatten nicht gegen den in der Ehe-Wohnung zurückgebliebenen Ehegatten vollstreckt werden (Düsseldorf MDR 60, 234; LG Düsseldorf DGVZ 95, 126; LG Mannheim NJW 62, 815 m abl Anm Rheinspitz NJW 62, 1403; aA LG Frankfurt DGVZ 91, 11; AG Dortmund DGVZ 96, 77). Bei Trennung der Ehegatten nach Rechtshängigkeit kann der Räumungstitel ggfs nach §§ 727, 325 umgeschrieben werden (LG Mannheim aaO). Ein Räumungstitel gegen den Ehemann auf Räumung eines im Miteigentum beider Ehegatten stehenden Grundstücks berechtigt nicht zur ZwV gegen die mitbesitzende Ehefrau (LG Düsseldorf MDR 62, 995).

5b **c) Minderjährigen** (der elterlichen Sorge unterstehenden) **Kindern** sind Räume der elterlichen Wohnung (durchweg) nicht zu (selbständigem) Gebrauch überlassen; sie sind somit weder Besitzer noch Mitbesitzer. Räumung erfordert daher nur Vollstreckungstitel gegen die Eltern (den Elternteil) als alleinige Besitzer (StJ/Brehm Rn 8; KG NJW-RR 94, 713 [714] Becker-Eberhard FamRZ 94, 1296). Entsprechendes gilt für ein **erwachsenes Kind,** das weiterhin in der elterlichen Wohnung (in den ihm zugewiesenen Zimmer) wohnt (wenn auch mit eigener Haushaltsführung) und Gemeinschaftseinrichtungen (Küche, Bad usw) mitbenutzt (Verkehrsauffassung spricht für fortdauernde Mitbenutzung ohne eigenen Besitzwillen; Hamburg MDR 91, 453 = NJW-RR 91, 909: bei Zusammenwohnen von Eltern und Kindern ändert sich mit Volljährigkeit an den Besitzverhältnissen nichts; Arzt/Schmidt ZMR 94, 90; Verfassungsverletzung wurde verneint, BVerfG [1. Kammer 1. Senat] NJW-RR 91, 1101). Im Einzelfall (abgeschlossener Lebensbereich, eigener Hausstand, Mietzahlung) kann Besitz des Kindes gegeben, mithin Titel auch gegen dieses erforderlich sein (Becker-Eberhard FamRZ 94, 1296 [1302]). Gleiches gilt für einen nur vorübergehend anwesenden Angehörigen oder Gast (Besucher, KG MDR 94, 162). Teilbesitz (§ 865 BGB) und Mitbesitz an Gemeinschaftsräumen (§ 866 BGB) als dem GV nicht erkennbare Ausnahme ist im Rechtsbehelfsverfahren geltend zu machen (Rdn 5, und dort nachzuweisen).

d) **Angehörige,** zB ein Eltern- oder Schwiegerelternteil, der Bruder oder die Schwester, der Neffe oder die Nichte eines Ehegatten, die mit Erlaubnis des Vermieters in die Wohnräume aufgenommen sind (§ 549 II BGB), haben Mitbesitz (§ 866 BGB) oder Teilbesitz (§ 865 BGB). Räumung erfordert daher auch Vollstreckungstitel gegen sie. Aufnahme ohne die Erlaubnis des Vermieters kann Mitbenutzung ohne eigenen Besitzwillen begründen (Mitbenutzung unter Anerkennung des alleinigen Besitzes der [des] Ehegatten); ein Titel gegen den Angehörigen ist dann nicht erforderlich. Im Einzelfall kann dann aber (wie bei erlaubter Aufnahme) auch Mitbesitz (§ 866 BGB) oder Teilbesitz (§ 865 BGB) begründet sein; dann sollte das nicht erkennbare entgegenstehende Besitzrecht im Rechtsbehelfsverfahren geltend gemacht werden müssen (wie Rn 5b). 5c

e) **Dritte,** die als **Bedienstete** im Haushalt oder Erwerbsgeschäft sich in herauszugebenden Räumen aufhalten (Hausangestellte, Gewerbegehilfen, Arbeitnehmer, Lehrlinge), sind nicht Besitzer (§ 855 BGB); ein (gesonderter bzw weiterer) Vollstreckungstitel gegen sie hat daher nicht vorzuliegen (StJ/Brehm Rn 8; KG NJW-RR 94, 713). Als Besitzdiener sind sie weisungsgebunden; die Weisung des allein besitzenden Schuldners wird durch den rechtlichen Zwang des GV ersetzt. 5d

f) **Nichteheliche Lebensgefährten** können Mitbesitzer der herauszugebenden Räume sein (so jedenfalls bei Vermietung an beide); dann muß für Räumung der Vollstreckungstitel auch gegen beide Partner lauten. Wurde der nichteheliche Lebenspartner (später) in die Räume aufgenommen, so kann ihm Mitbesitz durch den bisherigen Alleinbesitzer eingeräumt sein (ist jedenfalls bei Erlaubnis des Vermieters nach § 549 II BGB anzunehmen, wohl auch bei langjährigem Zusammenleben); Herausgabevollstreckung erfordert auch dann Vollstreckungstitel gegen beide (so auch KG NJW-RR 94, 713; AG Gelsenkirchen DGVZ 95, 172; AG Bad Segeberg/LG Kiel DGVZ 92, 42; AG Schönau NJW 92, 3309; Arzt/Schmidt ZMR 94, 90; Becker-Eberhard FamRZ 94, 1296 [1303]; Hamburg MDR 93, 274 = NJW 92, 3308 u LG Mönchengladbach DGVZ 96, 74 für Begründung von Mitbesitz ohne oder gegen den Willen des Vermieters und Verheimlichung über einen wesentlichen Zeitraum). Seltener wird bloße Mitbenutzung der Räume unter Anerkennung des alleinigen fremden Besitzes des Lebensgefährten, der die Räume gemietet hat, vorliegen. Davon kann bei (insbes noch kurzer oder nur vorübergehender) Aufnahme ohne die Erlaubnis des Vermieters ausgegangen werden (so auch Becker-Eberhard aaO), soweit nicht besondere Umstände eine andere Beurteilung gebieten. Hat demnach der GV nach den erkennbaren Umständen von der alleinigen Sachherrschaft nur eines der Partner der Lebensgemeinschaft auszugehen, so muß auch Räumungstitel nur gegen diesen genügen. Dann hat der andere Partner der Lebensgemeinschaft ein nicht erkennbares entgegenstehendes Besitzrecht im Rechtsbehelfsverfahren geltend zu machen (wir Rn 5b). Demgegenüber wird noch angenommen, ein Räumungstitel gegen den mitbesitzenden Lebensgefährten sei nicht erforderlich, solange dieser sein Besitzrecht nicht vom Gläubiger (Vermieter) ableitet (LG Darmstadt DGVZ 80, 110; LG Lübeck JurBüro 92, 196 u AG Neuss NJW 85, 2427 [auch für Kind des Lebensgefährten]; auch AG Stuttgart DGVZ 83, 190: Verlobte; H. Schneider DGVZ 86, 4). Dem kann nicht gefolgt werden. Alleinbesitz hat der Partner der Lebensgemeinschaft, wenn er weiter in den Räumen wohnt (sich darin aufhält), deren Besitz der zunächst als Alleinbesitzer räumungspflichtige Lebensgefährte bereits aufgegeben oder (durch Vollstreckung) verloren hat; dann ist zur Herausgabevollstrekkung Schuldtitel (Vollstreckungsklausel) gegen ihn erforderlich (AG Sobernheim DGVZ 95, 47; aA LG Frankfurt DGVZ 91, 11; LG Lübeck JurBüro 92, 196). 5e

g) Für **zusammenlebende Verwandte** und ähnliche **häusliche Gemeinschaften** (zu ihnen auch Becker-Eberhard aaO) gilt das für Partner einer nichtehelichen Lebensgemeinschaft Gesagte entsprechend. Bei Vermietung an alle ist von Mitbesitz auszugehen; erforderlich ist daher Räumungstitel gegen jeden der Besitzer. Sonst wird durchweg Mitbesitz (oft auch Teilbesitz) gegeben sein (erfordert Titel gegen alle) und nur selten bloße Mitbenutzung unter Anerkennung alleinigen fremden Besitzes festgestellt werden können. 5f

h) Gegen einen **Untermieter** (Unterpächter) darf der GV nur vorgehen, wenn der Titel auch gegen ihn lautet (Celle NJW-RR 88, 913 [auch zur Sorgfaltspflicht des GV]; LG Hamburg NJW-RR 91, 1297; LG Köln WuM 91, 507; StJ/Brehm Rn 16; Becker-Eberhard FamRZ 94, 1296; 5g aA [nicht, wenn Gläubiger von der Untervermietung keine Kenntnis hatte] LG Lübeck DGVZ 95, 92).

5h i) **Fehlen** eines Vollstreckungstitels auch gegen einen Mitbesitzer wird als unschädlich angesehen, wenn er der Zwangsräumung mit Titel gegen nur einen besitzenden Schuldner **nicht widerspricht** (§§ 809, 886 entspr; StJ/Brehm Rn 18; MK/Schilken Rn 7a; LG Hamburg aaO [für Untermieter]). Dagegen bestehen nur dann keine Bedenken, wenn man in der erklärten Herausgabebereitschaft (sie ist im GV-Protokoll zu vermerken) zugleich bürgerlichrechtlich eine sofortige Besitzaufgabe (§ 856 I BGB) sieht.

6 **III) Durchführung:** 1) Der GV hat den **Schuldner aus dem Besitz** (§ 854 BGB) zu setzen und den **Gläubiger in den Besitz einzuweisen** (Abs 1). Das erfordert auch, daß die Personen des Hausstandes (auch ein volljähriges Kind, s Rn 4b) oder Erwerbsgeschäfts des Schuldners und die in einem ähnlichen Verhältnis unselbständig besitzenden Personen aus dem Besitz gesetzt werden, auch Besucher und sonst nur vorübergehend aufgenommene Personen (Gäste), die kein eigenes Besitzrecht haben (AG Hannover DGVZ 73, 158). Anwendung finden §§ 754–756 (zu § 758 s Rn 4), §§ 759–763. § 14 KO steht der Räumung der Schuldnerwohnung nicht entgegen (LG Hannover DGVZ 90, 170). Die Zeit der beabsichtigten Vollstreckung soll rechtzeitig mitgeteilt werden (§ 180 Nr 2 GVGA); Benachrichtigung auch des Schuldners ist zweckmäßig (RG DRZ 35 Nr 274); seine Anwesenheit ist jedoch nicht notwendig (§ 180 Nr 2 GVGA). In Abwesenheit des Gläubigers kann die Besitzeinweisung bewirkt werden, wenn er durch die Maßregel des GV (zB Übergabe oder Übermittlung der Schlüssel, Bestellung eines Hüters) in die Lage versetzt wird, die tatsächliche Gewalt über Grundstück oder Räume auszuüben (§ 180 Nr 2 GVGA). Bei einem brachliegenden Grundstück erfolgt Herausgabevollstreckung dadurch, daß der GV an Ort und Stelle in Gegenwart des Gläubigers (seines Vertreters) erklärt und zu Protokoll feststellt, daß er den Schuldner aus dem Besitz setzt und den Gläubiger in den Besitz einweist (LG Trier DGVZ 72, 93). Räumungsaufschub durch den GV: § 765a II.

7 2) Auf das **Zubehör** (§§ 97, 98 BGB) erstreckt sich die Herausgabe/Räumungsvollstreckung, auch wenn es im Schuldtitel nicht gesondert erwähnt ist (s § 180 Nr 3 GVGA). Zubehörstücke bleiben daher auf dem Grundstück; mit ihm werden sie dem Gläubiger übergeben.

8 3) **Andere bewegliche Sachen** (im Eigentum oder auch nur Besitz des Schudners), die sonach nicht Gegenstand der Herausgabe/Räumungsvollstreckung sind, **werden weggeschafft** (Einzelstücke sind hierfür zu verpacken, nicht aber zu ordnen, AG Siegen DGVZ 89, 44) und dem Schuldner oder einer ihm nahestehenden Person (Prozeßvollmacht genügt nicht) außerhalb des Grundstücks (der Räume) übergeben (Abs 2). Der Gläubiger kann durch Beschränkung seines Räumungsauftrags nicht bestimmen, daß nur der Schuldner (mit seiner persönlichen Habe) aus dem Besitz zu setzen sei, bewegliche Sachen (Abs 2) aber nicht weggeschafft werden dürften (würde Gewahrsam an Sachen, die nicht Gegenstand der ZwV sind, dem Schuldner nehmen und dem Gläubiger verschaffen; AG/LG Düsseldorf DGVZ 84, 78; LG Hildesheim DGVZ 87, 78; AG Bln-Wedding DGVZ 86, 123; anders noch LG Arnsberg DGVZ 84, 30).

9 4) Ist weder der Schuldner noch eine der in Abs 2 genannten Personen anwesend, so hat der **GV für sichere Unterbringung** der wegzuschaffenden Sachen **zu sorgen** (Abs 3). Er darf die Sachen nach Herausschaffung aus der Wohnung (den Räumen) nicht ihrem Schicksal überlassen, braucht sie jedoch auch nicht in die neue Wohnung des Schuldners schaffen zu lassen (LG Essen MDR 74, 762); anders, wenn der Schuldner Kosten vorschießt oder Verwahrungskosten erspart werden können; zur Amtspflicht des GV, bei Kostenvorauszahlung einen Spediteur zu beauftragen, s AG Herne DGVZ 80, 30. Der GV hat die Sachen (auf Kosten des Schuldners, Vorschußpflicht des Gläubigers § 5 GVKostG) in das **Pfandlokal** zu schaffen oder anderweit (möglich bei Wahrung der Schuldnerbelange auch in einem vom Gläubiger bereitgestellten Raum) in **Verwahrung** zu bringen (Abs 3). Den Verwahrungsvertrag schließt der GV im eigenen Namen, nicht im Namen des Gläubigers oder Schuldners (RG 102, 77; Schneider DGVZ 82, 1 [2]). Dem Verwahrer haftet für Lagerkosten daher nur der GV (LG Hannover DGVZ 77, 60; LG Offenbach DGVZ 78, 158; Schneider DGVZ 82, 1 [2]; s zum Lagervertrag jetzt aber auch § 808 Rn 17; zur Haftung bei Fehlverhalten des Lagerhalters Köln DGVZ 94, 171 = JurBüro 95, 105). Ein (klagbarer) Rückgabeanspruch des Schuldners an den Verwahrer besteht nur, wenn das vertraglich vereinbart ist (§ 328 BGB; RG aaO). Verwahrung nach Abs 3 ist auch veranlaßt, wenn der Schuldner die Entgegennahme der Gegenstände verweigert (Hamburg NJW 66, 2319; Karlsruhe DGVZ 64, 114; LG Essen DGVZ 74, 118). Wenn jedoch die Möglichkeit besteht, ohne Störung der öffentlichen Ordnung und ohne Verletzung fremder Rechte das Räumungsgut dem Schuldner zur Verfügung zu stellen (zB durch Lagerung auf einem vom Schuldner gepachteten Grundstück), ist gegen den Willen des Gläubigers kein Raum für eine ihn belastende Verwahrung nach Abs 3 (Hamm DGVZ 80, 185 = JurBüro 81, 295).

10 5) **Unrat, Müll** und sonst **wertloses Gerümpel** gehört zu den Sachen, die aus der Wohnung zu schaffen sind (LG Berlin DGVZ 80, 154). Durchgeführt ist die Räumung erst dann vollständig,

wenn auch Müll und Unrat aus den Räumen geschafft ist (AG Bln-Neukölln DGVZ 80, 42). Doch ist der GV deswegen nicht verpflichtet, eine geräumte Wohnung dem Gläubiger besenrein oder in bezugsfertigem Zustand zu übergeben (LG Berlin aaO). Der GV ist berechtigt, offensichtlich wertloses Räumungsgut, das nicht nach Abs 2 übergeben werden kann (erfordert Anhörung des Schuldners, StJ/Brehm Rn 33), auszusondern und es als Müll zu behandeln (AG Bln-Neukölln aaO; AG/LG Karlsruhe DGVZ 80, 14; AG Leverkusen DGVZ 96, 44). Kosten gehören zu den Räumungskosten (Rn 14), für die (auch) der Gläubiger haftet (LG Koblenz DGVZ 92, 30 [33]).

6) **Haustiere** des Schuldners sind (als bewegliche Sachen) vom GV wegzuschaffen (Abs 2). Können sie dem Schuldner (einer Ersatzperson) nicht zur Verfügung gestellt werden, hat die vom GV zu verständigende Ordnungsbehörde ihre Unterbringung und Versorgung zu übernehmen (LG Oldenburg DGVZ 95, 44; Geißler DGVZ 95, 145). **10a**

7) Der Gläubiger eines **Pfand-** oder **Zurückbehaltungsrechts** an den Sachen kann der Entfernung widersprechen. Der Vermieter (Verpächter) kann wegen seines Pfandrechts für eine Forderung aus dem Miet/Pachtverhältnis (§§ 559, 581 II BGB) die Sachen in Besitz nehmen, ohne daß Anrufung des Gerichts (ein Vollstreckungstitel) erforderlich wäre (§§ 561, 581 II BGB). Dieses Pfandrecht erstreckt sich jedoch nur auf die der Pfändung unterliegenden Sachen (§ 559 S 3 BGB). Hat der Gläubiger als Vermieter/Verpächter Sachen in Besitz genommen, ist die ZwV beendet; nach späterem Verzicht auf sein Pfandrecht kann der Gläubiger daher Herausschaffung der Sachen nicht verlangen (AG Düsseldorf DGVZ 94, 141). Für Verwahrung der Pfänder hat der Vermieter/Verpächter, der sein gesetzliches Pfandrecht geltend gemacht hat, zu sorgen (RG 102, 77 [82]). Der GV hat die Sachen in der Wohnung zu lassen (LG Darmstadt DGVZ 77, 89; Schneider MDR 82, 984 u DGVZ 82, 73), auch wenn das Pfandrecht (auch Unpfändbarkeit der Sache) umstritten ist (StJ/Brehm Rn 29 [GV hat über Vermieterpfandrecht nicht zu „entscheiden"]; LG Gießen DGVZ 91, 156; AG Leverkusen DGVZ 96, 75; anders Schilken DGVZ 88, 49 [58]: Unpfändbarkeit prüft GV; sonst Verwahrung durch GV, wenn Pfandrecht umstritten ist). **11**

8) Bewegliche Sachen, die wegen einer gleichzeitig beizutreibenden Forderung oder wegen der Kosten (§ 788 I) zu **pfänden** sind, nimmt der GV in Besitz (§ 808 I). **12**

IV) 1) Die (notwendigen) Kosten der Herausgabevollstreckung hat als **ZwV-Kosten** der Schuldner zu tragen (§ 788 I). Dazu gehören auch Transportkosten für Wegschaffung der beweglichen Sachen (Abs 2) und das für die Einlagerung erforderliche Lagergeld (Abs 3), desgleichen Kosten des Gläubigers für Beseitigung von Schäden, die durch Widerstand des Schuldners verursacht wurden (AG Kenzingen DGVZ 92, 93: Schäden am Haus bei Polizeieinsatz). **13**

2) **Kostenschuldner des GV** ist der Gläubiger als Auftraggeber und der Schuldner, soweit ZwV-Kosten notwendig entstanden sind (§ 3 GVKostG). Der Gläubiger haftet für Räumungskosten nur insoweit, als der GV den Auftrag nach § 885 ausführt, sonach nicht für Mehrkosten, wenn der GV abweichend bewegliche Habe in eine Ersatzwohnung schaffen läßt (LG Bochum DGVZ 68, 85 = Rpfleger 68, 127 m Anm Noack). Dafür, daß keine überhöhten Transportkosten entstehen, hat der GV durch entsprechende Vorbereitung und Aufsicht Sorge zu tragen (LG Frankfurt DGVZ 72, 136); Lagerkosten, die bei richtiger Sachbehandlung nicht entstanden wären, können vom Gläubiger nicht verlangt werden (LG Berlin DGVZ 75, 42), desgl nicht Lagerkosten, die bei möglicher Verwahrung im Pfandlokal nicht entstanden wären (Hamburg MDR 66, 933 = NJW 66, 2319). Vom Gläubiger kann der auf einen privaten Lagerhalter angewiesene GV neben den Transportkosten auch die Lagerkosten verlangen, die entstehen, weil der Schuldner die Sachen nicht abholt, sofern die Einlagerung nicht über Gebühr ausgedehnt wird, insbes der GV nicht pflichtwidrig Maßnahmen nach Abs 4 verzögert (Karlsruhe Rpfleger 74, 408; LG Berlin Rpfleger 66, 29, LG Frankfurt DGVZ 94, 43; LG Osnabrück Rpfleger 79, 351; AG/LG Hamburg DGVZ 83, 122 = JurBüro 83, 1728; AG Bln-Tempelhof DGVZ 92, 141 = JurBüro 93, 173; AG Lahnstein/LG Koblenz DGVZ 92, 30; aA Hamburg MDR 66, 933; LG Lübeck DGVZ 81, 172 = JurBüro 82, 622: nur Kosten für erste Einlagerung, nicht weitere Lagerkosten). Wenn es nicht zur Räumung kommt, hat der Gläubiger (soweit notwendig) auch die Ersatzpauschale eines vom GV zugezogenen Pfandgehilfen (LG Braunschweig DGVZ 83, 117) oder den Ausfallbetrag (Bereitstellungskosten) des Spediteurs zu zahlen (AG/LG Berlin DGVZ 86, 42; LG Kassel DGVZ 87, 89 = JurBüro 87, 1047; AG Itzehoe DGVZ 84, 123; AG/LG Siegen DGV 94, 76; AG Wetzlar/LG Limburg DGVZ 83, 126; zur Umsatzsteuer AG Wiesloch DGVZ 84, 157; App DGVZ 85, 49). Wenn die laufende Räumung eingestellt wird, haftet der Gläubiger dem GV nicht für Kosten, die entstehen, weil der Schuldner die Rückschaffung der Sachen veranlaßt (keine ZwV-Kosten; Sachen sind dem Schuldner nach Abs 2 zu übergeben; so iE auch AG Bochum DGVZ 92, 31 mit krit Anm Schriftl); wenn der GV die Sachen in Verwahrung zu bringen hat (Abs 3; dazu gehört auch die Rückschaffung in die Wohnung), hat auch der Gläubiger diese ZwV-Kosten des GV zu tragen. **Vorschußpflicht des Gläubigers** (auch wegen der ihn treffenden Kosten, die durch Zuziehung eines Spediteurs, AG Itzehoe DGVZ 83, 142, sowie Unterbringung entstehen): § 5 GVKostG. Der **14**

Schuldner (auch ein als Berechtigter ausgewiesener Dritter, KG Rpfleger 75, 34) kann die weggeschafften Sachen (auch unpfändbare) nur gegen Erstattung der Transport- und Verwahrungskosten (die Räumungskosten selbst gehören nicht dazu, LG Berlin DGVZ 90, 71; AG Bonn DGVZ 84, 14; StJ/Brehm Rn 39) verlangen (**Zurückbehaltungsrecht** des GV; dazu Schneider DGVZ 82, 1 [2]). Das Zurückbehaltungsrecht steht dem GV auch für die durch Gläubigervorschuß gedeckten Transport- und Lagerkosten zu (KG MDR 75, 235 u Rpfleger 86, 439 [440]; LG Berlin aaO; AG Bonn aaO; Mümmler JurBüro 74, 809; aA LG Berlin MDR 72, 250; LG Essen DGVZ 89, 153; StJ/Brehm Rn 40 mwN). Die Kostenhaftung des Gläubigers erlischt nicht dadurch, daß der GV Sachen dem nicht zahlungsfähigen Schuldner ohne Erstattung der Transport- und Lagerkosten überläßt (LG Hamburg DGVZ 83, 122 = aaO).

15 V) Den **Verkauf** der weggeschafften und verwahrten beweglichen Sachen (Abs 2, 3) und die Hinterlegung des Erlöses zugunsten des Schuldners kann das Vollstreckungsgericht anordnen, in dessen Bezirk die Räumungsvollstreckung stattgefunden hat (§ 764 II; LG Nürnberg-Fürth Rpfleger 92, 307; aA Noack Rpfleger 78, 42: das für den Verwahrungsort zuständige), wenn der Schuldner (auch bei unbekanntem Aufenthalt, AG Seligenstadt DGVZ 91, 159) oder ein Dritter als Eigentümer (LG Berlin Rpfleger 74, 409) die Abforderung verzögert (Abs 4); Geschäftsunterlagen, für die eine gesetzliche Aufbewahrungspflicht besteht, sind jedoch auf Kosten der Staatskasse zu verwahren (AG Frankfurt DGVZ 87, 159). Die Anordnung kann auf Antrag des Gläubigers, Anregung des GV oder von Amts wegen ergehen. Zuständig ist der Rechtspfleger (§ 20 Nr 17 RpflG). Zulässig ist die Anordnung, wenn der Schuldner vom GV erfolglos aufgefordert wurde, das Räumungsgut auf seine Kosten abzuholen (Überbringung kann er nicht verlangen, LG Wuppertal DGVZ 90, 189), und nur, um den GV von seiner Obhutspflicht zu befreien (auch wenn der Lagervertrag vom Gläubiger abgeschlossen wurde; LG Rottweil DGVZ 94, 44), nicht aber ausschließlich zur Sicherung der Lagerkosten (LG Essen MDR 55, 365; LG Frankenthal MDR 62, 140). Durch ein Stundungsgesuch für entstandene Kosten kann der Schuldner die Versteigerungsanordnung nicht abwenden (Noack Rpfleger 68, 42 [43]); doch kann er Schutz nach § 765a verlangen (aA Noack aaO; Anordnung ist jedoch ZwV-Maßregel). Behauptete Rechte Dritter hindern Anordnung des Verkaufs nicht (LG Wuppertal aaO). Nicht mehr zulässig ist die Anordnung, wenn der Schuldner die weitere Verwahrung auf eigene Kosten übernimmt und die bisherigen Lagerkosten zahlt (KG DGVZ 61, 39). Die Anordnung ergeht durch Beschluß, der dem Schuldner (bei unbekanntem Aufenthalt öffentlich) und Gläubiger zuzustellen (§ 329 III) und dem GV mitzuteilen ist. Wertlose Sachen, deren Verwertung auf Grund der gerichtlichen Anordnung nicht möglich ist, kann der GV vernichten (§ 180 Nr 5 aE GVGA); das Vollstreckungsgericht hat ihre Vernichtung nicht anzuordnen (AG Lampertheim DGVZ 88, 125; aA LG Karlsruhe DGVZ 90, 11; LG Wuppertal DGVZ 90, 189 [wenn widersprechende Wertangaben Festellung der Wertlosigkeit erfordern]; AG Bielefeld DGVZ 74, 142; AG Limburg DGVZ 77, 30). Höchstpersönliche wertlose Sachen sind dem Schuldner zuzusenden (AG Lampertheim aaO mwN).

16 **VI)** Ein Räumungstitel gegen denjenigen von mehreren Mietern, der den Besitz des Grundstücks usw bereits endgültig aufgegeben hat (zu Rückgabeanspruch und Titel in diesem Fall BGH NJW 96, 515), kann nach § 885 vollstreckt werden, wenn der Schuldner Besitz wieder erlangt hat (keine verbotene Eigenmacht; BGH aaO). Sonst ermöglicht er dem Vermieter Durchsetzung eines Schadensersatzanspruchs nach § 283 BGB (BGH 56, 308 [312] u aaO).

17 **VII) Rechtsbehelfe:** Gegen das ZwV-Verfahren des GV (Abs 1–3) für Gläubiger, Schuldner und Dritte (KG NJW-RR 94, 713) Erinnerung nach § 766 (dann § 793); Bestimmung eines früheren Räumungstermins kann mit Erinnerung nicht erstrebt werden (AG Karlsruhe DGVZ 84, 29). Gegen den Beschluß nach Abs 4 Beschwerde (§ 793) bzw befristete Rechtspflegererinnerung (§ 11 I S 2 RpflG; Frankfurt JurBüro 79, 1209 = Rpfleger 79, 350), dies auch für einen Dritten, der sich in Kenntnis des Verfahrens vor der Anordnung geäußert hatte (KG NJW-RR 86, 1126); Dritteigentum ist jedoch im Klageweg geltend zu machen (LG Koblenz DGVZ 87, 11). Schutz des Schuldners nach § 765a gegen Maßnahmen der Abs 2–4: KG MDR 86, 1033 = NJW-RR 86, 510 (auch § 765a Rn 19).

18 **VIII) Einweisung** des Schuldners wegen drohender Obdachlosigkeit durch die **Ordnungsbehörde** (zu Grundlagen und Voraussetzungen BayVGH DGVZ 92, 126) hemmt die ZwV (s § 181 Nr 3 GVGA). Die Vollstreckungsfähigkeit des Titels ist damit nicht beseitigt. Das gilt auch bei Wiedereinweisung nach nur „symbolischer Räumung“ (Wegschaffung nur eines oder einzelner Möbelstücke). Der Gläubiger kann nach Aufhebung der Einweisungsverfügung oder Ablauf der Zeit der Wiedereinweisung daher die Herausgabe/Räumungsvollstreckung seines Titels betreiben (Frankfurt MDR 69, 852; Hamm NJW 60, 1016; Nürnberg NJW 53, 1398; Stuttgart NJW 56, 1844; LG Darmstadt DGVZ 89, 24 u DGVZ 93, 154; LG Ellwangen DGVZ 93, 11; LG Freiburg DGVZ 89, 155; LG Heilbronn DGVZ 93, 43 = WuM 93, 63; LG Wuppertal DGVZ 91, 26; AG Bad Iburg DGVZ 88, 189 = MDR 88, 1066; AG Villingen-Schwennigen DGVZ 89, 77; Brox/Walker Rn 1061; Tenbieg DGVZ 88, 184; aA Pawlowski ZZP 102 [1989] 440 u DGVZ 92, 97: neues Räumungsurteil; AG

Langen DGVZ 88, 47), und zwar ungeachtet seines daneben gegen die Obdachlosenbehörde bestehenden Anspruchs, den Schuldner aus der Wohnung zu entfernen (Folgenbeseitigungsanspruch; zu ihm VGH Mannheim DGVZ 88, 190 u DGVZ 91, 30 = NJW 90, 2770 mit Nachw), der im Verwaltungsrechtsweg geltend zu machen ist).

IX) Gebühren: 1) des **Gerichts:** Für die Anordnung nach Abs 4 Festgebühr von 20 DM (KV 1640). – **2)** des **Anwalts:** Der Antrag des RA des Gläubigers nach Abs 4 ist durch die (3/10) Vollstreckungsgebühr aus § 57 BRAGO mit abgegolten (§ 58 Abs 1 BRAGO). – **3)** des **Gerichtsvollziehers:** Für die Tätigkeit nach Abs 1 das Doppelte der Festgebühr (§ 24 I Nr 1 GVKostG; vgl auch Abs 2 und 3 daselbst). 19

886 *[Herausgabe bei Gewahrsam eines Dritten]*

Befindet sich eine herauszugebende Sache im Gewahrsam eines Dritten, so ist dem Gläubiger auf dessen Antrag der Anspruch des Schuldners auf Herausgabe der Sache nach den Vorschriften zu überweisen, welche die Pfändung und Überweisung einer Geldforderung betreffen.

I) Befindet sich die herauszugebende bewegliche oder unbewegliche Sache im Gewahrsam (auch Mitgewahrsam, Schilken DGVZ 88, 49 [50]) eines Dritten, der nicht zur Herausgabe bereit ist, wird der Herausgabeanspruch in der Weise vollstreckt, daß dem Gläubiger auf Antrag der Anspruch des Schuldners auf Herausgabe der Sache nach den Vorschriften über die Pfändung und Überweisung einer Geldforderung überwiesen wird. § 886 setzt nicht voraus, daß der Schuldner einen fälligen Herausgabeanspruch gegen den unmittelbaren Besitzer hat; der Anspruch kann auch, wie bei der Pfändung von Geldforderungen, betagt oder bedingt sein; auch ein künftiger Anspruch ist pfändbar (näher § 829 Rn 2). § 886 ist zu unterscheiden von §§ 846–848. In den Fällen §§ 846 ff will der Gläubiger die Sache der Befriedigung seiner Geldforderung dienstbar machen; die genannten Vorschriften geben ihm die Mittel an die Hand, dies auch gegenüber dem dritten Besitzer durchzuführen. Einen Anspruch gegen den Schuldner auf Herausgabe der Sache hat dort der Gläubiger nicht. Deshalb kann auch nur die Herausgabe an den GV bzw Sequester zur Befriedigung des Gläubigers aus der zu verwertenden Sache angeordnet werden. Im Fall des § 886 richtet sich der Anspruch des Gläubigers auf Herausgabe der Sache an ihn. Deshalb ist (durch das Vollstreckungsgericht; Rechtspfleger § 20 Nr 17 RpflG) auf schriftlichen oder zu Protokoll gestellten Antrag der dem Schuldner gegen den Drittschuldner zustehende Herausgabeanspruch zu pfänden und dem Gläubiger zur Einziehung zu überweisen (§ 835). Anordnung, daß der Gegenstand an einen GV zur Verwertung herauszugeben sei, ist hier nicht möglich; die Herausgabe hat vielmehr an den Gläubiger selbst zu erfolgen. Verweigert der Drittschuldner nach Überweisung die Herausgabe weiterhin, so muß der Gläubiger gegen ihn auf Herausgabe klagen und das Urteil gem §§ 883–885 vollstrecken. ZwV gegen einen widersprechenden Dritten ist verbotene Eigenmacht (LG Bielefeld NJW 56, 1879). **Rechtsbehelf** des Schuldners gegen den Pfändungs- und Überweisungsbeschluß: Erinnerung, § 766; des Gläubigers gegen Ablehnung seines Antrags: sofortige Beschwerde (§ 793) bzw befristete Rechtspflegererinnerung. 1

II) Gebühren: 1) des **Gerichts:** Festgebühr von 20 DM (KV 1640). – **2)** des **Anwalts:** § 57 BRAGO. 2

887 *[Zwangsvollstreckung bei vertretbaren Handlungen]*

(1) **Erfüllt der Schuldner die Verpflichtung nicht, eine Handlung vorzunehmen, deren Vornahme durch einen Dritten erfolgen kann, so ist der Gläubiger von dem Prozeßgericht des ersten Rechtszuges auf Antrag zu ermächtigen, auf Kosten des Schuldners die Handlung vornehmen zu lassen.**

(2) **Der Gläubiger kann zugleich beantragen, den Schuldner zur Vorauszahlung der Kosten zu verurteilen, die durch die Vornahme der Handlung entstehen werden, unbeschadet des Rechts auf eine Nachforderung, wenn die Vornahme der Handlung einen größeren Kostenaufwand verursacht.**

(3) **Auf die Zwangsvollstreckung zur Erwirkung der Herausgabe oder Leistung von Sachen sind die vorstehenden Vorschriften nicht anzuwenden.**

I) **Zweck:** Regelung der ZwV zur Erfüllung einer vertretbaren Handlung (Ersatzvornahme). 1

II) **Voraussetzungen: 1)** Der nach dem Schuldtitel zu vollstreckende Anspruch (vor § 704 Rn 3; zum Fall des § 510b s dort Rn 4 ff und § 888a) muß in der Verpflichtung bestehen, **eine vertretbare Handlung** vorzunehmen, die weder in einer Geldzahlung noch in der Herausgabe oder Leistung von Sachen (Abs 3) oder Abgabe einer Willenserklärung (§ 894) besteht. Vertretbare Handlungen sind solche, die von einem Dritten an Stelle des Schuldners (selbständig ohne 2 dessen Mitwirkung; Schneider MDR 75, 279 zu II 1) vorgenommen werden können. Es muß vom Standpunkt des Gläubigers aus wirtschaftlich gleichgültig sein, durch wen die Handlung vorgenommen wird, und vom Standpunkt des Schuldners aus rechtlich zulässig, daß ein anderer als er selbst die Handlung vornimmt (BGH NJW 95, 463 [464]; StJ/Brehm Rn 6; ähnlich MK/Schilken Rn 5; auch BayObLG 88, 440 [441]). Daß hinsichtlich der Mittel, mit denen die Leistungspflicht erfüllt werden kann, verschiedene Möglichkeiten zur Verfügung stehen (Beispiel: geeignete Maßnahmen zur Absicherung eines Steilhangs), beeinträchtigt den Charakter einer Leistung als vertretbare Handlung nicht (Zweibrücken MDR 74, 409 = OLGZ 74, 317 u MDR 83, 500; Hamm MDR 83, 850 für Beseitigung bestimmter Immissionen; Köln MDR 95, 95 für Beheizung der Wohnung; München MDR 87, 945 = NJW-RR 88, 22 für Beseitigung von Baumängeln, auch zur Frage der Bestimmtheit; aA Düsseldorf NJW-RR 88, 63 = OLGZ 88, 83 u München NJW-RR 92, 768: § 888 für nur allgemeine Verurteilung zur Beseitigung von Beeinträchtigungen [Vornahme geeigneter Maßnahmen gegen das Eindringen von Feuchtigkeit]). Unter § 887 fallen Handlungen, die nicht Rechtsgeschäfte sind (zu begleitenden Willenserklärungen s Schneider MDR 75, 279 zu II 2); auch der Anspruch auf Befreiung von einer Geldverbindlichkeit (sie muß aus dem Titel eindeutig ersichtlich sein, Saarbrücken JurBüro 90, 1681) ist nach § 887 zu vollstrecken (KG OLGZ 73, 54 = MDR 70, 1018 mit zahlr Nachw; Frankfurt Rpfleger 75, 329 u JurBüro 78, 770; Hamm NJW 60, 923, Rpfleger 63, 248 u JurBüro 84, 1107; Köln FamRZ 94, 1048; Hamburg FamRZ 83, 212: Freistellungsanspruch wegen Unterhalts; Bischof ZIP 84, 1444 [auch zu typischen Freistellungsfällen]). Ausgenommen sind die Fälle, in denen der Schuldner zur Abgabe einer inhaltlich bestimmten Willenserklärung verurteilt ist, wenn und soweit § 894 zutrifft, und Rechtsgeschäfte, die nur auf Grund einer Vollmacht des Schuldners vorgenommen werden können (StJ/Brehm Rn 13); denn durch die Ermächtigung wird dem Dritten nicht zugleich die Befugnis übertragen, den Schuldner zu vertreten (Hamm NJW 56, 918; MDR 65, 584; 66, 769; Bamberg MDR 83, 499; Koblenz DGVZ 86, 138; Zweibrücken OLGZ 92, 77 [80]; StJ/Brehm aaO; aA RG 53, 80; 55, 57). Eine solche Verpflichtung des Schuldners ist nach § 888 zu vollstrecken (Hamm NJW 56, 918), allerdings nur, wenn die Handlung ausschließlich vom Willen des Schuldners abhängt (Hamm NJW 73, 1135; Bamberg aaO; vgl auch Frankfurt Rpfleger 75, 445; Köln MDR 81, 505). Kann die Verpflichtung des Schuldners weder nach §§ 887, 888 noch nach § 894 vollstreckt werden, bleibt dem Gläubiger nur die Möglichkeit, nach § 893 Ersatz des Interesses in Anspruch zu nehmen (Hamm MDR 65, 684 u NJW 75, 1135), wenn er es nicht vorziehen sollte, sich durch neue Klage wegen seines Anspruchs einen zur Vollstreckung nach § 887 geeigneten Titel zu verschaffen (Hamm MDR 66, 769). Anwendung des § 887, wenn eine Sache herauszugeben ist, die der Schuldner anzuschaffen oder herzustellen hat, s § 883 Rn 9. Daß eine vertretbare Handlung iS des § 887 durch Festsetzung einer Maßnahme nach § 888 zu erzwingen ist, können Gläubiger und Schuldner nicht wirksam vereinbaren (Hamm MDR 68, 333; LG Itzehoe NJW-RR 87, 1343).

3 2) **Einzelfälle:** Mängelbeseitigung, insbes Nachbesserung von Baumängeln (BGH 90, 354 [360] u MDR 93, 272 = NJW 93, 1394; Zweibrücken JurBüro 82, 939); Ausführung von Nachbesserungsarbeiten an einem Pkw (Oldenburg MDR 85, 855); Abnahme gekaufter Ware zur bestimmten Zeit (Stuttgart JW 29, 873; Köln MDR 75, 586); Abnahme elektrischen Stromes oder Stromlieferung (Naumburg OLG 2, 223); Änderung der Heizungsanlage, um Wohnräume richtig zu erwärmen (Frankfurt JW 25, 2346; auch LG Kiel SchlHA 87, 155 [Inbetriebnahme einer Sammelheizung]); Beheizung einer Wohnung (Köln MDR 95, 95 mwN, auch für Abgrenzung); Instandsetzung einer Beleuchtungsanlage (KG JW 24, 2038); Lieferung eines Speisezimmer, das nach einer Zeichnung hergestellt werden soll; Erteilung eines Buchauszugs (Colmar OLG 26, 416; Düsseldorf MDR 58, 42; Hamburg MDR 55, 43; Hamm NJW 65, 1387: Wahlrecht des Gläubigers, ob er nach § 887 ZPO vorgehen oder nach § 87c IV HGB Bucheinsicht verlangen will; Hamm MDR 67, 770 [§ 888, wenn nur noch eine ergänzende, rechnergestützte Übersicht zu erstellen ist, Hamm NJW-RR 94, 489]; Hamburg MDR 68, 932; Koblenz MDR 94, 198 = NJW-RR 94, 358 [Einsichtsrecht nach § 87c IV HGB steht nicht entgegen]; Köln JurBüro 95, 550 = NJW-RR 96, 100; Stuttgart Justiz 94, 241 [auch zur Vervollständigung und zu zweifeln an der Richtigkeit]; zum Umfang der Abrechnungspflicht Hamburg MDR 69, 581 und zu den Anforderungen an einen Buchauszug Hamm NJW 65, 1387; Celle NJW 62, 1968 Koblenz NJW-RR 94, 358; Köln NJW-RR 96, 100); Erteilung einer Provisionsabrechnung aufgrund vorliegender Bücher (Köln NJW-RR 96, 100; § 888, wenn Bücher fehlen oder so unzulänglich sind, daß sie von einem Dritten nicht ausgewertet werden können); Vorlage einer beim Steuerberater in Auftrag gegebene Bilanz, deren Erstellung lediglich von der Zahlung des Kostenvorschusses abhängt (Zweibrücken JurBüro 87, 466); Erteilung einer Lohnabrechnung, für die betriebliche Lohnunterlagen zur Verfügung stehen (LAG Hamm Betrieb 83, 2257; LAG Köln MDR 91, 650); Auskunftserteilung über den Wert eines Hauses durch Vorlage eines Sachverständigengutachtens (Köln NJW-RR 95, 100); Teilung einer gemeinschaftlichen Sache (KG OLG 9, 129) oder die Beschaffung eines Hypothekendarlehens (RG JW 01, 366); Maßnahmen dafür, daß der Verkehr auf ein Grundstück ausschließlich von einer bestimmten Straße aus erfolgt (Hamm NJW 85, 274 = OLGZ 84, 184), Verhinderung beeinträchtigender

Einwirkungen durch Geräusche und Gerüche aus einer Gaststätte (Köln NJW-RR 90, 1087). Weiter gehören hierher: Löschung der Hypothek eines Dritten (hierzu BGH NJW 86, 1676 mwN) oder Auflassungsvormerkung (BGH NJW-RR 87, 114); Entfernung eines in der Wohnung gehaltenen Haustieres (Hamm NJW 66, 2415; LG Hamburg NJW-RR 86, 158; aA [§ 888] LG Köln MDR 63, 228); Reinigung eines Hofes, Transport oder Zurückschaffung von Sachen; Betrieb des Fahrstuhls (KG OLG 46, 141 = JW 27, 1945); Vernichtung eines Programms auf Datenträger (Software, Bartsch Softwareüberlassung und Zivilprozeß [1991] 115; s auch § 883 Rn 2). Nach § 887 ist ferner zu vollstrecken die Verurteilung zur Beseitigung eines Bauwerkes von einem zwangsgeräumten Grundstück (Celle NJW 62, 595; Hamm NJW 65, 2207); die Verpflichtung zur Herstellung bestimmter Bodenfestigkeit (zB durch Aufschüttung einer Böschung, Errichtung einer Stützmauer, BGH MDR 95, 1060 = NJW 95, 3189); das Urteil auf Beseitigung eines Überbaus (Köln JurBüro 69, 364); der Abriß einer Mauer (Köln DGVZ 92, 170 = JurBüro 92, 702) oder die Beseitigung überhängender Zweige (begründet nicht Anspruch auf Beseitigung künftig nachwachsender Zweige, Karlsruhe OLGZ 91, 448); die Verurteilung zur Sicherheitsleistung nach § 232 BGB (KG JW 36, 677 u 1464 [auch Sicherheitsleistung durch Bankbürgschaft, Köln MDR 89, 169 m abl Anm Schmidt MDR 89, 1067, oder Stellung einer Bürgschaft, Karlsruhe MDR 91, 454; Zweibrücken MDR 86, 1034], aA LG Berlin DGVZ 38, 359), auch zur Sicherung künftigen Zugewinnausgleichs (§ 1389 BGB: Düsseldorf FamRZ 84, 704 mwN); zur Befreiung eines Bürgen von einer Bürgschaft (RG 150, 80); des Mitschuldners bei Gesamtschuld wegen eines Befreiungsanspruchs bei Gesamtschuldnerschaft (BGH NJW 58, 497); des Verlegers zur Veröffentlichung eines Werkes (München MDR 55, 682: jedenfalls dann, wenn Gläubiger den Weg des § 887 wählt; vgl auch Schneider MDR 75, 279).

3) **Gläubigerantrag** (Abs 1): Anwaltszwang besteht, wenn Prozeßgericht 1. Instanz das Landgericht ist (Köln MDR 73, 58, auch bei Vollstreckung einer einstw Verfügung, Düsseldorf MDR 87, 506; Koblenz NJW-RR 88, 1279; Nürnberg MDR 84, 58) und in Familiensachen nach § 78 II (Köln FamRZ 95, 312 = NJW-RR 95, 644); sonst kann der Antrag schriftlich oder zu Protokoll des Urkundsbeamten gestellt werden. Die zur Herbeiführung der geschuldeten Handlung verlangten Maßnahmen, zu deren Ausführung ermächtigt werden soll, sind in dem Antrag bestimmt zu bezeichnen (RG 60, 120; Frankfurt JurBüro 88, 259; Karlsruhe Justiz 89, 156; Köln NJW-RR 90, 1087; Zweibrücken MDR 74, 409 = OLGZ 74, 317). Einzelne Arbeitsschritte und die Fachfirma, der Arbeiten übertragen werden sollen, brauchen nicht angegeben werden (Frankfurt aaO; Zweibrücken MDR 83, 500). Ausreichend ist daher: „Trockenlegung eines Kellers nach den Regeln der Baukunst" (Hamm MDR 84, 591 = OLGZ 84, 254). Die Nichtvornahme oder die nicht ordnungsgemäße (urteilsgemäße) Vornahme der Handlung durch den Schuldner braucht nur behauptet zu werden (KG OLG 25, 209 [210]). Umdeutung eines Vollstreckungsantrags nach § 888 in einen Antrag nach § 887 ist jedenfalls dann unzulässig, wenn dem Gläubigervortrag dafür keine Anhaltspunkte zu entnehmen sind (Hamm NJW 85, 274 = OLGZ 84, 184; auch § 888 Rn 4). Zurückgenommen werden kann der Antrag bis zur Rechtskraft des Beschlusses. 4

4) Die allgemeinen **ZwV-Voraussetzungen** (vor § 704 Rn 14–17) müssen bei Entscheidung über den Antrag erfüllt sein. Die vollstreckbare Ausfertigung des dem Schuldner zugestellten Schuldtitels (§§ 724, 750; bei einstw Verfügung genügt Zustellung einer einfachen Ausfertigung) und sonst für den Beginn der ZwV erforderliche Urkunden (§ 750 II, § 765 usw) müssen vorgelegt werden. Der Schuldner muß prozeßfähig sein; für die Feststellung der Prozeßfähigkeit gilt Freibeweis (Frankfurt JurBüro 56, 658 = Rpfleger 75, 441). 5

III) Verfahren: 1) Zuständig ist das Prozeßgericht des 1. Rechtszugs (Abs 1) ausschließlich (§ 802), auch wenn der Rechtsstreit noch in der höheren Instanz anhängig ist, in Familiensachen das Familiengericht (Düsseldorf FamRZ 81, 577 mwN, auch für Alttitel, Hamburg FamRZ 83, 1252). Zuständig ist bei Schiedsspruch, Schiedsvergleich und ausländischem Urteil das Gericht, das die Vollstreckbarerklärung ausgesprochen hat (§§ 1042, 1044, 722), bei einstw Verfügung das Gericht 1. Instanz, auch wenn das AG wegen Dringlichkeit des Falles sie gem § 942 erlassen hat (RG JW 97, 632; StJ/Brehm Rn 32) oder wenn die einstw Anordnung nach § 620 durch das OLG erlassen ist, in Wohnungseigentumsverfahren das für WE-Sachen zuständige Gericht (§ 45 III WEG; BayObLG Rpfleger 79, 67 u MDR 88, 498 = NJW-RR 88, 640 [auch zu Verfahren und Rechtsmittel]; Frankfurt OLGZ 80, 163). Zur Entscheidung durch die Zivilkammer (Kammer für Handelssachen) oder den Einzelrichter s § 348 Rn 3 (auch Frankfurt MDR 81, 504; München MDR 83, 499). Es handelt sich um kein Rechtspflegergeschäft (s § 20 Nr 17 RpflG). Gehör des Schuldners und freigestellte mündliche Verhandlung § 891. 6

2) **Vollstreckt** wird die geschuldete Verpflichtung in der Weise, daß der **Gläubiger ermächtigt** wird, die (genau zu bezeichnende; anders aber Hamm MDR 83, 850; zum Problem BGH NJW 95, 3189 [3190] mwN) Handlung auf Kosten des Schuldners **vornehmen zu lassen** (Abs 1) oder selbst vorzunehmen (BGH aaO). Der Gläubiger kann erst ermächtigt werden, wenn dargetan ist, daß er auch in der Lage ist, die vertretbare Handlung an Stelle des Schuldners vorzunehmen (Hamm 7

NJW 59, 891). Ausgeschlossen ist die Ermächtigung zur Ersatzvornahme, wenn (oder soweit teilweise; s Schneider MDR 75, 279 zu IV) der Schuldner (oder Gläubiger; LG Essen MDR 59, 399) die Handlung bereits ordnungsgemäß vorgenommen hat. Der Erfüllungseinwand des Schuldners ist im Verfahren nach § 887 zu prüfen (Frankfurt MDR 73, 323; Köln JMBlNW 82, 153 u JurBüro 95, 550 = NJW-RR 96, 100; München MDR 78, 1029; Nürnberg NJW-RR 95, 63 = OLGZ 94, 597; Schleswig SchlHA 68, 73; Zweibrücken JurBüro 86, 1740; StJ/Brehm Rn 22; MK/Schilken Rn 8; Bischoff NJW 88, 1957; enger Köln MDR 93, 579: jedenfalls bei unstreitiger Erfüllungshandlung, aber Streit ob sie den Anforderungen genügt; aA Düsseldorf MDR 96, 309; Hamm MDR 77, 411, 83, 850 u JurBüro 84, 1107 sowie [für streitigen Sachverhalt] OLGZ 84, 254; Bamberg Rpfleger 83, 79; Koblenz MDR 91, 547; Köln OLGZ 87, 72, MDR 88, 505 = NJW-RR 88, 1212 = OLGZ 88, 335 u JurBüro 93, 242 = MDR 93, 579; München MDR 87, 945 = NJW-RR 88, 22; LG Aachen JurBüro 69, 777; LG Bochum MDR 83, 65; Huber FS Merz S 229); davon wird die Befugnis des Schuldners nicht berührt, den Einwand mit Vollstreckungsgegenklage geltend zu machen (BGH NJW 93, 1394 [1395]). Ebenso ist im Verfahren nach § 887 zu entscheiden, wenn der Umfang des Urteilsausspruchs streitig ist oder der Schuldner behauptet, er habe alles ihm bisher Mögliche zur Erfüllung getan. Das Recht, werkvertragliche Nachbesserungen noch selbst auszuführen, hat der Schuldner jedoch verloren, wenn auf Grund seines Verhaltens das Vertrauen des Gläubigers auf ordnungsgemäße und zuverlässige Mängelbeseitigung nachhaltig erschüttert ist (Düsseldorf MDR 82, 61; auch BGH NJW 95, 3189 [3190]). Eine zur Ersatzvornahme erforderliche Zustimmung eines Dritten muß bei Erlaß des Ermächtigungsbeschlusses vorliegen (Frankfurt MDR 83, 141 = OLGZ 83, 97; aA Düsseldorf MDR 91, 260).

8 3) Das Prozeßgericht entscheidet durch **Beschluß.** Er muß den Gegenstand der Vollstreckung (die veranlaßten Maßnahmen, Rn 4) bezeichnen (Zweibrücken MDR 74, 409). Dem Schuldner kann auch aufgegeben werden, das Betreten seines Grundstücks zur Vornahme erforderlicher Arbeiten zu dulden (Hamm NJW 85, 274 = OLGZ 84, 184). Wer vom Gläubiger mit der Vornahme der Handlung beauftragt werden kann (Bauunternehmer, Architekt, Fuhrunternehmer usw), braucht in dem Beschluß nicht angegeben zu werden (StJ/Brehm Rn 40; MK/Schilken Rn 11). Strafandrohung zur Durchführung der Ermächtigung ist unzulässig (KG OLG 31, 133). Der Beschluß wird dem Schuldner zugestellt (§ 329 III; bei Zurückweisung nur formlose Mitteilung an ihn), dem Gläubiger nur, wenn seinem Antrag nicht voll entsprochen wird; sonst erfolgt an ihn formlose Mitteilung.

9 4) Das Ermächtigungsverfahren ist ZwV; die Verfahrenskosten sind daher **Kosten der ZwV** (§ 788 I; Bamberg JurBüro 87, 785). Notwendige Verfahrenskosten fallen als ZwV-Kosten somit dem Schuldner zur Last (§ 788 Rn 8). In dem Beschluß ist über diese Kosten des Verfahrens nicht zu entscheiden. Auch bei Zurückweisung oder Zurücknahme des Antrags bestimmt sich die Kostenpflicht nach § 788 I (§ 788 Rn 20). Soweit demnach Kosten als nicht notwendige ZwV-Kosten den Gläubiger treffen, muß eine Kostenentscheidung ergehen (Saarbrücken JurBüro 93, 27; § 788 Rn 21). Nach aA ist in dem Beschluß immer über die Kosten des Verfahrens nach §§ 91 ff ohne Rücksicht auf § 788 und den Kostenausspruch im Haupttitel zu entscheiden (s Königsberg JW 28, 744; Hamm Rpfleger 73, 104; München MDR 64, 767; Saarbrücken OLGZ 67, 34; Frankfurt MDR 78, 411 u Saarbrücken JurBüro 87, 934 für Zurücknahme des Antrags), dem ist nicht zu folgen; auch Zweibrücken MDR 90, 258 = MDR 90, 226 (s auch § 888 Rn 13 u § 890 Rn 16).

10 5) Der **Schuldner** hat die Vornahme der Handlung **zu dulden** (KG JW 24, 2038); bei Widerstand § 892. Den Gläubiger berechtigt die Ermächtigung zur Ersatzvornahme auch dazu, erforderliche Verträge mit Dritten (Bauunternehmer usw) im eigenen Namen abzuschließen; entstehende **Kosten** hat der Schuldner zu ersetzen (Zweibrücken MDR 74, 409). Die (notwendigen, § 91; dazu KG JurBüro 93, 747 = Rpfleger 94, 31; Nürnberg JurBüro 93, 239 = Rpfleger 93, 85; Zweibrücken Rpfleger 95, 172) Kosten der Vornahme der Handlung durch den Gläubiger oder einen Dritten sind Kosten der ZwV (§ 788); ihre Festsetzung ist zulässig (Celle OLG 20, 367; KG aaO; Nürnberg BayJMBl 55, 190; Schleswig JurBüro 88, 1466 u SchlHA 90, 39; Stuttgart JurBüro 84, 1421), auch wenn ein Vorschußtitel vorhanden ist (KG aaO) und soweit sie einen Vorschuß übersteigen (München JurBüro 92, 270; LG Koblenz MDR 84, 591). Erstattungsfähige notwendige ZwV-Kosten sind auch Aufwendungen für das Gutachten eines Sachverständigen, der voraussichtliche Kosten für Beseitigung der verschiedenen Handwerksbereichen zuzuordnenden Baumängel ermittelt hat (Frankfurt Betrieb 83, 495), bei umfangreicheren Bauarbeiten Architektenhonorar (Düsseldorf JurBüro 85, 471) und Finanzierungskosten (Düsseldorf MDR 84, 323). Im Festsetzungsverfahren ist die Notwendigkeit der Kosten nach Art (Erforderlichkeit) und Höhe (Schleswig aaO) zu prüfen (München aaO; Köln JurBüro 92, 197; Nürnberg Rpfleger 93, 85; Zweibrücken Rpfleger 95, 172; aA LG Koblenz aaO: Angemessenheit ist nicht zu prüfen). Jedoch kann dem Gläubiger Prüfung der Ersatzvornahmekosten vor Auftragerteilung (Einholung von Kostenvoranschlägen, auch Rüge der Angemessenheit gegenüber zu beauftragender Firma) nicht schon deshalb zugemutet werden, weil dafür gesorgt sein müsse, daß Kosten zugunsten des Schuldners möglichst niedrig ausfallen (dies zutr LG Koblenz aaO). Kosten für Ersatzvornahme

ohne gerichtlichen Ermächtigungsbeschluß kann der Gläubiger nicht als ZwV-Kosten geltend machen; er muß sie gegen den Schuldner einklagen (Breslau JW 31, 2041; Hamburg MDR 73, 768; Hamm MDR 72, 615; Köln Rpfleger 93, 84; Nürnberg aaO; Schneider MDR 75, 279 zu IV).

IV) Vorschuß: 1) Zur **Vorauszahlung der Kosten,** die durch Vornahme der Handlung entstehen werden, kann der Schuldner zugleich mit dem Ermächtigungsbeschluß (Abs 2), aber auch nach dessen Erlaß gesondert „verurteilt" werden. Die Entscheidung ergeht auf Antrag des Gläubigers (Abs 2) durch Beschluß; Zustellung an Schuldner nach § 329 III, an Gläubiger, wenn Zurückweisung (auch teilweise) erfolgt; sonst an ihn formlose Mitteilung. Die Höhe des Vorschusses bestimmt das Gericht nach billigem Ermessen (StJ/Brehm Rn 45); es hat die voraussichtlichen Kosten zu schätzen und hierfür ggfs durch Auslegung des Titels Inhalt und Umfang der vorzunehmenden Handlung (Nachbesserung eines Bauwerks) zu schätzen (BGH MDR 93, 272 = NJW 93, 1394); es darf jedoch nicht mehr als vom Gläubiger verlangt zugesprochen werden (§ 308 I). Wird der Gläubiger zur Ersatzvornahme einer vertretbaren Leistung ermächtigt, für die er eine Gegenleistung schuldet, so kann er als Vorschuß nur die abschätzbaren Mehrkosten der Ersatzvornahme verlangen (LG Würzburg Rpfleger 80, 160 mwN; aA Hamm OLGZ 84, 254: Keine Verweisung des Gläubigers auf [erst nach Durchführung der Handlung fällige] Gegenforderung [Werklohn]). 11

2) Der Beschluß ist **Vollstreckungstitel** nach § 794 I Nr 3. Die Beitreibung erfolgt mit Geldvollstreckung nach §§ 803–882a. Hat der Schuldner die Handlung noch vor Ausführung des Beschlusses vorgenommen, so ist ihm ein beigetriebener oder bezahlter Kostenvorschuß (nach Abzug der dem Gläubiger schon entstandenen Kosten) zurückzuzahlen. Bei Weigerung muß der Schuldner klagen (RG JW 98, 201). 12

V) Rechtsbehelf: Der Ermächtigungsbeschluß (Abs 1) ist mit sofortiger Beschwerde anfechtbar (BayObLG ZMR 80, 256), ebenso der Beschluß über den Kostenvorschuß (§ 793) bei Beschwerdewert über 100 DM (§ 567 II). Für das Beschwerdeverfahren besteht Anwaltszwang, wenn Prozeßgericht des 1. Rechtszugs ein Landgericht (§ 887 Rn 4; Hamburg OLGZ 91, 346) oder das Familiengericht in einer Ehesache oder Folgesache war (Frankfurt FamRZ 87, 1292). Weitere sofortige Beschwerde findet gegen die Beschwerdeentscheidung des Landgerichts (nicht gegen die des OLG) statt (§ 793 II; Frankfurt [12.ZS] MDR 96, 96 = NJW 96, 1219; Köln NJW-RR 92, 633; damit früher abw Ansicht [s Pentz NJW 90, 1467 u KG NJW 91, 989] überholt; aA Frankfurt [20 ZS] JurBüro 92, 501 = MDR 92, 1000: auch nicht gegen LG); zulässig ist sie nur bei neuem, selbständigem Beschwerdegrund (§ 568 II S 2). Der Schuldner kann mit Beschwerde nicht geltend machen, er wolle die geschuldete Handlung noch vornehmen (seine Verpflichtung nachträglich erfüllen) (Frankfurt NJW-RR 89, 59 = OLGZ 89, 104). Die im Vollstreckungsverfahren nicht nachweisbar gewesene Erfüllung ist vom Schuldner nach § 767 geltend zu machen. Vornahme der Erfüllungshandlung durch den Schuldner nach Ermächtigung des Gläubigers (ist zulässig, BGH NJW 95, 3189 [3190] mwN) ist gleichfalls mit Klage nach § 767 geltend zu machen; dann ist der Schuldner mit dem Einwand der Erfüllung (vorbehaltlich § 767 II) auch nicht ausgeschlossen, wenn er auf andere Weise erfüllt hat, als sie dem Gläubiger im Wege der Ersatzvornahme zugebilligt worden war (BGH aaO). 13

2) Nachforderung kann mit Antrag nach Abs 2 auf Erhöhung des bereits angeordneten Vorschusses (Hamm OLGZ 72, 311; Frankfurt JurBüro 76, 397) oder mit Einforderung der nicht gedeckten Aufwendungen als ZwV-Kosten geltend gemacht werden. Auch die Höhe des weiteren Vorschusses steht im Ermessen des Gerichts; seine Angemessenheit ist selbständig zu prüfen und zu begründen (Frankfurt JurBüro 76, 397). Nach Vornahme der Handlung kann Verurteilung zur Vorschußzahlung oder Erhöhung des Vorschusses nicht mehr erfolgen (Hamm MDR 72, 615 = OLGZ 72, 311). Zur Geltendmachung der entstandenen Kosten Rn 10. 14

VI) Gebühren: 1) des **Gerichts:** Keine. – **2)** des **Anwalts:** Für den Antrag nach Abs 1 und 2 erhält der RA des Gläubigers ($^3/_{10}$) Vollstreckungsgebühr aus § 57 BRAGO. Wird über den Antrag mündlich verhandelt, so erwächst ihm auch die ($^3/_{10}$) Verhandlungsgebühr bzw Erörterungsgebühr; findet eine Beweiserhebung statt, so erhält der RA auch die Beweisgebühr zu $^3/_{10}$. Eine Ermäßigung tritt nicht ein, weil die Anwendung der §§ 32, 33 I, II BRAGO ausgeschlossen ist (§ 57 I 2 BRAGO). Ggfs kann dem Anwalt auch die $^{10}/_{10}$ Vergleichsgebühr aus § 23 BRAGO erwachsen. Die Vollstreckung der in dem Verfahren nach Abs 1, 2 ergangenen Entscheidung gilt als weitere besondere Angelegenheit der Zwangsvollstreckung (§ 58 III Nr 7 BRAGO); je nach der entfalteten anwaltl Tätigkeit kann daher die $^3/_{10}$ Vollstreckungsgebühr aus § 57 BRAGO wiederholt anfallen. Wird eine nachträgliche Erhöhung des Kostenvorschusses vollstreckt, bildet der Nachforderungsbeschluß mit der ursprüngl Anordnung der Vorauszahlung gebührenrechtl eine Angelegenheit der Zwangsvollstreckung. – **3)** des **Gerichtsvollziehers:** Wird zur Beseitigung des vom Schuldner geleisteten Widerstandes der GV beigezogen, so wird das Doppelte der Festgebühr erhoben (§ 24 I Nr 3 GVKostG), gleichviel, ob der Widerstand gebrochen wird oder nicht. Dauert das Amtsgeschäft des GV länger als 1 Stunde, so erhöht sich die Grundgebühr (§ 24 II GVKostG). 15

888 *[Zwangsvollstreckung bei nicht vertretbaren Handlungen]* **(1) Kann eine Handlung durch einen Dritten nicht vorgenommen werden, so ist, wenn sie ausschließlich von dem Willen des Schuldners abhängt, auf Antrag von dem Prozeßgericht des ersten Rechtszuges zu erkennen, daß der Schuldner zur Vornahme der Handlung durch Zwangsgeld und für den Fall, daß dieses nicht beigetrieben werden kann, durch Zwangshaft oder durch Zwangshaft anzuhalten sei. Das einzelne Zwangsgeld darf den Betrag von fünfzigtausend Deutsche Mark nicht übersteigen. Für die Zwangshaft gelten die Vorschriften des Vierten Abschnitts über die Haft entsprechend.**

(2) Diese Vorschrift kommt im Falle der Verurteilung zur Eingehung einer Ehe, im Falle der Verurteilung zur Herstellung des ehelichen Lebens und im Falle der Verurteilung zur Leistung von Diensten aus einem Dienstvertrag nicht zur Anwendung.

1 **I) Zweck:** Regelung der Zwangsmaßnahme und des Verfahrens bei ZwV zur Erfüllung einer nicht vertretbaren Handlung (sog Beugezwang).

2 **II) Voraussetzungen: 1)** Der nach dem Schuldtitel zu vollstreckende Anspruch (vor § 704 Rn 3; zum Fall des § 510b s dort Rn 4 ff und § 888a) muß zu einer Handlung verpflichten, die **durch einen Dritten nicht** vorgenommen werden kann, die sonach ausschließlich vom Willen des Schuldners abhängig ist, jedoch nicht in der Abgabe einer Willenserklärung (§ 894) besteht. Handlung erfordert aktives Tun im Gegensatz zum (untätigen) Unterlassen nach § 890 (München OLGZ 82, 101). Vornahme der Handlung durch einen Dritten kann ausgeschlossen sein, weil er sie überhaupt nicht oder nicht so wie der Schuldner vornehmen kann oder nach dem Schuldtitel nicht vornehmen darf. Das wird auch angenommen, wenn Vornahme einer vertretbaren Handlung (§ 887) Betreten von Räumen im Besitz eines Dritten (Mieter, Käufer vor Eigentumsübergang) erfordert und für ZwV nach § 887 dessen Einverständnis zur Vornahme der Handlung (Duldungstitel gegen ihn) nicht vorliegt (ZwV zur Verschließung eines Mauerdurchbruchs in einer vermieteten Eigentumswohnung daher nach § 888; Zustimmung des Dritten muß notfalls mit Gerichtshilfe erzwungen werden, BayObLG 88, 440 = NJW-RR 89, 462). Wenn Vornahme der Handlung ausschließlich nach dem Willen des Schuldners unmöglich geworden ist, einerlei aus welchem Grund oder durch wessen Schuld, ist § 888 nicht anwendbar (dann nur Anspruch nach § 893). Ausnahmen sieht Abs 2 vor (Rn 17). Eine unvertretbare Handlung, die der Mitwirkung eines Dritten bedarf, kann nach § 888 vollstreckt werden, wenn nur der Wille des Schuldners zu beugen ist (Schilken JR 76, 320; Hamm MDR 78, 586 L; auch Köln BB 81, 393); sie ist überhaupt nicht unmittelbar erzwingbar, wenn die vom Schuldner zu veranlassende (Frankfurt NJW-RR 92, 171) Mitwirkung des Dritten nicht zu erlangen ist; dann kann nur der Anspruch auf Leistung des Interesses (§ 893) weiter verfolgt werden.

3 **2) Ausschließlich** vom **Willen des Schuldners** abhängig ist zB der Anspruch auf

- Ausfüllung der **Arbeitspapiere** (LAG Düsseldorf JurBüro 85, 1429; Herausgabeanspruch ist vorweg gesondert zu vollstrecken).
- Erteilung eines **Arbeitszeugnisses** (nicht aber bei Streit über den Zeugnisinhalt, LAG Frankfurt BB 81, 54; LAG Düsseldorf Betrieb 73, 1853; LAG Nürnberg BB 93, 365).
- **Ausbildung** (LAG Berlin BB 79, 1404).
- **Auskunft** auf Antrag eines Aktionärs (§ 132 AktG, BayObLG 74, 484 = NJW 75, 740) oder GmbH-Gesellschafters (§ 51b GmbHG, BayObLG 88, 413, auch zur Vollstreckbarkeit bei Auskunft nur an einen zur Verschwiegenheit verpflichteten Sachverständigen; Frankfurt NJW-RR 92, 171 [zum Eintrittsrecht § 883 Rn 2]), über den Nachlaßbestand (§ 2314 I BGB, Frankfurt Rpfleger 77, 184; Köln JurBüro 95, 550; München NJW 69, 436; Saarbrücken OLGZ 91, 225), über Einkünfte (Frankfurt Rpfleger 80, 226; LG Lahn-Gießen MDR 79, 64; Zeitraum muß im Urteil angegeben sein, Frankfurt FamRZ 91, 1334; Karlsruhe FamRZ 83, 631; Büttner FamRZ 92, 629; zur Auslegung Frankfurt FamRZ 84, 271; Büttner aaO), über die Anzahl selbst oder auftragsgemäß durch Dritte hergestellter und angebotener Videobänder (München NJW-RR 92, 704), durch Verwalter von Wohnungseigentum (KG MDR 73, 145 = NJW 72, 2093) (nicht jedoch nach Auskunft über einen Vermögensbestand Berichtigung der Angaben im Vermögensverzeichnis [hierwegen § 260 II BGB], Frankfurt JurBüro 82, 1581).
- Vorlage von **Belegen** (zB § 1605 I S 2 BGB) als Teil einer umfassenderen, auf Auskunftserteilung oder Rechnungslegung lautenden Verpflichtung (sonst BGB, § 883 Rn 2); der Anspruch muß gesondert tituliert, die Belege müssen bezeichnet sein (BGH FamRZ 83, 454; BayObLG 88, 413 [417]; Bamberg FamRZ 94, 1048; Düsseldorf FamRZ 78, 717; Frankfurt Rpfleger 80, 226; München NJW-RR 94, 724 [ungenügend „Vorlage der für die Bewertung des Zugewinns erforderlichen Urkunden"]; LAG Köln MDR 93, 83; ersetzbare Hilfe eines Dritten schadet nicht, LG Aurich MDR 73, 144); bei wichtigem Grund kann die Verpflichtung Aushändigung der Belege gebieten (Köln NJW-RR 96, 382).
- **Betrieb** eines Lebensmittel- und Milch**geschäfts** (Hamm MDR 73, 681 = NJW 73, 1135) oder eines Ladengeschäfts (Celle NJW-RR 96, 585).
- Aufstellung einer **Bilanz.**
- **Entfernung** von Abnahmenunterlagen aus Personalakten (LAG Hessen NZA 94, 288 L).

- **Gegendarstellung** nach den Pressegesetzen (Köln NJW 69, 755).
- Schaffung von **Geistesprodukten,** sofern hierzu besondere Fähigkeiten erforderlich sind (die Verpflichtung, einen druckfertigen Gesetzeskommentar herzustellen, kann nach Frankfurt OLG 29, 251 nicht erzwungen werden).
- Verhinderung von **Geruchsbelästigungen** (München OLGZ 82, 101).
- Mitwirkung zu einzelnen **Gesamtguts-Verwaltungsmaßregeln** (BGH 111, 248 [255, 258] = NJW 90, 2252).
- **Hinterlegung** eines ziffernmäßig nicht feststehenden Geldbetrages (Erlös aus Aberntung eines Feldes). Daß der Schuldner diesen Betrag nicht mehr in der Hand hat, begründet nicht Unmöglichkeit; notfalls muß er Vermögensstücke veräußern, um ihn sich zu verschaffen (Naumburg DR 39, 1922).
- Schaffung von Einrichtungen zur Beseitigung von **Immissionen** auf dem Grundstück; es ist auf Grund der Anträge des Gläubigers zu beurteilen, ob § 888 oder § 887 zutrifft (RG 60, 121; s auch Hamm JMBlNW 57, 198; Frankfurt Rpfleger 75, 445 [auch § 887 Rn 2]).
- Beschaffung von **Kfz-Papieren** für einen bestimmten Pkw (Hamm JMBlNW 57, 200).
- **Klageerhebung** und -durchführung.
- Mietvertraglichen **Konkurrenzschutz,** dh Konkurrenz durch einen anderen Mieter als Vermieter (bestimmte Tätigkeiten Dritter) zu unterbinden (BGH NJW-RR 96, 460).
- (Vergleichsweise) Verpflichtung, unter bestimmten Voraussetzungen einem Vertreter zu **kündigen** (künftiger bedingter Anspruch, Frankfurt NJW 53, 1029).
- Benennung des Begünstigten einer **Lebensversicherung** (Köln MDR 75, 586).
- Herstellung eines **Nachlaßverzeichnisses** (§ 2121 BGB, KG OLG 20, 367).
- Erteilung einer **Prozeßvollmacht** an einen der bei einem Gericht zugelassenen Rechtsanwälte (BGH MDR 95, 740 = NJW 95, 463).
- **Rechnungslegung** (RG 7, 358; 8, 336; JW 36, 336; München MDR 60, 404; aA LAG Saar JBlSaar 65, 49), selbst wenn sie nur mit Hilfe eines Dritten erstellt werden kann (Köln NJW-RR 92, 633), jedenfalls dann, wenn diese Hilfe ersetzbar ist (KG MDR 73, 145 = NJW 72, 2093; Grunsky JuS 73, 533).
- Mitwirkung des Ehegatten bei **Steuererklärung** (LG Zweibrücken MDR 76, 144; Abs 2 steht nicht entgegen).
- Beschaffung eines Sachgegenstands (zB Fernglas) durch **Tausch** (NdsRpfl 47, 125).
- Verhinderung künftiger Aufstellung bestimmter Behauptungen im eigenen Geschäftsbereich als Nebenpflicht zur **Unterlassungspflicht** (München NJW 55, 1930).
- **Versteigerung** einer gemeinschaftlichen Sache.
- Ausstellung von **Wechselakzepten.**
- **Weiterbeschäftigung** (LAG München BB 94, 1083 L; LAG SchlH NZA 87, 322; ArbG Dortmund BB 79, 722 L; ArbG Wetzlar BB 87, 1116; auch LAG Hamm BB 80, 160 m Anm Fohner = MDR 80, 172 u BB 84, 1750; LAG Frankfurt BB 87, 2456; Süß NZA 88, 719), im Kündigungsschutzverfahren jedoch nur bis Urteilsrechtskraft (LAG Frankfurt BB 88, 1330 = NZA 88, 743; LAG Köln Betrieb 88, 660 L; weitergehende Verpflichtung erfordert besonderen Beschäftigungstitel).
- **Widerruf** einer Behauptung durch eigenhändig zu unterzeichnende Widerrufserklärung (BVerfG 28, 1 [8] = NJW 70, 651 m abl Anm Rötelmann NJW 71, 1636; Saarbrücken JurBüro 88, 1251 [für schriftliche Erklärung]; Ritter ZZP 84 [1971] 163; die Widerrufserklärung kann zum Ausdruck bringen, daß sie in Erfüllung des rechtskräftigen Urteils abgegeben wird, BVerfG aaO); Widerruf einer kreditschädigenden Äußerung (Richtigstellung falscher Tatsachenbehauptung) durch Mitteilung an die Empfänger eines Schnellbriefs (Frankfurt GRUR 93, 697 = JurBüro 93, 749); im übrigen zu Widerruf ehrverletzender Behauptung § 894 Rn 2.
- Ein auf Abgabe einer **Willenserklärung** gerichtetes Urteil ist nach § 888 zu vollstrecken, wenn ihm für eine Vollstreckung nach § 894 die notwendige Bestimmtheit fehlt; die Vollstreckung ist erst nach Eintritt der Rechtskraft zulässig (Braunschweig NJW 59, 1929; vgl auch Hamm MDR 71, 401).

3) Gläubigerantrag wie § 887 Rn 4. Das Zwangsmittel oder dessen Höhe braucht er nicht bezeichnen (Köln MDR 82, 589; StJ/Brehm Rn 22); erstreckt sich der Antrag auch darauf, gibt er damit den Zwangsrahmen, der nicht überschritten werden kann (§ 308 I). Antrag nur auf (nicht vorgesehene) „Androhung“ eines Zwangsgeldes wird als Vollstreckungsantrag nach § 888 angesehen (Köln MDR 82, 589), nicht jedoch ein Antrag nach § 887, wenn sich Anhaltspunkte für eine Umdeutung nicht ergeben (Hamm JurBüro 83, 1726). Nachweis der Nichterfüllung der Handlung ist nicht nötig (München OLG 29, 253). Zurückgenommen werden kann der Antrag bis zur Rechtskraft des Beschlusses. Der noch nicht rechtskräftige Zwangsgeldbeschluß wird mit Zurücknahe des Antrags wirkungslos (§ 269 III S 1 entspr; Stöber Anm AP § 62 ArbGG 79 Nr 5). Dies ist auf Antrag des Schuldners nach § 269 III S 3 (entspr) auszusprechen (Stöber aaO). 4

4) Die allgemeinen **ZwV-Voraussetzungen** (vor § 704 Rn 14–17) müssen bei Entscheidung über den Antrag erfüllt sein. Hierzu § 887 Rn 5. Für eine (bereits) gelöschte GmbH als Schuldnerin muß vom Gericht ein Abwickler neu bestellt sein (§ 274 IV AktG entspr, auch § 2 III LöschG, LAG 5

München JurBüro 87, 940). Zu Annahmeverzug bei Zug-um-Zug-Leistung s LG Frankenthal Rpfleger 76, 109; LG Koblenz DGVZ 86, 43.

6 **III) Verfahren: 1) Zuständig** ist das Prozeßgericht des ersten Rechtszugs (Abs 1 S 1) ausschließlich (§ 802; s dazu § 887 Rn 6), in Familiensachen das Familiengericht (Frankfurt OLGZ 91, 340; Schleswig SchlHA 81, 190 L, in Auskunftssachen (§ 132 AktG, § 51b GmbHG) das Landgericht (Kammer für Handelssachen) (Bamberg OLG 88, 413 [415]; WE-Sachen § 887 Rn 6 (KG NJW-RR 87, 840). Gehör des Schuldners und mündliche Verhandlung: § 891.

7 2) **a) Vollstreckt** wird die geschuldete Verpflichtung in der Weise, daß der **Schuldner** zur Vornahme der Handlung durch **Zwangsgeld** (ersatzweise Zwangshaft) oder durch **Zwangshaft angehalten wird** (Abs 1 S 1). Zwangsgeld und Zwangshaft sind nur Zwangs- und Beugemaßnahmen, keine repressive Rechtsfolge für einen vorausgegangenen Ordnungsverstoß (Göhler NJW 74, 825). Verschulden (Vorsatz oder Fahrlässigkeit) ist daher nicht vorausgesetzt. Der Haft steht die Europ Menschenrechtskonvention nicht entgegen (Echterhölter JZ 56, 144).

8 **b)** Die **Wahl** zwischen Zwangsgeld und Zwangshaft steht dem Gericht zu, nicht dem Gläubiger. Zwangsgeld und Zwangshaft können nicht nebeneinander angeordnet werden. Für den Fall, daß ein angeordnetes Zwangsgeld nicht beigetrieben werden kann, wird Zwangshaft ersatzweise festgesetzt. Beide Zwangsmittel können, jedoch erst nach Vollstreckung eines zuvor festgesetzten Zwangsmittels (auch Zahlung des Zwangsgeldes) (Karlsruhe FamRZ 94, 1274), in beliebiger Reihenfolge nacheinander und beide auch **wiederholt** angeordnet werden (vgl auch Hamm DGVZ 77, 41); diese wiederholte Verhängung verstößt nicht gegen Art 103 III GG. Bei juristischen Personen, Handelsgesellschaften und sonst Prozeßunfähigen ist Zwangsgeld in ihr Vermögen, Zwangshaft gegen den gesetzlichen Vertreter anzuordnen (hierzu § 890 Rn 6, 12 u 16; abw StJ/Brehm Rn 43: Zwangsmittel gegen den tatsächlich zu beugenden Willen, das kann Schuldner oder Vertreter sein).

9 **c)** Das Mindestmaß des **Zwangsgeldes** sind fünf DM (Art 6 I EGStGB), das Höchstmaß des einzelnen Zwangsgeldes 50 000 DM (Abs 1 S 2); zur Bemessung im Einzelfall zB München NJW-RR 92, 704. Das Zwangsgeld ist in bestimmter Höhe, die Dauer der Ersatzhaft im Verhältnis zur Höhe des Zwangsgeldes festzusetzen. Ist keine Ersatzhaft angedroht, kann sie in entsprechender Anwendung des § 8 EGStGB nachträglich oder Zwangshaft neu festgesetzt werden (StJ/Brehm Rn 28).

10 **d)** Bei **Anordnung von Zwangshaft** wird eine bestimmte Dauer nicht festgesetzt. Das Mindestmaß ist ein Tag (Art 6 I EGStGB), das Höchstmaß sechs Monate (Abs 1 S 3, § 913). Haft ist unzulässig gegen Mitglieder der Streitkräfte (Art 34 ZAbk NTrSt). Erzwingung nach Art 12 aaO durch die Stelle, deren Straf- oder Disziplinargewalt der Schuldner unterliegt.

11 **e)** Über den streitigen Umfang des Urteilsspruchs (seine Auslegung) ist im Verfahren nach § 888 zu entscheiden (BGH NJW-RR 93, 1154; BayObLG 88, 413 [417] = NJW-RR 89, 932; München OLGZ 82, 101; Stuttgart OLGZ 90, 354; auch § 887 Rn 7). Die rechtliche Zulässigkeit der geschuldeten Handlung kann im ZwV-Verfahren nicht geprüft werden (Frankfurt NJW 53, 1029; München FamRZ 92, 1207). Der (unstreitige) Eintritt einer aus dem Titel sich ergebenden auflösenden Bedingung ist zu beachten (Frankfurt FamRZ 89, 1320). Den **Einwand rechtzeitiger Erfüllung** muß der Schuldner durch Klage nach § 767 geltend machen (Düsseldorf OLGZ 76, 376 u NJW-RR 88, 63 = OLGZ 88, 83; LG Köln NJW 86, 1179; Huber FS Merz S 229; aA Bamberg FamRZ 93, 581: ist im Verfahren nach § 891 zu berücksichtigen). Das bedeutet jedoch nicht, daß die Prüfung der Frage, ob bereits durch eine inzwischen erfolgte Rechnungslegung, Auskunft usw dem Schuldtitel genügt sei, im ZwV-Verfahren schlechthin ausgeschlossen ist. Vielmehr ist in jedem Zeitpunkt des Vollstreckungsverfahrens zu prüfen, ob die ZwV notwendig ist und ob der Gläubiger nach dem seinem Antrag zugrunde liegenden Schuldtitel einen Anspruch auf Erzwingung der Leistung hat, auf die sein Antrag abzielt. Diese Prüfung, die im Verfahren nach § 888 vorzunehmen ist (BayObLG 88, 413 [420]; Düsseldorf MDR 61, 858; Frankfurt MDR 84, 239 u NJW-RR 92, 171 [172]; München MDR 76, 1029; Stuttgart NJW-RR 86, 1501; Zweibrücken JurBüro 83, 1578), schließt aber die Frage, ob bereits durch eine erfolgte Leistung dem Schuldtitel genügt ist, zwangsläufig ein (Bischoff NJW 88, 1957; KG NJW-RR 87, 840 [Erfüllungseinwand jedenfalls bei Urkundennachweis]); aA Köln MDR 89, 271 = NJW-RR 89, 188 u FamRZ 92, 1328 = JurBüro 92, 704 (Berücksichtigung nur bei unstreitiger Erfüllung). Die Handlung muß vom Schuldner noch vorgenommen werden können (Hamm NJW-RR 88, 1087 mwN; KG MDR 73, 145 = NJW 72, 2093; Stuttgart OLGZ 90, 354); steht die Unmöglichkeit der Erfüllung fest, darf keine Zwangsmaßnahme verhängt werden (Hamm aaO; LG Heilbronn JurBüro 93, 175); während zeitweiliger tatsächlicher Hinderung (berufsbedingte Abwesenheit an Bord eines Schiffes auf See) darf eine Zwangsmaßnahme nicht angeordnet werden (Saarbrücken OLGZ 91, 225). Wenn mit substantiiertem und nachprüfbarem Vorbringen des Schuldners begründete Zweifel bestehen, daß ihm die Leistung möglich sei, trifft den Gläubiger die Beweislast (Hamm aaO; auch KG aaO). Ist das Zwangsmittelverfahren nach § 888 formell rechtskräftig abgeschlossen, kann der

Schuldner den Erfüllungseinwand nur noch mit Vollstreckungsabwehrklage oder – bei noch nicht rechtskräftigem Verfahren in der Hauptsache – im Berufungsverfahren geltend machen (Frankfurt MDR 81, 414 = OLGZ 81, 437). Die Einrede des **Zurückbehaltungsrechts** ist im ZwV-Verfahren unbeachtlich, da sie sich gegen den Anspruch selbst richtet (Hamm NJW 68, 1241).

f) Es ist zulässig, dem Schuldner **zunächst** für den Fall des fruchtlosen Ablaufs einer zu setzenden Frist ein Zwangsmittel **anzudrohen** (BayObLG 88, 413 [416]; Düsseldorf NJW-RR 88, 63 = OLGZ 88, 83 [87]; Hamm NJW-RR 87, 765; Karlsruhe FamRZ 94, 54; aA [überflüssig und unzulässig] Hamm MDR 88, 505 = NJW-RR 88, 767 sowie NJW-RR 92, 634 [637]; Stuttgart JurBüro 95, 273 = MDR 95, 92). Erforderlich (oder zweckmäßig) ist Androhung des Zwangsmittels jedoch nicht (KG MDR 68, 849 = NJW 69, 57; Köln NJW-RR 95, 1405 [auch wenn Androhung beantragt ist, kann Zwangsgeld sofort festgesetzt werden]; München OLGZ 82, 101 u NJW-RR 92, 704; Köln MDR 82, 589; Zweibrücken JurBüro 83, 1578; vgl auch LG Gießen MDR 81, 413); Verfahrenskosten sind dem Schuldner im Androhungsbeschluß nicht aufzuerlegen (Karlsruhe FamRZ 94, 54). 12

g) Das Prozeßgericht entscheidet durch **Beschluß.** Er muß als Vollstreckungsausspruch die vorzunehmende Handlung (§ 887 Rn 8) und das Zwangsmittel (Rn 9, 10) bezeichnen. Kosten: wie § 887 Rn 9 (s KG JurBüro 83, 781 [784] u NJW-RR 87, 192 [§ 788 auch noch nach Antragsrücknahme]; Karlsruhe Justiz 86, 410). Der Beschluß wird dem Schuldner (seinem Prozeßbevollmächtigten, § 176) zugestellt (§ 329 III; KG MDR 68, 849; bei Zurückweisung nur Mitteilung an ihn), dem Gläubiger nur, wenn seinem Antrag nicht voll entsprochen wird; sonst erfolgt formlose Mitteilung an ihn. 13

3) Der Beschluß ist **Vollstreckungstitel** nach § 794 I Nr 3. Gläubiger wird daher auf Antrag (kann in dem Bestrafungsantrag zu sehen sein) vollstreckbare Ausfertigung erteilt (§ 724; AG Arnsberg DGVZ 94, 79; aA LG Kiel DGVZ 83, 155: keine Klausel erforderlich). Auf ihr ist der Tag der Zustellung an den Schuldner zu vermerken (§ 213a). Die Vollstreckung (Beitreibung) des **Zwangsgeldes** erfolgt auf **Antrag des Gläubigers** zugunsten der Staatskasse nach den Bestimmungen über die ZwV wegen Geldforderungen (§§ 803–882a), nicht von Amts wegen nach der JBeitrO (BGH MDR 83, 739 = NJW 83, 1859 mwN; Frankfurt JurBüro 86, 1259; anders noch München MDR 83, 326 = NJW 83, 947; LG Koblenz MDR 83, 851). Dem Gläubiger bleibt es damit überlassen, zur Durchsetzung seines Anspruchs auf die unvertretbare Handlung die Vollstrekkung des Zwangsgeldes zu betreiben oder davon abzusehen. Der Schuldner kann Vollstreckung jederzeit durch Erfüllung (Vornahme der Handlung) abwenden. Bei Forderungspfändung ist im Überweisungsbeschluß Zahlung durch den Drittschuldner an die Gerichtskasse anzuordnen (Stöber FdgPfdg Rn 581), sonst ist beigetriebenes Zwangsgeld durch den GV an die Staatskasse abzuliefern; Sicherungshypothek § 867 Rn 8. Kann Zwangsgeld nicht beigetrieben werden, kann der Gläubiger die Ersatzhaft vollstrecken (keine strengen Anforderungen an Nachweis der Nichtbeitreibbarkeit, KG NJW 63, 2081; OLG Düsseldorf JurBüro 89, 277). Stundung und Ratenzahlung sind nicht zulässig, ebensowenig Begnadigung; sie würden dem Zweck des Zwangsgeldes als Beugemittel widersprechen. Die **Zwangshaft** (auch die ersatzweise) wird auf Antrag des Gläubigers nach §§ 904–913 auf Grund eines Haftbefehls des Prozeßgerichts (Rn 6) vollstreckt (keine Verhaftung ohne Haftbefehl, LG Kiel DGVZ 83, 155) und nach § 171 StVollzG vollzogen. 14

IV) **Aufhebung** (sonstiger Wegfall) des Titels oder Einstellung der ZwV schließt Festsetzung von Zwangsgeld (oder Zwangshaft) aus (wie § 890 Rn 9). Aufhebung (sonstiger Wegfall) des Titels nach Erlaß des Zwangsgeldbeschlusses: wie § 890 Rn 25. **Rückzahlung** des Zwangsgeldes: wie § 890 Rn 26. 15

V) **Rechtsbehelf:** Gegen den Beschluß, der den Antrag zurückweist oder Zwangsgeld bzw -haft anordnet: sofortige Beschwerde (§ 793) mit weiterer Beschwerde nach § 793 II (mit § 568 II; wie § 887 Rn 13). Beschwerde in Auskunftssachen (§ 132 AktG, § 51b GmbHG) s BayObLG 88, 413; in einer WEG-Angelegenheit BayObLG 88, 440 [441]. Für Einwand rechtzeitiger Erfüllung (Rn 11) oder Erfüllung nach Rechtskraft des Beschlusses: § 767 (abw Frankfurt OLGZ 93, 459: sofortige Beschwerde auch bei Erfüllung nach Erlaß des Zwangsgeldbeschlusses). Gegen Vollstreckung des Beschlusses die Rechtsbehelfe der ZwV-Maßnahme. Die Androhung von Zwangsgeld (Rn 12) ist kein Vollstreckungsakt; dagegen ist daher kein Rechtsmittel zulässig (Hamm FamRZ 86, 828 = Rpfleger 86, 302; Karlsruhe FamRZ 91, 354 [sofortige Beschwerde jedoch gegen Auferlegung der Verfahrenskosten im Androhungsbeschluß, Karlsruhe FamRZ 94, 54]; Nürnberg FamRZ 87, 1290 = NJW-RR 87, 1483; LG Gießen MDR 81, 413; LAG Düsseldorf JurBüro 85, 1747 u 86, 303; aA BayObLG 88, 413 [416]; Hamm NJW-RR 87, 765 u MDR 88, 505 = NJW-RR 88, 767; Stuttgart MDR 95, 92; LG Hannover MDR 95, 314; LAG Köln MDR 91, 650). 16

17 **VI) 1) § 888 ist nicht anwendbar** auf Verurteilung zur Eingehung einer Ehe (§ 1297 BGB), im Falle der Verurteilung zur Herstellung des ehelichen Lebens und der Verurteilung zur Leistung von Diensten aus einem Dienstvertrag (Abs 2). Das Vollstreckungsverbot des Abs 2 schließt die Vollstreckung von Urteilen auf **Herstellung des ehelichen Lebens** nicht aus, soweit in den räumlich gegenständlichen Bereich der Ehe durch einen Ehegatten oder einen Dritten eingegriffen wird (BGH 6, 360, 366 [368] = NJW 52, 975: Klage auf Entfernung eines Störers aus der Ehewohnung; auch Karlsruhe FamRZ 80, 139). Die Klage darf aber nicht, auch nicht mittelbar bezwekken, unter Umgehung des Abs 2 die Herstellung des ehelichen Lebens durchzusetzen (Bremen NJW 63, 395; Frankfurt NJW 74, 2325). Ein Titel, nach dem ein Ehegatte den anderen Ehegatten in die Ehewohnung aufzunehmen und ihm den Verbleib dort zu gestatten hat, kann durch Androhung und Vollstreckung von Zwangsmitteln vollstreckt werden (Hamm MDR 65, 577).

18 2) Das Vollstreckungsverbot des Abs 2 besteht ferner bei **Verurteilung zur Leistung von unvertretbaren Diensten** aus einem Dienstvertrag, entgeltlichem Geschäftsbesorgungsvertrag und Auftrag (StJ/Brehm Rn 40).

19 3) Mit den Mitteln staatlichen Zwangs darf auch nicht eine **Verpflichtung** vollstreckt werden, **an einer kultisch-religiösen Handlung teilzunehmen** (Köln MDR 73, 769). Abs 2 ist auch entsprechend anzuwenden bei einer Verpflichtung auf Grund eines Prozeßvergleichs, einen Erbvertrag abzuschließen (Frankfurt Rpfleger 80, 117).

20 **VII) Gebühren: 1)** des **Gerichts:** Keine Gebühr; demnach sind zB gebührenfrei: die Anhörung des Schuldners zum Antrag des Gläubigers (Rn 6), die etwaige Androhung eines Zwangsmittels (s Rn 12) und auch der das Zwangsmittel anordnende oder die Anordnung eines solchen ablehnende Beschluß usw. Für die Durchführung der grundsätzlich dem Rechtspfleger zugewiesenen (§ 31 III RpflG) gerichtl Vollstreckung eines Zwangsgeldes (s Rn 14), dessen Anordnung als solche gebührenfrei ist, erwachsen aber Gebühren, soweit diese Vollstreckungsverfahren der Gebührenpflicht unterliegen. Beispiele: Für die auf Betreiben des Gläubigers wegen des Zwangsgeldes beim Schuldner durch den **Gerichtsvollzieher** bewirkte Pfändung von Bargeld (§ 808) wird die volle Gebühr nach § 17 I GVKostG erhoben, die Festgebühr von 20 DM nach KV 1640 ist zu erheben, wenn auf Antrag des Gläubigers zugunsten eines verhängten Zwangsgeldes eine dem Schuldner zustehende Forderung gepfändet und zur Einziehung überwiesen wird usw. Sowohl der GV als auch der Drittschuldner sind gehalten bzw anzuweisen, das beigetriebene Geld unmittelbar an die Staatskasse abzuführen. Im Falle der Nichtbeitreibbarkeit des Zwangsgeldes löst die Durchführung der Ersatzhaft oder der von Anfang an allein angeordneten Zwangshaft die Verhaftungsgebühr in doppelter Höhe der Festgebühr aus, wenn der GV im Auftrag des Gläubigers den festgenommenen Schuldner in die Vollzugsanstalt einliefert (§ 26 GVKostG).

2) des **Anwalts:** Der Anwalt des Gläubigers erhält die ($^3/_{10}$) Vollstreckungsgebühr aus § 57 BRAGO gesondert: § 58 III Nr 8 BRAGO. Das gesamte Verfahren einschließl der Vollstreckung eines Zwangsmittelbeschlusses, insbesondere der Beitreibung des in die Staatskasse fließenden Zwangsgeldes, bildet eine Angelegenheit.

888a *[Entschädigung bei Nichtvornahme einer Handlung]*

Ist im Falle des § 510b der Beklagte zur Zahlung einer Entschädigung verurteilt, so ist die Zwangsvollstreckung auf Grund der Vorschriften der §§ 887, 888 ausgeschlossen.

1 § 510 b: Verurteilung zur Vornahme einer Handlung und für den Fall der Nichtvornahme binnen einer zu bestimmenden Frist gleichzeitige Verurteilung zur Zahlung einer Entschädigung. Bei ZwV nach §§ 887, 888 sofortige Beschwerde, § 793.

889 *[Eidesstattliche Versicherung nach bürgerlichem Recht]*

(1) Ist der Schuldner auf Grund der Vorschriften des bürgerlichen Rechts zur Abgabe einer eidesstattlichen Versicherung verurteilt, so wird die Versicherung vor dem Amtsgericht als Vollstreckungsgericht abgegeben, in dessen Bezirk der Schuldner im Inland seinen Wohnsitz oder in Ermangelung eines solchen seinen Aufenthaltsort hat, sonst vor dem Amtsgericht als Vollstreckungsgericht, in dessen Bezirk das Prozeßgericht des ersten Rechtszuges seinen Sitz hat. Die Vorschriften der §§ 478 bis 480, 483 gelten entsprechend.

(2) Erscheint der Schuldner in dem zur Abgabe der eidesstattlichen Versicherung bestimmten Termin nicht oder verweigert er die Abgabe der eidesstattlichen Versicherung, so verfährt das Vollstreckungsgericht nach § 888.

1 **I) Vorschriften des bürgerlichen Rechts:** zB §§ 259, 260, 666, 681, 713, 1915, 1978, 2000, 2028, 2057, 2130, 2218 BGB. Erklärt sich der Schuldner ohne Klage zur Abgabe der eidesstattl Versicherung bereit, so ist sie vor dem Gericht der freiw Gerichtsbarkeit abzugeben (§§ 79, 163 FGG). Verweigert er die Versicherung, so muß er verklagt werden. Ist er durch vorläufig vollstreckbares oder rechtskräftiges Urteil zur Abgabe der eidesstattl Versicherung (einstw Verfügung genügt nicht) verurteilt, trifft § 889 zu; das Gericht der freiw Gerichtsbarkeit ist nun für die Abgabe der Versicherung nicht zuständig. Die Parteien können sich aber auch nach Erlaß des Vollstreckungs-

titels auf das Verfahren nach dem FGG einigen. Der materiell-rechtliche Anspruch (§ 261 III BGB) auf Erstattung der für Abgabe der Versicherung nach Verurteilung (noch) im Verfahren der freiw Gerichtsbarkeit entstandenen Kosten ist in einem (neuen) Rechtsstreit geltend zu machen; das Prozeßgericht des Urteilsverfahrens auf Abgabe der eidesstattl Versicherung kann darüber nicht entscheiden (KG JurBüro 93, 353).

II) Der **Inhalt der eidesstattlichen Versicherung** bestimmt sich nach dem Urteil; das Vollstreckungsgericht ist jedoch berechtigt, die vom Prozeßgericht festgelegte Formel der Versicherung beschlußmäßig zu ändern, wenn Abgabe mit dem durch das Prozeßgericht festgelegten Inhalt den Schuldner zu einer inhaltlich falschen Erklärung zwingen würde (LG Berlin Rpfleger 71, 264). Die eidesstattl Versicherung ist durch den Schuldner, bei Prozeßunfähigkeit durch den gesetzlichen Vertreter abzugeben. Auf Antrag des Gläubigers hat das Vollstreckungsgericht Termin zur Abgabe der Versicherung zu bestimmen und den Schuldner von Amts wegen zu laden. Die Ladung zum Termin gilt noch nicht als Maßnahme der ZwV (Düsseldorf MDR 94, 306 = Rpfleger 93, 494; StJ/Brehm Rn 4; MK/Schilken Rn 8); Anfechtung mit Erinnerung (§ 766) findet daher nicht statt (LG Heilbronn Rpfleger 95, 123). ZwV als Folge der Nichterfüllung der Urteilsverpflichtung gebietet gleichwohl Prüfung, ob ZwV zulässig ist (Titel und Zustellung). Die Ladung ist dem Prozeßbevollmächtigten zuzustellen (§§ 176, 178). Verlegung und Vertagung des Termins nach § 227 (§ 900 III S 4 findet keine Anwendung, Düsseldorf MDR 94, 306). Zuständig ist der Rechtspfleger (§ 20 Nr 17 RpflG). 2

III) Die Erzwingung der Abgabe der eidesstattl Versicherung nach § 888 (mit § 889 II) ist dem Vollstreckungsgericht (AmtsG) ausschließlich (§ 802; München MDR 91, 796) übertragen. Bei diesem Verfahrensabschnitt handelt es sich um Maßnahmen der ZwV. Das **Verfahren** nach § 888 ist dem Richter vorbehalten, da die Entscheidung auch die Möglichkeit der Festsetzung einer Zwangshaft in sich schließt (§ 4 RpflG, StJ/Brehm Rn 11, ThP Rn 6). Verhinderung des Schuldners am Erscheinen im Termin oder ausreichende Entschuldigung (Glaubhaftmachung, § 227 III) schließen Verfahren nach § 888 aus (Düsseldorf MDR 94, 306; s auch § 900 Rn 21). Verhängung von Zwangsgeld oder Zwangshaft nach der Wahl des Gerichts; dem Erfordernis der Anhörung des Schuldners (§ 891) ist genügt, wenn der Antrag gegen den zum Termin nach Abs 1 geladenen, aber nicht erschienenen Schuldner im Termin oder nach dem Termin gestellt wird. Zwangsmittel-Androhung ist zwar zulässig, aber überflüssig und unzweckmäßig (München MDR 91, 796; auch § 888 Rn 12). Bestreitet der Schuldner die rechtmäßige Erteilung der Vollstrekkungsklausel, muß er gem § 732 vorgehen; Einwendungen gegen die Art und Weise der ZwV sind nach § 766 zu erheben. Vollstreckungsmaßnahmen, die mit Erinnerung anfechtbar sind, sind ab Anordnung oder Festsetzung des Zwangsmittels gegeben (LG Berlin Rpfleger 75, 374). Bestreitet Schuldner die Pflicht zur Abgabe der Versicherung, so muß er nach § 767 klagen. Eine falsche oder unvollständige Auskunft muß der Schuldner vor Abgabe der Versicherung berichtigen (Köln FamRZ 90, 1128 [1129]). Mit der Begründung, eine von seinem Steuerberater gefertigte Auskunft (mit Bilanz sowie Gewinn- und Verlustrechnung) könne er nicht nachprüfen, kann der Schuldner die Abgabe der Versicherung nicht ablehnen (LG Köln NJW-RR 86, 360). 3

Schuldner kann jederzeit vor dem AG des Haftortes die eidesstattl Versicherung abgeben und damit seine Entlassung aus der Haft herbeiführen (§ 902). Der Gläubiger ist zu verständigen. Vor Verhaftung kann Schuldner bei Gericht die Abnahme der eidesstattl Versicherung beantragen. 4

IV) Gebühren: 1) des **Gerichts:** Für das Verfahren über den Antrag auf Abgabe der eidesstattl Versicherung: Festgebühr von 35 DM nach KV 1643. Auslagen für die erste Zustellung werden nicht erhoben (KV 9002 aE). Wird die eidesstattl Versicherung im FGG-Verfahren (§§ 79, 83 II, 163 FGG) abgegeben: § 124 KostO. – **2)** des **Anwalts:** $^3/_{10}$ der Regelgebühren nach §§ 31, 57, 58 III Nr 8 BRAGO auch dann, wenn der Schuldner im Termin freiwillig erscheint und die eidesstattl Versicherung abgibt. 5

890 *[Erzwingung der Duldung oder Unterlassung von Handlungen]*

(1) Handelt der Schuldner der Verpflichtung zuwider, eine Handlung zu unterlassen oder die Vornahme einer Handlung zu dulden, so ist er wegen einer jeden Zuwiderhandlung auf Antrag des Gläubigers von dem Prozeßgericht des ersten Rechtszuges zu einem Ordnungsgeld und für den Fall, daß dieses nicht beigetrieben werden kann, zur Ordnungshaft oder zur Ordnungshaft bis zu sechs Monaten zu verurteilen. Das einzelne Ordnungsgeld darf den Betrag von fünfhunderttausend Deutsche Mark, die Ordnungshaft insgesamt zwei Jahre nicht übersteigen.

(2) Der Verurteilung muß eine entsprechende Androhung vorausgehen, die, wenn sie in dem die Verpflichtung aussprechenden Urteil nicht enthalten ist, auf Antrag von dem Prozeßgericht des ersten Rechtszuges erlassen wird.

(3) Auch kann der Schuldner auf Antrag des Gläubigers zur Bestellung einer Sicherheit für den durch fernere Zuwiderhandlungen entstehenden Schaden auf bestimmte Zeit verurteilt werden.

1 **I) Zweck:** Regelung der Zwangsmaßnahme und des Verfahrens bei ZwV zur Durchsetzung der Verpflichtung, eine Handlung zu unterlassen oder die Vornahme einer Handlung zu dulden.

2 **II) Voraussetzungen: 1)** Der nach dem Schuldtitel durchzusetzende Anspruch (vor § 704 Rn 3) muß zur **Unterlassung einer Handlung** oder dazu verpflichten, die Vornahme einer **Handlung zu dulden.** Unterlassen (s § 194 BGB) ist jedes untätige Verhalten, das einen bestimmten Kausalablauf nicht beeinflußt (näher Brehm ZZP 89 [1976] 178). Darauf, ob das Verhalten im Schuldtitel negativ oder positiv formuliert ist, kommt es allein nicht an (Brehm aaO; Köln OLGZ 94, 313 [316]).

3 **2)** § 890 findet ua **Anwendung** bei Verurteilung (Verpflichtung in einem Prozeßvergleich, Kiel JW 30, 657) zur **Unterlassung** zB von Besitzstörung (§ 862 I S 2 BGB), Störung des Eigentums oder anderer dinglicher Rechte (§§ 1004, 1027, 1060, 1065, 1090 II BGB), auch zB Verbot, im Sondernutzungsbereich eines Wohnungseigentümers irgendwelche Arbeiten vorzunehmen oder Eingriffe durchzuführen (BayObLG NJW-RR 87, 1040), oder als „Gebot", geeignete Maßnahmen gegen störendes Hundegebell zu treffen (Köln OLGZ 94, 313 = VersR 93, 1242; München MDR 90, 442) oder Musik nur in Zimmerlautstärke zu empfangen (Titel ist hinreichend bestimmt, LG Hamburg MDR 61, 312), Unterlassung einer Tatsachenbehauptung gegenüber Kunden, Konkurrenzunternehmen, der Presse oder sonst Dritten (Frankfurt OLGZ 85, 380), der Veröffentlichung einer Zeitungsannonce (Köln NJW-RR 86, 1191), des Gebrauchs eines Namens (§ 12 BGB), der Gewährung unzulässiger Rabatte (KG JW 39, 316), des Gebrauchs irreführender Angaben nach § 3 UWG, der Verwendung verbotener AGB-Klauseln (§§ 13, 17 AGBG; Beweis des Verwenders, daß im Einzelfall Klauselverwendung nicht gegen das Unterlassungsgebot verstößt, s BGH 116, 1 = NJW 92, 179) oder der Annahme einer Stellung bei einer Konkurrenzfirma in bestimmter Zeit (RG 72, 394), Gestattung (Duldung) der Besichtigung einer Wohnung (Dresden SA 68 Nr 61; StJ/Brehm Rn 4 mit Fußn 20); Duldung (bestimmter) Arbeiten (umfaßt das Gebot, alles zu unterlassen, was die Arbeiten ver- oder behindert, Köln OLGZ 94, 599); Einstellung von Bauarbeiten oder Stillegung von Straßenbauarbeiten (s BGH 120, 73 = NJW 93, 1076), Verbot (verpachtete) Teileigentumsräume als Gaststätte (BayObLG MDR 91, 547) oder in bestimmter Weise (zB außerhalb der Ladenöffnungszeiten) als Gaststätte zu nutzen (BayObLG JurBüro 95, 957 = NJW-RR 95, 1040). Einer Unterlassungspflicht kann auch durch solche Unterlassung zuwidergehandelt werden, die den zu verhindernden Erfolg herbeiführt (München NJW 55, 1930). Umfaßt eine Unterlassungspflicht auch die Verpflichtung zu einem Handeln (zB Beseitigung eines Namensschildes mit unbefugt geführter Geschäftsbezeichnung; Beseitigung sonst eines Störzustandes, wenn allein dadurch dem Unterlassungsgebot Folge geleistet werden kann, BGH 120, 73 [76]), so kann die Zuwiderhandlung auch im Untätigbleiben des Schuldners bestehen (Koblenz MDR 65, 51; Bamberg JurBüro 91, 1706; Köln OLGZ 94, 599 [602]; auch BayObLG 91, 547). Der Schutzumfang des Unterlassungstitels erstreckt sich auf alle Verletzungshandlungen, die der Verkehr als gleichwertig ansieht und bei denen die Abweichungen den Kern der Verletzungshandlung unberührt lassen (Frankfurt WRP 78, 828; auch Frankfurt NJW-RR 92, 751 [zur Abgrenzung Verbotsfirma/neue Firma]). § 890 **trifft nicht zu** bei reinen Feststellungsurteilen und bei Verurteilung des Schuldners zur Entfaltung einer Tätigkeit (damit nicht für die Dauerverpflichtung zur Vornahme einer Handlung oder die Verpflichtung zur Herbeiführung eines aufrechtzuerhaltenden Zustands, Köln MDR 95, 95), auch nicht bei Abgabe einer Unterlassungserklärung eines Wettbewerbsverletzers in einem Prozeßvergleich mit Vertragsstrafeverpflichtung (oder sonst besonderer Abrede über die Durchsetzung) (Hamm MDR 67, 42 = NJW 67, 58 u MDR 85, 242, s auch Rn 7).

4 **3) a) Maßnahmen** der ZwV zur Durchsetzung eines Unterlassungs- oder Duldungsanspruchs sind Ordnungsgeld und Ordnungshaft (Abs 1). Es wird durch Verhängung eines Ordnungsmittels nach einer Zuwiderhandlung diese geahndet und zugleich versucht, Erfüllung des Unterlassungs- oder Duldungsgebots durch Wohlverhalten zu erzwingen (BGH 120, 73 [78]). Die **Zuwiderhandlung,** an die Verhängung des **Ordnungsmittels** anknüpft, muß zeitlich nach der Androhung und der Vollstreckbarkeit des Titels liegen (Hamm NJW 77, 1205; Stuttgart MDR 62, 995), damit nach Sicherheitsleistung sowie Unterrichtung des Schuldners in formalisierter Form bei nur gegen Sicherheit vollstreckbarem Urteil (BGH MDR 96, 521 = NJW 96, 397; Stuttgart WRP 90, 134). Enthält bereits das (vorläufig vollstreckbare) Urteil die Androhung (Abs 2), muß bei Zuwiderhandeln Sicherheitsleistung erfolgt und dem Schuldner in formalisierter Weise nachgewiesen sein (BHG aaO; Altmeppen WM 89, 1157 mit Einzelheiten; zur Sicherheitsleistung nach § 711 s Frankfurt NJW-RR 90, 124 = OLGZ 89, 379). Wann die Vollstreckungsklausel erteilt oder das Urteil zugestellt ist, ist unerheblich (Hamburg MDR 65, 670; KG MDR 64, 155); nur eine einstw Verfügung muß vorher zugestellt sein (Frankfurt Rpfleger 54, 46; LG Flensburg SchlHA 79,

215). Verstößt ein **Dritter** gegen einen Unterlassungstitel, so liegt eine eigene Zuwiderhandlung des Titelschuldners vor, wenn dessen Verhalten für den Verstoß des Dritten ursächlich ist (BayObLG JurBüro 95, 247 = NJW-RR 95, 1040 [Verstoß durch Pächter]; Frankfurt OLGZ 85, 380 u MDR 90, 452 = NJW-RR 90, 639; Köln NJW-RR 86, 1191; Zweibrücken NJW-RR 88, 1341; auch München NJW-RR 86, 638: untersagtes Klavierspielen durch 9jährigen Sohn, aber auch LG Freiburg FamRZ 92, 1208: vom Schuldner nicht veranlaßtes Betreten eines Grundstücks durch 17jährige Tochter kein Verstoß gegen die dem Schuldner auferlegte Unterlassungspflicht). Ein gegen den Inhaber einer Einzelfirma oder den Schuldner persönlich gerichtetes Verbot erfaßt auch solche Handlungen, die der Schuldner als Organ einer Handelsgesellschaft oder einer von der Einzelfirma rechtlich selbständigen juristischen Person vornimmt (Hamm WRP 79, 802; Koblenz WRP 78, 833; Zweibrücken aaO). Der bloße Versuch, einer Unterlassungsspflicht zuwiderzuhandeln, kann durch Ordnungsmittel nur geahndet werden, wenn er durch den Schuldtitel in das Unterlassungsgebot einbezogen ist (Köln JurBüro 93, 627); es genügt nicht, daß der Androhungsbeschluß ihn einbezieht (Frankfurt MDR 72, 58).

b) Die Ordnungsmittel sind nicht nur Maßnahme zur Beugung des Willens des Schuldners (wie im Falle des § 888), sondern enthalten auch strafrechtliche (repressive) Elemente (BVerfG 20, 323 [332] = NJW 67, 195; BVerfG 58, 159 = NJW 81, 2457; BVerfG 84, 82 = NJW 91, 3139). Verhängung eines Ordnungsmittels setzt daher **Verschulden** voraus (BVerfG aaO; Braunschweig OLGZ 77, 381; Bremen OLGZ 79, 368; Frankfurt NJW 77, 1204; Hamburg MDR 76, 498; Hamm MDR 78, 585; Köln OLGZ 76, 250; Zweibrücken OLGZ 78, 372). Ahndung ohne Schuld ist rechtsstaatswidrig und verletzt den Betroffenen in seinem Grundrecht aus Art 2 I GG (BVerfG aaO). Der Zuwiderhandlungstatbestand muß (objektiv und subjektiv) dem Titelschuldner zuzurechnen sein; Fahrlässigkeit genügt (Stuttgart MDR 58, 523) und zwar auch, wenn das Ordnungsmittel nicht ausdrücklich für den Fall fahrlässiger Zuwiderhandlung angedroht war (Frankfurt MDR 56, 361; s auch Karlsruhe MDR 56, 1077). Anwaltlicher Rat kann nicht grundsätzlich vom Verschulden entlasten (Hamburg NJW-RR 89, 1087); die Erwartung, mit einer Verfassungsbeschwerde Erfolg zu haben, kann Verschulden weder ausschließen noch mindern (BayObLG JurBüro 95, 957 = NJW-RR 95, 1040). Bei Zuwiderhandlungen nach Androhung des Ordnungsmittels, jedoch vor Zustellung des Titels und der Androhung (Rn 4), liegt Verschulden nur vor, wenn der Schuldner die Verbotsnorm und die Androhung kannte oder schuldhaft nicht kannte; die Grundsätze über den Verbotsirrtum (BGHSt 2, 194 [202] = NJW 52, 593) sind entsprechend anzuwenden (BVerfG 20, 223; Frankfurt MDR 62, 488). Veränderte Umstände (die nicht nach § 767 geltend gemacht sind) können bei Verstoß gegen den fortbestehenden Unterlassungstitel Verschulden nicht ausräumen (dazu Köln NJW-RR 87, 1471). Nur eigenes Verschulden des Schuldners, bei juristischen Personen die Schuld „der für sie verantwortlich handelnden Personen" (BVerfG aaO; BGH BB 91, 1446; vgl auch Adomeit NJW 67, 1994), bei Handelsgesellschaften (OHG, KG, auch GmbH & Co KG) sowie Partnerschaft und EWIV. Verschulden der für sie handelnden Gesellschafter, rechtfertigt die Verurteilung; es kann allerdings auch auf einem schuldhaften Organisationsmangel (unterlassene Kenntnisverschaffung; Frankfurt JurBüro 83, 1737; unterlassene Vorsorge für die Zeit der Erkrankung des Geschäftsführers, Hamm MDR 89, 1005 = OLGZ 89, 470) und in schuldhaftem Verhalten bei Auswahl und Überwachung Dritter liegen (BVerfG aaO; Düsseldorf MDR 65, 52; München NJW 63, 1410). Der Schuldner muß alle erforderlichen und zumutbaren Maßnahmen treffen, um Zuwiderhandlungen durch Angestellte oder Beauftragte zu verhindern (Bremen OLGZ 79, 368; Hamburg NJW-RR 93. 1392 [Pflichten eines Presseverlages zur Sicherung des Archivmaterials]). Daß eine GmbH bei Erlaß des Titels und bei Zuwiderhandlung noch nicht im Handelsregister eingetragen, somit noch Vorgesellschaft war, hindert Verhängung eines Ordnungsmittels gegen sie nicht (Stuttgart NJW-RR 89, 637). Nach dem Tod des Schuldners (während des Vollstreckungsverfahrens) wird gegen die Erben ein Ordnungsmittel nicht festgesetzt (Hamm MDR 86, 156). 5

c) Ordnungsmittel können auch gegen **Prozeßunfähige,** gegen Handelsgesellschaften (OHG, KG auch GmbH & Co KG), gegen Partnerschaft und EWIV sowie gegen **juristische Personen** ergehen. Dabei trifft das Ordnungsgeld das Vermögen des Prozeßunfähigen, der Handelsgesellschaft (Wechsel des Geschäftsführers der Komplementär-GmbH daher unbeachtlich, Zweibrükken Betrieb 88, 328) oder der juristischen Person, die Ordnungshaft den gesetzlichen Vertreter oder vertretenden Gesellschafter (BGH BB 91, 1446; Hamm MDR 66, 423 = OLGZ 66, 52; anders StJ/Brehm Rn 59 u 61). Handelt der Minderjährige selbst dem Verbot zuwider, Ordnungsmittel gegen ihn, wenn er nach seiner geistigen Entwicklung reif genug ist, das Unrecht einzusehen; StJ/Brehm Rn 59; enger Düsseldorf MDR 96, 477: erforderlich ist Schuldfähigkeit des Minderjährigen in strafrechtlichem Sinn). 6

d) Neben der Verhängung eines Ordnungsmittels ist wegen desselben Sachverhalts eine **Strafverfolgung** nach dem Strafgesetzbuch und den strafrechtlichen Nebengesetzen zulässig; ebenso kann neben einer sachgleichen strafrechtlichen Verurteilung ein Ordnungsmittel nach § 890 angeordnet werden; das Verbot der Doppelbestrafung steht nicht entgegen. Auch Verfahren nach 7

§ 890 und **Vertragsstrafe** schließen sich nicht aus (Frankfurt MDR 68, 592; Hamm MDR 67, 223; Karlsruhe Justiz 86, 407; Köln NJW-RR 87, 360 u NJW-RR 86, 1191 u Düsseldorf NJW-RR 88, 1216 [beide auch zur Berücksichtigung einer bereits titulierten Vertragsstrafe]; s auch Köln NJW 69, 756 = OLGZ 69, 58; Stuttgart NJW 69, 1305; aA [nur alternativ nach Wahl des Gläubigers] LG Frankenthal MDR 92, 362). Gerichtliche Geltendmachung einer vereinbarten Vertragsstrafe wegen Verletzung einer Unterlassungsverpflichtung hindert nicht die gleichzeitige Verhängung eines Ordnungsmittels (Nürnberg MDR 83, 759; Saarbrücken NJW 80, 461 = OLGZ 79, 196; aA Köln aaO).

8 **4) a)** Die allgemeine **ZwV-Voraussetzungen** (vor § 704 Rn 14–17) müssen bei Verhängung des Ordnungsmittels (Erlaß des Beschlusses) erfüllt sein. Die zu unterlassende oder zu duldende Handlung (Inhalt und Umfang, BGH 124, 173 [175, 176] muß der Titel inhaltlich bestimmt ausweisen (§ 704 Rn 4). Eine gewisse Verallgemeinerung wird hingenommen, wenn dabei das Charakteristische des konkreten Verletzungstatbestands zum Ausdruck kommt (BGH NJW 80, 700 [701]). Bloße Wiedergabe des Textes der Verbotsnorm (Zweibrücken NJW-RR 87, 1526) oder die Unterlassungsverpflichtung, zu Wettbewerbszwecken über Geschäft und Person des Gläubigers unwahre Tatsachen zu behaupten oder zu verbreiten (Zweibrücken MDR 87, 1032), begründen jedoch keinen vollstreckungsfähigen Titelinhalt. Vorläufig vollstreckbarer Schuldtitel (dessen Vollstreckung nicht gehemmt ist; KG JW 39, 316) und einstw Verfügung (LG Essen MDR 83, 500) genügen als Antragsgrundlage für Verurteilung.

9 **b) aa)** Ist zur **Zeit der Zuwiderhandlung** der **Titel** oder seine Vollstreckbarkeit bereits **aufgehoben** oder die ZwV eingestellt, so ist eine Verurteilung nicht zulässig; denn die Androhung entfällt mit dem Titel, auf dem sie beruht, und seiner Vollstreckbarkeit. Wird die Einstellung wieder aufgehoben, so kann die vor der Einstellung begangene Zuwiderhandlung geahndet werden (StJ/Brehm Rn 26). Erledigungserklärung und Prozeßvergleich wie Rn 9a. Abgabe einer strafbewehrten Verpflichtungserklärung durch den Titelschuldner führt nicht zum Fortfall des Titels (Hamburg NJW-RR 87, 1024).

9a **bb) Aufhebung** (sonstiger Wegfall) des Schuldtitel (auch einer einstw Verfügung) **nach** Begehen **der Zuwiderhandlung**, aber vor Verurteilung zu einem Ordnungsmittel, schließt Ahndung der Zuwiderhandlung aus (zum noch nicht rechtskräftigen Ordnungsbeschluß Rn 25). Festsetzung eines Ordnungsmittels ist nicht mehr zulässig, weil der Schuldtitel als ZwV-Voraussetzung fehlt (Frankfurt JurBüro 82, 465 = NJW 82, 1156 L unter Aufgabe von NJW 58, 2021). Gleiches gilt, wenn der (noch nicht rechtskräftige) Vollstreckungstitel wirkungslos wird, weil der Hauptsacherechtsstreit (übereinstimmend) für erledigt erklärt ist (§ 91a Rn 12; Wirkung ex tunc; zB Düsseldorf MDR 87, 855 = NJW-RR 88, 510; Frankfurt MDR 89, 1001 = WRP 90, 423 m Anm Münzberg; Hamm MDR 79, 769 = NJW 80, 1399 u MDR 85, 591; Schleswig JurBüro 88, 671; LG Essen MDR 83, 500; LAG Düsseldorf JurBüro 85, 316; anders noch Frankfurt NJW 77, 1204, JurBüro 80, 1110 = OLGZ 80, 336 u OLGZ 93, 101; Hamburg NJW-RR 87, 1024; München NJW 71, 1256, MK/Schilken Rn 15, je mwN), der Rechtsstreit durch Prozeßvergleich beendet (Stuttgart NJW-RR 86, 1255) oder die Klage (s § 269 III S 1; auch der Antrag auf einstw Verfügung) zurückgenommen wurde. Ist jedoch die übereinstimmende Erledigterklärung eingeschränkt (s Rn 25; Melullis GRUR 93, 241; nehmen Stuttgart MDR 75, 322 u NJW-RR 86, 1255 sowie Karlsruhe GRUR 92, 207 [zu weitgehend; s auch Melullis aaO] an bei Erledigterklärung nach strafbewehrter Unterlassungserklärung des Schuldners) oder der Prozeßvergleich als Vollstreckungstitel für die Unterlassungsverpflichtung bis zu einem bestimmten Zeitpunkt aufrecht erhalten (Rn 25), dann bleiben Ordnungsmittel für Zuwiderhandlung gegen die Verpflichtung, Handlungen bis zu dem bestimmten Zeitpunkt zu unterlassen (befristetes Unterlassungsgebot, s Rn 10) mit dem dafür fortbestehenden Vollstreckungstitel zulässig.

10 **c)** Eine Ordnungsmaßnahme wegen Zuwiderhandlung (nach Androhung) gegen ein Unterlassungsgebot ist auch zulässig, wenn der Unterlassungspflicht nur **einmal** oder nur bis zu einem **bestimmten Zeitpunkt** (Beispiel: Wettbewerbsverbot während einer Messe, Münzberg WRP 90, 425 [426]; sonst befristet s Ulrich WRP 92, 147 [150]; Melullis GRUR 93, 241 [246]) zuwidergehandelt werden konnte, ebenso, wenn sicher ist, daß ein weiterer Verstoß nicht mehr in Betracht kommen kann, weil der im Zeitpunkt der Zuwiderhandlung bestehende Unterlassungsanspruch danach gegenstandslos geworden (zB mit Schließung einer Gaststätte, BayObLG JurBüro 95, 497 = NJW-RR 95, 1040) oder erloschen ist (Bamberg MDR 79, 680 u 91, 1706; Frankfurt MDR 62, 488 u NJW-RR 90, 639; Hamburg MDR 68, 1019 u 73, 323; Hamm MDR 86, 418 u NJW-RR 90, 1086 [Aufgabe von MDR 65, 585 u MDR 79, 679 = NJW 80, 1399 m abl Anm Lindacher]; LG Essen MDR 83, 500; Hansens JurBüro 85, 653; aA Düsseldorf MDR 87, 855 = NJW-RR 88, 510 u Betrieb 92, 1084 L; Köln JurBüro 95, 269; LAG Hamburg MDR 90, 365; LAG Hamm MDR 75, 696). Der Gläubiger kann seinen Unterlassungsanspruch auch in solchen Fällen noch mit dem Unterlassungstitel (der nicht aufgehoben oder sonst entfallen sein darf) verfolgen (Beispiel für Urteilsfas-

sung auf Klage nach § 767 nach Wegfall der Unterlassungspflicht von einem bestimmten Zeitpunkt an bei Münzberg aaO).

d) Ein besonderes **Rechtsschutzbedürfnis** (über das bei jeder Rechtsverfolgung geforderte hinaus) ist weder für den Zeitpunkt der Zuwiderhandlung noch für den Zeitpunkt des Erlasses des Verurteilungsbeschlusses zu fordern (Karlsruhe MDR 94, 728 = OLGZ 94, 604 [unter Aufgabe von MDR 72, 699]; Zieres NJW 72, 751). Ist die Rechtsverfolgung des Gläubigers **rechtsmißbräuchlich,** dann muß es dem Schuldner überlassen bleiben, dies geltend zu machen (§§ 823, 826 BGB; vgl Göppinger NJW 67, 177 mwN; Lüke JZ 59, 369). Zu § 765a dort Rn 2. 11

5) a) Androhung des Ordnungsmittels (Abs 2). Das Ordnungsmittel ist dem aus dem Urteil (Vergleich usw) ersichtlichen Schuldner, der auch Handelsgesellschaft, Partnergesellschaft, EWIV oder juristische Person sein kann (RG 43, 405; s Rn 6), anzudrohen. Die Androhung von Ersatzordnungshaft gegen eine juristische Person mit der Maßgabe, daß sie an einem organschaftlichen Vertreter (Vorstand der AG, des VVaG oder eV, der eG, Geschäftsführer der GmbH) zu vollziehen ist, ist – auch wenn mehrere Vertreter vorhanden sind – zulässig und nicht zu unbestimmt (BGH BB 91, 1446). Namentliche Bezeichnung des organschaftlichen Vertreters, gegen den die Haft vollzogen werden soll, schließt das nicht aus (dann aber keine Verurteilung eines anderen Vertreters). Entsprechendes gilt für die Androhung von Ersatzordnungshaft gegen eine Handelsgesellschaft zur Vollziehung an einem vertretenden Gesellschafter, bei der GmbH & Co KG damit zur Vollziehung an einem der Geschäftsführer der Komplementär-GmbH, sowie für Androhung gegen einen Geschäftsunfähigen oder in der Geschäftsfähigkeit Beschränkten zur Vollziehung an dem (einem) gesetzlichen Vertreter und gegen einen Betreuten zur Vollziehung an dem Betreuer. Auch (originäre) Ordnungshaft wird in dem Vollstreckungsverfahren der juristischen Person, Handelsgesellschaft, des Geschäftsunfähigen oder in der Geschäftsfähigkeit Beschränkten sowie des Betreuten mit der Maßgabe angedroht, daß sie an einem Vertreter oder Gesellschafter (dem Betreuer) zu vollziehen ist, kann somit gleichfalls nicht diesem persönlich (namentlich) anzudrohen sein (anders StJ/Brehm Rn 61; zur Bezeichnung bei Anordnung aber Rn 16). 12

b) Die Androhung kann schon im Urteil enthalten sein. Ist das nicht der Fall, so ist sie durch **besonderen Beschluß** (nach Anhörung des Schuldners, § 891) auszusprechen (Abs 2); dieser ist dem Schuldner von Amts wegen zuzustellen (§ 329 III; Zustellung im Parteibetrieb genügt nicht), dem Gläubiger (einfach) mitzuteilen. Der Beginn der ZwV liegt in der Androhung des Ordnungsmittels durch besonderen Beschluß (BGH MDR 79, 116 = NJW 79, 217; Bremen NJW 71, 58; Karlsruhe Justiz 86, 407), in diesem Zeitpunkt müssen daher die allgemeinen ZwV-Voraussetzungen (vor § 704 Rn 14–17) vorliegen (Köln VersR 92, 723 L; VGH Bad-Württbg JurBüro 91, 113), andernfalls in der Festsetzung der Strafe (Hamburg MDR 57, 622; Stuttgart MDR 62, 995). Ein Vergleich kann eine wirksame Androhung nicht enthalten, sie ist wegen ihres öffentlich-rechtlichen Charakters der Verfügung der Parteien entzogen (RG 40, 413; Hamm MDR 88, 506; KG JurBüro 83, 781; Karlsruhe Justiz 75, 229; Schröder NJW 69, 1285; aA LG Berlin MDR 67, 134; Hasse NJW 69, 23). Die Androhung setzt eine Zuwiderhandlung (RG 42, 419; Bremen NJW 71, 58; Celle JurBüro 89, 1752 = NdsRpfl 89, 256; Hamm MDR 88, 506; Zweibrücken MDR 90, 258 = OLGZ 90, 213) oder sonst ein besonderes Rechtsschutzbedürfnis (s Rn 11; VGH Bad-Wttbg JurBüro 91, 113) nicht voraus. Sie erfolgt auf Antrag; in ihn ist auch ein Gläubigerantrag auf Festsetzung eines noch nicht angedrohten Ordnungsmittels umzudeuten (LG Duisburg JurBüro 83, 1423). Auf die Androhung als Voraussetzung der Verurteilung kann der Schuldner nicht wirksam verzichten (München BayJMBl 53, 220). Ein Rechtsschutzbedürfnis kann nicht (allein) deshalb verneint werden, weil zwischen Entstehung des Titels und Androhung ein längerer Zeitraum liegt (neun Jahre, KG NJW-RR 87, 507). 12a

c) Die Androhung muß das oder die Ordnungsmittel der Art nach (neben Ordnungsgeld auch die ersatzweise Ordnungshaft; sonst keine Festsetzung von Ersatzhaft, Hamm OLGZ 93, 450) bezeichnen (BGH NJW 95, 3177 [3181 reSp]) und (regelmäßig, Hamm MDR 88, 784 = NJW-RR 88, 960) das gesetzliche Höchstmaß angeben. Es genügt nicht Androhung „der gesetzlichen Ordnungsmittel gem § 890 ZPO" (BGH aaO) oder „Ordnungsmittel in gesetzlich zulässiger Höhe" (Düsseldorf MDR 77, 412; Hamm MDR 80, 150 = NJW 80, 1289; Köln BB 79, 1173 = JMBlNW 79, 257; LG Duisburg JurBüro 83, 1423; s auch SchlHA 79, 214). Wurde ein der Art und Höhe nach bestimmtes Ordnungsmittel angedroht, so darf bei der Verurteilung weder die Höhe noch die angedrohte Höchstgrenze überschritten noch auf ein anderes Ordnungsmittel erkannt werden, es sei denn, das Gericht hat vorher den Androhungsbeschluß geändert (KG OLG 16, 317). 12b

6) Gläubigerantrag wie § 887 Rn 4 (auch zu Anwaltszwang). Ein bestimmtes Ordnungsmittel und dessen Höhe braucht der Antrag nicht zu bezeichnen. Eine Frist für den Antrag ist nicht bestimmt (Düsseldorf MDR 65, 52; aA Frankfurt MDR 58, 2021). Der Antragsteller hat die ZwV-Voraussetzungen (Zustellung der Vollstreckungsklausel nicht erforderlich, Hamm JMBlNW 13

56, 233; Ausnahme § 750 II) und außerdem nachzuweisen, daß die Zuwiderhandlung nach Strafandrohung und Vollstreckbarkeit des Urteils schuldhaft (Rn 5; zum Verschuldensnachweis KG OLGZ 93, 339) begangen wurde; Glaubhaftmachung, auch eidesstattliche Versicherung, genügt nicht (KG OLG 39, 87; LG Bad Kreuznach MDR 67, 500); möglich ist im Verfahren Zeugen- und Parteivernehmung. Zurückgenommen werden kann der Antrag bis zur Rechtskraft des Beschlusses; Folge: § 888 Rn 4. Die Zurücknahme des Antrags nach Rechtskraft des Beschlusses kann nicht mehr zur Aufhebung des Festsetzungsbeschlusses führen (Naumburg JW 36, 2578).

14 **III) Verfahren: 1) a) Zuständig** ist das Prozeßgericht des 1. Rechtszugs (Abs 1 S 1; s dazu § 887 Rn 6). Bei einem im Privatklageverfahren geschlossenen Vergleich sind die Zivilgerichte für die Zwangsmaßnahmen des § 890 funktionell zuständig (Hamburg MDR 58, 434). Gehör des Schuldners und mündliche Verhandlung § 891.

15 **b)** Zu **prüfen** hat das Gericht neben den allgemeinen ZwV-Voraussetzungen (Rn 8) insbesondere, ob der erwiesene Sachverhalt eine schuldhafte Verletzung (Rn 5) der Unterlassungs- oder Duldungspflicht des Schuldners darstellt. Anscheinsbeweis ist zulässig (BVerfG 84, 82 = NJW-RR 91, 3139). Über den streitigen Umfang des Urteilsausspruchs (Auslegung, was nach dem Titel verboten ist) ist im Verfahren nach § 890 zu entscheiden (Celle MDR 72, 531; München MDR 90, 442; vgl auch Braunschweig MDR 63, 935; Düsseldorf NJW 62, 2257; Hamm NJW 62, 113).

16 **c)** Das Prozeßgericht entscheidet durch **Beschluß.** In ihm ist der organschaftliche Vertreter einer juristischen Person, der vertretende Gesellschafter einer Handelsgesellschaft (Partnerschaft oder EWIV), der gesetzliche Vertreter eines Minderjährigen oder der Betreuer, der zu Ordnungshaft oder Ersatzordnungshaft (nach Androhung, s Rn 12) verurteilt wird, namentlich zu benennen (BGH BB 91, 1446; gebietet Ordnungshaftvollstreckung). Voraussetzung ist, daß die entgegen dem Unterlassungsgebot begangene Handlung in seinen Verantwortungsbereich fällt (er als verantwortlich in Betracht kommt BGH BB 91, 1446). Betrifft das Unterlassungsgebot den Verantwortungsbereich mehrerer Vertreter oder Gesellschafter, kommt Ordnungshaft oder Ersatzordnungshaft gegen alle – konkret namentlich zu Benennende – in Betracht (BGH aaO). Der Beschluß ist zu begründen (Frankfurt NJW 69, 58), auch wenn der Schuldner sich zu dem Antrag nicht geäußert hat (Karlsruhe Justiz 90, 93). Kosten: Wie § 887 Rn 9 (s KG JurBüro 83, 781 [784]; Hamm MDR 78, 585 u GRUR 94, 83; aA München MDR 83, 1029 = OLGZ 84, 66, MDR 91, 357 = JurBüro 91, 598 u NJW-RR 91, 1086: nach §§ 91 ff zu entscheiden; Hamm MDR 85, 590: bei Antragsrücknahme nach § 91 zu entscheiden; Oldenburg JurBüro 91, 1256: bei Antragsrücknahme § 269 III S 2). Zustellung wie § 888 Rn 13.

17 **d)** Die **Wahl** zwischen Ordnungsgeld und Ordnungshaft und der Höhe des Ordnungsmittels steht (in den Grenzen des Androhungsbeschlusses, Rn 12) **dem Gericht** zu (Zumessungserwägungen: München OLGZ 84, 66); ein beantragtes Höchstmaß darf jedoch nicht überschritten werden (§ 308 I). Ordnungsgeld (mit Ersatzhaft) **und** Ordnungshaft können nicht nebeneinander angeordnet werden. Wurde nur Ordnungsgeld angedroht, kann keine Ersatzhaft angeordnet werden (Hamm MDR 92, 411). Wenn die Beeinträchtigung des Gläubigers unbedeutend und die Schuld des Schuldners gering ist, kann das Gericht von einer Verurteilung absehen (Hamburg MDR 68, 1019; StJ/Brehm Rn 39).

18 **e)** Das Mindestmaß des **Ordnungsgeldes** sind fünf DM (Art 6 I EGStGB), das Höchstmaß des einzelnen Ordnungsgeldes 500 000 DM (Abs 1 S 2). Das Ordnungsgeld ist in bestimmter Höhe, die Ersatzhaft (Höhe nach dem Ermessen des Gerichts, Frankfurt JurBüro 87, 1570) der Dauer nach zu bestimmen. Ist die Festsetzung der Ersatzhaft unterblieben, so kann das Gericht das Ordnungsgeld nachträglich in Ordnungshaft umwandeln, wenn das Ordnungsgeld nicht beigetrieben werden kann (Art 8 I EGStGB). Höchstmaß der Ersatzhaft: 6 Monate nach Bestimmung in Abs 1 S 1 (daher kein Fall von Art 6 II EGStGB [höchstens 6 Wochen]; ebenso MK/Schilken Rn 22; ThP Rn 29; auch StJ/Brehm Rn 42; aus der Praxis zB München aaO; anders BL/Hartmann Rn 17). Mit „bis zu sechs Monaten" ist das Höchstmaß der Ordnungshaft bestimmt, mit „Ordnungshaft" für den Fall der Nichtbeitreibung dazu noch vorgesehen, daß diese Ordnungshaft auch ersatzweise festzusetzen ist; dies entspricht der gleichen Regelung in § 888 I S 1 und 3 mit § 913.

19 **f)** Das Mindestmaß der **Ordnungshaft** ist ein Tag (Art 6 II EGStGB), das Höchstmaß sechs Monate (Abs 1 S 2). Die Haft ist der Dauer nach (nach Tagen, Art 6 II S 2 EGStGB) zu bemessen.

20 **g)** Bei **mehreren selbständigen Verstößen** (wiederholter Zuwiderhandlung) kann das Ordnungsgeld mehrfach bis je zum Höchstbetrag von 500 000 DM, die Haft mehrfach in der Dauer von 6 Monaten, allerdings mit einer Höchstdauer von 2 Jahren, festgesetzt werden. Stehen die Verstöße im **Fortsetzungszusammenhang,** so ist für die zu einer Zuwiderhandlung im Rechtssinn zusammenzufassenden Verletzungshandlungen nur ein Ordnungsmittel zu verhängen (Fortsetzungszusammenhang kann bei Bemessung der Höhe Bedeutung erlangen). Zusammenfassung

mehrerer gleichartiger Einzelakte, die eine sogen natürliche Handlungseinheit bilden oder bei denen der Wille des Schuldners von vorneherein auf mehrere gleichartige Einzelhandlungen gerichtet ist (BGH 33, 163 [168] = NJW 60, 2332) beruht auf dem allgemeinen Gerechtigkeitsgebot (BGH 121, 13 [18] = NJW 93, 721); es soll unangemessene Bestrafung eng zusammengehörender (gleichförmiger) Handlungen durch die Vervielfältigung der für Einzelverstöße vorgesehenen Sanktionen begegnet werden (BGH 121, 13 [18]). Fortsetzungszusammenhang ist nach seiner für die zivilrechtliche Vertragsstrafe anerkannten Bedeutung (BGH 33, 163; 121, 13) zu verstehen (zum Unterschied zwischen Strafversprechen und Unterlassungsverurteilung s BGH 33, 163 [165]); eine Anlehnung an den strafrechtlichen Begriff entspricht nicht dem Zweck des § 890; auch die Einbeziehung fahrlässiger Zuwiderhandlungen ist daher statthaft (BGH 33, 163; 121, 13; Zweibrücken OLGZ 89, 360). Wegen der eigenständigen Bedeutung des Fortsetzungszusammenhangs im Verfahren nach § 890 bleibt auch die geänderte BGH-Rspr zum Fortsetzungszusammenhang in Teilbereichen des Strafrechts unerheblich (Frankfurt JurBüro 95, 663 = NJW 95, 2567; Celle NJW-RR 96, 902; aA StJ/Brehm Rn 40). Unterbrochen wird der Fortsetzungszusammenhang durch Zustellung des Bestrafungsbeschlusses (Bremen NJW 71, 148 = OLGZ 71, 183; Celle NJW 50, 955; Frankfurt aaO; Stuttgart OLGZ 93, 65 = NJW-RR 93, 24). Wird durch eine Handlung gegen **mehrere Unterlassungstitel** verstoßen, können unabhängig voneinander mehrere Ordnungsmittel festgesetzt werden (Köln WRP 76, 185; Frankfurt JurBüro 83, 1905 = NJW 84, 316 L; für den Fall noch nicht rechtskräftiger Festsetzung eines parallelen Ordnungsmittels auch Hamm NJW 77, 1203). Vollstreckung ist jedoch nur in Höhe eines schuldangemessenen Ordnungsgeldes zulässig (Hamm aaO). Der Schuldner kann deshalb die Vollstreckbarkeit aus einem nachfolgenden Festsetzungsbeschluß in Höhe des Ordnungsgeldes abwenden, das er auf Grund des von dem anderen Gläubiger erwirkten Beschlusses für diese Zuwiderhandlung bereits bezahlt hat (Köln u Frankfurt je aaO).

h) Das Gericht kann bei der Festsetzung des Ordnungsgeldes eine **Zahlungsfrist** bewilligen oder **Teilzahlungen** gestatten (Art 7 EGStGB), wenn dem Schuldner nach seinen wirtschaftlichen Verhältnissen nicht zuzumuten ist, das Ordnungsgeld sofort zu zahlen; dabei kann angeordnet werden, daß die Vergünstigung bei Nichtzahlung einer Rate entfällt. Nach Festsetzung des Ordnungsgeldes trifft diese Anordnung die Vollstreckungsbehörde (Art 7 II EGStGB). Vollstrekkung der Ordnungshaft an Stelle eines uneinbringlichen Ordnungsgeldes kann nach Anordnung des Gerichts unterbleiben, wenn sie für den Betroffenen eine unbillige Härte wäre (Art 8 II EGStGB; Köln OLGZ 89, 475 für Ersatzhaft gegen Geschäftsführer einer nach Festsetzung zahlungsunfähig gewordenen GmbH). 21

i) Eine **Begnadigung** ist ausgeschlossen, da die Ordnungsmittel keine Strafe sind (StJ/Brehm Rn 48; vgl auch JuM Bad-Württ Justiz 79, 227 m Anm Holch); ebensowenig findet eine Amnestie auf Ordnungsmittel Anwendung (Düsseldorf NJW 55, 506). 22

2) a) Die **Ordnungsgelder** werden **von Amts wegen** nach der Justizbeitreibungsordnung **vollstreckt** (§ 1 I Nr 3 JBeitrO). Der Beschluß ist vor Rechtskraft vollstreckbar (s § 794 I Nr 3). Vollstreckungsbehörde ist der Vorsitzende des Prozeßgerichts (§ 2 I S 2 iVm § 1 Nr 3, § 2b der Einforderungs- und Beitreibungsanordnung idF v 25. 11. 74, BAnz Nr 230). Auch die Vollstrekkung der Ordnungshaft geschieht von Amts wegen durch das Prozeßgericht (nicht die Staatsanwaltschaft, München MDR 88, 784 = NJW-RR 88, 1407). Die Durchführung der Vollstreckung von Ordnungsmitteln ist dem Rechtspfleger übertragen (§ 31 III, § 4 II Nr 2a RpflG). Der Rechtspfleger kann eine Verhaftung durch einen GV durchführen lassen. 23

b) Die **ZwV** aus dem **Titel verjährt** in 30 Jahren, die **Festsetzung eines Ordnungsmittels** in **zwei** Jahren ab Beendigung der Handlung, die **Vollstreckung** in zwei Jahren, beginnend mit der Vollstreckbarkeit des Festsetzungsbeschlusses (Art 9 EGStGB; StJ/Brehm Rn 50; aA Hamm MDR 78, 765; auch Vollstreckung verjährt in 2 Jahren ab Beendigung der Handlung). 24

IV) Wenn nach Erlaß des Ordnungsmittelbeschlusses das Unterlassungs**urteil** (der sonstige Unterlassungstitel) **aufgehoben** oder die ZwV für unzulässig erklärt oder ihre Einstellung angeordnet wird, ist vom Prozeßgericht (Rn 14) der **Ordnungsmittelbeschluß aufzuheben** (§ 775 Nr 1 u 3, uU auch Nr 2, mit § 776) oder seine Vollziehung **einzustellen** (§ 775 Nr 5, auch Nr 2). Die Aufhebung hat auch nach Rechtskraft des Beschlusses und auch dann zu erfolgen, wenn das Ordnungsgeld bereits bezahlt ist (Hamm MDR 89, 1001 = WRP 90, 423 m Anm Münzberg; Karlsruhe MDR 79, 150 mwN; Baur JZ 67, 763; Münzberg WRP 90, 425; aA Frankfurt JurBüro 80, 1100 = OLGZ 80, 336 u JurBüro 82, 465; Koblenz WRP 83, 575; Zweibrücken MDR 88, 871 = NJW-RR 88, 1280). Vom Beschwerdegericht ist der (nicht rechtskräftige) Ordnungsmittelbeschluß aufzuheben, wenn nach seinem Erlaß das Unterlassungsurteil (der sonstige Titel) aufgehoben worden ist (Frankfurt JurBüro 82, 465 = NJW 82, 1056 L unter Aufgabe von NJW 58, 2021). Wirkungslos wird der (noch nicht rechtskräftige) Vollstreckungstitel, wenn der Hauptsacherechtsstreit (übereinstimmend) für erledigt erklärt (§ 91a Rn 12; Wirkung ex tunc) oder der Rechtsstreit durch Prozeßvergleich beendet wird (§ 794 Rn 13). Der noch nicht rechtskräftige 25

Ordnungsmittelbeschluß ist dann auf Beschwerde aufzuheben. Ist der Ordnungsmittelbeschluß bereits rechtskräftig oder nicht angefochten, dann ist (vom Prozeßgericht, Rn 14) nach § 775 Nr 1 mit § 776 einzustellen und aufzuheben (Hamm MDR 89, 1001; Köln OLGZ 92, 448 [für Verzicht auf Rechte aus einstw Verfügung]; aA Frankfurt OLGZ 94, 603). Einstellungsgrundlage: Beschluß nach § 269 III S 3 (§ 269 Rn 17), der jedoch nicht gesondert ergehen muß (isolierter Einstellungsbeschluß ohne Kostenausspruch wäre Förmelei), sondern vom Prozeßgericht auf Antrag (§ 269 III S 3) sogleich als Vollziehungsbeschluß mit Einstellung und Aufhebung des Ordnungsmittelbeschlusses angeordnet werden kann (so auch Münzberg WRP 90, 425 [426]). Die (übereinstimmende) Erledigterklärung des Hauptsacheverfahrens kann eingeschränkt, insbes kann sie nur ab einem bestimmten Zeitpunkt (unter Ausschluß der Zuwiderhandlungen gegen die bis dahin fortbestehende Unterlassungsverpflichtung) erklärt werden (Hamm MDR 89, 1001; Münzberg WRP 90, 425 [426]; Ulrich WRP 92, 147; Melullis GRUR 93, 241); auch kann der Vollstreckungstitel durch Prozeßvergleich für die Unterlassungsverpflichtung bis zu einem bestimmten Zeitpunkt aufrecht erhalten werden (§ 794 Rn 13). Ebenso wie Ordnungsmittel für Zuwiderhandlungen bis zu diesem Zeitpunkt zulässig bleiben (Rn 9a), kann dann auch ein Ordnungsmittelbeschluß wegen einer bis zu dem maßgeblichen Zeitpunkt begangenen Zuwiderhandlung nicht aufgehoben werden. Verzicht des Gläubigers auf Rechte aus dem (rechtskräftigen) Urteil und Vollstreckungsmaßnahmen ermöglicht Aufhebung des (rechtskräftigen) Vollstreckungsbeschlusses (zur Verfolgung des Rückzahlungsanspruchs an die Staatskasse, Rn 26) nicht (Frankfurt JurBüro 91, 1554).

26 V) Eine **Rückzahlung des Ordnungsgeldes** kommt nicht in Betracht, solange der Ordnungsmittelbeschluß (durch das ausschließlich zuständige Prozeß- oder Beschwerdegericht, Rn 14) nicht aufgehoben ist (BGH MDR 89, 59 = NJW-RR 88, 1530; Hamm OLGZ 89, 471 [472]). Nach Aufhebung des Ordnungsgeldbeschlusses hat die Staatskasse das Ordnungsgeld zurückzuzahlen (BAG AP § 62 ArbGG 79 Nr 5 m Anm Stöber = NJW 90, 2579 wendet § 812 I S 2 BGB entspr an; Grundlage könnte auch § 717 II S 1 [oder § 945] sein [analoge Anwendung], Stöber aaO). Der Rückzahlungsanspruch ist im Klageweg geltend zu machen; durch das Prozeßgericht (Rn 14) kann bei Aufhebung des Beschlusses Rückzahlung nicht angeordnet werden (Stöber aaO; anders Baur JZ 67, 763 [764 bei Fn 4]; Frankfurt JurBüro 91, 1554). Weitergehender Schaden (auch Schaden bei Ordnungshaft): § 717 II, § 945.

27 VI) „Verurteilung" des Schuldners zur **Bestellung einer Sicherheit** für den durch fernere Zuwiderhandlungen entstehenden Schaden (Abs 3) setzt einmalige Zuwiderhandlung (sie ist zu beweisen; KG JW 23, 998) und frühere Androhung eines Ordnungsmittels (Abs 2) voraus, nicht aber vorherige oder gleichzeitige Festsetzung eines Ordnungsmittels (Hamburg OLG 31, 123; Frankfurt JurBüro 78, 771 = Rpfleger 78, 267). Androhung der Kautionsanordnung muß ihrer Festsetzung nicht vorausgehen (Frankfurt aaO). Die Verurteilung zur Sicherheitsleistung erfolgt auf Gläubigerantrag. Die Höhe der Sicherheit braucht der Gläubiger in seinem Antrag nicht bezeichnen; Angaben dazu kann er jedoch machen (Frankfurt aaO). Anordnung („kann") sowie Art und Höhe der Sicherheitsleistung (§ 108 I S 1) stehen im Ermessen des Gerichts. Es entscheidet nach Schuldneranhörung und freigestellter mündlicher Verhandlung durch **Beschluß** (§ 891). Die Sicherheitsleistung ist auf bestimmte Zeit anzuordnen; die Zeit ist so zu bemessen, daß man damit rechnen kann, der Schuldner werde sich in dieser Zeit daran gewöhnen, den Unterlassungstitel zu beachten. Der Beschluß ist Titel (§ 794 I Nr 3) zur Vollstreckung nach § 887. Dem Gläubiger haftet die Sicherheit für die entstehenden Kosten und Kosten weiterer Zuwiderhandlungen (hierwegen Klage nach § 893 II, wenn nicht Einvernehmen über Auszahlung erzielt wird; Frankfurt aaO), nicht aber auch für Ordnungsgeld, auf das nur die Staatskasse Anspruch hat. Rückgabe der Sicherheit nach § 109, auch bei Ablauf der im Beschluß bestimmten Frist.

28 VII) **Rechtsbehelf:** Die im Urteil oder in der einstw Verfügung enthaltene Strafandrohung kann nur mit dem Urteil bzw der einstw Verfügung zusammen angefochten werden (aA Hamm MDR 88, 784 = NJW-RR 88, 960, selbständig mit sofortiger Beschwerde). Gegen die durch Beschluß erfolgte Androhung und den Festsetzungsbeschluß sowie die Zurückweisung des Gläubigerantrags, außerdem gegen den Kautionsbeschluß (Abs 3) ist sofortige Beschwerde zulässig (§ 793, RG 40, 413; weitere Beschwerde wie § 887 Rn 13). Der Gläubiger kann mit Beschwerde auch das Ziel verfolgen, daß das Ordnungsmittel verschärft (Hamm NJW-RR 88, 960; Karlsruhe NJW 57, 917; StJ/Brehm Rn 43) oder die ersatzweise Ordnungshaft erhöht werde (Frankfurt JurBüro 87, 1570); er kann Ordnungsmittel für Zuwiderhandlungen beantragen, die im ersten Rechtszug noch nicht geltend gemacht waren (Stuttgart WRP 90, 134). Sofortige Beschwerde findet auch gegen die Entscheidung über den Antrag statt, den Festsetzungsbeschluß wieder aufzuheben (Hamm OLGZ 89, 471 [472]). Behauptet der Schuldner, daß er **vor** Androhung erfüllt habe, muß er gem § 767 klagen. Einwendungen des Schuldners gegen den Titel sind nach §§ 767, 927 geltend zu machen.

VIII) Gebühren: 1) des **Gerichts:** Keine. Dies gilt auch für eine spätere mehrmalige Wiederholung des Androhungsantrags. – **2)** des **Anwalts: a) Abs 1:** Jede Verurteilung zu einem Ordnungsgeld gilt als besondere Angelegenheit der Zwangsvollstreckung (§ 58 III Nr 9 BRAGO), daher Regelgebühren des § 31 BRAGO zu $^3/_{10}$ (§ 57 BRAGO). Jeder neue Antrag auf Verurteilung wegen Zuwiderhandlung nach bereits vorausgegangener Verurteilung bildet eine besondere Angelegenheit. **b) Abs 2:** Die einer Verurteilung vorausgehende Androhung gilt nicht als besondere Angelegenheit (§ 58 II Nr 6 BRAGO). Ist die Androhung bereits im Urteil enthalten, so ist die insoweit entfaltete anwaltl Tätigkeit durch die Prozeßgebühr mit abgegolten. Ist die Androhung nicht im Urteil ausgesprochen, so erwächst dafür die ($^3/_{10}$) Vollstrekkungsgebühr nach § 57 BRAGO. Erfolgt die Androhung als Vorbereitung für die Veurteilung, so wird die Tätigkeit des RA durch die nach § 58 III Nr 9 BRAGO verdiente Gebühr mit abgegolten. **c) Abs 3:** Das Verfahren gilt als besondere Angelegenheit der Zwangsvollstreckung (§ 58 III Nr 10 BRAGO), daher gemäß § 57 BRAGO die Regelgebühren des § 31 BRAGO besonders. 29

891 *[Entscheidungen im Verfahren]*

Die nach den §§ 887 bis 890 zu erlassenden Entscheidungen können ohne mündliche Verhandlung ergehen. Vor der Entscheidung ist der Schuldner zu hören.

Die Entscheidungen ergehen durch Beschluß, und zwar auch dann, wenn über den Antrag mündlich verhandelt wurde (BVerwG NJW 86, 1125). Bei Anordnung **mündlicher Verhandlung** erfolgt Ladung von Amts wegen (§ 214). **Anhörung des Schuldners** schriftlich oder zu Protokoll, zweckmäßig unter Fristsetzung; auch im Anwaltsprozeß ist die eigene Erklärung des Schuldners zu berücksichtigen und frei zu würdigen (Celle NdsRpfl 53, 30). Die Beschlußfassung ist nicht davon abhängig, daß der Schuldner sich äußert (Breslau OLG 31, 134); sein Schweigen ist frei zu würdigen; die Versäumnisregeln gelten nicht (Celle aaO); § 138 III kann bei schriftlicher Anhörung nicht gelten (aA Düsseldorf NJW-RR 91, 1088; StJ/Brehm Rn 2 mwN). Die behaupteten Tatsachen sind zu beweisen; Glaubhaftmachung genügt auch dann nicht, wenn eine einstw Verfügung ZwV-Grundlage bildet (KG OLG 25, 210). Für Beschwerdeverfahren: § 573 (JW 99, 74). 1

892 *[Widerstand gegen Vornahme einer Handlung]*

Leistet der Schuldner Widerstand gegen die Vornahme einer Handlung, die er nach den Vorschriften der §§ 887, 890 zu dulden hat, so kann der Gläubiger zur Beseitigung des Widerstandes einen Gerichtsvollzieher zuziehen, der nach den Vorschriften des § 758 Abs. 3 und des § 759 zu verfahren hat.

Nur Widerstand des Schuldners (seines gesetzl Vertreters oder Organs) gegen die Vornahme einer Handlung, die nach § 887 infolge gerichtlicher Ermächtigung des Gläubigers zur Ersatzvornahme oder nach § 890 auf Grund des Schuldtitels **zu dulden** ist, kann mit Hilfe des GV überwunden werden. Zur Beseitigung des Widerstandes für Durchsetzung einer Duldungsverpflichtung kann der Gläubiger damit wahlweise im Zwangsverfahren nach § 890 oder durch Zuziehung eines GV nach § 892 vorgehen (LG Braunschweig DGVZ 88, 140; LG Karlsruhe DGVZ 84, 12; Brackhahn DGVZ 92, 145 [146]). Der GV hat die allgemeinen Voraussetzungen der ZwV (vor § 704 Rn 14–17), insbes den zugestellten Schuldtitel, im Fall des § 887 auch den (zugestellten) Ermächtigungsbeschluß als Grundlage seines Einschreitens (Köln DGVZ 92, 170 = JurBüro 92, 702; s auch § 185 Nr 1 GVGA) sowie außerdem zu prüfen, inwieweit das Verlangen des Gläubigers oder ein Widerstand des Schuldners gerechtfertigt ist. Daß der Schuldner ungerechtfertigt Widerstand leistet oder beabsichtigt, braucht der Gläubiger nicht nachzuweisen (LG Braunschweig aaO; AG Münster DGVZ 79, 28). Bei Anwendung von Zwangsmaßnahmen (§ 758 III; Zuziehung von Zeugen § 759) darf das zur Beseitigung des Widerstands notwendige Maß nicht überschritten werden. Über die Vollstreckungshandlung ist ein Protokoll aufzunehmen. Einzelheiten: § 185 GVGA. Die Kosten des GV (§ 24 Nr 3 GVKostG) sind Vollstreckungskosten iS des § 788. Bestand kein Anlaß zur Beiziehung des GV, so sind die Kosten nicht erstattungsfähig (AG Münster aaO). Rechtsbehelf des Gläubigers gegen Ablehnung durch den GV und des Schuldners gegen Maßnahmen des GV: § 766 (dann § 793). 1

893 *[Klage auf Leistung des Interesses]*

(1) Durch die Vorschriften dieses Abschnitts wird das Recht des Gläubigers nicht berührt, die Leistung des Interesses zu verlangen.

(2) Den Anspruch auf Leistung des Interesses hat der Gläubiger im Wege der Klage bei dem Prozeßgericht des ersten Rechtszuges geltend zu machen.

1 I) §§ 883–892 lassen als vollstreckungsrechtliche Bestimmungen das Recht des Gläubigers unberührt, Leistung des Interesses statt der ursprünglich geschuldeten Leistung zu verlangen. **Maßgebend** hierfür sind die Vorschriften des **materiellen Rechts,** denen auch zu entnehmen ist, ob der Gläubiger das Interesse erst nach Klage auf Erfüllung (§ 283 BGB) oder ohne eine solche Klage geltend machen kann (§§ 280, 286, 325, 326 BGB). § 893 kommt zB zur Anwendung, wenn der Schuldner die Sache nicht herausgeben kann, weil er sie veräußert hat (RG 10, 418) oder das Urteil nicht erfüllt und die zu leistende Handlung durch Mittel der ZwV nicht erzwingbar ist (RG 22, 255; 27, 321; Stuttgart OLGZ 90, 354). Für § 894 gilt § 893 nicht (RG 76, 409 [412]).

2 II) Für die Klage im Fall des § 283 BGB ist (ausschließlich, § 802) sachlich und örtlich das Gericht 1. Instanz **zuständig,** bei dem die frühere Klage anhängig war, damit auch das Familiengericht (LG München II FamRZ 92, 335; anders [Prozeßabt] Koblenz FamRZ 82, 507; StJ/Brehm Rn 2), und zwar ohne Rücksicht auf den Wert des Streitgegenstandes, aber nur, wenn lediglich das Interesse statt der Leistung (nicht auch Interesse und Leistung) verlangt wird (RG 66, 18). Hat dieses Gericht rechtskräftig sich für unzuständig erklärt, so tritt § 11 ein (RG JW 07, 336). Anwendbar sind hinsichtlich der Zuständigkeit die Vorschriften in §§ 10 und 11, in der Rechtsmittelinstanz §§ 512a, 549 II (RG 66, 19). Für den Parteiprozeß gelten die besonderen Vorschriften der §§ 510b, 888a. Internationale Zuständigkeit s IZPR Rn 35a u 40.

3 Der Gläubiger kann den Schadensersatzanspruch geltend machen, ohne vorher die Durchführung des Erfüllungsanspruchs im Vollstreckungsverfahren zu versuchen (RG JW 03, 290), und zwar auch im Wege der Aufrechnung (RG 35, 379) oder Einrede (RG JW 03, 290). Wird Schadensersatz statt Leistung verlangt, so ist dieser Anspruch durch Klage geltend zu machen.

894 *[Urteil auf Abgabe einer Willenserklärung]*

(1) Ist der Schuldner zur Abgabe einer Willenserklärung verurteilt, so gilt die Erklärung als abgegeben, sobald das Urteil die Rechtskraft erlangt hat. Ist die Willenserklärung von einer Gegenleistung abhängig gemacht, so tritt diese Wirkung ein, sobald nach den Vorschriften der §§ 726, 730 eine vollstreckbare Ausfertigung des rechtskräftigen Urteils erteilt ist.

(2) Die Vorschrift des ersten Absatzes ist im Falle der Verurteilung zur Eingehung einer Ehe nicht anzuwenden.

1 **I) Zweck:** Regelung der zwangsweisen Durchsetzung des Anspruchs bei Verurteilung zur Abgabe einer Willenserklärung.

2 **II) Voraussetzungen: 1)** Der nach dem Schuldtitel durchzusetzende Anspruch (vor § 704 Rn 3) muß in der **Abgabe einer Willenserklärung** bestehen. Die abzugebende Erklärung muß einen festbestimmten Inhalt haben, der dem Titel jedenfalls durch Auslegung zu entnehmen sein muß (andernfalls § 888). Es kann sich um eine Willenserklärung materiellen Rechts (Beispiel: Abtretungserklärung, Auflassungserklärung, Vertragsangebot), um eine prozessuale Erklärung oder um den bei einer Behörde zu stellenden Antrag handeln. Gleichgültig ist, ob die Willenserklärung gegenüber dem Gläubiger, einem Dritten oder einer Behörde (BGH 120, 239 = VersR 93, 609 [611] für Befreiungsantrag bei Naturschutzbehörde), abzugeben ist. Die Verurteilung muß unbedingt und vorbehaltlos sein. Keine Anwendung findet § 894 daher bei Verurteilung des Erben zur Abgabe einer Willenserklärung unter Vorbehalt der Beschränkung seiner Haftung (§ 780); hier gilt § 888 (RG 49, 415). **Beispiele** zu § 894: Verurteilung zu grundbuch- und registermäßigen Erklärungen wie Eintragung, Löschung, Auflassung (für Grundstücksteilfläche vor Teilung unter Bezugnahme auf den Veränderungsnachweis, BGH 90, 323 = NJW 84, 1959; für Wohnungseigentum vor Anlegung des WE-Grundbuchs, BGH MDR 93. 866 = NJW-RR 93, 840; sonst zur Bezeichnung des Grundstücks [§ 28 GBO] Haegele/Schöner/Stöber Rn 130), Berichtigung (nicht aber für eine Teilfläche vor Darstellung im Veränderungsnachweis, BGH MDR 86, 663 = NJW 86, 1867); zur Abgabe prozessualer Erklärungen wie Zurücknahme einer Zivilklage oder einer Privatklage, eines Strafantrags (BGH NJW 74, 900; München MDR 67, 223); zur Einwilligung in die Auszahlung eines Hinterlegungsbetrags; zum Abschluß des Hauptvertrags (BGH NJW 62, 1812); eines Arbeitgebers zur Urlaubsgewährung (BAG NJW 62, 270); eines GmbH-Gesellschafters auf Zustimmung zur Änderung des Gesellschaftsvertrags (Bremen NJW 72, 1952), zu einem GmbH-Kapitalerhöhungsbeschluß (und der Übernahme eines weiteren Geschäftsanteils, BGH 98, 276 [277 f]), zur Bestellung eines GmbH-Geschäftsführers (BGH NJW-RR 89, 1056, auch zum Zustandekommen des Versammlungsbeschlusses) oder zur Stimmabgabe gemäß einer Abstimmungsvereinbarung (BGH 48, 163 = NJW 67, 1963; Köln NJW-RR 89, 352); anderer Wohnungseigentümer oder eines Dritten zur Zustimmung nach § 12 I WEG (BayObLG Rpfleger 77, 173); eines Ehegatten auf Zustimmung zum Realsplitting (BFH NJW 89, 1504; KG FamRZ 84, 1122); auf Widerruf einer ehrverletzenden Behauptung (Frankfurt NJW 82, 113 u JZ 74, 62 m krit Anm Leipold; Hamm NJW-RR 92, 634 = OLGZ 92, 64 [Urteilswirkung kann im Tenor zum Ausdruck

gebracht werden]; Karlsruhe OLGZ 85, 124; Helle NJW 63, 129; aA OGHBrZ 1, 182 [194] = NJW 49, 24; BGH 37, 187 [190]= NJW 62, 1438; Köln MDR 92, 184; Saarbrücken JurBüro 87, 937 mwN [für Widerruf gegenüber Dritten]; Zweibrücken NJW 91, 304 = MDR 90, 730 = OLGZ 90, 358 [auch dann, wenn der Titel offen läßt, wem gegenüber und in welcher Form der Widerruf zu erklären ist]; vgl auch Baumgärtel in FS Schima S 54; nicht erfüllt mit Zurücknahme „aus Beweisnot heraus", Hamm MDR 83, 850; außerdem § 888 Rn 3). Der Tenor eines Urteils zur Abgabe der Eintragungsbewilligung hinsichtlich eines Rechts, das durch eine Vormerkung gesichert ist, muß einen Hinweis auf die Vormerkung enthalten, wenn deren Rang ausgenutzt werden soll (LG Frankfurt Rpfleger 77, 301). **Nicht** unter § 894 fallen tatsächliche Angaben (eidesstattliche Erklärungen) und Unterschriftsleistung.

2) Die Verurteilung des Schuldners muß der **Rechtskraft** (§ 705) **fähig**, somit als Urteil oder Beschluß ergangen sein. Daher gilt § 894 auch für die Anordnung des Familiengerichts zur Übertragung von Vermögensgegenständen (§ 1383 BGB; Meyer-Stolte Rpfleger 76, 7; Haegele Rpfleger 76, 279). Verurteilung zur Abgabe einer Willenserklärung durch einstw Verfügung ist dann zulässig, wenn sich diese auf eine nur vorläufige Regelung oder Sicherung bezieht (Stuttgart NJW 73, 908). Auf Vergleiche (Frankfurt Rpfleger 80, 291; LG Koblenz DGVZ 86, 43) und Urkunden (§ 794 I Nr 1 und 5), die eine **Verpflichtung** zur Abgabe einer Willenserklärung enthalten, findet § 894 keine Anwendung; in diesen Fällen ist nach § 888 zu vollstrecken oder der Anspruch mit Leistungsklage durchzusetzen (BGH 98, 127 = NJW 86, 2704 mwN). Möglich ist es dagegen, eine Willenserklärung in einem gerichtlichen Vergleich abzugeben (ersetzt notarielle Beurkundung, § 127a BGB), zB eine Löschungsbewilligung (Frankfurt aaO). Ein Schiedsspruch äußert die Wirkung des § 894 erst mit Rechtskraft des Vollstreckungsbeschlusses oder -urteils (§ 1042a), ein ausländisches Urteil mit Rechtskraft des Vollstreckungsurteils (§ 722). 3

3) Das Urteil (der andere Schuldtitel) muß **rechtskräftig** (§ 705) sein. Vor Rechtskraft ist damit auch eine Vollstreckung nach §§ 887, 888 ausgeschlossen. Besonderheit bei Abhängigkeit von einer Gegenleistung Rn 8. Daß die Wirkung des § 894 erst mit Rechtskraft eintritt, schließt die vorläufige Vollstreckbarkeit solcher Titel nicht aus; sie hat Wirkung aber nur nach § 895 und § 16 HGB sowie für die Kostenfestsetzung. 4

III) Vollstreckungsfolge: 1) Die Willenserklärung **gilt** (mit der Rechtskraft) **als abgegeben** (Abs 1 S 1; gesetzliche Fiktion). Das rechtskräftige Urteil „ersetzt" die Erklärung in der für sie erforderlichen Form (auch in Schriftform oder notarieller Form, LG Koblenz DGVZ 89, 43). Dieser Eintritt der Wirkung des § 894 ist Akt der ZwV (BayObLG 53, 111 [117]; kritisch Wieser in Freundesgabe Söllner [1990], 629). Weitere Vollstreckungsmaßnahmen sind weder nötig noch zulässig. Vollstreckungsklausel (BayObLG NJW 52, 28; auch nicht bei Rechtsnachfolge, Wieser aaO, aA StJ/Brehm Rn 26) oder Zustellung des Urteils (Beschlusses) ist für Eintritt der Wirkung des § 894 nicht erforderlich. 5

2) a) Die Verurteilung ersetzt lediglich die Willenserklärung des Schuldners, **nicht** aber **weitere** zur Vollendung des Rechtsgeschäfts erforderliche **Voraussetzungen** (BGH 82, 292 [297] = NJW 82, 881). Eine empfangsbedürftige Erklärung wird daher nicht bereits mit Ersetzung durch das Urteil, sondern erst mit Zugang wirksam (§ 130 BGB; RG 160, 321 [324]). Die Mitteilung des die Abgabe der Erklärung ersetzenden rechtskräftigen Urteils an einen Dritten kann auch der Gläubiger bewirken. Gesonderte Mitteilung des Schuldners an den Gläubiger als Empfänger der Erklärung erübrigt sich, wenn der Gläubiger vom Urteilsinhalt bereits Kenntnis hat (RG 160, 321 [325]). Tritt die Rechtskraft des Urteils sogleich mit der Verkündung in Abwesenheit des Gläubigers (seines Vertreters) ein, gilt es ihm mit Kenntnis vom Urteilsinhalt als zugegangen (RG aaO; hierzu auch RG 107, 325 und DR 39, 1467; aA StJ/Brehm Rn 23). 6

b) Bedarf ein Rechtsgeschäft auch einer **Willenserklärung des Gläubigers,** so ist diese noch (in vorgeschriebener Form) abzugeben. Die durch Rechtskraft nach § 894 BGB fingierte Auflassungserklärung des Schuldners (sie schließt Eintragungsbewilligung ein; BayObLG 53, 111 [117]) muß sonach von dem Berechtigten noch in notariell beurkundeter Form angenommen werden (Celle DNotZ 79, 308; KG DNotZ 36, 204; vgl Beispiel bei Haegele/Schöner/Stöber Rn 745). Erwirkung des rechtskräftigen Urteils erst nach Abgabe der Auflassungserklärung des Gläubigers genügt § 925 I BGB nicht (BayObLG 83, 181) und bewirkt auch keine Genehmigung der Auflassungserklärung eines vollmachtlosen Vertreters (BayObLG aaO). Erklärungen Dritter (zB des Testamentsvollstreckers, Nacherben) werden durch die Verurteilung nicht ersetzt. Kommt nach Rechtskraft der Verurteilung iVm der vom Kläger abzugebenden Einigungsserklärung eine Auflassung zustande, so bleibt diese bis zur Erteilung etwa erforderlicher behördlicher **Genehmigungen** (zB nach GrdstVG) schwebend unwirksam (BGH 82, 292 [297]). Ein Vorbehalt der Erteilung dieser Genehmigung im Urteilsausspruch ist deswegen nicht erforderlich (BGH aaO). Eine zur Wirksamkeit des Rechtsgeschäfts etwa erforderliche Genehmigung des Vormundschaftsgerichts wird als Wirksamkeitsvoraussetzung der Willenserklärung bzw des Rechtsgeschäfts bereits vom Prozeßgericht geprüft, ist sonach (zB zur Auflassung) nicht mehr gesondert nachzuweisen (Bay- 7

ObLG 53, 111 = MDR 53, 561; Haegele/Schöner/Stöber Rn 750; aA StJ/Brehm Rn 24; MK/Schilken Rn 13).

8 **IV)** Wenn der Schuldner zur Abgabe einer Willenserklärung **Zug um Zug** gegen Erfüllung einer **Gegenleistung** verurteilt ist (Zug-um-Zug-Verurteilung zur Erklärung der Auflassung ist keine Bedingung iS von § 925 II BGB, Düsseldorf Rpfleger 88, 206), soll die Erklärung nicht trotz ausstehender Gegenleistung schon mit Rechtskraft als abgegeben gelten (Abs 1 S 2). Beispiel: Bewilligung der Löschung einer Hypothek gegen Entgegennahme der Rückauflassung eines an den Gläubiger veräußerten Grundstücks oder Zahlung (Fall des BayObLG DNotZ 85, 47 = Rpfleger 83, 480). Zu dieser Regelung zum Schutz des Schuldners § 726 Rn 8. Weil die Prüfung der Gegenleistung im Klauselverfahren zu erfolgen hat (§ 726 Rn 1), kann das Grundbuchamt das Vorliegen der Voraussetzungen der Klauselerteilung nicht überprüfen (BayObLG aaO). Erfolgt Erteilung der vollstreckbaren Ausfertigung auf Grund eines nach § 731 erwirkten Urteils, so tritt die Wirkung des § 894 erst mit Rechtskraft dieses Urteils ein, nicht schon mit der Erteilung einer Ausfertigung hiervon. Vollstreckungsklausel ist auch erforderlich, wenn Vollstreckung von einer Bedingung abhängt (§ 726 I; anders [bei aufschiebender Bedingung § 888] StJ/Brehm Rn 5). Die Willenserklärung ist dann erst mit Zustellung der Klausel und den zu ihrer Erteilung notwendigen Urkunden (§ 750 II) abgegeben.

9 **V) Abs 2** kommt **nur für ausländische Urteile** in Frage. In Deutschland ist eine Klage auf Eingehung einer Ehe unzulässig (§ 1297 BGB).

10 **VI) Gebühren: 1)** des **Gerichts:** Eintragungsgebühren s §§ 60 bis 85 KostO. – **2)** des **Anwalts:** Der Antrag auf Vornahme einer Eintragung nach § 894 ist keine Tätigkeit in der Zwangsvollstreckung iS der §§ 57, 58 BRAGO. Mit der Rechtskraft des Urteils gilt die erforderliche Eintragungsbewilligung nach § 894 als abgegeben. Das weitere Verfahren ist reines Grundbuchverfahren. Der vom RA gestellte Eintragungsantrag ist daher nach § 118 BRAGO zu vergüten.

895 *[Verurteilung zur Abgabe einer Willenserklärung und Grundbucheintragung]*

Ist durch ein vorläufig vollstreckbares Urteil der Schuldner zur Abgabe einer Willenserklärung verurteilt, auf Grund deren eine Eintragung in das Grundbuch, das Schiffsregister oder das Schiffsbauregister erfolgen soll, so gilt die Eintragung einer Vormerkung oder eines Widerspruchs als bewilligt. Die Vormerkung oder der Widerspruch erlischt, wenn das Urteil durch eine vollstreckbare Entscheidung aufgehoben wird.

1 **I)** Bei einem **vorläufig vollstreckbaren** Urteil (§§ 708, 709, 534, 560), durch das der Schuldner zur Abgabe einer Willenserklärung verurteilt ist, auf Grund deren eine Eintragung ins Grundbuch, Schiffsregister oder Schiffsbauregister verlangt werden kann, gilt die Eintragung einer Vormerkung (§ 883 BGB) oder eines Widerspruchs (§ 899 BGB) als bewilligt. Andere Titel als Urteile, somit Vergleich, vollstreckbare Urkunde, kommen nicht in Frage. Die Eintragung erfolgt auf Antrag des Gläubigers, der dem Grundbuchamt Urteilsausfertigung vorzulegen hat; vollstreckbare Ausfertigung ist nicht erforderlich (BGH Rpfleger 69, 425); Urteilszustellung braucht nicht nachgewiesen werden. Zur Prüfungspflicht des Grundbuchamts vgl Stuttgart Justiz 79, 298. Ist die vorläufige Vollstreckbarkeit nur gegen Sicherheitsleistung zulässig, so ist Leistung der Sicherheit auch Voraussetzung der Eintragung nach § 895. Die Vollstreckungswirkung entfällt, wenn der Schuldner die ihm nachgelassene Sicherheit leistet; eine erfolgte Eintragung wird von der Sicherheitsleistung nicht berührt.

2 **II)** Nach **Rechtskraft des Urteils** ist die Eintragung auf Antrag des Gläubigers in eine endgültige umzuwandeln. **Aufhebung des Urteils** oder seiner vorläufigen Vollstreckbarkeit durch eine rechtskräftige oder vorläufig vollstreckbare Entscheidung bringt die Vormerkung oder den Widerspruch zum Erlöschen und berechtigt den Schuldner zum Antrag auf Löschung der Eintragung, der Gegner braucht nicht zuzustimmen (§ 25 GBO). Solange der zugrunde liegende Titel nicht aufgehoben ist, bedarf die Löschung auch dann der Bewilligung des berechtigten Gläubigers bzw seiner Erben, wenn der materiellrechtliche Anspruch seiner Natur nach nicht vererblich ist und der Tod des eingetragenen Berechtigten urkundlich nachgewiesen wird (KG DNotZ 81, 394 = Rpfleger 81, 22). Wiederherstellung des aufgehobenen Urteils durch die Rechtsmittelinstanz bringt den nach Löschung verlorengegangenen Rang nicht wieder zum Entstehen. Die bloße Einstellung der ZwV ist auf die noch vorzunehmende oder vorgenommene Eintragung ohne Einfluß. Schadensersatzanspruch des Schuldners: § 717 II, III.

896 *[Urkundenbeschaffung bei Verurteilung zu einer Willenserklärung]*
Soll auf Grund eines Urteils, das eine Willenserklärung des Schuldners ersetzt, eine Eintragung in ein öffentliches Buch oder Register vorgenommen werden, so kann der Gläubiger an Stelle des Schuldners die Erteilung der im § 792 bezeichneten Urkunden verlangen, soweit er dieser Urkunden zur Herbeiführung der Eintragung bedarf.

Eintragung in ein **öffentliches Buch** oder **Register:** Grundbuch, Schiffsregister, Schiffsbauregister, Luftfahrzeuge-Pfandrechtsregister, Handelsregister, Genossenschaftsregister, Staatsschuldbuch, Patentrolle. § 896 trifft besonders dann zu, wenn der Verurteilte nicht als Berechtigter eingetragen ist. Zwang gegen den Schuldner zur Beschaffung der Urkunde ist unzulässig. 1

897 *[Übergabe bei Verurteilung zur Übertragung des Eigentums]*
(1) Ist der Schuldner zur Übertragung des Eigentums oder zur Bestellung eines Rechtes an einer beweglichen Sache verurteilt, so gilt die Übergabe der Sache als erfolgt, wenn der Gerichtsvollzieher die Sache zum Zwecke der Ablieferung an den Gläubiger wegnimmt.

(2) Das gleiche gilt, wenn der Schuldner zur Bestellung einer Hypothek, Grundschuld oder Rentenschuld oder zur Abtretung oder Belastung einer Hypothekenforderung, Grundschuld oder Rentenschuld verurteilt ist, für die Übergabe des Hypotheken-, Grundschuld- oder Rentenschuldbriefs.

I) Abs 1: Zur Übertragung des Eigentums und Bestellung eines Pfandrechts oder Nießbrauchs an einer beweglichen Sache ist nach §§ 929, 1032, 1205 BGB die Einigung und die Übergabe der Sache erforderlich. Die Erklärung des Verpflichteten kann durch Urteil ersetzt werden (§ 894), die Wegnahme der Sache erfolgt auf Grund des vorläufig vollstreckbaren Urteils durch den GV gem §§ 883, 884. Maßgebend ist der Zeitpunkt der Wegnahme durch den GV, nicht erst der der Übergabe an den Gläubiger. Ist ein Dritter Besitzer der Sache, ist der Herausgabeanspruch zu überweisen (§ 886). War die Wegnahme nicht möglich, ist dies zu beurkunden. 1

II) Abs 2: S §§ 1117, 1154, 1192, 1199 BGB. Ist der Schuldner zur Einwilligung in die Aushändigung des zu bildenden Hypothekenbriefes verurteilt (§ 1117 II BGB), so ist zum Rechtserwerb die Wegnahme nicht erforderlich. 2

898 *[Erwerb von Nichtberechtigten]*
Auf einen Erwerb, der sich nach den §§ 894, 897 vollzieht, sind die Vorschriften des bürgerlichen Rechts zugunsten derjenigen, die Rechte von einem Nichtberechtigten herleiten, anzuwenden.

Vorschriften des bürgerlichen Rechts: §§ 892, 893, 932 ff, 1242 BGB, §§ 366, 367 HGB. Ist der Gläubiger im guten Glauben, geht das Eigentum nur dann nicht auf ihn über, wenn die Sache gestohlen, verloren oder sonst abhanden gekommen war. Für den guten Glauben ist bei Erwerb nach § 894 der Zeitpunkt der Urteilsrechtskraft, bei Erwerb nach § 897 der Zeitpunkt der Wegnahme durch den GV maßgebend. Bei Verurteilung zur Eigentumsübertragung an beweglichen Sachen nach § 932 BGB muß aber der gute Glaube des Gläubigers, nicht des GV, in beiden Zeitpunkten vorhanden sein. Keine Anwendung des § 898 bei anderen Erwerbsarten, zB bei Eintragung einer Sicherungshypothek für die vollstreckbare Forderung (§§ 866 ff, RG 68, 154). 1

Vierter Abschnitt

EIDESSTATTLICHE VERSICHERUNG UND HAFT

Der Vierte Abschnitt regelt das Verfahren zur Abnahme der eidesstattlichen Versicherung in den Fällen der §§ 807, 883. Entsprechende Anwendung sehen § 33 II und § 83 II FGG sowie § 72 KO für die eidesstattliche Versicherung nach § 125 KO vor. Vorschriften über die Haft (§§ 904–913) gelten entsprechend bei Zwangshaft nach § 390 II, § 888 I, § 889 II und nach § 33 III FGG, beim persönlichen Arrest (933) und nach § 72 KO in den Fällen der § 101 II, § 106 I KO. Sinngemäß gelten sie auch mit Ausnahme des § 911 für die Vollziehung des persönlichen Sicherheitsarrestes nach der AO (§ 326 III AO). Die Vollziehung der Ersatzzwangshaft nach der AO richtet sich nach den §§ 904–907, 909, 910 (§ 334 AO). Nicht anzuwenden sind die §§ 904–913 auf die Vollziehung der Ordnungshaft nach §§ 380, 390 I, § 890.

899 *[Zuständigkeit]*

Für die Abnahme der eidesstattlichen Versicherung in den Fällen der §§ 807, 883 ist das Amtsgericht, in dessen Bezirk der Schuldner im Inland seinen Wohnsitz oder in Ermangelung eines solchen seinen Aufenthaltsort hat, als Vollstreckungsgericht zuständig.

I) **Zuständig** (ausschließlich, § 802) ist

1 1) **sachlich das** AG als Vollstreckungsgericht (§ 764), auch für die Abnahme der eidesstattl Versicherung nach § 125 KO (nicht das Konkursgericht als solches). Das Verfahren ist dem **Rechtspfleger** übertragen (§ 20 Nr 17 RpflG); Haft kann er jedoch nicht anordnen (§ 901; § 4 II Nr 1 RpflG). Bei Vollstreckung verwaltungsgerichtlicher Zahlungstitel (§ 168 VwGO), auch eines Kostenfestsetzungsbeschlusses, ist das Verwaltungsgericht zuständiges Vollstreckungsgericht (§ 167 I S 2 VwGO) (OVG Münster NJW 80, 2373 u NJW 84, 2484; AG Obernburg Rpfleger 79, 112; Sommer Rpfleger 78, 406). Das Amtsgericht ist jedoch Vollstreckungsgericht, wenn Vollstrekkungstitel ein Vergütungsfestsetzungsbeschluß (§ 19 BRAGO) ist, der aus einem verwaltungsgerichtlichen Verfahren herrührt (OVG Münster Rpfleger 86, 152 m zust Anm Lappe; OVG Koblenz NJW 80, 1541 L; OVG Lüneburg NJW 84, 2485; VG Berlin NJW 81, 884; LG Berlin MDR 82, 679; LG Heilbronn Rpfleger 93, 252; StJ/Münzberg § 899 Rn 3; aA OVG Münster NJW 86, 1190; LG Bochum Rpfleger 78, 426).

2 2) **örtlich** das AG, in dessen Bezirk der Schuldner im Inland seinen Wohnsitz (§§ 7–11 BGB) oder in Ermangelung eines solchen seinen Aufenthaltsort hat. Maßgebend ist der Zeitpunkt des Antrags; späterer Wechsel des Wohnsitzes oder Aufenthaltsort ist ohne Einfluß (BayObLG 94, 112 = Rpfleger 94, 471). Bei einem Prozeßunfähigen ist dessen Wohnsitz, bei einer jur Person, Handelsgesellschaft, Partnerschaft oder EWIV deren Sitz maßgebend, nicht der Wohnsitz des gesetzlichen (organschaftlichen) Vertreters (Dresden OLG 6, 144), auch wenn die Gesellschaft an dem (im Handelsregister eingetragenen) Sitz kein Büro und keinen Geschäftsbetrieb unterhält (Stuttgart OLGZ 77, 378 = Rpfleger 77, 220). Für das Verfahren gegen unbekannte Erben ist das Wohnsitzgericht des Nachlaßpflegers zuständig, nicht das Gericht, das die Nachlaßpflegschaft angeordnet hat (s § 828 Rn 2; aA LG Berlin JR 54, 464; aA StJ/Münzberg Rn 2). Unter mehrfachem Wohnsitz des Schuldners kann der Gläubiger wählen (§ 35).

3 II) 1) Die Zuständigkeit ist von Amts wegen zu **prüfen.** Der bei einem unzuständigen Gericht gestellte Offenbarungsantrag (§ 900 I) ist auf Gläubigerantrag nach § 281 an das zuständige Gericht zu verweisen. Ein Verweisungsbeschluß ist für das Gericht, an das die Sache verwiesen ist, bindend; Bindung besteht jedoch nicht, wenn dem Schuldner rechtliches Gehör nicht gewährt worden ist (Düsseldorf Rpfleger 75, 102; BayObLG MDR 80, 583 u Rpfleger 94, 471; s § 828 Rn 3). Stellt der Gläubiger Verweisungsantrag nicht, ist der Antrag durch das unzuständige Gericht zurückzuweisen.

4 2) Abgabe einer eidesstattliche Versicherung vor einem **unzuständigen Gericht** ist voll wirksam; Unzuständigkeit berührt auch die Wirksamkeit einer Versicherung nach § 903 nicht (KG JW 38, 2685; StJ/Münzberg Rn 7; aA KG JW 32, 184: ist ohne die Wirkung des § 903 bei arglistigem Zusammenwirken von Gläubiger und Schuldner). Stellt sich die Unzuständigkeit nachträglich heraus, ist Eintragung in das Schuldnerverzeichnis beim zuständigen Gericht zu veranlassen (StJ/Münzberg aaO).

5 III) § 899 regelt auch die **internationale Zuständigkeit.** Durchgeführt werden kann ein Offenbarungsverfahren gegen einen Schuldner mit Wohnsitz im Ausland daher bei dem Gericht des inländischen Aufenthaltsorts (Frankfurt JurBüro 78, 131; Heß Rpfleger 96, 89; StJ/Münzberg Rn 2), gegen eine jur Person (Handelsgesellschaft usw) mit Sitz im Ausland bei dem Gericht des voraussichtlichen Vollstreckungsorts (Heß aaO), idR damit des Orts einer inländischen Niederlassung (dafür infolge § 21 LG Zwickau Rpfleger 95, 371).

6 IV) Vorlage eines Vermögensverzeichnisses und Abgabe der eidesstattl Versicherung zu Protokoll der Vollstreckungsbehörde im Vollstreckungsverfahren nach der **AO** dort § 284. Haftanordnung durch das Vollstreckungsgericht in diesem Verfahren § 284 VII AO.

900 *[Verfahren]*

(1) Das Verfahren beginnt mit dem Antrag des Gläubigers auf Bestimmung eines Termins zur Abgabe der eidesstattlichen Versicherung. Dem Antrag sind der Vollstreckungstitel und die sonstigen Urkunden, aus denen sich die Verpflichtung des Schuldners zur Abgabe der eidesstattlichen Versicherung ergibt, beizufügen.

(2) Das Vollstreckungsgericht hat vor der Terminbestimmung von Amts wegen festzustellen, ob in dem bei ihm geführten Schuldnerverzeichnis eine Eintragung darüber besteht, daß der Schuldner innerhalb der letzten drei Jahre eine eidesstattliche Versicherung abgegeben hat oder daß gegen ihn die Haft zur Erzwingung der Abgabe der eidesstattlichen Versicherung angeordnet ist. Liegt eine noch nicht gelöschte Eintragung vor, so ist der Gläubiger zu benachrichtigen und das Verfahren nur auf Antrag fortzusetzen.

(3) Die Ladung zu dem Termin zur Abgabe der eidesstattlichen Versicherung ist dem Schuldner selbst zuzustellen, auch wenn er einen Prozeßbevollmächtigten bestellt hat; einer Mitteilung an den Prozeßbevollmächtigten bedarf es nicht. Dem Gläubiger ist die Terminbestimmung nach Maßgabe des § 357 Abs. 2 mitzuteilen. Seine Anwesenheit in dem Termin ist nicht erforderlich. Das Gericht kann den Termin aufheben oder verlegen oder die Verhandlung vertagen, wenn der Gläubiger zustimmt.

(4) Macht der Schuldner glaubhaft, daß er die Forderung des Gläubigers binnen einer Frist von drei Monaten tilgen werde, so kann das Gericht den Termin zur Abgabe der eidesstattlichen Versicherung bis zu drei Monaten vertagen. Weist der Schuldner in dem neuen Termin nach, daß er die Forderung mindestens zu zwei Dritteln getilgt hat, so kann das Gericht den Termin nochmals bis zu sechs Wochen vertagen. Gegen den Beschluß, durch den der Termin vertagt wird, findet sofortige Beschwerde statt. Der Beschluß, durch den die Vertagung abgelehnt wird, ist unanfechtbar.

(5) Bestreitet der Schuldner die Verpflichtung zur Abgabe der eidesstattlichen Versicherung, so ist von dem Gericht durch Beschluß über den Widerspruch zu entscheiden. Die Abgabe der eidesstattlichen Versicherung erfolgt erst nach Eintritt der Rechtskraft der Entscheidung; das Vollstreckungsgericht kann jedoch die Abgabe der eidesstattlichen Versicherung vor Eintritt der Rechtskraft anordnen, wenn bereits ein früherer Widerspruch rechtskräftig verworfen ist, oder wenn nach Vertagung nach Absatz 4 der Widerspruch auf Tatsachen gestützt wird, die zur Zeit des ersten Antrages auf Vertagung bereits eingetreten waren.

I) Zweck: Regelung des Verfahrens über den Antrag auf Abnahme der eidesstattlichen Versicherung nach §§ 807, 883. 1

II) 1) Antrag des Gläubigers ist Voraussetzung der Offenbarungspflicht nach § 807 (dort Rn 4) und § 883. Mit dem Antrag **beginnt** das Offenbarungsverfahren (Abs 1 S 1); er unterliegt keinem Anwaltszwang (§ 78 III). Handschriftliche Unterzeichnung des schriftlichen Antrags ist geboten (StJ/Münzberg Rn 15); fehlende Unterschrift ist frei zu würdigen (s Vollkommer Rpfleger 75, 419; näher § 829 Rn 3, auch LG Aurich Rpfleger 84, 323: Faksimilestempel unzureichend). Zu bezeichnen sind in dem Antrag Gläubiger, Schuldner und (im Falle des § 807) die Geldforderung des Gläubigers (§ 829 Rn 3), deren Vollstreckung weiter verfolgt wird. Für einen prozeßunfähigen Schuldner (Minderjährigen, OHG, KG, GmbH oder sonstige juristische Person) ist auch der offenbarungspflichtige Vertreter anzugeben (§ 807 Rn 6; LG Essen JurBüro 72, 76); die Angabe bindet das Vollstreckungsgericht jedoch nicht (Frankfurt JurBüro 76, 386 = Rpfleger 76, 27 u MDR 88, 153 = NJW-RR 88, 807). Angabe auch der **Gläubigerforderung** ist geboten (s LG Hannover JurBüro 87, 1101; LG Landau DGVZ 88, 28), weil die Vermögensoffenbarung der ZwV wegen einer Geldforderung dient, bei der der Gläubiger mit seinem Antrag nicht nur Beginn und Art, sondern auch Ausmaß des Vollstreckungsverfahrens bestimmt (vor § 704 Rn 19; Beschränkung auf einen Teil des vollstreckbaren Anspruchs ist daher möglich, Schleswig Rpfleger 76, 224; LG Paderborn NJW 57, 28), zudem aber, weil für Zahlungen des Schuldners (§ 775 Nr 4, 5), für Verfahrensschutz (Abs 4), für Abwendung der Haft mit Zahlung der Vollstreckungsforderung und für spätere Löschung im Schuldnerverzeichnis (§ 915a II Nr 1) dem Verfahren eine bestimmte Vollstreckungsforderung zugrunde liegen muß (zutr daher LG Düsseldorf MDR 60, 58; LG Essen MDR 76, 1026; MK/Eickmann Rn 4; nicht überzeugend LG Oldenburg Rpfleger 80, 353; s auch StJ/Münzberg Rn 18: nicht vorgeschrieben, aber praktisch geboten); Unterrichtung des Schuldners über die Forderung im Termin s Rn 12. Dem ist auch entsprochen, wenn der Gläubiger eine Vollstrekkungsforderung nicht zahlenmäßig bezeichnet, sein Antrag bei (zulässiger und möglicher) Auslegung aber zweifelsfrei ergibt, daß das Verfahren wegen des vollen durch den Schuldtitel ausgewiesenen Anspruchs beantragt ist. Angabe über minderjährige Kinder des Schuldners (früher § 1668 BGB) brauchen nicht gemacht zu werden (AG Obernburg DGVZ 80, 93). Zum Antrag auf Erlaß des Haftbefehls s § 901 Rn 2. 2

3 2) **Beizufügen** sind dem Antrag der Vollstreckungstitel und die sonstigen Urkunden, aus denen sich die Verpflichtung des Schuldners zur Abgabe der eidesstattl Versicherung ergibt (Abs 1 S 2). Das sind Nachweise über alle weiteren Voraussetzungen der ZwV wegen der Geldforderung (§ 807 Rn 3) oder wegen des Herausgabeanspruchs **und a)** im Falle des **§ 807:** Nachweis, daß Pfändung zu einer vollständigen Befriedigung des Gläubigers nicht geführt hat, oder Beweismittel für Glaubhaftmachung (§ 294), daß der Gläubiger durch Pfändung Befriedigung nicht vollständig wird erlangen können (dazu § 807 Rn 13–18); **b)** im Falle des **§ 883:** Nachweis, daß die herauszugebende Sache bei Wegnahmevollstreckung nicht vorgefunden wurde (§ 883 Rn 12). ZwV-Kosten (Anfall und Betrag) sind im Falle des § 807 glaubhaft zu machen (§ 788 Rn 15; Stuttgart NJW-RR 87, 1405 [zu weitgehend für Restforderung, § 753 Rn 7]; LG Landau DGVZ 88, 28; anders LG Berlin DGVZ 92, 28 u LG Düsseldorf JurBüro 87, 1101, auch StJ/Münzberg Rn 13 [nicht zutr; Verpflichtung zur Versicherung mit Haftanordnung als Zwangsmittel erfordert Prüfung der ZwV-Voraussetzungen]; KfBeschluß muß nicht vorliegen (§ 788 Rn 14); aA KG MDR 92, 300 = Rpfleger 92, 31 für den Fall, daß ZwV wegen [getilgter] Hauptforderung noch nicht begonnen hatte und OE-Verfahren nur wegen davor entstandener Vollstreckungskosten betrieben wird [nicht richtig]; aA auch LG Hannover JurBüro 88, 1250 u DGVZ 89, 42 für Räumungskosten). Vollmachtsnachweis: §§ 80, 88.

4 **III) 1) a)** Das Vollstreckungsgericht **prüft** die Voraussetzungen der ZwV (vor § 704 Rn 14–17) und die weiteren Voraussetzungen der Offenbarungspflicht (Rn 3 mit Anm zu §§ 807, 883). Es hat im Offenbarungsverfahren nach § 807 (nicht im Fall des § 883) außerdem von Amts wegen festzustellen, ob das bei ihm geführte **Schuldnerverzeichnis** (§ 915) eine **Eintragung enthält** (näher Abs 2 S 1). Von einer noch nicht gelöschten Eintragung ist der Gläubiger zu benachrichtigen (Abs 2 S 2). Auf Antrag des Gläubigers wird das Verfahren ohne weiteres fortgesetzt, wenn gegen den Schuldner die Haft nach einer nicht gelöschten Eintragung angeordnet ist (Abs 2 S 2). Der Antrag auf Verfahrensfortsetzung kann schon mit dem Offenbarungsantrag gestellt werden (Benachrichtigung von der Eintragung erübrigt sich dann). Hat der Schuldner innerhalb der letzten 3 Jahre eine eidesstattl Versicherung abgegeben, dann wird das Verfahren gleichfalls nur auf Antrag des Gläubigers fortgesetzt (Abs 2 S 2), jedoch nur unter der weiteren Voraussetzung des § 903.

5 **b)** Die Voraussetzungen der ZwV und der Offenbarungspflicht hat das Vollstreckungsgericht **von Amts wegen** auch **nach Fortgang** des Verfahrens zu beachten, somit bei Erlaß einer Entscheidung stets zu prüfen. Weil gegen einen säumigen Schuldner weitere Maßnahmen nur dann zulässig sind, wenn die von Amts wegen zu prüfenden Vollstreckungs- und Verfahrensvoraussetzungen vorliegen, sind Mängel auch dann zu beachten, wenn der nicht erschienene Schuldner sich darauf berufen hat (KG JurBüro 67, 683 = OLGZ 67, 431; Frankfurt Rpfleger 74, 274; Hamm JurBüro 83, 1891 = Rpfleger 83, 362; München NJW 62, 497 für § 903).

6 2) **Zurückweisung** eines Antrags, der Offenbarungspflicht des Schuldners nicht ausweist (auch formellem Mangel, Rn 3) erfolgt durch (zu begründenden) Beschluß, der dem Gläubiger zugestellt wird (§ 329 III). Vor Entscheidung ist dem Gläubiger Gelegenheit zu geben, einen behebbaren Mangel auszuräumen (§§ 139, 278 III; so auch StJ/Münzberg Rn 21). Ist der Antrag begründet, wird Termin zur Abgabe der eidesstattl Versicherung durch den Schuldner bestimmt. Ist der Antrag nur wegen eines Teils der vom Gläubiger geltend gemachten Vollstreckungsforderung begründet (weil zB für den weiteren Forderungsbetrag Vollstreckungsvoraussetzungen nicht gegeben oder ZwV-Kosten nicht glaubhaft gemacht sind), dann ist Durchführung des Verfahrens wegen des restigen Forderungsteils unter Verständigung des Gläubigers (seines Vertreters) abzulehnen, Terminsbestimmung somit nur zu verfügen, soweit die Vollstreckungsforderung des Gläubigers zulässig geltend gemacht ist (LG Lüneburg JurBüro 88, 1416; aA StJ/Münzberg Rn 18).

7 **IV) 1) a)** Nach Terminsbestimmung ist der **Schuldner persönlich** von Amts wegen (§ 214) **zu laden** (Abs 3 S 1); Ersatzzustellung (§§ 181 ff) ist zulässig, in Ausnahmefällen (Auslandsniederlassung der Schuldnerin) auch Zustellung an einen Generalbevollmächtigten (§ 173; LG Zwickau Rpfleger 95, 371). Auch der offenbarungspflichtige (gesetzliche) Vertreter eines prozeßunfähigen Schuldners (Rn 2) ist persönlich zu laden (LG Köln DGVZ 78, 28; Ersatzzustellung ist auch hier möglich; LG Berlin Rpfleger 78, 30 mit Einzelheiten); ihm ist keine an den Vertretenen (zB die GmbH, den Minderjährigen) gerichtete Ladung zuzustellen. Mitteilung an den Prozeßbevollmächtigten des Schuldners erfolgt nicht (Abs 3 S 1). Die Ladung (vor § 214 Rn 7) muß die Bezeichnung des Verfahrens enthalten (§ 214 Rn 2), sonach auch Angabe darüber, ob in einem Offenbarungsverfahren nach § 807 oder § 883 geladen wird. Zustellung einer Abschrift des Antrags ist nicht vorgesehen und nicht notwendig (Frankfurt Rpfleger 77, 417; LG Hamburg MDR 64, 424), aber zweckmäßig. Im Verfahren nach § 807 wird der Ladung üblicherweise auch ein Formular zur Anfertigung des Vermögensverzeichnisses beigefügt; vom Gesetz wird dies allerdings zwingend nicht verlangt (Karlsruhe DGVZ 79, 62). Ladungsfrist: 3 Tage (§ 217).

b) Dem **Gläubiger** (seinem Prozeßbevollmächtigten) ist die Terminsbestimmung formlos mitzuteilen (Abs 3 S 2 mit § 357 II). 8

2) Aufgehoben oder **verlegt** werden kann der Termin, wenn der **Gläubiger zustimmt;** ebenso kann dann eine (begonnene) **Verhandlung vertagt** werden (Abs 3 S 4; zu den Begriffen § 227 Rn 1–3). Erhebliche Gründe iS von § 227 I, III brauchen in diesem Fall nicht vorzuliegen. Die Regelung beruht auf der Erwägung (dazu BT-Drucks 7/2729, S 111), daß die Leistung der Offenbarungsversicherung ausschließlich im Interesse des Gläubigers liegt, somit ein öffentliches Interesse an der Verfahrensbeschleunigung nicht besteht. Darüber, ob bei Zustimmung des Gläubigers Terminsänderung vorzunehmen ist, entscheidet das Gericht nach pflichtgemäßem Ermessen. Anspruch auf Terminsänderung bei Zustimmung hat der Gläubiger nicht; damit soll vermieden werden, daß der Gläubiger das Verfahren als Druckmittel auf den Schuldner mißbräuchlich betreibt. Zustimmung unter der Voraussetzung, daß der Schuldner Teilzahlung nachweist, ist zulässig (StJ/Münzberg Rn 61) und (idR) nicht rechtsmißbräuchlich (LG Nürnberg-Fürth Rpfleger 85, 309 m krit Anm Limberger), auch nicht bei mehrfacher Terminsverlegung (LG Detmold Rpfleger 1991, 212). Im übrigen gilt für Aufhebung oder Verlegung des Termins sowie Vertagung der Verhandlung § 227. Aufhebung oder Verlegung eines Termins oder Vertagung einer Verhandlung kann daher aus erheblichen Gründen auch ohne Zustimmung des Gläubigers angeordnet werden (StJ/Münzberg Rn 58); Abs 3 S 4 regelt nur eine Erleichterung der Terminsbeseitigung gegenüber § 227, bringt aber nicht zum Ausdruck, daß zur Terminsbeseitigung Gläubigerzustimmung nötig sei (aA Karlsruhe DGVZ 79, 72). Bei Terminsverlegung oder Vertagung der Verhandlung wird neuer Termin vom Gericht von Amts wegen bestimmt; Bindung an Anträge, Anregungen und Wünsche des Gläubigers besteht nicht. Kein wichtiger Grund für Terminsverlegung ist es, daß der Schuldner auf Grund einer vor Ladung angenommenen Einladung verreist ist (LG Berlin Rpfleger 73, 374; zu Urlaubs- und Kurabwesenheit des Schuldners s aber auch Hamm Rpfleger 77, 111), desgleichen nicht, daß er mit nachgewiesenen Zahlungen um Wegfertigung der Schuld bemüht ist (Fall des Abs 4; Rückfrage bei geringer Restforderung aber nicht unzulässig, § 901 Rn 5) oder daß Kurzschlußreaktionen des Schuldners (Tätlichkeiten im Termin) möglich sind (dem ist geeignet zu begegnen; LG Düsseldorf Rpfleger 89, 73). 9

3) Vertagung des Termins erfolgt durch zu verkündenden (und kurz zu begründenden) Beschluß (§ 227 II). Der nicht erschienen gewesene Schuldner ist zu dem neuen Termin wieder von Amts wegen persönlich zu laden, selbst wenn er ordnungsgemäß zu dem Termin geladen war, der vertagt wurde, und auch, wenn er in diesem Termin durch einen Bevollmächtigten vertreten war (§ 141 II entspr; daher nicht anwendbar § 218) (Nürnberg Rpfleger 77, 417; LG Berlin MDR 75, 497; LG Wiesbaden MDR 57, 366; LG Würzburg Rpfleger 80, 161; aA Nürnberg JW 31, 2184; LG Landshut Rpfleger 75, 329). Neuerliche Ladung des Schuldners hat nicht zu erfolgen, wenn er in dem Termin, der vertagt wurde, erschienen war (§ 218 entspr; Hamm Rpfleger 57, 355; StJ/Münzberg Rn 50). Nennt der Schuldner im Offenbarungstermin seinen Arbeitgeber, so ist das kein Grund das Verfahren auszusetzen und dem Gläubiger den Nachweis aufzugeben, daß die Lohnpfändung fruchtlos geblieben ist (LG Berlin Rpfleger 75, 373). Dem (abwesenden) Gläubiger (seinem Prozeßbevollmächtigten) ist der neue Termin mitzuteilen (Abs 3 S 2 entspr; kein Fall von § 218, weil Anwesenheit nicht erforderlich war, Abs 3 S 3). 10

V) 1) Die **Termine** im Offenbarungsverfahren (nach § 807 und § 883) sind **nicht öffentlich;** sie finden nicht vor dem erkennenden Gericht statt (§ 169 GVG). Die Vorschriften der §§ 128 ff finden aus dem gleichen Grund keine unmittelbare Anwendung. Die eidesstattl Versicherung wird jedoch in einer „Verhandlung" abgenommen; es sind daher einzelne Bestimmungen der §§ 128 ff, insbes §§ 159 ff über Protokollaufnahme und -inhalt, entsprechend anwendbar. Das im Offenbarungstermin aufzunehmende Protokoll muß erkennen lassen, ob der Schuldner die Verpflichtung zur Abgabe der eidesstattl Versicherung bestreitet (Abs 5) oder grundlos trotz Hinweises nach § 139 die Abgabe der Versicherung verweigert (Düsseldorf Rpfleger 80, 484). Ein auf Grund der Verhandlung ergehender Beschluß ist zu verkünden und in das Protokoll aufzunehmen. Um die Rechtsmittelfrist in Lauf zu setzen, ist Zustellung von Amts wegen erforderlich (§ 329). Ein nicht verkündeter Beschluß, der auf Grund der Aktenlage ergeht, bedarf der Zustellung von Amts wegen (Nürnberg MDR 64, 64), die auch die Rechtsmittelfrist in Lauf setzt. Da die Verhandlung über die Abnahme der eidesstattl Versicherung auch stattfinden kann, wenn Gläubiger und Schuldner nicht erschienen sind, kann auch eine in einem solchen Fall in der Verhandlung ergehende Entscheidung verkündet werden (KG OLGZ 71, 429). Das Recht des Schuldners auf Gehör ist durch die Ladung zum Termin gewahrt; ob dem Gläubiger vor einer Entscheidung zur Wahrung seines Rechts auf Gehör Gelegenheit zur Äußerung zu geben ist, bedarf im Einzelfall nach den zu Art 103 I GG entwickelten Grundsätzen der Prüfung. Die Entscheidung ergeht in einem solchen Fall ohne neue Verhandlung auf Grund der Akten. Eine Aktenentscheidung wird idR auch in der Haftfrage ergehen, wenn der Rechtspfleger die Sache gem § 4 II S 2 RpflG dem 11

Richter zur Entscheidung über die Haftanordnung vorlegt. Die Fragen sind bestritten; s näher Schmidt Rpfleger 71, 134 [140].

12 2) Der **Schuldner** muß zu dem Termin selbst **erscheinen,** wenn er die eidesstattl Versicherung abgeben will (§ 478 mit § 807 II S 2, § 883 IV). Bei Glaubhaftmachung zur Terminsvertagung (Abs 4) und bei Erhebung eines Widerspruchs (Abs 5) kann er sich auch durch einen Bevollmächtigten (auch durch den nicht geladenen Prozeßbevollmächtigten, § 81) vertreten lassen. Die Anwesenheit des **Gläubigers** im Termin ist nicht erforderlich (Abs 3 S 3); er kann den Termin aber wahrnehmen oder sich durch einen Bevollmächtigten vertreten lassen. Dem im Termin erschienenen Schuldner ist, wenn das nicht schon durch Mitteilung einer Abschrift des Antrags geschehen ist, Aufschluß darüber zu geben, wegen welcher Schuldsumme (Vollstreckungsforderung) oder wegen welchen Herausgabeanspruchs die Abgabe der Versicherung verlangt wird sowie, welcher Vollstreckungstitel dem Gläubigerantrag des Gläubigers zugrunde liegt (Frankfurt Rpfleger 77, 417). Zuziehung eines Dolmetschers, wenn der Schuldner der deutschen Sprache nicht mächtig ist: § 185 I GVG.

13 3) a) Macht der im Termin erschienene (oder vertretene) **Schuldner glaubhaft** (§ 294), **daß er die Forderung** des Gläubigers binnen einer Frist von drei Monaten **tilgen werde,** so kann das Gericht den **Termin** bis zu drei Monaten **vertagen** (Abs 4 S 1; die Frist darf nicht sogleich von vorneherein um die Nachfrist bis zu 6 Wochen erweitert werden). Vertagung ist Bestimmung eines neuen Termins vor Schluß des zunächst bestimmten, begonnenen Termins (§ 227 Rn 3). Unterbrechung bis zu einem auf Antrag des Gläubigers beim Ausbleiben einer Rate anzuberaumenden neuen Termin ermöglicht Abs 4 daher nicht (LG Essen JurBüro 72, 925). Glaubhaft zu machen sind die tatsächlichen Verhältnisse, aus denen sich das Zahlungsvermögen und der Zahlungswille des Schuldners ergeben. Teilzahlungsnachweise sind für Vertagung nicht verlangt, aber zweckmäßig; sie können für Glaubhaftmachung des Zahlungswillens des Schuldners gewürdigt werden. Einfache Zusicherung oder Zahlungsankündigung allein genügen für Terminsvertagung nicht (LG Frankenthal Rpfleger 81, 363). Über die Vertagung wird durch Beschluß entschieden, der kurz zu begründen ist (§ 227 II). Ladung zum neuen Termin: Rn 10. Wenn trotz Glaubhaftmachung des Schuldners nach Abs 4 S 1 (förmlicher Vertagungsantrag ist üblich, aber nicht erforderlich) Vertagung nicht erfolgt, ist sie durch Beschluß abzulehnen (s Abs 4 S 3). In dem neuen Termin ist eine nochmalige Vertagung bis zu 6 Wochen zulässig, wenn der Schuldner nachweist (hier genügt Glaubhaftmachung nicht), daß die Forderung mindestens zu zwei Dritteln getilgt ist. Die Forderung des Gläubigers umfaßt Hauptsache, Zinsen und andere Nebenleistungen sowie Kosten. Sodann kann ohne Gläubigerzustimmung (Abs 3 S 4) weitere Vertagung nur noch aus wichtigem Grund nach § 227 erfolgen (Rn 9). Wenn die Vertagung abgelehnt ist, der Schuldner jedoch nicht bereit ist, die eidesstattl Versicherung zu leisten, gilt sie als verweigert. Dem Richter ist dann, wenn Antrag gestellt ist, die Sache zur Haftanordnung vorzulegen, ebenso nach Ablehnung eines Vertagungsantrags, den der im Termin nicht erschienene Schuldner schriftlich oder im Termin durch einen Vertreter gestellt hat.

13a b) **Vertagung** des Termins zur Forderungstilgung binnen 3 Monaten kann auch (noch) erfolgen, wenn der Schuldner die Zahlungsfähigkeit erst **nach** Verwerfung seines **Widerspruchs** gegen die Verpflichtung zur Abgabe der Versicherung (Abs 5) glaubhaft macht. Bestreitet der Schuldner seine Verpflichtung zur Abgabe der Versicherung (Abs 5) und verlangt er sogleich Terminsvertagung (Abs 4), so ist zunächst über den Widerspruch zu entscheiden (ebenso StJ/Münzberg Rn 52a; für Vorrang des Widerspruchs auch Abs 5 S 2 aE). Erst wenn dann nach Rechtskraft oder Bestimmung vorzeitiger Abgabe der Versicherung das Verfahren seinen Fortgang nimmt, ist in dem neuen Termin die Forderungstilgung glaubhaft zu machen und über die Terminsvertagung zu entscheiden. Die Frist von 3 Monaten für Forderungstilgung rechnet in diesen Fällen von dem Offenbarungstermin an, in dem nach Verwerfung des Widerspruchs die Verpflichtung zur Abgabe der Versicherung zu erfüllen wäre. Daß bis dahin seit dem Termin, in dem Widerspruch erhoben wurde, längere Zeit vergangen ist, kann bei Würdigung der vom Schuldner zur Glaubhaftmachung seiner Zahlungsfähigkeit vorgetragenen Beweismittel (§ 294) Bedeutung erlangen. Beispiel: Schuldner hat Unpfändbarkeit oder Zustellung des Vollstreckungstitels als Verfahrensvoraussetzung bestritten, nach Rechtskraft der seinen Widerspruch verwerfenden Entscheidung Monate später aber noch keine Zahlung geleistet.

14 4) a) **Bestreitet** der erschienene **Schuldner seine Verpflichtung** zur Abgabe der eidesstattl Versicherung (Abs 5 S 1), so muß er zur Entscheidung über diesen **Widerspruch** die Gründe angeben (sonst grundlose Weigerung, § 901). **Beispiele:** Gläubiger ist prozeßunfähig; die eidesstattl Versicherung ist in den letzten drei Jahren bereits abgegeben worden; die ZwV aus dem Schuldtitel ist eingestellt (§ 775); Geltendmachung der allgemeinen Härteklausel § 765a (dazu § 765a Rn 19); aber auch Geltendmachung von Vollstreckungsmängeln wie fehlende Vollstreckungsklausel, nicht ordnungsgemäße oder noch nicht erfolgte Zustellung des Schuldtitels. Der Widerspruch kann nur im Termin erhoben werden; ein schriftlicher Widerspruch bleibt unbeach-

tet (Hamm JurBüro 83, 1891 = Rpfleger 83, 362; StJ/Münzberg Rn 46). Mit Erinnerung (§ 766) kann der Schuldner die Verpflichtung zur Abgabe der Versicherung nicht bestreiten (LG Limburg Rpfleger 82, 434; s auch AG Ulm Rpfleger 82, 480). Er kann das Fehlen einer von Amts wegen zu prüfenden Voraussetzung der ZwV aber auch außerhalb des Termins rügen (Rn 5); trägt das Vollstreckungsgericht einem Hinweis nicht Rechnung, so kann der Mangel jedoch nicht mit Erinnerung, sondern nur nach Abs 5 oder mit Beschwerde gegen den Haftbefehl geltend gemacht werden. Über den Widerspruch (auch wenn Einwendungen unzulässig geltend gemacht sind wie solche nach §§ 732, 767, 785; Düsseldorf Rpfleger 96, 359; StJ/Münzberg Rn 35) entscheidet das Gericht (Rechtspfleger, § 20 Nr 17 RpflG) durch (zu begründenden) Beschluß (Abs 5 S 1), der im Termin zu verkünden ist (§ 329 I), aber auch schriftlich ergehen kann (Düsseldorf JMBlNW 62, 93; Frankfurt OLGZ 74, 486 = Rpfleger 74, 272; LG Darmstadt MDR 59, 134 L) und auch durch einen Rechtspfleger, der den Termin nicht wahrgenommen hat (Frankfurt aaO). Der verkündete Beschluß (hier für Beginn der Rechtsmittelfrist, § 577 II S 1) und die schriftliche Entscheidung ist von Amts wegen zuzustellen (§ 329 III; Düsseldorf aaO; Frankfurt aaO; erfordert Übergabe einer beglaubigten Abschrift oder Ausfertigung, § 170 I mit §§ 208, 210; Zustellung einer unbeglaubigten Abschrift des Protokolls mit dem verkündeten Beschluß setzt die Rechtsmittelfrist nicht in Gang, Frankfurt Rpfleger 91, 449). Die Zustellung hat an den Prozeßbevollmächtigten des Schuldners zu erfolgen (§§ 176, 178; StJ/Münzberg Rn 37 mwN), auch wenn er den Termin nicht wahrgenommen hat; Wahrnehmung des Termins und Erhebung des Widerspruchs durch den Schuldner selbst kann jedoch als Mitteilung zu verstehen sein, daß er durch einen bisherigen, insbes einen im Titel genannten Prozeßbevollmächtigten nicht mehr vertreten sein will (§ 178 Rn 2; besser ist Klärung durch Befragen des Schuldners und Feststellung in der Niederschrift), dann hat Zustellung an den Schuldner selbst zu erfolgen. Wenn bereits der Gläubiger den Stillstand des Verfahrens verlangt hat (Rn 23), ist keine Entscheidung mehr über den Widerspruch zu treffen (LG Koblenz MDR 72, 789).

b) Wenn der **Widerspruch zurückgewiesen** ist, nimmt das Verfahren **erst nach Rechtskraft** dieser Entscheidung seinen Fortgang (Abs 5 S 2); verlangt der Schuldner Abnahme der Versicherung, dann ist dem jedoch sogleich zu entsprechen. Hat sich der Widerspruch nur gegen einen Teil der Vollstreckungsforderung gerichtet (zB nur gegen Vollstreckungskosten), ist das Verfahren wegen des widerspruchsfreien Gläubigeranspruchs fortzusetzen (StJ/Münzberg Rn 36; Abtrennung nach § 145 ist nicht erforderlich; anders LG Oldenburg Rpfleger 81, 363), im übrigen aber über den Widerspruch zu entscheiden, wenn der Schuldner nicht versichert (nach StJ/Münzberg aaO kein Widerspruch). Zu dem nach Rechtskraft von Amts wegen zu bestimmenden Termin ist der Schuldner wieder selbst zu laden. Abgabe der eidesstattl Versicherung schon vor Eintritt der Rechtskraft kann angeordnet werden, wenn bereits ein früherer Widerspruch rechtskräftig verworfen ist, desgleichen, wenn nach Vertagung zur Tilgung der Gläubigerforderung (Abs 4) Widerspruch erhoben und auf Tatsachen gestützt wird, die bereits zur Zeit des ersten Antrages auf Vertagung eingetreten waren (Abs 5 S 2); gleiche Anordnung ist bei rechtsmißbräuchlichem Widerspruch zulässig (Verhinderung rechtsmißbräuchlicher Verfahrensverschleppung, AG Groß-Gerau Rpfleger 85, 245). Die Anordnung kann sogleich in dem Termin bekanntgemacht werden, in dem der Widerspruch durch verkündeten Beschluß verworfen wird; sie kann aber auch in der schriftlichen Entscheidung über den Widerspruch getroffen oder gesondert verfügt und dem Schuldner mit der neuen Terminsladung bekanntgemacht werden (Jelinsky Anm Rpfleger 92, 75; aA LG Berlin Rpfleger 91, 467: nur im Termin anschließend an den verkündeten Beschluß über den Widerspruch; als zweckwidrige Einschränkung nicht richtig). 15

c) Mit Geltendmachung einer **vollstreckungsbeschränkenden Vereinbarung,** die im ZwV-Verfahren zu berücksichtigen ist (vor § 704 Rn 25), bestreitet der Schuldner seine Verpflichtung zur Offenbarungsversicherung; Rechtsbehelf hierfür daher Widerspruch nach Abs 5. **Einwendungen** gegen den durch den vollstreckbaren Titel festgestellten **Anspruch** (Zahlung, Erlaß, Aufrechnung, Stundung der Forderung als materielle Vereinbarung), gegen die Vollstreckungsklausel oder den Einwand der beschränkten Erbenhaftung kann der Schuldner nur durch Klage nach § 767 (Schuler NJW 54, 80; aA LG Frankfurt JW 34, 180; LG Gießen NJW 57, 348; AG Bonn MDR 64, 424 für Abzahlungsgeschäfte), mit Einwendungen nach § 732 oder mit Abwehrklage nach § 785 und mit Antrag auf Einstellung der ZwV geltend machen. Ein auf solche Einwendungen gestützter Widerspruch ist zurückzuweisen. 16

d) Der Schuldner hat alle ihm bekannten Einwendungen mit dem Widerspruch geltend zu machen. In dem zu bestimmenden neuen Termin kann der Schuldner erneut Widerspruch erheben, wenn er hierfür Gründe hat, die **nach** dem Schluß der Verhandlung über den Widerspruch bzw nach Erlaß der Beschwerdeentscheidung entstanden sind (StJ/Münzberg Rn 40). Das Gericht hat über diesen Widerspruch durch Beschluß zu entscheiden, kann aber Abgabe der eidesstattl Versicherung vor Rechtskraft des Beschlusses anordnen. Ist Abgabe der Versicherung vor Rechtskraft (Abs 5 S 2 Hs 2; prozeßleitende Verfügung, keine Beschwerde, Rn 31) angeordnet 17 und verweigert der Schuldner die Versicherung, so ist auf schriftlichen oder mündlichen Antrag des Gläubigers die Sache dem Richter zur Haftanordnung vorzulegen.

18 5) Wenn der erschienene Schuldner bereit ist, die verlangten Angaben zu Protokoll **an Eides Statt zu versichern** (§ 807 II, § 883), ist er vor Entgegennahme der Versicherung in angemessener Weise über deren Bedeutung zu belehren (§ 480 mit § 807 II und § 883 II). Üblich (und bewährte Praxis) ist Aushändigung eines Formblatts für Erstellung des Vermögensverzeichnisses (Zustellung bereits mit Ladung, Rn 7); zwingend ist dessen Verwendung aber nicht (LG Göttingen NJW 94, 1164 [1165] = Rpfleger 94, 368 m Anm Hintzen); ausreichend ist vielmehr auch Vorlage eines geordneten vereinfachten Bestandsverzeichnisses (Zusammenstellung des Aktivvermögens (Stöber Rpfleger 94, 321 [322]). Entgegengenommen werden darf die Versicherung nach § 807 erst, wenn das vom Schuldner vorzulegende (damit von ihm selbst zu fertigende, Stöber aaO; LG Tübingen JurBüro 95, 326 = Rpfleger 95, 221) Vermögensverzeichnis (§ 807 I S 1) richtig und vollständig erstellt ist; ein dafür verwendetes Formular muß vollständig ausgefüllt sein (Stöber aaO), daß es mit Schreibmaschine oder in Druckbuchstaben ausgefüllt ist, kann nicht verlangt werden (LG Frankenthal JurBüro 85, 623). Das Vermögensverzeichnis ist mit dem Schuldner durchzusprechen (LG Tübingen aaO). Aufklärung des Schuldners hat nach § 139 umfassend zu erfolgen. Der Schuldner hat kein Recht auf Erklärung des ganzen Verzeichnisses zu Protokoll.

18a 6) a) Dem **anwesenden Gläubiger** (seinem Vertreter) muß die Teilnahme an der „Verhandlung" im Termin ermöglicht werden. Daher sind **sachliche Fragen** und Vorhalte des Gläubigers zuzulassen; wenn sie sich mit Antwort des Schuldners nicht sogleich erledigen, sind sie als wesentlicher Terminsvorgang in der Niederschrift festzuhalten (§ 160 II). Der Gläubiger kann jedoch nur darauf hinwirken, daß das Vermögensverzeichnis durch den Schuldner für Abgabe der eidesstattl Versicherung richtig und vollständig erstellt wird (Stöber Rpfleger 94, 321) und Unklarheiten ausgeräumt werden. Nicht zulässig sind Fragen, die dem Schuldner eine Erklärung (Begründung oder weitere Substantiierung der mit „nein" oder „keine" bereits ausreichend beantworteten Angaben im Formular für das Vermögensverzeichnis abverlangen (anders LG Göttingen NJW 94, 1164, nicht zutr) oder Angaben über den Verbleib eines früheren Vermögenswertes erstreben (Ausnahme § 807 I S 2). Zusätzliche Äußerung des Schuldners über das Nichtvorhandensein nicht verzeichneter Vermögenswerte kann der Gläubiger nicht verlangen; eine allgemeine Ausforschung mit Fragen zu irgendwelchen Vermögensgegenständen und -werten kann daher nicht zugelassen werden (Stöber aaO mit Einzelheiten; für umfassendes Fragerecht des Gläubigers Spring NJW 94, 1108 u Behr JurBüro 94, 193 [194]; gegen das Gesetz). § 397 (mit § 451) über die Parteibefragung findet keine (entspr) Anwendung (Stöber Rpfleger 94, 321 [323]; aA Wieczorek Erl C I a 1). Gegen einen Schuldner, der bereit ist, sein richtig und vollständig ausgefülltes (erstelltes) Vermögensverzeichnis zu versichern, nicht aber weitergehende (vor allem allgemein gehaltene und formblattmäßig vorgebrachte) Fragen des Gläubigers zu beantworten, kann Haft (§ 901) nicht angeordnet werden. Das schließt es auch aus, dem Schuldner nach Ausfüllung (Vorlage) des Vermögensverzeichnisses Fragen des Gläubigers zur Erforschung der (vom Schuldner zu versichernden) Vollständigkeit und Richtigkeit oder Ermittlung anderer Vermögenswerte zur Beantwortung (Verneinung) vorzulegen. Unzulässige Fragen des Gläubigers sind als Anregungen zur Terminsgestaltung zu übergehen; Zurückweisung hat nicht zu erfolgen (Stöber Rpfleger 94, 321 [324]; Hintzen Rpfleger 94, 368 [369]; LG Tübingen aaO; vgl auch LG München I JurBüro 94, 407), auch nicht vor dem Termin (LG Berlin Rpfleger 95, 75; s Rn 18 f).

18b b) **Schriftliche Fragen** und Hinweise des im Termin nicht anwesenden Gläubigers (seines Vertreters) sind als Anregung zur Gestaltung der gerichtlichen Aufklärungspflicht (§ 139) zu werten. Sie sind dem Schuldner daher vorzulegen, wenn sie dem Verfahrensziel dienen können, der eidesstattl Versicherung ein durch den Schuldner richtig und vollständig erstelltes Verzeichnis zugrunde zu legen; zu übergehen sind sie (keine Zurückweisung; s Rn 18a; so auch StJ/Münzberg Rn 31), wenn sie nur noch der allgemeinen Ausforschung (Befragung auf Verdacht) dienen, insbes nach vollständiger Erstellung des Vermögensverzeichnisses zusätzliche Äußerung des Schuldners über das Nichtvorhandensein nicht verzeichneter Vermögenswerte verlangen (zutr LG Augsburg JurBüro 93, 751 = Rpfleger 93, 454; LG Berlin Rpfleger 95, 75; LG Heilbronn MDR 95, 1066 = Rpfleger 96, 34 [35]; LG Konstanz Rpfleger 96, 75; LG Mainz Rpfleger 96, 208; LG Tübingen aaO; näher Stöber Rpfleger 94, 321 [324] mit Einzelheiten; aA LG Göttingen, Behr und Spring je aaO; auch LG Freiburg DGVZ 94, 118 = JurBüro 94, 407 u LG Mannheim DGVZ 94, 118 = JurBüro 94, 501).

19 7) **Niederschrift** bei Abgabe der Versicherung nach § 807 in nichtöffentlicher Sitzung:

„Der Schuldner legte sein Vermögensverzeichnis vor. Das Verzeichnis wurde mit ihm durchgesprochen [Es wurde nach den mündlichen Angaben ergänzt; zu Protokoll erklärte der Schuldner weiter: . . .] Dann wies der Rechtspfleger den Schuldner auf die Bedeutung der eidesstattlichen Versicherung und die Strafvorschriften der § 156 und § 163 StGB hin. Der Schuldner erklärte hierauf:

Ich versichere an Eides Statt, daß ich die von mir verlangten Angaben nach bestem Wissen und Gewissen richtig und vollständig gemacht habe. Vorgelesen und genehmigt."

Unterzeichnung der Niederschrift durch den Schuldner ist nicht erforderlich (kann aber im Einzelfall zweckmäßig sein). Das Vermögensverzeichnis ist dem Protokoll nach § 160 V als Anlage beizufügen.

8) a) Wenn der **Schuldner** im Termin **nicht erscheint** und auch sein Ausbleiben nicht mit triftigen Gründen (unabwendbarer Zufall; Verhinderung durch ernsthafte Erkrankung) glaubhaft entschuldigt, ist ein mündlicher Antrag des anwesenden Gläubigers (seines Vertreters), insbes Antrag auf Haftanordnung (§ 901), im Protokoll festzustellen (§ 160 III Nr 2). Ein in der Verhandlung oder vorher schriftlich gestellter Antrag des Gläubigers auf Erlaß des Haftbefehls (§ 901) ist dem Richter zur Entscheidung vorzulegen (§ 4 II S 2 RpflG). Wenn sich im Termin bei Abwesenheit des Schuldners (auch auf Grund schriftlicher Beanstandung) ergibt, daß eine Verfahrensvoraussetzung nicht erfüllt ist, ist das ein wichtiger Grund für Terminsaufhebung (§ 227) und, wenn der Mangel nicht behoben wird, Zurückweisung des Offenbarungsantrags des Gläubigers. Für diese Maßnahme und Entscheidung bleibt der Rechtspfleger zuständig (§ 20 Nr 17 RpflG). 20

b) Hat der Schuldner sein **Ausbleiben** glaubhaft **entschuldigt,** so ist der Termin aus wichtigem Grund zu vertagen (§ 227). Wenn der Schuldner behauptet, infolge seines körperlichen Zustandes die eidestattl Versicherung nicht abgeben zu können, kann Terminsverlegung aus wichtigem Grund verlangt (§ 227) oder Schutzantrag nach § 765a gestellt, aber auch Unvermögen geltend gemacht sein, die Versicherung abzugeben. Dann trifft für eine behauptete (nicht erkennbare) Behinderung die Beweislast wie bei Prozeßunfähigkeit (s vor § 704 Rn 16) den Schuldner. Erforderlich für Berücksichtigung der Behinderung durch ernsthafte Erkrankung ist daher Offensichtlichkeit oder Nachweis durch amtsärztliches Zeugnis (s § 906 Rn 2). Zur Bestellung eines Betreuers (§ 1896 BGB, s § 53 Rn 1) ist dem Vormundschaftsgericht Anzeige zu machen; § 57 ist unanwendbar (KG NJW 68, 2245 = OLGZ 68, 428 [430] mwN). 21

c) Hat der Schuldner nachgewiesen, daß er vor dem Termin die Vollstreckungsforderung **bezahlt** hat, so ist nach § 775 Nr 4, 5, einzustellen und der Termin aufzuheben. Wenn nur die Hauptsache, nicht aber die Kosten oder sonst ein geringer Rest der Vollstreckungsforderung bezahlt ist, kann ein wichtiger Grund für Terminverlegung angenommen (§ 227) und dem Schuldner Gelegenheit gegeben werden, die Restforderung festzustellen und wegzufertigen. 22

d) Hat der Gläubiger **keinen Antrag** auf Haftanordnung gestellt, nimmt das Verfahren gegen den nicht erschienenen Schuldner keinen Fortgang. Der Gläubiger kann später noch schriftlich Antrag auf Haftanordnung stellen (§ 901), der Schuldner jederzeit beantragen, die eidestattl Versicherung zu Protokoll zu nehmen. Ein tatsächlicher Stillstand tritt auch ein, wenn der Gläubiger nach der von ihm verlangten Terminsaufhebung (Abs 4 S 4) den Fortgang des Verfahrens nicht beantragt oder wenn er sonst das Vollstreckungsgericht veranlaßt, eine Fortsetzung des Verfahrens zu unterlassen (Gläubigerherrschaft; s vor § 704 Rn 19, 20). Dabei handelt es sich um kein förmliches Ruhen des Verfahrens iS der §§ 250, 251a; diese Bestimmungen sind nicht anwendbar (LG Kassel MDR 56, 686; StJ/Münzberg § 901 Rn 2; aA LG Hamburg MDR 64, 681; s auch Schmidt Rpfleger 71, 134 [141]). 23

e) Nimmt der **Gläubiger** seinen **Antrag** auf Abgabe der eidesstattl Versicherung **zurück** (zulässig bis Abgabe der Versicherung; sonst § 901 Rn 10), dann ist der Termin aufzuheben. Zurückgenommen werden kann der Antrag auch nach Widerspruch des Schuldners (Abs 5) ohne dessen Zustimmung (KG MDR 91, 163 = OLGZ 91, 101); der Beschluß, mit dem der Widerspruch bereits zurückgewiesen ist, wird mit Antragsrücknahme wirkungslos (§ 269 III S 1 entspr, KG aaO) Verpflichtet ist der Gläubiger jedenfalls dann, dem Vollstreckungsgericht rechtzeitig vor dem Termin die Antragsrücknahme zu erklären, wenn er bei Tilgung der Vollstreckungsforderung dem Schuldner zugesagt hat, dem Gericht entsprechende Mitteilung zukommen zu lassen. Wenn der Gläubiger seine Zusage nicht einhält, haftet er für den Schaden, der dem Schuldner mit Verfahrensfortsetzung entsteht (Eintragung in das Schuldnerverzeichnis; Verpflichtung des Gläubigers zur Wahrung der im Verkehr erforderlichen Sorgfalt; BGH NJW 85, 3080). Ohne besondere Zusage dürfte für den Gläubiger keine Verpflichtung bestehen, durch (sofortige) Mitteilung an das Gericht von der Tilgung der Vollstreckungsforderung Belange des Schuldners zu wahren (offen gelassen von BGH aaO; verneint von KG NJW 73, 860). Für die Verfahrenskosten gilt § 788 (keine entsprechende Anwendung von § 269 III). Eine Kostenentscheidung ergeht auf Antrag daher nur, wenn der Gläubiger Kosten des Schuldners als nicht notwendige ZwV-Kosten zu tragen hat (§ 788 Rn 20, 21). 24

VI) 1) Das Vollstreckungsgericht kann ein anderes Amtsgericht im Wege der **Rechtshilfe** um Abnahme der eidesstattl Versicherung ersuchen (§§ 156, 157 I GVG), wenn der Schuldner (sein offenbarungspflichtiger Vertreter) sich in dessen Bezirk aufhält und am Erscheinen vor dem zuständigen Gericht verhindert ist (auch bei Unzumutbarkeit infolge großer Entfernung der Fall). Die Parteien sind von der Anordnung, daß ein anderes Gericht um Abnahme der Versiche- 25 rung ersucht ist, zu verständigen. Der ersuchte Rechtspfleger hat nur Termin zu bestimmen und die eidesstattl Versicherung abzunehmen; die Voraussetzungen der ZwV und die Verpflichtung zur Vermögensoffenbarung prüft der ersuchende, nicht der ersuchte Rechtspfleger (§ 158 I GVG), dem jedoch Hinweise auf Unrichtigkeiten nicht versagt sind. Der ersuchte Rechtspfleger kann nicht über einen Widerspruch, der Richter des ersuchten Gerichts nicht über die Anordnung der Haft entscheiden. Hierfür sind die Akten dem ersuchenden Vollstreckungsgericht wieder zu überlassen.

26 2) Wenn der Schuldner infolge Erkrankung am Erscheinen verhindert ist (auch ein gehunfähiger Schuldner, LG Nürnberg-Fürth JurBüro 82, 140), kann Termin auch **in der Wohnung**, Krankenanstalt usw abgehalten werden (§ 219 I; bei ernsthafter, erheblicher Gesundheitsgefährdung ausgeschlossen, LG Freiburg MDR 62, 662). Erforderlich ist dann, daß dem Gläubiger (seinem Prozeßbevollmächtigten) auf Verlangen Anwesenheit ermöglicht wird. Verweigert der am Erscheinen bei Gericht verhinderte Schuldner die Abhaltung des Termins (und Anwesenheit des Gläubigers) in seiner Wohnung, gilt die Versicherung als verweigert (s Frankfurt Rpfleger 77, 146).

27 **VII)** Der **Gläubiger** des Verfahrens hat nach § 299 I das Recht, das **Vermögensverzeichnis** (auch sonst die Vollstreckungsakten) **einzusehen** und sich daraus Auszüge und Abschriften erteilen zu lassen. Gleiches gilt für einen anderen Gläubiger, dem gegenüber die Versicherung nach § 903 wirkt (Düsseldorf Rpfleger 93, 354; Hamm MDR 90, 255 = NJW 90, 843; LG Baden-Baden JurBüro 90, 1348; LG Bonn Rpfleger 93, 354; LG Hof u AG Itzehoe Rpfleger 90, 27; LG Kaiserslautern JurBüro 93, 436; LG Krefeld JurBüro 90, 1346; LG Saarbrücken JurBüro 90, 394 u 91, 1002; [irrig LG Stuttgart Rpfleger 96, 167: ergebe sich aus § 915 b I S 1]; enger LG Berlin Rpfleger 89, 468, LG Hamburg Rpfleger 90, 27; LG Hechingen Rpfleger 92, 31 u LG Frankenthal Rpfleger 92, 306 L: für diesen Einsicht nur in Vermögensverzeichnis und Protokoll, für Akten sonst § 299 II); erforderlich ist Nachweis durch Vollstreckungstitel mit Klausel und Zustellungsnachweis (Kopie reicht nicht aus, LG Hannover NdsRpfl 86, 10), nicht aber eine Unpfändbarkeitsbescheinigung (LG Konstanz JurBüro 84, 1587). Über den Antrag eines Gläubigers auf Akteneinsicht (kann auch noch nach Löschung im Schuldnerverzeichnis gewährt werden, Köln MDR 69, 673) und Erteilung von Abschriften entscheidet der Urkundsbeamte des Vollstreckungsgerichts (§ 299 I; Bamberg JurBüro 89, 1744; Düsseldorf JurBüro 93, 550 = Rpfleger 93, 354; Frankfurt MDR 89, 465; Hamm NJW 90, 841; KG MDR 89, 973 = NJW 89, 534; Köln aaO; LG Braunschweig NdsRpfl 89, 180; LG Köln JurBüro 89, 1744 = Rpfleger 89, 334), nicht der Vorstand des Gerichts (§ 299 II; aA Schleswig MDR 90, 254 u LG Mönchengladbach NJW 89, 3164: § 299 II auch für den nach § 903 gebundenen Gläubiger), auch wenn ein Versicherungsträger Abschrift verlangt (Celle Rpfleger 83, 160; LG Hannover/Celle Rpfleger 83, 324; LG Memmingen Rpfleger 83, 127). Andere Gläubiger (ohne Vollstreckungstitel) können als Dritte Akteneinsicht nur nach § 299 II (zuständig Vorstand des Gerichts) erlangen (KG aaO [auch zum rechtlichen Interesse; zu diesem auch Hamm NJW 89, 533]). Herausgabe oder Versendung der Akten zur Einsichtnahme (§ 299 Rn 3; zu ihr Frankfurt MDR 89, 465) erweist sich regelmäßig nicht als sachdienlich (Hamm aaO; Schleswig aaO; LG Berlin Rpfleger 89, 468 u JurBüro 91, 1262 = Rpfleger 91, 428; LG Bonn Rpfleger 93, 354; LG Braunschweig aaO; LGe Hamburg, Lübeck (dieses auch JurBüro 93, 24) u Paderborn Rpfleger 92, 306 je L; LG Heilbronn Rpfleger 89, 468; LG Köln JurBüro 89, 1744 = Rpfleger 89, 334 mit Anm Ottersbach; LG Oldenburg Rpfleger 92, 31; großzügiger LGe Baden-Baden, Kaiserslautern, Krefeld u Saarbrücken je aaO).

28 **VIII) Rechtsbehelfe: 1)** Die **Terminsbestimmung** ist unanfechtbar (StJ/Münzberg Rn 24; s auch § 216 Rn 22). Gegen **Zurückweisung** des Antrags (Ablehnung der Terminsbestimmung) findet befristete Erinnerung nach § 11 I S 2 RpflG (mit § 793) statt.

29 2) **Terminsänderung** nach § 227: s dort Rn 10. Ein **Rechtshilfeersuchen** (Rn 25) ist für Gläubiger und Schuldner mit Erinnerung anfechtbar (§ 766; dann § 793). Rechtsbehelf gegen die Entscheidung des um Rechtshilfe ersuchten Gerichts: § 159 GVG.

30 3) Der Beschluß, durch den der Offenbarungs**termin** zur glaubhaft gemachten Forderungstilgung **verlegt** wird (Abs 4), ist durch den Gläubiger mit befristeter Rechtspflegererinnerung (§ 11 I S 2 RpflG mit § 793) anfechtbar (Abs 4 S 3). Der Beschluß, durch den die Vertagung **abgelehnt** wird, ist nach Abs 4 S 4 nicht anfechtbar, bei Entscheidung durch den Rechtspfleger findet sonach befristete Erinnerung statt (§ 11 I S 1 RpflG).

31 4) Der über den **Widerspruch** entscheidende **Beschluß** (Abs 5) ist für Gläubiger und Schuldner mit sofortiger Rechtspflegererinnerung anfechtbar (§ 11 I S 2 RpflG mit § 793); Fristbeginn Rn 14. Die Anordnung, daß die eidesstattl Versicherung vor Eintritt der Rechtskraft abzugeben ist (Abs 5 S 2), ist als prozeßleitende Verfügung nicht anfechtbar (KG MDR 62, 582; Stuttgart Justiz 84, 299 L; LG Berlin Rpfleger 72, 325); bei Anordnung durch den Rechtspfleger findet sonach befristete Erinnerung statt (§ 11 I S 2 RpflG).

IX) Die Verfahren über Anträge **mehrerer Gläubiger** auf Abnahme der eidesstattl Versicherung sind selbständig durchzuführen (Einzelvollstreckungen, vor § 704 Rn 21). Verfahrensverbindung erfolgt nicht (§ 147 ist auf das Offenbarungsverfahren unanwendbar, Brinkmann Rpfleger 90, 331 [332]; aA LG Stuttgart Rpfleger 96, 157). Wenn in mehreren Verfahren Termin am gleichen Tag stattfindet, kann der Schuldner Bestimmung treffen, in welcher Einzelvollstreckungssache er das Verzeichnis seines Vermögens vorlegen und versichern will (so auch StJ/Münzberg Rn 24a; zur Versicherung des verhafteten Schuldners § 902 Rn 6). War vordem ein zeitlich früher anberaumtes anderes Einzelverfahren aufgerufen (nicht zweckmäßig) und der Schuldner in dieser Vollstreckungssache nicht erschienen oder nicht zur Versicherung bereit (§ 901), dann hindert Abgabe der Versicherung (§ 903) die (noch nicht verfügte) Haftanordnung (§ 901 Rn 3). 32

X) Gebühren: 1) des **Gerichts:** a) Für das Verfahren über den Antrag auf Abnahme der eidesstattlichen Versicherung wird die Festgebühr nach KV 1643 in Höhe von 35 DM erhoben; daneben keine Auslagen für die erste Zustellung (KV 9002 aE). Anträge auf Erzwingung der Abgabe sind mitabgegolten (§ 1 GKG). Die Gebühr wird fällig mit Antragstellung. Kostenschuldner ist der Antragsteller (§ 49 S 1 GKG), daneben haftet auch der Vollstreckungsschuldner (§ 54 Nr 4 GKG). Die Träger der Sozialversicherung (zB Orts- und Ersatzkrankenkassen, Berufsgenossenschaften, Landesversicherungsanstalten usw) sind von der Zahlung der Gerichtsgebühren nicht befreit; sie genießen jedoch gebührenfreie gerichtliche Rechtshilfe. Dazu gehört auch die Durchführung des Verfahrens der eidesstattl Versicherung, zB hinsichtl der Einziehung rückständiger Beiträge. Auslagen (Schreibauslagen) sind aber zu erstatten. Die durch den Antrag einer Gerichtskasse auf Abnahme der eidesstattl Versicherung entstandenen Kosten sind der Gerichtskasse zur etwaigen späteren Einziehung als Nebenkosten mitzuteilen (§ 4 III KostVfG). Das Verfahren auf Abgabe der eidesstattl Versicherung durch den Gemeinschuldner nach § 125 KO ist durch die Gebühr nach KV 4220 und dasjenige durch den Vergleichsschuldner nach § 69 II VerglO durch die Gebühr nach KV 4100 abgegolten. Für das Verfahren über den Antrag auf Erteilung der **Abschrift** eines mit eidesstattlicher Versicherung abgegebenen Vermögensverzeichnisses: Festgebühr von 35 DM nach KV 1644; die Gebühr entfällt nach KV 1644 a), b); für das Verfahren über den Antrag auf Gewährung von **Einsicht** in das Verzeichnis: Festgebühr von 35 DM nach KV 1645; die Gebühr entfällt nach KV 1645 a), b). Neben KV 1645 wird die Aktenversendungspauschale nicht erhoben (KV 9003). – b) Beschwerdeverfahren: Festgebühr nach KV 1905. 33

2) des **Anwalts:** Das Verfahren gilt als besondere Angelegenheit der ZwV (§ 58 III Nr 11 BRAGO). Für den RA des Gläubigers können alle Gebühren des § 31 BRAGO in Höhe von je $^{3}/_{10}$ entstehen (§ 57 BRAGO). Für ein gegen mehrere Schuldner gerichtetes Verfahren werden die Gebühren so oft verdient, als Schuldner vorhanden sind. **Gegenstandswert: a) nach § 807:** § 57 II 5 BRAGO, höchstens 3000 DM; **b) nach § 883:** Der Wert der herauszugebenden Sachen, § 57 II 1 BRAGO.

901 *[Anordnung der Haft]*

Gegen den Schuldner, der in dem zur Abgabe der eidesstattlichen Versicherung bestimmten Termin nicht erscheint oder die Abgabe der eidesstattlichen Versicherung ohne Grund verweigert, hat das Gericht zur Erzwingung der Abgabe auf Antrag die Haft anzuordnen.

I) Zweck: Sanktion mit Anordnung der Haft für Nichtbefolgung von Verpflichtungen, die sich ohne Schwierigkeiten erfüllen lassen. Haftanordnung entspricht somit dem Grundsatz der Erforderlichkeit. Daher ist § 901 (auch in seiner ersten Alternative) mit dem GG vereinbar (BVerfG 61, 126 = NJW 83, 559). 1

II) Voraussetzungen der Haftanordnung: **1) Antrag** des Gläubigers, den der Verfahrensantrag nach § 900 I S 1 noch nicht beinhaltet. Der Antrag kann bereits mit demjenigen auf Bestimmung eines Offenbarungstermins verbunden, aber auch im Termin (§ 900) oder nachher schriftlich gestellt werden. Anwaltszwang besteht nicht (§ 78 III). 2

2) Die **Verpflichtung des Schuldners** zur Abgabe der eidesstattl Versicherung muß schon im Termin bestanden haben (daher kein Haftbefehl, wenn der den Widerspruch verwerfende Beschluß erst nach dem Termin noch vor Haftanordnung rechtskräftig wird [§ 900 V S 2]; Frankfurt DGVZ 92, 155 = Rpfleger 91, 449) und im Zeitpunkt der Haftanordnung noch bestehen. Vollstreckungstitel und Urkunden, aus denen sich diese Verpflichtung ergibt (§ 900 I S 2) müssen vorliegen. Auch ein Rechtsschutzbedürfnis muß als allgemeine Voraussetzung der ZwV (vor § 704 Rn 17) gegeben sein (BVerfG 61, 126). Nachgewiesene (krankheitsbedingte) Prozeßunfähigkeit des Schuldners hindert ZwV (s vor § 704 Rn 16, auch § 900 Rn 4) und damit Erlaß des Haftbefehls (LG Heilbronn DGVZ 91, 39). 3

3) **Nichterscheinen** trotz ordnungsgemäßer Ladung oder **Weigerung** des Schuldners. **a)** Der **Schuldner muß** in dem Termin (§ 900) nach richtiger und rechtzeitiger Ladung **ausgeblieben** sein (zur Ladung bei neuem Termin § 900 Rn 10). Ein schriftlich oder in einem früheren Termin erhobener Widerspruch gilt bei Ausbleiben des Schuldners als nicht vorgebracht. Haftbefehl kann jedoch nicht ergehen, wenn der Schuldner ohne sein Verschulden (aus von ihm nicht zu vertretenden Gründen) **am Erscheinen verhindert** war, auch wenn der Hinderungsgrund erst nach dem Termin (bis zur Entscheidung über den Haftantrag) bekannt geworden oder belegt worden ist; Vertagung (hier: Anberaumung eines neuen Termins) hat dann in entsprechender Anwendung des § 337 S 1 zu erfolgen, dessen Grundgedanke auch hier gilt (KG MDR 66, 1011 = 4

NJW 67, 59 u Rpfleger 77, 111). Die Verhinderung kann insbes auf (nachgewiesener) **Erkrankung** beruhen (Frankfurt MDR 56, 686; KG MDR 65, 53 u OLGZ 67, 47; anders AG Kiel DGVZ 79, 78: Haftunfähigkeit hindert nicht Anordnung der Haft, wohl aber Vollstreckung). Besondere gesundheitliche Gefährdung allein rechtfertigt Vertagung nur, wenn sie durch das Verfahren unmittelbar und unvermeidbar verursacht wird (Frankfurt NJW 68, 1194). Allgemeiner nervöser Erschöpfungs- und Versagungszustand genügt allein nicht (LG München I MDR 65, 53); ebenso genügen für sich allein allgemeine Leiden wie Herz- und Kreislaufstörungen oder cerebrale und coronare Durchblutungsstörungen nicht; es müssen dazu erhebliche Besonderheiten des Einzelfalls die Verhinderung ausweisen (Köln MDR 78, 59; LG Düsseldorf MDR 59, 134). Zu Gehunfähigkeit Frankfurt JurBüro 77, 1462 = Rpfleger 77, 146; Terminsanberaumung in Schuldnerwohnung § 900 Rn 26). Andere Verhinderungsgründe, die entschuldigen können: **Abwesenheit,** wenn rechtzeitige Rückkehr oder Abreise erst nach dem Termin nicht zumutbar war, zB bei kurbedingter Abwesenheit (Hamm Rpfleger 77, 111), Auslandsaufenthalt (s KG OLG 17, 201 u OLGZ 93, 358; LG München I MDR 64, 156), **unabwendbarer Zufall** (LG Köln JurBüro 66, 70), auch bei (glaubhaft gemachter) Unkenntnis von einer Ersatzzustellung (KG OLGZ 93, 358; LG Dortmund DGVZ 67, 110; Frankfurt Rpfleger 75, 67), Ausbleiben nach Ladung durch (wirksame, § 204 Rn 9 öffentliche Zustellung, wenn Schuldneranschrift nicht allgemein unbekannt (§ 204 Rn 2), sondern feststellbar war (iE ebenso Düsseldorf Rpfleger 93, 412). Ein in Unkenntnis begründeter Verhinderung des Schuldners erlassener Haftbefehl ist auf Rechtsbehelf aufzuheben (Hamm MDR 75, 939; Rpfleger 77, 111; LG Koblenz MDR 85, 418 L [anders MDR 64, 1014]; aA Frankfurt Rpfleger 75, 67).

5 **b)** Die **Weigerung,** ein Vermögensverzeichnis vorzulegen oder es ordnungsgemäß (vollständig) auszufüllen ist Verweigerung der eidesstattl Versicherung, und zwar selbst dann, wenn der Schuldner im Offenbarungstermin zugleich die kurzfristige Bezahlung einer geringfügigen Restforderung anbietet. In einem solchen Fall kann jedoch das Vollstreckungsgericht nochmalige Äußerung des Gläubigers einfordern, ob er trotz der Zahlungsankündigung auf Haftanordnung besteht (LG Paderborn Rpfleger 93, 254; LG Wuppertal Rpfleger 81, 25; dagegen StJ/Münzberg § 900 Rn 63). Wenn das Gericht mit Rücksicht auf ein geringes Zahlungsangebot (das Vertagung nach § 900 IV nicht ermöglicht) den Offenbarungstermin aufhebt und (unzulässig, § 900 Rn 23) das „Ruhen" des Verfahrens anordnet, fehlt es für Haftanordnung an der Weigerung des Schuldners; widerspricht der Gläubiger dann dem Zahlungsangebot des Schuldners oder verlangt er wegen ausgebliebener Raten Verfahrensfortgang, darf Haftbefehl nicht sogleich ergehen; es muß vielmehr neuer Termin bestimmt werden (LG Hannover JurBüro 87, 1426; LG Paderborn aaO).

6 **4)** Liegen die Voraussetzungen der Haftanordnung (Rn 2–5) **nicht** vor, hat das Gericht den Antrag durch (zu begründenden) Beschluß **abzulehnen** oder durch (zu begründenden) Beschluß Anberaumung eines **neuen Termins** anzuordnen (Rn 4; darin liegt Ablehnung des Haftbefehls, die nicht gesondert ausgesprochen werden muß). Der für Entscheidung über die Haftanordnung zuständige Richter kann neuen Termin zur Ladung des verhindert gewesenen Schuldners (Rn 4) auch dann anordnen, wenn der Rechtspfleger Aufhebung oder Verlegung des Termins oder Vertagung der Verhandlung bereits abgelehnt hat (s § 900 Rn 9, 10, 21; Entscheidung beruht auf anderer rechtlicher Grundlage). Zu dem neuen Termin ist der Schuldner wieder persönlich zu laden (§ 900 III S 1); dem Gläubiger (seinem Prozeßbevollmächtigten) ist der neue Termin mitzuteilen (§ 900 III S 2). Der Rechtspfleger muß vor Abgabe der Sache an den Richter die Voraussetzungen der Haftanordnung selbst prüfen; verneint er sie, hat er den Offenbarungsantrag abzulehnen (§ 900 Rn 20).

7 **III) 1) a)** Die **Haftanordnung** ergeht (idR, s § 900 Rn 11) nach Aktenlage durch **Beschluß** des Richters (§ 4 II Nr 2 RpflG).

Beispiel: Gegen den Schuldner ... wird zur Erzwingung der eidesstattlichen Versicherung nach § 807 (§ 883) ZPO die Haft angeordnet, da die auf Grund ... (Vollstreckungstitel) beim Schuldner vorgenommene Pfändung zur Befriedigung des Gläubigers nicht geführt hat, Schuldner ... trotz ordnungsgemäßer Ladung im Termin ... nicht ... erschienen ist, und Antrag auf Anordnung der Haft gestellt wurde (§§ 899, 901 ZPO).

Schuldnerverzeichnis.

Haftbefehl mit Vollstreckungstitel und Beilagen an Gläubigervertreter übersenden.

Bei prozeßunfähigem Schuldner (auch GmbH usw) ist die Haft gegen den offenbarungspflichtigen Vertreter (§ 807 Rn 6–9) in dieser Eigenschaft anzuordnen (keine Umdeutung der Haftanordnung „gegen den Schuldner" in eine solche gegen dessen Beistand [Pfleger], Köln NJW-RR 88, 697 = OLGZ 88, 380; zum Inhalt des Haftbefehls § 908 Rn 2). Wechsel des (gesetzlichen oder organschaftlichen) Vertreters nach Ladung ermöglicht Haftanordnung sogleich gegen den nicht geladenen (s Rn 4) neuen Vertreter nicht (KG DGVZ 96, 58 = Rpfleger 95, 253 m Anm Gleußner).

8 **b)** Bei Anordnung der Haft wird zugleich ein Haftbefehl erlassen (§ 908); dieser enthält die Befugnis, die Wohnung des Schuldners zu durchsuchen und nach ihm zu fahnden; einer besonderen richterlichen Anordnung bedarf es hierfür nicht (s näher § 758 Rn 10). Der Richter hat bei Haftanordnung auch zu prüfen, ob sie in ihrer Auswirkung auf das Grundrecht der Wohnung

(Art 13 GG) dem allgemeinen Grundsatz der Verhältnismäßigkeit entspricht. Hat der Schuldner den Widerspruch versäumt und macht er vor Haftanordnung Vollstreckungsschutz nach § 765a geltend, so hat der Richter im Haftanordnungsverfahren auch über diesen Antrag zu entscheiden (LG München I Rpfleger 74, 371). Der Haftanordnungsbeschluß ist nicht Vollstreckungstitel (zB § 794), sondern Grundlage für Erlaß des Haftbefehls. Freiheitsentziehung (Art 104 GG) mit Verhaftung erfolgt durch den GV, der dazu durch den Besitz des gerichtlichen Haftbefehls und des Schuldtitels ermächtigt ist (s auch § 186 Nr 2 GVGA) und den Haftbefehl bei Verhaftung vorzeigen, auf Begehren auch abschriftlich mitteilen muß (§ 909). Das Vorzeigen des Haftbefehls ist somit die vom Gesetz vorgeschriebene Form der **Bekanntmachung** der Haftanordnung und des Haftbefehls an den Schuldner. Es ist in dem über die Vollstreckungshandlung aufzunehmenden Protokoll zu beurkunden (§ 762 I, II Nr 2; auch GVGA § 186 Nr 2). Eine Zustellung der Haftanordnung oder des Haftbefehls an den Schuldner ist daher nicht vorgeschrieben (München DGVZ 87, 73 = Rpfleger 87, 319; StJ/Münzberg Rn 10). Sie hat somit auch nicht zu erfolgen; aA: Zustellung der Haftanordnung hat von Amts wegen (§ 270 I, ggfs an Prozeßbevollmächtigten) nach § 329 III zu erfolgen, weil sofortige Beschwerde (dazu aber Rn 11, 12) stattfindet (LG Düsseldorf Rpfleger 80, 75; LG Lübeck Rpfleger 81, 153; LG Kaiserslautern Rpfleger 89, 116; ThP Rn 10; MK/Eickmann Rn 11).

2) Mit Erlaß des Haftbefehls ist das Verfahren der Instanz abgeschlossen. Der Gläubiger kann 9
daher nicht neuen Termin zur Abgabe der Versicherung beantragen (LG Bielefeld MDR 56, 686; LG Düsseldorf MDR 55, 301; LG Oldenburg MDR 57, 556; LG Stade MDR 54, 1614; aA LG Aachen MDR 56, 45; LG Dortmund MDR 54, 491; LG Duisburg JMBlNW 55, 175; LG Essen MDR 55, 238). Zulässig ist neuer OE-Antrag erst wieder, wenn nach Zeitablauf (§ 909 Rn 5) Vollziehung des Haftbefehls nicht mehr möglich ist (LG Essen DGVZ 86, 155 = JurBüro 87, 459).

3) Aufhebung des Haftbefehls auf Antrag ist gesondert nicht (ausdrücklich) vorgesehen, wird 10
jedoch für zulässig erachtet, und zwar dann, wenn der Gläubiger den Antrag auf Abgabe der eidesstattl Versicherung zurücknimmt oder die Aufhebung des Haftbefehls beantragt (LG Frankfurt NJW 61, 1217) oder wenn er mit der vom Schuldner beantragten Aufhebung einverstanden ist (LG Frankenthal Rpfleger 86, 268). Gegen Verallgemeinerung bestehen jedoch Bedenken. Der Haftbefehl ist als Ausfertigung der Haftanordnung (§ 908 Rn 1) notwendige urkundliche Grundlage der Verhaftung (§ 909). Der Gläubiger kann ihn – wie eine vollstreckbare Urteilsausfertigung – dem Schuldner aushändigen oder zu den Akten zurückgeben; für Aufhebung auf Gläubigerantrag besteht daher kein schützenswertes Interesse (anders LG Frankfurt aaO; s auch StJ/Münzberg Rn 23). Aufzuheben sind Haftanordnung und Haftbefehl, wenn ein Urteil vorgelegt wird, durch das die ZwV für unzulässig erklärt ist, oder sonst ein Aufhebungsfall nach § 776 mit § 775 Nr 1, 3 (mit Besonderheit auch Nr 2) gegeben ist. Sonst sind auf **Rechtsbehelf** (Erinnerung, Rn 11, daher keine Zuständigkeit des Rechtspflegers) des **Schuldners** (Auslegung seines Aufhebungsantrags) Haftanordnung und Haftbefehl aufzuheben, wenn bei Entscheidung darüber (§ 570; zum Zeitpunkt Rn 13, auch § 766 Rn 27) ein Erfordernis der Haftanordnung (Rn 2–5) nicht mehr vorliegt, somit insbes, wenn mit Zurücknahme des Gläubigerantrags (auch in Form des Einverständnisses mit der Aufhebung des Haftbefehls) dessen Offenbarungs- (§ 807 I, § 900 I) und/oder Haftantrag (§ 901) fehlt, wenn der Schuldner Verhinderung (Rn 4) nachträglich nachweist (KG OLGZ 93, 358 [360]) oder wenn zwischenzeitliche Versicherung in einer anderen Sache den Schuldner befreit (§ 903; iE zutr somit LG Frankenthal Rpfleger 86, 268; für Aufhebung auf Beschwerde nach Versicherung in anderer Sache LG Düsseldorf JurBüro 84, 1424; LG München I MDR 64, 156; LG Wuppertal MDR 62, 996). Nach Rechtskraft muß Aufhebung auf Schuldnerantrag aufgrund neuer Tatsachen (§ 766 Rn 38) ebenso zulässig sein (iE zutr LG Frankenthal aaO). Mit Aufhebung des Haftbefehls nach Zurücknahme des Verfahrensantrags des Gläubigers (§ 900 I) endet das Verfahren; Fortsetzung und neue Haftanordnung (nicht aber Einleitung eines neuen Verfahrens) sind damit ausgeschlossen; das muß auch gelten, wenn der Gläubiger nur den Haftantrag zurücknimmt (§ 901; unterschiedliche Behandlung wäre praktisch nicht abgrenzbar und würde nicht vorgesehene Disposition des Gläubigers über Rückgängigmachung eines abgeschlossenen Verfahrens erlauben). Von Amts wegen ist (von § 776 abgesehen) der Haftbefehl nicht aufzuheben. Nachweis der Zahlung oder Stundung führt nur zur Einstellung der ZwV (somit der Vollziehung des Haftbefehls), dies jedoch nicht, wenn der Gläubiger widerspricht (§ 775 Rn 12). Hat der Schuldner den Gläubiger befriedigt, weigert sich dieser jedoch, die für Aufhebung des Haftbefehls nötige Antragszurücknahme zu erklären, so muß der Schuldner im Wege des § 767 vorgehen (vgl auch KG Rpfleger 59, 166).

IV) Rechtsbehelfe: 1) a) Haftanordnung ist als Maßnahme des Vollstreckungszwangs mit 11
Erinnerung (§ 766) anzufechten; sofortige Beschwerde findet dann nach § 793 statt (kein Rechtsschutzbedürfnis des Schuldners nach Aufhebung des Haftbefehls, Düsseldorf MDR 95, 312). Das gilt auch, weil über den Antrag des Gläubigers ohne Anhörung des Schuldners entschieden wird. Haftanordnung erfordert gesonderten Antrag (Rn 2), der auch noch nach dem Offenbarungstermin gestellt werden kann, zu dem dem säumigen Schuldner Gehör sonach nicht gewährt wird

(aA StJ/Münzberg Rn 9: Schuldner ist Gelegenheit zu schriftlicher Stellungnahme zum nachträglichen Haftantrag zu geben). Selbst wenn der Haftantrag mit dem Offenbarungsantrag verbunden ist (Rn 2), muß er nicht zugestellt sein (§ 900 Rn 8). Auch kann Haftanordnung als Sanktion für Nichterfüllung von Verpflichtungen (Rn 1) nicht mit dem für Entscheidungen vorgesehenen Rechtsbehelf, sondern wie allgemein bei Säumnis, nur mit einem Rechtsbehelf anfechtbar sein, der Überprüfung der Maßnahme durch die gleiche Instanz ermöglicht. Haftanordnung als Vollstreckungszwang bei Säumnis des Schuldners erfordert es zudem nicht, Einwendungen auf die nur kurze Beschwerdefrist (§ 793) zu beschränken und dem Vollstreckungsgericht selbst, dem der Schuldner zumeist vorgeführt wird (§ 902), Änderung seiner Entscheidung bei Anfechtung zu versagen (§ 577 III).

12 **b)** Nach allgemeiner Ansicht findet gegen Haftanordnung indes sofortige Beschwerde (§ 793) statt (München BayJMBl 52, 133 mwN u DGVZ 87, 73 = Rpfleger 87, 319; KG MDR 66, 849 u 71, 496; Hamm MDR 69, 1721; Koblenz JurBüro 90, 537; enger StJ/Münzberg Rn 13: § 766, wenn Schuldner rechtl Gehör nicht gewährt war). Die Frist soll ab Zustellung (§ 329 III; LG Lübeck Rpfleger 81, 153; LG Düsseldorf Rpfleger 80, 75), nicht schon ab Vorlegung des Haftbefehls laufen (streitig; aA München aaO; zT auch Zustellung oder Vorzeigen des Haftbefehls; KG MDR 66, 849; Dresden JW 32, 3197 u JW 38, 470; StJ/Münzberg Rn 14 mwN). Wenn, wie zumeist (die Praxis folgt der unbefriedigenden hA ersichtlich nicht), Zustellung nicht erfolgt ist, soll bei Verkündung der Haftanordnung (jetzt nicht mehr üblich) die Frist auch mit Ablauf von 5 Monaten beginnen (s Herpers Rpfleger 69, 372 mwN; Hamm NJW 69, 1721 mwN; jedoch keine analoge Anwendung von §§ 516, 552, wenn der Schuldner von einer nicht verkündeten Haftanordnung [irgendwie] Kenntnis erlangt, Koblenz JurBüro 90, 537).

13 **2)** Die Erinnerung (Beschwerde) des Schuldners kann nur **darauf gestützt werden,** daß die von Amts wegen zu prüfenden Voraussetzungen nicht gegeben seien, ein Fall der Säumnis oder grundlosen Verweigerung der Versicherung nicht vorliege, nach der Haftanordnung der vollstreckbare Titel weggefallen sei oder eine Verpflichtung zur Abgabe der Versicherung nicht bestehe, weil innerhalb der letzten 3 Jahre die Versicherung abgegeben worden sei. Einwendungen des Schuldners, die die Forderung betreffen, können nicht berücksichtigt werden (LG Mönchengladbach MDR 52, 368). Hat der Schuldner die Verpflichtung zur Abgabe der Versicherung bestritten (§ 900 V) und ist über seinen **Widerspruch rechtskräftig entschieden,** so ist er bei der Erinnerung (Beschwerde) gegen die Haftanordnung mit sämtlichen **Einwendungen ausgeschlossen,** die im Widerspruchsverfahren geltend zu machen gewesen wären (LG Düsseldorf JurBüro 85, 1737; Pohle MDR 52, 513). Hat der Schuldner jedoch einen Widerspruch nach § 900 V unterlassen, so können die Einwendungen auch noch in der Erinnerung (Beschwerde) gegen die Anordnung der Haft vorgebracht werden (KG MDR 63, 143; Frankfurt NJW-RR 88, 807; Stuttgart Rpfleger 62, 25; Pohle aaO). Dies gilt insbes auch für die Berücksichtigung eines Schutzantrags nach § 765a (Hamm NJW 68, 2247; Stuttgart aaO; StJ/Münzberg Rn 20). Die Voraussetzungen der Haftanordnung müssen im Zeitpunkt der Entscheidung über die Erinnerung (Beschwerde) vorliegen. Vor Entscheidung gem § 766 I mit § 732 (nach aA § 572 II, LG Frankfurt MDR 90, 256) kann die einstweilige Einstellung des Vollzugs des Haftbefehls angeordnet werden. Zustellungen erfolgen im Beschwerdeverfahren an den Prozeßbevollmächtigten 1. Instanz (§§ 176, 178, 81). Ist der Beschluß rechtskräftig, so kann der Schuldner die Haft nur durch Abgabe der Versicherung abwenden. Der Haftbefehl wird durch die Abgabe der eidesstattl Versicherung verbraucht. Da bei begründeter Beschwerde die nach erzwungener Versicherung erfolgte Eintragung im Schuldnerverzeichnis zu löschen ist (§ 915a II Nr 2), ist ein Rechtsschutzbedürfnis des Schuldners für die Durchführung der Beschwerde auch nach Abgabe der Versicherung zu bejahen (Stuttgart Rpfleger 62, 25 u OLGZ 79, 116; LG Düsseldorf JurBüro 87, 466 [467]; LG Limburg DGVZ 85, 44; vgl auch Hamm Rpfleger 77, 111: Rechtsschutzbedürfnis bei zulässiger (weiterer) Beschwerde zu bejahen, wenn nur Aufhebung des Haftbefehls und damit Löschung der Haftbefehlseintragung angestrebt wird). Ein Haftbefehl, der nach Abgabe einer dem Vollstreckungsgericht nicht bekannt gewordenen eidesstattl Versicherung erlassen wurde, darf nicht vollzogen werden (Frohn DGVZ 89, 87; aA LG Berlin DGVZ 89, 60 = JurBüro 89, 1315). Ist er zu den Akten des Vollstrekkungsgerichts gelangt, so kann der Gläubiger Herausgabe nicht verlangen (LG Berlin [früher] Rpfleger 77, 35).

14 **3) Die Ablehnung** der Haftanordnung (auch mit Anordnung eines neuen Termins; Rn 6) kann der Gläubiger mit sofortiger Beschwerde anfechten (§ 793); Fristbeginn mit Zustellung des Ablehnungsbeschlusses.

902 *[Eidesstattliche Versicherung des Verhafteten]*

(1) Der verhaftete Schuldner kann zu jeder Zeit bei dem Amtsgericht des Haftorts beantragen, ihm die eidesstattliche Versicherung abzunehmen. Dem Antrag ist ohne Verzug stattzugeben.

(2) Nach Abgabe der eidesstattlichen Versicherung wird der Schuldner aus der Haft entlassen und der Gläubiger hiervon in Kenntnis gesetzt.

I) Zweck: Gewährleistung der Freiheitsgarantie (Art 104 GG) unter gleichzeitiger Wahrung der Gläubigerinteressen im Verfahren mit Regelung der Zuständigkeit für Abgabe der eidesstattl Versicherung durch den verhafteten Schuldner. 1

II) Voraussetzung: Antrag (Verlangen) des verhafteten Schuldners. Nicht anwendbar ist § 902, wenn nach Erlaß des Haftbefehls der noch nicht verhaftete Schuldner die Versicherung freiwillig abgeben will, um der Verhaftung zu entgehen (§ 909). Er hat beim Vollstreckungsgericht Termin zur Abgabe der Versicherung zu beantragen; von diesem Termin ist der Gläubiger (rechtzeitig) zu verständigen (§ 900 III S 2; Dresden OLG 25, 221). Das gilt auch, wenn der verhaftete Schuldner Abgabe der Versicherung in einer anderen Offenbarungssache verlangt und sich weigert, die Versicherung für den Gläubiger abzugeben, dessen Haftbefehl vollzogen ist. 2

III) 1) Zuständig für Entgegennahme der eidesstattl Versicherung durch den verhafteten Schuldner ist das **Amtsgericht des Haftorts** (Abs 1 S 1), di das Gericht, in dessen Bezirk der Schuldner verhaftet ist, nach Einlieferung in die Haftanstalt das für diese zuständige AG (StJ/Münzberg Rn 1a). Es hat (wie im Falle der Rechtshilfe das Rechtshilfegericht, § 900 Rn 25) dem Schuldner die Versicherung abzunehmen, nicht aber über einen Widerspruch zu entscheiden. Begründete Einwendungen des Schuldners gegen den Haftvollzug (zB Schutz nach § 903 wegen inzwischen bereits geleisteter Versicherung, Eidesunfähigkeit wegen Erkrankung, auch § 765a) können aber auch vom Gericht des Haftorts nicht übergangen werden; es kann bis zur Entscheidung des Vollstreckungs- oder Beschwerdegerichts den Vollzug des Haftbefehls aussetzen (§ 572 II, § 576 entspr). 3

2) Dem Antrag des verhafteten Schuldners ist **ohne Verzug** zu entsprechen. Der GV hat den Schuldner, der bereit ist, die eidesstattl Versicherung abzugeben, daher sogleich dem zuständigen AG vorzuführen (s auch § 187 Nr 3 GVGA). Kann die Versicherung nicht alsbald abgegeben werden (nach Verhaftung zur Nachtzeit, wegen vorübergehender Abwesenheit oder Verhinderung des Rechtspflegers, auch des Richters, und deren Vertreter), so ist der Schuldner vorübergehend festzuhalten oder (wenn dies im Einzelfall erforderlich ist) in die Justizvollzugsanstalt einzuliefern (s auch § 187 Nr 3 GVGA). In die Haftanstalt einzuliefern hat der GV den Schuldner auch, wenn die eidesstattl Versicherung nach Vorführung nicht abgegeben und auch Haftentlassung nicht angeordnet wird. Nach Einlieferung in die Vollzugsanstalt hat deren Leitung dafür Sorge zu tragen, daß einem Antrag des Schuldners ohne Verzug entsprochen wird (Abs 1 S 2). 4

3) Dem **Gläubiger** (seinem Vertreter) muß nach Vorführung des verhafteten Schuldners die Teilnahme am Termin ermöglicht werden, wenn er auf Anwesenheit erkennbar Wert gelegt hat oder besondere Umstände seine Anwesenheit rechtfertigen (zB erschwerter Zugriff auf Vermögen des Schuldners, von dem bekannt ist, daß er einen größeren Barbetrag zu Hause versteckt hat) (BGH 7, 287 = NJW 53, 261; KG DGVZ 81, 75 = MDR 81, 412). In einem solchen Fall ist der Gläubiger (sein Vertreter) vor Abnahme der Versicherung (fernmündlich) zu benachrichtigen (Unterlassung kann Amtspflichtverletzung darstellen). Besonderer Anlaß zur Benachrichtigung besteht auch, wenn der Gläubiger (sein Vertreter) zum früheren Termin erschienen war und damit erkennbar auf Anwesenheit und Ausübung seines Fragerechts Wert gelegt hat (KG aaO). Der Schuldner muß kurzzeitige Freiheitsentziehung im Interesse der möglichen Wahrung der Gläubigerbelange hinnehmen (Verhältnismäßigkeitsgrundsatz; dazu auch StJ/Münzberg Rn 2 u 3). Zuziehung und damit Benachrichtigung des Gläubigers unterbleibt jedoch, wenn sie zu unangemessener Verzögerung der Abnahme der Offenbarungsversicherung führen würde, insbes wenn der Gläubiger (sein Prozeßbevollmächtigter) wegen weiter Entfernung nicht in angemessener Zeit erscheinen kann (BGH u KG aaO) und auch nicht in der Lage sein wird, umgehend einen Vertreter zu senden. 5

4) Dem auf Antrag **mehrerer Gläubiger** (oder in mehreren Offenbarungsangelegenheiten des gleichen Gläubigers) verhafteten Schuldner (§ 909 Rn 7) ist die eidesstattl Versicherung in allen Vollstreckungsverfahren abzunehmen (LG Arnsberg DGVZ 94, 46 = Rpfleger 94, 76; Hornung Rpfleger 95, 233 [234]; anders Brinkmann Rpfleger 90, 331 [333] u 94, 89 u StJ/Münzberg Rn 1b: Schuldner kann wählen, in welchem Verfahren er versichern will, sonst ist das nach dem Eingang des Antrags älteste Verfahren heranzuziehen; Antragseingang begründet in der ZwV aber keine Priorität). Verlangen kann auch der für mehrere Gläubiger (oder in mehreren Angelegenheiten eines Gläubigers) verhaftete Schuldner nur Abnahme der eidesstattl Versicherung (Abs 1 S 2) mit der Folge (Abs 2), daß er nach Abgabe der Versicherung aus der für alle Gläubiger bereits 6 vollzogenen Haft zu entlassen ist (bei gleichzeitiger Verhaftung für weitere Gläubiger somit kein Fall des § 903). Der mit mehreren Haftbefehlen verhaftete Schuldner kann daher nicht das Offenbarungsverfahren auswählen (das Gericht es somit auch nicht bestimmen), in dem er versichern will, und damit auch nicht Bestimmung treffen, daß er trotz Haftvollzug auch für andere Gläubiger vor diesen Schutz nach § 903 erlangen will. Das gebietet zudem Wahrung der Gläubigerinteressen (Anwesenheitsrecht, Rn 5, daher für alle Gläubiger, die Haftvollstreckung erwirkt haben). Auch über die gemeinsame Versicherung in allen Haftangelegenheiten wird nur eine Niederschrift aufgenommen. Protokoll und Vermögensverzeichnis sind zu einem der Offenbarungsakten zu nehmen; in den übrigen ist eine Verweisung anzubringen (zweckmäßig Protokollabschrift mit Kennzeichnung des Aktes, in dem sich das Vermögensverzeichnis befindet).

7 5) Der Schuldner wird nach Abgabe der eidesstattl Versicherung **aus der Haft entlassen** (Abs 2, dagegen keine Beschwerde; Dresden OLG 10, 396). Die Entlassung ordnet das Vollstrekkungsgericht (Rechtspfleger) an; es hat auch Gläubiger (Übersendung der verlangten Abschrift des Vermögensverzeichnisses kann ausreichen) und erforderlichenfalls die Haftanstalt zu verständigen. Aufhebung des Haftbefehls wird nicht angeordnet (zT aA StJ/Münzberg Rn 6). Vor erneuter Verhaftung ist der Schuldner nach § 775 Nr 4 (Vorlage einer Abschrift des Protokolls über die Abgabe der eidesstattl Versicherung) und § 903 geschützt. Der Gläubiger hat keinen Anspruch auf Rückgabe des Haftbefehls, wenn dieser mit Abgabe der Versicherung verbraucht ist (AG Rotenburg/Wümme DGVZ 79, 47).

8 6) Hat der (vorgeführte) Schuldner bei Abgabe der eidesstattl Versicherung zugesagt, das Verzeichnis **zu ergänzen** (notwendige Angaben nachzubringen, die bei Versicherung nach „bestem Wissen und Gewissen", § 807 II, nicht gemacht werden konnten), so hat er die Richtigkeit und Vollständigkeit der ergänzenden Angaben in einem neuen Termin eidesstattlich zu versichern. Mit nur schriftlicher Mitteilung nachzubringender Angaben ist das Verzeichnis nicht ordnungsgemäß vervollständigt (LG Berlin Rpfleger 73, 34; StJ/Münzberg Rn 4). Der Schuldner bleibt dann vielmehr dem Gläubiger (Rechtsschutzinteresse vorausgesetzt) zur Nachbesserung verpflichtet (§ 903 Rn 14).

9 7) Das Gericht des Haftorts, das nicht Vollstreckungsgericht ist, hat die Niederschrift über die Abnahme der eidesstattl Versicherung mit dem Vermögensverzeichnis **dem Vollstreckungsgericht zu übersenden.** Die Urkunden werden Bestandteil der Akten des Vollstreckungsgerichts. Eintragung erfolgt in das Schuldnerverzeichnis des Vollstreckungsgerichts (§ 915 Rn 3). Das Gericht des Haftorts vermerkt die Abnahme der Versicherung lediglich bei der im Allgemeinen Register einzutragenden Sache (§ 17 Nr 3 AktO).

903 *[Wiederholte eidesstattliche Versicherung]*

Ein Schuldner, der die in § 807 dieses Gesetzes oder in § 284 der Abgabenordnung bezeichnete eidesstattliche Versicherung abgegeben hat, ist, wenn die Abgabe der eidesstattlichen Versicherung in dem Schuldnerverzeichnis noch nicht gelöscht ist, in den ersten drei Jahren nach ihrer Abgabe zur nochmaligen eidesstattlichen Versicherung einem Gläubiger gegenüber nur verpflichtet, wenn glaubhaft gemacht wird, daß der Schuldner später Vermögen erworben hat oder daß ein bisher bestehendes Arbeitsverhältnis mit dem Schuldner aufgelöst ist.

1 **I) Zweck:** Schutz des Schuldners nach Verzeichnung und Versicherung seines Vermögens (§ 807; § 284 AO) vor weiteren Verfahren unter gleichzeitiger Wahrung der Gläubigerbelange.

2 **II) 1) Befreit** ist der Schuldner von nochmaliger Vermögensversicherung nach § 807 (auch § 284 AO) unter folgenden Voraussetzungen: **a) Abgabe der eidesstattl Versicherung** nach § 807 (auch § 284 AO, nicht aber nach § 125 KO), auch bei dem Gericht des Haftorts (§ 902), bei einem ersuchten Gericht (§ 900 Rn 25) oder vor Wohnsitzwechsel bei dem früher zuständig gewesenen Vollstreckungsgericht. Zum unzuständigen Gericht s § 899 Rn 4.

3 **b)** Der Zeitpunkt der Versicherung darf noch **keine drei Jahre** zurückliegen. Fristberechnung: ab Abgabe der Versicherung (nicht Jahresschluß; LG Mönchengladbach JurBüro 79, 612; auch nicht Nachbesserung [Rn 14]; LG Lübeck Rpfleger 91, 119) nach § 222. Abgelaufen sein muß die Frist bei Verfahrensbeginn mit Antragstellung (folgt aus § 900 I S 2); in den drei Jahren kann somit auch Vorladung zu einem späteren Termin nicht erfolgen. Löschung im Schuldnerverzeichnis darf nicht, gleich aus welchem Grund, vorzeitig erfolgt sein (s § 915a II und Anm dazu). Eine gelöschte frühere Versicherung befreit nicht nach § 903.

4 **c)** Vermögenserwerb oder Auflösung eines bisher bestehenden Arbeitsverhältnisses darf nicht glaubhaft gemacht sein (dazu Rn 6 ff).

2) Die Befreiung des Schuldners von nochmaliger Vermögensversicherung ist **von Amts wegen** zu beachten (s auch § 900 II). Sie besteht **gegenüber allen Gläubigern,** nicht nur dem Gläubiger, der das frühere Offenbarungsverfahren betrieben hat (s auch § 899 Rn 4). 5

III) Wiederholte eidesstattl Versicherung: 1) Erneut zur Vorlage eines (vollständig neuen) Vermögensverzeichnisses (LG Lübeck Rpfleger 91, 119) und Abgabe der eidesstattl Versicherung nach § 807 (oder § 284 AO) ist der Schuldner **nach Ablauf** von 3 Jahren von ihrer Abgabe an (Rn 3) oder nach früherer Löschung im Schuldnerverzeichnis verpflichtet. **In dieser Zeit** ist der Schuldner dem Gläubiger, der das frühere Verfahren betrieben hat, und jedem anderen seiner Gläubiger zur **nochmaligen** Abgabe der Offenbarungsversicherung **verpflichtet,** wenn alle Voraussetzungen nach § 807 vorliegen (§ 807 Rn 3 ff) **und glaubhaft gemacht** wird (ist von Amts wegen zu beachtende Verfahrensvoraussetzung, Stuttgart Justiz 70, 52), daß 6

a) er seit Abgabe der Versicherung **Vermögen erworben** hat. Glaubhaft gemacht sein muß der Erwerb pfändbarer Vermögenswerte (StJ/Münzberg Rn 11); Grund: die Ergänzung der Versicherung soll dem Gläubiger wieder Kenntnis von Zugriffsmöglichkeiten verschaffen. Verschwiegenes Vermögen wird neu erworbenem Vermögen gleichgestellt; Glaubhaftmachung (rechtfertigt strenge Anforderungen), daß der Schuldner unwahre Angaben gemacht hat, verpflichtet daher gleichermaßen zu wiederholter Versicherung (KG JurBüro 91, 283 = MDR 90, 1124 mwN; enger Koblenz MDR 90, 1124: Nachbesserung). **Oder** 7

b) ein bisher mit dem Schuldner bestehendes **Arbeitsverhältnis aufgelöst** ist. Arbeitsverhältnis ist jede Betätigung des Schuldners, die Arbeitseinkommen gewährt, dessen Pfändung nach §§ 850 ff erfolgt (KG MDR 68, 674 = OLGZ 68, 307: Handelsvertreter; Hamm JurBüro 83, 1739 = Rpfleger 83, 322), Auflösung eines solchen somit auch das Ausscheiden des Schuldners aus einem Beamtenverhältnis und der Wechsel eines Handelsvertreters zu einem anderen Unternehmer (es ist nicht nur auf Schuldner abgestellt, die in abhängiger Stellung tätig sind). Die Regelung soll Schwierigkeiten begegnen, die bei der Vollstreckung für den Gläubiger im Falle des Wechsels der Erwerbsquelle des Schuldners entstehen (BT-Drucks I 4452, S 4; auch OLG Hamm aaO). Ihr liegt die auf allgemeiner Lebenserfahrung beruhende Vermutung zugrunde, daß derjenige, dessen bisheriges Arbeitsverhältnis aufgelöst worden ist, wieder eine neue Arbeit aufnimmt und damit neues pfändbares Vermögen erwirbt (Hamm aaO). Über den engen Gesetzeswortlaut hinaus erfolgt daher ausdehnende Anwendung der Gläubigerinteressen wahrenden Bestimmung auf gleichartige Fälle, in denen der Gläubiger gleichermaßen daran interessiert ist, die neue Erwerbsquelle des Schuldners zu erfahren. Erneute Offenbarungspflicht nach § 903 (2. Alternative) besteht demnach ebenso (eingehend dazu Hamm aaO mit zahlr Nachw), wenn ein selbständiger Gewerbetreibender (Unternehmer) seinen Betrieb (LG Darmstadt JurBüro 96, 274; auch nur einen von bisher zwei selbständigen Erwerbsquellen, Frankfurt JurBüro 90, 404 = Rpfleger 90, 174) oder der freiberuflich tätige Schuldner seinen freien Beruf aufgegeben hat (Bremen JurBüro 78, 608; Koblenz MDR 67, 311; LG Aurich MDR 65, 213; aA Celle JurBüro 60, 356; LG Lübeck SchlHA 66, 205, nicht aber allgemein schon deshalb, weil er seine selbständige/freiberufliche Tätigkeit fortgesetzt hat, Bamberg JurBüro 88, 1422), wenn ein als Hilfskraft (sonst in abhängiger Arbeit) beschäftigt Gewesener ein selbständiges Gewerbe aufgenommen hat (LG München II JurBüro 90, 1521), wenn die GmbH, deren Geschäftsführer (und Alleingesellschafter) der Schuldner war, im Handelsregister gelöscht wurde (LG Hamburg Rpfleger 90, 31) und wenn eine zur Zeit der Versicherung bestehende Arbeitslosigkeit beendet ist (Schuldner ist beim Arbeitsamt nicht mehr gemeldet; er bezieht Arbeitslosengeld oder -hilfe nicht mehr) (Stuttgart JurBüro 78, 1726 = OLGZ 79, 116; LG Aurich aaO; LG Essen MDR 68, 505; LG Hamburg MDR 91, 163; LG Hannover Rpfleger 73, 34; LG Hechingen JurBüro 92, 571 = Rpfleger 92, 208; LG Kassel MDR 85, 63; LG Osnabrück JurBüro 96, 213; LG Paderborn JurBüro 91, 1707; LG Weiden MDR 70, 245; aA LG Berlin Rpfleger 91, 118), auch wenn der arbeitslos gewesene Schuldner nunmehr eine freiberufliche Tätigkeit ausübt (LG Frankenthal Rpfleger 84, 450; einschränkend LG Koblenz MDR 69, 770: Glaubhaftmachung besonderer Umstände, die Annahme eines Arbeitsverhältnisses rechtfertigen; LG Berlin DGVZ 73, 153: Erfordernis besonderer Nachweise bei erkennbar unwilligem Schuldner; s auch LG Berlin Rpfleger 78, 228). Auf den Verlust der Witwenpension oder Sozialrente ist § 903 (2. Alternative) analog anzuwenden, wenn sie einzige bedeutsame Erwerbsquelle war (Hamm aaO). Die 2. Alternative des § 903 ist auch erfüllt, wenn der Schuldner ein erst nach der früheren Abgabe der eidesstattl Versicherung erneut eingegangenes Arbeitsverhältnis aufgelöst hat (LG Bremen NJW 69, 152) und wenn das im Vermögensverzeichnis angegebene Arbeitsverhältnis bereits vorher beendet war (LG Berlin Rpfleger 71, 325), wenn also der Schuldner unrichtige (unwahre) Angaben über sein Arbeitsverhältnis gemacht hat (Köln MDR 75, 498 = OLGZ 75, 251; LG Koblenz MDR 80, 676: dafür Gläubiger darlegungs- und beweispflichtig). Fortsetzung der Tätigkeit des Geschäftsführers einer GmbH als deren Liquidator ist keine Auflösung des Arbeitsverhältnisses in diesem Sinn (LG Berlin Rpfleger 79, 149). 8

9 2) Späterer Vermögenserwerb oder Lösung des Arbeitsverhältnisses sind **glaubhaft zu machen** (§ 294). Ausreichend ist es bei Neuerwerb, wenn der Gläubiger Umstände glaubhaft macht, die nach allgemeiner Lebenserfahrung den Schluß zulassen, daß der Schuldner in den Besitz von pfändbaren Vermögensstücken gelangt ist (KG JW 35, 140); zu Einzelfragen der Glaubhaftmachung auch München NJW 62, 497. Glaubhafte Darlegung von Teilzahlungen einer GmbH in kurzem zeitlichem Abstand wird genügen (LG Düsseldorf JurBüro 87, 467), nicht aber Hinweis darauf, daß der Schuldner seinen (einfachen) Gewerbebetrieb fortgeführt (LG Düsseldorf JurBüro 87, 466) oder als Ausländer wiederholt Reisen in seine Heimat (Türkei) unternommen hat (LG Köln JurBüro 87, 1812). Schweigen des Arbeitgebers auf Anfragen über das Beschäftigungsverhältnis genügt zur Glaubhaftmachung nicht (LG Mainz DGVZ 74, 41). Wenn der Schuldner arbeitslos war, kann sich die Glaubhaftmachung nicht darauf zu erstrecken haben, daß er tatsächlich einen neuen Arbeitsplatz gefunden bzw eine entsprechende Tätigkeit aufgenommen hat. Es muß vielmehr genügen, wenn glaubhaft gemacht ist, daß nach der Lebenserfahrung unter Berücksichtigung des Alters, der Berufsausbildung und der Arbeitsfähigkeit sowie der allgemeinen wirtschaftlichen Lage ein arbeitswilliger Schuldner wieder einen Arbeitsplatz hat finden können (Karlsruhe JurBüro 92, 432 = Rpfleger 92, 208; LG Chemnitz Rpfleger 95, 512; LG Detmold DGVZ 90, 90 = JurBüro 89, 1183; LG Heilbronn JurBüro 79, 292; LG Hannover JurBüro 87, 942 u Rpfleger 91, 410; auch Stuttgart OLGZ 79, 116; AG München DGVZ 88, 124; anders LG Berlin DGVZ 78, 136 = Rpfleger 78, 228; LG Gießen DGVZ 95, 42). Daß der Schuldner nicht mehr arbeitslos ist, kann daher auch bei einem 20jährigen ledigen Hilfsarbeiter 10 Monate nach Abgabe der Versicherung anzunehmen sein (LG Kleve MDR 75, 766; hängt jedoch sehr vom Einzelfall und den Zeitumständen ab). Angenommen werden kann, daß der Schuldner wieder einen Arbeitsplatz gefunden hat, wenn der Gläubiger glaubhaft macht, daß der arbeitslos gewesene Schuldner später keine Arbeitslosenunterstützung beantragt (Düsseldorf MDR 76, 587 L; LG Duisburg MDR 82, 504; LG Kassel MDR 80, 237) oder nach Bezug von Arbeitslosenhilfe keinen Fortzahlungsantrag gestellt hat (LG Heilbronn MDR 93, 801).

10 3) Nochmalige Abgabe der eidesstattl Versicherung nach § 807 verpflichtet (auch nach Arbeitsplatzwechsel; LG Duisburg MDR 74, 52; LG Krefeld MDR 86, 1035) zur Vorlage eines (vollständig) **neuen Vermögensverzeichnisses** mit allen Angaben des § 807; zu versichern ist nach § 807 II die Richtigkeit und Vollständigkeit dieses neuen Vermögensverzeichnisses. Nicht ausreichend ist Versicherung des Schuldners, er sei jetzt arbeitslos und habe weiteres Vermögen nicht erworben (LG Aschaffenburg MDR 71, 497). Der Gläubiger kann auch seinen Antrag auf wiederholte Vermögensversicherung auf die Offenlegung nur einzelner Angaben (zB des neuen Arbeitgebers) beschränken (§ 807 Rn 4).

11 **IV) 1) a)** Das Verfahren beginnt wieder mit dem **Antrag** des Gläubigers (§ 900 Rn 2). Er kann von dem Gläubiger gestellt werden, der bereits das frühere Verfahren betrieben hat, aber auch von jedem anderen Gläubiger. Der Antrag leitet ein **neues, selbständiges Verfahren** ein. Zuständigkeit: § 899. Sie bestimmt sich nach dem Zeitpunkt des neuen Antrags (s § 899 Rn 2); das Vollstreckungsgericht des früheren Verfahrens ist daher nicht ohne weiteres wieder zuständig. Verfahren: § 900; Haftanordnung: § 901. Schuldnerverzeichnis: § 915. Der Vollstreckungstitel und die Urkunden, aus denen sich die Verpflichtung des Schuldners zur erneuten Abgabe der Versicherung ergibt, sind dem Antrag beizufügen. Das sind alle ZwV-Nachweise und der Nachweis, daß die Pfändung zu einer vollständigen Befriedigung des Gläubigers nicht geführt hat oder Beweismittel für Glaubhaftmachung (§ 294), daß der Gläubiger durch Pfändung Befriedigung nicht vollständig wird erlangen können (§ 900 Rn 3), **außerdem** Nachweis zur **Glaubhaftmachung** der besonderen **Voraussetzungen des § 903.** Der **Nachweis über erfolglose ZwV** oder nicht mögliche Befriedigung des Gläubigers durch ZwV (Unpfändbarkeitsbescheinigung) muß mit dem Antrag in einem zeitlichen oder tatsächlichen Zusammenhang stehen (§ 807 Rn 16); eine Unpfändbarkeitsbescheinigung darf daher zwar nicht veraltet sein. Jedoch läßt sich auch hier ein fester Zeitraum nicht bestimmen; es kommt auf die Umstände des Einzelfalls an (§ 807 Rn 16). Der Grundsatz, daß ZwV-Kosten notwendig sein müssen (§ 788 mit § 91) und der Gläubiger deshalb verpflichtet ist, Kosten niedrig zu halten, muß gerade auch gegenüber einem Schuldner ins Gewicht fallen, der bereits die Vermögensversicherung abgegeben hat. Deshalb kann eine Unpfändbarkeitsbescheinigung jüngeren Datums (zB aus den letzten 6 Monaten) nicht allgemein verlangt werden (aA LG Duisburg MDR 80, 410; LG Kiel SchlHA 70, 100; LG Mainz Rpfleger 74, 123; LG Stade Rpfleger 82, 193; LG Tübingen DGVZ 84, 43 = Rpfleger 84, 70; Haase Rpfleger 70, 383; Schmidt Rpfleger 71, 134 [146]). Eine neue Unpfändbarkeitsbescheinigung ist vielmehr idR **nicht** zu fordern (so zutr LG Göttingen JurBüro 86, 304; LG Essen MDR 69, 582, DGVZ 68, 13 u Rpfleger 67, 182; LG Hannover MDR 73, 769; LG Kassel MDR 85, 63; LG Osnabrück JurBüro 96, 213; LG Stuttgart JurBüro 81, 944 u Rpfleger 89, 379; Schneider MDR 76, 536; StJ/Münzberg Rn 22). Nur in Ausnahmefällen (wenn sich Besonderheiten mit dem glaubhaft gemachten Vermögenserwerb ergeben, zB bei größerer Erbschaft) weisen die bereits abgegebene Versicherung und die früher erwirkte Unpfändbarkeitsbescheinigung die fortdauernde Unpfändbarkeit nicht

mehr hinreichend aus (ähnlich LG Augsburg JurBüro 92, 431: nur wenn besondere Umstände auf Erwerb pfändbarer Sachen hindeuten). Allein die Auflösung eines Arbeitsverhältnisses (2. Alternative) kann keinen Anhalt dafür bieten, daß Pfändung Befriedigung bringen könne, mithin das Gegenteil mit neuer Unpfändbarkeitsbescheinigung glaubhaft gemacht werden müsse (LG Traunstein DGVZ 90, 12; LG Augsburg aaO; AG Groß-Gerau Rpfleger 82, 193; enger LG Memmingen Rpfleger 85, 310).

b) Ein **Rechtsschutzbedürfnis** für das neue Verfahren entfällt nicht schon, weil der Gläubiger 12
vom Schuldner über sein neues Arbeitsverhältnis unterrichtet ist; denn der Gläubiger hat unter den Voraussetzungen des § 903 Anspruch auf Vorlage und Versicherung eines neuen vollständigen Vermögensverzeichnisses (KG MDR 68, 674 = OLGZ 68, 307; aA LG Limburg DGVZ 72, 11; anders aber, wenn der Gläubiger den Antrag auf Angabe des neuen Arbeitsverhältnisses beschränkt und davon schon Kenntnis hat; Kenntnis des neuen Arbeitgebers kann aber Offenlegungspflicht nach § 807 I entgegenstehen, dort Rn 15). Unzulässig ist ein Antrag auf erneute Versicherung, der von einer Bedingung abhängig ist, deren Eintritt das Gericht ermitteln soll, zB Wegfall der Arbeitslosigkeit des Schuldners; der Gläubiger kommt damit seiner Pflicht zur Glaubhaftmachung nicht nach (LG Bremen MDR 57, 46; aA LG Bochum MDR 56, 362).

2) In dem **Termin** zur nochmaligen Abgabe der Versicherung hat der Schuldner ein neues 13
Vermögensverzeichnis nach § 807 vorzulegen (§ 807 Rn 19 ff; s auch Rn 10). Es ist mit dem Schuldner durchzusprechen; erst wenn es richtig und vollständig ausgefüllt ist, darf dem Schuldner die eidesstattl Versicherung abgenommen werden (§ 900 Rn 18). Zulässig ist es, auf die unverändert gebliebenen Angaben in dem früher bereits versicherten Vermögensverzeichnis zurückzugreifen (LG Duisburg MDR 74, 52; LG Koblenz MDR 77, 323; LG Krefeld MDR 86, 1035; StJ/Münzberg Rn 23), wenn es vorliegt (sonst nicht, s LG Stuttgart DGVZ 892, 158; StJ/Münzberg aaO). Dann ist durch Erklärung des Schuldners zu Protokoll darauf ausdrücklich Bezug zu nehmen und dieses Verzeichnis mit dem Schuldner durchzusprechen sowie durch seine ergänzenden Angaben (zu Protokoll oder in einem neuen Formular) auf den neuen Stand zu bringen. Bei solchem Verfahren muß das Vermögensverzeichnis, das neu zu versichern ist (§ 807; dazu gehört der in Bezug genommene Inhalt des vorliegenden früheren Verzeichnisses), jedoch übersichtlich bleiben; Unklarheiten gehen zu Lasten des Schuldners, den § 807 verpflichtet, **ein** Verzeichnis seines Vermögens einzureichen.

V) Nachbesserung: 1) Zu unterscheiden von der wiederholten Versicherung des § 903 ist die 14
Verpflichtung des Schuldners zur **Nachbesserung (Ergänzung)** seines Vermögensverzeichnisses. Sie besteht allgemein (ohne daß die besonderen Erfordernisse des § 903 erfüllt sein müssen), wenn der Schuldner ein lückenhaftes oder unklares Vermögensverzeichnis vorgelegt, es mithin nicht so vollständig ausgefüllt hat, wie das nach dem Zweck des § 807 für die Kenntnis des Gläubigers zum Zugriff auf angegebene Vermögenswerte erforderlich ist (§ 807 Rn 19). **Beispiele:** Fehlende Angabe über Aufbewahrung einer Sache (Frankfurt MDR 76, 320); ungenügende Angabe als Aushilfsbedienung bei ständig wechselnden Arbeitgebern (LG München I JurBüro 82, 937 = Rpfleger 82, 231); unvollständige Angabe eines Gelegenheitsarbeiters (LG Berlin JurBüro 78, 172); unterlassene Angabe des gesetzlichen Rentenanspruchs (§ 807 Rn 25); unvollständige (ungenaue, insbes widersprüchliche) Angabe über Erwerb eines Kfz unter Eigentumsvorbehalt sowie Sicherungsübereignung (LG Frankenthal JurBüro 92, 502). Dann hat der Schuldner seine Offenbarungspflicht nicht erfüllt. Wenn ein solcher Mangel erkannt wird, ist daher der Schuldner von seiner Offenbarungspflicht auch nicht nach § 903 befreit. Der Gläubiger, der das frühere Verfahren betrieben hat, kann vielmehr verlangen, daß der Schuldner sein Vermögensverzeichnis ergänzt. Das Recht steht auch jedem anderen Gläubiger zu (Frankfurt Rpfleger 76, 320; LG Frankenthal JurBüro 85, 623 u 92, 502; LG Hildesheim JurBüro 91, 729; LG Oldenburg NdsRpfl 58, 212; aA LG Berlin JurBüro 91, 286 m abl Anm Mümmler = MDR 90, 731 [für anderen Gläubiger neues OE-Verfahren]). Das Nachbesserungs- oder Ergänzungsverfahren ist **Fortsetzung** des alten, nicht gesetzesmäßig verlaufenen und wegen des Mangels noch nicht abgeschlossenen Verfahrens. In ihm ist der Schuldner nur zur Ergänzung (Vervollständigung, auch durch erforderliche Klarstellung) des bereits eingereichten Verzeichnisses und Versicherung der ergänzenden Angaben verpflichtet (Frankfurt Rpfleger 75, 442 mwN; auch Köln Rpfleger 75, 180; LG Darmstadt JurBüro 79, 1083; LG Koblenz MDR 76, 150), nicht aber zur nochmaligen Errichtung und Versicherung eines (neuen) Vermögensverzeichnisses. Auch widersprüchliche Angaben im Vermögensverzeichnis können zur Ergänzung verpflichten (LG Krefeld Rpfleger 79, 146).

2) Eingeleitet wird das Nachbesserungsverfahren auf **Antrag** des Gläubigers (§ 900 I S 1). 15
Dieser hat die fehlenden (unvollständigen) Angaben zu bezeichnen und erforderlichenfalls glaubhaft zu machen (§ 903 entspr). Vorlage eines nur allgemeinen Fragenkataloges zur (pauschalen) Ausforschung (Befragung auf Verdacht; zum Problem § 900 Rn 19b) oder Formulierung einzelner allgemeiner „ergänzender" Fragen (Einkünfte aus Schwarzarbeit) behaupten Versicherung eines lückenhaften (unklaren) Vermögensverzeichnisses (Rn 14) nicht, machen somit auch Vorausset-

zungen einer Nachbesserungspflicht nicht glaubhaft (Köln JurBüro 96, 49 = Rpfleger 95, 469; LG Heilbronn MDR 95, 1066 = Rpfleger 96, 34; LG Mainz Rpfleger 96, 208; LG Siegen Rpfleger 95, 425). Vollstreckungstitel und sonstige urkundliche Nachweise sind vorzulegen (§ 900 I S 2). Auf den Nachbesserungsantrag wird das **alte Verfahren** zur Behebung des Mangels (kostenfrei; LG Frankenthal Rpfleger 84, 194 u JurBüro 85, 624; daher auch keine Erhebung eines Auslagenvorschusses) **weitergeführt**, auch wenn nicht der Antragsteller dieses Verfahrens, sondern ein anderer Gläubiger Nachbesserung verlangt (Mümmler JurBüro 89, 388 gegen AG Lemgo). Zuständig bleibt daher das Vollstreckungsgericht des früheren Verfahrens (§ 899; so auch StJ/Münzberg Rn 7). Es kann die ergänzende Versicherung auch dann selbst entgegennehmen, wenn die unvollständige Versicherung vor dem Gericht des Haftorts (§ 902) oder einem ersuchten Gericht abgegeben wurde. Für das Verfahren zur Nachbesserung eines der Vollstreckungsbehörde versicherten Vermögensverzeichnisses (§ 284 AO) auf Antrag des Gläubigers eines im ZPO-Verfahren zu vollstreckenden Titels (vor § 704 Rn 4, 6) ist das Vollstreckungsgericht zuständig (§ 899; LGe Aachen u Bielefeld Rpfleger 91, 327). Eine neue Unbedenklichkeitsbescheinigung ist nicht erforderlich, weil der bereits zu dem unvollständig abgewickelten Verfahren vorgelegte Unpfändbarkeitsnachweis für die gesamte Dauer des Verfahrens und damit auch für dessen Fortsetzung im Nachbesserungsverfahren wirkt (§ 807 Rn 15; dort auch zur Besonderheit bei Verzögerung durch den Gläubiger). Rechtsschutzinteresse ist erforderlich; es fehlt für den Nachbesserungsantrag, wenn der Gläubiger eine angeblich verschwiegene Forderung des Schuldners schon so genau kennt, daß er sie pfänden lassen kann (LG Berlin Rpfleger 79, 112; auch LG Kassel Rpfleger 95, 263); gleiches gilt, wenn die geforderte Angabe für den Gläubiger nicht von Interesse ist (LG Frankenthal Rpfleger 81, 36; Schuldner hatte versichert, daß er Gelegenheitsarbeiten stundenweise ausgeführt hat, jedoch keine Ansprüche mehr bestehen und er jetzt wegen Herzkrankheit keine Arbeiten mehr ausführt). Das Rechtsschutzinteresse entfällt nicht dadurch, daß der Schuldner nachträglich die ergänzende Angabe in einem Schriftsatz macht (ist nicht Bestandteil der eidesstattl Versicherung und unterliegt nicht der Strafandrohung des § 156 StGB; KG DGVZ 81, 75 [76 aE]). **Verfahren:** § 900; Haftanordnung: § 901 (Düsseldorf JurBüro 84, 947). Anträge auf Ergänzung können uU auch mehrfach gestellt werden (LG Hannover MDR 79, 237) und auch nach wiederholter Offenbarungsversicherung (§ 903; LG Freiburg MDR 81, 151, auch zur wiederholten Haft); nach (rechtskräftiger) Zurückweisung eines Antrags kann Nachbesserung aber nicht erneut mit demselben Inhalt beantragt werden (LG Kassel Rpfleger 91, 118).

16 **VI) Rechtsbehelfe:** Widerspruch (§ 900 V) für den Schuldner, der die Verpflichtung zur wiederholten eidesstattl Versicherung oder zur Nachbesserung seines Vermögensverzeichnisses **bestreitet.** Im übrigen wie § 900 Rn 28–31.

904 *[Unzulässigkeit der Haft]*

Die Haft ist unstatthaft:

1. **gegen Mitglieder des Bundestages, eines Landtages oder einer zweiten Kammer während der Tagung, sofern nicht die Versammlung die Vollstreckung genehmigt;**
2. **(weggefallen)**
3. **gegen den Kapitän, die Schiffsmannschaft und alle übrigen auf einem Seeschiff angestellten Personen, wenn sich das Schiff auf der Reise befindet und nicht in einem Hafen liegt.**

1 **Unzulässig** ist in den Fällen des § 904 die **Vollstreckung** der Haft, nicht die Anordnung (§ 901) und Ausfertigung des Haftbefehls (§ 908). Für Bundestagsabgeordnete gilt Art 46 III GG; zu Nr 1 s außerdem die Landesverfassungen. **Rechtsbehelfe** für Geltendmachung unzulässiger Haftvollstreckung: § 766 (dann § 793). Unzulässig ist Haft außerdem gegen Mitglieder der Streitkräfte (Art 10 III Truppenvertrag; LG Hagen DGVZ 76, 138); Erzwingung der eidesstattl Versicherung nach Art 22 aaO.

905 *[Unterbrechung der Haft]*

Die Haft wird unterbrochen:

1. **gegen Mitglieder des Bundestages, eines Landtages oder einer zweiten Kammer für die Dauer der Tagung, wenn die Versammlung die Freilassung verlangt;**
2. **(weggefallen)**

1 Für Bundestagsabgeordnete gilt Art 46 IV GG.

906 *[Haftaufschub]*
Gegen einen Schuldner, dessen Gesundheit durch die Vollstreckung der Haft einer nahen und erheblichen Gefahr ausgesetzt wird, darf, solange dieser Zusand dauert, die Haft nicht vollstreckt werden.

I) Zweck: Wahrung des Grundrechts des Schuldners aus Art 2 II S 1 (auch Art 2 I) GG iVm dem Rechtsstaatsprinzip (s BVerfG 52, 214 = NJW 79, 2607). Die unmittelbar der Erhaltung von Leben und Gesundheit dienenden Interessen des Schuldners wiegen schwerer als Vollstreckungsbelange des Gläubigers (BVerfG aaO). 1

II) Gesundheitsgefahr verbietet Haftvollstreckung durch den GV und weiteren Haftvollzug in der Haftanstalt; unzulässig ist ebenso Verhaftung eines haftunfähigen Schuldners nur zur Vorführung bei Gericht (Bamberg DGVZ 90, 39; Düsseldorf DGVZ 96, 27; Hamm DGVZ 83, 137; LG Coburg DGVZ 89, 95; AG Wuppertal DGVZ 77, 30; AG Kiel DGVZ 79, 80; dann würde Haftunfähigkeit nicht bestehen; aA Köln JurBüro 95, 218 = Rpfleger 95, 220; AG München MDR 93, 471; s aber auch LG Hildesheim DGVZ 74, 30: zwangsweise Vorführung ist nicht ausgeschlossen) oder zur Haftvollstreckung in einem Anstaltskrankenhaus (Bamberg, LG Coburg, AG Wuppertal je aaO; Karlsruhe DGVZ 93, 8). Der GV hat das Vollstreckungsverbot des § 906 von Amts wegen zu beachten. Er darf Verhaftung jedoch nur unterlassen, wenn er sich durch Augenschein selbst davon überzeugt hat, daß die Gesundheit des Schuldners durch die Haftvollstreckung einer nahen und erheblichen Gefahr (ist unbestimmter Rechtsbegriff; Köln aaO) ausgesetzt ist (Frankfurt MDR 69, 150) oder wenn dies durch Zeugnis eines amtlichen Arztes nachgewiesen ist. Die Gesundheitsgefährdung muß sonach offensichtlich oder nachgewiesen sein (Frankfurt MDR 69, 150; Hamm DGVZ 83, 137; LG Koblenz MDR 72, 790; anders LG Hannover DGVZ 82, 119: fehlende Möglichkeit genauer Überprüfung geht nicht zu Lasten des Schuldners; amtsärztliches Zeugnis kann nicht verlangt werden). Den Nachweis der nicht offensichtlichen Gesundheitsgefährdung hat der Schuldner zu erbringen (LG Göttingen DGVZ 81, 10), uU durch Vorlage einer weiteren (neueren) ärztlichen Bescheinigung (LG Hannover DGVZ 90, 59). Der GV hat den für haftfähig angesehenen Schuldner auf dessen Verlangen nicht zunächst einem Arzt vorzuführen, damit dieser die Haftunfähigkeit bescheinigt (AG Hochheim DGVZ 81, 15). Bei Beurteilung der Haftfähigkeit ist ein strenger Maßstab anzulegen (Hamm DGVZ 83, 137; Düsseldorf DGVZ 96, 27; LG Kassel DGVZ 75, 169; Schneider JR 78, 182; aA Köln aaO: es hat Güterabwägung nach dem Verhältnismäßigkeitsprinzip zu erfolgen). Ein privatärztliches Zeugnis kann daher nur genügen, wenn die Haftunfähigkeit darin konkret und nachvollziehbar begründet ist (Schneider JR 78, 182. LG Braunschweig DGVZ 89, 28; LG Frankenthal JurBüro 85, 792; LG Hannover JurBüro 85, 1748); idR ist ein amtsärztliches Zeugnis vorzulegen. Anzunehmen sein kann Haftunfähigkeit bei einem 81jährigen Schuldner, der nach ärztlichem Zeugnis an schwerer Herzkrankheit leidet (LG Braunschweig aaO; AG Bln-Schöneberg DGVZ 82, 14), bei einem 87jährigen Schuldner, wenn Altersbeschwerden eine gesundheitliche Krise besorgen lassen (AG Koblenz DGVZ 86, 126), bei einem Schuldner, der sich 3mal wöchentlich einer Dialysebehandlung unterziehen muß (AG Pirmasens DGVZ 83, 127), bei Bluthochdruckerkrankung des Schuldners, die in Streßsituationen (unter psychischer Belastung) zu lebensbedrohenden Blutdruckspitzen führen kann (Düsseldorf DGVZ 96, 27), nicht aber ohne weiteres bei alterstypischen Leiden, wenn der Schuldner sich auch weigert, die Versicherung in seiner Wohnung abzugeben (§ 900 Rn 26; Köln aaO). Lehnt der GV die Verhaftung ab, weil er den Schuldner für haftunfähig hält, so muß er im einzelnen darlegen, welche Feststellungen ihn zu seiner Entscheidung veranlaßt haben (LG Berlin DGVZ 75, 167). 2

III) Der Vollzug angetretener **Haft** ist für die Dauer der Haftunfähigkeit **zu unterbrechen.** Nach Beendigung des Krankheitszustandes kann der Haftbefehl weiter vollstreckt werden. 3

IV) Rechtsbehelf für Gläubiger (bei Ablehnung der Haftvollstreckung) und für Schuldner (der sich auf § 906 beruft) Erinnerung nach § 766 (dann § 793). Einwendungen nach § 766 sind auch schon zulässig, bevor der GV zur Verhaftung schreitet; es muß nur der Vollzug drohen (KG OLG 37, 193; Hamm DGVZ 83, 137). Hat der GV die Verhaftung des Schuldners abgelehnt, so muß im Erinnerungsverfahren geprüft werden, ob Vollstreckung der Haft nach § 906 tatsächlich ausgeschlossen ist (erfordert Prüfung der Haftfähigkeit des Schuldners, Köln aaO), nicht nur, ob der GV in zutreffender Weise von seinem Ermessen Gebrauch gemacht hat (so aber LG Düsseldorf DGVZ 81, 171; LG Hannover DGVZ 82, 119 u 90, 59). 4

907 **(weggefallen)**

908 *[Haftbefehl]*

Das Gericht hat bei Anordnung der Haft einen Haftbefehl zu erlassen, in dem der Gläubiger, der Schuldner und der Grund der Verhaftung zu bezeichnen sind.

1 Der **Haftbefehl** ist als Ausfertigung der Haftanordnung mit dem vorgeschriebenen Inhalt (zusammen mit dem Schuldtitel) urkundliche Grundlage für Verhaftung des Schuldners durch den GV (§ 909) und für Haftvollzug. Haftanordnung kann daher (bei Terminwahrnehmung durch den Richter) auch mit Haftbefehl als Anlage zum Protokoll (s § 160 III Nr 6, 7 mit § 160 V) beschlossen werden. Zu erlassen ist der Haftbefehl (sogleich) bei Anordnung der Haft; er darf nicht von der (vermeintlichen) Rechtskraft des die Haft anordnenden Beschlusses abhängig gemacht werden (LG Verden JurBüro 80, 301).

2 **Anzugeben** sind in dem Haftbefehl Gläubiger (auch sein Vertreter; Herzig JurBüro 66, 906) und Schuldner sowie als Grund der Verhaftung die auf § 807 oder § 883 II beruhende Verpflichtung zur Abgabe der eidesstattl Versicherung (LG Bonn DGVZ 80, 87; nicht Säumnis als Voraussetzung der Haftanordnung). Bezeichnung des Haftgrunds erfordert auch Angabe des Vollstreckungstitels (so auch ThP Rn 2; MK/Eickmann Rn 3; StJ/Münzberg Rn 3; aA Haase JR 68, 445) und der Gläubigerforderung, mit deren Wegfertigung Haftvollzug abgewendet werden kann (so auch MK/Eickmann Rn 4; anders vormals allgemeine Meinung, zB StJ/Münzberg Rn 4a [nicht zwingend, aber dringend zu empfehlen]; s auch LG Düsseldorf MDR 61, 607: Haftbefehl muß Lösungssumme zwar nicht feststellen, aber feststellbar angeben). Handelt es sich um ein Wiederholungsverfahren nach § 903, so ist auch darauf (wegen § 902) im Haftbefehl hinzuweisen (LG Bonn DGVZ 80, 87); gleiches gilt für das Nachbesserungsverfahren (§ 903 Rn 14). Bei prozeßunfähigen Schuldnern (auch GmbH usw) muß der Haftbefehl den Schuldner als Partei und den zu verhaftenden gesetzlichen Vertreter (Geschäftsführer usw; § 807 Rn 6 ff) angeben (LG Freiburg Rpfleger 80, 117; dazu auch AG Bamberg DGVZ 79, 31).

3 Zu **unterzeichnen** ist der Haftbefehl vom Richter (§ 4 II Nr 2 RpflG; LG Detmold DGVZ 94, 173 = Rpfleger 95, 204 mit abl Anm Meyer-Stolte; aA StJ/Münzberg Rn 1: AG Bln-Charlottenburg DGVZ 79, 28: vom Rechtspfleger unterzeichneter Haftbefehl genügt iVm der richterlichen Haftanordnung). Unterzeichnung nur eines Formulars mit Textbausteinen, das bei Ausfertigung von der Geschäftsstelle ergänzt werden soll, genügt nicht (Köln DGVZ 90, 22 = MDR 90, 346). Dem Gläubiger wird die Urschrift des Haftbefehls übergeben; Zweitschrift wird als Ausfertigungsentwurf zu den Akten genommen. **Wortlaut:**

Haftbefehl. In der Zwangsvollstreckungssache
... Gläubiger vertreten durch ...
gegen
... Schuldner
hat das Amtsgericht ... die **Haft** angeordnet.

Der Schuldner war wegen der Forderung des Gläubigers in Höhe von ... DM Hauptsache nebst ... Zinsen und ... DM Kosten aus dem vollstreckbaren Urteil ... zur Abgabe der eidesstattlichen Versicherung nach § 807 ZPO [... war wegen des Anspruchs des Gläubigers auf Herausgabe einer beweglichen Sache aus dem ... nach § 883 II ZPO] vorgeladen worden. Er ist zu dem Termin nicht erschienen. Auf Antrag des Gläubigers war daher nach § 901 ZPO die Haft anzuordnen.

Dieser Haftbefehl muß bei der Verhaftung dem Schuldner vorgezeigt und auf Begehren abschriftlich mitgeteilt werden.

..., den ... Amtsgericht ... (Siegel) ... Richter am Amtsgericht.

909 *[Verhaftung]*

Die Verhaftung des Schuldners erfolgt durch einen Gerichtsvollzieher. Der Haftbefehl muß bei der Verhaftung dem Schuldner vorgezeigt und auf Begehren abschriftlich mitgeteilt werden.

1 **I) 1) Verhaftung** des Schuldners erfolgt durch den GV (S 1). Er führt sie im Auftrag des Gläubigers durch. Der Gläubiger kann seinen Antrag auf Verhaftung auf einen Teil der vollstreckbaren Forderung beschränken (Schleswig Rpfleger 76, 224; erfordert nicht Vorlage einer Forderungsabrechnung, LG Hanau DGVZ 93, 113; s auch § 753 Rn 7). Richterliche Anordnung als Grundlage der Freiheitsentziehung (Art 104 GG) ist der Haftbefehl (§ 908), mit dem der Schuldtitel dem GV vorliegen muß (§ 754; auch § 186 Nr 2 GVGA). Verhaftung einer Schuldnerin, die minderjährige Kinder zu versorgen hat, ist erst zulässig, wenn für die Kinder gesorgt ist (durch das Jugendamt oä; München MDR 77, 413 = NJW 77, 1822; LG Kaiserslautern JurBüro 84, 1262; LG Kleve DGVZ 87, 90; das vom GV rechtzeitig zu verständigen ist, AG München DGVZ 84, 30). Wenn sprachliche Verständigungsschwierigkeiten bestehen, ist ein Dolmetscher zuzuziehen (LG Wuppertal DGVZ 83, 60). Verhaftung eines Schuldners, der sich in Untersuchungs- oder Strafhaft

befindet, kann erst nach Beendigung dieser Haft erfolgen (§ 188 Nr 3 GVGA, LG Berlin DGVZ 94, 11; LG Essen DGVZ 95, 89).

2) Der **Haftbefehl** muß dem Schuldner bei der Verhaftung **vorgezeigt** und auf Begehren abschriftlich mitgeteilt werden (S 2). Zustellung des Haftbefehls ist nicht erforderlich (Vorzeigen ist Bekanntmachung, die mit Beurkundung im GV-Protokoll urkundlich festgehalten wird; s § 901 Rn 8) aber zulässig (auch ohne Haftauftrag; LG Ulm NJW 63, 867). Verfahren des GV bei Verhaftung: § 187 GVGA (eingehend); Zuziehung von Zeugen bei Widerstand § 759. Verhaftung zur Nachtzeit, an einem Sonn- oder Feiertag erfordert Anordnung nach § 761. Wohnungsdurchsuchung zur Verhaftung s § 901 Rn 8 u § 758 Rn 10. Von der Durchsuchung der Wohnung des Schuldners darf der GV nicht schon deshalb Abstand nehmen, weil ein angetroffener Angehöriger Wohnungswechsel mit unbekannter neuer Anschrift behauptet (LG Darmstadt DGVZ 92, 74). Eine fremde Wohnung darf der GV gegen den Willen des Inhabers zur Verhaftung nicht betreten. 2

3) Die Verhaftung **unterbleibt**, wenn der Schuldner die **Leistung bewirkt**, die ihm nach dem Haftbefehl (§ 908 Rn 2; nach § 186 Nr 4 GVGA nach dem Schuldtitel, berücksichtigt aber mögliche Antragsbeschränkung im Offenbarungsantrag und frühere Teilleistungen sowie ZwV-Kosten nicht) obliegt. Sie unterbleibt somit auch, wenn der Schuldner den Teilbetrag bezahlt, auf den der Gläubiger seinen Offenbarungsantrag beschränkt hatte (§ 900 Rn 2; AG München DGVZ 83, 45, hier: Offenbarungsantrag wegen eines Teilbetrags von 5 000 DM; Verhaftungsauftrag über einen Betrag von 111 000 DM; unzulässig wegen des über 5 000 DM hinausgehenden Betrags). Sie unterbleibt auch, wenn der Schuldner nur eine Teilleistung erbringt **und** der Gläubiger für diesen Fall von der Durchführung seines Auftrags Abstand nimmt (s vor § 704 Rn 19; LG Heidelberg Justiz 64, 40; LG Köln JurBüro 85, 464 m Anm Mümmler) oder wenn der Gläubiger den Haft**auftrag** auf einen Teil der in dem Haftbefehl bezeichneten Gläubigerforderung (§ 908 Rn 2) beschränkt hat und der Schuldner diesen Teilbetrag bezahlt; in beiden letztgenannten Fällen ist der Haftbefehl nicht verbraucht (LG Aurich NJW-RR 88, 1469; LG Stade DGVZ 88, 28 = JurBüro 88, 927; AG Blomberg JurBüro 93, 32; Schilken DGVZ 89, 33; StJ/Münzberg Rn 14a; aA LG Bielefeld DGVZ 88, 14; LG Bonn DGVZ 87, 28 = JurBüro 88, 926; LG Freiburg DGVZ 92, 15; LG Lübeck DGVZ 89, 72 = JurBüro 89, 1312; AG Bremen DGVZ 90, 159; AG Siegen DGVZ 88, 121 = JurBüro 88, 1576); weiterer Vollzug erfordert aber Gläubigerantrag auch wegen der weiteren Forderung. Nicht verbraucht ist der Haftbefehl auch, wenn Pfändungs- und Haftauftrag (nur wegen eines Teilbetrags) erteilt ist (dazu § 753 Rn 6a) und der Schuldner bei Vollstreckungsbeginn gezahlt hat (LG Frankfurt DGVZ 90, 158). Die Verhaftung unterbleibt ebenso, wenn der Schuldner dem GV nachweist, daß er die eidesstattl Versicherung in den letzten 3 Jahren abgegeben hat (§ 903); hiervon ist der Gläubiger zu verständigen (Frankfurt OLG 27, 192; Aufhebung des Haftbefehls § 901 Rn 10). Einer bloßen Behauptung des Schuldners braucht der GV nicht zu glauben; mögliche Aufklärung muß er jedoch sogleich treffen. 3

II) 1) Eine **zeitliche Grenze** für Vollziehung des Haftbefehls ist gesetzlich nicht (ausdrücklich) bestimmt. Eine solche besteht daher dem Grundsatz nach nicht (LG Dortmund MDR 67, 224; LG Essen DGVZ 66, 75; LG Hamburg MDR 57, 555 m abl Anm Quardt; LG Kiel SchlHA 76, 124; LG Köln DGVZ 66, 154; LG Münster DGVZ 66, 173; LG Oldenburg MDR 79, 1032; AG Frankenberg DGVZ 84, 142; AG Iserlohn DGVZ 90, 126; AG Limburg DGVZ 80, 157; auch StJ/Münzberg Rn 19 (keine Prüfung durch GV; Schuldner hat Aufhebung des Haftbefehls durch das Gericht zu erwirken); aA AG Recklinghausen DGVZ 75, 127: 3 Jahre; AG Lübeck DGVZ 76, 79 u LG Essen DGVZ 86, 155 = JurBüro 87, 459: 5 Jahre; LG Kempten DGVZ 83, 95: 6 Jahre; AG Frankfurt DGVZ 78, 63). Neue Unpfändbarkeitsbescheinigung (nochmaliger Pfändungsversuch) ist für späteren Vollzug des Haftbefehls nicht erforderlich (aA LG Oldenburg MDR 79, 1032). 4

2) Verfassungsrechtlich kann eine **zeitliche Grenze** sich jedoch aus dem Grundsatz der Verhältnismäßigkeit und dem Übermaßverbot ergeben (Rn 29 vor § 704; zur zeitlichen Grenze eines Haftbefehls in Strafsachen s BVerfG 53, 152 = NJW 80, 1448). Sie ist vom GV zu beachten (vor § 704 Rn 29; aA StJ/Münzberg Rn 19). Auch Vermögensoffenbarung zur Unterrichtung des Gläubigers über Zugriffsmöglichkeiten (§ 807 Rn 1, § 883 Rn 12) darf nur mit verhältnismäßigen Mitteln erzwungen werden. Nach erfolglosem Vollstreckungsversuch kann im Hinblick auf die Freiheitsgarantie (Art 104 GG) Vollstreckung eines zeitlich weit zurückliegenden Haftbefehls nicht mehr als verhältnismäßiges Mittel für den Zweck anzusehen sein, dem Gläubiger Kenntnis von weiteren Vollstreckungsmöglichkeiten zu verschaffen. Die zeitliche Abgrenzung hat sich zwar nach den Besonderheiten des Einzelfalls zu richten (Höhe der Schuld, persönliche Verhältnisse des Schuldners wie Krankheit, Auslandsaufenthalt, Ratenzahlungen usw). Im Hinblick auf die zeitliche Wirksamkeit einer Offenbarungsversicherung (3 Jahre, § 903) und die zeitlichen Anforderungen, die an einen Unpfändbarkeitsnachweis gestellt werden (§ 807 Rn 16) sollte davon ausgegangen werden, daß Vollzug eines Haftbefehls nach 3 bis (höchstens) 5 Jahren nicht mehr zulässig ist. Nach solcher Zeit kann sich der Schuldner auch auf den allgemeinen Rechtsgedanken der Verwirkung berufen (LG Würzburg Rpfleger 80, 238: bestimmt sich nach Einzelfall, 5

Vollstreckung noch zulässig nach 4 Jahren, wenn Gläubiger zwischenzeitlich Vollstreckungsversuche unternommen hat; LG Detmold DGVZ 87, 87 = Rpfleger 87, 74: Verwirkung, wenn Haftbefehl schon viele [9] Jahre besteht und Gläubiger keine Vollstreckungsversuche unternommen hat; AG Ansbach DGVZ 90, 125; AG München DGVZ 80, 15; AG Remscheid DGVZ 91, 61: Haftbefehl nach 13 Jahren nicht mehr vollziehbar; hierzu auch Grein DGVZ 82, 49 und die Rn 4 Genannten).

6 **III) Rechtsbehelf:** Für Gläubiger bei Weigerung des GV, den Haftbefehl zu vollziehen, § 766 (dann § 793). Ebenso für Schuldner, der sich gegen Vollzug des Haftbefehls wendet, und zwar auch, wenn Vollziehungshindernisse nach §§ 903, 904, 906, 765a vorliegen (München MDR 77, 413).

7 **IV)** Gleichzeitig durch Verhaftung in allen Vollstreckungsangelegenheiten hat der GV Aufträge **mehrerer Gläubiger** (oder eines Gläubigers, der Haftbefehle in verschiedenen Offenbarungsverfahren erwirkt hat) zu erledigen (alle Haftbefehle sind nach § 909 S 2 vorzuzeigen).

8 **V)** Die Verhaftung erfolgt durch den GV auch, wenn Anordnung der Haft auf Antrag einer Vollstreckungsbehörde erfolgt ist (§ 284 VII S 3 AO).

9 **VI) Gebühren** des **Gerichtsvollziehers:** Festgebühren nach § 26 GVKostG. Die auf Antrag des Schuldners nach S 2 gefertigte Abschrift des Haftbefehls ist schreibauslagenpflichtig (§ 36 I Nr 3 GVKostG).

910 *[Anzeige vor Verhaftung eines Beamten usw]*

Vor der Verhaftung eines Beamten, eines Geistlichen oder eines Lehrers an öffentlichen Unterrichtsanstalten ist der vorgesetzten Dienstbehörde von dem Gerichtsvollzieher Anzeige zu machen. Die Verhaftung darf erst erfolgen, nachdem die vorgesetzte Behörde für die dienstliche Vertretung des Schuldners gesorgt hat. Die Behörde ist verpflichtet, ohne Verzug die erforderlichen Anordnungen zu treffen und den Gerichtsvollzieher hiervon in Kenntnis zu setzen.

1 **I)** Die Anzeige obliegt dem GV. Die Verhaftung ist erst zulässig, nachdem der Bescheid der zuständigen Stelle über die Regelung der Vertretung vorliegt. Verstoß gegen § 910 durch den GV ist Amtspflichtverletzung; die Verhaftung ist rechtsgültig (keine Entlassung des Schuldners).

2 **II) Schreibauslagen** für die **Anzeige** an die vorgesetzte Dienstbehörde bei GV s § 36 I Nr 3 GVKostG.

911 *[Hafterneuerung]*

Gegen den Schuldner, der ohne sein Zutun auf Antrag des Gläubigers aus der Haft entlassen ist, findet auf Antrag desselben Gläubigers eine Erneuerung der Haft nicht statt.

1 **I)** Erneuerung der Haft sind **nochmalige Verhaftung** des Schuldners in demselben Vollstreckungsverfahren sowie nochmalige Haftanordnung wegen derselben Gläubigerforderung (StJ/Münzberg Rn 1) nach Entlassung aus der Haft. Sie ist **unzulässig,** wenn der Schuldner ohne sein Zutun auf Antrag des Gläubigers aus der Haft entlassen worden ist. Grund: Gläubiger soll Haft nicht als Druckmittel einsetzen können.

2 **II) Zulässig** ist Erneuerung der Haft, wenn Entlassung auf einen mit Zutun des Schuldners gestellten Antrag des Gläubigers erfolgt ist (etwa auf seine Bitte, weil er zahlen will oder Ratenzahlungen leistet; AG Düsseldorf MDR 56, 494; StJ/Münzberg Rn 2), wenn der Schuldner von Amts wegen aus der Haft entlassen wurde (zB nach Vorführung zur Beschaffung der für Ausfüllung des Vermögensverzeichnisses erforderlichen Angaben, auf Erinnerung, nach Einstellung der ZwV, zur Beiziehung eines Dolmetschers; AG Kirchheim/Teck DGVZ 83, 63) und der Hinderungsgrund weggefallen ist. Zulässig ist Verhaftung außerdem (keine erneute Haft; Ausnahme jedoch § 903) auf Antrag desselben Gläubigers wegen einer anderen Haft**anordnung** oder auf Antrag eines anderen Gläubigers. Nicht um eine Hafterneuerung handelt es sich in den Fällen des § 903, in denen die Abgabe einer neuen eidesstattl Versicherung verlangt werden kann; hier ist erneute Haftanordnung zulässig (§ 901), selbst dann, wenn im Verfahren wegen des ersten Antrags innerhalb der letzten drei Jahre eine Haft von sechs Monaten vollstreckt worden ist (LG Freiburg MDR 81, 151).

3 **III) Rechtsbehelf:** § 766 (dann § 793).

4 **IV)** Für Kosten der Haft besteht (seit 1979) keine Vorschußpflicht des Gläubigers.

5 **V) Gebühren** des **Gerichtsvollziehers:** Die Verhaftungsgebühr (§ 26 GVKostG) entsteht in den Fällen der Rn 2 erneut.

912 **(weggefallen)**

913 *[Haftdauer]*

Die Haft darf die Dauer von sechs Monaten nicht übersteigen. Nach Ablauf der sechs Monate wird der Schuldner von Amts wegen aus der Haft entlassen.

Die Haft auf Grund eines bei Anordnung (§ 901) erlassenen Haftbefehls (§ 908) darf **nicht länger als 6 Monate** dauern. Die Entlassung ist Sache des Leiters der Vollzugsanstalt. Bei Verstoß Erinnerung nach § 766 (dann § 793). Schuldnerverzeichnis: § 915 I. Für Haft auf Grund der in einem anderen Verfahren des gleichen Gläubigers oder der von einem anderen Gläubiger erwirkten Haftanordnung gilt § 913 nicht. Schonfrist des Schuldners dann jedoch nach § 914. 1

914 *[Neue Verhaftung]*

(1) Ein Schuldner, gegen den wegen Verweigerung der Abgabe der eidesstattlichen Versicherung nach § 807 dieses Gesetzes oder nach § 284 der Abgabenordnung eine Haft von sechs Monaten vollstreckt ist, kann auch auf Antrag eines anderen Gläubigers von neuem zur Abgabe einer solchen eidesstattlichen Versicherung durch Haft nur angehalten werden, wenn glaubhaft gemacht wird, daß der Schuldner später Vermögen erworben hat oder daß ein bisher bestehendes Arbeitsverhältnis mit dem Schuldner aufgelöst ist.

(2) Diese Vorschrift ist nicht anzuwenden, wenn seit der Beendigung der Haft drei Jahre verstrichen sind.

I) Zweck: Zeitweiliger Ausschluß nochmaliger Haft als Zwang zur Abgabe einer eidesstattl Versicherung nach bereits sechsmonatiger Haftdauer. 1

II) 1) Die **Schonfrist** des § 914 schließt (ergänzend zu § 903) für den Fall, daß Haft bereits mit der Höchstdauer von 6 Monaten vollstreckt ist, erneute Haftanordnung (§ 901), ebenso aber auch Haftvollstreckung auf Grund eines bereits früher erlassenen Haftbefehls aus. Der Schuldner ist gegen nochmalige Haft auf Antrag eines anderen Gläubigers ebenso geschützt wie gegen Haft auf Antrag des gleichen Gläubigers in einer anderen Offenbarungssache. 2

2) Ausnahme: Wenn glaubhaft gemacht wird, daß der Schuldner später Vermögen erworben hat oder daß ein bisher bestehendes Arbeitsverhältnis mit dem Schuldner aufgelöst ist (Abs 1). Dazu § 903 Rn 6–10. 3

3) Verhaftung auf Grund eines vor sechsmonatiger Haftvollstreckung erlassenen Haftbefehls hat der GV (§ 909) abzulehnen, wenn er die Haft kennt (StJ/Münzberg Rn 2); er habe daher auch Glaubhaftmachung für zulässigen Haftvollzug (Abs 1) zu prüfen. Verhaftung auf Grund eines nach sechsmonatiger Haftvollstreckung neu erlassenen Haftbefehls ist mit Rechtsbehelf gegen die neue Haftanordnung abzuwenden. 4

4) Ende der Schonfrist: Nach drei Jahren seit Beendigung der Haft (Abs 2). Haftanordnung, nicht Verfahren und Antrag, ist erst nach 3 Jahren zulässig. 5

III) Rechtsbehelfe: Gegen neue Haftanordnung (auch Ablehnung des Antrags) wie § 901 Rn 11, 12. Gegen Verhaftung auf Grund eines alten Haftbefehls: § 766 (dann § 793). 6

915 *[Schuldnerverzeichnis]*

(1) Das Vollstreckungsgericht führt ein Verzeichnis der Personen, die in einem bei ihm anhängigen Verfahren die eidesstattliche Versicherung nach § 807 abgegeben haben oder gegen die nach § 901 die Haft angeordnet ist. In dieses Schuldnerverzeichnis sind auch die Personen aufzunehmen, die eine eidesstattliche Versicherung nach § 284 der Abgabenordnung abgegeben haben. Die Vollstreckung einer Haft ist in dem Verzeichnis zu vermerken, wenn sie sechs Monate gedauert hat. Geburtsdaten der Personen sind, soweit bekannt, einzutragen.

(2) Personenbezogene Informationen aus dem Schuldnerverzeichnis dürfen nur für Zwecke der Zwangsvollstreckung verwendet werden, sowie um gesetzliche Pflichten zur Prüfung der wirtschaftlichen Zuverlässigkeit zu erfüllen, um Voraussetzungen für die Gewährung von öffentlichen Leistungen zu prüfen oder um wirtschaftliche Nachteile abzuwenden, die daraus entstehen können, daß Schuldner ihren Zahlungsverpflichtungen nicht nachkommen, oder soweit dies zur Verfolgung von Straftaten erforderlich ist. Die Informationen dürfen nur für den Zweck verwendet werden, für den sie übermittelt worden sind. Nichtöffentliche Stellen sind darauf bei der Übermittlung hinzuweisen.

I) Zweck: Wahrung berechtigter Interessen am Schutz des redlichen Geschäftsverkehrs, dem gewährleistet wird, daß er sich rechtzeitig und mit vertretbarem Aufwand über die Kreditwürdigkeit seiner Geschäftspartner vergewissern kann (BT-Dr 12/193 S 7); zugleich auch Schutz des 1

Schuldners vor mehrfachen Offenbarungsverfahren (s § 900 II, § 903) und nochmaliger Haft (§ 914).

2 **II)** Ein **Schuldnerverzeichnis** führt das nach § 899 örtlich zuständige Vollstreckungsgericht (Abs 1 S 1). Die Führung des Verzeichnisses ist Ausübung der **Gerichtsbarkeit**, nicht Angelegenheit der Justizverwaltung (Hamm NJW 61, 737 = Rpfleger 61, 203 m Anm Scherübl; KG MDR 71, 309 = NJW 71, 848; Oldenburg, Rpfleger 78, 267; Scherübl Rpfleger 58, 243). Führung des Schuldnerverzeichnisses ist ebenso Geschäftsaufgabe des **Urkundsbeamten** wie die Akten- und Registerführung (dazu GVG § 153 Rn 10). Das entspricht fortwährender gerichtlicher Praxis und Aufgabenverteilung, die mit Neufassung der Vorschriften (ab 1. 1. 1995) und durch die Anforderungen des Datenschutzes keine Änderung erfahren haben. Insbes bezeichnet Abs 1 S 1 mit „Vollstreckungsgericht" wie bisher schon keine Richteraufgabe und auch kein Rechtspflegergeschäft. Besonderheit bei vorzeitiger Löschung: § 915a Rn 6. Anlage und Führung des Verzeichnisses: § 915h Nr 1.

3 **III) Eingetragen** werden mit Datum der Versicherung, Haftanordnung oder Beendigung des sechsmonatigen Vollzugs sowie Aktenzeichen der Vollstreckungssache und Bezeichnung des Vollstreckungsgerichts (-behörde, § 1 I SchuVVO): **1)** Personen, die die eidesstattl **Vermögensversicherung nach § 807** in einem bei dem Vollstreckungsgericht anhängigen Verfahren (damit auch vor einem ersuchten Gericht oder vor dem Gericht des Haftorts, § 902 I) abgegeben haben (Abs 1 S 1). Der Vertretene (Minderjährige, GmbH, Verein, OHG, KG, GmbH & Co KG, Partnerschaft, EWIV usw), nicht sein gesetzlicher Vertreter (Geschäftsführer, vertretender Gesellschafter, usw; er ist auch nicht in dieser Eigenschaft mit einzutragen, s auch § 1 III SchuVVO), ist in das Verzeichnis aufzunehmen, wenn der gesetzliche Vertreter (Geschäftsführer usw) die eidesstattl Versicherung abgegeben hat (RG 140, 152; LG Bonn MDR 64, 418; LG Braunschweig NdsRpfl 82, 139; LG Frankenthal Rpfleger 87, 380; LG Frankfurt Rpfleger 88, 528). Eintragung der für mehrere Gläubiger abgegebenen eidesstattl Versicherung des verhafteten Schuldners (§ 902 Rn 6) erfolgt unter Bezeichnung sämtlicher Verfahren (Aktenzeichen; LG Arnsberg DGVZ 94, 6 = Rpfleger 94, 76; Hornung Rpfleger 95, 233 [234]; StJ/Münzberg Rn 2; auch § 17 II S 5 u 7 AktO). Die (nochmalige) Versicherung nach § 903 ist eidesstattl Versicherung nach § 807; nach Abgabe ist daher der Schuldner auch mit dieser Versicherung in das Verzeichnis aufzunehmen (kein Hinweis auf § 903). Nachbesserung eines Vermögensverzeichnisses (§ 903 Rn 14) ist Ergänzung (Vervollständigung) der bereits abgegebenen (und eingetragenen) Versicherung; sie ist daher ergänzend beizuschreiben (StJ/Münzberg Rn 2). Nicht aufgenommen werden Personen, die eine Versicherung nach § 883 II ZPO, § 125 KO, § 69 II VerglO abgegeben haben.

4 **2)** Personen, gegen die nach § 901 die **Haft** zur Erzwingung der eidestattl Versicherung nach § 807 (nicht auch nach § 883 usw) **angeordnet** worden ist (Abs 1 S 1). Einzutragen ist jede Haftanordnung, jeweils erneut beizuschreiben ist somit Anordnung der Haft in weiteren Einzelverfahren anderer Gläubiger. Die **Vollstreckung** der Haft wird in dem Verzeichnis vermerkt, wenn sie sechs Monate gedauert hat (Abs 1 S 3).

4a **3)** Personen, die eine eidesstattl Vermögensversicherung nach **§ 284 AO** abgegeben haben (Abs 1 S 2). Mitteilung durch die Vollstreckungsbehörde: § 284 VI AO.

5 **4)** Eingetragen werden (natürliche) Personen (auch der im Titel mit seiner Firma bezeichneten Einzelkaufmann, § 750 Rn 10) mit **Familien-** und **Vornamen,** jur Personen, Handelsgesellschaften usw mit Namen oder Firma, samt **Wohnort,** Sitz oder Niederlassung und Anschrift (Bezeichnung entspr § 313 I Nr 1), je unter denen sie als Schuldner (§ 750 I) die eidesstattl Versicherung abgegeben haben oder gegen sie als Schuldner die Haft angeordnet ist. Abs 1 I Nr 1 SchuVVO sieht (ungenau) „Bezeichnung ... wie in dem Titel, der dem Vollstreckungsverfahren zugrunde liegt" vor (Berichtigung offenbarer Unrichtigkeiten soll nach § 1 IV SchuVVO erfolgen). Abstellung auf die Bezeichnung im Titel soll der Vereinfachung der Aufnahme der Daten dienen (Begründung BR-Dr 932/94 S 17). Das würde Eintragung eines Einzelkaufmanns mit seiner Firma (§ 17 II HGB), nach Namensänderung (§ 750 Rn 9) des durch den Titel ausgewiesenen Familiennamens, eines (längst) überholten Wohnsitzes (Sitzes) oder einer unzutreffenden Anschrift usw gebieten (je keine offenbare Unrichtigkeit, da nach dem Titel vormals richtig). Dem ist nicht zu folgen. Einzutragen ist der Schuldner namentlich richtig (§ 750 Rn 4), eine natürliche Person damit mit dem Familien- und Vornamen, der dem Gericht (richtig; vgl § 111 I OWiG) anzugeben ist. Einzutragen sind damit Namen sowie Wohnort und Anschrift, unter denen der Schuldner die Offenbarungsversicherung abgegeben hat (vgl auch § 807 Rn 33) oder mit denen er im Haftbefehl bezeichnet ist. Für abweichende Regelung durch die SchuVVO (Bezeichnung nach [uU jahrealtem] Titel fehlt jede Rechtgrundlage; § 915 I gebietet Führung des Schuldnerverzeichnisses für „Personen", damit auch deren namentlich richtige Kennzeichnung bei Eintragung; § 915h I Nr 1 ermöglicht somit nicht RechtsVO auch noch zur Bezeichnung dieser Personen, sondern nur für den „Inhalt" des Verzeichnisses, ermächtigt damit nur zu Ergänzungsvorschriften (§ 915h Rn 1) für die nähere Ausgestaltung des Schuldnerverzeichnisses. § 1 I Nr 1 SchuVVO über die „Bezeichnung" der Schuldner nach dem Titel hat daher keine Wirkung.

4) Das **Geburtsdatum** ist einzutragen, wenn es (sicher) bekannt ist (Abs 1 S 4). Grund: Sichere Kennzeichnung des Eingetragenen zur Vermeidung von Verwechslungen. Kenntnis kann durch Angabe im Vermögensverzeichnis, Anführung im Schuldtitel oder Mitteilung der Vollstreckungsbehörde (§ 284 VI AO) erlangt sein, ausnahmsweise auch auf sonstige Weise (Beispiel: Angabe des Schuldners bei Tilgungsantrag nach § 900 IV oder Widerspruch nach § 900 V). Bezeichnung durch den Gläubiger im Offenbarungsantrag dürfte nicht genügen (keine sichere „eigene" Kenntnis des Gerichts; so auch StJ/Münzberg Rn 2). Eine Verpflichtung des Schuldners zur Angabe seines Geburtsdatums bei Vermögensoffenbarung begründet Abs 1 S 4 nicht; auch Ermittlungspflichten des Gerichts bestehen nicht. Wenn das Geburtsdatum erst bei nachzutragender weiterer Haftanordnung (Rn 4) oder Abgabe der Versicherung durch den verhafteten Schuldner bekannt wird, ist es mit der beizuschreibenden Eintragung in das Verzeichnis aufzunehmen. Wenn es nach Eintragung noch bekannt wird (so in einem Erinnerungsverfahren), wird es nicht nachgetragen (die Eintragung ist bereits erfolgt und abgeschlossen; aA Hornung Rpfleger 95, 233 [234]; StJ/Münzberg Rn 2). 6

IV) Die **Eintragung** erfolgt eigenverantwortlich durch den mit der Führung des Verzeichnisses beauftragten (Urkunds-)Beamten, damit auch ohne besondere Verfügung (§ 17 III S 1 AktO; aA Hornung Rpfleger 95, 233 [236]; Schauf DGVZ 94, 185; StJ/Münzberg Rn 3: verfügt der Rechtspfleger; ist nicht ausgeschlossen, aber auch nicht vorgesehen und widerspricht der selbständigen Stellung des Urkundsbeamten; vgl auch § 209 Rn 17; daß selbst noch Überwachung des Beamten durch den Rechtspfleger zu erfolgen habe [so StJ/Münzberg aaO]) dürfte auf einer Fehlformulierung beruhen). Für unrichtige Eintragung (kann die Kreditwürdigkeit des Schuldners schmälern) haftet der Staat (RG 118, 242); Verpflichtung zur Nachrprüfung: RG 140, 152. 7

V) Den Erfordernissen eines wirksamen **Datenschutzes** dient **Abs** 2 mit Eingrenzung der Zwecke, für die personenbezogene Daten aus dem Schuldnerverzeichnis verwendet werden dürfen. Als personenbezogene Daten dürfen Eintragungen demnach an Dritte nur bekanntgegeben werden, als hierfür ein unabweisbares, aus dem Zweck der Eintragung abgeleitetes Bedürfnis besteht (BT-Dr 12/193 S 7). Diese Zweckbestimmung für alle Informationen aus dem Schuldnerverzeichnis (für Einzelauskünfte ebenso wie für Abdrucke und Listen sowie auf ihrer Grundlage erstellte Dateien) begrenzt Abs 2 auf Zwecke der ZwV (schließt Verwaltungszwangsverfahren ein), die Wahrung gesetzlicher Pflichten zur Prüfung wirtschaftlicher Zuverlässigkeit, die Prüfung der Voraussetzungen für die Gewährung öffentlicher Leistungen (ermöglicht zB Auskunft an das Arbeitsamt für die Gewährung von Konkursausfallgeld), den Schutz des redlichen Verkehrs und die Strafverfolgung (schließt Ermittlungen der Strafverfoldungsbehörde ein). Zu anderen Zwekken dürfen Informationen aus dem Schuldnerverzeichnis weder übermittelt noch sonst verwendet werden. Zur Datenübermittlung ins Ausland Heß Rpfleger 96, 89 [93]. 8

VI) Führung des Schuldnerverzeichnisses als Speicherung personenbezogener Informationen gebietet, die zur **Datensicherung** (insbes auch Schutz gegen unzulässige Einsicht und ungewolltes Bekanntwerden) erforderlichen technischen und organisatorischen Maßnahmen zu treffen (§ 9 BDSG; Karteikästen müssen verschlossen sein) und verpflichtet bei der Datenverarbeitung beschäftigte Personen zur Wahrung des **Datengeheimnisses** (§ 5 BDSG). 9

VII) Auf das nach § 107 II KO zu führende Verzeichnis derjenigen Schuldner, bezüglich deren der Antrag auf Eröffnung des **Konkursverfahrens** mangels Masse abgelehnt wurde (s auch § 81 VerglO), findet § 915 I (anders Abs 2) keine Anwendung (AG Regensburg Rpfleger 79, 267; LG Oldenburg Rpfleger 81, 70; aA AG Bad Hersfeld Rpfleger 79, 64; Uhlenbruck MDR 71, 891). 10

915a

[Löschung der Eintragungen im Schuldnerverzeichnis]

(1) Eine Eintragung im Schuldnerverzeichnis wird nach Ablauf von drei Jahren seit dem Ende des Jahres gelöscht, in dem die eidesstattliche Versicherung abgegeben, die Haft angeordnet oder die sechsmonatige Haftvollstreckung beendet worden ist.

(2) Eine Eintragung im Schuldnerverzeichnis wird vorzeitig gelöscht, wenn

1. **die Befriedigung des Gläubigers, der gegen den Schuldner das Verfahren zur Abnahme der eidesstattlichen Versicherung betrieben hat, nachgewiesen worden ist oder**
2. **der Wegfall des Eintragungsgrundes dem Vollstreckungsgericht bekanntgeworden ist.**

I) Zweck: Regelung der Dauer der Eintragung im Schuldnerverzeichnis und deren Löschung. 1

II) Löschung wegen Fristablaufs erfolgt von Amts wegen (bedarf keiner gesonderten Verfügung) nach 3 Jahren seit dem Ende des Jahres, in dem die Versicherung abgegeben, die Haft angeordnet oder die 6monatige Haftvollstreckung beendet worden ist (Abs 1). Fristbeginn mit dem Jahresende dient der Geschäftserleichterung (laufende Kontrolle oder Aussonderung über- 2 holter Eintragungen in kurzen Zeitabständen würden Geschäftsablauf und -belastung nicht ermöglichen). Wahrung der Schuldnerbelange: § 915b II. Das Jahr, in dem die Versicherung abgegeben worden ist, muß auch dann maßgebend bleiben, wenn Nachbesserung (Ergänzung) des Vermögensverzeichnisses (§ 903 Rn 14) erst im darauffolgenden Jahr erfolgt ist. Die Versicherung zur Nachbesserung (Ergänzung oder Vervollständigung) des Vermögensverzeichnisses ist daher mit der Versicherung nach Ablauf der für diese maßgeblichen 3-Jahresfrist zu löschen (Nachbesserung verlängert die 3-Jahresfrist des § 903 nicht; s dort Rn 3). Ein im Nachbesserungsverfahren ergangener Haftbefehl (§ 903 Rn 16) kann nicht länger als die beigeschriebene Ergänzung eingetragen bleiben, ist somit wie diese gleichfalls mit der Versicherung zu löschen (so auch StJ/Münzberg Rn 2). Die (nochmalige) Versicherung nach § 903 wird als (selbständige) eidesstattl Versicherung eingetragen (§ 915 Rn 3); Löschung der vorgehenden eidesstattl Versicherung und der (nochmaligen) Versicherung nach § 903 erfolgen nach Ablauf der jeweiligen Jahresfrist daher gesondert. Als Registermaßnahme hat die Löschung auf den Bestand eines Haftbefehls keine Auswirkung (s § 909 Rn 4).

3 **III) 1) Vorzeitige Löschung** erfolgt, wenn die **Befriedigung** des Gläubigers **nachgewiesen** worden ist (Abs 2 Nr 1; Glaubhaftmachung genügt nicht). Befriedigt sein muß der Gläubiger nur wegen der Vollstreckungsforderung, wegen der er das Verfahren betrieben hat (§ 900 Rn 2), nicht auch wegen eines Forderungsteils, für den er Antrag nicht gestellt hatte, und auch nicht wegen anderer Forderungen gegen den Schuldner. Der Erlaß der Forderung steht der Befriedigung gleich (LG Hannover Rpfleger 70, 442); Stundung der Forderung und Zustimmung des Gläubigers ermöglichen Löschung jedoch nicht (LG Tübingen Rpfleger 86, 25; LG Freiburg Rpfleger 86, 187).

4 2) **Vorzeitige Löschung** erfolgt außerdem, wenn der **Wegfall des Eintragungsgrundes** dem Vollstreckungsgericht bekannt geworden ist (Abs 2 Nr 2). In Betracht kommen Gründe, die nach § 776 die Aufhebung bereits getroffener Vollstreckungsmaßregeln bewirken (LG Münster Rpfleger 96, 168) wie zB Aufhebung des Vollstreckungstitels, auf Grund dessen das Offenbarungsverfahren betrieben wurde, oder seiner vorläufigen Vollstreckbarkeit, Unzulässigkeit der ZwV aus diesem Titel (§ 776 S 1 mit § 775 Nr 1). Der Eintragungsgrund entfällt außerdem mit Aufhebung der Haftanordnung auf Beschwerde (LG Dortmund NJW 59, 2269; hierzu außerdem § 901 Rn 13) und wenn der Widerspruch nach § 900 V nach Abgabe der Versicherung für gerechtfertigt erklärt wird (kann insbes bei § 900 V S 2 Hs 2 eintreten).

5 3) Für vorzeitige Löschung (Rn 3 u 4) ist Antrag des Schuldners nicht erforderlich; die Eintragung ist **von Amts wegen** zu löschen. Nachweis der Gläubigerbefriedigung (Abs 2 Nr 1) kann durch den Schuldner oder Gläubiger erbracht sein, namentlich durch Vorlage einer Urkunde (§ 775 Nr 4) oder eines Zahlungsbelegs (§ 775 Nr 5). Ermittlungen vAw zur Erforschung eines Löschungsgrundes haben nicht stattzufinden (Hornung Rpfleger 95, 233 [236]; StJ/Münzberg Rn 5). Das Vollstreckungsgericht hat tätig zu werden, wenn es auf irgend eine Weise von dem Vorhandensein einer Löschungsvoraussetzung Kenntnis erlangt. Im Interesse des Schuldners liegt es daher, dem Vollstreckungsgericht die Gläubigerbefriedigung nachzuweisen oder von einem sonstigen Löschungsgrund Kenntnis zu geben. Anhörung des Gläubigers kann (insbes zur Überprüfung eines vom Schuldner vorgelegten Zahlungsnachweises), muß aber nicht erfolgen.

6 4) Die **vorzeitige Löschung** (Rn 3 u 4) wird vom Vollstreckungsgericht (Rechtspfleger, § 20 Nr 17 RpflG) durch **Beschluß angeordnet.** Es wird dem Schuldner und dem Gläubiger mitgeteilt (§ 329 II S 1; keine Zustellung).

7 **IV) Löschen** ist das Unkenntlichmachen gespeicherter personenbezogener Daten (§ 3 V Nr 5 BDSG). Es erfolgt dadurch, daß die Karteikarte vernichtet (§ 15 Nr 5 AktO) oder (wenn sie mehrere Eintragungen enthält) die zu löschende Eintragung unkenntlich gemacht wird.

8 **V)** Wenn Anordnung der **Haft** in Einzelverfahren **mehrerer Gläubiger** (in mehreren Einzelverfahren desselben Gläubigers), somit mehrfach eingetragen und die Löschungsvoraussetzung des Abs 2 nur für eines der Einzelverfahren erfüllt ist, ist Löschung nur der in dieser Vollstreckungssache angeordneten Haft anzuordnen und auszuführen. Die Einzeleintragung wird dadurch gelöscht, daß sie unkenntlich gemacht wird. Löschung der Gesamteintragung in der Weise, daß der Name des Schuldners unkenntlich gemacht oder das Verzeichnis vernichtet wird, kann erst erfolgen, wenn sie für alle Einzeleintragungen angeordnet ist. Löschung der Eintragung über die eidesstattl Versicherung, die der verhaftete Schuldner für mehrere Gläubiger (für einen Gläubiger in mehreren Angelegenheiten) abgegeben hat (§ 902 Rn 6), kann vorzeitig nur erfolgen, wenn die Befriedigung aller Gläubiger nachgewiesen ist (so auch StJ/Münzberg Rn 3). Liegen die Voraussetzungen für Löschung der Eintragung nur hinsichtlich des Gläubigers vor, in dessen Angelegenheit der Schuldner die Versicherung abgegeben hat, nicht aber auch für andere Gläubiger, in deren Verfahren die Haft angeordnet ist, so ist nur die eingetragene Versicherung zu löschen (die Hafteintragungen bleiben dann bestehen).

8a **VI)** Auch Löschung der Eintragungen vor dem 1. 1. 1995 bestimmt sich nach § 915a.

VII) Gebühren 1) des **Gerichts:** Die Auskunft ist gebührenfrei. – 2) des **Anwalts:** § 58 III Nr 12 BRAGO nimmt noch bezug auf § 915 II aF, wurde im G zur Änderung von Vorschriften über das Schuldnerverzeichnis nicht angepaßt. Für die Fälle des § 915a II Nr 1 steht dem RA diese Gebühr dennoch zu, denn die unbeabsichtigt geschaffene Lücke ist zumindest über § 2 BRAGO zu schließen. Daß die Löschung jetzt vAw erfolgt (Rn 5), früher einen Antrag voraussetzte, steht nicht entgegen, denn die Gebühr des § 58 III Nr 12 BRAGO erhielt der RA schon bisher für das Tätigwerden im Verfahren, wurde also nicht erst durch die Antragstellung ausgelöst. 9

915b *[Auskunft aus Schuldnerverzeichnis]*

(1) Der Urkundsbeamte der Geschäftsstelle erteilt auf Antrag Auskunft, welche Angaben über eine bestimmte Person in dem Schuldnerverzeichnis eingetragen sind, wenn dargelegt wird, daß die Auskunft für einen der in § 915 Abs. 2 bezeichneten Zwecke erforderlich ist. Ist eine Eintragung vorhanden, so ist auch das Datum des in Absatz 2 genannten Ereignisses mitzuteilen.

(2) Sind seit dem Tage der Abgabe der eidesstattlichen Versicherung, der Anordnung der Haft oder der Beendigung der sechsmonatigen Haftvollstreckung drei Jahre verstrichen, so gilt die entsprechende Eintragung als gelöscht.

I) 1) **Auskunft** darüber, welche Angaben über eine bestimmte Person in dem Schuldnerverzeichnis eingetragen sind (darunter fällt auch die negative Auskunft, daß keine Eintragung vorhanden ist) wird nur für die in § 915 II bezeichneten erlaubten Zwecke erteilt (Abs 1 S 1). Eine allgemeine Einsicht in das Schuldnerverzeichnis (früher § 915 III Hs 2) ist demnach nicht zulässig. Auch über die vor dem 1. 1. 1995 erfolgten Eintragungen kann Auskunft nur noch nach § 915b erteilt werden (§ 915 III aF ist außer Kraft getreten). 1

2) Erteilt wird die Auskunft auf (mündlichen oder schriftlichen) **Antrag** an jedermann, der Erforderlichkeit für einen erlaubten Zweck (§ 915 II) darlegt. **„Erforderlich"** ist eine Auskunft, wenn ihre Einholung angezeigt ist (BT-Dr 12/193 S 9). Nicht verlangt ist, daß die Auskunft das einzige (oder gar letzte) Mittel zur Erreichung des Zwecks ist (BT-Dr aaO). **„Darlegen"** bedeutet schlüssiges, in sich widerspruchsfreies und überzeugendes Vortragen (BT-Dr aaO). Nicht verlangt ist, daß der Anfragende weitergehend ein berechtigtes Interesse an der Auskunft nachweist oder glaubhaft macht (BT-Dr aaO). 2

3) Verlangt werden kann mündliche oder schriftliche **Erteilung der Auskunft.** Das mit einer Eintragung mitzuteilende „Datum des in Abs 2 genannten Ereignisses" ist der Tag der Abgabe der Versicherung (nicht mehr aber der für die 3-Jahresfrist unerheblichen Nachbesserung, § 915a Rn 2; sie gehört zu den in der Auskunft zu bezeichnenden Angaben, s § 915 Rn 3), der Tag der Anordnung der Haft oder der Beendigung der 6monatigen Vollstreckung, nicht das Ende der 3 Jahre seit diesem Tag (aA BL/Hartmann Rn 5). Sind mehrere Eintragungen vorhanden, ist für jede das Datum des maßgeblichen Ereignisses bekanntzugeben. 3

II) Zuständig für Erteilung der Auskunft ist der Urkundsbeamte. Geschäftsmäßige Behandlung der Anfragen und Anträge: § 17 VI–IX AktO. 4

III) Abs 1 schließt als spezielle Regelung für das Informationsbedürfnis des Geschäftsverkehrs § 299 aus; Einsicht in das Schuldnerverzeichnis kann daher nicht gewährt werden. 5

IV) Datenschutz gewährleistet Abs 2 **nach Ablauf von 3 Jahren** im Hinblick darauf, daß die Löschungsfrist erst nach Jahresablauf beginnt (§ 915a I). Mit dem Ablauf von 3 Jahren seit dem Tag der Abgabe der Versicherung usw besteht die Eintragung nicht mehr; von da an kann über sie vor Ende des Jahres und Löschung Auskunft nach Abs 1 nicht mehr erteilt werden, auch nicht mehr, wenn der Antrag noch vor Ablauf dieser Frist gestellt war. 6

V) Dem **Eingetragenen** ist auf Antrag Auskunft zu erteilen (§ 19 BDSG mit Einzelheiten). Auch für diese Auskunft gilt die Eintragung mit dem Ablauf von 3 Jahren nach Abs 2 als gelöscht. 7

915c *[Ausschluß der Beschwerde]*

Gegen Entscheidungen über Eintragungen, Löschungen und Auskunftsersuchen findet die Beschwerde nicht statt.

I) **Rechtsbehelf** gegen die **Eintragung** durch den Urkundsbeamten (§ 915 Rn 2) und gegen die Ablehnung eines Auskunftsersuchens durch ihn (§ 915b Rn 4) ist Erinnerung an den Richter (§ 576 I). Gegen dessen Entscheidung findet Beschwerde nicht statt. 1

II) **Rechtsbehelf** gegen Anordnung oder Ablehnung (Köln NJW-RR 95, 1343 = Rpfleger 95, 370) **vorzeitiger Löschung** durch den Rechtspfleger (§ 915a Rn 6), auch wenn die Eintragung vor dem 1. 1. 1995 erfolgt ist (Köln aaO), ist die befristete Erinnerung nach § 11 I RpflG. Ihr kann der 2

Rechtspfleger nicht abhelfen (§ 11 II S 1 RpflG); es entscheidet der Richter (§ 11 II S 3 RpflG), weil Beschwerde nicht stattfindet. Ausgeschlossen ist Beschwerde auch, wenn der Richter die Anordnung vorzeitiger Löschung aufhebt.

3 **III)** Gegen die **Justizverwaltungsentscheidung** über einen Antrag nach § 915 d I S 1 ist der Rechtsweg zu den ordentlichen Gerichten nach §§ 23–30 EGGVG gegeben (§ 20 SchuVVO).

915d *[Erteilung von Abdrucken aus dem Schuldnerverzeichnis]*

(1) Aus dem Schuldnerverzeichnis können nach Maßgabe des § 915e auf Antrag Abdrucke zum laufenden Bezug erteilt werden, auch durch Übermittlung in einer nur maschinell lesbaren Form. Bei der Übermittlung in einer nur maschinell lesbaren Form gelten die von der Landesjustizverwaltung festgelegten Datenübertragungsregeln.

(2) Die Abdrucke sind vertraulich zu behandeln und dürfen Dritten nicht zugänglich gemacht werden.

(3) Nach der Beendigung des laufenden Bezugs sind die Abdrucke unverzüglich zu vernichten; Auskünfte dürfen nicht mehr erteilt werden.

1 **I) Abdrucke** aus dem Schuldnerverzeichnis können zum **laufenden** (nicht zu einem nur vorübergehenden, zeitlich unterbrochenen) **Bezug** auf Antrag nach Maßgabe des § 915e erteilt werden. Übermittlung der Abdrucke kann auch in nur maschinell lesbarer Form erfolgen, somit durch Übergabe von (körperlich-gegenständlichen) Datenträgern und durch datenträgerlose Übermittlung (Datenfernübertragung; BT-Dr 12/193 S 16). Abdruck einer Eintragung wird nicht mehr erteilt, wenn bereits im Zeitpunkt der Übermittlung die vorzeitige Löschung (915a II) verfügt ist; es erfolgt dann auch keine Unterrichtung über die Löschung (AG Nordenham DGVZ 93, 63).

2 **II)** Besonderen Schutz der Persönlichkeitssphäre des Schuldners soll Abs 2 sicherstellen mit dem **Gebot vertraulicher Behandlung** und dem Verbot, Eintragungen Dritten zugänglich zu machen. Das verpflichtet auch dazu, die zur Datensicherung erforderlichen technischen und organisatorischen Maßnahmen zu treffen (§ 915 Rn 9). Auskunft: § 915e II, § 915f.

3 **III)** Abdruckbezieher können den **Bezug** jederzeit **beenden.** Daß dem Schuldner dann kein Nachteil erwächst, gewährleistet Abs 3 mit (zwingend vorgeschriebener) unverzüglicher Vernichtung der Abdrucke und dem Verbot, Auskunft über dem bisherigen Bezieher noch bekannte Eintragungen zu erteilen.

915e *[Bezieher von Abdrucken]*

(1) Abdrucke erhalten

a) Industrie- und Handelskammern sowie Körperschaften des öffentlichen Rechts, in denen Angehörige eines Berufes kraft Gesetzes zusammengeschlossen sind (Kammern),

b) Antragsteller, die Abdrucke zur Errichtung und Führung zentraler bundesweiter oder regionaler Schuldnerverzeichnisse verwenden, oder

c) Antragsteller, deren berechtigtem Interesse durch Einzelauskünfte, insbesondere aus einem Verzeichnis nach Buchstabe b, oder durch den Bezug von Listen (§ 915f) nicht hinreichend Rechnung getragen werden kann.

(2) Die Kammern dürfen ihren Mitgliedern oder den Mitgliedern einer anderen Kammer Auskünfte erteilen. Andere Bezieher von Abdrucken dürfen Auskünfte erteilen, soweit dies zu ihrer ordnungsgemäßen Tätigkeit gehört. § 915d gilt entsprechend. Die Auskünfte dürfen auch im automatisierten Abrufverfahren erteilt werden, soweit diese Form der Datenübermittlung unter Berücksichtigung der schutzwürdigen Interessen der Betroffenen wegen der Vielzahl der Übermittlungen oder wegen ihrer besonderen Eilbedürftigkeit angemessen ist.

(3) Die Kammern dürfen die Abdrucke in Listen zusammenfassen oder hiermit Dritte beauftragen. Sie haben diese bei der Durchführung des Auftrages zu beaufsichtigen.

(4) In den Fällen des Absatzes 1 Satz 1 Buchstabe b und c gilt für nicht-öffentliche Stellen § 38 des Bundesdatenschutzgesetzes mit der Maßgabe, daß die Aufsichtsbehörde auch die Verarbeitung und Nutzung dieser personenbezogenen Daten in oder aus Akten überwacht und auch überprüfen kann, wenn ihr keine hinreichenden Anhaltspunkte dafür vorliegen, daß eine Vorschrift über den Datenschutz verletzt ist. Entsprechendes gilt für nicht-öffentliche Stellen, die von den in Absatz 1 genannten Stellen Auskünfte erhalten haben.

I) Zweck: Festlegung des Kreises der Bezieher von Abdrucken und Regelung der Auskunftserteilung durch diese. 1

II) Erhalten können **Abdrucke** auf Antrag zum laufenden Bezug (§ 915d): **1) Industrie- und Handelskammern** sowie berufsständische **Selbstverwaltungskörperschaften** (Handwerkskammer, Rechtsanwalts-, Steuerberater- und Ärztekammer usw; Abs 1 a). Ein berechtigtes Interesse brauchen sie nicht besonders nachzuweisen. 2

2) Private Antragsteller, die **zentrale** bundesweite oder regionale **Schuldnerverzeichnisse** errichten und führen, ebenso wie Kammern. Ein besonderes berechtigtes Interesse brauchen sie nicht darzulegen (Abs 1 b). Damit ist klargestellt, daß die zentrale Führung und Zusammenfassung von Schuldnerverzeichnissen durch private Unternehmen zulässig ist (BT-Dr 12/193 S 17). 3

3) Andere Antragsteller nur bei berechtigtem Interesse (Abs 1 c). Anderer Antragsteller kann eine natürliche oder jur Person des Privatrechts oder eine Behörde sein. Ein berechtigtes Interesse kann sich aus der persönlichen Aufgabenstellung einer Behörde (zB Gewerbeamt) ergeben oder bestehen zB bei Handelsauskunfteien sowie bei Unternehmen mit vielen Kreditnehmern (BT-Drucks 12/193 S 11). Durch das AG können Abdrucke anderen Antragstellern jedoch auch bei berechtigtem Interesse nicht erteilt werden, wenn ihm durch Einzelauskünfte und insbes auch den Bezug von Listen (Abs 1a u 3 mit § 915 f) hinreichend Rechnung getragen werden kann. Grund: Entlastung der AG. Der Bezug von Abdrucken aus dem Schuldnerverzeichnis scheidet demnach insbes bei Antragstellern aus, die Mitglied einer Kammer sind, sowie dann, wenn Zugang zu einem zentralen Schuldnerverzeichnis (Abs 1 b) möglich und zumutbar ist. 4

4) Bewilligung als Voraussetzung des Bezugs von Abdrucken und Erteilung von Listen sowie Bewilligungsverfahren: §§ 2–8 SchuVVO. Abdrucke und Listen sowie automatisiertes Abrufverfahren: §§ 9–19 SchuVVO. 5

III) 1) Einzelauskünfte dürfen die **Kammern** (Abs 1 a) Mitgliedern (auch denen anderer Kammern) erteilen (Abs 2 S 1 als Ausnahme von § 915d II). Erteilt werden darf auch einem Mitglied Auskunft nur unter Wahrung der Zweckbindung (§ 915 II als allgemeine Regelung des Datenschutzes). Nach Ablauf von 3 Jahren gilt die Eintragung auch für diese Auskunftserteilung als gelöscht (§ 915b II entspr; dort Rn 6). 6

2) Andere Bezieher von Abdrucken (Abs 1 b, c) dürfen **Einzelauskunft** an Dritte nur erteilen, soweit dies zu ihrer ordnungsgemäßen Tätigkeit gehört (Abs 2 S 2). 7

IV) Auch diese Auskünfte sind **vertraulich** zu behandeln (Abs 2 S 3 mit § 915d II, III). 8

V) Erteilung der Auskünfte in einer nur **maschinell lesbaren Form** ermöglicht Abs 2 S 3 mit § 915d I; Erteilung im automatisierten Abrufverfahren sieht Abs 2 S 4 vor. 9

VI) Zusammenfassung der Abdrucke in **Listen zur Weitergabe** an Kammermitglieder (§ 915f I) ermöglicht Abs 3. Die technische Hilfe Dritter kann auch für Versendung der Listen an die von der Kammer bestimmten Mitglieder in Anspruch genommen werden. Die Verpflichtung der Kammer zur Beaufsichtigung des Dritten (Abs 3 S 2) begründet auch eine Verantwortlichkeit dafür, daß die Listen nicht an Unbefugte gelangen. Sonst dürfen Bezieher von Abdrucken (Abs 1) nur Auskunft nach Abs 2, nicht aber wiederum Abdrucke an Dritte erteilen (Hornung Rpfleger 95, 233 [238]; aA Lappe NJW 94, 3067 [3068]. 10

VII) Nicht-öffentliche Empfänger (Begriff: § 2 IV BDSG) von Abdrucken unterstellt Abs 4 hinsichtlich der Verarbeitung und Nutzung dem **Kontrollverfahren** des § 38 BDSG. 11

915f *[Datensicherung bei Weitergabe von Informationen]*

(1) Die nach § 915e Abs. 3 erstellten Listen dürfen den Mitgliedern von Kammern auf Antrag zum laufenden Bezug überlassen werden. Für den Bezug der Listen gelten die §§ 915d und 915e Abs. 1 Buchstabe c entsprechend.

(2) Die Bezieher der Listen dürfen Auskünfte nur jemandem erteilen, dessen Belange sie kraft Gesetzes oder Vertrags wahrzunehmen haben.

(3) Listen sind unverzüglich zu vernichten, soweit sie durch neue ersetzt werden.

(4) § 915e Abs. 4 gilt entsprechend.

I) Zweck: Datenschutzrechtliche Sicherung zur Wahrung der Schuldnerbelange bei der im Interesse des redlichen Geschäftsverkehrs erlaubten Weitergabe von Informationen durch Kammern. 1

II) Weitergabe der Listen der Kammern (§ 915e III) an die (eigenen) Mitglieder (nicht auch an die anderer Kammern; StJ/Münzberg Rn 1) zum laufenden Bezug kann auf Antrag erfolgen (Abs 1 S 1); auch in einer nur maschinell lesbaren Form (Abs 1 S 2 mit § 915d). Erforderlich ist 2 berechtigtes Interesse des Antragstellers (§ 915e Rn 4) sowie weiter, daß diesem durch Einzelauskünfte nicht Rechnung getragen werden kann (Abs 1 S 2 mit § 915e I c; dort Rn 4). Besondere Bewilligung erfordert der Bezug von Listen nicht (BT-Dr 12/6914 S 13). Die Bezugsberechtigung hat die Kammer zu prüfen. Vertrauliche Behandlung und Vernichtung der Listen: Abs 1 S 2 mit § 915d II u III.

3 III) **Einzelauskunft** darf ein Bezieher der Listen an einen Dritten nur erteilen, wenn er dessen Interessen kraft Gesetzes oder Vertrags wahrzunehmen hat (Abs 2) und auch dann nur innerhalb der durch die Zweckbindung gezogenen Grenzen. Beispiel (nach BT-Dr 12/193 S 12): Hinweis des Rechtsanwalts über Eintragung im Schuldnerverzeichnis an Mandanten, der eine Klage auf Geldzahlung erheben will. Weitergabe oder Veröffentlichung der Listen ist ausgeschlossen.

4 IV) Unverzüglich **zu vernichten** (nicht nur abzulegen) ist jede durch eine neue ersetzte Liste (Abs 3).

5 V) Dem **Kontrollverfahren nach § 38 BDSG** unterliegen auch nicht-öffentliche Empfänger von Listen (Abs 4 mit § 915e IV).

915g *[Vollzug von Löschungen in Abdrucken usw]*

(1) Für Abdrucke, Listen und Aufzeichnungen über eine Eintragung im Schuldnerverzeichnis, die auf der Verarbeitung von Abdrucken oder Listen oder auf Auskünften über Eintragungen im Schuldnerverzeichnis beruhen, gilt § 915a Abs. 1 entsprechend.

(2) Über vorzeitige Löschungen (§ 915a Abs. 2) sind die Bezieher von Abdrucken innerhalb eines Monats zu unterrichten. Sie unterrichten unverzüglich die Bezieher von Listen (§ 915f Abs. 1 Satz 1). In den auf Grund der Abdrucke und Listen erstellten Aufzeichnungen sind die Eintragungen unverzüglich zu löschen.

1 I) **Zweck:** Sicherstellung, daß Löschungen im Schuldnerverzeichnis (§ 915a) auch in Abdrukken, Listen und Aufzeichnungen vollzogen werden.

2 II) Spätestens nach **Ablauf der 3jährigen Eintragungsfrist** (vgl § 915a I) sind alle Abdrucke, Listen und Aufzeichnungen über eine Eintragung im Schuldnerverzeichnis zu löschen (Abs 1). Das schließt frühere Löschung nicht aus; dann aber verbietet sich erneute Aufnahme in eine Datei. Abs 2 regelt die Löschungsverpflichtung und das Verfahren bei vorzeitiger Löschung nach § 915a II.

915h *[Ermächtigungsgrundlage für Rechtsverordnungen]*

(1) Das Bundesministerium der Justiz wird ermächtigt, durch Rechtsverordnung mit Zustimmung des Bundesrates

1. **Vorschriften über den Inhalt des Schuldnerverzeichnisses, über den Bezug von Abdrucken nach den §§ 915d, 915e und das Bewilligungsverfahren sowie den Bezug von Listen nach § 915f Abs. 1 zu erlassen,**
2. **Einzelheiten der Einrichtung und Ausgestaltung automatisierter Abrufverfahren nach § 915e Abs. 2 Satz 4, insbesondere der Protokollierung der Abrufe für Zwecke der Datenschutzkontrolle, zu regeln,**
3. **die Erteilung und Aufbewahrung von Abdrucken aus dem Schuldnerverzeichnis, die Anfertigung, Verwendung und Weitergabe von Listen, die Mitteilung und den Vollzug von Löschungen und den Ausschluß vom Bezug von Abdrucken und Listen näher zu regeln, um die ordnungsgemäße Behandlung der Mitteilungen, den Schutz vor unbefugter Verwendung und die rechtzeitige Löschung von Eintragungen sicherzustellen,**
4. **zur Durchsetzung der Vernichtungs- und Löschungspflichten im Falle des Widerrufs der Bewilligung die Verhängung von Zwangsgeldern vorzusehen; das einzelne Zwangsgeld darf den Betrag von 50 000 Deutsche Mark nicht übersteigen.**

(2) Die Landesregierungen werden ermächtigt, durch Rechtsverordnung zu bestimmen, daß

1. **anstelle des Schuldnerverzeichnisses bei den einzelnen Vollstreckungsgerichten oder neben diesen ein zentrales Schuldnerverzeichnis für die Bezirke mehrerer Amtsgerichte bei einem Amtsgericht geführt wird und die betroffenen Vollstreckungsgerichte diesem Amtsgericht die erforderlichen Daten mitzuteilen haben;**
2. **bei solchen Verzeichnissen automatisierte Abrufverfahren eingeführt werden, soweit dies unter Berücksichtigung der schutzwürdigen Belange des betroffenen Schuldners und der**

beteiligten Stellen angemessen ist; die Rechtsverordnung hat Maßnahmen zur Datenschutzkontrolle und Datensicherung vorzusehen.

Sie werden ermächtigt, diese Befugnisse auf die Landesjustizverwaltungen zu übertragen.

I) Die Vorschrift gibt die **Ermächtigungsgrundlage** (Art 80 I GG) zum Erlaß von Rechtsverordnungen über Ergänzungsvorschriften und die Verhängung von Zwangsgeldern zur Durchsetzung von Vernichtungs- und Löschungsverpflichtungen (Abs 1) sowie Schaffung eines zentralen Schuldnerverzeichnisses für einen OLG-Bezirk (Abs 2). 1

II) VO über das Schuldnerverzeichnis (Schuldnerverzeichnisverordnung – SchuVVO) v 15. 12. 1994, BGBl I 3822, zu dieser Lappe NJW 95, 1657. Zum Schuldnerverzeichnis auch § 17 AktO. 2

III) Landesrechtliche Vorschriften: **Berlin:** VO über die Führung eines zentralen Schuldnerverzeichnisses v 25. 5. 1995 (GVBl 328): Neben den Verzeichnissen bei den einzelnen Vollstreckungsgerichten wird ein zentrales Verzeichnis bei dem AG Schöneberg geführt. **Hamburg:** VO über das zentrale Schuldnerverzeichnis v 20. 9. 1994 (GVOBl 263): Neben den Verzeichnissen bei den hamburger AGen wird ein zentrales Schuldnerverzeichnis bei dem AG Hamburg geführt. 3

Fünfter Abschnitt

ARREST UND EINSTWEILIGE VERFÜGUNG

Lit: *Baur,* Studien zum einstweiligen Rechtsschutz, 1967; *Dunkl/Moeller/Baur/Feldmeier/Wetekamp,* Handbuch des vorläufigen Rechtsschutzes, 2. Aufl 1991; *Leipold,* Grundlagen des einstweiligen Rechtsschutzes im zivil-, verfassungs- und verwaltungsgerichtlichen Verfahren, 1971; *Mädrich,* Das Verhältnis der Rechtsbehelfe des Antragsgegners im einstw Verfügungsverfahren 1980; *Morbach,* Einstweiliger Rechtsschutz in Zivilsachen, 1988; *Minnerop,* Materielles Recht und einstweiliger Rechtsschutz 1973; *Schilken,* Die Befriedigungsverfügung, 1976; *Schuschke/Walker,* Vollstreckung und Vorläufiger Rechtsschutz, Bd II (§§ 916–945 ZPO), 1995; *Vogg,* Einstw Rechtsschutz und vorläufige Vollstreckbarkeit, 1991; *Walker,* Der einstw Rechtsschutz im Zivilprozeß und im arbeitsgerichtlichen Verfahren, 1993; sa § 940 Rn 8: Einzelne Rechtsgebiete, insbes „Wettbewerbsrecht".

I) Allgemeines. 1) Arten des vorläufigen Rechtsschutzes. Die durch die Funktion bedingte Arbeitsweise der Gerichte (Erkenntnisverfahren: Klage, münd Verhandlung, Beweisaufnahme, Urteil, Rechtsmittelverfahren) läßt eine Verwirklichung privater Ansprüche mit den Mitteln staatl Zwangsgewalt grundsätzlich erst nach dem für das Verfahren erforderlichen Zeitaufwand zu. Damit ist für den Anspruchsberechtigten die Gefahr gegeben, daß die Verwirklichung seines Rechts nach dem Obsiegen wegen des Verlusts der Vollstreckungsmöglichkeit oder wegen des Aufschubs einer erforderlichen Regelung vereitelt oder wesentlich erschwert werden könnte. Es bedarf daher zusätzlicher Verfahrensvorschriften, um dieser Gefahr zu begegnen. Sie sind in den Instituten des Arrests und der einstw Verfügung geschaffen worden. Der **Arrest** dient der **Sicherung der ZwV wegen Geldforderungen** in das bewegliche und unbewegliche Vermögen, die **einstw Verfügung** der **Sicherung eines Individualanspruchs** und der **einstweiligen Regelung eines streitigen Rechtsverhältnisses.** Die Rechtspraxis hat das Institut der einstw Verfügung fortgebildet und mit der **Leistungsverfügung** eine Grundlage für die ZwV mit dem Ziel einer vorläufigen Befriedigung des Gläubigers geschaffen (§ 935 Rn 2). Arrest und einstw Verfügung schließen einander grundsätzlich aus; zwischen ihnen besteht nur ausnahmsweise ein Wahlrecht (Köln JMBl NW 84, 9; näher § 916 Rn 2). Arrest und einstw Verfügung sind Ausgestaltungen des vorläufigen Rechtsschutzes im Anwendungsbereich der ZPO. Auch in anderen Verfahrensordnungen, wie in der VwGO (§ 123), der FGO (§ 114) und dem BVerfGG (§ 32) finden sich entsprechende Regelungen. Im ArbGG (§§ 62 II, 85 II) wird auf die ZPO verwiesen; im Geltungsbereich des SGG ist § 123 VwGO in bestimmtem Umfang entspr anwendbar (BVerfG 46, 166 = NJW 78, 693 = MDR 78, 200). Die Vorschriften über Arrest und einstw Verfügung sind im Achten Buch der ZPO angesiedelt, wo sie jedoch als Regelungen eines summarischen Erkenntnisverfahrens systematisch nicht hingehören (BVerfG 46, 182). Der Eilrechtsschutz ist eine Ausprägung der Garantie des **effektiven Rechtsschutzes** (BVerfG NJW 95, 2477; Einl Rn 49). 1

2) Verhältnis zur Hauptsache. Im Hinblick auf die unterschiedlichen Rechtsschutzziele (Rn 1) und Wirkungen (vgl § 927; zu § 322 s unten Rn 13) sind beide Verfahren **nebeneinander** zulässig (Hamm NJW-RR 91, 1335 mN = MDR 91, 545; sa § 917 Rn 12 f). Der Gegner hat die Möglichkeit, das Hauptsacheverfahren zu erzwingen (§§ 926, 936). Die Entscheidung in der Hauptsache geht der Eilentscheidung vor (ie § 927 Rn 5) und ist Grundlage für einen gebotenen Ausgleich (vgl 1a

§ 945); uU führt aber bereits die Eilentscheidung zur endgültigen Streitbeilegung (Mittel: Abschlußschreiben, s § 924 Rn 9; § 926 Rn 4).

1b 3) **Verhältnis zu einstweiligen Anordnungen.** Im Anwendungsbereich der §§ 620 ff **geht** das (besondere) Anordnungsverfahren dem (allg) Verfügungsverfahren **vor** (§ 620 Rn 20; sa § 935 Rn 3). War die einstw Verfügung bei Anhängigwerden der Ehesache (s § 620a II) bereits erlassen, bleibt das Verfügungsverfahren zulässig (Düsseldorf OLGZ 87, 367 = FamRZ 87, 497).

2 4) **Internationaler einstweiliger Rechtsschutz.** Internationale Zuständigkeit: IZPR Rn 91; § 919 Rn 2, 8. Inlandsarrest bei ausländischen Titeln und Auslandsvollstreckung als Arrestgrund bei inländischen Titeln: § 917 Rn 15. § 110 ist gegenüber EU-Angehörigen uU nicht anwendbar (EuGH MDR 93, 795 = RIW 93, 85; dazu Bork/Schmidt-Parzefall JZ 94, 18; Wolf RIW 93, 797), gilt aber iü nach Widerspruch (Köln RIW 94, 517 = ZIP 94, 326; Leible NJW 95, 2817 mwN; hier § 110 Rn 3). Ausländischer Konkurs steht inländischem einstw Rechtsschutz nicht entgegen (vgl Flessner, FS Merz, 1992, S 100 ff mwN). Ausländische Arrestbefehle aus dem Anwendungsbereich des **EuGVÜ** werden nach Art 24, 25 EuGVÜ iVm dem AVAG für vollstreckbar erklärt. **Sondervorschriften** für im Ausland geltend zu machende deutsche Arrestbefehle und einstw Verfügungen: §§ 922 I 2, 936; ferner § 32 IV, 33 AVAG.

3 **II) Anwendbare Vorschriften.** 1) Das Verfahren im Arrest- und einstw Verfügungsprozeß ist ein **summarisches Erkenntnisverfahren.** Es finden daher die Vorschriften des Erkenntnisverfahrens Anwendung (zB für den Verfahrensantrag: § 920 Rn 1), soweit sich nicht aus §§ 916–945 und aus den Besonderheiten des Arrests und der einstw Verfügung etwas anderes ergibt (Bsp: § 925 Rn 3); es kommt auf den Einzelfall an (vgl Teplitzky DRiZ 82, 41 f). Arrest und einstw Verfügung dienen zwar verschiedenen Zwecken (s Rn 1), bei der Ähnlichkeit beider Verfahren ist es jedoch zulässig, **von einem Verfahren in das andere überzugehen** (KG NJW 61, 1978; MK/Heinze Rn 66), auch noch in der Rechtsmittelinstanz (Düsseldorf NJW 91, 2028). Darin liegt keine Klageänderung (so aber Düsseldorf aaO). UU kann ein Antrag auf Erlaß einer einstw Verfügung in einen Antrag auf Erlaß eines Arrests **umgedeutet** werden (Köln NJW 70, 1883; MK/Heinze § 935 Rn 6). Ein Übergang vom Arrestprozeß in den Hauptsacheprozeß ist unzulässig (s § 920 Rn 14).

4 2) **Rechtsweg und Zuständigkeit.** Der Arrestprozeß steht nur in solchen Fällen offen, für die der ordentliche Rechtsweg gegeben ist (StJGr Rn 28 mwN). Ist der Rechtsweg zu dem angegangenen Gericht nicht gegeben oder ist es unzuständig, so kommen sowohl eine Rechtswegverweisung (§ 17a II GVG; ie dort Rn 11 ff) als auch eine Verweisung wegen örtl Unzuständigkeit in Betracht (Teplitzky DRiZ 82, 42 mwN; BAG AP § 36 ZPO Nr 27); die Zulassung der weiteren Beschwerde gem § 17a IV 4, 5 GVG scheidet aus (Hamburg OLGZ 94, 367). Die staatl Gerichte sind auch dann für Maßnahmen des einstw Rechtsschutzes zuständig, wenn für die Hauptsache die **Zuständigkeit eines Schiedsgerichts** vereinbart worden ist (BGH NJW 94, 136 f; ZZP 71, 436; Düsseldorf WM 95, 1799; Schuschke/Walker Rn 24 mwN, hM, sehr str; einschr MK/Heinze Rn 22 ff mwN: nur Arrest; sa hier § 1027a Rn 4; § 1034 Rn 59). Der Ausschluß des einstw Rechtsschutzes durch staatl Gerichte in einem Schiedsvertrag ist unwirksam (Vollkommer RdA 82, 21 mwN; LG Frankfurt NJW 83, 761; dazu Vollkommer NJW 83, 726). Der Erlaß eines Arrestbefehls durch ein Schiedsgericht ist ausgeschlossen, da dem Schiedsgericht eine Kompetenz zu Zwangsmaßnahmen fehlt (Vollkommer RdA 82, 21; ebenso im Erg Stürner (Baur/Stürner Rn 51.9; 53.5), der allerdings eine Zuständigkeit des Schiedsgerichts für eine *einstw Verfügung* annimmt, wenn dies dem Parteiwillen entspricht). Im Schrifttum wird zT eine Kompetenz der Schiedsgerichte zur Schaffung „interimistischen Zwischenrechts" angenommen (so MK/Heinze Rn 24 f mN; sa § 1027a Rn 4).

5 3) **Prozeßrechtsverhältnis und Parteistellung. a) Rechtshängigkeit** tritt schon mit Einreichung des Antrags ein (KG MDR 88, 239; JurBüro 93, 486; Düsseldorf FamRZ 92, 962 mwN; JZ 95, 316; München NJW 93, 1604; Bülow ZZP 98, 276 mN, str; vgl Hamm WRP 85, 227 f mN, auch zur aA). Sie wirkt nicht im Verhältnis zwischen dem Arrest-(Verfügungs-)prozeß und dem Hauptsacheverfahren, denn es liegen unterschiedliche Streitgegenstände vor. Während **Streitgegenstand** des einstw Rechtsschutzes der Anspruch auf Sicherung eines Geldanspruchs oder eines Individualanspruchs ist (StJGr Rn 8; München OLGZ 88, 230, hM; krit MK/Heinze Rn 34), liegt dem Hauptsacheverfahren der zu sichernde Anspruch selbst als Streitgegenstand zugrunde (s Einl Rn 60 ff). Im Verhältnis zu einem zweiten Arrestgesuch ist der Einwand der **Rechtshängigkeit** gem § 261 III Nr 1 zu beachten (MK/Heinze Rn 37; Schuschke/Walker Rn 22 f; Wieczorek/Schütze/Thümmel Rn 15). Ein auf den Streitgegenstand des Eilverfahrens beschränktes **Anerkenntnis** ist möglich (Hamm NJW-RR 86, 1232; München OLGZ 88, 230; § 307 Rn 2; einschr MK/Heinze Rn 47 wegen § 938 I), ein **gerichtlicher Vergleich** auch ohne diese Beschränkung (BGH NJW-RR 91, 1021; § 935 Rn 4; § 794 Rn 4). Eine **Änderung** des geltend gemachten Anspruchs (entspr §§ 263 ff) im Widerspruchsverfahren ist möglich (§ 925 Rn 4). **Materiellrechtliche Wirkungen:** Der Arrest-(Verfügungs-)antrag unterbricht **nicht** die **Verjährung** (Palandt/Heinrichs § 209 Rn 23; wichtig bei § 21 UWG), insoweit ist Hauptsacheklage (§ 209 I BGB) oder Vollstreckungshandlung

(§ 209 II Nr 5 BGB) erforderlich; dafür genügt Zustellung von Arrest oder einstw Verfügung nicht (Ulrich WRP 90, 651).

b) Der Antragsgegner erlangt seine **Parteistellung** nicht bereits mit der (vorgezogenen) Rechtshängigkeit (vgl Rn 5), sondern idR erst mit der tatsächlichen Beteiligung am Verfahren (Hamm WRP 85, 228; München NJW 93, 1604; aA MK/Heinze Rn 43), bei unterbliebener Hinzuziehung durch das Gericht spätestens aber dann, wenn er gem § 924 *Widerspruch* einlegt (Bülow ZZP 98, 278; Hamm WRP 85, 228) oder sonst von seinem Recht auf Gehör Gebrauch macht (Hamm OLGR 94, 96); hat er eine **Schutzschrift** eingereicht, ist er von Anfang an beteiligt (Düsseldorf JZ 95, 316; Bülow ZZP 98, 286); die Folge davon ist, daß bei einer Antragsrücknahme vor mündlicher Verhandlung zugunsten des Antragsgegners eine Kostengrundentscheidung entspr § 269 III 3 ergehen kann (KG MDR 88, 239; München NJW 93, 1604; s auch § 920 Rn 13; § 937 Rn 4). **Dritte** können sich im Verfahren unter den Voraussetzungen der §§ 66 ff beteiligen, zB durch Einlegung von Rechtsbehelfen (LG Aachen WM 87, 500). Zu den Fragen der Abtretung des Arrest-/Verfügungsanspruchs s unten Rn 13 aE; § 929 Rn 1. 5a

4) Darlegungs- und Beweislast. a) Die Beweisführung ist durch Zulassung der **Glaubhaftmachung** (§ 294) für Arrest-(Verfügungs-)anspruch und Arrest-(Verfügungs-)grund erleichtert. In Einzelfällen enthält das Gesetz weitere Erleichterungen; so kann ein Verfügungsgrund gesetzlich vermutet werden (zB § 899 II 2 BGB; § 25 UWG) oder von Glaubhaftmachung überhaupt abgesehen werden (§ 921 II). 6

b) Für die **Verteilung der Beweislast** gelten im Eilverfahren keine Besonderheiten; sie entspricht bei Anhörung des Gegners der im ordentlichen Verfahren (ebenso Karlsruhe GRUR 87, 847; Frankfurt FamRZ 89, 88; NJW-RR 91, 175; Stuttgart WRP 91, 269; StJGr § 920 Rn 10; ThP Rn 9; Baur/Stürner Rn 51.13; Brox/Walker Rn 1512; Baumgärtel/Ulrich, Beweislast Bd 3, § 25 UWG Rn 7; **aA** – *volle* Beweislast des Antragstellers: Hirtz NJW 86, 110 mwN). Eine *volle* Beweislast des Antragstellers (also auch für das Fehlen von Einreden und Einwendungen des Gegners) soll allerdings nach verbreiteter Meinung (zB Karlsruhe aaO; Frankfurt aaO; StJGr § 920 Rn 11 f; Brox/Walker aaO; Wieczorek/Schütze/Thümmel § 921 Rn 16) im „einseitigen" Verfahren gelten; doch kann ohne Anhörung des Gegners (und damit Auslösung der allg Beweislastregeln) der Antrag nicht aus Beweislastgründen zurückgewiesen werden (zutr Baumgärtel/Ulrich aaO Rn 9 f; sa § 920 Rn 9; § 922 Rn 5). Beweisverwertungsverbote sind auch im Arrestverfahren zu beachten (KG OLGZ 94, 362). 6a

5) Aussetzung des Anordnungs- und Aufhebungsverfahrens ist wegen der besonderen Eilbedürftigkeit grundsätzlich ausgeschlossen (Teplitzky DRiZ 82, 42; München OLGZ 88, 232; vgl § 148 Rn 4, 9). Ob eine Ausnahme von diesem Grundsatz anzuerkennen ist, ist str; erörtert werden folgende Fälle: 7

a) Eine Aussetzung soll auf Antrag des **Scheinvaters** nach § 153 in Betracht kommen (R-Schwab/Gottwald § 127 II 4; aA Hamm FamRZ 87, 1188; LG Aurich NJW 64, 2358 = MDR 65, 142; hier § 148 Rn 4, 9). Dies ist jedenfalls im Unterhalts-Verfügungsverfahren abzulehnen, da die Unterhaltspflicht bis zur Rechtskraft der Entscheidung des vorgreiflichen Prozesses besteht (§ 1593 BGB; Hamm aaO 1189). 8

b) Der **kartellrechtliche Einwand** gem. § 96 II GWB führt nicht zur Aussetzung des Eilverfahrens (München MDR 82, 62; KG WRP 81, 275; OLGR Hamm 95, 177; MK/Heinze Rn 40). Das Gericht hat die kartellrechtliche Vorfrage selbst zu beurteilen und setzt dem Antragsteller eine Frist zur Erhebung der Feststellungsklage vor dem Kartellgericht (KG WRP 81, 275; StJGr Rn 26). Kann es die Vorfrage nicht zweifelsfrei entscheiden, kann die einstw Verfügung ohne Entscheidung über diese erlassen, ihre Vollziehung aber von einer Sicherheitsleistung abhängig gemacht werden (Hamm GRUR 84, 603 [LS]; krit Winterfeld NJW 85, 1816). 9

c) Eine Vorlagepflicht an den **EuGH** gem Art 177 III EGV besteht im Eilverfahren nicht (EuGH NJW 77, 1585; Frankfurt OLGZ 94, 245; NJW-RR 90, 191; OLGR 94, 79 mwN; Thümmel NJW 96, 1932 f; einschr – mN späterer EuGH-Rspr – Koch NJW 95, 2332; vermittelnd Heß ZZP 108, 94 f: wie Rn 9). 10

d) Die **Vorlage an das BVerfG** gem Art 100 I GG (konkrete Normenkontrolle) kann im Eilverfahren uU zulässig sein (BVerfG 63, 131 = NJW 83, 1179 für Sonderfall; aA Hamburg JZ 83, 67; Goerlich JZ 83, 57 mwN; Teplitzky aaO [§ 940 Rn 5 „Wettbewerbsrecht"] Kap 55 Rn 21). Gleiches gilt für die Vorlage nach Art 100 II GG (völkerrechtl Vorfrage; Frankfurt Rpfleger 82, 301). Die Vorlagepflicht gem Art 100 I GG schließt aber Gewährung vorläufigen Rechtsschutzes nicht aus (BVerfG 86, 382 ff = NJW 92, 2750). Für die Zulässigkeit von **Verfassungsbeschwerden** im Hinblick auf das Erfordernis der Rechtswegerschöpfung gem § 90 II 1 BVerfGG kommt es wegen der rechtlichen Selbständigkeit des Eilverfahrens idR nur auf dieses, nicht auf das Verfahren der Hauptsache an (BVerfG 59, 82; 86, 49 und 140; weitergehend BVerfG 86, 22 = NJW 92, 1676; NJW 93, 1060: uU auch Hauptsacheklage erforderlich). 11

12 **6)** Die **Entscheidung** ergeht bei der einstw Verfügung auf Grund mündl Verhandlung durch Endurteil (uU auch als Anerkenntnisurteil, § 307 [Rn 5] oder Versäumnisurteil, §§ 330, 331 [§ 922 Rn 16]), in dringenden Fällen und bei Zurückweisung des Antrags auch ohne mündl Verhandlung durch Beschluß (§ 937 II). Im Arrestprozeß ist die mündl Verhandlung freigestellt (§ 921 I); sie ist jedoch wegen der überlegeneren Form der Gewährung rechtl Gehörs in allen Fällen zu empfehlen, wenn nicht besondere Dringlichkeit eine sofortige Entscheidung erfordert (§ 921 Rn 1). Für die **Rechtsanwendung** gelten keine Besonderheiten, insbes bedeutet der „summarische" Charakter des Verfahrens nicht eine weitergehende Freistellung von der Gesetzesbindung (Art 20 III, 97 I GG; § 1 GVG); im Gegenteil gebietet die Beschränkung des Instanzenzuges (§ 545 II) und die fehlende Zulassung der Revision bei Divergenz (allg § 546 I Nr 2) in besonderem Maße die Beachtung der höchstrichterlichen Rspr (so LAG Köln LAG-E § 935 Nr 2; s auch § 922 Rn 6).

13 **7) Eingeschränkte Rechtskraft.** Entscheidungen im Arrestverfahren erwachsen in **formelle Rechtskraft.** Auch beschränkte **materielle** Rechtskraft der **ablehnenden Entscheidung** ist zu bejahen (StJGr Rn 14; Schuschke/Walker § 922 Rn 24 f, hM; aA Bongen/Renaud NJW 91, 2886; Wieczorek/Schütze/Thümmel Rn 16; krit auch MK/Heinze Rn 35 und § 922 Rn 27). Gleichwohl ist die Wiederholung des Arrestantrags bei neuen Mitteln der Glaubhaftmachung zulässig (vgl § 922 Rn 18), allerdings mit der Einschränkung, daß der Gläubiger die neuen Mittel der Glaubhaftmachung im ersten Verfahren noch nicht vorbringen konnte (StJGr Rn 16; vgl auch Stuttgart WRP 81, 668). Auch der **stattgebenden** Arrestentscheidung kommt in den Grenzen des § 927 **materielle Rechtskraftwirkung** zu (Loritz ZZP 106, 11). Kann ein Arrest oder eine einstw Verfügung wegen Ablaufs der Vollziehungsfrist (§ 929 II, III) nicht mehr vollstreckt werden, so kann der Gläubiger bei Fortbestehen von Grund und Anspruch einen neuen Arrest (eine neue einstw Verfügung) mit gleichem Inhalt erwirken; dabei ist eine beschränkte Rechtskraftwirkung hinsichtlich des Grundes und des Anspruchs anzunehmen, es sei denn, die frühere Anordnung ist im Rechtsmittelzug oder nach § 927 aufgehoben worden oder der Gläubiger hat ausdrücklich erklärt, daß er daraus keine Folgerungen mehr herleitet (Frankfurt NJW 68, 2112; Hamburg MDR 70, 936). Eine Titelumschreibung der Beschlußverfügung gem §§ 325, 727 ist idR zulässig (ie Loritz ZZP 106, 4 mN, 16 ff; sa § 929 Rn 1).

14 **8) Vollstreckbarkeit.** Arrest und einstw Verfügung sind Vollstreckungstitel, die (gleich ob als Urteil oder Beschluß ergangen) *ohne weiteres* vollstreckbar sind (§ 929 Rn 1); § 708 Nr 6 betrifft nur die ablehnenden oder aufhebenden Entscheidungen im Arrest-(Verfügungs-)verfahren. Die Vollstreckbarkeit kann uU von Sicherheitsleistung abhängen: §§ 921 II, 936. Zur möglichen Unterscheidung von Vollstreckung und Vollziehung: § 928 Rn 2.

916 *[Arrestanspruch]*

(1) Der Arrest findet zur Sicherung der Zwangsvollstreckung in das bewegliche oder unbewegliche Vermögen wegen einer Geldforderung oder wegen eines Anspruchs statt, der in eine Geldforderung übergehen kann.

(2) Die Zulässigkeit des Arrestes wird nicht dadurch ausgeschlossen, daß der Anspruch betagt oder bedingt ist, es sei denn, daß der bedingte Anspruch wegen der entfernten Möglichkeit des Eintritts der Bedingung einen gegenwärtigen Vermögenswert nicht hat.

1 **I) Allgemeines. 1)** Der Arrest wird angeordnet, wenn die besonderen Voraussetzungen **Arrestanspruch** (§ 916) und **Arrestgrund** (§ 917) vorliegen. **Arrestanspruch** ist die Hauptsacheforderung (ie Rn 4 f, 7 f), deren Vollstreckung für den Fall ihrer (idR) späteren Titulierung gesichert werden soll. Gesichert wird die ZwV in das bewegliche und unbewegliche Vermögen des Schuldners.

2 **2) Abgrenzung.** Aus dem Sicherungszweck ergibt sich, daß Ansprüche, die nicht durch ZwV in das bewegliche und unbewegliche Vermögen befriedigt werden, auch nicht durch Arrest gesichert werden können. Das sind Ansprüche, die nach §§ 883–898 vollstreckt werden (vgl ThP Rn 4). Hat sich die Umwandlung des Individualanspruchs in eine Geldforderung noch nicht vollzogen, so kann der Gläubiger **wählen,** ob er den Individualanspruch (durch einstw Verfügung) oder den Geldanspruch (durch Arrest) sichern will (Jauernig, ZwVR, § 35 I 1). Ist der Individualanspruch gefährdet und das Entstehen einer Ersatzforderung in Geld denkbar, so kann neben der einstw Verfügung zur Sicherung der Individualforderung ausnahmsweise auch ein Arrest zur Sicherung des Ersatzanspruchs angeordnet werden (Köln JMBl NW 84, 9).

3 **3) Bestimmtheit.** Der Arrest wird wegen einer bestimmt bezeichneten und glaubhaft gemachten Forderung angeordnet. Der zu sichernde Arrestanspruch muß daher **genau bezeichnet** werden; so kann die einem angeordneten Arrest zugrunde liegende Geldforderung nicht beliebig durch eine andere ersetzt werden. Beispiel: Kein Austausch der dem Arrest zugrunde liegenden Steuerforderungen (BFH BB 83, 1844 = ZIP 83, 853 mit Anm Weiß zum dinglichen Arrest nach § 324 AO 1977; vgl allg Bruschke BB 84, 719 zu §§ 324 ff AO 1977).

II) 1) I betrifft alle **Geldforderungen** (dh Ansprüche auf Zahlung einer Summe Geldes) sowie alle vermögensrechtlichen Ansprüche, soweit diese in eine Geldforderung übergehen können (BGH NJW 96, 324). Gleichfalls hierher gehören auch nichtvermögensrechtliche Individualansprüche, deren Verletzung einen Geldersatzanspruch auslöst (StJGr Rn 2). 4

2) **Beispiele.** Bei einem gegenseitigen Vertrag ist Arrest zur Sicherung einer Forderung des Gläubigers unabhängig davon zulässig, ob er die ihm obliegende Gegenleistung bereits erbracht hat (RG 54, 162). Ein Arrest zur Sicherung des Anspruchs auf Sicherheitsleistung nach **§ 1389 BGB** ist als zulässig anzuerkennen; daß er nicht auf Geldleistung an den Gläubiger, sondern auf Hinterlegung gem § 232 BGB gerichtet ist, steht nicht entgegen (so mit Recht hM, vgl MK/Heinze Rn 7 und § 935 Rn 238; Frey, Die Sicherung des künftigen Zugewinnausgleichs, 1990, S 50 ff; BayObLG MDR 75, 491; Hamm NJW-RR 92, 1410; Düsseldorf NJW-RR 94, 453 mwN; Stuttgart FamRZ 95, 1427, str; **aA** KG FamRZ 86, 1107; Hamburg FamRZ 88, 964 mwN; Kohler FamRZ 89, 800: einstw Verfügung; einschr für den Fall des Verzuges des Schuldners mit der Sicherheitsleistung Köln NJW 70, 1883; Köln FamRZ 83, 709 mwN; gänzlich gegen eine Sicherung im Eilverfahren Celle FamRZ 84, 1231, umgekehrt überhaupt gegen den „Umweg“ über § 1389 BGB aber Ditzen NJW 87, 1807; zust MK-BGB/Gernhuber § 1389 Rn 4, abl Kohler FamRZ 89, 798; für Konkurrenz Frey aaO S 69; s dazu Rn 8). Zum Schutz vor unbegründeter Inanspruchnahme einer Bankgarantie ist der Arrest in den Auszahlungsanspruch des Begünstigten durch den Auftraggeber zulässig (vgl Blau WM 88, 1474 mwN, str; vgl dazu § 940 Rn 8 „Bankrecht“). Die Sicherung von Ansprüchen wegen anfechtbarer Rechtshandlungen nach § 3 AnfG erfolgt durch Arrest, denn es soll der Geldanspruch aus § 7 AnfG gesichert werden (Düsseldorf NJW 77, 1828; **aA** BGH NJW-RR 92, 736 mwN bei Rückgewähr in Natur; allg Koblenz NJW-RR 93, 1344; sa § 935 Rn 9 aE). Bei Verweigerung der Ausstellung richtiger Konnossemente ist Arrest wegen des entstehenden Schadensersatzanspruchs zulässig (Hamburg MDR 73, 142). 5

3) Dem Anspruch auf eine Geldforderung steht der **Anspruch auf Duldung der ZwV** gleich (MK/Heinze Rn 8). Bei einem Grundpfandrecht ist Arrest auch auf Grund des dinglichen Titels zulässig; zwar ist eine weitere Eintragung (gem § 932) nicht zulässig, der Gläubiger erlangt aber einen Titel zur Pfändung mithaftender Gegenstände (StJGr Rn 13). 6

III) 1) Bei **betagten Ansprüchen** (deren künftige Fälligkeit kalendermäßig feststeht oder durch Kündigung herbeigeführt werden kann) findet der Arrest immer, ja auch dann statt, wenn ein vollstreckbarer Titel vorliegt, denn die ZwV selbst darf vor dem Ablauf des Kalendertages nicht erfolgen, § 751. **II** läßt die Sicherung durch Arrest bei bedingten Ansprüchen zu. Dies gilt uneingeschränkt für **auflösend** bedingte Ansprüche, für **aufschiebend** bedingte Ansprüche jedoch dann nicht, wenn der bedingte Anspruch wegen des entfernten Eintritts der Bedingung einen gegenwärtigen Vermögenswert nicht hat. Die Darlegungs- und Beweislast obliegt in diesem Fall dem Schuldner, es sei denn, der Gläubiger hat selbst entsprechende Tatsachen vorgetragen. Die Entscheidung, ob in diesem Sinn ein sicherungsfähiger Anspruch vorliegt, wird im Einzelfall auf Grund der konkreten Umstände zu treffen sein (vgl Hamburg MDR 71, 402). 7

2) Welche Kriterien für die Zulässigkeit der Sicherung eines **künftigen Anspruchs** zu fordern sind, ist bestritten. Wegen § 926 geht die hM davon aus, daß künftige Ansprüche nur gesichert werden können, wenn jedenfalls schon Feststellungsklage (§ 256) möglich ist (R-Schilken § 75 II 1; MK/Heinze Rn 12). Mit StJGr ist jedoch weiter darauf abzustellen, ob ein schutzwertes Interesse besteht, den Anspruch jetzt schon sichern zu können; von Bedeutung ist dabei, wie das Gesetz den Anspruch in anderer Hinsicht derzeit bewertet (StJGr Rn 10, 10a mwN; krit Wieczorek/Schütze/Thümmel Rn 15). Arrest ist möglich zur Sicherung des Anspruchs auf künftigen Unterhalt (Hamm FamRZ 80, 391; Düsseldorf NJW-RR 94, 452 und 454), bei Kindesunterhalt sogar über einen Zeitraum bis zur Volljährigkeit des Antragstellers (KG FamRZ 85, 730; AG Steinfurt FamRZ 88, 1083; aA beim Trennungs- bzw nachehelichen Unterhalt Düsseldorf FamRZ 81, 45), des mit dem Tod des Versicherungsnehmers fällig werdenden Anspruchs aus der Lebensversicherung zu Lebzeiten des Versicherungsnehmers (München JW 16, 287), ferner des Anspruchs auf Kostenerstattung im Prozeß, wenn zu erwarten ist, daß der Schuldner im Rechtsstreit obsiegen wird (RSchwab/Gottwald § 87 V 3; StJGr Rn 11c). Durch Arrest gesichert werden kann, unter der Voraussetzung, daß der Scheidungsantrag rechtshängig geworden ist, der Unterhaltsanspruch des geschiedenen Ehegatten aus §§ 1569 ff BGB (StJGr Rn 11 mwN; Hamm FamRZ 95, 1427, str) sowie der (künftige) Anspruch des Ehegatten auf **Zugewinnausgleich** (Karlsruhe FamRZ 95, 822; MK/Heinze Rn 13; Dietzen NJW 87, 1806; Frey aaO [Rn 5] S 41 ff, str, aA hM, zB Stuttgart FamRZ 95, 1427; vgl auch Rn 5). Arrest scheidet aber aus, solange nicht die erforderliche Vorabentscheidung einer Verwaltungsbehörde über den Anspruch eingeholt ist (R-Schilken § 75 II 1). 8

IV) Einstweilige Verfügung: § 916 I ist durch §§ 935, 940 ersetzt; **II** ist anwendbar. 9

917 *[Dinglicher Arrest, Arrestgrund]*
(1) Der dingliche Arrest findet statt, wenn zu besorgen ist, daß ohne dessen Verhängung die Vollstreckung des Urteils vereitelt oder wesentlich erschwert werden würde.

(2) Als ein zureichender Arrestgrund ist es anzusehen, wenn das Urteil im Ausland vollstreckt werden müßte.

1 **I) Allgemeines. 1)** Der **dingl Arrest** findet statt in das bewegliche und unbewegliche Vermögen des Schuldners. Persönlicher Sicherheitsarrest: § 918. Vollziehung des Arrests: §§ 928 ff.

2 2) Ein **Arrestgrund** nach § 917 ist neben dem Arrestanspruch (§ 916) zweite Voraussetzung für die Arrestanordnung (je Rn 4 ff). Der Arrestgrund ist vom Gläubiger darzulegen und **glaubhaft** zu machen (§ 920 Rn 8 ff). Dies gilt auch bei der Sicherung von Unterhaltsansprüchen, § 1585a BGB ändert daran nichts (Düsseldorf FamRZ 80, 116).

3 **3) Fehlt ein Arrestgrund,** ist der **Antrag als unbegründet,** nicht als unzulässig abzuweisen (R-Schilken § 75 II 2 mwN; StJGr Rn 2; ThP § 916 Rn 3; Schuschke/Walker Rn 1; Mathäser JuS 95, 442, str; aA Teplitzky DRiZ 82, 43; MK/Heinze Rn 2; Wieczorek/Schütze/Thümmel Rn 2). Weder der summarische Charakter des Arrestprozesses noch die – beschränkte – Rechtskraftwirkung bei fehlender Glaubhaftmachung gebieten die Annahme einer besonderen Prozeßvoraussetzung. Der Streit ist ohne praktische Bedeutung, da die Gegenansicht nicht am Prinzip des logischen Vorrangs der Prozeßvoraussetzungen festhält und eine sofortige Abweisung des Antrags (als unbegründet) bei offensichtlichem Fehlen eines Arrestanspruchs zuläßt (vgl Teplitzky DRiZ 82, 43 mwN).

4 **II) Arrestgrund. 1) I** bezeichnet als Arrestgrund nur die Besorgnis, daß die Vollstreckung eines Urteils ohne Arrestverhängung **vereitelt oder wesentlich erschwert** werden würde. Es ist nicht erforderlich, daß ein Urteil oder ein anderer Vollstreckungstitel bereits vorliegt (bei Fehlen: § 926); vielmehr geht es nur um die Sicherung eines später zu titulierenden Arrestanspruchs, § 916 Rn 1. Ob ein Arrestgrund vorliegt, bemißt sich nach dem objektiven Urteil eines verständigen, gewissenhaft prüfenden Menschen (RG 67, 369); auf die persönliche Ansicht des Gläubigers kommt es nicht an.

5 **2) Voraussetzungen. a)** Der Arrest soll vor **unlauterem Verhalten** des Schuldners schützen; er wird etwa begründet durch: Beiseiteschaffen von Vermögensstücken (Düsseldorf NJW-RR 94, 454), Schein- und Schwindelgeschäfte, verdächtige Veräußerung von Vermögenswerten, Verschiebung ins Ausland (Köln ZIP 88, 969; als Fall von **I** unbedenklich im Hinblick auf **II**, s Rn 15), Verschleierung ihres Verbleibs (LG Köln WM 88, 761), Verheimlichung bei Auskunftspflicht (Rn 9), auffallende Grundstücksbelastung, verschwenderische Lebensweise, Verschleuderung von Waren, Abtretung aller fälligen und erst in Aussicht stehenden Ansprüche, unsteter Aufenthalt, Aufgabe des Wohnsitzes, häufiger Wechsel des Wohnsitzes, Wegzug ins Ausland (vgl KG FamRZ 85, 731; Düsseldorf NJW-RR 94, 454; anders bei ausreichendem Inlandsvermögen: Stuttgart NJW-RR 96, 775), uU Verurteilung zu Freiheitsstrafe (vgl Düsseldorf Rpfleger 91, 216). Nicht nötig ist, daß der Schuldner beabsichtigt, die ZwV zu vereiteln oder zu erschweren (BFH BB 78, 1203 LS), oder daß er rechtswidrig oder schuldhaft handelt (Brox/Walker Rn 1498; sa Rn 7) oder andere zu rechtswidrigen Handlungen veranlaßt. Es ist auch gleichgültig, ob der Schuldner auf Vermögensvorteile ausgeht oder ob seine Handlungen ihm solche verschaffen. Es genügt, wenn die Handlungen objektiv die Besorgnis bezügl der späteren ZwV rechtfertigen (RG 67, 369). In der Vergangenheit liegende Handlungen ergeben nur dann einen Arrestgrund, wenn gerade sie die erforderliche Besorgnis rechtfertigen (BGH VersR 75, 764).

6 **b) Bewußt vertragswidriges Verhalten** des Schuldners genügt für sich allein nicht als Arrestgrund (BGH VersR 75, 764); läßt dieses Verhalten jedoch den Schluß zu, daß der Schuldner diese Handlungen wiederholen und dadurch die ZwV vereiteln oder erschweren wird, ist dies Arrestgrund. Es kommt auf die Umstände des Einzelfalles an (BGH WM 83, 614; Köln MDR 86, 595 mwN; Schwerdtner NJW 70, 225; ie Fischer MDR 95, 990 mN). Allein dadurch, daß der Gläubiger eine **Straftat** oder **unerlaubte Handlung** des Schuldners gegen sein Vermögen behauptet, wird ein Arrestgrund nicht angenommen (Schleswig MDR 83, 141; Düsseldorf NJW-RR 86, 1192; Koblenz WM 87, 313). Die den Tatbestand eines vermögensbezogenen Strafgesetzes erfüllenden Tatsachen werden jedoch („in der Regel": München MDR 70, 934; unterscheidend OLGR München 96, 58) im Falle ihrer Glaubhaftmachung auch einen Arrestgrund iS von **I** ergeben (BGH WM 83, 614; ie Fischer MDR 95, 989; einschr Düsseldorf NJW-RR 86, 1192; Koblenz aaO; Mathäser JuS 95, 444).

7 **c)** Auch **Naturereignisse** oder **Handlungen Dritter** gegen den Schuldner können einen Arrestgrund ergeben, wenn dadurch ein Vermögensverfall des Schuldners droht (StJGr Rn 10), zB langandauernde Krankheit (abl AK/Damm Rn 7), Inhaftierung des Schuldners (Köln MDR 86, 595), Boykott seines Gewerbebetriebes uä (Wieczorek/Schütze/Thümmel Rn 16).

oder die in ihrer Freiheit zu beschränkende Person sich befindet (Rn 10). Ist der Arrest erlassen, ist das Arrestgericht auch für das **Widerspruchs- und Aufhebungsverfahren** zuständig (§§ 925–927). Für die **Vollziehung** (§§ 928 ff) gelten, abgesehen von § 930, die sonstigen Bestimmungen über die ZwV.

2) Internationale Zuständigkeit. Sie ergibt sich aus § 919 (Frankfurt ZIP 80, 922). Die deutschen Gerichte sind daher außer bei Hauptsacheanhängigkeit (einschr für Alt 1 Koblenz RIW 90, 318 = ZIP 91, 1098, s Rn 8) oder Hauptsachezuständigkeit (Rn 9) auch zuständig, wenn der mit Arrest zu belegende Gegenstand oder die in ihrer Freiheit zu beschränkende Person sich im Inland befindet (Frankfurt RIW 83, 289; Hamburg RIW 90, 225; sa IZPR Rn 91). Im Anwendungsbereich des EuGVÜ gilt § 919 unabhängig von der Zuständigkeitsordnung der Art 2 ff EuGVÜ, denn diese ist auf das Hauptsacheverfahren beschränkt (Art 24 EuGVÜ). Vereinbarung inländischer Zuständigkeit gem Art 17 EuGVÜ begründet auch Hauptsachegerichtsstand iS von § 919, 1. Alt (Frankfurt ZIP 80, 922). 2

II) Zuständigkeit des Gerichts der Hauptsache (§ 919, 1. Alternative). 1) Gericht der Hauptsache ist das für die Hauptsache örtlich und sachlich zuständige Gericht. **Hauptsache** ist beim Arrest das Verfahren über die zu sichernde Geldforderung, bei der einstw Verfügung der zu sichernde Individualanspruch bzw das zu regelnde Rechtsverhältnis, § 940 (Düsseldorf FamRZ 79, 155; Hamburg WRP 96, 216; MK/Heinze Rn 4; vgl näher § 937 Rn 1). Aus dem Hauptsacheanspruch muß sich regelmäßig der Arrest-/Verfügungsanspruch ergeben. Ist die Hauptsache Familiensache, so ist auch für den Arrest das FamG zuständig (BGH NJW 80, 191 = MDR 80, 216; vgl § 621 Rn 14), bei Anhängigkeit einer Ehesache ist Gericht der Hauptsache das gem § 621 II 1 (ausschließlich) zuständige Gericht (Frankfurt NJW-RR 88, 1350; allg § 621 Rn 85 ff). Das Gericht der Widerklage wird erst mit ihrer Erhebung Gericht der Hauptsache (Schleswig SchlHA 56, 270). An dem Verfahren der Hauptsache müssen dieselben Personen beteiligt sein wie am Arrest; die Parteirolle ist gleichgültig (Frankfurt WRP 96, 27: negative Feststellungsklage). Ein Schiedsgericht kann niemals Arrestgericht sein (ie Rn 4 vor § 916); als Gericht der Hauptsache zuständig ist das Gericht, das ohne den Schiedsvertrag zuständig wäre. Ie ist für das Gericht der Hauptsache nach der konkreten Verfahrenssituation zu unterscheiden (Rn 4–9). 3

2) Ist die **Hauptsache** bereits anhängig, so ist dasjenige Gericht Gericht der Hauptsache, bei dem diese zur Zeit der Antragstellung im Arrestverfahren schwebt (Rn 8). Ist wegen der Hauptsache Mahnbescheid erlassen, so ist bis zur Abgabe (vgl §§ 696 I 4, 700 III) Gericht der Hauptsache ohne Rücksicht auf die Höhe des Streitwertes das AG, dessen Rpfleger den Mahnbescheid erlassen hat (StJGr Rn 4). Die zur Aufrechnung gestellte Gegenforderung ist nicht anhängig, das über sie verhandelnde Gericht mithin insoweit nicht Gericht der Hauptsache (StJGr Rn 3). 4

a) Das Gericht der **ersten Instanz** ist zuständig bis zur Einlegung der Berufung gegen das die Sache in dieser Instanz endgültig abschließende Urteil (MK/Heinze Rn 9; vgl auch allg BGH NJW 95, 1096 mN; sa § 176 Rn 12). Mit Rechtskraft des Berufungsurteils oder Einlegung der Revision ist wiederum das erstinstanzliche Gericht zuständig (BGH Rpfleger 76, 178; StJGr Rn 6a; Wieczorek/Schütze/Thümmel Rn 10). 5

b) Das **Berufungsgericht** entscheidet über das Arrestgesuch in der Zeit zwischen Einlegung der Berufung bis zur Rechtskraft des Urteils bzw Einlegung der Revision (Köln WRP 76, 714; Schleswig NJW-RR 92, 318). 6

c) Ist in erster Instanz Grundurteil (§ 304) ergangen und schwebt der Rechtsstreit wegen des Grundes in der Berufungsinstanz, so ist **sowohl das erstinstanzliche als auch das Berufungsgericht** zuständig (Köln ZZP 71, 243; Karlsruhe MDR 54, 425 LS; MK/Heinze Rn 10, str; aA StJGr Rn 6; BL/Hartmann Rn 4; R-Schilken § 77 I 1a: Gericht erster Instanz). Gleiches gilt für Zwischenurteil (§ 280 II) und Vorbehaltsurteil (§ 302). Beim Teilurteil kommt es auf den zu sichernden Teil des Anspruchs an (Wieczorek/Schütze/Thümmel Rn 10). 7

d) Prüfungsumfang. § 919 knüpft lediglich an das formelle Moment der Anhängigkeit an (LG Frankfurt NJW 90, 652 mN); das Gericht hat daher nicht zu prüfen, ob es für die bei ihm anhängige Hauptsache auch zuständig ist (Hamburg MDR 81, 1027; LG Frankfurt aaO); eine Ausnahme gilt jedoch für den Fall, daß die Rechtswegzuständigkeit (MK/Heinze Rn 7) oder die internationale Zuständigkeit fehlt (Koblenz RIW 90, 318 mwN, str; krit Otte ZIP 91, 1048). Maßgeblich ist der Zeitpunkt des Eingangs des Arrestgesuchs. Verweisung s Rn 4 vor § 916. Spätere rechtskräftige Klageabweisung wegen Unzuständigkeit oder Unzuständigkeit wegen Klageänderung schaden nicht (BL/Hartmann Rn 5; MK/Heinze Rn 8); ein Aufhebungsantrag nach § 927 kann darauf nicht gestützt werden. 8

3) Ist die **Hauptsache noch nicht anhängig,** ist zuständiges Arrestgericht jedes Gericht, das für die Hauptsache örtlich und sachlich zuständig wäre; das angegangene Gericht hat also zu prüfen, ob die Hauptsache bei ihm zulässigerweise anhängig gemacht werden könnte. Der Antragsteller kann unter mehreren zuständigen Gerichten wählen, § 35. Durch zulässige Gerichtsstandsverein- 9

barung (§§ 38, 40) über die Hauptsache wird ein an sich unzuständiges Gericht zum Gericht der Hauptsache und damit auch Arrestgericht (vgl StJGr Rn 1).

10 **III) Zuständigkeit des Amtsgerichts (§ 919, 2. Alternative):** Nach der Wahl des Gläubigers (§ 35) ist auch das AG zuständig, in dessen Bezirk die mit Arrest zu belegende Sache oder Person sich befindet. Sie ist als zuständigkeitsbegründendes Merkmal im Antrag anzugeben; der erlassene Arrest kann jedoch in das gesamte Vermögen des Arrestschuldners vollzogen werden, auch soweit es sich außerhalb des Amtsgerichtsbezirks befindet (StJGr Rn 13; Bittighofer [Lit zu § 23] S 39 f; Thümmel NJW 85, 472: arg § 23 S 1 entspr). Das AG ist auch zuständig, wenn kein anderes deutsches Gericht für die Hauptsache zuständig wäre. Das AG ist, auch wenn Dringlichkeit nicht vorliegt, und ohne Rücksicht auf die Höhe des Anspruchs, selbst wenn der Streit über die Hauptsache bei einem ordentlichen Gericht anhängig ist, zuständig. Gegenstand kann auch eine Forderung sein; sie befindet sich am Wohnsitz des Drittschuldners und, wenn für sie eine Sache zur Sicherheit haftet, auch an dem Ort, wo sich die Sache befindet, § 23 S 2. Bei Hauptsachezuständigkeit des **Arbeitsgerichts** ist die AG-Zuständigkeit seit dem 1. 1. 1991 umstr (verneinend Koch NJW 91, 1858; Schuschke/Walker Rn 13 arg nF von § 48 I ArbGG, § 17 GVG; zutr bejahend zB LG Fulda NJW 96, 266; Vollkommer, FS Kissel, 1994, 1201; vgl § 942 Rn 1 mN).

11 **IV) Einstw Verfügung:** § 919 ist durch §§ 937, 942 ersetzt.

920 *[Arrestgesuch]*

(1) Das Gesuch soll die Bezeichnung des Anspruchs unter Abgabe des Geldbetrages oder des Geldwertes sowie die Bezeichnung des Arrestgrundes enthalten.

(2) Der Anspruch und der Arrestgrund sind glaubhaft zu machen.

(3) Das Gesuch kann vor der Geschäftsstelle zu Protokoll erklärt werden.

1 **I) Arrestantrag (I). 1)** Der Arrestantrag (**I** spricht gleichbedeutend von „Gesuch") leitet das Arrestverfahren ein (ie Rn 12). Seine Formalerfordernisse entsprechen einer Klageschrift gem § 253 II Nr 1 (vgl Frankfurt NJW 92, 1178 = MDR 92, 610), seine **inhaltlichen Mindesterfordernisse** nennt **I** als „Soll"-Vorschrift (zur Bedeutung Rn 6). Ie sind folgende Angaben geboten oder möglich: **a)** „Anspruch" ist der **Arrestanspruch** gem § 916 (vgl dort). Seine **Höhe (Geldwert)** ist anzugeben, denn der spätere Arrestbefehl ist Vollstreckungstitel und aus der darin angegebenen Summe ergeben sich Umfang des Arrestpfandrechts oder Höhe der Sicherungshypothek. Auch die Lösungssumme gem § 923 wird danach bestimmt. Die den Anspruch begründenden **Tatsachen** sind anzugeben, denn der Arrest wird wegen einer bestimmten Forderung verhängt, § 916 Rn 3.

2 **b) Arrestgrund** sind die Tatsachen, welche die Gefährdung der späteren ZwV erkennen lassen, §§ 917, 918.

3 **c)** Der Antrag des Gläubigers ist zweckmäßig auf eine bestimmte **Arrestart** gerichtet (strenger Walker aaO Rn 149). Wird dingl Arrest („in das Vermögen des Schuldners") beantragt, darf das Gericht wegen § 308 nicht den persönl Arrest anordnen, auch wenn dessen Voraussetzungen vorliegen (MK/Heinze Rn 8); gleiches gilt umgekehrt (StJGr § 922 Rn 4). Ist der Antrag nur allgemein auf Arrestverhängung gerichtet, wird regelmäßig dingl Arrest verhängt, es sei denn, der Gläubiger trägt auch die besonderen Voraussetzungen von § 918 vor und die Auslegung seines Antrags ergibt, daß er auch persönl Arrest beantragen will. Wegen des Antrags, nur ohne mündl Verhandlung zu entscheiden s § 921 Rn 1.

4 **d) Weitere Angaben.** Der Antragsgegner ist im Rubrum des Antrags genau zu bezeichnen; uU schwierig ist dies vor allem bei der einstw Verfügung (vgl Raeschke-Kessler NJW 81, 663; § 935 Rn 4; Rn 6 vor § 50). Beantragt der Gläubiger **persönl** Sicherheitsarrest, muß er die besonderen Voraussetzungen von § 918 vortragen (Rn 1). Bestimmte **Arrestgegenstände** müssen nur dann bezeichnet werden, wenn das Gesuch beim AG gem § 919 eingereicht wird (s § 919 Rn 10).

5 **e) Antragsverbindung.** Der **Antrag auf Forderungspfändung** kann in das Arrestgesuch aufgenommen werden (Zuständigkeit: § 930 I 3). Es liegen dann zwei rechtl getrennte Anträge auf Anordnung und Vollziehung des Arrests vor (StJGr Rn 17).

6 **2) Mängel.** Die **Sollvorschrift** des **I** ermöglicht die Ergänzung des Antrags durch Schriftsatz oder in der mündl Verhandlung. Das Gericht ist nach § 139 verpflichtet, bei behebbaren Mängeln auf Ergänzung hinzuwirken. Ein mangelhaftes Gesuch kann aus anderen Gründen (zB unbehebbare Prozeßhindernisse) auch sofort zurückgewiesen werden (StJGr Rn 6), es darf jedoch mit ausreichendem Inhalt wiederholt werden; vgl Rn 13 vor § 916.

7 **3) Form.** Der Antrag kann **schriftlich** eingereicht oder **zu Protokoll der Geschäftsstelle** erklärt werden (**III**), auch im Verfahren vor den Kollegialgerichten; er unterliegt daher nicht dem

Anwaltszwang (§ 78 III; Karlsruhe NJW-RR 93, 1471; StJGr Rn 1). Wird gegen den vom LG erlassenen Arrest Widerspruch erhoben, besteht für die mündl Verhandlung **Anwaltszwang** (§ 78 I; allgM, zB Köln FamRZ 88, 1274; NJW-RR 88, 254); das gleiche gilt für die Beschwerde gegen einen landgerichtl Beschluß (vgl § 922 Rn 13). Vollmacht: §§ 80, 88.

II) Glaubhaftmachung (II). 1) Es gilt § 294. Glaubhaft zu machen sind **Tatsachen;** wegen der rechtl Prüfung: § 922 Rn 6. 8

2) Umfang. II gilt für Arrestanspruch und Arrestgrund (Ausnahmen: § 25 UWG; § 921 II, s dort). Darüber hinaus sind auch die Prozeßvoraussetzungen glaubhaft zu machen (Koblenz WRP 79, 387); Vollbeweis wäre mit dem Eilcharakter unvereinbar (MK/Heinze Rn 20; Wieczorek/Schütze/Thümmel Rn 11) und darf daher nicht verlangt werden. Die Parteien können jedoch den Vollbeweis durch präsente Beweismittel erbringen, etwa durch Urkundenvorlage oder mitgebrachte Zeugen oder Sachverständige in der mündl Verhandlung (Köln MDR 81, 765; Düsseldorf DB 81, 785). Die Beweislastverteilung selbst entspricht der im ordentlichen Verfahren (hM, aber str; vgl Rn 6a vor § 916 mwN). 9

3) Mittel der Glaubhaftmachung s § 294 Rn 3 ff. **a)** Wegen des **Arrestanspruchs** kann auf die Hauptsacheakten nebst den beigezogenen Akten verwiesen werden, insbesondere auf bereits ergangene Urteile, auch wenn sie angefochten worden sind. Ferner: eidesst Versicherung der Partei oder Dritter; Inbezugnahme in Anwaltsschriftsätzen reicht aus (aA Frankfurt FamRZ 84, 313 [LS]). Für eidesstattliche Versicherungen genügt Fax-Form (BayObLG Rpfleger 95, 474 f), allerdings ist eine Abgabe zu Protokoll wegen größerer Glaubwürdigkeit ratsam; in Frage kommt auch sog „anwaltliche Versicherung" (dazu München Rpfleger 85, 457). Weiter kommen zur Glaubhaftmachung in Frage: Von den Parteien eingeholte Privatgutachten (KG Rpfleger 87, 262 mN; Krüger WRP 91, 68); ausländische Urteile auch dann, wenn ihre Anerkennung nach § 328 ausgeschlossen ist (StJGr Rn 8; Schlosser, FS Schwab, 1990, 445 f). Ist über den Hauptsacheanspruch rechtkräftig entschieden, bindet dieses Urteil; eine entgegenstehende Glaubhaftmachung ist ausgeschlossen (MK/Heinze Rn 17). 10

b) Hat eine Partei bereits den Vollbeweis erbracht, ist demgegenüber keine Glaubhaftmachung möglich (Köln MDR 81, 765: zur Widerlegung kann nur ein Strengbeweismittel der ZPO dienen). Soweit der Antragsgegner durch einen vorsorglich eingereichten Schriftsatz **(Schutzschrift)** zu dem befürchteten Arrest-/Verfügungsantrag Stellung nimmt, ist dieses Vorbringen zu berücksichtigen; es wird darauf gerichtet sein, dem Antragsteller die Glaubhaftmachung zu erschweren, indem eigener Sachvortrag glaubhaft gemacht oder bewiesen wird. Aufwendungen des Gegners sind bei erfolglosem Antrag zu erstatten (Düsseldorf Betrieb 81, 765; Hamburg MDR 95, 210; § 922 Rn 8; zur Schutzschrift s § 937 Rn 4). 11

III) Wirkungen. 1) Die **Rechtshängigkeit** des Arrestprozesses wird durch die Anbringung des Gesuchs begründet (Düsseldorf NJW 81, 2824 mN = MDR 82, 59; JZ 95, 316; StJGr Rn 2; Wieczorek/Schütze/Thümmel Rn 6; hier Rn 5 vor § 916). Damit treten auch die Wirkungen der Rechtshängigkeit bezügl Zuständigkeit (§ 919 Rn 8) und der Einrede der Rechtshängigkeit (§ 261 III Nr 1) ein; gleiches gilt für §§ 262, 265 f, vgl Rn 5 vor § 916 und StJGr Rn 2. Die Hauptsache wird durch den Arrestprozeß nicht rechtshängig (BGH NJW 80, 191 = MDR 80, 216; KG GRUR 85, 325 mwN; ThP Rn 1). Die Verjährung wird nicht unterbrochen (vgl auch allg Rn 5 vor § 916). 12

2) Die **Rücknahme** des Antrags ist jederzeit ohne Zustimmung des Gegners bis zum rechtskräftigen Abschluß des Arrestverfahrens möglich (Düsseldorf NJW 82, 2452; MK/Heinze Rn 3). Dies gilt auch in der mündl Verhandlung und im Rechtsmittelverfahren (Düsseldorf aaO); § 269 I ist insoweit nicht anzuwenden. Grund: der Schutzzweck von § 269 I greift im Arrestverfahren nicht, denn der Antrag kann wegen des vorläufigen Charakters des Verfahrens ohnehin erneut angebracht werden (vgl Rn 13 vor § 916 str; aA Pastor, Wettbewerbsprozeß Kap 33 V; Fürst BB 75, 890). § 269 III 1 gilt uneingeschränkt. Die Kostentragungspflicht gem § 269 III 2 ist idR abschließend; ein materiellrechtlicher Kostenerstattungsanspruch des Antragstellers besteht auch bei Obsiegen in der Hauptsache nicht (BGH NJW-RR 95, 495). Auch bei Rücknahme im *einseitigen Verfahren* treffen den Antragsteller gem § 269 III 2 die **Kosten** des (noch nicht zugezogenen) Gegners (KG MDR 88, 329; JurBüro 93, 486; Celle AnwBl 87, 232; Hamm MDR 87, 589; Karlsruhe WRP 86, 352; s auch § 922 Rn 8); bei vergleichsweiser Rücknahme gilt § 98 (Hamm MDR 87, 589). 13

3) Der **Übergang in das Hauptsacheverfahren** ist im Arrestprozeß ausgeschlossen (Karlsruhe OLGZ 77, 484; Hamm OLGZ 71, 180 = NJW 71, 387; München OLGR 94, 178; MK/Heinze Rn 2 mwN). Der einstw Rechtsschutz ist eine völlig andere Verfahrensart mit anderem Streitgegenstand als der Hauptsacheprozeß (Rechtsschutzziel: Sicherung, nicht Befriedigung), deshalb ist auch § 596 nicht entspr anwendbar, denn der Urkundenprozeß ist Hauptsacheverfahren mit Beweismittelbeschränkung (vgl demgegenüber die Unterscheidung in § 926). § 263 ist auch nicht entspr anwendbar (zutr ThP Rn 1; R-Schilken § 76 IV; aA Teplitzky DRiZ 82, 41, Frankfurt FamRZ 89, 297 14 mN: Übergang bei Zustimmung beider Parteien nach Klageänderungsgrundsätzen zulässig). Dagegen ist der **Übergang in das Verfügungsverfahren** stets zulässig (ie mN Rn 3 vor § 916).

15 **IV) Einstw Verfügung:** § 920 ist anwendbar. Darzulegen und glaubhaft zu machen sind der Verfügungsanspruch und der Verfügungsgrund; s ie Anm zu §§ 935, 940.

921 *[Entscheidung über das Arrestgesuch]*

(1) Die Entscheidung kann ohne mündliche Verhandlung ergehen.

(2) Das Gericht kann, auch wenn der Anspruch oder der Arrestgrund nicht glaubhaft gemacht ist, den Arrest anordnen, sofern wegen der dem Gegner drohenden Nachteile Sicherheit geleistet wird. Es kann die Anordnung des Arrestes von einer Sicherheitsleistung abhängig machen, selbst wenn der Anspruch und der Arrestgrund glaubhaft gemacht sind.

1 **I) Freigestellte mündliche Verhandlung (I).** Über den Arrestantrag (§ 920) entscheidet das Gericht entweder ohne mündl Verhandlung im Beschluß- oder nach mündl Verhandlung im Urteilsverfahren (vgl § 922; freigestellte mündl Verhandlung). Die Verfahrensgestaltung bestimmt das Gericht, nicht der Vorsitzende. Ausnahme: KfHS. Soll vor dieser nicht ohne mündl Verhandlung entschieden werden, so beraumt der Vorsitzende zweckmäßigerweise Termin vor der Kammer an, um einer Verzögerung durch die Ablehnung seiner Alleinentscheidung gem § 349 III entgegenzuwirken (Koblenz WRP 81, 116 mwN). Daß die Entscheidung idR ohne mündl Verhandlung zu treffen sei, kann dem Gesetz nicht entnommen werden, vielmehr wird auch im Arrestverfahren der mündl Verhandlung als der überlegeneren Form der Verwirklichung des rechtlichen Gehörs des Gegners (Art 103 I GG) der Vorzug gegenüber der Möglichkeit der schriftlichen Äußerung des Gegners zu geben sein, falls nicht wegen Gefährung des Zweckes des Arrestverfahrens von der Anhörung des Gegners überhaupt abzusehen ist (BVerfG 9, 89, 98; LG Zweibrücken NJW-RR 87, 1199; StJGr § 922 Rn 1; vgl Ritter ZZP 88, 121; s a § 922 Rn 1). Dem Grundsatz des rechtlichen Gehörs ist aber bei Berücksichtigung der Einwendungen des Antragsgegners aufgrund einer beim Gericht eingereichten **Schutzschrift** Genüge getan (Ulrich GRUR 85, 211; Bülow ZZP 98, 274; allg § 937 Rn 4). Bei seiner Verfahrensgestaltung hat das Gericht zu berücksichtigen, daß Beschlußarreste im Geltungsbereich des EuGVÜ nach Art 25 ff nicht anerkannt werden (EuGH NJW 80, 2016 LS = RIW/AWD 80, 510; dazu Hausmann IPRax 81, 79). Der Antrag, Arrest **nur** bei Entscheidung **ohne** mündl Verhandlung zu erlassen, ist unwirksame **bedingte** Rücknahme des Gesuchs für den Fall, daß das Gericht mündl Verhandlung anordnen sollte (ThP Rn 1), und als unzulässig zurückzuweisen, wenn das Gericht mündl Verhandlung als notwendig erachtet (hM, vgl Wieczorek/Schütze/Thümmel Rn 7; AK/Damm Rn 2a, str; aA StJGr Rn 2; Schuschke/Walker Rn 8). Anordnung oder Ablehnung mündl Verhandlung ist unanfechtbar. Keine Pflicht zur Sicherheitsleistung nach § 110 im EU-Bereich (s Rn 2 vor § 916).

2 **II) 1) Sicherheitsleistung zur Ergänzung der fehlenden Glaubhaftmachung.** Das Gericht kann, auch wenn der Anspruch oder der Arrestgrund nicht glaubhaft gemacht ist, den Arrest anordnen, sofern wegen der dem Gegner drohenden Nachteile Sicherheit geleistet wird **(II 1).** Die Anordnung der Sicherheitsleistung soll es dem Gericht ermöglichen, sich mit einem geringeren, unterhalb der Glaubhaftmachung liegenden Grad an Wahrscheinlichkeit zu begnügen (MK/Heinze Rn 7; einschr AK/Damm Rn 5). Steht das Fehlen von Arrestanspruch oder Arrestgrund fest, scheidet eine Arrestanordnung gem **II 1** aus (Jauernig, ZwVR, § 35 I 3). Nur die **Glaubhaftmachung** des Arrestanspruchs oder des Arrestgrundes ersetzt die Sicherheitsleistung; die **Tatsachen,** aus denen sie sich ergeben, müssen bezeichnet sein (Frankfurt Rpfleger 95, 469), sonst erfolgt Abweisung des Antrags nach Ablauf der zur Ergänzung bestimmten Frist (RG JW 99, 393). Da auch für die weiteren Erfordernisse der Anordnung des Arrests, wie die Prozeßvoraussetzungen, Glaubhaftmachung genügt, ist **II 1** auch in diesem Fall anwendbar (StJGr Rn 5).

3 **2) Arrestanordnung nach Sicherheitsleistung.** Nach dem Wortlaut von **II 2** kann das Gericht auch bei Glaubhaftmachung die Anordnung des Arrests von einer Sicherheitsleistung abhängig machen; in diesem Fall erklärt es zunächst die Sicherheitsleistung für erforderlich und ordnet nach Leistung der Sicherheit in einem besonderen Beschluß den Arrest an (vgl RG 36, 359). Dieses Vorgehen wird zB veranlaßt sein, wenn zu befürchten ist, daß bereits der durch die Arrestanordnung zu erwartende Schaden des Gegners besonders hoch sein wird, oder die Vermögensverhältnisse des Gläubigers es bezweifeln lassen, ob dieser etwaige Schadensersatzansprüche des Gegners erfüllen kann (MK/Heinze Rn 8).

4 **3) Arrestvollziehung gegen Sicherheitsleistung.** Zweckmäßiger ist statt der **Anordnung des Arrests** die **Vollziehung des Arrestbefehls** von der Sicherheitsleistung abhängig zu machen (Hamm GRUR 84, 603; KG WRP 95, 24 f mwN; Christmann DGVZ 93, 109; StJGr Rn 10; MK/Heinze Rn 11). Eine Fristsetzung für die Sicherheitsleistung ist nicht nötig, da der Nachweis

der Sicherheitsleistung dem Schuldner innerhalb der Fristen der § 929 II, III zuzustellen ist (vgl Christmann aaO; näher § 929 Rn 9). Ist der Arrest mit der Maßgabe angeordnet worden, daß er aufgehoben werde, wenn nicht innerhalb ... Tagen Sicherheit geleistet werde, so ist bis zur Stellung des Antrags auf Arrestaufhebung (§ 927) Sicherheitsleistung möglich; Fristablauf hindert sie nicht (KG OLG 19, 37). Arrestanordnung unter Sicherheitsleistung ist jedoch dann unzweckmäßig, wenn es dem Gläubiger um die Sicherung eines nur gegen Sicherheitsleistung vollstreckbaren Titels geht, er die Sicherheit aber nicht erbringen kann, vgl § 917 Rn 13. Hier kommen nur unbedingte Arrestanordnung oder Ablehnung des Gesuchs in Betracht.

III) 1) Die **Anordnung der Sicherheit** steht im Ermessen des Gerichts. Der Gläubiger braucht 5
sich hierzu nicht erboten zu haben. Die Sicherheit ist nach freiem Ermessen zu bestimmen (vgl hierzu § 108) und kann auch durch Bürgschaft oder Pfand geleistet werden (RG JW 02, 444; Hamm WM 93, 2050), wenn diese **Art** in dem Beschluß zugelassen ist. Die Höhe wird regelmäßig so zu bemessen sein, daß sie jeden evtl Schaden (§ 945) deckt; es ist aber keineswegs stets die Höhe der zu sichernden Forderung maßgebend (MK/Heinze Rn 13: Interessenabwägung erforderlich).

2) Rechtsbehelfe. Rechtsbehelf des **Gläubigers** gegen den Beschluß, durch den Sicherheitslei- 6
stung angeordnet wird, ist einfache Beschwerde, wenn er Arrest ohne Sicherheitsleistung beantragt oder zur Sicherheitsleistung nicht Stellung genommen hat (bei Einverständnis mit Sicherheitsleistung fehlt die Beschwer, vgl Köln MDR 59, 311); des **Gegners** gegen den Beschluß, durch den Arrest ohne Sicherheitsleistung angeordnet wurde, Widerspruch. Allgemein zu den Rechtsbehelfen im Arrestverfahren s § 924 Rn 1. Nach rechtskräftigem Abschluß des Verfahrens kann nur noch die Art, nicht mehr die Höhe der Sicherheit geändert werden; bei Verstoß einfache Beschwerde (Nürnberg BayJMBl 54, 67).

IV) Einstw Verfügung: § 921 I ist durch § 937 II ersetzt. § 921 II 2 findet Anwendung (s auch 7
Nürnberg BayJMBl 57, 428). Führt die Vollziehung zu schwersten Eingriffen in den Gewerbebetrieb des Schuldners (zB Untersagung von Produktion oder Vertrieb von Waren), ist sie idR von einer Sicherheitsleistung (Vollziehungssicherheit) abhängig zu machen (KG NJW-RR 86, 1127; WRP 95, 25 mwN; ie Melullis aaO [§ 940 Rn 8 „Wettbewerbsrecht"] Rn 201), auch wenn sie der Antragsteller nicht leisten kann (Köln MDR 89, 920: § 710 nicht entspr anwendbar). Unzulässig ist die Anordnung der Sicherheitsleistung mangels Glaubhaftmachung der Gefährdung, wenn diese Glaubhaftmachung nicht erforderlich ist.

922 *[Arrestbeschluß, Arresturteil]*

(1) Die Entscheidung über das Gesuch ergeht im Falle einer mündlichen Verhandlung durch Endurteil, andernfalls durch Beschluß. Die Entscheidung, durch die der Arrest angeordnet wird, ist zu begründen, wenn sie im Ausland geltend gemacht werden soll.

(2) Den Beschluß, durch den ein Arrest angeordnet wird, hat die Partei, die den Arrest erwirkt hat, zustellen zu lassen.

(3) Der Beschluß, durch den das Arrestgesuch zurückgewiesen oder vorherige Sicherheitsleistung für erforderlich erklärt wird, ist dem Gegner nicht mitzuteilen.

I 2 eingefügt durch das AVAG vom 30. 5. 1988 (BGBl I S 662), in Kraft seit 8. 6. 88.

I) 1) Form des Arrestverfahrens. Ob die Entscheidung über den Arrestantrag durch **Urteil** 1
oder durch **Beschluß** ergeht, hängt davon ab, ob mündl Verhandlung angeordnet ist. Ob mündl Verhandlung stattfindet, steht beim Arrest im Ermessen des Gerichts. Mündl Verhandlung wird insbesondere nicht anzuordnen sein, wenn die vorherige Anhörung des Schuldners den Zweck des Arrests gefährden würde; eine solche Verfahrensweise steht auch im Einklang mit Art 103 I GG (BVerfG 9, 89, 98; StJGr Rn 1; ie § 921 Rn 1). Aus **III** kann nicht der Schluß gezogen werden, daß der Gegner im Verfahren ohne mündl Verhandlung ausnahmslos nicht gehört werden darf, auch **III** ist entsprechend Art 103 I GG nur dahin zu verstehen, daß der Gegner von dem Arrestgesuch und seiner Ablehnung durch das Gericht dann nicht in Kenntnis zu setzen ist, wenn wegen der Gefährdung des Arrestzwecks von der Anhörung des Gegners abzusehen ist (Hamm OLGR 94, 96). Wurde der Gegner gehört, so ist ihm auch der den Arrestantrag zurückweisende Beschluß mitzuteilen (StJGr Rn 6; Bischof NJW 80, 2236). Entsprechendes gilt auch für das Beschwerdeverfahren (München NJW 74, 1517; Frankfurt Rpfleger 80, 396). Die schriftl Erklärung des Gegners gegenüber dem Arrestgericht unterliegt nicht dem Anwaltszwang. Bei **Säumnis** einer Partei in der mündlichen Verhandlung gelten die §§ 330 ff (vgl LG Ravensburg NJW 87, 139; BL/Hartmann Rn 8).

2) Inhalt der Entscheidung. Der **Arrestbefehl** muß, unabhängig davon, ob er durch Beschluß 2
oder Urteil erlassen wird, die Geldforderung nach Grund und Betrag, die Art des Arrests (dingli-

cher oder persönlicher Arrest) und die Lösungssumme (§ 923) bezeichnen und die Kostenentscheidung enthalten. Fehlt die genaue Bezeichnung des gesicherten Anspruchs (s § 916 Rn 3) oder die Angabe über die Art des Arrests, liegt ein wirksamer Arrestbefehl nicht vor (StJGr Rn 31; aA Wieczorek/Schütze/Thümmel Rn 6); unschädlich ist, wenn die Lösungssumme nicht angegeben ist (Hamburg NJW 58, 1145 = MDR 58, 612; aA LG Düsseldorf NJW 51, 81). Die Aufnahme der Lösungssumme in den Beschluß ersetzt nicht die Bezeichnung des gesicherten Betrags (RG 78, 332). Die Angabe, daß der Arrest in bestimmte Gegenstände zu vollziehen sei, ist ohne Wirkung (RG 9, 321; einschr R-Schilken § 77 I 4d; Wieczorek/Schütze/Thümmel Rn 6), denn jeder, auch der vom AG erlassene Arrest, kann in das ganze Vermögen des Schuldners vollzogen werden (s § 919 Rn 10). Die in den Arrestbefehl aufgenommene Kostenpauschale deckt nicht die Kosten des Arrest-, sondern die Kosten des Hauptsacheprozesses (München MDR 57, 238, str; vgl Frankfurt OLGZ 83, 104 mwN).

3 **3) Verfahrensbeendigung ohne Arrestbefehl. a)** Wird das **Arrestgesuch zurückgenommen** (vgl § 920 Rn 13), so treffen den Antragsteller in entsprechender Anwendung von § 269 III 2 die Kosten. Ein Ausspruch hierüber ergeht auf Antrag des Antragsgegners. Dies gilt auch dann, wenn der Schuldner nicht durch eine gerichtliche Mitteilung, sondern von sich aus von dem Verfahren Kenntnis erlangt und daraufhin kostenverursachende Maßnahmen zu seiner Verteidigung veranlaßt hat (Düsseldorf NJW 81, 2824 mwN; Hamburg MDR 77, 498; KG MDR 88, 239, neuere Rspr, vgl mwN § 920 Rn 13).

4 **b) Erledigung der Hauptsache** ist im Arrest-(einstw Verfügungs-)verfahren wie bei der Klage möglich (sa § 91a Rn 58 „Arrest und einstw Verfügung"). Beide Parteien können gemeinsam die Hauptsache für erledigt erklären (StJGr Rn 17). Für die Kostenentscheidung nach § 91a gelten die allg Grundsätze (Hamm MDR 87, 589; Frankfurt NJW-RR 92, 493 f; MK/Heinze Rn 15). Erklärt der Antragsteller einseitig die Hauptsache für erledigt, so ist zu prüfen, ob der Antrag ursprünglich zulässig und begründet war und der Arrest nur wegen eines nach Antragstellung eingetretenen (erledigenden) Ereignisses nicht mehr erlassen werden kann (Köln WRP 85, 660 mwN; Hamburg WRP 92, 493; StJGr Rn 18). Trifft das zu, so ist der Antrag für erledigt zu erklären, andernfalls abzuweisen; Kosten: § 91. Das Erledigungsereignis kann allg (auch bei einseitiger Erledigungserklärung) im Zeitraum zwischen Einreichung und Zustellung des Antrags eingetreten sein (Frankfurt GRUR 87, 651; AG Weilheim MDR 85, 148; für das Klageverfahren aA die hM, vgl § 91a Rn 40). Ist der Antrag zurückgewiesen worden, ohne daß der Gegner am Verfahren beteiligt war, kann (entspr dem Klageverfahren: § 91a Rn 38) zum Zweck der Erledigungserklärung Beschwerde eingelegt werden (so Frankfurt NJW-RR 92, 493 gegen Hamm WRP 85, 227).

5 **II) Entscheidung ohne mündliche Verhandlung. 1)** Die Entscheidung ergeht durch **Beschluß. a) Prüfung des Gerichts. aa)** Das Gericht prüft die allgemeinen Prozeßvoraussetzungen (Zuständigkeit, Partei- und Prozeßfähigkeit usw), die Vollmacht (§§ 88, 80) und die Arrestvoraussetzungen. Die im Gesuch vorgetragenen Tatsachen müssen den Arrestanspruch ergeben und die für den Arrestgrund erforderliche Gefahr begründen, vgl §§ 916–918, 920. Sie müssen glaubhaft gemacht worden sein. Das Gericht ist an ein Geständnis gebunden. **Behauptungs-** und **Beweislast** sind grundsätzlich wie im Hauptverfahren verteilt (Rn 6f vor § 916). Danach hat der Schuldner seine Einreden und Einwendungen vorzutragen und glaubhaft zu machen. Erhält er jedoch auch keine Gelegenheit zur schriftl Stellungnahme, so kann der Arrest nur *erlassen* werden, wenn der Antragsteller *auch das Fehlen von Einwendungen* usw (zB eigene Vorleistung, Erfüllung uä), die nach seinem Vorbringen bestehen können, behauptet und glaubhaft macht (StJGr § 920 Rn 11; Brox/Walker Rn 1512; Teplitzky DRiZ 82, 44, str; ie Rn 6a vor § 916).

6 **bb)** Der **Umfang** der **rechtl Prüfung** ist nach hM gegenüber dem Hauptsacheverfahren nicht eingeschränkt (Hamburg WRP 92, 493 mwN; MK/Heinze § 920 Rn 10; Schuschke/Walker Rn 5; Wieczorek/Schütze/Thümmel § 920 Rn 13). Demgegenüber ist mit Leipold, Grundlagen, S 64 f, 70, darauf abzustellen, daß § 920 II bezügl der Glaubhaftmachung nicht zwischen Tatsachen und Rechtsfolgen unterscheidet, sondern insgesamt die Vermittlung einer geringeren Wahrscheinlichkeit zuläßt. Es findet daher eine eingeschränkte Schlüssigkeitsprüfung statt. Im Einzelfall sind jedoch Wahrscheinlichkeit des behaupteten Anspruchs und Dringlichkeit der beantragten Maßnahme gegeneinander abzuwägen (ähnlich KG BB 94, 1596 = KGR 94, 154; MK/Heinze § 920 Rn 14; sa § 940 Rn 8 „Patent-" und „Urheberrecht"); insbesondere kommt Sicherheitsleistung gem § 921 Rn 2 ff in Betracht. Auch bei Anwendbarkeit ausländischen Rechts obliegt dem Gericht nur eine eingeschränkte Prüfung (vgl Hamburg VersR 89, 1164 = RIW 90, 225).

7 **b) Inhalt der Arrestentscheidung:** Rn 2.

8 **c) Kostenentscheidung.** Über die Kosten ist nach Maßgabe der §§ 91 ff **von Amts wegen** zu entscheiden; unerheblich ist, ob der Antragsgegner angehört wurde (StJGr Rn 12). Die Kostenentscheidung darf nicht der Entscheidung über die Hauptsache vorbehalten werden; dies ist die Folge der verfahrensrechtlichen Selbständigkeit von Eil- und Hauptsacheverfahren (Rn 1a vor

§ 916; § 920 Rn 14; speziell zur kostenrechtlichen Selbständigkeit s BGH 45, 251; NJW-RR 95, 495). Ist über die Kosten des Arrestverfahrens nicht entschieden worden, ist Ergänzung des Arrestes bezügl des Kostenausspruchs nach § 321 zulässig; auch mittels einfacher Beschwerde kann eine nachträgliche Kostenentscheidung erwirkt werden (MK/Heinze Rn 13; sa hier § 567 Rn 68). Zu erstatten sind den Parteien die Kosten für Privatgutachten, die als präsente Beweismittel im Eilverfahren anerkannt sind (BGH NJW 90, 123; KG Rpfleger 87, 262 mN); dies gilt auch für eine höhere Vergütung als nach § 3 ZSEG, da der Antragsgegner im Eilverfahren auf die sofortige Gestellung des Sachverständigen angewiesen ist, vgl Rn 15. Erstattungsfähig sind uU auch Kosten für nicht vernommene „sistierte Zeugen" (Hamburg MDR 95, 210). Die Kosten für zwei Anwälte sind dem Antragsteller nur dann zu erstatten, wenn er nachweist, daß mit einem Widerspruch gegen den Beschlußarrest/die Beschlußverfügung nicht zu rechnen war (Koblenz WRP 82, 109; vgl § 91 II 3 und § 91 Rn 13 „Einstweilige Verfügung"). Die Entscheidung umfaßt nicht die Kosten eines selbständigen Beweisverfahrens (KG AnwBl 84, 102 = JurBüro 84, 1244).

d) Der Beschlußarrest ist ohne weiteres **vorläufig vollstreckbar** (§ 929 Rn 1). 9

2) Begründung. Der den Arrest anordnende Beschluß bedarf keiner Begründung, wenn statt 10
dessen eine Durchschrift des Gesuchs mit zugestellt wird (Nürnberg NJW 76, 1101; Herr NJW 93, 2287; StJGr Rn 5, str; aA Nägele NJW 93, 1045 mN; Lippold NJW 94, 1110). Bei **Geltendmachung im Ausland** ist Begründung ausdr vorgeschrieben (**I 2;** leerlaufend wegen Art 103 I GG mit Rn 16 aE); notfalls ist der Beschluß entspr zu vervollständigen (vgl § 32 IV AVAG). Dagegen ist der den Antrag zurückweisende Beschluß stets zu begründen, um dem Beschwerdegericht die Möglichkeit der Nachprüfung zu geben (MK/Heinze Rn 4).

3) Bekanntgabe (II, III). a) Der Beschluß, durch den der Arrest **angeordnet** wird, ist wegen 11
§ 929 II **dem Gläubiger** in Ausfertigung (Koblenz WRP 81, 286) **zuzustellen** (Bischof NJW 80, 2236). Der Gläubiger hat eine beglaubigte Abschrift des Beschlusses dem **Gegner** durch Vermittlung des GVollz zuzustellen (vgl **II;** s dazu näher § 929 Rn 13); mit zuzustellen sind Anlagen, auf die im Beschluß Bezug genommen wird (Düsseldorf GRUR 84, 78). Wird der Arrest im Laufe des Hauptprozesses erwirkt und sind die Parteien in diesem durch Prozeßbevollmächtigte vertreten, so kann (nicht muß) die Zustellung (von Amts wegen) an den Prozeßbevollmächtigten des Antragstellers (RG JW 1900, 13) sowie seitens des Antragstellers an den Prozeßbevollmächtigten des Gegners erfolgen (Frankfurt MDR 84, 58 mN; vgl auch § 82 Rn 1). Hat aber eine Partei einen besonderen (postulationsfähigen) Prozeßbevollmächtigten für das Arrestverfahren bestellt, so muß gem § 176 an ihn zugestellt werden (vgl Köln WRP 94, 323). Erfolgt die Anwaltsbestellung durch Hinterlegung einer Schutzschrift, erfordert die Zustellung an den Prozeßbevollmächtigten eine eindeutige und unmißverständliche Erklärung des Anwalts, Vertretungsmacht zu haben, sowie Kenntnis des Antragstellers von der Bestellung (Düsseldorf GRUR 84, 79; Hamburg NJW-RR 93, 958 f; 95, 445; näher § 929 Rn 12, 13; § 176 Rn 3). Einem im Ausland wohnenden Schuldner ist der Arrest gem § 199 zuzustellen; § 829 II S 4 findet auf den Arrestbeschluß keine Anwendung; gleiches gilt von § 829 III, wenn Arrest- und Pfändungsbeschluß gleichzeitig erlassen wurden.

b) Der Beschluß durch den der Arrestantrag **zurückgewiesen** oder vorherige Sicherheitslei- 12
stung für erforderlich erklärt wird, ist dem Gläubiger **formlos mitzuteilen.** Wegen der Mitteilung an den **Gegner** s **III** und dazu Rn 1.

4) Rechtsbehelfe. a) Gegen Zurückweisung des Antrags (dann Begründung nötig): einfache 13
Beschwerde (§ 567 I), auf die wegen fehlender mündlicher Verhandlung § 511a nicht entspr anwendbar ist (LG Zweibrücken NJW-RR 87, 1199; Wieczorek/Schütze/Thümmel Rn 15; aA – abzulehnen – LG Konstanz NJW-RR 95, 1102 unter unzutr Berufung auf § 567 III 1). Das Gericht kann ihr selbst (ohne Anordnung mündl Verhandlung) abhelfen (§ 571). Die Beschwerde gegen die Zurückweisung eines Arrestantrages durch ein Kollegialgericht unterliegt nach überwiegender Auffassung wegen §§ 78 III, 569 II 2, 920 III nicht dem **Anwaltszwang** (**so** Köln NJW-RR 88, 254 mwN; KG NJW-RR 92, 576; Karlsruhe NJW-RR 93, 1470; München BauR 95, 875; OLGR Hamm 96, 44; ThP Rn 6; StJGr Rn 8; Wieczorek/Schütze/Thümmel § 920 Rn 10; Berneke aaO [§ 940 Rn 8 „Wettbewerbsrecht"] Rn 177, sehr str; **aA** Hamm NJW 82, 1711; Düsseldorf OLGZ 83, 358; Frankfurt MDR 83, 233; NJW 81, 2203; Rpfleger 95, 468, stRspr; Bergerfurth NJW 81, 353; Schuschke/Walker Rn 20; 19. Aufl; vgl auch § 78 Rn 15, § 569 Rn 20; offenlassend Frankfurt NJW-RR 87, 1257). Im Hinblick auf die Eilbedürftigkeit des Verfahrens und die in § 78 I nF zum Ausdruck gekommene geänderte Bewertung des Lokalisierungsprinzips durch den Gesetzgeber wird jedenfalls der erstinstanzliche (auch beim Arrestgericht nicht zugelassene) RA für die Beschwerde postulationsfähig sein (s § 78 Rn 1 aE). Durch einfache Beschwerde kann auch die Ergänzung eines Beschlusses, durch den ein Arrest angeordnet wird, erwirkt werden, wenn der Beschluß keine Kostenentscheidung enthält (LG Hamburg NJW 63, 1460). Hat das LG als Berufungsgericht der Hauptsache den Beschluß erlassen, ist keine Beschwerde gegeben (§ 567 III 1).

14 **b)** Das **Beschwerdegericht** kann ohne mündl Verhandlung entscheiden (Beschluß). Ordnet es den Arrest an, so ist dagegen nur Widerspruch (§ 924) statthaft; weist es die Beschwerde zurück, so ist weitere Beschwerde unzulässig, § 568 II. Ordnet das Beschwerdegericht mündl Verhandlung an, so hat es zu verfahren, als sei in erster Instanz auf mündl Verhandlung Urteil erlassen und dagegen Berufung eingelegt worden. Es hat deshalb die Entscheidung durch Endurteil zu treffen (Zweibrücken FamRZ 85, 928; Koblenz NJW-RR 93, 697); dieses Urteil gilt als in zweiter Instanz erlassen, unterliegt also, wenn das AG in erster Instanz entschieden hat, keinem Rechtsmittel, und wenn das LG in erster Instanz entschieden hatte (also das OLG in 2. Instanz), nicht der Revision, § 545 II (BGH NJW 84, 2368).

15 **III) Entscheidung auf Grund mündl Verhandlung. 1) Verfahren.** Die Parteien werden zur mündl Verhandlung von Amts wegen geladen. Dem Schuldner ist mit der Ladung das Arrestgesuch oder das aufgenommene Protokoll (§ 920 III) zuzustellen. Im Anwaltsprozeß ist der Gegner mit der Ladung aufzufordern, einen RA zu bestellen (§ 215), falls er nicht schon im etwa anhängigen Hauptprozeß einen RA hat, dem dann die Ladung zuzustellen ist. Einhaltung der Ladungsfrist (§ 217) ist erforderlich, nicht auch der Einlassungsfrist (§ 274 III). In der mündl Verhandlung gelten alle Grundsätze der Mündlichkeit. Eine Antragsänderung ist im Rahmen der Besonderheiten des Eilverfahrens zulässig (Frankfurt NJW 95, 877). Die Erhebung einer Widerklage ist unzulässig. Das Gericht hat die Prozeßvoraussetzungen zu prüfen (vgl näher Rn 5). Beweise müssen sofort erhoben werden können; also Gestellung von Zeugen und Sachverständigen geboten. *Neue Angriffs- und Verteidigungsmittel* sind in den durch Rechtsmißbrauch gezogenen Grenzen (vgl Röwer MDR 91, 184; allg Einl Rn 56 f) bis zum Schluß der mündlichen Verhandlung zulässig; § 296 ist nicht anwendbar (Koblenz NJW-RR 87, 510; Hamburg NJW-RR 87, 36; aA E. Schneider MDR 88, 1024); erfordert die notwendige Gewährung rechtlichen Gehörs jedoch eine – im Eilverfahren grundsätzlich unzulässige – Vertagung oder Schriftsatzfrist, bleibt neues Vorbringen unberücksichtigt (Koblenz aaO). Es gelten die allg Beweislastregeln (Rn 6a vor § 916).

16 **2)** Die Entscheidung auf Grund der mündl Verhandlung ergeht durch **Endurteil**, das von Amts wegen beiden Parteien zuzustellen ist, §§ 317, 270 (Bischof NJW 80, 2236). Die bloße Amtszustellung ist idR noch nicht Vollzug iSd §§ 928, 929 II. § 929 II erfordert für den Arrestvollzug noch eine eigene Tätigkeit des Gläubigers; ie § 929 Rn 12 ff. Das Urteil ist **vorl vollstreckbar**, das den Arrest anordnende Urteil nach § 929, ohne besonderen Ausspruch, das Urteil, durch das der Arrest abgelehnt wird, nach § 708 Nr 6. Eine Abwendungsbefugnis des Schuldners darf nicht ausgesprochen werden (Karlsruhe MDR 83, 677). Soll der Arrestbefehl im Ausland geltend gemacht werden, bedarf das Urteil nach **I 2**, §§ 32 IV, 33 AVAG einer vollständigen Begründung samt einer Vollstreckungsklausel. **Kosten:** s Rn 8.

17 **3) Rechtsbehelfe.** Gegen das Urteil ist bei Versäumnisurteil (s Rn 1a E) **Einspruch** zulässig, bei kontradiktorischem Endurteil des AG oder des LG in 1. Instanz findet **Berufung** statt; ein trotz mündlicher Verhandlung entgegen **I 1** erlassener Beschluß kann mit Widerspruch (§ 924 I) oder Berufung angefochten werden (StJGr Rn 11, 30a, str; aA Karlsruhe NJW 87, 509: nur Berufung); bei Einlegung von Widerspruch ist Rn 31 vor § 511 zu beachten. Ist dagegen das Urteil vom LG in der Beschwerdeinstanz, nachdem das Arrestgesuch vom AG durch Beschluß zurückgewiesen und beim LG über die Beschwerde mündl Verhandlung angeordnet war, ergangen, so findet kein Rechtsmittel statt (Hamm MDR 87, 942; ThP Rn 5; aA StJGr Rn 9); ebensowenig, wenn das LG als Beschwerdeinstanz die Beschwerde gegen den ablehnenden Beschluß des AG zurückweist (§ 567 III 1) oder wenn das Arrestgesuch während der Anhängigkeit des Hauptprozesses in der Berufungsinstanz bei einem LG angebracht und von diesem nach mündl Verhandlung durch Endurteil entschieden ist (München, OLG 23, 187; s auch Greiser JR 52, 316). **Revision** ist **nie** möglich, § 545 II, auch nicht, wenn die Berufung als unzulässig verworfen wurde (BGH NJW 68, 699 = MDR 68, 228; NJW 84, 2368). Die **Kostenentscheidung** im Rechtsmittelzug umfaßt das gesamte Eilverfahren (StJGr Rn 27). Die Wiederaufnahmeklage gegen ein Endurteil ist jedenfalls dann statthaft, wenn durch das Urteil der Arrest oder die einstw Verfügung aufgehoben worden ist (München JZ 56, 112; Rosenberg JR 56, 22).

18 **IV) Rechtskraft:** Ein mangels ausreichender Glaubhaftmachung abgewiesener Arrestantrag kann mit besserer Glaubhaftmachung erneuert werden (RG 33, 415; Frankfurt FamRZ 87, 393 [394]; Baur, Studien, S 88 ff; Loritz ZZP 106, 11; StJGr vor § 916 Rn 15 f mwN). Zur formellen und materiellen Rechtskraft im Arrestverfahren s näher Rn 13 vor § 916.

19 **V) Einstw Verfügung:** § 922 ist anwendbar.

20 **VI) Gebühren: 1)** des **Gerichts: a)** Das Verfahren **erster Instanz** wurde durch das KostRÄndG 1994 deutlich vereinfacht. Für die Verfahren über die Anträge auf Anordnung eines Arrestes oder einer einstweiligen Verfügung und in den Verfahren über den Antrag auf Aufhebung oder Abänderung (§§ 926 II, 927, 936) fällt eine Verfahrensgebühr an, mit der das Verfahren abgegolten ist (KV 1310). Für jedes dieser Verfahren werden die Gebühren gesondert erhoben. Alle Entscheidungen hingegen sind gerichtsgebührenfrei.

Findet eine mündliche Verhandlung statt, erhöht sich die Gebühr auf den dreifachen Tabellensatz (KV 1311). Bei reinem Kostenwiderspruch errechnet sich die Gebührenerhöhung nur aus dem Kostenwert (Hamburg MDR 96, 102; München MDR 96, 423 allgemein für Wertänderungen). Wenn allerdings in der mündlichen Verhandlung einer der Ermäßigungstatbestände (KV 1312a)–c): Rücknahme, Anerkenntnis, Verzicht, Vergleich) verwirklicht wird, bleibt es im Ergebnis beim einfachen Tabellensatz. Erledigungserklärungen sind gebührenneutral. Wenn mehrere Ermäßigungstatbestände erst in ihrer Summe das Verfahren erledigen, tritt die Ermäßigung ebenfalls ein (KV 1312 aE). KV 1312 ist analog anwendbar auf die Rücknahme des Widerspruchs vor Schluß der mündl Verhandlung (Koblenz MDR 96, 425); ebenso wenn die Parteien die Hauptsache für erledigt erklären und sich über die Kosten vergleichen (München MDR 96, 209), aber nicht, wenn sie in diesem Fall wechselseitig Kostenerträge stellen (München JurBüro 95, 653). **b)** Im **Berufungsverfahren** erwächst eine Verfahrensgebühr (KV 1320 : 0,75). Das die Instanz abschließende Urteil kostet 1,5 (mit) und 0,75 (ohne Begründung) Gebühren. Der Beschluß nach § 91a 1,0 (mit) und 0,5 (ohne Begründung) Gebühren.

Wird der **Antrag** auf Anordnung eines Arrestes oder einer einstw Verfügung **zurückgewiesen** und **gegen den Zurückweisungsbeschluß** die nach § 567 Abs 1 zulässige (einfache) **Beschwerde** eingelegt, so fällt eine ganze (1) Gebühr nach KV 1900 an, gleichviel ob das Beschwerdeverfahren Erfolg hat oder nicht. Jedenfalls bleibt die in der 1. Instanz erfallene Gebühr nach KV 1310 bestehen, und kommt daneben noch die Beschwerdegebühr des KV Nr 1900 zur Erhebung, wenn das Beschwerdegericht dem Rechtsmittel stattgibt und selbst den Arrest oder die einstweilige Verfügung anordnet. Verweist aber das Beschwerdegericht unter Aufhebung des erstinstanzl Beschlusses die Sache zur neuerlichen Behandlung zurück (s § 575), so stellt das weitere Verfahren vor dem Erstgericht zusammen mit dem vorherigen Verfahren vor diesem Gericht einen einheitlichen Gebührenrechtszug dar (§ 33 GKG), so daß die bereits für das Verfahren über den Antrag auf Anordnung des Arrestes (der einstw Verfügung) erhobene Verfahrensgebühr nicht ein zweites Mal zum Ansatz kommen kann (§ 27 GKG). Die Rücknahme der Beschwerde bewirkt weder eine Ermäßigung noch den gänzlichen Wegfall der mit der Rechtsmitteleinlegung entstandenen und fällig gewordenen Beschwerdegebühr.

Der **Arrestvollzug** ist als selbständiges Vollstreckungsverfahren besonders gebührenpflichtig, so im Rahmen des KV 1640 (Festgebühr von 20 DM). Wird der Arrest angeordnet (durch Beschluß) und gleichzeitig eine Forderung gepfändet, so kommen für das Arrestverfahren eine Verfahrensgebühr (berechnet von dem gemäß § 20 Abs 1 GKG bestimmten Wert) und für den Forderungspfändungsbeschluß die Festgebühr von 20 DM nach KV 1640 zum Ansatz. Der nachfolgende Überweisungsbeschluß (§ 835), der erst nach Erlangung eines vollstreckbaren Schuldtitels über die Hauptsache (§ 775) ergehen kann, löst keine besondere Gebühr mehr aus. Für das Pfändungsverfahren entfällt schlechthin die Erhebung einer Gebühr, wenn der Antrag auf Arrestanordnung zurückgewiesen wird, weil ein Pfändungsantrag durch die vorherige Anordnung des Arrests bedingt ist und im Falle der Ablehnung des Arrestantrags als von Anfang an nicht gestellt anzusehen ist.

Wird in einem Arrestverfahren oder in einem Verfahren der einstw Verfügung auch die **nichtanhängige Hauptsache mit verglichen,** so kommt KV 1660 zur Anwendung; es ist dann noch ¼ Vergleichsgebühr vom Wert der Hauptsache zu erheben. Wenn aber über die Hauptsache bereits ein Prozeß schwebt, für den die allgemeine Verfahrensgebühr erhoben ist, wird insoweit für den Vergleich keine Vergleichsgebühr mehr angesetzt.

Hinsichtlich der mit dem Eingang des Antrags bei Gericht fälligen (§ 61 GKG) Verfahrensgebühr keine Vorwegleistungspflicht des Antragstellers.

2) des **Anwalts: a)** Das **Verfahren über einen Antrag auf Abänderung oder Aufhebung:** § 40 I, II BRAGO. Zu berücksichtigen ist, daß sich die Gebühren des RA nach § 40 III BRAGO **nicht** um 3/10 **erhöhen** (§ 11 I 2 BRAGO), wenn das Berufungsgericht als Gericht der Hauptsache anzusehen ist (§ 943 I).

b) Für das **Beschwerdeverfahren** gilt nach überwiegender Auffassung der Rspr: Entscheidet bei Ablehnung des Erlasses eines Arrestes durch Beschluß der 1. Instanz das Beschwerdegericht nach mdl Verhandlung durch Endurteil, so entstehen 10/10 Anwaltsgebühren, nicht bloß 5/10, aber auch nicht 13/10; z Stand der Rspr s KoRspr BRAGO § 40 Nr 7 mit zust Anm Schneider; Hamburg MDR 87, 595 (5/10), München NJW-RR 96, 447 (10/10), beide zur einstw Vfg, bei der sich die Frage gleichermaßen stellt.

c) Die **Vollziehung** eines Arrestes oder einer einstw Verfügung gilt als besondere Angelegenheit (§ 59 BRAGO). Sinngemäß gelten für die Vollziehung die für die Zwangsvollstreckung vorgesehenen Gebührenbestimmungen. Den Beginn der Vollziehung bildet die erste Vollstreckungsmaßnahme, also entweder der meist mit dem Ersuchen um Zustellung des Arrestbefehls verbundene Auftrag an den Gerichtsvollzieher zur Fahrnispfändung oder der Antrag an das Arrestgericht zur Forderungspfändung nach Zustellung des Arrestbefehls. Gleichviel, ob die Zustellung iSd Gebührenrechts noch zum Anordnungsverfahren oder zur Vollziehung oder zu beidem gleichzeitig zu rechnen ist, gehört sie im ersteren Fall zum Gebührenrechtszug (§ 37 Nr 7 BRAGO) und stellt im letzteren Fall keine besondere Angelegenheit der Zwangsvollstreckung (also der Vollziehung) dar (§ 58 II Nr 2 BRAGO).

d) Wird das **Arrestgesuch abgelehnt,** so kann für den mit diesem Gesuch verbundenen Auftrag auf Forderungspfändung die Vollstreckungs-(Vollziehungs-)Gebühr nicht gefordert werden, da der Pfändungsantrag nur für den Fall als gestellt gilt, daß der Arrest angeordnet wird. Doch kann der RA die Vollziehungsgebühr verlangen, wenn lediglich der beantragte Arrest erlassen, der Pfändungsantrag aber abgelehnt wird. Die Vollziehungsinstanz endet mit der Aufhebung des Arrestes (der einstw Verfügung) oder mit dem Beginn der Zwangsvollstreckung aus dem in der Hauptsache erlassenen Urteil (vollstreckbaren Titel). Eine nach Aufhebung des Arrestes oder einer einstw Verfügung oder nach Aufhebung der Vollziehung einer solchen Sicherungsmaßnahme (§ 59 II BRAGO) entwickelte anwaltl Tätigkeit wird daher nicht durch die vom RA vorher verdienten Vollziehungsgebühren mit abgegolten (§ 57 BRAGO).

923 *[Abwendungsbefugnis]*

In dem Arrestbefehl ist ein Geldbetrag festzustellen, durch dessen Hinterlegung die Vollziehung des Arrestes gehemmt und der Schuldner zu dem Antrag auf Aufhebung des vollzogenen Arrestes berechtigt wird.

I) Lösungssumme: Die Lösungssumme gehört zum Inhalt des vollständigen Arrestbefehls 1
(§ 922 Rn 2); sie ist von Amts wegen festzusetzen. Die Höhe des Geldbetrages wird nach der zu sichernden Forderung, Zinsen und Kostenpauschale (München MDR 57, 238 LS) bemessen; die

Kosten des Arrestverfahrens werden unabhängig davon festgesetzt und sind gleich beitreibbar. Eine etwaige anderweitige Sicherung des Gläubigers hat keinen Einfluß auf die Höhe der Lösungssumme; vgl dazu § 917 Rn 11. Der Wortlaut von § 923 sieht nur Sicherheitsleistung durch Hinterlegung vor; doch kann das Gericht auch eine andere Art der Sicherheitsleistung bestimmen, § 108. Wird die Höhe der Sicherheit beanstandet, sind für Gläubiger und Schuldner die gegen die Entscheidung zulässigen Rechtsbehelfe gegeben (StJGr Rn 2). Ist die Aufnahme der Lösungssumme in den Arrestbefehl übersehen, wird er auf Antrag der Parteien oder auf die gegen die Entscheidung zulässigen Rechtsbehelfe nach § 321 ergänzt (Hamburg NJW 58, 1145 mit Anm Lent; MK/Heinze Rn 2; Schuschke/Walker § 922 Rn 8). Die Lösungssumme und der nach §§ 928, 930 bewirkte Arrestvollzug stehen nicht etwa in dem Zusammenhang, daß sich die Lösungssumme um den Wert der im Vollzug des Arrestes gepfändeten Sachen mindert (RG 20, 396).

2 **II) Wirkungen der Sicherheitsleistung:** 1) Weist der Schuldner dem Gerichtsvollzieher die Sicherheitsleistung durch öffentl Urkunden nach, so ist der Arrest nicht zu vollziehen, §§ 928, 775 Nr 3 (Karlsruhe MDR 83, 678). Auf den Kostenfestsetzungsbeschluß ist die Hinterlegung ohne Einfluß (Karlsruhe HRR 31, 365, s auch Rn 1). Wird dem Gerichtsvollzieher der zu hinterlegende Betrag einschließlich der Gebühren und Auslagen übergeben, so hat er den aus dem Arrestbefehl ersichtlichen Betrag zu hinterlegen. Wird die Lösungssumme erst nach Arrestvollziehung hinterlegt, so kann der Schuldner daraufhin nach § 934 Aufhebung der Vollstreckungsmaßnahmen beim Vollstreckungsgericht beantragen (§ 766). Der Arrest selbst bleibt bis zu seiner Aufhebung bestehen; erst danach kann Rückgabe der Sicherheit verlangt werden, s § 943 Rn 7.

3 2) Ist der die Sicherheit leistende Schuldner **Ausländer** ohne weiteres Vermögen in Deutschland, so wird durch die Sicherheitsleistung der Gerichtsstand des Vermögens nach § 23 begründet (Frankfurt OLGZ 83, 99; s a § 23 Rn 7). Dies gilt wegen Art 3 EuGVÜ jedoch nur außerhalb des Anwendungsbereichs des Übereinkommens.

4 **III) Rechtsverhältnisse an der geleisteten Sicherheit:** Durch die (auch von einem Dritten erfolgte, RG 34, 356) Hinterlegung erlangt der Gläubiger ein Pfandrecht für seine ganze Forderung an dem Geld oder, wenn das Geld mit der Hinterlegung in das Eigentum des Staates übergeht, an der Forderung des Schuldners gegen den Staat, § 233 BGB. Der hinterlegte Betrag kann, solange der Arrestbefehl wirksam ist, nur vom Schuldner und Gläubiger gemeinsam zurückgefordert werden. Erst nach Aufhebung des Arrests (§§ 925 II, 926 II, 927) durch vorläufig vollstreckbare Entscheidung kann der Schuldner allein die Rückzahlung bei der Hinterlegungsstelle verlangen (Düsseldorf NJW-RR 87, 511 [512 mwN] = MDR 87, 506). Die Rückgabe ist in diesem Fall auch dann anzuordnen, wenn der Gläubiger nicht einwilligt und inzwischen Klage zur Hauptsache erhoben oder Berufung eingelegt wurde (Düsseldorf aaO). Rückforderungsrecht des Dritten: Dresden OLG 7, 330; Frankfurt OLG 16, 284. Ist die Rückgabe nicht anders zu erlangen, ist Verfahren nach § 109 erforderlich; über Zuständigkeit hierfür s § 943 Rn 2.

5 **IV) Einstw Verfügung:** § 923 ist wegen § 939 unanwendbar (Colmar OLG 23, 238). Gesetzwidrige Abwendungsbefugnis ist jedoch zu beachten (Karlsruhe MDR 83, 677).

924 *[Widerspruch]*

(1) Gegen den Beschluß, durch den ein Arrest angeordnet wird, findet Widerspruch statt.

(2) Die widersprechende Partei hat in dem Widerspruch die Gründe darzulegen, die sie für die Aufhebung des Arrestes geltend machen will. Das Gericht hat Termin zur mündlichen Verhandlung von Amts wegen zu bestimmen. Ist das Arrestgericht ein Amtsgericht, so ist der Widerspruch unter Angabe der Gründe, die für die Aufhebung des Arrestes geltend gemacht werden sollen, schriftlich oder zum Protokoll der Geschäftsstelle zu erheben.

(3) Durch Erhebung des Widerspruchs wird die Vollziehung des Arrestes nicht gehemmt. Das Gericht kann aber eine einstweilige Anordnung nach § 707 treffen; § 707 Abs. 1 Satz 2 ist nicht anzuwenden.

Lit: *Mädrich,* Das Verhältnis der Rechtsbehelfe usw im einstw Verfügungsverfahren, 1980.

1 **I) Rechtsbehelfssystem.** 1) Gegen die Anordnung des Arrests durch **Beschluß** kann der Schuldner **Widerspruch,** gegen die durch **Urteil Berufung** einlegen, s § 922 Rn 13 f, 17. Neben dem Rechtsbehelf des Widerspruchs (der Berufung) gegen den erlassenen Arrestbefehl kann der Schuldner wahlweise auch nach § 926 und nach § 927 vorgehen (ie Rn 2; § 927 Rn 2). Der Widerspruch (die Berufung) wendet sich gegen den Arrest mit der Begründung, er hätte überhaupt nicht erlassen werden dürfen, läßt aber auch die Berücksichtigung von nach dem Erlaß des Arrests eingetretenen Umständen zu, die den Arrest nicht mehr als gerechtfertigt erscheinen

lassen (vgl § 925 Rn 3). Dagegen eröffnet **§ 927** einen Weg, auf dem die Aufhebung des Arrests wegen nach dem Erlaß eingetretener neuer Umstände betrieben werden kann. Der Rechtsbehelf des **§ 926** führt aus einem formalen Grund, nämlich der Nichtbefolgung der Anordnung, Klage zu erheben, zur Aufhebung des Arrests. Die Aufhebung bei erfolgreichem Widerspruch (Berufung) und im Fall des § 926 wirkt ex tunc, die nach § 927 dagegen ex nunc. Die Kosten trägt in allen Fällen die unterlegene Partei; sie umfassen bei §§ 924, 926 die Kosten des ganzen Arrestverfahrens, bei § 927 nur die Kosten des Aufhebungsverfahrens (wegen § 91a vgl Rn 11). Die Klage aus **§ 767** steht dem Schuldner nicht zu (Karlsruhe GRUR 79, 571 mwN). Einwendungen gegen Vollziehung: **§ 766.**

2) **Wahlrecht. a) Grundsatz.** Unter den Rechtsbehelfen gem Rn 1 hat der Schuldner die **Wahl** (hM, vgl Köln WRP 87, 567; Koblenz GRUR 89, 374; Wieczorek/Schütze/Thümmel Rn 13; für § 927-Antrag aA AK/Damm Rn 6 mwN: Vorrang von § 924). Dabei wird er sich neben dem Zeitpunkt der Aufhebung des Arrests (Rn 1, 11) vor allem an der Kostenfolge orientieren. Dagegen kann bei der Wahl zwischen Widerspruch (Berufung) und Aufhebung (§ 927) die Frage eines möglichen Schadensersatzanspruchs nach § 945 außer Betracht bleiben, da § 945 voraussetzt, daß der Arrest **von Anfang an** ungerechtfertigt war und somit die Aufhebung wegen **nachträglich** eingetretener Umstände keine Schadensersatzpflicht begründet (StJGr Rn 4). *Welcher* Behelf gewollt ist, ist ggf durch **Auslegung** zu ermitteln (Köln WRP 87, 567 zu „Aufhebungsantrag“). 2

b) Schranken. Hat der Schuldner auf einem Weg die **rechtskräftige Aufhebung** erwirkt, so kann nicht nachträglich ein weiterer Rechtsbehelf gegen den bereits weggefallenen Arrest eingelegt werden (Düsseldorf NJW 71, 812). Ist das auf einen Rechtsbehelf eingeleitete Verfahren zuungunsten des Schuldners abgeschlossen, so steht die Rechtskraft dieser Entscheidung einem neuen Verfahren entgegen, in dem das Ziel der Aufhebung mit Gründen verfolgt wird, die bereits im ersten Verfahren hätten geltend gemacht werden können (StJGr Rn 5; Schuschke/Walker Rn 5). Die einzelnen Verfahren können nicht nebeneinander durchgeführt werden, die **Rechtshängigkeit** eines Verfahrens steht dem anderen Verfahren entgegen (StJGr Rn 6 mwN; aA R-Schilken § 77 II 4 mwN: fehlendes Rechtsschutzbedürfnis; dagegen BL/H Rn 2; MK/Heinze Rn 4 mN: Nebeneinander uU möglich). 3

II) Widerspruch (I). 1) Allgemeines. a) Gegen den Beschlußarrest können der **Schuldner,** sein Rechtsnachfolger und sein Konkursverwalter Widerspruch einlegen; gleichgültig ist, ob der Arrest sofort erlassen wurde oder (ohne mündliche Verhandlung) erst vom *Beschwerdegericht* (dazu Rn 6). Die Konkurseröffnung steht einer Bestätigung eines bereits vollzogenen Arrests nicht entgegen (BGH NJW 62, 591 = MDR 62, 400; vgl StJGr Rn 15). **Dritte** können nur gegen die Vollziehung des Arrests Erinnerung einlegen, § 766, oder Klage nach § 771 erheben. Widerspruch ist möglich, solange der Arrestbeschluß besteht; er ist also auch zulässig gegen nicht zugestellten oder nicht vollzogenen Arrestbefehl (Frankfurt OLG 19, 159), selbst bei Ablauf der Vollziehungsfrist des § 929, bei Erledigung der Hauptsache oder bei Freigabe der gepfändeten Sachen (StJGr Rn 10). Er ist an keine Frist gebunden (vgl aber Rn 10). 4

b) Beschränkung. Der Schuldner braucht nicht in vollem Umfang zu widersprechen, sondern kann den Widerspruch auf die Kostenentscheidung beschränken (BGH NJW 86, 1815 = MDR 85, 467; KG MDR 85, 770; Koblenz Rpfleger 86, 408; Hamm MDR 91, 357 f – **Kostenwiderspruch**); darin liegt ein bindender (Teil-)Verzicht auf den Widerspruch in der Sache (Hamm aaO; Köln Rpfleger 93, 173). Bedeutung hat dies vor allem bei der auf Unterlassung gerichteten einstw Verfügung (vgl Baumbach/Hefermehl, WettbewerbsR, § 25 UWG Rn 73), zB bei zwischenzeitlich eingetretener Erledigung. Schon mit Widerspruchseinlegung muß eindeutig erkennbar sein, daß der Schuldner sich ausschließlich gegen die Kostentragungspflicht wendet (vgl Hamm, Hamburg MDR 89, 1001 und 1002; Teplitzky DRiZ 82, 45; Lemke DRiZ 92, 339 je mwN, ganz hM). Vollwiderspruch verbunden mit der *Ankündigung* eines erst in der mündlichen Verhandlung (und damit nicht mehr „sofort“ iS von § 93) abzugebenden Anerkenntnisses genügt nicht (ie Lemke DRiZ 92, 340; sa § 93 Rn 6 „Kostenwiderspruch“ und Schleswig GRUR 86, 840; sa § 940 Rn 8 „WettbewerbsR“). Die Kostenentscheidung ergeht durch Urteil (Frankfurt BB 84, 1323 [LS]), gegen das entspr § 99 II sofortige Beschwerde statthaft ist (§ 925 Rn 11 mwN). 5

2) **Örtlich und sachlich ausschließlich zuständig** (vgl § 802) ist das Gericht, das den Arrestbeschluß erlassen hat (Jacobs NJW 88, 1365); § 10 ist unanwendbar (RG 37, 369). Hat das Beschwerdegericht den Arrest erlassen, so ist das Gericht 1. Instanz zuständig (Düsseldorf MDR 84, 324 mwN; Hamm OLGZ 87, 493 = MDR 87, 593; StJGr Rn 18; Wieczorek/Schütze/Thümmel Rn 3, hM; vgl auch § 927 Rn 10). Hat ein *unzuständiges* Gericht den Beschlußarrest (die Beschlußverfügung) erlassen, ist für die Überprüfung im Widerspruchsverfahren ausschließlich das *Gericht der Hauptsache* (§§ 919, 937) zuständig, an das gem § 281 zu verweisen ist (Hamm OLGZ 89, 340; StJGr Rn 19; MK/Heinze Rn 13, str; teilw aA LG Arnsberg NJW-RR 93, 319 mwN). Hat das AG als Gericht der Zwangsbereitschaft (§ 919 Rn 10) einen Arrest erlassen, so entscheidet es auch über den Widerspruch. 6

7 **3) Einlegung, Rücknahme, Verlust. a)** Der Widerspruch kann in amtsgerichtl Verfahren schriftl oder zu Protokoll der Geschäftsstelle erhoben werden, **II 3.** Beim LG muß er unter Anwaltszwang schriftl eingelegt werden (Koblenz NJW 80, 2589 mwN; Hamm WRP 92, 724). Bezeichnung des Rechtsbehelfs als Widerspruch ist nicht erforderlich (RG 67, 162). Der Widerspruch soll begründet werden, **II 1,** das Fehlen der Begründung (nur Ordnungsvorschrift) macht ihn jedoch nicht unwirksam (Schuschke/Walker Rn 12; Wieczorek/Schütze/Thümmel Rn 6, hM; aA LG München I WRP 96, 253).

8 **b) Rücknahme** des Widerspruchs ist jederzeit bis zur formellen Rechtskraft des Urteils ohne Zustimmung des Gläubigers möglich (vgl StJGr Rn 13; Wieczorek/Schütze/Thümmel Rn 8). Kosten entspr § 515 III (München JurBüro 77, 93, hM). Der Widerspruch kann – da nicht fristgebunden – jederzeit wieder eingelegt werden; Grenzen: Verzicht und Verwirkung (Rn 9 f).

9 **c)** Auf den Widerspruch kann (auch stillschweigend) **verzichtet** werden; ein Verzicht führt dazu, daß ein gleichwohl eingelegter Widerspruch unzulässig ist (Hamm WRP 81, 475). Die Verzichtserklärung muß erkennen lassen, ob ein umfassender Verzicht gewollt ist oder der Schuldner sich einen Kostenwiderspruch (dazu Rn 5) vorbehalten will. In Wettbewerbsprozessen kommt dem sog **Abschlußschreiben** die Bedeutung eines Verzichts zu (vgl § 926 Rn 4). Der Wegfall des Rechtsschutzinteresses für eine Hauptsacheklage setzt allerdings voraus, daß der Verzicht außer den Rechten aus § 924 auch die aus §§ 926, 927 umfaßt (KG NJW-RR 95, 60; Hamburg WRP 95, 649; Stuttgart WRP 96, 153; vgl ie Teplitzky, Wettbewerbsrechtliche Ansprüche, 6. Aufl, Kap 43 Rn 8, 11).

10 **d) Verwirkung** des Widerspruchs ist möglich (Celle GRUR 80, 945; KG GRUR 85, 237). Sie setzt neben dem sehr langen Zuwarten des Schuldners (Zeitmoment) Verhältnisse voraus, unter denen vernünftigerweise etwas zur Wahrung des Rechts unternommen zu werden pflegt (Umstandsmoment); vgl Einl Rn 57a [bb] und BVerfG 32, 305, 308 f = NJW 72, 675. Verwirkung ist demnach anzunehmen, wenn der Gläubiger sich auf das Ausbleiben des Widerspruchs einstellen durfte und dieses sein Vertrauen schutzwürdig ist (Saarbrücken NJW-RR 89, 1513). Bsp: Widerspruch nach 1¾ Jahren bei Hinnahme der ZwV bis auf Nebenpunkte (KGR 94, 131). Solange der Hauptsacheprozeß läuft, muß aber der Gläubiger mit einem Widerspruch rechnen (BGH NJW 92, 2298; OLGR Frankfurt 95, 106). Beruht der ergangene Beschluß auf einer zwischenzeitlich vom BVerfG für nichtig erklärten Norm, kann der Widerspruch bereits verwirkt sein (so KG GRUR 85, 237 bei Zeitablauf von über zwei Jahren; aA Sommerlad NJW 84, 1489 [1492 mwN]).

11 **III) Wirkungen. 1) Widerspruchsverfahren.** Der Widerspruch führt dazu, daß über die Rechtmäßigkeit des Arrestbefehls auf Grund mündl Verhandlung entschieden wird (§ 925). Das Gericht bestimmt unter Wahrung der Ladungsfrist (§ 217) unverzüglich von Amts wegen Termin zur mündl Verhandlung **(II 2).** Im Widerspruchsverfahren können nach Erlaß des Beschlusses eingetretene Umstände, die gem §§ 927, 936 auch nach Bestätigung den Antrag auf Aufhebung rechtfertigen würden, vom Antragsgegner geltend gemacht werden (RG 67, 163; 51, 134; Köln WRP 94, 51). Sind bei Widerspruch die Voraussetzungen für den Arrest nachträglich weggefallen, muß der Gläubiger die **Hauptsache** für **erledigt** erklären, wenn er die Kostentragungspflicht vermeiden will (Hamm WRP 69, 119; vgl § 922 Rn 4).

12 **2) Auswirkungen auf die Arrestvollziehung (III).** Der Widerspruch hemmt weder den Arrestvollzug noch die Kostenfestsetzung und Pfändung auf Grund dieses Titels; nötig ist gegebenenfalls ein Antrag auf Anordnung aus § 707. Zu den Voraussetzungen s auch Rn 13. Die Entscheidung über diesen Antrag ist unanfechtbar (§ 707 II 2; Ausnahme: Greifbare Gesetzwidrigkeit, vgl Nürnberg NJW-RR 93, 1216; sa § 707 Rn 22, ferner allg Rn 20 vor § 300). Einstellung vor Arrestvollzug unterbricht die Frist des § 929 II (Frankfurt AfP 80, 225). **Entspr Anwendung von III 2** ist möglich in den Fällen der §§ 926, 927, 942 (Rn 13; § 942 Rn 7).

13 **IV) Einstw Verfügung.** § 924 ist (außer I, II bei § 942) anwendbar, damit auch eine Einstellung der ZwV durch einstw Anordnung nach **III 2** iVm § 707 (ohne dessen I 2), **entspr** in den Fällen der §§ 926 (Düsseldorf NJW 70, 254), 927 (LG Braunschweig MDR 56, 567), 942 (dort Rn 7). Bei der Unterlassungsverfügung schließt die Gefahr des zeitweiligen oder endgültigen Verlusts des Verfügungsanspruchs eine einstw Einstellung nicht schlechthin aus (Celle OLGZ 86, 491 = NJW 87, 190 gegen Nürnberg GRUR 83, 469), doch dürfte eine solche nur ausnahmsweise bei Vorliegen besonderer Umstände in Frage kommen (Koblenz NJW-RR 90, 1535 mN). Auch bei einer einstw Verfügung, die die Veränderung eines bestehenden Zustands verhindern will, ist eine einstw Einstellung nur zulässig, wenn dadurch der Zweck der einstw Verfügung nicht illusorisch gemacht wird (Koblenz WRP 81, 545 mwN; dazu Klette GRUR 82, 471; aA StJGr Rn 23; MK/Heinze Rn 16); zulässig ist die einstw Einstellung bei einer einstw Verfügung, durch die die Rechtslage einstweilen umgestaltet wird, wie bei der vorläufigen Entziehung der Befugnis zur Geschäftsführung und Vertretung einer Gesellschaft (Karlsruhe MDR 75, 324). Ist die einstw Verfügung auf Grund mündl Verhandlung ergangen, ist Einstellung der ZwV nur im Ausnahmefall unter besonderen Umständen möglich (Köln GRUR 82, 504; Frankfurt ZIP 83, 628; WRP 91, 405; 92, 121).

Abweichend von III 2, § 707 ist eine einstw Einstellung von arbeitsgerichtlichen Verfügungen nur unter den Voraussetzungen von § 62 I 2 ArbGG möglich (LAG Hamm MDR 88, 892).

V) Wegen der **Gebühren** s Rn 21 zu § 922 und Rn 14 zu § 925. Das Verfahren nach Widerspruch gegen den durch Beschluß angeordneten Arrest oder gegen die durch Beschluß angeordnete einstw Verfügung ist durch die Verfahrensgebühr nach KV 1310 abgegolten. Das Widerspruchsverfahren gehört zum Anordnungsverfahren. IdR wird auf Widerspruch aber eine mündliche Verhandlung stattfinden, wodurch sich die Gebühr auf den dreifachen Tabellensatz erhöht (KV 1311). Kasuistik zur Gebührenerhöhung Rn 21 zu § 922. 14

925 *[Endurteil nach Widerspruch]*

(1) Wird Widerspruch erhoben, so ist über die Rechtmäßigkeit des Arrestes durch Endurteil zu entscheiden.

(2) Das Gericht kann den Arrest ganz oder teilweise bestätigen, abändern oder aufheben, auch die Bestätigung, Abänderung oder Aufhebung von einer Sicherheitsleistung abhängig machen.

I) Verfahren. 1) Der **Widerspruch** führt dazu, daß über den Arrestbefehl (nicht über den Arrestantrag) auf Grund mündl Verhandlung entschieden wird (vgl Karlsruhe MDR 94, 217). Zuständigkeit und Verweisung: § 924 Rn 6. Die Parteistellung ist die gleiche wie im Anordnungsverfahren: der Gläubiger ist Arrestkläger, der Schuldner Arrestbeklagter. Die mündl Verhandlung entspricht im wesentlichen der des § 922 I; vgl § 922 Rn 15. Wirkung des Widerspruchs: § 924 Rn 11, 12. Die Konkurseröffnung steht einer Bestätigung eines bereits vollzogenen Arrests nicht entgegen (BGH NJW 62, 591 = MDR 62, 400; sa § 924 Rn 4). 1

2) **Gegenstand der mündlichen Verhandlung.** Das Gericht entscheidet darüber, ob der Arrestbefehl nach dem Sach- und Streitstand bei Schluß der mündl Verhandlung sachlich gerechtfertigt ist. Das bedeutet, daß alle Voraussetzungen für den Arrest erneut zu prüfen sind (ie Rn 5); dies gilt auch in der Berufungsinstanz, s Rn 11. 2

a) Der **Schuldner** kann geltend machen, der Arrest sei aus Rechtsgründen **von Anfang an nicht gerechtfertigt** gewesen, und sich dabei gegen Prozeßvoraussetzungen, Arrestanspruch und Arrestgrund wenden. Er kann auch die **Beweiswürdigung** angreifen. Wegen der dem Arrest zugrunde liegenden Tatsachen kann der Schuldner sowohl die Glaubhaftmachung des Gläubigers erschüttern als auch Einwendungen, für die er darlegungs- und beweispflichtig ist (vgl § 922 Rn 5) seinerseits glaubhaft machen. Insbesondere kann der Schuldner aber **neue Tatsachen** vortragen, die erst nach Erlaß des Arrestbefehls eingetreten sind; maßgebender Zeitpunkt für die Überprüfung des Gerichts ist der Schluß der mündlichen Verhandlung (Frankfurt OLGZ 85, 384 = MDR 85, 681; Köln WRP 94, 50 f); insofern überschneidet sich das Widerspruchsverfahren mit dem Verfahren nach § 927 (StJGr Rn 6). Eine Zurückweisung neuen Vorbringens als verspätet kommt nicht in Betracht (einschr StJGr Rn 14), für § 296 ist kein Raum (str, vgl mN § 922 Rn 15). Neues Vorbringen ist dann zu berücksichtigen, wenn es sofort mindestens glaubhaft gemacht werden kann; anderenfalls ist es im Eilverfahren auch bei Entscheidungserheblichkeit ausgeschlossen, vgl § 922 Rn 15. Wegen **Kostenwiderspruch** s § 924 Rn 5. 3

b) Auch der **Gläubiger** kann sich auf zwischenzeitlich eingetretene Veränderungen berufen. Ist das Gericht der Auffassung, daß der Arrestbefehl ursprünglich nicht hätte erlassen werden dürfen, so ist er gleichwohl zu bestätigen, wenn der Gläubiger nunmehr die Tatsachen vorträgt und glaubhaft macht, die den Arrest rechtfertigen (MK/Heinze Rn 5). Der Gläubiger kann auch nunmehr eine zunächst fehlende oder nicht ausreichende Glaubhaftmachung nachholen und so die Aufrechterhaltung des Arrests ohne Sicherheitsleistung erwirken (vgl § 921 II 1). Daß erst der Widerspruch des Schuldners zur mündlichen Verhandlung geführt hat, steht nicht entgegen, denn der Gläubiger kann seinen Antrag jederzeit mit besserer Glaubhaftmachung wiederholen (vgl § 922 Rn 18). Hat sich die Rechtslage seit Erlaß des Arrestbefehls zuungunsten des Gläubigers geändert, sollte er zur Vermeidung der Kostenlast die Hauptsache für erledigt erklären (vgl dazu § 922 Rn 4 und LG Zweibrücken MDR 92, 1081; Schlüter ZZP 80, 447). Nicht möglich ist ein Austausch des „alten" gegen einen „neuen" Arrestanspruch zur rangwahrenden Aufrechterhaltung des Arrests (Frankfurt NJW-RR 88, 319); hier muß im Wege der Antragsänderung (§§ 263 ff) ein Neuerlaß (Folge: § 929) beantragt werden (Frankfurt aaO). 4

3) **Prüfungsumfang.** Das Gericht prüft alle Voraussetzungen des Arrests (vgl § 922 Rn 5). An seine Beurteilung bei Erlaß des Beschlußarrests ist es nicht gebunden (StJGr Rn 3 mwN; aA Schwerdtner NJW 70, 597). Haben die Parteien bestimmte Anträge im Widerspruchsverfahren gestellt, ist das Gericht daran gebunden (vgl § 920 Rn 3); zum Prüfungsumfang bei Kostenwiderspruch gegen Unterlassungsverfügung: Karlsruhe NJW-RR 87, 105. 5

6 **II) Entscheidung. 1)** Die Entscheidung ergeht durch **Endurteil (I)**, auch bei Kostenwiderspruch (Rn 11; § 924 Rn 5), bei Säumnis einer Partei durch Versäumnisurteil (§§ 330 ff).

7 **2) Inhalt.** Das Urteil lautet auf (ggf teilweise) **Bestätigung, Aufhebung oder Abänderung** des Arrestes; Gegenstand der Entscheidung ist auch die Sicherheitsleistung (ie **II**). Im Fall der Arrestaufhebung ist der Arrestantrag zurückzuweisen (ThP Rn 2); ein unzulässiger Widerspruch wird verworfen (Celle GRUR 80, 946). Das Urteil enthält stets eine Kostenentscheidung (Rn 8) und uU eine Entscheidung über die vorläufige Vollstreckbarkeit (Rn 9).

8 **3) Kostenentscheidung.** Im Urteil ist auch über die Kosten gem §§ 91 ff von Amts wegen zu entscheiden; bei Übergehung § 321, wenn nicht Berufung eingelegt wird. Wird der Arrestbeschluß aufgehoben, so hat der Kläger die Kosten der Anordnung und Vollziehung des Arrestes sowie diejenigen der Zurückbringung der gepfändeten Gegenstände zum Schuldner zu tragen bzw letzterem zu erstatten (RG 26, 205). Umfang: § 922 Rn 8. Weiteren Schaden kann der Schuldner nach § 945 durch besondere Klage (RG 50, 41) geltend machen. Der Gläubiger hat die Kosten auch dann zu tragen, wenn der Arrest nur wegen veränderter Umstände aufgehoben wird (Koblenz JurBüro 90, 107; StJGr Rn 18), es sei denn, er hat die Hauptsache für erledigt erklärt (Rn 4 aE). Eine Kostenentscheidung muß im Widerspruchsverfahren auch dann ergehen, wenn mit dem Widerspruch die einstw Verfügung nur zum Teil angefochten worden ist; wird in einem weiteren Widerspruchsverfahren auch der übrige Anspruch angefochten, muß eine einheitliche Kostenentscheidung ergehen unter Einbeziehung der früher ergangenen Kostenentscheidung, jedoch ohne diese in ihrem materiellen Gehalt zu verändern (Düsseldorf NJW 70, 618; Karlsruhe WRP 81, 285 mwN). Obsiegt der Gläubiger in der Hauptsache, so erwächst ihm daraus wegen des Unterliegens im vorläufigen Verfahren kein materiellrechtlicher Kostenerstattungsanspruch (E. Schneider MDR 81, 360). Hat das AG als Gericht der Zwangsbereitschaft gem § 942 eine einstw Verfügung erlassen, für die sachlich das Arbeitsgericht zuständig ist, so findet eine Kostenerstattung gem § 12a I 3 ArbGG auch dann nicht statt, wenn das AG fälschlicherweise nach § 281 I an das ArbG verwiesen hat statt nach § 942 I vorzugehen (LAG Hamm MDR 80, 698, Wenzel BB 83, 1225; aA LG Bremen BB 82, 2188 m Anm Strube).

9 **4) Vollstreckbarkeit. a) Entscheidung.** Das den Arrest **bestätigende Urteil** wirkt wie der ursprüngliche Arrestbefehl (§ 929 I) und ist daher mit der Verkündung sofort vollstreckbar (StJGr Rn 21), auch wegen der Kosten. Urteile, die den Arrestbeschluß (und damit die Vollziehung) **aufheben, abändern** oder von einer **Sicherheitsleistung** (Bestimmung ihrer Art und Höhe nach § 108) **abhängig machen**, sind ohne Antrag für vollstreckbar zu erklären, § 708 Nr 6.

10 **b) Wirkung bei Aufhebung.** Wird der Arrestbefehl aufgehoben, so entfällt seine Wirkung mit Verkündung des Urteils, nicht erst mit dessen Rechtskraft (Düsseldorf NJW-RR 87, 512 mwN; WRP 95, 735 mN; Schleswig NJW-RR 92, 317; MK/Heinze Rn 10; StJGr Rn 19, str; aA Celle NJW-RR 87, 64; Brox/Walker Rn 1526 mwN; R-Schilken § 77 II 4: ab Rechtskraft; widersprüchlich BL/Hartmann Rn 7 und 9). Folge: Der Arrestschuldner kann auf Grund des Urteils die Aufhebung der Vollstreckungsmaßnahmen gem § 775 Nr 1, 3, § 776 beim Gerichtsvollzieher oder gem §§ 766, 764 beim Vollstreckungsgericht beantragen; eine geleistete Sicherheit wird frei (Düsseldorf NJW-RR 87, 511). Will der Arrestkläger dies verhindern, muß er zusammen mit der Berufung Antrag gem §§ 707, 719 stellen (vgl Rn 11).

11 **III) Verfahren in der Rechtsmittelinstanz. 1) Rechtsmittel.** Gegen das auf den Widerspruch ergangene Urteil ist unter den allg Voraussetzungen **Berufung** zulässig, gegen ein Versäumnisurteil **Einspruch** (RG 20, 330), gegen ein auf Kostenwiderspruch (§ 924 Rn 5) ergangenes Urteil die **sofortige Beschwerde** entsprechend § 99 II (Karlsruhe NJW-RR 87, 105; Bremen NJW-RR 88, 625 mwN; Brandenburg MDR 94, 404 = NJW-RR 94, 1022; Lemke DRiZ 92, 341, hM, str; aA BL/Hartmann Rn 11 mN); bei Kostenmischentscheidung nach Teilkostenwiderspruch ist das Urteil einheitlich mit der Berufung anfechtbar (Hamm OLGZ 87, 374 f mN, auch zur aA; vgl. auch § 99 Rn 7; § 91a Rn 56). Die Revision ist ausgeschlossen (§ 545 II), auch im Fall des § 547 (BGH NJW 84, 2368; vgl § 545 Rn 9). Legt der Gläubiger gegen ein den Arrest aufhebendes Urteil Berufung ein, wird empfohlen gleichzeitig Einstellung der Vollziehung des Urteils zu beantragen, §§ 707, 719, da aufgehobene Pfändungen, auch wenn das Urteil erster Instanz aufgehoben wird, nicht wieder aufleben (vgl München OLGZ 69, 196; KG MDR 94, 727 [für Erwerbsverbot]; LG Bonn NJW 62, 161; MK/Heinze Rn 12; StJGr Rn 19; wegen Rn 10 zweifelhaft; **aA** Düsseldorf NJW-RR 87, 512; KGR 96, 166; Schuschke/Walker Rn 13; Teplitzky aaO Kap 55 Rn 14).

12 **2) Verfahren.** In der Berufungsinstanz können neue Tatsachen vorgebracht werden, einerlei, ob sie vor oder nach Erlaß des Urteils erster Instanz entstanden sind, auch solche, die nach § 926 II oder § 927 zum Antrag auf Aufhebung des Arrestes berechtigten (RG 62, 62; BL/Hartmann Rn 11). Beweis muß sofort erhoben werden können. **Entscheidung:** Hat das Gericht erster Instanz den Arrest aufgehoben, so wird er vom Berufungsgericht neu erlassen (Schleswig NJW-RR 92, 317 f; Düsseldorf WRP 95, 735; Teplitzky WRP 87, 150; StJGr Rn 19 mN), nicht lediglich

„bestätigt" (so aber Celle NJW-RR 87, 64; Wieczorek/Schütze/Thümmel Rn 11); Folge: Eigene Vollziehung notwendig (MK/Heinze Rn 13, str; **aA** Celle, Wieczorek/Schütze/Thümmel, jeweils aaO). Wird der Arrestbefehl wegen Versäumung der Vollziehungsfrist gem § 929 II in der Berufungsinstanz aufgehoben, kann der Gläubiger nicht im Wege der Anschlußberufung den erneuten Erlaß eines Arrests erreichen (Zweibrücken OLGZ 80, 28; Frankfurt Rpfleger 83, 120).

IV) Einstw Verfügung. § 925 I ist anwendbar; II ist durch § 939 eingeschränkt. Für die Anwendung des § 93 (Kostenpflicht) gelten dieselben Grundsätze wie bei der Drittwiderspruchsklage gem § 771 (HRR 25, 718). 13

V) Gebühren: 1) des **Gerichts:** Im Widerspruchsverfahren werden keine Entscheidungsgebühren erhoben. **2)** des **Anwalts:** § 40 II BRAGO. 14

926 *[Anordnung der Klageerhebung]*

(1) Ist die Hauptsache nicht anhängig, so hat das Arrestgericht auf Antrag ohne mündliche Verhandlung anzuordnen, daß die Partei, die den Arrestbefehl erwirkt hat, binnen einer zu bestimmenden Frist Klage zu erheben habe.

(2) Wird dieser Anordnung nicht Folge geleistet, so ist auf Antrag die Aufhebung des Arrestes durch Endurteil auszusprechen.

I) Allgemeines. 1) § 926 gibt dem Schuldner die Möglichkeit, den Fortbestand der im vorläufigen Rechtsschutzverfahren ergangenen Entscheidung von der Durchführung des Hauptsacheverfahrens abhängig zu machen. Wegen des Sicherungszwecks des Arrests (§ 916 Rn 1) soll der Schuldner verhindern können, auf Dauer einer einstw Maßnahme unterworfen zu sein, ohne daß der Gläubiger versucht, einen Titel zu erlangen, dessen Vollstreckung gesichert werden soll. Der Schuldner kann daher nach § 926 den Gläubiger zur Erhebung der Hauptsacheklage zwingen. Wird der Arrest gem Rn 25 aufgehoben, hat der Schuldner den Schadensersatzanspruch nach § 945. 1

2) Anwendungsbereich. Grundsätzlich gilt § 926 für alle Arreste und einstw Verfügungen, unabhängig vom Verfahren; auch für die einstw Verfügung in Familiensachen (Bsp: § 916 Rn 5, 8; Abgrenzung bei Unterhaltsverfügungen: § 940 Rn 8 „Unterhaltsrecht") oder nach § 1615 o BGB (Holzhauer FamRZ 82, 109 f; vgl Rn 30 aE). Ausnahmen sind in den meisten Pressegesetzen der Länder vorgesehen, die ein Hauptverfahren über den presserechtlichen Gegendarstellungsanspruch ausschließen; damit entfällt auch das Verfahren nach § 926. Nicht ausgeschlossen ist das Hauptsacheverfahren in Bayern (§ 10 III BayPresseG) und Hessen (§ 10 IV HessPresseG); in Hamburg schweigt das Gesetz zu diesem Fall, § 926 ist jedoch gleichwohl nicht anwendbar (BGH 62, 7 = NJW 74, 642 = MDR 74, 480; Hamburg NJW 68, 2383 = MDR 68, 1015 mit Anm Willenberg). 2

3) Verhältnis zu anderen Rechtsbehelfen. Der Schuldner ist nach hM nicht auf das Verfahren nach § 926 beschränkt; er kann vielmehr selbst durch **negative Feststellungsklage** ein Hauptsacheverfahren einleiten (BGH NJW 86, 1815 = MDR 85, 467; Koblenz GRUR 86, 95 mwN; StJGr Rn 2 mwN, jetzt hM) und auf der Grundlage des obsiegenden Urteils die Aufhebung des Arrests gem § 927 verlangen (vgl Koblenz GRUR 86, 95). Das erforderliche Feststellungsinteresse fehlt allerdings dann, wenn die Hauptsache sich zwischenzeitlich erledigt hat und deshalb für die Aufhebung der Kostenentscheidung mit dem Kostenwiderspruch (§ 924 Rn 5) ein einfacherer Weg zur Verfügung steht (BGH NJW 86, 1815 = MDR 85, 467). Stützt der Gläubiger sein Verhalten auf den Inhalt einer einstw Verfügung, ist der Schuldner nicht gehindert, ihm dieses Verhalten durch **Unterlassungsklage** verbieten zu lassen; das Verfahren nach § 926 enthält keine abschließende Regelung (StJGr Rn 2 mwN; aA BGH NJW 51, 405 LS; auch hier offen BGH LM § 926 ZPO Nr 5 und BGH ZIP 83, 994). Ist der Hauptsacheanspruch **nach** Arrestverhängung **weggefallen,** muß der Schuldner nach §§ 924 oder 927 vorgehen (vgl Rn 12). Liegen auch die Voraussetzungen des § 927 vor, kann der Schuldner wählen, welchen Weg er beschreiten will; er kann aber auch nach beiden Bestimmungen vorgehen (MK/Heinze Rn 4). Ist bereits ein Verfahren nach §§ 924, 925 oder § 927 anhängig, so kann der Schuldner nach Ablauf der Frist des **I** auch in diesem Verfahren Aufhebungsantrag nach § 926 stellen (LG Freiburg NJW-RR 88, 250 mN = MDR 88, 64), auch in der Berufungsinstanz (Hamburg MDR 77, 148). **Schadensersatz** aus § 945 kann im Verfahren gem § 926 nicht begehrt werden. Bei **Verfassungsbeschwerde** gegen eine Eilmaßnahme gehört der Antrag gem I nicht zur Rechtswegerschöpfung iS von § 90 II BVerfGG (BVerfG 75, 325 = NJW 87, 2500 = MDR 87, 903; einschr BVerfG NJW 93, 1061). 3

4) Verzicht. Auf die Anträge nach § 926 kann ebenso wie auf die Rechte aus § 924 (dort Rn 9) und § 927 (dort Rn 9a) verzichtet werden. Dadurch können die Parteien durch Prozeßvertrag (Rn 22 vor § 128) die Entscheidung im einstw Rechtsschutz zur endgültigen Entscheidung ma- 4 chen (Koblenz GRUR 86, 95 mN). Dies hat als **Abschlußschreiben** vor allem im Wettbewerbsprozeß Bedeutung (vgl Pastor, Wettbewerbsprozeß Kap 45; Teplitzky, Wettbewerbsrechtliche Ansprüche, 6. Aufl, Kap 43; Wieczorek/Schütze/Thümmel § 924 Rn 10; vgl auch BGH NJW 81, 1955; NJW-RR 91, 297; Hamm NJW-RR 86, 922; KG NJW-RR 95, 60; Stuttgart WRP 96, 153). In der nachträglichen Beschränkung des Widerspruchs auf die Kostenentscheidung (sog **Kostenwiderspruch:** § 924 Rn 5) kann ein Verzicht auf die Fristsetzung nach § 926 liegen (Stuttgart WRP 80, 102; im Einzelfall dies verneinend Hamm MDR 91, 358). **Wirkungen** des Verzichts für das Fristsetzungsverfahren: Rn 13. Auf das Rechtsschutzbedürfnis für eine Hauptsacheklage hat der Verzicht als solcher noch keine Auswirkungen, hinzukommen muß noch der Verzicht auf die Rechte aus § 924 und § 927 (Koblenz GRUR 86, 94 mwN; Hamm GRUR 93, 1002). Verzicht auf Fristsetzung gem **I** berührt grundsätzlich nicht die Rechte des Schuldners aus § 927 (Koblenz GRUR 86, 95).

5 **II) Fristsetzungsverfahren (I).** Es handelt sich um ein Beschlußverfahren vor dem Arrestgericht (Rechtspfleger) ohne notwendiges Gehör des Gläubigers.

6 1) **Arrestgericht** ist das Gericht, das den Arrest durch Beschluß oder Urteil angeordnet hat, gleich wo das Verfahren zur Zeit der Antragstellung schwebt (wie Rn 22). Hat das Beschwerde- oder das Berufungsgericht den Arrest erlassen, ist das Gericht des ersten Rechtszugs zuständig (ganz hM; StJGr Rn 5 mwN; Köln ZIP 94, 81; aA Karlsruhe NJW 73, 1509). Die Anordnung ist dem **Rechtspfleger** übertragen (§ 20 Nr 14 RPflG).

7 2) **Antrag.** Er kann schriftlich, **zu Protokoll** des Urkundsbeamten oder gem §§ 24 II Nr 3, 26 RPflG zu Protokoll des Rechtspflegers (Wieczorek/Schütze/Thümmel Rn 5) gestellt werden, es besteht kein Anwaltszwang (§ 78 III; § 13 RPflG).

8 3) **Zulässigkeitsvoraussetzungen.** Sie ergeben sich daraus, daß das Fristsetzungsverfahren als Hilfsverfahren eine Arrestaufhebung wegen unterlassener Klageerhebung in der Hauptsache (Rn 22 ff) vorbereiten soll. Neben dem Vorliegen der allgemeinen Prozeßvoraussetzungen setzt der Antrag daher einen bestehenden Arrestbefehl und fehlende Rechtshängigkeit der Hauptsache voraus. Ie gilt:

9 **a) Bestehen des Arrestbefehls.** Der Antrag ist nur zulässig, solange der Arrestbefehl (noch) besteht. Er kann allerdings schon vor Erlaß des Arrests (vorsorglich) gestellt werden für den Fall, daß Arrest angeordnet wird. Die Anordnung der Klageerhebung kann in diesem Fall zusammen mit der Fristsetzung in den Arrestbefehl aufgenommen werden; sie ist dann Sache des Richters (§§ 6, 8 RPflG). Die Abwendung des Arrestvollzugs nach § 923 hindert den Antrag nicht. Wird der Arrest (die einstw Verfügung) im Widerspruchsverfahren durch rechtskräftige Entscheidung ganz oder teilweise aufgehoben oder für erledigt erklärt, ist der Antrag (insoweit) unzulässig (BGH LM § 926 ZPO Nr 3 = NJW 73, 1329 = MDR 73, 745). Zur Bedeutung des Verzichts des Arrestklägers auf seine Rechte aus dem Arrest vgl Rn 12.

10 **b) Fehlende Rechtshängigkeit der Hauptsache:** Die Hauptsacheklage ist noch nicht erhoben, die erhobene Klage wurde wieder zurückgenommen oder als unzulässig zurückgewiesen; das (mit nicht zugestellter) Klageschrift eingereichte PKH-Gesuch wurde zurückgewiesen (Frankfurt MDR 89, 272). Ist die Hauptsache schon – noch – rechtshängig (ie Rn 24), ist der Antrag unzulässig (BGH NJW-RR 87, 685 = MDR 87, 492); Rechtshängigkeit im Ausland steht der inländischen gleich, wenn das ausländische Urteil im Inland anzuerkennen ist (Frankfurt MDR 81, 237 = Rpfleger 81, 118; dazu Hausmann IPRax 82, 52 ff).

11 **c) Fehlender Titel in der Hauptsache.** Besitzt der Gläubiger bereits einen Vollstreckungstitel in der Hauptsache, ist der Antrag des Schuldners unzulässig.

12 **d) Rechtsschutzbedürfnis.** Ein Rechtsschutzbedürfnis für den Antrag **fehlt,** wenn von dem Arrestbefehl für den Schuldner keine Gefahr mehr ausgeht oder die Aufhebung des Arrests auf einfacherem Weg – ohne den Umweg über ein Hauptsacheverfahren – möglich ist. Fälle: Der Arrest-(Verfügungs-)kläger hat den Arrest-(Verfügungs-)beklagten vor jeder Inanspruchnahme aus dem Arrest (der einstw Verfügung) sichergestellt (BGH NJW 74, 503; Düsseldorf NJW-RR 88, 696; aA StJGr Rn 7); der Arrest-(Verfügungs-)kläger hat auf die Vollstreckung aus dem Arrest (der einstw Verfügung), auf den materiellen Anspruch (Hamburg NJW-RR 86, 1122; LG Freiburg NJW-RR 88, 251 = MDR 88, 64) und die Rechte aus der Kostenentscheidung verzichtet (BGH 122, 179 = NJW 93, 2687); die zeitlich begrenzte Geltungsdauer des Arrests (der einstw Verfügung) ist abgelaufen (Hamm MDR 86, 418; Karlsruhe NJW-RR 88, 252); der zu sichernde Anspruch ist **auf jeden Fall weggefallen** (LG Hamburg ZIP 91, 1508 f; StJGr Rn 7; richtiger Behelf dann §§ 924 oder 927, vgl Rn 3; krit MK/Heinze Rn 10); Beispiele: Der Schuldner hat in der Zwischenzeit erfüllt (Frankfurt NJW 72, 1330; LG Mainz NJW 73, 2294), etwa der allein auf Besitzschutz (§ 861 BGB) gestützten Herausgabeverfügung voll entsprochen oder die Hauptsache ist sonst erledigt (vgl LG Göttingen Rpfleger 93, 440); bei einem Unterlassungsanspruch ist wegen Zeitablaufs die Wiederholungsgefahr entfallen (BGH NJW 74, 503; Hamburg MDR 70, 935;

zweifelnd Köln Rpfleger 81, 26; aA AG Lauenburg MDR 95, 747) oder er ist zwischenzeitlich unstreitig verjährt. **Abgrenzung.** Das Rechtsschutzbedürfnis entfällt nicht schon dann, wenn der Aufhebungsantrag allein der Korrektur (vgl Rn 26) der im Anordnungsverfahren ergangenen Kostenentscheidung dient (BGH 122, 179 = NJW 93, 2687; zust Vollkommer WM 94, 53).

e) **Fehlender Verzicht** des Schuldners auf den Antrag (vgl Rn 4). 13

f) **Ohne Bedeutung** für die Zulässigkeit des Antrags sind die Erfolgsaussichten der Hauptsacheklage; sie sind im Fristsetzungsverfahren in keinem Fall zu prüfen (Köln Rpfleger 81, 26); das schließt nicht aus, daß Fragen der materiellrechtlichen Begründetheit des Hauptsacheanspruchs im Rahmen der Prüfung des Rechtsschutzbedürfnisses (Rn 12) von Bedeutung sein können (krit MK/Heinze Rn 10). Die Frist zur Klageerhebung ist daher zB auch dann zu bestimmen, wenn der Schuldner mit der Antragstellung die (kurze) Verjährung des Hauptsacheanspruchs in der Absicht abgewartet hat, sich im Hauptsacheverfahren auf die Verjährung zu berufen (vgl BGH NJW 81, 1955 = MDR 81, 638 zu § 21 UWG). 14

4) **Verfahren und Entscheidung. a)** Die Anordnung ergeht ohne mündl Verhandlung durch Beschluß; der Gläubiger kann, muß aber nicht gehört werden (unbedenklich im Hinblick auf Art 103 I GG wegen des Formalcharakters des Verfahrens). 15

b) Der Beschluß enthält die **Anordnung der Klageerhebung** samt Fristfestsetzung und Rechtsfolgenbelehrung. Beispiel: „Der Gläubiger hat bis zum . . . beim Gericht der Hauptsache Klage zu erheben. Nach fruchtlosem Ablauf der Frist wird auf Antrag der Arrestbefehl vom . . . aufgehoben." Die Länge der Frist ist im Gesetz nicht vorgeschrieben; entsprechend §§ 276 I 2, 277 III beträgt sie mindestens zwei Wochen (StJGr Rn 9). Sie ist nach pflichtgemäßem Ermessen entspr den für eine sorgfältige Partei erforderlichen Prozeßvorbereitungen zu bestimmen (Wieczorek/Schütze/Thümmel Rn 10: idR ein Monat, uU länger). 16

c) Der Beschluß wird dem **Gläubiger** durch **Zustellung** bekanntgegeben; damit beginnt die bestimmte Frist zu laufen. Berechung: § 222. Dem **Schuldner wird der Beschluß formlos** übersandt (§ 329 II 1) oder mündlich eröffnet; dies gilt auch, wenn der Antrag abgelehnt oder eine längere als die beantragte Frist gesetzt wird. Bei Ablehnung keine Mitteilung an den Gläubiger. Die **Frist läuft** auch dann weiter, wenn der Arrest auf Widerspruch aufgehoben und gegen das Urteil Berufung eingelegt wurde (LG Arnsberg MDR 86, 328). 17

d) Auf Antrag des Gläubigers kann die Frist vor ihrem Ablauf durch schriftlichen Beschluß (Karlsruhe WRP 82, 256 LS) **verlängert werden** (§ 224 II). 18

5) **Rechtsbehelfe. a) Gläubiger. aa)** Er hat die **befristete Erinnerung** nach § 11 I 2 RPflG (BGH NJW-RR 87, 685 = MDR 87, 492; Schleswig SchlHA 82, 43; MK/Heinze Rn 13; ThP Rn 6; aA Karlsruhe WRP 83, 104: kein Rechtsbehelf). Die Beschwerden nach §§ 567, 793 sind nicht gegeben (LG Göttingen Rpfleger 93, 440). Es entscheidet das Gericht, dem der Rechtspfleger angehört (keine Durchgriffserinnerung). Der Gläubiger kann auch einen Verlängerungsantrag stellen (Rn 18). Die Verweigerung der Fristverlängerung kann durch den Gläubiger nicht angefochten werden (§ 225 III). 19

bb) Inzidentkontrolle im Aufhebungsverfahren. Der Gläubiger kann aber auch im Aufhebungsverfahren gem **II** (vgl Rn 22 ff) geltend machen, die Fristsetzung gem **I** habe nicht erfolgen dürfen (BGH NJW-RR 87, 685 mN = MDR 87, 492; Karlsruhe NJW-RR 88, 252). 20

b) Schuldner. Zulässig ist die unbefristete Durchgriffserinnerung gegen die Ablehnung des Antrags oder zu lang bemessene Fristen (§ 11 I 1, II RpflG). Bei Entscheidung durch das Gericht (Rn 9) ist Beschwerde gem § 567 gegeben. 21

III) Aufhebungsverfahren (II). 1) Es handelt sich um ein Urteilsverfahren vor dem Arrestgericht mit notwendiger mündl Verhandlung; es bildet mit dem Anordnungsverfahren eine Einheit (Frankfurt Rpfleger 86, 281 = AnwBl 86, 407). Der **Antrag** des Schuldners ist schriftlich einzureichen; für ihn gilt Anwaltszwang (§ 78); beim Amtsgericht kann er auch zu Protokoll erklärt werden (§ 496). Zuständig ist das Arrestgericht (Rn 6), also das Gericht, das die Frist zur Klageerhebung angeordnet hat, auch wenn das Verfahren in der Berufungsinstanz anhängig ist (Schuschke/Walker Rn 20; Wieczorek/Schütze/Thümmel Rn 13, str; aA Koblenz NJW-RR 95, 444: auch Berufungsgericht); Grund: Kein Instanzverlust. Termin zur **mündlichen Verhandlung** über den Aufhebungsantrag wird von Amts wegen bestimmt (§ 216). 22

Die **Parteirollen** sind (anders als im Widerspruchsverfahren) vertauscht: Der Schuldner ist Kläger, der Gläubiger Beklagter. Die Grundsätze für summarische Verfahren gelten, Beweisführung ist durch **Glaubhaftmachung** ersetzt. Die Vorschriften über das **Säumnisverfahren** (§§ 330 ff) und die Entscheidung nach **Aktenlage** (§§ 251a, 331a) finden Anwendung. Folgen: Ist der Schuldner ausgeblieben, ist sein Antrag abzuweisen (§ 330); ist der Gläubiger nicht erschienen, ist die Nichterhebung der Klage als zugestanden anzusehen (§ 331); bei Aktenlageentscheidung ist der vom Gläubiger erbrachte Nachweis der Klageerhebung zu berücksichtigen.

23 **2) Zulässigkeit.** Der Aufhebungsantrag ist **zulässig,** solange der **Arrest** (die einstw Verfügung) **besteht** (Frankfurt GRUR 87, 651), dh weder im Widerspruchs- oder im Rechtsmittelverfahren (rechtskräftig, vgl Rn 17) aufgehoben noch gerichtlich für erledigt erklärt worden ist (wie Rn 9) und dem Gläubiger – zulässigerweise (vgl Rn 20) – eine **Frist zur Klageerhebung gesetzt** ist. Die Voraussetzungen für die Fristsetzung (außer gem Rn 10) müssen daher auch für die Aufhebung vorliegen; das gilt insbes für das Rechtsschutzbedürfnis des Schuldners (Rn 12).

24 **3) Begründetheit.** Der Antrag ist **begründet,** wenn die Hauptsacheklage (zu den Anforderungen: Rn 29 ff) entweder nicht rechtzeitig erhoben wurde oder eine innerhalb der Frist erhobene Klage wieder zurückgenommen oder als unzulässig zurückgewiesen wurde (vgl StJGr Rn 13, 14); er ist jedoch unbegründet, wenn die Hauptsacheklage im Zeitpunkt des Verhandlungsschlusses **rechtshängig** oder uU bereits anhängig ist (ie Rn 32). Der Gläubiger hat die Erhebung der Hauptsacheklage glaubhaft zu machen (Frankfurt MDR 81, 237 = Rpfleger 81, 118 = ZIP 80, 1144). Gerichtsbekannte Rechtshängigkeit ist jedoch von Amts wegen zu berücksichtigen (Frankfurt MDR 77, 849). Desgleichen hat der Gläubiger die Identität von Arrestanspruch und Hauptsache glaubhaft zu machen (Frankfurt MDR 81, 237).

25 **4) Entscheidung. a)** Sie ergeht stets durch Urteil **(II)** und lautet auf Aufhebung des Arrests oder Zurückweisung des Antrags. Entscheidung durch Versäumnisurteil ist möglich (Rn 22). Rechtsbehelfe: Berufung (nicht Revision: § 545 II) gegen streitiges Endurteil (§ 511), Einspruch gegen Versäumnisurteil (§ 338).

26 **b)** In dem Urteil ist über die **Kosten** der Arrestanordnung sowie diejenigen der Aufhebung einheitlich zu entscheiden, wobei der Arrestkläger im Falle der Aufhebung des Arrests die gesamten Kosten des Prozesses zu tragen hat, ohne Rücksicht darauf, ob der Arrest von Anfang an begründet war oder nicht (Karlsruhe MDR 89, 826; LG Köln NJW-RR 86, 552; MK/Heinze Rn 29). Wird die Hauptsacheklage im Laufe des Aufhebungsverfahrens nach **II** erhoben (Rn 29, 33) und erklären die Parteien das Aufhebungsverfahren übereinstimmend für erledigt, so treffen den Gläubiger die Kosten, weil sich durch sein Verhalten das Aufhebungsverfahren nachträglich erledigt hat (Frankfurt GRUR 87, 651); in diesem Fall ergeht (ausnahmsweise) eine gesonderte Kostenentscheidung für das Aufhebungsverfahren (Frankfurt Rpfleger 86, 281). *Allein* das Interesse des Schuldners an einer Korrektur der Kostenentscheidung des Anordnungsverfahrens genügt als Rechtsschutzinteresse für den Antrag gem **I** (Rn 12 aE). Streitwert des Aufhebungsverfahrens: § 3 Rn 16 „Einstw Verfügung".

27 **c)** Das den Arrest aufhebende Urteil ist von Amts wegen für **vorl vollstreckbar** zu erklären, § 708 Nr 6, das den Antrag zurückweisende Urteil nach § 708 Nr 11 oder § 709 S 1, je nach der Höhe der Kosten. Die Aufhebung des Arrestes wirkt mit Erlaß des Urteils (vgl § 925 Rn 10).

28 **5) Einstw Einstellung.** Im Aufhebungsverfahren kann das Gericht die **ZwV einstw einstellen,** § 924 III ist entsprechend anzuwenden (Düsseldorf MDR 70, 58; StJGr Rn 17a); dies gilt unabhängig davon, ob das Gericht der Hauptsache oder das Amtsgericht, § 919, den Arrest erlassen hat und damit auch mit dem Aufhebungsverfahren befaßt ist (MK/Heinze Rn 28; aA Frankfurt FamRZ 85, 723: nur das Gericht der Hauptsache kann einstellen).

29 **IV) Rechtzeitige Erhebung der Hauptsacheklage. 1) Klageerhebung. a) Allgemeines.** Es kann **Leistungs- oder Feststellungsklage** (Rn 31) erhoben werden. Wird nur wegen eines Teilanspruchs Klage erhoben, ist der Arrestbefehl nach Fristablauf auf Antrag hinsichtlich des anderen Teils aufzuheben. **Gericht** kann auch ein Schiedsgericht sein (s Rn 32), ein ausländisches Gericht unter den Voraussetzungen von Rn 10. Unter mehreren **zuständigen** Gerichten kann der Gläubiger **wählen** (§ 35). Mit dem Antrag auf Erlaß eines Arrests (einer einstw Verfügung) hat der Gläubiger seine Wahl unter mehreren zuständigen Gerichten noch nicht ausgeübt; er kann die Klage in der Hauptsache nachträglich noch bei einem anderen dafür zuständigen Gericht erheben (Karlsruhe NJW 73, 1509). Anstelle des ursprünglichen Gläubigers kann auch dessen **Rechtsnachfolger** Klage erheben (LG Frankfurt NJW 72, 955).

30 **b) Identität der Ansprüche.** Die **Klage muß den Anspruch betreffen, den der erlassene Arrest sichern soll.** Entscheidend ist allein, ob die Klage (auch nur inzident) zur Überprüfung der Rechtmäßigkeit der Eilmaßnahme führt; jede Förmelei ist unangebracht (Düsseldorf MDR 88, 976). Bei einer einstw Verfügung zur Eintragung der Vormerkung für eine Bauhandwerkersicherungshypothek (§§ 648 I, 885 I BGB) ist nach hM Hauptsacheklage nur die Klage auf Bewilligung der Eintragung der Hypothek, nicht aber die Klage auf Zahlung des Werklohnes (Frankfurt NJW 83, 1129 = Rpfleger 83, 166 = ZIP 83, 629 je mwN = MDR 83, 588; Düsseldorf NJW-RR 86, 322, str). Diese Ansicht ist jedoch nur dann haltbar, wenn der Zweck des § 926 (Rn 1) nicht auch durch die Zahlungsklage erfüllt wird, insbesondere der Prüfungsumfang im Zahlungsprozeß hinter dem im Prozeß über die Bewilligung zur Eintragung der Bauhandwerkersicherungshypothek zurückbleibt. Voraussetzung der Bauhandwerkersicherungshypothek sind jedoch nur Erbringung einer geldwerten Werkleistung und deren Einwendungsfreiheit (Jauernig/Schlechtriem § 648 BGB

Anm 3c, 4). Beides ist auch im Zahlungsprozeß zu prüfen. Fälligkeit der Werklohnforderung ist nicht erforderlich. Der Gläubiger darf insgesamt nicht dadurch schlechter stehen, daß er einen zusätzlichen materiellrechtlichen Sicherungsanspruch hat (zutr Leue JuS 85, 176 ff; zust MK/Heinze Rn 16). Der (weitere) Sicherheitsleistungsanspruch des Unternehmers gem § 648a BGB ändert nichts an dieser Rechtslage. Im **Wettbewerbsprozeß** muß der Klageantrag des Hauptsacheverfahrens auf dasselbe Unterlassungsgebot gerichtet sein wie die einstw Verfügung (BGH 122, 176 = NJW 93, 2686); ein weitergehender Antrag in der Hauptsache schadet nicht (BGH aaO). Bei der einstw Verfügung auf **Unterhalt für das nichteheliche Kind** gem § 1615 o BGB ist § 926 anwendbar (Holzhauer FamRZ 82, 109 f; einschr Gernhuber/Coester-Waltjen, Familienrecht, 4. Aufl 1994, § 59 IV 2). Hauptsacheklage ist hier sowohl die Leistungsklage als auch die Vaterschaftsfeststellungsklage (Holzhauer aaO).

c) Die erhobene Klage muß **zulässig** sein, da andernfalls das Ziel einer sachlichen Nachprüfung 31 (Rn 1) nicht erreichbar wäre. Die **Prozeßvoraussetzungen** müssen vorliegen (zur Zuständigkeit vgl aber Rn 32), bei der Feststellungsklage (Rn 29) das **Feststellungsinteresse** (§ 256). Eine Feststellungsklage in der Hauptsache mit dem Ziel, die einstw Maßnahme für ursprünglich rechtmäßig erklären zu lassen, ist nach hM mangels Feststellungsinteresses unzulässig (BGH LM § 926 Nr 3, 4; Hamburg MDR 70, 935; München ZIP 82, 497; aA Hamm WRP 80, 87).

2) Fristwahrung. a) Zum Fristlauf vgl Rn 17. **b) Fristwahrende Handlungen.** Die Zustellung 32 eines Mahnbescheids steht der Klageerhebung (§§ 253 I, 261 I) gleich (Köln OLGZ 79, 119; aA AK/Damm Rn 9); ebenso die Einleitung des Verfahrens vor einem Schiedsgericht, wenn dessen Zuständigkeit gegeben ist (Schuschke/Walker Rn 14 mN). Der (nicht zurückgewiesene: Frankfurt MDR 89, 272) Antrag auf Prozeßkostenhilfe wahrt die Frist ebenfalls (Schneider MDR 82, 721 f; StJGr Rn 11b; BL/H Rn 11; Wieczorek/Schütze/Thümmel Rn 21; AK/Damm Rn 10, str; aA MK/Heinze Rn 17; Hamm OLGZ 89, 322; Düsseldorf MDR 87, 771). Die Frist wird auch durch Klageerhebung beim unzuständigen Gericht gewahrt (Nürnberg GRUR 57, 296; OLGR Hamm 94, 142). Die demnächst erfolgende Zustellung (§ 270 III) wahrt die Frist nur dann, wenn der Gläubiger am Schluß der mündl Verhandlung im Aufhebungsverfahren glaubhaft gemacht hat, seinerseits alles für die Zustellung demnächst getan zu haben (StJGr Rn 12; Hamm OLGZ 89, 323; **aA** Frankfurt GRUR 87, 651; Koblenz NJW-RR 95, 444 = WRP 95, 417 mit abl Anm Schmid; KGR 95, 18; sa § 270 Rn 6). Die Einzahlung eines zu niedrigen Kostenvorschusses schadet bei rechtzeitiger Klageeinreichung nicht (KG NJW-RR 86, 1127).

c) Maßgeblicher **Zeitpunkt** für die Beurteilung der Fristwahrung ist der Schluß der mündl 33 Verhandlung erster Instanz im Aufhebungsverfahren (Frankfurt GRUR 87, 651; NJW-RR 90, 190). Hat der Gläubiger die Frist zwar versäumt, ist die **nachgeholte** Hauptsacheklage aber bis zur Entscheidung über den Aufhebungsantrag zugestellt worden, gilt die Versäumung als geheilt (§ 231 II; Köln OLGZ 79, 119; Frankfurt aaO); der Arrest bleibt aufrechterhalten. Hilfe für den Schuldner: Erledigterklärung (vgl. Frankfurt GRUR 87, 651; s Rn 26).

V) Einstw Verfügung: § 926 ist mit § 20 Nr 14 RPflG entsprechend anwendbar. S insbes die 34 Ausnahmen in Rn 2 und 4 (Ausschluß der Hauptsacheklage, Verzicht auf Aufhebungsantrag).

VI) Gebühren: 1) des **Gerichts:** Die Fristsetzung zur Klageerhebung nach Abs 1 (s oben Rn 5 ff) wird durch die 35 Verfahrensgebühr für das Anordnungsverfahren (KV 1310) abgegolten. Eine etwaige antragsgemäß gewährte Fristverlängerung (§ 224 Abs 2) ist gebührenfrei. Das Aufhebungsverfahren nach Abs 2 ist kostenrechtlich von dem Anordnungsverfahren getrennt zu behandeln. Für das Verfahren über Anträge auf Aufhebung eines Arrestes oder einer einstw Verfügung im Falle des Abs 2 (auch der §§ 927, 936) fällt die in KV 1310 bestimmte Gebühr – vgl Rn 21 zu § 922 – besonders an. Die fristgerechte Klageerhebung (s oben Rn 29 ff) durch den Gläubiger stellt gebührenrechtlich einen besonderen Rechtsstreit dar, auf den KV 1201 ff anzuwenden sind. Wegen des gebührenfreien Erinnerungsverfahrens gegen die Rechtspfleger-Entscheidung hinsichtl Klageerhebung (Fristsetzung) vgl Rn 5 zu § 934. Auf das Beschwerdeverfahren gegen die vom Richter getroffene Anordnung der Klageerhebung ist KV 1906 anzuwenden – **2)** des **Anwalts:** Das Verfahren nach § 926 bildet mit dem Verfahren auf Anordnung des Arrestes (oder der einstw Verfügung) eine Angelegenheit (Gebühreninstanz) nach § 40 II BRAGO. Hat der RA des Arrestgläubigers durch die Einreichung des Antrags auf Erlaß des Arrestes die volle Prozeßgebühr verdient, so kann er im Widerspruchsverfahren nicht nochmals die Prozeßgebühr erhalten. Dies gilt auch für eine einstw Verfügung. Dem RA des Arrestschuldners dagegen fällt die volle Prozeßgebühr an, wenn er zB den Schriftsatz über die Widerspruchseinlegung einreicht oder Antrag auf Fristsetzung nach Abs 1 stellt. Wird mündl verhandelt, so kann der RA auch die Verhandlungsgebühr verdienen. Eine Beweisgebühr kann dem RA nur anfallen, wenn bei Gericht anwesende Zeugen vernommen oder eidesstattl Versicherungen dieser Zeugen oder auch der Partei als Beweis verwertet werden.

927 *[Aufhebung wegen veränderter Umstände]*

(1) Auch nach der Bestätigung des Arrestes kann wegen veränderter Umstände, insbesondere wegen Erledigung des Arrestgrundes oder auf Grund des Erbietens zur Sicherheitsleistung die Aufhebung des Arrestes beantragt werden.

(2) **Die Entscheidung ist durch Endurteil zu erlassen; sie ergeht durch das Gericht, das den Arrest angeordnet hat, und wenn die Hauptsache anhängig ist, durch das Gericht der Hauptsache.**

1 **I) 1) Bedeutung. I** normiert einen Behelf des Schuldners, mit dem er sich gegen die **Fortdauer** des Arrests wenden kann, gleich von welchem Gericht dieser erlassen wurde und ob durch (rechtskräftiges) Urteil oder Beschluß. Die Frage der ursprünglichen Rechtmäßigkeit wird im Verfahren nach § 927 nicht geprüft. Die Aufhebung kann wegen **veränderter Umstände,** insbesondere wegen Wegfalls des Arrestanspruchs, Erledigung des Arrestgrundes oder auf Grund des Erbietens zur Sicherheitsleistung beantragt werden (ie Rn 4 ff). Gemeint sind Umstände, die nach Erlaß des Arrests eingetreten oder dem Schuldner bekanntgeworden sind. Die Aufhebung des Arrests nach § 927 schützt den Schuldner gegen die materielle Rechtskraftwirkung des Arrests. § 927 ist Ausdruck der eingeschränkten Rechtskraft- (Rn 13 vor § 916) und Bindungswirkung (München NJW-RR 87, 762) der Arrestanordnung; er geht § 767 II vor (zur Abgrenzung Koblenz GRUR 86, 95; Rn 15) und schließt § 323 aus (hM, vgl § 323 Rn 10). Verzichtet der Gläubiger auf seine Rechte aus dem Arrest (ie Rn 3), erübrigt sich ein Aufhebungsverfahren; verzichtet der Schuldner auf seine Rechte aus § 927 (ie Rn 9a), kann der Eilmaßnahme Bestandskraft ähnlich einem im ordentlichen Verfahren ergangenen Urteil verliehen werden (sa Rn 1a vor § 916).

2 **2) Abgrenzung. a)** Zum **Verhältnis der Rechtsbehelfe** im Arrestverfahren s § 924 Rn 1. Ist der Arrestbefehl noch nicht rechtskräftig, so können die veränderten Umstände auch im Widerspruchs- oder im Rechtsmittelverfahren vorgetragen werden (Frankfurt OLGZ 85, 442 = AnwBl 85, 642); für ein Aufhebungsverfahren nach § 927 kann insoweit das Rechtsschutzbedürfnis fehlen oder entfallen (Koblenz GRUR 89, 374; Düsseldorf NJW-RR 88, 188; Hamm FamRZ 95, 824; anders bei Versäumung der Vollziehungsfrist des § 929 II: auch § 927, vgl § 929 Rn 21). Gegen den Beschlußarrest ist nach Mädrich (aaO [Lit vor § 916] S 87 ff) der Antrag nach § 927 wegen der Möglichkeit des Widerspruchs nach § 924 unzulässig (zust Teplitzky AcP 181, 253; aA Köln WRP 87, 568; StJGr Rn 1 mwN); diese Ansicht ist abzulehnen, denn das Widerspruchsverfahren ist im Verhältnis zum Aufhebungsverfahren keine einfachere Rechtsschutzmöglichkeit (s § 924 Rn 2). Keine Beschränkungen bestehen bei Erlaß (oder Bestätigung) des Arrestes durch rechtskräftig gewordenes Urteil. Ein eingeleitetes Aufhebungsverfahren nach § 927 nimmt einer später eingelegten Berufung im Arrestanordnungsverfahren nicht das Rechtsschutzbedürfnis (Düsseldorf NJW-RR 88, 188 mN; Hamm FamRZ 95, 824); Grund: Berufung ist der weitergehende Behelf. Sind umgekehrt die veränderten Umstände bereits in einem anderen auf Beseitigung des Arrests gerichteten Verfahren **geltend gemacht,** so steht dem Aufhebungsverfahren nach § 927 Rechtshängigkeit oder Rechtskraft entgegen (nach aA fehlt das Rechtsschutzinteresse, so Koblenz GRUR 89, 373, str; vgl § 924 Rn 3); Grund: Die Behelfe stehen zwar *nebeneinander,* aber nicht *zugleich* zur Verfügung (zutr Düsseldorf NJW-RR 88, 188: kein „doppelter Angriff").

3 **b)** Ein **Rechtsschutzbedürfnis** für ein Aufhebungsverfahren nach § 927 fehlt auch dann, wenn weitere Auswirkungen des Arrests (der einstw Verfügung) nicht mehr drohen (Frankfurt ZIP 81, 210; München ZIP 82, 497), insbesondere wenn der Gläubiger auf seine Rechte aus dem Arrest (der einstw Verfügung) einschließlich der Rechte aus der Kostenentscheidung **verzichtet** und den Titel ausgehändigt hat (Frankfurt NJW 68, 2112 [2114]; Köln OLGZ 92, 449; aA Hamm GRUR 92, 889 [LS widersprüchlich]; München OLGZ 86, 452 [454 f] = NJW-RR 86, 998 unter Verkennung von möglichen Parteivereinbarungen *nach* Eintritt der Rechtskraft; vgl § 325 Rn 43a). Ein Rechtsschutzbedürfnis ist aber zu bejahen, wenn die Aufhebung im Interesse der Abänderung der Kostenentscheidung verfolgt wird und der Arrest-(Verfügungs-)gläubiger es ablehnt, den Kostenerstattungsanspruch des Arrest-(Verfügungs-)schuldners anzuerkennen (BGH 122, 179 = NJW 93, 2687; zust Vollkommer WM 94, 53; sa § 926 Rn 12 und 26).

4 **II) Aufhebungsvoraussetzungen (I). 1) Veränderte Umstände.** Sie können den **Arrestanspruch** oder den **Arrestgrund** betreffen. Es genügt auch eine **neue Beweislage,** selbst wenn der Schuldner sich auf Beweismittel beruft, die im Zeitpunkt des Erlasses des Arrests schon vorlagen, wenn er sie damals noch nicht benutzen konnte (MK/Heinze Rn 5 mN). Eine neue rechtliche Beurteilung durch den Schuldner genügt nicht, wohl aber die Änderung der Rechtslage durch neue Gesetzgebung (Bsp: § 13 II Nr 2 UWG nF; dazu KG NJW 95, 1036; Engler NJW 95, 2186 f) oder eine neue höchstrichterliche Rechtsprechung, wenn danach die Durchsetzung des Hauptsacheanspruchs nicht mehr glaubhaft ist (vgl StJGr Rn 4; ie unten Rn 5–7). Wurde die Hauptsacheklage wegen Fehlens (Wegfalls) des Arrestanspruchs rechtskräftig abgewiesen (vgl Rn 5), führt dies nicht zur *ipso-jure*-Wirkungslosigkeit des Arrests; stets ist *Aufhebung* erforderlich (BGH 122, 178 = NJW 93, 2687; Teplitzky WRP 87, 149; Vollkommer WM 94, 52 f).

5 **a) Wegfall des Arrestanspruchs.** Als Beispiele kommen in Frage: Erlöschen der zu sichernden Forderung, beim Unterlassungsanspruch etwa Wegfall der Wiederholungsgefahr, zB bei Abgabe der Unterlassungserklärung (München GRUR 94, 83); Wegfall der anspruchsbegründenden

Norm infolge Nichtigerklärung durch das BVerfG (BGH NJW 89, 107 mwN); Änderung der Gesetzgebung oder der höchstrichterlichen Rspr (vgl KG WRP 90, 331); rechtskräftige Abweisung der Klage (BGH 122, 172 = NJW 93, 2685; Vollkommer WM 94, 51; sa Rn 4 aE), uU auch Klageabweisung durch vorl vollstr Urteil, wenn mit einem Erfolg eines gegen das Urteil eingelegten Rechtsmittels nicht zu rechnen ist (BGH WM 76, 134; München OLGZ 88, 231 = MDR 86, 681; KG WRP 90, 332; im Einzelfall verneinend: Düsseldorf NJW-RR 87, 993; München NJW-RR 87, 761; ie str, vgl Teplitzky WRP 87, 149 mwN); bei Abweisung der Klage als unzulässig ist entscheidend, ob der Kläger innerhalb der Frist des § 926 oder einer zu bestimmenden Frist die Klage mit Aussicht auf Erfolg erneuern kann (StJGr Rn 6); beruht der Arrestanspruch auf mehrfachen Anspruchsgrundlagen, so kann der Arrest nur aufgehoben werden, wenn alle Anpruchsgrundlagen entfallen (Saarbrücken NJW 71, 946; vgl dazu auch BGH NJW 78, 2157 = MDR 78, 1011).

b) Erledigung des Arrestgrunds. aa) Als Beispiele kommen in Frage: Rechtskräftigwerden von Leistungsurteil, denn das auf Grund der Arrestvollziehung erlangte Pfandrecht behält seinen Rang auch für die ZwV aus dem Leistungstitel (Jauernig, ZwVR, § 36 II 1; unzutr LG Berlin NJW 56, 67); idR Rechtskräftigwerden von der einstw Verfügung inhaltsgleichem Unterlassungsurteil (Hamm OLGZ 88, 322; einschr bei weitergehenden Wirkungen, zB gem § 890 Düsseldorf MDR 90, 732); nunmehr mögliche Inlandsvollstreckung (§ 917 II) oder Leistung einer eidesstattlichen Offenbarungsversicherung durch den Schuldner (§ 918); Ablauf der Vollziehungsfrist des § 929 II, ohne daß die Vollziehung erfolgt ist (München OLGZ 86, 455; Hamm NJW-RR 90, 1214 mN, allgM; zu den str kostenrechtlichen Folgen Rn 12 [bb]); Nichtleistung der Sicherheit, von der der Arrestvollzug abhängig gemacht wurde (§§ 921 II, 925 II); langandauernde freiwillige Befolgung einer unbefristeten Unterhaltsverfügung durch den Schuldner (Zweibrücken FamRZ 83, 415). 6

bb) Zur Aufhebung **genügt nicht** ein nur vorläufig vollstreckbares Leistungsurteil (Frankfurt ZIP 80, 922; KG WRP 79, 547; Wieczorek/Schütze/Thümmel Rn 12; Unterschied zur Abweisung: Rn 5) oder ein Feststellungsurteil (StJGr Rn 8a). Die Eröffnung des Konkurses über das Vermögen des Schuldners führt nicht zur Aufhebung des Arrests, wenn der Gläubiger Sicherheiten erlangt hat, für die ihm ein Absonderungsrecht zusteht (RG 20, 361; 56, 145). Ist der Arrestbefehl jedoch bei Konkurs- oder Vergleichseröffnung noch nicht vollzogen worden, so ist er wegen der Vollstreckungsverbote der §§ 14 KO, 47, 124 VglO nach § 927 aufzuheben, da die Vollziehungsfrist gem § 929 II nicht mehr gewahrt werden kann (zust MK/Heinze Rn 8). 7

2) Erbieten zur Sicherheitsleistung. Das **Erbieten** zur Sicherheitsleistung berechtigt den Schuldner nur zur Antragstellung nach § 927. Der Arrest wird jedoch auf Grund des Antrags nur aufgehoben, wenn die Sicherheit tatsächlich geleistet wird. Bestimmung der Sicherheit nach § 108. Der Gläubiger kann wählen, ob er die Sicherheitsleistung annehmen will oder nicht; lehnt er sie jedoch ab, so wird der Arrest auf Grund des Erbietens des Schuldners aufgehoben (StJGr Rn 9; Wieczorek/Schütze/Thümmel Rn 13), sonst auf Grund der geleisteten Sicherheit. 8

III) Aufhebungsverfahren (II). 1) Antrag und Verhandlung. a) Die Aufhebung des Arrests erfolgt nur auf **Antrag (I),** niemals von Amts wegen oder „automatisch" (Rn 4). **Antragsberechtigt** sind nur der Schuldner oder sein Rechtsnachfolger, nicht aber der Gläubiger oder ein Dritter. Der Antrag kann, wenn die Hauptsache anhängig ist, im Termin zur Verhandlung über die Hauptsache gestellt werden, ebenso in einem nach §§ 922, 925 anhängigen Verfahren über die Anordnung oder Bestätigung des Arrests (StJGr Rn 10). Im amtsgerichtlichen Verfahren kann der Antrag schriftlich oder zu Protokoll gestellt werden. Die Ladung erfolgt von Amts wegen. Vor Kollegialgerichten besteht Anwaltszwang (§ 78 I). Ladungsfrist: § 217. Der Antrag ist auch in der Berufungsinstanz zulässig (Hamm WRP 80, 42; Hamburg MDR 69, 931). Der Schuldner hat im Verfahren nach § 927 die **Parteirolle** des (Aufhebungs-)Klägers, der Gläubiger diejenige des (Aufhebungs-)Beklagten. Die „veränderten Umstände" (Rn 4 ff) sind **glaubhaft** zu machen. 9

b) Auf das Recht, wegen veränderter Umstände die Aufhebung des Arrests (der einstw Verfügung) zu beantragen, kann in gewissen Grenzen (Einzelheiten str) **verzichtet** werden (Koblenz GRUR 86, 95 mwN; KG NJW-RR 87, 814; ThP § 924 Rn 9; Brox/Walker Rn 1646; Baumgärtel/Ulrich, Beweislast Bd 3, § 1 UWG Rn 31 mwN; im Grundsatz auch – Grenzen offenlassend – BGH NJW-RR 87, 288 [289]; aA BL/H Rn 1; Ahrens [Lit vor § 916] S 362 ff mwN; einschr MK/Heinze Rn 13). Die Verzichtbarkeit auf die Antragsrechte gem §§ 924, 926, 927 ist insbes für die Wettbewerbspraxis (Abschlußschreiben und -erklärung) von Bedeutung (§ 924 Rn 9; § 926 Rn 4). 9a

c) Der Antrag kann wie das Arrestgesuch jederzeit ohne Zustimmung des Gläubigers **zurückgenommen** werden (§ 920 Rn 13). Beantragt der Schuldner nur die **teilweise** Aufhebung, so ist das Gericht daran nach § 308 gebunden (StJGr Rn 11a). Eine Beschränkung des Aufhebungsantrags auf die **Kostenentscheidung** der Anordnung ist im Hinblick auf den selbständigen Verfahrensgegenstand (Rn 1, 12) idR unzulässig (München OLGZ 86, 456; teilw einschr Hamm NJW-RR 90, 1214, s Rn 12 [bb]); eine entspr Anwendung der Regeln zum Kostenwiderspruch (§ 924 Rn 5) ist jedenfalls für den Fall anzuerkennen, daß sich der Verzicht des Arrest-(Verfügungs-)klägers 9b auf die Rechte aus dem Titel *nicht* auf die Kostenentscheidung bezieht (BGH 122, 179 = NJW 93, 2687; Schleswig NJW-RR 95, 896 = WRP 95, 347; Vollkommer WM 94, 53; Hees MDR 94, 438); der gegenteilige Standpunkt (s mN 18. Aufl) ist durch BGH aaO überholt.

9c **d)** In entsprechender Anwendung des § 924 III kann im Aufhebungsverfahren die Vollstreckung des angegriffenen Arrests **einstweilen eingestellt** werden (Braunschweig MDR 56, 557; § 924 Rn 13). Eine **Aussetzung** des Aufhebungsverfahrens ist ausnahmsweise dann zulässig, wenn zwischenzeitlich die Hauptsacheklage in erster Instanz abgewiesen wurde, das Hauptsacheverfahren aber noch in der Berufungsinstanz schwebt (Düsseldorf NJW 85, 1966; idR aA München OLGZ 88, 232; StJGr Rn 6; vgl auch Rn 7 vor § 916). Etwas anderes gilt nur, wenn von vornherein mit einem Erfolg der Berufung zu rechnen ist.

10 **2) Zuständigkeit (II).** Ist die Hauptsache anhängig, ist das Gericht ausschließlich (§ 802) zuständig, das zur Zeit der Antragstellung mit der Sache befaßt ist (Gericht der Hauptsache, s § 919 Rn 3, § 943). Belanglos ist in diesem Fall, welches Gericht den Arrest angeordnet hat. Ein Schiedsgericht ist nie Gericht der Hauptsache (vgl allg vor § 916 Rn 5; aA für § 927 StJGr Rn 12). Ist die Hauptsache nicht (mehr) anhängig, so entscheidet **das Gericht, das den Arrest angeordnet hat (II,** § 802), bei Anordnung durch das Berufungsgericht als Gericht der Hauptsache (§ 943) dieses (Hamm MDR 92, 302); das erstinstanzliche Gericht ist hierfür aber dann zuständig, wenn eine einstw Verfügung erst vom Rechtsmittelgericht erlassen worden ist (Hamm OLGZ 87, 493 = MDR 87, 593; offen Hamm MDR 92, 302; vgl § 924 Rn 6).

11 **3) Entscheidung. a)** Die Entscheidung ergeht durch **Endurteil,** auch wenn der Arrest durch Beschluß angeordnet wurde. Das Gericht kann den Antrag zurückweisen, den Arrest aufheben, ihn abändern oder Sicherheitsleistung anordnen, wenn der Gläubiger mit letzterer einverstanden ist. Beim Ausbleiben des Schuldners wird der Antrag gem § 330 abgewiesen, bei Ausbleiben des Gläubigers ergeht Versäumnisurteil nach § 331; es kann auch Entscheidung nach Aktenlage gem § 331a beantragt werden.

12 **b) Kosten.** Der Kostenausspruch im Aufhebungsverfahren bezieht sich grundsätzlich nur auf die in *diesem* Verfahren entstandenen Kosten und läßt die Kostenentscheidung des Anordnungsverfahrens unberührt (Karlsruhe NJW-RR 88, 1470; Koblenz WRP 88, 389; Frankfurt WRP 92, 248; Vollkommer WM 94, 52; vgl auch BGH NJW 89, 107). Die Kostenentscheidung folgt §§ 91 ff, erhebliche Bedeutung kommt § 93 zu. Die hM verlangt vorherige Androhung des Antrags gem § 927, damit der Gläubiger uU Verzicht gem Rn 3 erklären kann (vgl zB Koblenz GRUR 89, 373; einschr bei Nichteinhaltung der Vollziehungsfrist gem § 929 II Frankfurt OLGZ 85, 442; Hamm GRUR 85, 84; aA Hees MDR 94, 438). Umstr ist, ob vom Grundsatz der kostenmäßigen Selbständigkeit von Anordnungs- und Aufhebungsverfahren **Ausnahmen** anzuerkennen sind (vgl. Teplitzky aaO Kap 56 Rn 38, 39; vgl auch Koblenz WRP 88, 389 f). Erörtert wird dies für folgende **Aufhebungsgründe: aa)** Die Hauptsacheklage ist rechtskräftig als von Anfang an unbegründet abgewiesen worden (BGH 122, 172 = NJW 93, 2685; Karlsruhe WRP 96, 121; Hees MDR 94, 438; Vollkommer WM 94, 53). **bb)** Die Aufhebung erfolgt, weil der Gläubiger die Vollziehungsfrist des § 929 II versäumt hat (Hamm NJW-RR 90, 1214 mN; Schleswig NJW-RR 95, 896; Karlsruhe WRP 96, 121 f, zust Ulrich WRP 96, 86 f, str; **aA** München OLGZ 86, 457 = NJW-RR 86, 999 f; Schuschke/Walker Rn 22); bedenklich, da fehlende Vollziehung nicht vom Gläubiger zu vertreten sein muß (zutr München aaO; Frankfurt OLGZ 94, 94 f; Bsp: Düsseldorf NJW-RR 87, 763). **cc)** Das dem Arrest (der einstw Verfügung) zugrundeliegende Gesetz wird nachträglich vom BVerfG (mit *ex tunc*-Wirkung) für nichtig erklärt (vgl BGH NJW 89, 107 mN). Bei dieser Fallgruppe darf kein den Arrest-(Verfügungs-)anspruch rechtskräftig bejahendes Hauptsacheurteil ergangen sein (vgl die Klarstellung von Teplitzky aaO Kap 56 Rn 39); ist dies der Fall, ist die gem § 79 II 1 BVerfGG unberührt bleibende Rechtskraft der Hauptsacheentscheidung auch im Aufhebungsverfahren weiter zu beachten (BGH NJW 89, 107; Teplitzky aaO). Der *Wandel* einer höchstrichterlichen Rspr rechtfertigt keine einheitliche (das Anordnungsverfahren einbeziehende) Kostenentscheidung (KG WRP 90, 332 f). **dd)** Werden Aufhebungsgründe im Anordnungsverfahren geltend gemacht (Rn 2), ergeht eine einheitliche – die Kosten des gesamten Arrestverfahrens umfassende – Kostenentscheidung (§ 925 Rn 8).

13 **c) Vorläufige Vollstreckbarkeit:** bei Aufhebung § 708 Nr 6, sonst § 708 Nr 11 oder § 709 S 1.

14 **d) Aufhebungswirkungen.** Mit Verkündung des (rechtsgestaltenden) Urteils nach § 927 wird die weitere Vollstreckung aus dem Arrestbefehl unzulässig (hM, StJGr Rn 18). Die Aufhebung von Vollstreckungsmaßnahmen ist aber erst mit der Rechtskraft zulässig (aA Wieczorek/Schütze/Thümmel Rn 16: sofort), es sei denn, der Arrest ist bei Geltendmachung von Aufhebungs- und Widerspruchsgründen im selben Verfahren aus Gründen aufgehoben worden, die den Arrest als von Anfang an ungerechtfertigt erscheinen lassen (StJGr Rn 18). Dieser Widerspruch zu §§ 775 Nr 1, 776 ergibt sich aus dem Sicherungszweck des Arrests (§ 916 Rn 1); dem Gläubiger soll der Rang seiner Pfandrechte bis zum Eintritt der Rechtskraft erhalten bleiben. Dies steht nicht im Gegensatz zu BGH 66, 394 = NJW 76, 1453 = MDR 76, 1014, denn der BGH hat dort nur

festgestellt, daß gleichwohl erfolgte Aufhebung von Vollstreckungsmaßnahmen unabhängig von der Rechtskraft sofort wirksam wird. Wird die vorl Vollstreckbarkeit durch das Berufungsgericht eingestellt, so kann aus dem Arrestbefehl erneut vollstreckt werden (LG Kiel SchlHA 58, 177).

IV) Einstw Verfügung: § 927 ist mit der Einschränkung aus § 939 anwendbar, auch bei Anordnung von Unterhaltszahlungen durch einen in dem einstw Verfügungsverfahren geschlossenen Vergleich (RG HRR 33, 1178), jedoch mit der Maßgabe, daß § 323 zutrifft, wenn der Vergleich gleichzeitig den streitigen Hauptanspruch endgültig erledigt (vgl auch KG JW 32, 1156). Ist die Unterhaltszahlung durch Urteil (§ 926) angeordnet, so hat der Schuldner die Wahl zwischen Berufung und dem Antrag nach § 927. Die Vollstreckungsabwehrklage aus § 767 kommt ausnahmsweise in Fällen der sog Leistungsverfügung in Frage (sa § 928 Rn 8 aE). Die Möglichkeit der Geltendmachung durch Widerspruch schließt die Klage aus § 767 aus. Vgl Rn 1. 15

V) Gebühren: 1) des **Gerichts:** Für das Verfahren über den Antrag nach §§ 927, 936, das kostenrechtlich vom Anordnungsverfahren getrennt zu behandeln ist, können dieselben Gebühren wie im Anordnungsverfahren (KV 1310–1312) entstehen. – **2)** des **Anwalts:** § 40 II BRAGO. 16

928 *[Vollziehung des Arrestes]*

Auf die Vollziehung des Arrestes sind die Vorschriften über die Zwangsvollstreckung entsprechend anzuwenden, soweit nicht die nachfolgenden Paragraphen abweichende Vorschriften enthalten.

I) 1) Systematik. Während die §§ 916–927 das „Erkenntnisverfahren" des Arrestprozesses mit seinen Rechtsbehelfen regeln, das auf schnellem Wege zu einem Titel führen soll, erreicht der Gläubiger die erstrebte Sicherung wegen seines Anspruchs erst durch die Vollziehung des Arrests. Diese ist in §§ 928–934 besonders geregelt. Im Sprachgebrauch der ZPO ist Vollziehung (Rn 2) die gesetzestechnische Bezeichnung für die Zwangsvollstreckung von Arresten und einstw Verfügungen (BGH 120, 77 mwN = NJW 93, 1077 = MDR 93, 268; 131, 143 = NJW 96, 198; Hamm OLGZ 94, 244; MK/Heinze Rn 1; Wieczorek/Schütze/Thümmel Rn 2; aA Hamm MDR 82, 763; BL/Hartmann Rn 19 vor § 916). Sie ist unzulässig nach der Eröffnung von Konkurs- (§ 14 II KO) oder Vergleichsverfahren (§§ 47, 124 VglO). 1

2) Vollziehung. a) Begriff. Das Gesetz bestimmt nicht, was im Einzelfall Vollziehung ist. Es ist daher zu unterscheiden zwischen der Vollziehung des Arrestbefehls (§ 929 Rn 10) und der einer einstw Verfügung (§ 929 Rn 12; sa Rn 8). Darüber hinaus ist der Sprachgebrauch insofern uneinheitlich, als bei der Fristwahrung gem § 929 II von Vollziehung auch schon dann gesprochen wird, wenn der Gläubiger die erstrebte Sicherung noch nicht erreicht hat, etwa weil eine beantragte Sicherungshypothek noch nicht eingetragen wurde (vgl zum Problem § 929 Rn 11). BL/Hartmann (Rn 19 vor § 916) unterscheiden daher Vollziehung und Vollstreckung (vgl Rn 1). Auf jeden Fall ist ein **eigenes Tätigwerden des Gläubigers** Wesensmerkmal der Vollziehung (Koblenz NJW 80, 948; Hamburg FamRZ 88, 522; Teplitzky WRP 87, 150; ie § 929 Rn 9 ff). Passives Verhalten des Gläubigers kann (insbes im Hinblick auf § 945) nicht als Vollziehung angesehen werden. 2

b) Bedeutung. Der Begriff der Vollziehung ist von Bedeutung für die Wahrung der gesetzlichen Vollziehungsfrist (§ 929 II) und den Schadensersatzanspruch aus § 945; hier wird geprüft, **ob** Vollziehung im Sinne von § 928 vorliegt (§ 929 Rn 10 ff). **Wie** die einzelnen Vollstreckungsakte der Vollziehung vorzunehmen sind, bestimmt § 928 durch seine Verweisungen (ie Rn 4 ff). 3

II) Anwendbare Vorschriften. 1) Allgemeines. Auf die Vollziehung des **Arrests** sind die Vorschriften über die ZwV entsprechend anzuwenden (Rn 5), soweit nicht die §§ 929 bis 934 abweichende Vorschriften (Rn 6) enthalten, § 928. Eine ZwV im engeren Sinne, die zur Befriedigung des Gläubigers führt, findet auf Grund des Arrestbefehls nicht statt; er dient nur zur Sicherung künftiger ZwV (§ 916 Rn 1). 4

2) Anwendbare Vorschriften sind insbesondere: §§ 811 ff, 829 ff (insbes § 829 III: BayObLG Rpfleger 85, 59), 850 ff (Beschränkungen der Pfändbarkeit; die allg Regeln des Völkerrechts bezügl der Immunität sind zu beachten; Frankfurt OLGZ 81, 370; dazu Hausmann IPRax 82, 51 ff; BVerfG 64, 1 [19 ff] = NJW 83, 2766 = RIW/AWD 83, 613 LS m Anm Seidl/Hohenveldern = IPRax 84, 196 mit Anm Stein S 179; § 20 GVG Rn 1), § 845 (Vorpfändung), § 764 (VollstrGericht), § 766 (Erinnerung des Schuldners gegen die Art und Weise der Vollziehung), § 771 (Drittwiderspruchsklage), §§ 775, 776 (Einstellung und Aufhebung der Vollzugsmaßregeln), § 788 (Kosten), § 793 (sofortige Beschwerde), § 805 (Klage auf vorzugsweise Befriedigung), §§ 807, 883 (eidesstattliche Versicherung, vgl Düsseldorf NJW 80, 2717). Wegen einstw Anordnung bezügl der Vollziehung s § 924 III 2 und § 924 Rn 12. 5

3) Abweichende Vorschriften enthalten die §§ 929–934. In der Regel ist keine VollstrKlausel erforderlich (§ 929 I); die Vollziehung muß innerhalb bestimmter Frist erfolgen (§ 929 II), darf 6 aber schon vor der Zustellung des Arrestbefehls beginnen (§ 929 III); bei bewegl Sachen ist nur die Pfändung (§ 930 I, II), nur ausnahmsweise die Verwertung zulässig (§ 930 III); bei Forderungen und anderen Vermögensrechten ist nur Pfändung, nicht auch Überweisung an Zahlungs Statt oder zur Einziehung zulässig (Verstoß: § 930 Rn 4), zuständig ist das Arrestgericht (§ 930 I 3). Die Vollziehung des Arrests in Grundstücke (§ 932) und Schiffe (§ 931) ist besonders geregelt; bei Grundstücken ist nur die Eintragung einer Sicherungshypothek für die Summe gem § 923 als Höchstbetrag zulässig (§ 932). § 933 regelt den Vollzug des persönl Sicherheitsarrests, § 934 die Aufhebung der Arrestvollziehung.

7 4) **Nicht anwendbare Vorschriften** über die ZwV sind § 815 I (Ablieferung gepfändeten Geldes); § 767 (Vollstreckungsgegenklage); ihr fehlt wegen § 927 das Rechtsschutzbedürfnis (Baur/Stürner Rn 52.1; vgl § 927 Rn 15 und unten Rn 8 aE); § 836 II (vgl BGH 121, 98 = NJW 93, 737; dazu § 930 Rn 4).

8 **III) Einstw Verfügung.** § 928 ist entspr anwendbar und damit die allg Vorschriften über die ZwV. Wegen der **Vollziehung** der einstw Verfügung s § 929 Rn 12 ff. Die jeweils vorzunehmenden **Vollstreckungsakte** richten sich nach dem Inhalt der einstw Verfügung (vgl BGH 120, 76 = NJW 93, 1077; sa § 938 Rn 6). Beispiele: Ist eine **einmalige oder wiederkehrende Geldleistung** zu entrichten, so kann der Gläubiger auf Grund einfacher Ausfertigung des Beschlusses die Pfändung von bewegl Sachen mit nachfolgender Verwertung und Abführung des Erlöses nach §§ 803–871 veranlassen; ggf kann er vom Schuldner die Abgabe der eidesstattl Versicherung verlangen (§ 807). Für die **Pfändung einer Forderung** auf Grund einstw Verfügung ist das Vollstreckungsgericht des § 828 II zuständig (RG 36, 390, hM; aA Walker aaO Rn 403: § 930 I 3 entspr). Verbindung des Antrags auf Pfändung mit demjenigen auf Erlaß der einstw Verfügung ist unzulässig (anders beim Arrest, § 920 Rn 5). Mit dem Antrag auf Forderungspfändung kann der auf Überweisung der Forderung zur Einziehung verbunden werden. Die Forderungspfändung auf Grund einstw Verfügung (häufig bei Unterhaltszahlungen an Ehegatten und Kinder) führt also (im Gegensatz zur arrestweisen Pfändung, die nur zur Sicherung dient) zur Befriedigung des Gläubigers. Der Gläubiger übergibt zweckmäßig die Ausfertigung der einstw Verfügung dem GV zur Zustellung an den Schuldner und ersucht den GV, den Drittschuldnern Pfändungsbenachrichtigung zuzustellen (vgl § 845). Nach Erhalt der einstw Verfügung mit Zustellungsnachweis wird der Gläubiger die ordnungsgemäße Forderungspfändung beim Vollstreckungsgericht beantragen. Ist die **Herausgabe einer Sache an einen Sequester** angeordnet (§ 938 II; dort Rn 9), erfolgt die Vollstrekkung gem §§ 883 ff. Befindet sich die Sache im **Besitz eines Dritten,** kann der Gläubiger die Pfändung und Überweisung des Anspruchs gegen den Dritten nach § 886 verlangen (StJGr § 938 Rn 32, sa hier § 938 Rn 6). Der Antrag ist an das Vollstreckungsgericht zu richten (RG 36, 390). Die Erzwingung von **Handlungen und Unterlassungen** erfolgt nach §§ 887, 888, 890. Soweit durch einstw Verfügung die **Abgabe einer Willenserklärung** angeordnet ist (s § 938 Rn 5), erübrigt sich eine weitere Vollstreckung, da die Fiktionswirkung des § 894 bereits mit *Erlaß* der einstw Verfügung eintritt (Brox/Walker Rn 1594 mN, 1657; R-Schilken § 76 II 2e dd; offen OLGR Köln 96, 124 mN); gleiches gilt für **rechtsgestaltende** Verfügungen (vgl Pohlmann KTS 94, 57 f). **Rechtsbehelfe:** Erinnerung gem § 766 gegen die Art und Weise der ZwV. Die Vollstreckungsgegenklage gem § 767 ist bei der auf Befriedigung gerichteten einstw Verfügung ausnahmsweise zulässig (Baur/Stürner Rn 54.20; StJGr § 938 Rn 41, str; offen München FamRZ 93, 1101).

9 **IV) Gebühren: 1)** des **Gerichts:** Für die **Vollziehung des Arrestes** werden die gleichen Gebühren erhoben wie für die Zwangsvollstreckung aus anderen Vollstreckungstiteln. Wird in Vollziehung des Arrestes eine Geldforderung (§§ 829 ff) oder ein Anspruch auf Herausgabe oder Leistung körperlicher Sachen (§§ 846 ff) oder ein anderes Vermögensrecht (§§ 857 ff) gepfändet, so ist neben den Gebühren für das Arrestverfahren (KV 1310–1312) die Festgebühr von 20 DM für die Pfändung (KV 1640) zu erheben. Dies gilt selbst dann, wenn die Arrestanordnung und die Pfändung in einem Beschluß vereinigt sind. **Vollziehung der einstw Verfügung:** keine. – **2)** des **Anwalts:** Das **Arrest-Vollziehungsverfahren** ist ein von dem Anordnungsverfahren getrenntes Verfahren. Im Vollziehungsverfahren erhält der RA die $^{3}/_{10}$ Vollstreckungs-(Vollziehungs-)Gebühr nach §§ 59 I, 57, 58 BRAGO.

929 *[Vollstreckungsklausel, Vollziehungsfrist]*

(1) Arrestbefehle bedürfen der Vollstreckungsklausel nur, wenn die Vollziehung für einen anderen als den in dem Befehl bezeichneten Gläubiger oder gegen einen anderen als den in dem Befehl bezeichneten Schuldner erfolgen soll.

(2) Die Vollziehung des Arrestbefehls ist unstatthaft, wenn seit dem Tage, an dem der Befehl verkündet oder der Partei, auf deren Gesuch er erging, zugestellt ist, ein Monat verstrichen ist.

(3) Die Vollziehung ist vor der Zustellung des Arrestbefehls an den Schuldner zulässig. Sie ist jedoch ohne Wirkung, wenn die Zustellung nicht innerhalb einer Woche nach der Vollziehung und vor Ablauf der für diese im vorhergehenden Absatz bestimmten Frist erfolgt.

I) Vollstreckungsklausel (I)

1) Vollstreckbarkeit. Arrestbefehle und einstw Verfügungen sind mit Erlaß des Beschlusses (§ 922 Rn 9) oder Verkündung des Urteils (§ 922 Rn 16) **sofort vollstreckbar,** ohne daß es einer Entscheidung darüber bedarf (Baur/Stürner Rn 52.2, allg Meinung). Hat das Gericht (gesetzwidrig) zur vorl Vollstreckbarkeit entschieden und dem Schuldner gestattet, die ZwV gem §§ 709, 711 durch Sicherheitsleistung abzuwenden, so sind die Vollstreckungsorgane hieran gebunden (Karlsruhe MDR 83, 677). Eine **Vollstreckungsklausel** gem §§ 724, 725 ist nicht erforderlich, **I;** zur Vollziehung genügt eine einfache Ausfertigung, es sei denn, sie soll gegen dritte, im Arrestbefehl nicht bezeichnete Personen stattfinden (Fälle der titelübertragenden Vollstreckungsklausel, §§ 727–729, 738, 742, 744 f, 749; dazu näher – einschr – Loritz ZZP 106, 3; dagegen Dinstühler, Rechtsnachfolge und einstw Rechtsschutz, 1995, S 99 ff). Wegen fehlenden Ausfertigungsvermerks vgl Rn 14. § 929 I ist für § 171 VwGO entspr anwendbar (VGH Mannheim NJW 82, 902). Soweit im Rahmen zwischenstaatlicher Verträge Arrestbefehle (einstw Verfügungen) zur ZwV **im Ausland** zugelassen sind, ist abweichend vom §§ 929 I, 936 die Vollstreckungsklausel erforderlich (§ 33 AVAG). 1

2) Einstellung der Vollziehung. Legt der Schuldner gegen den Arrestbefehl Widerspruch ein, kann das Gericht die einstw Einstellung der ZwV anordnen (§ 924 III und 924 Rn 12). § 707 ist entsprechend anwendbar, wenn der Schuldner Berufung einlegt (§ 719 I) oder Aufhebungsanträge nach §§ 926 II (§ 926 Rn 28) oder § 927 (§ 927 Rn 9c) stellt. Die einstw Einstellung der ZwV unterbricht die Vollziehungsfrist des § 929 II (Düsseldorf OLGZ 87, 370). 2

II) Vollziehungsfrist (II)

1) Allgemeines. a) Wesen. Die Vollziehungsfrist ist wesentliches Merkmal des Eilcharakters des einstw Rechtsschutzverfahrens und wirkt als eine immanente zeitliche Begrenzung des dem Gläubiger gewährten Rechtsschutzes (Düsseldorf ZIP 81, 540). Sie soll im Interesse des Schuldnerschutzes verhindern, daß der Arrest unter wesentlich veränderten Umständen vollzogen wird als unter denen, die seiner Anordnung zugrunde gelegen haben (BGH 112, 361; Frankfurt OLGZ 85, 383 f mwN; NJW-RR 86, 64) und umgekehrt sicherstellen, daß der Arrest-(Verfügungs-)grund im Zeitpunkt der Vollziehung noch fortwirkt (vgl BVerfG NJW 88, 3141). **II** setzt daher eine Frist von **einem Monat.** Es handelt sich um eine **gesetzliche Frist** (Rn 6 vor § 214), auf die nach allgM nicht verzichtet werden kann (StJGr Rn 8 mwN; BGH 120, 86 = NJW 93, 1079; Hamm OLGZ 87, 460 = MDR 88, 63). Sie kann durch Parteivereinbarung (nicht vom Richter) verkürzt, nicht aber verlängert werden (§ 224 I). Die Vollziehungsfrist wird durch die Gerichtsferien nicht gehemmt (§§ 223 II ZPO, 200 II Nr 2 GVG). Sie ist keine **Notfrist** (§ 223 III; Frankfurt OLGZ 81, 99; MK/Heinze Rn 6), daher kommt Wiedereinsetzung in den vorigen Stand nicht in Betracht (BGH 120, 86 = NJW 93, 1079). Die Fristversäumnis ist grundsätzlich unheilbar. Wegen Zustellungsmängeln s Rn 14. 3

b) Bedeutung. Nach Ablauf der Monatsfrist ist die Arrestvollziehung **unstatthaft (II).** Die Vollstreckungsorgane dürfen nicht mehr tätig werden (vgl aber Rn 20). Der Schuldner kann Aufhebung des Arrests gem § 927 beantragen (Rn 21). Für die Festsetzung der Kosten des Arrestverfahrens und des Vollzugs auf Grund des im Arrestbefehl enthaltenen Kostenausspruchs ist die Frist ohne Bedeutung (LG Berlin Rpfleger 61, 23; StJGr Rn 2). Kosten der Arrestvollziehung können jedoch nicht mehr beigetrieben oder festgesetzt werden, wenn der Arrestbefehl aufgehoben worden ist, mag dies auch durch gerichtlichen Vergleich geschehen, es sei denn, die Parteien vereinbaren im Vergleich die Erstattung solcher Kosten (KG NJW 63, 661; Hamm Rpfleger 76, 260). 4

2) Fristbeginn. a) Erstmaliger Fristlauf. Für den Beginn des Laufs der Monatsfrist ist die Verkündung des Urteils bzw die Zustellung der Ausfertigung des Arrestbeschlusses an den Gläubiger maßgebend, **II.** Bei einem Überprüfungsverfahren (§§ 924; 511) eröffnet die Bestäti- 5 gungsentscheidung zugunsten des Gläubigers stets eine *neue Frist* (str, vgl Rn 7), jedoch ist bei Wahrung der „ursprünglichen" Frist das Unterbleiben einer *erneuten* Vollziehung unschädlich (zutr Grunsky ZZP 104, 5 f). Ohne Überprüfungsverfahren gilt: **aa) Beschlußarrest.** Der ohne mündl Verhandlung ergangene Arrestbefehl ist dem Gläubiger von Amts wegen in Ausfertigung zuzustellen (vgl § 922 Rn 11; Koblenz WRP 81, 286). Für den Fristbeginn genügt jedoch auch die formlose Aushändigung des Arrestbeschlusses, da der Gläubiger von diesem Zeitpunkt an vollziehen kann (MK/Heinze Rn 4; StJGr Rn 3 je mwN). Das Datum der Übergabe sollte in einer Quittung festgehalten werden. In diesem Fall läuft die Vollziehungsfrist von dem Tag ab, an dem der Antragsteller zweifelsfrei in den Besitz der Ausfertigung gekommen ist; dies ist spätestens der Tag, an dem er die Ausfertigung dem GVollz zur Zustellung an den Schuldner übermittelt hat.

6 **bb) Arresturteil.** Die Vollziehung beginnt mit Verkündung des Urteils; der Gläubiger kann nicht wählen, die Frist erst mit der Zustellung einer Urteilsausfertigung an sich beginnen zu lassen (LAG Bremen AP § 929 ZPO Nr 2 = Rpfleger 82, 481). Die Vollziehungsfrist läuft auch dann mit Urteilsverkündung, wenn das Urteil später wegen offenbarer Unrichtigkeit gem § 319 berichtigt wird (KG WRP 83, 341; Düsseldorf ZIP 81, 540; offenlassend LG Berlin Rpfleger 88, 155). Die Vollziehung einer einstw Verfügung ist selbst dann gem **II** unzulässig, wenn dem Gläubiger innerhalb der Vollziehungsfrist trotz Antrags eine vollstreckbare Urteilsausfertigung nicht erteilt wurde (Hamm OLGZ 87, 460 = MDR 88, 63; Düsseldorf NJW-RR 87, 764; verfassungsrechtliche Bedenken verneint BVerfG NJW 88, 3141).

7 **b) Erneuter Fristlauf** (s Rn 5 vor aa). Wird der Arrest auf Widerspruch hin durch Urteil bestätigt, so beginnt mit Verkündung des Urteils zugunsten des Gläubigers (s Rn 5) eine neue Vollziehungsfrist zu laufen (Frankfurt OLGZ 85, 384 = aaO Rn 3; NJW-RR 86, 64; Grunsky ZZP 104, 5; MK/Heinze Rn 5, str; **aA** die **hM:** Baur/Stürner Rn 52.4; Wieczorek/Schütze/Thümmel Rn 6; Koblenz ZIP 90, 1573 mwN). Der Schutzzweck des § 929 II (vgl Rn 3) ist in diesem Fall nicht einschlägig bzw gewahrt; denn im Widerspruchsverfahren werden neue Tatsachen berücksichtigt (vgl § 925 Rn 3). Der Lauf der Vollziehungsfrist wird durch die Einlegung des Widerspruchs jedoch nicht gehemmt (vgl Hamburg MDR 60, 932), auch nicht durch Berufungseinlegung nach Entscheidung durch Urteil (vgl aber Rn 23). Auch nach **hM** beginnt aber eine neue Vollziehungsfrist dann zu laufen, wenn die Widerspruchsentscheidung **wesentliche Änderungen** enthält (Schleswig NJW-RR 86, 1128; Karlsruhe WRP 86, 233 f; Koblenz ZIP 90, 1573; unterscheidend Wieczorek/Schütze/Thümmel Rn 7), wozu auch die Anordnung der Sicherheitsleistung gehört (Frankfurt OLGZ 80, 258; Hamm OLGZ 94, 244; Düsseldorf BauR 95, 424; anders aber bei einstw Anordnung gem §§ 707, 924 III: KG NJW 86, 1127), nicht aber die Urteilsberichtigung nach § 319 (Koblenz WRP 80, 576; ZIP 90, 1573 mN) oder bloße Klarstellungen (Hamm WRP 91, 408; Hamburg NJW-RR 95, 1055) oder Einschränkungen eines zu weit gefaßten Verbots (Frankfurt WRP 91, 405). Gleiches gilt, wenn auf Grund der Widerspruchsentscheidung neue Vollziehungsmaßnahmen erforderlich werden (Baur/Stürner Rn 52.4). Ist Sicherheitsleistung angeordnet worden, so ist die Sicherheit vor Ablauf der Vollziehungsfrist zu leisten (Frankfurt OLGZ 80, 259; sa Rn 9). Eine neue Vollziehungsfrist beginnt auch zu laufen, wenn ein Aufhebungsantrag des Schuldners nach § 927 abgewiesen worden ist (StJGr Rn 4a; R-Schilken § 78 I 1; Brox/Walker Rn 1538; aA Wieczorek/Schütze/Thümmel Rn 6), ferner dann, wenn der Arrestbefehl zunächst auf Widerspruch aufgehoben, dann aber in der Berufungsinstanz „bestätigt" worden ist (Celle NJW-RR 87, 64; StJGr Rn 6 mwN; aA Wieczorek/Schütze/Thümmel aaO; s auch § 925 Rn 12 und unten Rn 15). Wird ein zunächst nur gegen Sicherheitsleistung angeordneter Arrest auf Rechtsmittel des Gläubigers ohne Anordnung der Sicherheitsleistung aufrechterhalten, so läuft die Vollziehungsfrist nur dann neu, wenn das Rechtsmittel innerhalb der Vollziehungsfrist eingelegt worden ist (StJGr Rn 7; abw KG WRP 95, 24: Berufungsentscheidung über Sicherheitsleistung noch innerhalb der Vollziehungsfrist). Das gleiche muß dann gelten, wenn eine einstw Verfügung nur mit beschränktem Inhalt (teilw) erlassen und erst in der Berufungsinstanz dem Antrag voll entsprochen worden ist (vgl die Fallgestaltung in Koblenz OLGZ 88, 122 = NJW-RR 88, 142) oder das Erstgericht unter Verstoß gegen § 308 die einstw Verfügung erlassen hat (Celle NJW 96, 856).

8 **3) Fristende.** Die Monatsfrist endet mit Ablauf desjenigen Tages des nächsten Monats, der seiner Zahl nach dem Tag entspricht, in den die Verkündung des Arrestbefehls oder die Zustellung der Ausfertigung an den Antragsteller fällt. Fehlt im nächsten Monat dieser Tag, so endet die Frist mit dem Ablauf des letzten Tages des Monats, §§ 187 I, 188 II, III BGB. Fällt das Ende der Frist auf einen Sonntag, einen allg Feiertag oder einen Sonnabend, so endet die Frist mit dem Ablauf des nächstfolgenden Werktages, § 222 II.

III) Wahrung der Vollziehungsfrist

9 **1) Allgemeines. Lit:** *Pohlmann* KTS 94, 49; *dies* WM 94, 1277. Das Gesetz besagt nicht, welche Tätigkeiten der Gläubiger im Einzelfall vornehmen muß, um die Frist des **II** durch **Vollziehung** von Arrest oder einstw Verfügung zu wahren (vgl § 928 Rn 2). Ist die Vollziehung von einer Sicherheitsleistung abhängig gemacht (§ 921 Rn 4), so muß der Nachweis der Sicherheitsleistung

gegenüber dem Schuldner innerhalb der Frist geführt (§ 751 II) sein (München NJW-RR 88, 1466; Hamm MDR 95, 412; KG WRP 95, 24; StJGr Rn 12; unzutreffend Hamm MDR 82, 763; dazu Borck MDR 83, 180; sa unten Rn 24 aE; zu den weiteren Voraussetzungen sogleich u).

10 **2) Vollziehung des Arrests. a) Vollstreckungsantrag.** Der Arrestbefehl wird vollzogen durch **Zustellung des Arrestbefehls** (Regelfolge von § 750 I; einschr **III**, s Rn 24) und den rechtzeitigen **Antrag des Gläubigers beim zuständigen Vollstreckungsorgan auf Vornahme von Vollstrekkungshandlungen** (BGH 112, 359 mN = NJW 91, 497 = MDR 91, 242 = JZ 91, 404 mit Anm Stürner; Hamm NJW-RR 90, 1536; StJGr Rn 12; Baur/Stürner Rn 52.5; Brox/Walker Rn 1539; R-Schilken § 78 I 1; ie Pohlmann KTS 94, 50 mwN; WM 94, 1278, lange str). Beim Beschlußarrest ist Zustellung im Parteibetrieb erforderlich (vgl § 922 II), beim Urteilsarrest genügt neben dem Antrag des Gläubigers die Zustellung von Amts wegen in der Monatsfrist (MK/Heinze Rn 16; Baur/Stürner Rn 52.7; Walker aaO Rn 394; Pohlmann KTS 94, 51 f; Konsequenz aus BGH NJW 90, 124). *Überholt* ist die frühere Ansicht (RG 75, 179, 181 f), wonach die Vollziehung mit Ablauf der Frist beendet sein müsse; *abzulehnen* ist aber auch die bis vor kurzem noch weitgehend vertretene Meinung, die zur Vollziehung verlangt hat, daß innerhalb der Frist bereits mit den Vollstreckungsakten begonnen worden ist (so BL/Hartmann Rn 10; AK/Damm Rn 6; Lang AnwBl 81, 236; Koblenz NJW-RR 87, 760 mN; LG Hamburg DGVZ 91, 11 mN). Durch die Antragstellung ist der Gläubiger seiner Handlungspflicht gem § 928 Rn 2 nachgekommen; ein „Mehr" an Vollziehung durch eigene Tätigkeit des Gläubigers ist nach den Verfahrensvorschriften nicht möglich. Nur die staatlichen Vollstreckungsorgane sind zu Zwangsmaßnahmen befugt, so daß der Rechtsgedanke des § 932 III hier entsprechend anwendbar ist (StJGr Rn 12; aA Hamm FamRZ 80, 1146). Demnach genügt es, daß dem rechtzeitigen Antrag des Gläubigers keine Hindernisse entgegenstehen und die Vollstreckungsakte sofort vorgenommen werden können.

11 **b) Zeitliche Grenzen der Vollstreckung.** Genügt zur Fristwahrung die rechtzeitige Antragstellung (Rn 10), muß die Vollstreckung mit Fristablauf noch nicht begonnen haben, geschweige denn beendet sein. Allerdings eröffnet die fristwahrende Antragstellung nicht einen zeitlich unbeschränkten Vollstreckungszugriff aus dem Arrestbefehl auf von dem fristwahrenden Antrag nicht erfaßte Objekte (BGH 112, 359 f = aaO [Rn 10]; Pohlmann KTS 94, 55; WM 94, 1278). Ie gilt: Die rechtzeitig eingeleitete Vollstreckung darf zu Ende geführt werden, wenn die vor Fristablauf und die nach Fristablauf getroffenen Maßnahmen eine Einheit bilden (Düsseldorf MDR 83, 239; Koblenz NJW-RR 87, 761; LG Hamburg DGVZ 91, 12; Finger NJW 71, 1242; StJGr Rn 14; Wieczorek/Schütze/Thümmel Rn 11; aA Köln FamRZ 85, 1065 mwN). Die Einleitung völlig neuer Vollstreckungsmaßnahmen ist nach Fristablauf unzulässig (BGH 112, 360 = aaO [Rn 10]; aA – weitergehend – unter Verzicht auf „wirtschaftliche Einheit" – zB E. Schneider MDR 85, 113; MK/Heinze Rn 8; dazu krit – einschr – Pohlmann KTS 94, 53 f). Eine fehlerhafte, aber nicht unwirksame Pfändung stellt schon den Beginn der ZwV dar und wahrt die Vollziehungsfrist, auch wenn Mängel erst nach deren Ablauf behoben werden (Düsseldorf JMBl NRW 60, 59; LG Berlin Rpfleger 71, 445). Eine erfolglos gebliebene Pfändung kann nach Fristablauf wiederholt werden (Celle NJW 68, 1682; R-Schilken § 78 I 1; MK/Heinze Rn 8; LG Hamburg DGVZ 91, 11, str). Die Frist wird ferner gewahrt durch die Vorpfändung (§ 845), den Pfändungsbeschluß bei der Briefhypothek, den Eintragungsantrag bei der Buchhypothek (KG MDR 91, 66) und den Antrag auf Erlaß des Pfändungsbeschlusses bei der Forderungspfändung, wenn die Zustellung unverzüglich danach betrieben wird (StJGr Rn 15; Frankfurt FamRZ 80, 477; aA – abzulehnen – Köln FamRZ 85, 1064: Drittschuldnerzustellung erforderlich). Wird ein durch Eintragung einer Sicherungshypothek zunächst vollzogener Arrest auf Widerspruch des Schuldners aufgehoben, im Berufungsverfahren jedoch ganz oder teilweise bestätigt, so bedarf es jedenfalls dann, wenn die Hypothek vor Erlaß des Berufungsurteils gelöscht worden war, einer erneuten Vollziehung (KG Rpfleger 81, 119).

12 **3) Vollziehung der einstw Verfügung. a) Allgemeines.** § 929 ist auf die einstw Verfügung entsprechend anwendbar (§§ 936, 928). Wegen der im Einzelfall notwendigen Vollstreckungsakte s § 928 Rn 8. **Die fristwahrende Vollziehung der einstw Verfügung muß im Regelfall durch Zustellung im Parteibetrieb erfolgen** (**hM:** für Beschluß- [ie Rn 13] **und** Urteilsverfügung: BGH 120, 78 f, 86 = NJW 93, 1077 = MDR 93, 268; Frankfurt MDR 86, 768; München NJW-RR 89, 180; Düsseldorf NJW-RR 87, 763 mwN; Hamburg FamRZ 88, 521 mwN; Hamm MDR 91, 454; Celle OLGZ 92, 355; Schleswig NJW-RR 95, 896; vgl StJGr § 938 Rn 30, 30a; ThP § 936 Rn 7; BL/Hartmann § 936 Rn 9; R-Schilken § 79 II 1; **aA** Oldenburg OLGZ 92, 467 f; Hamburg WRP 80, 341; Stuttgart WRP 81, 281: für Unterlassungsverfügung; Oldenburg FamRZ 89, 879; Koblenz FamRZ 91, 589: für Geldleistungsverfügung; LAG Hamm MDR 87, 961: für rechtsgestaltende Verfügung; Hamm MDR 93, 275: für Herausgabeverfügung). Insbesondere durch die von ihm betriebene Parteizustellung macht der Gläubiger zweifelsfrei „Gebrauch" von der einstw Verfügung (vgl § 928 Rn 2); freilich ist dies nicht der einzig mögliche Weg für die verbindliche Betätigung seines Vollziehungswillens gegenüber dem Schuldner (so auch BGH NJW 90, 124; Karlsruhe NJW-RR 88, 1470; Celle OLGZ 92, 355; Hamburg OLGZ 94, 214); **ausnahmsweise** kann daher auch lediglich

die amtswegige Zustellung (§ 317 I 1) einer Unterlassungs-(Duldungs-, Leistungs-)verfügung **mit** Strafandrohung nach § 890 II ausreichend sein, wenn nach den Umständen an der Ernstlichkeit des Anliegens des Klägers kein Zweifel besteht und eine (zusätzliche) Parteizustellung auf eine bloße Formalität hinausliefe (so Celle NJW-RR 90, 1088 mwN; Koblenz FamRZ 91, 589; im Erg auch BGH 120, 79 mN, 86 = aaO). Beispiel: Der Gläubiger nimmt die zu duldende Handlung innerhalb der Vollziehungsfrist vor (Karlsruhe NJW-RR 88, 1470). Die Zustellung ist an den Prozeßbevollmächtigten des Schuldners zu richten (§ 176), auch wenn sich dieser nur in einer Schutzschrift wegen des zu erwartenden Verfahrens bestellt hat (Düsseldorf GRUR 84, 79; WRP 82, 531; Karlsruhe WRP 86, 166; May, Schutzschrift, S 98; krit Melullis WRP 82, 249), vorausgesetzt, der Gläubiger hat davon Kenntnis erlangt (Rn 13) und der Anwalt ist postulationsfähig (Hamm WRP 92, 724 f; Köln WRP 94, 323 mN; aA Karlsruhe WRP 87, 46; Stuttgart NJW-RR 94, 624). Wegen Vollziehung nach Sicherheitsleistung s Rn 9. Die Einzelheiten der jeweils erforderlichen Zustellung ergeben sich daraus, ob die einstw Verfügung durch Beschluß oder durch Urteil ergangen ist (Rn 13, 16) und nach ihrem Inhalt (Rn 17–19). Anwaltszwang bei der Vollstreckung: § 78 Rn 17.

13 **b) Beschlußverfügung. aa)** Das (uneingeschränkte) **Zustellungserfordernis** ist Wirksamkeitsvoraussetzung (§§ 936, 922 II; Abweichung gegenüber Rn 12, 16) und Voraussetzung zur Fristwahrung gem II (BGH 120, 78 = aaO [Rn 12]; Karlsruhe GRUR 94, 453). Die Zustellung der Beschlußverfügung ist an den Schuldner selbst oder an dessen Prozeßbevollmächtigten zu richten (§ 176), soweit der Gläubiger von der Bestellung eines solchen Kenntnis hatte (Frankfurt NJW-RR 86, 587; Hamburg NJW-RR 95, 445; Stuttgart NJW-RR 94, 624; WRP 96, 61). Sie kann (muß aber nicht) an den Prozeßbevollmächtigten des Hauptverfahrens erfolgen (Frankfurt MDR 84, 58; vgl auch § 922 Rn 11). Die Bestimmung des richtigen Zustellungsadressaten kann im Einzelfall schwierig sein (dazu Melullis WRP 82, 249). Zuzustellen ist eine Ausfertigung der einstw Verfügung (§ 170 I) oder eine beglaubigte Abschrift (Hamburg NJW-RR 93, 1450; sa § 170 Rn 8), eine nicht beglaubigte Abschrift genügt nicht (Koblenz NJW-RR 87, 509). Die Antragsschrift ist dem Schuldner nur dann zuzustellen, wenn die Beschlußverfügung auf sie Bezug nimmt und aus sich heraus anders nicht verständlich wäre (Frankfurt OLGZ 93, 70 mwN = Rpfleger 93, 31; einschr Celle WRP 84, 150; dagegen Nürnberg WRP 91, 827).

14 **bb) Heilung von Zustellungsmängeln.** Die Möglichkeit der Heilung gem § 187 S 1 ist umstritten, da die Zustellung hier Wirksamkeitsvoraussetzung (s Rn 13) ist (vgl Hamburg OLGZ 94, 217 f mit umfangr Nachw, auch zur aA). Die hM läßt eine Heilung grundsätzlich zu, da die Vollziehungsfrist des § 929 II keine Notfrist ist (Rn 3; § 187 Rn 8; BL/Hartmann § 187 Rn 15) und § 187 S 2 daher keine Anwendung findet (Karlsruhe WRP 87, 46 mN; Köln NJW-RR 87, 575; Düsseldorf MDR 89, 829; Braunschweig NJW-RR 96, 381; LG Köln NJW-RR 89, 191; LG Aachen NJW-RR 90, 1334; MK/Heinze § 938 Rn 38; **aA** Hamm WRP 81, 37; Koblenz WRP 81, 287; Karlsruhe OLGZ 92, 372; Hamburg OLGZ 94, 217 und 474; offen BGH VersR 85, 359; NJW 90, 125). Voraussetzung ist jedoch immer, daß der Schuldner hinreichend sichere Kenntnis vom Inhalt der Beschlußverfügung erlangt (Köln und Karlsruhe, jeweils aaO) und die Zustellung auch insoweit die Verkündung ersetzt (MK/Heinze § 938 Rn 38). Zur Heilung von Zustellungsmängeln bei der Urteilsverfügung s Rn 16.

15 **cc) Erneute Vollziehung** (zu unterscheiden von dem zugunsten des Gläubigers wirkenden erneuten Fristlauf: Rn 7). Wird die Beschlußverfügung auf Widerspruch hin aufgehoben, in der Berufungsinstanz aber bestätigt, so muß eine bereits zum Zweck der Vollziehung erfolgte rechtzeitige Zustellung nicht wiederholt werden (Celle NJW-RR 87, 64, str; aA Teplitzky WRP 87, 150; sa Rn 7). So muß etwa bei bestätigender Berufungsentscheidung keine erneute Vormerkung zum Zweck der Vollziehung eingetragen werden, wenn die auf Grund der aufgehobenen Beschlußverfügung eingetragene erste Vormerkung in der Zwischenzeit nicht gelöscht worden ist (Hamm MDR 83, 1031; aA LG Dortmund Rpfleger 82, 276). Das gleiche gilt bei bestätigenden Urteilen erster Instanz (Düsseldorf WRP 95, 641). Wegen der Arresthypothek s Rn 11 aE. Wird eine einstw Verfügung im Widerspruchs- oder Rechtsmittelverfahren **inhaltlich geändert** oder **wesentlich neu gefaßt,** so bedarf es einer erneuten Vollziehung (Düsseldorf WRP 81, 150; 83, 410; BauR 95, 424; Köln WRP 86, 353 = ZIP 86, 538; Hamburg NJW-RR 95, 1055; Hamm Rpfleger 95, 468 mit abl Anm Wolf; abw Koblenz WRP 81, 479; vgl auch Rn 7).

16 **c) Urteilsverfügung. aa)** Trotz der Amtszustellung gem §§ 317, 270 ist auch die Urteilsverfügung grundsätzlich (neben etwaigen weiteren Vollstreckungsmaßnahmen, vgl Rn 17–19) durch Parteizustellung zu vollziehen (hM, vgl näher Rn 12 mwN auch zur aA). **bb) Heilung von Zustellungsmängeln.** Da bei der Urteilsverfügung (im Gegensatz zur Beschlußverfügung, vgl Rn 14) die Wirksamkeit durch Verkündung eindeutig bestimmt ist, ist eine Heilung von Zustellungsmängeln gem § 187 S 1 grundsätzlich zulässig (vgl nur Hamm OLGZ 88, 467 = NJW-RR 88, 1535; OLGZ 91, 451 = MDR 92, 78; Teplitzky aaO [Rn 14] Rn 47; aA Celle GRUR 89, 541; Wedemeyer NJW 79, 293; Fritze, FS Schiedermair, 1976, S 149 ff: § 187 S 2 gilt entspr; offen BGH NJW 90, 125); in diesem

Fall kann die fehlerhafte Parteizustellung auch durch eine nachfolgende Amtszustellung geheilt werden (München WRP 83, 47).

17 **d) Vollziehung bei einzelnen Verfügungsarten. aa) Sicherungsverfügung.** Ist durch die einstw Verfügung eine Eintragung ins GB oder in ein anderes öffentl Register angeordnet, so gilt als Vollziehung bereits die Stellung des Eintragungsantrags (vgl § 932 III; ie Hamm MDR 83, 1031; Rpfleger 95, 468; Baur/Stürner Rn 54.16; aA LG Frankfurt Rpfleger 93, 254: auch Parteizustellung); beachte aber **III** (Rn 24). Im übrigen erfolgt die Vollziehung ebenfalls durch Parteizustellung.

18 **bb) Regelungsverfügung.** Gegenstand der Regelungsverfügung (vgl § 940 Rn 2 ff) wird meist ein **Gebot oder Verbot** an den Schuldner oder ein vorläufig **rechtsgestaltender Ausspruch** sein. Praktisch bedeutsamster Fall ist die *wettbewerbsrechtliche Unterlassungsverfügung* (dazu Baumbach/Hefermehl, WettbewerbsR, § 25 UWG Rn 2). Auch die Gebots-(Verbots-, **Unterlassungs-)verfügung** bedarf einer förmlichen Vollziehung, und zwar nach (bisher) **hM** in der Rspr der **OLGe** durch **Parteizustellung** (vgl KG WRP 95, 327; Frankfurt NJW-RR 95, 445; Schleswig NJW-RR 95, 896 = WRP 95, 347; sa 18. Aufl mwN, ferner den Überblick von Addicks MDR 94, 225). Der **BGH** hat sie nunmehr bestätigt und dahin präzisiert, daß zur „Vollziehungszustellung" der Titel bereits die *Ordnungsmittelandrohung* (§ 890 II) enthalten muß; ist dies nicht der Fall, bedarf es der Zustellung einer zusätzlichen Ordnungsmittelandrohung (BGH 120, 82 = aaO [Rn 12]; dazu Borck WRP 93, 374; Vollkommer WuB A § 945 ZPO 1.93; krit zur hM Pohlmann WM 94, 1280 ff). Eine **aA** hält die Unterlassungsverfügung einer Vollziehung für nicht zugänglich oder will für sie die Amtszustellung genügen lassen (vgl Hamburg WRP 80, 341; Bremen WRP 79, 791; Celle NJW-RR 90, 1088; Oldenburg OLGZ 92, 469; Stuttgart OLGZ 94, 364; LAG Hamm MDR 87, 1052; dazu krit mwN Addicks MDR 94, 225 ff; zweifelnd nunmehr Hamburg OLGZ 94, 473); **einschr zur hM** werden neuerdings auch Ausnahmen von der (nur idR erforderlichen) Parteizustellung für möglich gehalten (vgl BGH NJW 90, 124 = MDR 89, 988 [dazu einschr BGH 120, 86 f = aaO: nur Formalakt]; Karlsruhe NJW-RR 88, 1470; Koblenz FamRZ 91, 589; offen Frankfurt NJW-RR 95, 445 f). Die **aA** der genannten **OLGe** beruht auf der Annahme, ein Gebot oder Verbot werde mit Urteilsverkündung wirksam und sei zu beachten. Das mag zwar zutreffen, ändert aber nichts daran, daß noch keine Vollziehung im Sinne von § 928 Rn 2 vorliegt (vgl Frankfurt OLGZ 82, 346, 349; München NJW-RR 89, 180; Teplitzky GRUR 92, 829 mwN); freilich kann der Zweck der Vollziehung uU auch anders als durch Parteizustellung erreicht werden (s Rn 12). Die Zwangsvollstreckung wegen Zuwiderhandlungen gegen ein Gebot oder Verbot ist von der Vollziehungsfrist unabhängig; sie kann auch noch nach Ablauf der Vollziehungsfrist erfolgen, solange die einstw Verfügung noch nicht aufgehoben wurde. Enthält die einstw Verfügung für beide Parteien ein Verbot, so muß jede Partei die Verfügung der anderen zustellen (Lang AnwBl 81, 237; München BayJMBl 52, 217).

19 **cc) Geldleistungsverfügung.** Vgl § 940 Rn 6. Ist durch die einstw Verfügung eine *einmalige Geldleistung* angeordnet worden, so wird sie durch den rechtzeitigen Antrag des Gläubigers beim zuständigen Vollstreckungsorgan (zB **Pfändungsauftrag** an GerVollz) vollzogen (s Rn 10 f), wobei die freiwillige Leistung des Schuldners zur Abwendung der ZwV genügt (BL/Hartmann § 936 Rn 16). Da hier eine Vollziehung durch ZwV möglich ist, ist insoweit eine Parteizustellung entbehrlich (so Celle FamRZ 88, 524; Oldenburg FamRZ 89, 879, str). Bei auf *mehrmalige Leistungen* gerichteter einstw Verfügung (zB **Unterhaltsverfügung**) ist umstritten, welche Anforderungen an die Vollziehung iS von **II,** § 936 ie zu stellen sind (Überblick zum Meinungsstand: Brox/Walker Rn 1663; Walker aaO Rn 587 ff; Compensis, Die einstw Verfügung auf Unterhaltsleistung, 1991, S 202 ff). Teils wird für erforderlich, aber auch ausreichend erachtet, daß der Gläubiger das Urteil im Parteibetrieb zustellt (vgl Hamm FamRZ 81, 583; Köln FamRZ 92, 77; Compensis aaO S 234) und (nach aA zusätzlich) innerhalb eines Monats ab Eintritt der Fälligkeit *hinsichtlich der konkreten Teilforderung* mit der Vollstreckung beginnt (so Hamm FamRZ 80, 1145 mN; 91, 583 und 584; Koblenz FamRZ 91, 589; Bamberg FamRZ 85, 510 mN; AG Sinzig NJW-RR 86, 744; StJGr § 938 Rn 38; Lang AnwBl 81, 238); im Ergebnis ist also die Vollstreckung ohne die zeitliche Grenze des Abs II möglich (so im Erg auch BL/Hartmann § 936 Rn 14). Weitergehend verlangt eine **aA** Einhaltung der Vollziehungsfrist (ab Fälligkeit) hinsichtlich jeder einzelnen Teilleistung mit der Folge, daß dann, wenn die Vollziehung auch wegen (nur) *einer* fälligen Teilleistung nicht fristgerecht erfolgt, die Vollziehung *insgesamt ausgeschlossen* ist (so Hamburg FamRZ 88, 521 [523 mwN]; Köln FamRZ 85, 508 und 1063 [1065 mN]; Pohlmann KTS 94, 65; im Erg auch Koblenz FamRZ 88, 190; offenlassend Karlsruhe FamRZ 92, 581). Zuzustimmen ist der zuerst genannten Ansicht, da sie im Rahmen der „entspr" Anwendung von II der Interessenlage bei der von der Rspr entwickelten Leistungsverfügung am besten entspricht. *Freiwillige Teilleistungen* machen die Vollziehung nur zunächst entbehrlich (Köln FamRZ 85, 508). **III** gilt auch für die Leistungsverfügung (Koblenz FamRZ 88, 191; LG Lüneburg NJW 60, 490 m Anm Schuler; Rn 24).

IV) Versäumung der Vollziehungsfrist

20 **1) Vollstreckungsakte.** Nach Ablauf der Vollziehungsfrist ist jegliche Vollstreckung aus dem Arrestbefehl unzulässig **(II)**, wenn sie nicht vorher eingeleitet wurde (vgl Rn 11 mwN). Vollstreckungsmaßnahmen nach Ablauf der Frist sind wegen erheblichen Verfahrensverstoßes (Rn 34 vor § 704) **unwirksam** (BGH 112, 361 = aaO [Rn 10]; 114, 328; Brox/Walker Rn 1540; **aA** BL/Hartmann Rn 18: auflösend bedingt wirksam). Teilweise wird auch vertreten, es entstehe zwar kein Pfandrecht, aber die öffentlich-rechtliche Verstrickung trete ein (Bruns/Peters, ZwVR, § 49 V 2; R-Schilken § 78 I).

21 **2) Rechtsbehelfe. a) Arrestbefehl/einstw Verfügung.** Beim Beschlußarrest kann der Schuldner wählen, ob er den Arrestbefehl im Widerspruchsverfahren (§ 924 I) oder im Verfahren nach § 927 wegen Ablaufs der Vollziehungsfrist aufheben lassen will (vgl § 924 Rn 2; § 927 Rn 2). Der Urteilsarrest kann entweder im Berufungsverfahren (Hamm NJW-RR 86, 1232; Hamburg OLGZ 94, 473) oder wegen veränderter Umstände nach § 927 aufgehoben werden (Düsseldorf NJW-RR 87, 763 f; GRUR 84, 385; KG WRP 95, 326); ein Widerspruch ist unzulässig (Frankfurt ZIP 81, 210). Wurde der Arrest vom Berufungsgericht erlassen, bleibt nur das Verfahren nach § 927 (Frankfurt aaO). Die materielle Begründetheit von Arrest/einstw Verfügung ist nach Ablauf der Vollziehungsfrist nicht mehr zu prüfen (Schleswig NJW 72, 1056; vgl aber Rn 23). Hat der Schuldner die Einhaltung der Vollziehungsfrist arglistig vereitelt, ist die Berufung auf den Fristablauf mißbräuchlich (Beispiel: Celle OLGZ 86, 489); dies kann der Gläubiger im Aufhebungsverfahren einredeweise geltend machen. Darüber hinaus haftet der Schuldner nach § 826 BGB (vgl Frankfurt OLGZ 94, 95; StJGr Rn 16).

22 **b)** Der Schuldner kann nach § 766 die Aufhebung der nach Ablauf der Vollziehungsfrist vorgenommenen **Vollstreckungsakte** verlangen (BGH ZIP 89, 404; StJGr Rn 17 mwN; allgM).

22a **c) Keine Kostenerstattung.** Nimmt der Gläubiger den Antrag auf einstw Verfügung wegen Fristversäumung zurück, so kann er die ihm nach § 269 III auferlegten Kosten auch dann nicht vom Schuldner zurückverlangen, wenn er im Hauptsacheverfahren obsiegt (BGH NJW-RR 95, 495 f; s § 920 Rn 13).

23 **3) Erneuter Arrest** Nach Ablauf der Vollziehungsfrist kann der Gläubiger erneut den Erlaß eines Arrests bzw einer einstw Verfügung beantragen, wenn die gesetzlichen Voraussetzungen dafür glaubhaft gemacht sind (StJGr Rn 18 mwN; einschr KG NJW-RR 92, 318). Es kommt nicht darauf an, ob die ursprüngliche Entscheidung noch besteht (Düsseldorf MDR 83, 239) oder aufgehoben worden ist. Rechtskraft oder Rechtshängigkeit stehen nicht entgegen (Walker aaO Rn 164 mwN; aA Koblenz GRUR 81, 91). Der Antrag kann auch im Widerspruchsverfahren und in der Berufungsinstanz gestellt werden (StJGr Rn 18; Hamm MDR 70, 936; OLGR Celle 95, 116; LG Wuppertal NJW-RR 92, 320; E. Schneider MDR 85, 114; **aA** die **hM:** BL/Hartmann Rn 17; ThP Rn 5; Wieczorek/Schütze/Thümmel Rn 18; Hegmanns WRP 84, 120 ff; Frankfurt MDR 86, 768; Koblenz GRUR 81, 91 je mwN: Zuständigkeit des erstinstanzlichen Gerichts; offenlassend München NJW-RR 89, 180: allenfalls durch Anschlußberufung; abl Frankfurt OLGZ 86, 480 = NJW-RR 87, 764 = MDR 86, 768). Diese Ansicht rechtfertigt sich aus dem Eilcharakter des Verfahrens. Insbesondere sind neue Tatsachen auch im Berufungsrechtszug zu berücksichtigen (vgl § 925 Rn 11), wozu hier der Ablauf der Vollziehungsfrist gehört. Liegen die Arrestvoraussetzungen vor, ist der erste Arrestbefehl gar nicht aufzuheben, sondern zu bestätigen (StJGr Rn 18; zust Celle NJW 86, 2441 [2442]; aA Düsseldorf GRUR 84, 385). Dies ist jedoch bei der Kostenentscheidung zu berücksichtigen, die entsprechend § 92 zu treffen ist (StJGr Rn 18), denn der Sache nach liegt eine mit dem Neuerlaß des Arrests verbundene Aufhebung vor. Eine **Anschlußberufung** mit dem Ziel, den Arrest neu zu erlassen, ist unzulässig (Frankfurt WRP 83, 212; Koblenz GRUR 81, 91; Zweibrücken OLGZ 80, 28; aA Hegmanns WRP 84, 122; Düsseldorf GRUR 84, 386).

V) Vollziehung vor Zustellung, III

24 **1) Voraussetzungen. III 1** erlaubt die Vornahme von Vollstreckungsakten schon vor der Zustellung des Titels und ist insofern Ausnahme von §§ 750, 751. Bei einer Forderungspfändung gem §§ 930 I 3, 829 ff ist aber nur die Zustellung an den Schuldner entbehrlich, nicht aber die des idR im Arrestbefehl zugleich enthaltenen Pfändungsbeschlusses an den Drittschuldner; denn § 829 III bleibt unberührt (vgl BayObLG Rpfleger 85, 59). Die Zustellung des Arrestbefehls an den Schuldner bzw seinen Prozeßbevollmächtigten (§ 176) muß jedoch zur Wirksamkeit der Vollstreckungsakte gem **III 2 innerhalb einer Woche** nach Vollziehung und **vor Ablauf der Frist des II** erfolgen (beim Arresturteil genügt Amtszustellung gem § 317, s Celle FamRZ 88, 524; Wieczorek/Schütze/Thümmel Rn 21). Die Wochenfrist beginnt mit Eingang des Antrags beim zuständigen Vollstreckungsorgan (Frankfurt OLGZ 82, 103 = Rpfleger 82, 32; zur „Vollziehung" s Rn 9 ff); sie ist unverzichtbar (Frankfurt aaO). Beim Arrestbeschluß wird die Frist wegen § 922 II nur durch eine gem Rn 9 ff ausreichende Zustellung – also im Parteibetrieb – gewahrt (Koblenz FamRZ 88, 191). Hat der Arrestgegner im Hauptprozeß einen Bevollmächtigten, so kann (nicht

muß) die Zustellung des Arrestbefehls an ihn erfolgen (RG 45, 364). Muß die Zustellung im Ausland oder öffentlich erfolgen, genügt zur Wahrung der Frist die Einreichung des Zustellungsersuchens, wenn die Zustellung demnächst erfolgt (§ 207; Hamburg NJW-RR 88, 1277; Köln OLGZ 87, 406 f). Ist die Vollziehung von einer Sicherheitsleistung abhängig (§ 751 II, § 921 Rn 4), so ist die Sicherheit vor der Vollziehung zu erbringen; die öffentl Urkunden darüber können später, aber müssen innerhalb der Frist des **III** zugestellt werden (StJGr Rn 20; BL/H Rn 21). **III** 2 ist nicht anwendbar, wenn die Zustellung (wenn auch fehlerhaft, aber heilbar, Düsseldorf JMBl NRW 60, 59) vor der Vollziehung erfolgt ist (LG Aachen NJW-RR 90, 1344 mN; StJGr Rn 20).

2) **Verstoß.** Hat der Arrestgläubiger die Frist des **III 2** versäumt, so ist eine vor Zustellung des 25 Arrestbefehls durchgeführte Vollstreckungsmaßnahme unwirksam (StJGr Rn 22). Dies kann durch Erinnerung gem § 766 geltend gemacht werden (BGH ZIP 89, 404); zu den grundbuchrechtlichen Rechtsbehelfen s § 932 Rn 7. Die Wirksamkeit des Arrests wird durch die Fristversäumnis nicht berührt; der Gläubiger kann vielmehr innerhalb der Frist des **II** den Arrest erneut vollziehen.

930 *[Arrestvollziehung in bewegliches Vermögen]*

(1) Die Vollziehung des Arrestes in bewegliches Vermögen wird durch Pfändung bewirkt. Die Pfändung erfolgt nach denselben Grundsätzen wie jede andere Pfändung und begründet ein Pfandrecht mit den im § 804 bestimmten Wirkungen. Für die Pfändung einer Forderung ist das Arrestgericht als Vollstreckungsgericht zuständig.

(2) Gepfändetes Geld und ein im Verteilungsverfahren auf den Gläubiger fallender Betrag des Erlöses werden hinterlegt.

(3) Das Vollstreckungsgericht kann auf Antrag anordnen, daß eine bewegliche körperliche Sache, wenn sie der Gefahr einer beträchtlichen Wertverringerung ausgesetzt ist oder wenn ihre Aufbewahrung unverhältnismäßige Kosten verursachen würde, versteigert und der Erlös hinterlegt werde.

I) **Allgemeines:** Die Vollziehung eines Arrestbefehls ist grundsätzlich in das gesamte Vermö- 1 gen des Schuldners zulässig. Die Vollziehung des Arrests in das bewegliche Vermögen wird durch Pfändung bewirkt (**I**). Die Pfändung erfolgt wie jede andere Pfändung in das bewegliche Vermögen gem §§ 803–813, 826–834, 840, 843, 846–848, 850–855, 857–863 (vgl BayObLG Rpfleger 85, 59). Wegen der Wirkungen des Pfandrechts vgl § 804. In das unbewegliche Vermögen wird der Arrest nach § 932 vollzogen. Zur Forderungspfändung gem **I** 2 vgl Rn 3. Zu beachten ist, daß der Arrest eine Sicherungsmaßregel ist und eine Verwertung erst in Frage kommt, wenn ein vollstreckbarer Titel zur Hauptsache vorliegt (BGH 89, 86 = MDR 84, 383; Ausnahme: Leistungsverfügung, vgl Rn 7; § 935 Rn 2, § 940 Rn 6). Nach Abweisung der Hauptklage des Gläubigers kann der Schuldner die Aufhebung des Arrests gem § 927 beantragen (§ 927 Rn 5). Grundlage für die Festsetzung von Vollstreckungs- oder Vollziehungskosten ist der Arrestbefehl (KG Rpfleger 77, 372).

II) **Arrestpfändung: 1) Sachpfändung.** Wie bei der Pfändung aufgrund eines Hauptsacheti- 2 tels wird der GVollz im Rahmen der Sachpfändung nach § 930 ebenfalls die Räume des Schuldners aufzusuchen zu haben und gem § 758 vorgehen müssen. Auch im Rahmen der Arrestpfändung unterliegt die Wohnung des Schuldners dem Schutz des Art 13 II GG. Nach der Rspr des BVerfG (BVerfGE 51, 97 = NJW 79, 1539 = MDR 79, 906) ist zur Durchsuchung ein richterlicher Durchsuchungsbefehl erforderlich (vgl § 758 Rn 3). Dies gilt jedoch nicht bei Gefahr im Verzug (§ 758 Rn 9). Bei der Pfändung aufgrund eines Arrestbefehls ist in der Regel Gefahr im Verzug, denn anderenfalls wäre ein Arrestgrund (§ 917) kaum anzunehmen gewesen (so auch Schneider NJW 80, 2378; AG Mönchengladbach-Rheydt DGVZ 80, 94; sa § 107 Nr 4 GVGA und § 9 Nr 4 BayErgGVGA; **aA** Karlsruhe DGVZ 83, 139; AG Detmold DGVZ 83, 189; BL/Hartmann § 758 Rn 3; Schuschke/Walker Rn 2; sa Amelung ZZP 88, 91). Die Tatsachen, die den Arrestgrund gem § 917 und die „Gefahr im Verzug" ergeben, sind identisch (Gleußner ZAP F 14, S 215, 471 f). Es kommt nicht darauf an, ob der Arrest durch Beschluß oder aufgrund mündlicher Verhandlung ergangen ist (aA Amelung ZZP 88, 91). Arrestvollzug zur Nachtzeit: § 761 gilt (dort Rn 4), nicht § 764 (unzutr Frankfurt RIW 90, 582).

2) **Forderungspfändung. a) Verfahren.** Mit dem Antrag auf Erlaß des Arrestbefehls kann die 3 Pfändung einer Forderung, eines Herausgabeanspruchs oder anderer Vermögensrechte (§§ 846 ff, 857) verbunden werden; zulässig ist hier (nicht auch wenn der Arrest nach mündlicher Verhandlung durch Urteil angeordnet wird, aA die wohl hM, zB MK/Heinze Rn 4; Wieczorek/Schütze/Thümmel Rn 8, je mN) Entscheidung über den Pfändungsantrag im Arrestbeschluß. Wird allerdings der Arrest von einer Sicherheitsleistung abhängig gemacht, ist eine solche Verbindung

unzulässig (Düsseldorf Rpfleger 84, 161). Ausschließlich zuständig ist das Arrestgericht als VollstrGericht (§ 802 iVm **I** 3), bei Erlaß des Arrests durch das Rechtsmittelgericht das Gericht des ersten Rechtszugs (StJGr Rn 2). Das gleiche Gericht ist auch zuständig für die Aufhebung des Pfändungsbeschlusses gem §§ 775, 776, für die Aufhebung der Arrestvollziehung aus § 934 (München OLG 20, 374) und für die Entscheidung über Erinnerungen nach § 766 (BGH 66, 394 = NJW 76, 1453 = MDR 76, 1014; Stuttgart Rpfleger 75, 407; LG Berlin MDR 75, 765; Frankfurt Rpfleger 80, 485). Bei Verbindung des Arrestbeschlusses mit der Forderungspfändung ist dem Gläubiger eine Ausfertigung zuzustellen; er hat sodann den GVollz mit der Zustellung an den Drittschuldner und den Schuldner zu beauftragen. Gegen den Arrestbefehl ist Widerspruch (§ 924), gegen die Forderungspfändung Erinnerung (§ 766; vgl Frankfurt OLGZ 81, 370) zulässig. Soweit der Arrestbefehl nicht zugleich den Pfändungsbeschluß enthält, ist die Pfändung von Forderungen aus dem Arrestbefehl dem Rpfleger übertragen (§ 20 Nr 16 RPflG; Rechtsbehelf: § 766, Frankfurt Rpfleger 80, 485). Enthält der Arrestbefehl zugleich den Pfändungsbeschluß, so bleibt es für den Antrag, den Pfändungsbeschluß anders zu fassen oder für die gepfändete Forderung einen weiteren Drittschuldner zu bezeichnen, bei der Richterzuständigkeit (München Rpfleger 75, 34). Da der Gläubiger aufgrund der Arrestpfändung einer Forderung keine Möglichkeit zu deren Verwertung hat (s Rn 1, 4a E), kann ihm auch kein klagbarer Anspruch auf Auskunft gegen den Drittschuldner, der die von ihm nach § 840 geforderte Erklärung nicht abgibt, eingeräumt werden (BGH 68, 289 = NJW 77, 1199 = MDR 77, 746). Wegen der Arrestvollziehung in Forderungen aus einem *Kontokorrentverhältnis* vgl BGH 80, 172 = NJW 81, 1611 = MDR 81, 730; Celle WM 81, 780; in einen *Auflassungsanspruch* vgl BayObLG Rpfleger 85, 58; in Ansprüche eine Ausländers auf sog *Rückkehrhilfe* vgl Oldenburg NJW 84, 1469.

4 **b) Auswirkungen.** Ist ein Anspruch auf Herausgabe einer körperlichen Sache arrestweise gepfändet, kann der Arrestgläubiger von dem Drittschuldner die Herausgabe an den GVollz oder Sequester verlangen (§§ 847 f). Ist in Vollzug des Arrestbefehls eine **Forderung gepfändet**, so kann der Drittschuldner nur noch an den Arrestschuldner und Pfändungsgläubiger gemeinschaftlich zahlen (RG 77, 254). Arrestgläubiger und Schuldner können Hinterlegung des gepfändeten Betrags für sich und den Arrestschuldner verlangen und nötigenfalls auf Hinterlegung bei der Hinterlegungsstelle klagen (RG 36, 357). Der auf einen Arrest gestützte *Überweisungsbeschluß* ist nichtig; § 836 II gilt nicht (BGH 121, 101 ff mwN = NJW 93, 736; 127, 153; krit Schultes JR 95, 139 ff; dazu näher Rn 34 vor § 704; § 836 Rn 7). *Fehlt* der Arrest (Rn 5), ist die Vollstreckungshandlung unwirksam (BGH 114, 328).

5 **III) Vollstreckbarer Titel:** Ist der Gläubiger im Besitz eines vollstreckbaren Titels zur Hauptsache, verwandelt sich (richtiger: tritt zur Sicherungsfunktion der Arrestpfändung die Verwertungsfunktion der ZwV hinzu, StJGr Rn 11) sein Arrest- in ein Vollstreckungspfandrecht, dessen Rang sich nach dem Zeitpunkt der Arrestpfändung bestimmt (vgl BGH 66, 394; 118, 165; R-Schilken § 78 II 3a). Der durch das Arrestpfandrecht erlangte Rang geht auch dem Pfandrecht eines Gläubigers mit endgültigem Titel vor (§ 804 III; MK/Heinze Rn 5; Brox/Walker Rn 1543). Der Gläubiger kann, wenn der Schuldtitel nach § 750 (ggf mit Bescheinigung der Hinterlegungsstelle über die Hinterlegung der Sicherheit) dem Schuldner zugestellt ist (hM, vgl R- Schilken aaO; Brox/Walker Rn 1542; aA Baur/Stürner Rn 52.12 f), die Überweisung der Forderung zur Einziehung beantragen, und zwar, da die Überweisung nicht aufgrund des Arrestbefehls erfolgt, beim AG als VollstrGericht. Aufgrund des ergehenden Beschlusses ist Klage gegen den Drittschuldner auf Zahlung oder Antrag an die Hinterlegungsstelle auf Herausgabe des Erlöses an den Gläubiger zulässig. Ein Anspruch gegen den Schuldner auf Einwilligung in die Auszahlung besteht nicht (Frankfurt OLGZ 83, 103). Wird die Klage in der Hauptsache abgewiesen, bleibt das Arrestpfandrecht zunächst bis zur Aufhebung dem §§ 927, 776 bestehen (Brox/Walker Rn 1545).

6 **IV) Verwertungsbeschluß (III):** Zuständig für die Anordnung nach **III** ist das VollstrGericht, dh das AG, in dessen Bezirk sich die Sache befindet (§§ 847 II, 764 II, 802), also nicht das Arrestgericht. Entscheidung nach freiem Ermessen; zuständig ist der Rpfleger (§ 20 Nr 17 RPflG). Der GVollz soll leicht verderbliche Waren jedoch nur pfänden, wenn mit einem Verwertungsbeschluß nach **III** zu rechnen ist (Noack DGVZ 81, 83). Rechtsbehelf: Befristete Erinnerung (§ 11 RPflG). Ist ein Anspruch auf Herausgabe einer beweglichen Sache (§ 847) gepfändet, kann Anordnung nach **III** erst nach freiwilliger oder durch Klage erzwungener Herausgabe der Sache an den GVollz ergehen (Hamburg OLG 33, 133).

7 **V) Einstw Verfügung:** § 930 findet auf die einstw Verfügung keine Anwendung. Geht sie auf Befriedigung des Gläubigers (s § 940 Rn 6), kann bei der Pfändung beweglicher Sachen auch deren Versteigerung und Verwertung (AG Wolfsburg DGVZ 95, 62), bei Pfändung von Forderungen auch Überweisung erfolgen (RG 36, 390; Zuständigkeit: § 828 II, s § 928 Rn 8). Zur Vollziehung der Leistungsverfügung s § 929 Rn 19.

8 **VI) Gebühren: 1)** des **Gerichts:** Bei der Pfändung einer Forderung ist eine Festgebühr von 20 DM nach KV 1640 anzusetzen; diese wird auch dann besonders erhoben, wenn die Pfändung mit einem Arrestbefehl in einem Beschluß

vereinigt ist. – Im Falle des Abs 3 (Anordnung der Versteigerung und Hinterlegung des Erlöses) wird keine Gebühr erhoben. – **2)** des **Anwalts:** Er erhält $^3/_{10}$ Vollzugs-(Vollstreckungs-)Gebühr nach §§ 59 I, 57, 58 BRAGO. Die Anordnung der Versteigerung einer arrestweise gepfändeten Sache (§ 930 III) einschließlich der Hinterlegung des Erlöses bildet zusammen mit der Vollstreckungsmaßnahme der Pfändung eine einzige Vollstreckungsangelegenheit iSd Gebührenrechts.

931 *[Arrestvollziehung in ein eingetragenes Schiff oder Schiffsbauwerk]*

(1) Die Vollziehung des Arrestes in ein eingetragenes Schiff oder Schiffsbauwerk wird durch Pfändung nach den Vorschriften über die Pfändung beweglicher Sachen mit folgenden Abweichungen bewirkt:

(2) Die Pfändung begründet ein Pfandrecht an dem gepfändeten Schiff oder Schiffsbauwerk; das Pfandrecht gewährt dem Gläubiger im Verhältnis zu anderen Rechten dieselben Rechte wie eine Schiffshypothek.

(3) Die Pfändung wird auf Antrag des Gläubigers vom Arrestgericht als Vollstreckungsgericht angeordnet; das Gericht hat zugleich das Registergericht um die Eintragung einer Vormerkung zur Sicherung des Arrestpfandrechts in das Schiffsregister oder Schiffsbauregister zu ersuchen; die Vormerkung erlischt, wenn die Vollziehung des Arrestes unstatthaft wird.

(4) Der Gerichtsvollzieher hat bei der Vornahme der Pfändung das Schiff oder Schiffsbauwerk in Bewachung und Verwahrung zu nehmen.

(5) Ist zur Zeit der Arrestvollziehung die Zwangsversteigerung des Schiffes oder Schiffsbauwerks eingeleitet, so gilt die in diesem Verfahren erfolgte Beschlagnahme des Schiffes oder Schiffsbauwerks als erste Pfändung im Sinne des § 826; die Abschrift des Pfändungsprotokolls ist dem Vollstreckungsgericht einzureichen.

(6) Das Arrestpfandrecht wird auf Antrag des Gläubigers in das Schiffsregister oder Schiffsbauregister eingetragen; der nach § 923 festgestellte Geldbetrag ist als der Höchstbetrag zu bezeichnen, für den das Schiff oder Schiffsbauwerk haftet. Im übrigen gelten der § 867 und der § 870a Abs. 3 entsprechend, soweit nicht vorstehend etwas anderes bestimmt ist.

Lit: *Kerameus,* FS Nagel, 1987, 133 (Brüsseler Übereinkommen über den Arrest in Seeschiffe von 1952); *Noack,* JurBüro 82, 165.

I) Arrestvollziehung. 1) Voraussetzungen. Die ZwV in ins Schiffsregister und Schiffsbauregister eingetragene Schiffe erfolgt durch Zwangsversteigerung seitens des VollstrGer. Insoweit sind die Schiffe den Grundstücken gleichbehandelt (§ 864 und § 162 ZVG). Bei der **Arrestvollziehung** macht sich die Eigenschaft des Schiffes und Schiffsbauwerkes als bewegl Sache wieder geltend; sie geschieht durch **Pfändung** (vgl Bremen IPRspr 81 Nr 197). Die Anordnung der Pfändung kann in den Arrestbefehl aufgenommen werden und wird dann von dem **Arrestgericht** erlassen; ist dies nicht der Fall, ist der Rpfleger für die Anordnung zuständig (§ 20 Nr 16 RPflG). Der GVollz, der das Schiff oder Schiffsbauwerk pfändet und in Besitz nimmt, hat die zur Bewachung und Verwahrung des Schiffes erforderlichen Maßregeln nach §§ 808, 928 zu treffen. Hat das VollstrGericht gem § 930 III die Versteigerung des Schiffes angeordnet, so erfolgt sie durch den GVollz (§§ 816 ff). Die eingetragenen Schiffspfandrechte bleiben durch die Versteigerung unberührt (KGJ 40, 97). Nicht eingetragene oder ausländ Schiffe werden wie bewegl Sachen gepfändet und verwertet. **Beschränkungen** durch internationale Verträge: Kerameus aaO. Zur Arrestvollziehung in **Luftfahrzeuge** (§ 864 Rn 4) s näher MK/Heinze Rn 7 ff. 1

2) Wirkung. Das Arrestpfandrecht (§ 804) entsteht ohne Eintragung in das Schiffsregister bzw Schiffsbauregister; die Eintragung dient nur zur Berichtigung und zum Schutz des Gläubigers gegenüber gutgläubigen dritten Erwerbern des Schiffes, Schiffsbauwerkes oder eines Pfandrechts daran. Im ZwVersteigVerf ist der Arrestgläubiger Beteiligter (§ 9 ZVG). 2

II) Einstw Verfügung: § 931 ist unanwendbar. 3

932 *[Arresthypothek]*

(1) Die Vollziehung des Arrestes in ein Grundstück oder in eine Berechtigung, für welche die sich auf Grundstücke beziehenden Vorschriften gelten, erfolgt durch Eintragung einer Sicherungshypothek für die Forderung; der nach § 923 festgestellte Geldbetrag ist als der Höchstbetrag zu bezeichnen, für den das Grundstück oder die Berechtigung haftet. Ein Anspruch nach § 1179a oder § 1179b des Bürgerlichen Gesetzbuchs steht dem Gläubiger oder im Grundbuch eingetragenen Gläubiger der Sicherungshypothek nicht zu.

(2) Im übrigen gelten die Vorschriften des § 866 Abs. 3 Satz 1 und der §§ 867, 868.

(3) Der Antrag auf Eintragung der Hypothek gilt im Sinne des § 929 Abs. 2, 3 als Vollziehung des Arrestbefehls.

1 **I) 1) Bedeutung. a)** Die Vollziehung des Arrests in ein Grundstück oder grundstücksgleiches Recht erfolgt durch Eintragung einer Sicherungshypothek für die Forderung **(Arresthypothek),** die – im Falle einer Umwandlung gem Rn 4, 5 – nur eine Vorstufe der Zwangssicherungshypothek gem §§ 866 ff bildet. Die Arresthypothek ist ein vollwertiges Sicherungspfandrecht, das nicht nur auf eine reine Sicherungsfunktion beschränkt ist, sondern dem bereits eine latente Verwertungsfunktion zukommt; nach der hM kann der Gläubiger aus ihr auf Duldung der Zwangsvollstrekkung klagen, § 1147 BGB ist anwendbar (so StJGr Rn 3; R-Schilken § 78 II 3 a; MK/Heinze Rn 2 und 4; ThP Rn 1; Celle WM 85, 548; LG Zweibrücken NJW-RR 95, 512, str; aA 15. Aufl). Eine Gefahr für den Schuldner liegt darin nicht, da im Duldungsprozeß die – zunächst nur glaubhaft gemachte, § 920 II – gesicherte Forderung bewiesen werden muß. Im Gegensatz zur Rechtslage bei der gewöhnlichen Hypothek und Sicherungshypothek gem §§ 866 ff steht dem eingetragenen Gläubiger ein gesetzlicher Löschungsanspruch (§§ 1179a, 1179b BGB) nicht zu (I 2). Im Hinblick auf den vorläufigen Sicherungscharakter der Arresthypothek ist diese Verschiedenbehandlung jedenfalls nicht willkürlich (so auch MK/Heinze Rn 4; Brox/Walker Rn 1551, str; abw 15. Aufl).

2 **b)** Der Arrestvollzug setzt in jedem Fall einen **Arrestbefehl** voraus. Vergleiche und vollstreckbare Urkunden iS des § 794 können nicht Grundlage für die Eintragung einer Arresthypothek sein (LG München I DNotZ 51, 40).

3 **c)** Die Hypothek ist als **Sicherungshöchstbetragshypothek** einzutragen; als Höchstbetrag ist der nach § 923 festgestellte Geldbetrag zu bezeichnen (zur Bemessung der Höhe vgl § 923 Rn 1). Unwirksam ist die Zinseintragung bei Eintragung einer Sicherungshypothek für Hauptsache und „laufende Zinsen" (KGJ 31, 336). Voraussetzung der Eintragung ist, daß Eigentümer und der im Schuldtitel bezeichnete Schuldner die gleiche Person sind (RG 85, 166). Soll der Arrest zur Sicherung einer jährlichen Unterhaltsrente dienen, so ist die Arrestsumme so hoch anzunehmen, daß aus deren Zinsen die jährliche Rente gedeckt werden kann (Karlsruhe OLG 7, 356). Übersteigt die in dem Arrestbefehl gem § 923 festgesetzte Lösungssumme die im § 866 III bezeichnete Wertgrenze von 500 DM, so kann auf Grund des Arrestbefehls die Eintragung einer Sicherungshypothek bis zum Höchstbetrag der Lösungssumme auch dann erfolgen, wenn die durch den Arrestbefehl gesicherten mehreren Forderungen mit ihren einzelnen Beträgen hinter dieser Wertgrenze zurückbleiben (KG JFG 7, 401). Das gleiche gilt, wenn in dem vorgenannten Fall für alle oder einzelne der durch den Arrestbefehl gesicherten Forderungen vollstreckbare Urteile in verschiedenen Verfahren erwirkt worden sind (KG DJZ 30, 631). Der Gläubiger ist berechtigt, die Arresthypothek zu einem geringeren Betrag als der im Arrestbefehl bestimmten Lösungssumme eintragen zu lassen; der Teilbetrag muß jedoch 500 DM übersteigen. Bsp: Aufteilung auf mehrere Grundstücke des Schuldners; Lösungssumme ist dann der jeweilige Höchstbetrag (vgl LG Bremen Rpfleger 94, 163). Fehlt die Angabe des Höchstbetrages im Arrestbefehl, so ist der Antrag auf Eintragung zurückzuweisen. **Rechtsbehelf** des Schuldners gegen die Eintragung, des Gläubigers gegen deren Ablehnung: § 71 GBO (Brox/Walker Rn 1556 f).

4 **2) Umwandlung. a)** Liegt bezüglich der Arrestforderung ein **rechtskräftiges Urteil** vor, so kann der Gläubiger unter Vorlage des Urteils beim GBA die Umwandlung der Arresthypothek in eine Zwangssicherungshypothek (§§ 1186, 1190 BGB, § 866 ZPO) beantragen, wenn die im Urteil zugesprochene Forderung den Betrag von 500 DM übersteigt. Die Arresthypothek beendet nicht schon selbst die ZwV, sondern bereitet sie nur in sicherstellender Weise vor, so daß es nach der Erwirkung des rechtskräftigen Titels noch einer weiteren Vollstreckungsmaßnahme durch Eintragung einer mit dem Rang der Arresthypothek neu zu begründenden Sicherungshypothek nach §§ 866 ff bedarf, die einen Antrag des Gläubigers voraussetzt (Frankfurt Rpfleger 75, 103). Die Veräußerung des Grundstücks steht der Umschreibung nicht entgegen, ein Titel gegen den nunmehrigen Eigentümer ist nicht erforderlich (LG Zweibrücken NJW-RR 95, 512); dagegen ist nach der Eröffnung des Konkursverfahrens eine Umschreibung nicht mehr möglich, auch wenn der Gläubiger bereits vor Konkurseröffnung den Titel erworben hat (Frankfurt Rpfleger 75, 103).

5 **b)** Hat der Gläubiger bezüglich der Hauptsache nur einen **vorläufig vollstreckbaren Schuldtitel** erwirkt, wird man gleichfalls ein Umwandlungsrecht des Gläubigers annehmen müssen, da er mit diesem eine Zwangshypothek erwirken könnte (so MK/Heinze Rn 15 mN, str; aA: nur Eintragung einer Vormerkung [§ 895]; so 15. Aufl). Bei Antragstellung ist außer dem Titel in der Hauptsache vorzulegen: der Arrestbefehl, Nachweis seiner Zustellung an den Gläubiger (mit Rücksicht auf § 929 II); nicht erforderlich ist Nachweis der Zustellung an den Schuldner (vgl Rn 7 mN).

6 **II) Anwendbare Vorschriften.** Auf die Arresthypothek finden im übrigen die §§ 866 III 1, 867 I:, 868 Anwendung **(II). § 866 III S 1:** Wertgrenze 500 DM. **§ 867 I:** Eintragung auf Antrag des Gläubigers (Colmar OLG 9, 84); der Antrag bedarf nicht der **Form** des § 29 GBO; Vermerk der

Eintragung auf dem Arrestbefehl; mit der Eintragung entsteht die Hypothek (§ 867 I 2); bei Vergleichseröffnung ist nicht der Zeitpunkt gem § 932 III entscheidend (BayObLG MDR 54, 746; aA MK/Heinze Rn 8: § 878 BGB entspr). **§ 867 II**: Verteilung der Forderung auf mehrere zu belastende Grundstücke (vgl LG Mannheim Rpfleger 81, 406); keine Gesamthypothek (LG Hechingen Rpfleger 93, 169). **§ 868:** Nach Abweisung des Anspruchs im Hauptprozeß – nicht auf Aufhebung der Vollstreckbarkeit des Schuldtitels – erwirbt der Eigentümer des Grundstücks die Hypothek (RG 78, 402).

III) Mit dem Eingang des Antrags auf Hypothekeneintragung beim Grundbuchamt ist zugunsten des Antragstellers die Monatsfrist des § 929 II gewahrt (KG MDR 91, 66 = Rpfleger 91, 126) und zu seinen Ungunsten die Wochenfrist des § 929 III für die nachträgl Zustellung des Arrestbefehls an den Schuldner in Lauf gesetzt (RG 81, 289; vgl § 929 Rn 11). Rechtzeitige *Einreichung* (iS von § 518 Rn 11, 12) des Antrags beim Grundbuchamt genügt zur Fristwahrung (StJGr Rn 7; sa allg BVerfG 52, 203; **aA** – abzulehnen – Düsseldorf NJW-RR 94, 1024 = Rpfleger 93, 488; LG Lübeck Rpfleger 95, 66 mit abl Anm Gleußner S 294), § 13 II 2 GBO ist nur für den *Rang* des Antrags von Bedeutung (vgl Gleußner Rpfleger 95, 294; verkannt von Düsseldorf aaO). Für die **fristwahrende Wirkung des Eingangs des Antrags** ist zwischen vollstreckungsrechtlichen und grundbuchrechtlichen Eintragungshindernissen zu unterscheiden (näher Rn 8). Die Sicherungshypothek kann also sofort nach Erlaß des Arrestbefehls eingetragen werden (§ 929 III 1; vgl BayObLG Rpfleger 93, 397); die Zustellung an den Schuldner muß aber binnen 1 Woche nach der Stellung des Eintragungsantrags nachgeholt werden (§ 929 III 2); die **Einhaltung der Wochenfrist** hat das Grundbuchamt aber nicht zu prüfen (BayObLG Rpfleger 93, 398 mwN). Zweckmäßig ist es, wenn sich der Arrestgläubiger zwei Ausfertigungen des Arrestbefehls erteilen läßt und die eine dem GVollz zur Zustellung an den Schuldner übergibt, die andere dem Grundbuchamt vorlegt. Erfolgt die Zustellung nach Ablauf der Frist, so ist die Eintragung der Arresthypothek wirkungslos; es entsteht kein dingl Recht, auch kein Eigentümergrundpfandrecht (RG 151, 155; StJGr Rn 9; Wittmann MDR 79, 549). Eintragung eines Widerspruchs und Löschung kann nur gem §§ 894, 899 BGB erfolgen; sie herbeizuführen, ist Sache des Schuldners. Daneben kommt eine Löschung nach § 22 GBO in Betracht (BayObLG Rpfleger 93, 398). Solange die Vollziehungsfrist des § 929 II noch läuft, kann aber der Gläubiger den Antrag auf Eintragung der Arresthypothek innerhalb der Frist wiederholen. Die Wirksamkeit hängt auch hier wiederum von der Einhaltung der einwöchigen Frist des § 929 III 2 ab; die frühere Eintragung ist nach §§ 22, 27 GBO zu löschen (Wittmann MDR 79, 549). Nach Aufhebung und späterer Bestätigung des Arrests bedarf es einer erneuten Eintragung der Arresthypothek (KG Rpfleger 81, 119). 7

Hat das GBA zwecks Behebung eines Eintragungsmangels Zwischenverfügung aus § 18 GBO erlassen, so ist im Hinblick auf seine Doppelstellung als Vollstreckungsorgan und Organ der Grundbuchführung (§ 867 Rn 1) zu unterscheiden: Bei vollstreckungsrechtlichen Mängeln hat der Eintragungsantrag keine rangwahrende Wirkung nach § 17 GBO (§ 867 Rn 4 und 15). Wird der Mangel nicht innerhalb der Frist des § 929 II beseitigt, so ist der Eintragungsantrag zurückzuweisen. Hingegen hat der Antrag bei grundbuchrechtlichen Mängeln, die mit Zwischenverfügung gem § 18 GBO beanstandet werden können, in jedem Fall rangwahrende Wirkung (Demharter, GBO, § 18 Rn 36 und § 13 Rn 14); gleichgültig wann die Beseitigung des Hindernisses erfolgt, ist daher allein der Eingang des Eintragungsantrags beim GBA für die Frage der Rechtzeitigkeit der Arrestvollziehung maßgeblich. Bsp: Herbeiführung einer materiellrechtlich erforderlichen Zustimmungserklärung (Celle MDR 85, 331 für Zustimmung gem § 15 ErbbauVO). 8

IV) Einstw Verfügung. § 931 ist grundsätzlich nicht anwendbar (Hamburg OLG 33, 131); **III** gilt jedoch gem § 936 für die Vollziehung einer auf Eintragung einer Vormerkung oder eines Widerspruchs gerichteten einstw Verfügung (RG 81, 289; Hamm Rpfleger 95, 468). Dabei ist, wenn das eine solche einstw Verfügung erlassende Gericht von der im § 941 gewährten Befugnis, das Grundbuchamt um Eintragung zu ersuchen, Gebrauch macht, gem § 38 GBO das Eintragungsersuchen dem Eintragungsantrag gleich zu achten (RG 67, 165). Mit Eingang des gerichtlichen Ersuchens bzw des Eintragungsantrags wird die Frist des § 929 III 2 in Lauf gesetzt (RG 81, 289). Bezüglich der Möglichkeit, erneut Eintragungsantrag zu stellen, gilt Rn 7. Wann der Antragsteller von dem Eingang des Eintragungsersuchens beim Grundbuchamt Kenntnis erhalten hat, ist für den Fristbeginn belanglos. Ein Verfügungsverbot wird erst mit Zustellung an den Schuldner wirksam (Naumburg JW 30, 3335; s auch § 938 II). Der Antrag auf Eintragung einer Hypothek gilt nicht als Vollziehung, wenn er abgelehnt wird (vgl Schuschke/Walker Rn 6). 9

V) Wegen der **Gebühren** s § 867 Rn 22. 10

933 *[Vollziehung des persönlichen Arrestes]* **Die Vollziehung des persönlichen Sicherheitsarrestes richtet sich, wenn sie durch Haft erfolgt, nach den Vorschriften der §§ 904 bis 913 und, wenn sie durch sonstige Beschränkung der persönlichen Freiheit erfolgt, nach den vom Arrestgericht zu treffenden besonderen Anordnungen, für welche die Beschränkungen der Haft maßgebend sind. In den Haftbefehl ist der nach § 923 festgestellte Geldbetrag aufzunehmen.**

1 **I) Persönlicher Sicherheitsarrest:** § 918. In dem Arrestbefehl (Nachholung in einem späteren ergänzenden Beschluß möglich: ThP Rn 1) ist die Art der Freiheitsbeschränkung anzugeben (Meldepflicht, Hausarrest, Wegnahme des Reisepasses oder Auslandsvisums, nicht aber der Ausweispapiere [vgl AK/Damm Rn 1]). Bei Ausführung der Maßnahmen hat der GVollz die von dem Gericht getroffene Anordnung genau zu befolgen. Wird Haft angeordnet, so ist neben dem Arrestbefehl ein Haftbefehl auszustellen. Die Vollziehung erfolgt durch den GVollz nach §§ 904–913, der Vollzug der „Sicherungshaft" selbst gem §§ 171–175 StVollzG. Längste Haftdauer 6 Monate; dabei keine Zusammenrechnung der Vollstreckungs- und Sicherungshaft. Der Schuldner hat gegen die Vollziehung Erinnerung an das Vollstreckungsgericht gem § 766 (LG Hamburg MDR 82, 605). Durch Zahlung oder Hinterlegung des nach § 923 festgestellten Geldbetrages kann der Schuldner die Verhaftung usw abwenden. Bei prozeßunfähigen Schuldnern erfolgt die Vollziehung grundsätzlich gegen den gesetzl Vertreter; gegen den Prozeßunfähigen selbst nur, wenn dies zur Wahrung der Belange des Gläubigers erforderlich ist.

2 **II) Einstw Verfügung:** § 933 ist nicht anwendbar. ZwV aus Handlungs- und Unterlassungsverfügung: §§ 888, 890.

3 **III) Gebühren des GV:** Rn 9 zu § 909.

934 *[Aufhebung der Arrestvollziehung]* **(1) Wird der in dem Arrestbefehl festgestellte Geldbetrag hinterlegt, so wird der vollzogene Arrest von dem Vollstreckungsgericht aufgehoben.**

(2) Das Vollstreckungsgericht kann die Aufhebung des Arrestes auch anordnen, wenn die Fortdauer besondere Aufwendungen erfordert und die Partei, auf deren Gesuch der Arrest verhängt wurde, den nötigen Geldbetrag nicht vorschießt.

(3) Die in diesem Paragraphen erwähnten Entscheidungen können ohne mündliche Verhandlung ergehen.

(4) Gegen den Beschluß, durch den der Arrest aufgehoben wird, findet sofortige Beschwerde statt.

1 **I) Allgemeines.** Während §§ 925, 926, 927 die Aufhebung des Arrestbefehls regeln, betrifft § 934 lediglich die zur Vollziehung (§ 928) des Arrestbefehls getroffenen Maßnahmen. Sie können aufgehoben werden, wenn die Lösungssumme gem § 923 hinterlegt wird (**I**) oder wenn die Fortdauer besondere Aufwendungen erfordert und der Gläubiger den erforderlichen Betrag nicht vorschießt (**II**). Besondere Aufwendungen sind zB Futterkosten, Lagerkosten. Die Aufhebung ist von Amts wegen auszusprechen, kann aber auch vom Schuldner oder einem Dritten angeregt werden (einschr MK/Heinze Rn 4: nur bei II). Der GVollz hat kein Antragsrecht (BGH 89, 82 [86]). Zuständig ist das VollstrG, das ist das AG, bei Pfändung einer Forderung (§ 930 I 2) das ArrestG. Zuständig ist im Fall des **I** der Rechtspfleger (§ 20 Nr 15 RPflG), im Fall des **II** der Richter. Aufgehoben wird nur die Vollziehungsmaßnahme, nicht der Arrestbefehl, er bleibt bestehen, bis er nach §§ 924, 925, 926, 927 aufgehoben wird oder der Gläubiger auf seine Rechte aus ihm verzichtet.

2 **II) Entscheidung** durch dem Gläubiger von Amts wegen zuzustellenden Beschluß (§ 329 III). An Schuldner genügt formlose Zusendung der Beschlußausfertigung. Die Kosten des Verfahrens aus § 934 treffen den Schuldner, § 788; deshalb ist Kostenentscheidung überflüssig (München OLG 25, 223). Die Aufhebung des Arrestvollzugs nach § 934 steht der ZwV aus der Kostenentscheidung des Arrestbefehls nicht entgegen (München MDR 57, 238).

3 **III) Rechtsbehelf.** Bei Aufhebung durch Rechtspfleger (**I**) befristete Erinnerung, bei Ablehnung der Aufhebung durch Rechtspfleger unbefristete Erinnerung (§ 11 RPflG), bei Aufhebung durch Richter sofortige Beschwerde (**IV** iVm § 793), bei Ablehnung einfache Beschwerde.

4 **IV) Einstw Verfügung:** § 934 **I** ist durch § 939 ersetzt (Colmar OLG 23, 238); **II–IV** sind entspr anwendbar (R-Schilken § 79 II 3; Brox/Walker Rn 1660, str; aA BL/H § 936 Rn 13 „§ 934"; 15. Aufl).

5 **V) Gebühren: 1)** des **Gerichts:** Für das Verfahren nach Abs 1 und 2 wird **keine** Gebühr erhoben. – Das Verfahren über die Erinnerung gegen die Entscheidungen des Rechtspflegers ist gebührenfrei (§ 11 VI 1 RpflG). Wird die Erinnerung

als sog Durchgriffserinnerung zur Beschwerde (§ 11 Abs 2 S 4 u 5 RpflG), so gilt für das Beschwerdeverfahren KV 1906. – **2)** des **Anwalts:** Für den RA des Gläubigers, der die Vollziehung des Arrestes veranlaßt und dadurch bereits die Vollziehungsgebühr der §§ 59, 57, 58 BRAGO verdient hat, entsteht nach § 58 II Nr 7 und § 59 II BRAGO durch den Aufhebungsantrag kein weiterer Gebührenanspruch. Dagegen begründet der Antrag auf Aufhebung einer Arrestpfändung oder des Arrestes gegen Hinterlegung des im Arrestbefehl festgesetzten Geldbetrages für den RA des Antragsgegners den Anspruch auf die Gebühr der §§ 57 I, 59 BRAGO. – Das Verfahren der Rechtspflegererinnerung gehört zum Gebührenrechtszug (§ 37 Nr 5 BRAGO).

935 *[Einstweilige Verfügungen, Voraussetzungen von Sicherungsverfügungen]*

Einstweilige Verfügungen in bezug auf den Streitgegenstand sind zulässig, wenn zu besorgen ist, daß durch eine Veränderung des bestehenden Zustandes die Verwirklichung des Rechtes einer Partei vereitelt oder wesentlich erschwert werden könnte.

I) Allgemeines. 1) a) Begriff. Anders als der Arrest dienen **einstw Verfügungen** zur **Sicherung von Individualansprüchen** (zur Abgrenzung s § 916 Rn 2), dh anderen als Geldansprüchen. Der Sicherungszweck der einstw Verfügungen wird durch die gerichtlichen Anordnungen nach § 938 erreicht. Voraussetzung für den Erlaß einer einstw Verfügung ist Glaubhaftmachung von **Verfügungsanspruch** (Rn 6 f) und **Verfügungsgrund** (Rn 10 f). 1

b) Arten. Die ZPO geht von zwei Grundtypen aus, der **Sicherungsverfügung** (§ 935; Rn 6 ff) und der **Regelungsverfügung** (§ 940). Daneben hat sich in der Rechtspraxis durch Fortentwicklung von in einzelnen Gesetzen enthaltenen Bestimmungen (§ 1615 o BGB, § 85 I PatG, § 20 GebrMG iVm § 85 PatG, § 61 VI 2 UrhG, § 19 III MarkenG) als weiterer Typ die **Leistungsverfügung** („Befriedigungsverfügung") herausgebildet (vgl § 940 Rn 6). Sie wird im allg auf § 940 gestützt und führt zur vorläufigen Befriedigung des Gläubigers. Die Grenzen zwischen den einstw Verfügungen aus § 935 und § 940 sind nicht scharf zu bestimmen (ie str, vgl MK/Heinze Rn 3 ff mN; Schuschke/Walker Rn 30 vor § 935). Der Verfügungskläger muß lediglich sein Rechtsschutzziel angeben; er braucht sich nicht auf eine Art der einstw Verfügung festzulegen. Gleichwohl empfiehlt es sich, Sicherungsverfügung und Regelungsverfügung auseinanderzuhalten, denn bezüglich der zu treffenden Anordnungen hat das Gericht bei § 940 einen gewissen Beurteilungsspielraum bei der Abwägung der beiderseitigen Interessen (vgl Baur/Stürner Rn 53.1; R-Schilken § 76 I; aA die hM, zB Wieczorek/Schütze/Thümmel Rn 4 mwN). Ein auf § 935 gestützter rechtskräftig abgewiesener Antrag kann nicht mit der Begründung wiederholt werden, er sei nach § 940 begründet (StJGr Rn 30). In engen Grenzen sind auch **feststellende** einstw Verfügungen anzuerkennnen (ie Vogg NJW 93, 1357; Bsp: § 940 Rn 8 „Gesellschaftsrecht" aE). 2

2) Abgrenzung. Einstw Verfügungen sind dann unzulässig, wenn das Gesetz zur Regelung des vorläufigen Rechtsschutzes den Erlaß **einstw Anordnungen** vorgesehen hat, wie zB in §§ 620 ff, 641d ff ZPO; § 44 III WEG (vgl BayObLG Rpfleger 75, 245); § 13 IV HausratsVO; § 56 GWB; ferner in § 24 III FGG, § 76 I GBO für Beschwerdegerichte. Beide Institute haben jedoch das gleiche Ziel; insofern sind die Vorschriften über die einstw Verfügung ergänzend heranzuziehen, wenn das Verfahren der einstw Anordnung nicht abschließend geregelt ist (StJGr vor § 935 Rn 6). Der Ausschluß der einstw Verfügungen gilt jedoch nur soweit, wie der Regelungsbereich der einstw Anordnungen reicht (für Ehe- und Kindschaftssachen vgl § 620 Rn 20 f; Düsseldorf FamRZ 82, 408; Eckebrecht MDR 95, 115 f). Ein zu Recht eingeleitetes Verfügungsverfahren bleibt zulässig, wenn erst *nachträglich* die Konkurrenz mit dem Anordnungsverfahren eintritt (Düsseldorf OLGZ 87, 367 [369 f] = FamRZ 87, 497 für Unterhaltsverfügung; vgl auch § 620 Rn 20 und § 940 Rn 8 „Unterhaltsrecht"). Läßt sich das Ziel nicht durch einstw Anordnung erreichen wie zB bei einem Zwangsversteigerungsverfahren, das einerseits auf Aufhebung einer Gemeinschaft, andererseits auf Vollstreckung wegen einer Geldforderung gerichtet ist, ist eine einstw Einstellung im Wege der einstw Verfügung zulässig (LG Bonn NJW 70, 2303). Zur Zulässigkeit einer einstw Verfügung neben einstw Anordnung nach der HausratsVO s Zweibrücken FamRZ 83, 1254; Düsseldorf FamRZ 94, 391 mN. Ist die Wiederaufnahme eines Verfahrens beantragt, kann Einstellung der ZwV aus dem Urteil nur nach § 707 beantragt werden. Wegen einstw Verfügungen im Verfahren nach GWB vgl § 940 Rn 8 „Kartellrecht". Auch materiellrechtliche Sicherungsansprüche können durch einstw Verfügung gesichert werden (StJGr vor § 935 Rn 4; vgl auch § 916 Rn 8 aE). Die Möglichkeit der Einstellung der ZwV gem §§ 767, 769 schließt Verfügungsverfahren idR aus; ist allerdings Klage auf Feststellung der Nichtigkeit des (eine Unterwerfung gem § 794 I Nr 5 enthaltenden) Vertrags bereits erhoben, ist auch einstw Verfügung auf Einstellung der ZwV möglich (Düsseldorf OLGZ 85, 493), ebenso bei einer Klage gem § 826 BGB (Rn 72 vor § 322) gegen mißbräuchliche Vollstreckung aus einem rechtskräftigen Urteil (§ 940 Rn 8 „ZwV"). Neben dem Hauptsacheverfahren sind einstw Verfügungen immer zulässig, wenn ihre Voraussetzungen (Rn 6 f, 10 f) vorliegen. 3

4 3) **Verfahren.** Vgl allg Rn 3 vor § 916. Es gelten die besonderen Vorschriften der §§ 937–945 und die Vorschriften über den Arrest gem § 936. **a) Antrag.** Der Verfügungskläger muß den **Streitgegenstand** genau bezeichnen (zB Grundstücksnummer: BayObLG Rpfleger 81, 190 mit Anm Meyer-Stolte), insbesondere bei einer Unterlassungsverfügung ist die störende Handlung so genau wie möglich zu umschreiben (Düsseldorf MDR 86, 328: „nicht ... zu behindern" hat keinen vollstreckungsfähigen Inhalt). Schwierigkeiten bereitet häufig die Bestimmung der Person des **Antragsgegners.** Zur Bezeichnung ist nicht unbedingt die namentliche Angabe erforderlich (Köln NJW 82, 1888); die wirklich gemeinte Person muß jedoch erkennbar sein (vgl Rn 6 vor § 50). Bei **Personenmehrheit** genügt es, wenn die gemeinte Personengruppe nach räumlichen Kriterien abgegrenzt wird und zeitlich vorübergehend feststeht (Lisken NJW 82, 1136; Raeschke-Kessler NJW 81, 663; Gerland DGVZ 91, 182; LG Krefeld NJW 82, 289; LG Kassel NJW-RR 91, 381). Nicht ausreichend ist die Bezeichnung einer „Anzahl ständig wechselnder Personen" (Köln NJW 82, 1888; Oldenburg NJW-RR 95, 1164 mN = MDR 95, 794; aA Scherer DGVZ 93, 133; Schuschke/Walker § 920 Rn 13). Ist gleichwohl eine einstw Verfügung ergangen, so kann die Entscheidung nicht nach § 319 berichtigt werden, wenn sich die genaue Zusammensetzung der Personengruppe später konkretisiert hat (Düsseldorf OLGZ 83, 351; BezG Potsdam OLGZ 93, 327). Der Verfügungskläger braucht nur das Rechtsschutzziel anzugeben; das Gericht trifft die erforderlichen Maßnahmen nach § 938 (vgl Rn 2). Gegenanträge nach Art einer Widerklage sind grundsätzlich zulässig (Celle NJW 59, 1833, str; aA Weber WRP 85, 527). Zur Frage des Streitgegenstands im einstw Verfügungsverfahren s Stuttgart NJW 69, 1721; StJGr vor § 935 Rn 9. Ob im Verfügungsverfahren geschlossene **Vergleiche** auf dessen Streitgegenstand beschränkt sind (vorläufige Regelung) oder auch den Hauptsacheanspruch einbeziehen (endgültige Regelung), ist Auslegungsfrage (vgl hierzu Köln FamRZ 83, 1122).

5 **b)** Da die einstw Verfügung einen Verfügungsgrund (Rn 10) voraussetzt, kommt dem **Rechtsschutzbedürfnis** nur in Ausnahmefällen Bedeutung zu; etwa wenn eine einstw Verfügung nur zur Kostenverursachung beantragt wird (Düsseldorf DB 83, 766; Hamburg WRP 81, 589). Ist der Gläubiger bereits anderweitig hinreichend gesichert (etwa durch vollstreckbares Hauptsacheurteil; Eintragung einer Arresthypothek; uU strafbewehrtes Unterlassungsversprechen), so kann das **Sicherungsbedürfnis** als Form des allg Rechtsschutzbedürfnisses fehlen (vgl Köln JMBl NW 84, 9; Frankfurt NJW-RR 91, 1331). Insofern gilt nichts anderes als beim Arrest (vgl § 917 Rn 10 ff und allg StJGr Rn 17 f vor § 935). Ein bestehendes **Selbsthilferecht** (zB gem § 561 BGB) läßt das Rechtsschutzbedürfnis für eine einstw Verfügung nicht entfallen (Celle NJW-RR 87, 448). Einer **Feststellungsklage** über die Rechtmäßigkeit einer einstw Verfügung fehlt das Feststellungsinteresse, wenn der Schuldner den geltend gemachten Anspruch anerkannt und sich dem Begehren des Gläubigers unterworfen hat (München ZIP 82, 497 = GRUR 82, 321).

6 **II) Verfügungsanspruch. 1) Voraussetzungen. a) Begriff.** Verfügungsanspruch iS des § 935 ist ein (idR) nicht auf eine Geldleistung (vgl § 916 Rn 2, 4 ff; aber auch § 940 Rn 6) gerichtetes subjektives Recht, dessen Verwirklichung durch die einstw Verfügung gesichert werden soll. Es kommen nur solche Ansprüche auf Individualleistungen **(Individualansprüche)** in Betracht, die der Durchsetzung in einem Hauptsacheprozeß fähig sind (vgl StJGr Rn 2), also (alle) Ansprüche auf Handlungen, Duldungen und Unterlassungen, gleich welcher Art (dingliche und persönliche Ansprüche) und welchen Rechtsgrunds (schuld-, sachen-, familien- und erbrechtliche Ansprüche). Bedingte und betagte Ansprüche sind durch einstw Verfügung sicherbar (vgl zum Arrest § 916 Rn 7); künftige Ansprüche nur, soweit ein unabweisbares Sicherungsbedürfnis besteht (vgl MK/Heinze Rn 10). Für den Anspruch muß der ordentliche Rechtsweg gegeben sein.

7 **b) Rechtliche Prüfung.** Auch bei der einstw Verfügung findet nach hM eine volle, nicht nur eingeschränkte Schlüssigkeitsprüfung statt (MK/Heinze Rn 13 ff; str, vgl § 922 Rn 6). Die Intensität der rechtlichen Prüfung hängt nicht von der Schwierigkeit der zu entscheidenden Rechtsfragen und dem jeweiligen Rechtsgebiet ab (vgl Frankfurt OLGZ 89, 357); der Rechtsschutz darf nicht verweigert werden. Eine genauere Prüfung ist allerdings (auch vom Standpunkt einer eingeschränkten Schlüssigkeitsprüfung aus) dann erforderlich, wenn eine Fehlbeurteilung bezüglich des Hauptsacheanspruchs zu schwerwiegenden wirtschaftlichen Folgen führen würde (vgl Frankfurt aaO; StJGr Rn 10 mwN; Baumgärtel/Ulrich, Beweislast Bd 3, § 25 UWG Rn 13). Allgemein gibt die Anspruchsprüfung Raum für eine *Interessenabwägung* (KG ZIP 92, 955, zust Stein ZIP 92, 899 ff mwN).

8 **c) Glaubhaftmachung.** Die den Verfügungsanspruch ergebenden Tatsachen sind glaubhaft zu machen (§§ 936, 920 II; vgl § 920 Rn 9 f). Der Umfang der Glaubhaftmachung hängt von der Intensität des Eingriffs in der Sphäre des Schuldners ab (München NJW 58, 1880). Die Behauptungs- und **Beweislast** sind grundsätzlich wie im Hauptverfahren verteilt (vgl näher Rn 6 vor § 916; § 922 Rn 5). Regelmäßiges **Beweismaß** ist die „überwiegende Wahrscheinlichkeit", uU gelten höhere Anforderungen, bis hin zum Vollbeweis (s Baumgärtel/Ulrich aaO § 25 UWG Rn 13; Schuschke/Walker Rn 9, jeweils mwN).

2) Beispiele. Ansprüche nach BGB: öffentl Versteigerung eines Tieres bei Wandlungsklage (§ 489); Sicherung des Vermieterpfandrechts (§§ 559–561; Celle NJW-RR 87, 447), der Vermieter kann nicht auf sein Selbsthilferecht verwiesen werden (Rn 5); Vorlegung von Sachen oder Urkunden (§ 809); Eintragung einer Vormerkung (§ 885) oder eines Widerspruchs (§ 889 II); Eintragung der Rechtshängigkeit (München NJW 66, 1030 m Anm Wächter NJW 66, 1366); Sequestrierung bei Verschleuderung von Eigentumsvorbehaltsware (§§ 929, 158 BGB; Hamburg MDR 70, 506; LG Berlin MDR 68, 1018); Herausgabeanspruch bei Sicherungsübereignung (Frankfurt NJW 60, 827); Herausgabeanspruch des Vermieters gegen den Mieter nach Beendigung des Mietverhältnisses (LG Ravensburg NJW 87, 139); Eigentumsverschaffungsanspruch des Erstkäufers gegen den Verkäufer bei Doppelverkauf derselben Sache und drohender Übereignung an den Zweitkäufer (Schlosser ZZP 97, 137 f; Foerste ZZP 106, 151 f; dazu näher mwN § 938 Rn 12); Anspruch des Titelschuldners auf Unterlassung der ZwV und auf Titelherausgabe bei Klage gegen Urteilsmißbrauch (§ 940 Rn 8 „ZwV“); Anpruch des Grundpfandgläubigers auf Unterlassung der Entfernung von zum Haftungsverband (vgl § 1120 BGB iVm § 20 II ZVG) gehörigem Grundstückszubehör (Köln NJW-RR 87, 751); uU Anspruch auf Prozeßkostenvorschuß (vgl BGH FamRZ 89, 847) usw. **Abgrenzung:** Tätigwerden (Hamm DNotZ 76, 312) oder Unterlassung eines **Notars** (Stuttgart DNotZ 82, 644) können nicht durch einstw Verfügung erzwungen werden; allenfalls kommt eine einstw Anordnung gem § 24 III FGG in Betracht (Düsseldorf DNotZ 83, 703; zu Anordnungen gem § 44 III WEG s Rn 3). Die Abgabe einer **Willenserklärung** (vgl § 894) kann idR nicht Gegenstand einer einstw Verfügung sein (Hamburg NJW-RR 91, 382 = MDR 90, 1022; uU aA OLGR Köln 96, 122; ie MK/Heinze Rn 28 vor § 935; **Lit:** *v. Holtz,* Die Erzwingung von Willenserklärungen im einstw Rechtsschutz, 1995; sa hier § 894 Rn 3; § 938 Rn 5; § 940 Rn 8 „Gesellschaftsrecht“), desgl nicht ein **Zurückbehaltungsrecht** (Schleswig JR 54, 305). Die Ansprüche nach §§ 3, 7 AnfG werden durch **Arrest** gesichert (§ 916 Rn 5; einschr BGH NJW-RR 92, 736; Koblenz NJW-RR 93, 1344); das gleiche gilt für den Anspruch auf Sicherheitsleistung für den vorzeitigen Zugewinnausgleich gem § 1389 BGB (str, vgl § 916 Rn 5). Bsp zu einzelnen Rechtsgebieten s § 940 Rn 8; Abgrenzung zur Leistungsverfügung s § 940 Rn 6. 9

III) Verfügungsgrund. 1) Voraussetzungen. a) Begriff. Der Verfügungsgrund besteht in der (objektiv begründeten) Besorgnis, daß durch eine Veränderung des bestehenden Zustandes die Verwirklichung des Rechts des Gläubigers vereitelt oder wesentlich erschwert werden könnte (Eilbedürftigkeit, sog „Dringlichkeit“, näher § 937 Rn 2). Daß der Schuldner Schadensersatz in Geld leisten könnte, ist unerheblich (München BB 86, 2297). 10

b) Prüfung. Das Gericht beurteilt das Vorliegen eines Verfügungsgrundes wie einen unbestimmten Rechtsbegriff; es hat einen (voll nachprüfbaren) **Beurteilungsspielraum** (StJGr Rn 14). 11

c) Glaubhaftmachung. Grundsätzlich hat der Gläubiger die Besorgnis darzulegen und die dazu behaupteten Tatsachen glaubhaft zu machen (ausf MK/Heinze Rn 25 ff). Das Gesetz hat die Glaubhaftmachung des Verfügungsgrundes jedoch in solchen Fällen für entbehrlich erklärt, in denen die Gefährdung aus tatsächlichen oder aus Rechtsgründen ohne weiteres offensichtlich ist. Dies gilt für §§ 489, 885 I, 899 II 2, 1615 o III BGB, § 25 UWG, § 61 VI 2 UrhG; gleichgestellte Fälle: § 888 II BGB; § 7 AnfG (vgl Koblenz NJW-RR 93, 1344). 12

2) Beispiele. Grundsätzlich kein Verfügungsgrund ist die schlechte Vermögenslage des Schuldners (sa BGH 131, 105), denn daraus ergibt sich nicht die Gefährdung des zu sichernden Individualanspruchs. Kein Verfügungsgrund ist auch die Sorge, mit einem Rechtsstreit überzogen zu werden (LG Berlin WRP 81, 121). Bei Lieferung auf Abzahlung unter Eigentumsvorbehalt ist der Verzug mit den Raten keine Veränderung des bestehenden Zustandes iS des § 935 (LG Berlin MDR 68, 1018). Als Verfügungsgrund kann aber uU die bei Weiterbenutzung drohende wesentliche Verschlechterung einer herauszugebenden Sache in Frage kommen (vgl Düsseldorf MDR 95, 635; sa § 940 Rn 8 „Herausgabe“). Ein Verfügungsgrund kann auch dann vorliegen, wenn der Antragsteller, der nur ein gegen Sicherheitsleistung vollstr Urteil auf Rückauflassung eines Grundstücks erwirkt hat, zur Sicherung des Auflassungsanspruchs eine Vormerkung beantragt; § 895 steht nicht entgegen (Celle MDR 64, 333), oder wenn der Antragsteller einen bereits vorhandenen Titel auf sich umschreiben lassen kann (LG Hamburg MDR 67, 65; sa § 929 Rn 1), oder wenn ein Testamentsvollstrecker, dem ein Nießbrauch an einem Nachlaßgrundstück vermacht ist, die Eintragung einer Vormerkung beantragt, obwohl er als Testamentsvollstrecker die Eintragung des Nießbrauchs selbst veranlassen könnte (Nürnberg MDR 69, 1015). Zu einzelnen Rechtsgebieten s § 940 Rn 8. 13

936 *[Anwendbarkeit der Vorschriften des Arrestverfahrens]*

Auf die Anordnung einstweiliger Verfügungen und das weitere Verfahren sind die Vorschriften über die Anordnung von Arresten und über das Arrestverfahren entsprechend anzuwenden, soweit nicht die nachfolgenden Paragraphen abweichende Vorschriften enthalten.

1 **1) Nicht anwendbar** sind: §§ 916 I, 917, 918, 919, 921 I, 923, 930, 931, 932 I und II, 933, 934. Vgl näher die Anm zu den jeweiligen §§ (letzte Rn).

2 **2) Entsprechend anwendbar** sind insbesondere §§ 916 II, 920, 921 II, 922 I und II, 924, 925, 926, 927, 929 I und II (wegen der Vollziehung der einstw Verfügung s § 929 Rn 12 ff). Im übrigen vgl näher die Anm zu den jeweiligen §§.

3 **Gebühren** s Rn 21 zu § 922.

937 *[Gerichtsstand]*

(1) Für den Erlaß einstweiliger Verfügungen ist das Gericht der Hauptsache zuständig.

(2) Die Entscheidung kann in dringenden Fällen sowie dann, wenn der Antrag auf Erlaß einer einstweiligen Verfügung zurückzuweisen ist, ohne mündliche Verhandlung ergehen.

Abs II idF von Art 1 Nr 67 des RechtspflegeVereinfG vom 17. 12. 1990 (BGBl I S 2847), in Kraft seit 1. 4. 1991.

1 **I) Zuständigkeit.** Für den Erlaß einstw Verfügungen ist das **Gericht der Hauptsache** (§ 943, § 919 Rn 3) **örtlich und sachlich ausschließlich zuständig** (§ 802); insofern ersetzt § 937 für die einstw Verfügung den § 919. Ist die Hauptsache bereits **anhängig** (wie § 919 Rn 4 ff), so ist das befaßte Gericht für den Erlaß einer einstw Verfügung auch dann ausschließlich zuständig, wenn es für die Hauptsache unzuständig ist (Hamburg MDR 81, 1027). Hauptsachegericht ist beim LG ab Abhängigkeit der Hauptsache uU die ZK *oder* die KfHS (Zweibrücken MDR 89, 272); bei einstw Verfügung auf Zahlung eines Prozeßkostenvorschusses ist das AG Hauptsachegericht, da es sich um einen Anspruch auf Unterhaltsgewährung gem § 23a Nr 2 GVG handelt (str, vgl BGH FamRZ 89, 847 mN). Für den Unterhaltsanspruch nach § 1615o BGB ist sowohl das Gericht des Unterhaltsprozesses als auch das Gericht der Statusklage zuständig (Köln NJW 72, 829; StJGr Rn 3 mwN, hM, str; aA Frankfurt NJW 84, 1763 LS = FamRZ 84, 512 mit krit Anm Büdenbender); für die Berufung ist daher funktionell sowohl das OLG (§ 119 Nr 1 GVG) wie das LG (§ 72 GVG) zuständig (Schuschke/Walker Rn 2; Wieczorek/Schütze/Thümmel Rn 3, str). Für eine einstw Verfügung auf Einstellung der ZwV aus einer Urkunde (§ 794 I Nr 5) ist das Gericht, bei dem die Klage auf Feststellung der Nichtigkeit des beurkundeten Vertrages rechtshängig ist, Gericht der Hauptsache (Düsseldorf OLGZ 85, 493); der Erhebung einer Vollstreckungsgegenklage mit Antrag gem § 769 bedarf es nicht (vgl § 935 Rn 3 aE). Hauptsachegericht ist auch das der negativen Feststellungsklage mit umgekehrten Parteirollen (Frankfurt WRP 96, 27). In **dringenden Fällen** ist das AG der belegenen Sache zuständig (§ 942). **Besondere Bestimmungen** enthalten **§ 24 II 1 UWG** (konkurrierende Zuständigkeit des Gerichts des Tatorts; ie § 32 Rn 10) und § 23 BauFdgG (ausschließliche Zuständigkeit des AG für Bauforderungen). Die Entscheidung fällt bei Kollegialgerichten die Kammer oder der Einzelrichter gem § 348; wegen der KfHS vgl § 105 GVG Rn 3. Der Vorsitzende ist gem § 944 zuständig. Entscheidet das LG als Berufungsgericht über die einstw Verfügung, unterliegt seine Entscheidung keinem Rechtsmittel; das gilt auch für den Beschluß nach § 91a bei Erledigung der Hauptsache (§ 567 III 1). Soweit die einstw Verfügung zur Vollziehung der Vornahme staatl Vollstreckungsakte bedarf, ist dafür das **VollstrGericht** zuständig (§ 764), für die Forderungspfändung das VollstrGericht des § 828.

2 **II) Mündliche Verhandlung. 1) Gesetzlicher Regelfall** der Entscheidung über den Antrag auf Erlaß einer einstw Verfügung ist bei Stattgabe Entscheidung auf Grund mündl Verhandlung, **II;** anders beim Arrest (§ 921 Rn 1). **2) Ausnahmen. a)** Ein **dringender Fall** gem **II HS 1** liegt nur dann vor, wenn die Eilbedürftigkeit der Maßnahme über die dem einstw Verfügungsverfahren ohnehin innewohnende Dringlichkeit (Verfügungsgrund) hinausgeht und selbst eine innerhalb kürzester Frist terminierte mündl Verhandlung nicht abgewartet werden kann, oder wenn der Zweck der einstw Verfügung gerade den Überraschungseffekt der Beschlußverfügung erfordert (Karlsruhe NJW-RR 87, 1206; Teplitzky WRP 80, 374 f mwN; Kunath WRP 91, 66). § 25 UWG stellt keine Vermutung für die **besondere Dringlichkeit** gem **II HS 1** auf (Teplitzky GRUR 78, 286 f; Baumgärtel/Ulrich, Beweislast Bd 3, § 25 UWG Rn 18, str); diese muß gesondert begründet werden (Kunath aaO). Eine alleinige Entscheidung durch den Vorsitzenden kommt nach § 944 nur dann in Frage, wenn die Dringlichkeit der Sache nicht einmal mehr den Zusammentritt des Kollegialgerichts zuläßt. Die besondere Dringlichkeit ist im Beschluß zu begründen (StJGr Rn 9).

Die Frage der Dringlichkeit kann allerdings dahinstehen, wenn der Antrag auf einstw Verfügung ersichtlich nicht begründet ist (Rn 2a). Die Entscheidung durch Beschluß verstößt nicht gegen Art 103 I GG oder Art 6 MRK (vgl Borck MDR 88, 909 f), uU aber gegen die Rechtsstaatlichkeit des Verfahrens (so BVerfG 75, 328 = NJW 87, 2500 = MDR 87, 903 bei schwerwiegendem Rechtseingriff trotz *fehlender* Dringlichkeit). Das Beschwerdegericht hebt die Beschlußverfügung nicht schon deshalb auf, weil ein besonders dringender Fall nicht vorlag, die Voraussetzungen für den Erlaß der einstw Verfügung aber in der Beschwerdeinstanz gegeben sind. In diesem Fall wird das Beschwerdegericht auf Grund mündl Verhandlung entscheiden (§ 573 I).

b) Die **Zurückweisung des Antrags** (als unzulässig oder unbegründet) kann idR ohne mündliche Verhandlung durch **Beschluß** erfolgen, **II HS 2;** die Frage der Dringlichkeit der Entscheidung stellt sich insoweit nicht (mehr); der unter der aF des II bestehende Streit (s mwN 16. Aufl) ist überholt. **Zweck:** Dem Antragsteller soll durch möglichst frühe Entscheidung Gelegenheit gegeben werden, das Rechtsmittelgericht anzurufen oder seinen Antrag ggf (verbessert) zu wiederholen (so BT-Drs 11/3621 S 52); Entlastung des Gerichts von sachlich nicht gebotenen mündlichen Verhandlungen. Eine Entscheidung nach mündlicher Verhandlung ist **stets zulässig** und bei Zweifelsfällen **geboten;** Bsp: Behebbare Antragsmängel (KG MDR 91, 1195), Ergänzbarkeit von Vorbringen und Beweismitteln (aA Walker aaO Rn 295), Aussicht auf nichtstreitige Beilegung (vgl Hansens NJW 91, 955). 2a

III) Entscheidung. Fehlt die besondere Dringlichkeit (Rn 2) und ist der Antrag auch nicht durch Beschluß zurückzuweisen (Rn 2a), wird mündliche Verhandlung anberaumt. Die Anordnung oder Ablehnung mündlicher Verhandlung ist unanfechtbar (RG 54, 348). Liegen die Voraussetzungen des **II** vor, so ist Entscheidung ohne mündl Verhandlung in jedem Stadium des Verfahrens möglich, auch dann, wenn bereits Termin zur mündl Verhandlung bestimmt war oder die Sache nach mündl Verhandlung vertagt oder an ein anderes Gericht verwiesen wurde (Stuttgart NJW 56, 1931). Ist auf Grund eines Beschlusses nach **II** eine Wohnungsdurchsuchung erforderlich, so bedarf es in der Regel keiner richterlichen Durchsuchungsanordnung, weil bei besonderer Dringlichkeit meist auch Gefahr im Verzug ist (AG Mönchengladbach-Rheydt DGVZ 80, 94; str; zum Problem s § 930 Rn 2). 3

Hat das Gericht zu Unrecht – ohne mündl Verhandlung – **durch Beschluß** entschieden, **anstelle** – aufgrund mündl Verhandlung – **durch Urteil** zu entscheiden, so richtet sich der Rechtsmittelzug ausschließlich nach der Form der ergangenen Entscheidung, dh gegen die Beschluß-Zurückweisung findet gem § 567 I die Beschwerde ohne die Beschränkung des § 511a I statt (LG Zweibrücken NJW-RR 87, 1199; unzutr LG Konstanz NJW-RR 95, 1102; s § 922 Rn 13). 3a

III) Schutzschrift. Lit: *Hilgard,* Die Schutzschrift im Wettbewerbsrecht, 1985; *May,* Die Schutzschrift im Arrest- und einstw Verfügungsverfahren, 1983; *van Els,* Die Schutzschrift im Verfahren vor dem Familiengericht, FamRZ 96, 651. Da die Gerichte vielfach, insbesondere in Wettbewerbssachen, ohne mündl Verhandlung entscheiden, besteht die Gefahr, daß das Grundrecht des rechtlichen Gehörs, das bei Eilmaßnahmen gewissen Beschränkungen unterworfen ist, eine nicht mehr vertretbare Verkürzung erfährt. Als vorbeugendes Rechtsschutzmittel hat die Rechtspraxis das Rechtsinstitut der **„Schutzschrift"** entwickelt. Die Schutzschrift ist ein vorbeugendes Verteidigungsmittel gegen einen erwarteten Antrag auf Erlaß einer einstw Verfügung, durch das der Antragsgegner den Erlaß einer einstw Verfügung gegen sich zu verhindern sucht. Der Einreicher der Schutzschrift ist nicht darauf beschränkt, sich nur gegen die Annahme der besonderen Dringlichkeit gem **II** zu wenden, um dadurch eine mündl Verhandlung zu erreichen (so aber Pastor WRP 72, 229 ff; Borck MDR 88, 914 f), er kann auch zu Verfügungsanspruch und Verfügungsgrund Stellung nehmen und die Glaubhaftmachung des Antragstellers erschüttern (May, aaO, S 36 f, 47 ff; van Els aaO S 654). Die Gerichte haben eine Schutzschrift zu beachten, wenn der Zweck des einstw Rechtsschutzes dadurch nicht vereitelt wird (May, aaO, S 84 ff, hM; krit und abl MK/Heinze Rn 13). Es besteht kein Anwaltszwang (§§ 78 III, 920 III gelten entspr, Schuschke/Walker/Schmukle § 935 Anh B Rn 7; Wieczorek/Schütze/Thümmel Rn 8). Wegen des Inhalts und der zweckmäßigen Abfassung der Schutzschrift ie vgl May, aaO, S 101 ff; vgl ferner allg Schuschke/Walker/Schmukle § 935 Anh B; Ahrens aaO [vor § 916], S 198 ff. 4

Die Möglichkeit der Kostenerstattung im Einzelfall ist umstritten (vgl ie May aaO S 109–130; Steinmetz aaO [§ 940 Rn 8 „Wettbewerbsrecht"] S 133–142; Teplitzky GRUR 88, 405 mwN); die hM bejaht Erstattungsfähigkeit, wenn ein Prozeßrechtsverhältnis bestand (dazu Rn 5 f vor § 916), dem die Schutzschrift zugerechnet werden kann („Verfahrenszugehörigkeit"), und der Verfügungsantrag zurückgewiesen oder zurückgenommen wurde (zB Frankfurt WRP 96, 117 mwN; München Rpfleger 93, 126; Düsseldorf JZ 95, 315 mwN = Rpfleger 95, 381; OLGR Köln 96, 51; ie § 91 Rn 13 „Schutzschrift"; s auch Rn 5a vor § 916; § 920 Rn 13).

938 *[Inhalt der einstweiligen Verfügung]*
(1) Das Gericht bestimmt nach freiem Ermessen, welche Anordnungen zur Erreichung des Zweckes erforderlich sind.

(2) Die einstweilige Verfügung kann auch in einer Sequestration sowie darin bestehen, daß dem Gegner eine Handlung geboten oder verboten, insbesondere die Veräußerung, Belastung oder Verpfändung eines Grundstücks oder eines eingetragenen Schiffes oder Schiffsbauwerks untersagt wird.

1 **I) Inhalt der einstw Verfügung. 1) Allgemeines. a)** Die Entscheidungsbefugnis nach **„freiem Ermessen"** bedeutet keine Ermessensentscheidung im verwaltungsrechtlichen Sinn; der eröffnete **Entscheidungsspielraum** soll dem Gericht vielmehr im Rahmen der gestellten Anträge (Rn 2) die fallbezogene Konkretisierung des „zur Erreichung des Sicherungszwecks Erforderlichen" ermöglichen (R-Schilken § 76 II 1d; Celle NJW-RR 87, 447). Grenzen des Entscheidungsspielraums gem **I:** Rn 2. **II** enthält eine beispielhafte Aufzählung möglicher Anordnungen (Rn 7 ff).

2 **b) Grenzen. aa)** Die Anordnung muß sich **im Rahmen des gestellten Antrags** (§§ 308, 536) halten und darf darüber nicht hinausgehen. **I** hebt den Grundsatz der Antragsbindung (§ 308 I iVm § 253 II Nr 2) nicht auf (R-Schilken § 76 II 1 d; aA MK/Heinze Rn 8), bedeutet aber eine Lockerung, da der Antragsteller nur sein Rechtsschutzziel angeben muß (Rn 1), nicht aber eine bestimmte Maßnahme zu beantragen braucht (vgl BVerfG 86, 49 = NJW-RR 92, 898: Eintragung von Verfügungsverbot statt von angeregtem Widerspruch oder von einer Vormerkung). Beim Antrag auf eine *Unterlassungsverfügung* muß allerdings das erstrebte Verbot (möglichst: München GRUR 94, 625) genau bezeichnet sein (Koblenz NJW-RR 87, 96; WRP 93, 344; Celle WRP 91, 315; Wieczorek/Schütze/Thümmel Rn 4); umgekehrt ist der Spielraum des Richters bei der *Regelungsverfügung* besonders weit (vgl R-Schilken § 76 II 2 d).

3 **bb)** Die Anordnung darf die **Entscheidung im Verfahren zur Hauptsache nicht vorwegnehmen.** Im Verhältnis zum Hauptsacheanspruch muß die angeordnete Maßnahme stets ein **minus** und ein **aliud** sein (Baur, Studien, S 49; Baur/Stürner Rn 53.12, 53.20; Schneider MDR 87, 639); nur ausnahmsweise kommt vorläufige Befriedigung in Betracht (Rn 4; § 935 Rn 2; § 940 Rn 6). Dieser Grundsatz gilt uneingeschränkt für Sicherungs- und Regelungsverfügung (Brox/Walker Rn 1582, 1596). Bei letzterer sind insbesondere Maßnahmen unzulässig, die eine endgültig rechtsgestaltende Wirkung haben und nach materiellem Recht einem rechtskräftigen (Hauptsache-) Urteil vorbehalten sind, zB Ausschluß eines Gesellschafters; Abgabe einer Willenserklärung (Rn 5; § 940 Rn 8 „Gesellschaftsrecht"). Die einstw Verfügung darf dem Antragsteller nicht mehr geben, als er durch ein rechtskräftiges Hauptsacheurteil erreichen könnte. So kann sich die Anordnung nur gegen den Schuldner, nicht auch gegen Dritte richten (RG 121, 188; StJGr Rn 19).

4 **cc) Befriedigung** kann nur im Rahmen der Leistungsverfügung angeordnet werden, die ihrer Natur nach auf Erfüllung gerichtet ist (vgl § 935 Rn 2; § 940 Rn 6). **dd)** Die Anordnungen müssen einen **vollstreckungsfähigen Inhalt** haben und dürfen keine Maßnahmen enthalten, die nicht vollstreckt werden können (StJGr Rn 20; Wieczorek/Schütze/Thümmel Rn 13; vgl auch § 935 Rn 4). Das zuständige Vollstreckungsorgan muß die angeordnete Maßnahme dem Tenor der einstw Verfügung zweifelsfrei entnehmen können. **ee)** Die **Erforderlichkeit** der Maßnahme umfaßt deren **Verhältnismäßigkeit** (so im Erg auch Brox/Walker Rn 1582 [2]; R-Schilken § 76 II 1 d: „geringstmöglicher Eingriff").

5 **2) Überblick.** In Frage kommen Anordnung der Sequestration (Rn 7 ff) sowie einzelne Gebote und Verbote an den Schuldner (Rn 12 f). Unzulässig ist daher ein Verbot an das GBA bezügl einzelner Eintragungen oder Löschungen (vgl RG 120, 119); beachte aber § 941. Unzulässig ist ferner die Anordnung der Räumung einer Wohnung, abgesehen von dem Fall verbotener Eigenmacht (§ 940a); die Aufhebung einer einstw Verfügung durch eine andere einstw Verfügung; die Einstellung der ZwV, die auf Grund anderer Vorschriften (§§ 707, 719) zu erreichen ist (vgl aber § 935 Rn 3 aE). Hat die einstw Verfügung die Abgabe einer Erklärung zum Gegenstand, sind der richterlichen Formulierungshilfe Grenzen gesetzt (Borck WRP 77, 457); zur presserechtlichen Gegendarstellung vgl § 940 Rn 8 „Presserecht". In die Beschlußfassung einer Gesellschafterversammlung kann durch einstw Verfügung idR nicht eingegriffen werden (Frankfurt MDR 82, 417; vgl § 940 Rn 8 „Gesellschaftsrecht"). Anordnung konkreter Maßnahmen im Immissionsprozeß (Köln NJW 53, 1592). Bei der Regelungsverfügung können Gestattungen und Duldungsverpflichtungen ausgesprochen werden, idR nicht aber die Verpflichtung zur Abgabe von endgültige Verhältnisse herbeiführenden Willenserklärungen (Hamburg NJW-RR 91, 382 = MDR 90, 1022: Zustimmung zu Kündigung; **aA** OLGR Köln 96, 122: Zustimmung zur Grundschuldbestellung; Zutt ZHR 155, 202: Stimmabgabe; sa allg § 935 Rn 9).

3) Die **Verwirklichung der Anordnungen** einer einstw Verfügung erfolgt unter Anwendung der §§ 936, 928 (s § 928 Rn 8). Wird dem Gegner eine Handlung geboten oder verboten, so finden §§ 887, 888 I, 890 Anwendung; bei Untersagung von Veräußerung oder Belastung von Grundstücken nach § 941 und bei Anordnung der Zurückschaffung, Herausgabe oder Verwahrung bewegl Sachen gelten §§ 883 ff (vgl Nies MDR 94, 877), bei Anordnung der Zahlung von Geldbeträgen §§ 803 ff. Die Kosten der Verwahrung und des Transports bewegl Sachen treffen den Schuldner (vgl auch Rn 9); ihretwegen kann die Sache versteigert werden (LG Stuttgart DGVZ 81, 26; aA LG Berlin DGVZ 76, 156). Befindet sich eine herauszugebende Sache im Besitz eines Dritten, so muß zunächst auf Grund der einstw Verfügung der Anspruch des Gegners auf Herausgabe der Sache nach §§ 886, 847 I gepfändet und dem Antragsteller zur Einziehung mit Aufforderung zur Herausgabe an den GVollz überwiesen werden. Erfolgt gleichwohl keine Herausgabe, muß der Gläubiger den Dritten verklagen. Ein Widerspruchsrecht gegen die einstw Verfügung steht dem Dritten nicht zu (vgl § 924 Rn 4). 6

II) Beispiele einzelner Anordnungen, II. 1) Sequestration. *Gleußner* DGVZ 96, 33. **a)** Sequestration ist die **Sicherstellung und Verwaltung** einer Sache, eines gewerblichen Unternehmens (LG Göttingen MDR 58, 246; StJGr Rn 23; aA BL/Hartmann Rn 13) oder Handelsgeschäfts durch eine vom Gericht zu bestellende Person (Karlsruhe Justiz 89, 191; LG Ellwangen DGVZ 94, 87). Sie kann sich sowohl auf Grundstücke als auch auf bewegl Sachen, deren Hinterlegung nicht möglich ist, und auf Forderungen beziehen (LG Heidelberg DGVZ 77, 44) und soll dann angeordnet werden, wenn die Parteien über die Rechtszuständigkeit bezügl einzelner Vermögensgegenstände oder einer Vermögensmasse streiten (vgl München MDR 84, 62). 7

b) Abgrenzung. Wesensmerkmal der Sequestration ist die verwaltende Tätigkeit des Sequesters ähnlich einem Nachlaßverwalter, Pfleger oder Vormund (München MDR 84, 62). Sie ist daher von der reinen Verwahrung (Sicherstellung) zu unterscheiden (näher Gleußner DGVZ 96, 33); diese verpflichtet nur zu den ihrem Zweck entsprechenden Hilfsgeschäften (zB Abschluß eines Verwahrungsvertrages durch den GVollz: BGH 89, 84 = MDR 84, 383). Die Verwahrung ist Vollstreckungsmaßnahme und daher Dienstgeschäft des GVollz (LG Heidelberg DGVZ 77, 44; Nies MDR 93, 938; Gleußner aaO 34); das Rechtsverhältnis des Sequesters zu den Parteien ist dagegen rein privatrechtlicher Natur. Zur Abgrenzung vgl § 195 Nr 2, 3 GVGA; Grein DGVZ 82, 177; Nies MDR 93, 937; Koblenz MDR 81, 855 = ZIP 81, 912; teilw aA Karlsruhe Justiz 81, 47. Sind Sachen sequestriert und mit einem Veräußerungsverbot belegt worden, die einem Vermietungspfandrecht gem § 559 BGB unterliegen, so gilt deren Veräußerung nicht mehr als „im regelmäßigen Betriebe des Geschäfts" gem § 560 BGB erfolgt (Köln ZIP 84, 89). 8

c) Bestellung. Die Person des Sequesters und sein Aufgabenbereich werden durch das Gericht bestimmt, das die einstw Verfügung erlassen hat. Bestellung und ergänzende Regelung erfolgen zweckmäßigerweise in einem gesonderten, durch Beschwerde (§ 567) anfechtbaren Beschluß (Karlsruhe Justiz 89, 190). Grund: Beides ist Teil des *Anordnungsverfahrens* und nicht ZwV (Karlsruhe aaO 191; aA BL/H Rn 16). Das gleiche gilt für die Sequestration selbst; für die Sequestrationskosten gilt daher § 788 nicht (München Rpfleger 73, 30; KG NJW-RR 87, 574 [575]; Schleswig JurBüro 96, 89 [90]; Stuttgart DGVZ 94, 88; Gleußner aaO 37 mwN, str). **Abgrenzung:** Lediglich die Inbesitznahme des Sequestrationsobjekts durch den GVollz und seine Übergabe an den Sequester ist *Vollziehung* der einstw Verfügung gem §§ 936, 928, 788 I (§ 928 Rn 8); dies führt bei Abtransport und Einlagerung durch den GVollz als Sequester zu einem „Kostensplitting" (Gleußner aaO 38) zwischen Transport- (KG MDR 82, 237: Vollstreckungskosten bejaht) und Lagerkosten (Schleswig JurBüro 96, 89 [90]: Vollstreckungskosten verneint, str; **aA** Düsseldorf JurBüro 89, 550; im Einzelfall auch KG NJW-RR 87, 574: Umdeutung von Sequestration in Sicherstellung). Ein GVollz ist dienstlich nicht verpflichtet, das Amt des Sequesters zu übernehmen (§ 195 Nr 2 S 3 GVGA; Schuschke/Walker Rn 20); wegen der zur Durchführung der Sequestration erforderlichen Kenntnisse und dem damit verbundenen Haftungsrisiko ist die Einsetzung eines Rechtsanwalts zu erwägen, dem der GVollz die Sache zu übergeben hat. 9

d) Die **Vergütung** wird vom **Prozeßgericht** (nicht Vollstreckungsgericht; Richter nicht Rechtspfleger) durch privatrechtsgestaltenden Hoheitsakt (Rn 9) in üblicher Höhe (§§ 675, 612 II, 632 II BGB) festgesetzt (Frankfurt NJW-RR 87, 63 mwN; Stuttgart DGVZ 94, 88; LG Saarbrücken DGVZ 95, 187, str). Diese orientiert sich an den für den Zwangsverwalter (München OLGZ 85, 370 = MDR 85, 855; Köln MDR 86, 768; Frankfurt NJW-RR 87, 63) oder Vergleichsverwalter (LG Freiburg DGVZ 82, 186; vermittelnd Bremen DGVZ 93, 9) geltenden Bestimmungen (zB § 153 ZVG entspr iVm ZwangsverwalterVO, s Zeller/Stöber, ZVG, Anh T 46); die Grundsätze für die Vergütung des Konkursverwalters können mitberücksichtigt werden (München, Köln, je aaO). Die Parteien können die Vergütung auch vereinbaren (Hamburg Rpfleger 57, 87). Ein gerichtl Festsetzungsbeschluß ist sofort vollstreckbar (§§ 793, 794 Nr 3; Rechtsbehelf: Rn 11); erstattungs- und vorschußpflichtig ist, wer die Sequestration beantragt hat, idR also der Antragsteller (Gläubiger; vgl Gleußner aaO 37 mN; LG Saarbrücken DGVZ 95, 189). Dieser kann jedoch uU die 10

Kosten als solche des Verfügungsverfahrens gegen den Schuldner geltend machen (vgl StJGr Rn 22). Nach hM soll der Staat für die Vergütung des Sequesters auch dann nicht subsidiär haften, wenn der Träger der Kostenlast nicht zahlungsfähig ist und auch das verwaltete Vermögen zur Deckung der Kosten nicht ausreicht (so LG Köln KTS 83, 634 mN, str, bedenklich; aA Schmidt KTS 83, 637 mN: §§ 1835 III, 1836 BGB entspr).

11 e) **Aufsicht, Rechtsbehelfe.** Der Sequester ist bei der Erfüllung seiner Aufgaben selbständig und nicht an Weisungen der Parteien gebunden; er handelt im eigenen Namen und steht unter der Aufsicht des ihn bestellenden Gerichts (Karlsruhe Justiz 89, 192), bei einer entspr Anordnung des Vollstreckungsgerichts (Hamm MDR 51, 742). Bei Einwendungen gegen die Amtsführung des Sequesters kann das die Aufsicht führende Gericht angerufen werden (Karlsruhe Justiz 89, 192; nach LG Koblenz DGVZ 74, 39; Noack JurBüro 81, 1123 gem § 766 entspr das VollstrGericht). Der Sequester ist nicht berechtigt, Aufhebung der Sequestration zu verlangen; er kann nur sein Amt niederlegen (LG Saarbrücken DGVZ 95, 189; Grund: zB Nichtzahlung von Vorschuß, s Rn 10). Die Vergütungsfestsetzung (Rn 10) unterliegt der sofortigen Beschwerde (München OLGZ 85, 371 mN = MDR 85, 855; Stuttgart DGVZ 94, 88).

12 2) **Gebote und Verbote. Lit:** *Foerste,* Grenzen der Durchsetzung von Verfügungsbeschränkung und Erwerbsverbot im Grundstücksrecht, 1986; *Kohler,* Das Verfügungsverbot gem § 938 II ZPO im Liegenschaftsrecht, 1984; *Weiland,* Die Sicherung konkurrierender Sachleistungsansprüche, 1992. **a) Arten.** Als einzig sinnvolle Maßnahme zur Sicherung von Individualansprüchen, insbesondere bei der Abwicklung von Rechtsgeschäften erweisen sich oft Ge- und Verbote an den Schuldner. **II** nennt das **Veräußerungsverbot** (vgl §§ 135, 136 BGB), dem das **Erwerbsverbot** nach **I** gleichsteht (RG 120, 119 f, str; abl Flume AT II § 17 6e; Larenz AT § 23 IV; eingehend Foerste aaO S 114 ff; vgl auch Rn 13). **Verfügungsverbote** durch einstw Verfügung sind allgemein zulässig (§ 136 BGB; Rn 13, 14), ohne daß der Gläubiger dadurch ein dem materiellen Recht unbekanntes „jus ad rem" erlangt (Kohler JZ 83, 586; NJW 91, 470, str; vgl Wieling JZ 82, 839; Weiland aaO S 79 ff; Ruhwedel JuS 80, 161 [166]; Merrem JR 93, 53). Bsp: Verfügungsverbot zur Sicherung konkurrierender Eigentumsverschaffungsansprüche bei Mehrfachverkauf beweglicher Sachen (eingehend Weiland aaO; sa § 935 Rn 9). Ein **Veräußerungsverbot** wegen drohender Verwertung von Vorbehaltsware durch einen Sequester ist aber dann nicht gerechtfertigt, wenn diese nicht ohne Zustimmung der Vorbehaltseigentümer durchgeführt werden soll (Düsseldorf ZIP 83, 1097). Die Zwangsversteigerung auf Grund voreingetragener dingl Rechte wird durch ein gerichtl Veräußerungsverbot nicht gehindert (Köln ZIP 83, 1254). Anstelle der Sequestration (Rn 7) kann ausnahmsweise die **Anordnung der Herausgabe** gegen Sicherheitsleistung an den Gläubiger selbst in Frage kommen, wenn dieser den Gegenstand geeignet und billiger lagern kann (Düsseldorf MDR 84, 411 betr Vorbehaltsware, zust Kleier MDR 84, 370; vgl auch § 940 Rn 8 „Herausgabeansprüche", „Rückerstattung"). Eine einstw Verfügung, durch die eine **Grundbucheintragung** (zB Vormerkung, Widerspruch) angeordnet wird (vgl §§ 883, 885; 894, 899 BGB), muß sich gegen den betroffenen Grundstückseigentümer richten (BayObLG NJW 86, 2578); dieser muß bei Erlaß der einstw Verfügung noch nicht als Eigentümer im Grundbuch eingetragen sein, wenn nur die Eintragung der **Vormerkung** gerade zugleich mit der (bevorstehenden) Eigentumsumschreibung erfolgen soll (KGR 95, 13).

13 b) **Beispiele. Gebot** der Zurücknahme eines beim GBA gestellten Antrags auf Eigentumsübertragung (RG 117, 290); **Verbot** der Herbeiführung einer Eintragung im Grundbuch wegen Nichtigkeit des Grundgeschäfts (KG MDR 94, 727 = KGR 94, 78); Verbot an den Erwerber eines Grundstücks nach erfolgter Auflassung sich durch Beantragung seiner Eintragung in das Grundbuch das Eigentum an dem Grundstück zu verschaffen; dies stellt als **Erwerbsverbot** ein durch das GBA von Amts wegen zu beachtendes Eintragungshindernis dar (BayObLG Rpfleger 82, 14 LS; im Erg auch Foerste aaO S 137 ff: Zeitweise Suspendierung der Auflassung); Verbot, eine Hypothekenlöschung zu beantragen; **Verbot der Verfügung** über ein Grundstück (BVerfG 86, 49 = NJW-RR 92, 898; Karlsruhe ZMR 92, 301; einschr Merrem JR 93, 54 f), eine Forderung oder eine Grundschuld zu verfügen (LG Frankfurt Rpfleger 83, 250 mit weiterführender Anm Meyer-Stolte; Düsseldorf NJW-RR 88, 266); Verbot des Weiterbaues oder Störung eines Gewerbebetriebs (Stuttgart OLG 43, 101); Verbot der Abwerbung von Kunden (Koblenz NJW-RR 87, 96); Rückschaffung bestimmter Sachen des Mieters in die Mieträume (RG 39, 211); Gebot zur Aufnahme eines Hinweises über die ungenehmigte Wiedergabe von Fotos in einem Druckwerk (Frankfurt NJW 85, 1295); Gebot der Beseitigung eines Störzustands (Koblenz GRUR 87, 730).

14 c) **Wirkung.** Verfügungsverbote wirken **ab der Zustellung der einstw Verfügung an den Gegner** (RG 90, 341; bei Grundbucheintragung s Rn 12 aE). Das Veräußerungsverbot wirkt nach Grundbucheintragung gegen den dritten rechtsgeschäftlichen Erwerber (RG 117, 294), wenn die einstw Verfügung wirksam gem § 929 II vollzogen worden ist (§§ 136, 135 BGB; BVerfG 86, 51). Die Eintragung ist schon vor Zustellung zulässig, wenn das Gericht nach § 941 um Eintragung ersucht hat (KG JFG 5, 298; aA KG RJA 15, 79 [82]; Furtner MDR 55, 136). Bei Anfechtung einer

Grundstücksveräußerung oder Eintragung einer Hypothek auf Grund des AnfG kann zur Sicherung des Anfechtungsrechts durch einstw Verfügung die Eintragung eines Veräußerungsverbots angeordnet und im GB eingetragen werden (Kiel OLG 21, 98). Die Eintragung des Ge- oder Verbotes kann nicht auf Grund einer im gerichtl Vergleich eingegangenen Verpflichtung erfolgen; notwendig ist vielmehr eine einstw Verfügung (Koblenz DRZ 49, 234).

939 *[Aufhebung]*

Nur unter besonderen Umständen kann die Aufhebung einer einstweiligen Verfügung gegen Sicherheitsleistung gestattet werden.

I) Aufhebung. Die Vorschrift ersetzt die §§ 923, 934 I und teilweise die §§ 925 II und 927. Da die einstw Verfügung der Sicherung eines Individualanspruchs, der Regelung eines einstw Zustandes oder der vorläufigen Vollstreckung dient, kann Sicherheitsleistung die Verfügung in der Regel nicht überflüssig machen; der Gläubiger hätte zwar, wenn die Leistung unmöglich würde und er Schadensersatz verlangen könnte, für die Schadensforderung Sicherheit; das Wesen der einstw Verfügung ist aber nicht Sicherstellung der eventuellen Schadensforderung (für diese ist der Arrest gegeben), sondern Sicherstellung der geschuldeten Leistung (Herausgabe bestimmter Sachen, Vornahme von Handlungen usw). Auch bei Anordnung der Zahlung von Geldsummen ist Abwendung durch Hinterlegung ausgeschlossen, da der Gläubiger vom Hinterlegten nicht leben kann. Unter **besonderen Umständen** ist jedoch die Abwendung der Vollziehung bzw deren Aufhebung zuzulassen (Frankfurt MDR 83, 585; Saarbrücken BauR 93, 348); dies gilt jedoch nur, soweit die anzuordnende Sicherheitsleistung voll gewährleistet, daß der Zweck der einstw Verfügung erreicht werden kann (Köln NJW 75, 454). Dies ist denkbar zB bei der Wahrung des Vermieterpfandrechts (§§ 559 ff BGB) und anderen Ansprüchen, bei denen das Vermögensinteresse, nicht das Interesse an der betreffenden Individualleistung im Vordergrund steht (Eintragung einer Vormerkung auf Einräumung einer Bauhandwerkersicherungshypothek; Köln NJW 75, 454; Saarbrücken BauR 93, 348; abl Hamm OLGZ 93, 332). Die Maßnahme nach § 939 kann auf Berufung einstweilen eingestellt werden (München BayJMBl 53, 39). 1

II) Die **Entscheidung** erfolgt, sofern sie nicht in die einstw Verfügung selbst aufgenommen ist, aufgrund mündl Verhandlung (sei es, daß die einstw Verfügung durch Urteil angeordnet wird, sei es im Widerspruchsverfahren [LG Aachen VersR 92, 338] oder im Verfahren nach § 927) durch **Endurteil** des Gerichts, das die einstw Verfügung erlassen hat, oder, wenn die Hauptsache anhängig ist, durch das Gericht der Hauptsache (§ 943). Die Entscheidung kann auch noch im Berufungsverfahren ergehen (Frankfurt MDR 83, 585; Köln NJW 75, 454). Das Urteil ist nach § 708 Nr 6 von Amts wegen für vorläufig vollstreckbar zu erklären. Die Bestimmung der Sicherheit erfolgt nach freiem Ermessen. Nach geleisteter Sicherheit tritt die Aufhebung der einstw Verfügung von selbst ohne weiteres Verfahren ein (Köln NJW 75, 455; LG Aachen VersR 92, 339); die Einstellung der ZwV bzw Aufhebung der Vollstreckungsmaßregeln erfolgt nach § 775 Nr 1, 3, § 776 (vgl Schuschke/Walker Rn 4). Zur Löschung einer Vormerkung oder eines Widerspruchs im Grundbuch vgl § 25 GBO. Der Schuldner hat neben dem Antrag nach § 939 das Recht, Aufhebung der einstw Verfügung gem §§ 924, 926, 927 zu verlangen. 2

940 *[Einstweilige Verfügung zwecks Regelung eines einstweiligen Zustandes]*

Einstweilige Verfügungen sind auch zum Zwecke der Regelung eines einstweiligen Zustandes in bezug auf ein streitiges Rechtsverhältnis zulässig, sofern diese Regelung, insbesondere bei dauernden Rechtsverhältnissen zur Abwendung wesentlicher Nachteile oder zur Verhinderung drohender Gewalt oder aus anderen Gründen nötig erscheint.

I) Allgemeines. Die ZPO unterscheidet zwischen **Sicherungs-** (§ 935 Rn 1 ff) und **Regelungsverfügungen** (§ 940), deren Abgrenzung ie Schwierigkeiten bereitet (s § 935 Rn 2). Die str Einordnung der **Leistungsverfügung** (Rn 6) als Unterfall der Regelungsverfügung (so R-Schilken § 76 I 2) oder eine dritte, durch Rechtsfortbildung entwickelte Art (so Brox/Walker Rn 1590, 1613; krit MK/Heinze § 938 Rn 14) kann im Hinblick auf deren allg Anerkennung dahinstehen. Über die gesetzlich geregelten Einzelfälle (§ 935 Rn 2) hinaus ist die Leistungsverfügung immer dann zuzulassen, wenn dies zur Abwendung wesentlicher Nachteile, insbes einer dringlichen Notlage unumgänglich ist (ie Rn 6). Kein Unterfall der Leistungsverfügung ist die **Unterlassungsverfügung** (§ 938 Rn 12, 13); zwar führt auch die Unterlassungsverfügung praktisch zu einer „Befriedigung" des „gesicherten" Unterlassunganspruchs; andererseits haben Unterlassungsverfügungen *abwehrenden* Charakter und ähneln insoweit Sicherungsverfügungen; die strengen Voraussetzungen für Leistungsverfügungen gelten daher für sie nicht (str). 1

2 **II) Regelungsverfügung. 1) Rechtsverhältnis. a)** An Stelle des zu sichernden Individualanspruchs tritt bei § 940 das zu regelnde streitige Rechtsverhältnis (ThP Rn 1). Es muß zwischen den Parteien des Verfügungsverfahrens bestehen (Düsseldorf WM 78, 359). Es kommt nicht auf die Rechtsnatur oder die rechtlichen Grundlagen des Rechtsverhältnisses an. Es muß auf gewisse Dauer gerichtet sein, braucht aber nicht von besonderer „Komplexität" zu sein; vielmehr ist § 940 erweiternd dahin auszulegen, daß eine Regelungsverfügung *„bei jeder Art Anspruch"* möglich ist (so R-Schilken § 76 II 2). Der Gläubiger braucht nach materiellem Recht keinen Anspruch auf die erstrebte Regelung zu haben; es müssen überhaupt noch keine Ansprüche aus dem Rechtsverhältnis entstanden sein (ThP Rn 2, str; aA Koblenz NJW-RR 86, 1039: aber entstehen können; ähnlich Walker aaO Rn 115). Wegen des Umfangs der rechtl Prüfung s § 935 Rn 7. **Streitig** ist das Rechtsverhältnis, wenn jede von zwei Parteien ein Recht in Anspruch nimmt oder eine Partei das Recht der anderen bestreitet; nicht nötig ist eine bereits eingetretene Verletzung. Andererseits genügt die nur befürchtete Verletzung ohne Bestreiten nicht (so auch MK/Heinze Rn 6).

3 **b)** Der Antragsteller hat schlüssig Tatsachen vorzutragen und glaubhaft zu machen, aus denen sich das Rechtsverhältnis und sein möglicher Anspruch, bei Abwehr von Störungen durch den Antragsgegner auch die Grundlage für die Beurteilung der Rechtmäßigkeit der Störung ergibt (vgl StJGr Rn 3). Der Antrag muß auf eine Regelung gerichtet sein, braucht jedoch die zu treffende Maßnahme nicht im einzelnen zu bezeichnen; dies ist Sache des Gerichts gem § 938 (vgl dort Rn 2 und § 935 Rn 4). Das Gericht entscheidet nach freiem Ermessen (ie § 938 Rn 1), welche Anordnungen zur Erreichung des Zwecks notwendig sind.

4 **2) Verfügungsgrund.** Eine Regelungsverfügung wird erlassen, wenn sie **notwendig** ist; das Gesetz nennt als Beispiel die **Abwendung wesentlicher Nachteile** und die **Verhinderung drohender Gewalt,** läßt aber auch **andere Gründe** zu. Die Regelungsverfügung dient der Wahrung des Rechtsfriedens; gleichwohl werden die Gerichte nur auf Antrag tätig. Der Verfügungsgrund ist bei der Regelungsverfügung eine besondere Form des Rechtsschutzbedürfnisses (Jauernig NJW 75, 1419; aA StJGr Rn 7). Der Verfügungsgrund ist glaubhaft zu machen, falls nicht das Gesetz die Voraussetzungen der §§ 935, 940 für entbehrlich erklärt (zB § 25 UWG; vgl § 935 Rn 12). Das Vorliegen eines Verfügungsgrundes ist auf Grund objektiver Betrachtungsweise zu beurteilen. Die schutzwürdigen Interessen beider Seiten sind im Rahmen des gerichtlichen Beurteilungsspielraums gegeneinander abzuwägen; **„nötig"** iS von § 940 ist die Regelung nur dann, wenn sie nicht ihrerseits gewichtigere Interessen des Schuldners verletzt (R-Schilken § 76 II 2b). Ein Verfügungsgrund fehlt, wenn der Antragsteller trotz ursprünglich bestehenden Regelungsbedürfnisses lange zugewartet hat, bevor er die einstw Verfügung beantragt (MK/Heinze Rn 10: Selbstwiderlegung). Durch langes Zuwarten wird insbesondere eine gesetzliche Dringlichkeitsvermutung widerlegt (Hamm NJW-RR 90, 1236; Frankfurt NJW 85, 1295; GRUR 84, 693 für § 25 UWG; KG MDR 94, 1012 für § 885 I 2 BGB; sa Rn 8 „Wettbewerbsrecht").

5 **3) Einzelne Rechtsgebiete:** s Rn 8.

6 **III) Leistungsverfügung** (Befriedigungsverfügung). **1) Voraussetzungen.** Die auf Erfüllung gerichtete einstw Verfügung setzt Verfügungsanspruch (strenge Prüfung) und Verfügungsgrund nach Maßgabe der §§ 935, 940 voraus. Dies bedeutet hier, von den gesetzlichen Ausnahmen (zB § 1615 o BGB) abgesehen, daß die **besondere Voraussetzung,** daß der **Gläubiger auf die sofortige Erfüllung dringend angewiesen** ist **(Verfügungsgrund),** darzulegen und glaubhaft zu machen ist (Düsseldorf FamRZ 79, 75 und 426; NJW-RR 96, 124). **Leistungsverfügung** ist dann auch bei sonstigen Handlungen, zB bei Lieferung von Gas, Wasser und Strom (LG Rottweil Justiz 83, 453; StJGr vor § 935 Rn 54; ie Rn 8 „Energielieferung" und in den Fällen **zulässig,** in denen die **geschuldete Handlung so kurzfristig zu erbringen ist,** daß die **Erwirkung eines Titels im ordentlichen Verfahren nicht möglich** ist (Frankfurt NJW 75, 393; Köln NJW-RR 95, 1088; Schuschke/Walker § 938 Rn 12). Beispiel: Ankündigung von Erfüllungsverweigerung bei Fixgeschäft kurz vor Leistungszeit (LG München NJW-RR 87, 958; idR aber Zurückhaltung gegenüber „einstw Verfügungen auf Durchführung von Austauschverträgen" geboten; vgl dazu Stürner, FS Zeuner, 1994, S 513). Wichtige Anwendungsbereiche sind allgemein: Ansprüche auf Unterhalt (Rn 8), Lohn, Gehalt, Rentenzahlungen, uU Schadensersatzansprüche (Heilungskosten), Herausgabe (Besitzschutz), Vornahme von Handlungen einschließlich der Abgabe von Willenserklärungen (vgl MK/Heinze Rn 21 ff, 28 ff vor § 935) und Erteilung von Auskünften (Rn 8). Es empfiehlt sich immer, die Leistungsverfügung zeitlich zu begrenzen (vgl LG Krefeld MDR 70, 148; Karlsruhe FamRZ 80, 1117; weitergehend MK/Heinze § 938 Rn 19: Fristsetzung für Hauptsacheklage von Amts wegen). Der Erlaß einer *weiteren* Leistungsverfügung kommt aber auch bei Vorliegen der erforderlichen Notlage dann nicht in Betracht, wenn der Gläubiger es unterlassen hat, innerhalb der zeitlichen Begrenzung seinen Anspruch im Klageverfahren zu verfolgen (Frankfurt FamRZ 90, 540 mwN; Düsseldorf NJW-RR 92, 199). Der Verfügungsgrund entfällt bei bestehenden Ansprüchen auf Sozialleistungen, auch bei durchsetzbaren Unterhaltsansprüchen; auf Sozialhilfe

ein Vollstreckungshindernis entgegensteht (LG Dortmund BauR 82, 289). Die Vollziehung der einstw Verfügung unterbricht als Vollstreckungshandlung gem § 209 II Nr 5 BGB die Verjährung für den gesicherten Zahlungsanspruch (so MK/Heinze § 935 Rn 232, str; aA Düsseldorf BauR 80, 475; Schuschke/Walker Rn 44 vor § 935). Kostenfragen vgl Heyers BauR 80, 20 (25 ff).

● **Beweissicherung:** Unabhängig von § 485 besteht auch die Möglichkeit, einen materiell-rechtlichen Vorlage-, Besichtigungs-, Inspektions- oder Duldungsanspruch (vgl allg §§ 809, 811 iVm 242 BGB) im Wege einstw Verfügung durchzusetzen (vgl BGH 93, 193, 198 ff; Schlosser JZ 91, 607 mit Fn 67; Wussow NJW 69, 1407 mit Fn 40; Baumgärtel/Laumen § 808 BGB Rn 2; Wieczorek/Schütze/Thümmel Rn 51; § 935 Rn 10; **aA** Köln BauR 95, 874 = OLGR 95, 229; Stuttgart NJW-RR 86, 1448; Schuschke/Walker Rn 9 vor § 935). Zur Sicherung eines Vernichtungsanspruchs (zB gem § 18 MarkenG) kann im Weg einstw Verfügung eine Durchsuchungsanordnung ergehen (vgl OLGR Frankfurt 95, 214; dazu Gleußner ZAP F 14 S 214, 475 ff).

● **Bürgschaft:** s „Bankrecht" aE.

● **Ehe- und Familienrecht** (vgl auch „Unterhaltsrecht"). **Lit:** *Gießler,* Vorläufiger Rechtsschutz in Ehe-, Familien- und Kindschaftssachen, 2. Aufl 1993. Der Anspruch auf Wirtschaftsgeld kann in dringenden Fällen durch einstw Verfügung geregelt werden (Düsseldorf FamRZ 83, 1121); zur vorläufigen Sicherung des Anspruchs auf Sicherheitsleistung gem § 1389 BGB und auf künftigen Zugewinnausgleich vgl § 916 Rn 5 und 8. Eine einstw Verfügung auf Prozeßkostenvorschuß ist nur möglich, soweit nicht eine entspr einstw Anordnung aufgrund vorrangiger Sondervorschriften in Frage kommt (vgl §§ 127a, 620 Nr 9, 691 f I), eine einstw Verfügung auf Räumung der Ehewohnung nur, soweit nicht §§ 1, 13 IV HausratsVO eingreifen (vgl Zweibrücken FamRZ 83, 1254; sa § 940a Rn 2). Zulässig ist eine einstw Verfügung in Form eines Veräußerungsverbots zur Verhinderung eines gegen § 1365 BGB verstoßenden Rechtsgeschäfts (Frankfurt NJW-RR 86, 1332). Umstr sind Belästigungsverbote unter Eheleuten durch einstw Verfügung (dafür zB Düsseldorf Fam RZ 95, 183; nach aA Fall von § 620 Nr 5; so hier § 620 Rn 29, 55 mwN). Zweifelhaft erscheint, ob eine einstw Verfügung auf Antrag des künftigen Vaters gegen die Mutter auf Unterlassung eines illegalen Schwangerschaftsabbruchs möglich ist (so AG Köln NJW 85, 2201 – Vormundschaftsgericht –, das durch eine Entscheidung gem § 1628 BGB den Verfügungsantrag des Vaters ermöglichen will; zust Mittenzwei AcP 187, 274 ff, zu Recht abl Palandt/Diederichsen § 1626 Rn 6 mwN).

● **Energielieferung:** Macht ein Versorgungsunternehmen gegenüber einem säumigen Kunden von der Möglichkeit der *Liefersperre* Gebrauch (Voraussetzungen: Zahlungsrückstand, Mahnung, Androhung, Wahrung der Verhältnismäßigkeit; ie § 33 II AVBEltV, vgl auch BVerfG NJW 82, 1511; 83, 32; LG Osnabrück NJW-RR 88, 498 mwN), so kann der Kunde sein Recht auf Wiederherstellung eines unterbrochenen Versorgungsanschlusses im Wege der einstw Verfügung durchsetzen (LG Rottweil Justiz 83, 453; LG Düsseldorf NJW-RR 95, 906). **Lit:** *v. Hesler,* Einstw Verfügung auf Wiederaufnahme der Energieversorgung usw, Recht der Elektrizitätswirtschaft 46 (1985), 42 ff.

● **Gesellschaftsrecht: Lit:** *v. Gerkan,* Gesellschafterbeschlüsse usw und einstw Rechtsschutz, ZGR 85, 167; *Schmitt,* Einstw Rechtsschutz gegen drohende Gesellschafterbeschlüsse in der GmbH? ZIP 92, 1212; *Semler,* Einstw Verfügungen bei Gesellschafterauseinandersetzungen, BB 79, 1533; *Wohlleben,* Einstw Rechtsschutz im Personengesellschaftsrecht, 1990; *Zutt,* Einstw Rechtsschutz bei Stimmbindungen, ZHR 155 (1991), 190. **Zulässig** ist die *Entziehung der Geschäftsführungs- und Vertretungsbefugnis* (vgl §§ 117, 127 HGB) durch einstw Verfügung (BGH 33, 105, allgM), auch die Übertragung dieser Befugnisse auf Dritte (Nichtgesellschafter: BGH 33, 108), ferner die einstw Regelung der Gesellschaftsverhältnisse, zB Verbot des Betretens von Geschäftsräumen, Einsichtnahme in Geschäftsbücher, vorläufige Aufrechterhaltung der Mitgliedschaftsrechte bei Streit über die Wirksamkeit eines Ausschlusses [Düsseldorf NJW-RR 88, 1271] usw; durch einstw Verfügung kann auch die Abhaltung einer Gesellschafterversammlung und die Vollziehung eines gefaßten Beschlusses untersagt werden (Koblenz NJW-RR 86, 1039 mwN; Hamm DB 92, 2129). **Unzulässig** ist dagegen die Ausschließung eines Gesellschafters aus der Gesellschaft (§ 140 HGB; § 938 Rn 3) und eine ihr gleichkommende Beschränkung seiner Rechte (Düsseldorf NJW 89, 172: *Einseitige* Entziehung von Geschäftsführungs- und Vertretungsbefugnis in Zwei-Personen-Gesellschaft bei *beiderseitigem* Entziehungsgrund), **idR** auch die Einflußnahme auf die Willensbildung der Gesellschaft, etwa durch das Verbot einer bestimmten Beschlußfassung (Koblenz NJW 91, 1119 mN; MK/Heinze § 935 Rn 138; aA Hamburg NJW 92, 187 mN; Frankfurt NJW-RR 92, 934; Schmitt aaO); in engen Grenzen werden davon Ausnahmen zugelassen, so bei eindeutiger Rechtslage und besonderer Schutzwürdigkeit des Antragstellers (Stuttgart NJW 87, 2449; Saarbrücken NJW-RR 89, 1512). Beispiel: Bevorstehender Ausschluß als Gesellschafter bei offensichtlichem Fehlen von Ausschließungsgrund; zweifelhaft bei Durchsetzung von Stimmbindung (s Hamburg NJW 92, 186). Eine *Feststellung* der Unwirksamkeit von Beschlüssen ist durch einstw Verfügung nicht möglich (Celle ZIP 89, 1552; aA für interimistische Feststellungen Kohler ZZP 103, 184; Vogg NJW 93, 1359, 1363; Schuschke/Walker Rn 65 vor § 935). Soweit die Verfahrenszuständigkeit des Registergerichts reicht (zB nach § 145 FGG iVm §§ 146, 147 HGB), sind einstw Verfügungen unzulässig; zB Abberufung von Liquidatoren (Frankfurt NJW-RR 89, 98 = MDR 89, 169).

● **Gewerblicher Rechtsschutz. Lit:** *Meier-Beck,* Die einstw Verfügung wegen Verletzung von Patent- und Gebrauchsmusterrechten, GRUR 88, 861; *Schultz-Süchting,* Einstw Verfügungen in Patent- und Gebrauchsmustersachen, GRUR 88, 571. Einstw Verfügungen sind bei **Patentverletzungen** nach allg Grundsätzen zulässig, beschränkende Sondervorschriften bestehen nicht. Die Besonderheiten des Verfahrsgegenstands bringen es jedoch mit sich, daß Unterlassungsverfügungen (vgl § 139 I PatG) nur ausnahmsweise (hM, dazu krit Schultz-Süchting aaO; offen Düsseldorf GRUR Int 90, 471) erlassen werden, wenn sich keine durchgreifenden Zweifel am Bestehen des Schutzrechts aufdrängen und die Verletzungsfrage einfach zu beurteilen ist (Karlsruhe GRUR 88, 900; KG BB 94, 1596 = KGR 94, 154; Meier-Beck aaO S 863 ff, hM); Einwendungen gegen den Bestand des Schutzrechts hat der Schuldner (Rn 6 vor § 916) glaubhaft zu machen, zB aufgrund schwebender Einspruchs-, Nichtigkeits- oder Löschungsverfahren (ie Meier-Beck aaO S 864 f). Für den Verfügungsgrund gilt § 25 UWG nicht (Düsseldorf GRUR 94, 508 mwN, hM, str). Wegen der mit einer Unterlassungs-(Untersagungs-)verfügung verbundenen Schwere des Eingriffs kann Anordnung von Sicherheitsleistung geboten sein (Karlsruhe GRUR 80, 794) oder (problematisch: Schultz-Süchting aaO S 577) anstelle einer Unterlassungsverfügung Hinterlegung des Verletzergewinns in Frage kommen. Erteilung einer **Zwangslizenz** durch einstw Verfügung ist möglich (§ 85 PatG; § 20 GebrMG). Vgl auch „Auskunft", „Beweissicherung", „Urheberrecht".

- **Grundbuch:** Aufgrund einstw Verfügung kann eingetragen werden: Vormerkung (§ 885 I, 1. Alt BGB, § 941), Widerspruch (§ 899 II 1, 1. Alt BGB, § 941), sog Rechtshängigkeitsvermerk (§ 325 Rn 50 mwN), Erwerbsverbot (§ 938 Rn 12 f), Veräußerungsverbot (§ 938 Rn 12 f; Bsp oben „Familienrecht"), über § 894 (vgl § 828 Rn 8) auch sonstige Eintragungen (zB Grundschuld: OLGR Köln 96, 123), nicht die Löschung einer Auflassungsvormerkung (KG MDR 77, 500). Bezieht sich das Verfügungsverbot auf ein Briefgrundpfandrecht, ist wegen §§ 41, 42 GBO zugleich gem § 938 Briefherausgabe anzuordnen (ie Meyer-Stolte Rpfleger 83, 250; sa Düsseldorf NJW-RR 88, 266). Rechtsfolgen uU (je nach Art der einstw Verfügung): Von Amts wegen zu berücksichtigendes Eintragungshindernis, relative Unwirksamkeit (§§ 135, 136, 883 II), Ausschluß von gutem Glauben (§ 892 I 2, § 325 II und dort Rn 50), nicht: Grundbuchsperre. Vgl auch unten „Rückerstattung usw" sowie § 938 Rn 5, 12, 13; § 941 Rn 1 f.

- **Handelsregister:** Eintragungen können durch einstw Verfügung für unzulässig erklärt werden (vgl § 16 HGB; Hamm BB 81, 259 m Anm Baums). Löschungen im Handelsregister können nicht durch einstw Verfügung erreicht werden.

- **Heilbehandlung:** Eine bestimmte Behandlungsmethode kann idR nicht durch einstw Verfügung angeordnet werden (LG Karlsruhe NJW 92, 756: Anschließung an Beatmungsgerät; Köln NJW-RR 95, 546: längere stationäre Behandlung).

- **Herausgabe, Räumung und Besitzschutz:** Durch einstw Verfügung (Leistungsverfügung) kann Herausgabe von Gegenständen insbesondere im Rahmen des Besitzschutzes (§§ 858, 861 BGB) verlangt werden (Hamm NJW-RR 91, 1526 = MDR 91, 941; Köln MDR 95, 1215; LG Bremen MDR 89, 1111; abl Hamburg MDR 70, 770 bei entzogenem Mitbesitz (§ 866 BGB); vgl auch AG Bruchsal NJW 81, 1674; dazu Smid JuS 82, 892). Eine besondere Dringlichkeit (Verfügungsgrund) ist nicht erforderlich (LG Bremen MDR 89, 1111; Köln JMBl NRW 90, 178). Bei einer einstw Verfügung gegen namentlich nicht bekannte Besitzstörer von Gebäuden zum Zweck der Räumung (sog Hausbesetzerfälle) ist eine hinreichend bestimmte Umgrenzung der Personengruppe erforderlich (ie mwN § 935 Rn 4). Darüber hinaus wird Herausgabe durch einstw Verfügung nur dann angeordnet, wenn der Gläubiger auf die jeweiligen Sachen **dringend angewiesen** ist, zB für seinen Lebensunterhalt (Arbeitsgeräte, StJGr vor § 935 Rn 45, Arbeitspapiere, LAG Frankfurt Betrieb 81, 534, Betriebsaufzeichnungen, OLGR Köln 96, 155, und dergl) oder die Gefahr einer **Schädigung** durch mißbräuchliche Verwendung besteht (LG Köln NJW-RR 87, 1530 [1532]: Herausgabe von sicherungshalber übergebenem Blankoscheck; s auch „Wechselrecht"). Eine Herausgabeverfügung kann nicht durch Parteizustellung allein **vollzogen** werden (Hamm MDR 93, 275). Zu einstw Verfügungen auf **Zutritt** zu einer Wohnung und auf **Wiedereinräumung** des Wohnungsmitbesitzes s Behr NJW 92, 2128; Schreiber NJW 93, 625; AG Waldshut-Tiengen NJW-RR 94, 712.

Schwebt ein **Rechtsstreit über das Eigentum** an einer Sache, so kann Herausgabe (idR an einen Sequester, § 938 II) zum Zweck der vorläufigen Regelung des Besitzes angeordnet werden, wenn die Voraussetzungen des Verfügungsgrundes vorliegen. Bloße Weiterbenutzung nach Beendigung eines Nutzungsverhältnisses genügt idR nicht (Düsseldorf MDR 95, 635 gegen MDR 84, 411; zust Kleier MDR 84, 370; sa § 935 Rn 13). Bei unter Eigentumsvorbehalt gelieferter Ware ist daher Verfügungsgrund eine „übermäßige, die Sache in ihrer Substanz verändernde Benutzung" (Köln ZIP 88, 445 mN betr Leasing-Kfz, str; einschr LG Braunschweig, KrG Arnstadt MDR 93, 757), ferner die drohende Weiterveräußerung von Vorbehaltsware durch den nicht mehr besitzberechtigten (§§ 455, 326 I, 327, 346 BGB) Vorbehaltskäufer (vgl OLGR Düsseldorf 95, 204). Hingegen kann der Absonderungsberechtigte nicht die Herausgabe des Sicherungsgutes aus der Konkursmasse im Wege einstw Verfügung verlangen (LG Köln ZIP 85, 496). Bauunterlagen können im Original nicht durch einstw Verfügung herausverlangt werden (Frankfurt BauR 80, 193). Einsicht in Krankenunterlagen zur Abschätzung des Prozeßrisikos kann nicht durch einstw Verfügung verlangt werden (LG Karlsruhe VersR 82, 1165). Ein abgeschlepptes **Kfz** kann nicht durch einstw Verfügung herausverlangt werden (LG Göttingen MDR 80, 324). **Abgrenzung: Keine** Herausgabeverfügungen bei Eingreifen von einstw Anordnung (§§ 1, 13 IV HausrVO; §§ 620 ff) oder FGG-Verfahrenszuständigkeit. Beispiele: Herausgabe von Gegenständen des Hausrats (Düsseldorf FamRZ 94, 391 mwN, str; abw Bamberg OLGZ 93, 475), Kindesherausgabe (Hamm FamRZ 92, 209). Vgl auch unten „Rückerstattung usw".

- **Kartellrecht:** Einstw Verfügungen auf **Belieferung** wegen Diskriminierung gem §§ 26 II 2, 35 GWB werden überwiegend in engen Grenzen für grundsätzlich zulässig erachtet (Düsseldorf WuW 81, 372; Karlsruhe WRP 80, 638; Stuttgart NJW-RR 90, 940; Koblenz WRP 91, 412 mN; Frankfurt NJW-RR 91, 166 f; Baur/Stürner Rn 53.28; abl Saarbrücken WuW 82, 377, im Einzelfall auch LG Hamburg WuW 88, 71; ie Möschel, Recht der Wettbewerbsbeschränkungen Rn 1154). Bei unzulässiger Aufforderung zu einer

Bezugssperre (§ 26 I GWB) kann ein einstw **Widerruf** angeordnet werden (Stuttgart WRP 89, 202). Verstöße gegen Vergaberichtlinien rechtfertigen idR keine einstw Verfügung (KGR 95, 190 und 263). Zur Aussetzung anderer Eilverfahren wegen kartellrechtl Vorfragen vgl Rn 9 vor § 916.

● **Mietrecht:** Die Zustimmung des Mieters zu Erhaltungsmaßnahmen iS von § 541a BGB kann der Vermieter durch einstw Verfügung nur dann verlangen, wenn eine akute Gefahr für die Mietsache besteht (AG Neuss NJW-RR 86, 314). Beabsichtigter unangemessener Gebrauch der Mietsache kann durch einstw Verfügung untersagt (AG Bad Homburg NJW-RR 92, 335), ordnungsmäßige Beheizung der Mieträume kann geboten werden (vgl Köln ZMR 94, 325 = OLGR 94, 219; Baur/Stürner 53.21 mN in Fn 48). Bei Geschäftsräumen kann ein vertraglicher Konkurrenzschutz auch im Wege der einstw Verfügung durchgesetzt werden (Frankfurt NJW-RR 88, 936; Hamm NJW-RR 90, 1236; ZMR 91, 297). Keine einstw Verfügung auf Unterlassen von Äußerungen des Mieters über Mängel der Mietsache gegenüber Kaufinteressenten (Celle NJW-RR 91, 781). Vgl auch die Erl zu § 940a.

● **Neue Bundesländer:** s „Rückerstattung nach dem VermG".

● **Patentrecht:** s „Gewerblicher Rechtsschutz".

● **Politische Auseinandersetzungen:** Hier hat das Parteischiedsgerichtsverfahren gem § 14 PartG, das idR einstw Anordnungen der Parteischiedsgerichte nach dem Vorbild der §§ 935 ff ermöglicht, den Vorrang vor dem vorläufigen Rechtsschutz durch die ordentlichen Gerichte (vgl Hamm MDR 71, 56; 72, 521; LG Düsseldorf NJW-RR 90, 832; Vollkommer, FS Nagel, 1987, S 474); eine einstw Verfügung auf Unterlassung von Ehrverletzungen gegen Abgeordnete soll unzulässig sein (so Saarbrücken NJW-RR 94, 184, zweifelhaft; vgl auch S 766); zum Namensschutz durch einstw Verfügung s LG Hannover NJW 94, 1356; allg Rn 4 vor § 916.

● **Presserecht: Lit:** *Löffler,* Presserecht, Kommentar, 3. Aufl 1983, Band I: Landespressegesetze; *Seitz/Schmidt/Schoener,* Der Gegendarstellungsanspruch in Presse, Film, Funk und Fernsehen, 2. Aufl. 1990. Im Rahmen eines **vorbeugenden Rechtsschutzes** kann ein Betroffener sich gegen die Veröffentlichung (Verbreitung) ehrverletzender Behauptungen durch ein Presseorgan mit einer einstw Verfügung wehren (Löffler, § 1 LPG Rn 155); darin liegt kein Verstoß gegen Art 5 I 3 GG (Löffler aaO; Koebel, NJW 67, 322 f). Bejaht das Gericht im Einzelfall die Dringlichkeit einer gerichtlichen Regelung (Verfügungsgrund), so hängt die anzuordnende Maßnahme gem § 938 von den zeitlichen Möglichkeiten ab. So kommt in erster Linie ein Verbot der Aufstellung der konkreten ehrverletzenden Behauptung in Betracht, nur in besonderen gravierenden Ausnahmefällen das Auslieferungsverbot einer ganzen Zeitungsauflage (vgl Löffler, Vorbem §§ 13 ff Rn 56; Koebel NJW 67, 324 f).

Nach der Veröffentlichung bestimmter Behauptungen können dem Betroffenen Ansprüche auf **Widerruf** und **Gegendarstellung** zustehen. Der Widerrufsanspruch kann nach überwiegender Meinung nicht durch einstw Verfügung durchgesetzt werden (Bremen AfP 79, 355; Köln AfP 81, 358; MK/Heinze § 935 Rn 248; aA – „eingeschränkter" [einstweiliger] Widerruf zulässig – Brox/Walker Rn 1599; E. Schneider AfP 84, 129). Im Rahmen der Aktualitätsgrenze der Pressemeldung (bei Tageszeitung höchstens 3 Monate: München NJW-RR 89, 180; dazu näher Schmidt/Seitz NJW 91, 1015 mN) wird die Veröffentlichung der **Gegendarstellung** durch einstw Verfügung angeordnet (im wesentl übereinst §§ 10/11 der Landes-PresseGes, s *Seitz/Schmidt/Schoener* Anh I; gesetzliche Grundlage erforderlich: BVerfG DtZ 94, 67). Die betroffene Redaktion soll vor Ablehnung der nicht ordnungsgemäßen Gegendarstellung auf eine richtige Abfassung hinwirken (LG Wiesbaden MDR 83, 759). Das Gericht ist wegen des höchstpersönl Charakters der Erklärung zu (wesentlichen) Änderungen nicht befugt (München NJW-RR 89, 350 mwN; Hamburg NJW-RR 95, 1054; aA MK/Heinze § 935 Rn 250). Auch wenn sich das Presseorgan bereits zur Veröffentlichung der Gegendarstellung bereit erklärt hat, verlangt die hM noch eine Vollziehung der einstw Verfügung durch Parteizustellung (München NJW-RR 89, 180; Frankfurt OLGZ 86, 477 = NJW-RR 87, 764 = MDR 86, 768), die Vollziehungsfrist (§ 929 II) darf aber – voll – ausgenutzt werden (Hamburg AfP 87, 434). Wegen des Verhältnisses der presserechtlichen einstw Verfügung zum Hauptsacheprozeß vgl § 926 Rn 2; zur Zuständigkeit vgl § 32 Rn 12. Zum Schadensersatz bei ungerechtfertigter Anordnung der Veröffentlichung einer Gegendarstellung vgl Nüssgens, FS Faller, 1984, S 461, zum Rechtsschutz gegenüber Pressemitteilungen der Ermittlungsbehörden vgl BVerwG NJW 89, 412; Wasmuth NJW 88, 1705.

● **Prozeßführung:** Gegen das der Rechtsverfolgung oder Rechtsverteidigung dienende Vorbringen einer Partei oder ihres Prozeßbevollmächtigten im Zivilprozeß gibt es grundsätzlich keinen Unterlassungsanspruch und damit keinen negatorischen Rechtsschutz (vgl Düsseldorf NJW 87, 2522 und 3268 mwN; Hamm WRP 93, 122; München NJW-RR 95, 1215; Walter JZ 86, 614 ff; krit MK/Heinze § 935 Rn 252), so daß auch einstw Verfügungen auf Unterlassung eines bestimmten Parteivorbringens im Prozeß ausscheiden (Düsseldorf NJW 87, 2522). Bsp: keine einstw Verfügung gegen die Bezeichnung eines klagenden Wettbewerbsvereins in einer Abmahnsache als „Absahn-Hai" (LG Berlin NJW 84, 1760). Es handelt sich um einen allg Grundsatz, der für *jedes* (vor-)gerichtliche/behördliche Verfahren gilt (vgl LG Trier NJW 74, 1774; OLGR Celle 95, 237 mN; München aaO: Schlichtungsstelle).

● **Rückerstattung nach dem VermG.** Die bei Vorliegen einer Anmeldung des Berechtigten (Begriff: § 2 I VermG; früherer Eigentümer oder dessen Rechtsnachfolger) den derzeitigen Verfügungsberechtigten (Begriff: § 2 III VermG; Rechtsnachfolger des ehemaligen Rechtsträgers des volkseigenen Vermögenswerts; privater Erwerber iS von § 1 III VermG) gem **§ 3 III VermG** treffenden **Beschränkungen** sind nicht als gesetzliches Verfügungsverbot (§§ 134, 135 BGB), sondern als im Rahmen eines gesetzlichen Schuldverhältnisses bestehende *Unterlassungspflicht* ausgestaltet (§ 241 S 2 BGB), deren Verletzung (auch) schadensersatzpflichtig machen kann. Dem steht nicht entgegen, daß der Rückerstattungsanspruch selbst öffentlich-rechtlicher Natur ist (§ 3 I VermG; BGH 124, 150 f; KG NJW 91, 360; MDR 91, 758; offen noch BGH 121, 355; aA Uechtritz DB 92, 1329). Die Sicherbarkeit der Rechtsposition des Rückerstattungsberechtigten durch einstw Verfügung ist im Grundsatz **allg anerkannt** (vgl BVerfG 86, 16 mwN = NJW 92, 1676; 86, 135 mN; aA KG MDR 92, 197; weitere Rspr su), die einzelnen zur Anwendung kommenden Sicherungsmittel sind freilich noch nicht abschließend geklärt; bei der Lösung der offenen Fragen ist zu berücksichtigen, daß das Instrumentarium von BGB/ZPO nicht auf die Verhältnisse nach dem VermG zugeschnitten ist (**Lit:** *Kohler* NJW 91, 465; DNotZ 91, 699; *Stein* ZIP 92, 893). **a)** Einstw Verfügung auf Eintragung einer **Vormerkung** gem §§ 885 I, 883 I BGB (so KrG Bad Salzungen ZIP 90, 1634; **aA** BezG Meiningen DtZ 91, 251; BezG Gera ZIP 92, 138; Kohler NJW 91, 469; DNotZ 91, 703). Der öffentlich-rechtliche Rückerstattungsanspruch selbst scheidet als Vormerkungsgegenstand aus (KG MDR 91, 758), in Frage kommt allenfalls ein dem Verfügungsberechtigten gegenüber bestehendes privatrechtliches Anwartschaftsrecht (so KrG Bad Salzungen aaO). Eine Glaubhaftmachung der Anspruchsgefährdung ist nicht erforderlich (§ 885 I 2 BGB). Rechtsfolge: Erwerbsschutz gem § 888 BGB. **b)** Einstw Verfügung auf Eintragung eines **Widerspruchs** gem §§ 899 II, 894, 892 I 2 BGB (so BezG Frankfurt/Oder DtZ 91, 250; BezG Potsdam ZIP 90, 1229 [noch vor 3. 10. 1990]; **aA** BezG Dresden DtZ 91, 250 und 302; Kohler NJW 91, 469; DNotZ 91, 702). Eine Grundbuchunrichtigkeit iS einer Nichtverlautbarung einer Verfügungsbeschränkung (vgl § 892 I 2 BGB) liegt im Hinblick auf die nur schuldrechtlich wirkende Beschränkung gem § 3 III VermG nicht vor. Grundbuchunrichtigkeit hinsichtl des Eigentums im Fall von § 1 III VermG ist glaubhaft zu machen (§ 935 Rn 8; sa § 899 II 2 BGB), bloße Zweifel an der Richtigkeit genügen nicht (KG MDR 91, 758 mit zT unzutr LS). **c) Gerichtliches Verfügungsverbot** gem § 938 II. Voraussetzungen: Glaubhaftmachung von Rückerstattungsanspruch und konkret drohender Beeinträchtigung durch redlichen Nacherwerb (vgl BezG Gera ZIP 92, 139; Kohler NJW 91, 470; DNotZ 91, 705); Folge: Verfügungsverbot iS von §§ 136, 135 BGB; es besteht unabhängig von einer Eintragung, ist aber eintragungsfähig (§ 938 Rn 14; § 941 Rn 1). **d)** Einstw Verfügung auf Eintragung eines **„Rückerstattungsvermerks"** (Vorbild: Rechtshängigkeitsvermerk, s § 325 Rn 50; zu Enteignungsvermerken [-vormerkungen] s MünchKomm/Wacke, BGB, § 883 Rn 10). Voraussetzung: Anmeldung von Rückerstattungsanspruch; Rechtsfolge: Nur Verlautbarung des schwebenden Rückerstattungsverfahrens, kein Verfügungsverbot; allerdings kann Erwerb in Kenntnis einer pflichtwidrigen Verfügung entgegen § 3 III VermG *unredlich* sein (§ 242 BGB; vgl Jauernig/Vollkommer, BGB, 6. Aufl, § 242 Anm III 3baa). **e) Unterlassungsverfügungen.** Der frühere Eigentümer kann von dem derzeitigen Inhaber des zurückzuübertragenden Grundstücks Unterlassung von **Neubauvorhaben** (vgl BVerfG MDR 91, 757) sowie aller nicht der notwendigen Unterhaltung dienenden **Umbaumaßnahmen** verlangen (KG DtZ 91, 191 mit Anm Busche S 294; BezG Erfurt DtZ 91, 252; BezG Magdeburg ZIP 91, 546 = DtZ 91, 251; Kohler DNotZ 91, 699). **Beachte:** Für den Anspruch des früheren Eigentümers eines Betriebs gegen die Treuhandanstalt auf **Unterlassung der Genehmigung** eines Unternehmenskaufvertrags bis zum Abschluß des Hauptverfahrens ist idR der *Verwaltungsrechtsweg* gegeben (vgl VG Berlin ZIP 91, 962 ff; KG NJW 91, 360; anders, wenn die Treuhandanstalt *selbst* Verfügungsberechtigte iS von § 2 III VermG ist, vgl VG Berlin aaO S 963 f).

● **Sport. Lit:** *Württ. Fußballverband e. V.* (Hrsg), Einstw Rechtsschutz im Sport, 1985. Einstw Verfügungen durch staatliche Gerichte sind nicht dadurch ausgeschlossen, daß ein ständiges Schiedsgericht durch Verbandsstatuten ermächtigt ist, einstw Anordnungen im Eilverfahren zu treffen (LG Frankfurt NJW 83, 761 m Anm Vollkommer NJW 83, 726; ausführlich Vollkommer RdA 82, 16 ff). Eine Lizenz kann durch einstw Verfügung erteilt werden (LG Frankfurt aaO), desgleichen die Zustimung zum Vereinswechsel eines Amateurfußballers (LG Lübeck NJW-RR 88, 122) und die Aussetzung einer Wettkampfsperre (Frankfurt NJW 92, 2576 mwN in Anm), nicht die Durchsetzung unentgeltlicher Kurzberichterstattung (Bremen SpuRt 94, 85). Vgl auch Rn 4 vor § 916. Materialreich „SpuRt", s Zwei-Jahresregister 1994/95, Stichw „einstw Verfügung".

● **Stromunterbrechung:** s „Energielieferung".

● **Telefonsperre:** Die Wiederherstellung des Anschlusses durch einstw Verfügung ist möglich, wenn die Sperre zur Durchsetzung streitiger Ansprüche erfolgt (AG Frankfurt BB 94, 1457; aA AG Koblenz NJW 94, 2367).

● **Unterhaltsrecht. Lit:** *Gießler* aaO (oben „Familienrecht"); *Göppinger,* Unterhaltsrecht, 5. Aufl; *Compensis,* Die einstw Verfügung auf Unterhaltsleistung, 1991; *Thran,* Leistungsvefügung und Sozialhilfe, FamRZ 93, 1395. **a)** Der vorläufige Rechtsschutz von Unterhaltsforderungen erfolgt durch **Geldleistungsverfügung.** Bei Unterhaltsansprüchen scheidet im Hinblick auf die besondere Schutzbedürftigkeit des Unterhaltsgläubigers eine bloße Sicherung (wie idR bei Geld- und Individualansprüchen, vgl Rn 1 vor § 916; § 935 Rn 2) ohne weiteres aus. Obwohl Unterhaltsansprüche uU nicht primär auf Geldleistung gerichtet sind (vgl §§ 1360 ff, 1569 ff, 1601 ff BGB), ist allgemein anerkannt, daß als Mittel des vorläufigen Rechtsschutzes nur die – zeitlich und gegenständlich beschränkte – vorläufige Befriedigung durch auf Geld gerichtete Leistungsverfügung in Frage kommt (Rn 6).

b) Abgrenzung zu einstweiligen Anordnungen (§§ 620, 641d). Es gilt der Grundsatz des **Vorrangs** des (besonderen) **Anordnungsverfahrens** vor dem (allg) Verfügungsverfahren (§ 620 Rn 20; Rn 1b vor § 916; § 935 Rn 3). Ie gelten folgende Besonderheiten: Ist das Verfügungsverfahren zulässigerweise eingeleitet worden, bleibt es auch dann zulässig, wenn später eine **Ehesache anhängig** wird (Koblenz NJW-RR 89, 904 = FamRZ 89, 196; sa Karlsruhe NJW 95, 1908). Eine amtswegige Überleitung des Verfügungsverfahrens in ein einstw Anordnungsverfahren findet dann nicht statt (Düsseldorf OLGZ 87, 367 = FamRZ 87, 497, str; aA Gießler Rn 380). War die Ehesache dagegen bei Eingang des Verfügungsantrags bereits anhängig, so wird das Verfahren als einstw Anordnungsverfahren geführt (Karlsruhe FamRZ 89, 523). Auch während einer Ehesache ist Kindesunterhalt für ein **volljähriges Kind** nur durch einstw Verfügung möglich (vgl Sedemund-Treiber FamRZ 86, 213; arg § 620 Nr 4). Zur Frage des Übergangs vom Verfügungs- in das Hauptsacheverfahren s § 920 Rn 14.

c) Verfügungsgrund. Wie allg bei der Leistungsverfügung (Rn 6), sind auch bei der Unterhaltsverfügung strenge Anforderungen zu stellen (Celle FamRZ 94, 386; Hamm NJW-RR 86, 943; Köln FamRZ 83, 410 mwN). **aa)** So *fehlt* es am erforderlichen Verfügungsgrund, wenn der Antragssteller *längere Zeit* bis zur Geltendmachung des Unterhaltsanspruchs *gewartet* hat (Hamm FamRZ 88, 855), insbesondere wenn er es versäumt hat, sich bereits im Scheidungsverfahren einen vollstreckbaren Titel zu verschaffen (Frankfurt FamRZ 90, 540 mN; Celle NJW 90, 3281 mN; Gießler Rn 697); freilich steht nicht jede Nachlässigkeit des Berechtigten bei der Rechtsverfolgung der Inanspruchnahme des Eilverfahrens entgegen (zutr Gottwald FamRZ 89, 881). Dagegen steht die laufende Gewährung von *Sozialhilfe* dem Erlaß der Unterhaltsverfügung nicht entgegen (ebenso: Frankfurt FamRZ 87, 1164; Koblenz FamRZ 88, 189; Stuttgart FamRZ 88, 305, str; **aA** Hamm FamRZ 88, 529 und 855; Oldenburg NJW 91, 2029 mN; Celle NJW-RR 91, 137 mN; Nürnberg NJW-RR 95, 264; Düsseldorf FamRZ 92, 1321, einschr aber 94, 387; differenzierend: Hamburg FamRZ 88, 1181; Bamberg FamRZ 95, 624 = NJW-RR 95, 579); Grund: Subsidiaritätsprinzip (krit Thran FamRZ 93, 1397 ff). Dies gilt nicht ohne weiteres auch für andere Sozialleistungen; ein dringender Notbedarf kann entfallen bei Bezug von Erziehungsgeld (Düsseldorf NJW-RR 94, 198 mN; Hamm FamRZ 92, 582), Arbeitslosenhilfe (Koblenz FamRZ 87, 726) und bei Leistungen gem §§ 36, 37 BAFöG (Düsseldorf FamRZ 86, 78). **bb)** Wegen der Begrenzung der Unterhaltsverfügung auf „Notfälle" fehlt ein Verfügungsgrund auch, soweit für die **Vergangenheit** Unterhaltsansprüche geltend gemacht werden, sofern dies nicht ohnehin gesetzlich geregelt ist (zB § 1613 BGB). Eine einstw Verfügung auf Unterhaltsleistung kann daher nur für Ansprüche *ab Antragstellung* erlassen werden (KG FamRZ 87, 842; Celle NJW 90, 3281; Düsseldorf NJW-RR 94, 198; Gießler Rn 531; aA – erst *ab Erlaß* der einstw Verfügung – Hamm FamRZ 88, 528 mwN; Celle NJW-RR 96, 257; differenzierend Düsseldorf FamRZ 87, 612). Unabhängig von dieser zeitlichen Zäsur kann Unterhalt für die Vergangenheit auch dann nicht verlangt werden, wenn der Antragsteller bis zum maßgeblichen Zeitpunkt seinen Lebensunterhalt im notwendigsten Umfang anderweitig befriedigen konnte (Zweibrücken FamRZ 85, 928). **cc)** Soweit es um regelungsfähige Unterhaltsansprüche für die **Zukunft** geht, ist wegen des Ausnahmecharakters der Leistungsverfügung auch insoweit eine Einschränkung zu treffen. Abgesehen von einer betragsmäßigen Beschränkung auf den **Notunterhalt** (Hamm FamRZ 87, 1188; Karlsruhe NJW 95, 1908; Köln FamRZ 95, 824; Gießler Rn 530, str; aA zB Hamburg FamRZ 81, 160: „angemessener" Unterhalt) dürfen einstw Verfügungen auf Unterhaltsleistung nur für einen **befristeten** Zeitraum erlassen werden, da der Antragsteller sich in dieser Zeit um einen Hauptsachetitel bemühen soll (Hamm FamRZ 87, 1188; Zweibrücken FamRZ 86, 921; Saarbrücken FamRZ 85, 1150; Köln FamRZ 83, 410). Eine ausdr zeitliche Begrenzung (üblich: **6 Monate,** vgl zB Düsseldorf NJW-RR 91, 1029; FamRZ 95, 1215; Hamm FamRZ 87, 1188; Köln FamRZ 95, 173; Nürnberg NJW 95, 264; Gießler Rn 532) ist aber nicht unumgänglich (Göppinger/Wax Rn 3216).

d) Abgesehen von der Reduzierung auf den dringenden Notbedarf kann der **Verfügungsanspruch** seinem Inhalt nach auch auf sonstige Leistungen gerichtet sein. Anordnungen auf Beschaffung und Herausgabe von Krankenscheinen an den beim Unterhaltsschuldner mit versicherten Unterhaltsberechtigten (dazu 15. Aufl) erübrigen sich, da dieser nach neuer Sozialrechtslage eine *eigenen* Anspruch gegen die Krankenkasse hat (AG Altena FamRZ 89, 1313 mN).

e) Dem Antragsgegner bleiben nach Erlaß der einstw Verfügung die Rechte aus §§ 924 ff; er kann insbes **Aufhebung** einer unbefristeten einstw Verfügung gem § 927 I verlangen, wenn er lange Zeit *freiwillig* seiner Unterhaltsverpflichtung nachgekommen ist (Zweibrücken FamRZ 83, 415; § 927 Rn 6). Die **Wiederholung** eines Antrags auf Erlaß einer Unterhaltsverfügung ist unter Anführung neuer Tatsachen auch dann möglich, wenn über den ersten Antrag noch nicht rechtskräftig entschieden (Zweibrükken FamRZ 82, 413) oder wenn die erlassene einstw Verfügung nicht rechtzeitig innerhalb der Frist des § 929 II vollzogen worden ist (s § 929 Rn 19). Zum Erlaß einer weiteren einstw Verfügung s Rn 6. Wegen **Prozeßkostenvorschuß** vgl § 127a.

● **Urheberrecht.** Unterlassungsverfügungen kommen bei entspr Interessenabwägung idR nur dann in Betracht, wenn keine gewichtigen Zweifel an einer Schutzrechtsverletzung bestehen (KG BB 94, 1596 = KGR 94, 154); § 25 UWG gilt nicht (KG aaO; aA Karlsruhe NJW-RR 95, 176); sa oben „Patentrecht". Zur Einräumung von Zwangslizenzen können einstw Verfügungen erlassen werden (§ 65 VI 2 UrhG); dies gilt auch für Rechte nach dem WahrnG (München NJW-RR 94, 432). Vgl auch „Auskunft".

● **Vereinsrecht:** Im Rahmen der (beschränkten) gerichtlichen Nachprüfbarkeit von Vereins-/Verbandsstrafen (vgl BGH 87, 343 ff; Sauter/Schweyer, Der eingetragene Verein, 15. Aufl, Rn 112 ff; Palandt/Heinrichs, BGB, § 25 Rn 18 ff) findet auch Eilrechtsschutz statt; bei Eingriffen in den Vereins-/Verbandsbetrieb ist Zurückhaltung geboten. Bsp für Aufhebung von Verbandssperre: OLGR Düsseldorf 95, 301.

● **Wechselrecht:** Bei *rechtsmißbräuchlicher Geltendmachung* einer Wechselforderung kommt (vor Protest oder Ablauf der Protestfrist: Hamm MDR 88, 976) einstw Verfügung auf Herausgabe an einen Sequester (vgl LG Köln NJW 87, 1530 [1532]) zur Einziehung, uU auch ein Vorlage- und Protestverbot (selten) in Frage (strenge Anforderungen, ie Beisswingert/Vossius BB 86, 2358). Ein vom GVollz in

Vollziehung einer einstw Verfügung beim Antragsgegner sichergestellter Wechsel ist dem Bezogenen rechtzeitig vorzuzeigen; bei Nichtzahlung muß der GVollz Protest mangels Zahlung erheben, da sonst dem Wechselgläubiger jede Regreßnahme abgeschnitten würde (ie Ahrens WM 77, 910).

● **Wettbewerbsrecht: Lit:** *Ahrens,* Wettbewerbsverfahrensrecht, 1983; *Ahrens/Spätgens,* Einstw Rechtsschutz usw in UWG-Sachen, 2. Aufl 1990; *Baumbach/Hefermehl,* WettbewerbsR, 18. Aufl 1995, Anm zu § 25 UWG; *Berneke,* Die einstw Verfügung in Wettbewerbssachen, 1995; *Gloy,* Handbuch des Wettbewerbsrechts, 1986, §§ 80–96; *Melullis,* Handbuch des Wettbewerbsprozesses, 2. Aufl 1995; *Nirk/Kurtze,* Wettbewerbsstreitigkeiten, 2. Aufl 1992; *Pastor,* Der Wettbewerbsprozeß, 3. Aufl 1980 Kap 26–50; *Steinmetz,* Der „kleine" Wettbewerbsprozeß, 1993; *Teplitzky,* Wettbewerbsrechtliche Ansprüche, 6. Aufl 1992. – Die einstw Verfügung ersetzt meist den Hauptsacheprozeß, da beide Parteien angesichts der schnellen Auswirkungen von Wettbewerbsverstößen an einer umgehenden Klärung der Rechtslage interessiert sind. Als Sondervorschrift für wettbewerbsrechtliche Unterlassungsansprüche erleichtert § 25 UWG den Erlaß einstw Verfügungen. Die Vorschrift ist auf sämtliche Unterlassungsansprüche des Wettbewerbsrechts anwendbar (Baumbach/Hefermehl § 25 UWG Rn 5; StJGr vor § 935 Rn 48 je mwN). Gegenstand der einstw Verfügung kann auch ein befristetes Belieferungsverbot (Düsseldorf WRP 83, 410; GRUR 85, 77) oder ein Beschäftigungsverbot sein (Frankfurt NJW-RR 94, 628).

Voraussetzung der einstw Verfügung sind Darlegung und Glaubhaftmachung (vgl Frankfurt WRP 80, 38) eines Verfügungsanspruchs (zB §§ 1, 3 UWG) und Vorliegen eines Verfügungsgrundes. Letzterer muß jedoch nicht dargelegt und glaubhaft gemacht werden, da **§ 25 UWG** insoweit von den Voraussetzungen der §§ 935, 940 ZPO befreit (**Dringlichkeitsvermutung,** Baumbach/Hefermehl § 25 UWG Rn 6; Borck NJW 81, 2722 ff; Hamburg WRP 92, 493 f). Diese (tatsächliche) Vermutung **entfällt,** wenn der Unterlassungsgläubiger den Wettbewerbsverstoß in Kenntnis aller Umstände zunächst hinnimmt und die einstw Verfügung erst später beantragt (**Selbstwiderlegung,** Frankfurt OLGZ 88, 98; Hamm NJW-RR 94, 48; München NJW-RR 91, 624 = MDR 91, 157; NJW-RR 93, 227; sa BayVerfGH NJW-RR 93, 366). Die Kenntnis des Verletzten ist vom Antragsgegner glaubhaft zu machen; Kennenmüssen genügt nicht (Karlsruhe GRUR 95, 511). Eine **„Widerlegung"** der Dringlichkeitsvermutung ist jedoch nicht erforderlich, es genügt, daß der Antragsgegner Indizien für die Kenntnis des Verletzten glaubhaft macht (ie Baumgärtel/Ulrich, Beweislast Bd 3, § 25 UWG Rn 15). Die Vermutung der Dringlichkeit kann auch nach Jahren noch bestehen, wenn der Verletzte diese Zeit benötigte, um zuverlässige Kenntnis von den maßgeblichen Umständen zu erlangen (München WRP 81, 340; WRP 80, 506; KG WRP 80, 262) oder um sich die erforderlichen Unterlagen für eine erfolgreiche Antragstellung zu verschaffen (München WRP 84, 644). Es gibt keine feste zeitliche Grenze (Bremen NJW-RR 91, 44; Köln GRUR 93, 567; Schuschke/Walker Rn 80 vor § 935). Vergleichsverhandlungen über Monate brauchen die Dringlichkeit nicht entfallen zu lassen (so Bremen aaO; aA Frankfurt NJW 91, 49). Der erstinstanzlich unterlegene Verletzte darf zwar Berufungs- und -begründungsfrist voll ausschöpfen (München NJW-RR 91, 624; Hamm NJW-RR 92, 622; 93, 367; KG NJW-RR 93, 555; **aA** OLGR Frankfurt 96, 152), jedoch soll mehrfache einverständliche Verlängerung der Begründungsfrist des unterlegenen Gegners schaden (so Frankfurt NJW 91, 49; enger Hamm WRP 92, 725), ebenso Verzögerungsverhalten im Anordnungs- (Karlsruhe NJW-RR 93, 229; München MDR 94, 153) oder Widerspruchsverfahren (Düsseldorf GRUR 92, 190 mit abl Anm Ahrens; Frankfurt WRP 95, 502: VU). Die Dringlichkeitsvermutung kann trotz langen Zuwartens aufleben, wenn der Verletzte einen Wettbewerbsverstoß für abgeschlossen hielt, dieser aber nach längerer Zeit fortgesetzt und nun erst Antrag auf Erlaß einer einstw Verfügung gestellt wird (Borck NJW 81, 2723 f; Koblenz WRP 88, 480 – im Einzelfall verneinend). Ein solches Wiederaufleben ist auch dann anzunehmen, wenn der Verletzer die zu beanstandende Verletzungshandlung nach Art und (oder) Umfang wesentlich ändert (Frankfurt WRP 84, 692 mit Anm Traub). Wegen derselben Verletzungshandlung mit anderer Verletzungsform fehlt nicht der Verfügungsgrund für eine zweite einstw Verfügung (Stuttgart WRP 83, 708).

Materiell-rechtliche Voraussetzung der Unterlassungsverfügung ist vor erstmaliger Verletzung die (glaubhaft zu machende) **Begehungsgefahr,** nach erstmaliger Verletzung die (dann vermutete: BGH NJW 86, 2505 mN) **Wiederholungsgefahr** der Wettbewerbsverletzung; diese sind ausgeschlossen, wenn der Verletzer auf **Abmahnung** der Verletzten hin eine (uU strafbewehrte) **Unterwerfungserklärung** abgegeben hat (vgl Borck NJW 81, 2721 f; BGH 81, 226; NJW 90, 3148 mN, stRspr). Eine vorherige Abmahnung ist nicht Voraussetzung für den Erlaß der einstw Verfügung; sie spielt nur bei der Kostenentscheidung gem **§ 93** eine Rolle (vgl BGH NJW 90, 1905 mN, stRspr), ebenso das vorherige **Abschlußschreiben** vor der Erhebung der Hauptsacheklage, nachdem eine einstw Verfügung ergangen ist (Köln WRP 87, 190; ie § 93 Rn 5 „Wettbewerbsstreitigkeiten"; § 924 Rn 9; § 926 Rn 4).

Beachte: Ein Antrag auf Erlaß einer einstw Verfügung unterbricht *nicht* die *Verjährung* (Rn 5 vor § 916); im Hinblick auf § 21 UWG ist daher Erhebung der Hauptsacheklage (§ 209 I BGB) geboten, wenn der Verletzer nicht eine **Unterwerfungserklärung** (Fall von § 208 BGB) abgibt (KG NJW-RR 90, 1403) oder es nicht durch außerprozessuale **Abschlußerklärung** (s Köln WRP 87, 188 ff) zu einer endgültigen Regelung kommt (§ 926 Rn 4; § 927 Rn 9a). Zur **Schutzschrift** vgl § 937 Rn 4; zur Zulässigkeit von **Gegenanträgen** und **Gegenverfügungen** s Weber WRP 85, 527 und § 33 Rn 24.

● **Zwangsvollstreckung:** Bei einer auf § 826 BGB gestützten Klage gegen die Vollstreckung aus einem sittenwidrig erlangten rechtskräftigen Titel (vgl dazu Rn 72 ff vor § 322; § 700 Rn 15 ff) kann die vorläufige Einstellung der Zwangsvollstreckung (mangels Eingreifen der §§ 767, 769) durch einstw Verfügung angeordnet werden (Hamm MDR 87, 505; Frankfurt NJW-RR 92, 511; aA Karlsruhe FamRZ 86, 1141; Zweibrücken NJW 91, 3041 = MDR 92, 76; Köln NJW-RR 95, 576 mit Anm Münzberg JZ 96, 314: § 769 entspr; insoweit abl hier § 769 Rn 1; nach aA gilt § 707 entspr, vgl Braun, Rechtskraft und Rechtskraftdurchbrechung von Titeln über sittenwidrige Ratenkreditverträge, 1986, S 115 mN).

940a *[Räumung von Wohnraum]*

Die Räumung von Wohnraum darf durch einstweilige Verfügung nur wegen verbotener Eigenmacht angeordnet werden.

I) Allgemeines. Die Vorschrift übernimmt die Regelung des (früheren) § 18 MSchG unter Berücksichtigung des Ergebnisses der Rspr für den Fall der verbotenen Eigenmacht. Die Räumung einer Wohnung darf durch einstw Verfügung nur angeordnet werden zur Wiederherstellung des durch die verbotene Eigenmacht verlorenen (gestörten) Besitzes. Im übrigen kann die Räumung *nur* auf Grund eines wenigstens vorläufig vollstreckbaren Titels in der Hauptsache durchgesetzt werden. Der (zu) weitgehende Ausschluß des einstw Rechtsschutzes durch § 940a („nur") ist verfassungskonform einzuschränken (ie Helle NJW 91, 213; für Einbeziehung von Besitzstörungen [arg § 858 I BGB] Stellwaag ZMR 91, 289). **§ 721** findet keine Anwendung (LG Hamburg NJW-RR 93, 1233). 1

II) Räumungsverfügung. Der Regelung des § 940a liegt die Auffassung zugrunde, daß eine einstw Verfügung nach § 940 auch zur einstw Regelung des Besitzes an einer Sache zulässig ist (vgl § 940 Rn 8 „Herausgabe usw"). Für die Räumung von **Wohnraum** (Begriff: § 721 Rn 2; sehr weitgehend AG Neuss NJW-RR 91, 1169: Hotelzimmer bei Unterbringung durch Sozialamt; einschr LG Wiesbaden NJW-RR 93, 1293: nicht Gaststättenwohnung) wird jedoch über die Voraussetzungen des § 940 hinaus zusätzlich gefordert, daß der Besitz durch **verbotene Eigenmacht** erlangt ist. Dabei kann schon das Vorliegen der verbotenen Eigenmacht einen Verfügungsgrund bilden, ohne daß ein weiterer wesentlicher Nachteil nachgewiesen zu sein braucht (ebenso MK/Heinze Rn 2; Schuschke/Walker Rn 6; aA LG Frankfurt NJW 80, 1758; AK/Damm Rn 2). Ob im Einzelfall verbotene Eigenmacht als Verfügungsgrund erforderlich ist, kann letzten Endes nur unter grundrechtskonformer Abwägung der Interessen der Parteien entschieden werden. Die Sperre gem § 940a gilt idR auch für den Fall, daß durch einstw Verfügung das Betreten einer Wohnung untersagt werden soll (LG Berlin ZMR 91, 182; Helle NJW 91, 212 f), nicht aber bei Gefährdung von Leib und Leben des Ver-(Mit-)mieters (LG Bochum NJW-RR 90, 896; LG Braunschweig NJW-RR 91, 832; Helle NJW 91, 212; Wieczorek/Schütze/Thümmel Rn 5; abw Stellwaag ZMR 91, 289 f: Fall von § 858 I BGB). Eine Klausel in einem Bauvertrag, wodurch sich der Bauunternehmer das Hausrecht an dem zu errichtenden Haus übertragen läßt, ist insoweit unwirksam, als der Bauherr nicht mit verbotener Eigenmacht handelt, wenn er entgegen der Vertragsklausel in das fertiggestellte Haus vor vollständiger Bezahlung des Gesamtpreises einzieht (LG Heilbronn ZIP 80, 939). Vgl allg Duffek NJW 66, 1345. – Zur Räumung von **Ehewohnung** s § 620 Nr 7 iVm § 1361b BGB und dazu § 620 Rn 70 ff; eine entspr Anwendung auf die **nichteheliche Lebensgemeinschaft** ist zu verneinen (so zutr LG Hagen FamRZ 93, 187 gegen LG München I NJW-RR 91, 834). – Zum **Besitzschutz** bei Wohnräumen s § 940 Rn 8 „Herausgabe usw". 2

941 *[Eintragung im Grundbuch ua]*

Hat auf Grund der einstweiligen Verfügung eine Eintragung in das Grundbuch, das Schiffsregister oder das Schiffsbauregister zu erfolgen, so ist das Gericht befugt, das Grundbuchamt oder die Registerbehörde um die Eintragung zu ersuchen.

1) Voraussetzungen. Die Eintragung als solche muß Gegenstand der einstw Verfügung sein; die Vorschrift ist daher unanwendbar, wenn durch Eintragung einer Sicherungshypothek nach § 867 eine einstw Verfügung vollzogen werden soll. Bsp: Eintragung einer Vormerkung nach §§ 883, 885 BGB, §§ 10, 11 SchiffsRG; eines Widerspruchs nach § 899 II BGB, § 21 SchiffsRG; eines Veräußerungsverbots nach § 892 I BGB. Ersuchen kann (nicht „muß"; daher gegen Ablehnung kein Rechtsbehelf) nur **das Gericht,** nicht der Urkundsbeamte der Geschäftsstelle (§§ 38 GBO, 110 FGG). Macht das Gericht von der Befugnis des § 941 keinen Gebrauch, so ist der Gläubiger hiervon zu verständigen, damit er das Erforderliche selbst veranlassen kann (§ 13 GBO). Wird der Eintragungsantrag des Prozeßgerichts abgelehnt, so steht neben diesem der Partei die Beschwerde nach § 71 GBO zu (Schuschke/Walker Rn 5; Wieczorek/Schütze/Thümmel Rn 5). 1

2) Wirkung. Durch den Eingang des Ersuchens um Eintragung beim GBA wird die Frist für die Vollziehung der einstw Verfügung gewahrt (§§ 929, 932 III; RG 67, 163); das gerichtliche Ersuchen setzt aber die Frist des § 929 III 2 in Lauf, so daß die vorherige Vollziehung unwirksam wird, wenn nicht innerhalb einer Woche nach Eingang des Ersuchens und vor Ablauf der Frist des § 929 II die 2

Zustellung durch den Gläubiger erfolgt (vgl § 929 Rn 24). Das GBA kann den Nachweis der Zustellung nicht verlangen (KG JW 28, 2466). Das Eintragungsersuchen ist dem Eintragungsantrag des Gläubigers in der Wirkung gleichgestellt (§ 932 III). Wegen der Vollziehung der einstw Verfügung vgl § 929 Rn 12–17. Eine einstw Verfügung, die dem Antragsgegner ein Verfügungsverbot auferlegt, wird wirksam mit der Verkündung des Urteils bzw der Zustellung des Beschlusses an den Antragsgegner. Damit entsteht auch die Verfügungsbeschränkung. Der Eintragung in das GB bedarf sie, soweit sie sich auf eingetragene Rechte erstreckt, nur, um gegenüber den Vorschriften der §§ 136, 135 II BGB den guten Glauben dritter Erwerber auszuschließen. Aus den erwähnten Vorschriften in Verbindung mit § 892 I BGB ergibt sich zugleich die Eintragungsfähigkeit des Veräußerungsverbots (KG JW 28, 2466; Naumburg JW 30, 3335).

3 **3) Gebühren:** des **Gerichts:** Keine für das Ersuchen an das Grundbuchamt oder das Registergericht. – Wegen der Gebühren für die Eintragung selbst; **a)** im Grundbuch s § 69 II Hs 2 KostO; **b)** im Schiffs- oder Schiffsbauregister s §§ 84 III, 85 KostO. – des **Anwalts:** Für den Antrag, das Gericht wolle das Grundbuchamt oder das Registergericht um die Eintragung ersuchen, steht dem RA keine Vollziehungsgebühr zu; es liegt hier nur eine Anregung vor. Ebenfalls erwächst dem RA keine Vollziehungsgebühr für den Antrag auf Grundbuchberichtigung nach Erlöschen einer eingetragenen Vormerkung (eines Widerspruchs oder einer Verfügungsbeschränkung) infolge der Aufhebung der einstw Verfügung; hier aber Honorierung nach § 118 BRAGO. Wenn der RA unmittelbar beim Grundbuchamt oder Registergericht den Eintragungsantrag stellt, erwächst ihm hierfür die Vollziehungsgebühr.

942 *[Einstweilige Verfügung des Amtsrichters]*

(1) In dringenden Fällen kann das Amtsgericht, in dessen Bezirk sich der Streitgegenstand befindet, eine einstweilige Verfügung erlassen, unter Bestimmung einer Frist, innerhalb der die Ladung des Gegners zur mündlichen Verhandlung über die Rechtmäßigkeit der einstweiligen Verfügung bei dem Gericht der Hauptsache zu beantragen ist.

(2) Die einstweilige Verfügung, auf Grund deren eine Vormerkung oder ein Widerspruch gegen die Richtigkeit des Grundbuchs, des Schiffsregisters oder des Schiffsbauregisters eingetragen werden soll, kann von dem Amtsgericht erlassen werden, in dessen Bezirk das Grundstück belegen ist oder der Heimathafen oder der Heimatort des Schiffes oder der Bauort des Schiffsbauwerks sich befindet, auch wenn der Fall nicht für dringlich erachtet wird; liegt der Heimathafen des Schiffes nicht im Inland, so kann die einstweilige Verfügung vom Amtsgericht in Hamburg erlassen werden. Die Bestimmung der im Abs. 1 bezeichneten Frist hat nur auf Antrag des Gegners zu erfolgen.

(3) Nach fruchtlosem Ablauf der Frist hat das Amtsgericht auf Antrag die erlassene Verfügung aufzuheben.

(4) Die in diesem Paragraphen erwähnten Entscheidungen des Amtsgerichts können ohne mündliche Verhandlung ergehen.

1 **I) Zuständigkeit des AG. 1) Voraussetzungen, I, II.** § 942 ist auf jeden Fall der einstw Verfügung gem §§ 935, 940 anwendbar. Als AG der Zwangsbereitschaft war bis zum 1. 1. 1991 das AG nach § 942 auch für die Fälle zuständig, die gem §§ 2, 2a ArbGG zur arbeitsgerichtl Zuständigkeit gehören (vgl 16. Aufl mN; zutr ebenso für später: LG Fulda NJW 96, 265; MK/Heinze Rn 21; Wieczorek/Schütze/Thümmel Rn 3; Vollkommer, FS Kissel, 1994, S 1201; **aA** Koch NJW 91, 1858; Schuschke/Walker Rn 18; Germelmann/Matthes/Prütting § 62 Rn 69 mN arg nF von § 48 I ArbGG, § 17 GVG). Ein **dringender Fall** liegt in Abgrenzung zu §§ 937 (dort Rn 2), 944 dann vor, wenn der Antragsteller durch die Anrufung des zuständigen Gerichts der Hauptsache einen nicht hinnehmbaren Rechtsverlust erleiden würde, der durch die dann eintretende zeitliche Verzögerung entstehen würde (ie Kunath WRP 91, 65). Die Dringlichkeit ist glaubhaft zu machen (§ 294). Erläßt das AG die einstw Verfügung, obwohl die Dringlichkeit fehlt, ist sie gleichwohl rechtswirksam. In den Fällen des **II** (§§ 885, 899 BGB; 11 I, 21 II SchRG) ist Dringlichkeit nicht erforderlich; wegen Heimathafen und Heimatort vgl §§ 480 HGB, 6 BinnSchG. Das AG ist auch für das Ersuchen nach § 941 zuständig, nicht jedoch für eine gleichzeitige Forderungspfändung. Besondere Zuständigkeiten: § 24 UWG, § 23 BauFdgG.

2 **2) Verfahren. a) Mündl Verhandlung** ist gem **IV freigestellt;** sie kommt jedoch nur in Ausnahmefällen in Betracht, denn durch die zeitl Verzögerung wird regelmäßig auch die Dringlichkeit gem § 942 entfallen, so daß das zuständige Gericht der Hauptsache anzurufen wäre (StJGr Rn 6).

3 **b) Entscheidung** nach freiem Ermessen auch nach mündl Verhandlung **durch Beschluß** (MK/Heinze Rn 10; RG 13, 324). Das AG hat in seinem Beschluß (auch wenn es Gericht der Hauptsache ist) dem Gläubiger von Amts wegen **(I)** oder auf Antrag **(II)** eine Frist zur Herbeiführung einer Entscheidung des Gerichts der Hauptsache über die Rechtmäßigkeit der einstw Verfügung zu setzen. Bei Unterlassung: Ergänzung nach § 321; die einstw Verfügung ist nicht unwirksam (München MDR 60, 681). Auch nachträgliche Fristbestimmung erfolgt durch den

Richter (StJGr Rn 8). Angemessene Frist: ca 1 Woche. Sie beginnt mit Aushändigung des Beschlusses an den Gläubiger und kann gem § 224 verlängert werden. Wiedereinsetzung ist ausgeschlossen.

4 c) **Rechtsbehelfe.** Die einstw Verfügung nach § 942 wird hinsichtlich ihrer Anfechtung wie jede andere einstw Verfügung behandelt; das **AG** ist gem § 942 nur für ihren **Erlaß** und die Aufhebung nach **III** zuständig; über andere Rechtsbehelfe entscheidet das **Gericht der Hauptsache** (Hamm OLGZ 89, 340). Bei Ablehnung der einstw Verfügung hat der Gläubiger einfache Beschwerde (§ 567 I), die jedoch unzweckmäßig ist, da ein erneuter Antrag beim zust Gericht der Hauptsache nicht mehr von der Dringlichkeit gem § 942 abhängt und uU schneller zu erlangen ist als eine Beschwerdeentscheidung. Der Schuldner kann Widerspruch einlegen (§ 924), ohne daß er die Frist gem I, II abwartet; darüber entscheidet immer das Gericht der Hauptsache (Hamm OLGZ 89, 340). Das AG des § 942 muß auf Antrag (auch des Antragsgegners: AG Düsseldorf MDR 85, 151) gem § 281 verweisen (StJGr Rn 11; Hamm OLGZ 89, 340 f mN). Eine weitergehende Zuständigkeit des AG des § 942 durch rügeloses Verhandeln ist im Hinblick auf die ausschließliche Zuständigkeit des Hauptsachegerichts (§§ 802, 937 I) ausgeschlossen (§§ 30, 40 II 2; AG Düsseldorf MDR 85, 151).

5 **II) Aufhebung durch das Amtsgericht (III). 1)** Nur auf Antrag, nicht von Amts wegen, wird über die Aufhebung nach **III** entschieden. Mündl Verhandlung ist freigestellt **(IV)**, Anhörung des Gläubigers ist stets geboten. Die Versäumung der Frist führt nicht ohne weiteres zur Aufhebung, der Antrag gem **I** kann vielmehr nachgeholt werden, solange die einstw Verfügung noch nicht aufgehoben ist (Hamm MDR 65, 305; StJGr Rn 16). Die Entscheidung ergeht durch **Beschluß,** auch wenn mündl Verhandlung stattfand (RG 147, 132). Die Kosten treffen bei Aufhebung den Gläubiger. Wurde nach Widerspruch des Schuldners auf Antrag gem § 281 die Verhandlung wegen Unzuständigkeit des AG an das LG verwiesen (Rn 4), so ist bei unterbliebenem Antrag auf Verhandlung über die Rechtmäßigkeit der einstw Verfügung **(I)** der Antrag auf Aufhebung der letzteren an das LG zu stellen (so wohl auch Jacobs NJW 88, 1366, der aber nur vom Terminsantrag spricht). Die Aufhebung nach **III** hat die Schadensersatzpflicht nach § 945 zur Folge.

6 **2) Rechtsbehelfe.** Gegen die Zurückweisung des Aufhebungsantrags hat nur der Schuldner **einfache Beschwerde** (§ 567); gegen den Aufhebungsbeschluß hat der Gläubiger entsprechend § 934 IV **sofortige Beschwerde** (§ 577; Brandenburg MDR 95, 745: dagegen keine sofortige weitere Beschwerde, § 793 II gilt nicht), und zwar auch dann, wenn die Aufhebung irrtümlich durch Urteil statt durch Beschluß erfolgte.

7 **III) Rechtfertigungsverfahren vor dem Gericht der Hauptsache. Lit:** *Jacobs* NJW 88, 1365. Entsprechend der **Notzuständigkeit** des AG gem § 942 ist über die Rechtmäßigkeit der erlassenen einstw Verfügung auf Antrag mündl zu verhandeln **(I)**; andernfalls wird die einstw Verfügung auf Antrag gem **III** aufgehoben. Das sog Rechtfertigungsverfahren folgt ganz dem Widerspruchsverfahren gem §§ 924, 925 (und umgekehrt: Hamm OLGZ 89, 340; Schuschke/Walker Rn 11; aA Jacobs aaO Fn 10). Der Antrag auf Ladung des Gegners zur mündl Verhandlung gem **I** wird vom Gläubiger beim Gericht der Hauptsache gestellt und ist auf Aufrechterhaltung der einstw Verfügung gerichtet; er kann jedoch auch vom Schuldner gestellt werden (StJGr Rn 11). Der Antrag ist noch so lange zulässig, wie die einstw Verfügung nicht gem **III** aufgehoben wurde (Rn 5). Das **Gericht der Hauptsache** entscheidet durch Endurteil, dem die Sach- und Rechtslage zum Schluß der mündl Verhandlung zugrunde zu legen ist. Die Dringlichkeit gem § 942 ist nicht mehr Gegenstand der Entscheidung des Gerichts der Hauptsache. Letzteres ist auch im Rechtfertigungsverfahren zuständig für die Einstellung der ZwV nach § 924 III iVm § 707 (Düsseldorf NJW 70, 254). Kostenfestsetzung für das Verfahren vor dem AG und dem Gericht der Hauptsache durch den Kostenbeamten des letzteren.

8 **IV) Gebühren: 1)** des **Gerichts:** s Rn 21 zu § 922. Im Falle des § 942 werden das Verfahren vor dem Amtsgericht der belegenen Sache und das Verfahren vor dem Gericht der Hauptsache gebührenmäßig als ein Rechtsstreit behandelt (S 2 vor KV 1310). Urteilsgebühren fallen im Verfahren erster Instanz nicht mehr an. Auch für den Antrag auf Aufhebung der erlassenen Verfügung nach Abs 3 werden keine Gebühren erhoben. Die Gebühr für das gegen den (gebührenfreien) Aufhebungsbeschluß des § 942 III statthafte Beschwerdeverfahren richtet sich nach KV 1906. – **2)** des **Anwalts:** s Rn 21 zu § 922.

943 *[Gericht der Hauptsache. Rückgabe einer Sicherheit]*

(1) Als Gericht der Hauptsache im Sinne der Vorschriften dieses Abschnitts ist das Gericht des ersten Rechtszuges und, wenn die Hauptsache in der Berufungsinstanz anhängig ist, das Berufungsgericht anzusehen.

(2) Das Gericht der Hauptsache ist für die nach § 109 zu treffenden Anordnungen ausschließlich zuständig, wenn die Hauptsache anhängig ist oder anhängig gewesen ist.

1 **I)** Das **Gericht der Hauptsache** entscheidet in den Fällen der §§ 919, 927, 937 und 942; **I** ist eine Definitionsnorm. Wegen der Begriffe *Hauptsache* und *Gericht der Hauptsache* s § 919 Rn 3.

2 **II) Anordnungen gem § 109 (II).** Diese kommen bei §§ 921 II, 925 II, 927 I, 934 und 939 in Betracht. Auch die Lösungssumme gem § 923 gehört hierher (StJGr Rn 4). Anhängigkeit der Hauptsache ist von Amts wegen zu prüfen; gleiches gilt, wenn der Antrag beim Amtsgericht gestellt wird, das gem §§ 919 oder 942 tätig war (aA MK/Heinze Rn 2). Nach entfallener Anhängigkeit ist immer das Gericht erster Instanz zuständig, **I.** War die Hauptsache nicht anhängig, so entscheidet das Arrest-(Verfügungs)gericht, §§ 919, 937, 942.

3 **1) Sicherheitsleistung des Gläubigers** (Fälle der §§ 921 II, 925 II). **Veranlassung** ist die Sicherung möglicher Ansprüche des Schuldners nach § 945. **a)** Sie fällt weg, wenn Arrest/einstw Verfügung nicht vollzogen oder nicht angefochten werden, der Gläubiger rechtskräftig in der Hauptsache obsiegt oder vom Schuldner befriedigt wird. Der Antrag nach § 109 hat Erfolg (StJGr Rn 3). Der Schuldner kann jedoch innerhalb der gem § 109 I gesetzten Frist Klage nach § 945 erheben.

4 **b)** Wegfall der Veranlassung auch dann, wenn Arrest/einstw Verfügung zwar aufgehoben werden, dem Schuldner aber ersichtlich kein Schaden entstanden ist (RGZ 50, 378; 61, 300) oder seit der Aufhebung des Arrests eine derart lange Zeit verstrichen ist, daß der Schuldner einen etwa eingetretenen Schaden inzwischen hätte geltend machen können (RGZ 97, 130; aA MK/Heinze Rn 5). Fristsetzung gem § 109 I jedoch nur unter strengen Voraussetzungen (uU spät erkennbarer Schaden, weitreichende wirtschaftliche Folgen des Arrestes).

5 **c)** Werden Arrest/einstw Verfügung endgültig bestätigt, ist aber die Hauptsache noch nicht entschieden, besteht weiterhin Veranlassung zur Sicherheitsleistung, denn der Gläubiger haftet auch bei rechtskräftigem Arrest gem § 945, wenn er in der Hauptsache unterliegt.

6 **2) Sicherheitsleistung des Schuldners** (Fälle der §§ 923, 925 II, 927 I, 939). **a)** Die **Veranlassung entfällt,** wenn der Schuldner in der Hauptsache rechtskräftig obsiegt hat (München BB 75, 764); dem steht die Befriedigung des Gläubigers gleich (MK/Heinze Rn 6).

7 **b)** Werden Arrest/einstw Verfügung wegen **Nichterhebung der Hauptsacheklage** oder **veränderter Umstände** gem §§ 926, 927 unabhängig von der Sicherheitsleistung aufgehoben, so **entfällt die Veranlassung** zur Sicherheitsleistung, denn bestehender Arrest/einstw Verfügung waren Voraussetzung für diese. Gleiches gilt, wenn Arrest/einstw Verfügung im **Rechtsmittelverfahren** wegen Fehlens der besonderen Voraussetzungen aufgehoben werden.

8 **c) Kein Wegfall der Veranlassung** ist die Aufhebung des Arrestes durch Sicherheitsleistung gem § 927 I; ebensowenig die Aufhebung des Arrestvollzugs durch Sicherheitsleistung nach §§ 923, 934. Das Sicherungsbedürfnis besteht fort (MK/Heinze Rn 7).

944 *[Entscheidung des Vorsitzenden bei Dringlichkeit]*

In dringenden Fällen kann der Vorsitzende über die in diesem Abschnitt erwähnten Gesuche, sofern deren Erledigung eine mündliche Verhandlung nicht erfordert, anstatt des Gerichts entscheiden.

1 **I) Dringender Fall** im Sinne von § 944 ist zu unterscheiden von der allg Dringlichkeit, die schon der Verfügungsgrund als solcher fordert, und der besonderen Dringlichkeit gem § 937 II, die das Gericht zur Entscheidung ohne mündl Verhandlung ermächtigt; Entscheidung ohne mündl Verhandlung ist Tatbestandsmerkmal des § 944, so daß die für die Entscheidungsbefugnis des Vorsitzenden erforderliche Dringlichkeit über die besondere Dringlichkeit gem § 937 II HS 1 hinausgehen muß (Karlsruhe NJW-RR 87, 1206). Der Vorsitzende kann folglich nur dann allein entscheiden, wenn der vorgetragene Sachverhalt den **sofortigen Erlaß** der einstw Verfügung erfordert, also die Zeit bis zum Zusammentreten des Kollegialorgans (praktisch im Fall der KfHS, vgl LG Zweibrücken NJW-RR 86, 715) zur Vermeidung irreparabler Rechtsverluste nicht mehr abgewartet werden kann (KGR 95, 152; vgl § 937 Rn 2). Rechtsirrig daher Pastor, Wettbewerbsprozeß, 3. Aufl, 35. Kap I 4b, der die Vermutung des § 25 UWG nicht nur auf die Dringlichkeit gem § 937 II, sondern auch auf § 944 ausdehnt. § 25 UWG befreit jedoch nur von der Glaubhaftmachung des Verfügungsgrundes (vgl § 940 Rn 8 „Wettbewerbsrecht"; Teplitzky WRP 80, 375; Wieczorek/Schütze/Thümmel Rn 4). Eine (gänzliche) Ablehnung der einstw Verfügung durch den Vorsitzenden allein ist ebenso ausgeschlossen (aA LG Zweibrücken NJW-RR 86, 151; MK/Heinze Rn 4 mwN) wie die mündl Verhandlung vor dem Vorsitzenden (StJGr Rn 3). **Arbeitsgerichtliches** Urteilsverfahren: § 53 I 1 ArbGG; Beschlußverfahren: § 85 II 2 ArbGG und ie BAG BB 91, 2308.

2 **II) Mündl Verhandlung** ist nicht erforderlich in den Fällen der §§ 921, 922, 926 I, 930 I 3, 934 III, 937 II, 941, 942 IV, 943 II. In der KfHS kann der Vorsitzende ebenfalls nur gem § 944 allein entscheiden (vgl § 105 GVG Rn 3).

III) Die **Rechtsbehelfe** gegen die Entscheidung des Vorsitzenden sind dieselben wie bei der Entscheidung durch das Gericht (StJGr Rn 5). Der Vorsitzende ist zur Entscheidung über Erinnerungen (§ 766) gegen die Arrestvollziehung nicht befugt (Hamburg OLG 16, 290). 3

945 *[Schadensersatz, wenn Arrest- usw Anordnung von Anfang an ungerechtfertigt]*

Erweist sich die Anordnung eines Arrestes oder einer einstweiligen Verfügung als von Anfang an ungerechtfertigt oder wird die angeordnete Maßregel auf Grund des § 926 Abs. 2 oder des § 942 Abs. 3 aufgehoben, so ist die Partei, welche die Anordnung erwirkt hat, verpflichtet, dem Gegner den Schaden zu ersetzen, der ihm aus der Vollziehung der angeordneten Maßregel oder dadurch entsteht, daß er Sicherheit leistet, um die Vollziehung abzuwenden oder die Aufhebung der Maßregel zu erwirken.

Lit: *Ahrens,* Der Schadensersatzanspruch nach § 945 ZPO im Streit der Zivilsenate, FS Piper, 1996, S 31; *Münzberg,* Der Schutzbereich der Normen §§ 717 II, 945 ZPO, FS H. Lange, 1992, S 599; *Stolz,* Einstweiliger Rechtsschutz und Schadensersatzpflicht, 1989.

I) Allgemeines. 1) Bedeutung. Der Gläubiger haftet nach § 945, wenn sich die Anordnung des Arrests oder der einstw Verfügung als von Anfang an ungerechtfertigt erweist (Rn 8) oder wenn die angeordnete Maßnahme auf Grund der §§ 926 II oder 942 III aufgehoben wird (Rn 12). Zu ersetzen ist der Schaden, der aus der Vollziehung der Maßregel (Rn 14) oder dadurch entsteht, daß der Schuldner Sicherheit leistet, um die Vollziehung abzuwenden oder die Aufhebung der Maßregel zu erwirken (Rn 15). Zu ersetzen ist auch der Schaden, der dem Schuldner durch Erfüllung des Anspruchs zur Abwendung der Vollziehung entsteht (StJGr Rn 4; unten Rn 15). 1

2) Terminologie. Arrest und einstw Verfügung sind in § 945 völlig gleichgestellt. Soweit im folgenden von Arrest (Arrestanspruch, Arrestgrund usw) die Rede ist, ist damit stets auch die einstw Verfügung (der Verfügungsanspruch, Verfügungsgrund usw) mitgemeint. 2

3) Haftungsgrund. § 945 beruht auf dem allgemeinen Rechtsgedanken, daß die **Vollstreckung** aus einem noch nicht endgültigen Vollstreckungstitel **auf Gefahr des Gläubigers** geht (BGH 62, 7 = NJW 74, 642 = MDR 74, 480; 95, 14 f = NJW 85, 1959 = MDR 85, 841; zuletzt NJW 92, 2297 = MDR 92, 1000; NJW 93, 593; 96, 199). § 945 ist kein Fall der Gefährdungshaftung (Ahrens aaO S 33; aA Wieczorek/Schütze/Thümmel Rn 2) oder der privatrechtl Aufopferung (aA Baur, Studien, S 110), sondern normiert eine **unerlaubte Handlung im weiteren Sinne** (Jauernig, ZwVR, § 36 V mwN; einschr Stolz aaO S 137 f). Die Frage ist nicht von praktischer Bedeutung; nach einhelliger Ansicht gilt § 32 für die Zuständigkeit und § 852 BGB für die Verjährung (vgl Rn 13). 3

4) Anwendungsbereich. Neben den rein zivilprozessualen einstw Maßnahmen (Sondervorschrift: § 641g; Familiensachen: Rn 5) gilt § 945 auch für einstw Anordnungen im WEG-Verfahren (BGH 111, 153; 120, 261 = NJW 93, 593 = MDR 93, 342, str; aA KG NJW-RR 92, 211 = MDR 92, 303) sowie bei der Aufhebung eines dingl Arrests nach § 324 AO (BGH 63, 277 = NJW 75, 540 = MDR 75, 393). Für einstw Anordnungen nach § 123 VwGO ist § 945 entspr anwendbar (§ 123 III VwGO; vgl BGH 120, 76 = NJW 93, 1077 = MDR 93, 268), jedoch gilt eine Einschränkung für beteiligte Dritte (vgl nF von § 123 V iVm § 80a VwGO; zum bish Rechtszustand s mwN 16. Aufl). § 945 gilt auch, wenn die gesetzl Grundlage einer einstw Verfügung vom Verfassungsgericht für nichtig erklärt wird (BGH 54, 76 = NJW 70, 1459; KG GRUR 87, 571; Düsseldorf NJW-RR 87, 1205; eine Einschränkung folgt aus dem Vorrang der Rechtskraft: Rn 11); ferner im presserechtl Gegendarstellungsrecht bei Aufhebung der gerichtlichen Anordnung auf Veröffentlichung einer Gegendarstellung (BGH 62, 7 = NJW 74, 642 = MDR 74, 480; abl Kreuzer JZ 74, 505). **Nicht anwendbar** ist § 945 im arbeitsgerichtlichen Beschlußverfahren auf einstw Verfügungen in Angelegenheiten des BetrVG (§ 85 II 2 ArbGG), ferner **nicht** auf Maßnahmen einstw Rechtsschutzes durch **ausländische Gerichte** (Nürnberg WRP 92, 509). 4

5) Abgrenzung. § 945 ist nicht entspr auf den umgekehrten Fall, die ungerechtfertigte Ablehnung des einstw Rechtsschutzes anwendbar (vgl aber StJGr Rn 5). Er gilt nicht für die **einstw Anordnungen** der ZPO, zB gem § 620 S 1 Nr 6 (BGH 93, 183 [188] = NJW 85, 1074 = MDR 85, 475; NJW 84, 2095 = MDR 85, 33, str; aA Dietzen FamRZ 88, 349; MK/Heinze Rn 17), da das Risiko der Inanspruchnahme des einstw Rechtsschutzes in diesen Fällen (zB Unterhaltsansprüche von Ehegatten) bewußt gering gehalten werden soll (BGH 93, 189; sa § 620 f Rn 23; § 717 Rn 5, aber auch § 641g). § 945 ist ferner nicht anwendbar auf die unberechtigte Einstellung der Vollziehung einer Maßnahme des vorläufigen Rechtsschutzes (vgl BGH 95, 14 ff = aaO [Rn 3] betr Einstellung der ZwV; abl Häsemeyer NJW 86, 1028 f), wohl aber, wenn *durch einstw Verfügung* die Unterlassung von Vollstreckungsmaßregeln angeordnet war (BGH 95, 13 = aaO [Rn 3]). Auf die Vollstrekkung aus einem im Arrestverfahren abgeschlossenen, in seinem Bestand vom Hauptverfahren abhängigen Prozeßvergleich finden die §§ 945, 717 II keine Anwendung (Karlsruhe OLGZ 79, 370, 5 hM, str; aA Frankfurt FamRZ 88, 88 mwN zur hM); der Rechtsanwalt des Gläubigers muß seinen Mandanten über diese Folge belehren (BGH LM § 945 Nr 2 = MDR 56, 281).

6 6) **Verfahren. a) Rechtsweg und Zuständigkeit.** Für eine Klage aus § 945 ist der **Rechtsweg zu den ordentlichen Gerichten** auch dann gegeben, wenn im Ausgangsverfahren ein Verwaltungsgericht gem § 123 VwGO entschieden hat (BGH 78, 127 = NJW 81, 349; Lemke DVBl 82, 989; vgl § 13 GVG Rn 20, str; aA Grunsky JuS 82, 177 mwN; differenzierend Eyermann/Fröhler, VwGO, § 123 Rn 24). Es kann im Gerichtsstand der unerlaubten Handlung geklagt werden (§ 32 Rn 3). Aus § 945 ergibt sich die **internationale Zuständigkeit** (MK/Heinze Rn 33).

7 **b) Geltendmachung.** Der Anspruch aus § 945 ist in einem eigenen Klageverfahren oder im Hauptsacheprozeß durch Aufrechnung (Schleswig FamRZ 86, 707) oder Widerklage geltend zu machen, nicht in dem wegen des Arrests (einstw Verfügung) schwebenden Verfahren (StJGr Rn 36; Wieczorek/Schütze/Thümmel Rn 26). Der Schadensersatzanspruch kann aber seinerseits durch Arrest oder einstw Verfügung gesichert werden (München DRZ 49, 283; MK/Heinze Rn 32). Bei der Geldleistungsverfügung kann über den (der Höhe nach unstreitigen) Rückgewähranspruch im Widerspruchs- oder Rechtfertigungsverfahren mitentschieden werden (Brox/Walker Rn 1670 mN; einschr Stolz aaO S 139 f).

8 **II) Haftung bei ungerechtfertigter Anordnung von Arrest oder einstw Verfügung (1. Alt). 1) Voraussetzungen.** Als *von Anfang an* ungerechtfertigt erweist sich die Maßnahme, wenn der Arrest-(Verfügungs-)*anspruch* oder der Arrest-(Verfügungs-)*grund* von Anfang an fehlten (BGH NJW 88, 3269 = MDR 88, 59; NJW-RR 92, 736; einschr für Arrestgrund Ahrens aaO S 38; Schuschke/Walker Rn 10). Die materielle Rechtslage entscheidet (BGH NJW-RR 92, 1001 = MDR 92, 1048 [1050] = GRUR 92, 206; vgl auch Rn 14 [b]). Als Ausnahmeregelung ist Alt 1 einer erweiternden Auslegung nicht zugänglich (BGH 122, 178 = NJW 93, 2687). Die Partei die die Anordnung erwirkt hat (Beklagter des Schadensersatzprozesses) trägt die Feststellungslast für das Vorliegen ihrer Voraussetzungen (BGH NJW 88, 3269; NJW-RR 92, 1001; Stolz JZ 88, 979). Maßgebend ist der Zeitpunkt des Erlasses des Arrests (BGH NJW-RR 92, 1001). Bestand der **Anspruch** zu diesem Zeitpunkt, ist der Gläubiger nicht zum Schadensersatz verpflichtet, selbst wenn der Anspruch rückwirkend entfällt (StJGr Rn 19a; Schuschke/Walker Rn 6; aA Wieczorek/Schütze/Thümmel Rn 9). Dies gilt beim Patentnichtigkeitsurteil (StJGr Rn 19a mwN; offen BGH 75, 120), nicht aber – dann Haftung des Gläubigers –, wenn sich die einstw Verfügung auf den vorl Patentschutz stützt (BGH 75, 116 = NJW 79, 2565 = MDR 79, 1020; krit Pietzcker GRUR 80, 442). Wegen Nichtigerklärung der zugrunde gelegten Norm durch das BVerfG s Rn 4, 11. Bei der Prüfung der Frage, ob der **Arrestgrund** zur Zeit der Anordnung bestand, kommt es darauf an, ob die Annahme der Besorgnis vom Standpunkt des objektiven Beurteilers aus gerechtfertigt ist; daß eine Beeinträchtigung tatsächlich nicht eingetreten ist, ist unerheblich (RG 67, 369). Aus der unrichtigen Annahme einer Prozeßvoraussetzung folgt keine Schadensersatzpflicht nach § 945 (Karlsruhe GRUR 84, 158; Düsseldorf MDR 61, 606; MK/Heinze Rn 23, str; aA Fischer, FS Merz, 1992, S 90; BL/H Rn 5). Gleiches gilt, wenn nach Ansicht des Gerichts des Schadensersatzprozesses lediglich die erforderliche Glaubhaftmachung fehlte (ebenso nunmehr auch BGH NJW-RR 92, 1001: zusätzliche Beweisführung möglich, str). Wird ein Verfügungsgrund durch gesetzl Anordnung vermutet (zB § 25 UWG), so kommt ein Schadensersatzanspruch nur in Betracht, wenn der Schuldner die gesetzl Vermutung im Verfügungsverfahren widerlegt hatte (ebenso MK/Heinze Rn 24).

9 **2) Bindungsfreiheit des Schadensersatzrichters. a) Arrest-(Verfügungs-)prozeß.** Das Gericht des Schadensersatzprozesses ist in der Beurteilung der anfänglichen Rechtfertigung von Arrest oder einstw Verfügung **grundsätzlich frei.** Insbesondere besteht **keinerlei Bindung an** (auch rechtskräftige) **Entscheidungen im Arrestverfahren,** gleich, ob diese durch Urteil oder durch Beschluß ergehen (KG NJW-RR 87, 448 mN; Stuttgart WRP 92, 520; StJGr Rn 29; MK/Heinze Rn 27 f; ThP Rn 9; Schuschke/Walker Rn 19; Wieczorek/Schütze/Thümmel Rn 17; Ahrens aaO S 36 f; Teplitzky GRUR 92, 824). Dies ergibt sich daraus, daß dem Arrestprozeß ein völlig anderer Streitgegenstand zugrundeliegt als dem Hauptsacheverfahren und damit jede Rechtskraftwirkung ausscheidet (so auch StJGr Rn 29 f; vgl vor § 916 Rn 13). Eine Bindung wäre auch schon wegen der weit geringeren Richtigkeitsgarantie eines summarischen Verfahrens nicht hinnehmbar, denn damit würde sich die dort zulässige Verkürzung prozessualer Rechte unzulässigerweise in einem ordentlichen Verfahren fortsetzen.

10 **Anders** freilich die bisher (vgl Fischer, FS Merz, 1992, S 82 ff) **hM:** danach ist der Schadensersatzrichter nur dann frei in seiner Beurteilung, wenn der Arrestbefehl nicht angefochten worden ist. Ist die letzte Entscheidung im Arrestprozeß dagegen auf Widerspruch oder Berufung hin ergangen, so wird eine Bindung für den Fall angenommen, daß das Arrestgericht den Arrestbefehl wegen schon anfänglich fehlenden Arrestanspruchs **aufhebt** (BGH NJW 92, 2298 mwN; dagegen Teplitzky NJW 84, 850 f und GRUR 92, 824; offen BGH 126, 374 = NJW 94, 2767), nicht dagegen, wenn er erst nach Erlaß des Arrestbefehls entfallen ist (BL/Hartmann Rn 10). Auch bei

rechtskräftiger Aufhebung des Arrestbefehls wegen Fehlens des Arrestgrundes wird Bindung angenommen (BGH VersR 85, 335; Teplitzky NJW 84, 851; BL/Hartmann Rn 10; offenlassend wohl Hamburg VersR 87, 356). Keine Bindung tritt ein bei Aufhebung wegen mangelnder Glaubhaftmachung oder Fehlens einer Prozeßvoraussetzung. Ist der Arrestbefehl **bestätigt** worden, tritt nach hM Bindung bezügl des Arrestgrundes (offen BGH NJW-RR 92, 736 mN), nicht aber des Arrestanspruchs ein (BGH NJW-RR 92, 736 mN; zur Inkonsequenz dieser Auffassung Ahrens aaO S 37 f gegen – verneinend – Fischer, FS Merz, S 89 mN).

b) Hauptsacheverfahren. Liegt ein rechtskräftiges Urteil im Hauptsacheverfahren vor, so ist der Schadensersatzrichter an die dort vorgenommene Beurteilung bezüglich des **Arrestanspruchs** im Umfang der materiellen Rechtskraft dieser Entscheidung gebunden (BGH 122, 175 mN = NJW 93, 2686; NJW 88, 3268; 89, 106). Dies gilt jedoch nur, soweit der Prozeß durch **Sachurteil** entschieden worden ist, weil nur dann der Anspruch vom Subsumtionsschluß des Gerichts umfaßt ist (BGH NJW-RR 92, 999); dabei ist für die Rechtskraft unerheblich, ob es sich um ein streitiges oder Versäumnisurteil handelt (BGH 122, 175 = aaO; s allg Rn 31 vor § 322). Der Gläubiger kann jedoch einwenden, die Rechtslage habe sich zwischen Erlaß des Arrestbefehls und letzter mündl Verhandlung in der Hauptsache geändert; ursprünglich sei ein Anspruch gegeben gewesen. Die Nichtigerklärung der gesetzlichen Grundlage einer einstw Verfügung durch das BVerfG ändert an einer eingetretenen Rechtskraftbindung nichts (§ 79 II 2 BVerfGG; BGH NJW 89, 106). Bezügl des **Arrestgrundes** entscheidet der Schadensersatzrichter frei, denn dieser war nicht Gegenstand des Hauptsacheverfahrens. 11

III) Haftung bei Aufhebung wegen Fristversäumnis (§§ 926 II, 942 III; 2. Alt). Erhebt der Arrestgläubiger nicht rechtzeitig die Hauptsacheklage (§ 926 II) oder führt er das Rechtfertigungsverfahren (§ 942 III) nicht durch, so haftet er allein aus diesem Grund auf Schadensersatz; das Gesetz knüpft insoweit an reine Formaltatbestände an und nicht an die materielle Rechtslage (Baur, Studien, S 103; einschr Ahrens aaO S 33 f; Schuschke/Walker Rn 21, 23; zur Schadensentstehung vgl aber Rn 14). Daß eine solche Aufhebung vorliegt, ist der Begründung der aufhebenden Entscheidung zu entnehmen. Der Schadensersatzrichter ist an diese Entscheidung gebunden (StJGr Rn 33; Wieczorek/Schütze/Thümmel Rn 18; krit Schuschke/Walker Rn 21). Ist es nicht zu einer Aufhebungsentscheidung gekommen, ist Alt 2 nicht entspr anwendbar, mögen auch die Aufhebungsvoraussetzungen vorgelegen haben (BGH NJW-RR 92, 999 = MDR 92, 1049), denn Alt 2 ist gleichfalls (s Rn 8) einer erweiternden Auslegung nicht zugänglich (BGH 122, 178 = NJW 93, 2687). Auch bei einer Aufhebung aus anderem Grund (zB § 927) kann sich der Schuldner als Kläger im Schadensersatzprozeß nicht darauf berufen, der Aufhebungsgrund des § 926 II habe vorgelegen; er hätte vielmehr die Aufhebungsentscheidung im Arrestprozeß mit Rechtsmittel angreifen müssen (StJGr Rn 35). Dagegen kann der Gläubiger (Beklagter des Schadensersatzprozesses) einwenden, die Aufhebung habe nicht aus § 926 oder § 942, sondern nur aus § 927 erfolgen dürfen und damit dem Schadensersatzanspruch entgegentreten (StJGr Rn 35; krit Wieczorek/Schütze/Thümmel Rn 18). Auf die Fälle der verspäteten Vollziehung (§ 929 II, III) ist § 945 nicht entsprechend anwendbar (BGH LM § 852 BGB Nr 20 = MDR 64, 224; ThP Rn 6; MK/Heinze Rn 31; Schuschke/Walker Rn 24; **aA** 13. Aufl; StJGr Rn 34). 12

IV) Schadensersatz. 1) Allgemeines. Die Schadensersatzpflicht aus § 945 tritt **unabhängig vom Verschulden** des Gläubigers ein. Da es sich um einen Anspruch aus unerlaubter Handlung im weiteren Sinne handelt (Rn 3), ist ein mitwirkendes Verschulden des Schuldners gem § 254 BGB zu berücksichtigen (BGH 122, 179 = NJW 93, 2687; NJW 90, 2690 = MDR 90, 1107), aber auch ein solches des Gläubigers (ie BGH NJW 90, 2690). Die Grundsätze der Vorteilsausgleichung finden Anwendung (BGH 77, 151). Bei der oft schwierigen Ermittlung der Schadenshöhe sind § 252 S 2 BGB, **§ 287** anzuwenden (BGH NJW 93, 2685 [2688]). Der Schadensersatzanspruch **verjährt** in drei Jahren von dem Zeitpunkt an, in dem der Kläger von der Entstehung des Schadens Kenntnis erlangt hat (§ 852 BGB; BGH NJW 92, 2297 mN = MDR 92, 999). Bei korrekter Vollziehung des Arrests erlangt der Verletzte davon, daß ihm durch die Vollziehung Schaden entstanden ist, Kenntnis grundsätzlich erst dann, wenn der Arrest als ungerechtfertigt aufgehoben worden ist; das ist in der Regel erst mit dem Abschluß des Arrestprozesses der Fall (BGH 75, 1 = NJW 80, 189 = MDR 80, 49; NJW 92, 2297 = aaO) bzw mit rechtskräftiger Abweisung in der Hauptsache (BGH NJW 92, 2298; 93, 864 = MDR 93, 1124), wenn das Verfahren der einstw Verfügung nicht weiterbetrieben wird. Ein Anspruch auf Schmerzensgeld besteht nicht. 13

2) **Anspruchsberechtigt** ist der **Gegner,** das ist die Partei des Arrest-(Verfügungs-)verfahrens, gegen die der Arrest (die einstw Verfügung) als Schuldner vollzogen wurde; nicht zum Kreis der Anspruchsberechtigten gehören **Dritte** (Nicht-Schuldner), in deren Rechtskreis sich der Arrest-(Verfügungs-)vollzug gegen den Schuldner mittelbar schädigend ausgewirkt hat (vgl BGH NJW 94, 1416 = MDR 94, 1242; Wieczorek/Schütze/Thümmel Rn 24; weitergehend: StJGr Rn 13; ThP Rn 13); sie können ihren Schaden nur nach den allg Vorschriften (zB gem §§ 823 ff BGB) geltend machen (BL/Hartmann Rn 14). § 945 gilt aber dann, wenn gegen den Dritten fehlerhaft 13a

(zB unter Verstoß gegen § 938) im Titel eine einstw Maßnahme angeordnet wurde (ebenso StJGr Rn 12; ThP Rn 13). Beim Eintritt eines entsprechenden Vollziehungsschadens beim Schuldner können auch mittelbar Geschädigte (§§ 844 II, 845 BGB) Anspruchsberechtigte sein (StJGr Rn 14; Brox/Walker Rn 1579, str).

14 **3) Vollziehungsschaden. a) Grundsatz.** Zu ersetzen ist der durch die Vollziehung von Arrest oder einstw Verfügung adäquat kausal verursachte unmittelbare und mittelbare Schaden (§§ 249 ff BGB; BGH 96, 2 = NJW 86, 1108 = MDR 86, 386; 122, 179 = NJW 93, 2687; ie Münzberg aaO S 610 ff); dabei ist nicht erforderlich, daß staatl Vollstreckungsakte vorgenommen wurden, es genügt vielmehr, daß der Gläubiger die im Einzelfall zur Vollziehung erforderlichen Maßnahmen (§ 929 Rn 10 ff; StJGr Rn 7) ergriffen hat; *Beginn* der Vollziehung genügt (BGH 120, 85 = NJW 93, 864; NJW 93, 1079; Wieczorek/Schütze/Thümmel Rn 20), unabhängig davon bei einem in Urteilsform (§ 317 I) ergangenen Ge- oder Verbot mit Straf-(Zwangsmittel-)androhung gem §§ 890 II, 888, daß sich der Schuldner dem *Vollstreckungsdruck* gebeugt hat (zusammenfassend BGH 131, 144 ff mwN = NJW 96, 199 = MDR 96, 451 mit Anm Gleußner). Gleichgestellte Fälle sind die Abwendungs- und Erfüllungsschäden (Rn 15). **b) Abgrenzung.** Nicht zu den „Vollziehungsschäden" gehören idR die durch die **Anordnung** der einstw Maßnahme entstandenen Schäden. Beispiele: Durch *Bekanntwerden* der Maßnahme entstandener Schaden (BGH NJW 88, 3269 mwN = aaO [Rn 8]; dann nur [Verschuldens-]Haftung nach den allg Bestimmungen, zB §§ 823 ff BGB; vgl BGH 85, 114 zu § 717 II). Wirkt die Anordnung dagegen unmittelbar (ohne weitere Vollzugsakte) rechtsbeeinträchtigend (Bsp: Grundbuchsperre infolge von „Erwerbsverbot"), liegt Vollziehungsschaden vor (zutr Stolz JZ 88, 980, klarstellend zu BGH NJW 88, 3269 = aaO [Rn 8]). Nicht ersatzfähig ist auch der aus *freiwilliger* Befolgung von Unterlassungsgeboten *ohne* Ordnungsmittelandrohung gem § 890 II entstandene Schaden (BGH 131, 147 = aaO; Köln NJW 96, 1292). Bei den *Kosten des Verfügungsverfahrens* ist zu unterscheiden: Die im Anordnungsverfahren entstandenen *eigenen* Kosten des Schuldners sind kein Vollziehungsschaden (BGH 122, 176 ff mwN = NJW 93, 2685 = ZZP 107, 513 mit Anm Ahrens) und können über eine Änderung der Kostengrundentscheidung im Aufhebungsverfahren geltend gemacht werden (ie § 927 Rn 12 [aa]); dagegen sind die vom Gegner beigetriebenen *(fremden)* Kosten Vollziehungsschaden (BGH 45, 252; krit zur Unterscheidung Vollkommer WM 94, 51; Hees MDR 94, 438; Ahrens ZZP 107, 519). Nicht von § 945 erfaßt wird auch ein gem § 890 festgesetztes (und gezahltes) Ordnungsgeld (KG GRUR 87, 571 mN; Rückzahlungspflicht aus der Staatskasse: Köln OLGZ 92, 452; sa § 890 Rn 26). Kein Vollziehungsschaden sind auch Vermögensnachteile, die unabhängig vom Vollzug der einstw Verfügung eingetreten wären (BGH 96, 3 = NJW 86, 1108 = MDR 86, 386). Beispiel: Substanzschaden des infolge der aufgehobenen einstw Verfügung abgebrochenen Hauses, wenn der Abbruch als solcher berechtigt war (BGH aaO). **c) Weitere Einzelfragen:** Der nach § 945 zu ersetzende Schaden umfaßt (vgl Teplitzky aaO Kap 36 Rn 45): Produktionseinstellung, Schäden aus Sperren, insbes Liefersperren, Schäden am eingerichteten und ausgeübten Gewerbebetrieb; entgangene Aufträge; Beeinträchtigung des Absatzes; Aufwendungen, die der Schuldner nach Lage der Sache für geboten halten konnte, um größere Nachteile zu vermeiden (BGH 122, 179 = NJW 93, 2687), wie zB erhöhter Aufwand für Umstellung der Werbung (BGH NJW 93, 2685 [2688]). Bei einer auf ein **Unterlassen** gerichteten einstw Verfügung ist der Verfügungskläger nur für denjenigen Schaden haftbar, der dem Gegner durch Beschränkung seiner Handlungsfreiheit aufgrund der vollzogenen einstw Verfügung dadurch entstanden ist, daß er die zur Schadensabwehr oder Gewinnerzielung dienenden Handlungen nicht vornehmen konnte, zB bei einem zu weit gefaßten Unterlassungsgebot (BGH NJW 81, 2579 = MDR 81, 560; MDR 85, 911 f). Ein solcher Schaden ist nicht entstanden, wenn sich der Schuldner trotz der einstw Verfügung und ihrer Vollziehung in seiner Handlungsfreiheit nicht hat beschränken lassen (Bremen NJW 54, 1937) oder wenn er sich über den objektiven Verbotsumfang hinaus weitergehenden Beschränkungen unterwirft (Hamm MDR 89, 466). Ein „Befolgungsschaden" fehlt immer dann, wenn der Schuldner materiellrechtlich ohnehin zur Unterlassung verpflichtet war (BGH 126, 374 f mwN = NJW 94, 2767; NJW 90, 125 mN; Ahrens aaO S 33 f). Wie sich der Geschädigte bei „richtiger" Verbotsverfügung verhalten hätte, beurteilt das Gericht nach objektiver nachträglicher Prognose (BGH MDR 85, 911 f = GRUR 85, 397). Verzögert der Käufer eines Grundstücks die Löschung der Auflassungsvormerkung durch eine einstw Verfügung und erleidet der Gläubiger hierdurch einen Schaden, so kann eine während des Schuldnerverzugs eingetretene Wertsteigerung des Grundstücks im Wege der Vorteilsausgleichung zu berücksichtigen sein (BGH 77, 151 = NJW 80, 2187 = MDR 80, 919).

15 **4) Schaden aus Sicherheitsleistung oder aus einer Leistung zur Abwendung der Vollziehung.** Hat der Schuldner gem §§ 923, 927, 939 Sicherheit geleistet, kann er den dadurch entstandenen Schaden ersetzt verlangen. Hat er zur Abwendung drohender Vollstreckungsmaßnahmen geleistet, gilt § 717 II 1 entsprechend (BGH 131, 146 mN = NJW 96, 199; Köln NJW 96, 1292; Wieczorek/Schütze/Thümmel Rn 20; sa Rn 1).

Neuntes Buch

AUFGEBOTSVERFAHREN

Wann ein Aufgebot zulässig bzw geboten ist und welche Wirkungen ein Aufgebot bzw eine Kraftloserklärung hat, ist außerhalb der ZPO geregelt, zB in § 927 BGB, § 13 SchRG, Art 233 § 15 III EGBGB, § 15 KabPfG, §§ 13, 66, 67 LuftfzRG. Die ZPO gilt nur für das Verf zum Erlaß des Aufgebots und Ausschlußurteils. Nur das Aufgebot zur Kraftloserklärung von Urkunden ist in der ZPO normiert. § 946 definiert das Aufgebot als „eine öffentl gerichtl Aufforderung zur Anmeldung von Ansprüchen oder Rechten mit der Wirkung, daß die Unterlassung der Anmeldung einen Rechtsnachteil zur Folge hat“. Das Aufgebotsverf zielt auf Erlaß dieses Aufgebots und danach auf Herbeiführung des darin angedrohten Rechtsnachteils im Ausschlußurteil. Er ist **kein Zweiparteienverf nach dem Modell des klassischen Zivilprozesses.** 1

Das Aufgebot ist eine **öffentl gerichtl Aufforderung** an alle Beteiligten oder an den/die unbekannten Gegner des Antragstellers; ihnen wird für den Fall der Nichtanmeldung (Verschweigung) ein bestimmter Rechtsnachteil (Verlust oder die Minderung ihres Rechts) angedroht. Es soll den Ausschluß des unbekannten Eigentümers oder sonstiger unbekannter Berechtigter herbeiführen, also den Verlust ihres Rechts und dessen Übergang auf den Antragsteller oder die Beseitigung oder Beschränkung der Haftung für nicht angemeldete Forderungen oder die Kraftloserklärung verlorengegangener Urkunden, damit das darin verbriefte Recht ohne die Urkunde geltend gemacht werden kann, etc, RSchwab/Gottwald § 170 I 2. 2

Das Aufgebotsverf intendiert eine allen gegenüber wirksame **Feststellung** des Bestehens des Rechts des Antragstellers oder seiner Freiheit von Rechten Dritter oder auf Feststellung der Nichthaftung oder der Beschränkung der Haftung einer Vermögensmasse für die nicht angemeldeten Forderungen oder auf Feststellung des Rechts aus der verlorengegangenen Urkunde für den Antragsteller, RSchwab/Gottwald § 170 I 2. Im Falle der Ausschließung besteht **kein Bereicherungsanspruch** des mit seinem Eigentum bzw Recht ausgeschlossenen Grundstückseigentümers bzw Berechtigten, LG Koblenz NJW 63, 254, RSchwab/Gottwald § 170 I 2. 3

In welchen Fällen eine solche Ausschließung durch Aufgebot in Betracht kommt, regelt nicht die ZPO. Die Notwendigkeit, die sachl Voraussetzungen und Wirkungen ergeben sich aus dem materiellen Recht, zB §§ 808 II, 887, 927, 1104, 1112, 1162, 1170–1171 BGB, §§ 6, 13, 66, 67 SchiffsRG, §§ 13, 66, 67 G über Rechte an Luftfahrzeugen. In Betracht kommt das Bundes- und das Landesrecht, § 11 EGZPO. Nur wenn dieses ein Aufgebot zuläßt, kommen §§ 946 ff zum Zuge. So ist zB mangels Rechtsgrundlage das Aufgebot von **Anteilsscheinen für GmbH-Geschäftsanteile** – anders als für **Aktien** (§ 72 AktG, hierzu zB Wiesner in Münchener Hb des GesellschaftsR IV, 1988, Rn 27) – unstatthaft. Vielmehr hat die GmbH anstelle des verlorenen Scheins ohne Aufgebot einen anderen auszustellen, Scholz/Winter, GmbHG[8], 1993 § 14 Rn 65. – Vgl § 1003. 4

Das Aufgebotsverf nach **Bundesrecht** erfolgt nach der ZPO (Sondernormen zB in §§ 136, 138–140, 157 II ZVG), sofern es nicht ausdrückl dem FG-Bereich zugeordnet ist, Rn 8. Es gibt jedoch landesrechtl Vorbehalte (§§ 1006 III, 1009 III 2, 1023 S 2, 1024; Art 101, 102, 174, 177 EGBGB). In Fällen landesrechtl Aufgebotsverf kann das **Landesrecht** auch das Verf abweichend von der ZPO regeln, § 11 EGZPO, hierzu Wieczorek/Schütze/Weber Rn 17 vor § 946. 5

Ist nach dt IPR **ausländisches Recht** maßgebl und schreibt dieses ein Aufgebotsverf vor, so werden die Voraussetzungen und Wirkungen von der lex causae geregelt. Das Verf ist jedoch nach dt lex fori zu führen. Es liegt **keine „wesensfremde Tätigkeit“** vor (§ 606a Rn 12). 6

Die **internationale Zuständigkeit Deutschlands** ergibt sich grundsätzl aus der örtl, Geimer in Kralik/Rechberger, Symposion Außerstreitreform, 1992, 107. Das GVÜ ist für die internationale Zuständigkeit nicht anwendbar, da kein Zweiparteienverf (Rn 1) gegeben, Geimer/Schütze I 213. Jedoch besteht Anerkennungspflicht nach Art 25 ff, Geimer/Schütze I 213 Fn 131, II 62. 7

Das Aufgebotsverf gehört materiell zur **freiwilligen Gerichtsbarkeit** (bestr). Das FGG ist aber unanwendbar, da das Aufgebotsverf in der ZPO geregelt ist. Ausnahmen (FG-Verf): Kraftloserklärung des Erbscheins (§ 2361 BGB) bzw des TV-Zeugnisses (§ 2368 III 1 BGB), der Vollmacht (§ 176 BGB, MK-BGB/Schramm § 176 Rn 3); Aufgebotsverf zum Zweck der Todeserklärung (§ 13 VerschG); Aufgebot nach § 1965 BGB (Palandt/Edenhofer § 1965 Rn 1; dort ist nur wegen Teilaspekten auf ZPO verwiesen); Aufgebot des Grundpfandrechtsbriefs wegen kriegsbedingter Zerstörung (§ 26 GBMaßnG, in den anderen Fällen gelten jedoch §§ 946 ff, 1003 ff, Haegele/Schöner/Stöber, Grundbuchrecht[10], 1993, Rn 4321). Für das Aufgebotsverf nach §§ 1970 ff BGB ist das Nachlaßgericht zuständig (§ 990, § 73 FGG, Palandt/Edenhofer, § 1970 Rn 5, jedoch Verf nach §§ 946 ff), Wieczorek/Schütze/Weber § 990 Rn 2. Es gibt also verschiedene **Überschneidungen zwischen dem ZPO- und dem FGG-Bereich.** 8

9 Kein echtes Aufgebot (da ohne Ausschlußwirkung) ist die öffentl Aufforderung nach § 2358 BGB, Palandt/Edenhofer, § 2358 Rn 4 sowie alle sonstigen außergerichtl Aufgebotsverf, zB § 2061 BGB, § 25 II StVZO, § 367 HGB, § 332a LAG. Ausführl Wieczorek/Schütze/Weber Rn 23 vor § 946.

10 Die **allgemeinen Vorschriften der ZPO** (nicht des FGG) sind auch im Aufgebotsverf (§§ 946 ff) anzuwenden, zB über Prozeßfähigkeit, Ausschließung und Ablehnung (vgl § 957 II Nr. 4), die Prüfung der Zuständigkeit (RGZ 121, 21), die Zustellung, Termine und Ladung, die Prozeßkostenhilfe, den Beweis, die Beschwerde usw, RSchwab/Gottwald § 170 I 3.

11 Über den Antrag wird **ohne obligatorische mündliche Verhandlung** entschieden, § 947 I 2. Entweder ist der Antrag zurückzuweisen (wenn das Gericht nicht zuständig, das Aufgebot nicht zulässig, oder der Antragsteller nicht legitimiert ist) oder das Aufgebot zu erlassen. **Notwendiger Inhalt:** Bezeichnung des Antragstellers, die Aufforderung zur Anmeldung spätestens im Aufgebotstermin, die Androhung der Rechtsnachteile und die Bestimmung des Aufgebotstermins, §§ 1010–1014, §§ 947 II, 981, 986 IV, 987 II, 995, 997 I 2, 1002 VI, 1008, RSchwab/Gottwald § 170 II 3.

12 Der Beschluß, der das Aufgebot erläßt, ist **unanfechtbar.** Gegen Zurückweisung **einfache Beschwerde,** § 567.

13 **Mehrere Aufgebote** können nach dem Ermessen des Rechtspflegers verbunden werden, § 959.

946 *[Allgemeines. Zuständigkeit]*

(1) Eine öffentliche gerichtliche Aufforderung zur Anmeldung von Ansprüchen oder Rechten findet mit der Wirkung, daß die Unterlassung der Anmeldung einen Rechtsnachteil zur Folge hat, nur in den durch das Gesetz bestimmten Fällen statt.

(2) Für das Aufgebotsverfahren ist das durch das Gesetz bestimmte Gericht zuständig.

1 **I) Abs 1.** Gesetzl vorgesehen vor allem im ZVG §§ 136, 138, 140, 157 II. Die Aufforderung ergeht an unbekannte und unbestimmte, an der Sache beteiligte Personen. Die anzumeldenden Ansprüche oder Rechte können auch bedingt oder betagt sein.

2 **II) Abs 2. Sachl zuständig** ist das AG, § 23 Nr 2h GVG (Übertragung auf Rpfleger: § 20 Nr 2 RPflG); landesgesetzl können auch andere Gerichte für zuständig erklärt werden, § 11 EGZPO; § 3 EGGVG. Die **örtl** Zuständigkeit ergibt sich aus dem Gesetz; s §§ 983, 988, 990, 1001, 1006. Zulässig ist die Bestimmung des zuständigen Gerichts gem § 36 (RGZ 45, 388). Für die Anfechtungsklage ist das Landgericht zuständig, § 957.

947 *[Antrag]*

(1) Der Antrag kann schriftlich oder zum Protokoll der Geschäftsstelle gestellt werden. Die Entscheidung kann ohne mündliche Verhandlung ergehen.

(2) Ist der Antrag zulässig, so hat das Gericht das Aufgebot zu erlassen. In das Aufgebot ist insbesondere aufzunehmen:

1. die Bezeichnung des Antragstellers;

2. die Aufforderung, die Ansprüche und Rechte spätestens im Aufgebotstermin anzumelden;

3. die Bezeichnung der Rechtsnachteile, die eintreten, wenn die Anmeldung unterbleibt;

4. die Bestimmung eines Aufgebotstermins.

1 **I)** Antragsberechtigung ergibt sich aus dem Gesetz, zB §§ 979, 1004; kein Anwaltszwang. Der Antrag (Prozeßhandlung) muß die für den Erlaß des Aufgebots erforderl Angaben (Abs 2) enthalten. Glaubhaftmachung nur, wo dies gesetzl verlangt ist. Antrag nach Abs 1 darf mit dem auf Erlaß des Ausschlußurteils verbunden werden. Die allgemeinen Prozeßvoraussetzungen, zB Prozeßfähigkeit, Vollmacht, müssen gegeben sein; sie sind von Amts wegen zu prüfen. Die wesentl Aufgebotsangaben ergeben sich aus Abs 2. Die Aufforderung gem Nr 2 sollte den Hinweis enthalten, daß die Anmeldung bei Gericht formlos statthaft ist. Bei **Zurücknahme** des Antrags wird das Verf auf Kosten des Antragstellers eingestellt. Der Antrag ist bis zum Erlaß des Ausschlußurteils rücknehmbar, Th/P Rn 1.

2 **II) Entscheidung** durch Beschluß. Zustellung von Amts wegen an Antragsteller. Gegen Zurückweisung Erinnerung nach § 11 RPflG. Der Antrag darf mit besserer Begründung wiederholt werden. Das Gericht muß ohne weitere Sachprüfung das Aufgebot erlassen, wenn der Antragsteller das Abhandenkommen der Urkunde schlüssig behauptet und die formellen Antragserfordernisse erfüllt sind (LG Mannheim, MDR 76, 587).

III) Gebühren: 1) des **Gerichts:** $\frac{1}{2}$ Verfahrensgebühr (KV 1620), einerlei, ob das Verf durch Zurückweisung des Antrags oder durch Erlaß des Ausschlußurteils endigt. Bei mehreren durch selbständige Anträge eingeleiteten Aufgebotsverf (§ 959) ist die Gebühr für jedes Verf besonders zu erheben. Die nachträgl Verbindung mehrerer Verf ist auf die vorher für jedes Verf entstandene Gebühr ohne Einfluß. Das gegen die Zurückweisung des Aufgebotsantrags zulässige Erinnerungsverf (Rn 2) ist gerichtsgebührenfrei (§ 11 VI 1 RPflG). Das Verf der Beschwerde gegen die Entscheidung des Richters oder im Falle der Durchgriffserinnerung (§ 11 II, III RPflG) unterliegt der Gebührenpflicht nach KV 1906. – **2)** des **Anwalts: a)** als Vertreter **des Antragstellers** erhält der RA nach § 45 I BRAGO je $\frac{5}{10}$ der vollen Gebühr als Prozeßgebühr für den Betrieb des Verf, für den Antrag auf Erlaß des Aufgebots, für den Antrag auf Anordnung der Zahlungssperre **vor** Beantragung des Aufgebots, also nur im Falle des § 1020, sowie für die Wahrnehmung der Aufgebotstermine. Die Verbindung mehrerer Aufgebotsverf (§ 959) hat auf die Gebühren des RA keinen Einfluß. Jedoch kommt bei Vertretung mehrerer Antragsteller eine Erhöhung der Prozeßgeb nach § 6 I 2 BRAGO in Betracht. **b)** Als Vertreter **anderer** Personen als des **Antragstellers** (zB eines Anmelders oder im Falle des § 953) erhält der RA nur eine einzige $\frac{5}{10}$ Gebühr für seine gesamte Tätigkeit (§ 45 II BRAGO). 3

948 *[Öffentliche Bekanntmachung]*

(1) Die öffentliche Bekanntmachung des Aufgebots erfolgt durch Anheftung an die Gerichtstafel und durch einmalige Einrückung in den Bundesanzeiger, sofern nicht das Gesetz für den betreffenden Fall eine abweichende Anordnung getroffen hat.

(2) Das Gericht kann anordnen, daß die Einrückung noch in andere Blätter und zu mehreren Malen erfolge.

Neben **öffentl Bekanntmachung** Mitteilung an bekannte Interessenten: §§ 986 V, 994 II, 1001. 1
Zu veröffentlichen ist das vollständige Aufgebot. Bei Verstoß Anfechtung nach § 957 II Nr 2. Das Aufgebotsverf ist für **Aktien** (§ 72, AktG) und Inhaberschuldverschreibungen nicht nur im Bundesanzeiger, sondern nach § 1009 zB auch in den Wertpapier-Mitteilungen zu veröffentlichen.

Kosten: GKG-KV 9004. 2

949 *[Gültigkeit der öffentlichen Bekanntmachung]*

Auf die Gültigkeit der öffentlichen Bekanntmachung hat es keinen Einfluß, wenn das anzuheftende Schriftstück von dem Ort der Anheftung zu früh entfernt ist oder wenn im Falle wiederholter Bekanntmachung die vorgeschriebenen Zwischenfristen nicht eingehalten sind.

„Zwischenfristen“ sind solche, die zwischen den mehrmaligen Bekanntmachungen liegen, also 1
nicht die Aufgebotsfristen der §§ 950, 987 III, 1002 V, 1015 u die Fristen der §§ 1010–1014.

950 *[Aufgebotsfrist]*

Zwischen dem Tage, an dem die Einrückung oder die erste Einrückung des Aufgebots in dem Bundesanzeiger erfolgt ist, und dem Aufgebotstermin, muß, sofern das Gesetz nicht eine abweichende Anordnung enthält, ein Zeitraum (Aufgebotsfrist) von mindestens sechs Wochen liegen.

Abweichende Anordnung enthalten §§ 987 III, 987a, 988 S 1, 994 I, 1002 V, 1010–1015, 1023, 1024. 1
Fristberechnung: § 222; der Tag des Aufgebotstermins u der Bekanntmachung im BAnZ wird in die Frist nicht eingerechnet. Keine Notfrist, daher verlängerbar, § 224 II. AA Wieczorek/Schütze/Weber Rn 4. Bei Verstoß Anfechtung, § 957 II Nr 3.

951 *[Anmeldung vor Erlaß des Ausschlußurteils]*

Eine Anmeldung, die nach dem Schluß des Aufgebotstermins, jedoch vor Erlaß des Ausschlußurteils erfolgt, ist als rechtzeitig anzusehen.

Anmeldung nur beim Aufgebotsgericht schriftl, zu Prot des UdG oder im Aufgebotstermin 1
(dann Aufnahme in das Sitzungsprotokoll). Rechtzeitig ist eine Anmeldung auch dann, wenn sie nach Schluß des Aufgebotstermins erfolgt, solange das Ausschlußurteil noch nicht verkündet ist. Der Aufgebotsrichter hat nur zu prüfen, ob die Anmeldung formgerecht u rechtzeitig ist, nicht ob das angemeldete Recht auch wirklich besteht, s jedoch § 953. Durch die Anmeldung wird der Anmeldende nicht Partei des Verf, Wieczorek/Schütze/Weber Rn 3.

Gebühren des **Anwalts:** $\frac{5}{10}$; § 45 II BRAGO. 2

952 *[Ausschlußurteil]*
(1) Das Ausschlußurteil ist in öffentlicher Sitzung auf Antrag zu erlassen.

(2) Einem in der Sitzung gestellten Antrag wird ein Antrag gleichgeachtet, der vor dem Aufgebotstermin schriftlich gestellt oder zum Protokoll der Geschäftsstelle erklärt worden ist.

(3) Vor Erlaß des Urteils kann eine nähere Ermittlung, insbesondere die Versicherung der Wahrheit einer Behauptung des Antragstellers an Eides Statt, angeordnet werden.

(4) Gegen den Beschluß, durch den der Antrag auf Erlaß des Ausschlußurteils zurückgewiesen wird, sowie gegen Beschränkungen und Vorbehalte, die dem Ausschlußurteil beigefügt sind, findet sofortige Beschwerde statt.

1 **Voraussetzung der Entscheidung** ist, daß ein förml Antrag auf Erlaß des Ausschlußurteils vorliegt, der Antrag nach § 947 genügt nicht; Verbindung beider Anträge statthaft. Der Antrag kann mündl im Termin, aber auch schon vorher schriftl oder zu Protokoll der Geschäftsstelle erklärt werden. Liegt ein Antrag nicht vor, ergeht keine Entscheidung; neuer Termin kann auf Antrag bestimmt werden.

2 Der Termin ist durch den **Richter** wahrzunehmen, der auch die Entscheidung erläßt; der Termin kann durch den Rechtspfleger vorbereitet werden. Der Richter hat zu prüfen, ob die formellen und sachlichen Voraussetzungen für ein Ausschlußurteil vorliegen. Er kann von Amts wegen Ermittlungen durchführen, Zeugen und Sachverständige vernehmen. Zulässig ist auch die Versicherung an Eides Statt, ohne daß damit die Beweisaufnahme auf präsente Beweismittel beschränkt wird. Mögl sind Aussetzung, § 953, und Vertagung, § 955.

3 **Ausschlußurteil.** §§ 309–315 sind anzuwenden. Das Urteil hat rechtsgestaltende Wirkung. Die Urteilsformel kann lauten **a)** auf uneingeschränkte Ausschlußerklärung; dann sind diejenigen ausgeschlossen, die auf das Aufgebot ihre Ansprüche oder Rechte nicht angemeldet haben, **b)** auf Ausschlußerklärung unter Vorbehalt rechtzeitig angemeldeter Ansprüche oder Rechte, § 953. Die Kosten treffen, soweit nicht durch unbegründete Einwendung eines Anmeldenden besondere Auslagen erwachsen sind (§ 92), den Antragsteller, im Fall des § 971 den Nachlaß. Die Wirkungen des Ausschlußurteils treten mit der Verkündung ein. Eine Zustellung ist nicht erforderl, StJ/Schlosser Rn 6; Wieczorek/Schütze/Weber Rn 12. Gegen das Urteil ist nur Anfechtungsklage zulässig. Das Gericht kann Veröffentlichung anordnen, § 956. Um die Anfechtungsfrist des § 958 in Lauf zu setzen, wird der Antragsteller das Urteil den in Frage kommenden Personen durch den GV zustellen lassen. Gegen die dem Ausschlußurteil beigefügten Beschränkungen und Vorbehalte ist sofortige Beschwerde nach Abs 4 zulässig.

4 **Der Beschluß** über die **Zurückweisung** eines Antrags ist zu verkünden und hat die Kosten dem Antragsteller aufzuerlegen; er ist mit sofortiger Beschwerde anfechtbar, Rechtsmittelfrist 2 Wochen, beginnend mit der Verkündung, § 577 II.

953 *[Verfahren bei Widerspruch gegen das materielle Recht des Antragstellers]*
Erfolgt eine Anmeldung, durch die das von dem Antragsteller zur Begründung des Antrags behauptete Recht bestritten wird, so ist nach Beschaffenheit des Falles entweder das Aufgebotsverfahren bis zur endgültigen Entscheidung über das angemeldete Recht auszusetzen oder in dem Ausschlußurteil das angemeldete Recht vorzubehalten.

1 **I) Aussetzung** durch gem § 329 formlos mitzuteilenden, mit einfacher Beschwerde (§ 252) anfechtbaren Beschluß. Die Anmeldung kann auch zur Zurückweisung des Antrags auf Erlaß des Ausschlußurteils führen. Andere als die in § 953 genannten Anmeldungen u Widersprüche sind im Zivilprozeß auszutragen (RGZ 67, 100); unbegründete Einwände gegen das Verf werden durch Beschluß zurückgewiesen. Der **Vorbehalt** kann das Ausschlußurteil praktisch wertlos machen, (RGZ 67, 98).

2 **II)** Ein rechtzeitig angemeldetes Recht ist ohne sachliche Prüfung seines Bestandes im Ausschlußurteil vorzubehalten. Durch die Anmeldung erlangt der Anmeldende nicht etwa ein neues Recht; nur wenn ihm das angemeldete Recht zusteht, wird es durch den Vorbehalt weiter erhalten (RGZ 67, 95 ff; BGH MDR 80, 569 = NJW 80, 1521). Ob das Recht im maßgebenden Zeitpunkt bestand, muß notfalls in einem Prozeß geklärt werden. Wird dort der Bestand des angemeldeten Rechts verneint und daraufhin der **Vorbehalt beseitigt,** so wird der Antragsteller des Aufgebotsverf so behandelt, als ob zu seinen Gunsten ein vorbehaltloses Ausschlußurteil ergangen wäre, RGZ 67, 95, 100; MK/Eickmann Rn 12; Wieczorek/Schütze/Weber Rn 12. AA StJ/Schlosser Rn 2: Notwendig sei eine Verurteilung des Anmelders zum Verzicht. Bei einem nach § 927 BGB ergangenen Ausschlußurteil können andere Rechte als das Eigentum an dem Grundstück, insbesondere schuldrechtl Ansprüche auf Übertragung des Eigentums nicht zu

einer Einschränkung der Wirkung des Ausschlußurteils führen (BGH MDR 80, 569 = NJW 80, 1521). Derjenige, dem im Ausschlußurteil ein Recht vorbehalten worden ist, kann im Verf über die Berechtigung des Vorbehalts nicht geltend machen, die Voraussetzungen für den Erlaß eines Ausschlußurteils hätten nicht vorgelegen (BGH MDR 80, 569).

III) Gebühren: 1) des **Gerichts:** Keine. – **2)** des **Anwalts:** Der RA, welcher das Recht des Antragstellers bestreitet, erhält nur eine einmalige Gebühr in Höhe von $^5/_{10}$ der vollen Gebühr (§ 45 II BRAGO); s auch § 947 Rn 3. 3

954 *[Fruchtloser Termin]*

Wenn der Antragsteller weder in dem Aufgebotstermin erschienen ist noch vor dem Termin den Antrag auf Erlaß des Ausschlußurteils gestellt hat, so ist auf seinen Antrag ein neuer Termin zu bestimmen. Der Antrag ist nur binnen einer vom Tage des Aufgebotstermins laufenden Frist von sechs Monaten zulässig.

§ 954 trifft auch zu, wenn der Antragsteller im Aufgebotstermin erschienen ist, aber keinen Antrag stellt oder gestellt hat. Kein Versäumnisverf und keine Wiedereinsetzung gegen Terminsversäumung. Die nach § 222 zu berechnende Frist des S 2 läuft vom ersten im Aufgebot bestimmten Termin an, nicht nochmals von einem nach S 1 bestimmten neuen Termin. Nach ihrem Ablauf ist nur neuer Aufgebotsantrag mit neuer Veröffentlichung des Aufgebots mögl. 1

955 *[Neuer Termin]*

Wird zur Erledigung des Aufgebotsverfahrens ein neuer Termin bestimmt, so ist eine öffentliche Bekanntmachung des Termins nicht erforderlich.

Neuer Termin: Grund unerhebl, zB § 952 III. Zustellung des nicht verkündeten Termins von Amts wegen an alle Beteiligten, auch an angemeldete Drittberechtigte. 1

956 *[Öffentliche Bekanntmachung des Ausschlußurteils]*

Das Gericht kann die öffentliche Bekanntmachung des wesentlichen Inhalts des Ausschlußurteils durch einmalige Einrückung in den Bundesanzeiger anordnen.

Bei Kraftloserklärung von Urkunden muß die Anordnung ergehen, § 1017 II; weitere Abweichungen in §§ 1023, 1024. Zur Veröffentlichung s § 948. 1

957 *[Anfechtungsklage]*

(1) Gegen das Ausschlußurteil findet ein Rechtsmittel nicht statt.

(2) Das Ausschlußurteil kann bei dem Landgericht, in dessen Bezirk das Aufgebotsgericht seinen Sitz hat, mittels einer gegen den Antragsteller zu erhebenden Klage angefochten werden:

1. **wenn ein Fall nicht vorlag, in dem das Gesetz das Aufgebotsverfahren zuläßt;**
2. **wenn die öffentliche Bekanntmachung des Aufgebots oder eine in dem Gesetz vorgeschriebene Art der Bekanntmachung unterblieben ist;**
3. **wenn die vorgeschriebene Aufgebotsfrist nicht gewahrt ist;**
4. **wenn der erkennende Richter von der Ausübung des Richteramts kraft Gesetzes ausgeschlossen war;**
5. **wenn ein Anspruch oder ein Recht ungeachtet der Anmeldung nicht dem Gesetz gemäß in dem Urteil berücksichtigt ist;**
6. **wenn die Voraussetzungen vorliegen, unter denen die Restitutionsklage wegen einer strafbaren Handlung stattfindet.**

I) Das Ausschlußurteil wird **mit der Verkündung rechtskräftig** u wirkt gegenüber allen, an die sich das Aufgebot gerichtet hatte. Es kann nur unter den Voraussetzungen des Abs 2 wegen formeller Mängel des Aufgebotsverf angefochten werden (BGH MDR 80, 568 = NJW 80, 1221). Wiedereinsetzung, Restitutions- und Nichtigkeitsklage sind unzulässig. Gegen dem Ausschlußurteil beigefügte Beschränkungen u Vorbehalte ist sofortige Beschwerde gegeben, § 952 IV. Die Rechtskraft des Ausschlußurteils schließt Bereicherungsansprüche des mit seinem Eigentum ausgeschlossenen Grundstückseigentümers aus (LG Koblenz NJW 63, 254). 1

2 II) Die Anfechtungsklage ist eine Rechtsgestaltungsklage, deren Zulässigkeit ein **Rechtsschutzbedürfnis** voraussetzt. Es ist für jeden gegeben, dessen Rechtsstellung berührt wird. zB durch die Frage, wer sein Gläubiger ist (BGH NJW 56, 1320). Eine Klage kann zB trotz Vorliegens des Tatbestandes des § 957 II Nr 1 aussichtslos sein, wenn der Kläger mit ihr ohne eigenes schutzwürdiges Interesse lediglich den dem Bekl rechtskräftig zuerkannten Löschungsanspruch vereiteln will (RGZ 155, 72; RGDJ 37, 1157). Das LG ist ohne Rücksicht auf den Streitwert sachl u örtl ausschließl zuständig (RGZ 78, 377). Anwaltszwang: § 78. Das Urteil darf das Ausschlußurteil nur insoweit aufheben, als es den Kläger mit seinem Anspruch oder Recht ausgeschlossen hat, und es zugunsten des siegreichen Klägers ergänzen; es läßt aber im übrigen das Ausschlußurteil unberührt und wirkt nur unter den Parteien. **Die Gründe in Nrn 1 bis 6 sind erschöpfend.** Gegen das Urteil ist Berufung u nach § 546 I Revision zulässig. Bekanntmachung des Urteils: §§ 1017 III, 1023 f.

3 **Nr 1** gilt nur für Fälle, in denen eine das Aufgebotsverf rechtfertigende Vorschrift materiellen Rechts gefehlt hat (BGH MDR 80, 921 = NJW 80, 2029). – **Zu Nr 2** s § 947 II. – **Zu Nr 3:** Aufgebotsfrist: §§ 950, 956, 987 III, 994 I, 1010, 1013–1015. – **Zu Nr 5:** §§ 951, 953. – **Zu Nr 6:** §§ 580 Nr 1–5; 581.

4 **III) Gebühren** des **Gerichts und** des **Anwalts:** Gebühren des KV 1201 ff; §§ 31 ff BRAGO.

958 *[Anfechtungsklage, Frist]*

(1) Die Anfechtungsklage ist binnen der Notfrist eines Monats zu erheben. Die Frist beginnt mit dem Tage, an dem der Kläger Kenntnis von dem Ausschlußurteil erhalten hat, in dem Falle jedoch, wenn die Klage auf einem der im § 957 Nr. 4, 6 bezeichneten Anfechtungsgründe beruht und dieser Grund an jenem Tage noch nicht zur Kenntnis des Klägers gelangt war, erst mit dem Tage, an dem der Anfechtungsgrund dem Kläger bekanntgeworden ist.

(2) Nach Ablauf von zehn Jahren, von dem Tage der Verkündung des Ausschlußurteils an gerechnet, ist die Klage unstatthaft.

1 I) **Notfrist:** § 223. Fristberechnung: § 222. Wiedereinsetzung zulässig. Die Fristwahrung ist von Amts wegen zu prüfen. Der Zeitpunkt der Kenntnis ist in die Klage aufzunehmen; keine Glaubhaftmachung nötig. AA Wieczorek/Schütze/Weber Rn 5 (§ 589 II analog). Kennenmüssen des Ausschlußgrundes steht dem Kennen nicht gleich. Der Tag der Veröffentlichung des Ausschlußurteils im BAnz kann zwar als Beweismoment in Betracht kommen, ist aber für die Annahme der Kenntnis nicht ausschlaggebend.

2 II) Die Frist von 10 Jahren ist eine **Ausschlußfrist**, die nicht wiedereinsetzungsfähig ist; Fristwahrung muß Kläger beweisen.

959 *[Verbindung von Aufgeboten]*

Das Gericht kann die Verbindung mehrerer Aufgebote anordnen, auch wenn die Voraussetzungen des § 147 nicht vorliegen.

1 Verbindung nur zweckmäßig bei Gleichartigkeit der Aufgebote. Wiederaufhebung der Verbindung nach § 150.

2 **Gebühren:** s Rn 3 zu § 947.

960–976 **(weggefallen)** Das Todeserklärungsverf ist im VerschG als Verf der freiwilligen Gerichtsbarkeit normiert.

977 *[Aufgebot des Grundstückseigentümers]*

Für das Aufgebotsverfahren zum Zwecke der Ausschließung des Eigentümers eines Grundstücks nach § 927 des Bürgerlichen Gesetzbuchs gelten die nachfolgenden besonderen Vorschriften.

1 Nach § 927 BGB kann der Eigentümer eines Grundstücks, wenn dieses seit 30 Jahren im Eigenbesitz eines anderen ist, durch Aufgebotsverf ausgeschlossen werden. Dadurch wird das

Grundstück herrenlos. Der Antragsteller hat ein Aneignungsrecht u wird durch Grundbucheintragung Eigentümer, § 979 ZPO, § 927 II BGB. Zu den Voraussetzungen für die Grundbucheintragung eines **Fischereirechts** auf Grund Ausschlußurteils s Laiblin/Böhringer BWNotZ 85, 153 u Böhringer BWNotZ 84, 153 sowie zur Amtsermittlungspflicht und Beweiserhebung Böhringer BWNotZ 86, 126.

§§ 977–981 finden nach § 114 SachenrechtsbereinigungsG Anwendung auf Aufgebot eines nach § 459 ZGB-DDR entstandenen Miteigentumsanteils. 2

978 *[Zuständigkeit]*

Zuständig ist das Gericht, in dessen Bezirk das Grundstück belegen ist.

Liegt das Grundstück in Bezirken verschiedener Gerichte, dann ist § 36 Nr 4 anwendbar. 1

979 *[Antragsrecht]*

Antragsberechtigt ist derjenige, der das Grundstück seit der im § 927 des Bürgerlichen Gesetzbuchs bestimmten Zeit im Eigenbesitz hat.

Auf die Frist des § 927 BGB von 30 Jahren wird die während des Besitzes eines oder mehrerer Rechtsvorgänger verstrichene Zeit angerechnet, §§ 927 I S 2, 943 BGB. Hat der bisherige Eigentümer das Grundstück verkauft u aufgelassen, so ist nur der neue Eigenbesitzer (Käufer) antragsberechtigt, Wieczorek/Schütze/Weber Rn 3. 1

Gebühren des **Gerichts und** des **Anwalts:** s Rn 3 zu § 947. 2

980 *[Glaubhaftmachung]*

Der Antragsteller hat die zur Begründung des Antrags erforderlichen Tatsachen vor der Einleitung des Verfahrens glaubhaft zu machen.

Glaubhaftmachung der Tatsachen (des § 927 BGB) nach § 294 zB durch Vorlage einer Steuerurkunde bezügl des Eingetragenen oder einer Ausfertigung des Ausschlußurteils oder einer Bestätigung der Verschollenheit des bisherigen Eigentümers u eines Besitzzeugnisses des Bürgermeisters. Einer Todeserklärung des verschollenen Eigentümers bedarf es nicht. 1

981 *[Bekanntmachung]*

In dem Aufgebot ist der bisherige Eigentümer aufzufordern, sein Recht spätestens im Aufgebotstermin anzumelden, widrigenfalls seine Ausschließung erfolgen werde.

Aufgebot: § 947 II. – Meldet sich der Eigentümer, so ist nach § 953 zu verf. Beansprucht ein Dritter (Rechtsnachfolger) das Eigentum, so braucht er sich nicht zu melden, wenn er vor Erlaß des Ausschlußurteils den Antrag auf Eintragung als Eigentümer im Grundbuch oder auf Eintragung eines Widerspruchs gegen die Richtigkeit des Grundbuchs stellt, § 899 BGB. Ist die Ausschließung ausgesprochen, so hat der „Eigenbesitzer" die Eintragung im Grundbuch herbeizuführen, § 927 II, III BGB. 1

981a *[Aufgebot des Schiffseigentümers]*

Für das Aufgebotsverfahren zum Zwecke der Ausschließung des Eigentümers eines eingetragenen Schiffes oder Schiffsbauwerks nach § 6 des Gesetzes über Rechte an eingetragenen Schiffen und Schiffsbauwerken vom 15. November 1940 (Reichsgesetzbl. I S. 1499) gelten die §§ 979 bis 981 entsprechend. Zuständig ist das Gericht, bei dem das Register für das Schiff oder Schiffsbauwerk geführt wird.

982 *[Aufgebot von Hypotheken- usw Gläubigern]*
Für das Aufgebotsverfahren zum Zwecke der Ausschließung eines Hypotheken-, Grundschuld- oder Rentenschuldgläubigers auf Grund der §§ 1170, 1171 des Bürgerlichen Gesetzbuchs gelten die nachfolgenden besonderen Vorschriften.

1 **Aufgebot auf Grund § 1170 BGB: 1) Antragsberechtigt** ist der Eigentümer, § 984 I, ferner ein im Rang gleich- oder nachstehender Gläubiger, wenn für ihn eine Vormerkung gem § 1179 BGB eingetragen ist oder ein Anspruch nach § 1179a BGB besteht, § 984 II. Der Gläubiger wird mit seinem dingl Recht ausgeschlossen, nicht auch mit seiner persönl Forderung. Die Ausschließung richtet sich aber gegen jedermann, der Rechte an der Hypothek geltend machen konnte, mithin auch gegen Inhaber von Rechten, die, wie ein Pfandrecht oder ein Nießbrauch, die Hypothek belasten. Solche Berechtigte sind, wenn auch in beschränktem Maße, „Gläubiger" der Hypothek (KG RJA VIII, 233); daher müssen sie, auch wenn das Aufgebot zu Unrecht erlassen ist, ihre Rechte gemäß § 953 anmelden, damit sie ihnen im Anschlußurteil vorbehalten werden.

2 Mit **Erlaß des Ausschlußurteils** erwirbt derjenige, der zZ der Verkündung Eigentümer ist, auch wenn ein vorheriger Eigentümer den Aufgebotsantrag gestellt hat, die Hypothek kraft Gesetzes, ohne daß es einer Eintragung als Eigentümer bedarf. Da die persönl Forderung durch das Urteil nicht berührt wird u daher für den Gläubiger bestehen bleibt, geht die Hypothek gem § 1177 I BGB als Grundschuld auf den Eigentümer über u tritt eine Trennung des dingl Rechts von der Forderung ein. Das Urteil muß jedoch ohne Vorbehalt erlassen sein. Hat sich jemand als Gläubiger gemeldet u ist ihm gem § 953 das angemeldete Recht vorbehalten, so ist er noch nicht ausgeschlossen. Deshalb hat ein solches Urteil für sich allein nicht die Wirkung des § 1170 BGB, da hier vorausgesetzt ist, daß diejenigen, die als Gläubiger in Betracht kommen können, ausgeschlossen worden sind. Erst wenn der Vorbehalt vom Antragsteller rechtswirksam beseitigt ist, zB durch Verzicht des Anmeldenden oder durch seine rechtskräftige Verurteilung zur Verzichtserklärung, treten die Wirkungen des § 1170 I BGB ein; s auch § 1175 BGB.

3 Bei **Briefhypothek** wird ein Hypothekenbrief ohne besonderes Aufgebot nach § 1162 BGB derart kraftlos, daß auch ein gutgläubiger Erwerber sich für die Rechtswirksamkeit seines Erwerbes nicht auf den etwaigen Besitz des Briefes berufen kann. Der Erwerb des Eigentümers vollzieht sich kraft Gesetzes; die entsprechende Berichtigung des Grundbuchs hat der Eigentümer selbst zu veranlassen.

4 **Aufgebot auf Grund § 1171 BGB.** Antragsberechtigt ist nur der Eigentümer, bei der Gesamthypothek jeder Eigentümer bezügl seines Grundstücks. Kraftlosigkeit des Briefes wie bei § 1170 BGB. Das Aufgebot richtet sich gegen jeden unbekannten – eingetragenen oder nicht eingetragenen – Gläubiger, also auch einen etwaigen Pfandgläubiger der Hypothek.

983 *[Zuständigkeit]*
Zuständig ist das Gericht, in dessen Bezirk das belastete Grundstück belegen ist.

Vgl § 1005 II.

984 *[Antragsrecht]*
(1) Antragsberechtigt ist der Eigentümer des belasteten Grundstücks.

(2) Im Falle des § 1170 des Bürgerlichen Gesetzbuchs ist auch ein im Range gleich- oder nachstehender Gläubiger, zu dessen Gunsten eine Vormerkung nach § 1179 des Bürgerlichen Gesetzbuchs eingetragen ist, oder ein Anspruch nach § 1179a des Bürgerlichen Gesetzbuchs besteht, und bei einer Gesamthypothek, Gesamtgrundschuld oder Gesamtrentenschuld außerdem derjenige antragsberechtigt, der auf Grund eines im Range gleich- oder nachstehenden Rechtes Befriedigung aus einem der belasteten Grundstücke verlangen kann, sofern der Gläubiger oder der sonstige Berechtigte für seinen Anspruch einen vollstreckbaren Schuldtitel erlangt hat.

1 Bei der **Gesamthypothek** ist jeder Eigentümer für sich antragsberechtigt. **Vollstreckbare Schuldtitel** sind bei allen in Abs 2 genannten Berechtigten erforderl. Der Eigentümer ist von Amts wegen zu benachrichtigen (§ 986 V).

985 *[Glaubhaftmachung]*

Der Antragsteller hat vor der Einleitung des Verfahrens glaubhaft zu machen, daß der Gläubiger unbekannt ist.

Dem Antragsteller muß unbekannt sein, wer Gläubiger oder wer sein Rechtsnachfolger ist; der Gläubiger oder sein Rechtsnachfolger müssen dem Antragsteller auch dem Aufenthalt nach unbekannt sein. Daß ledigl deren Aufenthaltsort unbekannt ist, genügt nicht, weil dies den Eigentümer nicht hindert, auf Zustimmung zur Berichtigung nach § 894 BGB zu klagen, LG Bückeburg Rpfleger 58, 320. AA Wieczorek/Schütze/Weber § 982 Rn 15. Bedarf der Eigentümer jedoch zur Grundbuchberichtigung des Hypothekenbriefes, dann kann er nach Verurteilung des Gläubigers zur Bewilligung der Berichtigung das Aufgebot des Briefes allein nach § 1162 BGB, § 1003 ZPO beantragen. Im Einzelfall kann allerdings die Unbekanntheit dem Aufenthaltsort nach zu einer Unbekanntheit der Person selbst führen. Auch muß sich der Antragsteller bereits ohne Erfolg um die Ermittlung des richtigen Gläubigers bemüht haben. Dem Unbekanntsein des Gläubigers steht es gleich, wenn der auftretende Gläubiger sein Verfügungsrecht nicht nachzuweisen vermag; denn dann ist ungewiß, ob nicht das Recht einem anderen zusteht, u damit wird zugleich ungewiß, wer der Berechtigte ist. In den Antrag ist auch die genaue Beschreibung des Grundstücks u der Betrag der Forderung aufzunehmen. 1

986 *[Glaubhaftmachung im Falle des § 1170 BGB]*

(1) Im Falle des § 1170 des Bürgerlichen Gesetzbuchs hat der Antragsteller vor der Einleitung des Verfahrens auch glaubhaft zu machen, daß nicht eine das Aufgebot ausschließende Anerkennung des Rechtes des Gläubigers erfolgt ist.

(2) Ist die Hypothek für die Forderung aus einer Schuldverschreibung auf den Inhaber bestellt oder der Grundschuld- oder Rentenschuldbrief auf den Inhaber ausgestellt, so hat der Antragsteller glaubhaft zu machen, daß die Schuldverschreibung oder der Brief bis zum Ablauf der im § 801 des Bürgerlichen Gesetzbuchs bezeichneten Frist nicht vorgelegt und der Anspruch nicht gerichtlich geltend gemacht worden ist. Ist die Vorlegung oder die gerichtliche Geltendmachung erfolgt, so ist die im Abs. 1 vorgeschriebene Glaubhaftmachung erforderlich.

(3) Zur Glaubhaftmachung genügt in den Fällen der Absätze 1, 2 die Versicherung des Antragstellers an Eides Statt, unbeschadet der Befugnis des Gerichts, anderweitige Ermittlungen anzuordnen.

(4) In dem Aufgebot ist als Rechtsnachteil anzudrohen, daß der Gläubiger mit seinem Recht ausgeschlossen werde.

(5) Wird das Aufgebot auf Antrag eines nach § 984 Abs. 2 Antragsberechtigten erlassen, so ist es dem Eigentümer des Grundstücks von Amts wegen mitzuteilen.

§ 1170 zielt auf Ausschließung des (wahren) Gläubigers (Abs 4), so daß Eigentümer Hypothek erwirbt, § 1170 II 1 BGB. Aufgebot einer bereits erloschenen Forderung bzw Hypothek nicht erforderl, da Grundbuch unrichtig, Wieczorek/Schütze/Weber § 982 Rn 8, 10. Glaubhaftmachung nach § 294. Anerkennung des Rechts innerhalb der zehnjährigen Frist des § 1170 BGB mögl durch Abschlagszahlung, Zinszahlung, Stundungsgesuch. Der Aufgebotsantrag ist erst nach Ablauf der genannten Frist zulässig. 1

II) Abs 2. Hypothek für eine Forderung aus Inhaberpapier usw: §§ 793 ff, 1187–1189, 1195, 1199 BGB. Nach § 811 BGB erlischt der Anspruch aus einer Schuldverschreibung auf den Inhaber 30 Jahre nach dem Eintritt der für die Leistung bestimmten Zeit, wenn nicht die Urkunde vorgelegt oder der Anspruch gerichtl geltend gemacht wird. 2

987 *[Verpflichtungen des Antragstellers im Falle des § 1171 BGB]*

(1) Im Falle des § 1171 des Bürgerlichen Gesetzbuchs hat der Antragsteller sich vor der Einleitung des Verfahrens zur Hinterlegung des dem Gläubiger gebührenden Betrages zu erbieten.

(2) In dem Aufgebot ist als Rechtsnachteil anzudrohen, daß der Gläubiger nach der Hinterlegung des ihm gebührenden Betrages seine Befriedigung statt aus dem Grundstück nur noch aus dem hinterlegten Betrag verlangen könne und sein Recht auf diesen erlösche, wenn er sich nicht vor dem Ablauf von dreißig Jahren nach dem Erlaß des Ausschlußurteils bei der Hinterlegungsstelle melde.

(3) Hängt die Fälligkeit der Forderung von einer Kündigung ab, so erweitert sich die Aufgebotsfrist um die Kündigungsfrist.

(4) Das Ausschlußurteil darf erst dann erlassen werden, wenn die Hinterlegung erfolgt ist.

1 **I)** § 1171 BGB bezieht sich auf materiell fortbestehende Hypotheken. – Der **Antragsteller** hat nachzuweisen, daß der Gläubiger nach Person u Aufenthalt unbekannt, § 985, u er selbst zur Befriedigung des Gläubigers oder zur Kündigung der Hypothek berechtigt ist, §§ 1171, 1141, 1142 BGB. Für die **Hinterlegung** kommt in Frage: das noch geschuldete Kapital mit vierjährigen Zinsen, falls sie im Grundbuch eingetragen sind. Erlaß des Ausschlußurteils erst nach Hinterlegung (Abs 4). **Aufgebotsfrist:** §§ 950, 1024.

2 **II)** Vgl § 382 BGB. Nach Ablauf der 30 Jahre kann der Schuldner den Betrag zurückfordern trotz des seinerzeit erklärten Verzichts. Eines besonderen Aufgebots des dem Gläubiger erteilten Hypotheken- usw Briefes bedarf es nicht; er wird durch das Ausschlußurteil von selbst kraftlos.

987a *[Aufgebot von Schiffshypothekengläubigern]*

Für das Aufgebotsverfahren zum Zwecke der Ausschließung eines Schiffshypothekengläubigers auf Grund der §§ 66, 67 des Gesetzes über Rechte an eingetragenen Schiffen und Schiffsbauwerken vom 15. November 1940 (Reichsgesetzbl. I S. 1499) gelten die §§ 984 bis 987 entsprechend; an die Stelle der §§ 1170, 1171, 1179 des Bürgerlichen Gesetzbuchs treten die §§ 66, 67, 58 des genannten Gesetzes. Zuständig ist das Gericht, bei dem das Register für das Schiff oder Schiffsbauwerk geführt wird.

988 *[Aufgebot von Berechtigten bei Vormerkung, Vorkaufsrecht, Reallast]*

Die Vorschriften des § 983, des § 984 Abs. 1, des § 985, des § 986 Abs. 1 bis 4 und der §§ 987, 987a gelten entsprechend für das Aufgebotsverfahren zum Zwecke der in den §§ 887, 1104, 1112 des Bürgerlichen Gesetzbuchs, § 13 des Gesetzes über die Rechte an eingetragenen Schiffen und Schiffsbauwerken vom 15. November 1940 (Reichsgesetzbl. I S. 1499) für die Vormerkung, das Vorkaufsrecht und die Reallast bestimmten Ausschließung des Berechtigten. Antragsberechtigt ist auch, wer auf Grund eines im Range gleich- oder nachstehenden Rechtes Befriedigung aus dem Grundstück oder dem Schiff oder Schiffsbauwerk verlangen kann, sofern er für seinen Anspruch einen vollstreckbaren Schuldtitel erlangt hat. Das Aufgebot ist dem Eigentümer des Grundstücks oder des Schiffes oder Schiffsbauwerks von Amts wegen mitzuteilen.

1 In allen Fällen des § 988 ist die Zulässigkeit des Aufgebotsverf davon abhängig, daß der Berechtigte unbekannt ist u die im § 1170 BGB für die Ausschließung eines Hypothekengläubigers bestimmten Voraussetzungen vorliegen. Die Verweisung auf § 987a betrifft Schiffsvormerkung (§§ 13, 66 SchRG); nicht anwendbar § 67 SchRG, § 987, Wieczorek/Schütze/Weber Rn 20. Mit Verkündung des Ausschlußurteils erlischt in allen Fällen das Recht, Wieczorek/Schütze/Weber Rn 6. AA MK/Eickmann Rn 6: Bei Reallast entstehe Eigentümerreallast.

989 *[Aufgebot von Nachlaßgläubigern]*

Für das Aufgebotsverfahren zum Zwecke der Ausschließung von Nachlaßgläubigern auf Grund des § 1970 des Bürgerlichen Gesetzbuchs gelten die nachfolgenden besonderen Vorschriften.

1 § 989 trifft bekannte und unbekannte Gläubiger. Durch das Aufgebot kann sich der Erbe über die Notwendigkeit der Haftungsbeschränkung unterrichten; ferner gibt es ihm die Erschöpfungseinrede des § 1973 BGB, sichert ihn gegen Rückgriff, § 1980 BGB, u verwandelt die Gesamthaftung der Erben in Kopfteilhaftung, § 2060 BGB. **Nachlaßgläubiger:** §§ 1967–1969 BGB. **Nicht hierher** gehören: Pfand-, Hypothekengläubiger; die in § 49 KO genannten Gläubiger, § 1971 BGB; Pflichtteilsberechtigte, Vermächtnisnehmer, Auflagegläubiger, § 1972 BGB; der Gläubiger, dem der Erbe bereits unbeschränkt haftet, §§ 1994 I 2, 2006 III BGB, u der Erbe, insoweit er Nachlaßgläubiger ist. **Es gelten neben §§ 900–1000 die §§ 946–959.** Zu unterscheiden vom Aufgebot ist die gerichtl Aufforderung zur Anmeldung von unbekannten Erben: §§ 1965, 2353 BGB.

990 *[Zuständigkeit]*

Zuständig ist das Amtsgericht, dem die Verrichtungen des Nachlaßgerichts obliegen. Sind diese Verrichtungen einer anderen Behörde als einem Amtsgericht übertragen, so ist das Amtsgericht zuständig, in dessen Bezirk die Nachlaßbehörde ihren Sitz hat.

Nachlaßgericht ist in der Regel das AG, in dessen Bezirk der Erblasser zur Zeit des Erbfalles 1 seinen Wohnsitz oder mangels eines solchen seinen Aufenthalt hatte, § 73 FGG. Ist die Zuständigkeit ungewiß, Bestimmung gemäß § 5 FGG bzw § 36 ZPO.

991 *[Antragsrecht]*

(1) Antragsberechtigt ist jeder Erbe, sofern er nicht für die Nachlaßverbindlichkeiten unbeschränkt haftet.

(2) Zu dem Antrag sind auch ein Nachlaßpfleger und ein Testamentsvollstrecker berechtigt, wenn ihnen die Verwaltung des Nachlasses zusteht.

(3) Der Erbe und der Testamentsvollstrecker können den Antrag erst nach der Annahme der Erbschaft stellen.

I) Die **Beschränkung in Abs 1** hängt mit dem Zweck des Aufgebots zusammen, das dem Erben 1 eine zuverlässige Kenntnis über den Bestand der Nachlaßverbindlichkeiten u damit eine sichere Grundlage für die Entschließung verschaffen soll, ob er seine beschränkte Haftung gerichtl geltend machen will. Für diesen Zweck ist aber kein Raum, wenn der Vor- oder Nacherbe das Recht der Beschränkung seiner Haftung, §§ 1994 I 2, 2005 I BGB, allen Nachlaßgläubigern gegenüber verloren hat. Ausnahme: § 997 II. Beim Vorhandensein mehrerer Erben kann jeder von ihnen auch gegen den Willen der andern das Aufgebot beantragen, § 997. Antragsberechtigt ist auch der Vor- und der Nacherbe.

II) Abs 2. Nachlaßpfleger, auch Nachlaßverwalter, §§ 1950 ff, 1975 BGB. Beide können den 2 Antrag schon vor Annahme der Erbschaft stellen. Der Nachlaßverwalter kann das Aufgebot auch beantragen, wenn der Erbe unbeschränkt haftet (Colmar OLGE 19, 163 zu p). **Testamentsvollstrecker:** § 2213 BGB.

III) Abs 3. Vgl §§ 1942, 1944, 2142 BGB. Der Antrag ist an keine Frist gebunden. Verf: § 947 ff. 3 Inventarerrichtung nicht nötig.

992 *[Verzeichnis der Nachlaßgläubiger]*

Dem Antrag ist ein Verzeichnis der bekannten Nachlaßgläubiger mit Angabe ihres Wohnorts beizufügen.

Zweck: Ermöglichung der Zustellung des Aufgebots, § 994. Form: §§ 947, 996; Wohnort ist nicht 1 Wohnsitz. Bei Nichtbefolgung des § 992: Ablehnung des Antrags. Wurden Aufgebot u Ausschlußurteil gleichwohl erlassen, sind sie wirksam.

993 *[Nachlaßkonkurs]*

(1) Das Aufgebot soll nicht erlassen werden, wenn die Eröffnung des Nachlaßkonkurses beantragt ist.

(2) Durch die Eröffnung des Nachlaßkonkurses wird das Aufgebotsverfahren beendigt.

Der Nachlaßkonkurs (§§ 214 ff, 229 KO, 1975 BGB) hat die Beschränkung der Erbenhaftung 1 zur Folge. Ebenso das Vergleichsverf über einen Nachlaß, § 113 Nr 4 VerglO, MK/Eickmann Rn 15. Nachlaßverwaltung hindert das Aufgebot nicht.

Die Beendigung des Aufgebotsverf ist durch Beschluß festzustellen. AA Wieczorek/Schütze/Weber Rn 6: Feststellung im Ermessen des Gerichts, da Beendigungswirkung unmittelbar 2 kraft Gesetzes eintritt. Wird das Konkursverf eingestellt, so ist das Aufgebot wieder zulässig. Wird unter Verstoß gegen Abs 2 Ausschlußurteil erlassen, so findet Anfechtung aus § 957 II Nr 1 statt.

994 *[Aufgebotsfrist]*
(1) Die Aufgebotsfrist soll höchstens sechs Monate betragen.

(2) Das Aufgebot soll den Nachlaßgläubigern, die dem Nachlaßgericht angezeigt sind und deren Wohnort bekannt ist, von Amts wegen zugestellt werden. Die Zustellung kann durch Aufgabe zur Post erfolgen.

1 Mindestfrist: 6 Wochen, § 950. Überschreitung der Frist des Abs 1 begründet nicht die Anfechtungsklage.

2 Sollvorschrift. Ihre Verletzung ist kein Grund für eine Anfechtungsklage, § 957 II Nr 2. Zustellung durch Aufgabe zur Post: §§ 213, 175, 192. Öffentl Zustellung an Gläubiger mit unbekanntem Aufenthalt ist nicht nötig.

995 *[Androhung des Rechtsnachteils]*
In dem Aufgebot ist den Nachlaßgläubigern, die sich nicht melden, als Rechtsnachteil anzudrohen, daß sie, unbeschadet des Rechtes, vor den Verbindlichkeiten aus Pflichtteilsrechten, Vermächtnissen und Auflagen berücksichtigt zu werden, von dem Erben nur insoweit Befriedigung verlangen können, als sich nach Befriedigung der nicht ausgeschlossenen Gläubiger noch ein Überschuß ergibt.

1 Der in § 995 bezeichnete Rechtsnachteil trifft alle Gläubiger, die sich nicht melden, mögen sie in dem vom Antragsteller übergebenen Verzeichnis aufgeführt sein oder nicht, auch wenn sie dem Antragsteller bekannt waren oder wenn sie zwar ihre Ansprüche beim Nachlaßverwalter oder Nachlaßgericht, aber nicht im Aufgebotsverf angemeldet haben (RG JW 10, 713; Karlsruhe OLGE 42, 22).

996 *[Forderungsanmeldung]*
(1) Die Anmeldung einer Forderung hat die Angabe des Gegenstandes und des Grundes der Forderung zu enthalten. Urkundliche Beweisstücke sind in Urschrift oder in Abschrift beizufügen.

(2) Das Gericht hat die Einsicht der Anmeldung jedem zu gestatten, der ein rechtliches Interesse glaubhaft macht.

1 Beglaubigung der Belegabschriften ist entbehrlich.

2 **Gebühren des Anwalts:** Meldet der RA für eine Person an, die nicht Antragsteller ist, so nur eine einmalige $^{5}/_{10}$ Gebühr nach § 45 II BRAGO. Die Einsicht nach Abs 2 ist gerichtsgebührenfrei.

997 *[Antragsrecht bei Mehrheit von Erben]*
(1) Sind mehrere Erben vorhanden, so kommen der von einem Erben gestellte Antrag und das von ihm erwirkte Ausschlußurteil, unbeschadet der Vorschriften des Bürgerlichen Gesetzbuchs über die unbeschränkte Haftung, auch den anderen Erben zustatten. Als Rechtsnachteil ist den Nachlaßgläubigern, die sich nicht melden, auch anzudrohen, daß jeder Erbe nach der Teilung des Nachlasses nur für den seinem Erbteil entsprechenden Teil der Verbindlichkeit haftet.

(2) Das Aufgebot mit Androhung des im Abs. 1 Satz 2 bestimmten Rechtsnachteils kann von jedem Erben auch dann beantragt werden, wenn er für die Nachlaßverbindlichkeiten unbeschränkt haftet.

1 **I)** Vorschriften des BGB über die unbeschränkte Haftung: §§ 2013, 2060, 2144, 2383. – Eintritt in das Verf: § 946. – **Androhung** auch der im § 995 bezeichneten Rechtsnachteile des § 1973 BGB.

2 **II)** Die Ausnahme von der Regel des § 991 I in Abs 2 ist mit Rücksicht darauf geboten, daß gemäß § 2060 Nr 1 BGB der Miterbe nach der Teilung des Nachlasses den im Aufgebotsverf ausgeschlossenen Gläubigern auch dann nur für den seinem Erbteil entsprechenden Teil ihrer Forderung haftet, wenn sein Recht auf die beschränkte Haftung erloschen ist. Von Bedeutung ist dieses Antragsrecht für den Fall, daß keiner der Miterben das Aufgebotsverf beantragen will.

998 *[Nacherbe]*
Im Falle einer Nacherbfolge ist die Vorschrift des § 997 Abs. 1 Satz 1 auf den Vorerben und den Nacherben entsprechend anzuwenden.

Nacherbfolge: §§ 2100 ff BGB. Der Nacherbe kann neben dem Vorerben das Aufgebot beantragen. Die Einleitung des Verf durch den Vorerben kommt auch dem Nacherben zustatten; s § 2144 II BGB. 1

999 *[Antragsrecht bei Gütergemeinschaft]*
Gehört ein Nachlaß zum Gesamtgut der Gütergemeinschaft, so kann sowohl der Ehegatte, der Erbe ist, als auch der Ehegatte, der nicht Erbe ist, aber das Gesamtgut allein oder mit seinem Ehegatten gemeinschaftlich verwaltet, das Aufgebot beantragen, ohne daß die Zustimmung des anderen Ehegatten erforderlich ist. Die Ehegatten behalten diese Befugnis, wenn die Gütergemeinschaft endet. Der von einem Ehegatten gestellte Antrag und das von ihm erwirkte Ausschlußurteil kommen auch dem anderen Ehegatten zustatten.

1000 *[Erbschaftskäufer]*
(1) Hat der Erbe die Erbschaft verkauft, so kann sowohl der Käufer als der Erbe das Aufgebot beantragen. Der von dem einen Teil gestellte Antrag und das von ihm erwirkte Ausschlußurteil kommen, unbeschadet der Vorschriften des Bürgerlichen Gesetzbuchs über die unbeschränkte Haftung, auch dem anderen Teil zustatten.

(2) Diese Vorschriften gelten entsprechend, wenn jemand eine durch Vertrag erworbene Erbschaft verkauft oder sich zur Veräußerung einer ihm angefallenen oder anderweit von ihm erworbenen Erbschaft in sonstiger Weise verpflichtet hat.

Vgl § 1001 ZPO, §§ 2371, 2382 f, 2385 BGB.

1001 *[Aufgebot der Gesamtgutsgläubiger]*
Die Vorschriften der §§ 990 bis 996, 999, 1000 sind im Falle der fortgesetzten Gütergemeinschaft auf das Aufgebotsverfahren zum Zwecke der nach dem § 1489 Abs. 2 und dem § 1970 des Bürgerlichen Gesetzbuchs zulässigen Ausschließung von Gesamtgutsgläubigern entsprechend anzuwenden.

Die §§ 997, 991 II sind unanwendbar, weil deren besondere Voraussetzungen (Mehrheit von Erben, Nacherbe) fehlen. 1

1002 *[Aufgebot der Schiffsgläubiger]*
(1) Für das Aufgebotsverfahren zum Zwecke der Ausschließung von Schiffsgläubigern auf Grund des § 110 des Gesetzes betreffend die privatrechtlichen Verhältnisse der Binnenschiffahrt, gelten die nachfolgenden besonderen Vorschriften.

(2) Zuständig ist das Gericht, in dessen Bezirk sich der Heimathafen oder der Heimatort des Schiffes befindet.

(3) Unterliegt das Schiff der Eintragung in das Schiffsregister, so kann der Antrag erst nach der Eintragung der Veräußerung des Schiffes gestellt werden.

(4) Der Antragsteller hat die ihm bekannten Forderungen von Schiffsgläubigern anzugeben.

(5) Die Aufgebotsfrist muß mindestens drei Monate betragen.

(6) In dem Aufgebot ist den Schiffsgläubigern, die sich nicht melden, als Rechtsnachteil anzudrohen, daß ihre Pfandrechte erlöschen, sofern nicht ihre Forderungen dem Antragsteller bekannt sind.

Nach § 110 BinnenschiffG ist bei freiwilliger Veräußerung eines Schiffes der Erwerber berechtigt, die Ausschließung der unbekannten Schiffsgläubiger mit ihren Pfandrechten im Wege des Aufgebotsverf zu beantragen. S auch § 10 SchiffsregO. – Aufgebot unbekannter Schiffspfandgläubiger: § 988. Zu Abs 6 s § 1024 I. 1

1003 *[Aufgebot zur Kraftloserklärung von Urkunden]* **Für das Aufgebotsverfahren zum Zwecke der Kraftloserklärung einer Urkunde gelten die nachfolgenden besonderen Vorschriften.**

1 **I) §§ 1003 ff** treffen nur die Fälle, in denen die **gerichtl Kraftloserklärung** von Urkunden gesetzl zugelassen ist. **Bundesgesetzl** ist dies der Fall bezügl der Schuldverschreibungen auf den Inhaber (§ 799 BGB; Lotterielose: Nürnberg OLGE 24, 411 [413]), der den Inhaberpapieren ähnl Namenspapiere nach § 808 BGB, es sei denn, es ist landesgesetzl ein anderes Verf angeordnet (Sparkassenbücher, Pfandscheine, Versicherungsscheine, Depotscheine), der Aktien u Zwischenscheine (§ 72 AktG), der Wechsel (Art 90 WG), Schecks (Art 59 ScheckG) u der kaufmännischen Orderpapiere (also der kaufmännischen Anweisungen u Verpflichtungsscheine, Konnossemente, Ladescheine, Lagerscheine, Transportversicherungsscheine, wenn sie an Order lauten, §§ 363, 365, 424, 447, 642, 644, 682, 784 HGB), der Hypotheken, Grundschuld- u Rentenschuldbriefe (§§ 1162, 1192, 1199 BGB). Unter § 1003 fallen auch (nicht unterschriebene) **Euroscheck-Vordrucke u Euroscheckkarten.** AA Wieczorek/Schütze/Weber Rn 19; MK/Eickmann Rn 2, weil Art 59 ScheckG nur gegen die spezifisch wertpapierrechtl Gefahren schützen will und solche mangels Unterschrift nicht drohten. – Da Kreditinstitute vereinfachtes Verf bei Scheckverlust im Einzugsverkehr vereinbart haben, fehlt idR Rechtschutzbedürfnis für Aufgebot. Aufgebotsfähig sind auch ausländische Urkunden, Wieczorek/Schütze/Weber Rn 22. **Zu unterscheiden vom Aufgebot gemäß §§ 1003 ff** ist die Kraftloserklärung einer Urkunde durch den Aussteller mittels öffentl Bekanntmachung (§ 176 BGB, § 84 AktG) u die Kraftloserklärung einer vom Gericht ausgestellten Urkunde wegen Unrichtigkeit ihres Inhalts (BGB § 2361 II: Erbschein; § 2368 III: Zeugnis des Testamentsvollstreckers). **Ausgeschlossen ist das Aufgebotsverfahren** im Falle des § 799 I 2 BGB bei Banknoten, Erneuerungsscheinen, §§ 779 I, 805 BGB u bei Namenspapieren. Das Aufgebot eines **Hypothekenbriefes** kann der Gläubiger als Eigentümer des Hypothekenbriefes beantragen; es ist aber auch der Eigentümer des Grundstücks selbständig antragsberechtigt, wenn er den zum Aufgebot berechtigten Gläubiger bereits befriedigt hat oder die Hypothek erloschen ist, da er dann ein unmittelbares Interesse an der Unschädlichmachung des ihn gefährdenden Briefes hat. Der Brief wird kraft Gesetzes kraftlos u bedarf eines Aufgebots nicht im Fall des Aufgebots gem §§ 1170, 1171 BGB. § 18 PostsparkassenO schließt das Aufgebotsverf nach der ZPO aus (LG Hagen MDR 48, 216 m abl Anm Kleinrahm); vgl MK/Eickmann § 946 Rn 11.

2 **II)** Neben § 1003 gelten **§§ 946–959.** Vorbehalt für die Landesgesetzgebung in §§ 1006 III, 1023, 1024 II.

1004 *[Antragsrecht]* **(1) Bei Papieren, die auf den Inhaber lauten oder die durch Indossament übertragen werden können und mit einem Blankoindossament versehen sind, ist der bisherige Inhaber des abhanden gekommenen oder vernichteten Papiers berechtigt, das Aufgebotsverfahren zu beantragen.**

(2) Bei anderen Urkunden ist derjenige zu dem Antrag berechtigt, der das Recht aus der Urkunde geltend machen kann.

1 **I)** Bei **Inhaberpapieren** verspricht der Aussteller (Schuldner) dem Inhaber der Urkunde eine Leistung in der Weise, daß einerseits der zur Verfügung berechtigte Inhaber vom Aussteller die Leistung nach Maßgabe des Schuldversprechens verlangen kann, andererseits der Aussteller von seiner Schuldverbindlichkeit durch Leistung an jeden Inhaber befreit wird, selbst wenn dieser zur Verfügung über die Urkunde nicht berechtigt wäre, § 793 BGB; Beispiele: Pfandbriefe von Banken, Prämien- oder Lotterielose. Durch **Indossament** können übertragen werden Wechsel u kaufmännische Orderpapiere, §§ 363, 365 II HGB. Unzulässig ist das Aufgebotsverf bezügl der Anweisungen in § 799 I 2 BGB.

2 **II)** Wer iS des Abs 2 berechtigt ist, ergibt sich aus dem sachl Recht, so zB aus § 1294 BGB, § 365 HGB, Art 16 WG. Berechtigt ist auch der verfügungsberechtigte Schuldner, sofern eine auf den Inhaber lautende oder mit Blankoindossament versehene Urkunde nach ihrer Rückkunft an den Schuldner u nach Befriedigung des Gläubigers noch von Bedeutung ist. Der Vollstrekkungsgläubiger ist berechtigt, an Stelle des Schuldners auf Grund eines dessen Willenserklärung ersetzenden rechtskräftigen Urteils das Aufgebotsverf für einen Grundschuldbrief zu beantragen (LG Koblenz NJW 55, 506); auch der Grundstückseigentümer ist antragsberechtigt, der eine Löschungsbewilligung des Grundpfandrechtsgläubigers ausgehändigt erhalten hatte, auch wenn er nur eine persönl Schuld getilgt hatte (LG Flensburg SchlHA 69, 200).

3 **III) Gebühren:** s Rn 3 zu § 947.

1005 *[Gerichtsstand]*
(1) Für das Aufgebotsverfahren ist das Gericht des Ortes zuständig, den die Urkunde als den Erfüllungsort bezeichnet. Enthält die Urkunde eine solche Bezeichnung nicht, so ist das Gericht zuständig, bei dem der Aussteller seinen allgemeinen Gerichtsstand hat, und in Ermangelung eines solchen Gerichts dasjenige, bei dem der Aussteller zur Zeit der Ausstellung seinen allgemeinen Gerichtsstand gehabt hat.

(2) Ist die Urkunde über ein im Grundbuch eingetragenes Recht ausgestellt, so ist das Gericht der belegenen Sache ausschließlich zuständig.

I) Ausschließlich zuständig ist das Amtsgericht, § 946 II; s aber § 1006. **Erfüllungsort:** § 269 BGB. Ausdrückl Bezeichnung nicht erforderl. Ein Wechsel „zahlbar aller Orten" enthält keinen Erfüllungsort. Bei Angabe mehrerer Erfüllungsorte ist jedes der Gerichte zuständig. Ist ein ausl Staat Aussteller der Urkunde, so ist das Aufgebotsverf im Inland ausgeschlossen, wenn das Staatspapier als Akt iure imperii zu qualifizieren ist, Geimer IZPR Rn 580; ähnl Wieczorek/Schütze/Weber § 1003 Rn 23. Befinden sich Wechsel-Gläubiger u Wechselschuldner im Bundesgebiet, so ist hier auch nach § 1005 I eine örtl Zuständigkeit begründet (Stuttgart NJW 55, 1154). 1

Anwendungsfälle des Abs 2 in §§ 24, 25. Bestimmung des zuständigen Gerichts, wenn die für eine Hypothek haftenden Grundstücke in den Bezirken verschiedener AG liegen, nach § 36 Nr 4 (RGZ 45, 388; BayObLG Rpfleger 77, 448). 2

1006 *[Bestelltes Aufgebotsgericht]*
(1) Die Erledigung der Anträge, das Aufgebot zum Zwecke der Kraftloserklärung eines auf den Inhaber lautenden Papiers zu erlassen, kann von der Landesjustizverwaltung für mehrere Amtsgerichtsbezirke einem Amtsgericht übertragen werden. Auf Verlangen des Antragstellers wird der Antrag durch das nach § 1005 zuständige Gericht erledigt.

(2) Wird das Aufgebot durch ein anderes als das nach § 1005 zuständige Gericht erlassen, so ist das Aufgebot auch durch Anheftung an die Gerichtstafel des letzteren Gerichts öffentlich bekanntzumachen.

(3) Unberührt bleiben die landesgesetzlichen Vorschriften, durch die für das Aufgebotsverfahren zum Zwecke der Kraftloserklärung von Schuldverschreibungen auf den Inhaber, die ein deutsches Land oder früherer Bundesstaat oder eine ihm angehörende Körperschaft, Stiftung oder Anstalt des öffentlichen Rechts ausgestellt oder für deren Bezahlung ein deutsches Land oder früherer Bundesstaat die Haftung übernommen hat, ein bestimmtes Amtsgericht für ausschließlich zuständig erklärt wird.

Nicht unter § 1006 fallen qualifizierte Legitimationspapiere: § 1023 u Hypothekenbriefe: § 1024. 1

1007 *[Antragsrecht]*
Der Antragsteller hat zur Begründung des Antrags:

1. entweder eine Abschrift der Urkunde beizubringen oder den wesentlichen Inhalt der Urkunde und alles anzugeben, was zu ihrer vollständigen Erkennbarkeit erforderlich ist;

2. den Verlust der Urkunde sowie diejenigen Tatsachen glaubhaft zu machen, von denen seine Berechtigung abhängt, das Aufgebotsverfahren zu beantragen;

3. sich zur Versicherung der Wahrheit seiner Angaben an Eides Statt zu erbieten.

Neben § 1007 ist § 947 zu beachten. Der Antrag kann sofort nach Verlust der Urkunde gestellt werden. Fehlt eines der Erfordernisse: Zurückweisung. **Zulassungsfolgen:** Der Antragsteller kann bei kaufmännischen Orderpapieren u Wechseln Zahlung gegen Sicherheit verlangen, §§ 365, 367 HGB, Art 90 WG; s auch Art 59 I ScheckG. Verjährung, Unterbrechung nur durch Zahlungssperre, s §§ 1019 ff. **Zu Nr 1:** Beglaubigung ist nicht vorgeschrieben. Auskunftspflicht des Ausstellers: § 799 II BGB, § 66 AktG. **Zu Nr 2:** § 294. **Nr 3** gilt neben Nr 2. Die Abnahme der Versicherung steht im Ermessen des Gerichts. 1

1008 *[Inhalt des Aufgebots]*

In dem Aufgebot ist der Inhaber der Urkunde aufzufordern, spätestens im Aufgebotstermin seine Rechte bei dem Gericht anzumelden und die Urkunde vorzulegen. Als Rechtsnachteil ist anzudrohen, daß die Urkunde für kraftlos erklärt werde.

1 **Aufgebot:** sonstiger Inhalt §§ 947, 1007. **Anmeldung** ohne Vorlage der Urkunde genügt nicht, vgl § 1016. Anmelden kann auch jemand, der selbst die Urkunde verloren hat; dann mangels Einigung Verweisung auf den Klageweg.

1009 *[Bekanntmachung des Aufgebots]*

(1) Die öffentliche Bekanntmachung des Aufgebots erfolgt durch Anheftung an die Gerichtstafel und in dem Lokal der Börse, wenn eine solche am Sitz des Aufgebotsgerichts besteht, sowie durch einmalige Einrückung in den Bundesanzeiger.

(2) Das Gericht kann anordnen, daß die Einrückung noch in andere Blätter und zu mehreren Malen erfolge.

(3) Betrifft das Aufgebot ein auf den Inhaber lautendes Papier und ist in der Urkunde vermerkt oder in den Bestimmungen, unter denen die erforderliche staatliche Genehmigung erteilt worden ist, vorgeschrieben, daß die öffentliche Bekanntmachung durch bestimmte andere Blätter zu erfolgen habe, so muß die Bekanntmachung auch durch Einrückung in diese Blätter erfolgen. Das gleiche gilt bei Schuldverschreibungen, die von einem deutschen Land oder früheren Bundesstaat ausgegeben sind, wenn die öffentliche Bekanntmachung durch bestimmte Blätter landesgesetzlich vorgeschrieben ist.

1 **Abs 1.** § 1009 bedeutet gegenüber § 984 eine Verschärfung. Anheftungsdauer: bis zum Aufgebotstermin. **Abs 2.** Einzurücken ist das vollständige Aufgebot (anders: §§ 956, 1017 II). **Abs 3.** Abweichung durch Landesgesetz: § 1024.

1010 *[Aufgebot bei Wertpapieren mit Zinsscheinen usw]*

(1) Bei Wertpapieren, für die von Zeit zu Zeit Zins-, Renten- oder Gewinnanteilscheine ausgegeben werden, ist der Aufgebotstermin so zu bestimmen, daß bis zu dem Termin der erste einer seit der Zeit des glaubhaft gemachten Verlustes ausgegebenen Reihe von Zins-, Renten- oder Gewinnanteilscheinen fällig geworden ist und seit seiner Fälligkeit sechs Monate abgelaufen sind.

(2) Vor Erlaß des Ausschlußurteils hat der Antragsteller ein nach Ablauf dieser sechsmonatigen Frist ausgestelltes Zeugnis der betreffenden Behörde, Kasse oder Anstalt beizubringen, daß die Urkunde seit der Zeit des glaubhaft gemachten Verlustes ihr zur Ausgabe neuer Scheine nicht vorgelegt sei und daß die neuen Scheine an einen anderen als den Antragsteller nicht ausgegeben seien.

1 **I) Abs 1.** § 1010 setzt voraus: Verlust der Hauptdurkunde (Mantel) samt Zinsbogen auf höchstens 4 Jahre; längere Zinsbogen: § 1011; Ausnahme bei Mantelverlust allein: § 1012. § 1010 trifft auch zu bei Wertpapieren, bei denen erneuerte Zins-, Renten- und Gewinnanteilscheine zwar erst nach 20 Jahren ausgegeben werden, bei denen jedoch eine Registrierung der jeweils zur Einlösung vorgelegten Zins-, Renten- oder Gewinnanteilscheine nicht erfolgt (München WM 79, 816). Das Aufgebot kann jederzeit nach dem Eintritt des Verlustes der Urkunde beantragt u auch erlassen werden; nur der Aufgebotstermin ist der Vorschrift des Abs 1 entsprechend zu bestimmen. Das Gesetz geht davon aus, daß ein Verlust solange nicht zu vermuten ist, wie der Besitzer keinen Anlaß hatte, das Papier oder den Erneuerungsschein der Ausgabestelle für die neuen Scheine vorzulegen.

2 **II) Abs 2.** Pflicht zur Zeugniserteilung: § 799 II BGB. Das Zeugnis ist kein Erfordernis der Einleitung. Die Kosten der Zeugniserteilung muß der Antragsteller, den sie treffen, vorschießen. Zweck: Ausfindigmachung des jetzigen Inhabers bei Abholung neuer Zinsscheine (wenn näml der Erneuerungsschein nicht mitverloren ist; hat ein Dritter den neuen Zinsbogen erhoben, so ist das Aufgebot erledigt u der neue Urkundeninhaber zu verklagen). Zahlungssperre §§ 1019 ff. Rechtsbehelf gegen Verstoß gegen Abs 2: Keine Anfechtungsklage gegen Ausschlußurteil, da unter Tatbestände des § 957 II nicht subsumierbar, Wieczorek/Schütze/Weber Rn 8.

1011 *[Zinsscheine für mehr als 4 Jahre]*
(1) Bei Wertpapieren, für die Zins-, Renten- oder Gewinnanteilscheine zuletzt für einen längeren Zeitraum als vier Jahre ausgegeben sind, genügt es, wenn der Aufgebotstermin so bestimmt wird, daß bis zu dem Termin seit der Zeit des glaubhaft gemachten Verlustes von den zuletzt ausgegebenen Scheinen solche für vier Jahre fällig geworden und seit der Fälligkeit des letzten derselben sechs Monate abgelaufen sind. Scheine für Zeitabschnitte, für die keine Zinsen, Renten oder Gewinnanteile gezahlt werden, kommen nicht in Betracht.

(2) Vor Erlaß des Ausschlußurteils hat der Antragsteller ein nach Ablauf dieser sechsmonatigen Frist ausgestelltes Zeugnis der betreffenden Behörde, Kasse oder Anstalt beizubringen, daß die für die bezeichneten vier Jahre und später etwa fällig gewordenen Scheine ihr von einem anderen als dem Antragsteller nicht vorgelegt seien. Hat in der Zeit seit dem Erlaß des Aufgebots eine Ausgabe neuer Scheine stattgefunden, so muß das Zeugnis auch die im § 1010 Abs. 2 bezeichneten Angaben enthalten.

§ 1011 trifft zu, wenn die Voraussetzungen des § 1010 nicht vorliegen. Das in Abs 2 erwähnte Zeugnis muß die letzten 4 Jahre umfassen. 1

1012 *[Vorlegung der Zinsscheine]*
Die Vorschriften der §§ 1010, 1011 sind insoweit nicht anzuwenden, als die Zins-, Renten- oder Gewinnanteilscheine, deren Fälligkeit nach diesen Vorschriften eingetreten sein muß, von dem Antragsteller vorgelegt werden. Der Vorlegung der Scheine steht es gleich, wenn das Zeugnis der betreffenden Behörde, Kasse oder Anstalt beigebracht wird, daß die fällig gewordenen Scheine ihr von dem Antragsteller vorgelegt worden seien.

Zweck der Vorschrift ist die Beschleunigung bei Verlust gesondert verwahrter Mäntel. 1

1013 *[Abgelaufene Ausgabe der Zinsscheine]*
Bei Wertpapieren, für die Zins-, Renten- oder Gewinnanteilscheine ausgegeben sind, aber nicht mehr ausgegeben werden, ist, wenn nicht die Voraussetzungen der §§ 1010, 1011 vorhanden sind, der Aufgebotstermin so zu bestimmen, daß bis zu dem Termin seit der Fälligkeit des letzten ausgegebenen Scheines sechs Monate abgelaufen sind.

§ 1013 trifft nicht zu, wenn seit Verlust noch eine neue Reihe von Zins- usw Scheinen ausgegeben worden ist oder Scheine für 4 oder mehrere Jahre noch nicht fällig geworden sind. Der Antragsteller muß ein Zeugnis nach §§ 1010 II, 1011 II beibringen. 1

1014 *[Aufgebotstermin bei bestimmter Fälligkeit]*
Ist in einer Schuldurkunde eine Verfallzeit angegeben, die zur Zeit der ersten Einrückung des Aufgebots in den Bundesanzeiger noch nicht eingetreten ist, und sind die Voraussetzungen der §§ 1010 bis 1013 nicht vorhanden, so ist der Aufgebotstermin so zu bestimmen, daß seit dem Verfalltag sechs Monate abgelaufen sind.

Schuldurkunden (wie Wechsel, kaufmännische Anweisungen) mit bestimmtem Verfalltag, aber nicht Papiere mit Zinsscheinen oder Fälligkeit kraft Kündigung oder Verlosung. Bei Nichteinhaltung der Frist: § 957 Nr 3. Landesrecht: § 1024. 1

1015 *[Aufgebotsfrist]*
Die Aufgebotsfrist muß mindestens sechs Monate betragen. Der Aufgebotstermin darf nicht über ein Jahr hinaus bestimmt werden; solange ein so naher Termin nicht bestimmt werden kann, ist das Aufgebot nicht zulässig.

Aufgebotsfrist: § 950; bei Hypothekenbriefen: § 1024; bei Schecks: 2 Monate, Art 59 ScheckG. Das Jahr ist von der Terminsbestimmung, nicht von der Einrückung an zu berechnen. AA Wieczorek/Schütze/Weber Rn 4. Bei Verstoß gegen § 1015: § 957 Nr 3 (Anfechtungsklage), aA Wieczorek/Schütze/Weber § 957 Rn 14. Sicherungsmaßregel: Zahlungssperre s § 1020. 1

1016 *[Anmeldung der Rechte]*

Meldet der Inhaber der Urkunde vor dem Aufgebotstermin seine Rechte unter Vorlegung der Urkunde an, so hat das Gericht den Antragsteller hiervon zu benachrichtigen und ihm die Einsicht der Urkunde innerhalb einer zu bestimmenden Frist zu gestatten. Auf Antrag des Inhabers der Urkunde ist zu ihrer Vorlegung ein Termin zu bestimmen.

1 Der Antragsteller hat kein Recht darauf, daß der Inhaber das Original der Urkunde vorlegt. Nach Vorlegung der Urkunde: § 953, falls Antragsteller das Recht des Inhabers der Urkunde nicht anerkennt. AA Wieczorek/Schütze/Weber Rn 10. Terminsbestimmung kann nur der Urkundeninhaber beantragen. Ladung von Amts wegen, § 497.

1017 *[Ausschlußurteil]*

(1) In dem Ausschlußurteil ist die Urkunde für kraftlos zu erklären.

(2) Das Ausschlußurteil ist seinem wesentlichen Inhalt nach durch den Bundesanzeiger bekanntzumachen. Die Vorschriften des § 1009 Abs. 3 gelten entsprechend.

(3) In gleicher Weise ist nach eingetretener Rechtskraft das auf die Anfechtungsklage ergangene Urteil, soweit dadurch die Kraftloserklärung aufgehoben wird, bekanntzumachen.

1 Falls angemeldet wird, ist nach §§ 953, 1016 zu verf. Veröffentlicht wird nur einmal; landesrechtl Erleichterung: §§ 1023, 1024. Kosten: § 946. Anfechtungsklage: § 957.

1018 *[Wirkung des Ausschlußurteils]*

(1) Derjenige, der das Ausschlußurteil erwirkt hat, ist dem durch die Urkunde Verpflichteten gegenüber berechtigt, die Rechte aus der Urkunde geltend zu machen.

(2) Wird das Ausschlußurteil infolge einer Anfechtungsklage aufgehoben, so bleiben die auf Grund des Urteils von dem Verpflichteten bewirkten Leistungen auch Dritten, insbesondere dem Anfechtungskläger, gegenüber wirksam, es sei denn, daß der Verpflichtete zur Zeit der Leistung die Aufhebung des Ausschlußurteils gekannt hat.

1 **I)** Sonstige Wirkungen neben Abs 1: Verpflichtung zur Ausstellung einer neuen Urkunde, §§ 407, 800 BGB, § 228 HGB, § 67 GBO. Die Ausschlußurkunde ersetzt den Besitz der Urkunde, Rechte Dritter an der Urkunde bleiben unberührt. Geht ein Wechselblankett vor der Ausführung verloren, so erschöpft sich die Wirkung der Kraftloserklärung in der Verhinderung mißbräuchl Ausfüllung. Eine Wechselforderung kann nicht mehr entstehen; das Ausschlußurteil steht danach einem wirksamen Akzept nicht gleich (Hamm MDR 76, 404).

2 **II) Abs 2.** Der Anfechtungskläger kann von dem Antragsteller nur die Bereicherung verlangen, nach StJ/Schlosser Rn 4 Fn 26 gestützt auf § 812 I 2 BGB, nach MK/Eickmann Rn 45 auf § 816 II BGB.

1019 *[Zahlungssperre]*

(1) Bezweckt das Aufgebotsverfahren die Kraftloserklärung eines auf den Inhaber lautenden Papiers, so hat das Gericht auf Antrag an den Aussteller sowie an die in dem Papier und die von dem Antragsteller bezeichneten Zahlstellen das Verbot zu erlassen, an den Inhaber des Papiers eine Leistung zu bewirken, insbesondere neue Zins-, Renten- oder Gewinnanteilscheine oder einen Erneuerungsschein auszugeben (Zahlungssperre); mit dem Verbot ist die Benachrichtigung von der Einleitung des Aufgebotsverfahrens zu verbinden. Das Verbot ist in gleicher Weise wie das Aufgebot öffentlich bekanntzumachen.

(2) Das an den Aussteller erlassene Verbot ist auch den Zahlstellen gegenüber wirksam, die nicht in dem Papier bezeichnet sind.

(3) Die Einlösung der vor dem Verbot ausgegebenen Zins-, Renten- oder Gewinnanteilscheine wird von dem Verbot nicht betroffen.

1 § 1019 trifft bei allen Inhaberpapieren zu, auch bei Grundschuldbriefen, Inhaberschecks, § 5 ScheckG, Inhaberaktien und Lotterielosen, nicht dagegen bei Wechseln, auch wenn sie mit Blankoindossament versehen sind, und bei anderen Orderpapieren. Zahlungssperre nur auf Antrag, nie von Amts wegen. Verbindung des Antrags mit demjenigen auf Erlaß des Aufgebots, § 947 I, ist die Regel. Anordnung durch den Rechtspfleger, § 20 Nr 2 RPflG, bei Ablehnung

Erinnerung. Die meist mit dem Aufgebot angeordnete Zahlungssperre ist dem Antragsteller und den bekannten Zahlstellen formlos mitzuteilen, § 319 III. Wird die Zahlungssperre nach dem Aufgebot erlassen, so braucht nur die Einleitung des Verf, nicht der Inhalt des Aufgebots mitgeteilt zu werden. **Öffentl Bekanntmachung:** §§ 1009, 1023. Wirkung der Sperre: § 802 BGB (Hemmung des Beginns u Laufes der Vorlegungsfrist und der Verjährung). Eine dem Verbot zuwider geschehene Leistung wirkt nicht gegen den Antragsteller, wenn ein Ausschlußurteil ergeht (§§ 135, 136 BGB).

1020 *[Selbständige Zahlungssperre]*

Ist die sofortige Einleitung des Aufgebotsverfahrens nach § 1015 Satz 2 unzulässig, so hat das Gericht die Zahlungssperre auf Antrag schon vor der Einleitung des Verfahrens zu verfügen, sofern die übrigen Erfordernisse für die Einleitung vorhanden sind. Auf den Antrag sind die Vorschriften des § 947 Abs. 1 anzuwenden. Das Verbot ist durch Anheftung an die Gerichtstafel und durch einmalige Einrückung in den Bundesanzeiger öffentlich bekanntzumachen.

§ 1020 läßt die sog selbständige Zahlungssperre zu, wenn der Aufgebotstermin nicht innerhalb 1
eines Jahres bestimmt werden kann. Der Antrag, § 947 I, kann schriftl oder zu Protokoll des UdG des zuständigen Aufgebotsgerichts gestellt werden. In dem Antrag sind die Voraussetzungen des § 1007 anzugeben u glaubhaft zu machen; im übrigen gilt § 1019. Wegen der Aufhebung s § 1022.

Gebühren: 1) des **Gerichts:** Keine, Wieczorek/Schütze/Weber Rn 9, aA BL/Hartmann Rn 1; **2)** des **Anwalts:** (für 2
den Antrag der Zahlungssperre nur im Falle des isolierten Verf nach § 1020): $^{5}/_{10}$ der vollen Gebühr nach § 45 I Nr 3 BRAGO. S auch Rn 3 zu § 947. – Wegen der Kosten der Einrückung im Bundesanzeiger: § 948 (KV 9004).

1021 *[Entbehrlichkeit des Zeugnisses]*

Wird die Zahlungssperre angeordnet, bevor seit der Zeit des glaubhaft gemachten Verlustes Zins-, Renten- oder Gewinnanteilscheine ausgegeben worden sind, so ist die Beibringung des im § 1010 Abs. 2 vorgeschriebenen Zeugnisses nicht erforderlich.

Der etwaige Besitzer des Papiers ist zufolge § 1019 nicht mehr in der Lage, neue Scheine durch 1
Vorlage des Papiers bei der zur Ausgabe bestimmten Stelle zu erhalten. Vielmehr bleibt ihm, wenn diese Stelle die Aushändigung der Scheine unter Berufung auf die Zahlungssperre verweigert, nur der Weg, das Papier dem Gericht gemäß § 1022 vorzulegen u die Aufhebung der Zahlungssperre zu bewirken. Dann kann er die neuen Scheine an der Ausgabestelle erheben. Unterläßt er es dagegen, sich an das Gericht zu wenden, so besteht der Verdacht, daß er das Papier nicht in gutem Glauben erworben hat. Deshalb ist hier die sonst zum Schutz gutgläubiger Erwerber gebotene Beibringung des im § 1010 II vorgeschriebenen Zeugnisses für nicht erforderl erklärt. **Gehören die Papiere zu den im § 1010 I bezeichneten,** so ist für die Bestimmung des Aufgebotstermins der Zeitpunkt maßgebend, in dem hinsichtl des aufzubietenden Papiers der erste Schein fällig gewesen wäre, wenn die Ausgabe nicht infolge der Zahlungssperre unterblieben wäre.

1022 *[Aufhebung der Zahlungssperre]*

(1) Wird das in Verlust gekommene Papier dem Gericht vorgelegt oder wird das Aufgebotsverfahren in anderer Weise ohne Erlaß eines Ausschlußurteils erledigt, so ist die Zahlungssperre von Amts wegen aufzuheben. Das gleiche gilt, wenn die Zahlungssperre vor der Einleitung des Aufgebotsverfahrens angeordnet worden ist und die Einleitung nicht binnen sechs Monaten nach der Beseitigung des ihr entgegenstehenden Hindernisses beantragt wird. Ist das Aufgebot oder die Zahlungssperre öffentlich bekanntgemacht worden, so ist die Erledigung des Verfahrens oder die Aufhebung der Zahlungssperre von Amts wegen durch den Bundesanzeiger bekanntzumachen.

(2) Im Falle der Vorlegung des Papiers ist die Zahlungssperre erst aufzuheben, nachdem dem Antragsteller die Einsicht nach Maßgabe des § 1016 gestattet worden ist.

(3) Gegen den Beschluß, durch den die Zahlungssperre aufgehoben wird, findet sofortige Beschwerde statt.

Zuständig ist der Rechtspfleger, § 20 Nr 2 RPflG. Gegen Ablehnung der Aufhebung der Zah- 1
lungssperre Erinnerung, § 11 RPflG, gegen den Aufhebungsbeschluß befristete Erinnerung. Stellt das Beschwerdegericht die Zahlungssperre wieder her, so bleiben die inzwischen erfolgten Leistungen an den Urkundeninhaber wirksam.

2 **Gebühren** des **Gerichts:** Keine. Beschwerdeverf: KV 1906; für den **RA:** § 61 I Nr 1 BRAGO. – Kosten des Erinnerungsverf: § 934 Rn 5.

1023 *[Hinkende Wertpapiere]*
Bezweckt das Aufgebotsverfahren die Kraftloserklärung einer Urkunde der im § 808 des Bürgerlichen Gesetzbuchs bezeichneten Art, so gelten die Vorschriften des § 1006, des § 1009 Abs. 3, des § 1017 Abs. 2 Satz 2 und der §§ 1019 bis 1022 entsprechend. Die Landesgesetze können über die Veröffentlichung des Aufgebots und der im § 1017 Abs. 2, 3 und in den §§ 1019, 1020, 1022 vorgeschriebenen Bekanntmachungen sowie über die Aufgebotsfrist abweichende Vorschriften erlassen.

1 Unter § 808 BGB fallen die meisten Sparbücher (RG HRR 32, 2142), ferner vielfach Pfandscheine (KG OLGE 36, 172), Depotscheine, Versicherungsscheine (RGZ 145, 324) u nicht auf den Inhaber ausgestellte Inhaberlagerscheine (Kiel OLGE 22, 348).

1024 *[Vorbehalt für die Landesgesetzgebung]*
(1) Bei Aufgeboten auf Grund der §§ 887, 927, 1104, 1112, 1162, 1170, 1171 des Bürgerlichen Gesetzbuchs, des § 110 des Gesetzes betreffend die privatrechtlichen Verhältnisse der Binnenschiffahrt, der §§ 6, 13, 66, 67 des Gesetzes über Rechte an eingetragenen Schiffen und Binnenschiffsbauwerken und der §§ 13, 66, 67 des Gesetzes über Rechte an Luftfahrzeugen können die Landesgesetze die Art der Veröffentlichung des Aufgebots und des Ausschlußurteils sowie die Aufgebotsfrist anders bestimmen, als in §§ 948, 950, 956 vorgeschrieben ist.

(2) Bei Aufgeboten, die auf Grund des § 1162 des Bürgerlichen Gesetzbuchs ergehen, können die Landesgesetze die Art der Veröffentlichung des Aufgebots, des Ausschlußurteils und des im § 1017 Abs. 3 bezeichneten Urteils sowie die Aufgebotsfrist auch anders bestimmen, als in den §§ 1009, 1014, 1015, 1017 vorgeschrieben ist.

Zusammenstellung der Landesgesetze zB bei Wieczorek/Schütze/Weber Rn 4 ff.

Zehntes Buch

SCHIEDSRICHTERLICHES VERFAHREN

1025 *[Schiedsvertrag im allgemeinen]*
(1) Die Vereinbarung, daß die Entscheidung einer Rechtsstreitigkeit durch einen oder mehrere Schiedsrichter erfolgen solle, hat insoweit rechtliche Wirkung, als die Parteien berechtigt sind, über den Gegenstand des Streites einen Vergleich zu schließen.

(2) Der Schiedsvertrag ist unwirksam, wenn eine Partei ihre wirtschaftliche oder soziale Überlegenheit dazu ausgenutzt hat, den anderen Teil zu seinem Abschluß oder zur Annahme von Bestimmungen zu nötigen, die ihr im Verfahren, insbesondere hinsichtlich der Ernennung oder Ablehnung der Schiedsrichter, ein Übergewicht über den anderen Teil einräumen.

Lit: *Aden,* Internationale Handelsschiedsgerichtsbarkeit, 1988; *Ahrendt,* Der Zuständigkeitsstreit im Schiedsverfahren, 1996; *Barber,* Objektive Schiedsfähigkeit und ordre public in der internationalen Schiedsgerichtsbarkeit, 1994; *Berger,* Internationale Wirtschaftsschiedsgerichtsbarkeit, 1992; *von Bernuth,* Die Doppelkontrolle von Schiedssprüchen durch staatl Gerichte, 1995; *Geimer,* Schiedsgerichtsbarkeit u Verfassung in Schlosser, Integritätsprobleme im Umfeld der Justiz, 1994, 113; *Glossner/Bredow/Bühler,* Das Schiedsgericht in der Praxis[3], 1990; *Haas,* Die Anerkennung u Vollstreckung ausl u internationaler Schiedssprüche, 1991; *Henn,* SchiedsverfahrensR[2], 1991; *Hochbaum,* Mißglückte internationale Zuständigkeitsvereinbarungen, 1995; *Kilgus,* Zur Anerkennung u Vollstreckbarerklärung engl Schiedssprüche in Deutschland, 1995; *Langkeit,* Staatenimmunität u Schiedsgerichtsbarkeit, 1989; *Lionnet,* Handbuch der internationalen und nationalen Schiedsgerichtsbarkeit, 1996; *Maier,* Hb der Schiedsgerichtsbarkeit, 1979; *Raeschke-Kessler/Berger/Lehne,* Recht und Praxis des Schiedsverfahrens, 2. Aufl., 1995; *Rahmann,* Ausschluß staatl Gerichtszuständigkeit, 1984; *Schlosser,* Recht der internationalen privaten Schiedsgerichtsbarkeit[2], 1989 (= RipS[2]); *H. Schmitt,* Die Einrede des Schiedsvertrages im Verf des einstw

Rechtsschutzes, Diss Gießen 1987; *Schütze,* Schiedsgericht u Schiedsverfahren, 1991; *Schütze/Tscherning/Wais,* Handb des Schiedsverfahrens², 1990 (= STW); *Schwab/Walter,* Schiedsgerichtsbarkeit⁵, 1995; *Wolf,* Die institutionelle Handelsschiedsgerichtsbarkeit, 1992; *Zimmer,* Zulässigkeit u Grenzen schiedsgerichtl Entscheidung von Kartellrechtsstreitigkeiten, 1991. Weitere Nachw zB bei Reithmann/Martiny/Hausmann Rn 2294. Zur **Reform,** insbes zur Frage der Übernahme des UNCITRAL-Modellgesetzes *Nöcker* RIW 90, 28; *Schlosser* RipS² Rn 122; *ders* ZIP 87, 492; *Schütze/Tscherning/Wais* Rn 556; *Schwab* FS Nagel (1987) 427. – BMdJ, Bericht der Kommission zur Neuordnung des SchiedsverfahrensR (Februar 1994) mit Diskussionsentw zur Neuregelung des 10. Buchs der ZPO, hierzu zB Raeschke-Kessler/Berger/Lehne Rn 626. Derzeit befindet sich der Regierungsentwurf zur **Neufassung des Zehnten Buchs** im Gesetzgebungsverfahren, BR-Drucks 211/96 = BT-Drucks 13/5274.

I) Das 10. Buch der ZPO gestattet die **Ausübung privater Gerichtsbarkeit** als **echter Gerichtsbarkeit** (BGH NJW 86, 3027 = RIW 86, 816 = EWiR 86, 835 [Schütze]) neben bzw anstelle der staatl Gerichtsbarkeit für bürgerl Rechtsstreitigkeiten iSv § 13 GVG u echte Parteistreitigkeiten der freiw Gerichtsbarkeit, § 1027a Rn 6. Aber auch §§ 168 I Nr 5, 187 I VwGO setzen diese Möglichkeit voraus, BVerwG NJW 59, 1985, die weit auszulegen ist, Schlosser FS Bülow, 1981, 189; Schwab/Walter 1 Rn 3. Vgl auch § 38a VermG. Hierzu Nolting RPS 1 (1992), 14 (BB 92 Beilage 15). Die Zulassung einer privaten Gerichtsbarkeit anstelle der staatl ist verfassungsrechtl nur dann akzeptabel, wenn ua die Freiwilligkeit der Schiedsvereinbarung, die Unparteilichkeit des Schiedsrichteramtes und ein verfahrensrechtl Mindeststandard sichergestellt sind, Geimer, Schiedsgerichtsbarkeit und Verfassung, 1994, 161, 170. 1

Zur **Privatautonomie als Grundlage der Schiedsgerichtsbarkeit** Nicklisch RIW 91, 90. Der Staat hat – solange keine unmittelbaren staatl Interessen tangiert sind (was idR nicht der Fall ist) – keine Veranlassung, die private Schiedsgerichtsbarkeit einzuschränken. Diese ist keine „Konkurrenz" für die staatl Gerichte. Weshalb sollen die Parteien ihre (bürgerlichrechtl) Beziehungen nur durch Vertrag, nicht auch durch private Schiedsrichter **autonom** regeln dürfen? Aufgabe des Rechtsstaats ist es, dafür zu sorgen, daß niemand vergewaltigt wird, § 1041 Rn 61; dh niemand darf gegen seinen Willen dem staatl Rechtsschutzsystem entzogen werden, Rn 62. Der Staat selbst hat aber kein eigenes Interesse (das gegenüber den Parteiinteressen durchzusetzen wäre), daß im Anwendungsbereich des § 779 BGB (Rn 36) seine (staatl) Gerichte entscheiden, wenn feststeht, daß beide Parteien seine zivilprozessuale Hilfe nicht in Anspruch nehmen wollen. Die Situation ist ähnl wie bei der Derogation der inländischen Gerichte zugunsten eines ausl forum prorogatum. Auch bestehen keine verfassungsrechtl Bedenken, BGH NJW 89, 1477. S auch Geimer ZfRV 92, 330 Fn 85. Schließl sind §§ 1025 ff konform mit Art 6 MRK, Matscher FS Nagel, 1987, 227, Schlosser RipS² Rn 121, sofern eine effektive Mißbrauchskontrolle durch die staatl Gerichte gewährleistet ist. Insofern kann man davon sprechen, daß Schiedsgerichtsbarkeit **private Rechtsprechung unter Aufsicht der staatl Gerichte** sei, Raeschke-Kessler FS Nirk, 1992, 915. Vgl auch § 1036 Rn 1; § 1044 Rn 17. – Zur Schiedsverfahrensfreiheit und notwendiger staatl Kontrolle Wolf RabelsZ 57 (1993), 643. 1a

Völkerrechtl hat sich Deutschland verpflichtet, Schiedsverträge „anzuerkennen", Art II (3) UNÜ, hierzu Schlosser RipS² Rn 248. – S auch Rn 4a, § 1027a Rn 19. 1b

Mittlerweile sind zentrale Bereiche des nationalen WirtschaftsR zur Schiedsgerichtsbarkeit „abgewandert" u werden nicht mehr von den staatl Gerichten „betreut", Nachw bei Raeschke-Kessler FS Nirk, 1992, 916. Zu den **Gründen, aus denen in vielen Fällen die schiedsgerichtl Erledigung der Entscheidung durch die staatl Gerichte vorzuziehen ist** (spezielle Sachkunde der Schiedsrichter, kürzere Verfahrensdauer, Kostengünstigkeit, Flexibilität bei der Verfahrensgestaltung, Vertraulichkeit, internationale Freizügigkeit von Schiedssprüchen), Raeschke-Kessler/Berger/Lehne Rn 3; Schütze, SchiedsG u Schiedsverf, 1991, Rn 6; Schütze/Tscherning/Wais Rn 1, Nicklisch RIW 91, 89; Schwab/Walter 1 Rn 8; Habscheid, Schweizer ZPR² Rn 835. 2

Entscheidung einer Rechtsstreitigkeit (nach hM muß es sich um eine „bürgerl" iSv § 13 GVG handeln) durch Schiedsgericht. Nicht erforderl, daß geltend gemachter Anspruch bestr, Rn 19; Schwab/Walter 3 Rn 3. 2a

Auch wenn die Rechtsstreitigkeit bereits bei staatl Gericht rechtshängig ist, kann Schiedsvertrag geschlossen werden. 2b

Sinn der Schiedsgerichtsbarkeit liegt darin, Entscheidungen privater Dritter zu ermöglichen, die von staatl Gerichten „nicht, jedenfalls nur eingeschränkt nachprüfbar sind", Schlosser RipS² Rn 725. S Rn 25, 61, § 1034 Rn 41, § 1041 Rn 36. 2c

Liegt eine wirksame Schiedsvereinbarung vor, dann ist die Zuständigkeit der staatl Gerichte derogiert. An die Stelle des/der an sich zur Entscheidung des Rechtsstreits zuständigen staatl Gerichte(s) tritt das Schiedsgericht. Das staatl Gericht hat sich einer Sachentscheidung auch dann zu enthalten, wenn es die Schiedsvereinbarung für „unzweckmäßig" hält, § 1027a Rn 2. 2d

2e **Für arbeitsgerichtl Schiedsverfahren** gilt die Sonderregelung der §§ 101 ff ArbGG, hierzu Schwab/Walter 36 Rn 1; Germelmann NZA 94, 13.

3 **II) Rechtsnatur der Schiedsvereinbarung: 1)** Durch die Schiedsvereinbarung wird die Entscheidung eines Rechtsstreits Schiedsrichtern übertragen. Der Schiedsspruch ist ein Rechtsprechungsakt (= „urteilsgleicher Jurisdiktionsakt", Habscheid, Schweizer ZPR² Rn 833, 838), kein materiellrechtl Gestaltungsakt, durch den die materielle Rechtslage geändert wird, Wolf 71; deshalb ist die Schiedsvereinbarung kein materiellrechtl Vertrag, sondern ein **Prozeßvertrag.** StJ/Schlosser § 1025 Rn 1; Schwab/Walter 4 Rn 19; 7 Rn 28; Wolf 73. Abzulehnen BGH, die Schiedsvereinbarung sei ein materiellrechtl Vertrag über prozessuale Beziehungen, BGHZ 40, 320. Vgl IZPR Rn 25. – So aber auch Schütze, SchiedsG u Schiedsverf Rn 67 u Wieczorek/Schütze Rn 36 mit der Konsequenz der unmittelbaren Anwendbarkeit der Art 27 ff EGBGB, Rn 61.

4 2) Die Schiedsvereinbarung ist ein prozessualer Dispositionsakt über den Streitgegenstand, StJ/Schlosser Rn 1. Die Parteien haben die **prozessuale Pflicht, alles zu tun, um das Schiedsverfahren zu fördern,** etwa bei der Berufung der Schiedsrichter mitzuwirken oder Gebührenvorschüsse zu bezahlen, BGH 55, 344. Habscheid KTS 55, 35; NJW 62, 5 sowie Schweizer ZPR² Rn 838 Fn 11 plädiert für Kombination zwischen Prozeßvertrag und materiellrechtl Vertrag: Die Parteien seien in keiner „Verfahrensgesellschaft" (atypische Gesellschaft bürgerl Rechts). Vgl Rn 65. Nach Schwab/Walter 7 Rn 11 begründet Schiedsvereinbarung keine Pflichten, allenfalls prozessuale Lasten (Ausnahme: Pflicht zur Zahlung des Honorarvorschusses an Schiedsrichter). Für Doppelnatur auch Schütze Schiedsgericht u Schiedsverf Rn 67.

4a **3) Hauptvertrag und Schiedsvereinbarung** sind streng voneinander zu trennen. Der erste ist ein materiellrechtl Vertrag, die andere ein Prozeßvertrag. Die Unwirksamkeit des Hauptvertrages berührt nicht „automatisch" die Schiedsvereinbarung und umgekehrt; so kann zB das Schiedsgericht bei nichtigem Hauptvertrag über Bereicherungsanspruch entscheiden, Rn 53. § 139 BGB ist unanwendbar. Man spricht vom „favor validitatis" (Hochbaum 37) u betont die **„Autonomie der Schiedsvereinbarung",** Köln RIW 92, 760 = MDR 93, 80 = EuZW 92, 711 = IPRspr 92/251; Schlosser RipS² Rn 392, Langkeit 72 Fn 105; Raeschke-Kessler/Berger/Lehne Rn 175; Wieczorek/Schütze Rn 51. Wollte man die Wirksamkeit der Schiedsvereinbarung von der des Hauptvertrages abhängig machen, so wäre dies eine Verletzung der von Deutschland in Art II (3) UNÜ übernommenen Verpflichtung zur Anerkennung von Schiedsverträgen, Schlosser RipS² Rn 248. – Bei Verträgen mit/zwischen **Nichtkaufleuten** muß Schiedsvereinbarung räumlich getrennt vom Hauptvertrag schriftl fixiert sein, § 1027 Rn 8. – Vgl auch Rn 12b, 53.

5 **III) Abschluß und Ende der Schiedsvereinbarung: 1)** Abschluß, Inhalt und Umfang der Schiedsvereinbarung sind nach ProzeßR zu beurteilen. Im BGB ist das allg VertragsR kodifiziert, näml die allg Rechtsgrundsätze, die auf alle, mithin auch auf öffentl-rechtl Verträge, insbes auch auf Prozeßverträge, anzuwenden sind, allerdings mit Modifizierungen, StJ/Schlosser Rn 2. Vor Beginn des Schiedsverf sind die Regeln über Abschluß und Beendigung von schuldrechtl Verträgen entspr anzuwenden. Prozeßvollmacht (§ 81) berechtigt nicht zum Abschluß einer Schiedsvereinbarung. Kollusives Zusammenwirken zwischen Bevollmächtigtem und der anderen Partei der Schiedsvereinbarung führt zur Unwirksamkeit derselben, Vollkommer IPRax 92, 210. – **Schiedsvereinbarungen in AGB** sind selten, Gildeggen, Internationale Schieds- und Schiedsverfahrensvereinbarungen in AGB vor dt Gerichten, 1991; Schütze DWiR 92, 89. Sie sind – unter Vollkaufleuten, für die das Erfordernis der Niederschrift in einer besonderen Urkunde nicht gilt (§ 1027 II) – zulässig, Raeschke-Kessler/Berger/Lehne Rn 205; Schütze, SchiedsG u Schiedsverf Rn 72; Schütze/Tscherning/Wais Rn 68; Schlosser ZEuP 94, 682. Zur AGB-Kontrolle § 1027 Rn 12. Zu weit geht BGH NJW 92, 575 = WM 92, 100. Die Unwirksamkeit der AGB-Schiedsklausel sei schon deswegen zu bejahen, weil das Schiedsgericht mit Nichtjuristen besetzt werden könnte, die voraussichtl nicht in der Lage seien, die Unwirksamkeit anderer mißbilligter Klauseln der AGB zu erkennen. Zur Unwirksamkeit einer Kompetenzkompetenz-Klausel in AGB Düsseldorf NJW 96, 400 = RIW 96, 681. Kritisch Schütze WuB VII B 3. § 1025 ZPO 1.92 und Geimer in Schlosser, Integritätsprobleme im Umfeld der Justiz, 1994, 173. – **Konkludente Schiedsvereinbarungen kraft Handelsbräuchen** sind mögl, Raeschke-Kessler/Berger/Lehne Rn 113; Wieczorek/Schütze § 1027 Rn 22.

6 2) Die hM läßt die Geltendmachung von **Willens- und Vollmachtsmängeln** gem § 1041 I Nr 1 noch so lange zu, bis der Schiedsspruch rechtskräftig für vollstreckbar erklärt ist, BGH KTS 66, 246. Ausnahme: Anfechtung wegen persönl Eigenschaften des Schiedsrichters, da § 1032 Sonderregelung, BGHZ 17, 7. **Gründe, die Schiedsvereinbarungen unwirksam machen** (auch durch Ausübung eines die Schiedsvereinbarung beendenden Gestaltungsrechtes), werden vor Vollstreckbarerklärung grundsätzl **nicht präkludiert,** StJ/Schlosser Rn 2 bei FN 13. AA Schwab/Walter 8 Rn 9 (Anfechtung nicht mehr mögl, wenn Schiedsverf begonnen hat). Ausnahme: Auf Mängel der Schiedsvereinbarung sind §§ 295, 296 III analog anzuwenden. – S auch § 1032 Rn 2.

3) **Rücktritt von der Schiedsvereinbarung** mögl bis zur Anrufung des Schiedsgerichts analog § 326 BGB (aA Habscheid KTS 80, 291; Schwab/Walter 13 Rn 16), danach nur noch eine Kündigung aus wichtigem Grund, StJ/Schlosser Rn 2. 7

4) **Bedingungen** (Schwab/Walter 6 Rn 5): **Aufschiebende** Bedingungen: Eine Schiedsvereinbarung kann unter einer Bedingung geschlossen werden, wenn bei Anrufung des Schiedsgerichts oder des staatl Gerichts über Eintritt bzw Ausbleiben der Bedingung Klarheit bestehen wird. Nach dem in § 1027a genannten Zeitpunkt kann die Zulässigkeit des ordentl Rechtswegs nicht mehr in Frage gestellt werden. – **Auflösende** Bedingungen, über deren Eintritt bis zur Vollstreckbarerklärung des Schiedsspruchs Klarheit herrschen wird, sind zulässig, StJ/Schlosser Rn 2. Beispiel: Die staatl Gerichte sollen entscheiden, wenn die Schiedsrichter ihre Aufgabe nicht binnen bestimmter Frist erledigt hätten, Saarbrücken KTS 61, 108. – Vgl Rn 71 u § 1034 Rn 34, 41. 8

5) Eine Schiedsvereinbarung kann aus wichtigem Grund **gekündigt** werden, wenn sie undurchführbar geworden ist, BGHZ 77, 65. Fällt eine Partei in Armut und kann sie die erforderl Vorschüsse nicht mehr aufbringen, ist Schiedsvereinbarung undurchführbar, es sei denn, der Gegner erklärt sich bereit, die Kosten vorzuschießen. Ist der Gegner zwar bereit, die Kosten der Schiedsrichter zu tragen, lehnt er es aber ab, auch die Kosten für eine anwaltschaftl Vertretung der armen Partei vorzuschießen, so kann diese die Schiedsvereinbarung kündigen, wenn ihr unter den gegebenen Umständen nicht zuzumuten ist, sich ohne Hilfe eines RA auf das schiedsrichterl Verf einzulassen, BGH NJW 88, 1215 = WM 88, 478 = WuB VII A – § 1027a ZPO 1.88; Hochbaum 165; Raeschke-Kessler NJW 88, 3044; Schlosser EWiR 88, 519. Undurchführbarkeit des Schiedsverf kann sich auch aus kriegerischen Ereignissen (zB Krieg zwischen Slowenien u Serbien) ergeben, LG Kassel NJW 92, 3107 = RIW 93, 239 = IPRax 93, 240 (Habscheid/Habscheid 219) = EuZW 92, 582 = IPRspr 92/249; Hochbaum 177. – Vgl auch § 1027a Rn 11 und § 1034 Rn 18 sowie Schlosser RipS[2] Rn 439. Anders grundsätzl bei Wegfall des Trägers der Schiedsgerichtsorganisation, hier erfolgt Anpassung der Schiedsvereinbarung an die veränderten Verhältnisse, zB Beibehaltung der VerfO der weggefallenen Schiedsorganisation und Wahrnehmung von deren Aufgaben durch einen Dritten, Habscheid/Habscheid DtZ 92, 370 u IPRax 93, 219; Schwab/Walter 8 Rn 14; Schütze DZWir 91, 45; Wolf 193. Anders BGH NJW 94, 1008 = ZZP 1994, 533 = EWiR 95, 623 (Smid) zur Auflösung der DDR-Kammer für Außenhandel. Diese konnte die ihr gesetzl auferlegten Aufgaben auf dem Gebiet der obligatorischen Außenhandelsarbitrage nicht durch Vereinbarung mit einem privaten Träger einer Schiedsgerichtsorganisation auf diesen übertragen. Ausführl Hochbaum 185. 9

6) Eine Schiedsvereinbarung **erlischt** außerdem auch nach hM in den Fällen des Erlasses des Schiedsspruchs (die Parteien können jedoch für den Fall der Aufhebung, § 1041 Rn 12, 30, Fortsetzung des Rechtsstreits im schiedsgerichtl Verf vereinbaren), des Abschlusses eines Schiedsvergleichs, des Verlustes der Einrede aus der Schiedsvereinbarung, bei Eintritt der Befristung oder auflösenden Bedingung, bei erfolgreicher Anfechtung, bei vertragl Aufhebung (die nicht der Form des § 1027 I bedarf, Schlosser RipS[2] Rn 431, Schwab/Walter 8 Rn 7), bei Wegfall eines in der Schiedsvereinbarung ernannten Schiedsrichters, § 1033 Nr 1, bei Stimmengleichheit der Schiedsrichter, § 1033 Nr 2, nach Ablauf von Schiedsklagefristen, Schlosser RipS[2] Rn 436, bei Unzuständigerklärung des Schiedsgerichts oder mit rechtskräftiger Sachentscheidung des staatl Gerichts, § 1027a Rn 9a. Die Schiedsvereinbarung hängt aber zB nicht von dem Fortbestehen einer OHG ab, da gerade im Liquidationsstadium bei der Auseinandersetzung entstehende Streitigkeiten schiedsrichterl Lösungen notwendig machen können, Karlsruhe NJW 58, 1148. – Wegfall der Schiedsvereinbarung bedeutet Wiederaufleben der Zuständigkeit der staatl Gerichte. – Vgl auch Rn 12c, 58 sowie § 1027a Rn 11, § 1029 Rn 2, § 1033 Rn 6; Glossner/Bredow/Bühler Rn 139. 10

7) **Bestimmbarkeit des Schiedsgerichts.** Schiedsvereinbarung mangels **genügender Bestimmtheit** nichtig, wenn das zur Entscheidung berufene Schiedsgericht weder eindeutig bestimmt noch bestimmbar ist, weil nach der Schiedsklausel zwei verschiedene ständige Schiedsgerichte in Betracht kommen, StJ/Schlosser Rn 15; BGH NJW 83, 1267 = MDR 471 = IPRax 84, 148 (Timmermann 136) = IPRspr 82/192A; Hamm RIW 95, 681. – Von den Fällen, in denen nicht aufklärbar ist, worauf sich die Parteien geeinigt haben, zu unterscheiden ist das von den Parteien gewollte **Wahlrecht** (Rn 27). 11

8) **Wahrung international zwingenden Rechts:** Aus den gleichen Gründen wie der BGH eine ausschließl Prorogation auf ein ausländisches Staatsgericht für unwirksam hält, will er (BGH WM 87, 1153 = NJW 87, 3193 = RIW 867 = EWiR 1083 [Welter]; BGH RR 88, 172 = WM 87, 1353 = IPRax 89, 169 [Samtleben 148]. Kritisch Häuser/Welter in Assmann/Schütze Hb KapitalanlageR [1990], 513, Hochbaum 220 ff, 255 sowie Rössner aaO 915) sowie Frankfurt RIW 86, 902 = EWiR 86, 475 (Ahrens) = IPRspr 86/31 u Düsseldorf RIW 90, 401, die Vereinbarung eines (ausländischen) Schiedsgerichts nicht beachten, wenn zu erwarten ist, daß das Schiedsgericht aus deutscher Sicht international zwingendes und daher auch gegenüber (ausländischen) Schieds- 12

sprüchen (§ 1044 Rn 18) durchzusetzendes Recht nicht beachten wird. Dies soll auch dann gelten, wenn die Anwendung ausl Rechts oder ein ausl Schiedsgericht vereinbart ist. S auch Düsseldorf RIW 95, 769 sowie 96, 681. – Hier gilt die von Schütze EWiR 90, 517 („gefährl Weg") und Geimer IZPR Rn 1058, 1770 geäußerte Kritik. – Vgl auch Schlosser RipS² Rn 312, 323 S 237 sowie in FS Steindorf, 1990, 1379. Liberaler BGH RIW 91, 420 für § 58 BörsG = EWiR 91, 559 (Koller) = WuB VII B 3. § 1044 ZPO 1.91 (Schütze) und BGH RIW 91, 673 = NJW 91, 2215 = MDR 91, 751 = IPRspr 91/221. Vorinstanz: Düsseldorf RIW 90, 401 = EWiR 90, 517 (Schütze) = IPRspr 91/221. S auch Schütze WuB VII A § 38 ZPO 1.92 u Barber 154.

12a **9) Verpflichtung zum Abschluß einer Schiedsvereinbarung** („Vorvertrag") stellt noch keine Schiedsvereinbarung dar, sondern verpflichtet nur zum Abschluß einer solchen. Erfüllungsklage (§ 894) wohl nicht mögl. Vgl auch Schwab/Walter 3 Rn 17.

12b **10)** Einzelne unzulässige und daher nichtige Abreden in Schiedsvereinbarung führen iZw nicht zur Unwirksamkeit der ganzen Schiedsvereinbarung. Sie sind iZw als nicht existent zu betrachten. Abgrenzung zur totalen Unwirksamkeit jedoch schwierig, Schwab/Walter 6 Rn 6, – S auch § 1034 Rn 6a.

12c **11) Klage bzw Antrag auf Feststellung der Unwirksamkeit der Schiedsvereinbarung** (§ 256 I) durch staatl Gericht – vorbehaltl Rn 57 – zulässig, solange noch kein Schiedsspruch niedergelegt ist, § 1046, BGHZ 7, 184. Danach § 1041 I Nr 1. – Bestr, ob bei anfängl Unwirksamkeit (im Gegensatz zu Rn 10) § 1045 anwendbar (§ 1045 Rn 2) oder ob normales Urteilsverf stattfindet (so Schwab/Walter 8 Rn 23, Kap 31 Rn 10). Vgl auch Schütze/Tscherning/Wais Rn 167. – § 1027a Rn 9.

12d **12) Klage bzw Antrag auf Feststellung der Wirksamkeit der Schiedsvereinbarung** durch staatl Gericht unter den allgemeinen Voraussetzungen des § 256 zulässig, vorbehaltl der Kompetenz-Kompetenz des Schiedsgerichts (Rn 57). Denn es kann demjenigen, der von der Wirksamkeit der Schiedsvereinbarung ausgeht und daher vor dem Schiedsgericht klagen möchte, nicht zugemutet werden, ein ganzes Schiedsverf (mit umfangreichen u kostspieligen Beweisaufnahmen) „durchzuziehen" und dann erst im Vollstreckbarerklärungsverf (§ 1042 II) Gelegenheit zu haben, eine der Rechtskraft fähige Entsch des staatl Gerichts (§ 1041 I Nr 1) zu erlangen. – Allerdings bedarf das Feststellungsinteresse besonders genauer Prüfung, wenn das Schiedsverf ausl Recht unterliegt, also auf einen ausl Schiedsspruch (§ 1044 Rn 4) hin tendiert.

13 **IV) Wirkung der Schiedsvereinbarung.** Hauptwirkung liegt im **Ausschluß der staatl Gerichtsbarkeit** und in der Entstehung einer prozessualen Einrede, § 1027a. Zum (angebl) Anspruch aus Schiedsvereinbarung, nicht vor staatl Gerichten (vor allem nicht im Ausland) verklagt zu werden, Kurth, Inländischer Rechtsschutz gegen Verf vor ausl Gerichten, 1989, 71. Durch die Vereinbarung eines Schiedsgerichts wird die staatl Gerichtsbarkeit nicht schlechthin ausgeschlossen, sie bleibt für das Eilverf (§§ 916 ff), § 1034 Rn 59. Nach hM soll § 917 II (hierzu Einl Rn 114) nur die Vollstreckung eines dt Titels sichern, nicht die eines ausl, München NJW-RR 88, 1023 = IPRspr 87/172; Eilers 51 mwN. Daher will LG Duisburg RIW 89, 58 = IPRspr 87/171 § 917 II nicht anwenden, wenn ausl Schiedsgericht vereinbart wurde, hierzu Schlosser RipS² Rn 409, 419.

14 Wird ein ausl Schiedsgericht (§ 1044 Rn 4, 4a) vereinbart, so ist damit nicht – wie bei der Vereinbarung der ausschließl internationalen Zuständigkeit eines ausl **staatl** Gerichts (Geimer IZPR Rn 1706) – die **internat Zuständigkeit Deutschlands** ausgeschlossen ist, Rn 40, 81, Geimer IZPR Rz 3801. Vgl auch Schlosser RipS² Rn 400gE.

15 **Klagt eine Partei abredewidrig** doch vor staatl Gericht, so muß die andere Partei die Einrede der Schiedsvereinbarung erheben und damit die „Unzuständigkeit" des staatl Gerichts rügen, § 1027a Rn 1, und zwar vor der Verhandlung zur Hauptsache, § 282 III, jedoch bei genügender Entschuldigung (§ 296 III) auch später. Anders aber ist die Situation bei der Klage vor einem derogierten (§ 38) Gericht: Wird die auf die Schiedsvereinbarung gestützte Unzuständigkeitsrüge nicht sofort erhoben, greift § 39 ein.

16 **V) Verfahrensvereinbarungen.** Um zu vermeiden, daß Fehler bei Konstituierung des Schiedsgerichtes und bei Einleitung des Schiedsverf den Schiedsspruch aufhebbar (§§ 1041; 1042 II) machen, erklären die Parteien nicht selten zu Beginn des Schiedsverf ausdrückl, daß das konstituierte Schiedsgericht zur Entscheidung über bestimmte Streitgegenstände zuständig sein soll. Diese Vereinbarung ist von der Schiedsklausel zu unterscheiden. Sie ist eine Summe von Verfahrensvereinbarungen (§ 1034 Rn 6) einschließl der einvernehml Festlegung des Streitgegenstandes, StJ/Schlosser Rz 4. Wenn sie den für die Schiedsvereinbarung geltenden Formvorschriften entspricht, begründet sie (hilfsweise) die schiedsrichterl Entscheidungszuständigkeit. – Es ist die primäre Aufgabe und Pflicht des Schiedsgerichts, sich davon zu überzeugen, ob eine rechtswirksame Schiedsvereinbarung vorliegt. Nach Möglichkeit sind Zweifelsfragen zu klären und zweckmäßige Ergänzungen vorzunehmen, Schwab/Walter 6 Fn 1. – Zu den „terms of reference" der ICC-Schiedsgerichtsordnung Nicklisch RIW 88, 763.

VI) Inhalt der Schiedsvereinbarung. Es ist zwischen der Schiedsvereinbarung (= Vereinbarung, daß sich die Parteien überhaupt schiedsrichterl Entscheidung unterwerfen) und den Vereinbarungen über das schiedsrichterl Verf (Ernennung der Schiedsrichter etc, Vereinbarungen über Verfahren nach § 1034 II) zu unterscheiden. Eine Schiedsvereinbarung braucht (wegen § 1028) weder Vereinbarungen über die Konstituierung des Schiedsgerichts noch solche über die Verfahrensgestaltung (§ 1034) und die dem Schiedsrichter an die Hand gegebenen Entscheidungsmittel zu enthalten. 17

Ferner ist zwischen der Vereinbarung der schiedsrichterl Entscheidungszuständigkeit und den den Schiedsrichtern zugewiesenen Entscheidungsmitteln zu unterscheiden. Beispiel: Rechtsgestaltung, zu der der staatl Richter auf Grund Gesetzes im Hinblick auf den numerus clausus der Gestaltungsklagen nicht befugt wäre, StJ/Schlosser Rn 5; s Rn 34 u § 1034 Rn 32. Plastisch K. Schmitt ZGR 88, 528: „Soweit die Parteien mit Wirkung gegenüber jedermann durch Vertrag über den Streitstoff disponieren können, ist kein Grund ersichtl, warum nicht auch jedermann die Folgen eines Schiedsspruchs soll hinnehmen müssen." Er will aber entgegen hM (§ 1040 Rn 1) Gestaltungswirkung erst nach Vollstreckbarerklärung eintreten lassen. – § 1034 Rn 56. 17a

VII) Der notwendige Inhalt einer Schiedsvereinbarung. 1) Es genügt die ausdrückl, schriftl und separate – in den Fällen des § 1027 II auch mündl (sogar konkludente) – Vereinbarung, daß die Entscheidung einer Rechtsstreitigkeit durch einen oder mehrere Schiedsrichter erfolgen solle, §§ 1025 I, 1027 I. Alles andere ist – bei Fehlen entspr Vereinbarungen der Parteien – aus dem Gesetz (§§ 1028 ff) zu ergänzen, Schwab/Walter 6 vor Rn 1. 17b

2) Gegenstand des Schiedsverfahrens und Schiedsspruchs muß **die Entscheidung einer Rechtsstreitigkeit** sein, Rn 2a. Keine Rechtsstreitigkeit, wenn bei Fehlen eines „Schiedsgerichts" ein Beschlußorgan (eine Gesellschafterversammlung) zuständig wäre und es um die Zweckmäßigkeit von Verwaltungsmaßnahmen geht, wohl aber, wenn ein Schiedsgericht zu klären hat, ob nach dem Gesellschaftsvertrag bestimmte Mehrheitsentscheidungen zulässig sind, BGH BB 58, 820. Zur Abgrenzung von den nicht Schiedssprüche darstellenden **Maßnahmen von Vereinsorganen** StJ/Schlosser Rn 6 vor § 1025 und zur Abgrenzung von **„Schiedsgerichten", die auf öffentlrechtl Satzung beruhen** und daher keine Schiedsgerichte iSd §§ 1025 ff sind, StJ/Schlosser Rn 5 vor § 1025; Schlosser RipS[2] Rn 12. 18

Nicht erforderl ist, daß zZ der Vereinbarung bereits ein Streit unter den Parteien besteht, Rn 2a. Der künftige Rechtsstreit muß hinreichend konkretisiert sein. Dies ist idR unproblematisch, wenn Haupt- und Schiedsvertrag gleichzeitig geschlossen werden, § 1026 Rn 1; Geimer/Schütze I 909. 19

Daß schon ein **Prozeß vor staatl Gerichten anhängig** ist, ist kein unüberwindl Hindernis für die Vereinbarung der schiedsrichterl Erledigung. Nach dem in § 1027a fixierten Zeitpunkt kann die Rechtshängigkeit vor den staatl Gerichten aber nur durch einvernehml Klagerücknahme bzw durch einvernehml Erklärung der Erledigung der Hauptsache enden. 20

Eine **Vereinbarung, durch die ledigl die Verfolgbarkeit eines Anspruchs vor staatl Gerichten ausgeschlossen wird,** ist keine Schiedsvereinbarung, sondern die Begründung einer Naturalobligation bzw Umwandlung eines bestehenden Anspruchs in Naturalobligation, StJ/Schlosser Rn 7 Fn 22. 21

Soll ein „Schiedsgericht" nicht den gesamten Rechtsstreit unter den Parteien entscheiden, sondern nur **Teilaspekte,** so liegt idR eine **Schiedsgutachtervereinbarung** (Rn 61) vor. Beispiel: Der Dritte soll nur über abstrakte Rechtsfragen oder das Vorliegen bzw Fehlen behaupteter Tatsachen befinden, Schwab/Walter 3 Rn 4. Wenn die Parteien den Dritten (= Entscheidungsbefugten) nach Entstehen eines Streits mit einer (beschränkten) Entscheidungsmacht in der Annahme betrauen, ihr Rechtsstreit sei dadurch insgesamt zu erledigen, so ist der zur Entscheidung berufene Dritte iZw für die Entscheidung des ganzen Rechtsstreits zuständig. – Die Zuständigkeit des Schiedsgerichtes kann in der Weise begrenzt werden, daß wie vor staatl Gerichten nur **Teil- und Grundurteile** mögl sind, § 1041 Rn 21. Auch kann eine Schiedsvereinbarung vorsehen, daß Schiedsgericht nur über die **Höhe eines Anspruchs** entscheidet, StJ/Schlosser Rn 7. 22

Ausschluß des Rechtswegs zu den ordentl Gerichten: Nur Güte- oder Schlichtungsstelle (Prütting ZZP 99, 97), wenn Rechtsweg zu den staatl Gerichten offen bleiben soll nach Scheitern des Versuchs, Meinungsverschiedenheiten durch „Schiedsgericht" beizulegen, BGH LM 23 zu § 38 = IPRspr 83/196; Hochbaum 115. 23

3) Dritte müssen zur (schiedsrichterl) Entscheidung berufen sein; denn niemand darf in eigener Sache sein eigener Richter sein, BGH NJW 85, 1904; Raeschke-Kessler/Berger/Lehne Rn 247. Wird eine Partei selbst oder eines ihrer Organe oder ihr gesetzl Vertreter mit der Entscheidung beauftragt, liegt keine Schiedsvereinbarung, sondern ein materiellrechtl Vertrag (§ 315 BGB) vor. Der Dritte kann aber auch (schon) in anderer Funktion mit der Angelegenheit befaßt sein, zB als Testamentsvollstrecker (RGZ 100, 76). – Vgl Rn 65 und § 1028 Rn 2. 24

25 **4) Übertragung der Entscheidung auf Schiedsrichter:** Es muß das Schiedsverfahren **anstelle des Verfahrens vor den staatl Gerichten** gewünscht sein. **Aufgabenteilung zwischen staatl Gericht und Schiedsgericht** hinsichtl des gleichen Streitgegenstands ist unzulässig, BGH ZZP 73, 403 (Schwab). Falls jedoch aus einem Rechtsverhältnis verschiedene Rechtsstreitigkeiten entstehen können, kann die Entscheidung bezügl der einen dem Schiedsgericht übertragen werden, während für die andere(n) das staatl Gericht zuständig bleibt.

26 Zulässig ist auch die Abrede, daß die Wirksamkeit des Schiedsspruches davon abhängen soll, daß **beide Parteien** sich dem Schiedsspruch **unterwerfen.** AA Karlsruhe AWD 73, 403; MK/Maier Rn 16.

27 **Fakultative Schiedsklauseln.** Mögl ist auch Vereinbarung, daß beide Parteien oder nur eine von ihnen **wählen** kann – bei WahlR nur einer Partei kann jedoch § 138 BGB eingreifen, BGH NJW 89, 1477 = ZIP 535 –, ob sie das Schiedsgericht oder das staatl Gericht anruft, § 1027 Rn 15, Hochbaum 110; Schwab/Walter 3 Rn 22; Wieczorek/Schütze Rn 48. S auch § 91 II GWB **(obligatorisches WahlR).** Ein solches WahlR ist auch zulässig für den Fall, daß die Ansprüche dem Grunde und/oder der Höhe nach nicht bestritten sind, BGH NJW 76, 852; BGH WM 84, 380. Die Parteien können vereinbaren, daß Kläger zwischen mehreren eindeutig bestimmbaren (ständigen oder ad hoc-) Schiedsgerichten wählen darf, Reithmann/Martiny/Hausmann Rn 2473.

28 **Unwirksam** ist eine **Schiedsvereinbarung,** wenn es im Belieben der Parteien steht, trotz und nach Entscheidung eines Schiedsgerichts den ordentl Rechtsweg zu beschreiten, RG JW 94, 56; RG 146, 262, 265; Düsseldorf MDR 56, 750; vgl aber Rn 8. Die Abrede der Parteien, daß bei Scheitern außergerichtl Vergleichsverhandlungen vor Anrufung des Gerichts zunächst die Einigungsbemühungen vor einer Gütestelle fortgesetzt werden sollen, ist weder ein Schiedsvertrag noch ein Schiedsgutachtervertrag, Celle NJW 71, 288.

29 Die Parteien können eine (bes) Schiedsvereinbarung dahin treffen, daß das Schiedsgericht über die **Kosten des Schiedsgerichtsverfahrens** auch und gerade dann befinden soll, wenn dieses Verf unzulässig ist, weil es an einer wirksamen Schiedsvereinbarung fehlt, die dem Schiedsgericht die Entscheidung in der Sache ermöglichen würde, BGH NJW 73, 191. Vgl § 1034 Rn 67.

30 **5) Schiedsrichter müssen private Personen sein.** Keine Schiedsvereinbarung, wenn die Entscheidung auf ein bestehendes staatl (in- oder ausländisches) Gericht als Teil dessen sonstiger Tätigkeit übertragen wird. UU ist zu prüfen, ob eine Prorogation (§§ 38, 40) vorliegt.

31 **Behörden** können durch Parteivereinbarung nicht für verwaltungsrechtl zu qualifizierende Entscheidungen über privatrechtl Ansprüche (privatrechtsgestaltende Verwaltungsakte) für zuständig erklärt werden. Zulässig aber, Behörden als solche zu Schiedsrichtern zu ernennen, StJ/Schlosser Rn 11. Wem dies zu weit geht, kann dahin umdeuten, daß der Behördenvorstand oder ein von ihm zu bestimmendes Behördenmitglied Schiedsrichter sein soll, Henn 74; Wolf 165. Gerichtspräsidenten oder Behördenvorstände können durch Parteien **ermächtigt** werden, Schiedsrichter zu ernennen.

32 **6) Bestimmtheit/Bestimmbarkeit des Schiedsgerichts:** Rn 11, Raeschke-Kessler/Berger/Lehne Rn 137; Schwab/Walter 3 Rn 1.

33 **VIII) Fakultativer Inhalt einer Schiedsvereinbarung.** Für Prozeßverträge, also auch für Schiedsverträge, gelten die allg Vorschriften des VertragsR, dh es herrscht grundsätzl **Vertragsfreiheit.** Die Parteien bestimmen den Umfang der Schiedsvereinbarung (= der Entscheidungszuständigkeit der Schiedsrichter und ihrer Entscheidungsmittel, Rn 17), Rn 53, Schlosser RipS[2] Rn 421.

34 Die Parteien können durch Vereinbarung (§ 1034 II) **bindende Regeln für das schiedsrichterl Verfahren** aufstellen. Dem Schiedsgericht können **rechtsgestaltende Entscheidungen** übertragen werden, Rn 17a. Mögl auch, das Schiedsgericht zu beauftragen, **rechtskraftfähige Entscheidungen über Inzidentpunkte und/oder das Vorliegen/Nichtvorliegen von Tatsachen** zu treffen, StJ/Schlosser Rn 17. AA BL/Albers Rn 6.

35 **IX) Schiedsfähigkeit des Streitgegenstandes** (Bork ZZP 100, 250): Eine Schiedsvereinbarung kann von den Parteien geschlossen werden, wenn sie berechtigt sind, über den Gegenstand des Streits einen (Prozeß-)Vergleich zu schließen, dh einen Vertrag, durch den der Streit oder die Ungewißheit der Parteien über ein Rechtsverhältnis im Wege gegenseitigen Nachgebens beseitigt wird, § 779 BGB. Es darf sich nicht um Rechtsverhältnisse handeln, die der rechtsgeschäftl Regelung (wie zB bei Statusverf nach §§ 606, 640) entzogen oder bei denen die Parteien zum Vergleichsabschluß nicht legitimiert sind, Schlosser RipS[2] Rn 288. – Ausdrückl Erweiterung auf alle vermögensrechtl Ansprüche und darüber hinaus uU auch auf nichtvermögensrechtl in § 1030 I des Diskussionsentw (Februar 1994, 90). Hierzu Schwab FS Henckel, 1995, 803. Rechtsvergleichend Barber, Objektive Schiedsfähigkeit und ordre public, 1994.

1) Objektive Vergleichsbefugnis (Schiedsfähigkeit ieS): Ausführl Schwab/Walter 4 Rn 2. Mit dem Mittel des Schiedsspruchs können nach hM keine Gestaltungen bewerkstelligt werden, die vertragsrechtl (§ 779 BGB) von den Parteien nicht vorgenommen werden könnten, Schmitt ZGR 88, 528. Fehlende materiell-rechtl Befugnis zum Vergleichsabschluß bedeutet danach Unwirksamkeit der Schiedsvereinbarung, zB wenn in concreto zwingendes Recht anzuwenden ist, über das sich ein Vergleich nicht hinwegsetzen könnte (zB § 312 BGB, § 1614 BGB, § 89b IV HGB, § 50 AktG), oder wenn das (streitige) Rechtsverhältnis nichtig ist, §§ 134, 138 BGB, und auch durch Vertrag nicht noviert werden kann, Bork ZZP 100, 254 Fn 18. Unwirksam sind nach dieser Auffassung also Schiedsverträge über Bestehen oder Gültigkeit der Ehe, über den Nachlaß eines noch lebenden Dritten (§ 312 BGB), über den gesetzl Unterhaltsanspruch der Verwandten für die Zukunft (§ 1614 BGB; anders dagegen bei Unterhaltsansprüchen geschiedener Eheleute, BGH FamRZ 1988, 936), über Klagen auf Nichtigerklärung von AG-Hauptversammlungsbeschlüssen, BGH NJW 1979, 2569; Schütze/Tscherning/Wais Rn 43; Th-P Rn 4; Geßler/Hefermehl/Eckardt/Kropff/Hüffer, AktG § 246 Rn 68, sowie GmbH-Gesellschafterbeschlüssen, Hamm RR 1987, 1319. Auch Vergleiche, die verbotene Börsentermingeschäfte betreffen, sind nichtig, Schütze und Häuser/Welter in Assmann/Schütze, Hb des KapitalanlageR (1990), 292, 513. – Ebenso soll ein Vergleich mit dingl Wirkung über ein in Wahrheit nicht bestehendes Erbrecht unzulässig sein, BayObLGZ 1966, 236. 36

Diese **materiell-rechtl Theorie ist nicht haltbar,** Schwab/Walter 4 Rn 3 mwN; Kornmeier ZZP 94, 35; Bork ZZP 100, 256 f. Es kommt nach **neuerer Ansicht** vielmehr auf die **objektive Verfügbarkeit des Rechtsverhältnisses** an. Schiedsvereinbarungen sind unzulässig, wenn der Staat sich im Interesse besonders schutzwürdiger Rechtsgüter ein Rechtsprechungsmonopol dahingehend vorbehalten hat, daß niemand außer dem (in- oder ausländischen) staatl Richter in der Lage sein soll, den angestrebten Rechtszustand herbeizuführen: weder die Parteien durch Vergleich, noch ein Schiedsgericht durch Schiedsspruch, Bork ZZP 100, 272, BGH RIW 91, 674. Nicht schiedsfähig sind danach: Ehesachen, Kindschaftssachen sowie Angelegenheiten der freiwilligen Gerichtsbarkeit mit Ausnahme der echten Streitsachen, § 1027a Rn 6. Dagegen sind – entgegen der hM – schiedsfähig: Ansprüche, auf die nicht oder nicht zu jeder Zeit verzichtet werden kann, §§ 276 II, 1614 BGB, § 89b IV HGB, § 51a III GmbHG; Ansprüche, über die ausdrückl weder durch Verzicht noch durch Vergleich disponiert werden kann (zB § 9b I 1 GmbHG), Schwab/Walter 4 Rn 6 mwN. – Auch Ansprüche aus Verträgen, die gegen §§ 134, 138 BGB verstoßen oder wegen Formmangels nichtig sind, sind schiedsfähig, Schlosser RipS^2 Rn 288. Kritisch Vollkommer IPRax 92, 209. 37

Auch die **aktienrechtl Anfechtungsklage** (§§ 241 Nr 5, 243 ff, 246, 248 AktG) ist schiedsfähig, ebenso die Nichtigkeitsklage (§ 249 AktG). AA K. Schmidt ZGR 88, 537 wegen § 23 V AktG (§ 1048 Rn 5). Schiedsfähig ist auch die **Anfechtungs- und Nichtigkeitsklage gegen GmbH-Gesellschafterbeschlüsse,** Karlsruhe ZIP 95, 915 = EWiR 95, 519 (Günther); Timm ZIP 96, 445; aA hM, BGH NJW 96, 1753 = ZIP 96, 830 = BB 96, 1074; Baumbach/Hueck, GmbHG, § 47 Anh 18; Bork ZHR 160 (1996), 374. Nachw bei Schick, Die Schiedsfähigkeit von Rechtsstreitigkeiten über Gesellschafterbeschlüsse im GmbH-Recht, Diss Münster 1992; Böckstiegel ua, Schiedsgerichtsbarkeit in gesellschaftsrechtl u erbrechtl Angelegenheiten, 1996. 38

Schiedsfähig sind auch **Konkursstreitigkeiten** (Aussonderungs-, Absonderungs- und Masseschuldprozesse) sowie Feststellungsstreitigkeiten zwischen Anmelder und Widersprechendem gem §§ 146 ff KO, Rn 48, 51; Schwab/Walter 4 Rn 6. – Vgl auch § 1042 Rn 10a. 39

Die objektive Schiedsfähigkeit beurteilt im Einredestadium des § 1027a – im Exequaturstadium wird nur in den Grenzen des § 1044 II Nr 2 nachgeprüft, § 1041 Rn 45a; StJ/Schlosser § 1044 Rn 38, Schlosser RipS^2 Rn 304) – das staatl Gericht in Deutschland, unabhängig vom Statut der Schiedsvereinbarung (Rn 75), stets nach § 1025, soweit es um die Zulässigkeit der „Derogation" der an sich nach Art 2 ff GVÜ, §§ 12 ff zu bejahenden internationalen Zuständigkeit Deutschlands (Rn 14) geht; die Grenzziehung hierfür überlassen wir – ebenso wie bei Derogationsverträgen nach § 38 (IZPR Rn 25) – nicht der ausl lex causae, Reithmann/Martiny/Hausmann Rn 2475; Schlosser RipS^2 Rn 304. 40

Das gleiche soll auch für § 1026 u Einredewirkung (keine Beachtung von Amts wegen) des § 1027a (Reithmann/Martiny/Hausmann Rn 2472) gelten. 41

2) Unzulässigkeit von Schiedsvereinbarungen bei bestimmten Streitigkeiten: a) Kartellstreitigkeiten sind grundsätzl schiedsfähig; Schiedsverträge über künftige Streitigkeiten aus Verträgen oder Beschlüssen der in §§ 1–5b, 7, 8, 29, 99 II Nr 1a–4, 100, 102, 102a und 103 GWB bezeichneten Art oder aus Ansprüchen iSd § 35 GWB sind aber nichtig, wenn sie nicht jedem Beteiligten das Recht einräumen, im Einzelfall statt des Schiedsgerichts das staatl Gericht anzurufen, Rn 27. 42

b) Mietsachen: § 1025a. Vgl auch § 1044b Rn 4. 43

44 c) **Börsenschiedsgerichte:** Schiedsvereinbarung nach § 28 BörsenG nur zulässig, wenn der Streitfall bereits entstanden ist oder wenn beide Teile nach § 53 BörsenG Börsentermingeschäfte abschließen können. Ausführl BGH RIW 91, 674.

45 d) **Patentstreitigkeiten** sind schiedsfähig, Schlosser RipS[2] Rn 317; Pfaff FS Nagel (1987), 289. Anders hM: Da für Klagen auf Nichtigerklärung von Patenten, auf Zurücknahme von Patenten und auf Erteilung von Zwangslizenzen nach § 36c Nr 2 PatG nur das Patentgericht zuständig ist, sei Schiedsvereinbarung unzulässig, nicht dagegen in anderen Patentstreitsachen (§§ 51 ff PatG).

46 e) **Ausschließl Zuständigkeit für das (hypothetische) Verfahren vor dem staatl Gericht** ist für sich allein kein Grund, die Schiedsfähigkeit zu verneinen, Rn 81; BGH ZIP 96, 830, 831 = BB 96, 1074.

46a 3) Art V (1d) (2a) UNÜ verbietet, daß ein Staat an die Schiedsfähigkeit strengere Anforderungen stellt, wenn das Schiedsverf nicht inländischem, sondern ausl Recht untersteht, Schlosser RipS[2] Rn 318.

46b 4) **Internationale Bezüge:** Zum Exequaturstadium § 1041 Rn 45a; im Einredestadium (§ 1027a) wird die objektive Schiedsfähigkeit – unabhängig vom Statut der Schiedsvereinbarung – nach § 1025 beurteilt, soweit es um die „Derogation" (Rn 14) der an sich nach Art 2 ff GVÜ bzw §§ 12 ff zu bejahenden internationalen Zuständigkeit geht, Geimer IZPR Rn 3811. AA Schütze, Schiedsgericht u Schiedsverf, 1991, Rn 35: lex causae. – § 1059 II Nr 2a ZPO-E (Bericht [Februar 1994] 198) stellt audrückl auf dt Recht ab. Denn bei Maßgeblichkeit der lex causae der Schiedsvereinbarung „würde den Parteien eine Dispositionsbefugnis . . . eingeräumt, die ihnen nicht zusteht".

47 X) **Subjektive Vergleichsberechtigung/Schiedsfähigkeit.** Subjektiv bedarf es der Prozeßfähigkeit. Die Parteien müssen geschäftsfähig sein, oder der gesetzl Vertreter muß für sie handeln, Schwab/Walter 4 Rn 7. Für Vollmacht gelten §§ 164 ff BGB; eine Prozeßvollmacht (§ 81) ermächtigt zwar zum Vergleich, nicht aber zum Abschluß einer Schiedsvereinbarung. Genehmigung ersetzt die fehlende Vollmacht; rügelose Verhandlung vor Schiedsgericht bedeutet konkludente Genehmigung, Schwab/Walter 4 Rn 7. – S auch Rn 80a.

48 Der Vormund bedarf der Genehmigung des Vormundschaftsgerichts bei einem Streitwert über 300 DM und bei nicht vermögensrechtl Streitigkeiten (§ 1822 Nr 12 BGB). Bis zur Genehmigung ist Schiedsvereinbarung schwebend unwirksam (§ 1829 BGB). Eine Schiedsvereinbarung betr die bei Liquidation einer OHG/KG entstehenden Streitigkeiten berührt nicht unmittelbar ein im Miteigentum eines Minderjährigen stehendes Grundstück, sondern (nur) das Gesellschaftsvermögen und bedarf daher keiner vormundschaftsgerichtl Genehmigung. Vergleiche des Gemeinschuldners über zur Masse gehörende Gegenstände sind dem Konkursgläubiger gegenüber wirkungslos (§ 7 KO), ebenso eine vor der Konkurseröffnung geschlossene Schiedsvereinbarung des späteren Gemeinschuldners über einen der Konkursanfechtung unterliegenden Anspruch, Rn 51. – Der Konkursverwalter bedarf der Genehmigung des Gläubigerausschusses, § 133 Nr 2 KO. – S auch § 1034 Rn 65.

49 Relevant ist nur die **Vergleichsbefugnis der Schiedsvertragsparteien,** nicht die der Parteien des späteren Schiedsverf, Rn 51. Es genügt die Vergleichsberechtigung zur Zeit der letzten Verhandlung vor dem Schiedsgericht oder der letzten Äußerung der Parteien.

50 **Kollisionsrechtl:** Art 7 EGBGB, Schlosser RipS[2] Rn 427; StJ/Schlosser § 1044 Anh 33; Reithmann/Martiny/Hausmann Rn 2474; Schütze/Tscherning/Wais Rn 563; Wieczorek/Schütze Rn 42.

51 **XI) Subjektive Grenzen.** 1) Die Schiedsvereinbarung wirkt nur **zwischen den Parteien und ihren Rechtsnachfolgern** (Gesamt- und Sonderrechtsnachfolger, Schlosser RipS[2] Rn 427), bindet aber nicht Bürgen, Schuldübernehmer und Garanten, da ihre Schuld selbständig neben der Hauptschuld steht und eigenes rechtl Schicksal hat; auch auf vollmachtlosen Vertreter kann eine in gescheitertem Vertrag enthaltene Schiedsabrede nicht erstreckt werden, dagegen auf den nach § 95 II HGB in Anspruch genommenen Makler, BGHZ 68, 356; § 401 BGB ist entgegen hM (BGH NJW 80, 2022; Raeschke-Kessler/Berger/Lehne Rn 227) nicht anwendbar, Schwab/Walter 7 Rn 23. AA Schütze, SchiedsG u Schiedsverf Rn 57. Nachw auch bei Schricker FS Lorenz 99, 102. Wer sich einen mit einer Schiedsvereinbarung verbundenen Anspruch abtreten läßt, ist an diese gebunden, BGHZ 77, 35; BGH IPRax 92, 240 (Vollkommer 207) = MDR 91, 737 = IPRspr 90/237. Pfändungsgläubiger ist an Schiedsvereinbarung gebunden, ebenso der Konkursverwalter, BGH 24, 15; diese ergreift aber nicht das Konkursanfechtungsrecht, BGH NJW 56, 1920; ThP Rn 14; § 1027 Rn 14; Jestaedt, Schiedsverf u Konkurs, 1985; Lüke ZZP 101, 93; zum IPR Reithmann/Martiny/Hausmann Rn 2499; StJ/Schlosser § 1044 Anh Rz 30; Wieczorek/Schütze Rn 63; Hamburg RIW 89, 577. § 128 HGB erstreckt die Bindung auch auf den persönl haftenden Gesellschafter der OHG und KG (nicht auf den Kommanditisten). Dies stellt eine Ausnahme von dem Grundsatz dar, daß nur derjenige eine Schiedsvereinbarung gegen sich gelten lassen muß, der an ihrem Abschluß beteiligt war; sie findet ihre Rechtfertigung allein in der besonderen Haftungsvorschrift

des § 128 S 1 HGB und wird begrenzt durch deren ratio legis. Eine normative „Erstreckung" findet nur statt, wenn vom Gegner (= andere Schiedsvertragspartei) Gesellschaftsverbindlichkeiten oder von dem persönl haftenden Gesellschafter Ansprüche oder sonstige Rechte geltend gemacht werden, die der Gesellschaft zustehen oder von ihr gesellschaftsrechtl abgeleitet sind, BGH RR 91, 423 = WM 384 = IPRax 92, 240 (Vollkommer 207) = MDR 737 = IPRspr 90/237b. Weiter Hamburg RIW 89, 574 = EWiR 89, 933 (Bredow) = IPRspr 90/237a. Ausführl K. Schmidt DB 89, 2315. Das Personalstatut (wichtig insbes für Rechts- u Geschäftsfähigkeit) ist nach dem IPR des befaßten Gerichts zu bestimmen, im Einredestadium (§ 1027a) also nach Art 7 EGBGB.

2) **Schiedsverträge zu Lasten Dritter** sind nicht mögl, jedoch **zugunsten Dritter,** § 1027 Rn 10, § 1034 Rn 55. Zur Erstreckung von Schiedsvereinbarungen auf Dritte, insbesondere Konzerngesellschaften Raeschke-Kessler/Berger/Lehne Rn 131. 52

3) **Mehrparteienschiedsgerichte:** Hierzu Schwab/Walter 7 Rn 20; Schlosser RipS^2 Rn 569; Berger RIW 93, 702; Schütze, Schiedsgericht u Schiedsverf, 1991, Rn 53; Wieczorek/Schütze Rn 2; Diesselhorst, Mehrparteienschiedsverf, 1994; Markfort, Mehrparteien-Schiedsgerichtsbarkeit im dt u ausl Recht, 1994 (bespr v Schwab ZZP 108 [1995], 59); Raeschke-Kessler/Berger/Lehne Rn 432; Koussoulis ZZP 107 (1994), 195. Erforderl ist, daß sich alle Parteien der schiedsgerichtl Erledigung (formgerecht) unterworfen haben und daß sie **gleiche Einflußmöglichkeit(en) auf die Konstituierung des Schiedsgerichts** hatten, BGH ZIP 96, 830, 831 = BB 96, 1074. Vgl § 1028 Rn 1. – Bei **notwendiger Streitgenossenschaft** ist das Schiedsverf auch für und gegen den Streitgenossen, der wirksam eine Schiedsvereinbarung geschlossen hat, unzulässig, Schütze Rn 53. 52a

XII) Reichweite einer Schiedsvereinbarung: Kollisionsrechtl kommt es auf Schiedsvertragsstatut an, Rn 75. Im Anwendungsbereich der §§ 1025 ff ist Schiedsklausel iZw weit auszulegen, Raeschke-Kessler/Berger/Lehne Rn 118; Schwab/Walter 3 Rn 19; BGHZ 40, 320 = NJW 64, 591; LG Mönchengladbach RPS (Beilage 5 zu BB 94) 94, 28: „Streitigkeiten aus Gesellschaftsvertrag" umfassen auch Bürgenregreß, da dieser im Gesellschaftsverhältnis seine Grundlage hat. Schiedsvereinbarung erfaßt iZw – wie Zuständigkeitsvereinbarung (§ 38), Geimer IZPR Rn 1719 – auch **deliktische Anspruchsgrundlagen** (Anspruchskonkurrenz mit vertragl), Hamburg RIW 89, 578 = EWiR 933 (Bredow); BGH NJW 88, 1215. Dies gilt jedoch nicht insoweit, als die unerlaubte Handlung sich nicht mit der Vertragsverletzung deckt. **Von der Schiedsabrede nicht erfaßt werden also Tathandlungen, die – bei Würdigung des Sachverhalts als einheitl Lebensvorgang – der Vertragsverletzung zeitl vorgelagert sind oder ihr nachfolgen.** Erfaßt ist auch Bereicherungsanspruch bei nichtigem Hauptvertrag, Rn 4a sowie spätere Vertragsänderungen (= Nachträge bzw Ergänzungen zum Hauptvertrag), BGH LM 23 zu § 38 = IPRspr 83/196. IZw erfaßt die Schiedsklausel auch Streitigkeiten über Zustandekommen des Hauptvertrages und erstreckt sich auch auf Nachträge und Vergleiche, Geimer IZPR Rn 1719. Ein in einem Gesellschaftsvertrag vorgesehenes Schiedsgericht ist auch dann zuständig, wenn vor Eintragung der Gesellschaft im Handelsregister Streitigkeiten auftreten. Die Schiedsklausel in einem Rahmenvertrag gilt auch für Einzellieferungen aus einer in diesem enthaltenen Bezugsverpflichtung, auch aus Wiederkehrschuldverhältnis, Habscheid KTS 65, 2; zweifelnd BGH MDR 64, 212. Die Schiedsabrede erstreckt sich iZw auf **Wechsel- u Scheckansprüche,** § 1027a Rn 5. – Sie ist durch das Revisionsgericht nur beschränkt nachprüfbar, § 1041 Rn 42; BGH NJW 88, 3090. Raeschke-Kessler NJW 88, 3043. – Klage auf Mitwirkung der Partei bei der Schiedsrichterernennung ist von der Schiedsvereinbarung nicht mitumfaßt, LG Gießen FamRZ 95, 890. 53

Der Schiedsvertrag schließt die Vereinbarung mit ein, daß gegenüber einer im Schiedsverf eingeklagten Forderung die **Aufrechnung** mit einer nicht dem Schiedsverf unterliegenden Forderung nicht beachtet werden darf (prozessuales Verbot, die materiell-rechtl bereits perfekte Aufrechnung vorzutragen/geltend zu machen, StJ/Schlosser 37, Schlosser RipS^2 Rn 399), bestr; aA BL/Albers Rn 17; Schwab/Walter 3 Rn 12 mwN; MK/Maier Rn 26; Wieczorek/Schütze Rn 68. – Im Verf vor staatl Gerichten BGH 38, 254 darf Aufrechnung mit einer Gegenforderung nicht beachtet werden, die mit einer Schiedsabrede versehen ist, BGHZ 60, 89; Hamm RIW 83, 698 = IPRspr 194. Hat das Staatsgericht (zu Recht) die Aufrechnung mit der der Schiedsklausel unterliegenden Forderung nicht beachtet, so kann nach Abschluß des Schiedsverf (§ 1039 Rn 14) der Aufrechnungseinwand nach § 767 gegen Urteil des Staatsgerichts geltend gemacht werden. Danach besteht in beiden Hypothesen die Möglichkeit, ein Vorbehaltsurteil bzw einen Vorbehaltsschiedsspruch zu erlassen, § 302. Dabei darf das Schiedsgericht im „Nachverf" auch das Vorbehaltsurteil des staatl Gerichts aufheben, Rn 59, Geimer IZPR 3818; aA Schwab/Walter 3 Rn 14. 54

Die Abrede, ein Schiedsgericht solle über Meinungsverschiedenheiten oder Streitigkeiten aus einem Vertrag entscheiden, bedeutet iZw, daß das Schiedsgericht auch darüber zu entscheiden hat, ob der **Hauptvertrag** wirksam ist und welche Folgen seine Unwirksamkeit hat, BGH 53, 315; Frankfurt OLGZ 67, 436. Auch wenn die Parteien nur „von allen Streitigkeiten aus diesem Vertrag" sprechen (besser: die Formel „alle Streitigkeiten *im Zusammenhang* mit diesem Vertrag und seiner Durchführung"), sind damit auch die Streitigkeiten über Zustandekommen und/oder 55 dessen Wirksamkeit mit erfaßt, StJ/Schlosser Rn 12. – Unwirksamkeit des Hauptvertrages berührt Schiedsklausel nicht, Rn 4a.

56 Die in der Satzung einer AG enthaltene Bestimmung, alle Streitigkeiten zwischen Aktionären und der Gesellschaft sollten durch ein Schiedsgericht unter Ausschluß des Rechtsweges geregelt werden, erfaßt auch die Anfechtungs- und Nichtigkeitsklage gegen einen Beschluß der Hauptversammlung der AG, Rn 38.

57 **XIII) Verbindliche Entscheidung über die „Zuständigkeit" des Schiedsgerichts, dh über die Wirksamkeit und den Umfang der Schiedsvereinbarung.** Eine solche kann im „Einredestadium" (§ 1027a) ergehen, § 1027a Rn 7, aber auch erst im Aufhebungsverf, nachdem die meritorische Endentscheidung des Schiedsgerichts ergangen ist, § 1041 Rn 21. **Rechtspolitisch** wäre eine möglichst frühzeitige verbindl Feststellung der Zuständigkeit bzw Unzuständigkeit des Schiedsgerichts wünschenswert. Rechtsvergl Ahrendt, Der Zuständigkeitsstreit im Schiedsverf, 1996. Das Schiedsgericht selbst kann nicht für die Staatsgerichte verbindl über seine Zuständigkeit entscheiden, es sei denn die Parteien haben die **Kompetenzkompetenz des Schiedsgerichts** vereinbart. Die Parteien können dem Schiedsgericht die bindende Entscheidung über die Gültigkeit der Schiedsvereinbarung übertragen, Nachw bei Raeschke-Kessler/Berger/Lehne Rn 331; Wieczorek/Schütze Rn 49; Wolf 107. In diesem Fall hat das staatl Gericht – ohne Bindung an die Entscheidung des Schiedsgerichts – nur die Gültigkeit dieser sog Kompetenz-Kompetenz-Klausel (die eine *zweite Schiedsvereinbarung* darstellt) zu prüfen, § 1041 Rn 41; BGH NJW-RR 88, 1527; Düsseldorf RIW 90, 402; Bosch JZ 89, 202; Geimer IZPR Rn 3825; Schlosser EWiR 88, 1143 sowie RipS^2 Rn 556; Gehrlein ZIP 95, 964; Ulrike A. Schäfer FS Henckel, 1995, 723. AA Schwab/Walter 6 Rn 9 sowie § 1040 DiskussionsEntw (Bericht Februar 1994, 133/134). – Fehlt Kompetenz-Kompetenz-Klausel, ist Staatsgericht in keiner Weise gebunden. Vgl auch § 1027a Rn 9. – Erhebt eine Partei – trotz (wirksamer) Kompetenz-Kompetenz-Klausel – gleichwohl Klage vor staatl Gericht, so darf dieses nicht darüber entscheiden, ob der betr Rechtsstreit der Entscheidung durch das Schiedsgericht unterworfen ist, BGH JZ 89, 201 (Bosch) = KTS 88, 847 = NJW-RR 88, 1527, BGH RIW 91, 673. Auch der **Klage auf Feststellung der (Un)Wirksamkeit der Schiedsvereinbarung** (Rn 12c) steht § 1027a entgegen. Jedoch darf das Staatsgericht über die Wirksamkeit und Auslegung der Kompetenzkompetenzklausel entscheiden. Zur Unwirksamkeit einer solchen in AGB enthaltenen Klausel Düsseldorf NJW 96, 400.

58 **XIV) Erlöschen der Schiedsvereinbarung:** Rn 10; RSchwab/Gottwald § 172 VIII; BL/Albers Rn 22. Wurde ein (ausländisches) Schiedsgericht vereinbart, so entfällt die Sperrwirkung der Schiedsklausel (für den Zugang in den staatl Gerichten) nicht schon dann, wenn Rechtsverfolgung vor (ausl) Schiedsgericht unbequemer und weniger vorteilhaft ist, als sich dies die Parteien bei Vertragsschluß vorgestellt haben (sie können aber einvernehml die Schiedsklausel aufheben).

59 **XV) Schiedsgerichte zur Nachprüfung einer Entscheidung eines staatl Gerichts** sind zulässig, StJ/Schlosser Rn 9. AA hM, BGH LM 16, BL/Albers Rn 6; Schwab/Walter 3 Rn 21. – Schiedsgericht kann von Parteien auch ermächtigt werden, Vorbehaltsurteil des staatl Gerichts aufzuheben (§ 302 IV 2). Das gleiche gilt für § 927 und die Klagen nach §§ 767, 771, 878. – Vgl auch § 1027a Rn 3, § 1032 Rn 1, § 1040 Rn 7.

60 **XVI) Schiedsgerichte zur Feststellung des Vorliegens/Nichtvorliegens der Voraussetzungen für die Anerkennung bzw Vollstreckbarerklärung von Urteilen ausl staatl Gerichte (§ 328).** Soweit die Anerkennungsvoraussetzungen bzw Versagungsgründe zur Disposition der Parteien stehen, ist die Vereinbarung schiedsgerichtl Entscheidung zulässig, § 328 Rn 182, 189, 278. Die Vollstreckbarerklärung (§§ 722, 723) kann nicht auf Schiedsgerichte übertragen werden, vgl § 1042, ebenso nicht die Kompetenz der LJV nach Art 7 FamRÄndG. – § 1041 Rn 23.

61 **XVII) Abgrenzung zwischen Schiedsgerichtsklausel und Schiedsgutachterklausel** (Wittmann, Struktur u Grundprobleme des Schiedsgutachtervertrages, 1978; BL/Albers Rn 12 vor § 1025; RSchwab/Gottwald § 171 III; Nicklisch FS Habscheid, 1989, 217; Schlosser RipS^2 Rn 20; Raeschke-Kessler RPS 1 [1992], 19 und RPS 2 [1993], 19). Das Schiedsgericht entscheidet einen Rechtsstreit an Stelle des staatl Gerichts, der Schiedsgutachter hat Tatumstände festzustellen und Tatfragen zu entscheiden, ohne daß er befugt ist, darüber zu befinden, welche Verpflichtungen sich daraus für die Parteien ergeben; die Feststellung des Leistungsinhalts verbleibt im Rahmen des § 319 BGB den ordentl Gerichten, BGHZ 9, 143 = NJW 53, 825; NJW 55, 665. Die Tätigkeit des Schiedsgutachters braucht sich aber nicht auf die Ermittlung einzelner Tatbestandsmerkmale zu beschränken, es kann ihm auch deren rechtl Einordnung übertragen werden, BGH NJW 75, 1556; Zweibrücken NJW 71, 943. Auf das Schiedsgutachten sind die §§ 1025 ff nach hM nicht anzuwenden. Eine neuere Auffassung unterscheidet treffend zwischen Schiedsgutachten, durch die nach §§ 317 ff BGB eine Leistung bestimmt wird, und solchen Schiedsgutachten, die die Feststellung von Leistungen und Elementen der Entscheidung zum Ziel haben; sie sieht die erste Gruppe als materiellrechtl Verträge, die zweite Gruppe als Prozeßverträge an, StJ/Schlosser Rn 25 vor § 1025;

Habscheid KTS 70, 132, und wendet auf die zweite Gruppe weitgehend die für das Schiedsverf geltenden Vorschriften an; BGH NJW-RR 88, 1405 = EWiR 871 (Schlosser) lehnt Anwendung des § 1027a ab. Soll Höhe des Schadens bzw des Anspruchs durch Schiedsgutachten festgestellt werden, darf **Grundurteil** nicht erlassen werden, bevor das Schiedsgutachten dem Gericht vorliegt. Hierfür kann Frist gesetzt werden, §§ 356, 431. – Kein Schiedsverf, wenn Richtigkeit der Schiedsentscheidung über § 1041 hinaus von staatl Gericht überprüfbar sein soll, Rn 2c, BGH ZIP 81, 1098. – Während eine Schiedsvereinbarung Klage vor Staatsgericht unzulässig macht, § 1027a, schließt ein Schiedsgutachtervertrag ordentl Rechtsweg nicht aus, BGH WM 82, 543; das Gericht darf aber die vom Gutachter festzustellenden Tatsachen nicht selbst feststellen und ist an Feststellungen des Gutachtens in den Grenzen der §§ 317–319 BGB gebunden, BGH RR 88, 506; Schlosser EWiR 88, 339; Frankfurt/M VersR 82, 759. Zu Schiedsgutachten in AGB LG Frankfurt/M EWiR 88, 843 (Graf von Westphalen).

XVIII) Unwirksamkeit der „abgenötigten" Schiedsvereinbarung. Abs 2. schützt den wirtschaftl oder sozial Schwächeren gegen die Ausnützung wirtschaftl oder sozialer Überlegenheit zum Abschluß einer Schiedsvereinbarung. Voraussetzung ist, daß der schwächere Teil infolge der wirtschaftl oder sozialen Überlegenheit in seiner freien Entscheidung über den Abschluß der Schiedsvereinbarung beeinträchtigt wird, Rn 1a. Ausführl LG Frankfurt/M ZIP 89, 599 = EWiR 623 (Schlosser) zur Verbandsmacht des DFB gegenüber Bundesligavereinen. Weitere Nachw Rn 71a u Jagenburg NJW 89, 2869. – § 1025 II ist lex specialis zu § 138 BGB, Schwab/Walter 4 Rn 18. AA BGH JZ 89, 588 (Walter). – Er ist auch gegenüber ausl Schiedsgerichten/-sprüchen (§ 1044) durchzusetzen, Hamburg RIW 89, 576. Zur Anwendung des § 138 BGB BGH NJW 89, 1477 = ZIP 535. Hierzu Walter JZ 89, 590. 62

Maßgebliches Recht: Ebenso wie bei der (internationalen) Zuständigkeitsvereinbarung – entgegen der hM – nicht das Statut des (materiellrechtl) Hauptvertrages maßgebl ist, sondern ein eigenes Prorogationsstatut zu fordern ist (Geimer NJW 72, 391, 1622; ders IZPR Rn 1677), kommt es im Recht der (internationalen) Schiedsgerichtsbarkeit nicht auf die lex causae des Hauptvertrages an (so aber hM, Schütze/Tscherning/Wais Rn 560); hiervon ist das eigene Schiedsvertragsstatut zu unterscheiden, Rn 75, 79. Für Maßgeblichkeit desjenigen Rechts, „welches das (ausl) Schiedsgericht zur Prüfung seiner Zuständigkeit anzuwenden hätte", Hamburg IPRspr 86/44 = TranspR 87, 69. 63

XIX) Schiedsrichtervertrag (Raeschke-Kessler/Berger/Lehne Rn 294; Schlosser RipS^2 Rn 491, Calavros FS Habscheid, 1989, 65): **1)** Das Rechtsverhältnis zwischen den Parteien und den Schiedsrichtern bestimmt sich nach dem Schiedsrichtervertrag; Strieder, Rechtl Einordnung des Schiedsrichtervertrages, 1983. **Lex causae:** Da es sich um einen schuldrechtl Vertrag (so hM, Nachw: Wolf 77) handelt, können die Parteien eine Rechtswahl treffen. Fehlt eine solche, so entspricht es idR dem Parteiwillen, daß der Schiedsrichtervertrag dem auf das Schiedsverf anwendbaren Recht unterliegt, Schütze DIZPR 215; Schütze/Tscherning/Wais Rn 575; Wieczorek/Schütze § 1028 Rn 28; Basedow JbPraxSch 87, 21; von Hoffmann FS Glossner, 1994, 143. 64

2) Zum Schiedsrichter können auch **Nichtjuristen** ernannt werden, § 1028 Rn 4. – Das mit Erlaß des Schiedsspruchs fällige **Honorar** der **Schiedsrichter** bestimmt sich nach den Vereinbarungen mit den Parteien, ansonsten nach §§ 612, 632 BGB. Der Schiedsrichter kann seinen Honoraranspruch gegen jede Partei geltend machen, auch wenn sie ihn nicht ernannt hat, da die Parteien als Gesamtschuldner haften, RG 94, 212. **Bei Streit Entscheidung durch staatl Gericht, nicht durch Schiedsgericht** (Verbot, als Richter in eigener Sache tätig zu werden, Rn 24 und § 1034 Rn 67; BGHZ 94, 95 = NJW 85, 1903). Anspruch auf **Vorschuß** haben die Schiedsrichter zwar, können ihn aber nicht einklagen, BGHZ 94, 92; dies kann die andere Partei, weil jede Partei aus Schiedsvereinbarung, die insoweit den Charakter einer **„Verfahrensgesellschaft"** (Habscheid KTS 55, 33) hat, verpflichtet ist, das Ihre beizutragen, daß das Schiedsverf in Gang kommt und zügig durchgeführt wird, Fasching JBl 93, 551. Zur anteilmäßigen Vorschußpflicht des Schiedsbeklagten im Innenverhältnis zum Schiedskläger s BGH 55, 344 = NJW 71, 888 (Breetzke 1457) zur Vergütung bei **vorzeitiger Verfahrensbeendigung** Buchwaldt NJW 94, 638. – Zur Zweckmäßigkeit von Zuständigkeitsvereinbarungen (§ 38) Schütze/Tscherning/Wais Rn 579. – Hat der Erblasser nach § 1048 ein Schiedsgericht eingesetzt, so haftet für das Honorar der Schiedsrichter der Nachlaß. Streiten die Erben untereinander vor dem Schiedsgericht, so kann dieses Vorschuß von den einzelnen Erben (= Parteien) nach ihren Erbquoten verlangen. Ihre (möglicherweise) darüber hinausgehende (erbrechtl) Haftung bleibt unberührt. 65

3) Ein **Schiedsrichter kann,** wenn er das Amt angenommen hat, den dadurch zustande gekommenen **Vertrag nicht einseitig lösen;** zur Erfüllung (Ausübung des Richteramtes) kann er aber wegen §§ 888 II, 1033 Nr 1 nicht gezwungen werden, Schlosser RipS^2 Rn 495; § 1034 Rn 37. Hat die Mehrheit der Schiedsrichter einen Spruch gefällt, so sind auch die Schiedsrichter, die dagegen stimmten oder sich der Abstimmung enthielten, verpflichtet, den Schiedsspruch zu unterschreiben, unbeschadet der Ersetzungsmöglichkeit nach § 1039 I. Weigerung eines Schieds- 66 richters ist nach Neufassung des § 1039 I nicht mehr als Rücktritt von dem Schiedsrichtervertrag anzusprechen; aA BGH NJW 54, 1605; StJ/Schlosser § 1033 Rn 1. Zur (von einem Schiedsrichter verweigerten) Mitwirkung bei der Zustellung und Niederlegung des Spruches, § 1039, kann dieser durch Zwangsmittel gem § 888 angehalten werden, § 1039 Rn 4; BL/Albers § 1028 Rn 5. Zum **Pflichtenkreis des Schiedsrichters** BGHZ 98, 35 = NJW 86, 3077: **Er muß nach besten Kräften mitwirken u den Streitfall in einem rechtsstaatl Verfahren einer alsbaldigen Erledigung zuführen.** Er ist zu strikter Neutralität u Unparteilichkeit verpflichtet, Raeschke-Kessler/Berger/Lehne Rn 249.

67 4) **Schiedsrichter haften für ihre richterl Tätigkeit** nur in den Grenzen des § 839 II BGB, BGH NJW 54, 1763, Schwab/Walter 12 Rn 9, Wieczorek/Schütze § 1028 Rn 24, ansonsten für jedes Verschulden. Rechtsvergleichend Schütze/Tscherning/Wais Rn 577; Schlosser RipS^2 Rn 493, Wolf 261. – Schärfere Haftung als die von staatl Richtern wäre mit Art 3 I GG nicht zu vereinbaren, Geimer, Schiedsgerichtsbarkeit und Verfassung, 1994, 192.

68 5) Schiedsrichter sind zur Wahrung des **Beratungsgeheimnisses** verpflichtet, § 1034 Rn 58, haben aber auch ein Recht auf dessen Wahrung. Die Entbindung durch die Parteien ist nicht ausreichend, Düsseldorf EWiR 88, 623 (Körber); Prütting FS Schwab (1990), 418. Über Vorgänge außerhalb der Beratung und Abstimmung kann der Schiedsrichter jedoch als Zeuge vernommen werden, zB über Gespräch mit einer Partei während des Schiedsverf, Düsseldorf EWiR 88, 623; Schlosser JbSch 88, 250; Schwab/Walter 19 Fn 5.

69 6) Der die Schiedsakten verwaltende Schiedsrichter ist auch nach Ende des Schiedsverf verpflichtet, **Akteneinsicht** zu gewähren, StJ/Schlosser § 1041 Rn 2.

70 7) **Unfähig zum Schiedsrichteramt** ist, wer infolge krankhaften oder altersbedingten **Verfalls seiner Geisteskräfte** der Aufgabe nicht gewachsen ist. Er kann abgelehnt werden. Er ist jedoch nicht verpflichtet, sich psychiatrisch untersuchen zu lassen, BGH EWiR 86, 1047 (Schütze).

71 8) Die Parteien können – um das Schiedsverf zu beschleunigen – das Schiedsrichtermandat **zeitl beschränken,** also das Amt des Schiedsrichters befristen, StJ/Schlosser § 1044 Rn 15; Laschet FS Nagel, 1987, 182. Nachw für Schiedsordnungen bei Wolf 28. Ergeht trotz Ablaufs der Frist noch ein Schiedsspruch, dann ist dieser aufhebbar; § 1041 I Nr 1 und/oder Nr 2 (Verbot der Zwangsschiedsgerichtsbarkeit), kein „Nicht-Schiedsspruch" (Bühler/Raeschke-Kessler EWiR 88, 1121). Nach Ablauf der 6-Monats-Frist der § 18 IHK-VfO erlischt jedoch das Schiedsrichteramt nicht automatisch, weil Verlängerung mögl, BGH NJW 88, 3090; § 1034 Rn 18a.

71a 9) Zu den **Integritätserfordernissen an einen Schiedsrichter** zur Wahrung seiner Unparteilichkeit ausführl Schlosser RipS^2 Rn 500 ff; Schwab/Walter 9 Rn 11; Henn RPS (1993) 13 (= BB 93 Beilage 17); Geimer in Schlosser, Integritätsprobleme im Umfeld der Justiz, 1994, 137, 172. Die Unterwerfung unter ein **Verbandsschiedsgericht** ist – wenn nur eine Partei Mitglied dieses Verbandes ist – unwirksam, wenn nach Schiedsvereinbarung/Schiedsordnung das Schiedsgericht nur mit Verbandsmitgliedern besetzt werden kann. Das gleiche gilt, wenn Schiedsrichter bzw Obmann vom Vorstand eines Vereins zu ernennen sind, aber nur eine Partei Mitglied dieses Vereins ist, München KTS 83, 166; unentsch BGH RR 86, 1059. Ein bloßes Übergewicht der Verbandsmitglieder im Schiedsgericht führt jedoch nicht zur Unwirksamkeit.

71b 10) Das Fehlen der dienstrechtl notwendigen **Nebenbeschäftigungsgenehmigung für Beamte, Richter u Notare** (§ 65 BBG, § 46 DRiG, § 8 II Nr 1 BNotO) führt nicht zur Unwirksamkeit des Schiedsrichtervertrages (sofern diese nicht ausdrückl zur Bedingung gemacht wurde) und nicht zur Aufhebbarkeit des Schiedsspruchs. Zur Schiedsrichtertätigkeit von Bundesrichtern Raeschke-Kessler FS Nirk (1992), 915.

71c 11) Vom Schiedsrichtervertrag zu unterscheiden ist das Rechtsverhältnis der Schiedsparteien zu der betreffenden **Schiedsorganisation.** Hierzu Wolf 39, 103. Bestr, ob deren Tätigkeiten nur administrativer Art sind oder als Rechtsprechung zu qualifizieren sind. So Wolf 62, 231. So greift die Tätigkeit des ICC-Schiedsgerichtshofs tief in das Schiedsverf ein. Seine Unterstützungsfunktionen werden sonst (mangels Vereinbarung) nach dem Modell der ZPO von den staatl Gerichten wahrgenommen. Daher fordert Schlosser RipS^2 Rn 518 die gleiche Unabhängigkeit u Unparteilichkeit wie bei den staatl Richtern. Bestr, ob Art 21 ICC-VerfO (Vorlagepflicht für Entw des Schiedsspruchs am Schiedsgerichtshof vor Unterzeichnung durch Schiedsrichter) die Unabhängigkeit der Schiedsrichter verletzt, Wolf 49. Zur Haftungsproblematik Wolf 251.

72 **XX) Vereinsstrafen** werden von den nach der Satzung zuständigen Vereinsorganen verhängt; sie können Schiedsgerichte sein, wenn sie entsprechend organisiert sind und die Zuständigkeit der ordentl Gerichte ausgeschlossen ist, StJ/Schlosser Rn 6 vor § 1025; Frankfurt NJW 73, 2208 (Westermann), zur Frage der Zuständigkeit für Nichtmitglieder Hamburg MDR 75, 409 (Bettermann). Zu Schiedsverträgen innerhalb von Gewaltverhältnissen Preis Betrieb 72, 1723; zur Frage, ob Einrichtungen der politischen Parteien (§ 14 PartG) Schiedsgerichte sind, Frankfurt NJW 70, 2250. – Vgl § 1048 Rn 2.

XXI) Zuständigkeitsvereinbarung (§ 38) für den Fall, daß Schiedsklausel unwirksam, sinnvoll und zulässig. Unwirksamkeit der Schiedsklausel erfaßt nicht Zuständigkeitsvereinbarung, BGH LM 23 zu § 38 = IPRspr 83/196; Geimer IZPR Rn 1790. – Eine Umdeutung einer unwirksamen Schiedsklausel in eine (wirksame) Gerichtsstandsvereinbarung (Art 17 GVÜ, § 38) wohl nur selten mögl, Hamburg AWD 74, 162 = IPRspr 72/136; Reithmann/Martiny/Hausmann Rn 2305. 73

XXII) Immunität ausländischer Staaten, die an einer privatrechtl Schiedsvereinbarung beteiligt sind, besteht nicht, und zwar auch nicht für Verf vor staatl Gericht (§§ 1045, 1046) im Zusammenhang mit der Einleitung und Durchsetzung der Schiedsvereinbarung, der Bestellung von Ersatzschiedsrichtern, der ordnungsgemäßen Durchführung des schiedsrichterl Verf und der Kontrolle des Schiedsgerichts, Art 12 Europäische Konvention v 16. 5. 1972 über Staatenimmunität, Geimer IZPR Rn 521, 752, 3854; StJ/Schlosser § 1044 Anh 30; Schlosser $RipS^2$ Rn 348; Schütze/Tscherning/Wais Rn 590. Zu den ICSID-Schiedssprüchen nach dem WBA (Bülow/Böckstiegel/Geimer/Schütze 728) Niggemann IPRax 91, 77 mwN. 74

XXIII) Kollisionsrechtliches: Schiedsvertragsstatut: Die Parteien können das maßgebl Recht wählen, Geimer IZPR Rz 3785. Es gelten – da Schiedsvereinbarung kein materiell-rechtl Vertrag, sondern Prozeßvertrag, Rn 3 – nicht die Regeln des IPR (Art 27 ff EGBGB), sondern eigene – wenn auch weitgehend übereinstimmende – Normen des internationalen ProzeßR. Diese sind allerdings – außerhalb des Rechts der Staatsverträge, zB Art V (1a) UNÜ, Art 6 IIa EÜ – in § 1044 nicht ausformuliert; es handelt sich also um ungeschriebene Kollisionsnormen, Schlosser $RipS^2$ Rn 222. Dagegen wollen Basedow JbSchiedsgerichtsbarkeit 1 (1987) 3; Reithmann/Martiny/Hausmann Rn 2438 Art 27 ff EGBGB unmittelbar anwenden, da Art 37 EGBGB den Vorbehalt des Art 1 II (a) EVÜ nicht wiederholt. Ebenso München RIW 90, 585 = IPRspr 89/240; Düsseldorf RIW 96, 239. Für entspr Anwendung Schlosser $RipS^2$ Rn 244; vgl auch MK-BGB/Martiny Rn 92 vor Art 27 EGBGB. Man verlangt jedoch das Vorliegen eines **internationalen Bezuges;** dabei genügt schon, daß die Parteien ihr Vertrauen einem ausl Fachmann schenken, jedoch sei nicht erforderl, daß ein (internationaler) Bezug gerade zur gewählten Rechtsordnung besteht, Schlosser $RipS^2$ Rn 231 mwN. Da die internationale Zuständigkeit Deutschlands zugunsten eines ausl Gerichts derogiert werden kann, wenn keinerlei Auslandsbezug vorliegt (Geimer IZPR Rn 1760), sollte man auch im internationalen SchiedsverfahrensR nicht (mehr) an dem konturenarmen Begriff des internationalen Bezuges festhalten, Geimer IZPR Rn 3787. – Düsseldorf NJW 96, 400 = RIW 96, 801 erklärt Rechtswahl in AGB im Interesse des Verbraucherschutzes (Art 29 EGBGB, § 3 AGBG) für unwirksam. S auch Rn 40, 51 u 63. 75

Schiedsverfahrensstatut (§ 1034 Rn 70; § 1044 Rn 4a): Vom Statut der Schiedsvereinbarung zu unterscheiden ist das Statut des Schiedsverfahrens, Geimer IZPR Rn 3721, 3832; Schlosser $RipS^2$ Rn 257 ff. Auch insoweit können die Parteien das maßgebl Recht wählen, § 1034 Rn 70. Wäre – ohne Schiedsvereinbarung – eine internationale Zuständigkeit Deutschlands gegeben, würden also „an sich" die dt staatl Gerichte – aufgrund einer Klage/eines Antrags – „sich der Sache annehmen", dann verlangt Reithmann/Martiny/Hausmann Rn 2443 – zusätzl zum Schiedsvertragsstatut – die Einhaltung der §§ 1025 ff; denn nur bei Beachtung dieser Normen könne (aus dt Sicht) die (internationale) Zuständigkeit der staatl Gerichte abbedungen w. Dagegen Schlosser $RipS^2$ Rn 253. – Vgl Rn 40. 76

Wenn – wie so oft – eine speziell auf die Schiedsvereinbarung bezogene Rechtswahl (Art 27 I 3 EGBGB) fehlt, ist dem **Recht des Schiedsorts** der Vorzug vor dem Gleichlauf zwischen Schiedsvertrags- und Hauptvertragsstatut zu geben, Geimer IZPR Rn 3789; StJ/Schlosser § 1044 Anh Rn 24. 77

Form: HM wendet Art 11 EGBGB an, Nachw bei Geimer IZPR Rn 3796; Schlosser $RipS^2$ Rn 363; Wieczorek/Schütze Rn 25, allerdings nur für Schiedsvereinbarungen, nicht für Verfahrensvereinbarungen, Schlosser $RipS^2$ Rn 365. Dagegen will Hausmann Rn 1391 Wirkung der Schiedsvereinbarung vor dt Gerichten immer – ohne Rücksicht auf Schiedsvertrags- oder Schiedsverfahrensstatut (§ 1044 Rn 4) – nach der dt lex fori zu beurteilen, § 1027 Rn 2 u § 1027a Rn 10. 78

Rechtswahlklauseln (Rn 63, § 1034 Rn 28): Haben die Parteien das auf das Schiedsverfahren anwendbare Recht festgelegt, so ergibt sich daraus idR auch die Fixierung des Schiedsvertragsstatuts. Dies gilt jedoch nicht bei **Wahl des Schiedsverfahrensrechts durch Schiedsrichter,** Schlosser $RipS^2$ Rz 251. 79

Die im Gesamtvertragswerk enthaltene Rechtswahlklausel ist nicht relevant, gleichgültig, ob diese räumlich vor oder nach der Schiedsklausel eingefügt ist. Daher kann aus allgem Rechtswahlklausel nicht hergeleitet werden, daß Schiedsvereinbarung diesem (gewählten) Recht unterliegen soll, wenn der von den Parteien gewählte Schiedsort in einem anderen Land liegt. Hier ist es sinnvoll, die Schiedsvereinbarung dem Recht des Schiedsverf zu unterstellen, Geimer IZPR Rn 3724; Schlosser $RipS^2$ Rn 254; anders hM. 80

80a **Vollmacht zum Abschluß der Schiedsvereinbarung:** Schlosser RipS[2] Rn 352. Rechtsgeschäftl Vertretung im Schiedsverf = „Schiedsvollmacht“: Maßgebl Schiedsverfahrensstatut, also Recht, das auf Schiedsverf anwendbar ist, Schlosser RipS[2] Rn 351.

80b **XXIV) Sachnormen der internationalen Schiedsgerichtsbarkeit** sollen die kollisionsrechtl Fragestellung vermeiden, sie gelten unabhängig davon, welchem Recht (sonst) das Schiedsverf unterliegt. Aber auch sie sind nationales Recht. Damit stellt sich auch hier die kollisionsrechtl Frage ihrer Anwendbarkeit, soweit sie nicht aufgrund von Staatsverträgen für alle in Betracht kommenden Staaten einheitl gelten, zB Art 3 EÜ, Schlosser RipS[2] Rn 227.

81 **Eine ausschließliche internationale Zuständigkeit Deutschlands zB auf Grund Art 16 GVÜ hindert nicht die Vereinbarung der schiedsgerichtl Erledigung,** Art 1 II Nr 4 GVÜ. Bestr, ob im Bereich des autonomen dt Rechts die Derogation der internationalen Zuständigkeit Deutschlands zugunsten eines ausl Gerichts an einer ausschließl Zuständigkeit (§ 40 II 1) scheitert, zB an §§ 24, 29a (abgesehen von § 1025a), § 26 I FernUSG, § 24 UWG, Rahmann 21. Gegen internationale Ausschließlichkeit Habscheid FS Schima (1969), 194; Geimer IZPR Rn 878, 1769, 3814; unentschieden Eilers 29. Jedenfalls im Bereich der Schiedsgerichtsbarkeit scheitert der Ausschluß der staatl Gerichtsbarkeit nicht an einer ausschließl Zuständigkeit, Barber 143; Schlosser RipS[2] Rn 309; Rahmann 45; K. Schmitt ZGR 88, 527. AA Hamm ZIP 87, 780 = EWiR 87, 37 (Günther). Offengelassen in BGHZ 77, 33 (40). Vgl auch den Vorbehalt Norwegens zu UNÜ, abgedr bei Bülow/Böckstiegel/Geimer/Schütze 714, 39.

82 **XXV) Kostenvergleich:** Zu den Kosten eines Schiedsverf im Verhältnis zu den Kosten staatl Gerichtsverf Raeschke-Kessler/Berger/Lehne Rn 29, Schütze/Tscherning/Wais Rn 9.

1025a *[Schiedsvertrag über Mietstreitigkeiten]*

Ein Schiedsvertrag über Rechtsstreitigkeiten, die den Bestand eines Mietverhältnisses über Wohnraum betreffen, ist unwirksam. Dies gilt nicht, wenn es sich um Wohnraum der in § 556a Abs. 8 des Bürgerlichen Gesetzbuchs genannten Art handelt.

1 § 1025a schließt – ohne Rücksicht auf Verfahrensstatut (§ 1025 Rn 76) – Abschluß eines Schiedsvertrags über Rechtsstreitigkeiten, die den Bestand eines dt Mietverhältnisses betreffen, in Fortführung der im materiellrechtl Bereich zugunsten des Mieters getroffenen Schutzmaßnahmen aus. Insbes soll § 29a nicht ausgeschaltet werden können. Daher auch Heilung nach § 1027a I 2 ausgeschlossen. Ausgenommen sind Rechtsstreitigkeiten, die Wohnraum betreffen, der nur zu vorübergehenden Zwecken vermietet ist, und Wohnraum, der Teil der vom Vermieter selbst bewohnten Wohnung ist und den der Vermieter ganz oder überwiegend mit Einrichtungsgegenständen auszustatten hat, sofern der Wohnraum nicht zum dauernden Gebrauch für eine Familie überlassen ist, §§ 556a VIII, 565 III BGB. Unter § 1025a fallen Klagen auf Feststellung des Bestehens oder Nichtbestehens eines Mietverhältnisses oder Untermietverhältnisses und Klagen, bei denen das Bestehen eines Mietverhältnisses nur incidenter festgestellt wird, wie Räumungsklage; ohne Bedeutung ist auch, ob als weitere Anspruchsgrundlage §§ 985, 812 BGB geltend gemacht werden, StJ/Schlosser Rn 3. **Nicht unter § 1025a fallen Streitigkeiten über sonstige Ansprüche aus dem Mietverhältnis,** die nicht unmittelbar den (Weiter)Bestand des Rechts auf Raumnutzung betreffen, wie Klagen auf Erfüllung oder Schadensersatz wegen Nichterfüllung, Klagen im Zusammenhang mit dem Mietervorkaufsrecht (§ 570b BGB, WohnungsbindungsG) sowie Streitigkeiten nach dem MHG, insbes Klagen auf Zustimmung zur Mieterhöhung nach § 2 III MHG.

2 § 1025a ist nicht entspr anwendbar auf sonstige ausschließl Zuständigkeiten, wie zB § 24, § 26 I FernUSG, § 7 I HaustürWG; § 1025 Rn 81.

1026 *[Schiedsvertrag über künftigen Streit]*

Ein Schiedsvertrag über künftige Rechtsstreitigkeiten hat keine rechtliche Wirkung, wenn er nicht auf ein bestimmtes Rechtsverhältnis und die aus ihm entspringenden Rechtsstreitigkeiten sich bezieht.

1 **I)** § 1026 ist dem § 40 nachgebildet. Der Schiedsvertrag muß sich auf ein oder mehrere bestimmte Rechtsverhältnisse und die aus ihnen entspringenden Rechtsstreitigkeiten beziehen, § 1025 Rn 19. Das Rechtsverhältnis kann schon vor dem Schiedsvertrag bestanden haben, mit ihm zugleich geschaffen werden oder ein künftiges sein; im letzten Fall muß es konkret mit individuellen Merkmalen bezeichnet werden, StJ/Schlosser Rn 1. Der Schiedsvertrag kann im übrigen den Bestand, die Erfüllung oder die Aufhebung eines Rechtsverhältnisses, einen Feststellungs- oder Leistungsanspruch betreffen.

XI) Für Schiedsgerichte, die durch letztwillige Verfügung eingesetzt sind, gilt § 1048, ebenso für **Schiedsklauseln in Satzungen.** Werden individualrechtl Vereinbarungen in die Satzung aufgenommen, muß die Form des § 1027 gewahrt werden, BGH NJW 63, 203 = MDR 63, 115. 17

XII) Kartellschiedsverträge: § 91 GWB. Hierzu K. Schmidt FS Nagel, 1987, 387. 18

XIII) Schiedsgerichtsordnungen: Wackenhuth RIW 86, 11; Schütze/Tscherning/Wais Rn 756; zur ICC-Schiedsgerichtsordnung Kreindler RIW 92, 613. 19

XIV) Das **UN-Übereinkommen 1958** (§ 1044 Rn 8) verlangt ebenfalls volle Schriftform, Art II, und zwar anders als im autonomen dt Recht (§ 1027 I) auch im vollkaufmännischen Verkehr, Schütze/Tscherning/Wais Rn 566; Wackenhuth ZZP 99 (1986) 445: entweder Unterzeichnung der Schiedsvereinbarung oder des Vertrages, der sie enthält, durch beide Parteien oder Wechsel von Briefen, Fernschreiben oder Telegrammen, die die Schiedsvereinbarung enthalten, Köln RIW 93, 499 = IPRax 93, 399 (Haas 382). Halbe Schriftform (wie zB nach § 38 II 2 oder Art 17 EuGVÜ für die Gerichtsstandsvereinbarung vorgesehen) ist nicht ausreichend. Ein kaufmännisches Bestätigungsschreiben genügt weder nach § 1027 noch nach Art II UN-Übereinkommen. Wenn darin eine mündl abgeschlossene Schiedsgerichtsvereinbarung bestätigt wird, ist zwar die halbe Schriftlichkeit gewahrt, es fehlt jedoch die volle. Die bloße Bezugnahme auf die AGB einer Partei, die eine Schiedsklausel enthalten, reicht nicht aus. Vielmehr ist das Schriftformerfordernis nur dann gewahrt, wenn die Schiedsklausel sich in der von den Parteien unterzeichneten Vertragsurkunde befindet oder mit dieser verbunden ist, BGH RIW 76, 449. 20

XV) Art I Abs 2 lit a des **Europäischen Übereinkommens über die Internationale Handelsschiedsgerichtsbarkeit** verlangt nur Schriftform der Schiedsvereinbarung (von beiden Parteien unterschriebenen Vertrag), nicht jedoch besondere Urkunde iSd § 1027 I, Frankfurt RIW 86, 379 = IPRspr 85/199. Auch nachträgl schriftl Einverständnis genügt, Köln RIW 92, 760. 21

XVI) Aufhebung der Schiedsvereinbarung durch Vertrag unterliegt nicht der Form des § 1027 I, Schlosser RipS^2 Rz 431; Schwab/Walter 8 Rn 7. 22

XVII) Vollmacht zum Abschluß einer Schiedsvereinbarung formfrei mögl, § 167 II BGB, Schlosser RipS^2 Rn 356, 368. 23

1027a *[Einrede des Schiedsvertrags]*

Wird das Gericht wegen einer Rechtsstreitigkeit angerufen, für die die Parteien einen Schiedsvertrag geschlossen haben, so hat das Gericht die Klage als unzulässig abzuweisen, wenn sich der Beklagte auf den Schiedsvertrag beruft.

I) Der Schiedsvertrag – gleich ob in- oder ausl Schiedsgericht (§ 1044) vereinbart – begründet die **Einrede des Schiedsvertrags,** wenn der Gegner dem Schiedsvertrag zuwider das ordentl Gericht angeht; der Bekl muß sich ausdrückl auf Schiedsvertrag berufen. Zeitpunkt: §§ 282 III, 296 III, § 1025 Rn 15. Schlosser RipS^2 Rn 432. – Er muß – im Anwendungsbereich des Anwaltszwanges – deshalb einen RA bestellen (anders ist es bei der [derogierenden] Zuständigkeitsvereinbarung, die „von Amts wegen“ nach hM zu beachten ist; vgl aber § 331 I 2, Geimer IZPR Rn 1820). Die Parteien können nicht eine weitergehende Wirkung der Schiedsklausel dahin vereinbaren, daß sie auch von Amts wegen zu berücksichtigen ist, wenn sie durch Vortrag einer Partei zu Kenntnis des Gerichts kommt; aA Schmitt 29. Auf diese Schiedsklausel kann sich auch der Gesamt- und Sonderrechtsnachfolger des Schuldners berufen, § 1025 Rn 51. Die Klageerhebung vor dem Schiedsgericht begründet **keine von Amts wegen zu berücksichtigende Rechtshängigkeit,** sie kann nur nach § 1027a geltend gemacht werden, BAG MDR 88, 259. Bestr, ob nicht rechtzeitige Erhebung der Einrede des Schiedsvertrages zur Unwirksamkeit des Schiedsvertrages führt, so Schütze/Tscherning/Wais Rn 144 bei bewußtem Unterlassen; praktisch bedeutsam, wenn Verf vor staatl Gericht ohne Sachentscheidung endet. Hat sich der Bekl im schiedsrichterl Verf auf die Unwirksamkeit der Schiedsklausel berufen, so verstößt es idR gegen Treu und Glauben, wenn er später vor dem ordentl Gericht die Einrede des Schiedsvertrags erhebt, BGH 50, 191 = NJW 68, 1928. Weiter Köln JMBlNRW 85, 261. Vgl § 1037 und § 1033 Rn 3; § 1034 Rn 51. 1

II) Die begründete Einrede des Schiedsvertrags führt nicht bloß zur Aussetzung des Verf (so aber in den common law-Ländern, Schlosser RipS^2 Rn 400), sondern zur **Abweisung der Klage als unzulässig,** auch wenn Bekl Klageforderung anerkannt hat, Düsseldorf BB 77, 1523. Über die Zulässigkeit der Klage (weil Einrede des Schiedsvertrages unbegründet) kann Zwischenurteil ergehen, § 280. Zeitgrenze: Abschluß des Schiedsverf, § 1039 Rn 14. – Das staatl Gericht hat – bei Wirksamkeit der Schiedsvereinbarung – keinen Ermessensspielraum: Es darf **keine forum non** 2

conveniens-Erwägungen (IZPR Rn 55) anstellen. Es darf nicht die Schiedsvereinbarung für „unzweckmäßig" erklären und so die Derogation der staatl Gerichte überspielen.

3 **III) Einrede des Schiedsvertrages in bes Verfahrensarten: 1) Klagen nach §§ 771, 767, 878:** Auch hier ist die Einrede des Schiedsvertrages zulässig, BGH NJW 87, 651 = EWiR 305 (Schütze) = JuS 748 (K. Schmidt). Staatl Gericht bleibt jedoch für einstweiligen Rechtsschutz (§ 769) zuständig. – Vgl § 1025 Rn 60.

4 2) **Arrest und einstweilige Verfügung:** Nach hM fehlt Schiedsgerichten generell Zuständigkeit für solche Maßnahmen, § 1034 Rn 59. Daher kann nach hM die Einrede des Schiedsvertrages nicht Platz greifen, BGH NJW 94, 136. Differenzierter StJ/Schlosser § 1027a Rn 6.

5 3) **Urkunden- und Wechselprozeß:** Hier greift die Einrede des Schiedsvertrages durch, sofern von Parteien Einbeziehung der Wechsel- und Scheckansprüche gewollt, § 1025 Rn 53; Frankfurt/M RIW 86, 379; München RIW 90, 585 = IPRspr 89/240. Anders hM, BGH NJW 94, 136 = MDR 94, 509 = RIW 94, 241 = EWiR 94, 309 (Smid) und Düsseldorf NJW 83, 2149, mit der Begründung, idR wolle sich der Kaufmann, selbst wenn die Wechselausstellung schon in dem von der Schiedsklausel betroffenen Vertrag vorgesehen sei, sich der Möglichkeit der beschleunigten und vereinfachten Durchsetzung vor staatl Gerichten nicht begeben. Erst das **Nachverfahren** habe vor **dem Schiedsgericht** stattzufinden, Czempiel/Kurth NJW 87, 2118; Reithmann/Martiny/Hausmann Rn 2495; Hamburg RIW 92, 938. Hierzu Schmidt RIW 93, 639.

6 4) **Verfahren der freiwilligen Gerichtsbarkeit:** Vereinbarung der schiedsrichterl Erledigung zulässig, soweit Vergleich mögl. Beisp: Entlassung des Testamentsvollstreckers (§ 2227 BGB), Verf nach § 166 III HGB, nach WEG und HausratsVO sowie Landpachtsachen; vgl StJ/Schlosser Rn 19 vor § 1025; Habscheid FG[7], 1983, § 19 I 1c; Schlosser in Böckstiegel, Schiedsgerichtsbarkeit in gesellschaftsrechtl u erbrechtl Angelegenheiten, 1996, 97 ff; Keidel/Kuntze/Winkler FGG[13], 1992, § 1 Rn 5. – BayObLGZ 78, 298; Schwab/Walter 1 Rn 2; Wieczorek/Schütze Rn 11.

7 **IV) Wirkungen der Klageabweisung durch Prozeßurteil:** Nach hM stellt das Prozeßurteil die Wirksamkeit des Schiedsvertrages bindend fest, RGZ 40, 403, mit der Folge, daß bei Vollstreckbarerklärung des Schiedsspruches (§ 1042) bzw bei Entscheidung über Aufhebungsklage (§ 1041 I Nr 1) vom Bestehen des Schiedsvertrages auszugehen ist. Dogmatisch besser ist es in diesen Fällen von einer Bindungswirkung sui generis zu sprechen, vgl Geimer/Schütze I § 30 zur Parallelfrage des Verhältnisses zwischen forum prorogatum und forum derogatum. – § 1034 Rn 37, § 1041 Rn 45d.

8 V) **Ist bereits Schiedsspruch ergangen** und dieser niedergelegt (§ 1039), geht es um die Beachtung der Rechtskraft (§ 1040), 1039 Rn 1; § 1041 Rn 30.

9 **VI) Zwischenurteil** (§ 280) nur über Einrede des Schiedsvertrages bzw Rechtskraftwirkung des Schiedsspruchs (§ 1040) zulässig. Durch Rechtsmittel (§ 280 II 1) fällt die Sache nur im Umfang des Zwischenstreits bei Rechtsmittelgericht an, BGH NJW 86, 1436 = RR 86, 62; § 538 Rn 9.

Erklärt staatl Gericht Einrede des Schiedsvertrages gem § 280 für unbegründet, dann ist ein gleichwohl ergangener Schiedsspruch (Schiedsgericht hält Schiedsvertrag entgegen staatl Gericht für wirksam) nichtig, nicht nur aufhebbar, Schlosser FS Nagel, 1987, 360, es sei denn, dem Schiedsgericht war die Kompetenz-Kompetenz (§ 1025 Rn 57) übertragen; im letzteren Fall hätte staatl Gericht Entscheidung des Schiedsgerichts abwarten müssen. Ergeht Schiedsspruch vor Erlaß des Zwischenurteils, dann muß staatl Gericht – falls es Einrede des Schiedsvertrages (nach wie vor) für unbegründet hält – entspr §§ 148 ff aussetzen, bis Schiedsspruch nach § 1041 I Nr 1 aufgehoben, § 1034 Rn 53. – S auch § 1033 Rn 6.

9a **VII) Erläßt staatl Gericht Sachentscheidung,** obwohl wirksame Schiedsvereinbarung und ordnungsgem Einrede nach § 1027a vorlag, ist Urteil des staatl dt Gerichts gleichwohl voll wirksam (Rechtskraft, Vollstreckbarkeit etc). Hat jedoch ein ausl staatl Gericht entschieden, dann wird dessen Sachentsch wegen Übergehens der Vereinbarung über die schiedsgerichtl Erledigung in Deutschland grundsätzl nicht anerkannt, Geimer/Schütze I 1563; Schlosser RipS[2] Rn 400 gE. Vgl § 328 Rn 129; § 1044 Rn 45a. – Anders im Anwendungsbereich des GVÜ, Anh Art 1 Rn 17.

9b **VIII) Streitverkündung:** Eine Streitverkündung kann der Streitverkündungsempfänger nach § 1027a nicht verhindern, Schlosser RipS[2] Rn 402.

10 **IX)** § 1027a gilt nach **lex fori-Prinzip** (IZPR Rn 1) unabhängig davon, welchem Recht die Schiedsvereinbarung unterliegt, § 1025 Rn 40, 78; Geimer IZPR Rn 3802; Schütze DIZPR 213; Schütze/Tscherning/Wais Rn 558; Düsseldorf RIW 96, 776.

11 **X)** In (seltenen) Ausnahmefällen kann dem Antragsteller/Kläger **nach Treu und Glauben nicht mehr zugemutet werden, am Schiedsvertrag festgehalten zu werden;** so ist es nicht zumutbar, ein Schiedsverf gegen eine Partei durchzuführen, die gezeigt hat, daß sie auch zu

arglistigem Verhalten im Prozeß bereit ist (Schütze/Tscherning/Wais Rn 136; Schmitt 26; BGH RR 87, 1194) oder wenn Mittellosigkeit des Bekl und damit Undurchführbarkeit des Schiedsverf feststeht, BGH NJW 88, 1215 = EWiR 519 (Schlosser) = WuB VII A § 1027a 1.88; Hamm RIW 96, 681.

XI) Eine Partei verstößt gegen Treu und Glauben, wenn sie sich vorprozessual nachdrückl und uneingeschränkt auf einen angebl geschlossenen Schiedsvertrag beruft, ihren Vertragspartner dadurch zur Erhebung einer Schiedsklage veranlaßt, im Schiedsverf selbst und im Verf zur Vollstreckbarerklärung (eines ihr nachteiligen Schiedsspruchs) dann aber geltend macht, ein gültiger Schiedsvertrag sei nicht zustandegekommen. BGH RR 87, 1194 = BB 1987, 1767. Schlosser RipS[2] Rn 806. – § 1041 Rn 45d. 12

XII) Der Schiedseinrede kann die **Gegeneinrede der Arglist** entgegengesetzt werden, wenn der Bekl die Schiedseinrede erhebt, obwohl eine dem Kläger zumutbare Möglichkeit, im Schiedsverf einen Vollstreckungstitel zu erlangen, nicht gegeben ist, weil dem Bekl die für die Durchführung des Schiedsverf erforderl Mittel fehlen, BGH NJW 1988, 1215 = ZIP 1988, 603. 13

XIII) Um zu verhindern, daß ein Gericht eine(n) Arrest bzw einstw Verfügung ohne Anhörung des Gegners erläßt, kann dieser eine **Schutzschrift** einreichen, in der er auf den Schiedsvertrag aufmerksam macht, Teplitzky NJW 80, 1667; Schmitt 27. 14

XIV) **Keine Verweisung** vom Staatsgericht an Schiedsgericht und umgekehrt, Schmitt 31. 15

XV) Zur **Einredewirkung nach Art II (3) UNÜ,** der auf § 1027a verweist, StJ/Schlosser § 1044 Anh Rz 23; Reithmann/Martiny/Hausmann Rn 2361. 16

XVI) **Wegfall der Einrede (§ 1025 Rn 10):** Insbes bei Unzuständigerklärung, dh (endgültige) Ablehnung einer Sachentscheidung durch Schiedsgericht. Dagegen kein Rechtsbehelf, insbes nicht § 1041 I Nr 1, Schwab/Walter 7 Rn 6. Vgl § 1025 Rn 10. 17

XVII) **Nach Niederlegung des Schiedsspruchs** bzw nach Erlaß desselben (wenn Parteien auf Niederlegung verzichtet haben, § 1039 III 1 zweiter Halbsatz), entfällt Einrede nach § 1027a, jedoch muß staatl Gericht res iudicata des Schiedsspruchs (§ 1040) beachten, selbst wenn dieser aufhebbar wäre, § 1040 Rn 5, § 1041 Rn 7, Schwab/Walter 7 Rn 5, 8 Rn 1. 18

XVIII) **UNÜ:** Streng genommen regelt das UNÜ nur die Voraussetzungen für die Anerkennung ausl Schiedssprüche. Gleichwohl wendet man dessen Grundsätze, zB Art V (1a), auch im „Einredestadium“ des § 1027a an, Schlosser RipS[2] Rn 221 gE, 229 Fn 1. 19

XIX) **Entscheidung bei Vereinbarung einer Kompetenz-Kompetenz-Klausel:** § 1025 Rn 57. 20

1028 *[Ernennung der Schiedsrichter]*

Ist in dem Schiedsvertrag eine Bestimmung über die Ernennung der Schiedsrichter nicht enthalten, so wird von jeder Partei ein Schiedsrichter ernannt.

I) Die Vereinbarung über die Zahl der Schiedsrichter u die Art ihrer Ernennung kann auch noch nach Abschluß des Schiedsvertrags erfolgen, § 1025 Rn 17. – Der Schiedsvertrag kann auch Regelungen über die **Ernennung durch unparteiische Dritte** enthalten, Raeschke-Kessler/Berger/Lehne Rn 281; Schlosser RipS[2] Rn 477; Schwab/Walter 10 Rn 2. Das Erfordernis der Unparteilichkeit des ernennungsbefugten Dritten ist bestr, Nachw bei Wolf 169. Stehen auf der Seite einer Partei mehrere Beteiligte (Problem der sog Mehrparteienschiedsgerichtsbarkeit, § 1025 Rn 52a), dann müssen sie sich – untereinander – auf einen Schiedsrichter einigen; tun sie es nicht, Ernennung durch staatl Gericht, Schwab/Walter 10 Rn 10. Vgl auch Schlosser RipS[2] Rn 563. Die **Gleichheit der Parteien bei der Bildung des Schiedsgerichts** muß gewährleistet sein, BGH ZIP 96, 830, 831 = BB 96, 1074; Raeschke-Kessler/Berger/Lehne Rn 258; Schwab RPS 1 (1992), 17 (= BB 92 Beilage 15); zur Schiedsrichterbestellung im Mehrparteienschiedsverfahren BGH ZIP 96, 830, 831 = BB 96, 1074; Berger RIW 93, 702; Lionnet 212. 1

II) **Grenzen für die Auswahl des/der Schiedsrichter(s)** zieht § 1032 und der verfassungsrechtl verankerte (Art 97 GG) Grundsatz der Überparteilichkeit der Rechtspflege: Niemand darf in eigener Sache Richter sein. Auch darf keine Partei ein Übergewicht bei der Bildung des Schiedsgerichts haben, § 1041 Rn 44. Nie kann eine Partei oder ihr gesetzl Vertreter Schiedsrichter sein. Die Parteien können nach ihrem Ermessen auch den Prozeßbevollmächtigten als Schiedsrichter bestellen, Hamburg BB 57, 378. Jedoch besteht Ablehnungsrecht (§ 1032) wegen § 41 Nr 4 oder § 42 II. 2

III) Die Ernennung des Schiedsrichters ist **Prozeßhandlung.** Daher nicht nach §§ 119 ff BGB anfechtbar. **Form:** § 1027 gilt nicht. – Die Anzeige von der Ernennung eines Schiedsrichters ist nicht Voraussetzung für die Wirksamkeit der Ernennung, § 1030. 3

3a **IV)** Das Gesetz schreibt **keine besondere Qualifikation** vor. Insbesondere ist die Befähigung zum Richteramt nicht Voraussetzung für die Übernahme des Schiedsrichteramtes, Schütze, SchiedsG u Schiedsverf Rn 24. – S auch § 1025 Rn 5.

4 **V) Kollisionsrechtl** kommt es auf das Schiedsverfahrensstatut (§ 1025 Rn 75) an, Klein IPRax 86, 53; Schütze/Tscherning/Wais Rn 571; Wieczorek/Schütze Rn 28. – Für Komplex „Schiedsrichterernennung" (= Konstituierung des Schiedsgerichts) ist eine selbständige Anknüpfung mögl. Die Parteien können speziell hierfür eine eigene Rechtsordnung ausdrückl oder konkludent wählen, § 1025 Rn 76, Schlosser RipS[2] Rn 214.

1029 *[Frist zur Ernennung]*

(1) Steht beiden Parteien die Ernennung von Schiedsrichtern zu, so hat die betreibende Partei dem Gegner den Schiedsrichter schriftlich mit der Aufforderung zu bezeichnen, binnen einer einwöchigen Frist seinerseits ein Gleiches zu tun.

(2) Nach fruchtlosem Ablauf der Frist wird auf Antrag der betreibenden Partei der Schiedsrichter von dem zuständigen Gericht ernannt.

1 **I) Abs 1** gilt nicht, wenn die Ernennung der Schiedsrichter von beiden Parteien gemeinsam zu erfolgen hat; einigen sie sich nicht, ist die Schiedsvereinbarung hinfällig, RG 33, 265. **Betreibende Partei** ist die Partei, welche die Bildung des Schiedsgerichts herbeiführen will. – Die **Aufforderung** braucht nicht schriftl zu erfolgen, soweit Schriftlichkeit abbedungen; sie muß den Namen des eigenen Schiedsrichters (Schütze/Tscherning/Wais Rn 198) u Verlangen an den Gegner enthalten, seinerseits einen Schiedsrichter zu ernennen, BGH NJW 60, 1296; es ist zweckmäßig, sie zuzustellen; aus ihr muß ersichtl sein, welcher Streit durch Schiedsrichter entschieden werden soll. **Fristwahrung** liegt nur vor, wenn der Schiedsrichter dem Auffordernden innerhalb der Wochenfrist (§ 222) benannt wird; Fristverlängerung mögl. Gegen Fristablauf keine Wiedereinsetzung. Die Ernennung eines nach der Schiedsvereinbarung nicht qualifizierten Schiedsrichters steht nicht ohne weiteres der Fristversäumnis gleich. Nur Benennung eines dem Schiedsvertrag eindeutig nicht entspr Schiedsrichters in der Absicht, das Schiedsverf zu verzögern, bewirkt den Verlust des Ernennungsrechts, Bremen NJW 72, 454. Weitergehend Th-P Rn 2. Rechtsvergleichendes (Schweiz) Klein IPRax 86, 53. – Zur Klage auf Mitwirkung der Partei bei der Schiedsrichterernennung LG Gießen FamRZ 95, 890. Zu den „nicht heilbaren Pathologien" bei der Schiedsrichterernennung Hochbaum 158.

2 **II) Abs 2. Entscheidung des Gerichts** immer durch Beschluß (ohne oder nach mündl Verhandlung, Schütze/Tscherning/Wais[2] Rn 209, Schwab/Walter 10 Rn 18), der mit sof Beschw anfechtbar ist, § 1045 III. Die Ernennung eines Schiedsrichters kann nach Versäumung der einwöchigen Frist solange nachgeholt werden, bis das Gericht einen Schiedsrichter ernannt hat, LG Heilbronn Justiz 74, 460. Haben die Schiedsrichter nach dem Schiedsvertrag einen **Obmann** (BL/Albers § 1028 Rn 4; Schütze/Tscherning/Wais Rn 194) zu wählen u einigen sie sich nicht hierüber, so ist das Gericht zur Ernennung nicht zuständig, OLG 29, 383; der Schiedsvertrag wird hinfällig. Das Gericht kann Schiedsrichter nur ernennen, wenn im Schiedsvertrag keine andere Regelung getroffen ist, Frankfurt/M MDR 55, 749. Beantragt eine Partei, das Gericht möge für die andere Partei einen Schiedsrichter ernennen, u stellt sich die andere Partei auf den Standpunkt, ein wirksamer Schiedsvertrag sei nicht zustande gekommen, so muß das Gericht die Wirksamkeit des Schiedsvertrags prüfen, Hamburg MDR 64, 684; aber grundsätzl keine Prüfung von Amts wegen, Schwab/Walter 10 Rn 25. Gericht sollte sich auf evidente Mängel der Schiedsvereinbarung beschränken, ansonsten immer ernennen, StJ/Schlosser Rn 5. Mit der Ernennung eines Schiedsrichters wird aber nicht zugleich auch das Bestehen eines gültigen Schiedsvertrags für alle späteren Verfahren (§§ 1027a, 1041, 1042) bindend festgestellt, BGH MDR 69, 459 (Habscheid ZZP 84, 203); Schwab/Walter 10 Rn 19 Fn 45. Mit Unanfechtbarkeit des Ernennungsbeschlusses sind alle Einwendungen gegen Ernennung (nicht gegen die Person des Ernannten) präkludiert, und zwar auch für Aufhebungs- bzw Vollstreckbarerklärungsverf, StJ/Schlosser Rn 5. Fällt der vom staatl Gericht ernannte Schiedsrichter weg, so ernennt Gericht einen anderen. § 1031 unanwendbar.

Die Parteien können die Zuständigkeit des staatl Gerichts zur Ernennung des Schiedsrichters (Abs 2) abbedingen. Dann kann es – wenn die Parteien nicht anderweitige Vorsorge getroffen haben – zu einem Wegfall der Schiedsvereinbarung kommen, § 1033 Nr 1. Wenn die Parteien das Ernennungsrecht einem Dritten übertragen, führt der Tod oder sonstige Wegfall des Dritten (zB eines Amtes oder einer Institution) bzw seine Untätigkeit oder Weigerung im Zweifel zur Beendigung nach § 1033 Nr 1 (analog), BGH NJW 94, 1008 RSchwab/Gottwald § 173 III 2 Fn 30; Schütze/Tscherning/Wais Rn 145. AA StJ/Schlosser § 1033 Rn 1; MK/Maier § 1033 Rn 2.

III) Streit darüber, ob Ernennung eines Schiedsrichters durch Partei oder Dritten (un)wirksam ist (zB Unwirksamkeit wegen fehlender Ernennungsbefugnis oder weil Ernennungsfrist abgelaufen), entscheidet staatl Gericht – auch mit Bindung für Verf nach § 1041 bzw § 1042 – im Beschlußverf nach § 1045. Rechtsschutzbedürfnis für Feststellungsklage fehlt, Schwab/Walter 10 Rn 23. 2a

IV) Bestimmungen eines Schiedsvertrags, durch die im Falle der Säumnis einer Partei bei der Benennung des Schiedsrichters diese Befugnis der Gegenpartei übertragen wird, sind nichtig, Neustadt NJW 55, 635. Desgleichen hatte BGHZ 54, 392 = BB 70, 1504 wegen Verstoßes gegen das auch für Schiedsgerichte geltende **Gebot überparteil Rechtspflege** (Schlosser RipS² Rn 473) eine Vereinbarung für unwirksam erklärt, wonach bei Säumnis einer Partei der von der anderen Partei ernannte Schiedsrichter allein entscheiden darf, § 1041 Rn 45. Diese Rspr-Linie ist nunmehr wieder in Frage gestellt durch BGHZ 98, 73 = NJW 88, 3027 = EWiR 86, 835 (Schütze) = IPRspr 86/198 für inländische und ausdrückl aufgegeben für ausl Schiedsrichter (§ 1044 Rn 17), § 1041 Rn 44, Raeschke-Kessler NJW 88, 3046; Walter JZ 87, 156, Kornblum NJW 87, 1105. 3

V) Für **ausländische Schiedsverfahren** (§ 1044 Rn 4) ist eine internationale Zuständigkeit Deutschlands zur Richterernennung gem § 1045 I Nr 1 und 2 (§ 23 ist durch GVÜ nicht verdrängt, arg Art 1 II Nr 4) denkbar. S auch § 1045 Rn 1. 4

VI) Desgleichen ist **Schiedsrichterernennung für inländisches Verfahren durch ausl Gericht** nicht von vorneherein unbeachtl. § 1045 (Geimer IZPR Rn 1248) begründet **keine ausschließl internationale Zuständigkeit Deutschlands.** Fragl ist nur, welche Anforderungen an die ausl Entscheidung gestellt werden müssen. StJ/Schlosser Rn 8 will § 328 anwenden. Problematisch wegen § 328 I Nr 5 einerseits und wegen der grundsätzl Überlegung, daß bei der Anerkennung ausl Schiedssprüche die Schiedsrichterernennung durch ein ausl Gericht nicht als eigenes Anerkennungsproblem gesehen wird, hierzu auch Geimer FS Ferid, 1988, 93, vgl § 1044 Rn 27. 5

VII) Gebühren: 1) des **Gerichts:** Hälfte der vollen Gebühr: a) nach KV 1630 für das Verf bei Ernennung eines Schiedsrichters (§§ 1029, 1031); hierunter fällt aber nicht die Ernennung eines Schiedsrichters, die nach dem Schiedsvertrag oder einer sonstigen Abrede der Parteien durch eine bestimmt bezeichnete Gerichtsperson erfolgen soll; b) nach KV 1631 für das Verf bei Ablehnung eines Schiedsrichters (§ 1032); c) nach KV 1632 für das Verf bei Erlöschen eines Schiedsvertrages (§ 1033); d) nach KV 1633 für das Verf bei Anordnung der von den Schiedsrichtern für erforderl erachteten richterl Handlungen (§ 1036). – Jeder neue Antrag eröffnet ein neues Verf und löst eine besondere Gebühr aus; für mehrere in einer Antragsschrift zusammengefaßte Anträge entsteht nur eine Gebühr. – **2)** des **Anwalts:** Nach § 46 II BRAGO erhält der RA die Hälfte der in § 31 BRAGO bestimmten Gebühren, wenn seine Tätigkeit ausschließl eine der oben unter 1a–d aufgeführten Anträge auf richterl Entscheidungen oder Anordnungen betrifft. – Ein mit der Vertretung im schiedsrichterl Verf im ganzen beauftragter RA erhält die in § 46 II bestimmten Gebühren nicht; mit den von ihm im schiedsrichterl Verf nach § 67 BRAGO verdienten Gebühren des § 31 BRAGO wird auch seine Tätigkeit in den Verf vor dem staatl Gericht (s oben unter 1a–d) mitabgegolten (G/S/Madert § 67 Rn 6, 7; für § 1036: § 67 IV BRAGO). 6

1030 *[Bindung an die Ernennung]*

Eine Partei ist an die durch sie erfolgte Ernennung eines Schiedsrichters dem Gegner gegenüber gebunden, sobald dieser die Anzeige von der Ernennung erhalten hat.

Verweigert der Schiedsrichter die Ausführung des Amtes u wird statt seiner ein anderer ernannt (§ 1031), so ist § 1030 bezügl des zuerst bestellten Schiedsrichters nicht anwendbar, OLG 40, 439. Kündigung seitens einer Partei hemmt das Verf nicht, der Schiedsrichter hat sie nicht zu beachten, RG JW 1895, 479. Über Widerruf vor Erhalt der Anzeige: § 130 I BGB. 1

1031 *[Wegfall eines Schiedsrichters]*

Wenn ein nicht in dem Schiedsvertrag ernannter Schiedsrichter stirbt oder aus einem anderen Grund wegfällt oder die Übernahme oder die Ausführung des Schiedsrichteramts verweigert, so hat die Partei, die ihn ernannt hat, auf Aufforderung des Gegners binnen einer einwöchigen Frist einen anderen Schiedsrichter zu bestellen. Nach fruchtlosem Ablauf der Frist wird auf Antrag der betreibenden Partei der Schiedsrichter von dem zuständigen Gericht ernannt.

§ 1031 gilt in den Fällen der §§ 1028, 1029 I auch bei grundloser Weigerung, BGH NJW 54, 1605. Wegfall eines bestimmten, im Schiedsvertrag selbst benannten Schiedsrichters hat Erlöschen des Vertrags zur Folge, § 1033 Nr 1. Bei **Ernennung durch Dritten** (gemäß Schiedsvertrag) hat dieser Ersatzbestellung vorzunehmen, in den Fällen des § 1029 II das Gericht. 1

Gebühren: s Rn 6 § 1029. 2

1032 *[Ablehnung eines Schiedsrichters]*

(1) Ein Schiedsrichter kann aus denselben Gründen und unter denselben Voraussetzungen abgelehnt werden, die zur Ablehnung eines Richters berechtigen.

(2) Die Ablehnung kann außerdem erfolgen, wenn ein nicht in dem Schiedsvertrag ernannter Schiedsrichter die Erfüllung seiner Pflichten ungebührlich verzögert.

(3) Minderjährige, Taube, Stumme und Personen, die infolge Richterspruchs die Fähigkeit zur Bekleidung öffentlicher Ämter nicht besitzen, können abgelehnt werden.

Lit: *Schlosser,* Die Unparteilichkeit des Schiedsrichteramtes, ZZP 93, 121; *Henn* RPS 2 (1993) 13 (= BB 93 Beilage 17).

1 **I) Ablehnung:** §§ 41, 42. Gründe, die den Richter von der Ausübung seines Amtes ausschließen, kommen bei einem Schiedsrichter nur als Ablehnungsgründe in Betracht. **Schiedsvertrag kann Ablehnungsgründe erweitern, jedoch nicht einschränken.** Zeitpunkt (soweit nichts anderes vereinbart): §§ 43, 44 IV. Die Partei selbst oder deren gesetzl Vertreter (zB der Vereinsvorstand) kann begriffsmäßig nicht Schiedsrichter sein, wohl aber ein anderes Vereinsmitglied, RG 51, 393; 53, 387, nicht dagegen nach hM eine Personenvereinigung oder Behörde, da auf sie die Vorschriften über Ablehnung unanwendbar seien, s RG 13, 407; 55, 326; 59, 247; bestr. Dagegen mit überzeugenden Gründen StJ/Schlosser § 1032 Rn 2. Weist Schiedsrichter Informationen, die ihm die Partei, die ihn benannt hat, außerhalb des Schiedsverf erteilt, nicht zurück, so rechtfertigt dies ledigl in den Fällen die Besorgnis seiner Befangenheit, in denen die Informationen nur für ihn bestimmt sind u den übrigen Prozeßbeteiligten vorenthalten werden sollen, Neustadt MDR 55, 616. Die Ablehnung ist vor der Tagung des Schiedsgerichts der anderen Partei oder dem Schiedsrichter oder dem staatl Gericht gegenüber, nach dem Zusammentritt auch dem Schiedsgericht gegenüber zu erklären. Zur Präklusion Schwab/Walter 14 Rn 12; Wolf 129. § 43 erfaßt auch die Fälle des § 1032 II u III. – Die für begründet erklärte Ablehnung eines Schiedsrichters wirkt nur für die Zukunft. Keine Ex-tunc-Wirkung. Die vom (abgelehnten) Schiedsrichter vor Ablehnung vorgenommenen Amtshandlungen bleiben wirksam, Schwab/Walter 14 Rn 3. – Zum Ablehnungsverf Glossner/Bredow/Bühler Rn 226; Schütze Schiedsgericht u Schiedsverf Rn 31. Die Zuständigkeit der staatl Gerichte (§ 1045) für die Entscheidung über den Ablehnungsantrag ist – entgegen hM – nicht zwingend. Auch für die Frage der Berechtigung der Schiedsrichterablehnung kann – da vergleichsfähig – eine schiedsrichterl Erledigung vereinbart werden, Schlosser ZZP 93, 154; Wolf 135.

2 **II) Nach Niederlegung des Schiedsspruchs kein Raum mehr für Ablehnung,** BGH NJW 52, 27; Düsseldorf WM 84, 1209; jedoch ist ein über die Ablehnung eines Schiedsrichters anhängiges gerichtl Verf (Rn 4) auch dann fortzusetzen, wenn der Schiedsspruch ergeht u niedergelegt wird, BGH 40, 342 = NJW 64, 593. Nach Niederlegung kann auch ein Schiedsvertrag, in dem das Schiedsgericht bestellt ist, nicht wegen Irrtums über persönl Eigenschaften des Schiedsrichters angefochten werden, BGH 17, 7.

3 **III)** Legt der abgelehnte Schiedsrichter sein Amt von selbst nicht nieder u ernennt auch die Gegenpartei unter Anerkennung der Ablehnungsgründe keinen anderen Schiedsrichter, kann die ablehnende Partei **Entscheidung des staatl Richters nur gem § 1045** herbeiführen. Gegen den Beschl, durch den die Ablehnung für begründet erklärt wird, ist sofortige Beschwerde zulässig; § 46 II gilt nicht; München KTS 77, 178; aA StJ/Schlosser Rn 35. Wird Entscheidung nach § 1045 nicht beantragt, kann das Schiedsgericht unter Nichtbeachtung der Ablehnung den Schiedsspruch fällen. Wenn diese beantragt, dann Aussetzung des Schiedsverfahrens (BL/Albers Rn 11) oder Fortsetzung (§ 1037). Erklärt staatl Gericht (§ 1045) Ablehnung für begründet, dann ist Schiedsspruch, an dem abgelehnter Schiedsrichter mitgewirkt hat, zwar wirksam, aber aufhebbar, § 1041 I Nr 1, Schwab/Walter 14 Rn 3.

4 **IV)** Die ablehnende Partei kann die Ablehnungsgründe ausnahmsweise (Rn 3) auch im Aufhebungs- und Vollstreckbarerklärungsverf geltend machen, wenn sie die Ablehnung vor dem Schiedsgericht ausgesprochen hatte, es ihr aber nicht mehr mögl oder zuzumuten war, das gem § 1045 zuständige Gericht anzurufen, BGH 24, 1.

5 **V) Beamtenrechtl/richterrechtl Genehmigung** der Nebentätigkeit als Schiedsrichter erforderl nach § 65 I Nr 2 BBeamtenG/§ 40 DRiG bzw nach den Parallelvorschriften in Landesgesetzen sowie nach § 8 BNotO. Keine Verbotsgesetze iSv § 134 BGB. Daher ist trotz Fehlens der Genehmigung schiedsrichterl Verfahren und Schiedsspruch nicht fehlerhaft, StJ/Schlosser Rn 1.

6 **VI) Entscheidungsfindungsfrist (Abs 2):** Primär maßgebl ist die von den Parteien vereinbarte Frist, Schlosser RipS[2] Rn 488. Zulässig auch Fristverlängerungsmöglichk durch Schiedsorganisation.

7 **Gebühren:** s § 1029 Rn 6.

1033 *[Außerkrafttreten des Schiedsvertrages]*

Der Schiedsvertrag tritt außer Kraft, sofern nicht für den betreffenden Fall durch eine Vereinbarung der Parteien Vorsorge getroffen ist:

1. **wenn bestimmte Personen in dem Vertrag zu Schiedsrichtern ernannt sind und ein Schiedsrichter stirbt oder aus einem anderen Grund wegfällt oder die Übernahme des Schiedsrichteramts verweigert oder von dem mit ihm geschlossenen Vertrag zurücktritt oder die Erfüllung seiner Pflichten ungebührlich verzögert;**
2. **wenn die Schiedsrichter den Parteien anzeigen, daß sich unter ihnen Stimmengleichheit ergeben habe.**

I) Mit Außerkrafttreten des Schiedsvertrags entfällt Möglichkeit des § 1027a. *Erlöschen des* Schieds*vertrags* auch durch Vereinbarung, nicht durch Tod oder Konkurs einer Partei (keine Unterbrechung, § 1025 Rn 51) oder Anerkenntnis des Anspruchs allein, Düsseldorf BB 77, 1523; § 1027a Rn 2. 1

II) Zu Nr 1. Beispiele: Verweigerung oder Verzögerung der Unterschrift trotz angemessener Frist (RG 18, 369; Schadensersatzpflicht bei arglistigem Verhalten, RG 37, 412), sofern Ersetzung nach § 1039 I 2 nicht mögl; Verweigerung einer notwendigen Spruchergänzung; Nichteinigung über einen nach dem Schiedsvertrag zu wählenden Obmann; Weigerung des Dritten, Schiedsrichter zu ernennen (Karlsruhe NJW 58, 1148); lange Auslandsreise; längere Krankheit, Unfähigkeit zum Schiedsrichteramt wegen inzwischen eingetretener Geschäftsunfähigk, Schwab/Walter 8 Rn 16. 2

III) Zu Nr 2. Gleichgültig, ob die Schiedsrichter im Vertrag selbst oder auf andere Weise ernannt wurden. Auch Nichterreichung der vereinbarten Mehrheit gehört hierher; s § 1038; ebenso Ablehnung der Sachentscheidung durch das Schiedsgericht wegen Unzuständigkeit, München KTS 74, 174 (Habscheid KTS 76, 1, 5); – § 1027a Rn 1; § 1034 Rn 42. 3

IV) Bei **einseitiger Ernennung** gilt § 1031, nicht § 1033 Nr 1. § 1033 Nr 2 kommt in allen Fällen zur Anwendung, gleich, wie und von wem Schiedsrichter ernannt sind. 4

V) § 1033 gilt nicht, wenn die Parteien im Schiedsvertrag oder in einer sonstigen Vereinbarung (§ 1025 Rn 16) anderweitige Vorkehrungen getroffen haben, zB bei Stimmengleichheit (Nr 2) die Wahl/Ernennung eines Obmannes vorgesehen haben. Solche Vereinbarungen sind dringend zu empfehlen, um das sinnlose Scheitern eines Zeit und Geld verschlingenden Schiedsverf zu vermeiden, § 1034 Rn 5. 5

VI) Außerkrafttreten (Erlöschen) des Schiedsvertrages kann von staatl Gericht nach § 1027a (Rn 9) oder in einem Feststellungsverf (§ 1045) geltend gemacht werden. Im letzteren Fall hat der das Erlöschen feststellende Beschluß res iudicata-Wirkung, Schwab/Walter 8 Rn 21, StJ/Schlosser § 1045 Rn 9. Vgl auch § 1045 Rn 2. 6

VII) Haben die Parteien einer Schiedsvereinbarung die Ernennung der Schiedsrichter einer **Schiedsorganisation,** bei der das schiedsrichterl Verf durchgeführt werden soll, übertragen, so kann diese ihr Ernennungsrecht nicht auf eine andere Schiedsorganisation übertragen. Die Auflösung der von den Parteien zur Schiedsrichterernennung berufenen Organisation führt analog § 1033 Nr 1 zum Wegfall der Schiedsvereinbarung. So für Schiedsgericht bei der Kammer für Außenhandel der ehem DDR BGH NJW 94, 1008. 7

1034 *[Verfahren vor dem Schiedsgericht]*

(1) Bevor der Schiedsspruch erlassen wird, haben die Schiedsrichter die Parteien zu hören und das dem Streite zugrunde liegende Sachverhältnis zu ermitteln, soweit sie die Ermittlung für erforderlich halten. Rechtsanwälte dürfen als Prozeßbevollmächtigte nicht zurückgewiesen werden; entgegenstehende Vereinbarungen sind unwirksam. Personen, die nach § 157 von dem mündlichen Verhandeln vor Gericht ausgeschlossen sind, dürfen zurückgewiesen werden.

(2) Im übrigen wird das Verfahren, soweit nicht die Parteien eine Vereinbarung getroffen haben, von den Schiedsrichtern nach freiem Ermessen bestimmt.

I) Grundsatz: Verfahrensermessen der Schiedsrichter: 1) Sofern die Parteien nichts anderes vereinbart haben, bestimmt das Schiedsgericht sein Verf nach freiem Ermessen, Abs 2. Es kann sich eine **Verfahrensordnung** geben. Es muß aber nicht. Es braucht den Parteien nicht stets vorher Mitteilung über die beabsichtigten Schritte zu machen, StJ/Schlosser Rn 6. Dies gilt auch für die Konstituierung des Schiedsgerichts, soweit an ihr andere Personen und Stellen als die Parteien (Dritte) beteiligt sind, einschließl der in den Parteienvereinbarungen etwa für den Fall 1 der Stimmengleichheit vorgesehenen Zuziehung eines Obmanns. Die vorherige Mitteilung ist aber schon im Hinblick auf das Ablehnungsrecht (§ 1032) zweckmäßig.

2 2) Eine **mündl Verhandlung** ist nicht obligatorisch. Selbst die Beratung der Schiedsrichter kann schriftl erfolgen, ohne daß dies den Parteien vorher mitgeteilt werden muß. – S auch BGH NJW 94, 2155.

3 3) Das Schiedsgericht darf auch Verfahrensgestaltungen im Laufe des Rechtsstreits wieder **abändern,** es sei denn, es würden dadurch Prozeßhandlungen der Parteien unwirksam, etwa durch rückwirkende Anordnung, es solle nur noch mündl Vorgetragenes wirksam Prozeßstoff sein. Wohl aber kann das Schiedsgericht bereits eingetretene Präklusionswirkungen wieder aufheben, StJ/Schlosser Rn 6. – S auch Rn 63.

3a 4) Im Gegensatz zum geltenden Recht (Generalklausel des § 1034 II) enthalten Art 18–27 UNCITRAL – ML und nun auch der 5. Abschnitt der **Regierungsvorlage** (§§ 1042–1050 ZPO-E, hierzu Bericht, Februar 1994, 18, 141 ff) ausführl Regelungen für die **Durchführung des schiedsrichterl Verf.**

4 5) Das Schiedsgericht ist an **gesetzl Beweisregeln** (§§ 415 ff) nicht gebunden.

5 **II) Parteivereinbarungen: 1)** Die Parteien können Regeln über das anzuwendende Verfahren vereinbaren, Schlosser RipS² Rn 448, Art V (1d) UNÜ, Art 4 EÜ. Empfehlenswert ist es, zumindest folgende Punkte ausdrückl zu regeln, Schwab/Walter 6 Rn 3: Form u Inhalt der Klageschrift; Art der Zustellung; Fristen für Klagebeantwortung; Replik/Duplik; Zulassung/Modalitäten der Parteivertretung (Rn 24); Zuziehung eines Protokollführers; Art der Gewährung rechtl Gehörs (schriftl/mündl, ob auch nach Beweisaufnahme); Art u Umfang der Beweisaufnahme (vonAmts wegen oder nur auf Antrag); Beratung u Abstimmung der Schiedsrichter; Abfassung des Schiedsspruchs (Verzicht auf Begründung); Vereinbarung eines Instanzenzuges; evtl Verzicht auf Niederlegung bei Gericht (§ 1039 III) bzw Vereinbarung einer anderen Art der Hinterlegung; Zuständigk des staatl Gerichts (§ 1045, 1046); Aufhebung des Schiedsspruchs (§ 1041, 1042 II).

5a 2) Auch Bezugnahme auf Verfahrensordnungen institutioneller Schiedsgerichte mögl, BGH RIW 85, 970; München KTS 85, 154. Im Zw ist Verfahrensordnung idF zZ des Abschlusses des Schiedsvertrags vereinbart, Hamburg KTS 83, 499. Daran sind die Schiedsrichter gebunden. Solche Vereinbarungen sind auch nach Konstituierung des Schiedsgerichts (auch als Ergänzung oder als Abänderung früherer Vereinbarungen) mögl, die Zustimmung der Schiedsrichter ist nicht erforderl. Die Schiedsrichter können aber uU den Schiedsrichtervertrag kündigen, StJ/Schlosser Rn 14 vor § 1025.

6 3) Die Vereinbarungen über das anzuwendende Verfahren nach Abs 2 sind dogmatisch zu trennen vom Schiedsvertrag (§ 1025 Rn 17). Sie können zwar äußerl mit dem Schiedsvertrag verbunden sein. Sie sind jedoch nicht Bestandteil desselben, sondern **besondere Vereinbarungen, welche nicht der Form des § 1027 bedürfen,** StJ/Schlosser Rn 8. Vgl § 1025 Rn 16. Von der **Rechtswahl für das Verfahren,** dh Festlegung des maßgebl Verfahrensstatuts (§ 1025 Rn 76) ist die **„materiellrechtl" Verweisung auf ausl Recht** zu unterscheiden. So können zB die Parteien für das Verf deutsches Recht wählen und auf der Basis der Verfahrensautonomie nach Maßgabe des § 1034 II für die Beweisaufnahme die Anwendung der discovery-Regeln des engl oder US-Rechts (hierzu Weigand RIW 92, 361) vereinbaren. Hier bleibt das Verfahrensstatut ausschließl deutschem Recht unterstellt.

6a 4) Sind einzelne Vereinbarungen über das schiedsgerichtl Verf unwirksam, so bleibt die (an sich wirksame) Schiedsvereinbarung iZw unberührt, Schlosser RipS² Rn 263, § 1025 Rn 12b.

6b **III) Einleitung des Schiedsverfahrens: 1) bei Ad-hoc-Verfahren:** ZPO schreibt keine bes Form vor. Soweit die Parteien keine Regelung (Rn 5) vorgenommen haben, muß die Klagepartei dem Gegner klar und eindeutig mitteilen, worum gestritten u was geltend gemacht wird, Schlosser RipS² Rn 605, Schwab/Walter 16 Rn 2. Einer förml Zustellung der „Schiedsklage" bedarf es nicht, Rn 68. – 2) **bei ständigem Schiedsgericht:** Die Antragstellung bei einer Schiedsorganisation ist idR durch die betr Schiedsordnung genau geregelt. Ausführl Schlosser RipS² Rn 607.

7 **IV) Anspruch auf rechtl Gehör** (vgl auch § 1041 Rn 66): 1) Das Schiedsgericht muß beiden Parteien vor Erlaß des Schiedsspruchs rechtl Gehör gewähren, § 1034 I 1. Dies ist die wichtigste verfahrensmäßige Sicherung der Parteien gegen Willkür der Schiedsrichter. Der Anspruch auf rechtl Gehör ist das „prozessuale Urrecht des Menschen" (BVerfGE 55, 6) und als solches „das zentrale verfassungsrechtl Prinzip", Leipold ZZP 93 (1980), 243. Es ist unabdingbar (BGHZ 85, 291; BGH RIW 85, 973 = NJW 86, 1436) und gilt daher auch, wenn Schiedsgericht einstw Rechtsschutz gewährt, Schmitt 40. AA Herdegen RIW 81, 304; Lindacher ZGR 79, 212.

8 2) Der Anspruch auf rechtl Gehör vor Schiedsgerichten steht auch nicht zur Disposition des einfachen Gesetzgebers. Er ist vielmehr durch **Art 103 GG** verfassungsrechtl verankert. Denn Schiedsgerichtsbarkeit ist Rechtspflege und eine Privatgerichtsbarkeit ist verfassungsrechtl nur

bei Gewährleistung rechtsstaatl Verfahrens zulässig, StJ/Schlosser Rn 11. Der Anspruch auf rechtl Gehör stellt einen Grundpfeiler des Schiedsgerichtsverf dar. Schiedsgerichte müssen rechtl Gehör im gleichen Umfang wie staatl Gerichte gewähren, Rn 10. Es genügt nicht, den Parteien Gelegenheit zu geben, alles ihnen erforderl Erscheinende vorzutragen, Rn 16. Das Schiedsgericht kann einen Beweisantrag des Klägers übergehen, wenn die Klage in dem betreffenden Punkt bereits unschlüssig ist. Noch weitergehend BGH NJW 92, 2299 = WM 92, 1752 = MDR 92, 1184 = IPRspr 92/250. Vgl auch Geimer, Schiedsgerichtsbarkeit und Verfassung, 1994, 137.

Weist das Schiedsgericht die Klage deshalb ab, weil es (irrig) davon ausgeht, der Kl habe die Einwendung des Beklagten nicht bestr, so liegt darin ein Übergehen des Vortrages einer Partei (Kl) und ein Verstoß gegen das rechtl Gehör. Daher muß gemäß § 1041 I Nr 4 der Schiedsspruch aufgehoben werden, soweit er darauf beruhen kann. Hat der Schiedsspruch über mehrere voneinander abgrenzbare Ansprüche befunden, so kommt, wenn das rechtl Gehör nur hinsichtl eines dieser Ansprüche nicht ordnungsgemäß gewährt worden ist, grundsätzl nur eine Teilaufhebung in Betracht. Eine solche scheidet jedoch aus, wenn das Schiedsgericht auf einen Saldo (= Differenz zwischen den Forderungen des Klägers und des Beklagten infolge von Aufrechnung oder sonstiger Verrechnung) erkannt hat, BGH RIW 85, 973.

3) Eine **Verfassungsbeschwerde gegen einen Schiedsspruch wegen Verletzung des Art 103 GG** 9
ist aber nicht statthaft, da Schiedsgerichte keine öffentl Gewalt ausüben, vgl §§ 90 ff BVerfGG, Wieczorek/Schütze Rn 21. Dies gilt aber nicht für Vb gegen das Urteil des staatl Gerichts, das einen Schiedsspruch, der unter Mißachtung des Anspruchs einer der Parteien auf rechtl Gehör zustande gekommen ist, für vollstreckbar erklärt (§ 1042) bzw durch Abweisung der Aufhebungsklage (§ 1041) bestätigt, aA StJ/Schlosser Rn 11. Denn angesichts der fundamentalen Bedeutung des Art 103 GG kann es nicht hingenommen w, daß ein staatl Gericht eine begründete Rüge der Verletzung des rechtl Gehörs durch das Schiedsgericht ignoriert, ebensowenig wie in den Fällen des § 328 I Nr 2 (Anerkennung eines ausl Urteils, das unter Verletzung des rechtl Gehörs ergangen ist, § 328 Rn 145d). In beiden Fällen liegt in der die Rüge der Verletzung des rechtl Gehörs übergehenden Entscheidung des dt staatl Gerichts eine eigene Art 103 GG verletzende Handlung der dt öffentl Gewalt, die vom BVerfG in unbeschränkter Kognition überprüft wird, also nicht nur beschränkt auf die Willkürprüfung bei Auslegung einfachen Gesetzesrechts (§§ 328 I Nr 2, 1041 I Nr 4, 1044 II Nr 4), hierzu Einl Rn 109.

4) **Umfang** des Anspruchs auf rechtl Gehör vor den Schiedsgerichten ist der gleiche wie vor 10
staatl Gerichten. Überholt die Rspr des RG, die an die Schiedsgerichte geringere Anforderungen gestellt hat, BGH RIW 85, 970 und 90, 495; StJ/Schlosser § 1044 Rn 47. – Auch gegenüber ausl Schiedssprüchen werden die **deutschen Mindeststandards** durchgesetzt, Marx (§ 1044 Rn 109).

5) **Einzelheiten** (Raeschke-Kessler/Berger/Lehne Rn 376; Schlosser RipS² Rn 605, 830 ff; 11
Schwab/Walter 15 Rn 1; Schütze/Tscherning/Wais² Rn 339): **Die Parteien müssen über den Streitgegenstand unterrichtet werden.** Weiß Bekl nicht, daß der Kläger auch Zinsen begehrt, dann verletzt der Schiedsspruch, der Zinsen zuspricht, den Anspruch des Bekl auf rechtl Gehör, Hamburg MDR 65, 54.

Die Parteien müssen Gelegenheit erhalten, alles vorzubringen, was ihnen für die Entschei- 12
dung des Rechtsstreits von Bedeutung zu sein scheint, BGHZ 3, 218; BGH Warn 72 Nr 241; StJSchl Rn 2. – Es liegt im Ermessen des Schiedsgerichts, **in welcher Weise** es die Parteien hören will, ob mündl oder schriftl oder in mündl Verhandlung nach schriftl Vorbereitung, Frankfurt RIW 89, 914. Eine zeitl oder in der Form verschiedene Behandlung der Parteien, zB mündl Anhörung der einen, schriftl Anhörung der anderen Partei ist unschön, aber nicht unzulässig, Hamburg MDR 56, 494. Verboten ist jedoch eine **Beeinträchtigung der Chancengleichheit durch Verschiedenbehandlung,** StJ/Schlosser Rn 14.

Die Parteien müssen sich zu allen Tatsachen und **Beweismitteln äußern** können, die das 13
Schiedsgericht seiner Entscheidung zugrunde legen möchte, auch zu Urkunden, BGH KTS 62, 240. Die Parteien müssen Gelegenheit haben, zu dem Ergebnis einer **Beweisaufnahme** Stellung zu nehmen. Sie haben auch ein Recht auf Anwesenheit bei Beweiserhebung (**Parteiöffentlichkeit,** § 357); BGHZ 3, 218; Hamburg MDR 68, 1018. AA StJ/Schlosser Rn 15. Aber auch Schlosser will gewährleistet sehen, daß die Parteien Fragen an Auskunftspersonen stellen können. Das Schiedsgericht kann diese nach Schlosser zwar zunächst in Abwesenheit der Parteien befragen. Beharrt eine von ihnen aber darauf, Fragen stellen zu dürfen, so ist eine zweite parteiöffentl Verhandlung unumgängl. – Die §§ 131, 134 f gelten nicht. Jeder Beteiligte muß Gelegenheit haben, durch Anwälte in **Urkunden Einsicht** zu nehmen, die für die Entscheidung eine Rolle spielen, StJ/Schlosser Rn 15.

Macht die Partei von ihrem Recht auf Anwesenheit bei Beweiserhebung keinen Gebrauch, so 14
kann das Schiedsgericht in Abwesenheit der Partei(en) Beweise erheben; es muß aber die Partei(en) vom Ergebnis der Beweisaufnahme unterrichten. Wenn eine Partei auf Ladung hin

nicht erscheint, darf das Schiedsgericht im Termin aber Beweise nur dann aufnehmen, wenn die Absicht einer Beweisaufnahme den Parteien mitgeteilt worden war, BGHZ 3, 218.

15 Das Schiedsgericht muß im gleichen Umfang wie das staatl Gericht (§ 278 III) den Parteien seine **Rechtsansicht** vor Fällung der Entscheidung mitteilen oder die Änderung einer mitgeteilten Rechtsansicht vorher bekanntgeben. Lassen Schiedsrichter ein **Rechtsgutachten** anfertigen, so müssen sie dieses den Parteien mitteilen, anders noch BGH KTS 57, 124 = ZZP 71, 427.

16 **Das Schiedsgericht muß sich mit dem gesamten Parteivorbringen auseinandersetzen.** Das Recht auf rechtl Gehör erschöpft sich nicht darin, daß den Parteien Gelegenheit zu geben ist, alles ihnen erforderl Erscheinende vorzutragen. Das Schiedsgericht muß das Vorgebrachte auch zur Kenntnis nehmen und in Erwägung ziehen, BGH NJW 86, 1436 = RIW 85, 973. Es genügt jedoch, wenn Beweisantrag erst in den Gründen des Schiedsspruchs abgelehnt wird; ein selbständiger Ablehnungsbeschluß ist nicht erforderl, Köln RIW 93, 501. Bei Übergehen von Beweisanträgen zu großzügig (gegen § 1041 Nr 4) BGH NJW 92, 2299 = WM 92, 1752 = MDR 92, 1184 = IPRspr 92/250. dies kritisieren auch Schwab/Walter 15 Rn 11.

17 Ein besonderer Hinweis, es werde im **schriftl Verfahren** entschieden, ist nicht nötig. Ausnahme: Keine Partei darf in dem falschen Glauben gelassen werden, es werde eine mündl Verhandlung stattfinden, bei der Gelegenheit zu weiterem Vorbringen bestehen wird.

18 Grundsätzl keine Verletzung des rechtl Gehörs, wenn eine Partei aus Geldmangel gezwungen ist, vor dem Schiedsgericht **ohne Anwalt** zu verhandeln. Ausnahme: ungewöhnl komplizierte Rechts- und Tatfragen, § 1025 Rn 8. Ablehnung einer Vertagung, um (neuen) RA bestellen zu können, kann rechtl Gehör verletzen, BGHZ 27, 163. BGH EWiR 89, 311 (Bredow) stellt aber klar, daß Recht zur Vertretung durch RA nicht zur Verfahrensverzögerung mißbraucht werden darf. – § 328 Rn 157.

18a Bei einer Verlängerung der 6-Monats-Frist (für Erlaß des Schiedsspruchs) gem § 18 II IHK VfO (§ 1025 Rn 71) ohne Anhörung der Parteien sieht BGH NJW 88, 390 = EWiR 88, 1121 (Raeschke-Kessler/Bühler) = IPRspr 88/216 das Recht auf rechtl Gehör nicht verletzt. Zustimmend Laschet FS Nagel, 1987, 182 Fn 65. Kritisch Schütze WM 86, 348; Schütze/Tscherning/Wais Rn 645 Fn 355, ebenso wie Stuttgart RIW 88, 480 = IPRax 87, 369 (Hermanns 353, Wackenhut 355) = IPRax 86/199.

19 6) **Die Verletzung des rechtl Gehörs ist Aufhebungsgrund,** § 1041 I Nr 4. Die beschwerte Partei muß jedoch alles ihr Mögliche und Zumutbare daran setzen, sich im Schiedsverf rechtl Gehör zu verschaffen. Die Rechtslage ist ebenso wie bei der Anerkennung ausl Urteile, § 328 Rn 158. Unterläßt es die beschwerte Partei, die Verletzung des rechtl Gehörs im (laufenden) Schiedsverf zu rügen, so ist sie damit im Verf vor staatl Gericht (§§ 1041, 1042 II) präkludiert, Rn 40; Bühler/Raeschke-Kessler EWiR 88, 1122 sub 4. Die Geltendmachung des Aufhebungsgrundes liegt im Ermessen der beschwerten Partei. Das staatl Gericht darf nicht etwa von Amts wegen oder auf Rüge des Gegners den Schiedsspruch aufheben. – § 1041 Rn 66.

19a 7) **Vorheriger Verzicht auf rechtl Gehör** ist – da gegen ein Fundamentalprinzip jedes fairen Verfahrens verstoßend und darüber hinaus mit der Menschenwürde unvereinbar (niemand darf zu einem bloßen Objekt des Verf erniedrigt werden, BVerfG NJW 93, 2229) – unwirksam. Dh das Schiedsgericht muß trotz „Verzichts" rechtl Gehör gewähren. Davon zu unterscheiden ist die Hypothese der tatsächl Nichtwahrnehmung der vom Schiedsgericht gebotenen Gelegenheit zur Stellungnahme und des Verzichts auf Geltendmachung als Aufhebungs- bzw Vollstreckbarerklärungsverweigerungsgrund (§ 1041 Rn 24).

20 V) **Ermittlung des Sachverhalts** (ausführl Schlosser RipS[2] Rn 637 ff): Das Schiedsgericht hat den dem Streit zugrundeliegenden Sachverhalt zu ermitteln, § 1034 I. Wie und in welchem Umfang zu ermitteln ist, legt das Gesetz in das **Ermessen des Schiedsgerichts.**

21 **Das Schiedsgericht muß grundsätzl alle angetretenen Beweise erheben,** wenn der Beweisantritt zu entscheidungserhebl Punkten erfolgt; Habscheid KTS 67, 4; § 1041 Rn 46. Allerdings ist in größerem Umfang als bei staatl Gerichten ausnahmsweise eine **antizipierte Beweiswürdigung** u eine daraus abgeleitete Ablehnung des Beweisantrages mögl, StJ/Schlosser Rn 19. Zu weitgehend BGH NJW 66, 549 = ZZP 79, 451 (Habscheid); BGH KTS 63, 167 ff; BGH Warn 72/241.

22 Eine Verletzung der Ermittlungspflicht des Schiedsgerichts ist **Aufhebungsgrund nach § 1041 I Nr 1 zweite Alternative.** Das Recht auf Aufnahme relevanter Beweise folgt aber auch aus dem Anspruch auf rechtl Gehör, Rn 8, 14; Schlosser EWiR 85, 428.

23 VI) **Garantie der anwaltschaftlichen Vertretung:** Nach § 1034 II 2 dürfen RAe als Prozeßbevollmächtigte (bzw als Beistände) weder vom schriftl Verkehr mit dem Schiedsgericht noch vom Auftreten in der mündl Verhandlung zurückgewiesen werden. Eine abweichende Parteivereinbarung ist unwirksam. Verstoß ist Aufhebungsgrund nach § 1041 I Nr 1.

Beschränkende Vereinbarungen (Rn 5) hinsichtl der Erstattungsfähigkeit der Anwaltskosten sind durch § 1034 II 2 nicht verboten. 24

Beschränkungen der zugelassenen Anwälte nach Gattungsmerkmalen verstoßen nicht gegen § 1034 II 2, sofern für die Parteien noch eine hinreichend große Auswahl bleibt. So können bei ständigen Schiedsgerichten nur ortsansässige Anwälte zugelassen werden oder bei Verbandsschiedsgerichten nur Anwälte, die Mitglieder verbandsangehöriger Vereine sind, StJ/Schlosser Rn 20. 25

§ 1034 gilt nur für Anwälte, die bei **deutschen Gerichten** zugelassen sind. AA Schütze, SchiedsG u Schiedsverf Rn 58; Wieczorek/Schütze Rn 23. Für Anwälte aus anderen EG-Staaten s EuGH NJW 88, 887 und Rn 15 vor § 78. 26

VII) Das vom Schiedsgericht anzuwendende materielle Recht: Eine ausdrückl Vorschrift fehlt. § 1034 gilt nur für das Verfahren. Als **Grundsatz** gilt: Die Schiedsrichter können von vornherein von der Anwendung der zwingenden Vorschriften des materiellen Rechts zugunsten einer Billigkeitsentscheidung dispensiert werden. 27

Maßgebend sind die Vereinbarungen der Parteien (§ 1025 Rn 63 und 79) und die Schiedsgerichtsordnungen institutioneller Schiedsgerichte, auf die die Parteien Bezug genommen haben, BGHZ 96, 40 = NJW 86, 1436 = RIW 85, 970 = IPRspr 85/200. Die Parteien können die Schiedsrichter beauftragen, nach freiem Ermessen zu entscheiden (**Billigkeitsentscheidung „ex aequo et bono"**, Schlosser RipS^2 Rn 749). Anstatt die Schiedsrichter schlechthin zur Entscheidung nach Billigkeit zu ermächtigen, können die Parteien sie aber auf allg Rechtsgrundsätze oder Handelsbräuche festlegen. Die Parteien können den Schiedsrichter aber auch schlicht an das materielle Recht binden. – Rechtsvergleichend Sandrock WM 94, 446. 28

Liegt **keine ausdrückl Vereinbarung** vor, ist der Wille der Parteien zu erforschen, ersatzweise der hypothetische nach den Grundsätzen ergänzender Vertragsauslegung. Außer der Zusammensetzung des Schiedsgerichts (zB Juristen oder Kaufleute, Angehörige derselben Interessentenkreise oder außenstehende Dritte) gibt in der Regel auch die Art des vorausgegangenen Streits, manchmal auch die Person der Parteien Hinweise für die Auslegung. Ist auch eine konkludente Vereinbarung über das anzuwendende Recht nicht feststellbar, gilt als Regel: Der Schiedsrichter ist zu einer **Rechtsentscheidung** verpflichtet, ebenso wie wenn der staatl Richter zu entscheiden hätte, StJ/Schlosser § 1034 Rn 1; Geimer IZPR Rn 3874; BGH WM 75, 910. 29

Hat das Schiedsgericht **ohne Ermächtigung** durch die Parteien eine **Billigkeits- anstatt der gebotenen Rechtsentscheidung** erlassen, so ist der Schiedsspruch wegen Überschreitens der Ermächtigungsgrundlage im Schiedsvertrag aufhebbar, § 1041 I Nr 1, BGH RIW 85, 972 = NJW 1487. Im umgekehrten Fall (das Schiedsgericht erläßt eine **Rechtsentscheidung anstelle des** von den Parteien gewünschten **Billigkeitsspruches**) ist der Schiedsspruch nur ganz ausnahmsweise aufhebbar, weil die aufgrund des geltenden Rechts sich ergebende Entscheidung nur in seltenen Fällen unbillig ist, Geimer IZPR Rn 3875. – Vgl § 1041 Rn 46. 30

Hiervon zu unterscheiden ist der Fall, daß das Schiedsgericht zwar eine Rechtsentscheidung fällen wollte, der gefällte Schiedsspruch aber gegen **zwingendes Recht verstößt** bzw solches nicht beachtet hat. Dies ist per se noch kein Aufhebungsgrund: Ein Schiedsspruch ist erst dann aufhebbar, wenn er gegen den **ordre public** verstößt. Vgl § 1041 Rn 36, 47 ff, 63. Dies gilt auch, wenn die kollisionsrechtl Entscheidung zum anwendbaren Recht (Rn 33) objektiv unrichtig, aber nicht willkürl, sondern (gerade noch) vertretbar (= nicht ganz abwegig) ist, Gottwald FS Nagel (1987), 62; Sandrock JZ 86, 374 gegen BGH NJW 86, 1436. 31

Die Schiedsrichter dürfen – ebenso wie die staatl Richter – **das Recht fortentwickeln,** § 293 Rn 26, Schiffer IPRax 91, 85 mwN. Zur lex mercatoria: § 293 Rn 4a. 31a

VIII) Rechtsgestaltende Entscheidungen. Dem Schiedsgericht kann anstelle des staatl Gerichts eine richterl Rechtsgestaltung übertragen werden, zB Auflösung einer Gesellschaft nach § 133 HGB oder § 61 GmbHG, BayObLGZ 84, 47, ebenso Entscheidung nach § 166 HGB, BayObLG MDR 79, 317, oder die Auseinandersetzung einer Erbengemeinschaft, BGH NJW 79, 2567. Das Schiedsgericht kann auch mit solchen Gestaltungsentscheidungen beauftragt werden, die das staatl Gericht ex lege nicht treffen könnte. Ein Schiedsgericht kann zur Rechtsgestaltung nach Ermessen ermächtigt werden, StJ/Schlosser Rn 3; § 1025 Rn 17 und 34; Schwab/Walter 3 Rn 7. 32

IX) Schiedsgericht und internationales Privatrecht: Ein nach dt Recht verfahrendes Schiedsgericht ist verpflichtet, dt IPR anzuwenden, Schlosser RipS^2 Rn 731; Sandrock JZ 86, 1437 (zu BGH NJW 86, 1437); Schütze/Tscherning/Wais Rn 584; Schwab/Walter 55 Rn 6; vgl auch Bajons FS Kralik, 1986, 3. Danach haben die Parteien Wahlmöglichkeit, Art 27 ff EGBGB gelten nicht unmittelbar für Schiedsgerichte, sondern nur für die dt staatl Gerichte, vgl Begr zu § 1051 Diskussionsentw, Februar 1994, 167. Sie können auch die Schiedsrichter ermächtigen, eine Wahl 33 zu treffen, Geimer IZPR Rn 3869; MK-BGB/Sonnenberger Einl Rn 163. – Für mehr Flexibilität des internationalen Schiedsgerichts Sandrock RIW 92, 785, 791, der eine „Spaltung des KollisionsR in eine lex generalis für staatl Gerichte u eine lex specialis für Schiedsgerichte“ befürwortet.

33a Gleichwohl ist in Fällen mit Auslandsberührung die Bestimmung **des maßgebl KollisionsR eine „Quadratur des Kreises“,** Schlosser RipS² Rn 726, da das Schiedsgericht – anders als das staatl Gericht – keine lex fori hat. Schwierig vor allem ist die Frage, welche Sonderanknüpfungen für (zwingende) Rechtsregeln des öffentl WirtschaftsR das Schiedsgericht zu beachten hat; trotz Art 34 EGBGB (Deutschland hat von der Vorbehaltsmöglichkeit gegenüber Art 7 EVÜ Gebrauch gemacht) ist vertragsstatutfremdes WirtschaftsR anzuwenden, sofern die jeweils betroffenen Staaten (deren zwingende „Eingriffsnormen“ Anwendung erheischen) einen ernsthaften Bezug zu den jeweiligen wirtschaftl „Wertbewegungen“ haben, Schlosser RipS² Rn 740 S 538, vgl auch Raeschke-Kessler/Berger/Lehne Rn 413. Der angebl von allen Schiedsrichtern dieser Erde anational vel pränational zu handhabende „ordre public transnational“ ist ein erratischer Block im „konturlosen Gelände“ (Schlosser RipS² Rn 741).

33b Anders als der staatl Richter (IZPR Rn 2) qualifiziert der Schiedsrichter nicht nach der lex fori (er hat keine!), sondern grundsätzl nach dem (von den Parteien) bestimmten materiellen Recht, Schlosser RipS² Rn 742. – Zur Anwendung der zwingenden Normen einer „dritten“ Rechtsordnung Lörcher RPS 2 (1993), 3 (= BB 93 Beilage 17) und Schiffer, Normen ausl „öffentlichen“ Rechts in internationalen Handelsschiedsverf, 1990, bespr von Anderegg RabelsZ 58 (1994), 120 sowie RPS 3 (1994), 22 und ZVglRWiss 90 (1991) 390.

33c **X) Feststellung ausl Rechts.** Für den Schiedsrichter gibt es nicht – wie für den staatl Richter – die Unterscheidung zwischen „eigenem“ und „fremdem“ Recht, Schlosser RipS² Rn 747. Doch wäre es utopisch, die Anforderungen an die Rechtskenntnisse eines privaten (Schieds)Richters durch Universalisierung des Grundsatzes „iura novit curia“ ins Unermeßliche zu steigern. Daher bei dt Schiedsverfahrensstatut (§ 1034 Rn 68) § 293 anwendbar, § 293 Rn 30; Geimer IZPR Rn 3878.

34 **XI) Keine Kognitionsbeschränkungen bezügl Vorfragen:** Das Schiedsgericht darf selbständig über sämtl zur Entscheidung erforderl materiellen und prozessualen Vorfragen entscheiden. Die Parteien können vereinbaren, daß das Schiedsgericht bei schwierigen Rechtsfragen die Entscheidung des Falles ablehnen und die Parteien auffordern soll, den Rechtsstreit vor den staatl Gerichten auszutragen, StJ/Schlosser Rn 5. – Zum Aufrechnungseinwand § 1025 Rn 54.

35 Auch das Schiedsgericht muß das **Entscheidungsmonopol der Landesjustizverwaltung** nach Art 7 FamRÄndG beachten. Hierzu § 328 Rn 220 ff.

36 Ist die entscheidungserhebl Vorfrage bereits von einem anderen Gericht/Schiedsgericht **rechtskräftig** geklärt, so ist das Schiedsgericht insoweit gebunden – wie bei staatl Gerichten.

37 Wenn sich ein staatl Gericht mit Rücksicht auf das Bestehen einer von ihm für wirksam gehaltenen Schiedsklausel rechtskräftig für unzuständig erklärt hat oder die Wirksamkeit (Fortbestehen = Nichterlöschen) des Schiedsvertrages gem § 1045 festgestellt ist, darf das Schiedsgericht seine Zuständigkeit nicht mit der Begründung verneinen, der Schiedsvertrag sei unwirksam und daher seien die staatl Gerichte zuständig, § 1027a Rn 7. Die Schiedsrichter können jedoch zur Ausübung ihres Richteramtes nicht im Wege der Zwangsvollstreckung gezwungen werden; sie sind aber schadenersatzpflichtig. Durch ihre Weigerung tritt der Schiedsvertrag außer Kraft, und das staatl Gericht wird wieder zuständig, StJ/Schlosser Rn 5. – Vgl § 1025 Rn 66 und § 1041 Rn 21.

38 **XII) Keine Vorlagebefugnis zum BVerfG und EuGH:** Art 100 GG gilt nicht für Schiedsgerichte. Diese sind zur Vorlage an das BVerfG weder verpflichtet noch berechtigt. Auch keine Vorlagebefugnis zum EuGH gem Art 177 EGV, EuGH NJW 82, 1207 u gem AuslProtGVÜ; Schwab/Walter 16 Rn 43. Hier hilft aber § 1036 weiter, Schlosser RipS² Rn 589 Fn 4. – S auch EuGH 27.4.1994 – C-393/92. Nachw bei Barber 183.

38a **XIII) Zuziehung eines juristischen Beraters** bei der Leitung des Schiedsverfahrens und/oder Entscheidungsfindung: Auch ohne ausdrückl Ermächtigung in Schiedsvereinbarung zulässig, solange Funktion eines Beraters (= Informationsquelle) für Schiedsrichter nicht überschritten. Unzulässig, wenn „Berater“ über die abstrakte Darstellung der abstrakten Rechtslage hinaus Einfluß auf Sachverhaltsfeststellung und/oder Entscheidungsfindung hat, BGH LM § 1041 Nr 8; BGH RIW 90, 494 = IPRax 91, 244 (Schlosser 218; betr ausl Schiedsverf); Habscheid/Calavros KTS 79, 6; Schwab/Walter 19 Rn 3; Wolf 152.

39 **XIV) Oberschiedsgericht:** Das Gesetz sieht ein Rechtsmittelverf nicht vor. Die Parteien können aber ein Rechtsmittel an eine höhere schiedsrichterl Instanz vorsehen und regeln, wie und in welcher Frist dieses Rechtsmittel einzulegen ist. Für das Verf der schiedsgerichtl Berufungsinstanz gelten §§ 1025 ff; StJ/Schlosser Rn 9. Nur der das schiedsrichterl Verf endgültig abschließen-

de und in ihm nicht mehr abänderbare Spruch ist Schiedsspruch iSd §§ 1039 ff. Nur dieser kann für vollstreckbar erklärt werden, § 1042. Dies gilt auch dann, wenn die Parteien ausdrückl vereinbart hatten, der Schiedsspruch erster Instanz könne für vorläufig vollstreckbar erklärt werden. Die Schiedsrichter erster Instanz sind an ihre Entscheidung gebunden, sobald sie diese den Parteien bekanntgegeben haben. Sie können nach diesem Zeitpunkt nur dann abändern, wenn das Oberschiedsgericht als Rechtsmittelinstanz zurückverwiesen hat. Es kann auch eine nur beschränkte Nachprüfung durch das Oberschiedsgericht wie im **Revisionsverf** vereinbart werden.

Bei Nichtanrufung des im Schiedsvertrag vorgesehenen Oberschiedsgerichts ist die beschwerte Partei mit Mängeln des Verfahrens präkludiert, Rn 19. Diese können mit der Aufhebungsklage oder einredeweise im Vollstreckbarerklärungsverf nicht mehr geltend gemacht werden, § 1041 Rn 2; StJ/Schlosser Rn 10. AA Schwab/Walter 22 Rn 2; Th-P § 1041 Rn 2b, RGZ 159, 96. Gegen einen im schiedsrichterl Instanzenzug nicht angefochtenen Schiedsspruch kann daher nicht mehr mit der Begründung Aufhebungsklage erhoben werden, das Schiedsgericht habe wegen Mißachtung von Parteivereinbarungen ein unzulässiges Verf eingeschlagen oder es habe gegen verfahrensrechtl Vorschriften verstoßen, auf deren Beachtung die Parteien hätten verzichten können. Vgl auch § 328 Rn 158. **40**

XV) Überprüfung des Schiedsspruchs durch Schiedsorganisation: Nach Art 21 ICCVerfO haben die Schiedsrichter den vor Erlaß des Schiedsspruchs dessen Entwurf dem Schiedsgerichtshof vorzulegen. Dieser kann formale Änderungen anordnen und in materiellen Punkten Anregungen zu Änderungen geben. Dies verstößt nach Schlosser RipS^2 Rn 524 gegen das Gebot der Unabhängigkeit der Schiedsrichter. Dagegen Böckstiegel NJW 77, 463, 466, weil auch Oberschiedsgericht zulässig sei. S auch Wolf 160 und Geimer, Schiedsgerichtsbarkeit und Verfassung, 1994, 178. **40a**

XVI) Keine Rechtsmittel zu staatl Gerichten: Ein Schiedsspruch kann durch Rechtsmittel nach §§ 511 ff oder durch eine Wiederaufnahmeklage (§§ 578 ff) vor staatl Gerichten nicht angefochten werden. Ein Schiedsgericht kann also nicht dergestalt in die staatl Gerichtsbarkeit eingebunden werden, daß es an die Stelle des staatl Gerichts erster Instanz tritt, die staatl Rechtsmittelgerichte aber funktionell zuständig bleiben. Zulässig ist dagegen zu vereinbaren, der Schiedsspruch solle nur unter der aufschiebenden Bedingung wirksam werden, daß keine der Parteien während einer Ausschlußfrist vor dem staatl Gericht Klage (aus dem materiellen Rechtsverhältnis) erhebt, StJ/Schlosser Rn 9. S § 1025 Rn 2c, 8 und 27. **41**

XVII) Subjektive Klagenhäufung: Grundsätzl mögl. Voraussetzung: Alle beteiligten Personen müssen sich der Schiedsklausel unterworfen haben; auch muß die Besetzung des Schiedsgerichts einvernehml geregelt sein. Es genügt nicht, wenn alle zur Verbindung anstehenden Schiedsverf das gleiche Schiedsgericht vorsehen, Rn 66. Wenn nach dem Schiedsvertrag „jede Partei" einen Schiedsrichter ernennen kann, darf einerseits dieses Benennungsrecht nicht dadurch relativiert werden, daß auf der Kläger- oder Beklagtenseite mehrere Personen sind. Andererseits darf das Gleichgewicht unter den Schiedsrichtern nicht dadurch in Frage gestellt werden, daß die eine Seite mehr Schiedsrichter als die andere ernennt. Sofern die eine Seite (mehrere Kläger bzw Beklagte) sich nicht auf einen gemeinsamen Schiedsrichter einigen kann und eine Ersatzernennung durch einen Dritten für diesen Fall nicht vorgesehen ist, ist eine subjektive Klagenhäufung ausgeschlossen. Im Falle notwendiger Streitgenossenschaft wegen gemeinsamer Aktiv- oder Passivlegitimation kann dann überhaupt kein Schiedsverf stattfinden, StJ/Schlosser Rn 25; Schwab/Walter 7 Rn 18, 16 Rn 12. **42**

XVIII) Bindung an Anträge: Einer **Klageschrift** (§ 253) oder eines ausdrückl Antrages bedarf es nicht, Rn 6b. Das Klagebegehren muß jedoch von der klagenden Partei deutl gemacht werden, Hamburg MDR 65, 54. Den Verfahrensgegenstand hat das Schiedsgericht aus der Gesamtheit des vorgetragenen Prozeßstoffes zu entnehmen, StJ/Schlosser Rn 23a. Sind bestimmte Anträge gestellt, so darf das Schiedsgericht über sie aber nicht hinausgehen. BGH NJW 59, 1493 f. **43**

XIX) Widerklage ist im schiedsrichterl Verf grundsätzl **zulässig,** BGH WM 76, 910. **44**

Der Kläger (= Widerbeklagte) kann der Widerklage nicht entgegen halten, für den mit der Widerklage geltend gemachten Anspruch sei nicht die schiedsrichterl Erledigung vereinbart, sofern zwischen Klage und Widerklage ein **rechtl oder tatsächl Zusammenhang** besteht, Schwab/Walter 16 Rn 24; StJ/Schlosser Rn 27. **45**

Die Parteien können die Widerklage ausschließen. Eine Widerklage ist nicht zulässig, wenn über sie ein anders zusammengesetztes Schiedsgericht entscheiden soll, Hamburg MDR 65, 54. **46**

XX) Partei- und Prozeßfähigkeit: Bei Maßgeblichkeit dt Rechts (Rn 70) gelten §§ 50 ff, sofern die Parteien nichts Abweichendes vereinbart haben (was rechtsstaatl Mindeststandard nicht widerspricht), Schütze/Tscherning/Wais Rn 591. **47**

48 **XXI) Prozeßkostenhilfe** (§ 114) kommt im dt Schiedsverf nicht in Betracht, Schütze/Tscherning/Wais Rn 592.

49 **XXII) Anordnung der Sicherheitsleistung durch ausl Schiedskläger für die Kosten des Schiedsgerichtsverfahrens:** § 110 ist nicht anzuwenden, Raeschke-Kessler/Berger/Lehne Rn 356; Schütze/Tscherning/Wais Rn 593. AA BL/Albers Rn 8.

50 **XXIII) Versäumnisverfahren:** Theoretisch können die Parteien die Anwendbarkeit der §§ 330 ff vereinbaren (aA Raeschke-Kessler/Berger/Lehne Rn 403; Schwab/Walter 16 Rn 45, 19 Rn 16; BL/Albers Rn 23, da Versäumnisschiedsspruch nach § 1040 endgültig sei), jedoch ist meist Aktenlageentscheidung gewollt, Schlosser RipS^2 Rn 668. – De lege ferenda s § 1048 II Diskussionsentwurf, der auf Art 25 UNCITRAL-MG zurückgeht. (Bericht, Februar 1994, 157): Keine Geständnisfiktion.

51 **XXIV) Rechtshängigkeit** iSd § 261 III Nr 1 wird durch das Verf vor dem Schiedsgericht nicht begründet. Die Anrufung des staatl Gerichts trotz Befassung eines Schiedsgerichts mit der Angelegenheit ist nur unzulässig, wenn ein wirksamer Schiedsvertrag besteht und die Einrede nach § 1027a rechtzeitig erhoben ist. Anders Art 6 III EÜ. Im übrigen hat jedoch die Klageerhebung vor dem Schiedsgericht die gleiche Wirkung wie die Rechtshängigkeit vor staatl Gerichten, ausführl Schlosser RipS^2 Rn 615 ff; Bosch, Rechtskraft u Rechtshängigkeit im Schiedsverf, 1991, 171 ff.

52 Die **„Schiedshängigkeit"** bewirkt – bei Maßgeblichkeit dt Rechts – nach §§ 209, 220, 941 BGB Verjährungs- und Ersitzungsfristunterbrechung. Ein Güte- oder bloßes Schlichtungsverf bei einer Schiedsorganisation genügt jedoch nicht, BGH WM 93, 620 = NJW-RR 93, 1059 = EWiR 93, 341 (von Feldmann). Ebenso treten die sonst mit der Klageerhebung verbundenen Nebenfolgen ein. Zu den materiellrechtl Wirkungen des Schiedsverf Schütze/Tscherning/Wais Rn 607 ff, Schwab/Walter 16 Rn 5; Geimer IZPR Rn 3845.

53 **XXV)** Entscheidet das Schiedsgericht vor dem staatl Gericht, so ergeben sich keine Konkurrenzprobleme, wenn das staatl Gericht eine Entscheidung im Hinblick auf die Schiedsvereinbarung ablehnt. Hält das staatl Gericht nach Erlaß eines Schiedsspruchs das Schiedsgericht für unzuständig, so hat es analog §§ 148 ff auszusetzen, um der im Schiedsverf unterlegenen Partei Gelegenheit zu geben, das Aufhebungsverf (§ 1041) zu betreiben. Das staatl Gericht darf aber nicht den ergangenen Schiedsspruch wegen vermeintl Fehlens eines Schiedsvertrages einfach ignorieren; vgl § 1041 Rn 6. Ergeht eine staatl Sachentscheidung vor einer Entscheidung des Schiedsgerichts, so muß das Schiedsgericht die Rechtskraft des staatl Urteils beachten, StJ/Schlosser Rn 22. Mißachtet es die staatl Entscheidung, dann ist nach hM der Schiedsspruch nichtig (nicht bloß aufhebbar). Das gleiche gilt, wenn staatl Gericht im Verf nach § 1045 das Außerkrafttreten (Erlöschen) des Schiedsvertrages (§ 1025 Rn 10) bereits rechtskräftig festgestellt hatte oder gem § 280 die Einrede des Schiedsvertrages für unbegründet erklärt hatte, § 1027a Rn 9. – Vgl aber § 1040 Rn 9.

54 **XXVI)** Die Parteien können auch die Zulässigkeit einer **Nebenintervention** vorsehen und ihre Voraussetzungen näher bestimmen, StJ/Schlosser Rn 32. Der Zwischenschiedsspruch über die Zulassung einer Nebenintervention kann selbständig mit der Aufhebungsklage nach § 1041 angefochten werden, vgl Mohrbutter KTS 57, 33.

55 **XXVII) Streitverkündung:** Voraussetzung ist die (vorherige oder nachträgl) Unterwerfung des Dritten, dem der Streit verkündet werden soll, unter die Entscheidungszuständigkeit des Schiedsgerichts, Schwab/Walter 7 Rn 14; Schütze/Tscherning/Wais Rn 363.

56 **XXVIII) Beiladung:** Das Schiedsgericht muß im Gestaltungsverf (§ 1025 Rn 14) – ebenso wie das staatl Gericht – einem **subjektivrechtl betroffenen Dritten** Gelegenheit zur streitgenössischen Nebenintervention (§§ 66, 69) geben; bei Verstoß Aufhebung gem § 1041 I Nr 1 und 4; K. Schmidt ZGR 88, 532.

57 **XXIX)** Im schiedsgerichtl Verf herrscht kein **Anwaltszwang**, sofern die Parteien nichts anderes vereinbart haben. Vgl auch Rn 23 f.

58 **XXX)** Die Schiedsrichter haben mangels anderer Vereinbarung der Parteien das **Beratungsgeheimnis** zu wahren; ihre Vernehmung als Zeugen über die Vorgänge bei der Beratung ist unzulässig, BGH 23, 138 = NJW 57, 792. Die Beratung der Schiedsrichter kann auch schriftl erfolgen, Hamburg MDR 65, 54. Vgl § 1025 Rn 68.

59 **XXXI) Einstweiliger Rechtsschutz:** Zu einstweiligen Anordnungen ist das Schiedsgericht (§ 1025 Rn 13) nicht befugt, wenn es an einer vertragl Ermächtigung hierfür fehlt. Anders § 1041 Diskussionsentwurf. – Die hM hält Maßnahmen des einstweiligen Rechtsschutzes im Schiedsverf überhaupt für unzulässig, MK/Maier Rn 27. Zulässig ist aber eine **endgültige Vorabentscheidung für einen bestimmten Zeitraum.** So kann ein Unterhaltsbetrag für die Dauer des Verfahrens festgelegt werden, StJ/Schlosser Rn 38. Das gleiche gilt für die Regelung der Geschäftsführungs-

befugnis/Vertretungsmacht in einer Gesellschaft. Denkbar ist auch eine für die Dauer des Verf endgültig wirkende Unterlassungsverpflichtung, ebenso die Auferlegung von Sicherheitsleistungen für die Dauer des Schiedsverf. Solche schiedsrichterl Anordnungen sind endgültige Schiedssprüche iS von § 1039, Schlosser ZZP 99 (1986), 241; ders RipS² Rn 417; Habscheid IPRax 89, 134; Sandrock/Nöcker JBPraxSchiedsgerichtsbark 1 (1987), 74; Sandrock WM 94, 448; Geimer IZPR Rn 3820. – **Persönl Arrest kann wegen Art 104 II 1 GG in keinem Fall vom Schiedsgericht angeordnet werden.**

Dem Schiedsgericht kann auch die Entscheidung aufgrund summarischer Beweisaufnahme, Überzeugungsbildung nach überwiegender Wahrscheinlichkeit und vorläufiger Interessenabwägung, also nach seinem Ermessen aufgrund summarischer Sachverhaltserfassung, gestattet werden, StJ/Schlosser Rn 38. 60

In allen Fällen bleibt aber die Zuständigkeit des staatl Gerichts nach §§ 916 ff unberührt, LG München I NJW 83, 761; hierzu Vollkommer NJW 83, 726. Die Klageerhebung in der Hauptsache erfolgt jedoch zum Schiedsgericht, Geimer IZPR Rn 3823. 61

Unterlaufen der Schiedsgerichtsverfahren durch „einstweiligen" Rechtsschutz der staatl Gerichte: Beispiel: OLG Hamm RIW 94, 243.

XXXII) Teilschiedsspruch: Umfaßt die Schiedsklage mehrere Ansprüche oder ist der geltend gemachte Anspruch teilbar, kann das Schiedsgericht einen Teilschiedsspruch erlassen, Bosch 46 ff. Mögl ist auch die **Verurteilung zu einem Mindestbetrag** mit der Begründung, in dieser Höhe schulde der Beklagte auf jeden Fall, sofern klargestellt ist, auf welche Schadensposten der Mindestbetrag entfällt, Schlosser RipS² Rn 692. 62

XXXIII) Zwischenentscheidungen: 1) Vorabentscheidungen über einzelne Angriffs- oder Verteidigungsmittel, über prozessuale Vorfragen oder über den Grund des Anspruchs sind mögl, auch über die für die staatl Gerichte geltenden Beschränkungen hinaus. Auch wenn die Entscheidung als „Zwischen-Schiedsspruch" bezeichnet ist, gilt § 318 nicht. – Das Schiedsgericht ist zu Abweichungen von seinem bisherigen Verfahren befugt, Rn 3. Anders, wenn die Parteien das Schiedsgericht ermächtigen, bindende Zwischenentscheidungen zu treffen. Gleichwohl ist eine solche bindende Zwischenentscheidung nicht nach § 1041 gesondert anfechtbar. S aber Rn 54; im übrigen § 1039 Rn 2. 63

2) Zustellung und Niederlegung (§ 1039) nicht bindender Vorabentscheidungen nicht nötig, aber unschädl. Wenn der Schlußschiedsspruch auf einen vorausgegangenen Zwischen-, insbes einen Grundschiedsspruch, Bezug nimmt, so muß auch dieser nach § 1039 ordnungsmäßig zugestellt und niedergelegt sein. 64

XXXIV) Konkurs bewirkt keine Unterbrechung des Schiedsverf. Konkursverwalter tritt an die Stelle des Gemeinschuldners, die Verfahrensvollmacht des Gemeinschuldners erlischt, Raeschke-Kessler/Berger/Lehne Rn 388; Schwab/Walter 16 Rn 41 – vgl auch § 1042 Rn 10a. 65

XXXV) Verbindung zweier getrennter Schiedsverfahren zur gemeinsamen Verhandlung und Entscheidung unzulässig, es sei denn, alle Betroffenen haben zugestimmt, Rn 42; Laschet IPRax 86, 182. 66

XXXVI) Für die **Kosten des schiedsrichterl Verfahrens** sollte der Schiedsvertrag eine Regelung enthalten. Andernfalls darf man als Parteiabsicht unterstellen, daß die Schiedsrichter darüber befinden, die aber an §§ 91 ff nicht gebunden sind, Raeschke-Kessler/Berger/Lehne Rn 469; Schlosser RipS² Rn 700 Fn 3; StJ/Schlosser § 1042 Rn 26; Wieczorek/Schütze Rn 40. S auch Schiedsgericht der Handelskammer Hamburg RIW 96, 771. Das Schiedsgericht ist auch zur Kostenfestsetzung zuständig. So nun ausdrückl § 1057 Diskussionsentw (Bericht [Februar 1994] 188). Es muß die zu erstattenden Kosten ziffernmäßig festlegen. Eine Kostenfestsetzung durch den Rechtspfleger des ordentl Gerichts nach § 103 auf Grund des Schiedsspruches selbst kommt nicht in Betracht. Um die Festsetzung der Kosten des Schiedsgerichts kann das ordentl Gericht (durch Klageerhebung oder im Verf nach § 1042) angegangen werden, § 1040 Rn 8. Aufhebung des Schiedsspruchs umfaßt auch Kostenausspruch. Vgl aber § 1025 Rn 29. Wegen des Verbots, als Richter in eigener Sache zu entscheiden (§ 1028 Rn 2, § 1041 Rn 44), können Schiedsrichter jedenfalls in rein internrechtl Fällen – anders Schlosser RipS² Rn 709 für Fälle mit Auslandsbeziehungen, da es hier für Schiedsrichter unzumutbar sei, sich wegen ihrer Honoraransprüche an die staatl Gerichte zu wenden, vgl auch Art 60 WBÜ – ihre Gebühren nicht selbst festsetzen, auch nicht mittelbar über Festsetzung des Streitwerts. Sie können aber festlegen, welche Partei die Kosten der Schiedsrichter zu tragen hat. Diese können sie dann vor dem staatl Gericht auf Zahlung verklagen. IZw haftet aber auch andere Partei, Schwab/Walter 12 Rn 10, 33 Rn 15. Vgl § 1025 Rn 65 und § 1041 Rn 64; Schlosser RipS² Rn 708. – Die Schiedsrichter dürfen auch nicht durch indirekte Sanktionen (Unterlassen der Beweisaufnahme) auf Weigerung einer Partei reagieren, Kostenvorschuß zu zahlen, BGHZ 94, 92 = NJW 85, 1903. 67

68 **XXXVII) Zustellung:** Das Schiedsgericht ist frei, § 199 Rn 1; Schiedsklage, Ladung, Beweisbeschlüsse können formlos mitgeteilt werden, zB durch die Post oder einen dazu beauftragten Vertreter, Geimer IZPR Rn 3860; Schütze DIZPR 217; Schütze/Tscherning/Wais Rn 595; Schwab/Walter 16 Rn 27; Schlosser RipS² Rn 605. Förml zuzustellen ist ledigl eine Ausfertigung des Schiedsspruchs, soweit nichts anderes vereinbart. Ist nach § 1039 II die Zustellung des Schiedsspruchs im Ausland zu bewirken, so kann sie nur durch Mithilfe des staatl Gerichts erfolgen, §§ 1036, 199. – Der Antrag kann auch vom Schiedsgericht, nicht nur von der Partei gestellt werden, § 1039 Rn 9. AA Schütze DIZPR 217. – § 175 anwendbar, § 1039 Rn 9.

68a **XXXVIII) Schiedsvergleich** (§ 1044a) beendet das Schiedsverf ohne Schiedsspruch. Zulässig aber auch **Erlaß eines Schiedsspruchs, dessen Inhalt die Parteien vereinbart haben.** Vorteil: Der Schiedsspruch kann vom staatl Gericht nur in den Grenzen des § 1041 nachgeprüft werden, die enger sind als die Nachprüfung gem § 1044a II. Hinzu kommt, daß Schiedsvergleiche nicht in den Anwendungsbereich des UNÜ fallen und daher im Ausland möglicherweise nicht vollstreckt werden können. § 1044a entspricht nicht mehr dem internationalen Standard, Raeschke-Kessler FS Glossner, 1994, 264. Daher sieht § 1053 ZPOE (hierzu Bericht, Februar 1994, 175) den **Schiedsspruch mit vereinbartem Wortlaut** vor.

69 **XXXIX) Das arbeitsrechtl Schiedsverfahren.** Die Verletzung einer Rechtsnorm ist nach § 110 I Nr 2 ArbGG für sich allein Aufhebungsgrund, während nach der ZPO nur Verstöße gegen die öffentl Ordnung zur Aufhebung führen, Rn 31. „Rechtsnorm" iS dieser Vorschrift ist auch der normative Teil eines Tarifvertrages, einer Betriebsvereinbarung oder einer weiter geltenden Tarifordnung. Eine Entscheidung nach billigem Ermessen ist dann mögl, wenn nach materiellem Recht die Befugnis einem Dritten übertragen werden kann und ihm im Schiedsvertrag übertragen ist, §§ 317 ff BGB, StJ/Schlosser Rn 43.

70 **XL) Schiedsverfahrensstatut** (§ 1044 Rn 4a): Anders als der staatl Richter (IZPR Rn 1) hat das Schiedsgericht per se keine lex fori, Schlosser RipS² Rn 207, 209, 726. – Die Parteien eines (internationalen) Schiedsvertrages können das für das Schiedsverf maßgebl Recht ausdrückl oder konkludent bestimmen (kollisionsrechtl Rechtswahl bezügl des VerfahrensR, Geimer IZPR Rn 3831; Schlosser RipS² Rn 458). Das Schiedsverfahrensstatut braucht nicht mit dem Schiedsvertragsstatut (§ 1025 Rn 75) übereinzustimmen (§ 1044 Rn 4a), wenn auch dann Spannungen und Brüche zu befürchten sind, Reithmann/Martiny/Hausmann Rn 2301,2442; Schütze/Tscherning/Wais Rn 571. – Die Parteien können sogar verschiedene Aspekte des Schiedsverfahrens verschiedenen Rechtsordnungen unterstellen, Schlosser RipS² Rn 233, zB für das Beweisverf engl disclosure oder US-amerikan prearbitration discovery (Schlosser RipS² Rn 639) vereinbaren. Sie können auch das maßgebl Recht von künftigen (ungewissen) Ereignissen abhängig machen, BGH NJW 69, 978: dt oder ital Recht, je nachdem, welche Partei das Schiedsgericht zuerst anrufen wird. – Auch die Schiedsrichter können zur Festlegung des anwendbaren Rechts ermächtigt werden, Schlosser RipS² Rn 237. – S auch Sandrock FS Glossner, 1994, 281.

1035 *[Zeugen und Sachverständige]*

(1) Die Schiedsrichter können Zeugen und Sachverständige vernehmen, die freiwillig vor ihnen erscheinen.

(2) Zur Beeidigung eines Zeugen oder eines Sachverständigen oder einer Partei sind die Schiedsrichter nicht befugt.

1 **I) Vernehmungsmethode:** Die Schiedsrichter sind nicht an §§ 373 ff gebunden, § 1034 II. Sie können auch die Beweise schriftl erheben, dh sich mit schriftl Zeugenaussagen bzw schriftl Sachverständigen- und Parteibekundungen zufriedengeben, Schwab/Walter 15 Rn 16. Zulässig ist es auch, nur einen Schiedsrichter mit der Vernehmung zu betrauen.

2 **II) Kein Zwang gegen Zeugen und Sachverständige:** Sind Zeugen und Sachverständige freiwillig nicht erschienen, muß auf Ersuchen des Schiedsgerichts ihre Vernehmung durch das staatl Gericht (§ 1036) erfolgen, KG JW 31, 1826.

3 **III) Keine Befugnis zur Beeidigung:** Die Beeidigung von Zeugen, Sachverständigen oder einer Partei darf das Schiedsgericht zwar anordnen, aber nicht selbst durchführen. Vielmehr ist das staatl Gericht um die Abnahme des Eides zu ersuchen, § 1036. Das Verbot des § 1035 II gilt auch für eidesstattl Versicherungen.

4 **IV) Entschädigung von Zeugen und Gutachtern:** Die freiwillig erscheinenden Zeugen haben ihre Ansprüche wegen Zeitversäumnis gegenüber den Schiedsparteien, die als Gesamtschuldner haften, RG 74, 321, geltend zu machen; keine Festsetzung durch Schiedsgericht. Für die Höhe der Zeugengebühren kann G über Entschädigung von Zeugen und Sachverständigen zugrunde

gelegt werden, OLG 21, 122. Ein Schiedsgericht, das einen Sachverständigen mit der Erstellung eines Gutachtens beauftragt, tut dies im Auftrag u in Vollmacht der Parteien, BGHZ 42, 313 = NJW 65, 298.

V) Falschaussage vor Schiedsgericht nicht nach § 153 StGB strafbar, uU aber nach § 263 StGB. 5

1036 *[Aushilfe durch das staatl Gericht]*

(1) Eine von den Schiedsrichtern für erforderlich erachtete richterliche Handlung, zu deren Vornahme sie nicht befugt sind, ist auf Antrag einer Partei, sofern der Antrag für zulässig erachtet wird, von dem zuständigen Gericht vorzunehmen.

(2) Dem Gericht, das die Vernehmung oder Beeidigung eines Zeugen oder eines Sachverständigen angeordnet hat, stehen auch die Entscheidungen zu, die im Falle der Verweigerung des Zeugnisses oder des Gutachtens erforderlich werden.

I) Den Schiedsrichtern fehlt jede Zwangsgewalt; nicht einmal Eide dürfen sie abnehmen, § 1035 II; dies ist – angesichts des vom modernen Staat sorgsam gehüteten Gewaltmonopols – konsequent und auch verfassungsrechtl geboten (Geimer DNotZ 1991, 267 Rn 10, 270 Fn 27), da sie ihr Richteramt (Art 97 GG) eben nicht staatl legitimieren, insbes nicht auf die Zwangsgewalt des Staates stützen. Gleichwohl muß der Staat, der die Schiedsgerichtsbarkeit als eigene – die Judikatur der staatl Gerichte substituierende – Rechtsprechung zuläßt, dafür sorgen, daß die Vorenthaltung jeder Zwangsgewalt für den Schiedsrichter nicht dazu führt, daß das Schiedsgericht seine Rechtsprechungsaufgabe nicht (mehr) sachgerecht erledigen kann, Geimer, Schiedsgerichtsbarkeit und Verfassung, 1994, 194; Schwab/Walter 17 Rn 1. Deshalb stellt der Staat seine Gerichte zur „Aushilfe“ zur Verfügung. Diese Aushilfe wird den Parteien (auf deren Antrag) geschuldet, nicht dem Schiedsgericht. Daher spricht man besser von **„Aushilfe“** denn von Rechts- oder Amtshilfe. 1

Unter Abs 1 fällt zB die Vernehmung eines nicht freiwillig erscheinenden Zeugen oder Sachverständigen, notfalls mit Zwang, die Abnahme von Eiden und eidesstattl Versicherungen (§ 1035 II), auswärtige Vernehmung im Wege der Rechtshilfe, Ersuchen einer Behörde um Mitteilung einer Urkunde (§ 432), öffentl Zustellung und Zustellung im Ausland, § 199 sowie Einholung einer Aussagegenehmigung (§ 376). S § 1034 Rn 68 und Geimer IZPR Rn 3742 ff. 1a

Das Schiedsgericht braucht – wenn die Notwendigkeit der Beeidigung eines Zeugen oder Sachverständigen oder einer Partei feststeht – diese(n) nicht vorab uneidl vernehmen. Die Schiedsrichter sollte der staatl Richter zu seiner Beweisaufnahme zuziehen, Schwab/Walter 17 Rn 6. 1b

II) Antragsberechtigt sind nur die Parteien; der Antrag einer Partei genügt. Die andere Partei ist aber vor Vornahme der beantragten Handlung zu hören, StJ/Schlosser § 1036 Rn 1. Das Schiedsgericht bzw dessen Obmann kann vor AG (anders wegen § 78 I vor LG) Antrag im Namen der Parteien stellen. Vollmacht wird widerlegl vermutet, Schwab/Walter 17 Rn 7; Nagel Rechtshilfe 24; aA Wieczorek/Schütze Rn 6. 2

III) Verfahren vor staatl Gericht: Das zuständige Gericht (AG oder LG, s § 1045; bei LG besteht Anwaltszwang, hierzu krit Schwab/Walter 17 Rn 12) hat zu prüfen, ob der Schiedsvertrag wirksam ist (bestr, ausführl Schwab/Walter 17 Rn 10 mwN; Wolf 207 Fn 250), ob das Schiedsgericht die Beweiserhebung usw angeordnet hat, ob die fragl Handlung vom Schiedsgericht nicht selbst vorgenommen werden kann u ob die richterl Handlung selbst zulässig ist, OLG 23, 251; 27, 196. Die Ausführung des Ersuchens ist durch Beschluß anzuordnen, der den Parteien zuzustellen ist. Das Gericht kann, wenn um Zeugen- oder Sachverständigenvernehmung ersucht wird, Auslagenvorschuß verlangen, OLG 23, 178; es kann durch den Parteien förml zuzustellenden Beschluß auch die beantragte Beweisaufnahme einem Mitglied des Gerichts übertragen oder nach §§ 156 ff GVG ein anderes Gericht ersuchen. Das Protokoll über die Beweisaufnahme, welcher das Schiedsgericht anwohnen kann, bleibt beim Gericht. Die Parteien erhalten auf Antrag Abschriften zwecks Vorlage an Schiedsgericht. 3

IV) Internationale Rechtshilfe: Ob Schiedsgericht „gerichtl Behörde“ iSv Art 1 HBÜ (BT-Drucks 7/4892 S 53; Junker 276 Fn 134), ist bestr, § 363 Rn 96. Nach Gegenansicht muß nach § 1036 verfahren werden, Schütze Schiedsgericht u Schiedsverf Rn 110 Fn 88. 4

V) Ausländisches Schiedsverfahren (§ 1025 Rn 75; § 1034 Rn 70; § 1044 Rn 4, 4a): § 1036 kommt an sich nur bei Maßgeblichkeit dt SchiedsverfahrensR zur Anwendung. Doch sollte das nach § 1045 zuständige dt Gericht auch bei ausl Schiedsverfahrensstatut – ohne Einschaltung der dt Rechtshilfebehörden (§ 9 ZRHO) – tätig werden, § 1045 Rn 1; Schlosser RipS[2] Rn 593 S 455. 5

VI) Reform: § 1050 Diskussionsentwurf geht über Art 27 UNCITRAL-MG hinaus.

6 **VII) Gebühren: 1)** des **Gerichts:** Für das Verf bei Anordnung richterl Handlungen wird eine halbe Gebühr erhoben (KV 1633). Mit der ½ Gebühr ist das gesamte gerichtl Verf abgegolten. – **2)** des **Anwalts:** Ist der RA im schiedsrichterl Verf zum Prozeßbevollmächtigten bestellt und hat er in diesem Zusammenhang Anträge nach § 1036 zu stellen, so erhält er für diese Anträge keine besonderen Gebühren, da beide Verf als ein Rechtszug gelten (§ 67 IV BRAGO). Dagegen kann er die für andere Tätigkeiten, zB nach §§ 1042, 1044a besonders vorgesehenen Gebühren nach § 46 I BRAGO beanspruchen.

1037 *[Verfahren bei Bemängelung]*

Die Schiedsrichter können das Verfahren fortsetzen und den Schiedsspruch erlassen, auch wenn die Unzulässigkeit des schiedsrichterlichen Verfahrens behauptet, insbesondere wenn geltend gemacht wird, daß ein rechtsgültiger Schiedsvertrag nicht bestehe, daß der Schiedsvertrag sich auf den zu entscheidenden Streit nicht beziehe, oder daß ein Schiedsrichter zu den schiedsrichterlichen Verrichtungen nicht befugt sei.

1 **Das staatl Gericht darf in das Schiedsverf nicht unmittelbar eingreifen,** MK/Maier Rn 2. Keine Einstellung des Schiedsverf durch einstw Verfügung, wohl aber ist Feststellungsklage zum ordentl Gericht während des Schiedsverf mögl, RG 23, 423. Nach Erlaß des Schiedsspruchs ist der vom Schiedsgericht verworfene Einwand mittels Aufhebungsklage (§ 1041) oder als Einrede gegen die VollstrKlage (§ 1042) verfolgbar, § 1025 Rn 12c; § 1027a Rn 3; § 1034 Rn 53. – Die Schiedsrichter können in den Fällen des § 1037 ihr Verfahren freiwillig aussetzen, wenn keine Verschleppungsgefahr besteht, u die Entscheidung des ordentl Gerichts zB bei Ablehnung eines Schiedsrichters abwarten. Zur Kompetenz-Kompetenz des Schiedsgerichts § 1025 Rn 57 und § 1041 Rn 41.

1038 *[Schiedsspruch]*

Ist der Schiedsspruch von mehreren Schiedsrichtern zu erlassen, so ist die absolute Mehrheit der Stimmen entscheidend, sofern nicht der Schiedsvertrag ein anderes bestimmt.

1 § 1038 gilt für jede Beschlußfassung der Schiedsrichter im Schiedsverf. – Schriftl Abstimmung ist zulässig, OLG 27, 197. Bei Stimmengleichheit: § 1033 Nr 2. Die Bestimmungen des GVG finden keine Anwendung.

1039 *[Unterzeichnung, Zustellung und Niederlegung des Schiedsspruchs]*

(1) Der Schiedsspruch ist unter Angabe des Tages der Abfassung von den Schiedsrichtern zu unterschreiben. Besteht das Schiedsgericht aus mehr als zwei Mitgliedern und ist von einem Schiedsrichter, obwohl er an der Abstimmung über den Schiedsspruch mitgewirkt hat, die Unterschrift nicht zu erlangen, so reicht die Unterschrift der übrigen Schiedsrichter aus; der Vorsitzende hat unter dem Schiedsspruch zu vermerken, daß die Unterschrift des einen Schiedsrichters nicht zu erlangen war.

(2) Der Schiedsspruch ist den Parteien in einer Ausfertigung zuzustellen, wenn sie nicht eine andere Art der Bekanntmachung vereinbart haben.

(3) Der Schiedsspruch ist auf der Geschäftsstelle des zuständigen Gerichts niederzulegen; außer für den Fall der Vollstreckbarerklärung können die Parteien etwas anderes vereinbaren. Dem Schiedsspruch ist die Zustellungsurkunde oder, wenn eine andere Art der Bekanntmachung vereinbart ist, ein Nachweis der Bekanntmachung beizufügen.

Neugefaßt durch IPR-ReformG (BGBl 1986 I 1142). Hintergründe hierzu: Triebel/Viertel BB 86, 1168; von Hoffmann IPRax 86, 337; Sandrock JZ 86, 370. – Nach § 1054 ZPO-E sind im Anschluß an Art 31 UNCITRAL-MG weitere Erleichterungen vorgesehen, Bericht (Februar 1994) 180. – Ua soll Niederlegung entfallen.

1 **I) Überblick: 1)** Vor Erfüllung der Förmlichkeiten des § 1039 (soweit unabdingbar vgl Rn 10, 13) liegt kein wirksamer Schiedsspruch vor; daher (noch) keine Rechtskraftwirkung (§ 1040) und keine Möglichkeit der Vollstreckbarerklärung (§ 1042), aber auch nicht der Aufhebungsklage (§ 1041). Solange Schiedsverf weder durch wirksamen Schiedsspruch (§ 1039) noch durch Schiedsvergleich (§ 1044a) abgeschlossen ist, kann Einrede nach § 1027a erhoben werden.

2 **2) Anwendungsbereich:** Schiedsspruch iSd §§ 1039 ff ist nur die endgültige Entscheidung über den Streitgegenstand im ganzen oder einen abgrenzbaren Teil, BGHZ 10, 325. Näher § 1034 Rn 39, 54, 59, 62; § 1041 Rn 21. Im Fall eines Instanzenzugs ist nur der Spruch des Oberschiedsgerichts „Schiedsspruch", sofern er aus sich heraus verständl ohne Bezugnahme auf erstinstanziellen Schiedsspruch, Düsseldorf BB 76, 251. Auch Eilentscheidungen eines Schiedsgerichts (§ 1034

Rn 59) sind endgültige Entscheidungen iSd § 1039. Daß sie wegen geänderter Umstände (§§ 927 I, 936) oder nicht fristgerechter Klageerhebung (§ 926 II) wieder aufgehoben werden können, steht nicht entgegen, Schmitt 42; Schlosser ZZP 99 (1986), 254. – § 1034 Rn 54.

3) **Die drei Erfordernisse des § 1039** für einen ordnungsgemäßen Schiedsspruch sind: Schriftl Abfassung, Datierung und Unterzeichnung durch die Schiedsrichter (Rn 4), Zustellung (Rn 8) und Niederlegung (Rn 10). Ihre Einhaltung wird – soweit abweichende Vereinbarungen der Parteien nicht mögl – in jeder Lage des Verfahrens, auch in Revisionsinstanz, von Amts wegen geprüft, BGH NJW 76, 1940; KTS 80, 130 = Betr 201. Die Förmlichkeiten können noch während des Revisionsrechtzuges nachgeholt werden; § 561 I unanwendbar, BGHZ 85, 288. 3

II) Schriftl Abfassung, Datierung und Unterzeichnung durch Schiedsrichter. Ersetzung der Unterschrift bei drei- und mehrköpfigem Schiedsgericht nun mögl, § 1039 I 2. Unterschrift des Vorsitzenden nur ersetzbar, wenn stellvertretender Vorsitzender vorhanden. Denn dieser muß Ersetzungsvermerk unterschreiben. Soweit keine Ersetzung mögl, kann Schiedsrichter auf Unterzeichnung verklagt werden, RGZ 126, 381; Triebel/Viertel BB 86, 1170; § 1025 Rn 66. Vollstreckung nach § 888 I (bestr wegen § 888 II). Ist ein Schiedsrichter zur Unterschrift außerstande, zB durch Tod und Ersetzung nach § 1039 I 2 nicht mögl, treten die Folgen der §§ 1031, 1033 Nr 1 ein. 4

Bloße Verkündung und/oder formlose Mitteilung des Schiedsspruchs ist wirkungslos, RG 38, 392. Der Schiedsspruch muß (vgl aber § 1041 II) Gründe enthalten. 5

Der **„Tag der Abfassung"** dient nur der Kennzeichnung des Schiedsspruchs. Fehlendes Datum macht Schiedsspruch nicht unwirksam, BGH WM 77, 320. 6

Mit der Unterschrift sind die Schiedsrichter untereinander gebunden. **Zurücknahme oder Abänderung** mit Mehrheit (§ 1038) mögl, soweit noch nicht nach Abs 2 bekanntgegeben. AA Th-P Rn 7 (einstimmiger Beschluß). 7

III) Zustellung einer Ausfertigung nach §§ 166 ff erforderl, sofern Parteien nichts anderes vereinbart haben, Abs 2. Wer Ausfertigung (vgl §§ 170, 317 III) zu unterzeichnen hat, sagt § 1039 II nF nicht. Daß an dem Erfordernis der Unterzeichnung durch alle Schiedsrichter (so aF) nicht festgehalten wurde, ist klar im Hinblick auf die Ersetzungsmöglichkeit des Abs 1. Da aber auch auf diesen Abs nicht Bezug genommen wird, ist – vorbehaltl anderweitiger Vereinbarung – davon auszugehen, daß die **Unterzeichnung des Ausfertigungsvermerks durch den Obmann** genügt. Ausreichend auch Zustellung einer **notariell beglaubigten Abschrift der Urschrift des Schiedsspruchs.** Denn Beglaubigung durch Notar gibt größere Richtigkeitsgewähr. Im übrigen genügt beglaubigte Abschrift von Dritten, zB GV, nicht (RG 51, 406), aber ausreichend, wenn Schiedsrichter in der nach Abs 1 ausreichenden Zahl Beglaubigungsvermerk unterschreiben, weil dann weitere Urschrift des Schiedsspruchs gegeben. Zustellung einer Urschrift statt der Ausfertigung genügt. 8

Der Auftrag zur Zustellung geht vom Schiedsgericht aus, RG 5, 401. Stellvertretung, zB durch Obmann (Düsseldorf WM 84, 1209), Schriftführer des Schiedsgerichts oder ein sonstiges Mitglied desselben, ist zulässig, BGH BB 57, 689. Die Zustellung hat an die Parteien oder wahlweise deren Prozeßbevollmächtigten zu erfolgen, RG 13, 431. § 176 nicht anzuwenden. Zustellung im Ausland oder öffentl Zustellung ordnet das Schiedsgericht an, das ordentl Gericht führt sie auf Grund Ersuchens (§§ 1036, 1045) aus. Hat eine im Ausland wohnende Partei keine Zustellungsbevollmächtigten ernannt, kann an sie durch Aufgabe zur Post zugestellt werden, §§ 174, 175. AA Schlosser RipS [2] Rn 664 Fn 3, 720. Vor allem die Auslandszustellung kann zu erhebl Verzögerungen führen, Triebel/Viertel BB 86, 1171. Daher sollten die Parteien von der Möglichkeit abweichender Vereinbarung Gebrauch machen, zB Übersendung per Einschreiben (mit/oder ohne Rückschein) festlegen. Vgl § 199 Rn 16. 9

IV) Niederlegung des Schiedsspruchs beim staatl Gericht (Abs 3) dient der Rechtssicherheit und einer geordneten Rechtspflege. Sie ist aber seit 1. 9. 1986 nur mehr obligatorisch als Voraussetzung für die Vollstreckbarerklärung (§ 1042), Schlosser RipS[2] Rn 721. Was die übrigen Wirkungen des Schiedsspruchs (Rechtskraft, Gestaltungswirkung) anbelangt, können die Parteien etwas anderes vereinbaren. Überholt BGH NJW 86, 1436. Erforderl ist **Hinterlegung beim zuständigen Gericht** (§ 1045). Eine etwa von dem Gericht, bei dem der Schiedsspruch niedergelegt worden ist, angestellte Prüfung seiner Zuständigkeit kann das Prozeßgericht (das darüber zu befinden hat, ob es an Rechtskraft des Schiedsspruchs gebunden ist bzw ob ein der Aufhebungsklage zugängl Schiedsspruch vorliegt) nicht binden. Denn dieses muß seine Zuständigkeit gar nicht prüfen, Wieczorek/Schütze Rn 37. Es kann dies häufig zumindest nicht abschließend tun, da seine Zuständigkeit in erster Linie aus dem Schiedsvertrag folgt, der bei der Niederlegung nicht vorgelegt zu werden braucht. Zur Behebung des Mangels der Zuständigkeit können die zur Niederlegung eingereichten Urkunden auf Antrag der Schiedsrichter an das zuständige Gericht weitergegeben werden, BGH RR 86, 61 = NJW 86, 1436. Die Frage, ob ein Schiedsspruch ordnungsgemäß niedergelegt worden ist, kann nach Vollstreckbarerklärung bzw Abweisung der Aufhebungsklage als unbegründet nicht mehr verneint werden. 10

11 **Zuständig** ist nach § 1045 I das **von den Parteien** gewählte bzw nach § 1048 bestimmte deutsche Gericht, in Ermangelung einer Wahl das AG oder LG nach Maßgabe von § 1045 I Nr 2 und 3. Zuständiges Gericht ist das örtl und sachl zuständige Gericht als solches, nicht die einzelne Kammer des Gerichts, BGH 55, 313 = NJW 71, 755.

12 Die Niederlegung hat das Schiedsgericht oder in seinem Auftrag ein Schiedsrichter oder sonst Bevollmächtigter zu bestätigen, BGH ZZP 71, 428; Schütze/Tscherning/Wais Rn 525. Vgl Rn 8.

13 **V) Verzicht auf die Förmlichkeiten des § 1039:** Erfordernis der schriftl Abfassung einschließl Unterschrift der Schiedsrichter (Rn 4) ist zwingend vorgeschrieben. Zustellung kann abbedungen und durch eine andere (den rechtsstaatl Mindestanforderungen an Verfahrensfairness, § 199 Rn 16 genügenden) Form der Bekanntgabe ersetzt werden, Abs 2 nF. Unbedenkl zulässig Übersendung per Einschreiben ohne Rückschein. Niederlegung zwingende Voraussetzungen nur für die Vollstreckbarerklärung (§ 1042), nicht jedoch für den Eintritt sonstiger Wirkungen des Schiedsspruchs (materielle Rechtskraft, Gestaltungswirkung, Tatbestandswirkungen etc); diese Wirkungen treten auch ohne Zustellung und Niederlegung des Schiedsspruchs ein, wenn die Parteien auf Einhaltung des § 1039 II oder III verzichtet haben. Dann müssen jedoch die von den Parteien vereinbarten Modalitäten eingehalten sein. Verzicht bzw anderweitige Vereinbarung auch stillschweigend (konkludent) mögl. Beispiel: Vereinbarung eines ständigen Schiedsgerichts, bei dem üblicherweise nicht nach § 1039 verfahren wird.

14 **VI) Folge der Nichterfüllung** der Vorschriften des § 1039: Abweisung des Antrags auf Vollstreckbarerklärung, BGH NJW 80, 1284. Anders bei ausl Schiedsspruch, § 1044 I 2, Schlosser RipS[2] Rn 896. Erst die Erfüllung der unverzichtbaren Förmlichkeiten des § 1039 (Rn 10, 13) macht nach bisher hM (Rn 13) den Schiedsspruch wirksam, BGH RIW 86, 970. Die Nachholung der Zustellung oder Niederlegung nach Einleitung des Vollstreckbarerklärungsverf (§ 1042) ist zulässig, RG 30, 353; 51, 406. Im Aufhebungsprozeß sind Zustellung und Niederlegung des Schiedsspruchs noch in der Revisionsinstanz von Amts wegen zu beachten, BGH MDR 80, 216. Vor Erfüllung der Förmlichkeiten des § 1039 ist das Schiedsverfahren nicht abgeschlossen. Daher kommt § 1027a zum Zuge, Hamm RIW 83, 689 = IPRspr 194; BGH RR 86, 61.

15 **VII) Ausl Schiedssprüche** (Geimer IZPR Rn 3761): Das dt Gericht (§ 1045) darf zwar die Niederlegung eines ausl Schiedsspruchs (durch Nichtannahme) nicht verhindern. Durch die Niederlegung wird der ausl Schiedsspruch aber nicht zum inländischen. Die Anerkennung eines ausl Schiedsspruchs im Inland hängt nicht von Niederlegung im Inland ab, § 1044 I 2. Wann und wie ein ausl Schiedsspruch rechtl existent wird, bestimmt das Verfahrensstatut, § 1044 Rn 4a, Hamm RIW 83, 698 = IPRspr 194.

16 **VIII) Gebühren a)** des **Gerichts:** Die Niederlegung auf der Geschäftsstelle ist durch die allg Verfahrensgebühr nach KV 1410 mit abgegolten. – **b)** des **Gerichtsvollziehers:** Für die Zustellung des Schiedsspruchs an die Parteien (oder Prozeßbevollmächtigten) je Zustellung Gebühr nach § 16 GVKostG (Nr 18 GVKostGr; § 15 Nr 1, 3 GVGA).

1040 *[Wirkung des Schiedsspruchs]*

Der Schiedsspruch hat unter den Parteien die Wirkungen eines rechtskräftigen gerichtlichen Urteils.

1 **I) Gleichstellung des Schiedsspruchs mit dem Urteil eines staatl Gerichts:** Der Schiedsspruch hat die gleichen Wirkungen wie eine Parallelentscheidung des staatl Gerichts. Ausnahme: Dem Schiedsspruch, der zu einer Leistung oder Unterlassung verurteilt, fehlt die Vollstreckbarkeit. Diese muß dem Schiedsspruch durch rechtsgestaltende Entscheidung des staatl Gerichts (§ 1042) verliehen werden. Die Rechtslage ist vergleichbar mit der Beachtlichkeit der Wirkungen von Entscheidungen ausl (staatl) Gerichte im Inland. Die Wirkungen der ausl Urteile werden kraft Gesetzes (§ 328) auf das Inland erstreckt (sofern die Anerkennungsvoraussetzungen gegeben sind) mit einer Ausnahme: Die Vollstreckbarkeit muß dem ausl Urteil in einem besonderen Verfahren (§§ 722, 723) originär verliehen werden. – Auch die **Gestaltungswirkung** eines Schiedsspruchs tritt ohne vorherige Vollstreckbarerklärung ein, § 1025 Rn 17a; § 1042 Rn 2; Walter FS Schwab (1990), 554. AA BayObLGZ 84, 47; K. Schmidt ZGR 88, 535. Dies gilt auch, wenn der Schiedsspruch Grundlage für eine Eintragung ins Grundbuch oder in ein öffentl Register, zB Vereins-, Handels- oder Güterrechtsregister ist. Die Wirkungen selbst des aufhebbaren Schiedsspruchs (§ 1041 Rn 6) sind identisch mit denen des staatl Urteils. Es gibt **keine Rechtskraft, Gestaltungswirkung etc „zweiter Klasse“**, bloß weil Schiedsrichter und nicht staatl Richter entschieden haben. – Bestr, ob § 894 eine Vollstreckbarerklärung (§ 1042) voraussetzt, so hM: Walter FS Schwab (1990), 541, 557 mwN. AA StJ/Schlosser § 1042 Rn 2, dem zu folgen ist, vgl § 722 Rn 9a.

II) Maßgebl Zeitpunkt: Die Erfüllung der in § 1039 festgelegten förml Erfordernisse der Unterzeichnung, Zustellung und Niederlegung des Schiedsspruchs bilden Voraussetzungen dafür, daß der Schiedsspruch unter den Parteien nach § 1040 die Wirkung eines rechtskräftigen Urteils erlangt; BGHZ 85, 290 = NJW 1984, 867; BGH RR 86, 61 = NJW 86, 1436. Auf Zustellung und Niederlegung kann jedoch verzichtet werden. Vgl § 1039 Rn 8, 10, 13. 2

III) Rechtskraftfähige Schiedssprüche sind nur solche, die eine Endentscheidung in der Sache (= über den Streitgegenstand) enthalten, auch Teilschiedssprüche (§ 1039 Rn 2), Rn 21 u § 328 Rn 33. 3

IV) Für die objektiven und subjektiven Grenzen der Rechtskraft eines deutschen Schiedsspruchs gelten §§ 322 ff, sofern die Parteien nichts Abweichendes vereinbaren. So ist zB eine der materiellen Rechtskraft fähige **Inzidentfeststellung** iSv § 256 II ohne entspr Vereinbarung nicht zulässig, Schwab/Walter 3 Rn 10. Eine über das Gesetz hinausgehende Rechtskrafterstreckung auf Dritte kommt nur in Betracht, wenn die Dritten dieser Vereinbarung beigetreten waren bzw ihr zugestimmt haben. §§ 325 ff anwendbar. – Vgl § 1027 Rn 15. Ausführl Bosch 63 ff, 121 ff. 4

V) Die **Rechtskraft des Schiedsspruchs** ist **von Amts wegen zu beachten,** wenn das Gericht im Rahmen der Verhandlungsmaxime davon Kenntnis erlangt, Walter RIW 88, 946; Schwab/Walter 21 Rz 6. Anders hM: BL/Albers Rn 9; MK/Maier Rn 15. 5

VI) Derogation der Rechtskraft eines Schiedsspruchs durch Parteivereinbarung mögl, Bremen NJW 57, 1035. Bestr, Walter FS Schwab (1990), 555 mwN. Dagegen Schwab/Walter 21 Rn 7. 6

VII) Abänderungs- (§ 323) und Nachforderungsklage (§ 324): Aus dem Gleichstellungsgrundsatz folgt, daß auch für diese Klagen das Schiedsgericht zuständig ist, § 1025 Rn 59; MK/Maier Rn 17. 7

VIII) Kosten sind vom Schiedsgericht im Schiedsspruch festzusetzen, dessen Ergänzung nach § 321 herbeigeführt werden kann. Die Kosten der Schiedsrichter selbst kann das Schiedsgericht auch dann nicht festsetzen, wenn es im Schiedsvertrag ausdrückl vereinbart ist; gegen jede Art der **Festsetzung ihrer eigenen Kosten** im Schiedsspruch wegen des Verbots, in eigener Sache als Richter tätig zu werden, BGH EWiR 85, 419 (Schlosser). Wegen der Kosten des Verfahrens s § 1029 Rn 3 und § 1034 Rn 67. 8

IX) Kollision mit der Rechtskraft eines staatl Gerichts. Auch hier gilt der Gleichstellungsgrundsatz (Rn 1). Es gelten die allgemeinen, aus § 580 Nr 7a hergeleiteten Grundsätze (§ 261 Rn 11), auch wenn Nr 7 in § 1041 I Nr 6 nicht aufgeführt. Anders hM, § 1034 Rn 52. Vgl auch Schlosser $RipS^2$ Rz 880. 9

X) Mängel des Schiedsverfahrens und beim Erlaß des Schiedsspruchs sowie sonstige Aufhebungsgründe des § 1041 führen nicht zur Unwirksamkeit des Schiedsspruchs. Dieser entfaltet vielmehr solange seine Wirkungen, als er nicht durch rechtsgestaltende Entscheidung des staatl Gerichts aufgehoben (kassiert) worden ist. Dies erfolgt entweder auf Initiative der beschwerten Partei (§ 1041 = Aufhebungsklage) oder bei Unterliegen der siegreichen Partei im Vollstreckbarerklärungsverf (§ 1042 II). Die beschwerte Partei kann auf die Geltendmachung von Aufhebungsgründen, die ihrem Schutz dienen, verzichten, nicht jedoch auf solche, die dem Schutz unmittelbarer staatl Interessen dienen. Rechtslage ebenso wie bei der Anerkennung ausl Urteile, § 328 Rn 182 und § 1041 Rn 24. 10

XI) Das **Verfahrensstatut** (§ 1034 Rn 70) bestimmt die Ausgestaltung und den Umfang der Wirkungen des Schiedsspruches, insbes der Rechtskraft, Schlosser RipS Rn 713. Vgl auch § 328 Rn 18. 11

XII) Vollstreckbarkeit: Dem inländischen (Rn 1) wie dem ausl Schiedsspruch (§ 1044 Rn 4) fehlt die Vollstreckbarkeit. Sie muß ihm erst durch staatl Gericht verliehen werden, § 1042. Daher ist es nicht sinnvoll, aber unschädl, wenn **Schiedsrichter ihren Schiedsspruch für (vorläufig) vollstreckbar erklären,** Schlosser $RipS^2$ Rn 893. 12

1041 *[Aufhebung des Schiedsspruchs]*

(1) Die Aufhebung des Schiedsspruchs kann beantragt werden:

1. **wenn dem Schiedsspruch ein gültiger Schiedsvertrag nicht zugrunde liegt oder der Schiedsspruch sonst auf einem unzulässigen Verfahren beruht;**
2. **wenn die Anerkennung des Schiedsspruchs zu einem Ergebnis führt, das mit wesentlichen Grundsätzen des deutschen Rechts offensichtlich unvereinbar ist, insbesondere wenn die Anerkennung mit den Grundrechten unvereinbar ist;**
3. **wenn die Partei in dem Verfahren nicht nach Vorschrift der Gesetze vertreten war, sofern sie nicht die Prozeßführung ausdrücklich oder stillschweigend genehmigt hat;**

4. wenn der Partei in dem Verfahren das rechtliche Gehör nicht gewährt war;
5. wenn der Schiedsspruch nicht mit Gründen versehen ist;
6. wenn die Voraussetzungen vorliegen, unter denen in den Fällen der Nr. 1 bis 6 des § 580 die Restitutionsklage stattfindet.

(2) Die Aufhebung des Schiedsspruchs findet aus dem unter Nr. 5 erwähnten Grunde nicht statt, wenn die Parteien ein anderes vereinbart haben.

1 **I) Überblick. 1)** Ein formell wirksamer inländischer (Rn 72) Schiedsspruch kann wegen der in § 1041 aufgeführten Mängel im Vollstreckbarerklärungsverf (§ 1042 II) oder auf Aufhebungsklage vom staatl Gericht aufgehoben werden. Auf die Geltendmachung von Mängeln kann grundsätzl verzichtet werden, nicht nur wegen einzelner bekannter Mängel nach Erlaß des Schiedsspruchs, Rn 24, nicht jedoch auf die Aufhebungsklage als solche. Die **Aufhebungsklage** ist eine Rechtsgestaltungsklage. Sie richtet sich gegen denjenigen, der Rechte aus dem Schiedsspruch ableitet.

2 **2)** Die Aufhebungsklage ist **zulässig** gegen einen formell wirksamen (§ 1039 Rn 14; § 1034 Rn 39) inländischen Schiedsspruch (Rn 72). Niederlegung nicht (mehr) Voraussetzung, § 1039 III. Die Klage setzt eine Beschwer voraus, eine Belastung im Kostenpunkt genügt. Daß der Kläger von den in der Schiedsvereinbarung vorgesehenen Nachprüfungsmöglichkeiten keinen Gebrauch gemacht hat, führt zur Präklusion im Aufhebungsverf, § 1034 Rn 19, 40; § 1040 Rn 10. Das **Rechtsschutzbedürfnis** fehlt, wenn die Vollstreckbarerklärung beantragt ist, Schwab/Walter 25 Rn 4. Die Einrede der Rechtshängigkeit greift im Verhältnis von Aufhebungsverf und Verf auf Vollstreckbarerklärung nicht durch, weil beide Verfahren verschiedene Zwecke/Ziele verfolgen. Eine Widerklage auf Vollstreckbarerklärung im Aufhebungsverf ist zulässig, Rn 13 ff; Schwab/Walter 25 Rn 5. **Gegen die Ablehnung einer Sachentscheidung durch Schiedsgericht gibt es keine Aufhebungsklage.**

3 **3)** Die Klage kann **nur die Aufhebung, nicht die Änderung** des Schiedsspruchs zum Ziel haben, auch nicht eine „Zurückverweisung“ wie im Rechtsmittelzug der staatl Gerichte, § 1025 Rn 41. Ein auf teilweise Aufhebung gerichteter Antrag ist zulässig, wenn das Aufhebungsbegehren Gegenstand einer Teilklage hätte sein können, bestr, KG NJW 76, 1357 m weit Nachw.

4 **4) Zuständig** ist das staatl Gericht; die örtl und sachl Zuständigkeit ergibt sich aus §§ 1046, 1045. Mit der Aufhebungsklage kann die Klage in der Hauptsache verbunden werden, Rn 12.

5 **5)** Die Klage ist **begründet,** wenn einer der Aufhebungsgründe des § 1041 vorliegt. Die Aufzählung des § 1041 ist erschöpfend. Die Klage kann auf mehrere Aufhebungsgründe gestützt werden. Die Rechtskraft des Urteils über einen Aufhebungsgrund steht der Geltendmachung eines weiteren Grundes nach hM nicht entgegen, Schwab/Walter 25 Rn 14; StJ/Schlosser Rn I 3. – Vgl aber Rn 32.

5a **6) Rechtsvergleichendes** bei Schlosser RipS[2] Rn 145, 911; Langkeit 265 Fn 158.

6 **II) Aufhebbare Schiedssprüche. 1)** Ebenso wie bei Urteilen staatl Gerichte (auch diese können „ordre public-widrig“ sein!, Schlosser RipS[2] Rn 881) führen Mängel des Schiedsvertrages, des Verfahrens oder Fehler bei der Entscheidungsfindung nicht zur Nichtigkeit (Unwirksamkeit) des Schiedsspruchs. Sie machen ihn nur aufhebbar. Solange er vom staatl Gericht (§ 1046) nicht durch **rechtsgestaltende Entscheidung** ex tunc aufgehoben (kassiert) worden ist, entfaltet er alle seine Wirkungen (ebenso wie ein fehlerfreier), Schwab/Walter 24 Rn 1. Daraus folgt: Aufhebungsgründe können – außerhalb des Vollstreckbarerklärungsverf, vgl § 1042 II – nicht einredeweise geltend gemacht werden. Sie sind für das Gericht nicht beachtl. Eine **Inzidentprüfung** dergestalt, daß die Wirkungen des Schiedsspruchs ignoriert werden könnten, wenn das Gericht das Vorliegen eines Aufhebungsgrundes bejaht, ist verboten. So hat zB das später angegangene Gericht (Staats- oder Schiedsgericht) die Feststellungs- (res iudicata-) Wirkung (§ 1040) des (vorher ergangenen) Schiedsspruchs zu beachten, auch wenn feststeht, daß das Schiedsgericht den Anspruch auf rechtl Gehör verletzt hat und/oder ein schwerer Verstoß gegen den ordre public vorliegt. Das gleiche gilt für die sonstigen (in concreto einschlägigen) Wirkungen des Schiedsspruchs, wie Präklusions-, Gestaltungs-, Interventions-, Streitverkündungs- und Tatbestandswirkung. – Vgl § 1034 Rn 52.

7 **2)** Das später angegangene staatl Gericht hat es jedoch in der Hand, sein **Verfahren auszusetzen** (analog § 148), um der (interessierten) Partei Gelegenheit zu geben, Aufhebungsklage beim zuständigen Gericht (§ 1046) oder Widerklage (Rn 17) zu erheben. Es darf aber nicht selbst von Amts wegen (Ausnahme: § 1042 II) den Schiedsspruch aufheben. Walter FS Schwab (1990), 551; Schlosser FS Nagel (1987), 359. – § 1041 Rn 30.

8 **3)** Die Wirkungen des Schiedsspruches sind – abgesehen von den unter Rn 10 aufgeführten Fällen – auch dann zu beachten, wenn unmittelbare Staatsinteressen auf dem Spiele stehen, wenn etwa der Verstoß gegen den ordre public darin liegt, daß der Schiedsspruch zwingendes

Devisen- oder Kartellrecht verletzt bzw nicht angewandt hat, auf dessen Beachtung der Staat vorbehaltlos besteht.

4) Die Rechtslage ist also anders als bei der Anerkennung ausl Urteile und ausl Schiedssprüche (Rn 72): Hier kann das Fehlen einer Anerkennungsvoraussetzung bzw das Vorliegen eines Versagungsgrundes incidenter vom später angegangenen Gericht geprüft werden. Kommt dieses zB auf Rüge der betroffenen Partei zu dem Ergebnis, daß das ausl Gericht kein rechtl Gehör gewährt hat (vgl § 328 Rn 134, 155), so hat es die Wirkungen des ausl Urteils nicht zu beachten. (Das zweite Gericht wäre bei seiner Kognition nur dann eingeengt, wenn bereits eine rechtskraftfähige Entscheidung eines inländischen Gerichts/Schiedsgerichts [vgl § 1025 Rn 60] zur Frage der Anerkennung bzw Nichtanerkennung der Wirkungen der ausl Entscheidung vorliegt. Vgl § 328 Rn 212 und Geimer/Schütze § 147 (2). Das später befaßte Gericht hat die Feststellungswirkung dieses Feststellungsurteils [-beschlusses] zu beachten). 9

III) Nichtige/wirkungslose Schiedssprüche. 1) Ebenso wie es nichtige/wirkungslose Urteile staatl Gerichte gibt (vgl Rn 13 vor § 300 und § 328 Rn 91) sind auch Schiedssprüche denkbar, die von vornherein keine Wirkungen entfalten, Bosch 58 ff; Schlosser RipS^2 Rn 756. Beispiele: Schiedsspruch, der eine Ehe scheidet, einen Vormund/Pfleger ernennt/abberuft, BGH MDR 62, 397 = ZZP 75, 119 (Schwab). Eine Systematik der Nichtigkeitsgründe fehlt bis jetzt. Man sollte sich – ebenso wie bei Urteilen staatl Gerichte – davor hüten, den Kreis zu weit zu ziehen. Die Fälle der Nichtigkeit des Schiedsspruchs sind auf wenige Extremkonstellationen im Interesse der Rechtssicherheit zu begrenzen. Alles andere wäre ein Unterlaufen der klaren Entscheidung des Gesetzgebers (§ 1040). Dieser postuliert, daß auch fehlerhafte Schiedssprüche Wirkungen entfalten und daß es einer Kassation durch das staatl Gericht bedarf, um diese zu beseitigen. AA Habscheid FS Keller, 1989. 10

2) Liegt einer der seltenen Fälle der Nichtigkeit vor, dann bedeutet dies, daß der Schiedsspruch mangels Wirkungen von den später angegangenen Gerichten/Behörden nicht zu beachten ist. Gleichwohl ist im Interesse der Rechtsklarheit – ebenso wie bei nichtigen Urteilen staatl Gerichte §§ 511 ff anwendbar sind – die **Aufhebungsklage statthaft,** StJ/Schlosser Rn 2. Dogmatisch handelt es sich dann nicht um eine Gestaltungs- sondern eine Feststellungsklage (Feststellung der Nichtigkeit), vgl auch Schlosser RipS^2 Rn 756 aE. 11

3) Ergeht ein Schiedsspruch, obwohl das staatl Gericht die Einrede des Schiedsvertrages als unbegründet zurückgewiesen hat, sei es in einem Zwischenurteil (§ 280) – § 1027a Rn 9 – oder in den Gründen des Endurteils, das über den (angebl) schiedsgerichtl Streitgegenstand in der Sache entscheidet, so soll er nach hM nicht nur aufhebbar, sondern **nichtig** sein, weil es „jeder der Parteien gänzl unzumutbar (wäre), einen zweiten Prozeß um die Unzulässigkeit des schiedsrichterl Verf zu führen, auch wenn das dann entscheidende Gericht an die Feststellungen aus dem ersten Prozeß gebunden wäre", Schlosser FS Nagel (1987), 360. Dies gilt auch, wenn im Beschlußverf (§ 1045) das Erlöschen des Schiedsvertrages festgestellt worden war, BL/Albers § 1046 Rn 2. Vgl aber auch § 1040 Rn 9. 11a

IV) Verbindung der Aufhebungsklage mit der auf den materiell-rechtl Anspruch/das materielle Rechtsverhältnis gestützten Klage ist zulässig. Voraussetzung: Gericht muß für beide Klagen zuständig sein; der Schiedsvertrag muß erledigt sein; dies ist nicht der Fall, wenn die Parteien vereinbart hatten, im Falle der Aufhebung des Schiedsspruchs sei der Rechtsstreit erneut im Schiedsverf zu entscheiden, Schwab/Walter 25 Rn 15; StJ/Schlosser Rn 5 Fn 27. 12

V) Verhältnis zum Vollstreckbarerklärungsverfahren: 1) Keine Identität des Verfahrensgegenstandes, daher keine Sperre für zweites Verfahren nach § 261 III Nr 1. Im Verf nach § 1042 soll dem Schiedsspruch die Vollstreckbarkeit verliehen werden; die Klage nach § 1041 zielt auf Aufhebung des Schiedsspruchs (= Beseitigung der Wirkungen des Schiedsspruchs, die dieser nach § 1040 per se entfaltet). 13

2) **Einen Konnex zwischen beiden Verfahren stellt § 1042 II her.** Liegt ein Aufhebungsgrund (§ 1041) vor, so endet das Vollstreckbarerklärungsverf nicht mit bloßer Antragsabweisung (= Nichtverleihung der Vollstreckbarkeit), sondern mit der Aufhebung des Schiedsspruchs. 14

3) **Deshalb fehlt idR das Rechtsschutzbedürfnis für die Aufhebungsklage, wenn der Gläubiger (= die siegreiche Partei) bereits die Vollstreckbarerklärung beantragt hat.** Es ist einfacher und billiger und auch dem Schuldner zumutbar, die Aufhebung nach § 1042 II zu betreiben. Die Aufhebungsklage ist durch Prozeßurteil abzuweisen. 15

4) War die Aufhebungsklage bereits anhängig, als die Vollstreckbarerklärung beantragt wurde, so ist das Aufhebungsverf **auszusetzen,** analog § 148. Wird der Schiedsspruch nach § 1042 II aufgehoben, ist der Aufhebungsprozeß in der Hauptsache erledigt. Zur Kostenentscheidung nach § 91a Schwab ZZP 72, 127. Die Aussetzung des Verfahrens nach § 1042 zugunsten des Aufhebungsprozesses ist nur in seltenen Fällen sachgerecht, etwa wenn der Aufhebungsprozeß schon weit gediehen ist, zB bereits in Berufungsinstanz. 16

17 5) Der (beklagte) Gläubiger kann im Aufhebungsprozeß (§ 1046) im Wege der **Widerklage** Vollstreckbarerklärung beantragen, Schwab/Walter 25 Rn 5; StJ/Schlosser § 1042a Rn 5. – Vgl § 1042a Rn 4.

18 6) **Die rechtskräftige Vollstreckbarerklärung präkludiert die Aufhebungsklage,** Ausnahme: Fälle des § 1041 I Nr 6, § 1043. Grundsatz: keine **nachträgl Aufhebungsklage:** Ist ein Schiedsspruch bereits unanfechtbar für vollstreckbar erklärt, so kann der Schiedsspruch unter noch engeren Voraussetzungen als ceteris paribus ein Urteil eines staatl Gerichts mit der Aufhebungsklage angegriffen werden, weil § 1043 I die Restitutionsgründe auf § 580 Nr 1–6 eingrenzt, Schlosser RipS[2] Rn 892.

19 **VI) Klageberechtigt** ist, wer durch die prozessualen Wirkungen des Schiedsspruchs **beschwert** ist. Beschwer im Kostenpunkt reicht aus, StJ/Schlosser Rn 2 Fn 10. Beschwert ist idR die unterlegene Partei. Vorstellbar ist aber auch, daß ein **Dritter,** gegen den die res iudicata wegen Rechtskrafterstreckung (§ 1040 Rn 4) wirkt, klageberechtigt ist. Der siegreiche Kläger (Gläubiger) ist nicht beschwert und daher nicht klageberechtigt. Dieser kann im Verf nach § 1042 Vollstreckbarerklärung bzw Feststellung des Nichtvorliegens eines Aufhebungsgrundes beantragen, Rn 69 f.

20 **VII) Klagegegner:** Die gängige Formel lautet: Richtiger Beklagter ist, wer aus dem Schiedsspruch Rechte herleitet, StJ/Schlosser Rn 3. Dies bedarf der Präzisierung: Klagt eine Partei des Schiedsverfahrens oder ihr Rechtsnachfolger, so ist in aller Regel richtiger Beklagter die Gegenpartei des Schiedsverf oder ihr Rechtsnachfolger; denn der Schiedsspruch wirkt nach § 1040 „unter den Parteien". Verschiebungen können sich im Falle der Rechtskrafterstreckung auf Dritte ergeben, § 1040 Rn 4. Klagt der Dritte auf Aufhebung (Rn 19), so sind die beiden Parteien des Schiedsverf bzw ihre Rechtsnachfolger die richtigen Beklagten. Bei Einzelrechtsnachfolge kann der Kläger wählen, ob er den Rechtsvorgänger und/oder den Rechtsnachfolger verklagt, Schwab/Walter 25 Rn 8. AA StJ/Schlosser Rn 3 (nur Rechtsnachfolger).

21 **VIII) Endentscheidung zur Hauptsache:** Die Aufhebungsklage findet nur statt gegen (sachliche) Endentscheidungen des Schiedsgerichts über das Klage-/Widerklagebegehren, einschließl Teilschiedssprüche, nicht jedoch gegen noch beim Oberschiedsgericht anfechtbare erstinstanzl Schiedssprüche, Zwischenschiedssprüche (hierzu Bosch 48) sowie sonstige Vorentscheide über selbständige Angriffs- und Verteidigungsmittel, Beweisbeschlüsse, Ersuchen an staatl Gerichte um Aushilfe (§ 1036) usw, Nachw Laschet IPRax 84, 75; § 1034 Rn 39, 54, 59, 62, § 1039 Rn 2; § 1042 Rn 5. Eine **Vorabentscheidung über den Grund** kann nicht selbständig mit der Aufhebungsklage angefochten werden, es sei denn, daß das Schiedsgerichtsverf mit dem Erlaß eines Grundschiedsspruchs nach der Schiedsvereinbarung oder dem Willen der Schiedsrichter enden soll, § 1025 Rn 22; StJ/Schlosser § 1039 Rn 3 Fn 10, Schwab/Walter 18 Rn 7. **Lehnt das Schiedsgericht eine Entscheidung in der Sache ab,** zB weil es den Schiedsvertrag für nicht zustandegekommen oder für unwirksam hält, so kann hiergegen keine Aufhebungsklage erhoben werden. Das gleiche gilt bei **Untätigkeit des Schiedsgerichts.** In diesen Fällen steht es den Parteien frei, Rechtsschutz bei den staatl Gerichten zu suchen. Vgl § 1025 Rn 66, § 1034 Rn 37, § 1041 Rn 3.

22 IX) Die Aufhebungsklage ist erst statthaft, wenn die **Förmlichkeiten des § 1039** erfüllt sind, es sei denn, daß die Parteien diese durch Vereinbarung abgeschwächt hatten, § 1039 Rn 13. Das mit der Aufhebungsklage befaßte Gericht hat deshalb von Amts wegen zu prüfen, ob überhaupt ein Schiedsspruch vorliegt und ob die Voraussetzungen des § 1039 erfüllt sind. **Maßgebl Zeitpunkt:** Letzte Tatsachenverhandlung bzw gleichgestellter Zeitpunkt (§ 128 II), BGHZ 30, 97.

23 **X) Derogation der Aufhebungsklage unmöglich:** Der vertragl Ausschluß der Aufhebungsklage ist – anders als in Belgien u in der Schweiz (Art 192 IPR-G), Hamburg RIW 89, 576, vgl auch Berger RIW 89, 850 sowie Schlosser RipS[2] Rn 147 – unwirksam, weil teilweise auch unmittelbare staatl Interessen auf dem Spiele stehen, über die die Parteien nicht disponieren können. Aus den gleichen Gründen kann die Zuständigkeit des staatl Gerichts (§ 1046) nicht durch Schiedsvertrag auf ein Schiedsgericht verlagert werden. Der Staat will sich die Kontrolle der privaten Gerichtsbarkeit nicht entziehen lassen, BGH RIW 85, 970. Art 24 II ICC-VerfO hat einen solchen (unwirksamen) Ausschluß nicht im Auge. – S auch § 1025 Rn 60.

24 **XI) Verzicht auf die Geltendmachung einzelner Aufhebungsgründe:** Von dem Verzicht auf die Aufhebungsklage (vertragl Ausschluß bzw Verlagerung auf Schiedsgericht) zu unterscheiden ist Verzicht auf die Geltendmachung einzelner Aufhebungsgründe. Ein solcher ist zulässig, soweit an der Einhaltung der in Frage stehenden Rechtsnormen kein unmittelbares staatl Interesse besteht. Die Rechtslage ist die gleiche wie bei der Anerkennung ausl Urteile, § 328 Rn 182, 278; Geimer/Schütze I, § 141 und § 199. AA hM, von Bernuth 19; Schwab/Walter 6 Rn 10 Fn 20. Soweit die Aufhebungsgründe **dem Schutz einer Partei** dienen, kann diese sich durch Vertrag verpflichten, diese(n) Aufhebungsgründ(e) nicht geltend zu machen. Erhebt sie gleichwohl Aufhebungsklage, so ist diese (insoweit) unbegründet, weil der (betreffende) Aufhebungsgrund präkludiert

ist. Der Verzicht ist auch im vorhinein mögl; jedoch ist in solchen Fällen der Wille des Verzichtenden besonders genau zu erforschen und im Zweifel eng auszulegen. Pauschale Vorabverzichte sind nicht wirksam. Im übrigen sollte man die Beteiligten nicht bevormunden, vgl auch § 606a Rn 122. AA die hM: Verzicht nur nach Erlaß des Schiedsspruchs und Kenntnis des (bereits vorhandenen) Aufhebungsgrundes mögl, StJ/Schlosser Rn 1, Schwab/Walter 24 Rn 37, BGH WM 85, 1487. Einzige Ausnahme nach hM: § 1041 II. Wie hier Frankfurt/M RIW 84, 400 = NJW 2768 = IPRspr 83/197. Ebenso StJ/Grunsky Rn 41 vor § 578 für Wiederaufnahmeklage. – Rechtsvergleichend Schlosser RipS[2] Rz 755.

Nach der hier vertretenen Meinung ist ein Verzicht auf die Geltendmachung von Aufhebungs- 25
gründen nur dann unwirksam, wenn **unmittelbare staatl Interessen** auf dem Spiele stehen, auf deren Wahrung – ohne Rücksicht auf das Verhalten der Parteien – bestanden werden muß. Schief daher die gängige Vorstellung, auf die Geltendmachung des § 1041 I Nr 2 (ordre public) könne nicht verzichtet werden. Zur Disposition der Parteien stehen sehr wohl diejenigen Bereiche des ordre public, die dem Schutz einer Partei dienen, vgl § 328 Rn 182, 278. Zustimmend Raeschke-Kessler/Berger/Lehne Rn 511.

XII) Für eine auf **Feststellung der Rechtsunwirksamkeit** zielende Klage fehlt angesichts der 26
Klagemöglichkeit nach § 1041 das rechtl Interesse (§ 256). Im übrigen könnte das Gericht die Unwirksamkeit des Schiedsspruchs vor dessen Aufhebung nicht feststellen, vgl Rn 6. IdR ist eine solche Klage nach § 139 als Aufhebungsklage zu interpretieren, Schwab/Walter 24 Rn 2.

XIII) Eine Klage auf **Feststellung der Wirksamkeit** des Schiedsspruches kommt nicht in 27
Betracht, weil im Zweifel von der Wirksamkeit des Schiedsspruches auszugehen ist, Rn 6. Diskutabel erscheint eine Klage auf **Feststellung des Nichtvorliegens von Aufhebungsgründen,** weil der siegreiche Kläger/Gläubiger mangels Beschwer (Rn 19) die Aufhebungsklage nicht erheben kann und weil ihm nicht zuzumuten ist, zu warten, bis der Gegner die Aufhebungsklage erhebt. Jedoch fehlt in den meisten Fällen das Rechtsschutzbedürfnis, wenn der Gläubiger nach § 1042 vorgehen kann, weil in diesem Verfahren das Vorliegen/Nichtvorliegen von Aufhebungsgründen zu prüfen ist. Die rechtskräftige Vollstreckbarerklärung präkludiert alle Aufhebungsgründe mit einer Ausnahme: Der Aufhebungsgrund des § 1041 I Nr 6 (Restitutionsgründe nach § 580 Nr 1–6) kann innerhalb der Frist des § 1043 II geltend gemacht werden. – § 328 Rn 209.

XIV) Abgesehen von § 1043 II sieht das Gesetz eine **Frist** für die Erhebung der Aufhebungskla- 28
ge nicht vor. Dies ist mit den Postulaten der Rechtssicherheit nicht vereinbar. Genauso wie bei Entscheidungen staatl Gerichte (§ 586) muß irgendwann Klarheit über den Bestand des Schiedsspruchs bestehen. Deshalb ist § 1043 II 2 analog anzuwenden. Nach Ablauf der Zehnjahresfrist ist die Aufhebungsklage nicht mehr statthaft.

XV) Ziel des Aufhebungsprozesses ist Aufhebung des Schiedsspruchs, dh Beseitigung seiner 29
Wirkungen (§ 1040) ex tunc durch kassatorische Entscheidung des staatl Gerichts. Die Entscheidung lautet entweder auf Aufhebung des Schiedsspruchs oder Abweisung der Klage. Eine Abänderung des Schiedsspruchs kommt nicht in Betracht. Hiervon zu unterscheiden ist die **teilweise Aufhebung des Schiedsspruchs.** Diese ist denkbar, wenn der Schiedsspruch über mehrere selbständige Ansprüche entschieden hat und nur im Hinblick auf einen ein Aufhebungsgrund gegeben ist. So ist zB bei Fehlen von Gründen hinsichtl eines Anspruchs nur insoweit aufzuheben, BGHZ 96, 49; Schütze/Tscherning/Wais Rn 545; Schwab/Walter 25 Rn 12; Bühler/v. Eschen IPRax 90, 64 Fn 26.

XVI) Folgen der Aufhebung des Schiedsspruchs: Mit Eintritt der formellen Rechtskraft 30
(§ 705) des Aufhebungsurteils des staatl Gerichts werden die Wirkungen des Schiedsspruchs (§ 1040) rückwirkend beseitigt. Der Schuldner kann das auf den Schiedsspruch Geleistete – analog § 717 III – nach §§ 812 ff zurückfordern; § 812 I 2 BGB ist anzuwenden. Darüber hinaus hat der Schuldner uU einen deliktischen Anspruch aus § 826 BGB, nicht jedoch einen verschuldensunabhängigen Anspruch analog § 717 II, Schwab/Walter 25 Rn 13. AA Riezler IZPR, 1949, 642. Ob nach Aufhebung des Schiedsspruchs erneut vor dem Schiedsgericht zu verhandeln ist oder ob der Schiedsvertrag erledigt und damit der Weg zu den staatl Gerichten wieder offen ist, richtet sich – sofern ein wirksamer Schiedsvertrag zustandegekommen ist – nach dem Willen der Parteien. Liegt keine ausdrückl Vereinbarung vor, dann sollte man – entgegen der hM (§ 1025 Rn 10; Wieczorek/Schütze Rn 64) – im Zweifel davon ausgehen, daß die Parteien die **Fortsetzung des Rechtsstreits im Schiedsverfahren** gewollt haben, treffend StJ/Schlosser Rn 8; Schlosser RipS[2] Rn 248. Dies gilt insbes bei Teilaufhebung, Rn 29. AA BL/Albers Rn 7; MK/Maier Rn 7; Raeschke-Kessler/Berger/Lehne Rn 558; rechtsvergl von Bernuth 13. Keine Rückverweisung an Schiedsgericht, Schlosser RipS[2] Rn 755, damit dieses Mangel (= Aufhebungsgrund) beseitigt.

XVII) Streitgegenstand des Aufhebungsprozesses: 1) Der Kläger muß den geltend gemach- 31
ten Aufhebungsgrund angeben. Nach hM präkludiert die Abweisung der Aufhebungsklage wegen Nichtvorliegens dieses Grundes nicht die Erhebung weiterer, auf andere Aufhebungsgründe

gestützte Aufhebungsklagen; str, ob Übergang von einem Aufhebungsgrund zum anderen Klageänderung ist; StJ/Schlosser Rn 4.

32 **2) Stellungnahme:** Die Aufhebungsgründe bezwecken entweder den Schutz einer Partei oder die Wahrung unmittelbarer staatl Interessen. Rügt zB der Kläger (= unterlegene Partei des Schiedsverf) die Verletzung des rechtl Gehörs (§ 1041 I Nr 4), erweist sich die Klage jedoch insoweit als unbegründet, dann wäre nach hM das Gericht gezwungen, die Klage abzuweisen, auch wenn feststeht, daß der Schiedsspruch mit zwingendem Kartell- und/oder Devisenrecht, an dessen Wahrung ein unmittelbares staatl Interesse besteht, nicht vereinbar ist. Dies kann nicht rechtens sein. Das Gericht hat vielmehr von Amts wegen und ohne Bindung an den Vortrag der Parteien zu prüfen, ob der Schiedsspruch ordre public-widrig ist, allerdings nur insoweit, als es um unmittelbare Staatsinteressen geht. Umgekehrt besteht keine Veranlassung, der beschwerten Partei die Tür zu neuen Aufhebungsprozessen offenzuhalten. Das Interesse an Rechtssicherheit und Rechtsklarheit ist vorrangig. Die beschwerte Partei hat deshalb die prozessuale Last, alle Aufhebungsgründe geltend zu machen, Rn 73. Sonst ist sie präkludiert; ähnl StJ/Grunsky § 588 Rn 4.

33 **XVIII) Die Behauptungs- und Beweislast** trägt derjenige, der den Aufhebungsgrund geltend macht, also im Aufhebungsprozeß der Kläger und im Fall des § 1042 II der Antragsgegner (Schuldner), Schlosser, RipS[2] Rn 918; BGH WM 79, 1006. AA LG Berlin RIW 91, 419. Soweit die Aufhebungsgründe nicht nur dem Schutz einer Partei, sondern der Wahrung unmittelbarer Staatsinteressen dienen, hat das staatl Gericht den Sachverhalt von Amts wegen zu untersuchen, § 328 Rn 182, Schlosser RipS[2] Rn 926.

34 **XIX) Verfahrensmaximen:** Grundsatz: Wie auch sonst im (normalen) Zivilprozeß, gilt die Verhandlungsmaxime; s auch § 1042 Rn 7. Ausnahme: Soweit unmittelbare Staatsinteressen auf dem Spiele stehen, ist das staatl Gericht auf den Vortrag der Parteien und deren Beweisantritte nicht beschränkt. Es hat vielmehr von Amts wegen den Sachverhalt zu erforschen. Insoweit ist das Gericht nicht an ein Geständnis (§§ 288 ff) gebunden, ebenso nicht an die Geständnisfiktion des § 331. In den vorgenannten Fällen ist auch § 330 nicht anzuwenden. Ist einmal Aufhebungsklage erhoben, ist bei Vorliegen eines im unmittelbaren Staatsinteresse liegenden Aufhebungsgrundes der Schiedsspruch aufzuheben.

35 **XX) Keine Klagebefugnis des Staatsanwalts:** Eine solche wäre konsequent, soweit es um die Wahrung unmittelbarer Staatsinteressen geht. Sie ist aber im deutschen Recht nicht vorgesehen. De lege lata ist ein Schiedsspruch – solange er nicht aufgehoben worden ist – wirksam, auch wenn er mit zwingenden Normen kollidiert, die für die Grundlagen des staatl oder wirtschaftl Lebens von elementarer Bedeutung sind und auf deren Beachtung der Staat vorbehaltlos bestehen muß, Rn 6, 58.

36 **XXI) Verbot der révision au fond: 1)** Dem Staat geht es – ebenso wie bei der Prüfung der Voraussetzungen für die Anerkennung ausl Urteile, § 328 Rn 151 – im Aufhebungs- bzw Exequaturverf nicht um eine sachl Nachprüfung des Schiedsspruches (auf die Richtigkeit der Streitentscheidung), RGZ 105, 386, – die sachl Unrichtigkeit ist ebenso wie beim ausl Urteil kein Aufhebungsgrund, § 1025 Rn 2c; Marx 29; Schütze WuB VII B 3 § 1025 ZPO 1.92 –, sondern es kommt ihm ledigl darauf an, einen Mißbrauch der den privaten Schiedsrichtern zugestandenen Rechtsprechungsbefugnis (§ 1025 Rn 1a) zu verhindern. Daraus ergibt sich: **Dispositives Recht** gehört nicht zum ordre public. Wenn der Staat schon zuläßt, daß seine Vorschriften durch Verträge verdrängt werden können, so hat er auch kein Interesse daran, darüber zu wachen, ob die Schiedsrichter im Einzelfall zulässigerweise von einer nachgiebigen Vorschrift abgewichen sind. Aber auch nicht alles **zwingende Recht** schlechthin fällt unter § 1041 I Nr 2. Das ergibt sich zunächst rein formal aus dem Wortlaut des Gesetzes. Hätte der Gesetzgeber jeden Verstoß gegen das zwingende Recht als Aufhebungsgrund angesehen, so hätte er das klar zum Ausdruck gebracht wie in § 110 ArbGG.

37 2) Der tiefere Grund für Verbot der révision au fond liegt im **Wesen der Schiedsgerichtsbarkeit** selbst. Die Schiedsgerichte sprechen anstelle der staatl Gerichte Recht. Dies wäre aber nicht der Fall, wenn die Staatsgerichte den Schiedsspruch auf Verletzung zwingenden Rechts schlechthin nachprüfen dürften. Das Schiedsgericht würde dann zu einer bloßen Vorinstanz degradiert, Stuttgart BB 57, 379. Wenn der Staat Schiedsgerichte zuläßt, so muß er unrichtige Schiedssprüche grundsätzl hinnehmen, auch wenn zwingendes Recht verletzt ist. Aus der Möglichkeit einer Verletzung folgt also nicht denknotwendig ein umfassendes Prüfungsrecht des Staatsrichters. Die Möglichkeit der Verletzung zwingenden Rechtes ist vielmehr ein rechtspolitisches Argument gegen die Institution der Schiedsgerichtsbarkeit überhaupt. Läßt aber der Staat Schiedsgerichte zu, so muß er sich mit der Möglichkeit der Außerachtlassung seiner zwingenden Normen durch die Schiedsrichter abfinden, wenn er nicht durch ein schrankenloses Nachprüfungsrecht des

Staatsrichters die Vorteile der Schiedsgerichtsbarkeit indirekt wieder zunichte machen will. Vgl § 328 Rn 151 und Geimer, Schiedsgerichtsbarkeit und Verfassung, 1994, 180.

XXII) Gesetzestechnisch ist es richtig, von einem **numerus clausus der Aufhebungsgründe** zu sprechen. De facto werden jedoch durch den konturenschwachen ordre public-Vorbehalt (§ 1041 I Nr 2) die Grenzen zwischen den aufhebbaren und den (wegen des Verbotes der révision au fond) nicht aufhebbaren Schiedssprüchen verwischt. 38

XXIII) Fehlen eines wirksamen Schiedsvertrages (Abs 1 Nr 1 1. Alt): 1) Niemand darf an den Spruch eines Schiedsgerichts gebunden werden, dem er sich nicht freiwillig unterworfen hat. Dies ist ein Fundamentalsatz des Rechtes der privaten Schiedsgerichtsbarkeit, BGH NJW 78, 1745. Rechtsvergleichend Schlosser ZZP 92 (1979), 132. In Betracht kommen folgende Hypothesen: **a)** Ein Schiedsvertrag ist überhaupt nicht geschlossen oder ist von vorneherein unwirksam. In diesen Fällen fehlt – soweit nicht eine besondere Vereinbarung vorliegt – auch eine Zuständigkeit des Schiedsgerichts zur Kostenentscheidung, BGH NJW 73, 191. **b)** Der Schiedsvertrag ist außer Kraft getreten, zB durch Aufhebungsvertrag, Zweckerfüllung (Erlaß des Schiedsspruchs) oder nach § 1033, vgl § 1025 Rn 10. **c)** Schiedsspruch und Schiedsvertrag divergieren. Der Schiedsspruch entscheidet einen anderen Rechtsstreit als den im Schiedsvertrag definierten. 39

2) Durch **vorbehaltlose Einlassung zur Hauptsache** bzw nicht rechtzeitige Rüge werden Formmängel geheilt, § 1027 I 2. Darüber hinaus kann darin der (Neu-) Abschluß eines Schiedsvertrages liegen, § 1027 Rn 13; BGH NJW 83, 1267 = IPRspr 82/192A. Maßgebl zeitl Grenze ist Zeitpunkt der Einlassung zur Hauptsache. Falls diese durch Schriftsatz erfolgt, kommt es auf den Zeitpunkt des Eingangs dieser Stellungnahme beim Schiedsgericht an. 40

Allgemein wäre es für den Schiedskläger unzumutbar, könnte der Bekl das Schiedsverf „kommentarlos durchlaufen lassen" und erst nach Erlaß des Schiedsspruchs erstmals den Einwand des Fehlens bzw der Unwirksamkeit der Schiedsvereinbarung vorbringen. Dies gilt jedoch nur, wenn sich der Bekl am Schiedsverf beteiligt hat. Niemand braucht sich an einem Schiedsverf zu beteiligen, nur um das Fehlen einer wirksamen Schiedsvereinbarung vorzutragen. Zur Präklusion allgemein Schlosser RipS[2] Rn 805. Vgl auch § 1027a Rn 12. 40a

3) Kompetenzkompetenz: In der Vereinbarung der schiedsgerichtl Erledigung des Rechtsstreits (Schiedsklausel) ist idR auch die Abrede der Parteien (konkludent) enthalten, daß das Schiedsgericht auch bindend für das staatl Gericht darüber entscheiden soll, ob es in der konkreten Angelegenheit zuständig sei oder nicht; § 1025 Rn 57. AA Leipold ZZP 91, 481. Das staatl Gericht ist dann an die Bejahung der Zuständigkeit durch das Schiedsgericht gebunden, jedoch immer nur unter der Voraussetzung, daß eine solche Abrede (über die Kompetenzkompetenz des Schiedsgerichts) zustandegekommen ist. Das staatl Gericht hat daher zu prüfen, ob eine solche Abrede tatsächl vorliegt. Wurde diese bereits bei Abschluß des Schiedsvertrages getroffen, fällt diese Prüfung mit der Prüfung zusammen, ob das tätig gewordene Schiedsgericht überhaupt wirksam vereinbart worden ist, Hamburg RIW 82, 283 = IPRspr 81/200. 41

4) Nicht typische Willenserklärungen können im **Revisionsrechtszug** nur darauf **geprüft** werden, ob das Berufungsgericht bei der Auslegung gegen Rechtsregeln, Denkgesetze oder Erfahrungssätze verstoßen hat. Schiedsabreden werden allerdings vielfach einem Vertrag in immer wiederkehrenden formelhaften Wendungen hinzugefügt. Dann kann das Revisionsgericht dazu Auslegungsregeln aufstellen, BGH RIW 83, 210 = NJW 83, 1267. – Vgl auch BGH NJW 88, 3091 (Nachprüfung von AGB, da Berufungsgericht keine Auslegung vorgenommen hatte). 42

5) Fehlen eines gültigen Schiedsrichtervertrages ist kein Aufhebungsgrund; etwas anderes gilt, wenn es dadurch zu einem unzulässigen Verfahren kommt (Nr 1 zweite Alternative). – Zum **maßgebl kollisionsrechtl Statut** für Schiedsvertrag § 1025 Rn 75. 43

6) Einzelheiten: Ein Schiedsvertrag ist mangels genügender Bestimmtheit nichtig, wenn das darin zur Entscheidung berufene Schiedsgericht weder eindeutig bestimmt noch bestimmbar ist, weil danach zwei ständige Schiedsgerichte in Betracht kommen, BGH RIW 83, 209 = MDR 83, 471 = NJW 83, 1267; vgl aber § 1025 Rn 27. Unwirksam ist eine Klausel des Schiedsvertrags, die gegen das **Gebot überparteilicher Rechtspflege** (§ 1028 Rn 2) verstößt; dies ist der Fall, wenn der von einer Partei ernannte Schiedsrichter berechtigt sein soll, den Schiedsspruch allein zu fällen, nachdem die andere Partei der Aufforderung nicht nachgekommen ist, innerhalb einer festgelegten Frist ebenfalls einen Schiedsrichter zu benennen, BGH 54, 392. Habscheid JZ 71, 231, Kornblum ZZP 84, 339; anders bei Maßgeblichkeit engl Rechts (weil dieses eine Korrekturmöglichkeit vorsieht) Hamburg RIW 85, 490; noch weitgehender BGHZ 90, 70 = NJW 86, 3027 = JZ 87, 154 (Walter) = EWiR 86, 835 (Schütze) = IPRspr 86/198 (§ 1044 Rn 18): Das öffentl Interesse an der Beachtung des Gebots überparteil Rechtspflege „wiege geringer". Zu den Integritätserfordernissen ausführl Schlosser RipS[2] Rn 501. S auch Geimer, Schiedsgerichtsbarkeit und Verfassung, 1994, 137, 172. 44

45 Bei internationalen Schiedsgerichten sollte im Hinblick auf den Grundsatz des fair trial das **Verfahren in einem „neutralen" Drittland unter Vorsitz eines „Drittländers"** stattfinden, also eines Obmanns, der nicht die Staatsangehörigkeit einer der Parteien besitzt, Art 2 VI (3) ICC-Schiedsordnung. Doch wird dieses Postulat nicht über §§ 1027a, 1044 durchgesetzt, Hamburg RIW 89, 576 = EWiR 933 (Bredow), was verständl ist, wenn man bedenkt, daß auch die staatl Gerichte nicht – ad hoc – nach der Staatsangehörigkeit der Parteien besetzt werden und jeder (staatl) Richter entrüstet widerspräche, er würde In- und Ausländer ungleich behandeln. Jedoch sind die Bedenken des OLG Hamburg rechtssoziologisch begründet, Geimer IZPR Rn 868c.

45a Schiedsvertrag unwirksam, wenn ein nur aus Mitgliedern eines Vereins zu bildendes Schiedsgericht über Streitigkeiten zwischen Vereinsmitgliedern und Nichtmitgliedern zu entscheiden hat, BGH 51, 255 = NJW 69, 750, aA Hamburg MDR 75, 409 (Bettermann), § 1025 Rn 71a. Ob in einem nach Entstehung eines Streitfalls geschlossenen Schiedsvertrag ein ledigl mitzeichnungsberechtigter Organvertreter einer Partei von den Parteien gemeinsam zum Schiedsrichter bestellt werden kann, ist bestr, bejahend BGH 65, 59 = NJW 76, 109 (Kornblum BB 77, 675); Schlosser JZ 76, 245. Verneinend Schwab/Walter 9 Rn 6; ThP § 1028 Rn 6. Hält ein Schiedsgericht einen vor ihm geschlossenen Schiedsvergleich für unwirksam und erläßt es daher nach neuer Verhandlung einen Schiedsspruch, so ist im Aufhebungsverf die Frage, ob der Schiedsvergleich tatsächl unwirksam war, nachprüfbar, Hamburg MDR 66, 850. Schiedsvertrag unwirksam, wenn allein die bisherigen beiden Parteivertreter das Schiedsgericht bilden sollen für Fragen, die schließl zu dem Schiedsverf Anlaß gegeben haben; zu weitherzig Hamburg JZ 56, 226. Zur Bindung an vorherige Entscheidung des staatl Gerichts § 1027a Rn 7; 1029 Rn 2; § 1045 Rn 2.

45b **7) § 1044 kennt keine Parallele zu Nr 1 erste Alternative,** Frankfurt/M RIW 89, 912. Hier kommt es darauf an, inwieweit **nach dem maßgebl VerfahrensR** (§ 1044 Rn 4a) **das Fehlen/die Unwirksamkeit des Schiedsvertrages** zur Unwirksamkeit des Schiedsspruchs (§ 1044 II Nr 1) führt, vgl zB BGHZ 52, 184 (Fehlen eines Schiedsvertrags nach jugoslawischem Recht; § 1044 Rn 14). **Kompetenz- und Anweisungsüberschreitungen** des Schiedsgerichts sind grundsätzl nur dann Anerkennungshindernis, wenn sie es nach der auf das Schiedsverf anzuwendenden Rechtsordnung sind, Schlosser RipS[2] Rn 859, 884. Deutscher ordre public (§ 1044 II Nr 2) aber verletzt, wenn maßgebl VerfahrensR Schiedsspruch trotz Fehlen eines wirksamen Schiedsvertrags generell hinnimmt, § 1044 Rn 16.

45c 8) Der Kläger/Antragsteller kann die „Unzuständigkeit" des Schiedsgerichts wegen Fehlens/Unwirksamkeit einer Schiedsvereinbarung nicht rügen. Es gilt das oben § 328 Rn 125 Gesagte entspr. Arglistig handelt, wer selbst das Schiedsgericht angerufen hat. Er kann sich – wenn der Schiedsspruch zu seinen Ungunsten ergangen ist – nicht auf die Unwirksamkeit der Schiedsvereinbarung berufen, RG HRR 31, 1489; Schwab/Walter 7 Rn 4.

45d 9) Hatte der Kläger zunächst vor dem staatl Gericht geklagt, hatte dieses aber – auf Einrede des Bekl gem § 1027a – die Klage als unzulässig abgewiesen, dann steht die Wirksamkeit des Schiedsvertrages fest, § 1027a Rn 7. Das nach § 1041 angerufene Gericht (vgl auch § 1042 II) darf nicht abweichend entscheiden. – Im übrigen handelt ein Bekl, der die Klage vor dem staatl Gericht gem § 1027a blockiert hat, gegen Treu und Glauben, wenn er sich auf die Unwirksamkeit der Schiedsvereinbarung berufen wollte. – Das gleiche gilt, wenn der Bekl sich im vorprozessualen Stadium auf Schiedsvereinbarung berufen hat, § 1027a Rn 12.

46 **XXIV) Unzulässiges Verfahren (Abs 1 Nr 1 2. Alt)** – Vgl § 1034. Ein schiedsgerichtl Verf ist unzulässig, wenn das Schiedsgericht zu dem Schiedsspruch nach den Vereinbarungen der Parteien und den ergänzend geltenden gesetzl Bestimmungen nicht befugt war. Hierzu gehören auch die Regelungen einer institutionellen Verfahrensordnung, der die Parteien sich unterworfen haben. Von diesen Vereinbarungen weicht nach hM ein Schiedsgericht ab, wenn es die ihm darin vorgegebene Entscheidungsgrundlage nicht beachtet: Wenn es den Rechtsstreit nach einer anderen als der ihm verbindl vorgeschriebenen Rechtsordnung entscheidet oder wenn es ohne Ermächtigung der Parteien eine Billigkeits- statt einer Rechtsentscheidung trifft, BGH RIW 85, 972; vgl aber § 1034 Rn 31. Das staatl Gericht hat jedoch nur zu prüfen, ob das Schiedsgericht das von den Parteien gewählte Recht seiner Entscheidung zugrundegelegt hat, nicht jedoch, ob es dieses Recht richtig ausgelegt hat, BGH RIW 85, 972. Unzulässiges Verf liegt im übrigen nur vor, wenn **wesentl Verfahrensvorschriften** verletzt sind, Schwab/Walter 24 Rn 8 (das Schiedsgericht hat zB Zeugen selbst beeidigt oder über Streitpunkte entschieden, die nicht Gegenstand des Schiedsvertrags waren). Ein Verstoß gegen die Anhörungspflicht ist kein absoluter Aufhebungsgrund; es genügt jedoch, wenn der Spruch auf dem Verstoß beruhen kann, Rn 66. Zum Übergehen eines Beweisantrags durch das Schiedsgericht § 1034 Rn 21. – Die Vereinbarung der Zuständigkeit eines Schiedsgerichts für Abänderungsklagen (§ 323; § 1040 Rn 7) bildet keine Verfahrensgrundlage für den Schiedsspruch über eine Klage, die zwar als Abänderungsklage bezeichnet ist, mit der aber Tatsachen, die eine Abänderungsklage begründen könnten, überhaupt nicht vorgetragen werden. Die **fehlerhafte Besetzung des Schiedsgerichts** macht das Verfahren als Ganzes

unzulässig; zur Möglichkeit einer Heilung Schwab/Walter 9 Rn 12. Durch das Wort „sonst" bringt der Gesetzgeber zum Ausdruck, daß er das Fehlen des Schiedsvertrages (auch) als Unterfall des unzulässigen Verf betrachtet. – Ein Schiedsgericht verstößt gegen das Verbot, in eigener Sache als Richter tätig zu werden, wenn es wegen der Weigerung einer Partei, einen angeforderten Vergütungsvorschuß an die Schiedsrichter zu zahlen, eine für erhebl gehaltene Beweisaufnahme nicht durchführt und ohne Verwertung der Beweismittel in der Sache entscheidet, BGH EWiR 85, 419 (Schlosser) = BGHZ 94, 92. Weitere Bespiele bei Wieczorek/Schütze Rn 19.

Der Verfahrensfehler muß für das Verfahrensergebnis (Schiedsspruch) kausal gewesen sein, was immer dann zu bejahen ist, wenn nicht ausgeschlossen werden kann, daß die Schiedsrichter bei Vermeidung des Fehlers zu einem anderen Ergebnis gekommen wären, Raeschke-Kessler/Berger/Lehne Rn 542; Schlosser RipS^2 Rn 817 gE, Wieczorek/Schütze Rn 22, BGH RIW 90, 494 = IPRax 91, 244 (Schlosser 218). Beschwerte Partei muß aber konkret darlegen, was sie – ohne Verletzung ihres Anspruchs auf rechtl Gehör – vorgetragen hätte, Hamburg, RIW 91, 154; Marx 27. – Zur Präklusion von Verfahrensfehlern, die im Schiedsverf hätten gerügt werden können, s § 1027 des Diskussionsentwurfs. Auch schon de lege lata findet eine Präklusion statt, Rn 66 sowie § 328 Rn 159b. **46a**

Bei der **Anerkennung ausl Schiedssprüche** findet nur – außer nach § 1044 II Nr 3 u 4 – eine **ordre public-Prüfung des Schiedsverf** statt (= Wahrung eines Mindeststandards an Verfahrensgerechtigkeit), nicht jedoch eine Überprüfung, ob die durch Parteivereinbarung (§ 1034 Rn 5) oder durch Gesetz stipulierten Verfahrensregeln vom Schiedsgericht eingehalten worden sind, § 1044 Rn 17. **46b**

XXV) Verstoß gegen den ordre public (Abs 1 Nr 2): 1) Überblick: a) Der ordre public-Vorbehalt des § 1041 I Nr 2 hat die gleiche Struktur wie der des § 328 I Nr 4. Er erfaßt nicht nur die Entscheidungsfindung, sondern auch das dem Schiedsspruch vorausgehende Verfahren (allerdings greift – bei inländischen Schiedssprüchen [§ 1044 Rn 17] – insoweit Nr 1 ein, Rn 48). – Er ist nur dann **von Amts wegen zu prüfen, wenn unmittelbare Staatsinteressen auf dem Spiel stehen, ansonsten nur auf Rüge der betroffenen Partei** (nicht ihres Gegners!); die (betroffene) Partei muß bereits im Schiedsverf alle ihr zur Verfügung stehenden Möglichkeiten (erfolglos) ausgeschöpft haben, § 328 Rn 158, 182; § 1034 Rn 19; § 1041 Rn 45c; § 1044 Rn 18. – Die Aufhebungsgründe der Nr 1 zweite Alt und der Nrn 3–6 sind nicht leges speciales in dem Sinne, daß eine Überprüfung des Schiedsverf über die dort angesprochenen Aspekte hinaus ausgeschlossen wäre. Der Aufhebungsgrund des § 1041 I Nr 2 ist also ein **Auffangtatbestand.** **47**

b) Im **Verhältnis zu Nr 1** hat dies aber keine praktische Bedeutung, da jedesmal dann, wenn ein Verstoß gegen den ordre public angenommen werden kann, auch ein wesentl Verfahrensverstoß iSd § 1041 I Nr 1 vorliegt. Seitdem BGHZ 28, 249 ff = NJW 58, 538 die Unterscheidung zwischen Fehlern in procedendo und in iudicando aufgegeben hat, dürfte sich die Einengung der Nr 1 auf Verfahrensverstöße außerhalb der Urteilsfindung erübrigen, so daß man auf eine Heranziehung der Nr 2 bei Verfahrensverstößen (generell) verzichten kann. – Anders § 1044 Rn 17. **48**

c) Problematischer ist dagegen das **Verhältnis der Nr 2 zur Nr 6.** Nr 6 erklärt die Restitutionsgründe zu Aufhebungsgründen, ausführl Schwab/Walter 24 Rn 39. Aus der Verweisung in Nr 6 auf § 580 Nr 1–6 folgt, daß zur Geltendmachung eines Restitutionsgrundes auch die Voraussetzungen des § 581 vorliegen müssen, dh daß in bezug auf die in Frage kommende strafbare Handlung eine rechtskräftige Verurteilung erfolgt sein muß bzw daß die Einleitung oder Durchführung eines Strafverfahrens aus anderen Gründen als wegen Mangels an Beweisen nicht erfolgen kann, BGH LM 9 zu § 1041, 6 zu § 139 BGB = NJW 52, 1018. Wenn die Voraussetzungen des § 581 nicht vorliegen, kann also eine Aufhebung eines Schiedsspruches nicht über Nr 2 erreicht werden. Die Voraussetzungen der Nr 2 sind zwar formal gegeben: Ein Schiedsspruch, der zB durch eine Rechtsbeugung zustande gekommen ist, verstößt gegen wesentl Grundsätze des deutschen Rechts. Trotzdem zessiert der Aufhebungsgrund der Nr 2 gegenüber Nr 6. Andernfalls wäre § 1041 I Nr 6 überflüssig. Der Gesetzgeber will eben durch § 581 erreichen, daß sich die Strafgerichte zuerst mit einer strafbaren Handlung zu beschäftigen haben, ehe diese im Zivilprozeß geltend gemacht wird. Zwar hat die Rspr (§ 578 Rn 17) die Geltendmachung von Restitutionsgründen im Revisionsverf ohne vorgängige strafrichterl Verurteilung zugelassen. Doch sind diese Grundsätze nicht auf das Aufhebungsverf übertragbar. Denn dort handelt es sich um ein anhängiges Verfahren, während hier das Schiedsgerichtsverf abgeschlossen ist. Die prozeßökonomischen Argumente, die die Zulassung der Restitutionsgründe ohne Verurteilung rechtfertigen, greifen hier nicht durch, BGH LM 6 zu § 139 BGB = NJW 52, 1018 = MDR 52, 488. Die gleiche Problematik taucht bei § 1044 II nicht auf. Hier ist nicht speziell auf die Restitutionsgründe verwiesen. Sie werden daher zum ordre public (§ 1044 II Nr 2) gezählt, die Vollstreckbarerklärung darf also auch ohne die Voraussetzungen des § 581 verweigert werden. Diese Erleichterung gegenüber inländischen Schiedssprüchen ist gerechtfertigt, weil für die Aburteilung der strafba- **49**

ren Handlungen meist nur ein ausl Gericht zuständig ist, was wesentl Erschwerungen mit sich bringt, BGH RIW 90, 494 = IPRax 91, 244 (Schlosser 218).

50 **d)** Von der Frage, welche Voraussetzungen für die Geltendmachung eines Restitutionsgrundes gefordert werden müssen, ist die Frage zu sondern, ob die Geltendmachung eines **sittenwidrig erschlichenen Schiedsspruches** Schadensersatzansprüche, etwa über § 826 BGB, nach sich ziehen kann. Das RG hat in konsequenter Anwendung seiner für das erschlichene Fehlurteil eines staatl Gerichts entwickelten Grundsätze auch für Schiedssprüche einen Anspruch aus § 826 BGB gegeben, RG HRR 28 Nr 1946. Es tauchen hier die gleichen heiklen Probleme und Zweifel auf wie beim erschlichenen staatl Urteil. In der Tat ist es bedenkl, mit materiellrechtl Mitteln dem prozeßrechtl Institut der Rechtskraft (§ 1040) zu Leibe zu rücken, Rn 72 ff vor § 322.

51 **2) Vergleich mit § 328 I Nr 4:** Grundsätzl haben beide ordre public-Klauseln die gleiche Funktion. Deswegen können die Erläuterungen § 328 Rn 160 ff herangezogen werden. Völlige Übereinstimmung besteht dann, wenn es um die Wahrung unmittelbarer Staatsinteressen geht. Denn der gewissermaßen „unverzichtbare" Bestand an Normen und Rechtsprinzipien, die die Grundlagen des staatl und wirtschaftl Lebens ausmachen, sind gleichermaßen gegen ausl Urteile wie gegen Schiedssprüche durchzusetzen. Möglicherweise sind Divergenzen vorstellbar, wenn es um den Schutz von Parteiinteressen geht. Die Parteien des Schiedsverfahrens haben sich immerhin freiwillig der Zuständigkeit des Schiedsgerichts unterworfen, während die Gerichtspflichtigkeit jedenfalls des Beklagten idR (Ausnahme: § 328 I Nr 1 iVm §§ 38 ff) vom Gesetz (§ 328 I Nr 1 iVm §§ 12 ff) erzwungen ist. Dies könnte rechtfertigen, § 1041 I Nr 2 restriktiver zu handhaben als § 328 I Nr 4, Rn 61. Vgl auch BGHZ 98, 70 = NJW 86, 3027 = RIW 86, 816 = JZ 87, 154 (Walter) = EWiR 86, 835 (Schütze) = IPRspr 86/198 (II 4) u BGH RIW 90, 494.

52 **3) Vergleich mit Art 6 EGBGB.** Ebenso wie § 328 I Nr 4 hat § 1041 I Nr 2 ein anderes Profil als Art 6 EGBGB. Er hat einerseits eine geringere „Angriffsintensität" (ordre public atténué, Geimer IZPR Rn 26, Schlosser RipS^2 Rn 866), andererseits greift er auch bei unrichtiger (Nicht)Anwendung eigenen Rechts (also nicht nur ausl Rechts) ein und erfaßt auch die Kontrolle des (Schieds)Verf, wozu es bei Art 6 EGBGB keine Parallele gibt, § 328 Rn 152.

53 **4) Nachprüfung des Schiedsspruches unter dem Gesichtspunkt des ordre public:** Hinsichtl der **rechtl Feststellungen** des Schiedsgerichts ist das staatl Gericht bei der Nachprüfung auf einen Verstoß gegen den ordre public vollkommen frei, BGHZ 27, 254 = JZ 59, 173 (Habscheid). Wollte man näml eine Bindung des Staatsgerichtes an die Rechtsauffassung des Schiedsgerichts fordern, so würde das praktisch § 1041 I Nr 2 illusorisch machen.

54 Das Staatsgericht darf das **Verhältnis des vom Schiedsgericht angenommenen Rechtsgrundes zu der ausgesprochenen Rechtsfolge** nachprüfen. So ist ein Schiedsspruch wegen ordre public-Verstoßes aufzuheben, wenn das Schiedsgericht zwar annimmt, es liege ein zB sittenwidriger Vertrag vor, aber trotzdem – aus welchen Motiven auch immer, etwa aus „Billigkeitsgründen" – zur Leistung aus dem nichtigen Vertrag verurteilt.

55 Streit herrschte aber über die Frage, ob das Staatsgericht die **Subsumtionstätigkeit des Schiedsgerichts** nachprüfen darf. Dafür: BGHZ 27, 249, Köhn KTS 56, 187, Habscheid JZ 59, 175. Dagegen: RG HRR 36 Nr 911, KG DR 39, 2156 Nr 4 (2157), Hamburg NJW 55, 390 und BB 54, 577. Wie ist also zu entscheiden, wenn in Abwandlung des obigen Beispiels das Schiedsgericht den Sachverhalt, der die tatsächl Voraussetzungen eines Sittenverstoßes enthält, falsch subsumiert hat, dh den Tatbestand des § 138 BGB verneint hat? Die Gegenansicht würde die Kontrollfunktion, die der staatl Richter über die Schiedssprüche ausübt, weitgehend lahmlegen, Habscheid JZ 59, 175.

56 Von der Frage der Nachprüfbarkeit der rechtl Beurteilung, den der Sachverhalt durch das Schiedsgericht erfahren hat, ist die Frage zu trennen, ob das Staatsgericht bei der ordre public-Prüfung von dem **Sachverhalt** auszugehen hat, der dem Schiedsgericht bei seiner Spruchfindung zugrunde gelegen hat, oder ob es ohne Bindung an die tatsächl Feststellungen des Schiedsgerichtes den Sachverhalt selbst (nach den in Rn 34 dargestellten Maximen) aufklären darf. Wie ist mithin zu entscheiden, wenn das Schiedsgericht den ihm vorliegenden Tatsachenstoff rechtl richtig gewürdigt hat, der Schiedsspruch aber trotzdem an der objektiven Rechtslage vorbeigeht, weil der dem Schiedsspruch zugrundeliegende Sachverhalt mit der Wirklichkeit nicht übereinstimmt? Vgl zB Celle NJW 56, 1723. Es erscheint zunächst naheliegend, auch im Falle unrichtiger tatsächl Feststellungen des Schiedsgerichtes dem Staatsgericht eine unumschränkte Nachprüfung zu gestatten. So BGH NJW 73, 98; 72, 2180; Schwab/Walter 24 Rn 30; Altenmüller KTS 74, 150; Gottwald FS Nagel (1987), 66 Fn 78 mwN, Schlosser RipS^2 Rn 927. Dagegen Hamburg BB 54, 577. Denn, so könnte man argumentieren, es läge auch dann immer ein ordre public-Verstoß vor, wenn das Schiedsgericht aufgrund der Unkenntnis des wahren Sachverhaltes eine zum Bereich des ordre public gehörende Norm, etwa § 138 BGB, nicht angewendet hat. Aber eine derartige Auffassung ist schon vom Ergebnis her bedenkl. Das Staatsgericht könnte näml unter dem Vorwand, es könnte ein zum ordre public gehörender Rechtsgrundsatz verletzt sein, den ganzen

Streitkomplex auch in seinen tatsächl Grundlagen wieder aufrollen, was aber praktisch auf eine sachl Nachprüfung hinausliefe, Rn 36. Gegen eine Ungebundenheit des Staatsgerichtes sprechen auch dogmatische Bedenken. Die Sachaufklärung, auf die es hier ankommt, ist eine Angelegenheit des Verfahrens. Nach der Auffassung des Gesetzgebers wird der Sachverhalt vom Schiedsgericht hinreichend aufgeklärt (auch wenn dem Ermessen des Schiedsgerichts ein großer Spielraum eingeräumt ist, § 1034). Daraus folgt, daß die vom Schiedsgericht vorgenommene Tatsachenfeststellung solange unangreifbar ist, als nicht ein Verfahrensmangel vorliegt, vgl § 1041 I Nr 1 zweite Alt. Sonst würden auch die weiteren fünf Gründe des § 1041 keine selbständige Bedeutung mehr haben, soweit ein ordre public-Verstoß zur Debatte steht. Das Staatsgericht kann mithin nur prüfen, ob das Verf, auf dem die Tatsachenfeststellung beruht, mit Mängeln behaftet ist. Ansonsten ist es an die Tatsachenfeststellung gebunden. AA Marx 31. Es besteht also eine ähnl Bindung wie im Verhältnis des Revisionsgerichtes zum Berufungsgericht, StJ/Schlosser Rn 33. Dies gilt jedoch nur insoweit, als es nicht um die Durchsetzung unmittelbarer staatl Interessen geht. Stehen unmittelbare Staatsinteressen auf dem Spiel, so ist der staatl Richter an die Tatsachenfeststellungen des Schiedsgerichts nicht gebunden. Insoweit gilt nicht die Verhandlungsmaxime. Vgl § 328 Rn 182.

5) **Dogmatische Eingrenzung des ordre public: a)** Über den ordre public wird nur ein Ausschnitt aus dem weiten Gebiet des zwingenden Rechts und der dahinterstehenden elementaren Rechtsprinzipien durchgesetzt. Vgl Rn 36 und § 328 Rn 152. Damit ergibt sich die Aufgabe, eine Grenzlinie zu finden, die das zum ordre public gehörige zwingende Recht von dem übrigen trennt. Das Reichsgericht (RGZ 169, 245) hat hierzu in Parallele zu Art 30 EGBGB (= Art 6 nF) und § 328 I Nr 4 alle diejenigen Vorschriften des zwingenden Rechts gezählt, die der Gesetzgeber in einer die **Grundlagen des staatl oder wirtschaftl Lebens** berührenden Frage auf Grund bestimmter staatspolitischer oder wirtschaftl Anschauungen, nicht nur aus bloßen Zweckmäßigkeitserwägungen, gegeben hat. Diese Formel bedarf der Ergänzung. Ein Verstoß gegen den ordre public liegt ferner vor, wenn der Schiedsspruch mit elementaren Gerechtigkeitsvorstellungen unvereinbar ist, BGHZ 54, 123, 132; Schwab/Walter 24 Rn 23. Um Mißbräuche in der Schiedsgerichtsbarkeit zu bekämpfen bzw solchen vorzubeugen, reicht es aus, wenn sich die Nachprüfung durch das Staatsgericht nur auf bestimmte **fundamentale Normen** beschränkt. Dies hebt die Formel des RG und des BGH treffend hervor. Durch die matte Formulierung der nF („wesentl Grundsätze des deutschen Rechts") hat sich insoweit inhaltl nichts geändert. Die **Toleranzschwelle des ordre public wurde nicht gesenkt,** möglicherweise aber durch das „Offensichtlichkeitserfordernis" erhöht. 57

b) Wenn auch der ordre public sich einer prägnanten Formulierung entzieht, schließt dies aber nicht aus, daß man sein Wirkungsfeld, seine allgemeinen Tendenzen und Zielrichtungen, beschreiben kann: Das Wesen des ordre public ist von einer gewissen „Doppelgesichtigkeit": Sein Bereich läßt sich in zwei zieml selbständige Komplexe zerlegen, näml in **die Machterhaltungs- und die Gerechtigkeitsfunktion;** Kegel FS Lewald, 1953, 277 ff; Köhn KTS 56, 170. Eine ähnl Zweiteilung schlägt Wieczorek § 328 E IVa vor. Er stellte die Sicherheit des Staates der des einzelnen gegenüber. Schlosser spricht von individuellen und überindividuellen Schutzbereichen, meint damit wohl das Gleiche, StJ/Schlosser Rn 24. Dabei steht – auch nach der wenig aussagekräftigen Neufassung der Nr 2 – die Machterhaltungsfunktion des ordre public im Vordergrund. Die Normen, an deren Beachtung der Staat ein unmittelbar machtpolitisches Interesse hat, gehören vorwiegend zum öffentl Recht. Grundlage der staatl Macht ist aber nicht das gesamte öffentl Recht schlechthin, BGHZ 22, 28. So würde zB ein Schiedsspruch, der das Ladenschlußgesetz oder Feiertagsgesetze ignoriert, wohl kaum aus diesem Gesichtspunkt aufgehoben werden, Köhn KTS 56, 137. 58

c) In den hier erörterten Zusammenhang gehören in erster Linie die **Prohibitivgesetze,** Schlosser RipS[2] Rn 874. Abgesehen von den Strafgesetzen berühren am meisten die **wirtschaftsdirigistischen Gesetze** unmittelbar das Machtinteresse des Staates. Von ihrer Einhaltung hängt die soziale Ordnung ab. Daher greift der Staat ein, wenn ein Schiedsspruch sie verletzt oder (schlicht) übergeht. So verfällt ein Schiedsspruch der Aufhebung bzw wird nicht vollstreckt, wenn er Devisenvorschriften nicht beachtet. Was die Devisenreglementierung sowie Import- und Exportverbote bzw -beschränkungen für die Außenhandelspolitik bedeuten, das sind für die innerstaatl Wirtschaftsordnung die Preisvorschriften, vgl zB BGH BB 53, 811, BGHZ 27, 249 (255), BGH LM 7 zu § 1025, RG DR 40, 1528 Nr 23 (1529), Hamburg HEZ 1, 255, Wettbewerbsvorschriften des KartellR (ausführl K. Schmidt, FS Pfeiffer [1987] 770, BGH 88, 319; Schwab/Walter 24 Rn 29), Lebensmittelgesetze (RG DJ 42, 91) und was es sonst an Normen gibt, die der Niederschlag der wirtschaftspolitischen Konzeption des Staates sind. Das unmittelbare Staatsinteresse ist aber nicht auf Normen dieser Art beschränkt. Hierher gehört zB auch der **Kulturgüterschutz** (Verbot des Verbringens ins Ausland, Nachw Reichelt IPRax 86, 73; Pieroth/Kampmann NJW 90, 1385). Beispiele bei Wieczorek/Schütze Rn 26. Man kann ganz allg formulieren, daß dann der Staat die Verletzung seiner Normen nicht hinnehmen kann und will, wenn dadurch seine 59 reale Machtposition in Mitleidenschaft gezogen wird, BGHZ 22, 29. Vgl § 1044 Rn 18. – Hiervon klar zu unterscheiden sind die Fälle, in denen eine Partei aus Garantieversprechen zur Geldzahlung verurteilt wurde, weil sie die versprochene öffentl-rechtl Genehmigung/Erlaubnis etc nicht beschafft hat, § 1044 Rn 18.

60 **d)** Über den ordre public ist aber nicht die Beachtung der **materiellen Rechtskraft durchzusetzen.** Der Staat legt zwar größten Wert auf den Rechtsfrieden und sorgt durch das Institut der Rechtskraft dafür. Trotzdem läßt er eine Parteidisposition über die rechtskräftig entschiedene Sache zu. Ob eine Vereinbarung im Einzelfall vorliegt, will er nicht überwachen. Differenzierend Schlosser RipS^2 Rn 880. Vgl Rn 68, § 1040 Rn 9.

61 e) Die Funktion des ordre public ist aber nicht auf die Wahrung der staatl Macht beschränkt. Der Staat darf sich nicht nur um die ihn unmittelbar berührenden Fragen kümmern, sondern hat – vor allem im demokratisch legitimierten Rechtsstaat (Art 20 GG), der sich als „Diener seiner Bürger" begreift (Schlosser RipS^2 Rn 865), – auch die Aufgabe, Private vor Mißbrauch der Schiedsgerichtsbarkeit zu schützen, § 1025 Rn 1a. Neben die Machtfunktion des ordre public tritt die **Gerechtigkeitsfunktion.** Daß er hier allerdings auf eine Normverletzung lässiger reagiert, liegt daran, daß er das Einzelinteresse nicht für so schutzwürdig hält, weil sich ja die Parteien freiwillig seinem Rechtsschutzsystem entzogen und sich den Schiedsgerichten unterworfen haben. Vgl Rn 51. So muß ein **eklatanter Verstoß** vorliegen, um den Staat zum Eingreifen mit der ordre public-Klausel zu bewegen. Es muß, wie das KG JW 35, 59 ausführt, ein Verstoß vorliegen, „der das Vertrauen weiter Kreise auf die allg Rechtssicherheit und die Zuverlässigkeit des schiedsrichterl Verf im einzelnen Fall zu erschüttern geeignet ist". Durch das neueingeführte Offensichtlichkeitserfordernis wird die Toleranzschwelle des ordre public möglicherweise – gegenüber Nr 2 aF – noch angehoben. Dies gilt jedoch nur für die Gerechtigkeitsfunktion, Rn 58. Auch BGHZ 22, 24 (29) differenziert zwischen privatrechtl und staatl Interessen. Bei einer Verletzung der letzteren ist der BGH viel eher bereit, mit dem ordre public zu operieren. Er stellt daher an die Anerkennung „erhebl strengere Anforderungen". Weitere Nachw bei StJ/Schlosser Rn 27 und Geimer/Schütze, I § 198. – Aufhebungsgründe, die dem Schutz einer Partei dienen, sind – wie bei § 328 (Rn 159a und 182) – nur auf deren Rüge zu beachten; sie sind präkludiert, wenn die Rüge auch im Schiedsverf erfolgreich gewesen wäre, Rn 73; BGH RIW 90, 495 (analog § 582).

62 f) Ordre public und **Grundrechte:** Die Grundrechte als höchstrangige Normen unserer Rechtsordnung müssen zumindest in ihrem Kernbereich auch im Schiedsgerichtsverf beachtet werden. Ein Schiedsspruch, der eine Bestimmung des Grundrechtskataloges innerhalb ihres Geltungsbereiches nicht oder falsch anwendet, ist ordre public-widrig. Dies hebt Nr 2 nF ausdrückl hervor. Das Problem liegt aber darin, inwieweit die Grundrechte in das Privatrecht hineinwirken. Ausführl Geimer, Schiedsgericht und Verfassung in Schlosser, Integritätsprobleme im Umfeld der Justiz, 1994, 144 ff.

63 g) Von den Verstößen der Schiedsrichter gegen zwingendes (nicht zum ordre public gehörendes) Recht (in ihrem Schiedsspruch) sind **Verstöße der Parteien gegen das zwingende Recht** im Schiedsvertrag scharf zu trennen. Für letztere gelten die allgemeinen Regeln über die Vertragsfreiheit und ihre Grenzen. Setzen sich die Parteien über diese Grenzen hinweg, so ist der Schiedsvertrag unwirksam (§§ 134, 138 BGB). Einem etwa darauf beruhenden Schiedsspruch fehlt seine Wurzel: Er ist nach § 1041 I Nr 1 erste Alt aufzuheben.

63a **6) Anwendung des „richtigen Rechts":** Daß das Schiedsgericht aus der Sicht des staatl Gerichts eine falsche IPR-Entscheidung getroffen hat (§ 1034 Rn 33) u daher nicht das richtige Recht angewandt hat, ist für sich allein noch kein Grund, den Schiedsspruch für ordre public-widrig zu erklären, § 1044 Rn 18a. Anders ist es, wenn die Schiedsrichter ganz offen das von den Parteien gewählte Recht ignoriert haben, Schlosser RipS^2 Rn 863.

63b **7) Zeitpunkt:** S § 328 Rn 175c.

64 **8) Einzelfälle:** Eine Partei wurde durch den Schiedsspruch zur Duldung oder Unterlassung einer Handlung verurteilt, deren Vornahme verboten ist, oder der Schiedsspruch hat sich über wesentl unverzichtbare gesetzl Vorschriften hinweggesetzt, zB Preisvorschriften BGH 27, 249 = NJW 58, 1538; § 20 GWB BGH 46, 365 = NJW 76, 1178 = MDR 382; EWGVertrag BGH NJW 69, 978; Raeschke-Kessler EuZW 90, 147. Ein Schiedsgericht kann die Vergütung seiner Mitglieder weder unmittelbar noch mittelbar durch eine Entscheidung über den Streitwert des Schiedsgerichtsverf festsetzen, BGHZ 94, 92, § 1025 Rn 65 und § 1034 Rn 67. – Nachprüfung der Kostenentscheidung, BGH LM 9. § 1034 Rn 60. – Vgl auch BGH NJW 90, 3211.

65 **XXVI) Mangelnde Vertretung (Abs 1 Nr 3):** Die Vorschrift ist § 551 Nr 5 und § 579 I Nr 4 nachgebildet. Für die Frage der Ordnungsgemäßheit der Vertretung gelten §§ 80 ff, nicht §§ 166 ff BGB, StJ/Schlosser Rn 35. AA Schwab/Walter 24 Rn 32; Wieczorek/Schütze Rn 29.

66 **XXVII) Verweigerung rechtl Gehörs (Abs 1 Nr 4).** Vgl auch § 1034 Rn 7 und § 1044 Rn 20. Ob rechtl Gehör mündl oder schriftl gewährt wird, steht im Ermessen des Schiedsgerichts, Frank-

furt/M RIW 89, 914. Die Grundsätze des rechtl Gehörs und des Begründungszwangs erfordern nicht, daß sich das Schiedsgericht mit allen Einzelheiten des Parteivortrags auseinandersetzt, BGH RIW 90, 494 = IPRax 91, 244 (Schlosser 218); jedoch ist das rechtl Gehör verletzt, wenn das Schiedsgericht dem Kläger Zinsen zuspricht, ohne dem Bekl vorher mitzuteilen, daß der Kläger auch Zinsen gefordert hat, Hamburg MDR 65, 54. Nichtbeachtung des § 139 fällt nicht unter Nr 4. Dies gilt aber nicht für § 278 III, aA BGH MDR 83, 382. Näher § 1034 Rn 8, 19 sowie Wieczorek/Schütze Rn 30. Verweigerung rechtl Gehör kann durch Oberschiedsgericht geheilt werden, Hamburg RIW 91, 154. Bei Nichtanrufung des Oberschiedsgerichts bzw **bei Nichtrügen der Verletzung rechtl Gehörs durch beschwerte Partei tritt Präklusion ein,** § 328 Rn 158; Wieczorek/Schütze Rn 35. – Das staatl Gericht kann wegen des Verbotes der révision au fond (Rn 36) den Mangel nicht dadurch heilen, daß es seinerseits rechtl Gehör gewährt. Der Schiedsspruch vielmehr ist aufzuheben, soweit er auf dem Verstoß beruhen kann, BGH NJW 86, 1438 = WM 85, 1487, vorausgesetzt, daß die beschwerte Partei schlüssig vorträgt, was sie konkret – im Falle ordnungsgemäßer Gewährung rechtl Gehörs – zusätzl vorgebracht hätte und dementsprechend vom Schiedsgericht hätte berücksichtigt werden müssen, Hamburg RIW 91, 154. S auch Rn 46a. Der Mangel ist nur auf Antrag/Rüge der beschwerten Partei zu beachten, vgl Rn 61 und 73.

XXVIII) Fehlen einer Begründung der Entscheidung des Schiedsgerichts (Abs 1 Nr 5): Nr 5 ist nicht so streng wie § 551 Nr 7 auszulegen. Die Bestimmung dient nicht dem Zweck, eine Nachprüfung unter dem Gesichtspunkt der Nr 2 sicherzustellen, BGHZ 30, 89. An die Begründung von Schiedssprüchen können also nicht die für die Urteile staatl Gerichte geltenden Maßstäbe angelegt w, BGH RIW 90, 495; sie müssen nur gewissen Mindestanforderungen entsprechen: Sie dürfen nicht offenbar widersinnig sein. Die Begründung darf sich nicht auf inhaltsleere Wendungen beschränken und muß **zu den wesentl Verteidigungsmitteln der Parteien Stellung nehmen,** BGH WM 83, 1207 und BGHZ 96, 47 = NJW 86, 1436 = IPRspr 85/200 = RIW 85, 973; Schütze/Tscherning/Wais Rn 521: Jedenfalls bedürfen die Punkte, die unmittelbar von der Entscheidungsformel erfaßt werden, stets einer Begründung. Verzicht nach § 1041 II mögl, auch schon im voraus im Schiedsvertrag, RG 35, 426, § 1025 Rn 16. Ein solcher Verzicht macht Aufhebungsklage nicht (insoweit) unzulässig, sondern unbegründet, BGH NJW 86, 1438. – Wegen **Teilaufhebung** s Rn 29. 67

XXIX) Vorliegen von Restitutionsgründen (Abs 1 Nr 6): Außer den Voraussetzungen des § 580 muß in den Fällen der Nr 1–5 auch die Voraussetzung des § 581 vorliegen, Rn 49. Bei Verurteilung eines Schiedsrichters wegen Rechtsbeugung ist der Schiedsspruch in vollem Umfang aufzuheben, auch wenn die Verurteilung nur einen Teil der Ansprüche betrifft, die Gegenstand des Schiedsspruchs sind, KG NJW 76, 1356. Keine Aufhebungsklage bei nachträgl Auffindung eines neuen Urt oder einer neuen Urk, RG 41, 256; § 580 Nr 7, Schwab/Walter 24 Rn 38. Vgl aber § 1040 Rn 9 und § 1044 Rn 39 sowie BGH RIW 90, 494 = IPRax 91, 244 (Schlosser 218). 68

XXX) Feststellung, daß Aufhebungsgründe nicht vorliegen: 1) Die Aufhebungsklage kann nur die beschwerte Partei erheben, vgl Rn 19. Für die siegreiche Partei besteht im Hinblick auf die Präklusionswirkung des § 1043 idR kein Rechtsschutzbedürfnis, weil sie die Vollstreckbarerklärung nach §§ 1042 ff in einem vereinfachten Verf betreiben kann. Es können aber nur solche Schiedssprüche für vollstreckbar erklärt werden, die einen vollstreckungsfähigen Inhalt haben. Es scheiden also – mit Ausnahme des Kostenpunktes – feststellende und gestaltende Schiedssprüche aus, ebenso solche verurteilende Schiedssprüche, auf Grund derer der Schuldner bereits geleistet hat. Vgl Geimer/Schütze I § 150 XI und XXIII. Durch die Vollstreckbarerklärung wird dem Schiedsspruch die Vollstreckbarkeit verliehen. Die Entscheidung des staatl Gerichts ist rechtsgestaltender Natur. Anders ist es aber bei den sonstigen Wirkungen des Schiedsspruchs. Diese treten unmittelbar kraft **Gesetzes** ein, ohne Rücksicht darauf, ob ein Aufhebungsgrund vorliegt oder nicht, Rn 6; § 1040 Rn 1. 69

2) Die siegreiche Partei hat ein Interesse daran feststellen zu lassen, daß ein Aufhebungsgrund nicht vorliegt. **Ein besonderes Feststellungsverfahren sieht das Gesetz nicht vor.** Die hM läßt dogmatisch unscharf auch bei nicht oder nicht mehr vollstreckbaren Schiedssprüchen eine Vollstreckbarerklärung nach §§ 1042 ff zu, Schlosser RipS[2] Rn 888; Walter FS Schwab (1990), 540 Fn 5; Schütze/Tscherning/Wais Rn 531. Die Vollstreckbarerklärung diene nicht nur der eigentl Zwangsvollstreckung, ihr Zweck bestehe vielmehr vor allem auch darin, „die Geltung des Schiedsspruches im geordneten Rechtsweg zur Anerkennung zu bringen und gegen die Anfechtung durch Geltendmachung von Aufhebungsgründen (§ 1043) sicherzustellen". StJ/Schlosser § 1042 Rn 2 Fn 7; Schwab/Walter 26 Rn 7; BGH BB 60, 302 = WM 60, 198; BGH JZ 62, 287; BGH FamRZ 87, 269 (für feststellenden Schiedsspruch); BayObLGZ 84, 49 (für rechtsgestaltenden Schiedsspruch). 70

3) Stellungnahme: Korrekter ist es – wie bei der Anerkennung ausl Urteile, vgl § 328 Rn 189 ff – von der Vollstreckbarerklärung klar das Feststellungsverf zu trennen. Daher kann die siegreiche Partei im vereinfachten Verfahren nach §§ 1042 ff hinsichtl nicht vollstreckbarer Schiedssprüche 71 die **Feststellung beantragen, daß ein Aufhebungsgrund nicht vorliegt.** Erfolgt diese Feststellung des staatl Gerichts, so hat dies die Wirkungen des § 1043 (analog). Ist das staatl Gericht der Auffassung, daß ein Aufhebungsgrund vorliegt, erfolgt Aufhebung analog § 1042 II.

72 **XXXI) Ausländische Schiedssprüche** (§ 1044 Rn 4 ff): **1)** Das Aufhebungsverf kommt nur bei inländischen Schiedssprüchen (s aber auch § 2 AusfGUNÜ) zum Zuge, BGH RIW 85, 970, nicht jedoch bei ausl, § 1044 III (diese Bestimmung wäre völkerrechtl nicht erforderl; StJ/Schlosser § 1044 Rn 74). AA Bajons FS Kralik (1986) 21 (Notzuständigkeit für „internationale Schiedssprüche"). Liegen die Anerkennungsvoraussetzungen nicht vor, so werden die Wirkungen des ausl Schiedsspruchs, die diesem nach der maßgebl ausl Rechtsordnung zukommen (Feststellungs- bzw Gestaltungswirkung), nicht auf das Inland erstreckt. Diese Rechtsfolge tritt **unmittelbar kraft Gesetzes** ein. Darauf kann sich jeder berufen bzw dies kann jeder einwenden, ohne daß vorher ein Feststellungsverf vor einem staatl Gericht durchgeführt werden müßte. Hierin liegt ein wesentl Unterschied zu den Wirkungen inländischer Schiedssprüche, Rn 6. Beispiel: Ein inländischer Schiedsspruch, der den Anspruch einer Partei auf Gewährung rechtl Gehörs verletzt, ist wirksam. Seine res iudicata-Wirkung (§ 1040) ist zu beachten, solange er nicht auf Klage der beschwerten Partei bzw auf deren Rüge nach § 1042 II aufgehoben worden ist, § 1041 I Nr 4. Anders ist es, wenn es sich ceteris paribus um einen ausl Schiedsspruch handelt, § 1044 II Nr 4. Hier kann sich die beschwerte Partei auf die Nichtanerkennung (= Wirkungslosigkeit des Schiedsspruchs im Inland, da die nach ausl Recht eingetretenen Wirkungen nicht auf das Inland erstreckt werden) berufen. Unentschieden Hamm RIW 83, 698 = IPRspr 194.

73 **2)** Soweit es nicht um die Wahrung unmittelbarer Staatsinteressen geht, hat es die Partei, deren Schutz die Anerkennungsvoraussetzung bzw der Versagungsgrund dient (also die beschwerte Partei), in der Hand, ob sie das Anerkennungshindernis geltend machen will. Eine Beachtung von Amts wegen oder auf Antrag des Gegners – ohne **Rüge der betroffenen Partei** – kommt nicht in Betracht. Es würde den Sinn der Schutznorm ad absurdum führen. Genauso wie es bei inländischen Schiedssprüchen im Belieben der beschwerten Partei steht, ob sie die Aufhebungsklage erheben will oder nicht (Rn 19), hat es bei ausl Schiedssprüchen nur die betroffene (= durch den Normzweck des konkreten Versagungsgrundes geschützte) Partei in der Hand, ob sie sich auf das Fehlen der Anerkennungsvoraussetzung(en) berufen will. Hierzu ein simples aber einleuchtendes Beispiel: Dem Bekl wird vom ausl Schiedsgericht das rechtl Gehör verweigert. In der Sache entscheidet aber das Schiedsgericht zugunsten des Bekl. Es weist die Klage als unbegründet ab. Es würde die Dinge auf den Kopf stellen, wollte man dem Kläger gestatten, gegen die res iudicata-Wirkung einzuwenden, diese sei im Inland nicht zu beachten, da der Schiedsspruch wegen Verletzung des rechtl Gehörs im Inland nicht anzuerkennen sei. Vgl auch Rn 61 und § 1044 Rn 17 sowie Geimer/Schütze I § 195 Fn 46.

74 **3)** Zur Klärung der Frage, ob die Wirkungen eines ausl Schiedsspruchs im Inland anzuerkennen sind oder nicht, stellt das deutsche Recht **kein besonderes (vereinfachtes) Feststellungsverfahren** zur Verfügung. § 1044 betrifft nur die Vollstreckbarerklärung (= Verleihung der Vollstreckbarkeit für den Bereich des Inlands). Diese kommt nur in Betracht für Schiedssprüche, die nach dem maßgebl ausl Recht vollstreckbar sind; es scheiden also – mit Ausnahme der Entscheidung im Kostenpunkt – feststellende und gestaltende Schiedssprüche aus. AA die hM, zB Schlosser $RipS^2$ Rn 774, 888. Vgl Rn 69 ff. Es bleibt nur die Feststellungsklage (§ 256); eine analoge Anwendung der Vorschriften für das Exequaturverf (§§ 1044 I 1, 1042 ff) ist – soweit wie irgendwie mögl (§ 1044 I 1) – zu befürworten, erweist sich aber bei näherem Zusehen als wohl nicht immer durchführbar, jedenfalls nicht für negative Feststellungsklagen.

74a **XXXII) Verurteilung zu Schadensersatz** – neben der Verurteilung zur Kostentragung – bei mutwillig erhobener Aufhebungsklage denkbar, weil dadurch die vertragl vereinbarte **Vertraulichkeit des Schiedsverf** gebrochen wurde, Schlosser $RipS^2$ Rn 394 gE.

75 **XXXIII) Gebühren** des **Gerichts und** des **Anwalts:** Die Aufhebungsklage ist von den Anträgen im schiedsrichterl Verf unabhängig; es entstehen daher die Regelgebühren (KV 1201 ff; §§ 31 ff BRAGO).

1042 *[Vollstreckbarerklärung. Allgemeines]*

(1) Aus dem Schiedsspruch findet die Zwangsvollstreckung nur statt, wenn er für vollstreckbar erklärt ist.

(2) **Der Antrag ist unter Aufhebung des Schiedsspruchs abzulehnen, wenn einer der im § 1041 bezeichneten Aufhebungsgründe vorliegt.**

1 **I)** Das Verfahren zielt auf eine **Rechtsgestaltung:** Dem Schiedsspruch wird durch das staatl Gericht die Vollstreckbarkeit verliehen. Die Rechtslage ist die gleiche wie in § 722. Zur Wirkung der Vollstreckbarerklärung Schwab/Walter 28 Rn 29. – Dem Antrag auf Vollstreckbarerklärung ist

stattzugeben, wenn ein endgültiger Schiedsspruch (§ 1039 Rn 2) vorliegt und keine Aufhebungsgründe (§§ 1042 II, 1041), die von Amts wegen zu berücksichtigen sind (§ 1041 Rn 34, 61, 73), geltend gemacht werden.

II) Das Verfahren ist **nur statthaft für inländische Schiedssprüche, die verurteilen** (für ausl s § 1044). Feststellende und gestaltende Schiedssprüche können nicht für vollstreckbar erklärt werden (anders hM, BGH FamRZ 87, 269; RSchwab/Gottwald § 177 I Fn 4; Wieczorek/Schütze Rn 8); jedoch kann analog §§ 1042 ff festgestellt werden, daß ein Aufhebungsgrund nicht vorliegt. Näher § 1041 Rn 69 f. – Abzulehnen BayObLGZ 84, 47, wo für Beachtung der Gestaltungswirkung Vollstreckbarerklärung verlangt wird. Wie hier StJ/Schlosser Rn 2: Einhaltung des § 1039 genügt. 2

III) Für **Klage aus dem materiellen Rechtsverhältnis**, gestützt auf Rechtskraft des Schiedsspruchs, fehlt Rechtsschutzbedürfnis, da §§ 1042 ff vereinfachtes Verf, § 722 Rn 57, § 1044 Rn 23; Schwab/Walter 26 Rn 4, Schlosser RipS^2 Rn 907. AA Schlosser FS Schwab (1990) 435. 3

IV) Einwendungen, die nach Erlaß des Schiedsspruchs entstanden sind, können gegen den Vollstreckbarerklärungsantrag geltend gemacht werden. BGH NJW 78, 1745; Schlosser RipS^2 Rn 897 und § 722 Rn 51, § 1044 Rn 21; BGH NJW 90, 3211. Sind diese begründet, so ist der Exequaturantrag abzuweisen, aber der Schiedsspruch nicht aufzuheben, da kein Aufhebungsgrund nach § 1041 I vorliegt. Die Rechtskraft des Schiedsspruchs, die die causa für die Erfüllung ist, wirkt fort. Der Gläubiger kann (hilfsweise) Feststellung beantragen, daß kein Aufhebungsgrund vorliegt. – Einwendungen, die erst nach rechtskräftiger Vollstreckbarerklärung entstanden sind, sind nach § 767 geltend zu machen, § 1043 Rn 2. 4

V) Vorliegen muß ein Schiedsspruch (§ 1040), der den Erfordernissen des § 1039 entspricht, das schiedsgerichtl Verf abschließt u einen Anspruch zuerkennt; §§ 1034 Rn 39, 1039 Rn 14; § 1041 Rn 21; RG 51, 406; 114, 168. Zu Zwischenentscheidung (zB Vorbehalt der Nachprüfung einer Aufrechnung) BGH 10, 325 = NJW 53, 1913. Vgl § 1044 Rn 13. Bei Nichtvorliegen der Förmlichkeit des § 1039 – ebenso wie bei Hypothese Rn 4 – keine Aufhebung nach Abs 2, Schwab/Walter 28 Rn 1; Rn 7. 5

VI) Die **Zwangsvollstreckung** findet statt wegen Hauptsache u Kosten, auch wegen der letzteren allein, RG 19, 407; nicht jedoch auf Antrag eines Schiedsrichters wegen der mitfestgesetzten Schiedsrichtervergütung, § 1034 Rn 67. 6

VII) Der **Antrag** auf Vollstreckbarerklärung (§ 1042b) ist bei dem nach § 1045 zuständigen Gericht schriftl oder zu Prot zu stellen, § 1046. Vollstreckbarerklärung auf Grund Anerkenntnis (§ 307) mögl, näher § 722 Rn 44, sofern nicht Vollstreckbarerklärungshindernisse entgegenstehen, die im unmittelbaren staatl Interesse (§ 1041 Rn 34) von Amts wegen zu beachten sind, ähnl Schlosser RipS^2 Rn 755. Ist die Forderung während des Schiedsverfahrens auf einen Dritten übergegangen (sei es durch Erbschaft, Abtretung oder infolge Pfändung), so kann dieser den Antrag stellen, OLG 39, 95; RG 41, 397. Kann Rechtsnachfolge auf seiten des Schuldners gem § 727 nachgewiesen werden, ist die Vollstreckbarerklärung gegen den Rechtsnachfolger auszusprechen. BGH MDR 69, 567. – Zu den drei verschiedenen Arten ablehnender Entscheidungen Schwab/Walter 28 Rn 1: Ablehnung wegen Fehlens einer Prozeßvoraussetzung (hierzu zählt auch Rn 5), aus materiellen Gründen, die nach Abschluß des Schiedsverfahrens entstanden sind (Rn 4), und wegen Vorliegen eines Aufhebungsgrundes. Nur im dritten Fall ist Schiedsspruch aufzuheben, Abs 2. 7

VIII) Die **Vollstreckbarerklärung** kann – auch bei Vorliegen eines Verfügungsgrundes (Eilbedürftigkeit) – nicht **durch einstw Verfügung** erfolgen, § 722 Rn 47a. AA Schlosser ZZP 99 (1986), 257; Schmitt 39 Fn 13. 8

IX) Vollstreckungstitel ist allein die Vollstreckbarerklärung des staatl Gerichts. Es gilt § 722 Rn 56 sinngemäß. Nicht erst mit Vollstreckbarerklärung treten die Wirkungen des § 894 ein, § 722 Rn 9a, Schlosser RipS^2 Rn 902. AA hM, Walter FS Schwab (1990), 557. 9

X) Eine révision au fond findet – wie im Aufhebungsverf (§ 1041 Rn 36) – nicht statt. Die materielle Richtigkeit des Schiedsspruchs ist nicht zu prüfen, RG 105, 386. Wegen der Prüfung der Aufhebungsgründe s § 1041 Rn 34, 61, 73. Wegen Aufrechnung im Verf der Vollstreckbarerklärung BGH 34, 274 = NJW 61, 1067; 38, 259 = NJW 63, 538 u MDR 65, 374. Wird der Antrag auf Vollstreckbarerklärung abgelehnt, weil ein Aufhebungsgrund vorliegt, so muß das Gericht von Amts wegen u ohne besonderen Antrag den Schiedsspruch aufheben, BGH BB 58, 569. 10

XI) Konkurs des Antragsgegners: Leistungsklage aus Schiedsspruch (Rn 3) unzulässig. Fragl, ob Vollstreckbarerklärung zulässig, vgl § 722 Rn 4. Gläubiger muß seine Rechte aus Schiedsspruch zur Konkurstabelle anmelden, Schlosser RipS^2 Rn 894. Bei Konkurs während des Vollstreckbarerklärungsverf wollen Schwab/Walter 16 Rn 41 § 240 nur anwenden, wenn mündl Verhandlung angeordnet ist. 10a

XII) Internationale Zuständigkeit: Nach der Doppelfunktionstheorie (IZPR Rn 37) ergibt sich die internationale Zuständigkeit Deutschlands für die Vollstreckbarerklärung in- und ausländi- 10b scher Schiedssprüche (§ 1044) aus §§ 1045, 1046. Da das GVÜ nicht eingreift (Anh Art 1 Rn 16), kann in den meisten Fällen mit § 23 ZPO geholfen werden. Aber auch darüber hinaus muß die Vollstreckbarerklärung aus den in § 722 Rn 31 dargelegten Gründen jederzeit mögl sein, § 1045 Rn 1. Vgl auch Schlosser RipS[2] Rn 895.

11 **XIII) Leistungsklage aus Schiedsspruch anstatt Antrag auf Vollstreckbarerklärung:** Grundsätzl unzulässig, § 1044 Rn 23.

12 **XIV) Gebühren** s Rn 4 zu § 1042a.

1042a

[Entscheidung über den Antrag durch Beschluß oder Urteil]

(1) Über den Antrag auf Vollstreckbarerklärung kann ohne mündliche Verhandlung durch Beschluß entschieden werden; vor der Entscheidung ist der Gegner zu hören. Im Falle einer mündlichen Verhandlung wird durch Endurteil entschieden.

(2) Wird ein Aufhebungsgrund geltend gemacht, so ist, sofern nicht die alsbaldige Ablehnung des Antrags gerechtfertigt erscheint, mündliche Verhandlung anzuordnen.

1 **I) Urteil oder Beschluß:** Ob mündl Verhandlung angeordnet werden soll, hat das Gericht – vorbehaltl Abs 2 – nach freiem Ermessen (StJ/Schlosser § 1044 Rn 67) unanfechtbar zu entscheiden. Davon hängt Entscheidungsform (Urteil bei mündl Verhandlung, ohne solche Beschluß) ab, Schwab/Walter 28 Rn 9. Der **Beschluß,** der den Schiedsspruch für vollstreckbar erklärt, ist für vorläufig vollstreckbar zu erklären, § 1042c, und beiden Parteien von Amts wegen zuzustellen. Vollstreckbare Ausfertigung kann schon vor Zustellung an den Schuldner erteilt werden. Einzelheiten des Beschlußverf bei Geimer/Schütze II 198 ff.

2 **II) Rechtsbehelfe:** Gegen den die Vollstreckbarerklärung aussprechenden Beschluß findet Widerspruch statt (§ 1042c II), gegen den abl Beschluß sofortige Beschwerde, §§ 577, 1042c III. Gegen Urteil §§ 511 ff, Schwab/Walter 28 Rn 13. Hat das Gericht inkorrekterweise durch Urteil statt richtig durch Beschluß oder umgekehrt entschieden, gilt der **Grundsatz der Meistbegünstigung,** Rn 29 vor § 511; § 722 Rn 25.

3 **III)** Wird ein Aufhebungsgrund geltend gemacht, ist auf Grund mündl Verhandlung durch Urteil zu entscheiden, sofern nicht die alsbaldige Ablehnung des Antrags gerechtfertigt erscheint, Abs 2. Zu der **mündl Verhandlung** ist von Amts wegen zu laden, § 1042b. Das **Endurteil** hat einen Ausspruch über die Vollstreckbarkeit zu enthalten, §§ 708 f, 794 I Nr 4a. Im übrigen gelten die Bestimmungen der ZPO über das Versäumnisverf u die Anfechtung des Urteils, §§ 511 ff. Vgl § 722 Rn 19. Die Kostenentscheidung richtet sich nicht nach der des Schiedsspruchs; sie ist vielmehr selbständig auf Grund der §§ 91 ff zu treffen, RG 99, 131; Nürnberg BayZ 30, 261; BL/Albers Rn 6.

3a **IV) Widerklage:** Jedenfalls nach Anordnung der mündl Verhandlung ist (konnexe) Widerklage zulässig, Schlosser RipS[2] Rn 890. Diese Möglichk ist für die Rechtsverfolgung des Bekl/Antragsgegners besonders in Fällen mit Auslandsberührung von großer praktischer Bedeutung, weil oft nur so eine internationale Entscheidungszuständigkeit Deutschlands begründet ist, vgl den von Schlosser aaO Fn 1 skizzierten Fall. Im Anwendungsbereich des GVÜ (Anh Art 2 Rn 11) ist dessen Art 6 Nr 3 einschlägig. – Vgl auch vice versa § 1041 Rn 17.

4 **V) Gebühren: 1)** des **Gerichts:** Für das Verf über Anträge nach §§ 1042, 1044a, 1044b I werden Gebühren nach KV 1410–1415 erhoben. Ergeht die Entscheidung ohne mündl Verhandlung, entsteht idR nur die allg Verfahrensgebühr nach KV 1410 mit dem einfachen Tabellensatz; mit dieser Gebühr wird der Gerichtsbeschluß mit abgegolten, aber auch eine etwaige Beweisaufnahme usw. Da im Falle der mündl Verhandlung durch Endurteil zu entscheiden ist, fällt auch eine Urteilsgebühr nach KV 1412/1413 an, es sei denn, daß dieses Urteil ein Anerkenntnis-, Verzichts- oder gegen die säumige Partei erlassenes Versäumnisurteil ist; das gleiche gilt, wenn gegen den Beschluß, durch den der Schiedsspruch (der schiedsrichterl Vergleich) für vollstreckbar erklärt ist, Widerspruch erhoben und demzufolge ebenfalls durch Endurteil zu entscheiden ist (§§ 1042c II, 1044a III ZPO); jedoch bildet in diesem Fall das Verf nach dem Widerspruch mit dem vorangegangenen Beschlußverf eine gebührenrechtl Instanz gemäß § 27 GKG. Die Gebühr nach KV 1410 entfällt, wenn der Antrag vor Anhörung des Gegners **und** früher als eine Woche vor Beginn des Tages, der für die mündl Verhandlung vorgesehen war, zurückgenommen wird. – Gebührenpflichtig nach KV 1414/1415 ist nach Erledigterklärung der Hauptsache der Beschluß, der über die Kosten nach § 91a entscheidet, soweit nicht bereits eine Urteilsgebühr nach KV 1412 entstanden ist. Eine nach KV 1413 angefallene Urteilsgebühr hat darauf keinen Einfluß. – Berufungsverf: KV 1220 ff.; Beschwerdeverfahren: KV 1906, bei der Beschwerde gegen einen § 91a-Beschluß: KV 1900. – **2)** des **Anwalts:** §§ 46 I, 31 BRAGO.

1042b *[Antrag und Termin]*

(1) Dem Antrag soll die für die Zustellung erforderliche Zahl von Abschriften beigefügt werden.

(2) Wird die mündliche Verhandlung angeordnet, so ist der Termin den Parteien von Amts wegen bekanntzumachen. Im Verfahren vor den Landgerichten soll die Bekanntmachung die Aufforderung gemäß § 215 enthalten.

I) Einreichung des Antrags bei dem gem § 1046 zuständigen Gericht. Im landgerichtl Verf Anwaltszwang. § 110 (Ausländersicherheit) gilt nicht, wenn über den Antrag im Beschlußverf entschieden wird, auch dann nicht, wenn nur deshalb mündl Verhandlung angeordnet wird, weil der Antragsgegner Aufhebungsgründe geltend macht, BGH 52, 321 = NJW 69, 2089. 1

II) **Abs 2.** Mit der Ladung ist Abschrift des Antrags zuzustellen. Aufforderung zur Anwaltsbestellung nur Sollvorschrift (anders § 215). Gleichwohl hat Gericht kein Ermessen, Schwab/Walter 27 Rn 17. Kein Versäumnisurteil zulässig, wenn Aufforderung nach § 215 fehlt. 2

1042c *[Vorläufige Vollstreckbarkeit. Rechtsbehelfe gegen Beschluß]*

(1) Der Beschluß, durch den der Schiedsspruch für vollstreckbar erklärt wird, ist für vorläufig vollstreckbar zu erklären.

(2) Gegen den Beschluß findet Widerspruch statt. Wird Widerspruch erhoben, so ist über die Vollstreckbarerklärung des Schiedsspruchs durch Endurteil zu entscheiden. Die Vorschriften der §§ 707, 717 gelten entsprechend.

(3) Der Beschluß, durch den der Antrag auf Vollstreckbarerklärung abgelehnt wird, unterliegt der sofortigen Beschwerde.

I) **Vorläufige Vollstreckbarkeit der Vollstreckbarerklärung** ohne Sicherheitsleistung, Abs 1. Wenn Schiedsspruch gleich durch Urt für vollstreckbar erklärt wird oder wenn der Vollstreckbarerklärungsbeschluß gem Abs 2 durch Endurt bestätigt wird, gelten §§ 709 ff, 710 Nr 10, Schlosser RipS[2] Rn 893. 1

II) **Widerspruch gegen stattgebenden Beschluß** § 1042d. Das Verfahren nach Terminsbeginn entspricht dem des Arrestverf; vgl §§ 924 I u 925 I. – Nach § 707 kann nach Widerspruch die einstw Einstellung der ZwV angeordnet werden. Wird der Beschluß auf den Widerspruch hin aufgehoben, so tritt seine vorläufige Vollstreckbarkeit außer Kraft; der Antragsteller ist dem Antragsgegner zum Schadensersatz verpflichtet, § 717. Dieser Anspruch kann bereits mit Widerspruch geltend gemacht werden, Schwab/Walter 28 Rn 24. – Zu unterscheiden hiervon: Aufhebung des Schiedsspruchs, vgl § 1041 Rn 30. 2

III) **Rechtsmittel gegen ablehnenden Beschluß:** Dem **Antragsteller** steht nur die sofortige Beschwerde zu, auch wenn sein Antrag nur zum Teil, zB im Kostenpunkt, abgewiesen worden ist; der Rechtsbehelf des Widerspruchs ist dem Antragsgegner vorbehalten. Bei Zurückweisung der sofortigen Beschwerde sofortige weitere Beschwerde mit den Beschränkungen der §§ 567 III, 568 II. Das Beschwerdegericht kann, wie der Richter der 1. Instanz (§ 1042a II), ohne mündl Verhandlung durch Beschluß entscheiden; erklärt es den Schiedsspruch für vollstreckbar, ist dagegen Widerspruch gegeben, der beim Beschwerdegericht einzulegen ist. Ordnet es mündl Verhandlung an, ergeht die Entscheidung durch Endurteil. S § 1042a Rn 2. 3

IV) **Rechtsmittel gegen Urteil:** §§ 511 ff. Vgl § 722 Rn 19. 4

V) **Gebühren:** s Rn 4 zu § 1042a. – Gebühren des Beschwerdeverfahrens (Abs 3): s KV 1906; für RA § 61 I Nr 1 BRAGO. 5

1042d *[Widerspruchsverfahren]*

(1) Der Widerspruch ist innerhalb einer mit der Zustellung beginnenden Notfrist von zwei Wochen durch Einreichung einer Widerspruchsschrift einzulegen. § 339 Abs. 2 gilt entsprechend. Die Widerspruchsschrift soll zugleich dasjenige enthalten, was zur Vorbereitung der mündlichen Verhandlung erforderlich ist.

(2) Der Termin zur mündlichen Verhandlung ist den Parteien von Amts wegen bekanntzumachen. Mit der Bekanntmachung ist der Gegenpartei die Widerspruchsschrift von Amts wegen zuzustellen. Die erforderliche Zahl von Abschriften soll die Partei mit der Widerspruchsschrift einreichen.

1 I) **Abs 1.** § 1042d ist §§ 339 bis 340a nachgebildet. Einlegung des Widerspruchs beim AG schriftl oder zu Prot des UrkB. Beim LG herrscht Anwaltszwang. Hat das Beschwerdegericht den Schiedsspruch für vollstreckbar erklärt, so ist der Widerspruch bei diesem Gericht einzulegen. Die Bewilligung der Wiedereinsetzung in den vorigen Stand gegen die Versäumung der Widerspruchsfrist ist im Berufungs- und Revisionsverf selbständig nachzuprüfen, BGH 21, 142 = NJW 56, 1518.

2 II) **Abs 2.** Muß die Zustellung im Ausland oder durch öffentl Bekanntmachung erfolgen, so hat das Gericht in dem Beschluß oder nachträgl durch besonderen Beschluß die Widerspruchsfrist zu bestimmen. – Vgl § 199 Rn 28.

1043 *[Rechtskraftwirkung der Vollstreckbarerklärung. Aufhebungsklage]*

(1) Ist der Schiedsspruch rechtskräftig für vollstreckbar erklärt, so kann seine Aufhebung nur aus den im § 1041 Abs. 1 Nr. 6 bezeichneten Gründen und nur dann beantragt werden, wenn glaubhaft gemacht wird, daß die Partei ohne ihr Verschulden außerstande gewesen ist, den Aufhebungsgrund in dem früheren Verfahren geltend zu machen.

(2) Die Klage ist innerhalb einer Notfrist von einem Monat zu erheben. Die Frist beginnt mit dem Tage, an dem die Partei von dem Aufhebungsgrund Kenntnis erhalten hat, jedoch nicht vor eingetretener Rechtskraft der Entscheidung über die Vollstreckbarerklärung. Nach Ablauf von zehn Jahren, von dem Tage der Rechtskraft der Entscheidung an gerechnet, ist die Klage unstatthaft.

(3) Wird der Schiedsspruch aufgehoben, so ist zugleich die Vollstreckbarerklärung aufzuheben.

1 I) Durch rechtskräftige Vollstreckbarerklärung wird die Geltendmachung von Aufhebungsgründen nach § 1041, die nicht rechtzeitig im Vollstreckbarkeitsverf vorgebracht worden sind, dh bis zum Schluß der mündl Verhandlung in der Berufungsinstanz, ausgeschlossen (Nachw Schlosser IPRax 85, 142 Fn 13) mit Ausnahme des Aufhebungsgrunds des § 1041 I Nr 6. Dieser Aufhebungsgrund kann unter den näheren Voraussetzungen des § 1043 noch durch nachträgl Aufhebungsklage geltend gemacht werden, § 1041 Rn 18a. Im übrigen ist weder Aufhebungsklage noch negative Feststellungsklage zulässig. **Rechtskräftig** wird der Vollstreckbarerklärungsbeschluß mit Ablauf der Widerspruchsfrist §§ 1042c II, 1042d I, bzw mit Rechtskraft des Urteils, § 1042a.

2 II) Andere als die in **§ 1041 Nr 6** bezeichneten Gründe sind mangels Geltendmachung gegenüber der Klage auf Vollstreckbarerklärung auch dann ausgeschlossen, wenn sie nicht bekannt waren, Schwab/Walter 28 Rn 33. Neuerl Einwendungen gegen den im Schiedsspruch festgestellten Anspruch können nur nach § 767 vorgebracht werden. Für die Wiederaufnahme gegen die durch Beschluß oder Urteil ausgesprochene Vollstreckbarerklärung gelten §§ 578 ff. Vgl § 1041 Rn 32 u § 1025 Rn 54.

3 III) **Abs 2.** Berechnung der Monatsfrist: § 222. Wiedereinsetzung gegen Versäumung: § 233. Näher Schwab/Walter 28 Rn 36.

4 IV) **Abs 3.** Mit der Aufhebungsklage kann der Bereicherungs- oder Schadensersatzanspruch nicht geltend gemacht werden; nötig ist neue Klage. Der Anspruch basiert nicht auf § 717 II, sondern auf Analogie zu § 717 III und auf § 812 I 2 BGB, Schwab/Walter 28 Rn 37.

4a V) **Ausländische Schiedssprüche:** § 1044 III.

5 VI) **Gebühren** des **Gerichts** und des **Anwalts:** Regelgebühren nach KV 1201 ff; §§ 31 ff BRAGO.

1044 *[Ausländische Schiedssprüche]*

(1) Ein ausländischer Schiedsspruch, der nach dem für ihn maßgebenden Recht verbindlich geworden ist, wird, soweit nicht Staatsverträge ein anderes bestimmen, in dem für inländische Schiedsgerichte vorgeschriebenen Verfahren für vollstreckbar erklärt. § 1039 ist nicht anzuwenden.

(2) Der Antrag auf Vollstreckbarerklärung ist abzulehnen:

1. wenn der Schiedsspruch rechtsunwirksam ist; für die Rechtswirksamkeit des Schiedsspruchs ist, soweit nicht Staatsverträge ein anderes bestimmen, das für das Schiedsverfahren geltende Recht maßgebend;

2. wenn die Anerkennung des Schiedsspruchs zu einem Ergebnis führt, das mit wesentlichen Grundsätzen des deutschen Rechts offensichtlich unvereinbar ist, insbesondere wenn die Anerkennung mit den Grundrechten unvereinbar ist;

3. wenn die Partei nicht ordnungsgemäß vertreten war, sofern sie nicht die Prozeßführung ausdrücklich oder stillschweigend genehmigt hat;

4. wenn der Partei in dem Verfahren das rechtliche Gehör nicht gewährt war.

(3) An die Stelle der Aufhebung des Schiedsspruchs tritt die Feststellung, daß er im Inland nicht anzuerkennen ist.

(4) Wird ein Schiedsspruch, nachdem er für vollstreckbar erklärt worden ist, im Ausland aufgehoben, so kann im Wege der Klage die Aufhebung der Vollstreckbarerklärung beantragt werden. Auf die Klage sind die Vorschriften des § 1043 Abs. 2, 3 mit der Maßgabe entsprechend anzuwenden, daß die Notfrist mit der Kenntnis der Partei von der rechtskräftigen Aufhebung des Schiedsspruchs beginnt.

I) Grundsätzliches: Ausl Schiedssprüche bedürfen ebenso wie ausl Urteile (§ 328) der **Anerkennung**, um im Inland Wirkungen entfalten zu können. § 1044 spricht zwar nur von der Vollstreckbarerklärung. Das Gesetz ist insoweit zu eng. Die Anerkennungsvoraussetzungen sind die gleichen wie die Voraussetzungen der Vollstreckbarerklärung (§ 1044 III). Die Anerkennung tritt ohne Anerkennungsverf ipso iure ein, soweit die Anerkennungsvoraussetzungen gegeben sind. Vgl § 328 Rn 186 und Schlosser RipS[2] Rn 886; Schütze DIZPR 222, und zwar zum gleichen Zeitpunkt, zu dem die Wirkungen des Schiedsspruchs – nach dem Recht seines Ursprungsstaats, maW nach dem vom Verfahrensstatut (Rn 4) als maßgebl bestimmten Recht – eintreten. Einer **besonderen Inlandsbeziehung/-berührung** bedarf es nicht, § 328 Rn 39. AA Schütze/Tscherning/Wais Rn 646. Nur für die **Verleihung der Vollstreckbarkeit** ist – wie in § 722 und Art 31 ff GVÜ – die Durchführung eines besonderen Verfahrens erforderl. – Andererseits soll auch für feststellende und gestaltende Schiedssprüche Vollstreckbarerklärung zulässig sein, hM § 1041 Rn 70. Ebensowenig wie ein ausl Feststellungs- oder Gestaltungsurt, das von einem (ausl) staatl Gericht stammt, nach § 722 für vollstreckbar erklärt werden kann, § 722 Rn 5, kann ein ausl Schiedsspruch ohne vollstreckungsfähigen Inhalt (ob dies der Fall ist, bestimmt die dt lex fori, Schlosser RipS[2] Rn 886, 888) für vollstreckbar erklärt werden. Aber Feststellung der Anerkennung (Erstreckung) der Wirkungen entspr §§ 1042a ff, § 1041 Rn 74. – **Im Gegensatz zu § 328 I Nr 5 hängt die Anerkennung nicht von der Verbürgung der Gegenseitigkeit ab,** BGHZ 55, 171. Wird der im Inland für vollstreckbar erklärte Schiedsspruch im Ausland aufgehoben, berührt dies die deutsche Vollstreckbarerklärung an sich nicht, da es sich um einen Gestaltungsakt handelt, der originär die Vollstreckbarkeit im Inland begründet, vgl § 722 Rn 2. Der Schuldner kann jedoch Klage auf Aufhebung der Vollstreckbarerklärung erheben, § 1044 IV, jedoch nur dann, wenn die Aufhebung des Schiedsspruchs im Ausland erst nach Beendigung des dt Vollstreckbarerklärungsverf erfolgt ist. Anderenfalls ist er präkludiert, § 767 II, Schwab/Walter 30 Rn 29; Schütze DIZPR 223. **Eine Aufhebungsklage gegen einen ausl Schiedsspruch ist unzulässig;** zulässig ist jedoch die Klage auf Feststellung der Unwirksamkeit des Schiedsspruchs im Inland, dh, daß er nicht anzuerkennen ist, Schwab/Walter 30 Rn 37; Wieczorek/Schütze F IIb. Wirkungserstreckung nach § 1044 setzt voraus: a) Der Schiedsspruch muß eine Zivil- oder Handelssache zum Gegenstand haben. Der Anwendungsbereich des § 1044 deckt sich mit dem des § 328. b) Der Schiedsspruch muß nach erststaatl Recht verbindl geworden sein und darf nicht rechtsunwirksam (nichtig) sein. Die Möglichkeit einer Aufhebungsklage berührt seine Wirksamkeit nicht. Wenn nach dem maßgebl ausl Recht die Verbindlichkeit erst eintritt, nachdem der Schiedsspruch durch eine gerichtl Entscheidung oder auf sonstige Weise bestätigt worden ist, so ist dies abzuwarten, Schütze DIZPR 220. 1

Die **Entscheidungswirkungen** (res iudicata, Gestaltungswirkung etc) bestimmen sich nach der maßgebl ausl Rechtsordnung. Zustimmend Marx 42. Das in § 328 Rn 18 ff Gesagte gilt entsprechend. Höchstgrenze für die Anerkennung des objektiven Umfangs der materiellen Rechtskraft ist das deutsche Recht. AA Schlosser RipS[2] Rn 904. Die Anerkennung der Gestaltungswirkung hängt nicht vom Standpunkt der (vom Schiedsstatut zu unterscheidenden) lex causae ab. Vgl § 328 Rn 45. Ausl Exequaturentscheidungen sind nicht Gegenstand der Anerkennung, ebenso nicht Urteile, die nicht in der Sache entscheiden. Vgl § 328 Rn 33 und LG Köln IPRax 84, 90 (Laschet 72, Mezger 194) = IPRspr 82/192. AA Schlosser RipS[2] Rn 774. 2

II) Ausl Schiedsspruch: Die für die **Abgrenzung zwischen §§ 328, 722, 723 einerseits und § 1044 andererseits** wichtige Frage, ob ein **Schiedsspruch** vorliegt, ist nach dt Recht zu beurteilen, vgl auch Schütze RV 190. Liegt eine Entscheidung vor, die nach dt Recht die Merkmale eines Schiedsspruchs erfüllt, handelt es sich aber nach dem maßgebl ausl Recht um ein staatl Urteil, so ist der Standpunkt des ausl Rechts entscheidend. § 1044 scheidet dann aus. Es ist also eine doppelte Qualifikation (nach deutschem und ausl Recht) erforderl; Geimer IZPR Rn 3892. Vgl 3

§ 722 Rn 8. – Unschädl, wenn Kläger Klage nach § 722 erhebt (weil er von staatl Urteil ausgeht), obwohl – bei richtiger Einordnung – Schiedsspruch gegeben ist. Umdeutung in Antrag nach § 1042a mögl und umgekehrt; dies gilt auch für Antrag nach Art 31 ff GVÜ und nach AVAG bzw den AusfG zu den Anerkennungs- und Vollstreckungsverträgen, auch wenn diese nicht auf §§ 1042a ff verweisen. Ein Zwischengebilde, das seinem Wesen nach weder ganz Gerichtsurteil noch ganz Schiedsspruch ist, gibt es nicht (aA RG aaO). Vgl auch Schlosser RipS[2] Rn 9 ff u Wieczorek/Schütze Rn 15.

4 Ob ein **ausl oder ein inländischer Schiedsspruch** vorliegt, beurteilt sich aus der Perspektive des dt staatl Richters (Schlosser RipS[2] Rn 207, 209) nach dt lex fori: Ein ausl Schiedsspruch ist ein Schiedsspruch, der ausl VerfahrensR untersteht, **verfahrensrechtl Theorie.** Liegt aus dt Sicht ein dt Schiedsspruch vor, dann ist es ohne Bedeutung, daß dieser Schiedsspruch auch von einer oder mehreren ausl Rechtsordnung(en) als „eigener" beansprucht wird; zu solchen positiven und negativen Konflikten im Zusammenhang mit unterschiedl Abgrenzungen der einzelnen nationalen Rechtsordnungen Schlosser RipS[2] Rn 210. Nachw Geimer IZPR Rn 3895; Haas 225; Marx 45. Die Kommission zur Neuordnung des SchiedsverfR (Februar 1994) hat vorgeschlagen, zum **Territorialitätsprinzip** überzugehen.

4a Das maßgebl Verfahrensrecht bestimmen die Parteien, Schlosser RipS[2] Rn 460; Schütze/Tscherning/Wais Rn 616. Denkbar ist eine **Spaltung des maßgebl Rechts** bzgl der Schiedsvereinbarung (§ 1025 Rn 76) und des Schiedsverf (§ 1034 Rn 70). Doch wird es regelmäßig dem Willen der Parteien entsprechen, daß das auf die Schiedsvereinbarung anwendbare Recht auch das SchiedsverfahrensR ist, Schlosser RipS[2] Rn 218; Schütze DIZPR 216. Die Parteien können das anwendbare VerfahrensR entweder in der ursprüngl Schiedsabrede oder im Lauf des Schiedsverf auch konkludent bestimmen, BGHZ 96, 40 = NJW 86, 436 = MDR 86, 130 = RIW 85, 971 = IPRspr 85/200 (Vorinstanz Frankfurt/M IPRspr 83/197). Wurde keine ausdrückl oder konkludente Rechtswahl getroffen, soll **hypothetischer Parteiwille** maßgebl sein, so hM: BGH NJW 88, 3091, Sandrock JZ 86, 372. Gegenansicht (§ 1025 Rn 76; § 1034 Rn 70): ausl Schiedsspruch, wenn Schiedsgericht seinen Sitz im Ausland hat, Henn SchiedsverfR, 1986, 230; Mann FS Oppenhoff (1985), 214. Auch StJ/Schlosser Rn 10 = RipS[2] Rn 783 spricht sich im Interesse der Rechtsklarheit u des äußeren Entscheidungseinklangs mit überzeugenden Argumenten für Anknüpfung an **Sitz des Schiedsgerichts** aus, wenn ausdrückl oder konkludente Rechtswahl fehlt. Diese Anknüpfung versagt allerdings, wenn Sitz des Schiedsgerichts nicht fixiert ist, zB bei wechselndem Schiedsort, oder wenn dieser auf reiner Zufälligkeit beruht, Schütze/Tscherning/Wais Rn 614, 616. Jedoch wird der Sitz des Schiedsgerichts nicht durch wechselnde Sitzungs-/Tagungsorte tangiert, Schwab/Walter 30 Rn 6. – Allerdings kommt es nach hM (BGH RIW 88, 642) bei Divergenzen zwischen dem von den Parteien gewählten Recht und dem vom Schiedsgericht angewandten allein darauf an, daß ausl VerfahrensR tatsächl angewandt wurde, sofern die Parteien den Sitz des Schiedsgerichts nicht festgelegt haben; sehr kritisch gegen den Ausgangspunkt des BGH aaO Schlosser RipS[2] Rn 446, 459. Welches materielle Recht der Sachentscheidung zugrundegelegt wurde, spielt für die Qualifikation keine Rolle, ebenso nicht, ob der nach inländ VerfR entschiedene Fall **internationale Bezüge,** zB hinsichtl der Parteien oder des Streitgegenstandes, aufweist, Geimer IZPR Rn 3897.

5 Bei **institutionellen Schiedsgerichten** (Dauerschiedsgerichte; Übersicht bei Schütze RV 218, Schütze/Tscherning/Wais Rn 775 ff u Schlosser RipS[2] Rn 162) ist maßgebl VerfahrensR oft in der Schiedsgerichtsordnung festgelegt, Hamburg RIW 92, 938. Anders Art 11 Verfahrensordnung der Internationalen Handelskammer Paris (Frankfurt/M KTS 82, 302 = IPRax 82, 149 [Böckstiegel 137] = IPRspr 1981 Nr 201; Frankfurt RIW 84, 400 [Dielmann] = NJW 84, 2768 [Geimer]; BGH NJW 86, 1436): Maßgebl VerfahrensR legen die Schiedsparteien, hilfsw die Schiedsrichter fest, Böckstiegel IPRax 82, 137. Enthält die von den Parteien gewählte Schiedsgerichtsordnung keine Bestimmung hinsichtl des anzuwendenden VerfahrensR, stellt hM auf das VerfahrensR am Sitz der betr Schiedsorganisation ab. Dagegen Wolf 98, sofern die Schiedsgerichtsordnung keine „Erdung" des Schiedsverf im Recht des Staates des Sitzes will, so insbes idR nicht bei internationalen Schiedsverf.

6 Bei **Gelegenheitsschiedsgerichten** ist primär der Parteiwille maßgebend. Ist der Parteiwille nicht zu ermitteln, so ist **vorrangig der vereinbarte Sitz des Schiedsgerichts** maßgebend, Geimer IZPR Rn 3839. Anders hM: hypothetischer Parteiwille.

7 Schiedsspruch iSv § 1044 ist nur eine Entscheidung, die **einem deutschen Schiedsspruch äquivalent** ist; die Qualifikationsmerkmale bestimmt das deutsche Recht. Ein *lodo di arbitrato irrituale* des ital Rechts ist kein Schiedsspruch iSv § 1044, da dieser nach ital Recht nicht für vollstreckbar erklärt werden kann, sondern nur schuldrechtl Wirkungen zwischen den Parteien entfaltet, BGH NJW 82, 1124 = IPRax 82, 143 (Wenger 135) = IPRspr 81/199; Schlosser RipS[2] Rn 27; Marx 55. Vgl auch § 1034 Rn 63.

Exequaturentscheidungen des ausl staatl Gerichts sind **keine Schiedssprüche** und können daher nicht nach § 1044 für vollstreckbar erklärt werden; Geimer IZPR Rn 3891. Sie fallen aber auch nicht unter §§ 722, 723; Schwab/Walter 30 Rn 13, Schack IZVR Rn 937; Marx 57. AA BGH RIW 84, 557 (Dielmann und Schütze 734) = NJW 84, 2765 = IPRax 85/157 (Schlosser 141) = IPRspr 84/174; Hamburg RIW 92, 939 = NJW-RR 92, 568 = IPRspr 91/211. Hierzu auch Schütze RV 228. Der **BGH** gibt der siegreichen Partei ein **Wahlrecht:** Diese kann entweder den ausl Schiedsspruch nach § 1044 oder die Exequaturentscheidung des ausl Staatsgerichts nach §§ 722, 723 für vollstreckbar erklären lassen, BGH RIW 84, 645 (Mezger) = WM 84, 1014 = IPRax 85, 158 (Schlosser) = NJW 84, 2762. Zurückhaltender LG Hamburg RabelsZ 53 (1989), 165 (Anderegg) = EWiR 87, 1249 (Schlosser) = IPRspr 87/153. Vgl Schütze/Tscherning/Wais Rn 637; Schlosser RipS^2 Rn 908; s auch § 722 Rn 11. Ausführl Kilgus, Zur Anerkennung u Vollstreckbarerklärung engl Schiedssprüche in Deutschland, 1995, 123 ff. **7a**

Verurteilungen zur Kostenerstattung zwischen den Parteien bzw einer Partei und einem Dritten (zB Nebenintervenienten) sind wie bei staatl Urteilen (§ 722 Rn 12) anzuerkennen und für vollstreckbar zu erklären, Geimer IZPR Rn 3900. Hat das ausl Schiedsgericht über Kostenerstattung nicht entschieden, kann das dt Exequaturgericht (§ 1046) den ausl Schiedsspruch insoweit nicht ergänzen. Es muß vielmehr Leistungsklage erhoben werden, Hamburg RIW 91, 154. – Hat das ausl Schiedsgericht zur Zahlung der den Schiedsrichtern zustehenden Vergütung verurteilt, greift Nr 2 ein, weil niemand in eigener Sache als Richter tätig sein darf, Rn 17; s aber § 1034 Rn 67. – Kosten, die durch Verf vor staatl Gerichten im Ausland entstanden sind, fallen nicht unter § 1044, sondern unter § 722, es sei denn, sie sind bei der Kostenerstattungsentscheidung des Schiedsgerichts bereits mit einbezogen. **7b**

Verbindlichkeit des ausl Schiedsspruchs: § 1044 I setzt diese voraus, dh daß er nach dem Recht des Erststaates keinen Rechtsmittel oder -behelf an ein Schiedsober- oder Staatsgericht mehr unterliegt, BGH RIW 84, 645 (Mezger); BGH RIW 90, 494. Näher Rn 17, 41; Schlosser RipS^2 Rn 790; Marx 52. Vgl den Fall Hamburg RIW 91, 152. – Gegenstand der Anerkennung bzw Vollstreckbarerklärung ist der Schiedsspruch in der Fassung der letzten Rechtsmittelentscheidung des Oberschiedsgerichts, § 328 Rn 23a. Zur Verbindlichk iSv Art V (1) (e) UNÜ Sandrock FS Trinkner, 1995, 669. **7c**

Anationale Schiedssprüche. Anationale, dh von jeder nationalen Rechtsordnung losgelöste Schiedsverf und damit auch Schiedssprüche gibt es nicht, Geimer IZPR Rn 3718; StJ/Schlosser Rn 8 vor § 1044; RipS^2 Rn 62, 193; Schwab/Walter 30 Rn 7. AA Herdegen RIW 89, 333 Fn 49. – Zutreffend betont Habscheid Schweizer ZPR^2, 1990, Rn 82, daß Schiedsgerichte nicht „in der Luft schweben", sondern durch ihren Sitz „geerdet" sind und damit einem bestimmten nationalen VerfahrensR zugeordnet werden können, ders ZZP 70 (1957), 25. **7d**

Schiedssprüche zwischen Staaten u Privaten auf völkerrechtl Grundlage: Hierzu Schlosser RipS^2 Rn 205; Geimer IZPR Rn 3715. **7e**

Keine transnationalen EU-Schiedssprüche im EU-Binnenmarkt: Es gibt keine Gleichsetzung von „Binnenmarkt" mit „Inland". Die Unterscheidung zwischen in- und ausländischen Schiedssprüchen ist also auch innerhalb der EU vorzunehmen, Marx 51. **7f**

Zwischenschiedssprüche: Für eine Anerkennung kommen nur **Sachentscheidungen** in Betracht, Rn 2. Daher stellt sich die Frage der Anerkennungsfähigkeit von Zwischenschiedssprüchen über prozessuale Punkte nicht, auch wenn diese nach dem „Heimatrecht" des Schiedsspruchs in materielle Rechtskraft erwachsen. AA Schlosser RipS^2 Rn 744; Marx 60. **7g**

III) Staatsverträge: § 1044 greift nur ein, sofern keine staatsvertragl Regelungen anwendbar sind. In Betracht kommen vor allem das **UN-Übereinkommen** über die Anerkennung und Vollstreckung ausl Schiedssprüche vom 10. 6. 1958 (BGBl 1961 II 122), hierzu zB Rensmann RIW 91, 911, und das **Europäische Übereinkommen** über die internationale Handelsschiedsgerichtsbarkeit vom 21. 4. 1961 (BGBl 1964 II 427). **8**

Weitere Spezialabkommen bei Geimer IZPR Rn 3704 ff; Schlosser, RipS^2 Rn 93 ff; Schütze/Tscherning/Wais Rn 621 ff; Bülow/Böckstiegel/Geimer/Schütze 710 ff. **9**

Soweit eine Anerkennung bzw Vollstreckbarerklärung nach den Staatsverträgen nicht mögl ist, kann sich der Gläubiger auf § 1044 berufen, sofern dessen Voraussetzungen erfüllt sind. So ausdrückl Art VII UNÜ, BGH RIW 84, 645; Hamm IPRax 85, 218 (Walter/Wackenhuth 202) = IPRspr 83/195; Frankfurt RIW 89, 911; Schlosser, RipS^2 Rn 157; Schütze RV 189; Schütze/Tscherning/Wais Rn 638; s auch § 328 Rn 5. **10**

Die Streitfrage, ob § 53 III KWG einer Schiedsklausel entgegensteht, durch die die Zuständigkeit eines Schiedsgerichts vereinbart wird, das seinen Sitz an einem anderen Ort als dem der inländischen Zweigstelle hat, ist vom BGH noch nicht entschieden. Sie spielt im Anwendungsbereich der Verträge keine Rolle, da das Vertragsrecht Vorrang hat, § 53 IV KWG, BGHZ 77, 32 = NJW 80, 2022 = IPRax 81, 53 (Samtleben 43) = IPRspr 80/183. **11**

12 **IV) Verfahren.** Es gelten §§ 1042a–1042d. Durchführung eines Vollstreckbarerklärungsverf gegen einen ausl Staat setzt dt **Gerichtsbarkeit** für Erkenntnisverf (nicht Vollstreckungsverf) voraus, Geimer IZPR Rn 544; Herdegen RIW 89, 336 Fn 96. § 110 kommt nicht zur Anwendung, auch nicht, wenn mündl Verhandlung angeordnet ist, weil in Wirklichkeit der Antragsgegner der Angreifende sei, BGHZ 52, 321; Frankfurt/M RPS 94, 29 (= Beilage 5 zu BB 94).

V) Anerkennungs- bzw Vollstreckbarerklärungshindernisse (Abs 2) entsprechen im wesentl § 1041 I. – Außerhalb des WBÜ gibt es keine Schiedssprüche, die blindlings anzuerkennen wären, Schlosser RipS[2] Rn 757.

13 **1)** Bei der Prüfung der Voraussetzungen des Abs 2 ist das deutsche staatl Gericht weder an die **rechtl Beurteilung** noch an die **tatsächl Feststellungen des Schiedsgerichts** gebunden, BGH 27, 254 und BGH MDR 1964, 590. Es gelten aber die in § 1041 Rn 56, 61, 73 gemachten Einschränkungen auch hier. – Einwendungen gegen den dem Schiedsspruch zugrunde liegenden materiellen Anspruch sind im Rahmen des § 767 II zulässig, § 1042 Rn 4. Eine Aufrechnung des Schuldners ist jedenfalls dann zu berücksichtigen, wenn über den Antrag auf Vollstreckbarerklärung ohnehin mündl verhandelt wird. Aufrechnung ohne die zeitl Begrenzung von § 767 II (Aufrechnung mit Forderung, die vor dem Abschluß des Schiedsgerichtsverf entstanden ist) ist dann zulässig, wenn sich das Schiedsgericht der Entscheidung über die aufgerechnete Forderung wegen Unzuständigkeit enthalten hatte, BGHZ 38, 259 und BGH MDR 1965, 374. Die Zulässigkeit der Aufrechnung beurteilt Hamburg RIW 75, 645 = IPRspr 75/201b nach dt Recht.

14 **2) Rechtsunwirksamkeit des Schiedsspruchs** (§ 1044 II Nr 1), nicht des Schiedsvertrages (§ 1041 Rn 45b): Maßgebend ist das für das **Schiedsverfahren** geltende Recht, also **unselbständige Anknüpfung,** Schlosser RipS[2] Rn 223, 800, 810, 859; dagegen selbständige Anknüpfung nach Art V (1a) UNÜ. Über die Wirksamkeit der Rechtswahl entscheidet das Recht, das nach der Rechtswahlklausel maßgebend sein soll. Nach hM kommt es nicht auf Art 27 ff EGBGB an, sondern auf die Kollisionsnormen der auf das Schiedsverf anwendbaren Rechtsordnung, BGH NJW 84, 2763 = RIW 84, 644 (Mezger) = IPRax 85, 158 (Schlosser 141); Reithmann/Martiny/Hausmann Rn 2446; Wackenhuth RIW 85, 10. Voraussetzung für die Vollstreckbarerklärung gemäß § 1044 I ist zunächst, daß der **ausl Schiedsspruch** nach dem für ihn maßgebl Recht **verbindl** geworden ist. Der Schiedsspruch darf weder bei einem Oberschiedsgericht noch mit einem Rechtsmittel beim staatl Gericht angegriffen werden können, Rn 7c und 41. Die Verbindlichkeit des Schiedsspruchs ist jedoch nicht ausgeschlossen, wenn der Schiedsspruch durch eine der deutschen Aufhebungsklage (§ 1041) entsprechende Klage nachträgl beseitigt werden kann. – Wurde der Schiedsspruch im Staate des Sitzes des Schiedsgerichts oder in dem Staat, dessen Rechtsordnung für das Schiedsverf (aus dt Sicht, Rn 4) maßgebl ist (Schiedsverfahrensstatut), oder in einem dritten Staat (in dem zB ein Vollstreckungsversuch unternommen worden ist) aufgehoben oder für wirkungslos erklärt, will StJ/Schlosser Rn 13, 15, 71 das ausl Urteil nicht vorbehaltslos als Faktum („Erlöschenstatbestand“) hinnehmen (so Schwab/Walter 30 Rn 12), sondern § 328 anwenden. Das gleiche gilt für ausl Urteil, das die Aufhebungsklage als unbegründet abweist. Man sollte in diesen Fällen § 328 I Nr 5 nicht anwenden, Rn 36, § 328 Rn 179. Bestr, ob eine Präklusion im deutschen Vollstreckbarerklärungsverf eintritt, wenn von der **Möglichkeit, die Aufhebungsklage im Ausland zu erheben,** kein Gebrauch gemacht wurde:

15 **a)** Ist nach ausl Recht das Fehlen oder die Fehlerhaftigkeit des Schiedsspruchs durch eine Aufhebungsklage geltend zu machen und ist diese unbefristet, so kann der Antragsgegner die nach ausl Recht gegebenen Aufhebungsgründe im dt Vollstreckbarerklärungsverf vortragen. Der dt Richter muß diese im Rahmen des § 1044 II Nr 1 berücksichtigen; er darf den Antragsgegner nicht auf das ausl Aufhebungsverf verweisen.

16 **b)** Anders ist nach BGH RIW 84, 646 (Mezger) = NJW 2763 = IPRspr 84/196; BGH WM 87, 739 = RR 88, 572 = IPRspr 87/182; Frankfurt/M RIW 89, 912 = IPRspr 89/241 die Rechtslage, wenn die **ausl Aufhebungsklage befristet** ist. Wurde die Klage nicht fristgerecht erhoben, so ist die Geltendmachung des Aufhebungsgrundes nach ausl Recht nicht mehr mögl. Der Antragsgegner kann dann den Aufhebungsgrund auch nicht mehr im dt Exequaturverf geltend machen. Dem dt Richter ist die Nachprüfung des Aufhebungsgrundes nicht mehr gestattet. Begründung: Zu dem für die Rechtswirksamkeit eines ausl Schiedsspruchs maßgebenden Recht gehört auch das ausl VerfahrensR. Daraus folgt, daß – von extremen Ausnahmefällen abgesehen – in dem dt Vollstreckbarerklärungsverf der Antragsgegner Aufhebungsgründe nur vorbringen kann, soweit er dazu nach dem maßgebenden ausl Recht (noch) befugt ist, StJ/Schlosser Rn 14; ders RipS[2] Rn 810. AA Schütze/Tscherning/Wais Rn 642. – Diese Rspr ist verfassungskonform, Geimer, Schiedsgerichtsbarkeit u Verfassung, 1994, 167.

17 **3) Verstoß gegen wesentl Grundsätze des deutschen Rechts.** Vgl § 1041 I Nr 2 und § 328 I Nr 4; Habscheid FS Keller (1989), 575; Schlosser RipS[2] Rn 865; Raeschke-Kessler EuZW 90, 145; Marx, Der verfahrensrechtl ordre public bei der Anerkennung und Vollstreckung ausländischer Schiedssprüche in Deutschland, Diss Münster 1994; Wunderer, Der dt „ordre public d'Arbitrage

International" und Methoden seiner Konkretisierung, 1993. **a) Ordre public-Widrigkeit des schiedsrichterl Verfahrens.** Ebenso wie bei der Anerkennung ausl Urt (§ 328 Rn 155) erzwingt der ordre public – wie übrigens auch Art 6 MRK (§ 328 Rn 12, § 1025 Rn 1a) – eine Kontrolle des ausl Schiedsverf. Gegenstand dieser Kontrolle ist nicht die Beachtung der nach dem maßgebl Schiedsverfahrensstatut (Rn 4a) zwingenden Verfahrensregeln (deren Verletzung nur nach Nr 1 relevant wäre, § 1041 I Nr 1, Rn 45a), sondern des in Deutschland schlechthin unabdingbaren Mindeststandards an Verfahrensgerechtigkeit, Schlosser RipS[2] Rn 821; Marx 68; Wieczorek/Schütze Rn 24. § 1044 II Nr 2 stellt weniger strenge Anforderungen als § 1041 I Nr 1; BGH NJW 86, 3027 = RIW 86, 816 = EWiR 86, 835 (Schütze); Frankfurt/M RIW 89, 913; Marx 80. Nicht jeder Verfahrensmangel nach dem maßgebl Recht (Rn 4a) verletzt zugleich deutschen ordre public, § 328 Rn 155; § 1041 Rn 48. Jedoch ist Überprüfung des ausl Schiedsverf nicht auf Nr 3 und Nr 4 beschränkt, Schlosser RipS[2] Rn 827. Es kommt insofern auf die Schwere des dem Schiedsverf und damit auch dem Schiedsspruch anhaftenden Makels an, BGHZ 57, 153. ZB ist Restitutionsgrund (§ 580 Nr 1–6) nach Maßgabe des § 582 ausreichend, um die Versagung wegen ordre public-widrigen Verfahrens auszusprechen. BGH LM 6 = MDR 69, 567. Zur Verletzung rechtl Gehörs Hamburg MDR 75, 940 = IPRspr 75/202; BGH RIW 90, 495 = IPRax 91, 244 (Schlosser 218). Zur Kausalität § 1041 Rn 46a; Marx 27. Bestr, ob Umstand, daß nur **Schiedsrichter aus dem Heimatstaat nur einer Partei** (§ 1041 Rn 45) betraut werden dürfen, Unparteilichkeit des Schiedsrichteramtes gefährdet, Habscheid KTS 72, 209. BGHZ 98, 70 = NJW 86, 3027 = RIW 86, 816 = EWiR 86, 835 (Schütze) = MDR 86, 817 = JZ 87, 154 (Walter) = IPRspr 86, 198 will an ausl Schiedssprüche – was die Unparteilichkeit der Schiedsrichter betrifft – generell weniger strenge Anforderungen stellen als an inländische: § 1029 Rn 3; Schütze/Tscherning/Wais Rn 643; Frankfurt/M RIW 89, 913 = IPRspr 89/241. Differenzierend Schlosser RipS[2] Rn 827. S auch Marx 91 ff. Wesentl Grundsatz des deutschen Rechts (niemand darf gegen seinen Willen seinem staatl Richter entzogen werden) verletzt, wenn nach dem maßgebl VerfahrensR (Rn 4a) es für die Wirksamkeit des Schiedsspruchs nicht auf wirksamen Schiedsvertrag ankommt, BGHZ 71, 131; BGH NJW 78, 1744; Geimer IZPR Rn 3770, 3943; Geimer, Schiedsgerichtsbarkeit und Verfassung, 1994, 163. Vgl § 1041 Rn 45b. – Wegen geistig unfähiger Schiedsrichter § 1025 Rn 70.

Nur die Partei, die von dem Verfahrensmangel betroffen ist, kann sich auf diesen berufen, nicht der Gegner (dem vielleicht die Sachentscheidung des Schiedsgerichts nicht gefällt). Auch eine Beachtung von Amts wegen kommt nicht in Betracht. Weiter muß die betroffene Partei (erfolglos) versucht haben, den Verfahrensmangel – soweit mögl – im Schiedsverf geltend zu machen, § 328 Rn 144, 158; § 1041 Rn 61 und 73 sowie Marx 25; Braun 171, Schlosser, RipS[2] Rn 838, 849; Schütze WuB VII B 3 – § 1044/1.91. Dies gilt auch für Einwendungen des Klägers gegen die Widerklage, Hamburg RIW 91, 155 = IPRspr 90/236a. – Präklusion tritt auch ein, wenn die beschwerte Partei den Verfahrensmangel in einem Nichtigkeits- bzw Aufhebungsverf vor dem staatl Gericht im „Heimatstaat" des Schiedsspruchs (Rn 14) nicht geltend gemacht hat, Hamburg aaO; Geimer IZPR Rn 3918. Anders aber BGH IPRspr 90/236b. 17a

b) Ordre public-Widrigkeit des Schiedsspruchs: Ausgangspunkt ist das für in- und ausländische Schiedssprüche – ebenso wie für Entscheidungen ausl staatl Gerichte (§ 328 Rn 151) – geltende **Verbot der révision au fond** (§ 1041 Rn 36; Geimer IZPR Rn 3909; Marx 29). Die (enge) Ausnahme bildet die ordre public-Prüfung. Ein Verstoß gegen ordre public liegt insbesondere dann vor, wenn der Schiedsspruch zu einer nach deutschem Recht verbotenen Handlung verurteilt (§ 1044 II Nr 2 aF), aber auch dann, wenn wegen Unterbleibens einer solchen Handlung zum Schadensersatz verurteilt wurde, § 328 Rn 169. Etwas anderes gilt jedoch, wenn eine Partei deshalb Schadensersatz zahlen soll, weil sie nicht alles ihr Zumutbare zur Erlangung einer behördl Genehmigung (zB Einfuhrgenehmigung) getan hat oder wenn sie ein Garantieversprechen abgegeben hat, für die Erteilung einer Genehmigung einzustehen, BGH AWD 64, 193 = MDR 64, 590 = KTS 64, 172; Böckstiegel NJW 75, 1581; Nolting RIW 88, 512 Fn 8; Schlosser RipS[2] Rn 877. Ausführl zur Struktur des (anerkennungsrechtl) ordre public Geimer IZPR Rn 26. Die „Angriffsintensität" des ordre public ist gegenüber ausl Schiedssprüchen grundsätzl (§ 1041 Rn 51) nicht geringer als gegenüber ausl Urteilen (§ 328 Rn 151) und inländischen Schiedssprüchen. Daher sei auf die dortigen Erläuterungen (§ 1041 Rn 47 ff) verwiesen. Möglicherweise ergibt sich aus dem Erfordernis des Inlandsbezugs der ordre public-Widrigkeit (§ 328 Rn 167) eine Abschwächung der Anforderungen an einen ausl Schiedsspruch gegenüber einem inländischen. Der BGH beruft sich bei § 1044 auf den **ordre public international** ohne den Unterschied zu § 1041 herauszuarbeiten, BGHZ 110, 104 = RIW 90, 494 = IPRax 91, 244 (Schlosser 218) = NJW 90, 2199 = EWiR 90, 723 (Bredow) = IPRspr 90/238. Ob er beim Gebot unparteiischer Rechtspflege (§ 1041 Rn 45) auf die Dauer zwischen in- und ausländischen Schiedssprüchen differenzieren wird, ist derzeit eine offene Frage. Verneinend Raeschke-Kessler NJW 88, 3046; Schwab/Walter 30 Rn 19 Fn 49. Für stärkere Differenzierung zwischen § 1044 u § 1041 Schlosser RipS[2] Rn 868. S auch Raeschke-Kessler/Bühler ZIP 87, 1157; Wunderer 78 ff. Zur Durchsetzung dt KartellR gegenüber ausl Schiedssprüchen Frankfurt/M RIW 89, 913. Vgl auch § 1025 Rn 12. Zu den Anfor- 18 derungen an die Begründung eines ausl Schiedsspruchs BGH RIW 90, 494. – Zur Verurteilung zu punitive damages s § 328 Rn 169 und Stein EuZW 94, 18. Weitere Beispiele bei Wieczorek/Schütze Rn 27.

18a Eine **kollisionsrechtl Kontrolle** findet ebenso wie bei der Anerkennung ausl Entscheidungen staatl Gerichte (§ 328 Rn 163) nicht statt, Schlosser RipS² Rn 727; § 1034 Rn 33; § 1041 Rn 63a. Ordre public-Verstoß allenfalls dann zu bejahen, wenn das Schiedsgericht **bewußt willkürlich** seiner Entscheidung eine andere Rechtsordnung zugrunde gelegt hat als sie von den Parteien eindeutig und einvernehml fixiert worden war.

18b Daß das Schiedsgericht – gemäß dem maßgebl SchiedsverfahrensR (Rn 4a) – ein **Beweisverf** abgewickelt hat (zB nach common law-Regeln, hierzu Schlosser RipS² Rn 638, 845), das von den dt Rechtsvorstellungen ganz erhebl abweicht, ist für sich allein kein Grund, dem Schiedsspruch die Anerkennung zu verweigern, § 328 Rn 162. Ähnl Schlosser RipS² Rn. 846.

18c Eine Parallelvorschrift zu § 1041 I Nr 6 (§ 1041 Rn 68) fehlt in § 1044. Daher fällt die Berücksichtigung der dort genannten **Restitutionsgründe** unter den allgemeinen ordre public-Vorbehalt der Nr 2, Schlosser RipS² Rn 873, 885, 899. – Zum Prozeßbetrug s § 328 Rn 175a und Marx 119.

18d **Europäischer ordre public:** Die Prüfungsdichte im Zusammenhang mit dem dt ordre public ist gegenüber Schiedssprüchen aus anderen EU-Staaten die gleiche wie gegenüber solchen aus Drittstaaten. Für „mildere" Behandlung der EU-Schiedssprüche dagegen Raeschke-Kessler EuZW 90, 148. Wie hier Marx 81; Wunderer 246.

18e **Beispiele:** Der Differenzeinwand gegenüber verbindl Börsentermingeschäften zwischen börsentermingeschäftsfähigen Partnern wird nicht mehr über den ordre public durchgesetzt, BGH RIW 91, 420 = EWiR 91, 559 (Koller) = WuB VII B 3 § 1044 ZPO 1.91 (Schütze) = IPRax 92, 380 (Samtleben 362) = IPRspr 91/222. Die Verurteilung zur Zahlung von Zinseszinsen (§ 289 S 1 BGB) verstößt nicht gegen ordre public, Hamburg RIW 92, 939 = RR 92, 568 = IPRspr 91/211. Zur Verurteilung zu punitive damages (§ 328 Rn 169) durch ausl Schiedsgericht Vorpfeil RIW 91, 597. – Zur Durchsetzung des Art VIII Abschn 2(b) S 1 IWF-Übereink (Geimer IZPR Rn 234) Nachw bei Ebke, Internationales DevisenR, 1991, 164 Fn 39, 214.

18f **Abweichen des Schiedsgerichts von seinem Auftrag** (Entscheidung nach Billigkeit statt nach Recht u Gesetz) verstößt nur bei bewußter u willkürl Abweichung gegen dt ordre public, Marx 107.

18g **Fehlende Begründung** des Schiedsspruchs ist für sich allein – ebenso wie bei Urteilen ausl staatl Gerichte (§ 328 Rn 173) – noch kein Grund, die Anerkennung zu verweigern, Marx 117. Jedoch geht ein non liquet zu Lasten der siegreichen Partei. Strenger Schlosser RipS² Rn 852; Wunderer 231; s auch BGH RIW 90, 494.

18h Zu **Rechtskraftkollisionen** (Mißachtung rechtskräftiger Vorentscheidungen) Marx 120.

18i Über den dt ordre public sind auch **international zwingende Normen des Europäischen Gemeinschaftsrechts** durchzusetzen, BGH NJW 69, 980; BGH NJW 72, 2180; Schlosser RipS² Rn 878; Wunderer 247.

19 **4) Nichtordnungsgemäße Vertretung,** Nr 3: Frankfurt RIW 89, 913 = IPRspr 89/241. Schlosser RipS² Rn 822. Maßgebl allein das Schiedsverfahrensstatut. Anders hM: deutsches Recht unter Beachtung kollisionsrechtl Grundsätze, Schwab/Walter 30 Rn 23; Wolf 99; Marx 114.

20 **5) Verletzung des rechtl Gehörs,** Nr 4: Vgl § 1041 Rn 66; Marx 107; Schlosser RipS² Rn 831. „Die materiellen Anforderungen an die Gewährleistung des rechtl Gehörs sind ... (vom anwendbaren VerfahrensR losgelösten) Vorstellungen über einen unverzichtbaren Grundbestand an Verfahrensgerechtigkeit zu entnehmen, die rechtstechnische Verkleidung aber den auf das Schiedsverf anwendbaren Normen . . .", Schlosser RipS² Rn 824. Wer krank ist, muß Vertreter entsenden. Evtl Verstoß muß mit Rechtsbehelfen innerhalb des (ausl) Schiedsverf bzw mit Aufhebungsklage im Ursprungsstaat gerügt werden. Ansonsten Präklusion, Frankfurt RIW 89, 914; Schlosser RipS² Rn 838, 847. – S auch BGH RIW 90, 495. Zur völkerrechtl Verpflichtung Deutschlands, aufgrund Art 6 I MRK die Anerkennung zu versagen, Matscher IPRax 92, 335.

21 **VI) Einwendungen gegen den Anspruch selbst** sind zulässig, wenn nach Abschluß des Schiedsverf entstanden, § 1042 Rn 4, BGH 34, 274; Hamburg RIW/AWD 75, 645; Geimer IZPR Rn 3906; Schütze DIZPR 222; Schütze/Tscherning/Wais Rn 646. Es gilt das gleiche wie § 722 Rn 51 und 62. Nach BGH NJW 90, 1419 kann – entgegen der hier vertretenen Auffassung – im Vollstreckbarerklärungsverf Einwand der Abänderbarkeit gem § 323 nicht berücksichtigt werden.

22 **VII) Abs 4.** Verstöße der im § 1041 I Nr 6 bezeichneten Art können auch ohne vorheriges ausl Aufhebungsverf geltend gemacht werden. Erlangt der im schiedsrichterl Verf unterlegene Teil erst nach Vollstreckbarerklärung von dem Verstoß Kenntnis, so ist im Einklang mit der Regelung des Genfer Abkommens ein der nachträgl Aufhebungsklage (§ 1043) entsprechender Behelf nicht

vorgesehen; die nachträgl Geltendmachung von Aufhebungsgründen ist dem im Ausland zu betreibenden Verf vorbehalten.

VIII) Vollstreckbarerklärungsverfahren in mehreren Staaten wegen desselben Schiedsspruchs – auch gleichzeitig – zulässig. Denn Gläubiger muß sich Vollstreckungstitel als Basis der Zwangsvollstreckung verschaffen, um rechtzeitig „starten" zu können, vgl § 722 Rn 7. Darüber hinaus muß er die Bestandskraft „seines Schiedsspruchs sichern" (rechtskräftige Feststellung des Vorliegens der Anerkennungsvoraussetzungen), § 1041 Rn 74. 22a

IX) Vollstreckungsversuche des Gläubigers im Ausland sind an sich kein Grund, die Vollstreckbarerklärung zu verweigern. Sie können legitim sein, wie zB LIAMCOs „Vollstreckungs-Odyssee" beweist, Langkeit 80 Fn 7. Vgl auch Geimer IPRax 90, 192. 22b

Soweit die Vollstreckung im Ausland bereits zur Erfüllung geführt hat, ist dieser Einwand analog § 767 relevant, Rn 21. Besteht in concreto die Gefahr der Doppelvollstreckung, kann die ZV auf Sicherungsvollstreckung beschränkt werden.

X) Staatl oder aus dieser abgeleitete Immunität als Einwand gegen die Anerkennung u Vollstreckbarerklärung eines ausl Schiedsspruchs oder nur gegen die Zwangsvollstreckung als solche? Hierzu ausführl Langkeit 210, 218. Vgl auch Rn 12 sowie § 328 Rn 255, § 722 Rn 42, § 1025 Rn 74; Geimer IZPR Rn 542. 22c

XI) Erfüllungsklage aus Schiedsspruch (= Leistungsklage im Gegensatz zum Vollstreckbarerklärungsverf nach § 1044, das eine prozessuale Rechtsgestaltung zum Gegenstand hat, vgl § 722 Rn 1, 57) **ist unzulässig, da Rechtsschutzbedürfnis fehlt.** § 1044 bietet einfacheren und billigeren Weg, einen im Inland vollstreckbaren Titel zu erlangen; Geimer IZPR Rn 3930; StJ/Schlosser Rn 73; Schütze/Tscherning/Wais Rn 639; Schütze DIZPR 219; Schwab/Walter 30 Rn 2 Fn 3a und Rn 36. S auch § 722 Rn 57. AA Schlosser RipS[2] Rn 760 sowie FS Schwab , 1990, 435 bei Durchsetzung im Urkundenprozeß, Mahn- und Arrestverf. 23

XII) Klage auf Feststellung, daß Schiedsspruch im Inland wegen Nichtanerkennung keine Wirkung entfaltet, ist zulässig (StJ/Schlosser Rn 74), wohl auch positive Feststellungsklage, wenn Antrag auf Vollstreckbarerklärung wegen Erfüllung nicht mehr in Betracht kommt. Der im ausl Schiedsverf siegreiche Gläubiger hat ein Interesse an der Feststellung, daß der Schiedsspruch im Inland anzuerkennen ist, die Zahlung also nicht sine causa erfolgt ist, Geimer IZPR Rn 3931. Anders hM Schwab/Walter 30 Rn 37. Näher § 1041 Rn 74. 24

XIII) Anerkennung von Entscheidungen staatl Gerichte auf dem Gebiet der Schiedsgerichtsbarkeit. Geimer IZPR Rn 3932 ff. 25

XIV) Nichtanerkennung der Sachentscheidung eines ausl staatl Gerichts, das Schiedsvertrag glatt ignoriert hat, obwohl Bekl sich (ordnungsgemäß u rechtzeitig) auf den Schiedsvertrag berufen hatte. Fragl, ob schon internationale Zuständigkeit des Erststaates (§ 328 I Nr 1) fehlt, so zB Schlosser RipS[2] Rn 400 gE, 883 oder ob ordre public (§ 328 I Nr 4) eingreift, vgl auch Geimer/Schütze I 1000. Im Anwendungsbereich des GVÜ wäre Verweigerung der Anerkennung Bruch der Konvention, Anh Art 1 Rz 17. – § 1027a Rn 9a. 26

XV) Anerkennung und Vollstreckbarerklärung dt Schiedssprüche im Ausland: ausführl Nachw bei Schütze/Tscherning/Wais Rn 647 ff. 27

XVI) Gebühren des **Gerichts:** Für das erstinstanzl Verf gilt KV Teil 1 IV 2. KV 1430 ff erfassen alle Anträge, die nicht unter IV 2a, 2b fallen. KV 1430 entspricht dabei KV 1410 (s § 1042a Rn 4). Die Gebühr fällt an, soweit nicht in Staatsverträgen bestimmt ist, daß ein Schuldtitel kostenfrei für vollstreckbar zu erklären ist. Außerdem ist erforderlich, daß die ausl Schiedssprüche auf Grund von Staatsverträgen (oben Rn 8, 9) in einem vereinfachten Verfahren für vollstreckbar erklärt werden können. Wird abweichend von § 1042c II 2 über den Widerspruch ausnahmsweise nicht durch Urteil, sondern durch Beschluß entschieden (dtsch-niederl Vertrag v 30. 8. 62, § 10 I AusfG, BGBl I 17): KV 1431. Im übrigen entstehen Gebühren für das Endurteil (KV 1432, 1433) und den Beschluß nach § 91a (KV 1434, 1435). – Rechtsmittel: Gegen den Beschluß KV 1431: Beschwerde KV 1904. Gegen den § 91a-Beschluß: Beschwerde KV 1900. Gegen das Urteil: Berufung KV 1220 ff. 28

1044a *[Schiedsvergleich]*

(1) Hat sich der Schuldner in einem schiedsrichterlichen Vergleich der sofortigen Zwangsvollstreckung unterworfen, so findet die Zwangsvollstreckung aus dem Vergleich statt, wenn er für vollstreckbar erklärt ist. Der Vergleich darf nur für vollstreckbar erklärt werden, wenn er unter Angabe des Tages seines Zustandekommens von den Schiedsrichtern und den Parteien unterschrieben und auf der Geschäftsstelle des zuständigen Gerichts niedergelegt ist.

(2) Die Vollstreckbarerklärung ist abzulehnen, wenn der Vergleich der Rechtswirksamkeit entbehrt oder seine Anerkennung gegen die guten Sitten oder die öffentliche Ordnung verstoßen würde.

(3) Die Vorschriften der §§ 1042a bis 1042d gelten entsprechend; die Geltendmachung der Rechtsunwirksamkeit des Vergleichs steht der Geltendmachung von Aufhebungsgründen gegen einen Schiedsspruch gleich.

1 I) Der schiedsrichterl **Vergleich** (§ 1034 Rn 69; Raeschke-Kessler FS Glossner, 1994, 255) kann für **vollstreckbar erklärt** werden. Der Schuldner muß sich der sofortigen ZwV unterwerfen (vgl § 794 I Nr 5; hier liegt ein nicht unerhebl Unterschied zum Vergleich vor staatl Gericht, der auch ohne Unterwerfungsklausel vollstreckbar ist [§ 794 I Nr 1]; kritisch Schwab/Walter 23 Rn 16), und den formellen Voraussetzungen des § 1044a I 2 genügen. Ein schiedsrichterl Vergleich ist nur ein Vergleich, bei dem die Schiedsrichter mitgewirkt haben; dies bedeutet nicht, daß die Richter am **Zustandekommen** des Vergleichs beteiligt sein müssen. Es genügt schon die durch die Mitunterzeichnung der Vergleichsurkunde zum Ausdruck gebrachte Billigung des Vergleichs. § 1039 I 2 entspr anwendbar. – Hat den Vergleich ein Parteienvertreter unterschrieben, so ist dessen Vertretungsbefugnis von Amts wegen zu prüfen. Ein **Dritter** tritt durch widerspruchlose Einlassung auf die Verhandlung zur Sache vor dem Schiedsgericht und durch Unterschreiben des Vergleichs dem schiedsrichterl Vergleich einschließl der Unterwerfung unter die sofortige ZwV bei, JW 32, 115. – Zur Prüfung der Wirksamkeit des Schiedsvergleichs (Abs 2) § 1044b Rn 20. Vgl auch § 1041 Rn 45a (Schiedsspruch wegen angebl unwirksamen Schiedsvergleichs).

2 II) Der Schiedsvergleich ersetzt nicht wie der Prozeßvergleich die vom materiellen Recht geforderte **notarielle Beurkundung oder Beglaubigung.** Der staatl Richter ist wie der Notar Hoheitsträger (Inhaber eines vom Staat übertragenen Amtes). Deshalb setzt § 127a BGB das vom staatl Gericht aufgenommene Protokoll der Niederschrift des Notars (§ 9 BeurkG) gleich. An dieser Kompatibilität fehlt es jedoch beim Schiedsvergleich. Dieser kommt nicht in einem Verf vor einem staatl Amtsträger zustande, sondern leitet seine Geltungskraft von einer Vereinbarung der Parteien ab. Auch das Schiedsrichteramt basiert darauf. Wollte man die Schiedsvergleiche unter § 127a BGB subsumieren, so wäre dies unvereinbar mit der im deutschen Recht – wie weltweit im Bereich des Lateinischen Notariats – durchgeführten Trennung zwischen öffentl Urkunde (§§ 415 ff) und Privaturkunde: Auch wenn der Schiedsvergleich für vollstreckbar erklärt ist, bleibt er eine Privaturkunde. Anders die hM, Förschler in MüKo § 127a BGB Rn 4 Fn 6; Schwab/Walter 23 Rn 19.

3 **III) Die Nichtigkeit des Schiedsrichtervertrages** der Parteien nimmt einem vor einem Schiedsgericht abgeschlossenen Vergleich nicht den Charakter eines Schiedsvergleichs und hindert somit nicht die Vollstreckbarerklärung, BGH 55, 313 = NJW 71, 775 (Breetzke 1458).

4 **IV)** Das **zuständige Gericht** ergibt sich aus den §§ 1046, 1047, 1045. Für das Verf gelten die §§ 1042a–1042d entsprechend, Schwab/Walter 29 Rn 4.

5 V) Die rechtskräftige oder vorläufig vollstreckbare Vollstreckbarerklärung ist **Vollstreckungstitel,** § 794 I Nr 4a. Die rechtskräftige Entscheidung schafft materielle Rechtskraft bezügl der Rechtswirksamkeit des Vergleichs.

6 **VI) 1)** Bei **ausl Schiedsvergleichen** (= Vergleiche, die in einem Schiedsverf nach ausl VerfahrensR vereinbart sind und das Schiedsverf nach dem maßgebl ausl Recht beenden) ist zu differenzieren: Sind sie nach dem ausl Recht nicht vollstreckbar, scheidet die Anwendung des § 1044a von vorneherein aus. In diesem Fall bleibt dem Gläubiger nur die Möglichkeit, Leistungsklage zu erheben, um im Inland vollstrecken zu können. Dies setzt einen Gerichtsstand nach §§ 12 ff voraus. Sofern ein solcher fehlt, ist zu prüfen, ob die Voraussetzungen des Notgerichtsstandes gegeben sind. Ist der ausl Schiedsvergleich nach ausl Recht vollstreckbar (nach Vollstreckbarerklärung durch das staatl Gericht im Erststaat), dann kommt § 1044a zum Zuge; allerdings muß der im ausl Schiedsverf abgeschlossene Vergleich die in § 1044a aufgestellten Voraussetzungen erfüllen, Riezler IZPR 653; Schütze/Tscherning/Wais Rn 771; Schwab/Walter 30 Rn 41.

7 2) Viele **Anerkennungs- und Vollstreckungsverträge** begründen für ausl Schiedsvergleiche eine völkerrechtl Pflicht zur Anerkennung und Vollstreckung, so Art 9 III dt-schweizer Abk, Art 13 II dt-ital Abk, Art 13 II dt-belg Abk, Art 12 dt-österr Vertr, Art 14 II dt-griech Vertr, Art 52 II dt-tunes Vertr. Dies gilt jedoch nicht für die Anerkennungs- und Vollstreckungsverträge mit Großbritannien, den Niederlanden, Israel, Norwegen und Spanien.

8 **VII) Reform:** § 1053 E sieht die Streichung des § 1044a und Einführung des „Schiedsspruchs mit vereinbartem Wortlaut" vor, § 1034 Rn 69.

9 **VIII) Gebühren:** s § 1042a Rn 4.

den ausl Anwaltsvergleich exakt die Tatbestandsvoraussetzungen des § 1044b zu, enthält er insbes eine Zwangsvollstreckungsunterwerfung, kann er wie ein deutscher Anwaltsvergleich für vollstreckbar erklärt werden, auch wenn nur ausländische RAe mitgewirkt haben. AA BL/Albers Rn 4. Ausführl zu den internationalrechtl Aspekten Schütze DWiR 94, 133.

Die in § 1044a Rn 7 aufgeführten völkerrechtl Verträge gelten nicht für Anwaltsvergleiche iSv § 1044b. Die Gleichstellungsklausel des § 1044b bewirkt nicht, daß sich die völkerrechtl Vollstrekkungspflicht nach den oben in § 1044a Rn 7 aufgeführten Verträgen auch auf die vollstreckbare Anwaltsvergleiche bezieht. 37

VIII) Leistungsklage aus Anwaltsvergleich statt Vollstreckbarerklärung jedenfalls dann zulässig, wenn (vom Gegner) Wirksamkeit des Vergleichs bestr wird, Geimer DNotZ 91, 269; Wieczorek/Schütze Rn 19. 38

IX) Gebühren: s § 1042a Rn 4 und für den RA nach §§ 23 Abs 1, 118 Abs 2, 132 Abs 2 BRAGO. Ausführl G/S/von Eicken § 23 Rn 60 ff. 39

1045 *[Zuständigkeit des staatlichen Gerichts]*

(1) Für die gerichtlichen Entscheidungen über die Ernennung oder die Ablehnung eines Schiedsrichters oder über das Erlöschen eines Schiedsvertrags oder über die Anordnung der von den Schiedsrichtern für erforderlich erachteten richterlichen Handlungen ist das Amtsgericht oder das Landgericht zuständig,

1. das im Schiedsvertrag als solches bezeichnet ist, sonst

2. das für die gerichtliche Geltendmachung des Anspruchs zuständig wäre, hilfsweise

3. in dessen Bezirk das schiedsrichterliche Verfahren stattfindet oder stattgefunden hat.

(2) Die Entscheidung kann ohne mündliche Verhandlung ergehen. Vor der Entscheidung ist der Gegner zu hören.

(3) Gegen die Entscheidung findet sofortige Beschwerde statt.

I) Abs 1, Anwendungsbereich (StJ/Schlosser Rn 7): §§ 1029 II, 1031, 1032, 1033, 1036, 1039. Vgl § 1039 Rn 11. Ist das LG zuständig: Anwaltszwang. Die Bestimmung des § 1045 ist unabdingbar, dh die Entscheidung kann auch nicht durch Parteivereinbarung einem Dritten übertragen werden. Einzelheiten bei Geimer/Schütze II 198 ff. **Zuständigkeitsbestimmung gem § 36 Nr 3** für gegen mehrere Beteiligte gerichteten Vollstreckbarerklärungsantrag (§ 1046), BayObLG RIW 89, 309. – Deutschland beansprucht/eröffnet eine **konkurrierende internationale Entscheidungszuständigkeit** nicht nur für Schiedsverf, die dt Recht (§ 1044 Rn 4) unterstehen, Geimer IZPR Rn 3759; StJ/Schlosser § 1029 Rn 8, § 1044 Anh Rn 136, Schlosser RipS^2 Rn 593 sub f. S auch § 1029 Rn 4. GVÜ (insbes Art 3) nicht anwendbar, Art 1 II Nr 4. Daher kommt gem I Nr 2 auch § 23 in Betracht, § 1042 Rn 10b; Schütze, SchiedsG u Schiedsverf Rn 64. Im übrigen besteht eine **Notzuständigkeit für alle dt Recht unterstehenden Schiedsverfahren in Bonn,** künftig in Berlin, Geimer IZPR Rn 965, 1245. S auch österr OGH IPRax 94, 138 (Heller 142). Anders StJ/Schlosser Rn 5. 1

II) Abs 2. Der Beschluß, in dem auch über die Kosten zu entscheiden ist, ist sofort vollstreckbar (§ 794 I Nr 3) u den Parteien von Amts wegen zuzustellen. Ist im Beschlußverf das Bestehen der Schiedsklausel rechtskräftig festgestellt, dann ist daneben kein Raum für eine Feststellungsklage auf Unzulässigkeit des schiedsrichterl Verf, § 1037, StJ/Schlosser Rn 9. Denn der Beschluß entfaltet res iudicata-Wirkung. Im Beschlußverf kann/muß auch die Frage geklärt werden, ob der Schiedsvertrag von Anfang an unwirksam war, BGHZ 7, 184; Schlosser FS Habscheid, 1989, 282. AA BL/Albers Rn 1; Schwab/Walter 8 Rn 23; 31 Rn 10. 2

III) Abs 3. Die BeschwFrist beginnt mit der von Amts wegen erfolgten Zustellung, § 329 III. Nach Erledigung des schiedsrichterl Verf (§ 1039) ist die Beschwerde unzulässig; dann nur Aufhebungsklage nach §§ 1041, 1043 oder Geltendmachung im Verf nach §§ 1042 ff. Bei Richterablehnung ist Beschwerde auch zulässig, wenn Ablehnung für begründet erklärt wird, § 46 II ist nicht entsprechend anwendbar, Schwab/Walter 31 Rn 22; § 1032 Rn 3. Ein über Ablehnung eines Schiedsrichters anhängiges gerichtl Verf ist auch dann fortzusetzen, wenn der Schiedsspruch ergeht u niedergelegt wird; keine Geltendmachung der Ablehnungsgründe als Aufhebungsgründe nach § 1041 I Nr 1, BGH MDR 64, 318. 3

IV) Generalklausel für alle erforderl erachteten richterl Handlungen: Hierzu Schlosser FS Habscheid, 1989, 278 u RipS^2 Rn 590 S 451. 4

V) Verfahren des staatl Gerichts nach dt lex fori, auch wenn Schiedsverf ausl Recht (§ 1034 Rn 70) unterliegt, Schlosser RipS^2 Rn 597. 5

6 **VI) Reform:** § 1062 E-ZPO (Bericht [Februar 1994] 211) sieht als Eingangszuständigkeit – im Interesse der Einheitlichkeit der Rechtsprechung – die Zuständigkeit des OLG vor.

7 **VII) Gebühren:** § 1029 Rn 6 (KV 1630–1633; § 46 II BRAGO).

1046 *[Zuständigkeit für Vollstreckbarerklärung und Klage]*

Das in § 1045 Abs. 1 bezeichnete Gericht ist auch für die Vollstreckbarerklärung von Schiedssprüchen und schiedsrichterlichen Vergleichen sowie für Klagen zuständig, welche die Unzulässigkeit des schiedsrichterlichen Verfahrens, die Aufhebung eines Schiedsspruchs oder der Vollstreckbarerklärung eines solchen oder die Rechtsunwirksamkeit eines schiedsrichterlichen Vergleichs zum Gegenstand haben.

1 Vgl §§ 1042, 1044, 1044a, 1025, 1027, 1037, 1041, 1043; § 1046 gilt über die Verweisung des § 1044b I auch für die (gerichtl) Vollstreckbarerklärung von Anwaltsvergleichen. – Das im Schiedsvertrag bezeichnete Gericht ist auch für eine Klage auf Feststellung des Nichtbestehens des Schiedsvertrages zuständig, BGH 7, 184 = NJW 52, 1336. Zum Streit über die Wirksamkeit eines Schiedsvergleichs s Ulrich NJW 69, 2179. Die Klage/der Antrag ist an den im Ausland wohnenden/sich aufhaltenden Bekl/Antragsgegner nach § 199 zuzustellen, sofern die Zustellung nicht im Inland (während eines Inlandaufenthalts) möglich ist, § 180.

1047 *[Mehrere zuständige Gerichte]*

Unter mehreren nach den §§ 1045, 1046 zuständigen Gerichten ist und bleibt das Gericht zuständig, an das eine Partei oder das Schiedsgericht (§ 1039) sich zuerst gewendet hat.

1 Die Vereinbarung der Zuständigkeit eines anderen Gerichts ist zulässig, RG JW 1894, 11.

1048 *[Außervertragliche Schiedsgerichte]*

Für Schiedsgerichte, die in gesetzlich statthafter Weise durch letztwillige oder andere nicht auf Vereinbarung beruhende Verfügungen angeordnet werden, gelten die Vorschriften dieses Buches entsprechend.

1 **I) Anwendungsbereich:** Alle auf inländischem oder (aus deutscher Sicht maßgebl) ausl Privatrecht beruhenden Schiedsgerichte, mit Ausnahme der vertragl vereinbarten (§ 1025) und solcher, die ein Gesetz selbst – als Sondergericht – anstelle eines Rechtsweges zu einem staatl Gericht etabliert. § 1048 betrifft also Schiedsgerichte, die auf gesetzl Grundlage durch nicht vertragl zu qualifizierenden Rechtsakt (Rechtsgeschäft) eingerichtet werden, Schwab/Walter 32 Rn 1, insbes durch körperschaftl Satzungen (statutarische Schiedsklauseln), Rn 2, grundlegend K. Schmidt JZ 89, 1077. Bestr, aber mit Schmidt gegen hM (Schütze BB 92, 1879 mwN) zu bejahen, daß auch Schiedsklauseln in Personengesellschaftsverträgen (oHG, KG) unter § 1048 fallen, Rn 6.

2 **II) Satzungsmäßige Schiedsgerichte.** Unter § 1048 fällt zB die Anordnung eines Schiedsgerichts durch Stiftungsurkunde oder Vereinssatzung. Die Anordnung setzt privatrechtl Autonomie voraus; fehlt sie, ist Anordnung des Schiedsgerichts durch Satzung unwirksam, BGHZ 48, 35 = NJW 67, 2057; vgl auch KG NJW 77, 57 zur Frage, ob ein nicht rechtsfähiger Verein durch seine Satzung formfrei Schiedsgerichte einsetzen kann; Kleinmann BB 70, 1076. Der Verein kann aber – entgegen hM – nicht einseitig durch Satzung Schiedsgericht einsetzen, das für Streitigkeiten mit oder unter Mitgliedern zuständig ist, ohne daß es einer gesonderten Schiedsabrede mit dem Mitglied in der Form des § 1027 bedarf, Schwab/Walter 32 Rn 5.

3 Um der **Übermacht des Vereins/Verbandes vorzubeugen,** ist § 1025 II anzuwenden, bestr. Um Zweifel gegen die Unparteilichkeit des Schiedsgerichts zu begegnen, ist zu verlangen, daß die Vereinsschiedsrichter entweder von beiden Parteien oder von einem neutralen Dritten bestimmt werden, Schwab/Walter 32 Rn 15.

4 Eine in den Gesellschaftsvertrag einer GmbH aufgenommene Schiedsklausel (Hachenburg/Raiser, GmbHG[8], 1992, § 13 Rn 18) fällt nicht unter § 1048, wenn (soweit) ihr individualrechtl Streitigkeiten unterworfen sein sollen, BGHZ 38, 155 = NJW 63, 203. Für die **Zuständigkeit der staatl Gerichte** ist die entsprechende Anordnung in der Vereinssatzung oder Schiedsgerichtsordnung maßgebend; fehlt eine solche, so ist das Gericht zuständig, das für die gerichtl Geltendmachung des Anspruchs zuständig sein würde, München KTS 76, 57, ersatzweise Sitz des Schiedsgerichts, § 1045 I Nr 3.

Für **Anfechtungs- und Nichtigkeitsklagen einer AG** kann nach hM (K. Schmidt ZGR 88, 537; Schütze BB 92, 1880 Fn 36) - entgegen der hier vertretenen Auffassung (§ 1025 Rn 38) - weder in der Satzung der AG (§ 1048) noch durch Vertrag des Klägers mit bekl AG (§ 1025) noch durch rügelose Einlassung auf die Schiedsklage - eine Zuständigkeit des Schiedsgerichts begründet werden, weil AktG Rechtsschutz durch staatl Gericht zwingend vorschreibt. Daran könne Satzung nichts ändern, § 23 V 1 AktG. Das gleiche gelte für Auskunftserzwingungs- (§ 132 AktG) und für Bestellungsverf (§ 104 AktG). 5

Auch **Organisationsverträge von Personengesellschaften** (Rn 1) fallen unter § 1048, wobei eine **Schiedsklausel nicht nachträgl durch Mehrheitsbeschluß eingeführt werden kann,** Roth FS Nagel, 1987, 327. Bei **Publikumsgesellschaften** ist allerdings strenge Inhaltskontrolle geboten, vor allem unter dem Blickwinkel des § 1025 II. Noch weiter K. Schmidt ZGR 88, 539: „Die Publikumsgesellschaft muß sich wie die AG vor den Gerichten des Staates stellen." 6

III) Durch letztwillige Verfügung eingesetzte Schiedsgerichte setzen formwirksames und auch sonst wirksames Testament oder Erbvertrag (§ 2299 BGB) voraus. Kompetenzbereich wird vom Erblasser bestimmt. Äußerste Grenzen: Streitigkeiten im Zusammenhang mit dem Nachlaß und seiner Abwicklung, § 27, zB Rechtsstreitigkeiten zwischen Erben (Erbprätendenten) und zwischen Erben und Vermächtnisnehmern. Testamentsvollstrecker kann zum Schiedsrichter ernannt werden, RGZ 100, 76. Hierzu Nieder, Hb der Testamentsgestaltung, 1992, Rn 771; Schütze BB 92, 1880; Böckstiegel ua, Schiedsgerichtsbarkeit in gesellschaftsrechtl u erbrechtl Angelegenheiten, 1996. 7

IV) In den Fällen des § 1048 ist **Formvorschrift** des § 1027 nicht anwendbar, auch begründet die rügelose Einlassung auf das Schiedsverf (§ 1027 I 2) nicht die Zuständigkeit des Schiedsgerichts, K. Schmidt ZGR 88, 531. 8

Gesetz betreffend die Einführung der Zivilprozeßordnung

vom 30. Januar 1877 (RGBl S 244) zuletzt geändert durch Gesetz vom 3. Dezember 1976 (BGBl I 3281)

1 *[Inkrafttreten und räumlicher Anwendungsbereich der ZPO; neues Verfahrensrecht]* **Die Zivilprozeßordnung tritt im ganzen Umfange des Reichs gleichzeitig mit dem Gerichtsverfassungsgesetz in Kraft.**

1 1) ZPO und GVG sind am 1. 10. 1879 in Kraft getreten.

2 2) **Neue Bundesländer:** ZPO ist mit dem Beitritt am 3. 10. 90 in Kraft getreten. **Übergangsregelungen:** s 19. Aufl, Rn 2, 3.

2 *[Kostenrecht]* **Das Kostenwesen in bürgerlichen Rechtsstreitigkeiten wird für den ganzen Umfang des Reichs durch eine Gebührenordnung geregelt.**

1 Das Kostenwesen ist geregelt durch das GKG, § 12 ArbGG, die JustizbeitreibungsO, die BRAGO, das Ges über Kosten der Gerichtsvollzieher (GVKostG) u das Ges über die Entschädigung v Zeugen u Sachverständigen (ZSEG).

2 **Neue Bundesländer:** Maßgaben Nr 19–26; Grundsatz: Gebührenermäßigung um 20%, auch im früheren Berlin (Ost) (Anl I Kap III Sachgeb A Abschnitt IV Nr 3g)–i) EinigungsV).

3 *[Sachlicher Geltungsbereich]* **(1) Die Zivilprozeßordnung findet auf alle bürgerlichen Rechtsstreitigkeiten Anwendung, welche vor die ordentlichen Gerichte gehören.**

(2) Insoweit die Gerichtsbarkeit in bürgerlichen Rechtsstreitigkeiten, für welche besondere Gerichte zugelassen sind, durch die Landesgesetzgebung den ordentlichen Gerichten übertragen wird, kann dieselbe ein abweichendes Verfahren gestatten.

1 1) **Abs 1.** Vor die ordentl Gerichte gehören nach § 13 GVG grundsätzlich alle bürgerl Rechtsstreitigkeiten. Durch Bundesrecht kann das Verfahren vor den ordentl Gerichten für bestimmte Sachen abweichend von der ZPO geregelt werden (zB BEG, GWB). Die ZPO ist auch anwendbar auf Streitigkeiten, die durch Gesetz den Zivilgerichten zugewiesen sind, sofern dieses Gesetz nicht ein Landesgesetz ist u darin etwas anderes bestimmt wird (Abs 2).

2 2) **Abs 2.** Wenn die Zuständigkeit bundesrechtlich zugelassener besonderer Gerichte gem § 3 EGGVG durch Landesgesetz auf die ordentlichen Gerichte übertragen wird, kann das Landesgesetz insoweit das Verfahren vor den ordentlichen Gerichten abweichend von der ZPO regeln. Über von der ZPO abweichende landesrechtliche Verfahrensbestimmungen s §§ 11, 14, 15.

4 *[Offenhaltung des Rechtswegs]* **Für bürgerliche Rechtsstreitigkeiten, für welche nach dem Gegenstand oder der Art des Anspruchs der Rechtsweg zulässig ist, darf aus dem Grunde, weil als Partei der Fiskus, eine Gemeinde oder eine andere öffentliche Kooperation beteiligt ist, der Rechtsweg durch die Landesgesetzgebung nicht ausgeschlossen werden.**

1 1) Dem **Ausschluß** des Wegs zu den Gerichten in bürgerlrechtl Streitigkeiten **durch Landesrecht** steht jetzt Art 19 Abs 4 GG entgegen. § 4 ist daher gegenstandslos, soweit er es verbietet, die endgültige Entscheidung in bürgerlrechtl Streitigkeiten einer Verwaltungsbehörde zuzuweisen. § 4 läßt auch nicht zu, daß Zivilprozesse des Fiskus, der Gemeinden und sonstigen öffentlrechtl Körperschaften durch Landesgesetz in einen anderen als den Zivilrechtsweg (zB den Verwaltungsrechtsweg) verwiesen werden, wenn gleichartige Streitfälle unter Privaten vor die

Zivilgerichte gehören (BGH 31, 117; wegen der umgekehrten Zuweisung bestimmter öffentlrechtl Ansprüche an die ordentlichen Gerichte durch die Landesgesetzgebung s § 71 III GVG, § 40 I 2 VwGO; ferner § 232 BauGB).

2) Landesrechtliche **Erschwerungen,** die das Beschreiten **des Rechtswegs** nicht ausschließen, sind jedoch zulässig, soweit sie für den Bürger nicht unzumutbar sind (BVerfG 8, 240; 22, 49; 40, 237). Die Klageerhebung kann davon abhängig gemacht werden, daß zunächst die Entscheidung einer bestimmten Behörde eingeholt wird (vgl Stech ZZP 77, 211). Hierzu gehört das in Art 22 BayAGGVG vorgesehene Abhilfeverfahren (dazu §§ 16, 17 BayVertretungsV v 8. 2. 77, BayRS 600 – 1 – F). Danach können Ansprüche gegen den Staat (für Ansprüche gegen Gemeinden usw gilt das nicht) erst dann gerichtlich verfolgt werden, wenn sich der Beteiligte zunächst an die höhere Verwaltungsbehörde um Abhilfe gewandt und entweder abschlägigen oder innerhalb von 2 Monaten keinen Bescheid erhalten hat (BayObLG 54, 216; 56, 70; 65, 493; BayVGH 34, 42). Die verfassungsrechtl Bedenken Hüttenhofers (NJW 89, 698) hiergegen greifen nicht (s BayObLG 65, 493; Bauer in Sprau, Justizgesetze in Bayern, Art 22 AGGVG Anm 3); verfehlt ist auch dessen Ansicht, die in Art 22 AGGVG aufgestellte Prozeßvoraussetzung gelte nur für bayerische Gerichte. 2

3) Über die **Vertretung** des Staates (Bund, Länder) in bürgerl Rechtsstreitigkeiten s bei § 18 ZPO. Die Vertretung der Gemeinden und Gemeindeverbände richtet sich nach den landesrechtlichen Gemeindeordnungen. 3

5, 6 (gegenstandslos)

7 *[Revisions- und Beschwerdeeinlegung beim BayObLG]*

(1) Ist in einem Land auf Grund des § 8 des Einführungsgesetzes zum Gerichtsverfassungsgesetz für bürgerliche Rechtsstreitigkeiten ein oberstes Landesgericht errichtet, so entscheidet in den Fällen des § 546 der Zivilprozeßordnung das Oberlandesgericht mit der Zulassung gleichzeitig über die Zuständigkeit für die Verhandlung und Entscheidung der Revision. Die Entscheidung ist für das Revisionsgericht bindend.

(2) In den Fällen der §§ 547, 554b und 566a der Zivilprozeßordnung ist die Revision bei dem obersten Landesgericht einzulegen. Die Vorschriften der §§ 553, 553a der Zivilprozeßordnung gelten entsprechend. Das oberste Landesgericht entscheidet ohne mündliche Verhandlung endgültig über die Zuständigkeit für die Verhandlung und Entscheidung der Revision. Erklärt es sich für unzuständig, weil der Bundesgerichtshof zuständig sei, so sind diesem die Prozeßakten zu übersenden.

(3) Die Entscheidung des obersten Landesgerichts über die Zuständigkeit ist auch für den Bundesgerichtshof bindend.

(4) Die Fristbestimmung im § 555 der Zivilprozeßordnung bemißt sich nach dem Zeitpunkt der Bekanntmachung des Termins zur mündlichen Verhandlung an den Revisionsbeklagten.

(5) Wird der Beschluß des obersten Landesgerichts, durch den der Bundesgerichtshof für zuständig erklärt wird, dem Revisionskläger erst nach Beginn der Frist für die Revisionsbegründung zugestellt, so beginnt mit der Zustellung des Beschlusses der Lauf der Frist für die Revisionsbegründung von neuem.

(6) Die vorstehenden Vorschriften sind auf das Rechtsmittel der Beschwerde gegen Entscheidungen der Oberlandesgerichte in den Fällen des § 519b Abs. 2, des § 542 Abs. 3 in Verbindung mit § 341 Abs. 2, des § 568a und des § 621e Abs. 2 der Zivilprozeßordnung entsprechend anzuwenden.

Lit: *Herbst* (Hsg), Das Bayerische Oberste Landesgericht, Geschichte und Gegenwart, 1993; *Keidel* NJW 61, 2333; *Schäfer, Schier, Ostler* BayVerwBl 75, 192, 200, 205; *Gerner* NJW 75, 720.

1) **Allgemeines: a)** § 7 ist durch Art 2 Nr 2a der Revisionsnovelle v 8. 7. 75 (BGBl I 1683) geändert und durch Art 7 Nr 4 der Vereinfachungsnovelle v 3. 12. 76 (BGBl I 2333) in Abs 6 ergänzt worden. 1

b) Ein **oberstes Landesgericht** ist auf Grund der Ermächtigung in § 8 EGGVG in Bayern (wieder) errichtet worden (Ges Nr 124 v 11. 5. 48, GVBl 83, jetzt Art 10, 11 BayAGGVG v 23. 6. 1981, BayRS 300-1-1-J). Das BayObLG teilt sich mit dem BGH in die Zuständigkeit zur Entscheidung über die Revision gegen Urteile der bayer OLG bzw die Sprungrevision gegen Urteile der bayer LG und über die Beschwerden bzw weiteren Beschwerden gegen Beschlüsse der bayer 2

OLG, soweit solche Beschwerden überhaupt statthaft sind (§ 567 IV 2, § 621e II ZPO; s Rn 18). Das Kriterium für die Abgrenzung der Zuständigkeit ist, ob überwiegend über Bundes- oder Landesrecht zu entscheiden ist (§ 8 EGGVG; s dort).

3 2) **Zuständigkeitsaufteilung für die Rechtsmitteleinlegung (Abs 1, 2 u 6):**

4 a) **Die Zuständigkeitsabgrenzung gilt von vorneherein nicht,** wenn für das Rechtsmittelverfahren die ausschließliche Zuständigkeit des BGH begründet ist (vgl BGH NJW 89, 1221, in der Sache allerdings durch Änderung des LwVG überholt, s Rn 8), nämlich in **Baulandsachen** (§ 230 BauGB; BGH 46, 190), in **Entschädigungssachen** (§ 219 BEG; BGH LM 1 zu § 189 BEG 1956), in **Patentstreitigkeiten** (§§ 41p ff PatG) und im Rechtsbeschwerdeverfahren nach §§ 17 ff des Anerkennungs- und VollstreckungsAG **(AVAG)** v 30. 5. 88 (s § 18 Abs 1 AVAG [unten Anh II, S 2549 ff]; BGH MDR 94, 827; StJ/Schlosser Rn 3). In diesen Fällen kann die Revision bzw die Beschwerde wirksam nur beim BGH durch einen dort zugelassenen Anwalt eingelegt werden (BGH NJW-RR 94, 320); die Einlegung beim ObLG wahrt die Frist nicht, idR auch keine Wiedereinsetzung (vgl BGH 46, 190; VersR 80, 554; NJW 89, 1221).

5 b) **Für die durch das OLG zugelassenen Revisionen** (§ 546 Abs 1, § 621d Abs 1 ZPO) gilt Abs 1; das OLG bestimmt mit der Zulassung an Hand des Maßstabs des § 8 EGGVG, ob für die Entscheidung über die Revision der BGH oder das BayObLG zuständig ist. Diese Entscheidung ist für das weitere Verfahren bindend (Abs 1 S 2); damit steht bereits bei Abschluß der Berufungsinstanz das zuständige Revisionsgericht fest. Bei diesem sind daher die Revision einzulegen und zu begründen und alle sonstigen Prozeßhandlungen vorzunehmen. Deren Vornahme bei einem anderen als vom OLG bezeichneten Gericht ist unwirksam, auch wenn die Entscheidung des OLG sachlich unrichtig sein sollte (BGH NJW-RR 87, 125). Hat das BerufungsG die Revision zugelassen, aber die in § 7 Abs 1 vorgeschriebene **Bestimmung des zuständigen Revisionsgerichts unterlassen,** so kann die Revision wirksam sowohl beim BGH wie beim BayObLG eingelegt werden (BGH NJW 81, 576). Die Zuständigkeitsbestimmung durch das OLG ist nach § 319 ZPO, jedenfalls nach § 321 ZPO nachzuholen (die für die Zulassungsentscheidung vertretene Einschränkung – s § 546 Rn 55 – gilt für die Nachholung der Zuständigkeitsbestimmung nicht, da durch diese die Rechtskraft nicht mehr berührt wird; vgl StJ/Schlosser Rn 4). Allerdings kann auch das ObLG (nicht der BGH) die Zuständigkeitsbestimmung in analoger Anwendung des Abs 2 treffen. Die bis zur verbindlichen Bestimmung der Zuständigkeit gegenüber einem der beiden möglichen Revisionsgerichte vorgenommenen Prozeßhandlungen bleiben auch dann wirksam, wenn nachträglich gerade die Zuständigkeit des anderen Gerichts festgestellt wird (vgl BGH NJW 81, 576).

6 c) Wenn die **Revision ohne Zulassung statthaft** ist, steht das für die Entscheidung zuständige Revisionsgericht bei Abschluß der Vorinstanz noch nicht fest. Die Revision ist **beim BayObLG einzulegen** (nach § 8 Abs 1 durch jeden in Deutschland zugelassenen RA möglich); in diesen Fällen hat das BayObLG nach dem Maßstab des § 8 EGGVG über die Zuständigkeit zu befinden (Abs. 2 S 3).

7 Erfaßt sind: **Annahmerevision** (§ 554b Abs 1 ZPO, Beschwer über 60 000 DM), **Revision gegen die Berufung als unzulässig verwerfende Urteile** (§ 547 ZPO und § 621d Abs 2 ZPO – bei Berufungsverwerfung durch Beschluß s Abs 6 und Rn 14) sowie **Sprungrevisionen** (§ 566a ZPO). – Das Gleiche gilt, wenn das OLG in einer vermögensrechtlichen Sache, die nicht Familiensache ist, den Wert der Beschwer auf einen 60 000 DM nicht übersteigenden Betrag festgesetzt hat, ohne die Revision gemäß § 546 I ZPO zuzulassen, die Partei aber dennoch Revision einlegt mit der **Behauptung, daß die Beschwer 60 000 DM übersteige** und daher ein Fall der Annahmerevision (§ 554b ZPO) gegeben sei (BayObLG NJW 77, 685). In diesen Fällen ist die Revision beim BayObLG einzulegen (Abs 2 S 1); Einlegung beim BGH wahrt die Frist nicht (vgl RG JR 25, 1689).

8 d) Die Abgrenzung nach Rn 5 und 6 gilt auch in **Kartellsachen** (BGH MDR 68, 386) sowie in **streitigen Landwirtschaftssachen** (BGH NJW 89, 1221 ist überholt; s § 52 Abs 4 LwVG idF des Art 7 Abs 22 Nr 2 RPflVereinfG sowie Art 11 Abs 3 Nr 2 bayAGGVG idF des Art 6 Abs 21 Nr 1a bayAGBtG, GVBl 91, 492).

9 3) **Einstweilige Zuständigkeit des BayObLG:** a) Solange die Entscheidung nach Abs 2 S 3 über die endgültige Revisionszuständigkeit nicht ergangen ist, hat das BayObLG die Stellung des Revisionsgerichts. Es ist solange auch zur Entgegennahme aller **weiteren Anträge und Erklärungen** zuständig, wie Antrag auf Prozeßkostenhilfe (BGH LM 45 zu § 233 ZPO), Wiedereinsetzungsgesuch (BGH MDR 93, 1122), Revisionsbegründung (zur Frist s Rn 10), Anschlußrevision, Antrag auf einstweilige Einstellung der Zwangsvollstreckung (BGH LM 6 zu § 719 ZPO). Diese Prozeßhandlungen bleiben auch wirksam, wenn danach der BGH als zuständiges Revisionsgericht bestimmt wird (RG 65, 31; BGH LM 6 zu § 719 ZPO; BayObLG NJW 77, 685); mit der Zustellung des Beschlusses, der den BGH für zuständig erklärt, endet aber die einstw Zuständigkeit des BayObLG (BGH MDR 93, 1122 = NJW-RR 93, 1084; vgl auch § 8 Rn 2). Die PKH-Bewilligung durch das BayObLG gilt nur für sein Verfahren; wenn der BGH für zuständig erklärt wird,

entscheidet er über die PKH von neuem (BGH LM 42 zu § 233 ZPO), über ein noch nicht erledigtes Gesuch erstmals. Das BayObLG kann die einstweilige Einstellung der Zwangsvollstreckung nach § 719 ZPO anordnen; wenn der BGH für zuständig erklärt wird, kann er diese Anordnung wieder aufheben (BGH NJW 67, 1967).

b) Die Revisionsbegründungsfrist beginnt mit der Einlegung der Revision beim BayObLG zu laufen; sie läuft wie sonst ab, wenn das BayObLG sich für zuständig erklärt (BayObLG 55, 148; NJW 58, 2068: keine entsprechende Anwendung des Abs. 5). Es ist daher geboten, bei drohendem Ablauf der Begründungsfrist vor Zuständigkeitsbestimmung Verlängerungsantrag nach § 554 Abs 2 S 2 ZPO zu stellen. Wenn dagegen der BGH für zuständig erklärt wird, beginnt die Frist mit der Zustellung des Abgabebeschlusses an den Revisionskläger von neuem zu laufen (Abs 5); nach der Rspr des BGH (Z 24, 36; VersR 69, 962) gilt dies auch dann, wenn die durch die Revisionseinlegung beim BayObLG in Gang gesetzte Begründungsfrist bei Zustellung des Abgabebeschlusses bereits abgelaufen war; diese großzügige Auffassung steht in Widerspruch zur neueren Rspr des BGH (Z 116, 377, anders noch Z 102, 37, s § 519 ZPO Rn 16a, insbesondere soweit diese darauf abstellt, daß der einmal eintretende Ablauf der Rechtsmittelbegründungsfrist in der Sache zur Rechtskraft führt; in diese kann auch schwerlich durch die Zuständigkeitsentscheidung nach Abs 2 S 1 eingegriffen werden. Ein neuer Fristbeginn nach Abs 5 wäre dann nur möglich, wenn die Frist im Zeitpunkt der Zustellung des Bestimmungsbeschlusses noch nicht abgelaufen ist. – Eine **Verlängerung** der Revisionsbegründungsfrist durch den Senatsvorsitzenden des BayObLG wirkt auch nach Abgabe an den BGH fort und kann auch dann voll ausgenützt werden, wenn der so bestimmte Endtermin später liegt als das Ende der nach Abs 5 neu eröffneten Begründungsfrist (BGH MDR 64, 486). Wenn der BGH nach Abgabe der Sache an ihn die PKH erst nach Ablauf der Begründungsfrist nach Abs 5 bewilligt, kann mit dem Gesuch um Wiedereinsetzung statt der Nachholung der versäumten Begründung ausnahmsweise ein Gesuch um nachträgliche Verlängerung der Revisionsbegründungsfrist verbunden werden, damit dem Revisionskläger zur Begründung der Revision durch einen beim BGH zugelassenen Anwalt die volle Frist des § 554 II 2 ZPO verbleibt (BGH NJW 65, 585). 10

c) Über die **Zulässigkeit der** Revision einschließlich der Wiedereinsetzung in die versäumte Einlegungs- oder Begründungsfrist kann nur das nach Abs 2 bestimmte Revisionsgericht entscheiden (BGH LM 42 zu § 233 ZPO); das gilt auch für die Annahme der Revision oder Sprungrevision nach § 554b ZPO. 11

4) Zuständigkeitsbestimmung durch das BayObLG: Über die endgültige Zuständigkeit als Revisionsgericht entscheidet das BayObLG durch Beschluß ohne mündliche Verhandlung (Abs 2 S 3). **Rechtl Gehör** wird regelmäßig durch die Zustellung der Revisionsschrift an den Revisionsbeklagten gewährt (Revisionskläger kann sich schon bei Revisionseinlegung äußern). Der Gesetzgeber geht von alsbaldiger Zuständigkeitsentscheidung durch ObLG aus, wie Abs 5 zeigt; diese liegt auch im Interesse der raschen Zuständigkeitsklärung. IdR wird sie an Hand des gemäß § 553a Abs 1 ZPO vorzulegenden Berufungsurteils getroffen werden können. 12

Der Beschluß ist den Parteien von Amts wegen zuzustellen. Die Entscheidung ist für das BayObLG unabänderlich (BayObLG 55, 12; 69, 310) und auch für den BGH bindend (Abs 3). Sie stellt den gesetzlichen Richter fest, wenn sie nicht offensichtlich unhaltbar ist oder ohne Bezug auf den gegebenen Maßstab erfolgt (BVerfG NJW 57, 337). Wegen ihrer Wirkung für die Begründungsfrist s Rn 10. Wenn der BGH für zuständig erklärt wird, ist auch eine Anschlußrevision beim BGH einzulegen (BayObLG NJW 77, 685); dies muß wohl auch für selbständige Anschlußrevision gelten, da die Zuständigkeitsbestimmung nach Abs 3 S 2 das gesamte Verfahren erfaßt. – Erklärt das BayObLG sich selbst für zuständig, so bestimmt es Termin gemäß Abs 4 und § 8 Abs 2, sofern es nicht die Revision durch Beschluß als unzulässig verwirft oder die Annahme der Revision gemäß § 554b ZPO ablehnt. 13

5) Beschwerden (weitere Beschwerden), Abs 6: Nach Abs 6 finden die Vorschriften über die Einlegung der Revision und die Bestimmung des zuständigen Revisionsgerichts entsprechende Anwendung auf die Beschwerden bzw weiteren Beschwerden gegen die Beschlüsse der bayer OLG, soweit sie nach § 567 IV 2 gegeben sind und nicht Bauland- oder Entschädigungssachen betreffen. 14

Betroffen sind die sofortige Beschwerde gegen die Verwerfung der Berufung durch Beschluß (§ 519b ZPO, auch in FamS, § 621d Abs 2); die sofortige Beschwerde gegen die Verwerfung des Einspruchs gegen ein Versäumnisurteil nach §§ 542 Abs 3 mit 341 Abs 2 ZPO (vgl BGH MDR 78, 556); die sofortige weitere Beschwerde gegen die Beschlußentscheidung über die Verwerfung des Einspruchs gegen ein Versäumnisurteil nach § 568a ZPO. Hinzu kommt die befristete weitere Beschwerde in den FGG-Familiensachen nach § 621e Abs 2 ZPO. 15

In einem Teil dieser Fälle bedarf die Beschwerde bzw weitere Beschwerde der **Zulassung** durch das OLG (Fall des § 568a ZPO bei 60 000 DM nicht übersteigender Beschwer; Fall des § 621e II 1 ZPO); dann hat das OLG Gelegenheit, im Zulassungsbeschluß entspr Abs 1 S 1 das für die Entscheidung über das Rechtsmittel zuständige Gericht zu bestimmen und damit wie oben Rn 5 16 festzulegen, wo das Rechtsmittel einzulegen ist. In den übrigen Fällen, in denen die Beschwerde bzw weitere Beschwerde ohne Zulassung statthaft ist (§ 519b, §§ 542 III mit 341 II, § 621e II 2 ZPO), ist das Rechtsmittel entspr Abs 2 S 1 immer beim BayObLG einzulegen (Einlegung beim BGH wahrt die Frist nicht, BGH MDR 79, 74 – auch zu den Voraussetzungen der Wiedereinsetzung – § 233 ZPO – in diesen Fällen), damit es entspr Abs 2 S 3 das für die Verbescheidung zuständige Gericht bestimmen kann. Außer im Falle des § 621e Abs 2 können die Beschwerden entspr dem § 577 Abs 2 ZPO aber auch bei dem betreffenden bayer OLG eingelegt werden (BGH NJW 62, 1617; VersR 69, 804).

17 Nicht unter Abs 6 fällt die Beschwerde nach **§ 17a Abs 4 S 4 GVG,** da diese kraft der dortigen Regelung nur zum BGH zugelassen werden kann, ebenso nicht die Rechtsbeschwerde nach § 17 AVAG (BGH NJW-RR 94, 320; s auch Rn 4).

18 Nicht geregelt ist die Zuständigkeit für **unstatthafte Beschwerden** gegen Beschlüsse bayer OLGe. Ein Zuständigkeitsbestimmungsverfahren analog Abs 6 findet insoweit nicht statt. Vielmehr sind sowohl der Bundesgerichtshof (NJW 68, 504) wie das BayObLG (Z 93, 111/114; FamRZ 93, 346) befugt, bei ihm eingelegte oder ihm vorgelegte unstatthafte Beschwerden gegen Entscheidungen des OLG unmittelbar zu verwerfen. Im übrigen kann das OLG zweifelsfrei unstatthafte Beschwerden gegen seine Entscheidungen auch ohne Vorlage selbst verwerfen (vgl § 571 ZPO Rn 2); macht es hiervon nicht Gebrauch, so wird das OLG die unstatthafte Beschwerde entsprechend allgemeinem Grundsatz des § 7 in der Regel dem ObLG vorlegen.

8 *[Anwaltliche Vertretung; Zustellungen]*

(1) Die Parteien können sich in den in § 7 Abs. 2 genannten Fällen bis zur Entscheidung des obersten Landesgerichts über die Zuständigkeit auch durch einen bei einem Landgericht, Oberlandesgericht oder dem Bundesgerichtshof zugelassenen Rechtsanwalt vertreten lassen.

(2) Die Zustellung der Abschrift der Revisionsschrift an den Revisionsbeklagten und die Bekanntmachung des Termins zur mündlichen Verhandlung an die Parteien erfolgt gemäß § 210a der Zivilprozeßordnung.

1 **1) Anwaltliche Vertretung (Abs 1):** Abs 1 wurde geändert durch Art 2 Nr 2b der Revisionsnovelle v 8. 7. 75 (BGBl I 1683). **a)** Die Vertretungsregelung nach I gilt für Revisionskläger und Revisionsbeklagten als **Ausnahme von § 78 I ZPO** (Grund: Kostenersparnis, vgl BGH NJW 85, 1157) in den Fällen, in denen das zur Entscheidung zuständige Revisionsgericht nicht von vornherein feststeht, sondern nach Revisionseinlegung beim BayObLG (§ 7 I 1) erst durch dieses bestimmt werden muß (§ 7 II 3). Bis zu dieser Zuständigkeitsentscheidung können sich die Parteien durch jeden bei einem deutschen (nicht nur bayerischen) LG oder OLG oder im Beitrittsgebiet (Anl I Kap III Sachgeb A Abschnitt II Nr 2 EinigungsV) zugelassenen RA vertreten lassen, nicht nur für Revisionseinlegung und -begründung, sondern auch für sonstige Anträge, wie Antrag auf Bewilligung von PKH oder Wiedereinsetzungsgesuch, Antrag auf Einstellung der Zwangsvollstreckung, auch Revisionsanschließung. Seit dem BGH-EntlastungsG v 15. 8. 69 ist auch – trotz § 171 BRAO – Vertretung durch einen beim BGH zugelassenen Anwalt möglich. Die Regelung gilt zufolge des § 7 VI auch für die dort genannten Beschwerdefälle (BGH FamRZ 82, 585); § 621e IV steht nicht entgegen (s Borgmann AnwBl 78, 301). Wegen Beschwerdeeinlegung bei dem OLG, dessen Beschluß angefochten wird, s § 7 Rn 16; dann ist Vertretung durch einen beim OLG zugelassenen RA nötig.

2 **b)** Sobald der Beschluß, durch den das BayObLG seine Zuständigkeit oder Unzuständigkeit ausgesprochen hat, zugestellt ist, gilt für die Vertretung beim Revisionsgericht wieder die allgemeine Regelung der Postulationsfähigkeit durch § 78 I ZPO (BGH MDR 93, 1122 = RR 93, 1084). **c) Beim BayObLG besteht keine eigene Anwaltschaft;** jeder bei einem bayer OLG zugelassene RA ist zugleich beim BayObLG zugelassen (§ 227 BRAO). Ein beim BGH zugelassener RA kann die Parteien, wenn sich das BayObLG für zuständig erklärt hat, dort nicht mehr vertreten (§ 171 BRAO). Umgekehrt kann der bisher tätig gewordene, nicht beim BGH zugelassene RA die Parteien nach Verweisung an den BGH dort nicht mehr vertreten; er kann auch nicht mehr Einstellung der Zwangsvollstreckung beantragen (BGH LM 6 zu § 719), sich auch nicht mehr für den Revisionsbeklagten der Revision anschließen (vgl BayObLG NJW 77, 685). Es besteht jedoch eine **Ausnahme;** auch nach Verweisung an den BGH kann der bisher tätig gewordene, nicht beim BGH zugelassene Anwalt die Revision zurücknehmen, solange sich nicht für die Partei ein beim BGH zugelassener Anwalt gemeldet hat (RG 132, 94; BGH 14, 210; – GrS – NJW 85, 1157). Das Gleiche gilt für die Rücknahme der Klage durch den Revisionsbeklagten (BGH 14, 211; 78, 1262). Der bisher tätige, nicht beim BGH zugelassene Anwalt kann für den Rev-bekl auch noch die Anträge nach §§ 566, 515 Abs 3 ZPO stellen (BGH – GrS – NJW 85, 1157). Dies gilt jedoch nur, wenn das

Rechtsmittel nach § 7 Abs 2 beim BayObLG eingelegt wurde, also nicht, wenn von Anfang an der BGH zuständig war (§ 7 Rn 4 u 5, BGH NJW 87, 1333).

2) Zustellung (Abs 2): Für die Zustellung der Revisionsschrift an den Revisionsbeklagten (§ 553a) und die Bekanntmachung des Termins zur mündlichen Verhandlung an die Parteien (§ 555) bestimmt sich der Adressat der Zustellung nach § 210a. 3

9 *[Bestimmung des zuständigen Gerichts]*

Die Bestimmung des zuständigen Gerichts erfolgt, falls es sich um die Zuständigkeit solcher Gerichte handelt, welche verschiedenen *deutschen Ländern* **angehören und nicht im Bezirk eines gemeinschaftlichen Oberlandesgerichts ihren Sitz haben, durch den** *Bundesgerichtshof* **auch dann, wenn in einem dieser** *Länder* **ein oberstes Landesgericht für bürgerliche Rechtsstreitigkeiten errichtet ist.**

1) Allg über die Bestimmung des zuständigen Gerichts: s § 36 ZPO. § 9 betrifft den Fall, daß die in Betracht kommenden Gerichte verschiedenen Ländern angehören u auch nicht einem gemeinsamen OLG nachgeordnet sind: es entscheidet der BGH. 1

2) In Bayern entscheidet das BayObLG, wenn an dem Kompetenzkonflikt nur bayerische Gerichte beteiligt sind und es für diese gemeinsames nächsthöheres Gericht ist, also bei Streit zwischen bayer OLGen oder AG und/oder LG verschiedener bayer OLG-Bezirke (BayObLGZ 58, 154; 59, 270). Ebenso entscheidet das BayObLG bei Zuständigkeitsstreit zwischen **Zivil- und FamSenat** eines bayer OLG (BayObLGZ 78, 197; 90, 233; 94, 60; BGH NJW 79, 2249; BGH 104, 363/366), vgl auch § 119 GVG Rn 16. Gleiches gilt bei einem Zuständigkeitsstreit zwischen dem FamG und dem übergeordneten FamSenat in Bayern (BayObLGZ 79, 292) sowie zwischen VormG und FamG eines AG (BayObLGZ 94, 91). 2

3) Eine Sonderermächtigung für Länder mit mehreren OLG, in denen kein oberstes Landesgericht errichtet ist, enthält das fortgeltende Ges v 22. 5. 10 (RGBl S 767); Gebrauch wurde von dieser Ermächtigung aber nicht gemacht. 3

10 (gegenstandslos)

11 *[Aufgebotsverfahren nach Landesrecht]*

Die Landesgesetze können bei Aufgeboten, deren Zulässigkeit auf landesgesetzlichen Vorschriften beruht, die Anwendung der Bestimmungen der Zivilprozeßordnung über das Aufgebotsverfahren ausschließen oder diese Bestimmungen durch andere Vorschriften ersetzen.

In den der Landesgesetzgebung vorbehaltenen Materien kann auch das Aufgebotsverfahren durch Landesgesetz geregelt werden. Vgl Art 101 f, 174 ff EGBGB. S ferner §§ 1006 III, 1009 III, 1023, 1024 ZPO. Für Bayern s Art 26–28 AGGVG, Art 33–42, 59 AGBGB, Art 147 V BergG. 1

12 *[Begriff des Gesetzes]*

Gesetz im Sinne der Zivilprozeßordnung und dieses Gesetzes ist jede Rechtsnorm.

Gleichlautend: Art 2 EGBGB, § 2 EGKO, § 7 EGStPO. – Rechtsnormen: s Rn 10 zu § 1 GVG. 1

13 *[Verhältnis zu früheren Reichsgesetzen]*

(1) Die prozeßrechtlichen Vorschriften der Reichsgesetze werden durch die Zivilprozeßordnung nicht berührt.

(Abs. 2–4 gegenstandslos)

Abs 1 betrifft Reichsgesetze mit prozeßrechtlichen Bestimmungen aus der Zeit vor Ergehen der ZPO (zB §§ 36 ff StrandungsO v 17. 5. 1874, RGBl 73, § 15 GeschmacksmusterG v 11. 1. 1876, RGBl 11). Einige reichsgesetzliche Bestimmungen prozeßrechtlichen Inhalts aus früherer Zeit wurden aber durch Abs 2 der Vorschrift aufgehoben. Später erlassene Reichs-(Bundes-)gesetze, die eine von der ZPO abweichende Regelung enthalten, gehen ihr als lex posterior vor. 1

14 *[Verhältnis zu Landesprozeßrecht]*

(1) Die prozeßrechtlichen Vorschriften der Landesgesetze treten für alle bürgerlichen Rechtsstreitigkeiten, deren Entscheidung in Gemäßheit des § 3 nach den Vorschriften der Zivilprozeßordnung zu erfolgen hat, außer Kraft, soweit nicht in der Zivilprozeßordnung auf sie verwiesen oder soweit nicht bestimmt ist, daß sie nicht berührt werden.

(2) Außer Kraft treten insbesondere:

1. die Vorschriften über die bindende Kraft des strafgerichtlichen Urteils für den Zivilrichter;

2. die Vorschriften, welche in Ansehung gewisser Rechtsverhältnisse einzelne Arten von Beweismitteln ausschließen oder nur unter Beschränkungen zulassen;

3. die Vorschriften, nach welchen unter bestimmten Voraussetzungen eine Tatsache als mehr oder minder wahrscheinlich anzunehmen ist;

4. die Vorschriften über die Bewilligung von Moratorien, über die Urteilsfristen und über die Befugnisse des Gerichts, dem Schuldner bei der Verurteilung Zahlungsfristen zu gewähren;

5. die Vorschriften, nach welchen eine Nebenforderung als aberkannt gilt, wenn über dieselbe nicht entschieden ist.

1 **1) Abs 1:** s aber auch § 3 II. Verweisung auf Landesrecht: zB §§ 418 III, 801 ZPO. Ausnahmsweise Aufrechterhaltung: §§ 15–17.

2 **2) Katalog des Abs 2: a) Nr 1:** Der Zivilrichter hat sich seine Überzeugung grundsätzl selbst zu bilden u ist daher regelmäßig nicht an Feststellungen in anderen Urteilen gebunden, auch nicht an die eines (sei es verurteilenden, sei es freisprechenden) Strafurteils (vgl BayObLG 59, 15; BGH NJW 83, 230); zB nicht in Verkehrsunfallprozessen nach vorausgegangenem Strafverfahren (z umgekehrten Fall s § 262 StPO). Verwertung des strafgerichtl Urteils im Weg des Urkundenbeweises aber zulässig (RG Gruch 52, 446; BayObLG 4, 445; E. Schneider MDR 75, 445; s a RG 13, 199). Zulässig ist es auch, einzelne Beweisergebnisse eines strafgerichtl Verfahrens urkundenbeweisl zu verwerten, so Protokolle über Zeugen- u Sachverständigenvernehmungen, über eingenommenen Augenschein, zu den Strafakten schriftl erstattete Sachverständigengutachten, Parteierklärungen (BGH 1, 220; VersR 63, 195; 70, 322, 375; München NJW 72, 2047; VersR 76, 1143; Köln MDR 72, 957; Schneider aaO). Den Parteien bleibt aber das Recht, anstelle des Urkundenbeweises unmittelbare Beweisaufnahme durch den Zivilrichter zu verlangen (BGH 7, 116; VersR 70, 322; München aaO). Unförml Verwertung der Strafakten im PKH-Verfahren: KG VersR 72, 104. – Wo ein strafgerichtl Urteil Tatbestandsmerkmal einer materiellrechtl oder prozessualen Rechtsfolge ist, ist es auch für den Zivilrichter maßgebend; zB § 581 ZPO (dazu BGH 50, 123). – Die Rechtslage gestaltende Akte der Strafrechtspflege (zB strafprozessuale Beschlagnahme, Einziehung) hat der Zivilrichter ebenso zu beachten wie auch sonst (vgl Rn 44 zu § 13 GVG) konstitutive Akte.

3 **b) Nr 2:** Grundsätzl gilt freie Würdigung der Beweise. – Im einzelnen vgl BayObLG 66, 135 (Wegfall früherer Vorschriften, die die Beweiskraft von Zeugenaussagen beschränkt haben); BGH 24, 163 (altrechtl Vorschriften über die Beweiskraft öffentl Bücher von § 14 II Nr 2 nicht betroffen). – Beweislastregeln fallen nicht unter die Nr 2.

4 **c) Nr 3:** Aufhebung der sog praesumtiones facti seu hominis des alten Rechts. Zu gesetzlichen Vermutungen s nun § 292 ZPO.

5 **d) Nr 4:** Auch die durch die Kriegsgesetzgebung verordneten Moratorien sind wieder aufgehoben. S nun §§ 813a, 900 IV ZPO.

6 **e) Nr 5:** s nun § 321 ZPO.

15 *[Vorbehalte für Landesrecht]*

Unberührt bleiben:

1. (gegenstandslos);

2. die landesgesetzlichen Vorschriften über das Verfahren bei Streitigkeiten, welche die Zwangsenteignung und die Entschädigung wegen derselben betreffen;

3. die landesgesetzlichen Vorschriften über die Zwangsvollstreckung wegen Geldforderungen gegen einen Gemeindeverband oder eine Gemeinde, soweit nicht dingliche Rechte verfolgt werden;

4. die landesgesetzlichen Vorschriften, nach welchen auf die Zwangsvollstreckung gegen einen Rechtsnachfolger des Schuldners, soweit sie in das zu einem Lehen, mit Einschluß eines allodifizierten Lehens, zu einem Stammgute, Familienfideikommiß oder Anerbengute gehörende Vermögen stattfinden soll, die Vorschriften über die Zwangsvollstreckung gegen einen Erben des Schuldners entsprechende Anwendung finden.

1) Soweit auf den vorbehaltenen Gebieten das Landesrecht unberührt bleibt, ist auch neues Landesrecht möglich. 1

2) **Nr 1:** Regelung für Fälle des Kompetenzkonflikts; gegenstandslos durch die Neufassung der §§ 17, 17a, 17b GVG in Art 2 4. VwGOÄndG. 2

3) **Zu Nr 2:** Für Entschädigungsansprüche aus Enteignung ist der Zivilrechtsweg gegeben (Art 14 III 4 GG). § 15 Nr 2 wird durch Verfassungsrecht aber nur eingeschränkt, nicht beseitigt (RG 104, 139); im Zivilrechtsweg überprüfbare Vorentscheidungen der VerwBehörden sind dadurch nicht ausgeschlossen (BGH 4, 51); für das Beschreiten des Rechtsweges gegen die Verwaltungsentscheidung können Ausschlußfristen bestimmt werden; ausschließl Gerichtsstände können angeordnet werden (BayObLG 67, 110; 68, 159). Auch sonst sind von der ZPO abweichende landesrechtl Verfahrensbestimmungen nicht ausgeschlossen (vgl BGH NJW 80, 583 für den Rechtsmittelzug – s auch § 3 EGGVG –; BayObLG 66, 79; möglich geringere Anforderungen an die Bestimmtheit des Klagantrags als nach der ZPO). S a die Ermächtigung für die Landesgesetzgebung in § 232 BauGB, die Entscheidung über die Anfechtung landesrechtlicher Enteignungs- und Eingriffsakte den Baulandgerichten nach dem BauGB zu übertragen (vgl dazu BGH NJW 80, 583 zum Hamb EnteigR). – Für Bayern s BayEnteignungsG v 25. 7. 78 (GVBl 625), das wegen Art 93 BayVerf den zweispurigen Rechtsweg beibehalten hat (Art 44). 3

4) **Zu Nr 3:** geändert durch Art 2 Ges v 20. 8. 53 (BGBl I 952). Für die Zwangsvollstreckung gg Bund, Länder, Körperschaften, Anstalten u Stiftungen des öffentl Rechts (außer Gemeinden u Gemeindeverbänden) gilt jetzt § 882a ZPO. – Zwangsvollstreckung wegen Geldforderungen gg Gemeinden (dazu Geissler NJW 53, 1855): Es gilt die Gemeindegesetzgebung der Länder. Für Bayern s Art 77 GemO (GVBl 78, 353), Art 71 LKrO (GVBl 78, 377), Art 69 BezO (GVBl 78, 396). Danach ist beglaubigte Abschrift des Vollstreckungstitels auch der Rechtsaufsichtsbehörde zuzustellen; die Zwangsvollstreckung darf erst 1 Monat danach beginnen; Konkurs- und Vergleichsverfahren sind ausgeschlossen. Die allgemeinen Vorschriften der ZPO gelten aber für die Zwangsvollstreckung auf Herausgabe, Erwirkung von Handlungen und Unterlassungen, Geltendmachung dinglicher Rechte. 4

5) **Zu Nr 4:** Die Vorbehalte der Art 59 ff EGBGB für die Landesgesetzgebung waren zum Teil schon durch Reichs- und Besatzungsrecht überholt und sind, soweit nicht aufgehoben, durch Auflösung der gebundenen Güter großenteils gegenstandslos geworden. 5

6) **Anwaltsgebühren:** Die Zwangsvollstreckung vorbereitende Anträge nach § 15 Nr 3 iVm Landesrecht lösen noch keine Vollstreckungsgebühr aus, Koblenz MDR 90, 733. 6

16 *[Aufrechterhaltung bürgerlichrechtlicher Vorschriften]*

Unberührt bleiben:

1. **die Vorschriften des bürgerlichen Rechts über die Beweiskraft der Beurkundung des bürgerlichen Standes in Ansehung der Erklärungen, welche über Geburten und Sterbefälle von den zur Anzeige gesetzlich verpflichteten Personen abgegeben werden;**
2. **die Vorschriften des bürgerlichen Rechts über die Verpflichtung zur Abgabe einer eidesstattlichen Versicherung;**
3. **die Vorschriften des bürgerlichen Rechts, nach welchen in bestimmten Fällen einstweilige Verfügungen erlassen werden können.**

17 *[Beweiskraft von Urkunden]*

(1) Die Beweiskraft eines Schuldscheines oder einer Quittung ist an den Ablauf einer Zeitfrist nicht gebunden.

(2) Abweichende Vorschriften des bürgerlichen Rechts über die zur Eintragung in das Grund- oder Hypothekenbuch bestimmten Schuldurkunden bleiben unberührt, soweit sie die Verfolgung des dinglichen Rechts betreffen.

18 **(gegenstandslos)**

19 *[Begriff der Rechtskraft]*
(1) Rechtskräftig im Sinne dieses Gesetzes sind Endurteile, welche mit einem ordentlichen Rechtsmittel nicht mehr angefochten werden können.

(2) Als ordentliche Rechtsmittel im Sinne des vorstehenden Absatzes sind diejenigen Rechtsmittel anzusehen, welche an eine von dem Tage der Verkündung oder Zustellung des Urteils laufende Notfrist gebunden sind.

1 Die Bestimmung gehörte zu der Überleitungsvorschrift des § 20. S nun § 705 ZPO.

20–23 **(gegenstandslos)**

24 *[Vergeltungsrecht]*
Unter Zustimmung des *Bundesrates* **kann durch Anordnung des** *Reichskanzlers* **bestimmt werden, daß gegen einen ausländischen Staat sowie dessen Angehörige und ihre Rechtsnachfolger ein Vergeltungsrecht zur Anwendung gebracht wird.**

1 **1) Vergeltungsrecht für Ausländer:** Die nunmehrige Zuständigkeit ist nicht ausdrücklich geregelt (vgl Art 32 I und Art 129 I GG). Einschlägige Anordnungen sind nicht ergangen. Die Gerichte sind nicht befugt, von sich aus bei der Rechtsanwendung ausländische Staaten oder ihre Angehörigen vergeltungsweise zu benachteiligen (RG 103, 262; LG Nürnberg-Fürth FamRZ 55, 332; BayObLG 65, 126; Ferid JZ 54, 159). Keine Retorsion ist die ausnahmsweise Ungleichbehandlung von Ausländern bei fehlender Gegenseitigkeit in den §§ 110, 328, 723 ZPO.

2 **2) Heimatlose Ausländer** iS des Ges v 25. 4. 51 (BGBl I 269) sind den deutschen Staatsangehörigen gleichgestellt, zT auch andere Ausländer auf Grund von Staatsverträgen.

3 **3)** Bedeutung hat § 24 heute jedoch noch bei der **Rechtsauslegung;** es ist unzulässig, Rechtsnormen, insbesondere Billigkeitsregeln, so auszulegen, daß diese sich praktisch wie „Vergeltungsrecht" auswirken (BGH NJW 82, 1940 zu § 1587c Nr 1 BGB).

Gerichtsverfassungsgesetz

vom 27. 1. 1877 (RGBl 41) in der Fassung vom 9. 5. 1975 (BGBl I 1077) zuletzt geändert durch das Gesetz vom 19. 7. 1996 (BGBl I 1014)

Einleitung

I) Die rechtsprechende Gewalt

1 1) Die von den Gerichten ausgeübte rechtsprechende Gewalt (Art 92 GG) steht im Sinne der Gewaltenteilung als dritte Hauptfunktion des Staates neben Gesetzgebung und Verwaltung (Art 20 II, III GG). Ihr Wesen liegt vornehmlich darin, auf Anrufung eines Beteiligten im Wege der Einzelfallentscheidung durch einen unbeteiligten und unabhängigen, mit staatlicher Gewalt ausgestatteten Dritten das objektive Recht auf einzelne Sachverhalte anzuwenden und dadurch die Rechtsordnung zu verwirklichen. Die Abgrenzung hat im einzelnen nach materiellen Gesichtspunkten zu erfolgen (vgl Kissel Einl Rn 122 ff), wobei dem Rechtsschutzzweck gegenüber dem Staatsbürger besondere Bedeutung zukommt (BVerfGE 22, 49).

2 2) Das GG kennt neben der Verfassungsgerichtsbarkeit des Bundes und der Länder (Art 92, 93, 100 GG und Länderverfassungen) 5 **Gerichtszweige:** Ordentliche Gerichte, Verwaltungs-, Finanz-, Arbeits- und Sozialgerichte (Art 95 I GG). Dabei stehen die Arbeitsgerichte, soweit sie in bürgerlichen Rechtsstreitigkeiten entscheiden (§ 2 ArbGG), zu den ordentlichen Gerichten, die Finanz- und Sozialgerichte zu den allgemeinen Verwaltungsgerichten im Verhältnis besonderer zu allgemeinen Gerichten. – Durch die Grundgesetzänderung vom 6. 3. 1961 (BGBl I, 141) wurde in Art 96 I GG (früher: Art 96a I GG) die Voraussetzung für einen Sondergerichtszweig der ordentlichen Gerichtsbarkeit geschaffen. Das Patentgericht wurde im Rahmen der Neufassung des PatG vom 9. 5. 1961 als Bundesgericht eingerichtet (§§ 65 ff PatG), vgl dazu auch § 14 Rn 7. Weitere Sondergerichtszweige sieht das GG für die Wehrstrafgerichtsbarkeit (Art 96 II GG) und für die Disziplinargerichtsbarkeit (Art 96 IV GG) vor.

3 Für jeden der in Art 95 I GG genannten Gerichtszweige besteht ein **oberster Gerichtshof** des Bundes. Das in Art 95 GG aF ursprünglich zur Wahrung der Einheit des Bundesrechts vorgesehene Oberste Bundesgericht wurde nie errichtet. An seiner Stelle besteht auf Grund der Neufassung des Art 95 GG ein Gemeinsamer Senat der obersten Gerichtshöfe (Art 95 III GG und G zur Wahrung der Einheitlichkeit der Rechtsprechung der obersten Gerichtshöfe des Bundes v 19. 6. 68, BGBl I 661; s § 132 Rn 10).

4 3) Die Gerichtsbarkeit ist Ausübung **staatlicher Gewalt** (Art 92 GG). Dies bestimmte ausdrücklicher der durch das VereinheitlichungsG als selbstverständlich gestrichene § 15 GVG.

5 a) **Private** Gerichtsbarkeit jeder Art (Patrimonial-, Zunftgerichtsbarkeit) ist abgeschafft. Die Schiedsgerichtsbarkeit (§§ 1025 ff ZPO) bildet nur eine scheinbare Ausnahme, da sie sich aus der Vertragsfreiheit (Art 2 I GG), nicht aber aus originärer, nichtstaatlicher Gerichtsgewalt ableitet.

6 b) Die Gerichte der ordentlichen Gerichtsbarkeit sind – mit Ausnahme des BGH und des Bundespatentgerichts – **Einrichtungen der Länder** (Art 30, 92 ff GG). Die Bundesrepublik ist jedoch ein einheitliches Rechtspflegegebiet; dies kommt zB in den Verweisungsvorschriften (zB § 17a) oder in §§ 160, 166 GVG zum Ausdruck.

II) Gericht, Richter, Justizverwaltung

7 1) Der Begriff des **Gerichtes** hat eine doppelte Bedeutung. Im **organisatorischen Sinn** ist unter Gericht die behördliche Einrichtung zu verstehen, die nach außen für einen bestimmten Bezirk zur Wahrnehmung der Aufgaben der Rechtspflege (einschließlich der Justizverwaltung) bestellt ist. Demgegenüber ist Gericht (**erkennendes Gericht**) im prozessualen Sinn der besondere Spruchkörper, der im Einzelfall rechtsprechend tätig wird. Dieser kann Einzelrichter oder Kollegialgericht sein. Nur Gerichte in diesem Sinn zählen zur rechtsprechenden Gewalt (Art 92 GG).

8 Das GVG gebraucht den Begriff Gericht in beiden der geschilderten Bedeutungen. Im Sinne der Gerichtsanstalt ist er insbesondere in den Vorschriften zu verstehen, die die äußere Gerichtsorganisation betreffen (zB §§ 12, 22, 22a, 59, 115, 123, 124, 153, 154). Das Gericht als Spruchkörper ist, soweit nicht ohnehin vom „erkennenden" Gericht die Rede ist (zB § 169), in der Regel, insbesondere in den Vorschriften über die sachliche und funktionelle Zuständigkeit sowie in den Vorschriften, die richterliche Handlungen betreffen, gemeint: zB §§ 13, 16, 17 ff, 23 ff, 71 ff, 119 ff, 156, 172.

9 2) Der Begriff des **Richters** (Rechtsstellung geregelt im DRiG; s auch bei § 1 GVG) steht in unmittelbarem Zusammenhang mit dem der rechtsprechenden Gewalt (Art 92 GG) und ist daher wie dieser nach materiellen Kriterien zu bestimmen, die in Art 97 GG umrissen sind. Richter ist daher nicht schon kraft seines Amtes derjenige, der innerhalb eines Gerichts im organisatorischen Sinn Aufgaben der Rechtspflege wahrnimmt. Nötig ist vielmehr, daß er für diese Aufgaben mit den Garantien des Art 97 GG ausgestattet ist. Wesentlich ist ferner, daß ein Richter Aufgaben innerhalb der nicht zur Rechtsprechung zählenden Staatsgewalten nur in beschränktem Umfang wahrnehmen darf (vgl § 4 DRiG, hinsichtl der Verfassungsmäßigkeit der Vorschrift s BVerwG MDR 67, 327). Zu den Richtern zählen also nicht die Rechtspfleger, aber neben den Berufsrichtern auch die ehrenamtlichen Richter, § 1 DRiG. – Der Sprachgebrauch des GVG ist auch bezüglich des Begriffs Richter vielfach ungenau; so meint § 1 GVG mit „Gericht" in Wahrheit Richter (genauer daher Art 92 Halbs 1, 97 GG).

10 3) Von der Rechtsprechungstätigkeit der Gerichte ist die materiell zur Exekutive zählende **Justizverwaltung** (über die Organisation der Justiz vgl Kissel § 12 Rn 32 ff; Domcke, Festschrift für Bengl, 1983, S 2 ff) zu unterscheiden, obgleich diese teilweise auch Gerichten und sonstigen Rechtspflegeorganen (Gerichtspräsidenten oder -vorstände, Staatsanwaltschaft) übertragen ist. Die Justizverwaltung gehört zur „Gerichtsverwaltung" iSd § 4 II Nr 1 DRiG, da dort der Begriff „Gerichtsverwaltung" lediglich wegen der Einbeziehung der Sondergerichtsbarkeiten (insb Verwaltungs-, Finanz-, Arbeits- und Sozialgericht) gewählt ist, die im klassischen Sinn nicht zur „Justiz" gezählt wurden – im allgemeinen ist dagegen „Gerichtsverwaltung" der Teil der Justizverwaltung, der unmittelbar die Gerichte (etwa im Gegensatz zu StA, Justizvollzugsbehörden, Justizministerien) betrifft.

11 a) Die Justizverwaltung ist, soweit sich aus dem GG nichts anderes ergibt (zB: für die Bundesgerichte, Art 92 ff GG, und das Begnadigungsrecht des Bundes, Art 60 II, III GG), **Sache der Länder** (Art 92, 83 GG); es besteht auch keine Gesetzgebungskompetenz des Bundes zur Regelung der Justizverwaltung in den Ländern. Demgemäß gelten die in § 8 Nr 7 VereinheitlG aufrechterhaltenen §§ 13–18 VO vom 20. 3. 1935, die den Aufbau der Justizverwaltung reichsrechtlich regelten, als Landesrecht fort (Art 125 GG), soweit nicht abweichende landesrechtliche Vorschriften erlassen wurden (Fundstellen und weitere Hinweise auf landesrechtliche Regelungen zum Gerichtsverfassungsrecht s Kissel, Anhang, S 1330 ff).

12 **VO zur einheitlichen Regelung der Gerichtsverfassung v 20. 3. 1935, RGBl I 403 (BGBl III 300–5)**

§ 13. Die Präsidenten der Gerichte, die aufsichtführenden Amtsrichter, die Leiter der Staatsanwaltschaften und die Vorsteher der Gefangenenanstalten haben nach näherer Anordnung des „Reichsministers der Justiz" die ihnen zugewiesenen Geschäfte der Justizverwaltung zu erledigen. Sie werden im Falle der Behinderung in diesen Geschäften durch ihren ständigen Vertreter vertreten und können die ihrer Dienstaufsicht unterstellten Beamten zu den Geschäften der Justizverwaltung heranziehen.

§ 14. I) Die Dienstaufsicht üben aus

1. der „Reichsminister der Justiz" über sämtliche Gerichte, Staatsanwaltschaften und Gefangenenanstalten,
2. (weggefallen),
3. der Oberlandesgerichtspräsident und der Landgerichtspräsident über die Gerichte ihres Bezirks,
4. der aufsichtsführende Amtsrichter über das Amtsgericht,
5. (gegenstandslos),
6. der Generalstaatsanwalt beim Oberlandesgericht und der Oberstaatsanwalt beim Landgericht über die Staatsanwaltschaften, der Generalstaatsanwalt auch über die Gefangenenanstalten des Bezirks,
7. der Vorsteher des badischen Notariats, der Leiter der Amtsanwaltschaften und der Vorsteher der Gefangenenanstalt über die unterstellte Behörde.

II) Dem Landgerichtspräsident steht die Dienstaufsicht über ein mit einem Präsidenten besetztes Amtsgericht nicht zu.

III) Der „Reichsminister der Justiz" bestimmt, bei welchen Amtsgerichten der Präsident die Dienstaufsicht über andere zum Bezirk des übergeordneten Landgerichts gehörige Amtsgerichte an Stelle des Landgerichtspräsidenten ausübt.

§ 15. Die Dienstaufsicht über eine Behörde erstreckt sich zugleich auf die bei ihr angestellten oder beschäftigten Beamten, Angestellten und Arbeiter. Die Dienstaufsicht des aufsichtsführenden Amtsrichters beschränkt sich jedoch, „wenn ihm nicht die Zuständigkeit für die im § 5 Abs 1 bezeichneten Anordnungen übertragen worden ist" (§ 5 aufgehoben), auf die bei dem Amtsgericht angestellten oder beschäftigten nichtrichterlichen Beamten, die Angestellten und Arbeiter; die Dienstaufsicht des Leiters der Amtsanwaltschaft, sofern er nicht Oberstaatsanwalt ist, beschränkt sich auf die nicht dem höheren oder dem Amtsanwaltsdienst angehörigen Beamten.

§ 16. I) Wer die Dienstaufsicht über einen Beamten ausübt, ist Dienstvorgesetzter des Beamten.

II) In der Dienstaufsicht liegt die Befugnis, die ordnungswidrige Ausführung eines Amtsgeschäfts zu rügen und zu seiner sachgemäßen Erledigung zu ermahnen. (Vgl jetzt § 26 II DRiG).

§ 17. I) Beschwerden in Angelegenheiten der Justizverwaltung werden im Dienstaufsichtswege erledigt. (Vgl jetzt auch §§ 23 ff EGGVG).

II) Über Aufsichtsbeschwerden, die sich gegen einen im ersten Rechtszuge vom Präsidenten eines Amtsgerichts erlassenen Bescheid richten, entscheidet der Oberlandesgerichtspräsident endgültig, wenn für Beschwerden dieser Art bestimmt ist, daß die Entscheidung des Landgerichtspräsidenten endgültig ist.

§ 18. Der „Reichsminister der Justiz" kann die Ausübung der ihm in dieser Verordnung übertragenen Befugnisse auf die ihm unmittelbar nachgeordneten Präsidenten der Gerichte und Leiter der Staatsanwaltschaften übertragen.

b) Zu den **Aufgaben** der Justizverwaltung (vgl auch Kissel § 12 Rn 53 ff) gehört primär die Schaffung der äußeren Voraussetzungen für die Ausübung der Rechtspflege in sachlicher Bereitstellung der Gebäude und des sonstigen Sachbedarfs) wie in persönlicher Hinsicht (Ausbildungs- und Prüfungswesen, Anstellung der Richter und der sonstigen Dienstkräfte, Besoldung), ferner: Zulassung zur Rechtsanwaltschaft (§§ 8, 19 II BRAO), Bestellung der Notare (§ 12 BNotO), Dienstaufsicht über Richter (§ 26 DRiG, § 14 VO v 20. 3. 35 bzw Landesrecht) und Notare (§ 92 BNotO), Justizbeitreibung (JBeitrO), Hinterlegungswesen (HinterlO), Strafvollzug und Gefängniswesen (§§ 139 ff StVollzG), Führung des Strafregisters (BZRG) und Gnadenwesen, soweit es vom Inhaber des Gnadenrechts (vgl Art 60 II, III GG; Länderverfassungen, zB: Art 47 IV BayVerf) auf den Justizminister übertragen ist (zB: Art 2 II Ziff 1 der AnO des BPräs v 5. 10. 65, BGBl I 1573, geänd d AO v. 3. 11. 70, BGBl I 1513). 13

c) Dagegen gehört die **gerichtliche Selbstverwaltung** (insbesondere: Geschäftsverteilung, vgl §§ 21e–21g GVG) nicht zur Justizverwaltung. Es besteht daher – im Gegensatz zu dieser – bei jener kein Weisungsrecht der vorgesetzten Behörde. 14

d) Die **Anfechtung** von Akten der Justizverwaltung erfolgt nach §§ 23 ff EGGVG und, soweit deren Voraussetzungen nicht vorliegen, im Verwaltungsrechtsweg (§ 40 VwGO). 15

III) Das GVG

1) Das GVG vom 27. 1. 1877 trat als eines der sog Reichsjustizgesetze zusammen mit ZPO, StPO, KO und RAO am 1. 10. 1879 in Kraft. Zur Entstehungsgeschichte: Schubert, Die Deutsche Gerichtsverfassung (1869–1877), Frankfurt 1981; Kissel Einl Rn 44 ff. 16

2) Das GVG regelt die Gerichtsverfassung der **ordentlichen Gerichte** nebst der ihnen angeschlossenen Behörden und Einrichtungen. Es gilt nur für die in § 12 genannten bzw an ihre Stelle tretenden Gerichte (BayObLG, §§ 8, 9 EGGVG mit Art 11 bay AGGVG), dagegen grundsätzlich nicht für die zugelassenen Sondergerichte der ordentlichen Gerichtsbarkeit (vgl Rn 2 und § 14). Gemäß § 2 EGGVG gilt dies auch nur insoweit, als die genannten Gerichte streitige Gerichtsbarkeit ausüben. Das GVG ist jedoch auch dann anzuwenden, wenn nicht streitige Gerichtsbarkeit den nach dem GVG gebildeten Gerichten zugewiesen ist, so insbesondere nach dem FGG, §§ 19 II, 28, 30 I (BGH 9, 32). 17

3) Das GVG regelt die Gerichtsverfassung der ordentlichen Gerichte **nicht abschließend.** Von unmittelbarer Bedeutung für die ursprünglich im GVG geregelte Materie sind insbesondere: GG (Art 30, 35, 73 ff, 92–104 sowie die Rechtswegbestimmungen der Art 14 III S 4, 15 S 2, 19 IV, 34 S 3); DRiG, durch das die ursprünglich im 1. Titel des GVG enthaltene Regelung des Richteramtes ersetzt wurde; die Ausführungsgesetze der Länder zum GVG und DRiG und das RichterwahlG v 25. 8. 50 (BGBl I 368). Ergänzend neben dem GVG bestehen die verschiedensten gesetzlichen Bestimmungen, die für die Rechtspflege innerhalb der ordentlichen Gerichtsbarkeit von Bedeutung sind, so insbesondere: RPflG, FGG, BRAO, BNotO. 18

4) Die Frage der Umgestaltung der ordentlichen Gerichtsbarkeit im Rahmen der sog **„großen Justizreform"** (vgl dazu Bericht der Kommission für Gerichtsverfassungsrecht u Rechtspflegerrecht, herausgegeben vom BMJ, 1975) wird wieder gelegentlich diskutiert; derzeit ist mit grundlegenden Änderungen jedoch nicht zu rechnen, zumal auch die neuen Länder gemäß Einigungsvertrag die im GVG vorgesehenen Gerichte errichtet haben und die Justizministerkonferenz im Juni 1996 beschlossen hat, Überlegungen zur Einführung eines dreistufigen Gerichtsaufbaus (Eingangsgericht statt AG/LG – Mittelgericht statt LG/OLG – BGH) vor allem wegen der Kosten einer solchen Umwälzung vorerst nicht weiterzuverfolgen. Schwerpunkt der Diskussion ist das Problem der Geschäftsbelastung (Überlastung) der Gerichte in allen Bereichen und in allen Stufen der Gerichtsbarkeit. Das Schlagwort vom **„knappen Gut Rechtsgewährung"** (Benda, Deutscher Richtertag 1979 in Essen) wird vielfach zitiert; die Bewältigung des Problems, das es bezeichnet, ist aber nur bedingt vorangekommen. Weitgehend Einigkeit besteht darin, daß ihm mit dem Mittel der Personalvermehrung allein nicht erfolgversprechend zu begegnen ist. Ob der Gesetzgeber – durch sog Beschleunigungs- und Vereinfachungsgesetze – Abhilfe zu schaffen vermag, darf bezweifelt werden. Die bisherigen Bemühungen (vgl G v 3. 12. 76 – Vereinfachungsnovelle –, v 8. 12. 82 – Wertgrenzenänderung –, v 17. 12. 90 – RechtspflegeVereinfG und v 11. 1. 93 – RechtspflegeEntlastungsG) mögen Ärgeres verhütet haben, die Tendenz steigender Belastung der Gerichte konnte jedoch bislang nicht gebrochen werden. Ab dem 3. 10. 90 stand die Bewältigung des Gerichtsaufbaus in den neuen Ländern im Vordergrund, für die die Freisetzung personeller Ressourcen der Altländer erforderlich war. Im übrigen erschöpfen sich die Ursachen für die 19

Überlastung der Gerichte keineswegs in der Umständlichkeit einiger Verfahrensvorschriften. Die im Zuge des Wiederaufbaus von Demokratie und Rechtsstaat notwendige Aufwertung der dritten Gewalt hat – vielleicht unvermeidlich – auch zu Überbetonungen ihrer Aufgaben und Möglichkeiten geführt. Wer mit was auch immer nicht einverstanden ist oder sich durch was auch immer belastet fühlt, bemüht die Gerichte, oft durch mehrere Instanzen. Nach der im Grundsatz richtigen Beseitigung kostenrechtl Zugangsbarrieren führt die Verbreitung der Rechtsschutzversicherung heute oft dazu, daß auch um Minima zum „Nulltarif" der Rechtsweg ausgeschöpft werden kann. Politik und Rechtsprechung bis hinauf zur Verfassungsgerichtsbarkeit haben ihren Teil dazu beigetragen. Das ausgewogene Gewicht der dritten Gewalt im Rahmen der Staatsgewalten, aber auch im Verhältnis zur Selbstordnung der Gesellschaft und zum Privatbereich der Bürger haben wir noch nicht gefunden. Ansätze hierzu bieten die Versuche, die außer- und vorgerichtl Streitschlichtung zu intensivieren (zB durch die Einführung des „Anwaltsvergleichs", § 1044b ZPO). Zur Gesamtproblematik vgl insbes: Benda DRiZ 79, 357; Zeidler DRiZ 83, 249; Beiträge zum 13. Dt Richtertag DRiZ 83, 377 ff und Grenzen der Rechtsgewährung, Köln 1983.

20 5) Zum Spannungsverhältnis zwischen dem **Haushaltsbewilligungsrecht** des Parlaments (zu dem auch das Ermessen darüber zählt, die Personalkosten des öffentl Dienstes – und damit auch der Justiz – zu begrenzen), der aus dem Rechtsstaatsprinzip abzuleitenden **Justizgewährungspflicht** (BVerfG 38, 115) sowie dem Grundsatz des **gesetzl Richters** vgl – sehr eingehend – BayVerfGH NJW 86, 1326 (zu den konkreten Folgerungen s § 21e Rn 39e). Die dort aufgezeigte Abgrenzung verdient Zustimmung. Insbesondere gilt dies für den grundsätzlichen Vorrang des Budgetrechts als der fundamentalen Gestaltungsbefugnis der gesetzgebenden Gewalt vor den Notwendigkeiten der Ausstattung der Gerichte, wie sie die dritte Gewalt selbst – durch ihre Rechtsprechung – als geboten feststellt.

21 **IV) Neue Bundesländer:** s Einl ZPO Rn 26 ff, 44a, 105, 106. Das GVG ist mit zahlreichen Maßgaben (Anl I Kap III Sachgebiet A Abschnitt III Nr 1 EinigungsV – GVG-Maßgaben) am 3. Oktober 1990 auch im Beitrittsgebiet in Kraft getreten. Vgl auch die Maßgaben zur ZPO (aaO Nr 5), zum DRiG (aaO Nr 8) und zum Kostenrecht (aaO Nr 19–27) sowie die allgemeinen Maßgaben zum Rechtspflegerecht (aaO Nr 28). Für den Ostteil Berlins galt das GVG grundsätzlich ab dem Beitrittszeitpunkt, Anlage zum EinigungsV, aaO, Abschnitt IV.

22 Die GVG-Maßgaben sahen vor, daß die neuen Länder je nach ihren Möglichkeiten zunächst („baldmöglichst") die Fachgerichtsbarkeiten und sodann die im GVG vorgesehenen Gerichte (AG, LG und OLG) zu errichten hatten. Für die Übergangszeit erzwangen die knappen personellen und sächlichen Ressourcen vor allem folgende **mittlerweile gegenstandslose Sonderregelungen:**

23 Der dreistufige Gerichtsaufbau Kreisgericht (KrG) – Bezirksgericht (BezG) – BGH (anstelle des mit dem Beitritt aufgelösten Obersten Gerichts der DDR) blieb zunächst bestehen. Die Aufgaben der Fachgerichtsbarkeiten mußten bis zur Errichtung von Arbeits-, Verwaltungs-, Sozial- und Finanzgerichten von besonderen Spruchkörpern an KrG und BezG übernommen werden; der Rechtszug führte jedoch nach den allgemeinen Vorschriften zu BAG, BVerwG, BSozG und BFH. Der Richtermangel veranlaßte Konzessionen bei der Besetzung der Spruchkörper (vgl die bundesweit bis 28. 2. 98 geltenden Vorschriften für die Besetzung der Großen Strafkammer, § 76 II GVG, und den Einsatz von Hilfsrichtern, § 29 DRiG). Im Beitrittsgebiet bleibt darüber hinaus bis 31. 12. 99 die Möglichkeit bestehen, in Spruchkörpern zwei (bei OLG, OVG und LSG: einen) Hilfsrichter einzusetzen (Art 1 Nr 1 G zur Änderung des RPflAnpG v. 7. 12. 95, BGBl I 1590).

24 Die **Landesgesetzgeber,** deren Kompetenzen durch die GVG-Maßgaben nicht beschnitten wurden, erließen die für die Errichtung der Fachgerichtsbarkeiten und die Umstellung der ordentlichen Gerichtsbarkeit auf den vierstufigen Aufbau erforderlichen Ausführungs- und Organisationsbestimmungen schneller als erwartet (vgl die Nachweise bei Schönfelder, Deutsche Gesetze, Fn 1 zur Überschrift des GVG und Kissel, Anhang S 1330 ff): Die **Umstellung** ist **abgeschlossen;** die im GVG vorgesehenen Gerichte wurden errichtet am 1. 7. 92 (Mecklenburg-Vorpommern), 1. 9. 92 (Sachsen-Anhalt), 1. 1. 93 (Sachsen), 1. 9. 93 (Thüringen) und 1. 12. 93 (Brandenburg). Zeitgeschichtlich bemerkenswerte Berichte der Justizminister zu dieser Aufbauleistung in NJW 93: Limbach, Berlin, S 2499; Bräutigam, Brandenburg, S 2501; Helmrich, Mecklenburg-Vorpommern, S 2505; Heitmann, Sachsen, S 2507; Remmers, Sachsen-Anhalt, S 2511; Jentsch, Thüringen, S 2513.

25 Weitere **Anpassungsvorschriften** für den Übergang von der Gerichtsverfassung des EinigungsV auf die Gerichtsverfassung des GVG enthält das RPflAnpG (BGBl 92 I 1147, geändert BGBl 93, I 52, 94 I 1374 und 95 I 1590).

Erster Titel

GERICHTSBARKEIT

Vorbemerkung

§§ 1–11 regelten ursprünglich Voraussetzungen und Inhalt des Richteramtes. Durch das **DRiG** wurde eine umfassende Neuregelung geschaffen, die über die ordentliche Gerichtsbarkeit hinaus für alle Richter gilt. Von den §§ 1–11 GVG blieben nur die §§ 1 und 10 bestehen (§ 85 DRiG). Durch das G v. 26. 5. 72 (BGBl I 841) wurde der ursprünglich mit „Richteramt" überschriebene 1. Titel des GVG formell aufgelöst. Die verbliebenen Vorschriften wurden in den Titel „Gerichtsbarkeit" einbezogen. 1

Die Regelung der Rechtsstellung des Richters (Gesetzgebungskompetenz vgl Art 98 GG) findet sich nunmehr im DRiG v 8. 9. 61 (BGBl 1665), zuletzt geändert durch das Gesetz v 2. 9. 94 (BGBl I 2278), sowie in den Richtergesetzen der Länder. 2

1 *[Unabhängigkeit der Gerichte]*
Die richterliche Gewalt wird durch unabhängige, nur dem Gesetz unterworfene Gerichte ausgeübt.

I) Allgemeines. 1) Vgl Art 97 I GG und gleichlautend § 25 DRiG, sowie Länderverfassungen. Im Gegensatz zu diesen Bestimmungen spricht § 1 GVG von **„Gerichten"**. Dies bedeutet aber weder eine sachliche Erweiterung, noch eine Einengung der Unabhängigkeit auf den sachlichen Bereich (aA zum gleichlautenden § 1 VwGO: Eyermann/Fröhler Rdn 10). Ihrem Wesen nach kann nur einer Person Unabhängigkeit zukommen, nicht einer Behörde oder einem Spruchkörper (vgl Einl Rn 7). § 1 meint daher nichts anderes als die richterliche Unabhängigkeit im Sinne des GG (vgl auch die ursprüngliche Überschrift des 1. Titels des GVG, oben Vorbem 1). 1

2) § 1 gilt nur für die **rechtsprechende Tätigkeit.** Hierzu zählt nicht die Justizverwaltung (BVerwG JZ 58, 577), wohl aber die gerichtliche Selbstverwaltung (vgl Einl Rn 14), zB die Geschäftsverteilung durch das Präsidium eines Gerichts (BGH DRiZ 67, 25). – Nach § 9 RPflG ist der Rechtspfleger sachlich unabhängig, soweit er Aufgaben der Rechtspflege wahrnimmt; ihm fehlt die Garantie der persönlichen Unabhängigkeit gem Art 97 II GG; er wird auch nicht als Richter im Sinne des Verfassungsrechts und des Gerichtsverfassungsrechts angesehen (BVerfG 56, 110; BayVerfGH NJW 82, 1746; heftig bestritten insbes von Rechtspflegern, vgl Arnold/Meyer-Stolte ua, RPflG, 4. A 1994, Rn 8 ff zu § 1). 2

3) § 1 besagt ferner, daß die **richterliche Gewalt** den Gerichten vorbehalten ist. Auch insoweit ist die Terminologie des GVG ungenau, vgl Art 92 GG. 3

II) Richterliche Unabhängigkeit. Lit: *Benda* DRiZ 79, 358; *Domcke,* Festschrift für Bengl, 1983, S 14; *Grimm,* Richterliche Unabhängigkeit und Dienstaufsicht, 1972; *Rudolph* DRiZ 79, 97; 88, 155; *Pfeiffer,* Festschrift für Bengl, S 85; *Schaffer* BayVBl 91, 641 und 678; *Schmidt-Räntsch,* Dienstaufsicht über Richter, 1985; *Sendler* NJW 83, 1449; *Wipfelder* DRiZ 84, 41; *Papier* NJW 90, 8; *Kotulla* DRiZ 92, 285 (zur geschichtl Entwicklung). Die richterl Unabhängigkeit ist eines der Fundamentalprinzipien des Rechtsstaats (BVerfGE 2, 320). Zur geschichtlichen Entwicklung vgl Schmidt-Räntsch, DRiG Einl Rn 1 ff mwN; Schwandt DRiZ 69, 240. Es ist zwischen sachlicher und persönlicher Unabhängigkeit zu unterscheiden. Die Unabhängigkeit ist weder Grundrecht noch Standesprivileg der Richter (BVerfGE 27, 211; BGH 67, 184); sie dient vielmehr als Organisationsprinzip der Gerichtsverfassung des gewaltenteilenden Rechtsstaats der Erfüllung der Justizgewährungspflicht (BGH NJW 91, 421). 4

1) Die sachliche Unabhängigkeit (Art 97 I GG): a) Freiheit von Weisungen für den Einzelfall (Weisungsfreiheit; vgl BGH 57, 348). Dies bedeutet vor allem eine **Einschränkung** der **Dienstaufsicht,** vgl § 26 DRiG (dazu Arndt DRiZ 74, 248; Grimm, aaO; Schmidt-Räntsch aaO; Kissel Rn 42 ff). Zulässig sind nach § 26 II DRiG nur Hinweise, soweit sie sich auf offensichtlich fehlerhafte (BGH DRiZ 67, 26; BGH NJW 77, 437; DRiZ 86, 423) oder säumige (BGH DRiZ 71, 317; NJW 87, 1197; 88, 423) Art der Amtsführung beziehen, und Ermahnungen bei verzögerlicher Sachbehandlung, nicht dagegen Beanstandungen und Rügen (BGH NJW 67, 2054) oder Mißbilligungen (BGH 51, 280; 67, 184/188). Die Dienstaufsicht gehört ebenso wie die richterl Unabh zur Erfüllung der Justizgewährungspflicht; zu ihr gehört insbes die Beobachtung des Geschäftsablaufs. Geschäftsprüfungen sind ebenso zulässig wie die Verpflichtung, über nicht erledigte Verfahren zu berichten (BGH NJW 91, 421). Dem Richter, der sich durch dienstaufsichtliche Maßnahmen in 5 seiner Unabhängigkeit betroffen fühlt, ist nach § 26 III DRiG das Prüfungsverfahren als besonderes Schutzverfahren zu den Dienstgerichten eröffnet.

6 **b)** Keine zivil-, straf- oder dienststrafrechtliche Verantwortlichkeit des Richters für die getroffene Entscheidung **(Verantwortungsfreiheit)** außer im Falle der Rechtsbeugung (BGHSt 10, 298), s auch Richteranklagen Art 98 GG u die Beschränkung der Amtshaftung nach § 839 II 1 BGB.

7 **c) Der Schutzzweck** der dem Richter gewährten sachlichen Unabhängigkeit richtet sich gegen Eingriffe seitens der nichtrichterlichen Staatsgewalten. IdR wird es sich um Eingriffe der Exekutive handeln; denkbar aber auch solche von legislativen Organen, etwa Eingriffe des Petitionsausschusses des Parlaments in gerichtliche Verfahren. Durch Verfahrensvorschriften (zB: Notwendigkeit der Sachverständigenanhörung, vgl OVG Münster DVBl 57, 624) oder durch die Bindung an Entscheidungen eines anderen Gerichts – § 17a GVG, §§ 281 II 5, 565 II ZPO – ist die richterliche Unabhängigkeit nicht beeinträchtigt (BVerfGE 12, 71).

8 **2) Die persönliche Unabhängigkeit:** Unabsetzbarkeit, Unversetzbarkeit, vgl Art 97 II GG, soll die sachliche Unabhängigkeit gewährleisten (BVerfGE 4, 345) und ist deshalb Kriterium für die Eigenschaft einer behördlichen Stelle als Gericht (BVerfGE aaO, 14, 69, BGH 10, 59). Sie setzt nicht Ernennung auf Lebenszeit voraus (BAG NJW 55, 278), sondern knüpft an die hauptamtliche und planmäßige Anstellung an (BVerfGE 4, 345), vgl aber § 28 DRiG. – Über die Ausgestaltung der persönlichen Unabhängigkeit im einzelnen vgl Art 97 II GG, §§ 30 ff DRiG.

9 **3) Die Wahrung der richterl Unabhängigkeit ist aber auch Verpflichtung des Richters.** Dies gilt zum einen für die dem richterl Berufsethos immanente innere Unabhängigkeit, der nach außen die **Objektivität** jeden richterlichen Handelns entspricht. Zu ihr gehört insbesondere die Forderung an den Richter, die Pflicht zur Objektivität als Verpflichtung an sich selbst ernst zu nehmen (BVerfGE 56, 164) – Unabhängigkeit bedeutet gerade nicht, daß subjektive Wertungen und Vorstellungen unbesehen in die richterliche Entscheidungsfindung eingehen dürfen; Unabhängigkeit ist daher Verpflichtung, nicht subjektives Privileg des Richters. Diese Pflicht dokumentiert sich in den Regelungen der einzelnen Verfahrensordnungen über die Befangenheit und Ablehnung von Richtern (vgl dazu BVerfG NJW 84, 1874). Die Pflicht des Richters zur Wahrung der Unabhängigkeit ist ferner als **Gebot zur Zurückhaltung** (§ 39 DRiG) „auch bei politischer Betätigung" gesetzlich fixiert. Die herausragende Bedeutung, die der richterlichen Unabhängigkeit im Gefüge des demokratischen Rechtsstaats des GG zukommt, gebietet, die Grenzlinie zur Meinungsfreiheit (Art 5 GG) eng zu ziehen (BVerfG NJW 83, 2691; 89, 63). Zu dem bei Beamten im Vordergrund stehenden Gesichtspunkt der Loyalität gegenüber dem Staat kommt bei Richtern, daß Objektivität und Neutralität der rechtsprechenden Gewalt die Basis des Rechtsstaats schlechthin sind. Im demokratischen Staat muß diese auf dem Vertrauen des Bürgers begründet sein; § 39 DRiG spricht daher richtig davon, daß der Richter „das Vertrauen in seine Unabhängigkeit" nicht gefährden darf; dies erfordert mehr als nur die Wahrung der eigenen Unabhängigkeit nach innen. Die Grenze partei-, aber auch tagespolitischen Engagements eines Richters ist daher dann überschritten, wenn nach außen der Eindruck der Voreingenommenheit, insbesondere der Unsachlichkeit entsteht. Sache des Richters ist es, im Rahmen eines geordneten Verfahrens Rechtsfragen – für die Betroffenen verbindlich – zu entscheiden; damit läßt es sich nicht vereinbaren, daß Richter ihre subjektiven Meinungen zu kontroversen tagespolitischen Fragen – etwa durch Zeitungsanzeigen, Aufrufe (BVerwG NJW 88, 1749; OVG Lüneburg NJW 86, 1126) – unter Hinweis auf ihr Richteramt in die politische Auseinandersetzung tragen (vgl BVerfG NJW 83, 2691; 89, 93).

10 **III)** Das Gegenstück zur sachlichen Unabhängigkeit ist die **Bindung des Richters an das Gesetz,** nach Art 20 III GG an „Gesetz und Recht" (hierzu Kissel Rn 110 ff). **1) Gesetz** ist jede Rechtsnorm (vgl § 12 EGZPO, Art 2 EGBGB, § 7 EGStPO). Dazu gehört Bundesrecht, Landesrecht, allg Regeln des Völkerrechts (Art 25 GG), zwischenstaatliche Verträge nach Ratifizierung, Gewohnheitsrecht (dazu BGH NJW 58, 709) und Verordnungsrecht der Exekutive.

10a Ferner zählt hierzu das **EG-Recht.** Die Vertragswerke selbst gelten als primäres Gemeinschaftsrecht, die von den Organen der Gemeinschaft erlassenen Verordnungen, die keiner Umsetzung ins nationale Recht bedürfen, EuGH NJW 72, 1639, und die nach Art 183 Abs 3 EGV erlassenen Richtlinien, die der Umsetzung bedürfen – zur Verbindlichkeit s EuGH NJW 82, 499, zur ausnahmsweisen unmittelbaren Wirkung s BVerwG 74, 241 –, als sekundäres Gemeinschaftsrecht. Die Gemeinschaftsgewalt der EG (seit Inkrafttreten des EU-Vertrages v. 7. 2. 92, BGBl II 1253, vom BVerfG als „Staatenverbund" bezeichnet, NJW 93, 3047) und damit die Geltung des EG-Rechts sind von den Mitgliedstaaten abgeleitet und in Deutschland also (nur) kraft des deutschen Rechtsanwendungsbefehls verbindlich (BVerfG aaO). S a Rn 18.

11 **2)** Die **Rechtsprechung** der Obergerichte, auch sog „ständige Rspr", bindet den Richter grundsätzlich nicht. Eine Ausnahme gilt für die Entscheidungen des BVerfG, die, auch soweit sie nicht mit Gesetzeskraft ausgestattet sind (vgl § 31 II BVerfGG), alle Gerichte binden, **§ 31 I BVerfGG.** Im übrigen besteht eine Bindung an gerichtliche Entscheidungen kraft besonderer gesetzlicher

Vorschrift nur in besonderen Fällen, insbesondere bei Verweisungen (vgl § 17a GVG, § 48 ArbGG, § 281 ZPO) und im Instanzenzug (vgl § 565 II ZPO).

3) **Bindung** bedeutet, daß der Richter das Gesetz, soweit er es nicht für ungültig hält, anzuwenden hat, auch wenn er es oder die sich durch die Anwendung ergebende Entscheidung für unbillig hält (BVerfG NJW 73, 1221; BAG MDR 62, 249, BayObLGZ 62, 124). Die Rechtssicherheit geht hier vor, hinter ihr muß die persönliche Ansicht des Richters zurücktreten. Anders ist es jedoch, wenn ein Gesetz offensichtlich unsittlich ist (vgl dazu BVerfGE 3, 225 = NJW 54, 65; BGH 23, 181). Solche Bestimmungen werden aber in der Regel auch gegen die Verfassung (Rechtsstaatsgrundsatz, Menschenwürde) verstoßen, so daß wenigstens bei nachkonstitutionellen Gesetzen der Vorbehalt zugunsten der Verfassungsgerichte eingreift. – Durch die Bindung an das Gesetz ist die Rechtsfortbildung durch richterliche Rechtsfindung in vom Gesetzgeber nicht geregelten Fällen nicht ausgeschlossen (BVerfG NJW 86, 2242). 12

IV) **Die richterliche Prüfungszuständigkeit.** Die Bindung besteht nur gegenüber geltendem Recht. Der Richter ist daher berechtigt und verpflichtet, die Gültigkeit der anzuwendenden Norm nachzuprüfen; dies gilt sogar gegenüber Verfassungsnormen (BVerfGE 3, 225). Es handelt sich hierbei aber immer um eine **Inzidentkontrolle.** Fälle abstrakter Normenkontrolle (vgl Art 93 Nr 2 GG, § 47 VwGO) sind den ordentlichen Gerichten nicht zugewiesen. 13

1) Dieses Prüfungsrecht (**Prüfungskompetenz)** besteht uneingeschränkt; es bezieht sich sowohl auf die formelle (ordnungsgemäße Verkündung, Inkrafttreten, Vorliegen etwa nötiger gesetzlicher Ermächtigung bei Verordnungsrecht), wie auf die materielle Wirksamkeit. 14

2) Das Recht der Gerichte, eine danach als unwirksam erkannte Norm **nicht** anzuwenden **(Verwerfungskompetenz),** ist jedoch zugunsten der Verfassungsgerichte eingeschränkt, sog negatives Entscheidungsmonopol. Die ordentlichen Gerichte sind uneingeschränkt befugt, die Gültigkeit einer Norm inzidenter (durch Anwendung derselben) zu bejahen. Will das Gericht jedoch die Gültigkeit der Norm verneinen, so hat es diese Frage in verschiedenen Fällen dem Verfassungsgericht vorzulegen, das mit verbindlicher Wirkung entscheidet (vgl § 31 BVerfGG; Bayern: Art 20 VerfGHG). Zweck dieser Vorbehalte zugunsten der Verfassungsgerichte ist es, die Autorität des Gesetzgebers zu schützen (BVerfGE 4, 340). 15

a) Entscheidungsmonopole bestehen einerseits zugunsten des **BVerfG:** Grundgesetzwidrigkeit von Gesetzen, auch Landesgesetzen (Art 100 I 1, 2 GG), und Vereinbarkeit von Bundesrecht und Landesrecht (Art 100 I 2 GG). Nach Art 100 II GG entscheidet das BVerfG darüber, ob Regeln des Völkerrechts Bestandteil des Bundesrechts sind und die Wirkungen des Art 25 GG entfalten. Gemäß Art 126 GG ist dem BVerfG ferner die Entscheidung darüber vorbehalten, ob fortgeltendes Recht Bundes- oder Landesrecht ist. 16

b) Den **Verfassungsgerichten der Länder** (ersatzweise dem BVerfG, Art 99 GG) ist nach Art 100 I GG die Verwerfungskompetenz vorbehalten, wenn die Landesverfassung der Gültigkeit eines später erlassenen förmlichen Gesetzes entgegensteht. 17

c) Für **EG-Recht** (s Rn 10a) **schränkt Art 177 EG-Vertrag** das Prüfungsrecht des Gerichts insoweit ein, als es um die Auslegung von Gemeinschaftsrecht geht – zum Vorrang des Gemeinschaftsrechts gegenüber dem nationalen Recht, das es überlagert, s BVerfG 31, 145; 73, 339. Der Grundrechtsschutz iS eines unabdingbaren Grundrechtsstandards wird aber auch ggü der Hoheitsgewalt der EG vom BVerfG gewährleistet, allerdings in einem „Kooperationsverhältnis" zu dem im Einzelfall (zunächst) zuständigen EuGH (BVerfG NJW 93, 3047; abweichend von BVerfG 58, 1). Art 177 verpflichtet das letztinstanzlich zuständige Gericht und berechtigt die Instanzgerichte zur Aussetzung des Verfahrens und zur Vorlage an den EuGH (Vorabentscheidung), wenn entscheidungserhebliche Zweifel an der Auslegung des EG-Vertrags oder an der Gültigkeit oder Auslegung sekundären Gemeinschaftsrechts bestehen. 18

d) Über die Subsidiarität der staatlichen Gerichtsbarkeit in Hinblick auf die **Autonomie der Kirchen** siehe BVerfG NJW 83, 2569; BGH 12, 231; 46, 102; BVerwG NJW 84, 2580; VerfG der Ver Ev-Luth Kirche NJW 85, 1862; vgl § 13 Rn 29. Zur Kontrollbefugnis der Gerichte gegenüber **Vereinsakten** s § 13 Rn 6, 6a. 19

V) **Neue Bundesländer: Lit:** *Schmidt-Räntsch,* Richterrecht in den neuen Ländern, DtZ 91, 33. Inkrafttreten des Deutschen Richtergesetzes s Maßgaben 8). Der EinigungsV hatte sich für eine individuelle Überprüfung entschieden, soweit die ehemals rd 1400 Richter und 1000 Staatsanwälte der ehem DDR nicht bereits freiwillig ausgeschieden waren. 20

Nach dieser Überprüfung folgt eine bis zu fünfjährige Probezeit; danach Ernennung zum Richter auf Lebenszeit mit Befähigung zum Richteramt nach dem DRiG. Die erweiterten Entlassungs- bzw Rücknahmetatbestände während der Probezeit nach Maßgabe 8h) und k) sind angesichts der Verhältnisse in der ehemaligen DDR unentbehrlich; die damit verbundenen Einschränkungen der persönlichen Unabhängigkeit sind zulässig (vgl §§ 12, 22 DRiG). 21

22 **Die Einsatzmöglichkeiten** von Richtern mit der Richteramtsbefähigung nach dem Recht der DDR bestimmen sich jetzt nach §§ 3, 5–7 RpflAnpG (s Rn 25 vor § 1); danach sind in den neuen Ländern bis 31. 12. 99 diese Richter auf Probe ohne die Beschränkung des § 29 S 1 DRiG und auch an Obergerichten einsetzbar (§ 3 RpflAnpG idF d G v 7. 12. 95 BGBl I 1590), dazu im einzelnen Rieß DtZ 92, 226, 228.

2–9 (aufgehoben [§ 85 DRiG])

10 *[Referendare]*

Unter Aufsicht des Richters können Referendare Rechtshilfeersuchen erledigen und außer in Strafsachen Verfahrensbeteiligte anhören, Beweise erheben und die mündliche Verhandlung leiten. Referendare sind nicht befugt, eine Beeidigung anzuordnen oder einen Eid abzunehmen.

1 1) Die Vorschrift gestattet ein möglichst selbständiges Tätigwerden der Referendare im richterlichen Aufgabenbereich zum Zwecke der Intensivierung des Vorbereitungsdienstes (vgl § 5b DRiG). Insbesondere ist Referendaren die Möglichkeit zur Leitung der Beweisaufnahme und der mündlichen Verhandlung in Zivilsachen eröffnet.

2 2) **Referendare** sind Personen, die den juristischen Vorbereitungsdienst iSd § 5b DRiG ableisten.

3 3) **Übertragbar** ist zunächst die Erledigung von Rechtshilfeersuchen (auch in Strafsachen). Der Begriff **„Rechtshilfe"** ist umfassend gemeint (vgl dazu § 156 Rn 2), schließt also auch Amtshilfe im technischen Sinn ein (OLG Celle NJW 67, 993). – Es kann die **Anhörung von Beteiligten** im Rahmen eines gerichtlichen Verfahrens, insbesondere in FGG-Verfahren, übertragen werden (für den Zivilprozeß vgl etwa §§ 360 S 4, 1042a I 1 ZPO). – Ferner kann die **Beweiserhebung** übertragen werden. Dies umfaßt die Durchführung der Beweisaufnahme (vgl §§ 355 ff ZPO), nicht jedoch die Beweisanordnung, soweit ein formeller Beschluß erforderlich ist (§§ 284, 358, 450 I 1 ZPO). – Schließlich ist die **Leitung der mündlichen Verhandlung** übertragbar. Zum Begriff der Verhandlungsleitung vgl § 136 ZPO. Dem Referendar kann die Prozeßleitung in formeller wie sachlicher Hinsicht anvertraut werden, nicht übertragbar sind jedoch die über prozeßleitende Anordnungen hinausgehenden, dem Gericht vorbehaltenen Entscheidungsbefugnisse, auch nicht, soweit diese in oder im unmittelbaren Anschluß an die mündl Verhandlung ausgeübt werden (zB Erlaß eines Beweisbeschlusses); auch die Verkündung der Entscheidungen kann nicht überlassen werden, da sie nicht mehr zur mündl Verhandlung gehört (vgl § 136 IV ZPO). Einer weiteren Auslegung steht Art 92 GG entgegen (hierzu vgl auch OLG Celle NJW 67, 993). – Schon aus praktischen Gründen wird die Übertragung der Verhandlungsleitung nur vor dem Amtsrichter (§ 495 ZPO) und dem Einzelrichter (§§ 348, 524 ZPO) in Betracht kommen. Die Wahl der Einzahl („des Richters") in § 10 zeigt auch, daß der Gesetzgeber nur die Aufgabenübertragung vor dem Einzelrichter im Auge hatte. Der Übertragung der Verhandlungsleitung eines Kollegialspruchkörpers stehen zudem §§ 21 f GVG, 28 II 2 DRiG entgegen.

4 Von der Übertragung immer ausgeschlossen ist die Anordnung der **Beeidigung** und die Abnahme des Eides; für Versicherung an Eides Statt kann nichts anderes gelten (Kissel Rn 10). Der Referendar kann jedoch auch in Fällen schon absehbarer Beeidigung die Beweisaufnahme leiten. Die von der Rspr (BGHSt 12, 92) zu § 10 aF geäußerten Bedenken sind aufgrund des neuen Wortlauts gegenstandslos.

5 4) Die Übertragung muß vom zuständigen Richter angeordnet werden. Sie ist jederzeit widerruflich. Der Richter kann jederzeit in die Verhandlungsführung eingreifen, ohne deren Übertragung zu widerrufen. Das folgt aus seiner **Aufsichtspflicht.** Diese ist im Hinblick auf Art 92 GG weit auszulegen. Die vom Referendar vorgenommenen richterlichen Handlungen sind als Handlungen des beaufsichtigenden Richters anzusehen. Er muß daher ständig anwesend sein und dem Verfahren folgen (vgl KG NJW 74, 2094; Kissel Rn 12; aA Hahn NJW 73, 1782).

6 5) Übertragung **sonstiger (nichtrichterlicher) Aufgaben** innerhalb der Rechtspflege auf Referendare: staatsanwaltschaftl Aufgaben (§ 142 Abs 3 GVG), Bestellung zum Urkundsbeamten (vgl § 153 GVG Rn. 5), Beauftragung mit den Geschäften des Rechtspflegers (§ 2 V RPflG) und Bestellung zum allg Vertreter eines RA (§ 53 IV S 2 BRAO).

11 (aufgehoben [§ 85 DRiG])

12 *[Gliederung der Gerichte]*

Die ordentliche streitige Gerichtsbarkeit wird durch Amtsgerichte, Landgerichte, Oberlandesgerichte und durch den Bundesgerichtshof (den obersten Gerichtshof des Bundes für das Gebiet der ordentlichen Gerichtsbarkeit) ausgeübt.

Ordentl streitige Gerichtsbarkeit im Gegensatz zur freiwilligen (durchgreifendes sachl Unterscheidungsmerkmal fehlt, da auch dem Verfahren der freiw Gerichtsbarkeit Streitentscheidungen zugewiesen sind; andererseits auch Rechtsgestaltung im Zivilprozeß; gesetzl Zuweisung ins eine oder andere Verfahren entscheidet), sowie zu den anderen Gerichtsbarkeiten (§ 13) und den Sondergerichten (§ 14). 1

AG: §§ 22 ff; LG: §§ 59 ff; OLG: §§ 115 ff; BGH: §§ 123 ff. Errichtung des BayObLG vgl § 8 EGGVG, §§ 7, 8 EGZPO, Art 10, 11 BayAGGVG. – Errichtung, Aufhebung u Sitzverlegung von Gerichten durch Gesetz (VO 20. 3. 35, RGBl I 403); Änderungen von Gerichtsbezirken erfordern gleichfalls Gesetz (BVerfG NJW 53, 1177). S dazu Gerichtsorganisationsgesetze der Länder. 2

13 *[Zuständigkeit der ordentlichen Gerichte]*

Vor die ordentlichen Gerichte gehören alle bürgerlichen Rechtsstreitigkeiten und Strafsachen, für die nicht entweder die Zuständigkeit von Verwaltungsbehörden oder Verwaltungsgerichten begründet ist oder auf Grund von Vorschriften des Bundesrechts besondere Gerichte bestellt oder zugelassen sind.

Neue Lit: *Broß,* Rechtswegprobleme zwischen Zivil- und Verwaltungsgerichten, VerwArch 79 (1988), 97 – insb zur Abgrenzung von Zivil- und Sozialrechtsweg; *Lücke,* Zweifelsfragen zu typischen Rechtswegproblemen, Gedächtnisschrift Bruns, 1980, 129; *Straub,* Die Rechtswegabgrenzung in der Rechtsprechung des BGH, Diss. Erlangen 1988; *Bausch,* Der Rechtsweg zu den Gerichten für Arbeitssachen im Urteilsverfahren, Diss. Regensburg 1995; s auch Vorbem zu §§ 17–17b.

I) Allgemeines

1) Die **Bedeutung** des § 13 lag früher in der Grenzziehung zwischen Rechtsprechung und Verwaltung (zur geschichtl Entwicklung Kissel Rn 1). Jetzt bedeutet aber „Rechtsweg" den Zugang zu den staatlichen Gerichten, die sich in mehrere, selbständige und gleichwertige Gerichtszweige aufgliedern (vgl Art 19 IV 1, 95 I GG und Einl Rn 2). Der Vorrang der ordentlichen Gerichte besteht nicht mehr; er wirkt nur noch begrenzt in der Ersatzzuweisung des Art 19 IV 2 1

GG fort. – § 13 ist jetzt eine Abgrenzungsnorm zwischen der ordentl Gerichtsbarkeit und den übrigen Gerichtszweigen, insbesondere der Verwaltungsgerichtsbarkeit. Er wird ergänzt durch § 40 VwGO, der die Generalklausel bezüglich öffentlich-rechtlicher Streitigkeiten enthält, sowie § 51 SGG und § 33 FGO (wegen ArbGG vgl § 14 GVG Rn 5).

2 2) Aus § 13 in Verbindung mit § 40 VwGO ergibt sich der **Grundsatz,** daß neben den Strafsachen die bürgerl Rechtsstreitigkeiten vor die ordentlichen Gerichte, die öffentl Rechtsstreitigkeiten vor die Verwaltungsgerichte gehören. Die Zuständigkeit der ordentlichen Gerichte beschränkt sich aber nicht auf bürgerliche Rechtsstreitigkeiten im materiellen Sinn. Verschiedentlich sind den ordentl Gerichten auch materiell nicht bürgerl Rechtsstreitigkeiten zugewiesen, und auch die Ersatzzuweisung des Art 19 IV S 2 GG beschränkt sich nicht auf materiell bürgerl Rechtsstreitigkeiten, wie andererseits § 13 die Zuweisung materiell bürgerl Rechtsstreitigkeiten an andere Gerichtszweige offenhält.

3 3) § 13 enthält den Vorbehalt für **besondere** Gerichte. Dabei handelt es sich um eine Frage des Rechtswegs. Näheres hierzu s § 14. Hierzu gehört insbesondere die Abgrenzung des Rechtswegs zu den ordentl Gerichten und den **Arbeitsgerichten;** diese stellen einen gleichwertigen Gerichtszweig iSd Art 95 I GG dar, die frühere systemwidrige Abgrenzung auf der Ebene der sachlichen Zuständigkeit ist durch die Änderung des ArbGG (Art 6 4. VwGOÄndG v 17. 12. 90, BGBl I 2809) beseitigt worden.

4 4) Gemäß § 2 EGGVG gilt § 13 nur für die streitige Gerichtsbarkeit, nicht jedoch für die **freiwillige Gerichtsbarkeit,** die der Zivilgerichtsbarkeit zuzurechnen ist. Jedoch gehört die freiwillige Gerichtsbarkeit ihrem Wesen nach zur ordentlichen Gerichtsbarkeit (BGHZ 40, 1 = NJW 63, 2219; Baur FamRZ 56, 129). Hieraus erklärt sich auch, daß die Angelegenheiten der freiwilligen Gerichtsbarkeit vorwiegend den nach dem GVG organisierten Gerichten übertragen sind (vgl Einl Rn 17). Nach dem Sinn der Einteilung der Rechtswege als Abgrenzungsnorm zwischen den Gerichtszweigen kann die Abgrenzung zwischen (ordentlicher) streitiger und freiwilliger Gerichtsbarkeit nicht mehr entsprechend der früher hM (RGZ 106, 408; BGH 10, 162; 59, 60) als Frage des Rechtswegs angesehen werden; es handelt sich vielmehr um unterschiedliche Verfahrensarten funktionell selbständiger Spruchkörper innerhalb desselben Rechtswegs, für die allerdings die den Rechtsweg betreffenden Vorschriften der **§§ 17–17b** als **allgemeine Rechtsgrundsätze** entsprechend gelten (BGH 40, 1; 130, 159 = NJW 95, 2851; VIZ 96, 347; s Vorbem zu §§ 17–17b Rn 11), soweit nicht Sonderregelungen bestehen: § 18 I HausratsVO, § 12 LwVG, §§ 46 I, 50 WEG (vgl auch BGH 106, 34, 40).

5 5) § 13 enthält **zwingendes Recht.** Wenn der Zivilrechtsweg nicht gegeben ist, kann er auch durch **Parteivereinbarung** nicht zulässig werden (RG 106, 245). Ob andererseits der Zivilrechtsweg (u überhaupt jeder Rechtsweg) vertragl ausgeschlossen werden kann, ist str; BayKKGH ObLG 52, 360; BAG NJW 62, 1855; dahingestellt BGH 9, 144; 10, 28. Vertragl Ausschluß der Klagbarkeit ist soweit anzuerkennen, als die Parteien über den materiellen Anspruch verfügen können (vgl Celle NJW 71, 289); es handelt sich um eine vertragl Abschwächung des materiellen Anspruchs (ähnl den kraft Gesetzes unklagbaren Ansprüchen aus Spiel, Wette usw), so daß bei gleichwohl erhobener Klage nicht Rechtsweg unzulässig, sondern die Klagbarkeit ausgeschlossen ist. Vielfach wird eine solche Ausschlußklausel aber schon gegen § 138 I BGB verstoßen (vgl LG Bonn NJW 65, 2201).

6 Keinen vertraglichen Ausschluß des Rechtswegs enthält die **Schiedsklausel** (vgl §§ 1025 ff ZPO, §§ 101 ff ArbGG), sie setzt die Zulässigkeit des Rechtswegs vielmehr gerade voraus und enthält eine – nur auf Einrede zu beachtende – besondere negative Prozeßvoraussetzung (§ 1027a ZPO). Zu der besonderen Problematik vereinbarter **Verbandsgerichtsbarkeit** vgl BGH 128, 93 = NJW 95, 583; Frankfurt NJW 73, 2208; München OLGR 92, 122; Nürnberg OLGZ 75, 440; Kissel Rn 200 ff und § 16 Rn 57; Vollkommer NJW 83, 726; Schlosser, Vereins- u Verbandsgerichtsbarkeit, 1972; Westermann, Verbandsstrafgewalt u allg Recht, 1972; ders JZ 72, 537. Zur Nachprüfung der Maßnahmen der Vereins- und Verbandsgerichte durch ordentliche Gerichte auf Gesetzes- und Satzungsverstöße und auf fehlerhafte Tatsachenermittlung s BGH 87, 337; 102, 265.

6a Zum Charakter der in § 14 ParteiG vorgeschriebenen **Parteischiedsgerichtsbarkeit** als ordentliches Schiedsgericht iSd §§ 1025 ff ZPO s Kissel Rn 200. Auch soweit den Entscheidungen der Parteischiedsgerichte die Rechtsqualität von Schiedssprüchen fehlt, ist die Anrufung der staatlichen Gerichte grds erst nach Beschreiten des parteiinternen Rechtswegs zulässig (BGH 106, 67); die Prüfungskompetenz der staatlichen Gerichte ist im Hinblick auf die Partei-/Verbandsautonomie jedenfalls begrenzt (BGH 75, 158; 87, 337; 102, 265; BGH MDR 94, 951 = WM 94, 1110; KG NJW 88, 3159; Vollkommer NJW 88, 3161, auch zu den Folgen eines verzögerten Parteischiedsgerichtsverfahrens).

II) Prozessuale Behandlung der Frage der Zulässigkeit des Rechtsweges

7 **1)** Die Zulässigkeit des Rechtswegs ist **Prozeßvoraussetzung.**

a) Sie ist vom Gericht des **ersten Rechtszuges von Amts wegen** zu prüfen, § 17a GVG. Rechtsmittelgerichte prüfen dagegen die Zulässigkeit des Rechtsweges nicht mehr; s § 17a. 8

b) Die bislang umstrittene Frage, ob die Zulässigkeit des Rechtsweges am Anfang der Prozeßvoraussetzungen zu prüfen ist, ist durch die Neufassung des § 17a GVG bejahend entschieden, weil im Falle der Unzulässigkeit des Rechtsweges die Klage nicht mehr – auch nicht aus anderen Gründen – abgewiesen werden kann, sondern von Amts wegen an das zuständige Gericht des zulässigen Rechtsweges zu verweisen ist (§ 17a II GVG). Das Gericht kann – und muß auf Antrag einer Partei – auch im Falle der Zulässigkeit des Rechtsweges über diese Frage vorab entscheiden (§ 17a III GVG). 9

c) Die Zulässigkeit des Rechtsweges muß bei Eintritt der Rechtshängigkeit vorliegen; spätere Änderungen sind seit der Erstreckung des Grundsatzes der perpetuatio fori auf die Zulässigkeit des Rechtsweges durch die Neufassung des § 17 I GVG unerheblich. 10

2) Grundlage der Entscheidung über die Zulässigkeit des Rechtswegs ist der **Sachvortrag des Klägers,** da nur er den Streitgegenstand bestimmt. Die Einwendungen des Bekl sind daher unbeachtlich (BGH 17, 320; 67, 84; NJW 85, 2820; zum Sonderfall der neg Feststellungsklage – behauptete Anspruchsbegründung des Bekl ist maßgeblich – s GemS NJW 88, 2296 u Hamm NJW-RR 93, 64). – Die Frage, ob für das Klagebegehren der Zivilrechtsweg eröffnet ist, ist jedoch nicht danach zu entscheiden, ob ein bürgerlich rechtlicher (oder infolge Zuweisung zur zivilgerichtlichen Zuständigkeit gehörender) Anspruch tatsächlich besteht. Dies ist erst bei der Sachprüfung zu entscheiden. Es kommt vielmehr nur darauf an, ob die tatsächlichen Behauptungen des Klägers (und im Falle der neg Feststellungsklage des Bekl), ihre Richtigkeit unterstellt, Rechtsbeziehungen oder Rechtsfolgen ergeben, für die die Zuständigkeit der Zivilgerichte besteht (GemS BGH 97, 312; BGH 102, 280; 108, 284; NJW 88, 2297; BayObLG 64, 190; 65, 131; ähnlich für den Arbeitsgerichtsweg schon BAG NJW 58, 686 und für Verwaltungsrechtsweg BVerwG 7, 257; 20, 199). Dies gilt auch, wenn der Klagevortrag nicht schlüssig ist (BGH VerwRspr 13, 908). Auf die vom Kläger vorgetragene rechtliche Beurteilung der von ihm behaupteten Tatsachen kommt es dagegen nicht an (BGH 24, 305; BAG NJW 95, 675); allein durch Anführung von vor die ordentl Gerichte gehörenden Klagegründen (zB § 812 BGB) kann der Zivilrechtsweg nicht eröffnet werden (BGH 14, 297). Maßgeblich ist die wirkliche (vom Richter zu ermittelnde) Natur des behaupteten Anspruchs, nicht seine vom Kläger behauptete Rechtsnatur (BGH st Rspr, NJW 74, 1709; 76, 1943; BayKKGH BayObLG 66, 461; BayVGH NVwZ-RR 95, 121), auch nicht die Rechtsnatur, die sich nach Sachprüfung als wirklich gegeben herausstellt. Im Ergebnis läuft dies auf eine **„begrenzte Schlüssigkeitsprüfung"** hinaus. Problematisch ist allerdings, wie das **Erschleichen des Rechtswegs** durch unzutreffenden Vortrag rechtswegeröffnender Tatsachen verhindert werden kann. Konsequent wäre bei Bestreiten dieses Klägervortrags durch den anzuhörenden (§ 17a II 1) Beklagten eine Beweisaufnahme zur Frage der Rechtswegzuständigkeit (so BAG; zum neuen Recht BAG NJW 94, 604; 94, 1172). Mit Einschränkungen für den Fall der sowohl für die Zulässigkeit als auch für die Begründetheit entscheidenden, „doppelrelevanten" Tatsachen wird versucht, eine insbesondere dem Ziel der §§ 17–17b widersprechende Vorwegnahme der Sachprüfung zu vermeiden (BAGE 19, 355; AP Nr 24 zu § 2 ArbGG Zuständigkeitsprüfung). Überzeugender erscheint es, nur **offensichtlich nicht gegebene Anspruchsgrundlagen** für die Rechtswegzuständigkeit außer Betracht zu lassen (BGH 128, 204 = NJW 95, 964; NVwZ 90, 1104; BVerwG MDR 93, 800 = NVwZ 93, 358; BayVGH NVwZ-RR 95, 121; KG NJW-RR 95, 1386) und im übrigen im Hinblick auf § 17 II 1 die Bestimmung des Rechtswegs durch den Klägervortrag hinzunehmen, solange die Begrenzung des Streitgegenstandes nicht iS einer Anspruchshäufung überschritten wird (vgl zur Problematik Hager, Die Manipulation des Rechtswegs; Lüke, Der Rechtsweg zu den Arbeitsgerichten und die dogmatische Bedeutung der Neuregelung, beide FS Kissel 1994). Wenn das Klagebegehren nach seiner tatsächlichen Begründung sowohl dem bürgerl wie dem öffentl Recht angehören kann, so ist der Zivilrechtsweg zulässig, weil das Gericht des zulässigen Rechtsweges den Rechtsstreit unter allen in Betracht kommenden rechtlichen Gesichtspunkten zu entscheiden hat (§ 17 II GVG). Damit erübrigt sich auch die umstrittene Frage einer Teilverweisung (16. Aufl Rn 14, 15). 11

III) Bürgerliche Rechtsstreitigkeiten

1) **Überblick:** Nach der Grundregel des § 13 gehören vor die ordentlichen Gerichte die „bürgerlichen Rechtsstreitigkeiten". Dieser Begriff ist in materiellem Sinn zu verstehen, denn er soll die sachliche Abgrenzung des Rechtswegs ermöglichen. Dieser Auslegung steht nicht entgegen, daß die Zivilgerichte auch über Rechtsstreitigkeiten zu entscheiden haben, die materiell nicht bürgerlich rechtlicher Natur sind (vgl Rn 2), denn § 13 GVG enthält keine abschließende Regelung, sondern kann durch ranggleiches oder ranghöheres Recht ergänzt werden (vgl Art 19 IV 2 GG, § 40 II VwGO etc). – § 13 selbst enthält mehrere Ausnahmen vom Grundsatz der Zuständigkeit der ordentlichen Gerichte für materiell bürgerliche Rechtsstreitigkeiten, und zwar zugunsten der Verwaltungsgerichte, der Verwaltungsbehörden und der besonderen Gerichte. Die Prüfung die- 12

ser Sonderzuweisungen setzt zwar logisch voraus, daß eine bürgerliche Rechtsstreitigkeit vorliegt, praktisch ist diese Prüfung aber in den Zuweisungsfällen entbehrlich, so daß bei der Rechtswegprüfung nach § 13 zweckmäßigerweise zuerst die Frage der Sonderzuweisung zu untersuchen ist. – Der Begriff „bürgerliche Rechtsstreitigkeit" ist bundesrechtlich und kann daher durch Landesrecht nicht beeinflußt werden (RG 5, 22; 57, 350). Durch Landesrecht kann dagegen eine Zuweisung an Verwaltungsgerichte oder -behörden (vgl aber Rn 52, 53) erfolgen.

13 2) **Der Begriff „bürgerliche Rechtsstreitigkeiten"** wirft immer wieder Fragen auf, die schon wegen der Komplexität der Materie kaum abschließend beantwortet werden können. Hinzu kommt, daß er durch mehrfache gesetzgeberische Regelungen immer wieder beeinflußt wurde, wobei § 40 VwGO besondere Bedeutung zukommt, und daß er durch die Entwicklung des Rechtsschutzes in den verschiedenen Zweigen der Gerichtsbarkeit ständig beeinflußt wird. – Grundlage der Abgrenzung ist der Streitgegenstand, der allein vom Kläger bestimmt wird, wobei es entscheidend auf die wahre Natur des zugrundeliegenden Rechtsverhältnisses ankommt, aus dem der Kläger die Rechtsfolge herleitet, die er mit der Klage verfolgt (vgl Rn 11). Ist der dafür maßgebliche Sachverhalt dem privaten Recht zuzuordnen, liegt eine bürgerliche Rechtsstreitigkeit vor, ist er dem öffentl Recht zuzuordnen, handelt es sich um eine öffentlich-rechtl Streitigkeit.

14 a) Privatrechtl ist ein Rechtsverh nicht schon dann, wenn es sich auf vermögensrechtl Angelegenheiten bezieht, **Fiskustheorie** (RG 129, 288); Streitigkeiten über solche Angelegenheiten kennt auch das öffentl Recht, während sich andererseits das Privatrecht nicht auf vermögensrechtl Angelegenheiten beschränkt. Entscheidend auch nicht, wer an dem Rechtsverh beteiligt ist, ältere Subjektstheorie, s a § 4 EGZPO.

15 b) Als ein geeignetes Kriterium ist zunächst die **Überordnung** der öffentl Gewalt über den Einzelnen anzusehen, die sie dazu befähigt, einseitig in den Rechtsbereich einzugreifen, **Subjektionstheorie** (vgl RG 166, 226; 167, 284; BGH 14, 226; 41, 264; 66, 229; 67, 81; BayObLG 67, 151). Übergeordnet ist, wem öffentl Gewalt gegenüber einem anderen eingeräumt ist, wer ihm gegenüber verbindliche Verwaltungsakte setzen und Zwangsbefugnisse ausüben kann oder Anstaltsgewalt besitzt (BayKKGH BayObLG 57, 394). Im Wesen des privatrechtlichen Rechtsverhältnisses liegt es, daß sich die Beteiligten auf der Ebene der **Gleichordnung** gegenüberstehen.

16 c) Die Abgrenzung, die nur auf das Vorliegen eines Über-/Unterordnungsverhältnisses abstellt, reicht jedoch in vielen Fällen nicht aus (daher – wenn auch im Ergebnis richtig – zu pauschal München OLGZ 87, 242). So können sich aus einem **öffentl-rechtlichen Grundverhältnis dem Privatrecht zuzurechnende Rechtsbeziehungen** oder Rechtsfolgen ergeben zB im Bereich des Schadensersatzes (vgl München MDR 65, 988; BGH 17, 191; 35, 209; MDR 63, 839; BayObLG 67, 153), der Teilnahme oder Beeinflussung des allgemeinen Wettbewerbs (vgl BGH 66, 229; 67, 81; BayKKGH MDR 75, 587) oder des Ehrenschutzes (vgl BGHZ 66, 182; Köln NJW 73, 858); auch bei dem – durch Gleichordnung gekennzeichneten – **Prozeßrechtsverhältnis** aus öffentl-rechtlichem Grundverhältnis; der BGH (NJW 81, 349) hält daher zB den ordentlichen Rechtsweg für Schadensersatzklagen nach § 945 ZPO auch dann für gegeben, wenn es um eine einstweilige Anordnung des VerwG nach § 123 VwGO geht (im Hinblick auf Grundsatz der Sachnähe, Rn 21, allerdings zweifelhaft).

17 Insbesondere aber können sich auch **im Rahmen des öffentl Rechts** verschiedene Rechtsträger **auf der Ebene der Gleichordnung bewegen.** Die öffentl Hand kann sich bei Erfüllung ihrer Aufgaben auch der Möglichkeiten des bürgerl Rechts bedienen und dabei dem Bürger auf der Ebene der Gleichordnung begegnen, selbst dann, wenn die bürgerl rechtl Regelung in der Form, die an sich für hoheitl Handeln typisch ist (zB Ministerialerlaß, vgl BGH MDR 72, 308), geschieht. Insbesondere ist das Institut des öffentl-rechtl Vertrages (vgl Rn 40) allgemein anerkannt, bei dem sich die Parteien gleichberechtigt und gleichgeordnet gegenüberstehen. Zur Abgrenzung reicht daher das Merkmal „Über-/Unterordnungsverhältnis" nicht aus.

18 Dieses ist nach der **Interessentheorie** im Zweck und Inhalt der Rechtsnormen zu sehen, die das maßgebliche Rechtsverhältnis beherrschen. Liegt dieser Zweck vornehmlich in der Regelung öffentlicher Belange im Interesse des Staatsganzen, so ist das Rechtsverhältnis und die sich daraus ergebende konkrete Rechtsfolge öffentlich-rechtl Art; steht das Individualinteresse des Einzelnen im Vordergrund, gehört die Rechtsstreitigkeit dem privaten Recht an. Nach der (neueren) **Subjekts- und Zuordnungstheorie** oder **Sonderrechtstheorie** (vgl dazu Wolff, AöR 76, 205; Wolff/Bachof, VerwR I, § 22 II/III; Menger, Festschr Wolff, 1973, 150; Rimmelspacher, Festschr Weber, 1975, 366) ist auf den Rechtsträger abzustellen, der von den Rechtsnormen betroffen ist, die das maßgebliche Rechtsverhältnis beherrschen (vgl etwa BGH NJW 76, 1941). Wird hiernach nicht jedermann, sondern ein Subjekt berechtigt oder verpflichtet, das kraft staatlicher Aufgabenzuweisung Interessen der Gemeinschaft wahrzunehmen hat, so liegt ein öffentl-rechtl Rechtsverhältnis vor. Zu der Gesamtproblematik vgl Bettermann NJW 77, 513; ders DVBl 77, 180; Menger VerwArch 68, 293; Rimmelspacher JZ 75, 165; Eyermann-Fröhler, § 40 Rn 4 ff.

d) Nach der neueren Rspr wird von folgendem Grundsatz ausgegangen: Fehlt eine gesetzl Rechtswegzuweisung, so richtet sich die **Abgrenzung nach der Natur des Rechtsverhältnisses, aus dem der Klageanspruch hergeleitet wird. Dabei ist zu fragen, durch welche Rechtssätze der Sachverhalt entscheidend geprägt wird und welche Rechtssätze für die Beurteilung des Klagebegehrens in Anspruch genommen werden können.** Dabei kommt es darauf an, ob die am Rechtsstreit Beteiligten zueinander in einem hoheitlichen Verhältnis der Über- und Unterordnung stehen und ob sich der Träger hoheitlicher Gewalt der besonderen, ihm zugeordneten Rechtssätze des öffentl Rechts bedient oder ob er sich den für jedermann geltenden zivilrechtlichen Regelungen unterstellt (GemS BGH 97, 312; BSG NJW 90, 342). 19

e) Abzustellen ist immer auf die Natur des der Klage zugrunde liegenden Anspruchs. Umstände, die zu einem **Wechsel des Verpflichteten** geführt haben, beeinflussen den Rechtsweg nicht. So Verwaltungsrechtsweg auch, wenn an sich öffentl-rechtl Anspruch auf der Grundlage des § 419 BGB gegen Vermögensübernehmer (BGH 72, 56; BVerwG 35, 170; BSG NJW 87, 1846) oder wegen Erbfalls gegen Erben (abweichende Rspr bei Renten s Rn 33) geltend gemacht wird. 20

Gesetzliche **Neuregelung** für den **Übergang von Unterhaltsansprüchen auf Sozialhilfeträger:** Gesetzlicher Forderungsübergang gem § 91 BSHG idF des Art 7 Nr. 22 des Gesetzes zur Umsetzung des Föderalen Konsolidierungsprogramms vom 23. 6. 93, BGBl I 944, 952. Rechtsstreitigkeiten sind in § 91 III BSHG ausdrücklich dem Zivilrechtsweg zugewiesen; dies betrifft auch die sozialhilferechtlichen Einschränkungen des Anspruchsübergangs (§ 91 I 2, 3, II BSHG). Durch den gesetzlichen Forderungsübergang entfällt der Verwaltungsakt der Überleitungsanzeige und damit die Doppelgleisigkeit des Rechtswegs (VerwRw gegen Überleitung – ZivRw gegen Unterhaltsanspruch). Zur Neufassung des § 91 BSHG s Scholz FamRZ 94, 1; Künkel FamRZ 94, 540; Münder NJW 94, 494. § 90 BSHG – und damit die Rechtswegspaltung, BVerwG NJW 92, 3313 – gilt jedoch unverändert für die Überleitung anderer als Unterhaltsansprüche, etwa für Lohnansprüche, vgl auch § 640 I RVO. Dagegen gleiche Konstruktion wie in § 91 BSHG nF – gesetzlicher Forderungsübergang, ausschließlich ZivRw – in §§ 116 SGB X, 37 BAFöG, 7 UnterhaltsvorschußG. Im Verwaltungsrechtsweg ist jedoch darüber zu entscheiden, ob die Voraussetzungen für einen Erlaß (nach § 76 SGB IV) vorliegen (BSG NJW 90, 342; BGH NJW 84, 241; aA Ahrends NJW 89, 1704, LSG Niedersachsen NJW 89, 1759), da diese Frage selbständig nach sozialrechtlichen Gesichtspunkten zu entscheiden ist. Auch teilt grundsätzlich der **Rückgewähranspruch** (§§ 812 ff BGB) den Rechtsweg, der für den vermeintlichen Leistungsanspruch galt (im einzelnen s Rn 31). 20a

f) In der neueren Rechtsprechung (GemS NJW 74, 2087; BGH 34, 277; 43, 40; 57, 136; 102, 343; NJW 76, 1848; 76, 1943; 78, 2091; 81, 675; MDR 84, 391; NJW 85, 2756; 88, 1264; 88, 1732; MDR 94, 719; BSG NJW 90, 342; BAG NJW 90, 663) wird für die Frage der Entscheidung über den Rechtsweg zunehmend auf den Gesichtspunkt der **Sachnähe** hingewiesen. Es sollen möglichst die Gerichte entscheiden, die für die betreffende Rechtsmaterie besondere Sachkunde besitzen. Dem entspricht auch, daß **„sekundäre Rechtsbeziehungen** zu Dritten" dem Rechtsweg der Grundbeziehung zugeordnet werden (vgl etwa BVerwG NJW 85, 2436; BGH NJW 88, 1264). In der Tat kann nicht übersehen werden, daß sich in vielen Grenzfällen trotz weitgehender Übereinstimmung in den dogmatischen Grundlagen zweifelsfreie oder gar eindeutige Lösungen nicht finden lassen; die fast unübersehbar gewordene Kasuistik der Rechtsprechung oder das wiederholt festzustellende Umschwenken in ähnlich gelagerten Grenzfällen zeigen dies deutlich. Zwar sind für den Rechtsuchenden durch die Möglichkeit der Rechtswegverweisung (vgl § 17a) die Nachteile der oft bestehenden Unsicherheit gemildert, dennoch ist es gerade im Interesse der Rechtssicherheit zu begrüßen (aA Kissel Rn 15), daß die Rspr mit dem Gesichtspunkt der Sachnähe ein Kriterium eingeführt hat, das zusätzliche Transparenz verspricht und zudem geeignet ist, der Einheitlichkeit der Rechtsprechung – und damit auch der Rechtssicherheit für den Rechtsuchenden – bestmöglich gerecht zu werden. In diesem Zusammenhang sollte nicht aus dem Auge verloren werden, daß die Probleme der Rechtswegabgrenzung nur eine Folge der Rechtswegaufspaltung in verschiedene Gerichtsbarkeiten sind, welche ihre Rechtfertigung nur in dem Bestreben nach möglichst zweckmäßigem und sicherem Rechtsschutz hat (BGH NJW 78, 949). Hieraus verbietet es sich aber, die Fragen der Rechtswegabgrenzung zum dogmatischen Selbstzweck zu erheben. Die Sicherung des Rechtsschutzes für den Rechtsuchenden hat im Vordergrund zu stehen, der gerade durch den Gesichtspunkt der Zuständigkeitsbestimmung auch nach Sachnähe Rechnung getragen wird. Zutreffend hat daher der BGH (NJW 88, 1732) den Sozialrechtsweg für die Rückforderung von Sozialleistungen (hier: nach dem ArbeitsförderungsG) auch insoweit für allein eröffnet erklärt, als diese als Schadensersatz wegen schuldhafter Pflichtverletzung gefordert wird. Auch unter dem Gesichtspunkt des Schadensersatzes bleibe das sozialrechtl Beziehungsgeflecht zwischen Leistungsträger und Empfänger maßgeblich, das einheitlich der Beurteilung der Sozialgerichte zugewiesen ist. 21

g) Das Kriterium der Sachnähe wird in der Rspr insb in den Fällen bedeutsam, in denen **öffentlichrechtl und bürgerlichrechtl Rechtsverhältnisse ineinander verzahnt sind** (vgl etwa 22

BGH NJW 85, 2756: interner Ausgleich unter mehreren Sozialversicherungsträgern zu einem zivilrechtl Schadensersatzanspruch). Hier ist entspr dem Grundsatz Rn 19 entscheidend, welches Rechtsverhältnis für die Entscheidung des Rechtsstreits im Mittelpunkt steht (im obigen Fall: der zivilrechtl Schadensersatzanspruch, BGH aaO). Entspr wurde der Zivilrechtsweg für die Inanspruchnahme eines Bürgen für eine an sich öffentl-rechtl Forderung (BGH 90, 187) unabh von der Bezeichnung der Bürgschaft („Haftungserklärung": VGH München, NJW 90, 1006 mit Anm Arndt; Kostenübernahme und Bürgschaft ggü Ausländerbehörde: Hamm, NVwZ 92, 205; Mietschuldenübernahme des SozHilfeträgers ggü Vermieter zur Abwendung von Obdachlosigkeit: BVerwG MDR 94, 304) und für Bereicherungsansprüche gegen den Steuerfiskus bei Bezahlung von Steuerschulden durch einen Dritten – Dreiecksverhältnis – bejaht (BGH NJW 84, 982). Ebenso ist der Zivilrechtsweg eröffnet für eine auf einen Scheck gestützte Zahlungsklage, auch wenn die zugrunde liegende Forderung öffentl-rechtl Art ist (so zu Recht AG Essen MDR 88, 327). Zivilrechtsweg auch, wenn Herausgabe einer Sache nach Aufhebung einer Beschlagnahme auf Grund Eigentums verlangt wird (KG, NJW-RR 95, 62). Die Rspr verdient Zustimmung.

23 3) **Im einzelnen ist die Abgrenzung** vielfach schwierig und umstritten. Insbesondere die Judikatur zu den Einzelfragen ist nahezu unübersehbar (Nachweise s Rn 69). Jedoch ergeben sich ähnliche Fallgruppen, zu denen sich bestimmte Grundsätze herausgebildet haben. **a)** Als allgemeine Regel gilt, daß **die Zivilgerichte nicht die Tätigkeit der Verwaltung unmittelbar zu überprüfen haben** (BGH 14, 226; 29, 189; 37, 163; 41, 264; 97, 231; BayKKGH MDR 75, 587). Öffentlrechtl ist die Frage nach Umfang u Auswirkungen der Überordnung, ob die öffentl Gewalt dem einzelnen mit Geboten u Verboten entgegentreten darf oder dies unterlassen muß, ob sie ihm Verwaltungsleistungen zu erbringen hat. Wenn Anspruch darauf erhoben wird, diese Tätigkeit der hoheitl Verwaltung zu beeinflussen, ihr ein bestimmtes Handeln oder Unterlassen vorzuschreiben, liegt grundsätzlich ein öffentl-rechtl Anspruch vor. Der Zivilrechtsweg ist daher ausgeschlossen, wenn die Vollstreckung eines stattgebenden Urteils zur Aufhebung oder Änderung einer hoheitlichen Maßnahme (zB Widmung eines Grundstücks für den öffentlichen Verkehr) führen würde (BGH 41, 266; 86, 2640; BSG NJW 89, 2771).

24 Dies gilt auch für die sog **schlichte Hoheitsverwaltung** (BGH 38, 52; NJW 76, 570). Auf Vornahme, Aufhebung oder Unterlassung von Verwaltungsakten kann eine Klage vor den ordentlichen Gerichten nicht gerichtet sein (BGH 4, 311; 5, 82; 14, 228; 18, 262; 34, 99; BayKKGH BayObLG 57, 407). Auch Feststellungsklagen, die Hoheitsmaßnahmen betreffen, sind unzulässig. Dies gilt auch, soweit die Nichtigkeit (zB eines VA) festgestellt werden soll (vgl auch § 43 VwGO). Das gleiche gilt für eine Klage auf Vornahme oder Unterlassung eines sonstigen Hoheitsakts (vgl München DVBl 56, 175). Die Zivilgerichte können daher auch eine Gebietskörperschaft nicht dazu verurteilen, Anweisungen an ihr unterstellte Behörden oder die diesen beigegebenen Begründungen zu widerrufen (BGH 14, 222; 34, 99; 67, 81; BVerwG 58, 169). Anders liegt es, wenn die Zivilgerichte gegenüber innerdienstl Anordnungen angerufen werden, durch die ein Dritter vom privaten Geschäftsverkehr mit der Behörde ausgeschlossen wird (BGH NJW 67, 1911), da hier eine dem privatrechtl Bereich zuzurechnende Maßnahme vorliegt.

25 **b)** Diesen Grundsatz schränkt die Rspr des BGH (37, 292; 66, 229; 67, 81; 82, 375; NJW 95, 2168) und ihr folgend die des GemS (BGH 97, 312) ein, wenn Träger öffentl Verwaltung am **allgemeinen Wettbewerb** teilnehmen (dazu Broß VerwA 88, 97, 107). Dies wird damit begründet, daß der Hoheitsträger und seine Mitbewerber sich in einem Konkurrenzverhältnis gegenüberstehen, das durch die Normen des Wettbewerbsrechts (§ 1 UWG, §§ 25, 26 GWB, § 826 BGB) privatrechtl gestaltet ist, oder daß der Hoheitsträger bei der Beschaffung von Leistungen nach den Marktgrundsätzen des Privatrechts verfährt, mögen damit letztlich auch hoheitliche Zwecke verfolgt werden. Insbesondere in Fällen, in denen Unterlassung begehrt wird, wird der Anspruch von den privatrechtl Wettbewerbsnormen geprägt (s Rn 19), mag das beanstandete Verhalten auch hoheitlichen Aufgaben dienen. Der Streitgegenstand ist bestimmt von den auf der Ebene der Gleichordnung geregelten Verhältnissen des Wettbewerbs (kritisch dazu Bettermann DVBl 77, 180; Menger VerwA 1977, 293; Knispel NJW 86, 1528; Scholz NJW 78, 16; Wallerath NJW 87, 1473). Anders nur dann, wenn das Unterlassen nicht aus allgemein geltenden Wettbewerbsschranken, sondern aus besonderen dem öffentl-rechtl Grundverhältnis zuzuordnenden Gründen verlangt wird (BGH NJW 87, 60; BVerwG 39, 329).

25a Die **Abgrenzung** der Zuständigkeit zw **Zivilgerichten und Sozialgerichten** bei **Wettbewerbsverhalten** der **Krankenkassen** ist streitig. Zwar hat 1987 der Gemeinsame Senat der obersten Gerichtshöfe des Bundes zugunsten des Zivilrechtsweges entschieden (BGHZ 102, 280 = NJW 88, 2295); jedoch ist die Frage durch die Neufassung des § 51 II 1 Nr 3 SGG idF des GesundheitsreformG v 20. 12. 88 (BGBl I 2477) neu aufgeworfen. Danach sind Streitigkeiten in Angelegenheiten des SGB V auf Grund von Entscheidungen oder Verträgen der Krankenkassen und ihrer Verbände – auch soweit Dritte betroffen werden – den Sozialgerichten zugewiesen. Kern des Streits ist, ob diese Zuweisung oder die des § 87 GWB zu den Kartellgerichten als Teil der ordentl Gerichtsbarkeit die speziellere ist (für Zivilrechtsweg: BGH 114, 218 = NJW 91, 2963; NJW 92, 1561; Köln OLG-Report 94, 290; Frankfurt OLG-Report 94, 196; für Sozialrechtsweg BSG NJW 89, 2773; 95, 1575; Saarbrücken NJW 95, 1562). Angesichts des besonderen Gewichts des gesetzgeberischen Ziels der Sicherung einer einheitlichen Rspr in Kartellsachen durch die Kartellgerichte (vgl §§ 89, 90 und insbesondere – entgegen der allg. Regel des § 17 II 1 GVG – § 96 II GWB) verdient die BGH-Auffassung den Vorzug. Jedoch ist zu bedauern, daß bislang sowohl BGH als auch BSG eine erneute Klärung durch den gemeinsamen Senat der Obersten Bundesgerichte vermieden haben, sondern ihre „Pflöcke tiefer einschlagen" (Jestaedt NJW 95, 1527).

Die Zuweisung zum Zivilrechtsweg greift auch, wenn Streitgegenstand **urheberrechtl Rechtsverletzungen** – etwa durch Verbreitung von Rundfunk- oder Fernsehsendungen – sind (BGH 79, 350; 87, 126; NJW 88, 1022). 26

c) Eine Spaltung des Rechtswegs ergibt sich beim **privatrechtsgestaltenden VA**, durch den ein zivilrechtl Rechtsverhältnis begründet oder beeinflußt wird: Überleitung zivilrechtl Ansprüche zB nach § 90 BSHG (s aber jetzt § 91 BSHG, Rn 20a), Eigentumsübertragung durch Hoheitsakt, Begründung oder Gestaltung von Mietverhältnissen im Wege öffentl-rechtl Wohnraumbewirtschaftung oder -förderung. Die Kontrolle des Hoheitsakts selbst liegt ausschließlich bei den VerwG (§ 40 VwGO). Betreffen Streitigkeiten aber die Abwicklung des durch VA gestalteten privatrechtl Rechtsverhältnisses – bei dem die Wirksamkeit des vorangegangenen VA nur Vorfrage ist, s Rn 42 –, so sind die ZivilG zuständig (BGH 5, 69; 20, 80; 24, 390; NJW 81, 48; BVerwG 34, 219, s auch Rn 20). 27

d) Bei Unterlassungsklagen nachbarrechtlicher Art (Immissionsschutz), die sich gegen im öffentl Interesse bestehende Nutzung richten, teilt der Abwehranspruch die Rechtsnatur des Verwaltungshandelns, das die Immission verursacht. Er ist somit im Verwaltungsrechtsweg geltend zu machen, wenn es sich gegen eine öffentlichen Aufgaben dienende Nutzung richtet, es sei denn, diese ist privatrechtl gestaltet. Dem entspricht es, daß nach der Rspr des BVerwG (NJW 89, 1291 zur Lärmbelästigung durch Sportanlagen) jedenfalls im Ergebnis die Regeln der §§ 906, 1004 BGB im öffentl Recht entsprechend gelten. So hat der BGH den Zivilrechtsweg verneint, weil in den Bestand der öffentlichrechtl geprägten Nutzung eingegriffen werden müßte (NJW 76, 570 – Geräuschimmissionen durch gewidmeten Kinderspielplatz; MDR 69, 737 – Schutzmaßnahmen gegen Überschwemmungen, die eine gemeindl Kanalisationsanlage verursacht). Entsprechend der neueren Rspr der VGe (BVerwG NJW 89, 1291 – Sportplatz; NJW 88, 2398 – Feuerwehrsirene; VGH Kassel NJW 89, 1500 – Straßenlampen; VGH München NJW 87, 986 – gemeindl Bolzplatz; VGH Mannheim NJW 85, 2354 – Discomusik aus gemeindl Mehrzweckhalle; OVG Münster, NJW 85, 2350 – Justizvollzugsanstalt) wird immer dann, wenn sich der Abwehranspruch gegen hoheitlich betriebene Anlagen oder gegen solche der öffentl Daseinsvorsorge richtet, der Verwaltungsrechtsweg zutreffend sein; der abweichenden älteren Rspr des BGH (41, 264 – Lärm von Kirmesveranstaltung; MDR 68, 312 – Fontänenanlage ua) kann heute nicht mehr gefolgt werden (so auch Kissel Rn 370 und die hM in der verwaltungsgerichtl Lit). Weitere Einzelnachweise aus der Rspr s Rn 69 – Immissionen. 28

Dagegen begründet die **behördliche Genehmigung** einer der Rechtsnatur nach privatrechtl Nutzung nicht den Verwaltungsrechtsweg für Klagen auf Unterlassung dieser Nutzung (Klage auf Verlegung einer Haltestelle eines privaten Omnibusunternehmens BGH NJW 84, 1242, dazu Bettermann DVBl 84, 473). Der Zivilrechtsweg ist ferner gegeben, wenn der Wegfall der hoheitlichen Bindung der im Streit befangenen Sache behauptet wird (BGH 4, 304; 5, 70; 18, 253; LM Nr 16 zu § 13 GVG; NJW 67, 2309). Hier wird wegen Fehlens oder Wegfall (nicht dagegen Rechtswidrigkeit) der öffentl-rechtl Bindung auf die bürgerlich rechtliche Grundlage zurückgegriffen. Denn nach dem für die Zulässigkeit des Rechtswegs maßgebl Klagevortrag (Rn 11) steht der Kläger gerade nicht der öffentl Gewalt ggüber und verlangt von ihr nicht Zurücknahme des Hoheitsakts oder den Verzicht auf die Durchsetzung, sondern nur die Aufgabe einer (nach der Behauptung des Klägers) rechtsgrundlosen Besitzerstellung, wie sie auch von jedem Dritten verlangt werden könnte. Zur Abgrenzung zum Folgenbeseitigungsanspruch s Rn 30.

Ein Sonderfall sind Unterlassungsklagen gegen **kirchliches Glockengeläute** (dazu Kaup BayVBl 92, 161), da hier der an sich privatrechtl Streit um den Immissionsschutz durch den liturgischen Charakter des Handelns der unter der Rechtsgarantie der Verfassung (Art 140 GG) stehenden kirchlichen Körperschaften überlagert wird. Wegen der Auswirkung auf Dritte (Nichtkirchenmitglieder) hat das BVerwG (NJW 84, 989) in dieser lange strittigen Frage nicht nur den Weg zu den staatl Gerichten, sondern auch den Verwaltungsrechtsweg zu Recht bejaht. Entscheidend ist die Frage der Grenzen des verfassungsrechtl garantierten kirchl Selbstbestimmungsrechts auch in der Kultausübung, wenn diese mit allgemeinen gesetzl Schutznormen kollidiert. Dies kann nur auf der Grundlage der den Kirchen verliehenen öffentl Gewalt (BVerfG 29

18, 387) entschieden werden. Gegen **Zeitschlagen** von Kirchenglocken ist jedoch ohne Besonderheit der Zivilrechtsweg eröffnet (BVerwG NJW 94, 956).

30 Zur Zuständigkeit der Verwaltungsgerichte gehört nicht nur die Beseitigung rechtswidriger VA, sondern auch die Beseitigung der Folgen eines solchen, sog **Folgenbeseitigungsanspruch** s § 113 I 2, 3 VwGO (BVerwG 28, 155; 59, 319; 69, 366; Broß VerwA 85, 217; Erichsen VerwA 63, 217; Schoch VerwA 88, 1; Weyreuther 47. DJT, Bd I B, 1). Der auf Naturalrestitution (im Gegensatz zu Schadensersatz, BVerwG 40, 322) gerichtete Anspruch wurde zunächst auf die Beseitigung der Folgen eines rechtswidrigen Verwaltungsaktes bezogen (BVerwG 22, 314), gilt jedoch allgemein für alle Arten öffentlich-rechtl Handelns, insbesondere auch der Leistungsverwaltung (BVerwG 38, 336; BSG NJW 79, 1519; BAG NJW 89, 2909). Die Abgrenzung ist insbesondere gegenüber Schadensersatzklagen nach § 839 BGB iVm nachbarrechtl Ansprüchen auf Beseitigung solcher Störungen schwierig. Steht die Immission in Zusammenhang mit hoheitlichem (auch schlichthoheitlichem) Verwaltungshandeln, so ist der Verwaltungsrechtsweg gegeben (s Rn 28). Allgemein gilt, daß auf einem öffentl-rechtl Rechtsverhältnis beruhende Ansprüche auch dann nicht vor die Zivilgerichte gehören, wenn sie auf **privatrechtliche Anspruchsgrundlagen** gestützt werden, zumal diese Rechtsinstitute auch im öffentl Recht Anwendung finden (ungerechtfertigte Bereicherung nach §§ 812 ff BGB: BVerwG 25, 72; 36, 108; NJW 80, 2538); öffentlich-rechtl Geschäftsführung ohne Auftrag: BVerwG NJW 56, 925; 89, 922; BGH NJW 67, 156; 71, 1218; BayObLG 65, 202). Zu Ersatzansprüchen aus öffentl-rechtl Auftragsverhältnissen u öffentl-rechtl Geschäftsführung ohne Auftrag vgl BVerwG NJW 56, 925, BGH 24, 308, BGH NJW 67, 156, BayKKGH BayObLG 57, 402; BayObLG 65, 202; Schack JZ 66, 640; Rietdorf DÖV 66, 253; einen Sonderfall der GoA bei Verkehrssicherungspflicht, die einer öffentl-rechtl Körperschaft oblegen hätte, behandelt BGH NJW 71, 1218. – Für **Ehrschutzklagen** auf Widerruf oder Unterlassung im Bezug auf Äußerungen von Hoheitsträgern s Rn 41a.

31 Dem entspricht auch, daß Ansprüche auf **Rückgewähr** von Leistungen, die das Gegenstück des Leistungsanspruchs darstellen, in demselben Rechtsweg wie der Leistungsanspruch selbst geltend zu machen sind (vgl BVerwG 25, 76; NJW 77, 1838; 94, 2909; 95, 1104; BGH 32, 273; 56, 365; 57, 130; 71, 180 = NJW 78, 1385; NJW 79, 2615; NJW 88, 490; BGH 103, 255 = NJW 88, 1731; NJW 94, 2620; MDR 94, 719: selbst dann, wenn die Rückzahlungspflicht in notarieller Urkunde anerkannt wurde, aus der vollstreckt wird). Anders dagegen bei bereichungsrechtlicher Rückabwicklung im Dreiecksverhältnis. Hier bejaht der BGH zu Recht den Zivilrechtsweg für den auf **§ 816 II BGB** gestützten Anspruch auf Rückzahlung etwa in dem Fall, in dem auf Grund privatrechtl Abmachung Steuerschulden eines Dritten bezahlt wurden (BGH NJW 84, 982). Ebenso bei Rückzahlungsanspruch eines Hoheitsträgers, der an Nichtberechtigten irrig Leistungen erbracht hatte. Da es hier nur um die ungerechtfertigte Bereicherung als solche geht und in Wahrheit gar kein öffentl-rechtl Leistungsverhältnis besteht, ist der Zivilrechtsweg richtig (s Koblenz NVwZ 89, 93). Zum Sonderfall bei Erben s Rn 33. Ferner hat der BGH (NJW 81, 48) für Klage des Scheinvaters auf Rückgewähr von Zahlungen auf nach § 90 BSHG aF übergeleitete Unterhaltsansprüche Zivilrechtsweg bejaht, da es sich nur um die Kehrseite des Anspruchs des Sozialhilfeträgers aus dem übergeleiteten Unterhaltsanspruch handelt (s dazu Rn 20, 20a). Im Ergebnis ebenso BVerwG NJW 80, 2538 (Anwendung der §§ 812 ff BGB im öffentl Recht) und NJW 85, 2436 (Erstattungsanspruch gegen Drittbeteiligten). Gleiches gilt bei Rückforderung von Entschädigungszahlungen nach § 49 BSeuchenG, BGH NJW 83, 2029 (s dort aber auch zu dem Erfordernis eines vorherigen Verwaltungsbescheids).

31a Der BGH (103, 255 = NJW 88, 1731) hat diesen Grundsatz zu Recht auch ausgedehnt auf **Erstattungsklagen, die** wegen der Verletzung von Anzeige- oder Verwendungspflichten **schadensersatzartige Elemente aufweisen.** Soweit es sich nicht um deliktischen Schadensersatz handelt, sondern um Erstattungsansprüche im Rahmen eines eigenständigen sozialrechtlichen Sanktionssystems (§§ 151 ff AFG, §§ 44 ff SGB X), die bei schuldhaften Pflichtverletzungen den Leistungsempfänger zur Rückerstattung verpflichten, bleibt es bei dem Rechtsweg, in den das Grundrechtsverhältnis eingebettet ist.

32 Schließlich sind ihrer Natur nach öffentl-rechtl Ansprüche auch dann im Verwaltungsrechtsweg einzuklagen, wenn der **Vermögensübernehmer** nach § 419 BGB in Anspruch genommen wird (BGH NJW 78, 2091; BSG NJW 87, 1846). Ebenso ändert ein **Schuldanerkenntnis** nichts am Rechtsweg, der nach der Natur des dem Anerkenntnis zugrundeliegenden Anspruchs gegeben ist (BGH NJW 88, 1264). Dagegen ist der Zivilrechtsweg gegeben, wenn ein **Bürge** für eine an sich öffentl-rechtl Forderung in Anspruch genommen wird (BGH NJW 84, 1622, s a Rn 22).

32a Entsprechend dem Grundsatz der Sachnähe (Rn 21) hat der **Pfändungsgläubiger** seine Leistungsklage gegen den Träger öffentl Gewalt als **Drittschuldner** (zB Finanzamt bei Pfändung eines Steuerguthabens) auf dem Rechtsweg zu verfolgen, der für den gepfändeten Anspruch eröffnet ist (BFH NJW 88, 1407; VGH Kassel NJW 92, 1253). Zum Konkurs s Rn 43.

e) Aus einem öffentl-rechtl Rechtsverhältnis können andererseits nach herrsch Rechtsprechung – außerhalb der den Zivilgerichten ausdrücklich zugewiesenen Rechtsstreitigkeiten – **bürgerl-rechtl Rechtsstreitigkeiten entstehen** (zu unterscheiden von den oben geschilderten Fällen öffentl-rechtl Rechtsstreitigkeiten in nur bürgerl-rechtlicher Gestalt; vgl Rn 22). So können sich auch aus hoheitlich begründeten Rechtsverhältnissen zwischen den Beteiligten vertragliche oder doch vertragsähnliche Schutz- und Fürsorgepflichten ergeben, die Schadensersatzansprüche auslösen können, zB bei der Trinkwasserversorgung (BGH 17, 191; MDR 63, 839), bei der Gesundheitsfürsorge für Gefangene (BGH 21, 218; wo Ersatzansprüche über die Amtshaftung hinaus aber aus materiellen Gründen abgelehnt werden; vgl zum umgekehrten Fall – vermeintlicher Aufwendungsersatzanspruch der JVA – BGH NJW 90, 1604), bei Anstellungsbetrug im Rahmen eines Soldatenverhältnisses (München MDR 65, 988) oder aus **Prozeßrechtsverhältnis** (das durch Gleichordnung gekennzeichnet) auch im verwaltungsgerichtlichen Verfahren (Schadensersatz analog § 945 ZPO aus einstw Anordnung nach § 123 VwGO, vgl BGH 30, 123; 66, 182; NJW 81, 349; s auch Rn 16). Entsprechend schlägt nach der inzwischen gefestigten Rspr (BGH 71, 180; 73, 202; BSG NVwZ 88, 95; Karlsruhe NJW 88, 1920; Koblenz NVwZ 89, 93), an der auch unter dem neuen § 50 II SGB X festgehalten wird (BSG aaO), das öffentl-rechtl Rechtsverhältnis zwischen Rententräger und Rentenberechtigtem in ein bürgerl-rechtl nach § 812 BGB um, wenn die **Rente nach dem Tode des Berechtigten in Unkenntnis dieses Umstandes weiterbezahlt wird** oder sonst irrig an einen Dritten geleistet wird. Für diesen Rückforderungsanspruch sind die Zivilgerichte zuständig, da es nicht um Rückgewähr als Umkehrung des Leistungsanspruchs (Rn 31), sondern um die Rückforderung nicht gewollter Leistung geht. Die Kritik an dieser Rspr (15. Aufl hier; Haueisen NJW 77, 441; Bethge NJW 78, 1801, s a Hamm NJW 86, 2769) hat sich nicht durchsetzen können. 33

f) Bei Subventionen und sonstigen staatlichen Förderungsmaßnahmen durch Zuschüsse, Vergünstigungen u ä bedient sich die öffentl Hand meist privatrechtl Gestaltungsformen zur Verwirklichung hoheitlicher Ziele. Für die Frage des richtigen Rechtswegs in diesen Fällen ist allgemein anerkannt, daß der Streit um die Gewährung der Subvention – entsprechend dem mit ihr verfolgten Zweck – immer öffentl-rechtl Natur ist und daher der Kontrolle der Verwaltungsgerichte unterliegt, auch wenn die Subvention im Wege privatrechtl Institute (Darlehen, Bürgschaft, niedriger Zins) umgesetzt wird (BVerwG 1, 308; 7, 180; 13, 52). Dies gilt ebenso für nachfolgende Streitigkeiten über Änderungen der in privatrechtlicher Form festgelegten Bedingungen (BVerwG 13, 47: Zinsneufestsetzung; DVBl 70, 549: Entlassung aus der Bürgschaft). Dies gilt auch dann, wenn die Subvention ohne besondere gesetzliche Grundlage – etwa nur auf Grund eines Haushaltstitels – gewährt wird (BVerwG 41, 127). Grundsätzlich umstritten und in den Einzelheiten oft zweifelhaft ist, in welchen Rechtsweg Streitigkeiten im Vollzug der Subventionsentscheidung fallen. Nach der insbesondere in der Rspr angewendeten **Zweistufentheorie** (Ipsen, Öffentl Subventionierung Privater, 1956; Stern JZ 61, 518, 557; BVerwG aaO; BGH 36, 95; 57, 130) kommt insoweit auch der Zivilrechtsweg in Betracht, soweit der Vollzug nicht auch durch VA oder öffentl-rechtl Vertrag geschieht. In der Literatur werden dagegen überwiegend Konstruktionen vertreten, die auch für den Vollzug auf ein besonders öffentl-rechtl Schuldverhältnis bis hin zu einem einheitlichen, nur dem öffentl Recht unterliegenden Subventionsverhältnis abstellen (vgl Kopp, VwGO, § 40 Rn 20 mwN). 34

Der Trend, die Subventionsfragen ganz dem Verwaltungsrechtsweg zu unterstellen, wird auch in der Praxis durch die in Rn 31 dargestellte neuere Rspr verstärkt, wonach die Rückgewähr grundsätzlich als Kehrseite der Leistung deren Rechtsweg teilt (so BGH 57, 130 Rückgewähr einer Filmförderungsprämie, weil der Film nicht hergestellt wurde; BVerwG 30, 65; 32, 283; BGH NJW 72, 763: Rückforderung von Studienförderungsmitteln – auch wenn diese für Nachwuchskräfte der Beamtenlaufbahn gewährt wurden; BGH MDR 94, 719: Vollstreckungsabwehrklage gegen Rückforderung von Ausbildungsbeihilfen, auch wenn Empfänger für Rückzahlungspflicht notarielles Schuldanerkenntnis abgegeben hat). 35

Nicht nach der Zweistufentheorie zu lösen sind die Rechtswegfragen, die sich in Zusammenhang mit der **Vergabe öffentlicher Aufträge** ergeben. Als Grundsatz gilt hier, daß die Behörde hier am privaten Rechtsverkehr durch Abschluß zivilrechtl Verträge teilnimmt, mag sie auch bei diesem fiskalischen Handlen allgemeine öffentl-rechtl Grundsätze – etwa den Gleichheitsgrundsatz, Grundsatz des sparsamen Umgangs mit Haushaltsmitteln u ä –zu beachten haben oder über die rein fiskalische Zielsetzung hinausreichende Zwecke verfolgen (BVerwG 5, 325; 7, 264; 11, 187; 33, 103; 35, 105; BGH 29, 76; 35, 96; NJW 67, 191). Anders allerdings, wenn kraft besonderer gesetzlicher Regelung einem bestimmten Personenkreis (normative Begünstigte) eine besondere Rechtsstellung eingeräumt ist (vgl BVerwG 7, 89; 7, 170; 34, 213). 36

g) Wie der einzelne hoheitl auferlegte Leistungen nicht im Zivilrechtsweg bekämpfen kann, so kann sich **auch die öffentl Verwaltung nicht des Zivilrechtsweges bedienen,** um solche Leistungen durchzusetzen, sofern dies nicht gesetzl vorgesehen ist. Ansprüche auf Erstattung e Lei- 37 stung, die vom einzelnen gg den Hoheitsträger (zB auf Rückzahlung zuviel bezahlter Abgaben, vgl OVG Münster DVBl 55, 463; s a BGH 22, 246) oder umgekehrt (zB Rückforderung überzahlter Beamtengehälter) gerichtet werden, gehören regelmäßig dem gleichen Rechtsgebiet an wie der Anspruch auf die Leistung (Gesichtspunkt der Umkehr e Rechtsverhältnisses), sind also öffentl-rechtl, wenn die Leistung auf Grund e öffentl-rechtl Verhältnisses zu erbringen war (s Rn 31 und 35); doch kann der Erstattungsanspruch ebenso wie der Anspruch auf die Leistung selbst dem Zivilrechtsweg zugewiesen sein. Einzelfälle vgl BGH LM 10 zu § 13 GVG; BGH 3, 292; 8, 344; 22, 146. – Umgekehrt wird ein bürgerl-rechtl oder arbeitsrechtlicher Ersattungsanspruch nicht dadurch öffentl-rechtl, daß er mit VA geltend gemacht wird. Dies gilt auch bei Anwendung des ErstG (BVerwG MDR 71, 785).

38 **h)** Der ordentliche Rechtsweg ist nicht aber schon deshalb ausgeschlossen, weil ein öffentlich-rechtl Rechtsträger an dem Rechtsverhältnis beteiligt ist und von ihm eine öffentliche Aufgabe (insbes **Daseinsvorsorge**) wahrgenommen wird. Es genügt auch nicht, daß der Rechtsträger im öffentl Interesse handelt; denn es steht ihm in diesen Fällen frei, sich **ausdrücklich privatrechtl Mittel zu bedienen.** Geschieht dies, so sind für sich ergebende Rechtsstreitigkeiten die Zivilgerichte zuständig (BGH 14, 297; 40, 210; NJW 92, 171: Abwasseranschlußgebühr, MDR 87, 125: privatrechtliches Entgelt für eine öffentl-rechtl Körperschaft übertragene Straßenreinigung; BVerwG NVwZ 90, 754: Stiftung „Mutter und Kind"). Andererseits kann sich der Träger öffentl Gewalt in diesen Fällen auch im öffentl-rechtl Bereich betätigen. Dies muß aber auch nach außen erkennbar sein (BGH MDR 61, 753), zB durch Anordnung eines Anschluß- und Benutzungszwangs in gemeindlicher Satzung (vgl dazu aber BGH MDR 66, 136) oder bei Erhebung von Gebühren, nicht von Entgelt. – Privatrechtlicher Natur sind zB in der Regel die Rechtsbeziehungen zwischen öffentl Krankenanstalten (Universitätskliniken) und Patienten (BGH 9, 145; 23, 229), zur Deutschen Bahn AG, im Erg ebenso schon RG 161, 341, die Benützung der Spielbanken (BGH 37, 363; NJW 67, 1660), öffentliche Verkehrsbetriebe, die in privatrechtl Form betrieben werden (BGH 52, 325; BVerwG VRS 1984, 315).

38a Andererseits sind – entsprechend dem in der neueren Rspr vertretenen allgemeinen Abgrenzungsprinzip (s Rn 19) – auch im Bereich der Daseinsvorsorge, die mit rein privatrechtlichen Mitteln betrieben wird, Streitfälle möglich, in denen das Klagebegehren im Schwerpunkt nur durch öffentlich-rechtliche Normen bestimmt wird, so insbesondere bei **Zugangsklagen zu gemeindlichen Einrichtungen,** die in privatrechtl Form (zB GmbH) betrieben werden. Das BVerwG (NJW 90, 134) hat deshalb zutreffend den Verwaltungsrechtsweg für eröffnet angesehen, wenn eine politische Partei auf Grund der öffentl-rechtl Gleichbehandlungspflicht **gegen die Gemeinde** auf Zugang zu Kongreßräumen klagt, die im Auftrag der Gemeinde von einer privatrechtlichen Betriebsgesellschaft verwaltet werden. Anders dagegen bei Klage unmittelbar **gegen die jur Person des Privatrechts:** ordentlicher Rechtsweg (BVerwG NVwZ 91, 59).

39 Dasselbe gilt dann, wenn sich der öffentlich-rechtl Rechtsträger bei der Erfüllung an sich typisch öffentl-rechtl Verpflichtungen (zB Fürsorgepflicht des Dienstherrn) einer **privatrechtl organisierten Einrichtung** bedient (Bundesbahnkrankenkasse als Sozialeinrichtung mit freiwilliger Mitgliedschaft, durch deren Unterhaltung der Dienstherr seiner Fürsorgepflicht zur Beihilfe in Krankheitsfällen nachkommt): Für Anspruch gegen den Dienstherrn Verwaltungsgerichte, gegen die Einrichtung ordentl Gerichtsbarkeit (BGH NJW 81, 2005).

40 **i)** Andererseits wiederum kann eine auf der Ebene der Gleichordnung getroffene vertragliche Regelung öffentl-rechtl Natur sein **(öffentl-rechtl Vertrag:** § 54 S 2 VwVfG; § 53 Abs 1 S 2 SGB X). Die Abgrenzung, ob ein Vertrag dem Zivilrecht oder dem öffentl Recht zuzurechnen ist (mit der Folge, daß einenfalls der Zivilrechtsweg, andernfalls der Verwaltungsrechtsweg gegeben ist), ist nach dem Gegenstand der vertraglichen Regelung vorzunehmen, wobei von der Art der gesetzlichen Regelung des betroffenen Sachverhalts auszugehen ist (BGH 54, 287; 56, 365; NJW 72, 585; MDR 72, 503; NJW 79, 2615; BVerwG 22, 138 = DVBl 67, 40; GemS NJW 86, 2359). Im Gegensatz zu seiner früheren Rechtsprechung (vgl BGH 32, 214; 35, 69) stellt der BGH nunmehr (vgl 56, 365; NJW 72, 585; 74, 1709; 75, 2015) entscheidend auf den Gesamtcharakter (Schwerpunkt der Vereinbarung „Gepräge", BGH 76, 16 = MDR 80, 289; NJW 92, 1238) der Vereinbarung ab. Zwar hält er daran fest, daß im Rahmen der Regelung eines dem öffentl Recht zuzuordnenden Sachverhalts zusätzlich durch privatrechtl Vereinbarung weitere Verpflichtungen übernommen werden können (BGH 32, 214; 56, 365); eine entsprechende Vereinbarung nimmt jedoch am öffentl-rechtl Charakter der Gesamtregelung teil, wenn sie mit dieser in unmittelbarem Zusammenhang („do ut des") steht, wobei auch der Zweck der Vereinbarung zu berücksichtigen ist (vgl zu Vereinbarungen über Geldleistungen des Baugewerbes im Zusammenhang mit der Baugenehmigung – **Anbauverträge** – BGH 56, 365 = NJW 71, 1842; NJW 72, 285; BVerwG 22, 138; zu Erschließungsverträgen nach BauGB BGH 54, 287; BVerwG 32, 37; s aber auch BGH MDR 72, 501 und NJW 74, 1709; 75, 1019; zu Verträgen über Studienförderung für Nachwuchskräfte der Beamtenlaufbahn BGH NJW 72, 763; umgekehrt sind Streitigkeiten aus einem im Ausgangspunkt privat-

rechtl Vertrag – zB Darlehensvertrag aufgrund öffentl Wohnungsbauförderung; Verpflichtung des Sozialhilfeträgers zur Begleichung von Mietschulden – auch dann bürgerl-rechtl, wenn sie aus öffentl-rechtl motivierten gesetzlichen Regelungen oder behördlichen Entscheidungen entspringen, jedoch in unmittelbarem Zusammenhang mit der privat-rechtl Vereinbarung stehen, vgl BGH MDR 72, 308; BVerwG NJW 94, 1169). Privat-rechtl somit auch Vertrag zwischen Gemeinde und jur Person des Zivilrechts über Bau und Betrieb eines Krankenhauses (OVG Münster NJW 91, 61), ebenso Kostenübernahme ggü Ausländerbehörde (Hamm NVwZ 92, 205). Öffentl-rechtl sind insbesondere Verträge, die sich auf öffentl-rechtl Lasten und Pflichten beziehen, diese abweichend von einer gesetzlichen Regelung verteilen oder mit im öffentlichen Recht beruhenden (wirklichen oder vermeintlichen) sonstigen rechtlichen Möglichkeiten oder Aufgaben in unmittelbarem Zusammenhang stehen (BGH 56, 365 = NJW 71, 1842; MDR 72, 503; eingehend NJW 92, 1238: **Pflegesatzvereinbarung** nach § 93 BSHG). Nicht entscheidend ist, welche Vertragsparteien beteiligt sind (BGH MDR 71, 553; 72, 850), sie können beide öffentl-rechtl Status haben (vgl BGH MDR 72, 503). – Zur Sonderform des öffentl-rechtl **Kooperationsvertrags** (Vertrag, in dem Privater in Zusammenarbeit mit einem Träger öffentl Verwaltung sowohl eigene wirtschaftl Interessen wahrnimmt als auch öffentl Belange durch Sach- oder Geldbeiträge fördert – zB freiwillige Teilnahme eines privaten Produzenten an Materialprüfung durch eine Behörde) s BGH NJW 78, 1802; 83, 2311; BVerwG 22, 138. – Die Zuweisung in den VerwRechtsweg umfaßt auch die Frage der Rückabwicklung eines öffentl-rechtl Vertrags (vgl BGH NJW 74, 1709) und des Schadensersatzes aus Verletzung eines öffentl-rechtl Vertrags (vgl § 40 II 1 VwGO, s Rn 56, 61). Zum Prozeßvergleich im verwaltungsgerichtl Verfahren als öffentl-rechtl Vertrag s BVerwG NJW 76, 2360.

Die Verfolgung öffentlichrechtl Zwecke macht aber eine vertragliche Vereinbarung nicht automatisch öffentlichrechtl; sie bleibt insbesondere dann privatrechtl, wenn es sich nur um eine **Nebenabrede** innerhalb eines sonst typisch privatrechtl Vertrages handelt (vgl BGH NJW 85, 1892: Grundstückskaufvertrag mit Gemeinde, in dem die Beachtung bestimmter Absichten der Bauleitplanung zugesagt wurde). **40a**

Die Zuständigkeit der VerwGe für öffentlichrechtl Verträge umfaßt auch **Schadensersatzansprüche** hieraus, § 40 II 1 VwGO, zur **culpa in contrahendo** s Rn 56, 61. **40b**

k) Verletzungen des Persönlichkeitsrechts durch Rundfunk- und Fernsehsendungen des öffentlich-rechtlichen Rundfunks sind nach BGH 66, 182 (NJW 76, 1198; m Anm Eschenlohr; vgl dazu Kritik Bettermann NJW 77, 513 und Lerche, Festschrift Löffler, 1980 S 217) und entgegen VGH München BayVBl 94, 345 BVerwG NJW 94, 2500 = JZ 95, 401 m Anm Hoffmann-Riem = BayVBl 95, 216 m krit Anm Schwabe im Zivilrechtsweg zu verfolgen. Daß Aufgaben und Tätigkeit der Rundfunkanstalten öffentl-rechtl ausgestaltet sind (vgl BVerfG 31, 314; DÖV 94, 429), steht nicht entgegen, da das Spannungsverhältnis zwischen Ehrenschutz und vom Bürger hinzunehmender öffentl Kritik durch das Privatrecht bestimmt ist. Ebenso Klage auf Unterlassung einer **Theateraufführung** einer staatl oder städt Bühne (LG Frankfurt NJW 86, 1258). **41**

Dagegen ist der Zivilrechtsweg nicht eröffnet für **Klagen gegen Träger der Hoheitsverwaltung, soweit der Widerruf dienstl Äußerungen ehrkränkenden Inhalts** verlangt wird (vgl BGH 14, 223; 34, 99; NJW 63, 1203; 78, 1860; BVerwG NJW 88, 2399; Koblenz OLGZ 88, 370). Hier liegt in der Sache ein dem Folgenbeseitigungsanspruch (s Rn 30) gleichgelagertes Begehren vor. Dies gilt auch dann, wenn die Äußerung zwar Vorgänge des fiskalischen Bereichs zum Gegenstand hat, aber zur Rechenschaft über hoheitl Verwaltungstätigkeit abgegeben wurde; Zivilrechtsweg nur bei ausschließl dem fiskalischen Bereich zurechenbarem Vorgang, BGH NJW 78, 1860; vgl auch Düsseldorf AfP 80, 46 (Unterlassung von Äußerungen über Nutzen von medizinischen Versorgungsuntersuchungen: Zivilrechtsweg) und Zweibrücken NVwZ 82, 332. **41a**

l) Einen besonderen Fall des Ausschlusses des Zivilrechtswegs als Folge der Ausgestaltung (an sich) zivilrechtlicher Rückgabeansprüche als öffentl-rechtl Entschädigungsansprüche (Umgestaltung des materiellen Anspruchs) enthält das **G zur Regelung offener Vermögensfragen (VermG),** das Bestandteil des Einigungsvertrages ist (vgl BGBl 90 II 1159 id Neufassung v 2. 12. 94, BGBl I 3610). Es enthält zur Durchsetzung des Anspruchs auf Rückübertragung von durch „DDR-Unrecht" verlorenen Vermögenswerten ein besonderes Verwaltungsverfahren, für das der Verwaltungsrechtsweg eröffnet ist (§§ 30 ff VermG; anders jedoch die Ausnahme in § 7 VIII VermG, die für Ausgleichsansprüche auf Grund Werterhöhungen sowie für Herausgabeansprüche hinsichtlich ab dem 1. 7. 94 gezogener Nutzungen den Zivilrechtsweg eröffnet). Das VermG schließt nach dem Grundsatz, daß die tatsächliche Natur des behaupteten Anspruchs für die Rechtswegzuweisung maßgeblich ist (Rn 19), den Zivilrechtsweg auch insoweit aus, als die Rückgabe wegen unlauterer Machenschaften der sozialistischen Rechtsordnung (sog Teilungsunrecht, vgl §§ 1 ff VermG) verlorenen Vermögens auf zivilrechtl Rechtsinstitute – Anfechtung wg Täuschung, arglistige Drohung, Sittenwidrigkeit – gestützt wird (eingehend BGH 118, 34 = NJW 92, 1757 mwN auch zur aA). War der Rechtserwerb zu DDR-Zeiten nicht nur durch unlautere **41b**

Machenschaften beeinflußt – und deshalb nach rechtsstaatl Verständnis nichtig oder zumindest anfechtbar –, sondern zusätzlich auch nach dortigem Recht aus anderem, mit der Unrechtsmaßnahme nicht in innerem Zusammenhang stehenden Grund mangelhaft („Zusatzmängel", zB Formnichtigkeit, insbes Mängel der Vollmacht, Unwirksamkeit einer Treuhänderbestellung, Unzuständigkeit der auftretenden staatlichen Stelle bei der Veräußerung), so hat der BGH für auf diese zusätzlichen Mängel gestützte Ansprüche (zB auf Herausgabe und Grundbuchberichtigung) den Zivilrechtsweg eröffnet (BGH 120, 198 = NJW 93, 388; 120, 204 = NJW 93, 389; 122, 204 = NJW 93, 2050; 123, 59 = NJW 93, 2525; 125, 125 = NJW 94, 1283). Zunehmend setzt sich die Erkenntnis durch, daß auf Grund des instrumentalen Charakters des Rechts in der DDR die dortigen staatlichen Stellen auch formellen Rechtsvorschriften vielfach gleichgültig gegenüberstanden, und daß die Berechtigten in der DDR keine realistische Chance gehabt hätten, auf Grund dieser Zusatzmängel eine Rückübertragung zu erreichen. Somit werden nunmehr verstärkt auch solche Mängel als in innerem Zusammenhang mit der Unrechtsmaßnahme stehend angesehen, so daß der Zivilrechtsweg ausgeschlossen bleibt. Die Entwicklung der Rspr verdeutlichen BGH 129, 112 = NJW 95, 1833; 130, 231 = NJW 95, 2707. Grundsätzlich (Art 14 GG) und im Detail ist vieles umstritten, vgl Grün VIZ 92, 319; Leipold JZ 93, 703; Messerschmidt NJW 94, 2519; Sendler NJW 95, 1797; Tropf DtZ 96, 2; s auch Rn 69 „DDR" und „VermG". – S auch die Rechtswegregelungen im 2. SED-UnrechtsbereinigungsG (BGBl 94 I 1311): Art 1, VwRehaG, § 16: Verwaltungsrechtsweg; Art 2, BerRehaG, § 27: Verwaltungs- oder Sozialrechtsweg. S weiter Verweisungen auf die Verfahrensvorschriften des VermG im Entschädigungs- und AusgleichsleistungsG (EALG, BGBl 94 I 2624): Art 1, EntschG, § 12; Art 2, AusglLeistG, § 6; Art 3, NS-VerfolgtenEntschG, § 4.

42 **4) Vorfragen a)** Liegt nach dem Vorausgegangenen ein privatrechtl Streitgegenstand vor, so wird er nicht dadurch zu einem öffentl-rechtlichen, daß das befaßte Gericht auch über **öffentl-rechtl Vorfragen** entscheiden muß. An der Zulässigkeit des Zivilrechtswegs ändert sich also nichts. Die Frage, ob das Zivilgericht die öffentl-rechtl Vorfrage aussparen u die Entscheidung der für solche Fragen sonst zuständigen Verwaltungsbehörden oder Verwaltungsgerichte abwarten kann, ist durch die Neufassung des § 17 II GVG im Sinne der bisherigen Rspr entschieden: Die Zivilgerichte müssen öffentl-rechtl Vorfragen, die Verwaltungsgerichte zivilrechtl Vorfragen **selbständig beantworten** (BGH 1, 148; 8, 212; NJW 92, 1386; BVerwG NJW 60, 1634). Dies folgt schon daraus, daß die Natur eines Rechtsverhältnisses nur einheitlich bestimmt werden kann. Dieser Gesichtspunkt ist insbesondere in Fällen des Übergangs privatrechtl Ansprüche kraft öffentl Rechts von Bedeutung (vgl etwa § 640 RVO: BGH NJW 68, 251; 68, 1429; 72, 107; 72, 1237). Da die Entscheidung über die Vorfrage nicht an der Rechtskraft teilnimmt, ergibt sich aus dieser „Vorfragenkompetenz" der Zivilgerichte keine Überprüfung der Verwaltung iS der Rn 23. Ist dagegen über die Vorfrage ein Verfahren vor dem hierfür zuständigen Gericht anhängig oder ein Rechtsbehelf eingelegt, über den noch nicht entschieden ist, so hat das Gericht **nach § 148 ZPO auszusetzen** und die Entscheidung abzuwarten (BGH NJW-RR 88, 339). Dies folgt aus dem Grundsatz der Einheitlichkeit der Rechtsordnung und dem allg Grundsatz, daß sich widersprechende Entscheidungen zu vermeiden sind (s a Rn 44). Dagegen ist bei öffentl-rechtl Vorfragen eine **Zwischenfeststellungsklage** nach § 256 II ZPO mangels Zulässigkeit des Rechtswegs unzulässig.

43 Umgekehrt begründen **zivilrechtliche Vorfragen einer öffentl-rechtl Forderung** (zB Konkursvorrecht einer Steuerforderung) den Zivilrechtsweg nicht (BGH NJW 73, 468 unter Aufgabe der früheren Rspr, BGH 19, 163; vgl auch BGH 55, 224; anders jedoch bei auf Bürgen nach § 774 BGB übergegangener Zollforderung, vgl BGH NJW 73, 1078). Ist dagegen die Frage der **Konkursbefangenheit** (§§ 1,3 KO) einer öffentl-rechtl Forderung, zB Sozialversicherungsrente, unmittelbar Gegenstand des Rechtsstreits, so ist das Zivilgericht (ProzeßG, nicht KonkursG, BGH NJW 62, 1392) zuständig, denn die Streitfrage ist Hauptfrage, nicht Vorfrage (BGH NJW 85, 976; 91, 2147). Ebenso für Bürgschaft (BGH NJW 84, 1622), s Rn 22. – Die Zivilgerichte sind auch zust für den konkursrechtl Anfechtungsanspruch nach § 30 KO, der durch öff.-r. Rechtshandlung bei einer öff.-r. Forderung besteht (BGH NJW 91, 2147).

44 **b)** Bindung an das Gericht des anderen Rechtszugs besteht aber dann, wenn dieses über den jetzt als Vorfrage zu beurteilenden Streitpunkt bereits als Hauptfrage entschieden hatte. Dies folgt aus der **Rechtskraftwirkung**, die auch über die einzelnen Gerichtszweige hinaus wirkt (BGH 9, 329; 10, 220; 15, 17; BVerwG 14, 65; R-Schwab § 14 IV 3a; Kissel Rn 20). Daraus folgt aber, daß die Bindung grundsätzlich nur soweit besteht, als dieselben Parteien streiten (BGH DVBl 62, 753).

45 **c)** Häufig tritt die Vorfrage auf, ob und in welcher Weise die Rechtsbeziehungen zwischen den Parteien durch e **vorausgegangenen Verwaltungsakt** beeinflußt worden sind. Auch über solche Vorfragen können die Zivilgerichte urteilen, wenn der Streitgegenstand selbst privat-rechtl oder den Zivilgerichten zugewiesen ist (vgl BGH 1, 148; 5, 84; 21, 294; BayObLG 57, 151). Das gilt selbst

dann, wenn der geltend gemachte Anspruch schon mit der Beantwortung der Vorfrage steht oder fällt (vgl BGH 5, 79, 86; 8, 209; 24, 390) – allerdings ist in diesen Fällen genau zu prüfen, ob nicht nach der wahren Natur des geltend gemachten Anspruchs eine öffentl-rechtl Streitigkeit vorliegt. Für die vom Zivilgericht zu treffende Sachentscheidung tritt dann aber die Frage der **Bindung an rechtsgestaltende Verwaltungsakte** auf. Außer im Fall der Nichtigkeit können Verwaltungsakte, solange sie nicht aufgehoben sind, Geltung grundsätzl auch dann beanspruchen, wenn sie **fehlerhaft** (anfechtbar) sind (BGH 1, 225; 20, 217; 24, 392; 48, 243; MDR 93, 540); infolge seiner obrigkeitl Herkunft entfällt die Wirkung eines fehlerhaften (rechtswidrigen) VA erst mit seiner Aufhebung, die jedoch den Verwaltungsgerichten – bzw der erlassenden und den ihr vorgesetzten Behörden – vorbehalten ist (Bestandskraft des VA). Die Zivilgerichte sind hieran gebunden, sie können insbesondere die Frage der Aufhebbarkeit nicht als Vorfrage prüfen und entscheiden; solange der VA nicht aufgehoben wurde, ist die Frage der Rechtmäßigkeit für das Zivilgericht regelmäßig (Ausnahme s Rn 46) belanglos und nicht zu prüfen. Wer sich durch einen unrechtmäßigen VA, der seinen Ansprüchen entgegensteht, beeinträchtigt fühlt, muß vielmehr b den Verwaltungsbehörden u Verwaltungsgerichten die Aufhebung betreiben (BGH 17, 85). Gegebenenfalls kann der Zivilrechtsstreit nach § 148 ZPO (vgl dort) ausgesetzt werden.

An **nichtige Verwaltungsakte** ist das Zivilgericht dagegen nicht gebunden (BGH 1, 148; 4, 71; 24, 391); es braucht und darf ihnen die von der Verwaltungsbehörde gewollten Rechtswirkungen nicht beilegen, auch wenn sie nicht förml aufgehoben oder die Nichtigkeit nicht verwaltungsgerichtl festgestellt ist. Nichtig und damit ohne Wirkung sind VAe aber nur ausnahmsweise, bei schwerwiegenden offenkundigen Fehlern (§ 44 VwVfG). **46**

Zu beachten ist aber, daß auch bei der Überprüfung der Nichtigkeit eines VA durch die Zivilgerichte der Grundsatz der Rechtskraft (Rn 44) vorgeht. Ist eine verwaltungsgerichtliche Anfechtungsklage als unbegründet abgewiesen, so kann das Zivilgericht den VA im Rahmen der Vorfragenprüfung auch nicht mehr als nichtig behandeln. **47**

d) Die Frage der Rechtmäßigkeit eines ergangenen VA (oder der Rechtmäßigkeit des Unterbleibens e solchen) stellt sich vor dem Zivilgericht aber dann, wenn die begehrte Rechtsfolge, über die das Zivilgericht zur Entscheidung berufen ist, ausnahmsweise nicht von der Gültigkeit oder Ungültigkeit, sondern gerade **von der Rechtmäßigkeit oder Unrechtmäßigkeit abhängt** (Bachof JZ 52, 212; BGH 9, 132; 86, 356; 90, 17; 98, 85; NJW 91, 1168; 92, 1384/1386), wie bei Schadensersatz- und Entschädigungsansprüchen aus **Amtshaftung** (eingehend BGH NJW 91, 701 u 1168, dazu Nierhaus JZ 92, 209 mwN) und unrechtmäßigen enteignungsgleichen Eingriffen, aber auch bei Vorfragen, die nicht von dem Bestand eines Verwaltungsakts (Rn 45), sondern von der öffentl-rechtl Beurteilung als solcher abhängen, zB Bebaubarkeit eines Grundstücks, die vertragl zugesichert wurde (BGH NJW 92, 1386). Dann ist das Zivilgericht auch zur Prüfung der Rechtmäßigkeit berufen und kann daraus Folgerungen ziehen (wegen der Frage der Bindung an bereits ergangene verwaltungsgerichtl Entscheidungen gilt das oben Rn 47 aE Ausgeführte entsprechend. Die Rechtskraftwirkung geht vor, BGH NJW 92, 1386; vgl zum ganzen auch Menzel, DRiZ 90, 375). **48**

5) Ein selbständiges öffentl Gegenrecht (zB **Aufrechnung mit öffentl-rechtl Forderungen)** nimmt den geltend gemachten privatrechtl Ansprüchen nicht ihre privatrechtl Natur, schließt also den Zivilrechtsweg nicht aus (RG 77, 412; 80, 372; BGH NJW 85, 2820). Sofern das Zivilgericht über die in einen anderen Rechtsweg gehörende Gegenforderung eine selbständige Entscheidung treffen müßte, es also nicht schon an anderen Aufrechnungsvoraussetzungen fehlt, ist aber regelmäßig nach § 148 ZPO (ggf unter Fristsetzung analog § 151 ZPO, s BVerwG NJW 87, 2530) auszusetzen; nach § 302 ZPO kann ein Vorbehaltsurteil erlassen werden (BGH 16, 124; BVerwG aaO). Eine eigene Entscheidung der Zivilgerichte über die nicht seiner Gerichtsbarkeit unterliegende Aufrechnungsforderung verbietet sich wegen der damit verbundenen Rechtskraftwirkung, § 322 ZPO (BGH aaO, BSG NJW 63, 1844, BVerwG NJW 87, 2530; aA Kissel Rn 76 und § 17 Rn 40; R-Schwab § 106 IV, 6; s auch § 17 Rn 10 u § 145 ZPO Rn 19). Der Aussetzung bedarf es dagegen nicht, wenn bereits ein rechtskräftiges Urteil über die Gegenforderung vorliegt. Denn über die Aufrechnungsvoraussetzungen (§§ 387 ff BGB) kann das Gericht, vor dem die Aufrechnung mit einer nicht seiner Gerichtsbarkeit unterliegenden Forderung erklärt wird, selbst entscheiden; nur die Entscheidung über das Bestehen der Aufrechnungsforderung ist ihm verwehrt. **49**

Die frühere Auffassung über die Zulässigkeit der Aufrechnung mit **arbeitsrechtl Gegenforderungen** vor dem Zivilgericht (s BGH 26, 304; BAG NJW 66, 1772) kann nunmehr nicht mehr unverändert aufrechterhalten werden (vgl vor § 17 Rn 10; § 17 Rn 10). Zur Aufrechnung mit Forderungen, für die e **Schiedsgerichtsklausel** vorliegt, s BGH 23, 17; 38, 254 gg RG 123, 348; zur Aufrechnung mit Forderungen, für die die deutsche Gerichtsbarkeit nicht gegeben ist, s BGH 19, 341 (vgl auch § 145 ZPO Rn 19). Über Aufrechnung gg Steuerforderungen s BGH WRP 68, 274. **50**

IV) Zuständigkeit anderer Gerichte oder von Verwaltungsbehörden für bürgerl Rechtsstreitigkeiten

51 Gemäß § 13 haben die ordentlichen Gerichte über bürgerl Rechtsstreitigkeiten nicht zu entscheiden, soweit besondere gesetzliche Zuweisungen bestehen. **1) Zuweisungen an besondere Zivilgerichte:** Arbeitsgerichte (§ 2 ArbGG; s oben Rn 3; vor § 17 Rn 10), Patentgerichte sowie die in § 14 GVG genannten Gerichte, vgl auch bei § 14 GVG: nur möglich, wenn sie bundesgesetzl bestellt oder zugelassen sind.

52 **2) Zuweisung an Verwaltungsgerichte** (allgemeine u besondere), zB Zuweisung der Streitigkeiten aus der privaten Pflegeversicherung an die Sozialgerichte gem § 51 II 2 SGG idF des Art 33 PflegeVG (vgl Römer, VersR 96, 562; die Rechtswegzuweisung ist im G zum Inkraftsetzen der 2. Stufe der Pflegeversicherung – BGBl 96 I 718 – nicht geändert worden). Zuweisung auch durch Landesrecht möglich, soweit nicht Bundesrecht entgegensteht, BGH 21, 217. (Einschränkung: § 4 EGZPO). Nur vereinzelt der Fall (zB für wasserrechtl Streitigkeiten). Praktisch führt jetzt aber auch die Zuweisung an Verwaltungsbehörden in der Regel auf den Verwaltungsrechtsweg (s aber Rn 53).

53 **3) Zuweisung an Verwaltungsbehörden:** Seiner ursprünglichen Bedeutung nach, daß nämlich an Stelle der Zivilgerichte Verwaltungsbehörden entscheiden, ist dieser Zuweisungsvorbehalt des § 13 verfassungswidrig. Er verstößt gegen Art 92 GG (vgl BGH 14, 296, BVerwG 4, 320). Eine solche Zuweisung wäre zudem sinnlos, da nach Art 19 IV GG gegen die Entscheidung der Verwaltungsbehörde der Rechtsweg offenstehen muß. Die Zuweisung an Verwaltungsbehörden ist daher nur noch dahin möglich, daß vor Anrufung der ordentlichen Gerichte ein **Vorverfahren** durchzuführen ist. Insoweit handelt es sich aber nicht mehr um eine Frage der Zulässigkeit des Rechtswegs, sondern um eine besondere negative Prozeßvoraussetzung (ähnlich §§ 68 ff VwGO) bzw um ein besonderes Einlassungsverweigerungsrecht für eine Partei (so für den Fiskus nach Art 22 bay AGGVG). – Fälle eines (zulässigen) Vorverfahrens, das vor Anrufung des ordentl Gerichts zu durchlaufen ist, finden sich in § 3 HinterlO, §§ 10 ff StrEG, § 59 LBG, §§ 58, 81 BLG, § 25 SchutzBerG, §§ 217 ff BauGB, §§ 36 ff StrandungsO, § 13 TelWegG, Art 22 bay AGGVG (s dazu § 4 EGZPO Rn 2).

53a 4) Einen besonderen Fall der Zuweisung durch Umgestaltung des materiellen Anspruchs enthält das **Gesetz zur Regelung offener Vermögensfragen** (VermG) für Rückgabe von durch DDR-Unrecht verlorenem Vermögen; s dazu Rn 41b. Auch die Streitigkeiten nach dem **VermögenszuordnungsG** (Neufassung v 29. 3. 94 BGBl I 709) sind dem Verwaltungsrechtsweg zugewiesen (§ 6; s hierzu Wilhelms VIZ 94, 465; Rodermund/Deblitz ZIP 94, 1675).

V) Zivilprozeßsachen kraft Zuweisung

54 Da die Rechtswegregelungen, auch soweit sie Generalklauseln enthalten (§ 13 GVG, § 40 I VwGO), durch einfaches Gesetz erfolgt sind, können durch Spezialgesetz Sonderzuweisungen erfolgen, die die allg Regel durchbrechen (BVerfG NJW 56, 625). Die Zuweisung muß aber durch Gesetz erfolgen (auch Landesgesetze, vgl § 40 I 2 VwGO); Verordnungen genügen nicht. Für den einfachen Gesetzgeber unantastbar sind nur die Zuweisungsregelungen des GG; deshalb bleiben **Art 14 III 4 und 34 S 3 GG durch die umfassende Prüfungskompetenz der Fachgerichte unberührt, § 17 II 2 GVG** (s dort).

55 **1) Zuweisungen auf Grund des GG. a)** Zu den Zuweisungssachen gehören: **Nach Art 34 GG die Schadensersatzansprüche aus Amtspflichtverletzung** nach § 839 BGB (einschließlich der Rückgriffsansprüche gegen den Beamten; gilt auch für Anspruch des Dienstherrn auf Kostenerstattung im Rückgriffsweg, BayObLG MDR 84, 586), aber nur auf Geldersatz – für Folgenbeseitigung ist der Ausgangsrechtsweg für die Maßnahme selbst gegeben, s Rn 30.

56 Von der Zuweisung werden auch sonstige Schadensersatzansprüche aus öffentlich-rechtlichem Verhältnis erfaßt, die in unmittelbarem Zusammenhang mit einer Amtshaftung stehen (zB Verzugsschaden aus öffentl-rechtl Verhältnis: BVerwG NJW 71, 1053; Schadensersatz aus Verletzung öffentl-rechtl Pflichten, der sich eng mit einer Amtspflicht berührt: BGH 43, 34), jedoch ist durch die Neufassung des **§ 40 II 1 VwGO** nunmehr klargestellt, daß Schadensersatzansprüche aus Verletzung eines öffentl-rechtl Vertrags vor den Verwaltungsgerichten geltend zu machen sind, vgl Rn 61; dies gilt auch bei Zusammenhang mit Amtshaftungsanspruch (BGH NJW 86, 1109). Ebenso bei Ansprüchen aus Wegfall der Geschäftsgrundlage (BGH NJW 83, 2311) und bei Bereicherungs- und Erstattungsansprüchen im Zusammenhang mit einem öffentlichrechtl Vertrag (BGH 56, 365; 87, 15; BVerwG 32, 280). Dagegen sollen für Ansprüche aus **culpa in contrahendo** in Bezug auf einen solchen Vertrag nach wie vor die Zivilgerichte zuständig sein, da diese Ansprüche nicht vom Zustandekommen des Vertrags abhängen (BGH NJW 78, 1802; 86, 1109; in der verwaltungsrechtl Lit abgelehnt, s Scherer NVwZ 86, 540). Zur Frage des Ersatzes von Verwaltungsverfahrenskosten aus Amtspflichtverletzung s LG Heidelberg NJW 67, 2317 (m Anm

Weidemann NJW 68, 452). – Die Zuweisung des Art 34 GG betrifft nur die Staatshaftung. Soweit Ansprüche unmittelbar gegen den Beamten erhoben werden, greift § 40 II VwGO ein.

Für Klagen auf **Auskunft** zur Vorbereitung einer Staatshaftungsklage ist auch bereits der Rechtsweg zum Zivilgericht gegeben (BGH NJW 81, 675). 57

b) Anspruch auf Enteignungsentschädigung nach Art 14 III S 4 GG. Die Zivilgerichte entscheiden über die Höhe der Entschädigung. Hierzu zählt auch die Art derselben (BGH 9, 250). Dagegen sind für die Entscheidung über die Rechtmäßigkeit der Enteignung die Verwaltungsgerichte zuständig (Ausnahme Baulandsachen: §§ 217 ff BauGB). Zur Konsequenz hieraus für die Frage des Rechtsschutzes (BVerfG 58, 300 = NJW 82, 745, 747): Fehlt eine gesetzliche Entschädigungsregelung, so kann nur die Enteignung selbst vor den Verwaltungsgerichten angefochten werden. Die Zivilgerichte können zwar im Entschädigungsstreit als Vorfrage prüfen, ob eine Enteignung vorliegt (BGH 4, 266; 15, 268; BVerwG 8, 226), aber eben nur, wenn eine gesetzl Entschädigungsregelung vorliegt. Weiter gehören hierher Anspr aus den e Unterfall der Enteignung bildenden unrechtmäßigen **enteignungsgleichen Eingriffen** (vgl BGH stRspr, BGH 6, 270, NJW 78, 1051 – auch nach BVerfG 58, 300 = NJW 82, 745 – s BGH NJW 84, 1876, 1878; BGH 128, 204 = NJW 95, 964), für die ebenfalls „angemessene" Entschädigung zu leisten ist (BGH 13, 398; 23, 171). – Eine Abgrenzung der Ansprüche aus enteignungsgleichem Eingriff zum **Aufopferungsanspruch** muß nicht getroffen werden, da dieser nach § 40 II VwGO ebenfalls der Entscheidung der ordentl Gerichte unterliegt. – Ob zu den nach § 40 II 1 VwGO dem Zivilrechtsweg zugewiesenen Aufopferungsansprüchen auch **Ausgleichsansprüche im Rahmen der Inhaltsbestimmung des Eigentums** nach Art 14 I 2 GG, zB Ansprüche aus **sog salvatorischen Entschädigungsklauseln** des Natur-, Landschafts- und Denkmalschutzrechts (etwa: Art 36 I BayNatSchG, § 7 S 1 NWLandschaftsG, § 31 RhPfDenkmSchPflG) zählen, ist **zwischen BGH und BVerwG** umstritten (bejahend BGH 128, 204 = NJW 95, 964 = JZ 95, 788 m Bespr Schoch, 768; verneinend BVerwGE 94, 1 = NJW 93, 2949; vgl hierzu Lege NJW 95, 2745; Schenke NJW 95, 3145). De lege lata verdient die Auffassung des BGH den Vorzug, weil sie dem in Art 14 III 3 GG und § 40 II 1 VwGO zum Ausdruck kommenden Willen des Gesetzgebers besser entspricht und weil sie – ein wichtiger praktischer Gesichtspunkt – eine Rechtswegspaltung vermeidet, wenn ein Klagebegehren zugleich auf Amtshaftung gestützt wird (Schenke, aaO 3152), worüber die VerwGerichte auf Grund Art 34 S 3 GG jedenfalls nicht entscheiden können (§ 17 II 2 GVG). Ob de lege ferenda auf Art 34 S 3, 14 III 3 GG und in der Folge auf § 40 II 1 VwGO, § 17 II 2 GVG angesichts der vom Gesetzgeber postulierten Gleichwertigkeit und umfassenden Entscheidungskompetenz (§ 17 II 1 GVG) aller Gerichtszweige verzichtet werden kann, ist eine andere – rechtspolitische – Frage. – **Nicht** zur Zuweisung nach § 40 II 1 VwGO sind Streitigkeiten über Entschädigungen nach dem **Viehseuchengesetz** für den Verlust seuchenkranker oder -verdächtiger Tiere zu rechnen (BVerwG NJW 72, 70; BGH NJW 83, 2029). 58

c) Ersatzzuweisung des Art 19 IV S 2 GG: vgl Rn 67. 59

2) Sonstige Zuweisungen. Die Zuweisungen nicht bürgerl Rechtsstreitigkeiten in einfachen Gesetzen sind der verschiedensten Art (Zusammenstellung bei Herrmann ZZP 78, 346). Dabei ergeben sich als Hauptgruppen: **a) Ausgleichsansprüche,** die teils Enteignungsentschädigungen, teils sonstige öffentlrechtl Entschädigung für die Beeinträchtigung von Rechten Dritter durch staatl Maßnahmen enthalten (zB: § 61 BSeuchG, §§ 58 II, 79 III BLG, §§ 30, 59 LBG, § 18 I 5 AtomG etc), einschließlich der Aufopferungsfälle (§ 40 II VwGO; dazu ua Steffen DRiZ 67, 110; Schack DÖV 67, 613). In bes Fällen auch Ausgleichsansprüche für Nichtvermögensschäden (§ 13 StrEG). 60

Hierzu gehört ferner der **Schadensersatzanspruch** aus Verletzung öffentl-rechtl Pflichten **nach § 40 II VwGO.** Die Klage muß unmittelbar auf Schadensersatz gerichtet sein (BGH NJW 72, 2300; BVerwG 27, 132) – im Gegensatz dazu steht der Folgenbeseitigungsanspruch bei rechtswidrigem VA, für den der Verwaltungsrechtsweg offen ist (s Rn 30). Auf Verschulden kommt es nicht an; Zivilrechtsweg daher auch für Schadensersatz nach § 30 Abs 3 WHG – BVerwG NJW 87, 2758. Durch die Neufassung des § 40 II 1 VwGO durch das VwVfG sind jedoch Schadensersatzansprüche wegen Verletzung eines öffentlrechtl Vertrages wiederum ausgenommen und den Verwaltungsgerichten zugewiesen (vgl Kopp NJW 76, 1966; s aber auch Rn 56). Nicht hierher gehören Schadensersatzansprüche der öffentl Hand gegen den Bürger (BGH 43, 227), sie werden aber idR ihrer Natur nach ohnehin bürgerlrechtl sein. Nach st Rspr des BGH (zuletzt NJW 81, 349) wird auch der Schadensersatzanspruch nach **§ 945 ZPO** bei vorangegangener einstw Anordnung nach § 123 VwGO dem Zivilrechtsweg zugeordnet (vgl auch Rn 33). 61

b) Ansprüche aus öffentl-rechtl Verwahrung (§ 40 II VwGO) sowie die Rechtsstreitigkeiten gemäß § 3 HinterlO. 62

c) Die aus dem Sondervermögen Deutsche Bundespost hervorgegangenen **Post- und Telekommunikationsunternehmen** erbringen ihre Tätigkeit privatwirtschaftlich, so daß für alle Klagen von und gegen Kunden und Konkurrenten (zB **Remailing:** BGH 130, 13 = NJW 95, 2295) – auch auf Zulassung zur Postbenutzung – der Zivilrechtsweg eröffnet ist (vgl Art 87 f II 1 GG idF des G v 30. 8. 94, BGBl I 2245; G zur Neuordnung des Postwesens und der Telekommunika- 63 tion – PTNeuOG – v 14. 9. 94, BGBl I 2325; s dort Art 3: PostumwandlungsG, Art 5: Änderung des FernmeldeanlagenG mit ausdrücklicher Rechtswegregelung – Zivilrechtsweg – in § 9 I FAG, Art 7: G über die Regulierung der Telekommunikation und des Postwesens – PTRegG). Hoheitlich und damit dem Verwaltungsrechtsweg unterworfen ist das Handeln der Regulierungsbehörde (§§ 1, 15 ff PTRegG). Hoheitlich (Amtshaftung!) führt die Deutsche Post AG auf Grund Beleihung (§§ 16 I, 1 II Nr 5 PostG) den Postauftragsdienst durch. Vgl Gramlich NJW 96, 617 mwN. – Für „Altfälle" s Voraufl und BVerwG NJW 96, 1010.

64 d) Anfechtung von VA: §§ 23 ff EGGVG, § 111 BNotO, §§ 57 III, 74a, 90, 223 BRAO (OVG Lüneburg NJW 96, 869), § 184 PatentanwaltsO (VGH München NJW 95, 674), § 217 BauGB, §§ 62, 78 DRiG.

65 3) Nach Art 129 I 4 WV waren die Rechtsstreitigkeiten über **vermögensrechtl Ansprüche von Beamten** den Zivilgerichten zugewiesen. Dieser Rechtszustand bestand auch nach 1945 fort (vgl Art 95 II BayVerf; BGH 10, 30). Durch Art 33 V GG wurde dieser Zustand aber nicht verfassungsmäßig verankert (Ule, DVBl 53, 110; BGH 16, 195). Heute sind für alle Klagen aus dem Beamtenverhältnis, also auch für solche vermögensrechtl Natur, die Verwaltungsgerichte zuständig (§ 172 BBG, §§ 126 ff BRRG, § 59 SoldatenG, § 87 SoldatenversorgG). Für die öffentl-rechtl Religionsgesellschaften u ihre Verbände gilt das BRRG nicht (§ 88 VI, VII BRRG); diese können aber das Ges für entspr anwendbar erklären (§ 135 BRRG). Dazu BGH 34, 372; NJW 66, 2162; BVerwG NJW 80, 1041; 83, 2580 sowie zum Grundsatz BVerfG NJW 83, 2569; s a Rn 19 zu § 1. – Über öffentl-rechtl Dienstverhältnisse außerhalb des Beamtenrechts (Fleischbeschauer) s BGH 22, 246 (verwaltungsgerichtl Zuständigkeit z Entscheidung ü vermögensrechtl Ansprüche). – Über Schmerzensgeldansprüche eines Beamten vgl BVerwG VerwRspr 17, 547 und Bremen OLGZ 70, 458.

66 4) Vor Inkrafttreten der VwGO war umstritten, ob es auch **Zivilprozeßsachen kraft Überlieferung** gibt. Der BGH hat dies zunächst bejaht (vgl BGH 1, 369; 12, 224). Die Frage ist jetzt durch § 40 VwGO geklärt. In § 40 II VwGO wurden zudem die Hauptfälle der „Zivilprozeßsachen kraft Überlieferung" ausdrücklich in den ordentlichen Rechtsweg verwiesen. – Eine ausdrückliche Zuweisung liegt auch dann vor, wenn sie zwar nicht für jeden Einzelfall angeordnet ist, jedoch aus der Systematik und dem Sinn des Gesetzes der eindeutige Wille des Gesetzgebers ersichtlich ist, alle Streitigkeiten einer bestimmten Art einem anderen Rechtsweg zuzuweisen, BVerwG 15, 36 (zu § 67 OWiG).

67 **5) Ersatzzuweisung nach Art 19 IV GG:** Hierdurch soll gewährleistet werden, daß gegen Rechtsverletzungen durch die öffentl Gewalt stets ein Rechtsweg beschritten werden kann. Art 19 IV soll Schutz durch den Richter, nicht gegen ihn gewähren. Die Rspr ist daher nicht öffentl Gewalt iSd Art 19 IV GG (BVerfGE 15, 280). – Anwendungsfälle des Art 19 IV S 2 GG werden äußerst selten sein, da die Generalklausel des § 40 I VwGO besteht. Über Anwendungsfälle (vor Inkrafttreten der VwGO!) vgl: BVerfG NJW 52, 1129; BGH 5, 46; 10, 295. Bei einem nur einstufigen Rechtsweg eröffnet Art 19 IV nicht die weitere Anrufung der Zivilgerichte (vgl BVerwG JZ 56, 343; BVerfG 11, 233). Die Ersatzzuständigkeit der Zivilgerichte tritt auch nicht ein, wenn das Beschreiten des Verwaltungsrechtswegs versäumt wird (BGH 22, 32). Auch kann der Rechtsweg zu den Zivilgerichten nicht durch die Behauptung eröffnet werden, daß eine sachl Nachprüfung durch die Verwaltungsgerichte nicht stattgefunden habe (BGH NJW 57, 1597).

68 6) Zur Zulässigkeit des Ausschlusses des staatlichen Rechtswegs bei Statusklagen **kirchlicher Amtsträger** vgl EKMR NJW 82, 2719; BVerfG NJW 83, 2569; BVerwG NJW 83, 2582; 94, 3367 und Kissel Rn 185 ff.

69 **VI) Fundstellenhinweise (Zrw = Zivilrechtsweg; Arbrw = Arbeitsrechtsweg; Vrw = Verwaltungsrechtsweg; Srw = Sozialrechtsweg)**

- Abschleppunternehmer, Abschleppkosten bei Auftrag der Polizei, verboten parkendes Kfz abzuschleppen: BGH NJW 77, 628;
- Abwassersatzung: BGH NJW 91, 1686; 92, 171 (s a Rn 38).
- Anbauvertrag: s Rn 40;
- Anfechtungsgesetz: Rückgewähranspruch nach § 7 AnfG auch dann bürgerrechtl, wenn er von Finanzbehörde zur Befriedigung einer Steuerforderung geltend gemacht wird (BGH NJW 91, 1061);
- Apothekenkammer, Unterlassungsklage gegen –: BayObLG GRUR 82, 500 (dazu Hitzler GRUR 82, 474); Stuttgart NJW-RR 92, 551; Streitigkeiten zwischen Mitglied und –: Koblenz NJW 88, 2322;
- Arbeitnehmer: Bei unerl Hdl Arbrw nach § 2 I Nr 9 ArbGG auch, wenn Parteien für verschiedene Arbeitgeber arbeiten: Karlsruhe NJW-RR 95, 64. Hausverbot einer Behörde gegen – : Arbrw VGH Mannheim NJW 94, 2500; Arbrw bei Umgehung arbeitsrechtlicher Schutzbestimmungen durch Benutzung religiöser oder weltanschaulicher Lehren als Vorwand für rein wirtschaftliche Betätigung (Scientology-„Kirche"): BAG NJW 96, 143;
- Arzneimittellieferungsvertrag, s Wettbewerb;

- Atomrecht, Schadensausgleich nach § 38 II AtomG (Tschernobylfolgen), OVG Münster, NJW 90, 3226, 1996; AG Köln NJW 88, 1393;
- Aufrechnung mit einer einem anderen Rechtsweg unterliegenden Gegenforderung, BGH NJW 85, 2820; s Rn 49;
- Ausbildungsbeihilfen, Rückzahlung von –: Vrw, BGH 103, 255, selbst bei Anerkennung in notarieller Urkunde, BGH NJW 94, 2620; 95, 1104;
- Auskunftsverlangen, gegenüber Behörde: BVerwG NJW 59, 1456; 60, 1538; 75, 1333; VGH München NJW 75, 379; – Annexzuständigkeit der ZivilG bei Vorbereitung einer Staatshaftungsklage: BGH NJW 81, 675; – Auskunftsverlangen einer Behörde (hier Steuerfahndung) an Dritten, Klage gegen das Verlangen (Zrw): BFH ZIP 1983, 988;
- Baugenehmigung (Immissionsschutz) s Immissionen;
- Benutzungsverhältnis; Schadensersatz wegen Verletzung eines öffentl-rechtl –: BGH VersR 78, 85: Abwasserkanal; BGH VersR 63, 477; BayObLGZ 68, 34; Zulassung zur Benützung gemeindl Einrichtungen: BayVGH NJW 66, 751; OVG Rheinland-Pfalz DÖV 67, 169; Badura JuS 66, 17; LG Stuttgart BB 70, 1118 (Festplätze auf Privatmärkten); vgl a Politische Partei (Hallenmiete); – Flughafenbenutzung: BGH WarnJ 69 Nr 232;
- Bereicherungsansprüche (Rückforderung wegen ungerechtfertigter Bereicherung, §§ 812 ff BGB) s Rn 30;
- Bestattung, Klage gegen Tätigkeit eines städt. Bestattungsunternehmens: BayKKGH DÖV 75, 394 (Abweichung von BayObLGZ 68, 354), Wettbewerbsstreitigkeiten: BVerwG 39, 329; BGH NJW 87, 60; s a Friedhof;
- Bundesseuchengesetz, s Rn 31;
- Bundeswehr, Klage eines Arztes als Mitglied einer kassenärztl Vereinigung auf Teilnahme an der ärztl Versorgung der Soldaten: BGH NJW 76, 2303; Bestandsschutzklagen der in die – übernommenen NVA-Soldaten: Vrw, da kein privatrechtliches Arbeitsverhältnis, sondern ö-r. Dienstverhältnis besonderer Art: LAG Köln DÖV 92, 636;
- Bundeswehrheime, Klage aus Vertrag über Betrieb von Bundeswehrheimen (= Kantinen): Zrw BGH NJW 79, 1208;
- Bürgschaft für öffentlichrechtl Forderung: BGH NJW 84, 1622 (Zrw), s a Rn 22;
- DDR: s Rn 41b und unten „VermG" – Ansprüche aus Nutzungsverträgen über landwirtschaftliche Grundstücke Zrw, BGH MDR 95, 740 = DtZ 95, 130; – Rückforderung auf Grund strafrechtlicher Verurteilung gezahlter Schadensersatzbeträge nach strafrechtlicher Rehabilitierung: Zrw, BGH VIZ 96, 344;
- Dispacheurhaftung: Hamburg VersR 96, 393;
- Drittschuldner, Klage eines Pfändungsgläubigers gegen Steuerfiskus wg Pfändung einer Steuerforderung, BFH NJW 88, 1407;
- EG-Marktordnung s Landwirtschaftliche Marktordnung;
- Ehrverletzende Behauptungen, s Rn 41, 41a;
- Eigentumsstörung s Immissionen; Störung gemeindlichen Eigentums auf Grund Gemeindenutzungsrechts: Zrw, BayObLGZ 95, 339;
- Einstweilige Anordnung nach § 123 VwGO, Schadensersatz (§ 945 ZPO): BGH 30, 123 = NJW 59, 1272; BGH 66, 182 = NJW 76, 1198; NJW 81, 349 (vgl auch Rn 33);
- Elektrizitätsversorgung, Klage auf Herstellung eines Anschlusses: OVG Lüneburg BB 65, 1207;
- Erlaß nach § 76 II SGB IV bei Forderungsübergang nach § 116 I SGB X: Srw, BSG NJW 90, 342; BGH 88, 301 (s a Rn 20a);
- Erschließungskosten, Vertrag: BGHZ 54, 287 = NJW 70, 2107; – Verzinsung von Erschließungsbeiträgen: BVerwG NJW 71, 1148; Rückgewähr aus Vertrag über Erschließung: BGH NJW 74, 1709; Verwaltungsrechtsweg auch für Klage unter Miteigentümern auf Ausgleichung (Aufwendungsersatz) aus Vertrag über Ablösung der – (LG Hannover MDR 81, 942);
- Erstattungsansprüche gegen Angestellte des öffentlichen Dienstes: BayVGH BayVBl 66, 98; BVerwG MDR 71, 785; – gegen Werkstudenten aus Amtspflichtverletzung: Hamburg MDR 69, 227;
- Fernsehen s Rundfunk;
- Feuerversicherung, Klage wg Kündigung, BGH NJW-RR 88, 339;
- Filmbewertungsstelle, Klage gegen Versagung eines Prädikats: BVerwG VerwRspr 18, 31;
- Filmförderung, Rückzahlung von Subvention (Zrw): BGH NJW 72, 210;
- Fleischbeschauer, Ansprüche aus Dienstverhältnis: BVerwG MDR 68, 865 (s Rn 65);
- Flughafenbenutzung, Anspruch eines Luftfahrtunternehmens: BGH WarnJ 69, Nr 232;
- Flurbereinigung, Klage aus Bestandteil eines Flurbereinigungsplans bildenden Vertrags: BGH NVwZ-RR 90, 222;

- Freiheitsentziehung: BayObLG, NVwZ 90, 194;
- Friedhof, Benützung eines kirchlichen: BVerwG 25, 364; BGH 25, 200; BayVGH BayVBl 95, 310 = NVwZ-RR 95, 59; Streit über Grabmalerrichtung: BVerwG MDR 67, 429; Wettbewerbsstreit gg gemeindl Bestattungsunternehmen, s Bestattung;
- Führerschein, Klage auf Herausgabe eines eingezogenen: Hess VGH DÖV 63, 389;
- Gemeindliche Tätigkeit, Zugang zu öff Gebäuden: OVG Bremen NJW 90, 931; Vermietung von Räumen durch Gemeinde: Stuttgart MDR 70, 338; – für Parteiveranstaltungen: BVerwG NJW 90, 134; VGH München NJW 89, 2491; Hamburg MDR 69, 677; Lieferung von Wasser, Strom etc durch gemeindl Einrichtung: BGH MDR 66, 136; NJW 72, 2300; Haftung aus cic bei Baufolgelastenvertrag: BGH NJW 78, 1802; s a Benutzungsverhältnis, Bestattung; Zugangsklage gegen jur Person des Privatrechts, die gemeindl Einrichtung (Halle) betreibt: BVerwG NVwZ 91, 59; Vergabe von Grundstücken für Gewerbeförderung: OVG Koblenz NVwZ 93, 381; s Rn 34–40b;
- Geschäftsführung ohne Auftrag, Klage aus – bei Unfallhilfe gegen Krankenkasse des beim Unfall Verletzten: BGH 33, 251 = NJW 61, 359; Klage aus – für Verwendungen für Verkehrssicherungspflicht, die einer öffentl-rechtl Körperschaft oblegen hätte: BGH NJW 71, 1218;
- Gewerbesteuer, Klage einer Gemeinde gegen Unternehmer auf Ersatz ausgefallener – wegen Verstoß gegen Meldepflicht: BGH 49, 282 = NJW 68, 893; NJW 68, 1675;
- GmbH-Geschäftsführer: Anstellungsvertrag (Zrw) schließt nicht immer Arbeitsvertrag (Arbrw) aus: BAG NJW 95, 675; 96, 1076; vgl Hamm OLG-Report 95, 33;
- Handwerkskammer, Klage auf Unterlassung wettbewerbsrelevanter Äußerungen (Zrw): BGH MDR 87, 470;
- Hausverbot, Klage gegen – einer Behörde: BGH NJW 61, 308; 67, 1911: OVG Münster DÖV 63, 393; BVerwG 35, 103; NJW 75, 891; VGH München NJW 80, 2722; 82, 1717 (will entgegen BGH und BVerwG nur auf den Zweck der Maßnahme abstellen: wenn wegen Störung des Dienstbetriebs, Vrw); Sparkasse: Zrw: OVG Münster NJW 95, 1573;
- Herausgabe, Klage auf – eines Grundstücks, das ohne Zustimmung des Eigentümers dem öffentl Verkehr gewidmet wurde: BGH NJW 67, 2309; bei Erschließungsvereinbarung s BGH NJW 74, 1709;
- Immissionen: s Rn 28; Geräuschbelästigung durch öffentlichen Spielplatz: BGH NJW 76, 570; – Durchsetzung von in der Baugenehmigung enthaltenen Auflagen im Wege der quasinegatorischen Unterlassungsklage: BGH NJW 93, 1580; – Abwehranspruch gegen Geruchsbelästigung, die von Müllablagerungsplatz ausgeht: BVerwG NJW 67, 2128; Lärmimmissionen eines Bauhofes (Abgrenzung nachbarrechtl Abwehranspruch nach Zivilrecht und öffentl Recht): OVG Münster NJW 84, 1982; – öffentl-rechtl Unterlassungsanspruch gegen Sportanlage: BVerwG NJW 89, 1291; VGH München NVwZ 93, 1006; Köln, NJW 89, 1287 bei Nutzung außerhalb des eigentlichen Widmungszwecks – Lärmimmissionen eines Biergartens: Vrw gegen Erlaubnis VGH München, NVwZ 95, 1021; Lärmimmissionen einer Telephonzelle: VGH Mannheim NJW 85, 2352; – Einwirkungen einer Justizvollzugsanstalt: OVG Münster NJW 85, 2350; – Discomusik aus gemeindlicher Mehrzweckhalle: VGH Mannheim NJW 85, 2354; – Beeinträchtigung durch Straßenbeleuchtung: OVG Koblenz NJW 86, 953; VGH Kassel NJW 89, 1500; BayVGH BayVBl 92, 498; – Abwehrklage gegen Beeinträchtigung durch Niederschlagswasser, das von einer öffentl Straße auf anliegendes Grundstück abläuft: BGH MDR 72, 225; – s aber auch BGH NJW 84, 1242: Verlegung einer Haltestelle eines privaten Omnibusunternehmens (beh Genehmigung macht Nutzung noch nicht öff-r); – Feuerwehrsirene: BVerwG NJW 88, 2396; BayVGH BayVBl 92, 496; – gemeindl Bolzplatz: VGH Münster NVwZ 87, 986; Kirchenglocken s kirchl Anlagen;
- InvestitionsvorrangG: Rechtswegregelung in § 23 InVorG (grds. Vrw., für Streitigkeiten aus § 16 InVorG und aus dem investiven Vertrag Zrw);
- Jagdpacht: vgl Waldkorporationen ; – Zrw: VGH Kassel NJW 96, 474; bei Angliederungsverfügung (§ 5 I BJagdG): Celle OLGZ 67, 305 (Zrw);
- Jugendamt; Klage aus Vertrag über Unterbringung eines Minderjährigen in einer Pflegestelle (Zrw), KG MDR 78, 413; OVG Münster NJW-RR 86, 1012; – Kostenerstattungsvereinbarungen nach § 84 JWG aF, jetzt § 77 SGB VIII: BGH FamRZ 84, 781 (Vrw);
- Jugendhilfe, Streitigkeiten über Kostenerstattungsvereinbarungen zwischen Trägern der freien Jugendhilfe und öffentl Kostenträgern – Vrw: BGH MDR 85, 125;
- Kanalisationsanlage, Herstellung von Schutzeinrichtungen: BGH MDR 65, 196; LM Nr 81 zu § 13 GVG; BGH MDR 69, 737 = LM 114 zu § 13 GVG; – Schadensersatzansprüche wegen fehlerhafter Anlage der gemeindl Kanalisation: Karlsruhe, Justiz 69, 120; – s a Immissionen;
- Kantinen der öffentlichen Hand s Bundeswehrheime;
- Kassenärztliche Vereinigung, Klage eines Kassenarztes gegen –: BGH LM 1 zu § 51 SGG; zur Problematik der Gesamtverträge zwischen – und Krankenkassen bei Honorarklagen vgl LG Frankfurt NJW 79, 1940 und Hasselwander NJW 81, 1305; – Klage zwischen Krankenhaus und – wegen ärztlicher Sachleistungen: Stuttgart NJW 70, 1238; Unterlassungsklage gg – wegen wettbewerbsrechtl relevantem Rundschreiben s Wettbewerb;

- Katasterbehörden; Vertrag über Vertrieb topographischer Karten, BGH NJW 88, 337; Nachprüfung ministerieller Dienstanweisung an –, Frankfurt, OLGZ 86, 227; Wettbewerb mit öff. bestelltem Vermessungsingenieur: Zrw, BGH NJW 93, 1659;
- Kinderspielplatz, Verkehrssicherungspflicht (nicht Amtshaftung): BGH NJW 78, 1626; s auch Immissionen;
- Kirchenbaulast: BGH 31, 115 = NJW 60, 242; BayObLG 66, 191; BVerwG 25, 226;
- Kirchenmitgliedschaft, Feststellung des Nichtbestehens: Braunschweig FamRZ 65, 228;
- Kirchliche Amtsträger (s Rn 68), Feststellung des Fortbestehens eines Pfarrerdienstverhältnisses: BVerfG NJW 83, 2569; BVerwG JZ 67, 410; NJW 94, 3367; – vermögensrechtliche Ansprüche: BGH 34, 372; LM Nr 7 zu § 40 VwGO; NJW 66, 2162; BVerwG JZ 67, 410; NJW 68, 1345; NJW 83, 2580 u 2582; 94, 3367; BAG NJW 90, 2082; OVG Lüneburg NJW 91, 2789; Münster NJW 94, 3368 – dem Ausschluß des staatl Rechtswegs bei Statusklagen kirchlicher Amsträger steht Art 6 MRK nicht entgegen, EKMR NJW 82, 2719;
- Kirchliche Angelegenheiten, Vollstreckbarerklärung von Schiedssprüchen bei innerkirchlichen Angelegenheiten: BGH DÖV 63, 394; keine Wahlanfechtung zu staatl Gerichten, BVerwG NVwZ 93, 672;
- Kirchliche Anlagen, Klage auf Unterlassung des Glockengeläutes: BVerwG NJW 84, 989; 94, 956: Rechtswegspaltung nach Zweck des Läutens: Zeitschlagen Zrw, sakrales Schlagen Vrw, s a Rn 29;
- Kirchliche Unternehmen, wettbewerbsrechtliche Streitigkeiten gegen kirchlich betriebene Unternehmen („Ecclesia-Versicherungsdienst"): Zrw BGH NJW 81, 2811;
- Kleingarten, Entschädigung nach Kündigung des Pachtvertrages: BGH NJW 60, 914; BVerwG MDR 65, 323;
- Konkursbefangenheit einer öffentl-rechtl Forderung (Rente) ist – als Hauptfrage – vom ordentl Gericht (ProzeßG, nicht KonkursG, BGH NJW 62, 1392), nicht vom SozG zu entscheiden: BGH NJW 85, 976; vgl auch BGH NJW 91, 2147; – Konkursvorrecht nach § 61 Nr 1 KO u Konkursanfechtung nach § 30 KO s Rn 43;
- Krankenhaus, Abrechnungsstreit zwischen Krankenhaus und ges Krankenkasse (Srw), BGH MDR 84, 391; s auch Universitätskliniken; Vertrag zw Gemeinde und jur Person des Zivilrechts über Bau und Betrieb eines K: Zrw: OVG Münster NJW 91, 61;
- Krankenversicherung, Schadensersatzanspruch gegen -träger wegen unterlassener Aufklärung: BSG Betrieb 70, 839; Klage gg öffentl-rechtl Krankenkasse wegen Dumpingtarif und wettbewerbsrechtliche Streitigkeiten zw ges Krankenkassen und Leistungserbringern s Rn 25, 25a; – Abrechnungsstreitigkeiten zwischen ges - und Krankenhaus: Srw, BGH MDR 84, 391; – Streitigkeiten zw AOK und Ersatzkasse über Mitgliederwerbung: Srw, GemS NJW 90, 1527;
- Landwirtschaftliche Marktordnung: Anspruch der Bundesanstalt für – auf Vertragsstrafe: BGH NJW 83, 519;
- Luftschutzanlage, Eigentumsstörung durch verfallende: BGH MDR 65, 985;
- Namensrecht, Klage gegen pol Partei auf Unterlassung des Namensgebrauchs: BGH 43, 245 = NJW 65, 859; NJW 81, 914;
- NATO-Truppenstatut, Klage auf Ersatz der Kosten einer pol Ersatzvornahme bei Manöverschäden (Ölschaden): BGH NJW 70, 1416; s. a. Stationierungsschäden;
- Notarkammern, Klage gegen – auf Schadensregulierung durch die Vertrauensschadensversicherung (§ 67 Abs 2 Nr 3 BNotO): BGHZ 115, 275 = NJW 92, 2423 (Zrw, nicht § 111 BNotO);
- Notweg über städtisches, dem Feuerwehrdienst gewidmetes Grundstück: BGH NJW 69, 1437 = MDR 69, 650;
- Öffentliche Aufträge (Ausschreibung, Auftragssperre): BVerwG 5, 325 = NJW 58, 394; MDR 62, 681; MDR 66, 536; OVG Berlin NJW 61, 2130; BGH 14, 222; NJW 67, 1911;
- Pfändung s Rn 32a;
- Pflegesatzvereinbarung nach § 93 Abs 2 BSHG: s unter Sozialhilfe;
- Pflegeversicherung: Srw, auch private (s Rn 52);
- Pflegevertrag zw Jugendamt und Dritten über Pflege eines Minderjährigen, s Jugendamt;
- Politische Parteien, Miete gemeindlicher Räume für Parteiveranstaltungen: BVerwG DÖV 69, 430; NJW 90, 134; VGH München NJW 89, 2491; Zugang zu öff Gebäuden: OVG Bremen NJW 90, 931; Klage auf Aufnahme: VGH Mannheim NJW 77, 72; – Streit über Beendigung der Mitgliedschaft (BGH NJW 79, 1402); Klage gegen Ausschluß aus einer Fraktion eines Kommunalparlaments: VGH München NJW 88, 2754; OVG Münster NJW 89, 1105 (widersprüchliche Rspr!); – Feststellung der Unwirksamkeit von Wahlen eines Ortsverbandes einer –, KG NJW 88, 3159; – s a Namensrecht; s a Rn 6, 6a;
- Post, s Rn 63;
- Presserecht, Gegendarstellungsanspruch: BGH NJW 63, 1155; KG NJW 67, 2215; – Presseerklärung einer Behörde (Widerruf o Unterlassung rufgefährdender Erklärungen): BGH NJW 78, 1860 = MDR 78, 742 (s auch Rn 41a); bei Äußerungen über Nutzen medizinischer Vorsorgeuntersuchungen: Düsseldorf AfP 80, 49; vgl ferner unter Rundfunk oder ehrverletzende Behauptungen;

- Privatschule, Anfechtung der Aufnahmeprüfung: BVerwG 17, 41 = NJW 64, 368 (dazu Evers JuS 67, 257); – Streitigkeiten zwischen Privatschule und Schülern wegen disziplinarischer Maßnahmen: BGH DVBl 62, 70; OVG Koblenz VerwRspr 66, 671; VGH Mannheim NJW 71, 2089; – Klage auf Aufnahme in eine Privatschule (Vrw, wenn anerkannte Ersatzschule): VGH Mannheim NJW 80, 2597;
- Prozeßvergleich vor VG als öffentl-rechtl Vertrag, BVerwG NJW 76, 2360; s auch Vergleich;
- Prüfungsverband, Klage auf Aufnahme in einen – iS von § 54 I GenG: BGH 37, 160 = NJW 62, 1508;
- „Punitive damages" s Schadensersatz;
- Rechtsanwaltsgebühren: Gebührenklage immer im Zrw (§ 34 ZPO erfaßt nicht den Rechtsweg); BFH RPfleger 92, 82; anders bei Gebührenfestsetzung nach § 19 I BRAGO (s OVG Münster NJW 86, 1190);
- Rechtsanwaltkammer, Klage gegen – auf Ausübung der standesrechtl Überwachungspflicht: VGH Mannheim NJW 82, 2011 (Vrw);
- Renten, Rückforderung von zu Unrecht bezahlten Renten, s Rn 31, 31a u 33;
- Rückerstattung öffentlich-rechtl Leistungen: BGH NJW 67, 156; BVerwG MDR 67, 153; – von Fürsorgeleistungen: BGH MDR 65, 362; BVerwG NJW 61, 234; – einer zuviel gezahlten Enteignungsentschädigung BGH MDR 60, 746; – Rückforderung von Entschädigungen nach § 61 BSeuchG: BGH NJW 83, 2029; – für Renten s dort sowie Rn 31: Rückgewähr als Kehrseite des Leistungsverh;
- Rückgabe von durch „DDR-Unrecht" verlorenen Vermögenswerten, s VermG;
- Rundfunk, Rundfunkgebühren: BayVGH BayVBl 67, 65; – Klage auf Unterlassung und Widerruf gegen Rundfunk und Fernsehen wegen ehrverletzender Äußerungen: s Rn 41; – Streit um Wirksamkeit der Gründung einer Veranstaltergemeinschaft nach dem Landesrundfunkrecht, Düsseldorf NJW 90, 328 (Zrw); – Wettbewerbsklagen aus Werbebeschränkungen öff.-r. Rundfunkanstalten, BGHZ 110, 278;
- Schadensersatz, Anerkennung von „punitive damages" als zivilrechtl Anspruch im Vollstreckungsverfahren: BGH NJW 92, 3302;
- Schuldanerkenntnis, Rechtsweg der dem Anerkenntnis zugrundeliegenden Forderung, BGH NJW 88, 1264 (s a Rn 32a, 35);
- Sondernutzung nach privatem Recht an Straßen und Wegen: BGH 15, 113 = NJW 55, 104; BGH 19, 85; 37, 353 = NJW 62, 1817; DVBl 65, 599; Köln NJW 62, 302; BayObLGZ 69, 170; OVG Lüneburg SchlHA 69, 235; – Klage auf Zahlung des Entgelts: KG MDR 77, 315;
- Sozialhilfe, Erstattungsanspruch wegen – nach § 29 II BSHG: BGH MDR 71, 553 zu § 89 BSHG, BGH NVwZ 88, 92; Mietgarantie durch Träger der Sozialhilfe gegenüber Vermieter, Zrw BVerwG NJW 94, 1169 oder Vrw BVerwG NJW 94, 2968 je nach Art der abgegebenen Erklärung; – Pflegesatzvereinbarung nach § 93 II BSHG, BGH 116, 339 = NJW 92, 1237; NJW 94, 3027 (öff.-r. Vertrag); bei Wettbewerbsbeschränkung in Pflegesatzvereinbarung jedoch Zrw gem § 87 GWB: BGH NJW 93, 789;
- Sozialversicherung: Beitragsstreitigkeit zwischen ArbN und ArbG, GemSOGB NJW 74, 2087; – Rückgriffsansprüche nach § 640 RVO: BGH NJW 68, 251/991; NJW 68, 1429; BAG NJW 68, 908; BayObLGZ 69, 40; – Verzicht: BGH NJW 72, 107; – Durchgriffshaftung eines Alleingesellschafters einer GmbH für Sozialversicherungsbeiträge, die die GmbH schuldet: BGH NJW 72, 1237 = MDR 72, 850; – Schadensausgleich durch Sozialversicherungsträger bei zivilrechtl Ersatzanspruch, der nach § 1542 RVO a. F. (jetzt § 116 SGB X) übergegangen ist: BGH NJW 85, 2756 (Zrw); Zrw auch für Regreßansprüche nach § 116 VII SGB X (Kissel Rn 132; aA Frankfurt, OLG-Report 96, 142), schon um Rechtswegspaltung hinsichtlich der Gesamtschuldner nach § 116 VII 2 SGB X zu vermeiden; – Bürgenhaftung für Sozialversicherungsbeiträge: BGH NJW 84, 1622 (Zrw); – Vollstreckung durch GerVollz auf Grund Ausstandsverzeichnisses einer Berufsgenossenschaft: München OLGZ 68, 175;
- Spielbanken, Rechtsbeziehungen zwischen – und Spieler: BGH 37, 363; NJW 67, 1660; OVG Koblenz NJW 59, 2229;
- Sportbetrieb, öffentlrechtl Abwehranspruch auf Unterlassung: OVG Hamburg NJW 86, 2333 (s a Immissionen);
- Sportgerichtsbarkeit (Verbands-): s Rn 6;
- Stationierungsschäden: BayObLG 65, 468; BGH NJW 61, 312; 61, 1014; s Art 8 Abs 10 Finanzvertrag v 26. 5. 52;
- Steuerarrest: Schadensersatz wegen ungerechtfertigtem: BGH 63, 277; Schwarz NJW 76, 215;
- Steuerforderungen, Klage auf Feststellung des Konkursvorrechts: BGH NJW 73, 468, unter Aufgabe früherer Rspr (vgl BGH 19, 163; s a BGH NJW 66, 2269); bei auf Privaten übergegangener Steuerforderung aber BGH NJW 73, 1077 (dazu Andre NJW 73, 1495; Rimmelspacher JZ 75, 165; Stolterfoth JZ 75, 658); – Klage auf Löschung des Pfändungsvermerks einer im Beitreibungsverfahren des FinA gepfändeten Grundschuld: BGH NJW 67, 563; – Streit zwischen Finanzamt u Pfändungsgläubiger hinsichtl Beitreibung der gepfändeten Steuerforderung: BVerwG DÖV 63, 479; BFH NJW 88, 1407; – Bereicherungsrechtliche Rückabwicklung bei Bezahlung von Steuerforderungen durch einen Dritten: BGH NJW 84, 982 (Zrw), vgl dazu auch Rn 22, 30;
- Strafantrag, Klage auf vereinbarte Rücknahme: München MDR 67, 223;
- Straßenbau, Klage gegen Inanspruchnahme eines Grundstückes für Straßenbau: München BayVBl 76, 157; Rückgewähr von zum – zur Verfügung gestellten Grundstücken s bei Wegerecht;

Vorbemerkung zu §§ 17–17b

Lit: *Gerster,* Die Rechtswegeröffnung und -bestimmung zwischen Kompetenzkonflikt und Kompetenzkompetenz; zum Herkommen, zur Entstehung und zur Weiterentwicklung der §§ 17–17b GVG, Diss. Mainz 1991; *Schaub,* Die Rechtswegzuständigkeit und die Verweisung des Rechtsstreits, BB 93, 1666; *Vollkommer,* Die Neuregulierung des Verhältnisses zwischen den Arbeitsgerichten und den ordentlichen Gerichten und ihre Auswirkungen, FS Kissel 1994, S 1183; *Lüke,* Der Rechtsweg zu den Arbeitsgerichten und die dogmatische Bedeutung der Neuregelung, FS Kissel 1994, S 710; *Hager,* Die Manipulation des Rechtswegs, FS Kissel 1994, S 327; *Hoffmann,* § 17 II 1 GVG und der allgemeine Gerichtsstand des Sachzusammenhangs, ZZP 107, 3.

1) Die **Neufassung der Vorschriften über die Rechtswegverweisung** durch das 4. VwGOÄndG v 17. 12. 90, BGBl I 2809 – in Kraft seit 1. 1. 1991 – regelt einheitlich für alle Gerichtsbarkeiten, wie bei Zweifel oder Streit über die Frage des Rechtswegs zu verfahren ist. Die Neuregelung ersetzt die Fassung der Vorschrift aus dem Jahre 1960 (Erlaß der VwGO), die erstmals allgemein die Möglichkeit der Rechtswegverweisung eröffnet hatte. Vorher galt der Grundsatz der Kompetenzkompetenz der ordentlichen Gerichte (§ 17 aF). 1

2) **Ziele der Neuregelung:** Die Neuregelung ist einerseits ein Schritt zur Vereinheitlichung der Verfahrensordnungen. Die GVG-Regelungen gelten nunmehr einheitlich für alle Gerichtszweige (§ 173 VwGO, § 155 FGO, § 202 SGG und § 48 ArbGG). In erster Linie aber soll der für die Parteien meist ebenso unergiebige wie lange Streit über den richtigen Rechtsweg vereinfacht und verkürzt werden (zum Ergebnis kritisch Ressler, JZ 94, 1035). Die amtliche Begründung (BT-Drs 11/7030, S 36) hebt in diesem Zusammenhang die Gleichwertigkeit der Rechtswege hervor. Gleichzeitig bezeichnet sie es als das Ziel der Reform zu verhindern, daß ein Prozeß – womöglich noch in mehreren Rechtswegen – über die Instanzen geführt wird, ehe die Unzulässigkeit des Rechtswegs verbindlich feststeht. Hierzu wurde 2

a) ein **besonderes Vorwegverfahren** (§ 17a Abs 2 bis 4) geschaffen, durch das die Rechtswegfrage von der Sachentscheidung über die Zulässigkeit im übrigen und insbesondere über die Begründetheit abgekoppelt wird. Die Parteien können durch ihren Antrag (§ 17a Abs 3 S 2) das Vorwegverfahren in Gang bringen. 3

b) Es gibt **keine Klageabweisung** wegen Unzulässigkeit des Rechtsweges mehr. Das Fehlen der Prozeßvoraussetzung des richtigen Rechtswegs führt vielmehr zur **Verweisung** (§ 17a Abs 2 Satz 1). Der Verweisungsbeschluß ist für das aufnehmende Gericht bindend und zwar sowohl in der Form der „aufdrängenden Verweisung" wie in der Form der „abdrängenden" Verweisung, vgl § 17a Rn 12. Der Grundsatz der Kompetenzautonomie für den eigenen Rechtsweg gilt nicht mehr; vielmehr entscheidet das verweisende Gericht auch bindend über den Rechtsweg der aufnehmenden Gerichtsbarkeit. 4

c) Die Vorabentscheidung kann nur noch in einem vorgeschalteten **Beschwerdeverfahren** angefochten werden, § 17a Abs 4 Satz 3. Dem normalen **Rechtsmittelverfahren** wird dagegen die Prüfung der Rechtswegfrage entzogen, § 17a Abs 5. 5

3) Die Zulässigkeit des Rechtswegs ist weiterhin **Prozeßvoraussetzung.** Als solche ist sie von Amts wegen zu prüfen – so nunmehr ausdrücklich § 17a Abs 2 Satz 1; zum Verhältnis zu den Verfahrens- und Prozeßvoraussetzungen im allgemeinen s § 77a Rn 1a. 6

a) Die Prüfungspflicht und das Prüfungsrecht ist jedoch **auf das Verfahren 1. Instanz beschränkt,** § 17a Abs 5. Hat keine Partei die Zulässigkeit des Rechtswegs gerügt (§ 17a Abs 3 Satz 2) und das Gericht 1. Instanz die Zulässigkeit des Rechtswegs – und sei es auch nur stillschweigend – bejaht, so ist der Rechtsweg unangreifbar festgeschrieben. Dies ist die notwendige Folge des mit der Reform bezweckten Ziels, den Streit über den Rechtsweg abzukürzen. 7

b) Grundlage der Entscheidung über die Prozeßvoraussetzung der Zulässigkeit des Rechtswegs ist der auf seine **Schlüssigkeit zu überprüfende Tatsachenvortrag des Klägers** (vgl § 13 Rn 11, dort auch zum Problem der „Rechtswegerschleichung"). 8

4) Die Vorschriften über die Lösung eines **Kompetenzkonflikts** (vgl § 17a GVG aF) sind aufgehoben. Nach § 17a Abs 1 iVm § 17 Abs 1 Satz 2 ist künftig ein positiver Kompetenzkonflikt, durch das Verweisungsgebot und die Bindung hieran (§ 17a Abs 2 Satz 1 u 3) auch der negative Kompetenzkonflikt gesetzlich ausgeschlossen. Sollte es dennoch zu einem Kompetenzkonflikt kommen, so entscheidet in analoger Anwendung des § 36 Nr 6 ZPO endgültig das zuerst angerufene oberste Bundesgericht eines beschrittenen Rechtswegs (BVerwG NJW 93, 3087; BAG NJW 93, 751; BGH 17, 168; 44, 14; BAG 23, 167; NJW 84, 751). Dagegen ist die Anwendung des § 36 Nr 3 ZPO ausgeschlossen, wenn für Klagen gegen mehrere Personen verschiedene Rechtswege in Betracht kommen (BGH NJW 94, 2032). 9

5) **Verhältnis ordentliche Gerichte – Arbeitsgerichte:** Die früher bestehende Sonderregelung (§ 17 Abs 5 GVG aF, § 48 Abs 1 ArbGG aF) ist weggefallen. Die Rechtswegvorschriften gelten 10

uneingeschränkt, wie § 48 ArbGG nF ausdrücklich klarstellt. Damit ist die Abgrenzung zwischen den ordentlichen Gerichten und den Arbeitsgerichten nunmehr als Frage des Rechtswegs zu qualifizieren (BAG 26. 3. 92 AP 7 zu § 48 ArbGG 1979 m Anm Vollkommer; Frankfurt NJW-RR 95, 319; München OLGR 93, 87; Köln MDR 93, 1117; Kissel § 14 Rn 17; Vollkommer FS Kissel S 1183; Koch NJW 91, 1858; Mayerhofer NJW 92, 1602; aA Schwab NZA 91, 663).

11 6) §§ 17 bis 17b gelten zwar nicht unmittelbar, wohl aber als **allgemeiner Rechtsgrundsatz** entsprechend für die Abgrenzung zwischen ordentlicher streitiger (oder Strafgerichtsbarkeit: Frankfurt NJW-RR 94, 447) und **freiwilliger Gerichtsbarkeit** (Hamburg VersR 96, 393; BayObLGZ 91, 186; NJW-RR 92, 597; KG NJW-RR 91, 461; vgl a BGHZ 40, 1), auch in Wohnungseigentumssachen (vgl § 46 WEG; BGH 130, 159 = NJW 95, 2851; BayObLGZ 94, 60; KG NJW-RR 94, 208; Köln NJW-RR 95, 910), aber auch bei Verweisung vom FGG-Verfahren in eine bes Gerichtsbarkeit (Hamm NJW 92, 2643). Dies gilt für Antragsverfahren (Kissel Rn 44 zu § 17 GVG), während bei Amtsverfahren Verweisung aus der Natur der Sache heraus nicht in Betracht kommt. Die entsprechende Anwendung bedeutet, daß die Einschränkungen etwa für das Rechtsmittelverfahren (§ 17a Abs 5) ebenfalls gelten. Dies ist auch sachlich gerechtfertigt: Wenn die Beschränkungen schon bei Rechtswegüberschreitung gelten, müssen sie erst recht innerhalb desselben Rechtswegs Anwendung finden (vgl BayObLGZ 1991, 186) – entsprechendes gilt für das Verfahren nach § 23 EGGVG (Kissel § 17 Rn 6; Karlsruhe NJW 88, 84; MDR 95, 88), auch für das Verhältnis Strafvollstreckungskammer-Zivilgericht, Saarbrücken NJW 94, 1423, ordentliche streitige Gerichtsbarkeit – Landwirtschaftsgericht in nichtstreitigen Landwirtschaftssachen (BGH WM 96, 1198), Anwaltsgerichtshof – ordentliche streitige Gerichtsbarkeit (AGH Sachsen-Anhalt NJW-RR 95, 1206).

12 7) Die Vorschriften der Rechtswegverweisung sind auch im Verfahren des **vorläufigen Rechtsschutzes** (§§ 916 ff ZPO) anzuwenden (Kissel § 17 Rn 6; VGH München NVwZ-RR 93, 668; BayVBl 93, 309; OVG Berlin NVwZ 92, 685; VGH Kassel 3. Senat NJW 96, 474; Köln, OLG-Report 94, 290; Frankfurt OLGR 94, 71; aA OVG Koblenz NVwZ 93, 381; VGH Kassel 11. Senat NJW 95, 1170; zum Sonderfall des Verfahrens nach § 15 BNotO s Hamm DNotZ 91, 689 m Anm Gummer). Dagegen sind die Vorschriften für das Verfahren der **PKH nicht anzuwenden** (OVG Münster NJW 93, 2766; OVG Bautzen NJW 94, 1020; VGH Mannheim 9. Senat NJW 95, 1915; BL/Albers § 17a Rn 5; offen gelassen BAG NJW 93, 751; aA VGH Mannheim 5. Senat NJW 92, 707), da noch keine Rechtshängigkeit vorliegt (vgl § 17b). Zudem ergäbe sich ein Wertungswiderspruch zur Absicht des Gesetzgebers, die Gerichtsverfahren zu vereinfachen und zu beschleunigen (BT-Ds 11/7030): Die Anwendung der §§ 17a, 17b würde innerhalb des selbst nur summarischen (§ 114 ZPO Rn 19) und allenfalls zweistufigen (§ 127 ZPO Rn 25) PKH-Verfahrens ein Verfahren in bis zu drei Instanzen eröffnen, das in der Sache wertlos wäre: Im Hauptsacheverfahren bestünde keine Bindung an die Rechtswegentscheidung im PKH-Verfahren (Kissel, § 17 Rn 28 mwN).

17 *[Zulässigkeit des Rechtswegs]*

(1) Die Zulässigkeit des beschrittenen Rechtsweges wird durch eine nach Rechtshängigkeit eintretende Veränderung der sie begründenden Umstände nicht berührt. Während der Rechtshängigkeit kann die Sache von keiner Partei anderweitig anhängig gemacht werden.

(2) Das Gericht des zulässigen Rechtsweges entscheidet den Rechtsstreit unter allen in Betracht kommenden rechtlichen Gesichtspunkten. Artikel 14 Abs. 3 Satz 4 und Artikel 34 Satz 3 des Grundgesetzes bleiben unberührt.

1 1) **Der Grundsatz der Fortdauer der Zulässigkeit des Rechtswegs**, sog perpetuatio fori, entspricht dem § 261 III Nr 2 ZPO (vgl dort Rn 12). Ist die Zulässigkeit des Rechtswegs einmal eingetreten, so sind nachträgliche Veränderungen ohne Bedeutung. Dies gilt sowohl für Umstände tatsächlicher Art wie für Rechtsänderungen (Kissel NJW 91, 948). Voraussetzung ist jedoch die Identität des Streitgegenstands; wird dieser verändert, so kann auch nachträglich der Rechtsweg unzulässig werden.

2 2) Der Grundsatz, der der Prozeßökonomie dient, **gilt nur rechtswegerhaltend** (Kissel aaO). Treten, bevor es zu einer Verweisungsentscheidung kam, Umstände ein, die die Zulässigkeit des Rechtswegs erst begründen, so sind diese zu berücksichtigen (BGH 118, 34 = NJW 92, 1757). Dies gilt auch, wenn diese Umstände erst im Beschwerdeverfahren nach § 17a IV Satz 3 eintreten und in dieses Verfahren zulässigerweise eingeführt werden können (BGH 130, 13 = NJW 95, 2295). Dies entspricht der Prozeßökonomie, da die Verweisung in einem solchen Fall noch nicht vollzogen ist (s § 17 I S 1).

3 3) Abs 1 Satz 2 stellt klar, daß das **Prozeßhindernis anderweitiger Rechtshängigkeit** (§ 261 Abs 3 Nr 1 ZPO) über den jeweiligen Rechtsweg hinaus wirkt. Die Frage der Zulässigkeit des Rechtswegs ist daher im Rechtsweg des zuerst angegangenen Gerichts zu entscheiden, dessen

Entscheidung dann verbindlich ist (§ 17a I u II Satz 3). – Das Prozeßhindernis anderweitiger Rechtshängigkeit, das zur Klageabweisung als unzulässig führt, geht daher der Prüfung der Zulässigkeit des Rechtswegs vor, da nur so abweichende Entscheidungen vermieden und der vorgenannte Grundsatz der Priorität des zuerst befaßten Gerichtes gesichert werden können (VGH Mannheim NJW 96, 1298).

4) Umfang der Entscheidungskompetenz: Absatz 2 räumt dem Gericht des zulässig eröffneten Rechtswegs die umfassende Entscheidungskompetenz ein (Ausnahme S 2 s Rn 9), s a § 17b Rn 2. 4

Im Gegensatz zur früheren Rechtslage, bei der der durch die Rechtswegzuweisung gezogene Kompetenzbereich auch bei der Sachprüfung nicht überschritten werden durfte (BayObLGZ 89, 382; zu den Einzelheiten und den Folgen hieraus insbesondere zur Frage der Teilverweisung s 16. Aufl, § 13 Rn 14, 15), eröffnet § 17 II nunmehr auch die **rechtswegüberschreitende Sachkompetenz.** Danach entscheidet das Gericht des zulässigen Rechtswegs den Rechtsstreit unter allen in Betracht kommenden rechtlichen Gesichtspunkten, sofern der zu ihm beschrittene Rechtsweg für **einen** Klagegrund zulässig ist (BT-Drs 11/7030 S 37; Bsp: Köln OLGR 94, 152). Das Problem der Teilverweisungen stellt sich nicht mehr. 5

Dies gilt allerdings nur für den **einheitlichen prozessualen Anspruch.** Werden im Wege der Klagehäufung (§ 260 ZPO) mehrere selbständige Ansprüche gemeinsam geltend gemacht, so muß die Voraussetzung der Zulässigkeit des Rechtswegs für jeden Anspruch getrennt geprüft werden und ggf eine Prozeßtrennung gem § 145 ZPO erfolgen; anderenfalls wäre dem Mißbrauch Tür und Tor geöffnet (BGH NJW 91, 1686 = JuS 91, 862 m Anm Schmidt; Kissel NJW 91, 951; Schilken ZZP 92, 88). Bei mehreren Beklagten kann sonst nicht gegebener Rechtsweg auch nicht über § 36 Nr. 3 ZPO eröffnet werden (BGH MDR 95, 524; Frankfurt NJW-RR 95, 319). Die Erweiterung der Prüfungskompetenzen nach § 17 Abs 2 gilt daher nur für die Fälle, bei denen ein einheitlicher Klageanspruch auf mehrere, verschiedenen Rechtswegen zugeordnete Grundlagen gestützt wird. Dabei kann es keine Rolle spielen, in welche Reihenfolge der Kläger die Begründung bringt. 6

Bei **Haupt- und Hilfsbegründung** ist der Rechtsweg der Hauptbegründung zu beschreiten; dort kann dann ggf die Hilfsbegründung mitgeprüft werden, wenn es auf sie ankommt (so auch BL/Albers Rn 6; Kissel Rn 37); s aber auch § 17a Rn 13a. 7

Voraussetzung für die Eröffnung der Prüfungskompetenz ist allerdings, daß mindestens einer der Klagegründe in den Rechtsweg fällt. Dabei haben **offensichtlich nicht gegebene** Anspruchsgrundlagen außer Betracht zu bleiben (BGH NVwZ 90, 1104; BVerwG MDR 93, 800 = NVwZ 93, 358). 8

5) Abs 2 Satz 2 schränkt die Prüfungskompetenz im Hinblick auf verfassungsrechtliche Grundlagen ein. Da von Verfassungs wegen auf Enteignung oder Amtspflichtverletzung gestützte Ansprüche den ordentlichen Gerichten vorbehalten sind, kann insoweit durch einfach-gesetzliche Regelung nicht die Zuständigkeit der Sondergerichtsbarkeiten begründet werden. Die Ausnahme des Abs 2 Satz 2 gilt daher **nur zugunsten** der ordentlichen Gerichtsbarkeit. 9

6) Die Ausweitung des Prüfungsumfangs durch Abs 2 Satz 1 erstreckt sich schließlich nicht auf Fälle der **Aufrechnung** (sehr str). Insoweit handelt es sich nicht um einen „rechtlichen Gesichtspunkt" im Sinne des Abs 2 Satz 1, sondern um ein selbständiges Gegenrecht, das dem durch die Klage bestimmten Streitgegenstand einen weiteren selbständigen Gegenstand hinzufügt (Leipold ZZP 107 [1994], 211/219). Die sich auf den Wortlaut des Abs 2 S 1 und die darin zum Ausdruck gebrachte Gleichwertigkeit der Rechtswege berufende Gegenmeinung (BL/Hartmann Rn 6; Kissel Rn 40; Vollkommer FS Kissel S 1183; Schenke/Ruthig NJW 92, 2505, Drygala NZA 92, 294; Hoffmann ZZP 107 [1994], 3/26; VGH Kassel NJW 95, 1107) verkennt die in der anders als zB bei § 281 II 3 ZPO eröffneten Beschwerdemöglichkeit zum Ausdruck kommende besondere Bedeutung, die der Gesetzgeber der Rechtswegzuständigkeit beimißt, und die Konsequenzen hieraus auch in verfahrensrechtlicher Hinsicht. Die innere Rechtfertigung der Durchbrechung der Rechtswegabgrenzung in § 17 II 1 besteht in dem objektiven Sachzusammenhang in den Fällen, in denen derselbe prozessuale Anspruch auf mehreren, eigentlich verschiedenen Rechtswegen zugewiesenen Anspruchsgrundlagen beruht. Demgegenüber stellt die insoweit der Widerklage ähnliche Prozeßaufrechnung (BGH WM 93, 1755) einen verfahrensrechtlichen Zusammenhang erst durch eine Parteihandlung her. Dieser kann auch im Zusammenspiel mit dem Ziel der Verfahrensbeschleunigung nicht ausreichen, die auf dem Gedanken der Sachnähe beruhende Kompetenz der Fachgerichtsbarkeiten zur rechtskräftigen Entscheidung (§ 322 II ZPO) zu überspielen (ebenso VGH Kassel NJW 94, 1488; FG Baden-Württ. NVwZ-RR 93, 61; StJ/Leipold § 145 ZPO Rn 33; Palandt/Heinrichs § 388 BGB Rn 5; ThP § 17 GVG Rn 9; Zimmermann § 145 ZPO Rn 8; Rupp, NJW 92, 3274; offen gelassen in BVerwG NJW 93, 2255; 94, 2968); vgl auch Lüke, FS Kissel 1994 S 709, der sich jedoch für die Beibehaltung der Aufrechnungsmöglichkeit innerhalb **„artverwandter Rechtswege"** – Zivilrw/Arbeitsrw; allg/besondere Verwaltungsgerichte – ausspricht. Die von der Rspr für die rechtswegüberschreitende Aufrechnung entwickelten Grundsätze (s § 13 Rn 49 f) und insbesondere § 148 ZPO sind weiter anzuwenden. 10

7) Zur Bindung einer Verweisung bei Haupt- und Hilfsanspruch s § 17a Rn 13a. 11

17a *[Rechtswegentscheidung]*

(1) Hat ein Gericht den zu ihm beschrittenen Rechtsweg rechtskräftig für zulässig erklärt, sind andere Gerichte an diese Entscheidung gebunden.

(2) Ist der beschrittene Rechtsweg unzulässig, spricht das Gericht dies nach Anhörung der Parteien von Amts wegen aus und verweist den Rechtsstreit zugleich an das zuständige Gericht des zulässigen Rechtsweges. Sind mehrere Gerichte zuständig, wird an das vom Kläger oder Antragsteller auszuwählende Gericht verwiesen oder, wenn die Wahl unterbleibt, an das vom Gericht bestimmte. Der Beschluß ist für das Gericht, an das der Rechtsstreit verwiesen worden ist, hinsichtlich des Rechtsweges bindend.

(3) Ist der beschrittene Rechtsweg zulässig, kann das Gericht dies vorab aussprechen. Es hat vorab zu entscheiden, wenn eine Partei die Zulässigkeit des Rechtsweges rügt.

(4) Der Beschluß nach den Absätzen 2 und 3 kann ohne mündliche Verhandlung ergehen. Er ist zu begründen. Gegen den Beschluß ist die sofortige Beschwerde nach den Vorschriften der jeweils anzuwendenden Verfahrensordnung gegeben. Den Beteiligten steht die Beschwerde gegen einen Beschluß des oberen Landesgerichts an den obersten Gerichtshof des Bundes nur zu, wenn sie in dem Beschluß zugelassen worden ist. Die Beschwerde ist zuzulassen, wenn die Rechtsfrage grundsätzliche Bedeutung hat oder wenn das Gericht von der Entscheidung eines obersten Gerichtshofes des Bundes oder des Gemeinsamen Senats der obersten Gerichtshöfe des Bundes abweicht. Der oberste Gerichtshof des Bundes ist an die Zulassung der Beschwerde gebunden.

(5) Das Gericht, das über ein Rechtsmittel gegen eine Entscheidung in der Hauptsache entscheidet, prüft nicht, ob der beschrittene Rechtsweg zulässig ist.

1 **1) Allgemeines:** § 17a in der Neufassung von 1990 (Vorbem Rn 1) regelt das Verfahren, nach dem die von Amts wegen zu prüfende Prozeßvoraussetzung der Zulässigkeit des Rechtswegs zu prüfen und ggf zu entscheiden ist. Aus der Regelung ergibt sich insbesondere, daß eine Klageabweisung wegen Fehlens der Prozeßvoraussetzung der Zulässigkeit des Rechtswegs nicht mehr in Betracht kommt und daß der Streit über die Prozeßvoraussetzungen auf das Verfahren 1. Instanz und das besondere Rechtsmittelverfahren des Abs 4 beschränkt ist.

1a **Das Verhältnis zu den anderen Prozeßvoraussetzungen** kann nicht generell festgelegt werden. Allgemein steht zwar das (auch offensichtliche) Fehlen besonderer Verfahrensvoraussetzungen der Verweisung nicht entgegen (VGH Mannheim Justiz 91, 431; s aber wenig überzeugend BGH DtZ 95, 404; MDR 93, 177; NJW 93, 2541; Tropf WM 94, 89: Ist das Verwaltungsverfahren – hier nach dem VermG – noch nicht abgeschlossen, soll Verweisung an VG nicht in Betracht kommen, sondern Klageabweisung wegen Unzulässigkeit des Rechtswegs); das Hindernis anderweitiger Rechtshängigkeit geht aber vor (§ 17 Rn 3): Dasselbe wird bei entgegenstehender Rechtskraft anzunehmen sein. Ist **ein Versäumnisurteil ergangen,** so kann die Rechtswegfrage nur aufgeworfen werden, wenn dieses nicht unanfechtbar geworden ist oder dessen formelle Rechtskraft durch Wiedereinsetzung gegen die Versäumung der Einspruchsfrist beseitigt wurde; vorher ist eine Verweisung nicht möglich (so zutreffend LAG München MDR 94, 834).

2 **2) Bindungswirkung positiver Rechtswegentscheidungen:** Abs 1 stellt ausdrücklich klar, daß die rechtskräftige Bejahung der Zulässigkeit des Rechtswegs über den Rechtsweg hinaus bindet. Ein Gericht der anderen Rechtswege darf sich mit der Sache nicht weiter befassen; insbesondere kommt auch eine Verweisung nach § 17a II nicht mehr in Betracht. Vielmehr ist die Klage in diesem besonderen Fall als unzulässig abzuweisen. Die bejahende Entscheidung kann eine Vorabentscheidung nach Abs 3 oder eine in der Hauptsache ergehende Endentscheidung sein. Die Bindungswirkung tritt mit der formellen Unanfechtbarkeit dieser Entscheidung ein.

3 Zusammen mit § 17 I S 2 soll die Regelung nach dem **Grundsatz der Priorität** verhindern, daß widersprechende Rechtswegentscheidungen ergehen. Der Grundsatz des § 17a I geht aber dem Prozeßhindernis des § 17 I S 2 vor, dh ist in dem späteren Verfahren eine den Rechtsweg bejahende rechtskräftige Entscheidung ergangen, so sperrt diese den Fortgang des an sich zulässigen (weil früheren) anderen Verfahrens.

4 Für den **umgekehrten Fall (der Rechtsweg wird für unzulässig erklärt)** bedarf es – im Gegensatz zur früheren Regelung (§ 17 I S 2 aF) – einer entsprechenden Regelung nicht mehr, da die Feststellung der Unzulässigkeit jetzt notwendigerweise mit der Verweisung des Rechtsstreits nach § 17a II und damit der Fortsetzung des Verfahrens im anderen Rechtsweg verbunden ist.

5 **3) Verfahren bei Bejahung der Zulässigkeit des Rechtswegs: a)** Ist die Zulässigkeit des Rechtswegs **weder von einer Partei gerügt noch** nach Auffassung des Gerichts **zweifelhaft,** so ergeht Endentscheidung, in der das Gericht entweder ausdrücklich oder konkludent (durch die Entscheidung im übrigen; BGH NJW 94, 387) die Zulässigkeit des Rechtswegs bejaht. Hier gilt als Besonderheit lediglich, daß die Bejahung der Zulässigkeit des Rechtswegs verbindlich festge-

schrieben und einem weiteren Streit entzogen ist (Abs 5; s auch BGH NJW 93, 389 zum Sonderfall, daß nach Klageabweisung als unzulässig erst BerufungsG so entscheidet; s a Rn 17 f).

b) Vorabentscheidung nach Abs 3: Rügt eine Partei die Zulässigkeit des Rechtswegs und bejaht das Gericht diese, so ist vorab zu entscheiden. Die Rüge ist Prozeßhandlung (Anwaltszwang); § 282 III ZPO gilt (s dort; Köln NJW 95, 3319). Vorabentscheidung bedeutet, daß **isoliert** von den Fragen der Zulässigkeit im übrigen und den Fragen der Begründetheit **und vor** der Entscheidung in der Hauptsache entschieden wird. Der Beginn der Verhandlung zur Hauptsache sperrt die Vorabentscheidung nicht (Kissel, NJW 91, 948). 6

Ebenso kann das Gericht **ohne Rüge** die Zulässigkeit des Rechtswegs durch Vorabbeschluß aussprechen. Dies hat zweckmäßigerweise dann zu geschehen, wenn Zweifel an der Zulässigkeit des Rechtswegs bestehen, da diese im allgemeinen Rechtsmittelverfahren nicht geklärt werden können (Abs 5). Durch die von Amts wegen ergehende Vorwegentscheidung wird den Parteien das besondere Rechtsmittelverfahren nach Abs 4 eröffnet. 7

c) Entsprechend dem Sinn der Vorabentscheidung, Zweifel über die Zulässigkeit des Rechtswegs vor der Hauptsacheentscheidung zu klären, muß das Gericht 1. Instanz mit der Hauptsacheentscheidung die **Unanfechtbarkeit** der zuzustellenden (§ 329 III ZPO; BAG MDR 93, 57) Vorabentscheidung **abwarten** (vgl auch § 17b I S 1, der ausdrücklich vorsieht, daß der Eintritt der Rechtskraft des Beschlusses abzuwarten ist) – die förmliche Aussetzung nach § 148 ZPO (so 17. Aufl, vgl auch BAG AP 7 zu § 48 ArbGG 1979 m Anm Vollkommer) ist dazu nicht Voraussetzung. Abwarten ist auch deshalb geboten, weil es sonst bei Feststellung der Unzulässigkeit des Rechtswegs im Beschwerderechtszug zu Unvereinbarkeiten mit der Hauptsacheentscheidung kommen könnte, die zudem durch die Prüfungsbeschränkung des Abs 5 kompliziert wird (s a Kissel NJW 91, 949). 8

4) Feststellung der Unzulässigkeit des Rechtswegs: Hält das Gericht den beschrittenen Rechtsweg nicht für eröffnet, so fehlt es an einer von Amts wegen zu prüfenden Prozeßvoraussetzung: gleichwohl keine Abweisung der Klage als unzulässig, vielmehr ist von Amts wegen an das zuständige Gericht des zulässigen Rechtswegs zu verweisen (Abs 2 S 1). 9

a) Vor einer Verweisung ist **rechtliches Gehör** zu gewähren (so ausdrücklich Abs 2 S 1). Da mündliche Verhandlung freigestellt ist (Abs 4 S 1), genügt schriftliche Anhörung. Für den Fall, daß im aufnehmenden Rechtsweg mehrere Gerichte zuständig sind, ist auf die Wahlmöglichkeit nach Abs 2 S 2 ausdrücklich hinzuweisen. 10

b) Verweisungsbeschluß: Er besteht aus der Feststellung der Unzulässigkeit des Rechtswegs und der Verweisung (Fassung: „1. Der Rechtsweg zu den ordentlichen Gerichten wird für unzulässig erklärt. 2. Der Rechtsstreit wird an das . . . verwiesen"). 11

Eine Teilverweisung (s § 17 Rn 6) kommt nur bei Klagehäufung oder Widerklage in Betracht. Insoweit sind die Verfahren vorher gemäß § 145 ZPO zu trennen (s BGH NVwZ 90, 1104).

c) Bindungswirkung des Verweisungsbeschlusses: Nach Abs 2 S 3 ist der Verweisungsbeschluß „hinsichtlich des Rechtsweges" bindend. Im Gegensatz zum früheren Recht (hM) hat die Bindung nicht nur abdrängende, sondern aufdrängende Wirkung, dh die Bindung umfaßt auch die Bejahung des Rechtswegs, in den verwiesen wird; das aufnehmende Gericht kann nicht in einen dritten Rechtsweg weiterverweisen. Die aufdrängende Wirkung beschränkt sich aber auf die Rechtswegfrage; innerhalb des Rechtswegs kann – etwa aus Gründen der örtlichen, sachlichen oder funktionellen Zuständigkeit oder der zulässigen Verfahrensart (BGH 40, 6; KG NJW-RR 95, 637) – weiterverwiesen werden (BAG MDR 93, 57; NJW 96, 742). 12

Auch eine **unrichtige** Verweisung ist bindend. Dies ergibt sich aus dem Zweck der Neuregelung, insbesondere aus § 17a V: Wenn eine fehlerhafte Rechtswegentscheidung im ordentlichen Rechtsmittelweg überhaupt nicht überprüfbar ist, so muß dies (für das aufnehmende Gericht) erst recht bei einer ausdrücklichen Verweisung gelten, für die § 17a IV eine besondere Anfechtungsmöglichkeit ja zur Verfügung stellt. Anderes mag auch im Hinblick auf Art 101 I 2 GG anzunehmen sein, wenn die Verweisung bei der Auslegung und Anwendung der Zuständigkeitsnormen sich so weit von dem diese beherrschenden verfassungsrechtlichen Grundsatz des gesetzlichen Richters entfernt hat, daß sie nicht mehr zu rechtfertigen ist (BVerfG NJW 92, 361 m.w.N.), wenn sie also objektiv oder auch verfahrensrechtlich (zB Verstoß gegen Gebot des rechtl Gehörs) willkürlich zustande gekommen ist; hier kann das verweisende Gericht durch nochmalige Entscheidung den Fehler beheben, BAG NJW 96, 413; 93, 1878; s a § 16 Rn 3. Nicht vertretbar ist es jedoch, inhaltlich schlicht „falsche" Verweisungen als „offensichtlich gesetzwidrig" und damit willkürlich umzudeuten, um der Bindungswirkung zu entgehen (so etwa BFH RPfl 92, 82). 13

Bei **Haupt- und Hilfsanspruch** ist wegen § 17 II S 1 zwar der gesamte Rechtsstreit zu verweisen. Die Bindungswirkung erfaßt aber nur den Hauptanspruch, wegen dem verwiesen wurde. Ist über diesen entschieden, so kann wegen des Hilfsanspruchs allein erneut (auch zurück) verwiesen werden (OVG Münster NVwZ 94, 735/797). 13a

14 5) **Beschlußverfahren:** Sowohl die Vorabentscheidung nach Abs 3 wie die Verweisung nach Abs 2 ergeht nach freigestellter mündlicher Verhandlung im Beschlußweg (Abs 4 S 1). Die Entscheidung ist nach Abs 4 S 2 zu begründen und gemäß § 329 III ZPO zuzustellen. Fehlt es an der **Zustellung,** so wird die Frist für die sofortige Beschwerde nicht in Gang gesetzt; allerdings ist in diesen Fällen die 5-Monats-Frist des § 516 ZPO analog anzuwenden, wenn der Beschluß mitgeteilt (wenn auch nicht verkündet) wurde (BayObLG NJW-RR 92, 597; BAG AP Nr 39 zu § 36 ZPO).

15 6) **Rechtsmittel:** Entscheidungen nach Abs 2 u 3 unterliegen nach Abs 4 S 3 der sofortigen Beschwerde, im Zivilprozeß nach § 577 ZPO.

16 Abs 4 S 4–6 enthalten eine besondere Regelung zur **weiteren Beschwerde:** Gegen Beschwerdeentscheidungen des Oberlandesgerichts (Voraussetzung: Ausgangsbeschluß des Landgerichts) ist nach Satz 4 die weitere Beschwerde eröffnet (§ 568 II ZPO), die als Zulassungsbeschwerde ausgestaltet ist. Die Zulassungsgründe sind denen der Zulassungsrevision (§ 546 I) nachgebildet (s dort), wobei jedoch die Abweichung auch von der Entscheidung eines obersten Gerichtshofs des Bundes eines anderen Rechtswegs genügt. Einen **neuen selbständigen Beschwerdegrund** als Voraussetzung für die weitere Beschwerde (§ 568 II S 2 ZPO) zu fordern, ergibt dagegen keinen Sinn, da die weitere Beschwerde von der Zulassung abhängt, die ihrerseits nach Satz 6 bindend ist (BGH 120, 198 = NJW 93, 388; BL/Albers Rn 13). Über die weitere Beschwerde entscheidet im ordentlichen Rechtsweg der BGH. Eine Nichtzulassungsbeschwerde ist nicht statthaft (BAG NJW 94, 2110; Kissel § 17 Rn 20). – Dagegen ist eine weitere Beschwerde nicht eröffnet, wenn der **Ausgangsbeschluß vom Amtsgericht** erlassen wurde. Hier endet der Beschwerderechtsweg beim Landgericht nach § 568 I. Die weitere sofortige Beschwerde im Sinne des § 568 II S 1 ist nicht eröffnet, da kein „oberes Landesgericht" entschieden hat (s auch Kissel NJW 91, 948). Anders jedoch, wenn AG aus FGG-Verfahren in Prozeßverfahren verwiesen hat, weil entsprechende Anwendung des § 17a nicht zu einer Verkürzung des nach dem FGG (§ 27) gegebenen Rechtszugs führen kann (BayObLG MDR 96, 95).

17 **Voraussetzung für die Anwendung des Abs 4** – und des damit zusammenhängenden Ausschlusses der Rechtswegfrage im Hauptsacherechtsmittel, Abs 5 – ist, **daß in erster Instanz § 17a beachtet wurde,** was immer noch **erstaunlich oft unterbleibt.** Wird eine Klage entgegen Abs 2 als unzulässig abgewiesen oder trotz Rüge (Abs 3 S 2) die Zulässigkeit des Rechtswegs erst im Urteil bejaht, so ist dieses ohne die Beschränkung des Abs 5 mit dem allg Rechtsmittel auch in der Rechtswegfrage anfechtbar (vgl BGH 119, 247; NJW 93, 1799; BAG AP 7 zu § 48 ArbGG 1979 m Anm Vollkommer; BVerwG NJW 94, 956). Entgegen BAG NJW 95, 2310, Hamburg VersR 96, 393; Saarbrücken NJW 95, 1562; OVG Koblenz NVwZ-RR 93, 668 kann ein solches Urteil jedoch nicht im Wege der Meistbegünstigung auch mit sof Beschwerde angefochten werden. Die Vorinstanz hat sich nämlich in diesem Fall nicht in der Art seiner Entscheidung „vergriffen", sondern verfahrensrechtl falsch entschieden; für die Anwendung der Theorie von der Meistbegünstigung ist daher kein Raum (so auch BGH MDR 93, 177).

18 7) Nach **Abs 5** kann die Frage der Zulässigkeit des Rechtswegs im **allgemeinen Rechtsmittelverfahren** nicht mehr überprüft werden. Die Beschränkung gilt für jedes Rechtsmittelverfahren gegen eine Hauptsacheentscheidung, zB bei Beschwerde im Verfahren des vorläufigen Rechtsschutzes. Es handelt sich insoweit um ein Kernstück der Reform der Rechtswegvorschriften (s Vorbem Rn 5). Hauptsacheentscheidung ist daher auch die Abweisung der Klage als unzulässig wegen Fehlens einer anderen Prozeßvoraussetzung (BGH JZ 93, 108). Durch die besondere Anfechtbarkeit des Verweisungsbeschlusses und der Vorabentscheidung, die jede Partei durch Erhebung der Rüge erzwingen kann, sind letztlich weder die Anfechtungsmöglichkeiten für die Parteien noch die Überprüfungsmöglichkeiten für die höheren Gerichte entscheidend beschränkt. Sinn des Abs 5 in Verbindung mit den vorgenannten Vorschriften ist es jedoch, die Frage der Zulässigkeit des Rechtswegs vor dem Ergehen einer erstinstanzlichen Hauptsacheentscheidung zu klären. – Die Anwendung des Grundsatzes des Abs 5 setzt jedoch voraus, daß die vorgenannten Verfahrensgrundsätze eingehalten werden. Hauptsacheentscheidung iSd Abs 5 ist also nicht die – regelwidrige – Entscheidung über die Zulässigkeit des Rechtswegs durch Urteil (BGH 121, 367 in Abgrenzung von BGH 120, 204; MDR 93, 755; NJW 93, 470; BVerwG NJW 94, 956; 3027); s Rn 17. Wird das OLG wegen Versäumens des Vorabverfahrens in der 1. Instanz mit der Rechtswegfrage befaßt, muß es ggf selbst in das Vorabverfahren nach § 17a eintreten; das erübrigt sich nur, wenn OLG Zulässigkeit des Rechtswegs bejaht und keinen Anlaß für Zulassung der weiteren Beschwerde gemäß § 17a IV 4 sieht (BGH 131, 169 = NJW 96, 591; ZIP 96, 1059). Entscheidet OLG anstelle des Erstgerichts erstmalig vorab über Zulässigkeit des Rechtswegs und läßt es die sofortige Beschwerde zu, ist der BGH wie im eigentlichen Fall des § 17a IV 6 hieran gebunden (BGH VIZ 96, 344; DtZ 96, 79). Prüfung der Rechtswegzuständigkeit ist bei Nichtbeachtung des § 17a durch die Vorinstanzen ggf auch noch vom Revisionsgericht nachzuholen; § 549 II ZPO steht nicht entgegen (BGH 130, 159 = NJW 95, 2851).

8) Besondere Probleme entstehen, wenn sich vor einer Klärung der Rechtswegfrage **die Hauptsache erledigt** (s dazu auch München OLGZ 86, 97). Erklären beide Parteien die Hauptsache für erledigt, so besteht kein Bedürfnis mehr für eine Klärung der Rechtswegfrage, da in der Hauptsache nicht mehr zu entscheiden ist (s auch Frankfurt MDR 81, 676). Für die Kostenentscheidung nach § 91a ZPO bedarf es ihrer nicht. Anders liegt es jedoch, wenn über die Hauptsacheerledigung mangels Zustimmung des Beklagten „streitig" zu entscheiden ist. Der Beklagte, der sich der Erledigterklärung widersetzt, kann damit erzwingen, daß der Prozeß im richtigen Rechtsweg entschieden wird. Fraglich könnte allenfalls sein, ob eine Rüge nach Abs 3 S 2 durch den Kläger noch beachtlich ist, der durch Erledigterklärung zum Ausdruck bringt, daß er an der Sachentscheidung kein Interesse mehr hat. 19

9) Der **Gegenstandswert** der Beschwerde gegen Vorabentscheidung ist nach freiem Ermessen unter Berücksichtigung des Interesses des Beschwerdeführers festzusetzen (§ 12 I GKG, § 3 ZPO). Bei Beschwerde gegen Zuständigkeit des ArbG liegen Kostengründe nahe; im Hinblick auf fehlenden Kostenerstattungsanspruch (§ 12a I ArbGG) Beschwerdewert also geschätzte erstinstanzl Anwaltskosten (Karlsruhe MDR 94, 415; Bamberg 28. 2. 96 – 5 W 103/95). Im übrigen allenfalls Bruchteil (etwa 1/3), nie voller Hauptsachewert, da Klageabweisung als unzulässig nicht mehr drohen kann (Bamberg aaO, München OLG-Report 93, 87; Frankfurt OLG-Report 94, 119; Köln OLG-Report 93, 140; aA BL/Hartmann § 17b Rn 5; Köln NJW-RR 93, 639). 20

17b *[Wirkungen der Verweisung]*

(1) Nach Eintritt der Rechtskraft des Verweisungsbeschlusses wird der Rechtsstreit mit Eingang der Akten bei dem im Beschluß bezeichneten Gericht anhängig. Die Wirkungen der Rechtshängigkeit bleiben bestehen.

(2) Wird ein Rechtsstreit an ein anderes Gericht verwiesen, so werden die Kosten im Verfahren vor dem angegangenen Gericht als Teil der Kosten behandelt, die bei dem Gericht erwachsen, an das der Rechtsstreit verwiesen wurde. Dem Kläger sind die entstandenen Mehrkosten auch dann aufzuerlegen, wenn er in der Hauptsache obsiegt.

1) Anhängig nach Verweisung: § 17b Abs 1 S 1 führt den Begriff der **Anhängigkeit** ein, der nicht neue (da fortgeltende, Abs 1 S 2) Rechtshängigkeit bedeutet, sondern nur die formelle prozessuale Zuordnung des Rechtsstreits betrifft. Sie setzt den Eingang der Akten bei dem Gericht, an das verwiesen wurde, voraus. Die Aktenversendung darf erst **nach** Eintritt der formellen Rechtskraft des Verweisungsbeschlusses erfolgen (BAG AP 39 zu § 36 ZPO). 1

2) Für das **weitere Verfahren bei dem aufnehmenden Gericht** ist zu beachten: Infolge der Bindungswirkung des Verweisungsbeschlusses (§ 17a Abs 2 S 3) und der erweiterten, auch den Rechtsweg überschreitenden Prüfungskompetenz (s auch § 17 Rn 4) hat das aufnehmende Gericht die **volle Rechtsschutzfunktion** wahrzunehmen. Dies hat Bedeutung insbesondere bei fehlerhafter, aber bindender Verweisung (vgl BVerwG NJW 1967, 2128; BGH NJW 90, 1794). Demgemäß ist innerhalb der Verfahrensvorschriften des Rechtswegs diejenige zu wählen, die dieser Rechtsschutzfunktion und dem Wesen des Verfahrens am ehesten entspricht. In den Fällen inhaltlich fehlerhafter (aber bindender) Verweisung kann es darüber hinaus sogar notwendig werden, die Grenze der eigenen Verfahrensordnung zu überschreiten und Verfahrensvorschriften des anderen (von der Sache her an sich zuständigen, aber wegen der Verweisung nunmehr ausgeschlossenen) Rechtswegs analog heranzuziehen (vgl hierzu Krause DÖV 70, 695; Beispielsfall: BGH DNotZ 91, 683 m Anm Gummer). 2

3) Nach Abs 1 S 2 bleiben die **Wirkungen der Rechtshängigkeit** erhalten, dies gilt sowohl für die prozessuale (§ 261 Abs 3 ZPO) wie für die materiell-rechtliche Wirkung (§ 262 ZPO). Soweit durch die Klageerhebung eine Frist gewahrt wird, gilt die Wirkung der Rechtshängigkeit fort, auch soweit sie auf § 270 Abs 3 ZPO beruht. Dies gilt auch, soweit das materielle Recht (zB § 209 BGB) an die Rechtshängigkeit anknüpft. 3

4) **Kosten, Abs 2:** Es gilt der Grundsatz der Kosteneinheit, vgl § 281 Abs 3 ZPO. Demgemäß enthält der Verweisungsbeschluß keine Kostenentscheidung – auch keine Streitwertfestsetzung (VGH Mannheim, NVwZ-RR 92, 165). Wird der Verweisungsbeschluß jedoch im Beschwerdeweg (§ 17a Abs 4) angefochten, so ist über die Kosten des Rechtsmittels nach den allgemeinen für die Beschwerde geltenden Grundsätzen zu entscheiden; BGH WM 93, 1554. – Beschwerdewert: § 17a Rn 20. – Die Regelung des Abs 2 S 2 entspricht § 281 Abs 3 S 2 ZPO (s dort). 4

Vorbemerkung zu §§ 18–20

1 **I) Neufassung** durch G v 25. 3. 74 (BGBl I 761). Sie beseitigte die Unterschiede, die zwischen der innerstaatl Regelung im GVG und den Wiener Übereinkommen über diplomatische Beziehungen (**WÜD** v 18. 4. 61) und über konsularische Beziehungen (**WÜK** v 24. 4. 63) bestanden. Das GVG enthält nunmehr nur noch die Verweisung auf diese Übereinkommen (§§ 18, 19) sowie auf die allg Regeln des Völkerrechts (§ 20) und auf besondere völkerrechtl Vereinbarungen oder Rechtsvorschriften (§§ 19 II, 20). Die Regeln der WÜD und WÜK gelten unabhängig davon, ob der Entsenderstaat den Übereinkommen beigetreten ist (§ 18 S 2, § 19 I 2), allerdings mit dem Vorbehalt, die Befreiungen durch Rechtsverordnung einzuschränken oder zu erweitern. – Zu der Neuregelung vgl Fliedner ZRP 74, 263; zu den allgemeinen Fragen: Dahm, Festschr Nikisch, 1958, 153; Geimer, Intern Zivilprozeßrecht, 2. Aufl 1993; Schaumann/Habscheid, Die Immunität ausl Staaten nach Völkerrecht und deutschem Zivilprozeßrecht, 1968; Sonnenberger AcP 162, 485; Steinmann MDR 65, 706, 795; Oehler ZStrW 79, 395.

2 **II) Befreiung von der deutschen Gerichtsbarkeit: 1) Begriff:** Der in §§ 18–20 benutzte Terminus ist gleichbedeutend mit „Immunität" iSd völkerrechtl Übereinkommen; im Rahmen der Befreiung nach § 18 auch „Exterritorialität" genannt.

3 2) **Bedeutung:** Befreiung von der deutschen Gerichtsbarkeit ist ein selbständiges Hindernis prozessualer Art (hM, vgl BGHSt 14, 137; 21, 32; NJW 84, 2084 BayObLG NJW 92, 641; Geimer IZPR Rn 525; zu den Folgen bezüglich Handlungen, die in der Zeit begangen wurden, in der die Befreiung galt, nach Wegfall der Befreiungsvoraussetzungen vgl Düsseldorf NJW 86, 2204), das weder die Zuständigkeit des Gerichts noch die Zulässigkeit des Rechtswegs betrifft (RG 157, 394; BGH 10, 354). Es steht dem **gerichtl Tätigwerden entgegen,** ist also keine Prozeßvoraussetzung im technischen Sinn (R-Schwab § 19 II 1), wie sich etwa auch daran zeigt, daß die Immunität auch der Vernehmung als Zeuge entgegensteht. Hieraus folgt, daß gegen Befreiten schon die Terminsbestimmung unzulässig ist (Hamburg MDR 53, 109; München NJW 75, 2144; Kissel Rdnr 3; s aber Braunschweig JR 54, 263); dies kann aber soweit nicht gelten, als über Streit über Befreiung zu entscheiden ist, was im Streitfall nur durch Zustellung der Klage und Terminsanberaumung geschehen kann (s a LG Hamburg NJW 86, 3034; s a Mann, NJW 90, 618) – anders in eindeutigen Fällen. Daraus folgt auch, daß die Frage der Befreiung **vorrangig** vor anderen Prozeßvoraussetzungen, insb der des Rechtswegs und der Zuständigkeit, von dem angegangenen Gericht zu prüfen ist (BGH NJW 79, 1101). Immunität in jeder Lage des Verfahrens von Amts wegen zu prüfen (München FamRZ 72, 210) und im Streitfall durch Urteil zu entscheiden (Prozeßurteil), bei Verneinung ist Zwischenurteil nach § 280 II ZPO zulässig (vgl RG 157, 394). Maßgeblicher Zeitpunkt ist der der gerichtlichen Entscheidung (BGH 9, 101; 19, 345). Nach hM (R-Schwab § 19 II 1 und § 61 IV 2a; RG 157, 393; München FamRZ 72, 210; vgl aber Schlosser ZZP 79, 164) sind Sachurteile und ihnen gleichstehende Entscheidungen (Mahnbescheid, Vollstreckungsbescheid) gegen einen der Gerichtsbarkeit nicht Unterworfenen **nichtig;** dies kann jedoch auch der Befreite im Rechtsmittelweg geltend machen (LG Bonn FamRZ 91, 1329).

4 3) **Umfang: a)** Befreiung bedeutet zunächst, daß **gegen den Befreiten** gerichtliche Maßnahmen (Ladung, Sachverhandlung, Entscheidung, Vollstreckung, Streitverkündung) unzulässig sind. Zu Pfändungs- und Überweisungsbeschluß, wenn Drittschuldner befreit, s LG Bonn MDR 66, 935. Nach § 18 sind Diplomaten auch von der **Zeugen**pflicht befreit (31 II WÜD; BVerwG NJW 89, 679; im konsularischen Bereich nur beschränktes Aussageverweigerungsrecht, vgl 44 WÜK). Die Berufung auf das Zeugnisverweigerungsrecht ist an die Form des § 386 Abs 1 ZPO nicht gebunden (VGH Kassel NJW 89, 3110), schon die Ladung kann unzulässig sein (BVerwG NJW 89, 678, dazu Mann NJW 90, 618). – Zur Zwangsvollstreckung gg fremde Staaten s § 20 Rn 3. Für **Zustellungen** s §§ 199, 202 und 203 III ZPO. – Private Selbsthilfe nach §§ 227 ff BGB wird grds durch Immunität nicht ausgeschlossen (MK/Wolf Rn 5; Kissel § 18 Rn 8; s auch Bongartz MDR 95, 780; Köln NJW 96, 472).

5 **b) Ausnahmen von der Befreiung:** Im Gegensatz zur vollen strafrechtl Immunität ist diese im zivilrechtlichen Bereich eingeschränkt, soweit es um **privates unbewegliches Vermögen, private Nachlaßsachen** und um Klagen aus privater **gewerblicher oder freiberufl** Tätigkeit des Befreiten geht (vgl 31 WÜD). Zu den Auswirkungen auf **Personenstandsverfahren** (§ 47 PStG) s Köln FamRZ 92, 460. – Ferner ist **Verzicht** möglich, der jedoch nur vom Entsenderstaat selbst durch entsprechend Bevollmächtigten erfolgen kann und ausdrücklich und schriftlich sein muß (vgl 32 WÜD, 45 WÜK).

6 **c)** Der Befreite kann jedoch aktiv als **Kläger** deutsche Gerichte in Anspruch nehmen (MK/Wolf Rn 10 vor § 18; OVG Münster NJW 92, 2043 – Klage auf Gewährung von Sozialhilfe; zum ausländischen Staat als Kläger s Vischer IPRax 91, 209; van Hecke IPRax 92, 205). In diesem Fall besteht keine Beschränkung der Entscheidungsmöglichkeit auch zu ungunsten des Befreiten, jedoch liegt hierin keine Unterwerfung für die Zwangsvollstreckung, etwa wegen der Kosten (KG HRR

33, 1522, hM). Im Rahmen einer Klage des Befreiten ist dem Beklagten jede sonst zulässige Verteidigung erlaubt, auch in der Zwangsvollstreckung, selbst wenn er dort betreibender Teil wird (zB nach §§ 767, 768 auch § 771 ZPO, vgl R-Schwab § 19 II 2c); die **Widerklage** ist zulässig, soweit sie mit dem Klageanspruch unmittelbar zusammenhängt (32 III WÜD, vgl auch RG 111, 149; BGH 19, 241).

4) Zusammenfassung zu §§ 18–20 im **RdSchr des Bundesminister des Innern v 14. 3. 75** „Diplomaten und andere bevorrechtigte Personen", GMBl 75, 337, 518, 629; vgl BayJMBl 75, 248. 7

18 *[Befreiungen für Mitglieder diplomatischer Missionen]*

Die Mitglieder der im Geltungsbereich dieses Gesetzes errichteten diplomatischen Missionen, ihre Familienmitglieder und ihre privaten Hausangestellten sind nach Maßgabe des Wiener Übereinkommens über diplomatische Beziehungen vom 18. April 1961 (Bundesgesetzbl. 1964 II S. 957 ff.) von der deutschen Gerichtsbarkeit befreit. Dies gilt auch, wenn ihr Entsendestaat nicht Vertragspartei dieses Übereinkommens ist; in diesem Falle findet Artikel 2 des Gesetzes vom 6. August 1964 zu dem Wiener Übereinkommen vom 18. April 1961 über diplomatische Beziehungen (Bundesgesetzbl. 1964 II S. 957) entsprechende Anwendung.

1) Als Mitglieder diplomatischer Missionen einschließlich ihres Gefolges sind **nach § 18 befreit** (31 I und 37 WÜD): **a)** der Missionschef und das in diplomatischem Rang stehende Personal (Diplomaten): Gesandte, Räte, Sekretäre, Attachés, Gesandtschaftsseelsorger und -ärzte, **b)** deren Familienangehörige, wenn sie in deren Haushalt leben und nicht Deutsche sind, **c)** Mitglieder des Verwaltungs- und technischen Personals der Mission (zB Kanzleibeamte, Übersetzer, Schreibkräfte) einschließlich der ständig in ihrem Haushalt lebenden Familienangehörigen, soweit sie weder Deutsche (s aber 38 Abs 1 WÜD) noch ständig in der Bundesrepublik ansässig sind, **d)** Mitglieder des dienstlichen Personals der Mission (zB Kraftfahrer, Raumpflegerinnen), soweit weder Deutsche noch hier ständig ansässig, **e)** Gesandtschaftskuriere und Diplomaten auf der Durchreise (40 WÜD). **f)** Wegen Sonderbotschafter (ad-hoc-Diplomaten) s § 20 Rn 4. 1

Nicht befreit sind demnach private Hausangestellte der Mitglieder der Missionen und die Angehörigen der unter d) genannten Personen. Die weitere Einschränkung bei b) bis d) für Deutsche und hier ständig Ansässige folgt daraus, daß die Befreiung nur von der Gerichtsbarkeit des Aufnahmestaats, nicht aber von der des Heimatstaats gilt. 2

2) **Umfang:** Für die unter 1a) und b) Genannten gilt die volle Befreiung mit den in Rn 5 vor § 18 bezeichneten Ausnahmen. Für die unter 1c) Bezeichneten gilt als weitere Einschränkung, daß sie hinsichtlich ihrer nicht in Ausübung der dienstlichen Tätigkeit vorgenommenen Handlungen der Zivil- und der Verwaltungsgerichtsbarkeit unterliegen. Für die Personengruppe 1d) gilt die Befreiung nur, soweit die Tätigkeit in engem sachlichem Zusammenhang mit der Ausübung dienstlicher Aufgaben steht. 3

3) Über die von § 18 erfaßten persönlichen Befreiungen hinaus sind nach 22 WÜD die **Räumlichkeiten** der diplomatischen Missionen und die Privatwohnung des Missionschefs **unverletzlich.** Amtshandlungen (zB Zeugenvernehmung) dürfen nur mit Zustimmung des Leiters der Mission oder seines Vertreters vorgenommen werden. 4

19 *[Befreiungen für Mitglieder konsularischer Vertretungen]*

(1) Die Mitglieder der im Geltungsbereich dieses Gesetzes errichteten konsularischen Vertretungen einschließlich der Wahlkonsularbeamten sind nach Maßgabe des Wiener Übereinkommens über konsularische Beziehungen vom 24. April 1963 (Bundesgesetzbl. 1969 II S. 1585 ff.) von der deutschen Gerichtsbarkeit befreit. Dies gilt auch, wenn ihr Entsendestaat nicht Vertragspartei dieses Übereinkommens ist; in diesem Falle findet Artikel 2 des Gesetzes vom 26. August 1969 zu dem Wiener Übereinkommen vom 24. April 1963 über konsularische Beziehungen (Bundesgesetzbl. 1969 II S. 1585) entsprechende Anwendung.

(2) Besondere völkerrechtliche Vereinbarungen über die Befreiung der in Absatz 1 genannten Personen von der deutschen Gerichtsbarkeit bleiben unberührt.

1) **Personenkreis:** Befreiungen gelten nur für Konsularbeamte und Bedienstete des Verwaltungs- und des technischen Personals (43 WÜK), also nicht für dienstliches Personal und nicht für Angehörige der Konsularbeamten. 1

2) **Umfang:** Die Befreiung gilt nur für Handlungen, die in Wahrnehmung konsularischer Aufgaben vorgenommen wurden oder mit diesen in engem sachlichem Zusammenhang stehen (für Fahrten mit dem Kfz vgl BayObLG NJW 74, 431; 92, 641; Hamburg NJW 88, 2191). Bei Schadens- 2

ersatzklagen wegen Verkehrsunfällen und Klagen aus Verträgen der befreiten Personen vgl weiter Einschränkung gem 43 II und 71 WÜK. – Eine generelle Befreiung von der Zeugenpflicht besteht nicht, Konsularbeamte können jedoch das Zeugnis verweigern, soweit sich die Aussage auf Angelegenheiten bezieht, die mit der Wahrnehmung konsularischer Aufgaben zusammenhängen (44 I, IV WÜK).

3 3) **Honorarkonsuln** (Wahlkonsuln) besitzen Immunität nur für Amtshandlungen in Wahrnehmung ihrer konsularischen Aufgaben, soweit sie – wie in der Regel – Deutsche oder hier ständig ansässig sind (58 II, 71 I WÜK).

4 4) **Unverletzlichkeit** der Räumlichkeiten (vgl § 18 Rn 4) gilt für Diensträume, nicht für die Privatwohnung des Leiters der Vertretung (31, 55 III, 59 WÜK). Zur Telefonüberwachung von Konsularbeamten: BGH NJW 90, 1799 u. 1801 (Verwertungsverbot für unter Verstoß erlangte Beweismittel).

5 5) **Besondere Vereinbarungen (Abs 2)** können insbesondere in Konsular- und Niederlassungsverträgen enthalten sein; idR gehen sie nicht über das WÜK hinaus.

20 *[Weitere Befreiungen]*

(1) Die deutsche Gerichtsbarkeit erstreckt sich auch nicht auf Repräsentanten anderer Staaten und deren Begleitung, die sich auf amtliche Einladung der Bundesrepublik Deutschland im Geltungsbereich dieses Gesetzes aufhalten.

(2) Im übrigen erstreckt sich die deutsche Gerichtsbarkeit auch nicht auf andere als die in Absatz 1 und in den §§ 18 und 19 genannten Personen, soweit sie nach den allgemeinen Regeln des Völkerrechts, auf Grund völkerrechtlicher Vereinbarungen oder sonstiger Rechtsvorschriften von ihr befreit sind.

Lit: *Seidl-Hohenveldern,* Neue Entwicklungen im Recht der Staatsimmunität, Festschrift Beitzke, 1979, S 1081; *v Schönfeld,* NJW 86, 2980; *Geiger,* NJW 87, 1124.

1 1) **Befreiung für Staatsgäste (Abs 1): Repräsentanten** sind Personen, die kraft ihrer verfassungsrechtlichen Stellung den anderen Staat vertreten (Mitglieder der Regierung, grundsätzlich jedoch nicht Mitglieder des Parlaments, MK/Wolf Rn 2). Besuch muß nicht notwendig in „amtl Mission" erfolgen, sofern er nur auf amtl Einladung beruht (zB Besuch einer Messe, nicht dagegen bei „genehmigten" Privatreisen). **Begleitung** (Berater, Presseberichterstatter, auch persönliche Begleitung wie Sicherheitsbeamte und Fahrer) ergibt sich regelmäßig aus der Delegationsliste, die dem Einladenden vorgelegt wird. Erforderlich ist eine amtliche Einladung der Bundesrepublik, also durch eine staatliche Stelle, die den Bund zu vertreten befugt ist. Einladung einer Landesbehörde genügt nicht.

2 Die Befreiung knüpft nicht an die Eigenschaft als Ausländer an. Sie gilt auch für deutsche Staatsangehörige – früher bedeutsam insbesondere in bezug auf die ehemalige DDR.

3 2) **Kraft allgemeiner Regel des Völkerrechts** genießen Immunität: **ausländische Staaten,** soweit sie in hoheitlicher Funktion tätig werden, nicht aber bei privatrechtl Betätigung (zB Klage auf Herausgabe eines verkauften Gesandtschaftsgebäudes, vgl BVerfG 16, 27 = NJW 63, 435; BGH MDR 70, 222; Geiger NJW 87, 1124); die Abgrenzung ist nach der Natur der staatl Handlung unter Zugrundelegung deutschen Rechts vorzunehmen (BVerfG aaO; BGH NJW 79, 1101). Nicht hierunter fallen ausländische **jur Personen** des öffentl Rechts (aA MK/Wolf Rn 10; s auch Grabinski IPRax 92, 55/58), selbst wenn sie nur eine rechtl verselbständigte Abspaltung des fremden Staats zum Zweck des Betriebs eines wirtschaftl Unternehmens darstellen (BGH 18, 1; 19, 343; Frankfurt VersR 82, 447), so genießt eine ausländische Notenbank keine Immunität (LG Frankfurt NJW 76, 1044; Krauskopf WM 86, 89); für nichthoheitliche Staatstätigkeit von Staatswirtschaftsländern (Energiewirtschaft/Reaktorunfall Tschernobyl) s AG Bonn NJW 88, 1393; Gründling IPRax 88, 338. – Die Frage der **Zwangsvollstreckung gegen einen fremden Staat** beurteilt sich ausschließlich nach Völkerrecht; danach ist die Zwangsvollstreckung unzulässig in Vermögensgegenstände, die zwar im Gerichtsstaat gelegen sind, aber hoheitlichen Zwecken des fremden Staates, insbesondere seiner diplomatischen Mission zur Wahrung ihrer amtlichen Aufgaben dienen (zB laufendes allgemeines Bankkonto der Botschaft), ein generelles Verbot der Zwangsvollstreckung in Vermögensgegenstände fremder Staaten besteht aber nicht (BVerfG NJW 78, 485). Bankkonten wirtschaftlicher Unternehmen eines ausländischen Staates unterliegen der Pfändung (Frankfurt VersR 82, 447).

4 **Fremde Staatsoberhäupter** (RG 157, 392), bei Besuchen auch die sie begleitenden Angehörigen sowie ihr sonstiges Gefolge; **Regierungsmitglieder** fremder Staaten bei Aufenthalten in amtlicher Eigenschaft sowie die sie begleitenden Angehörigen und ihr sonstiges Gefolge; **offizielle**

Vertreter fremder Staaten bei staatl oder zwischenstaatlichen Veranstaltungen (internat Konferenzen). **Sonderbotschafter** (sog ad-hoc-Diplomaten) auf Grund Anerkennung dieses Status durch das besuchte Land (vgl Düsseldorf MDR 83, 512; NJW 86, 2204 und BGH NJW 84, 2048 – auch für „mission en passant" und zur Frage, ob der Befreiung die Annahme des „Mißbrauchs" entgegengestellt werden kann – dazu a Oehler JR 85, 77). Hier besteht aber nur ein vorübergehendes Verfahrenshindernis (Düsseldorf NStZ 87, 87).

3) § 20 regelt die Frage der Befreiung in personeller Sicht. Daneben kann aber Ausschluß der Gerichtsbarkeit wegen **sachbezogener Staatsimmunität** in Betracht kommen, die unmittelbar als allgemeine Regel des Völkerrechts nach **Art 25 GG** Geltung hat (BGH NJW 79, 1101 mwN). Dies gilt insb für hoheitliche Handlungen eines fremden Staats, die diesem selbst, nicht dem für ihn handelnden Amtsträger zuzurechnen sind – acta iuris imperii –, vgl BGH aaO (für Bericht von New Scotland Yard über kriminelle Praktiken einer religiösen Gemeinschaft). Insoweit kann zB ein ausländischer Minister nicht Zeuge sein (BVerwG NJW 89, 678). 5

4) Völkerrechtliche Vereinbarungen oder sonstige Rechtsvorschriften bestehen: **a)** für **zwischenstaatliche Organisationen** und deren Mitglieder, wie UN (BGBl 80 II 141), EG/EU (vgl Verträge v 17. 4. 57, BGBl II 1182 und v 7. 2. 92, BGBl II 1253), Europarat, intern Atomenergiekommission (s BayObLG 71, 303) u a, s dazu Wenckstern, NJW 87, 1113; MK/Wolf Rn 16; zur Erstreckung auch auf nicht hoheitliche Rechtshandlungen s Kunz-Hallstein NJW 92, 3069. **b)** Für **Angehörige ausländischer Streitkräfte** nach dem **NATO**-Truppenstatut v 19. 6. 51 (BGBl 61 II 1190), Zusatzabkommen v 3. 8. 59 (BGBl II 1218) und G v 18. 8. 61 (BGBl II 1183). **c)** Bezüglich Beschränkungen für **Staatsschiffe** vgl RGBl 27 II 484 und 36 II 303; s auch RG 157, 389. Die Regelung gilt entspr für Staatsluftfahrzeuge. 6

21 (aufgehoben durch G v 25. 3. 74, BGBl I 761)

Zweiter Titel

ALLGEMEINE VORSCHRIFTEN ÜBER DAS PRÄSIDIUM UND DIE GESCHÄFTSVERTEILUNG

Vorbemerkung

1) Der 2. Titel wurde durch das **Gesetz zur Änderung der Bezeichnung der Richter und ehrenamtlichen Richter und der Präsidialverfassung der Gerichte** v 26. 5. 72 (BGBl I 841) neu eingeführt. Diese allgemeinen Grundsätze gelten für alle Gerichte der ordentlichen Gerichtsbarkeit (auch soweit freiwillige Gerichtsbarkeit ausgeübt wird; § 2 EGGVG ist nicht anwendbar, da sich die Vorschriften auf die innere Organisation des Gerichts, nicht auf bestimmte Verfahren beziehen und daher nur einheitlich anwendbar sind), nicht für die Sondergerichte (vgl jedoch § 68 PatG); sie gelten entspr für die übrigen Gerichtszweige (§ 4 VwGO, § 4 FGO, § 6a ArbGG – Sonderregelung insb für Gerichte mit weniger als 3 Richterplanstellen s dort; § 6 SGG). 1

2) Die **Bedeutung** der Regelung (vgl dazu Arndt DRiZ 72, 41; Schorn/Stanicki, Die Präsidialverfassung der Gerichte aller Rechtswege, 1975): Die Aufgaben der **gerichtlichen Selbstverwaltung** (vgl dazu § 21a Rn 1) sind zusammengefaßt und – insbesondere gegenüber der Justizverwaltung – abgegrenzt. Für sie ist in den Präsidien ein einheitliches Organ geschaffen (keine Mitbestimmung der Richterräte hierbei: BVerwG NJW 87, 1215); das Nebeneinander der Zuständigkeiten der Vorsitzendenversammlung (Direktorium, Senatorium), des Präsidiums und des Präsidenten ist beseitigt. Gleichzeitig ist die gerichtliche Selbstverwaltung unmittelbar (§ 21a II Nr 3) oder mittelbar (§ 21b) allen Richtern in gleicher Verantwortung übertragen. 2

3) **Neue Bundesländer:** Übergangsregelungen in § 10 RpflAnpG (BGBl 92 I 1147) idF des G v 7. 12. 95 (BGBl I 1590), wonach die vollständige Präsidialverfassung ab 1. 1. 2000 gilt. Für die **Neuerrichtung von Gerichten** enthält § 30 RpflAnpG eine – nicht nur auf die neuen Länder begrenzte – Regelung für die Bildung und Wahl des Präsidiums innerhalb von 3 Monaten (dazu Rieß DRiZ 93, 76). 3

21a [Präsidium]

(1) Bei jedem Gericht wird ein Präsidium gebildet.

(2) Das Präsidium besteht aus dem Präsidenten oder aufsichtführenden Richter als Vorsitzenden und

1. bei Gerichten mit mindestens zwanzig Richterplanstellen aus acht gewählten Richtern,

2. bei Gerichten mit mindestens acht Richterplanstellen aus vier gewählten Richtern,

3. bei den anderen Gerichten aus den nach § 21b Abs. 1 wählbaren Richtern.

Die Hälfte der gewählten Richter sind bei den Landgerichten, bei den Oberlandesgerichten und beim Bundesgerichtshof Vorsitzende Richter; sind bei einem Gericht nicht mehr als die hiernach zu wählenden Vorsitzenden Richter vorhanden, so gelten diese als gewählt.

1 **1) Präsidium: a)** Es ist ausschließlich Organ der **gerichtlichen Selbstverwaltung;** seine Tätigkeit ist daher nicht Justizverwaltung (BGHSt 13, 53), sondern der richterlichen Tätigkeit gleichgestellt, insbesondere vom Grundsatz der richterl Unabhängigkeit (Art 97 GG, § 25 DRiG) erfaßt (BGH 46, 147; MDR 91, 151; LAG Frankfurt NZA 92, 188); dies gilt auch für die Tätigkeit des Präsidenten im oder an Stelle (vgl § 21i II) des Präsidiums.

2 **Weisungen** übergeordneter Stellen (auch des Präsidiums des übergeordneten Gerichts) sind ausgeschlossen (zur Zulässigkeit von Hinweisen der Justizverwaltung auf Mängel der Geschäftsverteilung vgl BGH 46, 147; MDR 82, 227), ebenso eine dienstaufsichtliche Überprüfung von Entscheidungen eines Präsidiums über die engen Grenzen des § 26 DRiG hinaus (BGH NJW 91, 423; 95, 2494; vgl auch § 21e Rn 59). Daraus folgt andererseits, daß Äußerungen oder Maßnahmen des Präsidenten oder des aufsichtsführenden Richters im Rahmen seiner Aufgaben im Präsidium nicht Maßnahmen der Dienstaufsicht darstellen, die der Prüfung des Dienstgerichts nach § 26 III DRiG unterliegen (BayRiDG DRiZ 68, 310).

3 Diese **Trennung der gerichtl Selbstverwaltung und der Justizverwaltung** schließt ein Zusammenwirken der jeweils berufenen Organe zum Zwecke der sachgerechten Aufgabenbewältigung nicht aus (vgl dazu BGHSt 19, 116), für das das Gesetz an mehreren Stellen ausdrückliche Regelungen vorsieht (vgl §§ 21e VI, 70 I). Einwirkungen der dienstaufsichtsführenden Stelle, die weder Weisungen sind, noch als solche verstanden werden können, sind daher zulässig (BGH MDR 82, 227). „Anregungen", „Prüfungswünsche" uä sind nicht schlechthin, aber dann unzulässig, wenn sie - insbesondere nach ihrer Form - als Weisungen verstanden werden können (BGH NJW 91, 423; MDR 91, 151; DRiZ 81, 426).

4 **b)** Das Präsidium ist andererseits **nicht Organ der Interessenvertretung der Richter** des Gerichts, wenngleich es im Regelfall aus Wahlen hervorgeht. Seine Funktion unterscheidet sich daher grundlegend von der des Präsidialrats (vgl §§ 54 ff, 74, 75 DRiG) und der des Richterrats (§§ 50 ff, 72, 73 DRiG). Es hat unmittelbar der Rechtsprechung dienende Aufgaben wahrzunehmen, so daß die für diese geltenden Grundsätze der Bindung an Gesetz und Recht, der Unparteilichkeit ua auch hier gelten. Andererseits folgt hieraus, daß die den Richtern zugewiesenen Aufgaben für die Bildung des Präsidiums (Wahl) und Mitwirkung im Präsidium zu den **allgemeinen Dienstpflichten** des Richters gehören. Es besteht daher eine Wahlpflicht der wahlberechtigten Richter (BVerwG DRiZ 75, 375); das Amt eines Präsidiumsmitglieds kann nicht ausgeschlagen oder niedergelegt werden (BVerwG aaO).

5 **2) Nach Abs 1 ist bei jedem Gericht** ein Präsidium zu bilden (vgl dazu Rn 1 vor § 21a), bei Neuerrichtung binnen drei Monaten (§ 30 III RPflAnpG). Dies gilt nach dem Wortlaut des Gesetzes auch für das nur mit **einem Richter** besetzte Amtsgericht; dies folgt auch aus der Regelung des § 6a Nr 1 S 1 ArbGG, die den entsprechenden Fall ausdrücklich anspricht (der Wortlaut des § 22a GVG „allen Richtern" ergibt nichts anderes, da er nur vom Regelfall ausgeht, in dem das Präsidium unter Einschluß des Vorsitzenden aus 3 oder mehr Mitgliedern besteht, ganz abgesehen davon, daß § 22a das Bestehen eines Präsidiums voraussetzt, also § 21a I nicht einschränken kann). Das Präsidium besteht in diesem Fall aus dem Richter des Gerichts und dem nach § 22a als Vorsitzenden hinzukommenden Präsidenten, dessen Stimme wegen § 21e VII Hs 2 immer entscheidend ist. Ist der einzige Richter nicht wählbar (vgl §§ 21b I S 2 u 3, 21a II Nr 3), so nimmt der Präsident nach § 22a allein die Aufgaben des Präsidiums wahr (aA: Schorn/Stanicki S 24, vgl aber § 6a Nr 1 ArbGG). Bei dem Ein-Richter-Gericht wird die Hauptaufgabe des Präsidiums (§ 21e I) idR zwar keiner ausdrücklichen Regelung bedürfen, da dem einzigen Richter ohnehin alle Geschäftsaufgaben zufallen, jedoch bedarf es einer Geschäftsverteilung, etwa wenn zur vorübergehenden Entlastung nach § 22b II ein weiterer Richter beauftragt wird oder die Vertretung nach § 22b I nicht nur einem Richter übertragen wird.

6 **3) Zusammensetzung des Präsidiums:** Sie bestimmt sich für alle Gerichte nach der Zahl der dem Gericht zugewiesenen **Richterplanstellen** (die Zuweisung ist Sache der Justizverwaltung)

an dem in § 21d I bezeichneten Zeitpunkt; auch vorübergehend nicht besetzte Planstellen zählen mit (Stanicki DRiZ 72, 414).

Das Präsidium besteht aus **a) dem Vorsitzenden,** der immer geborenes Mitglied ist, also nicht gewählt wird. Vorsitzender ist der Präsident oder der aufsichtführende Richter des Gerichts, wenn es mindestens 8 Richterplanstellen (den Präsidenten mitgezählt) hat; ist dies bei AG nicht der Fall, fällt der Vorsitz an den Präsidenten des übergeordneten LG oder den die Dienstaufsicht führenden Präsidenten eines anderen AG (§ 22a); 7

b) den weiteren Mitgliedern, die bei Gerichten mit mindestens 8 Richterplanstellen gewählt werden (Abs 2 S 1 Nr 1 u 2). Bei den kleineren Gerichten (Abs 2 S 1 Nr 3) sind alle wählbaren Richter (s § 21b I 2 u 3) kraft Gesetzes weitere Mitglieder des Präsidiums (auch der aufsichtführende Richter, s Rn 7). 8

c) Für LG, OLG – außer in den neuen Bundesländern, § 10 III RpflAnpG – und BGH (und ObLG, s § 10 I EGGVG) gilt für die Wahl der weiteren Mitglieder das **Vorsitzendenquorum (Abs 2 S 2),** das sicherstellen soll, daß die besondere Erfahrung und der Überblick der zu Vorsitzenden Richtern ernannten Mitglieder des Gerichts bei der Geschäftsverteilung entsprechende Berücksichtigung findet (vgl dazu BVerwG DRiZ 75, 375). Der Präsident zählt hier nicht als Vorsitzender mit. Es stellt andererseits auch eine Höchstgrenze der Vertretung der Vorsitzenden Richter im Präsidium dar (vgl auch § 21c II letzte Alternative). Rechte und Pflichten der Mitglieder des Präsidiums aus dem Kreis der Vorsitzenden Richter bzw der weiteren Richter unterscheiden sich nicht. Das Quorum bezieht sich auch nicht auf die Wahl selbst; die nach Abs 2 S 2 zu wählenden Vorsitzenden Richter werden von allen Wahlberechtigten gewählt, vgl § 21b II. – Das Quorum kann von der Zahl der Vorsitzenden Richter her eine Wahl ausschließen; dem trägt Abs 2 S 2 Hs 2 Rechnung. Die danach berufenen Mitglieder sind iS des Gesetzes „gewählte Mitglieder", nicht Mitglieder kraft Gesetzes. 9

d) Verlust der Mitgliedschaft: vgl § 21c Rn 6. 10

21b *[Wahl zum Präsidium]*

(1) Wahlberechtigt sind die Richter auf Lebenszeit und die Richter auf Zeit, denen bei dem Gericht ein Richteramt übertragen ist, sowie die bei dem Gericht tätigen Richter auf Probe, die Richter kraft Auftrags und die für eine Dauer von mindestens drei Monaten abgeordneten Richter, die Aufgaben der Rechtsprechung wahrnehmen. Wählbar sind die Richter auf Lebenszeit und die Richter auf Zeit, denen bei dem Gericht ein Richteramt übertragen ist. Nicht wahlberechtigt und nicht wählbar sind Richter, die an ein anderes Gericht für mehr als drei Monate oder an eine Verwaltungsbehörde abgeordnet sind.

(2) Jeder Wahlberechtigte wählt die vorgeschriebene Zahl von Richtern, und zwar bei den Landgerichten, bei den Oberlandesgerichten und beim Bundesgerichtshof jeweils eine gleiche Zahl von Vorsitzenden Richtern und weiteren Richtern. In den Fällen des § 21a Abs. 2 Satz 2 Halbsatz 2 wählt jeder Wahlberechtigte so viele weitere Richter, bis die in § 21a Abs. 2 Satz 1 bestimmte Zahl von Richtern erreicht ist.

(3) Die Wahl ist unmittelbar und geheim. Gewählt ist, wer die meisten Stimmen auf sich vereinigt. Bei Stimmengleichheit entscheidet das Los.

(4) Die Mitglieder werden für vier Jahre gewählt. Alle zwei Jahre scheidet die Hälfte aus. Die zum ersten Mal ausscheidenden Mitglieder werden durch das Los bestimmt.

(5) Das Wahlverfahren wird durch eine Rechtsverordnung geregelt, die von der Bundesregierung mit Zustimmung des Bundesrates erlassen wird.

(6) Ist bei der Wahl ein Gesetz verletzt worden, so kann die Wahl von den in Absatz 1 Satz 1 bezeichneten Richtern angefochten werden. Über die Wahlanfechtung entscheidet ein Senat des zuständigen Oberlandesgerichts, bei dem Bundesgerichtshof ein Senat dieses Gerichts. Wird die Anfechtung für begründet erklärt, so kann ein Rechtsmittel gegen eine gerichtliche Entscheidung nicht darauf gestützt werden, das Präsidium sei deswegen nicht ordnungsgemäß zusammengesetzt gewesen. Im übrigen sind auf das Verfahren die Vorschriften des Gesetzes über die Angelegenheiten der freiwilligen Gerichtsbarkeit sinngemäß anzuwenden.

I) Allgemeines: § 21b regelt die Grundlagen für die Wahl der Mitglieder des Präsidiums, soweit diese nach § 21a II erforderlich ist. Das Verfahren im einzelnen bestimmt sich nach der aufgrund **Abs 5** erlassenen Wahlordnung vom 19. 9. 72 (BGBl I 1821), abgedruckt in Rn 26. Die erstmalige Wahl bei Neuerrichtung eines Gerichts ist binnen 3 Monaten durchzuführen (§ 30 RpflAnpG). 1

II) Wahlgrundsätze: 1) Es besteht für die wahlberechtigten Richter **Wahlpflicht** (vgl BVerwG DRiZ 75, 375; Scholz DRiZ 72, 302; Stanicki DRiZ 72, 417), die der Gesetzgeber in Abs 2 durch das 2

Wort „wählt“ zum Ausdruck bringt. Sie rechtfertigt sich aus der Aufgabenstellung des Präsidiums (vgl § 21a Rn 1), insbesondere aus der im Interesse des Rechtsuchenden bestehenden Notwendigkeit der Bestimmung des gesetzlichen Richters, die das Bestehen eines Präsidiums, und damit dessen Wahl, voraussetzt. Die Wahlpflicht gilt für alle Wahlberechtigten, auch für die kraft Gesetzes dem Präsidium als Vorsitzender oder nach § 21a II 2 Hs 2 als gewählt geltende Mitglieder angehörenden (aA für den Präsidenten Stanicki, aaO). Die Wahlpflicht umfaßt nach Abs 2 nicht nur das Ausüben des Wahlrechts, sondern auch die ordnungsgemäße Vornahme der Wahlhandlung. Die Nichterfüllung der Wahlpflicht kann mit den Mitteln der Dienstaufsicht (vgl § 26 DRiG), gegebenenfalls auch disziplinarrechtlich geahndet werden (wegen des Grundsatzes der „geheimen Wahl“ gilt dies jedoch nur für das „ob“, nicht das „wie“ der Wahl).

3 2) Der Umfang des Wahlrechts ist für alle Wahlberechtigten **gleich.** Nach Abs 2 hat jeder Wahlberechtigte soviele Stimmen, wie Mitglieder zu wählen sind. Dies gilt auch, soweit nach § 21a II 2 das Vorsitzendenquorum zu berücksichtigen ist.

4 3) **Unmittelbarkeit (Abs 3 S 1 und 2),** die durch die Nichtzulassung von Listen (vgl dazu Scholz DRiZ 72, 302; s § 5 II 1 u 2 WahlO) noch konkretisiert ist. Aufgrund der Aufgabenstellung des Präsidiums (vgl § 21a Rn 1) wird sich auch bei **Wahlvorschlägen** Zurückhaltung empfehlen. Vorschläge Außenstehender, auch von Berufsverbänden, sind als Einmischung in interne Angelegenheiten des Gerichts zurückzuweisen. Unsachliche „Wahlwerbung“ durch Richter kann als Dienstpflichtverletzung geahndet werden.

5 4) Die Wahlhandlung ist **geheim** (Abs 3 S 1), vgl dazu § 5 III, § 6 II 1, § 7 III WahlO.

6 **III) Das aktive Wahlrecht** steht nach Abs 1 S 1 grundsätzlich den Richtern zu, die ein Richteramt bei dem Gericht innehaben oder dort tätig sind. Im einzelnen ist zu unterscheiden: **1)** Wahlberechtigt sind die **Richter auf Lebenszeit oder Zeit, denen bei dem Gericht ein Richteramt übertragen ist** (vgl § 27 DRiG). Zu ihnen gehören auch der Präsident bzw der aufsichtführende Richter; daß er dem Präsidium kraft Gesetzes angehört (§ 21a II 1), steht der Wahlberechtigung weder nach dem Wortlaut des Gesetzes noch aus sachlichen Gründen entgegen. In Fällen der Übertragung eines **weiteren Richteramtes** an einem anderen Gericht (vgl §§ 22 II, 59 II GVG und § 27 II DRiG) ist der Richter an beiden Gerichten wahlberechtigt.

7 **a)** Nach Abs 1 S 3 entfällt die Wahlberechtigung jedoch trotz Bestehenbleibens der Richteramtsübertragung bei **Abordnung des Richters** an eine Verwaltungsbehörde (ab dem Beginn der Abordnung) oder an ein anderes Gericht für länger als 3 Monate (zum Erwerb des Wahlrechts an diesem Gericht s Rn 12). Der Verlust der Wahlberechtigung im letztgenannten Fall tritt bereits mit dem Zeitpunkt des Wirksamwerdens der Abordnung ein, falls sie für mehr als 3 Monate angeordnet ist; wird eine kürzer als 3 Monate bemessene Abordnung verlängert, so tritt der Verlust des Wahlrechts in dem Zeitpunkt ein, in dem die Gesamtdauer der angeordneten Abordnung 3 Monate übersteigt (str, vgl Schorn/Stanicki S 43). Die Wahlberechtigung bleibt jedoch unangetastet, falls es sich nur um eine Teilabordnung (unter Aufrechterhaltung der Verwendung am Gericht, an dem Richteramt übertragen ist) handelt (vgl Rn 12).

8 **b)** Unter analoger Anwendung der für die Abordnung getroffenen Regelung ist das Wahlrecht ferner ausgeschlossen für **Richter,** denen zwar ein Richteramt bei dem Gericht übertragen ist, **die dieses aber infolge einer Anordnung der Dienstbehörden länger als 3 Monate nicht ausüben** (str, aA Kissel Rdnr 1; wenig überzeugend eine Regelungslücke verneinend OVG Saarlouis NVwZ 96, 89). Abs 1 S 1 fordert ein Tätigsein zwar ausdrücklich nur für Richter auf Probe oder kraft Auftrags; da dies aber nur als der Übertragung eines Richteramts entsprechendes Anknüpfungsmerkmal für die genannten Richtergruppen anzusehen ist, kann nicht geschlossen werden, daß es auf das Tätigsein bei Richtern auf Lebenszeit oder Zeit nicht ankommt (vgl auch Abs 1 S 3). Als Anordnung, die (falls für länger als 3 Monate vorgesehen) die Wahlberechtigung ausschließt, kommt insbesondere die **Beurlaubung** von Richtern nach § 48a I Nr 2 DRiG oder den entsprechenden landesrechtl Vorschriften (vgl § 76a DRiG), Gewährung von **Erziehungsurlaub** (die Mutterschutzfristen zählen dagegen zu den sonstigen Verhinderungen, su) sowie die Gewährung von Sonderurlaub für besondere Zwecke (vgl § 13 der SonderUrlVO v 29. 4. 92, BGBl I 977, zuletzt geändert BGBl 1993 I 2118, und ähnliche Regelungen der Länder) in Betracht. Dagegen schließt eine **sonstige Verhinderung** des Richters, sein Richteramt auszuüben, die nicht auf einer zeitlich fixierten Anordnung der Dienstbehörden beruht (zB Krankheit), die Wahlberechtigung nicht aus, auch nicht, wenn sie länger als 3 Monate dauert.

9 **c) Nicht wahlberechtigt** sind ehrenamtliche Richter und Berufsrichter anderer Gerichtsbarkeiten, die in besonderen Spruchkörpern mitwirken, ohne daß ihnen ein Richteramt an diesem Gericht (§ 27 DRiG, vgl auch § 42 DRiG) übertragen ist, zB Richter der Verwaltungsgerichtsbarkeit in Kammern und Senaten für Baulandsachen (BGH MDR 77, 916; aA Kissel Rn 6).

10 **d)** Nicht entscheidend ist dagegen der Umfang des übertragenen Richteramtes. Richter, die gem § 48a I Nr 1 DRiG (oder nach entspr Landesrecht) **teilbeschäftigt sind,** haben daher volles

Stimmrecht. Ebenso Professoren, denen – wenn auch nur zu einem Bruchteil ihrer Arbeitskraft – ein Richteramt als weiteres Hauptamt übertragen ist (vgl Art 11 BayRiG).

e) Aus § 21b I 1 (für abgeordnete Richter) und 3 (Anknüpfung an Abordnung an Verwaltungsbehörde, nicht an Verwaltungstätigkeit) folgt ferner, daß die Wahlberechtigung der Richter mit übertragenem Richteramt **nicht von der Wahrnehmung von Rechtsprechungsaufgaben abhängt** (ebenso Stanicki, DRiZ 72, 416). Wahlberechtigt sind demnach auch die Richter, die an dem Gericht, an dem ihnen nach § 27 DRiG ein Richteramt übertragen ist, ausschließlich Aufgaben der Justizverwaltung oder Ausbildungsaufgaben (zB Arbeitsgemeinschaftsleiter) wahrnehmen. 11

2) Wahlberechtigt sind ferner die **Richter auf Probe und kraft Auftrags** an dem Gericht, dem sie zugewiesen und bei dem sie tätig sind. Eine Mindestdauer für die Tätigkeit besteht nicht. – **Abgeordnete Richter** sind am Gericht, zu dem sie abgeordnet sind, wahlberechtigt, wenn die vorgesehene Dauer der Abordnung 3 Monate oder mehr beträgt und sie Aufgaben der Rechtsprechung wahrnehmen (Abs 1 S 1 2. Alt). Entscheidend ist auch hier nur die vorgesehene Dauer der Abordnung, so daß abgeordnete Richter entweder an ihrem Stammgericht (vgl Rn 7) oder am Gericht der Abordnung wahlberechtigt sind, es sei denn, sie üben im letzteren Fall keine Rechtsprechungsaufgaben aus. Ein Wahlrecht am Stammgericht und am Gericht der Abordnung entsteht bei **Teilabordnung:** Am Stammgericht tritt ein Verlust des Wahlrechts nicht ein, da Abs 1 S 3 voraussetzt, daß der Richter infolge der Abordnung sein nach § 27 DRiG übertragenes Richteramt nicht mehr ausübt; der Erwerb des Wahlrechts am Gericht der Abordnung setzt nach Abs 1 S 2 nicht voraus, daß der Richter ausschließlich an diesem Gericht tätig ist. 12

3) **Stichtag** für die Entscheidung über die Wahlberechtigung nach Abs 1 ist der Wahltag, nicht der in § 21d I bestimmte Zeitpunkt (vgl § 2 I 3 WahlO), bei zwei Wahltagen (vgl § 3 S 2 WahlO) der Tag, an dem das Wahlrecht ausgeübt wird. – Zweifelsfälle entscheidet der **Wahlvorstand** (§§ 1, 2 I WahlO). Gegen seine Entscheidung kann jeder Wahlberechtigte (nicht nur der Betroffene) Einspruch einlegen (§ 4 III 1 WahlO), über den der Wahlvorstand entscheidet. Als weiteres Rechtsmittel kommt dann nur noch die Anfechtung der Wahl nach Abs 6 in Betracht. 13

4) Die **Eintragung in das Wahlverzeichnis** (§ 2 I WahlO) ist für die Wahlberechtigung ohne Einfluß, insbesondere begründet die unrichtige Eintragung die Berechtigung nicht. Sie ist jedoch formelle Voraussetzung der Ausübung des Wahlrechts (vgl § 6 IV 2 u § 7 IV 1 WahlO). 14

IV) 1) **Wählbar** sind nach Abs 1 S 2 die Richter auf Lebenszeit und auf Zeit, denen ein Richteramt (ggf auch ohne Rechtsprechungsaufgaben, s Rn 11) an dem Gericht übertragen ist (vgl § 27 DRiG; also nicht Richter auf Probe, kraft Auftrags und von einem anderen Gericht abgeordnete Richter); sie sind jedoch nicht wählbar (Abs 1 S 2 u 3), soweit sie nicht wahlberechtigt sind (s Rn 6 ff). – Nicht wählbar sind ferner die Richter, die dem Präsidium bereits angehören, unabhängig ob die Mitgliedschaft kraft Gesetzes (Präsident oder aufsichtführender Richter, § 21a II 1) besteht oder auf früherer Wahl (bei noch nicht abgelaufener Wahlperiode, vgl dazu § 2 II WahlO) oder auf Ausschluß der Wahl (§ 21a II 2 Hs 2) beruht. Der Vizepräsident (Vertreter des aufsichtführenden Richters) ist wählbar (Schorn/Stanicki S 46), wie sich aus § 21c I 2 ergibt; die Gegenansicht (Kissel Rn 11) kann schon deshalb nicht zutreffen, weil der Ausschluß wegen § 21h auch auf weitere Vertreter auszudehnen wäre. 15

2) Für die Feststellung der Wählbarkeit und das **Verfahren** gelten die gleichen Grundsätze wie für die Wahlberechtigung (vgl Rn 13 und 14). 16

3) Aus der Wählbarkeit folgt nach Abs 3 S 2 („gewählt ist“) die **Pflicht zur Ausübung des Amtes** ohne besondere Annahme der Wahl; die Ausschlagung oder Niederlegung des Amtes ist ebenfalls nicht möglich (BVerwG DRiZ 75, 375; Kissel Rn 16). 17

V) **Das Wahlverfahren** regelt **Abs 2** hinsichtlich der Art der Stimmabgabe durch den einzelnen Wahlberechtigten (dazu § 5 III WahlO). Weitere Einzelheiten siehe die aufgrund der Ermächtigung **des Abs 5 erlassene WahlO** v 19. 9. 72 (s Rn 26), insbesondere: Zusammensetzung und Aufgaben des Wahlvorstandes (§§ 1, 2, 4 I und III 2, §§ 6 bis 12); Urnenwahl (§ 5) und Briefwahl (§ 7); Wahlöffentlichkeit (§ 6 I), auch für die Vorbereitung der Wahl (Auslosung: § 2 IV) und Feststellung des Ergebnisses (§ 8 I 2), sowie Ungültigkeit von Stimmzetteln (§ 8 III; beachte auch Nr 5, der Ausschluß von Stimmzetteln, in denen weniger Stimmen abgegeben als Mitglieder zu wählen sind, dient ebenso wie das Listenverbot, § 5 II WahlO, der Manipulationsverhinderung und ist als Verfahrensvorschrift von § 21b V iVm II 1 gedeckt). 18

VI) Nach Abs 4 S 1 beträgt die **Amtsdauer** der gewählten Mitglieder 4 Jahre; nach der ersten Wahl eines Präsidiums jedoch für die Hälfte der Mitglieder (die durch Los bestimmt werden) nur 2 Jahre (Abs 4 S 2 u 3). Durch diese Regelung, die alle 2 Jahre das Ausscheiden der Hälfte der gewählten Mitglieder und damit das Notwendigwerden einer Neuwahl bewirkt, soll die Kontinuierlichkeit der Tätigkeit des Präsidiums sichergestellt werden. – Weitere Verkürzungen der Amtsperioden können sich bei Veränderungen der Zahl der Richterplanstellen ergeben (vgl § 21d und Anm dort). – Die Wahlperiode beginnt mit dem Beginn des Geschäftsjahrs, zu dem die Wahl 19 erfolgt. – Da § 21d I und die Wahlordnung (§ 1 II 2, § 3 S 1) auf das Geschäftsjahr abstellen, sind auch für die Berechnung der Amtsdauer die Geschäftsjahre maßgeblich. Der Unterschied ist idR bedeutungslos, da sich Geschäftsjahr und Kalenderjahr decken. Tritt hier jedoch eine Verschiebung ein (vgl § 21d Rn 1), so ist diese auch für die Berechnung der Amtsperiode zu berücksichtigen, damit der Anknüpfungszeitpunkt erhalten bleibt. Für neue Gerichte s § 30 II 2 RpflAnpG.

20 **VII) Wahlanfechtung (Abs 6): 1) Anfechtungsberechtigt** ist jeder dem Gericht zugehörende Richter iSd Abs 1 S 1, und zwar auch dann, wenn er nach Abs 1 S 3 nicht wahlberechtigt ist; dies ergibt sich aus der Verweisung nur auf Abs 1 S 1 und rechtfertigt sich daraus, daß auch der nicht wahlberechtigte Richter durch die Tätigkeit des Präsidiums zB bei der Geschäftsverteilung betroffen werden kann (so auch Kissel Rn 18). Dagegen ist nicht anfechtungsberechtigt ein dem Gericht nicht angehörender Richter, der durch Entscheidungen des Präsidiums unmittelbar betroffen ist (Richter am AG, der vom Präsidium des LG zum Mitglied einer Kammer des LG bestellt wird, §§ 78 II, 78b II, 106), s Bamberg NStZ 84, 471. Zur Folge des Ausscheidens nach Erhebung der Anfechtungsklage: OVG Münster NJW 88, 72. – Jeder Richter kann die Wahl allein anfechten. Zulässig, nur einen Teil des Wahlergebnisses anzufechten (OVG Münster NJW 88, 72).

20a Das Verfahren nach Abs 6 ist analog anzuwenden bei **sonstigen (gerichtsinternen) Streitigkeiten** über die Zusammensetzung des Präsidiums, etwa Feststellung des Nachrückers (s § 21c Rn 8) oder Feststellungsantrag eines Richters, daß er (nicht) Mitglied des Präsidiums ist (Frankfurt DRiZ 84, 196), ferner, wenn eine vorgeschriebene Wahl unterlassen wird.

20b Dagegen ist Abs 6 im Vorfeld einer Wahl auch nicht entsprechend heranzuziehen; soweit vorläufiger Rechtsschutz überhaupt in Betracht kommt (der Gesetzgeber hat wohl bewußt Rechtsschutz durch nachträgliche Anfechtung für ausreichend erachtet), richtet er sich nach den allg Vorschriften der VwGO (vgl VGH Kassel NJW 87, 1219, dazu Stanicki DRiZ 89, 58).

21 2) Die Anfechtung ist nur zulässig, wenn die **Verletzung einer das Wahlverfahren betreffenden Rechtsnorm** behauptet wird; hierunter fallen insbesondere die Vorschriften dieses Titels wie die der aufgrund des § 21b V erlassenen WahlO. Es braucht aber nicht die Verletzung eigener Rechte des Anfechtenden behauptet sein (BVerwG DRiZ 75, 375). Zur Wahl gehört auch die Voraussetzung für eine Wahl nach § 21a II, so daß auch geltend gemacht werden kann, daß eine Wahl entgegen § 21a II 1 Nr 3 oder II 2 Hs 2 durchgeführt oder entgegen § 21a II 1 Nr 1 und 2 unterlassen wurde. – Die Anfechtung ist begründet, wenn der behauptete Verstoß vorliegt; zusätzlich ist zu fordern, daß der Verstoß das Wahlergebnis beeinflußt haben kann (**Kausalität**).

22 3) **Zuständigkeit:** Abs 6 S 2. Der zuständige Senat muß im GVP des OLG/BGH bestimmt werden; geeignet ist jeder Senat, keine Bindung etwa an dessen Zuständigkeit für FGG-Verfahren (ebenso Kissel Rn 20). – **Verfahren** nach FGG, wobei in erster Linie die Vorschriften des Beschwerdeverfahrens in Betracht kommen (vgl auch § 29 II EGGVG). Daher auch keine Kostenerstattung, § 13a FGG (OVG Münster NJW 87, 72). Bei beabsichtigter Divergenz zur Entscheidung eines anderen OLG: BGH-Entscheidung, § 28 II, III FGG (BGH NJW 91, 1183). – An dem Verfahren sind der Anfechtungskläger und das betroffene Präsidium beteiligt (BVerwG 44, 172). – Die Entscheidung des OLG (BGH) ist nicht weiter anfechtbar (BGH NJW 83, 2945).

23 4) Die der Anfechtung stattgebende Entscheidung beseitigt das Wahlergebnis mit **Wirkung ex nunc** (Abs 6 S 3); die zwischenzeitlich getroffenen Maßnahmen des Präsidiums sind wirksam; dies wird über den Wortlaut des S 3 hinaus auch gegenüber den betroffenen Richtern gelten müssen. Dies gilt auch über den Zeitpunkt der Auflösung hinaus (Kissel Rn 21); diese hat nur zur Folge, daß das aufgelöste Präsidium nicht weiter tätig werden kann. Bis zum Zeitpunkt der Entscheidungsfähigkeit des neu zu wählenden Präsidiums kann der Präsident oder der aufsichtführende Richter nach § 21i II die erforderlichen Maßnahmen treffen.

24 **VIII) Neue Bundesländer:** Die ursprüngliche Regelung des EinigV (GVG-Maßgabe c) III, IV) ist nunmehr ersetzt durch § 10 RpflAnpG (BGBl 92 I 1147) idF des G v 7. 12. 95 (BGBl I 1590). Danach gelten insbesondere die Vorschriften, die sich auf die paritätische Besetzung der Präsidien beziehen, nicht. Wählbar sind alle wahlberechtigten Richter. Zum 1. 1. 2000 ist eine Neuwahl aller Präsidien durchzuführen; ab diesem Zeitpunkt gilt das GVG ohne Einschränkungen.

25 Einstweilen frei.

26 **IX) Wahlordnung für die Präsidien der Gerichte** vom 19. 9. 1972, BGBl I 1821

§ 1 Wahlvorstand. (1) Der Wahlvorstand sorgt für die ordnungsmäßige Durchführung der Wahl der Mitglieder des Präsidiums. Er faßt seine Beschlüsse mit Stimmenmehrheit.

(2) Der Wahlvorstand besteht aus mindestens drei wahlberechtigten Mitgliedern des Gerichts. Das amtierende Präsidium bestellt die erforderliche Zahl von Mitgliedern des Wahlvorstandes spätestens zwei Monate vor Ablauf des Geschäftsjahres, in dem eine Wahl stattfindet. Es bestellt zugleich eine angemessene Zahl von Ersatzmitgliedern und legt fest, in welcher Reihenfolge sie bei Verhinderung oder Ausscheiden von Mitgliedern des Wahlvorstandes nachrücken.

(3) Das amtierende Präsidium gibt die Namen der Mitglieder und der Ersatzmitglieder des Wahlvorstandes unverzüglich durch Aushang bekannt.

§ 2 **Wahlverzeichnisse.** (1) Der Wahlvorstand erstellt ein Verzeichnis der wahlberechtigten und ein Verzeichnis der wählbaren Mitglieder des Gerichts. In den Fällen des § 21a Abs. 2 Satz 2 Halbsatz 2 des Gerichtsverfassungsgesetzes ist in dem Verzeichnis der wählbaren Mitglieder darauf hinzuweisen, daß die Vorsitzenden Richter als gewählt gelten. Die Verzeichnisse sind bis zum Wahltag auf dem laufenden zu halten.

(2) In das Verzeichnis der wählbaren Mitglieder des Gerichts sind auch die jeweils wegen Ablaufs ihrer Amtszeit oder durch Los ausscheidenden Mitglieder des Präsidiums aufzunehmen, sofern sie noch die Voraussetzungen des § 21b Abs. 1 des Gerichtsverfassungsgesetzes erfüllen.

(3) In den Fällen des § 21b Abs. 4 Satz 3 und des § 21d Abs. 2 und 3 des Gerichtsverfassungsgesetzes nimmt der Wahlvorstand zuvor die Auslosung der ausscheidenden Mitglieder des Präsidiums vor. Hierbei ist bei den mit Vorsitzenden Richtern besetzten Gerichten außer in den Fällen des § 21a Abs. 2 Satz 2 Halbsatz 2 des Gerichtsverfassungsgesetzes eine gleiche Anzahl von Vorsitzenden Richtern und Richtern gesondert auszulosen.

(4) Die Auslosung ist für die Richter öffentlich. Zeitpunkt und Ort der Auslosung gibt der Wahlvorstand unverzüglich nach seiner Bestellung durch Aushang bekannt.

(5) Über die Auslosung fertigt der Wahlvorstand eine Niederschrift, die von sämtlichen Mitgliedern des Wahlvorstandes zu unterzeichnen ist. Sie muß das Ergebnis der Auslosung enthalten. Besondere Vorkommnisse bei der Auslosung sind in der Niederschrift zu vermerken.

§ 3 **Wahltag, Wahlzeit, Wahlraum.** Die Wahl soll mindestens zwei Wochen vor Ablauf des Geschäftsjahres stattfinden. Der Wahlvorstand bestimmt einen Arbeitstag als Wahltag, die Wahlzeit und den Wahlraum. Bei entsprechendem Bedürfnis kann bestimmt werden, daß an zwei aufeinander folgenden Arbeitstagen und in mehreren Wahlräumen gewählt wird. Die Wahlzeit muß sich über mindestens zwei Stunden erstrecken.

§ 4 **Wahlbekanntmachungen.** (1) Der Wahlvorstand gibt spätestens einen Monat vor dem Wahltag durch Aushang bekannt:

1. das Verzeichnis der wahlberechtigten und das Verzeichnis der wählbaren Mitglieder des Gerichts,
2. das Ergebnis der Auslosung nach § 21b Abs. 4 Satz 3 und § 21d Abs. 2 und 3 des Gerichtsverfassungsgesetzes,
3. den Wahltag, die Wahlzeit und den Wahlraum,
4. die Anzahl der zu wählenden Vorsitzenden Richter und Richter,
5. die Voraussetzungen, unter denen eine Briefwahl stattfinden kann,
6. den Hinweis auf das Einspruchsrecht nach Absatz 3.

Bestehen Zweigstellen oder auswärtige Spruchkörper, so sind die Wahlbekanntmachungen auch dort auszuhängen.

(2) Auf den Wahlbekanntmachungen ist der erste Tag des Aushangs zu vermerken.

(3) Jedes wahlberechtigte Mitglied des Gerichts kann gegen die Richtigkeit der Wahlverzeichnisse binnen einer Woche seit ihrer Bekanntmachung oder der Bekanntmachung einer Änderung schriftlich bei dem Wahlvorstand Einspruch einlegen. Der Wahlvorstand hat über den Einspruch unverzüglich zu entscheiden und bei begründetem Einspruch die Wahlverzeichnisse zu berichtigen. Die Entscheidung des Wahlvorstandes ist dem Mitglied des Gerichts, das den Einspruch eingelegt hat, schriftlich mitzuteilen. Sie muß ihm spätestens am Tage vor der Wahl zugehen.

§ 5 **Wahlhandlung.** (1) Das Wahlrecht wird durch Abgabe eines Stimmzettels in einem Wahlumschlag ausgeübt.

(2) Auf dem Stimmzettel sind die Anzahl der zu wählenden Vorsitzenden Richter und Richter sowie die Namen der wählbaren Richter in alphabetischer Reihenfolge untereinander aufzuführen. Bei Gerichten, die mit Vorsitzenden Richtern besetzt sind, sind die Namen dieser Richter gesondert aufzuführen. Nicht aufzuführen sind

1. die Anzahl und die Namen der in den Fällen des § 21a Abs. 2 Satz 2 Halbsatz 2 des Gerichtsverfassungsgesetzes als gewählt geltenden Vorsitzenden Richter,
2. die Namen der Vorsitzenden Richter und Richter, die dem Präsidium angehören und deren Amtszeit noch nicht abläuft.

(3) Der Wähler gibt seine Stimme ab, indem er auf dem Stimmzettel die vorgeschriebene Zahl von Namen Vorsitzender Richter und Richter ankreuzt und den Stimmzettel im verschlossenen Wahlumschlag in die Wahlurne legt.

§ 6 **Ordnung im Wahlraum.** (1) Die Richter können während der gesamten Wahlzeit im Wahlraum anwesend sein.

(2) Der Wahlvorstand trifft Vorkehrungen, daß der Wähler den Stimmzettel im Wahlraum unbeobachtet kennzeichnet und in den Wahlumschlag legt. Für die Aufnahme der Umschläge ist eine Wahlurne zu verwenden. Vor Beginn der Stimmabgabe hat der Wahlvorstand festzustellen, daß die Wahlurne leer ist, und sie zu verschließen. Sie muß so eingerichtet sein, daß die eingelegten Umschläge nicht entnommen werden können, ohne daß die Urne geöffnet wird.

(3) Solange der Wahlraum zur Stimmabgabe geöffnet ist, müssen mindestens zwei Mitglieder des Wahlvorstandes im Wahlraum anwesend sein.

(4) Stimmzettel und Wahlumschlag werden dem Wähler von dem Wahlvorstand im Wahlraum ausgehändigt. Vor dem Einlegen des Wahlumschlages in die Wahlurne stellt ein Mitglied des Wahlvorstandes fest, ob der Wähler im Wählerverzeichnis eingetragen ist. Die Teilnahme an der Wahl ist im Wählerverzeichnis zu vermerken.

(5) Wird die Wahlhandlung unterbrochen oder wird das Wahlergebnis nicht unmittelbar nach Abschluß der Stimmabgabe festgestellt, so hat der Wahlvorstand für die Zwischenzeit die Wahlurne so zu verschließen und aufzubewahren, daß das Einlegen oder die Entnahme von Stimmzetteln ohne Beschädigung des Verschlusses unmöglich ist. Bei Wiedereröffnung der Wahl oder bei Entnahme der Stimmzettel zur Stimmzählung hat sich der Wahlvorstand davon zu überzeugen, daß der Verschluß unversehrt ist.

(6) Nach Ablauf der Wahlzeit dürfen nur noch diejenigen Wahlberechtigten abstimmen, die sich in diesem Zeitpunkt im Wahlraum befinden. Sodann erklärt der Wahlvorstand die Wahlhandlung für beendet.

§ 7 Briefwahl. (1) Den wahlberechtigten Mitgliedern des Gerichts, die

1. einem auswärtigen Spruchkörper oder einer Zweigstelle des Gerichts angehören oder für nicht mehr als drei Monate an ein anderes Gericht abgeordnet sind,
2. aus sonstigen Gründen an einer Stimmabgabe nach § 5 Abs. 3 verhindert sind und dies dem Wahlvorstand rechtzeitig anzeigen,

leitet der Wahlvorstand einen Stimmzettel und einen Wahlumschlag sowie einen größeren Freiumschlag zu, der die Anschrift des Wahlvorstandes und als Absender die Anschrift des wahlberechtigten Mitglieds des Gerichts sowie den Vermerk „Schriftliche Stimmabgabe zur Wahl des Präsidiums" trägt. Er übersendet außerdem eine vorgedruckte, vom Wähler abzugebende Erklärung, in der dieser dem Wahlvorstand gegenüber versichert, daß er den Stimmzettel persönlich gekennzeichnet hat. Die Absendung ist in der Wählerliste zu vermerken.

(2) In einem besonderen Schreiben ist zugleich anzugeben, bis zu welchem Zeitpunkt spätestens der Stimmzettel bei dem Wahlvorstand eingegangen sein muß.

(3) Der Wähler gibt seine Stimme ab, indem er auf dem Stimmzettel die vorgeschriebene Zahl von Namen Vorsitzender Richter und Richter ankreuzt und den Stimmzettel im verschlossenen Wahlumschlag unter Verwendung des Freiumschlages und Beifügung der von ihm unterzeichneten vorgedruckten Erklärung dem Wahlvorstand übermittelt. Die Stimmabgabe kann vor dem Wahltag erfolgen.

(4) Während der Wahlzeit vermerkt ein Mitglied des Wahlvorstandes die Absender der bei dem Wahlvorstand eingegangenen Briefe im Wählerverzeichnis, entnimmt den Briefen die Wahlumschläge und legt diese ungeöffnet in die Wahlurne. Die vorgedruckten Erklärungen sind zu den Wahlunterlagen zu nehmen. Briefe, die ohne die vorgedruckte Erklärung bei dem Wahlvorstand eingehen, sind mit dem darin enthaltenen Wahlumschlag sowie mit einem entsprechenden Vermerk des Wahlvorstandes zu den Wahlunterlagen zu nehmen. Nach Ablauf der Wahlzeit eingehende Briefe sind unter Vermerk des Eingangszeitpunktes ungeöffnet zu den Wahlunterlagen zu nehmen.

§ 8 Feststellung des Wahlergebnisses. (1) Unverzüglich nach Ablauf der Wahlzeit stellt der Wahlvorstand das Wahlergebnis fest. Die Richter können bei der Feststellung des Wahlergebnisses anwesend sein.

(2) Der Wahlvorstand öffnet die Wahlurne und entnimmt den darin befindlichen Wahlumschlägen die Stimmzettel. Er prüft deren Gültigkeit und zählt sodann die auf jedes wählbare Mitglied des Gerichts entfallenden gültigen Stimmen zusammen.

(3) Ungültig sind Stimmzettel,

1. die nicht in einem Wahlumschlag abgegeben sind,
2. die nicht von dem Wahlvorstand ausgegeben sind,
3. aus denen sich der Wille des Wählers nicht zweifelsfrei ergibt,
4. die einen Zusatz oder Vorbehalt enthalten,
5. in denen nicht die vorgeschriebene Anzahl von Namen Vorsitzender Richter und Richter angekreuzt ist.

(4) Bei Stimmengleichheit zwischen zwei oder mehreren wählbaren Mitgliedern des Gerichts stellt der Wahlvorstand durch Auslosung fest, wer als gewählt gilt und wer in den Fällen des § 21c Abs. 2 des Gerichtsverfassungsgesetzes als Nächstberufener nachrückt.

§ 9 Wahlniederschrift. (1) Über das Wahlergebnis fertigt der Wahlvorstand eine Niederschrift, die von sämtlichen Mitgliedern des Wahlvorstandes zu unterzeichnen ist. Die Niederschrift muß enthalten:

1. die Zahl der abgegebenen Stimmzettel,
2. die Zahl der gültigen Stimmzettel,
3. die Zahl der ungültigen Stimmzettel,
4. die für die Gültigkeit oder Ungültigkeit zweifelhafter Stimmzettel maßgebenden Gründe,
5. die Angabe, wie viele Stimmen auf jeden der wählbaren Vorsitzenden Richter und Richter entfallen sind,
6. die Namen der gewählten Vorsitzenden Richter und Richter,
7. das Ergebnis einer etwaigen Auslosung nach § 8 Abs. 4.

(2) Besondere Vorkommnisse bei der Wahlhandlung oder der Feststellung des Wahlergebnisses sind in der Niederschrift zu vermerken.

§ 10 Benachrichtigung der gewählten Richter. Der Wahlvorstand benachrichtigt unverzüglich die in das Präsidium gewählten Mitglieder des Gerichts schriftlich von ihrer Wahl.

§ 11 Bekanntgabe des Wahlergebnisses. Der Wahlvorstand gibt das Wahlergebnis unverzüglich durch Aushang bekannt.

§ 12 Berichtigung des Wahlergebnisses. Offenbare Unrichtigkeiten des bekanntgemachten Wahlergebnisses, insbesondere Schreib- und Rechenfehler, kann der Wahlvorstand von Amts wegen oder auf Antrag berichtigen. Die Berichtigung ist gleichfalls durch Aushang bekannt zu machen.

§ 13 Aufbewahrung der Wahlunterlagen. Die Wahlunterlagen (Aushänge, Niederschriften, Stimmzettel, verspätet oder ohne vorgedruckte Erklärung eingegangene Wahlbriefe usw.) werden von dem Präsidium mindestens vier Jahre aufbewahrt; die Frist beginnt mit dem auf die Wahl folgenden Geschäftsjahr.

§ 14 **Nachwahl.** Ist in den Fällen des § 21c Abs. 2 des Gerichtsverfassungsgesetzes eine Nachwahl durchzuführen, weil kein Nächstberufener vorhanden ist, so gelten für die Durchführung der Nachwahl die Vorschriften dieser Verordnung entsprechend.

§ 15 **Übergangsvorschrift.** Besteht bei einem Gericht bei Inkrafttreten dieser Verordnung kein Präsidium, so nimmt bei der erstmaligen Bestellung des Wahlvorstandes der aufsichtführende Richter die Aufgaben nach § 1 Abs. 2 Satz 2 und 3 und Abs. 3 wahr.

§ 16 **Berlin-Klausel.** *(gegenstandslos)*

§ 17 **Inkrafttreten.** Diese Verordnung tritt am 1. Oktober 1972 in Kraft.

21c *[Vertretung der Mitglieder des Präsidiums]*

(1) Bei einer Verhinderung des Präsidenten oder aufsichtführenden Richters tritt sein Vertreter (§ 21h) an seine Stelle. Ist der Präsident oder aufsichtführende Richter anwesend, so kann sein Vertreter, wenn er nicht selbst gewählt ist, an den Sitzungen des Präsidiums mit beratender Stimme teilnehmen. Die gewählten Mitglieder des Präsidiums werden nicht vertreten.

(2) Scheidet ein gewähltes Mitglied des Präsidiums aus dem Gericht aus, wird es an ein anderes Gericht für mehr als drei Monate oder an eine Verwaltungsbehörde abgeordnet, wird es kraft Gesetzes Mitglied des Präsidiums oder wird es zum Vorsitzenden Richter ernannt, so tritt an seine Stelle der durch die letzte Wahl Nächstberufene.

§ 21c regelt die Vertretung verhinderter Mitglieder des Präsidiums, das Ausscheiden aus dem Präsidium und die Stellung des Vertreters des Präsidenten oder aufsichtführenden Richters. Abs 2 geändert mit Wirkung ab 1. 1. 1992 durch Art 2 Nr 1 RechtspflegeVereinfG.

1) Vertretung: a) § 21c I 1 betrifft nur die **Vertretung des Vorsitzenden** des Präsidiums. Dies folgt aus dem Zusammenhang der Vorschrift, die sicherstellen soll, daß der Vorsitzende des Präsidiums immer aktionsfähig (vgl § 21i II) ist. Sie gilt daher auch für die Vertretung des nach § 22a bestimmten Vorsitzenden, dagegen nicht für die Vertretung des aufsichtführenden Richters, der nach § 21a II 1 Nr 3 nur weiteres Mitglied ist (vgl § 21a Rn 7, 8). 1

b) Vertretung des Vorsitzenden tritt in allen Fällen der **Verhinderung** ein; diese liegt vor bei Abwesenheit zB infolge Urlaub, Dienstreise, Erkrankung, bei Anwesenheit gilt grundsätzlich der Vorrang der Aufgaben im Präsidium vor anderen Dienstaufgaben (ebenso Kissel Rn 1). Die Verhinderung hat der Vorsitzende, im Falle seiner Abwesenheit der berufene Vertreter festzustellen. Als Verhinderung muß auch das vorübergehende **Fehlen eines Vorsitzenden** (bei Ausscheiden eines Präsidenten bis zur Berufung des Nachfolgers) angesehen werden. Zur Verhinderung wegen Befangenheit s § 21e Rn 27. 2

c) Die **Person des Vertreters** bestimmt sich nach § 21h. Bei Verhinderung des zunächst berufenen Vertreters tritt der nächstfolgende an seine Stelle (§ 21h S 2). Ist der Vertreter seinerseits Mitglied des Präsidiums nach § 21a II 1 Nr 1 bis 3, so ist er für die Dauer der Vertretung des Vorsitzenden an der Ausübung des Amtes des Mitglieds des Präsidiums verhindert (kein doppeltes Stimmrecht); daraus folgt, daß er seinerseits nicht vertreten wird (Abs 1 S 3), insbesondere ist die Vertretung des Vorsitzenden kein Fall der Mitgliedschaft kraft Gesetzes iS des Abs 2. 3

d) Die **übrigen Mitglieder** werden bei Verhinderung nicht vertreten. Für die gewählten gilt dies nach Abs 1 S 3, für die Mitglieder iSd § 21a II 1 Nr 3 folgt dies aus dem Fehlen eines Vertreters, der nicht seinerseits bereits Mitglied des Präsidiums wäre. 4

2) Stellung des Vertreters des Vorsitzenden im übrigen (Abs 1 S 2): Das Recht der beratenden Teilnahme des Vertreters dient der umfassenden Meinungsbildung des Präsidiums und soll dem Vertreter ermöglichen, ohne weitere Vorbereitung und Information jederzeit die Vertretung übernehmen zu können. Es gilt daher auch für den Vertreter des nach § 22a berufenen Vorsitzenden. Andererseits wird es auf den nach § 21h an 1. Stelle berufenen Vertreter zu beschränken sein, da anderenfalls alle nichtgewählten Richter teilnehmen könnten (vgl § 21h S 2). Hierfür spricht auch der Wortlaut des S 2 („sein"), woraus auch folgt, daß bei Verhinderung des an 1. Stelle berufenen Vertreters die weitere Vertretungsregel des § 21h S 2 nicht eingreift (dieser in seiner beratenden Funktion also nicht vertreten wird). 5

3) Wechsel der Mitgliedschaft (Abs 2): a) Aus Abs 2 folgt mittelbar, wann **ein Verlust der Mitgliedschaft** im Präsidium eintritt; dies ist in allen Fällen des **Verlustes der Wählbarkeit** für das konkrete Gericht (vgl § 21b I 2 u 3) der Fall. Er ergibt sich für die kraft Gesetzes berufenen Mitglieder (Vorsitzender, Mitglieder nach § 21a II 1 Nr 3) unmittelbar aus § 21a II, für gewählte Mitglieder folgt dies aus § 21c II. Letztere verlieren die Mitgliedschaft ferner bei **Ablauf der Wahlzeit bzw Auslosung** (§§ 21b IV, 21d II u III) oder bei Erwerb der Mitgliedschaft im Präsidium kraft Gesetzes (hier kommt nur die **Ernennung zum Präsidenten oder zum aufsichtführenden Richter,** falls das Gericht mindestens 8 Planstellen hat – § 21a II 1 –, in Betracht; nicht § 21a II 2 6

Hs 2, vgl § 21a Rn 9 aE). Ein gewähltes Mitglied aus dem Kreis der weiteren Richter iSd §§ 59, 115 u 124 verliert sein Amt ferner, wenn es **zum Vorsitzenden Richter** (an demselben Gericht) **ernannt wird;** durch diese Regelung wird zwar in die Wahlentscheidung eingegriffen (es ist an sich nicht anzunehmen, daß ein Richter durch die Ernennung zum Vorsitzenden Richter das Vertrauen, das ihm bei der Wahl ausgesprochen wurde, verliert), sie dient jedoch der Aufrechterhaltung der in § 21a II 2 Hs 1 vorgesehenen Parität zwischen den Mitgliedern aus dem Kreis der Vorsitzenden Richter und der weiteren Richter; aus diesem Gesichtspunkt erscheint sie sachlich gerechtfertigt. – **Sonstige Gründe** (etwa länger dauernde Krankheit) führen nicht zum Erlöschen der Mitgliedschaft im Präsidium; dies gilt auch dann, wenn bereits feststeht, daß das Mitglied bis zu einem bereits absehbaren Ausscheiden (zB durch Erreichung der Altersgrenze) das Amt nicht mehr ausüben kann (vgl dazu Hamm MDR 70, 611). Die Mitgliedschaft kann auch nicht niedergelegt werden (vgl § 21a Rn 4). – Die einmal verlorene Mitgliedschaft **lebt nicht wieder auf,** wenn der den Verlust begründende Umstand (zB vorübergehende Abordnung) wegfällt, vielmehr verbleibt die Mitgliedschaft bei dem einmal eingetretenen Nachfolger (bei Abordnung str, vgl Driehaus DRiZ 75, 43 mwN).

7 **b) Nachfolger:** An die Stelle eines ausgeschiedenen **Mitglieds kraft Gesetzes** tritt sein Nachfolger im Richteramt; dies gilt für den nach § 21a II 1 oder § 22a berufenen Vorsitzenden und die Mitglieder nach § 21a II 1 Nr 3, nicht für Mitglieder nach § 21a II 2 Hs 2 (s aber Rn 9). – Anstelle eines ausgeschiedenen **gewählten Mitglieds** tritt der bei der Wahl Nächstberufene (Abs 2). Er muß mindestens 1 Stimme erhalten haben und im Zeitpunkt des Eintritts noch wählbar sein. Ist ein Nächstberufener idS nicht vorhanden, ist eine Nachwahl durchzuführen (§ 14 WahlO). Der Nachfolger tritt, auch wenn er durch Nachwahl berufen wird, in die laufende Amtszeit seines Vorgängers ein. Sind gleichzeitig Mitglieder mit verschiedenen Amtszeiten zu ersetzen, entscheidet das Los, wer von den Nächstberufenen für das eine und wer für das andere Mitglied nachrückt (BGH NJW 91, 1183). – Maßgeblich ist die **Ersatzliste der letzten vorangegangenen Wahl,** auch wenn der Ausgeschiedene in früherer Wahl gewählt wurde. Durch Art 2 Nr 1 RechtspflegeVereinfG ist die frühere Streitfrage geklärt.

8 **c)** Die **Feststellung über den Nachfolger** trifft das **Präsidium** im Rahmen seiner Selbstverwaltung, nicht der Wahlvorstand der letzten Wahl, dessen Aufgabe beendet ist und der idR nicht mehr besteht (Kissel Rn 9; BGH MDR 91, 230; str; aA Zweibrücken DRiZ 77, 311; Driehaus DRiZ 75, 43).

9 **d)** Keine Nachfolgeregelung besteht für den Fall des **Ausscheidens eines nach § 21a II 2 Hs 2 berufenen Mitglieds.** Dieses ist nicht Mitglied kraft Gesetzes (vgl Wortlaut des § 21a II 2 Hs 2), andererseits kann ein Nächstberufener iSd Abs 2 nicht bestehen (da keine Wahl). Sind in der Zwischenzeit die Voraussetzungen des § 21a II 2 Hs 2 weggefallen, so wird eine Nachwahl nach § 14 WahlO durchzuführen sein, bestehen die Voraussetzungen fort, so hat der Nachfolger des Ausgeschiedenen analog § 21a II 2 Hs 2 als durch Nachwahl gewählt zu gelten.

21d *[Größe des Präsidiums]*

(1) Für die Größe des Präsidiums ist die Zahl der Richterplanstellen am Ablauf des Tages maßgebend, der dem Tage, an dem das Geschäftsjahr beginnt, um sechs Monate vorhergeht.

(2) Ist die Zahl der Richterplanstellen bei einem Gericht mit einem Präsidium nach § 21a Abs. 2 Satz 1 Nr. 1 unter zwanzig gefallen, so sind bei der nächsten Wahl, die nach § 21b Abs. 4 stattfindet, zwei Richter zu wählen; neben den nach § 21b Abs. 4 ausscheidenden Mitgliedern scheiden zwei weitere Mitglieder aus, die durch das Los bestimmt werden.

(3) Ist die Zahl der Richterplanstellen bei einem Gericht mit einem Präsidium nach § 21a Abs. 2 Satz 1 Nr. 2 über neunzehn gestiegen, so sind bei der nächsten Wahl, die nach § 21b Abs. 4 stattfindet, sechs Richter zu wählen; hiervon scheiden zwei Mitglieder, die durch das Los bestimmt werden, nach zwei Jahren aus.

1 **1) Abs 1** bestimmt den für die Größe des Präsidiums iSd § 21a II 1 **maßgeblichen Zeitpunkt.** Er gilt nicht für die Beurteilung des aktiven und passiven Wahlrechts (§ 21b I, s a § 2 I 3 WahlO) oder die Frage, ob in Hinblick auf § 21a II 2 Hs 2 eine Wahl vorzunehmen ist (auch hier Wahltag entscheidend; vgl § 2 I 2 u 3 WahlO). – Der Termin ist nach dem Zeitpunkt des Beginns des **Geschäftsjahrs** festzulegen. Dieses ist im GVG nicht bestimmt und unterliegt daher, soweit nicht eine landesrechtliche Regelung besteht (Bay: Art 6 AGGVG), der Festlegung durch das Präsidium im Rahmen der Regelung der Geschäftsverteilung (vgl Stanicki, DRiZ 72, 416 mwN; Schorn/Stanicki S 28; aA Kissel Rn 3: immer Kalenderjahr). IdR deckt sich das Geschäftsjahr mit dem Kalenderjahr, so daß der Stand zum Ablauf des 30. 6. maßgeblich ist. Tag der Neuerrichtung eines Gerichts ist maßgeblich gem § 30 III RPflAnpG.

2) **Folgen der Veränderung der Planstellenzahl: a)** In Abs 2 u 3 ist unmittelbar nur die Folge einer **Veränderung im Abgrenzungsbereich zwischen § 21a II 1 Nr 1 und 2** (19–20) geregelt. Diese wirkt sich danach erst für die nächste turnusmäßige Wahl (vgl § 21b IV 2) aus und nur dann, wenn die Veränderung vor dem in Abs 1 bestimmten Zeitpunkt wirksam wurde. 2

b) Nicht ausdrücklich geregelt ist die Folge des **Ansteigens der Planstellenzahl auf 8 oder ihr Absinken unter diese Grenze.** Man wird in diesem Fall den Grundsatz des § 21d I ebenfalls anwenden müssen, obwohl es sich in erster Linie um die Frage der Berufung der Mitglieder des Präsidiums aufgrund einer Wahl oder kraft Gesetzes und somit nur mittelbar um eine Frage der „Größe des Präsidiums" handelt. Die Anwendung rechtfertigt sich jedoch aus dem mit Abs 1 verfolgten Zweck (s Rn 1), der – jedenfalls bei Ansteigen der Planstellenzahl von 7 auf 8 und dem damit verbundenen Notwendigwerden einer Wahl – nur bei Anwendung des Abs 1 sichergestellt ist. Hieraus folgt: 3

aa) Steigt die Zahl der Planstellen auf 8, so bleibt das nach § 21a II 1 Nr 3 zusammengesetzte Präsidium zunächst im Amt. Die Wahl der Mitglieder nach § 21a II 1 Nr 2 – mit Wirkung zum Beginn des nächsten Geschäftsjahres – ist spätestens 2 Wochen vor dem Ende des laufenden Geschäftsjahres vorzunehmen (§ 3 WahlO), wenn die 8. Planstelle vor dem nach § 21d I maßgeblichen Zeitpunkt hinzukam, anderenfalls erst zum Ablauf des nächstfolgenden Geschäftsjahrs. 4

bb) Fällt Zahl der Richterplanstellen unter 8, so müssen folgerichtig die unter aa) dargelegten Grundsätze entsprechend angewendet werden: Das gewählte Präsidium bleibt – je nach dem, ob die Veränderung vor oder nach dem in Abs 1 genannten Zeitpunkt des laufenden Geschäftsjahrs eintrat – bis zum Ablauf dieses oder des nächstfolgenden Geschäftsjahrs im Amt; in letzterem Fall kann sogar noch eine Wahl nach § 21b IV 2 notwendig werden, falls eine Wahlperiode mit dem laufenden Geschäftsjahr abläuft. 5

21e *[Aufgaben und Befugnisse des Präsidiums; Geschäftsverteilung]*

(1) Das Präsidium bestimmt die Besetzung der Spruchkörper, bestellt die Ermittlungsrichter, regelt die Vertretung und verteilt die Geschäfte. Es trifft diese Anordnungen vor dem Beginn des Geschäftsjahres für dessen Dauer. Der Präsident bestimmt, welche richterlichen Aufgaben er wahrnimmt. Jeder Richter kann mehreren Spruchkörpern angehören.

(2) Vor der Geschäftsverteilung ist den Vorsitzenden Richtern, die nicht Mitglieder des Präsidiums sind, Gelegenheit zu einer Äußerung zu geben.

(3) Die Anordnungen nach Absatz 1 dürfen im Laufe des Geschäftsjahres nur geändert werden, wenn dies wegen Überlastung oder ungenügender Auslastung eines Richters oder Spruchkörpers oder infolge Wechsels oder dauernder Verhinderung einzelner Richter nötig wird. Vor der Änderung ist den Vorsitzenden Richtern, deren Spruchkörper von der Änderung der Geschäftsverteilung berührt wird, Gelegenheit zu einer Äußerung zu geben.

(4) Das Präsidium kann anordnen, daß ein Richter oder Spruchkörper, der in einer Sache tätig geworden ist, für diese nach einer Änderung der Geschäftsverteilung zuständig bleibt.

(5) Soll ein Richter einem anderen Spruchkörper zugeteilt oder soll sein Zuständigkeitsbereich geändert werden, so ist ihm, außer in Eilfällen, vorher Gelegenheit zu einer Äußerung zu geben.

(6) Soll ein Richter für Aufgaben der Justizverwaltung ganz oder teilweise freigestellt werden, so ist das Präsidium vorher zu hören.

(7) Das Präsidium entscheidet mit Stimmenmehrheit; bei Stimmengleichheit gibt die Stimme des Vorsitzenden den Ausschlag.

(8) Der Geschäftsverteilungsplan des Gerichts ist in der von dem Präsidenten oder aufsichtführenden Richter bestimmten Geschäftsstelle des Gerichts zur Einsichtnahme aufzulegen; einer Veröffentlichung bedarf es nicht.

1 **I) Aufgaben des Präsidiums:** Die Aufgaben und Befugnisse des Präsidiums ergeben sich aus Abs 1, 4 und 6; weitere Aufgaben bestehen nur, soweit gesetzl übertragen (vgl §§ 22b I, II, 70 I, 132 VI GVG; auch durch Landesrecht möglich, vgl § 18 GerOrgG Rheinl-Pfalz: Beteiligung des Präsidiums bei der Festsetzung der Zahl der Kammern der LGe; dazu Buschmann DRiZ 83, 473) oder soweit es sich um ergänzende Maßnahmen handelt (zB Auslegung des GVP aus Anlaß von Kompetenzstreitigkeit; vgl Rn 38). Eine „Allzuständigkeit" des Präsidiums (Schorn/Stanicki S 72) gibt es nicht (so auch Kissel Rn 12). – Die Aufgaben sind **nicht delegierbar**, auch nicht auf den Präsidenten (BGH NJW 53, 353; vgl auch § 21i II). – Zur Stellung des Präsidiums im allgemeinen, insbesondere zum Verhältnis zur Justizverwaltung vgl § 21a Rn 1. – Zu den Aufgaben des Präsidiums gehören im einzelnen:

2 **1) Besetzung der Spruchkörper:** Spruchkörper idS sind alle Spruchorgane, die mit mehr als einem Richter entscheiden, also auch die KfHS; Besetzung daher nicht nötig bei AG (§ 22 I), dort nur Verteilung der Geschäfte auf die Einzelrichter (s Rn 11). – Die Zahl der Spruchkörper wird von der Justizverwaltung bestimmt (vgl § 60 Rn 1) und unterliegt nicht der Entscheidung des Präsidiums (Ausnahme: Bildung von Hilfskammern, vgl dazu Rn 19 und § 21f Rn 2, und Ferienkammer, s § 201). – Die Regelung gilt auch für die Besetzung mit ehrenamtlichen Richtern (§ 105: Handelsrichter; Sonderregelung für Schöffen vgl §§ 43 ff, 77); wegen Ergänzungsrichter s Rn 21.

3 **a)** Jeder Richter ist **mindestens einem Spruchkörper** zuzuteilen. Das Präsidium darf einen Richter nicht durch Maßnahmen innerhalb der Geschäftsverteilung von seiner richterlichen Tätigkeit praktisch ausschließen (BVerfG NJW 64, 1019). Dies ist jedoch nicht der Fall, wenn und solange ein Richter etwa wegen (absehbar längerer) Krankheit ohnehin nicht mitwirken kann; ebenso kann von der Zuweisung an einen Spruchkörper abgesehen werden, wenn der Richter (zB durch Betrauung mit Aufgaben der Justizverwaltung) dauernd oder (bei Abordnung) für bestimmte und bestimmbare Zeit verhindert ist.

4 **Jedem Spruchkörper ist** ein Vorsitzender (vgl § 21f) und mindestens die gesetzliche Zahl von Beisitzern zuzuteilen. Die Besetzung mit „NN" ist unzulässig (unvollständige Geschäftsverteilung, BGH NJW 79, 1052), es sei denn, eine zugeteilte Planstelle ist vorübergehend nicht oder noch nicht besetzt (BGH NJW 88, 1397; vgl Rn 39d/e).

5 Jeder Richter kann jedoch **mehreren Spruchkörpern** zugeteilt werden (Abs 1 S 4, s auch § 21f Rn 10). In diesem Fall ist durch das Präsidium festzulegen, welcher Geschäftsaufgabe bei gleichzeitiger Inanspruchnahme in den verschiedenen Spruchkörpern der Vorrang zukommt (BGH NJW 73, 1291).

6 **b)** Soweit nicht gesetzliche Sonderregelungen (zB über die Besetzung mit ehrenamtlichen Richtern, vgl etwa § 105 I, oder mit Beisitzern aus einem anderen Gerichtszweig, vgl § 220 BauGB) bestehen, hat das Präsidium **nach pflichtgemäßem Ermessen** (BVerwG NJW 88, 1215 – Mitwirkung des Richterrats ist ausgeschlossen) über die Zuteilung der Richter an die Spruchkörper zu entscheiden. Dabei hat es die besonderen Anforderungen der dem jeweiligen Spruchkörper obliegenden Rechtsprechungsaufgaben (hieraus jedoch keine Verpflichtung zu einer bestimmten Besetzung, etwa der Zuteilung einer Richterin, weil für Rechtsstreitigkeiten über die elterliche Sorge zuständig, vgl Köln NJW 72, 911), die besonderen Fähigkeiten und Kenntnisse des jeweiligen Richters, seine Interessen (vgl Abs 5) sowie die Äußerungen der Vorsitzenden Richter (vgl Abs 2) angemessen zu berücksichtigen. Maßstab für die Ermessensausübung ist die Sicherung einer **funktionstüchtigen Rechtspflege** (zB Einsatz eines blinden Richters nicht in erstinstanzlichen Strafsachen, BGH NJW 87, 1210; 88, 1333); hierzu gehört auch der Gesichtspunkt der umfassenden Verwendbarkeit der Richter, die durch Aufgabenwechsel nach angemessener Zeit gesichert werden soll (BayVGH B v 19. 3. 86 Nr 3 B 85 A 2623; s auch Rn 57).

7 Unzulässig ist in jedem Fall eine Zuteilung nur für **bestimmte** Sitzungstage oder **Verfahren** (Art 101 I 2 GG, BVerwG NJW 87, 2031, s aber Rn 14).

8 **d)** Die Zuweisung kann sich **auf bestimmte Rechtsprechungsaufgaben des Spruchkörpers** beschränken, die dann allerdings im GVP selbst ausgewiesen sein müssen; eine solche auf bestimmte Aufgaben beschränkte Zuweisung kann insbesondere geboten sein, wenn dem Spruchkörper Aufgaben zugewiesen sind, die in unterschiedlicher Besetzung wahrzunehmen sind (vgl etwa § 122 GVG). Um für die reduzierte Richterbank eine nach den Grundsätzen des BVerfG (s Rn 9) unzulässige Überbesetzung zu vermeiden, muß es möglich sein, Richter nur für die unter die erweiterte Richterbank fallenden Aufgaben zuzuweisen (Katholnigg GVG § 21e Rn 4 und NJW 92, 2259; Kissel Rn 117; aA 17. Aufl, s auch BVerwG NJW 67, 642; 68, 811); dem steht § 21g (Zuständigkeit des Vors für die interne GV) nicht entgegen (aA BGH NJW 66, 1458, aber 67, 1279 u 68, 1242), da einem Vorsitzenden auch der Vorsitz in zwei selbständigen Spruchkörpern übertragen werden könnte. – Generell ist die **Zuweisung** eines Richters **nur mit einem Teil** seiner Arbeitskraft möglich, ggfalls auch nötig. Sie kann sich aus Umständen ergeben, auf die das Präsidium keinen Einfluß hat, so wenn einem Richter ein weiteres Richteramt bei einem anderen Gericht übertragen ist (§ 27 II DRiG); ebenso, wenn er ein weiteres Hauptamt (zB als Hochschul-

lehrer) ausübt (vgl BGH NJW 74, 109) oder teilweise Aufgaben der Justizverwaltung wahrnimmt (vgl Abs 6 u Rn 23). Die Zuweisung mit einem Teil der Arbeitskraft kann aber auch Folge der Zuweisung zu mehreren Spruchkörpern durch das Präsidium sein (vgl Rn 5).

e) **Überbesetzung von Spruchkörpern** (vgl De Clerck NJW 68, 1766; Schorn/Stanicki, S 117 ff) ist nicht grundsätzlich ausgeschlossen. Sie **verstößt jedoch** nach bisheriger Rspr **gegen Art 101 I 2 GG,** wenn 2 personell verschiedene Sitzgruppen gebildet werden könnten; den Kammern beim LG und den Senaten beim OLG können daher höchstens 4 ordentliche Beisitzer zugeteilt werden (BVerfG 17, 294; 18, 65; 18, 344; 19, 147; 69, 112; BGH NJW 85, 2840 – Ausnahme zulässig bei versetztem Richter, der nur zur Fortführung eines noch laufenden Verfahrens teilabgeordnet blieb). Diese Rspr wird nunmehr in Frage gestellt durch Vorlagebeschluß des 1. Senats (BVerfG NJW 95, 2703), der eine Überbesetzung für verfassungsrechtlich unbedenklich hält, solange die spruchkörperinternen Mitwirkungspläne hinreichend bestimmt und generell-abstrakt sind (s § 21g Rn 5). Jedenfalls kommt eine weitergehende Überbesetzung als bislang üblich schon deshalb nicht in Betracht, weil der Vorsitzende dann die ihm obliegenden Aufgaben (§ 21 f Rn 1, 3) wohl nicht mehr erfüllen könnte. Die Überbesetzung wird zwar nicht geheilt, wenn im Zeitpunkt der Entscheidung Mitglieder verhindert waren (BGH NJW 65, 1715), dagegen kann einem bereits mit 4 ständigen Beisitzern besetzten Spruchkörper des LG (OLG) mit Rücksicht auf eine voraussichtlich längere Verhinderung eines Mitglieds für die Dauer der Verhinderung ein weiteres Mitglied zugeteilt werden, da hier nach der konkreten Sachlage, die Voraussetzung der Besetzungsentscheidung war, die Einrichtung zweier personell verschiedener Sitzgruppen ausgeschlossen ist (BGH MDR 70, 572). Die Überbesetzung ist auch dann unzulässig, wenn ein Mitglied nur mit einem Teil seiner Arbeitskraft zur Verfügung steht (etwa nach § 48a I Nr 1 DRiG oder wegen Justizverwaltungstätigkeit; vgl BGH NJW 65, 1434; 66, 55); dies muß entgegen BGH (NJW 66, 1458) auch gelten, wenn ein Mitglied Hochschullehrer ist und deshalb nur mit ¼ seiner Arbeitskraft dem Senat zur Verfügung steht. Eine Ausnahme gilt dagegen gemäß den Erfordernissen der Praxis bei ehrenamtlichen Richtern (insb bei KfHS; für Gruppe der Rechtsanwälte bei Anwaltsgerichten, BGH NJW 94, 2751, uä); bei ihnen ist die Sicherung vor Manipulation nach § 21g II als ausreichend anzusehen. – Die Überbesetzung, die die vorgenannte Grenze nicht erreicht (also 3 oder 4 ständige Beisitzer), ist zulässig, wenn sie mit Rücksicht auf den Umfang der Rechtsprechungsaufgaben des Spruchkörpers erforderlich ist (BVerfG NJW 65, 1219; BGH LM Nr 49 zu § 551 Ziff 1 ZPO); letzteres hat das Präsidium nach pflichtgemäßem Ermessen zu beurteilen (BGH aaO). 9

f) Zur Zuweisung von **Hilfsrichtern** vgl § 22 V u § 59 III, § 117 Rn 2. 10

2) **Verteilung der Rechtsprechungsaufgaben:** Um die konkrete Zuständigkeit des Richters iSd Art 101 I 2 GG festzulegen, müssen die bei dem Gericht anfallenden Rechtsprechungsaufgaben auf die Spruchkörper (beim AG auf die Einzelrichter) verteilt werden. Dazu gehören alle dem Gericht zugeordneten Aufgaben, die zur Rechtsprechung zählen, zB auch der Vorsitz im Schöffenwahlausschuß, § 40 II (vgl BGH NJW 80, 2364). 11

a) Das Präsidium hat **alle Aufgaben** zu verteilen, auch dann, wenn es eine Überlastung des Gerichts für gegeben hält (vgl dazu Feiber NJW 75, 2005; BGH NJW 79, 1052; Kissel Rdnr 6, 80 ff). Es kann insbesondere nicht von der Verteilung einzelner Rechtsprechungsaufgaben mit der Begründung absehen, mangels ausreichender Richterzuteilung sei die Wahrnehmung aller Aufgaben nicht möglich. Es ist daher auch unzulässig, eine Geschäftsaufgabe mit „NN" zu besetzen (BGH aaO, s Rn 4). Das Präsidium hat weder die Befugnis, dem Rechtsuchenden gegenüber durch Nichtverteilung einzelner Aufgaben die Rechtsgewährung auszuschließen, noch sind ihm Befugnisse bezüglich der Personalbemessung und Aufstellung des Haushalts eingeräumt, vgl auch § 60 Rn 1 (ebenso BayVerfGH NJW 78, 1515 und eingehend Kissel Rn 80). Die Gegenauffassung (vgl insb LR-Schäfer § 21e GVG Rn 23) ist nicht haltbar. Sie läuft auf eine Ermächtigung zum „Streik" (Kissel Rn 6) hinaus, dem – in bezug auf den Vollzug des GVP durch den einzelnen Richter – die Rspr entschieden entgegengetreten ist (BGH DRiZ 79, 249; BVerwG NJW 76, 1224). Nichts anderes kann für das Präsidium gelten; es hat durch den GVP die Voraussetzung für die Rechtsgewährung im Einzelfall – im Rahmen der zur Verfügung gestellten Personalmittel – zu treffen, nicht diese zu behindern. Für eine unzureichende Personalausstattung trägt es nicht die Verantwortung, es kann daher auch nicht zu seinen Befugnissen gehören, etwaige Meinungsverschiedenheiten mit den Verantwortlichen (Justizverwaltung; Haushaltsgesetzgeber, zu dessen Grenzen in bezug auf die Besetzung der Gerichte und die Pflicht zur Justizgewährung s BayVerfGH NJW 86, 1326 und Einl GVG Rn 20) noch dazu auf dem Rücken des Rechtsuchenden im Wege der Geschäftsverteilung auszutragen. Zu Recht weist Kissel (aaO) auch darauf hin, daß die Erledigung einer bestimmten Rechtsprechungsaufgabe letztlich nur dadurch „unvollziehbar" wird, daß ein gesetzl Richter nicht bestimmt wird. Zur Frage, ob (wie) das Präsidium im Streit zur vollständigen Verteilung angehalten werden könnte, vgl Rn 59. 12

12a Es ist auch **nicht** Aufgabe des Präsidiums, die **Reihenfolge der Erledigung** einzelner Aufgaben festzulegen; dies ist vielmehr Sache des befaßten Richters.

13 **b)** Die Aufgabenverteilung muß wegen der Erfordernisse aus Art 101 I 2 GG nach **abstrakten Merkmalen** vorgenommen werden, zB nach Anfangsbuchstaben einer Partei (im Zivilprozeß idR auf den Bekl; bei Abstellen auf Kl hätte dieser – etwa durch Abtretung – die Möglichkeit, sich einen bestimmten Richter auszusuchen, s LG Frankfurt NJW 88, 70), nach Sachgebieten (vgl dazu BayVGH BayVBl 71, 476), nach der Reihenfolge des Eingangs, in Rechtsmittelverfahren nach dem Gericht der Vorinstanz. Verteilung nach dem zeitl Eingang oder dem Aktenzeichen nur, wenn durch geeignete Verwaltungsanordnungen Manipulationen der Geschäftsstelle möglichst ausgeschlossen sind (BGH 40, 91; BGHSt 15, 116; bedenkl Zweibrücken MDR 67, 147); die lediglich abstrakte Möglichkeit des Mißbrauchs macht die Regelung nicht fehlerhaft (BVerfG 18, 426), jedoch muß sie so eindeutig wie möglich sein (BVerfG 17, 294). Dies erfordert zB, daß bei der Aufgabenverteilung nach Anfangsbuchstaben einer Partei allgemeine Regelungen aufgestellt werden, welcher Name bei mehreren Beteiligten maßgeblich ist oder wie bei Abkürzungen oder Zusätzen bei Bezeichnungen jur Personen oder bei Adelsbezeichnungen u ä zu verfahren ist. Zu den Erfordernissen, wenn die Zuteilung von der Reihenfolge des zeitlichen Eingangs abhängt, s BVerwG NJW 83, 2154, BGH bei Holtz, MDR 90, 297; daß die betrauten Beamten „vertrauenswürdig“ seien, genügt als Sicherung gegen Manipulationsmöglichkeiten nicht (unter Berufung auf BGH 40, 91, vgl aber auch BAG NJW 61, 1740). Im Hinblick auf das Erfordernis der vollständigen Verteilung ist es idR erforderlich, aber auch ausreichend, wenn alle im Geschäftsverteilungsplan nicht ausdrücklich genannten Sachen pauschal einem Spruchkörper zugewiesen werden.

14 **c)** Vom Grundsatz der Zuweisung nach abstrakten Merkmalen kann nach **Abs 4 für anhängige Verfahren** abgewichen werden, sofern der Richter mit der Sache bereits befaßt ist (vgl Rn 46). Von Abs 4 soll möglichst pauschal (für alle bei einem Spruchkörper anhängigen Verfahren) Gebrauch gemacht werden. Erforderlichenfalls kann aber auch in Betracht kommen, die von der Umverteilung betroffenen anhängigen Verfahren konkret zu bezeichnen (Kissel Rn 133; BGH DRiZ 80, 147; BVerwG NJW 85, 822; offen gelassen BVerwG NJW 91, 1370).

14a **3) Jährlichkeitsprinzip (Abs 1 S 2):** Der GVP ist jeweils für die gesamte Dauer eines Geschäftsjahrs (dazu § 21d Rn 1) aufzustellen. Hieraus leitet sich der **Grundsatz der Stetigkeit** ab, der die gerichtl Geschäftsverteilung beherrscht (vgl BGH bei Holtz MDR 79, 108) und auf den bei jeder Änderung oder (nach Ablauf des Geschäftsjahrs) Fortschreibung des GVP zu achten ist; jede Änderung der Zuständigkeit bedeutet nicht nur zusätzlichen Aufwand für die neu mit der Sache befaßten Richter, sondern zugleich auch einen Eingriff in den Grundsatz des gesetzlichen Richters. Zu den Einzelheiten s Rn 42 ff. Das Jährlichkeitsprinzip gilt nicht nur für die **Aufgabenabgrenzung**, sondern auch für die **Richterzuteilung.** Für diese kann jedoch dann eine (kalendermäßig bestimmte) kürzere Dauer der Zuweisung vorgesehen werden, wenn feststeht, daß zu einem bestimmten Zeitpunkt eine nicht nur vorübergehende Verhinderung des Richters eintreten wird (Ruhestandseintritt; schon verfügte Versetzung). In diesem Fall handelt es sich nur um die Vorwegnahme der später ohnehin erforderlichen Änderung nach Abs 3.

14b Aus dem Jährlichkeitsprinzip folgt, daß der für das Geschäftsjahr beschlossene GVP an dessen Ende ohne weiteres **außer Kraft tritt** (BVerwG NJW 85, 822; 91, 1370). Für das neue Geschäftsjahr gilt ausschließlich der neue GVP, der deshalb auch mit konstitutiver Wirkung alle – auch die anhängigen – Geschäfte verteilt. Zur Aufrechterhaltung der bestehenden Zuständigkeit s Abs 4 (Rn 46), der nicht nur für die Änderung nach Abs 3, sondern auch für neue Geschäftsverteilung zu Beginn eines neuen Geschäftsjahrs gilt. Hieraus folgt, daß eine fehlerhaft im Laufe des Geschäftsjahrs vorgenommene Änderung zu dessen Ende ihre Bedeutung verliert; wird die geänderte Regelung zum neuen Geschäftsjahr „fortgeschrieben“, so wirkt der Fehler nicht mehr fort, da jetzt die Voraussetzungen des Abs 3 nicht mehr vorliegen müssen (vgl BVerwG aaO).

15 **4) Vertretungsregelung:** Das Präsidium hat im Rahmen des GVP ferner die Vertretung zu regeln. **a) Umfang:** Die Vertretungsregelung muß sowohl die Vertretung der Vorsitzenden (s § 21f) wie die der weiteren Mitglieder, beim AG die Vertretung der Einzelrichter, umfassen. Nicht durch das Präsidium zu regeln ist jedoch die Vertretung der Beisitzer innerhalb eines überbesetzten Spruchkörpers, da hier der Vorsitzende zuständig ist (§ 21g Rn 11); für diese Spruchkörper ist die Vertretung im GVP für den Fall zu regeln, daß eine Vertretung innerhalb des Spruchkörpers wegen weiterer Verhinderung nicht möglich ist.

16 **b)** Die Vertretungsregelung muß **vollständig** sein; für jeden Richter muß ein regelmäßiger Vertreter bestimmt werden (BGH NJW 56, 1246); eine Bestimmung, daß sich die Mitglieder bestimmter Spruchkörper gegenseitig vertreten, genügt nicht, vielmehr muß die Reihenfolge für jeden Richter feststehen (Hamm NJW 59, 114); andererseits ist es im Hinblick auf die Vollständigkeit der Vertretungsregelung nötig, auch die weitere Vertretung bei Ausfall auch des regelmäßigen Vertreters zu bestimmen (BGH NJW 88, 1921). Dies geschieht idR durch eine Bestimmung, wonach alle Richter des Gerichts in bestimmter Reihenfolge (zB: „nach dem Dienstalter, bei

gleichem Dienstalter nach dem Lebensalter, beginnend mit dem Dienst-Lebensjüngsten“) als weitere Vertreter berufen sind (sog Ringvertretung).

c) Für von Anfang an absehbare außergewöhnliche Vertretungsfälle, insb den **Bereitschaftsdienst** an dienstfreien Tagen (die Anordnung des Bereitschaftsdienstes ist eine Organisationsmaßnahme der Justizverwaltung, die Bestellung der ihn wahrnehmenden Richter ausschließlich Sache der Geschäftsverteilung: BGH NJW 87, 1198), kann eine besondere Vertretungsregelung vorgesehen werden (zB Bestimmung eines Richters zum Vertreter aller anderen; vgl dazu Fischer DRiZ 68, 341; Kissel Rn 120; Schorn/Stanicki S 144); auch diese ist für das Geschäftsjahr im voraus festzulegen. Ebenso ist es zulässig, für Fälle **außergewöhnlich hohen und sofort zu erledigenden Geschäftsanfalls** (Haftrichter) von vornherein eine Regelung zu treffen, wann der weitere Vertretungsfall eintritt (zB: „der jeweils nächste Vertreter tritt ein, sobald an einem Tag auf den vor ihm zuständigen Richter 25 Vorführungen entfallen sind“). 17

d) Die im voraus festgelegte Vertretungsregelung ist nicht in dem Maß abschließend, daß die Bestellung eines **zeitweiligen Vertreters** während des Geschäftsjahrs aus besonderem Anlaß ausgeschlossen wäre, wie insb § 22b II zeigt (BGH NJW 77, 1696; zur Abgrenzung s BGH NJW 88, 1921). Die gegenteilige Auffassung (Kissel Rn 127; Müller NJW 78, 899; wie hier Schorn/Stanicki S 105, BL/Albers Rn 6), die sich auf die Möglichkeit abschließender Regelung (insb durch Ringvertretung) beruft, übersieht, daß diese für das Präsidium nicht zwingend vorgeschrieben ist. 18

e) Ein Sonderfall der Vertretungsregelung ist die Einrichtung einer **Hilfskammer** bei besonderer vorübergehender Belastung eines ordentlichen Spruchkörpers (s § 21f Rn 2). Entsprechend ihrer Aufgabe (Vertretung bei besonderer, aber vorübergehender Verhinderung) kann die Hilfskammer längstens bis zum Ablauf des auf ihre Einrichtung folgenden Geschäftsjahrs bestehen bleiben (BGH NJW 86, 144). Etwas anderes kann nur gelten, soweit die Hilfskammer ein bei ihr vor Ablauf der Frist anhängig gewordenes Verfahren zuende führt (s Abs 4). Zur Schöffenbesetzung einer Hilfsstrafkammer s (teilweise rechtsschöpfend) BGH NJW 96, 267. 19

f) Zur Frage der Verhinderung als Voraussetzung des Eingreifens der Vertretungsregelung und ihrer Feststellung vgl Rn 39. 20

5) Aufgrund verschiedener prozeßrechtl Vorschriften und wegen gerichtsorganisatorischer Besonderheiten ist es vielfach nötig, im GVP **weitere Regelungen** zu treffen, da der GVP den gesetzl Richter für alle in Betracht kommenden Fälle im voraus bestimmen soll. Hierher gehört zB die Bestimmung der **Ergänzungsrichter** (§ 192 II), die nicht schon aufgrund der Vertretungsregelung feststehen (vgl BGH NJW 76, 1547), die Zuweisung der von den Rechtsmittelgerichten an einen anderen Spruchkörper zurückverwiesenen Verfahren (vgl Rn 22) oder die Aufgabenabgrenzung zwischen Hauptgericht und bestehenden **Zweigstellen oder auswärtigen Spruchkörpern** (zB §§ 93 II, 116 II), soweit diese nicht schon aus dem Organisationsakt folgt, vgl § 116 II; zB auch bayVO über die amtsgerichtl Zweigstellen; s § 22 Rn 4 f; für Sozialgerichtsbarkeit VGH München NVwZ-RR 96, 300). Der **Vorsitz im Schöffenwahlausschuß** (§ 40 II GVG) ist ebenfalls im GVP zu regeln (BGH NJW 80, 2364). 21

6) **Bildung von Auffangspruchkörpern** ist nötig für die von den Rechtsmittelgerichten an einen anderen Spruchkörper desselben Gerichts zurückverwiesenen Verfahren, vgl § 565 I 2 ZPO, § 354 II 1 StPO; § 79 VI OWiG. Bestimmung ist grundsätzlich Aufgabe der Geschäftsverteilung des Präsidiums (Rieß JR 79, 302; Kissel § 60 Rn 17). Sie kann auch während des Geschäftsjahrs nachgeholt werden, wenn sich die Notwendigkeit ergibt (vgl BGH bei Helle, DRiZ 74, 227; München JR 78, 301; Kissel aaO). Entgegen Kissel (aaO) gilt dies auch, wenn bei dem Gericht nur ein Spruchkörper der in Frage kommenden Art besteht (zB das LG hat nur eine Jugendkammer); zwar ist richtig, daß es hier – formal – nicht um die Verteilung der Aufgaben auf (mehrere) Spruchkörper, sondern eigentlich um die Einrichtung eines neuen Spruchkörpers der betreffenden Art geht, wofür grundsätzlich die Justizverwaltung, nicht das Präsidium zuständig ist (vgl § 60 Rn 1). Diese Auffassung führt aber zu dem sachfremden Ergebnis, daß wegen der abstrakten Möglichkeit der Zurückverweisung immer mindestens zwei Spruchkörper für jeden Aufgabenbereich ständig eingerichtet werden müßten, obwohl der Geschäftsanfall nur eine Kammer auslastet. Gerade im Hinblick auf den Zweck des Grundsatzes des gesetzl Richters muß aber eine unnötige Zuständigkeitszersplitterung vermieden werden (vgl etwa § 23b II 1 und dort Rn 10), die obige Auffassung zur Folge hätte. Richtigerweise kann daher das Präsidium nach Abs 3 (vgl Rn 47) verfahren und vorübergehend im Wege der Geschäftsverteilung den für den Einzelfall erforderlichen Auffangspruchkörper bestimmen (vgl auch BGH aaO). 22

7) **Anhörungsrecht nach Abs 6.** Das Präsidium ist berechtigt, sich zur **Freistellung** eines Richters für Aufgaben der Justizverwaltung zu äußern. Die zur Entscheidung zuständige Behörde der Justizverwaltung hat dem Präsidium vor der Entscheidung Gelegenheit zur Äußerung zu geben; ein Zustimmungserfordernis begründet Abs 6 nicht. Zur „Anregung“ der Behörde an das Präsidium, von sich aus einen Richter wegen seiner Verwaltungsaufgaben (zB Referendarausbildung) teilweise freizustellen, s Rn 59 und § 21a Rn 2. Bei der Bemessung der Rechtsprechungs- 23

aufgaben des Richters durch das Präsidium (ggf durch den Vorsitzenden nach § 21g) muß die sonstige Aufgabenzuteilung berücksichtigt werden (vgl Rn 8), auch wenn das Präsidium mit der „Freistellung" nicht einverstanden war. – Wird ein Richter an eine andere Stelle **abgeordnet,** so liegt kein Fall der „Freistellung" vor. Ebenso ist Abs 6 nicht anwendbar, wenn Aufgaben der Justizverwaltung (zB im Rahmen der Ausbildung) von einem Richter im **Nebenamt** ausgeübt werden und dessen Einsatz für Aufgaben der Rspr nicht beeinträchtigt wird (keine „Freistellung").

24 **II) Verfahren: 1) Anhörungspflichten** bei Aufstellung oder Änderung der Geschäftsverteilung: Vor der Aufstellung des GVP ist den Vorsitzenden Richtern, die dem Präsidium nicht angehören, Gelegenheit zur Äußerung zu geben (Abs 2). Dabei müssen die Vorsitzenden über beabsichtigte Änderungen, die ihren bisherigen Spruchkörper betreffen, unterrichtet werden, wie aus Abs 3 S 2 zu schließen ist; im übrigen müssen die Absichten der künftigen Gestaltung nicht vorher offengelegt werden, da die Stellungnahme der Meinungsbildung des Präsidiums dient. Bei Änderungen der Geschäftsverteilung im Laufe des Geschäftsjahrs ist den betroffenen Vorsitzenden (ggfalls deren Vertretern, § 21f II) und/oder dem betroffenen Richter (Abs 5) Gelegenheit zur Stellungnahme zu geben; der betroffene Richter ist nach Abs 5 ferner zu hören, wenn eine Änderung iS der Vorschrift in einem neuen Geschäftsverteilungsplan für das nächste Geschäftsjahr vorgesehen ist. Eine weitere Anhörungspflicht besteht bei Schwerbehinderten nach § 22 IV SchwbG. – Die vorherige Anhörung nach Abs 5 (in der Regel nicht nach Abs 2 und 3 S 2) kann in Eilfällen entfallen.

25 **Das Verfahren,** in dem die Gelegenheit zur Äußerung zu geben ist, ist nicht geregelt. Das Präsidium kann den Richter unmittelbar anhören oder den Präsidenten mit der Anhörung beauftragen. Es ist auch die Aufforderung zur schriftlichen Stellungnahme binnen angemessener Frist zulässig (in den Fällen des Abs 2 dürfte dieses Verfahren allerdings wenig zweckmäßig sein). **Der Verstoß** macht die Entscheidung nicht mangelhaft (vgl Rn 51), da es sich nur um eine interne Ordnungsvorschrift handelt.

26 2) In der **Verfahrensgestaltung** selbst sind die Präsidien frei (BVerwG NJW 84, 575). §§ 192 ff, insb § 197 sind nicht unmittelbar anwendbar (BGH NJW 95, 2494). Meinungsverschiedenheiten sind durch Geschäftsordnungsbeschluß vom Präsidium selbst zu entscheiden.

26a a) **Schriftform** der Beschlußfassung, insbesondere die Unterzeichnung aller mitwirkenden Mitglieder ist nicht erforderlich (BVerwG NJW 84, 575), Protokollierung ist zu empfehlen; zur Beschlußfassung im Umlaufverfahren s § 21i Rn 3.

27 b) Befangenheit eines Präsidiumsmitglieds (dazu Wömpner DRiZ 82, 404): Es entscheidet das Präsidium, ob Befangenheit vorliegt, kein Ausschluß kraft Gesetzes. Anzeige eines Befangenheitsgrundes durch den Betroffenen entspr den für Richter geltenden Regelungen. Scheidet danach ein Mitglied wegen Befangenheit aus, so wird es nicht vertreten, es sei denn, es handelt sich um den Vorsitzenden (s § 21c Rn 4).

28 c) Die Sitzungen des Präsidiums sind **nicht öffentlich,** auch **nicht richteröffentlich** (hM; Kissel Rn 60); dies ergibt sich auch aus § 21c I 2 (beratende Mitwirkung nur des Vertreters des Präsidenten) und aus der Regelung der Anhörungspflicht gegenüber den betroffenen Richtern (s Rn 24), die ein Recht der interessierten oder betroffenen Richter, an der unmittelbaren Meinungsbildung des Präsidiums – auch nur als Zuhörer – teilzunehmen, gerade nicht gewährt. Deutliche Hinweise in dieser Richtung gibt BGH NJW 95, 2494; überzeugend gegen Richteröffentlichkeit der Präsidiumssitzungen (Persönlichkeitsschutz der Richter; gesteigerte Gefahr der Verdrängung notwendiger Erörterungen in informelle Vorgespräche) Neumeyer/Hohm NJW 95, 3101.

29 d) Das Gebot der Wahrung des **Beratungs- und Abstimmungsgeheimnisses** nach § 43 DRiG gilt weder unmittelbar noch dem Sinne nach (s BGH NJW 95, 2494; str, aA Kissel Rn 22; Funk DRiZ 73, 261; ThP Anm 1c, aa), allerdings wird nach außen Verschwiegenheit im Rahmen der allgemeinen dienstrechtl Grenzen zu wahren sein, da es sich um eine dem dienstl Bereich zuzurechnende Tätigkeit handelt.

30 e) Das Präsidium kann durch eine **Geschäftsordnung,** die allerdings nur interne Wirkung haben kann, das Verfahren regeln (vgl dazu Stanicki DRiZ 72, 52; VGH Mannheim DÖV 80, 573; s auch Rn 58). In die Befugnisse des Vorsitzenden darf durch die Geschäftsordnung jedoch nicht eingegriffen werden.

31 3) **Entscheidung:** Nach **Abs 7** entscheidet das Präsidium mit einfacher Mehrheit der anwesenden Mitglieder. Stimmenthaltung soll unzulässig sein (Kissel Rn 66), sehr zweifelhaft. Bei Stimmengleichheit entscheidet die Stimme des Vorsitzenden; ist er verhindert, die seines Vertreters (§ 21c I). Zur Beschlußfähigkeit s § 21i I, zur Frage der Entscheidung im Umlaufverfahren § 21i Rn 3. Keine wirksame Entscheidung liegt in der schweigenden Zurkenntnisnahme einer vom Präsidenten getroffenen Verfügung (BGH NJW 58, 550).

32 4) **Aufgaben des Vorsitzenden:** Der Vorsitzende hat die Entscheidungen des Präsidiums vorzubereiten (Einberufung der Mitglieder; Leitung der Sitzung; Beschaffung notwendiger Unterla-

gen), für die Einhaltung der Verfahrensvorschriften (s oben Rn 24) zu sorgen, ggfalls die Anhörungen durchzuführen und die zur Ausführung der Beschlüsse notwendigen Maßnahmen (Abs 8, sowie Unterrichtung der Richter; Abgabe der Stellungnahme gemäß Abs 6 gegenüber der zuständigen Justizverwaltungsbehörde) zu ergreifen. Ferner obliegt ihm der Vollzug des Geschäftsverteilungsplans bei Vertretungsfällen durch Feststellung der Verhinderung (vgl Rn 39). Schließlich handelt er in Notfällen an Stelle des Präsidiums (§ 21i II). Über Streitigkeiten zwischen Vorsitzendem und Mitgliedern s Rn 58.

III) Der Geschäftsverteilungsplan (GVP): 1) Allgemeines: a) Der GVP hat die **Funktion,** den 33
gesetzl Richter (Art 101 I 2 GG, § 16 GVG) für jeden Einzelfall, in dem der Richter nach den Zuständigkeitsregeln der Prozeßordnung tätig zu werden hat, festzulegen. Danach ist erforderlich, daß die Person des für die Entscheidung zuständigen Richters und sein Aufgabenbereich im voraus und nach allgemeinen Gesichtspunkten (also nicht ad hoc) bestimmt sind (zB BVerfG NJW 86, 1325). Demgemäß sind im GVP die anfallenden richterlichen Geschäfte auf die Spruchkörper zu verteilen und deren personelle Zusammensetzung (einschließlich Vertretung) zu regeln. Beide Gesichtspunkte fallen unter Art 101 I 2 GG (BVerfG 17, 294). Über die rein organisatorische Bedeutung (vergleichbar der der Geschäftsverteilungsregelung einer Behörde oder des Organisationsplans eines Unternehmens) hinaus gewinnt der gerichtl GVP auf Grund des Verfassungsgebots des gesetzl Richters zusätzliche Bedeutung und Qualität. Diese betrifft an sich nur den Rechtssuchenden, dem allein der Anspruch auf den gesetzl Richter kraft Verfassungsrecht eingeräumt ist. Für den einzelnen Richter selbst hat der GVP dagegen nur die Funktion der konkreten Aufgabenzuweisung im Rahmen seines Dienstverhältnisses, wobei die Besonderheit aber darin besteht, daß das Organisationsrecht den betroffenen Richtern (repräsentiert durch das Präsidium) zur Selbstverwaltung übertragen ist. Allerdings wird die rein innerorganisatorische Bedeutung des GVP in bezug auf den einzelnen Richter überlagert durch die Frage, ob sich die besondere Rechtsstellung des Richters, insbesondere seine verfassungsrechtl garantierte Unabhängigkeit, ebenfalls auf das Wesen des GVP auswirkt (im einzelnen vgl Rn 34). – **Nicht** erfaßt werden die nicht richterlichen Rechtspflegeaufgaben (Rechtspfleger) und die Justizverwaltungsaufgaben des Gerichts; sie werden vom zuständigen Justizverwaltungsorgan verteilt.

b) Die **Rechtsnatur des GVP** ist umstritten. Die Frage hat insbesondere im Zusammenhang 34
mit dem Problem der Anfechtbarkeit des GVP Bedeutung erlangt (vgl dazu Rn 48 ff). Der Gesetzgeber hat beide Fragen offengelassen. Auch die Rspr hat bisher hierzu nur zurückhaltend Stellung genommen, insbesondere hat das BVerfG (17, 256; 31, 47; NJW 76, 325) bisher die Frage der Rechtsnatur offengelassen. Auch durch die Entscheidung des BVerwG über den für den Richter gegebenen Rechtsweg (NJW 76, 1224) ist die Frage nicht geklärt. Übereinstimmung besteht darüber, daß der GVP kein Akt der Rspr und kein Justizverwaltungsakt ist (BVerwG 50, 14; BayVerfGH NJW 86, 1673; VGH Mannheim DRiZ 73, 320; Kissel Rn 93; Kornblum, Festschrift Schiedermair, 1976, S 333 mwN) – das Präsidium besitzt zwar richterl Unabhängigkeit, ist aber kein Gericht und keine Verwaltungsbehörde. Weitgehende Übereinstimmung besteht auch darin, daß wegen der unterschiedlichen Bedeutung des GVP – einmal in bezug auf die rechtssuchende Allgemeinheit (Bestimmung des gesetzl Richters), einmal in bezug auf den einzelnen betroffenen Richter – zwischen der generellen Wirkung für die unbestimmte Vielzahl künftiger gerichtl Verfahren und der Wirkung im Einzelfall für den Richter, dem eine bestimmte Geschäftsaufgabe zugewiesen wird, zu unterscheiden ist („Doppelnatur“, vgl BayVerfGH NJW 78, 1515; Kornblum aaO und NJW 77, 666; Müller MDR 77, 975; Pentz DRiZ 77, 179; Schorn/Stanicki S 199; Wolf DRiZ 76, 364). Soweit es das letztere anbelangt, hat das BVerwG sich unter Verneinung des Verwaltungsaktcharakters des GVP für die Einstufung als Organisationsakt ausgesprochen (BVerwG aaO; kritisch dazu insb Kornblum aaO; Müller, aaO).

Richtigerweise wird man den GVP als ein **Rechtsinstitut besonderer Art** anerkennen müssen: er dient in der durch Art 101 I 2 GG gebotenen generalisierenden Weise der Verwirklichung des Gebots des gesetzlichen Richters (hierauf abstellend schon VGH Mannheim DRiZ 73, 319, als Vorinstanz zu BVerwG aaO) und wirkt insoweit ähnlich einer Rechtsnorm (vgl auch BayVerfGH NJW 78, 1515), ohne aber eine solche zu sein (so auch mit eingehender Begründung BayVerfGH NJW 86, 1673); auch die Art seines Zustandekommens und die Regelungen in Abs 1 S 3 und in Abs 8 sprechen dagegen. Zugleich hat er gegenüber den betroffenen Richtern organisationsrechtliche Wirkungen, die wegen der besonderen Rechtsstellung des Richters mehr als nur innerorganisatorische (und daher unanfechtbare) Bedeutung haben. Ebenso wie das Entscheidungsgremium, das Präsidium, weder Gericht noch Organ der Justizverwaltung oder gar selbständige Behörde, sondern eben ein vom Gesetzgeber für eine spezielle Aufgabe geschaffenes Selbstverwaltungsorgan besonderer Art ist, ist der GVP ein **Akt gerichtlicher Selbstverwaltung sui generis** (im Ergebnis ebenso OVG Lüneburg NJW 84, 627; Kissel Rn 93, LR-Schäfer § 21e GVG Anm III 3). Die Frage der Anfechtbarkeit des GVP, unter der die Problematik der Rechtsnatur des GVP regelmäßig erörtert wird, läßt sich auf Grund des dabei gewonnenen dogmatischen

Ergebnisses ebenfalls nicht überzeugend lösen; vielmehr wird hier – bis der Gesetzgeber sich zu einer gesetzlichen Regelung entschließt – von den Besonderheiten des GVP, die sich der starren Einordnung in die Begriffe Rechtsnorm, Verwaltungsakt, Organisationsakt entziehen, auszugehen und die Lösung insbesondere unter Berücksichtigung des Art 19 IV GG zu finden sein (s Rn 48 ff).

35 c) Nach **Abs 8** muß der GVP schriftlich fixiert und in der dort vorgeschriebenen Weise offengelegt werden; jedermann ist Einsicht zu gewähren (ggf erzwingbar nach § 23 EGGVG, vgl dort Rn 14). Veröffentlichung ist zulässig (Kissel Rn 73). Abs 8 gilt auch für Änderungen des GVP, auch solche, die nach § 21i II erlassen werden. – Das aus Abs 8 herzuleitende Recht jedes Verfahrensbeteiligten, sich über die Besetzung der Richterbank informieren zu können, gilt auch bezüglich der ehrenamtlichen Richter (für Handelsrichter vgl BayObLG MDR 78, 232; vgl im übrigen für Strafverfahren § 222a StPO).

36 2) **Der Inhalt des GVP** ist in § 21e I 1 festgelegt (vgl dazu oben Rn 2–22).

37 3) **Anwendung des GVP** ist Sache des Gerichts und unterliegt weder der Disposition der Parteien, noch ist sie einer Vereinbarung zwischen den Parteien und dem Gericht zugänglich. Im jeweiligen Einzelfall hat der durch Zuteilung des Verfahrens infolge Zuleitung durch die Einlaufstelle des Gerichts befaßte Richter (Vorsitzende), im späteren Verfahren das erkennende Gericht über die Einhaltung der geschäftsplanmäßigen Zuständigkeit zu wachen. Verneint es diese, so kann nicht durch Prozeßurteil etwa die Klage abgewiesen werden, da die Einhaltung dieser Art der Zuständigkeit gerichtsinterne Aufgabe ist. Das Gericht hat daher die Sache ggfalls – Antrag der Partei weder nötig noch von Bedeutung – an den zuständigen Spruchkörper weiterzuleiten. Dabei hat es – mit deklaratorischer Bedeutung – den Grund für die Abgabe festzustellen (BGH NJW 77, 1070); die Sache wird bei dem Spruchkörper, an den abgegeben wurde, anhängig, ohne daß es einer „Übernahme“ oder eines entsprechenden Beschlusses bedarf (BGH aaO).

38 Entstehen über die Frage der Zuständigkeit nach dem GVP **Meinungsverschiedenheiten,** die unter den befaßten Spruchkörpern (Einzelrichtern) nicht geklärt werden können, so hat das Präsidium (unter den Voraussetzungen des § 21i II der Präsident oder der aufsichtführende Richter) zu entscheiden (BGH NJW 75, 1424; NJW 75, 2304; BGH bei Holtz MDR 79, 638; DRiZ 78, 249; Kissel Rn 104 ff). Dies gilt dann, wenn der Streit die Auslegung des GVP betrifft (hierzu ist das Präsidium berufen, vgl BGH NJW 65, 875), oder wenn der GVP eine Lücke enthält, die nicht durch Auslegung zu schließen ist. In letzterem Fall kann das Präsidium freilich die Sache nicht im Wege der Einzelfallanordnung nach seinem Ermessen einem bestimmten Spruchkörper zuteilen, da auch hier der Grundsatz der abstrakten Bestimmung der Geschäftsverteilung zu beachten ist; dies kann nur dadurch geschehen, daß der GVP ergänzt wird (s unten Rn 47). Die Entscheidung des Präsidiums ist für den Spruchkörper verbindlich (vgl im übrigen Rn 55). Voraussetzung für die Entscheidung des Zuständigkeitsstreits durch das Präsidium ist jedoch, daß er den GVP selbst betrifft; in den Fällen, in denen die gerichtsinterne Zuständigkeit gesetzlich geregelt ist (zB § 23b und §§ 93 ff), der Zuständigkeitsstreit also die Auslegung des Gesetzes betrifft, kann das Präsidium nicht eingreifen (BGH NJW 75, 2304); entsteht aus einem solchen Grund ein neg Kompetenzkonflikt zwischen den Spruchkörpern eines Gerichts, so kann die Zuständigkeitsbestimmung nur in analoger Anwendung des § 36 Nr 6, § 37 ZPO erfolgen (BGH NJW 78, 1531; NJW 79, 1048; NJW 81, 126; München NJW 67, 2165; Nürnberg NJW 75, 2345; Bremen OLGZ 75, 476; Koblenz NJW 77, 1736). Dagegen ist auf diese Fälle § 281 ZPO weder direkt, noch analog, noch in der Weise anwendbar, daß das Präsidium eine Kompetenzregelung iS des § 281 ZPO erläßt (vgl BGH NJW 78, 1531; NJW 77, 1070).

39 4) **Anwendung der Vertretungsregelung insbesondere: a)** Der Eintritt des im GVP bestimmten Vertreters setzt die **Verhinderung** des Berufenen voraus. Diese kann auf tatsächlichen Gründen (Urlaub, Dienstbefreiung, Krankheit, Kur, auch Nichterscheinen zum Dienst oder Nichterreichbarkeit) oder auf Rechtsgründen (Ausschluß, Ablehnung wegen Befangenheit) beruhen, nicht jedoch auf nur subjektiv-persönlichen Gründen (OVG Hamburg NJW 87, 1215: Zusammenarbeit in der Kammer gestört). Sie kann aber auch ihren Grund in der Inanspruchnahme durch andere dienstliche Tätigkeiten haben (BGHSt 18, 162; MDR 86, 600; BayObLG MDR 80, 426), selbst wenn diese mit den richterlichen Aufgaben im selben Spruchkörper (zB Vorbereitung auf ein umfangreiches Verfahren, vgl BGHSt 21, 175) zusammenhängen. Die Verhinderung muß jedoch ihrem **Wesen nach vorübergehend** sein. Dies ist in den vorgenannten Fällen immer der Fall. Liegt dagegen eine **dauernde Verhinderung** vor, so muß, um eine ordnungsgemäße Besetzung des Spruchkörpers sicherzustellen, der **GVP nach Abs 3 geändert** werden. Dies hat wegen § 21f besondere Bedeutung für die Vorsitzenden.

39a **Dauernde Verhinderung** liegt ihrem Wesen nach vor, wenn eine Wiederaufnahme der Tätigkeit – generell oder jedenfalls in absehbarer Zeit – nicht mehr in Betracht kommt (dauernde Dienstunfähigkeit, Versetzung, Ruhestandseintritt, Tod). Diese Abgrenzung allein genügt jedoch nicht. Dies folgt zum einen aus dem Bezug zum Grundsatz des gesetzl Richters, zum anderen aus der notwendigen Einbeziehung der statusrechtlichen Folgen, die nach den richter- und beamtenrechtl Vorschriften festlegen, ob die Dienstaufgabe wieder ordnungsgemäß besetzt werden kann. Dies erkennt im Grundsatz auch die Rechtsprechung an, die jedoch im Einzelfall zu durchaus unterschiedlichen Ergebnissen kommt. Folgende Gruppen sind zu unterscheiden:

aa) **Erkrankung:** Ist – auch bei längerer Dauer – generell ein Fall vorübergehender Verhinderung, da das Ende vorausschauend meist nicht, insbesondere in der Regel nicht für den für etwaige Maßnahmen zuständigen Dienstvorgesetzten feststellbar ist (BGH NJW 89, 843). Erst wenn – ggf auf Grund der Dauer der Erkrankung, auf die nach den beamtenrechtlichen Vorschriften über die Versetzung in den Ruhestand auch abgestellt werden kann – feststeht, daß dauernde Dienstunfähigkeit vorliegt (ist im Streitfall den Dienstgerichten vorbehalten, § 21III DRiG), ist auch im Sinne der Vertretungsregelung von dauernder Verhinderung auszugehen. **39b**

bb) **Die Abordnung** ist an sich vorübergehender Natur, da sie immer auf bestimmte Zeit zu begrenzen ist (§ 37 II DRiG). In Anlehnung an die Grenze, die für die Wiederbesetzung einer Stelle allgemein zugrundezulegen ist (s Rn 39d), ist jedoch eine Abordnung von mehr als 6 Monaten als Fall dauernder Verhinderung anzusehen. **39c**

cc) Wird die **Stelle eines Richters** (durch Ruhestand, Versetzung, Tod) an sich **endgültig frei,** so ergibt sich aus der Natur der Sache und aus dem bei der **Wiederbesetzung** zu beachtenden Verfahren (Notwendigkeit der Stellenausschreibung, zB Art 15 BayRiG; notwendige Beteiligung des Präsidialrats, Richterwahlverfahren), daß die Vertretung zunächst nach den Grundsätzen der vorübergehenden Verhinderung (des Nachfolgers) zu lösen ist. Dies ist auch von der Rspr anerkannt, sofern „mit einer baldigen Wiederbesetzung der Stelle" gerechnet werden kann (BVerfG NJW 83, 1541; BGH 16, 254; NJW 85, 2337; 88, 1357; BSG DRiZ 75, 377. S auch BVerwG NJW 86, 1366, dem jedoch im Ergebnis nicht gefolgt werden kann. Die dort ins Auge gefaßte Lösung – zusätzliche Betrauung des Vorsitzenden einer anderen Kammer – ist reiner Formalismus, da dieser vorübergehende Vorsitzende, der den Vorsitz nach kurzer Zeit wieder abgibt, faktisch nicht in der Lage ist, richtungsweisenden Einfluß – s § 21f Rn 1 – auszuüben. Die vom BVerwG beanstandete Entscheidung des Präsidiums des VG war rechtl vertretbar und sachlich zweckmäßiger). Eine feste Frist hierfür ist weder möglich, noch – im Hinblick auf die möglicherweise besonderen Umstände des Einzelfalls – sinnvoll. Eine Übergangsfrist von mehreren Monaten muß in Kauf genommen werden; so auch die Rspr (BGH NJW 86, 2115). Die Annahme einer vorübergehenden Verhinderung ist nicht mehr gerechtfertigt, wenn die Ernennung des Nachfolgers – ohne daß besondere Umstände hierzu zwingen – über das allgemein noch vertretbare Maß (Grenze idR 6 Monate) hinausgeschoben wird. **39d**

dd) Besondere Bedeutung hat die Frage erlangt, ob in Folge des Eingreifens **haushaltsrechtlicher Besetzungssperren** schon allein deshalb eine die Vertretung ausschließende, dauernde Verhinderung anzunehmen ist. Der BGH (NJW 85, 2337; 86, 1349) hat dies – im Ergebnis zutreffend – bei einer Besetzungssperre von 12 Monaten bejaht. In einem solchen Fall liegt es in der Tat nahe, die (für ein Jahr) gesperrte Stelle einer nicht vorhandenen Stelle gleichzusetzen. Mit der durch die vom Haushaltsgesetzgeber verfügte Besetzungssperre aufgeworfenen verfassungsrechtlichen Problematik (vgl Einl GVG Rn 20), die der BGH übergeht, hat sich eingehend der BayVerfGH (NJW 86, 1326) auseinandergesetzt. Er kommt zutreffend zu dem Ergebnis, daß bei einer Sperre von 6 Monaten – also einer Vakanz, die auch allgemein bei der Wiederbesetzung einer unvorhersehbar freigewordenen Stelle hinzunehmen ist – der Bejahung einer (noch) vorübergehenden Verhinderung nichts entgegensteht. **39e**

ee) Die **teilweise Verhinderung** ist bei **Beisitzer,** auch wenn sie dauernd ist, ohne Bedeutung, da sie im Rahmen der Verteilung nach § 21g II ausgeglichen werden kann, es also einer Vertretung nicht bedarf. Für den Vorsitzenden s Rn 3 zu § 21f und BGH JZ 70, 376. **40**

b) Der besonderen **Feststellung der Verhinderung** bedarf es nur, wenn diese nicht offenkundig ist (BGH DRiZ 83, 234; NJW 88, 1922; BVerwG NJW 79, 1374). Offenkundigkeit liegt bei Verhinderung durch Krankheit, Urlaub, vorübergehendes Unbesetztsein einer Stelle, Unerreichbarkeit oder Dienstbefreiung (dieser steht eine genehmigte, zeitlich gebundene Nebentätigkeit – etwa Abhalten einer Lehrveranstaltung, BGH DRiZ 83, 234 – gleich), insgesamt grundsätzlich in allen Fällen der Abwesenheit vom Dienstgebäude (Kissel Rn 129) vor. Ist die Verhinderung nicht offenkundig, liegt insbesondere eine Verhinderung wegen Inanspruchnahme durch andere Dienstgeschäfte vor, so ist die Feststellung der Verhinderung nötig; eine besondere Form ist nicht vorgeschrieben (BGH DRiZ 83, 234), sie kann rechtlich ausreichend auch schlüssig geschehen (BGH NJW 89, 1681), jedoch ist schriftlicher Vermerk im Hinblick auf eine Revision ratsam; die Feststellung kann jedoch formfrei getroffen werden (BGH DRiZ 83, 234). Die Feststellung soll grundsätzlich vor dem Tätigwerden des Vertreters erfolgen (BGH MDR 67, 317), kann jedoch auch nachgeholt werden, insbesondere auch im Falle der Rüge nach § 222b StPO (BGH MDR 82, 337). Die Feststellung kann der verhinderte Richter selbst treffen, wenn er durch Rechtsprechungsaufgaben desselben Zuständigkeitsbereichs oder als Präsidiumsmitglied (geht immer vor, **41**

§ 21c Rn 2) verhindert ist, sonst hat sie grundsätzlich der Präsident oder der aufsichtführende Richter (Vertretung nach § 21h) zu treffen (BGH MDR 82, 337; NJW 74, 870; DRiZ 80, 147; b Holtz MDR 88, 629; Kissel Rn 132; Münn DRiZ 73, 233; aA – das Präsidium –: Müller NJW 74, 1665; Stanicki DRiZ 73, 357). Ist der Richter Mitglied in zwei verschiedenen Spruchkörpern, so hat das Präsidium allgemein festzulegen, welche Mitgliedschaft vorgeht; fehlt es an einer solchen, so kann nicht der Richter selbst die Priorität festlegen – es gibt auch keinen Grundsatz, daß die Tätigkeit in der „eigenen" Kammer Vorrang hat –, vielmehr muß der Präsident dies für den Einzelfall tun (BGH b Holtz MDR 88, 629). Der Präsident stellt seine Verhinderung immer selbst fest (BGHSt 21, 174). Im Rahmen des § 21g (s dort Rn 5) kann die Feststellung der Verhinderung immer vom Vorsitzenden getroffen werden, soweit die Vertretung durch Richter des Spruchkörpers selbst erfolgt, also kein Vertreter aus einem anderen Spruchkörper benötigt wird (BGH DRiZ 80, 147; 83, 234). – Ebenso stellt der Vorsitzende allein die Verhinderung ehrenamtlicher Richter fest (BGH NJW 89, 1681). – Die Grundsätze für die Feststellung der Verhinderung gelten entsprechend für den Wiedereintritt nach Wegfall der Verhinderung (BGH NJW 88, 1922). – Wird eine Besetzungsrüge erhoben (§ 222b Abs 3 StPO), so kann das Gericht selbst entscheiden, daß für eine Entscheidung des Präsidenten mangels Vorliegen einer Verhinderung kein Raum ist (BGH NJW 89, 843).

42 5) **Änderung des GVP (Abs 3 u 4):** Vor Beginn des Geschäftsjahrs ohne Beschränkung zulässig (BGH NJW 59, 1093), im Laufe des Geschäftsjahres nur aus den in Abs 3 genannten Gründen. **a) Überlastung** eines Richters (zB auch durch umfangreiches Verfahren – vgl BGH bei Holtz MDR 79, 638) setzt nicht ungenügende Auslastung der anderen oder umgekehrt voraus. Nicht nötig ist ferner der Nachweis der unabweisbaren Notwendigkeit der Maßnahme, sie steht im pflichtgemäßen Ermessen des Präsidiums (BVerwG NJW 82, 2774 u 2394), das nur der Willkürkontrolle unterliegt. In Fällen der Überlastung ist neben der Änderung der Verteilung der Geschäfte auf die einzelnen Spruchkörper oder der Änderung der personellen Besetzung des Spruchkörpers auch die Bildung von Hilfskammern zulässig (vgl dazu § 21f Rn 2). Überlastungen von Spruchkörpern können ferner durch Zuweisung weiterer Richter, insbesondere Hilfsrichter, ausgeglichen werden, jedoch sind die unter Rn 9 dargestellten Grenzen zu beachten. Ein Fall der Überlastung liegt auch vor, wenn ein Verfahren, das eine längere zusammenhängende Verhandlung erfordert, auf einen Richter fällt, dessen Dienst nach § 48a DRiG ermäßigt ist und der deshalb das Verfahren nicht sachgerecht führen kann. – **Richterwechsel** ist auch das Ausscheiden (Hinzukommen) eines Richters, ferner die Ernennung eines Richters zum Vorsitzenden Richter an demselben Gericht. – Zur **dauernden Verhinderung** s Rn 39. Eine ihrem Wesen nach vorübergehende Verhinderung (zB durch Krankheit, Vorbereitung einer anderen umfangreichen Sache) ist über die Vertretung zu regeln; sie rechtfertigt die Änderung des GVP nicht, nötigenfalls ist die Vertretungsregelung zu ergänzen (BGH MDR 86, 600).

43 b) Da Abs 3 eine Ausnahme vom Jährlichkeitsprinzip des Abs 1 S 2 (s Rn 14a) darstellt, ist er **eng auszulegen** (vgl BGH bei Holtz MDR 79, 109: keine Änderung des GVP, um die Abwicklung des Erholungsurlaubs des Richters während der Schulferien zu ermöglichen). Andere als in ihm genannte Zweckmäßigkeitsgründe rechtfertigen die Änderung des GVP nicht (BGH NJW 76, 2029: Änderung während des Geschäftsjahres unzulässig, allein um im Interesse der Ausbildung einem Richter auf Probe den Wechsel von Straf- in Zivilsachen zu ermöglichen. Ist aber eine Änderung während des Jahres notwendig, so ist das Ermessen des Präsidiums über den Umfang der Änderung nicht mehr begrenzt; es kann aus Anlaß einer zulässigen Änderung des GVP auch die Umsetzung eines Richters auf Probe, die an sich nur aus Ausbildungsgründen angezeigt ist, miterfolgen, BGH NJW 78, 1444; BVerwG NJW 85, 2491). Auch ist Abs 3 **nicht abschließend;** die Änderung ist vielmehr auch nötig, wenn im Laufe des Geschäftsjahrs neue Rechtsprechungsaufgaben anfallen (zB Einrichtung der Familiengerichte zum 1. 7. 77 und Streitwertgrenzenänderung zum 1. 4. 91) oder wenn aus zwingenden Gründen im Laufe des Geschäftsjahrs ein neuer Spruchkörper eingerichtet wird (BGH NJW 75, 60: Einrichtung einer neuen Kammer wegen dauernder Überlastung; gleiches muß gelten, wenn aus haushaltsrechtlichen Gründen ein neuer Spruchkörper erst im Laufe des Geschäftsjahrs errichtet werden kann; s auch OVG Hamburg NJW 87, 1217). Im übrigen s auch Rn 47.

44 c) Ist die Änderung des GVP aus einem der genannten Gründe zulässig, so ist das Ermessen des Präsidiums insbesondere **in personeller Hinsicht** nicht weiter eingeschränkt; es kann also etwa eine freigewordene Geschäftsaufgabe auch einem dem Gericht bereits angehörenden Richter und dessen Aufgabe dem neu hinzukommenden Richter übertragen (vgl auch BGHSt 22, 237; BGH NJW 78, 1444: zugleich Umsetzung eines Richters auf Probe aus Gründen der umfassenden Erprobung). – Die Änderung während des Geschäftsjahrs ist nicht notwendig auf künftig eingehende Verfahren beschränkt, sondern kann **auch bereits anhängige Verfahren** einschließen, also in eine bestehende Zuständigkeit eingreifen. Dies ist für die Jahresgeschäftsverteilung unstreitig (vgl BVerfG DÖV 79, 299); für die Änderung nach Abs 3 kann jedoch nach dem Wortlaut und dem Zweck der Vorschrift (Begegnung auf Überlastung oder ungenügende Auslastung) nichts ande-

res gelten (BGH NJW 82, 1470). Dies folgt auch aus Abs 4, der eine Befugnis einräumt, die anderenfalls keinen Sinn ergäbe (zu weitgehend daher Feiber MDR 84, 676). Es ist jedoch das Abstraktionsprinzip (Rn 13) zu beachten, dem nach seinem Zweck bei Eingriffen in den konkret schon bestimmten gesetzl Richter besondere Bedeutung zukommt. Bei Änderung der Geschäftsverteilung wegen Überlastung oder ungenügender Auslastung wird es idR ausreichen, die Änderung auf künftige Eingänge zu beschränken. Es ist jedoch zulässig (zB bei Umverteilung nach Buchstabengruppen, s Rn 13), auch alle anhängigen Verfahren mitzuübertragen; weitere Differenzierungen (zB nur ab bestimmtem Eingangsstichtag oder bei bestimmtem Verfahrensstand) – mit Ausnahme des Vorbehalts nach Abs 4 – sind bedenklich in Hinblick auf das Abstraktionsprinzip. Gänzlich unzulässig ist es, nur bestimmte, schon anhängige Einzelverfahren zu übertragen (s LG Wiesbaden MDR 84, 676).

d) **Die Änderung gilt grundsätzlich für die ganze restliche Dauer des Geschäftsjahrs.** Ist 45
jedoch bei Vornahme bereits absehbar, daß der Anlaß der Änderung nur vorübergehender Natur ist (zB Überlastung eines Einzelrichters am AG infolge Vertretung eines erkrankten Richters), so kann bestimmt werden, daß die ursprüngliche Regelung mit Wegfall des sie veranlassenden Grundes wieder in Kraft tritt (BGH NJW 67, 1622), falls der Zeitpunkt des Wegfalls objektiv bestimmbar ist (zB an Hand der Personalakten, aA Kissel Rn 102 aus formalen Gründen, die nicht überzeugen; im Zweifel ist eine Feststellung des Präsidenten ohne Schwierigkeiten möglich und auch zweckmäßiger als das Verfahren einer nochmaligen Änderung der GV, nur um die ursprüngliche Regelung wiederherzustellen).

e) **Der Ausnahmevorbehalt des Abs 4,** der eine entsprechende Anordnung des Präsidiums 46
voraussetzt, gilt nur für Sachen, die von einer Änderung der Geschäftsverteilung konkret betroffen sind (BGH NJW 82, 1470). Das Präsidium kann daher auch bestimmen, daß ab einem bestimmten Stichtag eingehende Sachen nach bestimmten – neu festgelegten – Gesichtspunkten verteilt werden, es für alle anhängigen Verfahren aber bei der bisherigen Zuständigkeit verbleibt. Da dann für die anhängigen Verfahren eine „Änderung" der Geschäftsverteilung nicht vorliegt, vielmehr handelt es sich nur um eine abweichende neue Geschäftsverteilung für die Zukunft, ist der Vorbehalt des Abs 4 nicht einschlägig und insbesondere für die Fortdauer der Zuständigkeit ein bisheriges Tätigwerden nicht nötig; auch noch unbearbeitete Verfahren bleiben in der Zuständigkeit des schon bisher zuständigen Spruchkörpers (BGH aaO).

Von der Befugnis des Abs 4 kann sowohl bei **Änderung** nach Abs 3 aber auch bei einer solchen durch Erlaß des neuen GVP für ein **neues Geschäftsjahr** Gebrauch gemacht werden. Sie empfiehlt sich regelmäßig aus dem Grundsatz der Stetigkeit der Geschäftsverteilung, wenn der Spruchkörper in seiner Besetzung unverändert bestehen bleibt. Die Fortdauer der Zuständigkeit setzt voraus, daß der Richter **„tätig geworden ist".** Hierfür genügt jede richterliche Handlung (zB Verfügung der Zustellung), Eingang bei Gericht allein genügt jedoch nicht. Eine **Entscheidung,** die auf einer nach der bisherigen Zuständigkeitsregelung durchgeführten mündlichen Verhandlung beruht, ist auch ohne Anordnung nach Abs 4 vom bisher zuständigen Spruchkörper in seiner bisherigen Besetzung zu erlassen.

f) Von der Änderung ist die **Ergänzung** des GVP zu unterscheiden. Sie liegt vor, wenn nach der 47
Regelung des GVP der zuständige Richter nicht mehr bestimmbar ist (etwa wegen Lücke im GVP oder Verhinderung des im GVP bestimmten Vertreters). Ergänzung ist ohne die Voraussetzungen des Abs 3 zulässig, da nicht in den Zuständigkeitsbereich eines Richters oder Spruchkörpers eingegriffen wird (vgl Oldenburg DRiZ 85, 220); die Zuständigkeitsbestimmung nach § 36 ZPO analog hat Nachrang. Auch in diesen Fällen ist eine auf Dauer angelegte Regelung zu treffen; Einzelfallzuweisungen sind unzulässig (BGH NJW 88, 1921).

6) **Anfechtung des GVP; Verstöße gegen die Geschäftsverteilung.** Die Frage, wer und ggfalls 48
mit welcher Rüge den GVP anfechten bzw Verstöße gegen diesen geltend machen kann, ist vom Gesetzgeber offengelassen worden. Sie steht auch in Zusammenhang mit dem Problem der Rechtsnatur des GVP (vgl dazu Rn 34), zu dem sich das Gesetz ebenfalls nicht festlegt. Bei der bestehenden Lage sind sachgerechte Lösungen nur möglich, wenn die nach der Person des Betroffenen je verschiedenen Fälle auseinandergehalten werden; angesichts des Schweigens des Gesetzgebers wird bei der Lösung der Fragen der Garantie des Art 19 IV GG besondere Bedeutung beigemessen werden müssen.

a) **Rüge fehlerhafter Geschäftsverteilung durch eine Partei:** Die Partei kann Mängel der 49
Geschäftsverteilung (maßgeblich ist der GVP im Zeitpunkt der Sachentscheidung, BVerwG NJW 85, 822) einschließlich etwaiger Fehler bei der Anwendung des GVP mit der Rüge der nicht ordnungsgemäßen Besetzung des Gerichts mit den allgemeinen Rechtsmitteln geltend machen (vgl §§ 539, 551 Nr 1, 579 I Nr 1 ZPO). Ferner kommt die Verfassungsbeschwerde (Art 93 I Nr 4a GG) wegen Verstoßes gegen das Gebot des gesetzl Richters (Art 101 I GG) in Betracht. Dagegen ist der GVP keine der Normenkontrolle zugängliche Rechtsvorschrift (BayVerfGH NJW 86, 1673). So ist auch § 47 VwGO unanwendbar (s dazu Schorn/Stanicki S 204; Pentz DRiZ 77, 180; LR-

Schäfer Rn 68; OVG Lüneburg NJW 84, 627). Auch aus Art 19 IV GG ergibt sich nicht, daß dem Rechtsuchenden losgelöst vom konkreten Verfahren die Möglichkeit eröffnet werden muß, den GVP einer selbständigen gerichtl Nachprüfung unterziehen zu können, da seinen Belangen durch die Rügerechte innerhalb der allg Rechtsmittel Genüge getan ist (ebenso Kissel Rn 109, vgl auch BVerwG NJW 82, 900: keine verwaltungsrechtl Feststellungsklage nach § 40 VwGO). Anders wäre es nur dann, wenn ein GVP unvollständig ist (s Rn 12) und deshalb für eine konkrete Klage der gesetzl Richter nicht bestimmt ist; im Zivilprozeß reicht hierfür jedoch der Rechtsschutz über §§ 36, 37 ZPO aus.

50 Hinsichtlich der **Rüge der nicht ordnungsgemäßen Besetzung des Gerichts** ist zu beachten: aa) Die Rüge kann nicht damit begründet werden, daß die **Wahl des Präsidiums** fehlerhaft sei (vgl § 21b VI 3, aus dem sich ergibt, daß Fehler bei der Wahl generell nie auf die Maßnahmen des Präsidiums durchschlagen; vgl auch BGH DRiZ 77, 380).

51 **bb) Verfahrensverstöße bei der Aufstellung** des GVP können nicht gerügt werden, soweit die Verfahrensvorschriften nur der Vorbereitung der Willensbildung des Präsidiums dienen (insbes Anhörungspflichten nach § 21e II, III 2 und V). Verstöße bei der Willensbildung selbst (zB § 21e VII) führen zu fehlerhafter Besetzung, wenn sie auf Willkür beruhen; letzteres ist auch bei offensichtlichen Rechtsverstößen zu bejahen (vgl BGH NJW 58, 429; BVerfG 3, 359; 9, 223; 19, 38).

52 **cc) Inhaltliche Mängel des GVP** haben grundsätzlich unmittelbar eine fehlerhafte Besetzung zur Folge, so daß es hier auf den Gesichtspunkt der Willkürlichkeit nicht ankommt; so zB bei fehlerhafter Besetzung des Vorsitzes (vgl § 21f Rn 4) oder unzulässiger Überbesetzung eines Spruchkörpers (s oben Rn 9).

53 **dd) Fehler bei der Anwendung des GVP** bedeuten grundsätzl einen Eingriff in den gesetzl Richter, wenn sie auf Willkür beruhen (BVerfG 13, 144; 23, 45; BGHSt 25, 66, 71; 27, 105, 107 = MDR 77, 510; BayObLG MDR 80, 426 - sehr eng; BGH MDR 80, 864 - Anwendung des § 22d GVG). S im übr § 16 Rn 2.

54 **b) Anfechtung durch den betroffenen Richter:** Es besteht Übereinstimmung, daß dem einzelnen Richter gegen ihn betreffende Anordnungen des Präsidiums Rechtsschutz zu gewähren ist (vgl BVerfG 17, 252; NJW 76, 325). In Anschluß an VGH Mannheim (DRiZ 73, 320) hat das BVerwG (50, 11 = NJW 76, 1224) hierfür den **Verwaltungsrechtsweg** eröffnet und für die Klageart § 43 VwGO herangezogen (seither st Rspr der VGe: BVerwGE 67, 222 = NJW 89, 2589; VGH München BayVBl 78, 337; Münster DÖD 81, 46; Hess VGH DRiZ 84, 62). Dies ist - sowohl hinsichtl Rechtsweg wie hinsichtlich Klageart - auf Kritik gestoßen (vgl Kornblum, Festschr Schiedermair, 1976, S 331; ders NJW 77, 666; Müller MDR 77, 975; Pentz DRiZ 77, 179; Wolf DRiZ 76, 364). Ihr ist zuzugeben, daß der Gesichtspunkt der Sachnähe wohl für den Weg zu den Richterdienstgerichten spräche, der aber durch das Enumerationsprinzip (vgl § 62 DRiG) sowie dadurch verbaut ist, daß die Präsidien als Organe richterlicher Selbstverwaltung nicht der Dienstaufsicht (§§ 26, 62 I Nr 4e DRiG) zuzurechnen sind (BGHZ 46, 147; DRiZ 83, 146, 147; BGH NJW 91, 425).

55 Der Richter kann die Klage gegen den GVP **nur darauf stützen,** daß die konkrete ihn betreffende Aufgabenzuweisung aus besonderen Gründen, die sich auf seine Person beziehen, rechtswidrig ist. Die Verletzung von Anforderungen an den GVP, die im Hinblick auf Art 101 I GG bestehen, kann dagegen die Anfechtung des GVP durch den Richter nicht begründen (vgl Pentz aaO; OVG Hamburg NJW 87, 1215); diese bestehen zugunsten der Parteien, geben also dem Richter keinen klagbaren Anspruch. Aus dem gleichen Grund kann der Richter die Wahrnehmung der ihm durch den GVP übertragenen Aufgaben nicht mit der Begründung verweigern, der GVP sei fehlerhaft und er daher nicht der gesetzliche Richter (BVerwG aaO; BGH DRiZ 78, 249; DRiZ 83, 147). Soweit es die innergerichtliche Wirkung der Aufgabenzuweisung anbelangt, ist der betroffene Richter an den GVP gebunden und kann insbesondere nicht selbst - und damit in eigener Sache - über die Wirksamkeit der Anordnung befinden; diese entfällt ihm gegenüber erst mit der rechtskräftigen Feststellung der Rechtswidrigkeit der Anordnung. Der Richter handelt pflichtwidrig, wenn er sich weigert, eine Sache zu bearbeiten, die von ihm nach dem GVP zu bearbeiten ist; dies gilt auch im Falle negativen Kompetenzstreits, den das Präsidium (vgl Rn 38) entschieden hat. In einem solchen Fall sind Maßnahmen der Dienstaufsicht durch § 26 DRiG nicht ausgeschlossen (BGH DRiZ 78, 249). Umgekehrt kann die Partei die Fehlerhaftigkeit des GVP im Wege der Besetzungsrüge nicht damit begründen, die Anordnung des GVP sei dem Richter gegenüber rechtswidrig.

56 Die Klage hat - da Feststellungsklage (§ 43 VwGO) - **keine aufschiebende Wirkung** nach § 80 VwGO; wird (unzulässige) Anfechtungsklage erhoben, so tritt dennoch keine aufschiebende Wirkung ein (der Anordnung der sofortigen Vollziehung, § 80 II Nr 4 VwGO, bedarf es nicht); dies gilt unabhängig von der in der verwaltungsrechtl Lit umstrittenen Frage, ob § 80 I VwGO auch bei unzulässiger Klage eingreift, da der Verwaltungsrechtsweg hier überhaupt nur über Art 19 IV GG - und eben nur in der Form der Feststellungsklage - offen ist (s oben und Rn 34). Vorläufiger

Rechtsschutz ist jedoch gem § 123 VwGO möglich (VGH Kassel DRiZ 84, 62; OVG Hamburg NJW 87, 1215: auch hier nur Feststellung möglich, die der Umsetzung durch das Präsidium bedarf).

Die Klage ist – entgegen § 78 I Nr 1 VwGO – **gegen das Präsidium** des Gerichts zu richten, da seine in richterl Unabhängigkeit gefaßte Entscheidung sachgemäß nur durch dieses vor Gericht vertreten werden kann (VGH Kassel aaO; aA VGH Mannheim DRiZ 73, 320; OVG Hamburg NJW 87, 1215). 56a

Im übrigen hat der einzelne Richter grundsätzlich **keinen Anspruch, eine bestimmte Geschäftsaufgabe** zugeteilt zu erhalten oder von ihr nicht abgelöst zu werden. Prestigegesichtspunkte, wie sie etwa in der Wertung bestimmter richtl Aufgaben nach Anciennität zum Ausdruck kommen und von den Präsidien oft zu rücksichtsvoll auch beachtet werden, können nicht entscheidend sein (VGH Kassel aaO; s auch Rn 6). 57

c) Selbstverwaltungsstreitigkeiten der Mitglieder des Präsidiums: Nach VGH Mannheim (DÖV 80, 573) soll nach § 40 I VwGO der Rechtsweg zu den VerwGerichten auch für Streitigkeiten von Mitgliedern des Präsidiums untereinander, insbesondere zwischen Vorsitzendem und weiteren Mitgliedern (hier: über Zulässigkeit einer Geschäftsordnung) eröffnet sein (ähnlich VG Schleswig DRiZ 68, 144). Die Erforderlichkeit solchen Rechtsschutzes muß bezweifelt werden, da das Präsidium Streitigkeiten im Rahmen seiner „Autonomie" selbst – und in (und mit) richterlicher Unabhängigkeit – entscheiden kann (vgl auch Kissel Rn 35). 58

d) Ungeklärt ist, ob die **Justizverwaltung** gegen eine fehlerhafte Geschäftsverteilung vorgehen kann, was sicher nicht bei Unzweckmäßigkeit oder (bloßer) Unrichtigkeit, möglicherweise aber bei (bewußt) unvollständiger Geschäftsverteilung und damit verbundener Verweigerung der Justizgewährung (vgl Rn 12) in Betracht kommen könnte. Sicher ist, daß die Justizverwaltung in einem solchen Fall nicht im Weg der „Ersatzvornahme" selbst in die GV eingreifen kann. Möglich erscheint jedoch in entsprechender Anwendung der Grundsätze des § 26 DRiG der dienstaufsichtliche Vorhalt wegen offensichtlichen Fehlers (so auch Papier NJW 90, 14). Hiervon dürfte auch der BGH (Dienstgericht des Bundes, BGHZ 46, 147) ausgegangen sein; vgl auch BGH MDR 82, 227, der generell Anregungen, Prüfungswünsche uä – unterhalb der Schwelle der Weisung (s auch Rn 23 und Rn 2 zu § 21a) – der dienstaufsichtführenden Stellen an das Präsidium für zulässig hält, und BGH NJW 95, 2494. Hiernach besteht aber kein Bedürfnis mehr für die Eröffnung eines Rechtswegs; es kann wohl selbstverständlich davon ausgegangen werden, daß das Präsidium in einem derartigen Fall nach § 26 DRiG vorgeht, wenn es „Hinweise" der Justizverwaltung für unzutreffend hält und sich deshalb nicht an sie halten will. Die **Klagebefugnis des Präsidiums** gegenüber „Maßnahmen" der Justizverwaltung, die Rechte des Präsidiums verletzen (können), im Rechtsweg zu den Dienstgerichten ist anzuerkennen (vgl auch Koblenz bei Buschmann DRiZ 83, 473). 59

21f *[Vorsitz in den Spruchkörpern]*

(1) Den Vorsitz in den Spruchkörpern bei den Landgerichten, bei den Oberlandesgerichten sowie bei dem Bundesgerichtshof führen der Präsident und die Vorsitzenden Richter.

(2) Bei Verhinderung des Vorsitzenden führt den Vorsitz das vom Präsidium bestimmte Mitglied des Spruchkörpers. Ist auch dieser Vertreter verhindert, führt das dienstälteste, bei gleichem Dienstalter das lebensälteste Mitglied des Spruchkörpers den Vorsitz.

I) 1) Grundsatz: Der Vorsitzende hat die Aufgabe, die Qualität und insbesondere die Einheitlichkeit der Rspr des Spruchkörpers in besonderem Maß zu gewährleisten (vgl BGH 9, 292; 37, 212; NJW 73, 205; 92, 46). Dem trägt das Gesetz in Abs 1 dadurch Rechnung, daß der Vorsitz in den Spruchkörpern des LG, OLG und BGH (sowie ObLG, § 10 I EGGVG) dem Präsidenten (auch Vizepräsident) und den Vors Richtern vorbehalten ist. Der Grundsatz gilt für alle ordentlichen Spruchkörper. Jedoch enthält § 106 eine fortgeltende Sonderregelung (aA Kissel Rn 3, der die Vorschrift für obsolet hält; dies trifft aber nicht zu, da sie für den besonderen Fall des § 93 II bewußt aufrechterhalten wurde). 1

2) Ferner kann in Ausnahmefällen auch weiterhin der Vorsitz in vorübergehend gebildeten **Hilfskammern** (s § 21e Rn 19) **und Ferienkammern** (§ 201) auch Richtern, die nicht zum Vors Richter ernannt sind, übertragen werden (BGH NJW 83, 2952; 86, 144; LR-Schäfer § 21f Rdnr 13; ThP § 21f Rn 2; aA: Kissel § 21f Rn 7). Eine Hilfskammer kann nach der Rspr (vgl BGHSt 11, 106; NJW 53, 1034; st Rspr) nur zur vorübergehenden Entlastung (ihr Bestand kann daher auch nur längstens bis zum Ablauf des auf ihre Einrichtung folgenden Geschäftsjahrs aufrechterhalten werden, BGH NJW 86, 144) einer durch unvorhergesehene besondere Arbeitsbelastung überlasteten ordentlichen Kammer gebildet werden und stellt daher der Sache nach eine – zulässige – außerordentliche Vertretungsregelung für Fälle besonderer Verhinderung dar (BGHSt 12, 104; 2

NJW 83, 2952); die Besetzung des Vorsitzes mit einem „weiteren" Richter war daher schon nach bisherigem Recht nicht analog der (gestrichenen) Ausnahmeregelung des § 62 I 2, sondern nur analog der allgemeinen Vertretungsregelung zulässig (vgl insb BGH 12, 107). In Hinblick auf § 21f II kann daher der Vorsitz in einer Hilfskammer auch weiterhin in Abweichung von Abs 1 besetzt werden. Dies ist auch sachlich gerechtfertigt, da der richtungsweisende Einfluß des Vorsitzenden im Sinne einer einheitlichen Rspr aufgrund der nur vorübergehenden Existenz der Hilfskammer ohnehin kaum zum Tragen kommen kann und die Notwendigkeit der Besetzung mit einem VRi den bezweckten Entlastungseffekt weitgehend zunichte machen würde (BGH NJW 83, 2952). Das gleiche gilt für die Ferienkammer (vgl dazu BGH NJW 59, 108; Celle NJW 69, 808), die als vom Gesetz zugelassene (§ 201) vorübergehende Hilfskammer anzusehen ist.

3 3) Der Vorsitzende muß auch tatsächlich **in der Lage sein,** auf die Rspr seiner Kammer **richtungweisenden Einfluß auszuüben** (BGH 37, 210; NJW 68, 501; 73, 205). Dies ist nicht der Fall, wenn schon im Zeitpunkt der Besetzung absehbar ist, daß der Vorsitzende in Folge sonstiger dienstlicher Belastung in mehr als 25% der Aufgaben vertreten werden muß (BGH GS 37, 210 = NJW 62, 1570); dies gilt auch für den Präsidenten (BGH GS 49, 64 = NJW 68, 501). Die Stellung des Vorsitzenden entbindet ihn aber nicht etwa von der Pflicht (§ 42 DRiG), Aufgaben der Justizverwaltung wie etwa Referendarausbildung zu übernehmen (BGH NJW 91, 426). Zum Einsatz eines **blinden Richters** in Strafsachen s BGH NJW 87, 1210; 88, 1333, s aber auch Zweibrücken MDR 91, 1083 und dazu BVerfG NJW 92, 2075.

4 4) Die **Verteilung des Vorsitzes** in den einzelnen Spruchkörpern ist Aufgabe des Präsidiums (§ 21e I 1); der Präsident entscheidet über den von ihm zu übernehmenden Vorsitz selbst (§ 21e I 3). Bei der Verteilung ist insbesondere der in Rn 3 genannte Grundsatz zu beachten (Verstoß führt zu nicht ordnungsgemäßer Besetzung, vgl dazu § 21e Rn 52), er kann auch nicht durch Bestellung eines weiteren ordentlichen Vorsitzenden umgangen werden, da ein **mehrfacher Vorsitz** mit Art 101 I 2 GG nicht zu vereinbaren ist (BGH NJW 55, 103). Dagegen kann einem Vorsitzenden Richter der Vorsitz in zwei Spruchkörpern übertragen werden, soweit er richtungweisenden Einfluß iSd Rn 3 in beiden ausüben kann (§ 21e I 4; BGH NJW 67, 1279; 73, 205).

5 **II) Für die Vertretung des Vorsitzenden** stellt **Abs 2** in Ergänzung der Zuständigkeitsregelung des § 21e I 1 zusätzliche bzw die Regelungsfreiheit des Präsidiums einengende Regeln auf. **1)** Die Vertretung nach Abs 2 setzt zunächst voraus, daß ein Fall vorübergehender **Verhinderung** vorliegt (vgl dazu im einzelnen § 21e Rn 39/39e). Ausnahme: Auf Grund der Sonderregelung des § 106 II 2 BRAO kann gem § 21g regelmäßiger Wechsel des Vorsitzes im BGH-Anwaltssenat zwischen dem Präs BGH und einem Vors Richter am BGH auch ohne Verhinderung des Präsidenten festgelegt werden (BGH NJW 94, 2751). Bei dauernder Verhinderung muß ein (neuer) ständiger Vorsitzender bestellt werden, der den statusmäßigen Anforderungen des Abs 1 entsprechen muß (vgl BGH NJW 85, 2337; 86, 1326; BVerwG NJW 86, 1366).

6 2) Nach S 1 muß ein **regelmäßiger Vertreter** aus den Mitgliedern des Spruchkörpers bestellt werden, er muß also ständiges Mitglied der Kammer (des Senats) sein; dies ist nicht bei einem Richter der Fall, der dem Spruchkörper nur zugeteilt ist, um die Beschlußfähigkeit bei Verhinderung ordentlicher Kammermitglieder sicherzustellen (BGH NJW 65, 875). Er muß ferner Richter auf Lebenszeit sein (§ 28 II DRiG). – Obwohl § 21f II nur **einen** Vertreter vorsieht, kann das Präsidium für den Fall der Verhinderung auch des regelmäßigen Vertreters einen weiteren Vertreter, für den die vorgenannten Voraussetzungen zutreffen müssen, bestimmen; dies folgt aus § 21e I 1 (s dort Rn 16); § 21f II 2 steht nicht entgegen, da er nur eine Hilfsregelung darstellt (aA Schorn/Stanicki S 80). Das Präsidium ist bei der **Auswahl** frei, insbesondere – entgegen verbreiteter Praxis – nicht an das Dienstalter gebunden.

7 3) **Weitere Vertretung (S 2):** Die Regelung stellt sicher, daß bei Verhinderung des (der) aus den ordentlichen Kammermitgliedern bestellten Vertreter(s) zunächst die weiteren Kammermitglieder in der in S 2 bestimmten Reihenfolge zur Vertretung berufen sind. Sie gilt nur für Richter auf Lebenszeit (§ 28 II DRiG). Ist auch danach ein Vertreter nicht vorhanden, weil alle ordentlichen Kammermitglieder, die den Vorsitz führen könnten, verhindert sind (insbesondere etwa in Fällen der Ablehnung), so greift die **allg** Vertretungsregelung ein (§ 21e I 1, vgl dort Rn 15, 16), aus der die Kammerbesetzung wieder „aufgefüllt" wird. Einer Regelung der weiteren Vertretung des Vorsitzenden durch das Präsidium bedarf es nicht, da sich aus Abs 2 S 2 immer ergibt, wer den Vorsitz führt; dies gilt auch dann, wenn über die allg Vertretungsregelung ein oder auch mehrere Vorsitzende Richter nachgerückt sind (der nach dem Dienstalter älteste VRi führt den Vorsitz); aA Kissel (Rn 13), der zu Unrecht nur auf die Vertretung des Vorsitzenden abstellt und deshalb eine „Ad-hoc-Bestimmung" durch das Präsidium für erforderlich hält.

8 4) Die Grundsätze des Abs 2 gelten **nicht** für die nur mit einem berufsmäßigen Richter besetzten Spruchkörper der LGe; hier ist nur nach den allg Grundsätzen (§ 21e I 1) zu verfahren.

5) Für die **Feststellung der Verhinderung** des Vorsitzenden gelten die allgemeinen Grundsätze (vgl § 21e Rn 41), zuständig für die Feststellung der Verhinderung (soweit nötig) ist der Vorsitzende, soweit die Vertretung innerhalb des Spruchkörpers bleibt (BGH DRiZ 83, 234; Kissel § 21e Rn 132). Der Vorsitzende kann dann auch seine eigene Verhinderung feststellen (BGH aaO), ebenso aber auch der als Vertreter nachrückende „Vorsitzende". Ordnet der Vorsitzende nach § 21g II 2. Hs an, daß zB an bestimmten Sitzungstagen oder in Sachen mit bestimmter Endziffer der Spruchkörper ohne ihn entscheidet, soll darin die Feststellung der Verhinderung wegen Überlastung liegen können (BGH NJW 95, 335 = EWiR § 21 f GVG 1/95, 589 m krit Anm Felix). 9

III) Aus § 21 f folgt, daß **jedem Vorsitzenden Richter der Vorsitz in einem Spruchkörper übertragen werden muß.** Vors Richter können jedoch daneben auch zu **weiteren Mitgliedern** eines anderen Spruchkörpers oder Vertretern weiterer Mitglieder bestellt werden (BGH NJW 84, 129 = DRiZ 83, 320; vgl auch § 21e I 4 sowie Fischer DRiZ 67, 52); auch der Einsatz als ständiger Beisitzer stellt für den Vorsitzenden Richter keine zu seinem Status unterwertige Funktion dar (BGH aaO). Dem Vorsitzenden Richter am LG kann daher nach § 59 Abs 2 auch ein weiteres Richteramt an einem AG übertragen werden. 10

IV) Neue Bundesländer: § 10 Abs 4 RpflAnpG (BGBl I 92, 1147, geändert BGBl I 95, 1590): Danach können bis 31. 12. 99 auch andere Richter, ab 1. 1. 97 nur noch Richter auf Lebenszeit, den Vorsitz führen. 11

21g

[Geschäftsverteilung innerhalb der Spruchkörper]

(1) Innerhalb des mit mehreren Richtern besetzten Spruchkörpers verteilt der Vorsitzende die Geschäfte auf die Mitglieder.

(2) Der Vorsitzende bestimmt vor Beginn des Geschäftsjahres für dessen Dauer, nach welchen Grundsätzen die Mitglieder an den Verfahren mitwirken; diese Anordnung kann nur geändert werden, wenn dies wegen Überlastung, ungenügender Auslastung, Wechsels oder dauernder Verhinderung einzelner Mitglieder des Spruchkörpers nötig wird.

(3) Absatz 2 gilt entsprechend, soweit nach den Vorschriften der Zivilprozeßordnung die Zivilkammer die Verfahren einem ihrer Mitglieder als Einzelrichter übertragen kann. Auch der Vorsitzende hat in angemessenem Umfang als Einzelrichter tätig zu werden.

Abs 3 S 2 angefügt durch Art 3 Nr 1 des RpflEntlG v 11. 1. 93 (BGBl I 50).

1) **Abs 1** stellt klar, daß **die Verteilung der Geschäfte innerhalb eines mit mehreren Richtern besetzten Spruchkörpers** zu den richterlichen Aufgaben des Vorsitzenden gehört und daher nicht dem Einwirkungsbereich der Geschäftsverteilung durch das Präsidium unterliegt (vgl auch BGH NJW 66, 1458; s aber § 21e Rn 8). Ausschließlich nach Abs 1 richtet sich insbesondere die **Bestimmung des Berichterstatters;** Abs 2 ist nicht anwendbar, vielmehr ist der Vorsitzende frei (Abs 1), wem der zur Mitwirkung berufenen Richter er Berichterstattungsaufgaben überträgt (BGH MDR 80, 843 L; OVG Hamburg NJW 94, 274; Kissel Rn 14 und de lege lata DRiZ 95, 125, BL/Albers Rn 2; aA Katholnigg Rn 1 und NJW 92, 2258; BVerwG NJW 68, 811; Schneider ZZP 64, 438). Dies folgt schon daraus, daß die Aufgabe des Berichterstatters keine gerichtsverfassungsrechtlich erhebliche Funktion ist, sondern nur eine Maßnahme der Aufgabenteilung ohne Außenwirkung. Der nicht zum Berichterstatter bestimmte Richter hat uneingeschränkt dieselben Rechte der Einflußnahme auf die Entscheidung wie der Berichterstatter. 1

Fragen der Berichterstatterbestimmung und der für die Besetzung der Richterbank erheblichen Geschäftsverteilung nach Abs 2 werden in der Argumentation oft deshalb vermengt, weil in der Praxis – auch der Obersten Gerichtshöfe (vgl dazu Felix BB 91, 2193 u 2413, NJW 92, 217 sowie Festschrift für Gaul, 1992, S 97; Wiebel BB 92, 573) – die **Geschäftsverteilung** des Vors nach Abs 2 **an die Berichterstatterbestimmung anknüpft.** Dies führt in der Tat dazu, daß auch die Berichterstatterbestimmung den gesetzl Anforderungen des Abs 2 genügen muß, weil nur dann wiederum die an den Berichterstatter anknüpfende Besetzung der Richterbank den Anforderungen des Abs 2 entspricht (so jetzt auch BGH, Vereinigte Große Senate – VGS – NJW 94, 1735 = JZ 94, 1175 m Anm Kissel, s Leisner NJW 95, 285; Sangmeister NJW 95, 289; Kissel DRiZ 95, 125; s BVerfG, NJW 95, 2703 – Vorlagebeschluß). Denn sonst würde der Sinn der Regelung des Abs 2 unterlaufen. Eine solche Regelung der Geschäftsverteilung durch den Vors ist aber unnötig und unzweckmäßig. Dem Zweck des Gesetzes entspricht es, nach den Grundsätzen des Abs 2 zunächst die konkrete Richterbank zu bestimmen, aus der heraus der Vorsitzende die Berichterstatterbestimmung nach Abs 1 trifft (so auch BGH NJW 93, 1596). 2

3 Abs 1 enthält jedoch über die Kompetenzzuweisung hinaus den **Auftrag an den Vorsitzenden,** darauf hinzuwirken, daß die Arbeit im Spruchkörper geordnet, stetig und sinnvoll abläuft und daß dabei auch den Besonderheiten jeder Sache Rechnung getragen wird (BGH VGS aaO).

4 **2) Abs 2** schränkt die Ermessensfreiheit des Vorsitzenden für bestimmte Entscheidungen nach Abs 1 im **Fall des überbesetzten Spruchkörpers** ein; nur für diesen Fall hat Abs 2 Bedeutung. Stimmt die Besetzung des Spruchkörpers mit der vom Gesetz vorgeschriebenen Besetzung der Richterbank überein, so bedarf es keiner Regelung der „Mitwirkung", sondern nur noch der Aufgabenverteilung unter den mitwirkenden Richtern, die aber nur interne Bedeutung hat.

5 **a) Bedeutung der Regelung:** Abs 2 hat das **Ziel** zu verhindern, daß der Vorsitzende die mitwirkenden Richter für das einzelne Verfahren aussucht, indem er die Zusammensetzung des Spruchkörpers ad hoc bestimmt (BGH VGS aaO Rn 2). Die Bestimmung ist also im Zusammenhang mit der Gewährleistung des gesetzlichen Richters in Art 101 I 2 GG zu sehen; der BGH (VGS aaO) vertritt jedoch entgegen verbreiteter Meinung im Schrifttum (vgl Kissel Rn 4 mwN) unter Hinweis auf BVerfG (18, 344; 22, 282; 69, 112) die Auffassung, daß § 21g II über das verfassungsrechtlich Gebotene hinausgeht und eine zusätzliche Sicherung gegen sachfremde Einflüsse darstellt. Dem ist auch angesichts der undeutlicheren Aussagen in BVerfG 82, 286 = NJW 91, 217 und im Gegensatz zum Vorlagebeschluß des 1. Senats (BVerfG NJW 95, 2703) zu den Verfassungsbeschwerden ua gegen BFH NJW 92, 1062 (vgl auch BFH NJW 92, 1061; MDR 92, 830 mit Anm Felix und Aussetzungsbeschluß BFH NJW 92, 2312) beizupflichten; gesetzlicher Richter iSd Art 101 II 1 GG ist jeder vom Vorsitzenden willkürfrei herangezogene Richter des nach dem Geschäftsverteilungsplan zur Entscheidung berufenen Spruchkörpers. Die jetzt auch vom 1. Senat des BVerfG vertretene Gegenmeinung, auch der innerhalb eines Spruchkörpers konkret zur Entscheidung berufene Richter müsse von Verfassungs wegen von vornherein nach abstrakten Kriterien feststehen, überspannt zu Lasten der Funktionsfähigkeit der Gerichte den ohnehin schon weit angewendeten Grundsatz des Art 101 II 1 GG und würde die Verfassungsmäßigkeit einer Vielzahl von gesetzlichen Regeln zweifelhaft erscheinen lassen, deren Gültigkeit bislang nicht ernsthaft angezweifelt wird. Dies sind einmal die Vorschriften über die Heranziehung ehrenamtlicher Richter (zB §§ 45, 77 GVG), denen die Sachen durch die Terminierung des Vorsitzenden auf „ihre" Sitzungstage zugewiesen werden. Betroffen wären aber auch zB § 348 I ZPO – wann darf die Zivilkammer von der Regel abweichend von einer Übertragung auf den Einzelrichter absehen? – und alle Bestimmungen, die der StA ein Ermessen bei der Anklageerhebung einräumen, vgl §§ 7–9 StPO und § 24 I Nr 3 GVG, s auch § 29 II GVG. Der 1. Senat scheint bei seiner Bemerkung, der Gesetzgeber müsse durch Prozeßgesetze die zuständigen Gerichte bestimmen, die zahlreichen Bestimmungen, die die Zuständigkeit mehrerer Gerichte eröffnen (vgl zB auch §§ 20 ff, insbes §§ 36, 37 ZPO), überhaupt nicht in den Blick genommen zu haben. Aus der hier vertretenen Auffassung folgt weiter, daß der **Verstoß** gegen Abs 2 nicht mit der Verfassungsbeschwerde gerügt werden kann, sondern nur im Rahmen der Verfahrensrüge bei den allgemein zulässigen Rechtsmitteln (vgl § 21e Rn 49 ff; erfolgreich daher nur bei willkürlicher oder sonst mißbräuchlicher Abweichung, s BGH NJW 80, 951).

6 **b) Erforderlicher Inhalt der Geschäftsverteilung** bei überbesetztem Spruchkörper: Der Vorsitzende muß die **Grundsätze** bestimmen, nach denen sich die konkrete Besetzung der Richterbank bestimmt. Hier haben die Vereinigten Großen Senate des **BGH** (aaO s Rn 2) die bislang vom BGH und BFH als ausreichend angesehenen **Anforderungen** für die Zukunft (BGH aaO s Rn 2, dem Großen Senat folgend BGH NJW 95, 332) **verschärft;** nunmehr gilt folgendes:

7 Die Grundsätze müssen mit **abstrakten Merkmalen** (vgl auch OVG Hamburg NJW 94, 274) die Besetzung des Spruchkörpers bei der einzelnen Entscheidung so regeln, daß **Ermessensentscheidungen** des Vorsitzenden **im Regelfall entbehrlich** sind. Zulässig sind jedoch auch abstrakte Merkmale wie **Sachzusammenhang** oder **Eilbedürftigkeit,** die dem Vorsitzenden bei der **Wertung** und **Abwägung** einen gewissen Spielraum belassen. Ein perfektionistisches Regelwerk ist nicht erforderlich. Anders wäre der Auftrag des Abs 1 nicht zu erfüllen, die Rechtsprechungstätigkeit des Spruchkörpers reibungslos und effektiv zu gestalten. Als sonstige Merkmale kommen insbesondere die Art der Verfahren (Sachgebiete), Aktenzeichenendziffern (bei entsprechender Verhinderung von Manipulationen etwa durch die Geschäftsstellen, s § 21e Rn 13) oder regionale Kriterien in Betracht. Der **Vorsitzende** ist in der Findung der Merkmale **frei.** Auch künftig ist eine Anknüpfung an einen Turnus der Sitzungsteilnahme der einzelnen Beisitzer oder an die Berichterstatterbestellung nicht schlechthin ausgeschlossen; der Vorsitzende müßte sich dann jedoch auch in diesen Fragen von vornherein durch abstrakte Merkmale binden und würde sich ohne Not weiterer Möglichkeiten flexibler Reaktion auf die Belastung einzelner Richter begeben.

8 Die Regelung nach § 21g II muß künftig **vollständig schriftlich** erfolgen und den Parteien zugänglich sein (BGH VGS aaO).

9 **c)** Die **Bindung** des Vorsitzenden an die Bestimmungen nach Abs 2 ist nicht so streng wie die Bindung an den GVP nach § 21e, wie schon der Begriff der „Grundsätze" zeigt; sie steht unter der

Einschränkung, daß die stetige, geordnete Arbeit des Spruchkörpers, dem die Grundsätze zu dienen haben, gewährleistet bleibt. **Abweichungen im Einzelfall** sind zulässig, wenn sie im Interesse sachgerechter Erledigung der Geschäfte (zB um ungleicher Auslastung der Richter zu begegnen, Doppelarbeit zu vermeiden oder mit Rücksicht auf besondere Umstände wie Einarbeitung eines neu eingetretenen Richters, Rücksicht auf noch nicht volle Belastbarkeit oder mangelnde Erfahrung eines Richters auf Probe) angezeigt sind (vgl BGH NJW 80, 951; BGHSt 29, 162; vom BGH VGS aaO ausdrücklich bestätigt). Die Gründe für die Abweichung sollten festgehalten werden.

d) Entstehen **Meinungsverschiedenheiten über die Auslegung** oder die Anwendung der Rege- 10
lung, so entscheidet hierüber allein der Vorsitzende. Die Frage, zu welcher Spruchgruppe etwa ein bestimmtes Verfahren gehört, kann weder die Spruchgruppe (welche?), noch der Gesamtspruchkörper, noch das Präsidium, sondern nur der Vorsitzende entscheiden; die Auslegungskompetenz folgt der Aufstellungskompetenz.

e) **Vertretungsregelung:** Im Rahmen der Geschäftsverteilung nach Abs 2 muß auch eine Ver- 11
tretungsregelung getroffen werden, und zwar für jedes Mitglied des Spruchkörpers (nicht für den Vorsitzenden, insoweit § 21 f, dieser kann jedoch selbst die Voraussetzungen seiner Verhinderung regeln, BGH NJW-RR 93, 1406; NJW 95, 335). Diese geht der Vertretungsregelung im Geschäftsverteilungsplan des Präsidiums nach § 21e Abs 1 vor, da eine Verhinderung, für die die Vertretungsregelung des allg Geschäftsverteilungsplans eingreift, nur vorliegt, wenn der Spruchkörper aus der Zahl seiner ordentlichen Mitglieder nicht mehr ordnungsgemäß besetzt werden kann.

f) **Zeitpunkt:** Die Regelung des Vorsitzenden nach Abs 2 muß vor Beginn des Geschäftsjahres 12
für dessen gesamte Dauer getroffen werden. Für eine **Änderung** während des Geschäftsjahres (Abs 2 Hs 2) gelten dieselben Grundsätze wie nach § 21e Abs 3 (s dort Rn 42 ff). Jederzeit zulässig ist die **Ergänzung** bei ausfüllungsbedürftigen, durch Auslegung nicht zu schließenden Lücken (s § 21e Rn 47; BGH VGS aaO).

3) **Abs 3 bezieht sich nur auf den Fall des § 348 ZPO,** denn nur dort tritt der Einzelrichter als 13
gesetzl Richter anstelle der Kammer (das Gesetz bringt dies durch das Wort „übertragen" zum Ausdruck). Abs 3 gilt nicht für den Einzelrichter des § 524, dem das Verfahren zur Vorbereitung „zugewiesen" wird. Dies ergibt sich auch aus der Gesetzesbegründung (BT-Drucks 7/2769), nach der klargestellt werden soll, daß die Grundsätze über die Geschäftsverteilung im Spruchkörper auch für die Zuständigkeit des Einzelrichters (ER) nach § 348 ZPO gelten. Die Konsequenzen der Vorschrift gehen allerdings über eine „Klarstellung" erheblich hinaus. Sie übersteigen auch das, was unter dem Gesichtspunkt des Art 101 I 2 GG (vgl auch BVerfG 18, 344) geboten wäre (s Rn 5).

Nach § 348 I ZPO entscheidet die Kammer – und zwar in der Besetzung, die sich gemäß der 14
kammerinternen Geschäftsverteilung nach § 21g II ergibt (s oben), **ob** das Verfahren dem ER übertragen wird. Die **Person des ER** bestimmt dagegen – gebunden nach Abs 3 – der Vorsitzende (hM, aA Müller aaO), und zwar gemäß Abs 3. Dies bedeutet im einzelnen:

a) Der Vorsitzende hat vor Beginn des Geschäftsjahres eine **„Einzelrichtergeschäftsvertei-** 15
lung" aufzustellen. Dies gilt – im Gegensatz zum Umfang der Regelung des Abs 2 – auch für die nicht überbesetzte Kammer. Dies bedeutet im Ergebnis, daß die Freiheit des Vorsitzenden nach Abs 1 durch die von ihm festzulegende kammerinterne Einzelrichtergeschäftsverteilung ersetzt ist (zu den praktischen Konsequenzen s OVG Hamburg NJW 94, 274).

b) Für den **Inhalt** der vom Vorsitzenden zu treffenden Regelung gilt das unter Rn 5 ff Darge- 16
stellte. Ebenso ist eine Vertreterregelung zu treffen (vgl Rn 11), und zwar auch für den Vorsitzenden, der als ER tätig wird; § 21f Abs 2 gilt insoweit nicht.

c) Aus a) und b) folgt, daß sich die Frage, **wer im konkreten Verfahren die Person des ER** 17
bestimmt, eigentlich nicht mehr stellt. Aus der Entscheidung der Kammer nach § 348 ZPO, das Verfahren dem ER zu übertragen, und der Einzelrichtergeschäftsverteilung nach § 21g III ergibt sich regelmäßig von selbst die Person des ER. Insoweit steht also (worauf der Wortlaut des § 348 I ZPO – „einem ihrer Mitglieder" – an sich schließen ließe) der Kammer ein Auswahlermessen nicht zu. Einer Entscheidung im Einzelfall kann es vielmehr nur bedürfen, wenn Zweifel über die Person des berufenen Einzelrichters bestehen. Diese sind dadurch zu beseitigen, daß der Vorsitzende seine Regelung entsprechend ausfüllt, ergänzt oder klarstellt.

d) Aus dem Verhältnis zwischen § 348 I ZPO und § 21g III ist für die **überbesetzte Kammer** 18
besonders zu beachten: Nach § 348 I ZPO muß der ER Mitglied der (entscheidenden) Zivilkammer sein. Dh er muß nicht nur der Kammer, sondern dem Spruchkörper in seiner konkreten Besetzung im Zeitpunkt der Entscheidung angehören. Im Zusammenhang mit der Notwendigkeit der vorweg zu erstellenden ER-Geschäftsverteilung folgt daraus, daß bei überbesetzter Kammer die Sitzgruppeneinteilung nach § 21g II und die Einzelrichtergeschäftsverteilung nach

§ 21g III so abgestimmt sein müssen, daß der in Betracht kommende ER der Sitzgruppe angehört, die nach § 348 ZPO zu entscheiden hat.

19 e) Für die **Vertretung des ER** gilt die nach Abs 3 iVm Abs 2 aufzustellende Vertretungsregelung (vgl Rn 11). Daher richtet sich auch die Vertretung nach den allg Grundsätzen. Es greift die vom Vorsitzenden aufgestellte Vertretungsregelung (ohne daß eine Kammerentscheidung nötig wäre) ein, wenn der bereits bestimmte ER, dem das Verfahren übertragen ist, vorübergehend verhindert ist. Fällt der Hinderungsgrund weg, so fällt auch das Verfahren an ihn zurück.

20 f) Besondere Fragen wirft die Gefahr der **Überlastung** einzelner Kammermitglieder als ER auf. Sie besteht in besonderem Maß, da bei der im voraus zu erstellenden Geschäftsverteilung nicht voraussehbar ist, welche Sachen nach § 348 I ZPO übertragen werden. Grundsätzl kann bei Überlastung nach Abs 3 iVm Abs 2 Hs 2 verfahren werden. Dies wird jedoch zahlreiche Anpassungen im Laufe des Geschäftsjahres nötig machen. Dies kann dadurch verhindert werden, daß in der ER-Geschäftsverteilung im voraus festgelegt wird, daß Kammermitglieder bei der Zuteilung von ER-Sachen nicht zu berücksichtigen sind, wenn ihnen schon eine bestimmte Zahl von ER-Sachen über dem Kammerdurchschnitt übertragen ist. Der Vorsitzende kann für diese Fälle auch in der kammerinternen ER-Geschäftsverteilung eine besondere Vertretungsregelung (zB Bestellung des Vorsitzenden selbst zum Vertreter in diesen Fällen) vorsehen. Es handelt sich insoweit nicht um eine Umgehung der bei Überlastung vom Ges vorgesehenen Regelung, vielmehr wird die Überlastung – die auch nach dem Ges die Ausnahme sein soll – durch eine solche Regelung der Geschäftsverteilung gerade verhindert. Es ist jedoch auch zulässig, im Interesse der gleichmäßigen Belastung (oder aus sonstigen sachlichen Gründen einer stetigen, geordneten Arbeit des Spruchkörpers – zB Einarbeitung eines neu zugeteilten Richters, mangelnde Erfahrung etwa eines Richters auf Probe u ä) **im Einzelfall** von der allgemeinen Regelung **abzuweichen** (vgl BGH NJW 80, 951 und Rn 9).

21 **4) Beteiligung des Vorsitzenden als ER a) Allgemeines:** Abs 3 S 2 wurde im Zuge der Änderung des § 348 ZPO durch das RpflEntlG v 11. 1. 93 (BGBl 50) eingefügt, da es in der Praxis zu Mißlichkeiten gekommen war, weil sich Vorsitzende von der ER-Tätigkeit ganz ausnahmen, obwohl die Kammer von § 348 ZPO regelmäßig Gebrauch machte. Da die Entscheidung durch den ER nunmehr für den Regelfall gelten „soll", hat der Gesetzgeber klargestellt, daß auch der Vorsitzende hieran mitzuwirken hat. Dies ist auch sachgerecht, da in der erstinstanzlichen Zivilkammer des Landgerichts ein erheblicher Teil der Rechtsprechung nicht mehr in der Kammer geleistet wird; der Vorsitzende ist daher durch seine mit dem Vorsitz im Spruchkörper verbundene Aufgabe (vgl § 21f Rn 1) nicht mehr in gleichem Umfang ausgelastet wie bei anderen kollegialen Spruchkörpern.

22 Daraus folgt, daß das Gebot des S 2 **nur für die erstinstanzliche Zivilkammer am LG,** denn nur für sie gilt § 348 ZPO (vgl Rn 13), nicht aber für die Berufungskammern des LG und nicht für die Zivilsenate des OLG gilt. Diese sind – trotz § 524 ZPO – vollwertige kollegiale Spruchkörper.

23 b) Der Vorsitzende hat in **„angemessenem Umfang"** als ER tätig zu werden. Durch diese Klausel soll dem Spannungsverhältnis Rechnung getragen werden, das sich aus der Verantwortung des Vorsitzenden für den gesamten Spruchkörper und seine Belastung durch die von der Kammer zu entscheidenden Sachen zur ER-Regelung ergibt. Seine Tätigkeit als ER kann nicht in gleichem Umfang bestehen wie die der übrigen Kammermitglieder; andererseits kann sich der Vorsitzende nicht auf den Standpunkt stellen, durch die Kammertätigkeit so ausgelastet zu sein, daß er ER-Aufgaben nicht übernehmen kann. Innerhalb dieser Pole den „angemessenen Umfang" zu finden, ist dem Vorsitzenden selbst im Rahmen der von ihm zu bestimmenden Kammergeschäftsverteilung überlassen. Die Gesetzesbegründung (BR-Drucks 314/91 S 133) betont ausdrücklich, daß an der **Dispositionsbefugnis des Vorsitzenden** entsprechend seiner gerichtsverfassungsrechtlichen Stellung festgehalten wurde. Ein wesentliches Kriterium für die Bestimmung des angemessenen Umfangs wird sein, in welchem Umfang nach der Praxis der Kammer Verfahren an den ER übertragen werden. Insofern besteht zwischen der Entscheidungsbefugnis der Kammer (§ 348 Abs 2 S 1 ZPO) und der Dispositionsbefugnis des Vorsitzenden eine Wechselwirkung. Zutreffend wurde davon abgesehen, für Konflikte zwischen dem Vorsitzenden und den übrigen Kammermitgliedern ein Entscheidungsorgan zu bestimmen, denn es handelt sich um eine Frage des Kernbereichs richterlicher Tätigkeit innerhalb des Spruchkörpers. Die Dienstaufsicht kann nur bei offensichtlichem Fehlgriff (ein solcher liegt vor, wenn der Vorsitzende den gesetzlichen Auftrag des Abs 3 S 2 ignoriert) einschreiten, das Präsidium kann nur mittelbar eingreifen, indem es einen Spruchkörper neu besetzt, der sich über die „Angemessenheit" nicht zu verständigen vermag.

21h *[Vertretung des Präsidenten und des aufsichtführenden Richters]*
Der Präsident oder aufsichtführende Richter wird in seinen durch dieses Gesetz bestimmten Geschäften, die nicht durch das Präsidium zu verteilen sind, durch seinen ständigen Vertreter, bei mehreren ständigen Vertretern durch den dienstältesten, bei gleichem Dienstalter durch den lebensältesten von ihnen vertreten. Ist ein ständiger Vertreter nicht bestellt oder ist er verhindert, wird der Präsident oder aufsichtführende Richter durch den dienstältesten, bei gleichem Dienstalter durch den lebensältesten Richter vertreten.

1) Die Vertretungsregelung betrifft lediglich die **Aufgaben** des Präsidenten oder aufsichtführenden Richters im Rahmen **der gerichtlichen Selbstverwaltung** durch die Präsidien (BGH NJW 74, 509; Kissel Rn 3). 1

a) In Betracht kommen die Aufgaben als Vorsitzender des Präsidiums (§ 21c I 1), und zwar im Falle des § 21a II 1 und des § 22a, die dem Präsidenten oder aufsichtführenden Richter nach § 21i II übertragenen Aufgaben und die Entscheidung nach § 21e I 3 (nur bei Präsidenten). Hierunter fällt insbesondere die Feststellung der Verhinderung (s § 21e Rn 41). 2

b) Die Regelung gilt **nicht für die Rechtsprechungstätigkeit** der genannten Richter (auch nicht bei Präsidenten, obwohl diese nach § 21e I 3 nicht vom Präsidium zu verteilen ist). Die Vertretung regelt sich hier nach § 21f II, bei AGen nach § 21e I 1. Sie gilt ferner nicht für die Vertretung bei **Aufgaben der Justizverwaltung** (entgegen der amtl Begründung, vgl BT-Drucks VI/577; s auch BGH NJW 74, 509), da diese nicht durch das GVG übertragen sind (vgl §§ 13, 14 VO v 20. 3. 35 – BGBl III 300-5 – oder entspr neueres Landesrecht, s Einl zum GVG Rn 11 f); die Vertretung bestimmt sich hier nach § 13 S 2 der VO v 20. 3. 35 oder nach Landesrecht; dies ist insbesondere bei der Verhinderung des ständigen Vertreters von Bedeutung, da die weitere Vertretung hier nicht (vgl § 13 S 2 VO v 20. 3. 35) oder uU abweichend von § 21h S 2 geregelt ist. 3

2) **Vertreter** ist zunächst der bestellte ständige Vertreter (Zuständigkeit: § 4 II VO v 20. 3. 35, aaO, oder Landesrecht: Bay: Art 4 AGGVG); sind mehrere ständige Vertreter bestellt (zulässig bei Aufteilung nach Sachgebieten, BGH NJW 58, 1503), so bestimmt sich die Reihenfolge nach Dienst- bzw hilfsweise Lebensalter. Vorsitzende Richter haben dabei – nach Dienstalter – den Vorrang (hM, vgl Kissel Rn 6 mwN). 4

3) Zur Vertretung im **Vorsitz des Präsidiums** s ferner § 21c Rn 1–3. 5

21i *[Beschlußfähigkeit des Präsidiums]*
(1) Das Präsidium ist beschlußfähig, wenn mindestens die Hälfte seiner gewählten Mitglieder anwesend ist.

(2) Sofern eine Entscheidung des Präsidiums nicht rechtzeitig ergehen kann, werden die in § 21e bezeichneten Anordnungen von dem Präsidenten oder aufsichtführenden Richter getroffen. Die Gründe für die getroffene Anordnung sind schriftlich niederzulegen. Die Anordnung ist dem Präsidium unverzüglich zur Genehmigung vorzulegen. Sie bleibt in Kraft, solange das Präsidium nicht anderweit beschließt.

1) Abs 1 regelt die Frage der **Beschlußfähigkeit,** allerdings nur unvollständig. **a)** Voraussetzung ist zunächst die **Anwesenheit des Vorsitzenden** des Präsidiums; diese ist durch §§ 21c I 1, 21h so geregelt, daß in allen Fällen der Verhinderung ein Vorsitzender zur Verfügung steht. 1

b) Ferner müssen nach Abs 1 mindestens die Hälfte der **gewählten Mitglieder** anwesend sein, gleichgültig ob es sich iFd § 21a II 2 bei den Anwesenden um Vorsitzende Richter oder Richter handelt. – Nicht geregelt ist jedoch die Beschlußfähigkeit im Falle der Zusammensetzung des Präsidiums nach § 21a II 1 Nr 3; es ist kein Grund dafür ersichtlich, die Frage der Beschlußfähigkeit in diesem Fall anders als in den Fällen des § 21a II 1 Nr 1 und 2 zu entscheiden; die Regel des Abs 1 ist daher entsprechend anzuwenden. 2

c) Abs 1 regelt die Beschlußfähigkeit nur für die Entscheidung in Sitzungen. Hieraus könnte geschlossen werden, daß Präsidialbeschlüsse in Sitzungen gefaßt werden müssen, das bisher daneben zulässige **Umlaufverfahren** (vgl BGHSt 12, 404; BGH LM Nr 13 zu § 63 GVG; Stanicki DRiZ 72, 53) ausgeschlossen ist (so ThP § 21i Rn 1). Die Gesetzesmaterialien ergeben eine entsprechende Absicht des Gesetzgebers nicht (vgl BT-Drucks VI/557 S 18 und VI/2905 S 5), vielmehr folgt aus Abs 1 nur, daß der Gesetzgeber davon ausging, daß Präsidialentscheidungen grundsätzlich in Sitzungen zu treffen sind, zumal es sich auch um die für Kollegialorgane geeignetste Entscheidungsform handelt. Hiervon kann das Präsidium aber aufgrund seiner Verfahrensautonomie (BVerwG NJW 84, 575) abweichen, wenn alle Mitglieder zustimmen. Das Umlaufverfahren ist daher zulässig (BVerwG NJW 92, 254), wenn alle Präsidiumsmitglieder mitwirken und hierdurch – stillschweigend – ihr Einverständnis mit diesem Verfahren erklären. 3

Verlangt ein Mitglied die Entscheidung in einer Sitzung, so muß regelmäßig (Ausnahme bei Mißbrauch, vgl. BVerwG aaO) eine Sitzung einberufen werden (ebenso BL/Albers § 21e Rn 19; Schmidt DRiZ 73, 163). – Zur **Protokollierung** der Präsidialbeschlüsse, die nicht geboten ist, vgl BVerwG NJW 84, 575.

4 **2) Notzuständigkeit des Präsidenten oder aufsichtführenden Richters (Abs 2):** Ist eine erforderliche Entscheidung des Präsidiums etwa wegen besonderer Eilbedürftigkeit (so daß eine Einberufung des Präsidiums unter Wahrung einer angemessenen Frist nicht möglich ist) oder mangels Beschlußfähigkeit (Abs 1) nicht rechtzeitig zu erreichen, so geht die Entscheidungsbefugnis nach Abs 2 auf den Präsidenten oder den aufsichtführenden Richter über. Entscheidend ist, ob die Notwendigkeit der Maßnahme erst kurzfristig bekannt wurde; ob sie – objektiv – schon früher erkennbar war, ist unerheblich (vgl BGH bei Holtz MDR 77, 461). Die Notzuständigkeit greift daher auch ein, wenn der GVP unvollständig oder unklar ist (eine andere Regelung durch Präsidium also möglich gewesen wäre) und eine umgehende Vervollständigung aus Sachgründen nötig wird.

5 a) **Zuständig** nach Abs 2 S 1 ist der Präsident des Gerichts oder der aufsichtführende Richter, nicht der Vorsitzende des Präsidiums; in den Fällen des § 22a entscheidet daher nicht der Landgerichtspräsident, sondern der aufsichtführende Richter (aA Kissel Rn 8: PräsLG). Im Falle einer Verhinderung tritt der nach § 21h bestimmte Vertreter ein. – Für das **Verfahren** sind zunächst die für das Präsidium bestehenden Vorschriften (insbesondere § 21e II, III 2, V) sowie die Besonderheiten nach Abs 2 S 2 und 3 zu beachten. Verstöße führen, soweit sie nicht nachträglich behoben werden können (wie etwa die schriftliche Begründung), zur Mangelhaftigkeit der Maßnahme (Folge s § 21e Rn 51 ff); vgl auch BGH bei Holtz MDR 74, 461.

6 **b) Inhalt der Maßnahmen:** Es können alle dem Präsidium zustehenden Befugnisse (aber auch nur diese) ausgeübt werden. Der zur Entscheidung berufene Präsident (Direktor) hat nach seinem eigenen Ermessen zu entscheiden, ohne Bindung daran, wie Präsidium – vermutlich – entschieden hätte. Hauptanwendungsbereich des § 21i II werden Maßnahmen nach § 21e III, insbesondere bei kurzfristigem Ausscheiden oder Hinzukommen von Richtern oder in Fällen außergewöhnlichen Arbeitsanfalls, der zu Überlastung führt (zB Haftentscheidungen), sein. – Besondere Probleme ergeben sich zur Frage der **Vertretungsregelung;** auszugehen ist von § 21e III: danach können Anordnungen im Laufe des Geschäftsjahres nur unter den dort genannten Voraussetzungen geändert werden, dies gilt generell auch für die Bestimmung des Vertreters; allerdings wird hier – insbesondere bei längerer Vertretung oder bei besonderem und eilbedürftigem Arbeitsanfall – eine Änderung wegen Überlastung eines Richters in Betracht kommen. § 21e III steht einer Vertretungsregelung im Laufe des Geschäftsjahrs ferner nicht entgegen, wenn der oder die im Geschäftsverteilungsplan vorgesehenen Vertreter ausfallen oder nicht ausreichen; die in diesem Fall nötige Bestimmung eines weiteren (zeitweiligen, dh bis zum Verfügungstehen des allgemeinen) Vertreters ist keine Änderung iSd § 21e III, sondern eine Ergänzung der Regelung der Geschäftsverteilung, die auch im Laufe des Geschäftsjahrs uneingeschränkt zulässig ist.

7 **c) Wirkung der Maßnahmen:** Die Notmaßnahmen des Präsidenten haben grundsätzlich die gleiche Wirkung wie entsprechende Maßnahmen des Präsidiums; insbesondere sind sie in ihrer zeitlichen Wirkung nicht begrenzt. Sie sind nach S 3 dem Präsidium unverzüglich vorzulegen, wobei die Worte **„zur Genehmigung"** irreführend sind, wie sich aus S 4 ergibt. Sie bleiben nämlich unabhängig von der Genehmigung oder ihrer Versagung in Kraft, bis sie vom Präsidium (unter den Voraussetzungen des S 1 sogar auch vom Präsidenten) abgeändert oder aufgehoben werden; dies kann nur mit Wirkung für die Zukunft, nicht aber rückwirkend geschehen. S 3 begründet somit keinen Genehmigungsvorbehalt, sondern nur eine Informationspflicht; S 4 eröffnet dem Präsidium aber die Möglichkeit, Entscheidungen, die nach S 1 getroffen wurden, im Laufe des Geschäftsjahrs abzuändern, ohne daß die Voraussetzungen des § 21e III 1 vorliegen müssen (aA insoweit Kissel Rn 11; S 4 enthält jedoch eine Spezialregelung, die dem Grundsatz des § 21e III 1 vorgeht; auch die Aufhebung der Eilanordnung, die Kissel zuläßt, wäre im übrigen eine Änderung iS der Vorschrift).

Dritter Titel

AMTSGERICHTE

22 *[Richter]*
(1) Den Amtsgerichten stehen Einzelrichter vor.

(2) Einem Richter beim Amtsgericht kann zugleich ein weiteres Richteramt bei einem anderen Amtsgericht oder bei einem Landgericht übertragen werden.

(3) Die allgemeine Dienstaufsicht kann von der Landesjustizverwaltung dem Präsidenten des übergeordneten Landgerichts übertragen werden. Geschieht dies nicht, so ist, wenn das Amtsgericht mit mehreren Richtern besetzt ist, einem von ihnen von der Landesjustizverwaltung die allgemeine Dienstaufsicht zu übertragen.

(4) Jeder Amtsrichter erledigt die ihm obliegenden Geschäfte, soweit dieses Gesetz nichts anderes bestimmt, als Einzelrichter.

(5) Es können Richter auf Probe und Richter kraft Auftrags verwendet werden.

1) Die Bestimmungen der **VO v 20. 3. 35** (RGBl I 403; BGBl III 300-5) gelten noch, soweit sie nicht im Gegensatz stehen zu den gegenwärtigen Vorschriften der §§ 22 ff oder durch Landesrecht (Bay: Art 4, 20 I 1 Nr 4 und 20 II 2 AGGVG) ersetzt wurden (s Ges v 12. 9. 50 Art 8 II Nr 7; § 87 DRiG): 1

§ 3. Der „Reichsminister der Justiz" kann anordnen, daß außerhalb des Sitzes eines Amtsgerichts Zweigstellen errichtet oder Gerichtstage abgehalten werden.

§ 4.

II) Der „Reichsminister der Justiz" kann einen oder mehrere Amtsrichter zu ständigen Vertretern des aufsichtsführenden Amtsrichters bestellen. Wird kein ständiger Vertreter bestellt oder ist dieser behindert, so wird der aufsichtsführende Amtsrichter durch den dem Dienstalter, bei gleichem Dienstalter durch den der Geburt nach ältesten Amtsrichter vertreten. Der „Reichsminister der Justiz" kann Grundsätze für die Vertretung des aufsichtsführenden Amtsrichters aufstellen.

2) **Einzelrichter, Abs 1 u 4,** (nicht iSd §§ 348 ff ZPO) als Gegensatz zum Kammer-(Senats-) prinzip der §§ 60, 116, 130. Durchbrechung in Strafsachen (Schöffengericht), sowie durch spätere Gesetze (zB § 2 II LwVerfG), im landesrechtl Aufgabenkreis (§§ 3, 4 EGGVG) auch durch Landesrecht möglich. 2

3) **Übertragung eines weiteren Richteramtes (Abs 2):** Abs 2 betrifft sowohl die horizontale (bei einem anderen AG) wie die vertikale Ämterhäufung. An dem Zweitgericht erhält der Richter ein weiteres konkretes Richteramt, sein abstraktes Richteramt – und damit auch seine Amtsbezeichnung (RiAG, DirAG) – richtet sich jedoch ausschließlich nach dem Erstamt. Das weitere Richteramt gibt jedoch die vollen Rechte, die mit ihm allgemein verbunden sind (zB Wahlrecht nach § 21b I 1; vgl auch § 30 DRiG), es liegt insbesondere kein Fall der (Teil)-Abordnung vor (vgl BayObLGZ 71, 382); der Richter ist nicht Hilfsrichter, sondern ordentliches Mitglied des Gerichts, an dem ihm ein weiteres Richteramt übertragen ist (BayObLG aaO). Einem Richter am AG kann jedoch nicht als weiteres Richteramt das eines **VorsRichters am LG** übertragen werden, auch nicht, wenn dies besoldungsrechtlich möglich wäre (bei DirAG oder weiterem aufsichtführendem Richter der BesGr R 2); dies folgt aus § 21f I, der den ordentlichen Vorsitz auf die zu VorsRichtern Ernannten (also auf die Übertragung eines entsprechenden abstrakten Richteramts) beschränkt (für die Sonderregelung des § 106 s dort; s auch Rn 10). Dagegen ist es möglich, dem DirAG als weiteres Richteramt das des Direktors eines anderen AGs zu übertragen, da es sich hier auch um dasselbe abstrakte Amt handelt. 3

Bei der Übertragung des weiteren Richteramts kann der **Anteil der Zuweisung** durch die für die Übertragung zuständige Stelle festgelegt werden; hiervon haben dann die Präsidien bei der Bemessung der Geschäftsaufgabe auszugehen (s § 21e Rn 8). Ist eine solche Bestimmung nicht geschehen, so haben die beiden betroffenen Präsidien untereinander ein Einvernehmen herbeizuführen. Nicht zulässig dürfte es sein, den Richter bei einem Gericht von richterl Tätigkeit ganz auszuschließen (vgl BVerfG 17, 252) – die Übertragung von Aufgaben im Rahmen der Vertretungsregelung genügt jedoch; gerade hierin wird oft das Bedürfnis für die Übertragung des weiteren Richteramts liegen. Besteht für das weitere Richteramt kein Bedürfnis mehr, so ist die Bestellung aufzuheben, wozu allerdings das Einverständnis des Richters erforderlich ist (vgl BGHSt 24, 284). 4

4) **Amtsgerichtl Zweigstellen** (unselbständige Dienststellen des AG außerhalb des Sitzes des AG – Hauptgericht) sind auf Grund der Organisationsgewalt zulässig (§ 3 der VO v 20. 3. 35, oben Rn 1; in Bayern VO über die amtsgerichtl Zweigstellen v 30. 5. 73, GVBl 341; zuletzt geändert GVBl 1991, 138). Gerichtsverfassungsrechtl sind die Zweigstellen Teil des Amtsgerichts (vgl auch 5

BayVerfGHE 30, 189 = NJW 78, 1515; BGH DRiZ 85, 102), es besteht keine besondere örtl Zuständigkeit im Sinne der Prozeßordnungen.

6 Für die **richterliche Aufgabenverteilung** bedeutet dies, daß diese ausschließlich nach § 21e vorzunehmen ist. Die Zuweisung einer an der Zweigstelle wahrzunehmenden Geschäftsaufgabe ist für den betroffenen Richter eine Maßnahme der Geschäftsverteilung des Präsidiums. Sein Richteramt (§ 27 I DRiG), das an einem bestimmten Gericht, nicht aber an einem bestimmten Ort besteht, wird durch einen Aufgabenwechsel vom Hauptgericht zur Zweigstelle oder umgekehrt nicht betroffen; die Regeln über die Versetzung (§§ 31, 32 DRiG) oder über die Abordnung (§ 37 DRiG) sind weder unmittelbar noch entsprechend anwendbar (BGH DRiZ 85, 102; Domcke, Festschrift für Bengl, 1983, S 11). Bei der Aufhebung einer Zweigstelle ist daher auch § 32 DRiG nicht anwendbar.

7 Im Hinblick auf diese Zuordnung ist es zulässig, das Präsidium zu ermächtigen, im Wege der Geschäftsverteilung im einzelnen den Umfang der an der Zweigstelle wahrzunehmenden Aufgaben zu bestimmen (vgl § 3 S 2 der bay VO v 30. 5. 73, aaO, sowie BayVerfGH aaO); allerdings darf das Präsidium hierbei den durch Rechtsnorm vorgegebenen Bestand der Zweigstelle nicht in ihrem Kernbestand antasten.

8 **5) Allgemeine Dienstaufsicht (Abs 3):** Übertragung nach S 2 umfaßt bei nicht mit Präs besetzten AGen nicht die Dienstaufsicht ü Richter; diese steht dem LGPräs zu, es sei denn, das AG ist mit einem Präs besetzt (§ 15 VO v 20. 3. 35; Bay: Art 20 II 2 AGGVG). Die Regelung der Dienstaufsicht (= Justizverwaltung) ist Sache der Länder (s Einl Rn 11) und hat grundsätzlich durch Rechtsnorm zu geschehen, da sie die Zuständigkeit mit Außenwirkung regelt. Abs 3 gibt – hilfsweise – die Grundlage dafür, die Dienstaufsicht im Einzelfall durch Zuweisungsakt der Justizverwaltung zu regeln. Es handelt sich hierbei um eine Organisationsanordnung, nicht um eine Verordnungsermächtigung, für die die Grundsätze von BVerfGE 11, 77 anzuwenden wären (aA Schäfke ZPR 83, 165, 168).

9 **6) Richter auf Probe oder kraft Auftrags** sind nicht planmäßig bei einem Gericht angestellte Richter (vgl §§ 12, 14 DRiG), deren Tätigwerden als Richter ausdrücklicher bundesgesetzlicher Bestimmung bedarf (§ 28 I DRiG); § 22 V (s auch § 59 III) ist eine solche Vorschrift. Richter, die wegen Erreichung der Altersgrenze in den Ruhestand getreten sind, können dagegen nach Abs 5 nicht als Hilfsrichter verwendet werden (vgl §§ 48 II, 76 II DRiG). – Da die persönliche Unabhängigkeit der Richter auf Probe und kraft Auftrags nur beschränkt geschützt ist (beim LG vgl § 70 II GVG), dürfen sie im Hinblick auf Art 97 II GG (vgl dazu § 1 Rn 8) nur im Rahmen des aus Sachgründen gebotenen Maßes (zB Notwendigkeit der Erprobung des Richternachwuchses, beschränkte Zahl von Planstellen) verwendet werden (BVerfGE 4, 331; 14, 156 = NJW 62, 1495). Dem tragen jetzt §§ 28 II 2, 29 DRiG Rechnung. – Einschränkungen für die Verwendung der Richter auf Probe enthalten § 23b III 2 und § 29 I 2. Zur verfassungskonformen Auslegung der wiedervereinigungsbedingten erweiterten Verwendungsmöglichkeiten von Hilfsrichtern (§ 29 DRiG in der bis 28. 2. 98 geltenden Fassung; **neue Bundesländer:** weitgehende Erleichterungen bis 31. 12. 99 gem § 3 RpflAnpG idF des G v 7. 12. 95, BGBl I 1590): BVerfG DtZ 96, 175; BGH NJW 95, 2791: Ausreichender sachl Grund muß vorliegen.

10 **Neue Bundesländer:** Bis 31. 12. 99 freie Übertragung weiterer Richterämter gem § 7, ggf iVm § 10 IV, V RpflAnpG idF d G v 7. 12. 95 BGBl I 1590.

11 Gem Art 12, 110 EinführungsG zur Insolvenzordnung (BGBl 1994 I 2911) wird § 22 V und – neu – VI ab 1. 1. 99 lauten:

„(5) Es können Richter kraft Auftrags verwendet werden. Richter auf Probe können verwendet werden, soweit sich aus Absatz 6, § 23b Abs 3 Satz 2 oder § 29 Abs 1 Satz 2 nichts anderes ergibt.

(6) Ein Richter auf Probe darf im ersten Jahr nach seiner Ernennung Geschäfte in Insolvenzsachen nicht wahrnehmen."

22a *[Vorsitz im Präsidium]*

Bei Amtsgerichten mit einem aus allen wählbaren Richtern bestehenden Präsidium (§ 21a Abs. 2 Satz 1 Nr. 3) gehört der Präsident des übergeordneten Landgerichts oder, wenn der Präsident eines anderen Amtsgerichts die Dienstaufsicht ausübt, dieser Präsident dem Präsidium als Vorsitzender an.

1 **1) Den Vorsitz im Präsidium** eines AG mit bis zu 7 Richterplanstellen führt der Präsident des LG. Der DirAG ist in diesen Fällen weiteres Mitglied nach § 21a II 1 Nr 3. Vgl auch § 21a Rn 7, 8.

2 **2) Für die Vertretung** des Präsidenten gilt § 21c I 1 und § 21h (keine Vertretung durch den DirAG). Dagegen ist § 21c I 2 nicht anwendbar.

3) **Die Eilzuständigkeit nach § 21i II 1** übt der Direktor des AG, nicht der Präsident aus, da sie nicht dem Vorsitzenden des Präsidiums, sondern dem aufsichtführenden Richter zugeordnet ist (aA Kissel Rn 5, s auch § 21i Rn 5). 3

22b *[Vertretung der Richter]*

(1) Ist ein Amtsgericht nur mit einem Richter besetzt, so beauftragt das Präsidium des Landgerichts einen Richter seines Bezirks mit der ständigen Vertretung dieses Richters.

(2) Wird an einem Amtsgericht die vorübergehende Vertretung durch einen Richter eines anderen Gerichts nötig, so beauftragt das Präsidium des Landgerichts einen Richter seines Bezirks längstens für zwei Monate mit der Vertretung.

(3) In Eilfällen kann der Präsident des Landgerichts einen zeitweiligen Vertreter bestellen. Die Gründe für die getroffene Anordnung sind schriftlich niederzulegen.

(4) Bei Amtsgerichten, über die der Präsident eines anderen Amtsgerichts die Dienstaufsicht ausübt, ist in den Fällen der Absätze 1 und 2 das Präsidium des anderen Amtsgerichts und im Falle des Absatzes 3 dessen Präsident zuständig.

1) **Vertretung beim 1 – Richter-AG (Abs 1):** Gerichtsinterne Vertretung hier nicht möglich; 1
Regelung durch Präsidium des übergeordneten LG oder des AG, dessen Präsident die Dienstaufsicht führt (Abs 4). – Zur Bildung eines Präsidiums bei 1 – Richter-Gericht s § 21a Rn 5.

2) **Vorübergehende Vertretung beim AG (Abs 2):** Grundsätzlich gilt für Vertretung beim AG 2
der Grundsatz der gerichtsinternen Vertretung, die durch Präsidium zu regeln ist. Ist eine gerichtsinterne Vertretung jedoch nicht möglich, weil alle in Betracht kommenden Richter des AG ihrerseits verhindert sind, gilt Abs 2 (für den entsprechenden Fall bei LG s § 70). Die 2-Monatsfrist ist eine Höchstfrist für den jeweiligen Vertretungsfall; besteht das Vertretungsbedürfnis nach Ablauf der Frist weiter, so muß die Justizverwaltung eingreifen; analog § 70 I wird das Präsidium des LG einen entsprechenden Antrag zu stellen haben.

Abs 2 verbietet nicht eine Vertretungsregelung für das ganze Geschäftsjahr durch einen ande- 3
ren Richter des Bezirks, wenn die Regelung mehrere Vertretungsfälle von jeweils nicht mehr als 2 Monaten umfaßt. Für Bereitschaftsdienst an dienstfreien Tagen gilt Spezialregelung des § 22c.

3) **Bestellung eines zeitweiligen Vertreters (Abs 3):** Wird eine Vertretung iSd Abs 1 oder 2 4
notwendig und ist eine Entscheidung des zuständigen Präsidiums nicht rechtzeitig zu erlangen, so kann der Präsident des LG (oder AG, Abs 4) an Stelle des Präsidiums handeln. Im Gegensatz zu § 21i II muß die Entscheidung nicht dem Präsidium vorgelegt werden (aA Kissel Rn 7, der ein Redaktionsversehen annimmt; hierzu besteht jedoch kein Anlaß); sie kann von diesem auch nur unter den Voraussetzungen des § 21e III, die in der Regel nicht vorliegen werden, abgeändert werden. Die 2-Monatsfrist ist für den zeitweiligen Vertreter analog anzuwenden.

22c *[Bereitschaftsdienst]*

(1) Die Landesregierungen werden ermächtigt, durch Rechtsverordnung ein Amtsgericht zu bestimmen, das für mehrere Amtsgerichte im Bezirk des Landgerichts Geschäfte des Bereitschaftsdienstes an dienstfreien Tagen ganz oder teilweise wahrnimmt, wenn dies zur Sicherstellung einer gleichmäßigeren Belastung der Richter mit Bereitschaftsdiensten angezeigt ist. Zu dem Bereitschaftsdienst sind die Richter der in Satz 1 bezeichneten Amtsgerichte heranzuziehen. Über die Verteilung der Geschäfte des Bereitschaftsdienstes beschließt nach Maßgabe des § 21e das Präsidium des Landgerichts.

(2) Die Landesregierungen können die Ermächtigung nach Absatz 1 auf die Landesjustizverwaltungen übertragen.

§ 22c eingefügt durch Art 3 des G zur Änderung des RechtspflegerG und anderer Gesetze v 1
24. 6. 94 (BGBl I 1374).

1) Vielfach ist bei Amtsgerichten ein **Bereitschaftsdienst** eingerichtet; teilweise – so in 2
Bayern – jedoch nur an den Amtsgerichten, die Haftgericht sind. Hier war umstritten, ob die **Heranziehung von Richtern anderer Amtsgerichte** zum Bereitschaftsdienst von § 22b II gedeckt war (verneinend VGH München NJW 94, 2308). Der neue § 22c schafft eine klare gesetzliche Grundlage für diese praktischen Bedürfnissen entsprechende Form des Bereitschaftsdienstes.

2) Abs 1 S 1 ermächtigt zu einer überörtlichen, sachlich und zeitlich beschränkten **Zuständig-** 3
keitskonzentration.

4 Sachlich ist die Zuständigkeitskonzentration auf die Wahrnehmung der Aufgaben des Bereitschaftsdienstes beschränkt, dh auf **unaufschiebbare richterliche Geschäfte.** Dies sind insbesondere Entscheidungen in Unterbringungs- und Freiheitsentziehungsangelegenheiten, aber auch sonstige Eilentscheidungen. Die örtliche Zuständigkeit der Amtsgerichte für das weitere Verfahren bleibt unberührt. Ob im Einzelfall ein unaufschiebbares Geschäft vorliegt, hat der befaßte „Bereitschaftsrichter" in richterlicher Unabhängigkeit zu entscheiden.

5 Zeitlich beschränkt sich die Konzentrationsermächtigung auf **dienstfreie Tage.** Dies ist als Klarstellung zu verstehen, daß die Zuständigkeitskonzentration nicht etwa schon bei Unerreichbarkeit der Richter des örtlich zuständigen AG an normalen Arbeitstagen eintritt, auch nicht nach Ablauf der üblichen Dienststunden. Im übrigen ist der Begriff jedoch weit auszulegen. Dienstfreie Tage sind also nicht nur Samstage, Sonntage und gesetzliche Feiertage, sondern auch solche Tage, an denen der Dienstbetrieb üblicherweise – auch nach örtlichen Gepflogenheiten – ruht (zB Heiligabend, Rosenmontag). Es muß sich aber um eine ganztägige, also die gesamten üblichen Dienststunden des Tages betreffende Unterbrechung des Dienstbetriebs handeln (Nachmittag des Faschingsdienstags genügt nicht).

6 3) Abs 1 S 2 regelt eine **gesetzliche Übertragung eines weiteren Richteramtes** (§ 27 II DRiG). Die Übertragung eines weiteren Richteramtes an dem Bereitschaftsdienstgericht auf alle Richter der anderen in Abs 1 S 1 bezeichneten AG erfolgt unmittelbar durch die Konzentrationsverordnung und bedarf weder einer weiteren Einzelentscheidung (vgl Schmidt-Räntsch, DRiG, § 27 Rn 20) noch der Zustimmung der Richter, zumal der Umfang der Tätigkeit bei dem Stammgericht durch den Bereitschaftsdienst nicht nennenswert eingeschränkt wird (Schmidt-Räntsch, aaO Rn 19). Durch die Heranziehung aller Richter der betroffenen Gerichte ist die erforderliche (§ 27 I DRiG) Sicherung der persönlichen Unabhängigkeit und damit die Wahrung des Grds des gesetzlichen Richters gewährleistet.

7 4) Die Konkretisierung der wahrzunehmenden richterlichen Geschäfte in Form der Verteilung der Bereitschaftsdienstaufgaben erfolgt gem **Abs 1 S 3** entsprechend § 21e durch Geschäftsverteilungsplan, der aus Gründen der Praktikabilität vom Präsidium des übergeordneten LG zu beschließen ist. Da hier im wesentlichen nur noch die technischen und wenig bedeutsamen Fragen der Reihenfolge und der Vertretung zu regeln sind, bestehen gegen die Bestimmung keine Bedenken unter dem Gesichtspunkt, daß die Richter der AGe kein Wahlrecht zum Präsidium des LG haben.

8 5) **Abs 2** ermächtigt die Landesregierungen zur Subdelegation der Regelungsbefugnis auf die Landesjustizministerien durch VO.

22d *[Handlungen eines unzuständigen Richters]*

Die Gültigkeit der Handlung eines Richters beim Amtsgericht wird nicht dadurch berührt, daß die Handlung nach der Geschäftsverteilung von einem anderen Richter wahrzunehmen gewesen wäre.

1 Die in ihrem Wortlaut mehrdeutige und im übrigen auch unvollständige Vorschrift (Kissel Rn 1) ist im Rahmen des Art 101 GG und der allgemeinen Vorschriften über die Geschäftsverteilung (§§ 21e ff) auszulegen. Sie besagt generell, daß richterliche Handlungen wegen Verstoßes gegen die Geschäftsverteilung nicht nichtig sind; dies gilt allgemein, nicht nur für das AG. Unberührt bleibt jedoch die Rüge, die Geschäftsverteilung habe nicht dem Gesetz entsprochen. Aus der Vorschrift folgt auch, daß die Rüge, der Richter sei nach dem Geschäftsverteilungsplan nicht zuständig gewesen, nur bei Willkür durchgreifen kann (vgl Art 101 I 2 GG; BGHSt 11, 106; BGH MDR 80, 863, 864; NJW 86, 144). Vgl dazu § 21e Rn 48 ff.

23 *[Sachliche Zuständigkeit in Zivilsachen]*

Die Zuständigkeit der Amtsgerichte umfaßt in bürgerlichen Rechtsstreitigkeiten, soweit sie nicht ohne Rücksicht auf den Wert des Streitgegenstandes den Landgerichten zugewiesen sind:

1. **Streitigkeiten über Ansprüche, deren Gegenstand an Geld oder Geldeswert die Summe von zehntausend Deutsche Mark nicht übersteigt;**
2. **ohne Rücksicht auf den Wert des Streitgegenstandes:**
   a) **Streitigkeiten über Ansprüche aus einem Mietverhältnis über Wohnraum oder über den Bestand eines solchen Mietverhältnisses; diese Zuständigkeit ist ausschließlich;**

b) Streitigkeiten zwischen Reisenden und Wirten, Fuhrleuten, Schiffern, Flößern oder Auswanderungsexpedienten in den Einschiffungshäfen, die über Wirtszechen, Fuhrlohn, Überfahrtsgelder, Beförderung der Reisenden und ihrer Habe und über Verlust und Beschädigung der letzteren, sowie Streitigkeiten zwischen Reisenden und Handwerkern, die aus Anlaß der Reise entstanden sind;

c) Streitigkeiten wegen Viehmängel;

d) Streitigkeiten wegen Wildschadens;

e) (weggefallen);

f) (weggefallen);

g) Ansprüche aus einem mit der Überlassung eines Grundstücks in Verbindung stehenden Leibgedings-, Leibzuchts-, Altenteils- oder Auszugsvertrag;

h) das Aufgebotsverfahren.

1) § 23 regelt die **sachliche Zuständigkeit** (zur örtlichen Zuständigkeit: §§ 12 ff ZPO). Er grenzt iVm § 71 für bürgerliche Rechtsstreitigkeiten die Eingangszuständigkeit zwischen AG und LG ab. 1

2) **Die Vorschrift war Gegenstand wiederholter Eingriffe des Gesetzgebers,** der insbesondere die Streitwertgrenze wiederholt verschoben hat (bis 1. 1. 83 lag sie bei 3 000 DM, bis 1. 4. 91 bei 5 000 DM, ab diesem Termin bei 6 000 DM). Die jetzige Fassung des § 23 beruht auf Art 3 Nr 2 des RpflEntlG v 11. 1. 93 (BGBl I 50). Sie trat am 1. 3. 93 in Kraft, gilt aber nur für die nach diesem Zeitpunkt anhängig gewordenen Verfahren (Art. 14 Abs 2 RpflEntlG). Durch diese Änderung wurde ferner die Unterscheidung zwischen vermögensrechtlichen und nichtvermögensrechtlichen Ansprüchen (bei diesen bisher ausschließliche Zuständigkeit des LG; s a § 71 Rn 3) aufgegeben und Nr 2 a (Mietstreitigkeiten) neu gefaßt. 2

3) **Die Streitwertgrenze von 10 000 DM** gilt nunmehr unabhängig davon, ob der geltendgemachte **Anspruch vermögensrechtlicher oder nichtvermögensrechtlicher Art** ist (zum Begriff s 17. Aufl. Rn 2). Der Wortlaut der Nr 1 ist allerdings redaktionell mißglückt: Die aus der bisherigen Fassung übernommenen Worte „an Geld oder Geldeswert" geben nur für vermögensrechtliche Ansprüche einen Sinn, nichtvermögensrechtliche Ansprüche haben einen „Wert", der nach § 3 ZPO zu schätzen ist (s dort), aber keinen Geldeswert. Dennoch ergibt sich aus den Gesetzesmaterialien zweifelsfrei, daß der seit Inkrafttreten des GVG geltende Vorbehalt der Zuständigkeit des LG für nichtvermögensrechtliche Streitigkeiten fallengelassen werden sollte (BR-Drucks 314/91 S 136 f). – Zur weiteren Bedeutung der Abgrenzung im Rahmen des § 40 Abs 2 ZPO s § 71 Rn 3. 3

4) **Zur Streitwertberechnung** s §§ 3 ff ZPO. AG ist auch zuständig, wenn neben einem 10 000 DM nicht übersteigenden Anspruch nach Nr 1 ein solcher nach Nr 2 geltend gemacht wird. Über die (unzulässige) Geltendmachung eines einheitlichen, 10 000 DM übersteigenden Anspruchs in mehreren Teilklagen beim AG s § 1 ZPO Rn 23. 4

5) **Nr. 2 regelt die vom Streitwert unabhängige Zuständigkeit** des Amtsgerichts (kritisch dazu Lange DRiZ 89, 41). Sie ist nur in Buchst a ausschließlich; in den übrigen Fällen kann die Zuständigkeit des LG vereinbart werden, auch nach § 39 ZPO. Ansprüche nach Nr 1 und Nr 2 werden zur Berechnung der Streitwertgrenze von 10 000 DM nicht zusammengezählt. Bei Verbindung mit einem unter Nr 1 fallenden Anspruch (über 10 000 DM LG zuständig) fehlt es an einer gemeinsamen Zuständigkeit iSd § 260 ZPO. Auch § 36 Nr 3 ZPO greift nicht. 5

6) **Zuständigkeit für Wohnraummiete (Nr 2 a):** Die Neufassung durch das RpflEntlG beseitigt die völlig unübersichtlich gewordene Zuständigkeitsregelung für Mietverhältnisse. Einerseits enthielt § 29a ZPO eine Teilregelung der sachlichen Zuständigkeit, andererseits führte die Regelung in der alten Nr 2a zu einer wenig sinnvollen Zuständigkeitsaufspaltung nach Anspruchарten. 6

a) Die **sachliche Zuständigkeit** ist nun wieder – systemgerecht – in § 23 GVG geregelt; § 29a ZPO (s dort Rn 2) betrifft nur noch den Gerichtsstand. – Die Zuweisung der Rechtsstreitigkeit an das ortsnähere AG hat eine soziale Schutzfunktion zugunsten des Mieters (vgl BGHZ 89, 281). 7

b) Der Umfang der Regelung ist jedoch enger als in § 29a Abs 1 ZPO. Erfaßt wird nur die **Wohnraummiete.** Diese ist heute ein materiell selbständig geregeltes Rechtsgebiet (Gärtner JZ 91, 477). **Wohnraum** ist jeder zum Wohnen (insbesondere zum Schlafen, Essen, Kochen, zur dauernden privaten Nutzung) bestimmte Raum in einem Gebäude (Palandt/Putzo Einf Rn 70 vor § 535). Maßgeblich ist der Vortrag des Klägers (München MDR 77, 497). Erfaßt sind auch Untermietverhältnisse und sonstige vom sozialen Mietrecht ausgenommene Mietverhältnisse (§ 564b Abs 7, 565 Abs 3 BGB). 8

Nicht erfaßt sind Pachtverhältnisse (dort nicht nur Gebrauch, sondern auch Fruchtgenuß überlassen, s § 581 BGB; zur Abgrenzung bei Feriengrundstück s Hamburg NJW-RR 93, 84) sowie Mietverhältnisse über Räume zur gewerblichen Nutzung (sog **Gewerbemiete,** zB Geschäftsräu- 9 me, Werkstätten, Lagerhallen, Gaststätten); für diese gilt die Streitwertgrenze nach Nr. 1. Bei Mischmietverhältnissen (Räume werden sowohl als Wohnung als auch zB gewerblich genutzt) ist überwiegende Nutzungsart maßgeblich (BL/Albers Rn 6; Karlsruhe MDR 88, 414). Ferner fallen nicht darunter Klagen aus Wohnungseigentum und Dauerwohnrecht (vgl auch §§ 51, 52 WEG, § 29b ZPO). Zu differenzieren ist bei Streitigkeiten aus Miete von **Werkswohnungen** (§§ 565b ff BGB), für die die ArbG bei unmittelbarem Zusammenhang von Wohnraumüberlassung und vereinbarter Arbeitsleistung zuständig sind (vgl. Kissel, Rn 16; BAGE 64, 75; BAG AP Nr 7 § 87 BetrVG 1972; BAG NJW 68, 2160; LAG Frankfurt AT Nr 2 § 565b BGB).

10 c) Erfaßt werden **alle Ansprüche** aus den Mietverhältnissen einschließlich der Klage auf Feststellung des Bestehens oder Nichtbestehens eines Wohnraummietverhältnisses. Durch diese Generalklausel sollen Abgrenzungsschwierigkeiten vermieden werden, die zur aF bestanden. Erfaßt sind alle Ansprüche auf Leistung (Besitzeinräumung, Mietzins), Schadensersatz, Klagen auf Fortsetzung des Mietverhältnisses und auf Zustimmung zur Mieterhöhung (zu den Einzelheiten s § 29a ZPO Rn 7–13).

11 d) Die Zuständigkeit für die Ansprüche aus Wohnraummiete ist **ausschließlich** (vgl § 40 Abs 2 ZPO, der auch für die sachliche Zuständigkeit gilt, s dort Rn 5).

12 Einstweilen frei.

13 **7) Nr 2b: „Reisestreitigkeiten“**, die wegen deren Eilbedürftigkeit den AGen zugewiesen – Zechschulden, aber auch Übernachtungskosten, Fuhrlohn uä; nicht anwendbar auf entgangenen Gewinn bei abgesagter Zimmerbestellung (LG Frankfurt BB 65, 268). Die Auffassung, Nr 2b sei nur solange anwendbar, wie die Reise andauert (Kissel Rn 30), findet schon im Wortlaut der Vorschrift, erst recht in deren Sinn, keine Stütze.

14 **8) Nr 2c:** §§ 481 ff, 492 BGB; **ViehmängelVO** v 27. 3. 1899 (RGBl 219). Auch bei physischen Mängeln von anderem als dem in § 481 BGB aufgeführten Vieh (zB Geflügelkauf), auch b Streitigkeiten aus Garantieverträgen oder arglistigem Verhalten des Verkäufers (OLG 15, 44). Auch bei Klage aus schon vollzogener Wandlung wegen Viehmangel (LG Bonn MDR 80, 857).

15 **9) Nr 2d:** §§ 29 ff **BJagdG** sowie Jagdgesetze der Länder; gilt nur für „Wildschäden“, nicht auch für „Jagdschaden“ (§ 33 BJagdG); der Landesgesetzgeber kann nach § 35 BJagdG ein Vorverfahren vorsehen, das über den Weg einer besonderen Prozeßvoraussetzung abgesichert werden kann.

16 **10) Nr 2e und f:** aufgehoben durch G v 19. 8. 69 (BGBl I 1243); vgl jetzt § 23a.

17 **11) Nr 2g:** s Art 96 EGBGB. Gilt nur für Erfüllungsansprüche, nicht zB für SchE und Rücktritt, vgl auch Kissel Rn 33.

18 **12) Nr 2h: Aufgebotsverfahren** s §§ 946 ff ZPO, 11 EGZPO.

19 **13) Weitere Zuständigkeiten** der AG s bei § 27.

20 **14) Neue Bundesländer:** Ausschließliche Zuständigkeit des Amtsgerichts und dinglicher Gerichtsstand für Streitigkeiten zwischen Grundeigentümern und Nutzern auf Grund eines Rechtsverhältnisses nach § 1 Abs 1 SchuldRÄndG (BGBl 1994 I 2538; „Datschen“, Überlassungs- und bestimmte Nutzungsverträge): § 55 SchuldRÄndG.

23a *[Zuständigkeit in Kindschafts-, Unterhalts- und Ehesachen]*

Die Amtsgerichte sind in bürgerlichen Rechtsstreitigkeiten ferner zuständig für

1. **Streitigkeiten in Kindschaftssachen;**
2. **Streitigkeiten, die eine durch Ehe oder Verwandtschaft begründete gesetzliche Unterhaltspflicht betreffen;**
3. **Ansprüche nach den §§ 1615k bis 1615m des Bürgerlichen Gesetzbuchs;**
4. **Ehesachen;**
5. **Streitigkeiten über Ansprüche aus dem ehelichen Güterrecht, auch wenn Dritte am Verfahren beteiligt sind.**

1 **Nr 1: Kindschaftssachen** s bei § 640 II ZPO. Beachte ferner §§ 119 I Nr 1 u 2, 170.

2 **Nr 2: Unterhaltsstreitigkeiten** nach §§ 1360 ff, 1569 ff, 1601 ff, 1739 BGB (vgl auch § 26 EheG). Auch für Prozeßkostenvorschuß nach § 1360a IV BGB (Celle NJW 63, 960), ebenso für vertraglich geregelte gesetzl Unterhaltsansprüche (Nürnberg FamRZ 67, 157) sowie für nach § 91 BSHG, § 95 SGB VIII oder § 37 BAföG übergegangene Ansprüche (vgl Brüggemann FamRZ 77, 16; Stuttgart NJW 78, 55). Ebenso Bereicherungsansprüche auf Rückgewähr von Leistungen, die zur Erfüllung gesetzl Unterhaltspflicht erbracht worden sind (BGH NJW 78, 1531, 1533). Ferner gilt dies bei Streit um internen Ausgleich wegen an einen Unterhaltsverpflichteten ausbezahltem staatl Kin-

dergeld (BGH NJW 78, 753; FamRZ 80, 345). Zur Geltendmachung gesetzl Unterhaltsansprüche nach § 826 BGB vgl Celle NdsRpfl 58, 237. – Für Zuständigkeit der FamG s § 23b I Nr 5 u 6 sowie § 621 ZPO.

Nr 3: Betrifft Ansprüche der Mutter gegen Vater eines nichtehelichen Kindes wegen **Entbindungskosten uä.** 3

Nr 4: Ehesachen: Verfahren betreffend Scheidung, Aufhebung und Nichtigerklärung einer Ehe, 4
das Bestehen einer Ehe betreffende Feststellungsklagen sowie Klagen auf Herstellung der ehel Lebensgemeinschaft nach § 1353 BGB; Einzelheiten vgl zu § 606 ZPO und § 23b. Begriff ist enger als der der FamSachen (§ 23b I 2), für die aber – soweit es sich nicht um bürgerl Rechtsstreitigkeiten handelt – die Zuständigkeit des AG nach § 64 I FGG begründet ist.

Nr 5: Güterrechtsstreitigkeiten (§§ 1363–1518 BGB) zwischen Ehegatten und zwischen einem 5
Dritten und einem Ehegatten. Im einzelnen s § 23b I Nr 9 und § 621 I Nr 8 ZPO. Der Anspruch selbst muß güterrechtl Art sein, nicht genügt, daß Fragen des Güterrechts von vorgreiflicher Bedeutung für einen sonstigen Anspruch sind (zB Herausgabe von Haushaltsgegenständen, deren Übereignung nach § 1369 BGB unwirksam ist).

23b *[Familiengerichte]*

(1) Bei den Amtsgerichten werden Abteilungen für Familiensachen (Familiengerichte) gebildet. Familiensachen sind:

1. **Ehesachen;**
2. **Verfahren über die Regelung der elterlichen Sorge für ein eheliches Kind, soweit nach den Vorschriften des Bürgerlichen Gesetzbuchs hierfür das Familiengericht zuständig ist;**
3. **Verfahren über die Regelung des Umgangs eines Elternteils mit dem ehelichen Kinde;**
4. **Verfahren über die Herausgabe des Kindes an den anderen Elternteil;**
5. **Streitigkeiten, die die gesetzliche Unterhaltspflicht gegenüber einem ehelichen Kinde betreffen;**
6. **Streitigkeiten, die die durch Ehe begründete gesetzliche Unterhaltspflicht betreffen;**
7. **Verfahren, die den Versorgungsausgleich betreffen;**
8. **Verfahren über die Regelung der Rechtsverhältnisse an der Ehewohnung und am Hausrat (Verordnung über die Behandlung der Ehewohnung und des Hausrats – Sechste Durchführungsverordnung zum Ehegesetz vom 21. Oktober 1944, Reichsgesetzbl. I S. 256);**
9. **Streitigkeiten über Ansprüche aus dem ehelichen Güterrecht, auch wenn Dritte am Verfahren beteiligt sind;**
10. **Verfahren nach den §§ 1382 und 1383 des Bürgerlichen Gesetzbuchs;**
11. **Verfahren nach den §§ 5 bis 8 des Sorgerechtsübereinkommens-Ausführungsgesetzes.**

(2) Sind wegen des Umfangs der Geschäfte oder wegen der Zuweisung von Vormundschafts-, Betreuungs- und Unterbringungssachen mehrere Abteilungen für Familiensachen zu bilden, so sollen alle Familiensachen, die denselben Personenkreis betreffen, derselben Abteilung zugewiesen werden. Wird eine Ehesache rechtshängig, während eine andere Familiensache bei einer anderen Abteilung im ersten Rechtszug anhängig ist, so ist diese von Amts wegen an die Abteilung der Ehesache abzugeben.

(3) Die Abteilungen für Familiensachen werden mit Familienrichtern besetzt. Ein Richter auf Probe darf im ersten Jahr nach seiner Ernennung Geschäfte des Familienrichters nicht wahrnehmen.

I) Allgemeines: § 23b wurde eingefügt durch Art 5 Nr 2 des 1. EheRG v 14. 6. 76 (BGBl I 1421), 1
in Kraft seit 1. 7. 77. Er enthält die gerichtsverfassungsrechtl Regelung für die Familiengerichte, deren Zuständigkeit in §§ 606 I, 621 ZPO und § 64 I FGG geregelt ist. § 23b ist die notwendige Ergänzung zu der verfahrensrechtl Regelung des Entscheidungsverbundes nach § 623 ZPO. Alle durch den Verbund erfaßten Streitverhältnisse werden dem Familiengericht (FamG) zugewiesen. Abs 3 S 2, der mit dem GG vereinbar ist (BVerfG NJW 80, 692, 697), enthielt ursprünglich das Verbot des Einsatzes von Proberichtern, das durch Art 3 Nr 3 RpflEntlG v 1. 11. 93 auf das erste Jahr der Proberichterzeit beschränkt wurde.

II) Familiengericht. 1) § 23b regelt die interne Abgrenzung der Zuständigkeit des FamG 2
innerhalb des Amtsgerichts. Die sachl Zuständigkeit des AG für die dem FamG zugewiesenen Aufgaben ergibt sich aus § 23a Nrn 2, 4 und 5 GVG sowie aus § 64 I FGG und § 11 I HausratsVO.

Die örtl Zuständigkeit ist für Ehesachen in § 606 ZPO, für sonstige FamSachen in § 621 II, III ZPO und §§ 45, 64 II FGG und § 11 II, III HausratsVO geregelt.

3 2) Das FamG besteht als Abteilung des Amtsgerichts kraft Gesetzes. Es ist kein besonderes Gericht – weder im organisatorischen noch im funktionellen Sinn –, vielmehr beinhaltet Abs 1 nur eine **gesetzl Sonderregelung für die Geschäftsverteilung** iSd § 21e I 1 (vgl BGHZ 71, 264, 268; NJW 80, 1282). Es ist den sonstigen, nur durch den Geschäftsverteilungsplan gebildeten „Abteilungen" (Spruchkörpern) des AG gleichrangig, unterscheidet sich von ihnen jedoch dadurch, daß seine Rechtsprechungsaufgaben kraft Gesetzes feststehen, nicht durch Präsidialbeschluß übertragen werden. Hieraus folgt:

4 **a) Das Präsidium** hat nur noch die personelle Besetzung zu regeln, die Aufgabenabgrenzung nur, soweit es die Verteilung der das FamG treffenden Aufgaben unter mehreren FamRichtern des Gerichts betrifft (s dazu ferner Abs 2).

5 **b) Für Zuständigkeitsverstöße** gelten die allgemeinen Regeln, s § 21e Rn 49–53 (vgl Kissel NJW 77, 1034; abweichend Müller NJW 77, 2201). Besonderheiten entstehen jedoch durch den unterschiedl Rechtsmittelzug; für die Anfechtung der unter Zuständigkeitsverstoß zustande gekommenen Entscheidungen s § 119.

6 **c) Zuständigkeitsstreitigkeiten:** Das **Präsidium** kann Zuständigkeitsstreit **nur** entscheiden, wenn es um einen solchen zwischen zwei FamRichtern des Gerichts geht, wer von ihnen nach der Geschäftsverteilung unter den FamRichtern zuständig ist; dagegen scheidet die Klärung durch Präsidiumsentscheidung aus, soweit das Ob einer FamSache streitig ist, denn insoweit geht es um die **gesetzl geregelte** Geschäftsverteilung, die der Disposition des Präsidiums nicht untersteht (§ 21e Rn 38). Es ist inzwischen allgemein anerkannt, daß dieser Zuständigkeitsstreit **analog §§ 36 Nr 6, 37 ZPO** zu klären ist (BGH NJW 78, 1531; 79, 1048; 81, 126). § 281 ZPO ist hingegen bei Zuständigkeitsstreit innerhalb eines Gerichts nicht anwendbar (BGH NJW 78, 1531; 79, 2517; 80, 1282). – § 36 Nr 6 ZPO gilt nicht nur im Anwendungsbereich der ZPO, sondern auch wenn streitig ist, ob das Verfahren eine FamSache (§ 621a I ZPO) oder eine nach den Vorschriften der **freiw Gerichtsbarkeit** zu behandelnde Vormundschaftssache ist (BGH NJW 81, 126).

7 Hieraus folgt, daß das FamG, das seine Zuständigkeit nicht für gegeben hält, wohl aber die einer anderen Abteilung desselben AG, die Sache formlos an die andere Abteilung (Richter) **abgibt.** Übernimmt dieser nicht, weil er wiederum das FamG für zuständig hält, so ist die Sache dem gemeinsamen OLG zur Entscheidung nach § 36 Nr 6 ZPO vorzulegen (Antrag nicht erforderlich, BGH NJW 79, 1048).

8 Dagegen ist **nach § 281 ZPO** zu verfahren, wenn bei Verneinung der Zuständigkeit des angegangenen FamG nicht die Zuständigkeit einer anderen Abteilung desselben AG, sondern diejenige eines anderen Gerichts (zB Zivilkammer des LG) in Betracht kommt und der Kläger Verweisungsantrag nach § 281 I 1 ZPO stellt (über die Wirkung der Verweisung für den Rechtsmittelzug s § 119 Rn 10). Weitere Fälle der (bindenden) Abgabe – und zwar an das FamG – enthalten §§ 621 III ZPO, 64 II FGG, 11 III HausratsVO.

9 **d) Wird ein Verfahren** (außer nach den genannten besonderen Vorschriften – bindende Abgabe an das FamG!) **nach § 281 ZPO** (etwa vom LG) **an das AG verwiesen,** weil es sich nach Meinung des verweisenden Gerichts um eine FamSache handelt, so ist von der Bindungswirkung des § 281 II 5 ZPO die Zuweisung an das FamG nicht erfaßt (BGH NJW 79, 2517; 80, 1282), auch nicht, wenn ausdrücklich an das FamG verwiesen ist; denn die Bindung gilt nur für das Gericht als solches, nicht aber für die gerichtsinterne Zuständigkeitsverteilung nach der Geschäftsverteilung (mag diese auch gesetzl geregelt sein). Hält sich in einem solchen Fall das FamG nicht für zuständig, gibt es an den Streitrichter ab (vgl Rn 7). Hält sich auch dieser nicht für zuständig, weil er wie das LG doch eine FamSache für vorliegend erachtet, so ist dem OLG gemäß § 36 Nr 6 vorzulegen. Dieses kann die Sache trotz § 281 II 5 ZPO, wenn es eine Nichtfamiliensache für gegeben hält, für die sachl das LG zuständig ist, an dieses zurückgeben, da die Zuständigkeitsbestimmung nach §§ 36, 37 ZPO ein Rechtsbehelf besonderer Art ist, der gerade bezweckt, Zuständigkeitskonflikte rasch und sachgerecht zu lösen, vgl BGH NJW 80, 1282, 1283. Dem steht nicht entgegen, daß im allgemeinen die Bindungswirkung des § 281 II 5 ZPO auch im weiteren Verfahren – wenn auch nur für die Instanz, in der verwiesen wurde – zu beachten ist, vgl BGH aaO; hier hat ein weiteres Verfahren, in dem die Bindungswirkung sachl Bedeutung haben könnte, nicht stattgefunden; es besteht daher kein Anlaß, nur um des Prinzips willen an der Bindungswirkung festzuhalten, wenn ohnehin eine Zuständigkeitsprüfung der übergeordneten Instanz vorgeschaltet ist (aA Klauser MDR 80, 809, 812). Zur Möglichkeit des OLG für eine „vorbeugende Zuständigkeitsbestimmung" innerhalb des AG in einem solchen Fall vgl Nürnberg MDR 82, 235.

10 3) Über die **Zahl der zu bildenden Abteilungen für FamS** sagt das Gesetz unmittelbar nichts; die Entscheidung hierüber liegt daher beim Präsidium. Aus Abs 2 S 1 folgt jedoch – wie sich im übrigen auch deutlich aus den Gesetzesmaterialien ergibt (vgl auch Kissel NJW 77, 1034 u DRiZ

77, 113) –, daß eine weitere Abteilung nur wegen des Umfangs der Geschäfte gebildet werden darf, also nur dann, wenn die bestehenden Abteilungen mit FamSachen und (sonstigen) Vormundschaftssachen überlastet sind.

4) **Aufgabenverteilung unter den Abteilungen für FamSachen:** Unter mehreren Abteilungen für FamS kann die Aufgabenverteilung nicht nach Sachgebieten vorgenommen werden (**Abs 2;** Ausnahmen sind – wie aus der Gesetzesfassung „sollen" folgt – nur aus wichtigem Grund möglich, der sich aus dem Geschäftsverteilungsplan ergeben muß), da sonst der Verbund nach § 623 ZPO erschwert wäre. Demgemäß bestimmt Abs 2 S 2 ferner, daß dem für die Ehesache (§ 606 I 1 ZPO) zuständigen Richter alle Folgesachen von Amts wegen abzugeben sind; der Verstoß hiergegen ist Verstoß gegen den Grundsatz des gesetzl Richters. – Aus Abs 2 kann nicht gefolgert werden, daß Familienrichtern andere als Fam- und Vormundschaftssachen nicht übertragen werden können. Die dem FamG zugeteilten Richter fungieren, soweit ihnen vom Präsidium **sonstige Rechtsprechungsaufgaben** zugeteilt sind, wie jeder sonstige amtsgerichtliche Spruchkörper, dessen Zuständigkeit – nur – durch den Geschäftsverteilungsplan festgelegt ist (im übrigen gilt auch für den FamRichter § 22d). Eine praktische Einschränkung für die Übertragung weiterer Aufgaben auf die Abteilungen für FamS folgt jedoch aus dem in Rn 10 bezeichneten Grundsatz über die zahlenmäßige Beschränkung der Abteilungen für FamS. Danach kann bei einem AG immer höchstens eine Abteilung für FamS mehr eingerichtet werden, als durch FamS (und zugewiesene sonstige Vormundschaftssachen) voll ausgelastet sind. Sind zB bei einem AG 2½ Abteilungen für FamS nötig, so können 3 Abteilungen eingerichtet werden. Die zu ½ freie Kapazität kann mit sonstigen Aufgaben aufgefüllt werden, wobei es dem Präsidium freisteht, ob es diese Aufgaben auf alle 3 Richter verteilt oder ob es sie ganz nur dem dritten Spruchkörper zuteilt. 11

5) Für die **Vertretung** muß aus dem Konzentrationsgrundsatz, der die Regelung über die FamG beherrscht, geschlossen werden, daß sich grundsätzlich die FamRichter untereinander zu vertreten haben, wenn mehrere Abteilungen für FamS bestehen (vgl auch Kissel aaO). Im übrigen ist Abs 3 S 2 zu beachten. 12

III) Katalog der FamS (Abs 1 S 2). 1) Was FamS sind, regelt Abs 1 S 2 abschließend (s auch § 621 Abs 1 ZPO). Ob eine FamS vorliegt, richtet sich nach der **Begründung des geltend gemachten Anspruchs** (BGH NJW 80, 2476; 81, 128; 81, 2418); dagegen wird eine Nichtfamiliensache nicht dadurch zur FamS, daß durch das Verteidigungsvorbringen famrechtl Fragen Bedeutung erlangen (BGH aaO); dies entspricht dem allg Grundsatz, daß die Zuständigkeit nach dem Klagevortrag zu bestimmen ist und durch Einwendungen des Bekl nicht beeinflußt wird. 13

a) Vor die FamG gehören auch Verfahren auf Grund verfahrensrechtlichen und sachlichen Zusammenhangs; vgl hierzu ausführlich § 621 Rn 3–25f und Rn 100f. 14

b) Bei **Klageänderung,** die auch in dem Austauschen der nach Rn 13 maßgeblichen Begründung liegen kann, ist ggf entsprechend den unter Rn 6–9 dargestellten Grundsätzen abzugeben bzw zu verweisen (vgl Frankfurt FamRZ 81, 978). 15

c) Bloße **Folgeklagen,** denen ledigl ein familienrechtl Verfahren vorausgegangen ist, die selbst aber nicht familienrechtl Natur sind, sind nicht FamS. Für die **Honorarklage** eines RAs für eine Tätigkeit in einer FamS ist daher das ProzeßG, nicht das FamG zuständig (BGH NJW 86, 1178). Gleiches gilt für eine Klage gegen RA auf Rückgewähr beigetriebener Ansprüche aus Unterhaltstitel (Frankfurt FamRZ 81, 978). Ebenso ist FamG nicht zuständig für Klage mit dem Antrag, die Beeinflussung eines Zeugen in familiengerichtl Verfahren zu unterlassen (Frankfurt MDR 78, 315). 16

2) **Ehesachen (Nr 1):** vgl § 606 ZPO. Zu den Einzelheiten s § 606 ZPO Rn 2–20. 17

3) Regelung der **elterlichen Sorge (Nr 2):** vgl §§ 1671, 1672, 1678 II, 1681 II 3, 1696 BGB. Im einzelnen s § 621 ZPO Rn 26 ff. 18

4) **Umgangsrecht der Eltern (Nr 3):** neu gefaßt durch UÄndG 1986: § 1634 BGB. Gilt nur für ehel Kinder; auch für die Fälle des Getrenntlebens, § 1634 IV BGB, verf-rechtlich unbedenklich, BVerfG FamRZ 91, 167. Für die Regelung des Umgangs der nicht sorgeberechtigten Mutter mit dem nichtehel Kind ist das VormG zuständig (Karlsruhe FamRZ 78, 906; BayObLG MDR 82, 763). Im übrigen s § 621 ZPO Rn 34 f. 19

5) **Herausgabe eines Kindes (Nr 4):** § 1632 III BGB. Im einzelnen s § 621 ZPO Rn 36 ff. 20

6) Streitigkeiten, die die **gesetzl Unterhaltspflicht gegenüber einem ehel Kind (Nr 5) oder unter Ehegatten (Nr 6)** betreffen: S § 621 ZPO Rn 39–46. 21

7) **Versorgungsausgleich (Nr 7):** §§ 1587–1587p BGB; vgl § 621 ZPO Rn 47 ff. 22

8) Regelung der Rechtsverhältnisse an der **Ehewohnung und am Hausrat (Nr 8):** Nur Streitigkeiten aus dem Regelungsbereich der HausratsVO. Einzelheiten s § 621 ZPO Rn 48 ff. 23

9) **Güterrechtl Ansprüche (Nr 9):** S § 621 ZPO Rn 58–65. 24

25 **10) Verfahren nach § 1382 u § 1383 BGB:** Stundung der Ausgleichsforderung und Zuteilung einzelner Vermögensgegenstände bei Zugewinnausgleich (s § 621 ZPO Rn 66).

26 **11) Nr 11** eingefügt durch Art 3 Nr 1 des G v 5. 4. 90 (BGBl I 701) zur Ausführung des Haager Sorgerechtsübereinkommens. Betrifft die nach dem G dem FamG übertragenen Entscheidungen in bezug auf die Rückgabe eines Kindes, die Wiederherstellung eines Sorgeverhältnisses oder die Regelung des persönlichen Umgangs sowie die Vollstreckbarerklärung entsprechender Entscheidungen anderer Staaten. Zur Zuständigkeitsabgrenzung ggü VormundschaftsG bei nichtehelichem Kind s BayObLG NJW-RR 95, 521.

27 **IV) Familienrichter (Abs 3).** Das Gesetz hebt die Richter, die – durch das Präsidium – den Abteilungen für Familiensachen zugewiesen sind, durch die Funktionsbezeichnung „Familienrichter" heraus. Weitere, insb statusrechtl Konsequenzen hat dies nicht. Das Präsidium ist bei der Auswahl, die es nach § 21e I trifft, frei, soll aber nach dem Willen des Gesetzgebers (der allerdings nur noch in der Funktionsbezeichnung zum Ausdruck kommt) auf die Eignung des Richters für die besonderen Aufgaben des FamG besonders achten. Richter auf Probe können im ersten Jahr nach der Ernennung als Familienrichter nicht eingesetzt werden, auch nicht als Vertreter. Dagegen können Richter kraft Auftrags (vgl § 22 V GVG, § 14 DRiG) ohne Beschränkung verwendet werden.

23c *[Gemeinsames Amtsgericht in Familien- und Vormundschaftssachen]*

Die Landesregierungen werden ermächtigt, durch Rechtsverordnung einem Amtsgericht für die Bezirke mehrerer Amtsgerichte die Familiensachen sowie ganz oder teilweise die Vormundschafts-, Betreuungs- und Unterbringungssachen zuzuweisen, sofern die Zusammenfassung der sachlichen Förderung der Verfahren dient oder zur Sicherung einer einheitlichen Rechtsprechung geboten erscheint. Die Landesregierungen können die Ermächtigungen auf die Landesjustizverwaltungen übertragen.

1 1) Eingefügt durch 1. EheRG v 14. 6. 76 (BGBl I 1421), in Kraft seit 16. 6. 77. Seit 1. 1. 92 gilt die geänderte Fassung gem Art 2 BtG. Die Regelung ist verfassungsgemäß (BVerfG NJW 80, 697). Die Konzentrationsermächtigung soll insbesondere dazu dienen, die Aufsplitterung der Familiensachen in der Hand mehrerer Richter als durch den Arbeitsumfang geboten (vgl auch § 23b Rn 10) auch bei kleinen Amtsgerichten zu vermeiden. Dem gemeinsamen Amtsgericht sind alle Familiensachen zu übertragen; dagegen steht es im Ermessen des VO-Gebers, ob und in welchem Umfang er auch Vormundschaftssachen (§ 35 FGG) dem gemeinsamen Amtsgericht überträgt. Vgl auch die weitere Konzentrationsermächtigung in Unterbringungssachen in § 70 VI FGG.

2 2) **Von der Konzentrationsermächtigung haben Gebrauch gemacht:** Baden-Württ, Berlin, Hessen, Nordrh-Westf, Rheinl-Pfalz, Schleswig-Holstein; Fundstellen s Schönfelder Fn 3 zu § 23c. Neue Länder s Rn 6.

3 3) VOen nach § 23c unterliegen nicht der Rechtskontrolle des VerwG nach **§ 47 VwGO,** da sich aus ihnen keine Streitigkeiten iSd § 40 VwGO ergeben können (VGH Kassel NJW 77, 1895).

4 **4) Für die RAe** ist die Regelung der Simultanzulassung (§ 24 BRAO) beschränkt auf das FamG entsprechend anzuwenden (BGH MDR 79, 312). Die erweiterte Vertretungsbefugnis ist auf FamS beschränkt, nicht jedoch auf solche aus dem Amtsgerichtsbezirk der Erstzulassung (BGH EGE XIV, 105).

5 5) Entsprechend dem Sinn der Rechtshilfe umfaßt die Konzentration nicht **Rechtshilfeersuchen.** Sie sind auch in Familiensachen an das AG möglich, das über kein FamG verfügt (BayObLG MDR 82, 763; Stuttgart FamRZ 84, 716). Folgerichtig ist es auch nicht nötig, daß der Rechtshilferichter die Anforderungen des § 23b III 2 erfüllt (aA Stuttgart aaO).

6 **6) Neue Bundesländer:** Es gilt die umfassende Konzentrationsermächtigung in der Generalklausel der GVG-Maßgabe n), die auch nach Errichtung von AGen fortgilt (Rieß DtZ 92, 226/231). Für Familien- bzw Vormundschaftssachen hat davon zunächst nur Sachsen (VO v 8. 12. 92 GVBl 605) Gebrauch gemacht.

24–26 **(betreffen Strafsachen)**

27 *[Sonstige Zuständigkeit]*
Im übrigen wird die Zuständigkeit und der Geschäftskreis der Amtsgerichte durch die Vorschriften dieses Gesetzes und der Prozeßordnungen bestimmt.

Siehe **GVG** § 157 (Rechtshilfe); **ZPO:** § 486 III (Notzuständigkeit im selbständigen Beweisverfahren); § 689 (Mahnverfahren); § 764 (VollstreckGericht); §§ 188, 761 (Zust u ZwV zur Nachtzeit usw); § 797 III (Einwendungen gegen vollstreckb Urk); § 899 (eidesstattl Versicherung); §§ 919, 942 (Arrest u einstw Verfügungen). – § 71 KO (Konkursverf); § 2 I VerglO (Vergleichverfahren); § 1 I ZVG; §§ 35, 64, 72, 125, 145, 159, 161, 163 ff FGG; § 1 GBO; § 45 PersStG; § 14 VerschG; § 112 Ges betr die Erwerbs- u Wirtschaftsgenossenschaften; § 62 BeurkG (Beurkundungszuständigkeiten); § 55 SchuldRAnpG (§ 23 Rn 20); § 5 Ges über anderweite Festsetzung von Geldbezügen aus Altenteilsverträgen v 18. 8. 23 RGBl I 815; I G z Ausf des Haager Übereinkommens ü die Anerkennung u Vollstreckung von Entscheidungen auf dem Gebiet der Unterhaltspflicht gegenüber Kindern v 18. 7. 61, BGBl I 1033 (Vollstreckbarerklärung von Unterhaltstiteln); § 4 G z Ausf des Haager Übereinkommens ü den Zivilprozeß v 18. 12. 58, BGBl I 939 (Vollstreckbarerklärung von Kostenentscheidungen); §§ 42 ff G über die Sicherung von Bauforderungen v 1. 6. 09, RGBl 449 (Verteilungsverfahren); §§ 51, 52 G ü die gerichtl Verfahren in Binnenschiffahrtssachen v 27. 9. 52 (BGBl I 641), für Bay GVBl 67, 372. Weitere Zuständigkeiten des AG können auf Landesrecht beruhen (§§ 3, 4 EGGVG, § 61 BeurkG). 1

Vierter Titel

28–58 **(betreffen Strafsachen)**

Fünfter Titel

LANDGERICHTE

59 *[Besetzung der Landgerichte]*
(1) Die Landgerichte werden mit einem Präsidenten sowie mit Vorsitzenden Richtern und weiteren Richtern besetzt.

(2) Den Richtern kann gleichzeitig ein weiteres Richteramt bei einem Amtsgericht übertragen werden.

(3) Es können Richter auf Probe und Richter kraft Auftrags verwendet werden.

1) **Besetzung mit Richtern** (auch Bestimmung der Zahl der Richter = Zuweisung der Planstellen) ist Aufgabe der Justizverwaltung (vgl Einl GVG Rn 10 und 20, § 21e Rn 2, 12). Sie hat die Gerichte so mit Richtern auszustatten, daß die Zusammensetzung der Kammern (zu deren Zahl s § 60) und die gegenseitige Vertretung der Richter (vgl § 21e I 1) in einer Weise geordnet werden kann, daß sie zumindest im Regelfall durchführbar ist (BGHSt 7, 205). Überbesetzung vgl § 21e Rn 9. 1

a) **Der Präsident** ist in § 59 in seiner Eigenschaft als Richter angesprochen. Er ist daneben Organ der Justizverwaltung (vgl §§ 13, 14 der VO v 20. 3. 35 – abgedruckt bei Einl GVG Rn 12 – bzw Landesrecht: Bay Art 19, 20 AGGVG); in dieser Eigenschaft führt er die Dienstaufsicht (vgl § 26 DRiG). Er ist ferner im Rahmen der gerichtlichen Selbstverwaltung mit besonderen Rechten (vgl §§ 21a II, 21e I 3) und Pflichten (§ 21i II) ausgestattet. Zur Frage, wann der Präsident als Richter ausgeschlossen ist, wenn er mit der Angelegenheit als Verwaltungsorgan befaßt war, BayObLGZ 85, 182; MDR 87, 945. 2

b) **Vorsitzende Richter** (s dazu § 21f) und **Richter:** gemeint Richter auf Lebenszeit, denen ein konkretes Richteramt bei dem LG übertragen ist (§ 27 DRiG). Hierzu gehören auch Richter am Amtsgericht, denen nach §§ 22 GVG, 27 II DRiG ein weiteres Richteramt beim LG übertragen ist. – Für die Übertragung eines Richteramts an **Hochschullehrer** (ob beim LG zulässig, bestimmt sich nach Landesrecht, zB Art 11 BayRiG) und deren Mitwirkung s § 115 Rn 3; als Vorsitzende müssen sie in der Lage sein, die Rspr der Kammer richtungweisend zu lenken (vgl § 21f Rn 3). – Verwendung **von Richtern auf Probe** und **kraft Auftrags** möglich (s dazu § 22 Rn 9 u § 70 Rn 2; für deren Mitwirkung im Spruchkörper vgl § 29 DRiG). Zulässig ferner die Verwendung abgeordneter Richter (s § 37 DRiG). 3

4 2) Zu der Übertragung eines **weiteren Richteramts** (Abs 2), s Rn 3 zu § 22: Ämterhäufung (vgl § 27 DRiG) ist nur in vertikaler Form (also zugleich beim AG, das nicht notwendig zum LG-Bezirk gehören muß), nicht bei weiterem LG möglich (s jedoch für **neue Bundesländer** § 22 Rn 10). Auch einem VorsRichter kann ein weiteres Richteramt am AG übertragen werden (vgl § 21f Rn 10).

60 *[Zivil- und Strafkammern]*

Bei den Landgerichten werden Zivil- und Strafkammern gebildet.

1 1) Bestimmung der **Zahl der Kammern** gehört nicht zur gerichtlichen Selbstverwaltung, sondern ist Aufgabe der **Justizverwaltung** (BGHSt 20, 132; s auch § 21e Rn 2). § 7 II der VO v 20. 3. 35 („Die Zahl der Zivil- und Strafkammern bei den Landgerichten bestimmt der Landgerichtspräsident; der Oberlandesgerichtspräsident kann ihm Weisungen hierfür erteilen.") gilt fort (BGH aaO), soweit nicht durch Landesrecht abweichend geregelt (Bay: Art 5 AGGVG: Zahl der Kammern bestimmt JustMin; Rhl-Pf: § 18 GerOrgG, das durch landesrechtl Sonderregelung dem Präsidium ein Mitwirkungsrecht bei der Festsetzung durch den Minister der Justiz einräumt, s dazu auch Buschmann DRiZ 83, 473). – Änderung der Kammerzahl wegen Wegfalls von VorsRichtern auch während des Geschäftsjahres zulässig (BGHSt 20, 132). Bildung von **Hilfskammern** nicht nach § 60, sondern durch Präsidium (BGHSt NJW 67, 1868; s dazu § 21f Rn 2). Zur Frage der Bildung von **Auffangkammern** für zurückverwiesene Verfahren s § 21e Rn 22.

2 2) **Zivilkammern** iSd § 60 sind auch Kammern für Handelssachen, §§ 93 ff.

3 3) Daneben ist in einer Reihe von Bundes- wie Landesgesetzen die Bildung **besonders benannter Spruchkörper** vorgesehen. Teils haben sie nur eine spezielle – ausschließliche – Zuständigkeit (Patentkammern nach § 143 PatG; Kammern für Wertpapierbereinigung nach § 29 WBG; Kammern für Entschädigungssachen nach § 208 BEG; Kammern für die Verfahren zur Sachenrechtsbereinigung nach § 103 SachenRÄndG), teils bestehen auch hinsichtlich Besetzung und Verfahren Besonderheiten (Kammern für Baulandsachen nach § 220 BauGB und insbesondere die besonderen Berufsgerichte etwa für Steuerberater, Patentanwälte oder Wirtschaftsprüfer).

4 4) **Auswärtige** Zivilkammern sind nicht vorgesehen (für Kammer für HS s dagg § 93 II, für Strafkammern § 78).

61–69 **(aufgehoben durch G v 26. 5. 72, BGBl I 841; vgl jetzt §§ 21a–21i GVG)**

70 *[Landesjustizverwaltung und Vertreterbestellung]*

(1) Soweit die Vertretung eines Mitglieds nicht durch ein Mitglied desselben Gerichts möglich ist, wird sie auf den Antrag des Präsidiums durch die Landesjustizverwaltung geordnet.

(2) Die Beiordnung eines Richters auf Probe oder eines Richters kraft Auftrags ist auf eine bestimmte Zeit auszusprechen und darf vor Ablauf dieser Zeit nicht widerrufen werden.

(3) Unberührt bleiben die landesgesetzlichen Vorschriften, nach denen richterliche Geschäfte nur von auf Lebenszeit ernannten Richtern wahrgenommen werden können, sowie die, welche die Vertretung durch auf Lebenszeit ernannte Richter regeln.

1 1) **Zu Abs 1 (Notvertretung):** Voraussetzung ist, daß die Möglichkeiten der Vertretung innerhalb des Gerichts ausgeschöpft sind. Dabei sind bei der internen Vertretung auch die bereits zugewiesenen Hilfsrichter zu berücksichtigen. Unmöglichkeit weiterer Vertretung kann sich zB aus § 29 S 1 DRiG oder aus Überlastung wegen zahlreicher Verhinderungen ergeben. Die Justizverwaltung kann durch Maßnahmen iS des Abs 2 oder durch Abordnung nach § 37 DRiG abhelfen, sofern neue Planstellen nicht zur Verfügung stehen und (oder) ihre Besetzung nicht möglich ist. Da es sich um eine Vertretungsregelung handelt, ist Voraussetzung, daß eine **vorübergehende** Verhinderung vorliegt (vgl dazu § 21e Rn 39/39e; BGH NJW 85, 2337). Bei dauernder Verhinderung, auch wegen Überlastung, kann die Justizverwaltung nur durch Zuteilung und Besetzung einer Planstelle helfen; dies ist keine Maßnahme nach Abs 1, da die Aufgabenbestimmung für den neuen Richter (Spruchkörper) nach den allg Grundsätzen der ordentlichen Geschäftsverteilung – ggf nach § 21e III – erfolgt.

2 2) **Beiordnung von Hilfsrichtern (Abs 2): a) Richter auf Probe:** § 12 DRiG; **Richter kraft Auftrags:** § 14 DRiG; die Verwendung von nicht auf Lebenszeit angestellten Hilfsrichtern verstößt

nicht gegen das GG. Sie ist jedoch, da der Hilfsrichter in seiner persönlichen Unabhängigkeit nicht gesichert ist, auf zwingende Gründe zu beschränken (BVerfG 14, 163; DtZ 96, 175; BGH NJW 85, 2336; 95, 2791). Beim LG dauernd vorhandene richterl Aufgaben müssen grundsätzl durch fest angestellte Richter wahrgenommen werden (BVerfG 14, 156; BGHSt 8, 159; 9, 107 – unrichtig allerdings die verschiedentl anzutreffende Aussage, die Justizverwaltung sei zur Schaffung der erforderl Planstellen verpflichtet, zB BGH 12, 1: Planstellen können nur im Haushalt, also durch das Parlament geschaffen werden; s dazu auch Einl GVG Rn 20). Heranziehung von Hilfsrichtern aber im Rahmen des Ausbildungszwecks (zur Zulässigkeit s BVerfG aaO, 163; DRiZ 71, 27; BGH NJW 66, 352), sowie zur Vertretung in Urlaubs- u Krankheitsfällen usw, bei Überlastung nur für e vorübergehenden Zeitraum, nicht z Einsparung von Richterplanstellen (BGH 20, 209, 250). Dauernde Geschäftsbelastung oder haushaltsrechtliche Stellensperren rechtfertigen die Verwendung von Hilfsrichtern nicht (BGH 22, 142; NJW 85, 2336; s dazu auch § 21e Rn 39e); jedoch können die im Rahmen der erforderlichen Erprobung des Richternachwuchses (vgl §§ 10, 12 DRiG) ständig zuzuweisenden Proberichter einberechnet werden (vgl auch BVerfG DRiZ 71, 27).

b) Bei der Zuweisung von Hilfsrichtern ist der Grund anzugeben (vgl BGH 34, 260; NJW 62, 1153); bei Richtern auf Probe ergibt sich der Grund idR ohne weiteres daraus, daß die Voraussetzungen des § 10 I DRiG noch nicht erfüllt sind. Unklarheit ü Einberufungsgrund ist unschädlich, wenn insgesamt (ohne die Richter auf Probe, die aus Gründen der Vermittlung der nach § 10 DRiG vorgeschriebenen Erfahrung eingesetzt sind) nicht mehr Hilfsrichter als z Beseitigung vorübergehenden Bedürfnisses zulässig bestellt wurden (BGH NJW 66, 352). – Bei der Entscheidung dürfen jeweils nur ein bzw (bis 28. 2. 98) zwei Hilfsrichter (unter Einschluß abgeordneter Richter) mitwirken (§ 29 DRiG). Vom Vorsitz sind Hilfsrichter ausgeschlossen (§ 28 II 2 DRiG); Bestellung zum Einzelrichter (§ 348 ZPO) jedoch zulässig. 3

c) Die Beiordnung ist **auf bestimmte Zeit** auszusprechen. Diese kann kalendermäßig und/oder nach anderen objektiven Kriterien (zB Besetzung einer freien Planstelle, Dauer einer Erkrankung oder anderen Verhinderung) festgelegt werden. Die Beiordnung kann nicht vorzeitig widerrufen werden; dies steht jedoch einer Entlassung nach §§ 22, 23 DRiG vor Ablauf der Zeit der Beiordnung nicht entgegen. Ebenso kann die Beiordnung eines Richters auf Probe etwa wegen Ernennung zum Richter auf Lebenszeit an einem anderen Gericht, Anstellung, Versetzung zur Staatsanwaltschaft im Rahmen eines üblichen Laufbahnwechsels (vgl § 13 DRiG) vorzeitig enden (insoweit wird die Zulässigkeit statusrechtl Akte nicht eingeschränkt). Mit Zustimmung des Richters kann die Beiordnung (entgegen Kissel Rdnr 11; BL/Albers § 70 Rn 2) jederzeit aufgehoben werden, da der Schutz des Proberichters keinesfalls weitergeht als der der Richter auf Lebenszeit (für diese vgl §§ 30, 37 I DRiG). 4

3) **Abs 3** hat seine praktische Bedeutung verloren. 5

4) **Neue Bundesländer:** Beschränkungen für den Einsatz von Hilfsrichtern gelten bis 31. 12. 99 nur teilweise (§ 3 RpflAnpG idF d G v 7. 12. 95 BGBl I 1590, s § 22 Rn 9); Landgerichtskammern können aus zwei Hilfsrichtern und einem – auch abgeordneten – Lebenszeitrichter bestehen. 6

71 *[Sachliche Zuständigkeit in 1. Instanz]*

(1) Vor die Zivilkammern, einschließlich der Kammern für Handelssachen, gehören alle bürgerlichen Rechtsstreitigkeiten, die nicht den Amtsgerichten zugewiesen sind.

(2) Die Landgerichte sind ohne Rücksicht auf den Wert des Streitgegenstandes ausschließlich zuständig

1. **für die Ansprüche, die auf Grund der Beamtengesetze gegen den Fiskus erhoben werden;**
2. **für die Ansprüche gegen Richter und Beamte wegen Überschreitung ihrer amtlichen Befugnisse oder wegen pflichtwidriger Unterlassung von Amtshandlungen.**

(3) Der Landesgesetzgebung bleibt überlassen, Ansprüche gegen den Staat oder eine Körperschaft des öffentlichen Rechts wegen Verfügungen der Verwaltungsbehörden sowie Ansprüche wegen öffentlicher Abgaben ohne Rücksicht auf den Wert des Streitgegenstandes den Landgerichten ausschließlich zuzuweisen.

1) § 71 grenzt nur die **sachl Zuständigkeit** zwischen AG u LG ab, besagt aber nichts über die Zulässigkeit des Rechtswegs u begründet sie nicht (BGH 9, 322). Den Amtsgerichten zugewiesen: §§ 23, 23a, 27. Verhältnis zwischen AG u LG: Soweit AG oder LG ausschließl zuständig ist, kann das andere Gericht nicht durch Parteivereinbarung zuständig gemacht werden (§ 40 II ZPO). Davon abgesehen können die Parteien einen Rechtsstreit ohne Rücksicht auf die Höhe des Streitwerts einverständl vor das AG oder LG bringen (§§ 38 f ZPO). 1

2 2) **Die Zuständigkeit des LG** hat durch das RpflEntG v 11. 1. 93 (BGBl I S 50) wesentl Änderungen erfahren; sie gelten für die ab 1. 3. 93 eingegangenen Verfahren (Art 14 Abs 2 RpflEntlG).

3 a) Während bisher das LG für alle **nichtvermögensrechtl Streitigkeiten** (vgl § 3 ZPO Rn 16) allein zuständig war, ist nunmehr die Unterscheidung nach vermögensrechtl und nichtvermögensrechtl Ansprüchen in § 23 Nr 1 aufgegeben worden; es gilt nur mehr die Streitwertgrenze von 10000 DM. Da es aber unterlassen wurde, auch in § 40 Abs 2 ZPO die Unterscheidung aufzuheben, bleibt die Frage, ob ein vermögensrechtl Anspruch vorliegt, insoweit erheblich, als bei nichtvermögensrechtl Ansprüchen die Streitwertgrenze verbindlich ist (wie ausschließlicher Gerichtsstand), bei vermögensrechtl Ansprüchen jedoch die Prorogation möglich ist.

3a b) Als **Streitwertgrenze,** über der die Zuständigkeit des LG besteht, **gilt 10000 DM** (zuvor: 1. 4. 91: 6000 / 1. 1. 83: 5000 / 1. 1. 75: 3000 / 1. 1. 65: 1500 / ursprünglich 300).

3b 3) Die **ausschließliche Zuständigkeit gemäß Abs 2** hat heute ihre Berechtigung weitgehend eingebüßt (vgl a Lange DRiZ 89, 42):

4 a) **Abs 2 Nr 1:** Gegenstandslos, da für Ansprüche aus dem Beamtenverhältnis jetzt allg der Verwaltungsrechtsweg vorgeschrieben ist; §§ 126 BRRG, 172 BBG; entsprechende Anwendung für Richter: §§ 46, 71 DRiG.

5 b) **Abs 2 Nr 2:** Klagen aus **Amtspflichtverletzung** von Richtern, sonstigen Amtsträgern, auch wenn sie nicht gg diese selbst, sondern gg den haftenden Dienstherrn gerichtet werden (Art 34 GG), u Rückgriffsanspruch des Dienstherrn. Bei der allg Regelung verbleibt es aber bei Ansprüchen gegen den Fiskus, für die dieser nur auf Grund der Gefährdungshaftung als KfzHalter (§ 7 StVG) haftet.

6 4) **Abs 3:** Bei entsprechender **landesrechtl Regelung** (Bay: Art 9 AGGVG; zum Hess AGGVG BGH 15, 221) u unter der Voraussetzung der Zulässigkeit des Zivilrechtswegs (s § 13): Entschädigungsanspr (s RG 139, 282) wegen Verfügungen der VerwBehörden, zB b Enteignung (üb landesrechtl Enteignungsgesetze, insbes z Hess AufbauG s BGH 22, 79), unrechtmäßigem enteignungsgleichem Eingriff, auf VerwAkten beruhender Aufopferung.

7 5) **Weitere ausschließl Zuständigkeiten:** Kl auf Anfechtung e Ausschlußurteils (§ 957 ZPO). Ferner nach verschiedenen Reichs- u Bundesgesetzen; so in bestimmten gesellschaftsrechtl Streitigkeiten (§§ 246, 249, 250, 251, 254, 255, 257, 275 AktG, §§ 51, 96 GenG, §§ 61, 75 GmbHG, § 36 VersAufsG); § 49 BörsenG; § 143 PatG (dazu BGH 14, 72, Stuttgart GRUR 57, 121); §§ 125e, 140 MarkenG; § 15 GeschmacksmusterG, §§ 42, 62 BNotO; § 3 HinterlegO; § 13 I StrEG; § 217 BauGB; § 208 BEG; § 25 III SchutzbereichG; § 58 BLeistG; § 59 LandesbeschG; § 87 GWB für bürgerl Rechtsstreitigkeiten, die sich aus dem GWB oder aus Kartellverträgen oder Kartellbeschlüssen ergeben (dazu für Bay: GVBl 66, 490); § 14 AGBG; § 103 SachenRÄndG.

72 *[Berufungs- und Beschwerdegerichte]*

Die Zivilkammern, einschließlich der Kammern für Handelssachen, sind die Berufungs- und Beschwerdegerichte in den vor den Amtsgerichten verhandelten bürgerlichen Rechtsstreitigkeiten mit Ausnahmen der Kindschaftssachen und der vor den Familiengerichten entschiedenen Sachen.

1 1) **Berufung:** §§ 511 ff ZPO; **Beschwerde:** §§ 567 ff ZPO sowie zahlreiche Nebengesetze, zB §§ 5, 6, 25 II GKG, §§ 9, 10, 128 BRAGO, § 16 ZuSEG, § 9 GVKostG. Zuständigkeit des LG im Rechtsmittelzug nach dem FGG: §§ 19 II, 30 FGG und §§ 72, 81 GBO. Für Beschwerden gegen sitzungspol Maßnahmen enthält § 181 GVG eine Sonderregelung zugunsten des OLG.

2 2) Die Ausnahme für **Kindschafts-** und **Familiensachen** entspricht der Rechtsmittelzuweisung an das OLG nach § 119 Nr 1 und 2 GVG (formelle Anknüpfung, s dort Rn 3 ff, insb 9).

3 3) Stellt das Berufungsgericht fest, daß die vor dem AG verhandelte Sache **nach § 71 zur Zuständigkeit des LG** gehört hätte (vgl allerdings auch § 529 II ZPO), so hat es das Urteil aufzuheben und in erstinstanzlicher Zuständigkeit neu zu entscheiden (Berufung nach § 119 I Nr 3 möglich). Ist die Berufungskammer nach der Geschäftsverteilung nicht zugleich auch für die erstinstanzliche Entscheidung zuständig, so ist die Sache nach Aufhebung des Ersturteils an die zuständige erstinstanzliche Kammer zur weiteren Entscheidung formlos abzugeben (§ 281 ZPO gilt nicht innerhalb des Gerichts). Bei Kompetenzstreit ist nach §§ 36, 37 ZPO zu verfahren.

73–74e **(betreffen Strafsachen)**

75 *[Besetzung der Zivilkammern]*
Die Zivilkammern sind, soweit nicht nach den Vorschriften der Prozeßgesetze an Stelle der Kammer der Einzelrichter zu entscheiden hat, mit drei Mitgliedern einschließlich des Vorsitzenden besetzt.

Bezieht sich nur auf die Besetzung bei der Entscheidung, nicht die Besetzung im Rahmen der Geschäftsverteilung (vgl § 21e); bei letzterer können der Kammer mehr Richter zugeteilt sein (s § 21e Rn 9). – Einzelrichter beim LG vgl § 348 ZPO. 1

76–78b (betreffen Strafsachen)

Sechster Titel

79–92 (aufgehoben durch G v 9. 12. 74, BGBl I 3393)

Siebenter Titel

KAMMERN FÜR HANDELSSACHEN

Vorbemerkung

1) **Verhältnis KfHS zur ZivK:** KfHS ist kein Sondergericht, sondern besonders besetzter Spruchkörper des LG. Die Abgrenzung ist keine Frage der sachlichen Zuständigkeit (s allerdings BGH 45, 241, aber 63, 217; 71, 264), sondern **gesetzl geregelte Geschäftsverteilung** (RG 48, 27; München NJW 67, 2165; Düsseldorf OLGZ 73, 243; Kissel § 94 Rn 2; R-Schwab § 33 II 1; im Erg ähnlich Gaul JZ 84, 57), die durch §§ 96 ff aus der Zuständigkeit des Präsidiums (§ 21e) herausgenommen ist. Hieraus folgt: 1

a) Zuständigkeit der KfHS setzt **sachliche Zuständigkeit** des LG nach §§ 71, 72 voraus. 2

b) KfHS ist der ZivK grundsätzlich **gleichwertig,** allerdings mit der sich aus der allgemeineren Zuständigkeit der Zivilkammer ergebenden Prävalenz (vgl Gaul JZ 84, 57). Die „Unzuständigkeit" der KfHS kann daher mit **Rechtsmitteln** nur nach den für die Verletzung der Geschäftsverteilung geltenden Regeln gerügt werden (s § 16 Rn 2, § 21e Rn 48 ff), im Ergebnis also nur bei willkürlicher Handhabung, nicht bei irriger Gesetzesauslegung; § 551 Nr 4 ZPO gilt nicht (vgl § 102 Rn 4; Kissel § 94 Rn 6). 3

c) Eine **Zuständigkeitsvereinbarung** ist unwirksam (s § 98 IV und dort Rn 2), da die Geschäftsverteilung nicht der Disposition der Parteien unterliegt (die in §§ 96–101 vorgesehenen Antragsmöglichkeiten sind nur scheinbare Ausnahme, da der Antrag erst die Zuständigkeit der KfHS begründet, also Zuständigkeitsvoraussetzung ist). 4

d) Zum **negativen Kompetenzkonflikt** zwischen KfHS und ZivK vgl § 102 Rn 3. 5

2) **Zuständigkeitsprüfung: a)** Da Frage der Zuständigkeit KfHS/ZivK ges geregelte Geschäftsverteilung ist, gehört sie nicht zur Zulässigkeit der Klage, fehlende Zuständigkeit kann mithin nie zur Klageabweisung führen. Daraus folgt auch, daß Zuständigkeit nach §§ 94 ff GVG **vorweg zu prüfen** ist (vgl auch § 101 II), dh der Prüfung der Zulässigkeit der Klage vorangehen muß (über diese darf nur die nach §§ 94 ff zuständige Kammer befinden); eine Ausnahme gilt allerdings, soweit eine Klageabweisung wegen fehlender sachlicher Zuständigkeit des LG oder eine Verweisung – auch an das ArbG – wegen Unzulässigkeit des Rechtsweges (§§ 17a f GVG, 48 ArbGG) in Betracht kommt und diese Frage gleichzeitig für die Beurteilung nach § 95 GVG von entscheidender Bedeutung ist; bei Verneinung der sachl Zuständigkeit würde es dann nämlich sowohl an der Zuständigkeit der ZivK wie der KfHS fehlen (vgl Rn 2), die angegangene Kammer muß also über beide Fragen zugleich entscheiden können. 6

b) Die Prüfung hat **von Amts wegen** zu erfolgen (Frage der geschäftsplanmäßigen Zuständigkeit); soweit die Bindung an Anträge besteht (§§ 96, 97 II 2, 98 III), sind diese entweder zuständigkeitsbegründend oder schränken die Verweisungsmöglichkeit, nicht aber die Amtsprüfung ein. 7

8 c) Für die Zuständigkeits**bestimmung** sind die einzelnen in §§ 96–100, 104 geregelten Fälle zu unterscheiden. Wegen der Bindungswirkung nach § 102 (vgl dort) ist jedoch, wenn die Bindung eingreift, für die Sachprüfung nach §§ 96 ff kein Raum mehr.

93 *[Einrichtung]*

(1) Soweit die Landesjustizverwaltung ein Bedürfnis als vorhanden annimmt, können bei den Landgerichten für deren Bezirke oder für örtlich abgegrenzte Teile davon Kammern für Handelssachen gebildet werden.

(2) Solche Kammern können ihren Sitz innerhalb des Landgerichtsbezirks auch an Orten haben, an denen das Landgericht seinen Sitz nicht hat.

1 1) **Bildung** der KfHS nach Abs 1 im Ermessen der Landesjustizverwaltung, die auch den örtlichen Zuständigkeitsbereich bestimmt: die Zuständigkeit kann aber nicht über den LGBez hinausreichen (keine gem KfHS für mehrere LGBez, s aber Rn 4); für einen örtlich abgegrenzten Bezirk kann eine KfHS eingerichtet werden, wenn entweder nur diese KfHS eingerichtet wird oder der Fall des Abs 2 vorliegt – die Abgrenzung der Zuständigkeit **mehrerer KfHS** im LGBez ist nämlich grundsätzlich Sache des Präsidiums (§ 21e), sie kann nicht (außer im Sonderfall des Abs 2) durch die Landesjustizverwaltung vorgenommen werden. Besteht **keine KfHS,** so verbleibt es bei der umfassenden Zuständigkeit der ZivK, etwaige Anträge nach §§ 96 ff sind gegenstandslos, es sei denn, es kommt zu einer Verweisung nach § 281 ZPO an ein anderes LG (vgl auch Rn 2 zu § 96).

2 2) **Zuständigkeitsregelung** (zur Frage, ob die Ermächtigung des Abs 1 im Hinblick auf BVerfG 11, 77 ausreichend ist, vgl Schäfke ZPR 83, 165, 168) zur Einrichtung der KfHS nach G v 1. 7. 60 (BGBl I 481) für LandesReg mit Delegationsmöglichkeit. Regelung in den Ländern im einzelnen durch VO (Bay: VO v 13. 7. 60, GVBl 134).

3 3) **Nach Abs 2** kann in einem LGBez (nicht über diesen hinaus, vgl Rn 1) eine auswärtige KfHS errichtet werden. Dieser kann ein örtl abgegrenzter Teil des LGBez zugewiesen werden, für den ganzen LGBez kann sie nur dann für zuständig erklärt werden, wenn sonst im Bez (insb am LG selbst) keine KfHS besteht. Im übrigen vgl auch § 106.

4 4) **Neue Bundesländer:** Bildung von KfHS mit den LG-Bezirk überschreitender Zuständigkeit gemäß GVG-Maßgabe n) möglich.

94 *[Zuständigkeit]*

Ist bei einem Landgericht eine Kammer für Handelssachen gebildet, so tritt für Handelssachen diese Kammer an die Stelle der Zivilkammern nach Maßgabe der folgenden Vorschriften.

1 1) § 94 umschreibt das **Verhältnis ZivK/KfHS** (Rn 1 vor § 93) nur ungenau: KfHS „tritt" nicht automatisch an Stelle der ZivK, vielmehr wird KfHS nur durch Antrag einer der Parteien (vgl §§ 96, 98 I, 100) zuständig (Ausnahme bei Beschwerdeverf, § 104). Andererseits ist die Zuständigkeit der KfHS nicht notwendig auf Handelssachen (Begriff: § 95) beschränkt, wie aus §§ 97 I, 99 I, 102 folgt (vgl auch Rn 3 vor § 93).

2 2) Vor den KfHS sind neben den Klageverf des 1. Rechtszugs auch Berufungsverf (§ 100) und Beschwerdeverf (§ 104) möglich. Bei **Arresten und einstw Verf** ist die KfHS zuständig, wenn sie schon mit der Hauptsache befaßt ist, vor deren Anhängigkeit, wenn in der Antragsschrift (§ 96 I) ein entspr Antrag gestellt wird (bezüglich Verweisung sind dann §§ 97 ff im selbständigen Arrest- oder Verfügungsverfahren entsprechend anzuwenden).

95 *[Begriff der Handelssachen]*

(1) Handelssachen im Sinne dieses Gesetzes sind die bürgerlichen Rechtsstreitigkeiten, in denen durch die Klage ein Anspruch geltend gemacht wird:

1. gegen einen Kaufmann im Sinne des Handelsgesetzbuches aus Geschäften, die für beide Teile Handelsgeschäfte sind;

2. aus einem Wechsel im Sinne des Wechselgesetzes oder aus einer der im § 363 des Handelsgesetzbuchs bezeichneten Urkunden;

3. auf Grund des Scheckgesetzes;

4. aus einem der nachstehend bezeichneten Rechtsverhältnisse:

a) aus dem Rechtsverhältnis zwischen den Mitgliedern einer Handelsgesellschaft oder zwischen dieser und ihren Mitgliedern oder zwischen dem stillen Gesellschafter und dem Inhaber des Handelsgeschäfts, sowohl während des Bestehens als auch nach Auflösung des Gesellschaftsverhältnisses, und aus dem Rechtsverhältnis zwischen den Vorstehern oder den Liquidatoren einer Handelsgesellschaft und der Gesellschaft oder deren Mitgliedern;

b) aus dem Rechtsverhältnis, welches das Recht zum Gebrauch der Handelsfirma betrifft;

c) aus den Rechtsverhältnissen, die sich auf den Schutz der Marken und sonstigen Kennzeichen sowie der Muster und Modelle beziehen;

d) aus dem Rechtsverhältnis, das durch den Erwerb eines bestehenden Handelsgeschäfts unter Lebenden zwischen dem bisherigen Inhaber und dem Erwerber entsteht;

e) aus dem Rechtsverhältnis zwischen einem Dritten und dem, der wegen mangelnden Nachweises der Prokura oder Handlungsvollmacht haftet;

f) aus den Rechtsverhältnissen des Seerechts, insbesondere aus denen, die sich auf die Reederei, auf die Rechte und Pflichten des Reeders oder Schiffseigners, des Korrespondentreeders und der Schiffsbesatzung, auf die Bodmerei und die Haverei, auf den Schadensersatz im Falle des Zusammenstoßes von Schiffen, auf die Bergung und Hilfeleistung und auf die Ansprüche der Schiffsgläubiger beziehen;

5. auf Grund des Gesetzes gegen den unlauteren Wettbewerb mit Ausnahme der Ansprüche der letzten Verbraucher aus § 13a des Gesetzes gegen den unlauteren Wettbewerb, soweit nicht ein beiderseitiges Handelsgeschäft nach Absatz 1 Nr. 1 gegeben ist;

6. aus den §§ 45 bis 48 des Börsengesetzes (Reichsgesetzbl. 1908 S. 215).

(2) Handelssachen im Sinne dieses Gesetzes sind ferner die Rechtsstreitigkeiten, in denen sich die Zuständigkeit des Landgerichts nach § 246 Abs. 3 Satz 1 oder § 396 Abs. 1 Satz 2 des Aktiengesetzes sowie nach § 10 und § 306 des Umwandlungsgesetzes richtet.

Fassung des Abs 1 Nr 4 Buchst. c gem Art 2 des Markenrechtsänderungsgesetzes 1996 v 19. 7. 96 BGBl I 1014, des Abs 2 gem Art 14 des Gesetzes zur Bereinigung des Umwandlungsrechts v 28. 10. 94 BGBl I 3210.

I) Durch **Vereinbarung (§ 38 ZPO)** kann die KfHS in Nichthandelssachen nicht zuständig gemacht werden (vgl Rn 4 vor § 93; s aber Ausnahme des § 97 II 2: keine Verweisung vAw, wenn beklagter Nichtkaufmann keinen Verweisungsantrag an ZivK stellt); dagg können die Parteien durch ihr Einverständnis erreichen, daß Handelssachen von der ZivK erledigt werden (Kläger stellt keinen Antrag nach § 96, Beklagter keinen Verweisungsantrag nach § 98). 1

Die Zuständigkeit der KfHS muß für den **ganzen Streitgegenstand** gegeben sein. Ist dies nicht der Fall, so ist der gesamte Rechtsstreit vor der ZivK wegen deren umfassender Zuständigkeit zu führen. Eine Zuständigkeit der KfHS „kraft Sachzusammenhangs" kommt nicht in Betracht (Gaul JZ 84, 57, 59). Dies hat insbesondere Bedeutung bei **Klagehäufung:** Die Voraussetzungen des § 95 müssen für alle Ansprüche vorliegen, bei subj Klagehäufung muß die Kaufmannseigenschaft nach Nr 1 bei allen Beklagten gegeben sein (dies ist aber der Fall, wenn für einen unter den Katalog fallenden Anspruch gegen eine oHG zugleich die Gesellschafter nach § 128 HGB in Anspruch genommen werden, da die persönliche Haftung nach dieser Vorschrift die Rechtsnatur des haftungsbegründenden Anspruchs teilt). Fehlt es hieran, so gehört der gesamte Rechtsstreit vor die ZivK. Eine Abtrennung nach § 145 ZPO und Teilverweisung ist zwar grundsätzlich möglich; sie muß sich jedoch mit den Grundsätzen der §§ 96 I, 97 II, 98 II u 99 vereinbaren; daher ist idR durch Abtrennung nur die Verweisung von der KfHS zur ZivK, nicht aber umgekehrt möglich (im einzelnen s Gaul aaO). Zu den Folgerungen hieraus für eine Zuständigkeitsbestimmung nach § 36 Nr 3 ZPO s Frankfurt NJW 92, 2900. 2

II) Einzelfälle (Abs 1). Nr 1: Kaufmann iSd §§ 1–7 HGB (auch Minderkaufleute, s aber § 98 I 2 GVG); auch Handelsgesellschaften (vgl zu Nr 4a) u Genossenschaften (§ 17 GenG); wegen der Versicherungsvereine aG s §§ 16, 53 VersAufsG u KG OLG 10, 324, KGJ 24 A 212. Auch Konkursverwalter, wenn Gemeinschuldner Kaufmann und das Geschäft von diesem abgeschlossen war (LG Tübingen MDR 54, 302), dagg nicht, wenn es sich um ein eigenes Verwertungsgeschäft des Konkursverwalters handelt (LG Hamburg MDR 73, 507). Voraussetzung der sachl Zuständigkeit der KfHS ist Kaufmannseigenschaft des Bekl (bei Mehrheit: aller Bekl, s Rn 2) zur Zeit der Klageerhebung bzw Antragstellung, soweit diese noch nachträglich (vgl § 96 II) möglich ist, da sich die Klage gegen einen Kaufmann richten muß (hM, vgl BL/Albers § 95 Rn 3; Schriever, NJW 78, 1472; aA – Anspruchsentstehung – Müller NJW 70, 846). 3

4 Für die Beurteilung der Kaufmannseigenschaft einer **ausländischen** Partei ist das Recht des Landes maßgeblich, in dem die Partei ihren Geschäftssitz hat; insbesondere gelten auch die Wirkungen einer Eintragung in ein dem Handelsregister entsprechendes Register.

5 Gegenstand des Rechtsstreits muß für Vertragschließende **beiderseitiges Handelsgeschäft** sein (§§ 343, 344 HGB). Insoweit ist – im Gegensatz zur Voraussetzung der Kaufmannseigenschaft – auf den Vertragsschluß abzustellen; es genügt also, wenn die Voraussetzung des beiderseitigen Handelsgeschäfts in der Person des Rechtsvorgängers des Klägers erfüllt war. Auf die Anspruchsgrundlage kommt es nicht an (zB Herausgabe aus Eigentum wegen in beiderseitigem Handelsgeschäft vereinbarten EigVorbehalts, vgl auch LG Tübingen MDR 54, 302); jedoch keine Handelssache, wenn aus dem Handelsgeschäft gegen an ihm nicht beteiligten Dritten vorgegangen wird (vgl LG Hannover NJW 77, 1246: verlängerter EigVorbehalt).

6 **Nr 2:** Klage aus **Wechsel:** Alle im WG geregelten Ansprüche sind erfaßt, auch die bereicherungsrechtlicher Art. Auch im Ausland in fremder Sprache ausgestellte Wechsel gehören hierher (vgl RG 64, 164). Ob im Wechselprozeß geklagt wird, ist gleichgültig (vgl RG 78, 317). Kaufmannseigenschaft hier nicht Voraussetzung. – **Urkunden nach § 363 HGB:** Kaufmänn Anweisung u Verpflichtungsschein, Konnossement, Ladeschein, Lagerschein, Transportversicherungsschein.

7 **Nr 3: Scheck.** Auch hier Prozeßart u Kaufmannseigenschaft gleichgültig.

8 **Nr 4a: Handelsgesellschaften** (§§ 6, 105, 161 HGB, § 3 AktG, § 13 GmbHG); OHG, KG, AG, KGaA, GmbH. Unter Nr 4a fällt auch Klage eines Gesellschafters gegen den Mitgesellschafter aus einem der Gesellschaft gewährten Darlehen (LG Osnabrück MDR 83, 588); der Gesellschaftsvertrag muß nicht selbst unmittelbare Anspruchsgrundlage sein, es genügt, daß der Anspruch gesellschaftsspezifische Rechte u Pflichten unmittelbar berührt. **Genossenschaft** gilt zwar als Kaufmann (§ 17 GenG), ist aber keine Handelsgesellschaft; ebenso nicht VVaG trotz entspr Anwendbarkeit (§ 16 VersAufsG) von Vorschriften des Handelsrechts; nicht Vereinigungen zum Betrieb e Kleingewerbes (§ 4 II HGB); die **stille Gesellschaft** (§§ 230 ff HGB) ist keine Handelsgesellschaft, hier aber ausdrückl einbezogen.

9 **Nr 4b:** §§ 17 ff HGB; vertragl u gesetzl Ansprüche.

10 **Nr 4c:** § 15 GeschmacksmusterG, §§ 125e, 140 MarkenG. Streitigkeiten nach dem GebrMG (BGBl 86 I 1455) gehören vor die ZivK (§ 27 G). Ebenso Patentstreitigkeiten (Patentkammern s § 143 II PatG, BGBl 81 I 1).

11 **Nr 4d:** §§ 22, 25 HGB.

12 **Nr 4e:** §§ 48 ff HGB. Entspr Anwendung i Fall des § 11 II GmbHG: LG Hannover NJW 68, 56 (aA – nur bei beiderseitigem Handelsgeschäft – Berkenbrock JZ 80, 21).

13 **Nr 4f:** §§ 474 ff HGB, SeemannsG v 26. 7. 57 (BGBl II 713), StrandungsO v 17. 5. 1874 (RGBl 81). „Bodmerei" gegenstandslos infolge Aufhebung des §§ 679–699 HGB (Art. 1 Nr. 26 G v 21. 6. 72, BGBl I 966). Für Binnenschiffahrtssachen s dagg §§ 1, 2 Ges v 27. 9. 52 (BGBl I 641), s § 14 GVG Rn 3.

14 **Nr 5:** geändert durch G v 25. 7. 86 (BGBl I S 1169). Erfaßt alle bürgerlichrechtl Streitigkeiten, die auf Anspruchsgrundlagen nach dem UWG (s dort § 27) gestützt werden, mit Ausnahme des Rücktrittsrechts des Letztverbrauchers nach § 13a UWG; Klagen auf Rückgewähr nach dieser Vorschrift fallen nur dann in den Zuständigkeitsbereich der KfHS, wenn der zugrundeliegende Vertrag ein beiderseitiges Handelsgeschäft war (s Rn 5).

15 **Nr 6:** Ersatzanspr w unrichtiger Angaben b Emissionen; s § 49 BörsG.

16 **III) Zu Abs 2:** § 246 AktG: Anfechtungsklage gegen Hauptversammlungsbeschlüsse. Ist entspr anwendbar auf die Fälle der §§ 249, 254, 255, 257, 275 AktG (Nichtigkeitsklage gg Hauptversammlungsbeschlüsse; Anfechtung des Beschlusses ü Verwendung des Bilanzgewinns; Anfechtung der Kapitalerhöhung gg Einlagen; Anfechtung der Feststellung des Jahresabschlusses). Nach § 278 AktG gilt Entsprechendes für die KGaA. § 396 AktG: gerichtl Auflösung der AG und KGaA auf Antrag der obersten Landesbehörde. § 10 UmwandlungsG: Bestellung der Verschmelzungsprüfer durch Vorsitzenden der KfH. § 306 UmwG: Spruchverfahren in den Fällen des § 305 iVm §§ 15, 34, 176–181, 184, 186, 196, 212 UmwG.

17 **IV)** Handelssachen sind auch die bürgerl Rechtsstreitigkeiten, die sich aus dem **GWB,** aus Kartellverträgen u Kartellbeschlüssen ergeben (§ 87 II GWB). – Weitere Zuständigkeit der KfHS nach § 30 I 2 **FGG.** – KfHS ist ferner zuständig für **Vollstreckungsgegenklagen** nach § 767 ZPO, wenn der titulierte Anspruch aus einem Verfahren vor der KfHS herrührt (vgl BGH LM 42 zu § 767 ZPO; Kissel Rn 25; str). – KfHS nicht zuständig für **Honorarklage eines RA nach § 34 ZPO,** da dort Gerichtsstand, nicht ges Geschäftsverteilung betroffen (str, s BGH NJW 86, 1178).

V) Neue Bundesländer: Zur Zuständigkeit der KfH für Streitigkeiten (ehemaliger) LPGs s BezG Dresden DtZ 92, 58. 18

96 *[Antrag auf Verhandlung vor KfHS]*

(1) Der Rechtsstreit wird vor der Kammer für Handelssachen verhandelt, wenn der Kläger dies in der Klageschrift beantragt hat.

(2) Ist ein Rechtsstreit nach den Vorschriften der §§ 281, 506 der Zivilprozeßordnung vom Amtsgericht an das Landgericht zu verweisen, so hat der Kläger den Antrag auf Verhandlung vor der Kammer für Handelssachen vor dem Amtsgericht zu stellen.

1) Abs 1: Antrag (liegt auch in Adressierung an KfHS, Bergerfurth NJW 74, 221; Kissel Rdnr 2) 1 ist Prozeßantrag, § 297 ZPO gilt nicht; kann nicht zurückgenommen werden (Kissel Rdnr 7). Wahlrecht des Kl. Der Antrag ist nach Eingang der Klageschrift bei Gericht nicht nachholbar (Grund s Rn 2); wurde Klage jedoch bei einem LG eingereicht, bei dem keine KfHS besteht, und wird sie nach § 281 ZPO verwiesen, so ist Antrag in entspr Anwendung des Abs 2 vor der Verweisung nachholbar (str, aA LG Freiburg NJW 72, 1902). Nicht entscheidend ist die räumliche Verbindung des Antrags mit der Klageschrift. Hat Kl e Handelssache durch Unterlassung des Antrags nach Abs 1 vor ZivK gebracht, so kann nur noch Bekl gem §§ 98, 101 Verweisung an KfHS beantragen. Von Amts wegen kann die ZivK nicht an die KfHS verweisen (§ 98 III). Hat Kl durch s Antrag e Nichthandelssache bei der KfHS anhängig gemacht: § 97.

2) Abs 2: Der Antrag muß noch vor dem Amtsgericht (aber nicht mehr zwingend in mündlicher Verhandlung, Anpassung an die Neufassung des § 281 II 1, 2 ZPO, Art 2 Nr 4 Rechtspflege-VereinfG) gestellt werden, da die geschäftsplanmäßige Zuständigkeit (vgl Rn 1 vor § 93) nach Anhängigwerden bei dem LG vom Kläger nicht mehr verändert werden kann. 2

Im **Mahnverfahren** kann der Antrag bereits im Mahnantrag (§ 690 I Nr 5 ZPO) gestellt werden. 3 Nicht geregelt ist, wann der Kl bei Übergang ins streitige Verfahren spätestens den Antrag stellen muß (für Bekl gelten §§ 98, 101 I): er kann jedenfalls mit dem Antrag auf streitiges Verf nach § 696 I 1 verbunden werden und nach dem Sinn der Regelung des § 96 II bis zum Eingang der Akten beim LG (§ 696 I 4 ZPO) nachgeholt werden. Im Hinblick darauf, daß die Einleitung des streitigen Verf auch durch den Bekl beantragt werden kann, sowie wegen der Regelung des § 697 I ZPO (nachgereichte „Klageschrift") muß es dem Kl aber auch gestattet werden, den Antrag noch in der Klagebegründung bzw der Anspruchsbegründung gem § 697 III 2 ZPO nachzuholen (§ 96 I; § 96 II steht nicht entgegen, da das Amtsgericht den Rechtsstreit nicht nach §§ 281, 506 ZPO verweist, sondern nach § 696 ZPO abgibt, bevor es überhaupt zum Streitverfahren kommt; vgl auch LG Offenburg, Justiz 95, 224).

Das AG soll schon im VerwBeschluß die KfHS bezeichnen, hat jedoch die sachlichen Voraussetzungen des § 95 nicht zu prüfen. Die Verweisungsentscheidung des AG bindet nicht im Verhältnis zw ZivK u KfHS. 4

97 *[Verweisung an die Zivilkammer wegen ursprünglicher Unzuständigkeit]*

(1) Wird vor der Kammer für Handelssachen eine nicht vor sie gehörige Klage zur Verhandlung gebracht, so ist der Rechtsstreit auf Antrag des Beklagten an die Zivilkammer zu verweisen.

(2) Gehört die Klage oder die im Falle des § 506 der Zivilprozeßordnung erhobene Widerklage als Klage nicht vor die Kammer für Handelssachen, so ist diese auch von Amts wegen befugt, den Rechtsstreit an die Zivilkammer zu verweisen, solange nicht eine Verhandlung zur Hauptsache erfolgt und darauf ein Beschluß verkündet ist. Die Verweisung von Amts wegen kann nicht aus dem Grund erfolgen, daß der Beklagte nicht Kaufmann ist.

1) Die gesetzestechnisch wenig durchsichtige Regelung schränkt die **Verweisungsmöglichkeit von KfHS an ZivK** (umgekehrt s § 98) für unrichtig anhängig gewordene Verfahren ein. Die Verweisung kommt nur unter folgenden Voraussetzungen in Betracht: 1

a) Verf muß durch Antrag des Klägers nach § 96 oder § 100 an KfHS gelangt sein; bei Antrag des Bekl (§ 98) ist Rückverweisung ausgeschlossen (§ 102 S 2). Gehört eine Sache mangels Antrags des Kl (§§ 96, 100) nicht vor die KfHS, so gilt § 97 (insbesondere die Einschränkung der Verweisung nach dieser Vorschrift) nicht, da die Klage in Wahrheit gar nicht vor die KfHS „gebracht ist"; es gilt die allg Regelung des Geschäftsverteilungsplans über Abgaben innerhalb des Gerichts. 2

b) Es liegt keine Handelssache iSd § 95 vor. 3

4 2) Liegen die vorgenannten Voraussetzungen vor, so ist zu unterscheiden: **a) Verweisung von Amts wegen (Abs 2)**, wenn **aa)** die Unzuständigkeit mangels Handelssache iSd § 95 I Nr 1 **nicht** daraus folgt, daß Bekl die Kaufmannseigenschaft fehlt; in den anderen Fällen des § 95 insoweit keine Einschränkung, und **bb)** noch nicht zur Hauptsache verhandelt wurde (Verhandlung zu Verfahrensfragen oder zur Zulässigkeit der Klage – gleichgültig, ob abgesonderte Verhandlung nach § 280 I ZPO angeordnet oder nicht – schadet nicht, auch nicht Verhandlung zur Zulässigkeit einer Berufung) **und** aufgrund einer Verhandlung noch kein das Verfahren betreffender Beschluß (zB Vertagung, Beweisbeschluß, Termin zur Verk einer Entsch; nicht: Streitwertfestsetzung, Prozeßkostenhilfe oder Beschlüsse nach § 273 II ZPO, letztere da nicht auf Grund der Verhandlung) erlassen wurde.

5 Die KfHS ist zur Verweisung unter diesen Voraussetzungen verpflichtet (Ges spricht von „Befugnis"), da sie nicht gesetzlicher Richter ist.

6 **b) Verweisung auf Antrag des Bekl,** falls die unter 1) genannten Voraussetzungen gegeben und Antrag rechtzeitig (§ 101 I, s Rn 1) gestellt.

7 **c) Keine Verweisung auf Antrag des Klägers** möglich. Er ist an seinen nach § 96 gestellten Antrag für das gesamte Verfahren gebunden, auch wenn der Antrag sachlich unrichtig ist.

8 3) Die Verweisung nach § 97 ist einheitlich für das ganze Verfahren möglich; dies gilt insbesondere, wenn bei Anspruchshäufung (s § 95 Rn 2) oder Widerklage (im Fall des § 96 II) nur ein Teil des Streitgegenstandes nicht die Voraussetzungen des § 95 erfüllt, gleichgültig ob es sich um ursprüngliche (dann § 97 unmittelbar) oder nachträgliche (§ 99, s dort) Unzuständigkeit handelt. Es kann jedoch auch lediglich der nicht die Voraussetzungen des § 95 erfüllende Teil nach § 145 ZPO abgetrennt und nur dieser Teil verwiesen werden. Zu der Möglichkeit des Klägers, der Abtrennung durch Antrag nach § 36 Nr 3 ZPO zuvorzukommen, s Frankfurt NJW 92, 2900.

9 4) Der Verweisungsbeschluß ist für ZivK bindend: § 102 (vgl dort).

10 **5) Gebühren: a) des Gerichts:** Keine, §§ 1 I, 27 (vgl § 21) GKG; – **b) des Anwalts:** §§ 13, 33 II BRAGO (Hamburg MDR 89, 172).

98 *[Verweisung an KfHS]*

(1) Wird vor der Zivilkammer eine vor die Kammer für Handelssachen gehörige Klage zur Verhandlung gebracht, so ist der Rechtsstreit auf Antrag des Beklagten an die Kammer für Handelssachen zu verweisen. Ein Beklagter, der nicht in das Handelsregister oder Genossenschaftsregister eingetragen ist, kann den Antrag nicht darauf stützen, daß er Kaufmann ist.

(2) Der Antrag ist zurückzuweisen, wenn die im Falle des § 506 der Zivilprozeßordnung erhobene Widerklage als Klage vor die Kammer für Handelssachen nicht gehören würde.

(3) Zu einer Verweisung von Amts wegen ist die Zivilkammer nicht befugt.

(4) Die Zivilkammer ist zur Verwerfung des Antrags auch dann befugt, wenn der Kläger ihm zugestimmt hat.

1 1) § 98 betrifft die **nachträgliche Verweisung** von Verfahren von der ZivK an KfHS, die vom Kl hätte vor die KfHS gebracht werden können. Infolge der generellen Zuständigkeit der ZivK für Handelssachen betrifft die Regelung nicht (wie § 97) die Korrektur einer nichtbestehenden Zuständigkeit. Hieraus folgt, daß eine Verweisung von Amts wegen ausscheidet **(Abs 3)**. § 98 ergänzt vielmehr § 96, indem er dem Beklagten seinerseits ermöglicht, die KfHS statt der ZivK zuständig zu machen.

2 2) Nötig ist **a)** ein – rechtzeitiger (§ 101 I) – **Antrag des Beklagten.** In der Rüge der Zuständigkeit der ZivK liegt ein solcher Antrag auch dann noch nicht, wenn auf die Zuständigkeit der KfHS hingewiesen wird; notwendig ist ein positiver Verweisungsantrag (vgl Gaul JZ 84, 57, 60). Antrag des Klägers ist im hier gegebenen Stadium verspätet (vgl § 96 Rn 1) und unbeachtlich; auch seine Zustimmung ist unbeachtlich (Abs 4). **b)** Es muß sich um eine **Handelssache** iSd § 95 handeln; Einschränkung durch Abs 1 S 2 idF des Art 2 Nr 5 RechtspflegeVereinfG: Auf seine Kaufmannseigenschaft kann den Verweisungsantrag nur ein Bekl stützen, der in das Handelsregister oder – Klarstellung durch das RechtspflegeVereinfG entsprechend § 17 II GenG – Genossenschaftsregister eingetragen ist. Die Voraussetzungen sind von ZivK zu prüfen. Fehlt eine Voraussetzung, so muß der Antrag zurückgewiesen werden; Zustimmung des Klägers entbindet hiervon nicht (Abs 4 gibt kein Ermessen). Bei Ausländern ist entscheidend, ob das Heimatrecht ein dem Handelsregister entsprechendes Register kennt und ob er dort eingetragen ist.

3 3) Nach **Abs 2** ist der Antrag – trotz Vorliegen der in Rn 2 genannten Voraussetzungen – zurückzuweisen, wenn das Verfahren vom AG nach § 506 ZPO an das LG verwiesen wurde und die Widerklage nicht die Voraussetzungen des § 95 erfüllt. Wird Antrag auf Verweisung der Klage

gestellt, so kann diese jedoch an KfHS verwiesen werden, wenn die Widerklage vorher gemäß § 145 ZPO abgetrennt wurde.

4) Der **Verweisungsbeschluß** – auch der zu Unrecht ergangene – ist für KfHS bindend: § 102. 4

5) **Gebühren:** s § 97 Rn 10. 5

99

[Verweisung an die Zivilkammer bei nachträglicher Unzuständigkeit]

(1) Wird in einem bei der Kammer für Handelssachen anhängigen Rechtsstreit die Klage nach § 256 Abs. 2 der Zivilprozeßordnung durch den Antrag auf Feststellung eines Rechtsverhältnisses erweitert oder eine Widerklage erhoben und gehört die erweiterte Klage oder die Widerklage als Klage nicht vor die Kammer für Handelssachen, so ist der Rechtsstreit auf Antrag des Gegners an die Zivilkammer zu verweisen.

(2) Unter der Beschränkung des § 97 Abs. 2 ist die Kammer zu der Verweisung auch von Amts wegen befugt. Diese Befugnis tritt auch dann ein, wenn durch eine Klageänderung ein Anspruch geltend gemacht wird, der nicht vor die Kammer für Handelssachen gehört.

1) Die Regelung des § 97 über die Verweisung von der KfHS an ZivK (nicht umgekehrt; vgl Gaul JZ 84, 57, 61) gilt nach § 99 entsprechend bei **nachträglichem Unzuständigwerden** der KfHS durch Klageänderung (§ 263 ZPO), durch Erhebung einer Zwischenfeststellungsklage (§ 256 II ZPO) oder einer Widerklage, die nicht die Voraussetzungen des § 95 erfüllt. Die Verweisung auf Antrag (Abs 1) ist auch bei Klageänderung nach § 263 ZPO möglich, obwohl dieser Fall nur in § 99 II 2 (für Verweisung von Amts wegen) angesprochen ist, da für eine Differenzierung kein Grund ersichtlich ist (vgl Kissel Rn 4, BL/Albers Rn 2). 1

2) Für Verweisung auf Antrag gilt § 97 I, s dort. Der **Antrag** muß von der Partei gestellt werden, die hinsichtlich des die Unzuständigkeit auslösenden Streitgegenstandes in der Beklagtenrolle steht (die Partei, die Unzuständigkeit veranlaßt, ist nicht antragsberechtigt). – Zu Abs 2 s § 97 Rn 4. 2

3) Der **gesamte Rechtsstreit** ist zu verweisen; die KfHS kann jedoch auch den die Unzuständigkeit veranlassenden Teil abtrennen (§ 145 ZPO) und nur diesen verweisen (s auch § 95 Rn 2). Von dieser Möglichkeit wird jedenfalls dann Gebrauch zu machen sein, wenn der ursprüngliche Klageteil entscheidungsreif ist. – Der Verweisungsbeschluß fällt unter § 102 S 2. 3

100

[Zuständigkeit im 2. Rechtszug]

Die §§ 96 bis 99 sind auf das Verfahren im zweiten Rechtszuge vor den Kammern für Handelssachen entsprechend anzuwenden.

1) Berufungszuständigkeit des LG s § 72. Die Berufung gegen ein amtsgerichtl Urteil kommt vor die KfHS, wenn dahin gehender **Antrag in der Berufungsschrift** (nicht erst in der Berufungsbegr) enthalten ist (§ 96 I). Hat Berufungsführer diesen Antrag z Unrecht gestellt, so ist die Berufung nicht als unzulässig zu verwerfen; vielmehr auf rechtzeitigen (§ 101 auch hier anwendbar) Antrag des Berufungsbekl (die Parteistellung i 1. Instanz entscheidet nicht) Verweisung an ZivK (§ 97 I), auch von Amts wegen unter den Voraussetzungen des § 97 II. Hat Berufungskl keinen (rechtzeitigen) Antrag gestellt, Verweisung an KfHS nur noch auf Antrag des Berufungsbekl entspr § 98, nicht aber von Amts wegen. 1

2) Allg **entspricht dem Kl hier der Berufungskl,** dem Bekl der Berufungsbekl. Für § 95 I Nr 1 (Kaufmann) ist jedoch auf die ursprüngliche Parteistellung (Bekl) abzustellen; das gleiche gilt für § 97 II 2 und § 98 I 2 (zu letzterem Fall vgl LG Hamburg NJW 69, 1259: Vorschrift daher nur auf Bekl, nicht auf Kläger – jeweils unabhängig von ihrer Stellung im Rechtsmittelverfahren – anwendbar; im Erg anders LG Bielefeld NJW 68, 2384, das auch bei Antrag des Klägers u Berufungsbekl fordert, daß der Beklagte als Kaufmann ins HR eingetragen ist. Richtig LG Hamburg aaO und LG Tübingen MDR 79, 238, da Kl grundsätzlich die KfHS auch bei Klagen gegen Minderkaufleute anrufen kann, vgl §§ 95 I Nr 1, 96). 2

3) Wird von einer Partei Berufung zur ZivK, von der anderen zur KfHS eingelegt, so ist für beide Berufungen die KfHS zuständig (aA hM: die zuerst angegangene Kammer; BL/Albers § 100 Rn 2). Dies folgt daraus, daß nach der Systematik der §§ 96 ff generell der Antrag einer Partei genügt, die Zuständigkeit der KfHS für den ganzen Rechtsstreit zu begründen (vgl §§ 96 I, 98 I); im übrigen könnte die Partei, deren Antrag als Berufungskl nach der hM nicht zum Zuge käme, weil die gegnerische Berufung bei der ZivK zuerst eingegangen ist, gerade in diesem Verfahren als Berufungsbekl nach §§ 100, 98 I durch nachträgliche Antragstellung die Verweisung des ganzen Rechtsstreits an die KfHS ohnehin erreichen. 3

101 *[Antrag auf Verweisung]*

(1) Der Antrag auf Verweisung des Rechtsstreits an eine andere Kammer ist nur vor der Verhandlung des Antragstellers zur Sache zulässig. Ist dem Antragsteller vor der mündlichen Verhandlung eine Frist zur Klageerwiderung oder Berufungserwiderung gesetzt, so hat er den Antrag innerhalb der Frist zu stellen. § 296 Abs 3 der Zivilprozeßordnung gilt entsprechend; der Entschuldigungsgrund ist auf Verlangen des Gerichts glaubhaft zu machen.

(2) Über den Antrag ist vorab zu entscheiden. Die Entscheidung kann ohne mündliche Verhandlung ergehen.

1 **1) Abs 1:** gilt für Anträge nach §§ 97–100, nicht für § 96. Der Begriff des **Verhandelns zur Sache** beschränkt sich nicht auf Verhandeln zur Hauptsache. Sinn der Vorschrift ist es, die Frage der Zuständigkeit ZivK/KfHS früh zu klären (Kissel Rn 4). Entsprechend der Zuordnung der Frage zur geschäftsplanmäßigen Zuständigkeit liegt Verhandeln zur „Sache" schon vor bei Fragen der Zulässigkeit der Klage oder der Berufung, auch bei Verhandeln zur geschäftsplanmäßigen Abgrenzung bei mehreren KfHS (Bremen MDR 80, 410; s a Gaul JZ 84, 57). Ebenso bei Verhandeln zur Richterablehnung, da diese die Zuständigkeit des Richters notwendig voraussetzt (aA BL/Albers Rn 2; Kissel Rn 5). Vertagungsantrag ist noch kein Verhandeln zur Sache (Kissel aaO). Beginn der Verhandlung: § 137 I ZPO. Antrag iS § 101 ist kein Sachantrag und braucht nicht verlesen zu werden (§ 297 ZPO gilt nicht). Durch Art 2 Nr 6a RechtspflegeVereinfG ist klargestellt, daß Antrag, wenn Frist zur Klageerwiderung oder Berufungserwiderung gesetzt ist, innerhalb dieser Frist gestellt werden muß; Heilung nur bei (auf Verlangen des Gerichts glaubhaft zu machender) Entschuldigung entspr § 296 III ZPO (s dort).

2 **2)** Die Entscheidung über Anträge nach I hat vor jeder anderen Prüfung (etwa Zulässigkeit der Berufung, auch der Klageänderung im Fall des § 99) zu erfolgen (vgl auch Rn 6 vor § 93) und kann zur Verfahrensbeschleunigung gem Art 2 Nr 6b RechtspflegeVereinfG entspr der Neufassung des § 281 II 2 ZPO ohne mündl Verhandlung ergehen. Entscheidung s § 102.

102 *[Verweisung. Unanfechtbarkeit]*

Die Entscheidung über Verweisung eines Rechtsstreits an die Zivilkammer oder an die Kammer für Handelssachen ist nicht anfechtbar. Erfolgt die Verweisung an eine andere Kammer, so ist diese Entscheidung für die Kammer, an die der Rechtsstreit verwiesen wird, bindend. Der Termin zur weiteren mündlichen Verhandlung wird von Amts wegen bestimmt und den Parteien bekanntgemacht.

1 **1)** Gilt für alle **Verweisungen** nach §§ 97–100, 104, aber nur im Verhältnis ZivK/KfHS, nicht bei Verweisung an KfHS durch AG nach §§ 281, 506 ZPO (KG OLG 33, 78), auch nicht im Verhältnis mehrerer KfHS zueinander. Verweisung immer durch **Beschluß** (formlose Abgabe ist keine Verweisung, vgl Frankfurt Rpfl 80, 231); mündl Verhandlung nicht nötig (§ 101 II 2); jedoch ist das **rechtl Gehör** des Gegners zu wahren – im Falle des Antrags nach § 96 I ist dem allerdings durch die Möglichkeit des Rückverweisungsantrags (§ 97 I) genügt.

2 **2) Unanfechtbarkeit: a)** Gilt für alle Verweisungsbeschlüsse dieses Titels einschließlich der Zurückweisung eines Verweisungsantrags (RG JW 86, 225; Hamburg MDR 70, 1019).

3 **b)** Auch eine gegen die Bindungswirkung verstoßende Rückverweisung ist nicht selbständig anfechtbar. Kommt es jedoch wegen einer solchen Rückverweisung zum **neg Kompetenzkonflikt,** so können Parteien Verf nach § 37 ZPO beschreiten; da ein Fall gesetzl geregelter Geschäftsverteilung vorliegt, ist Entscheidung des Konflikts durch Präsidium nicht möglich (vgl BGH NJW 75, 2304), es bleibt nur die analoge Anwendung des § 36 Nr 6 ZPO (München NJW 67, 2165; Nürnberg NJW 75, 2345; Bremen OLG 75, 476; Braunschweig NJW 79, 223; NJW-RR 95, 1535; Gaul JZ 84, 57, 65).

4 **c)** Die fehlerhafte Bejahung der Zuständigkeit durch die KfHS (ZivK) begründet grundsätzlich auch nicht ein **allg Rechtsmittel,** insb gilt § 551 Nr 4 ZPO nicht (R-Schwab § 33 II, 1; s a Rn 3 vor § 93). Anderes muß jedoch nach Art 101 I 2 GG gelten, wenn durch willkürliche Annahme der Zuständigkeit der ges Richter ausgeschaltet wurde (zB Verweisung „gemäß Antrag", wenn tatsächlich kein Antrag gestellt wurde; vgl auch BGH NJW 93, 1273 und – weitergehend – Stuttgart Justiz 66, 253 sowie Gaul JZ 84, 57, 64; zu weitgehend – Willkür schon bei Verweisung auf verspäteten Antrag – Nürnberg NJW 93, 3208).

5 **3) Bindung: a)** Verweisungen im Verhältnis ZivK/KfHS sind für diese nach S 2 bindend, die Rückverweisung ist ausgeschlossen (Ausnahme: § 99). Zweck: Vermeiden von Zuständigkeitsstreit, Verfahrensbeschleunigung. Die Verweisung gilt für das ganze Verf, unabhängig davon, in welchem VerfStadium sie beschlossen wurde (Hamburg MDR 67, 409: Verweisung im Prozeßko-

stenhilfeverf). Die Bindungswirkung des ersten Verweisungsbeschlusses ist auch bei einer etwaigen Entscheidung nach § 36 Nr 6 ZPO zu berücksichtigen (Nürnberg NJW 75, 2345).

6 **b)** Nach Düsseldorf (OLGZ 73, 243) soll die **Bindung entfallen,** wenn gegen den Grundsatz des rechtl Gehörs (vgl Rn 1) verstoßen ist. Dem ist beizutreten (ebenso Kissel Rn 5; Gaul JZ 84, 57, 60; vgl allgemein BGH NJW 78, 1163; 85, 2537; aA Bremen OLGZ 1975, 475), da nur so das rechtl Gehör – und zwar schon bei der Kammer, an die verwiesen ist (also ohne weitere Verzögerung) – nachgeholt werden kann; dem verfahrensrechtl Schutz des Beteiligten (Art 103 I GG) muß der Vorrang vor § 102 S 2, der gerichtsinternen Zuständigkeitsstreit vermeiden will, eingeräumt werden. Darüber hinaus muß die Bindung im Hinblick auf Art 101 I 2 GG dann zurücktreten, wenn sie zu einer willkürlichen Ausschaltung des ges Richters führen würde, die auf Rechtsmittel zur Aufhebung der Entscheidung führen müßte (s Rn 4; vgl auch Stuttgart, Justiz 66, 253; Braunschweig NJW-RR 95, 1535; zweifelnd und sehr großzügig Karlsruhe NJW-RR 95, 1536).

7 **c)** Auch die **verweisende Kammer** selbst ist an ihre Entscheidung gebunden (vgl auch Nürnberg MDR 73, 507); die sich aus Rn 6 ergebende Einschränkung gilt jedoch auch insoweit.

8 **4) Wirkung:** Verweisung bedeutet Übergang des Rechtsstreits im jeweiligen Stadium. Bisherige Prozeßhandlungen bleiben wirksam; Fristen, auch richterliche, laufen weiter (Frankfurt NJW-RR 93, 1084), Terminierungsantrag ist nicht erforderlich (S 3).

103 *[Hauptintervention]*

Bei der Kammer für Handelssachen kann ein Anspruch nach § 64 der Zivilprozeßordnung nur dann geltend gemacht werden, wenn der Rechtsstreit nach den Vorschriften der §§ 94, 95 vor die Kammer für Handelssachen gehört.

1 Die Vorschrift dehnt die für die örtl u sachl Zuständigkeit in § 64 ZPO enthaltene Regelung auf das Verhältnis ZivK/KfHS aus: die Zuständigkeit der KfHS setzt neben dem Antrag nach §§ 96 I, 98 I voraus, daß für die Hauptintervention selbst die Voraussetzungen des § 95 erfüllt sind **und** daß der Hauptprozeß vor der KfHS anhängig ist (oder – falls schon im Rechtsmittelzug – war). Schwebt der Hauptprozeß vor der ZivK, so ist diese für die Hauptintervention auch dann zuständig, wenn der mit der Einmischungsklage verfolgte Anspruch – etwa wegen der Kaufmannseigenschaft des Hauptintervenienten – Handelssache wäre.

104 *[Verweisung in Beschwerdesachen]*

(1) Wird die Kammer für Handelssachen als Beschwerdegericht mit einer vor sie nicht gehörenden Beschwerde befaßt, so ist die Beschwerde von Amts wegen an die Zivilkammer zu verweisen. Ebenso hat die Zivilkammer, wenn sie als Beschwerdegericht in einer Handelssache mit einer Beschwerde befaßt wird, diese von Amts wegen an die Kammer für Handelssachen zu verweisen. Die Vorschriften des § 102 Satz 1, 2 sind entsprechend anzuwenden.

(2) Eine Beschwerde kann nicht an eine andere Kammer verwiesen werden, wenn bei der Kammer, die mit der Beschwerde befaßt wird, die Hauptsache anhängig ist oder diese Kammer bereits eine Entscheidung in der Hauptsache erlassen hat.

1 **1) Abs 1:** Zuständigkeit hier von Amts wegen zu prüfen, Parteianträge sind bedeutungslos. Keine Verwerfung als unzulässig, sondern Verweisung, wenn die als Beschwerdegericht angegangene Kammer ihre Unzuständigkeit annimmt. Verweisung durch Beschluß bindend u unanfechtbar (S 3; anders in FGG-Sachen, RG 48, 27; KGJ 49, 242). Der Verstoß gegen die Zuständigkeitsregelung macht die Entscheidung zwar fehlerhaft, aber nicht unwirksam. Dies führt zur Zurückverweisung in der weiteren Beschwerde, wenn diese eröffnet ist (s § 568 Abs 2 ZPO).

1a Die Verweisungsmöglichkeit betrifft **nur die funktionelle Zuständigkeit** verschiedener Spruchkörper desselben Gerichts. Sie ist nicht analog auf die Verweisung zwischen selbständigen Gerichten anwendbar (BGH MDR 92, 299).

2 **2) Abs 2:** Für Beschwerdesachen, die nicht Handelssachen sind, ist die KfHS dann zuständig, wenn die Hauptsache bei ihr anhängig ist oder wenn sie schon eine Entscheidung in der Hauptsache erlassen hat. – Ob die zu Recht mit der Beschwerde angegangene Kammer an die andere verweisen muß, wenn bei letzterer die Hauptsache anhängig ist, ist str, aber zu bejahen (aA Kissel Rn 5).

105 *[Besetzung]*

(1) Die Kammern für Handelssachen entscheiden in der Besetzung mit einem Mitglied des Landgerichts als Vorsitzenden und zwei ehrenamtlichen Richtern, soweit nicht nach den Vorschriften der Prozeßgesetze an Stelle der Kammer der Vorsitzende zu entscheiden hat.

(2) Sämtliche Mitglieder der Kammer für Handelssachen haben gleiches Stimmrecht.

(3) In Streitigkeiten, die sich auf das Rechtsverhältnis zwischen Reeder oder Schiffer und Schiffsmannschaft beziehen, kann die Entscheidung im ersten Rechtszug durch den Vorsitzenden allein erfolgen.

Lit: *Berger-Delhey,* Der Handelsrichter und sein Amt, DRiZ 89, 246.

1 1) Bestellung des **Vorsitzenden** ist Sache des Präsidiums (§ 21 e I); er ist aus dem in § 21f I genannten Kreis auszuwählen, muß also Vorsitzender Richter sein (Ausnahme für auswärtige KfHS: § 106).

2 Ernennung der **ehrenamtlichen Richter** (sie führen nach § 45a DRiG idF vom 22. 12. 75, BGBl I 3176, wieder – wie schon vor 1972 – die Bezeichnung: Handelsrichter): § 108. Über deren Zuteilung an mehrere KfHS desselben LG und die gegenseitige Vertretung hat das Präsidium (§ 21e I), über die Reihenfolge der Heranziehung der Vorsitzende (§ 21g) zu entscheiden. Letzteres hat nach § 21g II zu geschehen, wobei jedenfalls hier die Anknüpfung an einen Sitzungsturnus ausreichen muß (Kissel § 94 Rn 13). Die von der Rspr (vgl § 21e Rn 9) aufgestellten Beschränkungen für die **Überbesetzung** eines (berufsrichterlich besetzten) Spruchkörpers sind für die Handelsrichter nicht anwendbar. Dies folgt aus der Natur der Sache, insbesondere aus der neben- und ehrenamtl Ausübung dieses Amtes durch Kaufleute, die der Gesetzgeber im Interesse der durch sie zu erwartenden Bereicherung und Verbesserung der Rechtsprechung bewußt vorgesehen hat. Mit der hauptberuflichen Kaufmannstätigkeit ist es aber offensichtlich nicht vereinbar, wenn ein Handelsrichter in dem Umfang an der Rechtsprechung einer Kammer teilnehmen müßte, wie sie nach den vorgenannten Grundsätzen für berufsrichterl Beisitzer gefordert wird (vgl auch BGH NJW 66, 1084; BFH Betrieb 67, 231 für die Überbesetzung mit ehrenamtl Beisitzern bei Finanzgerichten und Ehrengerichten sowie Kissel § 94 Rn 13; Berger-Delhey DRiZ 89, 248). Die Bestellung von je etwa 10 Handelsrichtern je KfHS ist daher nicht zu beanstanden, da nur so die Belastung des einzelnen in zumutbaren Grenzen gehalten werden kann. Aus den gleichen Gründen ist – wegen der naheliegend häufigen – Verhinderung eines Handelsrichters bei der Anwendung der **Vertreterregelung** großzügig zu verfahren. Ein Besetzungsverstoß kann nur bei willkürlicher Handhabung, die mit der gebotenen Rücksichtnahme auf die hauptberufl Tätigkeit der Handelsrichter in keinem Zusammenhang steht, angenommen werden.

3 2) Als **Einzelrichter** kann nur der Vorsitzende tätig werden; seine Befugnisse bestimmen sich nach § 349 ZPO (vgl dort). Daher nicht anwendbar im Beschwerdeverfahren nach dem FGG (Frankfurt MDR 83, 1032; BayObLG NJW-RR 95, 1314). – Die ehrenamtl Richter wirken auch außerhalb der mündlichen Verhandlung mit, soweit der Vorsitzende nicht allein entscheiden kann, etwa bei Arresten u einstweil Verfügungen ohne mündl Verhandlung (soweit nicht § 944 ZPO). Sie haben gleiches Stimmrecht wie der Vorsitzende (Abs 2) und unterzeichnen die Entscheidungen mit (BGH 42, 75). Sie können auch zu beauftragten Richtern bestellt werden.

4 Über die **Ablehnung des Vorsitzenden** ist in der vollen Besetzung zu entscheiden, da kein Fall des § 349 I 1 ZPO vorliegt (BayObLG MDR 80, 237).

5 3) Die Mitgliedschaft eines Handelsrichters bei der **Industrie- und Handelskammer**, die nach § 108 vorschlagsberechtigt ist, begründet idR für sich allein auch dann nicht die Besorgnis der Befangenheit, wenn diese – etwa nach § 126 FGG – an dem Verfahren beteiligt ist (BayObLG B v 1. 8. 80 – 1 Z 55/80; vgl auch BVerfG NJW 81, 912 zum ähnlichen Fall der Mitglieder der Landwirtschaftsgerichte).

106 *[Auswärtige KfHS]*

Im Falle des § 93 Abs. 2 kann ein Richter beim Amtsgericht Vorsitzender der Kammer für Handelssachen sein.

1 Der Amtsrichter, der dem LG zur Dienstleistung zugeteilt ist (§ 27 II DRiG; § 22 II GVG), wird durch das Präsidium des LG z Vorsitzenden bestellt. Er muß Richter auf Lebenszeit sein (§ 28 II DRiG). Die Vorschrift gilt – als bewußt aufrechterhaltene – Sonderregelung des § 21f I fort (aA Kissel § 21f Rn 3); sie ergänzt in organisatorischer Hinsicht die Sonderbestimmung des § 93 II, der gerade auf die Einrichtung einer KfHS am Ort eines AG abzielt.

107 *[Vergütung]*

(1) Die ehrenamtlichen Richter, die weder ihren Wohnsitz noch ihre gewerbliche Niederlassung am Sitz der Kammer für Handelssachen haben, erhalten Tage- und Übernachtungsgelder nach den für Richter am Landgericht geltenden Vorschriften.

(2) Den ehrenamtlichen Richtern werden die Fahrtkosten in entsprechender Anwendung des § 3 des Gesetzes über die Entschädigung der ehrenamtlichen Richter ersetzt.

Die ehrenamtl Richter erhalten weder Dienstbezüge noch Sitzungsgeld. Für ihre Auslagen gilt: **Tage- und Übernachtungsgeld** (Abs 1) erhalten sie nur, wenn sie am Sitz der Kammer weder ihren Wohnsitz noch den Sitz der Niederlassung haben. Es gelten die reisekostenrechtl Bestimmungen, die nach Landesrecht für Richter der BesGr R 1 anzuwenden sind. **Fahrtkostenersatz** erhält dagegen jeder ehrenamtl Richter (Abs 2). 1

108 *[Ernennung zum ehrenamtlichen Richter]*

Die ehrenamtlichen Richter werden auf gutachtlichen Vorschlag der Industrie- und Handelskammern für die Dauer von vier Jahren ernannt; eine wiederholte Ernennung ist nicht ausgeschlossen.

Ernennung durch Landesjustizverwaltung nach Landesrecht; Bay: Art 2 S 1 AGGVG). Nach Landesrecht kann e Ernennungsurkunde erteilt werden, Art 2 S 2 bayAGGVG. Eidl Verpflichtung: § 45 II–VII DRiG. 1

Der **Vorschlag der IHK** ist Voraussetzung für die Ernennung; der gutachtliche Vorschlag kann jedoch die Ernennungsbehörde nicht binden, auch nicht hinsichtlich der Reihenfolge (aA Berger-Delhey DRiZ 89, 250; es ist aber schlechterdings nicht einsehbar, weshalb das vom Gesetz eingeräumte freie Ermessen der Ernennungsbehörde an den „Vorschlag" gebunden sein soll). 2

Da eine Pflicht, als Handelsrichter tätig zu sein, nicht besteht, setzt die Ernennung das **Einverständnis des Vorgeschlagenen** voraus. 3

Durch Art 2 Nr 7, 11 I RechtspflegeVereinfG wurde die Amtsdauer der Handelsrichter entsprechend der der anderen ehrenamtlichen Richter auf vier Jahre verlängert. 4

Neue Bundesländer: a) Handelsrichter, die bis 30. 6. 91 nach § 37 DDR-RiG v 5. 7. 90 (GBl I Nr 42 S 637) ernannt wurden, blieben im Amt (GVG-Maßgabe p) I, Art 7 XXV RechtspflegeVereinfG). 5

b) Die **Dauer der Amtsperiode** dieser Handelsrichter bestimmt sich nun nach § 1 RpflAnpG v 26. 6. 92 (BGBl I S 1147) idF des Art 6 Nr 1 G v 24. 6. 94 (BGBl I 1374); längstens bis 31. 12. 96.

c) Schließlich haben §§ 9–11 des G v 24. 7. 92 (BGBl I S 1386), dessen Geltung nicht auf die neuen Länder beschränkt ist, erhebliche Bedeutung für die **Amtsenthebung** insb von durch Stasimitarbeit belasteten Handelsrichtern, s dazu § 113 Rn 5.

109 *[Voraussetzungen der Ernennung]*

(1) Zum ehrenamtlichen Richter kann ernannt werden, wer

1. **Deutscher ist,**
2. **das dreißigste Lebensjahr vollendet hat und**
3. **als Kaufmann, Vorstandsmitglied oder Geschäftsführer einer juristischen Person oder als Prokurist in das Handelsregister oder das Genossenschaftsregister eingetragen ist oder eingetragen war oder als Vorstandsmitglied einer juristischen Person des öffentlichen Rechts aufgrund des § 36 des Handelsgesetzbuchs oder einer gesetzlichen Sonderregelung für diese juristische Person nicht eingetragen zu werden braucht.**

(2) Wer diese Voraussetzungen erfüllt, soll nur ernannt werden, wenn er

1. **in dem Bezirk der Kammer für Handelssachen wohnt oder**
2. **in diesem Bezirk eine Handelsniederlassung hat oder**
3. **einem Unternehmen angehört, das in diesem Bezirk seinen Sitz oder seine Niederlassung hat.**

Darüber hinaus soll nur ernannt werden

1. **ein Prokurist, wenn er im Unternehmen eine der eigenverantwortlichen Tätigkeit des Unternehmers vergleichbare selbständige Stellung einnimmt,**

2. ein Vorstandsmitglied einer Genossenschaft, wenn es hauptberuflich in einer Genossenschaft tätig ist, die in ähnlicher Weise wie eine Handelsgesellschaft am Handelsverkehr teilnimmt.

(3) Zum ehrenamtlichen Richter kann nicht ernannt werden, wer zu dem Amt eines Schöffen unfähig ist oder nach § 33 Nr. 4 zu dem Amt eines Schöffen nicht berufen werden soll.

Neufassung des § 109 gültig ab 1. 1. 92 (Art 2 Nr 8, Art 10 I RechtspflegeVereinfG). Gem Art 12, 110 EinführungsG zur Insolvenzordnung (BGBl 1994 I 2911) wird mit Wirkung ab 1. 1. 99 an Abs 3 folgender Satz 2 angefügt: „Zum ehrenamtlichen Richter soll nicht ernannt werden, wer nach § 33 Nr 5 zu dem Amt eines Schöffen nicht berufen werden soll." (Betrifft Personen, die in Vermögensverfall geraten sind.)

1 1) Absatz 1 und 3 zwingender, Absatz 2 nicht zwingender Natur, vgl zu den Voraussetzungen der Ernennung ehrenamtlicher Richter iü § 44 DRiG. Hat ein ehrenamtlicher Richter mitgewirkt, der die zwingenden Voraussetzungen des § 109 nicht erfüllt, so ist die Entscheidung jedenfalls nicht nichtig; allerdings ist mit allg Rechtsmittel die Rüge vorschriftswidriger Besetzung des Gerichts möglich, soweit die Ernennung selbst nichtig ist oder dabei zwingende Vorschriften verletzt wurden. Bei nachträglichem Wegfall der Voraussetzungen für die Ernennung s § 113.

2 2) Um den zunehmenden Schwierigkeiten, geeignete Personen für das Amt eines Handelsrichters zu gewinnen, zu begegnen, wurde durch das RechtspflegeVereinfG der in Betracht kommende **Personenkreis erweitert.** Die Einbeziehung geeigneter (II 2 Nr 1) Prokuristen soll vor allem die Ernennung der Zweigstellenleiter von Großbetrieben zu Handelsrichtern ermöglichen. I Nr 3 letzte Alternative betrifft Vorstandsmitglieder und Geschäftsführer von Unternehmen öffentlicher Körperschaften (zB Sparkassen, Energieversorgungsunternehmen, Verkehrsbetriebe). Klargestellt wird, daß auch hauptberufliche Vorstandsmitglieder eingetragener, mit Handelsgesellschaften vergleichbarer Genossenschaften (I Nr 3, II 2 Nr 2) Handelsrichter sein können. **Stellvertretende Vorstandsmitglieder** einer AG erfüllen die Voraussetzungen des Abs 1, da diese in § 94 AktG im Ergebnis gleichgestellt sind (vgl schon KGJ 24 A 194, 197; Berger-Delhey DRiZ 89, 248), insb zwischen den ordentlichen und den stellvertretenden Vorstandsmitgliedern keine maßgebl rechtl Unterschiede – beide ges Vertreter der AG – bestehen. Nach Sinn und Zweck des § 109 I kommt es dagegen auf etwaige – nur nach innen wirkende – Unterschiede in der Geschäftsführungsbefugnis (§ 82 II AktG) nicht an.

3 3) Absatz 1 und 2 sind **nicht** im Sinne einer **abschließenden Aufzählung** der Ernennungsvoraussetzungen zu verstehen. Durch die Verweisung auf die Vorschriften über die Unfähigkeit zum Schöffenamt (§ 32) wird ua klargestellt, daß die Fähigkeit zur Bekleidung öff Ämter Voraussetzung für die Ernennung zum ehrenamtlichen Richter ist. Fehlende gesundheitliche Eignung ist im Unterschied zum Schöffenamt (§ 33 Nr 4) zwingender Hinderungsgrund für die Ernennung; damit gemäß § 113 I Nr 1 Amtsenthebung bei Wegfall dieser Voraussetzung möglich. Eine **Altersgrenze** besteht nicht; auf § 33 Nr 2 wird nicht verwiesen. Jedoch wird die Ernennungsbehörde auf diese Bestimmung abheben, da sie Ausdruck eines allgemeinen Grundgedankens ist (vgl auch Berger-Delhey DRiZ 89, 248 Fn 29).

4 4) **Neue Bundesländer:** s Rn 5 zu § 108 u Rn 5 zu § 113.

110 *[Ehrenamtliche Richter an Seeplätzen]*

An Seeplätzen können ehrenamtliche Richter auch aus dem Kreis der Schiffahrtskundigen ernannt werden.

111 (aufgehoben durch G v 20. 12. 74, BGBl I 3686; vgl jetzt § 45 DRiG)

112 *[Rechte und Pflichten]*

Die ehrenamtlichen Richter haben während der Dauer ihres Amts in Beziehung auf dasselbe alle Rechte und Pflichten eines Richters.

1 Richterl Unabhängigkeit der Handelsrichter: § 45 I 1 DRiG. Zur Sicherung ihrer persönl Unabhängigkeit können sie vor Ablauf ihrer Amtszeit nur unter den gesetzl Voraussetzungen und gegen ihren Willen nur durch Richterspruch amtsenthoben werden (§ 44 II DRiG). Dazu auch § 113. – Die §§ 41 bis 48 ZPO finden Anwendung. Einzelrichter kann der Handelsrichter nicht sein (§ 349 ZPO), wohl aber beauftragter Richter. S ferner Rn 3 zu § 105.

113

[Amtsenthebung]

(1) Ein ehrenamtlicher Richter ist seines Amtes zu entheben, wenn er

1. eine der für seine Ernennung erforderlichen Eigenschaften verliert oder Umstände eintreten oder nachträglich bekanntwerden, die einer Ernennung nach § 109 entgegenstehen, oder

2. seine Amtspflichten gröblich verletzt hat.

(2) Die Entscheidung trifft der erste Zivilsenat des Oberlandesgerichts durch Beschluß nach Anhörung des Beteiligten. Sie ist unanfechtbar.

(3) Beantragt der ehrenamtliche Richter selbst die Entbindung von seinem Amt, so trifft die Entscheidung die Landesjustizverwaltung.

Gemäß Art 12, 110 EinführungsG zur Insolvenzordnung (BGBl 1994 I 2911) wird § 113 mit Wirkung ab 1. 1. 99 geändert (diese Folgeänderung aus der Ergänzung des § 109 ist noch nicht berücksichtigt).

1) **Amtsenthebung:** Erforderl Eigenschaften: § 109 I und III; Enthebung bei Wegfall der Vor- 1
aussetzungen des § 109 II nicht möglich. Jedoch kommt das Verfahren auch in Betracht, wenn ein von § 109 nicht erfaßter Mangel vorliegt, der bei weiterem Amtieren zu einer nicht ordnungsgemäßen Besetzung des Gerichts führen würde (vgl BSG DRiZ 86, 94). – Eine Abberufung eines Handelsrichters ist nunmehr auch bei gröblicher Verletzung der Amtspflichten (zB Verletzungen des Beratungsgeheimnisses, wiederholtes unentschuldigtes Fernbleiben von Sitzungen) möglich.

2) Das Verfahren nach § 113 II ist nicht an bestimmte Formen gebunden. Für die Einleitung 2
des Verfahrens (Antragstellung) ist die Ernennungsbehörde (vgl § 108 Rn 1) zuständig (hM, aA Berger-Delhey DRiZ 89, 253, der sich – abwegig – für ein Tätigwerden des OLG von Amts wegen ausspricht). Gegen die Entscheidung des OLG ist kein Rechtsmittel zulässig (II 2). § 113 ist auch anwendbar, wenn sich nach Ernennung ergibt, daß zwingende Voraussetzung von Anfang an fehlte.

3) **Die Entscheidung des OLG hat konstitutive Wirkung** (Kissel Rn 9, aA – in Begründung und 3
Folgerungen nicht überzeugend – Berger-Delhey aaO S 258). Daraus folgt, daß – von dem seltenen Fall einer nichtigen Ernennung, etwa durch offensichtlich unzuständige Behörde, abgesehen – vor der Amtsenthebung auch die Rüge fehlerhafter Besetzung der Richterbank ausscheidet. Das OLG, dessen Verfahren im einzelnen nicht festgelegt ist, wird allerdings im Interesse der Wahrung des Ansehens der Rechtspflege in gravierenden Fällen den Handelsrichter durch einstweilige Anordnung auch vorläufig entheben können.

4) **Abs 3:** Ohne gerichtliches Verfahren kann Handelsrichter auf eigenen Antrag von der Ernen- 4
nungsbehörde entbunden werden (vgl § 44 II DRiG), wenn ein Grund hierfür (zB dauernde Erkrankung, Strafverfahren) oder Fall des Abs 1 vorliegt.

5) Ein **besonderes Abberufungsverfahren** enthält § 10 des G zur Prüfung von Rechtsanwalts- 5
zulassungen, Notarbestellungen und Berufungen ehrenamtlicher Richter vom 24. 7. 92 (BGBl I S 1386), dessen Geltungsbereich weder räumlich auf die neuen Länder, noch zeitlich beschränkt ist, das aber nach Anlaß und Zweck auf Belastungen aus der Zeit des DDR-Regimes, insbesondere Stasiverstrickungen abzielt (dazu Cremer DRiZ 92, 342). Die Generalklausel des § 9 Abs 1 Nr 1 **(Verstöße gegen die Grundsätze der Menschlichkeit und der Rechtsstaatlichkeit)** ermöglicht künftig auch in Fällen „rechtsstaatlicher Untragbarkeit" eines Handelsrichters, die mit dem DDR-Regime nicht in Zusammenhang steht, die Amtsenthebung.

114

[Entscheidung auf Grund eigener Sachkunde]

Über Gegenstände, zu deren Beurteilung eine kaufmännische Begutachtung genügt, sowie über das Bestehen von Handelsgebräuchen kann die Kammer für Handelssachen auf Grund eigener Sachkunde und Wissenschaft entscheiden.

1) **Gegenstand** ist nicht nur körperliche Sache, sondern auch Gegenstand in weiterem Sinn, 1
etwa Inhalt eines Vertrags, Üblichkeit einer Handlung. **Kaufmännische Begutachtung** genügt, wenn es sich um einen im Handelsverkehr vorkommenden Vorgang handelt, der besondere wissenschaftliche Sachkunde nicht erfordert. Nicht nötig ist, daß der Handelsrichter in der Branche tätig ist oder war, aus der sich die Frage stellt (BL/Albers Rn 1; Kissel Rn 4). Zum **Handelsbrauch** s § 346 HGB. Nur das Bestehen eines Handelsbrauchs ist nach § 114 zu beurteilen, nicht die Rechtsfrage nach dem Umfang seiner Verbindlichkeit (Kissel Rn 5).

2) Es genügt, wenn ein Mitglied der Kammer die erforderl Sachkunde besitzt und den übrigen 2
Richtern vermitteln kann (vgl BGHSt 12, 18). Dann **Entscheidung** ohne Sachverständigen möglich. Ob ausreichende eigene „Sachkunde" vorliegt, entscheidet die KfHS (alle Mitglieder, § 196) selbst. Nach § 139 ZPO ist die Partei darauf hinzuweisen, daß die KfHS eine strittige Frage nach

§ 114 selbst entscheiden wird, wenn Sachverständigenbeweis angeboten ist (noch weiter Kissel Rn 6). OLG als Berufungsgericht ist an die Entscheidung der KfHS nicht gebunden (RG 44, 34), kann sich aber auf die Beurteilung der KfHS stützen (RG 90, 104; 110, 49).

Achter Titel

OBERLANDESGERICHTE

Vorbemerkung

1 Errichtung u Aufhebung: § 1 VO v 20. 3. 35 z einheitl Regelung der Gerichtsverfassung (vgl Einl GVG Rn 11) bzw Landesrecht. Errichtung eines für mehrere Länder gemeinsamen OLG durch Staatsvertrag mögl.

2 Im übrigen bestimmt **§ 8 VO v 20. 3. 35** (RGBl I 403; BGBl III 300-5):

I) Der *Reichsminister der Justiz* kann Grundsätze für die Verteilung der Geschäfte bei den Oberlandesgerichten und für die Vertretung des Oberlandesgerichtspräsidenten aufstellen. Der ständige Vertreter des Präsidenten (§ 66 Abs. 2, § 11 GVG) ist der Vizepräsident des Oberlandesgerichts.

II) Die Zahl der Zivil- und Strafsenate bei den Oberlandesgerichten bestimmt der Oberlandesgerichtspräsident; der *Reichsminister der Justiz* kann ihm hierfür Weisungen erteilen.

Abs 1 dieser Vorschrift ist überholt; Geschäftsverteilung ist nun Angelegenheit der gerichtl Selbstverwaltung (§ 21e I); die Stellvertretung des OLGPräs in den durch das GVG geregelten Angelegenheiten bestimmt sich nun nach § 21h GVG, im übrigen nach Landesrecht (Bay: Art 4 AGGVG); § 8 II der VO unterliegt als Justizverwaltungsrecht landesrechtl Abänderung (Bay: Art 5 AGGVG).

115

[Besetzung]

Die Oberlandesgerichte werden mit einem Präsidenten sowie mit Vorsitzenden Richtern und weiteren Richtern besetzt.

1 1) Für **Präsidenten** (und Vizepräsidenten) sowie **Vors Richter** s § 21 f und Erl dort. Der Präsident ist zugleich Organ der Justizverwaltung, insbesondere übt er die Dienstaufsicht über die Richter und Beschäftigten des Bezirks aus (vgl §§ 13, 14 der VO v 20. 3. 35, abgedruckt bei Einl GVG Rn 12 bzw entsprechendes Landesrecht).

2 2) Die **Richter** müssen auf Lebenszeit ernannt sein (§ 28 I DRiG); soweit **„Hilfsrichter"** herangezogen werden (s § 117 Rn 2), ist dies nur im Wege der Abordnung – nicht aber Richter auf Probe oder kraft Auftrags – möglich (§ 37 DRiG; s aber Rn 4).

3 3) **Hochschullehrer,** denen zugleich ein Richteramt übertragen ist (auch hier Berufung in das Richterverhältnis auf Lebenszeit nötig) – vgl etwa Art 11 BayRiG –, sollen nach BGH (NJW 66, 1458) nicht zur Überbesetzung des Spruchkörpers (vgl § 21e Rn 9) führen (auch als sechster Richter eines Senats möglich); da sie volle hauptamtl Richter sind, kann der Ansicht des BGH nicht gefolgt werden. Vielmehr ergibt sich, daß der Umfang der vom Hochschullehrer als Richter wahrzunehmenden Richteraufgabe so bemessen sein muß, daß eine sachgerechte Mitwirkung an der Rechtsprechung des Senats möglich ist (idR ein Viertel, wenigstens ein Sechstel – die Begrenzung etwa auf ein Zehntel oder noch weniger einer Richtergeschäftsaufgabe wird der Stellung eines hauptamtl Richters nicht gerecht und ist daher höchst bedenklich).

4 4) **Neue Bundesländer:** Bis 31. 12. 99 können auch Richter auf Probe und kraft Auftrags verwendet werden (§ 3 II RpflAnpG idF d G v 7. 12. 95 BGBl I 1590). Auch Senatsbesetzung mit zwei abgeordneten Lebenszeit- und einem Proberichter zulässig (BVerfG DtZ 96, 175).

116

[Zivil- und Strafsenate]

(1) Bei den Oberlandesgerichten werden Zivil- und Strafsenate gebildet. Bei den nach § 120 zuständigen Oberlandesgerichten werden Ermittlungsrichter bestellt; zum Ermittlungsrichter kann auch jedes Mitglied eines anderen Oberlandesgerichts, das in dem in § 120 bezeichneten Gebiet seinen Sitz hat, bestellt werden.

(2) Durch Anordnung der Landesjustizverwaltung können außerhalb des Sitzes des Oberlandesgerichts für den Bezirk eines oder mehrerer Landgerichte Zivil- oder Strafsenate gebildet und ihnen für diesen Bezirk die gesamte Tätigkeit des Zivil- oder Strafsenats des Oberlandesge-

richts oder ein Teil dieser Tätigkeit zugewiesen werden. Ein auswärtiger Senat für Familiensachen kann für die Bezirke mehrerer Familiengerichte gebildet werden.

1) **Abs 1.** Bestimmung der Anzahl der Senate durch PräsOLG (§ 8 II GVVO, s Rn 2 vor § 115), nach neuerem Landesrecht jedoch idR durch Landesjustizverwaltung (Bayern: Art 5 AGGVG). – Neben den generell vorgesehenen Zivil- und Strafsenaten bestehen heute kraft sondergesetzl Regelung zahlreiche **Spezialsenate,** zB Senat für Familiensachen (§ 119 II), für Baulandsachen (§ 229 BauGB), für Entschädigungssachen (§ 208 BEG), für Landwirtschaftssachen (§ 2 LwVG), für Kartellsachen (§ 92 GWB) sowie Fideikommißsenat (G v 26. 6. 35, RGBl 785) und zahlreiche Spruchkörper in berufsgerichtl und ehrengerichtl Verfahren (Dienstgericht für Richter, § 79 DRiG; sowie § 100 BRAO, § 101 BNotO, § 96 StBerG ua). 1

2) **Abs 2:** Errichtung durch RechtsVO (§ 1 G v 1. 7. 60, BGBl I 461), die auch den Geschäftskreis zu bestimmen hat (keine Zuweisung der Geschäftsaufgabe durch Geschäftsverteilungsplan, vgl BGH NJW 67, 107). Der Vorsitzende und die Mitglieder werden durch das Präsidium bestimmt (§ 21e I GVG). Auch der auswärtige Senat ist Teil des Stammgerichts; Rechtsmittel, die zur Zuständigkeit des auswärtigen Senats gehören, können fristwahrend auch beim Stammgericht eingelegt werden (BGH NJW 67, 107; nach Karlsruhe NJW 84, 744 auch umgekehrt); dies gilt jedoch nicht, wenn in einem Prozeßvergleich der Widerruf durch Schriftsatz vereinbart, der in bestimmter Frist beim auswärtigen Senat eingehen muß (BGH NJW 80, 1753). – **Auswärtige Senate** des OLG Frankfurt in Kassel u Darmstadt, des OLG München in Augsburg, des OLG Karlsruhe in Freiburg. 2

S 2 angefügt durch Art 2 Nr 10 RechtspflegeVereinfG: Klarstellung, daß für die Bildung auswärtiger Familiensenate nicht auf die Bezirke der mit Familiensachen nicht befaßten Landgerichte, sondern auf die Bezirke der Familiengerichte abzustellen ist. 3

117 *[Vertretung]*

Die Vorschrift des § 70 Abs. 1 ist entsprechend anzuwenden.

1) Vertretung wegen vorübergehender Überlastung kann im Wege der **Abordnung** von Richtern – nicht nur solchen eines OLG, sondern auch von Richtern am Land- oder Amtsgericht – geregelt werden (vgl § 70 Rn 1, 2). Es muß sich immer um Richter auf Lebenszeit handeln (§ 28 Abs 1 DRiG). Die Abordnung verfügt die Justizverwaltung. 1

2) Abordnung **zum Zwecke der Erprobung** (s dazu auch Kissel § 115 Rn 7) – also von Richtern, die für die Ernennung zum RiOLG vorgesehen sind – ist zulässig (BGH NJW 66, 352; BVerfG DRiZ 71, 27; BVerwG DRiZ 78, 315), jedoch nur soweit diese nach pflichtgemäßem Ermessen erforderlich ist. Eine generelle Vorschrift – etwa die Laufbahnverordnung der Beamten –, daß nur befördert werden darf, wer zuvor auf dem Beförderungsposten „erprobt" wurde, kann auf Richter nicht angewendet werden. 2

3) Dagegen ist nach BGH (NJW 85, 2336) die Abordnung eines Richters während der Zeit einer **Besetzungssperre** aus haushaltsrechtl Gründen nicht möglich, da keine „zwingende Notwendigkeit der Rechtspflege" bestehe (s dazu § 21e Rn 39e). 3

118 **(aufgehoben durch § 85 Nr 10 DRiG)**

119 *[Zuständigkeit in Zivilsachen]*

(1) Die Oberlandesgerichte sind in bürgerlichen Rechtsstreitigkeiten zuständig für die Verhandlung und Entscheidung über die Rechtsmittel:

1. **der Berufung gegen die Endurteile der Amtsgerichte in Kindschaftssachen und in den von den Familiengerichten entschiedenen Sachen;**
2. **der Beschwerde gegen Entscheidungen der Amtsgerichte in Kindschaftssachen und in den von den Familiengerichten entschiedenen Sachen;**
3. **der Berufung gegen die Endurteile der Landgerichte;**
4. **der Beschwerde gegen Entscheidungen der Landgerichte.**

(2) § 23b Abs. 1, 2 gilt entsprechend.

1 **1)** Nr 1 und 2 eingefügt durch das G v 19. 8. 69 (BGBl I 1243), das die Kindschaftssachen den AG in 1. Instanz zugewiesen hat (s § 23a Nr 1), den Rechtsmittelzug zum OLG (und BGH, vgl § 545 ZPO) aber beibehielt. Ebenso für Familiensachen (§ 23b I 2) des 1. EheRG v 14. 6. 76 (BGBl I 1421). Nrn 1 und 2 geändert durch Art 2 Nr 3 UÄndG 1986 mit Wirkung vom 1. 4. 86.

2 **2) Kindschaftssachen (Nr 1 und 2)** s § 640 II ZPO. – Berufung oder Beschwerde zum OLG auch gegen Entscheidungen über **Regelunterhalt** (an sich keine Kindschaftssache), die nach § 643 ZPO mit dem Kindschaftsverfahren verbunden; selbst dann, wenn sich das Rechtsmittel nur gegen diese Entscheidung richtet (BGH Rpfl 72, 13; NJW 73, 849; 74, 751). Dies gilt auch, wenn die Kindschaftsfrage schon durch Teilurteil rechtskräftig entschieden ist und im Schlußurteil nur noch über die Unterhaltsfrage und die Kosten des Verfahrens entschieden wird (BGH NJW 80, 292). Anders auch nicht, wenn die Unterhaltsentscheidung die in § 643 ZPO gesetzten Grenzen nicht einhält (Folgen für Berufungsentscheidung s Düsseldorf FamRZ 71, 383). Für Rechtsmittelzuständigkeit gilt materielle Anknüpfung (s Rn 4), da Gesetzgeber formelle Anknüpfung nur für Familiensachen festgelegt hat (s Rn 5 ff; Saarbrücken FamRZ 90, 1371). – Nr 1 auch bei **Entscheidungen nach § 1615o BGB,** da Hauptsache auch der Statusprozeß iS des § 640 II Nr 1 ZPO ist (str; wie hier Celle FamRZ 71, 379; aA Düsseldorf FamRZ 75, 279).

3 **3) Von den Familiengerichten entschiedene Sachen (Nr 1 und 2): a)** Das Gesetz verwendete ursprünglich (1. EheRG 1976) den Begriff **„Familiensachen"**, der durch das UÄndG 1986 mit der Anknüpfung an die Entscheidung durch das Familiengericht ersetzt wurde.

4 Nach der ursprünglichen Fassung war zuerst streitig, ob für die Bestimmung der Rechtsmittelzuständigkeit formell (wer hat entschieden) oder materiell (liegt materiell eine Familiensache vor) anzuknüpfen sei. Die Rspr hatte sich für die materielle Anknüpfung entschieden (BGH NJW 78, 1112; stRspr); der Rechtsmittelzug zum Familiensenat griff auch ein, wenn in einer Familiensache fälschlich das allg Prozeßgericht entschieden hatte, und umgekehrt. Die damit verbundenen Probleme für den Rechtsmittelführer waren durch die Rspr befriedigend und insb ohne Nachteil für diesen gelöst: es galt der Grundsatz der Meistbegünstigung (Rechtsmittel nach formeller wie nach materieller Anknüpfung zulässig); durch die Anwendung des § 281 ZPO wurde erreicht, daß das materiell zuständige Rechtsmittelgericht alsbald mit der Sache befaßt wurde – zu den Einzelheiten s 14. Aufl, Rn 4 bis 11. Der offensichtliche Vorteil der materiellen Anknüpfung lag darin, daß in den krankenden Fällen auf dem kürzesten Weg das nach dem Willen des Gesetzgebers mit der Sachkompetenz ausgestattete Rechtsmittelgericht befaßt wurde (vgl auch Jaeger, FamRZ 85, 865, 867). Die Neuregelung ist für den Verfahrensgang wegen der Notwendigkeit der Rückverweisung in die erste Instanz, wenn der richtige Gerichtsweg erreicht werden soll (vgl Rn 7), ein Rückschritt (kritisch auch Jaeger aaO). Er wird nur dadurch gemildert, daß nach § 529 III und § 549 II ZPO nF der Streit über die Rechtsnatur der Sache für den Rechtsmittelzug stark beschnitten wurde (s Rn 10).

5 **b) Formelle Anknüpfung,** die nunmehr gesetzl vorgeschrieben ist, bedeutet, daß sich die Rechtsmittelzuständigkeit und das Rechtsmittelverfahren ausschließlich danach bestimmen, welcher Spruchkörper (FamG oder allg ProzeßG) entschieden hat. Entsprechend dem Sinn der formellen Anknüpfung kommt es darauf an, unter welcher Bezeichnung das **Gericht nach außen aufgetreten ist** („AG-FamilienG"), Irrtümer hierbei können nicht nach § 319 ZPO „berichtigt" werden (BGH MDR 93, 382; FamRZ 94, 1520). Ergeben sich – etwa auf Grund unterschiedlicher Kennzeichnung von Gericht und Verfahrensgegenstand, auch durch Aktenzeichen – Zweifel, ob AG als FamG oder allg ProzeßG entschieden hat, kann Partei nach dann wieder geltendem Meistbegünstigungsgrds (s Rn 4) Berufung beim LG oder OLG einlegen, die dann ggf entspr § 281 ZPO an das zuständige Berufungsgericht zu verweisen ist (BGH 72, 182; FamRZ 95, 219 = MDR 95, 823; FamRZ 95, 351 = MDR 95, 521). – Ob das FamG seine Zuständigkeit zu Recht oder zu Unrecht angenommen hat, ist ohne Belang (BGH NJW 91, 231). Gegen alle von den FamG der AG erlassenen Entscheidungen – und nur gegen sie – ist der Rechtsmittelzug nach Nr 1 und 2 gegeben. Für die Bestimmung des (richtigen) Rechtsmittelgerichts stellt sich daher die Frage der materiellen Richtigkeit der in erster Instanz zugrunde gelegten Abgrenzung der Zuständigkeit zwischen Prozeßgerichten und Familiengericht nicht. Hierüber besteht Einigkeit. Gleiches gilt zB für die Beschwerdefrist von 1 Monat gem §§ 621e III, 516 ZPO (BGH MDR 90, 323; FamRZ 92, 665).

6 **c)** Die formelle Anknüpfung bedeutet weiter, daß innerhalb des zuständigen OLGs die Frage, ob mit dem Rechtsmittel ein allg Prozeßsenat oder ein FamSenat zu befassen ist, sich – jedenfalls zunächst – nach dieser formellen Anknüpfung richtet, dh der FamSenat ist befaßt, wenn die angefochtene Entscheidung vom FamG stammt. Dies hat erhebliche praktische Bedeutung, weil nach §§ 621e IV, 529 III ZPO die Frage der materiell richtigen Anknüpfung im Rechtsmittelverfahren von Amts wegen überhaupt nicht, auf Rüge nur sehr eingeschränkt (s Rn 10) zu prüfen ist (vgl auch BGH MDR 88, 1043, FamRZ 89, 165).

d) Es bleiben also in der Praxis nur seltene Fälle übrig, in denen die Richtigkeit der Anknüpfung noch zu prüfen ist. Ergibt sich allerdings in einem solchen Fall, daß die Zuständigkeit des FamG in erster Instanz zu Unrecht angenommen wurde, so ist nach wie vor umstritten, wie weiter zu verfahren ist. Insbesondere Jauernig (FamRZ 89, 1 mit zahlreichen Nachweisen; ihm weitgehend folgend BL/Albers Rn 6; neuerdings Bergerfurth FamRZ 94, 372) tritt dafür ein, daß der nach der formellen Anknüpfung befaßte Spruchkörper des Berufungsgerichts über das Rechtsmittel allein zu entscheiden hat. In den fehlgeleiteten Fällen müsse notwendig die (Zurück)Verweisung an das „richtige" Gericht erster Instanz erfolgen; Jauernig (aaO) tritt dabei vehement für die – jedenfalls analoge – Anwendung des § 281 ZPO ein, was erfordert, daß die Abgrenzung ProzeßG – FamG wie der Fall der sachlichen Zuständigkeit – und nicht wie herrschend als Frage der gesetzlichen Geschäftsverteilung – behandelt wird. 7

Demgegenüber knüpft der BGH (NJW-RR 93, 1282; wohl auch schon MDR 88, 1043; FamRZ 89, 165) wegen der in § 119 II unverändert gebliebenen Verweisung auf § 23b für die Bestimmung des **zur Entscheidung berufenen Spruchkörpers des OLGs** in diesen Fällen materiell an, dh hat das FamG seine Zuständigkeit zu Unrecht angenommen, so hat – unter der Voraussetzung, daß dies noch zu prüfen ist (s Rn 6, 10) – der für allg Prozeßsachen zuständige Senat zu entscheiden. Umgekehrt hätte der FamSenat zu entscheiden über die Berufung gegen ein Urteil des LG, das fälschlich eine Familiensache zum Gegenstand hat. Diese Auffassung, die sich auf § 119 II stützen kann, hat den Vorteil, daß, da im Berufungsverfahren der materiell richtige Spruchkörper entscheidet, sie nicht zu überflüssigen Aufhebungen (ggf verbunden mit der Zurückverweisung des Verfahrens an das richtige Gericht erster Instanz) zwingt – ohne eine solche Rückverweisung nach § 539 ZPO auszuschließen, wenn sie sachlich angezeigt ist. Trotz der Kritik von Jauernig (aaO, S 4/5) an der hier vertretenen Auffassung, daß es im Interesse gerade der Parteien liegen kann (ja wird), so bald als möglich eine **Sachentscheidung** des zuständigen Berufungsgerichts zu erhalten, und daß – jedenfalls dann, wenn der Sachverhalt voll aufgeklärt ist – die Rückverweisung aus Zuständigkeitsgründen „Steine statt Brot gibt", halte ich es für richtig, verfahrensrechtlich bedingte Aufhebungen zu vermeiden. Diese Auffassung hat auch den Gesetzgeber bewogen, im UÄndG 1986 durch § 529 III ZPO den Streit über die Zuständigkeitsfrage drastisch zu beschneiden; es kann dann kaum der Wille des Gesetzgebers gewesen sein, in den kritischen Fällen aus Verfahrensgründen Rückverweisungen unausweichlich zu machen, wie es insbesondere von Jauernig vertreten wird. Vielmehr verdient die Lösung den Vorzug, die im Berufungsverfahren die unmittelbare Sachentscheidung durch den hierzu auch berufenen Spruchkörper ermöglicht, wie sie nun auch vom BGH (NJW-RR 93, 1282) gebilligt wird (zum einzelnen s auch § 621d ZPO Rn 16 ff). 8

e) Entsprechend den in Rn 5–8 dargestellten formellen Anknüpfungen ist nunmehr auch zu verfahren, wenn in **einer Familiensache fälschlich die für allgemeine Prozeßsachen zuständigen Spruchkörper** in erster Instanz entschieden haben (BGH NJW 91, 231). 9

f) Voraussetzung dafür, daß die Frage überhaupt aufgeworfen werden kann, ob das nach der formellen Anknüpfung angegangene Rechtsmittelgericht auch materiell zur Entscheidung zuständig ist, ist nunmehr, daß nach **§ 529 Abs 3 ZPO** das Nichtvorliegen einer Familiensache (oder umgekehrt) zulässig gerügt wird (BGH NJW-RR 93, 1282; FamRZ 91, 682). Damit sind auch die nach der früheren Fassung bei Anwendung des § 281 ZPO aufgetretenen Fragen (s BGH NJW 79, 2517; 80, 1282) praktisch gegenstandslos. 10

g) Der Rechtszug zum OLG gilt auch für **FamSachen nach dem FGG**, also solche, die nicht im Verbund mit einer Ehesache stehen, vgl § 64 III 1 FGG. 11

4) Abs 1 Nr 2 gilt in Kindschafts- wie in Familiensachen auch für alle **Nebenentscheidungen** insbesondere für Beschwerden (auch nach § 11 RpflG) gegen Entscheidungen des AG in **Kostensachen** (BGH NJW 78, 1633; Hamm Rpfl 71, 410; München NJW 71, 1321; KG JR 78, 444); dies gilt selbst dann, wenn die Hauptsache sowohl eine FamSache wie eine Nichtfamiliensache zum Gegenstand hat, wenn die Kosten einheitlich die ganze Hauptsache betreffen – Vorrang der spezielleren Zuständigkeit, hier die der FamG (BGH NJW 81, 346); ferner auch bei Beschwerden nach § 16 ZSEG (Koblenz NJW 74, 2055). Ebenso ist der FamSenat zuständig für Entscheidungen über Kompetenzkonflikte nach § 36 ZPO in Familiensachen (Düsseldorf FamRZ 77, 725). Bei **Richterablehnung** s § 45 II ZPO. Für die Festsetzung der Vergütung bei **Beratungshilfe** ist der Beschwerdeweg zum LG nach § 72 gegeben, da diese außerhalb eines Verfahrens geleistet wird, die Frage, ob nach dem Gegenstand eine Familiensache vorliegt, sich also nicht stellt (BGH NJW 85, 2537). 12

5) Nach Abs 2 sind bei den OLGen **Familiensenate** einzurichten; die Grundsätze des § 23b II gelten entsprechend (s dort Rn 11). Es ist mindestens ein FamSenat zu bilden. Sind mehrere Senate gebildet, so gilt auch § 23b II 2 entsprechend. 13

Der FamSenat kann zugleich Zivilsenat sein, jedoch ist das Konzentrationsprinzip auch beim OLG zu beachten. Da § 23b II 1 Ausnahmen zuläßt („soll"), kann aus besonderen Sachgründen 14 eine Sonderaufteilung vorgenommen werden: zB ist es zulässig, Kostensachen in FamStreitigkeiten (s oben Rn 12) einem bestehenden speziellen „Kostensenat" zuzuweisen, der dann insoweit auch als FamSenat ausgewiesen werden muß.

15 Auswärtige Familiensenate: § 116 II 2.

16 6) Für **Zuständigkeitsstreit** zwischen FamSenat und Zivilsenat gilt § 36 Nr 6 ZPO entsprechend (BGH 71, 264; NJW-RR 93, 1282; NJW 78, 1531), die Verweisung von FamSenat an den Zivilsenat und umgekehrt ist für diesen noch nicht bindend, da § 281 II 5 ZPO innerhalb des Gerichts nicht gilt (BGH NJW 79, 2517). In Bayern ist statt des BGH das BayObLG zuständig (BayObLG NJW 79, 1050; 80, 194; BGH NJW 79, 2249).

17 7) **Zu Nr 3 und 4:** Auch hier gilt die **formelle Anknüpfung** (Rn 5 ff), auch für die Frage, ob der allg Zivilsenat oder der Senat für **Landwirtschaftssachen** zu entscheiden hat; maßgeblich ist, ob ein Urteil eines Landgerichts oder eines Landwirtschaftsgerichts vorliegt (vgl § 2 LwVG), nicht ob es sich materiell um eine Landwirtschaftssache handelt (BGH NJW-RR 92, 1152).

17a **Berufung:** Auch i Baulandsachen (§ 229 BauGB), Entschädigungssachen (§ 208 BEG), Binnenschiffahrts- u Rheinschiffahrtssachen (§§ 11, 14, 18 VerfahrensG v 27. 9. 52, BGBl I 641).

17b **Beschwerde:** Auch weitere Beschwerde gegen Beschwerdeentscheidungen als LG (unabhängig von § 567 Abs 3 ZPO), da OLG das im Rechtszug nächst höhere Gericht iSd § 568 Abs 1 ZPO ist (s dort Rn 1). Gilt für alle Verfahren, für die die ZPO anzuwenden ist; im FGG ist die Beschwerdezuständigkeit selbständig geregelt (§§ 19 Abs 2, 28 Abs 1 FGG).

18 8) **Weitere Zuständigkeit des OLG: GVG:** § 21b VI 2 (Wahlanfechtung), § 113 II (Amtsenthebung eines Handelsrichters), § 159 (Verweigerung der Rechtshilfe), § 181 III (Sitzungspolizei, Ungebührstrafen); **EGGVG** § 23 (Anfechtung von Justizverwaltungsakten); **FamRÄndG** Art 7 § 1 (Anerkennung ausländ Entscheidungen i Ehesachen); **Sorgerechtsübereinkommens-AusfG** v 5. 4. 90 (BGBl I 701) Art 1 § 4 (FGG-Verfahren zur Überprüfung von Entscheidungen des GBA als zentrale Behörde iSd Art 6 Haager Übereink); **ZPO** § 36 (Bestimmung des zuständ Gerichts), § 45 I (Ablehnung von Gerichtspersonen); § 541 (Rechtsentscheide i Mietsachen); **GWB** §§ 62, 92 (Anfechtung von Entscheidungen der Kartellbehörde); **FGG** §§ 5, 46 (Bestimmung des zuständigen Gerichts); **LwVG** § 7 II (Enthebung landwirtschaftl Beisitzer). Auch das Landesrecht kann dem OLG weitere Zuständigkeiten zuweisen (§§ 3, 4 EGGVG), zB Fideikommißsachen.

19 9) Für gewisse Verfahren kann die Zuständigkeit mehrerer OLG bei einem OLG oder dem obersten Landesgericht zusammengefaßt werden (zB § 25 II EGGVG, § 208 II BEG, § 4 I BinnenschiffahrtsVerfG, § 199 FGG, § 541 II ZPO, §§ 93, 94 GWB). Zur Rechtsmitteleinlegung in diesen Fällen s München MDR 82, 62: Richtig beim OLG der Konzentrationszuständigkeit nur, wenn die Vorinstanz erkennbar eine Rechtsstreitigkeit dieser Art angenommen hat; ob tatsächlich eine solche vorliegt, ist dann nicht entscheidend. In den **neuen Bundesländern** unbeschränkte Konzentrationsmöglichkeiten gem GVG-Maßgabe n).

120–121 (betreffen Strafsachen)

122 *[Besetzung]*

(1) Die Senate der Oberlandesgerichte entscheiden, soweit nicht nach den Vorschriften der Prozeßgesetze an Stelle des Senats der Einzelrichter zu entscheiden hat, in der Besetzung von drei Mitgliedern mit Einschluß des Vorsitzenden.

(2) (betrifft Strafsachen)

1 Der ordentl Vorsitzende muß in der Lage sein, die Rechtsprechung des Senats richtungweisend zu beeinflussen, u deshalb mindestens ¾ der Aufgaben des Vorsitzenden selbst wahrzunehmen (BGH 37, 210). Dies gilt auch für Präsidenten als Vorsitzenden (BGH NJW 68, 501). – Aufteilung in einen a- und einen b-Senat mit eigener geschäftsplanmäßiger Zuständigkeit: BGH NJW 67, 1279. Z Überbesetzung von Senaten vgl Rn 9 zu § 21e. Heranziehung der Mitglieder e überbesetzten Senats im Einzelfall: § 21g. – Besetzungsregelung in Baulandsachen vgl § 229 BauGB; gilt auch für Beschwerdeentscheidungen (München NJW 66, 893; Koblenz NJW 69, 899).

2 **Fehlerhafte Einzelrichterbestellung** kann – auch bei Rügeverzicht unheilbarer – Verstoß gegen Grds des gesetzlichen Richters sein (BGH MDR 93, 269).

Neunter Titel

BUNDESGERICHTSHOF

123 *[Sitz]*
Sitz des Bundesgerichtshofes ist Karlsruhe.

BGH: oberstes Bundesgericht für den Bereich der ordentl Gerichtsbarkeit (Art 95 GG). 1

Es besteht ein auswärtiger (Straf-)Senat in Berlin (AO v 8. 12. 51, BAnz Nr 240). Weitere auswärtige Senate, etwa in Leipzig, könnten ohne Gesetzesänderung oder RechtsVO durch Anordnung des Bundesministers der Justiz gebildet werden (§ 130 II). 2

124 *[Besetzung]*
Der Bundesgerichtshof wird mit einem Präsidenten sowie mit Vorsitzenden Richtern und weiteren Richtern besetzt.

Hilfsrichter sind nicht zugelassen. Für Präsidenten gilt § 21e I 3, für Vorsitzende Richter § 21 f I. 1

125 *[Berufung der Richter]*
(1) Die Mitglieder des Bundesgerichtshofes werden durch den Bundesminister der Justiz gemeinsam mit dem Richterwahlausschuß gemäß dem Richterwahlgesetz berufen und vom Bundespräsidenten ernannt.

(2) Zum Mitglied des Bundesgerichtshofes kann nur berufen werden, wer das fünfunddreißigste Lebensjahr vollendet hat.

1) **Abs 2** geändert durch § 85 Nr 11 DRiG. RichterwahlG v 25. 8. 50, BGBl I 368, zuletzt geändert durch G v 30. 7. 68, BGBl I 873. Ernennung durch den Bundespräsidenten nach Gegenzeichnung durch den Bundesjustizminister: Art 60 I, 58 GG; vgl AnO des BPräs v 14. 7. 75 (BGBl I 1915). 1

2) § 125 (und § 130) regeln indirekt zugleich, daß der Bundesminister der Justiz die **Dienstaufsicht** über den BGH führt (vgl auch § 14 I Nr 1 der VO v 20. 3. 35 – s Einl GVG Rn 12); dazu auch Schäfke ZRP 83, 165. 2

126–129 **(weggefallen)**

130 *[Zivil- und Strafsenate]*
(1) Bei dem Bundesgerichtshof werden Zivil- und Strafsenate gebildet und Ermittlungsrichter bestellt. Ihre Zahl bestimmt der Bundesminister der Justiz.

(2) Der Bundesminister der Justiz wird ermächtigt, Zivil- und Strafsenate auch außerhalb des Sitzes des Bundesgerichtshofes zu bilden und die Dienstsitze für Ermittlungsrichter des Bundesgerichtshofes zu bestimmen.

1) **Anzahl** der Senate zZ: 12 Zivil-, 5 Strafsenate, 7 Senate mit besonderen Aufgaben, dazu die Großen Senate nach § 132. In Familiensachen entscheidet ein Zivilsenat; spezielle FamSenate (s § 119 II für OLG) sind beim BGH nicht vorgeschrieben, jedoch durch Geschäftsverteilung gebildet. 1

2) **Abs 2:** Eine RechtsVO anders als i Fall des § 116 II nicht erforderlich (aA Schäfke ZRP 83, 168), weil hier die Zuweisung der Geschäfte dem Präsidium belassen ist. S § 123 Rn 2. 2

131 **(aufgehoben durch G v 26. 5. 72, BGBl I 841; betraf Geschäftsverteilung, s jetzt §§ 21a ff)**

132 *[Große Senate; Vereinigte Große Senate]*
(1) Beim Bundesgerichtshof werden ein Großer Senat für Zivilsachen und ein Großer Senat für Strafsachen gebildet. Die Großen Senate bilden die Vereinigten Großen Senate.

(2) Will ein Senat in einer Rechtsfrage von der Entscheidung eines anderen Senats abweichen, so entscheiden der Große Senat für Zivilsachen, wenn ein Zivilsenat von einem anderen Zivilsenat oder von dem Großen Zivilsenat, der Große Senat für Strafsachen, wenn ein Strafsenat von einem anderen Strafsenat oder von dem Großen Senat für Strafsachen, die Vereinigten Großen Senate, wenn ein Zivilsenat von einem Strafsenat oder von dem Großen Senat für Strafsachen oder ein Strafsenat von einem Zivilsenat oder von dem Großen Senat für Zivilsachen oder ein Senat von den Vereinigten Großen Senaten abweichen will.

(3) Eine Vorlage an den Großen Senat oder die Vereinigten Großen Senate ist nur zulässig, wenn der Senat, von dessen Entscheidung abgewichen werden soll, auf Anfrage des erkennenden Senats erklärt hat, daß er an seiner Rechtsauffassung festhält. Kann der Senat, von dessen Entscheidung abgewichen werden soll, wegen einer Änderung des Geschäftsverteilungsplanes mit der Rechtsfrage nicht mehr befaßt werden, tritt der Senat an seine Stelle, der nach dem Geschäftsverteilungsplan für den Fall, in dem abweichend entschieden wurde, zuständig wäre. Über die Anfrage und die Antwort entscheidet der jeweilige Senat durch Beschluß in der für Urteile erforderlichen Besetzung; § 97 Abs. 2 Satz 1 des Steuerberatungsgesetzes und § 74 Abs. 2 Satz 1 der Wirtschaftsprüferordnung bleiben unberührt.

(4) Der erkennende Senat kann eine Frage von grundsätzlicher Bedeutung dem Großen Senat zur Entscheidung vorlegen, wenn das nach seiner Auffassung zur Fortbildung des Rechts oder zur Sicherung einer einheitlichen Rechtsprechung erforderlich ist.

(5) Der Große Senat für Zivilsachen besteht aus dem Präsidenten und je einem Mitglied der Zivilsenate, der Große Senat für Strafsachen aus dem Präsidenten und je zwei Mitgliedern der Strafsenate. Legt ein anderer Senat vor oder soll von dessen Entscheidung abgewichen werden, ist auch ein Mitglied dieses Senats im Großen Senat vertreten. Die Vereinigten Großen Senate bestehen aus dem Präsidenten und den Mitgliedern der Großen Senate.

(6) Die Mitglieder und die Vertreter werden durch das Präsidium für ein Geschäftsjahr bestellt. Dies gilt auch für das Mitglied eines anderen Senats nach Absatz 5 Satz 2 und für seinen Vertreter. Den Vorsitz in den Großen Senaten und den Vereinigten Großen Senaten führt der Präsident, bei Verhinderung das dienstälteste Mitglied. Bei Stimmengleichheit gibt die Stimme des Vorsitzenden den Ausschlag.

1 1) Durch Art 2 Nr 11, 12, Art 11 I RechtspflegeVereinfG wurden die bisherigen Bestimmungen über die Bildung und Zuständigkeit der Großen Senate (§§ 132, 136, 137) ab 1. 1. 1992 im neugefaßten § 132 zusammengefaßt. Die entsprechenden Bestimmungen für die Fachgerichtsbarkeiten wurden gleichzeitig an § 132 angepaßt (§§ 45 ArbGG, 41 SGG, 11 VwGO, 11 FGO).

2 2) **Die Großen Senate** bestehen in Zivil- und Strafsachen. Sie haben die Aufgabe, bei unterschiedlichen Auffassungen zwischen den Spruchkörpern des BGH die Rechtsfrage verbindlich zu entscheiden (Abs 2, 3) oder Fragen von grundsätzlicher Bedeutung zu klären (Abs 4). Die **Vereinigten Großen Senate** treten an die Stelle des Großen Senats, wenn eine streitige Rechtsfrage zwischen Zivil- und Strafsenat zu entscheiden ist oder wenn ein Senat von einer früheren Entscheidung der Vereinigten Großen Senate abweichen will (Abs 2).

3 3) **Abweichungsfälle (Abs 2, 3):** Das Verfahren soll der **Vereinheitlichung der Rspr** dienen, die – als Korrelat zur Unabhängigkeit des Richters – auch an anderen Stellen vom Gesetzgeber angestrebt wird (vgl §§ 121 II GVG, 28 II FGG, 546 I 2 Nr 2 ZPO). Leisner (NJW 89, 2446) sieht die Vorlagepflicht in Abweichungsfällen auch als verfassungsrelevant iSd Art 101 I 2 GG an, so daß sie der „Willkürkontrolle" des BVerfG unterliegt (BVerfG „als Garant der Großen Senate").

4 4) **Abweichung** bedeutet unterschiedliche Rechtsauslegung; liegt auch vor, wenn derselbe Rechtssatz, der in verschiedenen Gesetzesbestimmungen enthalten ist, unterschiedl ausgelegt u gehandhabt wird (BGH 9, 180). Vorlegungspflicht auch b Abweichung von der Entscheidung e Senats, der seinerseits ohne Vorlage von e früheren Entscheidung abgewichen war: BGHSt 10, 94. Keine Vorlegungspflicht, wenn die frühere Entscheidung nicht auf der dort geäußerten Rechtsansicht beruhte (BGHSt 9, 29, vgl a 7, 314); das gleiche wird für die Entscheidung des abweichenden Senats zu fordern sein. Vorlegungspflicht entfällt – unter dem Gesichtspunkt der Vereinheitlichung der Rspr – auch, wenn der nunmehr entscheidende Senat f das Rechtsgebiet allein zuständig geworden ist (BGH 28, 16; BGHSt 11, 205; 19, 184; Kleinknecht JZ 59, 182). Für die Entscheidung des Großen Senats ist kein Raum, wenn die strittige Frage für das konkrete Verfahren – etwa wegen der Bindungswirkung einer vorangegangenen Revisionsentscheidung – nicht mehr „offen" ist (BGH NJW 86, 1764, s auch GemS BGH 60, 392). Keine Vorlagepflicht besteht ferner im Fall zwischenzeitl gesetzl Klärung der Rechtsfrage (vgl BGH 15, 207; VersR 67,

1165) sowie dann, wenn die abweichende frühere Entscheidung in Folge verbindl Klärung durch das **BVerfG** (§ 31 I BVerfGG), durch eine Entscheidung des **GemSenats** (G zur Wahrung der Einheitlichkeit der Rechtsprechung der obersten Gerichtshöfe des Bundes v 19. 6. 68, BGBl I 661) oder in Fragen des Gemeinschaftsrechts durch den **EuGH** (vgl BSG NJW 74, 1063) überholt ist. Erneute Vorlage einer vom Großen Senat entschiedenen Rechtsfrage muß – wegen der von § 132 II ausgehenden mittelbaren Bindungswirkung (keine Abweichung ohne Vorlage) einerseits und des Grundsatzes freier richterlicher Entscheidung andererseits – ohne Einschränkung möglich sein (aA BFH BB 71, 337). – Verfahren: § 138.

5) **Abs 3** schafft die gesetzliche Grundlage für die bislang lediglich auf nicht rechtsverbindlichen Geschäftsordnungen der Gerichtshöfe beruhende ständige Praxis des **Anfrageverfahrens** bei drohender Divergenz. Die Anfrage ist an jeden Senat zu richten, der über die entscheidungserhebliche Frage abweichend entschieden hat (im Unterschied zu § 4 I 3 RsprEinhG nicht nur an den Senat, der zuletzt entschieden hat). Das Festhalten des befragten Senats ist Zulässigkeitsvoraussetzung für die Divergenzvorlage. Wenn der Senat, von dessen Rechtsansicht abgewichen werden soll, nicht mehr besteht oder für die Rechtsfrage nicht mehr zuständig ist, ist die Anfrage an den Senat zu richten, der nach dem gültigen Geschäftsverteilungsplan für den Fall, in dem abweichend entschieden wurde, zuständig wäre (Abs 3 S 2). Die Anfrage verpflichtet die Senate, an die sie ergeht, nicht zur Aussetzung der dort anhängigen Verfahren, in denen entsprechend der bisherigen Rechtsprechung entschieden werden soll (BGH NJW 94, 2299). 5

6) **Nach Abs 4 Anrufung des Großen Senats** auch mögl, wenn noch keine RsprDivergenz (Abs 2, 3) eingetreten. Zweck: Verhinderung des Entstehens von Divergenz bei Fortbildung des Rechts durch die Richter: BGH 3, 315 (Vereinbarkeit des früheren § 137 mit Art 97 GG); Arndt NJW 63, 1273; Stein NJW 64, 1745; Zippelius NJW 64, 1981; Larenz NJW 65, 1. Die Entscheidung des Großen Senats läßt keinen allg verbindl Rechtssatz entstehen (Bindungswirkung s § 138 I 3; weiter nötige Voraussetzungen für die Bildung von Gewohnheitsrecht s BVerfG NJW 67, 2052).– Weiterer Zweck: Sicherung e einheitl Rspr im voraus in grundsätzl Fragen, mit denen voraussichtl mehrere Senate befaßt sein werden. 6

7) Ob die **Voraussetzungen** des Abs 4 vorliegen, hat zunächst der erkennende (= vorlegende) Senat zu entscheiden, da Gesetz auf „seine Auffassung" abstellt (stRspr; BGH NJW 86, 1765). Hierüber kann entsprechend §§ 280, 303 ZPO vorab entschieden werden (BAG NJW 84, 1990). Jedoch keine Anrufung des Großen Senats z Zweck der Entscheidung ü die Verfassungsmäßigkeit e Gesetzes, weil der Große Senat insoweit keine umfassende Entscheidungskompetenz hat (vgl Art 100 GG; BVerfG NJW 57, 625). Die Vorlage nach Abs 4 kommt nur in Betracht, wenn nicht schon eine Vorlage nach Abs 2 geboten ist, die vorgeht (BGH NJW 86, 1765 für die früheren §§ 137, 136). Steht dieser die Bindungswirkung einer früheren Entscheidung im selben Verfahren entgegen, so kann nicht auf Abs 4 zurückgegriffen werden (BGH aaO). – Ob die Voraussetzungen der Vorlage zu Recht angenommen wurden, hat der Große Senat zu prüfen; er ist nicht zur Beantwortung jeder vorgelegten Rechtsfrage verpflichtet, sondern kann im vollen Umfang nachprüfen, ob es sich um eine Frage von grundsätzlicher Bedeutung handelt. Dies stellt auch die gegenüber dem früheren § 137 geänderte spachliche Fassung des Abs 4 klar. 7

8) Der Kompetenzzuteilung entspricht **keine** hervorgehobene **Rechts- oder Gesetzeskraft** (vgl etwa § 31 BVerfGG; Adomeit NJW 86, 901). Bindung (§ 138 I 3) nur im Ausgangsverfahren und mittelbar über § 132 II, 121 II (s § 138 Rn 3). Für die Instanzgerichte hat der Spruch des Großen Senats die Qualität einer „gehobenen Meinungsäußerung" (Adomeit aaO); eine formelle Bindung an das „fortgebildete Recht" oder die „einheitliche Rechtsprechung" besteht nicht. 8

9) **Besetzung** der Großen Senate und des Vereinigten Großen Senats: Abs. 5, 6. Vorsitz: Präsident des BGH, bei Verhinderung sein Vertreter, ggf zu bestimmen nach § 21h. Abs 5 berücksichtigt bei der Regelung der Zusammensetzung der Großen Senate die unterschiedliche Zahl von Zivil- (12) und Strafsenaten (5) des BGH. 9

10) **Gemeinsamer Senat der obersten Gerichtshöfe,** gebildet nach Art 95 III GG (statt des urspünglich vorgesehenen Obersten Bundesgerichts) auf Grund des G zur Wahrung der Einheitlichkeit der Rechtsprechung der obersten Gerichtshöfe des Bundes v 19. 6. 68 (BGBl I 661) in Karlsruhe. Er ist zur Entscheidung berufen, wenn ein oberster Gerichtshof von der Entscheidung eines anderen obersten Bundesgerichts abweichen will (Vorlagepflicht § 2d G v 19. 6. 68). 10

11) **Gebühren:** Keine. Das Verfahren vor dem Gemeinsamen Senat ist kostenfrei (§ 17 I G v 19. 6. 68, BStBl I 661). Es findet auch keine Erstattung außergerichtl Kosten statt. Im Hinblick darauf ist für eine Kostenentscheidung kein Raum. 11

133 *[Zuständigkeit in Zivilsachen]*

In bürgerlichen Rechtsstreitigkeiten ist der Bundesgerichtshof zuständig für die Verhandlung und Entscheidung über die Rechtsmittel:

1. **der Revision gegen die Endurteile der Oberlandesgerichte sowie gegen die Endurteile der Landgerichte im Falle des § 566a der Zivilprozeßordnung;**
2. **der Beschwerde gegen Entscheidungen der Oberlandesgerichte in den Fällen des § 519b Abs. 2, des § 542 Abs. 3 in Verbindung mit § 341 Abs. 2, des § 568a und des § 621e Abs. 2 der Zivilprozeßordnung.**

1 1) **Zuständigkeit** für Revisionen nach §§ 545 ff einschließlich Sprungrevision nach § 566a ZPO. – Nr 2 geändert durch G v 3. 12. 76 (BGBl I 3281); Beschwerde zum BGH in den Beschlußverfahren, bei denen Revision gegeben wäre, wenn durch Urteil entschieden worden wäre, sowie nach § 621e II (vgl auch § 629a II ZPO) in bestimmten Folgesachen.

2 2) **Weitere Zuständigkeiten** des BGH ergeben sich aus § 230 BauGB, § 208 BEG. Ferner § 159 GVG; §§ 36, 45, 541, ZPO; § 29 I EGGVG; Zuständigkeiten nach FGG, LwVerfG, GBO, PatG, GWB, DRiG, BRAO, BNotO, PatentanwaltO, WirtschaftsprüferO, SteuerberatungsG. Keine ausnahmslose Nachfolge in den Zuständigkeiten des RG (vgl BGH LM 3 z § 42 PatG; BGH 14, 251). Vgl weiter § 3 II EGGVG, jetzt Art 99 GG u dazu BGH 6, 147; 16, 160; ferner Art 8 Nr 88 VereinheitlG.

3 3) **BayObLG** als Revisionsgericht: §§ 8, 10 EGGVG, 7 EGZPO.

134 (aufgehoben)

135 (betrifft Strafsachen)

136, 137 (aufgehoben ab 1. 1. 92 durch Art 2 Nr 12 RechtspflegeVereinfG)

138 *[Verfahren vor den Großen Senaten]*

(1) Die Großen Senate und die Vereinigten Großen Senate entscheiden nur über die Rechtsfrage. Sie können ohne mündliche Verhandlung entscheiden. Die Entscheidung ist in der vorliegenden Sache für den erkennenden Senat bindend.

(2) Vor der Entscheidung des Großen Senats für Strafsachen oder der Vereinigten Großen Senate und in Rechtsstreitigkeiten, welche die Nichtigerklärung einer Ehe, die Feststellung des Bestehens oder Nichtbestehens einer Ehe oder die Anfechtung einer Todeserklärung zum Gegenstand haben, ist der Generalbundesanwalt zu hören. Der Generalbundesanwalt kann auch in der Sitzung seine Auffassung darlegen.

(3) Erfordert die Entscheidung der Sache eine erneute mündliche Verhandlung vor dem erkennenden Senat, so sind die Beteiligten unter Mitteilung der ergangenen Entscheidung der Rechtsfrage zu der Verhandlung zu laden.

1 1) Entscheidung ü die **Rechtsfrage** (BGH NJW 86, 1764; BAG NJW 88, 990) durch Beschluß; in der Sache selbst entscheidet der Große Senat nicht. Mündliche Verhandlung ist möglich, nicht nötig (Klarstellung durch die Neufassung des § 138 gem Art 2 Nr 13 RechtspflegeVereinfG). **Wirkung, I 3:** Durch die Entscheidung des Großen Senats ist die Rechtsfrage für die betreffende Sache bindend entschieden. In anderen Sachen (des vorlegenden Senats u der übrigen Senate) mittelbare Bindung insofern, als dort die Rechtsfrage nicht ohne neuerl Vorlegung (§ 132) anders beantwortet werden kann. Für die Rspr der OLG tritt die gleiche Wirkung ein, wenn sie nach den jeweils maßgebl Verfahrensvorschriften (zB § 121 II GVG) von den Entscheidungen des BGH nicht ohne Vorlegung abweichen dürfen.

2 2) **Anhörung des GBA,** Abs 2. – Zum Gehör für die Verfahrensbeteiligten vgl BGH 13, 265; Müller NJW 57, 1016; Jagusch NJW 59, 269; 62, 1647; Maetzel MDR 66, 453.

3) **Abs 3** betrifft das weitere Verfahren vor dem erkennenden Senat, sobald die Vorlegungsfrage beantwortet ist. Erneutes Gehör für die Beteiligten auch erforderl, wenn keine mündl Verhandlung mehr nötig ist (Maetzel aaO). 3

139 *[Besetzung der Senate]*

(1) Die Senate des Bundesgerichtshofes entscheiden in der Besetzung von fünf Mitgliedern einschließlich des Vorsitzenden.

(2) *(betrifft Strafsachen)*

140 *[Geschäftsordnung]*

Der Geschäftsgang wird durch eine Geschäftsordnung geregelt, die das Plenum beschließt; sie bedarf der Bestätigung durch den Bundesrat.

Geschäftsordnung v 3. 3. 52 (BAnz Nr 83) mit Änderungen v 15. 4. 70 (BAnz Nr 74) und v 21. 6. 71 (BAnz Nr 114). – Für die anderen obersten Bundesgerichte vgl § 173 VwGO, § 155 FGO, aber §§ 44 III ArbGG, 50 SGG. 1

140a **(betrifft Strafsachen)**

Zehnter Titel

STAATSANWALTSCHAFT

141 *[Errichtung]*

Bei jedem Gericht soll eine Staatsanwaltschaft bestehen.

1) Die **Staatsanwaltschaft** ist ein selbständiges, dem Gericht gleichgeordnetes Organ der Rechtspflege (§ 150 GVG); der Schwerpunkt ihrer Aufgaben liegt im Strafverfahren. – Einrichtung der Staatsanwaltschaft nach Landesrecht (früher AV RJM v 13. 12. 34, DJ 1608). § 141 ist mißverständlich formuliert. Verlangt ist nicht eine organisatorisch selbständige staatsanwaltliche Behörde bei jedem Gericht, sondern nur die Sicherstellung der Erfüllung anfallender staatsanwaltlicher Aufgaben etwa auch durch interne Zuständigkeitsregelung einer bei einem Gericht höherer Ordnung errichteten StA (Kissel Rn 26). Tatsächlich sind StAen am Sitz des BGH, des BayObLG, der OLGe und der LGe errichtet. Beim LG Berlin ist eine weitere StA errichtet (§ 4a II EGGVG). Organisation u Dienstbetrieb der StA: bundeseinheitl erlassene Anordnung über Organisation und Dienstbetrieb der Staatsanwaltschaft (OrgStA) idF vom 1. 6. 75 (zB BayJMBl 75, 58). Die Staatsanwälte sind nicht richterl Beamte (§ 9 GVVO v 20. 3. 35, RGBl I 403; s a § 122 DRiG). 1

2) **Mitwirkung des StA im Zivilprozeß** (vgl dazu Bülow AcP 150, 289; Kaiser, GA 1970, 80): Früher G über die Mitwirkung der StA in bürgerl Rechtssachen v 15. 7. 41 (RGBl I 283); aufgehoben durch Art 8 Nr 20 VereinhlG. Daher nun nach sondergesetzlicher Vorschrift. **Ehesachen:** § 24 EheG; §§ 632, 634, 638 ZPO. – Die Mitwirkung i Kindschaftssachen ist entfallen. Freiw Gerichtsbarkeit: §§ 22 ff, 30 VerschG (Mitwirkung b **Todeserklärung**). Mitwirkung des Generalbundesanwalts: § 138 II GVG. 2

142–152 **(betreffen Strafsachen)**

Elfter Titel

GESCHÄFTSSTELLE

153 *[Geschäftsstelle]*

(1) Bei jedem Gericht und jeder Staatsanwaltschaft wird eine Geschäftsstelle eingerichtet, die mit der erforderlichen Zahl von Urkundsbeamten besetzt wird.

(2) Mit den Aufgaben eines Urkundsbeamten der Geschäftsstelle kann betraut werden, wer einen Vorbereitungsdienst von zwei Jahren abgeleistet und die Prüfung für den mittleren Justizdienst oder für den mittleren Dienst bei der Arbeitsgerichtsbarkeit bestanden hat. Sechs Monate des Vorbereitungsdienstes sollen auf einen Fachlehrgang entfallen.

(3) Mit den Aufgaben eines Urkundsbeamten der Geschäftsstelle kann auch betraut werden,

1. **wer die Rechtspflegerprüfung oder die Prüfung für den gehobenen Dienst bei der Arbeitsgerichtsbarkeit bestanden hat,**
2. **wer nach den Vorschriften über den Laufbahnwechsel die Befähigung für die Laufbahn des mittleren Justizdienstes erhalten hat,**
3. **wer als anderer Bewerber (§ 4 Abs. 3 des Rahmengesetzes zur Vereinheitlichung des Beamtenrechts) nach den landesrechtlichen Vorschriften in die Laufbahn des mittleren Justizdienstes übernommen worden ist.**

(4) Die näheren Vorschriften zur Ausführung der Absätze 1 bis 3 erlassen der Bund und die Länder für ihren Bereich. Sie können auch bestimmen, ob und inwieweit Zeiten einer dem Ausbildungsziel förderlichen sonstigen Ausbildung oder Tätigkeit auf den Vorbereitungsdienst angerechnet werden können.

(5) Der Bund und die Länder können ferner bestimmen, daß mit Aufgaben eines Urkundsbeamten der Geschäftsstelle auch betraut werden kann, wer auf dem Sachgebiet, das ihm übertragen werden soll, einen Wissens- und Leistungsstand aufweist, der dem durch die Ausbildung nach Absatz 2 vermittelten Stand gleichwertig ist.

1 § 153 wurde durch das Gesetz zur Neuregelung des Rechts der Urkundsbeamten der Geschäftsstelle vom 19. 12. 1979 (BGBl I, 2306) mit Wirkung vom 1. 1. 1981 neu gefaßt.

2 1) Die Neufassung des § 153 regelt erstmals bundeseinheitl, **wer mit den Aufgaben des Urkundsbeamten der Geschäftsstelle** (UdG) betraut werden kann. Ziel des Gesetzes ist es, insoweit ein Leitbild des mittleren Dienstes aufzustellen und das Nebeneinander von mittlerem und gehobenem Justizdienst in der Geschäftsstellentätigkeit soweit wie mögl zu beseitigen. Demgemäß überträgt § 153 II die UdG-Tätigkeit den Beamten des mittleren Dienstes (wegen der Übergangsregelung vgl Art 3 I des Gesetzes vom 19. 12. 1979, BGBl I, 2306).

3 Neben den Beamten des mittleren Dienstes können jedoch weiterhin Beamte des gehobenen Dienstes mit UdG-Aufgaben betraut werden (§ 153 III Nr 1). Vom Beamten des gehobenen Dienstes werden solche UdG-Aufgaben wahrzunehmen sein, die ihm auf Grund Rechts- oder Verwaltungsvorschrift ausdrückl vorbehalten sind, mit einem vorbehaltenen Geschäft in engem Zusammenhang stehen, oder wegen ihrer Schwierigkeit der Wahrnehmung durch den Beamten des gehobenen Dienstes bedürfen. Gerichtsvollzieher, die nach den landesrechtl Laufbahnbestimmungen idR aus dem mittleren Justizdienst hervorgehen und daher dessen Ausbildung u Prüfung durchlaufen haben, können unter Freistellung vom Dienst als Gerichtsvollzieher mit den Aufgaben des UdG betraut werden (Hamm VRS 1983, 445).

3a Die Legitimation der Bestellung zum UdG braucht im Beurkundungsvorgang (zB Urteilsausfertigung nach § 317 III ZPO) nicht dokumentiert zu werden, es genügt, daß die Legitimation tatsächlich vorliegt (s BGH MDR 93, 383).

4 § 153 GVG setzt nur **Rahmenrecht.** Die näheren Ausführungen bleiben dem Bund und den Ländern jeweils für ihren Geschäftsbereich überlassen (§ 153 IV 1).

5 Weiterhin kann bestimmt werden, daß mit Aufgaben eines UdG auch betraut werden kann, wer einen der Ausbildung des mittleren Justizdienstes gleichwertigen Wissens- und Leistungsstand aufweist (§ 153 V). Auf Grund dieser Gesetzesbestimmungen können – wie auch bisher – **Rechtsreferendare** (vgl BGH NJW 85, 3033; Koblenz RPfl 85, 77), Beamtenanwärter, eventuell auch Beamte des Justizwachtmeisterdienstes und vor allem **Justizangestellte** mit Aufgaben des UdG betraut werden. Praktische Bedeutung hat diese Vorschrift insbesondere für die Justizangestellten und die Beamtenanwärter im Rahmen ihrer Ausbildung. Aus der einschränkend gehaltenen Formulierung des § 153 V sowie Sinn und Zweck der Neuregelung des UdG wird man allerdings davon ausgehen müssen, daß die Aufgaben des UdG grundsätzl dem Beamten des

mittleren Dienstes vorbehalten bleiben sollen und nur bei einem dienstl Bedürfnis (zB Fehlen entsprechender Beamter des mittleren Dienstes) und nur für bestimmte Teilbereiche Justizangestellten Aufgaben des UdG übertragen werden sollen (vgl auch Art 33 IV GG).

In welcher **Form die Ausführungsbestimmungen** nach Abs 4 und 5 (Rechtsverordnung, Verwaltungsvorschrift) vom Bund und den Ländern erlassen werden, läßt § 153 offen. Beide Möglichkeiten sind jedoch als zulässig anzusehen (vgl auch die Amtl Begründung zu Abs 4, BT-Drucks 8/2024 vom 1. 8. 1978 S 18). 6

§ 153 gilt **nicht** für den Bereich der **Verwaltungsgerichte, Finanzgerichte** und der **Sozialgerichte** (vgl Art 3 II des Gesetzes vom 19. 12. 1979, BGBl I, 2306). 7

2) Einrichtung der Geschäftsstelle: früher § 12 GVVO v 20. 3. 35 (RGBl I 403), jetzt (abgeseh v BGH) Landesrecht, vgl für Bay: Art 15–16 AGGVG; VO v 6. 5. 82 (GVBl 271). Die Geschäftsstellen werden mit einem oder mehreren Urkundsbeamten (letzterenfalls unter e geschäftsleitenden UrkBeamten) besetzt. Sie können in mehrere Abteilungen gegliedert sein (vgl Hamm JMBl NRW 60, 117). Solche Abteilungen können auch räumlich getrennt v Gericht bestehen (SchlHOLG SchlHA 63, 278), zB infolge von Bestellung von Kanzleibeamten e gemeinsamen Einlaufstelle z UrkBeamten der angeschlossenen Gerichte (vgl BGH JR 60, 381; NJW 61, 361). 8

3) Die Stellung des UdG als Beamte des gehobenen Justizdienstes und des **Rechtspflegers** sind getrennt (§ 26 RPflG), jedoch sind bestimmte Aufgaben dem Rechtspfleger übertragen (vgl § 26 RPflG – insb: Kostenfestsetzungsverfahren, §§ 104 ff ZPO; Mahnverfahren einschließlich Vollstreckungsbescheid, § 699 ZPO u Erteilung von vollstr Ausfertigungen nach §§ 726 ff ZPO); sie können nur vom Rechtspfleger (vom UrkBeamten nur, wenn er Rechtspfleger ist) wirksam vorgenommen werden (vgl Stuttgart Justiz 70, 17). Es gilt der Grundsatz des § 9 RPflG, die Anfechtung richtet sich nach § 11 RPflG, soweit nicht Sonderregelung besteht (vgl etwa § 732 ZPO). Die Trennung zwischen UrkBeamten und Rechtspfleger schließt nicht aus, daß beide Funktionen von Beamten des geh Dienstes in Personalunion (§ 27 RPflG, zeitweilig auch von Rechtsreferendar, § 2 V RPflG) wahrgenommen werden. 9

4) Aufgaben des UrkBeamten: Diese sind in § 153 nicht geregelt; sie ergeben sich aus den einzelnen gesetzlichen Vorschriften. Beispielhaft zu erwähnen sind: Entgegennahme der für das Gericht bestimmten Schriftstücke (BGH 2, 32), Protokollführung (§§ 159, 163 ZPO), Erteilung von Ausfertigungen u Abschriften (§§ 299 I, 317 III, 724 II ZPO; s aber auch § 20 Nr 12 u 13 RPflG), Beurkundung der Urteilsverkündung (§ 315 III ZPO), des Notfrist- und Rechtskraftzeugnisses (§ 706 ZPO), die Bewirkung von Ladungen u Zustellungen im Amtsbetrieb sowie der Vermittlung von Zustellungen u VollstrAufträgen der Parteien (§§ 209, 210, 166 II, ZPO; s a Anm z § 161). Außerdem besorgt er die Akten- u Registerführung gemäß der AktenO, nimmt Parteianträge u Erkl entgegen (vgl a § 78 III ZPO; s aber auch § 20 Nr 4 RPflG). Das Landesrecht kann weitere Zuständigkeiten begründen, zB für Siegelung n § 122 KO, § 1960 II BGB, Aufnahme von Vermögensverzeichnissen n § 123 KO, §§ 1667 II, 1689, 1802 BGB, Aufnahme des Inventars n § 2003 I BGB (für Bay vgl Art 36 Abs 2 Nr 1 AGGVG). Auch Geschäfte der Justizverwaltung können den UrkBeamten übertragen werden (vgl NdsRPfl 60, 146). 10

5) Über die **selbständige Stellung** der UrkBeamten als Organ der Rechtspflege s RG 110, 315; kein Weisungsrecht des Richters. Gleichwohl kann Handlungen, die die ZPO unmittelbar den UrkBeamten übertragen hat, der Richter wirksam wahrnehmen (vgl für Beschwerdeeinlegung z Protokoll des Richters statt der UrkBeamten Rn 11 zu § 569 ZPO; die frühere gegenteilige Auffassung ist überholt, s auch RoSchwab § 26 I 3). 11

Maßnahmen des UrkBeamten sind auf Antrag vom **Prozeßgericht zu überprüfen, §§ 576, 577 IV ZPO;** der Rechtspfleger kann nicht angerufen werden (§ 4 II Nr 3 RPflG), auch nicht gegen Maßnahmen eines nach § 153 Abs 5 bestellten UdG. – Ausschließung u Ablehnung der UrkBeamten: §§ 49 ZPO, 31 StPO. 11a

6) Neue Bundesländer: Mit Aufgaben des UdG können auch andere Personen betraut werden (GVG-Maßgabe q I). 12

Zwölfter Titel

ZUSTELLUNGS- UND VOLLSTRECKUNGSBEAMTE

154 *[Gerichtsvollzieher]* **Die Dienst- und Geschäftsverhältnisse der mit den Zustellungen, Ladungen und Vollstreckungen zu betrauenden Beamten (Gerichtsvollzieher) werden bei dem Bundesgerichtshof durch den Bundesminister der Justiz, bei den Landesgerichten durch die Landesjustizverwaltung bestimmt.**

1 **1) Allgemeines:** § 154 knüpft zum einen an die Prozeßordnungen an, die im Rahmen der gerichtlichen Verfahren erforderliche Zustellungen, Ladungen und Vollstreckungshandlungen dem Gerichtsvollzieher als Aufgabe zuweisen. Er stellt klar, daß der Gerichtsvollzieher Beamter sein muß (vgl auch Art 33 IV GG), enthält aber selbst eine nähere Regelung weder bezüglich der Dienstverhältnisse noch für den Dienstbetrieb. Nach Grawert (DGVZ 89, 97) soll dies zu verfassungsrechtlichen Bedenken Anlaß geben – dem ist nicht zu folgen.

2 2) Für die **Dienst- und Geschäftsverhältnisse,** also die Regelung des Dienstbetriebs stellt § 154 klar, daß diese durch die Justizverwaltung zu erfolgen hat, und zwar im Wege der Verwaltungsvorschrift (Ermächtigung zur Regelung durch Rechtsverordnung s BayVfGH Rpfl 61, 285). Hierzu sind die im wesentlichen bundeseinheitlich erlassenen Gerichtsvollzieherordnung (GVO) und Geschäftsanweisung der Gerichtsvollzieher (GVGA) ergangen (veröffentlicht in den Justizministerialblättern). Danach sind die Gerichtsvollzieher den Amtsgerichten zugeordnet und haben einen eigenen örtlichen Zuständigkeitsbereich. Aufträge an den Gerichtsvollzieher können über die beim Amtsgericht einzurichtende Verteilungsstelle erteilt werden.

3 3) Nach den landesrechtl Laufbahnvorschriften sind die Gerichtsvollzieher Beamte des mittleren Justizdienstes, die zusätzlich eine besondere Ausbildung erhalten und dann die Gerichtsvollzieherprüfung abzulegen haben **(Sonderlaufbahn des mittleren Justizdienstes).** Sie können daher – auch ohne ihre Zustimmung (BVerwG 65, 270) – durch die Justizverwaltung von der Aufgabe als Gerichtsvollzieher entbunden und wieder im mittleren Justizdienst verwendet werden.

4 **4) Rechtsstellung des Gerichtsvollziehers** (vgl dazu Dütz DGVZ 75, 52; Eickmann DGVZ 80, 133): Es gelten die allg beamtenrechtl Vorschriften auch hinsichtl der **Weisungsbefugnis des Dienstherrn** (entsprechend der allg beamtenrechtl Gehorsamspflicht); BVerwG 65, 260 = NJW 83, 896: Die Dienstaufsicht des Vorgesetzten erstreckt sich auch darauf, ob eine unrichtige Sachbehandlung vorliegt; der Dienstvorgesetzte kann ggf den Gerichtsvollzieher durch eine Weisung zu einer anderen Sachbehandlung anhalten. Dem steht § 766 ZPO nicht entgegen, wonach von den Verfahrensbeteiligten bei Beanstandungen der Tätigkeit des Gerichtsvollziehers das Vollstreckungsgericht angerufen werden kann. Die Zweigleisigkeit der „Aufsicht" des Vorgesetzten und des Vollstreckungsgerichts ist sinnvoll, da zum einen das Vollstreckungsgericht nur auf Antrag tätig werden kann (BVerwG aaO), andererseits aber auch nur kassatorisch eingreifen, jedenfalls nicht im voraus Weisungen erteilen kann (RG 145, 213); dienstaufsichtliche Befugnisse stehen dem Vollstreckungsgericht schon gar nicht zu.

5 Daran ändert nichts, daß dem Gerichtsvollzieher durch die Gerichtsvollzieherordnung (GVO) und die Geschäftsanweisung für Gerichtsvollzieher (GVGA) eine gewisse **Eigenverantwortlichkeit** eingeräumt ist (vgl § 45 I GVO; §§ 6, 58 Nr 1 GVGA); diese bezieht sich nur auf den Geschäftsgang als solchen, begründet aber keine der richterlichen Unabhängigkeit oder der Selbständigkeit des Rechtspflegers (§ 9 RPflG) vergleichbare Weisungsfreiheit (BVerwG aaO).

6 5) Im **Verhältnis zum Auftraggeber** liegt kein Vertragsverhältnis vor, vielmehr handelt der Gerichtsvollzieher im Rahmen seines Amtsverhältnisses (vgl Rn 4 zu § 753 ZPO). Demgemäß gilt für die Haftung Art 34 GG (RG 147, 136; 161, 112).

7 6) Die **Aufgaben** des Gerichtsvollziehers im einzelnen ergeben sich aus der Prozeßordnung: Zustellungen (§ 166 ZPO; für Zustellungen außerhalb eines Rechtsstreits, § 132 BGB), Zwangsvollstreckung, soweit sie nicht dem Gericht vorbehalten ist, § 753 I ZPO, sowie Vorführungen und Verhaftungen nach §§ 909, 888, 890, 892, 933 ZPO, §§ 101, 106 KO. Aufgaben außerhalb der Prozeßordnung s §§ 383, 1235 ff BGB, Aufnahme von Wechsel- und Scheckprotesten nach Landesrecht (zB Art 17 Abs 1 Nr 1 BayAGGVG). Der besondere Aufgabenbereich des Gerichtsvollziehers schließt nicht aus, daß ihm durch Anordnung des Dienstherrn in angemessenem Umfang **andere Aufgaben** (zB Vollstreckungsaufträge in Justizkassensachen) übertragen werden (BVerwG NJW 83, 899). Dies folgt aus der allg dienstrechtl Organisationsgewalt. Das Amt des Gerichtsvollziehers unterliegt insoweit keinen speziellen funktionsbezogenen Schranken.

Über seine Amtshandlungen hat der Gerichtsvollzieher ein **Protokoll** aufzunehmen (§§ 190, 762 ZPO); seine Urkunden u Register genießen öffentl Glauben (§ 415 ZPO). 8

7) Die **Kosten** für die Tätigkeit des Gerichtsvollziehers bestimmen sich nach dem G über die Kosten der Gerichtsvollzieher v 26. 7. 57 (BGBl I 887) mit Änderungen. Zu der Weisungsbefugnis des Dienstherrn bei der Kostenerhebung des Gerichtsvollziehers s BVerwG 65, 278. 9

8) **Neue Bundesländer:** Mit den Aufgaben des Gerichtsvollziehers können geeignete Angestellte betraut werden (GVG-Maßgabe q II). 10

155 *[Ausschließung des Gerichtsvollziehers]*

Der Gerichtsvollzieher ist von der Ausübung seines Amts kraft Gesetzes ausgeschlossen:

I. in bürgerlichen Rechtsstreitigkeiten:

1. wenn er selbst Partei oder gesetzlicher Vertreter einer Partei ist oder zu einer Partei in dem Verhältnis eines Mitberechtigten, Mitverpflichteten oder Schadensersatzpflichtigen steht;

2. wenn sein Ehegatte Partei ist, auch wenn die Ehe nicht mehr besteht;

3. wenn eine Person Partei ist, mit der er in gerader Linie verwandt oder verschwägert, in der Seitenlinie bis zum dritten Grad verwandt oder bis zum zweiten Grad verschwägert ist oder war;

II. in Strafsachen:

1. wenn er selbst durch die Straftat verletzt ist;

2. wenn er der Ehegatte des Beschuldigten oder Verletzten ist oder gewesen ist;

3. wenn er mit dem Beschuldigten oder Verletzten in dem unter Nr. I 3 bezeichneten Verwandtschafts- oder Schwägerschaftsverhältnis steht oder stand.

§ 155 ist dem § 41 ZPO nachgebildet; eine „Ablehnung" des GV kennt das Gesetz nicht (LG Coburg, DGVZ 90, 89). Für den ausgeschlossenen GV hat sein Vertreter tätig zu werden. Nichtbeachtung des § 155 bewirkt uU völlige Unwirksamkeit der Amtshandlung u ist Amtspflichtverletzung. Über die Ausschließung i anderen als den obenbezeichneten Sachen bestimmt das Landesrecht (vgl für Bay: Art 18 AGGVG). – S a §§ 456 ff BGB (Ausschluß des GV als Ersteigerer oder Käufer). 1

Dreizehnter Titel

RECHTSHILFE

156 *[Rechtshilfe]*

Die Gerichte haben sich in bürgerlichen Rechtsstreitigkeiten und in Strafsachen Rechtshilfe zu leisten.

1) Nach Art 35 GG haben sich die Behörden des Bundes u der Länder gegenseitig Rechts- u Amtshilfe z leisten. Die §§ 156 ff regeln zunächst die **Rechtshilfe** (u bestimmte Akte der Amtshilfe), die sich die ordentl Gerichte im Zivil- u Strafprozeß (§ 2 EGGVG) gegenseitig z gewähren haben. Durch Gesetze außerhalb des GVG sind aber entspr Verpflichtungen der ordentl Gerichte auch in anderen Sachen (so zB §§ 2, 194 FGG; z Bedeutung dieser Verweisung s Braunschweig NdsRpfl 64, 62) u gegenüber anderen Gerichten u Behörden begründet worden. 1

a) Als **Rechtshilfe** wird der Beistand bezeichnet, den sich die Gerichte untereinander durch solche gerichtl Handlungen (des Richters, auch des Rechtspflegers, wenn er anstelle des Richters tätig werden darf, vgl insb § 20 RPflG, s aber auch § 4 II RPflG, u des Urkundsbeamten innerhalb seiner Zuständigkeit, vgl RGSt 46, 177) leisten, zu deren Vornahme sie selbst befähigt wären (vgl Celle NJW 67, 993). In e weiteren Sinn ist Rechtshilfe die Beistandsleistung durch gerichtl Handlungen ohne Rücksicht darauf, ob das Ersuchen von e Gericht oder e sonstigen Behörde ausgeht (vgl Herzog JZ 67, 286). Den §§ 156–159 liegt der engere Begriff zugrunde. Gegenstand sind Amtshandlungen, die das ersuchende Gericht ihrer Art nach selbst vornehmen könnte, die es aber aus Zweckmäßigkeitsgründen oder um nicht außerhalb seines Bezirks tätig werden zu müssen, einem anderen Gericht überträgt. Als richterl Rechtshilfehandlungen kommen in Betracht Beweisaufnahmen, Entgegennahme von Parteierklärungen aus Anlaß des persönl Erscheinens, Sühneversuch. Auch Rechtspfleger kann um Rechtshilfe ersucht werden; umgekehrt kann 2 auch er im Rahmen seiner Zuständigkeit um Rechtshilfe ersuchen; das ergibt sich aus § 4 I RpflG. Schließlich können auch Rechtshilfehandlungen der Urkundsbeamten i Betracht kommen (RGSt 46, 177; vgl a § 161).

3 **b) Amtshilfe** durch das Gericht liegt vor, wenn der ersuchenden Behörde die Befugnis zur Vornahme der Amtshandlung fehlt, um die nachgesucht wird (Braunschweig NdsRpfl 64, 62 für ein Ersuchen des Prozeßgerichts an das Vormundschaftsgericht), oder wenn andere als die den Gerichten vorbehaltenen Handlungen (zB Auskunftserteilung) in Frage stehen. Unterschied zw Rechts- u Amtshilfe insbes bei § 159 von Bedeutung. Die in zahlreichen Gesetzen begründete Pflicht der Gerichte z Amtshilfe verstößt nicht gg den Gewaltenteilungsgrundsatz (BVerfG JZ 58, 165).

4 2) § 156 regelt nur die Rechtshilfe innerhalb der **ordentlichen Gerichtsbarkeit** (vgl § 2 EGGVG). Sie ist nicht beschränkt auf selbständige Gerichte. Auch unter funktionell selbständigen Abteilungen desselben Gerichts (KG OLGZ 69, 134) – insbesondere zwischen Hauptgericht u Zweigstelle (BayObLG MDR 82, 763) – sind Rechtshilfeersuchen möglich. – Ferner ist jedoch Rechtshilfe auch **anderen Gerichten** zu leisten, insbesondere den Verfassungsgerichten des Bundes u der Länder (§§ 26, 27 BVerfGG, Art 17 II BayVerfGHG), den Gerichten u Schiedsgerichten in Arbeitssachen (§§ 13, 106 II ArbGG), den Verwaltungsgerichten (§ 14 VwGO), Sozialgerichten (§ 5 II SGG), den Finanzgerichten (§ 13 FGO), dem Patentgericht (§ 128 PatG), den Disziplinargerichten (§ 20 BDO, § 63 I DRiG, Art 21 BayDO), Anwaltsgerichten (§§ 99 II, 137 BRAO); für Schiedsgerichte s § 1036 ZPO.

5 **3) Verpflichtung zur Amtshilfe** nach zahlreichen Einzelgesetzen; so gegenüber den parlamentarischen Untersuchungsausschüssen des Bundes u der Länder (Art 44 III GG u entspr Bestimmungen der Landesverfassungen; dazu Gross JR 66, 60), für Bußgeldbehörden (§ 46 I OWiG), §§ 4 ff VwVfG und Verwaltungsverfahrensgesetze der Länder, Finanzbehörden (§ 111 AO), Entschädigungsbehörden (§ 191 III BEG) uam.

6 Die Amtshilfe ist **gebührenfrei** zu leisten; **Auslagen** sind vorbehaltl anderweiter Bestimmung dem ersuchten Gericht zu **erstatten.**

7 **4) Die Rechtshilfe im Verhältnis zu ausländischen Gerichten** wird durch Staatsverträge geregelt, insbesondere Haager Übereinkommen ü den Zivilprozeß (BGBl 58 II 577), s dazu Geimer, IZPR Rn 2377 ff. Ergänzend gilt die Rechtshilfeordnung für Zivilsachen v 19. 10. 56 – ZRHO – (idF v 1. 1. 71, vgl Bülow/Böckstiegel, Der internationale Rechtsverkehr, 1986, S 900). Rechtshilfe für den Gerichtshof der **Europäischen Gemeinschaften:** §§ 52, 109 EuGH-VerfahrensO v 3. 3. 59 (BGBl II 1205) u §§ 1 ff der zusätzl VerfahrensO v 9. 3. 62 (BGBl II 770).

8 Rechtshilfe i Verhältnis zu den Behörden der **Streitkräfte** s Art VII Abs 5, 6 Nato-Truppenstatut (BGBl 61 II 1190), Art 24, 32, 34 ff Zusatzabkommen zum Truppenstatut (BGBl 61 II 1218).

157 *[Rechtshilfegericht]*

(1) Das Ersuchen um Rechtshilfe ist an das Amtsgericht zu richten, in dessen Bezirk die Amtshandlung vorgenommen werden soll.

(2) Die Landesregierungen werden ermächtigt, durch Rechtsverordnung die Erledigung von Rechtshilfeersuchen für die Bezirke mehrerer Amtsgerichte einem von ihnen ganz oder teilweise zuzuweisen, sofern dadurch der Rechtshilfeverkehr erleichtert oder beschleunigt wird. Die Landesregierungen können diese Ermächtigung durch Rechtsverordnung auf die Landesjustizverwaltungen übertragen.

1 **1) Amtshandlung:** zB Augenschein, Zeugenvernehmung, Gegenüberstellung, Abnahme der eidesstattl Versicherung.

2 **2) Zuständiges Rechtshilfegericht** ist auch das AG, in desen Bezirk der zu Vernehmende beschäftigt ist (Hamm MDR 57, 437) oder bei dem sich ein sonst nur schwer Erreichbarer einfinden wird (zB e Durchreisender; e Auslandsbewohner, der sich bei e grenznahen Amtsgericht vernehmen läßt, München NJW 62, 56); s a Rn 8 zu § 158. Bei Gegenüberstellung genügt Zuständigkeit für die Vernehmung einer der betr Personen (Hamm JMBlNRW 59, 150). Die **funktionelle Zuständigkeit** des ersuchten Gerichts für die dem Ersuchen zugrunde liegende Verfahrensart braucht nicht zu bestehen; so kann in Familiensachen auch ein AG um Rechtshilfe ersucht werden, das auf Grund einer Regelung nach § 23c nicht Familiengericht ist (BayObLG MDR 82, 763; Stuttgart FamRZ 84, 716). Das für die Amtshandlung örtlich zuständige Gericht kann jedoch im Wege der Rechtshilfe nicht mat Maßnahmen treffen (zB: § 122 KO), die ihm durch Konzentrationszuständigkeitsbestimmungen entzogen sind (vgl Koblenz MDR 77, 59). Für Rechtshilfeersuchen von Gerichten anderer Gerichtszweige ist das AG z Teil nur aushilfsweise zuständig (wenn sich am Ort kein Gericht des anderen Gerichtszweigs befindet, § 13 I ArbGG, § 5 II SGG). Unter mehreren zuständigen Gerichten hat das ersuchende die Wahl (Hamm NJW

56, 1447). Zuständigkeit des AG für die Erledigung ausländischer Zustellungs- u Rechtshilfeersuchen: § 2 AusfG zum Haager Zivilprozeßabkommen.

3) Die **Konzentrationsermächtigung** des Abs 2 wurde eingefügt durch G v 3. 12. 76 (BGBl I 3281). Die AGe müssen nicht demselben LG-Bezirk angehören. 3

158 *[Ablehnung eines Ersuchens]*

(1) Das Ersuchen darf nicht abgelehnt werden.

(2) Das Ersuchen eines nicht im Rechtszuge vorgesetzten Gerichts ist jedoch abzulehnen, wenn die vorzunehmende Handlung nach dem Recht des ersuchten Gerichts verboten ist. Ist das ersuchte Gericht örtlich nicht zuständig, so gibt es das Ersuchen an das zuständige Gericht ab.

1) **Allgemeines:** Das Ersuchen soll grundsätzlich von dem ersuchten Gericht ausgeführt werden. Da die Verantwortung für die Maßnahme, um die ersucht wurde, das ersuchende Gericht trägt, findet grundsätzlich auch keine Überprüfung durch das ersuchte Gericht statt. Voraussetzung ist jedoch, daß ein **Rechtshilfeersuchen** (vgl § 156 Rn 2) **vorliegt und tatsächlich ausführbar ist.** Diese Voraussetzungen hat das ersuchte Gericht – ohne die Einschränkungen des Abs 2 – stets zu prüfen. Hiernach abzulehnen das Ersuchen um Vernehmung eines Zeugen oder einer Partei ohne hinreichende **Angabe des Beweisthemas** (vgl dazu RG JW 99, 826; Köln OLGZ 66, 40; Düsseldorf OLGZ 68, 57 zum Fall des § 613 I 2 ZPO; Ersuchen um Vernehmung „über den Hergang" eines bestimmten Verkehrsunfalls in einfach gelagertem Fall ausreichend, vgl Koblenz NJW 75, 1036; Frankfurt NJW-RR 95, 637; Oldenburg NJW-RR 92, 64; zu Ersuchen in Nachlaßsachen vgl Karlsruhe Justiz 77, 275; Rpfl 94, 255; Ersuchen um „Anhörung betr. die Regelung der elterlichen Sorge": KG NJW-RR 90, 586). Diese Frage wird zwar meist unter dem Gesichtspunkt des „Verbots" iSd Abs 2 S 1 geprüft (vgl Düsseldorf aaO); dies ist jedoch nicht richtig, da die Ordnungsmäßigkeit des Verfahrens – hierzu zählen die Voraussetzungen des §§ 359, 450, 616 ZPO – das ersuchte Gericht gerade nicht zu prüfen hat; der Verstoß gegen diese führt nicht zu einem Vernehmungsverbot. Vielmehr geht es hier um die (zumutbare) Durchführbarkeit des Ersuchens, nicht um die Zulässigkeit der ersuchten Maßnahme (anders bei unzulässigem Vernehmungsthema, vgl etwa Koblenz FamRZ 76, 97: Befragung des Beklagten in Kindschaftssache, warum er nicht zur Blutentnahme erschienen sei). Ist das Ersuchen wegen Fehlens eines hinreichenden Beweisbeschlusses undurchführbar, so kann es abgelehnt werden. Zur Frage der Ausführbarkeit bei Ersuchen um Vernehmung eines Tbc-Kranken vgl Nürnberg MDR 68, 946. – Das Ersuchen ist von dem nach dem Geschäftsverteilungsplan zuständigen Richter auszuführen. Fällt die Maßnahme in den Aufgabenbereich des **Rechtspflegers,** so durch diesen. 1

2) **Ablehnung nach Abs 2 S 1: a)** Nicht gegenüber einem im Instanzenzug **übergeordneten Gericht;** es muß sich um ein konkret vorgeordnetes Gericht handeln (LG also nur für die AGe seines Bezirks). Zulässig ist hier jedoch die Gegenvorstellung des ersuchten Gerichts bei Bedenken gegen Zulässigkeit oder Zweckmäßigkeit des Ersuchens. 2

b) **Ablehnung wegen Unzulässigkeit** (vgl Berg MDR 62, 787): Das Ersuchen muß seinem Inhalt nach schlechthin unzulässig sein (vgl BGH LM Nr 2 zu § 158 GVG). Abs 2 S 1 ist als Ausnahmevorschrift zu Abs 1 eng auszulegen. 3

aa) Ein Ersuchen darf **nicht deshalb abgelehnt werden,** weil gg die Richtigkeit der Tatsachen, die z dem Ersuchen Anlaß gegeben haben, Bedenken bestehen (Hamm JMBlNRW 59, 150) oder weil die Zulässigkeit rechtl zweifelhaft ist (München NJW 66, 2125). Über **die Ordnungsmäßigkeit des Verfahrens** des ersuchenden Gerichts hat der ersuchte Richter als der „verlängerte Arm" des ersteren (BGH JZ 53, 230) nicht zu wachen; das ist ggfalls Aufgabe des dem ersuchenden Gericht übergeordneten Rechtsmittelgerichts (BGH aaO). Der ersuchte Richter hat insbes nicht zu prüfen, ob der Verfahrensabschnitt, in dem das Ersuchen erging, ohne Verfahrensverstoß erreicht wurde (Celle MDR 66, 781). Desgl nicht, ob die Voraussetzungen des § 375 ZPO gegeben sind (Hamm JMBlNRW 59, 150; Karlsruhe-Freiburg OLGZ 66, 565; Berg aaO S 788; vgl a Bremen GoltdA 62, 344; Frankfurt OLGZ 66, 345); für die Beachtung des Unmittelbarkeitsgrundsatzes durch das Prozeßgericht zu sorgen, ist nicht seine Aufgabe (BayObLGZ 92, 271). Ebenfalls kann nicht wegen **abweichender Auffassung** des Rechtshilfegerichts in einer kontroversen Rechtsfrage abgelehnt werden (München OLGZ 76, 252: erneute Abnahme einer Offenbarungsversicherung nach Haftanordnung); hier geht die Rechtsauffassung des ersuchenden Gerichts vor. Noch weniger kann Rechtshilferichter sein **Ermessen** an die Stelle des Ermessens des ersuchenden Gerichts setzen. Sonach keine Ablehnung wegen Unzweckmäßigkeit oder Unangemessenheit (BGH NJW 90, 2936; LG Essen, DRiZ 75, 376; allenfalls Gegenvorstellungen), zB bei Meinungsverschiedenheiten darüber, ob vor Vernehmung oder Beeidigung eines Zeugen zunächst andere Beweise zu erheben sind (vgl Celle NdsRpfl 53, 30), ob die Anhörung in Betreuungssachen durch den entscheidenden Richter erfolgen müßte (Frankfurt MDR 93, 763; BayObLG FamRZ 95, 304), 4 oder ob nicht zweckmäßigerweise ein anderes ebenfalls zuständiges Gericht anzugehen wäre (Hamm NJW 56, 1447) oder wenn sich das ersuchende Gericht, statt dem ersuchten die Auswahl der Sachverständigen zu übertragen (§ 405 ZPO), auch unmittelbar an einen Sachverständigen hätte wenden können (Düsseldorf MDR 55, 426) oder ob anstelle der nachgesuchten richterl Vernehmung e Partei auch Anhörung durch die Geschäftsstelle ausreichend wäre (Zweibrücken NJW 66, 685); zu den nicht nachprüfbaren Fragen der Zweckmäßigkeit gehört auch der Grundsatz der Prozeßökonomie und der Kostenersparnis (Köln JMBlNRW 68, 281). Schon gar nicht ist ein Ersuchen mit der Begründung ablehnbar, das ersuchende Gericht könne es selbst durch einen beauftragten Richter durchführen (Hamm MDR 71, 69); somit auch keine Ablehnung einer Augenscheinseinnahme (Naumburg NJW-RR 94, 1551). Nicht nachzuprüfen sind Zuständigkeit des ersuchenden Gerichts (OLG 8, 1); zur Ordnungsmäßigkeit des dem Ersuchen zugrunde liegenden Beweisbeschl s o Rn 1. Die **Beweiserheblichkeit** aufzuklärender Fragen hat das ersuchte Gericht ebenfalls nicht zu prüfen: dies ist ausschließlich Sache des erkennenden Gerichts. Ob ein Vernehmungsersuchen bei fehlendem Einverständnis des Beweisgegners mit der ausforschenden Befragung abgelehnt werden kann, weil es sich um einen **Ausforschungsbeweis** handle, ist str (vgl RG 162, 316, Freiburg JZ 53, 229, NJW 53, 834, Karlsruhe-Freiburg FamRZ 60, 291, Nürnberg BayJMBl 53, 89, BAG NJW 91, 1252). Die Ablehnung wird nur zulässig sein, wenn der Ausforschungszweck offensichtl ist (Düsseldorf NJW 59, 298; München NJW 66, 2125; Karlsruhe FamRZ 68, 536); der BGH läßt offen, ob solchenfalls ein Ablehnungsgrund gegeben ist (JZ 53, 230; FamRZ 60, 399); auch für diesen Fall verneinend Berg MDR 62, 787; Frankfurt MDR 70, 597. Das ersuchende Gericht hat abschließend auch darüber zu bestimmen, ob die Beweisperson als Zeuge oder als Sachverständiger vernommen werden soll (Köln OLGZ 66, 188). Die Notwendigkeit einer – noch nicht vorliegenden – Aussagegenehmigung für einen Beamten kann, da diese im Termin zur Vernehmung nachgebracht werden kann, die Ablehnung eines Ersuchens ebenfalls nicht rechtfertigen (Schleswig SchlHA 68, 168).

5 **bb) Ablehnbar:** Das Ersuchen um Vernehmung eines Zeugen, der bereits zulässigerweise das Zeugnis verweigert hat u davon nicht Abstand nimmt, kann abgelehnt werden (Marienwerder HRR 39, 575), Ersuchen um wiederholte Vernehmung, wenn offensichtlicher Mißbrauch des Zeugenzwangs (RG 114, 2; Frankfurt OLGZ 67, 347). Ablehnung ferner, wenn die vorzunehmende **Handlung** nach dem für das ersuchte Gericht geltenden Recht (oder für beide Gerichte gemeinsamen Recht, falls über Auslegung u Handhabung Meinungsverschiedenheit besteht) **verboten** ist (zB Beeidigung eines Eidesunfähigen, Vernehmung des gesetzl Vertreters der Partei als Zeugen, sofern darin nicht Ersuchen um Parteivernehmung zu erblicken ist). Ebenso wenn Vernehmungsthema unzulässig (Koblenz FamRZ 76, 97, vgl oben Rn 1). Für Ablehnung bei offensichtlichem Ermessensfehlgebrauch: Frankfurt FamRZ 84, 1030; Schleswig MDR 95, 607. – Zur Frage des ungenügenden Beweisbeschlusses s Rn 1.

6 **cc)** Unzulässig sind Rechtshilfemaßnahmen, die materielle Rechtshandlungen enthalten (zB § 122 KO), für die dem angegangenen Gericht deshalb die Zuständigkeit fehlt, weil sie bei einem Gericht konzentriert ist (zB § 71 III KO; vgl Koblenz MDR 77, 59).

7 **dd)** Ergeben sich bei der Vernehmung Bedenken gg die Zulässigkeit der nachgesuchten Vereidigung, wird zweckmäßig die **nochmalige Entschließung des Prozeßgerichts** eingeholt. Ebenso wird zu verfahren sein, wenn ggüber dem ersuchten Richter die Ablehnung des zu vernehmenden Sachverständigen erklärt wird (AG Göttingen NdsRpfl 67, 24 betrachtet dagg eine solche Ablehnungserklärung als für den ersuchten Richter überhaupt unbeachtl).

8 **3) Örtliche Unzuständigkeit (Abs 2 S 2)** ist nur dann ein Ablehnungsgrund, wenn das zuständige Gericht nicht zu bestimmen ist. Ist es bestimmbar (vom angegangenen Rechtshilfegericht), so unmittelbare Weitergabe an das zuständige Gericht. Örtl Unzuständigkeit liegt nicht schon dann vor, wenn der zu Vernehmende s Wohnsitz anderswo hat, sich aber zeitweise (zB zur Arbeit) im Bezirk des ersuchten Gerichts aufhält und dort am besten zu erreichen ist oder anderen im Bezirk des ersuchten Gerichts wohnhaften Personen ggübergestellt werden soll oder bei wechselndem Aufenthalt u zeitweiliger Unerreichbarkeit voraussichtl in den Bezirk des ersuchten Gerichts zurückkehrt (dann Sache des ersuchten Gerichts, den Zeitpunkt der Rückkehr festzustellen), vgl § 157 Rn 2.

159 *[Entscheidung bei Ablehnung von Rechtshilfe]*

(1) Wird das Ersuchen abgelehnt oder wird der Vorschrift des § 158 Abs. 2 zuwider dem Ersuchen stattgegeben, so entscheidet das Oberlandesgericht, zu dessen Bezirk das ersuchte Gericht gehört. Die Entscheidung ist nur anfechtbar, wenn sie die Rechtshilfe für unzulässig erklärt und das ersuchende und das ersuchte Gericht den Bezirken verschiedener Oberlandesgerichte angehören. Über die Beschwerde entscheidet der Bundesgerichtshof.

(2) Die Entscheidungen ergehen auf Antrag der Beteiligten oder des ersuchenden Gerichts ohne mündliche Verhandlung.

1 **1) a)** § 159 bezieht sich nur auf **Rechtshilfeersuchen** u greift bei Ablehnung von **Amts**hilfeersuchen nicht ein, sofern nicht der 13. Titel ausdrückl od sinngemäß (vgl RG 64, 179) für anwendbar erklärt ist. Nach früherer Auffassung soll § 159 auch in Fällen der Ablehnung des Ersuchens eines vorgesetzten Gerichts (vgl § 158 II 1) nicht anwendbar sein. Da jedoch in diesem Fall ein anderer Rechtsbehelf nicht gegeben wäre (dienstaufsichtliche Maßnahmen sind nach § 26 DRiG regelmäßig ausgeschlossen), muß die Vorschrift zumindest analog angewendet werden. – § 159 ist ferner analog anzuwenden bei Ablehnung eines gerichtsinternen Rechtshilfeersuchens (vgl § 156 Rn 4), KG OLGZ 69, 134. – Anrufung des dem ersuchten Gericht übergeordneten OLG sowohl bei Ablehnung (auch teilweiser, zB Abweichung vom Ersuchen oder Kostenstreit, RGSt 24, 3; BGH NJW 58, 1310), als auch bei unzulässiger Stattgabe.

2 **b)** Zur Anrufung **berechtigt** nach Abs 2 je nach Beschwer ersuchendes Gericht, Parteien, zu vernehmende Personen. Die Anrufung ist zwar nicht als Beschwerde iSd ZPO bezeichnet; sie ist jedoch ein Rechtsbehelf und damit als Beschwerde im weiteren Sinn anzusehen (Stöber, RPfleger 73, 83 mwN). Sie ist weder form- noch fristgebunden; Einlegung schriftl oder zu Protokoll des AG oder OLG. AG darf abhelfen.

3 Betrifft das Rechtshilfeersuchen ein **Rechtspflegergeschäft,** so ist zu unterscheiden: Der Rechtspfleger des **ersuchenden Gerichts** hat gemäß § 4 I RPflG alle erforderlichen Maßnahmen selbst zu treffen (BayObLG RPfleger 94, 103; BayObLGZ 1995, 158; Karlsruhe FamRZ 94, 638 = RPfleger 94, 255; Arnold/Meyer-Stolte, RpflG, 4. Aufl, Rn 2 lit n zu § 4); für eine Erinnerung an den Richter des ersuchenden Gerichts ist schon deshalb kein Raum, weil § 159 GVG die Anfechtung des Ersuchens nicht vorsieht. Soll jedoch die Entscheidung des Rechtspflegers des **ersuchten Gerichts** angefochten werden, ist zunächst die Erinnerung nach § 11 RPflG einzulegen, weil die Entscheidung nach § 159 I 1 GVG eine solche iSd § 11 RPflG ist (BayObLG aaO). Sie hat nicht nur verfahrensleitenden Charakter, sondern kann in Rechte von Beteiligten eingreifen; andernfalls wäre die Beschwerdeberechtigung des § 159 II sinnlos (vgl Frankfurt OLGZ 93, 471, das konsequent das Erfordernis der Erinnerung für den Fall einer Anfechtung nach § 159 durch einen Beteiligten bejaht). Gleiches muß auch gelten, wenn das ersuchende Gericht die Entscheidung des Rechtspflegers des ersuchten Gerichts anficht (Stöber aaO): Für eine Ungleichbehandlung ggü dem Fall der Anfechtung durch einen Beteiligten spricht nichts; der Zweck des § 11 RPflG, den Devolutiveffekt des Rechtsmittels erst nach Überprüfung der Rechtspflegerentscheidung durch den Richter eintreten zu lassen, ist auch hier im Interesse der Verfahrensökonomie zu beachten. Die Gegenmeinung (Kissel Rn 3; München RPfleger 73, 19) differenziert nicht hinreichend zwischen dem Ersuchen und der Entscheidung über dieses. Nur für letzteren Fall ist § 11 RPflG anzuwenden.

4 **Entscheidung** des OLG durch Beschluß (s Abs 2), Zustellung oder Mitteilung nach § 329 III ZPO.

5 **c) Anfechtung** der Entscheidung des OLG (Abs 1 S 2 u 3): Beschwerde gg Entscheidung des OLG nicht möglich, wenn es den ablehnenden Beschl des AG aufhebt u dem Ersuchen stattgibt oder wenn ersuchendes u ersuchtes Gericht unter dem gleichen OLG stehen (RG 33, 426), oder wenn das OLG den Antrag deshalb ablehnt, weil das AG dem Ersuchen bereits ordnungsgemäß entsprochen habe (RG JW 97, 528). Sonst Beschwerde (der Sache nach weitere Beschwerde, wenn auch nicht die des § 568 II ZPO) zum BGH möglich, die gleichfalls nicht den §§ 567 ff ZPO unterliegt (RG 64, 180), nicht form- oder fristgebunden ist und beim OLG eingelegt werden kann. OLG kann abhelfen. Entscheidung des BGH durch Beschluß (Abs 2).

6 **2) Gebühren: a)** des **Gerichts:** Keine, da das GKG auf die durch das GVG unmittelbar geregelten Rechtsmittel keine Anwendung findet, § 1 I GKG; bestr. – **b)** des Anwalts: § 118 I Nr 1 BRAGO.

160 *[Vollstreckungen, Ladungen und Zustellungen]*

Vollstreckungen, Ladungen und Zustellungen werden nach Vorschrift der Prozeßordnungen bewirkt ohne Rücksicht darauf, ob sie in dem Land, dem das Prozeßgericht angehört, oder in einem anderen deutschen Land vorzunehmen sind.

1 Die Vorschrift bringt zum Ausdruck, daß die Bundesrepublik ein einheitliches Rechtspflegegebiet ist. Ladungen u Zustellungen an Personen im Gebiet e anderen deutschen Landes bedürfen keiner Vermittlung durch ein Gericht des letzteren, sondern können vom Prozeßgericht oder den Beteiligten unmittelbar veranlaßt werden. Das gilt auch für Vollstreckungen jeder Art, abgesehen von der Vollstreckung von Freiheitsstrafen (s §§ 162, 163); Gerichtsvollzieher u Vollstreckungsgericht des anderen Landes können unmittelbar angegangen werden (so zB auch zur Vollstreckung

eines nach § 901 ZPO erlassenen Haftbefehls). Für die Inanspruchnahme des ausw Gerichtsvollziehers kann aber auch der Weg des § 161 gewählt werden. – Zustellungen u Ladungen über e Verbindungsstelle der Stationierungsstreitkräfte s Art 32, 36 Abs 2, 37 Abs 1 Zusatzabkommen z Truppenstatut.

161 *[Mitwirkung der Geschäftsstelle des AG]*

Gerichte, Staatsanwaltschaften und Geschäftsstellen der Gerichte können wegen Erteilung eines Auftrags an einen Gerichtsvollzieher die Mitwirkung der Geschäftsstelle des Amtsgerichts in Anspruch nehmen, in dessen Bezirk der Auftrag ausgeführt werden soll. Der von der Geschäftsstelle beauftragte Gerichtsvollzieher gilt als unmittelbar beauftragt.

1 Kann-Vorschrift; nach § 160 kann der auswärtige GV auch unmittelbar beauftragt werden. – Da der GV bei Zustellungen von Amts wegen nicht mitwirkt (§§ 209, 211 ZPO), hat § 161 prakt Bedeutung für Vollstreckungsaufträge des Gerichts, soweit nicht das Verwaltungszwangsverfahren nach der JBeitrO Platz greift, u der Staatsanwaltschaft, soweit sie sich des GV bedient. Außerdem können auch Zustellungs- u Vollstreckungsaufträge anderer Behörden in Betracht kommen.

162 *[Strafvollstreckung und Rechtshilfe]*

Hält sich ein zu einer Freiheitsstrafe Verurteilter außerhalb des Bezirks der Strafvollstreckungsbehörde auf, so kann diese Behörde die Staatsanwaltschaft des Landgerichts, in dessen Bezirk sich der Verurteilte befindet, um die Vollstreckung der Strafe ersuchen.

1 In Strafsachen haben die §§ 162, 163 an Bedeutung verloren, weil die bundeseinheitl StrafvollstreckungsO der Strafvollstreckungsbehörde gestattet, die Verurteilten zum Strafantritt auch in eine außerhalb ihres Bezirks gelegene Vollzugsanstalt vorzuladen u dorthin einzuweisen. Für Ordnungs- u Erzwingungsstrafen in Zivilsachen nach §§ 380, 390, 890 ZPO, § 178 GVG hat § 162 weiterhin Bedeutung. Vollstreckungsbehörde ist insoweit das Gericht (der Vorsitzende des Gerichts), das die Haft verhängt hat (vgl § 179 GVG). §§ 162, 163 sind anzuwenden, wenn der Bestrafte nicht durch den GV zum Haftantritt vorgeführt, sondern die StA des Aufenthaltsorts um Übernahme der Vollstreckung ersucht wird. Dem Vollstreckungsersuchen ist (entspr § 451 StPO) eine beglaubigte Abschrift der Entscheidungsformel mit Bescheinigung der Vollstreckbarkeit beizufügen. Die StA kann ihrerseits einen GV beauftragen oder sich der Polizei bedienen. Bei Ablehnung des Ersuchens Beschw an GenStA beim OLG (§ 147).

163 *[Strafvollstreckung außerhalb des Bezirkes]*

Soll eine Freiheitsstrafe in dem Bezirk eines anderen Gerichts vollstreckt oder ein in dem Bezirk eines anderen Gerichts befindlicher Verurteilter zum Zwecke der Strafverbüßung ergriffen und abgeliefert werden, so ist die Staatsanwaltschaft bei dem Landgericht des Bezirks um die Ausführung zu ersuchen.

164 *[Kosten]*

(1) Kosten und Auslagen der Rechtshilfe werden von der ersuchenden Behörde nicht erstattet.

(2) Gebühren oder andere öffentliche Abgaben, denen die von der ersuchenden Behörde übersendeten Schriftstücke (Urkunden, Protokolle) nach dem Recht der ersuchten Behörde unterliegen, bleiben außer Ansatz.

1 1) Im Verkehr unter den ordentl deutschen Gerichten gilt: Für die Erledigung der Ersuchen um Rechtshilfe werden Gebühren nicht erhoben. Auch die durch die Erledigung beim ersuchten Gericht erwachsenen Auslagen werden nicht erstattet. Der Betrag dieser Auslagen wird der ersuchenden Behörde mitgeteilt, welche sie von dem Kostenschuldner einzuziehen hat. Wenn die Rechtshilfe sich auf die Vermittlung des Verkehrs des ersuchenden Gerichts mit dem Sachverständigen beschränkt hat, treffen die Kosten die ersuchende Behörde (RGSt 24, 3). Ablehnung der Festsetzung von Zeugen- u Sachverständigengebühren durch das ersuchte Gericht ist teilw Ablehnung des Rechtshilfeersuchens, ü die nach § 159 zu entscheiden ist (BGH NJW 58, 1310). –

Ist die Anforderung eines Auslagenvorschusses durch das ersuchende Gericht unterblieben, so kann ihn das ersuchte Gericht nicht seinerseits einfordern (Hamm NJW 56, 1447).

2) Im Rechtshilfeverkehr zwischen den am Haager Abkommen beteiligten Staaten werden grundsätzl weder Gebühren noch Auslagen erhoben (§§ 7 I, 16 I Abk); vorbehaltl abw Vereinbarung kann der ersuchte Staat vom ersuchenden aber Erstattung von Zeugen- u Sachverständigengebühren sowie die Auslagen verlangen, die durch Mitwirkung eines Gerichtsbeamten bei Zustellungen oder die Erzwingung des Erscheinens eines ausgebliebenen Zeugen oder durch die verlangte Anwendung besonderer Verfahrensformen entstanden sind (§§ 7 II, 16 II Abk). Im übrigen s §§ 56, 98 ff ZRHO. 2

165 (aufgehoben durch Art X § 2 Nr 4 KostenRÄndG. S nun ZSEG idF v 1. 10. 69, BGBl I 1756)

166 *[Amtshandlungen außerhalb des Gerichtsbezirks]*

Ein Gericht darf Amtshandlungen im Geltungsbereich dieses Gesetzes auch außerhalb seines Bezirks vornehmen.

Neufassung durch Art 2 Nr 14 RechtspflegeVereinfG. Nunmehr bedarf ein Gericht für Amtshandlungen innerhalb der gesamten Bundesrepublik Deutschland nicht mehr der Zustimmung des AG, in dessen Bezirk es tätig werden will. Diese Ausnahme von dem Grundsatz, daß die Befugnisse eines Gerichts an den Grenzen seines Bezirks enden, trägt der Einheitlichkeit der Rechtsordnung in Deutschland Rechnung.

167 *[Polizeiliche Nacheile]*

(1) Die Polizeibeamten eines deutschen Landes sind ermächtigt, die Verfolgung eines Flüchtigen auf das Gebiet eines anderen deutschen Landes fortzusetzen und den Flüchtigen dort zu ergreifen.

(2) Der Ergriffene ist unverzüglich an das nächste Gericht oder die nächste Polizeibehörde des Landes, in dem er ergriffen wurde, abzuführen.

168 *[Mitteilung von Akten einer Behörde an ein Gericht]*

Die in einem deutschen Land bestehenden Vorschriften über die Mitteilung von Akten einer öffentlichen Behörde an ein Gericht dieses Landes sind auch dann anzuwenden, wenn das ersuchende Gericht einem anderen deutschen Land angehört.

1) Ob eine **Verpflichtung zur Aktenmitteilung** besteht, bestimmt sich nach dem einschlägigen öffentl Recht (vgl § 432 ZPO; s a BVerwG DÖV 68, 836). Wenn die angegangene Behörde danach verpflichtet wäre, ihre Akten dem Gericht ihres eigenen Landes mitzuteilen, so muß sie es nach § 168 auch ggüber dem Gericht e anderen Landes (u Bundesgericht; s a Art 25 GG). Übersendung nicht Rechts-, sondern Amtshilfe (Augsburg OLG 9, 147), bei Weigerung daher nur Aufsichtsbeschw (KG OLG 21, 1). 1

2) Versendung von Gerichtsakten **in das Ausland** bedarf, soweit nicht staatsvertragl etwas anderes bestimmt ist, der Genehmigung der Landesjustizverwaltung u ist regelmäßig ausgeschlossen; s § 97 ZRHO. 2

Vierzehnter Titel

ÖFFENTLICHKEIT UND SITZUNGSPOLIZEI

169 *[Öffentlichkeit der Verhandlung]*

Die Verhandlung vor dem erkennenden Gericht einschließlich der Verkündung der Urteile und Beschlüsse ist öffentlich. Ton- und Fernseh-Rundfunkaufnahmen sowie Ton- und Filmaufnahmen zum Zwecke der öffentlichen Vorführung oder Veröffentlichung ihres Inhalts sind unzulässig.

1 **1) Der Grundsatz der Öffentlichkeit (S 1)** gehört zu den Prinzipien demokratischer Rechtspflege. Ihm kommt in Strafsachen besondere Bedeutung zu (vgl BVerfG NJW 92, 3288; zu Recht einschränkend für gerichtliche Bußgeldverfahren: Düsseldorf MDR 83, 253), er gilt aber in gleicher Weise für die streitige Zivilgerichtsbarkeit (vgl § 2 EGGVG). Seine öffentlich-rechtl Wurzel wird ergänzt durch Art 6 I MRK, der einen subj Anspruch des Rechtsuchenden gewährt. – Im **FGG-Verfahren** gilt § 169 grundsätzlich nicht, da § 8 FGG hierauf nicht verweist; jedoch wird diese Regelung überlagert von Art 6 I MRK bei Streitverfahren der freiwilligen Gerichtsbarkeit (§ 44 WEG), BayObLG MDR 88, 411; Hamm MDR 88, 588; BGH 124, 204 (streitige Landwirtschaftssachen einschl Rechtsstreitigkeiten aus dem Landwirtschaftsanpassungsgesetz).

2 **2) Öffentlichkeit der Verhandlung erfordert,** daß jedermann nach Maßgabe des verfügbaren Raums Zutritt zur Verhandlung ermöglicht wird (RG 157, 344; bleiben aus berechtigtem Grund Teile des Zuhörerraums unzugänglich, so steht dies jedoch der Öffentlichkeit der Verhandlung nicht entgegen, selbst wenn Interessenten wegen Überfüllung abgewiesen werden müssen, BGH DRiZ 71, 206). Dabei ist gleichgültig, ob die Verhandlung, Beweisaufnahme, Entscheidung im Gerichtsgebäude, in sonstigen Räumen oder im Freien (zB b Ortstermin, RG 157, 344) stattfindet. Bei Ortstermin, der nicht allg zugänglich, darf Verhandlung dort über die im Ortstermin selbst zu treffenden Feststellungen hinaus nicht fortgeführt werden, Köln NJW 76, 637 – Urteilsverkündung auf Randstreifen der Autobahn. Das gilt auch, wenn Öffentlichkeit bei einer Augenscheinseinnahme auf Grund des vorrangigen Hausrechts (BGH NJW 94, 2773) nicht gewährleistet ist. Für Öffentlichkeit genügt, wenn auf Klopfen oder Läuten Zutritt gewährt wird (Hamm VRS 83, 451 für Verhandlung in einer Wohnung; BVerwG NJW 90, 1249 für Gerichtsgebäude).

3 **Das Publikum muß Kenntnis von der** Durchführung der **Verhandlung erlangen können** (Hamm NJW 60, 765; Hambg VRS 24, 437). Dazu reicht bei einer Verhandlung im Dienstzimmer des Richters einmaliger mündl Aufruf, wenn auch unter Hinweis auf die Öffentlichkeit, regelmäßig nicht aus, wenn kein entspr Anschlag angebracht ist (Hambg aaO; vgl aber auch BVerwG JR 72, 521); findet die Verhandlung in einer Gastwirtschaft statt, deren Eingang wegen Betriebsruhe verschlossen ist, so genügt es beim Fehlen eines entspr Hinweises nicht, daß die Gaststätte durch einen Nebeneingang betreten werden kann (Hamm aaO). Wechsel des Verhandlungsraumes soll unschädl sein, wenn die Zuhörer den nunmehr benutzten Raum ohne bes Schwierigkeiten erfahren können (Bremen MDR 55, 757; zweifelhaft; vgl auch Stuttgart MDR 77, 249); Hinweis auf dem am bisher benützten Sitzungssaal ausgehängten Terminszettel genügt, auch wenn am neuen Sitzungssaal Aushang fehlt (Neustadt MDR 64, 778; Zweibrücken VRS 30, 205).

4 Bei **Verhandlung außerhalb des Gerichtsgebäudes** genügt die Bekanntgabe des Ortes in der letzten Sitzung nicht (BGH NStZ 81, 311; BayObLG MDR 80, 780); erforderl ist – aber auch ausreichend – ein schriftl Hinweis am Sitzungstag im Gerichtsgebäude auf den Ort der Verhandlung (vgl Stuttgart MDR 77, 249; Oldenburg MDR 79, 518; Düsseldorf NJW 83, 2514).

5 Verletzung des § 169 dagg, wenn von vornherein nur **bestimmten Personen** Zutritt gewährt (RGSt JW 06, 794) oder wenn er bestimmten versagt wird (RG 157, 345) oder einzelne Personen aus dem Sitzungssaal entfernt werden, ohne daß einer der Fälle der §§ 175–177 vorliegt (RGSt 64, 386; weiteres s § 176). Die falsche und unsachliche Berichterstattung einer Zeitung über frühere Prozesse rechtfertigt es nicht, **Presseberichterstattern** den Zutritt zu versagen (Hamm NJW 67, 1289; BVerfG NJW 79, 1400; vgl auch Stober DRiZ 80, 3).

6 Der Grundsatz der Öffentlichkeit ist jedoch **nicht verletzt,** wenn aus zwingenden Gründen **Beschränkungen** bestehen oder angeordnet werden müssen. Hierzu gehört insb gegebene **Raumbeschränkung;** es besteht kein Anspruch der Öffentlichkeit auf soviele Plätze, wie Interessenten kommen (BGHSt 21, 73; DRiZ 71, 206); ein einziger Platz ist jedoch zu wenig (BayObLG MDR 82, 395). Entscheidend für die Zulassung ist die Reihenfolge der Ankunft; bei zu erwartendem Andrang kann Zutritt gegen ausgegebene Eintrittskarten gewährt werden (RGSt 54, 225), die jedoch für jedermann erhältlich sein müssen. Bei zusätzlichen Beschränkungen bei Ortsterminen s Rn 2.

7 **Beschränkungen** sind auch durch Anordnungen des Vors **zum Schutz der Verhandlung** zulässig, wenn schwerwiegende Störungen zu befürchten, insb Ausweiskontrollen (BGH NJW 77, 157; NJW 79, 2622; NJW 81, 61), auch Ausweishinterlegung (Karlsruhe NJW 75, 2080) oder Durchsuchungen nach Waffen (Schmitt DRiZ 71, 20), störendes Ein- u Ausgehen von Zuhörern kann unterbunden werden (BGH MDR 52, 410; NJW 71, 715).

8 Sind derartige Beschränkungen angeordnet, die zu Verzögerungen beim Zutritt zum Sitzungssaal führen können, so darf Gericht die Sitzung erst beginnen, wenn rechtzeitig am Gerichtsgebäude erschienene Zuhörer in den Sitzungssaal gelangen konnten (BGH NJW 79, 2622; 95, 3196); bei Fortsetzung der Verhandlung nach Unterbrechung sind derartige Rücksichten nicht mehr nötig, da sich Zuhörer hierauf einstellen können (BGH NJW 81, 61).

3) Die Öffentlichkeit ist vor dem **erkennenden Gericht** zu wahren, auch vor dem Einzelrichter (Düsseldorf OLGZ 71, 185), nicht vor dem beauftragten oder ersuchten Richter (RG Warn 34, 45; BVerwG NVwZ-RR 89, 167; OVG Koblenz VRS 61, 270); nicht im Beschlußverfahren, im Verf nach §§ 899 ff ZPO gibt es kein „erkennendes Gericht", ebenso nicht i Konkursverfahren. – In Zivilsachen gehört zur Verhandlung auch die Beweisaufnahme, wenn der Termin nach § 370 ZPO zugleich zur Fortsetzung der mündl Verhandlung bestimmt war, und zwar auch, wenn diese nicht durchgeführt wird (RG 157, 343; Düsseldorf OLGZ 71, 185). 9

4) Der **Verstoß** gegen den Öffentlichkeitsgrundsatz: **a)** ist absoluter Revisionsgrund (§ 551 Nr 6 ZPO), aber nicht Nichtigkeitsgrund. S aber auch § 171b Rn 9. 10

b) Eine Verletzung des § 169 liegt jedoch nur vor, wenn Beschränkung oder Ausschluß der Öffentlichkeit mit **Wissen u Willen des Vorsitzenden oder Gerichts** geschieht (BGH NJW 70, 1846; bei Holtz MDR 90, 1070; zur Zurechnung des Wissens eines Berufsrichters BFH NJW 92, 3256), nicht bei Versehen des Gerichtswachtmeisters (RGSt 43, 189; 71, 380; JW 26, 2762; BGH NJW 69, 756), aber wenn der gesetzwidrige Zustand dem Gericht infolge verschuldeter Unkenntnis verborgen blieb (BVerwG NJW 85, 448; Hamm NJW 60, 785). Verstoß zB gegeben bei mit Wissen des Richters am Eingang z Zuhörerraum angebrachtem Anschlag „Sitzung, nicht stören" (Bremen MDR 66, 864) oder bei Hinweisschild „Das Amtsgericht ist freitags ab 13.00 Uhr geschlossen" (Zweibrücken NJW 95, 3333). Kein Verstoß bei bloßem Versehen des Urkundsbeamten oder Gerichtswachtmeisters oder Zufällen, die das Gericht nicht bemerken kann (zu weitgehend Beck NJW 66, 1976); so nicht, wenn die Außentür des Verhandlungsgebäudes unversehens, für das Gericht nicht bemerkbar, ins Schloß fällt (BGHSt 21, 72; dazu Beck aaO), wenn der Urkundsbeamte infolge versehentlicher Betätigung des falschen Knopfs an der Tür des Sitzungssaals die Leuchtschrift „Nichtöffentl Sitzung" erscheinen läßt (Neustadt MDR 62, 1010), wenn der Gerichtswachtmeister nach Wiederherstellung der Öffentlichkeit zwar die Tür zum Zuhörerraum aufschließt, die Entfernung des Schilds „Nichtöffentl Sitzung" aber vergißt (RG JW 11, 247), oder einen Zuhörer nicht einläßt, den er irrig für einen in der gleichen Verhandlung noch zu vernehmenden Zeugen hält. 11

Ist dem Gericht bekannt, daß von dritter Seite (etwa **Polizei**) Maßnahmen (Kontrollen ua) durchgeführt werden, die faktisch zu einer Einschränkung der Öffentlichkeit führen können, so hat es zu prüfen, ob Abhilfe nötig, und ggf dafür zu sorgen, notfalls durch Ablehnung der Durchführung der Verhandlung (vgl BGH NJW 80, 249). 12

c) Verzicht der Parteien entbindet nicht von der Beachtung (**§ 295 II ZPO,** RG 157, 347); es kommt auch nicht darauf an, ob tatsächl Zuhörer Einlaß verlangen (RGSt 23, 219). Heilung ordnungswidrigen Verfahrens durch Nachholung des vom Verstoß betroffenen Verhandlungsteils in Öffentlichkeit möglich. – Dagegen liegt kein Verstoß vor, wenn eine **einzelne Person mit ihrer Einwilligung** den Sitzungssaal verläßt, auch wenn dies „auf Bitten" des Vorsitzenden geschieht (BGH MDR 88, 791), weil sie als Zeuge in Betracht komme, ohne daß die Voraussetzungen der §§ 394 ZPO, 58 Abs 1 StPO vorliegen. 13

d) Feststellung im Protokoll: § 160 I Nr 5 ZPO (mangelhafte Ausfüllung des Vordrucks: BGH NJW 58, 711). 14

5) **S 2** (eingefügt durch das StPÄndG v 19. 12. 64, BGBl I 1067) betrifft die sog **mittelbare Öffentlichkeit** (Möglichkeit, die Allgemeinheit über die Vorgänge in der gerichtlichen Verhandlung zu unterrichten), die in § 169 S 1 nicht gemeint ist (BGHSt 16, 113; zu Zweck und Tragweite der Vorschrift: BGH NJW 89, 1743). Die Berichterstattung in Wort u Schrift über diese Vorgänge ist zwar, vom Ausnahmefall des § 174 II abgesehen, frei. Über Bedeutung des Öffentlichkeitsgrundsatzes gegenüber **Presse** vgl BVerfG NJW 92, 3288; 79, 1400). Sehr weitgehend Celle NJW 90, 2570: nach § 23 EGGVG durchsetzbarer Anspruch auf Erteilung einer anonymisierten Urteilsabschrift zum Zweck (wissenschaftlicher) Veröffentlichung. 15

S 2 verbietet **Rundfunk- oder Fernsehübertragung der Verhandlungen.** Unzulässig ist nicht nur die Direktübertragung, sondern auch die aufspeichernde Aufnahme mittels Tonbands oder Film, wenn die Aufnahme nachträglich öffentl vorgeführt oder ihr Inhalt sonst der Öffentlichkeit bekanntgemacht werden soll. Der Vorsitzende als Inhaber der sitzungspolizeil Gewalt (§ 176), im übrigen die Justizverwaltung als Trägerin des Hausrechts können solche Aufnahmen nur vor Beginn oder nach Ende der Verhandlung zulassen. Das gleiche gilt für Verhandlungspausen, für die S 2 ebenfalls nicht gilt (BGH NJW 70, 63). Schutzwürdige Belange rechtfertigen ggf auch insoweit Fotografierverbot (BVerfG NJW 96, 310). Zum angeblich aus Art 5 I GG herzuleitenden Anspruch der überregionalen Massenmedien auf Ermöglichung der Bildberichterstattung „aus dem Sitzungssaal" in Verfahren gegen Personen der Zeitgeschichte contra legem BVerfGE 87, 334 = NJW 92, 3288 und NJW 95, 184 (Honecker-Verfahren); noch weitergehend (Zweifel an der Verfassungsmäßigkeit des § 169 S 2 sollen nicht offensichtlich unbegründet sein) BVerfG NJW 96, 581 (Kammerbeschluß im Verf der einstweiligen Anordnung). Mit Recht kritisch gegen „Showprozesse", „modernen Pranger" und mangelnde Würdigung der Persönlichkeitsrechte der Verfah- 16 rensbeteiligten Hamm NJW 95, 760; Knothe/Wanckel ZRP 96, 106; Huff NJW 96, 571; Wolf NJW 94, 681; dazu Eberle NJW 94, 1637. Nicht unter S 2 fallen Ton- u Filmaufnahmen für Zwecke des Gerichts (dazu BGHSt 19, 193; Schleswig NStZ 92, 399; grundsätzl Einwilligung der Beteiligten erforderl, str, vgl dazu Praml MDR 77, 14, aber auch dann wegen möglicher Beeinträchtigung der Wahrheitsfindung untunlich, Düsseldorf NJW 90, 2898; 96, 1360). Ob bei der Sitzung photographiert werden darf, bestimmt der Vorsitzende (§ 176; § 169 S 2 gilt für einfache Bildaufnahmen nicht, BGH NJW 70, 63). – Ungebühr (§ 178) einer Prozeßpartei durch heiml Tonbandaufnahme des Sitzungsverlaufs: SchlHOLG SchlHA 62, 84. Zu den Sanktionsmöglichkeiten bei Verstößen vgl auch Kohlhaas NJW 70, 600. – Der Verstoß gegen S 2 kann ebenfalls mit der Revision gerügt werden (BGH NJW 68, 804); aber nur relativer Revisionsgrund (BGH NJW 89, 1743).

170 *[Nichtöffentliche Verhandlung in Familien- und Kindschaftssachen]*

Die Verhandlung in Familien- und Kindschaftssachen ist nicht öffentlich. Dies gilt für die Familiensachen des § 23b Abs. 1 Satz 2 Nr. 5, 6, 9 nur, soweit sie mit einer anderen Familiensache verhandelt werden.

1 1) Fassung gemäß 1. EheRG v 14. 6. 76 (BGBl I 1421), in Kraft seit 1. 7. 77; dadurch wurde die bisher für Ehe- und Kindschaftssachen geltende Regel auf Familiensachen ausgedehnt. Ausschluß der Öffentlichkeit kraft Gesetzes (Protokollvermerk nach § 160 I Nr 5 ZPO nötig), nicht jedoch für Urteilsverkündung (§ 173). Verstoß ist absoluter Revisionsgrund nach § 551 Nr 6 ZPO (vgl auch Rn 1 zu § 171).

2 2) **Familiensachen** vgl § 23b I 2; Verhandlung in Unterhalts- und Güterrechtssachen (§ 23b I 2 Nr 5, 6 und 9) sind jedoch öffentlich, es sei denn, sie werden im Verbund nach § 623 ZPO oder zusammen mit einer sonstigen Folgesache iSd § 621 I ZPO verhandelt. **Kindschaftssachen** s § 640 II ZPO.

171 (aufgehoben ab 1. 1. 92 durch Art 2 Nr 3 BtG v 12. 9. 90, BGBl I 2002)

171a (betrifft Strafsachen)

171b *[Ausschließung der Öffentlichkeit zum Schutze des persönlichen Lebensbereichs]*

(1) Die Öffentlichkeit kann ausgeschlossen werden, soweit Umstände aus dem persönlichen Lebensbereich eines Prozeßbeteiligten, Zeugen oder durch eine rechtswidrige Tat (§ 11 Abs. 1 Nr. 5 des Strafgesetzbuches) Verletzten zur Sprache kommen, deren öffentliche Erörterung schutzwürdige Interessen verletzen würde, soweit nicht das Interesse an der öffentlichen Erörterung dieser Umstände überwiegt. Dies gilt nicht, soweit die Personen, deren Lebensbereiche betroffen sind, in der Hauptverhandlung dem Ausschluß der Öffentlichkeit widersprechen.

(2) Die Öffentlichkeit ist auszuschließen, wenn die Voraussetzungen des Absatzes 1 Satz 1 vorliegen und der Ausschluß von der Person, deren Lebensbereich betroffen ist, beantragt wird.

(3) Die Entscheidungen nach den Absätzen 1 und 2 sind unanfechtbar.

1 1) **Vorbemerkung:** Eingefügt durch Art 2 des OpferschutzG v 18. 12. 86 (BGBl I 2496), in Kraft ab 1. 4. 87. Vorher konnte die Öffentlichkeit zum Schutz der Privatsphäre nach § 172 Nr 2 ausgeschlossen werden. Dies erwies sich in einer Reihe von Strafverfahren vor allem wegen der Art der modernen Berichterstattung in den Medien als unzureichend. Wesentliche Schwächen waren insbesondere die Fassung der Abwägungsregel des § 172 Nr 2 und die Vorsicht der Instanzgerichte beim Ausschluß der Öffentlichkeit wegen der Konsequenzen einer hierauf gestützten Revision (im Strafverfahren s § 338 Nr 6 StPO). Die Probleme waren nach dem 54. (s Verhandlungen des 54. DJT, Band II S K 162) Gegenstand des 55. Deutschen Juristentags 1984 (Verhandlungen des 55. DJT, Band II S L 187; s auch Böttcher DRiZ 84, 17).

2 **Die Neuregelung** räumt – unter dem Eindruck der veränderten verfassungsrechtl Sicht des Schutzes der Privatsphäre in einer modernen Massengesellschaft und der Erscheinungen des modernen Medienwesens – dem Schutz des Intimbereichs des Einzelnen grundsätzlich den

Vorrang vor dem Öffentlichkeitsgrundsatz ein (BTDrucks 10/5305 S 22). Sie gibt dem Betroffenen unmittelbare Einflußmöglichkeiten darauf, ob seine Privatsphäre betreffende Umstände in öffentlicher Verhandlung erörtert werden oder nicht. Die Entscheidung steht – ohne Anfechtungsmöglichkeiten – ganz in der Hand des erkennenden Gerichts.

2) Wesentliche praktische Bedeutung hat die Vorschrift für das Strafverfahren, das auch Grund der Rechtsänderung war. § 171b gilt jedoch uneingeschränkt auch im **Zivilprozeß** sowie für die Verfahren der anderen Gerichtsbarkeiten (s § 173 VwGO, § 52 S 2 ArbGG, § 61 Abs 1 SGG, § 52 Abs 1 FGO). 3

3) **Umstände aus dem persönlichen Lebensbereich** (Intimsphäre; Privatbereich) sind vor allem solche gesundheitlicher, familiärer oder sexueller Art. Hierfür reicht es zwar noch nicht, daß die Umstände in irgendeiner Beziehung zum persönlichen Lebensbereich stehen, vielmehr muß sich ihr Schwerpunkt dort befinden. Wesentliches Indiz ist, ob die Umstände auf Grund ihres Bezugs zur Privatsphäre unbeteiligten Dritten nicht ohne weiteres zugänglich sind und nach ihrem Inhalt in allgemeiner Anschauung Schutz vor Einblick Außenstehender verdienen (BGH NJW 82, 59; Rieß/Hilger NStZ 87, 150). Maßgeblich sind die Anschauungen der Rechtsgemeinschaft, derjenigen des Betroffenen kommt – nach Abs 1 S 2 und Abs 2 – Bedeutung erst nach Bejahung der Tatbestandsvoraussetzungen des Abs 1 S 1 zu. 4

4) **Die Abwägungsklausel** räumt – im Gegensatz zu § 172 Nr 2 – den Interessen des einzelnen den Vorrang vor dem Interesse an öffentl Erörterung ein, allerdings mit zwei Einschränkungen: das Individualinteresse muß schutzwürdig sein; auch das schutzwürdige Individualinteresse hat bei überwiegendem öffentl Interesse zurückzutreten. Beide Einschränkungen, die in Wechselwirkung stehen, erfordern vom Richter eine Abwägung aller konkret erheblichen Umstände zur Ausfüllung der unbestimmten Rechtsbegriffe „Schutzwürdigkeit" und „überwiegendes öffentl Interesse". Diese ist – wie Abs 3 zeigt – in das Beurteilungsermessen des Tatrichters gegeben. Den möglicherweise schwierigen Abgrenzungsproblemen kann das Gericht aber auch nach der Einschränkung des Abs 1 S 1 (**„soweit"**) Rechnung tragen. Sie ermöglicht beim Ausschluß der Öffentlichkeit gerade in Zivilprozessen, in denen Fragen des persönlichen Lebensbereichs oft berührt sein können, ohne den Kern des Verfahrens auszumachen, eine entsprechend differenzierte Handhabung (Ausschluß nur für konkret abgegrenzte Teile der Verhandlung). 5

5) Die persönlichen Umstände müssen einen **Prozeßbeteiligten**, einen **Zeugen** oder den **Verletzten** einer Straftat (der am Verfahren nicht beteiligt zu sein braucht) betreffen. Zeuge ist auch, wer als solcher in Betracht kommt (BGH bei Holtz MDR 83, 92). 6

6) **Der Ausschluß der Öffentlichkeit ist zwingend,** wenn der Betroffene sie beantragt (Abs 2). Der Antrag bedarf keiner Form. Das Gericht muß jedoch in der Begründung (§ 174 I 3) angeben, daß und ggf auf Grund welcher Erklärung Abs 2 bejaht wird (BGH NStZ 94, 591). – Die Ausschließung hat **zu unterbleiben,** wenn ihr der Betroffene widerspricht. Sind mehrere betroffen, so gilt das Verbot nur, wenn alle widersprechen (Abs 1 S 2, der über seinen Wortlaut hinaus, der auf das Strafverfahren abstellt, auch für die mündliche Verhandlung im Zivilprozeß anzuwenden ist, Weigend NJW 87, 1172). – Hieraus folgt auch, daß bei mehreren Betroffenen bereits der Antrag eines von ihnen die Wirkung des Abs 2 auslöst. Der Widerspruch der anderen kann aber bei der Abwägung nach Abs 1 S 1 (Schutzwürdigkeit der Privatinteressen) gewürdigt werden. 7

Werden Anträge und Erklärungen der Betroffenen nicht abgegeben, so liegt der Ausschluß nach dem Wortlaut des Abs 1 S 1 im **Ermessen des Gerichts** (nicht Vorsitzender allein). Wie der Gesamtzusammenhang der Vorschrift aber zeigt, ist bei Vorliegen der Voraussetzungen auch ohne Verlangen von der Ausschlußmöglichkeit regelmäßig Gebrauch zu machen. Nur besondere Umstände können es rechtfertigen, im Ermessensweg dennoch öffentl zu verhandeln. 8

7) Der Ausschluß ist auf den jeweils betroffenen **Verfahrensteil** („für die Dauer der Vernehmung des Zeugen X") zu beschränken. Dies ist in dem Beschluß (§ 174 I) anzuführen; ist jedoch absehbar, daß die gesamte Beweisaufnahme (oder Verhandlung) den Ausschluß rechtfertigende persönliche Umstände berührt, so ist es zulässig, den Ausschluß entsprechend unbegrenzt anzuordnen (BGH NStZ 89, 483; b Holtz MDR 92, 634). 8a

8) Die Entscheidung über Ausschluß oder Nichtausschluß der Öffentlichkeit ist für den Betroffenen und für die übrigen Verfahrensbeteiligten **nicht anfechtbar (Abs 3);** dies entspricht der hM schon zu § 172 (s dort Rn 14). Die **Revision** kann auf eine Verletzung des § 171b generell nicht gestützt werden; für das Strafverfahren ergibt sich dies aus § 336 S 2 StPO. Nach dem erkennbaren Willen des Gesetzgebers hat gleiches für den Zivilprozeß zu gelten; §§ 512, 548 ZPO sind über ihren Wortlaut („dieses Gesetzes") hinaus auf unanfechtbare Entscheidungen nach § 171b GVG entsprechend anzuwenden. 9

172 *[Ausschließung der Öffentlichkeit aus sonstigen Gründen]*
Das Gericht kann für die Verhandlung oder für einen Teil davon die Öffentlichkeit ausschließen, wenn

1. **eine Gefährdung der Staatssicherheit, der öffentlichen Ordnung oder der Sittlichkeit zu besorgen ist,**

1a. **eine Gefährdung des Lebens, des Leibes oder der Freiheit eines Zeugen oder einer anderen Person zu besorgen ist,**

2. **ein wichtiges Geschäfts-, Betriebs-, Erfindungs- oder Steuergeheimnis zur Sprache kommt, durch dessen öffentliche Erörterung überwiegende schutzwürdige Interessen verletzt würden,**

3. **ein privates Geheimnis erörtert wird, dessen unbefugte Offenbarung durch den Zeugen oder Sachverständigen mit Strafe bedroht ist,**

4. **eine Person unter sechzehn Jahren vernommen wird.**

Fassung gemäß Art 4 des OrgKG v 15. 7. 92 (BGBl I S 1302).

1 1) **Ausschließung** auf Antrag o von Amts wegen durch Gericht (nichts Vors allein) nach pflichtgemäßem Ermessen (BGH NJW 86, 200). Die Anträge der Verfahrensbeteiligten sind hier (im Gegensatz zu § 171b, dessen Ausschließungsgründe selbständig neben § 172 stehen, also keine vorrangige Spezialnorm darstellen, BGH NJW 92, 2436) nicht maßgebend (RGSt 66, 113). Zuvor ist ü die Frage der Ausschließung zu verhandeln – öffentl, wenn angezeigt in nichtöffentl Sitzung (§ 174 I 1). Entscheidung durch Beschluß, der öffentl zu verkünden (§ 174 I).

2 **Umfang** der Ausschließung: ist auf das gebotene Maß zu beschränken; ggfalls ist Ausschließung wieder aufzuheben (Gerichtsbeschluß nötig). Wurde „für die Verhandlung" oder „deren weitere Dauer" (BGH NJW 86, 200) ausgeschlossen, so endet Ausschluß mit Urteilsverkündung (§ 173 I), ohne daß es eines Wiederherstellungsbeschlusses bedarf, jedoch muß Öffentlichkeit tatsächlich – etwa durch Gerichtswachtmeister – wiederhergestellt werden. Wurde für einen (konkret zu bezeichnenden) Teil der Verhandlung ausgeschlossen (zB: „für Dauer der Vernehmung des Zeugen X"), so genügt ebenfalls die tatsächl Wiederherstellung der Öffentlichkeit nach Ablauf des Verhandlungsteils. – Mögl auch Ausschluß „bis auf weiteres", wenn noch nicht abzusehen ist, wann die Gefahr wegfällt (RG JW 28, 1940). Der Ausschließungsbeschluß kann jederzeit wieder aufgehoben werden, wenn nichts mehr zu besorgen ist. Zutritt einzelner Personen trotz Ausschlusses der Öffentlichkeit: § 175 II, III. Der Ausschluß einzelner Zuhörer ist nicht auf § 172 zu gründen, zB nicht eines **Zeitungsberichterstatters** mit der Begründung, daß er durch falsche Berichte Unruhe errege (vgl dazu Hamm NJW 67, 1289; vgl auch BVerfG NJW 79, 1400).

3 2) **Ausschlußgründe: a) Gefährdung der Staatssicherheit (Nr 1):** Definition in § 92 III Nr 2 StGB; es muß die konkrete Gefahr bestehen, daß durch den Inhalt der Verhandlung die Allgemeinheit Kenntnis von Informationen erhält, deren Bekanntwerden die innere oder äußere Sicherheit der Bundesrepublik gefährden würde; es muß sich nicht notwendig um Amtsgeheimnisse handeln. Nach Art 38 Zusatzabk z Truppenstatut (BGBl 61 II 1218) gilt Nr 1 auch, wenn Amtsgeheimnisse des Entsende- oder Aufnahmestaats oder für deren Sicherheit wichtige Informationen zur Sprache kommen.

4 **b) Gefährdung der öffentl Ordnung (Nr 1)** zB auch b fortwährender Störung der Verhandlung (RGSt 30, 105, Düsseldorf HESt 1, 206), soweit wegen der unbestimmten Vielzahl von Störern Maßnahmen nach §§ 176, 177 nicht ausreichen.

5 **c) Gefährdung der Sittlichkeit** (vgl dazu Schweling DRiZ 70, 354; BGH NJW 86, 200 und Anm Böttcher JR 86, 216, Anm Gössel NStZ 86, 180): Wegen der allgemeinen Öffentlichkeit ist auf das sittliche Empfinden eines aufgeschlossenen Durchschnittsbürgers abzustellen. Gesichtspunkten des Jugendschutzes kann auch durch Ausschließung unerwachsener Personen nach § 175 I Rechnung getragen werden.

5a **d) Konkrete Gefahr für eine einzelne Person** (Nr 1a, eingefügt durch Art 4 des OrgKG): die Verbesserung der Bedingungen für die Strafverfolgung von illegalem Rauschgifthandel und der sonstigen organisierten Kriminalität war nur Anlaß der Gesetzesänderung; der Ausschluß der Öffentlichkeit aus Gründen des Schutzes von Leben, Leib oder Freiheit einer Einzelperson ist auch im Zivilprozeß möglich. Die Fälle wurden vorher, soweit möglich, unter Nr 1 (öffentl Ordnung) subsumiert (vgl BGHSt 3, 344; 9, 280; NJW 61, 1781; NStZ 87, 86). Der Gefährdete muß nicht als Zeuge – oder in sonstiger Weise – beteiligt sein; es genügt, wenn durch die Aussage eines nicht gefährdeten Zeugen (zB V-Mann) ein Dritter gefährdet wird. Bei Widerstreit zw Öffentlichkeits- u Wahrheitserforschungsgrundsatz hat aber im allg der erstere den Vorrang (BGH NJW 56, 1646). So ist der Ausschluß der Öffentlichkeit nicht schon deshalb zulässig, weil ein Zeuge, dem ein Auskunftsverweigerungsrecht zusteht, erklärt, er werde aussagen, wenn die Öffentlichkeit ausgeschlossen sei (BGH NJW 81, 2825).

e) Schutz überwiegender Individualinteressen (Nr 2), soweit nicht schon unter § 171b fallend: hier Schutz der Privatsphäre (auf strafrechtl Gebiet vgl § 203 StGB), der gegenüber auch der Grundsatz der Öffentlichkeit Einschränkungen hinnehmen muß (vgl auch Art 6 I 2 MRK). Die Privatinteressen müssen „schutzwürdig“ sein und ihr Schutz muß gegenüber dem Interesse der Öffentlichkeit auf Offenheit der gerichtl Verhandlung überwiegen. Hohe Anforderungen sind hier aber nicht nötig, da der vom Gesetzgeber gewollte Schutz der Individualinteressen – gerade unter den tatsächlichen Gegebenheiten des modernen Pressewesens – für sich hohen Rang hat (vgl dazu auch Böttcher DRiZ 84, 17). Die **Abwägung** hat das Gericht nach objektiven Beurteilungsmaßstäben vorzunehmen, wobei ihm jedoch ein freies Ermessen eingeräumt ist; Ermessenskriterien sind insbesondere die Art des zu erörternden Vorgangs und sein Gewicht für den Betroffenen, nur sekundär unter dem Blickwinkel der Bedeutung des Vorgangs im Rahmen der Verhandlung und für die Wahrheitsfindung. Zur Abwägungsentscheidung kann das Gericht Erklärungen einholen, notfalls sogar Beweise erheben; hierüber wird idR nach § 174 I nichtöffentlich zu verhandeln sein. 6

Umstände aus dem persönlichen Lebensbereich (Familienleben, Intimsphäre) sind in § 171b gesondert geregelt, s dort. 7

Geschäfts- und Betriebsgeheimnisse (vgl §§ 17, 19, 20a UWG sowie Lachmann NJW 87, 2206); Tatsachen technischer oder kaufmännischer Art, die zumindest Unberufenen unbekannt sind, an deren Geheimhaltung der Geschäftsinhaber e verständl Interesse hat u die er nicht preisgegeben haben will (RGSt 38, 108; 40, 406; 42, 394; 48, 12; Wittkämper BB 63, 1160). 8

Erfindergeheimnis, Erfindung ist ein noch nicht als Patent oder Gebrauchsmuster geschütztes technisches Verfahren, das auf einer persönlichen Leistung des Erfinders beruht. 9

Steuergeheimnis vgl § 30 AO. 10

Es ist **unerheblich,** ob bei der nicht öffentl Vernehmung tatsächlich Umstände im Sinn der Nr 2 zur Sprache kommen. Entscheidend ist, daß im Zeitpunkt der Beschlußfassung mit der Erörterung solcher Umstände zu rechnen ist. Es ist daher auch nicht erforderlich, die Vernehmung in öffentl Sitzung zu wiederholen, wenn entgegen der begründeten Erwartung bei der Vernehmung entsprechende persönliche Umstände doch nicht zur Sprache gekommen sind (BGH NJW 82, 59). 11

f) Mittelbarer Schutz von Privatgeheimnissen (Nr 3): Während Nr 2 auf den unmittelbaren Schutz des Privatgeheimnisses und ihm gleichgestellter Geheimnisse abstellt, ergänzt Nr 3 den strafrechtlichen Schutz des Privatgeheimnisses (vgl § 203 StGB) vor Offenbarung durch Dritte. Durch Ausschluß der Öffentlichkeit soll Gericht eine Lage schaffen können, in der der Schutzberechtigte den Schweigepflichtigen zur Offenbarung berechtigt, ohne damit rechnen zu müssen, daß der Vorgang an die Öffentlichkeit kommt. Nr 3 schafft mithin keinen Offenbarungsgrund, sondern soll nur die Möglichkeit zu einer befugten Offenbarung durch Entbindung von der Schweigepflicht schaffen. Zweck ist, die gerichtliche Ermittlung der Wahrheit auch in Fällen des Geheimnisschutzes nach § 203 StGB zu ermöglichen. Daher hat das Gericht von der Befugnis ohne Güterabwägung (vgl Nr 2) Gebrauch zu machen, wenn dadurch die Erforschung des Sachverhalts erleichtert wird. 12

g) Vernehmung einer Person unter 16 Jahren: Die Art der Beteiligung (Zeuge, Partei) ist ohne Bedeutung. Gericht kann der besonderen psychologischen Situation des Jugendlichen Rechnung tragen (Zweck: Schutz des Jugendlichen und größere Gewähr für richtige Aussage). 13

3) Anfechtung: Kein Beschwerderecht ausgeschlossener Zuhörer (Nürnbg MDR 61, 508; Frankfurt FamRZ 94, 1400); auch nicht der an Geheimhaltung (zB e Geschäftsgeheimnisses) persönlich Interessierten gg Ablehnung des Ausschlusses (BGH NJW 69, 2707; vgl dazu Müller-Gindullis NJW 73, 1218). Auch aus Art 6 I MRK folgt kein Anspruch des Verfahrensbeteiligten auf Ausschluß der Öffentlichkeit zum Schutz der Privatsphäre (BGH aaO, aA Herbst NJW 69, 546; s auch Schmidt JZ 70, 35). § 171b Abs 3 rechtfertigt nichts anderes (nicht argumentum e contrario), da der Gesetzgeber dort lediglich die schon bestehende hM festgeschrieben hat (BT Drucks 10/5305 S 24). 14

Im **Rechtsmittelverfahren** kann die Ausschließung nach § 172 (bei § 171b s dort Rn 9) als Ermessensentscheidung als Verletzung des § 169 S 1 (§ 551 Nr 6 ZPO) nur angegriffen werden, wenn infolge Rechtsirrtum e Ausschließungsgrund angenommen wurde (RGSt 66, 113; 69, 402). Bei der Beurteilung der Voraussetzungen des § 172 hat der Richter ein weites Ermessen, das im Rechtsmittelweg nicht nachzuprüfen ist. – Daß die Öffentlichkeit trotz Vorliegens e Grunds nach § 172 nicht ausgeschlossen wurde, kann i Rechtsmittelverfahren regelmäßig nicht beanstandet werden (RG JW 34, 370; BGH MDR 53, 149; NJW 69, 2107; NJW 70, 523), jedoch ist die Rüge unvollständiger Sachverhaltsaufklärung möglich, wenn durch Maßnahmen nach § 172 (insb Nr 3) weitere Aufklärung möglich gewesen wäre. 15

173 *[Urteilsverkündung]*
(1) Die Verkündung des Urteils erfolgt in jedem Falle öffentlich.

(2) Durch einen besonderen Beschluß des Gerichts kann unter den Voraussetzungen der §§ 171b und 172 auch für die Verkündung der Urteilsgründe oder eines Teiles davon die Öffentlichkeit ausgeschlossen werden.

1 1) Dazu Art 6 Abs 1 S 2 MRK. **Vor** Urteilsverkündung Öffentlichkeit wiederherzustellen; entsprechende Feststellung im Protokoll nötig; genügend, daß Gerichtswachtmeister ohne förml neuen Gerichtsbeschluß dem Publikum wieder Zutritt gewährt, wenn vorher Öffentlichkeit nur bis z Urteilsverkündung ausgeschlossen worden war (RGSt 53, 271; Karlsruhe Recht 25, 1766). Für die Verkündung der Urteilsformel kann Öffentlichkeit niemals ausgeschlossen werden, für die Verkündung der Gründe (bedeutsam für Strafsachen) nur ausnahmsweise (II). Letzterenfalls ist über die Ausschließung zunächst nochmals zu verhandeln (§ 174 I); nicht zulässig, von vornherein die Öffentlichkeit sowohl für die Verhandlung wie für die Bekanntgabe der Urteilsgründe auszuschließen (RGSt 60, 280; 69, 175). – Urteilen stehen in Beschlußform zu erlassende Entscheidungen gleich, wenn sie das Verfahren abschließen (zB Verweisungsbeschluß; s a BayObLG MDR 88, 411).

2 2) In Strafsachen ist nach BGHSt 4, 279 Urteilsverkündung in nichtöffentl Sitzung absoluter **Revisionsgrund.** Für Zivilsachen vgl dagegen den Wortlaut des § 551 Nr 6 ZPO; der Bedeutung der Öffentlichkeit entspricht es aber, auch hier e absoluten Revisionsgrund anzunehmen. E unzulässige nichtöffentl Verkündung kann nach Wiederherstellung der Öffentlichkeit wiederholt werden. Die schriftl Entscheidung ist der Öffentlichkeit ohnehin nicht zugänglich.

174 *[Verhandlung über Ausschließung der Öffentlichkeit]*
(1) Über die Ausschließung der Öffentlichkeit ist in nichtöffentlicher Sitzung zu verhandeln, wenn ein Beteiligter es beantragt oder das Gericht es für angemessen erachtet. Der Beschluß, der die Öffentlichkeit ausschließt, muß öffentlich verkündet werden; er kann in nicht öffentlicher Sitzung verkündet werden, wenn zu befürchten ist, daß seine öffentliche Verkündung eine erhebliche Störung der Ordnung in der Sitzung zur Folge haben würde. Bei der Verkündung ist in den Fällen der §§ 171b, 172 und 173 anzugeben, aus welchem Grund die Öffentlichkeit ausgeschlossen wurde.

(2) Soweit die Öffentlichkeit wegen Gefährdung der Staatssicherheit ausgeschlossen wird, dürfen Presse, Rundfunk und Fernsehen keine Berichte über die Verhandlung und den Inhalt eines die Sache betreffenden amtlichen Schriftstücks veröffentlichen.

(3) Ist die Öffentlichkeit wegen Gefährdung der Staatssicherheit oder aus den in §§ 171b und 172 Nr. 2 und 3 bezeichneten Gründen ausgeschlossen, so kann das Gericht den anwesenden Personen die Geheimhaltung von Tatsachen, die durch die Verhandlung oder durch ein die Sache betreffendes amtliches Schriftstück zu ihrer Kenntnis gelangen, zur Pflicht machen. Der Beschluß ist in das Sitzungsprotokoll aufzunehmen. Er ist anfechtbar. Die Beschwerde hat keine aufschiebende Wirkung.

1 **1) Abs 1: Verhandlung über die Ausschließung:** Die Parteien müssen Gelegenheit zur Äußerung haben, ausdrückl Aufforderung hierzu nicht unumgängl (BGHSt MDR 1951, 539). Diese Verhandlung kann (Abs 1 S 1) nichtöffentl stattfinden; letzterenfalls § 175 II anwendbar (RGSt 33, 311). Im Rahmen der Verhandlung über die Ausschließung der Öffentlichkeit können auch Auskunftspersonen formlos gehört werden (RGSt 66, 113). War die Öffentlichkeit für eine bestimmte Prozeßhandlung (zB Vernehmung e Zeugen; Umfang in diesem Fall vgl BGH bei Dallinger MDR 75, 544) ausgeschlossen u soll sie für einen durch den Beschluß nicht gedeckten weiteren Teil der Verhandlung ausgeschlossen bleiben, so bedarf es zunächst der Wiederherstellung der Öffentlichkeit, der Verhandlung über die weitere Ausschließung und eines neuen Beschl (BGH NStZ 85, 37; KG JW 32, 204). Auch muß dieser neuerliche Beschluß über die Fortdauer des Ausschlusses öffentlich verkündet werden (BGH NJW 80, 2088).

2 **Beschluß ist zu begründen** (S 3) und öffentl zu verkünden (Ausnahme S 2 Hs 2); die Begründung muß in das Protokoll aufgenommen werden (§§ 160 I Nr 5, III Nr 7, 165 ZPO). Unterlassung schafft Voraussetzung des absoluten Revisionsgrunds nach § 551 Nr 6 ZPO (RG 128, 218; BGHSt 2, 56; NJW 77, 1643; BGH NStZ 82, 169; BVerwG NJW 83, 2155). Umfang der Begründung: der konkrete Ausschlußgrund muß unmißverständlich ersichtlich sein – bei § 172 Nr 1a genügt Angabe der Gesetzesbestimmung (BGH NJW 95, 3195); bei § 172 Nr 1 und 2 muß die Alternative angegeben werden, es genügt dabei jedoch die Wiedergabe des Gesetzeswortlauts (vgl BGH NJW 77, 964; NJW 77, 1643; NJW 86, 200; NStZ 89, 442), nicht erforderlich ist, daß die tatsächlichen Umstände angeführt werden, aus denen sich der Ausschlußgrund ergibt (BGH NJW 82, 59; NJW

86, 200). Die Bezugnahme auf einen früheren Beschluß oder auf einen protokollierten Antrag genügt nur, wenn dadurch der Grund der (erneuten) Ausschließung zweifelsfrei klargestellt wird (BGH NJW 82, 948; NStZ 94, 591). S 3 gilt nicht bei Zurückweisung eines Antrags auf Wiederherstellung der Öffentlichkeit (BGH GA 1983, 361).

Beispiel für Protokollfassung: „Der Vertreter des Klägers beantragt, für die Dauer der Verhandlung und Beweisaufnahme die Öffentlichkeit wegen Gefährdung der Sittlichkeit auszuschließen und über den Antrag nichtöffentl zu verhandeln. Es wurde Beschluß verkündet: Über den Antrag auf Ausschließung der Öffentlichkeit ist in nichtöffentl Sitzung zu verhandeln. Der Beschluß wurde ausgeführt u über den Antrag des Klägers verhandelt. Nach Wiederherstellung der Öffentlichkeit wurde folgender Beschluß verkündet: Die Öffentlichkeit wird wegen Gefährdung der Sittlichkeit bis zur Urteilsverkündung ausgeschlossen, § 172 Nr 1 GVG.“ 3

2) **Abs 2** schafft Berichtsverbot für die Massenmedien, das nicht erst einer gerichtl Anordnung bedarf. Verstoß strafbar nach § 353d Nr 1 StGB. 4

3) **Abs 3: Schweigegebot** an die Verhandlungsteilnehmer u etwa nach § 175 II, III anwesende Personen durch verkündeten u ins Protokoll aufzunehmenden (S 2) Gerichtsbeschl (nicht zulässig bei Ausschluß der Öffentlichkeit nach § 172 Nr 1 2. u 3. Alt, Nr 1a und Nr 4). Auch der beauftragte oder ersuchte Richter kann bei seiner (ohnedies nicht öffentl) Beweisaufnahme aus den Gründen zu III Schweigegebot erlassen (Rostock JW 1928, 1527). Gegen Schweigegebot durch OLG oder BGH kein Rechtsmittel, sonst Beschw, aber ohne aufschiebende Wirkung (S 3, 4). Übertretung des Schweigegebots strafbar nach § 353d Nr 2 StGB. 5

4) **Gebühren** des **Gerichts:** Keine, s Rn 6 zu § 159. 6

175 *[Versagung und Gestattung des Zutritts]*

(1) Der Zutritt zu öffentlichen Verhandlungen kann unerwachsenen und solchen Personen versagt werden, die in einer der Würde des Gerichts nicht entsprechenden Weise erscheinen.

(2) Zu nichtöffentlichen Verhandlungen kann der Zutritt einzelnen Personen vom Gericht gestattet werden. In Strafsachen soll dem Verletzten der Zutritt gestattet werden. Einer Anhörung der Beteiligten bedarf es nicht.

(3) Die Ausschließung der Öffentlichkeit steht der Anwesenheit der die Dienstaufsicht führenden Beamten der Justizverwaltung bei den Verhandlungen vor dem erkennenden Gericht nicht entgegen.

1) **Abs 1:** Gilt nicht für Verfahrensbeteiligte, auch wenn die Gründe des Abs 1 bei ihnen gegeben wären; sie können gg ihren Willen nur unter den Voraussetzungen der §§ 177, 178 entfernt werden. – **Entscheidung trifft der Vorsitzende;** das Gericht kann gg ihn nicht angerufen werden (Woesner NJW 59, 867). – Ob Person unerwachsen ist, richtet sich nach dem äußeren Eindruck; 18 Jahre alte Person ist erwachsen. Als Gerichtsberichterstatter erschienenem 19jährigen Zeitungsvolontär kann der Zutritt nicht wegen Unerwachsenheit untersagt werden (Hamm NJW 67, 1289). – Verletzung der Würde des Gerichts zB bei Erscheinen in betrunkenem Zustand, in anstößiger Kleidung. Es kann gleichzeitig Ungebühr (§ 178) vorliegen. Gegen die Anordnung keine Beschwerde (Woesner aaO). Lag kein Versagungsgrund vor, so kann mit der Revision Verletzung der Öffentlichkeit (§ 169) gerügt werden (Hamm NJW 67, 1289). – Bei Nichtbefolgung des Entfernungsgebots: § 177. 1

2) **Abs 2:** Gestattung durch Gericht, nicht den Vorsitzenden allein (anders nach § 48 II JGG); auch stillschweigend mögl zB für Sachverständige, wartende Rechtsanwälte, auch Presseberichterstatter (dazu auch BGH NJW 64, 1485 u Rn 5 zu § 176). Ein Anspruch auf ausnahmsweisen Zutritt besteht nur für den Verletzten nach S 2 im Strafverfahren; das Gericht kann jedoch auch hier aus besonderen Gründen – über die nach pflichtgemäßem Ermessen zu entscheiden ist und die nicht offengelegt werden müssen – den Zutritt versagen. 2

3) **Abs 3:** Wem Dienstaufsicht zusteht, ergeben §§ 13 ff d VO v 20. 3. 35 (RGBl I 403), jetzt Landesrecht (Bay vgl Art 20 AGGVG). Bei Verhandlung gg Mitglieder der Stationierungsstreitkräfte ist auch deren Beauftragten Zutritt zu gestatten (Art 25 Zusatzabkommen z Nato-Truppenstatut, BGBl 61 II 1218). 3

176 *[Polizeigewalt des Vorsitzenden]*
Die Aufrechterhaltung der Ordnung in der Sitzung obliegt dem Vorsitzenden.

Lit: *Scheuerle,* Festschrift für Baur, 1981, S 595; *Steinbrenner* Justiz 68, 235; *Weidemann* DRiZ 70, 114; *Krekeler* NJW 79, 185 zu den Problemen der sog Demonstrantenprozesse; *Seibert* NJW 73, 127. Zu Befugnissen des Richters in den USA s interessantes Beispiel bei *Adam* JZ 70, 542.

1 **1) Allgemeines:** Die Sitzungspolizei ist Bestandteil der unabhängigen richterl Gewalt (BGHSt 17, 204). Sie gehört daher zur Rechtspr, was insbesondere für die Frage der Anfechtbarkeit (Art 19 IV GG) von Bedeutung ist (vgl Rn 9). Befugnisse des Vorsitzenden (auch des Einzelrichters, nach § 180 auch des beauftragten oder ersuchten Richters; schließl des Rechtspflegers, soweit er i Rahmen der ihm übertragenen Aufgaben mündl Verhandlungen abhalten kann, vgl § 4 I RPflG) ggüber allen Anwesenden, auch Gerichtspersonen (allerdings zu Recht einschränkend, soweit es Richter und Staatsanwälte betrifft, BVerfG NJW 78, 2235), Rechtsanwälten als Prozeßbevollmächtigten, sonstigen Verhandlungsbeteiligten.

2 Die dem Vorsitzenden eingeräumten Befugnisse sind nicht vom **Hausrecht** der Justizverwaltung abgeleitet, sie gehen diesem vor: BGH NJW 72, 1144; MDR 82, 332; OLG Celle DRiZ 79, 376, jedoch zu weitgehend: nur im Sitzungssaal selbst ist Hausrecht ganz ausgeschlossen, nicht jedoch im Gerichtsgebäude; so gilt etwa ein erteiltes Hausverbot der Justizverwaltung (OVG Schleswig NJW 94, 340; auch für Anordnung einer körperlichen Durchsuchung zum Schutz der Mitarbeiter des Gerichts), das allerdings nicht auf der Sitzungsgewalt unterliegende Vorfälle gestützt werden kann, auch wenn der Betroffene dadurch faktisch vom Besuch einer Verhandlung ausgeschlossen wird.

3 **Die Grenzen** der Sitzungspolizei liegen deren Wesen als Ausübung richterlicher Gewalt gemäß in den gleichrangigen oder vorrangigen Verfahrensgrundsätzen – insb Öffentlichkeit (§ 169 GVG), rechtliches Gehör (Art 103 I GG) und Pflicht zur Ermittlung der Wahrheit (vgl BGHSt 17, 201). Dabei ist jedoch grundsätzlich davon auszugehen, daß dem störungsfreien Ablauf der Verhandlung der gleiche Stellenwert zukommt wie dem Grundsatz der Öffentlichkeit selbst (vgl BGH MDR 81, 770; Molketin MDR 84, 21).

4 **2) Sitzung:** Verhandlung des Gerichts im Rahmen eines förmlichen Verfahrens, daher nicht bei Bürotätigkeit des Richters, auch soweit Kontakt mit Rechtssuchenden besteht (hier Hausrecht). Sitzung jedoch auch die Augenscheinseinnahme außerhalb der Gerichtsstelle. **Räumlich** erfaßt ist der Ort der Sitzung einschließlich dazugehörender Räume (zB Beratungszimmer), nicht Gänge des Justizgebäudes (Hausrecht der Justizverw; s auch Rn 5 aE). **Zeitlich** erfaßt ist auch die der Sitzung unmittelbar vorausgehenden und nachfolgenden Zeiten (Einfinden der Beteiligten sowie deren Weggang), vgl Hamm NJW 56, 1452, sowie Unterbrechungen, wenn mit einer unmittelbar anschließenden Fortsetzung der Sitzung zu rechnen ist. Außerhalb der Sitzung s jedoch § 180.

5 **3) Umfang der Ordnungsgewalt des Vorsitzenden: a) Ziel** ist die Aufrechterhaltung der äußeren Ordnung des Verfahrensablaufs. Mögl zB Verwarnung, Untersagung störender Verrichtungen, Gestattung oder Verbot von Lichtbildaufnahmen, Zeichnungen, Rundfunk u Fernsehübertragungen vor Verhandlungsbeginn (s § 169 Rn 16 – auch zu den vom BVerfG in Verfahren gegen Personen der Zeitgeschichte aus Art 5 GG hergeleiteten Schranken bei der Untersagung von Filmaufnahmen), Wortentziehung, Anweisung von Plätzen, Anordnungen ü Betreten u Verlassen des Sitzungssaales während der Verhandlung z Vermeidung von Störungen (RG HRR 30, 465; BGH MDR 52, 410), aber auch vorbeugende Maßnahmen wie Ausweiskontrolle (BGH NJW 77, 157; Karlsruhe NJW 75, 2080; zulässig auch im Zivilprozeß, LG Berlin MDR 82, 154) und Durchsuchung auf Waffen bei Verdächtigen (vgl BVerfG NJW 78, 1048; BGH NJW 79, 2622; 81, 61) oder vorsorgliche Postierung eines Polizeibeamten (Schleswig MDR 77, 775); uU Aufhebung der Sitzung (RG 32, 390). Der Vorsitzende darf auch die dem Gericht vorbehaltenen Maßnahmen nach §§ 177, 178 androhen. § 176 rechtfertigt es dagg nicht, Kanzleiangestellten eines beteiligten RA das Fertigen von Aufzeichnungen zu verbieten (BGHSt 18, 179; Eb Schmidt JR 63, 307). Das Erstellen handschriftl Aufzeichnungen durch einen Zuhörer kann grundsätzlich nicht verboten werden, auch nicht wenn „das ständige Schreiben den Richter nervös macht" (BGH bei Holtz MDR 82, 812). Das Ersuchen des Vorsitzenden an Zuhörer, im Interesse unbefangener Zeugenaussage den Sitzungssaal vorübergehend zu verlassen, kann Verletzung der Öffentlichkeit bedeuten; anders, wenn sich der Zuhörer freiwillig entfernt, wenngleich im Bewußtsein, daß dies dem Vorsitzenden erwünscht ist (BGH NJW 63, 166; MDR 88, 791). Unter besonderen Umständen, insbesondere bei groben Ausschreitungen, kann der Vorsitzende allerdings – als äußerstes Mittel – befehlen, daß einzelne Personen den Sitzungssaal verlassen sollen (BGH NJW 72, 1144, Klarstellung zu BGHSt 17, 204 u 18, 180), die zwangsweise Ausführung dieser Anordnung kann er jedoch nicht veranlassen (s Rn 6). Der Ausschluß von **Berichterstattern,** die durch falsche u unsachliche Berichterstattung das Gericht oder Verfahrensbeteilgte diffamiert haben, ist nicht möglich, da

kein Fall äußerer Ordnung des Verfahrensablaufs (BVerfG NJW 79, 1400; Stober DRiZ 80, 3; vgl aber auch BGH NJW 64, 1485 und Hamm NJW 67, 1289). Zur äußeren Ordnung gehört dagegen das Unterbinden der Einflußnahme vom Zuhörerraum auf Zeugen oder Parteien durch Zurufe oder Zeichen (vgl Kern JZ 62, 564); dies gilt auch für die Einflußnahme auf vor dem Sitzungssaal wartende Zeugen (zB Mitteilung von Aussagen im Sitzungssaal, vgl BGH bei Holtz MDR 82, 812; RGSt 64, 385). – Störungen von außerhalb des Sitzungssaals können unterbunden werden, wenn enge räumliche Beziehung besteht (Gang vor dem Saal) und die Störung unmittelbar auf die Verhandlung einwirkt, Stuttgart, Justiz 93, 146.

b) Durchsetzung der Anordnung: Vorbehalt zugunsten des Gerichts in §§ 177, 178. Insbesondere ist die zwangsweise Entfernung eines Störers nur unter den Voraussetzungen des § 177 zulässig, da Eingriff in den Grundsatz der Öffentlichkeit (BGH NJW 72, 1144, s dazu Willms JZ 72, 653). Soweit diese Vorbehalte nicht i Betracht kommen, kann der Vorsitzende seine Anordnungen durch unmittelbaren Zwang durchsetzen lassen (zB b Nichtbeachtung e Photographierverbots Wegnahme des Photoapparats). Zwangsanwendung durch den Gerichtswachtmeister; nach Landesrecht ev Amtshilfe der Polizei. 6

c) Die **Protokollierung** ist für sitzungspolizeil Maßnahmen gegen Unbeteiligte nicht vorgeschrieben (§ 182; BGHSt 17, 204). 7

d) Strafrechtl Ahndung (§ 123 StGB) ist möglich gegen Personen, die entgegen sitzungspolizeilicher Anordnung in den Verhandlungssaal eindringen (BGH NJW 82, 947), und zwar auch wenn an sich eine öffentliche Verhandlung vorliegt. S auch § 183. 8

4) Anfechtung: Keine Beschwerde (Hamburg NJW 76, 1987; MDR 92, 799; Zweibrücken NStZ 87, 477), auch Gerichtsbeschluß kann gg Maßnahmen der Vorsitzenden nicht herbeigeführt werden (kein Fall des § 140 ZPO). Hiergegen werden mit Hinweis auf Art 19 IV GG Bedenken angemeldet (vgl Krekeler NJW 79, 185, 189 mwN; Amelung NJW 79, 1690). Diese sind unbegründet, weil Maßnahme nach § 176 GVG Rechtspr ist und deshalb nicht von Verfassungs wegen zusätzl gerichtl Überprüfung bedarf; im übrigen können Verstöße, die das Verfahren beeinflußt haben, mit der Rüge der Verletzung des Öffentlichkeitsgrundsatzes mit den allg Rechtsmitteln (s Rn 10) gerügt werden. Dienstaufsichtsbeschw mögl (KG JW 32, 1167; s aber § 26 DRiG; vgl BGH DRiZ 77, 56), nicht allg Verfahrensbeschwerde (Koblenz HESt 3, 59; ObLG NJW 56, 390). 9

Mit der **Revision** können sitzungspolizeil Maßnahmen beanstandet werden, wenn durch sie die Öffentlichkeit verletzt, die Wahrheitsermittlung beeinträchtigt, die Rechte der Verfahrensbeteiligten verkürzt wurden (BGHSt 17, 202; 18, 179; NJW 72, 1144; Hamm NJW 67, 1289; Kern JZ 62, 564). Das Unterbleiben sitzungspolizeil Maßnahmen, die z Schutz der Beteiligten geboten gewesen wären, kann sich als Behinderung der Wahrheitsermittlung (vgl BGHSt 16, 111) oder Verkürzung des rechtl Gehörs auswirken, im Strafverfahren als Beschränkung der Verteidigung (BGH NJW 64, 1485). 10

Sitzungspolizeiliche Maßnahmen können auch grundsätzlich nicht die Ablehnung wegen **Besorgnis der Befangenheit** rechtfertigen, es sei denn, sie wären so offensichtlich fehlerhaft, daß sie unter keinem Gesichtspunkt vertretbar erscheinen (vgl Molketin MDR 84, 20; Braunschweig NJW 95, 2113). 11

5) Zur Verpflichtung der **RAe, vor Gerichten in Amtstracht** aufzutreten (vgl § 59 b II Nr 6 c BRAO), s BVerfG 28, 21; Bay VerfGH BayVBl 72, 337; Karlsruhe NJW 77, 309; Braunschweig NJW 95, 2113. RAe, die dem nicht Rechnung tragen, können zurückgewiesen werden und sind dann iSd § 177 nicht beteiligt. 12

177 *[Ungehorsam]*

Parteien, Beschuldigte, Zeugen, Sachverständige oder bei der Verhandlung nicht beteiligte Personen, die den zur Aufrechterhaltung der Ordnung getroffenen Anordnungen nicht Folge leisten, können aus dem Sitzungszimmer entfernt sowie zur Ordnungshaft abgeführt und während einer zu bestimmenden Zeit, die vierundzwanzig Stunden nicht übersteigen darf, festgehalten werden. Über Maßnahmen nach Satz 1 entscheidet gegenüber Personen, die bei der Verhandlung nicht beteiligt sind, der Vorsitzende, in den übrigen Fällen das Gericht.

1) Regelt Befugnisse zur **zwangsweisen Durchsetzung** von sitzungspolizeilichen Anordnungen, soweit sie die **Entfernung von Personen** aus dem Sitzungssaal erfordern. Voraussetzung ist, daß zunächst Anordnung des Vorsitzenden nach § 176 ergangen ist, und daß diese nicht befolgt wurde. Hierdurch muß es zu einer fortdauernden Störung der Verhandlung kommen. Verschulden des Störers ist nicht nötig, da es sich – im Gegensatz zu § 178 – nicht um Ahndung, sondern um Maßnahmen zur Aufrechterhaltung der Ordnung handelt. 1

2 2) **Betroffener Personenkreis:** Zuhörer ohne Einschränkungen (auch auf Aufruf wartender RA, vgl KG JW 25, 810). Verfahrensbeteiligte als Parteien (einschließlich gesetzl Vertreter, Beistände, Düsseldorf Recht 32, 307), Zeugen und Sachverständige; nicht jedoch soweit die Prozeßordnung selbst die Beteiligung weiterer Personen vorsieht, also nicht gegen Gerichtspersonen (einschl Protokollführer), StAe und als Prozeßbevollmächtigte oder Verteidiger beteiligte Anwälte und Rechtsreferendare (vgl BGH 67, 184 = DRiZ 77, 56; Köln NJW 68, 307; Düsseldorf MDR 94, 297; wohl aber gegen RA als Zeugen; auch gegen RA, der vom Zeugen als Beistand mitgebracht wird, da dieser am Verfahren unmittelbar nicht beteiligt ist; aA Krekeler NJW 80, 980); in letzteren Fällen hat Gericht die Möglichkeit der Unterbrechung der Sitzung und der Anrufung der zuständigen Dienstaufsicht; bei Fortsetzung der Störung wird – entsprechend der Rspr bei Ablehnung des Tragens der Amtstracht (vgl § 176 Rn 12) – äußerstenfalls die Zurückweisung eines Anwalts als Bevollmächtigten in Betracht kommen, wobei der Partei Gelegenheit gegeben werden muß, einen anderen Bevollmächtigten zu bestellen. Generell wird bei offensichtl Mißbrauch die etwa den Rechtsanwälten in § 177 eingeräumte Sonderstellung unbeachtl sein, wenn ohne Entfernung des Störers die Verhandlung nicht fortgeführt werden kann (BGH 67, 184; Hamm JMBl NRW 80, 215). Das Gericht kann nicht gezwungen sein, sich der Sabotage des Verfahrens zu beugen.

3 3) **Maßnahmen:** Zwangsweise Entfernung aus dem Saal – Hausverbot nicht nach § 177, aber kraft Hausrechts möglich (BGH NJW 72, 1144) –; Festhalten in Ordnungshaft bis zu 24 Stunden: Dauer muß im Beschluß nach § 177 festgesetzt werden, im Hinblick auf den repressiven Charakter Ausschöpfen der Frist nicht zulässig, wenn vorheriges Ende der Sitzung feststeht (Rehbinder MDR 63, 641; str). **Vollständige Räumung** der Zuhörerbank nach § 177 möglich, wenn Feststellung der Störer nicht möglich; die Öffentlichkeit muß jedoch wieder eingelassen werden, falls Gericht nicht nach § 172 Nr 1 (Gefährdung der öffentl Sicherheit) vorgeht, vgl auch RG 30, 104.

4 4) **Verfahren: Zuständigkeit** nach S 2 durch Anordnung des Vorsitzenden, wenn sich die Maßnahme gegen einen am Verf nicht Beteiligten richtet; gegen Verfahrensbeteiligte Gerichtsbeschluß nötig, zumindest als Bestätigung einer vom Vors schon angeordneten Maßnahme (BGH NStZ 88, 85); auch solcher des Einzelrichters; Rpfleger als Verhandlungsleiter kann Entfernung verfügen, nicht aber Ordnungshaft androhen oder verhängen (§ 4 II Nr 2 RPflG).

5 **Anhörung** des Betroffenen vor Entscheidung geboten (RG HRR 39, 450). Wurde Maßnahme vorher dem Betroffenen gegenüber erfolglos angedroht, so ist weitere Anhörung entbehrlich (vgl auch Darmstadt JW 34, 780; 35, 2073; Woesner NJW 59, 868); ebenso bei nicht identifizierbarer Mehrheit von Störern (dann aber nur Entfernung).

6 Anordnung bzw Beschluß ist **zu verkünden** und nach § 182 ins **Protokoll** aufzunehmen (Ausnahme: Entfernung einer am Verfahren nicht beteiligten Person); Zustellung nach § 329 ZPO wird kaum in Betracht kommen, da gegen Personen, die sich schon entfernt haben, Maßnahmen nach § 177 kaum mehr erforderlich sind. – **Vollziehung** ordnet Vorsitzender an (§ 179).

7 **Fortsetzung der Verhandlung** nach Entfernung beteiligter Personen: § 158 ZPO, § 231b StPO.

8 5) **Rechtsbehelfe:** Maßnahme kann von demjenigen, der sie erlassen hat, – etwa auf Gegenvorstellung – jederzeit aufgehoben oder abgeändert werden. Gegen Anordnungen des Vorsitzenden ist Anrufung des Gerichts nicht möglich, da nicht Prozeßleitung (vgl § 176 Rn 9). **Beschwerde** (vgl § 181) ist ausgeschlossen (RG 43, 427; Köln NJW 63, 1508; Nürnberg MDR 69, 600; Kissel Rn 30; str vgl BL/Albers Rn 4; weitere Nachweise § 176 Rn 9, 10). Diese Auffassung hat Gesetzgeber bei Änderung der Vorschriften durch EGStGB 1974 bestätigt. Unanfechtbarkeit ist auch für Verfahrensbeteiligten nicht unerträglich, da er unberechtigten Ausschluß mit allgemeinem Rechtsmittel rügen kann (§ 176 Rn 9, 10; das dort Ausgeführte gilt hier entsprechend).

9 6) Bei Angehörigen der unter das Truppenstatut fallenden Streitkräfte (keine Haft) vgl Art 34 II des Zusatzabkommens (BGBl 61 II 1218).

178 *[Ungebühr]*

(1) Gegen Parteien, Beschuldigte, Zeugen, Sachverständige oder bei der Verhandlung nicht beteiligte Personen, die sich in der Sitzung einer Ungebühr schuldig machen, kann vorbehaltlich der strafgerichtlichen Verfolgung ein Ordnungsgeld bis zu zweitausend Deutsche Mark oder Ordnungshaft bis zu einer Woche festgesetzt und sofort vollstreckt werden. Bei der Festsetzung von Ordnungsgeld ist zugleich für den Fall, daß dieses nicht beigetrieben werden kann, zu bestimmen, in welchem Maße Ordnungshaft an seine Stelle tritt.

(2) Über die Festsetzung von Ordnungsmitteln entscheidet gegenüber Personen, die bei der Verhandlung nicht beteiligt sind, der Vorsitzende, in den übrigen Fällen das Gericht.

(3) Wird wegen derselben Tat später auf Strafe erkannt, so sind das Ordnungsgeld oder die Ordnungshaft auf die Strafe anzurechnen.

1) **Lit:** *Baur* JZ 70, 247; *Rehbinder* MDR 63, 640; *Sarstedt* JZ 69, 152; *Scheuerle,* Festschrift für Baur, 1981, 595; *Schneider* MDR 75, 622; *Schwind* JR 73, 133. – **Allgemeines:** Ordnungsmittel nach § 178 neben Maßnahmen nach §§ 176, 177 mögl; ggfalls ist strafgerichtl Verfolgung einzuleiten (vgl auch § 183). Der Kreis der unter § 178 fallenden **Personen** ist derselbe wie bei § 177 (s dort Rn 2). Ebenso wie RA als Prozeßbevollmächtigter (s dazu Köln NJW 68, 306) ist nach LSozG München NJW 64, 1874 als Terminsbevollmächtigter einer Behörde auftretender Beamter ausgenommen. – Die **Sitzung** (s Düsseldorf MDR 69, 689) beginnt mit dem Erscheinen des Gerichts z Verhandlung u dauert, bis Gericht den Saal verläßt (Hamm NJW 56, 1452; Köln MDR 93, 906). Außerhalb der „Sitzung“: § 180. Kein Ordnungsmittel nach § 178 bei Ungebühr in Schriftsätzen (Rehbinder MDR 63, 642; s a § 180 Rn 2). Auch nicht bei ungebührl Betragen auf der Geschäftsstelle (SchlH OLG SchlHA 67, 152). 1

2) **Begriff der Ungebühr** (s a Baur, Schneider, Schwind, je aaO): vielfach verstanden als Verletzung der Würde des Gerichts (kritisch hierzu Sarstedt JZ 69, 152), kann nur aus der Rechtspflegeaufgabe des Gerichts bestimmt werden (Stuttgart NJW 69, 627, Düsseldorf NJW 86, 1505; vgl auch Scheuerle aaO). Objektiv ist Voraussetzung e Verhalten, das geeignet ist, die Rechtspflegeaufgabe des Gerichts zu verletzen und die Ordnung der Gerichtsverhandlung zu stören (BayObLGSt 30, 52; Hamm NJW 63, 1791; Düsseldorf aaO). Ungebühr ist daher Mißachtung der Aufgaben des Gerichts in einer nach allgemeinem Empfinden grob unangemessenen Weise. Hieraus folgt, daß der Wandel allgemeiner Verhaltensformen Bedeutung hat (vgl etwa die Frage, ob das Tragen bestimmter Haartracht Ungebühr ist, die vor Jahren OLGe beschäftigte, s München NJW 66, 1935; KG JR 66, 73). Da Ungebühr Mißachtung darstellt, setzt sie **Verschulden** voraus (BVerfG DRiZ 66, 356; Nürnberg BayJMBl 63, 344; Düsseldorf NJW 86, 1505). Fahrlässigkeit genügt, jedoch kann bei geringem Verschulden von Ordnungsmitteln abgesehen werden (Köln NJW 86, 2515: langandauernde, auch vom Gegner nicht ohne Emotionen geführte mündliche Verhandlung, sofortige Entschuldigung). Das Verschulden muß sich auf die Ungebühr beziehen; § 178 daher nicht anwendbar, wenn Angeklagter, der sich betrunken hatte u deshalb vor Gericht nicht erscheinen will, in diesem Zustand vorgeführt wird (Hamm MDR 66, 72). 2

Beispiele aus der Rspr für Ungebühr: Beifalls- oder Mißfallensbezeugungen (für spontanes Klatschen eines Zuhörers nach Verteidigerplädoyer verneint von Saarbrücken NJW 61, 890), Bezeichnung „Strolch“ für Prozeßgegner (Köln NJW 86, 2515), Erscheinen in betrunkenem Zustand (Nürnbg MDR 61, 62; Koblenz MDR 85, 430; Düsseldorf NJW 89, 241; Stuttgart MDR 89, 763: die dort aus der „Sanktion“ des § 380 Abs 1 ZPO hergeleitete Einschränkung ist abwegig), Äußerung, „man kommt sich vor wie vor dem Volksgerichtshof“ (Koblenz VRS 87, 189), Erscheinen in unangemessener Kleidung (BVerfG DRiZ 66, 356; Düsseldorf NJW 86, 1505; verneint Hamm NJW 69, 1919 – Arbeitskleidung; Koblenz NJW 95, 977 – Kurze Hose und T-shirt), immerwährendes Dareinsprechen, Schimpfen trotz Verwarnung, grobe Beleidigung von Zeugen (München OLG 27, 6; Hamm NJW 63, 1791), auch Zwischenrufe eines Betroffenen bei der Entscheidungsverkündung (Koblenz VRS 61, 356), wegwerfende Gesten beim Verlassen des Sitzungssaals (Saarbrücken JBlSaar 60, 54), heiml Tonbandaufnahme des Sitzungsverlaufs (SchlHOLG SchlHA 62, 84), Sitzenbleiben während der Urteilsverkündung oder Beeidigung (Stuttgart, Justiz 69, 259 u DRiZ 69, 92; Nürnberg JZ 69, 152, anders bei Vernehmung zur Sache, Stuttgart NStZ 86, 233), Zuwendung der Kehrseite (Köln NJW 85, 446), provokatorische Anrede der Richter (Nürnberg aaO). Hochgradige Erregung ist bei ehrenkränkenden Äußerungen zu berücksichtigen (Bremen NJW 59, 952). Der Zweck, berechtigte Interessen wahrzunehmen, schließt Ungebühr nicht aus (Colmar OLG 23, 316; Düsseldorf MDR 53, 555; vgl aber Düsseldorf NJW 86, 2516). Eigenmächtige Entfernung von Zeugen fällt unter § 380 ZPO; § 178 nicht anwendbar. Eigenmächtiges Entfernen des Angekl während Sitzungspause ebenfalls keine Ungebühr (München MDR 56, 503). 3

3) **Ordnungsmittel: a)** Ordnungsgeld von 5 (Art 6 I EGStGB) bis 2000 DM, Ordnungshaft von 1 Tag bis 1 Woche. Ordnungshaft für den Fall der Uneinbringlichkeit, vgl S 2 sowie Art 6 II, 8 EGStGB; nachträgliche Festsetzung möglich. Bei wiederholter Ungebühr kann Ordnungsstrafe im Höchstmaß in der gleichen Sitzung wiederholt verhängt werden (Hamm JMBl NRW 52, 86; Bremen NJW 53, 598). Der Rechtspfleger kann nur Geld-, nicht auch Haftstrafe verhängen (§ 4 II 2 RPflG; Art 104 II GG). 4

b) Vor Verhängung der Ordnungsmittel ist **rechtl Gehör** zu gewähren (BayObLGSt 25, 207; Hamm DRiZ 70, 27). In geeigneten Fällen (zB Entschuldigung) dann auch Verfahrenseinstellung wegen Geringfügigkeit mögl (Zweibrücken MDR 90, 79). Gehör muß aber entbehrl sein, wenn Ungebühr trotz Androhung sitzungspolizeil Maßnahmen fortgesetzt wurde oder bei Gehör erneute Ungebühr zu erwarten ist (Koblenz MDR 87, 433); ferner in Fällen gröbster Art, die einer sachlichen Stellungnahme nicht zugänglich sind (BGH NStZ 88, 238; Düsseldorf NJW 89, 241). Macht Betroffener Gewährung des Gehörs selbst unmöglich – etwa indem er sich aus dem Sitzungssaal entfernt –, so braucht das Gericht weitere Gelegenheit zur Stellungnahme nicht zu geben (vgl Hamm MDR 78, 780). 5

6 c) **Entscheidung** durch Vorsitzenden (vgl Koblenz MDR 78, 693 für Folgen eines Verstoßes) gegen am Verfahren nicht Beteiligten, sonst durch Gericht durch Beschluß in der Sitzung (nicht nachher, BayObLGSt 25, 207; Köln MDR 93, 906), allerdings bei Fortsetzung der Verhandlung auch in der nächsten Sitzung, wenn sofortiger Entscheidung vordringliche Angelegenheiten entgegenstehen (so richtig Schleswig MDR 80, 76 gegen Stuttgart NJW 69, 627). Wird Richter abgelehnt, bevor er die Entscheidung nach § 179 erläßt, so kann er idR gemäß § 47 ZPO dennoch entscheiden; würde Sitzung unterbrochen, um Entscheidung über Ablehnung herbeizuführen, wäre meist Ziel der Störung erreicht (vgl auch LSG Essen NJW 73, 2224). Beschluß ist mit Begründung (BayObLGSt 29, 211) zu verkünden und im Protokoll aufzunehmen (§ 182, sa Köln aaO), Rechtsmittelbelehrung ist nicht erforderlich, jedenfalls nicht in Zivilsachen (Köln NJW 60, 2294; Schleswig NJW 71, 1321; aA Hamm NJW 63, 1791). Bloße Wiedergabe des Gesetzestextes reicht als Begründung nicht aus (LAG Bremen JZ 54, 643). Zur Frage der Nachholbarkeit der Begründung in neuer Sitzung vgl LAG Bremen aaO. Nachträgl dienstl Erklärungen oder Aktenvermerke des Richters reichen als Ersatz nicht aus (BayObLGSt 25, 208). Fehlende Begründung des Beschlusses nur ganz ausnahmsweise unschädlich (BayObLGSt 29, 209; Celle MDR 58, 265). Bezugnahme auf Sitzungsniederschrift (vgl § 182 GVG) genügt bezüglich Darstellung des Sachverhalts, der zu der Maßnahme Anlaß gab – jedenfalls in eindeutigen Fällen (Hamm MDR 78, 780; BGH NStZ 88, 238). Die Veranlassung des Beschlusses, die Gewährung rechtl Gehörs u der Wortlaut des Beschlusses samt Begründung sind im Protokoll festzustellen (vgl § 182).

7 d) **Beschwerde:** § 181; verzögert sich die Vorlage der Beschwerde erheblich, so kommt Einstellung des Verfahrens unter dem Gesichtspunkt des Zeitablaufes in Betracht (Stuttgart NJW 72, 967, s aber auch Hamm NJW 69, 856). Vollstreckung: § 179.

179 *[Vollstreckung]*

Die Vollstreckung der vorstehend bezeichneten Ordnungsmittel hat der Vorsitzende unmittelbar zu veranlassen.

1 Die sofortige Vollstreckung veranlaßt der Vorsitzende. Der Vollzug selbst ist dem Rechtspfleger übertragen (§ 31 III RPflG). Für Zahlungserleichterungen, Unterbleiben der Vollstreckung der Ersatzhaft wegen Unbilligkeit, Verjährung s Art 7, 8 u 9 EGStGB. – Aufschiebende Wirkung einer Beschwerde nur im Falle des § 180 (s § 181 II).

180 *[Sitzungspolizei des einzelnen Richters]*

Die in den §§ 176 bis 179 bezeichneten Befugnisse stehen auch einem einzelnen Richter bei der Vornahme von Amtshandlungen außerhalb der Sitzung zu.

1 1) In der Sitzung hat der einzelne Richter (zB Amtsrichter als Zivilstreitrichter, Einzelrichter des LG) die Befugnisse nach §§ 176–179 unmittelbar. – Amtshandlungen außerhalb der Sitzung: zB des beauftragten u ersuchten Richters, des Vollstreckungsrichters. Ob Amtshandlungen im Sitzungssaal oder anderswo vorgenommen werden, ist gleichgültig. – Das Selbsthilferecht gegen die Störung von Amtshandlungen nach § 164 StPO gilt nur für Untersuchungshandlungen auf Grund der StPO.

2 2) Auf Ungebühr in **schriftl Eingaben** ist § 180 nicht anzuwenden (s Rn 1 zu § 178). Ein Rechtsmittel, das nur Beleidigungen enthält, kann als unzulässig behandelt werden (Koblenz MDR 87, 433).

181 *[Beschwerde gegen Ordnungsmittel]*

(1) Ist in den Fällen der §§ 178 und 180 ein Ordnungsmittel festgesetzt, so kann gegen die Entscheidung binnen der Frist von einer Woche nach ihrer Bekanntmachung Beschwerde eingelegt werden, sofern sie nicht von dem Bundesgerichtshof oder einem Oberlandesgericht getroffen ist.

(2) Die Beschwerde hat in dem Falle des § 178 keine aufschiebende Wirkung, in dem Falle des § 180 aufschiebende Wirkung.

(3) Über die Beschwerde entscheidet das Oberlandesgericht.

1 1) Kein BeschwRecht in den Fällen der §§ 176, 177 (vgl § 176 Rn 9, § 177 Rn 8), jedoch entspr anwendbar, wenn ein nicht zulässiges Ahndungsmittel ergriffen wurde. – **BeschwBerechtigt** ist der, gegen den das Ordnungsmittel verhängt wurde, Jugendlicher auch ohne Mitwirkung seines

gesetzl Vertreters (Neustadt NJW 61, 885). Nicht, wer Verhängung des Ordnungsmittels oder eines höheren vergeblich beantragt hatte (Nürnberg MDR 69, 600; Hamm NJW 72, 1246). Solche „Anträge" sind nur Anregungen. Gegen Ordnungsbeschlüsse des BGH, ObLG, OLG keine Beschwerde.

Beginn der **Beschwerdefrist** mit der Verkündung, wenn sich der Betroffene vor der Verkündung entfernt hatte, mit der Zustellung an ihn (Bamberg OLG 2, 16). Ebenso, wenn er wegen körperl oder geistiger Gebrechen nicht in der Lage war, die Verhängung zu verstehen (Nürnbg Bay JMBl 63, 344). Die Frist ist einer Notfrist gleich zu behandeln (§ 577 II ZPO analog, da es sich dem Wesen nach hier um eine Art sofortige Beschwerde handelt), München NJW 68, 308. Die §§ 567 ff ZPO finden auf die Beschw keine Anwendung. Nach Hamm MDR 54, 119, 179 soll auf dem Gebiet der streitigen u freiw Gerichtsbarkeit Beschwerdefrist 2 Wochen betragen; dem ist nicht beizustimmen. Bei Versäumung der Beschwerdefrist wird, obwohl die Prozeßordnungen nicht unmittelbar angewandt werden können, **Wiedereinsetzung** zuzulassen sein (Hamm NJW 63, 1791; Frankfurt NJW 67, 1281; vgl a München NJW 68, 308; str). Beschwerde auch nach Vollziehung noch zulässig (BayObLSt 23, 15; Nürnbg MDR 60, 500). **Abhilfe** durch Erstgericht – entgegen älterer Auffassung (München NJW 68, 308; Hamm 60, 2305) – zulässig (Düsseldorf MDR 77, 413). 2

Nach Abs 2 **keine aufschiebende Wirkung** der Beschw außer im Fall des § 180 (letzterenfalls Aufschub oder Unterbrechung der Vollziehung nötig); Beschwerdegericht kann Vollziehung aussetzen (Karlsruhe NJW 76, 2274; Frankfurt NJW 76, 303). Einlegung der Beschw beim Erstgericht oder OLG, schriftl oder zu Protokoll der Geschäftsstelle. Bei Ordnungsverfügung des Rpflegers gilt § 11 RPflG. – Durch die sofortige Vollstreckung wird die Beschwerde gegen die Verhängung der Ordnungshaft nicht gegenstandslos (Koblenz MDR 85, 431). 3

2) **Beschwerdegericht** ist OLG, auch wenn die Ordnungsmittel Amtsrichter, beauftr oder ersuchter Richter verhängt hatte. § 577 IV ZPO nicht anwendbar. Bei Ordnungsmaßnahme des ersuchten Richters ist das diesem, nicht das dem ersuchenden Gericht übergeordnete OLG zuständig (SchlHOLG SchlHA 62, 84). 4

Die Beschwerde ist keine Rechtsbeschwerde; gleichwohl **keine eigene Tatsachenfeststellung** des Beschwerdegerichts (KG MDR 82, 329), da das Protokoll die alleinige Grundlage bildet (§ 182 Rn 2). Das Beschwerdegericht hat auch das Ermessen der Vorinstanz, kann die Ordnungsstrafe ermäßigen (Köln NJW 86, 2515) oder analog § 153 StPO von Bestrafung absehen (Neustadt NJW 62, 602); zur Einstellung infolge Zeitablaufs s § 178 Rn 7; keine Verschärfung durch das Beschwerdegericht. Hat die Beschwerde nach Vollziehung des Ordnungsmittels Erfolg, Rückerstattung des Ordnungsgeldes, bei vollzogener Ordnungshaft Entschädigungen nach StrEG, außer wenn der Ordnungsmittelbeschluß nur wegen Mängeln des Protokolls (§ 182) aufgehoben wurde (Nürnberg MDR 60, 500). 5

3) **Gebühren:** **a)** des **Gerichts:** Keine. – **b)** des **Anwalts:** $^{5}/_{10}$ Gebühr nach §§ 31, 61 I Nr 1 BRAGO. 6

182 *[Beurkundung der Ordnungsmittel]*

Ist ein Ordnungsmittel wegen Ungebühr festgesetzt oder eine Person zur Ordnungshaft abgeführt oder eine bei der Verhandlung beteiligte Person entfernt worden, so ist der Beschluß des Gerichts und dessen Veranlassung in das Protokoll aufzunehmen.

1) § 182 bezieht sich auf die Fälle der § 177 (außer bei Entfernung unbeteiligter Person ohne Abführen zur Haft), § 178 u § 180. Zum Protokoll s §§ 159, 160 ZPO. 1

2) **Veranlassung:** Der tatsächliche Ablauf des als Ungehorsam oder Ungebühr angesehenen Vorgangs ist gesondert von der Beschlußbegründung im Protokoll zu schildern (Köln JR 52, 484; München BayJMBl 52, 74; 54, 17; Koblenz NJW 55, 348; Celle MDR 58, 265; Düsseldorf JMBlNRW 71, 222). Dies dient dem Zweck, das auslösende Geschehen urkundlich (§ 415 ZPO) festzuhalten, so daß im Falle der Anfechtung das Beschwerdegericht auf dieser Grundlage entscheiden kann, ohne Beweis erheben zu müssen (KG MDR 82, 329 unter zutreffendem Hinweis auf den Beschleunigungszweck der Regelung). Ob die Begründung des Beschlusses als Ersatz für unterbliebene oder unzureichende Feststellung des Anlasses im Protokoll herangezogen werden kann (so Hambg NJW 52, 591; Stuttgart MDR 55, 364), ist str (verneinend: BayObLGSt 25, 208; Düsseldorf JMBlNRW 71, 222; Keidel Rpfleger 56, 15). Der ablehnenden Auffassung ist grds zuzustimmen, da die Beweiskraft des Protokolls, das nur die Beschlußbegründung enthält, nur umfaßt, daß diese Begründung gegeben wurde, nicht aber, daß diese zutrifft (§ 415 ZPO). Anderes muß jedoch gelten, wenn weder Richter noch Protokollführer die Ungebühr bemerkt haben und diese erst durch Beweisaufnahme festgestellt wurde (Stuttgart Justiz 93, 146). Zur Aufhebung der Entscheidung führt die fehlende Protokollierung nur, wenn der Betroffene die Richtigkeit der im 2

Beschluß angegebenen „Veranlassung" bestreitet, da nur dann die unterlassene Protokollierung erheblich ist (im Ergebnis ebenso KG MDR 82, 329; Hamm NJW 63, 1791). Nachträgl dienstl Äußerungen oder Aktenvermerke des Richters können die Feststellung des Anlasses im Protokoll nicht ersetzen (BayObLGSt 25, 208). – Im Protokoll ist auch festzustellen, ob **rechtl Gehör** gewährt wurde oder aus welchen Gründen nicht (BayObLGSt 15, 129).

3 3) Schließl ist auch der **Wortlaut des Gerichtsbeschlusses** samt Begründung ins Protokoll aufzunehmen (BayObLGSt 29, 209; Köln MDR 93, 906). Fehlt die Begründung, so kann – im Gegensatz zum umgekehrten Fall (Rn 2) – auf die Protokollierung des Vorfalls zurückgegriffen werden (Koblenz VRS 87, 189; Düsseldorf NStZ 88, 238).

4 4) **Protokollberichtigung** nach eingelegter Beschwerde ist unzulässig.

183 *[Straftat in der Sitzung]*

Wird eine Straftat in der Sitzung begangen, so hat das Gericht den Tatbestand festzustellen und der zuständigen Behörde das darüber aufgenommene Protokoll mitzuteilen. In geeigneten Fällen ist die vorläufige Festnahme des Täters zu verfügen.

1 Vorläufige Festnahme: §§ 127, 128 StPO (dazu RGSt 73, 356). Haftbefehl ist unzulässig (Sache des Strafrichters, Hamm NJW 49, 491). Daß die Straftat (zB Beleidigung) bereits als Ungebühr (§ 178) geahndet wurde, schließt die strafrechtl Verfolgung nicht aus (vgl § 178 III). Für Ordnungswidrigkeiten in der Sitzung gilt § 183 nicht. Zur Strafbarkeit nach § 123 StGB bei Eindringen in den Sitzungssaal s § 176 Rn 8. Zum Anzeigeermessen bei Falschaussagen und (versuchtem) Prozeßbetrug vgl Nierwetberg, NJW 96, 432.

Fünfzehnter Titel

GERICHTSSPRACHE

184 *[Grundsatz]*

Die Gerichtssprache ist deutsch.

1 1) **Zwingende Regelung, die von Amts wegen zu beachten** ist (BayObLG NJW 77, 1596). Deutsche Mundarten genügen (HRR 28, 392). Gilt für Erklärungen des Gerichts und gegenüber dem Gericht, nicht jedoch für Beweismittel (fremdsprachliche Urkunden sind unmittelbar zu verwerten, BVerwG NJW 96, 1553; BGH NJW 89, 1433); in der mündl Verhandlung ist dem Grundsatz durch Übersetzung fremdsprachl Erklärungen genügt (auch des Richters, der etwa mit fremdsprachiger Partei in dessen Sprache spricht, vgl auch KR HRR 35, 991), s § 185.

2 2) Im Hinblick auf Art 3 III GG und den Verfassungsgrundsatz des rechtlichen Gehörs (Art 103 I GG – „jedermann"; nach BVerfG DRiZ 83, 370 ist statt Art 103 GG der Grundsatz des „fairen Verfahrens", Art 2 I, 20 III GG einschlägig) sind bei der Auslegung des § 184 jedoch **Einschränkungen** geboten (für Strafprozeß vgl weiter Art 5 II, 6 IIIa MRK). Die frühere Rspr (RG 31, 429) sah fremdsprachliche Schriftsätze als völlig unbeachtlich an. Es ist jedoch zwischen der Frage einer unmittelbaren Wirkung des fremdsprachlichen Schriftstücks (die zu verneinen ist) und der Frage zu unterscheiden, ob das Gericht auf ein solches Schriftstück zu reagieren hat.

3 a) In Übereinstimmung mit der Rspr des BVerfG (40, 95; 42, 123; NVwZ 87, 785) ist auf der Grundlage des § 184, der vom Gesetzgeber trotz neuerer anderer Vorschriften (§ 23 VwVfG, § 87 AO, § 19 SGB X) im Interesse des geordneten Ablaufs des gerichtlichen Verfahrens, an dem regelmäßig mehrere beteiligt sind, zu Recht aufrechterhalten wurde, daran festzuhalten, daß fremdsprachliche Schriftsätze **unmittelbare rechtserhebliche Wirkung nicht haben** (BGH NJW 82, 532; BSG MDR 87, 436; BayObLG MDR 87, 416; entgegen FG Saarland, NJW 89, 3112 gilt dies auch für EG-Sprachen und auch dann, wenn alsbald Übersetzung nachgereicht wird) – auch dann nicht, wenn der Richter (zB durch Unterstreichung maßgeblicher Stelle) zum Ausdruck bringt, daß er den Inhalt zur Kenntnis genommen hat (zutreffend daher auch Hamburg MDR 89, 90). Daraus folgt, daß ein solches Schriftstück, dem keine Übersetzung beiliegt, nicht fristwahrend ist (BayObLG aaO; KG NJW 77, 129; aber bestr: VGH München NJW 76, 1048; Schneider MDR 79, 534; Geimer NJW 89, 2204). Es ist jedoch **Wiedereinsetzung** zu gewähren, wenn Sprachschwierigkeiten zur Fristversäumung geführt haben (BVerfG 40, 95; BGH NJW 82, 532), es sei denn, es ist ein auf Gleichgültigkeit beruhendes Verschulden zu bejahen (BVerfG 42, 126).

b) Das Gericht kann jedoch fremdsprachliche Schriftsätze nicht unbeachtet lassen – außer im Fall vorsätzlichen Mißbrauchs –, sondern ist verpflichtet, dem Einreicher (zweckmäßig unter Fristsetzung) die **Vorlage einer Übersetzung aufzugeben.** Kommt er dem nicht nach, so hat das Schriftstück unbeachtet zu bleiben (keine Verwerfung als unzulässig, KG MDR 86, 156). Eine Verpflichtung des Gerichts, selbst die Übersetzung zu veranlassen, besteht nicht (Frankfurt NJW 80, 1173; Schneider MDR 79, 534). Versteht das Gericht die fremdsprachlichen Erklärungen und will es diese ausnahmsweise deshalb berücksichtigen, so hat es selbst dafür zu sorgen, daß eine Übersetzung zu den Akten gelangt und dem Gegner bekannt gegeben wird. Erst ab dem Eingang der Übersetzung liegt eine fristwahrende Erklärung vor (Hamburg MDR 89, 90). 4

c) Die **Unterschrift** ist Identifizierungsmerkmal, nicht sprachlicher Text; sie kann daher in fremdsprachl Schriftzeichen geschehen (BayVGH NJW 78, 510). 5

3) **Gerichtliche Entscheidungen** ergehen in deutscher Sprache; eine Übersetzung ist von Amts wegen auch dann nicht beizufügen, wenn der Betroffene die deutsche Sprache nicht versteht (BayObLG NJW 77, 1596; Hamburg MDR 78, 865; Frankfurt MDR 80, 339; BVerfG MDR 83, 813; Stuttgart MDR 83, 256: auch wenn Rechtsmittel gegen das Urteil eingelegt wird), auch im Strafverfahren (dort: Art 6 IIIa MRK und Nr 181 II RiStBV) genügt es, wenn Urteilsformel und -gründe mündl verkündet und dem anwesenden angeklagten Ausländer durch Dolmetscher (§ 185) vermittelt werden (s auch EuGH NJW 78, 477; BVerfG MDR 83, 813). 6

4) **Der Einsatz moderner Bürotechniken** einschließlich der **Verwendung von Textbausteinen** ist auch bei Gerichten selbstverständlich zulässig. Die Entscheidung muß aber aus sich verständlich sein; dies wäre nicht mehr der Fall, wenn etwa im Urteil für bestimmte Textteile nur noch „Kennzahlen" verwendet würden, deren Inhalt (Aussage) anderweitig erschlossen werden müßte (VGH Kassel NJW 84, 2429). Soweit ein Urteil **Rechenwerk** enthält, kann dieses zwar in einer Anlage der Entscheidung – als deren Bestandteil – gesondert ausgedruckt werden, es muß aber verständlich sein (kein Zahlenausdruck aus Taschenrechnern). 7

5) **Neue Bundesländer:** Traditionelles Recht der **Sorben** zum Gebrauch ihrer Sprache in ihrem Heimatgebiet (Lausitz) ist aufrechterhalten: GVG-Maßgabe r). Folge: Schriftsätze in sorbischer Sprache sind fristwahrend und vAw zu übersetzen; in der Verhandlung ist Dolmetscher zuzuziehen. 8

185 *[Dolmetscherzuziehung]*

(1) Wird unter Beteiligung von Personen verhandelt, die der deutschen Sprache nicht mächtig sind, so ist ein Dolmetscher zuzuziehen. Ein Nebenprotokoll in der fremden Sprache wird nicht geführt; jedoch sollen Aussagen und Erklärungen in fremder Sprache, wenn und soweit der Richter dies mit Rücksicht auf die Wichtigkeit der Sache für erforderlich erachtet, auch in der fremden Sprache in das Protokoll oder in eine Anlage niedergeschrieben werden. In den dazu geeigneten Fällen soll dem Protokoll eine durch den Dolmetscher zu beglaubigende Übersetzung beigefügt werden.

(2) Die Zuziehung eines Dolmetschers kann unterbleiben, wenn die beteiligten Personen sämtlich der fremden Sprache mächtig sind.

Lit: *Jessnitzer,* Dolmetscher, 1982.

1) Das **Gebot der Zuziehung eines Dolmetschers** ist eine Ausprägung des Verfassungsgrundsatzes (Art 2 I, 20 III GG) des „fair trial", BVerfG NJW 83, 2762. Außer Richter u Urkundsbeamter sind Prozeßbevollmächtigte, Parteien, Beistände u gesetzl Vertreter (Anwaltsprozeß s aber § 187 II), auch Zeugen u Sachverständige (Karlsruhe Justiz 62, 93) **beteiligt;** sie müssen der Verhandlung folgen können, soweit ihre Beteiligung reicht. Gegebenenfalls ist Dolmetscher beizuziehen, gleichgültig ob ein Beteiligter der deutschen Sprache nicht hinreichend mächtig ist oder ob ein Beteiligter fremdsprachliche Erklärungen (zB eines Zeugen) nicht versteht. Mächtig auch der Beteiligte, der zwar Deutsch nicht beherrscht, aber soweit versteht und spricht, daß die Verständigung mit ihm möglich ist (BVerwG NJW 91, 3102). Der Dolmetscher muß nicht in die Muttersprache des fremdsprachigen Beteiligten übersetzen, es genügt auch eine andere Sprache, derer der Beteiligte mächtig ist. Anspruch auf Zuziehung eines Dolmetschers: auch Art 5 II, 6 IIIa und e MRK, VII Abs 9 f NATO-Truppenstatut. Zuziehung eines Dolmetschers nur zu Teilen der Verhandlung: BGHSt 3, 285. Gg Ablehnung des Antrags einer Partei, Dolmetscher zuzuziehen, keine Beschwerde (Stuttgart NJW 62, 540). Protokoll immer in deutsch (Abs 1 S 2), auch wenn nach Abs 2 in fremder Sprache verhandelt wird. 1

Das Gebot der Zuziehung des Dolmetschers richtet sich an das Gericht. Bei Erscheinen einer des Deutschen nicht mächtigen **Partei im Zivilprozeß** ist zu beachten: ist die Vertretung durch Anwalt nicht geboten, so kann bei Erscheinen der Partei ohne Dolmetscher nicht verhandelt 1a werden. Die erschienene Partei ist aber auch nicht säumig, so daß auch Versäumnisurteil nicht ergehen darf (LG Berlin MDR 87, 151). Erscheint dagegen in einem Anwaltsprozeß auch die Partei selbst, so ist es grundsätzlich ihre Sache, für die Übersetzung selbst zu sorgen. Das Gericht hat nur dann die Pflicht zur Zuziehung eines Dolmetschers, wenn es das persönliche Erscheinen angeordnet hat oder nach § 187 II den Vortrag gestattet.

2 2) Dolmetscher ist **Gehilfe des Richters,** nicht Sachverständiger (kein Beweismittel), RG JW 36, 464, BGH NJW 65, 643, wird aber teilw wie Sachverständiger behandelt (§ 191 GVG, § 17 ZSEG). Im Gegensatz zu dem in der Verhandlung tätigen Dolmetscher ist der **Übersetzer,** der schriftlichen Text übersetzt, Sachverständiger (BGHSt 1, 7; NJW 65, 643; vgl im einzelnen Jessnitzer S 2 ff). Bestellung u allg Beeidigung nach Landesrecht. Auswahl im Einzelfall durch Gericht. Urkundsbeamter als Dolmetscher: § 190. Im Protokoll ist festzustellen, daß dem der dt Sprache nicht Mächtigen der Gegenstand der Verhandlung jeweils durch den Dolmetscher bekanntgegeben wurde (vgl RGSt JW 02, 574); genaue Angabe aller Vorgänge, bei denen der Dolmetscher tätig wurde, nicht erforderl (RGSt 43, 442). Inwieweit der Dolmetscher tätig wurde, darf das Rechtsmittelgericht erforderlichenfalls auch durch andere Beweismittel klären (RGSt aaO; JW 14, 428).

3 3) Über die Zuziehung eines Dolmetschers entscheidet das Gericht nach pflichtgemäßem Ermessen (BGH NStZ 84, 328; BayObLG BayVBl 81, 187) von Amts wegen, dies gilt auch für die Auswahl (s a § 191 Rn 1). **Unterlassung gebotener Zuziehung** kann als Verfahrensverstoß mit den allg Rechtsmitteln gerügt werden (nicht Beschwerde, s Rn 1). Das RevG kann nachprüfen, ob Begriff der Sprachkundigkeit verkannt ist (BGHSt 3, 285). Der Unterlassung der Zuziehung steht gleich, wenn die Übersetzung des Dolmetschers an erheblichen Mängeln leidet (BVerwG NVwZ 83, 668). – Verzicht der Partei auf die Einhaltung des § 185 mit der Folge des § 295 ZPO ist möglich (BVerwG NJW 88, 723), muß aber eindeutig erklärt sein.

4 4) Wenn der **Urkundsbeamte** der Geschäftsstelle mit Personen verhandeln muß, die der dt Sprache nicht mächtig sind, insbesondere wenn Fremdsprachler Anträge zu Protokoll geben will, ist § 185 entsprechend anzuwenden, also ggfalls ein Dolmetscher von Amts wegen zuzuziehen (vgl BayObLG Rpfleger 77, 133).

5 5) § 185 gilt nur für **mündl Verhandlung;** für schriftl Erklärungen und gerichtl Entscheidungen s § 184 Rn 2, 4.

6 6) **Neue Bundesländer:** s Rn 8 zu § 184.

186 *[Taube, Stumme]*

Zur Verhandlung mit tauben oder stummen Personen ist, sofern nicht eine schriftliche Verständigung erfolgt, eine Person als Dolmetscher zuzuziehen, mit deren Hilfe die Verständigung in anderer Weise erfolgen kann.

1 Schriftl Frage und Antwort möglich (vgl RG JW 96, 511). § 186 schließt andere als die dort bezeichneten Verständigungsmöglichkeiten nicht schlechthin aus; mögl zB, daß e Stummer, d sich im übrigen schriftl äußert, hierzu geeignete Fragen durch Kopfnicken oder Kopfschütteln beantwortet (BGHSt 13, 366). Eidesleistung: § 483 ZPO. Vgl auch § 187 I. – Wenn trotz starker Schwerhörigkeit Verständigung durch gesprochenes Wort noch möglich ist, greift § 186 nicht ein; Vermittlung der Verständigung auch durch nicht als Dolmetscher beeidigte, im Umgang mit den Schwerhörigen vertraute Personen (zB Angehörige) zulässig (BGHSt JZ 52, 730). Ähnlich bei Verständigung mit starken Stotterern RGSt 33, 181. Auf Ermöglichung des rechtl Gehörs muß stets Bedacht genommen werden (BGHSt 13, 366).

187 *[Vortrag Tauber und Sprachfremder]*

(1) Ob einer Partei, die taub ist, bei der mündlichen Verhandlung der Vortrag zu gestatten sei, bleibt dem Ermessen des Gerichts überlassen.

(2) Dasselbe gilt in Anwaltsprozessen von einer Partei, die der deutschen Sprache nicht mächtig ist.

1 Entscheidung durch Vorsitzenden; Beanstandung der Verfügung des Vorsitzenden: § 140 ZPO. Anfechtung der Entscheidung des Gerichts nur mit dem Urteil. Anwaltsprozeß: § 78 I ZPO; im Amtsgerichtsprozeß gilt II nicht, auch kein Ausschlußgrund nach § 157 II ZPO, vielmehr ist ein Dolmetscher zuzuziehen (§ 185 I 1).

188 *[Eid Fremdsprachiger]*

Personen, die der deutschen Sprache nicht mächtig sind, leisten Eide in der ihnen geläufigen Sprache.

Vorsprechen des Eideswortlauts in der fremden Sprache durch den Dolmetscher. – Eidesleistung durch Stumme: § 483 ZPO. 1

189 *[Dolmetscher]*

(1) Der Dolmetscher hat einen Eid dahin zu leisten: daß er treu und gewissenhaft übertragen werde. Gibt der Dolmetscher an, daß er aus Glaubens- oder Gewissensgründen keinen Eid leisten wolle, so hat er eine Bekräftigung abzugeben. Diese Bekräftigung steht dem Eid gleich; hierauf ist der Dolmetscher hinzuweisen.

(2) Ist der Dolmetscher für Übertragungen der betreffenden Art im allgemeinen beeidigt, so genügt die Berufung auf den geleisteten Eid.

1) **Beeidigung des Dolmetschers** ist grundsätzlich nötig, Ausnahme § 190 S 2; Verzicht auf Beeidigung ist bedeutungslos (BGH MDR 87, 225; Hamm VRS 20, 68); keine Heilung durch Rügeverzicht (BGH NJW 87, 260). Fehler bei der Beeidigung können im Rechtsmittelweg geltend gemacht werden; ob das Urteil auf dem Fehler beruht, ist im Einzelfall festzustellen (BGH NJW 94, 941; NJW 87, 1033; BSG MDR 93, 173; Hamburg MDR 84, 75; s aber BGH NJW 87, 260). Bei erneuter Dolmetschertätigkeit in der gleichen Sache, wenn auch in verschiedenen Terminen, genügt wie beim Zeugen die Berufung auf den einmal geleisteten Eid (RG DJZ 21, 204; BayObLG MDR 79, 696), erforderlich ist jedoch eine entsprechende eigene Erklärung des Dolmetschers, die Feststellung des Vorsitzenden zu Protokoll genügt nicht (BayObLG aaO). Bei mehrmaliger Dolmetschertätigkeit in der gleichen Sitzung, aber in verschiedenen Sachen, muß jedesmal beeidigt werden. 1

2) **Allgemeine Beeidigung (Abs 2)** richtet sich nach Landesrecht (Dolmetschergesetze, s auch § 142 III ZPO). Ist der Dolmetscher allg beeidigt, so genügt die Berufung hierauf. Dies muß durch den Dolmetscher selbst in einer irgendwie gefaßten eigenen Erklärung geschehen (RGSt 75, 332; BGH NJW 82, 2739), die Feststellung des Vorsitzenden, der Dolmetscher sei allg beeidigt, genügt nicht (BGH GA 80, 184); ausreichend ist jedoch, daß sich der Dolmetscher bei seiner Personalienangabe als „allgemein beeidigt" bezeichnet (BGH bei Dallinger MDR 75, 199, Jessnitzer S 101); stellt das Protokoll lediglich fest, der Dolmetscher sei allgemein beeidigt, so ist dies wegen seiner Mehrdeutigkeit (Feststellung des Vorsitzenden oder Angabe des Dolmetschers) nicht ausreichend, jedoch kann das RevGericht im Wege des Freibeweises klären, ob eine Berufung des Dolmetschers vorliegt (BGH NJW 82, 2739). Die allgemeine Beeidigung muß sich auf die Sprache beziehen, in der der Dolmetscher tätig wird (BGH bei Holtz MDR 80, 456). War der Dolmetscher, der sich auf allg Beeidigung berufen hatte, nicht oder nicht ordnungsgemäß beeidigt, so liegt zwar ein Verfahrensverstoß vor, die Entscheidung beruht aber hierauf nicht, wenn Dolmetscher und Richter von ordnungsgemäßer allg Beeidigung ausgingen (BGH NJW 84, 1765). 2

Entscheidungen des PräsLG über die allg Beeidigung sind im VerwRechtsweg anfechtbar (Celle NdsRpfl 93, 295; s auch § 23 EGGVG Rn 4). 2a

3) **Nicht § 189,** sondern die Vorschriften über die Beeidigung eines Sachverständigen sind einschlägig, wenn der Übersetzer nicht als Verhandlungsdolmetscher, sondern als **Sprachsachverständiger** (vgl § 185 Rn 2) tätig wird, nämlich wenn er eine außerhalb der mündlichen Verhandlung abgegebene Erklärung übersetzt; wird der Verhandlungsdolmetscher hierzu herangezogen, so wird dies durch die Berufung auf den allg geleisteten Eid nicht abgedeckt (BGH NJW 65, 643). 3

4) Bewußt unrichtige Übersetzung ist **Meineid** (BGHSt 4, 154). 4

190 *[Urkundsbeamter als Dolmetscher]*

Der Dienst des Dolmetschers kann von dem Urkundsbeamten der Geschäftsstelle wahrgenommen werden. Einer besonderen Beeidigung bedarf es nicht.

Der Urkundsbeamte, der in der betreff Sitzung als Protokollführer tätig ist, sonst § 189 (RGSt 2, 373). Der mitwirkende Richter kann nicht zugleich Dolmetscher sein (Karlsruhe Justiz 62, 93), wohl aber ein Zeuge oder Sachverständiger (RGSt 45, 304). 1

191 *[Ausschließung und Ablehnung]* **Auf den Dolmetscher sind die Vorschriften über Ausschließung und Ablehnung der Sachverständigen entsprechend anzuwenden. Es entscheidet das Gericht oder der Richter, von dem der Dolmetscher zugezogen ist.**

1 1) Zu den **Ablehnungsgründen** s §§ 406, 41, 42 ZPO. „Ausschließung" bedeutet ebenfalls Ablehnungsgrund; Verwandtschaft daher nur Ablehnungsgrund, der geltend gemacht werden muß, also Bestellung nicht ausschließt (BVerwG NJW 84, 2055). § 41 Nr 5 ZPO gilt nicht (s § 406 ZPO Rn 7). Für den Übersetzer (s § 185 Rn 2) gilt idR § 406 ZPO unmittelbar (Sachverständiger).

2 2) **Verfahren:** richtet sich nach § 406 ZPO; insbesondere gilt – anders als im Strafverfahren – die zeitliche Grenze des § 406 II ZPO entsprechend (Jessnitzer S 89), s auch dort Rn 10. Zur Notwendigkeit der Gewährung **rechtl Gehörs** s § 406 Rn 13; die Anhörung des Dolmetschers ist jedoch nur veranlaßt, wenn sie im Interesse der Aufklärung des Ablehnungsgrundes geboten ist, nicht hingegen hat er ein selbständiges verfahrensrechtl Anhörungsrecht, auch nicht im Hinblick auf seinen Entschädigungsanspruch nach dem ZSEG (aA § 406 ZPO Rn 13; die Frage selbstverschuldeter Unverwertbarkeit ist gegebenenfalls im Verfahren nach § 16 ZSEG zu klären). **Entscheidung** des Gerichts oder (zB ersuchten) Richters (S 2) durch Beschluß. Rechtsmittel entsprechend § 406 V ZPO (s dort Rn 14); kein Beschwerderecht des abgelehnten Dolmetschers (Jessnitzer S 90).

3 3) **Wirkung erfolgreicher Ablehnung:** Der Dolmetscher darf nicht weiter tätig bleiben. Dagegen ist eine (rückwirkende) Unverwertbarkeit der bisherigen Übersetzungsleistung – mit der Folge, daß das Verfahren wiederholt werden müßte – idR nicht anzunehmen. Ist der Ablehnungsgrund erst nachträglich entstanden, so scheidet eine rückwirkende Unverwertbarkeit ohnehin aus. Lag der die Ablehnung rechtfertigende Grund von Anfang an vor, so ist (entgegen Jessnitzer S 92) eine Wiederholung der unter seiner Mitwirkung durchgeführten Verfahrensteile nur dann nötig, wenn Anlaß besteht anzunehmen, daß in Folge des Ablehnungsgrundes die Übersetzungsleistung mangelhaft oder wesentlich beeinträchtigt war (so auch BVerwG NJW 85, 757 mit Hinweis auf die beschränkte Aufgabe des Dolmetschers als Gehilfe des Gerichts ohne eigene Wertungsaufgabe).

Sechzehnter Titel

BERATUNG UND ABSTIMMUNG

192 *[Mitwirkende]* **(1) Bei Entscheidungen dürfen Richter nur in der gesetzlich bestimmten Anzahl mitwirken.**

(2) Bei Verhandlungen von längerer Dauer kann der Vorsitzende die Zuziehung von Ergänzungsrichtern anordnen, die der Verhandlung beizuwohnen und im Falle der Verhinderung eines Richters für ihn einzutreten haben.

(3) Diese Vorschriften sind auch auf Schöffen anzuwenden.

1 1) **Abs 1** ist Regelung der ordnungsgemäßen Besetzung des Gerichts. Der Verstoß kann gemäß §§ 551 Nr 1, 579 Nr 1 ZPO geltend gemacht werden. Mitwirken bedeutet Teilnahme an der Willensbildung, bloße Anwesenheit oder Beratung ist noch keine Mitwirkung (vgl aber § 193). Für Richter auf Probe u kraft Auftrags vgl ferner § 29 DRiG.

2 2) Zuziehung von **Ergänzungsrichtern** kommt nur bei Kollegialgerichten in Betracht. Die Zuziehung ordnet der Vorsitzende an. Er hat auch den Verhinderungsfall festzustellen, der zum Eintritt des Ergänzungsrichters führt (§ 21e Rn 41); ein Gerichtsbeschluß kommt nicht in Betracht, da Entscheidung über personelle Besetzung, nicht Sachleitung vorliegt (BGH NJW 89, 1681). Die Bestellung der Ergänzungsrichter ist Sache des Präsidiums (§ 21e I 1). Es ist dabei weder an die Mitglieder des betroffenen Spruchkörpers noch an deren Vertreter gebunden (vgl schon RGSt 59, 20). Bestellung ist nicht Vertretungsregelung (BGH NJW 76, 1547) und kann daher generell für alle Spruchkörper des Gerichts getroffen werden (vgl auch Foth DRiZ 74, 87). Die Ergänzungsrichter nehmen an der ganzen Verhandlung teil u können ihrerseits Fragen stellen; an Beratungen dürfen sie nicht teilnehmen (BGHSt 18, 331). Den Verhinderungsfall kann der Vorsitzende feststellen (RGSt 38, 43; vgl a BGH NJW 66, 2073). Auch b Ausfall des Vorsitzenden kann die Verhandlung unter Eintritt des Ergänzungsrichters Fortgang nehmen (BGHSt 21, 108), wobei jedoch § 21 f II beachtet werden muß (die Nichtteilnahme des berufenen Vertreters kann jedoch ihrerseits ein Verhinderungsgrund für diesen iSd § 21 f II sein).

193 *[Anwesenheit Dritter]*

(1) Bei der Beratung und Abstimmung dürfen außer den zur Entscheidung berufenen Richtern nur die bei demselben Gericht zu ihrer juristischen Ausbildung beschäftigten Personen und die dort beschäftigten wissenschaftlichen Hilfskräfte zugegen sein, soweit der Vorsitzende deren Anwesenheit gestattet.

(2) Ausländische Berufsrichter, Staatsanwälte und Anwälte, die einem Gericht zur Ableistung eines Studienaufenthaltes zugewiesen worden sind, können bei demselben Gericht bei der Beratung und Abstimmung zugegen sein, soweit der Vorsitzende deren Anwesenheit gestattet und sie gemäß den Absätzen 3 und 4 verpflichtet sind. Satz 1 gilt entsprechend für ausländische Juristen, die im Entsendestaat in einem Ausbildungsverhältnis stehen.

(3) Die in Absatz 2 genannten Personen sind auf ihren Antrag zur Geheimhaltung besonders zu verpflichten. § 1 Abs. 2 und 3 des Verpflichtungsgesetzes vom 2. März 1974 (BGBl I S. 469, 547 – Artikel 42) gilt entsprechend. Personen, die nach Satz 1 besonders verpflichtet worden sind, stehen für die Anwendung der Vorschriften des Strafgesetzbuches über die Verletzung von Privatgeheimnissen (§ 203 Abs. 2 Satz 1 Nr. 2, Satz 2, Abs. 4 und 5, § 205), Verwertung fremder Geheimnisse (§§ 204, 205), Verletzung des Dienstgeheimnisses (§ 353b Abs. 1 Satz 1 Nr. 2, Satz 2, Abs. 3 und 4) sowie Verletzung des Steuergeheimnisses (§ 355) den für den öffentlichen Dienst besonders Verpflichteten gleich.

(4) Die Verpflichtung wird vom Präsidenten oder vom aufsichtsführenden Richter des Gerichts vorgenommen. Er kann diese Befugnis auf den Vorsitzenden des Spruchkörpers oder auf den Richter übertragen, dem die in Absatz 2 genannten Personen zugewiesen sind. Einer erneuten Verpflichtung bedarf es während der Dauer des Studienaufenthaltes nicht. In den Fällen des § 355 des Strafgesetzbuches ist der Richter, der die Verpflichtung vorgenommen hat, neben dem Verletzten antragsberechtigt.

§ 193 neugefaßt durch Art 3 des Gesetzes zur Änderung des RechtspflegerG u anderer Gesetze v 24. 6. 94 (BGBl I 1374). 1

1) a) Beratung und Abstimmung unterliegen der **Geheimhaltungspflicht**, §§ 43, 45 I 2 DRiG. § 193 soll die Einflußnahme Dritter ausschließen. Er setzt daher grundsätzlich voraus, daß Beratung und Abstimmung in einem nicht öffentlich zugänglichen Raum stattfinden. Leise Beratung im Sitzungssaal ist statthaft (BGHSt 19, 156; 24, 171), wenn sofortiger Konsens hergestellt werden kann. 1a

b) Seinem Wesen nach ist eine Beratung und Abstimmung beim **Einzelrichter** nicht möglich; § 193 ist daher bei ihm nicht anwendbar (aA Schleswig SchlHA 57, 164); soweit dieser während der „Beratung" andere Personen (zB Sitzungsvertreter der StA, Urkundsbeamten) zuzieht, ist nicht gegen § 193, möglicherweise aber gegen den Grundsatz der Öffentlichkeit verstoßen (vgl a SchlHOLG DAR 64, 139). 2

c) § 193 geht von mündlicher Beratung aus. Das **Umlaufverfahren** (Papsthart DRiZ 71, 18) ist jedoch nicht ausgeschlossen; es muß nur sichergestellt sein, daß auf Verlangen eines Richters mündlich beraten wird. Zu fernmündlicher Zustimmung eines Richters s BSG NJW 71, 2096. 3

2) § 193 verbietet die Anwesenheit jedes an der Entscheidungsfindung Unbeteiligten, zB auch des Urkundsbeamten der Geschäftsstelle (vgl RGSt JW 30, 2794). Eine Ausnahme gilt für **Rechtsreferendare**, die in dem Gericht ausgebildet werden (nicht erforderlich ist, daß sie einem Richter des Spruchkörpers zugeteilt sind), und für wissenschaftl Mitarbeiter des Gerichts, nicht jedoch für Rechtsstudenten (auch nicht während eines Gerichtspraktikums, BGH NJW 95, 2645; aA Seifert MDR 96, 125), Rechtspflegeranwärter und Anwärter des mittl Justizdienstes. Protokollführender Ref darf zugelassen werden, nicht aber Ref, der im Verfahren aufgetreten ist (BGHSt 18, 165). 4

3) **Abs 2 ermöglicht** – veranlaßt insbes durch eine entsprechende Regelung Frankreichs – die **Anwesenheit ausländischer Richter, Staatsanwälte, Rechtsanwälte und Juristen in einem Ausbildungsverhältnis** (etwa die franz. auditeurs de justice – nicht jedoch Studenten einer ausl Universität), soweit sie am Gericht mit Billigung der Justizverwaltung („zugewiesen") hospitieren. Gleiches gilt im Erstrecht-Schluß für Hospitanten aus dem Inland, zB „Gastrichter", und Richer auf Probe, die dem Gericht zur Einarbeitung ohne richterl Funktionen zugewiesen sind (BAG NJW 67, 1581 ist überholt). Noch nicht eingetretene Ergänzungsrichter dürfen dagegen an Beratung nicht teilnehmen (BGHSt 18, 331). 5

Im Hinblick auf den Schutzzweck des § 193 – Absicherung des Grds des gesetzl Richters und der richterl Unabhängigkeit – ist die Anwesenheit **in jedem Einzelfall** von einer nach pflichtgemäßem Ermessen zu erteilenden Erlaubnis des Vorsitzenden abhängig, der die Erlaubnis auch auf eine passive Teilnahme beschränken kann; ansonsten darf sich Hospitant im Rahmen der Beratung auch äußern. 6

7 Die Hospitanten haben das **Beratungsgeheimnis** zu wahren. Um dies zu gewährleisten, sind sie auf Antrag zur Geheimhaltung entspr § 43 DRiG **förmlich zu verpflichten.** Stellen sie den Antrag nicht, sind sie von der Anwesenheit auszuschließen. Abs 3 und 4 regeln die Verpflichtung und strafrechtliche Folgen eines Verstoßes, auf die bei der Verpflichtung besonders hinzuweisen sein wird.

8 **4)** § 193 ist nicht nur Ordnungsvorschrift, Verstoß kann vielmehr mit **Rechtsmittel** geltend gemacht werden. Die Frage, ob das Urteil auf einer Verletzung des § 193 beruht, ist idR zu bejahen, weil die Möglichkeit besteht, daß einzelne Richter durch die Anwesenheit Dritter beeinflußt wurden (RG JW 30, 2794; BGH b Dallinger MDR 55, 272); aber kein absoluter Revisionsgrund (BAG NJW 67, 1581; BGHSt 18, 332). Ein Verstoß gegen den Grundsatz des gesetzl Richters liegt nicht schon deshalb vor, weil § 193 verletzt ist (aA Kissel Rn 30).

194 *[Beratung und Abstimmung]*

(1) Der Vorsitzende leitet die Beratung, stellt die Fragen und sammelt die Stimmen.

(2) Meinungsverschiedenheiten über den Gegenstand, die Fassung und die Reihenfolge der Fragen oder über das Ergebnis der Abstimmung entscheidet das Gericht.

1 **1) Beratung** ist regelmäßig mündlich. Schriftliche Beratung (zB durch Umlauf eines Entscheidungsvorschlags) ist jedoch möglich (BVerwG NJW 92, 257), wenn keiner widerspricht. Fernmündliche Rücksprache ist als Vorbereitung hierzu oder zur Klärung einer Zweifelsfrage über den schriftlichen Entwurf ebenfalls zulässig (BSG NJW 71, 2096: fernmündliche Abstimmung unzulässig).

2 **2) Durcharbeitung der Akten** setzt die Mitwirkung an der Beratung nicht notwendig voraus. Dies ergibt sich schon aus dem Grundsatz der Mündlichkeit. Die Information ehrenamtl Richter durch Sachvortrag des Vorsitzenden oder des Berichterstatters ist daher zu Recht üblich. Aber auch der mitwirkende Berufsrichter ist frei, wie er sich über den Sach- und Streitstand informiert, zB schriftliches Votum, mündlicher Vortrag des Berichterstatters in der (Vor)Beratung. Die Auffassung, die aus den Verfassungsgrundsätzen des gesetzl Richters und des rechtl Gehörs herleiten will, daß nur die (volle) Aktenkenntnis genügt (Stackelberg MDR 83, 364, Däubler JZ 84, 355, Döhring NJW 83, 851), ist abwegig (vgl a BVerfG NJW 87, 2219; Schneider DRiZ 84, 361; Herr DRiZ 84, 359; s a vor § 128 ZPO Rn 7). Verfassungsrechtl erheblich kann einzig die Frage sein, ob wesentliches Vorbringen (Art 103 I GG) übergangen wurde; dies ist nach der Entscheidung und ihrer Begründung zu beurteilen, nicht durch grundsätzlich ohnehin unzulässiges (§§ 43, 45 I 2 DRiG) Eindringen in den Beratungsvorgang.

3 **3) Der Vorsitzende** leitet die Beratung; dazu gehört auch die Bestimmung ihrer (zeitl, räuml) Umstände. Die Entscheidung von Meinungsverschiedenheiten durch das **Gericht (Abs 2)** kommt nur in Betracht, wenn diese sich auf den Beratungsvorgang selbst, nicht nur auf seine äußeren Begleitumstände beziehen.

195 *[Überstimmte]*

Kein Richter oder Schöffe darf die Abstimmung über eine Frage verweigern, weil er bei der Abstimmung über eine vorhergegangene Frage in der Minderheit geblieben ist.

1 **1) Der überstimmte Richter** (Berufs- wie ehrenamtl Richter) ist über die weitere Abstimmung hinaus zur Mitwirkung bis zum Abschluß des Verf verpflichtet. Der überstimmte Berichterstatter hat die Entscheidungsgründe entsprechend der Mehrheitsmeinung zu entwerfen; ebenso ist der überstimmte Richter zur **Unterschrift** verpflichtet: durch sie wird nur bestätigt, daß die Urteilsgründe mit dem Ergebnis der Beratung übereinstimmen (vgl BGH NJW 75, 1177); über Meinungsverschiedenheiten insoweit ist ebenfalls durch Abstimmung mehrheitlich zu entscheiden. Einseitige Zusätze (s aber Rn 3) sind unzulässig und bedeutungslos (BGH aaO).

2 Der überstimmte Richter hat das **Beratungsgeheimnis** (§ 43 DRiG, für ehrenamtl Richter § 45 I 2 DRiG) zu wahren. Dies gilt auch hinsichtlich der Aufdeckung der Stimmenverhältnisse ohne Namensnennung in den Entscheidungsgründen (BVerfG NJW 66, 1603). Das Beratungsgeheimnis steht auch grundsätzlich einer Beweiserhebung über die Beratung und Abstimmung entgegen (vgl BGH NJW 75, 1177); der BGH läßt offen, ob anderes gilt, wenn ein Richter das Beratungsgeheimnis selbst aufgibt, um einen Abstimmungsfehler aufzudecken (vgl auch RG 60, 296).

3 **2)** Zur Frage, ob auch abweichende Begründungen **(„dissenting vote")** zugelassen werden sollen (für BVerfG geregelt in § 30 II BVerfGG), s Berger NJW 68, 961; Cohn JZ 69, 330; Federer JZ

68, 511; 69, 369; Scheuerle ZZP 68, 317; Pakuscher JZ 68, 294; Vollkommer JR 68, 241; Wagner DRiZ 68, 253; Zweigert, Gutachten für den 47. Dt Juristentag, Bd I (Gutachten) Teil D S 1.

3) **Verstoß** gegen § 195 führt zu fehlerhafter Besetzung des Gerichts bei der Entscheidung (§§ 551 Nr 1, 579 Nr 1 ZPO). Die Abstimmungsverweigerung ist Amtspflichtverletzung und führt zur Verhinderung des verweigernden Richters, wenn auf ihr beharrt wird. Zuziehung eines Ergänzungsrichters oder neue Verhandlung nötig. 4

196 *[Stimmenfeststellung]*

(1) Das Gericht entscheidet, soweit das Gesetz nicht ein anderes bestimmt, mit der absoluten Mehrheit der Stimmen.

(2) Bilden sich in Beziehung auf Summen, über die zu entscheiden ist, mehr als zwei Meinungen, deren keine die Mehrheit für sich hat, so werden die für die größte Summe abgegebenen Stimmen den für die zunächst geringere abgegebenen so lange hinzugerechnet, bis sich eine Mehrheit ergibt.

(3) Bilden sich in einer Strafsache, von der Schuldfrage abgesehen, mehr als zwei Meinungen, deren keine die erforderliche Mehrheit für sich hat, so werden die dem Beschuldigten nachteiligsten Stimmen den zunächst minder nachteiligen so lange hinzugerechnet, bis sich die erforderliche Mehrheit ergibt. Bilden sich in der Straffrage zwei Meinungen, ohne daß eine die erforderliche Mehrheit für sich hat, so gilt die mildere Meinung.

(4) Ergibt sich in dem mit zwei Richtern und zwei Schöffen besetzten Gericht in einer Frage, über die mit einfacher Mehrheit zu entscheiden ist, Stimmengleichheit, so gibt die Stimme des Vorsitzenden den Ausschlag.

1) Im Zivilprozeß Abstimmung nach den Elementen der Entscheidung; Abs 2 gilt im Straf- wie im Zivilprozeß. Bei Bestrafung hat auch das Zivilgericht die strafverfahrensrechtl Abstimmungsgrundsätze anzuwenden; Breetzke DRiZ 62, 5. Zur Tatbestandsberichtigung s § 320 IV ZPO. 1

2) **Abs 4** geändert durch Art 3 Nr 10 des G zur Entlastung der Rechtspflege v 11. 1. 93 (BGBl 50); betrifft nur Strafgerichtsbarkeit. 2

197 *[Reihenfolge der Abstimmung]*

Die Richter stimmen nach dem Dienstalter, bei gleichem Dienstalter nach dem Lebensalter, ehrenamtliche Richter und Schöffen nach dem Lebensalter; der jüngere stimmt vor dem älteren. Die Schöffen stimmen vor den Richtern. Wenn ein Berichterstatter ernannt ist, so stimmt er zuerst. Zuletzt stimmt der Vorsitzende.

Das Dienstalter bestimmt sich nach § 20 DRiG (vgl dazu Fähnrich DRiZ 64, 36; Richter DRiZ 66, 80). Richter auf Probe und kraft Auftrags stimmen – gegebenenfalls nach dem Berichterstatter – als erster Berufsrichter, da sie mangels Übertragung eines Richteramtes iSd § 20 DRiG kein Dienstalter in diesem Sinn haben. Der Vorsitzende stimmt nach S 4 auch dann zuletzt, wenn er Berichterstatter ist (BVerwG BayVerwBl 80, 305). 1

198

(aufgehoben durch § 85 Nr 13 DRiG; betraf Wahrung der Abstimmungsgeheimnisse. S nun §§ 43, 45 I 2 DRiG für Berufs- u ehrenamtl Richter; für Schiedsrichter s BGH 23, 138)

Siebzehnter Titel

GERICHTSFERIEN

Vorbemerkungen zu §§ 199–202

Nach dem Stand bei Abschluß des Manuskriptes ist damit zu rechnen, daß die **Regelung über die Gerichtsferien demnächst aufgehoben wird und ab 1. 1. 1997 nicht mehr anzuwenden ist.** Damit wird voraussichtlich eine über Jahrzehnte geführte Diskussion zur Frage der Zweckmäßigkeit der Aufrechterhaltung der Gerichtsferien endgültig abgeschlossen – in der Vorauflage (vgl. 1

Vorbemerkung 3 vor § 199) habe ich die Regelung als „nicht mehr zeitgemäß (vgl Bork JZ 93, 53) und wenig geglückt" bezeichnet.

Auf der Grundlage eines **Gesetzentwurfs** des Bundesrates **zur Abschaffung der Gerichtsferien** (BT-Drs 13/200) hat der Deutsche Bundestag entsprechend einer Beschlußempfehlung des Rechtsausschusses vom 12. 6. 1996 (BT-Drs 13/5001) am 27. 6. 1996 **ein Gesetz zur Abschaffung der Gerichtsferien** beschlossen. Der zweite Durchgang des Gesetzentwurfs im Bundesrat steht noch aus. Dieser und die anschließende Verkündung des Gesetzes können aus drucktechnischen Gründen bei der Fertigstellung dieser Auflage nicht mehr abgewartet werden. Da der Gesetzentwurf aber auf einer Gesetzesinitiative des Bundesrates mit dem Ziel der Abschaffung der Gerichtsferien beruht, ist damit zu rechnen, daß das Gesetzgebungsverfahren bis Ende des Jahres 1996 abgeschlossen wird.

2 Art 1 des **Gesetzes zur Abschaffung der Gerichtsferien** wird lauten:

Artikel 1
Änderung des Gerichtsverfassungsgesetzes

Der Siebzehnte Titel (§§ 199 bis 202) des Gerichtsverfassungsgesetzes in der Fassung der Bekanntmachung vom 9. Mai 1975 (BGBl I S. 1077), das zuletzt durch ... geändert worden ist, wird aufgehoben.

Der Gesetzentwurf sieht in Art 2 im wesentlichen auf die Gerichtsferien bezogene Änderungen der Zivilprozeßordnung, in Art 3 die entsprechende Änderung anderer Gesetze vor. Art 4 des Gesetzentwurfes lautet:

Artikel 4
Inkrafttreten

Dieses Gesetz tritt am 1. Januar 1997 in Kraft.

Damit werden die **Regeln über die Gerichtsferien voraussichtlich ersatzlos entfallen.** Die nachfolgend beibehaltene Kommentierung der §§ 199–202 nach dem Gesetzesstand 1. 8. 1996 steht unter diesem Vorbehalt.

3 Anstelle des Verbots des § 200 Abs 1 GVG, während der Ferien Termine abzuhalten und Entscheidungen zu erlassen, tritt künftig die Regelung des § 227 Abs 3 ZPO (neu). Danach ist künftig ein für die Zeit vom 1. Juli bis 31. August bestimmter Termin, soweit er nicht ein Termin bloß zur Verkündung einer Entscheidung ist, auf Antrag, der binnen einer Woche nach Zugang der Ladung oder Terminsbestimmung zu stellen ist, zu verlegen. Siehe dazu im einzelnen § 227 ZPO Rn 12 ff.

4 Zum Gesetzesstand vom 1. 8. 1996 gilt: **a)** Die noch geltende Regelung über die Gerichtsferien hat im wesentlichen nur für **Zivilsachen** (einschließlich streitigen Landpachtsachen, § 1 Nr 1a LwVG; BGH MDR 93, 172) Bedeutung (Strafsachen, vgl § 200 II Nr 1). Wirkung: § 200 I und Hemmung des Laufes von Fristen, § 223 ZPO. Ohne Einfluß sind die Gerichtsferien im **arbeitsgerichtlichen Verfahren** (§ 9 I 2 ArbGG) und in den Verfahren der **freiwilligen Gerichtsbarkeit** (jedoch kann die Bearbeitung nicht eilbedürftiger Vormundschafts-, Betreuungs- und Nachlaßsachen in den Ferien unterbleiben, § 10 FGG), in **Baulandsachen** (§ 221 Abs 1 S 2 BauGB), im Verf vor dem **PatG** (§ 99 Abs 4 PatG) sowie im Beschwerdeverf in **Kartellsachen** (§ 72 Nr 1 GWB); ferner § 202. Für **Entschädigungssachen** s § 209 Abs 6 BEG.

5 **b)** Die Gerichtsferien hindern das **Tätigwerden des Gerichts nach außen,** nicht betroffen ist der interne Gerichtsbetrieb (Geschäftsstellentätigkeit, aber auch Urteilsberatung und Absetzen von Entscheidungsgründen), auch nicht soweit dieser nach außen wirkt (Zustellungen, Ladungen; vgl im einzelnen § 200 Rn 1 ff). – Die Gerichtsferien behindern ferner nicht die Wirksamkeit von Prozeßhandlungen der Parteien.

199 *[Dauer]*
Die Gerichtsferien beginnen am 15. Juli und enden am 15. September.

Hinweis: S Rn 1–3 vor § 199.

1 Beide Tage gehören zu den Ferien.

200 *[Feriensachen]*

(1) Während der Ferien werden nur in Feriensachen Termine abgehalten und Entscheidungen erlassen.

(2) Feriensachen sind:

1. **Strafsachen;**
2. **Arrestsachen sowie die eine einstweilige Verfügung oder eine einstweilige Anordnung nach den §§ 127a, 620, 621 f der Zivilprozeßordnung betreffenden Sachen;**
3. **Meß- und Marktsachen;**
4. **Streitigkeiten zwischen dem Vermieter und dem Mieter oder Untermieter von Wohnräumen oder anderen Räumen oder zwischen dem Mieter und dem Untermieter solcher Räume wegen Überlassung, Benutzung oder Räumung, wegen Fortsetzung des Mietverhältnisses über Wohnraum auf Grund der §§ 556a, 556b des Bürgerlichen Gesetzbuchs sowie wegen Zurückhaltung der von dem Mieter oder dem Untermieter in die Mieträume eingebrachten Sachen;**
5. **Streitigkeiten in Kindschaftssachen;**

5a. **Streitigkeiten über eine durch Ehe oder Verwandtschaft begründete gesetzliche Unterhaltspflicht, soweit sie nicht Folgesachen (§ 623 Absatz 1 Satz 1 der Zivilprozeßordnung) sind, und über Ansprüche nach den §§ 1615k, 1615l des Bürgerlichen Gesetzbuchs;**

5b. **Familiensachen nach § 23b Absatz 1 Satz 2 Nr. 2 bis 4, 8, soweit sie nicht Folgesachen (§ 623 Absatz 1 Satz 1 der Zivilprozeßordnung) sind, und nach § 23b Absatz 1 Satz 2 Nr. 11;**

6. **Wechselsachen;**
7. **Regreßansprüche aus einem Scheck;**
8. **Bausachen, wenn über Fortsetzung eines angefangenen Baues gestritten wird.**

(3) In dem Verfahren vor den Amtsgerichten hat das Gericht auf Antrag auch andere Sachen als Feriensachen zu bezeichnen. Werden in einer Sache, die durch Beschluß des Gerichts als Feriensache bezeichnet ist, in einem Termin zur mündlichen Verhandlung einander widersprechende Anträge gestellt, so ist der Beschluß aufzuheben, sofern die Sache nicht besonderer Beschleunigung bedarf.

(4) In dem Verfahren vor den Landgerichten sowie in dem Verfahren in den höheren Instanzen soll das Gericht auf Antrag auch solche Sachen, die nicht unter die Vorschrift des Absatzes 1 fallen, soweit sie besonderer Beschleunigung bedürfen, als Feriensachen bezeichnen. Die Bezeichnung kann vorbehaltlich der Entscheidung des Gerichts durch den Vorsitzenden erfolgen.

Hinweis: S Rn 1–3 vor § 199.

1) a) Bedeutung der Gerichtsferien: Siehe Rn 4 vor § 199; außer in Feriensachen keine Termine (auch nicht solche des beauftragten oder ersuchten Richters), **keine Entscheidungen** (Urteile, Beschlüsse, Verfügungen sachl Inhalts, s aber Rn 5), auch nicht Entscheidung ohne mündl Verhandlung oder im schriftl Verfahren nach § 128 II ZPO. 1

Der **Erlaß** der Entscheidung regelt sich nach §§ 310, 329 ZPO. Das Verbot des Abs 1 betrifft nur den Erlaß selbst, nicht etwaige Folgeakte, zB die Zustellung nach § 317 ZPO (diese hat während der Ferien daher nur zu unterbleiben, soweit sie nach § 310 III ZPO die Verkündung ersetzt und daher für den „Erlaß" maßgeblich ist). In den Fällen der §§ 310 III, 329 II ZPO hat während der Gerichtsferien die Verfügung des Richters, daß zugestellt werden soll, zu unterbleiben; ist die Verfügung vor Beginn der Ferien erlassen, so kann die Zustellung durch die Geschäftsstelle auch noch während der Ferien ausgeführt werden (vgl Rn 2 vor § 199). 2

Das Entscheidungsverbot gilt auch für das **Versäumnisurteil** ohne mündl Verhandlung nach §§ 331 III, 276 I ZPO (Koblenz NJW 79, 1465; aA Bruhn NJW 79, 2522; LG Münster MDR 95, 415); aus Notfrist (§§ 276 I 1, 223 II ZPO) ergibt sich nichts anderes, da dies nur den Fristablauf, nicht aber die Frage betrifft, ob eine Entscheidung in den Gerichtsferien ergehen kann. 3

Von den Gerichtsferien nicht betroffen sind Maßnahmen des internen Dienstbetriebs (Beratung und Beschlußfassung) und **prozeßleitende Maßnahmen,** die die mündl Verhandlung nur vorbereiten (Terminsbestimmung, Wertfestsetzung zur Bestimmung des Kostenvorschusses – schon wegen § 202 –, sowie Anordnungen nach § 273 ZPO; bei Fristsetzung gilt aber 223 I ZPO). 4

Ferner **können Entscheidungen** ergehen, die weitere Mitwirkung der Parteien, insbesondere eine mündl Verhandlung, nicht erfordern, den Streit der Parteien nur mittelbar betreffen und das **weitere Verfahren nur vorbereiten:** Gerichtsstandsbestimmung nach §§ 36, 37 ZPO (BayObLGZ 80, 222; Koblenz MDR 77, 501; Bornkamm NJW 89, 2714), Rechtsentscheid nach § 541 ZPO (Hamm NJW-RR 94, 1496), Entscheidung über Ablehnung eines Richters oder Sachverständigen 5

(Koblenz MDR 77, 501; str) u Zuständigkeitsbestimmung nach § 7 Abs 2 EGZPO (BayObLGZ 92, 251 = MDR 92, 1179). Dagegen sind mit dem Streit in unmittelbarem Zusammenhang stehende Entscheidungen zB Beweisbeschluß, auch PKH-Beschluß nicht zulässig (RG 55, 327; München NJW 82, 2328).

6 Über Bedeutung der Gerichtsferien für **Fristablauf** vgl § 223 ZPO. Notfristen (vgl insb Rechtsmittelfristen, §§ 516, 552, 577 II ZPO) und Fristen in Feriensachen laufen. Die Belehrung der Partei über diese Folge der Erklärung zur Feriensache ist nur nötig, wenn eine Rechtsbehelfsbelehrung vorgeschrieben ist (zu weit Düsseldorf NJW 84, 1567). Ist in einer Feriensache die Rechtsmittelbegründungsfrist abgelaufen, so kann durch eine nachgereichte Begründungsschrift, die – etwa durch Auswechseln des Klagegrunds (Rn 9) – die Sache zur Nichtferiensache machen würde, die Zulässigkeit des Rechtsmittels nicht wiederhergestellt werden (BGH NJW 77, 900).

7 **b) Verstöße: Termine** sind nicht ordnungsgemäß anberaumt (§ 335 I Nr 2 ZPO). Die Terminierung in den Gerichtsferien bei Nichtferiensachen eröffnet jedoch nicht die Beschwerde, vgl § 227 II 3 ZPO (Frankfurt MDR 83, 1031); jedoch kann hierdurch verursachte unzureichende oder verspätete Erklärung der betroffenen Partei nicht angelastet werden (kein Zurückweisen als verspätet). **Entscheidungen,** die entgegen § 200 I ergehen, sind jedenfalls nicht nichtig (sie werden mit der Verkündung oder Zustellung in den Ferien auch existent), jedoch mit den allgemeinen Rechtsmitteln anfechtbar. Der Verfahrensverstoß ist in der Berufung von Amts wegen (Saarbrücken NJW 68, 996), in der Revision unter den Voraussetzungen des § 554 III Nr 3 (§ 559) ZPO zu berücksichtigen. Strittig ist, wann das Urteil auf dem Verstoß beruht. Entgegen RG 31, 430 (so wohl auch Saarbrücken aaO) kann nicht schlechthin ein Beruhen auf dem Mangel angenommen werden; vielmehr wird davon auszugehen sein, daß der Inhalt des Urteils nicht davon beeinflußt ist, an welchem Tag es verkündet wurde, so daß der Erlaß eines Urteils in den Ferien in einer Nichtferiensache idR nicht zur Aufhebung führen kann (jetzt hM vgl ThP § 200 Rn 21, BL Rn 6 vor § 199 GVG; München NJW 82, 2328: jedenfalls dann nicht, wenn durch den Zeitpunkt der Entscheidung der gesetzl Richter nicht beeinflußt wurde, s § 201). – Verstöße gegen § 200 sind **gemäß § 295 ZPO** heilbar (hM, vgl Saarbrücken NJW 68, 996; MK/Wolf § 199 GVG Rn 8; aA noch RG 31, 431).

8 **2) Feriensachen** sind solche entweder kraft Gesetzes (Abs 2, § 202 u Sonderbestimmungen) oder kraft richterl Bezeichnung (Abs 3, 4); über die letzteren Rn 20.

a) Die Eigenschaft einer **Feriensache kraft Gesetzes** ist nach dem Tatsachenvorbringen des Klägers, nicht nach der von ihm vorgenommenen rechtlichen Subsumtion zu entscheiden (BGH NJW 85, 141); sie gilt für alle Prozeßabschnitte u Instanzen u erstreckt sich auch auf unselbständige Nebenverfahren (zB Prozeßkostenhilfeverfahren, Richterablehnung, s Rn 5).

9 Die Verbindung **mehrerer Klageansprüche,** von denen nur einer unter § 200 II fällt (zB Verbindung eines Wechselanspruchs mit einem Bereicherungsanspruch) macht die ganze Sache zur Nichtferiensache (RG 118, 28; BGH 9, 28; 37, 371). Liegt nicht objektive Klagehäufung, sondern ein einheitl, nur auf verschiedene Klagegründe gestütztes Begehren vor (zB Klage auf Herausgabe von Räumen, die sowohl auf Eigentum wie auf Mietaufhebung gestützt werden kann, soweit sie nicht ausdrücklich auf Ansprüche aus Mietverhältnis beschränkt wird, BGH B v 17. 1. 96 – XII ZB 161/95), so wird die ganze Sache Nichtferiensache, selbst dann, wenn der an 1. Stelle geltend gemachte Klagegrund für sich allein die Eigenschaft als Feriensache begründen würde (BGH 9, 22; 37, 372; NJW 85, 141). In einem solchen Fall ändert sich an der Eigenschaft als Nichtferiensache auch nichts dadurch, daß die Klage nur aus dem Grund zugesprochen wird, der die Eigenschaft als Feriensache begründen würde (BGH 9, 29). Diese Grundsätze gelten jedoch nicht, wenn in dem konkreten Verfahren – wie etwa gemäß § 221 Abs 1 S 2 BauGB (s Vorb Rn 4) – die Gerichtsferien generell ohne Bedeutung sind (BGH NJW-RR 95, 980). Auch kann das Vorbringen neuer Klagegründe einen Rechtsstreit nach Ablauf der Rechtsmittelbegründungsfrist nicht nachträglich zur Nichtferiensache machen (BGH NJW 95, 2858).

10 Erhebung einer **Widerklage** hat auf die Beurteilung des Klageanspruchs keinen Einfluß (BGH 8, 53); auch hier keine Aufspaltung; entscheidend ist die Klage (BGH NJW 58, 588); ist das Klagebegehren Feriensache, so wird es auch die Widerklage (RG 118, 34; BGH NJW 58, 588; München FamRZ 94, 310); im umgekehrten Fall ist auch die Widerklage Nichtferiensache (KG JW 31, 1106, BGH aaO).

11 **Vollstreckungsgegenklage** nach § 767 ZPO ist Feriensache, wenn der angegriffene Titel einen unter Abs 2 fallenden Anspruch betrifft (BGH NJW 80, 1695; 88, 1095; NJW-RR 93, 643), nicht dagegen, wenn Verfahren, aus dem der Titel stammt, nach Abs 3 oder 4 zur Feriensache erkärt war.

12 **b) Abs 2 Nr 2: Eilverfahren** nach §§ 916 bis 945 ZPO und einstweilige Anordnungen in **Familiensachen** einschließlich der Regelung über Kostenvorschüsse nach §§ 127a, 621 f ZPO. Familien-

sachen der freiw Gerichtsbarkeit im allgemeinen sind jedoch keine Feriensachen (soweit nicht einstw Anordnungen, Dickert FamRZ 81, 939), da § 10 FGG gemäß § 621a I 2 ZPO nicht gilt (BayObLG MDR 80, 586; vgl auch § 621a ZPO Rn 15).

Nr 3: s § 30 ZPO. 13

Nr 4: Mietstreitigkeiten nicht Pachtstreitigkeiten (BGH NJW 58, 588; München OLG 29, 77; zur Abgrenzung s BGH ZMR 81, 306) nur in den bezeichneten Fällen, die ursprünglich mit der Zuständigkeitsabgrenzung in § 23 Nr 2a GVG aF übereinstimmten (vgl auch BGH NJW 58, 588); bei dessen Änderung durch das RpflEntG v 11. 1. 93 wurde jedoch übersehen, den von der Sache her gebotenen Gleichlauf wieder herzustellen. Keine Feriensache sind Mietzins- und Schadensersatzklagen; auch Klagen auf Feststellung des Bestehens oder Nichtbestehens e Mietverhältnisses fallen nicht darunter (BGH NJW 58, 588); Schadensersatzansprüche fallen nach dem Sinn der Vorschrift, da Beschleunigungsgebot nicht eingreift, auch nicht darunter (BGH NJW 80, 1695: jedenfalls nicht, wenn Mietverhältnis beendet ist). Streit über die Instandhaltungspflicht ist Streit über die Benützung (BGH NJW 63, 713). Ebenso auf Duldung einer baulichen Änderung (LG Berlin MDR 88, 591). Feriensache ist auch der Streit über Fortsetzung des Mietverhältnisses nach §§ 556a, 556b BGB. Stützt sich eine Klage auf Räumung und Herausgabe auch auf § 985 BGB, so liegt keine Feriensache vor (BGH NJW 85, 141; vgl auch Rn 9). 14

Nr 5: Kindschaftssachen, s § 640 Abs 2 ZPO. 15

Nrn 5a und 5b: Familienrechtl Streitigkeiten – Neufassung durch UÄndG 1986 (Grund: Beseitigung von Unstimmigkeiten, die sich insb bei der Teilanfechtung von Verbundurteilen ergaben – s BGH NJW 83, 1561 –, und Erweiterung des Katalogs – neue Nr 5b) sowie durch Art 3 Nr 2 des Ausführungsgesetzes zum Sorgerechtsübereinkommen v 5. 4. 90 (BGBl I 701). Scheidungssachen sind mangels Beschleunigungsbedürfnis auch weiterhin keine Feriensachen, dagegen sind es grundsätzlich **Unterhaltssachen** (Nr 5a, § 23a Nrn 2 und 3, nicht nur die entsprechenden Familiensachen) und Verfahren betreffend **Sorgerecht, Umgangsrecht, Herausgabe eines Kindes** (einschließlich der entsprechenden Entscheidungen nach dem Sorgerechtsübereinkommen, s § 23b Rn 26) **sowie die Ehewohnung und den Hausrat** (Nr 5b, vgl § 23b I 2 Nrn 2, 3, 4 und 8, dazu dort Rn 18–20, 23). Eine wesentliche Einschränkung gilt für alle hierunter fallenden Familiensachen; sie sind nur Feriensachen, soweit sie keine **Folgesachen** (§ 623 I ZPO) sind (BGH NJW-RR 88, 581: nachehelicher Unterhalt keine Feriensache. War Ausgangsverfahren Folgesache, bleibt dies aber ohne Einfluß auf Feriensacheneigenschaft der Abänderungs- oder Vollstreckungsgegenklagen s BGH NJW-RR 96, 513; 93, 643; München FamRZ 94, 310). Der geänderte Wortlaut („sind" statt „zu verhandeln sind") stellt klar, daß es nur auf diese Eigenschaft ankommt, die auch nach Abtrennung (§ 628 ZPO) oder bei Teilanfechtung nur der Folgesache (§ 629a II ZPO) für § 200 bestimmend bleibt. Der weitere Verfahrensgang einer solchen Folgesache beeinflußt die Eigenschaft als Nichtferiensache nicht mehr. Diese Folgesachen können jedoch ggf nach § 200 III, IV zu Feriensachen erklärt werden, soweit die gemeinsame Behandlung mit der Scheidungssache wegen Abtrennung oder beschränkter Teilanfechtung nicht mehr besteht. – **Auskunftsklagen** zur Vorbereitung eines Unterhaltsanspruchs „betreffen" diesen zwar iSd § 23b I S 2 Nr 5, haben ihn aber nicht zum Gegenstand und fallen daher nicht unter Nr 5a („Streitigkeiten über", BGH NJW 87, 2237). Bei einer Stufenklage tritt die Wirkung der Nr 5a ein, wenn nach Erledigung des Auskunftsanspruchs nur noch der Zahlungsanspruch Verfahrensgegenstand ist (BGH NJW-RR 87, 1287). Wegen des engeren Wortlauts der Nr 5a sind auch Verfahren über die Befreiung von einem gesetzl Unterhaltsanspruch und Erstattungsklagen nicht Feriensachen (BGH NJW 84, 1624; 89, 1357). Nr 5a gilt dagegen für übergeleitete Unterhaltsansprüche, wenn es sich um Rückstände handelt (BGH NJW 81, 1564). Ist der ges Unterhalt durch **Prozeßvergleich** oder **Vertrag** geregelt, so fällt hierauf gestützte Klage auch unter Nr 5a (BGH NJW 91, 2709). 16

Nr 6: Jede Klage aus **Wechsel** ohne Rücksicht auf die Prozeßart (RG 78, 317), also auch bei Klage im oder nach Übergang ins ordentl Verfahren (BGH 18, 173; MDR 88, 938); auch Klage auf Herausgabe e Wechselurkunde (Stuttgart MDR 57, 44); auch die Klage auf Feststellung e Wechselforderung z Konkurstabelle (BGH NJW 67, 1371). Wird Klage – wenn auch nur hilfsweise – auch auf das Grundgeschäft gestützt, verliert der ganze Rechtsstreit die Eigenschaft als Feriensache (BGH 37, 371; NJW-RR 93, 826; MDR 88, 938; vgl auch Rn 9); dies kann aber nur durch den Kläger geschehen; dadurch, daß Bekl Einwendungen aus dem Grundgeschäft erhebt u der Kläger sich hiergegen verteidigt, geht die Eigenschaft als Feriensache noch nicht verloren; die Erklärung des Klägers, den Klageanspruch auch auf das Grundgeschäft zu stützen, muß deutlich sein (BGH VersR 79, 230 u 255; NJW-RR 91, 1469). 17

Nr 7: Rückgriffsansprüche (Art 40 ff ScheckG), nicht alle Ansprüche aus **Scheck:** Verfahrensart jedoch auch hier ohne Bedeutung (vgl – auch zum Verlust der Eigenschaft als Feriensache – zu Rn 17); BGH MDR 77, 649. 18

Nr 8: Voraussetzung ist, daß die **Arbeiten an dem Bau unterbrochen** sind. Nach Klagevortrag (vgl Rn 9) müssen die Arbeiten begonnen und dann vorzeitig eingestellt oder abgebrochen 19 worden sein (BGH MDR 77, 487); wird dagegen über Umfang eines Auftrags, dessen vollständige oder ordnungsgemäße Erfüllung gestritten, gilt nicht Nr 8, sondern nur Abs 3 oder 4. Die Frage der Bauabnahme ist daher für Nr 8 ohne Bedeutung (BGH aaO). – Abtretung oder Schuldübernahme ändern nichts an der Eigenschaft als Feriensache (München BayJMBl 52, 66).

20 **3) Feriensache kraft Bezeichnung (Abs 3 und 4): a)** Voraussetzung ist **Antrag** (Anwaltszwang gilt); er kann uU als stillschw gestellt angesehen werden, insbes wenn Umstände geltend gemacht werden, aus denen sich ohne weiteres das Bedürfnis nach einer noch in den Gerichtsferien ergehenden Entscheidung ergibt (RG 55, 328); der Terminsantrag genügt für sich jedoch nicht. Antragrücknahme nach positiver Entscheidung – auch des Vorsitzenden – unwirksam (München MDR 91, 261). „Die Sache" ist als Feriensache zu bezeichnen; keine Beschränkung auf einzelne Prozeßhandlungen, auch nicht auf Nebenverfahren (str). Die Bezeichnung erfolgt ohne mündl Verhandlung durch das Gericht (auch Einzelrichter; nicht durch beauftragten oder ersuchten Richter), ggfalls vorläufig durch den Vorsitzenden (IV 2, zB bei Terminsbestimmung); eine solche vorl Bezeichnung kann vom Gericht wieder aufgehoben werden (Eigenschaft als Feriensache wird dadurch ex nunc wieder beseitigt, München MDR 91, 261 mit zutr Hinweis auf BGH 28, 398 und auf Gefahr der Umgehung der strengen Wiedereinsetzungsvoraussetzungen bei Rückwirkung der Aufhebung, ebenso BL/Albers Rn 17, Wieczorek/Schütze/Schreiber ZPO 3. A. Rn 42; aA – Rückwirkung der Entscheidung des Gerichts – Nürnberg MDR 96, 96 = NJW-RR 96, 60; ThP Rn 18; MK/Wolf Rn 27); der Bestätigung durch das Gericht bedarf sie nicht (BGH aaO). – Zu (fehlendem) Rechtsschutzbedürfnis für Gegenanträge nach Erklärung zur Feriensache s LG Berlin MDR 84, 62.

21 **b) Beim Amtsgericht** hat die Bezeichnung auf entspr Antrag ohne Prüfung der Beschleunigungsbedürftigkeit zu erfolgen; jedoch nachträgl Aufhebung, wenn widersprechende Anträge gestellt werden und die Sache keiner bes Beschleunigung bedarf (Abs 3; die Regelung ist wenig zweckmäßig, da die erschienenen Parteien meist an einer sinnvollen Fortsetzung der mündlichen Verhandlung interessiert sind. Nach § 295 ZPO, s Rn 7, ist die Fortsetzung des Verfahrens trotz Aufhebung des Ferienbeschlusses aber ggf unschädlich und möglich).

22 **c)** Vor dem **Kollegialgericht** ist das Beschleunigungsbedürfnis von vornherein zu prüfen (Abs 4 S 1). Bes Beschleunigung ist erforderlich, wenn einer Partei, die das darzulegen hat, durch den Aufschub rechtliche oder wirtschaftliche Nachteile von Gewicht drohen, die über den reinen Zeitverlust hinausgehen (Celle NdsRpfl 67, 253). Hierüber hat das Gericht nach freiem Ermessen zu entscheiden.

23 **d) Der Beschluß** auf Erklärung z Feriensache ist zuzustellen, wenn durch ihn eine Frist in Lauf gesetzt oder bis zu einem in den Ferien liegenden Zeitpunkt verlängert wird (§ 329 II ZPO; BGH 28, 398; MDR 94, 940 = NJW 94, 2364); sonst formlose Mitteilung. Die Frist beginnt am Tage nach der Zustellung zu laufen (RG Warn 29 Nr 172). Wird zunächst Termin (in den Ferien) bestimmt und dann erst Beschluß über die Erklärung zur Feriensache erlassen, so muß nach diesem Beschluß die Ladungsfrist neu eingehalten werden (Oldenburg MDR 87, 503). Die Wirkung der Bezeichnung erstreckt sich nur auf die betreffende Instanz (RG 143, 252) – dies folgt schon aus den unterschiedlichen Voraussetzungen nach Abs 3 und 4. Dagegen ist nicht einzusehen, warum die Erklärung zur Feriensache auf das **Kalenderjahr** beschränkt sein soll (BL/Albers Rn 14); das Gesetz gibt für eine solche Beschränkung weder nach Wortlaut noch nach dem Sinn eine Grundlage, zumal der Beschluß wegen veränderter Umstände jederzeit aufgehoben werden kann. Jedoch ist insoweit weder ein Antrag nötig, noch besteht überhaupt ein förmliches Antragsrecht einer Partei auf Aufhebung der Bestimmung zur Feriensache (vgl LG Berlin MDR 84, 62). Solange die Erklärung zur Feriensache aber nicht aufgehoben ist, hat sie für die ganze Instanz Gültigkeit; dies erfordert schon die Rechtsklarheit. Gegen die Erklärung zur Feriensache **keine Beschwerde** (RG JW 96, 571); gegen Ablehnung des Ferienantrags (oder Aufhebung der vorläufigen Bezeichnung des Vorsitzenden durch das Gericht nach Abs 4 S 2, die gleichfalls eine Ablehnung des Ferienantrags enthält) Beschwerde nach § 567. Ebenso ist Beschwerde zulässig gegen die Aufhebung der Bestimmung als Feriensache, da dies der Ablehnung des Antrags gleichsteht.

201 *[Ferienkammern und -senate]*

Zur Erledigung der Feriensachen können bei den Landgerichten Ferienkammern, bei den Oberlandesgerichten und dem Bundesgerichtshof Feriensenate gebildet werden.

Hinweis: S Rn 1–3 vor § 199.

1 Bildung durch das Präsidium, das die erforderl Bestimmung im Geschäftsverteilungsplan zu treffen hat (BGH 9, 33; BGHSt 15, 217; 21, 261). Die Verfahren der freiw Gerichtsbarkeit sind aus

dem Geschäftsbereich der Ferienkammern u -senate nicht auszunehmen (BGH 9, 30, abw von 6, 193; s a BayObLG NJW 53, 145).

Für den Vorsitzenden und dessen Vertretung gilt § 21f Abs 2 (BGHSt 17, 223). Zur Frage, ob Ausnahmen von § 21 f Abs 1 zulässig sind, s § 21 f Rn 2. 2

202 *[Ferienlose Verfahren]*

Auf das Kostenfestsetzungsverfahren, das Mahnverfahren, das Zwangsvollstreckungsverfahren, das Konkursverfahren und das Vergleichsverfahren zur Abwendung des Konkurses sind die Ferien ohne Einfluß.

Hinweis: S Rn 1–3 vor § 199.

1) § 202 enthält praktisch eine Erweiterung der in § 200 II aufgezählten Feriensachen, allerdings nicht nach bestimmten Sachmaterien, sondern für bestimmte Verfahrensabschnitte. 1

2) **Kostenfestsetzungsverfahren** nach §§ 103 ff ZPO, einschließlich etwaiger Erinnerungs- u Beschwerdeverfahren. Auch die Streitwertfestsetzung selbst gehört hierzu, da sie Grundlage der Kostenfestsetzung ist. Auch der Kostenausspruch nach § 515 III ZPO zählt zum Kostenfestsetzungsverfahren, da lediglich die schon kraft Gesetzes bestehende Kostentragungspflicht mit Wirkung für das Kostenfestsetzungsverfahren ausgesprochen wird (Frankfurt MDR 83, 943). Isolierte Kostenentscheidungen im allgemeinen (zB nach § 91a ZPO) sind jedoch nicht Teil des Kostenfestsetzungsverfahrens. 2

3) **Mahnverfahren:** umfaßt das gesamte Verfahren nach §§ 688 ff ZPO bis zur Überleitung in das streitige Verfahren. Dies folgt aus dem Sinn der Regelung, die zügige Abwicklung dieses summarischen Verfahrens zu gewährleisten (Köln MDR 82, 945). Daher sind die Gerichtsferien nicht nur für die Einlegung des Widerspruchs, sondern auch für den Einspruch gegen den Vollstreckungsbescheid ohne Einfluß (Köln aaO, vgl auch § 700 ZPO Rn 3; unklar Kissel Rn 3; wie hier Wieczorek Anm A II; BL/Albers Rn 2). Auch die Frist für den Antrag auf Wiedereinsetzung wegen Versäumung der Einspruchsfrist nach § 700 I ZPO läuft daher, obwohl keine Notfrist (BGH 26, 99), während der Ferien. 3

4) **Zwangsvollstreckungsverfahren** umfaßt das gesamte Verfahren nach dem 8. Buch der ZPO einschließlich etwaiger Rechtsbehelfsverfahren. Gleichgültig ist, ob die Vollstreckungshandlung vom Gerichtsvollzieher oder vom Vollstreckungsgericht vorzunehmen ist. Auch Erteilung der Klausel und auch die des Rechtskraftzeugnisses gehört hierher. Ebenso Verteilungsverfahren (RG JW 98, 222). Zum Vollstreckungsverfahren gehört auch Antrag auf Bestimmung einer Sicherheit nach § 108 ZPO (Nürnberg BayJMBl 61, 54). 4

Nicht zum Vollstreckungsverfahren nach § 202 gehören: Streitverfahren aus Anlaß der Zwangsvollstreckung, die jedoch nicht selbst Zwangsvollstreckung sind (BGH NJW 88, 1095): Klage auf Erteilung der Klausel nach § 731 ZPO; Vollstreckungsgegenklage nach § 767 ZPO (vgl aber § 200 Rn 11); Widerspruchsklage nach § 771 ZPO (BGH MDR 88, 405). Klage auf Vollstreckbarerklärung ausländischer Urteile (§ 722 ZPO) oder von Schiedssprüchen (§ 1042 ZPO). – Strittig ist, ob sog „unechte" Teilungsverfahren (§§ 172–185 ZVG) unter § 202 fallen. Mit eingehender Begr und wN bejaht dies Stöber (MDR 89, 12; ebenso AG Göttingen NdsRpfl 95, 41) gegen die hM (Koblenz NJW 61, 131; Hamm JMBlNRW 64, 69; Drischler Rpfl 89, 85). 5

5) **Konkurs- und Vergleichsverfahren** zur Abwendung des Konkurses, auch Gesamtvollstreckungsverfahren in den neuen Bundesländern, nicht aber aus Anlaß des Konkurses entstehende sonstige Streitverfahren, etwa Prozesse des Konkursverwalters. 6

Einführungsgesetz zum Gerichtsverfassungsgesetz

vom 27. 1. 1877 (RGBl 77), zuletzt geändert durch Art 9 des Gesetzes zur Änderung des RechtspflegerG und anderer Gesetze vom 24. 6. 1994 (BGBl I 1374)

1 (betrifft Inkrafttreten: 1. 10. 1879)

2

Die Vorschriften des Gerichtsverfassungsgesetzes finden nur auf die ordentliche streitige Gerichtsbarkeit und deren Ausübung Anwendung.

1 1) S für die freiw Gerichtsbarkeit aber auch BGH 9, 32 u § 13 GVG Rn 4. Eine Erweiterung enthält § 23b GVG, soweit den Familiengerichten Verfahren nach dem FGG übertragen werden. Übertragung weiterer Aufgaben an die ordentl Gerichte durch Landesrecht: §§ 3, 4.

2 2) Anwendung des GVG in Verfahren vor den Verwaltungsgerichten u a: § 55 VwGO, § 52 FGO, § 61 SGG.

3

(1) Die Gerichtsbarkeit in bürgerlichen Rechtsstreitigkeiten und Strafsachen, für welche besondere Gerichte zugelassen sind, kann den ordentlichen Landesgerichten durch die Landesgesetzgebung übertragen werden. Die Übertragung darf nach anderen als den durch das Gerichtsverfassungsgesetz vorgeschriebenen Zuständigkeitsnormen erfolgen.

(2) Auch kann die Gerichtsbarkeit letzter Instanz in den vorerwähnten Sachen auf Antrag des betreffenden *Bundesstaates* **mit Zustimmung des** *Bundesrates* **durch** *Kaiserliche Verordnung* **dem** *Bundesgerichtshof* **übertragen werden.**

(3) Insoweit für bürgerliche Rechtsstreitigkeiten ein von den Vorschriften der Zivilprozeßordnung abweichendes Verfahren gestattet ist, kann die Zuständigkeit der ordentlichen Landesgerichte durch die Landesgesetzgebung nach anderen als den durch das Gerichtsverfassungsgesetz vorgeschriebenen Normen bestimmt werden.

1 S § 13 und § 14 GVG, ferner § 3 II EGZPO. Zu Abs 2 vgl a Art 99 GG u dazu BGH 6, 147; 16, 160; Bettermann JZ 58, 235. Zu Abs 3: Von den Vorschriften der ZPO abweichendes Verfahren: s §§ 3, 11, 14, 15 EGZPO. Abweichung ist dann auch bei der Regelung des Rechtsmittelzugs zulässig (BGH NJW 80, 583).

4

Durch die Vorschriften des Gerichtsverfassungsgesetzes über die Zuständigkeit der Behörden wird die Landesgesetzgebung nicht gehindert, den betreffenden Landesbehörden jede andere Art der Gerichtsbarkeit sowie Geschäfte der Justizverwaltung zu übertragen. Andere Geschäfte der Verwaltung dürfen den ordentlichen Gerichten nicht übertragen werden.

1 **„Behörden“:** Gerichte einschließlich der Urkunds- u Vollstreckungsbeamten, Staatsanwaltschaften (s aber § 151 GVG). Übertragung beispielsweise der Aufgaben der Berufsgerichtsbarkeit (zB in Bay: für Heilberufe: Art 62 BayHeilberufe-KammerG oder Architekten: Art 36 BayArchG), von landesrechtl Angelegenheiten der freiw Gerichtsbarkeit.

2 **Justizverwaltung:** vgl Einl GVG Rn 10. Sonstige Verwaltungsgeschäfte dürfen den ordentl Gerichten nicht übertragen werden. Der Grundsatz der Gewaltenteilung steht auch entgegen, ein Gericht zur Erstattung eines Rechtsgutachtens auf Antrag einer VerwBehörde zu verpflichten, s KG OLGZ 76, 65. Entsprechend S 2 bestimmt § 4 II DRiG, daß der einzelne Richter Aufgaben der vollziehenden Gewalt grundsätzlich nicht wahrnehmen darf.

4a (1) Die Länder Berlin und Hamburg bestimmen, welche Stellen die Aufgaben erfüllen, die im Gerichtsverfassungsgesetz den Landesbehörden, den Gemeinden oder den unteren Verwaltungsbezirken sowie deren Vertretungen zugewiesen sind.

(2) Das Land Berlin kann unbeschadet der in § 141 des Gerichtsverfassungsgesetzes getroffenen Regelung durch Gesetz bei dem Landgericht eine weitere Staatsanwaltschaft einrichten, wenn dies aus besonderen Gründen erforderlich ist.

Eingefügt durch Art 7 I Nr 1 RechtspflegeVereinfG; Abs 2 angefügt durch Art 9 des G zur Änderung des RechtspflegerG und anderer G v 24. 6. 94 (BGBl I 1374). 1

Die Vorschrift trägt dem Umstand Rechnung, daß die Länder Berlin und Hamburg nicht in Gemeinden gegliedert sind und einen von den „Flächenstaaten" abweichenden Verwaltungsaufbau aufweisen. Praktisch bedeutsam für die Schöffenwahl (§§ 36 ff GVG). 2

Abs 2 ermöglichte die Einrichtung einer zweiten StA bei dem LG Berlin mit Zuständigkeit für die SED-/DDR-Regierungskriminalität. 3

5 (gegenstandslos)

6 (1) Vorschriften über die Wahl oder Ernennung ehrenamtlicher Richter in der ordentlichen Gerichtsbarkeit einschließlich ihrer Vorbereitung, über die Voraussetzung hierfür, die Zuständigkeit und das dabei einzuschlagende Verfahren sowie über die allgemeinen Regeln über Auswahl und Zuziehung dieser ehrenamtlichen Richter zu den einzelnen Sitzungen sind erstmals auf die erste Amtsperiode der ehrenamtlichen Richter anzuwenden, die nicht früher als am ersten Tag des auf ihr Inkrafttreten folgenden zwölften Kalendermonats beginnt.

(2) Vorschriften über die Dauer der Amtsperiode ehrenamtlicher Richter in der ordentlichen Gerichtsbarkeit sind erstmals auf die erste nach ihrem Inkrafttreten beginnende Amtsperiode anzuwenden.

1) In dieser Fassung neu eingefügt durch das Strafverfahrensänderungsgesetz vom 27. 1. 87 (BGBl I 475) im Hinblick auf die dort vorgenommenen Änderungen bei der Schöffenwahl; dazu Meyer-Goßner NJW 87, 1169. Die Vorschrift enthält eine **allgemeine Übergangsregelung** für ehrenamtliche Richter betreffende verfahrensrechtliche Änderungen. Der Geltungsbereich ist aber beschränkt auf die ordentliche Gerichtsbarkeit, also – neben Schöffen – insbesondere für Handelsrichter (§§ 105 ff GVG), auch für ehrenamtl Richter besonderer Gerichte, die den ordentl Gerichten zugeordnet sind, etwa Landwirtschaftsgerichte (§ 2 LwVG). 1

2) Abs 1 stellt klar, daß Änderungen der genannten Art für eine laufende **Amtsperiode** gar nicht gelten, für die nächste nur, wenn sie frühestens ein Jahr nach Inkrafttreten der Gesetzesänderung beginnt. Nach Abs 2 ist die Änderung der Dauer der Amtsperiode nur mit Wirkung für die nächste nach Inkrafttreten der Änderung beginnende Amtsperiode wirksam. 2

3) **Neue Bundesländer:** Sonderregelung in § 1 RPflAnpG bis 31. 12. 96 (BGBl 92 I 1147; 94 I 1374). 3

7 (gegenstandslos)

8 (1) Durch die Gesetzgebung eines Landes, in dem mehrere Oberlandesgerichte errichtet werden, kann die Verhandlung und Entscheidung der zur Zuständigkeit des Bundesgerichtshofes gehörenden Revisionen in bürgerlichen Rechtsstreitigkeiten einem obersten Landesgericht zugewiesen werden.

(2) Diese Vorschrift findet jedoch auf bürgerliche Rechtsstreitigkeiten, in denen für die Entscheidung Bundesrecht in Betracht kommt, keine Anwendung, es sei denn, daß es sich im wesentlichen um Rechtsnormen handelt, die in den Landesgesetzen enthalten sind.

1) Ein **Oberstes Landesgericht** besteht nur in Bayern gemäß Art 10, 11 BayAGGVG. Es war ab 1. 4. 35 durch VO v 19. 3. 35 (RGBl I 383) aufgehoben und durch G Nr 124 v 11. 5. 48 (GVBl S 83) 1

wieder errichtet worden. Zu dessen bis zum Jahre 1625 (Gründungsdekret des Kurfürsten Maximilian I. v 18. 4. 1625) zurückreichender Geschichte s. Herbst (Hsg), Das Bayerische Oberste Landesgericht, Geschichte und Gegenwart, München 1993, zu seinen Zuständigkeiten heute: Ammon/Gummer (aaO, S. 227 ff.).

2 2) **In bürgerlichen Rechtsstreitigkeiten tritt das BayObLG als Revisionsgericht** anstelle des BGH (Art 11 Abs 1 AGGVG). Die materiellrechtliche Abgrenzung der Zuständigkeit enthält § 8, die verfahrensrechtliche Ergänzung hierzu § 7 EGZPO (s dort).

3 a) **Die Abgrenzung** der Zuständigkeit ist danach vorzunehmen, ob nach dem Gegenstand des Verfahrens (maßgeblich sind die Feststellungen des Berufungsurteils), gegebenenfalls unter Berücksichtigung der Erklärungen der Parteien, insbesondere des Revisionsklägers (BayObLGZ 94, 39) über das beabsichtigte Revisionsvorbringen (eine Revisionsbegründung liegt idR noch nicht vor, vgl § 7 Abs 5 EGZPO), für die Sachprüfung bundesrechtliche oder landesrechtliche Normen in Betracht kommen (vgl BVerfGE 6, 45/53; BayObLGZ 55, 10/12 u st Rspr; Keidel NJW 61, 2233; Sprau/Vill Justizgesetze in Bayern Art 11 AGGVG Rn 12). Da das deutsche Privatrecht heute ganz überwiegend Bundesrecht ist, ist für die große Mehrzahl der zivilrechtlichen Revisionen der BGH zuständig. In den Fällen, in denen landesrechtliche Normen in Betracht kommen, wird oft auch Bundesrecht betroffen sein. Dieses ist ohne Bedeutung, soweit es mit dem Landesrecht übereinstimmt (BayObLGZ 55, 12). Im übrigen – und dies ist die Mehrzahl der zweifelhaften Fälle – kommt es darauf an, welcher Rechtsstoff überwiegt (Keidel aaO; BayObLGZ 94, 39). Dies ist im Verfahren nach § 7 EGZPO, der einen weiten Beurteilungsspielraum läßt, im Wege der Prognose zu entscheiden.

4 b) **Die Zuständigkeit des BayObLG kommt insbesondere in Betracht:** in den der Landesgesetzgebung vorbehaltenen Materien des Zivilrechts, wie Fischereirecht (vgl BayObLGZ 82, 438; 92, 308), Nachbarrecht (Art 122 ff EGBGB, Art 43 ff AGBGB, vgl BayObLGZ 93, 100; Sprau aaO Rn 1 ff vor Art 43 AGBGB) und Forstrecht (vgl BayObLGZ 91, 425; 92, 224), bei Ansprüchen aus Enteignung nach dem BayEG (vgl BayObLGZ 92, 29), bei Amtshaftungsansprüchen iVm landesrechtlichen Organisationsnormen des öffentlichen Rechts (vgl BayObLGZ 91, 35) oder bei Ansprüchen nach § 823 Abs 2 BGB iVm landesrechtlichem Schutzgesetz oder entsprechenden Verkehrssicherungspflichten (BayObLGZ 79, 138).

5 c) Bei der Abgrenzung hat das **Verfahrensrecht,** insbesondere die ZPO-Vorschriften zur Zulässigkeit der Revision, außer Betracht zu bleiben (BayObLGZ 94, 39, 40), es sei denn, Gegenstand des Rechtsmittels ist nur die Verfahrensfrage (zB bei Verwerfungsbeschlüssen nach § 519b II ZPO).

6 3) Ergänzende bundesrechtl Vorschriften zur Zuständigkeit des BayObLG: § 541 II ZPO, § 25 II EGGVG, § 52 LwVG, § 228 BRAO, Art 7 § 1 VI FamRÄndG, §§ 5, 46, 199 FGG.

9 (betrifft Strafsachen)

10

(1) Die allgemeinen sowie die in § 116 Abs. 1 Satz 2, §§ 124, 130 Abs. 1 und § 181 Abs. 1 enthaltenen besonderen Vorschriften des Gerichtsverfassungsgesetzes finden auf die obersten Landesgerichte der ordentlichen Gerichtsbarkeit entsprechende Anwendung; ferner sind die Vorschriften der §§ 132, 138 des Gerichtsverfassungsgesetzes mit der Maßgabe entsprechend anzuwenden, daß durch Landesgesetz die Zahl der Mitglieder der Großen Senate anderweitig geregelt oder die Bildung eines einzigen Großen Senats angeordnet werden kann, der aus dem Präsidenten und mindestens acht Mitgliedern zu bestehen hat und an die Stelle der Großen Senate für Zivilsachen und für Strafsachen sowie der Vereinigten Großen Senate tritt.

(2) Die Besetzung der Senate bestimmt sich in Strafsachen, in Grundbuchsachen und in Angelegenheiten der freiwilligen Gerichtsbarkeit nach den Vorschriften über die Oberlandesgerichte, im übrigen nach den Vorschriften über den Bundesgerichtshof.

1 1) **Die Verweisung in Abs 1** betrifft die Besetzung mit Vorsitzenden und Richtern, die Bildung der Senate, die Präsidialverfassung und die Regelung über die Unanfechtbarkeit von Ordnungsstrafbeschlüssen.

2 Für die **Großen Senate** enthält Hs 2 (neugefaßt durch Art 7 Abs 1 Nr 2 RpflVereinfG v 17. 12. 90, BGBl 2487) eine Sonderregelung. Sie ermächtigt zu abweichender Zusammensetzung, die durch das unterschiedliche Zahlenverhältnis der Zivil- und Strafsenate beim BGH (12:5) und beim BayObLG (3:6) veranlaßt ist. Von der Ermächtigung hat Bayern Gebrauch gemacht (Art 11

Abs 4 AGGVG idF des Art 6 Abs 21 Nr 1b AGBtG v 27. 12. 91, GVBl 496). Danach besteht beim BayObLG je ein Großer Senat für Zivil- und für Strafsachen, der jeweils mit dem Präsidenten als Vorsitzenden und sechs weiteren Mitgliedern besetzt ist, sowie ein Vereinigter Großer Senat.

2) **Die Besetzung der Senate des ObLG** ist in Abs 2 vom Gesetzgeber entsprechend der ursprünglichen Aufgabenübertragung geregelt. Soweit das ObLG anstelle eines OLG entscheidet (Straf- und Grundbuchsachen sowie FGG-Verfahren), entscheidet es in dessen Besetzung, in Revisionsverfahren jedoch, in denen das ObLG an die Stelle des BGH tritt, gilt dessen Besetzung mit fünf Richtern einschließlich des Vorsitzenden (so auch BGHZ 17, 176/179). Entsprechend diesem der gesetzl Regelung zugrundeliegenden, wenn auch nur unvollkommen zum Ausdruck gebrachten Gedanken entscheidet das Oberste Landesgericht bei Rechtsentscheiden nach § 541 ZPO, die ihm in Bayern übertragen sind, in der OLG-Besetzung, obwohl unzweifelhaft kein FGG-, sondern ein ZPO-Verfahren vorliegt, denn das ObLG tritt hier anstelle des OLG. 3

3) Die Verwendung **abgeordneter Richter** beim obersten Landesgericht ist nicht zulässig. Ihr Einsatz zur Behebung eines vorübergehenden Bedarfs scheidet schon aus, weil § 10 nicht auch auf § 117 (und damit auch nicht auf § 70 I) GVG verweist. Auch der Umstand, daß dem obersten Landesgericht in größerem Umfang sonst den OLGen zugewiesene Aufgaben übertragen sind, dürfte hieran nichts ändern. Die Verwendung abgeordneter Richter wird daher beim obersten Landesgericht – wie beim BGH – auch zu Weiterbildungs- und Erprobungszwecken (für OLG vgl BGH LM Nr 14 zu § 70 GVG; NJW 66, 352) nicht in Betracht kommen. 4

11–22 (aufgehoben oder gegenstandslos)

Vorbemerkung zu §§ 23–30

§§ 23–30 sind mit Wirkung vom 1. 4. 60 durch § 179 VwGO eingefügt (§ 195 I VwGO). Die bis dahin von den VerwGerichten beanspruchte Überprüfung von **Justizverwaltungsakten** ist nunmehr in gewissem Umfang den Oberlandesgerichten übertragen. § 23 nimmt somit aus § 40 VwGO bestimmte Verwaltungssachen heraus und überträgt sie der Sachnähe wegen den Oberlandesgerichten im Verfahren des FGG; von dem Vorbehalt in § 25 II hat kein Land Gebrauch gemacht. Das FamRÄndG wiederum nimmt aus dem Kreis dieser Sachen bestimmte heraus und überweist sie einem gesonderten Verfahren der freiw Gerichtsbarkeit (s § 23 Rn 26). 1

23

(1) Über die Rechtmäßigkeit der Anordnungen, Verfügungen oder sonstigen Maßnahmen, die von den Justizbehörden zur Regelung einzelner Angelegenheiten auf den Gebieten des bürgerlichen Rechts einschließlich des Handelsrechts, des Zivilprozesses, der freiwilligen Gerichtsbarkeit und der Strafrechtspflege getroffen werden, entscheiden auf Antrag die ordentlichen Gerichte. Das gleiche gilt für Anordnungen, Verfügungen oder sonstige Maßnahmen der Vollzugsbehörde im Vollzug der Jugendstrafe, des Jugendarrests und der Untersuchungshaft sowie derjenigen Freiheitsstrafen und Maßregeln der Besserung und Sicherung, die außerhalb des Justizvollzuges vollzogen werden.

(2) Mit dem Antrag auf gerichtliche Entscheidung kann auch die Verpflichtung der Justiz- oder Vollzugsbehörde zum Erlaß eines abgelehnten oder unterlassenen Verwaltungsaktes begehrt werden.

(3) Soweit die ordentlichen Gerichte bereits auf Grund anderer Vorschriften angerufen werden können, behält es hierbei sein Bewenden.

1) **Abs 1: a)** Anordnungen, Verfügungen oder sonstige Maßnahmen im Sinne des Abs 1 Satz 1 sind **Justizverwaltungsakte**, die den Justizbehörden – im Gegensatz zu den Gerichten – übertragen sind. Der Begriff der Justizbehörde ist im funktionellen Sinn zu verstehen (BVerwG NJW 75, 893; MDR 76, 170; BGH NJW 79, 882; OVG Koblenz NJW 94, 2108; Kissel Rn 13 ff, Schenke NJW 75, 1529 u NJW 76, 1816; Amelung JZ 75, 526; VGH Kassel VerwRspr 77, 1009: Landeskriminalamt als Justizbehörde; KG NStZ 93, 45: Bundesbeauftragter für die Unterlagen des Staatssicherheitsdienstes keine Justizbehörde). – Zum Begriff des Verwaltungsakts (Abs 2) vgl jetzt § 35 VwVfG, § 42 VwGO. Unter § 23 fallen jedoch – wie sich aus Wortlaut („sonstige Maßnahmen“) und Sinn (Übertragung auf die sachnähere Gerichtsbarkeit) ergibt – hoheitliche Handlungen (insb 1

„schlichte Hoheitsverwaltung") auch dann, wenn ihnen nicht Verwaltungsaktqualität zukommt (nunmehr – entgegen früherer Rspr, zB Hamm NJW 72, 2145 – hM, BVerwG NJW 89, 413; KG NJW 87, 197; Kissel Rn 29); allerdings wird in diesen Fällen besonders auf das Rechtsschutzinteresse des Antragstellers zu achten sein (vgl § 24). Nicht erfaßt sind jedoch **Akte ohne Außenwirkung**, wie interne Verwaltungsanweisungen einer Justizbehörde an eine nachgeordnete (OVG Münster JVBl NRW 68, 23), Ersuchen um Übernahme der Strafverfolgung (München NJW 75, 509), Ablehnung einer Auskunft, auf die kein Rechtsanspruch besteht (Hamburg JR 65, 189), für Presseauskünfte s Rn 13.

2 Die in § 23 angesprochenen Justizverwaltungsakte müssen auf dem Gebiet des bürgerl Rechts einschl des Handelsrechts, des Zivilprozesses, der freiw Gerichtsbarkeit, und der Strafrechtspflege getroffen worden sein. Justizverwaltungsakte von Organen der **Arbeitsgerichtsbarkeit** gehören nach Gesetzeszweck (Sachnähe, die für Zuordnung zum OLG maßgeblich) und Wortlaut (arbeitsgerichtl Verfahren ist nicht Zivilprozeß) nicht hierher (Oetker MDR 89, 600; aA Schleswig NJW 89, 110) – denkbar wäre allenfalls die analoge Anwendung (Folge: Zuständigkeit des LAG), richtig aber wohl Anwendung des § 40 VwGO. – Der Umfang der durch die Generalklausel des § 23 I erfaßten Maßnahmen ist durch Auslegung zu ermitteln. Auch dabei ist **funktional abzugrenzen** (BGH NJW 89, 588; BVerwG NJW 84, 2233; 89, 414). Das handelnde Organ muß Aufgaben der genannten Art unmittelbar wahrnehmen; es genügt nicht allein, daß die angewendete Rechtsnorm diesen Gebieten zuzurechnen ist, oder daß sich für Verfahren dieser Art tatsächliche Auswirkungen ergeben (BGH aaO: Abgrenzung zur Dienstaufsicht). – § 23 ist als **Ausnahmenorm zu § 40 VwGO** zwar an sich eng auszulegen (Kissel Rn 6; BVerwG NJW 89, 414); Vorrang hat jedoch der in der Vorschrift niedergelegte Zweck, daß auf den bezeichneten Gebieten das OLG als Gericht der sachnäheren Gerichtsbarkeit entscheiden soll (BVerwG NJW 89, 413).

3 **b) Hierunter fallen nicht: aa) Rechtsprechungsakte,** worunter nicht nur Urteile u Beschlüsse, sondern auch die der Entscheidung vorausgehenden gerichtl Maßnahmen fallen (BVerfG 49, 340; KG NJW 88, 983): zB ZPO §§ 157 I, 299 I (zu Abs 2 s Rn 11), GBO § 12 (BayObLG 67, 348), GVG §§ 113 II, 176, 177 (Hamburg MDR 92, 799). Insb eröffnet § 23 nicht einen zusätzlichen Rechtsweg gegen gerichtl Entscheidungen, die unanfechtbar sind – dies ist auch nicht nach Art 19 IV GG notwendig (BVerfG 49, 340). – Wird eine einem Rechtsprechungsorgan im funktionellen Sinn vorbehaltene Entscheidung fehlerhafterweise von einer Verwaltungsbehörde erlassen, so kann die Rechtsunwirksamkeit dieses Aktes nach § 23 geltend gemacht werden (Beispiel: Stuttgart, Justiz 68, 205).

4 **bb)** Weiter **nicht Rechtsprechungsverwaltung** (Wolff aaO I § 19 IIIb), welche die Organisation des Gerichts betrifft: Einrichtung u Besetzung der Spruchkörper, Geschäftsverteilung, §§ 21e ff GVG (vgl BVerwG NJW 76, 1224 sowie § 21e GVG Rn 48 ff), für Auskünfte über Besetzung s Rn 14. – Zur Gerichtsverwaltung gehören VerwAkte, die den Gerichtsbetrieb mittelb erst ermöglichen, vor allem also die zur Deckung des Personal- und Sachbedarfs nötigen Maßnahmen; die Zuweisung eines bestimmten Sitzungssaales kann daher nicht nach § 23 angefochten werden (aA Hamburg NJW 79, 279). Hierher gehören Entscheidungen des PräsLG über die **allgemeine Beeidigung von Dolmetschern** (Celle NdsRpfl 93, 295) sowie die **Zulassung eines Rechtsbeistands** nach Art 1 § 1 RechtsBerG und § 7 der 1. AV dazu (BVerwG NJW 55, 1532; Kissel Rn 131). Bei Versagung handelt es sich um einen Verwaltungsakt, der nach § 42 VwGO anzufechten ist; Vorverfahren also nach VwGO §§ 68 ff. – Die Versagung der Erlaubnis, als **Prozeßagent** tätig zu werden (ZPO § 157 III): Nach hM gelten §§ 23 ff (BVerwG NJW 69, 2218; BGH 46, 357; Hamm AnwBl 67, 360; Kissel Rn 140; MK/Wolf Rn 44). Vorverfahren s § 24 Rn 3.

5 **cc)** Nicht **Auskünfte und Abschriften aus dem Schuldnerverzeichnis:** Die Vorschriften über das Schuldnerverzeichnis wurden neu gefaßt (§§ 915–915h ZPO idF des Art 1 G v 15. 7. 94, BGBl I S 1566). Danach findet eine Beschwerde nicht mehr statt (§ 915c ZPO). Frankfurt NJW 88, 423, das § 23 heranzog, ist somit überholt.

6 **dd)** Nicht **Gnadenentscheidungen** (BVerfGE 25, 352; BVerwG MDR 76, 170; München NJW 77, 115; Hamburg MDR 96, 193); anfechtbar sind jedoch Entscheidungen von Justizverwaltungsbehörden über den Widerruf von Gnadenentscheidungen (BVerfGE 30, 108; KG GA 78, 14; Saarbrücken MDR 79, 338).

7 **ee)** Nicht **dienstaufsichtliche Maßnahmen** zB zu Bescheiden auf Dienstaufsichtsbeschw (vgl BGH NJW 89, 587; BVerwG NJW 77, 118), auch des nach § 156 KostO angewiesenen Notars, Düss DNotZ 67, 444; soweit eine Anfechtung durch den Betroffenen in Betracht kommt, gelten die jeweiligen für das Dienstverhältnis anzuwendenden allg Vorschriften (etwa §§ 26 III, 62 I Nr 4e DRiG). – Da die Dienstaufsicht nicht unter §§ 23 ff fällt, kann auch deren **Unterlassung** von einem Dritten nicht in diesem Verfahren angefochten werden (Köln OLGZ 70, 119).

8 **ff)** Nicht Ablehnung der Bewilligung von **Reisekostenersatz für eine mittellose Partei** (vgl § 122 ZPO Rn 7, 39), da dem Verfahren über die PKH zuzuordnen, BGH NJW 75, 1124.

gg) Nicht Befreiung eines Notars von der **Verschwiegenheitspflicht** (vgl § 111 BNotO): BGH FamRZ 75, 271; aA Hamm OLGZ 68, 475. Ebenso nicht bei Versagung der **Aussagegenehmigung** eines Schiedsmanns, Hamm NJW 68, 1440. 9

hh) Maßnahmen des Gerichtsvollziehers fallen nicht unter die Anfechtungsmöglichkeit, da hierfür § 766 ZPO die speziellere Regelung enthält (KG MDR 82, 155; OLGZ 85, 82). 10

ii) Nicht Anträge, den Urkundsbeamten oder Rechtspfleger zur **Aufnahme von Anträgen** gem § 129a ZPO zu verpflichten (KG, NJW-RR 95, 637). 11

2) **Unter die nach § 23 anfechtbaren Maßnahmen fallen aber a) Akteneinsicht,** soweit von einem Organ der Justizverwaltung über diese entschieden wurde, insbesondere § 299 II ZPO (KG OLGZ 76, 158; NJW 89, 534; Hamm NJW 89, 533; Kissel Rn 103), auch Akteneinsicht Dritter im Ermittlungsverfahren (Celle, NJW 90, 1802; Stuttgart Justiz 93, 92; Frankfurt NJW 96, 1484), nicht jedoch soweit der Vorsitzende, das Gericht oder die StA in einem anhängigen Verfahren, auch Ermittlungsverfahren, entscheidet oder – zB entsprechend § 406e IV 2 StPO – angerufen werden kann (BGH NStZ 93, 351 m Anm Otto; Hamm NJW 91, 2782; NStZ 84, 280; Saarbrücken NJW 95, 1440; BVerfG NJW 94, 3219), da hier eine Prozeßhandlung (kein JustizVA) vorliegt; gegen diese kann ggf im Beschwerdeweg vorgegangen werden. Dies gilt auch, wenn ein nicht am Verfahren Beteiligter die Einsicht begehrt (Hamburg MDR 82, 775; Düsseldorf NJW 80, 1293; Karlsruhe NStZ 94, 50; jedoch str, vgl Schleswig MDR 90, 254; Altenhain DRiZ 64, 298; DRiZ 70, 107). Die Einsicht muß sich jedoch auf ein Verfahren iS des Abs 1 beziehen; § 23 greift daher nicht bei Begehren um Einsicht in Akten der Justizverwaltung zur Vorbereitung eines Amtshaftungsprozesses (KG NJW-RR 88, 1531). Ebenso nicht Ablehnung eines – umfassenden – Einsichtsersuchens in das Handelsregister, § 9 HGB (Karlsruhe NJW 91, 182). 12

Grundbucheinsicht nach AVGBO 35, nicht im Fall GBVerf 43–45, da hier GBA nach GBO durch RsprAkt entscheidet; vgl auch FGG § 34, dazu Keidel Rn 21, 24, 28; Grundbuchauskünfte fallen nicht hierunter: entweder ist das GBA zur Erteilung gesetzl verpflichtet (so gem GBVerf 45 III 2 mit §§ 17, 19 ZVG): dann RsprAkt, also Beschwerde nach GBO §§ 71 ff; andernfalls fällt die Erteilung oder Versagung von GBAuskünften weder in die Gruppe von Rspr- noch in die von Justizverwaltungsakten, also einfache Dienstaufsichtsbeschwerde, vgl BayObLG 67, 348. – Wegen Versagung der Einsicht in die **Entscheidungssammlung** eines Gerichts, vgl KG NJW 76, 1326; OLGZ 76, 159. Zur Klage auf **Entfernung erkennungsdienstlicher Unterlagen** s BVerwG NJW 67, 1192 und OVG Koblenz NJW 94, 2108 (staatsanwaltschaftliche Akten).

b) Für **Presseauskünfte** bzw deren Ablehnung durch Justizpressestellen (auch der Staatsanwaltschaft; s aber zur Abgrenzung auch Karlsruhe MDR 94, 823) auf den Gebieten des Abs 1 S 1 hat das BVerwG (NJW 89, 412 m abl Anm Wasmuth NStZ 90, 138) zu Recht festgestellt, daß hier nicht eine funktional den genannten Rechtsgebieten zugeordnete Aufgabe vorliegt, sondern der Zweck der Erklärungen – oder ihrer Unterlassung – die dem allg öffentlichen Recht zuzuordnende Öffentlichkeitsarbeit ist (s Rn 2), so daß der allg Verwaltungsrechtsweg nach § 40 VwGO gegeben ist (aA BL/Albers Rn 3; Kissel Rn 36; Hamm NStZ 95, 412; Karlsruhe NJW 95, 899 bzgl Presseerklärungen der Polizei). 13

c) Auskunftsansprüche über die Besetzung des Gerichts (Geschäftsverteilung) bestehen nur im Rahmen des § 21e VIII GVG (s dort Rn 35); soweit die Prozeßbeteiligten darüber hinaus kraft bes gesetzl Regelung (vgl § 222a StPO) zu unterrichten sind, liegt eine gerichtl Aufgabe vor, nicht eine der Justizverwaltung (vgl Hamm NJW 80, 1009). 14

d) Rechtshilfeverkehr mit dem Ausland, vgl ZRHO. Entscheidungen der Justizverwaltung, ein Rechtshilfeersuchen zu genehmigen oder die Genehmigung zu versagen, können daher von jedem Betroffenen des Ausgangsverfahrens (das kann auch ein Zeuge, ev auch ein Dritter sein, der durch das genehmigte Ersuchen in seinen Rechten verletzt wird – zB Verletzung des eingerichteten Gewerbebetriebs durch Beweisaufnahme über geheime Produktionsverfahren –, vgl OLG München 22. 11. 80 Nr 9 VA 4/80) angefochten werden (München JZ 81, 538; RIW 89, 483; Köln NJW 87, 1091; Düsseldorf NJW 92, 3110; Frankfurt OLGZ 92, 89; KG Report 94, 177; Stadler IPRax 92, 147). Es besteht jedoch nur ein von den Gerichten nachprüfbarer Anspruch auf ermessensfehlerfreie Entscheidung. Der Ermessensspielraum der Verwaltung ist dabei weit zu ziehen, da die Zweckmäßigkeit idR von den Grundsätzen beherrscht ist, die sich auf die Pflege der auswärtigen Beziehungen beziehen (vgl Geimer IZPR Rn 3637 f). – Auch die Entscheidung der Justizverwaltung über die (Nicht)weiterleitung eines Rechtshilfeersuchens ist anfechtbar (Hamm MDR 82, 602). 15

e) Justizverwaltungsakte gem **BGB §§ 1059a Nr 2 S 2, 1092 II.** 16

f) Entscheidungen nach der **HinterlOrdnung,** §§ 3, 16 III (Celle JVBl 65, 215; Hamm OLGZ 70, 491; Koblenz MDR 76, 234). 17

18 **g)** Erteilung des **Ehefähigkeitszeugnisses** für Ausländer (EheG § 10), BGH NJW 64, 976; Hamm OLGZ 77, 133; Ablehnung der Befreiung von Beibringung, KG NJW 62, 34; Celle FamRZ 63, 91.

19 **h)** Tätigkeit in **Stiftungsaufsichtssachen** des bürgerl Rechts, wenn Aufsicht einer Justizverwaltungsbehörde obliegt; vgl KG OLGZ 65, 336.

20 **i)** Entscheidungen der JustizVwBehörden in **Schiedsmannssachen,** zB die Festsetzung einer Ordnungsstrafe durch den Schiedsmann (Hamm JVBl 62, 166), soweit nicht § 23 III eingreift (vgl zB § 22 IV NRW SchO v 10. 3. 70, GVBl 194).

21 **k)** Dem § 23 unterliegt auch die Ablehnung der Behandlung von Anträgen durch von der Justizverwaltung eingerichtete **Schlichtungs- und Gütestellen** (Hamburg MDR 88, 506). Dagegen ist das Verfahren, insb das Ergebnis (s § 794 I Nr 1 ZPO), nicht nach § 23 überprüfbar. Soweit es nicht schon an der Antragsbefugnis nach § 24 wegen der Freiwilligkeit der Unterwerfung unter das Verfahren, die jederzeit zurückgenommen werden kann, fehlt, gilt § 23 III, da die vollstreckungsrechtl Rechtsbehelfe gegen einen in diesem Verfahren ergehenden Titel offenstehen.

22 **l)** **Petitionsbescheide** (Art 17 GG) von JustizVwBehörden auf dem Sektor des § 23 I (s aber oben Rn 6).

23 **m)** **AGB-Eintragung** nach § 20 II AGBG (KG MDR 80, 676; Kissel Rn 102).

24 **n)** **Zulassung als Prozeßagent** nach § 157 III ZPO, s Rn 4 und § 24 Rn 3 (wegen Vorschaltbeschwerde).

25 **3)** Einige begriffl an sich unter § 23 fallende JustizVwAkte sind durch **FamRÄndG** dem FGG-Rechtsweg zugewiesen worden: FGG § 43a: Ehelichkeitserklärung; FGG § 44a: Befreiung von den Ehehindernissen der Schwägerschaft; EheG § 1 II: Befreiung vom Erfordernis der Ehemündigkeit.

26 Vor allem aber ist durch Art 7 FamRÄndG ein Sonderverfahren für die **Anerkennung ausländischer Entscheidungen in Ehesachen** geschaffen worden (Anrufung des OLG gegen Entsch der Landesjustizverwaltungsbehörde – in Bayern des BayObLG auf Grund FGG § 199, BayAGGVG Art 11 Abs 3 Nr 3; dazu Geimer NJW 67, 1398 u Kleinrahm, Die Anerkennung ausl Entscheidungen in Ehesachen 1966.

27 **4)** Bestritten ist, ob **Verfahrenshandlungen des Staatsanwalts in Zivilstreitverfahren** anfechtbar sind. Nach Lüke JuS 61, 208 sind zwar nicht die Verfahrenshandlungen des StA selbst (zB EheG § 24 I; VerschG §§ 16 IIa, 17, 26 II), wohl aber die der einzelnen VerfHandlung vorausgehenden entspr Entschließungen des StA Justizverwaltungsakte. Gleichwohl geht es nicht an, ein durch den StA ordnungsgemäß eingeleitetes Verfahren hinsichtl der Vorentschließungen einer eigenen rechtl Kontrolle zu unterwerfen (vgl BVerwG NJW 59, 448; Karlsruhe MDR 94, 823), da die Klage und Antragsbefugnis des StA ja an sich im ordentl Verfahren selbst geprüft wird, so daß auch § 23 III EGGVG eingreift. Soweit die StA dazu veranlaßt werden soll, von ihren Befugnissen Gebrauch zu machen, wäre zwar der Rechtsweg eröffnet, es fehlt jedoch an einer Antragsbefugnis nach § 24. Das der StA eingeräumte Ermessen steht ausschließlich im öffentl Interesse (ebenso KG NJW 87, 197; Düsseldorf FamRZ 96, 109).

28 **5)** **Abs 2:** Die Gliederung der Anträge der Abs I und II entspricht der in § 42 VwGO in Anfechtungsklage u Verpflichtungsklage. **Verweisungen** in entspr Anwendung der §§ 17 ff GVG sind möglich (Koblenz MDR 84, 1039; Karlsruhe NJW 88, 85).

29 **a)** Ziel des **Anfechtungsantrags** ist die Aufhebung des angefochtenen Justizverwaltungsaktes durch (gestaltende) richterl Entscheidung.

30 **b)** Ziel des **Verpflichtungsantrags** ist der Ausspruch einer Leistungspflicht der Justizverwaltungsbehörde und deren Erzwingung. Die begehrte Leistung: Erlaß des versagten bzw unter den Voraussetzungen des § 27 des unterlassenen VA. Der Verpflichtungsantrag ist mangels Rechtsschutzbedürfnis unzulässig, wenn bei der zuständigen Behörde noch kein Antrag gestellt ist (KG NJW 68, 609). – Unterscheide bei Verpflichtungsanträgen: **aa)** den **Vornahmeantrag:** die Voraussetzungen für die Amtshandlung liegen gesetzlich fest, das Gericht kann der JustizVerwBehörde die Vornahme der Amtshandlung auferlegen. **bb)** den **Bescheidungsantrag:** hier kann der JustizVerwBehörde nur auferlegt werden, den Antragsteller erstmals oder erneut zu verbescheiden, wenn der begehrte Akt auch im Ermessen der Behörde liegt.

31 **6)** **Abs 3:** Das Verfahren nach §§ 23 ff ist subsidiär. Beispiele: § 111 BNotO; Art 7 FamRÄndG, s Rn 26 f; Art XI KostÄndG vom 26. 7. 57 BGBl I 861; zum Verhältnis zur Kostenbeschwerde vgl auch Düsseldorf DNotZ 67, 444 u 69, 678; s auch München MDR 61, 436. Ist ein anderer Rechtsbehelf – etwa durch Zeitablauf – unzulässig geworden, so kann nicht auf § 23 EGGVG zurückgegriffen werden (vgl Karlsruhe MDR 80, 76; Frankfurt MDR 89, 934).

32 **7)** **Einstweilige Anordnung** ist nach hM (Hamm GA 75, 150; Kissel Rn 62) nicht möglich. Dem kann in dieser Allgemeinheit nicht zugestimmt werden. Wegen Art 19 IV GG ist einstweilige

Regelung jedenfalls in Fällen, in denen sonst ein effektiver Rechtsschutz nicht mehr möglich wäre, zuzulassen (vgl auch Kissel EG § 28 Rn 22 entgegen § 23 Rn 62), allerdings nur im Zusammenhang mit einem Hauptsacheverfahren (keine isolierte einstw Anordnung). Generell ist jedoch § 123 VwGO nicht anwendbar; vgl Karlsruhe NStZ 94, 142; Hamburg MDR 77, 688; NJW 79, 279.

8) Für Antrag **kein Anwaltszwang.** 33

9) **Kostenvorschußpflicht:** s § 30 Rn 1. 34

Vorbemerkung zu §§ 24–27

Sie regeln die **Zulässigkeit** des Antrags. Zu prüfen ist – von der Zuständigkeit abgesehen –, ob der Antrag a) statthaft ist: positiv: § 23 I, negativ: § 23 III; b) ob anderweite Beschwerdemöglichkeiten nach § 24 II erschöpft sind; c) ob die Frist des § 26 I eingehalten und die gesetzl Form gewahrt sind; d) ob der Antragsteller seine Antragsbefugnis schlüssig dargetan hat (§ 24 I); e) ob die besonderen Zulässigkeitsvoraussetzungen bei unterlassener Bescheidung eines Vornahmeantrags oder einer Beschwerde erfüllt sind (§ 27 I, III). 1

24

(1) Der Antrag auf gerichtliche Entscheidung ist nur zulässig, wenn der Antragsteller geltend macht, durch die Maßnahme oder ihre Ablehnung oder Unterlassung in seinen Rechten verletzt zu sein.

(2) Soweit Maßnahmen der Justiz- oder Vollzugsbehörden der Beschwerde oder einem anderen förmlichen Rechtsbehelf im Verwaltungsverfahren unterliegen, kann der Antrag auf gerichtliche Entscheidung erst nach vorausgegangenem Beschwerdeverfahren gestellt werden.

1) Abs 1: Vgl VwGO § 42 II u FGG § 20 I. **a)** § 24 I regelt entspr VwGO § 42 II die **Antragsbefugnis.** Die schlüssige Behauptung der Rechtsverletzung, also der Beeinträchtigung der Rechtsstellung, gibt die Antragsbefugnis. Rechtsstellung: hierunter fallen nicht nur die subj öffentl Rechte des AntrStellers (nicht seine Interessen schlechthin, wie etwa ideelle oder wirtschaftliche), sondern seine rechtl geschützten Interessen oder zB das Recht am Gewerbebetrieb. Nur mittelbare Auswirkungen genügen nicht (vgl auch § 23 Rn 27). Die Behauptung der Verletzung muß hinreichend konkretisiert sein, Hamm JVBl 62, 114. Die behauptete Verletzung muß **unmittelbar** sein, hieran fehlt es bei bloßen Wissensmitteilungen der Justizverwaltung an ein Prozeßgericht (KG NJW-RR 94, 571). Die Antragsbefugnis kann unter bes Voraussetzungen auch einem betroffenen **Dritten** zustehen; zur Antragsbefugnis des Verlobten gegen Entscheidungen auf Befreiung nach § 10 II EheG s KG FamRZ 68, 466; bei rechtsgestaltenden Akten (zB Satzungsänderung einer Stiftung) s KG WPM 68, 856. Zur Anfechtungsberechtigung bei Rechtshilfeersuchen s § 23 Rn 15. Sie fehlt dem berufsständ Verein bei Nichtzul eines Vorstandsmitgl als Prozeßagent, Hamm, AnwBl 67, 360; ebenso dem Anwaltsverein, wenn Einzelrechte der Mitglieder betroffen, Hamm MDR 88, 255. – Die Rechtsverletzung muß von der angefochtenen Maßnahme ausgehen. Hieran fehlt es in den Fällen **wiederholender Verfügung,** wenn etwa auf Gegenvorstellung eine frühere Entscheidung lediglich bestätigt wird (vgl OLG Hamburg Hamb JVBl 68, 23, wonach es an einer Maßnahme fehlen soll). 1

b) Darüber hinaus ist ein **Rechtsschutzbedürfnis** des Antragstellers erforderlich, das allerdings idR aus der Antragsbefugnis folgt. Es kann jedoch fehlen bei Mißbrauch lediglich zum Zweck der Verunglimpfung (KG JZ 69, 268) oder in Fällen sachlicher Überholung der angefochtenen Maßnahme (zB Zwischenverfügung), s KG JVBl 68, 219 (s auch § 28 I 4). – Fehlt es bereits an der Statthaftigkeit nach § 23 III, da die gerichtliche Überprüfung durch Sonderregelung (zB Kostenbeschwerde) vorgesehen ist, braucht nicht auf das Rechtsschutzbedürfnis zurückgegriffen werden (s a Düsseldorf DNotZ 69, 678). 2

2) Abs 2: Solange nicht ein statthaftes Beschwerdeverfahren oder andere eröffnete förml Rechtsbehelfe erschöpft sind, ist der Antrag unzulässig. Vorschaltverfahren kann auch durch Verwaltungsanordnung vorgesehen sein, die jedoch allgemein bekanntgemacht sein muß (vgl BVerfG NJW 76, 34; Kissel Rn 7); die frühere engere Auffassung (nur durch Rechtsnorm, KG NJW 67, 1870) ist überholt. Aussetzung des Verfahrens zur Nachholung aber statthaft. Dienstaufsichtsbeschwerde ist jedoch kein förml Rechtsbehelf im obigen Sinn, Celle NdsRpfl 65, 103. Dagegen ist förml Rechtsbehelf die Möglichkeit der Beschwerde an OLGPräsidenten nach § 5 II AVRJM vom 23. 3. 35 (DJ 486), BGH NJW 67, 927. 3

4 3) Der Antrag hat keine aufschiebende Wirkung, § 80 VwGO gilt nicht (Kissel Rn 9). Wegen einstw Regelung s § 23 Rn 32.

25 **(1) Über den Antrag entscheidet ein Zivilsenat oder, wenn der Antrag eine Angelegenheit der Strafrechtspflege oder des Vollzugs betrifft, ein Strafsenat des Oberlandesgerichts, in dessen Bezirk die Justiz- oder Vollzugsbehörde ihren Sitz hat. Ist ein Beschwerdeverfahren (§ 24 Abs. 2) vorausgegangen, so ist das Oberlandesgericht zuständig, in dessen Bezirk die Beschwerdebehörde ihren Sitz hat.**

(2) Ein Land, in dem mehrere Oberlandesgerichte errichtet sind, kann durch Gesetz die nach Absatz 1 zur Zuständigkeit des Zivilsenats oder des Strafsenats gehörenden Entscheidungen ausschließlich einem der Oberlandesgerichte oder dem Obersten Landesgericht zuweisen.

1 1) § 25 regelt die **Zuständigkeit** umfassend: sachlich ist das OLG, funktionell je nach Verfahrensgegenstand der Zivil- oder der Strafsenat, örtlich das OLG zuständig, in dessen Bezirk die Justiz- oder Verwaltungsbehörde ihren Sitz (vgl Anm zu ZPO §§ 17, 18) hat, oder, wenn ein Beschwerdeverfahren vorausgegangen war, das OLG, in dessen Bezirk die BeschwBehörde ihren Sitz hat. Im Fall des § 27 entscheidet der Sitz der untätigen Behörde.

2 2) Das OLG übt auf Grund gesetzl Zuweisung (verfassungsrechtl unbedenkl: BVerfGE 4, 387; Lüke JuS 61, 206) materiell Verwaltungsgerichtsbarkeit aus. Die Beschränkung auf einen Rechtszug verstößt nicht gg Art 19 IV GG (vgl BVerfGE 8, 181; Maunz/Dürig GG Art 19 Rdnr 45).

3 3) Von der Ermächtigung des § 25 II (FGG § 199) wurde in Zivilsachen kein Gebrauch gemacht; anders im Bereich des Art 7 FamRÄndG, s oben § 23 Rn 26.

26 **(1) Der Antrag auf gerichtliche Entscheidung muß innerhalb eines Monats nach Zustellung oder schriftlicher Bekanntgabe des Bescheides oder, soweit ein Beschwerdeverfahren (§ 24 Abs. 2) vorausgegangen ist, nach Zustellung des Beschwerdebescheids schriftlich oder zur Niederschrift der Geschäftsstelle des Oberlandesgerichts oder eines Amtsgerichts gestellt werden.**

(2) War der Antragsteller ohne Verschulden verhindert, die Frist einzuhalten, so ist ihm auf Antrag Wiedereinsetzung in den vorigen Stand zu gewähren.

(3) Der Antrag auf Wiedereinsetzung ist binnen zwei Wochen nach Wegfall des Hindernisses zu stellen. Die Tatsachen zur Begründung des Antrags sind bei der Antragstellung oder im Verfahren über den Antrag glaubhaft zu machen. Innerhalb der Antragsfrist ist die versäumte Rechtshandlung nachzuholen. Ist dies geschehen, so kann die Wiedereinsetzung auch ohne Antrag gewährt werden.

(4) Nach einem Jahr seit dem Ende der versäumten Frist ist der Antrag auf Wiedereinsetzung unzulässig, außer wenn der Antrag vor Ablauf der Jahresfrist infolge höherer Gewalt unmöglich war.

1 1) **Form:** Einfache Schriftform – kein Anwaltszwang – oder Antrag zu Niederschrift der Geschäftsstelle des zust OLG oder irgendeines AG. – Antrag ist erst mit Eingang der Antragsschrift beim zust OLG wirksam gestellt, bei Niederschrift zu Protokoll eines AG entscheidet diese, nicht erst der Eingang beim OLG. Namenszeichnung nicht unbedingt erforderlich, wenn Identität des Antragstellers sonst sicher erkennbar. – Einlegung durch Bevollmächtigte zulässig. Inwieweit Vollmacht nachgewiesen werden muß, entscheidet Gericht nach pflichtgem Ermessen.

2 2) **Inhalt:** Der Antrag muß zumindest erkennen lassen, daß ein konkreter JustVerwAkt und welcher angegriffen werden soll (vgl BGH 8, 229). Der Antragsgegner muß bezeichnet sein (KG GA 78, 244). Die Rechtsverletzung (§ 24 I) muß schlüssig behauptet werden. Beim Verpflichtungsantrag ergibt sie sich schon aus der Behauptung, daß der begehrte Antrag abgelehnt oder nicht verbeschieden wurde.

3 3) **Frist:** Die Monatsfrist ist nach § 17 FGG, §§ 187, 188 BGB zu berechnen. Sie beginnt mit Zustellung oder schriftl Bekanntgabe des Bescheides oder – im Fall des § 24 II – des Beschwerdebescheides. Mündl Eröffnung desselben oder mündl Mitteilung vom (schriftl) Erlaß setzen die Frist nicht in Lauf (Hamm JVBl 61, 261; vgl auch BGH NJW 63, 1789), ebenso nicht der Erlaß eines Realakts als solchen (Hamm NStZ 84, 136). Die fehlende **Rechtsbehelfsbelehrung** steht dem Lauf der Frist nicht entgegen (BGH NJW 74, 1335; Hamburg NJW 68, 854; Kissel Rn 8; hM), da eine Pflicht hierzu für Akte, die § 23 unterliegen, generell nicht besteht (insb ist § 59 VwGO

nicht entsprechend anwendbar, da kein allgemeiner Grundsatz besteht, Rechtsbehelfsbelehrungen zu erteilen). Jedoch kann unterbliebene Rechtsbehelfsbelehrung Verschulden an Fristversäumung ausschließen und Antrag auf Wiedereinsetzung rechtfertigen.

4) **Wiedereinsetzung, Abs 2–4:** Die Regelung ist im wesentlichen § 22 II FGG nachgebildet; vgl aber auch § 60 VwGO. 4

a) Als **Ursache** der Fristversäumung wird mangelndes Verschulden verlangt. In entspr Anwendung des § 22 II 2 FGG ist ein Verschulden des Vertreters gleich zu werten (Hamburg NJW 68, 854; abweichend in Strafsachen Stuttgart NStZ 88, 340). Zum Begriff des Verschuldens vgl § 233 ZPO Rn 12 ff. 5

b) Der **Wiedereinsetzungsantrag: aa) Form:** Es gilt § 26 I sinngemäß; der Antrag ist bei den in § 26 I genannten Gerichten zu stellen. **bb) Inhalt:** § 26 III 2. Gem S 3 ist die versäumte Verfahrenshandlung innerhalb der Frist nachzuholen. Zur Glaubhaftmachung vgl § 294 ZPO; es genügt, daß sie noch während des Verfahrens, also auch nach Fristablauf erfolgt. **cc) Frist:** Binnen 2 Wochen nach Wegfall des Hindernisses; s § 234 II ZPO. 6

5) **Abs 4, Ausschlußfrist:** Sie beginnt mit dem Ende der versäumten Frist nach III. Wiedereinsetzungsantrag aber auch noch zulässig, wenn der Antrag vor Ablauf der Jahresfrist inf höherer Gewalt, dh durch Naturereignisse oder unabwendbaren Zufall, unmöglich war. 7

6) **Die Entscheidung** ist **unanfechtbar,** § 29 I 1. Vgl § 238 ZPO. 8

27 **(1) Ein Antrag auf gerichtliche Entscheidung kann auch gestellt werden, wenn über einen Antrag, eine Maßnahme zu treffen, oder über eine Beschwerde oder einen anderen förmlichen Rechtsbehelf ohne zureichenden Grund nicht innerhalb von drei Monaten entschieden ist. Das Gericht kann vor Ablauf dieser Frist angerufen werden, wenn dies wegen besonderer Umstände des Falles geboten ist.**

(2) Liegt ein zureichender Grund dafür vor, daß über die Beschwerde oder den förmlichen Rechtsbehelf noch nicht entschieden oder die beantragte Maßnahme noch nicht erlassen ist, so setzt das Gericht das Verfahren bis zum Ablauf einer von ihm bestimmten Frist, die verlängert werden kann, aus. Wird der Beschwerde innerhalb der vom Gericht gesetzten Frist stattgegeben oder der Verwaltungsakt innerhalb dieser Frist erlassen, so ist die Hauptsache für erledigt zu erklären.

(3) Der Antrag nach Absatz 1 ist nur bis zum Ablauf eines Jahres seit der Einlegung der Beschwerde oder seit der Stellung des Antrags auf Vornahme der Maßnahme zulässig, außer wenn die Antragstellung vor Ablauf der Jahresfrist infolge höherer Gewalt unmöglich war oder unter den besonderen Verhältnissen des Einzelfalles unterblieben ist.

Die Vorschrift ist § 75 VwGO – in Abs 3 dem seit 1976 aufgehobenen § 76 VwGO – nachgebildet. Auf die Erläuterungswerke zur VwGO wird verwiesen.

28 **(1) Soweit die Maßnahme rechtswidrig und der Antragsteller dadurch in seinen Rechten verletzt ist, hebt das Gericht die Maßnahme und, soweit ein Beschwerdeverfahren (§ 24 Abs. 2) vorausgegangen ist, den Beschwerdebescheid auf. Ist die Maßnahme schon vollzogen, so kann das Gericht auf Antrag auch aussprechen, daß und wie die Justiz- oder Vollzugsbehörde die Vollziehung rückgängig zu machen hat. Dieser Ausspruch ist nur zulässig, wenn die Behörde dazu in der Lage und diese Frage spruchreif ist. Hat sich die Maßnahme vorher durch Zurücknahme oder anders erledigt, so spricht das Gericht auf Antrag aus, daß die Maßnahme rechtswidrig gewesen ist, wenn der Antragsteller ein berechtigtes Interesse an dieser Feststellung hat.**

(2) Soweit die Ablehnung oder Unterlassung der Maßnahme rechtswidrig und der Antragsteller dadurch in seinen Rechten verletzt ist, spricht das Gericht die Verpflichtung der Justiz- oder Vollzugsbehörde aus, die beantragte Amtshandlung vorzunehmen, wenn die Sache spruchreif ist. Andernfalls spricht es die Verpflichtung aus, den Antragsteller unter Beachtung der Rechtsauffassung des Gerichts zu bescheiden.

(3) Soweit die Justiz- oder Vollzugsbehörde ermächtigt ist, nach ihrem Ermessen zu handeln, prüft das Gericht auch, ob die Maßnahme oder ihre Ablehnung oder Unterlassung rechtswidrig ist, weil die gesetzlichen Grenzen des Ermessens überschritten sind oder von dem Ermessen in einer dem Zweck der Ermächtigung nicht entsprechenden Weise Gebrauch gemacht ist.

1 § 28 entspricht inhaltlich §§ 114, 113 I, V VwGO; vgl die einschl Kommentare zur VwGO.

2 **1) Abs 1 S 1, Anfechtungsantrag: a)** Sachentscheidung: Das OLG hebt den **angegriffenen JustizverwAkt** und, soweit ein Beschwerdeverfahren vorausgegangen war, **den Beschwerdebescheid** auf, soweit die Maßnahme rechtswidrig und der AntrSteller dadurch in seinen Rechten verletzt ist. Diese beiden Tatbestandsmerkmale, das objektive wie das subjektive, müssen also zusammentreffen, um dem Antrag zum Erfolg zu verhelfen. Rechtswidrigkeit genügt, auf Verschulden der Behörde kommt es nicht an. – Ist die angefochtene Maßnahme bereits **vollzogen und** die Beeinträchtigung **nicht mehr zu beseitigen,** so ist für Aufhebung (und für Entscheidung nach Abs 1 S 2) kein Raum (zur Problematik bei Zustellungsersuchen im Rechtshilfeweg, wenn Zustellung schon ausgeführt, Frankfurt OLGZ 92, 89 = IPRax 92, 166). Es bleibt für Betroffenen nur Antrag nach Abs 1 S 4 (KG NJW-RR 91, 1085).

3 **b) Maßgeblicher Zeitpunkt,** auf den bei der Prüfung der Tatbestandsmerkmale abzustellen ist: Ziel des Anfechtungsantrags ist die Nachprüfung des Verwaltungsakts auf seine Rechtmäßigkeit oder Rechtswidrigkeit; es entscheidet daher der Zeitpunkt seines Erlasses, bei Verpflichtungsanträgen die Sach- und Rechtslage im Zeitpunkt der Entscheidung.

4 **c)** Tragen die dem VerwAkt ursprünglich beigegebenen Gründe seine Rechtmäßigkeit nicht, wird die Justizverwaltungsbehörde häufig andere Tatsachen oder rechtliche Gründe **nachschieben,** die auch bei Erlaß des VerwAktes schon gegeben waren, aber nicht ausgesprochen wurden. Dies ist insoweit zulässig, als dadurch der angegriffene Justizverwaltungsakt in seinem Wesen nicht verändert wird (Kissel Rn 8). Unter dieser Voraussetzung kann das Gericht auch von Amts wegen bisher nicht berücksichtigte rechtl oder tatsächl Gründe berücksichtigen. Doch darf die Rechtsverteidigung des AntrStellers durch dieses Nachschieben von Gründen nicht beeinträchtigt werden (BVerwG 8, 46 ff; BSG NJW 60, 1125; Eyermann/Fröhler, VwGO, § 113 Rdnr 30). Bei Ermessensentscheidungen allerdings darf das Gericht für die Ausübung des Ermessens maßgebende Umstände nicht von Amts wegen – also ohne, daß die erlassende Behörde selbst sie nachgeschoben hätte – berücksichtigen.

5 **d) „Soweit“:** Ist der VerwAkt nur teilweise rechtswidrig, beschränkt sich die Entscheidung auf diesen Teil. Der Rechtsgedanke des § 139 BGB ist umgekehrt anwendbar.

6 **2) Abs 1 S 2 u 3, Folgenbeseitigung;** Entspricht VwGO § 113 I 2 u 3. War der JustizverwAkt schon vollzogen, so ist die Behörde nach Aufhebung durch das OLG verpflichtet, den früheren Zustand wiederherzustellen, soweit dies möglich ist. **Auf Antrag** – nicht von Amts wegen – kann schon das OLG anordnen, daß und wie dies zu geschehen habe.

7 **3) Abs 1 S 4, Feststellungsantrag:** Der Kläger hat hier die Möglichkeit, von dem gestellten Anfechtungs- oder Verpflichtungsantrag zum Feststellungsantrag überzugehen. Dies gilt auch, wenn die Erledigung nicht erst während des Verfahrens, sondern schon vor Antragstellung eingetreten ist (insbes bei Vollzug nicht rückgängig zu machender Akte), KG NJW 72, 169. Voraussetzung: Zurücknahme der Maßnahme durch die JustizverwBehörde, oder sonstige Erledigung: Die Maßnahme entfällt durch Zeitablauf, sie wird durch Wegfall der Beschwer, Tod eines Beteiligten gegenstandslos; Vornahme oder Verbescheidung im Fall des § 27 II 2. Ebenso im Fall der nicht mehr rückgängig zu machenden Vollziehung (vgl Rn 2). Voraussetzung ist, daß die Maßnahme, sofern die Erledigung nicht eingetreten wäre, nach § 23 anfechtbar war; § 28 I 4 ermöglicht nicht die erweiterte Anfechtung erledigter Maßnahmen, für die wegen der Erledigung der an sich gegebene spezielle Rechtsbehelf nicht mehr zulässig ist (KG MDR 82, 155 für Maßnahmen des GerVollziehers, § 766 ZPO).

8 **Zulässigkeitsvoraussetzung:** Ein berechtigtes Interesse des Antragstellers an der begehrten Feststellung. Im Gegensatz zum „rechtlichen Interesse“ der Feststellungsklage gemäß § 256 ZPO ist der Begriff des berechtigten Interesses weiter, er umfaßt auch ein wirtschaftl oder ideelles Interesse. Die Vorbereitung eines Amtshaftungsprozesses genügt nicht, da für diesen der sofortige Zugang zum selben Rechtsweg offen steht (Hamm MDR 87, 519); schlüssiger Vortrag einer vergangenen Grundrechtsbeeinträchtigung allein ebenfalls nicht ausreichend (BGH NJW 90, 2758).

9 Der **Entscheidungssatz** im Falle des Abs 1 S 4 lautet: Der (angegriffene) JustizverwAkt war rechtswidrig. Andernfalls ist der Feststellungsantrag je nach Rechtslage als unbegründet oder als unzulässig – wenn das berechtigte Interesse fehlt – abzuweisen.

10 **4) Abs 2, Verpflichtungsantrag:** Er behandelt die Entscheidung des Gerichts, wenn die **Ablehnung oder Unterlassung einer Maßnahme** rechtswidrig und der AntrSteller dadurch in seinen Rechten verletzt ist. Hier ist wieder zu unterscheiden: War die abgelehnte oder unterlassene Maßnahme gesetzesgebunden oder frei, dh in das Ermessen der JustizverwBehörde gestellt?

11 **a)** Sie war **gesetzesgebunden.** Dann kann die Entscheidung nur auf Verpflichtung der Behörde lauten, die unterlassene oder abgelehnte Maßnahme vorzunehmen (das Gericht nimmt sie nicht selbst vor), oder auf Abweisung des Antrags. Ein Bescheidungsausspruch gemäß Abs 2 S 2 ist ausgeschlossen.

Ist die Sache noch aufklärungsbedürftig, also in diesem Sinne **nicht „spruchreif"**, so muß das Gericht sie entscheidungsreif machen (Amtsermittlung: § 12 FGG iVm § 29 Abs 2 EGGVG). Grundsätzlich also keine Aufhebung und Zurückverweisung (BVerwG NJW 61, 793). 12

Der Entscheidungssatz: Die Behörde ist zur Vornahme der Maßnahme zu verurteilen; den (alten) ablehnenden Bescheid aufzuheben, ist zulässig, aber grundsätzlich unnötig. 13

b) War die **Maßnahme in das Ermessen der Behörde gestellt,** so ist die Sache „spruchreif", wenn dieses Ermessen nur in einer einzigen Richtung ausgeübt werden konnte und bereits ausgeübt worden ist. Sonst aber, wenn also die JustizverwBehörde ihr Ermessen überhaupt noch nicht ausgeübt hatte oder wenn das Ermessen mit verschiedenen Ergebnissen ausgeübt werden konnte, ist zu unterscheiden: 14

aa) Im Fall der **Ablehnung eines Verpflichtungsantrags:** Zu beachten ist, daß das Gericht nicht sein Ermessen an die Stelle des behördlichen Ermessens setzen darf. Soweit also die auf der Ermessensfreiheit beruhende Entscheidungsfreiheit der Behörde reicht, ist dem Gericht die Entscheidung entzogen: Insoweit hat es nur die Verpflichtung der Behörde auszusprechen, den AntrSteller unter Beachtung der Rechtsauffassung des Gerichts zu bescheiden (Abs 2 S 2). Dagegen muß das Gericht prüfen, ob der begehrten Vornahmehandlung irgendwelche rechtlichen Hindernisse entgegenstanden; wenn ja, ist der Antrag zurückzuweisen. 15

bb) Die Behörde hat die begehrte Ermessensmaßnahme unterlassen, sie ist **untätig** geblieben. Hier hat das Gericht zu prüfen, ob die Nichtverbescheidung rechtswidrig war, was der Fall ist, wenn die Behörde den AntrSteller verbescheiden mußte. Dies hängt insbesondere davon ab, ob dem Antragsteller ein echtes Antragsrecht zusteht oder eine von Amts wegen zu treffende Amtshandlung vom Gesetz zu seinen Gunsten zu treffen war. 16

cc) Entscheidungssatz: Er folgt dem Wortlaut des Gesetzes in Abs 2 Satz 2. Wird der Behörde die Neubescheidung (im Gegensatz zur Erstbescheidung) aufgegeben, ist der Ablehnungsbescheid zweckmäßig ausdrücklich aufzuheben. 17

5) Abs 3: Das Gericht prüft, ob die Ausübung des Ermessens rechtswidrig war. **a) Ermessen** ist die Freiheit der Verwaltung, die ihr der Gesetzgeber eingeräumt hat. Auf die Ermessensentscheidung übertragen, bedeutet das, daß von mehreren Entscheidungen jede „richtig" sein kann. 18

b) Nicht die Ermessensausübung, wohl aber die **Ermessensverletzung** ist nachprüfbar. Darunter versteht man: 19

aa) Ermessensüberschreitung: Die Behörde hat die ihr gesetzten Grenzen des Ermessens überschritten. 20

bb) Der **Ermessensmißbrauch:** Die Behörde hat von dem Ermessen in einer dem Zweck der Ermächtigung nicht entsprechenden Weise Gebrauch gemacht (Mißbrauch, Willkür). Ermessensverletzung liegt also vor, wenn die Behörde von ihrem Ermessen keinen oder einen rechtsfehlerhaften, dem Sinn und dem Zweck des Gesetzes widersprechenden Gebrauch gemacht oder wenn sie von ungenügenden oder von verfahrenswidrig zustande gekommenen Feststellungen ausgegangen oder wesentliche Umstände unerörtert gelassen hat, ferner wenn die Behörde die Grenzen des ihr eingeräumten Ermessens (positiv oder negativ) verkannt hat. 21

c) Die angegriffene Maßnahme der Verwaltungsbehörde muß ersehen lassen, welche Überlegungen sie angestellt hat, um ihr Ermessen auszuüben; andernfalls muß die Entscheidung aufgehoben werden, falls nicht **die der Ermessensentscheidung zugrunde gelegten Erwägungen** so auf der Hand liegen, daß es einer ausdrücklichen Begründung nicht bedarf (VGH Freiburg NJW 57, 36; vgl Nürnberg JVBl 62, 275). 22

29 **(1) Die Entscheidung des Oberlandesgerichts ist endgültig. Will ein Oberlandesgericht jedoch von einer auf Grund des § 23 ergangenen Entscheidung eines anderen Oberlandesgerichts oder des Bundesgerichtshofes abweichen, so legt es die Sache diesem vor. Der Bundesgerichtshof entscheidet an Stelle des Oberlandesgerichts.**

(2) Im übrigen sind auf das Verfahren vor dem Zivilsenat die Vorschriften des Reichsgesetzes über die Angelegenheiten der freiwilligen Gerichtsbarkeit über das Beschwerdeverfahren, auf das Verfahren vor dem Strafsenat die Vorschriften der Strafprozeßordnung über das Beschwerdeverfahren sinngemäß anzuwenden.

(3) Auf die Bewilligung der Prozeßkostenhilfe sind die Vorschriften der Zivilprozeßordnung entsprechend anzuwenden.

1) Abs 1 S 1: Das OLG entscheidet als **erste und einzige Instanz.** Dies ist mit GG vereinbar. Keine Anrufung des BGH; keine Abänderung der Sachentscheidung nach § 18 FGG, keine 1

Wiederaufnahme, wie sie § 153 VwGO vorsieht. Da die Entscheidung der materiellen **Rechtskraft** fähig, kann sie vom Gericht nicht geändert werden. Ausnahme möglich bei Abweisung als unzulässig (vgl Grundsätze zu § 343 StPO), jedoch nur bei unrichtiger tatsächlicher Grundlage (Kissel Rdnr 5), nicht bei Rechtsirrtum (BGH MDR 76, 634; Hamburg MDR 76, 511). Auch bei Verstoß gegen **rechtliches Gehör** soll – entsprechend der Auffassung des BVerfG (vgl NJW 76, 1837) – Nachholung möglich sein (§ 33a StPO analog, vgl § 567 Rn 41, Kissel Rn 6; Koblenz NJW 87, 855). – Die Entscheidung braucht, da kein Rechtsmittel gegeben, nur formlos mitgeteilt werden; **Zustellung** ist nicht nötig (Kissel Rn 3).

2 2) **Vorlegungspflicht** zur Wahrung der Rechtseinheit nach Abs 1 S 2: Über die Voraussetzungen der Vorlagepflicht und die Form der Vorlegung vgl § 28 FGG. Wie im Verfahren der freiwilligen Gerichtsbarkeit, begründet nicht nur die Abweichung von Sachnormen, sondern auch von Verfahrensvorschriften (§§ 24–28) die Vorlagepflicht.

3 3) Subsidiär gelten die Vorschriften des FGG über das Beschwerdeverfahren, also insbesondere §§ 23–25, 30 II und sinngemäß die allgemeinen Verfahrensvorschriften. – Zur Frage der Tatsachenfeststellung (keine mündliche Verhandlung) s KG NJW 68, 608.

4 4) Zur Frage **vorläufigen Rechtsschutzes** vgl § 23 Rn 32.

5 5) **Prozeßkostenhilfe:** Vgl ZPO §§ 114 ff und die Erläuterungen dazu.

6 6) **Neue Bundesländer:** Vorlagepflicht gilt auch für OLG, das von einer nach § 23 ergangenen Entscheidung des besonderen Senats eines BezG abweichen will.

30

(1) Für die Kosten des Verfahrens vor dem Oberlandesgericht gelten die Vorschriften der Kostenordnung entsprechend. Abweichend von § 130 der Kostenordnung wird jedoch ohne Begrenzung durch einen Höchstbetrag bei Zurückweisung das Doppelte der vollen Gebühr, bei Zurücknahme des Antrags eine volle Gebühr erhoben.

(2) Das Oberlandesgericht kann nach billigem Ermessen bestimmen, daß die außergerichtlichen Kosten des Antragstellers, die zur zweckentsprechenden Rechtsverfolgung notwendig waren, ganz oder teilweise aus der Staatskasse zu erstatten sind. Die Vorschriften des § 91 Abs. 1 Satz 2 und der §§ 102–107 der Zivilprozeßordnung gelten entsprechend. Die Entscheidung des Oberlandesgerichts kann nicht angefochten werden.

(3) Der Geschäftswert bestimmt sich nach § 30 der Kostenordnung. Er wird von dem Oberlandesgericht durch unanfechtbaren Beschluß festgesetzt.

1 **1) Gebühren: a) des Gerichts:** Es gelten die Vorschriften der KostO entsprechend. In Abweichung von § 130 I, II KostO wird jedoch, ohne Begrenzung durch einen Höchstbetrag, bei der Zurückweisung des Antrages eine doppelte und bei der Zurücknahme eine volle Gebühr (§ 32 KostO) erhoben. Es spielt keine Rolle, ob die Zurückweisung aus sachlichen oder verfahrensrechtlichen Gründen erfolgt. Wird der Antrag teilweise zurückgewiesen oder zurückgenommen, dann sind nach § 130 IV KostO die Gebühren nach dem Wert des zurückgenommenen oder zurückgewiesenen Teils zu erheben; es darf aber höchstens die Gebühr für die Zurückweisung des ganzen Antrages erhoben werden. Die Aufnahme des Antrags (§ 26 I EGGVG) und der Antrag selbst sind gebührenfrei, §§ 129, 131 IV 3 KostO. Wird dem Antrag stattgegeben oder die Hauptsache für erledigt erklärt, so erfallen keine Gebühren. Eine Vorschußpflicht (§ 8 KostO) besteht nicht. Für den Kostenansatz (§ 4 KostVfG) ist die Kostenauferlegung durch das Gericht nicht notwendig, weil sich die Kostentragungspflicht aus dem Gesetz ergibt.

2 **b) des Anwalts:** Nach § 66a BRAGO die in den §§ 31 ff BRAGO aufgeführten Gebühren – wobei selten eine Verhandlungs-, Erörterungs- oder Beweisgebühr anfallen wird, da es sich um ein FGG-Verf (§ 29 II EGGVG) handelt – und zwar richten sich die Gebühren nach § 11 I 1 BRAGO – also keine erhöhten Gebühren.

3 **2) Kostenerstattung:** § 30 II verdrängt § 13a FGG (§ 13a IV). Der Umstand allein, daß die Behörde unterlegen ist, rechtfertigt den Anspruch der Kostenerstattung noch nicht; in Fällen der Erledigung der Hauptsache reicht demgemäß der vermutliche Erfolg des Antrags ebenfalls noch nicht aus.

31–38 (betreffen Strafsachen: Kontaktsperre)

ANHANG I

A. Brüsseler Übereinkommen über die gerichtliche Zuständigkeit und die Vollstreckung gerichtlicher Entscheidungen in Zivil- und Handelssachen (EuGVÜ)

in der Fassung der Beitrittsübereinkommen vom 9. 10. 1978, vom 25. 10. 1982 und vom 26. 5. 1989

Schrifttum: *Geimer/Schütze,* Internationale Urteilsanerkennung, I 1, 1983; *Geimer/Schütze*, Europäisches Zivilverfahrensrecht, 1996; *Kropholler,* Europäisches Zivilprozeßrecht, 5. Aufl, 1996; *Schlosser*, EuGVÜ, 1996; *Aull*, Der Geltungsanspruch des EuGVÜ: „Binnensachverhalte" und IZVR in der EU, 1996; *Baumert*, Europäischer ordre public und Sonderanknüpfung zur Durchsetzung von EG-Recht unter besonderer Berücksichtigung der sog. mittelbaren horizontalen Wirkung von EG-Richtlinienbestimmungen, 1994; *Benecke*, Die teleologische Reduktion des räumlich-persönlichen Anwendungsbereiches von Art. 2 ff und Art. 17 EuGVÜ, 1993; *Brückner*, Unterhaltsregreß im internationalen Privat- und Verfahrensrecht, 1994; *Gerichtshof der EG*, Internationale Zuständigkeit u Urteilsanerkennung in Europa, 1993; Handbuch des Internationalen Verfahrensrechts I (1982), III (1984), bearbeitet von *Basedow, Kropholler* und *Martiny; Peter Huber*, Die englische forum-non-conveniens-Doktrin und ihre Anwendung im Rahmen des EuGVÜ, 1994; *Jayme,* Das GVÜ und die Drittländer, österr Akademie der Wissenschaften, 1988, 97 (EuropaR Nr 6); *Kaye*, Civil Jurisdiction and Enforcement of Foreign Judgments, 1987; *Markus Meier*, Grenzüberschreitende Drittbeteiligung, 1994; *Markus Müller*, Die internationale Zuständigkeit bei grenzüberschreitenden Umweltbeeinträchtigungen, 1994; *O'Malley/Layton,* European Civil Practice, 1989; *von Rönn,* Die Anwendung des EuGVÜ im Vereinigten Königreich, 1996; *Volz*, Harmonisierung des Rechts der individuellen Rechtswahl, der Gerichtsstandsvereinbarung und der Schiedsvereinbarung im Europäischen Wirtschaftsraum (EWR), 1993; *Wiehe*, Zustellungen, Zustellungsmängel und Urteilsanerkennung am Beispiel fiktiver Inlandszustellungen in Deutschland, Frankreich und den USA, 1993; *Wittibschlager*, Rechtshängigkeit in internationalen Verhältnissen, 1994.

Zum **Lugano-Übereinkommen:** *Johner,* Die direkte Zuständigkeit der Schweiz bei internationalen Arbeitsverhältnissen unter besonderer Berücksichtigung des Lugano-Übereinkommens, 1995; *Schwander,* Das Lugano-Übereinkommen, 1990; *Trunk,* Die Erweiterung des EuGVÜ-Systems am Vorabend des Europäischen Binnenmarktes, 1991; *Jayme,* Ein internationales ZivilverfahrensR für Gesamteuropa, 1992; *Schmidt-Parzefall*, Die Auslegung des Parallelübereink v Lugano, 1995; *Volken* SZIER 96, 69; *Wagner,* Zum zeitl Anwendungsbereich des LugÜ, ZIP 94, 81.

Jährlich erscheint jeweils in IPRax Heft 6 ein Bericht zum EuGVÜ und zum LugÜ von *Jayme/Kohler,* ebenso in EuZW von *Dietze/Schnichels,* zuletzt EuZW 96, 455.

Titel I – Anwendungsbereich

Art. 1. Dieses Übereinkommen ist in Zivil- und Handelssachen anzuwenden, ohne daß es auf die Art der Gerichtsbarkeit ankommt. Es erfaßt insbesondere nicht Steuer- und Zollsachen sowie verwaltungsrechtliche Angelegenheiten.

Es ist nicht anzuwenden auf:

1. **den Personenstand, die Rechts- und Handlungsfähigkeit sowie die gesetzliche Vertretung von natürlichen Personen, die ehelichen Güterstände, das Gebiet des Erbrechts einschließlich des Testamentrechts;**
2. **Konkurse, Vergleiche und ähnliche Verfahren;**
3. **die soziale Sicherheit;**
4. **die Schiedsgerichtsbarkeit.**

I) Inkrafttreten: Das GVÜ ist am 1. 2. 1973 im Verhältnis zu Belgien, Frankreich, Italien, Luxemburg und den Niederlanden in Kraft getreten (BGBl 1973 II 60). Mit Großbritannien, Irland und Dänemark wurde am 9. 10. 1978 ein Beitrittsübereinkommen geschlossen (BGBl 1983 II 802), in Kraft seit 1. 11. 1986 im Verhältnis zu Dänemark (BGBl 1986 II 1020), seit 1. 1. 1987 im Verhältnis zum Vereinigten Königreich (BGBl 1986 II 1146), und seit 1. 6. 1988 im Verhältnis zu Irland, BGBl 1988 II 610. Mit Griechenland wurde am 25. 10. 1982 ein Beitrittsübereinkommen geschlossen, das am 1. 4. 1989 im Verhältnis zu allen Vertragsstaaten mit Ausnahme des VK in Kraft getreten ist (BGBl 1989 II 214). Für VK ist das GVÜ 1982 erst seit 1. 10. 1989 in Kraft (BGBl 1989 II 752). – Das Beitrittsübereinkommen mit Spanien u Portugal v 26. 5. 1989 (GVÜ 1989; ABl EG Nr C 189/1990 = BGBl 1994 II 519; hierzu Bericht von Almeida Cruz, Desantes Real und Jenard, BT-Drucks 12/5841 S 30) ist am 1. 2. 1991 zwischen Spanien, Frankreich und den Niederlanden in Kraft getreten; in Deutschland ist es seit 1. 12. 1994 in Kraft. Im Verhältnis zu Belgien u Dänemark gilt noch Fassung v. 25. 10. 1982, da diese Staaten das 3. Beitrittsübereinkommen am 1. 9. 1996 noch nicht ratifiziert haben; Jayme/Kohler IPRax 95, 346. Ein 4. Beitrittsübereinkommen mit Österreich, Schweden und Finnland ist noch nicht ausgearbeitet. 1

Das GVÜ gilt seit 3. 10. 1990 auch in dem **Beitrittsgebiet (Gebiet der ehem DDR),** Art 10 EinigungsV (Prinzip der bewegl Vertragsgrenzen). Auch wenn die DDR für die Bundesrepublik nie Ausland war, § 328 Rn 85; § 722 1a

Rn 10, bestand u besteht für die anderen Vertragsstaaten keine Anerkennungs- u Vollstreckungspflicht für DDR-Entscheidungen, die vor dem 3. 10. 1990 unanfechtbar geworden sind, ähnl M. J. Schmidt 38.

1b Nach dem **Luxemburger Auslegungs-Protokoll** vom 3. 6. 1971 (BGBl 1972 II 846) idF d 3. Beitrittsübereinkommens v 26. 5. 1989 (BGBl 1994 II 519, 531) ist der EuGH zur **einheitl Auslegung d EuGVÜ** berufen. Der EuGH agiert hierbei nicht als Organ der EU, sondern als ein von den Vertragsstaaten eingesetztes (völkerrechtl) Gericht. Verzeichnis der EuGH-Urteile unten unter C.

2 **II) Lugano-Übereinkommen:** Mit den EFTA-Staaten (Finnland, Island, Norwegen, Österreich, Schweden, Schweiz) wurde am 16. 9. 1988 das **Parallelübereinkommen** geschlossen, das im wesentl die Regeln des Brüsseler GVÜ übernimmt (Lugano-Übereinkommen, Abweichungen vom EuGVÜ im Text *kursiv;* s auch unten S 2540 ff). Dieses Übereinkommen ist für Deutschland am 1. 3. 1995 in Kraft getreten (BGBl 1995 II 221). Es gilt derzeit in Finnland, Frankreich, Irland, Island (seit 1. 12. 1995 BGBl 1996 II 283), Italien, Luxemburg, den Niederlanden (nur für das Königreich in Europa), Norwegen, Österreich (1. 9. 1996), Portugal, Schweden, der Schweiz, Spanien und im Vereinigten Königreich mit Nordirland. Zum LugÜ gibt es den (offiziösen) Bericht von Jenard und Möller, BT-Drucks 12/6836 S 54. Zum zeitl Anwendungsbereich Wagner ZIP 94, 81. Es gibt – anders als beim EuGVÜ – keine *supranationale Auslegungsinstanz.* Der EuGH ist insoweit nicht zuständig. Ein nationales EG-Gericht ist jedoch berechtigt, eine Auslegungsfrage zum inhaltsgleichen GVÜ dem EuGH vorzulegen, wenn es in concreto das Lugano-Übereinkommen anwendet, Kohler in Jayme, Ein internationales ZivilverfahrensR für Gesamteuropa, 11, 24. AA EuGH 28.3.1995; Heerstrassen RIW 93, 183; Holl IPRax 96, 174. Die Gerichte der Nicht-EuGVÜ-Vertragsstaaten wenden nur das LugÜ an, die der EuGVÜ-Staaten das EuGVÜ im Verhältnis zu den EuGVÜ-Staaten, im übrigen das LugÜ, Art 54b LugÜ. Für dt Gerichte ist LugÜ derzeit bedeutsam im Verhältnis zu Finnland, Island, Norwegen, Österreich, Schweden u Schweiz.

3 **III) Zivil- und Handelssachen:** Das Übereinkommen gilt nur für Zivil- und Handelssachen, Art 1 I, nicht für öffentl-rechtl Streitigkeiten. Es regelt die Zuständigkeit mithin nur für solche Verfahren, deren Streitgegenstand zivilrechtl Natur ist. Der EuGH (14.10.1976; st Rspr) betont zu Recht, daß **nur eine autonome Qualifikation die einheitl Anwendung des GVÜ gewährleistet**, Nachw Geimer/Schütze I 116; Heß IPRax 94, 11. Stellte man auf das Recht des Erststaates oder des Zweitstaates ab, so hätten es die einzelnen Vertragsstaaten in der Hand, nach eigenem Ermessen den Anwendungsbereich des Übereinkommens zu erweitern oder einzuengen, Geimer NJW 77, 492.

4 Für die Einordnung als Zivil- und Handelssache sind materiell-rechtl Kriterien maßgebend. Das GVÜ beschränkt sich daher nicht auf Klagen vor den (ordentl) Zivilgerichten. Es gilt auch für die **Verfahren vor sonstigen Gerichten, etwa Arbeits-, Straf- oder Verwaltungsgerichten,** sofern Gegenstand der Klage eine Zivil- oder Handelssache ist. Beispiel für Strafverfahren: TGI Straßburg IPRax 89, 47 (Lüderitz 25), EuGH 21.4.1993 betr Schadensersatzklage gegen den Lehrer einer öffentl Schule (auch wenn das Benutzungsverhältnis nach nationalem Recht öffentlich-rechtl qualifiziert wird. S auch M. J. Schmidt 49–88 mwN).

4a Der **Honoraranspruch eines RA** ist stets zivilrechtl zu qualifizieren, auch wenn RA auf öffentlich-rechtl Gebiet beraten hat, LG Karlsruhe IPRax 92, 92 (Reinmüller 73).

5 **IV) Ausgeschlossene Rechtsgebiete** (hierzu Geimer/Schütze I 131 ff): Soweit die **gerichtl Zuständigkeit** (Entscheidungszuständigkeit) **auf Spezialgebieten** durch völkerrechtl Vereinbarungen geregelt ist oder noch geregelt wird, haben diese Vorrang, Art 57. Das gleiche gilt für EU-Gemeinschaftsrecht. Art 2 ff kommen nur dann (subsidiär) zum Zug, wenn das jeweilige Spezialabkommen keine abschließende Regelung enthält, Geimer/Schütze I 62.

6 **Bestimmte, in Art 1 II aufgezählte Zivilsachen fallen nicht in den Anwendungsbereich des GVÜ.** Nach Art 1 II Nr 1 sind insbes alle Statusklagen (Ehesachen, §§ 606 ff, Kindschaftssachen, §§ 640 ff) sowie der Kernbereich der freiw Gerichtsbarkeit (Verschollenheits-, Vormundschafts-, Pflegschafts-, Betreuungs- sowie Nachlaßsachen) ausgeklammert, Schlosser-Bericht Nr 31; Geimer/Schütze I 145. – Entwurf eines EG-Familien- und Erbrechtsübereinkommens IPRax 94, 67. – S auch Pirrung in Grensoverschrijdend privaatrecht, 1993, 189. – § 606a Rn 36.

7 **Der Ausnahmekatalog des Art 1 II ist eng auszulegen.** Anders aber EuGH 27.3.1979 (Cavel/Cavel I). Seinen Standpunkt hat der EuGH jedoch in der zweiten Cavel/Cavel-Entscheidung (6.3.1980) etwas modifiziert.

8 **Die im Ausnahmekatalog des Art 1 II und in Art 57 aufgeführten Rechtsmaterien müssen Streitgegenstand sein.** Art 1 II greift nicht ein, wenn die dort aufgeführte Rechtsfrage nur präjudiziell zu entscheiden, also nicht Verfahrensgegenstand ist, Schlosser-Bericht Nr 51. Wird zB auf Auflösung einer oHG geklagt, weil ein Gesellschafter in Konkurs gefallen ist, § 131 Nr 5 HGB, so handelt es sich nicht um eine konkursrechtl Streitigkeit iSd Art 1 II Nr 2. Art 16 Nr 2 kommt vielmehr zum Zug. Das gleiche gilt etwa für Klagen von Sozialversicherungsträgern, die Ansprüche gegen Dritte geltend machen, die auf sie kraft Gesetzes oder auf Grund Rechtsgeschäftes übergegangen sind, Schlosser-Bericht Nr 60 und Geimer/Schütze I 135.

9 **Unterhaltsstreitigkeiten** fallen nicht unter Art 1 II Nr 1, arg Art 5 Nr 2 und Art 27 Nr 4, Schlosser-Bericht Nr 41; Geimer/Schütze I 147, 988; Baumann 81; Frankfurt/M IPRax 81, 136 (Schlosser 120) = IPRspr 80/162; BGH NJW 80, 2022. Die Zuständigkeitsregeln des GVÜ gelten für Unterhaltssachen auch dann, wenn der Unterhaltsprozeß mit dem Statusprozeß (zB Scheidungs- oder Vaterschaftsfeststellungsprozeß) verbunden ist, § 606a Rn 21.

10 **Versorgungsausgleichsverfahren** fallen – unabhängig davon, ob sie isoliert (§ 45 FGG) oder im Entscheidungsverbund (§ 621) durchgeführt werden – nicht in den Anwendungsbereich des GVÜ. Sie sind keine „Unterhaltssache“ (Adam, Internationaler Versorgungsausgleich, 1985, 118).

11 Schwierig die **Abgrenzung zwischen Unterhalt und (ausgeschlossenem) EhegüterR,** da UnterhaltsR in den Vertragsstaaten stark differiert, Baumann 84. EuGH 6.3.1980 (de Cavel II) ordnet prestations compensatoires als

Unterhalt ein, obwohl der Entschädigungscharakter stark mitschwingt, Geimer/Schütze I 157; kritisch Hausmann IPRax 81, 6. Zum franz Recht ausführl Hein, Das Recht der Scheidungsfolgen in Frankreich, Diss Regensburg 1985.

Zur Frage, ob die Anerkennung von Unterhaltsentscheidungen die Anerkennung der (nicht unter das GVÜ fallenden) Statusentscheidung (die sich nach autonomem Recht, § 328 ZPO richtet), voraussetzt, § 328 Rn 230; Geimer/Schütze I 991. AA Baumann 82, 85. 12

Konkurs- und Vergleichsverfahren Art 1 II Nr 2. Für autonome Qualifikation des Begriffes „Konkurs" EuGH 22.2.1979, Frankfurt/M NJW 78, 501; OLG Zweibrücken EuZW 93, 165 = EWS 93, 264 (M. J. Schmidt 388) = IPRspr 92/267; rechtsvgl Hinw Schlosser, FS F. Weber, 1975, 395. Zur Ausfüllung ist ein bes EU-Übereinkommen über Insolvenzverf am 23.11.1995 geschlossen worden; dieses ist noch nicht in Kraft. Nachw Strub EuZW 96, 71; Kegel/Thieme, Vorschläge u Gutachten zum EntwEG-Konkursübereinkommen, 1988. Nach EuGH 22.2.1979 sind Konkurse, Vergleiche und ähnl Verfahren solche Verfahren, die nach den Rechtsordnungen in den einzelnen Vertragsstaaten auf der Zahlungseinstellung, der Zahlungsunfähigkeit oder der Erschütterung des Kredits des Schuldners beruhen und ein Eingreifen der Gerichte beinhalten, das in eine zwangsweise kollektive Liquidation der Vermögenswerte des Schuldners oder zumindest in eine Kontrolle durch die Gerichte mündet. Entscheidungen, die sich auf ein Insolvenzverf beziehen, fallen nur dann unter Art 1 II Nr 2, wenn sie unmittelbar aus diesen Verf hervorgehen und sich eng im Rahmen eines Konkurs- oder Vergleichsverf halten. Der EuGH bejahte Art 1 II Nr 2 für Klagen nach Art 99 des franz Gesetzes Nr 67–563, der das Ziel verfolgt, im Falle des Konkurses einer Handelsgesellschaft über die juristische Person hinausgreifend auch das Vermögen ihrer Leiter (Geschäftsführer) zu erfassen, weil diese Klage ihren rechtl Grund im KonkursR habe, Süß EuZW 96, 65. Rechtslage nach franz ReformG bestr, verneinend Hamm RIW 94, 62 = EuZW 93, 519 = IPRspr 93/170. – Konkursanfechtungsklagen fallen unter Art 1 II Nr 2, BGH RIW 90, 221 = NJW 90, 990 = MDR 90, 622. Anders aber bei Gläubigeranfechtung außerhalb des Konkurses (zB AnfG, Art 1167 franz Cc), EuGH 10.1.1990; vgl Art 16 Rn 5. 13

Zum **administrative receiver** nach engl Recht Graupner RIW 94, 110.

Für **Prozeßvergleiche** gilt Art 1 II Nr 1 nicht, sofern Vergleichsgegenstand nicht klar ausscheidbar. Wichtig wegen Art 50, Geimer/Schütze I 140, 1165. 14

Keine Zivilsachen sind **Streitigkeiten auf dem Gebiet der sozialen Sicherheit** (Sozialversicherung). Die Rückforderungsklage des Trägers der Arbeitslosenversicherung in den Niederlanden wegen zuviel gezahlter Arbeitslosenunterstützung fällt unter Art 1 II Nr 3, BSGE 54, 240 = IPRspr 83/130; Köln EuZW 91, 64 = IPRspr 90/201. – Das GVÜ ist aber auf Verfahren anzuwenden, das den **Regreßanspruch des Sozialleistungsträgers gegenüber dem Unterhaltsverpflichteten** zum Inhalt hat, Geimer/Schütze I 179; Baumann 184. Nach Art 25 ff findet keine kollisionsrechtl Kontrolle (Ausnahme: Art 27 Nr 4) statt, das GVÜ ist also liberaler als das Haager Unterhaltsvollstreckungsübereinkommen (Art 18, 19). 15

Schiedsgerichtsbarkeit: Nach Art 1 II Nr 4 sind insbes ausgeklammert: Verfahren zur Ernennung oder Abberufung von Schiedsrichtern (EuGH 25.7.91), zur Festlegung des Schiedsorts, zur Verlängerung der für die Fällung des Spruches bestehenden Frist oder auch zur Vorabentscheidung materieller Fragen, wie sie das engl Recht in Gestalt des „statement of special case" kannte. Der Schlosser-Bericht Nr 64 spricht allgemein von „gerichtl Verf, die einem Schiedsverf dienen sollen". Auch eine Entsch eines staatl Gerichts, welche die Wirksamkeit oder Unwirksamkeit eines Schiedsvertrags feststellt oder wegen seiner Unwirksamkeit die Parteien anhält, ein Schiedsverf nicht weiter zu betreiben, fällt unter Art 1 II Nr 4, ebenso die Klage des Schiedsrichters gegen die Parteien auf Zahlung seiner Vergütung. Das GVÜ gilt weiter nicht für Verf und Entscheidungen über Anträge auf Aufhebung, Änderung, Anerkennung oder Vollstreckung von Schiedssprüchen (§ 1041) und zwar auch für Gerichtsentscheidungen, die Schiedssprüche in sich inkorporieren, § 1042 Rn 10b. AA Schlosser RipS^2 Rn 115. Wird ein Schiedsspruch aufgehoben und entscheidet das aufhebende oder ein anderes staatl Gericht den Rechtsstreit selbst in der Hauptsache, so ist aber für das Verfahren vor dem staatl Gericht die Zuständigkeitsordnung des GVÜ anzuwenden, Hamburg NJW 90, 1425. – S auch 17. Aufl § 1044 Rn 25. 16

Art 1 II Nr 4 kann vom Zweitrichter nicht selbständig nachgeprüft werden in dem Sinne, daß er die Anerkennung bzw Klauselerteilung hinsichtl eines Urteils eines staatl Gerichts eines anderen Vertragsstaates mit der Begründung verweigern dürfte, der Erstrichter habe zu Unrecht den Einwand übergangen, es liege ein wirksamer Schiedsvertrag vor, Art 25 Rn 8; Geimer/Schütze I 47, 181. AA Schlosser RipS^2 Rn 116, der Art 27 Nr 1 anwenden will. 17

Titel II – Zuständigkeit

1. Abschnitt – Allgemeine Vorschriften

Art. 2. Vorbehaltlich der Vorschriften dieses Übereinkommens sind Personen, die ihren Wohnsitz in dem Hoheitsgebiet eines Vertragsstaats haben, ohne Rücksicht auf ihre Staatsangehörigkeit vor den Gerichten dieses Staates zu verklagen.

Auf Personen, die nicht dem Staat, in dem sie ihren Wohnsitz haben, angehören, sind die für Inländer maßgebenden Zuständigkeitsvorschriften anzuwenden.

I) Überblick

Art 2 hat eine doppelte Funktion: Er ist zum einen **Anwendungsnorm** (Rn 7; er regelt die Abgrenzung des Anwendungsbereichs des GVÜ im Verhältnis zum nationalen Zuständigkeitsrecht, Art 4 I); zum anderen ist er **Kompetenznorm** (Rn 19). Als Ausgangspunkt der europäischen Zuständigkeitsordnung rezipiert er die alte Regel **actor sequitur forum rei**, Art 2 I. Dies gilt jedoch nur für die internationale Zuständigkeit, für die örtl Zuständigkeit 1 bleibt es bei der Anwendbarkeit der §§ 12 ff ZPO, Geimer/Schütze I 38, 198, 253, 350. Trotz der zentralen Bedeutung des Wohnsitzes definiert das GVÜ diesen Begriff nicht, Art 52.

2 Im Gegensatz zum gängigen Trend im IPR hat man auf den **gewöhnlichen Aufenthalt als Anknüpfungsmerkmal** verzichtet. Dies gilt ohne Einschränkung für die Bestimmung des Anwendungsbereichs des GVÜ. Auch wenn sich der Beklagte im geographischen Anwendungsbereich des GVÜ gewöhnl aufhält, dort aber keinen Wohnsitz hat, kommt die europäische Zuständigkeitsordnung (Art 2 ff) nicht zur Anwendung, sondern das nationale Recht, Art 4 I. Auch die Zuständigkeitsordnung des GVÜ kommt ohne den gewöhnl Aufenthalt aus; Ausnahme: Art 5 Nr 2.

3 **Parteivereinbarungen über die Geltung der europäischen Zuständigkeitsordnung** sind unwirksam; die Anwendungsnormen des GVÜ sind zwingend. Die Parteien können dessen Zuständigkeitsnormen weder generell ausschließen, noch an die Stelle des an sich anwendbaren nationalen Rechts (Art 4) setzen. Im Einzelfall ist jedoch im Wege der Auslegung zu ermitteln, ob nicht eine Zuständigkeitsvereinbarung (Art 17, § 38 ZPO) gewollt ist, Geimer/Schütze I 51.

4 **Maßgebl Zuständigkeitsrecht bei Nichtanwendbarkeit der europäischen Zuständigkeitsvorschrift:** Es greift das autonome ZuständigkeitsR (§§ 12 ff ZPO, 35b FGG), ein, Art 4 I, vorbehaltl Art 57.

5 Die **Anerkennung und Vollstreckbarerklärung von Entscheidungen der Gerichte eines Vertragsstaates** (Art 25 ff) setzt nicht voraus, daß im vorausgegangenen Erkenntnisverfahren (Erstprozeß) die Zuständigkeitsordnung des GVÜ anwendbar war. Der Anwendungsbereich der Art 25 ff ist also weiter als der der europäischen Zuständigkeitsordnung: Auch wenn der Erstrichter seine internationale Zuständigkeit – zu Recht oder Unrecht – gem Art 4 I auf sein nationales Recht oder gem Art 57 auf ein Spezialübereinkommen gestützt hat, sind die anderen Vertragsstaaten zur Anerkennung und Vollstreckung verpflichtet. Art 25 ff, Art 31 ff differenzieren nicht danach, welches ZuständigkeitsR angewandt wurde, Geimer/Schütze I 54, 1010. Dadurch werden die Wirkungen der exorbitanten Gerichtsstände (Art 3 II), die gem Art 4 I gegen Beklagte ohne Wohnsitz innerhalb des geographischen Anwendungsbereichs des GVÜ nach wie vor anzuwenden sind, noch verstärkt, zB § 23 ZPO, Geimer NJW 86, 2994.

6 **Das GVÜ verdrängt das nationale Recht auch dann, wenn es mit dem GVÜ inhaltl übereinstimmt,** Geimer/Schütze I 300. Die nationalen Vorschriften über die internationale Zuständigkeit werden im Anwendungsbereich des GVÜ ganz erhebl zurückgedrängt: Liegt der Wohnsitz des Bekl in Deutschland (Art 2 I), so haben die §§ 12 ff ZPO nur mehr Bedeutung für die Bestimmung des örtl zuständigen Gerichts. Liegt der Beklagtenwohnsitz dagegen in einem anderen Vertragsstaat (Art 3 I), dann wird auch die örtl Zuständigkeit grundsätzl durch das GVÜ (Art 5 ff) geregelt. §§ 12 ff ZPO sind dann total ausgeschaltet; Ausnahmen: Rn 24.

II) Voraussetzungen für die Anwendbarkeit der Art 2–18

7 **Beklagtenwohnsitz innerhalb des geographischen Anwendungsbereichs des GVÜ:** Die Zuständigkeitsordnung des GVÜ ist nur dann anzuwenden, wenn der Bekl seinen Wohnsitz/Sitz innerhalb eines der Vertragsstaaten hat, Art 2 I, 3 I. Ein (gewöhnl) Aufenthalt reicht nicht aus. Bei Doppelwohnsitz genügt ein Wohnsitz in einem Vertragsstaat, Geimer NJW 86, 1438, 2991. In Versicherungs- und Verbrauchersachen reicht auch eine Zweigniederlassung oder Agentur, Art 8 III; Art 13 II; Geimer/Schütze I 185, 212; Geimer NJW 86, 2991.

8 Der Katalog der **ausschließl internationalen Zuständigkeiten des Art 16** gilt unabhängig davon, wo der Bekl wohnt. Maßgebend ist, ob die in Art 16 genannten Zuständigkeitsanknüpfungsmerkmale in einem der Vertragsstaaten gegeben sind. Art 16 begründet jedoch keine internationale Zuständigkeit dritter Staaten. Art 16 Nr 1 gilt zB nicht für eine Klage hinsichtl einer Immobilie in New York, Rn 27.

9 Die Vorschriften über die **Zuständigkeitsvereinbarungen** gelten nach Art 17 auch dann, wenn nur der **Kläger** seinen Wohnsitz bzw Sitz in einem der Vertragsstaaten hat. Es reicht, daß eine der Parteien zum Zeitpunkt des Abschlusses der Vereinbarung in einem der Vertragsstaaten wohnte bzw dort ihren Sitz hatte, Geimer NJW 86, 2991. Auch auf die Vereinbarung mit einer **in einem Drittstaat domizilierten Partei** („Gerichtsstand ist jeweils das Land des Klägers"; vgl den dt-israel Fall: München IPRax 85, 341, Jayme/Haack 323) ist das GVÜ, nicht § 38 ZPO anzuwenden; denn eine Partei wohnt in einem Vertragsstaat (Deutschland). Nach anderer Auffassung (Samtleben RabelsZ 59 [1995], 670) muß als **ungeschriebene Tatbestandsvoraussetzung für Art 17** ein **internationaler Sachverhalt** sein: Es müsse eine „grenzüberschreitende Prorogation" vorliegen, Rn 15. Dagegen Geimer/Schütze I 218, 885; Killias 60; Mankowski ZZP 108 (1995), 275 mwN. Vereinbarungen über die **örtl Zuständigkeit innerhalb des Wohnsitzstaates** fallen nicht unter Art 17. Aber die Derogation der aus dem GVÜ sich ergebenden örtl Zuständigkeit, zB Art 5 und Art 6 (ohne Veränderung der internationalen Zuständigkeit des Nichtwohnsitzstaates) ist nach Art 17 zu beurteilen, Geimer/Schütze I 260. Art 17 soll nach hM auch dann nicht gelten, wenn es um den **Rechtsverkehr zu dritten Staaten** geht; denn das GVÜ wolle **die internationale Zuständigkeit nur im Verhältnis zwischen den Vertragsstaaten** regeln; vgl Rn 15.

10 **Art 6 Nr 1** ist auch gegen **Streitgenossen mit Wohnsitz bzw Sitz in einem Nichtvertragsstaat** anzuwenden. Dies ist besonders wichtig, da die deutsche ZPO den Gerichtsstand der Streitgenossenschaft nur in Ausnahmefällen kennt, Geimer WM 79, 354 und Geimer/Schütze I 209, zust Kropholler Art 6 Rn 4.

11 **Art 6 Nr 3** ist auch gegen einen nicht innerhalb des geographischen Anwendungsbereichs des GVÜ wohnhaften Kläger anzuwenden, **wenn für den Bekl die Zuständigkeitsordnung des Übereinkommens gilt,** Geimer NJW 86, 2993.

12 Die Zuständigkeitsregeln gelten nur für **streitige Verfahren** einschließl Mahnverfahren (Busl IPRax 86, 270). Das GVÜ geht davon aus, daß eine Person verklagt wird, Art 2 I, Art 3 I, Art 4 I. Es muß sich um eine Parteistreitigkeit handeln, wobei es nicht darauf ankommt, ob diese von den Gerichten der streitigen oder freiw Gerichtsbarkeit zu entscheiden ist. Das GVÜ findet näml Anwendung „ohne daß es auf die Art der Gerichtsbarkeit

ankommt". So sind zB die Zuständigkeitsregeln des GVÜ auch auf die echten **Parteistreitigkeiten der freiwilligen Gerichtsbarkeit** anzuwenden, nicht jedoch auf die zum klassischen Bereich der freiwilligen Gerichtsbarkeit gehörenden Vormundschafts- und Nachlaßsachen. Letztere sind schon durch Art 1 II Nr 1 aus dem Anwendungsbereich ausgeklammert, Art 1, Rn 6. – S auch Rn 7 vor § 946.

Rechtsstreitigkeiten zwischen Ausländern. Die Staatsangehörigkeit der Parteien ist ohne Bedeutung. Die Zuständigkeitsordnung des GVÜ gilt auch für Ausländer. Auch die Angehörigen dritter Staaten haben Anspruch auf Justizgewährung. 13

Rechtsstreitigkeiten ohne Auslandsberührung: Die Zuständigkeitsordnung des GVÜ gilt auch für **reine Inlandsfälle.** Die Frage nach der internationalen Zuständigkeit stellt sich rechtslogisch in jedem Prozeß. Anders die hM. Danach setzt das GVÜ einen **internationalen Sachverhalt** voraus; Piltz NJW 79, 1071; Breuer in Rahm/Künkel VIII Rn 231. Für eine solche teleologische Reduktion besteht kein Anlaß, Geimer/Schütze I 218. Wie hier BGH RR 93, 898 = FamRZ 93, 789 = IPRspr 93/74; ohne Stellungnahme BGH NJW 92, 974 = FamRZ 92, 426 = IPRspr 91/183. 14

Abzulehnen ist die These, die Art 2 ff beanspruchten nur dann Geltung, wenn der Rechtsstreit **Berührungspunkte zu verschiedenen Vertragsstaaten** aufweist, nicht jedoch, wenn es ausschließl um die **Abgrenzung des Jurisdiktionsbereichs eines Vertragsstaates zu einem Nichtvertragsstaat** geht, Rn 9; Art 17 Rn 5; Geimer IPRax 91, 31; Geimer/Schütze I 227; Aull, Der Geltungsanspruch des EuGVÜ: „Binnensachverhalte" und IZVR in der EU, 1996, 153; Kropholler 8 vor Art 2; BGH IPRspr 93/76 (in Polen verbliebene Ehefrau klagt auf Unterhalt gegen ihren nach Berlin verzogenen Ehemann); Köln VersR 91, 1202 (Wandt VersR 92, 156) = IPRspr 91/55 (Unfallopfer mit gewöhnl Aufenthalt in Türkei klagt gegen dt Haftpflichtversicherung). AA BGHZ 109, 29 = NJW 90, 317 = MDR 90, 233 = IPRax 90, 318 (W. Lorenz 292) = EuZW 90, 36 (A. M. Nagel); BGH IPRax 93, 244 (Lindacher 228), Benecke, Die teleologische Reduktion des räumlich-persönlichen Anwendungsbereiches von Art. 2 ff und Art. 17 EuGVÜ, 1993, 143 ff; Samtleben NJW 74, 1593; RabelsZ 59 (1995) 670; Grundmann IPRax 85, 250 Fn 8. Dies gelte nicht nur für die Anwendungsgrundregel des Art 2 I (Rn 7), sondern auch für den unabhängig vom Beklagtenwohnsitz anzuwendenden Art 16. Streiten sich zB ein Prager und ein Krakauer um das Eigentum an einem Grundstück in Köln, so wäre demnach Art 16 Nr 1 nicht anzuwenden. Die internationale Zuständigkeit Deutschlands würde sich auf das nationale Zuständigkeitsrecht (§ 24 ZPO) stützen. Gegen eine Reduktion wie hier Mankowski EuZW 96, 177. 15

Vorläufiger Rechtsschutz. Einstw Maßnahmen, wie Arreste, einstw Verfügungen und Anordnungen, können nach Maßgabe des autonomen Rechts auch dann beantragt werden, wenn nach den Zuständigkeitsnormen des Übereinkommens für die Entscheidung in der Hauptsache das Gericht eines anderen Vertragsstaates zuständig ist. Insoweit bleiben die nationalen Regeln unberührt (Art 24), Geimer/Schütze I 264. 16

Maßgebl Zeitpunkt ist die **Klageerhebung.** Ausnahme: Bei **Zuständigkeitsvereinbarungen** ist nach hM der Zeitpunkt des Vertragsschlusses maßgebend. Bedenkl im Hinblick auf EuGH 13.1.1979. Eine Verlegung oder ein Wegfall des Wohnsitzes bzw Sitzes (Art 53 I 1) nach diesem Zeitpunkt ist grds unschädl *(perpetuatio fori).* 17

Verlegt der Beklagte seinen Wohnsitz nach Klageerhebung von einem dritten Staat (Rn 7) in einen der Vertragsstaaten, so richtet sich die internationale Zuständigkeit nunmehr nach dem GVÜ, also nicht mehr nach Art 4 I. Denn wenn das angerufene Gericht jetzt zwar nicht nach autonomem Recht, wohl aber nach dem GVÜ international zuständig ist, wäre es prozeßunökonomisch, die Klage abzuweisen. Im umgekehrten Fall verlangt dagegen der vom GVÜ intendierte Beklagtenschutz Prozeßabweisung, Geimer/Schütze I 191. 18

III) Grundzüge der europäischen Zuständigkeitsordnung

Ausgangspunkt des GVÜ-Zuständigkeitssystems ist der **Wohnsitz/Sitz des Bekl** (Art 2 I): *actor sequitur forum rei.* Der Staat, in dem der Bekl seinen Wohnsitz (Art 52) bzw Sitz (Art 53) hat, ist international zuständig für alle Klagen gegen den Bekl, ohne Rücksicht darauf, wo der Streitgegenstand zu lokalisieren ist, Geimer IZPR Rn 1280. Zumindest überflüssig daher die Erwägungen des BGH RIW 90, 63 betr Verbandsklage (§ 13 AGB) gegen AGB für Vermietung ausl Ferienwohnungen. Maßgebl ist der Wohnsitz des Bekl auch bei Klagen gegen eine *Partei kraft Amtes*, zB Testamentsvollstrecker, Nachlaßverwalter. Hier kommt es auf deren Wohnsitz an, nicht auf den der dahinterstehenden materiellrechtl Berechtigten bzw Verpflichteten, Geimer/Schütze I 188. Ein **Wahldomizil** (domicile élu, domicilio eletto) ist kein Wohnsitz iSv Art 2. 19

Ausnahmen: a) Ist ein anderer Vertragsstaat gem **Art 16** ausschließl international zuständig, so entfällt insoweit die internationale Zuständigkeit des Wohnsitzstaates. **Beispiel:** Zwei Luxemburger streiten sich um das Eigentum an einer Eigentumswohnung in Berchtesgaden. Hier ist Luxemburg nicht etwa nach Art 2 I international zuständig, sondern vielmehr Deutschland gem Art 16 Nr 1. Art 16 gilt jedoch nur zugunsten anderer Vertragsstaaten. Läge die Wohnung in Ungarn, wäre Art 16 unanwendbar. Hier greift wieder die Allzuständigkeit des Wohnsitzstaates gem Art 2 I ein. Dieser ist zur Justizgewährung verpflichtet, Geimer/Schütze I 288/354. Anders BGH RIW 90, 64; Schlosser Art 1 Rn 26. 20

b) Derogation: Sie ist idR mit der Prorogation der internationalen Zuständigkeit eines anderen Staates (Art 17) verbunden. Jedoch ist auch ein **isolierter Derogationsvertrag** zulässig, Geimer NJW 76, 443. Dann besteht eine internationale Zuständigkeit der anderen Vertragsstaaten nur nach Maßgabe der Art 5 und 6. Ist eine bes Zuständigkeit nach diesen Vorschriften nicht gegeben, dann entfällt der Rechtsschutz durch die Gerichte der Vertragsstaaten vollkommen. In Versicherungs- und Verbrauchersachen sind derogierende Zuständigkeitsvereinbarungen nur in den Grenzen der Art 12 und Art 15 zulässig. 21

Prozeßaufrechnung: Die materiellrechtl Voraussetzungen für die Aufrechnung bestimmt nach Art 10 I Nr 4 EVÜ bzw. Art 32 I Nr 4 EGBGB die für die Hauptforderung maßgebl Rechtsordnung (Aufrechnungsstatut). Ob und 21a wie der Aufrechnungseinwand im dt Zivilprozeß eingeführt werden kann, entscheidet aber die dt lex fori, Geimer NJW 1973, 953; MK/Martiny Art 32 EGBGB Rn 40.

Für die Frage, ob die Geltendmachung im Prozeß einen **kompetenzrechtl Bezug zur Aufrechnungsforderung** voraussetzt, ist das GVÜ maßgebl. Nach Auffassung des EuGH hängt die Kognitionsbefugnis im Hinblick auf die Prozeßaufrechnung nicht davon ab, daß das angerufene Gericht auch für die klageweise Geltendmachung der zur Aufrechnung gegen den Kläger verwendeten Forderung international zuständig wäre, EuGH 13.7.1995. Anders BGH NJW 93, 2755 = RIW 93, 846 = EuZW 93, 576 = EWS 93, 260 = LM EGÜbk Nr 39 (kritisch M. Wolf) = IPRax 94, 115 (Geimer) = ZZP 107 (1994), 211 (Leipold) = IPRspr 93/139 = WuB VII B 1. Nr 1.94 zu Art. 6 EuGVÜ (Thode). Ebenso München RIW 92, 672 = IPRspr 92/672; LG München I IPRax 96, 31 (Kindler 16). Kritisch Pfeiffer NJW 94, 1455. Die Berücksichtigung des Einwands der (Prozeß)Aufrechnung setzt nach BGH voraus, daß der Gerichtsstaat für die klageweise Geltendmachung der zur Aufrechnung verwendeten Forderung international zuständig ist.

Grundsätzl ist die **Vorfragenkompetenz** der Vertragsstaaten unbeschränkt, wenn die internationale Zuständigkeit für einen bestimmten Streitgegenstand zu bejahen ist. Für die Prozeßaufrechnung sollte man aber – entgegen der Ansicht des EuGH – eine Ausnahme machen. Nach Jayme/Kohler IPRax 1995, 349 läßt der EuGH die Möglichkeit offen, daß die nationalen Gerichte einen Kompetenzbezug iSd BGH als Voraussetzung für die Beachtung der Aufrechnung verlangen. Ist die Aufrechnungsforderung bereits durch ein dt Gericht rechtskräftig festgestellt, dann kommt eine Verweisung des Bekl auf eine Klage im Ausland nicht in Betracht, Wieczorek/Schütze/Hausmann Rn 41. Ist die Aufrechnungsforderung durch ein ausl Gericht rechtskräftig festgestellt, kommt es darauf an, ob die Voraussetzungen für die Anerkennung der materiellen Rechtskraft nach Art 25 ff gegeben sind. Wenn für die zur Aufrechnung gestellte Forderung die ausschließl internationale Zuständigkeit eines anderen Vertragsstaates vereinbart worden war, verbietet Art 17 nicht generell, die Prozeßaufrechnung zu beachten. Maßgebend ist der Wille der Parteien. Wenn diese mit ihrer Zuständigkeitsvereinbarung auch die Geltendmachung der Forderung im Wege der Aufrechnung vor anderen Gerichten als dem forum prorogatum ausschließen wollten, ist die Prozeßaufrechnung in den anderen Vertragsstaaten verboten. Im Zweifel ist die aufrechnungsweise Geltendmachung der Forderung durch die Vereinbarung der ausschließl Zuständigkeit eines Vertragsstaates nicht ausgeschlossen, EuGH 7.3.1985; Geimer/Schütze I/1 527; Gottwald IPRax 86, 10.

IV) Regelung der örtlichen Zuständigkeit durch das Übereinkommen

22 **1) Örtl Zuständigkeit innerhalb des Wohnsitzstaates:** Art 2 I normiert nur die internationale Zuständigkeit des Wohnsitzstaates. Welches Gericht innerhalb dieses Staates örtl zuständig ist, hat das autonome Recht dieses Staates zu bestimmen. Die §§ 12 ff ZPO behalten also für die örtl Zuständigkeit Bedeutung. **Ausnahme:** Art 2 II gebietet eine Angleichung der Vorschriften über die örtl Zuständigkeit, sofern der Wohnsitzstaat nach der **Staatsangehörigkeit der Parteien** differenziert, für Klagen gegen Ausländer also andere Gerichtsstandsnormen gelten als für Klagen gegen Inländer. Dies hat für Deutschland keine Bedeutung, da die §§ 12 ff ZPO ohne Unterschied für In- und Ausländer gelten. Dagegen stellen §§ 606a I 1 Nr 1, 640a II 1 Nr 1 ZPO auf die Staatsangehörigkeit ab. Doch greift Art 2 II nicht ein, weil die Ehe- und Kindschaftssachen nicht in den sachl Anwendungsbereich des GVÜ fallen, Art 1 II Nr 1.

23 **2) Örtl Zuständigkeit in Nicht-Wohnsitzstaaten: a) Grundsatz:** Ist nach Art 3 I iVm Art 5 ff ein Nicht-Wohnsitzstaat international zuständig, so bestimmt grundsätzl das GVÜ auch, welches Gericht innerhalb dieses Staates örtl zuständig ist. Die Art 5 ff sind also **doppelfunktional.** Sie regeln die internationale und gleichzeitig die örtl Zuständigkeit und verdrängen deshalb §§ 12 ff ZPO in vollem Umfang, Geimer/Schütze I 258. Eine **Gerichtsstandsbestimmung** kennt das GVÜ nicht. **§ 36 Nr 3 ZPO nicht anwendbar**, soweit GVÜ auch örtl Zuständigkeit regelt. AA BGH NJW 88, 646.

24 **b) Ausnahmen:** Art 16 legt ausschließl internationale Zuständigkeiten fest, überläßt aber die Bestimmungen des örtl Gerichts dem autonomen Recht. Jeder nach Art 16 ausschließl international zuständige Vertragsstaat muß aber mindestens ein örtl zuständiges Gericht zur Verfügung stellen (Verbot der Justizverweigerung, Geimer WM 76, 831). Notfalls ist das Gericht der Hauptstadt örtl zuständig. Weitere Beisp für Fehlen von Normen über die örtl Zuständigkeit finden sich in Art 11 I, Art 14 I und II. Die Parteien können auch die Prorogation nach Art 17 auf die internationale Zuständigkeit beschränken (zB „die dt Gerichte"), aber die Bestimmung der örtl Zuständigkeit unterlassen. Letztere ist dann dem autonomen Recht des prorogierten Staates zu entnehmen. Hilfsweise ist das Gericht der Hauptstadt des prorogierten Staates örtl zust, Geimer WM 76, 832.

25 **3) Derogation der örtl Zuständigkeit:** Die im GVÜ festgelegten örtl Zuständigkeiten sind keine ausschließl. Sie können deshalb derogiert werden, und zwar (auch) in der Weise, daß die aus Art 5 ff fließende internationale Zuständigkeit bestehen bleibt, Geimer/Schütze I 260.

V) Keine Regelung der sachlichen Zuständigkeit

26 Für die sachl Zuständigkeit bringt das GVÜ kein EinheitsR. Das nationale Recht bleibt unberührt. Auch zB wenn für eine Zuständigkeitsvereinbarung hinsichtl der internationalen und örtl Zuständigkeit Art 17 anzuwenden ist, gilt für die Veränderung der sachl Zuständigkeit § 38 ZPO. Auch die sachl Zuständigkeit der Schiffahrtsgerichte nach BinnSchVerfG bleibt unberührt, BGH RIW 82, 361. **Ausnahme:** Art 6 Nr 3 (Widerklagezuständigkeit) regelt auch die sachl Zuständigkeit. Hierzu Geimer/Schütze I 45, 521.

VI) Pflicht zur Justizgewährung

27 Ist ein Vertragsstaat nach dem GVÜ international zuständig, so steht es nicht in seinem Belieben, ob er von der ihm eingeräumten Jurisdiktionsbefugnis Gebrauch macht. Er ist vielmehr verpflichtet, ein kompetentes Gericht zur Verfügung zu stellen, es sei denn, die Parteien haben die internationale Zuständigkeit des nach GVÜ an sich

zuständigen Staates derogiert oder die schiedsgerichtl Erledigung des Rechtsstreits vereinbart, Geimer/Schütze I 283; zustimmend Kropholler 21 vor Art 2; Matscher JBl 96, 277, 279; Pfeiffer 351; von Wilmowsky ZaöR 50 (1990) 275 Fn 149. Dies gilt auch dann, wenn bei (allseitiger) Anwendung des Art 16 ein Drittstaat international zuständig wäre. Beispiel: Mietrechtsstreit bezügl Budapester oder New Yorker Wohnung. **Art 16 hat keine „Reflexwirkung"**, die zur Abweisung der im Wohnsitzstaat (Art 2) oder im sonst nach Art 5, 6, 17, 18, 24 oder nach Art 4 I iVm nationalem Recht international zuständigen Staat erhobenen Klage wegen internationaler Unzuständigkeit führt, Geimer/Schütze I 288, 354. AA Jayme 109; Kropholler FS Ferid 80, 1988, 242 bei Fn 7. – Zur Justizgewährungspflicht nach dem E[W]GV Art 4 Rn 4. Eine Klageabweisung aus forum non conveniens-Gründen ist unzulässig, Duintjer Tebbens, FS Voskuil (ed T.M.C. Asser Institut), 1992, 47; Erwand, forum non conveniens und EuGVÜ, 1996; Geimer IZPR Rn 1094b; Huber RIW 93, 977.

VII) Die Zuständigkeitsordnung des Übereinkommens und dritte Staaten

1) Keine Regelung der internationalen Entscheidungszuständigkeit dritter Staaten durch das GVÜ: Das GVÜ kann und will die internationale Entscheidungszuständigkeit dritter Staaten (= Staaten, die nicht Vertragsstaaten sind) nicht normieren, Geimer/Schütze I 311. Vgl auch Kropholler FS Ferid 80, 1988, 239; Schack IZVR Rn 103. 28

2) Grundsätzl auch keine Regelung der internationalen Anerkennungszuständigkeit dritter Staaten; Kompetenzabgrenzung nur unter den Vertragsstaaten: Die Vertragsstaaten hätten eine Regelung über die internationale Anerkennungszuständigkeit dritter Staaten treffen, also ihre Regeln vereinheitlichen können, nach denen sie als Voraussetzung der Anerkennung der in dritten Staaten erlassenen Urteile die Jurisdiktion des Urteilsstaates prüfen, Geimer WM 80, 1108. Dies ist nicht geschehen. **Das GVÜ verpflichtet die Vertragsstaaten nicht, die Anerkennung solcher drittstaatl Urteile zu verweigern, die in Gerichtsständen ergangen sind, die dem GVÜ nicht bekannt sind.** Das GVÜ will die Gerichtspflichtigkeit des Bekl nur im Verhältnis der Vertragsstaaten zu einander begrenzen. Über die Gerichtspflichtigkeit in dritten Staaten sagt das GVÜ nichts. Zustimmend Coester-Waltjen FS Nakamura, 1996, 89. 29

3) Absolute Geltung des Art 16: Verteidigung der ausschließl internationalen Zuständigkeiten der Vertragsstaaten auch gegenüber dritten Staaten: Die anderen Vertragsstaaten sind nicht nur verpflichtet, sich jeder Rechtsprechungstätigkeit in den Fällen des Art 16 zu enthalten, sondern sie sind dem nach Art 16 ausschließl international zuständigen Staat gegenüber verpflichtet, drittstaatl Urteilen die Anerkennung zu verweigern, sofern eine ausschließl internationale Zuständigkeit gem Art 16 hiervon betroffen wird, Geimer WM 80, 1108, Jayme 107. 30

Art. 3. Personen, die ihren Wohnsitz in dem Hoheitsgebiet eines Vertragsstaats haben, können vor den Gerichten eines anderen Vertragsstaats nur gemäß den Vorschriften des 2. bis 6. Abschnitts verklagt werden.

Insbesondere können gegen diese Personen nicht geltend gemacht werden:

- **in Belgien: Artikel 15 des Zivilgesetzbuches (Code civil –Burgerlijk Wetboek) sowie Artikel 638 der Zivilprozeßordnung (Code judiciaire – Gerechtelijk Wetboek);**
- **in Dänemark: Artikel 246 Absatz 2 und 3 der Zivilprozeßordnung (Lov om rettens pleje);**
- **in der Bundesrepublik Deutschland: § 23 der Zivilprozeßordnung;**
- **in Griechenland: Artikel 40 der Zivilprozeßordnung** (Κώδικας Πολιτικής Δικονομίας);
- **in Frankreich: Artikel 14 und 15 des Zivilgesetzbuches (Code civil);**
- **in Irland: Vorschriften, nach denen die Zuständigkeit durch Zustellung eines das Verfahren einleitenden Schriftstücks an den Beklagten während dessen vorübergehender Anwesenheit in Irland begründet wird;**
- *in Island: Artikel 77 der Zivilprozeßordnung (lög um meðferð einkamála í héraði);*
- **in Italien: Artikel 2, Artikel 4 Nr. 1 und 2 der Zivilprozeßordnung (Codice di procedura civile);**
- **in Luxemburg: Artikel 14 und 15 des Zivilgesetzbuchs (Code civil);**
- **in den Niederlanden: Artikel 126 Absatz 3 und Artikel 127 der Zivilprozeßordnung (Wetboek van Burgerlijke Rechtsvordering);**
- *in Norwegen: § 32 der Zivilprozeßordnung (tvistemålsloven);*
- *in Österreich: § 99 der Jurisdiktionsnorm;*
- **in Portugal: Artikel 65 Absatz 1 Buchstabe c), Artikel 65 Absatz 2 und Artikel 65a Buchstabe c) der Zivilprozeßordnung (Código de Processo civil) und Artikel 11 der Arbeitsprozeßordnung (Código de Processo de Trabalho);**
- *in der Schweiz: der Gerichtsstand des Arrestortes/for du lieu séquestre/foro del luogo del sequestro gemäß Artikel 4 des Bundesgesetzes über das internationale Privatrecht/loi fédérale sur le droit international privé/legge federale sul diritto internazionale privato;*
- *in Finnland: Kapitel 10 § 1 S 2, 3 und 4 der Prozeßordnung (oikeudenkäymiskaari/rättegångsbalken);*
- *in Schweden: Kapitel 10 Artikel 3 S 1 der Prozeßordnung (Rättegångsbalken);*
- **im Vereinigten Königreich: Vorschriften, nach denen die Zuständigkeit begründet wird durch**
  a) die Zustellung eines das Verfahren einleitenden Schriftstücks an den Beklagten während dessen vorübergehender Anwesenheit im Vereinigten Königreich;

b) das Vorhandensein von Vermögenswerten des Beklagten im Vereinigten Königreich oder

c) die Beschlagnahme von Vermögen im Vereinigten Königreich durch den Kläger.

(Kursiv: Fassung des Lugano-Übereinkommens 1988)

1 **I) Numerus clausus der besonderen Zuständigkeiten:** Hat der Bekl seinen Wohnsitz bzw Sitz in einem Vertragsstaat, dann kann er in einem anderen nur dann verklagt werden, wenn eine bes Zuständigkeit nach GVÜ gegeben ist, Art 3 I.

2 Eine Erweiterung der internationalen Zuständigkeit der Nichtwohnsitzstaaten bringt der **Notgerichtsstand.** Kann ein in einem Vertragsstaat ergangenes Urteil in einem anderen nicht anerkannt werden, etwa weil es gegen den ordre public des Zweitstaates verstößt, so muß dem Kl Gelegenheit gegeben werden, seine Klage im Zweitstaat zu wiederholen. Sonst liefe die Versagung der Anerkennung auf eine Verweigerung des Rechtsschutzes hinaus, Geimer/Schütze I 965.

3 **II) Verhältnis zur Allzuständigkeit des Wohnsitzstaates:** Während der Wohnsitzstaat grundsätzl für alle Klagen gegen den Bekl international zuständig ist (Art 2 I), begründen Art 5 ff für Nichtwohnsitzstaaten die internationale Zuständigkeit nur für bestimmte Klagen. So ist zB der Staat, in dem der Erfüllungsort liegt, international zuständig nur für Vertragsklagen (Art 5 Nr 1), der Staat, in dem das schädigende Ereignis eingetreten ist, nur für Klagen wegen der unerlaubten Handlung, Art 5 Nr 3, Geimer IPRax 86, 80.

4 **Ist ein Vertragsstaat nach Art 5 ff international zuständig, so konkurriert seine Zuständigkeit mit der des Wohnsitzstaates (Art 2 I). Der Kläger kann wählen,** in welchem Staat er die Klage erheben will. Der Bekl ist in all diesen Staaten gerichtspflichtig, dh er muß vor den Gerichten dieser Staaten sein Recht nehmen. **Eine Ausnahme gilt jedoch für die Fälle der ausschließl internationalen Zuständigkeiten (Art 16).** Diese verdrängen die Allzuständigkeit des Wohnsitzstaates und sonstige bes Zuständigkeiten, Geimer NJW 76, 445. Sind mehrere Vertragsstaaten nach Art 16 international zuständig, so ist der Kompetenzkonflikt nach Art 23 zu lösen.

5 **III) Ausschaltung der sog exorbitanten Gerichtsstände:** Die Zuständigkeitsordnung des GVÜ verdrängt das autonome ZuständigkeitsR; dies bewirkt, daß die im internationalen Rechtsverkehr als störend empfundenen sog exorbitanten Gerichtsstände gegen einen Bekl, der innerhalb des geographischen Anwendungsbereichs des GVÜ wohnt, nicht mehr geltend gemacht werden können. Dies ergibt sich bereits aus Art 3 I, ist aber in Art 3 II nochmals ausdrückl hervorgehoben, Geimer/Schütze I 303. Der Hinweis in Art 3 II darf jedoch nicht dahin mißverstanden werden, daß nur die dort aufgeführten Gerichtsstände ausgeschlossen sind. Das GVÜ verbietet die Anwendung des gesamten nationalen ZuständigkeitsR. So kann zB die internat Zuständigk Deutschlands nicht mehr auf § 31 ZPO oder § 34 ZPO gestützt werden. Das gleiche gilt für § 20 und § 30 ZPO, Geimer RIW 75, 84; **Art 3 II hat eigenständige Bedeutung nur im Hinblick auf Art 59.**

Art. 4. Hat der Beklagte keinen Wohnsitz in dem Hoheitsgebiet eines Vertragsstaats, so bestimmt sich, vorbehaltlich des Artikels 16, die Zuständigkeit der Gerichte eines jeden Vertragsstaats nach seinen eigenen Gesetzen.

Gegenüber einem Beklagten, der keinen Wohnsitz in dem Hoheitsgebiet eines Vertragsstaats hat, kann sich jede Person, die ihren Wohnsitz in dem Hoheitsgebiet eines Vertragsstaats hat, in diesem Staat auf die dort geltenden Zuständigkeitsvorschriften, insbesondere auf die in Artikel 3 Absatz 2 angeführten Vorschriften, wie ein Inländer berufen, ohne daß es auf ihre Staatsangehörigkeit ankommt.

1 Wenn der Beklagte keinen Wohnsitz in dem Hoheitsgebiet eines Vertragsstaats hat (Art 2 Rn 7 ff), gilt grdsl das nationale ZuständigkeitsR, also §§ 12 ff. Ledigl in Teilbereichen, zB für Zuständigkeitsvereinbarungen (nur der Kläger wohnt in einem Vertragsstaat, Art 17 Rn 3) und für die in Art 16 genannten Streitigkeiten kommt europäisches ZuständigkeitsR zur Anwendung, Geimer NJW 86, 2991: Diese **Spaltung des ZuständigkeitsR,** insbes die Fortgeltung der sog exorbitanten Gerichtsstände (Art 3 II), wird als „eklatant ungerecht" (Kropholler FS Ferid, 1988, 240) bezeichnet. Entgegen der eindeutigen Intention des GVÜ (Art 28 III 2) solle man die Anerkennung am ordre public (Art 27 Nr 1) scheitern lassen. Dies wäre ein Bruch der Konvention. AA Schlosser FS Kralik, 1986, 296. Im übrigen erweist sich nur bei vordergründiger Betrachtung das Konzept des GVÜ als **Klein-Europa Chauvinismus, der die Bekl „draußen vor der Tür" der EG kompetenzrechtl diskriminiert,** Geimer IZPR Rn 1383. Es darf nämlich nicht der **Zusammenhang zwischen AnerkennungsR und KompetenzR** außer acht gelassen werden. Ein Abgehen von § 23 ZPO kommt nur dann in Betracht, wenn die Anerkennung und Vollstreckung der in Drittstaaten erstrittenen Urteile (zB Wohnsitzstaat, Staat des Erfüllungsortes, des forum delicti etc) auch in Deutschland und in den anderen EG-Staaten möglich ist.

2 Die **Staatsangehörigkeit des Bekl** ist ohne Bedeutung. Das (uU weniger beklagtenfreundliche) autonome Recht (Art 3 II) kommt auch gegen Staatsangehörige der Vertragsstaaten („EG-Angehörige") zur Anwendung, die ihren Wohnsitz außerhalb des geographischen Anwendungsbereichs des GVÜ haben, Geimer/Schütze I 112, 18; aA Basedow HbIZVR I 110; Jayme 115 unter Hinweis auf Art 220 EGV: Danach könnte ein Deutscher mit Wohnsitz in Prag oder Los Angeles in Deutschland nicht mehr nach § 23 ZPO gerichtspflichtig gemacht werden.

3 **Art 4 ist kein (unzulässiger) Vertrag zu Lasten der Drittstaaten** iSv Art 35 Wiener Vertragskonvention, Kropholler BerDGVR 28 (1988), 115.

4 Auch außerhalb des Anwendungsbereichs des europ ZuständigkeitsR (Art 2 Rn 7) sind die Vertragsstaaten nicht völlig frei bei der Gestaltung ihres (nationalen) ZuständigkeitsR. **Das primäre GemeinschaftsR der EG** gibt den EG-Staaten bestimmte Vorgaben: Art 6 EGV (Diskriminierungsverbot) u Art 59 EGV (keine Diskriminierung beim Zugang zu öffentl Dienstleistungen [Servicefunktion der Gerichte]); von Wilmowsky ZaöR 50 (1990) 276 will

sämtl Gemeinschaftsbürger mit Inländern gleichstellen, „so daß jeder EU-Bürger prinzipiell die Gerichte jedes Mitgliedstaates zur Sachentscheidung anrufen kann". Für das grundsätzl nicht nach der Staatsangehörigkeit differenzierende dt ZuständigkeitsR (Geimer IZPR Rn 1171, 1946) bringt diese Erkenntnis keine Änderungen, es sei denn, man wendet den EGV auch auf Materien an, die – jedenfalls vordergründig – nichts mit dem Wirtschaften zu tun haben; dann wäre allerdings die Differenzierung zwischen In- und Ausländern (§§ 606a I 1, 640a II, §§ 35b, 43a FGG) auf den Prüfstand des EGV zu hieven. Vgl auch § 606a Rn 56.

2. Abschnitt – Besondere Zuständigkeiten

Art. 5. Eine Person, die ihren Wohnsitz in dem Hoheitsgebiet eines Vertragsstaats hat, kann in einem anderen Vertragsstaat verklagt werden:

1. **wenn ein Vertrag oder Ansprüche aus einem Vertrag den Gegenstand des Verfahrens bilden, vor dem Gericht des Ortes, an dem die Verpflichtung erfüllt worden ist oder zu erfüllen wäre; wenn ein individueller Arbeitsvertrag oder Ansprüche aus einem individuellen Arbeitsvertrag den Gegenstand des Verfahrens bilden, vor dem Gericht des Ortes, an dem der Arbeitnehmer gewöhnlich seine Arbeit verrichtet; verrichtet der Arbeitnehmer seine Arbeit gewöhnlich nicht in ein und demselben Staat, so kann der Arbeitgeber auch vor dem Gericht des Ortes verklagt werden, an dem sich die Niederlassung, die den Arbeitnehmer eingestellt hat, befindet oder befand;** *[Luganer Fassung: vor dem Gericht des Ortes, an dem sich die Niederlassung befindet, die den Arbeitnehmer eingestellt hat];*
2. **wenn es sich um eine Unterhaltssache handelt, vor dem Gericht des Ortes, an dem der Unterhaltsberechtigte seinen Wohnsitz oder seinen gewöhnlichen Aufenthalt hat, oder im Falle einer Unterhaltssache, über die im Zusammenhang mit einem Verfahren in bezug auf den Personenstand zu entscheiden ist, vor dem nach seinem Recht für dieses Verfahren zuständigen Gericht, es sei denn, diese Zuständigkeit beruht lediglich auf der Staatsangehörigkeit einer der Parteien;**
3. **wenn eine unerlaubte Handlung oder eine Handlung, die einer unerlaubten Handlung gleichgestellt ist, oder wenn Ansprüche aus einer solchen Handlung den Gegenstand des Verfahrens bilden, vor dem Gericht des Ortes, an dem das schädigende Ereignis eingetreten ist;**
4. **wenn es sich um eine Klage auf Schadensersatz oder auf Wiederherstellung des früheren Zustandes handelt, die auf eine mit Strafe bedrohte Handlung gestützt wird, vor dem Strafgericht, bei dem die öffentliche Klage erhoben ist, soweit dieses Gericht nach seinem Recht über zivilrechtliche Ansprüche erkennen kann;**
5. **wenn es sich um Streitigkeiten aus dem Betrieb einer Zweigniederlassung, einer Agentur oder einer sonstigen Niederlassung handelt, vor dem Gericht des Ortes, an dem sich diese befindet;**
6. **wenn sie in ihrer Eigenschaft als Begründer, trustee oder Begünstigter eines trust in Anspruch genommen wird, der aufgrund eines Gesetzes oder durch schriftlich vorgenommenes oder schriftlich bestätigtes Rechtsgeschäft errichtet worden ist, vor den Gerichten des Vertragsstaats, auf dessen Hoheitsgebiet der trust seinen Sitz hat;**
7. **wenn es sich um eine Streitigkeit wegen der Zahlung von Berge- und Hilfslohn handelt, der für Bergungs- oder Hilfeleistungsarbeiten gefordert wird, die zugunsten einer Ladung oder einer Frachtforderung erbracht worden sind, vor dem Gericht, in dessen Zuständigkeitsbereich diese Ladung oder die entsprechende Frachtforderung**
   a) **mit Arrest belegt worden ist, um die Zahlung zu gewährleisten, oder**
   b) **mit Arrest hätte belegt werden können, jedoch dafür eine Bürgschaft oder eine andere Sicherheit geleistet worden ist;**

   diese Vorschrift ist nur anzuwenden, wenn behauptet wird, daß der Beklagte Rechte an der Ladung oder an der Frachtforderung hat oder zur Zeit der Bergungs- oder Hilfeleistungsarbeiten hatte.

I) Nr 1: Gerichtsstand des Erfüllungsorts. Lit: *Lohse*, Vertrag und Delikt, Eine rechtsvergleichende Studie zur vertragsautonomen Auslegung von Art. 5 Nr 1 und Art. 5 Nr 3 GVÜ, 1991; *Graf Wrangel*, Der Gerichtsstand des Erfüllungsortes, 1988. **1)** Wo der Schuldner nach materiellem Recht, das das IPR des Erststaates = Gerichtsstaates bestimmt, leisten muß, muß er auch vor Gericht Rede und Antwort stehen. Es gibt also keinen eigenen vom materiellrechtl Erfüllungsort emanzipierten prozessualen Erfüllungsortsbegriff. Deshalb hat sich der EuGH 6.10.1976 (Tessili) zu Recht für die **Qualifikation lege causae** entschieden: Der Ort, an dem die Verpflichtung zu erfüllen ist/wäre, ist nach dem Recht zu bestimmen, das nach dem **IPR des Gerichtsstaates** maßgebend ist, Geimer/Schütze I 594; kritisch Schack IPRax 86, 83; ders IZVR Rn 272. Die Kritik weist EuGH 29.6.94 zurück. Ausnahme für Arbeitsverträge (Rn 5a). Diese ist nun im Text der Nr 1 fixiert. 1

2) Es ist konsequent, auf den **Erfüllungsort der konkret streitigen Verpflichtung,** die Gegenstand der Klage ist, abzustellen, EuGH 6.10.1976 (de Bloos); Hamm IPRspr 92/188. Maßgebend ist die **primäre Hauptverpflichtung.** Vertragl Nebenpflichten und durch Leistungsstörung, Rücktritt bzw Klage auf Vertragsauflösung etc entstandene **Sekundärpflichten** auf Schadensersatz sowie auf Herausgabe des stellvertretenden commodum und alle sonstigen anstelle der primären Erfüllungsverpflichtung getretenen Pflichten werden nicht selbständig angeknüpft, sondern zuständigkeitsrechtl derjenigen Hauptverpflichtung zugeordnet, zu der sie gehören bzw an deren Stelle sie getreten/aus der sie hervorgegangen sind. Ob es sich um eine selbständige vertragl Verpflichtung oder (nur) um eine Verpflichtung handelt, die anstelle der nicht erfüllten vertragl primären Verpflichtung getreten ist, bestimmt die maßgebl lex causae, ebenso, ob es sich um eine Haupt- oder Nebenpflicht handelt, Geimer/Schütze I 889. 2

3 **3)** Für jeden Klageanspruch (Hauptanspruch) muß der Erfüllungsort selbständig geprüft und festgestellt werden. Art 5 Nr 1 eröffnet **keine Annexzuständigkeit** für die übrigen Ansprüche aus dem gleichen Vertrag (**kein Gerichtsstand des Vertragszusammenhangs**), BGH NJW 88, 1466. Werden mehrere Hauptansprüche aus einem Vertragsverhältnis geltend gemacht, liegt aber der Erfüllungsort nur hinsichtl einer Hauptverpflichtung im Gerichtsstaat, so darf das Gericht – mit Ausnahme der in Hs 2 und 3 genannten arbeitsrechtl Streitigkeiten – nicht über die anderen Ansprüche entscheiden, Geimer/Schütze I 590.

4 Eine abweichende Linie vertritt die **Lehre vom einheitlichen Vertragsgerichtsstand am Ort der vertragscharakteristischen Leistung** (Nachw Spellenberg IPRax 1978, 51). Diese bevorzugt – jedenfalls dort, wo der Gesichtspunkt des Schutzes des typisch Schwächeren nicht greift – unangemessen den Schuldner zu Lasten des Gläubigers (Kropholler Art 5 Rn 13) und ist deshalb abzulehnen; Reithmann/Martiny Rn 199; Geimer IPRax 86, 87; EuGH 15.1.1987 betr Honorarklage eines Architekten. Spätestens seit dem 3. Beitrittsübereinkommen steht fest, daß dieser Ansatz nicht dem geltenden Recht entspricht. Ausnahmen enthalten aber Hs 2 und 3 zum Schutz der (typischerweise sozial schwächeren) Arbeitnehmer; ähnlich schon vor Inkrafttreten des 3. Beitrittsübereinkomens EuGH 26.5.1982 sowie EuGH 13.7.1993; Geimer IPRax 86, 86; BAG RR 88, 482 = RIW 87, 464 = AP Nr 1 zu Art 5 GVÜ (Schröder) = IPRspr 86/134.

5 **Gerichtsstand des Arbeitsortes:** Das Anliegen des kompetenzrechtl Arbeitnehmerschutzes ist durch Art 4 des 3. Beitrittsübereinkommens nunmehr im Wortlaut des Art 5 Nr 1 nF festgeschrieben; die EuGVÜ-Fassung ist enger als die **Lugano-Fassung:** Der Gerichtsstand im Staat der einstellenden Niederlassung gilt nur für **Klagen des Arbeitnehmers.** Damit wurde EuGH 15.2.1989 Rechnung getragen. Danach kann am Arbeitsort geklagt werden, wenn der Arbeitnehmer Arbeit gewöhnl nicht in ein und demselben Staat verrichtet. Im Hinblick auf die Besonderheiten von Arbeitsverträgen ist nach EuGH 27.9.1988 das Gericht des Ortes, an dem die Arbeitsleistung zu erbringen ist, am besten zur Entscheidung von Rechtsstreitigkeiten in der Lage, die sich aus einer oder mehreren auf diesen Verträgen beruhenden Verpflichtung(en) ergeben können. Diese Besonderheiten rechtfertigen jedoch keine Auslegung dahin, daß der Ort der Niederlassung, die den Arbeitnehmer eingestellt hat, dann zu berücksichtigen ist, wenn es schwierig oder unmöglich ist, festzustellen, in welchem Staat die Arbeitsleistung erbracht wurde. – Maßgebl Verpflichtung ist diejenige, die für solche Arbeitsverträge charakteristisch ist, insbes diejenige, die vereinbarten Leistungen zu erbringen, EuGH 15.2.1989.

6 **4) Klagen aus Verträgen:** Unter Art 5 Nr 1 fallen nicht: Klagen aus Quasikontrakten, GoA, ungerechtfertigter Bereicherung und sonstigen gesetzl Schuldverhältnissen. Das Hauptbeispiel für nicht vertragl Ansprüche sind die deliktischen Ansprüche nach Art 5 Nr 3 und 4. Anspruchsgrundlagen, die mit vertragl konkurrieren (zB **Anspruchskonkurrenz zwischen vertragl und deliktischen**), werden von der Kompetenzanknüpfung Art 5 Nr 1 (wie übrigens auch von Art 5 Nr 3) mit umfaßt, Geimer IPRax 86, 80. Vgl Rn 17. AA EuGH 27.6.1988; Vorlagebeschl BGH RIW 1987, 623; MK/Gottwald Rn 6.

7 Der EuGH versucht, den Anwendungsbereich des Art 5 Nr 1 durch eine **konventionsimmanente Definition** der Begriffe „Vertrag bzw Ansprüche aus einem Vertrag" einheitl abzugrenzen, EuGH 22.3.1983. Die autonome Qualifikation führt zu praktikablen, wenn auch dogmatisch schwer begründbaren Ergebnissen, solange man sich darauf beschränkt, die Anwendbarkeit des Art 5 Nr 1 für Klagen aus bestimmten Rechtsbereichen einheitlich festzulegen, zB für alle Vertragsstaaten einheitlich zu bestimmen, daß auch Klagen aus **einseitigen Rechtsgeschäften** unter Art 5 Nr 1 fallen; ebenso Klagen, durch die ein Verein, eine sonstige juristische Person oder Gesellschaft gegen ihre Mitglieder **Ansprüche auf Beitragsleistung** geltend macht, EuGH 22.3.1983; schließl Streitigkeiten über die **Wirksamkeit des Vertrages** selbst, EuGH 4.3.1982, Geimer/Schütze I 563. – Nicht unter Nr 1 fallen deliktische Ansprüche (s aber Rn 6) und sonstige „gesetzl Ansprüche", zB der Wechselrückgriffsanspruch (Art 43 WG), LG Bayreuth IPRax 89, 230 (Furtak 212). – **Ansprüche aus CIC** werden zB im franz Recht anders (näml deliktisch) qualifiziert als im dt, Fischer JZ 91, 168. Fragl, ob EuGH auch insofern autonom qualifizieren wird oder ob für vertragl bzw deliktische Einordnung lex causae maßgebl, Geimer/Schütze I 564.

7a Art 5 Nr 1 gilt nicht auch für die Klage gegen Vorverkäufer („vertragl" Direktanspruch des Nacherwerbers nach franz Recht), EuGH 17.6.1992.

8 **5)** Die **Klage- bzw Rechtsschutzform** spielt keine Rolle. Es kann sich um eine Leistungsklage, um eine positive oder negative Feststellungsklage (zB daß ein Vertrag besteht oder nicht besteht, Hamm IPRspr 92/188) oder um eine Gestaltungsklage, zB auf Herabsetzung einer Vertragsstrafe oder auf Auflösung eines Vertrages (soweit die maßgebl lex causae eine solche Gestaltungsklage vorsieht) handeln, Geimer/Schütze I 575.

9 **6)** Zur **Behauptungs- und Beweislast** des Klägers Geimer/Schütze I 582; Geimer WM 86, 119. Nach hM (Kropholler Rn 5, Köln RIW 88, 557) soll Klägervortrag genügen.

10 **7)** Auch eine mündl **Vereinbarung des Erfüllungsorts** begründet die Zuständigkeit aus Art 5 Nr 1. Es kommt darauf an, ob die maßgebl lex causae eine solche zuläßt. Die Formvorschrift des Art 17 I muß nicht gewahrt sein, EuGH 17.1.1980; BGH RIW 80, 725 = IPRspr 80/137; Karlsruhe DZWiR 94, 70 (Chillagano-Busl). AA Köln RIW 88, 555, 558. Derzeit ist ein Verf beim EuGH anhängig, in dem die Abgrenzung zu Art 17 erneut geprüft werden soll.

11 **8) Rechtsprechungsnachweise zu Art 5 Nr 1:** Köln RIW 85, 570 = IPRax 85, 161 (Schröder 145) = IPRspr 83/135 (Klage auf Bewilligung der Eintragung einer Sicherungshypothek; kein Fall des Art 16 Nr 1); Köln RIW 84, 314 = IPRspr 83/133 (Erfüllungsort für Werklohn aus Bauvertrag ist Ort des Bauwerks); Celle RIW 85, 571 (EKG); Hamm RIW 85, 406 (EKG); BGH NJW 85, 560; Hamburg RIW 91, 62 (jew zu § 65 ADSp); Schleswig RR 88, 283 = IPRspr 87/129 (§ 65b ADSp); BGH NJW 85, 561 = RIW 85, 72 (vertragl Unterlassungsverpflichtung); BGH NJW 85, 1286 = RIW 85, 241 (Forderung einer GmbH aus Anstellungsverhältnis gegen ihren Geschäftsführer, Geimer/Schütze I 697); LG Kaiserslautern NJW 88, 652 = IPRax 87, 368 (Mezger 346) = IPRspr 87/128 (Architektenhonorar). Zu Art 59 EKG bzw Art 57 CISG (Kaufpreisklage am jeweiligen Sitz des Verkäufers zum Zeitpunkt der

Zahlung) LG Köln IPRax 89, 290, krit Schwenzer 275; Koblenz RIW 90, 218 zu Art 59 EKG; EuGH 29.6.1994; BGH NJW 92, 2428. Düsseldorf RIW 93, 845. Zweifelnd BGH NJW 92, 2448 (Vorlage an EuGH) = EuZW 92, 514 (Geimer 518). Dagegen Schmid MDR 93, 410. BAG IPRspr 88/51 (Kündigungsschutzklage gegen ausl Arbeitgeber); LAG Hamburg IPRspr 88/52; Hamm RIW 90, 1012 (Zahlung einer Vertragsstrafe); BGH RIW 91, 513 = NJW 91, 3095 = IPRspr 91/170 (Kanzlei als Erfüllungsort für RA-Honorar); Schleswig RIW 93, 669 (Werklohnforderung); LG Frankfurt/M IPRspr 92/197 (Ausgleichsansprüche für gesamtschuldnerisch zu erfüllendes Leibrentenversprechen, das zT aus in Deutschland zu erbringenden Sachleistungen besteht); Hamm IPRspr 92/188 (dt-franz Liefervertrag). Zum internationalen Erfüllungsortsgerichtsstand bei Bau- und Architektenverträgen Kartzke ZfBR 94, 1.

II) Nr 2: Forum am Wohnsitz/gewöhnl Aufenthalt des Unterhaltsberechtigten. Lit: *Geimer/Schütze* I 433, 820; *Schlosser*-Bericht Nr 36; AG Hamburg IPRax 86, 115 = IPRspr 85/93. Stützt das (dt) Erstgericht seine internationale Entscheidungszuständigkeit im Ehe- (§ 606a I 1 Nr 1 ZPO) oder Vaterschaftsprozeß (§ 640a II Nr 1 ZPO) nur auf die Staatsangehörigkeit einer Partei, so ergeben sich Probleme für die Annexverf hinsichtl des Unterhalts (§ 606a Rn 19). Geht man vom Wortlaut aus, wäre auch in reinen Inlandsfällen die internationale Zuständigkeit nicht gegeben, Geimer/Schütze I 150; Bergerfurth FamRZ 84, 1067; Baumann 83 Fn 15. Lösung durch Abstellung auf gewöhnl Aufenthalt des Bekl (Art 2 I) oder des Klägers (Art 5 Nr 2 erste Altern). Art 5 Nr 2 verdrängt § 621 ZPO, Karlsruhe FamRZ 86, 1226; § 606a Rn 21. 12

III) Nr 3: Forum delicti commissi. 1) Ratio conventionis: „Wo Unrecht getan wurde, darf Abhilfe begehrt werden", Schröder 269. Dieses Anliegen wiegt schwerer als das Interesse des Bekl, in seinem Wohnsitzstaat verklagt zu werden, Art 2 I. Dem Geschädigten ist nicht zuzumuten, daß er dem Schädiger an dessen Wohnsitz folgt, Geimer/Schütze I 604. 13

2) Anwendungsbereich: Art 5 Nr 3 will – als Pendant zu Art 5 Nr 1 – ein Gerichtsstand für außervertragl Rechtsverletzungen schaffen. Sein Anwendungsbereich ist deshalb nicht auf schuldhafte Verstöße beschränkt. Unter Art 5 Nr 3 fallen auch sog Quasidelikte unter Einschluß der Gefährdungshaftung und des unlauteren Wettbewerbs, aber nicht Ansprüche aus ungerechtfertigter Bereicherung, Geimer/Schütze I 615. Ob im konkreten Einzelfall ein deliktischer bzw ein quasideliktischer Anspruch geltend gemacht wird oder (doch) ein vertragl Anspruch oder Bereicherungsanspruch vorliegt, entscheidet nach Auffassung des EuGH nicht die **lex causae; vielmehr seien einheitl Abgrenzungskriterien zu entwickeln,** EuGH 27.9.1988 (autonome Qualifikation); MK/Gottwald Rn 26. Ein Gleichlauf zwischen internationaler Zuständigkeit und anzuwendendem Sachrecht findet nicht statt. Voraussetzung für die Eröffnung einer internationalen Zuständigkeit nach Art 5 Nr 3 in Deutschland ist also nicht, daß dt Recht zur Anwendung kommt. 14

Auf Art 5 Nr 3 können auch **vorbeugende Unterlassungsklagen** gestützt werden, Geimer/Schütze I 622; MK/Gottwald Rn 31. AA LG Berlin RW 91, 416; OLG Bremen RIW 92, 231 = IPRspr 91/173. S auch Vorlage des BGH RIW 94, 679. 14a

3) Ort, an dem das schädigende Ereignis eingetreten ist: Art 5 Nr 3 will dem Geschädigten die Rechtsverfolgung erleichtern. Deshalb gibt EuGH 30.11.1976 dem Kläger (Geschädigten) die Wahl zwischen dem Handlungsort und dem Erfolgsort (Ort des Primärschadens), hierzu Geimer/Schütze I 625. Kompetenzrechtl irrelevant jedoch der bloße Schadensort, Geimer IZPR Rn 1505; Stoll IPRax 89, 90, BGH EWiR 87, 93 (Geimer) = RIW 86, 991 = NJW 87, 592. Der **Ort des reinen Vermögensschadens eröffnet** keine internationale Zuständigkeit, EuGH 11.1.1990. Tatwirkungen, die für die Verwirklichung des Haftungstatbestandes nicht mehr erhebl sind, sind nicht mehr zuständigkeitsbegründend. Es gibt keine „money pocket rule" (damage was suffered in my pocket), Ahrens IPRax 90, 132; Schack IZVR Rn 304. Bedenkl LG Baden-Baden FamRZ 92, 557 = JuS 92, 792 (Hohloch) = IPRspr 91/182, Schaden am dt Wohnsitz des Ehemannes (Kläger), der von seiner in Frankreich domizilierten Ehefrau wegen Leugnen des Ehebruchs gemäß § 826 BGB Schadensersatz verlangt, weil er die Frist zur Erhebung der Ehelichkeitsanfechtungsklage versäumt hat. – Nachw bei Kiethe NJW 94, 222 und Graupner RIW 94, 112. – Zur Anwendung der Nr 3 bei unerlaubter Veröffentlichung von Fotos in ausl Zeitschrift AG Hamburg RIW 90, 319. 15

4) Keine Beschränkung der Kognitionsbefugnis auf den im Hoheitsgebiet des Gerichtsstaates eingetretenen Schaden. Art 5 Nr 3 eröffnet Kognitionsbefugnis für den gesamten Schaden; dabei spielt es keine Rolle, ob der Schaden ganz oder teilweise in einem Vertragsstaat oder einem Nichtvertragsstaat (zB Kanada) eingetreten ist, Geimer/Schütze I 631; Jayme 101; MK/Gottwald Rn 32. Eine Ausnahme will EuGH 7.3.1995 bei **Ehrverletzungen durch einen in mehreren Vertragsstaaten verbreiteten Presseartikel** machen. Wenn der Betroffene seine Schadensersatzklage gegen den Herausgeber nicht in dessen Wohnsitz/Sitzstaat, sondern bei den Gerichten des Vertragsstaats erhebt, in dem die Veröffentlichung verbreitet und das Ansehen des Betroffenen nach dessen Behauptung beeinträchtigt worden ist, könne er seinen Gesamtschaden nicht geltend machen. Die letztgenannten Gerichte seien nur für die Entscheidung über den Ersatz der Schäden zuständig, die in dem Staat des angerufenen Gerichts verursacht worden sind. 16

Die Voraussetzungen für die Beurteilung des schädigenden Charakters des streitigen Ereignisses und für den Beweis des Vorliegens und des Umfangs des Schadens, den der von der Ehrverletzung Betroffene geltend macht, sind nicht im Übereinkommen enthalten. Sie bestimmen sich nach dem gemäß den Kollisionsnormen des nationalen Rechts des angerufenen Gerichts maßgeblichen materiellen Recht, soweit dessen Anwendung die praktische Wirksamkeit des Übereinkommens nicht beeinträchtigt, EuGH aaO.

5) Anspruchskonkurrenz (die Klage wird sowohl auf deliktische als auch auf vertragl Anspruchsgrundlagen gestützt). Art 5 Nr 3 eröffnet Annexzuständigkeit kraft Sachzusammenhangs auch für die vertragl Ansprüche. Vgl 17

Rn 6. Geimer IPRax 86, 80; Mansel IPRax 89, 85. AA EuGH 11.1.1990; BGH NJW 96, 1411 für § 32 ZPO = LM § 29 ZPO Nr 8 (Geimer).

18 **6) Prüfung der Zuständigkeitstatsachen:** Geimer WM 86, 119; BGH RIW 86, 991; MK/Gottwald Rn 35.

18a **7) Verhältnis zu Art 16 Nr 1:** Bestr, ob (im internationalen UmweltR) Unterlassungsklage (nachbarrechtl Abwehrklage) unter Art 16 Nr 1 fällt, der Art 5 Nr 3 verdrängt, so Geimer/Schütze I 672. AA Haager RabelsZ 53 (1989) 297.

19 **IV) Nr 4: Adhäsionsverfahren; Zivilklage vor Strafgericht:** Geimer/Schütze I 638, 827. – Art II Protokoll. Beispiel: TGI Straßburg IPRax 89, 47 (Lüderitz 27); EuGH 21. 4. 1993; BGH NJW 93, 3269 = IPRax 94, 118 (Basedow 85) = JZ 94, 254 (Eichenhofer). Nr 4 begünstigt forum shopping in besonderem Maße, Kohler in Will, Schadensersatz im Strafverfahren 1990, 74, 78.

20 **V) Nr 5: Gerichtsstand der Niederlassung. 1) Ratio conventionis:** Nimmt jemand außerhalb seines Wohnsitz-/Sitzstaates von einer Niederlassung/Agentur aus am Geschäftsverkehr teil und entsteht aus dieser Betätigung ein Rechtsstreit, so muß auch dort ein Gerichtsstand aufgetan werden. Es wäre unausgewogen, der Partei, die die Vorzüge der Teilnahme am Rechtsverkehr im Staate ihrer Niederlassung nutzt, den Einwand zu gestatten, sie sei dort nicht gerichtspflichtig, sondern könne nur im Staat ihres Wohnsitzes bzw Firmensitzes verklagt werden. Aus dieser Sicht wird auch deutl, daß Art 5 Nr 5 nur für Klagen gegen den Inhaber einer Zweigniederlassung, Agentur und sonstigen Niederlassung eine Zuständigkeit eröffnet, nicht aber auch für Klagen des Inhabers dieser Niederlassung gegen seinen Geschäftspartner. **Art 5 Nr 5 gilt also nicht für Aktivprozesse des Inhabers dieser Niederlassung.** Geimer/Schütze I 543; Schack IZVR Rn 317.

21 **2) Betroffener Personenkreis:** Unter Art 5 Nr 5 fallen auch Angehörige freier Berufe und Landwirte.

22 **3) Niederlassung** ist der Oberbegriff: Zweigniederlassung, Agentur sind nur Unterfälle. Der Begriff der Niederlassung ist vertragsautonom auszulegen, er ist weit zu fassen, Düsseldorf ZIP 89, 278 = EWiR 89, 513 (Wach). Wesentl ist die Dauer der Betätigung an einem bestimmten Ort. Der Aufenthalt für die Dauer einer Messe/Ausstellung oder einer sonstigen nur vorübergehenden Veranstaltung reicht nicht aus. Es muß eine gewisse Selbständigkeit von der Organisation am Wohnsitz/Sitz des Beklagten gegeben sein. Indiz ist die Angabe der einschlägigen Adresse auf Briefbögen oder das Unterhalten eines Büros, das dem Besucherverkehr geöffnet ist, EuGH 22.2.1978. Lager- und Speicherräume und sonstige Vorrichtungen, die ledigl der internen (also nicht nach außen hin orientierten) Organisation des Bekl dienen, reichen nicht aus. Eine *Scheinniederlassung* genügt, OLG Düsseldorf RR 88, 1260 = IPRspr. 88/150. Allerdings wird der Rechtsschein nicht bereits durch die Angabe einer mit „c/o" bezeichneten Korrespondenzadresse begründet, LG Wuppertal RR 94, 191 = IPRspr. 93/147.

23 Zweigniederlassung kann auch juristische Person sein (Mutter/Tochter), EuGH 9.12.1987; hierzu Vorlage Düsseldorf IPRspr 86/137; BGH RIW 88, 221 (Geimer) = IPRax 89, 81 (Kronke). Nicht erforderl also, daß die Niederlassung rechtl unselbständig ist. Ein Kaufmann/eine Handelsgesellschaft kann auch über eine (mehrheitl) beherrschte oder durch Personalunion der Vorstände/Geschäftsführer „gleichgeschaltete" inländische juristische Person (AG, GmbH) oder Personenhandelsgesellschaft am inländischen Wirtschaftsverkehr teilnehmen, Geimer RIW 88, 221. Auf die Hierarchie im Konzern kommt es nicht an; ausl Tochter kann sich ihrer Mutter als inländischem Stützpunkt bedienen, EuGH 9.12.1987. Über Art 5 Nr 5 bzw § 21 ZPO findet ein „Zuständigkeitsdurchgriff" statt; enger Kronke IPRax 89, 83; dies gilt zB auch in Zusammenhang mit Beherrschungs- und Gewinnabführungsverträgen, Staudinger/Großfeld Rn 401 sowie faktischen Konzernen.

24 **4) Maßgebl Zeitpunkt** ist die Klageerhebung bzw Schluß der mündl Verhandlung, Saarbrücken RIW 80, 796 = IPRspr 79/151b; kritisch Geimer/Schütze I 1556.

25 **5) Betriebsbezogenheit der Klage:** Der Gegenstand des Rechtsstreits muß sich auf den Betrieb der Zweigniederlassung Agentur oder sonstigen Niederlassung beziehen; EuGH 22.2.1978.

26 **VI) Nr 6: Trustklagen.** Geimer/Schütze I 763; MK/Gottwald Rn 46.

27 **VII) Nr 7: Seerechtl forum arresti:** Geimer/Schütze I 843; Kropholler RIW 86, 931; MK/Gottwald Rn 52.

Art. 6. Eine Person, die ihren Wohnsitz in dem Hoheitsgebiet eines Vertragsstaats hat, kann auch verklagt werden:

1. **wenn mehrere Personen zusammen verklagt werden, vor dem Gericht, in dessen Bezirk einer der Beklagten seinen Wohnsitz hat;**
2. **wenn es sich um eine Klage auf Gewährleistung oder um eine Interventionsklage handelt, vor dem Gericht des Hauptprozesses, es sei denn, daß diese Klage nur erhoben worden ist, um diese Person dem für sie zuständigen Gericht zu entziehen;**
3. **wenn es sich um eine Widerklage handelt, die auf denselben Vertrag oder Sachverhalt wie die Klage selbst gestützt wird, vor dem Gericht, bei dem die Klage selbst anhängig ist;**
4. **wenn ein Vertrag oder Ansprüche aus einem Vertrag den Gegenstand des Verfahrens bilden und die Klage mit einer Klage wegen dinglicher Rechte an unbeweglichen Sachen gegen denselben Beklagten verbunden werden kann, vor dem Gericht des Vertragsstaats, in dem die unbewegliche Sache belegen ist.**

1 **I) Gerichtsstand der Streitgenossenschaft (Nr 1):** Hier führt der Sachzusammenhang zur „Parallelschaltung mehrerer Prozesse gegen verschiedene Streitgenossen" (Schröder 557), dh auf dem Wohnsitz eines Streitgenos-

sen basiert auch die internationale Zuständigkeit für die Klagen gegen die anderen Streitgenossen, Geimer/Schütze I 337; erforderl ist **Konnexität** (Art 22 III), EuGH 27.9.1988. Vorlage: BGH RIW 87, 623 = EWiR 87, 793 (Geimer) = IPRspr 87/127. – Zur Anwendung des § 36 Nr 3 ZPO BGH NJW 88, 646; Art 17 Rn 14.

II) Gerichtsstand der Gewährleistungs- und Interventionsklage (Nr 2): Der Bekl kann einen Dritten in den Prozeß hineinziehen, wenn er glaubt, gegen diesen im Falle des Unterliegens gegen den Kläger einen auf Rückgriffsanspruch zu haben. Der Gerichtsstand des Hauptprozesses wirkt hier zuständigkeitsbegründend auch gegen den Dritten, § 328 Rn 53. Hierzu EuGH 15.5.1990. Art 6 Nr 2 gilt nicht für Deutschland aufgrund Art V des Protokolls. 2

Art V Abs 1 des Protokolls beseitigt jedoch nur die internationale Entscheidungszuständigkeit Deutschlands, läßt aber die Verpflichtung, Entsch aus anderen Vertragsstaaten nach Art 25 ff anzuerkennen, unberührt, und zwar auch dann, wenn der Urteilsstaat seine internationale Zuständigkeit auf Art 6 Nr 2 gestützt hat, Art V Abs 2 des Protokolls, Geimer/Schütze I 283, 386, 825. Die Gerichtspflichtigkeit vor den Gerichten der anderen Vertragsstaaten gemäß Art 6 Nr 2 kann derogiert werden (Art 17), Mezger IPRax 84, 331; Schütze RIW 85, 966. 3

III) Widerklagezuständigkeit (Nr 3): Hierzu Geimer/Schütze I 520 ff, 656, 689, 713, 777, 792; Geimer NJW 86, 2993; IPRax 86, 212. Der Konnexitätsbegriff der Nr 3 ist weit auszulegen. Zu eng LG Mainz IPRax 84, 100 (Jayme). § 595 ZPO (Widerklageverbot) wird vom GVÜ verdrängt. 4

IV) Forum rei sitae auch für Vertragsklagen kraft Sachzusammenhangs (Art 6 Nr 4): Bisher kam es zu einer Zuständigkeitsspaltung in den Fällen des Art 16 Nr 1 zwischen vertragl u dingl Ansprüchen. Dieser Mangel (Geimer/Schütze I 652) wurde anläßl der Beratungen des Lugano-Übereinkommens überwunden bzw. abgeschwächt. Durch das 3. Beitrittsübk wurde auch das EuGVÜ textgleich ergänzt, Jenard/Möller-Bericht Nr 74; Trunk 40 ff. Nunmehr können im forum rei sitae (Art 16 Nr 1) neben den dingl Ansprüchen auch die (konkurrierenden) vertragl Ansprüche geltend gemacht werden. Es handelt sich für die vertragl Ansprüche jedoch nur um einen **konkurrierenden Gerichtsstand**, Wieczorek/Schütze/Hausmann Rn 46. Sie können – wie bisher – auch in dem Wohnsitzstaat des Bekl (Art 2 I) eingeklagt werden, oder in dem Vertragsstaat, in dem der Erfüllungsort zu lokalisieren ist, Art 5 Nr 1. 4a

Nr 4 verlangt Identität der Parteien. Die vertragl u dingl Ansprüche/Klagen müssen sich gegen denselben Beklagten richten, Kropholler Rn 41. Sie müssen auch von ein und demselben Kläger erhoben werden, Jenard/Möller-Bericht Nr 47; Wieczorek/Schütze/Hausmann Rn 43. Ebenso wie in den Fällen des Nr 1 muß auch hier ein hinreichender Bezug zwischen der dingl und der persönl Klage bestehen, Trunk 40; Wieczorek/Schütze/Hausmann Rn 44. ZB zu bejahen für actio hypothecaria u Klage aus dem Darlehen gegen persönl Schuldner (Jenard/Möller-Bericht Nr 46). Dagegen nicht für Klage auf Zahlung des Grundstückskaufpreises mit Klage aus einem dingl Recht im Sinne von Art 16 Nr 1a, Wieczorek/Schütze/Hausmann Rn 44.

Die **isolierte Vertragsklage** kann nicht im forum rei sitae erhoben werden, Trunk 41; Wieczorek/Schütze/Hausmann Nr 45. Nr 4 setzt voraus, daß (auch) die dingl Klage anhängig gemacht wurde. Ist dies der Fall, tritt perpetuatio fori ein, wenn der Kläger dingl Klage zurückgenommen hat.

V) Verfahrenstrennung (§ 145) läßt die nach Art 6 wirksam begründete internationale Zuständigkeit unberührt, Geimer WM 79, 358; StJ/Leipold § 145 Rn 21. 5

Art. 6a. Ist ein Gericht eines Vertragsstaats nach diesem Übereinkommen zur Entscheidung in Verfahren wegen einer Haftpflicht auf Grund der Verwendung oder des Betriebs eines Schiffes zuständig, so entscheidet dieses oder ein anderes, an seiner Stelle durch das Recht dieses Staates bestimmtes Gericht auch über Klagen auf Beschränkung dieser Haftung.

Hierzu Geimer/Schütze I 861; Kropholler RIW 86, 931; Borchmann NJW 88, 598.

3. Abschnitt – Zuständigkeit für Versicherungssachen

Art. 7. Für Klagen in Versicherungssachen bestimmt sich die Zuständigkeit vorbehaltlich des Artikels 4 und des Artikels 5 Nr. 5 nach diesem Abschnitt.

Art. 8. Der Versicherer, der seinen Wohnsitz in dem Hoheitsgebiet eines Vertragsstaats hat, kann verklagt werden:

1. **vor den Gerichten des Staates, in dem er seinen Wohnsitz hat,**
2. **in einem anderen Vertragsstaat vor dem Gericht des Bezirks, in dem der Versicherungsnehmer seinen Wohnsitz hat, oder,**
3. **falls es sich um einen Mitversicherer handelt, vor dem Gericht eines Vertragsstaats, bei dem der federführende Versicherer verklagt wird.**

Hat ein Versicherer in dem Hoheitsgebiet eines Vertragsstaats keinen Wohnsitz, besitzt er aber in einem Vertragsstaat eine Zweigniederlassung, Agentur oder sonstige Niederlassung, so wird er für Streitigkeiten aus ihrem Betrieb so behandelt, wie wenn er seinen Wohnsitz in dem Hoheitsgebiet dieses Staates hätte.

Art. 9. Bei der Haftpflichtversicherung oder bei der Versicherung von unbeweglichen Sachen kann der Versicherer außerdem vor dem Gericht des Ortes, an dem das schädigende Ereignis eingetreten ist, verklagt werden. Das gleiche gilt, wenn sowohl bewegliche als auch unbewegliche Sachen in ein und demselben Versicherungsvertrag versichert und von demselben Schadensfall betroffen sind.

Art. 10. **Bei der Haftpflichtversicherung kann der Versicherer auch vor das Gericht, bei dem die Klage des Geschädigten gegen den Versicherten anhängig ist, geladen werden, sofern dies nach dem Recht des angerufenen Gerichts zulässig ist.**

Auf eine Klage, die der Verletzte unmittelbar gegen den Versicherer erhebt, sind die Artikel 7 bis 9 anzuwenden, sofern eine solche unmittelbare Klage zulässig ist.

Sieht das für die unmittelbare Klage maßgebliche Recht die Streitverkündung gegen den Versicherungsnehmer oder den Versicherten vor, so ist dasselbe Gericht auch für diese Personen zuständig.

Art. 11. **Vorbehaltlich der Bestimmungen des Artikels 10 Absatz 3 kann der Versicherer nur vor den Gerichten des Vertragsstaats klagen, in dessen Hoheitsgebiet der Beklagte seinen Wohnsitz hat, ohne Rücksicht darauf, ob dieser Versicherungsnehmer, Versicherter oder Begünstigter ist.**

Die Vorschriften dieses Abschnitts lassen das Recht unberührt, eine Widerklage vor dem Gericht zu erheben, bei dem die Klage selbst gemäß den Bestimmungen dieses Abschnitts anhängig ist.

Art. 12. **Von den Vorschriften dieses Abschnitts kann im Wege der Vereinbarung nur abgewichen werden:**

1. **wenn die Vereinbarung nach der Entstehung der Streitigkeit getroffen wird,**
2. **wenn sie dem Versicherungsnehmer, Versicherten oder Begünstigten die Befugnis einräumt, andere als die in diesem Abschnitt angeführten Gerichte anzurufen,**
3. **wenn sie zwischen einem Versicherungsnehmer und einem Versicherer, die zum Zeitpunkt des Vertragsabschlusses ihren Wohnsitz oder gewöhnlichen Aufenthalt in demselben Vertragsstaat haben, getroffen ist, um die Zuständigkeit der Gerichte dieses Staates auch für den Fall zu begründen, daß das schädigende Ereignis im Ausland eingetreten ist, es sei denn, daß eine solche Vereinbarung nach dem Recht dieses Staates nicht zulässig ist,**
4. **wenn sie von einem Versicherungsnehmer abgeschlossen ist, der seinen Wohnsitz nicht in einem Vertragsstaat hat, ausgenommen soweit sie eine Versicherung, zu deren Abschluß eine gesetzliche Verpflichtung besteht, oder die Versicherung von unbeweglichen Sachen in einem Vertragsstaat betrifft, oder**
5. **wenn sie einen Versicherungsvertrag betrifft, soweit dieser eines oder mehrere der in Artikel 12a aufgeführten Risiken deckt.**

Art. 12a. **Die in Artikel 12 Nr. 5 erwähnten Risiken sind die folgenden:**

1. **sämtliche Schäden**
   a) **an Seeschiffen, Anlagen vor der Küste und auf hoher See oder Luftfahrzeugen aus Gefahren, die mit ihrer Verwendung zu gewerblichen Zwecken verbunden sind,**
   b) **an Transportgütern, ausgenommen Reisegepäck der Passagiere, wenn diese Güter ausschließlich oder zum Teil mit diesen Schiffen oder Luftfahrzeugen befördert werden;**
2. **Haftpflicht aller Art, mit Ausnahme der Haftung für Personenschäden an Passagieren oder Schäden an deren Reisegepäck,**
   a) **aus der Verwendung oder dem Betrieb von Seeschiffen, Anlagen oder Luftfahrzeugen gemäß Nummer 1 Buchstabe a), es sei denn, daß nach den Rechtsvorschriften des Vertragsstaats, in dem das Luftfahrzeug eingetragen ist, Gerichtsstandsvereinbarungen für die Versicherung solcher Risiken untersagt sind,**
   b) **für Schäden, die durch Transportgüter während einer Beförderung im Sinne der Nummer 1 Buchstabe b) verursacht werden;**
3. **finanzielle Verluste in Zusammenhang mit der Verwendung oder dem Betrieb von Seeschiffen, Anlagen oder Luftfahrzeugen gemäß Nummer 1 Buchstabe a), insbesondere Fracht- oder Charterverlust;**
4. **irgendein zusätzliches Risiko, das mit einem der unter Nummern 1 bis 3 genannten Risiken in Zusammenhang steht.**

1 Klagen gegen den Versicherungsnehmer sind grundsätzl nur in seinem Wohnsitzstaat zulässig, Art 11 I. Dagegen kann der Versicherer nicht nur in seinem Wohnsitz/Sitzstaat verklagt werden, sondern auch am Wohnsitz des Versicherten, Art 8. Für die Haftpflichtversicherung und Versicherung unbewegl Sachen besteht auch ein Gerichtsstand am Ort des schädigenden Ereignisses, Art 9. Die Zuständigkeit für Interventions- und Drittklagen ist in Art 10 geregelt. Zuständigkeitsvereinbarungen sind nur in den Grenzen des Art 12 möglich. – Vgl auch MK-BGB/Martiny Art 37 EGBGB Rn 71; Schack IZVR Rn 282.

4. Abschnitt – Zuständigkeit für Verbrauchersachen

Art. 13. **Für Klagen aus einem Vertrag, den eine Person zu einem Zweck abgeschlossen hat, der nicht der beruflichen oder gewerblichen Tätigkeit dieser Person (Verbraucher) zugerechnet werden kann, bestimmt sich die Zuständigkeit, unbeschadet des Artikels 4 und des Artikels 5 Nummer 5, nach diesem Abschnitt,**

1. wenn es sich um den Kauf beweglicher Sachen auf Teilzahlung handelt,

2. wenn es sich um ein in Raten zurückzuzahlendes Darlehen oder ein anderes Kreditgeschäft handelt, das zur Finanzierung eines Kaufs derartiger Sachen bestimmt ist, oder

3. für andere Verträge, wenn sie die Erbringung einer Dienstleistung oder die Lieferung beweglicher Sachen zum Gegenstand haben, sofern

a) dem Vertragsabschluß in dem Staat des Wohnsitzes des Verbrauchers ein ausdrückliches Angebot oder eine Werbung vorausgegangen ist und

b) der Verbraucher in diesem Staat die zum Abschluß des Vertrages erforderlichen Rechtshandlungen vorgenommen hat.

Hat der Vertragspartner des Verbrauchers in dem Hoheitsgebiet eines Vertragsstaats keinen Wohnsitz, besitzt er aber in einem Vertragsstaat eine Zweigniederlassung, Agentur oder sonstige Niederlassung, so wird er für Streitigkeiten aus ihrem Betrieb so behandelt, wie wenn er seinen Wohnsitz in dem Hoheitsgebiet dieses Staates hätte.

Dieser Abschnitt ist nicht auf Beförderungsverträge anzuwenden.

Art. 14. Die Klage eines Verbrauchers gegen den anderen Vertragspartner kann entweder vor den Gerichten des Vertragsstaats erhoben werden, in dessen Hoheitsgebiet dieser Vertragspartner seinen Wohnsitz hat, oder vor den Gerichten des Vertragsstaats, in dessen Hoheitsgebiet der Verbraucher seinen Wohnsitz hat.

Die Klage des anderen Vertragspartners gegen den Verbraucher kann nur vor den Gerichten des Vertragsstaats erhoben werden, in dessen Hoheitsgebiet der Verbraucher seinen Wohnsitz hat.

Diese Vorschriften lassen das Recht unberührt, eine Widerklage vor dem Gericht zu erheben, bei dem die Klage selbst gemäß den Bestimmungen dieses Abschnitts anhängig ist.

Art. 15. Von den Vorschriften dieses Abschnitts kann im Wege der Vereinbarung nur abgewichen werden:

1. wenn die Vereinbarung nach der Entstehung der Streitigkeit getroffen wird,

2. wenn sie dem Verbraucher die Befugnis einräumt, andere als die in diesem Abschnitt angeführten Gerichte anzurufen, oder

3. wenn sie zwischen einem Verbraucher und seinem Vertragspartner getroffen ist, die zum Zeitpunkt des Vertragsabschlusses ihren Wohnsitz oder gewöhnlichen Aufenthalt in demselben Vertragsstaat haben, und die Zuständigkeit der Gerichte dieses Staates begründet, es sei denn, daß eine solche Vereinbarung nach dem Recht dieses Staates nicht zulässig ist.

Im Interesse des Verbraucherschutzes kann der Verbraucher nur in seinem Wohnsitzstaat verklagt werden 1
(Art 14 II: Die Art 5 Nr 1–4 kommen nicht zur Anwendung), dagegen der Vertragspartner des Verbrauchers in seinem Wohnsitzstaat und darüber hinaus im Wohnsitzstaat des Verbrauchers. Nach Abschaffung des § 6a AbzG entfällt nicht etwa eine örtl Zuständigkeit, München RR 93, 701 = RIW 94, 59 (Geimer) = IPRspr 92/408. Gerichtsstandsvereinbarungen können in Verbrauchersachen grundsätzl erst nach Entstehen der Streitigkeiten getroffen werden, es sei denn, die Gerichtsstandsvereinbarung erweitert die Klagemöglichkeit des zu schützenden Personenkreises, Art 15. Der Begriff „Verbrauchersachen" ist konventionsimmanent zu definieren, Geimer/Schütze I 401. Noch ungeklärt, ob kommissionsweise Durchführung von Devisen-, Wertpapier- u Warentermingeschäften (Köln RIW 93, 233) unter Art 13 I Nr 3 subsumierbar. Hierzu Geimer EuZW 93, 564, RIW 94, 59; BGH RIW 93, 671 = WM 93, 1215 (Nassall 1950) = EuZW 93, 518 (Geimer 564) = EWiR 93, 675 (Geimer) = IPRspr. 93/142. Abschlußentscheidung: BGH EuZW 95, 190. Bejahend Düsseldorf WM 1989, 50, 59; Köln ZIP 89, 838 = EWiR 1989, 681; Wach/Weberpals AG 89, 196; MK-BGB/Martiny Art. 29 EGBGB Rn 9 Fn 26; Schlosser FS Steindorff, 1990, 1383; Hartung ZIP 91, 1185, 1191; Gottwald Rn 2; Wieczorek/Schütze/Hausmann Rn 3. Entscheidend ist, ob der Warenterminspekulant als Privatanleger auftritt. Tut er dies, so ist er Verbraucher iSv Art 13 I, Wieczorek/Schütze/Hausmann Rn 3. Ablehnend Schütze EWiR 89, 681; Triebel/Peglow ZIP 87, 616. Weitere Nachw bei Brunkow JuS 96, 294. – Einem Kläger, der in Ausübung seiner berufl oder gewerbl Tätigkeit handelt, kommen die Art 13 ff nicht zugute, wenn er – aufgrund Abtretung – Ansprüche eines Verbrauchers geltend macht, EuGH 19.1.1993. Hierzu BGH RIW 93, 670 = NJW 93, 2683 = LM § 23 ZPO Nr 8 (Pfeiffer). – Nachw bei de Bra, Verbraucherschutz durch Gerichtsstandsregelungen im dt u europ ZPR, 1992; de Lousanoff GS Arens, 1993, 251; Nassall WM 93, 1950 und Geimer EuZW 93, 564. Ferienhausverträge mit gewerbl Reiseveranstaltern oder -vermittlern zwischen Urlaubern mit Wohnsitz im Inland und Ferienhausanbietern mit Sitz im Ausland fallen unter Art 13 I Nr 3 mit der Folge, daß dem Urlauber das forum actoris des Art 14 I zur Verfügung steht, Kartzke NJW 94, 824. Dies gilt jedoch nicht für Verbandsklagen. Ein Forum in Deutschland kann sich aber zB aus Art 5 Nr 3 ergeben.

5. Abschnitt – Ausschließliche Zuständigkeiten

Art. 16. Ohne Rücksicht auf den Wohnsitz sind ausschließlich zuständig:

1.a) für Klagen, welche dingliche Rechte an unbeweglichen Sachen sowie die Miete oder Pacht von unbeweglichen Sachen zum Gegenstand haben, die Gerichte des Vertragsstaats, in dem die unbewegliche Sache belegen ist;

b) für Klagen betreffend die Miete oder Pacht unbeweglicher Sachen zum vorübergehenden privaten Gebrauch für höchstens sechs aufeinanderfolgende Monate sind jedoch auch die Gerichte des

Vertragsstaats zuständig, in dem der Beklagte seinen Wohnsitz hat, sofern der Eigentümer und der Mieter oder Pächter natürliche Personen sind und ihren Wohnsitz in demselben Vertragsstaat haben; *[Lugano-Fassung: es sich bei dem Mieter oder Pächter um eine natürliche Person handelt und weder die eine noch die andere Partei ihren Wohnsitz in dem Vertragsstaat hat, in dem die unbewegliche Sache belegen ist];*

2. **für Klagen, welche die Gültigkeit, Nichtigkeit oder die Auflösung einer Gesellschaft oder juristischen Person oder der Beschlüsse ihrer Organe zum Gegenstand haben, die Gerichte des Vertragsstaats, in dessen Hoheitsgebiet die Gesellschaft oder juristische Person ihren Sitz hat;**
3. **für Klagen, welche die Gültigkeit von Eintragungen in öffentliche Register zum Gegenstand haben, die Gerichte des Vertragsstaats, in dessen Hoheitsgebiet die Register geführt werden;**
4. **für Klagen, welche die Eintragung oder die Gültigkeit von Patenten, Warenzeichen, Mustern und Modellen sowie ähnlicher Rechte, die einer Hinterlegung oder Registrierung bedürfen, zum Gegenstand haben, die Gerichte des Vertragsstaats, in dessen Hoheitsgebiet die Hinterlegung oder Registrierung beantragt oder vorgenommen worden ist oder auf Grund eines zwischenstaatlichen Übereinkommens als vorgenommen gilt;**
5. **für Verfahren, welche die Zwangsvollstreckung aus Entscheidungen zum Gegenstand haben, die Gerichte des Vertragsstaats, in dessen Hoheitsgebiet die Zwangsvollstreckung durchgeführt werden soll oder durchgeführt worden ist.**

1 **I) Nr 1a:** Geimer/Schütze I 648 Grundmann IPRax 85, 249; Schack IZVR Rn 307; Coester-Waltjen/Ziegler Jura 92, 609. – Persönl Ansprüche (im Gegensatz zu dingl, Schlosser-Bericht Nr 166) – auch wenn sie unbewegl Sache betreffen oder mit ihr im Zusammenhang stehen – fallen per se nicht unter Art 16 Nr 1, aber seit Inkrafttreten des 3. Beitrittsübereinkommens unter Art 6 Nr 4, EuGH 9.6.1994 und schon EuGH 17.5.1994.

2 **II) Nr 1b** gilt nach EuGH 15.1.1985 auch für Mietstreitigkeiten bezügl **Ferienwohnungen.** AA Geimer/Schütze I 693. Anders nun Nr 1b. – Erfaßt auch deliktische Ansprüche, LG Bochum RIW 86, 135 (Geimer) = IPRspr 85/144, jedoch immer nur hinsichtl Mietobjekt, nicht aber wegen entgangener Urlaubsfreude und Ersatz für unnütz aufgewandter Fahrtkosten, BGH WM 85, 124 = IPRspr 85/140. Art 16 Nr 1 unanwendbar auf einen in einem Vertragsstaat geschlossenen Vertrag, durch den sich ein gewerbl Reiseveranstalter in diesem Staat mit einem Kunden mit Wohnsitz in demselben Staat verpflichtet, diesem für einige Wochen den Gebrauch einer fremden Ferienwohnung in einem anderen Vertragsstaat zu verschaffen, EuGH 26.2.1992. Zur gewerbl Ferienhausvermittlung s auch Endler IPRax 92, 212 im Anschluß an LG Berlin MDR 91, 1084 = IPRax 92, 243 = IPRspr 91/179 und Kartzke NJW 94, 823. Dinglich ausgestaltete Timsharingverträge ohne wesentl Dienstleistungen fallen unter Art 16 Nr 1, nicht dagegen vereins- oder gesellschaftsrechtl – oder mit großem Dienstleistungsanteil verbundene schuldrechtliche Vertragsgestaltungen, LG Darmstadt EuZW 96, 177 (Mankowski)– Betrifft Miet- bzw Pachtvertrag Grundbesitz in mehreren Vertragsstaaten, so soll es **keine Möglichkeit zur Zuständigkeitskonzentration** geben: Jeder Vertragsstaat sei für den in seinem Hoheitsgebiet gelegenen Teil des Grundbesitzes ausschließl international zuständig. Jedes Gericht in diesen Staaten könne – vorbehaltl Art 21 – zur Zahlung des gesamten Miet- bzw Pachtzinses verurteilen, EuGH 6.7.1988.

2a Als Reaktion auf die EuGH-Rspr, wonach Art 16 Nr 1 auch für kurzfristige und auf die Gebrauchsüberlassung einer Ferienwohnung bezogene Verträge gilt (EuGH 15.1.1985), enthält Art 16 Nr 1b nunmehr eine zusätzl Regelung für Klagen betr Miete oder Pacht unbeweglicher Sachen zum **vorübergehenden privaten Gebrauch** für höchstens sechs aufeinanderfolgende Monate. Für solche Klagen sind die Gerichte des Vertragsstaats zuständig, in dem der Beklagte seinen Wohnsitz hat, sofern es sich bei dem Mieter oder Pächter um eine natürl Person handelt und keine Partei in dem Vertragsstaat wohnt, in dem die unbewegl Sache belegen ist (Lugano-Fassung). Dagegen ist Art 16 Nr 1b EuGVÜ 1989 enger gefaßt: Der zusätzl Gerichtsstand am Wohnsitz des Bekl ist nur gegeben, wenn beide Parteien des kurzfristigen Miet- und Pachtvertrages natürliche Personen sind und ihren Wohnsitz in demselben Vertragsstaat haben.

3 Auch sonst ist die **ratio conventionis unausgewogen.** Man kann zwar nicht außerhalb des Belegenheitsstaates wegen der Vermietung eines Hauses in einem anderen Staat (zB am Wohnsitz des Bekl oder am forum prorogatum, Art 17 III) klagen, aber auf **Übereignung und Übergabe dieses Hauses,** Remien RabelsZ 51 (1987) 250 sowie auf Entschädigung für gezogene Nutzungen einer Immobilie, (weil Übereignung unwirksam ist), EuGH 9.6.1994. – Art 16 Nr 1 gilt nicht für Reservierungsvermittlungsvertrag, LG Hamburg RR 87, 370 = IPRspr 86/140 und allgemein nicht für Ferienwohnungsveranstaltungsvertrag, BGH NJW 92, 3158 = IPRax 93, 244 (Lindacher 228), Kartzke NJW 94, 823. – **Verbandsklage** (§§ 13 ff AGBG) gegen Verwender von AGB betr ausl Ferienwohnungen fällt nicht unter Art 16 Nr 1, sondern allenfalls ein Individualverf, BGHZ 109, 29 = RIW 90, 64 = EuZW 90, 36 (Nagel) = IPRax 90, 318 (W. Lorenz); BGH RIW 92, 1025 = NJW 92, 3158 = IPRax 93, 244 (Lindacher 228), Kartzke NJW 94, 824.

4 Art 16 Nr 1 umfaßt nicht alle Klagen, die dingl Rechte an unbewegl Sachen zum Gegenstand haben, sondern nur solche, die darauf gerichtet sind, Umfang oder Bestand einer unbewegl Sache, das Eigentum, den Besitz oder das Bestehen anderer dingl Rechte hieran zu bestimmen und den Inhabern dieser Rechte den Schutz der mit ihrer Rechtsstellung verbundenen Vorrechte zu sichern.

5 Die **Gläubigeranfechtungsklage** des franz Rechts hat ihre Grundlage in einem persönl Recht des Gläubigers gegen seinen Schuldner und fällt nicht unter Art 16 Nr 1. Zwar müssen nach den im Immobiliarrecht bestimmter Mitgliedsstaaten geltenden Publizitätsregeln Klagen, die darauf gerichtet sind, Handlungen, die sich auf diesen Publizitätsregeln unterworfene Rechte beziehen, widerrufen oder gegenüber Dritten für unwirksam erklärt werden, und die auf solche Klagen ergangenen gerichtl Entscheidungen bekanntgemacht werden; dies genügt nicht, um

Art 16 Nr 1 zu bejahen. Der Schutz der Rechte Dritter, dem solche Regeln des nationalen Rechts dienen sollen, kann erforderlichenfalls durch eine Bekanntmachung in der Form und an dem Ort sichergestellt werden, die die lex rei sitae vorsieht, EuGH 10.1.1990.

Der Umstand, daß ein Vertrag über die **Verpachtung eines Gewerbebetriebes** eine vom Verpächter gemietete unbewegl Sache umfaßt, begründet noch nicht den Gerichtsstand des Art 16 Nr 1, EuGH 14.12.1977. 6

Der EuGH meint, bei den in Art 16 Nr 2 bis 5 vorgesehenen ausschließl Zuständigkeiten liege es auf der Hand, daß die betr Gerichte am besten in der Lage seien, über die entspr Streitigkeiten zu entscheiden. Das gleiche gelte auch für die ausschließl Zuständigkeit zugunsten der Gerichte des Vertragsstaates, in dem die unbewegl Sachen belegen sind, für Klagen, die dingl Rechte an unbewegl Sachen bzw die Miete und Pacht von unbewegl Sachen zum Gegenstand haben, Art 16 Nr 1. Streitigkeiten über dingl Rechte an unbewegl Sachen seien nach der lex rei sitae zu entscheiden und sie erforderten häufig Tätigkeiten von Sachverständigen, die notwendigerweise am locus rei sitae erfolgen müßten, so daß die Anordnung einer ausschließl Zuständigkeit im Interesse eines sachgerechten Rechtsschutzes liege. 7

Diese Überlegungen gelten jedoch nach EuGH 14.12.1977 nicht, wenn der **Hauptgegenstand des Vertrages anderer Natur** ist, zB Verpachtung eines Gewerbebetriebes. Art 16 sei eng auszulegen, weil die Ausschließlichkeit dazu führe, daß den Parteien die Wahlmöglichkeit (Art 17) genommen werde, Geimer/Schütze I 861. 8

Unterpachtverhältnis fällt auch unter Nr 1. AA Düsseldorf RIW 90, 669. 8a

III) Nr 3: Hierzu Geimer/Schütze I 771. 9

IV) Nr 4: Hierzu EuGH 15.11.1983, Vivant RIW 91, 26. – Das noch nicht in Kraft getretene **Luxemburger Übereinkommen über das Europäische Patent** für den Gemeinsamen Markt v 15.12.1975 idF v 21.12.1989, hierzu Stauder GRUR Int 76, 516) erklärt das GVÜ grundsätzl für anwendbar (Art 68), enthält jedoch für Patentsachen einige Abweichungen (Art 69 ff). S auch Krieger/Brouër/Schennen GRUR Int 90, 173. Ähnlich ist die Rechtslage nach Art 90 ff der EG-Verordnung Nr 40/94 über die Gemeinschaftsmarke v 20.12.1993, ABl Nr L 11, 1 v 14.1.94. Hierzu Kohler FS Everling, 1995, 611; Kropholler Rn 56. 10

V) Nr 5: Hierzu EuGH 4.7.1985; MK/Gottwald Rn 28. Nicht hierunter fällt Gläubigeranfechtungsklage, mit der Rückgängigmachung einer dingl Übertragung erreicht werden soll, EuGH 26.3.1992. 11

6. Abschnitt – Vereinbarung über die Zuständigkeit

Art. 17. (1) Haben die Parteien, von denen mindestens eine ihren Wohnsitz in dem Hoheitsgebiet eines Vertragsstaats hat, vereinbart, daß ein Gericht oder die Gerichte eines Vertragsstaats über eine bereits entstandene Rechtsstreitigkeit oder über eine künftige aus einem bestimmten Rechtsverhältnis entspringende Rechtsstreitigkeit entscheiden sollen, so sind dieses Gericht oder die Gerichte dieses Staates ausschließlich zuständig. Eine solche Gerichtsstandsvereinbarung muß geschlossen werden

a) schriftlich oder mündlich mit schriftlicher Bestätigung,

b) in einer Form, welche den Gepflogenheiten entspricht, die zwischen den Parteien entstanden sind, oder

c) im internationalen Handel in einer Form, die einem Handelsbrauch entspricht, den die Parteien kannten oder kennen mußten und den Parteien von Verträgen dieser Art in dem betreffenden Geschäftszweig allgemein kennen und regelmäßig beachten.

Wenn eine solche Vereinbarung von Parteien geschlossen wurde, die beide ihren Wohnsitz nicht im Hoheitsgebiet eines Vertragsstaats haben, so können die Gerichte der anderen Vertragsstaaten nicht entscheiden, es sei denn, das vereinbarte Gericht oder die vereinbarten Gerichte haben sich rechtskräftig für unzuständig erklärt.

(2) Ist in schriftlich niedergelegten trust-Bedingungen bestimmt, daß über Klagen gegen einen Begründer, trustee oder Begünstigten eines trust ein Gericht oder die Gerichte eines Vertragsstaats entscheiden sollen, so ist dieses Gericht oder sind diese Gerichte ausschließlich zuständig, wenn es sich um Beziehungen zwischen diesen Personen oder ihre Rechte oder Pflichten im Rahmen des trust handelt.

(3) Gerichtsstandsvereinbarungen und entsprechende Bestimmungen in trust-Bedingungen haben keine rechtliche Wirkung, wenn sie den Vorschriften der Artikel 12 oder 15 zuwiderlaufen oder wenn die Gerichte, deren Zuständigkeit abbedungen wird, auf Grund des Artikels 16 ausschließlich zuständig sind.

(4) Ist eine Gerichtsstandsvereinbarung nur zugunsten einer der Parteien getroffen worden, so behält diese das Recht, jedes andere Gericht anzurufen, das auf Grund dieses Übereinkommens zuständig ist.

(5) Bei individuellen Arbeitsverträgen haben Gerichtsstandsvereinbarungen nur dann rechtliche Wirkung, wenn sie nach der Entstehung der Streitigkeit getroffen werden *[der folgende Halbsatz fehlt im Lugano-Übereinkommen, er gilt also nur für die EuGVÜ-Vertragsstaaten nach Maßgabe des 3. Beitrittsübereinkommens]* **oder wenn der Arbeitnehmer sie geltend macht, um ein anderes Gericht als das am Wohnsitz des Beklagten oder das in Artikel 5 Nummer 1 bezeichnete anzurufen.**

Lit: *Hernández-Breton*, Internationale Gerichtsstandsklauseln in Allgemeinen Geschäftsbedingungen, 1993; *Killias,* Gerichtsstandsvereinbarungen nach dem Lugano-Übereinkommen 1993; *Kim*, Internationale Gerichtsstandsvereinbarungen, 1995; *Reithmann/Martiny/Hausmann* Rn 1172 ff; *Staehelin*, Gerichtsstandsvereinbarungen im internationalen Handelsverkehr Europas, 1993; *Stöve*, Gerichtsstandvereinbarungen nach Handelsbrauch,

Art. 17 EuGVÜ und § 38 ZPO, 1993; *Volz*, Harmonisierung des Rechts der individuellen Rechtswahl, der Gerichtsstandsvereinbarung und der Schiedsvereinbarung im Europäischen Wirtschaftsraum (EWR), 1993.

1 **I)** Art 17 verankert den Grundsatz der **Prorogationsfreiheit.** Schranken ergeben sich nur aus 1. dem Verbot von pauschalen, nicht auf konkrete Rechtsverhältnisse bezogenen Zuständigkeitsvereinbarungen, Geimer/Schütze I 909; 2. dem Verbot, die in Art 16 niedergelegten ausschließl internationalen Zuständigkeiten zu derogieren; 3. den zeitl Schranken in Versicherungs-, Verbraucher- und Arbeitssachen, Art 12 Nr 1, Art 15 Nr 1 und Art 17 V, Geimer/Schütze I 495, 911.

2 Das GVÜ beschränkt die Prorogationsfreiheit der Parteien nicht auf vermögensrechtl Streitigkeiten (vgl § 40 ZPO), Geimer/Schütze I 908.

3 **II) Anwendungsbereich des GVÜ.** Hierzu Art 2 Rn 9, 15, Prinzing IPRax 90, 84; MK/Gottwald Rn 1, 9. Wohnt der Bekl nicht in einem Vertragsstaat, kommt es zu einem **Zusammenspiel zwischen nationalem und europäischem Zuständigkeitsrecht**: Einerseits gilt – vorbehaltl Art 16 – das nationale ZuständigkeitsR, Art 4 I; andererseits findet bezügl der Zuständigkeitsvereinbarung das ZuständigkeitsR des Übereinkommens bereits dann Anwendung, wenn eine Partei (auch der Kläger) ihren Wohnsitz im geographischen Anwendungsbereich des GVÜ hat, München RIW 89, 901. Insoweit gilt für die durch Zuständigkeitsvereinbarung begründete internationale und die örtl Zuständigkeit Art 17. Praktisch bedeutsam ist die Begründung der internationalen Zuständigkeit durch die nach Art 17, nicht nach §§ 38 ff ZPO zu beurteilende Prorogation nur, wenn Deutschland nicht bereits nach §§ 12 ff, insbes § 23 ZPO kraft Gesetzes international zuständig ist, Art 4 I, Geimer NJW 86, 2993.

4 Ist schon nach nationalem ZuständigkeitsR die internationale Zuständigkeit Deutschlands begründet, zB auf Grund § 23 ZPO, fehlt es aber an der örtl Zuständigkeit des konkret angerufenen Gerichts, so hat die Zuständigkeitsvereinbarung nur Bedeutung für die örtl Zuständigkeit. § 38 ZPO kommt hinsichtl der örtl Zuständigkeit nur zum Zuge, wenn beide Parteien im Inland wohnen (**reiner Inlandsfall**), oder wenn sie **beide außerhalb des geographischen Anwendungsbereichs des GVÜ wohnen oder überhaupt keinen Wohnsitz haben** (insoweit ist Art 17 nicht anwendbar).

5 Nach einer verbreiteten Meinung (Art 2, Rn 9, 15) ist der Anwendungsbereich des Art 17 teleologisch zu reduzieren. Abgesehen von den reinen Inlandsfällen (zwei in Deutschland wohnhafte Personen vereinbaren die Zuständigkeit eines deutschen Gerichts) seien auch die **Fälle auszuscheiden, wo es nur um die Zuständigkeitsabgrenzung zu einem dritten Staat gehe.** Die Anwendbarkeit des Art 17 hinge davon ab, ob eine **Anknüpfung zu mehreren Vertragsstaaten** gegeben ist, Kohler IPRax 83, 266 Fn 9, München IPRax 91, 46 (krit Geimer 31); Karlsruhe RR 93, 567 = IPRspr 92/199. Beispiel: Ein Kaufmann in München vereinbart mit seinem Geschäftspartner in St. Petersburg die Zuständigkeit des LG München I. Diese Auffassung findet im Wortlaut des Übk jedoch keine Stütze; sie ist auch wegen der mit ihr verbundenen praktischen Schwierigkeiten abzulehnen, Geimer/Schütze I 202, 229, 888; Geimer NJW 1986, 1438 u IPRax 91, 31; Kropholler FS Ferid 1988, 242; Jayme 120; Reithmann/Martiny/Hausmann Rn 1183; Schack IPRax 90, 20; München RIW 89, 901 = ZZP 103 (1990) 84 (abl Schmidt 91). Unentschieden Heß IPRax 92, 358.

Zum **maßgebl Zeitpunkt** Geimer/Schütze I 205, 886. – Art 2 Rn 17.

6 **III) Form:** Die mündl Vereinbarung über den Gerichtsstand muß – sofern nicht nach den Alternativen b) und c) Formfreiheit besteht – von einer Partei schriftl bestätigt werden; diese Bestätigung muß der anderen zugegangen sein (**halbe Schriftlichkeit**). Schriftl Bestätigung des (begünstigten) Kl genügt; Bestätigung durch den Bekl ist nicht erforderl, EuGH 11.7.1985; BGH NJW 86, 2196 = IPRspr 85/148. Bei **Zuständigkeitsvereinbarungen zugunsten Dritter** (Rn 19) genügt schriftl Bestätigung durch den (am Prozeß nicht beteiligten) Vertragsschließenden, Geimer NJW 85, 533; EuGH 14.7.1983. – **Internationale Handelsbräuche:** Köln RIW 88, 556; Stöve, Gerichtsstandsverträge nach Handelsbrauch, Art 17 EuGVÜ und § 38 ZPO, 1993; Schlußanträge Rn 89 ff des Generalanwalts Lenz in EuGH 29.6.1994.

7 **Mündl Zuständigkeitsvereinbarungen** müssen von einer Partei schriftl bestätigt worden sein **(halbe Schriftlichkeit).** Dadurch soll der Nachweis der Einigung der Parteien über die internationale Pro- bzw Derogation erleichtert werden, Geimer/Schütze I 479, 935. Art 17 I kann und will den **Zeugenbeweis** aber nicht ausschließen. Die schriftl Bestätigung der Zuständigkeitsvereinbarung kann deshalb nicht nur durch Urkundenvorlage bewiesen werden, sondern auch durch Zeugen bzw Parteivernehmung, Geimer IPRax 86, 87. Dies ist zB bedeutsam, wenn Urkunde verloren gegangen oder unauffindbar ist.

8 **IV)** Das **Zustandekommen der Willenseinigung** über die Pro- bzw Derogation beurteilt sich nach (ungeschriebenem) EinheitsR der Konvention, Geimer/Schütze I 485. Ähnl Generalanwalt Lenz in seinen Schlußanträgen Rn 96 ff EuGH 29.6.1994. Anders hM, Düsseldorf RIW 90, 579; Saarbrücken RIW 92, 670 = NJW 92, 987 = IPRax 92, 165 (Rauscher 143) = IPRspr 91/180.

8a Zuständigkeitsvereinbarungen in AGB sind zwar grundsätzl mögl. Es ist jedoch bes Vorsicht am Platze. So genügt es nicht, wenn eine AGB-Gerichtsstandsklausel auf der Rückseite eines auf dem Geschäftspapier dieser Partei niedergelegten schriftl Vertrags abgedruckt ist, da nicht sicher ist, daß die andere Partei tatsächl dieser Klausel zugestimmt hat. Ein bloßes Aushändigen von AGB reicht ebenfalls nicht. Anders ist es, wenn der von beiden Parteien unterzeichnete Vertragstext ausdrückl auf die die Gerichtsstandsklausel enthaltende AGB Bezug nimmt. **Ein spezieller Hinweis gerade auf die Gerichtsstandsklausel ist aber nicht notwendig,** EuGH 14.12.1976, Geimer/Schütze I 483, 491; Reithmann/Martiny/Hausmann Rn 1192. Für die Einbeziehung von AGB in die Willenseinigung schafft das Übereinkommen in Art 17 EinheitsR: AA hM, die auf das Vertragsstatut des Hauptvertrages abstellt, LG München I NJW 96, 401.

Die Parteien können auch im Text ihres Vertrages auf ein **vorangegangenes Angebotsschreiben** Bezug nehmen, das seinerseits auf die eine Gerichtsstandsklausel enthaltenden AGB hingewiesen hatte. Erforderl ist aber ein deutl Hinweis, dem eine Partei bei Anwendung der normalen Sorgfalt nachgehen kann; auch müssen mit dem Angebot, auf das Bezug genommen worden ist, die die Gerichtsstandsklausel enthaltenden AGB der anderen Partei tatsächl zugegangen sein, und zwar spätestens mit dem Bestätigungsschreiben, Köln ZBinnSch 91, 877 = IPRspr 91/165. **Mittelbare oder stillschweigende Verweisungen auf vorangegangenen Schriftwechsel sind nicht ausreichend,** da in diesem Fall keine Gewißheit darüber besteht, ob sich die Einigung auch auf die Gerichtsstandsklausel erstreckt. Eine Zuständigkeitsvereinbarung ist aber zustandegekommen, wenn beide Parteien über die Anwendung der eine Gerichtsstandsklausel enthaltenden AGB des einen Vertragsteils einig sind und dem anderen Vertragsteil diese AGB zum Zeitpunkt der mündl Einigung vorliegen oder übergeben wurden, so daß dieser die Möglichkeit hat, von der darin enthaltenen Gerichtsstandsklausel bei normaler Sorgfalt Kenntnis zu nehmen, EuGH 14.12.1976, Stuttgart IPRax 89, 174; LG Rottweil IPRax 89, 45 (Lüderitz) = IPRspr 88/148. Nicht ausreichend aber, wenn eine Partei bei mündl Vertragsschluß darauf hinweist, sie wolle ihre AGB in das Vertragsverhältnis einbeziehen, diese aber erst später, zB im Zusammenhang mit der **schriftl Auftragsbestätigung,** der anderen Partei ausgehändigt werden, BGH RIW 94, 508. Auch wenn sich der andere Vertragsteil mündl mit den AGB in toto einverstanden erklärt hatte, hatte er gleichwohl keine Gelegenheit, von der Gerichtsstandsklausel Kenntnis zu nehmen. Etwas anderes gilt, wenn der Verwender der AGB seinen Vertragspartner ausdrückl darauf aufmerksam gemacht hat, daß die AGB eine Zuständigkeitsklausel enthalten. Denn dann liegt eine ausdrückl mündl Zuständigkeitsvereinbarung vor; Geimer/Schütze I 878. 9

Keine Willenseinigung über die Zuständigkeitsfrage liegt vor, wenn ein Kaufvertrag ohne jede Bezugnahme auf bestehende AGB abgeschlossen wird; denn dann ist eine Gerichtsstandsklausel nicht Gegenstand des von den Parteien mündl geschlossenen Vertrages. Die **nachfolgende Übermittlung der eine solche Klausel enthaltenden AGB** durch den Verkäufer führt daher nicht zu einer Änderung des von den Parteien mündl vereinbarten Vertragsinhalts, es sei denn, diese Bedingungen werden vom Käufer (nachher noch) ausdrückl schriftl angenommen. Sein **Schweigen auf das Bestätigungsschreiben** ist jedoch einer Annahme nicht gleichzusetzen, EuGH 14.12.1976; BGH NJW 94, 2699. Zur wirksamen Einbeziehung einer Gerichtsstandsklausel, die mittels „Aufkleber" hinzugefügt wurde, Düsseldorf RIW 90, 577. – Zu fremdsprachl AGB Kohler IPRax 91, 299. 10

Formalternative (b) – Gepflogenheiten der Parteien: Anders ist es jedoch, wenn ein Vertrag **im Rahmen laufender Geschäftsbeziehungen** zwischen den Parteien mündl geschlossen wird und wenn dieser in seiner Gesamtheit allgemein den AGB unterliegt, die eine Gerichtsstandsklausel beinhalten. Wollte der Empfänger der Auftragsbestätigung bei dieser Sachlage die Zuständigkeitsvereinbarung leugnen, so verstieße er gegen Treu und Glauben, auch wenn es an einer schriftl Annahme seinerseits fehlt, Geimer/Schütze I 880. Eine laufende Geschäftsverbindung ist jedenfalls dann zu verneinen, wenn nur *eine* Bestellung vorausgegangen war, Köln RIW 88, 557. 11

Formalternative (c) – Handelsbrauch: Mündl Zuständigkeitsvereinbarungen (ohne schriftl Bestätigung) sind wirksam, soweit dies **internationalen Handelsbräuchen** entspricht. Zu solchen trade terms LG Essen RIW 92, 227 (M. J. Schmidt 173) = WM 92, 3208 = IPRspr 91/167; LG Münster RIW 92, 230 = IPRspr 91/168. S auch Geimer/Schütze I 480, 938; Kropholler Rn 46; Stöve, Gerichtsstandsvereinbarungen nach Handelsbrauch, 1993. 11a

V) In seinem Anwendungsbereich **verdrängt Art 17 das nationale Recht** vollkommen: Das GVÜ stellt insoweit eine in sich abgeschlossene Regelung des Rechts der Zuständigkeitsvereinbarungen dar, die einer Ergänzung durch das nationale Zuständigkeitsrecht nicht zugängl ist, Rn 8. Prorogations- und Derogationsverbote des nationalen Rechts sind deshalb nicht zu beachten, zB § 38 II und III, § 26 FernUSG, § 7 HausTWG, § 53 III KWG, § 109 I VAG sowie die Bestimmungen des AGBG, Staudinger/Schlosser § 12 Rn 6; München RIW 89, 902. Das gleiche gilt für das im kartellrechtl Schrifttum aus § 98 II GWB deduzierte (angebl) Derogationsverbot für Ansprüche nach dt KartellR, Stuttgart RIW 91, 333. Auch die vom nationalen Gesetzgeber aufgestellten Vorschriften über die **Verwendung bestimmter Sprachen** für den Abschluß von Verträgen sind im Anwendungsbereich des Art 17 nicht zu beachten, EuGH 24.6.1981; Reithmann/Martiny/Hausmann Rn 1172, 1211; Aull Jb ital Recht 2 (1992) 162. S auch Schücking GS Arens, 1993, 385. 12

VI) Kein Mißbrauchsvorbehalt: Die Pro- bzw Derogationsverbote des nationalen Rechts lassen sich auch nicht indirekt über einen (ungeschriebenen) Mißbrauchsvorbehalt durchsetzen. Eine solche Mißbrauchskontrolle findet – sofern eine wirksame Willenseinigung (Rn 8) vorliegt – nicht statt. 12a

VII) Art 17 differenziert nicht – wie § 38 ZPO – danach, ob die Zuständigkeitsvereinbarung von Kaufleuten oder Nichtkaufleuten geschlossen wurde. Für **Kaufleute gilt kein Sonderrecht.** Ausnahme Formalternative c (Rn 11a). 13

VIII) Reichweite der Zuständigkeitsvereinbarung: Die Zuständigkeitsvereinbarung umfaßt iZw auch (in Anspruchskonkurrenz stehende) **deliktische Anspruchsgrundlagen**, München RIW 89, 902. – Zur Frage, inwieweit sich die **Befristung des Hauptvertrages** (materiellrechtl Vertragsverhältnisses) auf die Zuständigkeitsvereinbarung auswirkt, EuGH 11.11.1986. 13a

IX) Ausschließlichkeit des forum prorogatum: Es hängt vom Willen der Parteien ab, ob der als international zuständig vereinbarte Vertragsstaat ausschließl zuständig sein soll mit der Wirkung, daß die übrigen Vertragsstaaten international unzuständig sind, engl High Court of Justice Kurz v. Stella, RIW 92, 139 (Ebert-Weidenfeller). Art 17 I begründet eine **Vermutung für die Ausschließlichkeit.** EuGH 24.6.1986 lehnt die objektive Theorie ab. Danach käme es darauf an, ob die Zuständigkeit dem Kläger objektiv zum Vorteil gereicht oder nicht. Dieser könne also trotz entgegenstehender Zuständigkeitsvereinbarung den Gegner an seinem Wohnsitz verklagen, wenn er sich davon einen Vorteil verspricht. Dagegen auch BGH RIW 86, 996. – Trotz Ausschließlichkeit will BGH NJW 88, 646 = RIW 87, 624 = IPRspr 87/124 örtl Zuständigkeit nach § 36 Nr 3 bestimmen. – Vgl Art 2 Rn 23. 14

14a **X) Zu Art 17 IV:** Geimer EWiR 86, 793; Kohler IPRax 86, 344.

14b **XI) Arbeitsverträge: Art 17 V:** Halbsatz 2 lockert das Prorogationsverbot zugunsten des Arbeitnehmers auf, weil sich der Arbeitnehmer als Kläger auch auf eine vorprozessuale Vereinbarung in einen individuellen Arbeitsvertrag berufen kann, soweit sie ihm einen zusätzlichen Gerichtsstand eröffnet. Das EuGVÜ ist also aus der Perspektive des Normzwecks (vgl auch Art 12 Nr 2, 15 Nr 2) präziser formuliert als das LugÜ.

15 **XII)** Der Streitgegenstand braucht **keinerlei Bezug zum forum prorogatum** zu haben. Auch ist ein Gleichlauf zwischen Zuständigkeit und anwendbarem Recht in Art 17 nicht vorgesehen, Geimer/Schütze I 916. Art 17 verbietet den Gerichten der Vertragsstaaten, die Derogation der eigenen (nach Art 2 ff an sich gegebenen) internationalen Zuständigkeit für unwirksam zu erklären, weil das forum prorogatum das aus der Sicht des forum derogatum international zwingende Recht nicht anwendet. AA Reithmann/Martiny/Hausmann Rn 1213. Auch sonst werden die Derogationsverbote des nationalen Rechts durch Art 17 verdrängt, Stuttgart RIW 91, 335 = IPRax 92, 86 (Roth 68), Geimer/Schütze I 905.

16 **XIII) Aufrechnung mit einer Forderung, für deren Geltendmachung die ausschließl internationale Zuständigkeit eines anderen Vertragsstaates oder eines Nichtvertragsstaates vereinbart ist?** Es kommt auf den Willen der Parteien an. Im Wege der Auslegung ist unter Berücksichtigung aller Umstände des Einzelfalls zu ermitteln, ob die Parteien mit der Derogation auch die Geltendmachung der Forderung im Wege der Aufrechnung ausschließen wollten, EuGH 9.11.1978; Geimer IPRax 86, 212; Reithmann/Martiny/Hausmann Rn 1223; MK/Gottwald Rn 58. Vgl auch Koblenz RIW 87, 629 = IPRspr 87/123. – Einschränkend München RIW 92, 672.

17 **XIV)** Das gleiche gilt für eine **Widerklage,** gestützt auf eine Forderung, für deren Geltendmachung die ausschließl internationale Zuständigkeit eines anderen Vertragsstaates oder eines Nichtvertragsstaates vereinbart ist: Es kommt darauf an, ob die Parteien die Geltendmachung der Forderung am forum derogatum auch für den Fall ausschließen wollten, daß der Widerkläger am forum derogatum belangt wird. Dies ist nicht der typische Wille der Parteien. Auch für diesen Fall ist idR davon auszugehen, daß die Widerklagemöglichkeit am forum derogatum nicht abbedungen ist.

18 **XV)** Die Gerichte der derogierten Vertragsstaaten sind an die **Entscheidungen des forum prorogatum über die Wirksamkeit der Zuständigkeitsvereinbarung** gebunden und umgekehrt, Geimer/Schütze I 924; Geimer FS Kralik, 1986, 179.

19 **XVI)** Zu den **subjektiven und objektiven Grenzen von Zuständigkeitsvereinbarungen** Geimer/Schütze I 926. **Zuständigkeitsvereinbarungen zugunsten Dritter** sind mögl, nicht jedoch zu Lasten Dritter, Rn 6; Geimer NJW 85, 533. – Zu Konossementen EuGH 19.6.1984; Hamburg TranspR 93, 25 = IPRspr 92/194.

20 **XVII)** Ob die ausschließl internationale Zuständigkeit eines anderen Vertragsstaates in Betracht kommt, Art 17 III, ist stets **von Amts wegen zu prüfen.** Im übrigen wird Wirksamkeit der Zuständigkeitsvereinbarung nur geprüft, wenn der Bekl am Verf nicht teilnimmt, Art 20 I. Nimmt er teil, dann erfolgt im Hinblick auf Art 18 Prüfung der Pro- bzw Derogation nur auf Rüge des Bekl, Geimer WM 86, 118.

20a **XVIII) Aussetzung des Rechtsstreits nach Art 22** bei Streit über Wirksamkeit der Zuständigkeitsvereinbarung LG Frankfurt/M IPRax 92, 388 = IPRspr 91/197.

21 **XIX) Gerichtsstandsklauseln in Satzungen** jur Personen des HandelsR (GmbH, AG) erfüllen die Voraussetzungen des Art 17 I; die Formerfordernisse des Art 17 I und unabhängig von der Art u Weise des Erwerbs der Aktien in bezug auf jeden Aktionär als erfüllt anzusehen, wenn die Satzung der Gesellschaft an einem ihm zugängl Ort hinterlegt ist oder in einem öffentl Register enthalten ist, EuGH 10.3.1992; Geimer/Schütze I 940. Schlußentscheidung: BGHZ 123, 347 = NJW 94, 51 = MDR 94, 148 = RIW 94, 237 = IPRspr 93/148 gegen Koblenz RIW 93, 141 = WuB VII B 1. Art 17 EuGVÜ Nr 1.93 (Ebenroth/Reiner) = EWiR 92, 989 (Geimer) = IPRspr 92/195. Dazu Bork ZHR 157 (1993), 48. Vgl auch Koblenz RIW 89, 739 = EWiR 89, 885 (Geimer); LG Mainz WM 89, 1053 = IPRspr 88/164.

22 **XX) Einstweiliger Rechtsschutz:** Im Zweifel wird auch internationale Zuständigkeit für einstw Rechtsschutz derogiert, Geimer/Schütze I 922. Anders MK/Gottwald Rn 61 unter Hinweis auf Art 24 iVm §§ 802, 40 II ZPO.

Art. 18. Sofern das Gericht eines Vertragsstaats nicht bereits nach anderen Vorschriften dieses Übereinkommens zuständig ist, wird es zuständig, wenn sich der Beklagte vor ihm auf das Verfahren einläßt. Dies gilt nicht, wenn der Beklagte sich nur einläßt, um den Mangel der Zuständigkeit geltend zu machen oder wenn ein anderes Gericht auf Grund des Artikels 16 ausschließlich zuständig ist.

Lit: *Schulte-Beckhausen*, Internationale Zuständigkeit durch rügelose Einlassung im Europäischen Zivilprozeßrecht, 1994

1 Ist der Gerichtsstaat nach Art 2 ff an sich international unzuständig, kann seine internationale Zuständigkeit nach Art 18 begründet werden. Ist er nur hinsichtl eines Teils des Streitgegenstands international zuständig, so begründet die rügelose Einlassung die internationale Zuständigkeit bezügl des Restes. Art 18 gilt im Anwendungsbereich der Vorschrift auch für die örtl Zuständigkeit, Geimer/Schütze I 957.

1a Hat der Bekl die internationale (nicht nur die örtl) Unzuständigkeit gerügt, dann kann er sich (hilfsweise) auch zur Sache einlassen, EuGH 31.3.1982; EuGH 14.7.1983; Koblenz RIW 87, 144 = IPRax 308 (Schwarz 291) = IPRspr 87/122; Saarbrücken RIW 92, 670; LG Frankfurt/M RIW 93, 933. Der Bekl kann das Bestreiten der internationalen Zuständigkeit auch noch in der Berufungsinstanz aufgeben mit der Folge, daß Deutschland gemäß Art 18 international zuständig wird, Geimer/Schütze I 954; Geimer RIW 88, 221. Vgl auch Koblenz RIW 92, 59 = IPRspr 91/174. AA zu § 39 ZPO BGH NJW 87, 3081 = RIW 790 = IPRax 89, 166 (Samtleben 148) = IPRspr 87/131.

Art 18 setzt nicht eine **Einlassung zur Hauptsache** voraus; auch Einreden zum Verfahren (außer der Rüge der internationalen Zuständigkeit) genügen, um die internationale Zuständigkeit gem Art 18 zu begründen, Koblenz RIW 91, 63. 2

Zur Frage, inwieweit ein vereinbartes **prozessuales Aufrechnungsverbot** durch rügelose Einlassung des Klägers beseitigt wird, vgl Art 17 Rn 16. 3

Art 18 ist auch dann anwendbar, wenn die Parteien eine Zuständigkeitsvereinbarung iSv Art 17 getroffen haben, EuGH 7.3.1985; 15. 11. 1983; Koblenz RIW 91, 592 = IPRspr 91/172. 4

Art 18 verdrängt nationale **Präklusionsvorschriften,** Köln NJW 88, 2182 = IPRspr 88/157. 5

7. Abschnitt – Prüfung der Zuständigkeit und der Zulässigkeit des Verfahrens

Art 19. Das Gericht eines Vertragsstaats hat sich von Amts wegen für unzuständig zu erklären, wenn es wegen einer Streitigkeit angerufen wird, für die das Gericht eines anderen Vertragsstaats auf Grund des Artikels 16 ausschließlich zuständig ist.

Art 20. Läßt sich der Beklagte, der seinen Wohnsitz in dem Hoheitsgebiet eines Vertragsstaats hat und der vor den Gerichten eines anderen Vertragsstaats verklagt wird, auf das Verfahren nicht ein, so hat sich das Gericht von Amts wegen für unzuständig zu erklären, wenn seine Zuständigkeit nicht auf Grund der Bestimmungen dieses Übereinkommens begründet ist.

Das Gericht hat die Entscheidung so lange auszusetzen, bis festgestellt ist, daß es dem Beklagten möglich war, das den Rechtsstreit einleitende Schriftstück oder ein gleichwertiges Schriftstück so rechtzeitig zu empfangen, daß er sich verteidigen konnte oder daß alle hierzu erforderlichen Maßnahmen getroffen worden sind.

An die Stelle des vorstehenden Absatzes tritt Artikel 15 des Haager Übereinkommens vom 15. November 1965 über die Zustellung gerichtlicher und außergerichtlicher Schriftstücke im Ausland in Zivil- oder Handelssachen, wenn das den Rechtsstreit einleitende Schriftstück gemäß dem erwähnten Übereinkommen zu übermitteln war.

Anwendungsbereich: Extensiv auszulegen: immer, wenn europäisches ZuständigkeitsR – auch nur partiell – zur Anwendung kommt, gilt Art 20 I, Geimer/Schütze I 326; Kropholler FS Ferid 1988, 243. Zur inhaltl Abweichung der Zuständigkeitsprüfung nach GVÜ und den autonomen Regeln der ZPO Geimer IZPR Rn 1821, 1823. 1

Wenn man mit Weth, Die Zurückweisung verspäteten Vorbringens im ZP, 1988, 113, aus § 296 III ZPO ableitet, daß die Zuständigkeitsrüge bereits vor der mündl Verhandlung innerhalb der Klageerwiderungsfrist (§§ 275 I 1, 276 I 2, § 282 III) erhoben werden muß (aA oben § 39 Rn 5, § 296 Rn 29), dann stellt sich die Frage, ob diese **Präklusionsvorschrift auch im Anwendungsbereich des GVÜ** gilt. Verneinend Köln RIW 88, 556. Doch dürfte diese Entscheidung im Hinblick auf Art 18 Rn 1 (maßgebl Zeitpunkt) nicht richtig sein. 2

Bei internationaler Unzuständigkeit kommt eine **Verweisung an ein (ausl) Gericht** nicht in Betracht, Geimer/Schütze I 330; Köln RIW 88, 555 (558). 3

Prüfung, ob ein anderer Vertragsstaat gem Art 16 international zuständig ist (Art 19), erfolgt in jeder Lage des Verfahrens von Amts wegen, selbst wenn nationales Recht eine Rüge verlangt. Insoweit verdrängt bzw überlagert das GVÜ das nationale Recht, EuGH 15.11.1983. 4

Im übrigen dient Prüfung der internationalen Zuständigkeit (**Art 20** I) dem **Schutz des Bekl.** Daher Prüfung von Amts wegen nur, wenn Bekl am Verf nicht teilnimmt. Ansonsten muß Bekl internationale Unzuständigkeit rügen, Art 18, Geimer WM 86, 118. 5

Rechtzeitigkeit der Ladung (Art 20 II und III): Es wäre rechtspolitisch verfehlt, den Erstrichter nur nach seiner lex fori bzw. nach den vom Gerichtsstaat ratifizierten internationalen Übereinkommen prozedieren zu lassen. Das GVÜ schafft auch in diesem Punkt EinheitsR. Art 20 II und III stipulieren einen *Mindeststandard*, Geimer/Schütze I/1 1089. Auf die *Staatsangehörigkeit des Bekl* kommt es nicht an. Art 20 schützt aber leider nur den Bekl, der in einem anderen Vertragsstaat wohnt bzw. dort seinen Sitz (Art 53) hat. Die „draußen vor der Tür" werden durch das Übereinkommen nicht geschützt. Art 20 gilt nicht für reine Inlandsprozesse; auch dies ist zu kritisieren, Geimer/Schütze I/1 1090, Gottwald Rn 2. Entscheidend ist Zeitpunkt, in dem die Ladung dem Bekl ordnungsmäßig zugegangen ist; darauf, ob und wann er von der Ladung tatsächl Kenntnis erlangt hat, kommt es nicht an, Jenard-Bericht zu Art 20 II. Weitergehend Gottwald Art 20 Rn 9. 6

Ob der Zugang „rechtzeitig" war, ist eine Tatfrage, die der mit der Sache befaßte Richter nach seinem Ermessen zu beurteilen hat.

Nach Art 20 III hat Art 15 HZÜ (§ 199 Rn 46) Vorrang. Art 20 II daher nur mehr bedeutsam im Verhältnis zu Irland, Island und Österreich, da die anderen Vertragsstaaten des EuGVÜ bzw LugÜ das HZÜ in Kraft gesetzt haben.

Art 15 I HZÜ gilt nur für die *Verfahrenseröffnung*, also die Klage- bzw. Antragsschrift bzw. Ladung oder ein entsprechendes, das Verfahren einleitende Schriftstück, nicht jedoch für andere Schriftstücke, die erst im Laufe des Verf zuzustellen sind. Ein weitergehender Schutz ist im HZÜ nicht vorgesehen. Nur das nationale VerfahrensR bestimmt, ab wann *Einlassungs- oder Rechtsmittelfristen* laufen.

8. Abschnitt – Rechtshängigkeit und im Zusammenhang stehende Verfahren

Art. 21. Werden bei Gerichten verschiedener Vertragsstaaten Klagen wegen desselben Anspruchs zwischen denselben Parteien anhängig gemacht, so setzt das später angerufene Gericht das Verfahren von Amts wegen aus, bis die Zuständigkeit des zuerst angerufenen Gerichts feststeht.

Sobald die Zuständigkeit des zuerst angerufenen Gerichts feststeht, erklärt sich das später angerufene Gericht zugunsten dieses Gerichts für unzuständig.

Lit: *Dohm,* Die Einrede ausl Rechtshängigkeit im dt IZPR, 1996; *Isenburg-Epple,* Die Berücksichtigung ausländischer Rechtshängigkeit nach dem EuGVÜ, 1992; *Koch,* Unvereinbare Entscheidungen iSd Art 27 Nr 3 und 5 EuGVÜ und ihre Vermeidung, 1993; *Safferling,* Rechtshängigkeit im deutsch-französischen Scheidungsverfahren, 1996; *Wittibschlager,* Rechtshängigkeit in internationalen Verhältnissen, 1994

1 Das später angerufene Gericht erklärt sich nach Art 21 nF nicht mehr für unzuständig, sondern setzt das Verf aus. Diese Neufassung soll verhindern, daß beide Klagen abgewiesen werden, obwohl das später angerufene Gericht eigentl zuständig gewesen wäre und gegenüber einer neuen Klage wegen des Zeitablaufs der Einwand der Verjährung geltend gemacht werden könnte.

2 **Ratio conventionis:** Es sollen Doppelprozesse und vor allem einander widersprechende Entscheidungen vermieden werden, EuGH 8.12.1987; Geimer/Schütze I/1 347. Ergehen trotzdem in der gleichen Sache zwei oder mehr Entscheidungen, so gelten die unten Art 27 Rn 26, 33 dargestellten Konkurrenzregeln.

3 Der EuGH stellt keine einheitl Regeln für den **Beginn der nach Art 21 relevanten Rechtshängigkeit** auf, sondern verweist auf jew lex fori, EuGH 7.6.1984. Für **einheitl konventionsrechtl Kriterien** aber Geimer FS Schwind, 1993, 32 Fn 116; Rüßmann IPRax 1995, 77; Schack RabelsZ 58 (1994), 54. Denn sonst könnte im Hinblick auf § 261 I eine bei einem dt Gericht eingereichte Klage durch eine bei einem ausl Gericht später (aber vor Zustellung der deutschen Klage nach § 199) eingereichte Klage „überholt" werden, wenn dort **Einreichung bei Gericht** genügt, Geimer IZPR Rn 2699; ders., Anerkennung 217 u EuZW 1995, 378.

Andererseits definiert der EuGH einen **Verfahrensgegenstandsbegriff,** der von den Streitgegenstandsbegriffen der nationalen Prozeßordnungen losgelöst für alle Vertragsstaaten konventionsimmanent zu bestimmen ist. Dieser ist insbesondere auch unabhängig von dem in der Sache nach dem IPR des jeweiligen Gerichtsstaates anwendbaren Recht. Auch wenn absehbar ist, daß die angegangenen Gerichte in den verschiedenen Vertragsstaaten nach ihrem IPR verschiedene Rechtsordnungen anwenden werden, hindert dies nicht die Annahme identischer Verfahrensgegenstände, Geimer IZPR Rn 386 ff. Differenzierend Isenburg-Epple 226.

4 **Prioritätsprinzip:** Es kommt jeweils auf die endgültige Rechtshängigkeit an. Das spätere Verf wird durch das frühere blockiert. „Zuerst angerufenes" Gericht ist dasjenige, bei dem die Voraussetzungen für die **endgültige Rechtshängigkeit** zuerst vorliegen; diese sind für jedes der betr Gerichte nach dem jew nationalen Recht zu beurteilen, EuGH 7.6.1984. Zu Recht krit Schack IPRax 91, 270. – Hierzu auch München RIW 86, 815 = IPRax 85, 338; BGH IPRax 86, 293 (Rauscher 274); Geimer/Schütze I 289, 1648.

5 Zur Gefahr des Rechtsverlustes durch **Verjährung** Wolf EuZW 1995, 366. Vgl den Fall BGH RR 93, 741 = WM 93, 1102 = VersR 93, 742 = LM § 211 BGB Nr 25 = IPRspr 93/162.

6 **Identität der Parteien:** Die Klagen müssen zwischen „denselben Parteien" anhängig sein, EuGH 6.12.1994; Isenburg-Epple 76. Bei **Teilidentität** (nur einige der Parteien des zweiten Verfahrens sind am ersten beteiligt) kommt Art 21 hinsichtl der nicht betroffenen Parteien nicht zum Zuge.

7 Wo der Beklagte/Kläger wohnt, ist ohne Belang, ebenso die Frage, ob das ZuständigkeitsR des GVÜ oder eines Spezialabk (Art 57) oder das nationale ZuständigkeitsR zur Anwendung kommt. In allen Fällen gilt Art 21, EuGH 27.6.1991; Geimer/Schütze I/1 290.

8 Art 21 läßt eine **Anerkennungsprognose** nicht zu, EuGH 27.6.1991; BGH RIW 1995, 413 = EuZW 1995, 378 (Geimer); Deutsch RabelsZ 58 (1994), 131; Isenburg-Epple 29, 87; dies IPRax 1991, 69. Es gibt auch **keine Zuständigkeitsprüfung:** Auch wenn nach Ansicht des zweiten Richters der zuerst angerufene Richter unzuständig ist, darf jener nicht zur Sache entscheiden, Isenburg-Epple 25, 83 ff. Bestr für Fälle des Art 16, gegen Prüfung Geimer/Schütze I/1 291. Dafür Kropholler Rn 15; Rauscher/Gutknecht IPRax 1993, 24.

8a Art 21 erfaßt nicht nur **Klagen**, sondern auch **sonstige gerichtl Verf** im Anwendungsbereich des GVÜ, BGH NJW 1986, 662 = IPRax 1987, 314; Isenburg-Epple 74. So kann – wenn dies das Recht des Gerichtsstaates so anordnet – auch eine Streitverkündung zur Rechtshängigkeit des Anspruchs führen, LG Frankfurt/M IPRax 1990, 234 (Mansel 214); Frankfurt/M IPRspr 89/210b.

9 Ob die **Aufrechnung** im Prozeß zur Rechtshängigkeit der zur Aufrechnung gestellten Forderung führt, entscheidet die lex fori, nicht die lex causae (Aufrechnungsstatut). Für konventionsautonome Auslegung Matthias Koch, Unvereinbare Entscheidungen 59; Koblenz EuZW 91, 158.

10 **Schiedsverfahren:** Nicht Art 21, sondern das autonome Recht regelt die Behandlung der zeitl früheren Anhängigkeit der gleichen Sache bei einem Schiedsgericht, Geimer/Schütze I/1 1000; Gottwald Rn 1. Vgl. hierzu auch Mansel EuZW 96, 335.

11 **Rechtshängigkeit in einem dritten Staat:** Wurde zuerst das Gericht eines Nichtvertragsstaats angerufen, so kommt Art 21 nicht zur Anwendung, da diese Vorschrift voraussetzt, daß Klagen „bei Gerichten verschiedener Vertragsstaaten" anhängig sind, Geimer/Schütze I/1 292; Geimer FS Kralik, 1986, 182; Isenburg-Epple 48. Das GVÜ verpflichtet die Vertragsstaaten nicht, die Rechtshängigkeit in einem dritten Staat zu ignorieren.

12 **Gleichzeitige Rechtshängigkeit:** Das GVÜ kennt keine Regel, wie zu verfahren ist, wenn beide Klagen gleichzeitig endgültig rechtshängig geworden sind. Bei einer solchen Hypothese besteht für keinen der in Betracht kommenden Vertragsstaaten eine konventionsrechtl Pflicht, das eigene Verfahren zu sistieren.

13 **Weiter Verfahrensgegenstandsbegriff:** Auf den Streitgegenstandsbegriff der jeweiligen lex fori bzw. lex causae kommt es nicht an. Vielmehr ist der Begriff „derselbe Anspruch" *konventionsautonom* auszulegen. Der EuGH postuliert einen *weiten Verfahrensgegenstandsbegriff.* Er orientiert sich an dem Unvereinbarkeitsbegriff des Art 27 Nr 3. Nach seiner Ansicht kommt es – entgegen den dt Streitgegenstandslehren – nicht auf den Klageantrag, sondern darauf an, ob der „**Kernpunkt**" beider Verfahren der gleiche sei, EuGH 8.12.1987; EuGH 6.12.1994; BGH RIW 95, 413 = EuZW 95, 378 (Geimer); Isenburg-Epple 140 ff.

14 Diese Kernpunkttheorie tangiert den **Justizgewährungsanspruch des Klägers** massiv. Kritisch daher Gottwald Rn 4; Isenburg-Epple 212, 259; Leipold GS Arens, 1993, 227; Linke RIW 1988, 824; Otte EWiR 1995, 464; Manfred Wolf FS Schwab, 1990, 561; Christian Wolf EuZW 1995, 366. Zustimmend Peter Huber JZ 95, 603, 605; Kropholler Rn 7; Schack IPRax 89, 139, 140; wohl auch Rüßmann IPRax 1995, 76, 79.

15 Die Rspr des EuGH macht es notwendig, daß die nationalen Rechtsordnungen die materiell-rechtl u verfahrensrechtl Voraussetzungen dafür schaffen, daß die Schnittstelle zwischen Konventions- und autonomem Recht für die Rechtsschutz Suchenden nicht zur Falle wird: So kann zB die früher erhobene negative Feststellungsklage die spätere Leistungsklage nur blockieren, wenn – entgegen der bisher in Deutschland hM (BGHZ 72, 23 = NJW 78, 1975) – auch die negative Feststellungsklage die **Verjährung** unterbricht oder aber zumindest der Gläubiger als Beklagter der negativen Feststellungsklage **Leistungswiderklage** erheben kann, Wolf EuZW 95, 306.

16 **Verhältnis der negativen zur positiven Feststellungsklage und weitere Konstellationen:** Art 21 greift ein bei identischen bzw. teilidentischen Klagen gegen denselben Beklagten in verschiedenen Vertragsstaaten, Koch 73. Hierzu gehören auch die Hypothesen, daß entweder der Kläger in dem einen Vertragsstaat auf Leistung und in dem anderen bezüglich des gleichen Rechtsverhältnisses nur auf Feststellung klagt oder daß die eine Partei auf **Leistung** und die andere auf **negative Feststellung** (also auf Nichtbestehen der Leistungspflicht) klagt, EuGH 6.12.1994. Das gleiche gilt für die **Klage auf Verurteilung** aus einer primären oder sekundären vertraglichen Leistungspflicht einerseits und die **Klage auf Feststellung der Nichtigkeit des Vertrages**, auch wenn die negative Feststellungsklage die zeitlich frühere ist, EuGH 8.12.1987; BGH RIW 95, 413 = EuZW 95, 378 (Geimer); München RIW 94, 511 = EWS 94, 106 = EuZW 94, 511 = IPRax 93/165; Koch 75; Rüßmann IPRax 95, 78 zu Hamm IPRax 95, 104 = IPRspr 93/164. Der (vermeintl) Schuldner kann also seinem Gläubiger durch eine negative Feststellungsklage zuvorkommen und nach Auffassung des EuGH so – entgegen dem autonomen dt ProzeßR, BGH NJW 89, 2064; OLG Hamm MDR 91, 546; oben § 256 Rn 16 – dessen Leistungsklage blockieren, EuGH 6.12.1994.

17 **Aufrechnung:** Nach dt Recht wird die zur Aufrechnung gestellte Forderung durch die bloße **Verwendung als Verteidigungsmittel** nicht rechtshängig, obwohl die Entscheidung über die Aufrechnung auch Rechtskraftwirkungen für die Aufrechnungsforderung nach § 322 II hervorbringen kann, § 145 Rn 18; Geimer IPRax 86, 214. Sie kann also selbständig eingeklagt werden. Daher wird die Anwendung des Art 21 von der hM (OLG Hamm IPRax 86, 233 [Geimer 208]; StJ/Leipold § 145 Rn 44) abgelehnt; in Betracht kommt dann nur die Ermessensaussetzung nach Art 22 I. Allerdings ist nicht auszuschließen, daß der EuGH auch hier nach seiner Kernpunkttheorie Art 21 anwenden könnte. Offen gelassen von Koblenz EuZW 91, 158, 160 = IPRspr 90/194.

18 **Einstweiliger Rechtsschutz:** Trotz zeitl früherer Rechtshängigkeit der Hauptsache in einem Vertragsstaat kann in einem anderen Vertragsstaat einstw Rechtsschutz auf Antrag angeordnet werden, wenn dessen lex fori dies zuläßt, Art 24, Geimer/Schütze I/1 269; Kropholler Art 24 Rn 7.

18a **Vollstreckbarerklärungsverfahren:** Das zeitl frühere Exequaturverf (Art 31 ff) ist kein Verfahrenshindernis für die Vollstreckbarerklärung im anderen Staat. Denn die Vollstreckbarerklärung im Staate A ist nicht der gleiche Verfahrensgegenstand wie das Exequatur im Staate B. Art 21 kommt nicht zum Zuge, Geimer Anerkennung 178.

19 Erst recht kommt Art 21 nicht zum Zuge, wenn es um die Vollstreckbarerklärung eines **Titels aus einem Nichtvertragsstaat** geht. Das GVÜ ist hier von vorneherein nicht anwendbar, EuGH 20.1.1994.

20 **Keine Auswirkung auf die internationale Zuständigkeit:** Der später angerufene Vertragsstaat verliert durch die zeitl frühere Rechtshängigkeit nicht seine nach Art 2 ff gegebene internationale Zuständigkeit, IZPR Rn 101; Wittibschlager 26. Insofern ist die Formulierung, das später angerufene Gericht habe sich für „unzuständig" zu erklären, ungenau.

21 Keine **Klage auf Unterlassung der Prozeßführung** in dem später angerufenen Vertragsstaat: Im Anwendungsbereich des Art 21 ist eine Klage auf Unterlassung der Prozeßführung in dem später angerufenen Vertragsstaat unzulässig. Ignoriert der später angerufene Vertragsstaat die frühere Rechtshängigkeit, kann die Anerkennung bzw Vollstreckbarerklärung nach Art 27 Nr 3 verweigert werden, Geimer WM 1986, 117, 122; Gottwald Rn 13; Jayme/Kohler IPRax 1995, 350; Kurth 28; Mansel EuZW 96, 337; Pfeiffer 779; Schack RabelsZ 58 (1994), 55.

22 **Prozeßverschleppung im früheren Prozeß**: Eine überlange, unvertretbare Dauer des zuerst anhängig gemachten Verf führt zur Rechtlosstellung des Klägers, die weder mit Art 6 EMRK noch mit den Zielen des GVÜ zu vereinbaren ist. Daher fällt in solchen Fällen, an die allerdings strenge Anforderungen zu stellen sind, die von Art 21 vorgesehene Blockade für den Erlaß einer Sachentscheidung in dem später angerufenen (konkurrierend international zuständigen) Vertragsstaat weg, wenn die betroffene Partei nicht selbst die Verzögerung zu vertreten hat, Gottwald Rn 12. AA Isenburg-Epple 100, 255; Matthias Koch, Unvereinbare Entscheidungen 85.

23 **Amtsprüfung:** Die Beachtung der früheren Rechtshängigkeit in einem anderen Vertragsstaat hängt nicht von dem Antrag bzw. Vortrag einer interessierten Partei ab. Eine Präklusion wegen verspäteten Vorbringens einer Partei scheidet daher aus, Geimer IPRax 86, 336. Die Gerichte der Vertragsstaaten müssen aber nicht in jedem Prozeß schematisch nach einer anderweitigen Rechtshängigkeit forschen. Für sie kommt eine Prüfung von Amts wegen nur dann in Betracht, „wenn Umstände darauf hindeuten, daß derselbe Rechtsstreit vor den Gerichten eines anderen Vertragsstaats anhängig sein könnte", Jenard-Bericht zu Art 21. Für die Modalitäten der Amtsprüfung sind

einheitl konventionsrechtl Regeln zu entwickeln. Für Amtsprüfung nach lex fori jedoch Kropholler Rn 21; Wittibschlager 136.

Art. 22. Werden bei Gerichten verschiedener Vertragsstaaten Klagen, die im Zusammenhang stehen, erhoben, so kann das später angerufene Gericht das Verfahren aussetzen, solange beide Klagen im ersten Rechtszug anhängig sind.

Das später angerufene Gericht kann sich auf Antrag einer Partei auch für unzuständig erklären, wenn die Verbindung im Zusammenhang stehender Verfahren nach seinem Recht zulässig ist und das zuerst angerufene Gericht für beide Klagen zuständig ist.

Klagen stehen im Sinne dieses Artikels im Zusammenhang, wenn zwischen ihnen eine so enge Beziehung gegeben ist, daß eine gemeinsame Verhandlung und Entscheidung geboten erscheint, um zu vermeiden, daß in getrennten Verfahren widersprechende Entscheidungen ergehen könnten.

1 Zum Verhältnis zu Art 21 Hau IPRax 96, 177 sowie Christian Wolf EuZW 95, 367. Art 22 schafft **keinen Gerichtsstand des Sachzusammenhangs**, EuGH 24.6.1981. Die internationale Zuständigkeit ist für jede Klage gesondert zu prüfen; sie ist nur zu bejahen, wenn für jede Klage ein Anknüpfungspunkt nach Art 2 ff gegeben ist.

2 Auf den **Wohnsitz des Bekl** kommt es nicht an. Art 22 greift auch dann ein, wenn der Bekl nicht in einem Vertragsstaat wohnt und deshalb nach Art 4 I grundsätzl nationales ZuständigkeitsR gilt; das gleiche gilt, wenn gemäß Art 57 für die internationale Zuständigkeit ein Spezialabkommen maßgebl ist, Geimer/Schütze I/1 294.

3 **Drittstaatliche Verfahren:** Art 22 setzt voraus, daß das frühere Verf vor einem Gericht eines anderen **Vertragsstaats** anhängig ist. Das GVÜ kennt keine ausdrückl Regel für (konnexe) Verf in Drittstaaten. Das GVÜ läßt die Beachtung drittstaatl Rechtshängigkeit zu. Daher ist das nach Art 2 ff zuständige Gericht in solchen Fällen nicht zur Justizgewährung verpflichtet, Geimer/Schütze I/1 297.

4 **Konnexe Verfahren (Abs 3):** Art 22 III verlangt nur **Identität des Lebenssachverhaltes**. Nach Wolf EuZW 95, 367 ist Art 22 III entspr den unterschiedl Funktionen von Abs 1 und Abs 2 verschieden auszulegen. Soweit es um die Verfahrensverbindung nach Abs 2 geht, sei der Zusammenhang iSv Art 22 III und Art 6 Nr 1 gleich auszulegen. Soweit es jedoch nur um Aussetzung nach Abs 1 geht, sei der Begriff des „Zusammenhangs" enger auszulegen. Er kann nur dann bejaht werden, wenn die Ergebnisse des einen Prozesses im anderen verwertet werden können.

5 **Anhängigkeit im ersten Rechtszug:** Beide Verf müssen noch im ersten Rechtszug anhängig sein. Dies gilt für Art 22 II ebenso wie für Art 22 I. Fehlt es an dieser Voraussetzung, so muß das später angerufene Gericht ohne Rücksicht auf das in dem anderen Vertragsstaat schwebende Verfahren zur Sache entscheiden, wenn es zuständig ist und die nach nationalem Recht zu beurteilenden sonstigen Prozeßvoraussetzungen gegeben sind, zu Recht kritisch Hackspiel IPRax 96, 214.

6 **Keine Anerkennungsprognose:** Ebenso wie bei Art 21 setzt die Anwendung des Art 22 zwar keine positive Anerkennungsprognose voraus, Kropholler Rn 7. Liegt jedoch auf der Hand, daß dem im ersten Prozeß ergehenden Urteil im Zweitstaat die Anerkennung zu versagen ist, dann macht die Aussetzung (Abs 1) wenig Sinn.

7 **Aussetzung (Abs 1)** ist im GVÜ nicht näher geregelt. Daher sind die zu § 148 entwickelten Grundsätze heranzuziehen. Das Gericht muß die Parteien hören; sodann kann es ohne mündliche Verhandlung entscheiden.

8 **Unzuständigerklärung (Abs 2)** kommt in Deutschland nicht in Betracht, da dt Recht (§ 147) eine Prozeßabweisung nicht zuläßt, Geimer/Schütze I/1 295/296.

Art. 23 Ist für die Klagen die ausschließliche Zuständigkeit mehrerer Gerichte gegeben, so hat sich das zuletzt angerufene Gericht zugunsten des zuerst angerufenen Gerichts für unzuständig zu erklären.

1 Art 23 ist ohne Rücksicht auf Wohnsitz der Parteien anzuwenden, EuGH 27.6.1991.

9. Abschnitt – Einstweilige Maßnahmen einschließlich solcher, die auf eine Sicherung gerichtet sind

Art. 24. Die in dem Recht eines Vertragsstaats vorgesehenen einstweiligen Maßnahmen einschließlich solcher, die auf eine Sicherung gerichtet sind, können bei den Gerichten dieses Staates auch dann beantragt werden, wenn für die Entscheidung in der Hauptsache das Gericht eines anderen Vertragsstaats auf Grund dieses Übereinkommens zuständig ist.

1 Hierzu Geimer/Schütze I 264, 1073. – Heiß, Einstw Rechtsschutz im europäischen Zivilrechtsverkehr, 1987 (bespr Grunsky NJW 88, 1440), will **„Leistungsverfügungen"** aus dem Anwendungsbereich des Art 24 ausklammern. Deutschland wäre danach für einstw Verfügungen auf Unterhaltszahlung oder Unterlassung wettbewerbswidrigen Verhaltens nur nach Art 2 ff international zuständig. Zum engl Recht Walther, Die Mareva-Injunction, 1986. Frankreich: Ordonnances de référé Art 808 ff, 848 ff, 872 ff, 893 ff Nouveau Code de procédure civile. Zur **Abgrenzung zur Zwangsvollstreckung** Schlosser IPRax 85, 321 Fn 15; Pirrung IPRax 89, 19 Fn 14. Ausführl Eilers, Maßnahmen des einstw Rechtsschutzes im europ Zivilrechtsverkehr, 1991. – Zur **Arrestierung von (See)Schiffen** Philip FS Lalive, 1993, 151.

2 Zur Anwendung des § 919 ZPO iVm Art 24 Koblenz RIW 90, 316 = IPRax 91, 241 (Hanisch 215). – Vgl auch Stidler, Das Zusammenwirken von Art 24 EuGVÜ und §§ 916 ff ZPO, 1992; Gordon Weber, Die Verdrängung des Hauptsacheverfahrens durch den einstw Rechtsschutz in Deutschland und Frankreich, Diss Freiburg/Br, 1993; Kessel RIW 93, 988.

Titel III – Anerkennung und Vollstreckung

Art. 25. Unter „Entscheidung" im Sinne dieses Übereinkommens ist jede von einem Gericht eines Vertragsstaats erlassene Entscheidung zu verstehen ohne Rücksicht auf ihre Bezeichnung wie Urteil, Beschluß oder Vollstreckungsbefehl, einschließlich des Kostenfestsetzungsbeschlusses eines Urkundsbeamten.

Anwendungsbereich (Geimer/Schütze I 973): Auch Mahnbescheide fallen unter Art 25 ff, Saarbrücken IPRspr 92/219 (Frankreich); Frankfurt/M RIW 92, 677 = IPRspr 92/220. Nicht erforderl, daß ausl Gericht einen „internationalen Sachverhalt" entschieden hat oder daß es aufgrund der GVÜ-Zuständigkeitsnormen entschieden hat. Auch Entscheidungen auf der Basis des nationalen ZuständigkeitsR (Art 4) oder aufgrund von Kompetenznormen in Spezialübereinkommen (Art 57) fallen unter Art 25. – Entscheidung iSv Art 25 ist auch Vollstreckbarerklärung einer RA-Honorarforderung durch franz Gerichtspräsidenten, München IPRspr 92/223; LG Karlsruhe IPRax 92, 92 (Reinmüller 73). Zu niederl RA-Honorartiteln Düsseldorf RIW 96, 67. 1

Anerkennungsfähig sind die Wirkungen (§ 328 Rn 21) einer jeden von einem Gericht eines Vertragsstaates erlassenen Entscheidung: Es muß sich um einen **Akt staatl Gerichtsbarkeit** handeln. Auszuscheiden sind also Akte der Verwaltungsbehörden (Ausnahme: Art Va des Protokolls) und schiedsgerichtl Entscheidungen. Welches Gerichtsorgan die anzuerkennende Entscheidung erlassen hat, spielt keine Rolle, Geimer/Schütze I 983; LG Hamburg IPRspr 78/165 (Festsetzung der Anwaltsgebühren in NL). 2

Unanfechtbarkeit ist nicht erforderl (Art 26 Rn 3). Dies ist vor allem für die Vollstreckbarerklärung (Art 31 ff) von Bedeutung, nicht jedoch für die Anerkennung, sofern Urteilswirkungen nach dem Recht des Urteilsstaates erst nach Unanfechtbarkeit (formeller Rechtskraft) eintreten, § 328 Rn 39, 69. 3

In der Praxis des internationalen Rechtsverkehrs ist besonders wichtig die internationale Freizügigkeit von **einstw Maßnahmen.** Aber auch hier ist Voraussetzung für die Anerkennung, daß sie anerkennungsfähige Wirkungen entfalten. Dies ist meist nicht der Fall (keine res iudicata-Wirkung). Das Schwergewicht liegt auf der Vollstreckung, Art 31 ff. EuGH 21.5.1980 klammert **einstw Maßnahmen, die ohne Anhörung des Gegners ergangen sind,** aus Art 25 aus, Geimer/Schütze I 984, 1073. Unter Art 25 ff fallen also nur einstw Maßnahmen, die in einem kontradiktorischen Verf ergangen sind, Hamm RR 95, 189 = RIW 94, 243 = IPRspr 93/182. 4

Anerkennungsfähig sind alle Akte der **freiwilligen Gerichtsbarkeit,** mit Ausnahme der in Art 1 II Nr 1 genannten Materien. 5

Anerkennungsfähig sind nur **Sachentscheidungen,** nicht jedoch Prozeßabweisungen und sonstige Entscheidungen über prozessuale Fragen, auch wenn diese nach dem Recht des Erststaates in materieller Rechtskraft erwachsen. Geimer/Schütze I 986. AA für Prozeßabweisungen wegen internationaler Unzuständigkeit Schlosser-Bericht Nr 191, Kropholler 13 vor Art 26. 6

Anerkennungs- bzw Exequatururteile sind nicht anerkennungsfähig, Geimer JZ 77, 149. Vgl § 328 Rn 66. 7

Die Anerkennungspflicht besteht ohne Rücksicht auf die **Staatsangehörigkeit und/oder den Wohnsitz der Parteien,** Geimer/Schütze I 992. 8

Unterhaltsentscheidungen fallen in den Anwendungsbereich der Art 25 ff, auch wenn die Statusentscheidung) (Scheidung) in Art 1 II Nr 1 ausgeklammert ist, Geimer IPRax 92, 7; LG Karlsruhe RIW 88, 226 = IPRspr 86/179. Zur logischen Priorität der Statusentscheidung (keine Anerkennung der Unterh-Entscheidung ohne Anerkennung der Statusentscheidung), Geimer/Schütze I 991. 9

Kostenentscheidungen fallen unter Art 25, 31, soweit sie einen Rechtsstreit betreffen, der in den Anwendungsbereich des GVÜ (Art 1) fällt. Ist dies nur zum Teil der Fall (Beispiel: Scheidung und Unterhaltsurteil), will man die Verurteilung zur Kostenzahlung als selbständige Zivilsache qualifizieren und den gesamten Kostenanspruch nach GVÜ für vollstreckbar erklären, Nachw Kropholler Art 25 Rn 12 Fn 23, Baumann 85. Diese pragmatische Lösung läßt sich aber nicht fundiert begründen, s auch Geimer IPRax 92, 8; 93, 294; Cramer-Frank 87. 10

Grundsätzl kein Anerkennungsverbot bei Fehlen einer Anerkennungsvoraussetzung bzw Vorliegen eines Versagungsgrundes, § 328 Rn 5; Art 27 Rn 1. 11

Keine Bindung des Zweitrichters an die Rechtsansicht des Erstrichters hinsichtl der Anwendbarkeit des Übereinkommens, Geimer/Schütze I 141. Ausnahme: Art 1 II Nr 4 kann vom Zweitrichter nicht selbständig in dem Sinne nachgeprüft werden, daß er die Anerkennung des Urteils eines staatl Gerichts mit der Begründung verweigern dürfte, der Erstrichter habe zu Unrecht den Einwand übergangen; es liege ein wirksamer Schiedsvertrag vor, Art 1 Rn 16. Geimer/Schütze I 46, 145. 12

1. Abschnitt – Anerkennung

Art. 26. Die in einem Vertragsstaat ergangenen Entscheidungen werden in den anderen Vertragsstaaten anerkannt, ohne daß es hierfür eines besonderen Verfahrens bedarf.

Bildet die Frage, ob eine Entscheidung anzuerkennen ist, als solche den Gegenstand eines Streites, so kann jede Partei, welche die Anerkennung geltend macht, in dem Verfahren nach dem 2. und 3. Abschnitt dieses Titels die Feststellung beantragen, daß die Entscheidung anzuerkennen ist.

Wird die Anerkennung in einem Rechtsstreit vor dem Gericht eines Vertragsstaats, dessen Entscheidung von der Anerkennung abhängt, verlangt, so kann dieses Gericht über die Anerkennung entscheiden.

Was unter Anerkennung zu verstehen ist, wird im GVÜ nicht ausdrückl gesagt. Aus der Natur der Sache folgt jedoch, daß **Anerkennung Wirkungserstreckung** bedeutet, § 328 Rn 18 ff; Geimer/Schütze I 1010. 1

2 **Anerkennungsfähige Urteilswirkungen:** Anerkennungsfähig sind grundsätzl alle prozessualen Urteilswirkungen, die die gerichtl Entscheidung im Erststaat hervorbringt. Ausgenommen sind die Vollstreckungswirkung (diese ist jedoch Grundlage für die Verleihung der Vollstreckbarkeit im Zweitstaat (Art 31 ff), innerprozessuale Bindungswirkungen (sie wirken nur innerhalb des schwebenden Verfahrens) und die materiellrechtl Urteilswirkungen (= Tatbestandswirkungen), Geimer/Schütze I 1015; Schack IPRax 89, 142; § 328 Rn 56. Ob eine ausl Entscheidung als **Beweismittel** berücksichtigt werden kann bzw ob ihr Beweiskraft (force probante) zukommt, ist nicht nach Art 26 ff zu beurteilen. Hierüber befindet ausschließl das Recht des Zweitstaates, nämlich dessen Regeln über die Beachtung ausl öffentl Urkunden, Martiny II Rn 81.

3 Die erststaatl Entscheidung braucht nicht formell rechtskräftig (unanfechtbar) zu sein. Entscheidend ist, ob sie bereits Wirkungen entfaltet, Art 25 Rn 3; Geimer/Schütze I 1032; Baumann, 87; Martiny II Rn 73, 82.

4 **Zeitpunkt der Anerkennung:** Aus dem Prinzip der automatischen Urteilsanerkennung (§ 328 Rn 187) folgt, daß die Wirkungen der in Betracht kommenden Entscheidung im gleichen Zeitpunkt auf die übrigen Vertragsstaaten erstreckt werden, in dem sie sich im Erststaat entfalten. Einer besonderen Beziehung zum Zweitstaat bedarf es nicht, Geimer/Schütze I 1015.

5 **Keine Vermutung zugunsten der Anerkennung,** § 328 Rn 184; Geimer/Schütze I 1031.

6 Zum **Feststellungsverfahren** (Art 26 II) § 328 Rn 190; Geimer JZ 77, 145; Geimer/Schütze I 1099. – S auch § 328 Rn 192 (Konkurrenz mit Klauselerteilungsverf).

Art. 27. Eine Entscheidung wird nicht anerkannt:

1. **wenn die Anerkennung der öffentlichen Ordnung des Staats, in dem sie geltend gemacht wird, widersprechen würde;**
2. **wenn dem Beklagten, der sich auf das Verfahren nicht eingelassen hat, das dieses Verfahren einleitende Schriftstück oder ein gleichwertiges Schriftstück nicht ordnungsgemäß und nicht so rechtzeitig zugestellt worden ist, daß er sich verteidigen konnte;**
3. **wenn die Entscheidung mit einer Entscheidung unvereinbar ist, die zwischen denselben Parteien in dem Staat, in dem die Anerkennung geltend gemacht wird, ergangen ist;**
4. **wenn das Gericht des Ursprungsstaats bei seiner Entscheidung hinsichtlich einer Vorfrage, die den Personenstand, die Rechts- und Handlungsfähigkeit sowie die gesetzliche Vertretung einer natürlichen Person, die ehelichen Güterstände, das Gebiet des Erbrechts einschließlich des Testamentsrechts betrifft, sich in Widerspruch zu einer Vorschrift des internationalen Privatrechts des Staates, in dem die Anerkennung geltend gemacht wird, gesetzt hat, es sei denn, daß die Entscheidung nicht zu einem anderen Ergebnis geführt hätte, wenn die Vorschriften des internationalen Privatrechts dieses Staates angewandt worden wären;**
5. **wenn die Entscheidung mit einer früheren Entscheidung unvereinbar ist, die in einem Nichtvertragsstaat zwischen denselben Parteien in einem Rechtsstreit wegen desselben Anspruchs ergangen ist, sofern diese Entscheidung die notwendigen Voraussetzungen für ihre Anerkennung in dem Staat erfüllt, in dem die Anerkennung geltend gemacht wird.**

1 **I) Kein Anerkennungsverbot bei Fehlen einer Anerkennungsvoraussetzung bzw Vorliegen eines Versagungsgrundes nach Art 27, 28 GVÜ:** Abgesehen von den Fällen der Art 28 I, 16 sind die Vertragsstaaten nicht verpflichtet, die Anerkennung zu versagen, wenn ein Versagungsgrund vorliegt. Denn das GVÜ will die Anerkennung ausl Urteile nicht erschweren, sondern erleichtern. Den Vertragsstaaten steht es deshalb grdsl frei, ihr anerkennungsfreundlicheres autonomes Anerkennungsrecht zur Anwendung zu bringen. Vor diesem Hintergrund ist im Einzelfall zu prüfen, ob das autonome Recht Vorrang vor dem Vertragsrecht hat, Geimer Anerkennung 82; Geimer/Schütze I 1005; enger Martiny II Rn 199.

2 Stellt ein **Spezialabkommen (Art 57)** geringere Anforderungen als das GVÜ (zB die Revidierte Rheinschifffahrtsakte), so ist allein das Spezialabkommen maßgebl. Stellt dieses jedoch strengere Anforderungen, so ist auf die anerkennungsfreudigere Regelung des GVÜ zu rekurrieren, Martiny II Rn 211, vgl Art 57 II.

3 Das Feststellungs- bzw Klauselerteilungsverfahren kann auch nach dem GVÜ durchgeführt werden, wenn Anerkennungsvoraussetzungen bzw Versagungsgründe nach einem Spezialübereinkommen (Art 57) zu prüfen sind, Art 57 II (= früher: Art 25 II lit b 1. Beitrittsübereinkommen 1978).

4 **II) Eine révision au fond** (§ 328 Rn 151) **ist verboten,** Art 29, Art 34 III. Im Zweitstaat ist grundsätzl nicht zu prüfen, ob das Verf ordnungsgemäß war, die Tatsachen zutreffend ermittelt und gewürdigt wurden. Auch ist ohne Bedeutung, ob das Erstgericht sein Recht richtig angewandt hat. Eine Ausnahme kommt nur dann in Betracht, wenn die Rechtsanwendung durch das ausl Gericht so fehlerhaft ist, daß sie nach den oben § 328 Rn 152 dargelegten Grundsätzen unerträgl ist. Eine solche Annahme verbietet sich jedoch, wenn das ausl Gericht auf der Grundlage eines Rechtsgutachtens eines namhaften dt Rechtsgelehrten seine Entscheidung gefällt hat, Hamm RIW 85, 975.

5 **III) Nr 1: Ordre public**. Die Grenzen des ordre public-Vorbehalts sind **einheitsrechtl** durch das GVÜ bestimmt. Geimer/Schütze I 970, 1461 s auch Wunderer 248 unter Hinweis auf Art 5 II EGV. AA BGHZ 75, 167 = NJW 80, 527 = IPRspr 79/204. – **Maßgebl Zeitpunkt:** Entscheidend ist, wann die Wirkungen im Erststaat eintreten; denn sie werden automatisch kraft Gesetzes auf das Inland erstreckt, § 328 Rn 175c, Geimer/Schütze I 1602; Martiny II Rn 104.

Zur Bindung an tatsächl **Feststellungen** und **Präklusion** von Tatsachen, die im ausl Erstverf hätten vorgebracht werden können, § 328 Rn 182. Für Präklusion auch EuGH 4.10.1991. 6

Erststaatliches Verfahren. Die Verfahrenseinleitung ist in Art 27 Nr 2 gesondert geregelt. Deren Kautelen dürfen nicht über die ordre public-Klausel der Nr 1 gesteigert werden, Martiny II Rn 98. 7

Der ordre public greift nicht schon dann ein, wenn das erststaatl VerfahrensR oder die tatsächl Verfahrensgestaltung vom dt Recht abweicht. Ein Versagungsgrund ist nur dann gegeben, wenn die Entscheidung des ausl Gerichts auf einem Verf beruht, das von den Grundprinzipien des dt Verf in einem solchen Maße abweicht, daß nach der dt Rechtsordnung die Entscheidung nicht als „in einem geordneten rechtsstaatl Verf ergangen" angesehen werden kann, § 328 Rn 155; Hamm RIW 85, 974. Daher keine Versagung der Anerkennung bzw Klauselerteilung, weil Anordnung einer **Sicherstellungsbeschlagnahme** nach ital Recht (Art 671, 673 ff Cpc) nicht unerhebl von den vergleichbaren dt Vorschr abweicht. Dies gilt auch insoweit, als nach ital Recht der Schuldner grundsätzl keine Möglichkeit hat, die Anordnung der Sicherstellungsbeschlagnahme auf ihre Berechtigung hin überprüfen zu lassen. Dies ist zwar für den Schuldner ungünstiger als die dt Regelung (§§ 922 I, 924 I, 511 ZPO). In Deutschland kann näml der Schuldner Berufung einlegen. Gleichwohl ist dieses Ergebnis aus dt Sicht nicht als untragbar anzusehen, Hamm RIW 85, 974. 8

Zur **Überprüfung der Sachentscheidung** § 328 Rn 160; Geimer/Schütze I 1058, 1577. 9

Nichtanwendung des Art 34 GG (Verurteilung eines dt Beamten persönlich zu Schadensersatz wegen Amtspflichtverletzung) verstößt nicht gegen dt ordre public, jedoch die Verurteilung einer nach §§ 636, 637 RVO von der Haftung freigestellten Person, BGHZ 123, 268 = NJW 93, 3269 = JZ 94, 254 (Eichenhofer) = IPRax 94, 118 (Basedow 85) = EWiR 94, 51 (Heß) = IPRspr 93/178. 10

Das **Fehlen einer schriftl Begründung** ist für sich allein noch kein Grund, Art 27 Nr 1 anzuwenden, Geimer/Schütze I 1597. Die Urteile brit Gerichte werden grundsätzl nicht schriftl begründet. Die Erwägungen des Gerichts werden in einer gesonderten Urkunde dargelegt, die von einem Master ausgestellt wird, Oldenburg RIW 86, 555. 11

Die **Mißachtung der Regeln über die Rechtshängigkeit/Konnexität** (Art 21–23) bilden kein Anerkennungshindernis gemäß Nr 1. Vgl aber Rn 25. 12

Widersprüche zum eigenen Kollisionsrecht (IPR) sind kein Grund zur Anwendung des ordre public, § 328 Rn 163. Die Anwendung einer anderen Rechtsordnung als diejenige, die nach dem IPR des Zweitstaates maßgebl gewesen wäre, führt grundsätzl nicht zur Verweigerung der Anerkennung; hierzu Rn 34. 13

Jedoch darf der Zweitrichter prüfen, ob das Ergebnis der ausl Rechtsanwendung mit dem inländischen ordre public vereinbar ist. Vgl Rn 4, 9. Grund für die Versagung der Anerkennung ist dann aber nicht die Anwendung einer anderen Rechtsordnung, sondern der **Inhalt** der vom ausl Gericht seiner Entscheidung zugrunde gelegten Norm, der aus der Sicht des Inhalts nicht hingenommen werden kann. 14

Bestr ist, ob der Zweitrichter den ordre public einsetzen darf mit der Begründung, das erststaatl Urteil habe **gemeinschaftsrechtl Normen** nicht oder nicht richtig angewendet oder es sei von einer **EuGH-Entscheidung** abgewichen; verneinend Martiny II Rn 95. 15

Niemals darf die Anerkennung unter Berufung auf Art 27 Nr 1 aus kompetenzrechtl Erwägungen abgelehnt werden, Art 28 III 2, Art 28 Rn 4. 16

IV) Nr 2: Nicht ordnungsgemäße Verfahrenseinleitung. Hierzu § 328 Rn 133, 145; Geimer IPRax 85, 6; 88, 271; Linke RIW 86, 409; IPRax 93, 295; Braun, Der Beklagtenschutz nach Art 27 Nr 2 EuGVÜ, 1993.

Im Gegensatz zu der hier vertretenen Meinung (§ 328 Rn 135, 137) legt der EuGH Nr 2 wörtlich aus und läßt die **ratio conventionis** (die mit der des § 328 I Nr 2 übereinstimmt) außer Betracht. Daher scheitert die Anerkennung, wenn das Zustellungsrecht des Erststaates nicht eingehalten wurde und dieses eine **Heilungsvorschrift** nach Art des § 187 ZPO nicht kennt, EuGH 3.7.1990; BGH NJW 91, 641 und 93, 184 (krit Stade) = RIW 90, 1010 = IPRspr 90/200. S auch BGH IPRax 93, 396 (Rauscher 376) = NJW 93, 2688 = RIW 93, 673. Hierzu Braun 134; Geimer LM § 328 Nr 42; Pfeiffer NJW 94, 1635. 17

Auch muß der Bekl des ausl Erstverf – entgegen den Erwägungen oben § 328 Rn 137 – nach Auffassung des EuGH 27.11.1992 nicht den (erfolglosen) Versuch gemacht haben, sich durch **Einlegung von Rechtsmitteln bzw Rechtsbehelfen im erststaatl Verf** rechtl Gehör zu verschaffen. Diese EuGH-Rspr verletzt Art 6 I EMRK, Geimer BerDGVR 34 (1994), 254. Der EuGH läßt also **keinerlei Präklusion** zu, auch wenn der Bekl von dem gegen ihn anhängigen Verf Kenntnis erlangt hatte und ausreichend Gelegenheit hatte, sich in das gegen ihn schwebende Verf durch Rechtsmittel bzw Rechtsbehelfe einzuschalten. Ebenso BGH NJW 93, 2688 = IPRax 93, 396 (Rauscher 376) = WuB VII B 1. Art 27 EuGVÜ Nr 1.93 (Thode) = IPRspr 93/169. 18

IdR muß – wenn der Bekl/Schuldner nicht das Gegenteil beweist – davon ausgegangen werden, daß der Bekl Klage und Ladung so rechtzeitig erhalten hat, wie es zu seiner angemessenen Verteidigung erforderl war. Um einen solchen Regelfall handelt es sich aber nicht, **wenn in der Zustellungsurkunde der Vorname des Schuldners fehlt.** Denn die Möglichkeit ist nicht unwahrscheinl, daß es zu einer Fehlleitung kam (Verwechslung des Zustellungsadressaten). Dabei trifft den Antragsteller die **Behauptungs- und Beweislast**. Es genügt allerdings der Nachweis, daß dem Bekl, wenn auch mit einer unrichtigen oder unvollständigen Bezeichnung, unter seiner damaligen Anschrift Klage und Ladung zum Termin tatsächl zugegangen sind und zwar so rechtzeitig, wie es zu seiner angemessenen Verteidigung erforderl war, Düsseldorf RIW 85, 898; RIW 87, 626 = IPRspr 86/178; KG RIW 86, 637 = IPRspr 85/176. Der dt Zweitrichter ist trotz § 418 an das von der dt Rechtshilfebehörde ausgestellte Zustellungszeugnis nicht gebunden, wenn die in ihm bekundeten Tatsachen den die Unwirksamkeit der Zustellung bewirkenden Verfahrensfehler bei zutreffender rechtl Wertung erkennen lassen, BGH NJW 93, 2688 = IPRax 93, 19

396 (Rauscher 376) = WuB VII B 1. Art 27 EuGVÜ Nr 1.93 (Thode) = IPRspr 93/169. Bei formloser Zustellung (Art 2 Satz 2, Art 3 II 2 HZPÜ, Art 5 III HZÜ) ist Anfertigung einer dt Übersetzung nicht vorgeschrieben, Frankfurt/M RIW 87, 627 = IPRspr 86/177.

20 Nr 2 kommt auch dann zur Anwendung, wenn der Bekl im Gerichtsstaat wohnt, EuGH 11.6.1985. Nr 2 gilt aber nur für den das **Verfahren einleitenden Schriftsatz,** nicht für spätere, BGH RR 87, 377 = IPRax 87, 236 (Grunsky 219) = IPRspr 86/182.

21 Das Zweitgericht kann sich im allg auf die Prüfung beschränken, ob der von der ordnungsgemäßen Zustellung an zu berechnende Zeitraum dem Bekl ausreichend Zeit für seine Verteidigung gelassen hat. Doch hat es ausnahmsweise im Einzelfall zu prüfen, ob außergewöhnl Umstände vorliegen, die die Annahme nahelegen, daß die Zustellung – obwohl ordnungsgemäß erfolgt – dennoch nicht genügte. Deshalb muß das Rechtzeitigkeitserfordernis auch im Hinblick auf Tatsachen geprüft werden, die – obwohl nach der Zustellung eingetreten – verhindern können, daß der Bekl in der Lage war, seine Verteidigung vorzubereiten, EuGH 11.6.1985. Es handle sich um **„eine Wertung tatsächl Art".** Die Prüfung erfolgt nach EuGH weder auf der Grundlage des Rechts des Erststaates noch des Zweitstaates. Zu Rechtzeitigkeit iSv Nr 2 Hamm RIW 93, 764; BGH IPRax 93, 324 (Linke 295). Ein Zeitraum von 3 Wochen zwischen Zustellung und Verhandlungstermin ist ausreichend. Eine Terminsverlegung läßt die Rechtzeitigkeit unberührt, auch wenn der Bekl sich im Zeitpunkt der Zustellung nicht an seinem Wohnsitz aufgehalten hat, Hamm EWS 94, 107 = IPRspr. 93/168.

22 Ist der Bekl selbst schuld, daß ihn das ordnungsgemäß zugestellte Schriftstück nicht erreicht hat, so sieht EuGH 11.6.1985 gleichwohl die Zustellung als nicht rechtzeitig an, wenn der Kläger später erfahren hat, daß der Bekl an einer neuen Adresse zu erreichen war. Ein dem Bekl zuzurechnendes Verhalten schließt nicht automatisch die Berücksichtigung außergewöhnl Umstände aus, auf Grund deren die Zustellung unzureichend war. Der EuGH stellt keine festen Regeln auf, sondern überläßt es dem Zweitgericht, zu beurteilen, inwieweit das dem Bekl zurechenbare Verhalten die Tatsache aufwiegen kann, daß der Kläger nach der Zustellung von der neuen Adresse des Beklagten Kenntnis erhalten hat. Diese auf den Einzelfall abstellende Betrachtungsweise (Walter IPRax 86, 350) macht es dem EuGH unmögl, für einzelne Typen einheitsrechtl Regeln aufzustellen. Damit wird die Rechtssicherheit erhebl gefährdet. Denn es liegt im Beurteilungsspielraum des jeweiligen nationalen Zweitrichters, ob der das erststaatl Urteil anerkennt oder nicht.

23 Das **Anhangsverfahren nach § 642a ZPO (Festsetzung des Regelunterhalts) und das Kostenfestsetzungsverfahren (§ 104 ZPO) sind keine selbständigen Hauptverfahren;** Art 27 Nr 2 kommt daher nicht zur Anwendung, Geimer/Schütze I 1075; Martiny II Rn 109; Baumann 89; § 328 Rn 143.

24 **Einlassung** iSv Nr 2 (s auch § 328 Rn 139) liegt auch dann vor, wenn der Bekl sich gegen die öffentl Strafklage verteidigt, nicht aber gegen die im Adhäsionsverf erhobene Zivilklage, EuGH 21.4.1993.

25 **V) Nr 3, 5: Urteilskollision:** Widersprechende Entscheidungen wollen Art 21–23 möglichst vermeiden, trotzdem kann es zu einer Kollision kommen, wenn die Gerichte Identität/Konnexität des Streitgegenstandes verneinen oder wenn aus tatsächl Gründen das eine Gericht nicht von dem zeitl früheren Verfahren im anderen Staat erfährt.

26 Das GVÜ überläßt die Regelung des Konkurrenzproblems nicht dem jew nationalen AnerkennungsR. Es normiert diesen Komplex abschließend. Maßgebend ist die **zeitl Priorität.** Es kommt darauf an, welche Entscheidung – unabhängig vom Zeitpunkt der Verfahrenseinleitung – als erste Wirkungen entfaltet. Diese Frage ist jeweils nach dem Recht des Urteilsstaates zu beantworten. Das Prioritätsprinzip folgt aus dem Prinzip der automatischen Urteilsanerkennung. Es bedarf keines Anerkennungsaktes in den anderen Vertragsstaaten. In dem gleichen Moment, in dem die Wirkungen im Urteilsstaat nach dessen Recht eintreten, werden sie eo ipso auch auf die anderen Vertragsstaaten erstreckt, Geimer/Schütze I 996; Martiny II Rn 142, Baumann 91; Lüderitz IPRax 89, 28.

27 Das inländische (zweitstaatl) Urteil hat immer Vorrang, Nr 3. Entfaltet es bereits Wirkungen, bevor das ausl Urteil ergangen ist, so kann letzteres im Inland nie Wirkungen entfalten. Ergeht jedoch das Inlandsurteil später, so beseitigt es – trotz Mißachtung des Art 21 – nachträgl die Wirkungen der früheren ausl Entscheidung ex nunc; Geimer/Schütze I 997; Martiny II Rn 131; Baumann 90.

28 Auch bei Konkurrenz einer an sich anerkennungsfähigen Entscheidung eines staatl Gerichts mit einem **Schiedsspruch** gilt das Prioritätsprinzip, jedoch wieder durchbrochen durch das Privileg zugunsten der inländischen Entscheidung, Geimer/Schütze I 1000; Martiny II Rn 136.

29 Auf Entscheidung bezügl des Rechts auf das **EG-Gemeinschaftspatent** findet Art 27 Nr 3 keine Anwendung; Art 71 I Gemeinschaftspatentübereinkommen setzt vielmehr das Prioritätsprinzip auch gegen Inlandsentscheidungen durch.

30 **Unvereinbarkeit iSv Art 27 Nr 3:** Im Gegensatz zu Nr 5 verlangt Nr 3 nicht, daß der gleiche Gegenstand (même objet; même cause) betroffen ist. Der EuGH 8.12.1987 und 6.12.1994 legt mit seiner Kernpunkttheorie (Art 21 Rn 16) den Unvereinbarkeitsbegriff sehr weit aus. Nachw auch bei Matthias Koch, Unvereinbare Entscheidung iSd Art 27 Nr 3 u 5 EuGVÜ u ihre Vermeidung, 1993.

31 Nicht erforderl ist direkter Widerspruch und gleicher Streitgegenstand. Die Unvereinbarkeit orientiert sich vielmehr am Ergebnis, wobei auch die Entscheidungsgründe mit einbezogen werden müßten. Für unvereinbar werden Entscheidungen unter den gleichen Parteien gehalten, aus denen hervorgeht, daß die Richter Tatsachen oder Rechtsfragen in erhebl Maße verschieden gewürdigt/entschieden haben. Nach Martiny I Rn 139 liegt Unvereinbarkeit auch dann vor, wenn die ausl Entscheidung ein präjudizielles Rechtsverhältnis oder eine vorgreifl Rechtsfrage anders beurteilt als die inländische Entscheidung.

Die Nichtbeachtung der inländischen Rechtshängigkeit ist für sich allein noch kein Versagungsgrund. Es muß vielmehr zu einem (abweichenden) inländischen Urteil kommen. Dieses beseitigt dann ex nunc die Wirkungen des anerkennungsfähigen ausl Urteils, Rn 27. 32

VI) Nr 4: Anerkennung und IPR, Rn 13; Geimer/Schütze I 1392. Im Hinblick auf die Streichung des § 328 I Nr 3 ZPO aF ist Art 27 Nr 4 aus deutscher Sicht nicht mehr anzuwenden, § 328 Rn 163; Geimer IZPR Rn 2965; Baumann 94. – Im übrigen führt im Vater/Kindverhältnis die alternative Anknüpfung des Art 20 EGBGB dazu, daß Unterhaltsentscheidungen, die auf einer Vaterschaftsfeststellung beruhen, nur in ganz seltenen Fällen an Art 27 Nr 4 scheitern. Beispiel (nach Baumann 93): Anknüpfung der nichtehel Vaterschaft an Ort des Geschlechtsverkehrs (Beitzke ZfJ 82, 117). Größere Diskrepanzen ergeben sich jedoch beim Ehegattenunterhalt, die aber durch Art 18 IV EGBGB überwunden werden. 33

VII) Nr 5 ist gegenüber Nr 3 enger. Beachtet wird nur die früher (vgl Rn 26) wirksame Entscheidung eines Drittstaates zwischen denselben Parteien über den gleichen Streitgegenstand, Kropholler RIW 86, 933; Kohler IPRax 87, 204, Baumann 91. 34

Nr 5 stellt nicht auf die Einleitung des ausl Verfahrens ab; er kommt nur dann zum Zuge, wenn die drittstaatl Entscheidung im Zweitstaat nach dem maßgebl AnerkennungsR (Vertrag bzw autonomes Recht) tatsächl anerkannt wird. 35

Art. 28. Eine Entscheidung wird ferner nicht anerkannt, wenn die Vorschriften des 3., 4. und 5. Abschnitts des Titels II verletzt worden sind oder wenn ein Fall des Artikels 59 vorliegt.

Das Gericht oder die Behörde des Staates, in dem die Anerkennung geltend gemacht wird, ist bei der Prüfung, ob eine der im vorstehenden Absatz angeführten Zuständigkeiten gegeben ist, an die tatsächlichen Feststellungen gebunden, auf Grund deren das Gericht des Ursprungsstaats seine Zuständigkeit angenommen hat.

Die Zuständigkeit der Gerichte des Ursprungsstaats darf, unbeschadet der Bestimmungen des ersten Absatzes, nicht nachgeprüft werden; die Vorschriften über die Zuständigkeit gehören nicht zur öffentlichen Ordnung im Sinne des Artikels 27 Nr. 1.

Luganer Fassung wie EuGVÜ, aber nach Abs 1 ist folgender Abs 2 eingefügt: Des weiteren kann die Anerkennung einer Entscheidung versagt werden, wenn ein Fall des Artikels 54b Absatz 3 bzw des Artikels 57 Absatz 4 vorliegt. Art 28 II und III EuGVÜ sind Art 28 III und IV LugÜ.

I) Verbot der Prüfung der internationalen Zuständigkeit des Erststaates aus Anlaß der Anerkennung und Vollstreckbarerklärung (= Klauselerteilung)

Die internationale Zuständigkeit des Erststaates ist nicht Voraussetzung für die Anerkennung und Vollstreckbarerklärung im Zweitstaat. Der **Zweitrichter** darf deshalb **grundsätzl die internationale Zuständigkeit** des **Erststaates nicht mehr nachprüfen (Art 28 I und III);** Geimer RIW 80, 305; Geimer/Schütze I 1044. Danach sind auch Urteile anzuerkennen, für deren Erlaß der Erststaat nach den Zuständigkeitsregeln des GVÜ (Art 2 I, Art 3 I) oder des autonomen Rechts (Art 4 I) international nicht zuständig war. Der Bekl des erststaatl Erkenntnisverf kann vor dem Zweitrichter nicht einwenden, der Erstrichter habe die Regeln des GVÜ mißachtet und sich zu Unrecht für zuständig erklärt. Dabei spielt es keine Rolle, ob sich der Erstrichter bewußt oder unbewußt, durch falsche Auslegung oder auf Grund eines unrichtigen Sachverhalts, über die Zuständigkeitsordnung des GVÜ oder nationalen Rechts (Art 4 I) hinweggesetzt hat, Martiny II Rn 168. – Diese Regelung ist verfassungskonform, Geimer FS Schwind, 1993, 28. 1

Das Verbot der Nachprüfung der internationalen Zuständigkeit des Erststaates bewirkt eine **Erweiterung der Gerichtspflichtigkeit des Beklagten.** Das angegangene Gericht ist zwar gemäß Art 20 I verpflichtet, von Amts wegen seine Zuständigkeit zu prüfen und sich gegebenenfalls für unzuständig zu erklären, wenn sich der Bekl auf das Verfahren nicht eingelassen hat. Aber ein unter Verletzung dieser Vorschrift ergangenes Urt ist wirksam und muß grundsätzl (Ausnahme: Art 27) anerkannt und zur Vollstreckung zugelassen werden. Bejaht das Erstgericht seine internationale und örtl Zuständigkeit, obwohl es nach den Regeln des GVÜ international unzuständig ist, und erläßt es ein Sachurteil, so bleibt dem Bekl nur die Möglichkeit, alle nach dem Recht des Erststaates zulässigen Rechtsmittel und Rechtsbehelfe auszuschöpfen, um eine Aufhebung des erstinstanziellen Urt und eine Prozeßabweisung wegen Unzuständigkeit zu erreichen. Verwerfen die Rechtsmittelgerichte den Einwand der Unzuständigkeit, so hat es damit sein Bewenden. Etwas anderes gilt auch nicht in dem Sonderfall, den Art I des Protokolls regelt, Geimer/Schütze I 331 ff, 1033 ff. 2

Das Verbot der Zuständigkeitsprüfung gilt auch dann, wenn das Erstgericht die Derogation der internationalen Zuständigkeit des Gerichtsstaates durch **Prorogation** der ausschließl internationalen Zuständigkeit eines anderen Staates – bewußt oder unbewußt – übergangen oder die **Voraussetzungen des Art 18** zu Unrecht bejaht hat, Schlosser-Bericht Nr 188; Geimer/Schütze I 940. AA Leipold IPRax 82, 223. 3

Der **ordre public** darf zur Nachprüfung der internationalen Zuständigkeit des Erststaates nicht eingesetzt werden, Art 28 III 2, vgl auch Art 4 Rn 1. 4

Auch wenn der Erstrichter eine **Entscheidung des EuGH zur Auslegung des Übereinkommens** – bewußt oder unbewußt – nicht beachtet oder falsch interpretiert hat, bleibt das Nachprüfungsverbot bestehen. Eine Verweigerung der Anerkennung bzw Klauselerteilung aus diesem Grunde (dafür Leipold IPRax 82, 225) wäre ein glatter Bruch der Konvention. 5

6 **II) Ausnahmen vom Verbot der Nachprüfung der internationalen Zuständigkeit des Erststaates** läßt das Übereinkommen nur in folgenden Fällen zu:

1) Nichtbeachtung der ausschl internationalen Zuständigkeit des Zweitstaates oder eines anderen Vertragsstaates (Art 28 I, Art 16): Der Zweitrichter muß nachprüfen, ob der Erstrichter Art 16 beachtet hat, dh er darf die Anerkennung bzw Klauselerteilung verweigern, wenn der Erstrichter in der Sache entschieden hat, obwohl für den Rechtsstreit der Zweitstaat oder ein dritter Vertragsstaat international ausschließl zuständig war.

7 Hat der Erstrichter eine **ausschließl internationale Zuständigkeit des Zweitstaates** nicht beachtet, so ist der Zweitstaat zwar berechtigt, aber nicht verpflichtet, die Anerkennung zu verweigern; denn es geht ausschließl um die Wahrung seiner Jurisdiktionssphäre. Es steht gemeinschaftsrechtl bzw völkerrechtl in seinem Belieben, ob er seine Interessen wahrt. Die **ausschließl internationale Zuständigkeit eines anderen Vertragsstaates** muß der Zweitstaat in jedem Falle „verteidigen". Von der Pflicht zur Verweigerung der Anerkennung kann jedoch der nach Art 16 ausschließl international zuständige Vertragsstaat befreien, Geimer WM 76, 838.

8 Art 16 begründet ausschließl internationale Zuständigkeiten nur für Vertrags-, nicht jedoch für **dritte Staaten.** Deshalb darf einer gerichtl Entscheidung aus einem Vertragsstaat die Anerkennung nicht deswegen verweigert werden, weil nach Ansicht des Zweitstaates ein Nichtvertragsstaat ausschließl international zuständig ist, Geimer/Schütze I 288, 354. AA Grundmann IPRax 85, 253; Kropholler Art 16 Rn 8.

9 Ist der Zweitstaat oder ein dritter Staat auf Grund einer **Zuständigkeitsvereinbarung** der Parteien ausschließl international zuständig, hat aber der Erstrichter sich gleichwohl nicht für unzuständig erklärt, sei es, weil er die Derogation seiner internationalen Zuständigkeit für unwirksam hielt, sei es, daß ihm der Prorogationsvertrag nicht zur Kenntnis gebracht wurde, so darf der Zweitstaat die Anerkennung nicht versagen; denn einer der Fälle des Art 28 I iVm Art 16 liegt nicht vor, Geimer WM 76, 837.

10 **2) Verletzung der Zuständigkeitsregeln in Versicherungssachen (Art 7 bis 12)** und **in Verbrauchersachen (Art 13 bis 15),** hierzu Geimer RIW 80, 306: Art 28 I ist nur im Wege einer **teleologischen Reduktion** sinnvoll auszulegen. Es ist nicht Anliegen des Übereinkommens, der zur Leistung verurteilten Versicherung – entgegen der Grundregel des Art 28 III – im Zweitstaat die Möglichkeit zu eröffnen, die internationale Unzuständigkeit des Erststaates darzutun und damit den erststaatl Titel zu Fall zu bringen. Vielmehr sollten der Versicherungsnehmer, der Versicherte, der Begünstigte, Verbraucher und die sonstigen aus dem Versicherungsverhältnis bzw Letztverbrauchervertrag (Art 13 I) nach der lex causae berechtigten bzw begünstigten Personen **gegen das wirtschaftliche Übergewicht des Versicherers** geschützt werden. Daher kann der Versicherer im Zweitstaat niemals die internationale Unzuständigkeit des Zweitstaates geltend machen. Das gleiche gilt in Verbrauchersachen für den **Vertragspartner des Verbrauchers.** Zust Martiny II Rn 180. Auch die geschützten Personen können sich auf die internationale Unzuständigkeit des Erststaates nicht berufen, soweit sie im Erststaat **Kläger** bzw **Widerkläger** waren; denn nur als Beklagte sind sie schutzbedürftig. Geimer/Schütze I 337, 1047.

11 Eine Prüfung der internationalen Zuständigkeit des Erststaates gem Art 28 I iVm Art 7 ff kommt mithin überhaupt nur dann in Betracht, wenn der Versicherer bzw Vertragspartner des Verbrauchers Kläger war. Hier kann der bekl Versicherungsnehmer bzw Verbraucher vor dem Zweitrichter geltend machen, die zu seinem Schutz geschaffenen Vorschriften des 3. und 4. Abschnitts seien verletzt, dh nicht oder nicht richtig angewandt worden.

12 **Einwand der Derogation des Wohnsitzstaates:** Voraussetzung für die Prüfung des Derogationseinwandes durch den Zweitrichter ist, daß der Bekl im erststaatl Erkenntnisverf diesen Einwand (erfolglos) erhoben hatte. Der Bekl darf sich die Derogation nicht erst bis zum Zweitverf „aufheben" und ihn erst dort zum erstenmal vortragen; denn durch den vertragl Ausschluß der an sich gem Art 11 I, Art 14 II gegebenen internationalen Zuständigkeit des Erststaates (= Staat, in dem der Bekl wohnt) wird die Last zur Einlassung von den erststaatl Gerichten nicht zur Gänze beseitigt, sondern nur die Einlassungspflicht zur Hauptsache. Hält sich der Versicherer bzw Vertragspartner des Verbrauchers nicht an die Derogationsvereinbarung und klagt er in dem Staat, in dem der Bekl wohnt (Art 11 I), so ist es dem Bekl zumutbar, daß er am Rechtsstreit teilnimmt und (durch seinen Anwalt) vortragen läßt, die Zuständigkeit des Wohnsitzstaates sei derogiert. Geimer RIW 80, 308. Der Bekl muß die Rüge der internationalen Unzuständigkeit (auf Grund Derogation) im Falle des Unterliegens mit ordentl, nach dem Recht des Erststaates statthaften Rechtsmitteln weiterverfolgen, Geimer/Schütze I 339, 941, 1561. AA Martiny II Rn 181.

13 **Einwand der schiedsgerichtlichen Erledigung** ist unzulässig, Geimer/Schütze I 1563.

14 Der Zweitrichter darf **nicht von Amts wegen die internationale Unzuständigkeit** des Erststaates nach Art 11, 12 bzw Art 14 II, 15 feststellen und deshalb dem erststaatl Urteil die Anerkennung versagen. Vielmehr ist eine **Zuständigkeitsrüge** des im Erststaat bekl Versicherungsnehmers bzw Verbrauchers notwendig. Dieser kann darüber befinden, ob er im Zweitverfahren die internationale Unzuständigkeit des Erststaates geltend machen will. Er wird dies zB unterlassen, wenn die Klage im international unzuständigen Vertragsstaat als unbegründet abgewiesen worden ist, Geimer/Schütze I 1551.

15 **3) Fälle des Art 59.** Geimer/Schütze I 1036, 1049.

16 **4) Übergangsvorschrift des Art 54 II** (Geimer WM 76, 838; NJW 75, 1086): Urteile, die nach dem Inkrafttreten des GVÜ bzw des jeweiligen Beitrittsübereinkommens ergangen sind, werden anerkannt, ohne Rücksicht darauf, ob für das zugrunde liegende Verfahren bereits die Zuständigkeitsvorschriften des GVÜ galten oder nicht. Aus diesem Grunde wurde dem Zweitrichter die Möglichkeit vorbehalten, nachzuprüfen, ob für die internationale Zuständigkeit des Erststaates ein ausreichender Anknüpfungspunkt im Sinne des GVÜ oder des vor Inkrafttreten des GVÜ geltenden bilateralen Anerkennungs- und Vollstreckungsabkommens gegeben war. Ist dies zu verneinen, so steht noch nicht fest, daß die Anerkennung zu versagen ist. Vielmehr ist dann noch nach autonomem Recht zu prüfen, ob der Erststaat aus der Sicht des Zweitstaates international zuständig war, Frankfurt RIW 76, 107 = IPRspr

75, 173; Geimer/Schütze I 974, 1043; Martiny II Rn 185. – Ebenso **Art 34 III Beitrittsübereinkommen 1978, Art 12 II Beitrittsübereinkommen 1982** sowie **Art 29 Beitrittsübereinkommen 1989.**

5) Art 28 II LugÜ: a) Art 54b III ist zu weit formuliert. Gedacht ist die Regelung nur für Fälle, in denen Gerichte in EG-Staaten ihre Zuständigkeit für Klagen gegen Personen mit Wohnsitz in einem EFTA-Staat irrtümlich auf diejenigen Bestimmungen des GVÜ (in den Fassungen bis zum 2. Beitrittsübereinkommen) stützen, die von LugÜ abweichen. Es handelt sich im wesentlichen um die Zuständigkeiten in den Artikeln 5 Nr 1, 6 Nr 4, 16 Nr 1 und 17, dt Denkschrift BT-Drucks 12/6838 S 53. 17

b) Eine weitere über das EuGVÜ hinausgehende Nachprüfungsmöglichkeit bringt **Art 57 IV LugÜ**. 18

6) Weitere Ausnahmen vom Nachprüfungsverbot des Art 28 I im Anwendungsbereich des LugÜ: Die Schweiz hat einen Vorbehalt nach Art 1a des Protokolls Nr 1 erklärt. 19

Einen weiteren (nicht in das GVÜ 1989 übernommenen) Anerkennungsvorbehalt in Zusammenhang mit der Neuregelung in Art 16 Nr 1b enthält Art 1b des Protokolls Nr 1. Danach ist der Belegenheitsstaat, der diesen Vorbehalt erklärt, bei kurzfristigen Privatvermietungen nicht zur Anerkennung von Entscheidungen des Wohnsitzstaates (Art 16 Nr 1b) verpflichtet. 20

7) Tatsächl Feststellungen des Erstgerichts: Bei der Prüfung der internationalen Zuständigkeit ist der Zweitrichter an die tatsächl (nicht rechtl) Feststellungen des Erstrichters gebunden. Art 28 II betrifft jedoch nur den Einwand der internationalen Unzuständigkeit. **Anerkennungsfreundliche Tatsachen können jederzeit geltend gemacht werden,** Geimer RIW 76, 147. 21

8) Keine Nachprüfung der örtl Zuständigkeit: Gem Art 28 I bzw 54 II kann die Versagung der Anerkennung nur darauf gestützt werden, daß der Erststaat **international unzuständig** war. Steht fest, daß dieser Staat international zuständig war, so spielt es keine Rolle, ob die in Art 7 ff enthaltenen Regeln über die örtl Zuständigkeit beachtet wurden oder nicht. Geimer RIW 80, 309; Geimer/Schütze I 341; Martiny II Rn 161. 22

III) Prüfung der Gerichtsbarkeit des Erststaates (§ 328 Rn 93) ist im GVÜ nicht vorgesehen; trotzdem ist sie zulässig und zur Einhaltung völkerrechtl Normen sogar notwendig. Bei fehlender Gerichtsbarkeit (facultas iurisdictionis) liegt ein völkerrechtswidriges Urteil vor, ohne Rücksicht darauf, ob sich der Erstrichter bewußt oder unbewußt über die Völkerrechtsnorm hinweggesetzt hat. Das VölkerR verbietet, völkerrechtswidrige Urteile anzuerkennen. Über dieses Verbot können und wollen sich die Vertragsstaaten nicht hinwegsetzen, Geimer/Schütze I 1033, 1484. 23

Art. 29. Die ausländische Entscheidung darf keinesfalls in der Sache selbst nachgeprüft werden.

Hierzu Art 27 Rn 4.

Art. 30. Das Gericht eines Vertragsstaats, in dem die Anerkennung einer in einem anderen Vertragsstaat ergangenen Entscheidung geltend gemacht wird, kann das Verfahren aussetzen, wenn gegen die Entscheidung ein ordentlicher Rechtsbehelf eingelegt worden ist.

Das Gericht eines Vertragsstaats, vor dem die Anerkennung einer in Irland oder im Vereinigten Königreich ergangenen Entscheidung geltend gemacht wird, kann das Verfahren aussetzen, wenn die Vollstreckung der Entscheidung im Ursprungsstaat wegen der Einlegung eines Rechtsbehelfs einstweilen eingestellt ist.

2. Abschnitt – Vollstreckung

Art. 31. Die in einem Vertragsstaat ergangenen Entscheidungen, die in diesem Staat vollstreckbar sind, werden in einem anderen Vertragsstaat vollstreckt, wenn sie dort auf Antrag eines Berechtigten für vollstreckbar erklärt worden sind.

Im Vereinigten Königreich wird eine derartige Entscheidung jedoch in England und Wales, in Schottland oder in Nordirland vollstreckt, wenn sie auf Antrag eines Berechtigten zur Vollstreckung in dem betreffenden Teil des Vereinigten Königreichs registriert worden ist.

Lit: *Gärtner,* Probleme der Auslandsvollstreckung von Nichtgeldentscheidungen im Bereich der Europäischen Gemeinschaft, 1991; *Remien*, Rechtsverwirklichung durch Zwangsgeld, 1992; *A. Stutz*, Die internationale Handlungs- und Unterlassungsvollstreckung unter dem EuGVÜ, 1992; *Stürner*, Das grenzüberschreitende Vollstreckungsverfahren in der europäischen Union, FS Henckel, 1995, 863; *Treibmann*, Die Vollstreckung von Handlungen und Unterlassungen im europäischen Zivilrechtsverkehr, 1994.

Das Vollstreckbarerklärungsverf nach Art 31 ff ist ein **einheitl u geschlossenes System, das vom nationalen Gesetzgeber nicht modifiziert werden darf.** Dieser darf zB die Rechtsbehelfsbefugnisse nach Art 36 ff nicht zugunsten von interessierten Dritten erweitern, EuGH 21.4.1993. 1

Die **Vollstreckbarerklärung durch Klauselerteilung** ist nach der Neufassung durch das 3. Beitrittsübereinkommen nicht mehr verbindl für alle Vertragsstaaten vorgeschrieben. Sie erfolgt in Deutschland aber nach wie vor durch Erteilung der Klausel, § 3 AVAG. Diese ist ein prozessualer Gestaltungsakt (Verleihung der Vollstreckbarkeit für den Bereich des Inlands), § 722 Rn 3. 2

Kreis der unter Art 31 ff fallenden Vollstreckungstitel Geimer/Schütze I 1163. Für Prozeßvergleiche gilt die Einschränkung des Art 1 II Nr 1 nicht, Geimer/Schütze I 140, 1165, 1174. 3

Zur Unterscheidung zwischen Anerkennungs- und Klauselerteilungsvoraussetzungen Geimer/Schütze I 1141. Zur Anerkennung ohne Möglichkeit der Klauselerteilung für ein Leistungsurteil Geimer/Schütze I 1145. 4

5 Die Klauselerteilung führt zur Gleichstellung mit einem deutschen Vollstreckungstitel, § 328 Rn 18. Die einem ausl Titel nach Art 31 verliehene Vollstreckbarkeit deckt sich inhaltl mit der Vollstreckbarkeit eines dt Titels. Geimer/Schütze I 1149. Grundlage der Vollstreckung im Inland ist allein die deutsche Vollstreckbarerklärung (Klauselerteilung), § 722 Rn 56.

6 Die **Durchführung von Vollstreckungsmaßnahmen** richtet sich nach den Vorschriften des achten Buchs der ZPO, soweit GVÜ und AVAG nichts anderes bestimmen. § 929 II ZPO ist nicht anwendbar, Hamm RIW 85, 975; Geimer/Schütze I 1158, 1161.

7 Die **Vollziehungsfrist** betrifft dagegen die Vollstreckbarkeit. Diese ist nach dem Recht des Erststaates zu beurteilen.

8 In Übereinstimmung mit der modernen Vertragspraxis (Geimer/Schütze I 1415, 1432) läßt das GVÜ die Zwangsvollstreckung aus **vorläufig vollstreckbaren** Titeln zu. Der Vollstreckungsschuldner wird durch Art 38 ausreichend geschützt.

9 Fällt die Vollstreckbarkeit im Erststaat weg, so ist die Klauselerteilung im Zweitstaat aufzuheben, § 30 AVAG, Hamburg NJW 87, 2165 = RIW 86, 641 = IPRspr 86/180.

10 **Unzulässigkeit der Leistungsklage,** gestützt auf die Rechtskraft des anzuerkennenden erststaatl Leistungsurteils: Die Klauselerteilung nach Art 31 ff ist der einzige Weg, um aus einem in einem Vertragsstaat ergangenen Leistungsurteil in anderen Vertragsstaaten vollstrecken zu können. Der im Erststaat siegreiche Kläger hat nicht die Möglichkeit, in den anderen Vertragsstaaten erneut auf Leistung aus dem erststaatl Urteil zu klagen, wobei der Zweitrichter an die Rechtskraft der anzuerkennenden erststaatl Entscheidung gebunden wäre, EuGH 30.11.1976, Geimer/Schütze I 1182; § 722 Rn 57.

11 **Vollstreckbarerklärungsverf in mehreren Staaten:** Der Gläubiger kann seinen Titel gleichzeitig in mehreren Staaten für vollstreckbar erklären lassen. Er braucht also nicht erst im Staat A einen erfolglosen Vollstreckungsversuch unternehmen, bevor er die Vollstreckbarerklärung im Staate B betreiben darf. Bringt der Schuldner im Exequaturverf im Staate A die gleichen Einwendungen wie im Vollstreckbarerklärungsverf im Staate B, dann ist gleichwohl das zeitl frühere Exequaturverf kein Verfahrenshindernis für die Vollstreckbarerklärung im anderen Staat. Denn **die Vollstreckbarerklärung im Staate A ist nicht der gleiche Streitgegenstand wie das Exequatur im Staate B.**

12 Geht es zB um die Vollstreckbarerklärung eines französischen Urteils in Deutschland und in England nach Art 31 ff, dann greift Art 21 nicht ein. Selbst wenn man der Auffassung wäre, daß zB Prozeßbetrug als Anerkennungsversagungsgrund iS des Art 27 Nr 1 (s. § 328 Rn 175a) in allen Vertragsstaaten gleich auszulegen ist, ist die engl Entscheidung für das dt Gericht unverbindl und umgekehrt. Denn anerkennungsfähig sind nur Sachentscheidungen, nicht Entscheidungen über prozessuale (vorgreifliche) Punkte, Art 25 Rn 6.

13 Wie allerdings der EuGH entscheiden würde, ist völlig offen. Wollte er eine Bindung postulieren, dann müßte er wohl auch für alle Vertragsstaaten einheitl Grenzen für die Anwendung des Versagungsgrundes des ordre public aufstellen. EuGH 20.1.1994 betrifft die Parallelfrage bei der **Vollstreckbarerklärung einer drittstaatl Entscheidung.** Bei einer solchen Hypothese kommt Art 21 schon deshalb nicht zur Anwendung, weil Vollstreckbarerklärung (ebenso wie Anerkennung) drittstaatl Entscheidungen vom GVÜ nicht geregelt ist und daher **außerhalb dessen Anwendungsbereich** liegt.

14 **Kosten:** Art III des Protokolls Geimer/Schütze I 1151.

Art. 32. Der Antrag ist zu richten:

- **in Belgien an das „tribunal de première instance" oder an die „rechtbank von eerste aanleg";**
- **in Dänemark an das „byret";**
- **in der Bundesrepublik Deutschland an den Vorsitzenden einer Kammer des Landgerichts;**
- **in Griechenland an das** μονομελές πρωτοδικείο;
- **in Spanien an das „Juzgado de Primera instancia";**
- **in Frankreich an den Präsidenten des „tribunal de grande instance";**
- **in Irland an den „High Court";**
- *in Island an das „héraðsdómari";*
- **in Italien an die „corte d'appello";**
- **in Luxemburg an den Präsidenten des „tribunal d'arrondissement";**
- **in den Niederlanden an den Präsidenten der „arrondissementsrechtbank";**
- *in Norwegen an das „herredsrett" oder das „byrett" als „namsrett";*
- *in Österreich an das Landesgericht bzw das Kreisgericht;*
- **in Portugal an das „Tribunal Judicial de Círculo";**
- *in der Schweiz:*
  a) für Entscheidungen, die zu einer Geldleistung verpflichten, an den Rechtsöffnungsrichter/juge de la mainlevée/giudice competente a pronunciare sul rigetto dell'opposizione im Rahmen des Rechtsöffnungsverfahrens nach den Artikeln 80 und 81 des Bundesgesetzes über Schuldbetreibung und Konkurs/loi féderale sur la poursuite pour dettes et la faillite/legge federale sulla esecuzione e sul fallimento;

b) für Entscheidungen, die nicht auf Zahlung eines Geldbetrages lauten, an den zuständigen kantonalen Vollstreckungsrichter/juge cantonal d'exequatur compétent/giudice cantonale competente a pronunciare l'exequatur;

- *in Finnland an das „ulosotonhaltija/överexekutor";*
- *in Schweden an das „Svea hovrätt";*
- **im Vereinigten Königreich:**

1. in England und Wales an den „High Court of Justice" oder für Entscheidungen in Unterhaltssachen an den „Magistrates' Court" über den „Secretary of State";

2. in Schottland an den „Court of Session" oder für Entscheidungen in Unterhaltssachen an den „Sheriff Court" über den „Secretary of State";

3. in Nordirland an den „High Court of Justice" oder für Entscheidungen in Unterhaltssachen an den „Magistrates' Court" über den „Secretary of State".

Die örtliche Zuständigkeit wird durch den Wohnsitz des Schuldners bestimmt. Hat dieser keinen Wohnsitz im Hoheitsgebiet des Vollstreckungsstaats, so ist das Gericht zuständig, in dessen Bezirk die Zwangsvollstreckung durchgeführt werden soll.

Der Schuldner kann mit der Beschwerde (Art 36) örtl Unzuständigkeit (§ 2 II 1 AVAG) rügen, wenn er bis dahin am Verf nicht beteiligt war. § 512a ZPO findet insoweit keine Anwendung, Köln RIW 93, 498 = IPRspr. 93/167, Art 40 Rn 1. – Zur Zuständigkeit, wenn Schuldner in Deutschland keinen Wohnsitz/Sitz hat, Saarbrücken RIW 93, 672; Geimer IZPR Rn 3127. 1

Nach Art 32 II 2 genügt **substantielle Behauptung,** im Bezirk des angegangenen Gerichts vollstrecken zu wollen, LG Stuttgart IPRax 92, 92 (Rauscher 71). 2

Art. 33. Für die Stellung des Antrags ist das Recht des Vollstreckungsstaats maßgebend.

Der Antragsteller hat im Bezirk des angerufenen Gerichts ein Wahldomizil zu begründen. Ist das Wahldomizil im Recht des Vollstreckungsstaats nicht vorgesehen, so hat der Antragsteller einen Zustellungsbevollmächtigten zu benennen.

Dem Antrag sind die in den Artikeln 46 und 47 angeführten Urkunden beizufügen.

Ratio conventionis zu Art 33 II ist es auch, dem Antragsgegner die Einlegung des Rechtsbehelfs/Rechtsmittels zu erleichtern, EuGH 10.7.1986. 1

Art. 34. Das mit dem Antrag befaßte Gericht erläßt seine Entscheidung unverzüglich, ohne daß der Schuldner in diesem Abschnitt des Verfahrens Gelegenheit erhält, eine Erklärung abzugeben.

Der Antrag kann nur aus einem in den Artikeln 27 und 28 angeführten Gründen abgelehnt werden.

Die ausländische Entscheidung darf keinesfalls in der Sache selbst nachgeprüft werden.

Das GVÜ hat ein für alle Vertragsstaaten einheitl Vollstreckbarerklärungsverfahren eingeführt, das die Postulate der Schnelligkeit und Effizienz in hohem Maße verwirklicht. Über die Vollstreckbarerklärung (durch Klauselerteilung) muß nicht in einem schwerfälligen und kostenträchtigen Klageverf entschieden werden. Vielmehr stellt das GVÜ ein vereinfachtes auf Beschleunigung ausgerichtetes schriftl Verf zur Verfügung, dessen Kernpunkt der **Ausschluß einer kontradiktorischen Verhandlung** im ersten Verfahrensabschnitt ist, Art 34 I. Hinzu kommt der **Überraschungseffekt:** Dem Schuldner soll nicht Zeit bleiben, sein Vermögen im Zweitstaat dem Vollstreckungszugriff zu entziehen. Die Rechte des Schuldners sind durch Art 36 I gewahrt. Er kann sich durch Einlegung eines Rechtsbehelfs rechtl Gehör verschaffen. Solange die Rechtsbehelfsfrist (Art 36 II) läuft, darf die Zwangsvollstreckung in das im Zweitstaat gelegenen Vermögen nicht über Maßregeln der Sicherung hinausgehen, Art 39 I. – Zum Wahldomizil (Art 33 I 1) EuGH 10.7.1986. 1

Auch im einseitigen Verf muß der Vorsitzende eine vom Schuldner/Antragsgegner (vorsorgl) eingereichte Schutzschrift beachten, Geimer/Schütze I 1201 Fn 10. AA hM, Roth IPRax 89, 18 Fn 53 mwN. 2

Fällt der Titel, hinsichtl dessen Vollstreckungserklärung (Klauselerteilung) verlangt wird, nicht in den Anwendungsbereich des GVÜ, dann Abgabe an Spruchkammer des LG, soweit diese nach dem einschlägigen AusführungsG bzw nach § 722 II ZPO (Geimer IZPR Rn 3127) zuständig, ggf Verweisung nach § 281 ZPO. Umdeutung in Klage nach §§ 722, 723 mögl, aA BGH NJW 95, 264; Wolff Hb IZVR IV Rn 306. Vgl. § 3 AVAG Rn 2. 3

Art. 35. Die Entscheidung, die über den Antrag ergangen ist, teilt der Urkundsbeamte der Geschäftsstelle dem Antragsteller unverzüglich in der Form mit, die das Recht des Vollstreckungsstaats vorsieht.

Art. 36. Wird die Zwangsvollstreckung zugelassen, so kann der Schuldner gegen die Entscheidung innerhalb eines Monats nach ihrer Zustellung einen Rechtsbehelf einlegen.

Hat der Schuldner seinen Wohnsitz in einem anderen Vertragsstaat als dem, in dem die Entscheidung über die Zulassung der Zwangsvollstreckung ergangen ist, so beträgt die Frist für den Rechtsbehelf zwei Monate und beginnt von dem Tage an zu laufen, an dem die Entscheidung dem Schuldner entweder in

Person oder in seiner Wohnung zugestellt worden ist. Eine Verlängerung dieser Frist wegen weiter Entfernung ist ausgeschlossen.

1 Bei inkorrekter Entscheidung des LG (Urteil statt Beschluß) gilt die Meistbegünstigungstheorie, Frankfurt/M OLGZ 94, 103 = RIW 93, 676 = IPRspr 93/ 173.

Art 36 schließt jeden **Rechtsbehelf interessierter Dritter** gegen die Entscheidung, mit der die Zwangsvollstrekkung zugelassen worden ist, auch für den Fall aus, daß er ihm nach dem nationalen Recht des Vollstreckungsstaates zusteht, EuGH 2.7.1985; EuGH 21.4.1993. Zur **Sicherungsvollstreckung** s Art 39.

2 Erfordernis **„Zustellung in Person oder in Wohnung"** (Art 36 II 1) will remise au parquet oder ähnl Zustellungsfiktionen vorbeugen. **Zustellung an den Schuldner** erfolgt nach den staatsvertragl Regelungen (§ 199 Rn 45), ansonsten nach § 199 ZPO; § 175 ZPO greift nicht ein, da Verf vor dem LG einseitig ohne Anhörung des Schuldners Art 34 I. Nach wirksamer Auslandszustellung (§ 199 ZPO) kommen §§ 174, 175 ZPO zur Anwendung, wenn Schuldner keinen Zustellungsbevollmächtigten benannt hat, Art 33 II 2, § 4 AVAG.

3 Die **Durchführung der Zwangsvollstreckung** erfolgt nach nationalem Recht, Geimer/Schütze I 1157.

4 Im Vollstreckungsverf können grundsätzl auch die **Rechtsbehelfe nach nationalem Recht** eingelegt werden. Jedoch darf damit aber nicht die **Befristung** nach Art 36 umgangen werden, EuGH 4.2.1988. § 15 I AVAG ist daher durch das GVÜ geboten, Kropholler Rn 2.

Art. 37. Der Rechtsbehelf wird nach den Vorschriften, die für das streitige Verfahren maßgebend sind, eingelegt:

- **in Belgien bei dem „tribunal de première instance" oder „rechtbank van eerste aanleg";**
- **in Dänemark bei dem „landsret";**
- **in der Bundesrepublik Deutschland bei dem Oberlandesgericht;**
- **in Griechenland bei dem ἐφετεῖο;**
- **in Spanien bei der „Audiencia Provincial";**
- **in Frankreich bei der „cour d'appel";**
- **in Irland bei dem „High Court";**
- *in Island bei dem „héraδsdómari";*
- **in Italien bei der „corte d'appello";**
- **in Luxemburg bei der „Cour supérieure de Justice" als Berufungsinstanz für Zivilsachen;**
- **in den Niederlanden bei der „arrondissementsrechtbank";**
- *in Norwegen bei dem „lagmansrett";*
- *in Österreich bei dem Landesgericht bzw dem Kreisgericht;*
- **in Portugal bei dem „Tribunal da Relação";**
- *in der Schweiz bei dem Kantonsgericht/tribunal cantonal/tribunale cantonale;*
- *in Finnland bei dem „hovioikeus/hovrätt";*
- *in Schweden bei dem „Svea hovrätt";*
- **im Vereinigten Königreich:**
  - **a) in England und Wales bei dem „High Court of Justice" oder für Entscheidungen in Unterhaltssachen bei dem „Magistrates' Court";**
  - **b) in Schottland bei dem „Court of Session" oder für Entscheidungen in Unterhaltssachen bei dem „Sheriff Court";**
  - **c) in Nordirland bei dem „High Court of Justice" oder für Entscheidungen in Unterhaltssachen bei dem „Magistrates' Court".**

(2) Gegen die Entscheidung, die über den Rechtsbehelf ergangen ist, finden nur statt

- **in Belgien, Griechenland, Spanien, Frankreich, Italien, Luxemburg und den Niederlanden: die Kassationsbeschwerde;**
- **in Dänemark: ein Verfahren vor dem „højesteret" mit Zustimmung des Justizministers;**
- **in der Bundesrepublik Deutschland: die Rechtsbeschwerde;**
- **in Irland: ein auf Rechtsfragen beschränkter Rechtsbehelf bei dem „Supreme Court";**
- *in Island: ein Rechtsbehelf bei dem „Hæstiréttur";*
- *in Norwegen: ein Rechtsbehelf (Kjaeremal oder anke) bei dem „Hoyesteretts Kjaeremalsutvalg" oder dem „Hoyesterett";*
- *in Österreich im Fall eines Rekursverfahrens der Revisionsrekurs und im Fall eines Widerspruchsverfahrens die Berufung mit der allfälligen Möglichkeit einer Revision;*
- **in Portugal: ein auf Rechtsfragen beschränkter Rechtsbehelf;**
- *in der Schweiz: die staatsrechtliche Beschwerde beim Bundesgericht/recours de droit public devant le tribunal fédéral/ricorso di diritto pubblico davanti al tribunale federale;*

– *in Finnland: ein Rechtsbehelf beim „korkein oikeus/högsta domstolen";*
– *in Schweden: ein Rechtsbehelf beim „högsta domstolen";*
– **im Vereinigten Königreich: ein einziger auf Rechtsfragen beschränkter Rechtsbehelf.**

Zwischenentscheidungen des OLG sind nicht mit der Rechtsbeschwerde (Art 37) anfechtbar. Dieser unterliegen nur die Endentscheidungen, EuGH 27.11.1984; daher ist auch „Entscheidung, die über den Rechtsbehelf ergangen ist" iSv Art 37 II eng auszulegen; darunter fällt nicht Entsch nach Art 38, auch wenn sie gleichzeitig mit Endentsch über Rechtsbehelf ergeht, EuGH 4.10.1991. 1

Die örtl Unzuständigkeit des Vorsitzenden kann mit der Beschwerde zum OLG gerügt werden. § 512a ZPO ist nicht anzuwenden, Köln RIW 93, 498; Saarbrücken RIW 93, 671, 672. 2

Rechtsbeschwerden (§ 18 I AVAG) können stets nur von einem beim BGH zugelassenen RA eingelegt werden, auch wenn sie sich gegen Beschlüsse bayer OLGe richten, BGH RR 94, 320 = LM Nr 6 zu AVAG = IPRspr 93/181.

Art. 38. Das mit dem Rechtsbehelf befaßte Gericht kann auf Antrag der Partei, die ihn eingelegt hat, das Verfahren aussetzen, wenn gegen die Entscheidung im Ursprungsstaat ein ordentlicher Rechtsbehelf eingelegt oder die Frist für einen solchen Rechtsbehelf noch nicht verstrichen ist; in letzterem Fall kann das Gericht eine Frist bestimmen, innerhalb derer der Rechtsbehelf einzulegen ist.

Ist eine gerichtliche Entscheidung in Irland oder im Vereinigten Königreich erlassen worden, so gilt jeder im Ursprungsstaat statthafte Rechtsbehelf als ordentlicher Rechtsbehelf im Sinne von Absatz 1.

Das Gericht kann auch die Zwangsvollstreckung von der Leistung einer Sicherheit, die es bestimmt, abhängig machen.

Wird im Beschwerdeverf angeordnet, daß die Zwangsvollstreckung nur gegen Sicherheitsleistung des Gläubigers betrieben werden darf, so können deshalb Zwangsvollstreckungsmaßnahmen, die bereits zulässig erfolgt waren und über die Sicherung des Anspruchs nicht hinausgehen, nicht aufgehoben werden, wenn der Schuldner seinerseits nicht die für ihn angeordneten Sicherheiten geleistet hat. 1

Das OLG kann über den Vollstreckungsschutzantrag gem Art 38 II nicht vorab entscheiden, EuGH 27.11.1984. Die Anordnung einer Sicherheitsleistung zu Lasten des Gläubigers (durch Vorabentscheidung) ist deshalb nicht mögl; doch kann das OLG dem Schuldner gestatten, seinerseits durch Sicherheitsleistung die Zwangsvollstreckung abzuwenden, Hamm RIW 85, 973 (Linke) = IPRspr 85/187; BGH RIW 86, 813. (Linke 997). 2

Ist über einen Rechtsbehelf des Schuldners gegen die Zulassung der Zwangsvollstreckung endgültig entschieden, dann darf die im Inland zugelassene Zwangsvollstreckung unbeschränkt auch aus einem nur vorläufig vollstreckbaren ausländischen Urteil stattfinden. Der Ungewißheit über den Ausgang des Rechtsstreits im Erststaat kann das Beschwerdegericht im Vollstreckungsstaat aber durch Anordnung einer Sicherheitsleistung nach Art 38 Rechnung tragen, BGH NJW 83, 1980 = RIW 83, 92 und BGHZ 87, 259 = NJW 83, 1979 = RIW 535 = IPRax 85, 156 (Prütting 137) = IPRspr 83/174. 3

Ordentl Rechtsbehelf iSv Art 38: Jeder Rechtsbehelf, der zur Aufhebung und Abänderung der Entscheidung im Erststaat führen kann und für dessen Einlegung im Erststaat eine gesetzl Frist bestimmt ist, EuGH 22.11.1977; Geimer/Schütze I 1128. – Darunter fällt auch das Bestätigungsverf nach Art 681 I ital Cpc betr Sicherungsbeschlagnahme, Hamm RIW 85, 973 (Linke). 4

Art. 39. Solange die in Artikel 36 vorgesehene Frist für den Rechtsbehelf läuft und solange über den Rechtsbehelf nicht entschieden ist, darf die Zwangsvollstreckung in das Vermögen des Schuldners nicht über Maßnahmen zur Sicherung hinausgehen.

Die Entscheidung, durch welche die Zwangsvollstreckung zugelassen wird, gibt die Befugnis, solche Maßnahmen zu veranlassen.

Das Recht auf Sicherungszwangsvollstreckung (Abs II) folgt ipso iure aus der Klauselerteilung. Es kann durch das nationale Recht nicht eingeschränkt werden, EuGH 3.10.1985; Kaye 1628; Pirrung IPRax 89, 20; Kropholler Rn 2. 1

Der Gläubiger kann während des gesamten in Art 39 I genannten Zeitraums Sicherungsmaßregeln verlangen; das nationale Recht darf diese ihm vom GVÜ eingeräumte Befugnis nicht durch Ausschlußfristen (wie zB nach § 929 II ZPO) oder durch ein gerichtl Bestätigungsverf beschränken. Art 39 I verdrängt jedoch nicht § 750 ZPO, wonach dt Klauselerteilungsbeschluß dem Antragsgegner/Schuldner vor Einleitung von Sicherungsvollstreckungsmaßnahmen – gegebenenfalls unter Zuhilfenahme ausl Rechtshilfe (§ 199 ZPO) – zuzustellen ist, Pirrung IPRax 89, 17 AA LG Stuttgart RIW 88, 564 (Laborde) = IPRax 89, 41. Umgekehrt verbietet das GVÜ nicht eine „Vorpfändung" (§ 845 ZPO) ohne vorherige Zustellung, Pirrung IPRax 89, 21 Fn 35. 2

Art. 40. Wird der Antrag abgelehnt, so kann der Antragsteller einen Rechtsbehelf einlegen:
– **in Belgien bei der „cour d'appel" oder dem „hof van beroep";**
– **in Dänemark bei dem „landsret";**
– **in der Bundesrepublik Deutschland bei dem Oberlandesgericht;**
– **in Griechenland bei dem „ἐφετεῖο";**
– **in Spanien bei der „Audiencia Provincial";**
– **in Frankreich bei der „cour d'appel";**

- **in Irland bei dem „High Court“;**
- *in Island bei dem „héraðsdómari“;*
- **in Italien bei der „corte d'appello“;**
- **in Luxemburg bei der „Cour supérieure de Justice“ als Befugnisinstanz für Zivilsachen;**
- **in den Niederlanden bei dem „gerechtshof“;**
- *in Norwegen bei dem „lagmansrett“;*
- *in Österreich bei dem Landesgericht bzw dem Kreisgericht;*
- **in Portugal bei dem „Tribunal da Relação“;**
- *in der Schweiz bei dem Kantonsgericht/tribunal cantonal/tribunale cantonale;*
- *in Finnland bei dem „hovioikeus/hovrätt“;*
- *in Schweden bei dem „Svea hovrätt“;*
- **im Vereinigten Königreich:**
  1. **in England und Wales bei dem „High Court of Justice“ oder für Entscheidungen in Unterhaltssachen bei dem „Magistrates' Court“;**
  2. **in Schottland bei dem „Court of Session“ oder für Entscheidungen in Unterhaltssachen bei dem „Sheriff Court“;**
  3. **in Nordirland bei dem „High Court of Justice“ oder für Entscheidungen in Unterhaltssachen bei dem „Magistrates' Court“.**

Das mit dem Rechtsbehelf befaßte Gericht hat den Schuldner zu hören. Läßt dieser sich auf das Verfahren nicht ein, so ist Artikel 20 Abs 2 und 3 auch dann anzuwenden, wenn der Schuldner seinen Wohnsitz nicht in diesem Hoheitsgebiet eines Vertragsstaats hat.

1 Zu Art 40 II EuGH 12.7.1984. – Notfalls muß das OLG die Beschwerdeschrift nach § 203 ZPO zustellen, wenn Zustellung nach § 199 scheitert, Saarbrücken RIW 93, 672.

Art. 41. Gegen die Entscheidung, die über den in Artikel 40 vorgesehenen Rechtsbehelf ergangen ist, finden nur statt:

- **in Belgien, Griechenland, Spanien, Frankreich, Italien, Luxemburg und den Niederlanden: die Kassationsbeschwerde,**
- **in Dänemark: ein Verfahren vor dem „højesteret“ mit Zustimmung des Justizministers;**
- **in der Bundesrepublik Deutschland: die Rechtsbeschwerde;**
- **in Irland: ein auf Rechtsfragen beschränkter Rechtsbehelf bei dem „Supreme Court“;**
- *in Island: ein Rechtsbehelf bei dem „Hæstiréttur“;*
- *in Norwegen: ein Rechtsbehelf (kjaeremal oder anke) bei dem „Hoyesteretts kjaeremalsutvalg“ oder dem „Hoyesterett“;*
- *in Österreich: der Revisionsrekurs;*
- **in Portugal: ein auf Rechtsfragen beschränkter Rechtsbehelf;**
- *in der Schweiz: die staatsrechtliche Beschwerde beim Bundesgericht/recours de droit public devant le tribunal fédéral/ricorso di diritto pubblico davanti al tribunale federale;*
- *in Finnland: ein Rechtsbehelf beim „korkein oikeus/högsta domstolen“;*
- *in Schweden: ein Rechtsbehelf beim „högsta domstolen“;*
- **im Vereinigten Königreich: ein einziger auf Rechtsfragen beschränkter Rechtsbehelf.**

Art. 42. Ist durch die ausländische Entscheidung über mehrere mit der Klage geltend gemachte Ansprüche erkannt und kann die Entscheidung nicht im vollen Umfang zur Zwangsvollstreckung zugelassen werden, so läßt das Gericht sie für einen oder mehrere dieser Ansprüche zu.

Der Antragsteller kann beantragen, daß die Zwangsvollstreckung nur für einen Teil des Gegenstandes der Verurteilung zugelassen wird.

Hierzu Geimer/Schütze I 1217, 1641.

Art. 43. Ausländische Entscheidungen, die auf Zahlung eines Zwangsgelds lauten, sind in dem Vollstreckungsstaat nur vollstreckbar, wenn die Höhe des Zwangsgelds durch die Gerichte des Ursprungsstaats endgültig festgesetzt ist.

Art. 44. Ist dem Antragsteller im Ursprungsstaat ganz oder teilweise Prozeßkostenhilfe oder Kosten- und Gebührenbefreiung gewährt worden, so genießt er in dem Verfahren nach den Artikeln 32 bis 35 hinsichtlich des Armenrechts oder (der Prozeßkostenhilfe und) der Kosten- und Gebührenbefreiung die günstigste Behandlung, die das Recht des Vollstreckungsstaats vorsieht.

Der Antragsteller, welcher die Vollstreckung einer Entscheidung einer Verwaltungsbehörde begehrt, die in Dänemark *(oder in Island)* **in Unterhaltssachen ergangen ist, kann im Vollstreckungsstaat Anspruch auf die in Absatz 1 genannten Vorteile erheben, wenn er eine Erklärung des dänischen** *(oder des isländischen)* **Justizministeriums darüber vorlegt, daß er die wirtschaftlichen Voraussetzungen für die vollständige oder teilweise Bewilligung der Prozeßkostenhilfe oder für die Kosten- und Gebührenbefreiung erfüllt.**

Art. 45. Der Partei, die in einem Vertragsstaat eine in einem anderen Vertragsstaat ergangene Entscheidung vollstrecken will, darf wegen ihrer Eigenschaft als Ausländer oder wegen Fehlens eines inländischen Wohnsitzes oder Aufenthalts eine Sicherheitsleistung oder Hinterlegung, unter welcher Bezeichnung es auch sei, nicht auferlegt werden.

3. Abschnitt – Gemeinsame Vorschriften

Art. 46. Die Partei, welche die Anerkennung einer Entscheidung geltend macht oder die Zwangsvollstreckung betreiben will, hat vorzulegen:

1. **eine Ausfertigung der Entscheidung, welche die für die Beweiskraft erforderlichen Voraussetzungen erfüllt;**
2. **bei einer im Versäumnisverfahren ergangenen Entscheidung die Urschrift oder eine beglaubigte Abschrift der Urkunde, aus der sich ergibt, daß das den Rechtsstreit einleitende Schriftstück oder ein gleichwertiges Schriftstück der säumigen Partei zugestellt worden ist.**

Art. 47. Die Partei, welche die Zwangsvollstreckung betreiben will, hat ferner vorzulegen:

1. **die Urkunden, aus denen sich ergibt, daß die Entscheidung nach dem Recht des Ursprungsstaats vollstreckbar ist und daß sie zugestellt worden ist;**
2. **gegebenenfalls eine Urkunde, durch die nachgewiesen wird, daß der Antragsteller Prozeßkostenhilfe im Ursprungsstaat erhält.**

Art. 48. Werden die in Artikel 46 Nr 2 und in Artikel 47 Nr 2 angeführten Urkunden nicht vorgelegt, so kann das Gericht eine Frist bestimmen, innerhalb deren die Urkunden vorzulegen sind, oder sich mit gleichwertigen Urkunden begnügen oder von der Vorlage der Urkunden befreien, wenn es eine weitere Klärung nicht für erforderlich hält.

Auf Verlangen des Gerichts ist eine Übersetzung der Urkunden vorzulegen; die Übersetzung ist von einer hierzu in einem der Vertragsstaaten befugten Person zu beglaubigen.

Art. 49. Die in den Artikeln 46, 47 und in Artikel 48 Absatz 2 angeführten Urkunden sowie die Urkunde über die Prozeßvollmacht, falls eine solche erteilt wird, bedürfen weder der Legalisation noch einer ähnlichen Förmlichkeit.

Zu Art 46: Überblick bei Wolff Rn 238. S auch § 328 Rn 145. – S auch EuGH 14.3.1996.

Titel IV – Öffentliche Urkunden und Prozeßvergleiche

Art. 50. Öffentliche Urkunden, die in einem Vertragsstaat aufgenommen und vollstreckbar sind, werden in einem anderen Vertragsstaat auf Antrag in den Verfahren nach den Artikeln 31 ff für vollstreckbar erklärt. Der Antrag kann nur abgelehnt werden, wenn die Zwangsvollstreckung aus der Urkunde der öffentlichen Ordnung des Vollstreckungsstaats widersprechen würde.

Die vorgelegte Urkunde muß die Voraussetzungen für ihre Beweiskraft erfüllen, die in dem Staate, in dem sie aufgenommen wurde, erforderlich sind.

Die Vorschriften des 3. Abschnitts des Titels III sind sinngemäß anzuwenden.

Zu vollstreckbaren Urkunden Geimer/Schütze I 1166; Geimer DNotZ 75, 474. **Wechsel** sind nach ital Recht vollstreckbare Titel, Frankenstein I 358, 360, fallen aber nicht unter Art 50, da keine „öffentlichen" Urkunden. 1

Im Ausland (Deutschland oder Drittstaat) errichtete **konsularische Urkunden** sind dem Entsendestaat zuzurechnen, Geimer DNotZ 75, 474 Fn 29; Nagel Rn 777; Baumann 7 Fn 15. Unter Art 50 fallen auch die im Erststaat vollstreckbaren **Honorarforderungen** der RAe, (sofern kein Urt erforderl). Dies übersieht LG Hamburg IPRax 89, 162 (Reinmüller 142) = IPRspr 87/156A. Vgl auch § 722 Rn 53. 2

Art. 51. Vergleiche, die vor einem Richter im Laufe eines Verfahrens abgeschlossen und in dem Staat, in dem sie errichtet wurden, vollstreckbar sind, werden in dem Vollstreckungsstaat unter denselben Bedingungen wie öffentliche Urkunden vollstreckt.

Titel V – Allgemeine Vorschriften

Art. 52. Ist zu entscheiden, ob eine Partei im Hoheitsgebiet des Vertragsstaats, dessen Gerichte angerufen sind, einen Wohnsitz hat, so wendet das Gericht sein Recht an.

Hat eine Partei keinen Wohnsitz in dem Staate, dessen Gerichte angerufen sind, so wendet das Gericht, wenn es zu entscheiden hat, ob die Partei einen Wohnsitz in einem anderen Vertragsstaat hat, das Recht dieses Staates an.

1 **Qualifikation des Wohnsitzbegriffes:** Geimer/Schütze I 1 § 60. Die Verweisung auf das nationale WohnsitzR bewirkt **keine Versteinerung** des Rechtszustandes vom 1.2.1973 bzw bei Inkrafttreten des jew Beitrittsübereinkommens. Art 52 verweist vielmehr auf das jeweils geltende nationale Recht. Durch ihre Normen über den Wohnsitz können also die Vertragsstaaten die Grenzen ihrer aus Art 2 I fließenden internationalen Zuständigkeit verändern. Jedoch ist diese Änderungsbefugnis nicht unbeschränkt. Auf dem Umweg über die Änderung des WohnsitzR dürfen nicht neue exorbitante Zuständigkeiten geschaffen werden.

2 Liegt der Wohnsitz nach dem Recht des angegangenen Gerichts (Art 52 I) in einem anderen Vertragsstaat, verweist aber das Recht dieses Staates (Art 52 II) wieder auf den Staat, bei dessen Gericht die Klage eingereicht ist, so besteht die Gefahr eines negativen internationalen Kompetenzkonfliktes. In diesem Fall ist die **Wohnsitzverweisung** anzunehmen. Näher Geimer/Schütze I 1 § 68 I. Das angerufene Gericht kann sich trotz Art 52 I für international zuständig erachten und eine Sachentscheidung fällen. AA Schlafen in Bülow/Böckstiegel/Geimer/Schütze, 3. Aufl, B I 1e, Art 52, Anm 8 bei Fn 54, wo die hilfsweise Anknüpfung an den „gewöhnl Aufenthalt" vorgeschlagen wird. Eine nicht konventionsgerechte Lösung, da der gewöhnl Aufenthalt von den Verfassern des Übereinkommens als Zuständigkeitstatbestand abgelehnt wurde, Geimer NJW 76, 443. Wie hier v Hoffmann AWD 73, 39.

3 Soweit das ProzeßR eines Vertragsstaates nicht auf sein ZivilR Bezug nimmt, sondern eigene Regeln über den Wohnsitz entwickelt, **verweist Art 52 auf die prozeßrechtl Normen.** Beispiel: § 15 ist als prozeßrechtl Fiktion des Fortbestehens des Wohnsitzes im Entsendestaat auszulegen, Geimer NJW 76, 444; Geimer/Schütze I 1 § 87 Fn 272.

Art. 53. Der Sitz von Gesellschaften und juristischen Personen steht für die Anwendung dieses Übereinkommens dem Wohnsitz gleich. Jedoch hat das Gericht bei der Entscheidung darüber, wo der Sitz sich befindet, die Vorschriften seines internationalen Privatrechts anzuwenden.

Um zu bestimmen, ob ein trust seinen Sitz in dem Vertragsstaat hat, bei dessen Gerichten die Klage anhängig ist, wendet das Gericht sein internationales Privatrecht an.

Titel VI – Übergangsvorschriften

Art. 54. Die Vorschriften dieses Übereinkommens sind nur auf solche Klagen und öffentlichen Urkunden anzuwenden, die erhoben oder aufgenommen worden sind, nachdem dieses Übereinkommen im Ursprungsstaat und, wenn die Anerkennung oder Vollstreckung einer Entscheidung oder Urkunde geltend gemacht wird, im ersuchten Staat in Kraft getreten ist.

Entscheidungen, die nach dem Inkrafttreten dieses Übereinkommens zwischen dem Ursprungsstaat und dem ersuchten Staat aufgrund einer vor diesem Inkrafttreten erhobenen Klage ergangen sind, werden nach Maßgabe des Titels III anerkannt und zur Zwangsvollstreckung zugelassen, vorausgesetzt, daß das Gericht aufgrund von Vorschriften zuständig war, die mit den Zuständigkeitsvorschriften des Titels II oder eines Abkommens übereinstimmen, das im Zeitpunkt der Klageerhebung zwischen dem Ursprungsstaat und dem Staat, in dem die Entscheidung geltend gemacht wird, in Kraft war.

Ist zwischen den Parteien eines Rechtsstreits über einen Vertrag bereits vor dem 1. Juni 1988 im Fall Irlands und vor dem 1. Januar 1987 im Fall des Vereinigten Königreichs eine schriftliche Vereinbarung getroffen worden, auf diesen Vertrag die Rechtsvorschriften Irlands oder eines Teils des Vereinigten Königreichs anzuwenden, so sind die Gerichte in Irland oder in diesem Teil des Vereinigten Königreichs weiterhin befugt, über diesen Streitfall zu entscheiden.

1 **Art 34. Erstes Beitrittsübereinkommen 1978:**

(1) Die Vorschriften des Übereinkommens von 1968 und des Protokolls von 1971 in der Fassung dieses Übereinkommens sind nur auf solche Klagen und öffentlichen Urkunden anzuwenden, die erhoben oder aufgenommen worden sind, nachdem dieses Übereinkommen im Ursprungsstaat und, wenn die Anerkennung oder Vollstreckung einer Entscheidung oder Urkunde geltend gemacht wird, im ersuchten Staat in Kraft getreten ist.

(2) Nach dem Inkrafttreten dieses Übereinkommens ergangene Entscheidungen werden in den Beziehungen zwischen den sechs Vertragsstaaten des Übereinkommens von 1968, auch wenn sie aufgrund einer vor dem Inkrafttreten erhobenen Klage erlassen sind, nach Maßgabe des Titels III des geänderten Übereinkommens von 1968 anerkannt und zur Zwangsvollstreckung zugelassen.

(3) Im übrigen werden in den Beziehungen der sechs Vertragsstaaten des Übereinkommens von 1968 zu den drei in Artikel 1 des vorliegenden Übereinkommens genannten Vertragsstaaten sowie in den Beziehungen der zuletzt genannten Vertragsstaaten zueinander Entscheidungen, die nach Inkrafttreten dieses Übereinkommens zwischen dem Urteilsstaat und dem ersuchten Staat aufgrund einer vor diesem Inkrafttreten erhobenen Klage ergangen sind, nach Maßgabe des Titels III des geänderten Übereinkommens von 1968 anerkannt und zur Zwangsvollstreckung zugelassen, wenn das Gericht aufgrund von Vorschriften zuständig war, die mit seinem geänderten Titel II oder mit den Vorschriften eines Abkommens übereinstimmen, das im Zeitpunkt der Klageerhebung zwischen dem Urteilsstaat und dem ersuchten Staat in Kraft war.

Im Verhältnis zu Dänemark ist das Beitrittsübereinkommen 1978 am 1. 11. 1986 in Kraft getreten, im Verhältnis zum Vereinigten Königreich am 1. 1. 1987. Vgl Geimer/Schütze I 975, Kropholler RIW 86, 929.

Art. 12. Zweites Beitrittsübereinkommen 1982: 2

(1) Das Übereinkommen von 1968 und das Protokoll von 1971 in der Fassung des Übereinkommens von 1978 und des vorliegenden Übereinkommens sind nur auf solche Klagen und öffentliche Urkunden anzuwenden, die erhoben oder aufgenommen worden sind, nachdem das vorliegende Übereinkommen im Ursprungsstaat und, wenn die Anerkennung oder Vollstreckung einer Entscheidung oder Urkunde geltend gemacht wird, im ersuchten Staat in Kraft getreten ist.

(2) Jedoch werden in den Beziehungen zwischen dem Ursprungsstaat und dem ersuchten Staat Entscheidungen, die nach Inkrafttreten des vorliegenden Übereinkommens auf Grund einer vor diesem Inkrafttreten erhobenen Klage ergangen sind, nach Maßgabe des Titels III des Übereinkommens von 1968 in der Fassung des Übereinkommens von 1978 und des vorliegenden Übereinkommens anerkannt und zur Zwangsvollstreckung zugelassen, wenn das Gericht auf Grund von Vorschriften zuständig war, die mit Titel II des Übereinkommens von 1968 in seiner geänderten Fassung oder mit einem Abkommen, das zu dem Zeitpunkt, zu dem die Klage erhoben wurde, zwischen dem Ursprungsstaat und dem ersuchten Staat in Kraft war, übereinstimmen.

Art. 29. Drittes Beitrittsübereinkommen 1989: 3

(1) Das Übereinkommen von 1968 und das Protokoll von 1971 in der Fassung des Übereinkommens von 1978, des Übereinkommens von 1982 und des vorliegenden Übereinkommens sind nur auf solche Klagen und öffentliche Urkunden anzuwenden, die erhoben oder aufgenommen worden sind, nachdem das vorliegende Übereinkommen im Ursprungsstaat und, wenn die Anerkennung oder Vollstreckung einer Entscheidung oder Urkunde geltend gemacht wird, im ersuchten Staat in Kraft getreten ist.

(2) Entscheidungen, die nach dem Inkrafttreten dieses Übereinkommens zwischen dem Ursprungsstaat und dem ersuchten Staat aufgrund einer vor diesem Inkrafttreten erhobenen Klage ergangen sind, werden nach Maßgabe des Titels III des Übereinkommens von 1968 in der Fassung des Übereinkommens von 1978, des Übereinkommens von 1982 und des vorliegenden Übereinkommens anerkannt und zur Zwangsvollstreckung zugelassen, vorausgesetzt, daß das Gericht aufgrund von Vorschriften zuständig war, die mit den Zuständigkeitsvorschriften des Titels II des Übereinkommens von 1968 in seiner geänderten Fassung oder eines Abkommens übereinstimmen, das im Zeitpunkt der Klageerhebung zwischen dem Ursprungsstaat und dem Staat, in dem die Entscheidung geltend gemacht wird, in Kraft war.

Zu Art 54 II Geimer/Schütze I 974, 1043; Baumann 80. – Art 28 Rn 16. 4

Art. 54a (nicht abgedruckt) betrifft internationale Zuständigkeit für seerechtliche Streitigkeiten während einer Übergangsfrist, bis alle Vertragsstaaten dem Brüsseler Übereinkommen vom 10. 5. 1952 zur Vereinheitlichung von Regeln über Arreste in Seeschiffen (BGBl 1972 II 653, 663; 1973 II 169) beigetreten sind.

Titel VII – Verhältnis zu anderen Abkommen

(Der Wortlaut des Titels VII des Lugano-Übereinkommens weicht vom Brüsseler Übereinkommen ab. Er ist unter B, Seite 2540 abgedruckt.)

Art. 55. Dieses Übereinkommen ersetzt unbeschadet der Vorschriften des Artikels 54 Absatz 2 und des Artikels 56 die nachstehenden zwischen zwei oder mehreren Vertragsstaaten geschlossenen Abkommen:

...

- **das am 9. März 1936 in Rom unterzeichnete deutsch-italienische Abkommen über die Anerkennung und Vollstreckung gerichtlicher Entscheidungen in Zivil- und Handelssachen;**
- **das am 30. Juni 1958 in Bonn unterzeichnete deutsch-belgische Abkommen über die gegenseitige Anerkennung und Vollstreckung von gerichtlichen Entscheidungen, Schiedssprüchen und öffentlichen Urkunden in Zivil- und Handelssachen;**

...

- **das am 14. Juli 1960 in Bonn unterzeichnete deutsch-britische Abkommen über die gegenseitige Anerkennung und Vollstreckung von gerichtlichen Entscheidungen in Zivil- und Handelssachen;**
- **den am 4. November 1961 in Athen unterzeichneten Vertrag zwischen der Bundesrepublik Deutschland und dem Königreich Griechenland über die gegenseitige Anerkennung und Vollstreckung von gerichtlichen Entscheidungen, Vergleichen und öffentlichen Urkunden in Zivil- und Handelssachen;**

...

- **den am 30. August 1962 in Den Haag unterzeichneten deutsch-niederländischen Vertrag über die gegenseitige Anerkennung und Vollstreckung gerichtlicher Entscheidungen und anderer Schuldtitel in Zivil- und Handelssachen;**

...

- **den am 14. November 1983 in Bonn unterzeichneten deutsch-spanischen Vertrag über die Anerkennung und Vollstreckung von gerichtlichen Entscheidungen und Vergleichen sowie vollstreckbaren öffentlichen Urkunden in Zivil- und Handelssachen.**

Hierzu § 328 Rn 5. *(Die Deutschland nicht betreffenden völkerrechtl Verträge sind nicht abgedruckt.)*

Art. 56. Die in Artikel 55 angeführten Abkommen und Verträge behalten ihre Wirksamkeit für die Rechtsgebiete, auf die dieses Übereinkommen nicht anzuwenden ist.

Sie bleiben auch weiterhin für die Entscheidungen und die öffentlichen Urkunden wirksam, die vor Inkrafttreten dieses Übereinkommens ergangen oder aufgenommen sind.

Art. 57. (1) Dieses Übereinkommen läßt Übereinkommen unberührt, denen die Vertragsstaaten angehören oder angehören werden und die für besondere Rechtsgebiete die gerichtliche Zuständigkeit, die Anerkennung oder die Vollstreckung von Entscheidungen regeln.

(2) Um eine einheitliche Auslegung des Absatzes 1 zu sichern, wird dieser Absatz in folgender Weise angewandt:

a) Dieses Übereinkommen schließt nicht aus, daß ein Gericht eines Vertragsstaats, der Vertragspartei eines Übereinkommens über ein besonderes Rechtsgebiet ist, seine Zuständigkeit auf ein solches Übereinkommen stützt, und zwar auch dann, wenn der Beklagte seinen Wohnsitz in dem Hoheitsgebiet eines Vertragsstaats hat, der nicht Vertragspartei eines solchen Übereinkommens ist. In jedem Fall wendet dieses Gericht Artikel 20 des vorliegenden Übereinkommens an;

b) Entscheidungen, die in einem Vertragsstaat von einem Gericht erlassen worden sind, das seine Zuständigkeit auf ein Übereinkommen über ein besonderes Rechtsgebiet gestützt hat, werden in den anderen Vertragsstaaten nach dem vorliegenden Übereinkommen anerkannt und vollstreckt.

Sind der Ursprungsstaat und der ersuchte Staat Vertragsparteien eines Übereinkommens über ein besonderes Rechtsgebiet, welches die Voraussetzungen für die Anerkennung und Vollstreckung von Entscheidungen regelt, so gelten diese Voraussetzungen. In jedem Fall können die Bestimmungen des vorliegenden Übereinkommens über das Verfahren zur Anerkennung und Vollstreckung von Entscheidungen angewandt werden.

(3) Dieses Übereinkommen berührt nicht die Anwendung der Bestimmungen, die für besondere Rechtsgebiete die gerichtliche Zuständigkeit oder die Anerkennung oder Vollstreckung von Entscheidungen regeln und in Rechtsakten der Organe der Europäischen Gemeinschaften oder in dem in Ausführung dieser Akte harmonisierten einzelstaatlichen Recht enthalten sind.

Zu Art 57 allg Geimer/Schütze I 61; zum Verhältnis der Art 25 ff zu Übereinkommen für besondere Rechtsgebiete: Geimer/Schütze I 1006. – **Abweichung** in Art 57 IV LugÜ.

Art. 58. Bis zum Inkrafttreten des am 16. September 1988 in Lugano unterzeichneten Übereinkommens über die gerichtliche Zuständigkeit und die Vollstreckung gerichtlicher Entscheidungen in Zivil- und Handelssachen für Frankreich und die Schweizerische Eidgenossenschaft berührt das vorliegende Übereinkommen nicht die Rechte, die schweizerischen Staatsangehörigen aufgrund des am 15. Juni 1869 in Paris unterzeichneten Abkommens zwischen Frankreich und der Schweizerischen Eidgenossenschaft über die gerichtliche Zuständigkeit und die Vollstreckung von Urteilen in Zivilsachen zustehen.

Art. 59. Dieses Übereinkommen hindert einen Vertragsstaat nicht, sich gegenüber einem dritten Staat im Rahmen eines Abkommens über die Anerkennung und Vollstreckung von Urteilen zu verpflichten, Entscheidungen der Gerichte eines anderen Vertragsstaats gegen Beklagte, die ihren Wohnsitz oder gewöhnlichen Aufenthalt in dem Hoheitsgebiet des dritten Staates haben, nicht anzuerkennen, wenn die Entscheidungen in den Fällen des Artikels 4 nur in einem der in Artikel 3 Absatz 2 angeführten Gerichtsstände ergehen können.

Kein Vertragsstaat kann sich jedoch gegenüber einem dritten Staat verpflichten, eine Entscheidung nicht anzuerkennen, die in einem anderen Vertragsstaat durch ein Gericht gefällt wurde, dessen Zuständigkeit auf das Vorhandensein von Vermögenswerten des Beklagten in diesem Staat oder die Beschlagnahme von dort vorhandenem Vermögen durch die Kläger gegründet ist,

1. wenn die Klage erhoben wird, um Eigentums- oder Inhaberrechte hinsichtlich dieses Vermögens festzustellen oder anzumelden oder um Verfügungsgewalt darüber zu erhalten, oder wenn die Klage sich aus einer anderen Streitsache im Zusammenhang mit diesem Vermögen ergibt, oder

2. wenn das Vermögen die Sicherheit für einen Anspruch darstellt, der Gegenstand des Verfahrens ist.

1 Die Anerkennung und Vollstreckung von Entscheidungen der Gerichte eines Vertragsstaates in den anderen Vertragsstaaten setzt nicht voraus, daß in concreto die **Zuständigkeitsordnung des GVÜ** anwendbar war, Art 2 Rn 5. Auch wenn der Erstrichter gem Art 4 I seine internationale Zuständigkeit auf sein nationales Recht oder gem Art 57 auf ein Spezialübereinkommen gestützt hat, besteht die Verpflichtung zur Anerkennung und Vollstreckung nach Maßgabe der Art 26 ff. Dies führt dazu, daß die Wirkung der exorbitanten Gerichtsstände (Art 3 II) noch verstärkt wird. Bisher wurden dt Urteile, bei denen die internationale Zuständigkeit der Bundesrepublik Deutschland ausschließl auf Belegenheit des Vermögens des Beklagten im Inland (§ 23 ZPO) gestützt wurde, in den übrigen Vertragsstaaten nicht anerkannt. Das gleiche galt für Urteile franz oder luxemburgischer Gerichte, die ihre Zuständigkeit ausschließl auf die Staatsangehörigkeit des Klägers (Art 14 Cc) gestützt hatten. Diese Titel sind nun in allen Vertragsstaaten anzuerkennen und zu vollstrecken. Hinzu kommt noch, daß der Anwendungsbereich des Jurisdiktionsprivilegs des Art 14 Cc durch Art 4 II noch ausgeweitet wurde, Geimer WM 76, 836.

2 Diese Verschärfung der Wirkungen der exorbitanten Gerichtsstände löste Proteste von Drittstaaten aus, Jayme 114. Diese waren teilweise erfolgreich; sie führten zur Einfügung des Art 59. So könnte sich zB Italien gegenüber

Kanada verpflichten, dt Entscheidungen nicht anzuerkennen, die im Gerichtsstand des § 23 ZPO gegen Personen mit Wohnsitz in Spanien ergangen sind. Die Bundesrepublik Deutschland hat von dem Vorbehalt des Art 59 bereits in Art 23 des dt-norweg Vertrages Gebrauch gemacht, Geimer/Schütze I 1041, 1049, Pirrung IPRax 82, 133; Jayme 116.

Art. 60. (Betraf den geographischen Anwendungsbereich des Übereinkommens. Durch Art 21 des 3. Beitrittsübereinkommens 1989 – wegen des Streites zwischen Spanien und dem Vereinigten Königreich hinsichtl Gibraltar – ersatzlos gestrichen.) Zum geographischen Anwendungsbereich Geimer/Schütze I 108 ff; Baumann 78; Kohler IPRax 89, 75. Das GVÜ gilt nicht für die brit Kanalinsel Jersey, Kaye 212; Mankowski EuZW 96, 177; BGH NJW 95, 264 = EuZW 95, 96 = MDR 95, 520 = RIW 95, 150.

Art. 61. Dieses Übereinkommen bedarf der Ratifizierung durch die Unterzeichnerstaaten. Die Ratifikationsurkunden werden beim Generalsekretär des Rates der Europäischen Gemeinschaften hinterlegt.

Art. 62. Dieses Übereinkommen tritt am ersten Tage des dritten Monats in Kraft, der auf die Hinterlegung der Ratifikationsurkunde durch denjenigen Unterzeichnerstaat folgt, der diese Förmlichkeit als letzter vornimmt.

Art. 63. Die Vertragsstaaten bekräftigen, daß jeder Staat, der Mitglied der Europäischen Wirtschaftsgemeinschaft wird, verpflichtet ist, sein Einverständnis damit zu erklären, daß dieses Übereinkommen den Verhandlungen zwischen den Vertragsstaaten und diesem Staate zugrunde gelegt wird, die erforderlich werden, um die Ausführung des Artikels 220 letzter Absatz des Vertrages zur Gründung der Europäischen Wirtschaftsgemeinschaft sicherzustellen.

Die erforderlichen Anpassungen können Gegenstand eines besonderen Übereinkommens zwischen den Vertragsstaaten einerseits und diesem Staat andererseits sein.

Zu den verschiedenen Beitrittsübereinkommen s oben Art 1 Rn 1.

Art. 64. Der Generalsekretär des Rates der Europäischen Gemeinschaften notifiziert den Unterzeichnerstaaten:

a) die Hinterlegung jeder Ratifikationsurkunde;

b) den Tag, an dem dieses Übereinkommen in Kraft tritt;

c) *durch Art 22 des 3. Beitrittsübereinkommens 1989 gestrichen;*

d) die gemäß Artikel IV des Protokolls eingegangenen Erklärungen;

e) die Mitteilungen gemäß Artikel VI des Protokolls.

Art. 65. Das diesem Übereinkommen im gegenseitigen Einvernehmen der Vertragsstaaten beigefügte Protokoll ist Bestandteil dieses Übereinkommens.

Art. 66. Dieses Übereinkommen gilt auf unbegrenzte Zeit.

Art. 67. Jeder Vertragsstaat kann eine Revision dieses Übereinkommens beantragen. In diesem Fall beruft der Präsident des Rates der Europäischen Gemeinschaften eine Revisionskonferenz ein.

Art. 68. (nicht abgedruckt; betrifft die Maßgeblichkeit aller Vertragssprachen, die durch die Beitrittsübereinkommen ständig anwachsen).

Protokoll zum GVÜ vom 27. 9. 1968

(idF des 3. Beitrittsübereinkommens vom 26. 5. 1989; BGBl 1994 II 519, 530)

Die Hohen Vertragsparteien haben nachstehende Bestimmungen vereinbart, die dem Übereinkommen beigefügt werden:

Art. I. Jede Person, die ihren Wohnsitz in Luxemburg hat und vor dem Gericht eines anderen Vertragsstaats auf Grund des Artikels 5 Nr 1 verklagt wird, kann die Unzuständigkeit dieses Gerichts geltend machen. Läßt sich der Beklagte auf das Verfahren nicht ein, so erklärt sich das Gericht von Amts wegen für unzuständig.

Jede Gerichtsstandsvereinbarung im Sinne des Artikels 17 ist für eine Person, die ihren Wohnsitz in Luxemburg hat, nur dann wirksam, wenn diese sie ausdrücklich und besonders angenommen hat.

Art. II. Unbeschadet günstigerer innerstaatlicher Vorschriften können Personen, die ihren Wohnsitz in einem Vertragsstaat haben und die vor den Strafgerichten eines anderen Vertragsstaats, dessen Staatsangehörigkeit sie nicht besitzen, wegen einer fahrlässig begangenen Straftat verfolgt werden, sich von hierzu befugten Personen verteidigen lassen, selbst wenn sie persönlich nicht erscheinen.

Das Gericht kann jedoch das persönliche Erscheinen anordnen; wird diese Anordnung nicht befolgt, so braucht die Entscheidung, die über den Anspruch aus einem Rechtsverhältnis des Zivilrechts ergangen ist, ohne daß sich der Angeklagte verteidigen konnte, in den anderen Vertragsstaaten weder anerkannt noch vollstreckt zu werden.

Art. III. In dem Vollstreckungsstaat dürfen in dem Verfahren auf Erteilung der Vollstreckungsklausel keine nach dem Streitwert abgestuften Stempelabgaben oder Gebühren erhoben werden.

Art. IV. Gerichtliche und außergerichtliche Schriftstücke, die in einem Vertragsstaat ausgefertigt sind und einer in dem Hoheitsgebiet eines anderen Vertragsstaats befindlichen Person zugestellt werden sollen, werden nach den zwischen den Vertragsstaaten geltenden Übereinkommen oder Vereinbarungen übermittelt.

Sofern der Staat, in dessen Hoheitsgebiet die Zustellung bewirkt werden soll, nicht durch eine Erklärung, die an den Generalsekretär des Rates der Europäischen Gemeinschaft zu richten ist, widersprochen hat, können diese Schriftstücke auch von den gerichtlichen Amtspersonen des Staates, in dem sie angefertigt worden sind, unmittelbar den gerichtlichen Amtspersonen des Staates übersandt werden, in dessen Hoheitsgebiet sich die Person befindet, für welche das Schriftstück bestimmt ist. In diesem Fall übersendet die gerichtliche Amtsperson des Ursprungsstaats eine Abschrift des Schriftstücks der gerichtlichen Amtsperson des Bestimmungslands, die für die Übermittlung an den Empfänger zuständig ist. Diese Übermittlung wird in den Formen vorgenommen, die das Recht des Bestimmungslands vorsieht. Sie wird durch ein Zeugnis festgestellt, das der gerichtlichen Amtsperson des Ursprungsstaats unmittelbar zugesandt wird.

Art. V. Die in Artikel 6 Nr 2 und Artikel 10 für eine Gewährleistungs- oder Interventionsklage vorgesehene Zuständigkeit kann in die Bundesrepublik Deutschland nicht geltend gemacht werden. In der Bundesrepublik Deutschland kann jede Person, die ihren Wohnsitz in einem anderen Vertragsstaat hat, nach den §§ 68, 72 bis 74 der Zivilprozeßordnung, die für die Streitverkündung gelten, vor Gericht geladen werden.

Entscheidungen, die in den anderen Vertragsstaaten auf Grund des Artikels 6 Nr 2 und des Artikels 10 ergangen sind, werden in der Bundesrepublik Deutschland nach Titel III anerkannt und vollstreckt. Die Wirkungen, welche die in der Bundesrepublik Deutschland ergangenen Entscheidungen nach den §§ 68, 72 bis 74 der Zivilprozeßordnung gegenüber Dritten haben, werden auch in den anderen Vertragsstaaten anerkannt.

Art. Va. In Unterhaltssachen umfaßt der Begriff „Gericht" auch dänische Verwaltungsbehörden.

Art. Vb. Bei Streitigkeiten zwischen dem Kapitän und einem Mitglied der Mannschaft eines in Dänemark, in Griechenland, in Irland oder in Portugal eingetragenen Seeschiffes über die Heuer oder sonstige Bedingungen des Dienstverhältnisses haben die Gerichte eines Vertragsstaats zu überprüfen, ob der für das Schiff zuständige diplomatische oder konsularische Vertreter von der Streitigkeit unterrichtet worden ist. Sie haben das Verfahren auszusetzen, solange dieser Vertreter nicht unterrichtet ist. Sie haben sich von Amts wegen für unzuständig zu erklären, wenn dieser Vertreter, nachdem er ordnungsgemäß unterrichtet worden ist, die Befugnisse ausgeübt hat, die ihm insoweit aufgrund eines Konsularabkommens zustehen, oder, falls ein derartiges Abkommen nicht besteht, innerhalb der festgesetzten Frist Einwände gegen die Zuständigkeit geltend gemacht hat.

Art. Vc. Wenn die Artikel 52 und 53 dieses Übereinkommens im Sinne des Artikels 69 Absatz 5 des am 15. Dezember 1975 in Luxemburg unterzeichneten Übereinkommens über das europäische Patent für den Gemeinsamen Markt auf die Bestimmungen angewandt werden, die sich auf „residence" im englischen Wortlaut des letztgenannten Übereinkommens beziehen, so wird der in diesem Wortlaut verwandte Begriff „residence" in dem gleichen Sinn verstanden wie der in den vorstehend genannten Artikeln 52 und 53 verwandte Begriff „domicile".

Art. Vd. Unbeschadet der Zuständigkeit des Europäischen Patentamtes nach dem am 5. Oktober 1973 in München unterzeichneten Übereinkommen über die Erteilung europäischer Patente sind die Gerichte eines jeden Vertragsstaats ohne Rücksicht auf den Wohnsitz der Parteien für alle Verfahren ausschließlich zuständig, welche die Erteilung oder die Gültigkeit eines europäischen Patents zum Gegenstand haben, das für diesen Staat erteilt wurde und kein Gemeinschaftspatent nach Artikel 86 des am 15. Dezember 1975 in Luxemburg unterzeichneten Übereinkommens über das europäische Patent für den Gemeinsamen Markt ist.

Art. VI. (nicht abgedruckt)

B. Lugano-Übereinkommen über die gerichtliche Zuständigkeit und die Vollstreckung gerichtlicher Entscheidungen in Zivil- und Handelssachen vom 16. 9. 1988 (BGBl 1994 II 2658)

Titel I–VI

Art 1–54a stimmen grundsätzl mit dem Brüsseler Übereinkommen idF des 3. Beitrittsübereinkommens vom 26. 5. 1989 (BGBl 1994 II 519) überein [s Seite 2499 ff]. Abweichungen sind kursiv gesetzt.

Titel VII

Verhältnis zum Brüsseler Übereinkommen und zu anderen Abkommen

Art. 54b. (1) Dieses Übereinkommen läßt die Anwendung des am 27. September 1968 in Brüssel unterzeichneten Übereinkommens über die gerichtliche Zuständigkeit und die Vollstreckung gerichtlicher Entscheidungen in Zivil- und Handelssachen und des am 3. Juni 1971 in Luxemburg unterzeichneten Protokolls über die Auslegung des genannten Übereinkommens durch den Gerichtshof in der Fassung der Übereinkommen, mit denen die neuen Mitgliedstaaten der Europäischen Gemeinschaften jenem Übereinkommen und dessen Protokoll beigetreten sind, durch die Mitgliedstaaten der Europäischen Gemeinschaften unberührt. Das genannte Übereinkommen und dessen Protokoll zusammen werden nachstehend als „Brüsseler Übereinkommen" bezeichnet.

(2) Dieses Übereinkommen wird jedoch in jedem Fall angewandt

a) in Fragen der gerichtlichen Zuständigkeit, wenn der Beklagte seinen Wohnsitz in dem Hoheitsgebiet eines Vertragsstaates hat, der nicht Mitglied der Europäischen Gemeinschaften ist, oder wenn die Gerichte eines solchen Vertragsstaates nach den Artikeln 16 oder 17 zuständig sind;

b) bei Rechtshängigkeit oder im Zusammenhang stehenden Verfahren im Sinne der Artikel 21 und 22, wenn Verfahren in einem den Europäischen Gemeinschaften nicht angehörenden und in einem den Europäischen Gemeinschaften angehörenden Vertragsstaat anhängig gemacht werden;

c) in Fragen der Anerkennung und Vollstreckung, wenn entweder der Ursprungsstaat oder der ersuchte Staat nicht Mitglied der Europäischen Gemeinschaften ist.

(3) Außer aus den in Titel III vorgesehenen Gründen kann die Anerkennung oder Vollstreckung versagt werden, wenn sich der der Entscheidung zugrunde liegende Zuständigkeitsgrund von demjenigen unterscheidet, der sich aus diesem Übereinkommen ergibt, und wenn die Anerkennung oder Vollstreckung gegen eine Partei geltend gemacht wird, die ihren Wohnsitz in einem nicht den Europäischen Gemeinschaften angehörenden Vertragsstaat hat, es sei denn, daß die Entscheidung anderweitig nach dem Recht des ersuchten Staates anerkannt oder vollstreckt werden kann.

Art. 55. Dieses Übereinkommen ersetzt unbeschadet der Vorschriften des Artikels 54 Absatz 2 und des Artikels 56 die nachstehenden zwischen zwei oder mehr Vertragsstaaten geschlossenen Abkommen:

...

– das am 2. November 1929 in Bern unterzeichnete deutsch-schweizerische Abkommen über die gegenseitige Anerkennung und Vollstreckung von gerichtlichen Entscheidungen und Schiedssprüchen;

...

– den am 6. Juni 1959 in Wien unterzeichneten deutsch-österreichischen Vertrag über die gegenseitige Anerkennung und Vollstreckung von gerichtlichen Entscheidungen, Vergleichen und öffentlichen Urkunden in Zivil- und Handelssachen;

...

– den am 17. Juni 1977 in Oslo unterzeichneten deutsch-norwegischen Vertrag über die gegenseitige Anerkennung und Vollstreckung gerichtlicher Entscheidungen und anderer Schuldtitel in Zivil- und Handelssachen;

(Die Deutschland nicht betreffenden völkerrechtl Verträge sind nicht abgedruckt.)

...

Art. 56. Die in Artikel 55 angeführten Abkommen und Verträge behalten ihre Wirksamkeit für die Rechtsgebiete, auf die diese Übereinkommen nicht anzuwenden ist.

Sie bleiben auch weiterhin für die Entscheidungen und die öffentlichen Urkunden wirksam, die vor Inkrafttreten dieses Übereinkommens ergangen oder aufgenommen sind.

Art. 57. (1) Dieses Übereinkommen läßt Übereinkommen unberührt, denen die Vertragsstaaten angehören oder angehören werden und die für besondere Rechtsgebiete die gerichtliche Zuständigkeit, die Anerkennung oder die Vollstreckung von Entscheidungen regeln.

(2) Dieses Übereinkommen schließt nicht aus, daß ein Gericht eines Vertragsstaats, der Vertragspartei eines Übereinkommens nach Absatz 1 ist, seine Zuständigkeit auf ein solches Übereinkommen stützt, und zwar auch dann, wenn der Beklagte seinen Wohnsitz in dem Hoheitsgebiet eines Vertragsstaats hat, der nicht Vertragspartei eines solchen Übereinkommens ist. In jedem Fall wendet dieses Gericht Artikel 20 an.

(3) Entscheidungen, die in einem Vertragsstaat von einem Gericht erlassen worden sind, das seine Zuständigkeit auf ein in Absatz 1 bezeichnetes Übereinkommen gestützt hat, werden in den anderen Vertragsstaaten nach Titel III anerkannt und vollstreckt.

(4) Außer aus den in Titel III vorgesehenen Gründen kann die Anerkennung oder Vollstreckung versagt werden, wenn der ersuchte Staat nicht Vertragspartei eines in Absatz 1 bezeichneten Übereinkommens ist und wenn die Person, gegen die die Anerkennung oder Vollstreckung geltend gemacht wird, ihren Wohnsitz in diesem Staat hat, es sei denn, daß die Entscheidung nach einer anderen Rechtsvorschrift des ersuchten Staates anerkannt oder vollstreckt werden kann.

(5) Sind der Ursprungsstaat und der ersuchte Staat Vertragsparteien eines in Absatz 1 bezeichneten Übereinkommens, welches die Voraussetzungen für die Anerkennung und Vollstreckung von Entscheidungen regelt, so gelten diese Voraussetzungen. In jedem Fall können die Bestimmungen des vorliegenden Übereinkommens über das Verfahren zur Anerkennung und Vollstreckung von Entscheidungen angewandt werden.

Art. 58. (gegenstandslos)

Art. 59. Dieses Übereinkommen hindert einen Vertragsstaat nicht, sich gegenüber einem dritten Staat im Rahmen eines Abkommens über die Anerkennung und Vollstreckung von Urteilen zu verpflichten, Entscheidungen der Gerichte eines anderen Vertragsstaats gegen Beklagte, die ihren Wohnsitz oder gewöhnlichen Aufenthalt in dem Hoheitsgebiet des dritten Staates haben, nicht anzuerkennen, wenn die Entscheidungen in den Fällen des Artikels 4 nur in einem der in Artikel 3 Absatz 2 angeführten Gerichtsstände ergehen können.

Kein Vertragsstaat kann sich jedoch gegenüber einem dritten Staat verpflichten, eine Entscheidung nicht anzuerkennen, die in einem anderen Vertragsstaat durch ein Gericht gefällt wurde, dessen Zuständigkeit auf das

Vorhandensein von Vermögenswerten des Beklagten in diesem Staat oder die Beschlagnahme von dort vorhandenem Vermögen durch den Kläger gegründet ist,

1. wenn die Klage erhoben wird, um Eigentums- oder Inhaberrechte hinsichtlich dieses Vermögens festzustellen oder anzumelden oder um Verfügungsgewalt darüber zu erhalten, oder wenn die Klage sich aus einer anderen Streitsache im Zusammenhang mit diesem Vermögen ergibt,

   oder

2. wenn das Vermögen die Sicherheit für einen Anspruch darstellt, der Gegenstand des Verfahrens ist.

Titel VIII

Schlußbestimmungen

Art. 60. Vertragsparteien dieses Übereinkommens können sein

a) die Staaten, die in dem Zeitpunkt, zu dem das Übereinkommen zur Unterzeichnung aufgelegt wird, Mitglieder der Europäischen Gemeinschaften oder der Europäischen Freihandelsassoziation sind;

b) die Staaten, die nach diesem Zeitpunkt Mitglieder der Europäischen Gemeinschaften oder der Europäischen Freihandelsassoziation werden;

c) die Staaten, die nach Artikel 62 Absatz 1 Buchstabe b zum Beitritt eingeladen werden.

Art. 61. (1) Dieses Übereinkommen liegt für die Staaten, die Mitglieder der Europäischen Gemeinschaften oder der Europäischen Freihandelsassoziation sind, zur Unterzeichnung auf.

(2) Das Übereinkommen bedarf der Ratifikation durch die Unterzeichnerstaaten. Die Ratifikationsurkunden werden beim Schweizerischen Bundesrat hinterlegt.

(3) Das Übereinkommen tritt am ersten Tag des dritten Monats in Kraft, der auf den Tag folgt, an dem zwei Staaten, von denen einer Mitglied der Europäischen Gemeinschaften und der andere Mitglied der Europäischen Freihandelsassoziation ist, ihre Ratifikationsurkunden hinterlegt haben.

(4) Für jeden anderen Unterzeichnerstaat tritt das Übereinkommen am ersten Tag des dritten Monats in Kraft, der auf die Hinterlegung seiner Ratifikationsurkunde folgt.

Art. 62. (1) Dem Übereinkommen können nach seinem Inkrafttreten beitreten

a) die in Artikel 60 Buchstabe b bezeichneten Staaten,

b) andere Staaten, die auf ein an den Depositarstaat gerichtetes Ersuchen eines Vertragsstaates hin zum Beitritt eingeladen worden sind. Der Depositarstaat lädt den betreffenden Staat zum Beitritt nur ein, wenn ihm nach Übermittlung des Inhalts der Mitteilungen, die der betreffende Staat nach Artikel 63 zu machen beabsichtigt, die Zustimmung aller Unterzeichnerstaaten sowie aller in Artikel 60 Buchstaben a und b bezeichneten Vertragsstaaten vorliegt.

(2) Wünscht ein beitretender Staat Erklärungen im Sinne des Protokolls Nr 1 abzugeben, so werden zu diesem Zweck Verhandlungen aufgenommen. Eine Verhandlungskonferenz wird durch den Schweizerischen Bundesrat einberufen.

(3) Für jeden beitretenden Staat tritt das Übereinkommen am ersten Tag des dritten Monats in Kraft, der auf die Hinterlegung seiner Beitrittsurkunde folgt.

(4) Für einen in Absatz 1 Buchstaben a oder b bezeichneten Staat tritt das Übereinkommen jedoch nur im Verhältnis zu den Vertragsstaaten in Kraft, die vor dem ersten Tag des dritten Monats, der auf die Hinterlegung der Beitrittsurkunde folgt, keine Einwände gegen den Beitritt erhoben haben.

Art. 63. (nicht abgedruckt)

Art. 64. (1) Dieses Übereinkommen wird zunächst für die Dauer von fünf Jahren geschlossen, gerechnet von seinem Inkrafttreten nach Artikel 61 Absatz 3; dies gilt auch für die Staaten, die das Übereinkommen später ratifizieren oder ihm später beitreten.

(2) Nach Ablauf des anfänglichen Zeitraums von fünf Jahren verlängert sich das Übereinkommen stillschweigend um jeweils ein Jahr.

(3) Nach Ablauf des anfänglichen Zeitraums von fünf Jahren kann jeder Vertragsstaat das Übereinkommen jederzeit durch eine an den Schweizerischen Bundesrat gerichtete Notifikation kündigen.

(4) Die Kündigung wird am Ende des Kalenderjahres wirksam, das auf einen Zeitraum von sechs Monaten folgt, gerechnet vom Eingang ihrer Notifikation beim Schweizerischen Bundesrat.

Art. 65. Diesem Übereinkommen sind beigefügt:

- ein Protokoll Nr 1 über bestimmte Zuständigkeits-, Verfahrens- und Vollstreckungsfragen;
- ein Protokoll Nr 2 über die einheitliche Auslegung des Übereinkommens;
- ein Protokoll Nr 3 über die Anwendung von Artikel 57.

Diese Protokolle sind Bestandteil des Übereinkommens.

Art. 66. Jeder Vertragsstaat kann eine Revision dieses Übereinkommens beantragen. Zu diesem Zweck beruft der Schweizerische Bundesrat innerhalb von sechs Monaten nach Beantragung der Revision eine Revisionskonferenz ein.

Art. 67–68. (nicht abgedruckt)

Protokoll Nr 1 über bestimmte Zuständigkeits-, Verfahrens- und Vollstreckungsfragen

Art. I. (nicht abgedruckt, da wortgleich mit Art I des Protokolls vom 27. 9. 1968, Art 65 EuGVÜ; s Seite 2539)

Art. Ia. (1) Die Schweizerische Eidgenossenschaft behält sich das Recht vor, bei der Hinterlegung der Ratifikationsurkunde zu erklären, daß eine in einem anderen Vertragsstaat ergangene Entscheidung in der Schweiz nicht anerkannt oder vollstreckt wird, wenn

a) die Zuständigkeit des Gerichts, das die Entscheidung erlassen hat, sich nur auf Artikel 5 Nr 1 des Übereinkommens stützt;

b) der Beklagte zum Zeitpunkt der Einleitung des Verfahrens seinen Wohnsitz in der Schweiz hatte; im Sinne dieses Artikels hat eine Gesellschaft oder juristische Person ihren Sitz in der Schweiz, wenn ihr statutarischer Sitz und der tatsächliche Mittelpunkt ihrer Tätigkeit in der Schweiz liegen; und

c) der Beklagte gegen die Anerkennung oder die Vollstreckung der Entscheidung in der Schweiz Einspruch erhebt, sofern er nicht auf den Schutz der in diesem Absatz vorgesehenen Erklärung verzichtet hat.

(2) Dieser Vorbehalt ist nicht anzuwenden, soweit in dem Zeitpunkt, zu dem die Anerkennung oder Vollstreckung beantragt wird, eine Änderung von Artikel 59 der Schweizerischen Bundesverfassung stattgefunden hat. Der Schweizerische Bundesrat teilt solche Änderungen den Unterzeichnerstaaten und den beitretenden Staaten mit.

(3) Dieser Vorbehalt wird am 31. Dezember 1999 unwirksam. Er kann jederzeit zurückgezogen werden.

Art. Ib. Jeder Vertragsstaat kann sich durch eine bei der Hinterlegung seiner Ratifikations- oder Beitrittsurkunde abgegebene Erklärung unbeschadet der Bestimmungen des Artikels 28 das Recht vorbehalten, in anderen Vertragsstaaten ergangene Entscheidungen nicht anzuerkennen und zu vollstrecken, wenn die Zuständigkeit des Gerichts des Ursprungsstaats nach Artikel 16 Nr 1 Buchstabe b ausschließlich dadurch begründet ist, daß der Beklagte seinen Wohnsitz in dem Ursprungsstaat hat und die unbewegliche Sache in dem Hoheitsgebiet des Staates belegen ist, der den Vorbehalt angebracht hat.

Art. II und **Art. III.** (nicht abgedruckt, da wortgleich mit Art II und Art III des Protokolls vom 27. 9. 1968, Art 65 EuGVÜ; s Seite 2539)

Art. IV. Gerichtliche und außergerichtliche Schriftstücke, die in einem Vertragsstaat ausgefertigt sind und einer in dem Hoheitsgebiet eines anderen Vertragsstaats befindlichen Person zugestellt werden sollen, werden nach den zwischen den Vertragsstaaten geltenden Übereinkommen oder Vereinbarungen übermittelt.

Sofern der Staat, in dessen Hoheitsgebiet die Zustellung bewirkt werden soll, nicht durch eine Erklärung, die an den Schweizerischen Bundesrat zu richten ist, widersprochen hat, können diese Schriftstücke auch von den gerichtlichen Amtspersonen des Staates, in dem sie angefertigt worden sind, unmittelbar den gerichtlichen Amtspersonen des Staates übersandt werden, in dessen Hoheitsgebiet sich die Person befindet, für welche das Schriftstück bestimmt ist. In diesem Fall übersendet die gerichtliche Amtsperson des Ursprungsstaats eine Abschrift des Schriftstücks der gerichtlichen Amtsperson des ersuchten Staates, die für die Übermittlung an den Empfänger zuständig ist. Diese Übermittlung wird in den Formen vorgenommen, die das Recht des ersuchten Staates vorsieht. Sie wird durch ein Zeugnis festgestellt, das der gerichtlichen Amtsperson des Ursprungsstaats unmittelbar zugesandt wird.

Art. V. Die in Artikel 6 Nr 2 und Artikel 10 für eine Gewährleistungs- oder Interventionsklage vorgesehene Zuständigkeit kann in der Bundesrepublik Deutschland, in Spanien, in Österreich und in der Schweiz nicht geltend gemacht werden. Jede Person, die ihren Wohnsitz in einem anderen Vertragsstaat hat, kann vor Gericht geladen werden

- in der Bundesrepublik Deutschland nach den §§ 68 und 72 bis 74 der Zivilprozeßordnung, die für die Streitverkündung gelten,
- in Spanien nach Artikel 1482 des Zivilgesetzbuches,
- in Österreich nach § 21 der Zivilprozeßordnung, der für die Streitverkündigung gilt,
- in der Schweiz nach den einschlägigen Vorschriften der kantonalen Zivilprozeßordnungen über die Streitverkündung (litis denuntiatio).

Entscheidungen, die in den anderen Vertragsstaaten aufgrund des Artikels 6 Nr 2 und des Artikels 10 ergangen sind, werden in der Bundesrepublik Deutschland, in Spanien, in Österreich und in der Schweiz nach Titel III anerkannt und vollstreckt. Die Wirkungen, welche die in diesen Staaten ergangenen Entscheidungen nach Absatz 1 gegenüber Dritten haben, werden auch in den anderen Vertragsstaaten anerkannt.

Art. Va. In Unterhaltssachen umfaßt der Begriff „Gericht" auch dänische, isländische und norwegische Verwaltungsbehörden.

In Zivil- und Handelssachen umfaßt der Begriff „Gericht" auch das finnische „ulosotonhaltija/överexekutor".

Art. Vb. Bei Streitigkeiten zwischen dem Kapitän und einem Mitglied der Mannschaft eines in Dänemark, in Griechenland, in Irland, in Island, in Norwegen, in Portugal oder in Schweden eingetragenen Seeschiffes über die Heuer oder sonstige Bedingungen des Dienstverhältnisses haben die Gerichte eines Vertragsstaats zu überprüfen, ob der für das Schiff zuständige diplomatische oder konsularische Vertreter von der Streitigkeit unterrichtet worden ist. Sie haben das Verfahren auszusetzen, solange dieser Vertreter nicht unterrichtet worden ist. Sie haben sich von Amts wegen für unzuständig zu erklären, wenn dieser Vertreter, nachdem er ordnungsgemäß unterrichtet worden ist, die Befugnisse ausgeübt hat, die ihm insoweit aufgrund eines Konsularabkommens zustehen, oder, falls ein derartiges Abkommen nicht besteht, innerhalb der festgesetzten Frist Einwände gegen die Zuständigkeit geltend gemacht hat.

Art. Vc. (gegenstandslos)

Art. Vd. (nicht abgedruckt, da wortgleich mit Art Vd des Protokolls vom 27. 9. 1968, Art 65 EuGVÜ; s Seite 2540)

Art. VI. Die Vertragsstaaten teilen dem Schweizerischen Bundesrat den Wortlaut ihrer gesetzlichen Vorschriften mit, durch welche ihre in diesem Übereinkommen angeführten Vorschriften oder die in Titel III 2. Abschnitt angeführten Gerichtsstände geändert werden.

Protokoll Nr 2 über die einheitliche Auslegung des Übereinkommens

Präambel

Die Hohen Vertragsparteien –

Gestützt auf Artikel 65 dieses Übereinkommens,

in Anbetracht der sachlichen Verknüpfung zwischen diesem Übereinkommen und dem Brüsseler Übereinkommen,

in der Erwägung, daß dem Gerichtshof der Europäischen Gemeinschaften durch das Protokoll vom 3. Juni 1971 die Zuständigkeit zur Entscheidung über die Auslegung der Bestimmungen des Brüsseler Übereinkommens übertragen wurde,

in voller Kenntnis der bis zur Unterzeichnung des vorliegenden Übereinkommens ergangenen Entscheidungen des Gerichtshofs der Europäischen Gemeinschaften über die Auslegung des Brüsseler Übereinkommens,

in der Erwägung, daß bei den Verhandlungen, die zum Abschluß dieses Übereinkommens geführt haben, vom Brüsseler Übereinkommen unter Berücksichtigung der vorgenannten Entscheidungen ausgegangen worden ist,

in dem Bestreben, bei voller Wahrung der Unabhängigkeit der Gerichte voneinander abweichende Auslegungen zu vermeiden und zu einer möglichst einheitlichen Auslegung der Bestimmungen des vorliegenden Übereinkommens einerseits sowie dieser Bestimmungen und derjenigen Bestimmungen des Brüsseler Übereinkommens, die in ihrem wesentlichen Gehalt in das vorliegende Übereinkommen übernommen worden sind, andererseits, zu gelangen –

sind wie folgt übereingekommen:

Art. 1. Die Gerichte jedes Vertragsstaates tragen bei der Anwendung und Auslegung der Bestimmungen dieses Übereinkommens den Grundsätzen gebührend Rechnung, die in maßgeblichen Entscheidungen von Gerichten der anderen Vertragsstaaten zu den Bestimmungen des genannten Übereinkommens entwickelt worden sind.

Art. 2. (1) Die Vertragsparteien kommen überein, ein System für den Austausch von Informationen über die in Anwendung dieses Übereinkommens ergangenen Entscheidungen sowie über die in Anwendung des Brüsseler Übereinkommens ergangenen maßgeblichen Entscheidungen einzurichten. Dieses System umfaßt

- die von den zuständigen Behörden vorzunehmende Übermittlung der Entscheidungen letztinstanzlicher Gerichte und des Gerichtshofs der Europäischen Gemeinschaften sowie anderer besonders wichtiger, rechtskräftig gewordener Entscheidungen, die in Anwendung dieses Übereinkommens oder des Brüsseler Übereinkommens ergangen sind, an eine Zentralstelle;
- die Klassifizierung dieser Entscheidungen durch die Zentralstelle, erforderlichenfalls einschließlich der Erstellung und Veröffentlichung von Übersetzungen und Zusammenfassungen;
- die von der Zentralstelle vorzunehmende Übermittlung der einschlägigen Dokumente an die zuständigen nationalen Behörden aller Unterzeichnerstaaten dieses Übereinkommens und aller beitretenden Staaten sowie an die Kommission der Europäischen Gemeinschaften.

(2) Zentralstelle ist der Kanzler des Gerichtshofs der Europäischen Gemeinschaften.

Art. 3. (1) Es wird ein Ständiger Ausschuß für die Zwecke dieses Protokolls eingesetzt.

(2) Der Ausschuß besteht aus Vertretern, die von jedem Unterzeichnerstaat und jedem beitretenden Staat bestellt werden.

(3) Die Europäischen Gemeinschaften (Kommission, Gerichtshof und Generalsekretariat des Rates) und die Europäische Freihandelsassoziation können an den Sitzungen als Beobachter teilnehmen.

Art. 4. (1) Auf Antrag einer Vertragspartei beruft der Depositarstaat dieses Übereinkommens Sitzungen des Ausschusses zu einem Meinungsaustausch über die Wirkungsweise des Übereinkommens ein, und zwar insbesondere über

- die Entwicklung der aufgrund von Artikel 2 Absatz 1 mitgeteilten Rechtsprechung und
- die Anwendung von Artikel 57 dieses Übereinkommens.

(2) Der Ausschuß kann im Lichte dieses Meinungsaustausches auch prüfen, ob eine Revision dieses Übereinkommens in Einzelpunkten angebracht ist, und entsprechende Empfehlungen abgeben.

Protokoll Nr 3 über die Anwendung von Art. 57

Die Hohen Vertragsparteien sind wie folgt übereingekommen:

1. Für die Zwecke dieses Übereinkommens werden die Bestimmungen, die für besondere Rechtsgebiete die gerichtliche Zuständigkeit, die Anerkennung oder die Vollstreckung von Entscheidungen regeln und in Rechtsakten der Organe der Europäischen Gemeinschaften enthalten sind oder künftig darin enthalten sein werden, ebenso behandelt wie die in Artikel 57 Absatz 1 bezeichneten Übereinkommen.
2. Ist ein Vertragsstaat der Auffassung, daß eine Bestimmung eines Rechtsaktes der Organe der Europäischen Gemeinschaften mit dem Übereinkommen nicht vereinbar ist, so fassen die Vertragsstaaten unbeschadet der Anwendung des in Protokoll Nr 2 vorgesehenen Verfahrens unverzüglich eine Änderung entsprechend Artikel 66 ins Auge.

Erklärung der Vertreter der Regierungen der Unterzeichnerstaaten des Lugano-Übereinkommens, die Mitglieder der Europäischen Gemeinschaften sind, zum Protokoll Nr 3 über die Anwendung von Artikel 57 des Übereinkommens

Bei der Unterzeichnung des am 16. September 1988 in Lugano geschlossenen Übereinkommens über die gerichtliche Zuständigkeit und die Vollstreckung gerichtlicher Entscheidungen in Zivil- und Handelssachen

erklären die Vetreter der Regierungen der Mitgliedstaaten der Europäischen Gemeinschaften

in Anbetracht der gegenüber den Mitgliedstaaten der Europäischen Freihandelsassoziation eingegangenen Verpflichtungen,

in dem Bestreben, die Einheit des mit dem Übereinkommen geschaffenen Rechtssystems nicht zu beeinträchtigen,

daß sie alles in ihrer Macht Stehende tun werden, um sicherzustellen, daß bei der Ausarbeitung gemeinschaftlicher Rechtsakte im Sinne der Nummer 1 des Protokolls Nr 3 über die Anwendung von Artikel 57 die in dem Übereinkommen niedergelegten Vorschriften über die gerichtliche Zuständigkeit sowie die Anerkennung und Vollstreckung von Entscheidungen beachtet werden.

Erklärung der Vertreter der Regierungen der Unterzeichnerstaaten des Lugano-Übereinkommens, die Mitglieder der Europäischen Gemeinschaften sind

Bei der Unterzeichnung des am 16. September 1988 in Lugano geschlossenen Übereinkommens über gerichtliche Zuständigkeit und die Vollstreckung gerichtlicher Entscheidungen in Zivil- und Handelssachen

erklären die Vertreter der Regierungen der Mitgliedstaaten der Europäischen Gemeinschaften,

daß sie es für angezeigt halten, daß der Gerichtshof der Europäischen Gemeinschaften bei der Auslegung des Brüsseler Übereinkommens den Grundsätzen gebührend Rechnung trägt, die sich aus der Rechtsprechung zum Lugano-Übereinkommen ergeben.

Erklärung der Vertreter der Regierungen der Unterzeichnerstaaten des Lugano-Übereinkommens, die Mitglieder der Europäischen Freihandelsassoziation sind

Bei der Unterzeichnung des am 16. September 1988 in Lugano geschlossenen Übereinkommens über die gerichtliche Zuständigkeit und die Vollstreckung gerichtlicher Entscheidungen in Zivil- und Handelssachen

erklären die Vertreter der Regierungen der Mitgliedstaaten der Europäischen Freihandelsassoziation,

daß sie es für angezeigt halten, daß ihre Gerichte bei der Auslegung des Luganer Übereinkommens den Grundsätzen gebührend Rechnung tragen, die sich aus der Rechtsprechung des Gerichtshofes der Europäischen

Gemeinschaften und der Gerichte der Mitgliedstaaten der Europäischen Gemeinschaften zu denjenigen Bestimmungen des Brüsseler Übereinkommens ergeben, die in ihrem wesentlichen Gehalt in das Luganer Übereinkommen übernommen worden sind.

C. Urteile des EuGH in zeitlicher Reihenfolge

6. 10. 1976 Rs 12/76 – Tessili/Dunlop Slg 1976, 1473 = NJW 1977, 491 (Geimer) = RIW 1977, 40 (Linke).

6. 10. 1976 Rs 14/76 – De Bloos/Bouyer Slg 1976, 1497 = NJW 1977, 490 (Geimer) = RIW 1977, 42 (Linke).

14. 10. 1976 Rs 29/76 – LTU/Eurocontrol Slg 1976, 1541 = NJW 1977, 489 (Geimer) = RIW 1977, 40 (Linke).

30. 11. 1976 Rs 21/76 – Bier/Mines de Potasse d'Alsace Slg 1976, 1735 = NJW 1977, 493 = RIW 1977, 356 (Linke).

30. 11. 1976 Rs 42/76 – De Wolf/Cox Slg 1976, 1759 = NJW 1977, 495 (L), 2023 (Geimer).

14. 12. 1976 Rs 24/76 – Colzani/Rüwa Slg 1976, 1831 = NJW 1977, 494 = RIW 1977, 104 (Gerd Müller 163).

14. 12. 1976 Rs 25/76 – Segoura/Bonakdarian Slg 1976, 1851 = NJW 1977, 495 = RIW 1977, 105 (Gerd Müller 163).

14. 7. 1977 Rs 9 u. 10/77 – Bavaria Fluggesellschaft und Germanair/Eurocontrol Slg 1977, 1517 = NJW 1978, 483 (Geimer) = RIW 708.

22. 11. 1977 Rs 43/77 – Industrial Diamond Supplies/Riva Slg 1977, 2175 = NJW 1978, 1107 (L) = RIW 1978, 186.

14. 12. 1977 Rs 73/77 – Sanders/van der Putte Slg 1977, 2383 = NJW 1978, 1107 (L) = RIW 1978, 336.

21. 6. 1978 Rs 150/77 – Bertrand/Ott Slg 1978, 1431 = RIW 1978, 685.

9. 11. 1978 Rs 23/78 – Meeth/Glacetal Slg 1978, 2133 = NJW 1979, 1110 (L) = RIW 1978, 814.

22. 11. 1978 Rs 33/78 – Somafer/Saar-Ferngas Slg 1978, 2183 = RIW 1979, 56.

22. 2. 1979 Rs 133/78 – Gourdain/Nadler Slg 1979, 733 = NJW 1979, 1772 (L) = RIW 1979, 273.

27. 3. 1979 Rs 143/78 – De Cavel/De Cavel (I) Slg 1979, 1055 = NJW 1979, 1100 (L).

13. 11. 1979 Rs 25/79 – Sanicentral/Collin Slg 1979, 3423 = NJW 1980, 1218 (L) = RIW 1980, 285.

17. 1. 1980 Rs 56/79 – Zelger/Salinitri Slg 1980, 89 = NJW 1980, 1218 (L) = RIW 1980, 726 = WM 1980, 720 (Schütze) = IPRax 1981, 89 (Spellenberg 75).

6. 3. 1980 Rs 120/79 – De Cavel/De Cavel (II) Slg 1980, 731 = NJW 1980, 1218 (L) = IPRax 1981, 19 (Hausmann 5).

6. 5. 1980 Rs 784/79 – Porta-Leasing/Prestige International Slg 1980, 1517 = RIW 1981, 58.

21. 5. 1980 Rs 125/79 – Denilauler/Couchet Frères Slg 1980, 1553 = NJW 1980, 2016 (L) = RIW 1980, 510 = IPRax 1981,95 (Hausmann 79).

16. 12. 1980 Rs 814/79 – Niederlande/Rüffer Slg 1980, 3807 = RIW 1981, 711 = IPRax 1981, 169 (Schlosser 154).

18. 3. 1981 Rs 139/80 – Blanckaert & Willems/Trost Slg 1981, 819 = NJW 1982, 507 (L) = RIW 1981, 341 = IPRax 1982, 64, (Linke 46).

26. 5. 1981 Rs 157/80 – Strafverfahren Rinkau Slg 1981, 1391 = RIW 1981, 715 = IPRax 1982, 185 (Habscheid 173).

16. 6. 1981 Rs 166/80 – Klomps/Michel Slg 1981, 1593 = RIW 1981, 781 = IPRax 1982, 14 (Nagel 5).

24. 6. 1981 Rs 150/80 – Elefanten Schuh/Jacqmain Slg 1981, 1671 = NJW 1982, 507 (L) = RIW 1981, 709 = IPRax 1982, 234 (Leipold 222).

22. 10. 1981 Rs 27/81 – Rohr/Ossberger Slg 1981, 2431 = RIW 1982, 48 = IPRax 1982, 238 (Leipold 222).

4. 3. 1982 Rs 38/81 – Effer/Kantner Slg 1982, 825 = RIW 1982, 280 = IPRax 1983, 31 (Gottwald 13).

31. 3. 1982 Rs 25/81 – W./H. Slg 1982, 1189 = RIW 1982, 755 = IPRax 1983, 77 (Sauveplanne 65).

26. 5. 1982 Rs 133/81 – Ivenel/Schwab Slg 1982, 1981 = RIW 1982, 908 = IPRax 1983, 173 (Mezger 15).

15. 7. 1982 Rs 228/81 – Pendy Plastic/Pluspunkt Slg 1982, 2723 = NJW 1982, 1937 (L) = RIW 1982, 908 (L) = IPRax 1985, 25, (Geimer 6).

22. 3. 1983 Rs 34/82 – Peters/Zuid Nederlandse Aannemers Vereniging Slg 1983, 987 = RIW 1983, 871 = IPRax 1984, 85 (Schlosser 65).

14. 7. 1983 Rs 210/82 – Gerling/Amministrazione del tesoro dello Stato Slg 1983; 2503 = RIW 1984, 62 = IPRax 1984, 259 (Hübner 237).

9. 11. 1983 Rs 80/83 – Habourdin/Italocremona Slg 1983, 3639.

15. 11. 1983 Rs 228/82 – Duijnstee/Goderbauer Slg 1983, 3663 = RIW 1984, 483 = IPRax 1985, 92 (Stauder 76).

28. 3. 1984 Rs 56/84 – von Gallera/Maître Slg 1984, 170.

7. 6. 1984 Rs 129/83 – Zelger/Salinitri Slg 1984, 2397 = NJW 1984, 2759 = RIW 1984, 737 (Linke) = IPRax 1985, 336 (Rauscher 317).

19. 6. 1984 Rs 71/83 – Russ/Nova Slg 1984, 2417 = RIW 1984, 909 (Schlosser) = IPRax 1985, 152 (Basedow 133).

12. 7. 1984 Rs 178/83 – Firma P./Firma K. Slg 1984, 3033 = RIW 1984, 814 = IPRax 1985, 274 (Stürner 254).

27. 11. 1984 Rs 258/83 – Brennero/Wendel Slg 1984, 3971 = RIW 1985, 235 (Linke) = IPRax 1985, 339 (Schlosser 321).

15. 1. 1985 Rs 241/83 – Rösler/Rottwinkel Slg 1985, 99 = NJW 1985, 905 = RIW 1985, 238 = IPRax 1986, 97 (Kreuzer 75).

7. 3. 1985 Rs 48/84 – Spitzley/Sommer Slg 1985, 787 = NJW 1985, 2893 = RIW 1985, 313 (Rauscher 887) = IPRax 1986, 27 (Gottwald 10).

11. 6. 1985 Rs 49/84 – Debaeker/Bouwman Slg 1985, 1779 = NJW 1986, 1425 (L) = RIW 1985, 967.

2. 7. 1985 Rs 148/84 – Deutscbe Genossenschaftsbank/Brasserie du Pêcheur Slg 1985, 1981 = NJW 1986, 657 (L).

4. 7. 1985 Rs 220/84 – AS Autoteile/Malhé Slg 1985, 2267 = NJW 1985, 2892 = RIW 1985, 734 = IPRax 1986, 232 (Geimer 208).

11. 7. 1985 Rs 221/84 – Berghoefer/ASA Slg 1985, 2699 = NJW 1985, 2893 (L) = RIW 1985, 736.

3. 10. 1985 Rs 119/84 – Capelloni/Pelkmans Slg 1985, 3147 = RIW 1986, 300.

24. 6. 1986 Rs 22/85 – Anterist/Crédit Lyonnais Slg 1986, 1951 = RIW 1986, 636 = IPRax 1987, 105 (Gottwald 81).

10. 7. 1986 Rs 198/85 Carron/Bundesrepublik Deutschland Slg 1986, 2437 = RIW 1986, 994 = IPRax 1987, 229 (Jayme/Abend 209).

11. 11. 1986 Rs 313/85 – Iveco Fiat/Van Hool Slg 1986, 3337 = NJW 1987, 2155 = RIW 1987, 311 = IPRax 1989, 383 (Jayme 361).

15. 1. 1987 Rs 266/85 – Shenavai/Kreischer Slg 1987, 239 = NJW 1987, 1131 (Geimer) = RIW 1987, 213 = IPRax 1987, 366 (Mezger 346).

8. 12. 1987 Rs 144/86 – Gubisch/Palumbo Slg 1987, 4861 = NJW 1989, 665 = RIW 1988, 818 (Linke) = IPRax 1989, 157 (Schack 139) = Rev. crit. 1988, 370 (Gaudemet-Tallon).

9. 12. 1987 Rs 218/86 – Schotte/Parfums Rothschild Slg 1987, 4905 = NJW 1988, 625 = RIW 1988, 136, 220 (L) (Geimer) = IPRax 1989, 96 (Kronke 81).

4. 2. 1988 Rs 145/86 – Hoffmann/Krieg Slg 1988, 645 = NJW 1989, 663 = RIW 1988, 820 (Linke) = IPRax 1989, 159 (Schack 139).

8. 3. 1988 Rs 9/87 – Arcado/Haviland Slg 1988, 1539 = NJW 1989, 1424 = RIW 1988, 987 (L) (Schlosser 1989, 139) = IPRax 1989, 227 (Mezger 207).

6. 7. 1988 Rs 158/87 – Scherrens/Maenhout Slg 1988, 3791 = RIW 1989, 644 = IPRax 1991, 44 (Kreuzer 25).

27. 9. 1988 Rs 189/87 – Kalfelis/Schröder u.a. Slg 1988, 5565 = NJW 1988, 3088 (Geimer) = RIW 1988, 901 (Schlosser 987) = IPRax 1989, 288 (Gottwald 272).

15. 2. 1989 Rs 32/88 – Societé Six Constructions/Humbert Slg 1989, 341 = RIW 1990, 139 = IPRax 1990, 173 (Rauscher 152).

10. 1. 1990 Rs 115/88 Reichert/Dresdner Bank Slg 1990, 127 = RIW 1991, 331 = IPRax 1991, 45 (Schlosser 29).

11. 1. 1990 Rs 220/88 – Dumez France/Hessische Landesbank Slg 1990, 149 = NJW 1991, 631.

15. 5. 1990 Rs 365/88 – Kongreß Agentur Hagen/Zeehaghe Slg 1990, 1845 = NJW 1991, 2621 = IPRax 1992, 310 (Coester-Waltjen 290).

3. 7. 1990 Rs 305/88 – Lancray/Peters Slg 1990, 2725 = RIW 1990, 927; EuZW 1990, 352 (Geimer) = IPRax 1991,177 (Rauscher 155).

27. 6. 1991 Rs 35/89 – Overseas Union/New Hampshire Insurance Slg 1991, 3317 = NJW 1992, 3221 = IPRax 1993, 34, 21 (Rauscher/Gutknecht) = EuZW 1992, 734.

25. 7. 1991 Rs 190/89 – Marc Rich/Societa Italiana Impianti Slg 1991, 3855 = NJW 1993, 189 = IPRax 1992, 312, 292 (Haas).

4. 10. 1991 Rs 183/90 – Van Dalfsen/Van Loon Slg 1991 I 4743 = EWS 1993, 119.

26. 2. 1992 Rs 280/90 – Hacker/Euro-Relais Slg 1992 I 1111 = NJW 1992, 1029 = RIW 1992, 581 = IPRax 1993, 31, 18 (Jayme) = EuZW 1992, 221 (Huff).

l0. 3. 1992 Rs 214/89 – Powell Duffryn/Petereit Slg 1992 I 1745 = RIW 1992, 492 = IPRax 1993, 32 (Koch 19) = EuZW 1992, 252.

26. 3. 1992 Rs 261/90 – Reichert/Dresdner Bank Slg 1992 I 2149 = IPRax 1993, 26 (Schlosser 17) = EuZW 1992, 447.

17. 6. 1992 Rs C-26/91 – Handte/Soc. Traitements mécano-chimiques des surfaces (TMCS) Slg 1992 I 3967 = JZ 1995, 90 (Pfeifer) = RIW 1994, 680.

27. 11. 1992 Rs C-123/91 – Minalmet/Brandeis Slg 1992 I 5661 = JZ 1993, 357 (Stürner) = RIW 1993, 65 = EuZW 1993, 39; hierzu Jayme/Kohler IPRax 1993, 362.

19. 1. 1993 Rs 89/91 – Shearson Lehman Hutton/TVB Treuhandgesellschaft Slg 1993 I 139 = NJW 1993, 1251 = RIW 1993, 420 = IPRax 1992, 92, 71 (Koch).

21. 4. 1993 Rs C-172/91 – Sonntag/Waidmann Slg 1993 I 1963 = NJW 1993, 2091 = EuZW 1993, 417 = IPRax 1994, 37 (Heß 10) = JZ 1994, 252 (Eichenhofer); hierzu Jayme/Kohler IPRax 1993, 363. Abschlußentscheidung:

BGHZ 123, 268 = NJW 1993, 3269 = WM 1993, 2252 = EuZW 1994, 29 = IPRax 1994, 118 (Basedow 85) = JZ 1994, 254 (Eichenhofer) = ZZP 108 (1995), 241 (Haas 219) = EWiR 1994, 51 (Heß) = LM Nr. 42–45 zu EGÜbk. (Kronke) = IPRspr. 1993 Nr. 178.

13. 7. 1993 Rs C-125/92 – Mulox/Geels Slg 1993 I 4075.

20. 1. 1994 Rs C-129/92 – Owens Bank/Branco Slg 1994, I 117 = EuZW 1994, 278 (Karl) = IPRax 1995, 240 (Kaye 214).

10. 2. 1994 Rs C 398/92 – Mund & Fester/Hatrex Slg 1994 I 467 = NJW 1994, 1271 = JZ 1994, 1165, 1151 (Christian Wolf) = IPRax 1994, 439 (Geiger 415).

17. 5. 1994 Rs C-294/92 – Webb/Webb Slg 1994 I 1717 = RIW 1994, 590 = IPRax 1995, 314 (Kaye 286) = EuZW 1994, 634.

2. 6. 1994 Rs C-414/92 – Solo Kleinmotoren GmbH/Emilio Boch Slg 1994 I 2237 = NJW 1995, 38 = JZ 1994,1007 (Schlosser) = IPRax 1995, 241 (von Hoffmann/Hau 217).

9. 6. 1994 Rs C-292/93 – Lieber/Göbel Slg 1994 I 2535 = NJW 1995, 37 = IPRax 1995, 99, 72 (Ulmer) = RIW 1995, 238 = EuZw 1994, 765 = EWS 1994, 246.

29. 6. 1994 Rs C-288/92 – Custom Made Commercial/Stawa Metallbau Slg 1994 I 2913 = NJW 1995, 183 = RIW 1994, 676 = JZ 1995, 244 (Geimer); hierzu Jayme/Kohler IPRax 1994, 410.

15. 9. 1994 Rs C-318/93 – Wolfgang Brenner, Peter Noller/Dean Witter Reynolds Inc.Slg 1994 I 4275 = RIW 1994, 1045 = IPRax 1995, 316 (Rauscher 289 = EuZW 1994, 766 = EWS 1994, 353.

6. 12. 1994 – Rs C-406/92 – The owner of the cargo lately laden on board the ship Tatry/The owners of the ship Maciej rataj Slg 1994 I 5439 = EuZW 1995, 309 (Wolf 365) = EWiR 1995, 463 (Otte) = JZ 1995, 616 (Peter Huber 603) = EWS 1995, 90, 361 (Lenenbach).

7. 3. 1995 Rs C-68/93 – Fiona Shevill, Ixora Trading Inc, Chequepoint SARL, Chequepoint International Ltd/Presse Alliance SA Slg 1995 I 415 = NJW 1995, 1881 = EWS 1995, 165 = EuZW 1995, 248.

28. 3. 1995 Rs C-346/93 – Kleinwort Benson Ltd/City of Glasgow District Council Slg 1995 I 615 = EWS 1995, 197 = IPRax 1996, 190 (Holl 178).

6. 4. 1995 Rs C-439/93 – Lloyd's Register of Shipping/Société Campenon Bernard Slg 1995 I 961 = RIW 1995, 585 = EWS 1995, 194.

13. 7. 1995 Rs C-341/93 – Danvaern Production AS/Schuhfabriken Otterbeck GmbH & Co NJW 1996, 42 (Bacher 2140) = EuZW 1995, 639 (Geimer).

13. 7. 1995 Rs C-474/93 – Hengst Import BV/Anna Maria Campese EuZW 1995, 803 = EWS 1995, 308.

11. 8. 1995 Rs C-432/93 – SISRO/Ampersand RIW 1995, 940 = EuZW 1995, 800 = EWS 1995, 345 = IPRax 96, 336 (Hau 322).

19.9.1995 Rs C-364/93 – Marinari/Lloyd's Bank JZ 1995, 1107 (Geimer) = EuZW 1995, 765 (Holl) = EWS 1995, 422.

14. 3. 1996 Rs C-275/94 – Van der Linden/Berufsgenossenschaft der Feinmechanik EuZW 1996, 240.

ANHANG II

Gesetz zur Ausführung zwischenstaatlicher Anerkennungs- und Vollstreckungsverträge in Zivil- und Handelssachen (Anerkennungs- und Vollstreckungsausführungsgesetz – AVAG)

vom 30.5.1988 BGBl I 662, geändert durch Gesetz vom 30.9.1994 BGBl II 2658

Gesetzesmaterialien: Entwurf BReg BT-Drucks 10/5711 und 11/351, 1885; 12/6838; BR-Drucks 156/87.

Schrifttum: *Baur/Stürner,* Zwangsvollstreckungs-, Konkurs- u VergleichsR[12], 1995, 55.9 ff; *Baumann,* Die Anerkennung und Vollstreckung ausländischer Entscheidungen in Unterhaltssachen, 1989 (§ 9); *B/L/Albers* Schlußanhang V E; *Bülow/Böckstiegel/Geimer/Schütze* 708; *Böhmer* IPRax 88, 344; *Geimer* NJW 88, 2157; *Geimer/Schütze,* Europäisches ZivilverfahrensR, 1996, Art 31 ff; Hök JurBüro 88, 1453; *MK/Gottwald* ZPO Schlußanhang Nr 1 k; *Rahm/Künkel* VIII 289, 291–294; *Schütze* IWB F 4 (Deutschland) Gr 2, S 211.

Erster Teil. Anwendungsbereich

§ 1

(1) Die Ausführung der in § 35 genannten zwischenstaatlichen Verträge zwischen der Bundesrepublik Deutschland und anderen Staaten über die gegenseitige Anerkennung und Vollstreckung von Schuldtiteln in Zivil- und Handelssachen unterliegt diesem Gesetz.

(2) Die Regelungen der zwischenstaatlichen Verträge werden durch die Vorschriften dieses Gesetzes nicht berührt. Dies gilt insbesondere für die Regelungen über

1. **den sachlichen Anwendungsbereich,**
2. **die Art der Entscheidungen und sonstigen Schuldtitel, die im Geltungsbereich dieses Gesetzes anerkannt oder zur Zwangsvollstreckung zugelassen werden können,**
3. **das Erfordernis der Rechtskraft der Entscheidungen,**
4. **die Art der Urkunden, die im Verfahren vorzulegen sind, und**
5. **die Gründe, die zur Versagung der Anerkennung oder Zulassung der Zwangsvollstreckung führen.**

Entstehungsgeschichte und Anwendungsbereich: Vor Inkrafttreten des AVAG wurde zu den Anerkennungs- und Vollstreckungsverträgen, die Deutschland mit auswärtigen Staaten geschlossen hat, jeweils ein gesondertes Ausführungsgesetz erlassen (Zusammenstellung bei Geimer/Schütze I 1365). Da die jüngeren AusfG aber meist wörtlich übereinstimmen, wurde auf Anregung des BRates ein allgemeines Gesetz erarbeitet, das sowohl auf bereits bestehende wie auch auf künftig zu schließende Anerkennungs- und Vollstreckungsverträge anwendbar sein soll, §§ 1, 35. Es orientiert sich inhaltlich in erster Linie am GVÜ (Anh I) und dem hierzu ursprünglich erlassenen AusfG (AGGVÜ vom 29.7.92 BGBl I 1328; hierzu A.Wolf NJW 73, 397; Pirrung DGVZ 73, 178). Das AVAG tritt nach seinem § 58 an die Stelle des AGGVÜ, des AusfG zum Haager UnterhaltsvollstreckungsÜbk 1973 (BGBl 1986 I 1156) und der AusfG zu den bilateralen Anerkennungs- und VollstreckungsÜbk mit Norwegen (BGBl 1981 I 514) und Israel (BGBl 1980 I 1301); es gilt außerdem für den deutsch-spanischen Anerkennungs- und Vollstreckungsvertrag und das LugÜ, § 35. 1

Inkrafttreten: Das AVAG ist gem § 61 I am 8.6.1988 in Kraft getreten, seine §§ 35 I Nr 1 und 56 gleichzeitig mit dem deutsch-spanischen Anerkennungs- und Vollstreckungsvertrag am 18.4.1988, § 61 II iVm der Bek v 30.5.1988 BGBl 672. Es ist seit dem 1.3.1995 auch auf das LugÜ anzuwenden (Art 3 und 5 I 2 Ges v 30.9.1994 BGBl II 2658, 3772). Die Änderungen durch Ges v 30.9.1994 BGBl II 2658, 3772 sind nach dessen Art 5 ebenfalls seit dem 30.9.1994 in Kraft. In § 58 II findet sich eine Übergangsregelung für Verfahren, die bei Inkrafttreten des AVAG anhängig gemacht worden sind. Sie gilt allerdings nur für Verfahren zur Ausführung von § 35 I Nr 1–4; für Verfahren nach dem deutsch-spanischen Vertrag ist unter dem Gesichtspunkt der Prozeßökonomie zu entscheiden, ob sie nach § 722 ZPO oder §§ 2 ff AVAG weiterzuführen sind, Geimer NJW 88, 2157, 2158 Fn 8; aM B/L/Albers vor § 1 Rn 2. 2

Bestimmungen der auszuführenden Verträge haben Vorrang, Abs 2; die Aufzählung der Nrn 1–5 ist nur beispielhaft. Innerstaatliche Normen, die für die Anerkennung günstiger sind, bleiben jedoch anwendbar, auch wenn das jeweiligen Abkommen dies nicht ausdrücklich festlegt. Soweit weder das Übk noch das AVAG eine Regelung enthalten, kann auf die **Vorschriften der ZPO** zurückgegriffen werden, BT-Drucks 11/351 S 17. 3

Zweiter Teil. Zulassung der Zwangsvollstreckung aus Entscheidungen, Prozeßvergleichen und öffentlichen Urkunden

Erster Abschnitt. Zuständigkeit, Feriensache

§ 2

(1) Für die Vollstreckbarerklärung von Entscheidungen, Prozeßvergleichen und öffentlichen Urkunden aus einem anderen Staat ist das Landgericht ausschließlich zuständig.

(2) Örtlich zuständig ist ausschließlich das Gericht, in dessen Bezirk der Schuldner seinen Wohnsitz hat, oder, wenn er im Geltungsbereich dieses Gesetzes keinen Wohnsitz hat, das Gericht, in dessen Bezirk die Zwangsvollstreckung durchgeführt werden soll. Der Sitz von Gesellschaften und juristischen Personen steht dem Wohnsitz gleich.

(3) Die Verfahren im Sinne des Absatzes 1 sind Feriensachen.

1 **Primär zuständig** ist das Wohnsitzgericht, hilfsweise das Gericht, in dessen Bezirk die Zwangsvollstreckung durchgeführt werden soll, vgl Art 32 II GVÜ, Sonderregelungen in §§ 42, 50. Die Bestimmung der örtlichen und sachlichen Zuständigkeit gilt für alle vom jeweiligen Übereinkommen erfaßten Entscheidungen. Sie ist ausschließlich, eine Zuständigkeitsvereinbarung ist daher ausgeschlossen. Der Schuldner kann die Unzuständigkeit des angerufenen Gerichtes in der Beschwerdeinstanz rügen; § 512a ZPO ist nicht analog anwendbar, Köln RIW 93, 498.

2 **Exequaturantrag gegen mehrere Antragsgegner:** Analog Art 6 Nr 1 GVÜ ist jedes LG zuständig, in dessen Bezirk einer der Antragsgegner seinen Wohnsitz hat, Geimer NJW 75, 1087; MK/Gottwald Art 32 GVÜ Rn 6; Kropholler Art 32 GVÜ Rn 6; Schlosser Rn 2. Unter mehreren örtl zuständigen LGen kann der Antragsteller wählen; keine Zuständigkeitsbestimmung nach § 36 Nr 3 ZPO; aA BayObLG NJW 88, 2184 (zum dt-österr Vertrag).

Zweiter Abschnitt. Erteilung der Vollstreckungsklausel

§ 3

(1) Der in einem anderen Staat vollstreckbare Schuldtitel wird dadurch zur Zwangsvollstreckung zugelassen, daß er auf Antrag mit der Vollstreckungsklausel versehen wird.

(2) Der Antrag auf Erteilung der Vollstreckungsklausel kann bei dem Landgericht schriftlich eingereicht oder mündlich zu Protokoll der Geschäftsstelle erklärt werden.

(3) Ist der Antrag entgegen § 184 des Gerichtsverfassungsgesetzes nicht in deutscher Sprache abgefaßt, so kann das Gericht dem Antragsteller aufgeben, eine Übersetzung des Antrags beizubringen, deren Richtigkeit von einer im Geltungsbereich dieses Gesetzes oder in einem anderen Vertragsstaat hierzu befugten Person bestätigt worden ist.

(4) Der Ausfertigung des Schuldtitels, der mit der Vollstreckungsklausel versehen werden soll, und seiner Übersetzung, falls eine solche vorgelegt wird, sollen zwei Abschriften beigefügt werden.

1 Zu **Abs 1** vgl Erl zu Art 31 GVÜ.

2 **Antrag:** Schriftl oder mündl zu Protokoll der Geschäftsstelle; kein Anwaltszwang, § 5 II. Um eine einheitl Beurteilung zu ermöglichen, ist die Antragsberechtigung nach dem Recht des Erststaates zu bestimmen, Geimer/Schütze I/1 1191; vgl auch Jenard-Bericht zu Art 31 GVÜ. Der Vorsitzende hat auf einen Antrag hinzuwirken, der den dt Bestimmtheitsanforderungen genügt; einen nicht hinreichend konkretisierten Titel darf er nicht für vollstreckbar erklären, BGH NJW 93, 1801. Umdeutung des Antrags in Vollstreckungsklage nach § 722 ZPO nach hM nicht zulässig, BGH NJW 95, 264. S aber § 722 Rn 57, 62. Welche Urkunden dem Antrag beizufügen sind, ergibt sich aus dem auszuführenden Übk.

3 Zu **Abs 3** vgl auch Art 48 II GVÜ. Ist der Antrag **nicht in deutscher Sprache** abgefaßt, so ist er nicht unzulässig. Der Vorsitzende kann aber dem Antragsteller aufgeben, eine Übersetzung beizubringen. Da das Exequaturgericht von einer Übersetzung absehen kann, kann es sich auch mit unbegl Übersetzung begnügen, BGHZ 75, 167 = NJW 80, 527, hM.

4 Ist erforderl **Anzahl von Abschriften** nicht beigefügt, veranlaßt die Geschäftsstelle deren Anfertigung auf Kosten des Antragsstellers (§§ 56, 64, 11 II GKG, KV Nr 1900).

5 Das Verf wird (auch in den Rechtsmittelinstanzen) nicht durch die Eröffnung des Konkurses über das Vermögen des Antragstellers unterbrochen, Saarbrücken RR 94, 636; § 722 Rn 2.

§ 4

(1) Der Antragsteller hat in dem Antrag einen Zustellungsbevollmächtigten zu benennen. Anderenfalls können alle Zustellungen an den Antragsteller bis zur nachträglichen Benennung eines Zustellungsbevollmächtigten durch Aufgabe zur Post (§§ 175, 192, 213 der Zivilprozeßordnung) bewirkt werden.

(2) Zum Zustellungsbevollmächtigten ist eine Person zu bestellen, die im Bezirk des angerufenen Gerichts wohnt. Der Vorsitzende kann die Bestellung einer Person mit einem Wohnsitz im übrigen Geltungsbereich dieses Gesetzes zulassen.

(3) Der Benennung eines Zustellungsbevollmächtigten bedarf es nicht, wenn der Antragsteller einen bei einem deutschen Gericht zugelassenen Rechtsanwalt oder eine andere Person zu seinem Bevollmächtigten für das Verfahren bestellt hat. Der Bevollmächtigte, der nicht bei einem deutschen Gericht zugelasse-

ner Rechtsanwalt ist, muß im Bezirk des angerufenen Gerichts wohnen; der Vorsitzende kann von diesem Erfordernis absehen, wenn der Bevollmächtigte einen anderen Wohnsitz im Geltungsbereich dieses Gesetzes hat.

(4) § 5 des Gesetzes vom 16. August 1980 zur Durchführung der Richtlinie des Rates der Europäischen Gemeinschaften vom 22. März 1977 zur Erleichterung der tatsächlichen Ausübung des freien Dienstleistungsverkehrs der Rechtsanwälte (BGBl. 1980 I S. 1453) bleibt unberührt.

Vgl Art 33 II GVÜ. Auch **juristische Personen** können zu Zustellungsbevollmächtigten bestellt werden. Kommt 1
der Antragsteller seiner Pflicht zur Benennung eines Zustellungsbevollmächtigten nicht nach, so kann der Vorsitzende der Zivilkammer einen Zustellungsbevollmächtigten nicht von Amts wegen ernennen, Geimer/Schütze I/1 1112. **Zustellung durch Aufgabe zur Post** (§§ 175, 192, 213 ZPO) ist gesetzestechnisch reine Inlandszustellung, Geimer IZPR Rn 2116; mit Übergabe des zuzustellenden Schriftstückes an die Post ist die Zustellung erfolgt.

§ 5

(1) Über den Antrag entscheidet der Vorsitzende einer Zivilkammer ohne Anhörung des Schuldners und ohne mündliche Verhandlung. Jedoch kann eine mündliche Erörterung mit dem Antragsteller oder seinem Bevollmächtigten stattfinden, wenn der Antragsteller oder der Bevollmächtigte hiermit einverstanden ist und die Erörterung der Beschleunigung dient.

(2) In dem Verfahren vor dem Vorsitzenden ist die Vertretung durch einen Rechtsanwalt nicht erforderlich.

Vgl. Art 34 GVÜ. Der **Vorsitzende der Zivilkammer** kann seine Zuständigkeit nicht auf ein anderes Mitglied 1
seiner Kammer delegieren. Im Falle seiner Verhinderung tritt sein geschäftsordnungsmäßig bestellter Vertreter an seine Stelle, Geimer/Schütze I/1 1113.

Entscheidung ergeht **grundsätzl ohne Anhörung des Schuldners**. Da das einseitige, nicht kontradiktorische 2
Verf aber der Beschleunigung dienen soll und dieses Ziel im Einzelfall möglicherweise besser durch mündl Verhandlung mit dem Antragsgegner zu erreichen ist, ist dieser auf Antrag des Antragstellers zu laden.

Gebühren: KV 1426, 1427; § 47 I BRAGO. 3

§ 6

(1) Hängt die Zwangsvollstreckung nach dem Inhalt des Schuldtitels von einer dem Gläubiger obliegenden Sicherheitsleistung, dem Ablauf einer Frist oder dem Eintritt einer anderen Tatsache ab oder wird die Vollstreckungsklausel zugunsten eines anderen als des in dem Schuldtitel bezeichneten Gläubigers oder gegen einen anderen als den darin bezeichneten Schuldner beantragt, so ist die Frage, inwieweit die Zulassung der Zwangsvollstreckung von dem Nachweis besonderer Voraussetzungen abhängig oder ob der Schuldtitel für oder gegen den anderen vollstreckbar ist, nach dem Recht des Staates zu entscheiden, in dem der Schuldtitel errichtet ist. Der Nachweis ist durch Urkunden zu führen, es sei denn, daß die Tatsachen bei dem Gericht offenkundig sind.

(2) Kann der Nachweis durch Urkunden nicht geführt werden, so ist auf Antrag des Gläubigers der Schuldner zu hören. In diesem Fall sind alle Beweismittel zulässig. Der Vorsitzende kann auch die mündliche Verhandlung anordnen.

Abs 1 S 1 entspricht dem Grundsatz, daß die Erteilung der Vollstreckungsklausel **Vollstreckbarkeit im** 1
Urteilsstaat voraussetzt. Zur Vollstreckungsklausel gegen **Rechtsnachfolger** Hamburg RR 95, 191 = IPRax 95, 391 (Mansel 362).

Urkunden iSd Vorschrift sind nicht nur öffentl oder öffentl beglaubigte, sondern auch Privaturkunden (vor § 415 2
Rn 2).

Anhörung des Schuldners (Abs 2) widerspricht nicht Art 34 I GVÜ: § 6 II betrifft die von Art 34 nicht erfaßten 3
Sonderfälle, in denen die Vollstreckung von besonderen Umständen abhängt, BT-Drucks 11/351 S.20; vgl auch Erl zu § 5.

§ 7

Ist die Zwangsvollstreckung aus dem Schuldtitel zuzulassen, so ordnet der Vorsitzende an, daß der Schuldtitel mit der Vollstreckungsklausel zu versehen ist. In der Anordnung ist die zu vollstreckende Verurteilung oder Verpflichtung in deutscher Sprache wiederzugeben.

Der Vorsitzende entscheidet durch **Beschluß** (hiergegen Beschwerde § 11), auch wenn eine (fakultative) mündl 1
Verhandlung stattgefunden hat. Ihm obliegt auch die für die Zwangsvollstreckung erforderl **Konkretisierung**, wenn ein auf Zahlung der »gesetzl Zinsen« erkennendes ausl Urteil keine Angaben zur Höhe der Zinsen enthält, diese aber ohne weiteres ausländischen Vorschriften zu entnehmen ist, § 722 Rn 41. Dies geschieht nicht von Amts wegen, sondern nur auf Antrag des Gläubigers, BGHZ 122, 16 = NJW 93, 1801 = IPRax 94, 367 (H. Roth 350); BGH NJW 90, 3084. **Umrechnung** des auf eine Fremdwährung lautenden erststaatlichen Titels in Deutsche Mark grundsätzl erst durch das Vollstreckungsorgan im Zeitpunkt der effektiven Zahlung entspr § 244 II BGB, § 722 Rn 36. Zu den Streitfragen BGH IPRax 85, 101 (Nagel 83); BGH IPRax 86, 157 (Mezger 142).

§ 8

(1) Aufgrund der Anordnung des Vorsitzenden (§ 7) erteilt der Urkundsbeamte der Geschäftsstelle die Vollstreckungsklausel in folgender Form:

„Vollstreckungsklausel nach § 3 des Anerkennungs- und Vollstreckungsausführungsgesetzes vom 30. Mai 1988 (BGBl. I S. 662). Gemäß der Anordnung des .... (Bezeichnung des Vorsitzenden, des Gerichts und der Anordnung) ist die Zwangsvollstreckung aus ...... (Bezeichnung des Schuldtitels) zugunsten des .... (Bezeichnung des Gläubigers) gegen den .... (Bezeichnung des Schuldners) zulässig.

Die zu vollstreckende Verurteilung/Verpflichtung lautet: .... (Angabe der Urteilsformel oder des Ausspruchs des Gerichts oder der dem Schuldner aus dem Prozeßvergleich oder der öffentlichen Urkunde obliegenden Verpflichtung in deutscher Sprache; aus der Anordnung des Vorsitzenden zu übernehmen).

Die Zwangsvollstreckung darf über Maßregeln zur Sicherung nicht hinausgehen, bis der Gläubiger eine gerichtliche Anordnung oder ein Zeugnis vorlegt, daß die Zwangsvollstreckung unbeschränkt stattfinden darf.“

Lautet der Schuldtitel auf Leistung von Geld, so ist der Vollstreckungsklausel folgender Zusatz anzufügen:

„Solange die Zwangsvollstreckung über Maßregeln zur Sicherung nicht hinausgehen darf, kann der Schuldner die Zwangsvollstreckung durch Leistung einer Sicherheit in Höhe von ..... (Angabe des Betrages, wegen dessen der Gläubiger vollstrecken darf) abwenden.“

(2) Wird die Zwangsvollstreckung nur für einen oder mehrere der durch die ausländische Entscheidung zuerkannten oder in einem anderen Schuldtitel niedergelegten Ansprüche oder nur für einen Teil des Gegenstands der Verurteilung oder der Verpflichtung zugelassen, so ist die Vollstreckungsklausel als „Teilvollstreckungsklausel nach § 3 des Anerkennungs- und Vollstreckungsausführungsgesetzes vom 30. Mai 1988 (BGBl. I S. 662)“ zu bezeichnen.

(3) Die Vollstreckungsklausel ist von dem Urkundsbeamten der Geschäftsstelle zu unterschreiben und mit dem Gerichtssiegel zu versehen. Sie ist entweder auf die Ausfertigung des Schuldtitels oder auf ein damit zu verbindendes Blatt zu setzen. Falls eine Übersetzung des Schuldtitels vorliegt, ist sie mit der Ausfertigung zu verbinden.

(4) Auf die Kosten des Verfahrens vor dem Vorsitzenden ist § 788 der Zivilprozeßordnung entsprechend anzuwenden.

1 **Beschwerde** (§ 11) muß sich gegen die Anordnung des Vorsitzenden richten; die Klauselerteilung ist nicht selbständig beschwerdefähig. Da der Schuldner im Regelfall nicht gehört wurde, sind zunächst nur **Maßnahmen zur Sicherung** zulässig. Fehlt ein entspr Vermerk, ist Erinnerung statthaft (§ 766 ZPO). Zeugnis über die Zulässigkeit unbeschränkter ZwVstr vgl §§ 25, 26. Die dem Zweitgericht vorgelegte **Ausfertigung** verbleibt nicht bei den Akten; sie ist dem Antragsteller zurückzugeben, gegebenenfalls mit der darauf angebrachten Klausel.

§ 9

(1) Eine beglaubigte Abschrift des mit der Vollstreckungsklausel versehenen Schuldtitels und gegebenenfalls seiner Übersetzung ist dem Schuldner von Amts wegen zuzustellen.

(2) Muß die Zustellung an den Schuldner außerhalb des Geltungsbereichs dieses Gesetzes oder durch öffentliche Bekanntmachung erfolgen und hält der Vorsitzende die Frist zur Einlegung der Beschwerde von einem Monat (§ 11 Abs 2) nicht für ausreichend, so bestimmt er eine längere Beschwerdefrist. Die Frist ist in der Anordnung, daß der Schuldtitel mit der Vollstreckungsklausel zu versehen ist (§ 7), oder nachträglich durch besonderen Beschluß, der ohne mündliche Verhandlung erlassen wird, zu bestimmen. Die Frist beginnt, auch im Fall der nachträglichen Festsetzung, mit der Zustellung des mit der Vollstrekkungsklausel versehenen Schuldtitels.

(3) Dem Antragsteller sind die mit der Vollstreckungsklausel versehene Ausfertigung des Schuldtitels und eine Bescheinigung über die bewirkte Zustellung zu übersenden. In den Fällen des Absatzes 2 ist die festgesetzte Frist für die Einlegung der Beschwerde auf der Bescheinigung über die bewirkte Zustellung zu vermerken.

1 **Abs 2** eingeschränkt durch §§ 36 II, 40 II.

2 Gemäß **Abs 3** ist dem Antragsteller die deutsche Vollstreckungsklausel erst dann auszuhändigen, wenn dem Schuldner der Beschluß, nach dem der erststaatl Titel mit der deutschen Vollstreckungsklausel zu versehen ist, sowie die deutsche Vollstreckungsklausel zugestellt worden sind, OLG Hamm RIW 1994, 1048; Kropholler Art 39 GVÜ Rn 6; aA Schlosser Art 36 GVÜ Rn 12. Dies beeinträchtigt aber das von Art 39 GVÜ eingeräumte Recht des Antragstellers auf Sicherungsvollstreckung erhebl, vor allem dann, wenn die Auslandszustellung (§ 199 ZPO) zeitraubend ist oder scheitert und öffentliche Zustellung (§ 203 ZPO) Platz greift. § 9 III AVAG ist deshalb **unvereinbar mit Art 35 GVÜ**, der eine „unverzügliche“ Mitteilung verlangt.

§ 10

Ist der Antrag nicht zulässig oder nicht begründet, lehnt ihn der Vorsitzende durch Beschluß ab. Der Beschluß ist zu begründen. Die Kosten sind dem Antragsteller aufzuerlegen.

Der Beschluß ist förmlich zuzustellen, da die Kostenentscheidung einen Vollstreckungstitel gegen den Antragsteller darstellt (§ 329 III ZPO). Zustellung auch an den Schuldner, wenn dieser am Verfahren beteiligt war (§ 6 II). Gegen den ablehnenden Beschluß ist Beschwerde statthaft, § 16. Zur Rechtskraftwirkung § 722 Rn 23. 1

Dritter Abschnitt. Beschwerde, Vollstreckungsgegenklage

§ 11

(1) Der Schuldner kann gegen die Zulassung der Zwangsvollstreckung Beschwerde einlegen.

(2) Die Beschwerde ist, soweit nicht nach § 9 Abs. 2 eine längere Frist bestimmt wird, innerhalb eines Monats einzulegen.

(3) Die Beschwerdefrist ist eine Notfrist und beginnt mit der Zustellung des mit der Vollstreckungsklausel versehenen Schuldtitels.

Vgl Art 36 GVÜ. §§ 11 ff liegt das Modell der (befristeten) Beschwerde zugrunde. §§ 567 ff ZPO sind entsprechend anwendbar, sofern das Übereinkommen und das AVAG keine Regelung enthält, Stürner IPRax 1985, 256; Wolff Hb Rn 321. Vollstreckbarerklärung nach dem GVÜ ist nicht durch **Dritte** anfechtbar, EuGH 2.7.1985 Rn 17. – S auch § 722 Rn 22. 1

Längere Beschwerdefrist nach § 9 II und in den Fällen der §§ 36 I, 40 I. 2

Die Rechtsbehelfsfrist ist gem Abs 3 eine **Notfrist**; sie wird durch die Gerichtsferien nicht gehemmt, § 233 II ZPO. Der Antragsgegner kann Wiedereinsetzung in den vorigen Stand nach §§ 233 ff ZPO beantragen, wenn er von dem deutschen Vollstreckbarerklärungsbeschluß nicht rechtzeitig Kenntnis erlangt hat. Weite Entfernung des Schuldnerwohnsitzes reicht als Begründung allein aber nicht aus, Schlosser Art 36 GVÜ Rn 17. 3

§ 12

(1) Die Beschwerde des Schuldners gegen die Zulassung der Zwangsvollstreckung wird bei dem Oberlandesgericht durch Einreichen einer Beschwerdeschrift oder durch Erklärung zu Protokoll der Geschäftsstelle eingelegt. Der Beschwerdeschrift soll die für ihre Zustellung erforderliche Zahl von Abschriften beigefügt werden.

(2) Die Zulässigkeit der Beschwerde wird nicht dadurch berührt, daß sie statt bei dem Oberlandesgericht bei dem Landgericht eingelegt wird, das die Zwangsvollstreckung zugelassen hat (§ 5); die Beschwerde ist unverzüglich von Amts wegen an das Oberlandesgericht abzugeben.

(3) Die Beschwerde ist dem Gläubiger von Amts wegen zuzustellen.

Anwaltszwang gemäß § 14 II, § 78 III ZPO nur nach Anordnung mündlicher Verhandlung. Deshalb kann der Schuldner selbst oder ein auswärtiger Anwalt Beschwerde einlegen, KG NJW 1991, 644. Zum Nachweis der Vertretungsbefugnis BGH NJW 1992, 627, 628. **Fristgerechte Einlegung** beim Landgericht genügt (Abs 2); dieses kann der Beschwerde aber nicht nach § 571 ZPO abhelfen, BT-Drucks 11/351 S 22. 1

§ 13

(1) Der Schuldner kann mit der Beschwerde, die sich gegen die Zulassung der Zwangsvollstreckung aus einer Entscheidung richtet, auch Einwendungen gegen den Anspruch selbst insoweit geltend machen, als die Gründe, auf denen sie beruhen, erst nach dem Erlaß der Entscheidung entstanden sind.

(2) Mit der Beschwerde, die sich gegen die Zulassung der Zwangsvollstreckung aus einem Prozeßvergleich oder einer öffentlichen Urkunde richtet, kann der Schuldner die Einwendungen gegen den Anspruch selbst ungeachtet der in Absatz 1 enthaltenen Beschränkung geltend machen.

Einwendungen gegen den durch das Urteil festgesetzten Anspruch kann der Schuldner nach Abs 1 nur insoweit geltend machen, als die Gründe, auf denen sie beruhen, erst nach dem Erlaß der Entscheidung entstanden sind. Die Vorschrift ist wegen ihres Zwecks, die Vollstreckung zu erleichtern, **weit auszulegen**. Für die Rüge, der Gläubiger sei aus tatsächl Gründen nicht rechts- und parteifähig, gilt sie jedenfalls dann, wenn auch das Verfahrensrecht des Urteilsstaates Rechts- und Parteifähigkeit verlangt, BGH NJW 92, 627. – Zur exakten Zeitgrenze § 722 Rn 51. 1

§§ 13 und 15 erwähnen nicht die Gründe für die **Abänderung** eines ausländischen Titels. Die interessierte Partei kann – anders als im Klageverf nach § 722 ZPO (dort Rn 57) – diesen Einwand nicht im Vollstreckbarerklärungsverf geltend machen. Sie muß vielmehr selbständige Abänderungsklage (§ 323 ZPO) und später gegebenenfalls Vollstreckungsgegenklage erheben, BGH NJW 90, 1419 (zum dt-österr Vertrag) = IPRax 91, 111 (Böhmer 90). 2

Geltung von Abs 2 eingeschränkt durch §§ 44, 51. Soweit **Prozeßvergleiche oder öffentliche Urkunden** nach dem Recht des Erststaates keine Präklusionswirkung entfalten, entfällt die Zeitgrenze für das Vorbringen von Einwendungen. Abs 2 ist insofern zu weit formuliert, als er nicht auf das Recht des Erststaates abstellt. 3

§ 14

(1) Über die Beschwerde entscheidet das Oberlandesgericht durch Beschluß, der mit Gründen zu versehen ist. Der Beschluß kann ohne mündliche Verhandlung ergehen. Der Beschwerdegegner ist vor der Entscheidung zu hören.

(2) Solange eine mündliche Verhandlung nicht angeordnet ist, können zu Protokoll der Geschäftsstelle Anträge gestellt und Erklärungen abgegeben werden. Wird die mündliche Verhandlung angeordnet, so gilt für die Ladung § 215 der Zivilprozeßordnung.

(3) Eine vollständige Ausfertigung des Beschlusses ist dem Gläubiger und dem Schuldner auch dann von Amts wegen zuzustellen, wenn der Beschluß verkündet worden ist.

1 Die Entscheidung kann entspr § 524 ZPO einem **Einzelrichter** übertragen werden, Geimer JZ 1977, 216; Geimer/Schütze I/1 1239, obwohl die hM dies für das Beschwerdeverf generell ausschließt, § 524 Rn 66. Das Beschwerdegericht kann nach pflichtgemäßem Ermessen (BGH IPRax 85, 101) mündl Verhandlung anordnen; ab diesem Zeitpunkt besteht **Anwaltszwang**. Die Ladung zur mündl Verhandlung muß die Aufforderung enthalten, einen beim OLG zugelassenen Anwalt zu bestellen (§ 215 ZPO).

§ 15

(1) Ist die Zwangsvollstreckung aus einem Schuldtitel zugelassen, so kann der Schuldner Einwendungen gegen den Anspruch selbst in einem Verfahren nach § 767 der Zivilprozeßordnung nur geltend machen, wenn die Gründe, auf denen seine Einwendungen beruhen, erst

1. nach Ablauf der Frist, innerhalb derer er die Beschwerde hätte einlegen können, oder

2. falls die Beschwerde eingelegt worden ist, nach Beendigung dieses Verfahrens entstanden sind.

(2) Die Klage nach § 767 der Zivilprozeßordnung ist bei dem Landgericht zu erheben, das über den Antrag auf Erteilung der Vollstreckungsklausel entschieden hat.

1 Mit Einwendungen, die der Schuldner im Verf nach Art 36 GVÜ hätte geltend machen können, ist er im Verf nach § 767 ZPO **präkludiert**, Abs 1. Ihm bleibt jedoch unbenommen, sie im Erststaat nach dem dortigen Recht vorzubringen. Erreicht er dort eine Aufhebung oder Abänderung des Titels, dann ist dies nach Maßgabe von § 29 auch in Deutschland relevant.

2 § 16 verweist nicht ausdrückl auf § 15. § 15 I Nr 2 ist jedoch auch anzuwenden, wenn das OLG das vom LG verweigerte Exequatur erteilt, Stürner IPRax 85, 254, 255; zweifelnd MünchKomm-Gottwald Art 40 GVÜ Rn 7.

3 Zur **Abänderbarkeit** ausländischer Titel § 13 Rn 2.

§ 16

(1) Gegen den ablehnenden Beschluß des Vorsitzenden (§ 10) kann der Antragsteller Beschwerde einlegen; die §§ 12 und 14 sind entsprechend anzuwenden.

(2) Aufgrund des Beschlusses, durch den die Zwangsvollstreckung aus dem Schuldtitel zugelassen wird, erteilt der Urkundsbeamte der Geschäftsstelle des Oberlandesgerichts die Vollstreckungsklausel. § 7 Satz 2 und § 8 Abs. 1 bis 3 sind entsprechend anzuwenden. Ein Zusatz, daß die Zwangsvollstreckung über Maßregeln zur Sicherung nicht hinausgehen darf, ist nur aufzunehmen, wenn das Oberlandesgericht eine entsprechende Anordnung nach diesem Gesetz (§ 24 Abs. 2, § 45 Abs. 1 Nr. 1 oder § 52 Abs. 1 Nr. 1) erlassen hat. Der Inhalt des Zusatzes bestimmt sich nach dem Inhalt der Anordnung.

1 Der Gesetzgeber hat in § 16 für die Beschwerde des Antragstellers bewußt **keine Frist** vorgesehen (BT-Drucks 11/351 S 24). Dagegen bestehen jedenfalls insoweit Bedenken, als die Vorschrift auch im Feststellungsverfahren nach §§ 27 ff zur Anwendung kommt (vgl dort).

Vierter Abschnitt. Rechtsbeschwerde

§ 17

(1) Gegen den Beschluß des Oberlandesgerichts findet die Rechtsbeschwerde statt, wenn gegen diese Entscheidung, wäre sie durch Endurteil ergangen, die Revision gegeben wäre.

(2) Die Rechtsbeschwerde ist innerhalb eines Monats einzulegen.

(3) Die Rechtsbeschwerdefrist ist eine Notfrist und beginnt mit der Zustellung des Beschlusses (§ 14 Abs. 3, § 16 Abs. 1).

1 Zulässigkeit der Rechtsbeschwerde §§ 546, 547 ZPO; im Rahmen der Ausführung des GVÜ ergänzend § 38, vgl dort. Die Weigerung des Beschwerdegerichts, Maßnahmen nach Art 38 GVÜ zu treffen, stellt keine rechtsbeschwerdefähige Entscheidung gemäß Art 37 II GVÜ, § 17 dar, EuGH 4.10.1991; BGH NJW 94, 2156.

§ 18

(1) Die Rechtsbeschwerde wird durch Einreichen der Beschwerdeschrift bei dem Bundesgerichtshof eingelegt.

(2) Die Rechtsbeschwerde ist zu begründen. § 554 der Zivilprozeßordnung ist entsprechend anzuwenden.

(3) Mit der Beschwerdeschrift soll eine Ausfertigung oder beglaubigte Abschrift des Beschlusses, gegen den die Rechtsbeschwerde sich richtet, vorgelegt werden.

(4) Die Beschwerdeschrift ist dem Beschwerdegegner von Amts wegen zuzustellen. Der Beschwerdeschrift und ihrer Begründung soll die für ihre Zustellung erforderliche Zahl von Abschriften beigefügt werden.

Die Anwendung von Landesrecht scheidet bei Rechtsbeschwerden nach § 17 allgemein aus. 1

Diese können nur durch einen beim BGH zugelassenen RA eingelegt werden, auch wenn sie sich gegen Beschlüsse bayer OLGe richten; eine Zuständigkeit des BayObLG (§ 7 EGZPO) kommt nicht in Betracht, BGH RR 94, 320. Einlegung beim OLG genügt nicht zur Fristwahrung (BT-Drucks 11/351 S 24). 2

§ 19

(1) Der Bundesgerichtshof kann nur überprüfen, ob der Beschluß auf einer Verletzung eines Anerkennungs- und Vollstreckungsvertrages oder eines anderen Gesetzes beruht. Die §§ 550 und 551 der Zivilprozeßordnung sind entsprechend anzuwenden. Der Bundesgerichtshof darf nicht prüfen, ob das Gericht seine örtliche Zuständigkeit zu Unrecht angenommen hat.

(2) Der Bundesgerichtshof ist an die in dem angefochtenen Beschluß getroffenen tatsächlichen Feststellungen gebunden, es sei denn, daß in bezug auf diese Feststellungen zulässige und begründete Einwände vorgebracht worden sind.

(3) Auf das Verfahren über die Rechtsbeschwerde sind die §§ 554b, 556, 558, 559, 563, 573 Abs. 1 und die §§ 574 und 575 der Zivilprozeßordnung entsprechend anzuwenden.

(4) Wird die Zwangsvollstreckung aus dem Schuldtitel erstmals durch den Bundesgerichtshof zugelassen, so erteilt der Urkundsbeamte der Geschäftsstelle dieses Gerichts die Vollstreckungsklausel. § 7 Satz 2 und § 8 Abs. 1 bis 3 gelten entsprechend. Ein Zusatz über die Beschränkung der Zwangsvollstreckung entfällt .

Besondere Verfahrensvorschriften §§ 48, 50. Der BGH ist gemäß Abs 1 und 2 an die im angefochtenen Beschluß getroffenen **tatsächl Feststellungen** gebunden und kann grundsätzl nur überprüfen, ob der Beschluß auf einer **Rechtsverletzung** beruht. Für § 561 ZPO ist jedoch anerkannt, daß das Revisionsgericht die zur Beurteilung des Vorliegens von **Sachurteilsvoraussetzungen** nötigen tatsächl Feststellungen ohne Bindung an den Tatrichter selbst zu treffen hat, BGHZ 91, 111, 115; dieser Grundsatz gilt auch für die Rechtsbeschwerde, BGH NJW 92, 267 (Prozeßvollmacht). Die Prüfung der **internationalen Zuständigkeit** ist auch im Rechtsbeschwerdeverf zulässig, BGHZ 44, 46. Zu berücksichtigen ist auch eine **Änderung der ausl Entscheidung**, BGH NJW 80, 2022. 1

Bei einer **Zurückverweisung** gilt § 565 II ZPO entsprechend, BGH IPRax 86, 157. 2

Gebühren: KV 1903; §§ 2, 11 BRAGO (BGH NJW 83, 1270). 3

Fünfter Abschnitt. Beschränkung der Zwangsvollstreckung auf Sicherungsmaßregeln und Fortsetzung der Zwangsvollstreckung

§ 20

Die Zwangsvollstreckung ist auf Sicherungsmaßregeln beschränkt, solange die Frist zur Einlegung der Beschwerde noch läuft und solange über die Beschwerde noch nicht entschieden ist.

Vgl Art 39 GVÜ.

§ 21

Einwendungen des Schuldners, daß bei der Zwangsvollstreckung die Beschränkung auf Sicherungsmaßregeln nach dem zwischenstaatlichen Vertrag, nach diesem Gesetz oder aufgrund einer auf diesem Gesetz beruhenden Anordnung (§§ 20, 24 Abs. 2, §§ 45, 52) nicht eingehalten werde, oder Einwendungen des Gläubigers, daß eine bestimmte Maßnahme der Zwangsvollstreckung mit dieser Beschränkung vereinbar sei, sind im Wege der Erinnerung nach § 766 der Zivilprozeßordnung bei dem Vollstreckungsgericht (§ 764 der Zivilprozeßordnung) geltend zu machen.

Aus Gründen der Vereinfachung bleibt es auch dann bei der Erinnerung nach § 766 ZPO, wenn nach der ZPO ein anderer Rechtsbehelf gegeben sein sollte (BT-Drucks 11/351 S 25). 1

§ 22

(1) Solange die Zwangsvollstreckung aus einem Schuldtitel, der auf Leistung von Geld lautet, nicht über Maßregeln der Sicherung hinausgehen darf, ist der Schuldner befugt, die Zwangsvollstreckung durch Leistung einer Sicherheit in Höhe des Betrags abzuwenden, wegen dessen der Gläubiger vollstrecken darf.

(2) Die Zwangsvollstreckung ist einzustellen und bereits getroffene Vollstreckungsmaßregeln sind aufzuheben, wenn der Schuldner durch eine öffenliche Urkunde die zur Abwendung der Zwangsvollstreckung erforderliche Sicherheitsleistung nachweist.

§ 23

Ist eine bewegliche Sache gepfändet und darf die Zwangsvollstreckung nicht über Maßregeln zur Sicherung hinausgehen, kann das Vollstreckungsgericht auf Antrag anordnen, daß die Sache versteigert und der Erlös hinterlegt werde, wenn sie der Gefahr einer beträchtlichen Wertminderung ausgesetzt ist oder wenn ihre Aufbewahrung unverhältnismäßige Kosten verursachen würde.

1 Die Anordnung trifft der Rechtspfleger, § 20 S 1 Nr 16a RpflG.

§ 24

(1) Weist das Oberlandesgericht die Beschwerde des Schuldners gegen die Zulassung der Zwangsvollstreckung (§ 11) zurück oder läßt es auf die Beschwerde des Gläubigers (§ 16 Abs. 1) die Zwangsvollstrekkung aus dem Schuldtitel zu, so kann die Zwangsvollstreckung über Maßregeln zur Sicherung hinaus fortgesetzt werden.

(2) Auf Antrag des Schuldners kann das Oberlandesgericht anordnen, daß bis zum Ablauf der Frist zur Einlegung der Rechtsbeschwerde (§ 17) oder bis zur Entscheidung über diese Beschwerde die Zwangsvollstreckung nicht oder nur gegen Sicherheitsleistung über Maßregeln zur Sicherung hinausgehen darf. Die Anordnung darf nur erlassen werden, wenn glaubhaft gemacht wird, daß die weitergehende Vollstrekkung dem Schuldner einen nicht zu ersetzenden Nachteil bringen würde. § 713 der Zivilprozeßordnung ist entsprechend anzuwenden.

(3) Wird die Rechtsbeschwerde gegen den Beschluß des Oberlandesgerichts eingelegt, kann der Bundesgerichtshof auf Antrag des Schuldners eine Anordnung nach Absatz 2 erlassen. Der Bundesgerichtshof kann auf Antrag des Gläubigers eine nach Absatz 2 erlassene Anordnung des Oberlandesgerichts abändern oder aufheben.

1 Besondere Vorschriften in §§ 45, 52.

§ 25

(1) Die Zwangsvollstreckung aus dem Schuldtitel, den der Urkundsbeamte der Geschäftsstelle des Landgerichts mit der Vollstreckungsklausel versehen hat, ist auf Antrag des Gläubigers über Maßregeln zur Sicherung hinaus fortzusetzen, wenn das Zeugnis des Urkundsbeamten der Geschäftsstelle dieses Gerichts vorgelegt wird, daß die Zwangsvollstreckung unbeschränkt stattfinden darf.

(2) Das Zeugnis ist dem Gläubiger auf seinen Antrag zu erteilen,

1. **wenn der Schuldner bis zum Ablauf der Beschwerdefrist keine Beschwerdeschrift eingereicht hat;**
2. **wenn das Oberlandesgericht die Beschwerde des Schuldners zurückgewiesen und keine Anordnung nach § 24 Abs. 2 erlassen hat;**
3. **wenn der Bundesgerichtshof die Anordnung des Oberlandesgerichts nach § 24 Abs. 2 aufgehoben hat (§ 24 Abs. 3 Satz 2) oder**
4. **wenn der Bundesgerichtshof den Schuldtitel zur Zwangsvollstreckung zugelassen hat.**

(3) Aus dem Schuldtitel darf die Zwangsvollstreckung, selbst wenn sie auf Maßregeln der Sicherung beschränkt ist, nicht mehr stattfinden, sobald ein Beschluß des Oberlandesgerichts, daß der Schuldtitel zur Zwangsvollstreckung nicht zugelassen werde, verkündet oder zugestellt ist.

1 Besondere Vorschriften in §§ 46, 53. Abs 3 gilt unabhängig davon, ob noch Rechtsbeschwerde eingelegt werden kann, BT-Drucks 11/351 S 27.

§ 26

(1) Die Zwangsvollstreckung aus dem Schuldtitel, zu dem der Urkundsbeamte der Geschäftsstelle des Oberlandesgerichts die Vollstreckungsklausel mit dem Zusatz erteilt hat, daß die Zwangsvollstreckung aufgrund der Anordnung des Gerichts nicht über Maßregeln zur Sicherung hinausgehen darf (§ 16 Abs. 2 Satz 3), ist auf Antrag des Gläubigers fortzusetzen, wenn das Zeugnis des Urkundsbeamten der Geschäftsstelle dieses Gerichts vorgelegt wird, daß die Zwangsvollstreckung unbeschränkt stattfinden darf.

(2) Das Zeugnis ist dem Gläubiger auf seinen Antrag zu erteilen,

1. **wenn der Schuldner bis zum Ablauf der Frist zur Einlegung der Rechtsbeschwerde (§ 17 Abs. 2) keine Beschwerdeschrift eingereicht hat;**
2. **wenn der Bundesgerichtshof die Anordnung des Oberlandesgerichts nach § 24 Abs. 2 aufgehoben hat (§ 24 Abs. 3 Satz 2) oder**
3. **wenn der Bundesgerichtshof die Rechtsbeschwerde des Schuldners zurückgewiesen hat.**

1 Besondere Vorschriften in §§ 47, 54.

Dritter Teil. Feststellung der Anerkennung einer Entscheidung

§ 27

Auf das Verfahren, das die Feststellung zum Gegenstand hat, ob die Entscheidung anzuerkennen ist, sind die §§ 2 bis 6, 9 bis 14 und 16 bis 19 entsprechend anzuwenden.

Vgl Art 26 GVÜ. Anwendungsbereich von §§ 27, 28 eingeschränkt durch § 41 II. 1

Für die Beschwerde des Antragstellers gegen die Zurückweisung des Feststellungsantrags sieht weder Art 40 GVÜ noch das AVAG eine **Frist** vor. Dies mag vielleicht im Verf nach Art 31 ff GVÜ noch vertretbar sein, nicht jedoch im Feststellungsverfahren; dem Antragsgegner kann nicht zugemutet werden, auf Dauer einem Schwebezustand ausgesetzt zu sein. Ob eine ausländische Entscheidung im Inland anerkennungsfähig ist, muß innerhalb absehbarer Frist rechtskraftfähig geklärt werden können. Es ist daher ein schwerer Fehler, daß § 27 keine Frist zur Einlegung der Beschwerde durch den Antragsteller vorsieht, wenn der Feststellungsantrag als unbegründet zurückgewiesen wurde. Auch im Hinblick auf den Gleichheitssatz ist diese Regelung sehr bedenklich. Während die Verteidigungsmöglichkeiten des Antragsgegners zeitlich befristet sind, hat es der Antragsteller in der Hand, durch Nichteinlegung der Beschwerde das Anerkennungsverf beliebig in die Länge zu ziehen. 2

Nach Sinn und Zweck des Feststellungsverf sollte auch ein **negativer Feststellungsantrag** zugelassen werden, Geimer/Schütze I/1106, zust B/L/Albers Rn 1. 3

§ 28

Ist der Antrag auf Feststellung begründet, so beschließt der Vorsitzende, daß die Entscheidung anzuerkennen ist; die Kosten sind dem Antragsgegner aufzuerlegen. Dieser kann die Beschwerde (§ 11) auf die Entscheidung über den Kostenpunkt beschränken. In diesem Falle sind die Kosten dem Antragsteller aufzuerlegen, wenn der Antragsgegner nicht durch sein Verhalten zu dem Antrag auf Feststellung Veranlassung gegeben hat.

Vierter Teil. Aufhebung oder Änderung der Beschlüsse über die Zulassung der Zwangsvollstreckung oder die Anerkennung

§ 29

(1) Wird der Schuldtitel in dem Staat, in dem er errichtet worden ist, aufgehoben oder geändert und kann der Schuldner diese Tatsache in dem Verfahren der Zulassung der Zwangsvollstreckung nicht mehr geltend machen, so kann er die Aufhebung oder Änderung der Zulassung in einem besonderen Verfahren beantragen.

(2) Für die Entscheidung über den Antrag ist das Landgericht ausschließlich zuständig, das über den Antrag auf Erteilung der Vollstreckungsklausel entschieden hat.

(3) Der Antrag kann bei dem Gericht schriftlich oder durch Erklärung zu Protokoll der Geschäftsstelle gestellt werden. Über den Antrag kann ohne mündliche Verhandlung entschieden werden. Vor der Entscheidung ist der Gläubiger zu hören. § 14 Abs. 2 ist entsprechend anzuwenden. Die Entscheidung ergeht durch Beschluß, der dem Gläubiger und dem Schuldner auch dann von Amts wegen zuzustellen ist, wenn er verkündet wurde.

(4) Der Beschluß unterliegt der sofortigen Beschwerde. Die Frist, innerhalb derer die sofortige Beschwerde einzulegen ist, beträgt einen Monat; sie ist eine Notfrist und beginnt mit der Zustellung des Beschlusses.

(5) Für die Einstellung der Zwangsvollstreckung und die Aufhebung bereits getroffener Vollstreckungsmaßregeln sind die §§ 769 und 770 der Zivilprozeßordnung entsprechend anzuwenden. Die Aufhebung einer Vollstreckungsmaßregel ist auch ohne Sicherheitsleistung zulässig.

Anwendungsbereich von §§ 29–31 eingeschränkt durch § 41 II. 1

In Betracht kommen vor allem Aufhebung oder Abänderung auf Grund außerordentlicher Rechtsbehelfe. Aufhebung oder Abänderung auf Grund ordentlicher Rechtsbehelfe nur, wenn das erst- oder zweitinstanzl Urteil nach dem Recht des Erststaates bereits Rechtskraft- oder Gestaltungswirkung entfaltet. ZB erwachsen französische Urteile bereits mit Erlaß in autorité de la chose jugée. 2

§ 30

(1) Wird die Zulassung der Zwangsvollstreckung auf die Beschwerde (§ 11) oder die Rechtsbeschwerde (§ 17) aufgehoben oder abgeändert, so ist der Gläubiger zum Ersatz des Schadens verpflichtet, der dem Schuldner durch die Vollstreckung des Schuldtitels oder durch eine Leistung zur Abwendung der Vollstreckung entstanden ist. Das gleiche gilt, wenn die Zulassung der Zwangsvollstreckung aus einer Entscheidung, die zum Zeitpunkt der Zulassung nach dem Recht des Urteilsstaats noch mit einem ordentlichen Rechtsmittel angefochten werden konnte, nach § 29 aufgehoben oder abgeändert wird,

(2) Für die Geltendmachung des Anspruchs ist das Landgericht ausschließlich zuständig, das über den Antrag, den Schuldtitel mit der Vollstreckungsklausel zu versehen, entschieden hat.

Über den Schadensersatzanspruch kann nicht im Beschwerde- bzw Rechtsbeschwerdeverf oder im Verf nach §§ 29 f entschieden werden; er muß durch Klage selbständig geltend gemacht werden. 1

§ 31

Wird die Entscheidung in dem Staat, in dem sie ergangen ist, aufgehoben oder abgeändert und kann die davon begünstigte Partei diese Tatsache nicht mehr in dem Verfahren über den Antrag auf Feststellung der Anerkennung geltend machen, so ist § 29 entsprechend anzuwenden.

1 Auf eine dem § 30 entspr Schadensersatzvorschrift wurde bewußt verzichtet; Ausgleichsansprüche richten sich nach den allgem Vorschriften, BT-Drucks 11/351 S 29.

Fünfter Teil. Besondere Vorschriften für Entscheidungen deutscher Gerichte

§ 32

(1) Will eine Partei ein Versäumnis- oder Anerkenntnisurteil, das nach § 313b der Zivilprozeßordnung in verkürzter Form abgefaßt worden ist, in einem anderen Vertragsstaat geltend machen, so ist das Urteil auf ihren Antrag zu vervollständigen. Der Antrag kann bei dem Gericht schriftlich oder durch Erklärung zu Protokoll der Geschäftsstelle gestellt werden. Über den Antrag wird ohne mündliche Verhandlung entschieden.

(2) Zur Vervollständigung des Urteils sind der Tatbestand und die Entscheidungsgründe nachträglich abzufassen, von den Richtern besonders zu unterschreiben und der Geschäftsstelle zu übergeben; der Tatbestand und die Entscheidungsgründe können auch von Richtern unterschrieben werden, die bei dem Urteil nicht mitgewirkt haben.

(3) Für die Berichtigung des nachträglich abgefaßten Tatbestands gilt § 320 der Zivilprozeßordnung entsprechend. Jedoch können bei der Entscheidung über einen Antrag auf Berichtigung auch solche Richter mitwirken, die bei dem Urteil oder der nachträglichen Anfertigung des Tatbestands nicht mitgewirkt haben.

(4) Die vorstehenden Absätze gelten entsprechend für die Vervollständigung von Arrestbefehlen, einstweiligen Anordnungen und einstweiligen Verfügungen, die in einem anderen Vertragsstaat geltend gemacht werden sollen und nicht mit einer Begründung versehen sind.

1 §§ 32, 33 sollen die Anerkennung deutscher Entscheidungen im Ausland erleichtern. Zwar ist das Fehlen einer schriftlichen Begründung allein kein Grund, die Anerkennung unter Berufung auf den ordre public zu verweigern, OLG Düsseldorf RIW 1991, 594; Geimer IZPR Rn 2970; Kropholler Art 27 GVÜ Rn 11. Allerdings wird in solchen Fällen die Prüfung der Vereinbarkeit der ausländischen Entscheidung mit dem inländischen ordre public erhebl erschwert. Ein non liquet geht zu Lasten der Partei, die sich auf die ausl Entscheidung beruft.

§ 33

Vollstreckungsbescheide, Arrestbefehle und einstweilige Verfügungen, die nach dem zwischenstaatlichen Vertrag außerhalb des Geltungsbereichs dieses Gesetzes anerkannt und zur Zwangsvollstreckung zugelassen werden können, sind, sofern die Anerkennung und Zwangsvollstreckung betrieben werden soll, auch dann mit der Vollstreckungsklausel zu versehen, wenn dies für eine Zwangsvollstreckung im Geltungsbereich dieses Gesetzes nach § 796 Abs. 1, § 929 Abs. 1 und § 936 der Zivilprozeßordnung nicht erforderlich wäre.

Sechster Teil. Mahnverfahren

§ 34

(1) Das Mahnverfahren findet auch statt, wenn die Zustellung des Mahnbescheids in einem anderen Vertragsstaat erfolgen muß. In diesem Fall kann der Anspruch auch die Zahlung einer bestimmten Geldsumme in ausländischer Währung zum Gegenstand haben.

(2) Macht der Antragsteller geltend, daß das Gericht aufgrund einer Vereinbarung zuständig sei, hat er dem Mahnantrag die nach dem jeweiligen Vertrag erforderlichen Schriftstücke über die Vereinbarung beizufügen.

(3) Die Widerspruchsfrist (§ 692 Abs. 1 Nr. 3 der Zivilprozeßordnung) beträgt einen Monat. In dem Mahnbescheid ist der Antragsgegner darauf hinzuweisen, daß er einen Zustellungsbevollmächtigten zu benennen hat (§ 174 der Zivilprozeßordnung und § 4 Abs. 2 und 3 dieses Gesetzes). § 175 der Zivilprozeßordnung gilt entsprechend mit der Maßgabe, daß der Zustellungsbevollmächtigte innerhalb der Widerspruchsfrist zu benennen ist.

1 Vgl Art 25 GVÜ. § 34 erweitert die Statthaftigkeit des Mahnverfahrens, vgl § 688 III ZPO, Wagner RIW 95, 96. Anwendungsbereich von § 34 eingeschränkt durch § 41 II.

Siebenter Teil. Auszuführende zwischenstaatliche Verträge

§ 35

(1) Dieses Gesetz ist bei der Ausführung folgender Verträge anzuwenden:

1. **Übereinkommen vom 27. September 1968 über die gerichtliche Zuständigkeit und die Vollstreckung gerichtlicher Entscheidungen in Zivil- und Handelssachen (BGBl. 1972 II S. 773);**

1a. **Übereinkommen vom 16. September 1988 über die gerichtliche Zuständigkeit und die Vollstreckung gerichtlicher Entscheidungen in Zivil- und Handelssachen (BGBl. 1994 II S. 2658);**

2. **Haager Übereinkommen vom 2. Oktober 1973 über die Anerkennung und Vollstreckung von Unterhaltsentscheidungen (BGBl. 1986 II S. 825);**

3. **Vertrag vom 17. Juni 1977 zwischen der Bundesrepublik Deutschland und dem Königreich Norwegen über die gegenseitige Anerkennung und Vollstreckung gerichtlicher Entscheidungen und anderer Schuldtitel in Zivil- und Handelssachen (BGBl. 1981 II S. 341);**

4. **Vertrag vom 20. Juli 1977 zwischen der Bundesrepublik Deutschland und dem Staat Israel über die gegenseitige Anerkennung und Vollstreckung gerichtlicher Entscheidungen in Zivil- und Handelssachen (BGBl. 1980 II S. 925);**

5. **Vertrag vom 14. November 1983 zwischen der Bundesrepublik Deutschland und Spanien über die Anerkennung und Vollstreckung von gerichtlichen Entscheidungen und Vergleichen sowie vollstreckbaren öffentlichen Urkunden in Zivil- und Handelssachen (BGBl. 1987 II S. 34).**

(2) Die Ausführung der Übereinkommen unterliegt ergänzend den Vorschriften des Achten Teils, die den allgemeinen Regelungen vorgehen.

Fällt eine Entscheidung nur **teilweise** in den Anwendungsbereich eines Übereinkommens nach § 35, ist insoweit Teilexequatur zu beantragen, für den anderen Teil muß ein selbständiges Vollstreckbarerklärungsverfahren nach dem einschlägigen Ausführungsgesetz durchgeführt werden. Ist partiell das autonome Recht anzuwenden, so kann das Klauselerteilungsverf nach §§ 3 ff mit einer Klage nach §§ 722, 723 ZPO konkurrieren. Unterliegt die Entscheidung **verschiedenen Übk**, für die das AVAG gilt, ist eine einheitliche Klausel nach § 8 zu erteilen; eine Aufsplittung nach den die Rechtsgrundlage der Vollstreckbarerklärung bildenden völkerrechtl Verträgen findet nicht statt. 1

Achter Teil. Besondere Vorschriften für die einzelnen zwischenstaatlichen Verträge

Erster Abschnitt. Übereinkommen vom 27. September 1968 über die gerichtliche Zuständigkeit und die Vollstreckung gerichtlicher Entscheidungen in Zivil- und Handelssachen (BGBl. 1972 II S. 773) und vom 16. September 1988 (BGBl. 1994 II S. 2658)

§ 36

(1) Die Frist für die Beschwerde (§ 11) beträgt zwei Monate, wenn der Schuldner seinen Wohnsitz in einem anderen Vertragsstaat als dem hat, in welchem die Entscheidung über die Zulassung der Zwangsvollstreckung ergangen ist (Artikel 36 Abs. 2 der Übereinkommen).

(2) § 9 Abs. 2 Satz 1 ist bei der Zustellung außerhalb des Geltungsbereichs dieses Gesetzes dann nicht anzuwenden, wenn ein Schriftstück in einem Vertragsstaat der Übereinkommen zugestellt werden muß.

(3) Im übrigen bleiben § 9 Abs. 2 und § 11 Abs. 2 unberührt.

Vgl Art 36 GVÜ.

§ 37

(1) Das Oberlandesgericht kann auf Antrag des Schuldners seine Entscheidung über die Beschwerde gegen die Zulassung der Zwangsvollstreckung aussetzen, wenn gegen die Entscheidung im Ursprungsstaat ein ordentliches Rechtsmittel eingelegt oder die Frist hierfür noch nicht verstrichen ist; im letzteren Fall kann das Oberlandesgericht eine Frist bestimmen, innerhalb derer das Rechtsmittel einzulegen ist. Das Gericht kann die Zwangsvollstreckung auch von einer Sicherheitsleistung abhängig machen.

(2) Absatz 1 ist im Verfahren auf Feststellung der Anerkennung einer Entscheidung (§§ 27 und 28) entsprechend anzuwenden.

Vgl Art 38 GVÜ. Bei der Prüfung, ob die Zwangsvollstreckung von einer Sicherheitsleistung abhängig zu machen ist, sind alle Umstände des Falles zu berücksichtigen, die Erfolgsaussichten des Rechtsmittels sind nicht das einzige Kriterium, BGH NJW 94, 2156. 1

§ 38

Im Rahmen des Übereinkommens vom 27. September 1968 ist die Rechtsbeschwerde (§§ 17 bis 19) stets zulässig, wenn das Oberlandesgericht von einer Entscheidung des Gerichtshofs der Europäischen Gemeinschaften abgewichen ist.

Es genügt, wenn OLG unbewußt von einer Entscheidung des EuGH abgewichen ist. War das Verf vor Inkrafttreten des AVAG anhängig geworden, ist § 38 jedenfalls dann anwendbar, wenn die Rechtsbeschwerde nach diesem Zeitpunkt eingelegt worden ist, BGH NJW 90, 2201. 1

Zweiter Abschnitt

Haager Übereinkommen vom 2. Oktober 1973 über die Anerkennung und Vollstreckung von Unterhaltsentscheidungen (BGBl. 1986 II S. 825)

§ 39

(1) Die Anerkennung und Vollstreckung von öffentlichen Urkunden aus einem anderen Vertragsstaat findet nur statt, wenn der andere Vertragsstaat die Erklärung nach Artikel 25 des Übereinkommens abgegeben hat.

(2) Die Anerkennung und Vollstreckung von Entscheidungen aus einem anderen Vertragsstaat in Unterhaltssachen zwischen Verwandten in der Seitenlinie und zwischen Verschwägerten ist auf Verlangen des Verpflichteten zu versagen, wenn nach den Sachvorschriften des Rechts des Staates, dem der Verpflichtete und der Berechtigte angehören, eine Unterhaltspflicht nicht besteht; dasselbe gilt, wenn sie keine gemeinsame Staatsangehörigkeit haben und nach dem am gewöhnlichen Aufenthaltsort des Verpflichteten geltenden Recht eine Unterhaltspflicht nicht besteht.

§ 40

(1) Die Frist für die Beschwerde (§ 11) beträgt zwei Monate, wenn die Zustellung an den Schuldner außerhalb des Geltungsbereichs dieses Gesetzes erfolgen muß.

(2) § 9 Abs. 2 Satz 1 ist nur auf die Zustellung durch öffentliche Bekanntmachung anzuwenden.

(3) Im übrigen bleiben § 9 Abs. 2 und § 11 Abs. 2 unberührt.

§ 41

(1) Die Vorschriften über die Aussetzung des Verfahrens vor dem Oberlandesgericht und die Zulassung der Zwangsvollstreckung gegen Sicherheitsleistung (§ 37 Abs. 1) sind entsprechend anzuwenden.

(2) Die Vorschriften über die Feststellung der Anerkennung einer Entscheidung (§§ 27 und 28), über die Aufhebung oder Änderung dieser Feststellung (§§ 29 bis 31) sowie über das Mahnverfahren (§ 34) finden keine Anwendung.

Dritter Abschnitt

Vertrag vom 17. Juni 1977 zwischen der Bundesrepublik Deutschland und dem Königreich Norwegen über die gegenseitige Anerkennung und Vollstreckung gerichtlicher Entscheidungen und anderer Schuldtitel in Zivil- und Handelssachen (BGBl. 1981 II S. 341)

§ 42

Hat der Schuldner keinen Wohnsitz im Geltungsbereich dieses Gesetzes, so ist für die Vollstreckbarerklärung von Entscheidungen und Prozeßvergleichen auch das Landgericht örtlich zuständig, in dessen Bezirk der Schuldner Vermögen hat.

§ 43

Ist die Entscheidung auf die Leistung einer bestimmten Geldsumme gerichtet, so bedarf es für die Zulassung zur Zwangsvollstreckung nicht des Nachweises, daß die Entscheidung rechtskräftig ist (Artikel 10 Abs. 2 und Artikel 17 Abs. 1 Satz 2 des Vertrags).

§ 44

Auf das Verfahren über die Beschwerde des Schuldners gegen die Zulassung der Zwangsvollstreckung (§ 11) findet § 13 Abs. 2 keine Anwendung.

§ 45

(1) Weist das Oberlandesgericht die Beschwerde des Schuldners gegen die Zulassung der Zwangsvollstreckung (§ 11) zurück oder läßt es auf die Beschwerde des Gläubigers (§ 16) die Zwangsvollstreckung aus dem Schuldtitel zu, so entscheidet es abweichend von § 24 Abs. 1 zugleich darüber, ob die Zwangsvollstreckung über Maßregeln zur Sicherung hinaus fortgesetzt werden kann:

1. Ist bei einer auf eine bestimmte Geldsumme lautenden Entscheidung der Nachweis, daß die Entscheidung rechtskräftig ist, nicht geführt, so ordnet das Oberlandesgericht an, daß die Vollstreckung erst nach Vorlage einer norwegischen Rechtskraftbescheinigung nebst Übersetzung (Artikel 14 Abs. 1 Nr. 2 und 6 und Abs. 2 des Vertrags) unbeschränkt stattfinden kann.
2. Ist der Nachweis, daß die Entscheidung rechtskräftig ist, geführt oder ist der Schuldtitel ein Prozeßvergleich, so ordnet das Oberlandesgericht an, daß die Zwangsvollstreckung unbeschränkt stattfinden darf.

(2) § 24 Abs. 2 und 3 bleibt unberührt.

§ 46

(1) Die Zwangsvollstreckung aus dem Schuldtitel, den der Urkundsbeamte der Geschäftsstelle des Landgerichts mit der Vollstreckungsklausel versehen hat, ist auf Antrag des Gläubigers auch dann über Maßregeln zur Sicherung hinaus fortzusetzen (§ 25 Abs. 1), wenn eine gerichtliche Anordnung nach § 45 Abs. 1 Nr. 1 oder § 24 Abs. 2 und 3 vorgelegt wird und die darin bestimmten Voraussetzungen erfüllt sind.

(2) Ein Zeugnis gemäß § 25 Abs. 1 ist dem Gläubiger auf seinen Antrag abweichend von § 25 Abs. 2 Nr. 1 nur zu erteilen, wenn der Schuldner bis zum Ablauf der Beschwerdefrist keine Beschwerdeschrift eingereicht hat und wenn

1. der Gläubiger bei einer auf eine bestimmte Geldsumme lautenden Entscheidung nachweist, daß die Entscheidung rechtskräftig ist (Artikel 14 Abs. 1 Nr. 2 und 6 und Abs. 2 des Vertrags),
2. die Entscheidung nicht auf eine bestimmte Geldsumme lautet oder
3. der Schuldtitel ein gerichtlicher Vergleich ist.

§ 25 Abs. 2 Nr. 2 bis 4 findet keine Anwendung.

(3) § 25 Abs. 3 bleibt unberührt.

§ 47

Die Zwangsvollstreckung aus dem Schuldtitel, zu dem der Urkundsbeamte der Geschäftsstelle des Oberlandesgerichts die Vollstreckungsklausel erteilt hat, ist abweichend von § 26 Abs. 1 auf Antrag des Gläubigers nur im Rahmen einer gerichtlichen Anordnung nach § 45 oder § 24 Abs. 2 und 3 fortzusetzen. Eines besonderen Zeugnisses des Urkundsbeamten der Geschäftsstelle bedarf es nicht.

§ 48

(1) Auf das Verfahren über die Rechtsbeschwerde sind neben den in § 19 Abs. 3 aufgeführten Vorschriften auch die §§ 45 und 47 sinngemäß anzuwenden.

(2) Hat der Bundesgerichtshof eine Anordnung nach § 19 Abs. 3 in Verbindung mit § 45 Abs. 1 Nr. 1 erlassen, so ist in Abweichung von § 19 Abs. 4 Satz 3 ein Zusatz aufzunehmen, daß die Zwangsvollstreckung über Maßregeln zur Sicherung nicht hinausgehen darf. Der Inhalt des Zusatzes bestimmt sich nach dem Inhalt der Anordnung.

§ 49

Die Vorschriften über die Feststellung der Anerkennung einer Entscheidung (§§ 27 und 28) und über die Aufhebung oder Änderung dieser Feststellung (§§ 29 bis 31) finden keine Anwendung.

Vierter Abschnitt

Vertrag vom 20. Juli 1977 zwischen der Bundesrepublik Deutschland und dem Staat Israel über die gegenseitige Anerkennung und Vollstreckung gerichtlicher Entscheidungen in Zivil- und Handelssachen (BGBl. 1980 II S. 925)

§ 50

Hat der Schuldner keinen Wohnsitz im Geltungsbereich dieses Gesetzes, so ist für die Vollstreckbarerklärung von Entscheidungen und gerichtlichen Vergleichen auch das Landgericht örtlich zuständig, in dessen Bezirk der Schuldner Vermögen hat.

§ 51

Auf das Verfahren über die Beschwerde des Schuldners gegen die Zulassung der Zwangsvollstreckung (§ 11) findet § 13 Abs. 2 keine Anwendung.

§ 52

(1) Weist das Oberlandesgericht die Beschwerde des Schuldners gegen die Zulassung der Zwangsvollstreckung (§ 11) zurück oder läßt es auf die Beschwerde des Gläubigers (§ 16) die Zwangsvollstreckung aus dem Schuldtitel zu, so entscheidet es abweichend von § 24 Abs. 1 zugleich darüber, ob die Zwangsvollstreckung über Maßregeln zur Sicherung hinaus fortgesetzt werden kann:

1. Ist der Nachweis, daß die Entscheidung rechtskräftig ist, nicht geführt, so ordnet das Oberlandesgericht an, daß die Vollstreckung erst nach Vorlage einer israelischen Rechtskraftbescheinigung nebst Übersetzung (Artikel 15 Abs. 1 Nr. 2 und 7 des Vertrags) unbeschränkt stattfinden darf.
2. Ist der Nachweis, daß die Entscheidung rechtskräftig ist, erbracht oder hat die Entscheidung eine Unterhaltspflicht zum Gegenstand oder ist der Schuldtitel ein Prozeßvergleich, so ordnet das Oberlandesgericht an, daß die Zwangsvollstreckung unbeschränkt stattfinden darf.

(2) § 24 Abs. 2 und 3 bleibt unberührt.

§ 53

(1) Die Zwangsvollstreckung aus dem Schuldtitel, den der Urkundsbeamte der Geschäftsstelle des Landgerichts mit der Vollstreckungsklausel versehen hat, ist auf Antrag des Gläubigers auch dann über Maßregeln zur Sicherung hinaus fortzusetzen (§ 25 Abs. 1), wenn eine gerichtliche Anordnung nach § 52 Abs. 1 Nr. 1 oder § 24 Abs. 2 und 3 vorgelegt wird und die darin bestimmten Voraussetzungen erfüllt sind.

(2) Ein Zeugnis gemäß § 25 Abs. 1 ist dem Gläubiger auf seinen Antrag abweichend von § 25 Abs. 2 Nr. 1 nur zu erteilen, wenn der Schuldner bis zum Ablauf der Beschwerdefrist keine Beschwerdeschrift eingereicht hat und wenn

1. der Gläubiger den Nachweis führt, daß die Entscheidung rechtskräftig ist (Artikel 21 des Vertrags),
2. die Entscheidung eine Unterhaltspflicht zum Gegenstand hat (Artikel 20 des Vertrags) oder
3. der Schuldtitel ein gerichtlicher Vergleich ist.

§ 25 Abs. 2 Nr. 2 bis 4 findet keine Anwendung.

(3) § 25 Abs. 3 bleibt unberührt.

§ 54

Die Zwangsvollstreckung aus dem Schuldtitel, zu dem der Urkundsbeamte der Geschäftsstelle des Oberlandesgerichts die Vollstreckungsklausel erteilt hat, ist abweichend von § 26 Abs. 1 auf Antrag des Gläubigers nur im Rahmen einer gerichtlichen Anordnung nach § 52 oder § 24 Abs. 2 und 3 fortzusetzen. Eines besonderen Zeugnisses des Urkundsbeamten der Geschäftsstelle bedarf es nicht.

§ 55

(1) Auf das Verfahren über die Rechtsbeschwerde sind neben den in § 19 Abs. 3 aufgeführten Vorschriften auch die §§ 52 und 54 entsprechend anzuwenden.

(2) Hat der Bundesgerichtshof eine Anordnung nach § 19 Abs. 3 in Verbindung mit § 52 Abs. 1 Nr. 1 erlassen, so ist abweichend von § 19 Abs. 4 Satz 3 ein Zusatz aufzunehmen, daß die Zwangsvollstreckung über Maßregeln zur Sicherung nicht hinausgehen darf. Der Inhalt des Zusatzes bestimmt sich nach dem Inhalt der Anordnung.

Fünfter Abschnitt

Vertrag vom 14. November 1983 zwischen der Bundesrepublik Deutschland und Spanien über die Anerkennung und Vollstreckung von gerichtlichen Entscheidungen und Vergleichen sowie vollstreckbaren öffentlichen Urkunden In Zivil- und Handelssachen (BGBl. 1987 II S. 34)

§ 56

Artikel 7 des Familienrechtsänderungsgesetzes vom 11. August 1961 (BGBl. I S. 1221) bleibt durch die Vorschriften dieses Gesetzes unberührt (Artikel 10 Abs. 4 des Vertrags).

Neunter Teil. Anpassung und Aufhebung von Gesetzen

§ 57 (nicht abgedruckt)

§ 58

(1) Unbeschadet des Absatzes 2 treten außer Kraft:

1. Gesetz vom 29. Juli 1972 zur Ausführung des Übereinkommens vom 27. September 1968 über die gerichtliche Zuständigkeit und die Vollstreckung gerichtlicher Entscheidungen in Zivil- und Handelssachen (BGBl. 1972 I S. 1328);
2. Gesetz vom 10. Juni 1981 zur Ausführung des Vertrages vom 17. Juni 1977 zwischen der Bundesrepublik Deutschland und dem Königreich Norwegen über die gegenseitige Anerkennung und Vollstreckung gerichtlicher Entscheidungen und anderer Schuldtitel in Zivil- und Handelssachen (BGBl. 1981 I S. 514);
3. Gesetz vom 13. August 1980 zur Ausführung des Vertrages vom 20. Juli 1977 zwischen der Bundesrepublik Deutschland und dem Staat Israel über die gegenseitige Anerkennung und Vollstreckung gerichtlicher Entscheidungen in Zivil- und Handelssachen (BGBl. 1980 I S. 1301);
4. Gesetz vom 25. Juli 1986 zur Ausführung des Haager Übereinkommens vom 2. Oktober 1973 über die Anerkennung und Vollstreckung von Unterhaltsentscheidungen (BGBl. 1986 1 S. 1156).

(2) Die in Absatz 1 genannten Gesetze sind in Verfahren, die zur Ausführung der in § 35 Abs. 1 Nr. 1 bis 4 genannten Verträge bei Inkrafttreten dieses Gesetzes anhängig gemacht worden sind, weiterhin anzuwenden.

Zehnter Teil. Konzentrationsermächtigung

§ 59

(1) Die Landesregierungen werden für die Durchführung dieses Gesetzes ermächtigt, durch Rechtsverordnung die Entscheidung über Anträge auf Erteilung der Vollstreckungsklausel zu ausländischen Schuldtiteln in Zivil- und Handelssachen, über Anträge auf Aufhebung oder Abänderung dieser Vollstreckungsklausel und über Anträge auf Feststellung der Anerkennung einer ausländischen Entscheidung für die Bezirke mehrerer Landgerichte einem von ihnen zuzuweisen, sofern dies der sachlichen Förderung oder schnelleren Erledigung der Verfahren dient. Die Ermächtigung kann für die Übereinkommen über die gerichtliche Zuständigkeit und die Vollstreckung gerichtlicher Entscheidungen in Zivil- und Handelssachen vom 27. September 1968 (BGBl. 1972 II S. 773) und vom 16. September 1988 (BGBl. 1994 II S. 2658) jeweils allein ausgeübt werden.

(2) Die Landesregierungen können die Ermächtigung durch Rechtsverordnung auf die Landesjustizverwaltungen übertragen.

Elfter Teil. Schluß- und Übergangsvorschriften

§ 60 (gegenstandslos; betraf Geltung in Berlin)

§ 61

(1) Dieses Gesetz tritt, soweit im folgenden nichts anderes bestimmt ist, am Tage der Verkündung in Kraft.

(2) § 35 Abs. 1 Nr. 5 und § 56 treten gleichzeitig mit dem Vertrag vom 14. November 1983 zwischen der Bundesrepublik Deutschland und Spanien über die Anerkennung und Vollstreckung von gerichtlichen Entscheidungen und Vergleichen sowie vollstreckbaren öffentlichen Urkunden in Zivil- und Handelssachen in Kraft. Der Tag des Inkrafttretens ist im Bundesgesetzblatt bekanntzugeben.

Hierzu oben § 1.

ANHANG III

Hinweise zur Verbürgung der Gegenseitigkeit

(§ 110 II Nr 1 und § 328 I Nr 5 ZPO)

Erläuterungen zu der nachstehenden Aufstellung:

„Ja“ bedeutet, daß die Gegenseitigkeit wohl verbürgt ist.

„Nein“ bedeutet, daß die Gegenseitigkeit wohl nicht verbürgt ist.

„V“ bedeutet in der Spalte für § 328 I Nr 5, daß mit dem betreffenden Staat ein Vertrag über die gegenseitige Anerkennung und Vollstreckung von gerichtlichen Entscheidungen besteht.

GVÜ bedeutet Brüsseler Übereinkommen über die gerichtl Zuständigkeit und die Vollstreckung gerichtl Entscheidungen in Zivil- und Handelssachen. Hierzu S 2499.

LugÜ bedeutet Luganer Parallelübereinkommen. Hierzu S 2540.

In der vierten Spalte ist jeweils vermerkt, ob der betreffende Staat dem Haager Übereinkommen über den Zivilprozeß beigetreten ist. **„54“** bedeutet, daß der Staat dem Übereinkommen in der Fassung vom 1. 3. 1954 beigetreten ist, **„05“** bedeutet, daß im Verhältnis zu dem betreffenden Staat noch die Fassung vom 17. 7. 1905 gilt. Art 17 ff HZPÜ sollen abgelöst werden durch das für Deutschland noch nicht in Kraft getretene Haager Übereinkommen vom 25. 10. 1980 zur Erleichterung des internationalen Zugangs zu den Gerichten (hierzu Geimer IZPR Rn 2005; Böhmer RabelsZ 46 (1982) 654; Text aaO 768). Dieses erfaßt – anders als Art 17 HZPÜ – alle Kläger/Intervenienten, die ihren gewöhnlichen Aufenthalt in einem Vertragsstaat haben, ohne Rücksicht auf ihre Staatsangehörigkeit, Art 14.

Eingehende Hinweise für die Frage, ob und inwieweit die Gegenseitigkeit verbürgt ist, finden sich bei Schütze, Anerkennung und Vollstreckung deutscher Urteile im Ausland, 1973 (in der Übersicht abgekürzt „Sch I“), Schütze, Deutsch-amerikanische Urteilsanerkennung, 1992, und bei Schütze, Die Geltendmachung deutscher Urteile im Ausland. Verbürgung der Gegenseitigkeit, 1977 (abgekürzt Sch II), Martiny, Handbuch des Internationalen Zivilverfahrensrechts, Bd III/1, 1984, Rn 1307 ff sowie bei Geimer/Schütze, Internationale Urteilsanerkennung, I 2, 1984, § 247 (abgekürzt Gei/Sch) und Bülow/Böckstiegel/Geimer/Schütze, Internationaler Rechtsverkehr (abgekürzt B/B/G/Sch), Bd III (Länderberichte). Speziell für Unterhaltsentscheidungen Rahm/Künkel/Breuer VIII Rn 269, für Entscheidungen in Ehesachen (§ 606a I 1 Nr 4 ZPO) Staudinger/Spellenberg[12] §§ 606 ff ZPO Rn 249.

Wegen der Verbürgung der Gegenseitigkeit iS von § 110 s auch Bekanntmachungen der Justizverwaltungen v Bayern JMBl 88, 290 und Schleswig-Holstein SchlHA 89, 55 und Schütze, Rechtsverfolgung im Ausland, 1986, 130; Schütze, Die deutsche Rechtsprechung zur Verbürgung der Gegenseitigkeit der Ausländersicherheit (§ 110 Abs 2 Nr 1 ZPO), RIW 92, 1026.

Staat	§ 110	§ 328	HZPÜ
Ägypten	ja (Dilger ZZP 85 [1972], 414)	ja (Sch I 110; IPG 1970 Nr 34 [Heidelberg])	54
Äthiopien	ja (bei Kl-Wohnsitz oder Grundbesitz im Inland)	nein	–
Afghanistan	ja	nein (Sch II 36)	–
Albanien	nein	nein	–
Algerien	nein (Dilger ZZP 85 [1972], 415)	nein (Sch RIW 77, 761; vgl aber BGH NJW 68, 837)	–
Andorra	ja (Wieczorek/Schütze § 110 Rn 51; abwartend Rau RabelsZ 52 [1989], 231)	ja, bestr (Sch RIW 77, 399; aA Maus RIW 81, 151)	–
Angola	nein	nein	–
Antigua und Barbuda	ja (B/B/G/Sch 1027 bei Wohnsitz im Inland oder ausreichendem Vermögen)	ja (B/B/G/Sch 1027)	–
Argentinien	ja (bei Kl-Wohnsitz oder Grundbesitz im Inland, Weinberg IPRax 86, 316)	ja Piltz (B/B/G/Sch 1009)	
Armenien	ja (Sch NJW 95, 497)	nein	54
Aserbaidschan	nein (?)	nein	–
Australien	ja (bei Kl-Wohnsitz im Inland)	ja, für jeden Bundesstaat gesondert zu prüfen (für Geldzahlungstitel oberer Gerichte; Sch RIW 78, 780)	–
Bahamas	ja (bei Kl-Wohnsitz im Inland)	ja	–

Staat	§ 110	§ 328	HZPÜ
Bangla Desh	ja (bei Kl-Wohnsitz oder Grundbesitz im Inland)	ja mit Ausnahme von Versäumnisurteilen (Otto B/B/G/Sch 1018)	–
Barbados	ja (bei Kl-Wohnsitz im Inland)	ja (?)	–
Belarus	ja (Sch NJW 95, 497)	nein	
Belgien	ja	ja (GVÜ)	54
Benin	ja (bei Grundbesitz im Inland)	nein (Sch II 54)	–
Bhutan	ja	nein	–
Bolivien	ja	nein	–
Bosnien-Herzegowina	ja (Sch NJW 95, 497)	nein (?)	54
Botswana	nein	ja (Sch JR 78, 54)	–
Brasilien	ja (bei Kl-Wohnsitz oder Grundbesitz im Inland)	ja (Sch I 139; Samtleben B/B/G/Sch 1023)	–
Bulgarien	ja (BGH WM 82, 194)	nein	–
Barkina-Faso	ja (bei Kl-Grundbesitz im Inland)	nein	–
Burma	ja (bei Kl-Wohnsitz im Inland)	nein	–
Burundi	ja	ja	–
Chile	ja	ja (IPG 1975 Nr 42 [Hamburg])	–
China (Volksrep)	ja (Horn/Schütze, WirtschaftsR u Außenwirtschaftsverkehr der VR China, 1987, 322)	ja (Sch RIW 86, 269)	–
China (Taiwan)	ja (bei Kl-Wohnsitz im Inland)	ja	–
Costa Rica	ja	ja (Sch I 138)	–
Ceylon (Sri Lanka)	ja (bei Wohnsitz im Inland)	ja	–
Cuba	ja	ja (?)	–
Dänemark	ja	ja (GVÜ)	54
Dominikanische Republik	ja (bei Grundbesitz im Inland)	nein	–
Dubai	vgl. Vereinigte Arabische Emirate		
Ecuador	ja	ja (Sch II 90)	–
Elfenbeinküste	ja (bei Grundbesitz im Inland)	ja (Sch AWD 74, 458)	–
El Salvador	ja (bei Grundbesitz im Inland)	ja	–
Estland	ja (Sch NJW 95, 497)	nein	–
Fidschi	ja (bei Kl-Wohnsitz im Inland)	ja (?)	–
Finnland	ja	bisher nein, aber nun LugÜ	54
Frankreich	ja	ja (GVÜ)	54
Gabun	ja (bei Grundbesitz im Inland)	nein	–
Gambia	ja (bei Kl-Wohnsitz im Inland)	nein	–
Georgien	ja (Sch NJW 95, 497)	nein	–
Ghana	nein	nein	–
Griechenland	ja, dt-griechV, Köln ZIP 94, 326 = EWiR 94, 719 (Geimer)	ja (GVÜ)	–
Großbritannien	ja (bei Kl-Wohnsitz oder Grundbesitz im Inland und im Rahmen des freien Dienstleistungsverkehrs in der EU, EuGH DWir 1994, 21 [Schütze])	ja (GVÜ)	–
Guatemala	ja	nein	–
Guinea	ja (bei Grundbesitz im Inland)	nein	–
Guyana	ja (bei Kl-Wohnsitz im Inland)	nein (Sch I 147; IPG 1973 Nr 40 [Hamburg])	–
Haiti	ja (bei Grundbesitz im Inland)	nein (?)	–
Honduras	ja	ja (Sch I 98); anders hM	–
Hongkong Vgl auch Arnold AWD 74, 135	s Großbritannien	ja (dt-brit Abk)	
Indien	nein (Stuttgart RIW 83, 460)	ja, ausgenommen Versäumnisurteile (Otto B/B/G/Sch 1046)	
Indonesien	nein	nein	–
Irak	nein	nein (Sch RIW 77, 761; Krüger IPRax 88, 182)	–
Iran	ja (BGH WM 82, 458, offengelassen von BGH NJW 89, 2646; aA Bremen NJW 82, 2737)	nein	–
Irland	ja (bei Kl-Wohnsitz im Inland)	ja, GVÜ (Sch I 60; Limburg WM 86, 627 = IPRspr 86/176)	–
Island	ja (Stefánsson B/B/G/Sch 1053)	ja, LugÜ	05
Israel	ja	ja, V	54

Staat	§ 110	§ 328	HZPÜ
Italien	ja	ja (GVÜ)	54
Jamaika	ja (bei Kl-Wohnsitz im Inland)	nein	–
Japan	ja	ja (Sch II 49; Nagata RIW 76, 212; Nagel, Waseda FS, 1988, 797; Schütze B/B/G/Sch 1058)	54
Jemen (Arab Rep)	ja	nein	–
Jordanien	ja (aA BGH WM 82, 880)	ja (Sch RIW 77, 766; aA Nagel IZPR VIII 48)	–
Jugoslawien (ehem)	ja	ja (IPG 1969 Nr 44 [Köln])	54
Kamerun	nein	nein	–
Kanada	ja (bei Kl-Wohnsitz im Inland)	für jede Provinz einzeln zu prüfen (näher Sch IWB 8, Gruppe 3)	–
Kasachstan	ja (Sch NJW 95, 497)	nein	–
Kenia	ja (bei Kl-Wohnsitz im Inland)	ja (für Zahlungsurteile Sch JR 85, 52)	–
Khmer Rep	nein	nein	–
Kirgistan	ja (Sch NJW 95, 497)	nein	–
Kolumbien	ja	nein	–
Kongo (Volksrep)	ja (bei Kl-Wohnsitz oder Grundbesitz im Inland)	nein	–
Korea Süd	ja (bei Wohnsitz im Inland, im übrigen nicht, Frankfurt NJW 80, 2032)	ja (Gei/Sch 1864; Stiller B/B/G/Sch 1073)	–
Kroatien	ja Art 17 HZPÜ, im übrigen nein, Sch NJW 95, 497	ja	54
Kuwait	ja (LG Stuttgart RIW 86, 382)	ja (Geimer/Schütze I 1865)	–
Lesotho	nein	nein	–
Lettland	ja (Sch NJW 95, 497)	nein	54
Libanon	ja (Köln RIW 85, 495; aA Frankfurt/M RIW 1989, 907 [Patzina])	ja (Sch RIW 77, 761);	54
Liberia	ja, (Schütze RIW 87, 599)	nein	–
Libyen	ja (Schütze IPRax 90, 87; aA LG Nürnberg-Fürth RIW 89, 568 = IPRax 90, 109, Schütze 87)	nein	–
Liechtenstein	ja (bei Kl-Wohnsitz oder Grundbesitz im Inland)	nein (BGH Betr 77, 718)	–
Litauen	ja	nein	–
Luxemburg	ja	ja (GVÜ)	54
Madagaskar	ja (bei Kl-Grundbesitz im Inland)	nein	–
Malawi	ja (bei Kl-Wohnsitz im Inland)	nein	–
Malaysia	ja (bei Kl-Wohnsitz oder Grundbesitz im Inland, Sch Handels- und WirtschaftsR Singapur und Malaysia 109)	ja (Sch JR 84, 272; Schütze B/B/G/Sch 1086)	–
Mali	ja (bei Grundbesitz im Inland)	nein (Sch JR 85, 456)	–
Malta	ja (bei Kl-Wohnsitz im Inland)	nein (Sch AWD 65, 84)	–
Marokko	ja (BGH NJW 88, 3092)	ja (Gei/Sch 1875)	54
Mauretanien	nein	nein	–
Mauritius	ja (bei Kl-Wohnsitz im Inland)	nein (?)	–
Mazedonien	ja	ja	54
Mexiko	ja (LG Bielefeld IPRax 90, 109; Prinz v Sachsen Gessaphe 88)	ja (IPG 1977 Nr 40 [Hamburg])	–
Moldau	ja	nein	54
Monaco	ja	nein	–
Nepal	nein	nein	–
Neuseeland	ja (bei Kl-Wohnsitz im Inland)	ja	–
Niederlande (einschl Niederländ Antillen u Surinam)	ja	ja (GVÜ)	54
Niger	ja (Unterhaltssachen oder bei Kl-Grundbesitz im Inland)	nein	–
Nigeria	ja (bei Kl-Wohnsitz im Inland)	nein	–
Nicaragua	ja	nein (?)	–
Norwegen	ja	ja, LugÜ	54
Österreich	ja	ja, LugÜ	54
Pakistan	ja (bei Kl-Wohnsitz oder Grundbesitz im Inland)	nein (Otto B/B/G/Sch 1109)	–

Staat	§ 110	§ 328	HZPÜ
Panama	ja (Sch Frankfurt/M RIW 90, 583; Hamburg RIW 92, 315; Düsseldorf IPRax 91, 184; Müller-Ibold IPRax 91, 172; Schütze RIW 90, 674)	ja (?)	–
Paraguay	ja (bei Kl-Wohnsitz im Inland)	ja (Sch AWD 67, 26)	–
Peru	ja	ja (Sch AWD 66, 55; IPG 1973 Nr 44 [Hamburg])	–
Philippinen	ja für 1. Rechtszug	nein	–
Polen	ja	nein, jedoch ja für Unterhaltsurteil, Art 1150 § 3 poln ZVGB, Düsseldorf FamRZ 89, 98 und Gestaltungsurteile, Gralla B/B/G/Sch 1113	54
Portugal	ja	ja (Sch I 76; IPG 1972 Nr 37 [Hamburg]), nun auch GVÜ	54
Qatar	ja	nein	–
Rumänien	ja	ja (?)	54
Russische Föderation	ja	nein	54
Rwanda	ja (bei Kl-Grundbesitz im Inland)	ja (Sch JZ 86, 98)	–
Sambia	ja (bei Kl-Wohnsitz im Inland)	nein	–
San Domingo	nein	nein	–
San Marino	nein	nein	–
Saudi-Arabien	ja	nein (Sch RIW 77, 761; zweifelnd Krüger RIW 90, 113)	–
Schweden	ja	ja (Sch RIW 83, 417), nun LugÜ	54
Schweiz	ja	ja, LugÜ	54
Senegal	ja (bei Kl-Grundbesitz im Inland)	ja (Sch RIW 85, 777)	–
Serbien-Montenegro	ja (Sch NJW 95, 498)	ja (?)	
Sierra Leone	ja (bei Kl-Wohnsitz im Inland)	nein	–
Singapur	ja (bei Kl-Wohnsitz oder Grundbesitz im Inland; Sch Handels- und WirtschR Singapur und Malaysia 108)	ja (Sch RIW 82, 722)	–
Slowakei	ja	ja (?)	54
Slowenien	ja	ja (?)	54
Somalia	nein	nein	–
Spanien	ja	ja, V (Schütze/Karl B/B/G/Sch 1130), nun auch GVÜ	54
Sri Lanka	ja (bei Kl-Wohnsitz im Inland)	ja (?)	–
Südafrikanische Republik	ja (bei Kl-Wohnsitz oder Grundbesitz im Inland; Sch JZ 1983, 385)	ja (BGH NJW 64, 2350)	–
Sudan	nein	ja partiell (Sch RIW 91, 818)	–
Suriname	ja (?)	nein	54
Swasiland	ja (bei Kl-Wohnsitz im Inland)	nein	–
Syrien	ja	ja (BGHZ 49, 50)	–
Tansania	ja (bei Kl-Wohnsitz im Inland)	nein	–
Thailand	ja	nein (BGH NJW 71, 985; IPRspr 73 Nr 128b)	–
Togo	ja (bei Kl-Grundbesitz im Inland)	nein	–
Trinidad und Tobago	ja (bei Kl-Wohnsitz im Inland)	nein (?)	–
Tschad	nein	nein	–
Tschechien	ja	ja (Sch I 178; Zweibrücken IPRspr 1974 Nr 185); bestr	54
Türkei	ja (Düsseldorf NJW 73, 2165; angesichts der Praxis aber zweifelhaft, Krüger IPRax 1982, 257)	ja	54
Tunesien	ja	ja, V	–
Uganda	nein (Knieper B/B/G/Sch 1150)	ja für Urteile auf Geldzahlung Knieper B/B/G/Sch 1150	–
Ukraine	ja, Köln ZIP 94, 326 = EWiR 94, 719 (Geimer)	nein	–
Ungarn	ja	nein (Sch I 183)	54
Uruguay	ja (bei Kl-Wohnsitz oder Grundbesitz im Inland)	ja (Sch II 113); bestr	–

Staat	§ 110	§ 328	HZPÜ
Vatikan	ja	ja	54
Venezuela	ja (bei Kl-Wohnsitz oder Grundbesitz im Inland; IPG 76/45; Rau RIW 77, 339)	nein (Sch II 117)	–
Vereinigte Arabische Emirate	ja (LG Saarbrücken RIW 95, 60)	nein	
Vereinigte Staaten von Nordamerika (USA) (einzelstaatl zu prüfen; im einzelnen Sch IWB F8 [USA] Gr 3, 139)	ja für Verf vor Bundesgerichten, Sch RIW 96, 479. Nicht verbürgt ist Gegenseitigkeit mit Louisiana, Mississippi, New Mexiko, North Carolina, Oklahoma, Tennessee, Texas, Vermont, Wisconsin, Hawaii. Nur bei Wohnsitz des Kl im Bezirk des angerufenen Gerichts Gegenseitigkeit verbürgt mit Michigan u Alaska. Mit den übrigen US-Staaten, wenn Kl Wohnsitz in der Bundesrepublik Deutschland hat. Eingehend Schütze, Rechtsverfolgung im Ausland, 1986, 130. Zu Colorado Köln IPRax 86, 368 (Schütze 350), New York BGH RIW 78, 614; 82, 802. Zu Kalifornien Stuttgart RIW 87, 313.	ja, Alabama (Sch JR 87, 280; IPG 69/43 [Hamburg]); Alaska (Sch JR 88, 7); Arizona (Sch JR 87, 185); Arkansas (Sch JR 87, 498); California (Sch JR 86, 235; IPG 76/46 [Hamburg]); Colorado (Sch JR 89, 234); Connecticut (Sch JR 87, 364); Delaware (Sch JR 88, 103); District of Columbia (Sch JR 89, 188); Georgia (Sch JR 88, 57); Hawaii (Sch JR 88, 141); Idaho; Illinois (Sch JR 86, 364; IPG 70/33 [Heidelberg]); Indiana (Sch JR 88, 322); Iowa (Sch JR 88, 440); Kansas (Sch JR 89, 56); Kentucky (Sch JR 88, 275); Louisiana (Sch JR 88, 229); Maine (Sch JR 87, 102); Maryland (Sch JR 87, 231); Massachusetts; Michigan (Sch JR 88, 497); Minnesota; Missouri (Sch JR 90, 58); Nebraska (Sch JR 89, 409); Nevada (Sch JR 89, 366); New Hampshire; New Jersey (Sch JR 88, 364; IPG 67/68 Nr 40 [Heidelberg]); New Mexico (Sch JR 89, 458); New York (Sch JR 86, 322; IPG 67-68/80 [Hamburg]; IPG 73 Nr 41 [Hamburg]); North Carolina (Sch JR 86, 403); North Dacota (Sch JR 87, 446); Ohio (Sch JR 88, 193, 406); Oklahoma (Sch JR 89, 5); Oregon (Sch JR 87, 317); Pennsylvania; Rhode Island; South Carolina; South Dacota (Sch JR 88, 405); Tennessee (Sch JR 89, 276); Texas (Sch JR 87, 403); Utah (Sch JR 87, 143); Vermont (Sch JR 89, 498); Virginia; Virgin Islands; Washington (Sch JR 87, 9); West Virginia (Sch JR 89, 102); Wisconsin (Sch JR 89, 145); Wyoming (Sch JR 86, 444). nein: Florida (Sch JR 87, 54); Mississippi; Montana (Sch JR 86, 274).	
Weißrußland	ja	nein	–
Zaire	ja	nein	–
Zentralafrikanische Republik	ja (Knieper B/B/G/Sch 1180.4)	ja (Knieper B/B/G/Sch 1180.5)	–
Zypern	ja (bei Kl-Wohnsitz im Inland)	nein (Sch AWD 65, 311)	–

Wichtiger Hinweis: Die vorstehende Übersicht ermöglicht nur den „ersten Einstieg". Sie kann nicht rechtsvergleichende Studien ersetzen. Solche sind in jedem Einzelfall notwendig. Unsicher ist insbesondere die Rechtslage in den Nachfolgestaaten der ehem UdSSR u des ehem Jugoslawien.

Sachregister

Bearbeiter Dr. Joerg Brammsen

Fette arabische Zahlen ohne Zusatz bezeichnen die Paragraphen der ZPO, sich unmittelbar anschließende römische fette Zahlen den jeweiligen Absatz der Vorschrift. Fette arabische Zahlen mit Zusatz beziehen sich auf die Paragraphen/Artikel der folgenden Gesetze: **EGZPO** = Einführungsgesetz zur ZPO; **GVG** = Gerichtsverfassungsgesetz; **EGGVG** = Einführungsgesetz zum GVG; **AVAG** = Anerkennungs- und Vollstreckungsausführungsgesetz (Anh II, S. 2549); **GVÜ** = EWG-Übereinkommen über die gerichtliche Zuständigkeit und die Vollstreckung gerichtlicher Entscheidungen in Zivil- und Handelssachen (Anh I, S. 2499); **LuG GVÜ** = Luganer Übereinkommen (Anh I, S. 2540). **Anh III** = Verbürgung der Gegenseitigkeit (S. 2564); **Einl** bezieht sich auf die Einleitung S. 1, **IZPR** auf die systematische Darstellung des Internationalen Zivilprozeßrechts S. 24. **Magere** Zahlen bezeichnen die Randnummern.

A

Sachregister

Sachregister

B

C

D

E

F

G

H

I

J

K

L

N

O

P

Q

R

T

U

W

Gross/Diepold/Hintzen

Musteranträge für Pfändung und Überweisung

6. neubearbeitete Auflage 1996

204 Antragsformulare für die Zwangsvollstreckung in Forderungen und andere Rechte mit praktischen Erläuterungen und einer Einführung in das Verfahren.

Begründet von *Kurt Gross*, fortgeführt von RA Dr. *Hugo Diepold* und Dipl.-Rpfl. *Udo Hintzen*. 6. völlig neubearbeitete Auflage 1996, 572 Seiten Lexikonformat, gbd., mit einer 3,5″-Diskette, Makros für Word für Windows 6.0 bzw. 7.0, 148,– DM.
ISBN 3 504 47121 2

Über 200 aktualisierte Muster zeigen einfach und zuverlässig, wie der jeweilige Pfändungsantrag richtig gestellt wird.

Jetzt noch bequemer und schneller: Alle Formulartexte sind per Diskette sofort einsatzbereit: Es sind nur die individuellen Daten zu ergänzen, und der Antrag ist komplett – inklusive des Rubrums und einer Kostennote für den Rechtsanwalt.

Die Sammlung bietet

- Einführung in das Vollstreckungsverfahren nach der ZPO
- Hauptteil mit alphabetisch geordneten Mustern
- Zusätzliche Erläuterungen mit besonderen Hinweisen, wenn nötig
- Berücksichtigung aller Gesetzesänderungen z.B. im Sozialversicherungsrecht, in der Abgabenordnung, im Umwandlungsrecht sowie im neuen Anfechtungs- und Postneuordnungsgesetz.

Verlag Dr. Otto Schmidt · Köln

Melullis

Handbuch des Wettbewerbsprozesses

unter besonderer Berücksichtigung der Rechtsprechung

Von Richter am BGH Dr. *Klaus-J. Melullis*, 2. neubearbeitete und wesentlich erweiterte Auflage 1995, 618 Seiten DIN A5, gbd. 175,– DM.
ISBN 3 504 41201 1.

Dieses Handbuch bietet

- sowohl einen praxisnahen Einstieg für diejenigen, die sich noch nicht oder nur selten mit der Materie des Wettbewerbsverfahrens befaßt haben;
- als auch eine Fundgrube für den Praktiker des Wettbewerbsrechts mit aktuellen Informationen über den neuesten Stand der Rechtsentwicklung.

Die überaus umfangreiche Ausgestaltung der UWG-Vorschriften in der Rechtsprechung wird in diesem Handbuch ausführlich und dennoch übersichtlich und verständlich dargestellt – geordnet nach der chronologischen Abfolge des Wettbewerbsverfahrens.

Besonderes Gewicht legt der Verfasser auf die Handhabung des Verfahrens mit detaillierten Verweisungen auf die gesetzlichen Anspruchsgrundlagen, Hinweisen zur Handhabung des Verfahrens, Darlegung der Rechtsfolgen sowie Aufzeigung der möglichen Handlungsalternativen in den verschiedensten Prozeßsituationen.

Verlag Dr. Otto Schmidt · Köln

Notizen

Notizen

Notizen

Zöller, ZPO, 20. Auflage

● Auf Seite ________ § ________ Rn ________ Zeile ________ von oben/unten

muß es statt ____

____

____

richtig heißen: ____

____

____

● Hinweise und Anregungen: ____

____

____

____

____

Zöller, ZPO, 20. Auflage

● Auf Seite ________ § ________ Rn ________ Zeile ________ von oben/unten

muß es statt ____

____

____

richtig heißen: ____

____

____

● Hinweise und Anregungen: ____

____

____

____

____

Absender:

Antwortkarte

Verlag Dr. Otto Schmidt KG
– Lektorat –
Unter den Ulmen 96-98

50968 Köln

Absender:

Antwortkarte

Verlag Dr. Otto Schmidt KG
– Lektorat –
Unter den Ulmen 96-98

50968 Köln